ИЛЛЮСТРИРОВАННЫЙ ЭНЦИКЛОПЕДИЧЕСКИЙ СЛОВАРЬ

РЕДАКЦИОННАЯ КОЛЛЕГИЯ
В.И. БОРОДУЛИН, А.П. ГОРКИН, А.А. ГУСЕВ,
Н.М. ЛАНДА, Л.И. ПЕТРОВСКАЯ, А.В. СИМОЛИН,
В.Д. СИНЮКОВ, Н.Л. ТУМАНОВА

Москва
Научное издательство
• Большая Российская Энциклопедия •
Издательский Дом
• Экономическая газета •
1995

Председатель
Научно-редакционного совета издательства
«Большая Российская энциклопедия»
А.М. ПРОХОРОВ

Главный редактор издательства
А.П. ГОРКИН

Заместители главного редактора
В.И. БОРОДУЛИН, Н.М. ЛАНДА

И $\frac{5\ 000\ 000\ 000-001}{007(01)-95}$

ISBN 5-85270-098-3

Федеральная программа книгоиздания России

© Научное издательство «Большая Российская энциклопедия», 1995.

ОТ РЕДАКЦИОННОЙ КОЛЛЕГИИ

Иллюстрированный энциклопедический словарь (ИЭС) выпускается в нашей стране впервые. Он предназначен широкому кругу читателей и содержит около 18 тысяч статей, свыше 3 тысяч иллюстраций и карт. Словарь является универсальным изданием, в нём представлены природа в её многообразии и все сферы жизни общества — история и география, экономика, право и политика, философия и религия, наука и техника, литература и искусство, медицина и спорт. Издательство стремилось заполнить «белые пятна» истории, избежать идеологических штампов, одностороннего освещения людей и событий. Главными требованиями при подготовке Словаря были объективность, точность, доступность информации. В Словаре значительное место отведено биографическим статьям о выдающихся деятелях всех времён и народов. В ИЭС указана государственная (например, рос. физик), а не этническая, национальная принадлежность деятеля. Если государственная принадлежность отечественных деятелей ясна из содержания статьи, она не указывается в дефиниции. Исключение сделано для отечественных писателей, в статьях о которых, как правило, сообщается о языке, на котором пишет писатель, а не о его государственной принадлежности (например, рус. писатель, татарский писатель). Издательство сочло целесообразным не приводить в биографических статьях сведения о званиях, наградах, премиях (исключение сделано лишь для Нобелевской премии) и должностях (указываются только должности президента АН и директора-основателя крупного института).

Значительно меньший по сравнению с Большим энциклопедическим словарём объём книги поставил перед издательством трудную проблему отбора статей. При этом мы стремились придать Словарю гуманитарную, культурологическую ориентацию, что выразилось и в соотношении его тематических разделов, и в содержании статей. Пришлось отказаться от многих узкоспециальных терминов, от статей о научно-исследовательских и учебных институтах, периодических изданиях, крупных предприятиях и фирмах, о национальных костюмах и древних орудиях и т.д. Научные законы — физические, химические и другие, названные именами открывших их учёных,— освещаются, как правило, в тексте статьи о соответствующем деятеле науки.

Часть информации приводится в Приложении в виде таблиц, где читатель найдёт сведения о многих народах мира; о нобелевских лауреатах; об основных современных денежных единицах стран мира; единицах физических величин системы СИ (принятой в большинстве стран); английских и древних русских мерах.

* * *

Названия статей в словаре, расположенных в алфавитном порядке, даются обычно в единственном числе (например, «Автомобиль», а не «Автомобили»). Если читатель не находит нужное слово в единственном числе, то его следует искать во множественном числе (например, «Воробьи», а не «Воробей»). В названиях статей ставится знак (или знаки) ударения. После названия статьи в необходимых случаях приводятся синонимы, например: «Пресмыкающиеся (рептилии)». К терминам, представляющим собой заимствования из других языков (за исключением географических названий, биологических и химических номенклатурных названий), даётся краткая этимологическая справка, например: «Симбиоз (от греч. sýmbiósis – совместная жизнь)». Для терминов с одинаковым происхождением этимологическая справка приводится лишь в первой из таких статей. Греческие слова в этимологических справках даются в латинской транскрипции. В статьях о зарубежных деятелях приводится оригинальное (иностранное) написание фамилий на языках, пользующихся латинской графикой. Названия государств даются согласно существующей в русском языке традиции (например, Молдавия, а не Молдова, Белоруссия, а не Беларусь); в статьях о государствах указываются также их полные официальные названия, например: Молдавия (Республика Молдова). Если статья посвящена многозначному термину, приводятся, как правило, основные его значения.

Даты событий указываются по новому стилю. В биографических статьях, если год рождения или смерти не установлен, ставится вопросительный знак. В статьях приводятся годы первой публикации литературного или научного произведения, постановки спектакля, выпуска фильма и т.п.

В Словаре используется система ссылок, что позволяет читателю получить более полную информацию. Название статьи, на которую даётся ссылка, набирается *курсивом*. При фамилиях, упоминаемых в тексте, государственная принадлежность указывается главным образом тем лицам, о которых нет отдельных статей. Если слова, составляющие название статьи, повторяются в тексте, то они обозначаются начальными буквами, например: «Вулкан» – В., «Каменный век» – К.в.

Наименования величин, единиц величин и их обозначения соответствуют Международной системе единиц (СИ). В отдельных случаях даются и иные встречающиеся в литературе названия или обозначения. В Словаре используется система сокращений, список которых приводится в конце книги; он включает и аббревиатуры.

Словарь содержит большое число иллюстраций, которые по техническим причинам не всегда располагаются при статье. Поэтому для удобства пользования в подрисуночных подписях даётся сначала название статьи (полужирным шрифтом), а затем название изображаемого объекта (**Азия.** Река Лена).

Мы понимаем, что первое издание Иллюстрированного энциклопедического словаря не свободно от недостатков и с благодарностью примем замечания и предложения читателей.

Наш адрес: 109817, Москва, Покровский бульвар, д. 8, издательство «Большая Российская энциклопедия».

А, а [а], первая буква рус. алфавита; восходит к букве *кириллицы* А («аз»). Старое назв. сохранилось в нек-рых выражениях, напр. от аза до ижицы – «от начала до конца».

А..., приставка (греч.) в значении «не», «без» (напр., асимметричный); перед гласным – ан... (напр., анаэробы).

ААЛТО (Aalto) Алвар (1898–1976), фин. архитектор. Нац. традиции сочетал с принципами *функционализма* и *органической архитектуры*, добивался выразительности объёмно-пространств. композиции, вписанной в природную или гор. среду (санаторий в Паймио, 1929–30).

А. Аалто. Дворец «Финляндия» в Хельсинки.

АБАК (от греч. ábax – доска), 1) доска для арифметич. вычислений, разделённая на полосы, где передвигались камешки, кости (как в рус. счётах), в Др. Греции, Риме, затем в Зап. Европе до 18 в. 2) В классич. архит. *ордерах* верх. плита *капители* колонны, полуколонны, *пилястры*. В дорич. и ионич. ордерах имеет квадратные очертания, в коринфском – вогнутые.

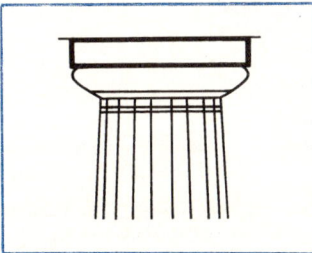

Абак.

АБАКАН (в 1925–31 Хакасск), г., столица Хакасии, пристань на р. Абакан, у её впадения в Енисей; ж.-д. уз. 157,3 т.ж. Маш-ние и металлообработка, лёгкая, пищ. пром-сть. Пед. ин-т. 3 т-ра (в т.ч. драм., кукол). Краеведч. музей. Осн. в 1823.

АБАЛАКОВЫ, альпинисты, братья. 1) Вит. Мих. (1905/06–1986), инженер. Первовосхождение на пик Ленина (Памир, 1934). 2) Евг. Мих. (1907–48), скульптор. Первовосхождение на пик Коммунизма (Памир, 1933); в честь Евг. Мих. назван пик Абалакова на Памире.

АББАДО (Abbado) Клаудио (р. 1933), итал. дирижёр. Рук. т-ра «Ла Скала» (в 1971–86), Венской гос. оперы (с 1986) и одноврем. Венского (с 1971), Лондонского (с 1979), Берлинского (с 1989) симф. оркестров. Гастролирует. В репертуаре классич. и совр. итал. оперы, орк. соч. рубежа 19–20 вв. и др. Манере А. присущи спокойный, властный жест и сдержанность (дирижирует наизусть).

АББАС Ходжа Ахмад (1914–87), инд. писатель, кинорежиссёр. Писал на урду и англ. яз. Социальные романы из инд. жизни: «Завтра принадлежит нам» (1945), «Революция» (1954), «Кровавый путь» (1980); сценарии: «Бродяга» (1951), «Господин 420» (1955) и др. Ф.: «Ганга» (1953), «Хождение за три моря» (1957, совм. с реж. В.М. Прониным).

АББАСИДЫ, династия араб. халифов в 750–1258. Происходит от Аббаса, дяди Мухаммеда. Расцвет при халифах аль-Мансуре (754–775), аль-Махди (775–785), Харун ар-Рашиде (786–809), аль-Мамуне (813–833). С кон. 8 в. от Халифата А., включавшего первонач. страны Бл. и Ср. Востока, Сев. Африки, начали отпадать отд. области. С 945 А. лишены светской власти.

АББАТ (лат. abbas, от арамейск. або – отец), 1) настоятель католич. монастыря – аббатства (настоятельница – аббатиса). 2) Титул франц. католич. священника.

АББРЕВИАТУРА (итал. abbreviatura – сокращение), 1) существительное, образованное сокращением словосочетания и читаемое по алфавитному названию нач. букв (МГУ) или по нач. звукам (МИД, вуз) слов, входящих в него. А. получили распространение в осн. европ. языках в 20 в. 2) Знаки сокращения и упрощения записи в *нотном письме*.

АБД АЛЬ-КАДИР (Абд аль-Кадер) (1808–83), вождь восстания против франц. завоевателей в Алжире в 1832–47. После подавления восстания А. а.-К. был взят в плен.

АБД АЛЬ-КРИМ (Абд аль-Керим) (1882–1963), вождь восстания рифских племён Марокко против франц. и исп. колонизаторов и глава созданной ими Рифской респ. (1921–1926). После подавления восстания сослан.

АБДРАШИТОВ Вад. Юсупович (р. 1945), рос. кинорежиссёр. Пост. по сценариям А.А. Миндадзе ф.: «Слово для защиты» (1977), «Охота на лис» (1980), «Остановился поезд» (1982), «Парад планет» (1984), «Плюмбум, или Опасная игра» (1987), «Слуга» (1989), «Армавир!» (1991), в к-рых исследуются острые нравств. проблемы. Последним фильмам А. присуща метафоричность, иносказательность.

АБДУЛОВ Ал-др Гаврилович (р. 1953), актёр. С 1975 в Моск. т-ре имени Ленинского комсомола (ныне т-р «Ленком»). Наделён взрывным темпераментом, пластичностью, сценич. обаянием: Плужников («В списках не значился» по Б.Л. Васильеву, 1975), Менахем-Мендл («Поминальная молитва» по Шолому-Алейхему, 1989) и др. Снимался в ф.: «Убить дракона» (1989), т/ф «Обыкновенное чудо» (1988) и др.

АБДУЛ-ХАМИД II (Abdülhamit) (1842–1918), тур. султан в 1876–1909. Установил деспотич. режим. После Младотурецкой рев-ции 1908 низложен. В лит-ре получил прозвище «кровавый султан».

АБЕЛЬ (Abel) Нильс Хенрик (1802–29), норв. математик. Доказал, что решения *алгебраических уравнений* степени выше 4-й в общем случае нельзя выразить через коэф. ур-ния при помощи алгебр. действий. Тр. по интегральным уравнениям, по теории чисел и рядов.

Н. Абель. Памятник в Осло. Скульптор Г. Вигелланд.

АБЕЛЯР (Abélard, Abailard) Пьер (1079–1142), франц. философ, теолог и поэт. В споре о природе *универсалий* (общих понятий) развил учение, назв. позже *концептуализмом*. Рационально-мистич. направленность идей А. («понимаю, чтобы верить») вызвала протест и осуждение ортодоксальных церк. кругов. Трагич. история любви А к Элоизе описана в автобиогр. «Истории моих бедствий».

АБЕРРАЦИИ (от лат. aberratio – уклонение) оптич. систем, искажения изображений, вызванные неидеальностью оптич. систем: изображение не вполне отчётливое, искажается по форме или окрашено.

АБИДЖАН, г. в гос-ве Кот-д'Ивуар. Св. 2 млн. ж. Порт в Гвинейском зал.; междунар. аэропорт. Крупнейший в Зап. Африке нефтеперераб. з-д. Судоверфь. Ун-т. Нац. музей. Осн. французами в 1880–90-х гг. С 1934 адм. ц. франц. колонии Берег Слоновой Кости (БСК). В 1960–83 столица гос-ва БСК.

Абиджан. Статуя Независимости.

АБИССИНИЯ, неофиц. назв. *Эфиопии*, употреблявшееся в прошлом и иногда встречающееся в совр. лит-ре.

АБО, швед. название г. *Турку*.

АБОВЯН Хачатур (1809–48), арм. писатель, просветитель-демократ, основоположник новой арм. лит-ры и нового лит. языка, педагог, этнограф. Осн. произв. – первый арм. светский ром. «Раны Армении» (1841, опубл. 1858) об освободит. борьбе армян во время рус.-иран. войны 1826–28. Книга для чтения «Предтропье» (1838), «Книга рассказов», сб-к басен (опубл. 1864).

АБОЛИЦИОНИЗМ (от лат. abolitio – уничтожение, отмена), 1) обществ. движение за отмену к.-л. закона. 2) В кон. 18–19 вв. в США движение за отмену рабства негров.

АБОРИГЕНЫ (от лат. ab origine – от начала), коренные обитатели (люди, ж-ные, р-ния) к.-л. терр., страны. В биологии чаще употребляется термин «автохтоны».

АБОРТ (лат. abortus – выкидыш) у человека, прерывание беременности в сроки до 28 нед (т.е. до момента, когда возможно рождение жизнеспособного плода). Самопроизвольный А. (выкидыш) может возникнуть при недоразвитии половых органов, нек-рых заболеваниях матери или плода. Искусств. мед. А. производят в сроки до 12 нед по желанию женщины; по мед. показаниям – и в более поздние сроки. А. вне леч. учреждения (т.н. криминальный) нередко приводит к тяжёлым осложнениям. В рос. праве установлена уголов. ответственность за незаконное произ-во А. врачом вне леч. учреждения или лицом, не имеющим высш. мед. образования.

АБРАЗИВНЫЙ ИНСТРУМЕНТ, служит для механич. обработки (шлифование, полирование, притирка и др.) разл. поверхностей. К А.и. относятся шлифовальные круги, бруски, шкурки, изготовляемые из абразивных (кремень, наждак, корунд, пемза, эльбор, боразон и др.) и связующих материалов.

АБРА́ЗИЯ (от лат. abrasio — соскабливание), процесс разрушения прибойными волнами горн. пород в береговой зоне водоёмов (океанов, морей, озёр, водохранилищ). Суммарная длина участков А. — 51% общей длины береговой линии водоёмов земного шара. С образующимися в результате А. обломочными отложениями связаны прибрежно-мор. россыпи и м-ния строит. материалов.

АБРА́МОВ Фёд. Ал-др. (1920–83), рус. писатель. Остроконфликтная проза (трил. «Пряслины», 1958–73, ром. «Дом», 1978; повести, рассказы: «Пелагея», 1969, «Деревянные кони», 1970, «Поездка в прошлое», 1974, опубл. 1989), тяготеющая к социальному анализу и отмеченная колоритностью языка, рисует судьбы людей сев. деревни во время Вел. Отеч. войны и в послевоен. годы. Публицистика.

АБРА́МЦЕВО, усадьба близ г. Сергиев Посад Моск. обл. С 1843 имение Аксаковых, с 1870 — Мамонтовых, с 1918 музей. Дерев. усадебный дом сер. 18 в.; новые постройки в «рус. стиле» (церковь, 1881–82; «Избушка на курьих ножках», 1883, по проекту В.М. Васнецова, и др.). У С.Т. Аксакова гостили Н.В. Гоголь, И.С. Тургенев, М.С. Щепкин. В 1870–90-х гг. А. — важный центр худ. жизни, где бывали и работали Васнецовы, И.Е. Репин, В.Д. Поленов, В.А. Серов, М.А. Врубель, К.А. Коровин, М.В. Нестеров и др. Во 2-й пол. 19 в. были созданы мастерские резьбы по дереву и майолики. С 1977 А. (вместе с усадьбой Ахтырка) — Гос. ист.-худ. и лит. музей-заповедник.

Абрамцево. «Теремок».

АБРАМЯ́Н Хорен Бабкенович (р. 1930), арм. актёр, режиссёр. С 1951 в Арм. т-ре имени Г.М. Сундукяна (Ереван), с 1980 гл. реж. (с перерывом). Игру А. характеризуют сценич. темперамент, выразит. жест и др. черты романтич. школы арм. т-ра. Роли: Рустам («Намус» А.М. Ширванзаде, 1955), Ромео («Ромео и Джульетта», 1964) и Кориолан («Кориолан», 1978) Шекспира. Пост.: «Топаз» М. Паньоля (1974), «Король Джон» Шекспира (1981). Снимался в ф.: «Братья Сарояны» (1968), «Живите долго» (1980).

АБРЕ́КИ (вероятно, от осет. абырагер, абрег), у народов Сев. Кавказа изгнанники из рода, ведшие скитальческую или разбойничью жизнь.

АБРИКО́С, род древесных р-ний (сем. розоцветных). 10 видов, преим. в горн. р-нах умеренного пояса Азии. В культуре гл. обр. А. обыкновенный (в Китае и Ср. Азии св. 5 тыс. лет, в Юж. Европе 2 тыс. лет). Выращивают во мн. странах, особенно в Италии, США, Турции; в России — на Сев. Кавказе. Дерево выс. обычно 5–8 м, живёт 50 и более лет, плодоносит с 3–5 лет. Плоды (100–150 кг с р-ния) богаты сахарами, каротином, калием, полезны при заболеваниях сердца. Из ядер косточек (заменяют миндаль) получают пищ. масло. Из древесины делают муз. инстр-ты.

Абрикос. Плоды.

АБРИКО́СОВЫ, рос. предприниматели. Родоначальник — Степ. Ник. (1737 – ок. 1812), из крепостных крестьян. Владельцы кондитерской ф-ки в Москве (ныне Моск. кондитерская ф-ка им. П.А. Бабаева). Являлись попечителями 6 моск. гор. уч-щ, дет. б-цы им. В.Е. Морозова, благотворит. к-тов и об-в.

АБСЕНТЕИ́ЗМ (от лат. absentia — отсутствие), уклонение избирателей от участия в голосовании при выборах президента, парламента и др. Обычно составляет ок. 15% *избирательного корпуса*.

АБСЕНТЕИ́ЗМ земледельческий, форма землевладения, при к-рой собственник земли, не участвуя в процессе произ-ва, получает ден. доход в виде *ренты* или *прибыли*.

А́БСИДА, то же, что *апсида*.

АБСОЛЮ́Т (от лат. absolutus — безусловный, неограниченный), в философии и религии — совершенное начало бытия, свободное от к.-л. отношений и условий (Бог, абс. личность — в *теизме*, единое — в *неоплатонизме* и т.п.).

АБСОЛЮТИ́ЗМ, форма неогранич. монархии (абс. монархия), характерная для эпохи позднего феодализма. При А. гос-во достигает наивысш. степени централизации, создаётся разветвлённый бюрократич. аппарат, пост. армия и полиция; деятельность органов сословного представительства, как правило, прекращается. Расцвет А. в странах Зап. Европы в 17–18 вв., в России (самодержавие) в 18 – нач. 20 вв.

АБСОЛЮ́ТНО ЧЁРНОЕ ТЕ́ЛО, тело, к-рое полностью поглощает всё падающее на него эл.-магн. излучение; спектр излучения А.ч.т. определяется только его темп-рой. А.ч.т. — идеализир. модель, она используется в теории *теплового излучения*. Близкими к А.ч.т. свойствами обладает отверстие в непрозрачном полом теле.

Абсолютно чёрное тело (модель): излучение, попадающее на отверстие в полости, полностью ею поглощается.

АБСОЛЮ́ТНЫЙ (от лат. absolutus), 1) безотносительный, безусловный; противоположное — относительный. 2) Совершенный, полный (напр., А. покой).

АБСОЛЮ́ТНЫЙ НУЛЬ темп-ры, начало отсчёта темп-ры по термодинамич. *температурной шкале*. А.н. расположен на 273,16 °С ниже темп-ры *тройной точки воды* (~0,01 °С). А.н. принципиально недостижим, практически достигнуты темп-ры, отличающиеся от А.н. на ~10^{-6} К.

АБСО́РБЦИЯ (от лат. absorbeo — поглощаю), объёмное поглощение газов или паров жидкостью (абсорбентом) с образованием р-ра. В пром-сти осуществляют в аппаратах, наз. абсорберами. На А. осн. разделение газ. смесей и очистка газов.

АБСТРА́КТНОЕ ИСКУ́ССТВО (абстракционизм), направление в авангардистском (см. *Авангардизм*) иск-ве 20 в., отказывающееся от изображения реальных предметов и явлений в живописи, скульптуре и графике. Возникло в 10-х гг., принадлежало к наиб. распространённым направлениям иск-ва в кон. 40-х — нач. 60-х гг. Нек-рые течения А.и. (*супрематизм*, *неопластицизм*), перекликаясь с исканиями в архитектуре и худ. пром-сти, создавали упорядоченные конструкции из линий, геом. форм и объёмов, другие (абстрактный экспрессионизм) — стремились выразить бессознательность, стихийность худ. творчества в динамике пятен или объёмов. В 60-х гг. А.и. утрачивает ведущую роль в авангардизме и вытесняется разл. направлениями, обращающимися к изображению реальных явлений.

АБСТРА́КТНЫЙ ЭКСПРЕССИОНИ́ЗМ («живопись действия», «бесформенное искусство», ташизм), разновидность абстрактного иск-ва 1940–50-х гг. в США, Франции и др. странах (Дж. Поллок, М. Тоби и др.); провозгласил своим методом «чистый психич. автоматизм» и субъективную подсознат. импульсивность творчества, культ неожиданных цветовых и фактурных сочетаний.

АБСТРА́КЦИЯ (от лат. abstractio — отвлечение) (абстрактное), форма познания, осн. на мысленном выделении существенных свойств и связей предмета и отвлечении от других, частных его свойств и связей; общее понятие — как результат процесса абстрагирования; синоним «мысленного», «понятийного». Осн. типы А.: изолирующая (вычленяющая исследуемое явление из нек-рой целостности); обобщающая (дающая обобщённую картину явления); идеализация (замещение реального эмпирич. явления идеализир. схемой). Понятие абстрактного противопоставляется конкретному.

АБСУ́РДА ДРА́МА, течение в зап.-европ. драматургии и «театре 2-й пол. 20 в. Представляет мир как абсурд. Проникнуто настроениями пессимизма, отчуждения, предчувствия гибели. Поступки, речи персонажей алогичны, фабула разрушается. Создатели — С. Беккет, Э. Ионеско.

АБСЦЕ́СС (лат. abscessus — гнойник, нарыв), ограниченное скопление гноя в тканях или органах. Развивается остро вследствие проникновения в них возбудителей гнойной инфекции (стафилококки, кишечная

Абстрактное искусство. В.В. Кандинский. «Композиция». Акварель. 1910. Национальный музей современного искусства. Париж.

палочка и др.), сопровождается болью, повышением темп-ры, нарушением функции органа. Обычно требует хирургич. лечения. Ср. *Флегмона*.

АБУ́ БЕКР (572–634), первый халиф (с 632) в Араб. халифате. Один из ближайших сподвижников Мухаммеда.

АБУ́-ДА́БИ (Абу-Заби), столица (временная) Объединённых Арабских Эмиратов. 722 т. ж. Порт в Персидском зал.; междунар. аэропорт. Добыча и переработка нефти. Рыб-во.

АБУ́ДЖА, столица (с 1992) Нигерии, в центр. части страны. Выделена в Федеральную столичную терр. 298 т.ж.

АБУЛА́ДЗЕ Тенгиз Евг. (1924–1994), груз. кинорежиссёр. Иносказательность, пластич. выразительность, кинематографич. искусство приобретали всё большее значение в творчестве А. от ранних фильмов («Лурджа Магданы», 1955, совм. с Р.Д. Чхеидзе, «Я, бабушка, Илико и Илларион», 1963) до более зрелых работ («Мольба», 1968, «Древо желания», 1977), достигнув наивысшего выражения в «Покаянии» (1987) — одном из первых отеч. антитоталитарных фильмов.

АБУ́-ЛЬ-АЛА́, см. *Маарри*.

АБУ́-ЛЬ-ФАРА́ДЖ АЛЬ-ИСФАХА́НИ (897–967?), араб. писатель, учёный, музыкант. Тр. по древней истории, филологии. Составитель многотомной антологии араб. поэзии 6–10 вв. — «Книга песен», включающей произв. и биографии поэтов, а также сведения о композиторах, исполнителях; важнейший источник сведений о др.-араб. лит-ре (неполный рус. пер., М., 1980).

АБУ́ НУВА́С (762–813), араб. поэт. Перс по происхождению. Последователь и продолжатель Башшара ибн Бурда. Во время правления Харуна ар-Рашида был удалён от двора из-за слишком вольного поведения и «безбожия». Диван А.Н. включает 12 тыс. *бейтов*; основу составляют гедонич. стихи и всех др. жанров араб. классич. поэзии, написанные в изысканном стиле и совершенные по форме.

армяне (14,6%), русские (14,3%) и др. Столица — Сухуми. 5 р-нов, 7 городов, 4 пос. гор. типа.

Расположена в сев.-зап. части Закавказья, на побережье Чёрного м., на склонах Б. Кавказа (выс. до 4046 м, г. Домбай-Ульген); на Ю.-В. — Колхидская низм. Карстовые пещеры (Новоафонская, Снежная и др.). Климат на б.ч. терр. субтропич., влажный. Ср. темп-ры янв. на побережье 4–7 °C, в горах от 2 до -2 °C, июля от 16 до 24 °C; осадков 1300–2400 мм в год. Реки: Кодори, Бзыбь и др.; озёра — Рица и др. Св. 55% терр. занимают леса (дуб, бук, граб, пихта, ель); на побережье — субтропич. растительность. Заповедники: Рицинский, Пицунда-Мюссерский, Псху-Гумистинский.

Абхазия. Храм в с. Лыхны.

Осн. отрасль пром-сти — пищевкус. (таб., чайная, винодельч., эфирно-масличная, конс. и др.); развиты: лёгкая (кож.-обув., произ-во шёлковых тканей), маш.-строит., деревообр. пром-сть; произ-во стройматериалов; добыча кам. угля. Ткварчельская ГРЭС, Сухумская ГЭС. А. специализируется на выращивании чая, табака, цитрусовых, эфирно-масличных культур, тунга. Вино-гр-во, овощ-во, плод-во. Молочное и молочно-мясное жив-во. Гл. мор. порт — Сухуми. Курорты: Гагра, Пицунда, Гудаута, Н. Афон, Сухуми. Туризм.

В 1992–94 в результате вооруж. конфликта на терр. А., связанного с её статусом, нар. х-ву был нанесён значит. урон.

АБЭ́ Кобо (1924–93), япон. писатель. В романах-притчах, близких к

Абэ Кобо.

философии экзистенциализма, рационалистических по поэтике, исследовал проблематику личностной подлинности и социальной маски, выразил безысходный трагизм одиночества и незащищённости человека перед непредсказуемой жестокостью бытия («Женщина в песках», 1962; «Чужое лицо», 1964; «Сожжённая карта», 1967; «Человек-ящик», 1973; «Тайное свидание», 1977; «Ковчег "Сакура"», 1984).

АВА́ЛЬ (франц. aval), вексельное поручительство; может быть выдано на всю сумму *векселя* или часть её за любое ответственное по векселю лицо. Термин «А.» используется и при поручительстве в отношении др. оборотных док-тов (напр., А. *чека*).

АВАН... (от франц. avant — впереди), часть сложных слов, соотв. по значению словам «передовой», «передний» (напр., аванзал, авангард).

АВАНГА́РД (от *аван...* и франц. garde – стража), 1) войсковое подразделение, высылаемое вперёд с целью не допустить внезапного нападения противника на гл. силы. 2) Передовая, ведущая часть к.-л. обществ. группы, класса.

«АВАНГА́РД», направление во франц. кино 1920-х гг., связанное с экспериментами в области киноязыка. «А.» непосредственно взаимодействовал с *дадаизмом* и *сюрреализмом*. Предст. «А.»: Л. Деллюк, А. Ганс, Ж. Дюлак, Ж. Эпштейн; на определ. этапе своего творчества примыкали Р. Клер, Ж. Ренуар, М. Л'Эрбье, Л. Буньюэль.

АВАНГАРДИ́ЗМ (франц. avant-gardisme, от *авангард*), условное наименование худ. движений и объединявшего их умонастроения художников 20 в., для к-рых характерно стремление к коренному обновлению худ. практики, разрыву с установившимися принципами и традициями, поиск новых, необычных средств выражения содержания и форм произв., взаимоотношений художников с жизнью. Принципы А. восприняли *кубизм*, *футуризм*, *дадаизм*, *абстрактное искусство* и многие др. худ. и лит. течения во Франции, Германии, Италии, России, США и др. странах.

АВАНТЮ́РА (франц. aventure), 1) приключение, похождение. 2) Рискованное, сомнит. предприятие, рассчитанное на случайный успех; дело, предпринимаемое без учёта реальных возможностей (отсюда авантюризм).

АВА́РЫ (обры), кочевые племена Центр. Азии, Зап. Сибири, Приуралья и Поволжья. Упоминаются с сер. 5 в. В сер. 6 в. вторглись на Сев.

Аввакум. Священномученик Аввакум (в центре) с избранными святыми. Старообрядческая икона. 18 в.

Абу-Симбел. Скальный храм фараона Рамсеса II.

АБУ́-СИМБЕ́Л, местность на зап. берегу Нила, близ г. Асуан в Египте, где в 1-й пол. 13 в. до н.э. были высечены 2 скальных храма фараона Рамсеса II и гл. др.-егип. богов. На фасаде гл. храма — 4 величественно сидящих колосса Рамсеса II; при стр-ве Асуанской плотины перенесены на плато над старым руслом реки. Комплекс А.-С. включён в список *Всемирного наследия*.

АБХА́ЗИЯ (Абхазская Автономная Республика) (самоназв. Апсны — «Страна души»), в Грузии. Пл. 8,6 т. км². Нас. 533,8 т. ч., гор. 48%; абхазы (17,8%), грузины (45,7%),

8 АВВА

Кавказ и в Сев. Причерноморье. Основали в басс. Дуная гос. объединение Аварский каганат. В кон. 8 в. разбиты королём франков Карлом Великим.

АВВАКУ́М Петрович (1620 или 1621–1682), глава *старообрядчества*, протопоп, писатель. В 1646–47 чл. «Кружка ревнителей благочестия». Выступил против реформ Никона. Сослан с семьёй в 1653 в Тобольск, затем в Даурию. В 1663 возвращён в Москву, продолжал борьбу с офиц. церковью. В 1664 сослан в Мезень. В 1666–67 осуждён на церк. соборе и сослан в Пустозерск, где 15 лет провёл в земляной тюрьме, написал там собств. жизнеописание – «Житие», одно из лучших произв. рус. лит-ры, и многие др. соч. По царскому указу сожжён. Илл. см. на стр. 7.

А́ВГИЕВЫ КОНЮ́ШНИ, в греч. мифологии огромные и сильно загрязнённые конюшни царя Элиды Авгия, очищенные от нечистот в один день Гераклом, направившим в них воды реки (один из его 12 подвигов). Перен. – крайний беспорядок, запущенность.

А́ВГУРЫ (лат. augures), в Др. Риме коллегия жрецов-птицегадателей (по наблюдениям за полётом и криком птиц).

А́ВГУСТ (Augustus) (до 27 до н.э. Октавиан) (63 до н.э.– 14 н.э.), первый рим. имп. с 27 до н.э. Внучатый племянник Цезаря, усыновлённый им в завещании. Победой в 31 до н.э. при Акции над рим. полководцем Марком Антонием и егип. царицей Клеопатрой завершил гражд. войны (43–31 до н.э.), начавшиеся после смерти Цезаря; сосредоточил в своих руках власть, сохранив респ. учреждения (принципат).

А́ВГУСТ (лат. Augustus), 8-й месяц года (31 сут). Назван по имени рим. имп. Августа.

АВГУСТИ́Н Блаженный (Augustinus Sanctus) Аврелий (354–430), христ. теолог и церк. деятель, гл. представитель зап. *патристики*. Епископ г. Гиппон (Сев. Африка). Родоначальник христ. философии истории (соч. «О Граде Божием»): «земному граду» – гос-ву – А. противопоставлял мистически понимаемый «Божий град» – церковь. Развил учение о благодати и предопределении, отстаивал его против Пелагия (см. *Пелагианство*). Автобиогр. «Исповедь» А., изображающая становление личности, отличается глубиной психол. анализа. Христ. *неоплатонизм* А. господствовал в зап.-европ. философии и католич. теологии вплоть до 13 в.

АВГУСТИ́НЦЫ, члены *нищенствующего ордена*, осн. в 13 в. в Италии. Устав ложно приписан Августину (отсюда назв.).

АВГУСТИ́НЧИЧ (Augustinčić) Антун (1900–79), хорв. скульптор. Героические по духу памятники (монумент Мира у здания ООН в Нью-Йорке, 1952–55), портреты, статуи.

АВДА́КОВ Ник. Степ. (1847–1915), предприниматель, обществ. деятель. Совладелец ряда пр-тий в горн. пром-сти. В 1900–05 пред. совета съездов горнопромышленников Юга России, в 1907–15 пред. совета съездов представителей пром-сти и торговли. Один из учредителей, пред. советов монополистич. орг-ций «Продуголь» и «Продамета». С 1906 чл. Гос. совета от пром-сти.

А́ВЕ, МАРИ́Я (лат. Ave, Maria – «Богородице, Дево, радуйся»), муз. произв. на текст католич. молитвы Деве Марии (полифонич. соч. на соответствующее григорианское песнопение, напр. *месса*) или на свободный неканонич. текст (Ф. Шуберт, Ш. Гуно).

А́ВЕЛЬ, в Библии второй сын Адама и Евы; «пастырь овец», убитый из зависти старшим братом Каином – земледельцем, когда Бог предпочёл дары А. Перен.– невинная жертва жестокости.

же учение о двойственной истине (см. *Двух истин теория*). Возник в Парижском ун-те, противостоял как августинианству (см. *Августин*), так и *томизму*. Был осуждён католич. церковью. Гл. предст.– Сигер Брабантский.

АВЕРРО́ЭС, см. *Ибн Рушд*.

АВЕ́РЧЕНКО Арк. Тим. (1881–1925), рус. писатель. После 1917 в эмиграции. В рассказах, пьесах и

А.Т. А́верченко.

фельетонах (сб. «Весёлые устрицы», 1910, «О хороших в сущности людях», 1914; пов. «Подходцев и двое других», 1917) – карикатурное осмеяние рос. быта и нравов. Совре-

А́вель. Я. Тинторетто. «Каин убивает Авеля». 1550–53. Галерея Академии. Венеция.

Августин.

АВЕРБА́Х Ил. Ал-р. (1934–86), рос. кинорежиссёр. Тонкий психол. анализ человеческих чувств сочетается в его фильмах с конкретной социальной характеристикой героев, сдержанность манеры – с достоверно-узнаваемым воплощением реальности. Ф.: «Степень риска» (1969), «Монолог» (1973), «Объяснение в любви» (1978), т/ф «Фантазии Фарятьева» (1979), «Голос» (1982).

АВЕРРОИ́ЗМ, направление в зап.-европ. философии 13–16 вв., развивавшее идеи Ибн Рушда (Аверроэса) о вечности и несотворённости мира, о едином, общем для всех людей мировом разуме как субстанциальной основе индивид. душ (отсюда следовало отрицание их бессмертия), а так-

менники наз. А. «королём смеха». Основатель и ред. ж. «Сатирикон» (1908–14). Кн. «Дюжина ножей в спину революции» (1921) – памфлеты на сов. строй и его вождей. Юмористич. ром. «Шутка мецената» (1925).

«АВЕ́СТА», др.-иран. религ. памятник; в *зороастризме* – собр. священных книг. «А.» возникла, видимо, в 1-й пол. 1-го тыс. до н.э. Текст кодифицирован при Сасанидах (3–7 вв.). Содержит свод религ. и юрид. предписаний, молитв. песнопения, гимны божествам.

АВИА́... (от лат. avis – птица), часть сложных слов, означающая «авиационный» (напр., авиапочта).

АВИАМОДЕ́ЛЬНЫЙ СПОРТ, соревнования по конструированию и изготовлению летающих моделей самолётов, планёров, вертолётов, ракет и др.) и управлению ими в испытаниях на скорость, продолжительность полёта и качество исполнения фигур высш. пилотажа. Получил распространение в России с нач. 1920-х гг. В 1923 осн. Междунар. авиамодельная комиссия, к-рая входит в состав Междунар. авиац. федерации (см. *Самолётный спорт*). Чемпионаты мира с 1925.

АВИАЦИО́ННАЯ МЕДИЦИ́НА, отрасль медицины, изучающая условия проф. деятельности лётчиков и др. авиац. специалистов с целью разработки мер по сохранению их здоровья и работоспособности, а также рекомендаций, связанных с безопасностью полётов. На базе А. м. развилась космич. медицина.

АВИАЦИО́ННЫЙ СПОРТ, собирательное назв. авиац. видов спорта. См. *Авиамодельный спорт*, *Парашютный спорт*, *Планёрный спорт*, *Самолётный спорт*.

АВИА́ЦИЯ (франц. aviation, от лат. avis – птица), понятие, связанное с полётами в атмосфере Земли летат. аппаратов (ЛА) тяжелее воздуха (самолёты, вертолёты, планёры и т.п.), а также орг-ции (службы), связанные с практич. использованием этих ЛА. Науч. основы А.– аэродинамика, механика полёта, аэронавигация и др. Воен. А. впервые была широко применена в 1-й мир. войне, а возд. транспорт начал развиваться после её окончания. В нач. 90-х гг. мировой парк гражд. А. включал ок. 15 тыс. магистральных пасс. самолётов и св. 300 тыс. разл. лёгких ЛА (служебных, спортивных, с.-х., личных и др.). На регулярных маршрутах перевозилось св. 1 млрд. пасс. в год.

АВИНЬО́Н, г. во Франции. 91 т.ж. Шёлковая, металлообр., обувная пром-сть. Консерватория. Музеи: Кальве (собр. живописи и археол. находок); скульптуры. Ежегодные театральные фестивали (с 1947, организатор Ж. Вилар). Междунар. фестиваль совр. танца. Осн. на месте др.-рим. колонии (1 в.). Местопребывание рим. пап в 1309–77, в 1348–1791 (офиц. до 1797) папское владение. На высоком холме – комплекс папского дворца (14 в.) с фресками (14–15 вв.).

Авиньон. Папский дворец. Центральный вход.

АВИТАМИНО́ЗЫ (от *а* – отрицат. приставка и *витамины*), разновидность *витаминной недостаточности* – практически полное отсутствие к.-л. витамина в организме. Проявляются различными заболеваниями (пеллагра, цинга и др.).

АВИЦЕ́ННА, см. *Ибн Сина*.

АВОГА́ДРО (Avogadro) Амедео (1776–1856), итал. физик и химик. Основатель мол. теории строения в-ва (1811). Установил один из газ. законов (1811; закон А.), согласно к-рому в равных объёмах идеальных газов при одинаковых давлении и темп-ре содержится одинаковое число молекул.

АВОГА́ДРО ПОСТОЯ́ННАЯ (Авогадро число) (N_A), число молекул или атомов в 1 моле в-ва; $N_A = 6{,}022 \times 10^{23}$ моль$^{-1}$. Названа по имени А. Авогадро.

АВОКА́ДО, древесное р-ние рода персея, плод. культура. Родина – Центр. и Юж. Америка, где издавна возделывается (США, Бразилия, Аргентина). Выращивается также в Австралии, на Кубе и др., с 1904 – на Черноморском побережье Кавказа. Вечнозелёное дерево выс. до 20 м, долговечно, плодоносит с 4–5 лет. Плоды (150–200 шт. с р-ния) с маслянистой мякотью, по вкусу напоминают грецкий орех, очень питательны, почти не содержат углеводов.

Авокадо. Плоды.

АВРАА́М (Абрам), в Библии родоначальник евреев и арабов, отец Исаака. По велению *Яхве* А. должен был принести сына в жертву, но в момент жертвоприношения был остановлен ангелом.

АВРЕ́ЛИЙ (Aurelius) Марк (121–180), рим. император с 161 из династии Антонинов. Философ-стоик. Восстановил рим. протекторат над Арменией и захватил Месопотамию в войне 162–166 с парфянами; в 166–180 вёл войны с герм. и сарматскими племенами. В соч. «К самому себе» (в рус. пер.– «Наедине с собой», 1914; «Размышления», 1985) рисуется картина мира, управляемого промыслом природы (отождествляемой с Богом), а счастье человека понимается как жизнь в согласии с природой.

АВРО́РА, в рим. мифологии богиня утренней зари. Соответствует греч. *Эос*.

АВСТРА́ЛИЯ, материк в Юж. полушарии. Пл. 7631,5 т. км². Вост. берега А. омывает Тихий ок., на С., З. и Ю.– Индийский ок. Близ А. расположены кр. о-ва Н. Гвинея и Тасмания. Вдоль сев.-вост. побережья А.– *Большой барьерный риф*. Вост. часть А. занимает Б. Водораздельный хребет (2230 м, г. Косцюшко, высш. точка А.). Ср. часть А.– низменность с впадиной, занятой оз. Эйр, зап. часть – плоскогорье (400–500 м) с отд. хребтами и столовыми горами. А.– самая жаркая часть суши Юж. полушария. Б. ч. А. лежит в тропиках, С.– в субэкваториальных широтах, Ю.-З.– в субтропиках. Ср. темп-ры июля от 12 до 20 °C, января от 20 до 30 °C и более; кол-во осадков убывает с В. на З. от 1500 мм в год до 300–250 мм и менее. 60% площади А.– бессточные области. Наиб. полноводная – р. Муррей, наиб. длинная – р. Дарлинг; большинство рек наполняется водой только периодически (т.н. крики). В пустынных р-нах – солёные озёра Эйр, Торренс, Гэрднер. Внутр. часть А. занята пустынями (Б. Песчаная пустыня, Б. пустыня Виктория, Гибсона), обрамлёнными поясом полупустынь с зарослями колючих кустарников (скрэб). На С., В. и З. полупустыни переходят в саванны, к-рые на С.-В. сменяются влажными тропич. лесами, на Ю.-В. и Ю.-З.– эвкалиптовыми подтропич. лесами. Животный мир эндемичен; сумчатые млекопитающие (кенгуру, сумчатый крот), утконос, двоякодышащая рыба рогозуб. Характерны эму, казуары, попугаи какаду. А. открыта в 1606 голландцем В. Янсзоном и названа Н. Голландией; в 19 в. закрепилось назв. А. («Южная Земля»). На терр. А. расположено гос-во Австралия.

АВСТРА́ЛИЯ (Австралийский Союз), гос-во на материке Австралия, о. Тасмания и мелких о-вах. Пл. 7,7 млн. км². Нас. 17,56 млн. ч., в т.ч. белые 95% (потомки ссыльных и переселенцев из Великобритании и Ирландии), коренное нас. 1,5%. Офиц. яз.– английский. Верующие преим. христиане. Входит в *Содружество*. Признаёт главой гос-ва королеву Великобритании, представленную в А. назначаемым ею ген.-губернатором. Законодат. орган – двухпалатный парламент. Столица – Канберра. А.– федерация в составе 6 штатов и 2 терр. Ден. единица – австралийский доллар.

Природа – см. в ст. *Австралия* (материк).

Аврелий. Конная статуя на Капитолийском холме в Риме. Бронза. 170 н.э.

До сер. 19 в. А. использовалась Великобританией как место ссылки. С сер. 19 в. (с открытием золота, развитием овц-ва) возрос поток переселенцев из Великобритании. 1 янв. 1901 создана федерация 6 б. англ. колоний, получившая статус *доминиона*. В 1989 коренное нас. А. получило право на самоуправление. Ведущие полит. партии: Австрал. лейбористская партия (осн. в 1891), Либеральная партия А. (осн. в 1944) и Нац. партия А. (осн. в 1916).

А.– индустр.-агр. страна с развитой добывающей пром-стью. ВНП на душу нас. 17080 долл. в год. А. занимает одно из первых мест в мире по запасам, добыче и экспорту кам. угля, жел., марганц. и свинцово-цинковых руд, бокситов, никеля, висмута, золота, опалов; по добыче медной и титановой руд, серебра, олова, вольфрама, соли. Развита эл.-энергетика (по произ-ву эл-энергии на душу нас. А. занимает одно из первых мест в мире). В обрабат. пром-сти выделяются чёрная (произ-во стали) и цветная (одно из ведущих мест в мире по произ-ву и экспорту алюминия; выплавка меди, свинца, олова) металлургия, маш-ние (автомобилестроение, с.-х., эл.-техн., станко- и приборостроение), хим. (произ-во серной к-ты, минер. удобрений) и нефтехим., фарм. пром-сть. В пищ. пром-сти (1-е место в мире по стоимости продукции; ориентирована преим. на экспорт) выделяются мясоперераб. и сах. (А. занимает одно из ведущих мест в мире по экспорту сахара-сырца, а также молочная и пивоваренная (4-е место в мире по потреблению пива на душу нас.), развивается виноделие. Ок. 60% продукции с. х-ва экспортируется. Ведущие отрасли жив-ва – мясо-шёрстное овц-во и мясо-молочное скот-во. А. занимает 1-е место в мире по поголовью овец (св. 170 млн., преим. мериносы), экспорту шерсти и овчины и является крупнейшим мировым экспортёром говядины. Развито пчеловодство (ок. 25 тыс. т мёда в год, одно из ведущих мест в мире по экспорту мёда). В растениеводстве преобладает зерновое х-во. Гл. культуры – пшеница (сбор св. 17 млн. т в год; 3-е место в мире по экспорту), ячмень (ок. ⅛ мирового экспорта), овёс, сорго, плод-во (ананасы, бананы, цитрусовые, яблоки) и виногр-во (преим. изюмные сорта). Илл. и карту см. на след. стр.

АВСТРАЛО́ИДНАЯ РА́СА (австралийская раса), входит в большую экваториальную (негро-австралоидную) расу. Характерны тёмная кожа, широкий нос, волнистые волосы, сильный рост волос на лице и теле. Распространена в Австралии, Юж. Азии и Океании. Илл. см. на след. стр.

АВСТРАЛОПИТЕ́КИ (от лат. australis – южный и греч. píthēkos –

Авраам. Рембрандт. «Жертвоприношение Авраама». 1635. Эрмитаж.

обезьяна), род высш. двуногих человекообразных приматов, обитавших преим. в Вост. и Юж. Африке от 4 до 1 млн. лет назад. А. имели небольшое тело (длина в ср. 120–130 см), объём мозга колебался от 300 до 570 см³. По-видимому, среди древнейших А. были предки как поздних, более массивных А., так и рода «человек».

АВСТРИЙСКАЯ ШКОЛА в политэкономии. Возникла в 80-х гг. 19 в. в Австрии (К. Менгер, Э. Бём-Баверк, Ф. Визер и др.). В 20-х гг. 20 в. её преемницей стала «молодая А. ш.» (Л. Мизес, Ф. Хайек, Г. Хаберлер и др.). В основе учения А. ш. лежит *предельной полезности теория*. Сходные положения были выдвинуты У. Джевонсом и А. Маршаллом (Великобритания), Л. Вальрасом (Швейцария), Дж. Б. Кларком (США).

Австралоидная раса. Австралийцы.

Австралия. Центральная Австралия. Скала Эйрс – популярное место туризма.

АВСТРИЯ (Австрийская Республика), гос-во в Центр. Европе. Пл. 83,8 т. км². Нас. 7,86 млн. ч., гл. обр. австрийцы. Офиц. яз.— немецкий. Св. 90% верующих – католики. Глава гос-ва и исполнит. власти – президент, избираемый населением, глава пр-ва – канцлер. Законодат. власть осуществляет Нац. совет совместно с Федеральным советом. Столица – Вена. А.– федерация в составе 8 земель и приравненной к ним в адм. отношении Вены. Ден. единица – австрийский шиллинг.

Ок. ⅔ поверхности А. занимают Вост. Альпы и их предгорья (высш. точка – вершина Гросглокнер, 3797 м), ⅓ – равнины и низменности с обширными площадями плодородных земель. Климат равнин и предгорий умеренно континентальный, влажный (в высокогорьях значительно влажнее). Гл. река – Дунай; ок. 850 озёр (крупнейшие – Боденское, Нойзидлер-Зе). Ок. 40% терр.– леса.

В 6–7 вв. терр. А. заселили герм. и частично слав. племена. В 1282 в А. утвердились Габсбурги. С 16 в. А. стала полит. центром формировавшейся в обстановке наступления Османской империи на Юго-Вост. Европу многонац. монархии Габсбургов (с 1804 Австр. империя). А. вела с Пруссией борьбу за гегемонию в Германии, окончившуюся поражением А. в австро-прус. войне 1866. В 1867 Австр. империя преобразована в двуединую монархию – Австро-Венгрию (А.-В.). В условиях поражения в 1-й мир. войне А.-В. в кон. 1918 распалась; на её терр. были созданы А., Венгрия, Чехословакия; части терр. вошли в состав Югославии, Польши, Румынии, Италии. С нояб. 1918 А.– республика. В марте 1938 Германия оккупировала А. (аншлюс). Весной 1945 А. была освобождена. Период врем. оккупации А. войсками СССР, США, Великобритании и Франции завершился восстановлением независимой и демокр. А. (1955), провозгласившей пост. нейтралитет. С 1987 у власти находится коалиц. пр-во (Социал-демокр. партия А., осн. в 1889, и Австр. нар. партия, осн. в 1945).

Австрия. Монастырь в Мельке.

А.– индустр. страна. ВНП на д. нас. 19 240 долл. в год. Осн. природные ресурсы – лес, гидроэнергоресурсы, магнезит. Гл. виды пром. продукции: качеств. сталь, алюминий, пром. оборудование (в т. ч. энергетич.), бытовая электротехника, спорт. товары (произ-во горн. лыж), азотные удобрения, хим. волокна (одно из ведущих мест в мире по произ-ву на душу нас.), бумага, цемент, одежда, обувь, стекло. Св. ⅔ с.-х. продукции даёт молочное жив-во (в т. ч. горнопастбищное). Осн. с.-х. культуры: пшеница, ячмень, сах. свёкла. Виногр-во. Гл. речные порты: Линц, Вена. А.– мировой центр туризма (св. 16 млн. чел. в год; гг. Вена

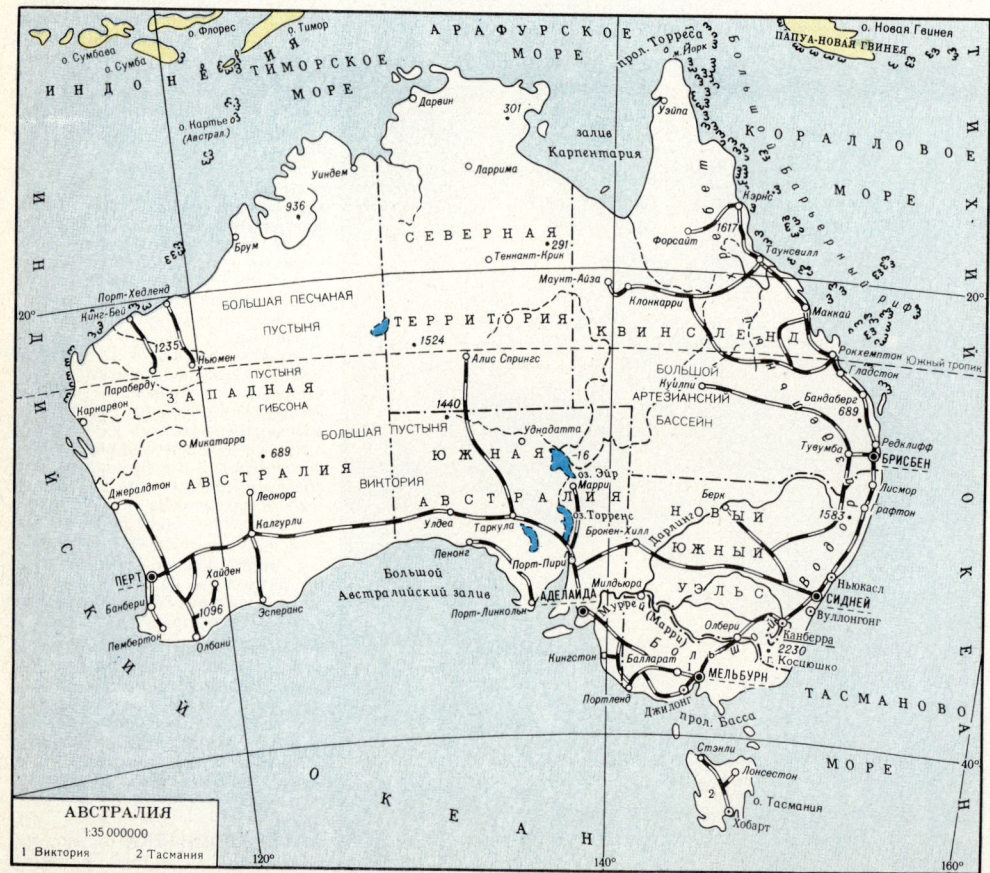

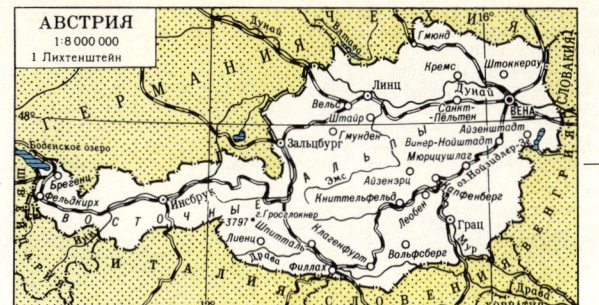

и Зальцбург) и горнолыжного спорта, альпинизма (Инсбрук).

АВСТРО-ВЕ́НГРИЯ, см. в ст. *Австрия*.

АВТА́РКИ́Я (от греч. autárkeia – самоудовлетворение), политика хоз. обособления страны, добровольная или вынужденная изоляция от мирового рынка. Пример стремления к А.– экон. политика фаш. режимов Германии и Италии, где в ходе подготовки к войне ставилась задача добиться самообеспечения стратегич. ресурсами. Политика А. проводилась и в СССР сталинским руководством.

АВТО... (от греч. autós – сам), часть сложных слов, означающая: «автоматический» (напр., автосцепка), «самодвижущийся» (автодрезина), «автомобильный» (автобаза), «свой», «само...» (автопортрет, автолитография).

АВТО́ГРАФ (от *авто*... и ...*граф*), 1) собственноручная, обычно памятная надпись, подпись. 2) Собственноручный авторский рукописный текст.

АВТОКЕФА́ЛЬНАЯ ЦЕ́РКОВЬ (от *авто*... и kephalé – голова), в православии административно самостоят. (поместная) церковь. В нач. 1990-х гг. было 15 А.ц., к-рые согласно рус. диптиху чести и древности расположены таким образом: Константинопольская, Александрийская, Антиохийская, Иерусалимская, Русская, Грузинская, Сербская, Румынская, Болгарская, Кипрская, Элладская (Греческая), Албанская, Польская, Чехословацкая, Американская. Под юрисдикцией Иерусалимской церкви находится Синайская авт. церковь, Константинопольской – Финляндская авт. церковь, Русской – Японская автокефальная церковь (с 1970).

АВТОКОЛЕБА́НИЯ, незатухающие колебания, к-рые могут существовать в колебат. системе за счёт внутр. источника энергии (активного элемента), восполняющего неизбежные в реальной системе потери энергии (напр., колебания маятника часов).

АВТОКРА́ТИЯ (греч. autokráteia – самодержавие, от *авто*... и kratéō – держать, править), форма правления, при к-рой абсолютно неогранич. власть принадлежит одному лицу (напр., *деспотия* Др. Востока, Рим. империя, Византия). См. также *Авторитаризм, Тоталитаризм*.

АВТОМА́Т (от греч. autómatos – самодействующий), 1) машина, машина или система, выполняющие по заданной программе без непосредств. участия человека процессы получения, хранения, преобразования или передачи энергии, материалов или информации. Программа А. (последовательность его действий) либо закладывается в его конструкцию (часы, торг. А.), либо вводится извне на перфокартах, магн. лентах, дискетах (ЭВМ, станки-А.). 2) В информатике – матем. модель существующего или принципиально возможного устройства (системы), преобразующего дискретную информацию.

АВТОМАТИЗА́ЦИЯ, применение автоматов, автоматич. и автоматизир. систем в производств., науч., управленческой и др. сферах деятельности человека. Осн. цель А.– повышение эффективности труда, оптимизация управления, улучшение качества продукции, устранение человека от работы в условиях, опасных для здоровья.

АВТОМАТИ́ЧЕСКАЯ ЛИ́НИЯ, система машин, осн. и вспомогат. оборудования, автоматически выполняющих весь процесс изготовления или переработки продукта произ-ва или его части (напр., технол. линии пищ. пром-сти, выпуска однотипных деталей в радиотехн., электронной пром-сти, отд. деталей машин, в т.ч. подшипников, крепежа).

АВТОМАТИ́ЧЕСКАЯ МЕЖПЛАНЕ́ТНАЯ СТА́НЦИЯ, непилотируемый космич. аппарат для доставки науч. аппаратуры к небесным телам и для изучения межпланетного космич. пространства. Запускались А.м.с.: «Венера», «Марс», «Вега» (СССР), «Маринер», «Пионер», «Вояджер» и др. (США), зап.-европ. А.м.с. «Джотто» и др.

АВТОМАТИ́ЧЕСКОЕ ОРУ́ЖИЕ, см. в ст. *Оружие*.

АВТОМАТИ́ЧЕСКОЕ УПРАВЛЕ́НИЕ, управление техн. объектом (процессом, прибором, машиной, системой) в соответствии с заданной программой без непосредств. участия человека. Осуществляется с помощью техн. средств, обеспечивающих автоматич. сбор и обработку данных о состоянии управляемого объекта (датчики, анализаторы, преобразователи, ЭВМ и др.) и формирование необходимых управляющих воздействий на его исполнит. органы (формирователи, усилители, исполнит. механизмы и др.).

АВТОМОБИ́ЛЬ (от *авто*... и лат. mobilis – подвижный, легко движущийся), трансп. безрельсовая машина, гл. обр. на колёсном ходу, приводимая в движение собств. двигателем (внутр. сгорания, электрич. или паровым). Первый А. с паровым двигателем построен Ж. Кюньо (Франция) в 1769–70, с двигателем внутр. сгорания – Г. Даймлером, К. Бенцем (Германия) в 1885–86. Различают А. пасс. (легковые и автобусы), грузовые, спец. (пожарные, сан. и др.) и гоночные. Скорость легковых А. до 300 км/ч, гоночных до 1020 км/ч (1993), грузоподъёмность грузовых А. до 180 т (иногда св. 300 т). Ежегодно в мире производится ок. 45 млн. А.

АВТОМОБИ́ЛЬНАЯ ДОРО́ГА, дорога, сооружённая или приспособленная для движения автомоб. транспорта. Осн. элементы А.д.: земляное полотно, проезжая часть с обочинами и дорожной одеждой, искусств. сооружения. А.д. оборудуют дорожными знаками и эксплуатац. сооружениями (автовокзалы, заправочные станции и др.). Различают А.д. 5 категорий (по расчётной интенсивности движения). Расчётная скорость по А.д. 1-й категории 150 км/ч, 5-й категории 60 км/ч.

АВТОМОБИ́ЛЬНЫЙ СПОРТ, соревнования на гоночных, спорт., серийных автомобилях (гонки на шоссе и автодроме, ралли, заезды на установление рекордов и др.) и картах. В 1904 осн. Междунар. автомоб. федерация (ФИА); объединяет ок. 100 стран. Чемпионаты Европы с 1935, мира с 1925.

АВТОМОДЕ́ЛЬНЫЙ СПОРТ, соревнования по конструированию и изготовлению моделей автомобилей, управлению ими в ходовых испытаниях на спец. трассах и картах. В 1979 осн. Всемирная орг-ция А.с. (ВМСР); в нач. 90-х гг. объединяла 11 стран. Чемпионаты Европы с 1949, мира с 1980.

АВТОМОТРИ́СА (франц. automotrice, букв.– самодвижущийся), самоходный вагон с собств. двигателем внутр. сгорания. Отличается манёвренностью, развивает скорость до 120 км/ч, может использоваться как тяговое средство для 1–2 вагонов.

Автомотриса.

АВТОНИ́М (от *авто*... и греч. ónyma – имя), подлинное имя автора, пишущего под *псевдонимом*.

АВТОНО́МИЯ (от *авто*... и греч. nómos – закон), 1) собств. закономерность, определяемость к.-л. явления его внутр. законами. Противоположность А.– гетерономия. 2) В праве – самоуправление, самостоятельность. В конституц. праве – право терр. самостоятельно осуществлять гос. власть в пределах, предоставленных ей конституцией, законом. Адм. А.– право местных органов самостоятельно решать все вопросы жизнеобеспечения данной терр. (авт. области, округа и др.).

АВТОПИЛО́Т (от *авто*... и франц. pilote – руководитель, вожак), устройство для автоматич. стабилизации и управления полётом летат. аппарата.

АВТОПОРТРЕ́Т (от *авто*... и *портрет*), портрет художника, выполненный им самим (б.ч. при помощи одного или неск. зеркал). В А. художник выражает оценку собств. личности и творч. принципов.

АВТОРИТАРИ́ЗМ (от лат. auctoritas – власть), одна из форм недемокр. (тоталитарного) полит. режима. Характеризуется сильной личной властью (диктатурой), концентрацией властных полномочий в руках узкой группы лиц, близких к диктатору. См. также статьи *Автократия, Тоталитаризм*.

АВТОРИТЕ́Т (нем. Autorität, от лат. auctoritas – власть, влияние), в широком смысле – общепризнанное влияние лица или орг-ции в разл. сферах обществ. жизни, основанное на знаниях, нравств. достоинствах, опыте.

А́ВТОРСКОЕ ПРА́ВО, раздел гражд. права, регулирующий отношения, связанные с созданием и использованием (издание, исполнение и т.д.) произв. науки, лит-ры и иск-ва. Регулируется нац. правом и междунар. конвенциями по охране авторских прав. По рос. законодательству автору принадлежит исключит. право на своё произв., включающее: право авторства, право на имя, на неприкосновенность произв., его опубликование, использование, а также право на вознаграждение за разрешение использовать и использование произв. А.п. действует в течение всей жизни автора и 50 лет после его смерти. Авторство, имя автора и неприкосновенность произв. охраняются бессрочно. См. также *Интеллектуальная собственность*.

АВТОРХА́НОВ Абдурахман Геназович (р. 1908), историк и писатель. До 1943 в СССР (в 1937 репрессирован), затем депортирован с оккупированного нем. войсками Сев. Кавказа в Германию, где остался после войны. Тр. о тоталитарной системе в СССР: «История культа личности в СССР» (курс лекций по радио), «Технология власти» (1959, опубл. в России 1991), «Загадка смерти Сталина (заговор Берия)» (1976, опубл. в России 1992), «Империя Кремля. Советский тип колониализма» (1988; Вильнюс, 1990); «Мемуары» (1983).

АВТОТРО́ФЫ (от *авто*... и греч. trophé – пища, питание) (автотрофные организмы), организмы, синтезирующие из неорганич. в-в (гл. обр. воды, диоксида углерода, неорганич. соед. азота) все необходимые для жизни органич. в-ва, используя энергию фотосинтеза (все зелёные р-ния – фототрофы) или хемосинтеза (нек-рые бактерии – хемотрофы). А.– осн. производители (продуценты) органич. в-ва в биосфере, обеспечивающие существование всех др. организмов – *гетеротрофов*.

АВУА́РЫ (франц. avoir, букв.– имущество), 1) активы (ден. средства, векселя, чеки, переводы, аккредитивы), за счёт к-рых производятся платежи и погашаются обязательства. 2) Средства банка в иностр. валюте на его счетах в иностр. банках. 3) Вклады частных лиц и орг-ций в банках.

АВУНКУЛА́Т (от лат. avunculus – дядя по матери), обычай, устанавливающий права и обязательства между дядей с материнской стороны и племянниками. В виде пережитка известен у нек-рых совр. народов (напр., у чеченцев, нанайцев).

АГА́ВА, род многолетних бесстебельных р-ний (сем. агавовые). Св. 300 видов, от Ю. США до сев. областей Юж. Америки, особенно в Мексике. Крупные листья в розетку диам. 3–4 м. Цветут раз в жизни (на 5–6-м году, нек-рые на 50–100-м году), образуя цветонос дл. до 12 м с

Агавы в долине Мехико.

многочисл. цветками, после чего отмирают. Виды А. (особенно А. сизалевую) выращивают в тропиках для получения волокна (т.н. *сизаль*); в Мексике из сладкого сока А. готовят алкогольный напиток пульке. Мн. виды — декор. р-ния.

АГАМЕ́МНОН, в греч. мифологии царь Микен, предводитель ахейского войска в *Троянской войне*, брат Менелая. Принёс в жертву Артемиде дочь Ифигению. После взятия Трои возвратился домой, где был убит женой Клитемнестрой и её любовником Эгисфом.

АГА́МЫ, семейство ящериц. Дл. тела до 45 см. Св. 300 видов, в Африке (кроме о. Мадагаскар), Юго-Вост. Европе, Ср., Центр. и Юж. Азии, Австралии и Н. Гвинее.

АГАСФЕ́Р, см. *Вечный жид*.

АГА́Т (греч. achátēs), разновидность *халцедона* полосатого или пятнистого строения либо с декор. включениями; полудрагоценный камень. Каждый образец А. неповторим по цвету (пастельные тона всех цветов), характеру окраски (радужный, облачный, яшмовый и т.п.) и особенностям рисунка (ландшафтный, мозаичный, очковый и др.). Осн. м-ния: в Бразилии, Уругвае, Чехии, Германии, Австралии, России (Урал, Забайкалье и др.), Грузии.

Агат.

АГАЯ́Н Газарос (1840–1911), арм. писатель и педагог. Ром.: автобиогр. «Арутюн и Манвэл» (1867), социальный «Две сестры» (1872), воспоминания (изд. в 1893), произв. для детей, пед. публицистика. Автор популярного пособия для нач. обучения «Мейрени лезу» («Родное слово»; 4 ч., с 1875, издавалось св. 40 лет), учебников по арм. лит-ре и др.

АГЕ́НТ (от лат. agens, род. п. agentis — действующий), лицо, действующее по поручению и в интересах кого-либо; представитель учреждения, орг-ции и т. п., выполняющий поручения, уполномоченный; секретный сотрудник разведки к.-л. гос-ва.

АГЕ́НТСКИЙ ДОГОВО́Р, в гражд. праве Великобритании, США и ряда др. гос-в то же, что в странах континентальной Европы договоры *поручения* и *комиссии*.

АГЕ́НТСТВО, местное отделение к.-л. учреждения, а также после нек-рых информац., посреднич. и т.п. учреждений, напр. телегр. А., трансп. А.

АГИ́НСКИЙ БУРЯ́ТСКИЙ АВТОНО́МНЫЙ О́КРУГ, в Читинской обл., в России. Пл. 19 т. км². Нас. 77,8 т.ч., гор. 33%; буряты (54,9%), русские (40,8%) и др. Центр — пос. гор. типа Агинское. 3 р-на, 4 пос. гор. типа.

Расположен на Ю. Забайкалья (выс. до 1663 м). Климат резко континентальный. Ср. темп-ры янв. −24°C, июля 18°C; осадков 400 мм в год. Кр. река — Онон; на Ю. много мелких озёр. Ок. 30% терр. занимают леса (даурская лиственница, сосна, берёза, осина).

Развита горнодоб. (тантал), лесная, пищ. пром-сть. Жив-во (овцы, кр. рог. скот, лошади). Посевы зерновых и кормовых культур.

АГИОЛО́ГИЯ (от греч. hágios — святой и lógos — слово, учение), один из разделов богословия, изучающий жития святых.

АГЛОМЕРА́ЦИЯ (от лат. agglomero — присоединяю, накопляю) (в металлургии), термич. процесс укрупнения, окусковывания мелких частиц руд, концентратов и пр. При А. образуются легкоплавкие соединения, к-рые при остывании связывают частицы. А. улучшает металлургич. свойства шихты и уменьшает потери при плавке. Разработана в США и впервые использована в 1908–10. В 90-х гг. мировое произ-во агломерата превысило 300 млн. т.

АГЛОМЕРА́ЦИЯ НАСЕЛЁННЫХ ПУ́НКТОВ (городская агломерация), компактная группировка поселений, объединённых интенсивными хоз., трудовыми и культурными связями. Существуют моноцентрич. А.н.п., формирующиеся вокруг крупного города-ядра (пригороды, города-спутники и т.п., напр. Моск. агломерация), и полицентрич. А. (конурбации), имеющие неск. взаимосвязанных городов-ядер и их пригородные зоны (напр., скопление городов в Рурском басс. Германии). См. также *Мегаполис*.

АГНО́Н Шмуэль Йосеф (1888–1970), израильский писатель. Писал на иврите и идише. В творчестве, отмеченном влиянием экзистенциализма и символизма, фантастич. мир нар. веры и праведности, берущий верх над реальностью в ром. «Выдал замуж» (1929), сменяется кошмаром безнадёжности, духовной опустошённости в среде европ. евреев в ром. «Гость зашёл переночевать» (1939), ощущением трагичности евр. судьбы и-ва о переселенцах из Вост. Европы в Палестине «Недавно» (1945). Повести, сб-ки рассказов. Ноб. пр. (1966).

АГНОСТИЦИ́ЗМ (от греч. ágnōstos — недоступный познанию), филос. учение, отрицающее возможность познания объективного мира и

достижимость истины; ограничивает роль науки лишь познанием явлений. Последоват. А. представлен в учениях Дж. Беркли и Д. Юма.

АГО́НИЯ (от греч. agōnía — борьба), терминальное состояние, предшествующее *клинической смерти*. Изменения в период А., как и клинич. (в отличие от биол.) смерти, обратимы, на чём осн. *реанимация*.

Агора в Ассосе (эллинистический период). Реконструкция.

АГОРА́ (agorá), у древних греков нар. собрание, а также площадь, где оно происходило (по сторонам площади находились храмы, гос. учреждения, портики с торг. лавками).

А́ГРА, г. в Индии, на р. Джамна. Св. 899 т.ж. Центр куст. худ. произ-ва. Текст. произ-во. Ун-т. В 16–19 вв. резиденция Вел. Моголов. Архит. пам.: «Агра-форт» с дворцом (16 в.) и «Жемчужной мечетью» (17 в.), мавзолей *Тадж-Махал*.

АГРА́ФЫ (от греч. ágraphos, букв. — незаписанный, устный), слова и изречения, приписываемые Иисусу Христу, но не вошедшие в канонич. Евангелия.

АГРЕГА́Т (от лат. aggrego — присоединяю), 1) механич. соединение неск. машин или устройств, работающих в комплексе (сварочный, машинно-тракторный и др.). 2) Унифициров. узел машины, выполняющий определ. функции и полностью взаимозаменяемый (напр., электродвигатель, насос). 3) Совокупность минер. зёрен или их сростков, образующих горн. породу или её часть.

АГРЕГА́ТНЫЕ СОСТОЯ́НИЯ вещества, состояния одного и того же в-ва в разл. интервалах темп-р и давлений. Традиционно А.с. считают газообразное, жидкое и твёрдое состояния, переходы между к-рыми сопровождаются скачкообразными изменениями плотности, энтропии и др. физ. свойств. При повышении темп-ры газ переходит в ионизованное состояние — плазму, к-рую иногда наз. 4-м А.с. В физике вместо А. с. в-ва чаще используют понятия жидкой, газ. и твёрдой фаз.

АГРЕМА́Н (франц. agrément, от agréer — одобрить), в междунар. праве согласие одного гос-ва (обычно главы гос-ва) принять лицо, назначенное другим гос-вом в качестве своего пост. дипл. представителя (посланника и т.п.). Даётся в письменной форме.

АГРИ́КОЛА (Agricola) (наст. фам. Бауэр, лат. agricola — земледелец, пер. с нем. слова Bauer) Георг (1494–1555), нем. учёный. Гл. тр. «О горном деле и металлургии» (1550, 12 книг) до 18 в. служил осн. пособием по геологии, горн. делу и металлургии.

АГРО... (от греч. agrós — поле), часть сложных слов, означающая

Г. Агрикола.

«агрономический» (напр., агротехника).

АГРОНО́МИЯ (от *агро...* и nómos — закон), комплекс наук (земледелие, агрохимия, агрофизика, растениеводство и др.) о возделывании с.-х. р-ний. Агрономич. правила и наставления были известны в Др. Египте, Месопотамии, Др. Греции, Китае, Индии, Др. Риме. Науч. основы А. заложены в кон. 18 в., с сер. 19 в. А. — комплексная наука. Ведущая роль в становлении и совершенствовании А. принадлежит А.Т. Болотову, И.М. Комову, А.В. Советову, В.В. Докучаеву, К.А. Тимирязеву, Д.Н. Прянишникову, Н.И. Вавилову, И.В. Мичурину (Россия); А. Тэеру, Ю. Либиху (Германия); Л. Бёрбанку (США).

АГРОПРОМЫ́ШЛЕННАЯ ИНТЕГРА́ЦИЯ, организационно-технол. объединение разл. видов деятельности по произ-ву, переработке и реализации с.-х. продукции, обслуживанию с. х-ва.

АГРОТЕ́ХНИКА, система приёмов возделывания с.-х. культур; технология растениеводства.

АГРОФИ́ЗИКА, наука о физ. процессах в почве и р-ниях, применении методов и средств, регулирующих физ. условия жизни с.-х. культур (напр., температурный режим почвы, освещённость), для повышения скороспелости и урожайности. Сформировалась в 20 в.

АГРОХИ́МИЯ, наука о хим. процессах в почве и р-ниях, минер. питании р-ний, применении удобрений и средств хим. мелиорации почв. Сформировалась во 2-й пол. 19 в. Благодаря достижениям А. создана пром-сть по произ-ву минер. удобрений.

АД (греч. hádēs – подземное царство, ср. аид) (преисподняя, пекло), в христ. представлениях место вечного наказания отверженных ангелов и душ умерших грешников. А. близки понятия *Тартар* (греч.), Нарака (индуистское, буддийское), Джаханнам (мусульм.).

АДА́ЖИО (итал. adagio – спокойно, медленно, свободно, вольно), обозначение медленного *темпа*, а также назв. отдельного произв. или части циклич. соч. (обычно 2-й) в темпе А. В классич. балете медленный, как правило дуэтный, номер.

АДА́М, в Библии и Коране первочеловек и отец рода человеческого, созданный Богом.

Ад. Фреска Л. Синьорелли из цикла «Страшный суд». 1499–1503. Собор в Орвието (Италия).

АДАМО́ВИЧ Ал-др (Алесь) Мих. (1927–94), белорус. и рус. писатель, филолог. В романе-дилогии «Партизаны» (ч. 1–2, 1960–63), повестях и док. книгах «Хатынская повесть» (1972), «Я из огненной деревни» (1977, совм. с Я. Брылем и В. Колесником), «Каратели» (1980), «Блокадная книга» (1977–81, совм. с Д. Граниным), «Немой» (1992) осмысляет типы поведения людей в экстремальных ситуациях воен. времени; пацифистская лирико-драм. пов. на фантастич. сюжет «Последняя пастораль» (1987). Публицистич. книги (в т.ч. «Мы — шестидесятники», 1991) актуального обществ.-полит. звучания.

АДАМО́ВИЧ Георг. Викт. (1892–1972), рус. поэт, критик. В 1923 эмигрировал во Францию. В поэзии (сб. «Чистилище», 1922, «На западе», 1939) – источники чувств, драматизм бескрасочного восприятия жизни, в последнем сб. «Единство» (1967) – обретение неуловимого и примиряющего «света». В критич. статьях (сб. «Комментарии», 1967,– эссе о И.А. Бунине, В.В. Набокове, И.С. Шмелёве, Д.С. Мережковском и др.) осмысление культурно-ист. судьбы рус. эмиграции.

А́ДАМСОН (Adamson) Джой (1910–80), натуралист, писательница, художница. Род. в Австрии. С 1938 жила в Африке (Кения). Популярные книги и фильмы о природе и животном мире Африки («Пятнистый сфинкс», 1969; «Моя беспокойная жизнь», 1978). Активный деятель в области охраны диких ж-ных. Убита в своём лагере на терр. нац. парка Меру (Танзания).

АДА́Н (Adam) Адольф (1803–56), франц. композитор. Бал. «Жизель» (1841), «Корсар» (1856) способствовали утверждению романтич. направления во франц. балете. Автор мн. опер, в т.ч. «Почтальон из Лонжюмо» (1836). В 1839–40 жил в С.-Петербурге, где написал и поставил бал. «Пират».

АДАПТАЦИО́ННЫЙ СИНДРО́М, совокупность защитных реакций организма человека или ж-ного (преим. эндокринной системы) при *стрессе*. В А.с. различают стадии тревоги (мобилизация защитных сил), резистентности (приспособление к трудной ситуации), истощения (при сильном и длит. стрессе может закончиться смертью). Концепции А.с. и стресса выдвинуты Г. Селье.

АДАПТА́ЦИЯ (от ср.-век. лат. adaptatio – приспособление), в биологии – приспособление живых организмов к меняющимся условиям существования в результате изменения морфол. и физиол. особенностей и поведения. А. наз. также процесс привыкания.

Адам. Фреска Рафаэля «Адам и Ева». 1508. Ватикан. Станца делла Сеньятура.

АДАПТА́ЦИЯ социальная, процесс взаимодействия личности и социальной группы с социальной средой; включает усвоение норм и ценностей среды в процессе *социализации*, а также изменение, преобразование среды в соответствии с новыми условиями и целями деятельности.

АДА́ПТЕР (англ. adapter, от лат. adapto – приспособляю) (техн.), 1) вспомогат. фотогр. кассета, применяемая вместо осн. (штатной) кассеты, если та не подходит для используемого фотоматериала. 2) Переходная втулка, кольцо или фланец для крепления объектива к корпусу фотоаппарата с иным типом соединения в посадочном гнезде или др. резьбой. 3) То же, что *звукосниматель*.

АДВА́ЙТА-ВЕДА́НТА («веданта недвойственности»), инд. религ.-филос. учение, одна из осн. разновидностей *веданты*, развитая Шанкарой (8–9 вв.). Появление А.-в. связывается с именем мудреца Гаудапады (5 в.). Утверждает нераздвоенность осн. духовного начала (*брахмана – атмана*), его единств. реальность и иллюзорность эмпирич. мира (*майя*).

АДВЕНТИ́СТЫ (от лат. adventus – пришествие), протестантская церковь (гл. обр. в США, возникла в 30-х гг. 19 в.). Проповедуют близость второго пришествия Христа. Наиб. многочисленны А. седьмого дня (празднование субботу – 7-й день недели вместо воскресенья). В России – с 1880-х гг.

АДВОКА́Т (лат. advocatus, от advoco – приглашаю), лицо (юрист по образованию), профессия к-рого – оказание юрид. помощи гражданам и орг-циям, в т.ч. защита их интересов в суде.

АДДИ́С-АБЕ́БА, столица (с 1889) Эфиопии, на выс. св. 2,4 т.м. 1,7 млн. ж. Междунар. аэропорт. Металлообр., пищ., лёгкая, деревообр., цем. пром-сть. Ун-т (осн. в 1887). Музеи: археол., ин-та эфиопских иссл., национальный. Нац. т-р. Нац. б-ка. Резиденция Экон. комиссии ООН для

Аддис-Абеба. Площадь Адуа.

Африки и ОАЕ. Осн. в 1887. Большой дворец (1894), собор Св. Троицы (1941), Дом Африки (1959–61), пам. жертвам фашизма (1955).

АДДИТИ́ВНОСТЬ (от лат. additivus – прибавляемый), свойство объ-

14 АДЕН

екта, по к-рому величина всего объекта равна сумме величин частей объекта при любом разбиении. Так, объём тела равен сумме объёмов его частей.

А́ДЕН, г. в Йемене. 318 т. ж. Транзитный порт на Аравийском м.; междунар. аэропорт. Гл. экон. центр страны. Нефтеперераб., текст., пищ. пром-сть. Судоремонт. Ун-т, ин-т музыки (1973). Изв. с древности под назв. Адана (Асана). В 1839–67 англ. воен. база.

К. Аденауэр.

АДЕНА́УЭР (Adenauer) Конрад (1876–1967), федер. канцлер Германии в 1949–63; в 1946–66 пред. Христ.-демокр. союза. Внёс значит. вклад в разработку Осн. закона (конституции) Германии. В 1917–33 обер-бургомистр Кёльна.

АДЕНОЗИНТРИФОСФА́Т (АТФ), природное органич. соединение, состоящее из пуринового основания аденина, моносахарида, рибозы и 3 остатков фосфорной к-ты; универсальный аккумулятор и переносчик энергии в живых клетках. Энергия освобождается при отщеплении одной или двух фосфатных групп и используется при биосинтезе разл. в-в, движении (в т.ч. мышечном сокращении) и в др. процессах жизнедеятельности. Применяют в качестве лекарств. препарата при спазмах сосудов, мышечной дистрофии.

АДЕНО́ИДЫ (от греч. adén – железа и éidos – вид), патол. увеличение глоточной миндалины, чаще у детей 3–10 лет; вызывает нарушение носового дыхания, снижение слуха и др. расстройства. Лечение чаще хирургическое – удаление А. (аденотомия).

АДЕНО́МА (от греч. adén – железа и ...ома), доброкачеств. опухоль из железистого эпителия (А. молочной, щитовидной, слюнных желёз, гипофиза и др.); сохраняет структурное сходство с исходной тканью. А. предстательной железы – заболевание пожилых мужчин: затруднение мочеиспускания, учащённые позывы на мочеиспускание, острая задержка мочи, признаки почечной недостаточности и др. Лечение хирургическое.

А́ДЕНСКИЙ ЗАЛИ́В, Аравийского м., между п-овами Аравийским и Сомали. Сообщается Баб-эль-Мандебским прол. с Красным м. Пл. 259 т. км². Глуб. до 4525 м. Кр. порт – Аден (Йемен).

АДЕ́ПТ (от лат. adeptus, букв. – достигший), 1) посвящённый в тайны к.-л. учения, секты. 2) Ревностный приверженец к.-л. учения, идеи.

АДЖАНИ́ (Adjani) Изабель (р. 1955), франц. киноактриса. Прославившись в лирич. комедии «Пощёчина» (1974), позже раскрылась в романтич. драмах «История Адели Г.» (1975), «Сёстры Бронте» (1979) и др. Страстный актёрский темперамент А. проявился в ф. «Носферату – призрак ночи» (1979), «Камилла Клодель» (1988). Одна из наиб. популярных актрис 70–80-х гг.

Аджанта. «Апсара». Фрагмент росписи пещеры № 17. 5 – нач. 6 вв.

АДЖА́НТА, насел. пункт в Зап. Индии (шт. Махараштра). Комплекс высеченных в скале будд. монастырей 2 в. до н.э. – 7 в. н.э. В 29 пещерных залах – архит. формы, скульпт. декор, красочные росписи на темы будд. мифологии, в к-рых по существу широко представлена картина инд. быта того времени.

АДЖА́РИЯ (Аджарская Автономная Республика), в Грузии. Пл. 3,0 т. км². Нас. 381,5 т.ч., гор. 48%; грузины (82,8%), русские (7,7%), армяне. Столица – Батуми. 5 р-нов, 2 города, 7 пос. гор. типа.

Расположена в Закавказье, на Черномор. побережье Кавказа. Б.ч. занята предгорьями и горами М. Кавказа. Климат субтропич., влажный. Ср. темп-ры янв. от 6 до –2 °C (в горах), июня от 22 до 16 °C; осадков 1000–2800 мм в год. Гл. река – Чорох. Св. ½ терр. занимают леса (бук, ель, пихта и др.). На побережье – субтропич. растительность. Кинтришский заповедник, Батумский ботан. сад.

Осн. отрасли пром-сти: нефтепераб., маш-ние (эл.-техн. изделия, оборудование для пищ. пром-сти, су-

достроение), пищевкус. (чайная, таб., винодельч., конс. и др.), лёгкая, деревообрабатывающая. Аджарискальская ГЭС. Осн. с.-х. культуры: чай, цитрусовые, табак. Виногр-во, плод-во. Посевы зерновых. Культивируют тунговое дерево, эвкалипт, лавр, бамбук. Жив-во (овцы и козы, кр. рог. скот). Нефтепровод из Баку. Примор. курорты: Кобулети, Батуми, Цихисдзири, Мцване-Концхи (Зелёный Мыс), Махинджаури. Туризм.

АДЖИНА́-ТЕПЕ́, остатки будд. монастырей 7–8 вв. близ г. Курган-Тюбе в Таджикистане. Глиняная скульптура, настенные росписи.

А́ДИ (Ady) Эндре (1877–1919), венг. поэт. Его творчество, близкое импрессионизму и символизму (сб. «Ещё раз», 1903, «Новые стихи», 1906, «На колеснице Ильи-пророка», 1908, и др.), отразило противоречия венг. жизни, антибурж. настроения, рев. идеи.

АДИАБА́ТНЫЙ ПРОЦЕ́СС (адиабатический процесс) (от греч. adiábatos – непереходимый), термодинамич. процесс, при к-ром система не получает теплоты извне и не отдаёт её. Адиабатными можно считать быстропротекающие процессы (напр., распространения звука), а также процессы, протекающие в теплоизолир. системе. Графич. изображение А.п. на диаграмме состояний наз. адиабатой.

АДМИНИСТРАТИ́ВНАЯ ЮСТИ́ЦИЯ, в ряде заруб. стран особый порядок разрешения адм.-правовых споров. Суд. или другие спец. гос. органы (напр., Гос. совет во Франции) рассматривают жалобы граждан на действия органов гос. управления и выносят соотв. решения. В Рос. Федерации обособленной системы спец. А.ю. нет.

АДМИНИСТРАТИ́ВНОЕ ПРА́ВО, отрасль права, регулирующая обществ. отношения в сфере гос. управления. Нормы А.п. определяют порядок орг-ции и деятельности управленч. аппарата, права и обязанности должностных лиц, порядок разрешения адм. споров, наложения адм. взысканий.

АДМИНИСТРА́ЦИЯ (от лат. administratio – служба, управление), 1) совокупность гос. органов, осуществляющих функции управления. 2) Должностные лица управления, руководящий персонал учреждения, пр-тия.

АДМИРАЛТЕ́ЙСТВО, 1) центр воен. кораблестроения; терр. на берегу моря или реки, где расположены вер-

Аджария. Черноморское побережье в р-не курорта Цихисдзири.

фи, мастерские, склады для стр-ва и ремонта воен. кораблей. В России имелись А. в С-Петербурге, Воронеже, Севастополе, Архангельске и др. городах. 2) Здание Гл. А. в С-Петербурге. Заложено как корабельная верфь в 1704 Петром I, к-рому принадлежал осн. замысел сооружения. Перестраивалось в 1727–38 арх. И.К. Коробовым, с 1806 А.Д. Захаровым (закончено в 1823), создав-

Адмиралтейство. Санкт-Петербург. Архитектор А.Д. Захаров. Центральная часть.

шим монументальное здание в формах рус. *ампира* – центр архит. композиции города. Шпиль А. (т.н. Адмиралтейская игла) во многом определяет силуэт города. Скульптура фасадов и интерьеров выполнена Ф.Ф. Щедриным, И.И. Теребенёвым и др. 3) В Великобритании с кон. 17 в. высш. орган управления и командования мор. силами.

АДОМА́ЙТИС (Adomaitis) Регимантас (р. 1937), литов. актёр. С 1967 в Литов. драм. т-ре. Актёр открытого, сильного темперамента, воплощающий психологически сложные характеры: Калигула («Калигула» А. Камю, 1983), Мольер («Мольер» М.А. Булгакова, 1984) и др. Снялся в ф.: «Никто не хотел умирать» (1966), «Король Лир» (1971) и др.

АДОНА́Й (др.-евр.), в иудаизме обозначение бога *Яхве*; равнозначно рус. «Господь».

АДО́НИС (финик. «господь», «владыка»), умирающий и воскресающий бог плодородия в финикийской мифологии. С 5 в. до н.э. культ А. распространился в Греции, позднее в Риме. Возлюбленный Астарты (Афродиты).

АДО́РНО (Adorno) (Визенгрунд-Адорно) Теодор (1903–69), нем. философ, социолог, музыковед. Предст. *франкфуртской школы*. Выступил с критикой культуры и об-ва («Диалектика Просвещения», 1948, совм. с М. Хоркхаймером) и идеями «отрицат. диалектики». А. и его сотрудники в США провели в нач. 1940-х гг. иссл. «авторитарной личности» как социально-психол. предпосылки фашизма. Филос.-эстетич. концепция «новой музыки» А. учитывает опыт гл. обр. творчества композиторов *новой венской школы*.

АДРИАТИ́ЧЕСКОЕ МО́РЕ, часть Средиземного м., между п-овами

Адонис. П. П. Рубенс. «Венера и Адонис». Ок. 1614. Эрмитаж.

Азербайджан. Вид старой части г. Баку.

Апеннинским и Балканским. Пл. 144 т. км². Глуб. до 1230 м. Рыб-во (сардины, скумбриевые и др.). Добыча нефти и газа на шельфе. Кр. порты: Венеция, Триест (Италия), Риека, Сплит (Хорватия), Дуррес (Албания). Курорты.

АДРО́НЫ (от греч. hadrós — большой, сильный), общее назв. элементарных частиц, участвующих в сильных взаимодействиях (см. *Взаимодействия фундаментальные*). А. являются *протоны*, *нейтроны*, мезоны и др. А. состоят из *кварков*. Термин введён Л. Б. Окунем (СССР) в 1967.

АДСО́РБЦИЯ (от лат. ad — на, при и sorbeo — поглощаю), поглощение газов, паров или жидкостей поверхностным слоем тв. тела (адсорбента) или жидкости. В пром-сти А. осуществляют в аппаратах — адсорберах. На А. основаны осушка газов, очистка органич. жидкостей и воды, улавливание ценных или вредных отходов произ-ва.

АДЪЮ́НКТ (от лат. adjunctus — присоединённый), лицо, проходящее науч. стажировку. В России звания и должности А. предусматривались в АН, ряде гос. вузов (до нач. 20 в.) и ун-тах (до 1863). С 1938 А. — офицер, обучающийся в адъюнктуре (аналогична аспирантуре) при вузах Вооруж. Сил.

АДЫГЕ́Я (с 1922 Адыгейская АО, с 1991 Республика Адыгея), в России. Пл. 7,6 т. км². Нас. 437,4 т.ч. (1991), гор. 53%; адыгейцы (22,1%), русские (68%) и др. Столица — Майкоп. 2 города, 5 пос. гор. типа.
Расположена в сев.-зап. части Кавказа, на С.— Прикубанская равнина, на Ю.— предгорья и горы Б. Кавказа. Климат умеренно тёплый. Ср. темп-ры янв. ок. −2 °C, июля ок. 22 °C; осадков ок. 700 мм в год. Гл. река — Кубань (судоходна). Ок. ²⁄₅ терр.— широколиств. леса (бук, дуб, граб, клён). Кавказский заповедник (осн. часть в А.).

Осн. отрасли пром-сти: пищевкус. (конс., маслоб., мясная, таб.-ферментац., эфирно-масличная, чайная и др.), лесная и деревообр., маш.-строит., газодоб. Посевы зерновых, подсолнечника, табака. Овощ-во, бахчеводство; виногр-во, плод-во. Разводят гл. обр. кр. рог. скот. Птиц-во. Пчеловодство.

АДЫРХА́ЕВА Свет. Дзантемировна (р. 1938), артистка балета. В 1960—88 в Большом т-ре. Исполнение отличается одухотворённостью и безупречной техникой. Эгина («Спартак» А. И. Хачатуряна, 1968), Китри («Дон Кихот» Л. Ф. Минкуса, 1972) и др. Принимала участие в формировании проф. балета Сев. Осетии. С 1990 худ. рук. интернац. т-ра балета России «Скиф» (Москва).

А́ЗБУКА (по первым слав. буквам «аз» и «буки»), 1) *алфавит*. 2) Букварь. 3) Система условных знаков (А. Морзе, А. слепых, нотная А. и др.).

АЗЕРБАЙДЖА́Н (Азербайджанская Республика), гос-во в вост. части Закавказья, омывается Каспийским м. Пл. 86,6 т. км². Нас. 7136,6 т.ч., гор. 53%; азербайджанцы (82,6%), армяне (5,6%), русские (5,6%) и др. Офиц. яз.— азербайджанский. Большинство верующих — мусульмане. Глава гос-ва — президент; законодат. орган — парламент (милимеджлис). Столица — Баку. 61 р-н, 65 городов, 122 пос. гор. типа. В

Азербайджан. В Закатальском заповеднике.

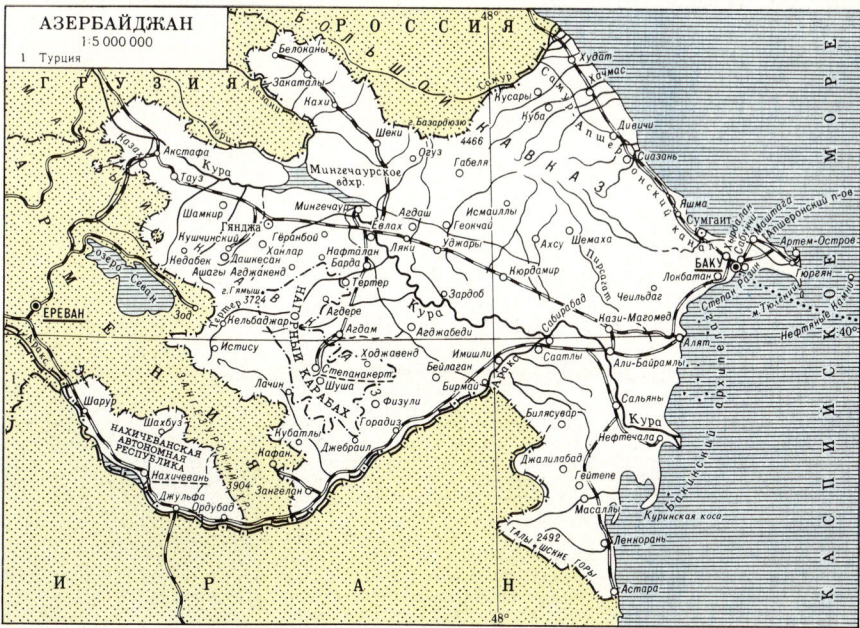

составе А.— Нахичеванская Автономная Республика и Нагорный Карабах. Ден. единица — манат.

Ок. ½ терр. А. занимают горы; на С.— хребты Б. Кавказа (выс. до 4466 м, г. Базардюзю), на Ю.-З.— хребты М. Кавказа и Ю.-В.— Талышские горы, Ленкоранская низм.; в ср. части — Кура-Араксинская низм. Климат в вост. переходный от умеренного к субтропическому. Ср. темп-ры янв. от —10 °C в горн. р-нах до 3 °C на равнинах, июля соотв. от 5 до 27 °C; осадков от 200 до 1700 мм в год. Гл. реки — Кура и Аракс. Св. 250 озёр. Растительность сухих степей, полупустынь и пустынь, в горах — широколиств. леса (дуб, бук, каштан). Высокогорн. луга. Заповедники: Кызылагачский, Закатальский, Ширванский и др.

С 9 в. до н.э. на терр. А. существовали древнейшие гос-ва: Мана, Мидия, Атропатена, Албания Кавказская. В 3—10 вв. под властью Ирана, Арабского халифата. В 9—16 вв. гос-ва — Ширван и др. В 11—14 вв. подверглась нашествиям турок-сельджуков, монголо-татар, Тимура. В 16—18 вв. в гос-ве Сефевидов; объект борьбы между Ираном и Турцией. С сер. 18 в. св. 15 гос-в, зависимых от Ирана. В 1813 и 1828 Сев. А. присоединён к России (Бакинская, Елизаветпольская губ.). Сов. власть установлена в нояб. 1917. В мае 1918 провозглашена Азерб. Респ. 28.4.1920 образована Азерб. ССР; с 12.3.1922 входила в Закавказскую федерацию (ЗСФСР) в составе СССР. По конституции 1936 — непосредственно в СССР как союзная республика. В 1990 учреждён пост президента. В авг. 1991 ВС республики провозгласил независимость А. В 1988—89 возник конфликт между А. и Арменией по поводу Нагорного Карабаха, приведший к вооруж. столкновениям, к-рые в 1993 переросли в широкомасштабные воен. действия; прекращены в 1994.

А.— индустр.-агр. страна. ВНП на д. нас. 870 долл. в год. Произ-во эл.-энергии гл. обр. на ТЭС. Ведущие отрасли пром-сти: нефтегазодоб., нефтеперераб., хим. и нефтехим. (минер. удобрения, синтетич. каучук, шины и др.), маш-ние (в т.ч. произ-во оборудования для хим. и нефтеперераб. пром-сти, станки, приборы и др.; эл.-техн. и радиоэлектронная пром-сть, судоремонт), чёрная и цв. металлургия. Добыча жел. руды, алунита. Развита лёгкая (хл.-бум., шёлковая, шерстяная, ковроткацкая и др.), пищевкус. (в т.ч. конс., таб., чайная, винодельч.) пром-сть. Посевы зерновых (гл. обр. пшеницы), кормовых, техн. культур (в осн. хлопчатник, табак, чай). Овощ-во, плод-во (субтропическое). Гл. отрасли жив-ва: овц-во, мясо-молочное скот-во, птиц-во; шелк-во. Мор. транспорт; гл. порт — Баку, связан ж.-д. паромами с портами вост. побережья Каспийского м. (Красноводск, Актау, Бекдаш). Судох-во по Куре. Нефтепроводы и газопроводы. Курорты: Истису, Нафталан, Апшеронская группа и др.

АЗЕ́Ф Евно Фишелевич (1869—1918), один из основателей и лидеров партии эсеров в России, её Боевой орг-ции. Провокатор, с 1893 секретный сотрудник департамента полиции. Руководитель ряда террористич. актов. В 1901—08 выдал полиции мн. эсеров. В 1908 разоблачён и скрылся за границей.

АЗИА́ТСКИЕ И́ГРЫ, комплексные спорт. соревнования стран Азии. Проводятся с 1951 Федерацией А.и. (АГФ, осн. в 1949), к-рая объединяет св. 30 стран.

АЗИА́ТСКИЙ БАНК РАЗВИ́ТИЯ (АзБР; Asian Development Bank), региональный межгос. банк по долгосрочному кредитованию проектов развития в странах Азии и Тихоокеанского басс. Осн. в 1965. Штаб-квартира — в Маниле (Филиппины). В АзБР входит ок. 50 гос-в. Крупнейшие акционеры — Япония, США.

АЗИ́З НЕСИ́Н (Aziz Nesin) (наст. имя Махмуд Нусрет) (р. 1915), тур. писатель. Сб-ки юмористич. рассказов «Слон по кличке Хамди» (1955), «Молодец» (1959), «Да здравствует отечество» (1975); сатирич. ром. о нравах стамбульской плутократии «Король футбола» (1957), «Эюбюк» (1961).

АЗИ́МОВ (Asimov) Айзек (1920—92), амер. писатель-фантаст, популяризатор науки. Серия романов, в т.ч. «Фундамент и Империя» (1952), «Грань Фундамента» (1982), «Фундамент и Земля» (1986), о крушении галактич. империи и рождении нового обществ. строя. Центр. тема ром. «Сами Боги» (1972) — рационализм без нравственности ведёт ко злу. Научно-популярные книги («Вселенная», 1966, и др.). Автобиография «Пока свежа память» (1979).

А́ЗИЯ, самая большая часть света (ок. 43,4 млн. км²), образует вместе с Европой материк Евразию. Нас. ок. 3,3 млрд. ч. Граница между А. и Европой обычно проводится по Уралу или его вост. подножиям, рекам Эмба, Кума, Маныч, морям Каспийскому, Азовскому, Чёрному и Мраморному, проливам Босфор и Дарданеллы (между Чёрным и Каспийским морями часто по Б. Кавказу). С Африкой А. соединена Суэцким перешейком, от Сев. Америки отделена Беринговым прол. Омывается Сев. Ледовитым, Тихим и Индийским океанами и их окраинными морями, а также внутриматериковыми морями Атлантич. ок. Пл. о-вов св. 2 млн. км².

А.— наиб. контрастная по абс. отметкам высот часть света. На её терр.— высочайшая вершина мира Джомолунгма (8848 м), глубочайшие впадины, занятые озёрами Байкал (глуб. до 1620 м) и Мёртвое м., уровень к-рого на 395 м ниже ур. м. Отличит. черта А.— гирлянда островных дуг на В. Горы и плоскогорья занимают ок. ¾ терр. Осн. горн. системы: Гималаи, Каракорум, Памир, Тянь-Шань, Гиндукуш, Куньлунь, Б. Кавказ, Алтай, Саяны, хребты Верхоянский и Черского. Кр. нагорья: Тибетское, Иранское, Армянское, Малоазиатское, Становое, Корякское. Плоскогорья: Среднесибирское, Аравийского п-ова, Деканское. Наиб. кр. равнины: Зап.-Сибирская, Туранская, Вел. Китайская, Индо-Гангская, Месопотамская. На Камчатке, о-вах Японских и Малайского арх. много действующих вулканов, высокая сейсмичность.

Климат от арктического на С. и резко континентального в Вост. Сибири до экваториального на о-вах Индонезии. На В. и Ю. Азии климат муссонный (самое влажное место на земле — осадков до 12 тыс. мм в год в Индии, Черапунджи), на равнинах Центр., Ср. и Зап. Азии — пустынный и полупустынный. В высокогорьях Ср. и Центр. А., в Гималаях, на о-вах Арктики развито оледенение (пл. св. 120 т. км²). Значит. терр., гл. обр. в Сев. и Вост. Сибири (св. 10 млн. км²), заняты многолетней мерзлотой. Осн. реки: Обь, Иртыш, Енисей, Лена (басс. Сев. Ледовитого ок., б.ч. года покрыты льдом); Амур, Хуанхэ, Янцзы (самая длинная в Азии, 5800 км), Сицзян, Меконг (басс. Тихого ок.); Инд, Ганг, Брахмапутра, Иравади, Салуин, Шатт-эль-Араб (басс. Индийского ок.). Велика площадь внутр. стока (басс. Каспийского и Аральского морей, р-ны Центр. Азии и Ср. Востока). Кр. озёра: Каспийское м. (крупнейшее в мире), Байкал, Балхаш, Иссык-Куль, Ван, Урмия, Кукунор, Поянху, Дунтинху, Тонлесап.

Азия. Река Лена в районе «Столбов».

Азия. Типичный ландшафт южной части Иордании.

Азия. Панорама хр. Гиндукуш на севере Афганистана.

На о-вах Арктики и вдоль побережья Сев. Ледовитого ок. простираются арктич. пустыни и тундры, обрамлённые с Ю. узкой полосой лесотундры, южнее – тайга (преим. темнохвойная на З. и светлохвойная на В.), сменяющаяся к Ю. смешанными и широколист. лесами, лесостепями и степями. Полупустыни и пустыни особенно хорошо выражены на Аравийском п-ове (Нефуд, Руб-эль-Хали), во внутр. р-нах Иранского нагорья (Деште-Лут, Деште-Кевир и др.), в Ср. и Центр. Азии (Каракумы, Кызылкум, Гоби, Такла-Макан), в Юж. Азии (Тар). В субтропиках Зап. А.— средиземноморская растительность, в Вост. А.— муссонные смешанные и широколист. леса. В тропич. широтах Вост. и Юж. Азии — муссонные листопадные леса и саванны, на наветренных склонах гор — вечнозелёные леса. В экв. широтах (гл. обр. в Индонезии) многоярусные заболоченные леса – гилеи. В А. полностью или частично расположены 48 гос-в, а также владения Португалии и Великобритании. См. карту при ст. *Земля*.

АЗНАВУ́Р (Aznavour) Шарль (наст. имя и фам. Варенаг Азнавурян, Азнаурян) (р. 1924), франц. *шансонье*, композитор, киноактёр. На эстраде с 40-х гг. Автор песен (б.ч. в оркестровке П. Мориа), киномузыки. Снимался в ф.: «Дьявол и 10 заповедей», «Не стреляйте в пианиста» и др.

«АЗО́В», 74-пушечный парусный линейный корабль рус. ВМФ. Построен в 1826 в Архангельске. Первым из рус. кораблей награждён за боевое отличие в *Наваринском сражении* Георгиевским кормовым флагом.

АЗО́ВСКИЕ ПОХО́ДЫ 1695–96, походы рус. армии и флота во главе с Петром I, в результате к-рых взят Азов (19.7.1696). Россия получила выход к Азовскому м.

АЗО́ВСКОЕ МО́РЕ (др.-рус.— Сурожское море), на Ю. Украины и Европ. части России. Самое мелкое на Земле. Керченским прол. соединено с Чёрным м. Пл. 39 т. км², Глуб. до 15 м. Кр. зал.: Таганрогский, Сиваш. Впадают кр. реки Дон и Кубань. Замерзает на 2–3 мес. Рыб-во (хамса, тюлька, лещ, судак). Кр. порты: Мариуполь, Бердянск (Украина), Таганрог, Ейск (Россия). Курорты. Ухудшение экологич. обстановки в результате антропогенных воздействий. Солёность А.м. возрастает с 10–11 до 13‰, а в маловодные годы превышает 17‰, что сокращает численность ценных видов промысловой рыбы (осетровых, судака, леща и др.).

АЗО́Т (Nitrogenium), N, хим. элемент V гр. периодич. системы, ат.н. 7, ат.м. 14,0067; газ, $t_{кип}$ −195,80 °C; осн. компонент воздуха (78,09% по объёму), входит в состав всех живых организмов (в организме человека ок. 3% по массе А., в белках до 17%), участвует в круговороте в-в в природе и металлургич. процессах. Осн. область применения – синтез *аммиака*, соединения А.— азотные удобрения. А.— инертная среда в хим. и металлургич. процессах, в овощехранилищах и т.д. Открыл А. в 1772 шотл. учёный Д. Резерфорд.

АЗО́ТА ОКСИ́ДЫ: N_2O (газ, $t_{кип}$ −88,5 °C), NO (газ, $t_{кип}$ −151,6 °C), NO_2 (красно-бурый), N_2O_4 (газ, $t_{кип}$ 20,6 °C − 11,2 °C), N_2O_5 (кристаллы, $t_{пл}$ 41 °C, возгоняется при 33 °C). NO_2 — промежуточный продукт при получении азотной к-ты; NO_2 и N_2O_4 — окислители в жидком ракетном топливе, смесевых ВВ, при очистке нефтепродуктов, катализаторы окисления бензола, метана и др. N_2O — средство для наркоза («веселящий газ»). Пром. выбросы А.о. в атмосферу (~ 50 млн. т/год) вызывают кислотные дожди. А.о.— одни из осн. загрязнителей атмосферы.

АЗО́ТНАЯ КИСЛОТА́, HNO_3, жидкость, $t_{кип}$ 82,6 °C. А.к. применяют в произ-ве удобрений, нитратов, в металлургии, при получении ВВ, серной и фосфорной к-т, красителей и др., для травления металлов, как компонент ракетного топлива. Концентрир. А.к. воспламеняет бумагу, масло, древесину, уголь, вызывает тяжёлые ожоги кожи. Образуется в атмосфере в результате пром. выбросов оксидов азота, одна из составляющих кислотных дождей.

АЗОТФИКСА́ЦИЯ, включение азота воздуха в соединение, доступное для использования р-ниями и организмами. Биол. А. осуществляется азотфиксирующими микроорганизмами, многие из к-рых живут в *симбиозе* с высш. р-ниями (клубеньковые бактерии). А. играет важную роль в круговороте азота в природе и обогащении почвы и водоёмов связанным азотом (симбиотич. А. ежегодно может обогащать 1 га почвы на 200–300 кг азота, свободноживущие организмы — на 15–30 кг). Ведутся работы по созданию с помощью генетич. инженерии с.-х. р-ний, способных к самостоят. А.

АИ́Д (Гадес, Плуто́н), в греч. мифологии сын *Кроноса*. После раздела власти с братьями *Зевсом* и *Посейдоном* царствует с Персефоной в подземном мире мёртвых. А.— также само царство.

Аид. Рельеф из Локр: Аид и Персефона. Терракота. 470–460 до н.э. Национальный музей. Реджо-ди-Калабрия (Италия).

А́ИСТЫ, семейство птиц. Дл. 76–152 см. Клюв длинный, прямой. Многие лишены голоса, звуки издают, щёлкая клювом. 17 видов (аистразия, марабу, белый и чёрный А. и др.), преим. в тропиках. Гнёзда на деревьях и крышах. Кормятся у воды. После гнездования и на зимовках собираются в стаи. Встречающийся в Приамурье дальневосточный А.— на грани исчезновения. С белым А. в народе связано мн. поверий и легенд.

АЙВА́, род древесных р-ний (сем. розоцветные). Один вид – А. обыкновенная. Растёт на Кавказе, в Ср. Азии, Иране, где в культуре не менее 4 тыс. лет. Выращивают также в Зап. Европе; в России – на Ю. Европ. части. Дерево выс. до 12 м или кустарник 1,5–7 м, живёт ок. 70 лет. Плодоносит с 3–4 лет. Множество сортов, интересны крупноплодные (до 3 кг). Плоды (40–100 кг с р-ния) богаты витамином С, сахарами, пектинами, а также дубильными в-вами и эфирным маслом, к-рое придаёт им особый вкус и аромат. Свежими употребляются после долгой лёжки. Древесина идёт на столярные изделия. Подвой для груши. Декоративна. Японской А. наз. р-ния рода *хеномелес*.

Айва. Плод.

АЙВАЗО́ВСКИЙ (Гайвазовский) Ив. Конст. (1817–1900), рос. живописец-маринист. Полотнам («Девятый вал», 1850) с изображениями моря, кораблей, мор. сражений присущи романтич. эффекты освещения, эмоц. приподнятость, тяготение к героике и пафосу.

И.К. Айвазовский. «Радуга». 1873. Третьяковская галерея.

АЙВА́Н [эйван (перс.), иван, ливан), 1) в ср.-азиат. жилищах, мечетях и др.— терраса, навес или галерея с плоским покрытием, на колоннах или столбах. 2) Сводчатый зал, открытый на фасад или во двор здания (во дворцах, мечетях ср.-век. Ирана, Ср. Азии и др.).

АЙВЗ (Ives) Чарлз (1874–1954), амер. композитор. Одним из первых использовал *алеаторику*, серийную технику, *четвертитоновую систему*. 5 симф., камерно-инстр. произв., сочетающие филос. трактовку темы с тонким лиризмом, хоры, песни.

АЙГИ́ Ген. Ник. (р. 1934), рус. поэт, переводчик. Пишет также на чуваш. яз. В поэзии (сб. «Именем отцов», 1958, «Отмеченная зима», 1982, «Теперь всегда снега», 1992), испытавш. воздействие франц. поэтич. культуры, поэтики авангардизма,— стремление раскрыть связь человека, подчас мучительную, с иррациональными глубинами бытия. Антология «Поэты Франции XV–XX вв.» (1968, на чуваш. яз.).

АЙНА́ЛОВ Дм. Власьевич (1862–1939), рос. историк иск-ва. Труды посвящены эстетич. и ист.-культурному истолкованию визант., рус., итал. иск-ва.

АЙРЕ́НЫ, монострофич. форма арм. ср.-век. поэзии, состоит из четырёх 15-сложных стихов.

А́ЙСБЕРГ (англ. iceberg, от голл. ijsberg; слово сканд. происхождения), ледяная гора, кр. глыба ледникового льда, плавающая в море, приледниковом озере или сидящая на мели. Под водой находится до 90% объёма, над поверхностью воды А. возвышаются на 70–100 м. Осн. р-ны образования – шельфовые ледники Антарктиды, о-ва Канад. Арктич. арх., Гренландия.

А́ЙСТИС (Aistis) (наст. фам. Александравичюс; Коссу-Александришкис) Йонас (1904–73), литов. поэт. С 30-х гг. жил в Европе, с 1946 в США. В сб. «Интимные песнопения» (1935), «Угасшие глаза химеры» (1937), «Сестра повседневности» (1951), «В хрустальном гробу» (1957) и др.— мир хрупких эмоций, элегич. настроений, заключённый в традиц. форму классич. стиха. Эссеистика.

АЙТИ́ЕВ Гапар Айтиевич (1912–1984), кирг. живописец. Эпически спокойные, поэтич. пейзажи («После заката», 1974), портреты, жанровые полотна, росписи, скульпт. произв. Илл. см. на стр. 18.

АЙТМА́ТОВ Чингиз (р. 1928), кирг. писатель; пишет на рус. яз. В пов. «Джамиля» (1958), «Материнское

18   АЙЮБ

Г.А. Айтиев. «Полдень на Иссык-Куле». 1954. Третьяковская галерея.

Академия. Эмблема Национальной академии наук США.

Акапулько. Вид части города.

поле» (1963), «Прощай, Гульсары!» (1966), «Белый пароход» (1970), в ром. «И дольше века длится день» («Буранный полустанок», 1980), «Плаха» (1986) – острые филос., этич. и социальные проблемы современности. Проза А. сочетает психол. анализ с мотивами фольклора, мифол. образами, тяготеет к жанру притчи.

АЙЮБИ́ДЫ (Эйюбиды), династия, правившая в кон. 12–13 вв. в Египте, Сирии, Месопотамии, Юж. Аравии. Осн. в 1171 *Салах ад-Дином*. Вели успешные войны с крестоносцами. Осн. ветвь А. в 1250 ликвидирована *мамлюками*.

АКАДЕМИ́ЗМ (франц. académisme), направление, сложившееся в *академиях художественных* 16–19 вв. и основанное на догматич. следовании изв. формам классич. иск-ва античности и Возрождения. А. способствовал систематизации худ. образования, закреплению традиций классич. иск-ва, но культивировал условные идеализир. образы, отвлечённые нормы красоты.

АКАДЕ́МИИ ХУДО́ЖЕСТВЕННЫЕ, науч.-творч. центры в области пластич. иск-в (преим. гос. учреждения), высшие худ. школы (иногда частные). Возникли в Италии в 16 в. В 1648 осн. Королев. академия живописи и скульптуры в Париже, по образцу к-рой в 17–18 вв. созданы АХ в Вене, Берлине, Лондоне, С.-Петербурге и др.

АКАДЕМИ́ЧЕСКАЯ ГРЕ́БЛЯ, вид гребного спорта – гонки на академич. судах [класс наиб. быстроходных гребных лодок с вёслами на уключинах и подвижными (на роликах) сиденьями – банками]. Зародилась в Великобритании в 1-й пол. 19 в., в России в 1860-х гг. В 1892 осн. Междунар. федерация гребных об-в (ФИСА); объединяет ок. 80 стран. Чемпионаты Европы с 1893, мира с 1962.

АКАДЕ́МИЯ, название нек-рых учебных, науч. и др. творч. учреждений (от *Академии платоновской*). А. именовали кружки учёных, собиравшиеся при правителях нек-рых ср.-век. гос-в Востока и Зап. Европы, об-ва мыслителей и художников эпохи Возрождения. В 17 в. возникли первые АН. Совр. уч. А. по типу организации близки институту с неск. ф-тами. Совр. АН, А. иск-в и т.п., как правило, – самоуправляемые сообщества, формирующиеся из членов, избираемых за свой вклад в развитие

Академия. Эмблема Национальной академии деи Линчеи.

Акант.

соотв. области творчества. Предусмотрено неск. категорий членства и особые (академич.) звания. АН в нек-рых странах организуют и ведут н.-и. работу.

АКАДЕ́МИЯ ПЛАТО́НОВСКАЯ, др.-греч. филос. школа, осн. Платоном ок. 387 до н.э. в Афинах; существовала до 1 в. до н.э. Традиция А.п. возобновилась в Афинской школе среднего платонизма (сер. 1–2 вв.) и позже как школа *неоплатонизма* (4–сер. 6 вв.). В эпоху Возрождения А.п. учреждена во Флоренции (1459–1521) во главе с М. Фичино.

АКАДЕ́МИЯ ХУДО́ЖЕСТВ в С.-Петербурге (осн. в 1757, с 1764 Имп. АХ), высш. учреждение в области пластич. иск-в в России. В 18 – 1-й пол. 19 вв. – гл. науч.-творч. центр воспитания и проф. подготовки рус. художников и архитекторов, с 1830-х гг. утверждала принципы *академизма*, но сохранила своё значение как школа проф. мастерства. В 1918 упразднена. В 1933 создана Всерос. АХ, в 1947 реорганизована и создана АХ СССР, в 1992 преобразована в Рос. АХ.

АКА́ЕВ Аскар (р. 1944), президент Киргизии с 1990. През. (1989–90) АН Киргизии. Тр. по физ. оптике и голографии.

АКА́НТ (аканф) (греч. ákanthos), декор. форма, восходящая к рисунку листьев одноим. травянистого р-ния. Мотив А. широко употреблялся в антич. иск-ве.

А КАПЕ́ЛЛА (итал. a cappella), хоровое или ансамблевое пение без инстр. сопровождения. Характерно для культовой музыки – *полифонии* т.н. строгого стиля 15–16 вв. (*Нидерландская школа*; Палестрина, О. Лассо), музыки Рус. правосл. церкви, а также для муз. фольклора.

АКАПУ́ЛЬКО, г. в Мексике, междунар. примор. климатич. курорт, один из наиб. популярных в Зап. полушарии. 302 т.ж. Порт в бухте Акапулько Тихого ок.; междунар. аэропорт. Центр с.-х. р-на (тропич. фрукты, кофе, сах. тростник). Куст. промыслы; рыб-во. Место проведения разл. фестивалей. Центр парусного спорта. Осн. в 16 в. В колон. период А. играл важную роль в междунар. торговле как перевалочный пункт на «азиатской дороге» (торг. путь из Испании в страны Юго-Вост. Азии). Крепость Сан-Диего (17–18 вв.).

АКА́ФИСТ (от позднегреч. akáthistos, от *a* – отрицат. приставка и греч. kathízō – сажусь), хвалебное песнопение правосл. церкви в честь Богородицы, Иисуса Христа и святых. Сб-ки А. наз. акафистниками.

АКА́ЦИЯ, род преим. древесных р-ний (сем. *бобовые*). 750–800 видов, в тропиках и субтропиках, б.ч. – в Австралии, а также в Америке и Африке. Растут гл. обр. в саваннах и прериях, придавая им характерный облик. Ценная древесина; ряд видов дают дубильные в-ва и *камеди*. Неск. видов в культуре на Черномор. побережье Кавказа, в т.ч. А. серебристая (т.н. мимоза) – декор. р-ние. А. наз. также нек-рые деревья из родов альбиция (шёлковая А.), карагана (жёлтая А.), робиния (белая А.).

АКБА́Р Джелаль-ад-дин (1542–1605), правитель Могольской империи (см. *Великие Моголы*) в Индии с 1556, при к-ром империя достигла наиб. могущества.

АКВА... (лат. aqua – вода), часть сложных слов, означающая: «относящийся к воде», «связанный с водой» (напр., аквакультура).

АКВАКУЛЬТУ́РА (от *аква*... и cultura – возделывание, уход), разведение и выращивание вод. организмов (рыб, моллюсков, ракообразных, водорослей) в контролируемых условиях для повышения продуктивности водоёмов. Мировая продукция А. постоянно возрастает. Разведение организмов в мор. или солоноватой воде наз. марикультурой.

АКВАЛА́НГ (от *аква*... и англ. lung – лёгкое), автономный индивид. аппарат для дыхания человека при спусках под воду на глубину до 40 м. Для вдоха используется сжатый воздух, подаваемый из баллонов через дыхат. автомат, выдох непосредственно в воду. Наиб. распространён А., изобретённый в 1943 французами

Академическая гребля.

Ж.И. Кусто и Э. Ганьяном. Время пребывания под водой от 8–10 мин (глуб. 40 м) до 1 ч (5 м).

Аквамарин.

АКВАМАРИ́Н (от лат. aqua marina — морская вода), прозрачная синевато-зелёная или голубая разновидность *берилла*, драгоценный камень. Вероятно, самый кр. кристалл А. (масса 110,5 кг, размер 48,3×41 см) найден в 1910 в Бразилии. Лучшие А. добывают в Бразилии и России (на Урале). М-ния: в США, на Мадагаскаре, Украине, в Мьянме и др.

АКВАРЕ́ЛЬ (франц. aquarelle, от лат. aqua – вода), краски (обычно на растит. клее), разводимые водой, а также живопись этими красками. Отличается свежестью и прозрачностью красок, сквозь к-рые просвечивают тон и фактура основы (чаще всего бумаги), чистотой цвета.

АКВА́РИУМ (лат. aquarium, от aqua – вода), 1) сосуд для содержания и разведения вод. ж-ных и р-ний. 2) Учреждение, где демонстрируются и изучаются представители мор. и пресновод. фауны и флоры. Наиб. известны А. в Неаполе и Монако; кр. А. созданы в США, Японии и др. странах. Большие мор. А. наз. *океанариумами*.

АКВА́РИУМНЫЕ РЫ́БЫ, содержатся в аквариумах с декор. и науч. целями. В естеств. условиях – обитатели тропич. и субтропич. пресных водоёмов (гурами, гуппи, меченосец, неоны, наностомусы, расборы, сомики и др.). Много декор. форм и пород (барбусы, данио, скалярия, золотая рыбка и её формы – вуалехвост, телескоп, шубункин и др.).

АКВАТИ́НТА (итал. aquatinta, букв. – окрашенная вода), вид гравюры, осн. на протравливании кислотой металлич. доски сквозь прилипшую к ней асфальтовую или канифольную пыль. А. создаёт эффект, близкий тоновому рисунку.

АКВАТО́РИЯ [от лат. aqua – вода и (терри)тория], участок вод. поверхности в установленных границах р-на моря, водохранилища или порта. Служит для стоянки судов под разгрузкой и погрузкой (портовая А.), ремонта судов (заводская А.), испытания техники (вод. полигон) и др.

АКВЕДУ́К (от лат. aqua – вода и duco – веду), сооружение в виде моста или эстакады с водоводом (трубой, лотком, каналом), подающим воду к насел. пунктам, оросит. и др. системам от расположенных выше источников. Начали сооружаться со 2-го тыс. до н.э. в странах Др. Востока, с 7 в. до н.э. – в Др. Греции.

АКВИТА́НИЯ, ист. область на Ю.-З. Франции. В древности рим. пров., в ср. века герцогство, присоединённое в 1137 к владениям франц. королей. С 13 в. наз. Гиень (в 1154–1453 в осн. под властью Англии, в 1453 воссоединена с Францией).

АКИ́МОВ Ник. Пав. (1901–68), режиссёр, художник, педагог. В 1935–49 и с 1955 гл. реж. Ленингр. театра комедии (с 1992 С.-Петерб. т-р комедии, с 1989 имени А.). Ставил дерзкие, ироничные и элегантные спектакли, создавая на сцене условный, часто фантастич. мир; стремился к активизации сценич. оформления (выступал и как сценограф), добивался точности жанрового решения

Акведук (Ростокинский в Москве).

спектакля: «Тень» (1940, 1960) и «Дракон» (1944, 1962) Е.Л. Шварца, «Тени» М.Е. Салтыкова-Щедрина (1953), «Дело» А.В. Сухово-Кобылина (1955). Известен как график, портретист и плакатист. Организатор и руководитель худ.-постановочного ф-та Ленингр. ин-та т-ра, музыки и кинематографии.

АККА́Д (Агаде), древний г. в Месопотамии (к Ю.-З. от совр. Багдада). В 24–22 вв. до н.э. центр одноим. гос-ва, включавшего Месопотамию и Элам.

АККЛИМАТИЗА́ЦИЯ (от лат. ad – к, для и *климат*), приспособление организмов к новым условиям существования, к новым *биоценозам*. А. бывает природной (в результате миграции ж-ных, переноса семян р-ний и т.п.) и искусственной (после *интродукции* ж-ных и р-ний). Применительно к человеку А. – приспособление к новым климатич. условиям.

АККОМОДА́ЦИЯ (от лат. accomodatio – приспособление, приноровление), в биологии и медицине термин, близкий *адаптации* и применяемый в опред. случаях: А. глаза – приспособление к ясному видению различно удалённых предметов; А. нерва – повышение порога возбудимости при воздействии медленно нарастающих по силе раздражителей.

АККОМПАНЕМЕ́НТ (франц. accompagnement, от accompagner – сопровождать), муз. сопровождение

Аквариумные рыбы: 1 – чёрный московский телескоп; 2 – жемчужный гурами; 3 – двухцветный лабео; 4 – цихлида-попугай; 5 – пульхер; 6 – пецилия; 7 – ситцевая оранда; 8 – макропод.

(инстр. или вокальное) сольной партии или партий (напр., фп. партия в *романсе*).

АККО́РД (франц. accord, букв.– согласие) (муз.), в классич. *гармонии* *созвучие* из 3–5 звуков, к-рые можно расположить по терциям (см. *Интервал*): трезвучие, септаккорд, нонаккорд.

Аккорд

АККОРДЕО́Н (франц. accordéon), 1) в рус. терминологии – одна из наиб. совершенных разновидностей хроматич. *гармоники* с правой клавиатурой фп. типа; 2) общее наименование ручных гармоник, принятое за рубежом. Назв. инстр-ту дал венский мастер К. Демиан (1829).

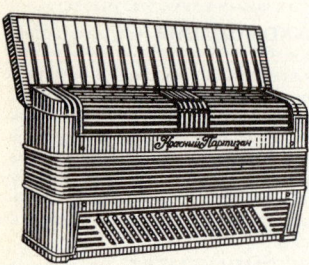

Аккордеон.

А́ККРА, столица (с 1957) Ганы. 949 т. ж. Порт в Гвинейском зал.; междунар. аэропорт. Текст., пищ., металлообр. пр-тия. Куст. произ-во ювелирных изделий из золота и серебра. Ун-т. Академии иск-в и наук. Драм. т-р «Гана-плейхаус». Осн. в 16 в., до кон. 19 в. центр работорговли и торговли золотом и пальмовым маслом. В 1876–1957 резиденция колон. властей Золотого Берега.

Аккра. Здание конгресса профсоюзов.

АККРЕДИТИ́В (от лат. accredo – доверяю), 1) вид банковского счёта, по к-рому осуществляются безналичные расчёты. 2) Именная *ценная бумага*, удостоверяющая право лица, на имя к-рого она выписана, получить в кредитном учреждении указанную в ней сумму.

АККРЕДИТОВА́НИЕ, в междунар. праве процедура назначения дипл. представителя при главе иностр. гос-ва, пост. представителя гос-ва при к.-л. междунар. орг-ции. Термин «А.» используется также при утверждении (аккредитации) журналистов в к.-л. кр. городе, офиц. встрече на высоком уровне, при междунар. конгрессе, олимпиаде, конкурсе и т.п.

АККУМУЛЯ́ТОР (от лат. accumulator – собиратель), устройство для накопления энергии с целью её последующего использования. 1) Электрич. А.– гальванический элемент многоразового использования; преобразует электрич. энергию в химическую и обеспечивает обратное преобразование. Используется как автономный источ. эл.-энергии. 2) Гидравлич. (пневматич.) А. накапливает жидкость (газ), поступающую от насосов (компрессоров), и отдаёт её в моменты наиб. расходов. 3) Тепловой А. запасает тепло (напр., за счёт повышения давления пара в котле), к-рое может быть израсходовано для покрытия пиков тепловой нагрузки в тепловых сетях.

АККУМУЛЯ́ЦИЯ (от лат. accumulatio – собирание в кучу, накопление), 1) накопление осадков или осадочных горн. пород на поверхности Земли. 2) А. (накопление) капитала – превращение части прибыли в капитал.

АКМЕИ́ЗМ (от греч. akmé – высшая степень чего-либо, цветущая сила), течение в рус. поэзии 1910-х гг. (С.М. Городецкий, М.А. Кузмин, ранние Н.С. Гумилёв, А.А. Ахматова, О.Э. Мандельштам). Преодолевая пристрастие символистов к «сверхреальному», многозначности и текучести образов, усложнённой метафоричности, стремились к чувственной пластически-вещной ясности образа и точности, чеканности поэтич. слова. «Земная» поэзия А. склонна к камерности, эстетизму и поэтизации чувств первозданного человека (отсюда второе назв.– адамизм).

АКМОЛИ́НСК (в 1961–92 Целиноград), г., обл. ц. в Казахстане, на р. Ишим. 277 т.ж. Ж.-д. уз. Маш-ние и металлообработка (с.-х. машины, насосы и др.), пищ., легкая пром-сть. 4 вуза, 2 музея; т-р. Осн. в 1830.

АКОСО́МБО, см. *Вольта*.

АКО́СТА (да Коста) Уриель (ок. 1585–1640), евр. мыслитель-вольнодумец. Жил в Голландии. Выступал против догм иудаизма, веры в бессмертие и загробную жизнь. За еретич. взгляды был отлучён от синагоги и подвергнут публ. наказанию. Покончил с собой.

АКРИ́ЛОВОЕ ВОЛОКНО́, то же, что *полиакрилонитрильное волокно*.

АКРОБА́ТИКА (от греч. akrobatéō – хожу на цыпочках, лезу вверх), 1) вид физич. упражнений типа гимнастических. 2) Один из осн. жанров циркового иск-ва (демонстрация гибкости тела артиста, развития мускулатуры). Динамич. А.– разл. приёмы переворачивания тела (сальто, пируэты), статич. А.– сохранение равновесия в стойках, колоннах и др. Исполнители акробатич. номеров наз. акробатами. 3) Вид спорта (см. *Спортивная акробатика*).

АКРОМЕГА́ЛИЯ (от греч. ákron – конечность и mégas, род. п. megálu – большой), эндокринное заболевание, обусловленное избыточной продукцией гормона роста, гл. обр. при *аденоме* гипофиза. Возникает преим. после завершения роста организма; проявляется увеличением конечностей, ниж. челюсти, внутр. органов и др. В детском и юношеском возрасте А. сочетается с гигантизмом.

АКРО́ПОЛЬ (греч. akrópolis – верхний город), возвышенная и укреплённая часть др.-греч. города, т.н. верх. город; крепость (убежище на случай войны). На А. обычно находились храмы божеств-покровителей данного города. Наиб. известен А. в Афинах, внесённый в список *Всемирного наследия*.

АКСА́КОВ Ив. Сер. (1823–86), рус. публицист, обществ. деятель, предприниматель. Сын С.Т. Аксакова. Один из идеологов славянофильства. Ред. газ. «День», «Москва», «Русь», ж. «Русская беседа» и др. Выступал за отмену крепостного права. В 1870-х гг. организатор кампании за освобождение славян от тур. ига. Один из создателей Моск. купеч. об-ва взаимного кредита (1869, с 1874 пред. Совета правления).

АКСА́КОВ Конст. Сер. (1817–60), рус. публицист, историк, лингвист и поэт. Сын С.Т. Аксакова. Один из идеологов славянофильства. Выступал за отмену крепостного права. Тр. по истории Др. Руси, грамматике рус. яз., критич. работы о творчестве Н.В. Гоголя и др., стихи, драм. соч.

АКСА́КОВ Сер. Тим. (1791–1859), рус. писатель. В автобиогр. кн. «Семейная хроника» (1856) и «Детские

С.Т. Аксаков. Литография с портрета И.Н. Крамского.

годы Багрова-внука» (1858) – поэтизация усадебной жизни кон. 18 в., формирование дет. души, проникновенные картины природы. «Записки об уженье рыбы» (1847), «Записки ружейного охотника...» (1852). Дом А., ставший в 1820–40-е гг. одним из центров лит. жизни Москвы,– «родовое гнездо» *славянофилов*.

АКСЕЛЕРА́ТОР (наволат. accelerator – ускоритель), регулятор кол-ва горючей смеси, поступающей в цилиндры двигателя внутр. сгорания. Предназначен для изменения частоты вращения вала двигателя (скорости движения трансп. машины).

АКСЕЛЕРА́ЦИЯ (акцелерация) (от лат. acceleratio – ускорение), в антропологии – ускорение роста и полового созревания детей и подростков по сравнению с предшествующими поколениями. Отмечена в экономически развитых странах в последние 100–150 лет. Напр., масса тела новорождённых в среднем возросла на 100–300 г, годовалых детей – на 2 кг; длина тела годовалых детей увеличилась на 5 см, школьников и взрослых людей – на 10–15 см. Комплекс этих изменений часто обозначают термином «секулярный тренд» (вековая тенденция). Причины А. связывают гл. обр. с изменениями разл. факторов внеш. среды (повышение интенсивности солнечной радиации, урбанизация, улучшение условий жизни и т.д.).

АКСЕЛЬРО́Д Пав. Бор. (1850–1928), участник рев. движения в России. С нач. 70-х гг. народник. В 1883 один из основателей гр. «Освобождение труда». С 1900 чл. ред. газ. «Искра». С 1903 один из лидеров меньшевиков. Окт. рев-цию не принял; эмигрант.

АКСЁНОВ Вас. Пав. (р. 1932), рус. писатель. Сын Е.С. Гинзбург. С 1980 в США. Один из лидеров исповедальной прозы, использующей жаргон гор. молодёжи: пов. «Коллеги» (1960), ром. «Звёздный билет» (1961). Ирония и сатира в пов. «Затоваренная бочкотара» (1968). Ром. «Ожог» (1980), «Остров Крым» (1981), «Московская сага» (кн. 1, 1991) – фарсовое претворение социально-полит. реальности и быта Сов. России, построены на стереотипах *массовой культуры*. Книга об Америке «В поисках грустного бэби» (1986). Ром. «Желток яйца» (1991).

АКСИОЛО́ГИЯ (от греч. axía – ценность и ...*логия*), учение о *ценностях*.

АКСИО́МА (от греч. axíōma – принятие положения), исходное положение науч. теории, принимаемое без доказательства.

АКСИОМАТИ́ЧЕСКИЙ МЕ́ТОД, способ построения науч. теории, при к-ром в основу теории кладутся нек-рые исходные положения, наз. аксиомами, а все остальные положения теории (вспомогательные – леммы и ключевые теоремы) получаются как логич. следствия аксиом. Первым примером применения А.м. явились «Начала» Евклида (ок. 300 до н.э.).

АКСОНОМЕ́ТРИЯ (от греч. áxōn – ось и ...*метрия*), способ изображения предметов на плоскости с фиксир. искажением размеров в каждом

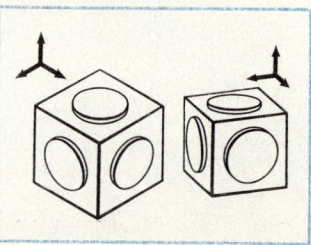

Аксонометрия.

из трёх направлений (длина, ширина, высота).

АКТ (от лат. actus – действие, actum – документ), 1) действие, поступок. 2) Офиц. документ (напр., А. экспертизы). См. также *Акты гражданского состояния*, *Акт юридический*. 3) Законченная часть драм. произв. или театрального представления; то же, что действие. Может дробиться на более мелкие части (*сцены*, картины, явления, эпизоды).

АКТ И ПОТЕ́НЦИЯ (действительность и возможность), категории философии Аристотеля, воспринятые *томизмом*; акт («энергия») – деятельное осуществление чего-либо; потенция – сила, способность к такому осуществлению.

АКТ ЮРИДИ́ЧЕСКИЙ, офиц. письменный док-т, порождающий опредeл. правовые последствия. Издаётся представит. органом, органом управления или должностным лицом в пределах их *компетенции* в установленной законом форме (закон, указ, постановление и т.д.).

АКТИ́В (от лат. activus — деятельный), 1) наиб. деятельная часть к.-л. орг-ции, коллектива. 2) Часть *баланса бухгалтерского* (обычно левая сторона); характеризует состав, размещение и использование хоз. средств.

АКТИ́ВНАЯ СРЕДА́ в квантовой электронике, в-во, в к-ром создана *инверсия населённостей*. А.с.— необходимый элемент большинства устройств квантовой электроники, создающий условия усиления и генерации эл.-магн. волн (см. также *Лазер, Мазер*)

АКТИ́ВНОЕ ИЗБИРА́ТЕЛЬНОЕ ПРА́ВО, право граждан участвовать в выборах главы гос-ва, представит. органов власти (парламента, местного органа власти), в ряде стран — также суда. Возраст предоставления А.и.п. обычно устанавливается конституцией. В Рос. Федерации А.и.п. предоставляется всем гражданам, достигшим 18 лет (за исключением лиц, признанных судом недееспособными, а также содержащихся в местах лишения свободы по приговору суда).

АКТИ́ВНЫЙ У́ГОЛЬ (активированный уголь), пористое тело, получаемое из ископаемых и древесных углей удалением смолистых в-в, а также обугливанием полимеров. Применяют как адсорбент в противогазах (впервые предложил Н.Д. Зелинский в 1915), вакуумной технике, медицине и как носитель катализаторов.

АКТИНИ́ДИЯ, род древесных лиан (сем. актинидиевые). Ок. 40 видов, в Гималаях, Юго-Вост. и Вост. Азии; в России — на Д. Востоке. В культуре 3 вида. А. коломикту, или амурский крыжовник, выращивают в осн. в ср. полосе России. Двудомная лиана дл.

Актинидия. Плоды.

до 15 м, живёт неск. десятков лет, плодоносит с 3–4 лет. Плоды (до 20 кг с р-ния) с ароматом земляники, богаты витамином С (в 5 раз больше, чем в смородине), полезны при авитаминозах и др. заболеваниях. А. китайскую выращивают в Китае, Зап. Европе, США и Н. Зеландии.

АКТИ́НИИ, отряд мор. кишечнополостных; одиночные бесскелетные коралловые *полипы.* Тело вм. до 1,5 м, с венчиком щупалец (их прикосновение может вызвать у человека ожог). Обычно ярко окрашены (напоминают фантастич. цветы). Ок. 1500 видов, гл. обр. в тропич. и субтропич. морях. Для мн. А. характерен симбиоз с раками-отшельниками.

АКТИ́НИЙ (Actinium), Ас, радиоактивный хим. элемент III гр. периодич. системы, ат. н. 89; металл. А. открыл в 1899 франц. химик А. Дебьерн.

АКТИ́НО... (от греч. aktis, род. п. aktínos — луч), часть сложных слов, соответствующая по значению словам «лучистый», «лучевой» (напр., актиноморфный), словосочетанию «лучистая энергия» (напр., актинометрия).

АКТИНО́ИДЫ, семейство из 14 радиоактивных хим. элементов III гр. 7-го периода периодич. системы с ат. н. 90–103, следующих за *актинием:* торий Th, *протактиний* Ра, *уран* U, *нептуний* Np, *плутоний* Pu, *америций* Am, *кюрий* Cm, *берклий* Bk, *калифорний* Cf, *эйнштейний* Es, *фермий* Fm, *менделевий* Md, *нобелий* No и *лоуренсий* Lr. Металлы, имеют близкие хим. свойства. В природе распространены только U и Th, в малых кол-вах встречаются изотопы Ra, Np и Pu. Элементы в ряду Np–Lr, кроме Pu, получены в микроколичествах путём ядерного синтеза.

АКТИНОМИЦЕ́ТЫ, бактерии, образующие ветвящиеся клетки (гифы). Распространены гл. обр. в почве и пресных водоёмах; нек-рые — возбудители болезней (актиномикоза, туберкулёз, дифтерия и др.). Виды, вырабатывающие антибиотики (гл. обр. стрептомицеты), пигменты, витамины и т.п., используют в микробиол. пром-сти.

АКТУА́ЛЬНОСТЬ (от позднелат. actualis — фактически существующий, настоящий, современный), важность, значительность чего-либо для настоящего момента, современность, злободневность.

А́КТЫ ГРАЖДА́НСКОГО СОСТОЯ́НИЯ, осн. факты (рождение, смерть, заключение и расторжение брака, перемена имени, отчества и фамилии и т.п.), к-рые, согласно закону, подлежат регистрации в органах записи актов гражд. состояния.

АКТЮ́БИНСК (до 1891 Актюбе, по-казахски — белый холм?), г., обл. ц. в Казахстане, на р. Илек. 266,6 т.ж. Ж.-д. ст. Чёрная металлургия, маш-ние (с.-х. машины, рентгеноаппаратура и др.), хим. (пластмассы и др.), лёгкая и пищ. пром-сть. 3 вуза. 2 музея. Драм. т-р. Планетарий. Осн. в 1869.

АКУ́ЛЫ, хищные рыбы с хрящевым скелетом. Дл. от 0,2 м (чёрная колючая А.) до 20 м (гигантская А.). Ок.

Акулы: 1 — серо-голубая; 2 — тигровая.

250 видов, распространены в прибрежных и открытых водах всех океанов, немногие — пресноводные (реки Ганг и Амазонка, оз. Никарагуа). Рождают детёнышей или откладывают кр. яйца. Многие А.— объект промысла; их мясо употребляют в пищу (особенно ценится мясо катрана — колючей А., обычной в тёплых водах, в т.ч. в Чёрном м.), из печени получают рыбий жир, из скелета — клей. Крупные А. (тигровая, серо-голубая, акула-молот и др.) нападают на человека.

АКУПУНКТУ́РА (от лат. acus — игла и punctura — укалывание) (иглоукалывание, иглотерапия), метод рефлекторного лечения (см. *Рефлексотерапия*) мн. нервных, аллергич. и др. заболеваний уколами (спец. иглами) в опредeл. точки тела. Существует ок. 5000 лет, восходит к кит. нар. медицине.

АКУ́СТИКА (от греч. akustikós — слуховой), в широком смысле — раздел физики, исследующий *упругие волны* от самых низких частот до самых высоких (10^{12}–10^{13} Гц); в узком смысле — учение о *звуке.* Общая и теоретич. А. занимается изучением закономерностей излучения и распространения упругих волн в разл. средах, их взаимодействия их со средой. К разделам А. относятся электроакустика, мол. А., архит. А. и строит. А., атм. А., геоакустика, гидроакустика, физика и техника ультразвука, психол. и физиол. А., муз. А. и др.

История развития А., как физ. науки, разбивается на 3 периода. 1-й период (нач. 17 — нач. 18 вв.) характеризуется исследованиями системы муз. тонов, их источников, скорости распространения звука (Г. Галилей, Р. Гук, Х. Гюйгенс); 2-й период (нач. 18 — нач. 20 вв.) — развитием А. как раздела *механики.* Создаётся общая теория механич. колебаний, излучения и распространения звуковых волн в среде, разрабатываются методы измерения характеристик звука (импульс, энергия, поток энергии, скорость распространения), расширяется диапазон (от 16 Гц до 20 кГц), выясняется физ. сущ-

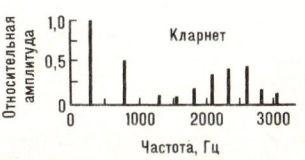

Акустика. Спектры звука различных музыкальных инструментов.

ность *тембра* звука (И. Ньютон, Т. Юнг, Ж. Д'Аламбер, Ж. Лагранж, О. Френель, Л. Эйлер, Д. Бернулли, Г. Гельмгольц). 3-й период (с нач. 20 в.) связан прежде всего с развитием электроакустики, нелинейной А., А. движущихся сред.

АКУТАГА́ВА Рюноскэ (1892–1927), япон. писатель. Скептицизм, грусть, непознаваемые глубины человеческой души, бессилие добра в холодном и жестоком мире — в изящных по стилю рассказах-притчах, основанных на нац. преданиях («Ворота Расёмон», 1915), психол. новеллах («Осень», 1920; «Холод», 1924), аллегорич. романе-сказке «В стране водяных» (1927), повестях-исповедях «Жизнь идиота», «Зубчатые колёса» (обе 1927). Покончил с собой в состоянии депрессии.

АКУШЕ́РСТВО (от франц. accoucher — помогать при родах), древнейшая наряду с терапией и хирургией мед. специальность и область клинич. медицины, изучающая связанные с беременностью и родами процессы в организме женщины и плода, патологию этого периода, разрабатывающая методы родовспоможения и леч.-профилактич. меры. Совр. А. и гинекология составляют единую дисциплину. Вет. А.— отрасль клинич. ветеринарии.

АКЦЕ́НТ (от лат. accentus — ударение), 1) особенности произношения, свойственные говорящему не на своём родном языке. 2) См. *Ударение.* 3) Знак, к-рым отмечается ударение. 4) (Муз.) выделение звука или *созвучия* гл. обр. усилением громкости; в *нотном письме* обозначается sf либо спец. значками.

АКЦЕ́НТНЫЙ СТИХ (ударник), см. *Тоническое стихосложение.*

АКЦЕНТОЛО́ГИЯ (от лат. accentus — ударение и ...*логия*), раздел языкознания, изучающий природу и функции *ударения;* система связанных с ударением явлений языка.

АКЦЕ́ПТ (от лат. acceptus — принятый), 1) в гражд. праве согласие заключить договор на условиях, указанных в предложении (*оферте*). 2) Одна из форм *безналичных расчётов.*

АКЦЕ́ПТОР (от лат. acceptor — принимающий), в физике полупроводников примесный атом, к-рый может захватывать электроны из *валентной зоны* или у *доноров,* образуя при этом дырки, участвующие в электропроводности. Пример А.— атом Ga в кристалле Ge.

АКЦИ́З (франц. accise), вид косвенного *налога,* преим. на товары массового потребления, а также услуги. Включается в цены или тарифы.

АКЦИОНЕ́Р, физич. или юридич. лицо, владеющее акциями данного акц. об-ва.

АКЦИОНЕ́РНАЯ КОММАНДИ́ТА, вид товарищества, соединяющий элементы *акционерного общества* и коммандитного товарищества. Часть участников (вкладчики) отвечает по обязательствам А. к. всем своим имуществом, а часть (акционеры) — лишь в пределах своего вклада.

АКЦИОНЕ́РНОЕ О́БЩЕСТВО, вид товарищества, капитал к-рого разделён на опредeл. число *акций* равной номинальной стоимости. Признаётся юридич. лицом и отвечает по

22 АКЦИ

обязательствам в пределах принадлежащего ему имущества. Ответственность каждого акционера ограничена стоимостью его акций. Подразделяются на А.о. закрытого типа [уставный фонд образуется только за счёт вкладов (акций) учредителей] и А.о. открытого типа (продажа акций осуществляется в форме открытой подписки).

А́КЦИЯ (от лат. actio), действие, выступление, предпринимаемое для достижения к.-л. цели (напр., полит. А., дипл. А.).

А́КЦИЯ (от голл. aktie, нем. Aktie), ценная бумага, свидетельствующая об участии её владельца в капитале *акционерного общества*, выпустившего данную бумагу, и дающая право на получение части прибыли в виде *дивиденда*. Различают А. именные и предъявительские; А., дающие по одному голосу на общем собрании акционеров, неск. голосов (плюральные) и «безголосые»; А. обыкновенные, доход по к-рым колеблется в зависимости от величины прибыли об-ва, и привилегированные, обеспечивающие первоочередное получение дохода в виде фиксир. процента, но лишённые права голоса.

АКЫ́Н, поэт-импровизатор, а также исполнитель своих и нар. произв. эпич. и лирич. характера у народов Казахстана и Ср. Азии; в совр. лит-рах этих народов слово «А.» обозначает и поэта-литератора.

АЛАВЕ́РДИ, кафедральный собор 1-й четв. 11 в., памятник ср.-век. груз. зодчества близ Телави. В плане удлинённый крест; в средокрестии купол на высоком барабане. Роспись 15 в.

Алаверди. Собор.

АЛА́ИД, самый высокий (2339 м) действующий вулкан на *Курильских островах* (о. Атласова). Последнее извержение в 1972.

АЛА́НЫ, ираноязычные племена сарматского происхождения. С 1 в. жили в Приазовье и Предкавказье. Часть А. участвовала в *Великом переселении народов*. Кавк. А. (по-русски ясы) – предки осетин. В кон. 9 – нач. 13 вв. образовали гос-во (Алания) в центр. части Сев. Кавказа, распавшееся в результате монг. завоеваний.

АЛА́РИХ I (Alaricus, Alarich) (ок. 370–410), король *вестготов* с 395. В 410 захватил и разграбил Рим.

АЛБА́НИЯ (Республика Албания), гос-во в Юж. Европе, на Балканском п-ове; омывается Адриатическим м. Пл. 28,7 т. км², 3,36 млн. ч., в осн. албанцы. Офиц. яз. – албанский. Верующие преим. мусульмане. Глава

гос-ва – президент. Законодат. орган – парламент (Нар. собрание). Столица – Тирана. Адм.-терр. деление: 35 рети. Ден. единица – лек.

Центр. часть побережья – равнина, остальная терр. занята горами – Сев. Албанскими Альпами (выс. до 2764 м). Климат субтропич. средиземноморский. Ср. темп-ры янв. 8–9°С, июля 24–25°С; осадков 800–2000 мм в год. Кр. озёра в А. – частично) – Шкодер (Скадарское), Охридское, Преспа; р. – Дрин. Ок. ½ терр. – кустарники и леса; выше 2000 м – альп. луга.

Древнейшее нас. – иллирийцы. Во 2 в. до н.э. – 4 в. н.э. в составе Рим. империи, затем Византии. В кон. 4–5 вв. подвергалась нашествию готов и гуннов. С кон. 6 в. терр. А. заселяли слав. племена. В кон. 10 в. завоёвана болг. царём Самуилом, в сер. 14 в. – серб. королём Стефаном Душаном. После битвы на Косовом поле (1389) – объект регулярных походов турок; борьбу против них в 1443–68 возглавлял Скандербег. К 1479 завоёвана Османской империей. В 1912, после поражения Турции в 1-й Балканской войне, провозглашена независимым гос-вом (с 1928 – кор-во). Албано-итал. договоры и соглашения 1926, 1927, 1936 закрепили полит. и экон. зависимость А. от Италии. В 1939 А. оккупирована Италией, в сент. 1943 – Германией. В нояб. 1944 освобождена Нац.-освобод. армией А.; в 1946 провозглашена нар. республикой; в 1976–91 Нар. социалистич. респ. А. В 1946–91 в А. однопартийный режим Алб. партии труда (до 1985 во главе с Э. Ходжей). В рес. 1960-е гг. был наложен запрет на религиозную деятельность (снят в 1990). С нач. 1960-х гг. резко обострились отношения А. с быв. СССР (выход А. из Варшавского Договора, разрыв дип. отношений и др.), произошло сближение А. с КНР. Начало либерализации режима в кон. 1980 – нач. 90-х гг. сопровождалось массовым бегством жит. за границу. В 1991 принят Закон об осн. положениях конституции, заменившей конституцию 1976. В 1991 на первых свободных выборах избрано Нар. Собрание Респ. А. С 1991 у власти коалиц. пр-во.

А. – индустр.-агр. страна. ВНП на д. нас. 2150 долл. в год. Добыча хромитов, железо-никелевой и медной руды, угля, нефти. Наиб. развиты цв. и чёрная металлургия, нефтепереработка, с.-х. маш-ние, хим. пром-сть (в осн. произ-во минер. удобрений). Традиционно развиты текст. (преим. хл.-бум.), кож.-обув. и пищевкус. отрасли. В с. х-ве преобладает растениеводство; ок. 60% пашни под зерновыми (в т.ч. пшеница, кукуруза). Выращивают табак, подсолнечник, развиты плод-во (маслины, цитрусовые) и виногр-во. Горно-пастбищное жив-во (овцы, козы, кр. рог. скот). Экспорт: хромовые и железо-никелевой руды, нефтепродукты, таб. изделия, лесоматериалы, фрукты и овощи (в т.ч. консервы),

Албания. Город-музей Гирокастра.

Албания. Небольшой город в гористой части страны.

вино, текстиль. Гл. мор. порты: Дуррес, Влёра.

А́ЛГЕБРА, часть математики, развившаяся в связи с задачей о решении *алгебраических уравнений*. Слово «А.» – арабское (аль-джебр), означает один из приёмов преобразования алгебр. ур-ний. Решение ур-ний 1-й и 2-й степени известно ещё с древности (2-е тыс. до н.э.). В 16 в. итал. математиками найдены решения ур-ний 3-й и 4-й степени. К. Гауссом установлено (1799), что всякое алгебр. ур-ние n-й степени имеет n корней (решений), действительных или мнимых. В нач. 19 в. Н. Абель и Э. Галуа доказали, что решения ур-ний степени выше 4-й, вообще говоря, нельзя выразить через корни ур-ния при помощи алгебр. действий. В совр. А. изучается общая теория совокупностей, в к-рых определены алгебр. операции, аналогичные по своим свойствам действиям над числами. Такие операции могут выполняться, напр., над многочленами, векторами, матрицами и т.д.

АЛГЕБРАИ́ЧЕСКОЕ УРАВНЕ́НИЕ, уравнение, к-рое можно преобразовать так, что в левой части будет многочлен от неизвестных, а в правой – нуль. Степень многочлена наз. степенью А.у. Простейшие А.у.: линейное ур-ние – ур-ние 1-й степени с одним неизвестным $ax + b = 0$, имеющее один действительный корень; квадратное уравнение – ур-ние 2-й степени $ax^2 + bx + c = 0$, к-рое в зависимости от значения коэффициентов может иметь либо два различных, либо два совпадающих действительных корня, либо не иметь действительных корней. Вообще, А.у. степени n не может иметь более n корней.

АЛГО́Л [от нач. букв англ. слов algo (rithmic) – алгоритмический и language – язык], первоначально *алгоритмический язык*. Разработан в США в 1958–60 (А. = 58, А. = 60); использовался для записи алгоритмов решения задач численного анализа. Усовершенствованная (в 1964–1968) разновидность А. (А. = 68) – многоцелевой универсальный язык *программирования*, широко используемый при решении науч.-техн. задач.

АЛГОРИ́ТМ (алгорифм) (от algorithmi, algorismus, первонач. – лат. транслитерация имени математика аль-Хорезми), способ (программа) решения вычислит. и др. задач, точно предписывающий, как и в какой последовательности получить результат, однозначно определяемый исходными данными. А.— одно из осн. понятий математики и кибернетики. В вычислит. технике для описания А. используют языки программирования.

АЛГОРИТМИ́ЧЕСКИЙ ЯЗЫ́К, формализованный язык для однозначной записи *алгоритмов*. Состоит из набора символов (алфавит А.я.), синтаксич. правил и семантич. определений; теоретич. основа *языков программирования*. Нередко термины «А.я.» и «язык программирования» используют как синонимы.

АЛДА́НОВ (наст. фам. Ландау) Марк Ал-др. (1886–1957), рус. писатель. Эмигрировал в 1919. Ист. тетралогия «Мыслитель» (1921–27; ром.: «Девятое термидора», «Чёртов мост», «Заговор», «Святая Елена, маленький остров»), рисующая события рус. и европ. истории кон. 18 – нач. 19 вв., ром. «Истоки» (1950), «Ключ» (1928–29) о предыстории рев-ции в России сочетает ист. достоверность с занимательностью сюжета.

АЛЕАТО́РИКА (от лат. alea – игральная кость; жребий, случайность), метод муз. композиции 20 в., предполагающий мобильность муз. текста, когда элементы случайности возводятся в ранг формообразующих факторов. А. использовали П. Булез, Дж. Кейдж, А.Г. Шнитке и др.

АЛЕБА́СТР, см. *Гипс*.

АЛЕЙЖАДИ́НЬЮ (Aleijadindo, букв.– маленький калека; прозвище Антониу Франсиску Лисбоа) (1730 или 1738–1814), браз. архитектор и скульптор. Изуродованный проказой, работал, прикрепляя инстр-ты к перчаткам. Предст. позднего *барокко*. Фасад (1757–77) церкви Бон-Жезус-ди-Матозиньюс в Конгоньясе, скульптура (1780–1805).

АЛЕ́ЙНИКОВ Пётр Мартынович (1914–65), киноактёр. Неистощимый оптимизм, остроумие, заразительная жизнерадостность его героев сделали А. одним из любимых сов. актёров 30–40-х гг. Сыграл в ф.: «Семеро смелых» (1936), «Комсомольск» (1938), «Трактористы» (1939), «Большая жизнь» (1940, 2-я серия 1958).

АЛЕКСА́НДР I (1777–1825), рос. император с 1801. Старший сын имп. Павла I. В начале царствования провёл реформы, подготовленные *Негласным комитетом* и М.М. Сперанским. Под его руководством Россия в 1805–07 участвовала в антифранц. коалициях; велись успешные войны с Турцией (1806–12) и Швецией (1808–09). При А. I к Рос. империи присоединены Вост. Грузия (1801), Финляндия (1809), Бессарабия (1812), Сев. Азербайджан (1813), часть терр. б. герцогства Варшавского (1815). После *Отечественной войны 1812* возглавил в 1813–14 антифранц. коалицию. Был одним из руководителей *Венского конгресса 1814–15* и организаторов *Священного союза*. В 1810-х гг. ввёл в России *военные поселения*. После внезапной смерти А. I получила широкое распространение легенда о том, что А. I после 1825 скрывался под именем старца Фёдора Кузьмича. В офиц. лит-ре именовался «Благословенным».

Александр I. Портрет работы Ф. Жерара.

Александр Невский. Рисунок 17 в.

Александр II. Портрет 2-й пол. 19 в.

Александр III. Хромолитография. 1881.

АЛЕКСА́НДР II (1818–81), рос. император с 1855. Старший сын имп. Николая I. Осуществил *крестьянскую реформу 1861* и др. реформы 1860–70-х гг. Подавил Польск. восст. 1863–64. В царствование А. II завершилось присоединение к Рос. империи Кавказа (1864), Казахстана (1865), большей части Ср. Азии (1865–81). После покушений на его жизнь (1866, 1867, 1879) с кон. 1870-х гг. усилил репрессивную политику. Убит народовольцами. В офиц. лит-ре именовался «Освободителем».

АЛЕКСА́НДР III (1845–94), рос. император с 1881. Второй сын имп. Александра II. В 1-й пол. 1880-х гг. осуществил отмену подушной подати, понизил выкупные платежи. Провёл *контрреформы*. Усилил роль полиции и гос. аппарата. В царствование А. III завершилось присоединение к Рос. империи Ср. Азии (1885), заключён рус.-франц. союз (1891–1893). В офиц. лит-ре именовался «Миротворцем».

АЛЕКСА́НДР МАКЕДО́НСКИЙ (356–323 до н.э.), царь Македонии с 336. Сын царя Филиппа II; воспитателем А.М. был Аристотель. Победил персов при Гранике (334), Иссе (333), Гавгамелах (331), подчинил гос-во Ахеменидов, вторгся в Ср. Азию (329), завоевал земли до р. Инд, создав крупнейшую монархию древности.

АЛЕКСА́НДР НЕ́ВСКИЙ (1220 или 1221–1263), вел. князь владимирский с 1252, князь новгородский (1236–51), тверской (1247–52). Сын кн. Ярослава Всеволодовича. Нанёс швед. войскам сокрушит. поражение в *Невской битве* (1240), за что прозван «Невским». Изгнал немцев из Копорья (осень 1241) и Пскова (весна 1242). Разгромил нем. рыцарей в *Ледовом побоище* (1242). Отверг предложение рим. папы принять католичество. Умелой политикой ослабил тяготы монг.-тат. ига. Канонизирован Рус. правосл. церковью. Останки А.Н. перенесены (1724) из Владимира в петерб. Александро-Невский мон. (с 1797 лавра).

АЛЕКСАНДРИ́ЙСКАЯ БИБЛИОТЕ́КА, крупнейшее в древности собрание рукописных книг (от 100 до 700 тыс. тт.) при Александрийском музейоне. Часть А.б. сгорела в 47 до н.э.; часть уничтожена в 391 н.э., остатки – в 7–8 вв. (как хранилище языческих книг).

АЛЕКСАНДРИ́ЙСКИЙ МУСЕЙО́Н (греч. muséion – храм муз), один из гл. центров науки и культуры древности. Осн. в Александрии в нач. 3 в. до н.э., ликвидирован рим. имп. Аврелианом в 272/273. В А.м. работали Архимед, Плотин, Феокрит и др.

АЛЕКСАНДРИ́ЙСКИЙ СТИХ (от старофранц. поэмы об Александре Македонском), франц. 12-сложный стих или рус. 6-стопный ямб (с *цезурой* после 6-го слога) с парной рифмовкой; осн. размер крупных жанров в лит-ре классицизма. У А. Пушкина – «Послание цензору».

АЛЕКСАНДРИ́Т, минерал, хромсодержащий оксид алюмо-бериллия, драгоценный камень. Назв. в 19 в. фин. геологом Н. Нордшельдом в честь рус. царя Александра II, в день рождения к-рого был открыт. Тв. 8,5. Плотн. ок. 3,65 г/см³. При естеств. освещении изумрудно-зелёный, при искусств.– фиолетово-красный. Образцы ювелирного качества (массой св. 5 кар) чрезвычайно редки. В России широко известна уникальная друза А., найденная на Урале,– «Друза П.А. Кочубея» массой ок. 5 кг, размером 25×15 см, состоит из 22 прекрасно образованных кристаллов величиной 6×3 см (Минер. музей им. А.Е. Ферсмана в Москве). Добыча гл. обр. из россыпей. Гл. м-ния: Шри-Ланка, Зимбабве, Россия (Урал). С нач. 1970-х гг. освоен синтез А.

Александрит (искусственное освещение). Урал.

АЛЕКСАНДРИ́Я (Аль-Искандария), г. в Египте. 3,2 млн. ж. Порт (грузооборот 18 млн. т) на Средиземном м. Через А. проходит ⅕ перевозок Египта. Нефтеперераб., хим., цем., текст., маш.-строит. пром-сть.

Александрия. Вид части города.

Ун-т. Музеи: греко-рим. древностей, изящных иск-в. В пригородах А.— летний мор. курорт. Осн. в 332–331 до н.э. Александром Македонским. При Птолемеях (305–30 до н.э.) столица Египта и центр эллинистич. культуры. Один из гл. центров раннего христианства. В 7 в. перешла под власть арабов. Т.н. колонна Помпея (имп. Диоклетиана), некрополи, катакомбы; мечети и дворцы (17–20 вв.).

АЛЕКСА́НДРОВ Ал-др Вас. (1883–1946), композитор и хоровой дирижёр; ген.-майор (1943). Организатор (1928) и худ. руководитель Ансамбля песни и пляски Сов. Армии. Песни, в т.ч. «Священная война» (1941); музыка Гимна СССР (1943).

АЛЕКСА́НДРОВ Анат. Петр. (1903–1994), физик, през. АН СССР (1975–86). Тр. по физике диэлектриков и полимеров и ядерной физике. Вместе с И.В. Курчатовым и др. в 1942 разработал противоминную защиту кораблей. Одним из первых приглашён Курчатовым для разработки сов. ядерного проекта, а после его смерти (1960) возглавил Ин-т атомной энергии. Руководил иссл. и разработками по ядерной энергетике.

АЛЕКСА́НДРОВ (наст. фам. Мормоненко) Григ. Вас. (1903–83), кинорежиссёр, педагог. Сопостановщик фильмов реж. С.М. Эйзенштейна: «Октябрь» (1927), «Старое и новое» (1929), «Да здравствует Мексика!» (1931, смонтировал в 1979). Родоначальник сов. муз.-эксцентрич. комедии. Пост. ф.: «Весёлые ребята» (1934), «Цирк» (1936), «Волга-Волга» (1938), «Светлый путь» (1940), «Весна» (1947).

АЛЕКСА́НДРОВ Ив. Гаврилович (1875–1936), энергетик и гидротехник. Участник составления плана ГОЭЛРО. Автор проекта Днепрогэса (1926).

АЛЕКСА́НДРОВ, г. (с 1778) во Владимирской обл., в России, на р. Серая. 68,3 т.ж. Ж.-д. уз. Произ-во телевизоров; лёгкая пром-сть. Краеведч. музей. Анс. Александровской слободы: Троицкий собор (1513; фрески – 16 в.), Успенский мон. (17 в.). Изв. с 14 в.; во 2-й пол. 16 в. резиденция Ивана Грозного, центр опричнины (до 1572). В 1578 в А.– одна из первых рус. типографий (издала «Псалтырь»).

АЛЕКСА́НДРО-НЕ́ВСКАЯ ЛА́ВРА, муж. монастырь в С.-Петербурге (с 1797 лавра). Осн. в 1710 в память победы кн. Александра Ярославича над шведами в Невской битве 1240. Действовали Словенская школа для детей разночинцев (с 1721), Славяно-греко-латинская семинария (с 1726), Духовная академия (1809 – после 1917, воссоздана в 1946). В 1910 образован музей – Древлехранилище лавры. В 1918 монастырь упразднён. Кладбища А.-Н. л.: Лазаревское (Некрополь 18 в.), Тихвинское (Некрополь мастеров иск-в) и Никольское – в составе Гос. музея гор. скульптуры (осн. в 1932). Комплекс сооружений: Благовещенская церк. (1717–22), Троицкий собор (1776–90) и др. В А.-Н. л.– могилы М.В. Ломоносова, А.В. Суворова, М.И. Глинки, Ф.М. Достоевского и др.

АЛЕКСЕ́ЕВ Евг. Ив. (1843–1918), военачальник, адм. (1903). С 1899 гл. нач. и команд. войсками Квантунской обл. и рос. мор. силами Тихого ок., участвовал в подавлении Ихэтуаньского восст. в Китае. В 1903–05 наместник на Д. Востоке. В рус.-япон. войну одноврем. главнокоманд. сухопут. и мор. силами; за неудачи в войне в окт. 1904 снят с должности.

АЛЕКСЕ́ЕВ Мих. Вас. (1857–1918), военачальник, ген. от инфантерии (1914). В 1-ю мир. войну нач. штаба Юго-Зап. фр., главнокоманд. армиями Сев.-Зап. фр., с 1915 нач. штаба верх. главнокоманд., в марте – мае 1917 верх. главнокоманд. После Окт. рев-ции один из организаторов и верх. руководитель Добровольч. армии.

АЛЕКСЕ́ЕВ Рост. Евг. (1916–1980), инж.-кораблестроитель. Под рук. А. в СССР созданы пасс. суда на подводных крыльях, в т.ч. речные «Ракета» (первое из них вступило в строй в 1957), «Метеор», «Спутник», первое мор.– «Комета».

АЛЕКСЕ́ЕВ Фёд. Як. (между 1753–55 – 1824), рос. живописец. В тонких гор. пейзажах запечатлел строгий облик С.-Петербурга, живописную красоту Москвы, Венеции и др.

Александров. Ансамбль Александровской слободы.

АЛЕКСЕ́ЕВЫ, рос. предприниматели. Родоначальник – Ал. Петр. (1724–75), из крепостных крестьян. Владельцы крупнейшей в России золотоканительной ф-ки в Москве, торг. фирмы, с 1894 – совладельцы меднопрокатного и кабельного з-дов в Москве (ныне з-д «Электропровод»). Из семьи А.– К.С. Станиславский.

АЛЕКСЕ́Й МИХА́ЙЛОВИЧ (1629–1676), рус. царь с 1645. Сын царя Михаила Фёдоровича. При нём усилилась центр. власть и завершилось оформление крепостного права (Соборное уложение 1649); Украина вошла в состав России (1654), отвоёваны у Речи Посполитой Смоленск, Черниговская земля и др., подавлены восстания в Москве, Новгороде, Пскове (1648, 1650, 1662) и восстание С.Т. Разина; произошёл раскол Рус. церкви.

Алексей Михайлович. Неизвестный художник. «Образ великого государя царя и великого князя Алексея Михайловича всея Великия и Малыя и Белыя России самодержца».

АЛЕКСЕ́Й ПЕТРО́ВИЧ (1690–1718), рус. царевич. Сын Петра I и его первой жены Е.Ф. Лопухиной. Отличался начитанностью, знал языки. Враждебно относился к реформам Петра I. В кон. 1716 бежал за границу. Возвратился (янв. 1718), надеясь на прощение, обещанное Петром I. Подвергнутый розыску с применением пыток, приговорён к смерти. По версии ряда современников, тайно задушен в Петропавловской крепости.

АЛЕКСИЕ́ВИЧ Свет. Ал-др. (р. 1948), белорус. рус. писательница. Очерки на основе исповедальных рассказов прошедших через войну женщин и детей (кн. «У войны – не женское лицо», 1984, «Последние свидетели», 1985, сов. солдат, до дна испивших жестокость и нравств. беспредел афг. войны (кн. «Цинковые мальчики», 1990).

АЛЕКСИ́Й (90-е гг. 13 в.– 1378), рус. митрополит с 1354. Поддерживал объединит. политику моск. князей. Фактически глава моск. пр-ва при малолетнем кн. Дмитрии Донском. Канонизирован Рус. правосл. церковью.

АЛЕКСИ́Й I (Симанский Серг. Вл.) (1877–1970), патриарх Московский и всея Руси с 1945. В 1943–45 митрополит Ленинградский и Новгородский. Возглавил миротворч. движение Рус. правосл. церкви.

АЛЕКСИ́Й II (Ридигер Ал. Мих.) (р. 1929), патриарх Московский и всея Руси с 1990. С 1964 архиепископ Таллинский и Эстонский, управляющий делами Моск. патриарха, пост. чл. Священного синода. С 1968 митрополит Таллинский и Эстонский, с 1988 митрополит Ленинградский и Новгородский. Один из видных деятелей экуменич. движения. В 1964–87 през. Конференции европ. церквей (с 1987 пред. её Президиума).

АЛЁХИН Ал-др Ал-др. (1892–1946), шахматист, шахматный теоретик и литератор; юрист. 4-й чемпион мира (1927–35, 1937–46). Чемпион России (1920). С 1921 жил во Франции. Ав-

А.А. Алехин.

тор 6 книг, в т.ч. «Мои лучшие партии» (1928), «На путях к высшим шахматным достижениям» (1932).

АЛЖИ́Р (Алжирская Народная Демократическая Республика), гос-во в Сев. Африке, омывается Средиземным м. Пл. 2381,7 т. км². Нас. св. 26 млн. ч., гл. обр. алжирские арабы. Офиц. яз.– арабский. Государственная религия – ислам. Глава гос-ва – президент. Столица – Алжир. Адм.-терр. деление: 48 вилай. Ден. единица – алжирский динар.

А. занимает центр. часть горн. обл. Атлас и ¼ часть пустыни Сахары. Климат Сев. А. субтропич., Сахары – тропич. пустынный. Ср. темп-ры июля 25 °C, в январе понижаются на межгорн. равнинах до 5 °C; осадков от 50 мм в год в пустыне до 1200 мм в горах. Леса в горах из пробкового дуба (3-е место в мире по пробковому сырью), пустынная и полупустынная растительность. Многолетнее злаковое р-ние – трава альфа (идёт на произ-во лучших сортов бумаги; 1-е место в мире по альфовому сырью).

В 12 в. до н.э. на терр. А. возникли финикийские поселения, в 3 в. – гос-во Нумидия. В 1 в. до н.э.– 5 в. н.э. под властью Рима, с 6 в. Византии. В 7 в. завоёван арабами. В 11–13 вв. переживал расцвет в составе гос-в Альморавидов и Альмохадов. С 1-й пол. 16 в. под властью Османской империи. В 1711–1830 А. правили местные правители (деи) – вассалы тур. султана. После захвата Францией г. Алжир (1830) А. стал её колонией (офиц. в 1834). В результате нац.-освободит. войны 1954–62 А. в 1962 добился независимости. У власти находилась единственная в стране

Алжир. В горах Атласа.

Алжир. Панорама города.

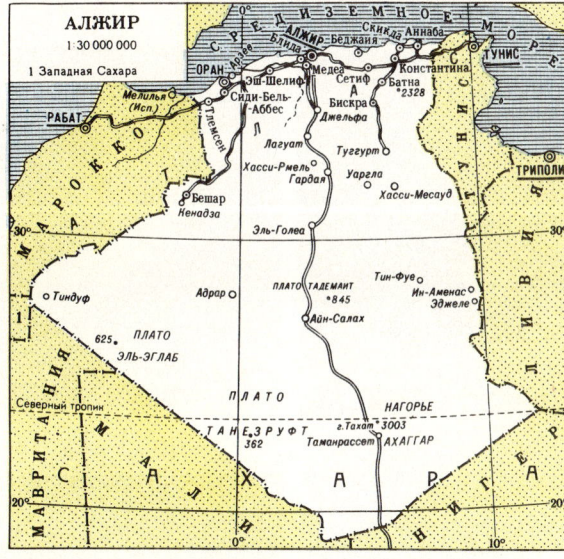

партия – Фронт нац. освобождения. Конституция 1989 провозгласила переход к многопартийной системе.

Основа экономики – нефтегаз. пром-сть (даёт ок. 90% валютных поступлений). ВНП на д. нас. 2060 долл. в год. В 80-е гг. А. занимал 1-е место в Африке по добыче природного газа и 3-е – по добыче нефти. Развита чёрная металлургия, маш-ние, электротехн., хим. пром-сть. Осн. с.-х. культуры: зерновые, виноград, овощи, фрукты; в оазисах – финиковая пальма. Разводят коз, овец, кр. рог. скот, верблюдов. Гл. мор. порты: Беджаия, Арзев, Алжир, Аннаба, Оран. Экспорт: нефть, нефтепродукты.

АЛЖИ́Р, столица (с 1962) Алжира. 1,5 млн. ж. Порт на Средиземном м.; международ. аэропорт. Метрополитен. Маш-ние, текст., хим., нефтеперераб. Музеи. Алжирский нац. т-р. Осн. в 10 в. на месте развалин небольшого рим. поселения Икозиум. В 1830–1962 адм. ц. франц. колонии Алжир. Касба-крепость (тур. времени). Большая мечеть (1096) с минаретом (1323) и др.

АЛИ́ (? – 661), четвёртый халиф (с 656) Араб. халифата. Двоюродный брат и зять Мухаммеда. Убит членом мусульм. секты хариджитов. Объявлен шиитами первым *имамом*.

А́ЛИБИ (от лат. alibi – в другом месте), в уголов. процессе факт нахождения обвиняемого или подозреваемого вне места совершения преступления в момент, зафиксированный как время преступления.

АЛИ́ЕВ Гейдар Алиевич (Али Рза оглы) (р. 1923), президент Азербайджана (с окт. 1993). С 1964 зам. пред., в 1967–69 пред. КГБ при СМ Азерб. ССР. С 1969 1-й секр. ЦК КП Азербайджана. В 1982–87 1-й зам. пред. СМ СССР. Чл. Политбюро ЦК КПСС в 1982–87 (канд. в 1976–82). С 1991 пред. Верховного меджлиса Нахичеванской Авт. Республики. С июня 1993 пред. ВС Азербайджана.

АЛИМЕНТА́РНЫЕ ЗАБОЛЕВА́НИЯ человека и животных, связаны с недостаточным (витаминная недостаточность, дистрофия алиментарная и др.) или избыточным (гипервитаминоз, ожирение и др.) поступлением в организм пищ. в-в по сравнению с физиол. потребностями.

АЛИМЕ́НТЫ (от лат. alimentum – пища, содержание), средства, к-рые в установленных законом случаях одни члены семьи обязаны выплачивать на содержание других. При отказе от добровольной выплаты А. могут быть взысканы через суд.

АЛИ́ МУХА́ММЕД (Ali Muhammad) (р. 1942), амер. спортсмен (бокс). Чемпион мира среди профессионалов в тяжёлом весе (1964–74). Чемпион Олимп. игр (1960) в полутяжёлом весе. До нач. 1960-х гг. был известен как Кассиус Клей; принял мусульманство, изменил имя и фамилию.

АЛКИВИА́Д (ок. 450–404 до н.э.), афинский политик и полководец. Воспитанник Перикла, ученик Сократа. В период *Пелопоннесской войны* с 421 (неоднократно) стратег, создатель антиспартанской коалиции. Затем перешёл на сторону *Спарты*. Поддерживал в 411 афинских олигархов, затем демократов. В 411–408 выиграл мор. сражения при Абидосе, Кизике и др. Заподозренный в стремлении к власти, бежал к персам. Убит ими по настоянию спартанцев.

АЛКИ́ДНЫЕ СМО́ЛЫ, смолы синтетические, продукты реакции нек-рых карбоновых к-т с многоатомными спиртами. А.с. – основа эмалевых красок и грунтовок. Р-ры А.с. в органич. растворителях – алкидные лаки, применяемые для защиты дерева и металла.

АЛКОГОЛИ́ЗМ ХРОНИ́ЧЕСКИЙ, заболевание, обусловленное систематич. употреблением спиртных напитков. Проявляется физич. и психич. зависимостью от алкоголя, психич. и социальной деградацией, патологией внутр. органов, обмена в-в, центр. и периферич. нерв. системы. Нередко возникают алкогольные психозы.

АЛКОГО́ЛЬНЫЕ ПСИХО́ЗЫ, психич. заболевания, возникновение к-рых связано с алкоголизмом. Наиб. частые формы – белая горячка (помрачение сознания, зрительные и слуховые галлюцинации, возбуждение, разл. соматич. и неврологич. расстройства), алкогольный галлюциноз (преим. слуховые галлюцинации угрожающего содержания), бред ревности.

АЛКОНО́СТ [искажение др.-рус. речения «алкион есть (птица)», от греч. alkyón – зимородок], сказочная (райская) птица с человеческим лицом, изображавшаяся на старинных лубочных рус. картинках. Часто упоминается и изображается вместе с *сирином*.

АЛЛА́Х (араб.), имя Бога в исламе.

АЛЛАХАБА́Д, г. в сев. части Индии, у слияния рр. Ганг и Джамна. 806 т.ж. Трансп. узел. Пищевкус. пром-сть, произ-во предметов религ. культа. Ун-т. Религ. центр индуизма. Крепость (16 в.), кам. колонна Ашоки (ок. 242 до н.э., выс. св. 10 м).

АЛЛЕ́ (Allais) Морис (р. 1911), франц. экономист, предст. неолиберального направления в совр. политэкономии. Выступил с идеей «конкурентного планирования», осн. на сочетании гос. программирования экономики с конкуренцией частных орг-ций. Соч. по теории рынков, эффективного использования материальных ресурсов и др. Ноб. пр. (1988).

АЛЛЕГО́РИЯ (греч. allegoría – иносказание), изображение отвлечённой идеи (понятия) посредством *образа*. Смысл А., в отличие от многозначного *символа*, однозначен и отделён от образа; связь между значением и образом устанавливается по сходству (лев – сила, власть или царственность). Как *троп* А. используется в баснях, притчах, моралите; в изобр. иск-вах выражается определ. атрибутами (правосудие – женщина с весами). Наиб. характерна для иск-ва средневековья, Возрождения, маньеризма, барокко, классицизма.

АЛЛЕ́ГРО (итал. allegro, букв. – весёлый, радостный), обозначение быстрого *темпа*, а также назв. 1-й части *сонатной формы* (сонатное А.).

АЛЛЕ́ЛЬ (от греч. aa allélon – друг друга, взаимно), одна из возможных форм одного и того же гена. А. расположены в одинаковых участках (локусах) гомологичных (парных) хромосом; определяют варианты развития одного и того же признака, контролируемого данным геном. Новые А. (их число практически неограниченно) возникают в результате изменения структуры гена – *мутации*. Свойство гена находиться в разл. аллельных состояниях наз. аллелизмом. В генетич. лит-ре термин «А.» употребляют как в муж., так и в жен. роде.

АЛЛЕМА́НДА (франц. allemande, букв. – немецкая), 1) старинный танец нем. происхождения, 2-дольного размера, с сер. 16 в. придворный. Со 2-й пол. 18 в. танец типа *вальса*. 2) В 17–18 вв. 1-я часть инстр. *сюиты*.

А́ЛЛЕН (Allen) Вуди (наст. имя и фам. Аллен Стюарт Кёнигсберг) (р. 1935), амер. кинорежиссёр, актёр, драматург. Автор новелл и пьес, комик в шоу, затем в кино, режиссёр ф. «Всё, что вы всегда хотели знать о сексе, но боялись спросить» (1972) и др. Позже обратился к трагифарсу («Зелиг», 1983), психол. драмам («Интерьеры», 1978), драм. комедиям («Пурпурная роза Каира», 1985). Автор или соавтор сценариев своих фильмов, в к-рых играл также гл. роли.

АЛЛЕРГИ́Я (от греч. állos – другой и érgon – действие), повышенная чувствительность организма к воздействию нек-рых факторов окружающей среды (хим. в-ва, микроорганизмы, пищ. продукты и др.), наз. аллергенами. Приводит к развитию аллергич. болезней – бронхиальной астмы, *поллинозов*, крапивницы и др.

АЛЛЕРГОЛО́ГИЯ, раздел медицины, изучающий причины, механизмы развития, проявления аллергич. болезней и аллергич. реакций и разрабатывающий методы их диагностики, лечения и профилактики.

АЛЛИГА́ТОРЫ, семейство *крокодилов* с широкой короткой мордой. Включает собственно А. и *кайманов*. 7 видов, гл. обр. в Сев. и Юж. Америке. Миссисипский А. (дл. до 6,3 м) сохранился преим. в болотах Флориды, китайский А. (до 2,5 м) – в р. Янцзы (оба вида редки). Разводят на фермах ради кожи. В неволе живут до 85 лет.

АЛЛИЛУ́ЙЯ (от др.-евр. халлелуйя – «хвалите Бога»), в христ. богослужении припев церк. песнопения (первоначально к определ. псалмам), заимствованный из др.-евр. богослужения и прославляющий Бога.

АЛЛИТЕРА́ЦИЯ (от лат. ad – к, при и littera – буква), повторение однородных согласных, придающее лит. тексту, обычно стиху, особую звуковую и интонац. выразительность. Напр., «Пора, мой друг, пора!

26 АЛЛО

покоя сердце просит» (А.С. Пушкин).

АЛЛО... (от греч. állos – другой), часть сложных слов, означающая: «иной», «другой» (напр., аллопатия).

АЛЛОПА́ТИЯ (от алло... и ...патия), термин, предложенный основоположником гомеопатии С. Ганеманом для обозначения негомеопатич. методов лечения.

АЛЛЮ́Р (франц. allure, букв.– походка), вид движения лошадей, зверей, собак и др. (шаг, рысь, иноходь, галоп, карьер). Напр., осн. А. рысака – рысь, охотничьей собаки и зайца – галоп, медведя – иноходь. Иск-ств. А. – парадный шаг, пассат, пьяффе, пируэт – применяют в цирковом иск-ве и кон. спорте.

АЛМА́-АТА́ (до 1921 Верный), столица Казахстана, на реках Б. и М. Алматинка, у подножия Заилийского Алатау. 1156,2 т. ж. Ж.-д. ст.

Алмаз «Горняк». Найден в Якутии.

получение А. из графита (США, впервые в мире в 1954; Россия, Япония и др.); ежегодно производится неск. млн. кар (в осн. для техн. нужд).

АЛМА́ЗНЫЙ СИНДИКА́Т, междунар. корпорация по сбыту природных алмазов ЮАР, Заира, Намибии и др. стран. Осн. в 1892. Господств. роль играет компания «Де Бирс Консолидейтед майнс» (ЮАР).

АЛМА́ЗНЫЙ ФОНД, гос. собрание драгоценных камней и ювелирных изделий, имеющих ист., худ. и материальную ценность, а также уникальных зол. и платиновых самородков. Осн. в 1922. С 1967 в Моск. Кремле открыта пост. выставка А.ф. В А.ф. хранятся семь «ист.» камней, кр. самородки золота («Б. Треугольник», св. 36 кг) и платины («Уральский великан», св. 7,8 кг).

А́ЛОВ Ал-др Ал-др. (1923–83), рос. кинорежиссёр. Работал с В.Н. Наумовым. Романтичность и метафоричность в ф. «Павел Корчагин» (1957), «Ветер» (1959), «Мир входящему» (1961) сменяются строгой аналитичностью и эпич. широтой в ф. «Бег» (1971), «Легенда о Тиле» (1977).

А́ЛОЙ И БЕ́ЛОЙ РО́ЗЫ ВОЙНА́ 1455–85, междоусобная война за

Алмазный фонд: 1–6 – «исторические» камни [1 – алмаз «Орлов» (190 кар), 2 – алмаз «Шах» (ок. 89 кар), 3 – портретный алмаз (св. 25 кар), вставленный в браслет (1-я четв. 19 в.), 4 – тёмно-красная шпинель (ок. 399 кар) в оправе с бриллиантами из большой императорской короны (18 в.), 5 – колумбийский изумруд (св. 136 кар), вставленный в брошь (19 в.), 6 – цейлонский сапфир (св. 260 кар), вставленный в брошь (19 в.)]; 7 – большой бриллиантовый букет; 8 – держава – символ власти монарха в России.

1

2

Алма-Ата. Казахский театр оперы и балета имени Абая.

Маш-ние и металлообработка, пищ., лёгкая, деревообр., полиграф. пром-сть. АН Казахстана. 16 вузов (в т.ч. ун-т с 1934). 12 музеев (в т.ч. Музей Казахстана, Музей иск-в имени А. Кастеева). Т-ры: казах. оперы и балета, немецкий, рус. драм. и др. Осн. в 1854; в кон. 19 в.– место полит. ссылки. А.-А. сильно страдала от землетрясений (крупные в 1887 и 1911) и сели (1921). Дерев. собор (ныне музей; 1907, антисейсмич. конструкция). Близ А.-А.– крупнейший в мире спорт. комплекс Медео. В р-не А.-А.– курорт Алма-Арасан.

АЛМА́З (тюрк. алмас, от греч. adámas – несокрушимый), минерал, кристаллич. полиморфная модификация углерода. Бесцв. или окрашенные кристаллы с сильным блеском в виде правильных восьмигранников. Самое тв. из известных в-в (твёрдость 10 по минералогич. шкале); плотн. ок. 3,5 г/см³, хрупок. Диэлектрик. Применяют в пром-сти как абразив. Кр. прозрачные кристаллы – драгоценные камни 1-го класса. Крупнейшие в мире А.: «Куллинан» (3106 кар; из него получено 105 бриллиантов, в т.ч. самый большой в мире св. 530 кар), «Эксельсиор» (971,5 кар; 21 бриллиант), «Звезда Сьерра-Леоне» (ок. 969 кар; 17 бриллиантов). Мировые запасы (без России) ок. 1,2 млрд. кар. Гл. добывающие страны: Заир, ЮАР, Ботсвана, Намибия, Россия. Освоено пром.

3

4

5

6

7

8

англ. престол между королев. династиями (ветви Плантагенетов) Ланкастеров (в гербе алая роза) и Йорков (в гербе белая роза). В ходе войны Ланкастеры (1399–1461) уступили власть Йоркам (1461–85).

АЛО́НСО (Alonso) (наст. фам. Мартинес дель Ойо) Алисия (р. 1921), кубин. артистка балета, балетмейстер. Основательница школы классич. балета на Кубе и её первая классич. танцовщица, выступала в странах Европы и в США. В Парижской опере возобновила «Жизель» А. Адана (1972), «Спящую красавицу» П. И. Чайковского (1974). С Фернандо и Альберто А. организовала в Гаване труппу «Балет Алисии А.» (1948; с 1959 Нац. балет Кубы).

Алтай. Гора Белуха.

A. Алонсо в роли Кармен (балет А. Альберто «Кармен-сюита», 1967).

АЛО́Э, род многолетних древовидных или травянистых р-ний, иногда лиан (сем. асфоделовые). Св. 350 видов, гл. обр. в сухих областях Африки. Лекарств. препараты из листьев разл. видов А. применяют преим. как биогенные стимуляторы. Многие А. разводят как декор.; А. древовидное, выращиваемое в комнатах, наз. столетником.

«АЛПАМЫ́Ш», богатырский эпос у узбеков (создан в 14–17 вв.), а также в разл. вариантах у казахов, каракалпаков, алтайцев (древнейшая версия), башкир. Версии объединяются общим гл. героем, именем к-рого назван узб. эпос-*дастан*. К «А.» примыкает дастан «Ядгар» – о подвигах сына Алпамыша.

АЛПА́ТОВ Мих. Вл. (1902–86), рос. историк иск-ва, педагог. Мастер образной ист.-худ. характеристики (этюды по истории рус. и зап.-европ. иск-ва; «Андрей Рублёв», 1972).

АЛТА́Й, горн. страна на терр. России и Казахстана (юж. часть Зап. Сибири), а также Монголии и Китая. Дл. св. 2000 км. Высш. точка – г. Белуха (4506 м). А. делят на собственно Алтай, Гобийский Алтай и Монгольский Алтай. Наиб. высокие хребты несут совр. ледники. Характерны обширные нагорья, котловины, степи – Чуйская, Курайская и др. Кр. реки – Катунь, Бухтарма, Чуя, Бия. Св. 3500 озёр, в т.ч. Телецкое и Маркаколь. На склонах – горностепные и горнолесные и высокогорн. ландшафты. Заповедник. А., особенно т.н. Рудный А., богат м-ниями полиметаллов, золота и др.

АЛТА́Й (с 1948 Горно-Алтайская АО, с 1992 Республика Алтай), в России. Пл. 92,6 т. км². Нас. 196,6 т.ч., гор. 27%; алтайцы (31%), русские (60,4%), казахи. 9 р-нов, 1 город – Горно-Алтайск (столица), 2 пос. гор. типа.

Б.ч. терр. – горы Алтая выс. до 4506 м (г. Белуха). Климат резко континентальный. Ср. темп-ры янв. от –12 до –32 °C, июля 9–18 °C; осадков от 100 (в котловинах) до 1000 мм в год. Кр. реки – Катунь и Бия. *Телецкое озеро* (туризм). Леса (сибирская лиственница, кедр, пихта) занимают ¼ терр.; выше 200–2500 м – субальп. и альп. луга.

Осн. отрасли пром-сти: лесная, деревообр., лёгкая, пищ. и стройматериалов. Добыча минер., строит. материалов. Осн. отрасль с. х-ва – жив-во (овцы, козы, кр. рог. скот, лошади, яки); разводят маралов и пятнистых оленей. Пчеловодство. Охотничий промысел. Посевы кормовых и зерновых культур. Осн. трансп. магистраль – Чуйский тракт. Горноклиматич. курорт Чемал.

АЛТА́РЬ (лат. altaria, от altus – высокий), жертвенник; первонач. для жертвоприношений на открытом воздухе. В Др. Греции и Риме – отд. сооружения; в христ. храмах – столы («престолы») для совершения таинств, в католич. – дер. стенки. А. наз. также всю вост. часть храма, отделённую алтарной преградой, в православ. храмах с 14–15 вв. – *иконостасом*.

АЛТЫ́Н (от тат. алтын – золото), старинная рус. монета и счётно-ден. единица с 15 в. 1 А. = 6 моск. и 3 новгородским деньгам (новгородская деньга получила позднее назв. *копейка*). В 1654 выпускались медные, в 1704–серебр., в 1841–1916 чеканились медные и серебр. А.; для 15-копеечной монеты долго сохранялось назв. «пятиалтынный».

АЛТЫНСАРИ́Н Ибрай (1841–89), казах. просветитель, педагог, писатель. Инициатор создания (с 1879) системы школ для детей кочевников. Составил (издал 1879) первую хрестоматию с образцами казах. фольклора, записанных рус. алфавитом и нач. пособие по рус. яз.

АЛУ́ПКА, г. (с 1938) на Южном берегу Крыма, в 17 км от Ялты. 10,9 т.ж. Приморский климатич. курорт. Изв. с 10 в. Бывший дворец Воронцова (1826–46), ныне Алупкинский

Алупка. Воронцовский дворец.

дворец-музей, пейзажные парки (ок. 40 га).

АЛФАВИ́Т (греч. alphábetos, от назв. первых двух букв греч. А.: альфа и бета, новогреч. – вита), система письменных знаков определ. языка, передающих звуковой облик слов посредством символов, изображающих отд. звуковые элементы. Изобретение А. зап.-семитскими народами в сер. 3-го тыс. до н.э. позволило делать запись любых текстов без обращения к их значению, способствовало распространению грамотности, сыграло важную роль в развитии цивилизации.

АЛХИ́МИЯ (позднелат. alchimia), явление культуры и донауч. период в развитии химии. Зародившись в глубокой древности, наиб. распространение получила в Зап. Европе 11–14 вв. Гл. цель А. – нахождение «филос. камня», «панацея», «тинктура», «великий эликсир» и др.) для превращения неблагородных металлов в благородный, получение универс. растворителя, эликсира долголетия и др. Алхимики разработали методику ряда осн. хим. операций (кристаллизация, перегонка, фильтрование и др.), получили мн. простые и сложные в-ва.

АЛЫЧА́ (ткемали), древесное р-ние рода слива, плод. культура. Растёт в Европе, Ср. и Передней Азии, на Кавказе, там же в культуре (св. 2 тыс. лет). Дерево или кустарник выс. 4–10 м, живёт 50–60 лет, плодоносит с 2–4 лет. Множество сортов и гибридов. Плоды (8–40 кг с р-ния) богаты лимонной к-той, пектинами, каротином

Алыча. Плоды.

и витамином С. В косточках масло. Из древесины – разл. поделки.

А́ЛЬБА (Alba), Альварес де Толедо Фернандо (1507–82), герцог, исп. полководец, правитель Нидерландов (исторических) в 1567–73. Пытался подавить Нидерл. рев-цию. В 1580 завоевал Португалию.

АЛЬБАТРО́СЫ, семейство крупных океанич. птиц. Дл. до 1,5 м, узкие крылья в размахе св. 3 м (иногда до 4,25 м). Исключительно развита способность к планирующему полёту. 14 видов, гл. обр. в Юж. полушарии; 3 вида в период кочёвок появляются у берегов Д. Востока и Камчатки. Гнездятся колониями. Белоспинный А. – на грани исчезновения.

Альбатрос.

АЛЬБЕ́НИС (Albéniz) Исаак (1860–1909), исп. композитор, пианист. С 1894 в Париже. Предст. т.н. Ренасимиенто – движения за возрождение Испании. В музыке сочетание нац. элемента с совр. техникой композиции. Лучшие произв. для фп. (всего ок. 300): «Испанская сюита» (1886), циклы пьес «Испания» (1890), «Иберия» (1908). Оперы, *сарсуэлы*, орк. рапсодия «Каталония» (1899), песни.

АЛЬБЕ́РТ ВЕЛИ́КИЙ (Albertus Magnus), Альберт фон Больштедт (ок. 1193–1280), нем. философ и теолог, предст. схоластики, *доминиканец*. Начал энциклопедич. систематизацию католич. богословия на базе *аристотелизма*, завершённую его учеником Фомой Аквинским. Трактаты о минералах, р-ниях, ж-ных и др.

АЛЬБЕ́РТИ (Alberti) Леон Баттиста (1404–72), итал. учёный, архитектор, теоретик иск-ва Раннего Возрождения. В теоретич. трактатах обобщил опыт совр. ему иск-ва и гуманистич. науки в области изучения антич. наследия. В архитектуре использовал антич. ордерную систему (церк. Сант-Андреа в Мантуе, 1472–94).

АЛЬБЕ́РТИ (Alberti) Рафаэль (р. 1902), исп. поэт. В 1939–77 в эмиграции. В творчестве близость фольклорным традициям (сб. «Моряк на суше», 1925), сюрреализму (сб. «Об ангелах», 1929); антифаш. стихи, социальная лирика (сб. «Строфы Хуана Панадеро», 1949, «Баллады и песни реки Парана», 1954, и др.). Цикл «О живописи» (2 изд., 1968). Мемуары (кн. «Затерянная роща», 1959, «Пабло Пикассо», 1977). Пьесы.

АЛЬБИГО́ЙЦЫ (катары), приверженцы еретич. движения в Юж. Франции 12–13 вв. Выступали против догматов католич. церкви, церк. землевладения; призывали к аскетизму и др. Осуждены Вселенским собором 1215, разгромлены в 1209–29 сев.-франц. рыцарями и королём Людовиком VIII (в т.н. Альбигойских войнах).

АЛЬБИНИ́ЗМ (от лат. albus – белый), врождённое отсутствие пигментации кожи, волос, радужной оболочки глаз у человека и ж-ных; у р-ний – отсутствие зелёной окраски. Организм, лишённый окраски, наз. альбиносом. У человека частота рождения альбиносов – один на 20–40 тыс. чел.

АЛЬГА́МБРА, дворец-замок (сер. 13 – кон. 14 вв.) близ Гранады в Испании. Яркий образец мавританской архитектуры. Залы и др. помещения с пышной орнаментальной отделкой группируются вокруг Дворика миртов и Дворика львов. В комплекс входит недостроенный ренессансный дворец Карла V (с 1526).

Альгамбра. Дворик львов. Сер. 13 – кон. 14 вв.

АЛЬДЕГИ́ДЫ, органич. соед., содержащие альдегидную группу CHO, напр. формальдегид, ванилин. Применяют в произ-ве полимеров, как душистые в-ва и др.

АЛЬДИ́НЫ, издания венецианских типографов 15–16 вв.: Альда Мануция, его сына Паоло, внука Альда младшего и тестя Андреа Торрезанского. А. характеризуются небольшим форматом (ин-октаво), переплётом из тиснённой золотом кожи, издат. маркой (дельфин, обвивающий якорь). Впервые применён курсив. Издавались преим. произв. классиков антич. лит-ры и гуманистов эпохи Возрождения. Всего вышло св. 1100 А.

АЛЬЕ́НДЕ ГО́ССЕНС (Allende Gossens) Сальвадор (1908–73), президент Чили в 1970–73; был выдвинут блоком Нар. единство. Убит во время воен. переворота, возглавленного А. Пиночетом в 1973.

А́ЛЬМА-МА́ТЕР (лат. alma mater, букв. – кормящая мать), старинное студенч. назв. ун-та (дающего духовную пищу).

АЛЬМОРАВИ́ДЫ, назв. династии и гос-ва в Сев. Африке (1050–1146). К 1090 гос-во включало Марокко, Зап. Алжир, Зап. Сахару, мусульм. Испанию, Балеарские о-ва. Гос-во А. уничтожено Альмохадами.

АЛЬМОХА́ДЫ, назв. династии и гос-ва в Сев. Африке (1146–1269). Гос-во А. образовано в процессе борьбы с Альморавидами. Наиб. расширение терр. к 1161 при Абд аль-Мумине. Гос-во включало страны Магриба и мусульм. Испанию. Распад гос-ва начался в период Реконкисты.

АЛЬПА́КА́, см. Гуанако.

АЛЬПИ́ЙСКАЯ ФИА́ЛКА, то же, что цикламен.

АЛЬПИНА́РИЙ (от Альпы), участок в ботан. саду, парке, сквере для выращивания горн. (альп.) р-ний на искусственно сооружаемых из камней горках.

АЛЬПИНИ́ЗМ, вид спорта, восхождение на труднодоступные горн. вершины. Первые альпинистские клубы возникли в Европе в сер. 19 в. В 1932 осн. Междунар. союз альпинистских ассоциаций (УИАА); объединяет св. 50 стран.

А́ЛЬПЫ (нем. Alpen; франц. Alpes; итал. Alpi; от кельт. alp – высокая гора), самая высокая (до 4807 м, г. Монблан) горн. система Зап. Европы (Франция, Италия, Швейцария, Германия, Австрия, Словения, Лихтенштейн). Дл. ок. 1200 км. Выделяют более высокие Зап. А. и более низкие Вост. А. В А. – истоки Рейна, Роны, По, Адидже, прав. притоков Дуная. Многочисл. озёра – Женевское, Боденское, Комо и др. До выс. 800 м преобладают культурные ландшафты, до 1800 м – широколист. и хвойные леса, выше – субальп. и альп. луга, ледники (ок. 1200; самый крупный – Б. Алечский). Альпинизм, туризм, горнолыжный спорт; курорты. В А. – м-ния жел., медной руд, магнезита; встречаются полиметаллы, уран, бокситы, уголь.

АЛЬТ (итал. alto от лат. altus – высокий), 1) партия в хоре, исполняемая низким жен. (меццо-сопрано, контральто) или дет. голосами. Звучит и нотируется выше тенора (отсюда назв.). 2) Струн. смычковый муз. инстр-т скрипичного семейства. Чуть больше скрипки. 3) Обозначение муз. инстр-тов, по высоте звучания средних между сопрановыми и теноровыми (напр., саксофон-А.).

АЛЬТАМИ́РА, пещера в Кантабрийских горах (Сев. Испания) с настенными изображениями позднего палеолита.

АЛЬТЕРНАТИ́ВА (франц. alternative, от лат. alter – один из двух), необходимость выбора одной из двух или неск. взаимоисключающих возможностей; каждая из исключающих друг друга возможностей.

А́ЛЬТИНГ (althing), назв. парламента в Исландии.

АЛЬТРУИ́ЗМ (франц. altruisme, от лат. alter – другой), бескорыстная забота о благе др. людей. Термин

введён О. Контом как противоположный по смыслу термину «эгоизм».

А́ЛЬФА (α), первая буква греч. алфавита. Перен.: А. и омега – начало и конец; основа, суть.

А́ЛЬФА-РАСПА́Д (α-распад), вид радиоактивности; испускание атомным ядром альфа-частицы. При А.-р. массовое число (число нуклонов) уменьшается на 4 единицы, а заряд ядра (число протонов) уменьшается на 2. При этом выделяется энергия, к-рая делится между альфа-частицей и дочерним ядром обратно пропорционально их массам. Известно св. 300 альфа-активных ядер, большинство их получено искусственно и сосредоточено в области Z > 82 (см. Периодическая система химических элементов). Теория А.-р. была создана Д. Гамовым и независимо англ. физиками Г. Чёрни и Э. Кондоном в 1928.

А́ЛЬФА-ЧАСТИ́ЦА (α-частица), ядро атома гелия, состоящее из 2 протонов и 2 нейтронов, ^{4}He. Масса А.-ч. $6{,}6 \cdot 10^{-24}$ г. Проходя через в-во, А.-ч. тормозятся за счёт ионизации и возбуждения атомов. Длина пробега в воздухе А.-ч. ~ 3–7 см, в стекле $4 \cdot 10^{-3}$ см. После открытия радиоактивности (1879) α-лучами был назван наименее проникающий вид радиоактивного излучения. В 1909 англ. физики Э. Резерфорд и Т. Ройдс установили, что это поток дважды ионизованных атомов ^{4}He.

АЛЬФЬЕ́РИ (Alfieri) Витторио (1749–1803), граф, итал. драматург, создатель нац. трагедии классицизма. Идеи объединения Италии, тираноборч. идеология в трактатах и трагедиях с полит. интригой: «Клеопатра» (1770), «Мария Стюарт» (1777–86), «Орест» (1775–76), «Саул» (1782) и др., автобиография «Жизнь Витторио Альфьери...» (изд. 1806).

АЛЬЯ́НС (франц. alliance), союз, объединение (обычно гос-в, орг-ций).

АЛЮМИ́НИЙ (Aluminium), Al, хим. элемент III гр. периодич. системы, ат. н. 13, ат. м. 26,98154; лёгкий металл, $t_{пл}$ 660 °C. Содержание в земной коре 8,8% по массе. А. и его сплавы используют как конструкц. материалы в стр-ве зданий, авиа- и судостроении и др., для изготовления токопроводящих и хим. изделий в электротехнике, хим. аппаратуры, товаров нар. потребления, получения др. металлов методом алюминотермии, как компонент тв. ракетных топлив, пиротехн. составов и т. д. Металлич. А. впервые получил в 1825 дат. физик Х. К. Эрстед.

АЛЮМИ́НИЯ ОКСИ́Д (глинозём), Al_2O_3, кристаллы, $t_{пл}$ 353 °C. В природе – минерал корунд. Прозрачные окрашенные кристаллы корунда – драгоценные камни (сапфиры, рубины и др.). Синтетич. А. о. – промежуточный продукт для получения алюминия, монокристаллы – лазерный материал, опорные камни часовых механизмов, ювелирный камень; его применяют также при получении керамич. резцов, электротехнич. керамики. Природный и синтетич. корунд – абразивный и огнеупорный материал. Аморфный А. о. (алюмогель) применяют как осушающий агент, катализатор и носитель для катализаторов, в хроматографии, медицине.

АЛЯ́БЬЕВ Ал-др Ал-др. (1787–1851), композитор. В музыке А. инто-

нации рус. гор. фольклора сочетаются с романтич. стилистикой. Одним из первых обратился к лирике А.С. Пушкина. Св. 180 романсов (в т.ч. «Соловей»), оперы, балет, камерно-инстр., театральная музыка. В 1825 арестован по ложному обвинению, до 1843 жил в ссылке.

АЛЯ́СКА, залив Тихого ок., между п-овом Аляска и материком Сев. Америки. Пл. 384 т. км^2. Глуб. до 4929 м. Архипелаг Кадьяк. Порты – Сьюард, Принс-Руперт (США).

АЛЯ́СКА, узкий п-ов на С.-З. Сев. Америки (США, шт. Аляска), между Бристольским зал. Берингова м. и Тихим ок. Дл. ок. 700 км, шир. 10–170 км. Горист, вдоль оси протягивается Алеутский хр. (выс. до 3108 м). Действующие вулканы (Катмай, Илиамна и др.). Горн. тундра. Штат США, на С.-З. Сев. Америки; отделён от осн. части США терр. Канады. Пл. 1519 т. км^2. А. открыта в 17–18 вв. рус. землепроходцами. В 1867 пр-вом России была продана США за 7,2 млн. долл.

АМА́ДУ (Amado) Жоржи (р. 1912), браз. писатель. Остросоциальные ром. из жизни бедняков, в т.ч. дилогия «Бескрайние земли» (1943) и «Город Ильеус» (1944); ром. о браз. коммунистах «Подполье свободы» (1952); повести, рассказы. В ром. «Габриэла, гвоздика и корица» (1958), «Тереза Батиста, уставшая воевать» (1972), «Исчезновение святой» (1988), претворяя мифопоэтич. традиции афромагич. фольклора, в русле лит-ры «магич. реализма» – Г. Гарсия Маркес, А. Карпентьер и др., передал энергию и многоликость браз. нац. характера. Худ. биографии.

АМАЗО́НКА, р. в Юж. Америке, в осн. в Бразилии; крупнейшая в мире по водности. Длина от истока р. Мараньон 6400 км, от истока р. Укаяли св. 7000 км. Протекает б. ч. по Амазонской низм. Впадает в Атлантич. ок., образуя самую большую в мире дельту (пл. ок. 100 т. км^2). Св. 500 притоков (ок. 20 дл. св. 1500 км): Журуа, Пурус, Мадейра, Тапажос, Шингу, Токантинс, Иса, Жапура, Риу-Негру и др. Ср.-годовой сток ок. 7000 км^3 (ок. 15% годового стока всех рек земного шара). Судох. на 4300 км (от подножий Анд до устья). До г. Манаус (1690 км от устья) поднимаются мор. суда. Осн. порты: Икитос,

Амазонка. Вечнозелёные леса в долине р. Напо (басс. Амазонки).

Манаус, Обидус, Сантарен, Белен. В реках басс. А. до 2000 видов рыб ($\frac{1}{3}$ всей пресноводной ихтиофауны земного шара).

Амазонки. Раненая амазонка. Римская мраморная копия с греческого оригинала Фидия (440–430 до н.э.). Капитолийские музеи. Рим.

АМАЗО́НКИ, в греч. мифологии племя женщин-воительниц в М. Азии или в предгорьях Кавказа. Вступали в близкие отношения с чужеземцами ради продолжения рода (родившихся девочек оставляли, мальчиков отдавали на воспитание или убивали).

АМАЗО́НСКАЯ НИ́ЗМЕННОСТЬ (Амазония), в Юж. Америке (Бразилия, Колумбия, Эквадор, Перу), в басс. р. Амазонки. Самая большая на земном шаре (пл. св. 5 млн. км²). Влажные экв. леса (сельва; сильно вырублены). На А. н.— м-ния марганц. и жел. руд, нефти.

Амазонская низменность. Трансамазонское шоссе.

АМАНУЛЛА́-ХАН (1892–1960), афг. король в 1919–29. Возглавил освободит. войну против Великобритании, добился признания полной независимости Афганистана (1919). Реформы А.-х. способствовали развитию нац. экономики и культуры. Свергнут мятежниками, эмигрировал.

АМАРИ́ЛЛИС, род луковичных р-ний (сем. амариллисовые). 1 вид – А. белладонна, в Юж. Африке. Разводят повсеместно в комнатах и оранжереях. Часто А. наз. р-ния рода гиппеаструм, также выращиваемые как комнатные и оранжерейные.

АМА́ТИ (Amati), семья итал. мастеров смычковых инстр-тов. Её глава, родоначальник кремонской школы Андреа (ок. 1520 – ок. 1580), создал скрипку совр. типа. Наиб. высоко ценятся скрипки и виолончели его внука Николо (1596–1684), у к-рого учились А. Гварнери и А. Страдивари.

АМАТЭРА́СУ, в *синтоизме* верховная богиня, олицетворение солнца.

Аматэрасу. Офуда (лист бумаги, сложенный в ромбовидную фигуру, закреплённую посередине палочкой), представляющий Аматэрасу; на нём написано её имя. Из императорского храма – древнейшего центра почитания Аматэрасу (с 1 в.) в г. Исе (Япония).

АМБИВАЛЕ́НТНОСТЬ (от лат. ambo – оба и valentia – сила), двойственность переживания, когда один и тот же объект вызывает у человека одновременно противоположные чувства, напр. любви и ненависти.

АМБИ́ЦИЯ (от лат. ambitio), тщеславие, обострённое самолюбие, самомнение; спесь.

АМБО́ДИК-МАКСИМО́ВИЧ Нестор Макс. (1744–1812), профессор акушерства, один из создателей мед. терминологии в России. Автор первого рус. руководства по акушерству, мед.-хирургич., анат.-физиол. и Нового ботан. словарей.

А́МБРА (от араб. анбар), воскоподобное в-во, образующееся в пищеварит. тракте *кашалота*; иногда А. находят в воде или на берегу. Используют в парфюмерии как закрепитель аромата духов.

АМБРО́ЗИЯ (амвросия) (греч. ambrosía, букв.– бессмертие), в греч. мифологии пища и благовонное питирание олимп. богов. А., как и нектар (напиток богов), даёт бессмертие и вечную юность.

АМВРО́СИЙ Медиоланский (334 или 340–397), отец церкви. Епископ Медиолана (совр. Милан) с 374. Ревностно защищал учение церкви, боролся с язычеством. Настаивал на независимости церкви от гос-ва и приоритете христианских нравств. норм для светской власти. Основатель лат. церк. гимнографии. Соч. по христ. этике, аскетике и др.

АМЁБЫ, одноклеточные ж-ные, относящиеся к *простейшим*. Размеры от 15–20 мкм до 1 мм и более. Для захвата пищи и передвижения («перетекания») образуют цитоплазматич. выросты. Большинство обитает в пресных водоёмах, нек-рые в почве; паразитич. формы могут вызывать заболевания ж-ных и человека (напр., дизентерийной А.).

АМЕНХОТЕ́П III, егип. фараон ок. 1405–1367 до н.э., из XVIII династии. При нём могущество Египта достигло апогея, сооружены храм Амона-Ра в Луксоре и заупокойный храм с огромными статуями А. III – «колоссами Мемнона».

АМЕНХОТЕ́П IV, егип. фараон в 1368–1351 до н.э., сын Аменхотепа III. Пытаясь сломить могущество фиванского жречества и старой знати, выступил как религ. реформатор, введя новый гос. культ бога Атона и сделав столицей гос-ва г. Ахетатон (совр. Амарна), сам принял имя Эхнатон (букв. «угодный Атону»).

АМЕ́РИГО ВЕСПУ́ЧЧИ, см. *Веспуччи А.*

АМЕ́РИКА, часть света в Зап. полушарии, между Атлантич. ок. (на В.) и Тихим ок. (на З.). На С. омывается Сев. Ледовитым ок. Состоит из двух материков – *Северной Америки* и *Южной Америки*; границы между ними обычно проводят по Дарьенскому (иногда по Панамскому) перешейку. В Сев. А. входят также о. Гренландия и близлежащие о-ва. Общая пл. 42,5 млн. км². Нас. 733 млн.ч. Гренландия и сев.-вост. побережье Сев. А. были открыты норманнами в 10–11 вв. Антильские о-ва, часть сев. побережья Юж. А. и юж. часть Карибского побережья Сев. А. были открыты Х. Колумбом в 1492–1503. Названа лотарингским картографом М. Вальдземюллером в 1507 его «Введении в космографию» по им. Америго Веспуччи, высказавшего предположение, что открытые в Зап. полушарии земли являются новой частью света.

АМЕРИКА́НСКАЯ АКАДЕ́МИЯ КИНЕМАТОГРАФИ́ЧЕСКИХ ИСКУ́ССТВ И НАУ́К (Американская киноакадемия), обществ. орг-ция в США. Осн. в Голливуде в 1927. 12 секций – режиссёрская, актёрская, сценарная и др., киноархив, б-ка, просмотровый зал. С 1929 ежегодно присуждает тайным голосованием пр. «Оскар» за лучший амер. фильм и достижения в разл. областях амер. кино, лучший иностр. фильм года, а также за вклад в киноиск-во в целом.

АМЕРИКА́НСКАЯ РА́СА (американоидная раса), входит в большую монголоидную расу. Сочетает монголоидные признаки с нек-рыми европеоидными чертами (отсутствие эпикантуса, сильно выступающий нос и др.). Распространена в Сев. и Юж. Америке (индейцы).

АМЕРИКА́НСКИЕ СТРА́УСЫ, то же, что *нанду*.

Американский футбол.

АМЕРИКА́НСКИЙ ФУТБО́Л, спорт. командная игра (11 чел. в команде) с овальным мячом, на прямоугольной площадке (90×49 м), с элементами регби. Цель игры – завести мяч за т.н. голевую линию соперника или забить его в ворота (шир. 5,5 м) через перекладину (выс. 3 м). Игра длится 4 периода по 15 мин чистого времени. Разрешены силовые приёмы. Зародился в США (1874; Гарвардский ун-т); в России – с кон. 1980-х гг.

АМЕРИ́ЦИЙ (Americium), Am, искусств. радиоактивный хим. элемент III гр. периодич. системы, ат. н. 95; относится к *актиноидам*; металл. А. получен в 1944 амер. физиками Г. Сиборгом, Л. Морганом, Р. Джеймсом, А. Гиорсо.

АМЕТИ́СТ (от греч. améthystos – непьяный; использовался как амулет против опьянения), прозрачная фиолетовая разновидность *кварца*. Размер кристаллов в осн. 5–100 мм по длинной оси. Крупные, красиво окрашенные кристаллы А.– драгоценные камни. Известны находки аметистовых глыб массой св. 100 кг (Адуевские копи, Урал). А. добывают в Зимбабве, Бразилии, Мадагаскаре, России (Урал), Армении. Самые красивые А.– уральские. С сер. 1970-х гг. впервые в мире в России налажен пром. синтез.

Аметист.

АМИНОКИСЛО́ТЫ, класс органич. соединений, содержащих карбоксильные (– COOH) и аминогруппы (– NH₂); обладают свойствами и к-т, и оснований. Участвуют в обмене азотистых в-в всех организмов (исходные соед. при биосинтезе гормонов, витаминов, пигментов, пуриновых и пиримидиновых оснований, антибиотиков и др.). Природных А. св.

150; 20 из них служат мономерными звеньями, из к-рых построены белки (порядок включения А. в синтезирующую белковую молекулу определяется генетич. кодом). Большинство микроорганизмов и р-ния синтезируют необходимые им А.; ж-ные и человек не способны к биосинтезу нек-рых А., наз. незаменимыми, и должны получать их с пищей. Пром. синтезом (хим. и микробиол.) получают ряд А., используемых для обогащения пищи, кормов, как исходные продукты для произ-ва полиамидов, красителей и лекарств. препаратов.

АМИ́НЫ, органич. соед. общих ф-л RNH_2 (первичные амины), R_2NH (вторичные), R_3N (третичные), где R – органич. остаток. Применяют в произ-ве красителей, взрывчатых в-в, полимеров. А. и их производные распространены в природе (напр., алкалоиды, аминокислоты).

АМИ́НЬ (греч. amēn от др.-евр. – воистину, несомненно, бесспорно) – традиц. слово в заключит. фразе молитв и проповедей в христ-ве и иудаизме.

«АМИРАНИА́НИ», древнейший груз. нар. эпос, возник во 2-й пол. 2-го тыс. до н.э. Герой эпоса, Амирани, даёт людям огонь, защищает их от чудовищ – дэвов, вступает в единоборство с небожителями, за что боги жестоко наказывают его и приковывают к скале Кавказских гор. Миф о богоборце Амирани перешёл в Др. Грецию, где слился с местным мифом о *Прометее*. Записано и издано до 120 вариантов эпоса.

АМИ́РОВ Фикрет Мешади Джамиль оглы (1922–84), композитор, автор первой азерб. лирико-психол. оперы «Севиль» (1953). Симф. *мугамы* «Шур», «Кюрд-овшары» (оба 1948), «Гюлистан Баяты-Шираз» (1971) повлияли на развитие симф. музыки в странах Бл. Востока. Бал. «Тысяча и одна ночь» (1979), концерты для фп. с орк. и др.

АМИРЭДЖИ́БИ Чабуа (Мзечабук) Ираклиевич (р. 1921), груз. писатель. Остросюжетный роман «Дата Туташхиа» (кн. 1–2, 1972–75), в основе к-рого – трагич. история реальной личности, изгоя, благородного разбойника на социально-бытовом фоне нач. 20 в.

АММА́Н, столица (с 1946) Иордании. 936 т.ж. Междунар. аэропорт. Цем., нефтеперераб., текст., таб. пром-сть. Ун-т. Музеи: иорданский археол., ислама. В древности известен как Раббат-Аммон, в эллинистическо-рим. эпоху – Филадельфия. В 7–9 вв. в составе Араб. халифата. В 1921–46 столица Трансиордании. Руины рим. т-ра, храма Геркулеса (2 в.). Дворцы (кон. 19 в.), Мавзолей короля Абдаллаха (1952).

АММИА́К, NH_3, газ с резким запахом, $t_{кип}$ –33,35 °C. Применяют А. в произ-ве азотной к-ты, удобрений, уротропина, как хладагент; водн. растворы (нашатырный спирт) – жидкое удобрение, их используют также для аммонизации кормов, в произ-ве красителей, соды, марганца и др. Объём мирового произ-ва А. ок. 100 млн. т в год.

АММОНИ́ТЫ, группа вымерших мор. головоногих моллюсков. В отложениях с *девона* до *мела* по всему земному шару. Диам. раковины от неск. см до 2 м. Ок. 1500 видов, быстро сменявших друг друга во времени, в связи с чем А. – важная группа *руководящих ископаемых*.

АМНЕЗИ́Я (от *a* – отрицат. приставка и греч. mnēmē – память, воспоминание), отсутствие воспоминаний или неполные воспоминания о событиях и переживаниях определ. периода. Наблюдается при мн. заболеваниях головного мозга.

АМНИ́СТИЯ (от греч. amnēstía – забвение, прощение), освобождение от уголов. ответственности либо от наказания. Распространяется, как правило, на всех лиц, осуждённых и привлечённых к ответственности по определ. статьям уголов. закона при соблюдении др. условий акта об А. (напр., отбытие определ. части срока наказания). Может предусматривать снятие *судимости*. Обычно право А. принадлежит главе гос-ва. См. также *Помилование*.

А́МОК (малайск.), внезапно возникающее психич. расстройство (возбуждение с агрессией, бессмысленным убийством), описанное преим. у аборигенов Малайского арх. Рассматривается как разновидность *сумеречного состояния*. Термин получил отражение в худ. лит-ре (одноим. рассказ С. Цвейга).

АМО́Н, в егип. мифологии бог солнца, покровитель г. Фивы. Почитался в облике барана.

Амон в образе барана. 8 в. до н.э. Музей. Мероэ (Египет).

АМОРТИЗА́ТОР (от франц. amortir – ослаблять, смягчать), устройство для смягчения ударов в конструкциях машин и сооружений в целях защиты от сотрясений и больших нагрузок. В А. используют *рессоры*, гибкие валы, резин. элементы и пр., а также жидкости и газы, поглощающие энергию ударов.

АМОРТИЗА́ЦИЯ (от ср.-век. лат. amortisatio – погашение), 1) постепенное снашивание фондов (оборудования, зданий, сооружений) и перенесение их стоимости по частям на вырабатываемую продукцию. 2) Уменьшение ценности имущества, облагаемого налогом. 3) В технике – поглощение, смягчение ударов, вибрации и т.п. (см. *Амортизатор*).

АМО́РФНОЕ СОСТОЯ́НИЕ, состояние тв. тела, характеризующееся *изотропией* физ. свойств, обусловленной неупорядоченным расположением атомов и молекул. В отличие от кристаллич. состояния (см. *Кристаллы*), переход из А.с. в жидкое происходит плавно. Критич. точка, наз. темп-рой плавления, отсутствует. В А.с. находятся стёкла, смолы, пластмассы и др.

АМО́РФНОСТЬ (от греч. ámorphos – бесформенный), бесформенность, расплывчатость.

АМО́СОВ Ив. Аф. (1800–78), кораблестроитель; инж.-генерал (1872). Под рук. А. на Охтинской верфи в С.-Петербурге построено первое в России судно с гребным винтом вместо колёс «Архимед» (в 1848 вошёл в состав Балт. флота). Мн. корабли А. были в России образцами судостроит. техники своего времени.

АМПЕЛОГРА́ФИЯ (от греч. ámpelos – виноград и ... *графия*), наука о видах и сортах винограда. Впервые термин «А.» применил польск. естествоиспытатель Ф.Я. Сакс (1661). Как самостоят. отрасль прикладной ботаники оформилась в нач. 19 в.

А́МПЕЛЬНЫЕ РАСТЕ́НИЯ (нем. Ampel, от греч. ápelos – виноград), декор. р-ния со свисающими или ползучими стеблями (традесканция, колокольчик ломкий и др.).

АМПЕ́Р (Ampère) Андре Мари (1775–1836), франц. физик. Один из основателей электродинамики, выявивший тесную связь электрич. и магн. явлений. Открыл Ампера закон.

АМПЕ́РА ЗАКО́Н, закон механич. взаимодействия двух токов, текущих в малых отрезках проводников, находящихся на нек-ром расстоянии друг от друга. Открыт А. Ампером в 20-х гг. 19 в. Из А.з. следует, что параллельные проводники с токами, текущими в одном направлении, притягиваются, а в противоположном – отталкиваются. А.з. также закон, определяющий силу, с к-рой магн. поле действует на малый отрезок проводника с током.

АМПЕРМЕ́ТР, прибор для измерения силы электрич. тока в амперах (А). В электрич. цепь включается последовательно. Шкалу А. часто градуируют в кратных и дольных единицах от А (мкА, мА, кА).

Амперметр.

АМПИ́Р (от франц. empire, букв. – империя), стиль в архитектуре и декор. иск-ве 1-й трети 19 в., завершив-

Ампир. Ф.О. Жакоб. Шкафчик. Национальный музей. Фонтенбло (Франция).

ший развитие *классицизма*. Первоначально сложился во Франции при Наполеоне I, служил воплощению идей гос. могущества. Наиб. ярко проявился в сооружении торжеств. гор. ансамблей, обществ. зданий, триумфальных арок и т.д. (арх. Ш. Персье и П.Ф.Л. Фонтен во Франции, А.Д. Захаров, А.Н. Воронихин, К.И. Росси и др. в России), выполненных в монументальных лапидарных формах.

АМПЛИТУ́ДА (от лат. amplitudo – величина), наибольшее отклонение от равновесного значения величины, колеблющейся по определ., в т.ч. гармонич., закону; см. также *Гармонические колебания*.

АМПЛУА́ (франц. emploi, букв. – применение), относительно устойчивые типы театральных ролей, соответствующие возрасту, внешности и стилю игры актёра: трагик, комик, герой-любовник, субретка, инженю, травести, простак, резонёр и др. В 20 в. это понятие выходит из употребления.

АМПУТА́ЦИЯ (от лат. amputatio – отсечение), хирургич. операция – удаление периферич. части органа (чаще конечности); применяется при гангрене, тяжёлой травме и др.

АМРИ́ТСАР, г. в Индии. Св. 709 т.ж. Текст., маш.-строит., хим. пром-сть. Ун-т. Осн. в 1577 вокруг священного Озера Бессмертия (санскр.– Амрита-Сарас). Гл. религ. центр сикхов «Золотой храм» (16–18 вв.).

АМСТЕРДА́М, столица (с нач. 19 в.) Нидерландов. 695 т.ж. Резиденция короля и правительств. учреждения находятся в Гааге. Порт на Сев. м.; междунар. аэропорт. Метрополитен. Маш-ние (в т.ч. авиа- и судостроение), хим., нефтеперераб., фарм., полиграф. пром-сть. Традиц. ювелирное произ-во, алмазогранение. Ун-ты. Музеи: гос., гор., ист., Дом Рембрандта. Нидерл. опера (1939), конц. об-во и орк. «Консертгебау» (1888), Гор. драм. т-р. Впервые упоминается в 1275. В 17 в. центр торговли и кредита мирового значения. В 1795–1806 столица Батавской респ. С ок. 50 каналов, 500 мостов. Вдоль набережных – дома, склады, здания гильдий и торг. компаний (16–18 вв.); гор. ворота и башни (15–17 вв.), мн. церквей (13–18 вв.), королев. дворец (1648–55).

АМУДАРЬИ́НСКИЙ КЛАД, зол. и серебр. вещи (всего 177 предметов) и монеты (1300 шт.) 4–2 вв. до н.э. Найден в 1877 на р. Амударья (Таджикистан).

Амударьинский клад. Золотая модель колесницы.

АМУДАРЬЯ́ (Аму, Окс, Балх), р. в Ср. Азии (частично по границе Таджикистана, Узбекистана, Туркмении с Афганистаном). Образуется слиянием рек Пяндж и Вахш. Дл.

Амстердам. Королевский дворец.

Амьен. Собор Нотр-Дам. Западный фасад.

1415 км (от истока Пянджа 2540 км). Истоки на склонах Гиндукуша в Афганистане; впадает в многоводные годы в Аральское м. Осн. притоки: Гунт, Бартанг, Ванч, Кызылсу, Кафирниган, Сурхандарья. Вода А. отличается большой мутностью. Используется для орошения (каналы Каракумский, Аму-Бухарский и др.). На А.— гг. Термез, Керки, Чарджоу (начало судох-ва), Нукус.

АМУЛЕ́Т (от лат. amuletum), оберег, предмет, к-рый, по суеверным представлениям, способен охранять его владельца от бедствий, несчастий.

А́МУНДСЕН (Amundsen) Руаль (1872—1928), норв. полярный исследователь. В 1903—06 с тремя зимовками первым прошёл Сев.-Зап. проходом от Гренландии до Аляски. В 1910—12 рук. антарктич. экспедиции.

Р. Амундсен.

Первым достиг Юж. полюса 14.12.1911; во время похода открыл юж. окончание шельфового ледника Росса, главный, самый высокий, участок Трансантарктич. гор и горн. ледник. В 1918—20 проследовал вдоль сев. побережья Евразии (от Норвегии до Берингова прол.). В 1926 руководил первым перелётом через Сев. полюс на дирижабле. Погиб в Баренцевом м. при поиске эксп. У. Нобиле.

АМУ́Р (лат. amor — любовь), в рим. мифологии божество любви (см. также *Купидон*). Соответствует греч. Эроту.

АМУ́Р (монг. Хара-Мурэн, кит. Хэйлунцзян), крупнейшая река на Д. Востоке. Дл. 2824 км, от истока р. Ар-

Амур. Ф. Жерар. «Амур и Психея». 1798. Лувр.

гунь (Хайлар) 4400 км. Образуется слиянием рек Шилка и Аргунь; впадает в Амурский лиман Охотского м. Гл. притоки: Зея, Бурея, *Уссури* и др. Часты наводнения. Рыб-во. Судох-во. С А. тесно связано Приамурье. На А.— гг. Благовещенск, Хабаровск, Комсомольск-на-Амуре, Николаевск-на-Амуре.

АМФИ́БИИ, то же, что *земноводные*.

АМФИ́БИЯ (от греч. amphíbios — ведущий двойной образ жизни), 1) автомобиль для движения по суше и воде с водонепроницаемым кузовом, гребным винтом или водомётным устройством, вод. рулём. 2) Самолёт, приспособленный для взлёта с суши и воды и посадки на них. 3) Аэросани, у к-рых кузов на лыжах заменён для лучшей проходимости лодкой-лыжей. 4) Боевая или трансп. машина (танк, бронетранспортёр и др.), способная передвигаться по суше и воде.

АМФИБРА́ХИЙ (греч. amphíbrachys, букв.— с обеих сторон краткий), стиховой. метр, образуемый 3-сложными *стопами* с сильным местом на 2-м слоге («Не ве́тер бушу́ет над бо́ром», Н.А. Некрасов). См. *Сильное место и слабое место*.

АМФИТЕА́ТР (от греч. amphítheatron: amphí — с обеих сторон, théa-

tron — зрелище), 1) предназначенное для публичных зрелищ антич. монументальное, овальное в плане сооружение с ареной посредине, вокруг к-рой располагались поднимавшимися уступами места для зрителей (самый большой А. в мире — *Колизей*). 2) Места в театральном зрительном зале, цирке (как правило, за *партером*) или аудитории, поднимающиеся уступами.

АМЬЕ́Н, г. во Франции, на р. Сомма. 136 т.ж. Гл. г. ист. обл. Пикардия. Маш-ние, лёгкая, хим. пром-сть. Музей Пикардии (собр. др.-егип., антич. и зап.-европ. иск-ва). Самый крупный во Франции готич. собор Нотр-Дам (13—15 вв.), включённый в список *Всемирного наследия*.

АН (Ану), в шумеро-аккадской мифологии одно из верх. божеств, бог неба, отец богов. Покровитель г. *Урук*.

АНАБИО́З (от греч. anabíosis — оживление), временное состояние организма, при к-ром жизненные процессы резко замедляются, что способствует выживанию его в неблагоприятных условиях темп-ры, влажности и др. А. характерен для микроорганизмов (спорообразующие бактерии, микроскопич. грибы, простейшие) и беспозвоночных (гидры, черви, нек-рые моллюски и др.). У нек-рых организмов входит в нормальный цикл развития (семена, споры). Ср. *Спячка*.

АНА́ДЫРЬ (до 1920 Ново-Мариинск), г. (с 1965), ц. Чукотского авт. окр.; порт на берегу Анадырского зал. Берингова м. 16,5 т.ж. Рыбоз-д. Краеведч. музей (коллекция изделий из кости). В р-не добыча угля, золота; оленеводство, рыб-во.

Анаконда.

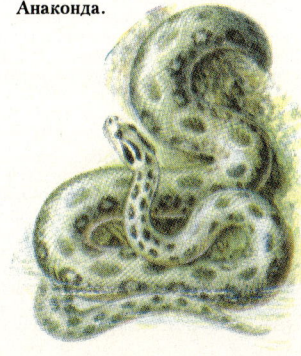

АНА́Л

АНАКО́НДА, крупнейшая в мире змея (сем. *удавы*). Дл. 5—6 м (изредка до 10 м). Обитает в тропиках Юж. Америки, по берегам рек, озёр и болот. Хорошо плавает и ныряет. Питается разл. позвоночными, нападает и на домашних ж-ных (на человека — редко). Рождают от 28 до 42 детёнышей, но могут откладывать и яйца. Макс. продолжительность жизни в неволе ок. 30 лет (обычно 5—6 лет). Объект промысла (используют кожу, мясо и жир).

АНАКРЕО́НТ (Анакреон) (ок. 570—478 до н.э.), др.-греч. поэт-лирик, «певец любви». Мотивы сознательно культивируемого наслаждения чувственными радостями жизни (в духе изящного эротизма); эмоц. фон — тяготы старости и предчувствие смерти. Подражание А. породило анакреонтич. поэзию поздней античности, Возрождения и Просвещения; в России образцы анакреонтич. поэзии — у Г.Р. Державина, К.Н. Батюшкова, А.С. Пушкина, А.Н. Майкова, Л.А. Мея.

АНАКСАГО́Р из Клазомен в М. Азии (ок. 500—428 до н.э.), др.-греч. философ. Выдвинул учение о неразрушимых элементах — «семенах» вещей (позже назв. гомеомериями). Движущий принцип мирового порядка — ум (*нус*), организующий элементы.

АНАКСИМА́НДР (ок. 610 — после 547 до н.э.), др.-греч. философ, предст. *милетской школы*. Автор первого соч. на греч. яз. «О природе». Ученик Фалеса. Создал геоцентрич. модель космоса, первую геогр. карту. Высказал идею о происхождении человека «от животного другого вида» (рыб).

АНАКСИМЕ́Н (6 в. до н.э.), др.-греч. философ, представитель *милетской школы*. Ученик Анаксимандра. Первоначалом всего считал воздух, из сгущения и разрежения к-рого возникали все вещи.

АНА́ЛИЗ (от греч. análysis — разложение), 1) расчленение (мысленное или реальное) объекта на элементы; неразрывно связан с *синтезом*. 2) Синоним науч. иссл. вообще.

АНАЛИТИ́ЧЕСКАЯ ГЕОМЕ́ТРИЯ, раздел геометрии, в к-ром геом. образы изучаются средствами алгебры. Существенным при этом является применение координат и исследование геом. свойств по свойствам ур-ний. Основы А.г. были заложены Р. Декартом (1637).

АНАЛИТИ́ЧЕСКАЯ ФИЛОСО́ФИЯ, направление зап., гл. обр. англо-амер., философии 20 в.; сводит философию к анализу преим. языковых средств познания. Осн. течения: 1) философия логич. анализа, использующая средства совр. матем. логики,— логич. эмпиризм (Р. Карнап, К. Гемпель, Ф. Франк — США) и логич. прагматизм (У. Куайн, Н. Гудмен — США); 2) лингвистич. философия — философия обыденного языка (Г. Райл, Дж. Остин, Дж. Уисдом, П. Строусон — Великобритания).

АНАЛИТИ́ЧЕСКАЯ ХИ́МИЯ, изучает принципы и методы идентификации в-в и их компонентов (качеств. анализ), а также определения количеств. соотношения компонентов (атомы, молекулы, фазы и т.п.) в образце (количеств. анализ). До 1-й пол. 19 в.— осн. раздел химии. Существ. вклад в развитие А.х. внесли Р. Бойль, Т. Бергман (Швеция),

К. Фрезениус (Германия), Ж. Гей-Люссак, Ю. Либих, Ф. Прегль и др.

АНАЛО́ГИЯ (греч. analogía — соответствие, сходство), сходство предметов (явлений, процессов) в к.-л. свойствах. Умозаключение по А.— знание, полученное из рассмотрения к.-л. объекта, переносится на менее изученный, сходный по существ. свойствам, качествам объект; такие умозаключения — один из источников науч. гипотез. А. сущего (бытия) (лат. analogia entis) — один из осн. принципов католич. схоластики; обосновывает возможность познания бытия Бога из бытия сотворённого им мира.

АНА́МНЕЗ (от греч. anámnēsis — воспоминание), сведения о больном (А. жизни) и его заболевании (А. болезни), собранные при опросе больного и (или) знающих его лиц, с целью установления диагноза, прогноза болезни, выбора оптим. методов её лечения и профилактики.

АНАНА́С, род многолетних трав (сем. бромелиевые). 8 видов, в тропич. Америке. Сочные крупные (до 15 кг) кисло-сладкие ароматные соплодия съедобны. Культивируют с древности в тропич. странах, гл. обр. на Гавайских и Филиппинских о-вах, в Малайзии, Мексике, на Кубе; в Европе — в оранжереях и теплицах. Из листьев нек-рых А. получают тонкое волокно.

Ананас. Плод.

АНА́ПА, г. (с 1846) в Краснодарском кр., в России; порт на Чёрном м. 56,7 т.ж. Ж.-д. ст. Климатич. и бальнеогрязевой курорт (преим. детский). Пищ., лёгкая пром-сть. Краеведч. музей.

АНА́ПЕСТ (греч. anápaistos — обратный дактилю, букв.— отражённый назад), стихотв. метр, образуемый 3-сложными *стопами* с сильным местом на 3-м слоге; на нач. слоге строки часто сверхсхемное ударение («Та́м, в ночно́й завыва́ющей стуже́», А.А. Блок). См. *Сильное место и слабое место*.

АНАРХИ́ЗМ (от греч. anarhía — безвластие), обществ.-полит. течение, к-рое выступает за немедленное уничтожение гос. власти и утверждение добровольных ассоциаций свободных индивидов и групп. Средство достижения этих целей — «прямое действие» (стачка, разл. формы насилия, вплоть до *террора*, и др.). А. сложился в 40–70-е гг. 19 в. в Зап. Европе. Гл. идеологи — М. Штирнер, П. Прудон, М.А. Бакунин, П.А. Кропоткин.

АНАТО́ЛИЯ (греч. Anatolé, букв.— восток, тур. Anadolu), в древности назв. М. Азии; в Османской империи назв. провинции на западе М. Азии с центром в Кютахье; с 1920-х гг. назв. азиат. части Турции.

АНАТО́МИЯ (от греч. anatomé — рассечение), наука о строении (преим. внутреннем) организма, раздел морфологии. Различают А. ж-ных, А. человека (осн. разделы — нормальная А. и патол. А.) и сравнит. А. ж-ных. Основоположник сравнит. А. ж-ных — Аристотель, А. человека — А. Везалий.

АНА́ФЕМА (греч. anáthēma), в христ-ве церк. проклятие, отлучение от церкви.

АНАФИЛАКСИ́Я (от греч. ana- — против и phýlaxis — защита), аллергич. реакция немедленного типа, возникающая при парентеральном (минуя пищеварит. тракт) поступлении аллергена в сенсибилизированный организм (см. *Аллергия*). Проявления: общие — анафилактич. шок, сывороточная болезнь; местные — воспаление, отёк, иногда некроз ткани.

АНАХОРЕ́Т (греч. anachorētḗs), пустынник, отшельник.

АНАХРОНИ́ЗМ (от греч. ana- — обратно, против и chrónos — время), 1) ошибка против хронологии, отнесение к.-л. события, явления к др. времени; внесение в изображение к.-л. эпохи несвойственных ей черт. 2) Пережиток старины.

АНАЭРО́БЫ (от греч. an- — отрицат. частица, aēr — воздух и bíos — жизнь), организмы, способные жить и развиваться в отсутствие свободного кислорода; нек-рые виды бактерий, дрожжей, простейших, червей. Облигатные, или строгие, А. развиваются только в отсутствие кислорода (напр., клостридии), факультативные, или условные, А.— и в его присутствии (напр., кишечная палочка). Распространены в почве, воде, в донных отложениях. Ср. *Аэробы*.

АНГАРА́, р. в России, на Ю.-З. Вост. Сибири, правый, самый многоводный приток Енисея. Дл. 1779 км. Вытекает из оз. Байкал; в верх. и ср. течении превращена в каскад водохранилищ. Гл. притоки: Иркут, Белая, Ока, Тасеева, Илим, Судох. от истока (с перерывами у плотин ГЭС). На А.— Иркутская, Братская, Усть-Илимская ГЭС; гг. Иркутск, Ангарск, Братск, Усть-Илимск и др.

АНГЕЛО́ПУЛОС Тео (Теодорос) (р. 1936), греч. кинорежиссёр. Пост. ф.: «Комедианты» (1975), «Александр Великий» (1980), «Путешествие на Цитеру» (1984) и др., к-рые отличают символичность, мифол. образность. В поздних ф. «Пчеловод» (1986), «Пейзаж в тумане» (1988) возвращается к традиц. повествовательности киноязыка.

А́НГЕЛЫ (греч. ángelos — вестник), в иудейской, христ., мусульм. мифологиях бесплотные существа, посредники между Богом и людьми. В христ-ве 9 чинов ангельских — три триады (сверху вниз): 1-я — серафимы, херувимы, престолы, 2-я — господства, силы, власти, 3-я — начала, архангелы, ангелы.

АНГИ́НА (лат. angina, букв.— удушье), острое инфекц. заболевание с преим. поражением нёбных миндалин. Чаще болеют дети, а также взрослые до 35–40 лет; заболеваемость возрастает весной и осенью. Возбудители преим. стрепто- и стафилококки. Различают катаральную, лакунарную, фолликулярную и флегмонозную А. Осн. проявления —

Ангелы. Фрагмент росписи «Алтаря Страшного суда» Рогира ван дер Вейдена. 1446–48. Музей земли Рейнланд. Бонн.

боль в горле при глотании, повышение темп-ры тела. Возможные осложнения острой А.— средний отит, ларингит, окологлоточный абсцесс и др.; повторные А. способствуют развитию ревматизма, нефрита.

АНГИО... (от греч. angéion — сосуд), часть сложных слов, означающая: относящийся к сосудам, сосудистой системе (человека, ж-ных, р-ний), напр. ангиоспазм.

АНГИОГРА́ФИЯ (от ангио... и ...графия) (вазография), метод рентгенологич. иссл. кровеносных и лимфатич. сосудов после введения в них рентгеноконтрастного в-ва.

АНГКО́Р, грандиозный комплекс храмов, дворцов, водохранилищ и каналов (9–13 вв.) близ г. Сиемреап (Камбоджа). Сохранились руины столиц Яшодхарапура (осн. в кон. 9 в.) и Ангкор-Тхом (кон. 12 в.— 1432), кам. цоколи дерев. дворцов, «храмы-горы» в виде ступенчатых пирамид с богатым скульпт. оформлением.

АНГЛИ́ЙСКАЯ РЕВОЛЮ́ЦИЯ 17 в., первая рев-ция европ. масштаба. Идеологич. знаменем рев. оппозиции абсолютизму стал пуританизм (см. *Пуритане*), а её орг. оформлением — парламент. В ходе 1-й (1642–46) и 2-й (1648) гражд. войн между сторонниками Долгого парламента (созван Карлом I в 1640) и роялистами созданная О. Кромвелем парламентская армия нанесла решающее поражение королев. армии Карла I Стюарта при Нейзби (1645) и

Ангкор. Храм Ангкор-Ват. Общий вид.

Английская революция 17 в. Казнь Карла I. Площадь перед дворцом Уайтхолл в Лондоне. Лубок 17 в.

Престоне (1648). В 1649 король был казнён, провозглашена республика. В 1653 установлена воен. диктатура – протекторат Кромвеля. В 1660 осуществлена реставрация Стюартов, согласившихся признать осн. завоевания рев-ции (в т.ч. фактич. превращение феод. собственности на землю в буржуазную). Гос. переворот 1688–89 (т.н. Славная рев-ция) закрепил доступ буржуазии к гос. власти.

АНГЛИ́ЙСКИЙ РОЖО́К, альтовый (теноровый) *гобой* с грушевидным раструбом. Тембр густой, меланхоличный. В 1830-х гг. введён в симф. оркестр.

Английский рожок.

АНГЛИ́ЙСКИЙ ЯЗЫ́К, относится к герм. группе индоевроп. семьи яз. Офиц. яз. Великобритании, США, Австралии, Н. Зеландии, Канады (наряду с франц. яз.), Ирландии (наряду с ирл. яз.), Ганы, Гренады, Нигерии; один из офиц. языков ряда гос-в Юж. и Юго-Вост. Азии, мн. гос-в Африки. Один из офиц. и рабочих языков ООН. Общее число говорящих ок. 450 млн. чел. (1990). Письменность на основе лат. алфавита.

АНГЛИКА́НСКАЯ ЦЕ́РКОВЬ, одна из протестантских церквей; гос. церковь в Англии. Возникла в период Реформации в 16 в. По культу и орг. принципам близка католической. Церк. иерархию возглавляет король.

АНГЛОСАКСО́НСКОЕ ЗАВОЕВА́НИЕ, завоевание кельт. Британии герм. племенами англов, саксов, ютов и фризов в 5–6 вв. К кон. 6 в. сложился ряд англосаксонских кор-в (Кент, Уэссекс, Суссекс, Эссекс, Вост. Англия, Нортумбрия, Мерсия).

АНГО́Б (франц. engobe), покрытие из глины, наносимое на керамич. изделия (до обжига) для устранения дефектов поверхности и придания к.-л. цвета.

АНГО́ЛА (Республика Ангола), гос-во в Юго-Зап. Африке, омывается Атлантич. ок. Пл. 1246,7 т.км². Нас. 10,6 млн. ч. – овимбунду, амбунду, конго и др. Офиц. яз. – португальский. Традиц. верований придерживается ок. 50% верующих, остальные – христиане. Глава гос-ва – президент, избираемый населением. Законодат. орган – Нац. собрание. Столица – Луанда. Адм.-терр. деление: 18 пров., включая пров. Кабинда (полуанклав). Ден. единица – кванза.

Б.ч. терр. А. – плоскогорье, выс. до 2610 м. Климат экв.-муссонный, на побережье тропич. пассатный. Ср.-мес. темп-ры 15–29 °С; осадков от 50 мм в год до 1500 мм в центр. р-нах. Осн. реки: Касаи с притоком Кванго, Кванза, Кунене. Тропич. сухие редколесья, саванны, на крайнем Ю. – пустыня.

В 13 в. на терр. А. (на С.) образовалось гос-во Конго, позднее гос-ва Ндонго, Лунда и др. С кон. 15 в. началось проникновение португальцев (завоевание фактически завершилось лишь в нач. 1920-х гг.). В 1961 восстание в Луанде под рук. Нар. движения за освобождение А. (МПЛА), осн. в 1956) положило нач. вооруж. освободит. войне. С 1975 А. – независимое гос-во, до авг. 1992 наз. Нар. Респ. А. В мае 1991 введена многопартийная система.

А. – страна с относительно развитой горнодоб. пром-стью. ВНП на д. нас. 620 долл. в год. Добыча нефти, жел. руды, алмазов. Переработка с.-х. продукции, лесопил., металлообр., текст., швейная пром-сть. Судоверфи. Земледелие – основа экономики страны. Важная отрасль – плантац. экспорт. Осн. с.-х. культуры: кофе, хлопок, кукуруза, рис, сах. тростник, бананы, табак, сизаль. Скот-во (кр. рог. скот, овцы, козы), свин-во. Птиц-во. Лесозаготовки. Мор. рыб-во.

АНДАМА́НСКОЕ МО́РЕ Индийского ок., между п-овами Индокитай и Малакка, о-вами Андаманские, Никобарские и Суматра. Пл. 605 т.км². Глуб. до 4507 м. Рыб-во (тунец и др.). Кр. порты: Янгон (Мьянма), Джорджтаун (Малайзия).

АНДА́НТЕ (итал. andante, букв. – идущий шагом), в музыке обозначение медленного темпа, а также назв. *сонатной формы* (обычно 2-й) в темпе А.

АНДЕРГРА́УНД (англ. underground – подполье), термин, обозначающий разнородные «подпольные» течения в совр. культуре (в кино, музыке, лит-ре, изобразит. иск-ве, лит-ре и др.), для к-рых характерны отказ от общепризнанных социальных и худ. традиций, норм и ценностей, нередко эпатаж публики, разрушение худ. формы, бунтарство и полит. радикализм.

А́НДЕРСЕН (Andersen) Ханс Кристиан (1805–75), дат. писатель. Мировую славу принесли ему сказки, органически связанные с фольклором, в к-рых сочетаются романтика, фантазия и реализм, юмор, сатирич. начало, ирония. Пронизанные любовью к человеку и верой в торжество гуманистич. идеалов, лиризмом сказки осуждают обществ. несправедливость и человеческие пороки («Огниво», «Стойкий оловянный солдатик», «Гадкий утёнок», «Русалочка», «Снежная королева», «Новое платье короля» и др.). Стихи, пьесы, романы («Импровизатор», 1835; «Только скрипач», 1837); автобиография «Сказка моей жизни» (1846).

А́НДЕРСЕН-НЕКСЁ (Andersen Nexø) (наст. фам. Андерсен, псевд. Нексё) Мартин (1869–1954), дат. писатель. Реалистич. ром. о трудящихся: «Пелле-завоеватель» (1906–10), «Дитте – дитя человеческое» (1917–21), незавершённая ист. трил. «Мортен Красный» (1945–48), публицистика о рабочем движении. Цикл пов. «Воспоминания» (1932–1939).

А́НДЕРСОН (Andersson) Биби (р. 1935), швед. актриса. С 1953 в кино, с 1956 в т-ре. Женственное начало, свойственное её героиням в фильмах 50-х гг. («Улыбки летней ночи», «Седьмая печать», «Земляничная поляна»), дополняется глубиной и резкостью психол. характеристик в ф. «Персона» (1966), «Прикосновение» (1971) – все реж. И. Бергмана.

А́НДЕРСОН (Anderson) Линдсей (р. 1923), англ. режиссёр. Социальный пафос характерен для док. фильмов 50-х гг. и ф. «Такова спортивная жизнь» (1963). Сатирич., карнавальная стихия определяет своеобразие трилогии («Если» (1968), «О, счастливчик!» (1973), «Больница Британия» (1982). Много работает в т-ре.

А́НДЕРСОН (Anderson) Мариан (1902–93), первая афроамер. певица (контральто), выступавшая на сцене «Метрополитен-опера» (1955). Известна гл. обр. как камерная певица. Обладала голосом огромного диапазона, исполняла и партии сопрано.

А́НДЕРСОН (Andersson) Харриет (р. 1932), швед. актриса. В кино с 1950, в т-ре с 1953. Обострённая чувствительность, интеллект, порой неуравновешенность психики её героев. Наиб. известна по ф. «Лето с Моникой» (1953), «Как в зеркале» (1961), «Шёпоты и крик» (1972) – все реж. И. Бергмана.

А́НДЕРСОН (Anderson) Шервуд (1876–1941), амер. писатель. Сб-ки психол.-импрессионистич. новелл «Уайнсбург, Огайо» (1919), «Торжество яйца» (1921), «Кони и люди» (1923). Трагикомич. истолкование повседневности, где поэзия, тайная красота и трагедия, безобразие и существование полным напряжённого подтекста, делает обыденное существование полным напряжённого подтекста. Романы, автобиогр. проза.

АНДЖАПАРИ́ДЗЕ Вера (Верико) Ивлиановна (1897–1987), груз. актриса. С 1938 в Т-ре имени Марджанишвили. Выступала в трагедийных и драм. ролях: Офелия («Гамлет», 1925) и Дездемона («Отелло», 1932) У. Шекспира, Джавара («Изгнание Важа Пшавела, 1945), Лариса («Бесприданница» А.Н. Островского, 1944), Мария Стюарт («Мария Стюарт» Ф. Шиллера, 1955). С 1923 снималась в кино.

АНДЖАПАРИ́ДЗЕ Зураб Ив. (р. 1928), груз. певец (лирико-драм. тенор). В 1952–59 и с 1970 в Груз. т-ре оперы и балета (в 1979–82 директор), в 1959–70 в Большом т-ре. Обладает сильным голосом мягкого красивого тембра, ярким артистич. темпераментом. Среди лучших партий: Абесалом («Абесалом и Этери» З. Палиашвили), Герман («Пиковая дама» П.И. Чайковского).

АНДЖЕЕ́ВСКИЙ (Andrzejewski) Ежи (1909–83), польск. писатель. В произв. А. – героика и трагедия 2-й мир. войны, острота социальной борьбы в Польше после 1945 (ром. «Пепел и алмаз», 1948; одноим. фильм, 1958, реж. А. Вайда), вечные проблемы бытия (пов. «Мрак покрывает землю», 1957, «Врата рая», 1960), судьбы творч. интеллигенции (ром. «Крошево», 1981).

АНДИЖА́Н, г., обл. ц. в Узбекистане. 298,3 т.ж. Ж.-д. уз. Маш-ние (в т.ч. с.-х. и эл.-техн.) и металло-

Ангола. Наряд невесты народа овимбунду.

Ангола. Водопад на р. Кванза.

Х.К. Андерсен.

обработка, лёгкая (хл.-очист., хл.-бум., швейная, трикот., обув.; пищевкус. пром-сть; гидролизный з-д. Нар. промыслы (вышивка и ковроделие). 4 вуза. Ист.-краеведч. музей. Узб. т-р муз. драмы и комедии имени Ю. Ахунбабаева, т-р кукол. Изв. с 9 в.

АНДО́РРА (Княжество Андорра), гос-во на Ю.-З. Европы, в долине р. Валира (басс. р. Эбро), между Францией и Испанией. Пл. 465 км². Нас. 57,1 т.ч., в том числе андоррцев 29%, испанцев ок. 50%, французов 8%, португальцев 7%. Офиц. яз. — каталанский. Верующие в осн. католики. Главы гос-ва — президент Франции и епископ Урхельский. Законодат. орган — Ген. совет. Столица — Андорра. Адм. терр. деление: 7 общин. Ден. единицы — французский франк и испанская песета.

А. впервые упоминается в док-тах Урхельского епископата в 805. С 1278 А. была под совместным правлением Франции и епископа исп. г. Сео-де-Урхель. В 1993 принята первая конституция А., провозгласившая страну суверенным гос-вом.

Основа экономики — обслуживание иностр. туристов (в т.ч. на горн. курортах) и торговля. ВНП на д. нас. 16600 долл. в год. В с. х-ве — пастбищное овц-во. Произ-во эл.-энергии (небольшие ГЭС на реках), лесная и деревообр. (меб. ф-ки) пром-сть. Куст. произ-во изделий из керамики и камня (агат, яшма).

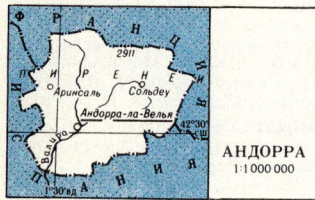

АНДО́РРА (Андорра-ла-Велья, Андорра-ла-Вьеха), столица гос-ва Андорра, на р. Валира. 20,4 т.ж. Таб. ф-ка, пищ. и шерстопрядильные пр-тия. Музей. Туризм. Осн. в нач. 9 в. Мн. узких, тупиковых улиц и переулков. Резиденция пр-ва — «Дом Долин» (1580) с мраморным гербом.

АНДРЕ́ЕВ Бор. Фёд. (1915–82), рос. киноактёр. Его герои-современники наделены душевной широтой, силой, добродушием (ф. «Трактористы», 1939, «Большая жизнь», 1940, 2-я серия 1958, «Два бойца», 1943). Психологически более сложные образы в ф. «Жестокость» (1959), «Дети Ванюшина» (1974). Сыграл в ист. («Богдан Хмельницкий», 1941) и сказочных («Илья Муромец», 1956) фильмах.

АНДРЕ́ЕВ Вас. Вас. (1861–1918), исполнитель на балалайке и дирижёр. Усовершенствовал балалайку, разработал её орк. разновидности. Организатор и руководитель первого оркестра рус. нар. инстр-тов (1888, с 1896 Великорус. оркестр). Соч. для балалайки.

АНДРЕ́ЕВ Леон. Ник. (1871–1919), рус. писатель. Экспрессионизм в изображении кризисных ситуаций: испытания веры в пов. «Жизнь Василия Фивейского» (1904); безумие и ужас войны в рассказе «Красный смех» (1905). Сочувствуя революционерам («Рассказ о семи повешенных», 1908), изображал рев-цию как стихийный бунт («Савва», 1906). Наряду с бытовой драмой «Дни нашей жизни» (1908) филос.-аллегорич. трагедии («Жизнь человека», 1907; «Анатэма», 1908).

АНДРЕ́ЕВ Ник. Анд. (1873–1932), скульптор. Автор глубоко индивидуальных, психологически острых пам.: Н.В. Гоголю (1904–09), А.Н. Островскому (1924–29) – оба в Москве.

Н.А. Андреев. Памятник Н.В. Гоголю.

АНДРЕ́ЕВА (наст. фам. Юрковская) Мария Фёд. (1868–1953), актриса, обществ. и театральный деятель. На сцене с 1886. В 1898–1905 в Моск. Худ. т-ре. Игре свойственны изящество, тонкий лиризм: Раутенделейн («Потонувший колокол» Г. Гауптмана, 1898) и др. Чл. РСДРП с 1904. В 1918 комиссар т-ров и зрелищ Петрограда, в 1918–21 зав. Петрогр. театральным отделом Наркомпроса. Участвовала в орг-ции в Петрограде Т-ра трагедии (1918) и Большого драм. т-ра (1919); актриса этого т-ра до 1926). Была женой М. Горького.

АНДРЕ́ЕВСКИЙ МОНАСТЫ́РЬ (Преображенский), мужской, в Мос-

Андреевский монастырь. Общий вид.

кве, на прав. берегу р. Москва, у подножия Воробьёвых гор. Осн. в 1648 боярином Ф.М. Ртищевым. Во 2-й пол. 17 в. действовали уч-ще, т.н. учёное братство монахов (Епифаний Славинецкий и др.). В 1724 упразднён. Церкви 17–18 вв. – Андрея Стратилата, Воскресения в Пленицах, Иоанна Богослова с колокольней.

АНДРЕ́Й БОГОЛЮ́БСКИЙ (ок. 1111–1174), князь владимиро-суздальский (с 1157), сын Юрия Долгорукого. Сделал столицей г. Владимир. В 1169 завоевал Киев. Убит боярами в своей резиденции в с. Боголюбово.

АНДРЕ́Й ПЕРВОЗВА́ННЫЙ, по церк. легенде, апостол, один из первых (отсюда прозвание) и ближайших учеников Иисуса Христа. Рус. летописи наз. его первым проповедником хрис-ва в Приднепровье и Приильменье. Считался покровителем страны в России и Шотландии. По преданию, распят в Греции на косом кресте, т.н. крест А.П., к-рый стал знаком ордена А.П., а также изображался на воен.-мор. Андреевском флаге.

АНДРЕ́Й РУБЛЁВ (ок. 1360–70 – ок. 1430), живописец, крупнейший мастер моск. школы. Произв. отличают глубокая человечность и возвышенная одухотворённость образов, идеи согласия и гармонии, совершенство худ. формы (икона «Троица»). Участвовал в создании росписей и икон соборов: Благовещенского в Моск. Кремле (1405), Успенского во Владимире (1408), Троицкого в Троице-Сергиевой лавре (1425–27), Спасского в Андрониковом мон. в Москве (1420-е гг.). А.Р. приписывают фрагменты фресок Успенского собора в Звенигороде, иконы из Звенигорода, ряд миниатюр. Канонизирован Рус. Православной Церковью.

АНДРЕ́ЙЧЕНКО Нат. Эд. (р. 1956), рос. киноактриса. Создала психологически сложные характеры в ф. «Сибириада» (1979), «Военно-полевой роман» (1984), «Леди Макбет Мценского уезда» (1989) и др. Участвовала в телевиз. муз. комедии «Мэри Поппинс, до свидания!» (1983).

АНДРЕ́ЯНОВА Ел. Ив. (1819–57), рос. артистка балета. Предст. романтич. направления. Первая исполнительница партии Жизели («Жизель» А. Адана, 1842) в России, а также гл.

Е.И. Андреянова в балетном костюме. Неизвестный художник. 1-я пол. 19 в.

Андрей Рублёв. «Троица». Третьяковская галерея.

партий в балетах «Пери» Ф. Бургмюллера (1844), «Пахита» Э.М. Дельдевезе (1847), «Сатанилла, или Любовь и ад» Н. Ребера и Ф. Бенуа (1848). В танце А. сочетались драматизм и поэтичность, выразительность пантомимы, виртуозность классич. и характерных танцев.

АНДРИА́НОВ Ник. Еф. (р. 1952), спортсмен и тренер (гимнастика). Неоднократный чемпион СССР и Европы (1971–75), мира (1974, 1978–1979), Олимп. игр (1972, 1976, 1980) в многоборье. Тренер сборной муж. команды СССР (1989–91).

А́НДРИЧ Иво (1892–1975), серб. писатель. В ром. «Мост на Дрине», «Травницкая хроника» (оба 1945), повести «Проклятый двор» (1954) и рассказах, воссоздающих панораму жизни Боснии под чужеземным игом на протяжении пяти веков,– филос. осмысление человеческих судеб в контексте истории. Ноб. пр. (1961).

АНДРО́ВСКАЯ Ольга Ник. (1898–1975), актриса. С 1919 во 2-й студии МХТ, с 1924 во МХАТе. Преим. комедийная актриса, обладавшая большим обаянием, изяществом, лукавым юмором: Сюзанна («Безумный день, или Женитьба Фигаро» П.О. Бомарше, 1927), леди Тизл («Школа злословия» Р. Шеридана, 1940), пани Конти («Соло для часов с боем» О. Заградника, 1973). Снималась в ф. «Медведь» (1938) и др.

АНДРОМА́ХА, в греч. мифологии верная и любящая жена Гектора, горько оплакивавшая его гибель.

АНДРОМЕ́ДА, в греч. мифологии дочь царя Эфиопии, отданная им в жертву мор. чудовищу, опустошавшему страну, и спасённая Персеем.

О.Н. Андровская и М.М. Яншин в спектакле «Школа злословия».

После смерти А. была помещена Афиной среди звёзд – созвездие А.

АНДРО́НИКОВ (Андроникашвили) Ираклий Луарсабович (1908–1990), рус. писатель, литературовед, мастер устного рассказа. Осн. иссл. и рассказы посв. М.Ю. Лермонтову. Работы в кино и на телевидении.

АНДРО́НИКОВ МОНАСТЫ́РЬ (Андроников Спаса Нерукотворного муж. монастырь), осн. ок. 1360 на лев. берегу Яузы, форпост на юго-вост. подступах к Москве. В 14–17 вв. один из центров переписки книг. В А.м. провёл последние годы жизни (и похоронен) Андрей Рублёв. Упразднён после Окт. рев-ции. Архит. анс. включает белокам. Спасский собор (1420–27) с фрагментами фресок (1420-е гг.), выполненных под рук. Андрея Рублёва и Даниила Чёрного, трапезную (1504) с церковью (1694), стены и башни (17 в.). С 1947 Музей-заповедник др.-рус. иск-ва имени А. Рублёва. С 1987 Центр. музей др.-рус. культуры и иск-ва имени А. Рублёва.

Андроников монастырь. Общий вид.

АНДРО́НОВ Ник. Ив. (р. 1929), рос. живописец. В кон. 50–60-х гг. один из гл. предст. т.н. сурового стиля, для к-рого характерны романтич. героизация трудовых будней, энергически-волевые образы современников («Плотогоны», 1961). Автор драм. пейзажей («Ночь в Солигаличе»), остроаналитич. автопортретов, монументальных работ.

АНДРО́ПОВ Юр. Вл. (1914–84), ген. секр. ЦК КПСС (1982–84), пред. През. ВС СССР (с 1983). С

Ю.В. Андропов.

Андромаха. Ж.Л. Давид. «Андромаха у тела Гектора». 1783. Музей изобразительных искусств имени А.С. Пушкина.

Андромеда. Фреска из дома Диоскуров в Помпеях: Персей и Андромеда. 65–70 н.э. Национальный музей. Неаполь.

1940 1-й секр. ЦК ЛКСМ Карелии. В годы Вел. Отеч. войны один из организаторов партиз. движения в Карелии. С 1947 2-й секр. ЦК КП(б) Карелии. В 1951–52 в ЦК КПСС. В 1953–57 посол СССР в Венгрии; способствовал вводу сов. войск в Венгрию (1956). С 1957 зав. отделом ЦК КПСС. В 1962–67 и с мая 1982 секр. ЦК КПСС. Чл. Политбюро ЦК КПСС с 1973 (канд. с 1967). В 1967–82 пред. КГБ СССР, ген. армии (1976). В этот период под руководством А. осуществлялись репрессивные меры по отношению к инакомыслящим и правозащитному движению (аресты, лишение гражданства и др.). Как ген. секр. А. пытался адм. методами остановить кризис в партии и гос-ве.

А́НДЫ (Андийские Кордильеры), юж. часть Кордильер, горн. система на С. и З. Юж. Америки, одна из самых высоких на Земле (6960 м, г. Аконкагуа). Дл. 9000 км. Состоит из параллельных хребтов — Вост., Центр., Зап. и Береговых Кордильер. Часты землетрясения; много действ. вулканов. Оледенение (пл. св. 20 т.км², кр. ледник Упсала). В А.— истоки Амазонки и её притоков, р. Магдалена, рек Патагонии, а также притоков Ориноко, Парагвая; много озёр, в т.ч. Титикака (величайшее из высокогорных. озёр мира, на выс. 3812 м). Вследствие климатич. различий и больших высот растит. покров весьма разнообразен. М-ния руд цв. металлов, нефти и природного газа.

АНЕВРИ́ЗМА (от греч. aneurysma — расширение), расширение просвета кровеносного сосуда или полости сердца вследствие патол. изменения их стенок (приобретённая А.) или аномалий развития (врождённая А.). Наиб. часты А. кр. артерий, в т.ч. аорты. Опасное осложнение — разрыв А.

АНЕКДО́Т (от греч. anékdotos — неизданный), 1) короткий рассказ об ист. лице, происшествии. 2) Жанр гор. фольклора, злободневный комич. рассказ-миниатюра с неожиданной концовкой, своеобразная юмористич., часто фривольная притча.

АНЕМИ́Я (от греч. an- — отрицат. приставка и háima — кровь) (малокровие), группа заболеваний, характеризующихся уменьшением кол-ва эритроцитов и (или) гемоглобина в крови, что приводит к *гипоксии*. Причины: кровопотери, повышенное кроверазрушение (гемолитич. А.) или нарушенное кроветворение (при недостатке в организме железа — железодефицитная А., нек-рых витаминов — пернициозная А. и др.). Нек-рые А.— наследств. заболевания (напр., серповидноклеточная А.). Проявляются слабостью, головокружением, одышкой, сердцебиением, бледностью кожных покровов и др.

АНЕМО́НА, то же, что *ветреница*.

АНЕСТЕЗИОЛО́ГИЯ (от *анестезия* и *...логия*), область медицины, изучающая вопросы подготовки больного к хирургич. операции, обезболивания и управления жизненно важными функциями организма во время операции. Из А. выделен самостоят. раздел — интенсивная терапия и реаниматология (см. *Реанимация*).

АНЕСТЕЗИ́Я (греч. anaisthēsía), потеря чувствительности вследствие поражения чувствит. нервов. Искусств. А. для обезболивания при хирургич. операциях достигается воздействием анестезирующего в-ва на головной мозг (общая А.— наркоз), на нервные окончания и стволы в месте операции (местная А.) или на спинной мозг (спинномозговая А.).

АНЖУ́ЙСКАЯ ДИНА́СТИЯ, королев. династия в Англии в 1154–1399 (см. *Плантагенеты*), Юж. Италии в 1268–1442, Сицилии в 1268–82 (номинально в 1266–1302), Венгрии в 1308–87, Польше в 1370–82 и 1384–1385. Вела происхождение от франц. графов Анжу (Anjou).

АНИ́, др.-арм. город в 5–16 вв., на р. Арпачай (Турция). В 10–11 вв. столица *Анийского царства*. Остатки гор. застройки, дворца, храмов и др.

АНИЗОТРОПИ́Я (от греч. ánisos — неравный и trópos — направление), характеристика физ. тела, заключающаяся в том, что разл. его свойства (напр., механич., электрич., магнитные) в разных направлениях проявляются количественно неодинаково. А. характерна для мн. монокристаллич. объектов. Особенно наглядна А. оптич. свойств (см. *Двойное лучепреломление*).

АНИ́ЙСКОЕ ЦА́РСТВО, гос-во в 960-х гг.— 1045, объединявшее б.ч. Армении (столица — Ани). Правила династия *Багратидов*. Подъём науки, лит-ры, иск-ва. Завоёвано Византией.

АНИКУ́ШИН Мих. Конст. (р. 1917), скульптор. Пам. А.С. Пушкину (1957), мемориал «Героическим защитникам Ленинграда» (1975) — в С.-Петербурге.

АНИЛИ́Н, $C_6H_5NH_2$, бесцв. горючая жидкость, $t_{кип}$ 184,4 °C. Синтез А. в 1842 Н.Н. Зининым привёл к открытию в сер. 19 в. пром-сти синтетич. красителей. А. применяют также в произ-ве полимеров, ускорителей вулканизации каучуков, фарм. препаратов, пестицидов, ВВ. Токсичен. Мировое произ-во ок. 1 млн. т в год.

АНИМАЛИСТИ́ЧЕСКИЙ ЖАНР (от лат. animal — животное), жанр изобразительного иск-ва, в к-ром гл. мотивом является изображение животных. В произв. А.ж. тонкое знание животного мира, острота характеристики и декор. выразительности образа сочетаются с познавательными задачами.

АНИМИ́ЗМ (от лат. anima, animus — душа, дух), вера в существование душ и духов.

АНИО́НЫ, см. *Ионы*.

АНКАРА́ (до 1930-х гг. Ангора), столица (с 1923) Турции, на Анатолийском плоскогорье. 2,6 млн. ж.

Ани. Крепостные стены с башнями.

Анималистический жанр. В.А. Ватагин. «Медведь». Дерево. 1956.

Анкара. Мавзолей Ататюрка.

Маш-ние; пищевкус., лёгкая, хим., деревообр. пром-сть. Ун-ты. Консерватория. Музеи (в т.ч. археол.). Гос. опера (1949), филармонич. об-во (1953). Осн. в 7 в. до н.э. Храм Августа и Ромы (осн. во 2 в. до н.э.), термы, колонна Юлиана (4 в.), мечети Алааддина (1178) и Арсланхане (13–14 вв.), мавзолей Кемаля Ататюрка (1944–53).

ружённая терр. другого гос-ва и не имеющая выхода к морю (мор. берега). При наличии мор. берега терр. наз. полуанклавом (напр., Калининградская обл. в Рос. Федерации).

А́ННА, см. в ст. *Святое семейство*.

А́ННА ИВА́НОВНА (Анна Иоанновна) (1693–1740), рос. императрица с 1730, дочь Ивана V, племянница Петра I, герцогиня Курляндская с 1710. Возведена на престол Верх. тайным советом. Даровала значит. льготы дворянству. Отличалась леностью и грубостью нрава. Фактически правителем при ней был Э.И. Бирон.

А́ННА ЛЕОПО́ЛЬДОВНА (Елисавета Екатерина Христина) (1718–1746), правительница России при малолетнем сыне — имп. Иване VI Антоновиче (1740–41). Дочь герцога мекленбург-шверинского Карла Леопольда и Екатерины, дочери царя Ивана V. С 1722 жила в России. По свидетельствам современников, отличалась леностью, беспечностью, доверчивостью. Отстранена от власти Елизаветой Петровной. Жила под арестом.

АННА́ЛЫ (лат. annales, от annus — год), др.-рим., а также ср.-век. летописи. В широком смысле — запись наиб. значит. событий по годам.

АННА́М, название, данное кит. императорами терр. совр. Сев. и частично Центр. Вьетнама, находившейся под их господством в 7–10 вв.

АННЕ́КСИЯ (от лат. annexio — присоединение), вид агрессии, насильств. присоединение (захват) всей или части терр. др. гос-ва или народа, а также насильств. удержание народа в границах др. гос-ва.

А́ННЕНСКИЙ Инн. Фёд. (1855–1909), рус. поэт. В лирике (сб. «Кипарисовый ларец», 1910, «Посмертные стихи», 1923) — трагедийная напряжённость, тонкий психологизм,

И.Ф. Анненский.

АНКЕ́ТА (франц. enquête, букв. — расследование), опросный лист для получения к.-л. сведений о том, кто его заполняет, или для получения ответов на вопросы, составленные по определ. программе. Составление, распространение, изучение А. (анкетирование) применяется в обществ. науках, при переписях населения, изучении обществ. мнения.

АНКИЛО́З (от греч. ankýlos — согнутый), неподвижность сустава, обусловленная сращением гл. обр. суставных поверхностей после воспаления или дегенеративного процесса, травмы. Лечение оперативное.

АНКЛА́В (энклав) (фр. enclave), часть терр. гос-ва, со всех сторон ок-

Анды. Долина в Кордильере-Реаль. Боливия.

мучительное переживание текучести, ежеминутного убывания жизни, пограничного (между «здесь» и «там») существования человека. Эссеистич. статьи («Книга отражений», т. 1–2, 1906–09). Переводы, в т.ч. трагедий Еврипида.

АННИГИЛЯ́ЦИЯ (от позднелат. annihilatio – уничтожение, исчезновение), превращение частицы и соответствующей ей *античастицы* в *гамма-излучение* или др. частицы. Напр., при соударении электрона (e⁻) и позитрона (e⁺) они исчезают, образуя два γ-кванта. Рождение пары – обратный процесс; это возникновение частицы и античастицы (напр., рождение пары e⁻e⁺) в результате взаимодействия γ-кванта с кулоновским полем атомного ядра. При этом энергия γ-кванта должна быть ≥ 1 МэВ. А. e⁻ и e⁺ наблюдалась впервые в космич. лучах амер. физиком К. Андерсоном в 1933, одновременно открывшим позитрон.

АННУЛИ́РОВАНИЕ (аннуляция) (от лат. annullo – уничтожаю), отмена, объявление недействительным к.-л. акта, договора, прав или полномочий.

АНО́Д (от греч. ánodos – движение вверх, восхождение), электрод электронного или эл.-техн. прибора (напр., электронной лампы, гальванич. элемента, электролитич. ванны), характеризующийся тем, что

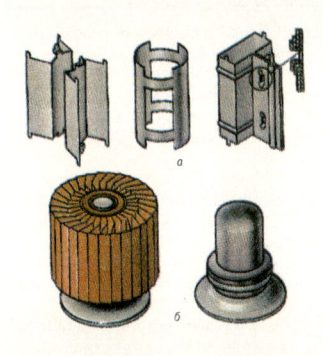

Аноды приёмно-усилительных (*а*) и генераторных (*б*) электронных ламп.

движение электронов во внеш. цепи направлено от него (к *катоду*).

АНОМА́ЛИЯ (греч. anōmalía), отклонение от нормы, от общей закономерности, неправильность.

АНОМИ́Я (от франц. anomie – отсутствие закона, орг-ции), понятие, обозначающее нравств.-психол. состояние индивидуального и обществ. сознания, к-рое характеризуется разложением системы ценностей, обусловленным кризисом об-ва, противоречиями между провозглашёнными целями и невозможностью их реализации для большинства. Выражается в отчуждённости человека от об-ва, апатии, разочарованности в жизни, преступности. Понятие «А.» введено Э. Дюркгеймом.

АНОНИ́М (от греч. anōnymos – безымянный), 1) автор письма или соч., скрывший своё имя. 2) Сочинение без обозначения имени автора.

АНО́СОВ Пав. Петр. (1799–1851), рос. металлург. Создал новый метод получения высококачеств. литой стали, объединив науглероживание и плавление металла. Раскрыл утерянный в ср. века секрет изготовления *булата*.

АНСА́МБЛЬ (франц. ensemble – совокупность, стройное целое), 1) взаимная согласованность, гармония, сочетание частей, образующих к.-л. целое (напр., архитектурный А.). 2) В сценич. иск-ве худ. согласованность всех компонентов спектакля, подчинённых единому замыслу. 3) В драм. т-ре слаженность, гармония в игре актёров, достигаемая в результате их длит. работы в одной труппе или принадлежности к одной школе (напр., блестящие А. сложились в моск. Малом и петерб. Александринском т-рах во 2-й пол. 19 в., в Моск. Худ. т-ре на рубеже 19 и 20 вв.). 4) В балете совм. исполнение танца двумя и более артистами. В зависимости от кол-ва участников А. наз. *па-де-де*, *па-де-труа* и др. 5) Муз. произв. для двух и более исполнителей (дуэт, трио, квартет, квинтет, секстет, септет, октет и т.д.). 6) Группа артистов, выступающая как единый худ. коллектив (напр., А. песни и пляски).

АНСЕ́ЛЬ (Ancel) Марк (1902–90), франц. юрист, специалист в области уголов. права, криминологии, сравнит. правоведения. Основатель школы «социальной защиты». През. Междунар. ассоциации юрид. наук (1965–68).

АНСЕ́ЛЬМ (Anselm) Кентерберийский (1033–1109), теолог и философ, предст. ранней схоластики августинианского направления (см. *Августин*). Церк. деятель; вёл борьбу за независимость церкви против королей Англии). Развил т.н. онтологич. доказательство бытия Бога, выводя бытие Бога из самого понятия Бога. Видел в вере предпосылку рационального знания: «верую, чтобы понимать».

АНСЕРМЕ́ (Ansermet) Эрнест (1883–1969), швейц. дирижёр. Выступал с 1911. В 1915–23 муз. рук. «Рус. балета Дягилева», с 1918 рук. созданного им орк. Романской Швейцарии. Блестящий интерпретатор музыки франц. импрессионистов, а также балетов И.Ф. Стравинского.

АНТАБЛЕМЕ́НТ (франц. entablement), верх. часть сооружения, обычно лежащая на колоннах, составной элемент архит. *ордера*; членится на *архитрав*, *фриз*, *карниз*.

АНТАГОНИ́ЗМ (от греч. antagōnisma – спор, борьба), противоречие, характеризующееся острой борьбой враждебных сил, тенденций

АНТАНАНАРИ́ВУ (Тананариве), столица (с 1975) Мадагаскара. 802 т.ж. Междунар. аэропорт. Пищевкус., кож.-обув., хим., деревообр. пр-тия. Ун-т. Музеи. Т-ры: «Антананариву», «Ланди вулафуци», «Жаннет». Осн. в нач. 17 в. До кон. 19 в. резиденция королей Мадагаскара. В 1896–1960 адм. ц. франц. владения Мадагаскар. С 1960 столица Малагасийской Республики.

АНТА́НТА (франц. Entente, букв.– согласие) («Тройственное согласие»), блок Великобритании, Франции и России; оформился в 1904–07 и объединил в ходе 1-й мир. войны против герм. коалиции более 20 гос-в (среди них – США, Япония, Италия).

АНТАРКТИ́ДА, материк в центре *Антарктики*. Пл. 13975 т. км² (в т.ч. 1582 т. км² – шельфовые ледники и о-ва, причленённые к А. ледниками). Постоянное нас. отсутствует. Ср. выс. 2040 м, наиб. – 5140 м (массив

Антананариву. Вид города.

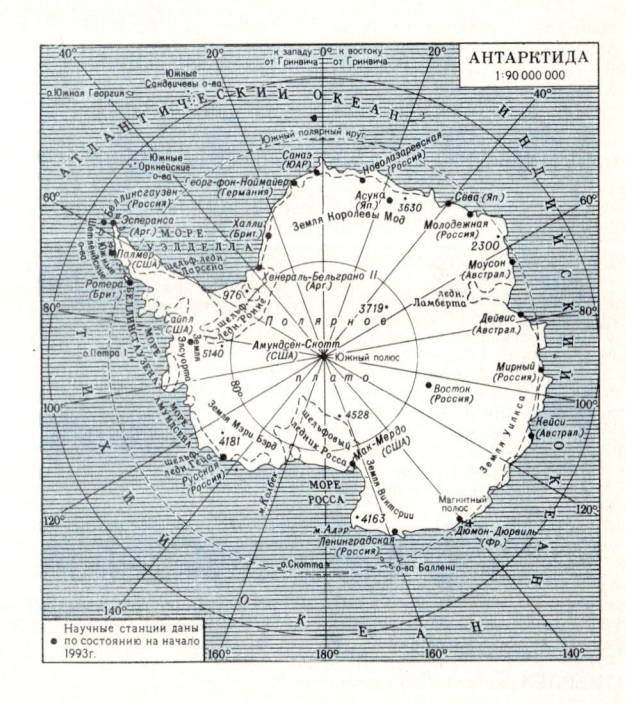

Антарктида. Горный ландшафт в Западной Антарктиде.

38 АНТА

Винсон в горах Элсуорт). Св. 99% терр. покрыто льдом (ср. мощн. 1720 м, наиб.– св. 4300 м; объём 24 млн. км³); в Вост. А. крупнейший на земном шаре *Ламберта ледник*. Свободные ото льда участки встречаются в виде антарктич. оазисов, горн. массивов, нунатаков (скалистых пиков, гребней, холмов, полностью окружённых льдом). В Вост. А. полюс холода Земли (−89,2 °С на ст. Восток); ср. темп-ры зимних месяцев от −60 до −70 °С, летних от −30 до −50 °С; на побережье зимой от −35 °С, летом 0–5 °С. Часты сильные ветры. Из р-ний встречаются цветковые, папоротники (на Антарктич. п-ове), лишайники, водоросли (в оазисах). На побережье обитают тюлени, пингвины. А. бедна полезными ископаемыми, наиб. значение имеют кам. уголь и жел. руда. Открыта в янв. 1820 рус. эксп. Ф.Ф. Беллинсгаузена – М.П. Лазарева. В нач. 20 в. в А. побывали Р. Скотт, Э. Шеклтон, Р. Амундсен, Д. Моусон и др. В 1911 эксп. Р. Амундсена и в 1912 Р. Скотта достигли Юж. полюса. В связи с Междунар. геофиз. годом (1957–58) созд. полярные науч. станции (России, США и др. стран).

АНТА́РКТИКА, юж. полярная область земного шара, включающая *Антарктиду* и прилегающие к ней участки Атлантич., Индийского и Тихого океанов с морями Уэдделла, Росса, Амундсена, Беллинсгаузена и др., а также расположенные в субантарктич. водах о-ва: Юж. Георгия, Юж. Сандвичевы, Юж. Оркнейские, Юж. Шетлендские и др. Граница А. проходит в пределах 48–60° ю.ш. Пл. ок. 52,5 млн. км². А.– наиб. суровая область Земли с низкими темп-рами воздуха, сильными ветрами, снежными бурями и туманами. Материк и близлежащие о-ва имеют покровное оледенение. В субантарктич. р-нах ср. темп-ры самого тёплого месяца 10 °С, самого холодного от 0 до −10 °С. На о-вах – тундровая растительность, мн. птиц. В составе мор. фауны – киты, ластоногие. В 1959 заключён Междунар. договор об А., определивший совр. правовое положение А., использование А. только в мирных целях и свободу науч. исследований.

АНТВЕ́РПЕН (Анвер), г. в Бельгии. 468 т.ж. Кр. трансп. узел и торгово-пром. центр. Порт на р. Шельда и канале Альберта близ Сев. м., один из крупнейших портов мира. Маш-ние (в т.ч. судостроение и судоремонт, авто- и тракторосборка); цв. металлургия, нефтеперераб., хим. и нефтехим., бум., полиграф. и др. пром-сть. А.– мировой центр гранения алмазов и торговли бриллиантами. Консерватория (1898). Музеи: Дом Рубенса, королев. изящных иск-в, худ.-исторический. Королев. опера (1893). Изв. с 7 в. Ко 2-й пол. 16 в. крупнейший в Европе центр торговли и кредита. Позднеготич. собор (14 – нач. 17 вв.), замок Стен (перестроен в 16 в.) и др. архит. пам. 15–18 вв.

АНТЕ́Й, в греч. мифологии великан, сын Посейдона и Геи. Был непобедим, пока соприкасался с матерью-землёй. Геракл одолел А., оторвав его от земли и задушив в воздухе.

АНТЕ́ННА (от лат. antenna – мачта, рея) (радио), устройство, предназначенное (обычно в сочетании с радиопередатчиком или радиоприёмником) для излучения или (и) приёма радиоволн. Применяют в системах радиосвязи, радиолокации, радиоастрономии, метеорологии и т.д.

Антей. Скульптурная группа А. Поллайоло «Геракл и Антей». Бронза. Ок. 1475. Национальный музей. Флоренция.

АНТИ... (греч. anti – против, вместо), приставка, означающая: противоположность, враждебность чему-либо, направленность против чего-нибудь (напр., антифашистский).

АНТИБИО́ТИКИ (от *анти...* и греч. bíos – жизнь), органич. в-ва, образуемые микроорганизмами и обладающие токсич. действием по отношению к др. микроорганизмам. А. наз. также антибактериальные в-ва, выделяемые из растит. и животных клеток. А. используют как лекарств. препараты для подавления развития бактерий, микроскопич. грибов, нек-рых вирусов и простейших, поражающих человека, жив-х и р-ния. Получены также противоопухолевые А. Первый эффективный А. (пенициллин) открыт в 1929 А. Флемингом. Широко вошли в мед. практику с 40-х гг. 20 в. В результате длит. применения А. возможно появление устойчивых к ним форм патогенных микроорганизмов. А. применяют также в с. х-ве, пищ. и микробиол. пром-сти, в биохим. иссл. В пром-сти получают микробиол. и хим. синтезом.

АНТИВЕЩЕСТВО́, в-во, построенное из *античастиц*. Ядра атомов А. состоят из антипротонов и антинейтронов, а роль электронов играют позитроны. Предполагают, что в первые моменты образования Вселенной А. и в-во присутствовали в равных кол-вах, но по мере дальнейшего расширения Вселенной число античастиц стало стремительно уменьшаться. По совр. данным (в доступной наблюдению части Вселенной), к.-л. небесные тела, целиком построенные из А., отсутствуют. Отд. частицы А. образуются в космич. процессах и быстро исчезают вследствие аннигиляции с частицами в-ва. В лаб. условиях получены и исследованы ядра антидейтерия и антигелия.

АНТИГЕ́НЫ (от *анти...* и *...ген*), в-ва, к-рые воспринимаются организмом как чужеродные и вызывают специфич. иммунный ответ. Способны взаимодействовать с клетками иммунной системы и *антителами*. Попадание А. в организм может привести к формированию *иммунитета*, иммунологич. толерантности (отсутствию иммунного ответа на опредл. А.) или *аллергии*. Свойствами А. обладают белки, полисахариды и др. макромолекулы. Термин «А.» употребляют и по отношению к бактериям, вирусам, целым органам (при трансплантации), содержащим А. Определение природы А. используется в диагностике инфекц. болезней, при переливании крови, пересадках органов и тканей, в суд. медицине. А. применяют для создания вакцин и сывороток.

АНТИГИ́ТЛЕРОВСКАЯ КОАЛИ́ЦИЯ, союз гос-в и народов, боровшихся во 2-й мир. войне против агрессивного блока Германии, Италии, Японии и их сателлитов. Осн. ядром А.к. были СССР, США и Великобритания.

АНТИГО́НА, в греч. мифологии дочь царя Фив Эдипа. Сопровождала слепого отца в его скитаниях. Исполнив родственный долг, предав погребению брата Полиника, вопреки запрету дяди – царя Креонта; за это была заключена в темницу, где покончила с собой (одноим. трагедия Софокла).

АНТИ́ГУА И БАРБУ́ДА, гос-во в Вест-Индии, на о-вах Антигуа, Барбуда и Редонда, в группе Малых Антильских о-вов. Пл. 442,6 км². Нас. 64,0 т.ч., в осн. антигуанцы. Офиц. яз.– английский. Верующие преим. протестанты. Входит в *Содружество*. Глава гос-ва – королева Великобритании. Столица – Сент-Джонс.

Адм.- терр. деление: 8 р-нов. Ден. единица – вост.-карибский доллар.

Поверхность холмистая, выс. до 402 м. Климат тропич. пассатный. Ср.-мес. темп-ры от 15 до 33 °С; осадков ок. 1300 мм в год. Осенью часты ураганы.

В 1493 о-ва открыты Х. Колумбом; первоначально испанская, в 1632–1967 брит. колония. С 1981 независимое гос-во.

Основа экономики – обслуживание иностр. туристов. ВНП на д. нас.

Антенна (осн. типы): симметричный (*а*) и несимметричный (*б*) вибраторы; диполь Надененко (*в*); «волновой канал» (*г*); рамочная (*д*); логопериодическая вибраторная (*е*); рупорная (*ж*); линзовая (*з*); волноводная щелевая (*и*); диэлектрическая (*к*).

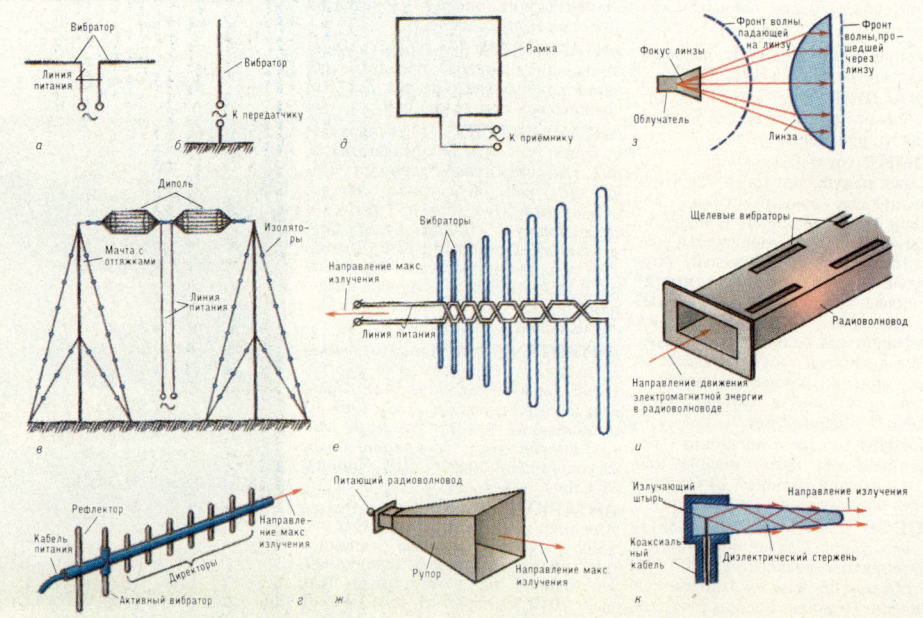

Антигуа и Барбуда. Побережье Карибского моря.

4600 долл. в год. Осн. эксп. с.-х. культуры – сах. тростник, хлопчатник, цитрусовые. Пр-тия пищевкус. пром-сти, по сборке электронной аппаратуры (на вывоз). Экспорт: сахар-сырец, патока-меласса, ром, одежда.

АНТИКВА́Р (лат. antiquarius – любитель, знаток древностей), торговец старинными ценными предметами: картинами, книгами и др.; знаток, собиратель таких предметов; отсюда антиквариат – торговля такими предметами, а также совокупность таких предметов.

АНТИ́ЛЬСКИЕ ОСТРОВА́, архипелаг в *Вест-Индии*: Большие А.о. (Куба, Гаити, Ямайка, Пуэрто-Рико) и Малые А.о. (Виргинские, Наветренные, Подветренные, Тринидад, Тобаго и Барбадос). Пл. ок. 220 т. км². Выс. до 3175 м. Действующие вулканы. Листопадные и вечнозелёные тропич. леса. На А.о. гос-ва: Антигуа и Барбуда, Барбадос, Гаити, Гренада, Доминика, Доминиканская Респ., Куба, Сент-Винсент и Гренадины, Сент-Люсия, Сент-Китс и Невис, Тринидад и Тобаго, Ямайка, а также владения США, Великобритании, Франции, Нидерландов, часть терр. Венесуэлы.

Антильские острова. Вулкан Мизери.

АНТИМИ́НС (от *анти*... и лат. mensa – стол), в православии четырёхугольный льняной или шёлковый платок с изображением находящегося в гробу Иисуса Христа, орудий его казни, 4 евангелистов по углам, с зашитой в середине частицей мощей. А. подписывается архиереем для определ. храма, что означает разрешение совершать в нём литургию.

АНТИМОНОПО́ЛЬНОЕ ЗАКОНОДА́ТЕЛЬСТВО, нормативные акты, направленные на ограничение возможностей пр-тий монопольно выступать на рынке, подавляя тем самым свободную конкуренцию производителей. А.з. предусматривает меры против негласного терр. раздела рынков, искусств. поддержания уровня цен, фиктивный слияний компаний для укрытия прибылей и т.д. Первым актом А.з. был антитрестовский закон Шермана (1890) в США. А.з. существует в большинстве гос-в, в Рос. Федерации принято в 1991.

АНТИНО́МИЯ (греч. antinomía – противоречие в законе), противоречие между двумя суждениями, одинаково логически доказуемыми. См. *Парадокс*.

АНТИПО́ДЫ (от *анти*... и греч. pús, род. п. podós – нога), обитатели диаметрально противоположных пунктов на поверхности земного шара. Перен. – люди с противоположными взглядами, вкусами или чертами характера.

АНТИСЕМИТИ́ЗМ, форма нац. и религ. предрассудков и нетерпимости, враждебное отношение к евреям (термин «А.» появился в 1870-1880-х гг.). В ходе истории А. принимал разл. формы – от заведомо ложных обвинений и всякого рода дискриминации до массовых депортаций, кровавых погромов и *геноцида*. Крайнюю форму приобрёл в политике герм. фашизма в 1930–40-х гг. См. *Холокост*.

АНТИСЕ́ПТИКА (от *анти*... и греч. septikós – гнойный), метод предупреждения заражения ран и лечения инфициров. ран путём механич. удаления нежизнеспособных тканей, использования гигроскопич. повязок, УФ-излучения, хим. (антисептич. средства) или биол. препаратов и т.д. Предложена Дж. Листером в 1867. В комплексе с *асептикой* является обязат. частью хирургич. методов лечения.

АНТИТЕ́ЗА (от греч. antíthesis – противопоставление), *стилистическая фигура,* со- или противопоставление контрастных понятий, состояний, образов («Прекрасна, как ангел небесный, Как демон, коварна и зла», М.Ю. Лермонтов).

АНТИТЕЛА́, белки (иммуноглобулины) плазмы крови человека и теплокровных ж-ных, образующиеся при попадании в организм разл. *антигенов* и способные специфически связываться с этими антигенами. Защищают организм от инфекц. заболеваний: взаимодействуя с микроорганизмами, препятствуют их размножению или нейтрализуют выделяемые ими токсины. При нек-рых патол. состояниях (аутоиммунных заболеваниях) в организме появляются А. к собств. компонентам клеток и тканей. Эти А. вызывают повреждения разл. органов (в норме организм не вырабатывает А. к собств. компонентам клеток и тканей).

АНТИУТО́ПИЯ, совр. течение обществ. мысли, к-рое ставит под сомнение возможность достижения социальных идеалов и исходит из убеждения, что произвольные попытки воплотить эти идеалы в жизнь сопровождаются катастрофич. последствиями. Осуществление *утопии* рассматривается как насилие над действительностью и человеческой природой. В А. нашли выражение острая критика разл. форм тоталитаризма, угрозы рационализир. технократии и бюрократизации об-ва. Наиб. известные представители А.– Е. Замятин («Мы»), О. Хаксли («О, дивный новый мир», «Обезьяна и сущность»), Дж. Оруэлл («Ферма животных», «1984»), А. Бёрджесс («Механический апельсин»), У. Голдинг («Повелитель мух»).

АНТИФОНА́РИЙ (от греч. antiphōnos – звучащий в ответ), церк.-певч. книга римско-католич. литургии, включающая песнопения *григорианского хорала*.

АНТИФО́ННОЕ ПЕ́НИЕ, поочерёдное пение двух хоров, как правило, в христ. церк. музыке, а также в фольклоре нек-рых народов. Назв. этого типа пения произошло от термина «антифон» (один из жанров католич. обихода). См. также *Респонсорное пение*.

АНТИФРИ́ЗЫ (от *анти*... и англ. freeze – замерзать), вод. р-ры нек-рых в-в (*этиленгликоля, глицерина*, неорганич. солей и др.), не замерзающие при низких темп-рах. Применяют в системах охлаждения двигателей внутр. сгорания при темп-рах окружающего воздуха от – 75 до 0 °C.

АНТИ́ХРИСТ, в христ. мифологии противник Христа, к-рый явится накануне «конца мира» и будет Христом побеждён.

Антихрист. Фрагмент фрески Л. Синьорелли: антихрист с дьяволом. 1499–1506. Орвието (Италия).

АНТИЦИКЛО́Н, область повышенного давления в атмосфере с максимумом в центре. Поперечник А.– порядка тысяч км. А. характеризуется системой ветров, дующих по часовой стрелке в Сев. полушарии и против – в Южном, малооблачной и сухой погодой.

АНТИЧАСТИ́ЦЫ, «двойники» элементарных частиц, у к-рых массы и др. физ. характеристики имеют те же величины, что и у частиц, а нек-рые характеристики, напр. электрич. заряд и магн. момент, противоположны по знаку. Почти все элементарные частицы имеют свои А. Частицы, у к-рых все характеристики, отличающие их от А., равны, наз. истинно нейтральными. Возможность *аннигиляции* не позволяет А. сколько-нибудь длит. время жить среди частиц. Примеры А.: *позитрон* e^+ (античастица электрона e^-), антипротон ($\bar{p}$, открыт в 1955 в США О. Чемберленом, Э. Сегре с сотр.), антинейтрон ($\bar{n}$, открыт в 1956 в США Б. Корком с сотр.), антинейтрино $\bar{\nu}$ и др.

АНТИ́ЧНОЕ СТИХОСЛОЖЕ́НИЕ, см. *Метрическое стихосложение*.

АНТИ́ЧНОСТЬ (от лат. antiquus – древний), в широком смысле слова «древность», в узком и более употребит. значении – греко-рим. древность (история и культура Др. Греции и Др. Рима). В антич. об-ве были созданы непреходящие, общечеловеческие ценности: в городах-полисах возникла демократия, в условиях к-рой полноправные граждане принимали участие в полит. жизни и управлении гос-вом, высокого развития достигли философия (Сократ, Платон, Аристотель и др.), лит-ра (Гомер, Гесиод, Сапфо, Вергилий, Овидий и др.), изобразит. иск-во (Фидий, Пракситель, Лисипп и др.), архитектура (Иктин, Калликрат, Витрувий и др.). Наследие А. стало одной из основ развития европ. об-ва и культуры.

АНТОКО́ЛЬСКИЙ Марк Матв. (1843–1902), скульптор. Автор памятников, произв. на ист. темы, в к-рых отразились гражданств. устремления, тяга к психологизации образов, к верности деталей рос. истории («Иван Грозный», 1871; «Ермак», 1891).

АНТОКО́ЛЬСКИЙ Пав. Григ. (1896–1978), рус. поэт. Поэмы «Коммуна 71 года» (1933), «Сын» (1943), «В переулке за Арбатом» (1954), сб-ки стихов «Мастерская» (1958), «Время» (1973), кн. «О Пушкине» (1960; стихи и эссе) отличаются стремлением к ист.-культурным обобщениям. Переводы из франц. (сб. «От Беранже до Элюара», 1966), груз., азерб. поэзии.

АНТОЛО́ГИЯ (греч. anthología, букв.– собрание цветов), сборник избранных произв. (лит., филос., муз.) разных авторов.

АНТОНЕ́ЛЛО ДА МЕССИ́НА (Antonello da Messina) (ок. 1430–79), итал. живописец Раннего *Возрождения*. В поэтич. картинах, острохарактерных портретах использовал технику *масляной живописи*, добиваясь глубины цвета, насыщенных светом («Кондотьер», 1475). Илл. см. на стр. 40.

АНТОНЕ́СКУ (Antonescu) Йон (1882–1946), воен.-фаш. диктатор Румынии в 1940–44, маршал (1941). Пр-во А. ввергло в 1941 Румынию в войну против СССР. В 1946 казнён по приговору нар. трибунала.

Антонелло да Мессина. Мужской портрет. 1475. Лувр.

АНТО́НИЕВО-СИ́ЙСКИЙ МОНАСТЫ́РЬ, мужской, на р. Сия (приток Сев. Двины). Осн. в 1520 монахом Антонием. Играл важную роль в хоз. освоении Поморья. В 1601 сюда сослан и пострижен в монахи Ф. Н. Романов (Филарет). В 1920 монастырь упразднён, часть построек разобрана в 1930-х гг. Сохранились архит. пам. кон. 16–17 вв.: Троицкий собор, трапезная с церк. Благовещения, церковь-колокольня Трёх Святителей и др.

АНТО́НИЙ Великий (Антоний Святой) (ок. 250–356), основатель христ. монашества. Отшельник в егип. пустыне, где испытал искушения бесов (тема многочисл. обработок в лит-ре и иск-ве). Позднее А. стал почитаться как покровитель больных и бедняков, а также домашних ж-ных. Считалось, что А. исцеляет от рожи (антонов огонь и др. виды) и разл. язв. Канонизирован.

АНТО́НИЙ Марк (Marcus Antonius) (ок. 83–30 до н.э.), рим. полководец. Сторонник Цезаря. В 43 с Октавианом и Лепидом образовал 2-й триумвират. В 42 разбил войска Брута и Кассия и получил в управление вост. области рим. державы. Сблизился с егип. царицей Клеопатрой. После объявления сенатом войны Клеопатре и поражения его флота у мыса Акций бежал в Александрию и покончил жизнь самоубийством.

АНТО́НИМЫ (от *анти*... и греч. *ónyma* – имя), слова одной части речи с противоположным значением, напр. «правда – ложь», «бедный – богатый».

АНТОНИО́НИ (Antonioni) Микеланджело (р. 1912), итал. кинорежиссёр. Расширил проблематику *неореализма*, включив в неё мотивы трагич. одиночества людей, их духовной опустошённости, некоммуникабельности («Приключение», 1960; «Ночь», 1960; «Затмение», 1961). В ф. «Красная пустыня» (1964), «Фотоувеличение» (1967), «Забриски Пойнт» (1970), «Профессия: репортёр» (1975) и др. при сохранении реалистич. конкретности проступают черты метафорич. иносказания, притчи, аллегории.

АНТО́НОВ Олег Конст. (1906–84), авиаконструктор. С 1946 возглавлял ОКБ в Киеве. Под рук. А. создан ряд известных самолётов – многоцелевой Ан-2 (первый полёт в 1947, выпускался более 40 лет и эксплуатировался в нач. 1990-х гг.), пасс. Ан-10, Ан-24, трансп. Ан-8, Ан-12, Ан-22 «Антей» (1965, первый в мире широкофюзеляжный и крупнейший для своего времени самолёт; поднимал груз св. 100 т; на нём установлен 41 мировой рекорд), самолёт короткого взлёта и посадки Ан-72, Ан-124 «Руслан» (1982, поднимал груз св. 170 т; на нём установлено 22 мировых рекорда).

АНТРАЦИ́Т, см. *Угли ископаемые*.

АНТРЕ́ (франц. entrée – вступление, выход на сцену), 1) в цирке первонач. появление клоунов на манеже, ныне сюжетная разговорная или пантомимич. сценка, исполняемая клоунами. 2) В балете вступит. часть развёрнутого па-де-де (па-де-труа), выход одного или неск. исполнителей.

АНТРЕПРИ́ЗА (франц. entreprise, от entreprendre – предприниматель), зрелищное предприятие, созданное и возглавляемое частным предпринимателем–антрепренёром (менеджером, импресарио, продюсером). А. существовали с момента возникновения проф. трупп (театральных, цирковых и др.). Многие извес. театральные коллективы являлись А., возглавляемыми одновременно предпринимателями и знаменитыми актёрами – Мольером, Д. Гарриком, Э. Росси, Э. Дузе и т.д. В России среди известных А. – Н.Н. Соловцова, Н.Н. Синельникова, С.П. Дягилева, Ф.А. Корша.

АНТРО́ПО... (от греч. ánthrōpos – человек), часть сложных слов, означающая: относящийся к человеку (напр., антропология).

АНТРО́ПОВ Ал. Петр. (1716–95), рос. живописец. Портреты А. отличают связь с традицией *парсуны*, правдивость характеристик, живописные приёмы барокко («Пётр III», 1762).

АНТРОПОГЕ́Н [антропогенная система (период)] [четвертичная система (период)] (от греч. ánthrōpos – человек), верх. система *кайнозоя*, соотв. последнему периоду геол. истории, продолжающемуся поныне (см. *Геохронология*). Длительность оценивается от 700 тыс. лет до 2,5–3,5 млн. лет. Подразделяется на плейстоцен и голоцен. Выделен в 1829 бельг. геол. Ж. Денуайе.

АНТРОПОЛО́ГИЯ (от *антропо*...*логия*), наука о происхождении и эволюции человека (антропогенезе), образовании и распространении человеческих рас и о нормальных вариациях физич. строения человека. Как спец. наука выделилась в сер. 19 в.

АНТРОПОЛО́ГИЯ ФИЛОСО́ФСКАЯ, см. *Философская антропология*.

АНТРОПОМОРФИ́ЗМ (от *антропо*... и греч. morphē – форма, вид), уподобление человеку, наделение человеческими свойствами (напр., сознанием) предметов и явлений неживой природы, небесных тел, ж-ных, мифич. существ.

АНТРОПОНИ́МИКА (от *антропо*... и греч. ónyma – имя), раздел *ономастики*, изучающий антропонимы (собств. имена людей), закономерности их возникновения и развития, структуру, геогр. распространение, социальное функционирование.

АНТРОПОСО́ФИЯ (от *антропо*... и греч. sophía – мудрость), течение в духовной жизни 20 в., исходящее из осн. Р. Штейнером «науки о духе» – сверхчувств. познании мира через самосозерцание как космич. существа. В 1913 осн. Антропософское об-во, в 1923 – «Свободный ун-т науки о духе» (Гётеанум) в Дорнахе

Анубис. Деталь погребальной пелены. Сер. 2 в. Музей изобразительных искусств имени А.С. Пушкина.

(Швейцария). Идеи А. получили реализацию в педагогике (*Вальдорфские школы*), иск-ве (эвритмия), медицине, с. х-ве и др.

АНУ́БИС, в егип. мифологии бог – покровитель мёртвых. Почитался в облике шакала.

АНУ́Й (Anouilh) Жан (1910–87), франц. драматург. В пьесах «Путешественник без багажа» (1937), «Дикарка» (пост. 1938) и др. – трагич. конфликт героя с жестокостью окружающего мира. Лирико-иронич. комедии («Ужин в Санлисе», 1942, и др.). В трагедиях «Антигона» (пост. 1943), ист. драмах «Жаворонок», 1953; «Беккет, или Честь божья», 1959) – гибель нравственно-бескомпромиссного героя; мифол. сюжеты используются для выражения близких экзистенциализму идей.

АНФА́С (франц. en face, букв. – в лицо), лицом к смотрящему; вид лица, предмета прямо, спереди.

АНФИЛА́ДА (франц. enfilade), ряд примыкающих друг к другу помещений, дверные проёмы к-рых расположены по одной оси, что создаёт сквозную перспективу интерьеров.

А́НХЕЛЬ, водопад в Юж. Америке (Венесуэла), на р. Чурун, высочайший в мире (1054 м).

А́НХРА-МА́ЙНЬЮ, в зороастризме божество, олицетворение злого начала, антагонист *Ахурамазды*.

АНЧИ́ШКИН Ал-др Ив. (1933–87), рос. экономист. Осн. тр. по теории расширенного воспроиз-ва, макромоделированию и прогнозированию развития нар. х-ва.

АОМЫ́НЬ (Макао), терр. в Вост. Азии, у побережья Юж.-Кит. м., в устье р. Чжуцзян. Включает п-ов Аомынь и прилегающие о-ва. Пл. 16 км^2. Нас. 500 т.ч., преим. китайцы. Офиц. яз. – португальский. Адм. ц. и порт – Аомынь (180 т.ж.). Ден. единица – патака.
С 1680 владение, с 1951 «заморская пров.» Португалии. Согласно совм. заявлению (1987) пр-в КНР и Португалии, терр. А. перейдёт под суверенитет Китая в 1999.
Рыб-во. Швейная, трикот., текст. пром-сть. Междунар. посреднич. торг.-финанс. операции. Игорные дома. Туризм.

АПАРТЕИ́Д (апартхейд) (на яз. африкаанс apartheid – раздельное проживание), крайняя форма расовой дискриминации. Заключается в лишении по расовой принадлежности целых групп населения полит. и гражд. прав, вплоть до терр. изоляции. Рассматривается совр. междунар. правом как преступление против человечества.

АПАТИ́Т, фосфат кальция. Содержание P$_2$O$_5$ – 41–42%. Белые, голубые, жёлтые, фиолетовые и др. кристаллы и зернистые агрегаты. Тв. 5; плотн. 3,2 г/см^3. Гл. м-ния: в России (Кольский п-ов), ЮАР, Бразилии, Замбии. Сырьё для произ-ва удобрений, фосфорной к-ты и её солей; применяются в металлургии, керамич. и стек. пром-сти. Редкоземельный А. используется в оптике.

АПА́ТИЯ (от греч. apátheia – бесстрастие), 1) безразличное, безучастное отношение к окружающему; болезненное состояние, при к-ром снижены или полностью утрачены внутр. побуждения, интересы, эмоц. реакции (наблюдается при шизофрении, опухолях головного мозга, кахексии и др.). 2) Одно из осн. понятий этики стоицизма, полная свобода души от страстей и аффектов.

АПАТРИ́ДЫ (аполи́ды), см. *Лица без гражданства*.

А́ПДАЙК (Updike) Джон (р. 1932), амер. писатель. Социально-психол. и иронич. проза (рассказы, пов. «Ферма», 1965; тетралогия «Кролик, беги», 1960, «Кролик исцелившийся», 1971, «Кролик разбогател», 1981, «Кролик успокоился», 1990) о попытках искусания совр. бездуховной жизни и обретении средним американцем нравств. опор жизнестойкости и доброй воли. Мифол. ром. «Кентавр» (1963) о бессмертии душ и трагедийности их судеб; «роман идей» о религ. вере «Версия Роджера» (1986).

АПЕЛЛЕ́С, др.-греч. живописец 2-й пол. 4 в. до н.э. Искусно владел светотенью. Произв. не сохранил. (известны по свидетельствам антич. авторов). Выражение «черта А.» означает высокое совершенство, достигнутое упорным трудом.

АПЕЛЛЯ́ЦИЯ (от лат. appellatio – обращение), одна из форм обжалования суд. приговора; пересмотр дела по существу судом второй инстанции по жалобам сторон (в пределах жалобы) на приговор суда первой инстанции, не вступивший в законную силу. Апелляц. суд заново исследует имеющиеся в деле и вновь представленные доказательства и либо утверждает обжалованное решение, либо выносит новое. См. *Кассация*.

АПЕЛЬСИ́Н, древесное р-ние рода цитрус, плод. культура. Родина – Индия и Юго-Вост. Азия, где возделывается св. 4 тыс. лет. Выращивают также в Америке, Средиземноморье, Японии и др.; на Черноморском побережье Кавказа с 11 в.; в Ср. Азии – траншейная культура. Вечнозелёное дерево выс. 7–12 м, живёт 80 и более лет, плодоносит с 4–5 лет. 300 сортов, лучшие – королькы (с кроваво-красной сладкой мякотью). Плоды (100–150 кг с р-ния) богаты лимонной к-той, витамином С, полезны при гиповитаминозах, желудочно-кишечных заболеваниях. В кожуре ароматное масло. Известны гибриды А. с лимоном (лимонанжи), мандарином (тангор) и др.

АПЕННИ́НСКИЙ ПОЛУО́СТ-РОВ, в Юж. Европе (Италия, Ватикан, Сан-Марино). Пл. 149 т. км². Вдаётся в Средиземное м. на 1100 км; омывается его морями: Лигурийским, Тирренским, Ионическим и Адриатическим. Вдоль А. п. простираются Апеннины. На Ю.-З.— р-н древнего и совр. вулканизма (Везувий, Флегрейские поля и др.). Средиземноморские кустарники, леса.

АПЕННИ́НЫ, горн. система на Апеннинском п-ове. Дл. ок. 1200 км. Выс. до 2914 м (г. Корно). Выделяют Сев., Центр. и Юж. А. В А.— истоки рек Тибр, Арно и др.; небольшие озёра. Средиземноморские кустарники, буковые и хвойные леса; на вершинах — луга. В А.— м-ния ртути, бурого угля, бокситов, нефти, природного газа и др.

АПЕРТУ́РА (от лат. apertura — отверстие), действующее отверстие оптич. прибора, напр. фотоаппарата, определяемое размерами линз или диафрагмами. Угловая А.— угол α между крайними лучами светового пучка, входящего в оптич. систему; числовая апертура $A = n\sin\alpha/2$ (n — *показатель преломления среды*). Определяет освещённость изображения и *разрешающую способность* прибора.

А́ПИА, столица (с 1962) гос-ва Зап. Самоа, на о. Уполу. 33 т.ж. Порт у прол. Аполима Тихого ок.; междунар. аэропорт.

А́ПИС, в егип. мифологии бог плодородия в облике быка.

Апис. Бронза. 7 в. до н.э. Эрмитаж.

АПИТЕРАПИ́Я (от лат. apis — пчела и *терапия*), применение пчелиного яда и его препаратов с леч. целью (при радикулитах, артритах, миозитах, аллергич. и др. заболеваниях).

АПОГЕ́Й, 1) наиб. удалённая от Земли точка орбиты Луны или ИСЗ. 2) Высш. ступень, расцвет (напр., А. славы).

АПОКА́ЛИПСИС (греч. apokálypsis — откровение), Откровение Иоанна Богослова, одна из книг Нового Завета. См. *Библия*.

АПО́КРИФЫ (греч. apókryphos — тайный, сокровенный), произв. иудейской и раннехрист. лит-ры, не включённые в библейский канон.

АПОЛИ́ДЫ, то же, что *апатриды*.

АПОЛЛИНЕ́Р (Apollinaire) Гийом (наст. имя Вильгельм Аполлинарий Костровицкий) (1880—1918), франц.

Апокалипсис. «Снятие пятой печати». Картина Эль Греко. 1610—14. Метрополитен-музей. Нью-Йорк.

Г. Аполлинер.

поэт. Лирика А. сочетает острое, подчас саркастич. ощущение жестокости жизни (цикл «Бестиарий, или Кортеж Орфея», 1911) и радость её приятия (цикл «Жизнь посвятить любви», 1917), противостояние утратам и времени («Алкоголи. 1898—1913», 1913); экспериментировал с формой, в т.ч. графич. стихи. «Каллиграммы...» (1918) — лирич. хроника трагич. восприятия 1-й мир. войны, участником к-рой был А. Сб. новелл «Ересиарх и К°» (1910).

АПОЛЛО́Н (Феб), в греч. мифологии олимпийский бог, сын Зевса и Лето, целитель, пастух, музыкант (изображался с кифарой), покровитель иск-в, прорицатель (оракул в Дельфах).

«АПОЛЛО́Н», 3-местные космич. корабли, разработанные в США в осн. для полётов на Луну. «А.» состоял из осн. блока с отсеками экипажа и агрегатным; лунной кабины с посадочной и взлётной ступенями. Макс. стартовая масса ок. 47 т, объём жилых отсеков 12,7 м³. В 1968—72 проведено 11 пилотируемых полётов «А.», 6 из них доставили космонавтов на Луну. Кроме того, модифицир. корабли «А.» использовались для доставки космонавтов на орбит. станцию «Скайлэб» и в программе «ЭПАС».

АПОЛОГЕ́ТИКА (от греч. apologētikós — защитительный), раздел *богословия*, в к-ром сущность данной религии излагается с целью обращения в неё тех, кто не является её приверженцем.

АПОЛО́ГИЯ (греч. apología), неумеренное, чрезмерное восхваление кого-нибудь или чего-нибудь, защита (обычно предвзятая).

АПОПЛЕ́КСИЯ, внезапно развивающееся кровоизлияние в к.-л. орган. См., напр., *Инсульт*.

АПОРИ́Я (греч. aporía, букв.— безысходность), трудная или неразрешимая проблема, связанная с возникновением *парадокса*, с наличием аргумента против очевидного. Наиб. известность получили А. Зенона из Элеи.

Аполлон. П. Перуджино. «Аполлон и Марсий». 1480-е гг. Лувр.

АПОСТЕРИО́РИ (от лат. a posteriori, букв. – из последующего), происходящее из опыта; понятие теории познания, противоположное *априори*.

АПО́СТОЛ, часть Нового Завета, содержащая Деяния святых апостолов, семь соборных посланий, четырнадцать посланий апостола Павла. Разделён на главы, к-рые читаются во время богослужения. Первая печатная книга Ивана Фёдорова и П. Мстиславца (1564).

АПО́СТОЛЫ (греч. apóstolos – посол), в раннехрист. лит-ре бродячие проповедники христ-ва. В Новом Завете *двенадцать апостолов* – ближайшие последователи (ученики) Христа.

АПОФЕО́З (от греч. apothéōsis – обожествление), 1) в эллинистич. Греции и Др. Риме обожествление гос. деятеля, героя, императора, обретение им божеств. сущности. В эпоху Возрождения назв. явления перенесено на его изображение в живописи, т-ре. В совр. понимании А.– завершающая муз. или драм. спектакль сцена прославления героя, эффектная «живая картина», пластически выражающая осн. идею зрелища. Форма А. (а также панегирич. спектакля, представлявшего собой как бы развёрнутый во времени А.) разработана в зап.-европ. т-рах и рус. придворном т-ре 16–18 вв.; развивалась также в т-ре рев. эпох – во Франции в кон. 18 в., в России после Окт. рев-ции. 2) В широком смысле – прославление, возвеличение к.-л. лица, события, явления.

АППАЛА́ЧИ, горн. система на В. Сев. Америки (США, Канада). Дл. 2600 км. Сев. А.– волнистое плоскогорье с отд. массивами выс. до 1916 м (г. Вашингтон). Юж. А. в осевой зоне состоят из параллельных хребтов и массивов, разделённых широкими долинами; к осевой зоне прилегает с В. плато Пидмонт, с З. – Аппалачское плато; выс. до 2037 м (г. Митчелл). Кр. реки – Коннектикут, Гудзон, Саскуэханна, Теннесси, озёра, в т.ч. Шамплейн. Широколиств. хвойные и смешанные леса. М-ния кам. угля, нефти и газа, жел. руд, титана.

АППАРА́Т (от лат. apparatus – оборудование), 1) прибор, техн. устройство, приспособление. 2) Совокупность учреждений, орг-ций, обслуживающих к.-л. область управления, х-ва и т.п. (напр., гос. А.). 3) Совокупность работников к.-л. учреждения, орг-ции, сотрудников, обеспечивающих функционирование выборного органа, работу гос. деятеля (напр., А. президента). 4) Примечания, указатели и др. вспомогат. материалы к науч. труду, печатному изд. и т.п. (критич. А., науч.-справочный А.). 5) Совокупность органов человека, ж-ного или р-ния, выполняющих к.-л. особую функцию организма (пищеварит. А., дыхат. А.).

АППЕНДИЦИ́Т, воспаление червеобразного отростка слепой кишки (аппендикса). Признаки острого А.: боли в животе, преим. в правой подвздошной области, тошнота, рвота и др. Осложнения: прободение отростка, перитонит. Лечение хирургич. А.– одно из самых частых хирургич. заболеваний органов брюшной полости.

АППЕТИ́Т (от лат. appetitus – стремление, желание), ощущение, связанное с потребностью в пище; физиол. механизм, регулирующий поступление в организм пищ. в-в. При длит. отсутствии пищи А. переходит в ощущение голода. Расстройства А. наблюдаются при интоксикациях, заболеваниях органов пищеварения, при стрессовых ситуациях и др. См. также *Голодание*.

АППЛИКА́ЦИЯ (от лат. applicatio – прикладывание), создание худ. изображений наклеиванием, нашиванием на ткань или бумагу разноцв. кусочков к.-л. материала; изображение, узор, созданные таким образом.

АПРА́КСИН Степ. Фёд. (1702–58), военачальник, ген.-фельдм. (1756). В нач. *Семилетней войны* главнокоманд. рус. армией. Одержал победу в Грос-Егерсдорфском сражении, но затем за нерешит. действия отстранён от должности (1757) и арестован по обвинению в гос. измене (следствие факт измены не установило).

АПРА́КСИН Фёд. Матв. (1661–1728), воен. и гос. деятель, сподвижник Петра I, ген.-адм. (1708), граф (1709). Брат царицы Марфы, жены царя Фёдора Алексеевича. Командовал рус. флотом в Сев. войне и Перс. походе 1722–23. С 1717 през. Адмиралтейств-коллегии, с 1726 чл. *Верховного тайного совета*.

АПРЕ́ЛЬ (лат. Aprilis), четвёртый месяц календарного года (30 сут).

АПРИО́РИ (от лат. a priori – из предшествующего), знание, предшествующее опыту и независимое от него; понятие теории познания, противоположное *апостериори*.

АПРОБА́ЦИЯ (лат. approbatio), одобрение, утверждение, основанные на проверке, обследовании, испытании.

АПСИ́ДА (абсида) (от греч. hapsís, род. п. hapsídos – свод), выступ здания, полукруглый, гранёный или прямоугольный в плане, перекрытый полукуполом или сомкнутым полусводом. Появилось в христ. базиликах; в христ. храмах – алтарный выступ.

АПУЛЕ́Й (ок. 125–ок.180), рим. писатель. Родом из Сев. Африки. Был знаменитым ритором и жрецом в Карфагене. Авантюрно-сказочный ром. «Метаморфозы в XI книгах» (или «Золотой осёл»; о приключениях человека, превращённого в осла) проникнут эротич. мотивами, элементами бытовой сатиры и религ. мистики; вставная новелла о любви *Амура* и *Психеи* символизирует путь слияния души с любовью – через многочисл. странствия и испытания. «Апология» – речь в собств. защиту против обвинения в магии.

АПУ́ХТИН Ал. Ник. (1840–93), рус. поэт. Осн. мотивы лирики – грусть, разочарование, неудовлетворённость жизнью. На слова стих. «Ночи безумные», «Забыть так скоро», «День ли царит» и др. П.И. Чайковский написал романсы. Проза (пов. «Дневник Павлика Дольского», опубл. 1895, и др.).

А́РА, назв. 2 родов длиннохвостых, ярко расцвеченных попугаев. Дл. до 1 м. 15 видов, в Америке (от Мексики

Аппалачи. Голубой хребет.

Апостолы. Икона «Двенадцать апостолов» византийского мастера 1-й пол. 14 в. Музей изобразительных искусств имени А.С. Пушкина.

Апсида.

Апулей. «Золотой осёл». Илл. Б. Дехтерёва. 1956.

до Парагвая), в лесистых местах. Стаями нападают на фруктовые плантации. Легко приручаются и могут «говорить». Илл. см. при ст. *Попугаи.*

АРАБЕ́СКА (франц. arabesque, букв.– арабский), 1) вид орнамента, сложившийся в мусульм. странах и построенный по принципу бесконечного развития повторяющихся групп (раппортов) геом., растит. или эпиграфич. мотивов, что создаёт впечатление насыщенного прихотливого узора. 2) Муз. пьеса (гл. обр. для фп.) с прихотливым мелодич. рисунком (Р. Шуман, А.К. Лядов, К. Дебюсси).

АРА́БСКИЕ ЗАВОЕВА́НИЯ, воен. походы арабов в сер. 7 – нач. 9 вв., завершившиеся завоеванием стран Бл. и Ср. Востока, Сев. Африки, Ю.-З. Европы. В ходе А.з. был создан Халифат – феод.-теократич. гос-во. Взаимодействие арабов и завоёванных народов привело к складыванию ср.-век. араб. культуры. Освободит. борьба народов Ср. Азии, Ирана и Закавказья (2-я пол. 9–10 вв.), а также Испании (*Реконкиста* 8–15 вв.) привела к их освобождению от араб. господства; на значит. части Бл. и Ср. Востока и Сев. Африки продолжается араб. культура.

АРА́БСКИЕ ЦИ́ФРЫ, знаки для обозначения числа: 0, 1, 2, 3, 4, 5, 6,

ЭВОЛЮЦИЯ ИНДИЙСКИХ ЦИФР

	1	2	3	4	5	6	7	8	9	10
XII век	1	??	Ի	8	Ч	G	?	8	9	о
Ок. 1294	1	2	3	9	6	Λ	8	9	о	
Ок. 1360	1	7	3	8	9	6	Λ	8	9	о
Ок. 1442	1	2	3	9	6	Λ	8	9		
Ок. 1480	1	2	3	4	५	6	?	8	9	о

Арабские цифры.

7, 8, 9. Прообразы А.ц. появились не позднее 5 в. в Индии. Удобство записи чисел при помощи А.ц. в десятичной системе счисления обусловило их распространение в др. страны, в Европе стали известны в 10–13 вв. по араб. соч. (отсюда назв.).

АРА́БСКИЙ ЯЗЫ́К, относится к семитской ветви афразийской макросемьи яз. Офиц. яз. всех араб. стран, Сомали, Джибути. Один из офиц. и рабочих языков Ген. Ассамблеи и нек-рых др. органов ООН. Число говорящих ок. 190 млн. чел. (1990). Письменность на основе араб. алфавита.

АРА́БСКОЕ ПИСЬМО́, вид буквенного письма, распространённый гл. обр. в Зап. Азии и Сев. Африке. Сложилось в 6–7 вв. н.э. на основе набатейского письма (4 в. до н.э. – 1 в. н.э.), восходящего к др.-арамейскому. Состоит из 28 букв, обозначающих согласные, в т.ч. три буквы (алиф, вав, йа) обозначают долгие гласные. Для обозначения кратких гласных применяют надстрочные и подстрочные знаки. Читается справа налево.

АРАВИ́ЙСКИЙ ПОЛУО́СТРОВ, на Ю.-З. Азии (Саудовская Аравия, Йемен, Кувейт, Катар, Объединённые Араб. Эмираты, Оман, часть Ирака и Иордании), самый большой на земном шаре (пл. св. 2,7 млн. км²). Омывается на З. Красным м., на Ю. Аденским зал. и Аравийским м., на В.– Оманским и Персидским зал. Индийского ок. Преобладают равнины и плато, на Ю. и В.– горы (выс. до 3600 м). Б. ч. занята пустынями и полупустынями. В горах – участки саванн и редкостойных лесов. Кр. м-ния нефти.

АРАВИ́ЙСКОЕ МО́РЕ Индийского ок., между п-овами Аравийским и Индостан. Пл. 4832 т. км². Глуб. до 5803 м. Кр. заливы: Аденский, Оманский. Кр. о-ва: Сокотра, Лаккадивские. Впадает р. Инд. Рыб-во (тунец, меч-рыба и др.). Кр. порты: Бомбей (Индия), Карачи (Пакистан), Аден (Йемен).

АРАГО́Н (Aragon) Луи (1897–1982), франц. писатель. Один из основателей *сюрреализма* (стихи, ром. «Парижский крестьянин», 1926). В 30-е гг. преобразования в СССР считал подлинным воплощением социалистич. идеи (чл. ЦК Франц. КП); в кон. 60-х гг. подверг критике политику СССР. Один из организаторов Дв. Сопр. (трагич. лиризм в сб. стихов «Нож в сердце», 1941). Ист. ром. «Страстная неделя» (1958) о пути художника к народу. В цикле ром. «Реальный мир» (1934–51), в тенденциозном ром. «Коммунисты» (тт. 1–6, 1949–51) – идейная эволюция интеллигентских кругов, видевших в работе чем классе восходящую силу нации. Эссеистика, искусствоведч. книги «Анри Матисс. Роман» (1971), «Театр-роман» (1974).

АРА́ЙЯ (Araia, Araja) Франческо (1709 – ок. 1770), итал. композитор, последователь *неаполитанской школы.* В 1735–62 (с перерывами) работал в С.-Петербурге. Автор первой поставленной в России оперы «Сила любви и ненависти» (1736) и первой оперы на рус. либретто (А.П. Сумарокова), исполненной рус. артистами, «Цефал и Прокрис» (1755).

АРАКЧЕ́ЕВ Ал. Анд. (1769–1834), гос. и воен. деятель, ген. от артиллерии (1807), граф (1799). В 1808–10 воен. мин., провёл реорганизацию артиллерии; с 1810 пред. Департамента воен. дел Гос. совета. В 1815–25 наиб. доверенное лицо имп. Александра I, осуществлял его внутр. политику; организатор и гл. нач. *военных поселений.*

АРА́ЛИЯ, род р-ний (сем. аралиевые). Деревья, кустарники, высокие многолетние травы. Ок. 35 видов, в тропиках и субтропиках Сев. полушария, в т.ч. 3 вида на Д. Востоке. А. маньчжурская и А. сердцевидная (сохраняется) – лекарств. р-ния (препараты из корней – тонизирующее средство). Многие – декор. р-ния. А. наз. также комнатное р-ние рода фатсия.

Аралия в цвету.

АРА́ЛЬСКОЕ МО́РЕ (Арал), бессточное солёное озеро-море в Узбекистане и Казахстане. К 1990 пл. составила 36,5 т. км² (в т.ч. т.н. Большое море 33,5 т. км²); до 1960 пл. 66,1 т. км². Преобладающие глуб. 10–15 м, наиб.– 54,5 м. Св. 300 о-вов (наиб. крупные – Барсакельмес и Возрождения). С нач. 60-х гг. 20 в. уровень А. м. сильно падает в связи с интенсивным разбором вод впадающих рек; воды Сырдарьи и в отдельные годы Амударьи не доходят до моря. Рыбный промысел и трансп. перевозки прекращены. А. м. – зона экологич. бедствия.

АРАНЖИРО́ВКА (от франц. arranger, букв.– приводить в порядок, устраивать), 1) переложение муз. произв. для иного по сравнению с оригиналом состава исполнителей; 2) в *джазе* композиционная (гармонич., фактурная, оркестровая) обработка мелодии (своей или заимствованной).

АРАРА́Т (арм.– Масис), вулканич. массив в Азии, на В. Турции, близ границы с Арменией и Ираном. Два слившихся основаниями конуса потухших вулканов – Большой А. (выс. 5165 м) и Малый А. (выс. 3925 м). Ок. 30 ледников.

АРА́ТЫ, у монг. народов крестьяне-скотоводы.

АРА́ХИС, род одно- и многолетних травянистых р-ний (сем. бобовые). Ок. 30 видов. А. культурный – земляной орех, родом из Юж. Америки, возделывают в Индии, Китае, во мн. странах Африки и Лат. Америки; небольшие площади в Закавказье, Ср. Азии, Краснодарском кр. Плоды (15–40 ц с 1 га) богаты маслом и бел-

Арахис. Побег с цветком и плод.

ком. Жмых из очищенных семян используют для приготовления халвы, из нелущёных – для кормления с.-х. ж-ных.

АРА́ХНА (греч. aráchnē – паук), в греч. мифологии лидийская девушка, искусная рукодельница, дерзнувшая вызвать *Афину* на состязание в ткачестве и превращённая за это богиней в паука.

АРБИ́ТР (от лат. arbiter), 1) посредник, член третейского суда, арбитража. 2) Спортивный судья.

АРБИТРА́Ж (франц. arbitrage), способ разрешения споров (гл. обр. имуществ. характера), при к-ром стороны обращаются к арбитрам (третейским судьям), избираемым самими по их соглашению либо в порядке, установленном законом. См. также *Арбитражный суд.*

АРБИТРА́ЖНЫЙ СУД, в Рос. Федерации: 1) орган, осуществляющий суд. власть при разрешении возникающих в процессе предпринимат. деятельности споров, вытекающих из гражд. правоотношений (экон. споры) либо из правоотношений в сфере управления. См. также *Высший арбитражный суд;* 2) постоянно действующий орган при Торг.-пром. палате (созд. в 1932, до дек. 1987 – Внеш.-торг. арбитражная комиссия) для разрешения споров, вытекающих из договорных и гражд.-правовых отношений при осуществлении внеш.-экон. и науч.-техн. связей.

АРБУ́З, род одно- и многолетних травянистых р-ний (сем. тыквенные). 3–5 видов, на Ю. Европы, в Африке, Азии, Австралии. Возделывают как бахчевую культуру) столовые и кормовые формы А. съедобного. Столовый А. в культуре в Индии ок. 3 тыс. лет. Выращивают в умеренно тёплых областях земного шара, в т.ч. на Ю. России. Плоды (до 300 ц с 1 га) богаты сахарами и минер. со-

Арбуз. Побег с цветком и плод.

лями, улучшают пищеварение, обмен в-в, состав крови, обладают мочегонным действием. Из сока получают «мёд» (нардек), из мякоти – патоку, из корок – цукаты; мелкие А. засаливают. Кормовой А.– в осн. в США, России, на Украине.

АРБУ́ЗОВ Ал-др Ерминингельдович (1877–1968), химик-органик, основатель науч. школы фосфороргаников в России. Иссл. также по таутомерии, хим. технологии, истории отеч. органич. химии.

АРБУ́ЗОВ Ал. Ник. (1908–86), рус. драматург. В пьесах «Таня» (1938), «Годы странствий» (1954), «Иркутская история» (1959), «Старомодная комедия» (1975), «Жестокие игры» (1978), «Победительница» (1983) поднимал актуальные морально-этич. проблемы. Драматургии А. присущи лирико-романтич. черты, мелодрам. эффекты, экспериментатор-

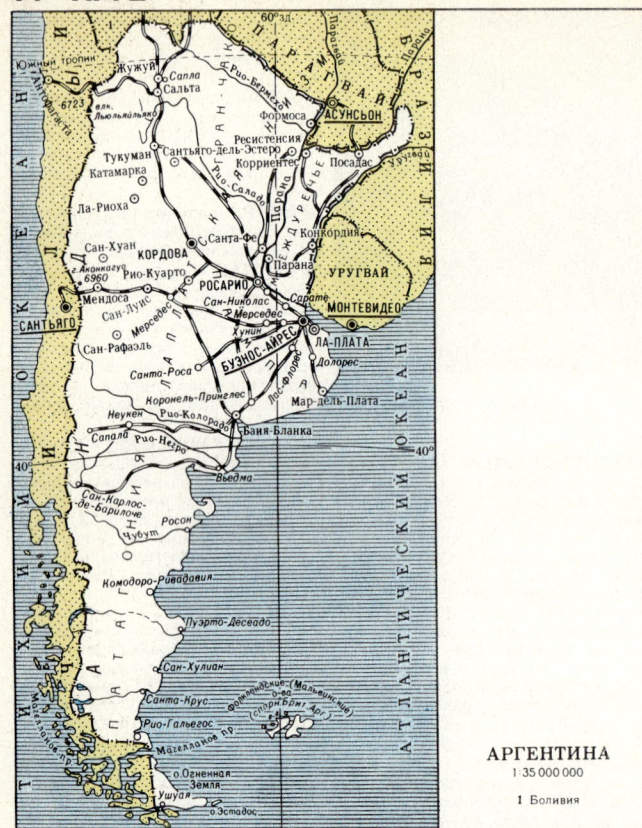

Аргентина. Вид города Мар-дель-Плата.

Аргентина. Формы выветривания на северо-западе Патагонии, в долине р. Атуэль.

ство в области формы (в т.ч. введение хора).

АРГЕНТИ́НА (Аргентинская Республика), гос-во на Ю.-В. Юж. Америки. Пл. 2767 т. км² (без Фолклендских о-вов). Нас. 33,07 млн. ч., ок. 85% аргентинцы. Офиц. яз. – испанский. 93% верующих – католики. Глава гос-ва – президент, избираемый населением. Законодат. орган – двухпалатный Нац. конгресс (Сенат и Палата депутатов). Столица – Буэнос-Айрес. А.– федерация в составе 22 провинций, Федерального (столичного) округа и нац. терр. Огненная Земля. Ден. единица – песо.
Вост. часть равнинная, на З.– Анды, на Ю.-З.– Патагонское плоскогорье. Климат на С. тропич., южнее субтропич., на Ю. умеренный. Ср. темп-ры янв. на С. 28 °C, на Ю. 10 °C, июля соотв. 18 и 1 °C; осадков от 100–300 до 1400–1600 мм в год.
В древности терр. А. населяли индейцы. В нач. 16 в. открыта европейцами; завоёвана исп. конкистадорами в 1530-х гг. В нач. 17 в. терр. А.– ген.-губернаторство Ла-Плата, с 1776 в составе вице-королевства Ла-Плата (Рио-де-ла-Плата). В 1810 вспыхнуло восстание против исп. господства, в 1816 провозглашена независимость Объединённых провинций Ла-Платы, к-рые в 1826 получили назв. Федеративной Респ. А. С 1853 после падения диктатуры Х.М. Росаса А., согласно конституции, федеративная респ. под назв. «Аргентинская нация». В 1864 стала единым гос-вом. Ок. 1880 была подчинена Патагония. С 1930 страной управляли гл. обр. военные. В 1946 през. страны был избран Х.Д. Перон, к-рый проводил политику «соц. выравнивания», индустриализации и национализации экономики. В 1955 он был свергнут военными и изгнан из страны. Однако в рабочей среде сохранялось влияние идей Перона (перонизм). В окт. 1973 предпринята попытка возврата к гражд. форме правления (президентом снова был избран Перон). В 1976–83 у власти воен. диктатура. В 1982 А., не признающая суверенитета Великобритании над Фолклендскими (Мальвинскими) о-вами, предприняла неудачную попытку овладеть ими в вооруж. конфликте с Великобританией. В 1989 к власти вновь пришло перонистское пр-во.
А.– индустр.-агр. страна с высокотоварным с. х-вом, одно из наиб. экономически развитых гос-в Лат. Америки. ВНП на д. нас. 2370 долл. в год. А.– один из крупнейших в мире производителей (2,5 млн. т в год, св. 50 млн. голов кр. рог. скота) и экспортёров мяса. Развиты маш-ние, в т.ч. авто-, судо- и тракторостроение, хим., бум., текст. пром-сть. Добыча руд свинца и цинка, нефти, природного газа. Осн. с.-х. культуры – пшеница, кукуруза, соя; плод-во и виногр-во (развито виноделие). А.– один из крупнейших в Лат. Америке производителей параг. чая – мате и экстракта кебрачо. Св. 80% экспорта – с.-х. продукции: мясо и мясопродукты, кожи, шерсть, зерновые и др.

АРГО́ (франц. argot), особый язык определ. проф. или социальной группы, создаваемый с целью сокрытия смысла произносимого, а также как средство обособления от остальной части об-ва. Характеризуется спец. (узкопроф.) или своеобразно освоенной общеупотребит. лексикой. Термин «А.» чаще обозначает способ общения деклассир. элементов, преступного мира (воровское А.). См. также *Жаргон*, *Сленг*.

АРГО́Н (Argon), Ar, хим. элемент VIII гр. периодич. системы, ат. н. 18, ат. м. 39,948 относится к *благородным газам*. А. открыли англ. учёные Дж. Рэлей и У. Рамзай в 1894.

АРГОНА́ВТЫ, в греч. мифологии герои Эллады, отправившиеся на корабле «Арго» под предводительством Ясона в Колхиду за золотым руном, к-рое охранялось драконом.

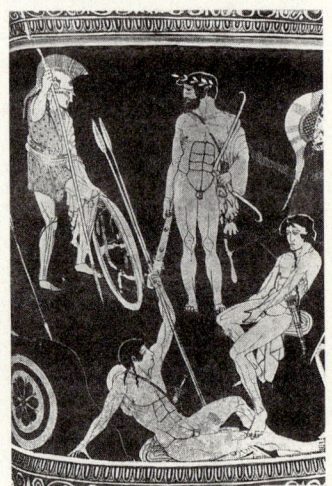

Аргонавты. «Геракл и аргонавты». Фрагмент росписи краснофигурного кратера «художника Ниобид». Ок. 460 до н.э. Лувр.

АРГУМЕ́НТ (лат. argumentum), 1) суждение (или совокупность суждений), приводимое в подтверждение истинности др. суждения (концепции, теории). 2) Основание (часть основания) доказательства.

А́РГУС, в греч. мифологии многоглазый великан, стерегущий по приказу Геры возлюбленную Зевса Ио. Убит Гермесом, а его глаза были перенесены Герой на оперение павлина. Перен.— бдительный страж.

АРЕА́Л (от лат. area — площадь, пространство), область распространения на земной поверхности (терр. или акватории) тех или иных видов (родов, сем. и т.д.) ж-ных и р-ний, месторождений полезных ископаемых и т.п. На картах А. изображается сплошной линией, соединяющей крайние точки распространения данного вида, рода и пр.

АРЕКИ́ПА, г. в Перу, на выс. ок. 2300 м, у подножия действующего вулкана Мисти. 622 т.ж. Шерстяная, кож., хим. пром-сть. Ун-ты. Музеи: Каимы (археол. и этногр. собр.), археол. и др. Осн. в 1540 испанцами на месте древнего города инков. Неоднократно разрушалась землетрясениями и пожарами, вновь отстроен во 2-й пол. 19 в. Многочисл. монастыри.

АРЕ́НА (лат. arena, букв.— песок), 1) посыпанная песком площадка в др.-рим. амфитеатре, где происходили бои гладиаторов, кон. состязания и т.п. 2) Круглая площадка (диам. 13 м) посередине цирка с барьером, на к-рой даётся цирковое представление (то же, что *манеж*). 3) Место проведения спорт. соревнований (обычно составная часть стадиона). 4) (Перен.) место действия; область деятельности, поприще.

АРЕ́НДА (польск. arenda), 1) срочное и возмездное пользование имуществом. По договору А. (имущества. найма) арендодатель (наймодатель) обязуется предоставить арендатору (нанимателю) имущество за во временное владение и пользование либо пользование за плату для самостоят. осуществления предпринимательской деятельности или иных целей. В Рос. Федерации А. допускается во всех отраслях экономики и может применяться в отношении имущества всех форм и видов собственности. В А. могут быть переданы земля и др. природные ресурсы, имущество пр-тий, объединений, имуществ. комплексы, иное имущество, необходимое арендатору для самостоят. осуществления хоз. или иной деятельности. 2) В междунар. праве предоставление одним гос-вом другому права пользования частью своей территории.

АРЕ́НСКИЙ Ант. Степ. (1861—1906), рос. композитор, пианист, дирижёр. Музыке А. присущи лиричность, элегич. созерцательность. Работал преим. в камерно-инстр. жанрах. Автор опер («Наль и Дамаянти», 1903, и др.), бал. «Египетские ночи» (1900), фп. соч. (в т.ч. Фантазия на темы И.Т. Рябинина, 1899, с орк.), романсов.

АРЕО́МЕТР (от греч. araiós — неплотный и ...*метр*), прибор для измерения плотности жидкостей и тв. тел. Действие А. основано на *Архимеда законе*.

«АРЕОПАГИ́ТИКИ», религ.-филос. соч., дошедшие под именем Дионисия Ареопагита. Созданные не ранее 2-й пол. 5 в., обнаруживают зависимость от *неоплатонизма*, особенно от Прокла. Учения «А.» о Боге как сверхразумном тождестве бытия и небытия и об иерархич. устройстве универсума и церкви оказали большое влияние на филос. мысль Византии и Зап. Европы.

АРЕ́С (Арей), в греч. мифологии бог коварной, вероломной войны, сын

Ареометр со встроенным термометром (нижняя шкала).

Зевса и Геры. А. соответствует рим. Марсу.

АРЕ́СТ (от ср.-век. лат. arrestum — суд. постановление), принудит. задержание и помещение в тюрьму. В рос. праве: 1) вид уголов. наказания, применяемый к лицам, совершившим преступления; 2) мера пресечения — заключение под стражу; 3) вид адм. взыскания, установленный за нек-рые виды адм. правонарушений; 4) вид дисциплинарного взыскания (применяемый, напр., к военнослужащим за дисциплинарные проступки). А. имущества в гражд. процессе запрет распоряжаться имуществом (по описи) в качестве меры по обеспечению *иска*; в уголов. процессе на-

Арес (т.н. Арес Боргезе). Римская копия с греческого оригинала, приписываемого Алкамену. Ок. 430 до н.э. Мрамор. Лувр.

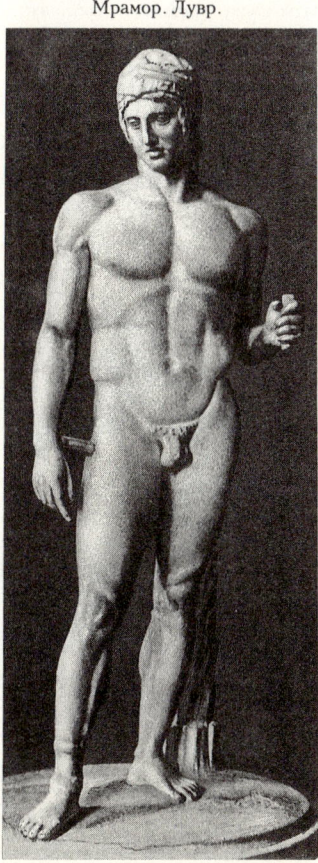

лагается, если по расследуемому делу возможна *конфискация имущества*.

АРЕ́ЦЦО, г. в Италии, на р. Арно. 92 т.ж. Произ-во ювелирных изделий; маш-ние, лёгкая, деревообр., стройматериалов пром-сть. Дом-му-

Ареццо. Портик церкви Санта-Мария делле Грацие.

зей архитектора Д. Вазари, уроженца А. Осн. этрусками. Изв. с 4 в. до н.э. Готич. церк. Сан-Доменико (13 в.) и Сан-Франческо (с 1322; фрески, 1452—66, Пьеро делла Франческа).

АРИА́ДНА, в греч. мифологии дочь критского царя Миноса. Помогла Тесею, убившему Минотавра, выйти из лабиринта, снабдив его клубком ниток, конец к-рых был закреплён при входе (*нить Ариадны*).

АРИЕ́ТТА (итал. arietta), небольшая лирич. *ария*.

АРИО́ЗО (итал. arioso, букв.— наподобие арии), в *опере*, *кантате*, *оратории* 19—20 вв. обычно небольшая кантиленная *ария*.

АРИО́СТО (Ariosto) Лудовико (1474—1533), итал. поэт. Идеалы Высокого Ренессанса в лирике на лат. и итал. яз. Комедии нравов («Шкатулка», 1508—25; «Чернокнижник», 1520). В «эпопее Возрождения» — «Неистовый Роланд» (1516), героико-комич. поэме,— рыцарский куртуазный мир с его культом наслаждения, чувств. любви, красоты.

АРИ́СИМА Такэо (1878—1923), япон. писатель. От увлечения анархизмом перешёл к толстовству, сочувствовал социалистич. идеям, раздавал свои земли крестьянам. Ром. «Потомок Каина» (1917), «Муки рождения» (1918) о положении тружеников Хоккайдо; в ром. «История одной женщины» (1913—19) конфликт свободного чувства и условностей об-ва. Покончил с собой в состоянии депрессии.

АРИСТОКРА́ТИЯ (от греч. áristos — лучший и ...*кратия*), 1) форма гос. правления, при к-рой власть принадлежит представителям родовой знати. 2) В докапиталистич. об-ве наследств. знать, обладающая властью и привилегиями; в ряде стран сохраняет привилегии и влияние после утверждения принципа равноправия. 3) (Перен.) лучшие представители, элита об-ва, к.-л. социального слоя, группы (А. духа, рабочая А. и др.).

АРИСТОТЕЛИ́ЗМ, филос. течения и школы, находившиеся под влиянием учения Аристотеля. Об А. в античности см. ст. *Перипатетическая школа*. В ср. века, часто в сочетании с *неоплатонизмом*, получил распространение в греч. патристике и византийской философии, а также в араб. (Фараби, Ибн Рушд) и евр. философии. С кон. 12 в. А. оттесняет в Зап. Европе пла-

тонизм и в 13 в. становится филос. основой схоластики (Альберт Великий, Фома Аквинский, томизм и аверроизм). Схоластич. А., господствовавший в зап.-европ. ун-тах вплоть до 17—18 вв., подвергался резкой критике начиная с эпохи Возрождения.

АРИСТО́ТЕЛЬ (384—322 до н.э.), др.-греч. философ и учёный-энциклопедист. Учился у Платона в Афинах. В 335 основал Ликей (*перипатетическую школу*). Воспитатель Александра Македонского. Основоположник формальной логики. Создал понятийный аппарат, к-рый до сих пор пронизывает филос. лексикон и самый стиль науч. мышления. «Первая философия» А. (позднее

Аристотель.

названа метафизикой) содержит учение об осн. принципах бытия: о возможности и осуществлении (см. *Акт и потенция*), форме и материи, действующей причине и цели (см. *Энтелехия*). Внутр. движущие силы вещей — идеи (формы, *эйдосы*), источник движения и изменчивого бытия — вечный и неподвижный «ум» (*нус*) — перводвигатель. Ступени природы, по А.,— неорганич. мир, растение, животное, человек. «Ум», разум отличает человека от животного. Центр. принцип его этики — разумное поведение, умеренность (метриопатия). Человек — существо общественное; наилучшие формы гос-ва — монархия, аристократия, *политика* (умеренная демократия), наихудшие — тирания, олигархия, охлократия. Сутью иск-ва считал подражание (мимесис), а целью трагедии — «очищение» духа (*катарсис*). Осн. соч.: логич. свод «Органон», «Метафизика», «Физика», «О возникновении животных», «О душе», «Этика», «Политика», «Поэтика». См. *Аристотелизм*.

АРИСТОФА́Н (ок. 445 — ок. 385 до н.э.), др.-греч. поэт-комедиограф, «отец комедии». Творчество А., насыщенное злободневной проблематикой, резко выражало его взгляды, отвечающие интересам крестьянства того времени; он с недоверием относился к радикальной демагогии, увлекавшей гор. низы («Всадники»), и к индивидуалистич. философии *софистов* («Облака»), видя в них симптомы кризиса афинской демократии. В остроумных комедиях А.— отклики на актуальные события, выступления против воен. политики («Лисистрата»), поношение реальных личностей (Сократа — в «Обла-

46 АРИТ

Аристофан.

Аркатура.

ках»), фантастич. утопич. ситуации («Ахарняне», «Птицы»).

АРИТМИЯ СЕРДЦА, нарушение частоты или последовательности сердечных сокращений: учащение (тахикардия) или замедление (брадикардия) ритма, преждеврем. сокращения (экстрасистолия), дезорганизация ритмич. деятельности (мерцательная А.) и т.д. Может быть следствием заболевания мышцы сердца, неврозов, алкогольной и никотиновой интоксикации и т.д.

АРИФМЕТИКА (от греч. arithmós – число), часть математики, изучающая простейшие свойства целых и дробных чисел и действия над ними. Возникла в глубокой древности из практич. потребностей счёта, измерения расстояний, времени и др. Совершенствование методов вычислений привело к разл. способам обозначения чисел (см., напр., *арабские цифры, римские цифры*) и правил действия над ними. Усложнение и расширение круга задач А. потребовало и развития понятия числа (напр., понятия рациональных и иррациональных чисел). Достижения А. легли в основу алгебры и теории чисел.

АРИЯ (итал. aria, франц. и англ. air), виртуозный или кантиленный номер (эпизод) для солиста и оркестра в *опере, кантате, оратории, оперетте*. Расцвет в 18–19 вв. (И.С. Бах, В.А. Моцарт, Дж. Россини, В. Беллини, Дж. Верди, Дж. Пуччини, М.И. Глинка, Н.А. Римский-Корсаков, П.И. Чайковский). Реже самостоят. вок. или инстр. пьеса.

АРКА ТРИУМФАЛЬНАЯ (от лат. arcus – дуга), триумфальные ворота, пост. или врем. монументальное обрамление проезда (обычно арочное), торжеств. сооружение в честь воен. побед и др. знаменат. событий.

АРКАТУРА (нем. Arkatur), ряд декор. ложных арок на фасаде здания или на стенах внутр. помещений.

АРКБУТАН (франц. arcboutant), наружная кам. полуарка, передающая распор гл. *нефа* внеш. опорным столбам – *контрфорсам*. Возникли в готич. архитектуре.

АРКТИКА (от греч. arktikós – северный), сев. полярная область Земли, включающая окраины материков Евразия и Сев. Америка, почти весь Сев. Ледовитый ок. с о-вами (кроме прибрежных о-вов Норвегии), а также прилегающие части Атлантич. и Тихого ок. Юж. граница А. совпадает с юж. границей зоны тундры. Пл. ок. 27 млн. км², иногда А. ограничивают с юга Сев. полярным кругом (66°33′ с.ш.); в этом случае пл. 21 млн. км². В совр. междунар. праве закреплено разделение А. на 5 секторов, основаниями которых служат сев. границы России, США (Аляска), Канады, Дании (Гренландия) и Норвегии, боковыми гранями – меридианы, вершиной – Сев. полюс. А. заселена крайне редко. По особенностям рельефа в А. выделяют шельф с о-вами материкового происхождения и прилегающими окраинами материков и Арктич. басс. Область шельфа занята окраинными морями – Баренцевым, Белым, Карским, Лаптевых, Вост.-Сибирским и Чукотским. Рельеф суши преим. равнинный, местами, особенно на о-вах, гористый; центр. часть – Арктич. басс., область глубоководных котловин (до 5527 м) и подводных хребтов. Особенности природы: низкий радиац. баланс, близкие к 0 °С ср. темп-ры воздуха летних месяцев при отрицат. ср.-годовой темп-ре, существование ледника и многолетней мерзлоты, преобладание тундровой растительности и арктич. пустынь. Пл. мор. льдов ок. 11 млн. км² зимой и ок. 8 млн. км² летом. Огромную роль в освоении А. сыграл *Северный морской путь*.

АРЛЬ, г. во Франции. 53 т.ж. Расположен на р. Рона, каналом связан со Средиземным м. Металлургия, маш-ние, хим. пром-сть. Музей языч. и христ. иск-ва. Памятники др.-рим. архитектуры, романская церк. Сен-Трофим (10–11 вв.).

АРМАТУРА (от лат. armatura – вооружение, снаряжение), вспомогат., обычно стандартные элементы и детали, не относящиеся к осн. оборудованию, но необходимые для его нормальной работы (напр., А. трубопроводная, электротехн., печная и т.п.). В жел.-бетон. конструкциях А. (металлич. проволока, сетка и т.д.) – одна из составных частей изделий.

АРМЕНИЯ (Республика Армения), гос-во на Ю. Закавказья. Пл. 29,8 т.км². Нас. 3376 т.ч., гор. 68%; армяне (93,3%), русские (1,6%) и др. Офиц. яз.– армянский. Большинство верующих – православные. Глава гос-ва – президент. Законодат. орган – Нац. собрание. Столица – Ереван. 37 р-нов, 27 городов, 31 пос. гор. типа. Ден. единица – драм.

А. – горн. страна, занимает сев.-вост. часть Арм. нагорья (выс. до 4090 м, г. Арагац), обрамлённой хр. М. Кавказа. Минер. источники. На Ю.-З.– Араратская равнина. Климат континентальный, сухой. В предгорьях ср. темп-ры янв. –5 °С, июля 24–26 °С, осадков до 400 мм в год; в горах – янв. от –2 до –14 °С, июля 18–20 °С, осадков до 500 мм. Гл. река – Аракс (с притоком Раздан); кр. озеро – Севан. Ок. 1/5 терр. покрыто широколиств. (бук, дуб, граб) лесами и кустарниками. Нац. парк Севан. Заповедники: Дилижанский, Хосровский и др.

В 9–6 вв. до н.э. в составе гос-ва Урарту. В 6 – нач. 2 вв. до н.э. арм. царство под властью Ахеменидов и Селевкидов (Великая Армения). С 1 в. до н.э. объект борьбы между Римом и Парфией. В 3–4 вв. гос-во, зависимое от Ирана; разделена между ним и Византией. В 7–15 вв.– нашествия арабов, византийцев, сельджуков, монголо-татар, Тимура.

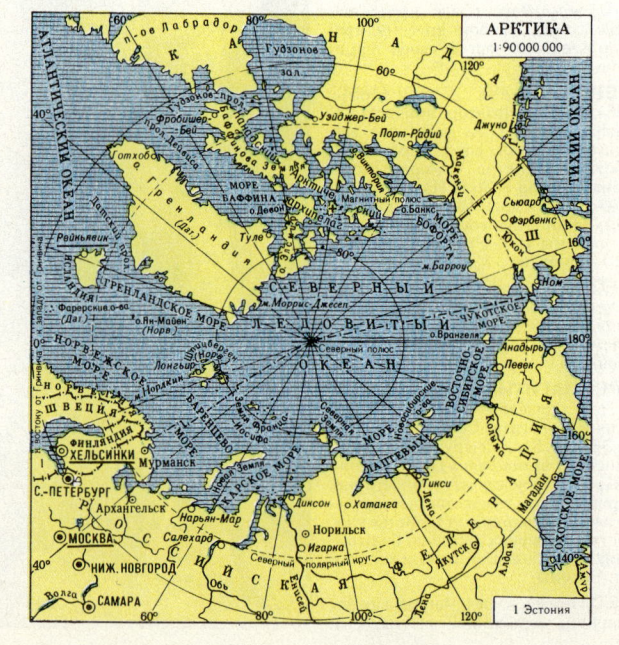

Аркбутан.

Арка триумфальная (Константина в Риме, 315).

АРКТИКА 1:90 000 000

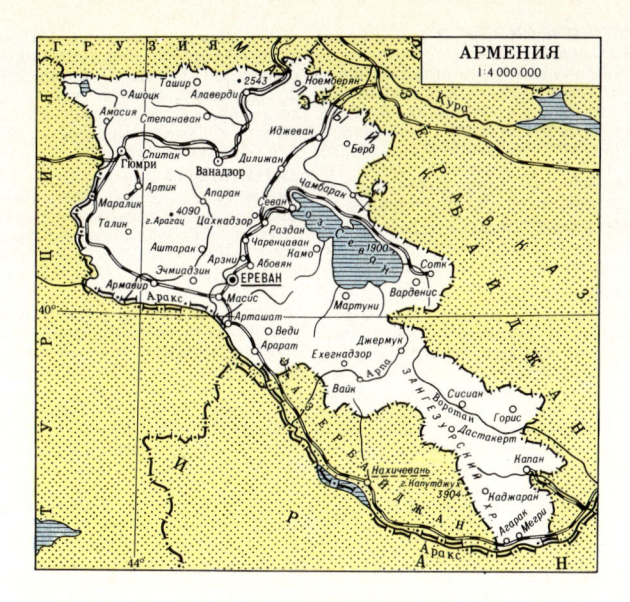

АРС 47

АРМИ́РОВАНИЕ (от лат. armo – вооружаю, укрепляю), усиление материала или конструкции элементами (арматурой) из др. более прочного материала (напр., металлич. сеткой, прутком, проволокой). Применяют при изготовлении жел.-бетон. и кам. конструкций, изделий из стекла, керамики, гипса и др.

А́РМИЯ (от лат. armo – вооружаю), 1) вооруж. силы гос-ва. 2) Сухопут. войска гос-ва. 3) Сухопут. войска на театре воен. действий под единым командованием. 4) Оперативное объединение, состоящее из неск. соединений и отд. частей разл. видов вооруж. сил, родов войск и спец. войск. Появились в России накануне Отеч. войны 1812. В 20 в. в ряде гос-в, имевших крупные вооруж. силы, были общевойсковые (полевые), танк., возд. и др. А. Объединялись в группы или фронты.

А́РМСТРОНГ (Armstrong) Луи (прозв. Сэчмо) (1901–71), американский джазовый музыкант – трубач, корнетист, певец, руководитель джаз-бэнда. Был организатором ряда оркестров и ансамблей. С 1932 гастролировал во мн. странах мира. Предст. классич. *джаза*, создал виртуозный импровизац. стиль игры на трубе. Выступал со мн. известными музыкантами (Б. Смит, Э. Фицджеральд). Снимался в кино (св. 20 ролей).

А́РМСТРОНГ Нил (р. 1930), амер. космонавт. 16–24 июля 1969 участвовал в первом в истории человечества полёте на Луну (совм. с Э. Олдрином и М. Коллинзом); первый человек, ступивший на её поверхность (21 июля 1969).

Н. Армстронг.

АРМСТРО́НГ Эдвин Хауард (1890–1954), амер. радиотехник. Разработал схемы регенеративных (1913), супергетеродинных (1918) и суперрегенеративных (1921) радиоприёмников.

АРМЯ́НСКАЯ АПО́СТОЛЬСКАЯ ЦЕ́РКОВЬ, одна из древних христ. церквей. Первыми проповедниками христ-ва в Армении были апостолы Св. Фаддей и Св. Варфоломей. Основателем первой христ. кафедры был епископ Закария (ок. 70), с 301 христ-во объявлено гос. религией Армении. В догматич. и культовом отношениях близка к православию; признаёт только догматы (о божеств. сущности Христа, Св. Духа, слиянии божественного с человеческим во Христе и др.) первых трёх вселенских соборов (начиная с Никейского в 325). На 4-м Халкидонском Вселенском соборе разошлась с др. христ. церквами по вопросу воплощения божественного и человеческого во Христе.

АРМЯ́НСКОЕ ПИСЬМО́, оригинальное фонетич. письмо, созданное для арм. яз. Месропом Маштоцем ок. 406. Вероятно влияние греч. письма, т.н. Данииловых письмён (22 знака, приписываемые сирийскому епископу Даниилу), арамейского письма, пехлевийского курсива. Состоит из 38 знаков. Буквы А. п. (до перехода на араб. цифры) имели и цифровые значения. Читается слева направо.

А́РНИКА, род многолетних травянистых р-ний (сем. сложноцветные). Св. 30 видов, гл. обр. в Сев. Америке и Европе. А. горная – лекарств. р-ние (желчегонное и кровоостанавливающее действие).

АРО́НИЯ, род древесных р-ний (сем. розоцветные). Ок. 15 видов, в умеренном поясе Сев. Америки. В культуре (с кон. 18 – нач. 20 вв.) А. черноплодная, или черноплодная ря-

Ароня черноплодная.

бина, к-рую выращивают в странах с умеренным климатом; в России – в Европ. части и Сибири. Кустарник выс. до 2 м; живёт св. 30 лет, плодоносит с 3–5 лет. Плоды (до 30 кг с р-ния) богаты сахарами, витамином Р, пигментами (пищ. краситель), дубильными в-вами, полезны при гипертонии и Р-витаминной недостаточности, хорошо хранятся (при 0 °С всю зиму). Др. виды возделывают как декоративные.

АРПЕ́ДЖИО (правильнее арпеджо) (итал. arpeggio, от arpeggiare – играть на арфе), исполнение звуков *аккорда* не одновременно, а последовательно, обычно начиная с ниж. тона, при игре на струн. и клавишных инстр-тах.

АРРЕ́НИУС (Arrhenius) Сванте Август (1859–1927), швед. учёный, один из основателей физ. химии. Автор теории электролитич. диссоциации. Тр. по хим. кинетике (ур-ние А.), а также по астрономии, астрофизике и биологии (впервые указал на связь солнечной активности с явлениями в биосфере; сторонник гипотезы о занесении жизни на Землю из космоса). Ноб. пр. (1903).

АРС НО́ВА (лат. ars nova – новое искусство), направление в зап.-ев-

---

АРМЕНИЯ
1:4 000 000

Армения. Озеро Севан.

Армения. Храм Звартноц.

В 16–18 вв. разделена между Ираном и Турцией, народ вёл освободит. борьбу против ирано-тур. ига. В 1805–28 Вост. Армения присоединена к России (Эриванская губ.). В мае 1918 образована Республика А. Сов. власть установлена в 1920; 29.11.1920 образована Арм. ССР. С 12.3.1922 входила в Закавказскую федерацию в составе СССР (ЗСФСР), по Конституции 1936 – непосредственно в СССР. Независимость А. провозглашена ВС республики 24 сент. 1991. Учреждён пост президента (1991). В 1988 возник вооружённый конфликт между А. и Азербайджаном по поводу статуса Нагорного Карабаха.

А.– индустр.-агр. страна. ВНП на д. нас. 2150 долл. в год. Произ-во эл.-энергии на ГЭС и ТЭС. Ереванская АЭС. Ведущие отрасли пром-сти: маш-ние (в т.ч. эл.-техн., электронное, радиотехн., произ-во станков, приборов и др.) и металлообработка, хим. и нефтехим. (произ-во синтетич. каучука, пластмассы, хим. волокон, серной к-ты и др.), цв. металлургия (произ-во меди, алюминия и др.). Пищевкус. Произ-во стройматериалов, в т.ч. на базе разработки м-ний разноцветных туфов, перлитов, известняков, гранита и мрамора. Важное значение имеют плод-во и виногр-во; посевы кормовых и зерновых (пшеница, ячмень и др.) культур. Возделывают картофель, овощи, табак, герань, сах. свёклу. Жив-во специализируется на молочно-мясном скот-ве и овце-ве. Осн. виды транспорта – ж.-д. и автомобильный. Сеть газопроводов. Курорты: Арзни, Джермук, Дилижан, Цахкадзор и др.

48 АРСЕ

роп. музыке 14 в. Осн. черты: выдвижение на первый план светских вок.-инстр. песенных жанров, реформа *ритмики* и *нотного письма*, формирование индивид. композиторских стилей и нац. школ. Осн. представители: Филипп де Витри (его трактат «Арс Нова», 1320, дал название направлению), Гильом де Машо (Франция), Франческо Ландино (Италия). Термином «А. н.» обозначается также нач. период развития культуры *Возрождения* в Нидерландах, Германии, Франции и ряде др. стран (ок.1420–30-х гг.– ок. 1500); введён Э. Панофским.

АРСЕ́НЬЕВ Вл. Кл. (1872–1930), рос. исследователь Д. Востока, писатель, географ. Исследовал Сихотэ-Алинь (1906–10) и детально охарактеризовал его гидрографию и состав растительности. А.– один из создателей краеведч. направления в отеч. науч.-худ. лит-ре. Осн. соч.: «По Уссурийскому краю» (1921), «Дерсу Узала» (1923), «В горах Сихотэ-Алиня» (1937).

В.К. Арсеньев.

АРТАКСЕ́РКС I Долгорукий, царь гос-ва *Ахеменидов* в 465–424 до н.э. Заключил с Афинами Каллиев мир 449, завершивший греко-перс. войны и зафиксировавший поражение персов.

АРТАКСЕ́РКС III Ох, царь гос-ва *Ахеменидов* в 358–338 до н.э. Добивался укрепления гос-ва, ослабленного при его предшественниках; завоевал Египет.

АРТЕЗИА́НСКИЕ ВО́ДЫ (от Artesium – лат. назв. франц. пров. Артуа, где эти воды издавна использовались), напорные подземные воды, заключённые в водоносных пластах горн. пород между водоупорными слоями. При вскрытии буровыми скважинами А. в. иногда фонтанируют.

АРТЕ́ЛЬ ХУДО́ЖНИКОВ в С.-Петербурге, объединение художников во главе с И.Н. Крамским. Осн. в 1863 выпускниками петерб. АХ, вышедшими из неё (т.н. бунт 14-ти) в связи с отказом писать конкурсную картину на заданную библейскую тему и образовавшими коммуну. Распалась в нач. 1870-х гг., ряд членов А. х. принял участие в движении *передвижников*.

АРТЕМИ́ДА, в греч. мифологии дочь Зевса и Лето, богиня охоты, покровительница рожениц, защитница целомудрия. А. с луком и стрелами в сопровождении нимф и собак охотится в лесах. Ей соответствует рим. Диана.

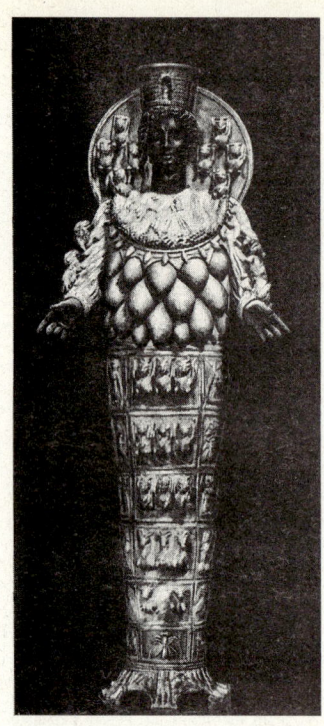

Артемида Эфесская. Римская копия с греческого оригинала 3–2 вв. до н.э. Мрамор. Национальный музей. Неаполь.

АРТЕ́МЬЕВ Эд. Ник. (р. 1937), рос. композитор. Специализируется в области *электронной музыки* («Вариации на один тембр», 1970, и др.), музыки к кинофильмам (более 80), в т.ч. «Солярис» (1972), «Сталкер» (1980).

АРТЕ́РИИ (греч., ед. ч. artēría), кровеносные сосуды, несущие обогащённую кислородом (артериальную) кровь от сердца ко всем органам и тканям тела (лишь лёгочная А. и А., приносящие кровь к жабрам у рыб, несут венозную кровь). Воспаление стенки А. наз. артериитом.

АРТЕРИОСКЛЕРО́З (от *артерия* и *склероз*), поражение мелких артерий – утолщение и утрата эластичности стенок, сужение просветов вплоть до их полного заращения, наступающее гл. обр. в связи с кислородной недостаточностью стенок сосудов, их метаболическими изменениями (см. *Метаболизм*) при инфекц.-аллергич. заболеваниях, старении и т.д.

АРТЕФА́КТ (от лат. artefactum – искусственно сделанное), предмет, изготовленный, сделанный человеком.

АРТИ́КЛЬ (франц. article), в ряде индоевроп., семитских и нек-рых других яз. грамматич. элемент, выступающий в виде *служебного слова* или аффикса (части слова, противопоставляемой корню и по положению относительно корня подразделяемой на префиксы, суффиксы и нек-рые др.) и являющийся показателем граммат. категорий определённости и неопределённости или рода, числа и падежа (напр., англ. the, a, нем. der, das, die, ein, eine, франц. le, la, les, un, une, des).

АРТИЛЛЕ́РИЯ (франц. artillerie), 1) род войск. В Европе А. появилась в кон. 13 – нач. 14 вв. Первое упоминание о применении А. в России относится к 1382 (при обороне Москвы от войск хана Тохтамыша). Совр. А. делится на наземную и зенитную. 2) Наука об устройстве, свойствах и боевом применении арт. вооружения.

АРТИШО́К, род многолетних травянистых р-ний (сем. сложноцветные). Ок. 12 видов, в осн. в странах Средиземноморья. А. колючий, или посевной, – овощная культура. Широко возделывается в Юж. Европе; в России гл. обр. в Краснодарском кр. В пищу употребляют мясистое цветоложе нераскрывающихся соцветий-корзинок (диам. до 8 см). Содержит белки, углеводы, витамины, используется сырым, отварным и консервированным; из краевых цветков получают пищ. краситель. Урожайность 50–100 ц с 1 га.

А́РТМАНЕ (Artmane) Вия (Алида) (р. 1929), латв. актриса. С 1949 в Худ. т-ре имени Я. Райниса (с 1989 т-р Дайлес, Рига). Создала лирич., женственные, исполненные драматизма образы: Джульетта («Ромео и Джульетта» У. Шекспира, 1953), Елизавета («Елизавета Английская» Ф. Брукнера, 1980) и др. Снималась в ф. «Родная кровь» (1964), «Никто не хотел умирать» (1966), т/ф «Театр» (1978).

АРТО́ (Artaud) Антонен (наст. имя Антуан Мари Жозеф) (1896–1948), франц. теоретик театра, режиссёр, актёр, поэт. Создал «Театр Альфреда Жарри» (1926–28, совм. с Р. Витраком и Р. Ароном), в 1924–26 примыкал к сюрреализму. Произв. А., независимо от жанра (стихи в прозе «Отрывки из дневника в аду», 1926, «Пуп чистилища», «Нервометр» – оба 1925; эссе «Искусство и смерть», 1929, «Новые откровения бытия», 1937, представляют собой «фрагменты» единого проживаемого опыта «тотального отрицания», источник и нерв к-рого – обречённость на невыразимость бытия (автоматич., хаотич., бессознат. и «пустого») и собств. «Я», к-рым А. мучительно пытался овладеть. В поисках нового иск-ва (с привлечением вост. традиций, мистич. учений и архаич. ритуала) пришёл к идее «театра жестокости» (сб. «Театр и его двойник», 1938), – шокового сценич. действа, освобождающего от груза привычных наслоений и выводящего восприятие зрителя за пределы реальности. Последние 8 лет жизни провёл в клинике для душевнобольных.

Артишок. Соцветие-корзинка.

Артиллерия: 1 – пищаль, 17 в.; 2 – полевая пушка, 1805; 3 – пушка (76 мм), 1902; 4 – дивизионная пушка (76 мм), 1942; 5 – гаубица (122 мм) Д-30, 1960; 6 – полковой миномёт (120 мм), 1938.

АРТРИ́Т, собират. обозначение воспалит. и воспалит.-дистрофич., а в широком смысле – любых болезней суставов. Может быть осн. заболеванием (напр., спондилоартрит) или проявлением др. заболевания (напр., ревматизма, туберкулёза, подагры); поражаются один или неск. (полиартрит) суставов. Проявляется болью, покраснением кожи, ограничением подвижности в суставе, изменением его формы.

АРТРО́З, заболевание суставов, в основе к-рого лежат дистрофич. изменения хряща. Возникает при нарушениях обмена в-в, проф. вредностях, хронич. травмах, интоксикациях и т.д. Характерны изменения в сочленяющихся поверхностях костей, боль, ограничение подвижности в суставе и его деформация.

АРТУ́РОВСКИЕ ЛЕГЕ́НДЫ, кельтские нар. предания, в центре к-рых образ короля бриттов Артура (5–6 вв.), боровшегося с англосаксонскими завоевателями. Артур и рыцари «Круглого стола» (за к-рым как равные собирались герои А.л.) воплощают идеалы рыцарской чести. А.л. послужили одним из источников сюжетов и образов для европ. *рыцарских романов* (в т.ч. т.н. Бретонского цикла) и использовались мн. писателями – от Кретьена де Труа (12 в.), Вольфрама фон Эшенбаха, Т. Мэлори (15 в.) до М. Твена (сатирич. ром. «Янки при дворе короля Артура»).

АРУ, см. *Объединение архитекторов-урбанистов*.

АРУ́З (аруд) (араб.), система стихосложения, возникшая в араб. поэзии к 8 в. и распространившаяся также в поэзии на фарси и на тюрк. языках. Ритмообразующий элемент в А. – чередование долгих и кратких слогов, комбинация к-рых образует стопу; насчитывают до 8 осн. стоп, их разл. сочетания дают 19 осн. *метров*.

А́РФА (от др.-герм. harpa), многострун. щипковый муз. инстр-т. Ранние изображения – в 3-м тыс. до н.э. Разл. типа А. встречаются у мн. народов мира. Совр. педальная А. изобретена в 1801 С. Эраром во Франции. Используется как орк., ансамблевый и сольный инстр-т.

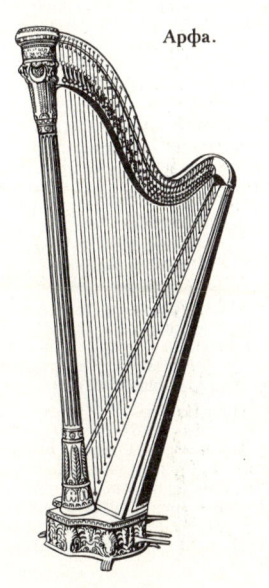

Арфа.

АРХАИ́ЗМЫ (от греч. archáios – древний), 1) слова и выражения, а также синтаксич. конструкции и грамматич. формы, вышедшие из активного употребления (напр., в рус. яз. «втуне», «наущать», «шелом»). Используются как стилистич. средство. 2) Пережитки старины.

АРХА́ИКА (от греч. archaïkós – старинный, древний), ранний этап в ист. развития к.-л. явления. В искусствознании ранний период развития иск-ва Др. Греции (7–6 вв. до н.э.).

АРХА́НГЕЛЫ (греч., ед.ч. archángelos), старшие *ангелы*.

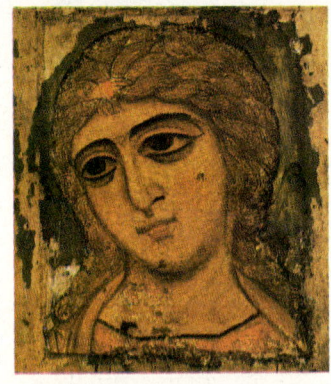

Архангелы. «Ангел златые власы». Новгородская икона 12 в. Русский музей.

АРХА́НГЕЛЬСК (до 1613 Новохолмогоры), г. (с 1584), ц. Архангельской обл., в России, в устье р. Сев. Двина. 413,6 т.ж. Мор. и речной порт; ж.-д. уз., аэропорт. Лесообр., лесохим. пром-сть; лесоэкспорт, маш-ние (в т.ч. судостроение). Худ. промыслы (резьба по дереву, кости и др.). ПО «Беломорские узоры». 3 вуза. Музеи: краеведч., изобр. иск-в, дерев. зодчества («Малые Карелы»), нар. иск-ва. Т-ры (в т.ч. драм. имени М.В. Ломоносова, кукол). А. – одна из осн. баз Сев. мор. пути. Близ А. – космодром Плесецк. Осн. в 1583–84 как дерев. крепость. В кон. 17 в. Петром I заложены адмиралтейство и верфь. Частично сохранились кам. постройки 17 – нач. 18 вв. (гостиный двор и др.).

А.А. Архангельский.

Архангельск. Порт.

АРХА́НГЕЛЬСКИЙ Ал-др Анд. (1846–1924), хоровой дирижёр, регент, композитор. Организатор смешанного хора (1880). Ввёл в хоры рус. церкви жен. голоса. Обработки нар. песен, хоры.

АРХА́НГЕЛЬСКОЕ, усадебный ансамбль близ Москвы. Принадлежал с 1703 кн. Голицыным, в 1810–1917 кн. Юсуповым. Дворец (18 в.; мебель, полотна А. ван Дейка, Дж. Б. Тьеполо, скульптура Э.М. Фальконе), регулярный парк с террасами, скульптурой; т-р (нач. 19 в., с декорациями П.Г. Гонзаго). С 1918 музей-усадьба.

Архангельское. Вид на дворец через въездные ворота.

Архангельское. Один из залов дворца.

АРХА́НТРОПЫ (от греч. archáios – древний и ánthrōpos – человек), обобщённое назв. древнейших ископаемых людей (питекантропы, синантропы и др.) раннего и отчасти среднего плейстоцена (1,6–0,35 млн. лет назад), преим. из Азии и Африки. Все А. представлены одним видом – человеком прямоходящим (*Homo erectus*); иногда к ним относят и творца самых ранних кам. орудий (олдувайская, или галечная, культура) – человека умелого (*Homo habilis*), жившего в Вост. Африке ок. 2 млн. лет назад.

АРХЕ́Й (от греч. archáios – изначальный, древний), первое (наиб. древнее) из двух крупнейших подразделений *докембрия*, обозначающее комплекс пород и эру геол. истории, в течение к-рой они сформировались (см. *Геохронология*).

АРХЕО... (от греч. archáios – древний), часть сложных слов, означающая: древний, относящийся к древности.

АРХЕОГРА́ФИЯ (от *архео...* и *...графия*), спец. ист. дисциплина (с 1-й пол. 18 в.), занимающаяся собиранием, описанием и изданием рукописных, печатных и др. памятников.

АРХЕОЛОГИ́ЧЕСКАЯ КУЛЬТУ́РА, понятие, обозначающее общность археол. памятников, относящихся к одному времени, определ. терр. и отличающаяся общими особенностями (напр., культуры ямочно-гребенчатой керамики, черняховская культура).

АРХЕОЛО́ГИЯ (от *архео...* и *...логия*), наука, изучающая историю об-ва по материальным остаткам жизни и деятельности людей – археол. памятникам. Основы совр. методики изучения, хронологии и типологии археол. памятников заложены во 2-й пол. 19 – нач. 20 вв. (работы франц. учёного Г. Мортилье, швед. учёного О. Монтелиуса, в России – А.А. Спицына и др.).

АРХЕОПТЕ́РИКС, древнейшая вымершая птица. Жил в юрском периоде. Размером с сороку. Имел

Археоптерикс (реконструкция).

настоящее оперение. Видимо, был способен лишь планировать или перепархивать с ветки на ветку; по земле, вероятно, передвигался скачками. От совр. птиц отличался наличием зубов, пальцев на конце крыльев. По мн. признакам похож на пресмыкающихся.

АРХЕТИ́П (от греч. archē – начало и týpos – образ), в позднеантич. философии (Филон Александрийский и др.) прообраз, идея. В «аналитич. психологии» К.Г. Юнга изначальные, врождённые психич. структуры, образы (мотивы), составляющие содержание т.н. коллективного бессознательного и лежащие в основе общечеловеческой символики сновидений, мифов, сказок и др. созданий фантазии, в т.ч. художественной. 2) Изначальный, самый древний и неизвестный нам текст, к к-рому восходят остальные тексты письм. памятника. 3) В сравнительно-ист. яз-знании исходная для последующих образований языковая форма, реконструируемая на основе закономерных соответствий в родств. языках; праформа, прототип.

АРХИ... (от греч. archi – старший, главный), приставка, означающая: 1) старшинство, главенство; 2) высшую степень чего-либо.

АРХИ́В (лат. archivum, от греч. archéion – присутственное место), учреждение или его часть, хранящая док-ты; совокупность док-тов, образовавшихся в результате деятельности учреждений, пр-тий и отд. лиц. Совр. крупные А. обычно имеют более 1,5 млн. ед. хр. Крупнейшие А. мира – Нац. А. в Париже, Нац. А. и рукописный отдел б-ки Конгресса США в Вашингтоне; в России – Рос. гос. ист. А. в С.-Петербурге, Рос. гос. А. древних актов в Москве и др.

АРХИВА́РИУС, хранитель архивных док-тов, сотрудник архива.

АРХИВО́ЛЬТ (итал. archivolto), обрамление арочного проёма, выделяющее дугу арки из плоскости стены.

АРХИДЬЯ́КОН (от *архи...* и *дьякон*), старший дьякон. В Рус. правосл. церкви этот титул давался главному из дьяконов в лаврах и нек-рых больших монастырях. После 1917 титул А. присваивается дьякону, служащему при патриархе Московском и всея Руси.

АРХИЕПИ́СКОП (от *архи...* и *епископ*), старший епископ; иногда глава автокефальной церкви (Элладская, Кипрская).

АРХИЕРЕ́Й (архипастырь) (от *архи...* и греч. hiereús – священнослужитель), общее назв. высших правосл. священнослужителей (епископ, архиепископ, митрополит, экзарх, патриарх).

АРХИЕРЕ́ЙСКИЙ СОБО́Р, в христ-ве созываемый поместной церковью собор, в к-ром участвуют одни архиереи (в отличие от поместного собора, на к-ром присутствуют представители духовенства и мирян). Созывается для решения частных проблем, не требующих санкции поместного собора.

АРХИМАНДРИ́Т (от *архи...* и mándra – овчарня; духовная овчарня, монастырь), титул настоятеля крупного муж. монастыря, наместника лавры. В качестве почётного звания титул А. присваивается также ректорам духовных семинарий, начальникам духовных миссий и нек-рым монахам за особые заслуги перед церковью.

АРХИМЕ́Д (ок. 287–212 до н.э.), др.-греч. учёный. Родом из Сиракуз. Разработал предвосхитившие интегр. исчисление методы нахождения площадей, поверхностей и объёмов разл. фигур и тел. В основополагающих тр. по статике и гидростатике (закон А.) дал образцы применения математики в естествознании и технике. Автор мн. изобретений (архимедов винт, системы для поднятия больших тяжестей, воен. метат. машины и др.). Организатор инж. обороны Сиракуз против римлян. В сочинении «Псаммит» («О числе песчинок») он пока-

Архимед.

зал, как можно записывать сколь угодно большие числа.

АРХИМЕ́ДА ЗАКО́Н: на всякое тело, погружённое в жидкость, действует выталкивающая сила, направленная вверх, равная весу вытесненной им жидкости и приложенная к центру тяжести тела. А.з. справедлив и для газов.

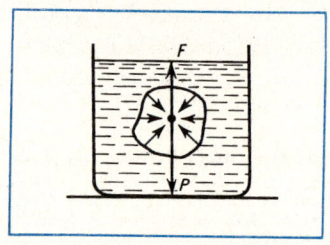

Архимеда закон: F – выталкивающая сила; P – сила тяжести, действующая на тело.

АРХИ́ПЕНКО Ал-др Порф. (1887–1964), укр. скульптор. С 1908 работал во Франции, Германии и США. Один из основоположников *кубизма* в скульптуре. Автор выразит. композиций, портретов («И.Я. Франко»).

АРХИ́ПОВ Абр. Еф. (1862–1930), рос. живописец. Передвижник. Пленэрные (см. *Пленэр*) жанрово-пейзажные полотна («По реке Оке», 1890), картины труда («Прачки», 1890-е гг. и 1901), мажорные по цвету фигуры крестьянок («Девушка с кувшином», 1927).

АРХИ́ПОВА Ир. Конст. (р. 1925), певица (меццо-сопрано), педагог. В 1956–88 в Большом т-ре. Дебютировала в партии Кармен («Кармен» Ж. Бизе), исполнение к-рой принесло А. мировое признание. Иск-во А. отличают безупречное вок. мастерство, дар сценич. перевоплощения.

И.К. Архипова.

АРХИТЕКТО́НИКА (от греч. architektiké – строит. иск-во), худ. выражение закономерностей строения, соотношения нагрузки и опоры, присущих конструктивной системе сооружения или произв. скульптуры.

АРХИТЕКТУ́РА (лат. architectura, от греч. architéktōn – строитель) (зодчество), иск-во проектировать и строить объекты, оформляющие пространств. среду для жизни и деятельности человека. Произв. А.– здания, ансамбли, а также сооружения, организующие открытые пространства (монументы, террасы, набережные и т.п.). Особая область строит. иск-ва – градостроительство, а также *садово-парковое искусство* (см. также *Ландшафтная архитектура*). В А. взаимосвязаны функциональное, техн. и худ. начала (польза, прочность, красота). Функции архит. сооружения определяют его план и пространств. структуру, строит. техника – возможности, экон. целесообразность и конкретные способы его создания. Образно-эстетич. начало в А. связано с её социальной функцией и проявляется в формировании объёмно-пространств. и конструктивной системы сооружения. Выразит. средства А.– композиция, ритм, архитектоника, масштаб, пластика, синтез иск-в и др.

АРХИТРА́В (от *архи...* и лат. trabs – балка), нижняя из 3 горизонтальных частей *антаблемента*, лежащая на капителях колонн; имеет вид балки, широкой, гладкой (в дорич. и тосканском ордерах) или разделённой на 3 горизонтальных уступа – фасции (в ионич. и коринфском ордерах).

...АРХИЯ (от греч. archē – власть, главенство), часть сложных слов, означающая форму власти, правления (напр., монархия).

АРЧА́, ср.-азиат. виды *можжевельника*.

АРЧИ́Л II (Шахназар-хан) (1647–1713), груз. царь, писатель, просветитель. В 1661–98 правил в Имерети, Картли, Кахети. Стремился к укреплению связей с Зап. Европой и Рос. гос-вом. В 1682–88 и с 1699 жил в России. Один из основателей груз. колонии в с. Всехсвятское под Москвой. Написал ряд поэтич. трактатов и ист. поэм.

АСА́НОВА Динара Кулдашевна (1942–85), рос. кинорежиссёр. Деликатность манеры ф. «Не болит голова у дятла» (1975), «Ключ без права передачи» (1977) сменяется резким, нервным стилем в ф. «Беда» (1978), «Никудышная» (1980, т/ф), «Пацаны» (1983), «Милый, дорогой, любимый, единственный» (1984).

АСАРХАДДО́Н (ассир. Ашшурахиддин), царь *Ассирии* в 680–669 до н.э. Вёл войны в Аравии, Финикии и Египте. Восстановил разрушенный его отцом Синахерибом г. Вавилон.

АСА́ФЬЕВ Бор. Вл. (лит. псевд. Игорь Глебов) (1884–1949), музыковед, композитор. Один из основоположников отеч. музыковедения 20 в. Труд «Муз. форма как процесс» (1930–47), монографии о рус. музыке и др. Бал. «Пламя Парижа» (1932), «Бахчисарайский фонтан» (1934) и др.

Асбест. Хризотил-асбест.

АСБЕ́СТ (от греч. ásbestos – неугасимый) (горный лён), обобщённое назв. минералов класса силикатов, образующих тонковолокнистые агрегаты. Наиб. значение имеет хризотил-асбест. Огнестойкие ($t_{пл}$ ок. 1500 °С), щёлоче- и кислотоупорные, нетеплопроводные, диэлектрики. Гл. м-ния: в России (Урал, Вост. Сибирь), Канаде, США, ЮАР, Зимбабве. Наполнители пластмасс, асбестоцементов, материал для огнестойких и теплоизоляц. изделий.

АСБЕСТОЦЕМЕ́НТ, строит. материал, получаемый при твердении смеси *портландцемента*, асбеста и воды. Водонепроницаем, огнестоек, морозостоек, имеет повышенную хим. стойкость. Из А. изготовляют кровельные и облицовочные листы, плиты, водопроводные, газопроводные и обсадные трубы, вентиляц. короба и т.д.

АСЕ́ЕВ Ник. Ник. (1889–1963), рус. поэт. От формальной изощрённости первых сб-ков («Зор», 1914) пришёл к лирико-филос. осмыслению действительности («Раздумья», 1955; «Лад», 1961). Романтич. героизация рев-ции в поэмах «Двадцать шесть» (1924), «Семён Проскаков» (1928). Поэма «Маяковский начинается» (1940). Кн. «Зачем и кому нужна поэзия» (1961).

АСЕ́НКОВА Варв. Ник. (1817–41), актриса. С 1835 в Александринском т-ре. Играла в водевилях, часто исполняла роли «травести», создавала живые характеры: Марья Антоновна в первом представлении «Ревизора» Н.В. Гоголя (1836), Офелия («Гамлет» У. Шекспира, 1837), Софья («Горе от ума» А.С. Грибоедова, 1839) и др.

АСЕ́ПТИКА (от *а* – отрицат. приставка и греч. sēptikós –вызывающий нагноение), метод профилактики стерилизация инстр-тов и т.п.) проникновения микробов в рану, ткани или полости тела, напр. при операциях.

АСИМПТО́ТА (от греч. asýmptōtos – несовпадающая), прямая, к к-рой бесконечная ветвь кривой приближается неограниченно, напр. А. гиперболы.

АСКА́НИЯ-НО́ВА, биосферный заповедник в Херсонской обл. (Украина). Образован в 1921 на базе частного заповедника, существовавшего с 1874. Пл. 11 т. га; сухие типчаково-ковыльные степи. Иссл. по акклиматизации лошади Пржевальского, зебры, антилоп (канна, гну), страуса и др. В дендропарке св. 150 видов деревьев и кустарников.

АСКАРИ́ДЫ, семейство червей класса *нематод*, паразитирующих в кишечнике человека и позвоночных ж-ных. Наиб. распространены свиная А. и человеческая А. (дл. самки 25–40 см, самца 15–25 см), вызывающие аскаридоз.

АСКЕТИ́ЗМ (от греч. askētés – упражняющийся в чём-либо), ограничение или подавление чувственных желаний, добровольное перенесение физич. боли, одиночества и т.п. Характерен для практики разл. религий (монашество и т.п.). Целью А. может быть достижение свободы от потребностей, сосредоточенности духа, подготовка к экстатич. состояниям, достижение «сверхъестеств. способностей» (*йога*), в христ-ве – соучастие в «страданиях» Христа.

АСКЕ́ТИКА, аскетич. богословие, богословская дисциплина, изучающая и обосновывающая принципы аскетизма.

АСКЛЕ́ПИЙ, в греч. мифологии бог врачевания, сын Аполлона. Воскрешал мёртвых (Ипполит, Главк и др.), за это Зевс убил его перуном. Атрибут А. – змея; центр культа – в Эпидавре. У древних римлян А. именуется Эскулапом.

Асклепий (с острова Мелос). Эллинистическая копия с оригинала Бриаксиса (?) (ок. 330 до н.э.). Мрамор. Британский музей. Лондон.

АСКОРБИ́НОВАЯ КИСЛОТА́ (витамин С), водорастворимый витамин. Синтезируется р-ниями (из галактозы) и ж-ными (из *глюкозы*), за исключением приматов и нек-рых др. ж-ных, к-рые получают А.к с пищей. Стимулирует внутр. секрецию, повышает сопротивляемость к неблагоприятным воздействиям, способствует регенерации. Наиб. богаты А.к. плоды шиповника, красного перца, цитрусовых, чёрной смородины, лук, листовые овощи. Отсутствие А.к. в пище человека вызывает цингу (скорбут).

АСМЭ́РА (Асмара), столица (с 1993) гос-ва Эритрея, на Эфиопском нагорье, на выс. 2300 м. 343 т.ж. Международ. аэропорт. Пр-тия пищ., текст., трикот., швейной, кож.-обув., стройматериалов, металлообр. пром-сти. Ун-т.

АСМОДЕ́Й, в Библии злой дух.

АСНОВА, см. *Ассоциация новых архитекторов*.

АСПАРУ́Х (Исперих) (ок. 644 – ок. 700), хан тюрк. народа протоболгар, возглавивший их вторжение на Балканы, с 681 хан Первого Болг. царства.

АСПА́СИЯ (Аспазия) (ок. 470 до н.э.–?), *гетера* в Афинах. Отличалась умом, образованностью и красотой; в её доме собирались художники, поэты, философы. С 445 до н.э. жена *Перикла*.

А́СПИДЫ, семейство ядовитых змей. Наиб. известны *кобры*, *мамбы*, ехидны.

АСПИРАНТУ́РА (от лат. aspiro – стремлюсь, стараюсь приблизиться), форма подготовки науч. работников. Организована в 1925 при Наркомпросе РСФСР, в 30-х гг. распространилась в вузах и НИИ СССР (защита аспирантами кандидатских диссертаций – с 1934). В нач. 90-х гг. в Рос. Федерации св. 60 тыс. аспирантов, в т.ч. при вузах ок. 40 тыс. В большинстве заруб. стран подготовка, аналогичная А., осуществляется гл. обр. при ун-тах в спец. центрах т.н. последипломного образования (обычно для магистров, лиценциатов и др.) и завершается защитой исследования, работы и присуждением высшей учёной степени (чаще всего докторской).

АССАМБЛЕ́Я, 1) собрание. 2) В нек-рых странах назв. парламентов или их высш. палат, а также высш. органа ряда междунар. орг-ций.

АССИГНА́ТЫ (франц. assignats, от лат. assigno – назначаю), бум. деньги периода Франц. рев-ции кон. 18 в. Выпуск 1789 – гос. процентные бумаги, выпуск 1790 – платёжное средство. Признаны недействительными в 1797.

АССИГНА́ЦИИ (польск. asygnacja, от лат. assignatio – назначение), первые рос. бум. деньги; выпущены в 1769 при Екатерине II во время войны с Турцией. В связи с резким обесценением и введением серебр. монометаллизма аннулированы 1 янв. 1849.

АССИ́ЗИ, г. в Италии. 24 т.ж. Осн. этрусками. С 13 в. – религ. центр. Муз. академия Пропорциана (1754). Гор. коммунальная пинакотека. Туристич. центр. Собор (с 1140), комплекс Сан-Франческо (с 1228) с фресками Чимабуэ, С. Мартини, П. Лоренцетти.

АССИМИЛЯ́ЦИЯ (от лат. assimilatio), 1) уподобление, слияние (напр., А. звуков, А. народов); усвоение. 2) (Биол.) усвоение питат. в-в живыми организмами, их превращение в результате биохим. реакций в структурные части клеток и тканей.

АССИ́РИЯ, гос-во в Сев. Двуречье (на терр. совр. Ирака). В 14–9 вв. до

Ассизи. Комплекс Сан-Франческо.

н.э. неоднократно подчиняла всю Сев. Месопотамию и прилегающие р-ны. Период наивысшего могущества А. – 2-я пол. 8 – 1-я пол. 7 вв. до н.э. В 605 до н.э. покорена *Мидией* и *Вавилонией*.

АССОРТИМЕ́НТ (франц. assortiment), подбор продукции и товаров по разл. видам, наименованиям и назначению; более узко – набор однородных предметов, но разных сортов. Развёрнутый А. (по маркам, профилям, артикулу, моделям, рисунку и т.п.) – существ. условие договора поставки. В металлургич. пром-сти применяется искажённый от А. термин «сорта́мент», в произ-ве лесоматериалов – «сортимент».

АССОЦИА́ЦИЯ (от ср.-век. лат. associatio – соединение), союз, объединение.

АССОЦИА́ЦИЯ (психол.), связь, возникающая у человека при определ. условиях между двумя или более психич. образованиями (ощущениями, двигат. актами, восприятиями, идеями и т.п.).

АССОЦИА́ЦИЯ НО́ВЫХ АРХИТЕ́КТОРОВ (АСНОВА) (1923–1930), в Москве, объединение архитекторов, художников (К.С. Мельников, А.М. Родченко и др.), стремившихся к созданию худ.-выразит. архит. форм в синтезе с др. пластич. иск-вами на основе новейших строительных материалов и конструкций.

АССОЦИА́ЦИЯ ХУДО́ЖНИКОВ РЕВОЛЮЦИО́ННОЙ РОССИ́И (АХРР) (1922–32; с 1928 Ассоциация художников революции, АХР), объединение рос. художников. Опираясь на традиции передвижников, члены АХРР провозгласили своей целью создание худ. произв., понят-

Ассирия. Цитадель Дур-Шаррукина. Реконструкция.

52 АСТА

ных народу, осн. на «худ. документализме» и «героич. реализме» рев. событий и совр. действительности, но при этом нередко впадали в натурализм и бытописательство. АХРР пользовалась офиц. поддержкой, имела ок. 40 филиалов в РСФСР и др. республиках и во многом способствовала созданию мифа о «новой героич. сов. действительности».

АСТА́НГОВ (наст. фам. Ружников) Мих. Фёд. (1900–65), актёр. На сцене с 1920, в 1945 в Т-ре имени Евг. Вахтангова. Игре А. свойственны эмоц. яркость, импульсивность, углублённый драматизм: Гай («Мой друг» Н.Ф. Погодина, 1932), Фёдор Таланов («Нашествие» Л.М. Леонова, 1944), Маттиас Клаузен («Перед заходом солнца» Г. Гауптмана, 1954) и др. Любимые герои А.- искатели истины, борцы и философы. Выступал и в отрицат. ролях хищных авантюристов. Снимался в кино (ф. «Мечта», 1943, и др.).

АСТА́РТА, в финикийской мифологии богиня плодородия и любви; богиня-воительница, олицетворение планеты Венера.

АСТА́Т (Astatium), At, радиоактивный хим. элемент VII гр. периодич. системы, ат. н. 85; относится к *галогенам*; твёрдое в-во. А. впервые получили в 1940 амер. физики Д. Корсон, К. Макензи и Э. Сегре.

АСТА́ФЬЕВ Викт. Петр. (р. 1924), рус. писатель. В психол. повестях и романах о войне и совр. сиб. деревне «Кража» (1966), «Пастух и пастушка» (1971), «Царь-рыба» (1976), в цикле автобиогр. рассказов «Последний поклон» (кн. 1–2, 1971–92), пов. «Зрячий посох» (1988, на основе переписки с критиком А.Н. Макаровым) – противостояние нравств. распаду с опорой на корневые устои нац. жизни, тема гибели рус. природы; в ром. «Прокляты и убиты» (кн. 1, 1992) – мрачная обстановка казарм воен. времени, страдания солдат – жертв бессмысленной жестокости сов. репрессивной системы. В ром. «Печальный детектив» (1986) – жёсткий диагноз нравств. и социального состояния совр. об-ва 1970–80-х гг. Цикл лирич. миниатюр «Затеси» (публ. с 1972).

АСТЕНИ́Я (от греч. asthéneia – бессилие, слабость) (астенич. синдром), болезненное состояние, характеризующееся повышенной утомляемостью, раздражительной слабостью, частой сменой настроения, вегетативными нарушениями, расстройствами сна. Наблюдается при неврозах, соматических (гипертонич. болезнь и др.) и инфекц. заболеваниях, после черепно-мозговых травм и др.

А́СТЕР (Astaire) Фред (наст. имя и фам. Фредерик Аустерлиц) (1899–

Ф. Астер и Дж. Роджерс в фильме «Беззаботный».

1987), амер. актёр. Выступал в т-рах Бродвея. С 1933 в кино. Мастер муз.-танц. иск-ва, обогатил жанр киномюзикла, снявшись в ф. «Цилиндр» (1935), «Потанцуем?» (1937), «Беззаботный» (1938), «Забавная мордашка» (1957) и др. Долгие годы его пост. партнёршей была Дж. Роджерс. Драм. дарование А. раскрылось в ф. «На последнем берегу» (1959).

АСТЕРО́ИДЫ (малые планеты), преимущественно каменистые тела Солнечной системы диам. от ≈ 1 км до ≈ 1000 км. Орбиты большинства А. расположены между орбитами Марса и Юпитера (т.н. пояс А.). Суммарная масса всех А. ок. $1/1000$ массы Земли. Крупнейшие А.: Церера (диам. 1025 км), Паллада (583 км), Веста (555 км).

АСТИГМАТИ́ЗМ (от греч. *a* – отрицат. частица и *stigmḗ* – точка), одна из *аберраций* оптич. систем, заключающаяся в расплывании изображения точки в кружок; соотв. подбором линз А. может быть компенсирован. А. глаза обусловлен неравномерной кривизной роговой оболочки (реже – хрусталика), к-рая может быть врождённой или приобретённой. Для коррекции А. глаза используют *очки* с цилиндрич. или сфероцилиндрич. линзами.

А́СТМА (от греч. ásthma – удушье), приступы удушья в связи с остро наступившим сужением бронхов (при аллергич. заболевании – бронхиальной А.) или острой сердечной недостаточностью (при инфаркте миокарда, кардиосклерозе, пороках сердца и т.д. – сердечная А.).

А́СТРА, род травянистых, преим. многолетних р-ний (сем. сложноцветные). Св. 250 видов, в Сев. и Юж. Америке, Африке, Евразии. В культуре многочисл. (ок. 4000) сорта многолетних и однолетних А. Выс. кустов от 20 до 150 см. А. свето- и теплолюбивы, предпочитают лёгкие, плодородные, нейтральные или слабощелочные почвы. Однолетнюю А. размножают семенами, многолетнюю

Астра.

также делением куста, черенками. Цветение с конца мая до морозов. Цветки махровые и немахровые, разнообразной окраски.

А́СТРАХАНЬ, г. (с 1558), ц. Астраханской обл., в России, в дельте Волги. 512,2 т.ж. Ж.-д. уз.; речной и мор. порт; аэропорт. Пищ. (в т.ч. рыбная) маш-ние и металлообработка (в т.ч. судостроение и судоремонт), лёгкая, а также деревообр. и целл.-бум. пром-сть. 4 вуза. Консерватория

Астрахань. Вид части города.

Астрахань. Кремль.

(1969). Драм. т-р, Т-р юного зрителя. Краеведч. музей, Дом-музей Ульяновых, Дом-музей С.М. Кирова. Картинная гал. Изв. с 13 в., с 1459 столица Астраханского ханства, с 1556 в составе Рус. гос-ва. Кремль (кон. 16 – нач. 17 вв.) с Успенским (нач. 18 в.) и Троицким (кон. 17 в.) соборами.

АСТРО... (от греч. ástron – звезда), часть сложных слов, обозначающая: относящийся к небесным телам, космич. пространству.

А́СТРОВЫЕ, то же, что *сложноцветные*.

АСТРОЛО́ГИЯ (от *астро...* и *...логия*), представления о воздействии небесных тел на земной мир и человека (его темперамент, характер, поступки и будущее), определялось астрологами на основе видимого движения и взаимного расположения светил в данный момент времени (см. *Гороскоп*). Возникла в древности (вавилонская храмовая А. и др.), была тесно связана с астральными культами и астральной мифологией. Получила широкое распространение в Рим. империи (первые гороскопы – на рубеже 2–1 вв. до н.э.). С критикой А. как разновидности языческого фатализма выступило христ-во. Араб. А., достигшая значит. развития в 9–10 вв., с 12 в. проникает в Европу, А. пользуется влиянием до сер. 17 в. и затем вытесняется с распространением естеств.-науч. картины мира. Возрождение интереса к А. отмечено после 1-й мир. войны и в кон. 20 в.

АСТРОНА́ВТ (от *астро...* и греч. naútēs – мореплаватель), то же, что *космонавт*. Термин используется, напр., в США, Великобритании, Франции.

АСТРОНОМИ́ЧЕСКАЯ ЕДИНИ́ЦА, единица длины, применяемая в астрономии (в осн. для измерения расстояний в пределах *Солнечной системы*). Равна ср. расстоянию от Земли до Солнца; 1 а.е. = = 149,6 млн. км.

АСТРОНОМИ́ЧЕСКИЕ ЗНА́КИ, условные обозначения Солнца, Луны, планет и др. небесных тел, а также зодиакальных созвездий, фаз Луны и пр., введённые ещё в Др. Греции.

АСТРОНО́МИЯ, наука о строении и развитии космич. тел, образуемых ими систем и Вселенной в целом.

Осн. разделы А.: астрофизика (исследует физ. явления, происходящие в небесных телах, их системах и в космич. пространстве, а также хим. процессы в них); звёздная астрономия (рассматривает системы звёзд, образующих нашу и др. галактики); небесная механика (изучает движения небесных тел, в т.ч. искусственных, под влиянием всемирного тяготения, а также фигуры равновесия небесных тел); астрометрия (занимается определением положений и движений небесных тел, изучением закономерностей вращения Земли и исчислением времени).

А.– древнейшая наука, возникшая из практич. потребностей человечества (предсказание сезонных явлений, счёт времени, определение местоположения на поверхности Земли и др.). Рождение совр. А. было связано с отказом от геоцентрич. системы мира (Птолемей, 2 в.) и заменой её гелиоцентрич. системой (Н. Коперник, сер. 16 в.), с началом телескопич. иссл. небесных тел (Г. Галилей, нач. 17 в.) и открытием закона всемирного тяготения (И. Ньютон, кон. 17 в.). Создание в сер. 20 в. оптич. и радиотелескопов с высокой *разрешающей способностью*, применение космич. аппаратов для астр. наблюдений привели к открытию радиогалактик, квазаров, пульсаров, источников рентг. излучений и др.

Знания о космич. телах основаны на анализе чрезвычайно слабого излучения, приходящего из космоса с запозданием; мы наблюдаем их такими, какими они были нек-рое время назад (напр., для квазаров это время составляет миллиарды лет).

АСТУ́РИАС (Asturias) Мигель Анхель (1899–1974), гватем. писатель, дипломат. В антитиранич. ром. «Сеньор Президент» (1946), ром. «Маисовые люди» (1949), трил. о судьбах народа Гватемалы («Ураган», 1950; «Его зелёное святейшество», 1954; «Глаза погребённых», 1960) – воспроизведение фольклорно-мифол. пластов нац. сознания в их столкновении с социальной реальностью 20 в. Ром. «Страстная пятница» (1972), стихи, рассказы. Ноб. пр. (1967).

АСУНСЬО́Н, столица (с 1811) Парагвая. 608 т.ж. Порт на р. Парагвай. Междунар. аэропорт. Текст., кож.-обув., пищ. (мясохладобойная, сахарная), деревообр. пром-сть. Судоверфь. Ун-ты. Музеи: изящных иск-в и древностей, естеств. истории и этнографии. Осн. испанцами в 1537. Имеет шахматную планировку. Собор (1842–50), Нац. пантеон (с 1854).

АСФА́ЛЬТ (от греч. ásphaltos – горная смола), твёрдая легкоплавкая чёрная масса; содержит 60–75% (природный А.) или 13–60% (искусств. А.) *битумов*. Применяют для устройства дорог, как кровельный, гидро- и электроизоляц. материал, для приготовления замазок, клеёв, лаков и др.

АСФИКСИ́Я (от греч. asphyxía, букв.– отсутствие пульса), удушье, обусловленное кислородным голоданием и избытком углекислого газа в крови и тканях, напр. при сдавлении дыхат. путей извне (удушение), закрытии их просвета жидкостью (утопление). А. новорождённого (осн. причина мертворождений и ранней дет. смертности) связана с гипоксией плода, внутричерепной травмой, внутриутробной инфекцией, осложнениями в родах и др.

АСЫЛМУРА́ТОВА Алтынай Абдуахимовна (р. 1961), артистка балета. С 1978 в ленингр. Т-ре оперы и балета имени С.М. Кирова (ныне Мариинский т-р). Партии: Одетта – Одиллия («Лебединое озеро» П.И. Чайковского, 1982), Асият («Асият» М. Кажлаева, 1984), Солистка («Тема "с вариациями"» на музыку П.И. Чайковского, 1989) и др. Классич. балерина лирико-драм. плана, отличается одухотворённой строгостью и чистотой танца.

АТАВИ́ЗМ (от лат. atavus – отдалённый предок) (реверсия), появление у отд. организмов признаков, свойственных их далёким предкам (напр., трёхпалость у совр. лошадей, развитие хвостового придатка у человека).

АТАЛЫ́ЧЕСТВО (тюрк. аталык – отцовство), обычай отдавать детей знатных родителей на воспитание вассалам или слугам (у народов Кавказа, кельтов, арабов и др.).

АТАРА́КСИЯ (греч. ataraxía – невозмутимость), понятие др.-греч. этики о душевном спокойствии, безмятежности как высшей ценности. См. *Апатия*.

АТАТЮ́РК (Atatürk, букв.– отец турок) Мустафа Кемаль (1881–1938), руководитель рев-ции в Турции 1918–23. Первый президент (1923–38) Тур. респ.

Ататюрк.

АТЕИ́ЗМ (франц. athéisme, от греч. átheos –безбожный), исторически разнообразные формы отрицания религ. представлений и культа и утверждение самоценности бытия мира и человека. Находил выражение в вольнодумстве и свободомыслии.

АТЕЛЛА́НА (лат. atellana), вид др.-рим. нар. комедии. Предполагаемое место её зарождения – г. Ателла в Кампании. А. предусматривала актёрскую импровизацию на основе сценария, имела определ. набор постоянно действ. лиц (масок); разыгрывались в осн. сюжеты из крест. жизни. В 1 в. до н.э. А. облекалась в лит. форму. Исполняли А. актёры-любители, сыновья рим. граждан, а не ущемлённые в правах *гистрионы*.

АТЕ́НСКИЙ СИО́Н, крестово-купольный храм 7 в. (арх. Тодос) типа храма *Джвари*, памятник ранней ср.-век. груз. архитектуры (в 12 км от Гори). На фасаде – рельефы, внутри – роспись (1080).

АТЕРОСКЛЕРО́З (от греч. athḗra – кашица и *склероз*), хронич. заболевание сосудов у лиц преим. пожилого возраста. Характеризуется уплотнением артериальной стенки за счёт разрастания соединит. ткани, сужением просвета сосудов и ухудшением кровоснабжения органов. Имеют значение наследственность, избыточное потребление животного жира, малая физич. активность, психоэмоц. перенапряжение, курение. При А. венечных артерий сердца возможны стенокардия, инфаркт миокарда, кардиосклероз; при А. сосудов мозга – нарушение мозгового кровообращения, в т.ч. инсульт, психич. нарушения.

АТЛА́НТ, 1) в греч. мифологии титан, брат *Прометея*, державший на своих плечах небесный свод в наказание за участие в титаномахии – борьбе титанов против олимпийцев (олимп. богов). 2) Муж. статуя, поддерживающая перекрытие здания, портика и т.д.

Атлант. Афина, Геракл, держащий небосвод, и Атлант с золотыми яблоками Гесперид. Метопа храма Зевса в Олимпии. Мрамор. Ок. 460 до н.э. Музей. Олимпия.

Атлант ратуши в Тулоне. Камень. 1656–57. Скульптор П. Пюже.

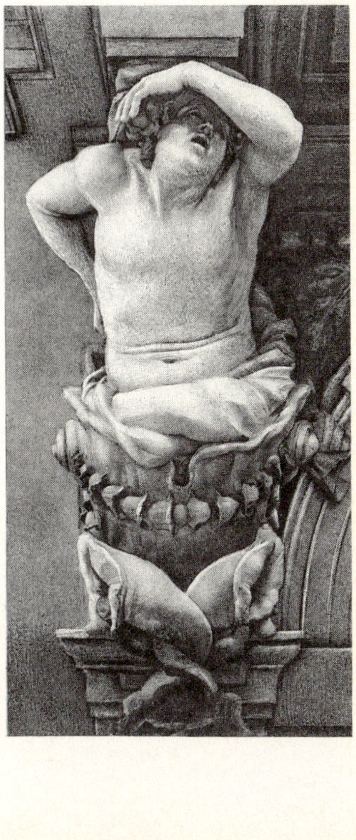

Астрономические знаки.

ЗНАКИ НЕБЕСНЫХ СВЕТИЛ И ДНЕЙ НЕДЕЛИ

- ☉ Солнце (воскресенье)
- ☾ Луна (понедельник)
- ♂ Марс (вторник)
- ☿ Меркурий (среда)
- ♃ Юпитер (четверг)
- ♀ Венера (пятница)
- ♄ Сатурн (суббота)
- ⊙ или ♅ – Уран
- ♆ или ♆ – Нептун
- ♇ – Плутон
- ⊕ – Земля
- ☄ – комета
- ✴ – звезда

ЗНАКИ ЗОДИАКА И МЕСЯЦЕВ

- ≈ или ♒ – Водолей (январь)
- ♓ или ♓ – Рыбы (февраль)
- ♈ или ♈ – Овен (март), точка весеннего равноденствия
- ♉ или ♉ – Телец (апрель)
- ♊ или ♊ – Близнецы (май)
- ♋ или ♋ – Рак (июнь)
- ♌ или ♌ – Лев (июль)
- ♍ или ♍ – Дева (август)
- ♎ или ♎ – Весы (сентябрь), точка осеннего равноденствия
- ♏ или ♏ – Скорпион (октябрь)
- ♐ или ♐ – Стрелец (ноябрь)
- ♑ или ♑ – Козерог (декабрь)

ЗНАКИ ЛУННЫХ ФАЗ

- ● или – новолуние
- ☽ или – первая четверть
- ○ или – полнолуние
- ☾ или – последняя четверть

АТЛАНТИ́ДА, по греч. преданию, сохранившемуся у Платона, некогда существовавший огромный плодородный густонаселённый остров в Атлантич. ок. к З. от Гибралтара, из-за землетрясения опустившийся на дно.

«АТЛА́НТИС», см. *Спейс шаттл*.

АТЛАНТИ́ЧЕСКИЙ ОКЕА́Н, второй по величине (после Тихого ок.). Пл. с морями 91,6 млн. км², объём 329,7 млн. км³, ср. глуб. 3600 м, наиб.– 8742 м (жёлоб Пуэрто-Рико). Моря: Балтийское, Северное, Средиземное, Чёрное, Саргассово, Карибское и др., крупные зал.– Бискайский, Гвинейский, Мексиканский. Осн. о-ва: Британские, Исландия, Ньюфаундленд, Б. и М. Антильские, Канарские, Зелёного мыса, Фолклендские (Мальвинские). Меридиональный Срединно-Атлантич. хр. делит А.о. на вост. и зап. части. Осн. поверхностные течения: тёплые Сев. Пассатное, Гольфстрим, Сев. Атлантическое и холодные Лабрадорское и Канарское в сев. части А.о.; тёплые Юж. Пассатное, Бразильское и холодные Зап. Ветров и Бенгельское в юж. части А.о. Ведущие величина приливов 18 м (зал. Фанди). Темп-ра воды на поверхности у экватора до 28 °С. В высоких широтах замерзает. Солёность 34–37,3‰. Рыб-во (сельдь, треска, мор. окунь, мерлуза, тунец и др.) – ²/₅ мирового улова. Добыча нефти на шельфах Мекс. зал., Карибского м., Сев. м. Ведущее место в мировом судох-ве. Кр. порты: Роттердам (Нидерланды), Нью-Йорк, Хьюстон (США), Марсель (Франция), Гамбург (Германия), Генуя (Италия), Лондон (Великобритания), Буэнос-Айрес (Аргентина), С.-Петербург (Россия), Ильичёвск (Украина).

АТЛА́НТОВ Вл. Анд. (р. 1939), певец (лирико-драм. тенор). В 1967–88 в Большом т-ре. Среди лучших партий: Герман («Пиковая дама» П.И. Чайковского), Хозе («Кармен» Ж. Бизе), Отелло («Отелло» Дж. Верди). 1-я пр. на Междунар. конкурсе им. П.И. Чайковского (1966).

АТЛА́С (Атласские горы), на С.-З. Африки (Марокко, Алжир, Тунис). Дл. ок. 2000 км. Выс. до 4165 м (г. Тубкаль). Состоит из хребтов (Тель-Атлас, Высокий Атлас, Ср. Атлас, Сахарский Атлас), внутр. плато (Высокие плато, Марокканская Месета) и равнин. Часты землетрясения. Наиб. полноводные реки – Умм-эр-Рбия, Себу, Мулуя, Шелиф. На сев. склонах – заросли вечнозелёных кустарников, каменного и пробкового дерева, смешанные и хвойные леса; внутр. хребты и плато полупустынны. М-ния жел., свинцово-цинковых, кобальтовых и др. руд; залежи фосфоритов, нефти.

АТЛЕ́ТИКА (от греч. athletikós – свойственный борцам), 1) система физич. упражнений, развивающих силу, ловкость (термин «А.» встречается в назв. видов спорта: лёгкая А. и тяжёлая А.). 2) Жанр циркового иск-ва (борьба, силовые упражнения с тяжестями).

А́ТМАН, одно из центр. понятий инд. философии и религии индуизма, индивидуальное (субъективное) духовное начало; начиная с *упанишад* и особенно в *веданте* утверждается тождество А. с *брахманом* – космич. (объективным) духовным началом.

АТМОСФЕ́РА ЗЕМЛИ́, возд. среда вокруг Земли, вращающаяся вместе с нею; масса ок. $5,15 \cdot 10^{15}$ т

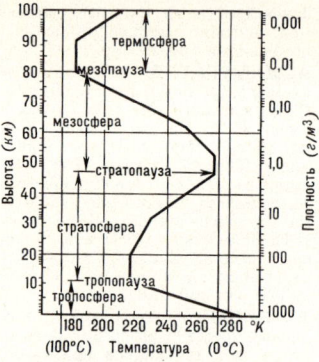

Атмосфера Земли. Вертикальное распределение температуры и плотности.

Состав *воздуха* (по объёму) у поверхности Земли: 78,1% азота, 21% кислорода, 0,9% аргона, незначит. доли углекислого газа, неона, гелия, водорода и др. газов. Давление и плотность воздуха убывают с высотой. До выс. 20 км в А.З. содержится вод. пар. В результате конденсации пара происходит образование облаков и выпадение атм. осадков в виде дождя, града, снега. На выс. 20–25 км расположен слой озона. Выше 100 км возрастает доля лёгких газов; на очень больших высотах преобладают гелий и водород; часть молекул разлагается на атомы и ионы, образуя *ионосферу*. А.З. имеет слоистое строение, к-рое определяется в первую очередь особенностями распределения темп-ры по высоте (различают тропосферу, стратосферу, мезосферу, термосферу, экзосферу).

Нагревание атмосферы в разных частях Земли неодинаково, что способствует развитию общей циркуляции А.З., тесно связанной с распределением *атмосферного давления*. Под действием перепада давления воздух испытывает ускорение, направленное от высокого давления к низкому. При движении воздуха на него действуют вызванные вращением Земли *Кориолиса сила* и центробежная сила, а также сила трения. Всё это обусловливает сложную картину воз. течений в А.З., нек-рые из них сравнительно устойчивы (напр., *пассаты* и *муссоны*). В ср. широтах преобладают возд. течения с З. на В., в к-рых возникают кр. вихри – *циклоны* и *антициклоны*, обычно простирающиеся на сотни и тыс. км.

Совр. А.З. имеет, по-видимому, вторичное происхождение; она образовалась из газов, выделенных тв. оболочкой Земли после формирования планеты, и в дальнейшем развивалась при участии живых организмов и р-ний. А.З. обеспечивает возможность жизни на Земле, причём наиб. значение из атм. газов для жизнедеятельности организмов имеют кислород, азот, вод. пары, углекислый газ, озон. В течение 20 в. происходил рост концентрации углекислого газа в А.З., обусловленный гл. обр. сжиганием всё возрастающих кол-в угля, нефти и др. видов углеродного топлива. Это привело к нек-рому усилению *парникового эффекта* и небольшому повышению ср. темп-ры ниж. слоя воздуха. Наряду с углекислым газом под влиянием хоз. деятельности в А.З. возрастает кол-во фреонов (к-рые, по-видимому, ответственны за нарушение озонового слоя А.З.; см. *Озоновая дыра*), окислов азота и ряда др. газов, к-рые также способствуют изменению климата в сторону потепления.

АТМОСФЕ́РНОЕ ДАВЛЕ́НИЕ, давление атм. воздуха на находящиеся в нём предметы и на земную поверхность. В каждой точке атмосферы А.д. равно весу вышележащего столба воздуха; с высотой убывает. Ср. А.д. на уровне моря эквивалентно давлению 760 мм рт. ст. (1013,25 гПа). Распределение А.д. по поверхности Земли (на уровне моря) характеризуется относительно низким значением вблизи экватора, увеличением в субтропиках и понижением в средних и высоких широтах. При этом над материками внетропич. широт А.д. зимой обычно повышено, а летом понижено.

АТО́ЛЛ (от малайск. адол – замкнутый), коралловая постройка с мелкой лагуной посередине, через один или неск. проливов соединяющаяся с океаном. Основанием для А. служит обычно вершина подводного вулкана. Распространены в тропич. широтах Тихого (самый крупный в мире, пл. 2850 км²,– Квайлейн, Маршалловы о-ва) и Инд. океанов.

А́ТОМ (от греч. átomos – неделимый), наим. частица хим. элемента, сохраняющая его свойства. В центре А. находится положительно заряженное ядро, в к-ром сосредоточена почти вся масса А.; вокруг движутся электроны, образуя электронные оболочки. Линейные размеры А. $\sim 10^{-8}$ см. Ядро А. состоит из положительно заряженных протонов и нейтронов. Заряд ядра определяет *атомный номер элемента* в периодич. системе, он равен по величине суммарному заряду электронов. Присоединяя или отдавая электрон, А. становится положительно или отрицательно заряженным ионом. Большинство свойств А. определяется числом электронов в его внеш. электронной оболочке. При возникновении между А. химических и др. связей могут образовываться молекулы тв. тела и жидкости.

Внутр. энергия А. может принимать лишь определ. значения, соответствующие устойчивым состояниям А., и изменяется только скачкообразно – путём *квантовых переходов*, при к-рых А. поглощает и испускает энергию определ. порциями, соответствующими разности энергий начальных и конечных состояний (*уровней энергии*).

АТОМИ́ЗМ (атомное учение, атомистика), учение о прерывистом, дискретном строении материи. До кон. 19 в. А. утверждал, что материя состоит из атомов. С точки зрения совр. А. электроны – «атомы» электричества, фотоны – «атомы» света и т.д. В более широком смысле А. обозначает дискретность объекта, процесса, свойства (социальный А., логич. А. и др.).

А́ТОМНАЯ БО́МБА, см. в ст. *Ядерное оружие*.

А́ТОМНАЯ ФИ́ЗИКА, раздел физики, в к-ром изучаются состояния и строение *атомов*. Возникла в нач. 20 в. после открытия *радиоактивности* (1896, А. Беккерель) и *электрона* (1897, Дж. Дж. Томсон), когда стало очевидным, что атом состоит из более мелких частиц. В 1911 Э. Резерфордом предложена т.н. планетарная модель атома, согласно к-рой вокруг массивного ядра вращаются более лёгкие электроны, в 1913 на её основе Н. Бором создана теория, к-рая объяснила спектры водорода. Последоват. теория атома – квантовая теория (см. *Квантовая механика*). Из А.ф. выделились ядерная физика, физика элементарных частиц и космич. лучей.

А́ТОМНАЯ ЭЛЕКТРОСТА́НЦИЯ (АЭС), электростанция, на к-рой ядерная (атомная) энергия преобразуется в электрическую. На АЭС тепло, выделяющееся в *ядерном реакторе*, используется для получения водяного пара, вращающего турбогенератор. Первая в мире АЭС мощн. 5 МВт была пущена в 1954 в России в г. Обнинск. Мощность крупнейших действующих многоблочных АЭС (1994) св. 9 ГВт. По прогнозам специалистов, доля атомной энергии в общей структуре выработки эл.-энергии в мире возрастёт с 11,1% в 1990 до 15,8% в 2010 при непременном условии реализации осн. принципов концепции безопасности. Гл. принципы этой концепции – существ. модернизация совр. ядерных реакторов, усиление мер защиты населения и окружающей среды от вредного техногенного воздействия, подготовка высококвалифициров. кадров для АЭС, разработка надёжных хранилищ радиоактивных отходов и др.

А́ТОМНАЯ ЭНЕ́РГИЯ, см. *Ядерная энергия*.

А́ТОМНОЕ ЯДРО́, см. *Ядро атомное*.

А́ТОМНЫЕ СПЕ́КТРЫ, спектры испускания, поглощения и рассеяния свободных или слабо связанных атомов. Содержат информацию о состояниях, свойствах и строении атомов, используются для спектр. анализа в-ва.

А́ТОМНЫЕ ЧАСЫ́, см. *Квантовые часы*.

А́ТОМНЫЙ НО́МЕР, порядковый номер хим. элемента в периодич. системе. Равен числу протонов в атомном ядре, определяет хим. и большинство физ. свойств атома.

А́ТОМНЫЙ РЕА́КТОР, см. *Ядерный реактор*.

АТОМОХО́Д (атомное судно), общее назв. надвод. и подвод. судов с ядерной силовой установкой (ЯСУ). Первая ЯСУ для подвод. лодки создана в США (1949), первый гражд. А.– ледокол «Ленин» построен в СССР (1959).

АТО́Н, в егип. мифологии бог солнца. Изображался в виде солнечного диска. См. *Аменхотеп IV*.

АТОНА́ЛЬНОСТЬ (от *а* – отрицат. приставка и тональность), в музыке отсутствие традиционно трактуемой *тональности* (отказ от мажоро-минорной системы, от консонантной тоники). К А. причисляют соч. А. Шёнберга 1900–10-х гг., иногда гармонич. систему (см. *Гармония*) поздних соч. А.Н. Скрябина. Отсутствие тональных связей компенсируют новые системы композиции, напр. *додекафония*.

АТРИБУ́Т (от лат. attribuo – придаю, наделяю), необходимое, существенное, неотъемлемое свойство объекта (напр., в философии Спинозы А. субстанции – протяжение и мышление).

АТРИБУ́ЦИЯ (от лат. attributio – приписывание), установление принадлежности анонимного худ. произ-ва определ. автору, местной или нац. худ. школе, а также определение времени его создания. Основан на эмпирич. знаниях и интуиции специа-

Атомоход.

Атон. Рельеф из храма Атона в Ахетатоне: поклонение Атону. XVIII династия. Египетский музей. Каир.

Атрий дома Менандра в Помпеях. 2–1 вв. до н.э.

Аттис и Кибела. Мрамор. Сер. 3 в. до н.э. Археологический музей. Венеция.

листов-знатоков (см. *Знаточество*), а также (с кон. 19 в.) на науч. и стилистич. анализе, результатах хим. и физ. исследований.

АТРИЙ (лат. atrium), закрытый внутр. двор в ср. части др.-рим. жилища, куда выходили остальные помещения. В центре А. был бассейн (имплювий), над ним отверстие (комплювий) для стока дождевой воды.

АТРОФИЯ (от греч. atrophéō – голодаю, чахну), 1) уменьшение размеров органа или ткани с нарушением (прекращением) их функции. Может быть общей (кахексия) и местной; физиол. (напр., А. половых желёз при старении) и патологической. 2) (Перен.) притупление, утрата к.-л. чувства.

АТТАШЕ́, см. в ст. *Дипломатические ранги*.

АТТЕСТА́ЦИЯ (от лат. attestatio –свидетельство), определение квалификации работника, качества продукции, рабочих мест, уровня знаний учащихся; отзыв, характеристика.

А́ТТИК (от греч. attikós – аттический), стенка над венчающим архит. сооружение карнизом. Часто украшался рельефами и надписями.

АТТИ́ЛА (Attila) (?–453), предводитель *гуннов* с 434. Возглавил опустошит. походы в Вост. Рим. империю (443, 447–448), Галлию (451), Сев. Италию (452).

А́ТТИС, в эллинистич. мире бог плодородия фригийского происхождения, возлюбленный богини *Кибелы*.

АТТО́РНЕЙ (англ. attorney), в Великобритании – *поверенный*; в США А. округов, р-нов, городов – консультанты органов власти по вопросам права, осуществляют также функции уголов. преследования и обвинения по уголов. делам.

АТТРАКТА́НТЫ (от лат. attraho – притягиваю к себе), природные или синтетич. в-ва, привлекающие ж-ных, особенно насекомых. Применяют как приманки для вредителей с.-х. р-ний. Ловушки с А. используют для надзора за поведением и численностью вредителей, а при их малой численности – для массового отлова.

АТТРАКЦИО́Н (франц. attraction, букв.– притяжение), 1) эффектный цирковой или эстрадный номер, отличающийся зрелищностью, трюковой насыщенностью, как правило – центр. номер программы. 2) Устройство для развлечения в местах обществ. гуляний (карусель, колесо обозрения и др.).

АТФ, то же, что *аденозинтрифосфат*.

А́УГСБУРГ, г. в Германии. 257 т.ж. Расположен в предгорьях Альп, у слияния рек Вертах и Лех. Трансп. уз. Старинный центр текст. пром-сти («нем. Манчестер»). Маш-ние (т.ч. авиац. з-ды «Мессершмитт»), эл.-техн. и электронная пром-сть. Конс. Леопольда Моцарта (1925); гал. нем. барокко, музей Максимилиана (собр. европ. скульптуры и декор. иск-ва), гос. гал. (европ. живопись 15–16 вв.). Гор. т-р (1867). А. возник на месте рим. воен. лагеря в 1 в. до н.э. В 15–16 вв. один из гл. торг. и финанс. центров Европы. Романско-готич. собор (11–15 вв.), ратуша (нач. 17 в.).

А́УГСБУРГСКИЙ РЕЛИГИО́ЗНЫЙ МИР 1555, между герм. протестантскими князьями и имп. «Священной рим. империи» Карлом V (после заключения мира отрёкся от престола). Завершил ряд войн между католиками и протестантами. Установил право князей определять вероисповедание своих подданных (по принципу: «чья страна, того и вера»), признал лютеранство офиц. вероисповеданием (наряду с католицизмом).

АУДИЕ́НЦИЯ (от лат. audientia – слушание), офиц. приём у лица, занимающего высокий пост.

АУДИ́ТОР (от лат. auditor – слушатель), независимый эксперт-профессионал, уполномоченный или приглашённый коммерч. пр-тием произвести экспертизу его финанс. отчётности, общего положения, а также оценку предполагаемых операций, степень их риска, эффективности и т.д. Эксперты-А. дают заключения по качеству продукции и её конкурентоспособности при заключении контрактов.

АУКЦИО́Н (от лат. auctio, букв.– увеличение, продажа с публ. торга), способ продажи с публ. торга предварительно осмотренных или дегустированных покупателями индивидуально-определ. товаров или партий товаров (лотов). Товар продаётся покупателю, предложившему наиб. высокую цену. В форме А. производится также принудит. продажа имущества неплатёжеспособных должников, к-рая иногда наз. продажей «с молотка» (ведущий А. ударом молотка извещает о завершении торга).

АУ́Л (тюрк.), селение (в прошлом кочевое, ныне оседлое) у народов Ср. Азии; горн. селение на Сев. Кавказе.

А́УРА (от греч. áura – веяние), проявление души и духа человека; в мистич. лит-ре описывается как видимый лишь при сверхчувств. восприятии сияющий овальный облик, окружающий всё тело человека, в изобр. иск-ве – *нимб*, *ореол*.

АУРАНГЗЕ́Б (1618–1707), правитель Могольской империи в Индии с 1658. В войне за престол уничтожил своих братьев-соперников, арестовал отца. Завершил завоевание обл. Декан и Юж. Индии. Преследовал индусов.

АУРИКУЛОТЕРАПИ́Я (от лат. auricula – ушко, ушная раковина и *терапия*), метод *рефлексотерапии* – введение игл (см. *Акупунктура*) в биологически активные точки ушной раковины.

А́УСТЕРЛИЦКОЕ СРАЖЕ́НИЕ, 20.11(2.12).1805, ген. сражение между рус.-австр. и франц. войсками в ходе русско-австро-франц. войны 1805 около м. Аустерлиц (ныне г. Славков, Чехия). Армия Наполеона I нанесла поражение рус.-австр. армии под команд. М.И. Кутузова, действовавшей по одобренному Александром I плану австр. полк. Ф. Вейротера.

АУТИ́ЗМ (от греч. autós – сам), состояние психики, характеризующееся преобладанием замкнутой внутр. жизни, утратой контакта с действительностью и интереса к реальности, отсутствием стремления к общению, скудостью эмоц. проявлений. Чаще наблюдается при *шизофрении*.

АУ́ТО... (от греч. autós – сам), то же, что *авто...* в значении «свой», «само...».

АУТОГЕ́ННАЯ ТРЕНИРО́ВКА (от греч. autogenés – сам производящий) (аутогенный тренинг), метод психотерапии. Посредством макс. мышечного расслабления в сочетании с самовнушением больной обучается воздействовать на своё физич. и психич. состояние. Применяется также здоровыми для кратковрем. отдыха и др.

АУТОДАФЕ́ (исп. и португ. auto de fé, букв.– акт веры), торжеств. оглашение приговора *инквизиции* в Испании, Португалии, а также само исполнение приговора (гл. обр. публ.

Аутодафе. Гравюра неизвестного художника. Национальная библиотека. Париж.

сожжение). Первое А. относится к 13 в., последнее состоялось в 1826 в Валенсии.

АУТОИММУ́ННЫЕ ЗАБОЛЕВА́НИЯ (аутоаллергич. болезни), обусловлены реакциями *иммунитета*, направленными против собств. тканей и органов (коллагенозы, нефрит и др.). См. также *Аллергия*.

АУТОПСИ́Я (от *ауто*... и греч. *ópsis* – видение) (секция), вскрытие трупа с диагностич. или науч. целью.

АУТСА́ЙДЕР (англ. outsider – посторонний), 1) неспециалист, любитель; отстающий. 2) Пр-тия к.-л. отрасли произ-ва, не входящие в её монополистич. объединения. 3) Спортсмен (спорт. команда), не имеющий шансов на успех в состязании; лошадь на скачках, не являющаяся *фаворитом*.

АУЭ́ЗОВ Мухтар Омарханович (1897–1961), казах. писатель, литературовед, фольклорист. В ром. «Путь Абая» (т. 1–4, 1942–56) – жизнь поэта и просветителя Абая Кунанбаева в её связи с широко и подробно описанной жизнью казах. степи. Тр. по фольклору Ср. Азии, истории казах. лит-ры.

А́УЭР Леопольд Сем. (1845–1930), скрипач, педагог. В 1868–1917 жил в России. С 1918 в США. Основоположник рус. скрипичной школы. Ученики А.: скрипачи М.Б. Полякин, Я. Хейфец, Е. Цимбалист и др. Выступал как дирижёр.

АФАЗИ́Я (от *а* – отрицат. приставка и греч. phásis – высказывание), расстройство речи при поражениях органов речи и слуха, обусловленное поражением коры больших полушарий головного мозга. Осн. формы: моторная (потеря способности говорить при сохранении понимания речи) и сенсорная (нарушается понимание речи; способность произносить слова и фразы часто сохраняется).

АФАЛИ́НА, вид дельфинов. Дл. до 3,9 м, масса до 280 кг. Окраска

Афалина.

тёмно-серая (брюхо белое). Обитает гл. обр. в умеренных и тёплых водах Мирового ок. Питается рыбой. Может выпрыгивать из воды на выс. до 5 м. Легко привыкает к человеку и хорошо переносит неволю (в океанариумах). А. чаще др. видов используют для науч. экспериментов. По-видимому, дельфинами в древних мифах назв. именно А. Черноморская А. редка, охраняется.

АФАНА́СИЙ АЛЕКСАНДРИ́ЙСКИЙ (ок. 295–373), церк. деятель и богослов, представитель *патристики*, епископ г. Александрия. Разработал мистич. учение о «единосущии» Бога-отца и Бога-сына, ставшее догматом на 1-м (325) и 2-м (381) Вселенских соборах; защищал независимость церкви от имп. власти.

АФАНА́СЬЕВ Ал-др Ник. (1826–1871), рос. литературовед, представитель «мифол. школы» в фольклористике. Статьи о рус. лит-ре 18 в. Тр. «Поэтические воззрения славян на природу» (т. 1–3, 1866–69); сб. «Народные русские сказки» (в. 1–8, 1855–64).

АФГАНИСТА́Н (Исламское Государство Афганистан; до 1992 Республика Афганистан), гос-во в Юго-Зап. Азии. Пл. 652,2 т. км². Нас. 18 млн. ч., св. 1/2 афганцы (пуштуны), проживает ещё св. 20 народностей. Офиц. языки – пушту и дари. Государственная религия – ислам. Глава гос-ва – президент. Столица – Кабул. Адм.-терр. деление: 29 провинций (вилайетов) и 2 округа центр. подчинения. Ден. единица – афгани.

А. – горн. страна. С С.-В. на Ю.-З. протягивается Гиндукуш (высота в А. до 6729 м), на С. и Ю. – равнины и плоскогорья. Климат континентальный сухой. Ср. темп-ры янв. на равнинах 0–8°С, в высокогорьях местами ниже – 20°С, июля соотв. 24–32°С и 0–10°С; осадков 200–400 мм в год, в горах до 800 мм. Осн. реки – Амударья, Мургаб, Герируд, Гильменд, Кабул. Преобладает пустынная и полупустынная растительность.

Первые афг. гос. образования возникли в 16 в. В 1747–1818 существовала Дурранийская держава. Англо-афг. войны 19 в. завершились установлением англ. контроля над внеш. политикой А. В 1919 пр-во Амануллы-хана провозгласило независимость А. Война Великобритании против А. (май–июнь 1919) окончилась победой А. В 1929–73 у власти династии Надир-шаха, с 1973 А. – республика. В результате гос. переворота в апр. 1978, совершённого нар.-демокр. партией А. (осн. в 1965; идеологич. основой партии был провозглашён науч. социализм), в А. развернулась гражд. война, в к-рую вмешались (на стороне центр. пр-ва) сов. войска, введённые в страну в 1979. Однако центр. пр-ву не удалось стабилизировать внутриполит. обстановку; в февр. 1989 сов. войска были выведены из А. В 1992 центр. пр-во было свергнуто моджахедами. В стране продолжаются вооруж. столкновения между их противоборствующими группировками.

А. – агр. страна. ВНП на д. нас. 220 долл. в год. Основа экономики – пастбищное жив-во. Поголовье: кр. рог. скот, овцы, в т.ч. каракульские (одно из первых мест в мире по выходу каракуля), козы, верблюды и др. Птиц-во. Осн. с.-х. культуры: зерновые (пшеница, кукуруза, ячмень и др.), техн. (хлопчатник – на экспорт), масличные, сах. свёкла, сах. тростник, а также картофель), овощи, бахчевые, фрукты (сухофрукты – на экспорт), виноград, орехи. Добыча природного газа (на экспорт) и нефти, полукуст. способом – угля, соли, бериллия, керамич. сырья и др. Наиболее кр. фаб.-зав. пр-тия: автом. и домостроит. (Кабул), велосборочный и хим. (Мазари-Шариф), цем., текстильный. Ковроделие (в т.ч. на экспорт). Куст. пром-сть. Война, начавшаяся в нач. 70-х гг., нанесла огромный ущерб экономике страны. Уничтожены сотни кишлаков, мн. школ и больниц. Из-за нехватки сырья, перебоев с эл.-энергией, недостатка кадров нарушена деятельность мн. объектов. Значит. разрушена инфраструктура с. х-ва.

АФЕ́РА (от франц. affaire – дело), мошенничество, сомнительная сделка.

АФИ́НА (Афина Паллада), в греч. мифологии богиня войны и победы,

Афина Лемния. Реконструкция статуи Фидия на Афинском акрополе. Ок. 450 до н.э. Скульптурное собрание. Дрезден.

мудрости, знаний, иск-в и ремесла, покровительница Афин. Дочь Зевса, родившаяся в полном вооружении (в шлеме и панцире) из его головы. Атрибуты А. – змея, сова и эгида – щит с головой *горгоны* Медузы. У Гомера А. – защитница ахейцев. А. соответствует рим. Минерва.

АФИ́НЫ Древние, город-гос-во (полис) в Аттике (область в Греции), игравший ведущую роль в экон., полит. и культурной жизни Греции; образец антич. демократии, достигшей расцвета при Перикле (2-я пол. 5 в. до н.э.).

АФИ́НЫ, столица (с 1834) Греции. 748 т.ж. Расположена на п-ове Аттика, в холмистой долине близ Эгейского м. Междунар. аэропорт. Метрополитен. Кр. пром., торг. и культурный центр. Маш-ние (в т.ч. судостроение, автомоб., нефтеперераб., металлургич., хим., текст., кож.-обув., пищ. пром-сть. Междунар. туризм. Ун-т (1837). Консерватории (1871, 1926). Музеи: нац. археол., Акрополя, византийский, Нац. гал. живописи, керамики. Т-ры: нац. лирич., нац. греч. народный. Первые поселения на месте А. изв. с 16–13 вв. до н.э. В Др. Греции А. – кр. город-гос-во (*Афины Древние*). Комплекс Акро-

Афганистан. Город Кабул.

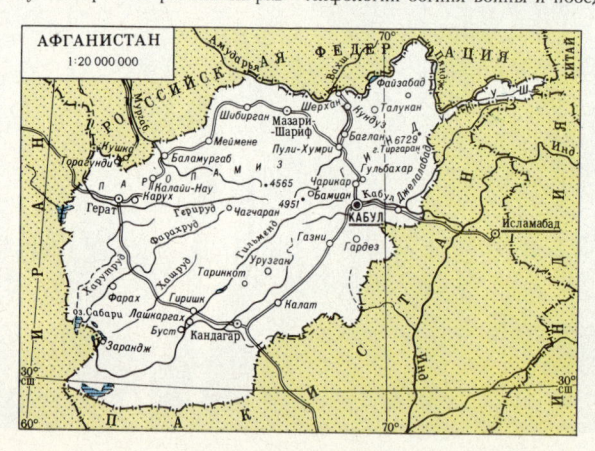

Афины. Акрополь. 2-я пол. 5 в. до н.э. Реконструкция.

Африка. Тропический лес.

поля, храм Зевса Олимпийского (175–132 до н.э.), церкви визант. эпохи.

АФО́Н (Айон-Орос), монастырский комплекс в Греции, на п-ове Халкидики. Сложился в осн. в 10–11 вв. Включает 20 живописно расположенных в скалах укреплённых монастырей, в т.ч.: Протатон (10 в.), Лавра (962–963), Мони-Ивирон (980), серб. мон. Хиландар и рус. мон. Св. Пантелеймона (оба 12 в.), болг. мон. Зографа (11–13 вв.). В А.— богатое собр. визант. рукописей, икон, предметов декор. иск-ва.

Афон. Монастырский комплекс.

АФОРИ́ЗМ (греч. aphorismós), изречение, выражающее в лаконичной, художественно заострённой форме обобщённую, законченную мысль («Человек предполагает, а Бог располагает»).

А́ФРИКА, второй по величине после Евразии материк. Пл. 29,2 млн. км² (с о-вами 30,3 млн. км²). Нас. 656 млн. ч. На З. омывается Атлантич. ок., на С.— Средиземным м., на С.-В.— Красным м., на В.— Индийским ок. Берега изрезаны слабо; кр. залив — Гвинейский. Складчатые горы расположены лишь на С.-З. (Атлас, высокая сейсмичность) и на Ю. (Капские горы). В рельефе преобладают высокие ступенчатые равнины, плато и плоскогорья; во внутр. р-нах — обширные тектонич. впадины (Калахари в Юж. А., Конго в Центр. А. и др.). От Красного м. и до р. Замбези А. разбита величайшей в мире системой сбросов, частично занятых озёрами (Танганьика, Ньяса и др.). К зоне разломов приурочены вулканы Килиманджаро (5895 м, высш. точка А.), Кения и др.

В А. к С. и Ю. от зоны экв. климата следуют зоны субэкв., тропич. и субтропич. климата. Ср.-мес. темп-ры лета ок. 25–30 °С; зимой также преобладают высокие положит. темп-ры (10–25 °С); в горах — иногда ниже 0 °С. В Атласе ежегодно выпадает снег. Наиб. кол-во осадков в экв. зоне (в ср. 1500–2?00 мм в год), на побережье Гвинейского зал. до 3000–4000 мм. К С. и Ю. от экватора осадки убывают (100 мм и менее в пустынях). Периодически наблюдаются засухи, особенно пагубные для зоны сахеля. Осн. сток направлен в Атлантич. ок.: рр. Нил (самая длинная в А.), Конго (Заир), Нигер, Сенегал, Гамбия, Оранжевая и др.; кр. река басс. Инд. ок.— Замбези. Ок. $^1/_3$ А.— область внутр. стока в осн. временных водотоков. Наиб. распространены в А. саванны и пустыни (крупнейшая — Сахара), занимающие ок. 80% терр. Влажные экв. вечнозелёные леса характерны для экв. зоны и прибрежных р-нов субэкв. зон. К С. и Ю. от них — разреженные тропич. леса, переходящие в саванны, а затем в опустыненные саванны. В тропич. А. к Ю. от Сахары (гл. обр. в нац. парках) — слоны, носороги, бегемоты, зебры, антилопы и др.; львы, гепарды, леопарды и др. крупные хищники, в реках, озёрах и болотах встречается нильский крокодил. В саваннах обитают жирафы (сохранились в осн. в нац. парках). Многочисленны обезьяны (человекообразные — горилла и шимпанзе — редки); мелкие хищники, грызуны; в сухих р-нах обилие пресмыкающихся. Множество птиц, в т.ч. страусы, ибисы, фламинго. Ущерб х-ву наносят термиты, саранча, муха цеце. В А. частично или полностью расположены 52 гос-ва, а также владения Испании,

Африка. Саванная растительность на полуострове Сомали.

Франции, Великобритании. См. карту при ст. *Земля.*
А.— наиб. вероятная прародина человечества, где, как полагают, не позднее 2 млн. лет назад появились первые представители рода Homo (*человек*).

АФРИКА́НСКИЕ И́ГРЫ, крупнейшие комплексные спорт. соревнования стран Африки. Проводятся с 1965 Высш. советом спорта в Африке (КССА, осн. в 1965); объединяет ок. 50 стран.

АФРИКА́НСКИЙ БАНК РАЗВИ́ТИЯ (АфБР; African Development Bank), региональный межгос. банк по кредитованию программ развития афр. стран. Осн. в 1963. Входит ок. 80 гос-в. Правление в Абиджане (Кот-д'Ивуар). Под эгидой банка действуют Афр. фонд развития и Доверительный фонд Нигерии.

АФРОДИ́ТА, в греч. мифологии богиня любви, красоты, плодородия и вечной весны. Родилась из мор. пены, к-рую образовала кровь оскоплённого Урана. А. соответствует рим. *Венера.*

АФФЕ́КТ (от лат. affectus — душевное волнение, страсть), бурная кратковрем. эмоция (напр., гнев, ужас), возникающая, как правило, в ответ на сильный раздражитель (физиол. А.). А. патологический — кратковрем. психич. расстройство в связи с психич. травмой с последующей частичной или полной *амнезией.* Характеризуется снижением контроля за своими действиями. Физиол. А. рассматривается в уголов. праве как *смягчающее ответственность обстоятельство;* состояние патол. А. освобождает от уголов. ответственности.

АХЕДЖА́КОВА Лия Меджидовна (р. 1938), актриса. С 1977 в Моск. т-ре «Современник». В игре А., непосредственной, полной лукавого юмора, гротеск и острая характерность часто соседствуют с нотами щемящего драматизма: Света и др. роли («Квартира Коломбины» Л.С. Петрушевской, 1986), Маргарита Мостовая («Стена» А.М. Галина, 1987), Рахель-Лея Голд («Трудные люди» Й. Бар-Йосефа, 1992) и др. Снималась во мн. фильмах реж. Э.А. Рязанова («Гараж», 1980, «Небеса обетованные», 1991) и др.

АХЕ́ЙЦЫ, одно из осн. греч. племён в Фессалии (Сев. Греция), на Пелопоннесе (от А. назв. Ахайя — сев. область п-ова) и нек-рых о-вах Эгейского м.

АХЕМЕНИ́ДЫ, династия др.-перс. царей в 558–330 до н.э. Основатель — Кир II. Гос-во А., включавшее большинство стран Бл. и Ср. Востока, достигло наиб. расцвета при Дарии I; завоёвано Александром Македонским.

А́ХЕН, г. в Германии. 242 т.ж. Трансп. уз. Центр кам.-уг. бассейна. Маш-ние, текст., хим., стек. пром-сть. Техн. ун-т. Музей Сюрмондта (собр. скульптуры и живописи). Оперный т-р (1825). Бальнеологич. курорт. Изв. с 1 в. н.э. как рим. поселение Акве-Грани (позднее Аквисгранум). В кон. 8 – нач. 9 вв. гл. рези-

Афродита Мелосская. Мрамор. Ок. 120 до н.э. Лувр.

58 АХИЛ

Ахилл и Аякс, играющие в кости. Фрагмент росписи чёрнофигурной амфоры Эксекия. 530–525 до н.э. Ватиканские музеи. Рим.

денция Карла Великого. Собор (9–19 вв.) с капеллой Карла Великого (786–798).

АХИ́ЛЛ (Ахиллес), в греч. мифологии один из храбрейших героев, осаждавших *Трою*. Мать А. — Фетида, желая сделать сына бессмертным, погрузила его в священные воды Стикса; лишь пятка, за к-рую она держала А., не коснулась воды и осталась уязвимой. А. погиб от стрелы Париса, поразившей его в пятку. Отсюда выражение «ахиллесова пята» (уязвимое место).

АХМАДУ́ЛИНА Белла (Изабелла) Ахатовна (р. 1937), рус. поэтесса. В лирике (сб. «Струна», 1962, «Уроки музыки», 1970, «Свеча», 1977, «Тайна», 1983, «Сад», 1987) — стремление предъявить современнику. максимы совр. нравств., утвердить высокий строй души; сгущённая метафоричность, изысканная архаичность слога. Книга переводов и оригинальных стихов «Сны о Грузии» (1977). Эссе.

АХМА́Д-ШАХ ДУРРАНИ́ (ок. 1721–73), основатель и шах (с 1747) независимого афг. гос-ва (Дурранийской державы).

АХМА́ТОВА (наст. фам. Горенко) Анна Анд. (1889–1966), рус. поэтесса. Примыкала к *акмеизму*. В стихах

А.А. Ахматова. Портрет работы Н.И. Альтмана. 1914. Русский музей.

(кн. «Вечер», 1912, «Чётки», 1914, «Подорожник», 1921, «Бег времени», 1965), сочетающих простоту и ясность классич. стиля поэтич. языка с непринуждённой разговорной интонацией, — верность избранным ценностям, неподдельность и чистота душевного, в т.ч. интимного, опыта, виртуозно раскрываемая психология женского чувства (с постоянным мотивом памяти, воскрешающей образы прошедшей любви). В стих. «Мне голос был. Он звал утешно» (1917), автобиогр. цикле «Реквием» (1935–40, опубл. 1987, поэтич. памятник жертвам репрессий 1930-х гг.) — выбор трагедийного приобщения к нар. судьбе. Поэзия А. подверглась уничтожающей критике в пост. ЦК ВКП(б) «О журналах "Звезда" и "Ленинград"» (1946), после чего произв. А. не печатали до 1956. В отмеченной ассоциативно-усложнённой образностью «Поэме без героя» (1940–65, полностью опубл. 1976) воссоздана эпоха «серебряного века». Статьи об А.С. Пушкине.

АХМЕТЕ́ЛИ Ал-др (Сандро) Вас. (1886–1937), режиссёр. С 1922 в Т-ре имени Ш. Руставели (в 1926–35 гл. реж.). Один из основоположников груз. режиссуры, способствовал утверждению героико-романтич. направления в т-ре: «Загмук» А. Глебова (1926), «Ламара» по Важа Пшавела (1930), «Разбойники» Ф. Шиллера (1933) и др. Спектакли А. отличались эмоциональностью, динамичностью, мастерством постановки массовых сцен, использованием песенно-хореогр. нар. творчества. В 1937 репрессирован.

АХПА́Т, арм. ср.-век. монастырь (10–13 вв.) в одноим. с. Алавердского р-на. Гл. церк. Ншана (10 в.) со скульптурой снаружи и росписью внутри (13–14 вв.); церк. Григория (11 в., перестроена в 13 в.) и Аствацацин (12–13 вв.), приделы-гавиты, трапезная, книгохранилище, колокольня.

АХРР, см. *Ассоциация художников революционной России*.

АХТАМА́Р, о-в на оз. Ван (терр. Турции), резиденция арм. царей Арцрунидов (10–11 вв.). Арм. церк. Св. Креста (915–921, арх. Мануэл), украшенная фресками и резьбой по камню.

АХУ́НДОВ Мирза Фатали (1812–1878), азерб. писатель-просветитель и философ. В комедиях «Молла Ибрагим Халил, алхимик» (1850), «Мусье Жордан, ботаник» (1851), «Хаджи Кара» (1852), в сатирич. пов. «Обманутые звёзды» (1857) — реалистич. изображение азерб. действительности. Статьи о лит-ре, филос. труды.

АХУРАМА́ЗДА, верховный бог в *зороастризме*. Олицетворение доброго начала.

Ахпат. Общий вид монастыря с востока.

Ахтамар. Церковь Св. Креста. Общий вид с запада.

АЦЕТА́ТНЫЕ ВОЛО́КНА, искусств. волокна, формуемые из р-ров триацетата целлюлозы (триацетатное волокно) и продукта его частичного омыления (собственно А.в.). Мягкие, эластичные, мало сминаются, пропускают УФ-лучи. Применяют гл. обр. в произ-ве бельевого трикотажа, тканей, изделий дет. ассортимента. Мировое произ-во ок. 600 тыс. т в год.

АЦЕТИЛЕ́Н, $HC{\equiv}CH$, бесцв. горючий газ, $t_{кип}$ $-83,8\,°C$. Получают пиролизом природного метана и действием воды на карбид кальция. Горючее при сварке и резке металлов; сырьё в органич. синтезе.

АЦЕТО́Н, CH_3COCH_3, бесцв. горючая жидкость, $t_{кип}$ $56,1\,°C$. Растворитель, сырьё в органич. синтезе.

АЦТЕ́КОВ ЦИВИЛИЗА́ЦИЯ, индейская цивилизация, существовавшая в 16 в. на терр. совр. Мексики. Создатели её основали гос-во со столицей в Теночтитлане. Уничтожена исп. завоевателями.

«АШИ́Г-ГАРИ́Б», азерб. *дастан*, в многочисл. вариантах популярный у народов Закавказья и Бл. Востока. Возможно, сложился на основе стихов поэта 16 в. Гариба. На сюжет дастана написаны сказка М.Ю. Лермонтова, оперы У. Гаджибекова и Р.М. Глиэра.

АШКЕНА́ЗИ Вл. Дав. (р. 1937), пианист, дирижёр. До 1963 жил в СССР. С 1987 возглавляет Королев. филармонич. орк. в Лондоне. 1-е премии на Междунар. конкурсах имени королевы Елизаветы (Брюссель, 1956) и имени П.И. Чайковского (Москва, 1962).

АШО́КА, правитель из династии Маурьев в 268–232 до н.э. Гос-во А. охватывало терр. почти всей Индии и часть совр. Афганистана. Покровительствовал буддизму. Указы А. («надписи А.») — важный ист. источник.

А́ШТОН (Ashton) Фредерик (1906–1988), англ. артист балета, балетмейстер. В 1928–35 в труппе «Балле Рамбер»; в 1963–71 худ. рук. Королев. балета Великобритании. Пост. св. 80 балетов. Использовал классич. танец, сильно усложняя его, ставил и бессюжетные балеты.

АШУ́Г (от араб. и тюрк. ашик — влюблённый), нар. поэт-певец у народов Кавказа и у турок, исполня-

Ацтеков цивилизация. Тенаюка. Пирамида 12–15 вв.

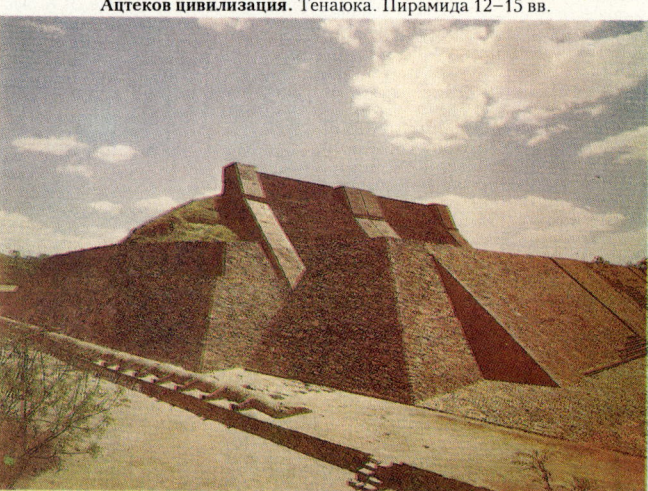

Ашхабад. Театр оперы и балета имени Махтумкули.

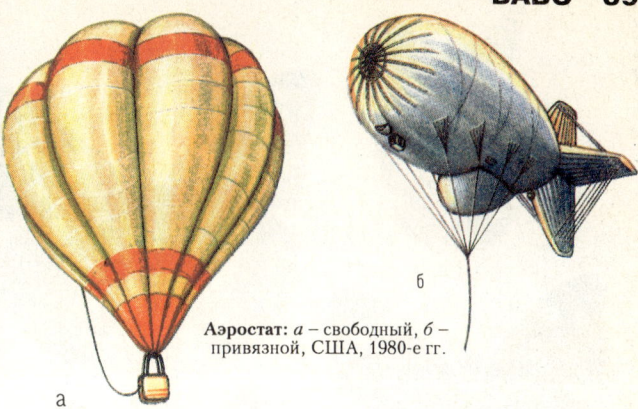

Аэростат: *а* – свободный, *б* – привязной, США, 1980-е гг.

ющий эпич. сказания, свои и нар. песни в сопровождении струнных инстр-тов: саза, тара или кеманчи. Предшественники А.– азерб. озаны и арм. гусаны. Классик ашугской поэзии – Саят-Нова.

АШХАБА́Д (Ашгабат) (до 1919 Асхабад, до 1927 Полторацк), г., столица (с 1924) Туркмении. 412,2 т.ж. Ж.-д. ст. Маш-ние и металлообработка, хим.-фарм., стек., лёгкая (хл.-бум., шёлковая, обув. и др.), пищевкус. пром-сть. Нар. промыслы: ковроделие, произ-во худ. изделий из дерева, гипса, керамики. АН Туркмении. 8 вузов (в т.ч. ун-т). Музеи: изобр. иск-в Туркменистана, ист., краеведч., туркм. поэтессы Т. Эсеновой, Дом писателя Б.М. Кербабаева. Т-ры: оперы и балета имени Махтумкули, академич. драмы, рус. драм. имени А.С. Пушкина, юного зрителя. Ист.-культурный заповедник «Ниса». Осн. в 1881. Отстроен заново после разрушит. землетрясения 1948.

АШШУ́Р (Ассур), г. 4-го тыс.– 614 до н.э., с сер. 2-го тыс. столица Ассирии (ныне руины Калъат-Шаргат в Ираке). Укрепления, храмы, *зиккураты*, жилые и торг. кварталы, б-ка клинописных текстов.

АШШУРБАНИПА́Л, царь Ассирии в 669 – ок. 633 до н.э. Воевал с Египтом, Эламом, Вавилонией. Вошёл в историю и как собиратель письм. памятников: б-ка А. найдена в 1849–54 на месте *Ниневии*.

АШШУРНАСИРПА́Л II, царь Ассирии в 883–859 до н.э. Покорил Сев. Месопотамию, Сев. Сирию, Финикию.

АЭРА́ЦИЯ (от *аэро...*), 1) искусств. насыщение разл. сред воздухом для окисления содержащихся в них органич. в-в. Применяется, напр., для очистки питьевой и сточных вод. 2) Регулируемый естеств. воздухообмен в пром. зданиях через проёмы (окна) в стенах и вентиляц. фонари. Используется преим. в т.н. горячих цехах (литейных и др.).

АЭ́РО... (от греч. aēr – воздух), часть сложных слов, означающая «воздушный».

АЭРО́БИКА, см. в ст. *Ритмическая гимнастика.*

АЭРО́БЫ (от *аэро...* и греч. bios – жизнь), организмы, для жизнедеятельности к-рых необходимо наличие в среде свободного кислорода. А.– почти все жив. и раст. р-ния, мн. микроорганизмы. Облигатные, или строгие, А. развиваются только в присутствии кислорода (напр., уксуснокислые бактерии), факультативные, или

условные, А.– и при незначит. его концентрации (напр., дрожжи). Ср. *Анаэробы.*

АЭРОДИНА́МИКА (от *аэро...* и греч. dýnamis – сила), наука о законах движения газов и взаимодействии их с тв. телами. Сложилась в 1-й четв. 20 в. в связи с потребностями развивающейся авиации в аналитич. определении подъёмной силы летат. аппарата, сопротивления возд. среды его движению, тяги воздушного винта и т.п. Различают А. внешнюю (обтекание «безграничным» потоком газа крыла самолёта, лопастей возд. винта и др.) и внутреннюю (движение газа в аэродинамич. трубах, газотурбинных двигателях и др.).

АЭРОДРО́М (от *аэро...* и греч. drómos – бег) (место для бега), земельный участок с комплексом сооружений и оборудования для взлёта, посадки, руления, размещения и обслуживания летат. аппаратов. Различают А. грунтовые и с искусств. (напр., бетонным) покрытием взлётно-посадочных полос (дл. 3 км и более) рулёжных дорожек, стоянок и площадок. Крупные А. занимают пл. до 700 га.

АЭРОЗО́ЛИ [от *аэро...* и лат. sol(utio) – раствор], мельчайшие тв. частицы или капельки жидкости, способные сохраняться во взвешенном состоянии в газ. среде (дымы, пыли, туманы, смог). А. образуются в атмосфере в природных условиях, при измельчении породы в шахтах, пересыпании порошков, распаде струй жидкости. В виде А. сжигают жидкое и порошкообразное топливо, наносят лакокрасочные покрытия, используют ядохимикаты, лекарств. средства, парфюмерно-косметич. изделия. В бытовых аэрозольных баллончиках жидкий препарат выдавливается из резервуара и распыляется давлением газа – *пропеллента.*

АЭРОСА́НИ, трансп. средство, передвигающееся на полозьях по снегу и льду за счёт тяги возд. винта, приводимого во вращение двигателем. Скорость до 100 км/ч, грузоподъёмность до 600 кг.

АЭРОСТА́Т (от *аэро...* и греч. statós – стоящий, неподвижный), летат. аппарат, использующий аэростатич. подъёмную силу, обусловленную разностью плотностей атм. воздуха и заключённого в оболочку А. более лёгкого газа (тёплый воздух, водород, гелий и др.). Различают А.: привязные, свободные, управляемые (*дирижабли*); для больших высот (*стратостаты*); с экипажем и бес-

пилотные. См. также *Воздухоплавание.*

АЭС, см. *Атомная электростанция.*

АЮ́ТИЯ, принятое в лит-ре назв. гос-ва Сиам (и его столицы), занимавшего юг и центр. терр. совр. Таиланда, в 1350–1767.

АЯ́КСЫ, в греч. мифологии два героя (Оилид и Теламонид), два неразлучных друга, сражавшихся в *Троянской войне.*

Б

Б, б [бэ], вторая буква рус. алфавита; восходит к букве *кириллицы* Б («буки»).

БА́АЛ (Балу, Ваал), общесемитское божество плодородия, дождя, бури. Почитался в Финикии, Палестине и Сирии, затем его культ распространился на З. (в Египет, Грецию и др.).

БААЛЬБЕ́К, г. в Ливане, у подножия хр. Антиливан. Ок. 18 т.ж. Развалины древнего (с 18 в. до н.э.) Гелиополя. Руины грандиозного храмового комплекса 1–3 вв., крепости (13 в.), Большой мечети и минарета. Включён в список *Всемирного наследия.*

Баальбек. Коринфская колоннада «храма Юпитера». Нач. 3 в.

БАБАДЖАНЯ́Н Арно Арутюнович (1921–83), арм. композитор и пианист. Эмоционально-приподнятые, ярко нац. произв. для инстр-тов с орк., в т.ч. «Героическая баллада» для фп. с орк. (1950) и камерно-инстр. соч.– фп. трио (1952), соната для скрипки с фп. (1959), лирич. песни (в т.ч. «Песня первой любви», «Загадай желание») и др.

БАБА́НОВА Мария Ив. (1900–83), актриса. С 1920 в Т-ре имени В.Э. Мейерхольда, с 1927 в Т-ре Революции (с 1954 Моск. т-р имени Вл. Маяковского). В иск-ве Б. трогат. искренность, лиризм сочетались с отточенностью, выверенностью сценич. формы. Обладая редкого тембра высоким, чистым («хрустальным») голосом, тонко разрабатывала интонац.-мелодич. рисунок роли: Стелла («Великодушный рогоносец» Ф. Кроммелинка, 1922), Гога («Человек с портфелем» А.М. Файко, 1928), Диана («Собака на сене» Лопе де Веги, 1937), Таня («Таня» А.Н. Арбузова, 1939), Жена («Всё кончено» Э. Олби, 1980) и др. Работала на радио.

БА́БЕЛЬ Исаак Эмм. (1894–1940), рус. писатель. В новеллах, отмеченных метафоричностью языка, изображает стихию и драм. коллизии Гражд. войны, привнося личный опыт бойца 1-й Кон. армии (сб. «Конармия», 1926), жизнь евр. бедноты до Окт. рев-ции («Одесские рассказы», 1931). Пьесы «Закат» (1928), «Мария» (1935). Расстрелян как «враг народа».

БАБЁФ (Babeuf) Гракх (наст. имя Франсуа Ноэль) (1760–97), франц. революционер. В период Франц. рев-ции под именем Гай Гракх выступил за имущественное равенство. При Директории один из руководителей движения «Во имя равенства»; в 1796 готовил нар. восстание против Директории, но был предан и казнён.

БА́БИЙ ЯР, овраг на сев.-зап. окраине Киева, место массового уничтожения нем.-фаш. оккупантами в 1941–43 мирного населения (в осн. евреев) и сов. военнопленных. Всего в Б.я. уничтожено св. 100 тыс. сов. граждан. Памятник (1976).

БА́БОЧКИ, отряд насекомых. Две пары крыльев (в размахе от 3 мм до 30 см) покрыты различно окрашенными чешуйками (отсюда науч. назв. Б.– чешуекрылые), создающими разнообразные узоры. Ок. 140 тыс. видов; распространены широко, особенно многочисленны и красивы в тропиках. Взрослые Б. с помощью хоботка добывают нектар цветков и вытекающий сок р-ний или совсем не питаются; живут от неск. до неск. нед (зимующие – неск. мес.).

60 БАБО

Бабочки: 1 – толстоголовка розоцветная; 2 – толстоголовка-запятая; 3 – адмирал; 4 – тополевый ленточник; 5 – чернушка-медуза; 6 – голубянка Икар, самец, 6а – самка; 7 – многоцветница.

Багдад. «Золотая мечеть».

Одни Б. (т.н. ночные) активны в сумерках или ночью (напр., бражники, совки, павлиноглазки), другие (дневные) – днём (парусники, белянки, голубянки и др.). Многие Б.– опылители р-ний. Личинки (гусеницы) часто повреждают с.-х. и лесные культуры, прод. запасы, изделия из шерсти и меха (*моль*). Коконы *шелкопрядов* используют для получения шёлка. Благодаря красоте Б. (особенно дневных) их часто наз. по именам персонажей др.-греч. мифологии – аполлон, алкиной, киприда и др. Многие виды редки, охраняются.

БА́БОЧКИН Бор. Анд. (1904–75), актёр, режиссёр. На сцене с 1927. В 1948–51 и с 1955 в Малом т-ре, где пост.: «Иванов» А.П. Чехова (1959, сыграл Иванова), «Дачники» (1964, сыграл Суслова) и др. Работам Б. присущи утончённый психологизм, тщательный анализ драм. материала, отсутствие внеш. эффектов, часто полемич. окраска, новое прочтение классич. произв. С 1927 снимался в кино: первая знаменитая роль – Чапаев в ф. «Чапаев» (1934), гл. роли в т/ф «Скучная история» (1969) и «Плотницкие рассказы» (1973) и др.

БА́БРИЙ Валерий (2 в. н.э.), др.-греч. поэт-баснописец. Стихотворное переложение басен Эзопа, отличающееся изысканностью формы, почти лишено нравоучит. (ср. *Федр*) и обличит. мотивов.

БАБУИ́Н (жёлтый павиан), обезьяна из рода павианов. Длина тела ок. 75 см. У самцов пышная грива. Обитает в тропич. р-нах Центр. и Вост. Африки. Стада Б. иногда совершают опустошит. набеги на посевы и плантации. Живут ок. 20 лет. В неволе обнаруживают замечат. способности к дрессировке.

БАБУ́Р Захиреддин Мухаммед (1483–1530), основатель гос-ва *Великих Моголов*, потомок Тимура. Первоначально правитель удела в Ср. Азии, затем в Кабуле. В 1526–27 завоевал б.ч. Сев. Индии.

«БА́БЬЕ ЛЕ́ТО», период сухой солнечной и тёплой погоды в Европе и Сев. Америке (где наз. «индейским летом») в сент.- окт. Обычно связан с устойчивым антициклоном, длится 2–3 нед.

БАВА́РСКИЕ ГОСУДА́РСТВЕННЫЕ СОБРА́НИЯ КАРТИ́Н, объединение ряда коллекций нем. и мирового иск-ва (гл. обр. в Мюнхене). Включают Старую и Новую пинакотеки, Новую гал. и др. Отделения Б.г.с.к. находятся в др. городах Германии.

БАГА́МСКИЕ ОСТРОВА́ (Содружество Багамских Островов), гос-во в Вест-Индии, на Багамских о-вах. Пл. 13,9 т.км². Нас. 264 т.ч., гл. обр. негры и мулаты. Офиц. яз.– английский. Верующие преим. протестанты. Входит в *Содружество*. Признаёт главой гос-ва королеву Великобритании. Столица – Нассо. Ден. единица – багамский доллар.

Поверхность равнинная. Климат тропич. пассатный. Ср.-мес. темп-ры от 21 до 32 °C; осадков 1000–1600 мм в год. Часты ураганы.

В 1492 о-ва открыты испанцами. В 1783–1964 колония Великобритании.

Бабуин.

Багамские острова. Город Нассо.

С 1973 независимое гос-во. Основа экономики – обслуживание иностр. туристов (св. 2 млн.ч. в год; традиц. произ-во сувениров из соломки, мор. раковин, черепаховых панцирей) и финанс. деятельность. ВНП на д. нас. 11510 долл. в год. Пр-тия нефтеперераб. (св. 80% импорта – сырая нефть), фарм., цем., пищевкус. (ром, сахар, соки и др.) пром-сти. Лесозаготовки. Добыча арагонита, выпаривание соли из мор. воды (ок. ⁴/₅ на экспорт в США). С. х-во развито слабо. Экспорт: нефтепродукты, медикаменты, цемент, ранние овощи и фрукты, ром, лангусты, древесина.

БАГДА́Д, столица (с 1921) Ирака. 3,8 млн. ж. Порт на р. Тигр; междунар. аэропорт. Нефтеперераб., лёгкая и др. пром-сть. АН. С 11510 долл. в год. Академия изящных иск-в (1946), Всеараб. академия музыки (1970). Музеи: иракский, араб. древностей, совр. иск-ва. Осн. в 762 как столица гос-ва Аббасидов. В 9–10 вв. крупнейший экон. и культурный центр Бл. Востока. В 1917 занят англ. войсками. В 1920–21 адм. ц. брит. подмандатной терр. Т.н. мавзолей Зубайды (нач. 13 в.), медресе Мустансирия (13 в.), ворота Баб аль-Вастани (13 в.), мавзолей Мусы аль-Кадима (т.н. Золотая мечеть, 16 в.).

БАГРАМЯ́Н Ив. Христоф. (1897–1982), маршал Сов. Союза (1955). В Вел. Отеч. войну на командных должностях; с 1943 команд. 1-го Прибалт., с апр. 1945 – 3-го Белорус. фр. После войны команд. войсками Прибалт. ВО, зам. мин. обороны СССР (1955–56, 1958–68), нач. Воен. академии Генштаба (1956–58). Восп.: «Так шли мы к победе» (1977), «Так начиналась война» (1984).

БАГРАТИ́ДЫ (Багратуни), древняя арм. аристократич. фамилия. Царская династия в 886–1045. Наиб. известны: Ашот I, Смбат I, Ашот II Железный, Ашот III Милостивый, Гагик I.

БАГРАТИО́Н Пётр Ив. (1765–1812), князь, рос. военачальник, ген. от инфантерии (1809). Участвовал в Итал. и Швейц. походах А.В. Суворова 1799, войнах против Франции 1805 и 1806–07, рус.-швед. войне 1808–09. В рус.-тур. войну 1806–12 командовал Молд. армией (1809–1810), в Отеч. войну 1812 – 2-й арм. армией. Тяжело ранен в Бородинском сражении, умер от гангрены. Наполеон I назвал Б. «лучшим генералом рус. армии».

БАГРАТИО́НЫ, царская династия Грузии в 9–19 вв. Наиб. известны Ашот, Давид I Строитель, Георгий III, Тамара, Георгий V, Ираклий II.

БАГРИ́ЦКИЙ (наст. фам. Дзюбин) Эд. Георг. (1895–1934), рус. поэт. В проникнутых романтич. пафосом стих. (сб. «Юго-Запад», 1928, «Победители»,1932) и поэмах («Дума про Опанаса», 1926, «Смерть пионерки», 1932) – героика Гражд. войны, драматизм рождённых рев-цией социальных и нравств. конфликтов.

БАГУ́ЛЬНИК, род вечнозелёных кустарников (сем. вересковые). Ок. 10 видов, в холодном и умеренном поясах Сев. полушария. Б. болотный – лекарств. р-ние (отхаркивающее средство). Б. называют также рододендрон даурский.

БАДМИНТО́Н (англ. badminton), спорт. игра с воланом и ракетками на площадке (13,40 м×6,10 м), разделённой в середине сеткой (выс. 1,55 м). Родина Б.– Индия. Завезена в Великобританию во 2-й пол. 19 в.,

Багульник болотный в цвету.

где состоялись первые показат. выступления (г. Бадминтон, 1872, отсюда назв.); в СССР – с нач. 1950-х гг. В 1934 осн. Междунар. федерация Б. (ИБФ); объединяет ок. 100 стран. Чемпионаты Европы с 1968, мира с 1977; в программе Олимп. игр с 1992.

Бадминтон.

БАЖАН Микола (Ник. Платонович) (1903–83), укр. поэт, обществ. деятель. В ист. и совр. эпич. сюжетах – темы противостояния добра и зла, конфликт творца и об-ва (сб. «Строения», 1929; поэмы «Гофманова ночь», 1929, «Слепцы», 1929–32; цикл поэм «Уманские воспоминания», 1970-е гг.). В поэтич. сб. «Сталинградская битва» (1943), «Знаки» (1978) – публицистич. пафос, гражд. лирика.

БАЖЕНОВ Вас. Ив. (1737 или 1738–1799), архитектор, один из основоположников рус. классицизма. Проект дворца Моск. Кремля (1767–1775, не осуществлён), романтич. дворцово-парковый анс. в Царицыне (1775–85, осуществлён частично), дом Пашкова (1784–86) в Москве отличаются смелостью композиции,

В.И. Баженов. Дом Пашкова в Москве.

разнообразием замыслов, творч. использованием традиций мировой классич. и др.-рус. архитектуры.

БАЖОВ Пав. Петр. (1879–1950), рус. писатель. Мотивы и образы уральского фольклора в сказах (сб. «Малахитовая шкатулка», 1939). Автобиогр. пов. «Зелёная кобылка» (1939), мемуары «Дальнее – близкое» (1949).

БАЗА (франц. base, от греч. básis), 1) в архитектуре – основание, подножие колонны или столба. 2) Основание, основа чего-либо. 3) Опорный пункт вооруж. сил (напр., военно-морская Б.). 4) Центр. пункт по снабжению или обслуживанию кого-либо или чего-либо (напр., туристская Б.). 5) Склад.

БАЗА ДАННЫХ (англ. data base), совокупность однородных данных, организованных по опредл. правилам хранения и пост. использования в к.-л. конкретном виде человеческой деятельности (напр., в медицине, автоматизир. проектировании); составная часть *банков данных*. Обычно данные хранятся на магн. или оптич. дисках внеш. памяти ЭВМ. Формирование и ведение Б.д. (обновление данных, их приём и выдача по запросам и т.д.) осуществляется автоматизир. системой управления Б.д. (СУБД). Предшественниками совр. компьютерных Б.д. являются разл. каталоги, картотеки, справочники и т.п.

БАЗАЛЬТ (лат. basaltes, basanites, от греч. básanos – пробный камень; от эфиоп. basal – железосодержащий камень), самая распространённая в *земной коре* тёмная магматич. (излившаяся) основная горн. порода, состоящая гл. обр. из основного плагиоклаза, пироксенов и часто оливина. Ср. плотн. 2,8 г/см³, прочность

Базальты (столбчатые). Разданское ущелье в Армении.

на сжатие до 400 МПа. Используется в каменно-литейной пром-сти; ценный строит., облицовочный, эл.-изоляц. и кислотоупорный материал.

БАЗЕДОВА БОЛЕЗНЬ, то же, что *зоб диффузный токсический*.

БАЗЕЛЬ, г. в Швейцарии. 172 т.ж. Порт на Рейне и канале Рейн-Рона; междунар. аэропорт. Торг.-финанс. центр междунар. значения. Хим.-фарм., эл.-техн., полиграф., лёгкая пром-сть. Ун-т (с 1460). Муз. академия. Публичное худ. собр. (худ. музей). Муниц. т-р (новое здание – 1975). Ежегодные пром. ярмарки. Изв. с 374 как рим. укрепление. В кон. 15–16 вв. центр торговли, ремёсел, книгопечатания, кредитных операций. Романско-готич. собор (1185–1200, с богатым скульпт. декором), ренессансная ратуша (1504–1608).

БАЗЕН (Bazin) Эрве (р. 1911), франц. писатель. Резкое осуждение частной жизни и морали буржуа, драматизм конфликтов в семье, противостояние героя распаду совр. нравств. устоев – в основе сатирико-психол. трил. «Семья Резо» (1948–72), цикла «семейных» психол. ром.: «Во имя сына» (1960), «Супружеская жизнь» (1967), «Анатомия одного развода» (1975). През. Гонкуровской академии (с 1977).

БАЗИЛИК, род трав, полукустарников и невысоких кустарников (сем. губоцветные). Ок. 150 видов, преим. в тропиках и субтропиках. Возделывают (как однолетние р-ния) ок. 10 видов, среди к-рых эфирно-масличные, пряные и декор. культуры. В Индии один из видов Б. считается священным р-нием (высаживается у храмов).

Базилик.

БАЗИЛИКА (от греч. basiliké – царский дом), прямоугольное в плане здание, разделённое внутри рядами колонн или столбов на продольные части (*нефы*); ср. неф, более высо-

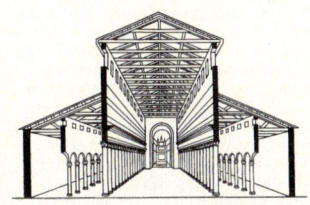

Базилика. Санта-Мария Маджоре в Риме. 432–440. Разрез.

кий, освещается через окна над крышами боковых нефов. В Др. Риме – суд. и торг. здания; позже – один из гл. типов христ. храма.

БАИРИКИ, столица гос-ва *Кирибати*, на атолле Тарава. 21 т.ж. Порт на Тихом ок.

БАЙДАРКА, узкая лёгкая лодка без уключин. Вёсла 2-лопастные. Спорт. Б. – цельные с дерев. или пластмассовой обшивкой, туристские – разборные с дерев., металлич. или пластмассовым каркасом и обшивкой из водонепроницаемого материала. Различают: Б.-одиночка (дл. 5,2 м, шир. 51 см, масса 11–12,5 кг), Б.-двойка (соотв. 6,5; 55; 17–19), Б.-четвёрка (11;60;32–35).

БАЙЕР (Baeyer) Адольф (1835–1917), нем. химик-органик, основатель кр. науч. школы. Основополагающие тр. по синтезу красителей (индиго и др.) и алициклич. соед., стереохимии. Ввёл понятие о цис-транс-изомерии. Ноб. пр. (1905).

БАЙКАЛ, самое глубокое (1620 м) в мире пресноводное озеро. Расположено в горах Юж. Сибири, в Бурятии и Иркутской обл. Пл. 31,5 т. км², дл.

Байкал.

636 км, ср. шир. 48 км, объём воды 23 т. км³ – ок. ⅕ мировых запасов пресной воды (без ледников). На Б.– 27 о-вов, из к-рых самый крупный – Ольхон (пл. ок. 730 км²). Впадает 336 рек (крупнейшие – Селенга, Баргузин, Верх. Ангара), вытекает р. Ангара. Богатая флора и фауна, ¾ эндемики, в т.ч. байкальская нерпа, бычки, живородящая рыба голомянка и др. Рыб-во (омуль, хариус). Судох-во. На Б.– гг. Слюдянка, Байкальск, Северобайкальск и Бабушкин. В пос. Листвянка – Лимнологич. ин-т. Б. и его побережье входят в состав 3 заповедников и 2 нац. парков. Б. и его окрестности – популярный р-н туризма и отдыха. В результате нерациональной хоз. деятельности отмечаются нарушения в экосистеме Б., требующие её восстановления и охраны.

БАЙКОНУР, см. в ст. *Космодром*.

БАЙОНЕТ (франц. baïonnette, букв. – штык), соединение двух деталей, при к-ром деталь с выступом вхо-

62 БАЙР

Байрёйтский театр.

дит в деталь с вырезом, где стопорится при повороте. Применяют для крепления деталей, в патронах станков, фотоаппаратах и др.

БАЙРЕ́ЙТСКИЙ ТЕА́ТР (нем. Festspielhaus — Дом торжественных представлений), нем. оперный т-р (Байрёйт, Бавария). Создан по замыслу Р. Вагнера для постановок его опер. Открыт в 1876. С 1882 функционирует во время ежегодных Байрёйтских фестивалей. Среди дирижёров: Р. Штраус, А. Тосканини, В. Фуртвенглер, П. Булез.

БА́ЙРОН (Byron) Джордж Ноэл Гордон (1788–1824), англ. поэт-романтик; с 1809 чл. палаты лордов. В 1816 покинул Великобританию, жил в Италии. В поэме «Паломничество Чайльд Гарольда» (1812–18), «вост.» поэмах (в т.ч. «Гяур», «Лара», «Корсар»), филос.-символич. драм. поэмах-«мистериях» «Манфред» (1817) и «Каин» (1821), цикле любовно-медитативных стихов на библейские мотивы «Еврейские мелодии» (1813–15) — острое ощущение катастрофичности ист. и личного бытия, утраты идеалов в совр. об-ве, всеобщность разочарования в действительности (мотивы мировой скорби — «космич. пессимизма»). Протест против зла мира, отстаивания прав личности приобретает иронико-сатирич. (поэма «Бронзовый век», 1823), нравоописат. (ром. в стихах «Дон Жуан», 1819–24, не закончен), а иногда полит. окраску (в лирике) Б. был участником движения *карбонариев*, рев-ции в Греции (умер в воен. лагере). Создал тип «байронич.» рефлектирующего героя: разочарованный мятежный индивидуалист, одинокий, не понятый людьми страдалец, бросающий вызов всему миропорядку и Богу (сила богоборч. настроений определила пафос «Манфреда» и «Каина»), трагически переживающий разлад с миром и собств. раздвоенность. Творчество Б., явившееся важным этапом в духовном развитии европ. об-ва и лит-ры, породило явление байронизма (нач. 19 в.), в т.ч. *рус. байронизма*.

БАЙТ (англ. byte), набор из стандартного числа (обычно 8) *битов* (двоичных единиц), используемый как единица кол-ва информации при её передаче, хранении и преобразовании в ЭВМ.

БАКАЛА́ВР, в большинстве стран — первая учёная степень, приобретаемая студентом после освоения программ базового высш. образования (3–5 лет обучения в вузе). В Рос. Федерации вводится с нач. 90-х гг. Во Франции звание Б. присваивается выпускникам полной ср. школы и даёт право поступления в вузы.

БАККАРА́ (франц. baccarat), изделия из хрусталя, производящиеся с 1816 г. Баккара (Франция). Сервизы и вазы славятся техн. совершенством обильного дробного гранения.

БАКЛАЖА́Н, многолетнее (в культуре часто однолетнее) травянистое р-ние рода паслён. Родина — Юж. Азия, где возделывается с глубокой древности. Выращивают Б. также во мн. странах тропич., субтропич. и умеренно тёплого поясов (в Европе — наиб. широко во Франции и Болгарии, в России — на Ю.). Плоды (до 300 ц с 1 га) богаты калием, железом, фосфором.

БАКЛА́НОВ Григ. Як. (р. 1923), рус. писатель. В пов. «Пядь земли» (1959), «Мёртвые сраму не имут» (1961), ром. «Июль 41 года» (1965) — изображение ужасов войны и судеб её рядовых участников (т.н. окопная правда). Нравств. проблемы в ром. «Друзья» (1975), пов. «Навеки — девятнадцатилетние» (1979). В пов. «Свой человек» (1990) обнажён «этич. кодекс» совр. номенклатурной «знати». Гл. ред. ж. «Знамя» (1986–93).

БАКЛА́НЫ, сем. мор. и пресноводных ныряющих птиц. Длина тела

Дж.Г. Байрон.

Баклажан. Плод.

50–100 см. 32 вида, на мор. побережьях и в дельтах кр. рек. Селятся колониями, нек-рые виды собираются на гнездование миллионами пар, занимая о-ва, береговые обрывы и т.п. В Японии и Китае приручённых Б. использовали для ловли рыбы. Колонии Б. на побережье Юж. Америки (Чили, Перу) — осн. источник залежей гуано. Колонии хохлатого Б. на сев. побережье Кольского п-ова и редкого эндемичного галапагосского Б. охраняются.

БАКСТ (наст. фам. Розенберг) Лев Сам. (1866–1924), живописец, график, театральный художник. Чл. «*Мира искусства*». Как декоратор «*Русских сезонов*» стилизовал антич. и вост. мотивы, создавая утончённо-декор. фантастич. зрелище.

Л.С. Бакст. Эскиз костюмов к балету Н.Н. Черепнина «Нарцисс». 1911.

БАКТЕ́РИИ (от греч. baktérion — палочка), группа микроскопич. преим. одноклеточных организмов. Обладают клеточной стенкой, но не имеют чётко оформленного ядра. Размножаются делением. По форме клеток Б. могут быть шаровидными (кокки), палочковидными (бациллы, клостридии, псевдомонады), извитыми (вибрионы, спириллы, спирохеты); диам. 0,1–10 мкм, дл. 1–20 мкм, а нитчатых многоклеточных Б. — 50–100 мкм. Многие подвижные, имеют жгутики. Большая часть Б. живёт за счёт неорганич. источника углерода. Способны расти как в присутствии атм. кислорода (*аэробы*), так и при его отсутствии (*анаэробы*). Участвуют в круговороте в-в в природе, формировании структуры и плодородия почв, в образовании и разрушении полезных ископаемых. Используют в пищ., микробиол., хим., горной и др. отраслях пром-сти, для очистки сточных вод и разрушения отходов с.-х. и пром. произ-ва. Патогенные (болезнетворные) Б. — возбудители болезней р-ний, ж-ных и человека.

БАКТЕРИОНОСИ́ТЕЛЬСТВО И ВИРУСОНОСИ́ТЕЛЬСТВО, пребывание возбудителей инфекц. болезней в организме человека или ж-ного при отсутствии признаков заболевания. Б. и в. с выделением возбудителя в окружающую среду нередко наблюдается у людей, переболевших, напр., холерой. Наиб. эпидемич. значение имеют носители возбудителей дифтерии, скарлатины, менингококковой инфекции.

БАКТЕРИОФА́ГИ (от *бактерии* и …*фаг*) (фаги), *вирусы* бактерий; способны поражать бактериальную клетку, размножаться в ней и вызывать её разрушение (лизис). Классич. объект иссл. в мол. генетике. Используют для профилактики и лечения ряда инфекц. болезней.

БАКТЕРИЦИ́ДНАЯ ЛА́МПА, газоразрядный источник УФ-излучения, предназначенный для обеззараживания воздуха в помещении, стерилизации воды, пищ. продуктов и др. Представляет собой трубку из стекла, прозрачного для УФ-лучей, наполненную инертным газом с небольшим кол-вом ртути.

БАКТРИА́Н, см. в ст. *Верблюды*.

БА́КТРИЯ (Бактриана), ист. область в Ср. Азии по ср. и верх. течению Амударьи (ныне терр. Афганистана и частично Узбекистана и Туркменистана). Столица — Бактра. В 6–4 вв. до н.э. в гос-ве *Ахеменидов*, затем в империи Александра Македонского. С сер. 3 в. до н.э. Греко-Бактрийское царство. Во 2 в. до н.э. завоёвана тохарами (назв. Тохаристан).

БАКУ́, г., столица (с 1920) Азербайджана, на Ю. Апшеронского п-ова. 1080,5 т.ж. Ж.-д. уз.; порт на Каспийском м., паромные переправы с портами вост. побережья (Красноводском, Бекдашем, Актау). Метрополитен (с 1967). Пром-сть: нефте- и газодоб., нефтеперераб., нефтехим., хим., маш.-строит. (нефт. оборудование, приборы, электротехника и радиоэлектроника, судоремонт и др.), произ-во стройматериалов, лёгкая, пищевая. АН Азербайджана. 11 вузов (в т.ч. 3 ун-та), 28 музеев (иск-в, имени Мустафаева, Картинная гал. Азербайджана, ковра, азерб. лит-ры и др.). 7 т-ров (оперы и балета, азерб. драм., рус. драм. и др.). Изв. с 5 в., с 1747 столица Бакинского ханства, в 1806–1917 в составе Рос. империи. В 1918–20 столица Азерб. респ., в 1920–91 — Азерб. ССР, с 1991 — Азерб. Респ. Древняя часть Б. — «кре-

Баку. Вид старой части города.

пость», или Ичери-шехер (гос. ист.-архит. заповедник), *Дворец ширваншахов*, минарет Сынык-Кала (11 в.), *Девичья башня*, «Баиловские камни» (13 в.).

БА́КУЛЕВ Ал-др Ник. (1890—1967), хирург, один из основоположников отеч. сердечно-сосудистой хирургии. През. АМН СССР (1953—60). Организатор и первый дир. (1955—58) Ин-та сердечно-сосудистой хирургии АМН (ныне имени Б.). Тр. по хирургии лёгких, лечению огнестрельных ранений.

БАКУ́НИН Мих. Ал-др. (1814—76), революционер, теоретик анархизма, один из идеологов народничества. В 1830-х гг. чл. кружка Н.В. Станкевича. С 1840 за границей, участник Рев-ции 1848—49 (Париж, Дрезден, Прага). В 1851 выдан австр. властями России, заключён в Петропавловскую, затем Шлиссельбургскую крепость, с 1857 в сиб. ссылке. В 1861 бежал за границу, сотрудничал с А.И. Герценом, Н.П. Огарёвым. Организатор тайных рев. об-в «Интернациональное братство» (кон. 1864—65) и «Альянс социалистической демократии» (1868). Чл. 1-го Интернационала (1868), выступал против К. Маркса и его сторонников, в результате их интриг исключён решением Гаагского конгресса. Труд Б. «Государственность и анархия» (1873) оказал большое влияние на развитие народнич. движения в России.

БАКУШИ́НСКИЙ Анат. Вас. (1883—1939), историк иск-ва, худ. критик, педагог. Разрабатывал методику музейных экскурсий, принципы эстетич. воспитания, способствовал возрождению рус. нар. худ. промыслов Палеха и Мстёры.

БАЛАГА́Н (от перс. балахане — верхняя комната, балкон), временное строение для показа разл. рода представлений, диковин, невиданных зверей и др. В России — зрелища, устраивавшиеся в 18 — нач. 20 вв. на Масленицу и Пасху на ярмарках и на гуляньях (в С-Петербурге — на Адмиралтейской площади, на Царицыном лугу, в Москве — у Новинского мон., на Девичьем поле) во врем. построек-Б. и вокруг них. Представления *пантомим* и *феерий*, фарсов, *комедий*, мелодрам, примитивных, но насыщенных внеш. эффектами *инсценировок* популярных лит. произв., выступления циркачей, кукольников, демонстрация карликов и великанов и др. Публику собирали зазывалы-балагуры, «деды-раёшники». Традиции Б. эстетически переосмыслены в творчестве поэтов, художников, постановщиков нач. 20 в. («Балаганчик» А.А. Блока в пост. В.Э. Мейерхольда, «Петрушка» И.Ф. Стравинского в пост. М.М. Фокина). Перен.— нечто несерьёзное, шутовское, грубовато-пошлое.

БАЛА́КИРЕВ Милий Ал. (1836/37—1910), композитор, пианист, дирижёр, муз. обществ. деятель. Глава *Могучей кучки*, один из основателей (1862) и руководителей (1868—73 и 1881—1908) Бесплатной муз. школы. Дирижёр Рус. муз. об-ва (1867—69), дир. Придворной певч. капеллы (1883—94). Произв. для орк.— увертюра на темы трёх рус. песен (1858; 2-я ред. 1881), симф. поэма «Тамара» (1882) и др.; вост. фантазия для фп. «Исламей» (1869), романсы.

М.А. Балакирев.

БАЛАЛА́ЙКА, рус. 3-струнный щипковый муз. инстр-т. Изв. с нач. 18 в. Усовершенствована в 1880-х гг. (под рук. В.В. Андреева) В.В. Ивановым и Ф.С. Пасербским, сконструировавшим семейство Б.

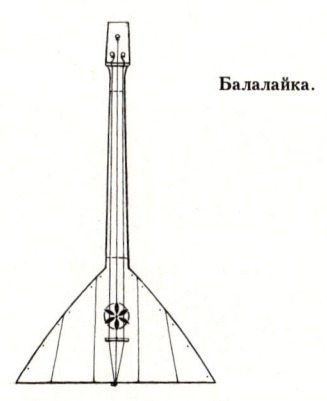

Балалайка.

БАЛА́НС (франц. balance, букв.— весы), 1) равновесие, уравновешивание. 2) Соотношение взаимно связанных показателей к.-л. деятельности, процесса, обычно имеющее количеств. выражение.

БАЛА́НС БУХГА́ЛТЕРСКИЙ, важнейшая форма и итоговый документ бухгалтерской отчётности; сводная таблица, характеризующая в ден. выражении источники и направления использования средств на определ. дату. Включает 2 части: *актив* и *пассив*, суммарные итоги к-рых должны быть равны.

БАЛА́НС МЕЖОТРАСЛЕВО́Й, модель экономики, таблица, в к-рой отражаются производств. и хоз. связи отраслей в ден. и натуральной формах. При этом строки таблицы (распределение продукции) и столбцы (распределение затрат на произ-во) увязываются по итогам (шахматный баланс). За рубежом наз. методом «затраты — выпуск».

БАЛА́НС НАРО́ДНОГО ХОЗЯ́ЙСТВА, система сводных экон. показателей, характеризующих уровень, масштабы и темпы развития экономики; инструмент анализа и прогноза, оперирующий укрупнёнными показателями и оценками.

БАЛАНЧИВА́ДЗЕ Анд. Мелитонович (1906—92), композитор, педагог. Сын М.А. Баланчивадзе. Основоположник груз. балета: «Сердце гор» (1936), «Мцыри» (1964). Оп. «Мзия» (1950); автор одной из первых груз. симфоний (1944).

БАЛАНЧИВА́ДЗЕ Мелитон Ант. (1862/63—1937), композитор, один из основоположников груз. проф. музыки. Оп. «Тамара Коварная» (1897; 3-я ред. под назв. «Дареджан Коварная», 1936), первые груз. романсы и др.

БАЛАНЧИ́Н (Balanchine) Джордж (наст. имя и фам. Георг. Мелитонович Баланчивадзе) (1904—83), амер. балетмейстер. Брат комп. А.М. Баланчивадзе. В 1921—24 артист Академич. т-ра оперы и балета (Ленинград). В 1924 уехал из России. В 1925—1929 балетмейстер труппы С.П. Дягилева («Песнь соловья» И.Ф. Стравинского, 1925; «Блудный сын» С.С. Прокофьева, 1929). В 1935 организовал труппу «Американский балет» (с 1948 «Нью-Йоркский городской балет»), где пост. ок. 150 балетов (в т.ч. 27 Стравинского). Одним из первых создавал балеты на музыку, не предназначенную для танца,— сонаты, концерты, симфонии и др., сюжет в них отсутствовал: «Серенада» (1934), «Третья сюита Чайковского» (1970), «Моцартиана» (1981) (все — на музыку П.И. Чайковского). Создавал новые редакции классич. балетов и сцен из них. Большинство балетов Б.— одноактные. Новаторские поиски Б. сформировали новое направление в совр. хореографии.

БАЛАЯ́Н Роман Гургенович (р. 1941), кинорежиссёр. Работал на Украине, в России. Тонким постижением классики отличаются т/ф «Каштанка» (1976), «Поцелуй» (1983), «Леди Макбет Мценского уезда» (1989). Пост. ф. «Полёты во сне и наяву» (1983), «Филёр» (1988).

БАЛДАХИ́Н (итал. baldacchino, букв.— шёлковая ткань из Багдада), нарядный церемониальный навес над троном, парадным ложем, церк. алтарём; первонач. матерчатый, позднее также из камня, дерева, металла. В рус. зодчестве наз. *сень* и *киворий*.

БАЛЕА́РСКИЕ ОСТРОВА́, в зап. части Средиземного м.; включают о-ва Мальорка, Менорка, Питиусские. Авт. обл. Испании. Пл. св. 5 т. км². Холмисто-низкогорн. рельеф (выс. до 1445 м). Средиземноморские кустарники, участки лесов. Мор. курорты, кр. р-н туризма. Адм. ц.— Пальма-де-Мальорка (на о. Мальорка).

БАЛЕ́Т (франц. ballet, от итал. balletto), вид сценич. иск-ва, содержание к-рого раскрывается в танц.-муз. образах. Б. начал формироваться в Европе в 16 в. Расцвет его связан с романтизмом, выдвинувшим, начиная со 2-й трети 19 в., выдающихся балетмейстеров — Ф. Тальони (ставившего балеты для своей дочери М. Тальони), Ж. Перро (работавшего с Ф. Эльслер и К. Гризи), А. Бурнонвиля, А. Сен-Леона. Во Франции в 20 в. в числе наиб. известных мастеров Б.— балетм. С. Лифарь, М. Бежар, балерина И. Шовире. В Великобритании нац. Б. возник благодаря усилиям Н. де Валуа, М. Рамбер, Ф. Аштона, балерины М. Фонтейн. В США, где работали Дж. Баланчин, Дж. Роббинс, на Б. оказал влияние амер. танец «модерн» (М. Грэхем и др.). В Германии Б. развивался после 2-й мир. войны (балетм. Дж. Кранко, Дж. Ноймайер).

В России высш. достижения Б. связаны с балетм. Ш.Л. Дидло, М.И. Петипа и Л.И. Ивановым. Наиб. известные рус. артисты 1-й пол. 19 в.— А.И. Истомина, Е.И. Андреянова, Е.А. Санковская, кон. 19 в.— М.Ф. Кшесинская, О.О. Преображенская и др. Нач. 20 в. ознаменовано реформаторской деятельностью балетм. М.М. Фокина, А.А. Горского. Влияние на мировой Б. оказали А.П. Павлова, а также «Русские сезоны» за границей, организованные С.П. Дягилевым. В числе наиб. известных рус. мастеров 20 в.: балетм. К.Я. Голейзовский, Ф.В. Лопухов, Р.В. Захаров, В.И. Вайнонен, Л.М. Лавровский, Ю.Н. Григорович, О.М. Виноградов; артисты: О.А. Спесивцева, Г.С. Уланова, М.Т. Семёнова, О.В. Лепешинская, В.М. Чабукиани, А.М. Мессерер, К.М. Сергеев, Н.М. Дудинская, М.М. Плисецкая, Н.И. Бессмертнова, В.В. Васильев, Е.С. Максимова, Р.Х. Нуреев, М.Н. Барышников и др.

БА́ЛКА (от голл. balk), стальной, жел.-бетон. или дерев. брус, работающий на изгиб. Широко применяется в конструкциях зданий, мостов, трансп. средств, машин, станков и др.

БАЛКА́НСКИЙ ПОЛУО́СТРОВ, на Ю. Европы (Албания, Болгария, Босния и Герцеговина, Македония, Югославия, б.ч. Греции, часть Румынии, Словении, Турции, Хорватии). Пл. 505 т. км². Вдаётся в Средиземное м. на 950 км, омывается морями его басс.: Адриатическим, Ионическим, Эгейским, Мраморным, Чёрным. В рельефе преобладают горы: Стара-Планина, Рила (до 2925 м), Родопы, Динарское нагорье (р-ны развития карста), Пинд. Средиземноморские кустарники, широколиств. и хвойные леса. М-ния медной, жел., свинцово-цинковых руд, ртути, бокситов и др.

БАЛКО́Н (франц. balcon), 1) выступающая из стены и огороженная (решёткой, балюстрадой или парапетом) площадка на консольных балках на фасаде или в интерьере здания. 2) В театре места для публики, расположенные *амфитеатром* в неск. рядов в разл. ярусах зрительного зала (Б. 1-го яруса, 2-го яруса и т.д.).

БАЛЛ (от франц. balle — шар), условная единица для оценки по определ. шкале интенсивности явления (напр., скорости ветра, интенсивности землетрясений, успеваемости и поведения учащихся, результатов состязаний в нек-рых видах спорта, качества с.-х. ж-ных (на выставках).

БАЛЛА́ДА (франц. ballade, от позднелат. ballo — танцую), 1) во франц. лит-ре 14—15 вв. лирич. жанр *твёрдой формы* (Ф. Вийон). 2) Лироэпич. жанр англ. нар. поэзии и аналогичный ему жанр поэзии романтизма (Р. Бёрнс, Г. Бюргер, И.В. Гёте, В.А. Жуковский). Романтич. Б.— сюжетное стих., построенное на фантастич., фольклорном, легендарно-ист. материале, обычно с трагичным таинств. колоритом («Тамара» М.Ю. Лермонтова). В 20 в. Б. утрачивает жанровую строгость (отд. стих. Б. Брехта, Н.С. Тихонова). 3) В музыке с сер. 18 в. песня на текст поэтич. Б. (гл. обр. в Германии, России); в 19—20 вв. также инстр. произв., в осн. для фп. (Ф. Шопен, И. Брамс).

БАЛЛИ́СТИКА (нем. Ballistik, от греч. bállo — бросаю), наука о движении арт. снарядов, неуправляемых ракет, мин, бомб, пуль при стрельбе (пуске). Внутр. Б. изучает движение снаряда в канале ствола, внешняя — после его вылета. 2) Б. судебная — раздел *криминалистики*; разрабатывает методику расследования преступлений, связанных с применением огнестрельного оружия (определение

64 БАЛЛ

использованного оружия по гильзам и пулям, обнаруженным на месте преступления, места, с к-рого произведён выстрел, и т.п.

БАЛЛИСТИ́ЧЕСКАЯ ТРАЕКТО́РИЯ, траектория движения свободно брошенного тела под действием только силы тяжести. Ракета, движущаяся по Б.т. после выключения двигателей, наз. баллистической.

БАЛЛОТИ́РОВАНИЕ (от итал. ballottare – избирать шарами), вид голосования в 18–19 вв. осуществлялось опусканием в спец. урну чёрных и белых шаров – баллов). Баллотироваться – выставлять свою кандидатуру на выборах.

БАЛОБА́Н, хищная птица рода соколов. Дл. до 60 см. В степях, лесостепях и горах Евразии. Ценится, особенно на Бл. Востоке, как ловчая птица.

Балобан.

БАЛТИ́ЙСКИЕ ПРОЛИ́ВЫ, см. *Датские проливы.*

БАЛТИ́ЙСКОЕ МО́РЕ (др.-рус. Варяжское) Атлантич. ок., у берегов Сев. и Ср. Европы. Соединяется с Сев. м. Датскими проливами. Пл. 419 т. км², глуб. до 470 м. Кр. о-ва: Зеландия, Готланд, Сааремаа и др. Кр. заливы: Ботнический, Финский, Рижский. В Б.м. впадают реки Нева, Зап. Двина (Даугава), Неман, Висла, Одра. В сев.-вост. части замерзает. Рыб-во (балтийская треска, салака, килька). Кр. порты: С.-Петербург, Калининград (Россия), Таллин (Эстония), Рига (Латвия), Клайпеда (Литва), Щецин (Польша), Росток (Германия), Копенгаген (Дания), Мальмё, Стокгольм, Лулео (Швеция), Хельсинки (Финляндия).

БАЛТРУША́ЙТИС (Baltrrušaitis) Юргис (1873–1944), рус. и литов. поэт. В 1921–39 полномочный предст. Литвы в СССР. С 1939 жил в Париже. Примыкал к рус. символизму: мотивы сб. «Земные ступени» (1911), «Горная тропа» (1912), «Лилия и серп» (опубл. 1948) – смысл человеческого бытия, гармония мира. В лирике на литов. яз. (сб. «Новоселье», 1941, «Венок из слёз», 1942) реалии литов. сел. жизни и природы. Поэзии присущи философичность, элегич. настроения.

БА́ЛТЫ, балтийские (балтские) племена. Заселяли в 1-м – нач. 2-го тыс. н.э. терр. от Ю.-З. Прибалтики до Поднепровья и междуречья Москвы и Оки. Язык балт. группы индоевроп. семьи. По нек-рым гипотезам, до начала н.э. составляли вместе со славянами балто-слав. этноязыковую общность. Х-во: земледелие, скот-во, ремёсла. Зап. Б.: пруссы, ятвяги; племена центр. группировки Б.: курши, земгалы, селы, латгалы (предки латышей), жемайты и аукштайты (предки литовцев); Вост. Б.: голядь, племена Верх. Поднепровья и др., ассимилированные вост. славянами, вошли в состав др.-рус. народности на рубеже 1–2-го тыс. н.э.

БАЛХА́РСКАЯ КЕРА́МИКА, изделия нар. худ. промысла в с. Балхар (Дагестан): неглазурованные кувшины, кружки, миски и др. сосуды, украшенные преим. белой тонкой росписью.

БАЛХА́Ш, бессточное полупресноводное озеро в Казахстане, в Балхаш-Алакольской котловине (на выс. 342 м). Пл. 17–22 т. км², глуб. до 26 м. П-ов Сарыесик разделяет Б. на 2 части: зап. пресноводную, куда впадает р. Или, и вост. солоноватую, к-рая принимает рр. Каратал, Аксу, Лепсы и др. Рыб-во. Судох-во. На Б. – г. Балхаш.

БАЛЬЗА́К (Balzac) Оноре де (1799–1850), франц. писатель. Эпопея «Человеческая комедия» из 90 романов и рассказов, одна из вершин реализма, связана общим замыслом и мн. персонажами: ром. «Неведомый шедевр» (1831), «Шагреневая кожа» (1830–1831), «Евгения Гранде» (1833), «Отец Горио» (1834–35), «Цезарь Биротто» (1837), «Утраченные иллюзии» (1837–43), «Кузина Бетта» (1846). Эпопея Б. – грандиозная по широте охвата реалистич. картина франц. об-ва, отражающая изнанку его отношений и нравов. Б. создал галерею героев – сильных, противоречивых, часто незаурядных характеров, не выдерживавших испытания власти денег (одна из осн. тем эпопеи) и обстоятельств, что влекло за собой душевной деформации, идеальности, собств. склонностям и природным задаткам.

О. де Бальзак.
Заставка к сочинениям О. де Бальзака худ. С. Нантёля. Париж. 1840-е гг.

БАЛЬЗАМИ́Н, то же, что *недотрога.*

БАЛЬЗАМИ́РОВАНИЕ, пропитывание тканей трупа антисептич. в-вами, препятствующими их разложению. В Др. Египте и др. странах Востока для Б. применяли бальзамы (отсюда назв.).

БАЛЬЗА́МЫ (от греч. bálsamon – ароматич. смола), природные в-ва, в состав к-рых входят эфирные масла и растворённые в них смолы, ароматич. соединения. Образуются гл. обр. в коре древесных р-ний. Практич. значение (в медицине, микроскопич. технике и др.) имеют Б., получаемые из хвойных деревьев – пихты, кедровой сосны и др.

БА́ЛЬЗОВОЕ ДЕ́РЕВО (бальсовое дерево, бальса), относится к сем. бомбаксовых. Растёт в Юж. и Центр. Америке. Прочная, лёгкая (легче пробки) древесина используется для изготовления плотов, в самолётостроении, как звуко- и теплоизоляц. материал. Из Б.д. был построен плот «Кон-Тики» Т. Хейердала.

БА́ЛЬМОНТ Конст. Дм. (1867–1942), рус. поэт-символист. В 1920 эмигрировал. В стихах (сб. «Горящие здания», 1900, «Будем как солнце», 1903) – эгоцентризм, игра мимолётностей, противопоставление «железному веку» первозданно целостного «солнечного» начала, музыкальность. Переводы, статьи по проблемам иск-ва.

К.Д. Бальмонт. Портрет работы В.А. Серова. 1905. Третьяковская галерея.

БАЛЬНЕОЛО́ГИЯ (от лат. balneum – баня, купание и ...*логия*), раздел курортологии, изучающий минер. воды и их леч.-профилактич. применение, а также вопросы грязелечения. Методы лечения природными или искусственно приготовленными минер. водами наз. бальнеотерапией.

БА́ЛЬФУР (Balfour) Артур Джеймс (1848–1930), премьер-мин. Великобритании в 1902–05; консерватор. В 1904 пр. Б. заключил с Францией договор, ставший основой *Антанты.* Автор т.н. Декларации Б. (1917) о создании евр. «нац. очага» в Палестине.

БА́ЛЬЦО (Balizó) Андраш (р. 1938), венг. спортсмен. Многократный чемпион мира (1963, 1965–67, 1969–70) и Олимп. игр (1960, 1968, 1972) в совр. пятиборье (личный и командный зачёты).

БАМА́КО, столица (с 1960) Мали. 646 т.ж. Порт на р. Нигер; междунар. аэропорт. Металлообр., пищевкус. пром-сть; куст. произ-во тканей, обуви, ювелирных изделий. Музеи. Нац. т-р. Изв. с 15 в. В 1882 франц. воен. пост. В 1920–58 адм. ц. Франц. Судана, в 1958–60 – авт. Суданской Респ.

БА́МБРИ (Bumbry) Грейс (р. 1937), американская певица (сопрано). Пела на лучших оперных сценах мира. Исполнение отличают отточенное мастерство, глубина и проникновенность.

БАМБУ́КИ, род растений (сем. злаков). Ок. 80 видов, в тропиках обоих полушарий, гл. обр. в Юго-Вост. Азии. Стебли одревесневающие, выс. до 35 м. Мн. виды цветут раз в жизни (через 30–120 лет) и после плодоношения погибают. Б. отличаются рекордной скоростью роста среди высш. р-ний (до 40 см в сут). Лёгкие прочные стебли Б. идут на постройки и изготовление мебели, бумаги. Молодые побеги и семена мн. видов используют в пищу. Южнокитайский Б. сизый культивируют как декоративный в садах и парках европ. субтропиков.

БАМБУ́КОВЫЙ МЕДВЕ́ДЬ, см. в ст. *Панды.*

БАМИА́Н, г. в Афганистане. Ок. 8 т.ж. Близ Б. – вырубленный в скалах комплекс будд. монастыря 4–8 вв.: св. 2000 гротов с лестницами и переходами; статуи Будды (в т.ч. выс. 53 и 35 м), росписи, резной декор.

Бамиан. Большая статуя Будды. Высечена в гроте.

БАНА́ЛЬНОСТЬ (от франц. banal – шаблонный), заурядность, пошлость; давно известное, избитое выражение.

БАНА́Н, род многолетних р-ний (сем. банановых). Св. 40 видов, в тропиках и субтропиках Азии, Африки, Америки и Австралии. Высокие, иногда гигантские травы (выс. до 15 м) с крупными листьями, влагалища к-рых образуют ложный ствол. Плоды (до 300) собраны в соплодия массой 50–60 кг. Одна из древнейших плод. культур; родина – Индия. Осн. площади в Лат. Америке. Возделывают 4 вида Б.: десертный, или браминов, райский, карликовый и текстильный, дающий т.н. манильскую пеньку. Плоды культурных Б. бессемянные, содержат ок. 16% сахаров. Используют в свежем и перера-

Банги. Африканские кварталы.

Бангкок. Храмовый комплекс – храм (ват) Четупон (По). 19 в.

ботанном виде. Б. японский – декор-р-ние.

БАНГИ́, столица (с 1960) Центральноафриканской Респ. (ЦАР). 451 т.ж. Порт на р. Убанги; междунар. аэропорт. Текст., пищевкус., металлообр. пр-тия. Ун-т. Музей. Осн. в 1889 как франц. воен. пост. В 1914–58 адм. ц. франц. колонии Убанги-Шари, в 1958–60 – автономной (в составе Франц. сообщества) ЦАР.

БАНГКО́К (Банкок, Крунгтеп), столица (с 1782) Таиланда. Ок. 6 млн. ж. Мор. порт (грузооборот ок. 30 млн. т) в устье р. Менам-Чао-Прая; междунар. аэропорт. Рисо-очист., деревообр., бум., лёгкая, цем., нефтеперераб., хим. пром-сть; автосборка и верфи; худ. ремёсла. Ун-ты. Фестиваль музыки и танца Азии (1976). Изв. с 16 в. Б. изрезан каналами, мн. кварталы на воде. Комплекс королев. дворца Чакри (Махапрасат, 18 – нач. 20 вв.), многочисл. храмы (19 в.).

БАНГЛАДЕ́Ш (Народная Республика Бангладеш), гос-во в Юж. Азии, с Ю. омывается Бенгальским зал. Индийского ок. Пл. ок. 144 т. км². Нас. 111 млн. ч.; св. 98% бенгальцы. Офиц. яз. – бенгальский. Гос. религия – ислам. Входит в Содружество. Глава гос-ва – президент. Законодат. орган – однопалатный парламент. Столица – Дакка. Адм.-терр. деление – 4 области (Дакка, Кхулна, Раджшахи и Читтагонг). Ден. единица – така.

Ок. ⁹/₁₀ терр. Б. – низменность в пределах общей дельты Ганга, Брахмапутры и Мегхны. Климат субэкваториальный муссонный. Ср. темп-ры янв. 12–25 °С, апреля (самый жаркий месяц) 23–34 °С; осадков 2000–3000 мм в год. В период дождей (июль – октябрь) и разлива рек дельта подвергается сильному затоплению. Тропич. лесами занято ок. 14% терр.

Первые гос-ва на терр. Б. – с 7–6 вв. до н.э. (Ванга и др.). В 8 – нач. 13 вв. существовало единое бенг. гос-во. С 1-й пол. 13 в. терр. Б. была в подчинении у мусульм. династий, что повлекло за собой распространение ислама. В нач. 18 в. бенг. наместничество Вел. Моголов (с центром в Дакке) было по сути независимым гос-вом. После битвы при Плесси (1757) Бенгалия попала под брит. господство, стала частью англ. колонии Брит. Индия. В 1947 терр. Б. (пров. Вост. Бенгалия) вошла в Пакистан как пров. Вост. Пакистан. Бенг. нац. движение привело к образованию в 1971 Нар. Респ. Б.

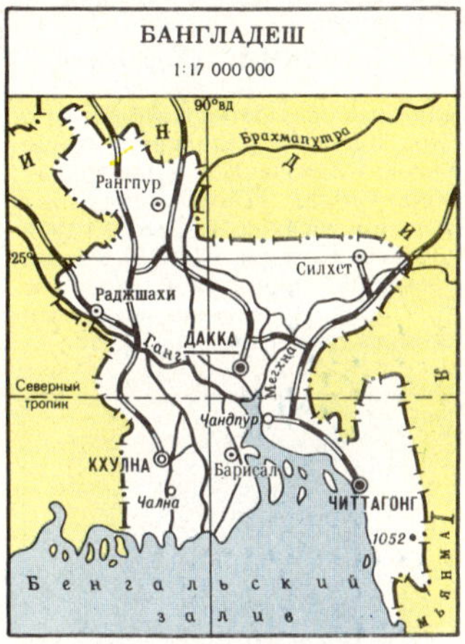

Б. – агр. страна. ВНП на д. нас. 200 долл. в год. Гл. прод. культура – рис (сбор ок. 15 млн. т в год); возделывают пшеницу, сах. тростник, табак; экспортные – джут, чай. Поголовье: кр. рог. скот (используется гл. обр. как тяговая сила), мелкий рог. скот (кожсырьё идёт на экспорт), птица. Пресноводное и мор. рыб-во (в т.ч. на экспорт). Джутовые, швейные, текст., сах., хим. и др. пр-тия. З-ды: металлургич., нефтеперераб. Добыча природного газа.

БАНДА́Ж (франц. bandage – повязка) (мед.), спец. пояс для укрепления брюшного пресса, поддержания передней брюшной стенки и внутр. органов во время беременности и после родов, при грыжах брюшной стенки и др.

БА́НДАР-СЕ́РИ-БЕГАВА́Н (до 1970 Бруней), столица (с 1984) гос-ва Бруней. 52 т.ж. Порт на о. Калимантан; междунар. аэропорт. Торг. центр. Деревообр., судорем. пр-тия. Ун-т. Музеи.

БА́НДЖО (англ. banjo), струнный щипковый муз. инстр-т. Ок. 17 в. вывезен из Зап. Африки в юж. штаты США. В 1830-х гг. приобрёл совр. форму. Разновидности Б. используются в *джазе*.

Банджо.

БАНДЖУ́Л, столица (с 1965) Гамбии. 44,2 т.ж. Порт на Атлантич. ок.; междунар. аэропорт. Пр-тия лёгкой, пищевкус., деревообр., полиграф. пром-сти; судоверфь. Музей. Осн. в 1816 англичанами под назв. Батерст (переим. в 1973). В 1843–66, 1888–1963 адм. ц. англ. колонии Гамбия, в 1963–65 ц. самоуправляемой терр. Гамбия.

БАНИО́НИС (Banionis) Донатас (р. 1924), литов. актёр. С 1941 в Паневежисском т-ре (с 1980 гл. реж.). Актёр интеллектуального плана, для к-рого характерны психол. углублённость, сдержанный, но сильный темперамент. Снимался в ф.: «Никто не хотел умирать» (1966), «Мёртвый сезон» (1968), «Солярис» (1972) и др.

Д. Банионис в фильме «Никто не хотел умирать».

БАНК ГЕ́НОВ (библиотека генов), набор фрагментов ДНК, в к-ром представлены все (или определ. часть) гены организма. Б.г. представляет собой культуру микроорганизмов (бактерии, дрожжи), в каждую клетку к-рых введена спец. ДНК (т.н. вектор), несущая один из фрагментов этого набора. Б.г. можно длительно хранить в замороженном состоянии и при необходимости выделять отд. микроорганизмы, содержащие фрагменты ДНК с нужными генами, и размножать (клонировать) их. Клонированные таким способом гены выделяют из клеток и используют для решения разл. теоретич. и практич. задач генетики, медицины (в т.ч. диагностики наследств. болезней) и *биотехнологии*.

БАНК ДА́ННЫХ, совокупность баз данных для централизов. накопления и коллективного использования однородных данных в к.-л. области человеческой деятельности. Б.д. – важнейшая часть АСУ, систем автоматизир. проектирования (САПР), разл. информ. систем (мед., банки и т.п.).

БА́НКИ (от итал. banco – скамья, лавка менялы), учреждения, аккумулирующие ден. средства и накопления, предоставляющие кредиты, осуществляющие ден. расчёты, *эмиссию денег* и *ценных бумаг*, операции с золотом, иностр. валютой и др. Принципы совр. банковского дела начали складываться в Европе в 17 в. По функциям и характеру выполняемых операций делятся на осн. типы: эмиссионные (центр.) Б. – функционируют под контролем гос-ва, наделены монопольным правом выпуска *банковских билетов*; коммерч. (депозитные) Б. – осуществляют универс. банковские операции для пр-тий и частных лиц в осн. за счёт капиталов, привлечённых в виде *вкладов*; инвестиц. Б. – специализируются на долгосрочном кредитовании посредством операций с ценными бумагами, а также ипотечные Б., предоставляющие ссуды под залог *недвижимости*, сберегат., аккумулирующие средства населения, внешнеторг. Б. и др.

БАНКИ́ВСКИЙ ПЕТУ́Х, один из видов диких, или кустарниковых, кур. Самец (дл. ок. 65 см) с высоким мясистым гребнем, ярко окрашен. Обитает в джунглях Юж. и Юго-Вост. Азии. Родоначальник домашних кур.

БАНКНО́ТЫ, см. *Банковские билеты*.

БА́НКОВСКИЕ БИЛЕ́ТЫ (банкноты), ден. знаки, выпускаемые центр. банками и обеспечиваемые золотом, гос. ценными бумагами и др. Эмиссия Б.б., не обеспеченная активами центр. банка, вызывает *инфляцию* или её новый виток.

БАНКРО́ТСТВО (от итал. bancarotta, букв. – сломанная скамья), *несостоятельность*, отсутствие средств у физич. или юрид. лица и отказ в связи с этим платить по своим долговым обязательствам.

БА́НЯ, 1) в быту различают 2 осн. типа Б.: римскую и русскую. В рим. Б. используется сочетание сухого горячего воздуха (влажность 20–30%, t 50–60 °С), поступающего в помещения по особым каналам от центр. печи (калорифера), и прохладной воды. Такие Б. в Европе появились в 4 в. до н.э. в Греции (*лаконикины*), позднее в Риме (*термы*) и Турции (тур. Б.); они же с сер. 19 в. назв. римско-ирландскими. Разновидность рим. – финская, или сауна: в ней сухой воздух нагревается до 90 °С и выше печью-каменкой непосредственно в потельне (парилке). Для рус. Б. характерно сочетание насыщенного паром воздуха (60–80%, t 40–45 °С) и горячей воды; иногда дополнительно используется прохладная вода (бассейн, душ). 2) Технол. Б. – способ нагревания тв. и жидких в-в путём погружения их в горячую среду (пар, воду, масло, песок) непосредственно либо в закрытом сосуде; устройство, приспособление для реализации этого способа. Применяется при проведении хим. реакций, консервировании овощей и фруктов, в др. целях.

БАОБА́Б, род деревьев (сем. бомбаксовые). 11 видов, преим. в саваннах Африки и на о. Мадагаскар. Сравнительно невысокий ствол (до 20 м) достигает в окружности 25 м (иногда до 40 м). Крупные (диам. до 20 см), ароматные цветки, свисающие вниз на длинных цветоножках, опыляются летучими мышами. В сухой период года сбрасывает листья, поэтому легко переносит длит. засуху. Живёт до 5 тыс. лет. Плоды съедобны. Из коры получают проч-

66 БАПТ

Баобаб.

ное грубое волокно. Разводят в тропиках Индии и Юж. Америки. С Б. связаны мн. легенды и поверья народов Африки.

БАПТИ́ЗМ (от греч. baptízō — окунаю, крещу водой), разновидность *протестантизма*. Возник в нач. 17 в. Наиб. число баптистов — в США. В России Б. распространился в 60-х гг. 19 в. Б. упростил культовую и церк. орг-цию. Баптисты не признают *таинства*; крещение совершают над взрослыми. В России в 1944 создана единая церковь евангельских христиан-баптистов.

БАПТИСТЕ́РИЙ (от греч. baptistérion — купель), крещальня, помещение для крещения в христ. храме. В зап.-европ. странах часто отд. сооружение, круглое или многогранное в плане, завершённое куполом. Посредине находилась купель для крещения.

Баптистерий православных в Равенне. Сер. 5 в.

БАРАБА́Н, ударный мембранный муз. инстр-т с неопределённой высотой звука. Встречается у большинства народов мира. С древности использовался как сигнальный инстр-т. В совр. оркестре применяются т.н. большой и малый Б.

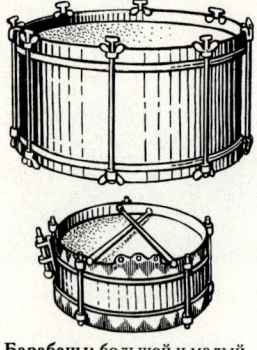

БАРАБА́ННАЯ ПЕРЕПО́НКА, см. в ст. *Ухо*.

БА́РАНИ (Bárány) Роберт (1876–1936), австр. оториноларинголог. Тр. по физиологии и патологии вестибулярного аппарата, методам его иссл. и хирургич. лечения. Ноб. пр. (1914).

БАРА́НСКИЙ Ник. Ник. (1881–1963), экономикогеограф, основоположник экон. географии в СССР. Тр. по теории и методологии соц.-экон. географии и экон. картографии.

БАРА́НЫ (горные бараны), род млекопитающих (сем. *полорогие*). Длина тела 1,1–2 м, масса 35–200 кг, рога дл. до 190 см. Необычайно изменчивы по размерам, общему облику и строению рогов. 2 вида — архар и снежный баран — со мн. подвидами (муфлон, уриал и др.), к-рые часто рассматривают как самостоят. виды. Обитают в горн. р-нах (до выс. 5 тыс. м) Передней, Ср., Центр., Сев.-Вост. и частично Сев. Азии, зап. части Сев. Америки, на нек-рых о-вах Средиземного м. Объект охоты (мясо, кожа). Родоначальники домашних овец.

Бараны. Снежный баран.

Барабаны: большой и малый.

БАРАТАШВИ́ЛИ Николоз Мелитонович (1817–45), груз. поэт-романтик. Свободолюбие, идеи нац. возрождения, глубокий лиризм и сила самовыражения в стихах «Сумерки на Мтацминда» (1836), «Мерани» (1842) и др., поэме «Судьба Грузии» (1839). Произв. Б., впервые опубл. в 1852, оказали значит. влияние на груз. поэзию.

БАРАТЫ́НСКИЙ (Боратынский) Евг. Абр. (1800–44), рус. поэт. Оригинальная разработка жанров элегии и послания («Финляндия», «Разуверение», «Признание», «Две доли»); поэмы («Эда», «Бал»), отмеченные лиризмом, психол. и филос. глубиной. В сб. «Сумерки» (1842) — противоречие ист. прогресса и духовно-эстетич. природы человека, преломлённое через трагич. сознание поэта

Е.А. Баратынский.

БАРБА́ДОС, гос-во на одноим. о-ве в Вест-Индии, в группе М. Антильских о-вов. Пл. 430 км². Нас. 259 т. ч., преим. барбадосцы (гл. обр. негры). Офиц. яз.— английский. Верующие б.ч. протестанты (англикане). Входит в *Содружество*. Глава гос-ва — королева Великобритании, представл. ген.-губернатором. Законодат. орган — двухпалатный парламент (Сенат и Палата собрания). Столица — Бриджтаун. Адм.-терр. деление: 11 районов. Ден. единица — барбадосский доллар.
Поверхность равнинная, выс. до 340 м. Климат тропич. пассатный. Ср.-мес. темп-ры 25–27°С; осадков до 1400 мм в год. Тропич. растительность. Часты ураганы. В нач. 16 в. открыт испанцами. В 1625–1961 колония Великобритании. С 1966 независимое гос-во.
Основа экономики — иностр. туризм и произ-во сахара. ВНП на д. нас. 6540 долл. в год. Гл. экспортные культуры — сах. тростник, табак. Молочное жив-во; рыб-во. Пр-тия пищевкус. (произ-во сахара, рома, консервир. фруктов, таб. изделий) и лёгкой (текстиль, игрушки) пром-сти; нефтепереработка. Иностр. сборочные пр-тия электронной и эл.-техн. пром-сти. Экспорт: электронные компоненты, сахар, ром, химикаты, одежда.

БАРБАРИ́С, род кустарников (сем. барбарисовые). Ок. 500 видов, гл.

Барбарис обыкновенный. Ветви с цветками и плодами.

обр. в Сев. полушарии, в т.ч. 17 видов в горн. р-нах Ср. Азии, на Кавказе, в Сибири и на Д. Востоке. Б. обыкновенный выращивают как плод., декор. и лекарств. р-ние. Выс. до 2 м, живёт неск. десятков лет, плодоносит с 3–4 лет. Плоды (до 13 кг с р-ния) богаты витамином С. В семенах — масло (типа облепихового), в листьях — яблочная к-та, витамины С и Е. Кора и корни — красители (лимонно-жёлтый цвет). Древесина очень твёрдая, идёт на сапожные гвозди и токарные изделия.

БА́РБЕР (Barber) Сэмюэл (1910–1981), амер. композитор. В музыке Б. проявились неоромантич. и неоклассич. тенденции. Автор опер (в т.ч. «Ванесса», 1957), балета, симф. и камерно-инстр. соч., концертов для инстр-тов с оркестром и др.

БАРБИЗО́НСКАЯ ШКО́ЛА, группа франц. живописцев-пейзажистов (Т. Руссо, Ж. Дюпре, Н. Диаз, Ш.Ф. Добиньи, К. Труайон), работавших в д. Барбизон, близ Парижа, в 1830–60-е гг. Обратились к непосредств. изображению родной природы, решали проблемы передачи световоздушной среды, сыграли важную роль в развитии европ. пейзажа.

БА́РБУСЫ, ок. 50 видов аквариумных рыб (сем. *карповые*).

БАРБЬЕ́ (Barbier) Огюст (1805–1882), франц. поэт. Сб. сатирич. стих. «Ямбы» (1831, об Июльской рев-ции 1830, в т.ч. «Раздел добычи»; по мотивам поэмы написана картина Э. Делакруа «Свобода на баррикадах»), бичущих полит. нравы, разложение иск-ва, продажность буржуазии, ненависть к к-рой выражена в гротескно-аллегорич. образах. Сб. сонетов «Героические созвучия» (1843); в кон. 1840-х гг. пришёл к проповеди христ. всепрощения.

БАРБЮ́С (Barbusse) Анри (1873–1935), франц. писатель и обществ. деятель. В антивоен. ром. «Огонь» (1916) — процесс революционизации сознания масс во время 1-й мир. войны, участником к-рой был Б. Сб. новелл «Происшествия» («Правдивые истории», 1928). Окт. рев-цию воспринял как факт всемирно-ист. значения (брошюра «Свет из бездны», 1920), приветствовал стр-во социализма в СССР (кн. «Россия», 1930; апологетич. кн. «Сталин», 1935). Организатор междунар. антимилитаристского объединения деятелей культуры «Кларте» (1919; изд. ж. «Кларте», 1919–24).

БАРГУЗИ́НСКИЙ ЗАПОВЕ́ДНИК, в Бурятии, на сев.-вост. побережье Байкала и зап. склонах Баргузинского хр. Один из старейших заповедников России (осн. в 1916). Пл. 263,2 т. га; в заповедник входит также 3-км. полоса акватории озера. Пл. 150 т. га. Горн. хвойные (ель, пихта, лиственница, кедр сибирский) леса, горн. тундры и гольцы. Баргузинский соболь, марал, кабарга, бурый медведь, глухарь и др.; в прибрежных водах – байкальская нерпа.

БАРДЕ́М (Бардем Муньос) (Bardem Muños) Хуан Антонио (р. 1922), исп. кинорежиссёр. Ставит социальные трагикомедии («Добро пожаловать, мистер Маршалл!», 1952, с Л.Г. Берлангой), драмы («Смерть велосипедиста», 1955) и полит. фильмы («Семь дней в январе», 1979).

Х.А. Бардем. Кадр из фильма «Смерть велосипедиста».

Барбизонская школа. Ж. Дюпре. «Осенний пейзаж». Эрмитаж.

Дж. Бардин.

БАРДИ́Н (Bardeen) Джон (1908–1991), амер. физик. Открыл транзисторный эффект и создал первый транзистор (1948, совм. с У. Браттейном), построил микроскопич. теорию сверхпроводимости (1957, совм. с Л. Купером и Дж. Шриффером). Единств. учёный, дважды удостоенный Ноб. пр. по физике (1956, 1972).

БАРДИ́Н Ив. Павл. (1883–1960), учёный-металлург. Руководил проектированием кр. металлургич. агрегатов, разработкой и внедрением в СССР непрерывной разливки стали и кислородно-конвертерного процесса.

БАРДО́ (Bardot) Брижит (р. 1934), франц. киноактриса. В фильмах 50-х гг. («И Бог создал женщину…», «Парижанка», «В случае несчастья» и др.) выступила в ролях молодых девушек, к-рые, выше всего ставя естественность чувств, вступали в конфликт с нормами морали. Героини Б. и её личная судьба породили своеобразный миф, подвергнутый анализу в ф. «Частная жизнь» (1962). Среди фильмов 60-х гг.– «Бабетта идёт на войну», «Истина», «Вива, Мария!». С 1973 не снимается.

Б. Бардо в фильме «Истина».

БА́РДЫ, 1) нар. певцы древних кельтских племён. Впоследствии стали проф. поэтами – бродячими или живущими при княж. дворах (гл. обр. Ирландии, Уэльса и Шотландии). Сложившиеся в нач. 5 в. школы Б. просуществовали до 17 в.; их поэзия оказала влияние на предромантизм и романтиков. 2) Поэты и музыканты, исполнители собств. песен.

БАРДЫ́ГИНЫ, рос. предприниматели. Родоначальник – Никиф. Мих. (1835–1901), из крестьян. В 1850–1880-х гг. открыл ряд текст. пр-тий в г. Егорьевск Рязанской губ.; в 1872–1901 егорьевский гор. голова. Его сын Мих. Никиф. (1858–?) в 1908 преобразовал пр-тия в т-во на паях «Н.М. Бардыгина наследник». В 1907 учредил Егорьевское механико-электротехн. уч-ще. Деп. 3-й Гос. думы (прогрессист). Участвовал в финансировании газ. «Утро России».

БАРЕЛЬЕ́Ф (франц. bas-relief), низкий рельеф, в к-ром выпуклое изображение выступает над плоскостью фона не более чем на половину своего объёма.

БА́РЕНБОЙМ (Barenboim) Даниель (р. 1942), израильский дирижёр, пианист. В 1975–89 гл. дирижёр Парижского орк., с 1991 – Чикагского симф. орк. и Нем. гос. оперы (Берлин). В репертуаре выделяются симфонии, оперы венских классиков, произв. И. Брамса, А. Брукнера, Дж. Верди.

БА́РЕНЦ (Barents, Barendsz) Виллем (ок. 1550–97), голл. мореплаватель. В 1594–97 руководил 3 эксп. по Сев. Ледовитому ок. в поисках Сев.-Вост. прохода из Атлантич. ок. в Тихий. Эксп. 1596–97 открыла о-ва Медвежий и Шпицберген (повторно). Похоронен на Н. Земле.

БА́РЕНЦЕВО МО́РЕ Сев. Ледовитого ок., между сев. берегом Скандинавского п-ова, Кольским п-овом и о-вами Шпицберген, Земля Франца-Иосифа и Н. Земля. Пл. 1424 т. км², глуб. до 600 м. Кр. остров – Колгуев. Впадает р. Печора. В юго-зап. части не замерзает. Рыб-во (треска, сельдь). Кр. порты: Мурманск (Россия), Вардё (Норвегия).

БА́РИЙ (Barium), Ва, хим. элемент II гр. периодич. системы, ат. н. 56, ат. м. 137,33; относится к *щёлочно-земельным металлам*. Открыт швед. химиком К. Шееле в 1774, получен Г. Дэви в 1808.

БАРИТО́Н (от итал. baritono), 1) муж. голос, по высоте средний между *басом* и *тенором*. 2) Обозначение разновидностей в семействах инстр-тов (как правило, духовых, напр. *саксофон-Б.*).

БА́РКА Василь Конст. (псевд. Иван Вершина, Василь Очерет) (р. 1908), укр. писатель. С 1943 (после плена) в Германии, с 1950 в США. В поэзии (сб. «Шляхи», 1931, «Апостолы», 1946, «Псалом голубиного поля», 1958, «Лирик», 1968; эпопея «Свидетель для солнца шестикрылых», 1981) – в ярких метафорах, ассоциациях, притчах мир филос. самоуглубления и самопознания, горьких истин и любви к человеку, носителю разума и добра. Антисов. ром. «Рай» (1953), ром. «Жёлтый князь» (1962) – пронзительная история о голоде 1933 на Украине.

БАРКАРО́ЛА (итал. barcarola, от barca – лодка), песня венецианских гондольеров, наз. также гондольерой (размер $\frac{6}{8}$). Характерны мягкий, качающийся ритм, лирич. мелодия. С 18 в. в композиторском творчестве Ф. Шуберта, Ф. Шопена, П.И. Чайковского.

БАРКЛА́Й-ДЕ-ТО́ЛЛИ Мих. Богд. (1761–1818), рос. полководец, гос. деятель, князь (1815), ген.-фельдм. (1814). В войнах против Франции 1806–07 и Швеции 1808–09 ком. дивизии и корпуса. В 1809 главнокоманд. армией и ген.-губернатор Финляндии. В 1810–12 воен. мин., провёл реформы в армии. В Отеч. войну 1812 главнокоманд. 1-й Зап. армией, в июле – авг. одноврем. фактически и всеми действовавшими армиями. В 1813–14 главнокоманд. рус.-прус. армией, с 1815 – 1-й армией.

М.Б. Барклай-де-Толли. Портрет работы Дж. Доу. 1820-е гг.

БАРКО́В Ив. Сем. (ок. 1732–68), рус. поэт. Переводил сатиры Горация, басни Федра. Биография А.Д. Кантемира (1762). Непристойные стихи Б. расходились в списках (частично опубл. 1991).

БА́РЛАХ (Barlach) Эрнст (1870–1938), нем. скульптор, график и писатель. Антимилитаристские, полные эмоц. напряжения произв. Б. (памятник павшим в соборе в Гюстрове, 1927, уничтожен фашистами) по худ. решению близки *экспрессионизму*. Илл. см. на стр. 68.

БА́РНАРД (Barnard) Кристиан (р. 1922), юж.-афр. хирург. Впервые произвёл пересадку (1967) и подсадку (1974) сердца больному. В соавторстве с З. Стандером опубл. антирасистский ром. «Нежелательные элементы» (1974).

БАРНАУ́Л, г. (с 1771), ц. Алтайского кр. в России, пристань на р. Обь.

Э. Барлах. Памятник павшим. Дерево. 1929. Собор в Магдебурге.

Барнаул. Площадь в центре города.

607 т.ж. Ж.-д. уз. Маш-ние (моторы, котлы, механич. прессы, трансп. средства, станки и др.), хим. (шины, резинотехн. изделия и др.), лёгкая (текст. и др.), пищ. пром-сть. 6 вузов (в т.ч. ун-т). Музеи: краеведч., алтайский, изобр. и прикладного иск-ва. 4 т-ра, в т.ч. драм., комедии, кукол. Осн. в 1730.

БА́РНЕТ Бор. Вас. (1902–65), рос. кинорежиссёр. Искусное сочетание лирики, буффонады, элементов сатиры придаёт особый колорит ф.: «Девушка с коробкой» (1927), «Дом на Трубной» (1928), «Окраина» (1933), «У самого синего моря» (1936). Приключенч. ф. «Подвиг разведчика» (1947).

БАРОКА́МЕРА (от греч. báros – тяжесть и *камера*), герметич. камера, в к-рой создаётся пониж. (вакуумная Б.) или повыш. (компрессионная Б.) давление воздуха. Используется для экспериментов в авиации, космонавтике; в медицине; для испытания авиац. и метеорол. приборов и др.

БАРО́ККО (итал. barocco, букв. – странный, причудливый), одно из гл. стилевых направлений в европ. и амер. культуре кон. 16–18 вв. Для иск-ва Б. характерны грандиозность, пышность и динамичность, патетич. приподнятость, интенсивность чувств, пристрастие к эффектным зрелищам, совмещению иллюзорного и реального, к сильным контрастам масштабов и ритмов, материалов и фактуры, света и тени. Для архитектуры (Л. Бернини, Ф. Борромини в Италии, В.В. Растрелли в России) характерны пространств. размах, слитность, текучесть криволинейных форм; для скульптуры (Бернини) и живописи (П.П. Рубенс, А. ван Дейк во Фландрии) – эффектные декор. композиции, репрезентативные парадные портреты; для декор. иск-ва – вычурность и прихотливость форм. Принципы Б. преломились в лит-ре (П. Кальдерон де ла Барка в Испании, Т. Тассо в Италии, А. д'Обинье во Франции, Симеон Полоцкий, М.В. Ломоносов в России). Музыке Б. свойственны контрастность, напряжённость, динамичность образов, аффектация, тяготение к величавой пышности, совмещению реальности и иллюзии (*опера*, *оратория*, *культовая музыка*); возникли жанры *концерто гроссо*, инстр. сонаты, *сюиты* (Дж. Фрескобальди, Б. Кавалли, А. Чести в Италии, Д. Букстехуде, Р. Кайзер, И.С. Бах, Г.Ф. Гендель в Германии).

БАРО́МЕТР (от греч. báros – тяжесть, вес и *метр*), прибор для измерения атм. давления. В ртутном (жидкостном) Б. атм. давление измеряется по высоте столба ртути в запаянной сверху трубке, опущенной открытым концом в сосуд с ртутью. Ртутные Б. – наиб. точные приборы, ими оборудованы метеорол. станции и по ним проверяется работа др. видов Б.

БАРОМЕТРИ́ЧЕСКАЯ ФО́РМУЛА, определяет зависимость (уменьшение) атм. давления от высоты над ур. м. Б.ф. используется для определения высоты в атмосфере, градуировки барометров и т.д.

БАРО́Н (от ср.-век. лат. baro, род. п. baronis), в Зап. Европе в ср. века непосредств. вассал короля, позднее дворянский титул; в России со времени Петра I.

БАРОТЕРАПИ́Я (от греч. báros – тяжесть и *терапия*), использование в леч. целях повыш. или пониж. давления воздуха. Общая Б. проводится в барокамерах. К методам местной Б. относятся банки. Разновидность Б. – гипербарическая оксигенация.

БАРРАКУ́ДЫ, семейство мор. хищных рыб. Дл. до 3 м. Ок. 25 видов, в тропич. и субтропич. водах всех океанов. Питаются только рыбой. Охотятся часто вместе с акулами; нападают на людей.

БАРРО́ (Barrault) Жан Луи (1910–94), франц. актёр, режиссёр. В 1940–46 в «Комеди Франсез» (Родриго – «Сид» П. Корнеля, Гамлет – «Гамлет» У. Шекспира; пост. – «Федра» Ж. Расина). В 1946–90 возглавлял Компанию Барро – Мадлен Рено (с перерывом). Пост.: «Процесс» Ф. Кафки, «Вишнёвый сад» А.П. Чехова. Б. в совершенстве владел мимикой, мастер сценич. движения. Много снимался в кино («Дети райка», 1944).

БАРС, то же, что леопард.

БАРСЕЛО́НА, г. в Испании. 1,6 млн. ж. Порт на Средиземном м. (грузооборот ок. 20 млн. т в год); междунар. аэропорт. Метрополитен. Крупнейший пром. и торг. центр Испании. Кр. текст. пром-сть (1-е место в стране); маш-ние (в т.ч. автомоб. з-ды «SEAT»), хим., целл.-бум., полиграф. пром-сть. Междунар. торг.-пром. ярмарки. Ун-ты. Музеи: ист., морской, изящных иск-в в Каталонии, Пикассо и др. Т-ры: оперы и балета (1847), «Лисео»; консерватория (1847). Осн. в 3 в. до н.э. карфагенянами. В 877–1137 столица одноим. графства; в 13–15 вв. важный торг. город Средиземноморья. Готич. собор (13–15 вв.), романские, готич.

и барочные церкви (10–18 вв.), постройки А. Гауди (кон. 19 в.).

БА́РСОВА (наст. фам. Владимирова) Валер. Вл. (1892–1967), певица (колоратурное сопрано). С 1917 в Оперном т-ре Зимина; выступала в т-ре «Эрмитаж» вместе с Ф.И. Шаляпиным в оп. «Севильский цирюльник» Дж. Россини. В 1920–48 в Большом т-ре, исполняла партии классич. оперного репертуара. Обладала блестящей колоратурной техникой, высоким артистизмом. Много концертировала.

В.В. Барсова.

БАРСУ́К, хищное млекопитающее (сем. куньи). Длина неуклюжего, приземистого тела до 90 см, хвоста до 24 см. Обитает гл. обр. в лесах Евразии. Жир Б. целебен, мясо съедобно; мех малоценный, волос используется для кистей.

Барсук.

БАРТ (Barth) Карл (1886–1968), швейц. протестантский теолог, один из основателей *диалектической теологии*. Сторонник христ. социализма, вдохновитель христ. сопротивления гитлеровскому режиму.

БА́РТЕРНАЯ СДЕ́ЛКА (от среднеангл. barter – товарообмен), обменная сделка, при к-рой товар (услуги) поставляют в обмен на эквивалентное по стоимости кол-во др. товаров (услуг).

БА́РТОК (Bartók) Бела (1881–1945), венг. композитор, пианист, муз. фольклорист. В произв. Б. архаич. элементы нар. музыки сочетаются с новейшими приёмами композиторской техники. Оп. «Замок герцога Синяя Борода» (1918), бал. «Деревянный принц» (1917), «Чудесный мандарин» (1926; даты пост.), инстр. концерты, соч. для орк., фп.; песни, дет. музыка.

Б. Барток.

БАРХА́НЫ (тюрк.), 1) общее назв. оголённых песков пустынь; 2) серповидные в плане скопления песков (выс. 15–150 м), навеянных господствующими ветрами; наветренный (выпуклый) склон пологий (5–14°) и длинный, подветренный (вогнутый) – крутой (до 30°) и короткий, переходящий в заострённые «рога». Перемещаются со скоростью до сотен м в год.

БА́РХАТЦЫ (тагетес), род трав (сем. *сложноцветные*). Ок. 35 видов, в Юж. и Сев. Америке. Многочисл. сорта Б. отклонённого (родом из Мексики) широко выращиваются как декоративные.

БАРША́Й Рудольф Бор. (р. 1924), альтист, дирижёр. В 1956–77 рук. созданным им Моск. камерного орк., оказавшего значит. влияние на развитие камерного конц. исполнительства в стране. С 1977 за рубежом. Рук. Израильского камерного оркестра.

БА́РЩИНА, отработочная рента, заключавшаяся в обязанности крестьянина выполнять полевые и др. хоз. работы за полученный от владельца в пользование определ. участок земли. В Зап. Европе сошла на нет в 14–15 вв., в России сохранялась и после отмены *крепостного права* в 1861 для временнообязанных крестьян (до 1883).

БАРЫ́ШНИКОВ Мих. Ник. (р. 1948), артист балета. В 1967–74 в Ленингр. т-ре оперы и балета имени С.М. Кирова. В 1974–78 в труппе «Американский театр балета». Выступал в спектаклях известных балетмейстеров (Р. Пети, Ф. Аштон,

Дж. Батлер). В 1978–79 солист «Нью-йоркского городского балета» (гл. партии в балетах Дж. Баланчина, Дж. Роббинса), танцевал в труппах А. Эйли, П. Тейлора, Королев. балете Великобритании, Марсельском балете, «Балете XX века» и др. Безупречная техника классич. танцовщика, природная выразительность движений, праздничная универсальность мастерства. В 1980–89 худ. дир. (балетмейстер) и солист «Американского театра балета». Снимался в кино, выступал на ТВ, в драм. спектакле на Бродвее. С 1992 возглавляет труппу «Танцевальный проект "Белый дуб"» (Флорида, США).

БАРЯ́ТИНСКИЙ Ал-др Ив. (1815–1879), князь, военачальник, ген.-фельдм. (1859). На последнем этапе Кавк. войны в 1856–62 главнокоманд. рус. войсками и наместник на Кавказе, взял в плен Шамиля (1859).

БАС (от итал. basso, букв. – низкий), 1) самый низкий муж. голос, также партия в хоре. 2) Обозначение муз. инстр-тов низкого (басового) регистра (напр., Б.-кларнет).

БАСЁ́, см. *Мацуо Басё*.

БАСИЛАШВИ́ЛИ Олег Валерианович (р. 1934), актёр. С 1959 в Ленингр. Большом драм. т-ре. Актёрскую манеру Б. отличают сдержанность, мягкость, тонкий психологизм, в комедийных ролях – лёгкость и обаяние. Роли: Хлестаков («Ревизор» Н.В. Гоголя, 1972), Серпуховской («История лошади» по Л.Н. Толстому, 1975), Войницкий («Дядя Ваня» А.П. Чехова, 1982) и др. Снимался в ф.: «Осенний марафон» (1979), «Вокзал для двоих» (1983), «Предсказание» (1993) и др.

БАСИЛЕ́Й (василевс) (греч. basiléus), др.-греч. правитель поселения, вождь племени. В Спарте и в эллинистич. гос-вах царь. В Византии титул императора.

БАСКЕТБО́Л (англ. basket – корзина и ball – мяч), спорт. командная игра на площадке (26 м × 14 м) с мячом, к-рый забрасывают руками в кольцо с сеткой (т.н. корзину), укреплённое на щите (на выс. 3,05 м). Основоположник – Дж. Нейсмит (США, 1891). В России первый матч в 1906 (С.-Петербург). В 1912 осн. Междунар. федерация баскетбола (ФИБА); объединяет св. 160 стран. Чемпионаты Европы с 1935, мира с 1950; в про-

Баскетбол.

грамме Олимп. игр с 1936. См. также *Национальная баскетбольная ассоциация*.

БАСМА́ЧЕСТВО (от тюрк. басмак – совершать налёт), после Окт. рев-ции вооруж. националистич. движение, боровшееся за свержение сов. власти в Ср. Азии. Численность басмачей постоянно менялась. Отд. отряды – от неск. десятков до неск. тыс. человек. Б. было распространено во многих р-нах Ср. Азии, но особенно в Ферганской долине и в высокогорн. Алайской и Арпинской долинах, в Сырдарьинской и Самаркандской обл., в Вост. Бухаре, Хиве (Хорезме) и Каракумах, Киргизии. Осн. силы Б. разгромлены Кр. Армией в 1922, отд. отряды окончательно ликвидированы в 1933.

БА́СНЕР Вениамин Еф. (р. 1925), рос. композитор. Из музыки к кинофильмам (св. 40) популярны песни «На безымянной высоте» (ф. «Тишина», 1964), «С чего начинается Родина» (ф. «Щит и меч», 1968).

БА́СНЯ, короткий, нередко комич. рассказ в стихах или прозе, с прямым моральным выводом, придающим рассказу аллегорич. смысл. Действующими лицами обычно выступают ж-ные, р-ния, вещи. Мн. сюжеты восходят к Эзопу и инд. сб. *«Панчатантра»*. Яркое нац. своеобразие в баснях Ж. Лафонтена, Г.Э. Лессинга, И.А. Крылова.

БА́СОВ Ник. Ген. (р. 1922), рос. физик, один из основоположников *квантовой электроники*. Совм. с А.М. Прохоровым и независимо от

Н.Г. Басов.

Ч. Таунса создал первый *мазер*. Разрабатывал разл. типы лазеров (в т.ч. полупроводниковые), квантовые стандарты частоты, исследовал взаимодействие мощного лазерного излучения с в-вом. Ноб. пр. (1964).

БА́ССО ОСТИНА́ТО (итал. basso ostinato, букв. – упорный бас) (муз.), многократное повторение мелодико-ритмич. фигуры-темы в ниж. голосе. Основа формы *вариаций* на Б. о. (*пассакалья*, *чакона*).

БАСТЕ́Р, столица (с 1983) гос-ва Сент-Китс и Невис, на о. Сент-Кристофер (Сент-Китс). 19 т.ж. Порт в Карибском м.; междунар. аэропорт. Сах. завод, произ-во напитков. Туризм.

БАСТИ́ЛИЯ, крепость в Париже, построена в 1370–82; с 15 в. гос. тюрьма. Штурм Б. (14 июля 1789) восставшим народом явился началом Франц. рев-ции (отмечается с 1880 как нац. праздник Франции). В 1790 Б. была срыта.

Бастилия. Ж.Л. Приёр. «Взятие Бастилии». 18 в. Лувр.

БАТ, бальнеологич. курорт в Великобритании, на р. Эйвон. 80 т.ж. Старейший и единственный в стране курорт с термальными (45–49 °C) источниками. Швейные, полиграф. пр-тия. Музеи: костюма, иск-ва. Ежегодные муз. фестивали. Осн. в 1 в. римлянами. Сохранил прямоуг. рим. планировку, классицистич. ансамбли 18 в. (пл. Куин-сквер, 1729–36, Сёркус, 1754–64, Ройял-кресент, 1767–75).

БАТА́Й (Bataille) Жорж (1897–1965), франц. писатель и философ. В культурно-филос. соч. (трактат-эссе «Внутренний опыт», 1943; «О Ницше», 1945; «Литература и зло», 1957; «Теория религии», опубл. 1974) Б., мистик без Бога», обосновывает «священный суверенитет» человека, разоблачая любые предустановленные нормы его поведения, утверждает «скандальность» как единственно адекватную возможность выявления личностной сущности. Те же идеи – в наполненных кощунствами, картинами искушения злом, саморазрушит. эротич. опытом романах и повестях («История глаза», 1928, «Госпожа Эдвардса», 1941, «Моя мать», опубл. 1966), стирающих границу между интимным признанием, клинич. диагнозом и лит. публичностью.

БАТА́ЛОВ Алексей Вл. (р. 1928), рос. киноактёр, режиссёр, педагог. Его героям, гл. обр. современникам – чистым, душевно тонким людям, свойственны внутр. сила, сдержанность (ф. «Летят журавли», 1957, «Девять дней одного года», 1962, «Москва слезам не верит», 1980). Роли в экранизациях классики: «Дама с собачкой» (1960), «Бег» (1971) и др. Пост. ф.: «Шинель» (1960), «Три толстяка» (1966), «Игрок» (1973).

БАТА́ЛЬНЫЙ ЖАНР (от баталия), жанр изобр. иск-ва, посвящённый войне и воен. жизни современности или прошлого. Произв. Б.ж. (сцены сражений и воен. походов, повседневной жизни армии и флота и т.д.) часто близки произв. *исторического жанра* и *бытового жанра*. Илл. см. на стр. 70.

БАТАРЕ́Я (франц. batterie, от battre – бить), неск. одинаковых приборов, сооружений или устройств, объединённых в определ. систему для совместного действия (воен. Б., электрич. Б., коксовая Б.). Нередко в быту Б. наз. радиатор водяного отопления.

БАТА́Т (сладкий картофель), многолетнее (в культуре часто однолетнее) травянистое р-ние рода ипомея. Родина – Центр. Америка. Возделывается преим. в тропиках и субтропиках, особенно широко в Китае, Индии, Индонезии, Японии, Испании, Италии, Бразилии, на Ю. США.

БАТАШЁ́ВЫ, рос. предприниматели и землевладельцы. Из тульских оружейников, купцы, с 1783 дворяне. Родоначальник – Ив. Тим. (? – 1734). Наиб. известны его внуки – Анд. Род. (? – 1799) и Ив. Род. (1741–1821). К кон. 18 в. Б. владели 300 тыс. дес. земли, построили не менее 15 металлургич. и металлообр. з-дов в 6 центр. губ., выпускали св. 10% металла в стране и 50% металла и изделий из него в Европ. части России. К сер. 19 в. с развитием металлургич. пром-сти на Ю. России з-ды Б. утратили своё значение.

БАТИ́К (малайск.), техника росписи, а также украшенная ею много-

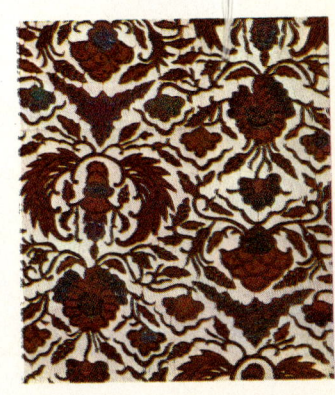

Батик.

Батальный жанр. А.А. Дейнека «Оборона Севастополя». 1942. Русский музей.

цветная ткань. Рисунок наносится тонким слоем воска, материя опускается в краску, к-рая окрашивает непокрытые воском части ткани. Роспись Б. распространена у народов Индонезии, Индии, тропич. Африки и др. В Европе применяется с нач. 20 в.

БАТИСКА́Ф, см. *Подводный аппарат*.

БАТУ́МИ, г. (с 1878), столица (с 1921) Аджарии, порт на Чёрном м.; примор. климатич. курорт. 137,5 т.ж. Ж.-д. ст. Нефтеперераб., маш-ние (эл.-техн. изделия, оборудование для нефт., чайной пром-сти; суда), лёгкая (в т.ч. обув.), пищевкус. (произ-во чая, табака и др.) пром-сть. Ун-т. Музей Аджарии. Т-ры: летний, драматический. Аквариум-дельфинарий. С 11 в. изв. как крепость. Близ Б. — Батумский бот. сад (осн. в 1912).

БАТЫ́Й (Бату) (1208—55), монг. хан, внук Чингисхана. Предводитель завоеват. похода в Вост. и Центр. Европу (1236—43). Разорил культурные центры Сев.-Вост. и Юго-Зап. Руси. С 1243 хан Золотой Орды.

БАТЮ́ШКОВ Конст. Ник. (1787—1855), рус. поэт. Глава анакреонтич. направления в рус. лирике («Весёлый час», «Мои пенаты», «Вакханка»). Позже пережил духовный кризис («Надежда», «К другу»); в жанре элегии — мотивы неразделённой любви («Разлука», «Мой гений»), высокий трагизм («Умирающий Тасс», «Изречение Мельхиседека»).

«БА́УХАУЗ» (нем. Bauhaus), высш. школа стр-ва и худ. конструирования, осн. в 1919 в Веймаре (Германия), в 1925 переведена в Дессау, в 1933 упразднена фашистами. Руководители (В. Гропиус, Л. Мис ван дер Роэ и др.) разрабатывали эстетику *функционализма*, принципы совр. формообразования в архитектуре и *дизайне*, формирования материально-бытовой среды средствами пластич. иск-в.

БА́УШ (Bausch) (наст. фам. Филиппине) Пина (р. 1940), нем. артистка балета, балетмейстер. С 1971 гл. балетмейстер Танц. ансамбля в Вуппертале («Я убью тебя за углом» на музыку старых песен, 1974, и др.). Постановки Б. осн. на экспрессионистски заострённом танце «модерн», в сочетании с *симф.* и *конкретной музыкой*, вокалом и текстом.

БАХ (Bach) Иоганн Себастьян (1685—1750), нем. композитор, органист, клавесинист. Филос. глубина содержания и высокий смысл произв. Б. поставили их в ряд шедевров мировой культуры. Обобщил достижения муз. иск-ва переходного периода от *барокко* к классицизму. Непревзойдённый мастер полифонии (инстр. *фуги*, хоровые *мотеты*; «Музыкальное приношение», 1747, «Искусство фуги», 1740—50, — без указания исполнительского состава). «Хорошо темперированный клавир» (ч. 1 — 1722, ч. 2 — 1744) — первый в истории европ. музыки опыт применения равномерной *температуры*. Месса си-минор (ок. 1747—49), «Страсти по Иоанну» (1724), «Страсти по Матфею» (1727 или 1729), св. 200 духовных и светских *кантат*, инстр. концерты (в т.ч. 6 «Бранденбургских концертов» для орк., 1711—20), многочисл. соч. для органа, клавесина (в т.ч. «Итальянский концерт», 1734).

БАХ, нем. семья, в 16 — нач. 19 вв. выдвинувшая множество музыкантов, среди к-рых — И.С. Бах и его сыновья: 1) Вильгельм Фридеман (1710—84), композитор, органист. Кантаты, симфонии, соч. для органа, клавесина. 2) Карл Филипп Эмануэль (1714—88), композитор, клавесинист. Соч. для клавесина. 3) Иоганн Кристиан (1735—82), композитор, органист, клавесинист. Жил в Милане, Лондоне. *Оперы-сериа*, симфонии, инстр. концерты.

БАХРЕ́ЙН (Государство Бахрейн), в Юго-Зап. Азии, на о-вах Бахрейн, в Персидском зал. Общая пл. ок. 0,69 т. км². Нас. 531 т. ч., гл. обр. бахрейнские арабы. Офиц. яз. — арабский. Гос. религия — ислам. Монархия, глава гос-ва — эмир; назначает пр-во во главе с премьер-министром. Столица — Манама. Ден. единица — бахрейнский динар.

Б. включает 33 о-ва, самый крупный из них — Бахрейн (выс. до 135 м), соединён с Аравийским п-овом (Саудовская Аравия) мостом дл. ок. 25 км. Климат близкий к тропическому. Ср. темп-ры янв. 16 °С, июля-авг. 37 °С; осадков ок. 90 мм в год. Преобладают пустыни.

В нач. н.э. Б. — небольшое кн-во. В 4—6 вв. в составе гос-ва Сасанидов, в 7—9 вв. — Араб. халифата, в 10—11 вв. Б. — центр гос-ва, созданного шиитской сектой карматов. В нач. 16 в. захвачен португальцами, в 1-й четв. 17 в. вошёл в состав Ирана. В 1871—1971 брит. протекторат. С 1971 независимое гос-во.

Основа экономики — добыча и переработка нефти (ок. 2 млн. т в год). ВНП на д. нас. 6,4 тыс. долл. в 90. Из-за ограниченности запасов нефти её добыча постепенно сокращается. Кр. нефтеперераб. з-д, работающий гл. обр. на нефти, поступающей по нефтепроводу из Саудовской Аравии. Кр. комплекс по произ-ву алюминия (на глинозёме из Австралии). Сухой док по ремонту супертанкеров. Нефтехим., цем. з-ды. Пр-тия по произ-ву бурового оборудования, алюм., пластмассовых и лакокрасочных изделий, труб, жидкого кислорода, сборке кондиционеров и др. Комплекс по произ-ву пропана и бутана из попутного газа. Оазисное земледелие. Рыб-во и добыча жемчуга. Б. — кр. пункт транзита товаров в Саудовскую Аравию. Сообщение между гл. о-вами осуществляется по насыпным дамбам. На Б. расположены крупнейшая в Персидском зал. радиостанция, станция телексной и телефонной связи через искусств. спутники Земли.

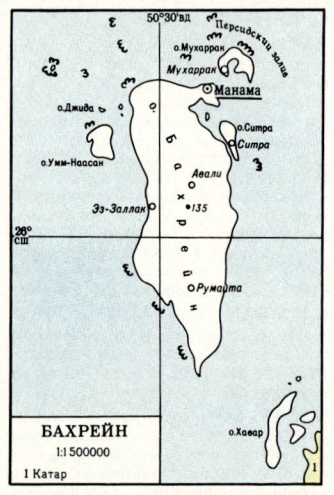

БАХРУ́ШИН Ал. Ал-др. (1865—1929), рос. театральный деятель, коллекционер. Из купцов. На основе своего собрания создал частный лит.-театральный музей (см. *Театральный музей* имени Бахрушина), к-рым руководил до конца жизни.

БАХРУ́ШИН Сер. Вл. (1882—1950), рос. историк. Тр. по истории Сибири, источниковедению, историографии, ист. географии; биографии Ивана IV Грозного, деятелей *смутного времени*, торг. людей 17 в. и др.

БАХТИ́Н Мих. Мих. (1895—1975), рус. литературовед, теоретик иск-ва. Ист.-теоретич. тр., посв. становлению и смене худ. форм, выявляют ценностно-филос. значение категорий поэтики; иссл. полифонич. форму романа («Проблемы поэтики Достоевского», 1929; 2-е изд., 1963) и нар. «смеховую» культуру средневековья («Творчество Франсуа Рабле...», 1965). Сб. ст. «Вопросы литературы и эстетики» (1975); иссл. «К философии поступка» (опубл. 1986).

БА́ХУС (лат.), см. *Дионис*.

БАХЧИСАРА́Й, г. в Крыму, в долине р. Чурукосу. Ж.-д. ст. 25,4 т.ж. Пищевкус. пром-сть, произ-во стройматериалов и др. Осн. в 16 в. Ханский дворец (ныне Ист.-археол. музей; 16 в., перестроен в 1787) с многочисл. помещениями и двориками (в одном

К.Н. Батюшков. Автопортрет. 1810-е гг.

И.С. Бах. Портрет работы Й.Э. Ренча. Ок. 1715. Ангермузеум. Эрфурт.

БАХРЕЙН
1:1 500 000

Бахчисарай. Вид старой части города.

композитор. Совершенствовался у З. Кодая. Гастролирует во мн. странах мира, восхищая публику виртуозностью и утончённостью исполнения.

БАШКИ́РИЯ (Республика Башкортостан), в России. Пл. 143,6 т. км². Нас. 3984 т.ч., гор. 65%; башкиры (21,9%), русские (39,3%), татары (28,4%), чуваши и др. Столица - Уфа. 54 р-на, 17 городов, 43 пос. гор. типа.
Расположена гл. обр. в Предуралье и на склонах Юж. Урала. Климат континентальный. Ср. темп-ры янв. от −14 до −17 °C, июля 16–20 °C; осадков 300–600 мм в год. Гл. реки: Белая и Уфа (судоходны). 40% терр. покрыто лесом. Башкирский заповедник.
Первые упоминания о башкирах относятся к 9–10 вв. В 13 в. терр. Б. захвачена монголо-татарами. С 1557 в составе России. 23.3.1919 образована Башк. АССР в составе РСФСР, с 1922 в совр. границах. В 1991 учреждён пост президента. В февр. 1992 принято новое назв. Республика Башкортостан.
Осн. отрасли пром-сти: нефтедоб., нефтеперераб. и нефтехим., маш-ние и металлообработка, чёрная металлургия, деревообр., лёгкая и пищ.; произ-во стройматериалов. Добыча угля, жел. и медно-цинковых руд и др. Посевы зерновых (пшеница, рожь и др.), техн. культур (сах. свёкла, подсолнечник). Картофелеводство, овощ-во, плод-во. Молочно-мясное скот-во, мясо-шёрстное овц-во; птиц-во; пчеловодство. Создана сеть трубопроводов (Туймазы – Уфа, Ишимбай – Уфа и др.). Курорты: Аксаково, Алкино, Шафраново, Красноусольский, Янгантау и др.

БАШМАЧО́К, род многолетних р-ний (сем. орхидные). Ок. 50 видов, гл. обр. в умеренном поясе Сев. полушария. 2 вида охраняются, в т.ч. Б. настоящий, или венерин Б. (в Европе с кон. 19 в.). Нек-рые виды декоративны. Под этим же назв. в оранжереях разводят тропич. орхидеи из др. родов.

БАШМЕ́Т Юр. Абр. (р. 1953), рос. альтист, педагог. Разнообразный репертуар включает классич. и совр. музыку. Первый исполнитель посв. ему концертов для альта с орк. (в т.ч. А.Г. Шнитке), сонат для альта.

БА́ШНЯ, сооружение, высота к-рого намного больше его горизонтальных размеров (диаметра, стороны основания). Первоначально строились с целью обороны (сторожевые вышки, *донжоны*). Применяются в культовом зодчестве (*колокольни, минареты*), в гражд. архитектуре (*маяки*, адм. здания и др.) и как инж. сооружения (водонапорные, радио-, телебашни).

БАШША́Р ИБН БУРД (714–783), араб. поэт. По происхождению перс. Был слепым. Жил в Басре; писал на араб. и перс. языках. Мастер любовной лирики, автор панегирич. и сатирич. стихов (см. *Хаджв*). Один из первых поэтов-классиков, положивших, нарушив традиц. каноны, начало араб. лит-ре обновления. В 744 был изгнан из родного города за «бесчестие» и религ. ересь. Скитался по Ираку; вернулся в Басру в 762. Пытался стать придворным поэтом халифа аль-Махди. За ядовитые сатиры был по приказу халифа засечён до смерти.

БАЯДЕ́РА (от португ. bailadeira – танцовщица), инд. танцовщица, участвующая в религ. церемониях или праздничных увеселениях.

БАЯЗИ́Д I Молниеносный (Bayezit I) (1354 или 1360–1403), тур. султан в 1389–1402. Завоевал обширные терр. на Балканах и в М. Азии. Разбит и взят в плен Тимуром в 1402.

БАЯ́Н, рус. хроматич. *гармоника*. Назв. по имени др.-рус. певца-сказителя Баяна (*Бояна*). Используется как сольный и ансамблевый инстр-т, входит в оркестр нар. инстр-тов.

Баян тульской фабрики.

БЕГ, спортивный на разл. дистанции, один из осн. видов *лёгкой атлетики*. Различают: гладкий Б. (по беговой дорожке стадиона, шоссе, в т.ч. марафонский), барьерный, с препятствиями (т.н. стипл-чейз), кросс.

БЕГА́, рысистые испытания на разл. дистанциях – вид кон. спорта. Участвуют лошади т.н. рысистых пород, напр. орловские рысаки, рысаки англо-норманнской породы, амер. рысаки. Первые Б. состоялись в России в кон. 18 – нач. 19 вв. на орловских рысаках.

БЕГЕМО́ТЫ, семейство парнокопытных млекопитающих. 2 вида: обыкновенный Б., или гиппопотам (длина тела до 4,5 м, длина хвоста 35–50 см, масса 2–3 т, иногда до 4 т), и карликовый Б. (длина тела 1,7–

Бег.

1,8 м, масса 250–270 кг). Распространены в Экв. Африке, населяют водоёмы с заводями и болотистыми берегами. Подолгу находятся в воде, ныряют, могут ходить под водой по дну. В брачный период между самцами происходят драки. Живут 40–50 лет (карликовый Б. - до 35). Гиппопотам считается одним из наиб. опасных ж-ных Африки: может на суше нападать на людей, а в воде – на лодки с людьми, переламывая их мощными челюстями. Карликовый Б. редок, охраняется.

БЕГО́НИЯ, род трав, кустарников или полукустарников (сем. бегониевые). Ок. 900 видов, в тропиках и субтропиках (кроме Австралии). Мн. виды и выведенные на их основе сорта и гибриды широко разводят как садовые и комнатные р-ния.

БЕ́ДНЫЙ Демьян (наст. имя и фам. Еф. Ал. Придворов) (1883–1945), рус. поэт. Популярные в годы Гражд. войны сатирич. стихи, фельетоны, басни, песни, б.ч. носившие агитац. характер; эпич. поэмы «Про землю, про волю, про рабочую долю» (1917), «Главная улица» (1922).

БЕДУИ́НЫ (от араб. бадауин – обитатели пустынь), кочевые арабы-скотоводы (преим. верблюдоводы) Передней Азии и Сев. Африки.

БЕЖА́Р (Béjart) Морис (наст. фам. Берже) (р. 1927), франц. артист балета, хореограф, педагог. В 1953 совм. с Ж. Лораном основал в Париже труппу «Балет "Звезды"» (до 1957), где был танцовщиком, ставил балеты («Симфония для одного человека» П. Анри и П. Шеффера, 1955, в гл. партии – Б.). В 1957–60 возглавлял труппу «Балетный театр Парижа». В 1960–87 в Брюсселе организовал и руководил труппой «Балет XX века» («Болеро» на музыку М. Равеля, 1960; «Девятая симфония» на музыку Л. Бетховена, 1964). В 1987–92 основал и возглавил труппу «Балет Бежара в Лозанне». Ставил и в др. труппах разных стран. Стремясь в танце выразить сложность духовной жизни совр. об-ва, Б. обновляет танц. лексику, вводит в постановки фрейдистские мотивы, много внимания уделяет развитию муж. танца.

БЕ́ЖЕНЦЫ, в междунар. праве лица, покинувшие страну пост. проживания в результате воен. действий, преследований по нац., религ. признаку, по полит. убеждениям и т.п. Понятие «Б.» возникло после 1-й мир. войны. Особенно большое число Б. и перемещённых лиц было после 2-й

Башкирия. Река Белая.

из них – «Золотой фонтан», 1737, и «Фонтан слёз», 1764). Пещерный Успенский мон. (14 в.), пещерные города Эски-Кермен, Тепе-Кермен, Чуфут-Кале.

БАЦИ́ЛЛЫ (от лат. bacillum – палочка), палочковидные бактерии. В узком смысле Б.– палочковидные бактерии, образующие внутриклеточные споры (покоящиеся формы, устойчивые к высоким темп-рам, радиации и др. неблагоприятным воздействиям). Нек-рые Б. вызывают болезни ж-ных и человека, напр. сиб. язву, столбняк.

БАШИ́Р Мунир (р. 1930), ирак. исполнитель на уде (араб. *лютня*).

72 БЕЗД

мир. войны, в связи с чем в ООН создано Управление верх. комиссара по делам Б. Статус Б. определяется Междунар. конвенцией 1951 и Протоколом 1967. Предоставление гражданину статуса Б. к.-л. гос-вом означает защиту этим гос-вом прав гражданина, материальную помощь ему и др. В 90-х гг. на терр. 6. СССР в результате межнац. конфликтов в разл. регионах имеется значит. число Б., статус к-рых законодательно, как правило, не урегулирован.

БЕЗДЕ́ЙСТВИЕ ПРЕСТУ́ПНОЕ, в праве вид преступного деяния; несовершение тех действий, к-рые лицо могло или должно было совершить в силу закона, договора, проф. обязанностей. Примерами Б.п. являются халатность, неоказание врачом помощи больному, недонесение о совершённом преступлении и др.

БЕЗНАЛИ́ЧНЫЕ РАСЧЁТЫ, осуществляются путём перечисления сумм со счёта плательщика на счёт кредитора в кредитных учреждениях или путём зачёта взаимных требований. Значение Б.р. заключается в ускорении оборачиваемости средств, сокращении наличных денег в обращении. Б.р. характерен для экономически развитых стран.

БЕЗОТКА́ЗНОСТЬ (техн.), свойство изделия сохранять работоспособность в течение нек-рого промежутка времени или вплоть до выполнения определ. объёма работы без вынужденных перерывов (напр., на ремонт). Один из показателей *надёжности*.

БЕЗОТХО́ДНАЯ ТЕХНОЛО́ГИЯ, термин, часто употребляемый в лит-ре для обозначения технол. процесса, обеспечивающего получение готового продукта или его части с малыми и полностью утилизируемыми отходами. Б.т. предусматривает комплексное использование сырьевых и энергетич. ресурсов без ущерба для окружающей среды; утилизацию отходов произ-ва; применение оборудования для переработки их в товарную продукцию; внедрение бессточных водооборотных систем с очисткой пром. стоков.

БЕЗРАБО́ТИЦА, незанятость части экономически активного населения в хоз. деятельности; существует в скрытой и явной, хронич. и краткосрочной формах. Причины Б.: экон. конкуренция, в частности на рынке труда; несовпадение спроса и предложения рабочей силы по профессиям, специальностям; спад произ-ва; структурная перестройка экономики; закрытие технически отсталых пр-тий и др. В большинстве развитых стран гос. регулирование занятости и помощи безработным включает подготовку и переподготовку рабочей силы, создание дополнит. рабочих мест, содействие найму, выплату пособий по Б., страхование Б. Уровень и масштабы Б.— один из важнейших показателей состояния экономики. В 1980–90-х гг. ср. уровень Б. в развитых странах 6–8% всей рабочей силы.

БЕЙЛЬ (Bayle) Пьер (1647–1706), франц. публицист и философ, ранний предст. Просвещения. С позиций скептицизма отверг возможность рационального обоснования религ. догматов, утверждал независимость морали от религии. Осн. соч.— «Исторический и критический словарь» (т. 1–2, 1695–97).

БЕЙРУ́Т, столица (с 1943) Ливана. 1,5 млн. ж. Порт на Средиземном м.; междунар. аэропорт. Лёгкая, пищ. пром-сть. Ун-ты. Музеи (в т.ч. изящных иск-в, нац. музей Ливана). Изв. с 18 (и 15) в. до н.э. под назв. Берит, Берута. В 4 в. до н.э. кр. торг.-ремесл. центр. В 7 в. включён в Араб. халифат. В 1920–43 адм. ц. подмандатной Франции терр. Ливан. Остатки финикийских, рим. и визант. сооружений. Мечеть Джами аль-Омари (1291), «Дворцовая мечеть» (нач. 16 в.).

БЕЙСБО́Л (англ. baseball), спорт. игра с мячом и битой, напоминающая лапту, на площадке 175 м × 125 м, в к-рой участвуют 2 команды по 9 (сев.-амер. Б.) или по 11 (уэльский Б.) игроков в каждой. Родина Б.— Англия; совр. правила игры с 1845; в России с кон. 1980-х гг. В 1921 осн. Междунар. федерация Б. (ИБФ); объединяет св. 60 стран. Чемпионаты мира с 1938, в программе Олимп. игр с 1992.

БЕ́ЙСИ (Basie) Каунт (1904–84), американский джазовый трубач, рук. оркестров. С кон. 1920-х гг. выступал с собств. джазовыми коллективами в Канзас-Сити и Нью-Йорке, с 1954 гастролировал. Один из основоположников оркестрового, а также камерного *свинга*, создал утончённый фп. стиль, основанный на традициях инстр. *блюза* (т.н. гарлемского *джаза*) с чертами *буги-вуги* и *регтайма*.

БЕ́ЙСИК (BASIC, от нач. букв англ. слов Beginners — для начинающих, All-purpose — универсальный, Symbolic — символический, Instruction — учебный, Code — код), *язык программирования*, ориентированный на пользователей неспециалистов в программировании — инженеров, учёных, студентов. Разработан в 1965 гг. в США. Используется гл. обр. в персональных ЭВМ.

БЕЙТ (араб.), двустишие в арабо-, фарси- и тюркоязычной поэзии, а также в поэзии на урду; осн. единица строфики *аруза*. Делится на 2 полустишия (мисра) с одинаковым кол-вом слогов и в целом должно заключать в себе законченную мысль. В фольклоре нек-рых народов назв. Б. применяется для четверостишия.

БЕК Ал-др Альфредович (1902/03–1972), рус. писатель. Пов. «Волоколамское шоссе» (1943–44) о героич. защите Москвы в 1941. Нравств. проблемы, порождённые командно-адм. системой управления в 1930–50-х гг., в ром. «Новое назначение» (1971, в России опубл. 1986). Ром. «На другой день» (не окончен, опубл. 1989) об истоках сталинизма.

БЕК (бег, бей) (тюрк. — властитель, господин; синоним араб. эмир), титул знати на Бл. и Ср. Востоке, в Ср. Азии и Закавказье.

БЕКА́Р (франц. bécarre) (муз.), знак *нотного письма* (♮), отменяющий повышение или понижение звука на *полутон* или на целый *тон*.

БЕКА́СЫ, род птиц (сем. ржанковые). Дл. до 30 см. Ноги относительно короткие. 13 видов, в т.ч. дупель. Распространены широко (кроме Австралии). При токовом полёте перья хвоста производят звук, напоминающий блеяние ягнёнка. Многие Б.— объект охоты. Японский Б. (Юж. Курилы и Сахалин) охраняется.

БЕКЕ́ТОВ Анд. Ник. (1825–1902), ботаник, один из основоположников морфологии и географии р-ний. Дед А.А. Блока. Изучал проблемы зональности растит. покрова и целесо-

образности в живой природе. Автор первого рус. учебника «География растений» (1896). Ректор Петерб. ун-та (1876–83).

БЕКЕ́ТОВ Ник. Ник. (1827–1911), физикохимик, основатель науч. школы в России. Брат А.Н. Бекетова. Открыл способ восстановления металлов из их оксидов, заложив основы алюмотермии. Организовал первые в России термохим. лаборатории.

БЕККА́РИА (Beccaria) Чезаре (1738–94), итал. просветитель, юрист. В своих трудах дал критич.

Ч. Беккариа.

анализ совр. ему уголов. права и суд. практики. Выдвинутые им идеи о соразмерности наказания преступлению, о равенстве всех перед законом, о недопустимости пыток и др. сыграли важную роль в формировании демокр. принципов уголов. права европ. стран 18–19 вв. Осн. тр. «О преступлениях и наказаниях» (1764, рус. пер. 1889).

БЕ́ККЕНБАУЭР (Beckenbauer) Франц (р. 1945), нем. футболист и тренер. В составе команды «Бавария» (Мюнхен) 3-кратный обладатель Кубка европ. чемпионов (1974, 1975, 1976). Чемпион Европы (1972) и мира (1974). В сер. 1970-х гг. неоднократно признавался лучшим футболистом Европы. Тренер сборной команды ФРГ — чемпион мира (1990).

БЕ́ККЕР (Becker) Борис (р. 1968), нем. теннисист. Чемпион мира (1989); победитель открытых чемпионатов США (1989) и Австралии (1991), Уимблдонского турнира (1985, 1986, 1989) в одиночном разряде. Чемпион Олимп. игр 1992 в парном разряде. В составе команды ФРГ обладатель Кубка Дэвиса (ко-

мандного чемпионата мира) 1988 и 1989.

БЕККЕРЕ́ЛЬ (Becquerel), франц. физики: Антуан Сезар (1788–1878), заниматься изучением люминесценции; его сын Александр Эдмон (1820–91), изучал фосфоресценции; наиб. известен сын Александра Эдмона — Антуан Анри (1852–1908), к-рый в 1896 открыл явление радиоактивности (Ноб. пр., 1903).

БЕ́ККЕТ (Beckett) Сэмюэл (1906–1989), ирл. драматург; писал на франц. и англ. языках. Идейно-стилистич. принципы *абсурда драмы* в пьесах «В ожидании Годо» (1953), «Конец игры» (1957), герои к-рых — физич. и духовные калеки, живущие с ощущением бессмысленности жизни и одержимые ужасом перед мыслью о надвигающейся гибели человечества. В ром. «Моллой» (1951), «Малон умирает» (1951), «Неназываемый» (1953) — традиции лит-ры «*потока сознания*». В пьесе «Катастрофа» (1982) — утверждение свободы художника. Ноб. пр. (1969).

БЁКЛИН (Böcklin) Арнольд (1827–1901), швейц. живописец. В фантастич. сценах мистич. символику с натуралистич. достоверностью («Тритон и Нереида», 1873–74).

БЕ́КМАН (Beckmann) Макс (1884–1950), нем. живописец и график. Пользуясь приёмами *экспрессионизма*, воплощал образы смятенного, рушащегося мира («Ночь», 1918–19).

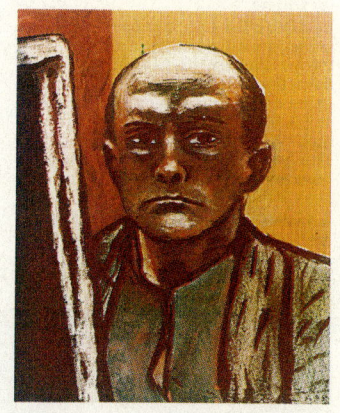

М. Бекман. Автопортрет в жёлтой куртке. Частное собрание.

БЕ́ЛАЯ (башк. Агизель), река, гл. обр. в Башкирии, лев. приток Камы. Дл. 1450 км. Истоки в горах Юж. Урала. Осн. притоки: Нугуш, Уфа,

А. Бёклин. «Остров мёртвых». 1880. Художественный музей. Базель.

Дёма. На Б.— гг. Белорецк, Салават, Ишимбай, Стерлитамак, Уфа (начало судох-ва), Бирск.

БЕ́ЛАЯ ГВА́РДИЯ, неофиц. наименование воен. формирований, боровшихся в годы Гражд. войны в России против большевистских пр-в. Происхождение термина связано с традиц. символикой белого цвета как цвета сторонников «законного правопорядка».

Белая гвардия: офицер Корниловского ударного полка (слева), 1919; офицер 2-го Конного генерала Дроздовского полка (справа), 1919.

БЕ́ЛАЯ ГОРЯ́ЧКА, см. в ст. *Алкогольные психозы.*

БЕ́ЛГОРОД, г. (с 1593), ц. Белгородской обл. в России, на р. Северский Донец. 314,2 т.ж. Ж.-д. уз. Пр-во стройматериалов (гл. обр. цемента), маш-ние (в т.ч. энергетич., хим., эл.-техн., приборостроит., радиоэлектронная пром-сть) и металлообработка. 4 вуза. Музеи: краеведч. и худ., музей-диорама «Курская битва». Т-ры: драм. имени М.С. Щепкина, кукол. Изв. с 1237 (по археол. данным, с 10 в.).

БЕЛГРА́Д, столица Югославии и Респ. Сербия. 1,6 млн. ж. Порт на Дунае, при впадении р. Сава; междунар. аэропорт. Крупный пром. (хим., текст., кож.-обув., полиграф., меб., пищ. пром-сть; маш-ние) и культурный центр. Ун-т (1863). Муз. академия (1937). Музеи: прикладного иск-ва, этногр., нар. (изобр. иск-во и археол. пам.) и югосл. драм., нац. (1894). Междунар. ярмарки, фестивали. В 1 в. до н.э.— 4 в. на месте Б.— рим. г. Сингидунум. Под серб. назв. Б. изв. с 9 в. С 1806 столица Серб. кн-ва (с 1882 кор-ва). В 1813—30 под властью Османской империи. С 1918 столица Кор-ва сербов, хорватов и словенцев (с 1929 — Югославия). Остатки рим., ср.-век. и тур. укреплений. Мечети 17 в., дома 18—19 вв.

БЕЛЕМНИ́ТЫ, вымершие мор. головоногие моллюски. Жили с *карбона* до *палеогена* включительно; расцвет в юре — мелу, когда были распространены по всему земному шару. Ок. 70 родов. По-видимому, походили на кальмаров. Хорошо сохраняющаяся часть внутр. раковины (ростр) дл. до 40 см известны под назв. «чёртов палец». *Руководящие ископаемые.*

БЕЛЕНА́, род одно- и двулетних трав (сем. паслёновые). Ок. 20 видов, в Евразии, Африке и на Канарских о-вах. Б. чёрная, растущая на пустырях, вдоль дорог, на мусорных местах, ядовита; лекарств. р-ние. Содержит гиосциамин и др. алкалоиды. Экстракт из листьев — противоспазматич. и болеутоляющее средство.

БЕЛИ́З, гос-во в Центр. Америке, в вост. части п-ова Юкатан, омывается Карибским м. Пл. 23 т. км². Нас. 196 т.ч., белизцы (в т.ч. креолы — 40%, испано-индейские метисы — 33%). Офиц. яз.— английский. Среди верующих 62% — католики, 31% — протестанты. Входит в *Содружество.* Глава гос-ва — королева Великобритании, представленная в Б. ген.-губернатором. Законодат. орган — двухпалатный парламент — Сенат и Палата представителей. Столица — Бельмопан. Адм.-терр. деление: 6 округов. Ден. единица — доллар Белиза.

Б.ч. терр. Б.— низменная заболоченная равнина, на Ю.-З.— горы Майя (выс. до 1122 м, пик Виктория). Климат тропич. пассатный. Ср.-мес. темп-ры 25—27 °C; осадков ок. 2000 мм в год. Гл. реки: Рио-Ондо и Белиз. Тропич. леса и саванны.

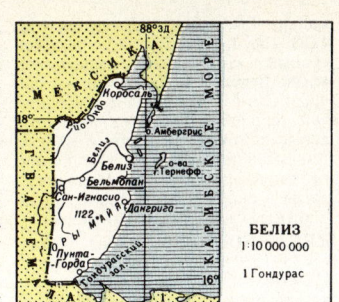

В нач. 16 в. Б. завоёван испанцами. С 1862 колония Великобритании под назв. Гондурас Британский. С 1973 назв. Белиз. С 1981 независимое гос-во.

Б.— агр. страна. ВНП на д. нас. 1970 долл. в год. Гл. экспортные культуры — сах. тростник и фрукты (апельсины, грейпфруты, бананы). Лесозаготовки (кампешевое, красное дерево и др.). Рыб-во и промысел морепродуктов. Пр-тия по переработке с.-х. сырья (сах. и паточные з-ды, произ-во рома, концентрир. соков, консервов) и пошиву одежды, лесопильные з-ды. Экспорт: сахар-сырец (ок. 1/3 стоимости), концентрир. соки (ок. 1/7), одежда (1/10), бананы, омары и креветки, древесина.

БЕЛИ́ЛА, белые пигменты для всех видов красок и эмалей, крашения резины, пластмассы, бумаги. Наиб. распространены Б. на основе оксидов цинка и титана.

БЕЛИ́ЛЬНАЯ И́ЗВЕСТЬ, то же, что *хлорная известь.*

БЕЛИ́НСКИЙ Виссарион Григ. (1811—48), рус. лит. критик. Сотрудничал в ж. «Телескоп» (1833—36), «Отечественные записки» (1839—46) и «Современник» (1847—48). Стремился создать универс. лит. критику на почве филос. эстетики (в осн. под влиянием идей Ф. Шеллинга и Г. Гегеля). Поставив во главу угла критику существующей действительности, разработал принципы натуральной школы — реалистич. направления в рус. лит-ре, главой к-рого считал Н.В. Гоголя. В ежегодных обзорах лит-ры, в статьях об А.С. Пушкине (11 ст., 1843—46), М.Ю. Лермонтове и др. дал конкретно-ист. анализ их творчества, раскрывая нац. самобытность, народность, гуманизм как важнейшие критерии художественности их произв.

БЕ́ЛКИ, род грызунов (сем. беличьи). Длина тела 20—35 см, хвост длинный, пушистый. Ок. 30 видов, в лесах Евразии, Сев. и Юж. Америки (сев. часть). Б. обыкновенная (векша) — типичное древесное ж-ное, сооружающее гнездо в дуплах или на ветках (гайно). Окраска зимнего меха от светло-серой до тёмно-серой, летнего — от ярко-рыжей до чёрной (в России на В. летом чаще встречается чёрная). Осн. пища — семена хвойных деревьев. Один из осн. объектов пушного промысла России.

Белка.

БЕЛКИ́, природные высокомолекулярные органич. соединения, состоящие из остатков 20 *аминокислот.* В зависимости от формы молекулы различают фибриллярные (нитевидные) и глобулярные (шарообразные) Б. В состав сложных Б. входят углеводы (гликопротеины), *липиды* (липопротеины) и др. соединения. Во всех организмах Б. играют исключительно важную роль: служат структурными компонентами клеток и тканей, биокатализаторами (*ферменты*), *гормонами,* дыхат., пигментами (*гемоглобины*), выполняют защитную функцию (*иммуноглобулины*) и др. Биосинтез Б. происходит на *рибосомах;* последовательность аминокислот в молекуле Б. определяется *генетическим кодом.* Б.— основа кожи, шерсти, шёлка и др. натуральных материалов, важнейшие компоненты пищи человека и корма ж-ных. Со 2-й пол. 20 в. для получения пищ. и кормовых Б. используют микробиол. синтез.

БЕЛЛ (Bell) Александер Грейам (1847—1922), один из изобретателей телефона. По происхождению шотландец, с 1871 в США. В 1876 получил патент на первый практически пригодный телефонный аппарат. В США именем Б. названа н.-и. фирма «Белл телефон лабораторис» (осн. в 1925).

БЕЛЛ Даниел (р. 1919), амер. социолог. Один из авторов концепций деидеологизации и *постиндустриального общества.*

БЕЛЛАДО́ННА, многолетнее травянистое р-ние рода красавка (сем. паслёновые). Растёт в Центр. и Юж. Европе, М. Азии, в т.ч. на Кавказе, в Крыму и Карпатах. В культуре как лекарственное (болеутоляющее и спазмолитич. средство). Ядовита. В Др. Риме женщины использовали Б. как «средство красоты» из-за содержащегося в ней атропина, расширя-

Белград. Вид города.

Белград. Площадь Республики.

В.Г. Белинский. Портрет работы К.А. Горбунова. 1871. Художественный музей им. А.Н. Радищева. Саратов.

74 БЕЛЛ

Белладонна.

ющего зрачки (отсюда назв.: итал. belladonna — прекрасная дама).

БЕЛЛЕТРИ́СТИКА (от франц. belles lettres — худ. лит-ра), 1) худ. проза. 2) В 20 в. преим. «лёгкое чтение»: массовая лит. продукция злободневно-модного или развлекат. характера.

БЕЛЛИ́НИ (Bellini) Винченцо (1801–35), итал. композитор. 11 опер Б.— эпоха в итал. романтич. муз. т-ре и иск-ве белька́нто. Мелодич. пластика и филигранная отточенность вок. партий свойственны его лучшим лирич. оп. «Сомнамбула», «Норма» (1831), а также «Пуритане» (1835, с чертами *большой оперы*).

В. Беллини.

БЕЛЛИ́НИ, семья итал. живописцев венецианской школы: Якопо (ок. 1400–70), работал в готич. условной

Джованни **Беллини.** «Мадонна на троне в окружении святых». 1505. Церковь Сан-Дзаккария. Венеция.

манере. Его сыновья: Джентиле (ок. 1429–1507), в портретах и многофигурных композициях запечатлел жизнь Венеции («Процессия на площади Сан-Марко», 1496); Джованни (ок. 1430–1516), создал классически ясные картины на религ. и мифол. темы, тонкие по колориту, с поэтич. пейзажными мотивами («Мадонна на троне в окружении святых», 1505), портреты («Дож Лоредан», 1502).

БЕЛЛИНСГА́УЗЕН Фад. Фад. (1778–1852), мореплаватель, адм. (1843). Участвовал в первом рус. кругосветном плавании 1803–06. В 1819–21 рук. 1-й рус. антарктич. (кругосветной) эксп. на шлюпах «Восток» и «Мирный», открывшей в янв.

Ф.Ф. Беллинсгаузен.

1820 Антарктиду и обошедшей её; выявил Юж.-Антильский подводный хр.; выяснил, что «Земля Сандвича» и Н. Шотландия – 2 архипелага, а не массивы суши; первым плавал в акватории, позднее (1905) названной в его честь (м. Беллинсгаузена); обнаружил неск. о-вов в Южном и Тихом океанах. В 1828–29 принимал участие в рус.-тур. войне; с 1839 воен. губернатор г. Кронштадт.

БЕЛЛО́НА, в рим. мифологии богиня войны. Изображалась с мечом или бичом, часто в центре битвы, на колеснице.

«Беллона». Картина Рембрандта. 1633. Метрополитен-музей. Нью-Йорк.

БЕ́ЛЛОУ (Bellow) Сол (р. 1915), амер. писатель. Ром. «Приключения Оджи Марча» (1953), «Герцог» (1964), «Дар Гумбольдта» (1975), «Зима профессора» (1982) – философич. проза об интеллигенции; вера в духовные ценности зап.-европ. цивилизации при трезвом осознании её актуальных нравств. антиномий (жертва – палач, свобода – ответственность выбора) и бедствий (нигилизм, бездуховность). В ром. «А многие умирают от горя» (1987) слагается картина расширяющегося круга взаимных обманов и «заговоров» ради секса и денег. Рассказы. Ноб. пр. (1976).

БЁЛЛЬ (Böll) Генрих (1917–85), нем. писатель. Сострадание одиноким чистым душам в их нравств.

Г. Бёлль.

противостоянии злу, отвержение нацизма, милитаризма, социальной несправедливости – в прозе о современности (ром. «И не сказал ни единого слова», 1953, «Бильярд в половине десятого», 1959, «Глазами клоуна», 1963, «Групповой портрет с дамой», 1971; повести, рассказы), отмеченной ясной манерой письма, тонкими психол. анализом и окра-

шенным католич. миросозерцанием. Ноб. пр. (1972).

БЕЛО́В Вас. Ив. (р. 1932), рус. писатель. В ром. «Кануны» (1972–87), «Год великого перелома» (1989–1991) – осмысление коллективизации как нар. трагедии. В пов. «Привычное дело» (1966), «Плотницкие рассказы» (1968) – поэзия и проза совр. сел. жизни, история рус. деревни, худ. исследование нар. характера. Кн. «Лад. Очерки о народной эстетике» (отд. изд. 1982).

БЕЛОВЕ́ЖСКАЯ ПУ́ЩА, лесной массив на границе Белоруссии и Польши, на водоразделе Немана, Зап. Буга и Припяти. Общая пл. св. 150 т. га, в т.ч. в Белоруссии 87,5 т. га. Один из самых старых лесных (высокоствольные боры, грабово-дубовые леса, ольшаники) заповедников Европы. Первые ограничения на охоту введены в 13 в., с 1541 в Б.п. стал охраняться зубр, с 1640 запрещена рубка леса. Музей природы. Внесена в список *Всемирного наследия*.

БЕЛОГЛА́ЗОВЫ, спортсмены (вольная борьба), братья: 1) Анат. Ал. (р. 1956), чемпион СССР (1977–1982), Европы (1976), мира (1977, 1978, 1982), Олимп. игр (1980); 2) Сер. Ал. (р. 1956), чемпион СССР (1979–82), Европы (1979–88), мира (1979–87), Олимп. игр (1980,1988).

БЕ́ЛОЕ ДУХОВЕ́НСТВО, принятое в России общее назв. низших не монашествующих священнослужителей, в отличие от *чёрного духовенства* монашествующих.

БЕ́ЛОЕ МО́РЕ Сев. Ледовитого ок., у берегов России (между Кольским и Каниным п-овами). Соединяется с Баренцевым м. прол. Горло и Воронка. Пл. 90 т. км², Глуб. до 350 м. Кр. о-ва – Соловецкие. Кр. губы (заливы): Кандалакшская, Онежская, Двинская и Мезенская. Впадают реки Сев. Двина, Онега, Мезень и др. Зимой покрыто льдом. Рыб-во (сельдь, навага, сиговые). Беломор-

Белое море. Побережье.

ско-Балт. канал соединяет Б.м. с Онежским оз. Осн. порты: Архангельск, Беломорск, Кандалакша, Онега и др.

БЕЛОЗЁРСКИЙ Анд. Ник. (1905–1972), биохимик, один из основоположников мол. биологии в СССР. Фундам. тр. по распространению и хим. составу нуклеиновых к-т у разл. групп организмов, геносистематике.

БЕЛОКРО́ВИЕ, см. *Лейкоз.*

БЕЛОРУ́ССИЯ (Республика Беларусь), гос-во в Вост. Европе. Пл. 207,6 т. км². Нас. 10260 т.ч., гор. 67%; белорусы (77,9%), русские (13,2%), поляки (4,1%), украинцы, евреи и др. Офиц. яз. белорусский. Большинство верующих — православные. Глава гос-ва — президент. Законодат. орган — парламент. Столица — Минск. В Б. — 6 областей, 117 р-нов, 99 городов, 112 пос. гор. типа. Ден. единица — белорусский рубль.

Занимает зап. окраину Вост.-Европ. равнины. Многочисл. следы древнеледниковой деятельности. С З. на В. протягивается Белорус. гряда (выс. до 345 м); на Ю. — Белорус. Полесье. Климат умеренно континентальный. Ср. темп-ры янв. от –4 °С на Ю.-З. до –8 °С на С.-В., июля от 17 °С на С. до 19 °С на Ю.; осадков 500–700 мм в год. Гл. реки — Днепр (с притоками Припять, Березина, Сож), Зап. Двина, Неман. Св. 10 тыс. озёр (в т.ч. крупные — Нарочь, Освейское). Вдхр. — Вилейское, Заславское. Леса (преим. хвойные) занимают ок. 1/3 терр. Заповедно-охотничье х-во Беловежская Пуща (часть); заповедники — Березинский, Припятский.

В 10 — нач. 12 вв. в составе *Древнерусского государства* образовались кн-ва Полоцкое, Турово-Пинское и др. В 13–14 вв. их терр. в составе Вел. кн-ва Литовского, с 1569 — Речи Посполитой. С кон. 18 в. белорус. земли в составе Рос. империи. В нояб. 1917 в Б. провозглашена сов. власть. В февр.–нояб. 1918 б.ч. терр. была оккупирована герм. войсками. 1.1.1919 образована БССР. Зап. Б. по Рижскому договору 1921 отошла к Польше. В 1922 БССР вошла в состав СССР. В 1941–44 Б. оккупирована нем.-фаш. войсками. В июле 1990 ВС республики принял Декларацию о гос. суверенитете Б. В 1994 введена должность президента.

Б. — индустр.-агр. страна. ВНП на д. нас. 2920 долл. в год. Произ-во эл.-энергии гл. обр. на ГРЭС. Ведущие отрасли пром-сти: маш-ние и металлообработка (в т.ч. авто- и тракторостроение, радиоэлектроника, эл.-техника, приборостроение), хим. и нефтехим. (произ-во минер. удобрений, пластмасс, хим. волокон, шин и др.), нефтепереработка. Развиты лёгкая (в т.ч. льняная, трикот., кож.-обув.), пищ. (мясная, молочная, маслосырод., конс. и др.), деревообр. пром-сть; передельная чёрная, порошковая металлургия. Добыча калийных солей, нефти. Молочно-мясное скот-во, свин-во, птиц-во. Выращивают зерновые культуры (рожь, пшеница, ячмень, овёс, гречиха), картофель, лён-долгунец, сах. свёклу. Плод-во, овощ-во. Судох-во по Припяти, Днепровско-Бугскому каналу, Днепру, Сожу, Березине.

Белоруссия. Березинский заповедник.

БЕЛОРЫ́БИЦА, проходная рыба (сем. *сигов*). Дл. до 110 см, масса до 20 кг. Обитает в Каспийском м., для размножения входит в Волгу и Урал. Ценный объект промысла и разведения.

БЕЛОТА́Л, то же, что *ветла.*

БЕЛОУ́СОВА Люд. Евг. (р. 1935), чемпионка СССР (1965–68), Европы и мира (1965–68), Олимпийских игр (1964, 1968) в парном катании с О.А. Протопоповым. С 1979 живёт в Швейцарии.

БЕЛУ́ГИ, род рыб (сем. *осетровые*). 2 вида. Белуга — проходная рыба басс. Чёрного, Азовского, Каспийского и Адриатич. морей. Дл. до 4–5 м, масса до 1 т и более (обычно значительно меньше). Ценный объект промысла и разведения. Получен гибрид Б. со стерлядью (бестер). В басс. р. Амур — калуга. Илл. см. при ст. *Осетровые.*

БЕ́ЛУ-ОРИЗО́НТИ, г. в Бразилии. 2,1 млн. ж. Центр кр. горнопром. р-на (жел. и марганц. руды, золото). Чёрная металлургия, хим., фарм., текст. пром-сть. Ун-ты. Ист. музей. Осн. в 1895. Имеет прямоуг. сетку улиц с пересекающими её диагоналями. Многочисл. небоскрёбы. Близ Б.-О. — туристич. и спорт. городок Пампулья (арх. О. Нимейер).

БЕЛУ́ХА, самая высокая (4506 м) вершина на Алтае.

БЕ́ЛЫЕ КА́РЛИКИ, компактные *звёзды* с массами порядка солнечной ($M_☉$) и радиусами прибл. в 100 раз меньшими, чем у Солнца; конечный этап эволюции звёзд с относительно небольшими массами ($0,8M_☉$–$8M_☉$). Б.к. были выделены в особый тип звёзд в нач. 20 в. Назв. связано с цветом первых отождествлённых Б.к. — белых горячих звёзд (позже были открыты более холодные представители этого типа звёзд, цвет к-рых может быть жёлтым и даже красным). Темп-ра поверхности от 5 до 70 тыс. К. Ср. плотность ок. 1 т/см³.

БЕ́ЛЫЕ НО́ЧИ, светлые ночи в начале лета, когда вечерняя заря сходится с утренней и всю ночь длятся гражд. *сумерки.* Наблюдаются в обоих полушариях на широтах, превышающих 60°, когда центр Солнца в полночь опускается под горизонт не более чем на 7°. В С.-Петербурге (ок. 60° с.ш.) Б.н. продолжаются с 11 июня по 2 июля, в Архангельске (64°34′ с.ш.) — с 13 мая по 30 июля.

БЕ́ЛЫЙ Андрей (наст. имя и фам. Бор. Ник. Бугаев) (1880–1934), рус. писатель. Один из лидеров *символизма.* Для творчества Б. характерны мистич. мотивы (с 1912 — антропософия), гротескное восприятие действительности («Симфонии»), порой формальное экспериментаторство (сб. «Золото в лазури», 1904). В сб. стихов «Пепел» (1909) трагедия деревенской Руси. В ром. «Петербург» (1913–14, переработанное изд. 1922) саркастич. изображение рос. государст-

А. Белый. Портрет работы Л.С. Бакста. 1906. Русский музей.

венности. Мемуары, автобиогр. проза. Иссл., в т.ч. поэтики Н.В. Гоголя.

БЕ́ЛЫЙ ГРИБ (боровик), съедобный гриб (сем. болетовые). Шляпка сверху бурая, снизу губчатая белая, зеленовато-жёлтая, диам. обычно до 20 см (иногда до 50 см). Ножка толстая белая с сетчатым рисунком. Масса от неск. г до 300–400 г (до

Белый гриб (дубовая форма).

4 кг). Растёт в лиственных, хвойных и смешанных лесах гл. обр. Сев. полушария. Содержит много белка. Лучший гриб для сушки.

БЕ́ЛЫЙ МЕДВЕ́ДЬ (ошкуй), хищное млекопитающее. Дл. тела 2–2,5 (до 3) м, масса до 1000 кг. Распространён по побережью Сев. Ледовитого ок. и во льдах Арктики. В России наиб. многочислен на Земле Франца-Иосифа и о. Врангеля. Летом кочует. Хорошо плавает и ныряет. Осн. пища – тюлени (гл. обр. нерпа). Живёт в природе 17–19 лет, в неволе до 40 лет. Находился под угрозой исчезновения, но к кон. 1970-х гг. численность восстанавливается. Охраняется на о. Врангеля, где в 1976 создан заповедник.

Белый медведь.

БЕ́ЛЫЙ СВЕТ, оптическое излучение сложного спектрального состава, вызывающее в человеческом глазу нейтральное в цветовом отношении ощущение. Даёт рассеянное излучение Солнца, содержащее все цвета. Б.с. возникает также при смешении *дополнительных цветов*.

БЕ́ЛЫЙ СТИХ, стих без рифм в новоевроп. силлабич. и силлабо-тонич. стихосложении. Часто, в стихотв. драме («Борис Годунов» А.С. Пушкина), – 5-стопный ямб. Ср. со *свободным стихом*.

БЕЛЬВЕДЕ́Р (итал. belvedere, букв. – прекрасный вид), вышка, надстройка над зданием (обычно круглая в плане); павильон, беседка на возвышенном месте; назв. нек-рых дворцов в Ватикане, Вене, Праге, Варшаве.

БЕ́ЛЬГИЯ (Королевство Бельгия), гос-во в Зап. Европе, на С.-В. омывается Сев. м. Пл. 30,5 т. км². Нас. 10,02 млн. ч. (фламандцы, валлоны и др.). Офиц. яз. – нидерландский, французский, немецкий. Верующие преим. католики (90%). Б. – конституционная монархия. Глава гос-ва – король, к-рый осуществляет законодат. власть совместно с двухпалатным парламентом (Сенат и Палата представителей). С 1993 Б. – федерация региональных сообществ Валлонии и Фландрии, а также столичного округа Брюссель. Ден. единица – бельг. франк.

Б.ч. терр. – равнина, повышающаяся с С.-З. и Ю.-В. от берегов Сев. м. до Арденн (выс. до 694 м, г. Ботранж). Вдоль побережья – полоса дюн, за к-рой расположены польдеры, переходящие в низм. Фландрскую и Кампин. Климат умеренно морской. Ср. темп-ры янв. от –1°С в Арденнах до 3°С на побережье, июля соотв. от 14 до 19°С; осадков от 700–900 до 1200–1500 мм (в горах) в год. Гл. реки – Шельда и Маас. Широколиственные леса (ок. 20% терр.). Преобладают культурные ландшафты.

В ср. века бельг. терр. (герцогства Брабант, Люксембург, графство Фландрия и др.) – часть *Нидерландов* исторических, в составе к-рых в 16 в. оказалась под исп. господством. В результате войны за Исп. наследство бельг. терр. стали владением австр. Габсбургов (1714). В 1815–30 в составе Нидерл. кор-ва. Революция 1830 привела к созданию самостоят. Бельг. гос-ва. В 1908 Б. приобрела колон. владение – Бельг. Конго, в 1922 получила мандат на Руанда-Урунди. С 1890-х гг. обострился нац. вопрос. После 2-й мир. войны Б. утратила Бельг. Конго (1960). После обострения в 1960-е гг. нац.-лингвистич. проблем между валлонами и фламандцами была разделена на валлонские и фламандские регионы и Брюссель; по закону 1989 эти регионы, а также франц., фламанд. и нем. сообщества получили от центр. пр-ва прерогативы в области здравоохранения, обществ. работ и т. д.

Б. – индустр. страна с интенсивным с. х-вом и широкими внеш.-экон. связями (ок. 50% пром. продукции идёт на внеш. рынок). ВНП на д. нас. 15 440 долл. в год. Добыча угля. Б. – кр. экспортёр чёрных (листовая сталь, профили, стальной прут и трубы) и цв. (алюминий, медные и алюминиевые полуфабрикаты) металлов, продукции маш-ния (включая легковые и грузовые автомобили и узлы для них, эл.-техн. и электронные изделия, кабели, реакторы, авиац. двигатели, турбины, станки, с.-х. машины, оборудование для текст., пивовар. и др. пром-сти) и хим. пром-сти (пластмассы, удобрения, фотохимикаты, фарм. товары, синтетич. волокна и каучук, моющие средства, краски, стекла (плоского, зеркального и др.), мебели, бумаги, картона и полиграф. изделий, стройматериалов и цемента, текст. пряжи и изделий, муж. одежды, сахара, табака, масла, молока, мясных продуктов, свежих овощей и пива (традиционно производится св. 300 сортов). Б. – крупнейший в мире экспортёр бриллиантов и ковров (синтетич. и шерстяных); известно произ-во кружев, охотничьего и спорт. оружия.

Бельгия. Ратуша в Ауденарде. 16 в.

Ведущие отрасли с. х-ва – мясо-молочное жив-во, овощ-во (кр. парниковые х-ва) и произ-во зерна (пшеница, ячмень, овёс); выращивают сах. свёклу, картофель, лён. Рыб-во, лов креветок; разведение мидий, устриц, в пресных водоёмах – форели, карпа. Б. занимает одно из первых мест в мире по густоте ж.-д. сети.

БЕЛЬКА́НТО (итал. bel canto, букв. – прекрасное пение), вок. стиль (возник в Италии в 17 в. в связи с развитием оперного иск-ва), отличающийся певучестью, лёгкостью, красотой звучания, изяществом, виртуозностью *колоратуры*. Оказал влияние на европ. вок. школу.

БЕЛЬМО́ (лейкома), стойкое рубцовое помутнение роговицы глаза после повреждения, воспалит. или язвенного процесса. Б., расположенное против зрачка, снижает зрение (иногда до слепоты).

БЕЛЬМОНДО́ (Belmondo) Жан Поль (р. 1933), франц. актёр. Начинал в т-ре. Приобрёл известность после исполнения гл. роли в ф. «На последнем дыхании» (1960). Глубина драм. дарования, талант перевоплощения проявились в ф. «Безумный Пьеро» (1965), «Вор» (1967). В ряде приключенч. фильмов и боевиков 60–80-х гг. («Сто тысяч долларов на солнце» и др.) приобрёл популярность актёра-супермена, спародированного им самим в ф. «Великолепный» (1973).

БЕЛЬЭТА́Ж (от франц. bel – прекрасный и étage – этаж, ярус), 1) первый ярус (этаж) зрительного зала над *бенуаром* и *амфитеатром*. 2) Второй, парадный, этаж дворца, особняка.

БЕЛЯ́ЕВ Ал-др Ром. (1884–1942), рус. писатель. Науч.-фантастич. ром.: «Голова профессора Доуэля» (1925), «Человек-амфибия» (1928), «Звезда КЭЦ» (1936) и др.

БЕЛЯ́ЕВ Митр. Петр. (1836–1903/04), меценат, лесопромышленник, нотоиздатель. Своей худ.-просветит. и меценатской деятельностью поддерживал развитие рус. музыки. Учредил Глинкинские пр. Основал нотное изд-во «М.П. Беляев в Лейпциге» (1885) с торг. базой в С.-Петербурге. Организовал общедоступные «Рус. муз. концерты» (1885–1918). На муз. вечерах в доме Б. возникло объединение композиторов – т.н. Беляевский кружок, преемственно связанное с «Могучей кучкой» и возглавляемое Н.А. Римским-Корсаковым (входили также А.К. Глазунов, А.К. Лядов, Н.Н. Черепнин и др.).

БЕЛЯ́К, см. в ст. *Зайцы*.

БЁМ (Böhm) Карл (1894–1981), австр. дирижёр. Рук. Дрезденской (1934–43), Венской (1943–45 и 1954–56) гос. опер. Гастролировал в ряде городов Европы (в 1971 – в Москве), Америки. Интерпретатор произв. В.А. Моцарта, Р. Вагнера, Р. Штрауса (участник его оперных премьер).

БЁМ-БА́ВЕРК (Böhm-Bawerk) Эйген (1851–1914), австр. экономист. Выступил с обоснованием *предельной полезности теории*; подверг критике экон. теорию К. Маркса.

БЁМЕ (Böhme) Якоб (1575–1624), нем. философ-пантеист. Занимался сапожным ремеслом. Основываясь на толковании библейских текстов и традициях нем. мистики, развил своеобразную диалектику, выраженную в ярких и смелых образах (напр.,

Бог как «пропасть», рождающая «основу»). Соч.: «Аврора, или Утренняя заря в восхождении» (1634, рус. пер. 1914).

БЕМО́ЛЬ (франц. bémol) (муз.), знак *нотного письма* (♭), предписывающий понижение звука на *полутон*. Понижение на целый *тон* обозначает дубль-бемоль (♭♭).

БЕНАРДО́С Ник. Ник. (1842–1905), рос. изобретатель. Предложил (1882, патент 1885) способ электрич. дуговой сварки металлов с помощью угольных электродов; др. способы сварки и пайки.

БЕНГА́ЛЬСКИЙ ЗАЛИ́В, Индийского ок., между п-овами Индостан и Индокитай и о-вами Андаманскими и Никобарскими. Пл. 2191 т. км², Глуб. до 4519 м. Впадают реки Ганг и Брахмапутра. Рыб-во. Кр. порты: Калькутта, Мадрас (Индия), Читтагонг (Бангладеш).

БЕ́НДИ (англ. bandy – изогнутая клюшка), принятое в междунар. спорт. терминологии назв. хоккея с мячом.

БЕНЕДЕ́ТТИ МИКЕЛА́НДЖЕЛИ (Benedetti Michelangeli) Артуро (р. 1920), итал. пианист. Стиль Б.М. отличают отрешённость, строгая красота и безукоризненное подчинение авторскому тексту. В юности предпочитал современный, затем — классич. фп. репертуару.

БЕНЕДИКТИ́НЦЫ, члены католич. монашеского ордена. Осн. ок. 530 Бенедиктом Нурсийским (480–547) в Италии.

БЕНЕДИ́КТОВ Вл. Григ. (1807–1873), рус. поэт. Лирич. стихи в духе «низового» романтизма («Стихотворения», 1835), с «пламенным» пафосом, отвергнутым «бессмысленной» толпой, с патетич. приподнятостью, красивостью и эффектностью образов, имели шумный, но кратковрем. успех.

БЕ́НЕШ (Beneš) Эдуард (1884–1948), в 1946–48 през. Чехословакии. В 1918–35 мин. ин. дел, в 1935–38 през., во время 2-й мир. войны през. в эмиграции (с 1940).

БЕНЗИ́Н (франц. benzine), бесцв. жидкость, легче воды; смесь углеводородов, выкипающих при 30–205 °C. Получают гл. обр. дистилляцией и крекингом нефти. Топливо для карбюраторных авто- и авиадвигателей (характеризуется *октановым числом*); экстрагент и растворитель для жиров, смол, каучуков.

БЕНЗО́Л, бесцв. горючая жидкость, $t_{кип}$ 80,1 °C, образуется при коксовании кам. угля и при хим. переработке

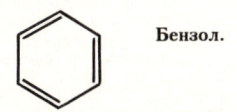

Бензол.

(напр., *риформинге*) нефт. фракций. Сырьё в произ-ве фенола, циклогексана, стирола, анилина, капролактама и др.; растворитель жиров, лаков, красок, компонент моторных топлив (для повышения октанового числа). Токсичен.

БЕНИ́Н (Республика Бенин), гос-во в Зап. Африке, омывается Атлантич. ок. Пл. 112,6 т. км². Нас. 4,9 млн. ч., фон, йоруба и др. Офиц. яз.– французский. Ок. 60% нас. придерживается местных традиц. верований, остальные–христиане, мусульмане и др. Глава гос-ва и пр-ва – президент. Законодат. орган – Нац. собрание.

Бенин. Кафедральный собор в г. Абомей. Нач. 20 в.

Столица – Порто-Ново, резиденция президента и пр-ва – Котону. Адм.-терр. деление: 6 провинций. Ден. единица – франк КФА.
Поверхность на Ю. низменная, на С. – плато, на С.-З. – горы Атакора (высотой до 635 м). Климат экв. и субэкв. Ср.-мес. темп-ры 24–30 °C; осадков от 1000 до 2000 мм в год. Осн. реки: Вели, Моно. Б.ч. терр. – саванны, на Ю. и вдоль рек – влажные тропич. леса.
В 15 в. на прибрежную терр. Б. проникли европейцы (первые – португальцы) и превратили её в кр. район работорговли (отсюда назв. – Невольничий берег). В нач. 1890-х гг. захвачена франц. колонизаторами; с 1960 независимое гос-во под назв. Респ. Дагомея, в 1975–90 Нар. Респ. Б. Б. – агр. страна. ВНП на д. нас. 360 долл. в год. С. х-во – гл. отрасль экономики страны, осн. источник экспортных ресурсов и валютных поступлений. Осн. с.-х. культуры: экспортные – масличная пальма, хлопчатник, кофе, орехи-карите, какао, арахис и табак (также и для внутр. потребления); потребительские – кукуруза, маниок и др. Отгонно-пастбищное жив-во. Поголовье: кр. рог. скот, овцы и козы, свиньи. Птиц-во. Лесозаготовки, гл. обр. красное дерево. Пр-тия по переработке с.-х. сырья, а также текст. и пищевкус. пром-сти.

БЕНКЕНДО́РФ Ал-др Христоф. (1781 или 1783–1844), один из ближайших сподвижников имп. Николая I, граф (1832), ген. от кавалерии (1832). С 1826 шеф жандармов и гл. нач. Третьего отделения Собственной его имп. величества канцелярии. Автор воспоминаний (часть опубл. в ж. «Рус. архив», № 2, 1865).

БЕНН (Benn) Готфрид (1886–1956), нем. писатель. Участник 1-й мир. войны. Экспрессионистич. сб-ки стихов («Морг», 1912; «Плоть», 1917) и новелл («Мозги», 1917) поражают отталкивающим физиологизмом образов и мастерски-дозированной шоковой лексикой. Поэзию Б., осознававшего себя в рамках идущей к концу европ. цивилизации (бессмысленный, опустошённый и убийственный для человека мир), отличают метафизич. нигилизм, стоич. пессимизм одиночества («Статические стихи», 1948). Тот же комплекс идей в автобиогр. прозе «Двойная жизнь», 1950), эссеистике («После нигилизма», 1932; «Мировыражение», 1949), ст. «Проблемы лирики» (1951).

БЕ́НТАМ (Bentham) Иеремия (1748–1832), англ. философ и юрист, родоначальник *утилитаризма*, аналитич. школы права, идеолог либерализма. В соч. «Деонтология, или Наука о морали» (т. 1–2, 1834) сформулировал нравств. идеал («наибольшее счастье наибольшего числа людей») и критерий морали («достижение пользы, выгоды, удовольствия, добра и счастья»).

БЕНУА́ Ал-др Ник. (1870–1960), рос. художник, историк иск-ва и худ. критик. С 1926 во Франции. Идеолог *«Мира искусства»*. В живописи, графике, театральных работах («Версальская серия», 1905–06; илл. к «Медному всаднику» А.С. Пушкина, 1903–22) тонко передавал стиль прошедших эпох. В искусствоведч. трудах сочетал приверженность к культурному наследию с принципами «свободного иск-ва». Худ. рук. *«Русских сезонов»* (1908–11), режиссёр (МХТ, 1913–15).

БЕНУА́Р (франц. baignoire, букв.–ванна), ложи в т-ре по обеим сторонам *партера* на уровне *сцены* или неск. ниже. Впервые появились во франц. т-ре 18 в. (в целях сохранения сословного разделения публики) после того, как привилегир. части зрителей было запрещено размещаться на сцене.

БЕ́НЬЯМИН (Benjamin) Вальтер (1892–1940), нем. эссеист, лит. и худ. критик. С 1933 в антифаш. эмиграции (Париж). В сб-ках эссе и афоризмов, исследованиях культуры («Односто-

БЕРА́ 77

А.Н. Бенуа. «Парад при Павле I». Гуашь. 1907. Русский музей.

роннее движение», «Происхождение немецкой трагедии», обе 1928; статьи о И.В. Гёте, Н.С. Лескове, Ф. Кафке; «Избранное», 1955, «Озарение», 1961; широкая публикация работ Б. началась после 1955) – острое переживание конца традиц. укладов и наступления совр. техн. цивилизации (в т.ч. в иск-ве – тиражирование уникальности, фотография). Б. воплотил новый тип массовидного («одномерного») человека – продукта распада целостности жизни и культуры. Совр. мегаполисам посв. эссе о Париже, Марселе, Неаполе. Оказал влияние на Франкфуртскую школу. «Московский дневник» (опубл. 1980) – о встречах в кон. 1920-х гг. с людьми «нового иск-ва» (ЛЕФ).

«БЕОВУ́ЛЬФ» (Beowulf), древний англо-саксонский эпос. Назв. по имени гл. героя, легендарного короля сканд. племени на Ю. Швеции. В основе поэмы нар. сказания, восходящие к 1-й пол. 6 в. и доносящие отголоски ист. событий. Записан в нач. 10 в.

БЕРАНЖЕ́ (Béranger) Пьер Жан (1780–1857), франц. поэт. Завоевал известность сатирой на наполеоновский режим («Король Ивето», 1813). Поднял фольклорный куплет на высоту проф. иск-ва. Песни, проникнутые рев. духом, юмором, оптимизмом, плебейской прямотой, приобрели широкую популярность; в России известны в пер. В.С. Курочкина. В 1821 и 1828 находился в заключении по обвинению в оскорблении религ. и обществ. морали (песни «Капуци-

П.Ж. Беранже.

ны», «Ангел-хранитель»), а также короля. Разделял идеи утопич. социализма. Кн. «Моя биография» (1857).

БЁРБАНК (Burbank) Лютер (1849–1926), амер. селекционер. Вывел много сортов плодовых (св. 100 сортов сливы, вишня Изобильная Бёрбанка и др.), овощных (белоклубневый сорт картофеля, сладкий лук и др.), полевых и декор. (кактус без колючек и др.) культур.

БЕРБЕРОВА Нина Ник. (1901–1993), рус. писательница. В 1922 эмигрировала (вместе с мужем В. Ф. Ходасевичем). В автобиогр. кн. «Курсив мой» (на англ. яз.— 1969, на рус. яз.— 1972, доп. изд.— 1983), ром. «Железная женщина» (1981), повестях, рассказах — судьбы русских в эмиграции. Иссл. «Люди и ложи. Русские масоны 20 столетия» (1986).

БЕРВИ-ФЛЕРОВСКИЙ Вас. Вас. (1829–1918), рос. социолог, экономист, публицист и беллетрист, участник обществ. движения 1860–90-х гг. В 1862–87 в ссылке, сотр. ж. «Дело», «Слово», «Отечественные записки» и др. Соч.: «Положение рабочего класса в России» (1869), «Азбука социальных наук» (1871), восп. «Записки революционера-мечтателя» (1929), ром. «На жизнь и смерть» (Женева, 1905; в России — 1907).

БЕРГ Аксель Ив. (1893–1979), инициатор развития в СССР осн. направлений радиоэлектроники, кибернетики и её приложений. Осн. тр. по радиотехнике, радиолокации, радиопеленгации.

БЕРГ (Berg) Альбан (1885–1935), австр. композитор. Представитель новой венской школы. В соч.— черты муз. романтизма, экспрессионизма. Одним из первых применил додекафонию, коллаж, в оп. «Воццек» (1921) — гуманистич., социально-критич. направленность. Оп. «Лулу» (не окончена). Лирич. сюита для струнного квартета (1926), концерт для скрипки с орк. (1935), вок. циклы.

БЕРГГОЛЬЦ Ольга Фёд. (1910–1975), рус. поэтесса. Лирич. произв. о героич. обороне Ленинграда: поэтич. сб. «Ленинградская тетрадь», поэмы «Февральский дневник», «Ленинградская поэма» (все 1942). Радиовыступления (кн. «Говорит Ленинград», 1946). Автобиогр. лирич. проза «Дневные звёзды» (1959). Неоднократно подвергалась репрессиям.

БЕРГЕН, г. в Норвегии. 211 т. ж. Порт у Бю-фьорда на Сев. м. Нефтеперераб., нефтехим. и хим. пром-сть. Маш-ние в т.ч. судостроение; рыбопереработка, произ-во рыболовных снастей. Ун-т. Консерватория (1905). Музеи: ист., зап.-норв. прикладного иск-ва и худ. пром-сти, картинная гал., «Старый Б.» (группа норв. дерев. построек, представляющая в миниатюре город сер. 18 в.), Дом-музей Э. Грига (уроженца Б.) — Трольхёуген. Осн. в 11 в. В ср. века — один из крупнейших торг. центров Сев.-Зап. Европы (до 1630 — в составе ганзы). Остатки крепости с королев. залом Хоконсхаллен (13 в.), башня Розенкранц (16 в.), романская церк. Марии (12–13 вв.).

БЁРГЕР (Berger) (наст. фам. Штайнбергер) Хельмут (р. 1944), австр. актёр. В фильмах Л. Висконти «Гибель богов» (1969), «Людвиг» (1972), «Семейный портрет в интерьере» (1974), а также в ф. «Романтическая англичанка» (1975), «Са-

лон Китти» (1976) играл героев романтич. склада, с глубоко скрытым нравств. надломом или психич. изъяном.

БЕРГМАН (Bergman) Ингмар (р. 1918), швед. режиссёр, сценарист. В т-ре ставит спектакли классич. и совр. репертуара; воспитал плеяду актёров. Гл. тема Б.— поиски и филос. поиски истины, веры, смысла человеческого бытия. Эта тема в разной тональности — от отчаяния и безысходности до проблеска надежды — воплощается в ф.: «Вечер шутов» (1953), «Седьмая печать», «Земляничная поляна» (оба 1957), «Девичий источник» (1960), «Персона» (1966), «Шёпоты и крик» (1972), «Осенняя соната» (1978), «Фанни и Александр» (1983).

И. Бергман в фильме «Осенняя соната».

БЕРГМАН Ингрид (1915–82), швед. киноактриса. После признания в картинах швед. реж. Г. Муландера («Интермеццо», 1936) получила мировую известность в амер. и англ. фильмах 40-х гг.: «Касабланка», «Газовый свет», «Завороженный», «Дурная слава». Снималась у Р. Росселлини, Ж. Ренуара и др. Последняя значит. работа в фильме реж. И. Бергмана «Осенняя соната» (1978). Играла в т-ре.

БЕРГСОН (Bergson) Анри (1859–1941), франц. философ, предст. интуитивизма и философии жизни. Подлинная и первонач. реальность, по Б.,— жизнь как метафизически-космич. процесс, «жизненный порыв», творч. эволюция; структура её — длительность, постигаемая только посредством интуиции, противоположной интеллекту; разл. аспекты длительности — материя, сознание, память, дух (осн. соч. «Творческая эволюция», рус. пер. 1914). Ноб. пр. по лит-ре как блестящему стилисту (1927).

БЁРДЖЕСС (Burgess) Антони (1917–93), англ. писатель. Сатирич. ром. «Право на ответ» (1960), «чёрные утопии» «1985» (1978) и «Новости конца света» (1982). Тема всеобщего насилия, охватившего мир, немотивированной жестокости в романе-предупреждении «Заводной апельсин» (1962, одноим. фильм С. Кубрика, 1971). Тема антигероя в пародийных «биографиях» У. Шекспира (1964) и Дж. Китса (1977) и романах о комич. шпионе Эндерби (в т.ч. «Завещание заводному миру», 1974).

БЁРДСЛИ (Бердслей) (Beardsley) Обри (1872–98), англ. рисовальщик. Болезненно хрупкие рисунки, отли-

О. Бёрдсли. Иллюстрация к «Саломее» О. Уайльда. Тушь. 1894.

чающиеся виртуозной игрой силуэтов и линий (илл. к «Саломее» О. Уайльда, 1894).

БЕРДЯЕВ Ник. Ал-др. (1874–1948), религ. философ. Участвовал в сб. «Вехи» (1909), «Из глубины» (1918). В 1922 выслан из Сов. России. С 1925 — во Франции, издавал религ.-филос. ж. «Путь» (Париж, 1925–40). От марксизма перешёл к философии личности и свободы в духе религ. экзистенциализма и персонализма. Свобода, дух, личность, творчество противопоставляются Б. необходимости, миру объектов, в к-ром царствуют зло, страдание, рабство. Смысл истории, по Б., мистически постигается в мире свободного духа, за пределами ист. времени. Осн. соч. переведены на мн. языки: «Смысл творчества» (1916), «Миросозерцание Достоевского» (1923), «Философия свободного духа» (т. 1–2, 1927–28), «Русская идея» (1946), «Самопознание» (1949).

Н. А. Бердяев.

БЕРЁЗА, род деревьев и кустарников (сем. берёзовые). 120–140 (по др. данным, 65) видов, в умеренных и холодных поясах Сев. полушария и в горах субтропиков. Деревья выс. 30 (45) м, живут в ср. ок 100–120 лет. Лесообразующая и декор. порода; Б. повислая и Б. пушистая в значит. мере определяют красоту и своеобразие ландшафта ср. полосы России. Древесину используют в меб. произ-ве (особенно ценится карельская Б.), на поделки, из коры получа-

ют дёготь, изготовляют берестяные изделия; почки и листья — мочегонное и желчегонное средства. 5 редких видов охраняются.

БЕРЕЗОВСКИЙ Макс. Созонтович (1745–77), рос. композитор. Наряду с Д. С. Бортнянским создал новый тип духовного хорового концерта. Опера-сериа «Демофонт» (1773).

БЕРЕМЕННОСТЬ, процесс внутриутробного вынашивания плода у живородящих ж-ных и человека; длится с момента оплодотворения до рождения плода. Продолжительность Б. у самок ж-ных от 12–13 сут (мелкие грызуны) до 480–510 (киты) и 660 (слоны) сут. У человека продолжается в ср. 280 сут (40 нед или 10 лунных мес). При Б. происходит коренная перестройка жен. организма (изменение гормонального баланса, обмена в-в, поведения и др.), подчиняющая всю его жизнедеятельность вынашиванию плода. Б. бывает одноплодной и многоплодной (у ж-ных до 20 детёнышей в помёте, у человека до 7 детей). См. также Аборт, Внематочная беременность.

БЕРЕНС (Behrens) Петер (1868–1940), нем. архитектор и дизайнер. В стр-ве пр-тий использовал жел.-бетон. и металлич. конструкции, подчёркивал суровую мощь массивных стен.

П. Беренс. Турбинная фабрика фирмы «АЭГ» в Берлине. 1909.

БЕРЕСТЯНЫЕ ГРАМОТЫ, др.-рус. письма и док-ты 11–15 вв., процарапанные на берестяной коре (бересте). Найдены в Новгороде, Смоленске, Ст. Руссе, Пскове, Витебске, Твери, Москве и др. Свидетельствуют о широком распространении грамотности на Руси. Содержат уникальные сведения по истории др.-рус. быта.

БЕРИЛЛ (греч. béryllos — драгоценный камень цвета морской волны), минерал, руда бериллия, силикат. Кристаллы — шестигранные призмы. Тв. 7,5–8; ср. плотн. 2,7 г/см^3. Прозрачные цветные Б.— драгоценные камни: изумруд, аквамарин, воробьевит (морганит) — розовый, гелиодор — золотисто-жёлтый, ростерит — бесцветный и др. Самый крупный в мире кристалл Б. (дл. 18 м, диам. 3,5 м, масса 380 т) найден на Мадагаскаре. Гл. м-ния: в Бразилии, Канаде, США, на Мадагаскаре, в ЮАР, России (Урал, Забайкалье), на Украине.

БЕРИЛЛИЙ (Beryllium), Be, хим. элемент II гр. периодич. системы, ат. н. 4, ат. м. 9,01218; металл. Б. открыл в 1798 франц. химик Л. Воклен, получен в 1828 нем. химиками Ф. Вёлером и А. Бюсси. Б. используют в авиастроении, ядерной и ракетной технике, электронике и электротехнике. Токсичен.

БЕРИНГ (Bering) Витус Ионассен (Ив. Ив.) (1681–1741), рос. мореплаватель. Род. в Дании. Руководил

Берёза повислая: 1 – ветвь с плодовыми серёжками; 2 – зимняя ветвь; 3 – плод.

1-й (1725–30) и 2-й (1733–41) Камчатскими эксп. В плаваниях 1728–29 закартировал св. 3500 км азиат. побережья моря, позже названного Беринговым, и часть берегов Охотского м.; выявил 6 п-овов, 13 заливов и бухт, а также 2 о-ва; первым прошёл проливом между Азией и Сев. Америкой с Ю. на С. и обратно. В плавании 1741 достиг Сев.-Зап. Америки, открыл небольшие участки материка и п-ова Аляска, 2 группы прибрежных и ряд о-вов Алеутской гряды; вместе с А.И. Чириковым первым совершил плавание в сев. части Тихого ок. и в зал. Аляска. Умер на открытом им и названном его именем о-ве.

БЕ́РИНГ (Behring) Эмиль Адольф (1854–1917), нем. микробиолог, иммунолог. Предложил противостолбнячную и противодифтерийную антитоксич. сыворотки, разработал способ активной иммунизации против дифтерии. Ноб. пр. (1901).

БЕ́РИНГ, крупнейший горн. ледник Сев. Америки в горах Чугач и Св. Ильи (Кордильеры Сев. Америки, шт. Аляска, США). Длина (от самого удалённого истока) 203 км, пл. 5800 км^2. Назван по имени В.И. Беринга.

БЕ́РИНГОВ ПРОЛИ́В, между материками Евразия и Сев. Америка. Соединяет Сев. Ледовитый ок. с Тихим ок. Дл. 96 км, наим. шир. 86 км, наим. глуб. 36 м. По проливу между о-вами Диомида проходит гос. граница России и США.

БЕ́РИНГОВО МО́РЕ Тихого ок., между Евразией и Сев. Америкой, ограничено с Ю. Алеутскими и Командорскими о-вами. Соединяется с Чукотским м. Беринговым прол. Пл. 2315 км^2. Глуб. до 5500 м. Кр. о-ва: Св. Лаврентия, Нунивак, США. Кр. заливы: Анадырский, Олюторский, Нортон, Бристольский. Впадают реки Анадырь и Юкон. Б.ч. года покрыто плавучими льдами. Рыб-во (лосось,

камбала, сельдь). Порты: Провидения (Россия), Ном (США).

БЕ́РИО (Berio) Лучано (р. 1925), итал. композитор. Для творчества Б. характерны авангардные поиски новой акустич. среды и муз. текстуры, использование *серийной техники, электронной музыки*. Сценич. соч.: «Опера» (1970), «Правдивая история» (1982), вок.-инстр. «Перспективы» (1956), «Траектории» (I–IV, 1965–75), «Найти точки на кривой...» (1974).

БЕРИО́ (Bériot) Шарль (1802–70), бельг. скрипач, композитор. Основатель нац. скрипичной школы. Концертировал с дет. лет, в 1830-х гг. вместе с женой – М.Ф. Малибран. Автор мн. произв. для скрипки, в т.ч. 10 концертов с оркестром.

БЕ́РИЯ Лавр. Пав. (1899–1953), в 1941–53 зам. пред. СНК (СМ) СССР, в 1953 1-й зам. пред. СМ СССР; чл. Политбюро (През.) ЦК в 1946–53 (канд. с 1939). С 1921 на руководящих постах в ЧК-ГПУ Закавказья. В 1931–38 1-й секр. ЦК КП(б) Грузии, Заккрайкома ВКП(б). В 1938–45 нарком, с 1953 мин. внутр. дел СССР. С 1941 чл., с 1944 зам. пред. ГКО. Маршал Сов. Союза (1945). Входил в ближайшее полит. окружение И.В. Сталина; один из наиб. активных организаторов массовых репрессий 1930-х – нач. 50-х гг. В июне 1953 арестован по обвинению в заговоре с целью захвата власти, в дек. 1953 расстрелян.

БЕРК (Burke) Эдмунд (1729–97), англ. публицист, полит. философ. Один из первых идеологов *консерватизма*. Защищал исконные традиции и социальные институты (семья, община, церковь). Автор острых памфлетов против Франц. рев-ции кон. 18 в.

БЕ́РКЛИ (Berkeley) Джордж (1685–1753), англ. философ; епископ в Клойне (Ирландия). В «Трактате о началах человеческого знания»

(1710) утверждал, что внеш. мир не существует независимо от восприятий и мышления: бытие вещей состоит в их воспринимаемости.

БЕ́РКЛИЙ (Berkelium), Bk, искусств. радиоактивный хим. элемент III гр. периодич. системы, ат. н. 97; относится к *актиноидам*; металл. Впервые получен амер. физиками С. Томпсоном, А. Гиорсо и Г. Сиборгом в 1949.

БЕ́РКУТ, хищная птица рода орлов. Дл. до 90 см, крылья в размахе до 2 м. Долго парит, добычу хватает на земле. Распространён в Евразии, Сев. Америке и Сев. Африке. Пары образуются на всю жизнь. Ловчая птица, гл. обр. на зайцев и лисиц. В России (Алтай, Саяны) численность сокращается.

Беркут.

БЕРЛА́НГА (Berlanga) Луис Гарсиа (р. 1921), исп. кинорежиссёр. Склонен к трагикомедии, гротеску, сатире в ф.: «Добро пожаловать, мистер Маршалл!» (1952, с Х.А. Бардемом), «Палач» (1963), «Коровёнка» (1984).

БЕРЛИ́Н, столица (в 1871–1945 и с 1990) Германии. 3,4 млн. ж. Расположен при впадении р. Шпре в р. Хафель, на судох. каналах, связывающих Б. с реками Эльба и Одер. Междунар. аэропорты. Метрополитен. Маш-ние (вкл. эл.-техн., электронное, приборостроение, общее, трансп.). Хим.-фарм., полиграф., текст., швейная, пищевуц. пром-сть. Ун-ты. Музеи: берлинские гос., н.-и. истории, краеведческий. Т-ры: оперный, «Комише опер», «Берлинер ансамбль» и др. Возник в 1-й пол. 13 в. С 1486 столица Бранденбурга (затем Пруссии). На заключ. этапе Вел. Отеч. войны в Европе сов. войска 2.5.1945 полностью овладели горо-

Берлин. Трептов-парк.

дом. После разгрома фаш. Германии терр. Б. была разделена на зоны оккупации СССР, США, Великобритании и Франции. В 1948 Б. был разделён на 2 части: западную – Зап. Берлин (до 1990 особое полит. образование) и восточную – Берлин (с 1949 столица ГДР). В период «холодной войны» в Вост. Б. для пресечения массовой эмиграции в 1961 была сооружена «стена» (дл. 162 км, в т.ч. 45 км в черте Б.); демонтирована в 1990. Б. был сильно разрушен во время 2-й мир. войны. В 1940–50-х гг. восстановлен и застроен новыми зданиями. Готич. церкви 13–14 вв., барочные и классицистич. ансамбли 17–19 вв.

«БЕРЛИ́НЕР АНСА́МБЛЬ», нем. т-р. Осн. в 1949 в Берлине Б. Брехтом и Е. Вейгель как т-р антифаш. и антимилитаристской направленности при активном обращении к интеллекту зрителя. В репертуаре произв. нем. и заруб. (в т.ч. рус.) драматургов. Поставил большинство пьес Брехта («Мамаша Кураж и её дети», 1949; «Трёхгрошовая опера», 1960, и др.).

БЕРЛИ́НСКАЯ КОНФЕРЕ́НЦИЯ 1945 (Потсдамская конференция) (17 июля – 2 авг., Потсдам), глав пр-в гл. держав – победительниц во 2-й мир. войне: СССР (И.В. Сталин), США (Г. Трумэн) и Великобритании (У. Черчилль, с 28 июля К. Эттли). Приняла решение о демилитаризации и денацификации Германии, уничтожении герм. монополий, о репарациях, о зап. границе Польши.

БЕРЛИО́З (Berlioz) Гектор (1803–1869), франц. композитор, дирижёр.

Г. Берлиоз.

Художник-романтик, создавший первую программную «Фантастическую симфонию» (1830). Новаторски преобразовывал традиц. муз. жанры, синтезируя элементы оперы, оратории, симфонии. Развил принцип тембровой драматургии в инструментовке. Стилю Б. присущи монументальность, одноврем. гротесковая заострённость образов. Оп. «Бенвенуто Челлини» (1837), «Троянцы» (дилогия, 1859), «Беатриче и Бенедикт» (комич., 1862); Реквием (1837); симф. «Гарольд в Италии» (для альта-соло и орк., 1834), Траурно-триумфальная симфония (1840); драм. легенда «Осуждение Фауста» (для солистов, хора и орк., 1846). Наряду с Р. Вагнером заложил основы совр. дирижирования.

«БЕРМУ́ДСКИЙ ТРЕУГО́ЛЬНИК», р-н Атлантич. ок. между о-вами Бермудскими, Пуэрто-Рико и п-овом Флорида, отличающийся сложными условиями для навигации. С «Б.т.» связаны легенды о таинств. исчезновении судов и самолётов.

БЕРН, столица (с 1848) Швейцарии. 135 т.ж. Междунар. аэропорт. Маш-ние, хим.-фарм., полиграф., шоколадная пром-сть. Ун-т (1834). Музеи, в т.ч. худ., ист., ремесла. Гор. т-р (1903) с оперной труппой. Местопребывание ряда междунар. орг-ций. Туризм. Осн. в 1191. В 1353 кантон Б. вошёл в Швейц. конфедерацию. Частично сохранились крепостные стены с Часовой башней (15 в.). Готич. собор (1421—1588), ратуша (1406—17).

БЕРНАДО́Т (Bernadotte) Жан Батист (1763—1844), маршал Франции (1804). Участник рев. и наполеоновских войн. В 1810 избран наследником швед. престола. В 1813 командовал швед. войсками в войне против Франции. С 1818—44 швед. король Карл XIV Юхан, основатель швед. королев. династии.

БЕРНАНО́С (Bernanos) Жорж (1888—1948), франц. писатель, публицист; католик. В ром. «Под солнцем Сатаны» (1926), «Дневник сельского священника» (1936), «Господин Уин» (1940, опубл. 1973) и др., обнажающих кризис «европ. души» (безверие, опустошённость, индивидуализм),— поиски пути духовного спасения, праведной жизни, борьба со злом и земными соблазнами. Сб. проповедей «Великие кладбища в лунном свете» (1938).

БЕРНА́Р (Bernard) Клод (1813—78), франц. физиолог и патолог, один из основоположников эксперим. медицины. Классич. иссл. функции поджелудочной железы и её роли в пищеварении. Тр. по углеводному обмену (открыл образование гликогена в печени), электрофизиологии и др. Ввёл понятие о внутр. среде организма.

БЕРНА́Р (Bernhardt) Сара (1844—1923), франц. актриса. В 1872—80 в «Комеди Франсез», в 1898—1922 возглавляла «Т-р Сары Бернар» (Париж). Трагедийные и мелодрам. роли в пьесах В. Гюго, Ж. Расина, Э. Ростана. Прославилась в ролях Маргариты Готье («Дама с камелиями» А. Дюма-сына, 1881) и Гамлета («Гамлет» У. Шекспира, 1899). Красивый голос, отточенная дикция.

С. Бернар в роли Гамлета.

пластичность сочетались у Б. с искусственно нарочитой эффектностью игры. В 1881, 1892 и 1908 гастролировала в России.

БЕРНАРДИ́НЦЫ (цистерцианцы), члены католич. монашеского ордена, осн. в 1089. Первый монастырь — Цистерциум (ок. Дижона, Франция). Назв. Б.— от имени аббата монастыря в Клерво — Бернара (12 в.).

БЕРНЕ́С Марк Наумович (1911—1969), актёр, эстрадный певец. Обаяние, искренность, мужеств. простота иск-ва Б. ярко проявились в кино в ролях простых сов. людей, весёлых, верных долгу и товариществу («Два бойца», 1943; «Великий перелом», 1946). Исполнял лирич. песни в фильмах и на эстраде.

БЕРНИ́НИ (Bernini) Лоренцо (1598—1680), итал. архитектор и скульптор. Представитель барокко. Архит. произв. (колоннада площади собора Св. Петра в Риме, 1657—63) отличаются пространств. размахом, динамикой форм, скульптура — стремительностью движения, сочетанием

Л. Бернини. «Аполлон и Дафна». Мрамор. 1622—25. Музей и галерея Боргезе. Рим.

религ. аффектации с экзальтир. чувственностью («Экстаз Св. Терезы», 1644—52).

БЁРНС (Burns) Роберт (1759—96), шотл. поэт. В самобытной поэзии Б.— прославление людей труда, свободы, бескорыстной самоотверженной любви и дружбы. Сатирич. антицерк. поэмы «Два пастуха» (1784), «Молитва святоши Вилли» (1785), сб. «Стихотворения, написанные преимущественно на шотландском диалекте» (1786), патриотич. гимн «Брюс — шотландцам», кантата «Весёлые нищие», гражд. и любовная лирика (стих. «Дерево свободы», «Джон Ячменное зерно» и др.), застольные песни. Собрал и подготовил к изд. произв. шотл. поэтич. и муз. фольклора, с к-рым тесно связано его творчество.

БЕ́РНСТАЙН (Bernstein) Леонард (1918—90), амер. дирижёр, композитор. Дирижировал разл. симф. орк. в Нью-Йорке (1943—69). Блестящий интерпретатор соч. Г. Малера, амер. композиторов. Как автор тяготел к сценич. музыке, насыщенной элемен-

тами джаза, негритянского и мекс. фольклора. Оперы, балеты, мюзиклы (в т.ч. «Вестсайдская история», 1957), духовная музыка.

БЕРНУ́ЛЛИ (Bernoulli), семья швейц. учёных-математиков. Наиб. известны: 1) Якоб (1654—1705), развил методы исчисления бесконечно малых; в теории вероятностей доказал простейший случай закона больших чисел — теорему Б.; совм. с братом Иоганном положил начало вариац. исчислению. 2) Иоганн (1667—1748), брат Якоба. Тр. по исчислению бесконечно малых и вариац. исчислению. Среди многочисл. учеников — Л. Эйлер. 3) Даниил (1700—82), сын Иоганна, ему принадлежат важные работы по дифференциальным ур-ниям, теории рядов и др. разделам математики. Сформулировал нек-рые законы механики жидких и газообразных тел, вывел ур-ние, связывающее скорость и давление в потоке идеальной жидкости при установившемся течении (ур-ние Б.).

БЕРНШТЕ́ЙН (Bernstein) Эдуард (1850—1932), один из лидеров герм. социал-демократии, идеолог реформизма. Во 2-й пол. 90-х гг. выступил с критикой теоретич. основ марксизма. Б. отвергал науч. обоснование социализма, к-рый считал этич. идеалом; выдвинул программу реформ капитализма и компромиссов с буржуазией («Конечная цель — ничто, движение — всё»).

БЕРСЕ́НЕВ (наст. фам. Павлищев) Ив. Ник. (1889—1951), актёр, режиссёр, педагог. На сцене с 1907. В 1924—36 во МХАТе 2-м (с 1928 худ. рук.), с 1938 худ. рук. Моск. т-ра имени Ленинского комсомола. Б. присущи сила темперамента, благородная сдержанность актёрской манеры, пластич. выразительность. В характерных ролях склонен к острому, чёткому сценич. рисунку: Следователь и Протасов («Живой труп» Л.Н. Толстого, 1911 и 1942), Сирано («Сирано де Бержерак» Э. Ростана, 1943) и др. Пост.: «Нора» Г. Ибсена (1939, совм. с С.В. Гиацинтовой, сыграл Хельмера) и др.

БЕРТИЛЬО́Н (Бертийон) (Bertillon) Альфонс (1853—1914), франц. юрист, автор системы приёмов суд. идентификации (ранее иногда наз. «бертильонаж»).

БЕРТЛО́ (Бертело) (Berthelot) Пьер Эжен Марселен (1827—1907), франц. химик и гос. деятель. Тр. по органич. химии, хим. кинетике, термо- и агрохимии, ВВ, истории химии. Синтезировал природные органич.

Р. Бёрнс.

соед. разл. классов, чем опроверг представления о витализме. Изобрёл (1881) калориметрич. бомбу. Ввёл понятия об экзо- и эндотермич. реакциях. Мин. просвещения (1886—87), мин. ин. дел (1895—96).

БЕРТОЛУ́ЧЧИ (Bertolucci) Бернардо (р. 1941), итал. кинорежиссёр. Тема молодёжного бунта (ф. «Перед революцией», 1964, и др.) с горечью и ощущением утраченных иллюзий отзывается в лентах: «Стратегия паука» (1970), «Последнее танго в Париже» (1972). Идея власти тёмных и скрытых психол. комплексов над личностью в ф.: «Конформист» (1970), «Луна» (1979). Мотив сопротивления человека навязываемой ему роли марионетки выражен в ф.:

Б. Бертолуччи. Кадр из фильма «Двадцатый век».

«Двадцатый век» (1976), «Последний император» (1987).

БЁРТОН (Бартон) (Burton) (наст. фам. Дженкинс) Ричард (1925—84), англ. актёр. Выступал в пьесах У. Шекспира в т-рах Шекспировском мемориальном (Стратфорд-он-Эйвон) и «Олд Вик». Прославился в роли бунтаря против моральных и социальных устоев об-ва в ф. «Оглянись во гневе» (1958). Снимался в ф. «Клеопатра» (1963), «Кто боится Вирджинии Вулф?» (1966), «Укрощение строптивой» (1967), «1984» (1984).

БЕРТРА́Н ДЕ БОРН, см. в ст. Куртуазная литература.

БЕРЦЕ́ЛИУС (Berzelius) Йёнс Якоб (1779—1848), швед. химик и минералог. Открыл церий (1803), селен (1817), торий (1828). Создал (1812—

Й.Я. Берцелиус.

1819) электрохим. теорию хим. сродства, на её основе построил классификацию элементов, соед. и минералов. Определил (1807—18) атомные массы 45 элементов, ввёл (1814) совр. хим. знаки элементов. Предложил термин «катализ».

БЕСКОВ Конст. Ив. (р. 1920), спортсмен и тренер (футбол). Нападающий команды «Динамо» (Москва). Чемпион СССР (1945,1949) и обладатель Кубка СССР (1953). Тренер моск. команд «Динамо» (1967-1973, с 1993), «Спартак» (1984-90), «Асмарал» (1992-93) и сборной команды СССР (1955, 1963-64, 1981-1982) – финалиста чемпионата Европы (1964).

БЕСКОНЕЧНОСТЬ, науч.-филос. категория, выражающая неогранич. многообразие объективного мира в пространстве и во времени.

БЕСПЛОДИЕ, неспособность зрелого организма производить потомство. Причинами Б. могут быть нарушения в репродуктивной системе как одного, так и обоих супругов: отсутствие живых сперматозоидов в семени, аномалии строения и воспалит. болезни половых органов (напр., эндометрит, аднексит), эндокринопатии и др.

БЕСПОЗВОНОЧНЫЕ, животные, не имеющие позвоночника: простейшие, губки, кишечнополостные, черви, моллюски, членистоногие, иглокожие и др. (примерно ¾ видов всех ж-ных).

БЕСПОЛОЕ РАЗМНОЖЕНИЕ, см. в ст. *Размножение*.

БЕСПРИЗОРНОСТЬ, отсутствие у детей семейного или гос. попечения, нормальных условий жизни и воспитат. влияния. Причины Б.: социальные, стихийные потрясения, конфликты в семье и т.п. Ликвидация Б. включает гос., социальную и благотворит. помощь, *опеку*, *попечительство*, *усыновление* и др.

БЕССЕМЕР (Bessemer) Генри (1813-98), англ. изобретатель. Создал (патент 1856) конвертерный способ передела жидкого чугуна в сталь (без подвода теплоты – продувкой воздухом), т.н. бессемеровский процесс.

БЕССЕРЕБРЯНАЯ ФОТОГРАФИЯ, методы получения фотогр. изображений с использованием светочувствит. слоёв, не содержащих соединений серебра. Основана на фотоэлектрич. процессах на поверхности полупроводника (*электрофотография*), на фотохим. процессах на диазотипных фотобумагах, в полимерных плёнках, силикатных стёклах (*фотохромизм*), на анизотропии тепловых, магн. и оптич. свойств нек-рых в-в (*магнитная запись*) и др.

БЕССМЕРТНИКИ (иммортели), растения неск. родов (сем. *сложноцветные*) – цмин, гелиптерум, сухоцвет и др., сохраняющие при сушке форму и окраску. Используют в сухих зимних букетах. Цмин песчаный (т.н. кошачьи лапки) – лекарств. (желчегонное) р-ние.

БЕССМЕРТНОВА Нат. Иг. (р. 1941), артистка балета. В 1961-88 в Большом т-ре. Романтич. танцовщица, обладающая редкой музыкальностью, одухотворённостью пластич. рисунка танца, тонким чувством стиля. Партии: Жизель («Жизель» А. Адана, 1963), Одетта-Одиллия («Лебединое озеро» П.И. Чайковского, 1969), Джульетта «Ромео и Джульетта» С.С. Прокофьева, 1979), Рита («Золотой век» Д.Д. Шостаковича, 1982) и др.

БЕССОЗНАТЕЛЬНОЕ, совокупность психич. процессов, не представленных в сознании субъекта. В ряде психол. теорий – особая сфера психического, качественно отличного от сознания. В «философии Б.» Э. Гартмана Б.– универсальная основа бытия. Одно из центр. понятий в психоанализе З. Фрейда (и др. течениях т.н. глубинной психологии); в «аналитич. психологии» К.Г. Юнга наряду с личным Б. выделяется коллективное Б.

БЕССОННИЦА, расстройства сна, к-рые проявляются поздним засыпанием, ранним пробуждением, прерывностью ночного сна, уменьшением его глубины. Наблюдается при переутомлении, тяжёлых переживаниях, психич. расстройствах и др. нарушениях деятельности организма.

БЕСТЕМЬЯНОВА Нат. Филим. (р. 1960), рос. спортсменка. Чемпионка СССР (1982, 1983, 1987), Европы (1983, 1985-1988), мира (1985-1988), Олимп. игр (1988) в танцах на льду с А.А. Букиным.

БЕСТЕР, рыба (сем. *осетровые*), гибрид, полученный искусств. скрещиванием *белуги* со *стерлядью*.

БЕСТСЕЛЛЕР (англ. best seller), книга, имеющая особый коммерч. успех и признание читательской аудитории. Понятие «Б.» появилось в США в кон. 19 в.

БЕСТУЖЕВ (псевд. Марлинский) Ал-др Ал-др. (1797-1837), рус. писатель, участник восстания 14 дек. 1825; штабс-капитан. Приговорён к 20 годам каторги, с 1829 рядовой в армии на Кавказе. Романтич. стихи и повести («Лейтенант Белозор», 1831; «Аммалат-Бек», 1832; «Фрегат "Надежда"», 1833) насыщены экзотикой, бурными страстями, картинами светских балов и битв с горцами. Лит. критика. Убит в бою.

БЕСТУЖЕВЫ, дворянский род в России, восходящий к нач. 15 в. Родоначальник – Гавриил Бестуж. В 18-19 вв. наиб. изв. Ал-др Феодосьевич (1761-1810), просветитель. Его сыновья – члены Сев. об-ва, участники восстания 14 дек. 1825. Мих. Ал-др. (1800-71), штабс-капитан. Приговорён к 20 годам каторги. Ник. Ал-др. (1791-1855), капитан-лейтенант, чл. Верх. думы Сев. об-ва. Приговорён к вечной каторге. Пётр Ал-др. (1808-1840), мичман. Разжалован в солдаты. Ветвью рода Б. были Бестужевы-Рюмины. См. также А.А. *Бестужев*.

БЕСТУЖЕВЫ-РЮМИНЫ, братья, рос. гос. деятели и дипломаты, графы (с 1742): 1) Ал. Петр. (1693-1766), ген.-фельдм. (1762). В 1740-41 кабинет-мин., в 1744-58 канцлер, в 1758-62 находился в ссылке. С 1762 первоприсутствующий в Сенате; 2) Мих. Петр. (1688-1760), с 1721 возглавлял дипл. миссии в Швеции, Польше, Пруссии и Франции.

БЕТА, β, вторая буква греч. алфавита.

БЕТА-РАСПАД (β-распад), вид *радиоактивности*, при к-ром распадающееся ядро испускает электрон или позитрон. При электронном Б.-р. (β⁻) нейтрон (внутриядерный или свободный) превращается в протон с испусканием электрона и антинейтрино (см. *Античастицы*). При позитронном Б.-р. (β⁺) один из протонов ядра превращается в нейтрон с испусканием позитрона и *нейтрино*. Основы теории Б.-р. созданы в 1934 Э. Ферми. По совр. представлениям, развитым Р.Ф. Фейнманом и М. Гелл-Маном, Б.-р. – проявление *слабого взаимодействия*. Процесс, обратный Б.-р., состоит в захвате ядром электрона с ближайшей к ядру электронной оболочки атома (электронный захват).

БЕТА-ЧАСТИЦА (β-частица), электрон или позитрон, испускаемый при *бета-распаде* радиоактивных ядер. Первоначально β-лучами называли более проникающее, чем «α-лучи», и менее проникающее, чем *гамма-излучение*.

БЕТЕ (Bethe) Ханс Альбрехт (р. 1906), физик-теоретик. До 1933 в Германии; эмигрировал, с 1935 в США. Участвовал в создании атомной бомбы. Фундам. тр. по квантовой механике, ядерной физике, физике тв. тела, астрофизике. Ноб. пр. (1967).

БЕТОН (франц. béton, от лат. bitumen – горная смола), один из важнейших строит. материалов, получаемых в результате затвердевания смеси *вяжущего вещества*, воды, *заполнителей* и (иногда) спец. добавок. По объёмной массе Б. подразделяют на особо тяжёлые (плотность св. 2500 кг/м³), применяемые гл. обр. для защиты от ионизирующих излучений (напр., на АЭС), тяжёлые (1800-2500 кг/м³) – при возведении *несущих конструкций*, лёгкие (500-1800 кг/м³) – для ограждающих конструкций, особо лёгкие (менее 500 кг/м³) – в качестве теплоизоляц. материала; по виду вяжущего в-ва – на цементные, силикатные, гипсовые, асфальтобетоны и др.; по назначению – на обычные (для жилых и пром. зданий), гидротехн., теплоизоляц., дорожные и спец. (напр., жаростойкие). Осн. показатель качества Б. – прочность при сжатии, при к-рой устанавливается марка Б. Известен ещё со времён Др. Рима. С падением Римской империи применение Б. прекратилось; возобновилось лишь в 18 в. в Зап. Европе. См. также *Железобетон*.

БЕТХОВЕН (Beethoven) Людвиг ван (1770-1827), нем. композитор, пианист, дирижёр. С 1792 жил в Вене. Представитель *венской классической школы*. Эстетич. взгляды, сформированные под влиянием Франц. рев-ции кон. 18 в., отразились в героико-драм. симфониях (3-я Героическая, 1804; 5-я, 1808; 9-я с хором, 1823), оп. «Фиделио» (1-я ред. 1805), увертюрах «Кориолан» (1807), «Эгмонт» (1810), фп. сонате № 23 (т.н. Аппассионата). Концерты

Л. ван Бетховен. Портрет работы Д. Штилера. 1819. Художественно-исторический архив. Берлин.

для инструментов с орк.- 5 для фп., для скрипки, тройной для фп., скрипки и виолончели, 10 сонат для фп. и скрипки (в т.ч. 9-я «Крейцерова»). Среди поздних, лирико-филос. соч. (написанных после полной потери слуха в 1818): «Торжественная месса» (1823), фп. сонаты № 29-32, квартеты № 12-16.

БЕХАИЗМ, религ.-полит. течение. Возникло в Ираке в сер. 19 в. после подавления бабидских восст. как форма реформации ислама, затем распространилось на Бл. Востоке, в Зап. Европе и США, отчасти в России. Основатель – Мирза Хусейн Али Бехаулла, объявивший себя пророком. Б. проповедует единую религию человечества, идеи всеобщего братства, отрицания нац. гос-в. Гл. центры – в США и ФРГ.

БЕХЕР (Becher) Иоганнес Роберт (1891-1958), нем. поэт, гос. деятель ГДР. В 1933-45 в эмиграции (б.ч. в СССР). Антимилитаристские и рев. мотивы, мечты о социальной гармонии в экспрессионистской лирике (сб. «Распад и торжество», 1914, «К Европе», 1916), стилизованно-упрощённых стихах 20-30-х гг. в ориентирующейся на классич. традиции лирике (сб. «Искатель счастья и семь смертных грехов», 1938). Лит.-теоретич. труды.

БЕХЗАД Кемаледдин (ок. 1455-1535/36), миниатюрист, предст. *гератской школы*. Мастер динамич. многофигурных композиций, изысканных цветовых построений, выразит. рисунков. Илл. см. на стр. 82.

БЕХИСТУНСКАЯ НАДПИСЬ, трёхъязычный (др.-перс., эламский и вавилонский) клинописный текст на скале Бехистун (Бисутун), близ

Бехистунская надпись. Вожди повстанцев перед Дарием I. Рельеф и надпись на Бехистунской скале.

г. Хамадан в Иране, высеченный по приказу царя Дария I. Прочтён (в осн.) в 30-40-х гг. 19 в. англ. учёным Г.К. Роулинсоном, что положило начало дешифровке клинописного письма мн. народов Др. Востока.

БЕХТЕРЕВ Вл. Мих. (1857-1927), рос. невролог, психиатр и психолог, основатель науч. школы. Фундам. тр. по анатомии, физиологии и патологии нерв. системы. Иссл. леч. применение гипноза, в т.ч. при алкоголизме. Тр. по половому воспитанию, поведению ребёнка раннего возраста, социальной психологии. Иссл. личность на основе комплексного изучения мозга физиол., анат. и психол. методами. Основатель рефлексологии. Организатор и руководитель петерб. Психоневрологич. ин-та (1908, ныне имени Б.) и Ин-та по изучению мозга и психич. деятельности (1918).

БЕШЕНСТВО, вирусная болезнь человека и ж-ных (из группы зооно-

К. Бехзад. «Лейли навещает Меджнуна». Миниатюра рукописи «Лейли и Меджнун» Амира Хосрова Дехлеви. Кон. 15 – нач. 16 вв.

зов), вызывающая тяжёлое поражение центр. нерв. системы (двигат. возбуждение, судороги дыхательных и глотательных мышц, параличи и др.). Передаётся через слюну больных ж-ных, гл. обр. при укусе. Резервуар вируса в природе – дикие плотоядные (гл. обр. лисицы). Профилактика у человека: экстренные прививки после укуса.

БЖЕЗИ́НСКИЙ (Brzeziński) Збигнев (р. 1928), амер. социолог, гос. деятель. В 1977–81 помощник през. Дж. Картера по нац. безопасности. В 1970-х гг. выдвинул теорию вступления амер. об-ва в т.н. технотронную эру – один из вариантов *постиндустриального общества*. В своих работах подверг резкой критике коммунистич. тоталитаризм.

БИ... [лат. bi – дву(х)-, от bis – дважды], часть сложных слов, означающая: состоящий из 2 частей, имеющий 2 признака и т.п.

БИА́НКИ Вит. Вал. (1894–1959), рус. писатель. Книги для детей о жизни природы: «Лесная газета на каждый год» (1928), «Лесные были и небылицы» (1957).

БИАТЛО́Н (от *би...* и греч. áthlon – состязание, борьба), вид спорта, лыжная гонка со стрельбой из винтовки на определ. рубежах. Зародился в 1920-е гг. в сканд. странах, Швейцарии, Франции, Австрии как лыжные гонки воен. патрулей со стрельбой и метанием гранаты; с нач. 1950-х гг. получил распространение в СССР. В 1948 осн. Междунар. союз совр. пятиборья и Б. (УИПМБ)

Биатлон.

объединяет св. 70 стран. Чемпионаты мира с 1958, в программе Олимп. игр с 1960.

БИБИ́-ХАНЫ́М, ансамбль архит. памятников 1399–1404 в Самарканде. Включал соборную мечеть Тимура (т.н. Б.-Х.), богато украшенную изразцами, резным мрамором (сохранилась в руинах) и медресе Сарап-Мульк-Ханым (сохранился угловой мавзолей с богатым декором).

БИБЛ (греч.; аккад. Губл, др.-евр. Гебал; Ливан), в 4–2-м тыс. до н.э. торг. центр *Финикии*. Руины финикийского и рим. времени; ср.-век. памятники около совр. г. Джубейль.

БИБЛИОГРА́ФИЯ (от греч. biblíon – книга и *...графия*), подготовка и

Библиотека. Здание Всероссийской государственной библиотеки иностранной литературы имени М.И. Рудомино. Москва.

распространение информации о произв. печати и письменности. Библ. деятельность включает выявление произв., их отбор по определ. признакам, описание, составление указателей, обзоров лит-ры и др. Теоретич. проблемы Б. изучает библиографоведение.

БИБЛИОТЕ́КА (от греч. biblíon – книга и thḗkē – хранилище), 1) учреждение, организующее комплектование, хранение, обществ. пользование произв. письменной культуры и печати и выполняющее информ., образоват., н.-и., метод. и издат. функции. Собрания пам. письменности возникли в древности [б-ка Ашшурбанипала (сер. 7 в. до н.э.), Александрийская (нач. 3 в. до н.э.) и др.]. Совр. Б. получили развитие с 15 в. с изобретением книгопечатания. В России монастырские Б. появились в 11–12 вв., первые светские – в 18 в. при АН, Моск. ун-те, первая крупная публ. Б.– в С.-Петербурге в 1814. В нач. 1990-х гг. в Рос. Федерации имелось ок. 63 тыс. Б. общим фондом св. 1,2 млрд. экз. Крупнейшие в мире Б.: Б-ка конгресса (США, осн. в 1800, св. 90 млн. ед. хр.), Рос. гос. б-ка (осн. в 1862, до 1992 Гос. б-ка СССР имени В.И. Ленина, св. 37 млн. ед. хр.), Нац. б-ка Франции (осн. в 1480, св. 30 млн. ед. хр.), Брит. нац. б-ка (осн. в 1795, открыта в 1814, до 1992 Гос. публ. Б-ка имени М.Е. Салтыкова-Щедрина, св. 28 млн. ед. хр.), Британская б-ка (Великобритания, осн. в 1972 на базе ряда кр. Б., в т.ч. Брит. музея, открыта в 1973, св. 21 млн. ед. хр.). 2) Личное (домашнее) собрание произв. печати и др. 3) Серия изданий, объединённых общностью замысла, тематики (напр., Б. приключений, Б. совр. заруб. фантастики и др.).

БИБЛИОТЕ́КА ГЕ́НОВ, см. *Банк генов*.

БИБЛИОФИ́ЛИЯ (библиофильство) (от греч. biblíon – книга и philía – любовь), влечение к книге и к собирательству редких изданий. Возникла с появлением письменности, получила развитие с изобретением книгопечатания в 15 в. (в России популярна с 16 в.). Библиофилами были Аристотель, Цицерон, кардинал Дж. Мазарини; в России – А.М. Курбский, Симеон Полоцкий, Я.В. Брюс, А.И. Мусин-Пушкин, А.С. Пушкин, Н.П. Румянцев, А.Д. Чертков, Г.В. Юдин, М. Горький, Н.П. Смирнов-Сокольский, А.А. Сидоров, и др. В России создано Междунар. сообщество книголюбов (1992, преемник Всес. об-ва «Книга», осн. в 1974).

БИ́БЛИЯ (от греч. biblía, букв.– книги), собрание древних текстов, канонизированное в иудаизме и христ-ве в качестве *Священного Писания*. Первая по времени создания часть Б. получила у христиан назв. Ветхий Завет, др. часть, прибавленная христианами и признаваемая только ими, назв. Новый Завет. «Завет» (мистич. договор или союз), заключённый Богом с одним народом (евреями), согласно христ. представлению, сменён благодаря явлению Иисуса Христа Новым Заветом, заключённым уже со всеми народами. Ислам, не принимая ни обиход ни Ветхого Завета (араб. Таурат – Тора), ни Нового Завета (араб. Инджиль – Евангелие), в принципе признаёт их святость, и персонажи обеих частей Б. (напр., Ибрахим, т.е. Авраам; Йусуф, т.е. Иосиф; Иса, т.е. Иисус) играют важную роль в исламе, начиная с Корана.

Ветхий Завет состоит из памятников др.-евр. лит-ры 12–2 вв. до н.э., написанных на др.-евр. и отчасти арамейских языках. Он делится на 3 больших цикла: 1) Тора, или Пятикнижие, приписывающееся пророку Моисею; 2) Пророки – неск. древних хроник, а также собственно пророческие соч., принадлежащие или приписываемые нар. проповедникам 8–5 вв. до н.э. (Исайе, Иеремии, Иезекиилю и 12 «малым пророкам»), а также книга Даниила, датируемая 2 в. до н.э.; 3) Писания, или Агиографы,– собр. текстов, относящихся к разл. поэтич. и прозаич. жанрам (религ. лирика, сб-ки афоризмов, назидат. повести, хроникальные тексты и др.). Канонизирован в 1 в. н.э.

Новый Завет состоит из памятников раннехрист. лит-ры 2-й пол. 1 в. на греч. яз.: 4 Евангелия, т.е. «благовестия» о жизни и учении Христа (Марка, Матфея, Луки, Иоанна), Деяния Апостолов, Послания Апостолов (всего 21) – Павла, Петра, Иоанна, Иакова, Иуды (не Искариота!), и, наконец, Откровения Иоанна Богослова, или Апокалипсис. Канонизирован в осн. к кон. 2 в., окончательно в нач. 5 в.

БИБО́П (боп, рибоп) (англ. bebop, bop, rebop – скэт), первый стиль 1-й совр. *джаза*, сложившийся в нач. 1940-х гг. В противоположность *свингу*, как правило, исполняется малыми ансамблями (комбо). Родоначальники Б.– Ч. Паркер, Дж. Гиллеспи. Характеризуется повышением роли солистов-импровизаторов (Б.- нетанц. стиль), а также использованием голоса в качестве муз. инстр-та.

БИ́ВНИ, общее назв. чрезмерно развитых зубов (клыков или резцов) у нек-рых млекопитающих (слонов, моржей, кабанов и др.). Гл. обр. орудие нападения и защиты. Обычно 1 или 2 пары; растут в течение всей жизни. Наиб. размер Б. у самцов афр. слонов (ср. дл. 2,2–2,5 м (редко 3,5 м), масса одного Б. 30–50 кг (иногда ок. 100 кг). Используют для изготовления разл. поделок. См. также *Слоновая кость*.

БИГ-БЭНД, тип оркестра традиц. *джаза* с функциональным делением инстр-тов на группы: ритмич. (банджо, духовой или струнный бас, ударные, фп.) и мелодич. (корнет или труба, кларнет или саксофон, тромбон), в отличие от комбо – ансамбля (2–8 чел.) импровизирующих солистов. Сложился в кон. 1920-х гг., связан со стилем *свинг*.

БИОЛ 83

«БИГЛ» («Beagle»), воен. парусный корвет (Великобритания), известный гл. обр. по кругосветной эксп. 1831–1836 (ком. Р. Фицрой) с участием Ч. Дарвина. Водоизмещение 235 т (в 20–40-х гг. 19 в. на «Б.» велись гидрографич. работы по съёмке берегов Юж. Америки, Н. Зеландии, Сев. Австралии и др.

БИДЕРМЕЙЕР (нем. Biedermeier, Biedermaier), стилевое направление в нем. и австр. иск-ве ок. 1815–48. Архитектура и декор. иск-во перерабатывали формы *ампира* в духе интимности и домашнего уюта. Для живописи (Л. Рихтер, К. Шпицвег в Германии, М. фон Швинд, Ф. Вальдмюллер в Австрии) характерны интерес к простому человеку, тщательное изображение интерьера, природы, бытовых деталей.

БИЕНИЯ, периодич. изменения интенсивности колебаний. Б. получаются в результате сложения двух гармонич. колебаний с близкими по величине частотами. В акустике Б. слышны как периодич. изменения силы звука. Б. являются также причиной свистов, мешающих радиоприёму.

БИЕННАЛИ, см. *Бьеннали*.

БИЕШУ (Bieşu) Мария (р. 1934), молд. певица (лирико-драм. сопрано). Выступала с оркестром молд. нар. инстр-тов «Флуераш». С 1961 в Молд. т-ре оперы и балета. Стажировалась в миланском т-ре «Ла Скала». Среди лучших партий – Чио-Чио-сан в одноим. опере Дж. Пуччини.

БИЖУТЕРИЯ (от франц. bijouterie – торговля ювелирными изделиями), жен. украшения (броши, бусы, кольца и т.п.) из недрагоценных камней и металлов.

БИЗЕ (Bizet) Жорж (1838–75), франц. композитор. Оп. «Кармен» (1874), музыка к-рой передаёт напряжённое развитие драм. событий, —

Ж. Бизе.

высокий образец реалистич. оперного иск-ва. Оп.: «Искатели жемчуга» (1863), «Пертская красавица» (1866), «Джамиле» (1871); музыка к драме А. Доде «Арлезианка» (популярны 1-я, 1872; 2-я – составлена Э. Гиро, 1885).

БИЗНЕС, то же, что *предпринимательство*.

БИЗОН, млекопитающее (сем. *полорогие*). Длина тела до 3 м, хвоста 50–100 см, высота в холке до 186 см, масса до 720 кг. Обитал в Сев. Америке. К кон. 19 в. почти полностью истреблён. Меры по охране позволили сохранить Б. в нац. парках и заповедниках США и Канады. Гибрид Б. с зубром – зубробизон.

БИКИЛА Абебэ (1932–73), эфиоп. спортсмен. Первый в истории Олимп. игр легкоатлет, дважды победивший в марафонском беге (1960, 1964).

БИЛИБИН Ив. Як. (1876–1942), рос. график и театральный художник. В 1920–36 жил в Египте, Палестине, Сирии и Франции. Чл. *«Мира искусства»*. Илл. к рус. сказкам и былинам в декор.-графич. орнаментальной манере, осн. на стилизации рус. нар. и ср.-век. иск-ва.

И.Я. Билибин. «Баба Яга». Иллюстрация к сказке «Василиса Прекрасная».

БИЛЛЬ (англ. bill, от ср.-век. лат. bulla – печать, документ с печатью), в США, Великобритании и ряде др. стран назв. отд. законов, а также законопроект, внесённый на рассмотрение парламента.

«БИЛЛЬ О ПРАВАХ», 1) в Великобритании принят парламентом в 1689. Ограничивал власть короля и гарантировал права и свободы парламента. 2) В США первые 10 поправок к конституции 1787; приняты в 1789; вступили в силу в 1791. Провозглашал свободу слова, печати, собраний, религ. исповедания, отделение церкви от гос-ва, неприкосновенность личности и др.

БИЛЛОННАЯ МОНЕТА (от франц. billon – низкопробное серебро), разменная монета, номинал к-рой превышает стоимость содержащегося в ней металла и расходы на её чеканку. В наст. время чеканятся только Б.м.

БИЛЬРОТ (Billroth) Теодор (1829–1894), нем. хирург, один из основоположников совр. хирургии. Впервые произвёл удаление пищевода (1872), гортани (1874), мочевого пузыря. Разработал методы резекции желудка (1881–84).

БИЛЬЯРД (франц. billard, от bille – шар), 1) игра с шарами (диам. 61–61,5 см) и кием (дерев. палка дл. 140–150 см) на столе с бортами. Предшественник Б. – игра в шары на травяной площадке (Англия, 13 в.). Как настольная игра впервые получил распространение во Франции 16–18 вв. В 1926 осн. Европ. конфедерация игры в Б.; объединяет св. 30 стран (в т.ч. Россия). 2) Стол для игры в Б. – с лузами (отверстиями в бортах) и без них.

БИМЕТАЛЛИЗМ, ден. система, при к-рой роль всеобщего эквивалента закреплена за двумя благородными металлами (золотом и серебром) и предусматривается чеканка и обращение монет из обоих металлов (16–19 вв.). В кон. 19 в. в большинстве стран заменён зол. монометаллизмом, ликвидированным в 1930-х гг.

БИМОН (Beamon) Роберт (р. 1946), амер. спортсмен. Олимп. чемпион 1968 по прыжкам в длину с рекордным результатом 8 м 90 см, к-рый вошёл в историю лёгкой атлетики под назв. «прыжок в 21 век» (превзойдён в 1991).

БИНОКЛЬ (франц. binocle, от лат. bini – пара, два и oculus – глаз), оптич. прибор из двух параллельно сопряжённых *зрительных труб* для наблюдения удалённых предметов обоими глазами. Б. дают видимое увеличение от 2–4-кратного (напр., театральные) до 20–22-кратного (напр., морские).

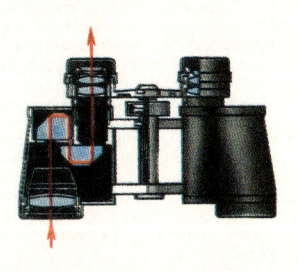

Бинокль.

БИНОМ (от би... и лат. nomen – имя) (двучлен), алгебр. сумма двух одночленов.

БИО... (от греч. bíos – жизнь), часть сложных слов, 1) означающая: относящийся к жизни (напр., генез); 2) соответствующая по значению слову «биологический» (напр., ...

БИОГЕОГРАФИЯ (от био... и география), наука о закономерностях распространения и распределения живых организмов и их сообществ (биоценозов) по земному шару. Развитие Б. (18–19 вв.) связано с трудами нем. учёного А. Гумбольдта, англ. учёного А. Уоллеса, в России – П.С. Палласа, К.М. Бэра и др.

БИОГИДРОАКУСТИКА (от био..., гидро... и акустика), отрасль гидроакустики, к-рая изучает звуки, издаваемые вод. организмами. В пром. рыб-ве данные Б. способствуют совершенствованию методов поиска и способов лова объектов промысла, оказывают помощь в определении их видовой принадлежности. Б. имеет большое значение для ВМФ – позволяет опознавать и классифицировать обнаруженные объекты и предметы.

БИОИНДИКАТОРЫ, организмы, наличие, отсутствие или состояние к-рых служат показателями естеств. процессов или изменений окружающей среды. Б. используются для контроля (*мониторинга*) за состоянием окружающей среды, при поисках полезных ископаемых и др.

БИОКАТАЛИЗАТОРЫ, то же, что *ферменты*.

БИОЛОГИЧЕСКАЯ ОЧИСТКА сточных вод, осн. на способности микроорганизмов разрушать (минерализовать) содержащиеся в сточных водах загрязнения органич. происхождения. Осуществляется на полях орошения, в биол. фильтрах и т.д.

БИОЛОГИЧЕСКИЕ МЕМБРАНЫ, молекулярные структуры (не более 10 нм толщиной), ограничивающие клетки (плазматич. мембрана) и внутриклеточные частицы — ядра, митохондрии и др. Состоят гл. обр. из *липидов* и *белков*. Обладая избират. проницаемостью, регулируют в клетках концентрацию солей, сахаров, аминокислот и др. продуктов обмена в-в.

БИОЛОГИЧЕСКИЕ РИТМЫ (биоритмы), циклич. колебания интенсивности и характера биол. процессов и явлений. Одни Б.р. относительно самостоятельны (напр., частота сокращений сердца, дыхания), другие связаны с приспособлением организмов к геофиз. циклам — суточным (напр., колебания интенсивности деления клеток, обмена в-в, двигат. активности ж-ных), приливным (напр., открывание и закрывание раковин у мор. моллюсков, связанные с уровнем мор. приливов), годичным (напр., изменения численности и активности ж-ных, роста и развития р-ний и др.). Наука о Б.р. – биоритмология.

БИОЛОГИЧЕСКИЙ ФИЛЬТР, резервуар с двойным дном, заполненный крупнозернистым фильтрующим материалом (шлак, гравий и др.), предназначенный для биол. очистки сточных вод. Проходя через фильтрующий материал, сточная вода образует на его поверхности плёнку из скоплений бактерий и грибков, разрушающих (окисляющих) органич. загрязнения.

БИОЛОГИЧЕСКОЕ ОРУЖИЕ (бактериологическое оружие), оружие массового поражения, действие к-рого основано на болезнетворных свойствах биол. средств (бактерии, вирусы и др.). ООН принята Конвенция о запрещении Б.о. (1972), к-рая вступила в силу в 1975.

БИОЛОГИЯ (от био... и ...логия), совокупность наук о живой природе. Б. изучает строение и функции организмов и их сообществ, происхождение, распространение, развитие, связи организмов друг с другом и с неживой природой. Б. устанавливает закономерности, присущие жизни во всех её проявлениях и свойствах (обмен в-в, размножение, наследственность, изменчивость, приспособляемость, рост, подвижность и др.). Термин «Б.» предложен в 1802 Ж.Б. Ламарком и нем. ботаником Г.Р. Тревиранусом независимо друг от друга.

Первые систематич. попытки познания живой природы были сделаны антич. врачами и философами (Гиппократом, Аристотелем, Теофрастом, Галеном). Их труды, продолженные в эпоху Возрождения, положили начало изучению анатомии и физиологии человека (Везалий и др.). Дальнейшее развитие Б. как целостной системы знаний связано с именами У. Гарвея, К. Линнея, Т. Шванна, Г. Менделя, Ч. Дарвина и др. В зависимости от объектов исследования в совр. Б. выделяют ботанику, зоологию, микробиологию и др.; от структуры, свойства и характера проявления жизни — морфологию, анатомию, физиологию, генетику, Б. развития; в зависимости от методов исследования — биохимию, биофизику, биометрию; от уровня организации жизни — мол. Б., цитологию, гистологию, биоценологию, учение о биосфере (В.И. Вернадский). С сер. 20 в. задачи сохранения живой природы и окружающей среды в пригодном для обитания состоянии привели к «экологизации» мн. биол. наук. Практич.

84 БИОЛ

значение биол. исследований и методов (в т.ч. *генетической инженерии*, *биотехнологии*) для медицины, с. х-ва, пром-сти, разумного использования естеств. ресурсов и охраны природы выдвинули Б. на передовые рубежи естествознания.

БИОЛЮМИНЕСЦЕ́НЦИЯ (от *био...* и *люминесценция*), свечение живых организмов (напр., нек-рых бактерий, мор. организмов, светляков), обусловленное окислением содержащихся в них особых в-в — люциферинов. Один из видов хемилюминесценции.

БИОМА́ССА (от *био...* и *масса*), общая масса особей одного вида, группы видов или сообщества в целом (р-ний, микроорганизмов и ж-ных) на единицу поверхности или объёма местообитания; чаще всего выражают в массе сырого или сухого в-ва (г/м^2, кг/га, г/м^3 и т.д.). Б. р-ний наз. фитомассой, ж-ных — зоомассой. Общая Б. живых организмов биосферы, по разл. оценкам, от $1,8 \cdot 10^6$ до $2,5 \cdot 10^{12}$ т сухого в-ва.

БИО́НИКА, направление в биологии и кибернетике; изучает особенности строения и жизнедеятельности организмов с целью создания новых приборов, механизмов, систем и совершенствования существующих. Сформировалась во 2-й пол. 20 в. Для решения задач Б. исследуются, напр., способы преобразования информации в нерв. системе, особенности строения и функционирования органов чувств, принципы навигации, ориентации и локации, используемые ж-ными, биоэнергетич. процессы с высоким коэф. полезного действия и т.д.

БИОПОЛИМЕ́РЫ, высокомолекулярные (мол. масса 10^3–10^9) природные соед. — *белки*, *нуклеиновые кислоты*, *полисахариды*, а также их производные. Образуют структурную основу клеток, тканей, органов всех живых организмов и играют определяющую роль в процессах жизнедеятельности.

БИОПСИ́Я (от *био...* и греч. ópsis — вид, зрелище), прижизненное иссечение кусочка ткани или органа для микроскопич. иссл. с диагностич. целью.

БИОРИ́ТМЫ, то же, что *биологические ритмы*.

БИО́-САВА́РА ЗАКО́Н, определяет напряжённость магн. поля, создаваемого электрич. током. Назв. по имени франц. физиков Ж.Б. Био и Ф. Савара, открывших его в 1820.

БИОСФЕ́РА (от *био...* и *сфера*), область активной жизни, охватывающая ниж. часть атмосферы (выс. до 20–25 км), гидросферу и верх. часть литосферы (глуб. до 2–3 км). В Б. живые организмы (живое в-во) и среда их обитания органически связаны и взаимодействуют друг с другом, образуя целостную динамич. систему. Термин «Б.» введён в 1875 австр. учёным Э. Зюссом. Учение о Б. как об активной оболочке Земли, в к-рой совокупная деятельность живых организмов (в т.ч. человека) проявляется как геохим. фактор планетарного масштаба, создано В.И. Вернадским (1926). Учение о Б. оказало огромное влияние на развитие мн. наук в 20 в. и особенно на понимание и решение проблем, связанных с взаимоотношениями природы и об-ва.

БИОТЕ́ХНИЯ (от *био...* и греч. téchnē — умение, мастерство), раздел *охотоведения*, разрабатывающий мероприятия по охране и увеличению численности диких ж-ных, улучшению их продуктивных качеств. Биотехн. работы проводят в заповедниках, охотничьих х-вах и др.

БИОТЕХНОЛО́ГИЯ, использование живых организмов в произ-ве и переработке разл. продуктов. Нек-рые биотехнол. процессы с древних времён использовались в хлебопечении, в приготовлении вина, пива, уксуса, сыра, при разл. способах переработки кожи, растит. волокон и т.д. Появление термина «Б.» в 1970-х гг. связано с успехами мол. генетики. Совр. Б. основана гл. обр. на культивировании микроорганизмов (бактерий и микроскопич. грибов), животных и растит. клеток. Используя микробиол. синтез, получают кормовые и пищ. белки, ферменты, аминокислоты, антибиотики, витамины и др. С помощью методов генетич. инженерии получены бактерии, продуцирующие в пром. масштабах) интерферон, инсулин и гормон роста человека. Культура растит. клеток используется для получения мед. препаратов, селекции р-ний с нужными свойствами. С развитием Б. связывают решение проблем обеспечения населения планеты продовольствием, минер. ресурсами и энергией (биогаз), охраны окружающей среды (в т.ч. биол. очистка воды) и др.

БИОФИ́ЗИКА, наука о физ. и физ.-хим. явлениях в живых организмах и их сообществах, влиянии на них разл. физ. факторов. Осн. этапы развития Б., начиная с 18 в., связаны с изучением «животного электричества» (Л. Гальвани), развитием физиол. акустики и оптики (Г. Гельмгольц), механики и энергетики мышц, ионной и мембранной теории возбуждения и др. В сер. 20 в. в самост. направления выделились радиобиология, биоэнергетика, фотобиология и др.

БИОХИ́МИЯ, наука о хим. в-вах, входящих в состав организмов, их структуре, распределении, превращениях и функциях, а также о хим. процессах, лежащих в основе жизнедеятельности. Первые сведения по Б. человек получил в процессе хоз. деятельности (обработка растит. и животного сырья, использование разл. типов брожения и т.п.) и из мед. практики. Как наука сформировалась в 19 в. К сер. 20 в. как самостоят. направления выделились мед. Б., Б. р-ний, Б. животных и человека, эволюц. Б., Б. микроорганизмов, *молекулярная биология* и др. Потребности нар. х-ва в получении, хранении и обработке разл. видов сырья привели к развитию техн. и пром. Б.

БИОЦЕНО́З (от *био...* и греч. koinós — общий) (ценоз), совокупность р-ний, ж-ных, грибов и микроорганизмов, населяющих определ. участок суши или водоёма и характеризующихся определ. отношениями между собой и окружающей средой (напр., Б. озера, леса). Совокупность р-ний, входящих в Б., наз. фитоценозом, ж-ных — зооценозом.

БИПАТРИ́ДЫ (биполиды), лица, состоящие в *гражданстве* двух гос-в (т.н. двойное гражданство).

БИПЛА́Н (от *би...* и лат. planum — плоскость), самолёт с двумя крыльями, расположенными одно над другим. Б. преобладали до 1930-х гг., затем были вытеснены более скоростными монопланами. В нач. 90-х гг. в России продолжал применяться многоцелевой Б. Ан-2.

Биплан.

БИР (Bier) Август (1861–1949), нем. хирург. Предложил метод спинномозговой анестезии (1901). Тр. по костной пластике, лечению острых воспалит. инфекц. заболеваний, раневой инфекции, туберкулёза.

БИ́РЖА (голл. beurs, нем. Börse), форма регулярно функционирующего оптового рынка товаров, продающихся по стандартам и образцам (товарная Б.), *ценных бумаг* (фондовая Б.) и иностр. валюты (валютная Б.), а также рабочей силы (Б. труда). Товарная Б. концентрирует оптовый оборот по массовым, в осн. сырьевым и прод. товарам (нефть, металлы, зерно, хлопок, сахар и др.). Различают универсальные и специализир. (по отд. товарам или их группам) товарные Б. На офиц. фондовых Б. допускаются операции с акциями и облигациями только кр. компаний. Во мн. странах возникают неофиц. фондовые Б., где допускаются любые ценные бумаги. Члены Б. делятся на *брокеров* и *дилеров*. Б. устанавливает стандарты на биржевые товары, уровень цен (котировку) на товары и ценные бумаги, анализирует *конъюнктуру* спроса и предложения, распространяет деловую информацию, вырабатывает механизмы, позволяющие смягчить финанс. потери в связи с изменением конъюнктуры (*опционы* и др.).

БИРЖЕВЫ́Е СДЕ́ЛКИ, соглашения о взаимной передаче прав и обязанностей в отношении имущества (товаров, *ценных бумаг* и др.), допущенного к обращению на бирже. Б.с. подразделяются на кассовые, исполняемые в момент заключения сделки или в ближайшие 2–3 дня, и срочные, к-рые выполняются через определ. срок. Б.с. подлежат регистрации на бирже.

БИ́РМАН Сераф. Германовна (1890–1976), актриса, режиссёр, педагог. С 1911 в МХТ, затем во МХАТе 2-м, с 1930-х гг. в др. моск. т-рах. Своеобразие психол. трактовки образов, склонность к парадоксальному, гротескному сценич. рисунку в ролях: Вдовствующей королевы («Эрик XIV» А. Стриндберга, 1921), Вассы («Васса Железнова» М. Горького, 1936, пост. Б. в 1942) и др. Снималась в ф.: «Иван Грозный» (1945) и др.

БИРОБИДЖА́Н, г. (с 1937), центр (с 1934) Евр. АО, порт на р. Бира. 86,3 т.ж. Ж.-д. уз. Маш-ние (с.-х. машины, трансформаторы), лёгкая, деревообр. пром-сть. Краеведч. музей. Т-ры: нар. еврейский, русский. Осн. в 1928.

БИРО́Н Эрнст Иоганн (1690–1772), фаворит имп. Анны Ивановны, граф (1730), обер-камергер (с 1730), герцог Курляндский (с 1737). В 1730-х гг. пользовался неограниченным доверием имп. Анны Ивановны. Проводимая Б. политика привела к засилью иностранцев, разграблению богатств страны, жестокому преследованию недовольных и т.д. После дворцового переворота 1740 арестован и сослан. В 1761 помилован имп. Петром III.

БИРУНИ́ (Беруни) (Абу Рейхан Мухаммед ибн Ахмед аль-Бируни) (973 — ок. 1050), ср.-азиат. учёный-энциклопедист. Род. в Хорезме. Тр. по математике и астрономии («Канон Мас'уда», 1030), географии и топографии, физике, медицине, геологии и минералогии и др.

Бирюза из Узбекистана.

БИРЮЗА́, водный фосфат меди, драгоценный камень. Плотные скрытокристаллич. массы и *конкреции* небесно-голубого или голубовато-зелёного цвета. Тв. 5–6; плотн. 2,8–2,9 г/см^3; блеск матовый, восковой. Более всего ценится небесно-голубая Б. из Ирана. Уникальный самородок Б. (массой 80 кг) обнаружен в 1956 в США (шт. Невада). Гл. м-ния: в Иране, Таджикистане, США, Узбекистане, Египте.

БИСА́У, столица (с 1974) Гвинеи-Бисау. 125 т.ж. Порт на Атлантич. ок.; междунар. аэропорт. Пищевкус., лесопил., меб., лёгкая пром-сть. Судорем. мастерские. Музеи. Осн. португальцами в кон. 17 в.

БИСКА́ЙСКИЙ ЗАЛИ́В (франц. Golfe de Gascogne, исп. Golfo de Vizcaya) Атлантич. ок., у берегов Европы. Пл. 200 т.км^2. Глуб. до 5100 м. Впадают реки Луара и Гаронна. Часты шторма. Рыб-во, устричный промысел. Кр. порты: Брест (Франция), Бильбао (Испания).

БИСКВИ́Т (франц. biscuit), 1) непокрытый глазурью *фарфор*. С сер. 18 в. из Б. изготовляли скульпт. группы к сервизам, статуэтки. В минералогии Б. применяется для диагностирования минералов по цвету оставляемой на нём черты (т.е. по цвету порошка минерала). 2) Кондитерский полуфабрикат. Выпекается из теста, полученного смешиванием муки со взбитыми яйцами и сахаром. Служит для приготовления печенья, тортов, пирожных.

БИ́СМАРК (Bismarck) Отто фон Шёнхаузен (1815–98), князь (1871), 1-й рейхсканцлер герм. империи в 1871–90. Осуществил объединение Германии, укреплял положение в стране юнкерско-бурж. блока, вёл борьбу против клерикально-партикуляристской оппозиции («Культуркампф»). В 1878 ввёл Исключительный закон против социалистов и вместе с тем провозгласил нек-рые социальные реформы (социальное обеспечение и др.).

БИТ (англ. bit, от binary — двоичный и digit — знак, цифра), 1) цифра в двоичной системе счисления. 2) Единица измерения кол-ва информации, численно равна объёму информации, содержащейся в сообщении типа «да» — «нет» (в двоичном коде «0» — «1»).

«БИТЛЗ» (англ. Beatles), англ. ансамбль рок-музыкантов. Как квартет

О. фон Бисмарк на трибуне рейхстага. 1889.

сложился в 1961 (др. назв.— «Ливерпульская четвёрка»). Пост. в 1956. Состав: Джон Леннон (Lennon, 1940–80), Пол Маккартни (Mc Cartney, р. 1942), Джордж Харрисон (Harrison, р. 1943), Ринго Старр (Ringo Starr, псевд.; наст. имя и фам. Ричард Старки, Starkey, р. 1940, ударные инструменты). Не имея проф. муз. образования, стали первыми в истории брит. *рок-музыки* авторами одноврем. текстов и музыки и аранжировщиками. После распада ансамбля (1969) продолжали индивид. выступления. Стиль музыки «Б.» складывался на основе влияния амер. *блюза*, рока и элементов брит. фольклора, *кантри*, *рок-н-ролла*, традиций *спиричуэл*; стилевой диапазон был расширен традиц. музыкой Индии и композициях Харрисона. Для творчества «Б.» характерны новаторские приёмы *аранжировки*, использование акустич. и электроэффектов (шумы и т.п.), но гл. черта музыки «Б.» — песенно-мелодич. дар. Среди лучших альбомов: «Сержант», «Жёлтая подводная лодка», «Белый альбом», «Пусть это будет». Группа внесла огромный вклад в развитие рок-музыки, обусловив её переход из сферы танц.-развлекательной в сферу иск-ва.

БИ́ТОВ Анд. Георг. (р. 1937), рус. писатель. Аналитич. проза (сб. рассказов «Аптекарский остров», 1968; ром. «Улетающий Монахов», 1990; пов.-путешествия, в т.ч. «Уроки Армении», 1969; пов. «Человек в пейзаже», 1987; ром. «Пушкинский дом», 1978, в России опубл. 1987,— о драме рус. интеллигенции, поисках разл. поколениями своих путей самосохранения), отмеченная нравств. максимализмом авторской позиции, воссоздаёт духовный облик и психологию рефлектирующего интеллигента, склонного к гипертрофированному самообличению, поискам абс. истин, несовместимого с социумом и отторгнутого им. Элементы лит. игры и интеллектуальной изощрённости в т.ч. «Статьи из романа» (1986), пов. «Преподаватель симметрии» (1987).

БИ́ТТИ (Beatty) Уоррен (р. 1938), амер. киноактёр, режиссёр, продюсер. Признание Б. принесли роли в ф.: «Бонни и Клайд» (1967), «Маккейб и миссис Миллер» (1971), герои к-рых бунтовали против моральных и социальных устоев. Пост. ф. о Дж. Риде «Красные» (1981), комикс «Дик Трейси» (1990), сыграв гл. роли.

БИ́ТУМЫ (от лат. bitumen — горная смола), твёрдые или смолоподобные смеси углеводородов и их производных. Различают природные (напр., вязкие продукты выветривания нефти) и искусств. (остатки переработки нефти, кам. угля, сланцев). Б. Применяются в дорожном стр-ве (гл. обр. в виде *асфальта*), произ-ве разл. электро- и неопроизоляц. материалов (напр., *рубероида*).

БИХЕВИОРИ́ЗМ (от англ. behavior, behaviour — поведение), ведущее направление амер. психологии 1-й пол. 20 в. Считал предметом психологии не сознание, а поведение, понимаемое как совокупность двигательных и сводимых к ним словесных и эмоц. ответов (реакций) на воздействия (стимулы) внеш. среды. Родоначальник Б.— Э. Торндайк, программа и термин предложены Дж. Б. Уотсоном (1913). Наиб. развития достиг в 20-х гг.; идеи и методы Б. были перенесены на антропологию, социологию, педагогику, объединяемые в США в качестве «бихевиоральных наук», т.е. изучающих поведение.

БИ́ЦЕПС (от лат. biceps — двуглавый), двуглавая мышца. Б. плеча человека сгибает руку в локтевом суставе и поднимает в плечевом, Б. бедра сгибает голень в коленном суставе.

БИ́ЧЕМ (Beecham) Томас (1879–1961), дирижёр и импресарио. Руководитель крупнейших англ. орк. (с 1906) и оперный дирижёр «Ковент-Гарден» и др. т-ры). Выделяются интерпретации соч. В.А. Моцарта, Р. Штрауса, И.Ф. Стравинского.

БИ́ЧЕР-СТО́У (Beecher-Stowe) Гарриет (1811–96), амер. писательница. Ром. «Хижина дяди Тома» (1852), «Дрэд» (1856) — о бесчеловечности рабовладения в Америке; реализм изображения сочетался с христ. умонастроением. Памфлет «Оправдание леди Байрон» (1870) в защиту жены Дж. Байрона, «запятнавшей» имя поэта разрывом семейных уз.

БИШКЕ́К (до 1926 Пишпек, в 1926–91 Фрунзе), столица Киргизии, центр Чуйской обл., в Чуйской долине, у сев. подножия Киргизского хр. 631,3 т.ж. Маш-ние (сборка грузовых автомобилей, эл.-техн. оборудование, приборы, станки, с.-х. машины, ЭВМ и др.), лёгкая (текст., трикот., обув. и др.) пищевкус., хим. и хим.-фарм., меб. пром-сть. АН Киргизии. 8 вузов (в т.ч. ун-т). 7 музеев (истории Киргизии, изобр. иск-в, природы и др.). Т-ры: оперы и балета, кирг. драм., рус. драм., кукол. Осн. в 1864 как рус. воен. поселение, город с 1878. С 1918 в составе Туркестанской АССР, с 1924 центр Кара-Киргизской (с 1925 Киргизской) АО. В 1926–36 столица Кирг. АССР, в 1936–91 — Кирг. ССР, с 1991 — Республики Кыргызстан.

БЛАВА́ТСКАЯ Ел. Петр. (1831–91), рус. писательница, теософ. Странствовала по Европе, Сев. Африке, М. Азии, Сев. и Юж. Америке, Индии и Китаю. В 1859 возвращалась в Россию и с 1860 устраивала спиритич. сеансы. Уехав в 1873 в США, печатала амер. прессе статьи по спиритизму. Приняла амер. гражданство (1877). Под влиянием инд. филосо-

фии осн. Теософич. об-во в 1875 в Нью-Йорке, с 1879 — в Индии. В 1884 вернулась в Европу. Гл. соч. Б.: «Из пещер и дебрей Индостана. Письма на родину» (1883, 1912), «Разоблачённая Исида» (др. назв. «Изида без покрова», 1877), «Тайная доктрина» (т. 1–3, 1888–97).

БЛА́ГО, то, что заключает в себе определ. положит. смысл. «Высшее Б.» (термин введён Аристотелем, лат. summum bonum) — то, в зависимости от чего в филос. учениях определялась соотносит. ценность всех других Б.: блаженство («эвдемония») — в др.-греч. этике, *Единое* — у Платона и в неоплатонизме, Бог — в ср.-век. схоластике. С кон. 19 в. понятие Б. вытесняется понятием *ценности*. В более узком смысле Б. в этике — синоним добра.

БЛА́ГОВЕСТ, церк. колокольный звон, совершаемый одним колоколом, призывающий верующих к началу богослужения.

БЛАГОВЕ́ЩЕНИЕ (от греч. euangélion — благая весть), один из двунадесятых праздников в православии. Согласно евангельскому повествованию, отмечается 25 марта (7 апр.) в память о сообщении архангелом Гавриилом Деве Марии «благой вести» о грядущем рождении сына Божьего Иисуса Христа. Б. вошло в христ. календарь лишь в 4 в. На Русь Б. пришло вместе с др. христ. праздниками и обрядами в кон. 10 в.

БЛАГОДА́ТЬ (пер. употребляемого в Новом завете греч. слова «харизма»), в христ. богословии дар любви Божьей к человеку, действие Бога, спасающее, освящающее и приобщающее человека к жизни божественной.

БЛАГОРО́ДНЫЕ ГА́ЗЫ (инертные газы), хим. элементы VIII гр. периодич. системы: гелий He, неон Ne, аргон Ar, криптон Kr, ксенон Xe, радон Rn. Химически инертны; все элементы, кроме He, образуют соединения включения, напр. Ar·5,75H$_2$O, Xe — оксиды, фториды и др., Kr — дифториды. В малых кол-вах Б.г. содержатся в воздухе, природных газах и нек-рых минералах, в больших кол-вах — в космосе.

БЛАГОРО́ДНЫЕ МЕТА́ЛЛЫ (драгоценные металлы), хим. элементы: золото Au, серебро Ag, платина Pt и *платиновые металлы*. Имеют высокую хим. стойкость, красивый внеш. вид в изделиях (отсюда назв.); Au и Ag — валютные металлы. Б.м. встречаются в природе в свободном виде.

БЛАГОТВОРИ́ТЕЛЬНОСТЬ, оказание материальной помощи нуждающимся частными лицами или орг-циями. Б. может быть направлена на поощрение и развитие к.-л. общественно значимых форм деятельности (напр., защита окружающей среды, охрана памятников культуры).

БЛАГОТВОРИ́ТЕЛЬНЫЙ ФОНД, см. *Фонд благотворительный*.

БЛАГОЧИ́ННЫЙ, должностное лицо в Рус. правосл. церкви, помощник епископа, осуществляющий надзор за церквами и духовенством одного из р-нов епархии — благочиния (от 10 до 30 церквей).

БЛАЖЕ́ННЫЕ, 1) в католич. церкви лица, после их смерти объявленные рим. папой «богоугодными»; 2) в Рус. правосл. церкви Б.— юроди-

вые, а также местночтимые (местные) святые.

БЛА́МБЕРГ (Blumberg) Барух (р. 1925), амер. генетик. Открыл (1964) антиген вирусного гепатита В, или сывороточного гепатита (т.н. австрал. антиген), и разработал метод лаб. контроля доноров крови на его присутствие. Ноб. пр. (1976).

БЛАНКИ́ (Blanqui) Луи Огюст (1805–81), франц. коммунист-утопист. Успех социальной рев-ции связывал с заговором орг-ции революционеров, к-рых в решающий момент поддержат нар. массы.

БЛА́НКОВАЯ НА́ДПИСЬ, см. в ст. *Индоссамент*.

БЛА́НТЕР Матв. Исаакович (1903–1990), композитор. Автор популярных сов. песен: «Катюша» (1939, приобрела всемирную известность), «В лесу прифронтовом» (1944), «Лучше нету того цвету» (1946) и др. Более 20 песен — в содружестве с М.В. Исаковским. Оперетты: «На берегу Амура» (1939) и др.

БЛАНШИРОВА́НИЕ (от франц. blanchir — белить, обдавать кипятком), 1) обработка плодов и овощей горячей водой, паром для предохранения от потемнения и облегчения варки варенья. Б. применяют также при приготовлении изюма, увяливании винограда в произ-ве вин. 2) В кож. произ-ве удаление с ниж. стороны кож остатков подкожной клетчатки.

БЛА́СКО ИБА́НЬЕС (Blasco Ibáñez) Висенте (1867–1928), исп. писатель. Нравоописат. («Хутор», 1898, «Ил и тростник», 1902), социальных («Толедский собор», 1903; «Орда», 1905) романы. В психол. ром. «Нагая маха» (1906), «Кровь и песок» (1908) — трагедия одарённой личности, сталкивающейся с устоями об-ва. Ром. «В поисках Великого Хана» (1928) о Х. Колумбе.

БЛЕ́ДНАЯ ПОГА́НКА, самый ядовитый гриб из рода *мухомор*. Шляпка зелёная или зеленоватая до белой, с белыми пластинками. Ножка с плёнчатым кольцом и мешковидным влагалищем. Содержит фаллоидин и др. токсины, к-рые не разрушаются при кулинарной обработке. Вероятность смертельного отравления при употреблении в пищу Б.п. очень велика. Растут в лиственных, реже хвойных лесах Евразии и Сев. Америки.

Бледная поганка.

БЛЕЙК (Blake) Уильям (1757–1827), английский поэт и художник. Восприятие жизни как идиллич. мира детства («Песни неведения», 1789) уступает место мучит. переживанию творящегося в мире зла («Песни познания», 1794). Десять «пророческих поэм» (1789–1820) — попытка создания грандиозного мифа: история человечества от возникновения – через тысячелетия страданий – к будущей всемирной гармонии. Сб. язвит. парадоксов «Пословицы Ада» (1793). Для живописи и графики Б. (иллюстрации к собств. произв., «Книге Иова», «Божественной комедии» Данте) характерно тяготение к фантастике и символике, филос. аллегориям, композиц. остроте и смелой игре линий.

БЛЕРИО́ (Blériot) Луи (1872–1936), франц. авиаконструктор и промышленник, один из пионеров авиации. В 1909 на своём моноплане «Блерио XI» первым перелетел через прол. Ла-Манш, что явилось демонстрацией практич. возможностей авиации.

БЛЕФАРИ́Т (от греч. blépharon – веко), воспаление краёв век: покраснение, образование чешуек, язвочек, зуд, утомляемость глаз. Причины: работа в пыльном помещении, конъюнктивит и др. заболевания.

БЛИЗНЕЦЫ́, два или более потомка, рождённые одной матерью почти одновременно, у человека и тех млекопитающих, к-рые обычно рождают одного детёныша. Б. могут быть однояйцевыми (развиваются из одного оплодотворённого яйца, генетически идентичны, однополы и похожи друг на друга) и разнояйцевыми (развиваются из двух и более одновременно оплодотворённых яиц, могут быть разнополыми и похожи друг на друга не более чем обычные братья и сёстры). У человека двойня приходится на 80–85 родов, тройня встречается значительно реже, четверня и пятерня – очень редко. Наблюдения над Б. (близнецовый метод) используют для сравнит. оценки роли наследств. и внеш. среды в развитии организма.

БЛИЗОРУ́КОСТЬ (миопия), недостаток зрения, при к-ром хорошо видны близкие предметы и плохо – отдалённые; результат повышенной преломляющей силы оптич. среды глаза (роговицы, хрусталика) или слишком большой длины оси (при нормальной преломляющей силе) глазного яблока. При Б. входящие в глаз параллельные лучи, идущие от отдалённого предмета, собираются не на сетчатке (что нужно для ясного зрения), а перед ней. Для коррекции Б. применяют очки.

БЛИ́КСЕН (Blixen) Карен (1885–1962) (псевд. Исаак Динисен), дат. писательница; писала также на англ. яз. Автор сб-ков новелл «Семь готических историй» (1934), «Зимние сказки» (1942), «Последние рассказы» (1957), автобиогр. кн. «Из Африки» (1937; 17 лет прожила в Кении). Мир Б. организован вокруг двух полюсов – протестантской идеи деятельности и ответств. существования и свободной в своей открытости пути человека-артиста, воздвигающего актом жизненного творчества, возвышающего хаос и случай до образа и мифа. Сдержанно-лаконичную, неск. архаизир. реалистич. стилистику сочетает с притчевой поэтикой, библейской символикой, фантастикой *готического романа*.

БЛИЦТУРНИ́Р, шахматное соревнование с укороченным контролем времени (как правило, по 5 мин на партию каждому сопернику). Победителями кр. соревнований по блицу, как правило, становились чемпионы мира: Э. Ласкер, Х.Р. Капабланка, М.Н. Таль, Р. Фишер, А.Е. Карпов, Г.К. Каспаров.

А.А. Блок. Портрет работы К.А. Сомова. 1907. Третьяковская галерея.

БЛОК Ал-др Ал-др. (1880–1921), рус. поэт. Начинал в духе *символизма* («Стихи о Прекрасной Даме», 1904), ощущение кризиса к-рого провозгласил в драме «Балаганчик» (1906). Лирика Б., по своей «стихийности» близкая музыке, формировалась под воздействием романса. Через осмысление «страшного мира» (одноим. цикл 1908–16), осознание трагедии совр. человека (пьеса «Роза и Крест», 1912–13) пришёл к идее неизбежной «возмездия» (одноим. цикл 1907–13; цикл «Ямбы», 1907–14; поэма «Возмездие», 1910–21). Гл. темы поэзии нашли разрешение в цикле «Родина» (1907–16). Окт. рев-цию пытался осмыслить в поэме «Двенадцать» (1918), публицистике. Переосмысление рев. событий и судьбы России сопровождалось глубоким творч. кризисом и депрессией.

БЛОК (Bloch) Марк (1886–1944), франц. историк. Тр. по агр. истории Франции, зап.-европ. феодализму, к-рый трактовался Б. как целостная социальная система; общим проблемам методологии истории, использованию в ист. исследованиях материалов смежных наук. Совм. с Л. Февром осн. и возглавил ж. «Анналь..» (1929). Участник Дв. Сопр.; расстрелян гестапо.

БЛОК (нем. Block, голл. blok), 1) часть механизма, прибора и т.п., представляющая собой совокупность функционально объединённых, нередко однотипных элементов, частей (напр., Б. цилиндров, Б. питания телевизора). 2) Конструктивный сборный элемент, применяемый в совр. индустр. стр-ве (напр., Б. объёмный, стеновой, оконный). 3) Деталь в виде колеса с желобом по окружности для цепи, каната или нити. Применяется для изменения направления действия силы (неподвижный Б.), для получения выигрыша в силе или пути (подвижный Б.).

БЛО́НСКИЙ Пав. Петр. (1884–1941), педагог и психолог. Один из организаторов (1919) Академии социального воспитания в Москве. Тр. посв. проблемам общей и дет. психологии и психологии философии. Разрабатывал генетич. теорию памяти, вопросы полового воспитания и др.

БЛО́ХИ, отряд кровососущих бескрылых прыгающих насекомых. Дл. 1–6 мм. Ок. 1000 видов. Взрослые Б. паразитируют на птицах, млекопитающих и человеке; многие – переносчики возбудителей инфекций, в т.ч. чумы.

БЛОХИ́Н Олег Вл. (р. 1952), укр. футболист и тренер. Нападающий команды «Динамо» (Киев). Чемпион СССР (7 раз в 1974–86). Забил 211 голов – рекордный результат в истории советского футбола. Обладатель Кубка кубков европ. стран (1975, 1986) и Суперкубка (1975). Признан лучшим футболистом Европы (1975).

БЛЭК (Black) Джеймс Уайт (р. 1924), англ. фармаколог. Тр. по созданию препаратов (блокаторов β-адренорецепторов и гистаминовых H₂-рецепторов) для лечения сердечно-сосудистых заболеваний и язвенной болезни желудка. Ноб. пр. (1988).

БЛЮЗ (англ. blues, от blue devils – тоска, уныние, меланхолия, грусть), сольный песенный жанр афроамер. музыки, сформировавшийся к нач. 20 в. (опубл. образцы с 1912). Обладает собств. кругом выразит. средств (т.н. блюзовая форма, гармония, лад, интонация и др.), к сюжетным мотивам, наиб. ярко выразил дух и мировосприятие негров США. Сыграл наиб. существ. роль в становлении *джаза* в нач. 20 в., далее развивался в русле его традиций (в т.ч. в виде инстр., гл. обр. фп., жанра музыки). Среди ведущих исполнителей – Б. Смит, Э. Фицджеральд. В 50–60-е гг. повлиял (также в форме *ритм-энд-блюза*) на возникновение и развитие амер. и особенно брит. *рок-музыки*.

БЛЮ́МИНГ (англ. blooming) (блуминг), стан для прокатки из слитков заготовок пр. сечения со стороной св. 140 мм для последующей прокатки фасонных профилей. Первые Б. были трёхвалковыми, нереверсивными, металл обжимался попеременно между ниж. и ср., а затем ср. и верх. валками (предложен в США в 1871). В 1880 в Великобритании разработаны двухвалковые реверсивные Б. Макс. диаметр и длина валков Б. 1400 и 2800 мм. Макс. производительность Б. 6 млн. т в год.

БЛЮ́ХЕР Вас. Конст. (1890–1938), Маршал Сов. Союза (1935). Участник Гражд. войны на Урале и в Крыму; награждён орд. Кр. Знамени № 1 (1918). В 1921–22 главком Нар.-рев. армии и воен. мин. Дальневост. респ., руководил Волочаевской операцией (февр. 1922). В 1929–38 команд. Дальневост. армией. Арестован; умер под следствием.

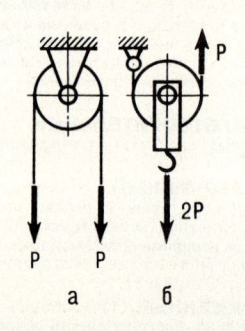

Блок. Схемы блоков: а – неподвижного; б – подвижного; P – сила.

БЛЮ́ХЕР (Blücher) Гебхард Леберехт (1742–1819), князь Вальштатт, прус. военачальник, ген.-фельдм. (1813). В 1813–14 главнокоманд. рус.-прус. Силезской армией в войне с Францией, в 1815 – прус. армией, участвовавшей в сражении при *Ватерлоо*.

БОБО́ВЫЕ, семейство двудольных р-ний, имеющих плод – боб. Ок. 17 тыс. видов (ок. 700 родов), по всему земному шару. Б. растут в разл. природных условиях: они многочисленны в афр. и австрал. саваннах, входят как осн. породы в состав лесов влажных тропиков и субтропиков и т.д. На корнях Б. живут клубеньковые бактерии. Среди Б. есть прод. культуры, кормовые, техн., декор. р-ния. Продукты из Б. богаты белками.

БО́БРИНСКИЕ, рос. графы (с 1796): 1) Ал. Григ. (1762–1813), побочный сын имп. Екатерины II и Г.Г. Орлова. 2) Вл. Ал. (1824–98), ген.-лейт. (1870), в 1869–71 мин. путей сообщения. 3) Ал. Ал-др. (1852–1927), с 1906 пред. «Совета объединённого дворянства», деп. 3-й Гос. думы, правый; с 1919 в эмиграции. 4) Вл. Ал. (1868–1927), деп. 2-й и 4-й Гос. дум, крайне правый; с 1919 в эмиграции.

БОБРО́В Вс. Мих. (1922–79), спортсмен и тренер (хоккей с шайбой и футбол). Нападающий ряда армейских команд (1945–57), в т.ч. ЦДСА (1953–57). Многократный чемпион СССР по хоккею (в 1948–56) и футболу (1945–48). Единственный в истории спорта советский олимпиец, который был капитаном сборных команд по футболу и хоккею. Чемпион Европы (1954–56), мира (1954, 1956), Олимпийских игр (1956) по хоккею. Тренер хоккейных команд «Спартак» (Москва) (1964–1967), сборной СССР (1972–74). В нач. 1980-х гг. учреждён приз имени Б. для самой результативной команды чемпионата страны по хоккею.

БОБРЫ́, род грызунов. Длина тела ок. 80 (до 130) см, масса ок. 18 (до 32) кг. 2 вида. Европейский Б. – в лесной зоне Евразии, в пойменных лесах лесостепной и степной зон. На конечностях – плават. перепонки; ведёт полуводный образ жизни. Живёт колониями по лесным рекам; в крутых берегах роет сложные норы с выходом под водой, на речках с низкими берегами сооружает из ветвей и ила куполообразные хатки, строит плотины. Важный объект охотничьего промысла (ради красивого прочного меха – от светло-коричневого до почти чёрного цвета, с густой подпушью) к 20 в. в

Бобр.

России был почти истреблён. Благодаря охране в заповедниках (Воронежском и др.) и расселению численность восстанавливается. В Сев. Америке — канадский Б. Кроме меха Б. ценится за «бобровую струю» (пахучую жидкость, выделяемую кожными железами), к-рую используют в парфюмерии для придания стойкости духам.

БОБСЛЕЙ (англ. bobsleigh), скоростной спуск с гор по спец. ледяным трассам на управляемых цельнометаллических санях. Как вид спорта зародился в Швейцарии в кон. 19 в. В России культивируется с кон. 1970-х гг. В 1924 осн. Междунар. Федерация Б. и тобоггана (ФИБТ); объединяет св. 30 стран. Чемпионаты мира с 1924, в программе Олимпийских игр с 1924.

БОБЫ́, род травянистых р-ний (сем. бобовые). Единств. вид — конские, или русские, бобы — зерновая, овощная и кормовая культура. Родина — Сев.-Зап. Индия, возможна, и Сев. Африка. Возделывается (с древности) в странах умеренного пояса, наиб. широко в Китае; в России — почти повсеместно. Семена богаты белком, употребляются в сухом и зелёном (недозрелом) виде. На корм идут семена, солома, зелёная масса.

Бобы. Плодоносящее растение (внизу раскрывшийся плод).

БОВЕ́ (Bovet) Даниеле (р. 1907), итал. фармаколог. Иссл. взаимосвязь структуры лекарств. препаратов с их фармакол. активностью. Заложил основы для создания новых курареподобных и антигистаминных лекарств. средств. Ноб. пр. (1957).

БОВЕ́ Осип Ив. (1784—1834), рос. архитектор, представитель *ампира*. Гл. арх. Комиссии для восстановления Москвы после пожара 1812. При участии Б. реконструирована Красная площадь (1815), созданы Театральная площадь с Большим т-ром (1821—24), Александровский сад (1820—22), Триумфальные ворота (1827—34), 1-я Градская б-ца (1828—32).

О.И. Бове. Проект реконструкции Красной площади в Москве. 1815.

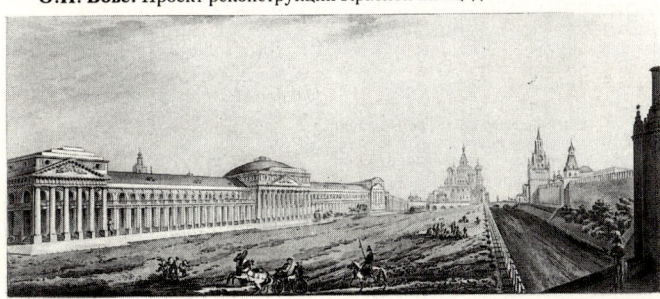

БОГ, в религ. верованиях сверхъестеств. существо. В мифол. представлениях *политеизма* каждый из Б. имеет верх. власть над к.-л. частью мирового целого, в *теизме* единому Б. принадлежит абс. власть над миром («всемогущество»). У древних евреев Яхве, первоначально племенной и местный Б., был переосмыслен как единый Б.-творец; этот образ был воспринят и трансформирован в христ-ве, а затем в исламе, при этом в христ-ве единый Б. выступает в 3 лица (ипостаси): Б.-Отец (творец всего сущего), Б.-Сын (*логос*, воплотившийся в Иисусе Христе) и Б.-Дух святой (животворящее начало). В буддизме Б. признаётся Будда, а наряду с ним и др. Б. Вера в Б. — основа всякой религии.

БОГАЗКЁЙСКИЙ АРХИВ, найден на месте хеттской столицы г. Хаттуса (совр. Богазкёй, Турция) в нач. 20 в. Док-ты: царские анналы, хроники, указы, религ. тексты и др. Св. 15 тыс. глиняных клинописных «табличек» на хеттском, аккадском и др. языках, гл. обр. 14—13 вв. до н.э.

БОГАРА́ (от перс. бехар — весна), земли в р-нах орошаемого земледелия, на к-рых наиб. засухоустойчивые с.-х. культуры (зерновые, техн. и кормовые) выращивают без полива (используют влагу весенних осадков).

БОГАРД (Bogarde) Дерк (наст. имя и фам. Дерек Нивен ван ден Богарде) (р. 1921), англ. киноактёр. Известность получил в 60-е гг. в фильмах реж. Дж. Лоузи: «Слуга», «Несчастный случай». Роли в ф. «Гибель богов» (1969), «Смерть в Венеции» (1971) — оба реж. Л. Висконти, «Ночной портье» (1974) отличают глубокий психологизм, часто с фрейдистским подтекстом, интеллектуальность, отточенная пластика.

БОГАРТ (Bogart) Хамфри (1899—1957), амер. киноактёр. Снимался в ф.: «Бурные двадцатые годы» (1939); в прокате — «Судьба солдата в Америке»), «Касабланка» (1943), «Африканская королева» (1951), «Часы отчаяния» (1955) и др. Неприятие действительности его героями, пережившими крушение надежд, сделало актёра популярным не только в 40—50-е, но и в 60—70-е гг. в среде бунтующей молодёжи.

БОГАТЫРЁВ Юр. Георг. (1947—1989), актёр. С 1971 в Моск. т-ре «Современник», с 1977 во МХАТе. Для Б. характерно стремление к психол. достоверности образов, пластич. выразительности, умение выявить типичное в остросатирич. ключе: Клеант («Тартюф» Мольера, 1981) и др. Снимался в ф.: «Свой среди чужих, чужой среди своих» (1974), «Несколько дней из жизни И.И. Обломова» (1980), «Родня» (1982), т/ф «Мёртвые души» (1984) и др.

БОГАЧЁВА Ир. Петр. (р. 1939), певица (меццо-сопрано). С 1965 в Мариинском т-ре. Стажировалась в миланском т-ре «Ла Скала». Обладает сильным голосом красивого тембра, драм. дарованием. Лучшие партии: Азучена, Амнерис («Трубадур», «Аида» Дж. Верди), Марина Мнишек («Борис Годунов» М.П. Мусоргского).

БОГДА́НОВ (наст. фам. Малиновский) Ал-др Ал-др. (1873—1928), врач, философ, экономист. Чл. РСДРП (1896—1909). Развил филос. концепцию эмпириомонизма, близкую к махизму. Автор утопич. ром. «Красная звезда», «Инженер Мэнни». С 1918 идеолог Пролеткульта. Осн. соч. — «Всеобщая организационная наука» (т. 1-2, 1913—17), в к-ром выдвинул идею создания науки об общих принципах орг-ции — тектологии; предвосхитил нек-рые положения кибернетики. С 1926 организатор и директор Ин-та переливания крови; погиб, производя на себе опыт.

БОГДА́НОВ Еллий Анат. (1872—1931), рос. зоотехник. Иссл. по кормлению с.-х. ж-ных (прямое и косвенное участие белков в образовании жира, нормы кормления, оценка питательности кормов и т.п.) и их разведению (совершенствование и создание племенных стад и пород).

БОГДА́НОВА Над. Конст. (1836—1897), одна из первых танцовщиц, утвердивших славу рус. балета за рубежом. Выступала в Парижской опере. В 1855—64 на петерб. и моск. сценах в романтич. репертуаре. В 1864—67 гастролировала в европ. странах. Одухотворённость танца Б. наиб. полно выразилась в балетах: «Сильфида» Ж. Шнейцхоффера, «Жизель» А. Адана, «Эсмеральда» Ч. Пуньи.

БОГДАНО́ВИЧ Ипполит Фёд. (1743/44—1803), рус. поэт. Поэма «Душенька» (1778, полное изд. 1783) на античн. сюжет о любви Психеи и Купидона, стилизованная под рус. нар. сказки, пародировала героич. поэмы классицизма.

БОГДАНО́ВИЧ (Bogdanovich) Питер (р. 1939), амер. кинорежиссёр, сценарист, критик. В ф.: «Последний киносеанс» (1971), «Бумажная луна» (1973), «Никельодеон» (1976) тонкая имитация старых кинолент сочетается с трезвым социальным анализом.

БОГЕ́МА (франц. bohème, букв. — цыганщина), обозначение среды худ. интеллигенции (актёров, музыкантов, художников, литераторов), ведущую беспорядочную и необеспеченную жизнь; образ жизни, быт таких людей.

БОГЕ́МИЯ (лат. Bohemia, от Boiohaemum — страна кельтских племён бойев), 1) первонач. назв. терр., на к-рой образовалось гос-во Чехия. 2) Офиц. назв. в 1526—1918 Чехии (без Моравии) в составе Габсбургской империи.

БОГОЛЮ́БОВ Ник. Ник. (1909—1992), рос. математик и физик-теоретик, основатель науч. школ по нелинейной механике и теоретич. физике. С 14 лет принимал участие в семинаре кафедры матем. физики АН УССР, в 16 лет по спец. решению СНК УССР без диплома о высш. образовании зачислен в аспирантуру. Тр. по нелинейной механике, статистич. физике, микроскопич. теории сверхтекучести и сверхпроводимости, квантовой теории поля.

БОГОЛЮ́БОВО, пос. гор. типа (с 1960) во Владимирской обл., в России, на р. Клязьма. 4,1 т.ж. Ж.-д. ст. В Б. — резиденция кн. Андрея Боголюбского, построенная в 1158-65 (разрушена монголо-татарами). Частично сохранились земляные валы, рвы, следы белокам. укреплений замка; внутри находились дворец (сохранилась часть лестничной башни с переходом) и собор (сохранились фундаменты и основания круглых столпов).

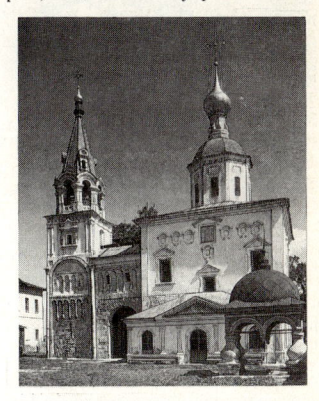

Боголюбово. Дворцовая церковь с переходом и двумя ярусами «лестничной» башни.

БОГОМО́ЛЕЦ Ал-др Ал-др. (1881—1946), патофизиолог, през. АН Украины (1930—46). Тр. по физиологии и патологии вегетативной нерв. системы, переливанию крови, а также посв. реактивности, диатезам; выдвинул учение о роли соединит. ткани в иммунитете, теорию долголетия.

БОГОМО́ЛЫ, отряд насекомых. Тело вытянуто (дл. до 11 см), передние ноги хватательные, с шипами. Св. 2000 видов, гл. обр. в тропиках и субтропиках. Хищники, уничтожают вредных насекомых. Силуэт неподвижно подстерегающего добычу Б. напоминает фигуру молящегося со сложенными руками (отсюда назв.).

Богомол.

БОГОРО́ДИЦА, см. *Мария* (Богородица).

БОГОРО́ДСКАЯ РЕЗЬБА́, рус. нар. худ. промысел резных игрушек и скульптуры из мягких пород дерева (липы, ольхи, осины) в дер. Богородское Моск. обл. Из детально проработанных фигурок людей и ж-ных часто составляются композиции на сюжеты басен и сказок. В нач. 20 в. осн. артель (с 1960 Богородская ф-ка худ. резьбы). Илл. см. на стр. 88.

БОГОСЛО́ВИЕ, то же, что *теология*.

БОГОСЛО́ВСКИЙ Никита Вл. (р. 1913), композитор. Мастер сов.

88 БОГО

Богородская резьба. И.К. Стулов. «Царь Додон и Звездочёт». 1944. Русский музей.

песни (ок. 300; многие из них к кинофильмам): «Спят курганы» (1939), «Любимый город» (1940), «Тёмная ночь» (1943). Музыка Б. отличается задушевностью и теплотой лирич. высказывания. Муз. драма «Незнакомка» (1982), муз. комедия «Раскинулось море широко» (1943) и др.

БОГОСЛУЖЕ́БНЫЕ КНИ́ГИ православной церкви, употребляемые в церк. богослужении книги, в к-рых содержатся правила и описания порядка богослужений, а также тексты для них. Согласно церк. уставу, богослужения разрешено совершать только по соотв. книгам. В число Б.к. входят Служебник, Евангелие, Апостол, Псалтирь, Часослов, Октоих, Минеи, Триоди, Типикон, или Устав, Требник.

БОГОТА́, столица (с 1863) Колумбии, расположена на склоне Вост. Кордильер, на выс. 2500 м. 4,9 млн. ж. Междунар. аэропорт. Пищ., полиграф., текст., хим. пром-сть. Близ Б.— добыча изумрудов. Ун-ты. Музеи, в т.ч. нац., нац. археол., колон. иск-ва, золота (собрание др.-индейских зол. изделий). Т-ры: нар. иск-ва, оперный, «Кондеалария» и др.; нац. консерватория, хореогр. труппа «Фольклорный балет». Осн. испанцами в 1538. В 1598–1819 и 1831–63 столица исп. вице-королевства Н. Гранада, в 1819–30 — респ. Великая Колумбия, в 1863–86 — Соединённых штатов Колумбии. В центре Б., на Пласа Боливар,— пам. Боливару (1842), Капитолий (1847–1926), собор (16 — нач. 19 вв.).

БОГОЧЕЛОВЕ́К (греч. theántropos), согласно христ. вероучению — Иисус Христос, вмещающий в единстве своей личности всю полноту божеств. природы (как Бог-Сын, 2-е лицо *Троицы*) и всю конкретность конечной человеческой природы.

БОГОЯВЛЕ́НИЕ (греч. epipháneia), одно из названий христ. праздника *Крещения*. Назв. связано с тем, что во время крещения Иисуса Христа произошло явление всех лиц Св. Троицы.

БОДЛЕ́Р (Baudelaire) Шарль (1821–67), франц. поэт; предшественник франц. символизма. Участник Рев-ции 1848. В сб. «Цветы зла» (1857) ввёл эпатирующие антиэстетич. темы и образы (разложение, грязь и ужас жизни), утвердившие за ним репутацию «проклятого поэта». В стилистически отточенных, классически стройных формах (в т.ч. в стихах о «беззаконной» любви) осмыслил эти пласты реальности как часть Творения и увидел в них свою правду, страдание и притягательную красоту. Собственная причастность к «нагим» и оскорбит. жизненным формам, богоборчество и бунтарство порождались трагически переживаемым поэтом «унижением божественного» в человеке. Худ.-критич. тр. (посв. в основном франц. живописцам), утверждающие эстетику нового иск-ва.

БОДО́ (Baudot) Жан Морис Эмиль (1845–1903), франц. изобретатель. Создал первую практически пригодную систему многократного последоват. телеграфирования (аппарат Б.); введена в эксплуатацию в 1877 на линии Париж — Бордо.

БОДУЭ́Н ДЕ КУРТЕНЭ́ (Baudouin de Courtenay) Ив. Ал-др. (1845–1929), рус. и польск. языковед. Основоположник Казанской лингв. школы. Тр. по общему и слав. яз-знанию, рус. и польск. языкам. Отредактировал и дополнил «Толковый словарь живого великорусского языка» В.И. Даля (3 изд., 1903–09; 4 изд., 1912–14).

БОДХИСА́ТВА (бодисатва) (санскр.: тот, чья сущность — просветление), в буддизме *махаяны* идеальное существо, наставник людей, ведущий их по пути нравств. совершенствования к достижению *нирваны*.

БОЕВЫ́Х ТОПОРО́В КУЛЬТУ́РЫ (шнуровой керамики культуры), общее назв. археол. культур позднего неолита — бронз. века (2-я пол. 3-го — 1-я пол. 2-го тыс. до н.э.) в лесной полосе Европы. Характерны кам. сверлёные полированные боевые топоры, шнуровая керамика (т.е. с орнаментом в виде оттиска шнура), погребения в скорченном положении.

БО́ЖЬИ КОРО́ВКИ, семейство жуков. Дл. 2–18 мм. Ок. 4000 видов, распространены широко. Истребляют тлей и др. вредных насекомых. Немногие, напр. бахчевая коровка,— вредители с.-х. культур.

БОЙКО́Т (англ. boycott, от имени англ. управляющего имением Ч.К. Бойкота, в отношении к-рого впервые в 1880 ирл. арендаторами была применена эта мера), 1) форма полит. и экон. борьбы, предполагает полное или частичное прекращение отношений с отд. лицом, орг-цией, отказ нанимать на работу к данному предпринимателю, покупать продукцию его пр-тия. 2) В междунар. праве Б. по уставу ООН может осуществляться в отношении к.-л. гос-ва в форме полного или частичного прекращения ж.-д., мор., возд. сообщений, почтовой, телеграфной и иной связи и т.д. 3) (Перен.) прекращение отношений с кем-либо в знак протеста против определ. действий, поступков.

БОЙЛЬ (Boyle) Роберт (1627–91), англ. химик и физик, один из учредителей Лондонского королев. об-ва. Сформулировал (1661) первое науч. определение хим. элемента, развивал атомистич. теорию, положил начало хим. анализу. Установил (1662) один из газ. законов (закон Б.— Мариотта).

БО́ЙЛЯ — МАРИО́ТТА ЗАКО́Н: произведение объёма определ. массы идеального газа на его давление при пост. темп-ре постоянно. Установлен Р. Бойлем (1662), затем франц. учёным Э. Мариоттом (1676).

БО́ЙТО (Boito) Арриго (1842–1918), итал. композитор, либреттист и литератор. Мрачно-фантастич. оп. «Мефистофель» (1868; успех со 2-й ред. 1875) раскрывает психологию носителя вселенского зла. Автор либретто оперных шедевров Дж. Верди — «Отелло» и «Фальстаф».

БОККА́ЧЧО (Boccaccio) Джованни (1313–75), итал. писатель. Поэмы на сюжеты антич. мифологии, психол. пов. «Фьямметта» (1343, опубл. 1472), пасторали, сонеты. В книге новелл «Декамерон» (1350–53, опубл. 1470) — гуманистич. идеал ренессансной лит-ры, тип нового героя — «естеств. человека», гармоничного и прекрасного от природы. В новеллах, проникнутых духом свободомыслия и антиклерикализма, неприятием аскетич. морали, элементами эротики, жизнерадостным юмором — не только многоцветная панорама итал. нравов («плебейский мир»), но и проект со-

Ш. Бодлер.

И.А. Бодуэн де Куртенэ.

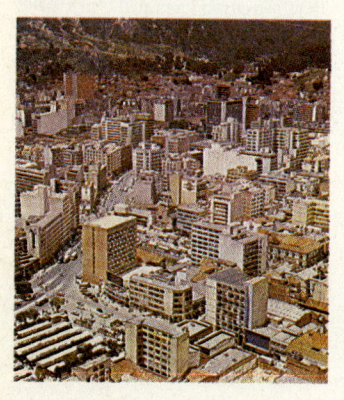

Богота. Вид города.

Дж. Боккаччо.

циальной этики нового об-ва. Сатирич. поэма «Ворон» (1354–55), кн. «Жизнь Данте Алигьери» (ок. 1360).

БОККЕРИ́НИ (Boccherini) Луиджи (1743–1805), итал. композитор, виолончелист. В концертах и сонатах для виолончели, итал. (3-частных) симфониях (ок. 30), струнных квартетах и др. инстр. ансамблях откристаллизовывался классич. муз. стиль 18 в.

БОКС (англ. box, букв.— удар), спорт. единоборство, кулачный бой по определ. правилам в спец. мягких перчатках. Родина совр. Б.— Англия (первые правила в 1867); в России распространён с нач. 20 в. В 1946 осн. Междунар. ассоциация любительского бокса (АИБА); объединяет ок. 160 стран. Чемпионаты Европы с 1924, мира с 1974, в программе Олимп. игр с 1904. С кон. 19 в. проводятся чемпионаты мира среди профессионалов. Наиб. известны боксёры — чемпионы Олимп. игр, впоследствии ставшие чемпионами мира среди профессионалов: М. Али (К. Клей), Дж. Фрейзер, Дж. Формен, Ш.Р. Леонард.

БОКС (от англ. box — коробка, ящик) (мед.), помещение для изоляции тяжелобольных, больных инфекц. заболеваниями и др.

БОКСЁР (нем. бульдог), порода довольно крупных (рост до 63 см) служебных собак. Несмотря на «устрашающий» вид, Б. миролюбивы и добродушны, легко поддаются дрессировке, любят детей, бесстрашны и выносливы; хорошие сторожа. Родина — Германия. Разводят повсеместно; в России немногочисленны.

БОЛГА́РИЯ (Республика Болгария), гос-во на Ю. Европы, на Балканском п-ове, омывается Чёрным м. Пл. 110,9 т. км². Нас. 9 млн.ч., в т.ч. 85% — болгары. Офиц. яз.— болгарский. Верующие преим. православ-

Бокс.

БОЛИ 89

1 в. терр. Б. завоёвана Римом (пров. Мёзия и Фракия), в 395 вошла в состав Вост. Рим. (Визант.) империи. В нач. 7 в. на терр. Б. оседают слав. племена. В 681 тюркоязычные протоболгары (болгары, пришедшие из Бессарабии и давшие назв. стране; впоследствии были ассимилированы славянами) вместе со слав. гос. образованиями осн. т. н. Первое Болг. царство (в 1018—1187 под властью Византии). В 864 было принято христ-во, с кон. 9 в. распространилась слав. письменность. Б. вновь переживала расцвет при Втором Болгарском царстве (1187—1396). В кон. 14 в. Б. завоёвана Османской империей. Болг. народ героически боролся против тур. ига (движение гайдуков, Апр. восст. 1876 и др.). Освобождена Б.

Боксёр.

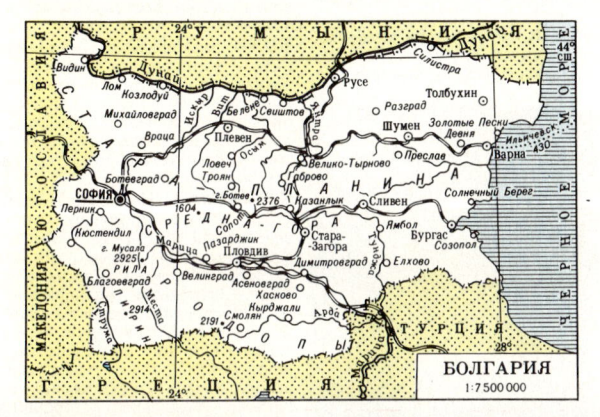

Болгария. Город Созопол.

Болгария. Народная библиотека Кирилла и Мефодия в Софии.

ные. Глава гос-ва — президент. Законодат. орган — парламент. Столица — София. Адм.-терр. деление: 9 областей. Ден. единица — лев.

Б. ч. страны — горн. хребты Стара-Планина, Средна-Гора, Рила с г. Мусала (высш. точка Балканского п-ова, 2925 м), Пирин, Родопы. На С.— Нижнедунайская равнина, в центре — Казанлыкская котловина, южнее — обширная Верхнефракийская низм. Климат умеренный, на Ю. переходный к средиземноморскому. Ср. темп-ры янв. от −2 до 2 °C (в горах до −10 °C), июля до 25 °C (в горах ниже 10 °C); осадков в год от 450 мм на равнинах до 1300 мм в горах. Кр. реки — Дунай, Марица. Леса (1/3 терр.) преим. широколиственные; на Ю. и Ю.-В.— кустарниковые заросли.

Древнейшее нас.— фракийцы, с 7 в. до н. э. возникают греч. колонии. К

после поражения Турции в войне с Россией 1877—78. С 1879 Б.— кн-во (вассал Турции), с 1908 независимое царство. Б. участвовала в Балканских войнах 1912—13. В марте 1941 Б. была вовлечена в Берлинский пакт 1940 фаш. держав, войска фаш. Германии введены на болг. терр. В результате нар. вооруж. восст. 1944, после вступления Сов. Армии на терр. Б., монархо-фаш. режим был свергнут. До 1991 у власти находилась болг. КП. На парл. выборах 1991 победил блок Союз демокр. сил.

Б.— индустр.-агр. страна. ВНП на д. нас. 4124 долл. в год. Ведущие отрасли пром-сти: маш-ние (про-из-во электронно-вычислит. техники; с.-х. машин, лёгкого подъёмно-трансп. оборудования, включая электрокары, автопогрузчики, электротельферы; оборудования для пищевкус. пром-сти; средств связи,

судов, станков), хим. (кр. произ-во соды, хлорных продуктов, искусств. удобрений и волокон и др.), нефтехим. и нефтеперераб., цветная — выплавка свинца, цинка, меди) и чёрная металлургия, деревообр. и цементная. Кр. пищевкус. пром-сть, в т. ч. консервная (Б. занимает одно из первых мест в мире по произ-ву плодовоовощных консервов на душу нас.), таб. (кр. экспортёр готовых таб. изделий), сах., винодельческая. В с. х-ве преобладает растениеводство. Развиты сад-во, виногр-во и огородничество (Б.— кр. экспортёр яблок, персиков, винограда, слив, томатов, перца, лука); произ-во сах. свёклы, подсолнечника, табака, хлопчатника. Среди зерновых (занимают ок. 60% посевных площадей) преобладают пшеница, кукуруза, ячмень. Традиционно выращивают эфирно-масличные культуры — розу (1-е место в мире по произ-ву и экспорту розового масла), лаванду, мяту. В жив-ве выделяются овц-во и свин-во; развито птиц-во. Экспорт: машины и оборудование (св. 1/2 стоимости), продукты питания и напитки (св. 1/4), потребит. товары (св. 1/10), минер. сырьё и металлы (ок. 1/10), хим. продукты, удобрения и др.

БО́ЛДИНО (Большое Болдино), село на Ю. Нижегородской обл., в 39 км от ж.-д. ст. Ужовка. 4,4 т. ж. Б.— нижегородское имение Пушкиных. А. С. Пушкин провёл в Б. три осени, в т. ч. знаменитую Болдинскую осень 1830, когда им были созданы «Повести Белкина», «маленькие трагедии» и др. шедевры. Музей-заповедник Пушкина (с 1949), музей «Вотчинная контора Пушкиных». Ежегодные праздники поэзии.

БО́ЛДУИН (Baldwin) Джеймс Артур (1924—87), афроамер. писатель США. Лирич. проза с экзистенциалистскими мотивами о любви как бегстве от конформизма и одиночества (ром. «Иди, вещай с горы», 1953, «Другая страна», 1962, «Скажи, давно ль ушёл поезд», 1968, «Над самой головой», 1979). Публицистич. книги («Завтра — пожар», 1963), эссеистика («Цена билета», 1985), пьесы.

БОЛЕ́ЗНЬ, нарушение нормальной жизнедеятельности организма, обусловленное функциональными и морфол. изменениями. Возникновение Б. связано с воздействием на организм вредных факторов внеш. среды (физ., хим., биол., социальных), с его генетич. дефектами и т. д. У человека и ж-ных Б. выделяется в определ. нозологич. форму (см. Нозология), если известны её причины; патогенез, характерные изменения в органах (см. также Синдром). Болезни ж-ных наносят ущерб жив-ву; возбудители нек-рых из них опасны и для человека, вызывая, напр., бруцеллёз, трихофитию и др. заболевания. У р-ний, как и у ж-ных, бывают Б. инфекц. (вирусными, бактериальными, грибными и др.) болезнями наблюдаются патол. процессы, обусловленные неблагоприятными абиотич. факторами среды; болезни р-ний наносят ущерб сел. и лесному х-ву.

БОЛЕРО́ (испан. bolero), 1) исп. танец (размер 3/4). Создан ок. 1780. Использован М. И. Глинкой, М. Равелем. Кубин. Б.— с кон. 19 в. лирич. песня (размер 2/4).

БОЛЕСЛА́В I (Bolesław) Храбрый (967—1025), князь польский с 992, король с 1025. Из династии Пястов, сын Мешко I. Объединил польск. земли, учредил в Гнезно архиепископство.

БОЛЕСЛА́В III Кривоустый (1085—1138), князь польский с 1102. Из династии Пястов. Воссоединил с Польшей Вост. (1116) и Зап. (1123) Поморье и др.

БОЛИВА́Р (Bolívar) Симон (1783—1830), руководитель борьбы за независимость исп. колоний в Юж. Америке. Освободил от исп. господства Венесуэлу, Н. Гранаду (совр. Колумбия и Панама), пров. Кито (совр. Эквадор), в 1819—30 през. Великой Колумбии, созданной на терр. этих стран. После освобождения Перу стал во главе образованной на терр. Верх. Перу Респ. Боливии (1825), назв. в его честь. Нац. конгрессом Венесуэлы провозглашён (1913) Освободителем.

С. Боливар. Гравюра. 1819.

БОЛИ́ВИЯ (Республика Боливия), гос-во в центр. части Юж. Америки. Пл. 1098,6 т. км². Нас. 7,74 млн. ч.; боливийцы (ок. 1/2 — индейцы кечуа и аймара, ок. 1/3 — метисы). Офиц. языки — испанский, кечуа и аймара. Верующие в осн. католики. Глава гос-ва и пр-ва — президент. Законодат. орган — двухпалатный парламент (Сенат и Палата депутатов). Столица — официально Сукре; фактически Ла-Пас. Адм.-терр. деление: 9 департаментов. Ден. единица — боливиано.

На Ю.-З.— нагорье Пуна и вост. часть Центр. Анд (пик Анкоума, 6550 м), на С.-В.— предгорн. равнины, переходящие на С. в Амазонскую низм., на В.— заболоченная низм. Пантанал. В Пуне и Зап. Кордильере климат тропический (в Пуне ср. темп-ры июля от 3 до 7 °C, янв. от 9 до 11 °C; сильные ветры); на вост. равнинах — в осн. субэкваториальный (ср.-мес. темп-ры янв. 24—28 °C,

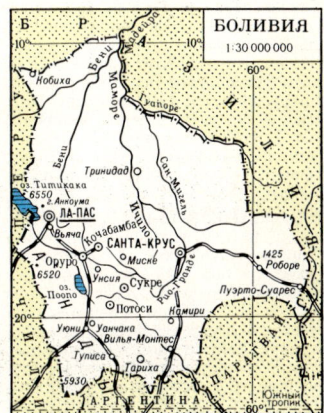

90 БОЛИ

Боливия. Здание медицинского факультета Боливийского университета Сан-Андрес в Ла-Пасе.

июля 17–22 °C); осадков от 150 до 2000 мм в год. На склонах Анд и в Амазонской низм.— влажные вечнозелёные леса, на нагорье – пустынная растительность. Реки на З. принадлежат басс. внутр. стока Альтиплано, на В.– гл. обр. басс. Амазонки.

В 14 в. завоёвана инками, в нач. 16 в.— испанцами, давшими стране назв. Верх. Перу; стало гл. поставщиком серебра в исп. казну. В ходе Войны за независимость исп. колоний в Америке 1810–26 страна в 1825 была освобождена от колон. гнёта войсками С. Боливара, в честь к-рого и получила назв. В результате войн с Чили (1879–83) и Парагваем (1932–35) Б. потеряла почти 2/3 первонач. терр., богатой оловом и селитрой. В 1952 произошла рев-ция, в ходе к-рой были национализированы оловянные рудники, проведена агр. реформа. С 1970-х гг. в результате многочисл. воен. путчей власть в стране осуществляли воен. хунты. После выборов 1985 произошёл переход к президентскому правлению.

Основа экономики – горнорудная пром-сть экспортного направления и с. х-во. ВНП на д. нас. 620 долл. в год. Б. занимает одно из ведущих мест в мире по добыче олова (ок. 19 тыс. т в год), сурьмы (ок. 9 тыс. т), цинка (св. 40 тыс. т), вольфрама (св. 2 тыс. т); добывают также золото, серебро, медь, висмут, нефть, газ. Развита текст., пищевкус., металлообр., нефтеперераб. пром-сть. Осн. экспортные культуры: кофе, бананы, цитрусовые, соя, сах. тростник; сбор сока гевеи, листьев коки, хинной коры. Пастбищное скот-во; разведение лам и альпак. Экспорт: газ, цинк, олово, серебро, золото, лесоматериалы.

БОЛИГОЛО́В (омег), род двулетних трав (сем. зонтичные). 4 вида, в Евразии и Африке. Б. пятнистый растёт гл. обр. по пустырям, берегам рек, как сорное в посевах и около жилья. Всё растение ядовито для человека и ж-ных (содержит алкалоид кониин), действующий подобно *кураре*). Яд этого р-ния в Др. Греции применяли для исполнения смертного приговора; его, а не яд *веха* (цику-

ты), как принято иногда считать, выпил осуждённый Сократ.

БОЛНИ́ССКИЙ СИО́Н, груз. храм (478–493), в 70 км к Ю.-З. от Тбилиси. Величеств. 3-нефная базилика; в интерьере 2 ряда столбов соединены аркадами, на капителях резные геом. узоры.

Болнисский сион.

БОЛО́НКИ, группа пород мелких (рост 25 см) декор. собак. Отличаются большой привязанностью к владельцу и его семье. Родина – Европа. Разводят (франц., мальтийских и цветных Б.) повсеместно.

Французская болонка.

БОЛО́НСКАЯ ШКО́ЛА живописи, в Италии периода *барокко* с центром в г. Болонья. Мастера (бр. Карраччи, Гверчино, Доменикино) создавали алтарные картины, фрески на мифол. и религ. темы, отмеченные идеализацией образов, эклектич. заимствованием формальных достижений великих мастеров *Возрождения*, общей высокой культурой рисунка и композиции.

БОЛО́НЬЯ, г. в Италии. 412 т. ж. Трансп. уз., каналом соединён с р. По. Маш-ние, чёрная металлургия, хим.-фарм., полиграф., лёгкая пром-сть. Ун-т (с 11 в., один из старейших в Европе). Консерватория имени Дж.Б. Мартини. Худ. галереи, музеи, в т.ч. Гал. совр. иск-ва, нац. *пинакотека*, гор., минералогич. и др. Один из древнейших городов Италии; в 6 в. до н.э. Б. (Фельсина) – центр *этрусков*. В ср. века славился школой права. Комплекс романских и готич. церквей 11–15 вв., наклонные башни (11–12 вв.), готич. пала-

Болонья. Пьяцца Маджоре. Слева – церковь Сан-Петронио.

цо (13–15 вв.), дворцы в стиле ренессанса и барокко.

БОЛО́ТНИКОВ Пётр Григ. (р. 1930), рос. спортсмен (лёгкая атлетика), неоднократный чемпион СССР (1957–64) в беге на 5000 и 10000 м; чемпион Европы (1962) и Олимп. игр (1960) в беге на 10000 м.

БОЛО́ТНИКОВА ВОССТА́НИЕ 1606–07, восстание холопов, крестьян, посадских людей, стрельцов, казаков на Ю.-З., Ю. России, Ниж. и Ср. Поволжье под рук. И.И. Болотникова против крепостничества. К восстанию примкнули дворянские отряды. Восставшие осадили Москву, но потерпели поражение у д. Котлы (2.12.1606) и отступили к Калуге. Летом – осенью 1607 вместе с отрядами Илейки Муромца повстанцы сражались под Тулой. После 4-мес. осады и сдачи Тулы восстание подавлено.

БОЛО́ТО, избыточно увлажнённый участок земной поверхности, заросший влаголюбивыми р-ниями. Обра-

Болото. Заболоченный смешанный лес.

зуется в результате переувлажнения почвы или зарастания водоёмов. Общая пл. Б. ок. 350 млн. га, сосредоточены гл. обр. в лесной зоне Сев. полушария и во влажных экваториальных р-нах Африки и Юж. Америки. На Б. обычно происходит накопление неразложившихся растит. остатков и образование *торфа*. Б.– важный компонент природной среды, участвующий в климатич. и гидрологич. (резервуары воды) балансе терр., особенно водоразделов, истоков рек, р-нов с песчаными почвами. Использование Б. в хоз. деятельности человека, напр. их осушение, может вызвать резкое изменение состава флоры и фауны, значит. снижение уровня грунтовых вод на сопредельных землях, ветровую эрозию торфяных почв и др.

БОЛО́ТОВ Анд. Тим. (1738–1833), естествоиспытатель – основоположник агрономии в России, писатель. Б.ч. жизни прожил в деревне (руководил крупными царскими имениями в Тульской и Моск. губ.). Стал известен благодаря тр. по с. х-ву (св. 300), основанным на результатах своих экспериментов и многолетнем опыте крестьян. Предложил систему севооборотов, правила обработки и удобрения почвы, способы борьбы с сорняками. Впервые разработал сортовые классификации яблони и груши, составил первое рус. ботан. руководство по морфологии и систематике р-ний. Мемуары: «Жизнь и приклю-

А.Т. Болотов.

чения Андрея Болотова...» (т. 1–4, 1870–73).

БОЛЬ, психофизиол. реакция организма, возникающая при сильном раздражении чувствит. нерв. окончаний. Ведущую роль в осознании Б. отводят коре больших полушарий головного мозга. В ряде случаев Б. служит ранним симптомом появления нек-рых заболеваний.

БО́ЛЬЦМАН (Boltzmann) Людвиг (1844–1906), австр. физик. Один из основателей статистич. физики и физ. кинетики. Вывел функцию распределения и осн. кинетич. ур-ние газов. Знаменитое соотношение Б. между *энтропией* и вероятностью нахождения системы в данном термодинамич. состоянии (высечено на его надгробии) явилось обоснованием второго начала термодинамики. Был глубоко убеждённым сторонником мол.-атомистич. теории и выступал против т.н. «*чистого опыта*» Э. Маха, В. Оствальда и др. Тр. Б. не были признаны мн. современниками. Бо-

Л. Больцман.

льной и затравленный, он покончил жизнь самоубийством.

БОЛЬША́Я О́ПЕРА, франц. оперный жанр 1-й пол. 19 в. Характерны монументальные, историко-героич. сюжеты с драм. коллизиями, декоративность и внеш. эффекты в музыке и сценич. оформлении. Гл. предст.– Г. Спонтини, Ф. Обер, Дж. Мейербер.

БОЛЬША́Я ПА́НДА, см. в ст. *Панды*.

«БОЛЬША́Я СЕМЁРКА», наиб. развитые в экон. отношении страны: США, Япония, Великобритания, Германия, Франция, Италия, Канада. В нач. 1990-х гг. на их долю приходилось св. 50% мирового ВНП и пром. произ-ва, св. 25% с.-х. продукции. С 1975 на регулярных встречах «в верхах» вырабатывают согласованную межгос. экон., финанс., валютную политику. На основе общего анализа мировой экономики страны «Б.с.» определяют пути воздействия на темпы и пропорции её развития.

«БОЛЬШАЯ ЧЕТВЁРКА», крупнейшие банки Великобритании: «Барклейс банк», «Нэшонал Вестминстер банк», «Мидленд банк», «Ллойдс банк». Имеют широкую сеть филиалов и отделения за рубежом.

БОЛЬШЕВИКИ, представители полит. течения (фракции) в РСДРП (с апр. 1917 самостоят. полит. партия). Понятие Б. возникло на 2-м съезде РСДРП (1903), после того как при выборах в руководящие органы партии сторонники В.И. Ленина получили большинство голосов (отсюда – большевики), их противники – меньшинство (меньшевики). В 1917–52 слово «Б.» входило в офиц. назв. партии – РСДРП(б), РКП(б), ВКП(б). 19-й съезд партии (1952) постановил именовать её КПСС.

БОЛЬШОЙ БАРЬЕРНЫЙ РИФ, гряда коралловых рифов и о-вов в Коралловом м., протягивающаяся вдоль сев.-вост. побережья Австралии на 2300 км. В сев. части шир. ок. 2 км, в юж. – 150 км. Б.ч. рифов находится под водой (обнажаются во время отливов). Мор. нац. парк (пл. св. 5 млн. га, осн. в 1979, включён в список *Всемирного наследия*; охрана флоры и фауны побережий и мелководий.

БОЛЬШОЙ ВЗРЫВ, по совр. представлениям, состояние расширяющейся Вселенной в прошлом (ок. 13 млрд. лет назад), когда ее ср. плотность в огромное число раз превышала нынешнюю. Из-за расширения ср. плотность Вселенной убывает с течением времени. Соотв. при удалении в прошлое плотность возрастает, вплоть до момента, когда классич. представления о пространстве и времени теряют силу (космологич. сингулярность). Этот момент можно принять за начало отсчёта времени. Периодом Б.в. условно называют интервал времени от 0 до неск. секунд. В самом начале этого периода в-во во Вселенной приобрело колоссальные относит. скорости (отсюда назв.). Наблюдаемыми свидетельствами периода Б.в. в наст. время являются *реликтовое излучение*, значения концентраций водорода, гелия и нек-рых др. лёгких элементов, распределение неоднородностей во Вселенной (напр., *галактик*).

БОЛЬШОЙ КАВКАЗ, горн. система, протянувшаяся на 1100 км между Чёрным и Каспийским морями. Отделяет Предкавказье от Закавказья. В осевой части выделяются высокогорные Главный, или Водораздельный, и Боковой хр. с высш. точкой – г. Эльбрус (5642 м). Б.К. делят на Зап. Кавказ (до Эльбруса), Центр. Кавказ (между Эльбрусом и Казбеком) и Вост. Кавказ (к В. от Казбека). Значит. центр совр. оледенения (пл. ок. 1430 км²). На склонах – горн. леса и альп. луга. Популярный р-н туризма и горнолыжного спорта.

БОЛЬШОЙ КАНЬОН, один из глубочайших каньонов в мире, на плато в Колорадо в США. Выработан р. Колорадо в толще известняков, песчаников и сланцев. Дл. 446 км. Глуб. до 1600 м. Шир. 8–25 км на уровне поверхности плато, менее 1 км (на отд. участках до 120 м) у уреза воды. Нац. парк Гранд-Каньон. Включён в список *Всемирного наследия*.

Большой театр. «Театральная площадь в день открытия Большого театра 20 августа 1856». Картина А. Садовникова.

БОЛЬШОЙ ТЕАТР Государственный академический (ГАБТ), т-р оперы и балета. Один из центров рус. и мировой муз.-театр. культуры. Осн. в 1776 в Москве. Совр. здание с 1824 (арх. О.И. Бове; реконструировано в 1856, арх. А.К. Кавос). Ставились иностр. и первые рус. оперы и балеты. С нач. 20 в. мировое признание получили рус. вокальная (Ф.И. Шаляпин, А.В. Нежданова, Л.В. Собинов и др.) и балетная (Е.В. Гельцер, А.А. Горский и др.) школы, связанные с работой Б.т. С 1919 академический. В разные годы в Б.т.: дирижёры – Н.С. Голованов, Г.Н. Рождественский, Е.Ф. Светланов; певцы – В.В. Барсова, Н.А. Обухова, С.Я. Лемешев, И.С. Козловский, И.К. Архипова, Г.П. Вишневская, Е.В. Образцова, Е.Е. Нестеренко; солисты балета – Г.С. Уланова, О.В. Лепешинская, М.Т. Семёнова, М.М. Плисецкая, Н.И. Бессмертнова, Е.С. Максимова, В.В. Васильев; режиссёры – Л.В. Баратов, Б.А. Покровский; балетмейстеры – Л.М. Лавровский, Ю.А. Григорович; художники – В.Ф. Рындин, В.Я. Левенталь и др.

БОМАРШЕ (Beaumarchais) Пьер Огюстен Карон де (Caron de) (1732–99), франц. драматург. Сын парижского часовщика, получил доступ ко двору Людовика XV. Мировую славу Б. принесли комедии «Севильский цирюльник» (1775) и «Женитьба Фигаро» (1784), в к-рых изображён конфликт между третьим

Бомарше. Сцена из спектакля «Безумный день, или Женитьба Фигаро», МХАТ, 1927.

П.О.К. де Бомарше.

сословием и дворянством накануне Франц. рев-ции кон. 18 в.; герой комедий – ловкий, умный и полный энергии слуга. На сюжеты пьес, отмеченных живостью характеров, динамичностью действия, искромётностью, написаны оперы В.А. Моцарта (1786) и Дж. Россини (1816).

БОМБЕЙ, г. в Индии. Ок. 10 млн. ж. Порт на Аравийском м. (грузооборот ок. 25 млн. т в год). Кр. центр хл.-бум. пром-сти. Маш-ние, металлообработка, нефтехим., хим., лёгкая, пищ., деревообр. пром-сть; кинопром-сть. Нац. центр исполнит. иск-в. Близ Б. – АЭС Тарапур. Изв. с 16 в.

Бомбей. Старые кварталы.

БОНАВЕНТУРА (Bonaventura) (в миру Джованни Фиданца) (1221–1274), ср.-век. теолог и философ-мистик, крупнейший представитель поздней схоластики, продолжал традиции августинианства (см. *Августин*). Глава францисканского ордена, кардинал. Был причислен к лику святых (1482), к числу 10 величайших учителей христ. церкви (1588). Осн. соч. – «Путеводитель души к Богу» (изд. в кон. 16 в.).

БОНАЛЬД (Bonald) Луи Габриель Амбруаз (1754–1840), франц. философ, полит. деятель и публицист. В гл. соч. «Теория политической и религиозной власти в гражданском обществе» (1796) с клерикальных позиций полемизировал с философией франц. Просвещения, защищая идею божеств. происхождения монархии. Взгляды Б. получили назв. традиционализма.

БОНАПАРТ НАПОЛЕОН, см. *Наполеон I*.

БОНДАРЧУК Сер. Фёд. (1920–94), рос. киноактёр, режиссёр, педагог. Снимался в ф.: «Судьба человека» (1959, реж.), «Они сражались за Родину» (1975, реж.) и др. Б. свойственны тонкий психологизм, мягкая артистич. манера в ф.: «Попрыгунья» (1955), «Серёжа» (1960), «Война и мир» (1966–67, реж.), «Отец Сергий» (1978) и др. Илл. см. на стр. 92.

БОНИСТИКА (франц. bonistique, от *боны*), вспомогат. ист. дисциплина, изучающая бум. ден. знаки (банкноты, казначейские и кредитные билеты, разменные знаки, ден. суррогаты или заменители) и док-ты (облигации займов, лотерейные билеты), боны (бум. деньги, вышедшие из употребления); коллекционирование этих предметов. Тесно связана с *нумизматикой*. Возникла в нач. 20 в.

БОНН, г. в Германии. 282 т. ж. Порт на р. Рейн; междунар. аэропорт. Метрополитен. Маш-ние, фарм., полиграф., меб. пром-сть. Ун-т (1786). Консерватория, оперный т-р. Музеи: земли Рейнланд, гор. худ. собрания Б., Дом Л. ван Бетховена (уроженца Б.). Муз. фестивали. Осн. в 1 в. римлянами. В 1273–1794 резиденция кёльнских курфюрстов. В 1949–90 столица ФРГ. Романский собор (11–13 вв.), готич. церк. Св. Ремигия (13–14 вв.), дворцы: курфюрстов (ныне ун-т; существует с 13 в., в 1715 перестроен) и Поппельсдорф (1715–1756).

БОНЧ-БРУЕВИЧ Мих. Ал-др. (1888–1940), радиотехник. Организовал первое в России произ-во электронных ламп (1916–19). В 1918–28

С.Ф. Бондарчук. Кадр из фильма «Война и мир».

рук. Нижегородской радиолаборатории. Создатель первой в мире мощной радиовещат. станции им. Коминтерна в Москве (1922).

БÓНЫ (франц. ед. ч. bon, от лат. bonus – хороший, удобный), 1) краткосрочные долговые обязательства казначейств, муниципальных органов и частных фирм. Заменяют разменные монеты. 2) Бум. деньги, потерявшие силу платёжного средства; предмет коллекционирования. 3) В нек-рых странах назв. разл. платёжных док-тов.

БОП, то же, что *бибоп*.

БОР (Bohr), дат. физики, отец и сын. Нильс Хендрик Давид (1885–1962), один из создателей совр. физики, работы по квантовой механике, статистич. механике, теории атомного ядра и ядерных реакций. Создал

Н. Бор.

(1913) теорию атома на основе предложенной им планетарной модели атома и квантовых представлений (постулаты Б.), впервые объяснившую атомные спектры. Занимался философией естествознания, обществ. деятельностью. Организовал в 1920 в Копенгагене междунар. ин-т, названный его именем, в к-ром работали мн. всемирно известные физики-теоретики. Ноб. пр. (1922). Оге (р. 1922), один из авторов обобщённой модели ядра (Ноб. пр., 1975).

БОР (Borum), B, хим. элемент III гр. периодич. системы, ат. н. 5, ат. м. 10,811; неметалл; $t_{пл}$ 2074 °C. Одно из самых твёрдых в-в; полупроводник. Б.– компонент коррозионностойких и жаропрочных сплавов, нейтронопоглощающий материал. Б. открыли в 1808 франц. учёные Ж. Гей-Люссак и Л. Тенар.

БОРÁ (итал. bora, от греч. boréas – сев. ветер), местный сильный (до 40–60 м/с) холодный ветер в нек-рых приморских р-нах, где невысокие горн. хребты граничат с тёплым морем (напр., на Адриатич. побережье Хорватии, на Черномор. побережье в р-не Новороссийска). Направлен вниз по склонам, обычно наблюдается зимой.

БÓРА КАРБÍД, B_4C, чёрные кристаллы, разлагается выше 2450 °C. Применяют Б.к. для изготовления абразивных и шлифовальных материалов, как поглотитель нейтронов в ядерных реакторах и др.

БÓРА НИТРÍД, BN, белые, чёрные или серые кристаллы, $t_{пл}$ ок. 3000 °C. Белый Б.н. применяют для изготовления огнеупорных материалов, термостойкого волокна, как сухую смазку в подшипниках и др., серый и чёрный Б.н.– сверхтвёрдые абразивные материалы.

БОРÁГО, то же, что *огуречная трава*.

БОРГ (Borg) Бьёрн (р. 1956), швед. теннисист. Чемпион мира (1978–80); победитель 62 крупных междунар. турниров, в т.ч. 5 Уимблдонских (1976–80) и 6 открытых чемпионатов Франции (1974, 1975, 1978–81) в одиночном разряде.

БÓРДЖА (Борджиа) (итал. Borgia, исп. Borja), знатный род исп. происхождения, игравший значит. роль в 15 – нач. 16 вв. в Италии. Наиб. известны: Родриго Б. (папа Александр VI), Чезаре Б., Лукреция Б.

БОРДÓ, г. во Франции, на р. Гаронна. 210 т. ж. Порт на Бискайском зал. (грузооборот св. 10 млн. т в год); междунар. аэропорт. Кр. центр виноделия и виноторговли. Нефтепереработка, маш-ние, хим., деревообр. пром-сть. Ун-т (с 15 в.). Музеи: изящных иск-в, старого Б. Большой т-р (1773–80). Совр. облик Б. с набережными, площадями и классицистич. ансамблями сформировался в 18 в. Руины рим. амфитеатра (3 в.); романско-готич. собор (12–14 вв.), Гор. ворота (13–15 вв.).

БОРÉЙ, в греч. мифологии бог сев. ветра, брат Зефира. Изображался крылатым могучим богом. Перен.– порывистый холодный ветер.

Борей. Роспись на дне чернофигурного килика: «Бореады, преследующие гарпий». Сер. 6 в. до н.э. Музей виллы Джулия. Рим.

БОРЖÓМИ, г. (с 1921) в Грузии, на р. Кура, в Боржомском ущелье, на выс. 800–1000 м. 19 т. ж. Ж.-д. уз. Бальнеоклиматич. курорт (с кон. 19 в.). Розлив минер. воды «Боржоми». Краеведч. музей.

БОРЗÓВ Валер. Фил. (р. 1949), укр. спортсмен (лёгкая атлетика). Неоднократный чемпион СССР и Европы (1969–76), Олимп. игр (1972) в беге на 100 и 200 м.

БОРЗЫ́Е, группа пород (св. 20) охотничьих собак, используемых для

Борзые. Русская псовая.

безружейной охоты на зайца, лису, волка и др. Отличаются быстротой бега и зоркостью. Известны с глубокой древности. Родина – Аравия, откуда они попали в Др. Египет и др. страны. Разводят в России (рус. псовая Б., юж.-рус. Б. и др.), США, Канаде, Испании и др. странах.

БОРÍС (христ. имя Роман) (до 988–1015), князь ростовский. Сын Владимира I; ст. брат Глеба. Послан отцом с войском против печенегов (1015). Узнав о смерти Владимира I (15 июля) и о захвате киевского стола ст. сводным братом Святополком I, отказался от борьбы за Киев. Покинутый дружиной, убит сторонниками Святополка I. Канонизирован Рус. правосл. церковью.

БОРÍС I (?–907), болг. князь в 852–889. В 864 ввёл христ-во (по правосл. образцу).

БОРÍС ГОДУНÓВ (ок. 1552–1605), рус. царь с 1598. Выдвинулся во время *опричнины*; был зятем Г.Л. Скуратова-Бельского; брат жены царя Фёдора Ивановича – Ирины. Фактич. правитель гос-ва при Фёдоре Ивановиче. Укреплял центр. власть, опираясь на дворянство; усиливал закрепощение крестьян. Добился успеха в рус.-швед. войне 1590–93. Подозревался в соучастии в

Борис Годунов. Неизвестный художник. Акварель 17 в.

убийстве царевича Дмитрия Ивановича.

БОРÍСОВ Олег (Альберт) Ив. (1929–94), актёр. С 1964 в Ленингр. Большом драм. т-ре, в 1983–91 во МХАТе и ЦТСА. Игре свойственны интеллектуальная острота, тонкость психол. нюансировки, использование приёмов гротеска: Григорий Мелехов («Тихий Дон» по М.А. Шолохову, 1977), Он («Кроткая» по Ф.М. Достоевскому, 1981, 1985), Павел I («Павел I» Д.С. Мережковского, 1989) и др. Снимался в ф.: «Остановился поезд» (1982), «Парад планет» (1984) и др.

БОРÍСОВА Юл. Конст. (р. 1925), актриса. С 1949 в Т-ре имени Евг. Вахтангова. Игре свойственны изящество, нервный, проникновенный лиризм при чёткости, отточенности сценич. формы: Настасья Филипповна («Идиот» по Ф.М. Достоевскому, 1958), Валька («Иркутская история» А.Н. Арбузова, 1959), Гелена («Варшавская мелодия» Л.Г. Зорина, 1967), Клеопатра («Антоний и Клеопатра» У. Шекспира, 1971), Кручинина («Без вины виноватые» А.Н. Островского, 1993) и др. Снималась в ф.: «Идиот» (1958), «Посол Советского Союза» (1970) и др.

БОРÍСОВ-МУСÁТОВ Викт. Эльпидифорович (1870–1905), рос. живописец. Изысканно-декор., элегич. по настроению картины выражают мечту о гармонии человека и природы («Гобелен», 1901).

БОРИСФÉН, античный город; см. *Ольвия*.

БÓРНАЯ КИСЛОТÁ, H_3BO_3, кристаллы, $t_{пл}$ 170,9 °C. Применяют Б.к. для получения спец. стекла, эмалей, цементов, флюсов, моющих и косметич. средств, огнезащитных составов, как дезинфицирующее и консервирующее средство, антисептик, инсектицид, микроудобрение, в фотографии. Токсична.

БОРОБУДУ́Р, будд. святилище на Ю. о. Ява. Уникальный памятник индонез. ср.-век. иск-ва. Построен ок. 800 в виде 10-ярусной кам. пирамиды; включает 504 статуи Будды и 1460 рельефов на темы из его жизни.

БОРОВИ́К, то же, что *белый гриб*.

БОРОВИКÓВСКИЙ Вл. Лукич (1757–1825), рос. живописец. Портретам Б. присущи черты сентиментализма, сочетание декор. тонкости и изящества ритма с правдивой передачей характера модели («Е.А. На-

В.Э. Борисов-Мусатов. «Водоём». 1902. Третьяковская галерея.

Боробудур.

В.Л. Боровиковский. Портрет М.И. Лопухиной. 1797. Третьяковская галерея.

Боровский Пафнутьев монастырь. Общий вид.

А.П. Бородин. Портрет работы И.Е. Репина. 1888. Русский музей.

Ф. Борромини. Церковь Сан-Карло алле Куатро Фонтане в Риме.

рышкина», 1799). С нач. 19 в. испытал влияние классицизма («А.Б. Куракин», 1801—02).

БОРО́ВСКИЙ ПАФНУ́ТЬЕВ МОНАСТЫ́РЬ, мужской, на берегу р. Протва, близ г. Боровск. Осн. в 1444 монахом Пафнутием. В 16—17 вв. один из укреплённых пунктов на юго-зап. границе Рус. гос-ва. Упразднён после Окт. рев-ции. Крепостные стены с башнями (17 в.), Рождественский собор (16 в., росписи 17 в.), трапезная (16 в.), колокольня (16—17 вв.).

БОРОДИ́Н Ал-др Порф. (1833—87), композитор и учёный-химик. Чл. «Могучей кучки». Один из создателей рус. классич. симфонии (героико-эпич. направления), классич. струнного квартета. Продолжатель традиций М.И. Глинки. Рус. богатырский дух музыки Б. сочетается с мужеств., страстной и возвышенной лирикой; сильно восточное начало (воинственное и экстатическое), напр. «Половецкие пляски» из оп. «Князь Игорь» (1890, завершена Н.А. Римским-Корсаковым и А.К. Глазуновым), или упоительно нежное — «Ноктюрн», 3 ч. 2-го квартета. Автор 3 симф. (2-я, 1876, позднее названа В.В. Стасовым «Богатырской»), симф. картины «В Средней Азии» (1880), камерно-инстр. ансамблей (в т.ч. 2 струнных квартетов, 1879—81), соч. для фп., романсов. Автор мн. тр. по органич. химии. Разработал методы получения бромзамещённых (1861) и фторангидридов (1862) органич. к-т. Открыл (1872, одноврем. с франц. химиком Ш.А. Вюрцем) альдольную конденсацию.

БОРОДИ́Н Леон. Ив. (р. 1938), рус. писатель, публицист. С 1965 участвовал в «социал-христ.» движении; в 1967—73 и 1982—87 политзаключённый. Публиковался за рубежом: рассказ «Вариант» (1978; герой — полит. террорист), пов. «Правила игры» (1978; лагерная тема), «Третья правда» (1981; типы рус. праведника и бунтаря) — о социальной и нравственной губительности атеистич. коммунистич. режима и противостоянии ему интеллигента и мужика; в ром. «Расставание» — осуждение столичного интеллигента, диссидента по мысли и конформиста по образу жизни и одновременно сожаление о нём. В ром. «Божеполье» (1993) — картина «перестроечного обвала». С 1992 гл. редактор ж. «Москва»; в публицистике — ориентация на возрождение крепкой рус. державы на правосл. основе.

БОРОДИ́НСКОЕ СРАЖЕ́НИЕ, 26.8 (7.9). 1812, около с. Бородино (ныне Можайский р-н Моск. обл.) во время *Отечественной войны 1812*. После сосредоточения гл. рус. сил в р-не Бородина М.И. Кутузов 22 авг. принял решение дать ген. сражение. Целью Наполеона I было прорвать центр рус. армии, обойти левый фланг и отрезать войска от Москвы, принудив пр-во к капитуляции. Гл. удар Наполеон наносил на д. Семёновское и Курганную высоту (батарея Раевского). К концу дня франц. войска были обескровлены. Наполеон, опасаясь перехода рус. армии к активным действиям, с наступлением темноты отвёл войска за р. Колоча. Рус. войска сорвали наполеоновский план разгрома рус. армии, но ввиду больших потерь и отсутствия резервов вынуждены были отойти и оставить Москву. Илл. см. на стр. 94.

БОРРОМИ́НИ (Borromini) Франческо (1599—1667), итал. архитектор. Мастер причудливо-живописного, динамичного стиля зрелого *барокко* (церк. Сант-Иво в Риме, 1642—60).

БО́РТНИКОВ Ген. Леон. (р. 1939), актёр. С 1963 в Моск. т-ре имени Моссовета. Игре свойственны романтич. приподнятость, порывистость, импульсивность: Ганс Шнир («Глазами клоуна» Г. Бёлля, 1968), Раскольников («Петербургские сновидения», 1969) и Смердяков («Братья Карамазовы», 1980; оба по Ф.М. Достоевскому) и др. Снимается в кино, выступает на эстраде как чтец.

БО́РТНИЧЕСТВО (от борть — дупло дерева), бортевое пчеловодство. Первонач. добывание мёда диких пчёл из естеств. дупел, затем разведение пчёл в выдолбленных дуплах.

БОРТНЯ́НСКИЙ Дм. Степ. (1751—1825), рос. композитор. Мастер хорового письма *а капелла*, создал новый тип духовного хорового концерта. Камерно-инстр. соч. — первые образцы крупной циклич. формы в рус. музыке. 6 опер на итал. и франц. текстах.

Д.С. Бортнянский.

БО́РХЕС (Borges) Хорхе Луис (1899—1986), аргент. писатель. В фантастич. по сюжетам новеллистике, своего рода вымыслах-притчах (сб. «Вымышленные истории», 1944, «Алеф», 1949, «Строки бегущих песчинок», 1975) мир предстаёт как особая реальность, а безысходно замкнутый в иллюзорных лабиринтах пространств и времён герой осмысляется как читатель или автор Книги-Вселенной, разгадывающий тайну своего существования, ищущий свидетельств цельности и осмысленности мира. Традиции исп. барокко, англ. метафизич. поэзии в насыщенной

Бородинское сражение. Фрагмент панорамы Ф. А. Рубо «Бородинская битва». 1914. Москва.

Х. Л. Борхес.

изощрённой метафорами лирике (сб. «Страсть к Буэнос-Айресу», 1923), в сонетах и стансах, построенных на сквозных образах зеркала и сна (сб. «Иной и прежний», 1964, «Тайнопись», 1981). Эссе (кн. «Обсуждение», 1932, «История вечности», 1936, «Новые расследования», 1952).

БОРЩЕВИ́К, род крупных дву- и многолетних трав (сем. зонтичные). Св. 70 видов, гл. обр. в умеренном поясе Вост. полушария. Б. сосновского — кормовая культура (ранний зелёный корм, силос). Сок мн. видов Б. вызывает дерматиты (типа ожогов).

БОРЬБА́ (спорт.), единоборство двух спортсменов по определ. правилам (разным для отд. видов), в к-ром соперники стремятся положить друг друга на лопатки (туше). Совр. виды спорт. Б.— классич., вольная, *дзюдо* и *самбо*.

БОРЬБА́ ЗА СУЩЕСТВОВА́НИЕ (биол.), одно из осн. понятий в теории эволюции Ч. Дарвина, к-рое он употреблял для обозначения отношений между организмами, а также между организмами и разл. факторами внеш. среды, приводящих к гибели менее приспособленных и выживанию наиб. приспособленных особей, т.е. к естеств. отбору. Предпринимались попытки учение о Б. за с. переносить на человеческое об-во (т.н. социальный дарвинизм).

БО́СНИЯ И ГЕРЦЕГОВИ́НА (Республика Босния и Герцеговина), гос-во на Ю. Европы, на Балканском п-ове. Пл. 51,1 т. км². Нас. 4,4 млн. ч., в т.ч. мусульмане (49%), сербы (31%), хорваты (17%). Офиц. яз.— сербскохорватский. Верующие — мусульмане, католики и др. Глава гос-ва — президент. Законодат. орган — двухпалатный парламент. Столица — Сараево. Б. и Г. включает 2 ист. области — Боснию и Герцеговину. Ден. единица — новый югославский динар.

Ок. 90% терр.— горы. На С., вдоль р. Сава,— низменности (юж. окраина Среднедунайской равнины). Южнее — полоса низких гор и плодородных межгорн. котловин, переходящих в Динарское нагорье (выс. до 2000–2400 м). Климат умеренно континентальный, в горах прохладный, осадков 600–800 мм в год, в горах 1500–2500 мм. Кр. река — Сава. Лиственные и хвойные леса.

Древнейшее нас.— иллирийцы. С 1 в. под властью Рима, с 6 в.— Византии. В 6–7 вв. терр. Б. и Г. заселена славянами. В 12 в. образовалось Боснийское кн-во (в 14 в. кор-во, вкл. и Герцеговину — владения одного из юж.-боснийских князей, провозгласившего себя герцогом). С 1463 б.ч. терр. Боснии, а с 1482 и терр. Герцеговины были под османским игом. Значит. часть нас. приняла ислам. После Герцеговинско-боснийского восст. 1875–78 по решению Берлинского конгр. 1878 оккупирована Австро-Венгрией (в 1908 ею аннексирована). С 1918 Б. и Г.— в Кор-ве сербов, хорватов и словенцев (с 1929 Югославии). В 1945–92 в составе СФРЮ. В апреле 1992 парламент Б. и Г., опираясь на результаты референдума, провозгласил независимость Б. и Г. Сербы, бойкотировавшие референдум, в апреле 1992 в сев. части терр. респ. провозгласили независимую «Сербскую Республику Б. и Г.» в составе Югославии; в июле на зап. части терр. Б. и Г. создан авт. р-н «Хорватское содружество Герцег-Босна». Противоборство босн. общин вылилось в воен. конфронтацию.

Б. и Г.— индустр.-агр. страна. ВНП на д. нас. 2454 долл. в год. Добыча бурого угля, жел. и марганц. руд, бокситов, кам. соли, асбеста. Ведущие отрасли пром-сти — маш-ние (в т.ч. самолёто- и автостроение, произ-во станков, эл.-бытовой техники, конторского оборудования и др.), чёрная и цветная металлургия, хим. (сода, хлорные продукты) и лесная (кр. целл.-бум. произ-во) пром-сть; кр. произ-во стройматериалов. Пастбищное жив-во (овцы и кр. рог. скот). Земледелие развито преим. на С. и по долинам рек. Выращивают кукурузу, пшеницу, картофель, сах. свёклу, табак. Сад-во (слива, яблоки, груши, грецкий орех) и виногр-во.

Босния и Герцеговина. Город Зворник.

БОСПО́РСКОЕ ГОСУДА́РСТВО, в Крыму, вост. Причерноморье и Приазовье в 5 в. до н.э.— 4 в. н.э. Столица — Пантикапей (совр. *Керчь*). Объединяло греч. города-колонии [Феодосия, Горгиппия (совр. *Анапа*) и др.]. Правители: Археанактиды (480–438 до н.э.), Спартокиды (до 107 до н.э.). С кон. 2 в. до н.э.— часть Понтийского царства, затем вассал Рима. Уничтожено *гуннами*.

БОСТО́Н, г. на С.-В. США, на берегу Массачусетского зал. Атлантич. ок. 574 т.ж. (с пригородами 4 млн. ж.). Порт (грузооборот ок. 23 млн. т в год); междунар. аэропорт. Метрополитен. Маш-ние, хим., резин., полиграф. и др. пром-сть. Ун-ты, в т.ч. Гарвардский (в пригороде), Ин-т совр. иск-ва. Музей изящных иск-в. Осн. в 1630. В 18 в. один из центров борьбы англ. колоний в Сев. Америке за независимость. Здания 18 в., связанные с событиями амер. рев-ции (Дом штата, 1795–98, арх. Ч. Булфинч). Новый адм. центр (арх. П. Рудолф и др.).

БО́СТОНСКИЙ МУЗЕ́Й ИЗЯ́ЩНЫХ ИСКУ́ССТВ, один из крупнейших худ. музеев США (осн. в

Бостон. Вид города.

1870). Коллекции др.-егип., антич., вост., зап.-европ. и амер. иск-ва.

БОСФО́Р, прол. между Европой и Азией, соединяет Чёрное и Мраморное моря. Дл. 30 км, наим. шир. 0,7–3,8 км; наим. глуб. 20 м. В Б.- бухта Золотой Рог. Пересечён автомоб. мостом (дл. ок. 2,8 км). Порт – Стамбул (Турция).

БОСХ (Бос ван Акен) (Bosch van Aeken) Хиеронимус (ок. 1460–1516), нидерл. живописец. Причудливо сочетал черты ср.-век. фантастики, фольклорные, сатирич. тенденции, реалистич. наблюдения жизненных явлений, новаторски смелые поиски в области колорита (триптихи «Воз сена» и «Сад наслаждений»).

БО́ТА (Botha) Луис (1862–1919), первый премьер-мин. (1910–19) Юж.-Афр. союза (ЮАС). В период англо-бурской войны 1899–1902 главнокоманд. войсками Трансвааля (с 1900). В 1907–09 глава пр-ва Трансвааля. В 1915 возглавил оккупацию войсками ЮАС Юго-Зап. Африки (см. *Намибия*).

БОТА́НИКА (от греч. botánē – трава, растение), наука о р-ниях. Изучает видовое многообразие р-ний (систематика), их строение (морфология и анатомия), особенности жизнедеятельности (физиология, биохимия), закономерности индивид. и ист. развития (эмбриология, эволюция), структуру растит. покрова (геоботаника) и др. По изучаемым объектам выделяют разделы: альгологию – о водорослях, лихенологию – о лишайниках, бриологию – о мхах и др. Ископаемые р-ния – предмет палеоботаники. Мн. сведения о р-ниях были известны людям с глубокой древности. «Отцом» Б. считают Теофраста. Как стройная система знаний о р-ниях Б. оформилась в 18 в. (гл. обр. в трудах К. Линнея).

БОТАНИ́ЧЕСКИЙ САД, н.-и., уч.-вспомогат. и культурно-просветит. учреждение. В основе Б.с. – коллекции живых р-ний, выращиваемых в открытом грунте и оранжереях. В крупнейших Б.с. до 20–30 тыс. видов р-ний. Первые Б.с. основаны в Италии (14 в.), затем в др. европ. странах; в России – в нач. 18 в. в Москве (ныне Б.с. МГУ) и С-Петербурге (ныне Б.с. Ботан. ин-та РАН). Первоначально служили гл. обр. для разведения лекарств. р-ний.

БОТВИ́ННИК Мих. Моис. (1911–1995), шахматист, шахматный теоретик, литератор и педагог. 6-й чемпион мира (1948–57, 1958–60, 1961–63), 7-кратный чемпион СССР (1931–52). Автор более 20 книг по шахматам и кибернетике, в т.ч. «От шахматиста – к

Х. Босх. «Искушение св. Антония». Фрагмент центральной части триптиха. Национальный музей старинного искусства. Лиссабон.

Главный ботанический сад Российской Академии наук (Москва).

М.М. Ботвинник.

машине» (1979), «Аналитические и критические работы» (т. 1–4, 1984–1987).

БО́ТКИН Сер. Петр. (1832–89), врач, один из основоположников клиники внутр. болезней как науч. дисциплины в России, основатель крупнейшей школы клиницистов. Брат В.П. и М.П. Боткиных. В 1874 организовал при клинике эксперим. лабораторию, где впервые в России проведены иссл. по клинич. фармакологии и эксперим. терапии. Высказал предположение об инфекц. природе катаральной желтухи (гепатита; отсюда назв. «болезнь Б.»).

БО́ТКИНА БОЛЕ́ЗНЬ, см. в ст. *Гепатит вирусный*.

БО́ТКИНЫ, рос. предприниматели, деятели культуры. Родоначальник – Пётр Кононович (1781–1853), выходец из посадских людей г. Торопец Псковской губ., в нач. 19 в. основал чаеторг. дело. Фирму возглавили его сыновья: с 1853 – В.П. Боткин, литератор (кн. очерков «Письма об Испании», 1847–51), с 1869 – Дм. Петр. (1829–89), пред. Моск. об-ва любителей художеств (1877–89), почётный чл. АХ (с 1884), коллекционер гл. обр. зап.-европ. живописи, а также Пётр Петр. (1831–1907), коммерции советник, чл. Моск. биржевого к-та. Из семьи Б.: Мих. Петр. (1839–1914), живописец, гравёр, коллекционер произв. иск-ва; Фёд. Влад. (1861–1906), художник, участник выставок «Мир иск-ва»; см. также С.П. *Боткин*.

БОТНИ́ЧЕСКИЙ ЗАЛИ́В, сев. часть Балтийского м., между Швецией и Финляндией. Пл. 117 т. км². Глуб. до 290 м. Много шхер. Зимой замерзает. Кр. порты: Лулео, Сундсвалль (Швеция).

БОТСВА́НА (Республика Ботсвана), гос-во на Ю. Африки. Пл. 581,7 т. км². Нас. св. 1,3 млн. ч., гл. обр. тсваны. Офиц. языки – английский и тсвана. Св. ⅔ нас. придерживается местных традиц. верований, часть – христиане. Входит в *Содружество*. Глава гос-ва и пр-ва – президент. Законодат. орган – Нац. собрание. Столица – Габороне. Адм.-терр. деление: 9 округов, в т.ч. 3 городских. Ден. единица – пула.

Б. занимает впадину Калахари. Климат субтропич., на С. тропич. Ср. темп-ры янв. 21–27 °С, июля ок. 16 °С; осадков 250–600 мм в год. Реки: притоки Лимпопо и Окаванго. Саванна.

В 1885–1966 терр. совр. Б. была брит. протекторатом Бечуаналенд, к-рый в сент. 1966 провозглашён независимой Респ. Б.

Б. – агр. страна с развивающейся горнодоб. пром-стью. ВНП на д. нас. 2040 долл. в год. Добыча алмазов (13–15 млн. кар в год, 3-е место в мире), угля, медной, никелевой, марганц. руд. Гл. отрасль с. х-ва – отгонно-пастбищное скот-во (кр. рог. скот, овцы и козы). Осн. с.-х. культуры: сорго и кукуруза. Гл. отрасль обрабат. пром-сти – мясная. Илл. см. на стр. 96.

БОТТИЧЕ́ЛЛИ (Botticelli) Сандро (наст. имя и фам. Алессандро ди Мариано Филипепи) (1445–1510), итал. живописец. Представитель Раннего *Возрождения*. Произв. на религ. и мифол. темы («Весна», ок.

Ботсвана. Выступление коллектива «Фрэнсистаун сонгс».

1477–78) отмечены одухотворённой поэзией, игрой линейных ритмов, тонким колоритом. Рисунки к «Божественной комедии» Данте, острохарактерные изящные портреты («Дж. Медичи»).

БОТУЛИЗМ (от лат. botulus — колбаса), острое инфекц. заболевание, вызываемое токсинами бактерий Б. при употреблении в пищу продуктов (чаще домашних консервов, солёной и копчёной рыбы, колбасы), содержащих эти токсины. Поражается нерв. система (нарушения зрения, глотания, голоса и др.). Для лечения используют противоботулинич. сыворотки. Б. болеют также домашние ж-ные.

С. **Боттичелли.** «Рождение Венеры». Ок. 1483–84. Галерея Уффици. Фрагмент.

БО́УЛИНГ (англ. bouling — игра в шары, в кегли), спорт. игра, цель к-рой — сбить меньшим числом шаров, пускаемых по дерев. дорожке-настилу с бортами, наиб. число фигур-кеглей, расставленных в определ. порядке на спец. площадке. Соревнования проводятся в спец. спорт. залах — кегельбанах. Б. зародился в Великобритании и сканд. странах в сер. 19 в., в совр. виде сформировался в США в кон. 19 в.; в России — с кон. 1980-х гг. В 1895 осн. Междунар. федерация Б. (ИБФ); объединяет ок. 50 стран. Проводятся чемпионаты континентов и мира.

БО́ФОРТА ШКАЛА́, условная 12-балльная шкала для выражения силы (скорости) ветра по визуальной оценке. Широко используется в мор. навигации. Нуль по Б.ш. — штиль (безветрие), 4 балла — умеренный ветер, 6 баллов — сильный ветер, 10 баллов — шторм (буря), 12 баллов — ураган. Предложена англ. гидрографом Ф. Бофортом в 1806.

БОЭ́ЦИЙ (Boëtius, Boëthius) Аниций Манлий Северин (ок. 480–524), рим. христ. философ и гос. деятель. Приближённый короля остготов Теодориха; обвинён в заговоре против него; в ожидании казни написал гл. соч. «Утешение философское», оказавшее влияние на европ. лит-ру. Перевёл на лат. яз. логич. соч. Аристотеля и Порфирия, «Начала» Евклида.

БОЯ́Н (Баян), рус. песнотворец 11–12 вв., слагавший песни-славы в честь подвигов князей. Впервые упомянут в «Слове о полку Игореве» («соловей старого времени», «вещий» певец); в «Задонщине» назван «в Киеве гораздым гудцом». Имя стало нарицательным для обозначения поэта. У А.С. Пушкина в «Руслане и Людмиле» имя Баяна употреблено в собственном и в нарицат. значениях.

БОЯ́РЕ, на Руси 9–17 вв. высш. сословие феодалов. В Др.-рус. гос-ве — потомки родо-плем. знати, ст. дружинники, члены княж. думы, кр. землевладельцы. Имели своих вассалов, пользовались иммунитетом и правом отъезда к др. князьям. В период удельной раздроблённости — богатейшие феодалы, соперники княж. власти. В Новгородской респ. фактически управляли гос-вом. С 15 в. в Рус. гос-ве — высш. чины служилых людей по отечеству, первые чины Боярской думы, занимали гл. адм., суд. и воен. должности, возглавляли приказы, были воеводами. Звание отменено Петром I в нач. 18 в. в связи с ликвидацией Боярской думы и процессе реорганизации дворянства.

Бояре 16–17 вв.

БОЯ́РСКАЯ ДУ́МА, 1) в Др.-рус. гос-ве совет при князе членов ст. дружины и др. близких к нему лиц. 2) В период удельной раздроблённости (12–15 вв.) совет знатных вассалов при князе в вел. и удельных кн-вах. 3) В Рус. гос-ве кон. 15 — нач. 18 вв. постоянный сословно-представит. орган аристократии при вел. князе (царе) законосовещат. характера.

БОЯ́РСКИЙ Мих. Сер. (р. 1949), актёр. В 1972–86 в Ленингр. т-ре имени Ленсовета (ныне С.-Петерб. Открытый т-р). С 1986 худ. рук. муз.-драм. т-ра «Бенефис». Б. присущи взрывной темперамент, музыкальность, пластичность. Играет мужеств., обаят. героев, смельчаков, авантюристов, а также нахальных проходимцев: Луис де Карраскиль («Дульсинея Тобосская» А.М. Володина, 1973), Мэкхит («Трёхгрошовая опера» Б. Брехта, 1983) и др. Снимался в т/ф: «Старший сын» (1975), «Собака на сене» (1977), «Д'Артаньян и три мушкетёра» (1978) и др. Исполняет песни в фильмах и мультфильмах, выступает на эстраде.

БОЯ́РЫШНИК, род деревьев и кустарников (сем. розоцветные). Ок. 200 (по др. данным, ок. 1000) видов,

Боярышник: ветвь с плодами.

в умеренном поясе Америки и Евразии. Плоды ряда видов съедобны. Декор. виды Б. широко используют в озеленении; нек-рые — лекарственные (экстракт из плодов и настой из цветков применяют при сердечно-сосудистых заболеваниях).

БРА́ГЕ (Brahe) Тихо (1546–1601), дат. астроном, реформатор практич. астрономии. На построенной им в 1576 обсерватории «Ураниборг» близ

Т. Браге.

Копенгагена св. 20 лет определял положения светил с наивысшей для того времени точностью. На основе его наблюдений И. Кеплер вывел законы движения планет.

БРАДИКАРДИ́Я (от греч. bradýs — медленный и kardía — сердце), уменьшение частоты сердечных сокращений ниже 60 ударов в 1 мин. Может быть конституционально обусловленной или следствием разл. заболеваний. Ср. *Тахикардия*.

БРАЗА́УСКАС (Brazauskas) Альгирдас (р. 1932), президент Литов.

Республики (с 1993). С 1965 мин. пром-сти стройматериалов, с 1966 1-й зам. пред. Госплана Литов. ССР. С 1977 секр. ЦК, в 1988–89 1-й секр. ЦК КП Литвы. В 1990 пред. Независимой КП Литвы (с дек. 1990 Демокр. партия труда Литвы). С янв. 1990 пред. През. ВС Литов. ССР; в марте 1990 – янв. 1991 зам. премьер-мин. Литвы, с нояб. 1992 пред. Сейма, и.о. президента Литов. Республики.

БРАЗЗАВИ́ЛЬ, столица (с 1960) Конго. 938 т.ж. Порт на р. Конго; междунар аэропорт. Текст., пищевкус., хим. пром-сть. Резьба по дереву. Ун-т. Музей. Нац. т-р республики. Осн. как франц. воен. пост в 1880

Браззавиль. Здание Национального собрания.

П.С. де Бразза, назван по его имени. В 1903–50 адм. ц. Ср. Конго, в 1910–58 – и Франц. Экв. Африки, в 1958–60 – авт. Респ. Конго.

БРАЗИ́ЛИЯ (Федеративная Республика Бразилия), крупнейшее гос-во в Юж. Америке, омывается Атлантич. ок. Пл. 8512 т. км², Нас. 151,4 млн. ч., св. 95% – бразильцы. Офиц. яз. – португальский. Св. 80% верующих – католики. Глава гос-ва и пр-ва – президент. Законодат. орган – двухпалатный парламент (Сенат и Палата депутатов). Столица – Бразилия. Б.– федерация в составе 26 штатов и Федерального (столичного) округа. Ден. единица – крузейро реал.

В центре и на Ю. – Бразильское плоскогорье (высш. точка – г. Бандейра, 2890 м); на С.– Амазонская низм. и отроги Гвианского плоскогорья. На крайнем Ю.– Лаплатская низм. Климат меняется с С.-З. на Ю.-В. от экв. до субтропич. (ср. темп-ры янв. 23–29°C, июля 16–24°C); осадков в год от 500 мм на С.-В. Бразильского плоскогорья до 1200 мм на Ю. и до 3000 мм на З. Амазонской низм. Гл. реки: Амазонка, Сан-Франсиску, Парана. На Амазонской низм. – влажно-экв. леса, в центре – саванны и редколесья, на Приатлантич. низм.– тропич. переменно-влажные, на Ю.– вечнозелёные леса (всего под лесом 66% терр.).

В 1500 на побережье Б. высадились португ. мореплаватели. Земля, назв. Вера-Круш (затем Санта-Круш), вскоре стала именоваться Бразилия (от португ. назв. ценной породы красного дерева). В 1549 на колон. терр. учреждено генерал-капитанство со столицей в Сальвадоре. В сер. 17 в. началось заселение внутр. р-нов страны. В 1763 столицей Б. стал Рио-де-Жанейро. С вступлением французов в Португалию португ. королев. двор перенёс свою резиденцию (до 1821) в Рио-де-Жанейро. В 1815 Б. получила статус кор-ва. В результате освободит. движения в 1822 Б. объявлена независимой империей (признана Португалией в 1825). На плантаторских х-вах использовался труд рабов, вывозившихся из Африки с 16 в.; только в 1888 было упразднено рабство. В 1889 Б. стала федеративной респ. и с 1891 наз. Соед. Штатами Б. В 1930 в стране установилась диктатура Ж. Варгаса (до 1945; в 1951–54 вновь президент). При през. Ж. Кубичеке (1956–61) ускоренными темпами развивалась экономика, была построена новая столица – Бразилия. В 1964–85 у власти находились воен. режимы. В окт. 1988 принята новая конституция, определившая возврат к демокр. правлению.

Б. – индустр.-агр. страна, одна из наиб. экономически развитых в Лат. Америке. ВНП на д. нас. 2680 долл. в год. Кр. добыча жел. и марганц. руд; добывают также бокситы, руды меди, свинца и вольфрама, золото, драгоценные и полудрагоценные камни. Б. – кр. поставщик на мировой рынок ниобия, бериллия, танталовых и цирконивых руд, кристаллич. кварца, монацитовых песков. Возрастающая добыча нефти не удовлетворяет внутр. нужд, поэтому осуществляется их замена альтернативными видами топлива, гл. обр. этиловым спиртом (на нём работает ок. ¼ автомоб. парка страны; ок. ⁹/₁₀ автомобилей производится с двигателями, рассчитанными на спиртовое топливо). Ведущие отрасли обрабат. пром-сти – чёрная и цв. (алюминий, медь, цинк, олово, кобальт, никель и др.) металлургия, маш-ние, трансп. (авто-, авиа- и судостроение, произ-во локомотивов), с.-х. (тракторы), произ-во компьютерной техники и её компонентов, высокоразвитая воен-

ная (в т.ч. произ-во на экспорт), хим. и нефтехим. (каустич. сода, кислоты, красители, удобрения, синтетич. волокна и каучук, пластмассы и др.), цем., целл.-бум., пищевкус. (гл. обр. сах., маслоб., мясная, таб.) и текст. (преим. хл.-бум.). Гл. отрасль с. х-ва – растениеводство. Б. – один из крупнейших в мире производителей (ок. 3 млн. т в год) и экспортёров кофе, сах. тростника (по произ-ву этилового спирта из сах. тростника Б. занимает 1-е место в мире), какао-бобов, бананов и апельсинов, сизаля; др. важные экспортные культуры – хлопчатник, соя, табак, кукуруза. Экстенсивное пастбищное, преим. мясное, жив-во. Мор. рыб-во. В лесах (по запасам тв. древесины Б. занимает 1-е место в мире) – заготовки древесины (гл. обр. хвойные породы

Бразилия. Формы выветривания в горах Серра-да-Мантикейра. Национальный парк Итатия.

араукария и др.), сбор сока гевеи, карнаубского воска, браз. орехов. Экспорт: металлы и металлич. руды (ок. 18% стоимости, преим. жел. руда), продукция пищевкус. пром-сти (17%, преим. кофе, соевая мука, сахар), машины, электрич. оборудование и средства транспорта (19%), неметаллич. полезные ископаемые (9%), химикаты (5%), бумага, текст. и кож. изделия, свежие фрукты и овощи (9%).

БРАЗИ́ЛИЯ, столица (с 1960) Бразилии, на берегу искусств. водохранилища. 1,6 млн. ж. Междунар. аэропорт. Пр-тия лёгкой и пищ. пром-сти. Ун-т. Нац. т-р. Б. построена (1957–60) специально как столица по плану арх. Л. Коста (гл. автор адм. и обществ. зданий – арх. О. Нимейер). Включена в список *Всемирного наследия*.

БРАЗИ́ЛЬСКОЕ ПЛОСКОГО́РЬЕ, на В. Юж. Америки, преим. в Бразилии. Выс. 250–900 м, наиб. до 2890 м (г. Бандейра). В рельефе – приподнятые равнины, хребты (т.н. серры), преим. песчанниковые возвышенности (шапады). Реки басс. Амазонки и Параны. Кустарниковые саванны, на С. и В.– влажные леса. Кр. м-ния жел. и марганц. руд, бокситов и др.

БРА́ЙАНТ (Bryant) Уильям Каллен (1794–1878), амер. поэт. Романтик; «бард рек и лесов Америки» (У. Уитмен). В поэме «Танатопсис» (в пер. с греч.– «Картина смерти»; 1811, изд. 1817), сб. «Стихотворения» (1832) и «Гимны» (1864) наиб. ярко выражает соответствия (параллели, аналогии) между «храмом» поэтич. души и гармонией природы, нередко напоминающей человеку о высш. Промысле.

98 БРАЙ

БРАЙЛЬ (Braille) Луи (1809–52), франц. тифлопедагог. Ослеп в раннем детстве. Изобрёл рельефно-точечный шрифт (1829), к-рым печатаются книги для слепых. В России первая книга по системе Б. издана в 1885.

БРА́ЙТОН, крупнейший (с сер. 19 в.) приморский климатич. курорт в Великобритании, на берегу прол. Ла-Манш. 146 т.ж. Б.— традиц. место проведения конференций англ. полит. партий. Ун-т; музей; гор. аквариум.

БРАК (Braque) Жорж (1882–1963), франц. живописец. Один из основателей *кубизма* («Женщина с гитарой», 1913). Автор мн. декоративно-изящных композиций.

Ж. Брак. «Натюрморт с музыкальными инструментами». 1908.

БРАК, семейный союз, порождающий права и обязанности супругов по отношению друг к другу и к детям. В большинстве совр. гос-в закон требует соотв. оформления (регистрации) Б. в спец. гос. органах; в нек-рых гос-вах правовое значение придаётся также Б., заключённому по религ. обрядам. Иногда (напр., во Франции) при оформлении Б. заключается брачный контракт (письм. соглашение жениха и невесты о режиме их имущества после вступления в Б.). В России признаётся только Б., заключённый в гос. органах записи актов гражд. состояния (загсах). До 1944 к зарегистрированному приравнивался т.н. фактич. (незарегистрир.) Б. См. также *Брачный возраст*, *Расторжение брака*.

БРА́КА ТА́ИНСТВО, одно из 7 христ. таинств, к-рое совершается в храме при заключении церк. брака (венчание). Первоначально ритуал складывался во время литургии и лишь с 13 в. стал самостоятельным; совр. форму обрёл только к 17 в.

БРАКОНЬЕ́РСТВО (от франц. braconnier — браконьер; первоначально — псовый охотник), добыча или уничтожение диких ж-ных с нарушением правил охоты, рыб-ва и др. требований законодательства об охране животного мира. В рос. законодательстве применяется термин «незаконная охота».

БРАМА́НТЕ (Bramante) Донато (1444–1514), итал. архитектор. Представитель Высокого Возрождения. Создал гармоничные, цельные, смелые по пространств. композиции постройки (церк. Санта-Мария пресс со Сан-Сатиро в Милане, 1479–87; дворцы Сан-Дамазо, ок. 1510, и Бельведера, 1503–05, проект собора Св. Петра, 1506–14; все — в Ватикане, в Риме).

БРАМС (Brahms) Иоганнес (1833–1897), нем. композитор, пианист, дирижёр. С 1862 жил в Вене. В 4 симфониях, «Немецком реквиеме» (1868), инстр. концертах, сонатах, фп. пье-

Д. Браманте. Часовня-ротонда Темпьетто во дворе монастыря Сан-Пьетро ин Монторио в Риме.

сах («Венгерские танцы» и др.), песнях (в т.ч. обработки нар. песен) — сочетание классич. логики композиции и романтич. содержания.

И. Брамс.

БРАНДМА́УЭР (нем. Brandmauer), устар. название противопожарной стены.

БРА́НДО (Brando) Марлон (р. 1924), амер. актёр. С 1944 играл на Бродвее. Работы в ф. «Да здравствует Сапата!» (1952), «В порту» (1954), «Дикарь» (1953) закрепили за героями Б. образ бунтаря. Трагич. черты приобретают сыгранные Б. персонажи в ф. «Погоня» (1965), «Крёстный отец», «Последнее танго в Париже» (оба 1972), «Апокалипсис сегодня» (1979).

БРАНЛЬ (франц. branle — хоровод), франц. круговой танец (или группа танцев), первоначально нар., затем бальный. Распространён в Зап. Европе со ср. веков.

БРАНТ (Brant) Себастьян (ок. 1458–1521), нем. писатель. В книге живых и остроумных стихов. сатир «Корабль дураков» (1494), имевшей огромный успех ещё при жизни Б., вывел разл. типы людей, олицетворяющих человеческие пороки.

БРАССЕ́НС (Brassens) Жорж (1921–81), франц. шансонье, киноактёр. Выступал с 1952. Автор текстов и музыки мн. песен своего репертуара, герой к-рых обычно парень парижских предместий.

БРАТИСЛА́ВА, столица (с 1993) Словакии (с 1919 гл. город). 441 т.ж. Порт на Дунае; междунар. аэропорт. Хим. и нефтехим., лёгкая, полиграф. пром-сть, маш-ние. Ун-т. Академия изящных иск-в (1949). Музеи: Словацкая нац. гал. и др. Нац. т-р (1919). Осн., вероятно, в 9–10 вв. С 1541 столица Венг. кор-ва. Крепость Град (9–18 вв.), Михальские ворота (14–18 вв.), Ст. ратуша (ныне Гор. музей; 13–18 вв.), собор Св. Мартина (13–19 вв.), многочисл. готич. и барочные церкви и дома.

БРА́УН (Braun) Вернер фон (1912–1977), специалист в области ракетной и космич. техники. Один из рук. герм. исследоват. ракетного центра в Пенемюнде (1937–45). Гл. конструктор мн. управляемых ракет, в т.ч. баллистич. ракеты дальнего действия Фау-2, впервые применённой во 2-й мир. войне нем. армией для обстрела городов. С 1945 в США руководил созданием ракет-носителей, обеспечивших запуски первых амер. ИСЗ «Эксплорер», первые полёты космонавтов США и др.

БРА́УНИНГ (Browning) Джон (1855–1926), амер. изобретатель, конструктор образцов стрелкового автоматич. оружия, названного его именем. Наиб. известность получило множество образцов Б. разных калибров, первые пистолеты Б. разных калибров появились в 1887–98. Были распространены самозарядные охотничьи ружья и пулемёты системы Б.

БРА́УНОВСКОЕ ДВИЖЕ́НИЕ, то же, что *броуновское движение*.

БРА́ХМА, в брахманизме один из 3 высш. богов, бог-создатель, творец Вселенной и всего сущего. Чаще изображается четырёхликим, четырёхруким, сидящим на лебеде.

Брахма. Алебастр. 20 в. Государственные музеи. Берлин.

БРАХМА́Н, 1) одно из центр. понятий инд. философии и религии индуизма, космич. духовное начало, безличный абсолют, лежащий в основе всего существующего. Имело разл. толкования: от полноты всевозможных определений до лишённости к.-л. определяемости, от тождества с к.-л. божеством до отрицания возможности тождества с ч.-л. конкретным. 2) Член высш. жреч. касты в Индии.

БРАХМАНИ́ЗМ, религия в Индии (1-е тыс. до н.э.). Стадия формирования индуизма; сложился в результате приспособления местных культов к ведич. религии индоарийских племён. Верховные боги — Брахма, Вишну и Шива, большую роль играли анимистич. представления, культ предков. Сложный ритуал, совершаемый брахманами, строгая обрядовая регламентация жизни, аскетич. подвиги рассматривались как средства, обеспечивавшие по закону *кармы* лучшее перевоплощение души (сансара) и конечное освобождение от цепи перерождений.

БРАХМА́НЫ, одна из высш. каст в Индии, по происхождению — древнее сословие (варна) жрецов.

БРАХМАПУ́ТРА (Брамапутра), р. в Азии (Китай, Индия, Бангладеш). На отд. участках наз. Мацанг, Цангпо (на Тибетском нагорье), Диханг (в месте прорыва Б. Гималаев), Джамуна (в Бангладеш). Дл. 2900 км. Впадает в Бенгальский зал., образуя с Гангом и Мегхной общую дельту (пл. св. 80 т. км^2). Бывают наводнения. Судох. от ущелья Диханг (1290 км от устья), на Тибетском нагорье — на отд. участках. На Б.— гг. Шигадзе, Гаухати и др.

БРА́ХМИ, одна из древнейших разновидностей инд. силлабич. (слогового) письма. Самые ранние прочитанные пам. памятники датируются 3 в. до н.э. Направление письма слева направо. К Б. восходит большинство совр. видов письма Индии и Индокитая.

БРА́ЧНОСТЬ в демографии, частота вступления в брак. Обычно измеряется числом зарегистрир. браков за год на 1000 жит. (в России в 1990 — 8,9‰) или числом вступивших в брак за год на 1000 неженатых (незамужних) бракоспособного возраста. Для экономически развитых стран общий коэф. Б. 5–9‰.

БРА́ЧНЫЙ ВО́ЗРАСТ, установленный законом миним. возраст вступления в брак. Так, во Франции Б.в. для мужчин 18 лет, для женщин 15 лет, в Италии — соотв. 16 и 14 лет, в Испании — 14 и 12 лет. Допускается снижение Б.в. при наличии уважит. причин. В Рос. Федерации Б.в. для мужчин и женщин 18 лет. В исключит. случаях допускается снижение Б.в. на 1 или 2 года, однако в любом случае Б.в. не может быть ниже 16 лет.

БРАШО́В, г. в Румынии, 323 т.ж. Возник как узел дорог через горн. перевалы. Разнообразное маш-ние, хим., парфюмерно-косметич., цем., лёгкая пром-сть. Ун-т. Музеи: городской (в здании ратуши 13–18 вв.), уезда Брашова. Изв. с 1234 под назв. Корона. Остатки кам. укреплений (13–17 вв.) с башнями, воротами и бастионами. Готич. церкви: Св. Варфоломея (13–15 вв.), «Чёрная» (между 1385–1477).

БРЕГВА́ДЗЕ Нани Георг. (р. 1938), груз. эстрадная певица. С 1959 солистка Груз. филармонии. Проникновенно исполняет лирич. песни груз. композиторов, старинные рус. романсы.

БРЕГЕ́Т, карманные часы с боем, изготовлялись в мастерской франц. мастера А.Л. Бреге (Bréguet, 1747–1823). Отличались высокой точностью хода, показывали числа месяца.

БРЕД, ложные суждения, идеи, умозаключения, к-рые имеют лишь субъективное обоснование, овладевают сознанием больного и не поддаются коррекции, симптом психич. расстройства.

БРЕ́ЖНЕВ Леон. Ил. (1906–82), 1-й (1964–66) и ген. (1966–82) секр. ЦК КПСС, пред. През. ВС СССР (1960–64, 1977–82). С 1937 на сов. и парт. работе. В Вел. Отеч. войну на политработе в Сов. Армии. С 1946 1-й секр. Запорожского, Днепропетров-

Л.И. Брежнев.

ского обкомов КП(б) Украины. В 1950–52 1-й секр. ЦК КП(б) Молдавии. С 1953 зам. нач. Гл. политуправления Сов. Армии и ВМФ. В 1954–56 2-й секр., 1-й секр. ЦК КП Казахстана. В 1952–53, 1956–60, 1963–64 секр. ЦК КПСС. Чл. Политбюро (Презид.) ЦК КПСС с 1957 (канд. в 1952–53, 1956–57). Один из осн. организаторов смещения Н.С. Хрущёва (1964). В период пребывания Б. на посту ген. секр. в стране возобладали консервативные тенденции, нарастали негативные процессы в экономике, социальной и духовной сферах жизни об-ва, предпринята интервенция в Чехословакию (1968) и введены сов. войска в Афганистан (1979).

БРЕ́ЗАН (Brězan) Юрий (р. 1916), лужицкий и нем. писатель. В традициях «романа воспитания» автобиогр. трил. «Гимназист» (1958), «Семестры потерянного времени» (1960), «Годы возмужания» (1964); насыщенные фольклорными мотивами рассказы и пов. «Девушка Трикс и вол Эзау», 1959). Филос. ром. «Крабат, или Преображение мира» (1976), «Портрет отца» (1982).

БРЕ́ЙГЕЛЬ Старший, или «Мужицкий» (Bruegel de Oude, Boeren Brueghel) Питер (между 1525 и 1530–1569), нидерл. живописец и рисовальщик. Создал глубоко нац. иск-во, опирающееся на нидерл. традиции и фольклор. В творчестве Б. сложно переплелись юмор и фантастич. гротеск, лиричность и эпичность картины мироздания («Битва Масленицы и Поста», 1559; «Безум-

П. Брейгель. «Крестьянский танец». Музей истории искусств. Вена.

ная Грета», 1562; серия «Времена года», 1565).

БРЕЙН (Braine) Джон (1922–86), англ. писатель. В ром. «Путь наверх» (1957) – история молодого человека, предающего любящую женщину ради богатства и успеха в высш. об-ве. Ром. «Жизнь наверху» (1962), «Ревнивый бог» (1964). «Шпионский» ром. «Благочестивый агент» (1975).

БРЕМ (Brehm) Альфред Эдмунд (1829–84), нем. зоолог, просветитель. Наблюдения, вынесенные из путешествий по Африке, Европе, Зап. Сибири и др., легли в основу кн. «Жизнь животных» (т. 1–6, 1863–69, рус. пер. 1911–15 и 1937–48). Благодаря живым описа-

А.Э. Брем.

ниям «образа жизни» и «характера» ж-ных труд Б. (несмотря на присущий ему антропоморфизм) стал для мн. поколений лучшим популярным руководством по зоологии. Создатель Берлинского аквариума (1867).

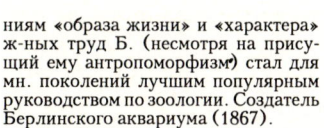

БРЕНТА́НО (Brentano) Луйо (1844–1931), нем. экономист. Предлагал разрешать социальные конфликты между рабочими и предпринимателями путём организации профсоюзов и использования фабричного законодательства.

БРЕССО́Н (Bresson) Робер (р. 1907), франц. кинорежиссёр. Аскетичность режиссёрской манеры, обращение к религ.-филос. и нравств. проблемам, искреннее сочувствие

людям присущи ф.: «Дневник сельского кюре» (1950), «Приговорённый к смерти бежал» (1956), «Карманник» (1959), «Мушетт» (1967), «Деньги» (1983).

БРЕСТ (до 1921 Брест-Литовск, до 1939 Брест-над-Бугом), г., обл. ц. в Белоруссии, на р. Мухавец, при впадении её в р. Зап. Буг. 277 т.ж. Речной порт; ж.-д. уз. Маш-ние (радиоаппаратура, газ. плиты, с.-х. машины, скобяные изделия и др.), лёгкая (в т.ч. произ-во трикот., швейных и чулочных изделий), пищ. пром-сть; произ-во мебели, продукции бытовой химии и др. 2 вуза. Музеи (в т.ч. Музей обороны Брестской крепости). 2 т-ра. Изв. с 1019 (Берестье).

Брест. Холмские ворота Брестской крепости.

БРЕ́СТСКАЯ У́НИЯ 1596, объединение правосл. и католич. церквей на терр. *Речи Посполитой* на церк. соборе в Бресте. Правосл. церковь Украины и Белоруссии признавала своим главой рим. папу, но сохраняла богослужение на слав. яз. и правосл. обрядность.

БРЕ́СТСКИЙ МИР, 3.3.1918, мирный договор между Сов. Россией и Германией, Австро-Венгрией, Болгарией, Турцией. По Б. м. Германия, аннексировав Польшу, Прибалтику, части Белоруссии и Закавказья, должна была получить контрибуцию в 6 млрд. марок. Сов. Россия пошла на заключение Б.м., чтобы сохранить сов. власть, создать Кр. Армию. Группа «левых коммунистов» во главе с Н.И. Бухариным выступила против Б.м. и была готова «идти на возможность утраты сов. власти» во имя «интересов междунар. рев-ции». В.И. Ленин и его сторонники отстаивали необходимость подписания мира. Договор аннулирован сов. пр-вом 13.11.1918 после рев-ции в Германии.

БРЕТ-ГАРТ, см. *Гарт* Ф.Б.

БРЕХТ (Brecht) Бертольт (1898–1956), нем. писатель, режиссёр. В 1933–47 в эмиграции. В 1949 основал т-р «Берлинер ансамбль» (совм. с женой, актрисой Е. Вейгель). В филос.-сатирич. пьесах на совр. ист. и мифол. сюжеты «Трёхгрошовая опера» (пост. 1928, музыка К. Вейля, изд. 1931), «Мамаша Кураж и её дети» (созд. 1939, изд. 1941, пост. 1949), «Жизнь Галилея» (созд. 1938–39, пост. 1943, изд. 1955), «Добрый человек из Сезуана» (созд. 1938–40, изд. и пост. 1943), «Кавказский меловой круг» (пост. 1954, музыка П. Дессау, изд. 1949) с гуманистич., антифаш. позиций ставил остроактуальные проблемы. Ориен-

Б. Брехт (слева) на репетиции спектакля «Мамаша Кураж и её дети».

тировался, как и в собств. режиссуре, на разработанные им принципы «эпич. театра», предполагающего обращение не к традиц. «сопереживанию», а к трезвому разуму и критич. анализу. Ввёл т.н. эффект отчуждения – новый ракурс рассмотрения привычного, используя модернизир. аналог антич. хора – песни-зонги, строя мизансцены по принципу киномонтажа и т.п. Оказал влияние на т-р 20 в.

БРЕ́ШКО-БРЕШКО́ВСКАЯ Ек. Конст. (1844–1934), деятель рос. рев. движения. С нач. 1870-х гг. примыкала к народникам, участвовала в «хождении в народ». В 1874–96 в тюрьме, на каторге и в ссылке. Была одним из создателей и лидеров партии эсеров, её Боевой орг-ции. Участница Рев-ции 1905–07. В 1907–17 вновь в тюрьме и ссылке. После Февр. рев-ции играла активную роль среди правых эсеров. К Окт. рев-ции отнеслась враждебно: участвовала в борьбе с сов. властью в Поволжье и Сибири. В 1919 эмигрировала. В рев. и демокр. кругах известна как «бабушка рус. рев-ции».

БРИДЖ (англ. bridge, букв. – мост), разновидность карточной игры (2 пары играющих с колодой из 52 карт). Возникла предположительно в Константинополе (в 1870), по др. данным – в России (в 1880-х гг.). Наиб. распространён спорт. вариант Б. В 1960 осн. Всемирная лига Б. (ВБФ); объединяет ок. 100 стран. Всерос. лига Б. созд. в 1989. Чемпионаты Европы с 1932, мира с 1950, Олимпиады с 1960.

БРИ́ДЖМЕН (Bridgman) Перси Уильямс (1882–1961), амер. физик и философ. Основатель физики высоких давлений: разработал методы получения давлений до 425 тыс. атмосфер и исследовал свойства мн. в-в при высоких давлениях, что привело, в частности, к созданию искусств. алмазов и твёрдого водорода. Один из основоположников *операционализма* – филос. направления, к-рое содержание понятий сводит к разл. рода операциям, напр. пространство и время – к операции измерения. Ноб. пр. (1946).

БРИ́ДЖТАУН, столица (с 1966) гос-ва Барбадос. 6,1 т.ж. Порт на Атлантич. ок.; междунар. аэропорт. Пр-тия лёгкой и пищ. пром-сти. Осн.

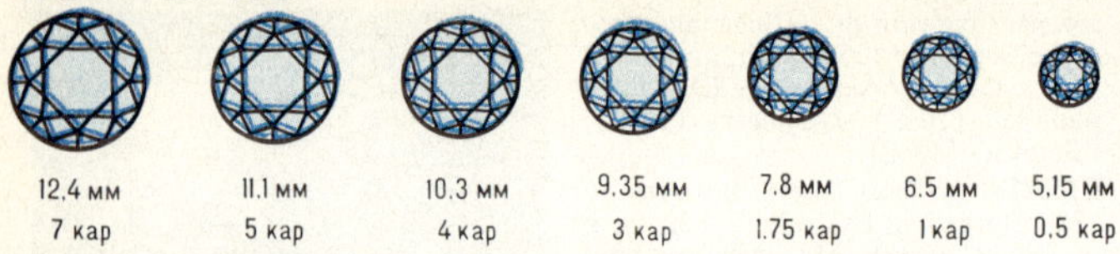

100 БРИЗ

12.4 мм	11.1 мм	10.3 мм	9.35 мм	7.8 мм	6.5 мм	5.15 мм
7 кар	5 кар	4 кар	3 кар	1.75 кар	1 кар	0.5 кар

Бриллианты полной огранки в натуральную величину.

в 1-й пол. 17 в., был центром работорговли в Вест-Индии.

БРИЗ (франц. brise), ветер с суточной периодичностью по берегам морей и кр. озёр. Дневной Б. дует с водоёма на нагретое побережье, ночной — с охлаждённого побережья на водоём. Б. обычно распространяются на неск. десятков км по обе стороны от береговой линии на высоту неск. сотен м; наиб. часто наблюдаются в тропиках.

БРИЛЛИАНТ (от фр. brillant, букв.— блестящий), прозрачный искусственно огранённый *алмаз*. Огранка максимально выявляет оптич. свойства Б. Для него характерно многократное прохождение светового луча внутри камня, благодаря чему в отражённом свете Б. как бы «играет» всеми цветами радуги. Самый крупный Б.— «Большая Звезда Африки» (масса 530,2 кар), получен из алмаза «Куллинан», самый мелкий — 0,00063 кар.

БРИТАНСКАЯ ИМПЕРИЯ, понятие, включающее Великобританию и её колон. владения; вошло в офиц. употребление в 1870-е гг. В процессе получения независимости колониями Великобритании образовалось Брит. содружество наций (см. *Содружество*).

БРИТАНСКИЕ ОСТРОВА, группа о-вов в Европе, между Северным м. и Атлантич. ок. Пл. ок. 314,4 т. км². От материковой части Европы отделены проливами Па-де-Кале и Ла-Манш, Северным м. Включают кр. о-ва Великобритания и Ирландия, а также группы Гебридских, Оркнейских, Шетлендских о-вов, о-ва Англси, Мэн и др. Выс. до 1343 м (г. Бен-Невис на о. Великобритания). Леса (дуб, бук, берёза), торфяниковые и вересковые пустоши. На Б. о. расположены гос-ва Великобритания и Ирландия.

БРИТАНСКИЙ МУЗЕЙ в Лондоне, один из крупнейших музеев мира. Осн. в 1753, открыт в 1759 (здание — 1823–47, арх. Р. Смёрк). Памятники первобытного иск-ва, др.-вост. и антич. культуры и иск-ва, ср.-век. иск-ва Европы и Востока, этногр. памятники Африки, Америки, Океании; собр. рисунков, гравюр, рукописей, керамики, монет, медалей. Уникальная б-ка (древние рукописи и др.).

БРИТТЕН (Britten) Бенджамин (1913–76), англ. композитор, пианист, дирижёр. 15 опер, в т.ч. воплощающие нравств. тематику драмы «Питер Граймс» (1945), «Поворот винта» (1954), комич. соч. «Альберт Херринг» (1947), «Сон в летнюю ночь» (1960); «Военный реквием» (1961) и др. вок.-симф. соч.

БРИФИНГ (англ. briefing), встреча офиц. лиц с представителями средств массовой информации, на к-рой вкратце излагается офиц. позиция по определ. вопросу или согласованная сторонами, участвующими в междунар. переговорах, заседаниях позиция об их ходе, взглядах сторон и т.д.

БРНО, г. в Чехии. 388 т.ж. Маш-ние, полиграф., меб., шерстяная пром-сть. Междунар. пром. ярмарки. Ун-т. Консерватория (1881); Словацкая опера (1919). Музеи: моравский, города Б.; Моравская гал. С кон. 12 в. резиденция моравского маркграфа, с 1243 королев. свободный город. В 1526–1918 под властью Габсбургов. Замок (13–18 вв.), готич. костёлы: Св. Петра (14–19 вв.), Св. Томаша (14–17 вв.), монастыри 13–18 вв.

БРОДВЕЙСКИЕ ТЕАТРЫ, условное наименование амер. т-ров, расположенных на Бродвее (улица в Нью-Йорке), для к-рых характерны коммерч., развлекат. цели и вместе с тем высокая театральная культура.

БРОДЕЛЬ (Braudel) Фернан (1902–85), франц. историк. Тр. преим. по соц.-экон. истории Зап. Европы 16–18 вв. Последователь М. Блока и Л. Февра, ред. ж. «Анналь...», сторонник использования в ист. исследованиях материалов смежных наук (географии, демографии, психологии и др.).

БРОДСКИЕ, рос. предприниматели, сахарозаводчики. В 40-е гг. 19 в. Израиль Маркович начал свеклосахарное дело на Украине. Его сыновья: Лазарь Израилевич — сахарозаводчик; Лев Израилевич — банковский деятель, гл. акционер и пред. правлений Александровского и Корюковского т-в сах. з-дов и др. пр-тий. В 80-е гг. владели в 1912–17 з-дами. Одни из гл. организаторов первого сах. синдиката (1887) и синдиката рафинёров (1903).

БРОДСКИЙ Иос. Ал-др. (р. 1940), рус. поэт; пишет также на англ. яз. В 1972 эмигрировал в США. В стихах (сб-ки, впервые изд. за рубежом: «Остановка в пустыне», 1967, «Конец прекрасной эпохи», «Часть речи», оба 1972, «Урания», 1987) осмысление мира как единого метафизич. и культурного целого. Отличит. черты стиля — жёсткость и скрытая патетика, ирония и надлом (ранний Б.), медитативность, реализуемая через обращение к усложнённым культурным реминисценциям (что иногда приводит к герметичности поэтич. пространства). Эссе (сб. «Набережная неисцелимых», на рус. яз. 1992), рассказы, пьесы (в т.ч. «Мрамор», 1982), переводы. Ноб. пр. (1987).

БРОЖЕНИЕ, процесс ферментативного расщепления органич. в-в, преим. углеводов, протекающий без участия кислорода. Служит источником энергии для жизнедеятельности организмов и играет большую роль в круговороте в-в в природе. Нек-рые виды Б., вызываемые микроорганизмами (спиртовое, молочнокислое, маслянокислое, уксуснокислое), используются в хлебопечении и виноделии, в произ-ве этилового спирта, глицерина и др. техн. и пищ. продуктов.

БРОЙЛЕР (англ. broiler, от broil — жарить на огне), мясной цыплёнок в возрасте 6–9 нед, масса 1,5–2 кг. Б. наз. также гибридный молодняк др. видов птицы, выращиваемый на мясо (утят не старше 8 нед, гусят и цесарят до 12 нед, индюшат до 19 нед). Нежное, сочное мясо Б.— диетич. продукт.

БРОЙЛЬ (де Бройль) (de Broglie), франц. физики, братья, принадлежали к аристократич. фамилии, известной с 12 в. Морис (1875–1960), герцог, занимался рентгеновской спектроскопией и рентгеновским структурным анализом. Луи Виктор (1892–1987), герцог, высказал фундаментальную, новую для физики идею о волновых свойствах материи (*волны де Бройля*), к-рая легла в основу квантовой механики; Ноб. пр. (1929).

БРОКГАУЗ (Брокхауз) (Brockhaus) Фридрих Арнольд (1772–1823), нем. издатель, типограф, книгопродавец. В 1805 осн. в Амстердаме (затем в Альтенбурге и Лейпциге) нем. издат. фирму. В 1890 фирма Б. совм. учредила в И.А. Ефроном осн. в С.-Петербурге изд-во «Брокгауза и Ефрона», осуществившее выпуск Энциклопедического словаря Брокгауза и Ефрона (1890–1907) (82 осн. и 4 доп. полутомов). В 1911–16 выпускался Новый энциклопедический словарь (вышло 29 томов из намеченных 48).

БРОКЕР (англ. ед.ч. broker) (маклер), посредник (отд. лица или фирмы) при заключении сделок между покупателем и продавцами. Действует по поручению и за счёт клиентов. Получает вознаграждение в форме определ. процента с суммы сделки. Б., работающие на *биржах*, являются членами.

БРОМ (Bromum), Br, хим. элемент VII гр. периодич. системы, ат. н. 35, ат. м. 79,904; относится к *галогенам*; тяжёлая красная жидкость, $t_{пл}$ –7,25 °C, $t_{кип}$ 59,2 °C. Разл. соед. Вг используют в медицине, фотографии, оптике и др. Б. открыт в 1826 франц. химиком Ж. Баларом.

БРОНЕВОЙ Леон. Сер. (р. 1928), актёр. С 1961 в Моск. драм. т-ре на Малой Бронной, с 1988 в Моск. т-ре имени Ленинского комсомола (ныне т-р «Ленком»). Известен преим. как характерный актёр, мастер выразит. сценич. портрета: Яичница («Женитьба» Н.В. Гоголя, 1975), Крутицкий («Мудрец [«На всякого мудреца довольно простоты» А.Н. Островского], 1989) и др. Снимался в т/ф: «Все несколько слов в честь господина де Мольера», «Семнадцать мгновений весны» (оба 1973) и др.

БРОНЕНОСЦЫ, семейство млекопитающих. Длина тела от 12 см до 1 м, масса от 0,3 до 55 кг. Спина покрыта панцирем из роговых щитков,

Броненосцы. Шаровидный броненосец.

лежащих поясами. 20 видов, на открытых пространствах и в лесах Америки (от Ю. США до Чили и Аргентины). Численность мн. видов невысока. Объект охоты (используется мясо).

БРОНЗА (франц. bronze), сплавы меди (основа) с др. элементами (напр., оловом, алюминием, бериллием, свинцом, хромом; соотв. Б. наз. оловянистой, алюминиевой, бериллиевой и т.д.). Б. применялась с глубокой древности (бронзовый век) для произ-ва орудий труда, оружия, украшений, монет, зеркал, скульптуры и т.п.; играет важную роль в совр. маш-нии, авиац. и ракетной технике, иск-ве и т.д.

БРОНЗОВЫЙ ВЕК, ист. период (кон. 4 — нач. 1-го тыс. до н.э.; в отд. регионах позднее), сменивший энеолит и характеризующийся распространением металлургии бронзы, кочевого скот-ва и поливного земледелия. Сменился жел. веком.

Бронзовый век. Оружие из бронзы иньского времени в Китае.

БРОНТЕ (Brontë), англ. писательницы, сёстры: Шарлотта (псевд. Каррер Белл) (1816–55) — психол. ром. «Джен Эйр» (1847) о бесправном положении женщины, «Шерли» (1849); Эмили (псевд. Эллис Белл) (1818–48) — ром. «Грозовой перевал» (1847), проникнутый романтич. мироощущением; Анна (псевд. Актон Белл) (1820–49) — ром. «Агнес Грей» (1847). Освещая противоречия эпохи, акцентировали в осн. социально-этич. конфликты. Писали также стихи.

БРОНТОЗАВРЫ, вымершие гигантские пресмыкающиеся. Длина тела до 25 м. Жили в Сев. Америке и, возможно, в Европе ок. 130–180 млн. лет назад. Питались р-ниями.

БРОНХИ (от греч. brónchos — дыхат. горло, трахея), трубчатые воздухоносные ветви *трахеи*. Стенка Б. включает хрящевые кольца или пластинки. Все Б., разветвляясь до бронхиол, составляют единое бронхиальное дерево, проводящее воздух при вдохе и выдохе. Осн. заболевание Б.— бронхит.

БРОНХИАЛЬНАЯ АСТМА, см. в ст. *Астма*.

БРОНХИТ, воспаление бронхов. Различают Б. острый и хронический, а также бронхиолит (преим. воспаление бронхиол). Осн. причинами являются инфекции, проф. вредности, курение, охлаждение. Проявляется кашлем с мокротой, повышением темп-ры тела, одышкой. Может быть самостоят. заболеванием или вторичным процессом при разл. болезнях.

БРОНХОПНЕВМОНИЯ, то же, что очаговое *воспаление лёгких*.

БРОУНОВСКОЕ ДВИЖЕНИЕ (брауновское движение), беспорядочное движение малых частиц (размером ~ 10^{-6} м), взвешенных (плавающих) в жидкости или газе, под влиянием ударов молекул окружающей среды. Б.д. обусловлено тепловым движением молекул и отсутствием точной компенсации сил всех ударов молекул среды о частицу. Открыто англ. учёным Р. Броуном (1827). Теория Б.д. разработана А. Эйнштей-

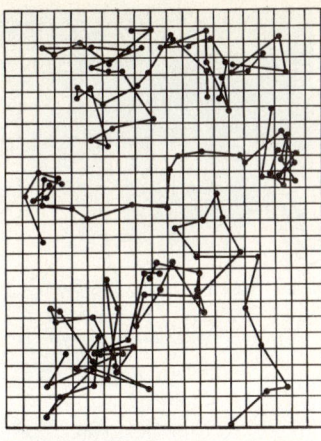

Броуновское движение. Траектории броуновских частиц (схема опыта Перрена); точками отмечены положения частиц через одинаковые промежутки времени.

ном и польск. физиком М. Смолуховским (1906); эксперим. подтверждение этой теории (франц. физик Ж. Перрен и швед. физик Т. Сведберг) послужило окончательным доказательством реальности существования молекул.

БРОХ (Broch) Герман (1886–1951), австр. писатель. С 1938 в США. Воспринимая современность как эпоху крушения традиц. ценностей и «расщепления» целостного мира, сочетал объективность жизнеописания с «потоком сознания» в манере Дж. Джойса и сюрреалистич. алогичностью в духе Ф. Кафки: трил. «Лунатики» (1931–32) и ром. «Искуситель» (1953) – о жизни нем. и австр. об-ва кон. 19 – нач. 20 вв.; ром. «Невиновные» (1950) – о Веймарской респ. и наступлении фашизма, ист.-филос. ром. «Смерть Вергилия» (1945), новеллы. Публицистич., культурологич. труды (кн. «Дж. Джойс и современность», 1936).

БРУ́БЕК (Brubeck) Дейв (р. 1920), амер. джазовый пианист, композитор, руководитель ансамблей. С 1946 выступает с разл. коллективами, с 1958 гастролирует (в 1987 в СССР). Один из ведущих представителей стиля *кул-джаз*, отличается камерной интеллектуализир. творч. манерой. Использовал формы, ритмику и полифонич. технику академич. музыки.

БРУ́ЕВИЧ Ник. Григ. (1896–1987), рос. учёный в области машиноведения, ген.-лейт. инж.-авиац. службы (1944). Один из создателей теории точности и надёжности машин и приборов.

БРУК (Brook) Питер (р. 1925), англ. режиссёр. Работал в Королев. шекспировском т-ре (Стратфорд-он-Эйвон) и в драм. т-рах Лондона, ставил оперы («Борис Годунов» М.П. Мусоргского, 1948). Среди др. пост.: «Гамлет» (1955) и «Король Лир» (1962) У. Шекспира, «Вишнёвый сад» А.П. Чехова (1981) – спектакли были показаны в России. С 1971 рук. Междунар. центра театр. иссл. в Париже. В 80-е гг. пост. «Махабхарату» (по спектаклю снят телефильм). Мастерски сочетает в спектаклях условные приёмы с глубокой психол. разработкой характеров.

БРУ́КНЕР (Bruckner) Антон (1824–1896), австр. композитор, органист, педагог. Представитель позднего *романтизма*. В музыке Б. ярко выраженные этич. и интеллектуальное начала. Один из крупнейших композиторов-симфонистов 19 в., мастер *полифонии*. 11 симф., 4 мессы, Реквием, мотеты, псалмы.

БРУ́МЕЛЬ Валер. Ник. (р. 1942), рос. спортсмен. Чемпион СССР (1961–63), Европы (1962), Олимп. игр (1964) по прыжкам в высоту. Многократный рекордсмен мира.

БРУНГИ́ЛЬДА (Брюнхильда), 1) в мифологии германцев и скандинавов богатырша, одна из *валькирий*. 2) Франкская королева (ок. 534–613).

БРУНЕ́Й (Бруней-Даруссалам), гос-во в Юго-Вост. Азии, на сев.-зап. берегу о. Калимантан, омывается Юж.-Китайским м. Пл. 5,8 т.км². Нас. 268 т.ч., малайцы, китайцы, даяки. Офиц. языки – малайский и английский. Верующие – мусульмане. Входит в *Содружество*. Б. – конституц. монархия во главе с эмиром. Столица – Бандар-Сери-Бегаван. Ден. единица – брунейский доллар.
Б.ч. поверхности – равнина. Климат экв. Темп-ра воздуха в течение всего года ок. 26 °C; осадков 2000–4000 мм в год. Св. 75% терр. занимают влажные тропич. леса.
В 1888–1983 брит. протекторат. С 1984 независимое гос-во.
Основа экономики – добыча нефти и произ-во сжиженного газа (до 90% стоимости экспорта). ВНП на д. нас. 13,3 тыс. долл. в год. Лесозаготовки (в т.ч. на экспорт). Возделывают рис, саго; плантации каучуконосов. Жив-во.

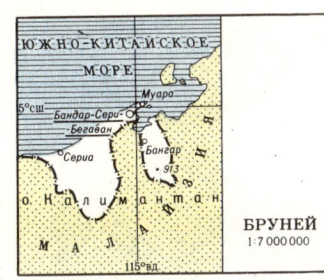

БРУНЕЛЛЕ́СКИ (Brunelleschi) Филиппо (1377–1446), итал. архитектор, скульптор, учёный. Один из создателей архитектуры *Возрождения* и теории линейной перспективы. Новаторски использовал антич. традиции. Произв. Б. отличаются гармоничной ясностью, строгостью пропорций, совершенством инж.-строит. решений (купол собора Санта-Мария дель Фьоре, 1420–36, Оспедале дельи Инноченти, 1421–44,– оба во Флоренции).

БРУ́НО (Bruno) Джордано (1548–1600), итал. философ-пантеист и поэт. Обвинён в ереси и сожжён инквизицией в Риме. Натурфилософия Б. была направлена против схоластич. аристотелизма. Развивая идеи Николая Кузанского и гелиоцентрич. космологию Н. Коперника, Б. отстаивал концепцию о бесконечности Вселенной и бесчисленном множестве миров. Осн. соч.: «О причине, начале и едином» (1584), «О бесконечности, Вселенной и мирах» (1584), «О героическом энтузиазме» (1585). Автор антиклерикальной сатирич. поэмы «Ноев ковчег», комедии «Подсвечник», филос. сонетов.

Ф. Брунеллески(?). Капелла Пацци во дворе церкви Санта-Кроче во Флоренции.

БРУС, 1) конструктивный элемент в строит. механике, поперечные размеры к-рого малы по сравнению с длиной. 2) Пилёный, реже тёсаный лесоматериал. Б. толщиной менее 10 см и шириной не более двойной толщины наз. бруском.

БРУСИ́ЛОВ Ал. Ал. (1853–1926), ген. от кавалерии (1912). В 1-ю мир. войну команд. 8-й армией в Галицийской операции (авг.–сент. 1914). С 1916 главнокоманд. армиями Юго-Зап. фр., провёл наступление против австро-герм. войск (т.н. Брусиловский прорыв; май–июль 1916), положившее начало перелому в ходе 1-й мир. войны. В мае–июле 1917 верх. главнокоманд. С 1920 в Кр. Армии. Автор мемуаров «Мои воспоминания» (1929; 2-я часть опубл. в «Военно-историческом журнале», 1989).

БРУСИ́ЛОВ Георг. Львович (1884–1914?), исследователь Арктики. В 1910–11 участник гидрографич. эксп. в Чукотском и Вост.-Сибирском морях на судах «Таймыр» и «Вайгач». В 1912–14 рук. эксп. на шхуне «Св. Анна», вмёрзшей во льды. Во время дрейфа, самого длительного (2 года) в истории рус. арктич. исследований, Б. опроверг существование «Земли Петермана» и обнаружил в сев. части Карского м. жёлоб (позже названный в честь его шхуны – «Св. Анна») дл. ок. 500 км (науч. материалы доставлены В.И. Альбановым). Эксп. Б. пропала бесследно.

БРУСНИ́КА, вечнозелёный кустарничек (сем. брусничные). Растёт в тундрах, хвойных и смешанных лесах Сев. полушария. Ягоды – ценный пищ. продукт; отвар из листьев – мочегонное средство. В странах Зап. Европы и в США выращивается на плантациях.

БРУТ (Brutus) Децим Юний Альбин (ок. 84–43 до н.э.), в Др. Риме один из военачальников Цезаря. Участвовал в 44 до н.э. в заговоре против него.

БРУТ Марк Юний (85–42 до н.э.), в Др. Риме глава (вместе с Кассием) заговора 44 до н.э. против Цезаря. По преданию, одним из первых нанёс ему удар кинжалом.

БРУТАЛИ́ЗМ (необрутализм) (от англ. brutal – грубый), направление в совр. архитектуре, зародившееся в 1950-х гг. и стремящееся к обнажению конструктивной схемы построек, выявлению весомости форм и естеств. («грубой») фактуры материалов, отказу от к.-л. декор. приёмов.

Брусника.

Брутализм. Дж. Линн, А. Смит и др. Жилой комплекс Парк-Хилл в Шеффилде. 1955–61.

БРУ́ТТО (от итал. brutto – грубый, нечистый), масса товара с упаковкой; см. также *Нетто*.

БРУЦЕЛЛЁЗ (мальтийская лихорадка), хронич. инфекц. заболевание человека и домашних ж-ных (коров, овец, коз, свиней), вызываемое бруцеллами. Люди заражаются при уходе за больными ж-ными и при употреблении в пищу инфицир. мясных и молочных продуктов. Признаки: волнообразная лихорадка, увеличение печени и селезёнки, поражение суставов и др. Ж-ные чаще заражаются с кормом и водой (свиньи и овцы – при случке). Осн. признаки у ж-ных: *аборт, орхит,* эндометрит (воспаление слизистой оболочки тела матки).

БРЭ́ДБЕРИ (Bradbury) Рей Дуглас (р. 1920), амер. писатель. Проза,

Р. Брэдбери.

синтезирующая науч. фантастику, сказку, притчу, социально-психол. исследование: цикл новелл «Марсианские хроники» (1950), ром. «Древо Благодарения» (1972), «Смерть — одинокое занятие» (1985), сб. рассказов «Вино из одуванчиков» (1957), антиутопия «451° по Фаренгейту» (1953) — о трагич. воздействии на культуру дегуманизирующих сторон науч.-техн. прогресса. Стихи.

БРЮ́КВА, двулетнее р-ние рода капуста, кормовая и овощная культура. Родина – Европа. Выращивается также в Сев. Америке, Сев. Африке, Австралии и Н. Зеландии; в России – в ср. полосе. Корнеплоды (до 500 ц с 1 га) богаты витамином С, сахарами, белками и горчичным маслом; применяют в нар. медицине. На корм используют также и ботву.

БРЮЛЛО́В Карл Пав. (1799–1852), рос. живописец и рисовальщик. В 1823–35 и с 1850 жил в Италии. Творчество Б. внесло в живопись рус. *классицизма* струю *романтизма*. Произв. отмечены утверждением чувственно-пластич. красоты человеческого тела («Вирсавия», 1832), драм. напряжённостью образов («Последний день Помпеи», 1830–33), тонким психологизмом («М. Ланчи», 1851). Блестящий мастер парадного портрета («Всадница», 1832).

БРЮ́СОВ Валер. Як. (1873–1924), рус. поэт. Один из инициаторов и организаторов символистского направления в России. Ист.-культурная проблематика, рационализм, декламац. строй (кн. стихов «Tertia Vigilia» – «Третья стража», 1900; «Urbi et Orbi» – «Городу и миру», 1903; «Στέφανος» – «Венок», 1906). Ист. ром. «Огненный ангел» (1908), «Алтарь победы» (1913). Лит. критика. Тр. по стиховедению.

БРЮССЕ́ЛЬ, столица (с 1830) Бельгии. 954 т.ж. Порт (связан каналом с эстуарием р. Шельда и Северным м.); междунар. аэропорт. Метрополитен. Маш-ние, хим., фарм., полиграф., лёгкая пром-сть; старинное произ-во ковров, кружев, ювелирных изделий. Ун-ты. Консерватория (1832). Музеи (в т.ч. Королев. музей изящных иск-в). Королев. т-р «Де ла Монне» (1700). В Б. – центр. органы ЕС, НАТО, Бенилюкса. В ср. века резиденция герцогов Брабанта. Собор (13–15 вв.), готич. ратуша (15 в.), многочисл. гильдейские дома 17–18 вв. и в стиле «модерн» (нач. 20 в.).

В.Я. Брюсов. Портрет работы С.В. Малютина. 1913. Литературный музей. Москва.

К.П. Брюллов. Автопортрет. 1848. Третьяковская галерея.

БРЮХОНЕ́НКО Сер. Сер. (1890–1960), физиолог. Разработал метод и создал в СССР первый в мире аппарат искусств. кровообращения (автожектор) (1920–25).

БРЮШНО́Й ТИФ, острое инфекц. заболевание человека, вызываемое бактерией из рода *сальмонелл*. Проявляется лихорадкой, тяжёлым общим состоянием, сыпью, поражением кишечника. Заражение происходит через воду, пищу, грязные руки, мух.

БРЯНСК, г. (с 1252), ц. Брянской обл., в России, на р. Десна. 460,5 т.ж. Ж.-д. уз. Маш-ние и металлообработка, хим., лёгкая (в т.ч. шерстяная) и пищ. пром-сть. 4 вуза. Ист.-рев. и худ. музеи. Т-ры: драм., юного зрителя, кукол. Изв. с 1146. В годы Вел. Отеч. войны брянские леса – центр партиз. движения.

БРЯ́НЦЕВ Ал-др Ал-др. (1883–1961), режиссёр, актёр; один из основателей и первых руководителей рус. т-ра для детей. Организатор (1921) и гл. режиссёр (до 1961) Ленингр. ТЮЗа. Разрабатывал принципы «спектакля-игры», рассчитанного на восприятие ребёнка, инсценировал произв. классич. лит-ры, ставил нар. и совр. поэтич. сказки, а также спектакли на совр. темы.

Брюссель. Площадь Гранд-плас со зданием ратуши.

БРЯ́НЦЕВ Дм. Ал-др. (р. 1947), артист балета, балетмейстер. Пост. телебалеты с участием Е.С. Максимовой «Галатея» (1977) и «Старое танго» (1979). С 1985 гл. балетмейстер Моск. муз. т-ра имени К.С. Станиславского и В.И. Немировича-Данченко, где пост. «Девять танго и... Бах» на музыку А. Пьяццолы и И.С. Баха (1985), «Отелло» А.Д. Мачавариани (1994).

БУАГИЛЬБЕ́Р (Boisguillebert) Пьер (1646–1714), экономист, родоначальник *классической школы политэкономии* во Франции, один из основоположников трудовой теории стоимости.

БУАЛО́ (Boileau) Никола́ (1636–1711), франц. поэт, теоретик *классицизма*, законодатель франц. *парнаса*. Был королев. историографом. Трактат «Поэтическое искусство» (1674; в форме поэмы) – иерархич. свод правил и предписаний поэтики; оказал влияние на эстетич. мысль и лит-ру 17–18 вв. многих европ. стран, в т.ч. России.

БУАЛЬДЬЕ́ (Boieldieu) Адриен (1775–1834), франц. композитор. В 1804–10 работал в С.-Петербурге. Писал в жанре *опера-комик*. Ок. 40 опер, в т.ч. «Белая дама» (1825) – открыл романтич. направление во франц. оперном т-ре.

БУ́БЕН, ударный одномембранный муз. инстр-т, часто с металлич. тарелочками в прорезях обечайки. Распространён у мн. народов: узб. дойра; арм., азерб., тадж. дэф; шаманские Б. с длинной ручкой у народов Сибири и Д. Востока.

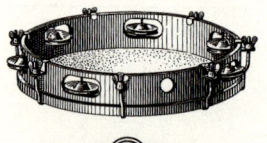

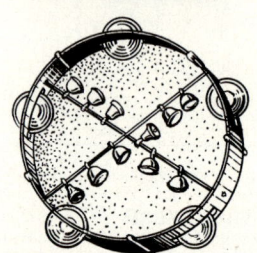

Бубен (разновидности).

БУ́БЕР Мартин (Мардохай) (1878–1965), евр. религ. философ и писатель, близкий к *диалектической теологии* и экзистенциализму. Жил в Германии (до 1933) и Израиле (с 1938). Первый през. АН Израиля (1960–62). Широкую известность приобрели работы Б. о *хасидизме*. Центр. идея философии Б.– бытие как «диалог» между Богом и человеком, между человеком и миром («Я и Ты», 1923). Предпринял новый перевод Библии на нем. яз. (1925–61; совм. с Ф. Розенцвейгом).

БУ́БКА Сер. Наз. (р. 1963), укр. спортсмен (лёгкая атлетика). Чемпион СССР (1984, 1985), Европы (1986), мира (1983, 1987, 1991), Олимп. игр (1988) в прыжках с шестом. Многократный рекордсмен мира; первым в истории спорта преодолел высоту 6 м.

БУБНО́В Ив. Григ. (1872–1919), инж.-кораблестроитель, основатель

С.Н. Бубка.

строит. механики корабля. Под рук. Б. спроектированы и построены первые боевые рус. подвод. лодки «Дельфин» (вступила в строй в 1904) и «Барс» (1915).

«БУБНО́ВЫЙ ВАЛЕ́Т», объединение моск. художников (1910–16), обращавшихся в своих живописно-пластич. исканиях в духе *постимпрессионизма* (т.н. рус. сезаннизм, от имени франц. худ. П. Сезанна), *фовизма* и *кубизма* к приёмам рус. *лубка*, лавочных вывесок и нар. игрушки. Мастера «Б.в.» (П.П. Кончаловский, Р.Р. Фальк и др.) писали гл. обр. красочные, чувственно-полнокровные натюрморты, пейзажи, портреты.

БУ́ГИ-ВУ́ГИ (англ. boogie-woogie – скэт), аффектированный ударный стиль фп. сопровождения или исполнения *блюзов*. Назв. связано с танц. пьесой, популярной в США в 1920-е гг. Характеризуется импровизацией на фоне повторяющихся мелодико-ритмич. фигур в басу. В 1950-е гг. вошёл в *ритм-энд-блюз* и *рок-н-ролл*; известен как отд. танец наряду с *твистом*, шейком и др.

БУГРИ́МОВА Ир. Ник. (р. 1910), артистка цирка; первая в России женщина – дрессировщица хищников. До 1946 работала совм. с А.Н. Буслаевым, выступала в возд. гимнастике и аттракционе «Круг смелости» (артисты со львами на мотоциклах). Позже создавала самостоят. номера с дрессированными львами.

БУДАПЕ́ШТ, столица (с 1867) Венгрии. 2,0 млн.ж. Порт на Дунае; междунар. аэропорт. Метрополитен. Маш-ние, текст., хим., фарм., резин., швейная, пищевкус., полиграф. пром-сть. Ун-т (1635). Муз. академия имени Ф. Листа (1875). Нац. и худ. галереи, Нац. музей, музеи: худ., прикладного иск-ва, этногр. и др. *Венгерский оперный театр*, Оперный т-р имени Ф. Эркеля (1953), Венг. нац. т-р оперетты, Т-р имени А. Йожефа, Т-р имени М. Радноти, «Вигсинхаз» и др. Изв. с рим. времён. Состоит из 3 исторически сложившихся частей – Пешта, Буды и Обуды (назв. с 1148), объединённых в 1872 в Б. С 50-х гг. 15 в. Буда – столица Венг. кор-ва. Остатки рим. г. Аквинкума (ныне музей; 1–4 вв.), крепости 13–17 вв. Королев. дворец (13–18 вв.), здание парламента (1884–1904).

И.Н. Бугримова. Номер с дрессированными львами.

БУ́ДДА (санскр., букв.— просветлённый), в будд. религии существо, достигшее высш. духовного знания («просветления»). В будд. пантеоне насчитывается множество Б. В более узком значении Б.— имя, данное Сиддхартхе Гаутаме (623–544 до н.э.). Происходил, по преданию, из царского рода племени шакьев в Сев. Индии (одно из имён Б.— Шакьямуни, «отшельник из шакьев»). В возрасте 29 лет Б. оставил семью и дом отца и после 7-летних скитаний, аскетич. подвигов и глубоких медитаций стал проповедником учения, получившего назв. буддизма.

БУДДИ́ЗМ, одна из трёх (наряду с христ-вом и исламом) мировых религий. Возник в Др. Индии в 6–5 вв. до н.э. Основателем считается Сиддхартха Гаутама (см. *Будда*). Осн. направления: хинаяна и махаяна. Расцвет Б. в Индии 5 в. до н.э.— нач. 1-го тыс. н.э., распространился в Юго-Вост. и Центр. Азии, отчасти в Ср. Азии и Сибири, ассимилировав элементы брахманизма, даосизма и др. В Индии к 12 в. растворился в индуизме. Выступил против свойственного брахманизму преобладания внеш. (ритуальных) форм религ. жизни. В центре Б.— учение о «4 благородных истинах»: существуют страдание, его причина, состояние освобождения и путь к нему. Страдание и освобождение — субъективные состояния и одноврем. некая космич. реальность: страдание — состояние беспокойства, напряжённости, равное желанию, пульсация *дхарм*; освобождение (*нирвана*) — состояние несвязанности личности с внеш. миром и одноврем. прекращение волнения дхарм, что влечёт за собой уничтожение желаний, точнее — угасание их страстности. Важный для будд. этики принцип т.н. срединного пути рекомендует избегать крайностей — как влечения к чувств. удовольствию, так и полного подавления этого влечения. Для достижения состояния освобождения в Б. существует ряд спец. методов, служащих преобразованию психики и психофизиологии личности (напр., медитация — *дхьяна*, получившая назв. «будд. йога»). В Б. нет души как неизменной субстанции: человеческое «я» отождествляется с совокупным функционированием опредл. набора дхарм, нет противопоставления субъекта и объекта, духа и материи, нет Бога как творца и безусловно высш. существа. В ходе развития Б. в нём постепенно сложились культ Будды и *бодхисатв*, ритуал и появились сангхи (монашеские общины) и т.д. См. также *Ламаизм*.

БУДЁННЫЙ Сем. Мих. (1883–1973), Маршал Сов. Союза (1935). В Гражд. войну ком. кон. корпуса и команд. 1-й Кон. армией (1919–23). В 1939–43 зам. и 1-й зам. наркома обороны СССР. В Вел. Отеч. войну в 1941–42 главнокоманд. войсками Юго-Зап. и Сев.-Кавк. направлений, команд. Резервным и Сев.-Кавк. фр. выявилась неспособность Б. как командующего. В 1943–53 команд. кавалерией Кр. Армии. Один из организаторов массовых репрессий среди военных в 1930–40-х гг. Восп.: «Пройденный путь» (кн. 1–3, 1958–73).

БУДРА́ЙТИС (Budraitis) Юозас (р. 1940), литов. актёр. С 1979 в Каунасском драм. т-ре. Иск-во Б. отмечено сдержанностью, мужественностью, психол. глубиной: Сольнес («Строитель Сольнес» Г. Ибсена, 1980), Херей («Калигула» А. Камю, 1983). Снимался в ф.: «Никто не хотел умирать» (1966), «Это сладкое слово — свобода» (1973) и др.

БУ́ЕР (голл. boeier), спец. лёгкая конструкция (кабина, платформа с парусом) на коньках или колёсах. Первые гонки на Б. проводились в США в сер. 20 в. В 1963 осн. Междунар. ассоциация буерного спорта; объединяет ок. 30 стран. Чемпионаты Европы и мира с 1964.

БУЖУМБУ́РА, столица (с 1962) гос-ва Бурунди. 227 т.ж. Порт на оз. Танганьика; междунар. аэропорт. Пищ., лёгкая пром-сть; рыб-во. Ун-т. Осн. в 1897. С 1922 адм. ц. подмандатной, в 1946–62 — подопечной бельг. терр. Руанда-Урунди.

БУЗИНА́, род кустарников, небольших деревьев, редко многолетних трав (сем. жимолостные). Ок. 40 видов, в умеренном и субтропич. поясах обоих полушарий. Медоносные, лекарственные (препараты из коры, цветков и ягод — моче-, потогонное и слабит. средство), а также декор. р-ния.

Бузина красная.

Будапешт. Здание парламента.

БУЗО́НИ (Busoni) Ферруччо (1866–1924), итал. пианист, композитор, дирижёр, педагог. Блестящий виртуоз, Б. оказал большое влияние на развитие фп. иск-ва. Популярны его *транскрипции* произв. И.С. Баха, В.А. Моцарта, Ф. Листа. Автор опер, орк. и фп. соч. В эстетич. трудах выдвинул принципы *неоклассицизма*. Концертировал и преподавал во мн. городах Европы. Среди учеников — Е.Ф. Гнесина.

БУ́ЙВОЛЫ, род млекопитающих (сем. *полорогие*). Длина тела 1–2,9 м, хвоста 15–90 см, выс. в холке 62–180 см, масса 150–1200 кг. Длина рогов у азиатского Б. до 190 см. 4 вида, в т.ч. азиатский (индийский) Б., аноа. Обитают в Юж. и Юго-Вост. Азии. Численность сокращается. Азиатский Б. одомашнен, используется как молочное или рабочее ж-ное. Живёт 20–25 лет. Африканского Б. выделяют в самостоятельный род. Илл. см. при ст. *Полорогие*.

БУК, род деревьев (сем. буковые). 10 видов, во внетропич. обл. Сев. полушария, в т.ч. 2–3 вида в Крыму, на Кавказе, в Зап. Украине. Выс. 45–50 м, живут св. 500 лет. Образуют гл. обр. горн. леса. Древесина идёт на изготовление муз. инстр-тов, паркета, гнутой мебели и т.д.; из плодов получают пищ. и техн. масло.

БУ́КИН Анд. Анат. (р. 1957), рос. спортсмен. Чемпион СССР (1982, 1983, 1987), Европы (1983, 1985–88), мира (1985–88), Олимп. игр (1988) в танцах на льду с Н.Ф. Бестемьяновой.

БУКО́ВСКИЙ Вл. Конст. (р. 1942), правозащитник. В 1965 организовал в Москве демонстрацию в защиту А.Д. Синявского и Ю.М. Даниэля. В янв. 1971 представил Всемирному конгр. психиатров (Мехико) материалы об использовании в СССР психиатрии в полит. целях. В 60–70-х гг. подвергался репрессиям (психиат-

Бук лесной; ветвь с листьями и плод, заключённый в плюску.

104 БУКО

рич. 6-цы, исправит.-трудовые лагеря). В 1976 выслан за границу (в обмен на освобождение Л. Корвалана; живёт в Великобритании. Восп. «...И возвращается ветер... Письма русского путешественника» (1990).

БУКО́ЛИКА (от греч. bukolikós – пастушеский), общее назв. двух часто смешиваемых жанров антич. «пастушеской поэзии» – эклоги и идиллии; в новоевроп. поэзии то же, что *пастораль*. Назв. от заглавия цикла стихов Вергилия.

БУКСИ́РНОЕ СУ́ДНО (от голл. boegseren – тянуть), самоходное судно для вождения (буксировки) несамоходных судов, плотов и др. Подразделяются на буксировщики (вождение на тросе), кантовщики (помощь судам при швартовке к причалу), толкачи (для буксировки толканием), спасатели (для оказания помощи аварийным судам в море и их буксировки в порт). Скорость свободного хода большинства мор. Б.с. 20–25 км/ч, речных – 15–20 км/ч.

БУКСТЕХУ́ДЕ (Buxtehude) Дитрих (1637–1707), дат.-нем. композитор, органист. Представитель сев.-нем. муз. *барокко*, старший современник И.С. Баха. Оратории, кантаты (св. 120); камерно-инструментальные, органные сочинения.

БУЛА́ВИНСКОЕ ВОССТА́НИЕ, крест.-казацкое восст. на Дону, Левобережной Украине и в Ср. Поволжье под рук. атаманов К.А. Булавина (ок. 1660–1708), И.Ф. Некрасова (ок. 1660–1737) и др. в 1707 – нач. 1709. Восставшие взяли гг. Черкасск, Царицын и др. Подавлено правительств. войсками.

БУЛА́Т (булатная сталь) (от перс. пулад – сталь), литая углеродистая сталь со своеобразной структурой и узорчатой поверхностью, обладающая высокими твёрдостью и упругостью. Из Б. изготовляли холодное оружие исключит. стойкости и остроты. Упоминается ещё Аристотелем. Секрет изготовления Б., утерянный в ср. века, раскрыл в 19 в. П.П. Аносов.

БУЛА́ХОВ Пётр Петр. (1822–85), композитор. Популярные рус. романсы и песни («Тройка», «Гори, гори, моя звезда», «Нет, не люблю я вас!»).

БУЛГА́КОВ Мих. Аф. (1891–1940), рус. писатель. В ром. «Белая гвардия» (1925–27), пьесах «Дни Турбиных» (пост. 1926), «Бег» (1926–28, пост. 1957) в переплетении драм. коллизий Гражд. войны, судеб белого движения и эмиграции показывает поэзию и трагич. уход нынешнего мира. В сатирич. фантастич. пов. «Роковые яйца» (1925), «Собачье сердце» (1925, опубл. 1987) – утверждение этич. ответственности интеллигенции за последствия социального экспериментаторства. В «Театральном романе» (не окончен, 1936–37, опубл. 1965) – иронич. парафраза истории МХАТа 1920-х гг. В ром. «Мастер и Маргарита» (1929–40, опубл. 1966–67) – идея вечного противостояния нравств. и творч. подвижничества силам зла, воплощённая в двух временны́х планах: в гротескно изображённой современности (с использованием мифол. образности) и евангельских сценах.

БУЛГА́КОВ Сер. Ник. (1871–1944), философ, теолог и экономист. В 1923 эмигрировал из России. От легального марксизма, к-рый Б. пытался соединить с неокантианством, перешёл к религ. философии, затем к правосл. богословию. Участник сб. «Вехи»

М.А. Булгаков.

(1909) и «Из глубины» (1918). Вслед за Вл. Соловьёвым считал своей центр. задачей обоснование целостного христ. мировоззрения. Б. развил учение о Софии – «премудрости Божьей», к-рая проявляется в мире и человеке, делая их причастными Богу. Осн. соч.: «Философия хозяйства» (1912), «О богочеловечестве. Трилогия» (1933–45), «Философия имени» (изд. 1953).

БУЛГА́РИН Фаддей Венедиктович (1789–1859), рус. журналист, писатель. Издавал газ. «Северная пчела» (1825–59, с 1831 совм. с Н.И. Гречем), ж. «Сын отечества» (1825–39, совм. с Гречем) и др. «Докладные записки» Б. в III отделение играли роль доносов. Автор нравоописательного, с элементами авантюрности ром. «Иван Выжигин» (1829).

БУЛГА́РИЯ ВО́ЛЖСКО-КА́МСКАЯ, гос-во волжско-камских булгар, финно-угорских народов и др. в Ср. Поволжье и Прикамье в 10–14 вв. Столицы: г. Булгар, с 12 в. Биляр. Торговля с Араб. халифатом, с нем. Византией, вост. славянами и др. Воен. и торг. соперничество с Киевской Русью, позднее – Владимиро-Суздальским кн-вом. Покорена монголо-татарами к 1241. Во 2-й пол. 13 в. образовались Булгарское и Жукотинское кн-ва. В 90-х гг. 14 в. разгромлены Тимуром.

БУЛЕ́З (Boulez) Пьер (р. 1925), франц. композитор, дирижёр. Один из лидеров муз. *авангардизма* 50-х гг. Экспериментирует в области *конкретной музыки*, *пуантилизма*, *сонорики*, использует *серийную технику*. Создатель и руководитель Ин-та исследований и координации муз.-акустич. проблем в Париже (1975). С 60-х гг. в осн. выступает как дирижёр.

БУЛЬДЕНЕ́Ж, см. *Калина*.

БУЛЬДО́ГИ (от англ. bull – бык и dog – собака), группа приземистых (рост 35–45 см) короткомордых собак. Отличаются силой, сдержанностью, благодушием, сообразительностью; обладают крепкой (мёртвой) хваткой, чуткие сторожа. Родина –

Бульдог (французский).

Великобритания (англ. Б.) и Франция (франц. Б.). Повсюду немногочисленны (в России – только франц. Б.). Нем. Б. – *боксёр*.

БУЛЬДО́ЗЕР (англ. buldozer), землеройная машина для срезания, разравнивания грунта и перемещения его на расстояние до 200 м. Рабочим органом Б. служит отвал, смонтированный на тракторе или тягаче.

БУМА́ГА (от итал. bambagia – хлопок), материал преим. из растит. волокон. Впервые получена во 2 в. в Китае. В нач. 6 в. секрет изготовления Б. проник в Японию, позднее (6–8 вв.) – в др. страны Азии. Примерно с 10 в. Б. производят в гос-вах Европы, в т.ч. в России. Осн. сырьё (вплоть до сер. 19 в.) – тряпьё, затем древесина. Для придания Б. необходимых свойств в бум. массу добавляют минер. наполнители, проклеивающие и нек-рые др. в-ва. Формирование Б. производится путём отлива на сетке бумагодел. машины из сильно разбавленной водой волокнистой бум. массы. Известно св. 600 видов Б. (ватман, калька, копировальная Б. и т.д.). Характеризуется массой 1 м² (4–250 г), толщиной (4–400 мкм), сопротивлением излому (2–10000 и более двойных перегибов), белизной и др. показателями.

БУНД (на идише Bund – союз), см. *Всеобщий еврейский рабочий союз в Литве, Польше и России*.

БУ́НДЕСРА́Т (нем. Bundesrat), 1) в ФРГ – орган представительства земель. 2) В Германии (1871–1918) – верх. палата парламента.

БУ́НДЕСТА́Г (нем. Bundestag), законодат. и представит. орган в ФРГ.

БУ́НЗЕН (Bunsen) Роберт Вильгельм (1811–99), нем. химик. Совм. с нем. физиком Г.Р. Кирхгофом положил начало спектральному анализу (1854–59), открыл цезий (1860), рубидий (1861). Изобрёл газ. горелку (1855), ледяной калориметр (1870). Разработал основы газ. анализа (1857).

БУ́НИН Ив. Ал. (1870–1953), рус. писатель. В 1920 эмигрировал. В лирике продолжал классич. традиции (сб. «Листопад», 1901). В рассказах и повестях показал (подчас с ностальгич. настроением) оскудение дворянских усадеб (рассказ «Антоновские яблоки», 1900), жестокий лик деревни (пов. «Деревня», 1910, «Суходол», 1911), гибельное забвение нравств. основ жизни («Господин из Сан-Франциско», 1915). Яростное неприятие Окт. рев-ции и её последствий в дневниковой кн. «Окаянные

И.А. Бунин.

дни» (1918, опубл. 1925). В автобиогр. ром. «Жизнь Арсеньева» (1930) – воссоздание прошлого России, детства, юности и творч. становления писателя. Трагичность человеческого существования в новеллах о любви «Митина любовь», 1925; кн. «Тёмные аллеи», 1943). Мемуары. Перевёл «Песнь о Гайавате» Г. Лонгфелло (1896). Ноб. пр. (1933).

БУНЬЮЭ́ЛЬ (Buñuel) Луис (1900–1983), исп. кинорежиссёр. Работал также в Мексике и Франции. Склонность к сюрреалистич. «остраняющим» деталям, едко иронич. выпадам против буржуазии и клерикальных кругов свойственна не только ранним ф. «Андалузский пёс» (1928) и «Золотой век» (1930), но и лентам «Тристана» (1970), «Скромное обаяние буржуазии» (1972), «Этот смутный объект желания» (1977). Проблеме столкновения идеалистич. веры с жестоким миром посв. ф. «Назарин» (1958), «Виридиана» (1961).

Л. Буньюэль. Кадр из фильма «Виридиана».

БУРА́ (борат натрия), $Na_2B_4O_7 \cdot 10H_2O$, кристаллы, $t_{пл}$ 60,8 °C. Встречается в природе в виде минерала. Б. – сырьё для получения борной к-ты и др. соед. бора, компонент флюсов для сварки металлов, шихты в произ-ве глазурей, эмалей, стекла, моющих средств, электролитов в металлургии, инсектицид, антисептик, консервирующее средство при обработке кож и др.

«БУРА́Н», возд.-космич. корабль многоразового использования, созданный в СССР. Общая стартовая масса до 105 т, дл. 36,4 м, высота на стоянке 16,5 м, размах крыльев ок. 24 м, грузоподъёмность до 30 т. Старт корабля с помощью ракеты-носителя «Энергия», спуск и посадка по «самолётному» режиму. Первый беспилотный полёт с посадкой в автоматич. режиме 15 нояб. 1988.

«Буран».

БУРБАКИ́ Никола́ (Bourbaki Nicolas), собират. псевдоним, под к-рым группа математиков во Франции предприняла (с 1939) попытку нетрадиционно изложить совр. математику на основе аксиоматич. метода (многотомный трактат «Элементы математики»). Численность и точный состав группы не разглашались. В 1968 группа объявила о прекращении деятельности.

БУРБО́НЫ (франц. Bourbons, исп. Borbones, итал. Borboni), королев. династия во Франции в 1589–1792, 1814–15, 1815–30 (гл. представители: Генрих IV, Людовик XIV, Людовик XVI, Людовик XVIII); в Испании в 1700–1808, 1814–68, 1874–1931 и с 1975 (начало исп. ветви положил внук Людовика XIV — Филипп V); в Кор-ве обеих Сицилий в 1735–1805, 1814–60.

БУРВИ́ЛЬ (Bourvil) (наст. имя и фам. Андре Рембур) (1917–70), франц. киноактёр. Разносторонний мастер, с успехом игравший как драм. роли (ф. «Отверженные», 1958, «Ноэль Фортюна», 1960, «Красный круг», 1970), так и комические (ф. «Всё золото мира», 1961, «Большая прогулка», 1966).

БУРГ (позднелат. burgus), 1) в Зап. Европе в ср. века замок, укреплённый пункт. 2) Гор. адм.-терр. единица в Шотландии.

БУ́РГАВЕ (Boerhaave) Герман (1668–1738), нидерл. врач, ботаник и химик, основатель первой науч. клиники (в Лейдене). Автор руководства «Основания химии» (т. 1–2, 1732).

БУРГА́С, г. в Болгарии. 226 т.ж. Международ. аэропорт. Кр. порт и курорт на Чёрном м. (в р-не Б. — курортная зона: Солнечный Берег, Несебыр и др.). Муз. т-р. Рыб-во. Нефтехим. комб-т, маш-ние, пищевкус., деревообр. пром-сть.

БУРГУ́НДИЯ (назв. от герм. племени бургундов), ист. обл. во Франции. В ср. века назв. Б. носили разл. гос. и терр. образования. Герцогство Б. (9–15 вв.) в 1477 вошло в состав Франц. кор-ва. До 1790 Б. имела статус провинции.

БУРДЕ́ЛЬ (Bourdelle) Эмиль Антуан (1861–1929), франц. скульптор. Используя опыт греч. архаики, европ. ср.-век. иск-ва, создавал героизированные произв. («Геракл, стреляющий из Лука», 1909).

БУРДЮ́К (тюрк.), мешок из цельной шкуры ж-ного для хранения вина, кумыса и т.п.

БУРЕВЕ́СТНИКИ, семейство океанич. птиц. Длина до 90 см, размах крыльев у сев. и юж. гигантских Б. св. 2 м. Обычно летают низко над водой, чередуя активный полёт с парением. Ок. 60 видов, встречаются на всех широтах до Антарктики. Мн. виды совершают дальние кочёвки. Гнездятся на пустынных о-вах. 7 видов находятся под угрозой исчезновения.

БУРЕ́НИЕ, процесс образования горн. выработки круглого сечения (шпура, буровой скважины) путём разрушения горн. пород буровым инстр-том. Применяется при поисках, разведке, добыче полезных ископаемых, для взрывных работ. Самая глубокая в мире скважина (12 км) пробурена в 1984 на Кольском п-ове (Россия).

БУРЖУА́ (франц. bourgeois), 1) горожанин в странах Европы в ср. века; то же, что *бюргер*. 2) Представитель класса буржуазии.

БУРЖУАЗИ́Я (франц. bourgeoisie), обществ. класс собственников капитала, получающих доходы в результате торг., пром., кредитно-финанс. и др. предпринимат. деятельности. Возникла в условиях традиционного (феод. и др.) об-ва; в результате революций и реформ 16–20 вв. приобрела значит. экон. и полит. влияние, способствовала утверждению *индустриального общества* и рыночной экономики, ценностей либерализма и демократии. Совр. Б. в развитых странах включает: крупную финанс. и пром. Б., к к-рой примыкает высш. слой управляющих; значит. слой ср. Б., совмещающей владение капиталом и предпринимат. функции; мелкую Б. В развивающихся странах формирование разных слоёв Б. связано с процессом модернизации об-ва. В странах, где был установлен социалистич. режим, Б. была ликвидирована как класс. В ряде таких стран в процессе становления рыночной экономики и гражд. об-ва возрождается социальный слой частных собственников и предпринимателей. См. также *Постиндустриальное общество*.

БУРИМЕ́ (франц. bouts rimés — рифмованные концы), стихи на заданные рифмы; популярная форма светской «лёгкой поэзии» 17–18 вв.

БУРКИНА́-ФАСО́ (до 1984 Республика Верхняя Вольта), гос-во в Зап. Африке. Пл. 274,4 т. км². Нас. 9,5 млн. ч., гл. обр. моси, фульбе, бобо. Офиц. яз. — французский. Верующие — большинство придерживается традиц. верований, мусульмане, христиане. Глава гос-ва — президент. Законодат. орган — Нац. собрание. Столица — Уагадугу. Адм.-терр. деление: 30 провинций. Ден. единица — франк КФА.

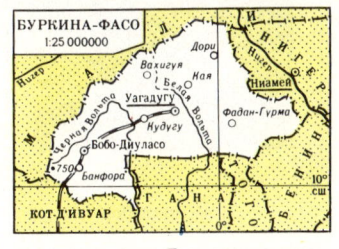

Поверхность — волнистое плато выс. до 500 м, на Ю.-З. — горы до 750 м. Климат субэкв. Ср.-мес. темп-ры от 24–26 до 30–35 °C; осадков 500–1000 мм в год. Гл. реки — Чёрная Вольта и Белая Вольта. Саванны.

В кон. 19 — нач. 20 вв. завоёвана Францией (колония Верх. Вольта). С 1960 независимое гос-во.

Б.-Ф. — агр. страна. ВНП на д. нас. 330 долл. в год. Ведущая отрасль с. х-ва — земледелие. Осн. с.-х. культу-

Буркина-Фасо. Мечеть в Бобо-Диуласо.

ры: потребительские — просо, сорго, рис, кукуруза, а также ямс, маниок, батат, фасоль; технические — хлопчатник (в произ-ве хлопка занято ок. 30% нас.; сбор хлопка-сырца ок. 75 тыс. т, одно из ведущих мест в Африке), арахис, масличное дерево карите, кунжут. Агропром. комплекс по выращиванию сах. тростника и произ-ву сахара. Отгонно-пастбищное скот-во (кр. рог. скот, овцы и козы); птиц-во. Речное рыб-во. Произ-во пиломатериалов. Ведущие отрасли пром-сти — пищевкус. и текстильная. Добыча золота (3 т в год), мрамора, известняка, марганц. руды.

БУРКО́В Георг. Ив. (1933–90), актёр. С 1965 в Моск. драм. т-ре имени К.С. Станиславского и др. т-рах. Популярность приобрёл в осн. как острохарактерный, комедийный актёр, игре свойственна органичность при нек-ром эксцентризме. Выступал и в драм. ролях: Степан Головлёв («Господа Головлёвы» по М.Е. Салтыкову-Щедрину, 1984) и др. Снимался в ф.: «Печки-лавочки» (1972), «Калина красная» (1974) и др.

БУРЛЕ́СК (бурлеска) (от итал. burlesco — шутливый), 1) разновидность ироикомич. поэзии классицизма, пародирующей приёмы эпич. сочинений: изображение «высоких» предметов «низким» стилем или «низких» предметов «высоким» стилем. Примеры — комич. переливовки 17–18 вв. «Энеиды» Вергилия («Переодетый Вергилий» П. Скаррона, «Елисей, или Раздражённый Вакх» В.И. Майкова). 2) Род театр. пародии, популярный в эпоху классицизма (кон. 17–18 вв.) в странах Зап. Европы («Репетиция» герцога Букингемского, 1761, — первая пьеса бурлескного жанра). Получил распространение и в России (шутотрагедия, или «святочная трагедия» И.А. Крылова «Трумф», или «Подщипа», 1800). В театральном Б. применяются те же средства «снижения» возвышенного, что и в бурлескной поэзии (см. *Травестия*). 3) Муз. пьеса грубовато-комического, порой причудливого характера; родственна *каприччо*.

БУРЛЮ́К Дав. Дав. (1882–1967), поэт и художник. Один из основателей рус. *футуризма*. С 1920 в эмиграции.

БУРУ́НДИ (Республика Бурунди), гос-во в Вост. Африке. Пл. 27,8 т. км². Нас. 5,7 млн. ч., рунди, руанда. Офиц. яз. — рунди и французский. Св. 60% нас. — христиане, ок. 33% придерживаются местных традиц. верований. Глава гос-ва и пр-ва — президент. Столица — Бужумбура.

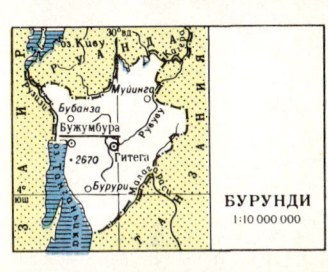

Бурунди. Чайные плантации.

Адм.-терр. деление: 15 провинций. Ден. единица — франк Бурунди.

Расположена на плоскогорье (выс. 1500–2000 м), зап. край к-рого поднят до 2670 м. Климат субэкв. Ср.-мес. темп-ры 15–20 °C, в понижениях 23–25 °C; осадков 800–1600 мм в год. Оз. Танганьика. Вторичные саванны.

В кон. 19 — нач. 20 вв. терр. Б. была захвачена Германией, в 1903 включена в Герм. Вост. Африку (1891–1919). После 1-й мир. войны Б. — составная часть (под назв. Урунди) бельг. подмандатной, с 1946 — подопечной терр. Руанда-Урунди. С 1962 независимое кор-во Б.; с 1966 республика.

Б. — агр. страна. ВНП на д. нас. 210 долл. в год. С. х-во даёт 80% стоимости экспорта. Осн. с.-х. культуры: экспортные — высокосортный кофе «арабика» (сбор 20–30 тыс. т в год), хлопчатник, чай; плантации хинного дерева. Пастбищное жив-во, экстенсивное — наиб. отсталая отрасль с. х-ва. Рыб-во (в оз. Танганьика). Пр-тия по переработке с.-х. сырья, пищ., текст., горнодоб.; произ-во стройматериалов.

БУРУНДУКИ́, род грызунов (сем. беличьи). 24 вида, в лесах Сев. полушария. В России обычен азиатский

Бурундуки. Азиатский бурундук.

Б., длина тела 14–15 см, вдоль спины 5 чёрно-бурых полос по светло-серому или рыжеватом фоне. Обитает в хвойных лесах Европ. части, Сибири и Д. Востока. На Б. паразитируют

106 БУРЫ

клещи – переносчики вируса клещевого энцефалита.

БУ́РЫЙ МЕДВЕ́ДЬ, хищное млекопитающее. Дл. до 2,2–2,5 м, масса до 640 кг (изредка до 750 кг). Обитает в лесах Евразии и Сев. Америки (подвид – гризли). Зимой залегает в берлогу на зимний сон (длится от 75 до 195 дней). Всеяден, иногда повреждает посевы овса, разоряет пасеки. Объект гл. обр. спорт. охоты. Закавказский, тяньшанский и нек-рые др. подвиды охраняются.

Бурый медведь.

«БУ́РЯ И НА́ТИСК» («Sturm und Drang», назв. по одноим. драме нем. писателя Ф.М. Клингера), лит. движение в Германии 70–80-х гг. 18 в. С позиций просветит. гуманизма отвергало нормативную эстетику классицизма, требовало свободного изъявления чувств, изображения сильных страстей, отстаивало нац. своеобразие иск-ва (драма, стихи, проза юных И.В. Гёте, Ф. Шиллера и др.). Гл. теоретик – И.Г. Гердер.

БУРЯ́ТИЯ (Республика Бурятия), в составе России. Пл. 351,3 т. км². Нас. 1056 т. ч., гор. 60%; буряты (24,03%), русские (69,9%), украинцы, татары и др. Столица – Улан-Удэ. 20 р-нов, 6 городов, 34 пос. гор. типа.

Расположена на Ю. Вост. Сибири, б.ч. терр. в Забайкалье. Климат резко континентальный. Ср. темп-ры янв. –24°C, июля 17°C; осадков ок. 300 мм в год. Гл. реки: Селенга, Баргузин, Верх. Ангара, Витим. Оз. Байкал. Св. 300 минер. источников, 4/5 терр. занимают леса. Заповедники: Баргузинский, Байкальский.

Бурят. племена заняли Прибайкалье и Забайкалье в нач. 13 в. В сер. 17 в. Б. вошла в состав России. 27 апр. 1921 и 9 янв. 1922 образованы Бурят-Монгольская АО и Монголо-Бурятская АО, к-рые 30 мая 1923 объединились в Бурят-Монгольскую АССР в составе РСФСР, с 1958 – Бурят. АССР. В окт. 1990 ВС Бурятии принял Декларацию о гос. суверенитете. Учреждён пост президента (1990).

Осн. отрасли пром-сти: маш-ние и металлообработка, лесная, деревообр. и целл.-бум., стройматериалов. Добыча бурого угля, графита; добыча и переработка вольфрамо-молибденовых руд, апатитов и др. Гусино-

Бурятия. Ламаистский монастырь (дацаны) близ Гусиноозерска.

озерская ГРЭС. Жив-во (кр. рог. скот; овц-во, свин-во, птиц-во). Посевы зерновых (пшеницы и др.) и кормовых культур; картофелеводство; овощ-во. Пушной промысел, звероводство. Судох-во по оз. Байкал, рр. Селенга, Баргузин. Курорты: Аршан, Горячинск.

БУСИДО́ («путь воина»), кодекс поведения япон. *самураев*. Требовал верности сюзерену, признания воен. дела единств. занятием, достойным самурая.

БУСЛА́ЕВ Фёд. Ив. (1818–97), филолог и искусствовед. Труды в области слав. и рус. яз-знания, др.-рус. лит-ры и фольклора, др.-рус. изобр. иск-ва. Предст. «мифол. школы» в рус. науке, позже – школы заимствования (мифол. теория).

БУССЕНГО́ (Boussingault) Жан Батист (1802–87), франц. химик, один из основоположников агрохимии. Иссл. по круговороту в-в в природе. Доказал, что все р-ния (кроме бобовых) нуждаются в азоте почвы. Установил, что источник углерода для зелёных р-ний – CO_2 воздуха.

БУТА́Н (Королевство Бутан), гос-во в Юж. Азии, в труднодоступной части Вост. Гималаев. Пл. 47 т. км². Нас. ок. 1,5 млн. ч., преим. бхотия. Офиц. яз. – бхотия (дзонг-кэ, близок к тибетскому). Гос. религия – буддизм ламаистского толка. Б. – конституц. монархия. Глава гос-ва и пр-ва – король. Законодат. орган – Нац. собрание. Столица – Тхимпху. Ден. единица – нгултрум.

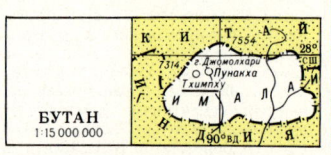

Бутан. 1:15 000 000

Вост. Гималаи (выс. до 7554 м) расчленены глубокими долинами рек басс. Брахмапутры. Климат муссонный, в долинах тропич. В долинах ср. темп-ры янв. –4,5°C, июля 17°C; осадков от 1000 до 5000 мм в год. Преобладают леса, выше – луга.

С 19 в. по 1947 Б. – брит. протекторат. В 1949 инд. пр-во заключило с королём Б. договор о взаимоотношениях между 2 странами, согласно к-рому Б. в вопросах внеш. сношений руководствуется советами Индии.

Б. – агр. страна. ВНП на д. нас. 180 долл. в год. Обрабатывается 3% терр. На отд. участках по долинам рек возделывают рис, пшеницу, ячмень, просо, кукурузу, гречиху, картофель, хлопчатник и др. Сад-во (яблоки, апельсины, ананасы, манго). Горно-пастбищное скот-во (кр. рог. скот, в т.ч. як, мускусный бык; овцы, козы, лошади). Цем. з-д, лесопил. ф-ки,

пр-тия по переработке с.-х. продукции, по добыче и первичной обработке графита. Куст. произ-во тканей, ковров, плетёных изделий, простейших с.-х. орудий, холодного оружия; худ. обработка металлов, дерева и др. Леса богаты ценной древесиной (сал и др.). Незначит. часть угля, мрамора, известняка, свинцово-цинковых и медных руд и др. ГЭС на р. Чукха. Значит. часть эл.-энергии экспортируется в Индию. Одна из осн. статей поступления иностр. валюты – туризм и продажа почтовых марок.

БУТА́НЫ, бесцв. горючие газы: нормальный Б. $CH_3(CH_2)_2CH_3$ ($t_{кип}$ –0,5°C) и изобутан $(CH_3)_3CH$ ($t_{кип}$ –11,7°C). Содержатся в газ. конденсате и нефт. газах. В смеси с пропаном применяются как бытовое и моторное топливо.

БУТАШЕ́ВИЧ-ПЕТРАШЕ́ВСКИЙ М.В., см. *Петрашевский М.В.*

БУТИРО́МЕТР (от греч. bútyron – масло и ...*метр*), прибор для определения жирности молока.

А.М. Бутлеров.

БУ́ТЛЕРОВ Ал-др Мих. (1828–86), химик-органик, основатель науч. школы в России. Создал (1861) теорию хим. строения, согласно к-рой свойства в-в определяются порядком связей атомов в молекулах и их взаимным влиянием. Первым объяснил явление *изомерии*. Тр. по с. х-ву, пчеловодству. Поборник высш. образования для женщин.

БУТЫЛКОНО́СЫ, род зубатых китов. Рыло бутылкообразное, суживающееся, жировая подушка образует лобный выступ. 2 вида: высоколобый Б. – дл. до 9 м, обитает в сев. части Атлантич. ок. (почти истреблён), и плосколобый Б. – дл. до 7,5 м, распространён в Юж. полушарии. Живут стадами до 20 голов.

БУ́ФЕРНЫЕ РАСТВО́РЫ, поддерживают при изменении состава среды пост. значение к.-л. характеристики, напр. *водородного показателя* pH. Такие Б. р. содержат слабую к-ту и её соль или слабое основание и его соль. Многие биол. жидкости (кровь и др.) являются Б. р.

БУФФОНА́ДА (итал. buffonata – шутовство), 1) комич. представление, сценка, построенная на приёмах нар., площадного т-ра. 2) Лит. основа комич. представления. 3) Характерная для площадного т-ра условная, утрированно-комич. манера актёрской игры. Традиции Б. восходят к представлениям др.-греч. мимов и др.-рим. ателлан, развиты в выступлениях ср.-век. бродячих артистов (в России – скоморохов и шутов), в

Бухара. Ансамбль Пои-Калян.

спектаклях ярмарочных т-ров и балаганов 18 и 19 вв. Элементы Б. проникли в лит. комедию 17 и 18 вв. (Мольер, К. Гольдони). В нач. 20 в. Б. стала объектом эстетич. переосмысления и стилизации (в нек-рых постановках В.Э. Мейерхольда, С.Э. Радлова и др.).

БУХАРА́, г., обл. ц. в Узбекистане. 224 т.ж. Ж.-д. ст. Лёгкая (каракулевый, хл.-очист. з-ды; хл.-бум. комб-т, швейное объединение и др.), пище-вкус. пром-сть. Старинные худ. промыслы: золотошвейный, шёлкоткацкий, резьба по дереву, чеканка по металлу и др. 3 вуза. Музеи: ист.-краеведч. и др. Т-р муз. драмы и комедии. Б. – город-музей с цитаделью «Арк». Анс. Пои-Калян (12–16 вв.), Ляби-Хауз (16–17 вв.), Кош-медресе (16 в.); мавзолей Исмаила Самани (кон. 9 – нач. 10 вв.).

БУХАРЕ́СТ, столица (с 1861) Румынии, на р. Дымбовица, в 45 км от Дуная. 2,0 млн. ж. Междунар. аэропорт. Метрополитен. Маш-ние, хим., лёгкая, парфюмерная, металлургич., стекольная, фарфоро-фаянсовая, деревообр. пром-сть. Ун-т (1864). Консерватория (1864). Музеи: иск-в Румынии, городской и Нац. музей древностей, нар. иск-ва. Румынская опера (1921). Нац. т-р имени И.Л. Караджале. Изв. с 14 в. С 1659 столица Валахии. Монастыри и церкви 16–18 вв. (Михай-Водэ, Патриаршая, Крецулеску).

БУХА́РИН Ник. Ив. (1888–1938), полит. деятель. Участник Рев-ции 1905–07 и Окт. рев-ции. В 1917–18 лидер «лев. коммунистов» (см. *Брестский мир*). В 1918–29 ред. газ. «Правда». Отстаивал политику «воен. коммунизма», считая её органич. чертой переходного периода от капи-

Н.И. Бухарин.

тализма к социализму; с окончанием Гражд. войны поддерживал осн. направления новой экон. политики, утверждал, что страна будет десятки лет врастать в социализм. В 1919–29 чл. Исполкома Коминтерна. Выступил совместно с И.В. Сталиным против Л.Д. Троцкого, Л.Б. Каменева, Г.Е. Зиновьева. Чл. ЦК партии в 1917–34; чл. Политбюро ЦК в 1924–29. В кон. 20-х гг. выступил против применения чрезвычайных мер при проведении коллективизации и индустриализации, что было объявлено «прав. уклоном в ВКП(б)». В 1934–37 ред. газ. «Известия». Тр. по философии и политэкономии. В 1937 репрессирован. Расстрелян.

БУХА́РСКОЕ ХА́НСТВО (Бухарский эмират), гос-во в Ср. Азии, возникло во 2-й пол. 16 в. Столица – Бухара. Правящие династии – Шейбаниды, Джаниды. С 1747 гос-во возглавили эмиры из династии Мангыт. С 1868 вассал Рос. империи. После свержения власти эмира (2.7.1920) провозглашена Бухарская нар. сов. респ. (8.10.1920).

БУХГА́ЛТЕРСКИЙ УЧЁТ, осн. на док-тах непрерывное, взаимосвязанное отражение средств и хоз. операций в ден. форме. Гл. итоговый док-т Б. у. – *баланс бухгалтерский*.

БУХЕНВА́ЛЬД, нем.-фаш. концлагерь близ Веймара в 1937–45. В Б. было уничтожено 56 тыс. заключённых. В 1958 в Б. открыт мемор. комплекс.

БУЦЦА́ТИ (Buzzati) Дино (1906–1972), итал. писатель. В пов. «Татарская пустыня» (1940; ф. «Пустыня Тартари», 1976), в рассказах «Семь гонцов» (1942) и «Коломбр» (1966), в близкой к антиутопии пов. «Увеличенный портрет» (1960) создал замкнутый мир организованного абсурда. Герои Б., пленники своей идеи, обречены на томительное ожидание или предчувствие гибельного для них события, к-рое так и не наступает. За убожеством и бессмысленностью фасада бытия Б. видит неопределимую тайну – открытость человека иным, неведомым ему самому планам бытия.

БУ́ЧМА Амвр. Максимилианович (1891–1957), актёр, режиссёр. На сцене с 1905, с 1936 в Укр. т-ре имени И.Я. Франко (Микола Задорожный – «Украденное счастье» Франко, 1940). Сценич. образы Б. отличались искренностью чувств, неповторимым нац. своеобразием. Пост.: «Наталка-Полтавка» И.П. Котляревского (1942), «Гибель "Надежды"» Г. Хейерманса (1930). Снимался в ф.: «Ночной извозчик», «Непокорённые».

БУШЕ́ (Boucher) Франсуа (1703–1770), франц. живописец, предст. *рококо*. Декор. грациозные мифол. и пасторальные, нередко фривольные сцены, пейзажи, эскизы для шпалер.

БУЭ́НОС-А́ЙРЕС, столица (с 1880) Аргентины. Ок. 3 млн. ж. Порт в эстуарии р. Ла-Плата (один из крупнейших портов Лат. Америки); междунар. аэропорт. Метрополитен. Автомобиле- и судостроение, эл.-техн., нефтеперераб., хим., пищевкус. (особенно мясохладобойная) пром-сть. Ярмарки скота. Ун-ты. Нац. конс. (1924). Музеи: этногр., нац. ист., нац. изящных иск-в, нац. декор. иск-ва и др. Св. 40 т-ров (в т.ч. оперный «Колон», гос. кукольный, нац. т-р комедии). Осн. в

Буэнос-Айрес. Авенида 9 июля.

1536 (по нек-рым данным, в 1535). С 1776 столица исп. вице-королевства Ла-Плата. В 1816–26 – Объединённых пров. Ла-Плата. Застроен в осн. совр. многоэтажными зданиями, но нек-рые улицы сохранили застройку колон. периода. Ратуша (1720–65), церк. Сан-Игнасио (1710–34).

БУЯ́ЛЬСКИЙ Ил. Вас. (1789–1866), рос. хирург и анатом, один из основоположников топографич. анатомии. Предложил методы оперативного лечения сосудистых *аневризм*, бальзамирования.

«БХАГАВАДГИ́ТА», памятник религ.-филос. мысли Др. Индии, часть 6-й кн. *«Махабхараты»*; возникла в сер. 1-го тыс. до н.э.; филос. основа *индуизма*. Гл. путём к «освобождению» – *мокше* в Б. считается карма-йога – йога действия, включающая бескорыстное исполнение своих обязанностей.

БЫВА́ЛЬЩИНА (быль), в рус. нар. творчестве короткий устный рассказ о будто бы имевшем место в реальности невероятном происшествии.

БЫКИ́, род млекопитающих (сем. *полорогие*). Длина тела 1,8–3,3 м, выс. в холке 62–180 см, масса 320–1200 кг. 5 видов: як, гаур, бантенг, купрей и тур (вымерший в 17 в.). Дикие Б. распространены в Европе, Сев. Африке, значит. части Азии. Численность всех Б. невысока, находятся под охраной. Живут до 25 лет. Все виды одомашнены.

БЫКО́В Вас. Вл. (р. 1924), белорус. писатель. В пов. «Мёртвым не больно» (1966), «Круглянский мост» (1969), «Сотников» (1970), «Знак беды» (1982), «Карьер» (1986), «В тумане» (1987) показаны события Вел. Отеч. войны, нем. оккупация, партиз. движение в Белоруссии, анатомия мужества и предательства, трагедийность индивид. судеб, отмеченных печатью общей нар. драмы в контексте всей сов. истории.

БЫКО́В Роланд Анат. (р. 1929), актёр, режиссёр. В 1951–58 актёр Моск. ТЮЗа. В 1958–60 гл. реж. Ленингр. т-ра имени Ленинского комсомола. Работает в кино с 1955. Артистич. диапазон Б. – от драм. ролей в ф. «Шинель» (1960), «Комиссар» (1967, вып. 1988), «Проверка на дорогах» (1972, вып. 1986) до трагикомических в ф. «Андрей Рублёв» (1967, вып. 1971), т/ф «Нос» (1977, реж.) и сатирической «Айболит-66» (1967, реж.). Значителен вклад Б. в развитие дет. кино (ф. «Внимание, черепаха!», 1970, «Автомобиль, скрипка и собака Клякса», 1975, «Чучело», 1984, и др.).

О. Уайльда, 1959), Панова («Любовь Яровая» К.А. Тренёва, 1977) и др. Снималась в ф.: «Неоконченная повесть» (1955), «Тихий Дон» (1957–58) и др.

БЫТИЕ́, филос. категория, обозначающая реальность, существующую объективно. Не сводимое лишь к материально-предметному миру, Б. обладает разл. уровнями: органич. и неорганич. природа, биосфера, об-ществ. Б., объективно-идеальное Б. (ценности культуры, общезначимые принципы и категории науч. знания и др.), Б. личности.

БЫТОВО́Й ЖАНР, жанр изобр. иск-ва, посв. повседневной частной и обществ. жизни (обычно современной художнику). Бытовые (жанровые) сцены известны в иск-ве с глубокой древности, но в особый жанр они выделились в ср.-век. эпоху в странах Д. Востока и в 16–17 вв. в Европе.

БЫЧКИ́, семейство рыб. Дл. 10–35 (иногда до 50) см. Ок. 1600 видов, в прибрежных частях всех тёплых морей и пресных водах. Ряд видов – объект любительского лова. Мелкие виды содержатся в аквариумах.

БЬЕННА́ЛЕ (биеннале) (итал. biennale – двухгодичный), проводимые в ряде стран 1 раз в 2 года выставки, кинофестивали (напр., в Венеции) и т.п.

БЬЁРНСОН (Bjørnson) Бьёрнстьерне Мартиниус (1832–1910), норв. писатель. Основоположник нац. драматургии. Пов. из крест. жизни «Сюннёве Сульбаккен» (1857); нац.-ист. драмы «Между битвами» (1858), «Сигурд Злой» (1862); социально-критич. драмы «Банкротство

Бытовой жанр. П. де Хох. «Хозяйка и служанка». Ок. 1660. Эрмитаж.

(1875), «Свыше наших сил» (ч. 1–2, 1883–95); стихи, в т.ч. нац. гимн Норвегии. Ноб. пр. (1903).

БЬЕФ (франц. bief), часть водоёма, реки или канала, примыкающая к водонапорному сооружению (плотине, шлюзу, ГЭС и др.). Различают верх. Б., расположенный по течению выше водонапорного сооружения, и ниж. Б., находящийся ниже него.

БЬЮКЕНЕН (Buchanan) Джеймс (р. 1919), амер. экономист. Иссл. в области финансов, ценообразования, экон. политики гос-ва; сторонник свободного рыночного х-ва. Ноб. пр. (1986).

БЭКОН (Bacon) Роджер (ок. 1214–92), англ. философ и естествоиспытатель, монах-францисканец. Защищал *астрологию*, за что в 1278 был заточён в монастырскую тюрьму. Отстаивал принцип конкретного опытного знания (мистического – в области веры, эмпирического – в естествознании). В математике видел «дверь и ключ» к др. наукам. Предвосхитил мн. позднейшие изобретения (телескоп, летат. аппараты и др.).

БЭКОН Фрэнсис (1561–1626), англ. философ. Лорд-канцлер при короле Якове I. В трактате «Новый органон» (1620) провозгласил целью науки увеличение власти человека над природой, предложил реформу науч. метода: очищение разума от заблуждений («идолов»), или «призраков»), обращение к опыту и обработка его посредством индукции, основа к-рой – эксперимент. Автор утопии «Новая Атлантида» (изд. 1627).

БЭР Карл Макс. (Карл Эрнст) (1792–1876), естествоиспытатель, основатель эмбриологии. Род. в Эстляндии, работал в Австрии и Германии; в 1829–30 и в 1834 в России. Открыл яйцеклетку у млекопитающих. Установил сходство эмбрионов высш. и низш. ж-ных, описал развитие всех осн. органов позвоночных. Иссл. Н. Землю, Каспийское м. Объяснил закономерность подмыва берегов рек (закон Б.).

БЭР, см. в ст. *Доза излучения*.

БЭРД (Бёрд) (Byrd) Ричард Эвелин (1888–1957), амер. полярный исследователь, лётчик. Первым пролетел над Сев. (1926) и Юж. (1929) полюсами. Рук. 4 амер. антарктич. эксп. (1928–30, 1933–35, 1939–41 и 1946–47), гл. итог к-рых – детальное иссл. части побережья и значит. внутр. р-нов материка Антарктиды, открытие Земли Мэри Бэрд. Материалы аэрофотосъёмки побережья дл. ок. 18 т. км (60% береговой черты) позволили нанести на карту контуры континента в привычных для нас очертаниях.

БЮДЖЕТ (англ. budget), роспись доходов и расходов гос-ва, учреждения, семьи или отд. лица на определ. срок (год).

БЮДЖЕТНЫЙ ГОД, законодательно установленный годовой срок исполнения гос. бюджета. В большинстве стран соответствует календарному (страны СНГ, Италия, Франция и др.), в нек-рых – с 1 апр. по 31 марта (Великобритания, Япония), с 1 июля по 30 июня (Канада), с 1 окт. по 30 сент. (США), с 1 марта по 28 февр. (Турция).

БЮДЖЕТНЫЙ ДЕФИЦИТ, превышение расходов бюджета над его доходами. Как правило, дефицит *государственного бюджета* отражает неустойчивое положение в хоз., финанс. деятельности; покрывается за счёт изыскания внутр. источников финансирования, *займов государственных*, иногда – за счёт *эмиссии* бум. денег, не подкреплённых товарной массой. Как правило, связан с *инфляцией*.

БЮДЖЕТНЫЙ НАБОР (потребительская корзина), перечень типичных для данной группы населения товаров и услуг, характеризующий объём и структуру потребления в расчёте на семью или на одного человека). Используется для характеристики *уровня жизни*, расчётов индекса стоимости жизни.

БЮЛЛЕТЕНЬ (франц. bulletin, от итал. bulletino – записка, листок), 1) собрание офиц. актов, распоряжений и т.п. 2) Краткое офиц. сообщение (о ходе воен. действий, состоянии здоровья и т.п.). 3) Периодич. или продолжающееся издание, посв. к.-л. кругу вопросов, напр. «Бюллетень экспериментальной биологии и медицины». 4) Избират. Б. – док-т для голосования с фамилиями кандидатов.

БЮЛОВ (Bülow) Ханс фон (1830–1894), нем. дирижёр, пианист, композитор, муз. критик. Один из основоположников совр. дирижёрской школы, интерпретатор произв. Р. Вагнера, симфоний И. Брамса, П.И. Чайковского. Б.-пианист – блестящий интерпретатор поздних фп. сонат Л. Бетховена. Чайковский посвятил Б. 1-й концерт для фп. с орк. В 1860–80-х гг. гастролировал в Европе (в т.ч. России), Америке.

БЮЛЬ-БЮЛЬ (наст. имя и фам. Муртуза Мешади Рза оглы Мамедов) (1897–1961), певец (лирико-драм. тенор), фольклорист. В юности получил прозвище Бюль-Бюль (азерб. – соловей), исполнял азерб. мугамы (см. *Макам*) и нар. песни. С 1920 в Азерб. т-ре оперы и балета, исполнитель партий классич. нац., рус. и заруб. оперного репертуара.

БЮРГЕР (нем. Bürger), горожанин в странах Европы в ср. века; то же, что *буржуа*. В историч. лит-ре чаще употребляется для обозначения ср. слоя нас. ср.-век. города.

БЮРО (франц. bureau), 1) коллегиальный орган, избираемый или учреждаемый для ведения определ. (гл. обр. распорядительной) руководящей работы в к.-л. орг-ции, об-ве, учреждении. 2) Назв. нек-рых учреждений (напр., справочное Б.). 3) Письменный стол с полками, ящиками и др. отделениями и крышкой.

БЮРОКРАТИЯ (букв. – господство канцелярии, от франц. bureau – бюро, канцелярия и ...*кратия*), первоначально – власть и влияние руководителей и чиновников аппарата пр-ва; в дальнейшем – обозначение слоя служащих в крупных орг-циях, администрации в осуществлении формализованных функций, требующих спец. образования. Б. свойственны тенденции к превращению в привилегир. слой, независимый от большинства членов орг-ции, что сопровождается нарастанием формализма и произвола, авторитаризма и конформизма, подчинением правил и задач деятельности орг-ции гл. обр. целям её укрепления и сохранения. Это находит крайнее выражение в авторитарных системах. Демокр. об-во стремится выработать формы контроля и управления, направленные на преодоление или ограничение отрицат. черт Б.

БЮФФОН (Buffon) Жорж Луи Леклерк (1707–88), франц. естествоиспытатель. В осн. тр. «Естественная история» (т. 1–36, 1749–88) высказал представления о развитии земного шара и его поверхности, о единстве плана строения органич. мира. Отстаивал идею изменяемости видов под влиянием условий среды.

БЯЛИК Хаим Нахман (1873–1934), евр. поэт. До 1920 жил в России, с 1924 в Палестине. Писал на иврите, реформируя язык, освобождая его от книжных штампов. В стихах (сб. «О печали и гневе», 1906, на идише), поэмах «Мертвецы пустыни» (1902), «Сказание о погроме» (1904), символич. поэме с автобиогр. чертами «Огненная хартия» (1905), созданных в библейском пророческом стиле, трагедия совр. еврейства: призыв к нац. возрождению, обличение покорности, безволия народа. Эмоциональна, духовно насыщена пейзажная, любовная лирика.

В

В, в [вэ], третья буква рус. алфавита; восходит к букве *кириллицы* в («веди»).

ВААЛ, см. *Баал*.

ВАВИЛОВ Ник. Ив. (1887–1943), рос. биолог, генетик, основоположник совр. учения о биол. основах селекции и учения о центрах происхождения культурных р-ний. Брат С.И. Вавилова. Организовал ботанико-агрономич. эксп. в страны Средиземноморья, Сев. Африки, Сев. и Юж. Америки, установил на их терр. древние очаги возникновения культурных р-ний. Собрал крупнейшую в мире коллекцию семян культурных р-ний. Обосновал учение об иммунитете р-ний (1919), открыл закон гомологич. рядов в наследств. изменчивости организмов (1920). Первый през. (1929–35) ВАСХНИЛ. Инициатор создания ряда н.-и. учреждений. Мужественно защищал генетику в борьбе с «учением» Т.Д. Лысенко. През. Всес. геогр. об-ва (1931–40). В авг. 1940 арестован, обвинён в контррев. вредительской деятельности и в июле 1941 приговорён к расстрелу, заменённому в 1942 20-летним заключением. Умер в лазарете саратовской тюрьмы.

ВАВИЛОВ Сер. Ив. (1891–1951), физик, основатель отеч. школы физ. оптики. Брат Н.И. Вавилова. През. АН СССР (с 1945). Тр. по теории и применению люминесценции, спектральному анализу. Под рук. В. открыт и исследован новый тип излучения – Черенкова – Вавилова излучение. Первый през. об-ва «Знание» (с 1947). Гл. ред. 2-го издания БСЭ (с 1949).

С.И. Вавилов.

ВАВИЛОН, древний г. в Месопотамии, к Ю.-З. от совр. Багдада. В 19–6 вв. до н.э. столица Вавилонии. Раскопками кон. 19 – нач. 20 вв. восстановлен план В. (вытянутый прямоугольник пл. ок. 10 км², окружённый кирпичными стенами с зубчатыми башнями и 8 воротами) 7–6 вв. до н.э. и др. архит. ансамблей. Среди гл. пам.: Ворота Иштар, облицованные глазуров. кирпичом, храм бога Мардука Эсагила, 7-ярусный зиккурат Этеменанки («Вавилонская башня», разрушен Александром Македонским), дворец-крепость, к к-рому примыкали расположенные уступами на сводах сады (т.н. висячие сады Семирамиды).

ВАВИЛОНИЯ, гос-во нач. 2-го тыс. – 539 до н.э. на Ю. Месопотамии (терр. совр. Ирака). Столица – Вавилон. Период расцвета при Хаммурапи (18 в. до н.э.). Завоёвана персами.

ВАВИЛОНСКИЙ ПЛЕН, период в истории евреев с 586 по 539 до н.э. (от насильств. переселения части иудеев в Вавилонию после взятия Иерусалима царём Навуходоносором II до возвращения их в Палестину после завоевания Вавилонии перс. царём Киром II Великим).

ВАВИЛОНСКОЕ СТОЛПОТВОРЕНИЕ, в Библии рассказ о попытке построить после *всемирного потопа* г. Вавилон и башню до небес (Вавилонская башня). Разгневанный дерзостью людей Бог «смешал их языки» (они перестали понимать друг друга), «рассеял их по всей земле, и они перестали строить город». Перен. – суматоха, полный беспорядок, суета.

ВАГАНОВА Агриппина Як. (1879–1951), артистка балета, педагог. В 1897–1916 в Мариинском т-ре. Партии: Одетта-Одиллия («Лебединое озеро» П.И. Чайковского), Жизель

Н.И. Вавилов.

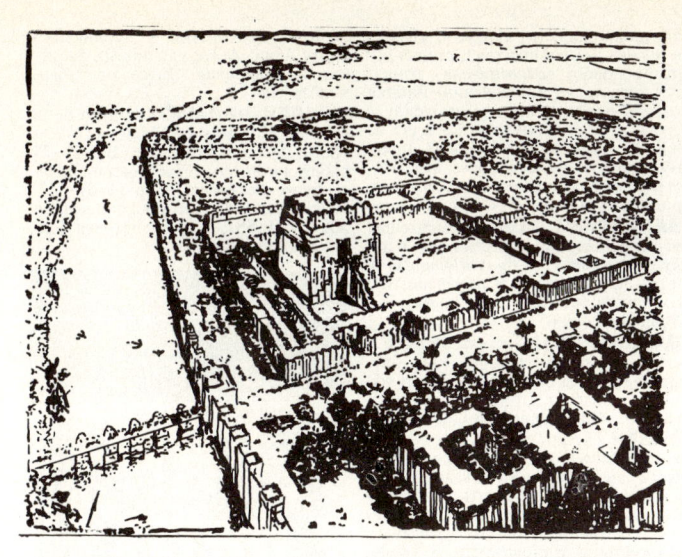

Вавилония. Вавилон в эпоху царя Навуходоносора II. Реконструкция.

(«Жизель» А. Адана). Среди учениц – М.Т. Семёнова, Г.С. Уланова, Н.М. Дудинская, И.А. Колпакова. Пед. система В. («Основы классического танца», 1934) применяется в России и за рубежом.

ВА́ГНЕР (Wagner) Рихард (1813–1883), нем. композитор, дирижёр, муз. писатель. Крупнейший реформатор оперного иск-ва. В опере (муз. драма) осуществил синтез филос.-поэтич. и муз. начал (благодаря развитой муз.-драматургич. системе *лейтмотивов*, созданию собств. мифологизир. либретто). Вокально-симф. стиль мышления, новаторская гармония и оркестровка (тембровая драматургия) В. оказали сильнейшее влияние на дальнейшее развитие европ. музыки в целом. Оп.: «Риенци» (1840), «Летучий голландец» (1841), «Тангейзер» (1845), «Лоэнгрин» (1848), «Тристан и Изольда» (1859), «Нюрнбергские мейстерзингеры» (1867), оперная тетралогия «Кольцо нибелунга» («Золото Рейна», 1854; «Валькирия», 1856; «Зигфрид», 1871; «Гибель богов», 1874), «Парсифаль» (1882). Муз.-эстетич. тр.: «Художественное произведение будущего» (1848), «Опера и драма» (1851) и др.

Р. Вагнер. Портрет работы Ф. фон Ленбаха. 1894.

Вавилонское столпотворение. Картина П. Брейгеля Старшего «Вавилонская башня». 1563. Музей истории искусств. Вена.

ВА́ГНЕР-Я́УРЕГГ (Wagner-Jauregg) Юлиус (1857–1940), австр. психиатр. Обосновал (1918) и применил пиротерапию (искусств. повышение темп-ры тела) для лечения прогрессивного паралича. Ноб. пр. (1927).

ВАГО́Н (франц. wagon, от англ. waggon – повозка), трансп. средство для перевозки по рельсовым путям ж.д. товаров (грузовые В.) и людей (пасс. В.). Различают прицепные и самоходные (моторные) В.; спец. назначения (в т.ч. среди пассажирских – почтовые, В.-рестораны и т.п.; среди грузовых – изотермич. цистерны, транспортёры, хопперы и др.).

ВАДУ́Ц, столица гос-ва Лихтенштейн, на Рейне. 5 т. ж. Приборостроение, произ-во высококачеств. мебели, текстиля. Гос. музей, картинная гал., Почтовый музей (осн. в 1930). Осн. в 1342. Замок 9 в. (перестроен в 14 и 16 вв.) с готич. капеллой 15 в. Туризм.

ВА́ЖА ПШАВЕ́ЛА (наст. имя и фам. Лука Пав. Разикашвили) (1861–1915), груз. поэт. Идеи и образы фольклора и мифов философски переосмыслены в поэмах о жизни горцев-пшавов «Гость и хозяин» (1893), «Змееед» (1901), рассказах, драме «Отверженный» (1894).

ВАЗА́РИ (Vasari) Джорджо (1511–1574), итал. живописец, архитектор, историк иск-ва. Представитель *маньеризма* (фрески в Палаццо Веккьо, 1555–71, архит. ансамбль Уффици, с 1560, – оба во Флоренции). Автор «Жизнеописаний наиболее знаменитых живописцев, ваятелей и зодчих».

ВАЗЕЛИ́Н (франц. vaseline, от нем. Wasser – вода и греч. élaion – оливковое масло), однородная мазеобразная масса; смесь тяжёлого нефт. масла и тв. углеводородов (*парафина*, церезина и др.). В технике применяют как пропитку для бум. конденсаторов и смазочный материал, в медицине – как основу мазей.

ВАЗЕ́Х (наст. имя Мирза Шафи) (1796–1852), азерб. поэт, просветитель. Создал в Тифлисе лит.-филос. «Кружок мудрости». Писал любовно-лирич. и сатирич. тираноборч. стихи. Нем. поэт Ф. Боденштедт, бравший у В. уроки вост. языков, в 1881 опубл. книгу его лирики в нем. переводе и пытался выдать стихи за свои. Книга была переведена на мн. европ. языки.

ВА́ЗОВ Иван (1850–1921), болг. писатель, обществ. деятель. Цикл лироэпич. поэм «Эпопея забытых» (1881–84), роман-эпопея «Под игом» (1889–90) – о нац.-освободит. борьбе. Социально-обличит. проза, в т.ч. ром. «Новая земля» (1896). Ист. драмы из жизни ср.-век. Болгарии «К пропасти» (1908), «Борислав» (1909).

ВА́ЙДА (Wajda) Анджей (р. 1926), польск. режиссёр. Трагизм истории и отд. человеческих судеб определяет звучание ф. «Пепел и алмаз» (1958), «Пейзаж после битвы» (1970), «Березняк» (1971), «Без наркоза» (1978), «Корчак» (1990). От ист. сюжетов В. переходит к прямому обличению коммунистич. системы («Человек из мрамора», 1976; «Человек из железа», 1981) и нем. практики («Дантон», 1983). Тесно связанный с традициями польск. романтизма, режиссёрский стиль В. сочетает напряжённый драматизм и экспрессию с глубоким лиризмом и тщательной психол. разработкой характеров. Много работает в т-ре и на ТВ.

ВА́ЙНБЕРГ Мечислав Сам. (р. 1919), рос. композитор. До 1939 жил в Польше. Лирико-филос. осмысление трагич. событий века в 20 симф. (в т.ч. «Цветы Польши», 1965), Камерной симф. (1986). Оп. «Мадонна и солдат» (1970), «Идиот» (1986), бал. «Золотой ключик» (1962), 16 струн. квартетов, вок. циклы и др.

ВАЙШЕ́ШИКА, одна из 6 ортодоксальных (признающих авторитет *вед*) систем др.-инд. философии. Основателем считается Канада (после 3 в. до н.э.). В полемике с буддизмом отстаивала реальное существование категорий наряду с вещами. Считала, что мир создан из атомов – несотворённых и вечных элементов.

ВА́ЙШИИ (санскр.), члены одной из 4 *варн* в Др. Индии, объединявшей полноправных общинников, в осн. земледельцев, скотоводов, а позже и торговцев, нек-рых ремесленников. В ср. века к В. причисляли только торговцев.

ВА́КУУМ (от лат. vacuum – пустота), состояние газа при давлениях p, более низких, чем атмосферное. Различают низкий В. (напр., в вакуумных приборах), к-рому соответствует область давлений $p > 1$ мм рт. ст.; средний: 10^{-3} мм рт. ст. $< p < 1$ мм рт. ст.; высокий: $p < 10^{-3}$ мм рт. ст.; сверхвысокий: $p < 10^{-7}$ мм рт. ст. Понятие «В.» применимо к газу в герметич. объёме и к свободному пространству (напр., космич. В.).

ВАКУУММЕ́ТР (от *вакуум* и *метр*), прибор для измерения давления ниже атмосферного. Распространены жидкостные, ионизационные, тепловые и др. В. Давления выше атмосферного измеряют *манометрами*.

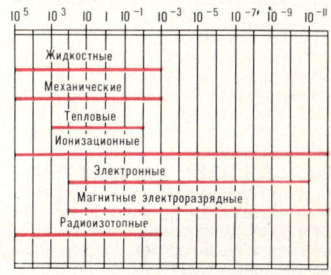

Вакуумметр. Диапазоны рабочих давлений различных вакуумметров.

ВА́КУУМНАЯ ТЕ́ХНИКА, совокупность устройств, приборов и т.п. для создания, поддержания, измерения и использования вакуума в науч., нар.-хоз. и др. целях (напр., *вакуумметры, насосы*).

ВАКФ (вакуф) (араб.), в мусульм. странах имущество (движимое и недвижимое), отказанное гос-вом или отд. лицом на религ. или благотворит. цели.

ВАКХ (греч.), см. *Дионис.*

ВАКХАНА́ЛИИ, в Др. Риме празднества в честь Диониса (Вакха). В 186 до н.э. запрещены сенатом из-за их экстатич. характера. Перен.– дикий разгул, оргия. Илл. см. на стр. 110.

ВАКХА́НКИ, в греч. мифологии спутницы Диониса; см. также *Менады.*

ВАКЦИ́НА (от лат. vaccina – коровья), препарат из живых (обезвреженных) (против кори, гриппа, полиомиелита и др.) или убитых (против брюшного тифа, дизентерии, холеры и др.) микроорганизмов (а также из отд. антигенных компонентов микробной клетки) и продуктов их жизнедеятельности. Применяется для им-

110 ВАКЦ

Вакханалии. Картина Н. Пуссена «Вакханалия». 1620-е гг. Национальная галерея. Лондон.

ВАКЦИНА́ЦИЯ, см. в ст. *Иммунизация*.

ВАЛАА́МОВА ОСЛИ́ЦА, в Библии неожиданно заговорившая ослица прорицателя Валаама. Выражение «В. о.» применяется в иронич. смысле по отношению к неожиданно заговорившему, обычно молчаливому человеку.

ВАЛАА́МСКИЕ ОСТРОВА́, архипелаг в Ладожском оз., в Карелии. Состоит из низменного (до 70 м) лесистого о. Валаам (пл. 28 км^2) и св. 50 мелких о-вов. Сохранились здание Валаамского мон. и культовые, жилые и хоз. постройки 18 в. С 1979 Ист.-архит. и природный музей-заповедник. Туризм.

ВАЛАА́МСКИЙ МОНАСТЫ́РЬ (Спасо-Преображенский), мужской, на о. Валаам. Осн., вероятно, в нач. 14 в. греч. монахами Сергием и Германом. Неоднократно подвергался нападениям швед.-фин. отрядов (1578, 1581, 1611). В 19 в. крупный религ., экон. и культурный центр. В 1917–40 на терр. Финляндии. Во время сов.-финл. войны покинут монахами. В 1940 в В. м. школа юнг и 1945 дом-интернат для инвалидов Вел. Отеч. войны. С 1979 Ист.-архит. и природный музей-заповедник. В 1988 передан Рус. правосл. церкви. Архит. пам. 18–19 вв.: Спасо-Преображенский собор, церкви Успения, Никольская, Петра и Павла, гостиница и др. К 1917 на о-вах было 13 скитов.

Валаамова ослица. Валаам и ангел, преграждающий ему дорогу. Фреска. 4 в. Катакомба на Виа Латина. Рим.

ВАЛЕ́НСИЯ, г. в Венесуэле. 955 т.ж. Нефтехим., целл.-бум., текст., кож.-обув. пром-сть. Центр с.-х. р-на. Ун-т (1852). Т-р. Осн. в 1555. В 1812 и 1813 столица страны.

ВАЛЕ́НСИЯ, г. в Испании, в устье р. Турия. 753 т.ж. Порт в Валенсийском зал. Средиземного м. (вывоз с.-х. продукции); междунар. аэропорт. Центр с.-х. р-на. Плодоовощная, таб., текст. (джутовая), хим. пром-сть; маш-ние (в т. ч. судоверфи). Куст. промыслы. 2 ун-та. Музей изящных иск-в. Осн. во 2 в. до н.э. римлянами. Собор (13–14 вв.), укреплённые ворота (13–15 вв.), колехио дель Патриарка (16 в.), дворец Агуас (18 в.).

ВАЛЕНТИ́НО (Valentino) Рудольф (наст. имя и фам. Родольфо Гульельми ди Валентино) (1895–1926), амер. киноактёр. По происхождению итальянец. Прославился в немых фильмах 20-х гг. («Четыре всадника Апокалипсиса», «Шейх», «Кровь и песок», «Сын шейха»), создав образ рокового соблазнителя, романтич. искателя приключений. Ранняя смерть вызвала серию самоубийств среди его поклонников. В.– одна из живых легенд кинематографа, герой муз. произв., романов, пьес; в ф. «Валентино» (1977, реж. К. Рассел) в его роли снялся Р. Х. Нуреев.

ВАЛЕ́НТНАЯ ЗО́НА, наивысшая из разрешённых энергетич. зон в полупроводниках и *диэлектриках*, в к-рой при темп-ре 0 К все энергетич. состояния заняты электронами. См. *Зонная теория*.

ВАЛЕ́НТНОСТЬ (от лат. valentia – сила), способность атома хим. элемента присоединять или замещать опредл. число др. атомов или атомных групп с образованием хим. связи.

ВАЛЁР (франц. valeur, букв.– ценность), в живописи и графике оттенок *тона*, выражающий (во взаимосвязи с др. оттенками) опредл. соотношение света и тени. Применение системы В. позволяет тоньше показывать предметы в световоздушной среде, цветовые отношения и переходы.

ВАЛЕРИ́ (Valéry) Поль (1871–1945), франц. поэт и мыслитель, эссеист. Изысканно-усложнённая образность, смелость ассоциаций отличает лирико-филос. медитации В., создавшего (в позднем творчестве) образцы т.н. интеллектуальной поэзии: сб. «Альбом старых стихов» (1920), «Очарования» (1922), поэмы «Юная Парка» (1917) и др. Филос.-худ. проза (эссе, посв. С. Малларме, Ш. Бодлеру, Леонардо да Винчи; многотомные, в форме дневниковых записей «Тетради», т. 1–29, 1894–1945, изд. 1958–71) – размышления о природе творчества, возможности построения чистого «Я», проблемы интеллектуального обуздания иррациональных слоёв бытия.

ВАЛЕРИА́НА, род многолетних трав, кустарников, полукустарников и лиан (сем. валериановые). Св. 200 видов, в Евразии, Юж. и Сев. Америке. Растут на скалах, влажных лугах, в лесах и рощах. В. лекарственную (выс. до 2 м) возделывают для получения из корней и корневищ успокаивающих лекарств. средств. 2 редких вида (в т. ч. В. аянская) охраняются.

ВАЛИХА́НОВ Чокан Чингисович (1835–65), казах. просветитель-демократ, историк, этнограф, путешественник. В 1858 в составе торг. каравана исследовал Центр. Тянь-Шань и зап. часть Таримской равнины, в 1860–61 подготовил к публикации карту Азии. Автор станковых рисунков и акварелей. Умер от туберкулёза.

ВАЛЛЕ́Н-ДЕЛАМО́Т (Vallin de la Mothe) Жан Батист Мишель (1729–1800), франц. архитектор. В 1759–75 работал в России. Построил в С.-Петербурге Гостиный двор (1761–85), участвовал в проектировании здания АХ (1764–88), складов «Новая Голландия» (1765–80).

Ж. Б. Валлен-Деламот. Малый Эрмитаж в Санкт-Петербурге.

ВАЛЛЕНШТЕ́ЙН (Вальдштейн) (Wallenstein, Valdštejn) Альбрехт (1583–1634), полководец. По происхождению чеш. дворянин. С 1625 имперский главнокоманд. в *Тридцатилетней войне* 1618–48. Сформировал на свои средства 40-тыс. армию, но содержал её в значит. мере за счёт реквизиций у населения занятых областей. Одержал ряд побед над войсками дат. короля Кристиана IV и нем. протестантских князей. Потерпел поражение при Лютцене от швед. армии (1632). По обвинению в сношениях с неприятелем отстранён от командования и убит своими офицерами.

ВАЛЛЕ́ТТА (Ла-Валлетта), столица (с 1964) гос-ва Мальта, на о. Мальта. 9 т. ж. Порт в Мальтийском прол. Средиземного м.; междунар. аэропорт. Судоверфи, судоремонтный з-д, нефтеналивные пр-тия, лёгкая пром-сть. Ремёсла, рыб-во. Туризм. Ун-т (1769). Нац. музей археологии, Музей иск-в и др. Т-р. Осн. в 60-х гг. 16 в., назв. по имени магистра ордена иоаннитов Ж. Паризо де Ла Валет. Имеет регулярную застройку с прямоуг. сеткой улиц, часть к-рых переходит в лестницы. Форты 16–17 вв. Дворец гроссмейстеров (17 в.), подворья и палаццо.

ВАЛОВО́Й ВНУ́ТРЕННИЙ ПРОДУ́КТ (ВВП), показатель статистики нац. дохода в системе *национальных счетов*. Выражает совокупную стоимость конечных товаров и услуг, произведённых на терр. данной страны, в рыночных ценах. По своей натурально-веществ. форме ВВП – совокупность предметов и услуг, используемых в течение данного года на потребление и накопление. См. также *Валовой национальный продукт*.

ВАЛОВО́Й НАЦИОНА́ЛЬНЫЙ ПРОДУ́КТ (ВНП), показатель статистики нац. дохода в системе *национальных счетов*; производная непосредственно от категории *валового внутреннего продукта*. Выражает совокупную стоимость конечных товаров и услуг в рыночных ценах.

Включает стоимость потреблённых населением товаров и услуг, гос. закупок, капитальные вложения и *сальдо* платёжного баланса. Отличается от ВВП на сумму чистых доходов из-за границы. Первоначально ВНП рассчитывается в текущих ценах, затем пересчитывается в пост. цены к.-л. одного года и сопоставляется за ряд лет.

ВАЛТАСА́Р, сын последнего царя Вавилонии Набонида. Погиб в 539 до н.э. при взятии Вавилона персами. В Библии описаны пир В. («Валтасаров пир») и пророчество его гибели (появившиеся на стене слова «мене, мене, текел, упарсин»).

ВАЛТО́РНА (от нем. Waldhorn, букв.— лесной рог), медный духовой муз. инстр-т. Появилась в кон. 17 в. в результате усовершенствования охотничьего рога. Используется как орк., ансамблевый, сольный инстр-т.

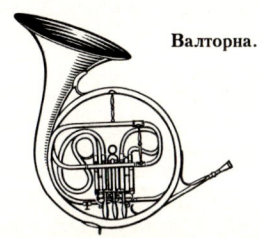

Валторна.

ВАЛУА́ (Valois), династия франц. королей в 1328–1589. Гл. представители: Карл V, Людовик XI, Франциск I, Генрих II, Генрих III.

ВАЛУ́ЕВ Пётр Ал-др. (1815–90), граф (с 1880), мин. внутр. дел России (1861–68). Руководил проведением земской и цензурной реформ. В 1872–79 мин. гос. имущества, в 1879–81 пред. К-та министров. Автор «Дневника» (т. 1–2, 1961).

ВАЛУ́Й, съедобный гриб (сем. сыроежковые). Растёт в лиственных и особенно берёзовых лесах. Используется для засола, но из-за горького вкуса требует длительного вымачивания.

Валуй.

ВА́ЛЬДОРФСКИЕ ШКО́ЛЫ, частные самоуправляемые общеобразоват. школы, работающие на основе пед. Штейнера. Создаются с 1919 (первая — в Штутгарте для детей рабочих ф-ки «Вальдорф-Астория»; отсюда назв.). Занятия в форме лекций и бесед; оригинальные методы воспитания. Полный курс обучения 12–13 лет. В нач. 90-х гг. в мире св. 400 В.ш.

ВА́ЛЬДТЕЙФЕЛЬ (Waldteufel) Эмиль (1837–1915), франц. композитор, дирижёр. Прославился как автор вальсов (ок. 250, многие на муз. темы из произв. др. композиторов): «Конькобежцы», «Эспанья» и др.

ВА́ЛЬДШНЕП, лесной кулик. Дл. ок. 35 см. Распространён в Евразии, в смешанных или листв. сырых лесах. Весной у самцов токовые полёты (утренняя и вечерняя тяга). Объект спорт. охоты.

ВА́ЛЬЕ-ИНКЛА́Н (Valle-Inclán) Рамон Мария дель (1866–1936), исп. писатель. В цикле пов. «Сонаты» (1902–05) — эстетизация прошлого, поиски абсолютной красоты, противостоящей мещанской пошлости совр. мира. В ист. трил. «Варварские комедии» (1907–22) и «Карлистская война» (1908–09), романе-памфлете «Тиран Бандерас» (1926), ист. ром. «Двор чудес» (1927), острогротескных пьесах (сб. «Вторник карнавала», 1930, и др.) — резкая критика исп. об-ва, проблемы отчуждённости и автоматизма человеческого существования.

ВАЛЬЕ́ХО (Vallejo) Сесар (1892–1938), перуан. поэт. С 1923 в эмиграции (участвовал в гражд. войне в Испании 1936–39). В лирике (сб. «Чёрные герольды», 1918, «Трильсе», 1922, «Человечьи стихи», опубл. 1939), органически сплавляющей исп. поэтич. традиции с индейским мироощущением,— напряжённо-личностное переживание хаотичности мира, в к-ром властвуют страдание, боль, смерть; надежда на коллективное спасение человечества. Ром. о рабочих-индейцах «Вольфрам» (1931), кн. очерков «Россия 1931 года» (1931).

ВАЛЬКИ́РИИ (др.-сканд. Valkyrja, букв.— выбирающая убитых), в мифологии германцев и скандинавов воинств. девы, решающие по воле бога Одина исход сражений. Храбрейших из павших воинов уносили в *вальхаллу*.

Валькирия. Скульптурная группа С. Синдинга. 1908. Парк в Копенгагене.

ВА́ЛЬМИКИ, легендарный др.-инд. поэт. Считается автором первонач. текста поэмы «*Рамаяна*»; один из героев её 1-й и 7-й книг более позднего происхождения.

ВАЛЬПАРА́ИСО, г. в Чили. 296 т.ж. Важный порт на Тихом ок. Маш-ние, хим., деревообр. и целл.-бум., лёгкая пром-сть. Гл. воен.-мор. база Чили. Ун-ты. Музеи. Осн. в 1536.

ВАЛЬПУ́РГИЕВА НОЧЬ (ночь на 1 мая), в мифологии германцев праздник начала весны, с 8 в. по нем. нар. поверьям праздник ведьм («великий шабаш») на Броккене (в горах Гарца). Назв. от католич. святой Вальпургии, день памяти к-рой (1 мая) совпадал с праздником.

ВАЛЬРА́С (Walras) Леон Мари Эспри (1834–1910), швейц. экономист, представитель *математической школы*. Построил общую экон. мат. модель нар. х-ва, известную под назв. системы общего экон. равновесия.

ВАЛЬС (франц. valse, нем. Walzer, от walzen — кружиться в танце), 3-дольный парный бальный танец. В кон. 18 в. австр. и юж.-нем. крест. танец (см. *Лендлер*). С нач. 19 в. один из самых популярных в Европе. Наиб. успехом пользовался т.н. венский В. (Й. Ланнер, И. Штраус-отец, И. Штраус-сын). Разновидность В.— медленный В.-бостон. Как инстр. пьеса встречается в творчестве Ф. Шопена, Ф. Листа, П.И. Чайковского; черты жанра — в соч. М.И. Глинки, А.К. Глазунова, Я. Сибелиуса, М. Равеля, С.С. Прокофьева.

ВА́ЛЬТЕР (Walter) Бруно (1876–1962), нем. дирижёр. Работал с разл. европ. оркестрами, в Венской, Берлинской гос. опере, т-ре «Ковент-Гарден». С 1939 в США. Гастролировал в России, СССР. Выдающийся интерпретатор произв. В.А. Моцарта, Дж. Верди, Г. Малера и др.

ВАЛЬХА́ЛЛА (валгалла), в мифологии германцев и скандинавов дворец *Одина*, куда попадают павшие в бою храбрые воины.

ВАЛЮ́ТА (итал. valuta, букв.— стоимость), нац. ден. единица (в России рубль, в США доллар и т.д.) и её тип (зол., серебр., бум.), а также средства на счетах в банках, выраженные в данной ден. единице. См. также *Конвертируемость валют*, *Резервная валюта*.

ВАЛЮ́ТНЫЙ КУРС, цена (котировка) ден. единицы одной страны, выраженной в ден. единице др. страны. Определяется покупат. способностью валют и др. факторами. Различают фиксир. В.к., колеблющийся в огранич. пределах вокруг валютного паритета, и плавающий В.к., свободно колеблющийся в зависимости от экон. *конъюнктуры*.

ВАМПИ́ЛОВ Ал-др Вал. (1937–72), рус. драматург. В пьесах «Прощание в июне» (1966), «Старший сын», «Утиная охота» (обе 1970), «Прошлым летом в Чулимске» (1972) на материале совр. быта ставил сложные нравств. проблемы: бездуховности и механистичности существования противопоставлял душевный идеализм, бескорыстную веру в добро. Театр В. отмечен соединением комич. и драматического, психол. напряжённостью действия.

ВАМПИ́Р (упырь, вурдалак), в нар. поверьях мертвец, выходящий из могилы, чтобы сосать кровь живых людей.

ВАМПИ́РЫ, семейство летучих мышей. Длина тела 6,5–9 см. 3 вида, в тропиках и субтропиках Америки. Питаются только свежей кровью млекопитающих и птиц. Местами нападают на домашний скот, могут передавать возбудителей бешенства и чумы рогатому скоту. Живут ок. 10 лет.

ВА́МПУМ (сокр. от индейск. wampumpeag — нити с нанизанными на них раковинами), средство запоминания и передачи сообщений у индейских племён Сев. Америки. Содержание сообщения выражалось цветом, кол-вом и расположением раковин.

ВАН, титул правителей гос-в и кн-в в Китае и Корее в древности и ср. века.

ВАНА́ДИЙ (Vanadium), V, хим. элемент V гр. периодич. системы, ат. н. 23, ат. м. 50,9415; металл, $t_{пл}$ 1920 °C. Используется для легирования стали и чугуна, как компонент жаропрочных, тв. и коррозионностойких сплавов, в качестве конструкц. материала для ядерных реакторов. Открыт швед. химиком Н. Сефстрёмом в 1830.

ВАН ГОГ (Van Gogh) Винсент (1853–90), голл. живописец. Предст. *постимпрессионизма*. В 1-й пол. 80-х гг. создавал произв., выдержанные в сумрачной гамме и проникнутые сочувствием к людям труда; с 1888 — трагич. образы в болезненно-напряжённой, предельно экспрессивной манере, построенной на контрастах цвета, порывистого ритма, нервного пастозного мазка («Ночное кафе», 1888; «Пейзаж в Овере после дождя», 1890). Напряжённая работа в последние годы жизни сопровождалась у В.Г. приступами душевной болезни, приведшей его в больницу для душевнобольных, а затем к самоубийству.

ВАНДА́ЛЫ, герм. племена. В 429–439 завоевали Сев. Африку. В 455 разграбили Рим, уничтожили мн. памятники антич. культуры (отсюда —

В. Ван Гог. «Хижины». 1890. Эрмитаж.

вандализм). К 534 гос-во В. завоёвано Византией.

ВАН ДЕЙК (van Dyck, van Dijck) Антонис (1599–1641), флам. живописец. Предст. *барокко*. Виртуозные по живописи парадные аристократич. и интимные портреты («Карл I на охоте», 1633), religi. и мифол. композиции.

ВАНДЕ́Я, департамент на З. Франции, центр роялистских мятежей в период Франц. рев-ции кон. 18 в. Перен.— контррев-ция вообще.

ВАНИЛИ́Н, бесцв. кристаллы со специфич. запахом; $t_{пл}$ 81–83 °C. Содержится в плодах ванили. Получают синтетически. В.— душистое в-во в пищ. и парфюмерной пром-сти. Смесь его с сах. пудрой (1:100) наз. ванильным сахаром.

ВАНИ́ЛЬ, род вечнозелёных лиан (сем. орхидные). Наземные или эпифиты (поселяющиеся на стволах и ветвях др. р-ний), лазящие при помощи возд. корней. Ок. 100 видов, в тропиках; культивируют там же неск. видов ради плодов, содержащих ванилин.

ВАНКУ́ВЕР (Vancouver) Джордж (1758–98), англ. мореплаватель, трижды обогнувший Землю. Исcл. Сев. Америку, Океанию и Австралию. На флоте с 14 лет; участник 2-го и 3-го плаваний Д. Кука (1772–79). В 1790–95 с 4 помощниками закартировал ок. 600 км юго-зап. берега Австралии и 11 т. км Тихоокеанского побережья Сев. Америки. Во время плавания В. проявлял гуманное отношение к членам экипажа и аборигенам. Умер, работая над последней книгой (классикой мореплава-

Ваниль: слева – часть стебля с соцветием, листом и воздушным корешком; справа – стебли с плодами, обвитые вокруг опоры.

ния) «Путешествия на "Дискавери" в северной части Тихого океана и вокруг Земли в 1790–95» (т. 1–6, Лондон, 1801, с атласом).

ВА́ННЫ, процедуры, при к-рых на организм воздействуют с леч., профилактич. или гигиенич. целями водой (см. *Водолечение*), воздухом (возд. ванны), солнечным светом (см. *Гелиотерапия*).

ВАНТ-ГОФФ (van't Hoff) Якоб Хендрик (1852–1911), нидерл. химик, один из основателей стереохимии, физ. химии. Сформулировал теорию пространств. расположения атомов в молекулах (1874). Открыл законы хим. кинетики и осмотич. давления в р-рах. Заложил (1886–89) основы количеств. теории разбавленных р-ров. Ноб. пр. (1901).

ВА́НТОВЫЙ МОСТ, мост с осн. несущей конструкцией в виде висячей фермы, выполненной из стальных тросов – вантов. В.м. легки, экономичны; широко применяются на автодорогах для перекрытия пролётов от 300 м и более. Напр., В.м. Хугли в Индии имеет гл. пролёт 457 м.

ВАНУА́ТУ (Республика Вануату), гос-во в Океании, в юго-зап. части Тихого ок., на о-вах Н. Гебриды (ок. 80 о-вов, крупнейшие – Эспириту-Санто, Малекула, Амбрим, Эфате). Пл. 12,2 т. км². Нас. 154 т.ч., в осн. меланезийцы. Офиц. яз.– английский и французский; б.ч. нас. говорит на языке бислама. Верующие преим. христиане. Входит в *Содружество*. Глава гос-ва – президент. Столица – Вила (на о. Эфате). Ден. единица – вату.

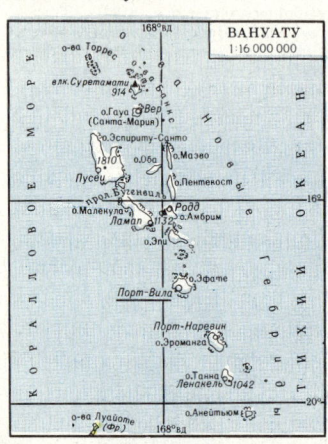

О-ва вулканич. происхождения, гористы (выс. до 1810 м); ок. 60 вулканов. Климат тропич., океанич., влажный; летом часты циклоны. Ср.-мес. темп-ры 20–27 °C; осадков в ср. 2300 мм в год. Густые влажные тропич. леса.

О-ва открыты португальцами в нач. 17 в. С 1906 кондоминиум Великобритании и Франции. С 1980 независимое гос-во.

В.– агр. страна. ВНП на д. нас. 1060 долл. в год. Осн. с.-х. культура – кокосовая пальма; выращивают кофе, какао. Развивается жив-во и пром. рыб-во. Лесоразработки. Вывоз копры и кокосового масла (ок. 40% стоимости экспорта), говядины, рыбы, какао, древесины.

ВАН ЭЙК (Van Eyck), нидерл. живописцы, основоположники нидерл. иск-ва 15 в., братья. Хуберт (ок. 1370–1426), возможно, начал «Гентский алтарь». Ян (ок. 1390–1441), иск-во к-рого, основанное на представлениях о единстве и гармонии мироздания, новаторски отразило многообразную красоту реального мира и человека. По-новому применив технику живописи маслом, убедительно передавал иллюзию наполненного светом пространства, предметного мира. Автор религ. композиций («Гентский алтарь», окончен в 1432), портретов, миниатюр.

ВАН ЯНМИ́Н (Ван Шоужэнь) (1472–1529), кит. философ-неоконфуцианец, гос. деятель. Исходил из единства знания и действия в нравств. поведении и утверждал, что познание определяется моральными нормами, врождённо присущими человеку.

А. Ван Дейк. «Семейный портрет». 1621. Эрмитаж.

Я. Ван Эйк. Портрет супругов Арнольфини. 1434. Национальная галерея. Лондон.

ВАРАНА́СИ (Бенарес), г. в Индии, на р. Ганг. Ок. 926 т.ж. Культурный ист. центр, место паломничества индуистов и буддистов. Хл.-бум., полиграф., пищ., стекольные, хим. пр-тия, маш-ние. Худ. ремёсла. Ун-т. Возник ок. 7 в. до н.э. «Золотой храм Шивы» (ок. 1750), величеств. дворцы 16–19 вв. (в т.ч. Ман Мандир, ок. 1600).

ВАРА́НЫ, семейство крупных ящериц. Дл. 0,8–3 м. 30 видов, в Вост. полушарии. Питаются ящерицами, змеями, мелкими млекопитающими и др. Крупнейшая ящерица мира – *комодский варан*. Самая крупная ящерица фауны Ср. Азии – серый В., дл. до 1,6 м; редка.

ВАРАХША́, городище 5–8 вв. в 40 км к З. от *Бухары*, пам. иск-ва *Согда*. Руины цитадели и дворца с парадными залами, украшенными монументальной живописью и резьбой по *стуку*.

ВА́РВАРСКИЕ ПРА́ВДЫ, записи *обычного права* герм. племён (вестготов, бургундов и др.), составленные в 5–9 вв. Наиб. значит. актом была Салическая правда (в нач. 6 в.), содержавшая нормы обычного права о собственности, уголов. права (напр., отход от *кровной мести* к штрафным санкциям), вопросы суда и процесса.

ВА́РВАРЫ, у древних греков и римлян назв. всех чужеземцев, говоривших на непонятных им языках и чуждых их культуре (германцев и др.). Перен.– грубые, некультурные, жестокие люди.

ВАРГА́Н, самозвучащий щипковый муз. инстр-т в виде подковы или пластинки с прикреплённым к ней металлич. язычком. При игре В. прижимают к зубам, рот служит резонатором. Под разл. назв. распространён у мн. народов.

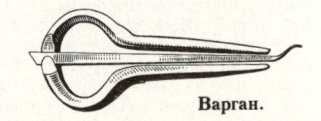

Варган.

ВА́РГАС ЛЬО́СА (Vargas Llosa) Марио (р. 1936), перуан. писатель. В психол. рассказах, повестях, ром. «Город и псы» (1963), «Зелёный дом» (1966) – обострённый социальный критицизм, худ. исследование замкнутой модели мира, основанного на жестокости и насилии. Ром. «Капитан Панталеон и рота добрых услуг» (1974), эпопея о крест. восстании в Бразилии 19 в. «Война конца света» (1981). Пьесы («Кэти и гиппопотам», 1983). През. Пен-клуба (1976–79).

ВАРДАНЯН Юр. Норайрович (р. 1956), арм. спортсмен (тяжёлая атлетика). Чемпион СССР (1977, 1979–82), Европы (1977–78, 1980–1981), мира (1977–81, 1985), Олимп. игр (1980) в разных весовых категориях.

ВАРДЗИА, пещерный монастырь (1156–1205), в ущелье р. Кура, в 70 км к Ю. от г. Боржоми, в Грузии. Неск. сотен высеченных в скале помещений, соединённых ходами. В гл. церкви – росписи с портретами Георгия III и царицы Тамары.

Вардзиа. Пещерный монастырь.

ВАРЕ́З (Varèse) Эдгар (1883–1965), амер. композитор, дирижёр. По происхождению француз. Один из первых представителей муз. *авангардизма*: экспериментировал в сфере *конкретной музыки* и *электронной музыки*. Пьесы: «Интегралы» (1923), «Ионизация» (1931), «Пустыня» (1954).

ВАРИА́ЦИИ (франц. variation, от лат. variatio – изменение), в музыке форма, состоящая из темы и неск. её повторений с изменениями в фактуре, *гармонии*.

ВАРИА́ЦИЯ, в балете небольшой, но технически сложный сольный классич. танец, обычно часть *па-де-де*, *па-де-труа* и др.

ВАРЛА́МОВ Ал-др Ег. (1801–48), композитор, певец; ок. 200 романсов и песен, осн. на интонациях рус. гор. и крест. фольклора («Вдоль по улице метелица метёт», «Красный сарафан», «На заре ты её не буди»).

ВАРЛА́МОВ Конст. Ал-др. (1848–1915), актёр. С 1875 в Александринском т-ре в С.-Петербурге. Сын А.Е. Варламова. Популярный комик-буфф («дядя Костя»), любимый зрителями за непосредственность и обаят. простодушие. В. был наделён и самобытным драм. дарованием: Варравин («Дело», 1882) и Муромский («Свадьба Кречинского», 1893; обе – А.В. Сухово-Кобылина), Юсов («Доходное место» А.Н. Островского, 1913), Сганарель («Дон Жуан» Мольера, 1910).

ВА́РНА, г. в Болгарии, 321 т.ж. Порт на Чёрном м.; междунар. аэропорт. Судостроение, текст., пищевкус. пром-сть. Археол. музей, Худ. галерея. Муз. и драм. т-ры. В.– центр примор. курортного р-на (Дружба, Золотые Пески, Албена и др.). Изв. с 6 в. до н.э. как греч. колония Одессос. Остатки антич. и ранневизант. города.

ВА́РНЫ (санскр., букв.– качество, цвет), 4 осн. сословия (касты) в Др. Индии: *брахманы*, *кшатрии*, *вайшии*, *шудры*.

ВАРРА́НТ (англ. warrant –основание, правомочие), в гражд. и торг. праве складское свидетельство, удостоверяющее принятие товара на хранение и право собственности на него. Вид *ценной бумаги*.

ВАРФОЛОМЕ́ЕВСКАЯ НОЧЬ, массовая резня гугенотов католиками в ночь на 24.8.1572 (день Св. Варфоломея) в Париже, организованная Екатериной Медичи и Гизами (в Париже погибло по меньшей мере 3 т.ч.).

ВАРША́ВА, столица (с 1918) Польши, 1,65 млн. ж. Порт на р. Висла; междунар. аэропорт. Маш-ние (автостроение, авт.-техн. и др.), металлообработка и металлургия, хим., парфюмерная, полиграф., лёгкая пром-сть (1818). Нац. музей (в музеях К. Дуниковского, археол. музей. «Т-р Вельки», «Т-р Польски», «Т-р народовы» и др. Междунар. муз. фестиваль «Варшавская осень» (с 1956). Первые поселения на терр. совр. В. относятся к 10 в. В нач. 15–16 вв. столица Мазовецкого кн-ва, в 16 – нач. 19 вв.– всей Польши, 1807–13 – Варшавского кн-ва, с 1815 – Кор-ва Польского (в составе Рос. империи). После сильных разрушений во время 2-й мир. войны восстановлены: Старый город, королев. замок 16–17 вв., мн. костёлы, дворцы и парки; анс. Маршалковская ул. (1960-е гг.). Ист. центр В. включён в список *Всемирного наследия*.

ВАРЬЕТЕ́ (франц. variété, от лат. varietas – разнообразие, смесь), в программу представлений к-рого входят развлекат. номера театр., муз. и цирковых жанров – одноактные комич. пьески, пародийные сценки, выступления певцов, чтецов, танцоров, фокусников и др. Пост. эффектные, пышно оформленные. В т-рах В. возник и утвердился жанр ревю (обозрения). Как зрелищные предприятия особого типа, В. получили распространение в крупнейших зап.-европ. городах в кон. 19 в. Название произошло от т-ра «В.», осн. в Париже в 1720. Среди наиб. известных совр. В.– «Мулен-Руж», «Фоли-Бержер» (Париж).

«ВАРЯ́Г», рос. крейсер (в строю с 1901). В нач. рус.-япон. войны 27.1(9.2).1904 ж. В. вместе с канонерской лодкой «Кореец» героически сражался у порта Чемульпо (Корея) с япон. эскадрой. Ввиду угрозы захвата противником был затоплен экипажем, а «Кореец» взорван.

ВАРЯ́ГИ (от др.-сканд. væringjar), в др.-рус. источниках (до нач. 13 в.) собират. обозначение скандинавов, воинств. мореплавателей и купцов. Торговали по пути из «варяг в греки», Волге и со странами Сев. и Юж. Европы, Бл. Востока, Передней Азии. Оседая на Руси, вливались в др.-рус. дружины.

ВАСИЛЁВ Вл. Юдич (р. 1931), артист балета, балетмейстер. В 1949–70 артист Большого т-ра. С 60-х гг. работает совм. с Н.Д. Касаткиной как балетмейстер. С 1977 рук. хореографич. ансамбля Моск. классич. балет (с 1986 Моск. гос. т-р балета СССР, с 1992 Гос. т-р классич. балета под рук. Н. Касаткиной и В. Василёва). Пост.: «Сотворение мира» А.П. Петрова (1971), «Повесть о Ромео и Джульетте» С.С. Прокофьева (1980), «Лебединое озеро» П.И. Чайковского (1988), «Поцелуй феи» И.Ф. Стравинского (1989) и др. Спектакли основаны на классич. танце и совр. пластике.

ВАСИЛЕ́ВСКИЙ Ал-др Мих. (1895–1977), Маршал Сов. Союза (1943). В Вел. Отеч. войну на командных должностях: с июня 1942 нач. Генштаба, с октября одноврем. зам. наркома обороны СССР, в 1942–44 координировал действия ряда фронтов в Сталинградской и Курской битвах и др. С февр. 1945 команд. 3-м Белорус. фр. с июля 1945 главнокоманд. сов. войсками на Д. Востоке. С 1946 нач. Генштаба, с 1949 мин. Вооруж. Сил (воен. мин). В 1953–57 1-й зам. и зам. мин. обороны СССР. Восп.: «Дело всей жизни» (1975).

ВАСИЛЁК, род трав (сем. сложноцветные). Св. 550 видов, в Евразии, Африке, Америке. В. синий – лекарств. (противолихорадочное, мочегонное средство), медоносное р-ние, сорняк. Нек-рые виды декоративны.

ВАСИ́ЛИЙ I (1371–1425), вел. князь московский с 1389. Сын Дм. Донского. В 1392 получил в Золотой Орде ярлык на Ниж. Новгород, Муром, Городец, Тарусу и Мещёру. В 1395 защищал юж. границу кн-ва от вторжения войск Тимура. В 1397–98 владел Двинской землёй. Воевал с Вел. кн-вом Литовским.

ВАСИ́ЛИЙ II ТЁМНЫЙ (1415–62), вел. князь московский с 1425. Сын Василия I. Одержал победу над родственниками, претендовавшими на моск. стол, в междоусобной войне 1425–53. В 1446 захвачен и ослеплён кн. Дм. Шемякой (отсюда прозв. Тёмный). Присоединил к Москве Нижегородское кн-во и часть ярославских земель. Стремился к утверждению на Руси автокефальной церкви.

ВАСИ́ЛИЙ III (1479–1533), вел. князь московский с 1505. Сын Ивана III. Завершил объединение Руси вокруг Москвы присоединением Пскова (1510), Смоленска (1514), Рязани (1521).

ВАСИ́ЛИЙ IV Шуйский (1552–1612), рус. царь в 1606–10. Сын кн. И.А. Шуйского. Возглавил тайную оппозицию Борису Годунову, поддержал Лжедмитрия I, затем вступил в заговор против него. Став царём, подавил восст. И.И. Болотникова. Борясь с польск. интервентами и Лжедмитрием II, заключил союз со Швецией. Низложен москвичами, умер в польск. плену.

ВАСИ́ЛИЙ ВЕЛИ́КИЙ (Василий Кесарийский) (ок. 330–379), церк. деятель, теолог, философ-платоник, предст. *патристики*. Епископ г. Кесария (М. Азия). В «Шестодневе», популярном в ср. века, изложил принципы христ. космологии.

ВАСИ́ЛИЯ БЛАЖЕ́ННОГО ХРАМ (Покровский собор что на Рву) в Москве, на Красной пл., памятник рус. зодчества. Построен в 1555–60 зодчими Бармой и Постником (по нек-рым предположениям, одно и то же лицо) в ознаменование покорения Казанского ханства. Сооружение из 8 столпообразных храмов, группирующихся вокруг центра 9-го (шатрового) столпа, объединённых общим основанием и внутр. переходами, отличается живописностью и разнообразием архит. форм, богатством и красочностью декор. элементов, придающих ему сказочную нарядность. Илл. см. на стр. 114.

ВАСИ́ЛЬЕВ Анат. Ал-др. (р. 1942), режиссёр, педагог. В 1977–80 в Моск. драм. т-ре имени К.С. Станиславско-

Варшава. Ансамбль Маршалковской улицы. 1960-е гг.

«Варяг».

114 ВАСИ

Василия Блаженного храм.

го, в 1986 организовал Моск. т-р «Школа драм. иск-ва». Утверждает идею «непроизводств.» т-ра, ориентированного на длит. лаб. работу над пьесой, используют приёмы мн. театральных школ 20 в. Пост.: «Первый вариант "Вассы Железновой"» М. Горького (1978), «Взрослая дочь молодого человека» (1979) и «Серсо» (1985, малая сцена Моск. т-ра на Таганке) В.И. Славкина, «Маскарад» М.Ю. Лермонтова (1992, «Комеди Франсез», Париж) и др.

ВАСИ́ЛЬЕВ Бор. Львович (р. 1924), рус. писатель. В пов. «А зори здесь тихие...» (1969), «В списках не значился» (1974) – трагизм и героика Вел. Отеч. войны. В пов. «Не стреляйте в белых лебедей» (1973), «Завтра была война» (1984) – социально-нравств. проблематика. Драм. судьбы жертв сталинских репрессий в ром. «Вам привет от бабы Леры...» (1988), пов. «Капля за каплей» (1991) и др. В кн. «Были и небыли» (кн. 1-2, 1977–80).

ВАСИ́ЛЬЕВ Вл. Викт. (р. 1940), артист балета, балетмейстер. В 1958–88 в Большом т-ре; с 1995 худ. рук.-дир. Для иск-ва В. характерны высш. до-

В.В. Васильев в партии Спартака.

стижения в муж. танце: мощь и красота взлётов и вращений, чистота линий, пластич. совершенство. Партии: Базиль («Дон Кихот» Л. Минкуса, 1961), Петрушка («Петрушка» И.Ф. Стравинского, 1964), Щелкунчик-Принц («Щелкунчик» П.И. Чайковского, 1966) и др. Первый исполнитель партии Спартака («Спартак» А.И. Хачатуряна, 1968) и др. Постоянный партнёр Е.С. Максимовой (жена В.). С 80-х гг. выступает за рубежом в спектаклях балетм. М. Бежара, Р. Пети, Л. Мясина. Пост. балеты: «Макбет» К.В. Молчанова (1980), «Золушка» С.С. Прокофьева (1991) и др.

ВАСИ́ЛЬЕВ Фёд. Ал-др. (1850–1873), рос. живописец. Эмоционально-лирич., обобщённые образы природы, выдержанные в единой тональной цветовой гамме («Оттепель», 1871).

ВАСИ́ЛЬЕВА Вера Куз. (р. 1925), актриса. С 1948 в Моск. т-ре сатиры. Исполнению В. свойственны мягкое обаяние и лиризм: Ольга Степанова («Свадьба с приданым» Н.М. Дьяконова, 1950), графиня Альмавива («Безумный день, или Женитьба Фигаро» П.О. Бомарше, 1969), Домна Пантелеевна («Воительница» по Н.С. Лескову, 1988) и др. С 80-х гг. выступает также как гастролирующая актриса в т-рах разных городов России (Раневская – «Вишнёвый сад» А.П. Чехова, Тверской драм. т-р). Снималась в ф. «Сказание о земле Сибирской» (1948) и др.

ВАСИ́ЛЬЕВА Ек. Сер. (р. 1945), актриса. С 1974 во МХАТе (с 1989– МХАТ имени А.П. Чехова). Для В. характерны сочетание в игре комич. и драм. начал, склонность к острой, на грани гротеска, интерпретации образов: Прокурор («Вагончик» Н.А. Павловой), Маргарита Хевистани («Обвал» по М. Джавахишвили) – обе 1982; Ирина («Тамада» А.М. Галина, 1986); Кинозвезда и Маркиза («Игры женщин» К. Зануссо и Э. Жебровского, 1991) и др. Снималась в ф.: «Не болит голова у дятла» (1975), «Двадцать дней без войны» (1977) и др.

ВАСИ́ЛЬЕВА (Ицыкович) Тат. Григ. (р. 1947), актриса. В 1969–83 в Моск. т-ре сатиры, в 1983–92 в Моск. т-ре имени Вл. Маяковского. В. близок жанр трагикомедии, которой присущи склонность к эксцентрике и гротеску, драм. экспрессия, жёсткость, а иногда и резкость сценич. рисунка: Марья Антоновна («Ревизор» Н.В. Гоголя, 1972), Софья («Горе от ума» А.С. Грибоедова, 1976), Люська («Бег» М.А. Булгакова, 1977), Раневская («Вишнёвый сад» А.П. Чехова, 1990), Дорис («Там же, тогда же» Б. Слэйда, 1991), обе – «Театр Антона Чехова» и др. Снимается в кино («Увидеть Париж и умереть», 1993, и др.).

ВАСИ́ЛЬЕВЫ (однофамильцы, псевд. бр. Васильевы), рос. кинорежиссёры: Георг. Ник. (1899–1946), Сер. Дм. (1900–59). Ф.: «Чапаев» (1934; получил всенар. признание, в нём В. обогатили иск-во кинорежиссуры новаторскими достижениями в работе с актёрами, в композиции, построении мизансцен, в монтаже, звуковом решении), «Оборона Царицына» (1942) и др.

ВАСИ́ЛЬЕВЫ, семья актёров. Сер. Вас. (1827–62), с 1844 в Малом т-ре. Игре свойственны естественность и простота, бытовая достоверность, иск-во проникнуто сочувствием к

Ф.А. Васильев. «Мокрый луг». 1872. Третьяковская галерея.

«маленькому человеку». Первый исполнитель роли Тихона («Гроза» А.Н. Островского, 1859); среди др. ролей – Хлестаков («Ревизор» Н.В. Гоголя, 1858). В т-ре выступали также его жена и дочери. Его брат Пав. Вас. (1832–79), с 1860 в Александринском т-ре. Актёр трагедийного темперамента, игру отличали непосредственность и страстность при стремлении к жизненной правдивости образов: Любим Торцов («Бедность не порок», 1857) и Краснов («Грех да беда на кого не живёт», 1863; обе – А.Н. Островского) и др.

ВА́СКО ДА ГА́МА, см. *Гама*.

ВАСКУЛИ́Т (от лат. vasculum – небольшой сосуд) (ангиит), воспаление стенок небольших кровеносных сосудов (артерий, капилляров, вен) разл. этиологии (при ревматизме, сепсисе, сыпном тифе и др.).

ВАСНЕЦО́В Викт. Мих. (1848–1926), живописец; передвижник. Жанровые картины («С квартиры на квартиру», 1876), лирич. и монументально-эпич. полотна на темы рус. истории, былин и сказок («Алёнушка», 1881; «После побоища», 1880). Выступал как театральный художник («Снегурочка» А.Н. Островского, 1882, 1886) и монументалист (росписи Владимирского собора в Киеве, 1885–96).

ВАССАЛИТЕ́Т (от ср.-век. лат. vas-sallus – вассал, vassus – слуга), система отношений личной зависимости одних феодалов – вассалов от других – сеньоров. Вассал получал от сеньора феод (наследств. зем. владе-

В.М. Васнецов. «Богатыри». 1881–98. Третьяковская галерея.

ние) и был обязан нести за это определ. повинности (прежде всего воен. службу).

ВА́ССЕРМАН (Wassermann) Якоб (1873–1934), нем. писатель. В реалистич. романах на совр. и ист. сюжеты – проблемы обществ. зла и поиск этич. идеала, в т.ч. в русле богоискательства («Цирндорфские евреи», 1897; «История юной Ренаты Фукс», 1900; «Каспар Гаузер», 1908; «Человечек с гусями», 1915). Герои трилогии о совр. нем. молодёжи (1928–34, в т.ч. ром. «Дело Маурициуса», 1928) – одинокие искатели правды во враждебном им мире.

ВАТЕРЛО́О, насел. пункт в Бельгии, южнее Брюсселя. Во время *«Ста дней»* около В. 18.6.1815 англо-голл. войска под команд. фельдм. А. Веллингтона и прус. войска под команд. ген.-фельдм. Г.Л. Блюхера разгромили франц. армию Наполеона I. Сражение при В. привело к окончат. поражению Наполеона I.

ВАТЕРПА́С (голл. waterpas), простейший прибор для проверки горизонтальности и измерения небольших углов наклона. При более точных работах применяется В. с уровнем.

ВАТИКА́Н, государство-город в пределах столицы Италии – Рима, на холме Монте-Ватикано. Площадь 0,44 км^2. Образовано в 1929. Постоянное нас. ок. 1 т.ч. (ватиканское подданство имеют ок. 700 чел.). Офиц. яз.– латинский и итальянский. Ден. единица – ватиканская лира. Назв. В. по одноим. дворцу-резиденции папы римского, правившего до 1870 Папской обл.

В.— междунар. центр католицизма; резиденция главы католич. церкви — папы римского. Иностр. туризм; выпуск и продажа марок и монет, сувениров. В В. сосредоточены ценнейшие сокровища культуры и иск-ва. Собор св. Петра (15–18 вв.), барочная пл. Св. Петра (17 в.); дворцовый комплекс: Скала Реджа (17 в.), Зала Реджа (16 в.); капеллы: Паолина (16 в.), Сикстинская (15 в.; фрески Микеланджело), Николая V (15 в.); апартаменты Борджа со Станцами Рафаэля; дворы: Сан-Дамазо с Лоджиями Рафаэля; сады с Казино Пия IV (16 в.). Во дворцах В.— богатейшая б-ка, музеи антич. скульптуры, Грегорианские егип. и этрусский музеи и др. В. включён в список *Всемирного наследия*.

ВАТТМЕ́ТР, прибор для измерения активной электрич. мощности в ваттах (Вт). Имеет 2 электрич. цепи: тока (включается в цепь нагрузки последовательно) и напряжения (включается параллельно с нагрузкой).

ВАТТО́ (Watteau) Антуан (1684–1721), франц. живописец и рисовальщик. В бытовых и театральных сценах, т.н. галантных празднествах, отмеченных изысканной нежностью красочных нюансов, трепетностью рисунка, воссоздал мир тончайших душевных переживаний («Жиль», «Праздник любви»).

А. Ватто. «Капризница». Эрмитаж.

ВАТУ́ТИН Ник. Фёд. (1901–44), ген. армии (1943), в Вел. Отеч. войну на командных должностях; в мае — июле 1942 зам. нач. Генштаба, затем команд. войсками Воронежского, Юго-Зап. и 1-го Укр. фронтов. Умер от ран.

ВА́УЧЕР (англ. voucher), документ, удостоверяющий оплату товаров и услуг (напр., оплаченный счёт-фактура, погашенный счёт), выдачу кредита, получение денег (расписка) и т.п. См. также *Приватизационный чек*.

ВАХТА́НГОВ Евг. Багратионович (1883–1922), режиссёр, актёр, педагог. Основатель (1913) и руководитель Студенческой драм. студии (с 1921 3-я Студия МХТ, с 1926 Т-р им. Вахтангова). В актёрской и режиссёрской деятельности исходил из творчески воспринятых положений системы К.С. Станиславского. Провозгласил программу «фантастич. реализма», создающего особую театральную реальность, стремился раскрыть внутр. смысл драм. произв.

средствами гротеска: «Чудо Святого Антония» М. Метерлинка (1916; 2-я ред.— 1921), «Эрик XIV» А. Стриндберга (1921) и др. Экспрессионистич. пост. мистич. пьесы С. Ан-ского (С.А. Рапопорта) «Гадибук» (Студия «Габима», Москва) и праздничная «Принцесса Турандот» К. Гоцци (3-я Студия МХТ) — обе 1922.

ВА́ХТЕРОВ Вас. Порфирьевич (1853–1924), педагог, теоретик нач. обучения. Автор «Русского букваря» (с 1898 св. 100 изд.); учебников и методич. руководств, построенных по звуковому аналитико-синтетич. методу обучения грамоте.

ВА́ЦЕТИС (Vācietis) Иоаким Иоакимович (1873–1938), командарм 2-го ранга (1935). В 1-ю мир. войну ком. 5-го Латыш. Земгальского полка. В 1918 нач. Латыш. стрелк. дивизии, руководил подавлением вооружённого выступления левых эсеров; в июле — сент. команд. Вост. фр.; главком Вооруж. Силами Республики (1918–19). Тр. по стратегии и воен. истории. Репрессирован, расстрелян.

ВА́ЦИЕТИС (Vācietis) Оярс (1933–1983), латыш. поэт. В сб. стихов «В огне», 1958; «Дыхание», 1966; «Гамма», 1976; «Антрацит», 1978; «Правописание молнии», 1980) — широта и свежесть поэтич. картины мира, этич. пафос.

ВА́ЦЛАВ (Václav) Святой (ок. 907–935 или 936), чеш. князь с 924, из рода Пржемысловичей. Способствовал распространению христ-ва (по католич. обряду). Убит заговорщиками. Христ. патрон Чехии.

ВАЧНА́ДЗЕ Нато (Нат. Георг.) (1904–53), груз. киноактриса. Создала женственные, лирич. образы в немых ф.: «Дело Тариэла Мклавадзе» и «Три жизни» (оба 1925), «Овод» (1928), «Живой труп» (1929). Снималась в ф.: «Арсен», «Золотистая долина» (оба 1937) и др.

ВА́ШИНГТОН (Washington) Джордж (1732–99), 1-й президент США. Главнокоманд. армией колонистов в Войне за независимость в Сев. Америке 1775–83; после окончания войны сложил с себя эти полномочия. Пред. Конвента (1787) по выработке Конституции США. В 1788 избран през. (единств. през. США, получивший голоса всех выборщиков), переизбран на 2-й срок в 1792. В 1796 отказался баллотироваться на президентский пост в 3-й раз. Во внеш. политике выступал за сохране-

Дж. Вашингтон. Портрет работы Г. Стюарта. 1795. Национальная галерея искусства. Вашингтон.

Вашингтон. Капитолий. 1793–1865.

ние США нейтралитета в отношениях с европ. державами.

ВА́ШИНГТОН, столица (с 1800) США, на Атлантич. побережье, в ниж. течении р. Потомак, при впадении в неё р. Анакостия. Административно выделен в федер. окр. Колумбия. 606,9 т.ж. (с пригородами 3,4 млн. ж.). Кр. трансп. узел; порт; междунар. аэропорт. Метрополитен. В В. находятся резиденция през. США (Белый дом), Конгресс (Капитолий), Верх. суд, гос. департамент, воен. мин-ва (Пентагон в пригороде Арлингтон) и др. гос. учреждения. Осн. часть нас. занята на гос. службе, в сфере услуг, торговле и финансах. Кр. центр полиграф. и пищ. пром-сти. Маш-ние, ракетно-космич., воен. пром-сть. Нац. АН. Ботан. сад. Смитсоновский ин-т. Ун-ты (в т.ч. Говарда и Вашингтона). Б-ка Конгресса. Нац. архив гос. типографии. Нац. галерея иск-ва; Нац. музей воздухоплавания и космонавтики; Нац. культурный центр имени Дж. Кеннеди. Арлингтонское нац. кладбище. Осн. в 1791. Назван по имени 1-го през. США Дж. Вашингтона.

ВВЕДЕ́НИЕ ВО ХРАМ БОГОРО́ДИЦЫ, один из *двунадесятых праздников* в православии. Установлен в честь введения 3-летней Марии (будущей матери Иисуса Христа) в Иерусалимский храм. Отмечается 21 нояб. (4 дек.).

ВВЕДЕ́НСКИЙ Борис Алексеевич (1893–1969), рос. радиофизик, автор основополагающих работ по теории распространения радиоволн УКВ-диапазона и УКВ-техники. Гл. ред. БСЭ (1951–69) и др. энциклопедич. изданий.

ВВЕДЕ́НСКИЙ Ник. Евг. (1852–1922), рос. физиолог, основатель науч. школы. Иссл. закономерности реагирования тканей на разл. раздражители, развил представление о единстве природы возбуждения и торможения.

ВВП, см. *Валовой внутренний продукт*.

ВЕ́БЕР (Weber) Карл Мария фон (1786–1826), нем. композитор, дирижёр, пианист, муз. критик. Один из основоположников нем. муз. *романтизма*: оп. «Вольный стрелок» (1821), «Эврианта» (1823), «Оберон» (1826; даны даты пост.). В фп. музыке — блестящий конц. стиль («Приглашение к танцу» для фп., 1819; «Концертштюк» для фп. с орк., 1821).

ВЕ́БЕР Макс (1864–1920), нем. социолог, историк, экономист и юрист. В основе методологии В., опирающейся на неокантианскую гносеологию, разграничение опытного знания и ценностей; концепция «понимания», в к-рой социальное действие объясняется через истолкование индивид. мотивов; теория идеальных типов — мысленных конструкций ист. процесса. В происхождении зап.-европ. капитализма отводил решающую роль протестантизму. Осн. соч.: «Протестантская этика и дух капитализма» (1904–05), «Хозяйство и общество».

К.М. фон Вебер. Портрет работы Ф. Шимона. 1825.

ВЕ́БЕРН (Webern) Антон фон (1883–1945), австр. композитор, дирижёр. Представитель *новой венской школы*. В муз. соч. развивал серийную технику, в т.ч. *додекафонию*. Предельный лаконизм выразит. средств, возвышенность, ирреальность муз. образов. Камерно-инстр., вок. произведения.

«ВЕ́ГА» (сокр. от назв. проекта «Венера — комета Галлея»), отеч. межпланетные автомат. станции («В.-1» и «В.-2»), использовавшиеся в 1984–1986 для исследований планеты Венера и кометы Галлея. Науч. аппаратура станций разработана с участием учёных и специалистов мн. стран.

ВЕ́ГА КА́РПЬО (Vega Carpio) (Лопе де Вега) Лопе Феликс де (1562–1635), исп. драматург. Крупнейший представитель «золотого века» исп. лит-ры; автор св. 2000 пьес (известны 500), романов, стихов, отразивших идеи ренессансного гуманизма. Нар.-героич. драмы «Саламейский алькальд» (написана до 1610), «Фуэнте Овехуна» (1619), социальная драма «Звезда Севильи» (1623), любовные комедии интриги

Л.Ф. де Вега Карпьо. Портрет работы Ф. Пачеко.

«Учитель танцев» (1593), «Собака на сене» (1618); религ. пьесы. В основе драмы «Великий герцог Московский» (1617) – история Лжедмитрия I. Ром. «Доротея» (1632).

ВЕГЕТАРИА́НСТВО (от ср.-век. лат. vegetabilis – растительный), система питания исключительно растит. либо молочно-растит. пищей. В медицине вегетарианский режим может применяться временно с леч. или профилактич. целью.

ВЕГЕТАТИ́ВНОЕ РАЗМНОЖЕ́НИЕ, см. в ст. *Размножение*.

ВЕГЕТА́ЦИЯ (от лат. vegetatio – возбуждение, оживление), произрастание, активная (в отличие от состояния покоя) жизнедеятельность растит. организмов. В., или вегетативный период, в с.-х. практике – время от начала роста до уборки урожая.

ВЕДА́НТА (санскр., букв.– конец вед), наиб. распространённое инд. религ.-филос. течение, одна из 6 ортодоксальных (признающих авторитет *вед*) филос. систем. Соч. «Веданта-сутра» (или «Брахма-сутра») приписывается мудрецу Бадараяне (4–3 вв. до н.э.). Целью бытия В. считает освобождение, достижение изначального тождества *атмана* и *брахмана*. Позднейшие варианты В.– *адвайта-веданта* Шанкары, учение Рамануджи. Представители В. в новое время – Рамакришна, Вивекананда, Радхакришнан и др.

ВЕДЕ́НИН Вяч. Петр. (р. 1947), рос. спортсмен. Чемпион СССР (многократно в 1966–73), мира (1970), Олимп. игр (1972) в разл. видах лыжных гонок.

ВЕДЕ́РНИКОВ Ал-др Фил. (р. 1927), певец (бас). С 1958 в Большом т-ре. Лучшие партии – в рус. классич. операх: Сусанин («Иван Сусанин» М.И. Глинки), Мельник («Русалка» А.С. Даргомыжского), Варлаам и Борис Годунов («Борис Годунов» М.П. Мусоргского), Кончак («Князь Игорь» А.П. Бородина).

ВЕ́ДЖВУД Дж., см. Уэджвуд Дж.

ВЕДИ́ЧЕСКАЯ РЕЛИ́ГИЯ (ведийская религия), религия в Индии, ранняя стадия формирования *индуизма*. Носителями В.р. были индоарийские племена. Известна гл. обр. по ведам. Основа культа – жертвоприношения, сопровождаемые сложным ритуалом, выполняемым брахманами. Наиб. почитаемыми богами ведического пантеона были Варуна, Индра, Агни и Сома. Из В.р. развился *брахманизм*.

ВЕ́ДЫ (санскр. веда, букв.– знание), памятники др.-инд. лит-ры (кон. 2-го – нач. 1-го тыс. до н.э.) на др.-инд. (ведийском) языке. В., или ведич. лит-ру, составляют сб-ки гимнов и жертвенных формул (*Ригведа*, Самаведа, Яджурведа, Атхарваведа), религ. трактаты (*брахманы* и *упанишады*). Важный источник по истории Индии.

ВЕ́ЖИНОВ Павел (наст. имя и фам. Никола Гугов) (1914–83), болг. писатель. Антифаш. повести и рассказы (сб. «Вторая рота», 1949). В произв. о современности (пов. «Запах миндаля», 1966, «Барьер», 1977, «Измерения», 1979; ром. «Ночью на белых конях», 1975, «Весы», 1982) – нравств.-филос. проблематика, обострённый интерес к глубинам человеческой психики.

ВЕЗА́ЛИЙ (Vesalius) Андреас (1514–64), естествоиспытатель эпохи Возрождения, врач, основоположник анатомии. Род. в Брюсселе, изучал медицину в Париже (Сорбонна), с 1539 проф. Падуанского ун-та (Сев. Италия). В гл. тр. «О строении человеческого тела» (кн. 1–7, 1543) на основе изучения организма человека путём вскрытий дал науч. описание строения всех органов и систем, указал на мн. ошибки своих предшественников, в т.ч. Галена. Преследовался церковью, был приговорён к паломничеству в Палестину. На обратном пути попал в кораблекрушение, был выброшен на о. Занте, где и умер.

ВЕЗДЕХО́Д, автомобиль высокой проходимости для движения по бездорожью, заболоченной местности, снежной целине и т.п. на гусеничном или спец. колёсном ходу (пневмокатки, арочные шины и пр.) с дополнит. механизмами, увеличивающими тяговое усилие.

ВЕЗИ́Р (визирь) (араб.), высш. сановник и руководитель ведомства во мн. гос-вах Бл. и Ср. Востока, гл. обр. в ср. века и новое время.

ВЕЗУ́ВИЙ, действующий вулкан в Европе, на Ю. Италии, близ Неаполя. Выс. 1277 м. Извержение в 79 разрушило г. Геркуланум, г. Помпеи был целиком засыпан вулканич. пеплом, образовавшим над зданиями покров толщ. ок. 8 м. Последнее извержение в 1957–59. До выс. 800 м – сады, виноградники, сосновые рощи. Вулканологич. обсерватория (с 1842). Туризм.

ВЕ́ЙГЕЛЬ (Weigel) Елена (1900–1971), нем. актриса. Совм. с мужем Б. Брехтом организовала в 1949 т-р «Берлинер ансамбль», где в том же году исполнила свою лучшую роль – Мамаши Кураж в пьесе Брехта «Мамаша Кураж и её дети». Игру В. отличали сценич. темперамент, глубокое раскрытие социальной и нравств. сущности образа. В творч. практике стремилась претворить принципы театральной эстетики Брехта.

ВЕЙЛЬ (Вайль) (Weill) Курт (1900–50), нем. композитор. Сотрудничал с Б. Брехтом. «Трёхгрошовая опера» (1928), «Возвышение и падение города Махагони» (1930) – злободневные сатирич. пьесы с музыкой, в к-рых используются гор. фольклор, джаз. С 1935 в США, где писал мюзиклы и др. соч. для *бродвейских театров*.

ВЕЙМА́РСКАЯ РЕСПУ́БЛИКА, герм. гос-во в 1919–33, к-рое в соответствии с конституцией Германии, принятой 31 июля 1919 в Веймаре Нац. собранием (избрано в янв. 1919), было конституировано в федеративной респ.: глава гос-ва – выборный президент, рейхстаг, избиравшийся всеобщим голосованием, обладал более широкими полномочиями, чем в кайзеровской Германии, президент назначал рейхсканцлера (глава пр-ва). В 1919–33 21 раз сменился кабинет министров, 8 раз переизбирался рейхстаг (в т.ч. 4 раза в 1930–33).

В условиях обострения лев. и прав. полит. радикализма, а также роста сепаратизма и ослабления централизма (Бавария и др.) в В.р. в 1919–23 развивалась галопирующая инфляция, возник острый экон. кризис. Несмотря на относит. стабилизацию экономики в 1924–28 с помощью иностр. займов и кредитов (в 1926 Германия вступила в Лигу Наций), в стране нарастал гос. кризис, к-рый усугубился на фоне мирового экон. кризиса 1929–33: с 1929 хоз. жизнь в В.р. была парализована, число безработных составило св. 6 млн.ч. На выборах в рейхстаг в июле 1932 Национал-социалистическая партия получила 230 депутатских мест из 601 (на выборах в нояб. 1932 – 196 из 584). 30 янв. 1933 рейхсканцлером стал глава этой партии А. Гитлер, что знаменовало собой конец В.р.

ВЕ́ЙНГАРТНЕР (Weingartner) Феликс фон (1863–1942), австро-нем. дирижёр. Работал во мн. городах Европы, в 1908–11 директор Венской придворной оперы. Стилистически чуткое воспроизведение авторского текста отличает его интерпретации произв. Л. Бетховена, Г. Берлиоза, Р. Вагнера, П.И. Чайковского, А.П. Бородина.

ВЕ́ЙСМАН (Weismann) Август (1854–1914), нем. зоолог и эволюционист. Создал (1883–85) концепцию о наследственности (т.н. учение о зародышевой плазме), в к-рой наряду с ошибочными положениями предвосхитил нек-рые представления совр. генетики. На основе этой концепции пытался дополнить теорию Дарвина о *естественном отборе* эволюц. построениями, получившими назв. неодарвинизм.

ВЕ́КСЕЛЬ (нем. Wechsel, букв.– обмен), *ценная бумага*, удостоверяющая ничем не обусловленное, выраженное в письменной, строго установленной законом форме обязательство векселедателя (простой В.) либо иного указанного в В. плательщика (переводный В.-тратта) выплатить по наступлении предусмотренного В. срока определ. сумму конкретному лицу – владельцу В. (векселедержателю) или его приказу (т.е. другому, указанному им лицу).

ВЕ́КТОР (от лат. vector, букв.– несущий), отрезок прямой определ. длины и направления. С помощью В.

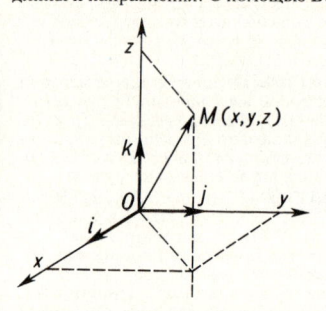

Вектор. Проекции x, y, z вектора $\vec{OM}$ на оси i, j, k.

изображают т.н. векторные величины: силу, скорость, ускорение. Обычно В. обозначается буквой жирного шрифта ***a*** или $\vec{OM}$ (первая буква – начало отрезка, вторая – конец). В. $\vec{OM}$ однозначно определяется величинами x, y и z его проекций (компонентами В.) на координатные оси. В. можно складывать и умножать на (действительные) числа, перемножать между собой. Перемножаться В.

Д. Веласкес. «Завтрак». Ок. 1617–18. Эрмитаж.

Великая китайская стена. Один из участков.

могут разл. способами. Если значение нек-рой функции суть В., то говорят о векторной функции (В.-функции). Векторная функция, определённая в нек-рой области, наз. векторным полем. Так, напр., В. скоростей частиц жидкости в каждый момент времени образуют поле скоростей.

ВЕЛА́СКЕС (Родригес де Сильва Веласкес) (Rodríguez de Silva Velásquez) Диего (1599–1660), исп. живописец. Картины на религ., мифол. («Вакх», ок. 1630), ист. («Сдача Бреды», 1634–35) сюжеты, сцены из нар. жизни («Завтрак», ок. 1617–18), острохарактерные портреты («Иннокентий X», 1650; групповой портрет «Менины», 1656), правдивые и поэтич. сцены труда («Пряхи», 1657). Живописи В. отличается смелостью реалистич. наблюдений, умением проникнуть в характер изображаемого персонажа, обострённым чувством гармонии, тонкостью и насыщенностью колорита.

ВЕЛД (от голл. veld – поле), засушливые плато в Юж. Африке, гл. обр. в ЮАР. Понижаются ступенями от 1800 до 300 м, от Драконовых гор на В. к впадине Калахари на З. и долине р. Лимпопо на С. Ксерофитные злаки и кустарники, участки *саванн*. Кр. м-ния алмазов (в р-не Кимберли).

ВЁЛЕР (Wöhler) Фридрих (1800–1882), нем. химик. Доказал (1828) возможность получения мочевины из цианата аммония, что считается первым синтезом природного органич. в-ва из неорганического. Иссл. В. поставили под сомнение правильность представлений о «жизненной силе» (см. *Витализм*), согласно к-рым синтез органич. в-ва возможен лишь в организме.

ВЕЛЕ́С (Волос), в славяно-рус. мифологии «скотий бог», покровитель домашних ж-ных и богатства.

ВЕЛИ́КАЯ КИТА́ЙСКАЯ РАВНИ́НА, в Азии, на В. Китая. Простирается более чем на 1000 км вдоль берегов Жёлтого и Вост.-Китайского морей. Пл. ок. 325 т.км². Поверхность плоская, выс. до 100 м на В.– Шаньдунские горы. Сложена мощной толщей отложений водных потоков рек Хуанхэ, Хуайхэ и др. Части наводнения. Один из самых насел. р-нов мира; кр. гг.– Пекин, Тяньцзин и др.

ВЕЛИ́КАЯ КИТА́ЙСКАЯ СТЕНА́, крепостная стена в Сев. Китае от г. Цзяюйгуаня (пров. Ганьсу) до побережья Ляодунского зал. (г. Шаньхайгуань). Памятник зодчества Др. Китая. Создана для защиты сев.-зап. границ Китая от набегов кочевников. Первые участки В. к. с. были сооружены в 4 – нач. 3 вв. до н.э., в 3 в. н.э. была построена сплошная стена. Длина, по одним предположениям, ок. 4 т. км, по другим – св. 5 т. км; выс. 6,6 м (на отд. участках до 10 м), шир. 5–8 м; на всём протяжении имеет казематы и сторожевые башни, а у гл. проходов – крепости. Значит. части В. к. с. сохранились. Включена в список *Всемирного наследия*.

ВЕЛИ́КАЯ ОТЕ́ЧЕСТВЕННАЯ ВОЙНА́ СОВЕ́ТСКОГО СОЮ́ЗА 1941–45, война СССР против фаш. Германии и её союзников (Венгрия, Италия, Румыния, Финляндия); важнейшая часть 2-й мир. войны. Германия начала подготовку к нападению на СССР в 1940 (план «Барбаросса»). Цели: разгром и ликвидация Сов. гос-ва, уничтожение осн. части населения и германизация терр. до Урала. Вместе с союзниками Германия сосредоточила против СССР 5,5 млн.ч., ок. 4,3 тыс. танков и штурмовых орудий, 47,2 тыс. орудий и миномётов, ок. 5 тыс. боевых самолётов, 192 корабля. Герм. воен.-полит. руководство планировало «молниеносную войну» («блицкриг»).

Усилия СССР по укреплению своей обороноспособности были в значит. степени подорваны проводившейся тоталитарным режимом соц.-экон. политикой, массовыми репрессиями, широко охватившими и Кр. Армию, просчётами в воен. стр-ве, в определении вероятных сроков начала войны. К июню 1941 Кр. Армия насчитывала ок. 3 млн.ч., св. 38 тыс. орудий и миномётов, 13,1 тыс. танков, 8,7 тыс. боевых самолётов; в Сев., Балт. и Черномор. флотах состояло 182 корабля и 1,4 тыс. боевых самолётов. Сов. войска не были полностью укомплектованы личным составом, воен. техникой.

22 июня 1941 Германия напала на СССР. Нем. войска захватили стратегич. инициативу и господство в воздухе и в приграничных сражениях нанесли поражения сов. войскам, к-рые потеряли убитыми и ранеными 850 тыс.ч. и пленными ок. 1 млн.ч. Герм. войска захватили Литву, Латвию, Белоруссию, значит. часть Эстонии, Украины и Молдавии, продвинулись вглубь до 300–600 км, потеряв при этом 100 тыс.ч. убитыми.

23 июня созд. Ставка Гл. Командования (с 8 авг. Ставка Верх. Главнокомандования) во главе с И.В. Сталиным, к-рый с 8 авг. стал также Верх. Главнокомандующим. С июня началось формирование нар. ополчение. Осн. воен. события летне-осенней кампании 1941: Смоленское сражение, оборона Ленинграда и начало его блокады, катастрофа сов. войск на Украине, оборона Одессы, начало обороны Севастополя, потеря Донбасса, оборонит. период Моск. битвы. Кр. Армия отступила на 850–1200 км, враг, однако, был остановлен на осн. направлениях под Ленинградом, Москвой и Ростовом и перешёл к обороне; гр. сухопут. войска потеряли 750 тыс.ч.

В ходе зимней кампании 1941–42 проведено контрнаступление под Москвой, снята угроза Москве и Сев. Кавказу, облегчено положение Ленинграда, полностью или частично освобождена терр. 10 областей. Стратегия «блицкрига» провалилась.

В летне-осенней кампании 1942 сов. войскам была поставлена невыполнимая задача: полностью разгромить врага и освободить всю терр. страны. Осн. воен. события произошли на юго-зап. направлении: поражение Крымского фр., катастрофа в Харьковской операции, сражения на Сев. Кавказе. Противник продвинулся на 500–650 км, вышел к Волге, овладел частью перевалов Гл. Кавк. хребта.

К лету 1942 завершился перевод экономики на воен. рельсы. В вост. р-ны страны было перебазировано значит. число пр-тий (только во 2-м полугодии 1941 – ок. 2600), вывезено 2,3 млн. голов скота. В 1-м полугодии 1942 было выпущено 10 тыс. самолётов, 11 тыс. танков, 54 тыс. орудий. Во 2-м полугодии их выпуск увеличился более чем в 1,5 раза. В результате соглашений между СССР, Великобританией и США в 1941–42 сложилось ядро антигитлеровской коалиции (см. *Вторая мировая война 1939–45*). В ходе зимней кампании 1942–43, осн. воен. событиями к-рой были Сталинградская и Сев.-Кавк. наступат. операции и прорыв блокады Ленинграда, Кр. Армия продвинулась на З. на 600–700 км, разгромила до 40% герм. войск на сов.-герм. фронте.

Решающими событиями летне-осенней кампании 1943 были Курская битва и битва за Днепр. Кр. Армия продвинулась на 500–1300 км, разгромила 218 дивизий.

В зимнюю кампанию 1943–44 Кр. Армия провела наступление на Украине, вышла на терр. Румынии, развернула Ленингр.-Новгородскую операцию, деблокировала Ленин-

Великая Отечественная война Советского Союза. П.Т. Мальцев. «Штурм Сапун-горы 7 мая 1944 года». Фрагмент панорамы. 1958.

Великая Отечественная война Советского Союза. П.А. Кривоногов. «Победа». 1948. Музей Российской Армии. Москва.

град, освободила Крым. Сов. войска уничтожили 30 див. и 6 бригад противника, 142 див. лишились от $1/2$ до $3/4$ личного состава.

В июне 1944 союзники открыли 2-й фронт, что значительно ухудшило воен.-полит. положение Германии. В летне-осеннюю кампанию 1944 Кр. Армия провела ряд кр. операций (в т.ч. Белорусскую, Львовско-Сандомирскую, Ясско-Кишинёвскую, Прибалтийскую), завершила освобождение Белоруссии, Украины и Прибалтики (кроме нек-рых р-нов Латвии), частично Чехословакии, освободила сов. Заполярье и сев. области Норвегии. Были принуждены к капитуляции и вступили в войну против Германии Венгрия и Румыния.

Кампания 1945, включавшая Вост.-Прусскую, Висло-Одерскую, Берлинскую и др. операции, в полночь 8 мая завершилась безоговорочной капитуляцией вооруж. сил Германии. После взятия Берлина сов. войска вместе с союзниками провели Пражскую операцию. 24 июня в Москве состоялся парад Победы. На прошедшей в июле – авг. 1945 Берлинской конф. руководителей СССР, Великобритании и США была достигнута договорённость по вопросам послевоен. устройства мира в Европе.

9 авг. 1945 СССР, выполняя союзнич. обязательства, начал воен. действия против Японии. В ходе Маньчжурской операции сов. войска разгромили Квантунскую армию. 2 сент. 1945 Япония подписала Акт о безоговорочной капитуляции.

На сов.-герм. фр. разгромлены и взяты в плен 607 див. войск противника, уничтожено 75% его воен. техники. По разл. данным, герм. войска потеряли ок. 6 млн. ч. до 13,7 млн.ч.; СССР – ок. 27 млн.ч., в т.ч. 11,4 млн. на фронте, 4–5 млн. партизан, мн. людей погибло на оккупир. терр. и в тылу страны; в фаш. плену находилось ок. 6 млн.ч. Материальный ущерб составил 679 млрд. руб.

В Вел. Отеч. войне сов. народ отстоял свою независимость, внёс решающий вклад в освобождение народов Европы от фаш. ига.

ВЕЛИ́КАЯ ХА́РТИЯ ВО́ЛЬНОСТЕЙ, грамота, подписанная в 1215 англ. королём Иоанном Безземельным. Ограничивала права короля, предоставляла нек-рые привилегии рыцарству, верхушке свободного крест-ва, городам. Входит в число действующих актов конституции совр. Великобритании.

ВЕЛИ́КИЕ ГЕОГРАФИ́ЧЕСКИЕ ОТКРЫ́ТИЯ, обозначение комплекса наиб. значит. открытий на суше и море, совершённых в течение почти всей письменной истории человечества. Традиционно В.г.о. отождествляют только с открытиями в т.н. эпоху В.г.о. (сер. 15 – сер. 17 вв.). К более раннему периоду принадлежат открытия (мореходы и купцы Хараппской цивилизации, 25–20 вв. до н.э.); юж. побережья Европы, Средиземного и Чёрного морей (критские и ахейские мореходы, 16–14 вв. до н.э.); Вост. Азии (иньские купцы, полководцы, мореходы, 14–8 вв. до н.э.); плавание вокруг Африки и установление её приблиз. размеров [финикийские (греч.?) мореходы, между 609 и 595 до н.э.]; Сев. Атлантики, о. Великобритания, Северного и Балтийского морей (*Питеас*, не позднее 320 до н.э.); Вост. Европы (купцы и колонисты Киевской Руси, 9–10 вв.); Гренландии и Сев.-Вост. Америки (Эйрик Рауди, Лейф Эйриксон, 981–1004). Важное значение имели открытия: Центр. и Юж. Америки (Х. Колумб, А. Веспуччи, А. Велес де Мендоса и др., 1492–1502); мор. пути из Европы в Индию (Васко да Гама, 1497–99); первое кругосветное плавание (Ф. Магеллан, 1519–22), доказавшее существование Мирового ок. и шарообразность Земли; Сев. Азии и пролива, отделяющего её от Сев. Америки (Ермак, И. Москвитин, С. Дежнёв, 1582–1648); Австралии (А. Тасман, В. Янсзон, Ф. Тейсен, 1606–42). В.г.о. совершались и позднее: открытие Сев.-Зап. Америки (М.С. Гвоздев, В. Беринг, А.Л. Чириков, 1732–41) и Антарктиды (Ф.Ф. Беллинсгаузен, М.П. Лазарев, 1820). По науч. значению к ряду В.г.о. необходимо отнести результаты иссл. по выявлению рельефа дна Мирового ок. (Ч. Томсон, Д. Меррей, 1872–76) и открытие единой планетарной системы срединно-океанич. хребтов (Б. Хейзен, Г. Менард, Г.Б. Удинцев и др., 1955–62).

ВЕЛИ́КИЕ МОГО́ЛЫ, в 1526–1858 династия правителей в т.н. Могольской империи – крупнейшей державе Индии. Осн. Бабуром. Столицы В.М. – Агра и Дели (в 1803 захвачен англичанами). Важнейшие представители – Акбар, Джахангир (1605–1627), Шах-Джахан (1627–58), Аурангзеб.

ВЕЛИ́КИЕ ОЗЁРА, система озёр (Верхнее оз., Гурон, Мичиган, Эри, Онтарио) в Сев. Америке (США, Канада). Пл. 245,2 т. км^2, объём воды 22,7 т. км^3 – крупнейшее в Зап. полушарии скопление пресной воды. Сток по р. Св. Лаврентия в Атлантич. ок. Судох-во. Рыб-во. К нач. 70-х гг. 20 в. были сильно загрязнены пром. стоками, в результате проведения спец. экологич. программы восстановлены флора и фауна, улучшилось качество воды. Шлюзованные каналы создали вод. путь для мор. судов дл. ок. 3000 км. В.о. связаны судох. каналами с р. Гудзон и с басс. Миссисипи. Кр. порты: Чикаго, Милуоки, Детройт, Кливленд, Буффало, Торонто.

ВЕЛИ́КИЕ РАВНИ́НЫ, предгорное плато, окаймляющее с В. Кордильеры Сев. Америки, в США и Канаде. Дл. ок. 3600 км, шир. 500–800 км. Выс. от 500 м на В. до 1700 м на З. Уступы разделяют В.р. на плато; местами сильно расчленены, на Ю. – карст. Кр. реки: Миссури, Платт, Арканзас, Колорадо, Пекос. Естеств. растительность преим. степная, на С. – лесостепи, на Ю. – участки саванн. М-ния нефти, кам. и бурого угля, природного газа, калийных солей.

ВЕЛИ́КИЙ КНЯЗЬ, 1) глава вел. кн-ва на Руси 10–15 вв. и Рус. гос-ва 15 – сер. 16 вв. 2) В Рос. империи член имп. фамилии, близкий родственник императора или императрицы (обращение – «Ваше имп. высочество»). 3) Часть полного титула рос. императора («вел. князь Финляндский» и др.). 4) Глава Вел. кн-ва Литов. в 14–16 вв.; после заключения Люблинской унии 1569 титул В.к. включён в польск. королев. титул.

ВЕЛИ́КИЙ ПОСТ (Великая четыредесятница), период (7 нед перед *Пасхой*), в течение к-рого христ. церковь предписывает верующим воздержание от скоромной пищи, участие в увеселениях, вступление в брак, требует ряда ограничений. Установлен в память 40-дневного поста Иисуса Христа в пустыне.

ВЕЛИ́КИЙ У́СТЮГ, г. в Вологодской обл., в России, на р. Сухона. 36,2 т.ж. Ж.-д. ст. Судостроит.-судорем. з-д, щетинно-щёточная ф-ка; деревообр., лёгкая и пищ. пром-сть. Худ. промыслы (ф-ка «Северная чернь»). Краеведч. музей. Изв. с 1207. Церк. Вознесения, Успенский собор, Михаило-Архангельский и Троице-Гледенский мон. (все 17 в.).

ВЕЛИ́КИЙ ШЁЛКОВЫЙ ПУТЬ, в древности и ср. века караванная дорога из Китая в страны Ср. и Передней Азии, по к-рой среди разл. товаров перевозили и кит. шёлк.

Великий Устюг. Михаило-Архангельский монастырь. 17 в.

Великобритания. Долина р. Северн и Малвернские холмы.

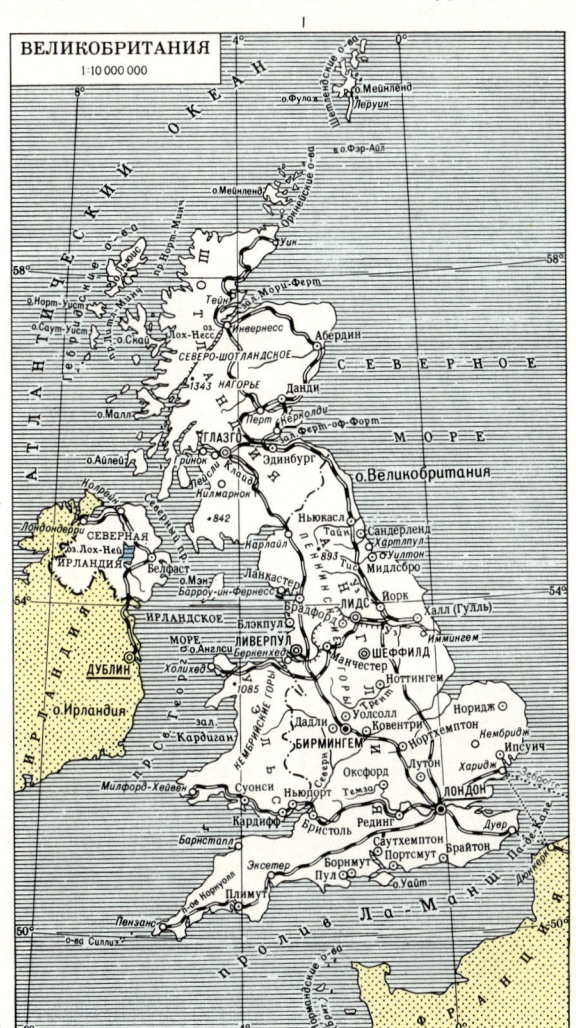

Великобритания. Усадебный дом в Соннинге. 1901.

ВЕЛИКОБРИТА́НИЯ (Соединённое Королевство Великобритании и Северной Ирландии), гос-во в Сев.-Зап. Европе, на Британских о-вах (о. Великобритания и сев.-вост. часть о. Ирландия, о. Мэн и Нормандские о-ва), омывается Атлантич. ок. и его морями. Пл. 244,1 т. км². Нас. 57,6 млн. ч., в т.ч. англичане (80%), шотландцы (15%), уэльсцы (или валлийцы) и ирландцы. Офиц. яз.— английский. Ок. 87% верующих — христиане (в т.ч. 57% — англикане). Возглавляет *Содружество*. В.— конституц. монархия во главе с королевой. Законодат. орган — двухпалатный парламент (Палата общин и Палата лордов). Пр-во возглавляет премьер-министр. Столица — Лондон. Состоит из 4 адм.-полит. частей (ист. провинций): Англии (39 графств, 6 метрополитенских графств и Б. Лондона), Уэльса (8 графств), Шотландии (9 р-нов и островная терр.) и Сев. Ирландии (26 округов). Ден. единица — фунт стерлингов.

На С. и З. преобладает горн. рельеф — Сев.-Шотландское нагорье (до 1343 м), Пеннинские и Кембрийские горы; на Ю. и Ю.-В.— холмистые равнины. Климат умеренный океанич., влажный. Ср. темп-ры янв. от 3 до 7°С, июля 11—17°С; осадков до 3000 мм в год на З. и 600—750 мм на Ю.-В. Осн. реки: Темза, Северн, Трент, Мерси, Клайд. Леса (бук, дуб, берёза) занимают ок. 9% терр. В.

Брит. о-ва завоёваны в 5—6 вв. англосаксами. После нормандского завоевания Англии 1066 завершился процесс феодализации, сопровождавшийся полит. объединением страны. Во 2-й пол. 13 в. возник англ. парламент, оформилась сословная монархия. Развитие товарно-ден. отношений и борьба крест-ва (Уота Тайлера восст. 1381 и др.) привели (15 в.) к почти полной ликвидации личной зависимости крестьян. В период Реформации (1530-е гг.) создана англиканская церковь. Англ. рев-ция 17 в. обеспечила утверждение капитализма. В кон. 17 в. оформились полит. партии — тори и виги в сер. 19 в. трансформировались соотв. в Консервативную и Либеральную партии). После закрепления в 1707 присоединения Шотландии (в 1649—1651 была покорена Ирландия) за объединённым кор-вом закрепилось назв. В. В кон. 18 — 1-й пол. 19 вв. происходил пром. переворот, в 1830-е гг. утвердилась фабричная система произ-ва. В 1830—40-е гг. развернулось первое массовое движение пролетариата — чартизм. В 1868 созд. Брит. конгресс тред-юнионов. В 1900 осн. Лейбористская партия. В 19 в. стала крупнейшей колон. державой мира (Брит. империя). В годы 2-й мир. войны В. была одним из гл. участников антигитлеровской коалиции. В ходе распада Брит. колон. империи независимость получили к сер. 1970-х гг. почти все англ. колонии. После 2-й мир. войны пр-ва В. попеременно формировали лейбористы (1945—51, 1964—70, 1974—79) и консерваторы (1951—64, 1970—74, с 1979).

В.— высокоразвитая индустр. страна, кр. поставщик готовой пром. продукции на мировой рынок и экспортёр капитала (преим. в развитые страны). ВНП на д. нас. 16070 долл. в год. Добыча нефти и природного газа (в осн. на шельфе Северного м.), кам. угля. Наиб. развиты маш-ние (ориентировано на выпуск не стандартной продукции, а разл. видов и типов машин), в т.ч. эл.-техн. и электронное, транспортное (включая кр. авиаракето-, автомобиле- и судостроение), станкостроение, с.-х., произ-во пром. оборудования, подъёмно-трансп. техники и др., хим. и нефтехимическое (В. занимает одно из ведущих мест в мире по произ-ву и экспорту синтетич. волокон и красителей, пластмасс, моющих средств, удобрений и др.), фармацевтич., нефтеперераб. пром-сть, чёрная (качеств. стали) и цв. (олово, алюминий) металлургия. Старейшая отрасль англ. пром-сти — текстильная — утратила прежнее значение. Кр. пищевкус. (традиц. произ-во виски, пива; переработка импортного с.-х. сырья) пром-сть; произ-во обуви, трикотажа; известен англ. фарфор. В с. х-ве преобладает молочное и мясо-молочное скот-во и беконное свин-во; мясо-шёрстное овц-во. Выращивают преим. ячмень, пшеницу, сах. свёклу, овёс, картофель. Овощ-во и плод-во (кр. парниково-тепличное х-во), цветоводство (нарциссы, тюльпаны).

ВЕЛИ́КОЕ КНЯ́ЖЕСТВО ЛИТО́ВСКОЕ, гос-во на части терр. совр. Литвы и Белоруссии в 13—16 вв. В кон. 13—14 вв. расширилось за счёт присоединения белорус., укр. и зап. рус. земель. Столицы — Тракай, Вильнюс. В целях борьбы с нем. крестоносцами сблизилось с Польшей (Кревская уния 1385). В ходе Ливонской войны объединилось с Польшей в единое гос-во — Речь Посполиту (Люблинская уния 1569).

ВЕЛИ́КОЕ ОБЪЕДИНЕ́НИЕ, см. *Взаимодействия фундаментальные.*

ВЕЛИ́КОЕ ПЕРЕСЕЛЕ́НИЕ НАРО́ДОВ, условное название совокупности этнич. перемещений в Европе в 4—7 вв.— германцев, славян, сарматов и др. племён на терр. Рим. империи. Непосредств. толчком к В.п.н. было массовое передвижение гуннов (с 70-х гг. 4 в.). В.п.н. способствовало крушению Рим. империи.

ВЕЛИКОУСТЮ́ЖСКОЕ ЧЕРНЕ́НИЕ ПО СЕРЕБРУ́, рус. нар. худ. промысел. Сложился в 18 в. в Великом Устюге. Портсигары, подстаканники и др. предметы украшаются рисунками, тщательно выполненными чернью. В 1933 осн. артель (с 1960 ф-ка) «Сев. чернь».

Великоустюжское чернение по серебру. Пудреница. 1950-е гг.

ВЕЛИСА́РИЙ (Belisários) (ок. 504—565), визант. полководец, сподвижник имп. Юстиниана I. Одержал победы над персами (530), вандалами (533—534), отвоевал у остготов Сицилию и б.ч. Италии (535—540). В 544 потерпел ряд поражений от остготов. В конце жизни подвергся опале.

ВЕЛИЧИНА́, обобщение конкретных понятий: длины, площади, веса и т.д. Выбор одной из В. данного рода (единицы измерения) позволяет сравнивать (соизмерять) В. Развитие понятия В. привело к скалярным В., характеризующимся числом (см. *Скаляр*), векторным В., характеризующимся числом и направлением (см. *Вектор*), и к др. В.

ВЕ́ЛЛИНГТОН (Уэллингтон) (Wellington) Артур Уэлсли (1769–1852), герцог (1814), англ. фельдмаршал (1813). В войнах против наполеоновской Франции команд. союзными войсками на Пиренейском п-ове (1808–13) и англо-голл. армией при *Ватерлоо* (1815). В 1827–52 главнокоманд. англ. армией. В 1828–30 премьер-мин. кабинета тори.

ВЕ́ЛЛИНГТОН (Уэллингтон), столица (с 1865) Н. Зеландии, на Ю. Северного о. 150 т.ж. Порт у прол. Кука; междунар. аэропорт. Пищ. (молочная, мясная), текст. (преим. шерстяная), маш.-строит., бум., деревообр. пром-сть. Ун-т. Новозеландская академия изящных иск-в. Музеи, в т.ч. Нац. худ. галерея. Т-ры. Картеровская обсерватория. Осн. в 1840 англичанами и назван по имени А. Веллингтона. Извилистые улицы, многочисл. мосты, виадуки, туннели. Неоготич. собор (1938).

ВЕЛОДРО́М (от *велосипед* и греч. drómos – бег, место для бега), спорт. сооружение (открытое или крытое) для тренировок и соревнований по велосипедному спорту, состоит из трека с трибунами, с разл. длиной (от 250 до 500 м), высотой подъёма, шириной, покрытием (дерево, бетон, пластик), и вспомогат. помещений.

ВЕЛОСИПЕ́Д (франц. vélocipède, от лат. velox – быстрый и pes – нога), 2- или (реже) 3-колёсная машина для передвижения с приводом от 2 педалей через цепную передачу. Различают В. дорожные (в т.ч. складные), легкодорожные, подростковые, детские, спорт., специальные. 2-местный В. наз. тандемом. Чертёж первого В. создан Леонардо да Винчи в 1493, а первый двухколёсный цельнометаллич. В. построил в 1801 рос. изобретатель Е.И. Артамонов. На В. достигнута скорость ок. 100 км/ч.

ВЕЛОСИПЕ́ДНЫЙ СПОРТ, гонки на треке, шоссе, пересечённой местности (велокроссы), а также соревнования в фигурной езде и игре в мяч на велосипедах – велобол и велополо. Первые соревнования состоялись во Франции (1869, Руан-Париж); в России – в 1883 (Москва). В 1900 осн. Междунар. союз велосипедистов (УСИ); объединяет св. 150 стран. Чемпионаты мира на треке с 1893, на шоссе с 1921, в закрытых помещениях с 1929, по кроссу с 1950; в программе Олимп. игр с 1896.

ВЕЛЬВИ́ЧИЯ, род голосеменных р-ний (сем. вельвичиевые). 1 вид, в каменистых приокеанич. пустынях на Ю.-З. Африки (гл. обр. в пустыне Намиб). Дерево-карлик, едва выступающее над землёй, с 2 ремневидными стелющимися листами (дл. 2–3 м, иногда до 8 м). Живёт до 2000 лет. Редкое реликтовое р-ние; иногда разводят в оранжереях.

ВЕЛЬЗЕВУ́Л, в Новом Завете имя главы демонов.

ВЕ́НА, столица (с 1918) Австрии, у подножия отрогов Альп – Венского Леса; имеет по конституции статут земли. 1,5 млн.ж. Один из крупнейших трансп. узлов Европы; порт на Дунае; междунар. аэропорт. Метрополитен. Маш-ние, хим., текст., полиграф., пищевкус. пром-сть. Произ-во на экспорт модной жен. платья, шляп, модельной обуви, муз. инстр-тов. Ун-т (1365). Академия музыки и сценич. иск-ва (конс.; 1821), Гор. конс. (1938). Музеи: истории иск-в, графич. собр. Альбертина и др. *Венская государственная опера*, «Фольксопер» (1898), «Бургтеатр» (1741). Кр. центр муз. культуры. В. – местопребывание многочисл. междунар. орг-ций (напр., МАГАТЭ, ЮНИДО). Туризм. В древности кельтское поселение, с 1 в. рим. воен. лагерь. С сер. 12 в. резиденция австр. герцогов; с 1282 под властью Габсбургов; столица их гос-ва (в 1867–1918 – Австро-Венгрии). Собор Св. Стефана (12–15 вв.), Хофбург (резиденция Габсбургов; 16–19 вв.), дворцы в стиле барокко 17–18 вв.

ВЕНГЕ́РСКИЙ О́ПЕРНЫЙ ТЕА́ТР, крупнейший муз. т-р Венгрии, в Будапеште. Осн. в 1837 в Пеште, с 1884 в новом здании в Будапеште (до 1945 Королев. оперный т-р; в 1984 здание реконструировано). Стилистически разнообразный репертуар включает произв. оперной классики, с 1960-х гг. также мн. совр. венг. оперы и балеты. Среди дирижёров – Г. Малер, А. Никиш, О. Клемперер, Б. Вальтер, Г. фон Караян.

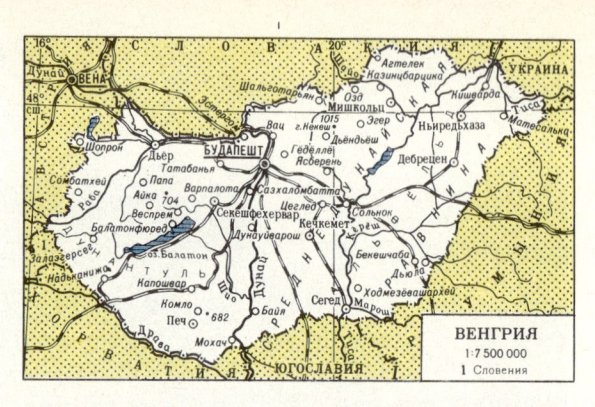

ВЕ́НГРИЯ (Венгерская Республика), гос-во в Центр. Европе. Пл. 93 т. км². Нас. 10,3 млн.ч., в т.ч. венгры (97%). Офиц. яз. – венгерский. Верующие преим. католики. Глава гос-ва – президент. Законодат. ор-ган – Гос. собрание. Столица – Будапешт. Адм.-терр. деление: 19 медье. Ден. единица – форинт.

Б.ч. страны – Среднедунайская равнина; на З. – отроги Альп, на С. – Карпат (высш. точка В. – Кекеш, 1015 м). Климат умеренно континентальный. Ср. темп-ры янв. –2–4°C, июля 20–22°C; осадков 450–900 мм в год. Кр. реки: Дунай, Тиса. Оз. Балатон. Под лесом – 16% терр.

В кон. 9 в. на терр. совр. В. поселились племена венгров. В 1000 В. – кор-во. К 997 Иштван I ввёл христ-во. После Мохачской битвы 1526 значит. часть В. подпала под османское иго. В зап. и сев. частях терр. Венг. кор-ва укрепились Габсбурги. После австро-тур. войны 1683–99 и подавления освобод. антигабсбургского движения 1703–11, руководимого Ракоци Ференцем II, вся В. оказалась под властью Габсбургов. Рев-ция 1848–49 в В. (крупнейшие деятели – Л. Кошут, Ш. Петёфи и др.) была подавлена. По австро-венг. соглашению 1867 В. стала одной из составных частей двуединой монархии – Австро-Венгрии; под властью В. оказались Хорватия, Трансильвания, Словакия и Закарпатье. С 1918 В. – независимая республика. В 1920–44 в В. фаш. диктатура Хорти. В. примкнула к «Антикоминтерновскому пакту» и Берлинскому пакту 1940 фаш. держав. Во 2-й мир. войне В. выступала на стороне фаш. Германии. В марте 1944 Германия оккупировала В. В сент. 1944 Сов. Армия вступила на терр. В. В дек. 1944 было образовано Врем. нац. пр-во, к-рое 28 дек. 1944 объявило войну Германии; 4 апр. 1945 Сов. Армия завершила освобождение В. К власти пришла КП (ВСРП, созд. в 1919). Нар. восстание против коммунистич. режима (1956) было подавлено при помощи сов. войск. В 1989 в В. введена многопарт. система, из конституции исключена статья о руководящей роли ВСРП (прекратила свою деятельность в 1989), создавались полит. и юрид. условия перехода к новому гос. устройству, провозглашена Венг. Респ.

В. – индустр.-агр. страна. ВНП на д. нас. 2780 долл. в год. Добыча бокситов (св. 2,5 млн. т в год). Наиб. развиты маш-ние, в т.ч. произ-во автобусов (з-д «Икарус», св. 11 тыс. в год), средств связи, измерит. приборов, моторов, станков, кранов; хим. (в осн. средства защиты р-ний) и фармацевтич. (пр-тия «Хиноин» и «Гедеон Рихтер»), металлургич., в т.ч. алюминиевая, текст., пищевкус. пром-сть. В. – один из крупнейших в мире экспортёров копчёных колбас, мясных, овощных и фруктовых консервов, подсолнечного масла. Свин-во и птиц-во (В. – кр. экспортёр свинины, кур, гусей, уток, индеек). Осн. культуры – пшеница, кукуруза, сах. свёкла, подсолнечник. Виногр-во, сад-во (сбор яблок св. 1 млн. т в год), овощ-во. Экспорт автобусов, эл.-техн. продукции, глинозёма, лекарств, средств защиты р-ний, хл.-бум. тканей, кожаной обуви и др. Иностр. туризм (св. 10 млн. ч. в год).

ВЕ́НДЕРС (Wenders) Вим (р. 1945), нем. кинорежиссёр. Тему одиночества человека и опустошения души воплощает в психол. фильмах или полицейских триллерах («Алиса в городах», 1973; «С течением времени», 1976; «Хаммет», 1982; «Париж, Техас», 1984). В лентах «Небо над Берлином» (1987) и «До самого края света» (1991) эта тема приобретает иносказательно-сновидческую интерпретацию.

ВЕНДЕ́ТТА (итал. vendetta – мщение), обычай кровной мести на о. Корсика и в нек-рых р-нах Италии.

ВЕНЕВИ́ТИНОВ Дм. Вл. (1805–1827), рус. поэт. Романтич. поэзия насыщена филос. мотивами в духе шеллингианства. Лит.-критич. статьи.

ВЕНЕ́РА, в рим. мифологии богиня весны и садов, отождествлялась с

ВЕНЕ 121

Д.В. Веневитинов.

греч. *Афродитой* и почиталась как богиня любви и красоты. Как мать *Энея* – прародительница и покровительница римлян.

Венера Таврическая. Римская копия с греческого оригинала 3 в. до н.э. Мрамор. Эрмитаж.

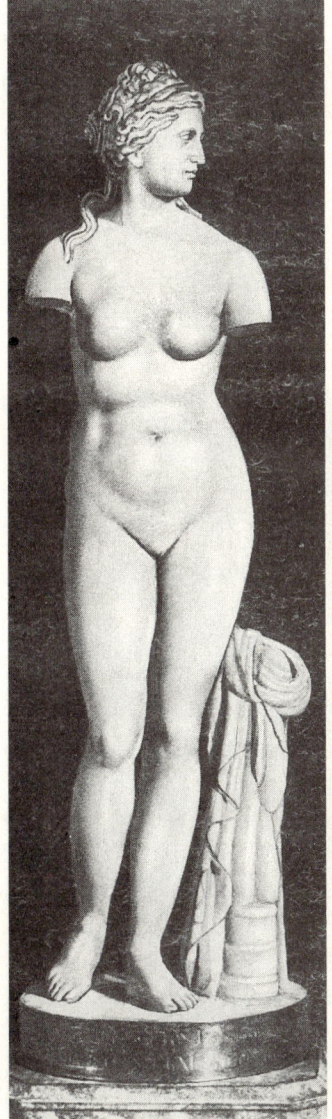

Венера. Радиолокационное изображение участка поверхности Венеры, переданное американским космическим аппаратом «Магеллан». На горизонте слева видна гора Гула (ударный кратер поперечником несколько сотен км и высотой ок. 3 км), справа внизу – ударный кратер Куниц (поперечник ок. 50 км).

Венесуэла. Отвесные склоны массива Ауян-Тепуи на Гвианском плоскогорье.

Венесуэла. Пантеон. Место захоронения национальных героев в Каракасе.

ВЕНЕ́РА (астр. знак ♀), планета, ср. расстояние от Солнца 0,72 а.е. (108,2 млн. км), ср. диам. 12 100 км, масса $4,9 \cdot 10^{24}$ кг (0,82 массы Земли). Плотная атмосфера состоит в осн. из углекислого газа, давление у поверхности ок. 94 атм, темп-ра ок. 470 °C. Поверхность В. в осн. равнинная, сложена базальтами, обнаружены следы вулканич. деятельности, ударные кратеры. Период обращения вокруг Солнца 224,7 сут, период вращения вокруг своей оси 243 сут.

«ВЕНЕ́РА», автоматич. межпланетные станции для изучения Венеры и космич. пространства с помощью спускаемых аппаратов и искусств. спутников Венеры, созданные в СССР. Макс. стартовая масса ок. 5 т. В 1961–83 запущено 16 «В.». «В.-9» – первый искусств. спутник Венеры (1975).

ВЕНЕ́РИН БАШМАЧО́К (ботан.), р-ние рода *башмачок*.

Венерин башмачок.

ВЕНЕ́РИНА МУХОЛО́ВКА, насекомоядное р-ние, единств. вид рода дионея. Имеет розетку листьев с зубцами по краям и пищеварит. желёзками. При прикосновении лист складывается пополам, превращаясь в ловушку для насекомого. *Эндемик* прибрежной части Сев. и Юж. Каролины в США.

ВЕНЕРИ́ЧЕСКИЕ БОЛЕ́ЗНИ, инфекц. заболевания, к-рые передаются гл. обр. половым путём (сифилис, гонорея, мягкий шанкр, венерич. лимфогранулёма и др.). Изучает В.б. венерология. Наряду с понятием «В.б.» пользуются также более широким понятием «болезни, передающиеся половым путём», к к-рым относят также уроплазмоз, *трихомоноз*, ВИЧ-инфекцию (СПИД) и др.

ВЕНЕСУЭ́ЛА (Республика Венесуэла), гос-во на С. Юж. Америки, омывается Карибским м. Пл. 916,4 тыс. км². Нас. 20,2 млн. ч., венесуэльцы, в т.ч. испано-индейские метисы (69%), белые (20%), негры (9%). Офиц. яз.– испанский. Верующие – в осн. католики. Глава гос-ва и пр-ва – президент. Законодат. орган – двухпалатный парламент (Сенат и Палата депутатов). Столица – Каракас. В.– федерация в составе 20 штатов, федер. округа, 2 федер. терр. и федер. владения. Ден. единица – боливар.

В центр. части – низменность р. Ориноко, на С. и С.-З.– Карибские Анды, хр. Кордильера-де-Мерида (выс. до 5007 м, пик Боливар), Сьерра-де-Периха, на Ю.-В.– часть Гвианского плоскогорья. Климат субэкв., жаркий. Ср.-мес. темп-ры 25–29 °C; осадков от 280 мм на С.-З. до 3000 мм в год на сев. склонах Кордильеры-де-Мерида и в верховьях Ориноко – крупнейшей реки В. Кр. озеро-лагуна Маракайбо. Влажный и переменно влажный тропич. лес, саванны, сухие редколесья.

В 16 в. завоёвана исп. конкистадорами. В 1821 в результате Войны за независимость исп. колоний в Америке 1810–26 исп. господство было ликвидировано. В 1830 образована респ. В. В кон. 1850-х гг. борьба между Консервативной (с 1830) и Либеральной (с 1840) партиями привела к гражд. войне, в к-рой победу одержали либералы; с 1864 (до 1953) страна наз. Соединёнными штатами В. В 1909–35 фактич. диктатором В. был

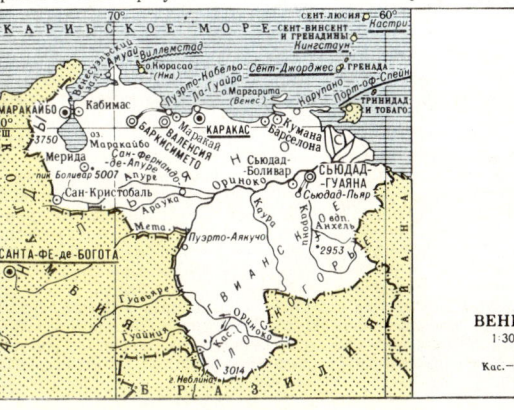

ВЕНЕСУЭЛА
1:30 000 000

Кас.–Касикьяре

122 ВЕНЕ

А.Г. Венецианов. «На пашне. Весна». 1820-е гг. Третьяковская галерея.

X. Гомес. В 1946 впервые (после 1881) состоялись парламентские выборы. Однако с 1948 пр-ва формировались разл. воен. хунтами. С 1984 пр-во формирует партия Демокр. действие (осн. в 1941).

Основа экономики – добыча (св. 100 млн. т в год, одно из ведущих мест в мире), переработка и экспорт нефти и нефтепродуктов (ок. $3/4$ стоимости). ВНП на д. нас. 2560 долл. в год. Добыча жел. руды, газа, кам. угля, алмазов, золота. Наиб. развиты пищевкус. (мясная, молочная, сах., таб., произ-во напитков), нефтепер. (перерабатывается ок. $1/3$ добываемой нефти), хим. и нефтехим. (произ-во удобрений, пластмасс, серной к-ты, взрывчатых в-в и др.), металлургич., автосборочная, текст. и швейная пром-сть. В с. х-ве гл. экспортные культуры – кофе, какао, сах. тростник, бананы, хлопок. Экстенсивное скот-во; лов рыбы и морепродуктов. Экспорт: жел. руда, металлы, кофе, драгоценные камни, рыбопродукты.

ВЕНЕЦИА́НОВ Ал. Гаврилович (1780–1847), один из основоположников бытового жанра в рус. живописи. С 1819 поселился в дер. Сафонково Тверской губ., где писал портреты крестьян и сцены из их жизни. Создал поэтич. образы крест. жизни, неразрывно связанной с красотой ср.-рус. природы («На жатве. Лето», 1820-е гг.; «Захарка», 1825).

ВЕНЕЦИА́НОВСКАЯ ШКО́ЛА, группа рос. живописцев 2-й четв. 19 в., учеников А.Г. Венецианова (Н.С. Крылов, Е.Ф. Крендовский, Г.В. Сорока и др.), с поэтич. непосредственностью изображавших жизнь крестьян и мастеровых, гор. и сел. пейзажи, интерьеры, натюрморты.

ВЕНЕЦИА́НСКАЯ ШКО́ЛА, одна из осн. итал. худ. школ с центром в Венеции. Наиб. расцвет пережила в эпоху *Возрождения* (2-я пол. 15–16 вв.), когда работали живописцы Джорджоне, Тициан, Тинторетто, П. Веронезе и др., и в 18 в. (Дж.Б. Тьеполо, А. Каналетто, Г.Ф. Гварди). Для В.ш. характерны светское жизнеутверждающее начало, поэтич. восприятие мира, человека и природы, особое внимание к проблемам колорита.

ВЕНЕЦИА́НСКАЯ ШКО́ЛА в музыке, 1) полифонич. школа, сложившаяся в Венеции в 16–17 вв. Отличается монументально-декор. стилем вок. *полифонии*. Основоположник – А. Виллart, гл. представители – А. и Дж. Габриели. Развивали жанры *мадригала* и *канцоны*, многохорных концертов и *месс*, органного *ричеркара*, *токкаты* и др. 2) Оперная школа 17 – нач. 18 вв., традиции к-рой заложены в поздних соч. К. Монтеверди. Гл. представители – Ф. Кавалли, М.А. Чести. Пышное муз.-сценич. великолепие их оперных постановок – классич. выражение итал. муз. *барокко*. В 1637 в Венеции открылся первый публ. оперный т-р.

ВЕНЕ́ЦИЯ, г. в Италии. 318 т.ж. Порт на Адриатич. м. (грузооборот св. 20 млн. т в год); международн. аэропорт. Ист. центр расположен на 118 о-вах Венецианской лагуны, разделённых 150 каналами, через к-рые переброшено ок. 400 мостов (в т.ч. Риальто и т.н. мост Вздохов, оба кон. 16 в.). Пром.-портовая часть В. материковая. Судостроение и судоремонт, цв. металлургия, нефтеперераб., хим., эл.-техн., лёгкая пром-сть. Ремесл. произ-во худ. изделий из стекла (о. Мурано), кружев (о. Бурано), мозаики. Ун-т, консерватория (1916). Музеи (в т.ч. Гал. Академии иск-в). Первый общедоступный оперный т-р (1637–1812), оперный т-р «Фениче» (1792). Островная В. – мор. курорт, центр междунар. туризма мирового значения, место проведения междунар. кинофестивалей, худ. выставок. Внутригородские перевозки на моторных судах, гондолах, баржах. Поселение с 5 в. до н.э., город с нач. 9 в. н.э. С 9–10 по 16 вв. кр. центр посреднической торговли между Зап. Европой и Востоком. В ср. века республика (с кон. 13 в. олигархич., с дожем во главе) со значит. подвластной ей территорией. В 1797–1805 и 1815–66 в. владении Австрии. Вдоль каналов и узких кривых улиц – богато декор. особняки, дворцы. На центр. пл. Сан-Марко – собор (9–15 вв.), *Дворец дожей* (14–15 вв.), Старая б-ка Сан-Марко (16 в.), здания религ. братств (скуол), монастыри. Город и лагуна включены в список Всемирного наследия.

ВЕ́НЗЕЛЬ (от польск. węzeł – узел), начальные буквы имени и фамилии или имени и отчества, обычно переплетённые и образующие узор.

ВЕ́НСКАЯ ГОСУДА́РСТВЕННАЯ О́ПЕРА, австр. оперный т-р (до 1918 Венская придворная опера), один из центров европ. муз. культуры. История т-ра восходит ко 2-й пол. 17 в. С 1869 – в совр. здании. Среди дирижёров т-ра – Г. Малер, Р. Штраус, Г. фон Караян.

ВЕ́НСКАЯ КЛАССИ́ЧЕСКАЯ ШКО́ЛА, направление в муз. иск-ве, сложившееся во 2-й пол. 18 – нач. 19 вв. Представители – Й. Гайдн, В.А. Моцарт, Л. Бетховен, б.ч. жизни к-рых связана с Веной. Обобщив предшествующий опыт нем.-австр. музыки, они создали жанры классич. *симфонии*, камерного ансамбля, *сонаты* и *концерта*. Их достижения в области орк. и камерно-инстр. музыки, а также в жанрах *оперы*, *мессы*, *оратории* являют собой вершины мирового муз. иск-ва.

ВЕ́НСКИЙ КОНГРЕ́СС 1814–15 (сент. 1814 – июнь 1815), конгресс европ. гос-в (за исключением Турции); завершил войны коалиций европ. держав с Наполеоном I. Заключены договоры, направленные на удовлетворение терр. притязаний держав-победительниц, закреплена полит. раздробленность Германии и Италии; Варшавское герцогство разделено между Россией, Пруссией и Австрией; Франция лишена своих завоеваний. В сент. 1815 постановления В.к. дополнены актом о создании *Священного союза*.

ВЕ́НСКИЙ КРУЖО́К, филос. кружок, разработавший основы логич. позитивизма (см. *Неопозитивизм*). Сложился в 1922 вокруг австр. физика М. Шлика; гл. участники – О. Нейрат, Р. Карнап, Ф. Франк, К. Гёдель, К. Рейхенбах. Центр. идея – сведение филос. проблематики к логич. анализу языка науки. Распался в нач. 2-й мир. войны.

ВЕНТИЛЯ́ТОР (от лат. ventilo – вею, махаю), устройство для подачи воздуха или др. газа под давлением обычно до 0,15 МПа (для проветривания помещений, транспортирования аэросмесей по трубопроводам и т.д.).

ВЕНТИЛЯ́ЦИЯ (от лат. ventilatio – проветривание), регулируемый воздухообмен в помещениях; система мер для создания возд. среды, благоприятной для здоровья человека, сохранения оборудования, продуктов, протекания технол. процессов и т.д. В. бывает приточной, вытяжной и приточно-вытяжной.

ВЕНТУ́РА (Ventura) Лино (наст. имя и фам. Анджело Боррини)

Л. Вентура в фильме «Прощай, полицейский!» (1975).

Венеция. Площадь Сан-Марко. На первом плане – собор Сан-Марко с кампанилой.

Версаль. Дворец. Общий вид садово-паркового фасада.

ста», ок. 1470, совм. с Леонардо да Винчи).

ВЕРСА́ЛЬ (Versailles), г. во Франции, пригород Парижа. Ок. 100 т.ж. В 1682–1789 резиденция франц. королей. Туризм. Маш-ние. Крупнейший дворцово-парковый ансамбль в стиле франц. классицизма 17–18 вв.: обширный дворец (длина фасада 576,2 м) с регулярным и пейзажным парками (все – в осн. 2-й пол. 17 в.), с Большим каналом (дл. 1520 м), бассейнами, фонтанами, скульптурой, с дворцами Б. Трианон (1687) и М. Трианон (1762–64); включены в список *Всемирного наследия*. В 1830 ансамбли превращены в Нац. музей Версаля и Трианонов.

ВЕРСА́ЛЬСКИЙ МИ́РНЫЙ ДОГОВО́Р 1919, договор, завершивший 1-ю мир. войну. Подписан в Версале 28 июня державами-победительницами – США, Великобританией, Францией, Италией, Японией, Бельгией и др., с одной стороны, и побеждённой Германией – с другой. Условия договора были выработаны на Парижской мирной конф. 1919–20. Германия возвращала Франции Эльзас и Лотарингию (в границах 1870), Бельгии – округа Мальмеди и Эйпен, Польше – Познань, части Поморья и др. терр. Зап. Пруссии; г. Данциг (Гданьск) был объявлен вольным городом, г. Мемель (Клайпеда) в февр. 1923 присоединён к Литве. Вопрос о гос. принадлежности Шлезвига, юж. части Вост. Пруссии и Верх. Силезии должен был быть решён плебисцитом (сев. часть Шлезвига перешла в 1920 к Дании, часть Верх. Силезии в 1922 – к Польше; др. спорные терр. остались у Германии). Колонии Германии были поделены между гл. державами-победительницами на основе мандата *Лиги Наций*. Неразрывной частью В.м.д. был статут Лиги Наций. США не ратифицировали В.м.д. и в авг. 1921 заключили с Германией особый договор, почти идентичный В.м.д., но не содержавший статей о Лиге Наций.

ВЕ́РСИЯ (от ср.-век. лат. versio – видоизменение, поворот), одно из объяснений к.-л. факта, обстоятельства; в следств. и суд. деятельности предположение о событии преступления, лицах, его совершивших, и отд. обстоятельствах дела.

ВЁРСТКА (полиграф.), 1) составление полос (страниц) опредёл. размера из строк текста, иллюстрац. материала и т.п. с целью получения печатной формы. 2) Оттиск (корректура) со свёрстанного набора, предназначенный для исправления ошибок.

ВЕРСТО́ВСКИЙ Ал. Ник. (1799–1862), композитор и театральный деятель, предст. *романтизма* в рус. музыке. Оперы, в т.ч. «Аскольдова могила» (1835); романсы, баллада «Чёрная шаль» (1823) и др.; музыка к театральным спектаклям, в т.ч. к 25 водевилям.

ВЕРТЕ́П, 1) укр. нар. кукольный т-р. Получил распространение в 17–19 вв. Представления В. по традиции устраивались на Рождество. В верх. ярусе 2-ярусного ящика разыгрывались эпизоды из Евангелия (рождественская драма), в нижнем – *интермедии*. Действие сопровождалось музыкой, в т.ч. рождественскими песнопениями. В. имел аналоги в белорус., польск. и др. нар. кукольных т-рах (батлейка, шопка и др.). 2) Слово «В.» употребляется также для обозначения трущобы, притона.

ВЕРТИ́НСКАЯ Анаст. Ал-др. (р. 1944), актриса. С 1966 в Моск. т-ре «Современник», в 1980–88 во МХАТе. Дочь А.Н. Вертинского. Игре свойственны изысканность пластич. рисунка, сочетание лирики с лёгкой иронией: Нина Заречная («Чайка», 1970, 1980), Елена Андреевна («Дядя Ваня», 1985; обе – А.П. Чехова), Эльмира («Тартюф» Мольера, 1981) и др. Снималась в ф.: «Алые паруса» (1961), «Человек-амфибия» (1962), «Гамлет» (1964), т/ф «Безымянная звезда» (1978) и др. Преподаёт сценич. мастерство за рубежом.

ВЕРТИ́НСКИЙ Ал-др Ник. (1889–1957), артист эстрады. Выступал с 1915, в 1919 эмигрировал из России, концертировал в разл. странах, в 1943 вернулся в СССР. Исполнял «ариетки» (до 40-х гг. – в костюме и гриме Пьеро), в значит. части собств. соч., а также песни на стихи А.А. Ахматовой, А.А. Блока, С.А. Есенина, В.М. Инбер и др. В. присущи утончённая грация, выразительность интонаций и жестов. Снимался в ф.: «Чем люди живы» (1912), «Заговор обречённых» (1950), «Анна на шее» (1954) и др.

ВЕ́РТОВ Дзига (наст. имя и фам. Денис Арк. Кауфман) (1895/96–1954), кинорежиссёр, один из зачинателей и теоретиков сов. и мирового документального кино. В выпусках киножурнала «Кино-Правда» (1922–1925), в новаторских по киноязыку ф. «Кино-Глаз» (1924), «Шестая часть мира» (1926), «Человек с киноаппаратом» (1929), «Три песни о Ленине» (1934) стремился к поэтич. худ. преображению реальности.

ВЕРТОЛЁТ, летат. аппарат с одним или неск. несущими винтами, тяга к-рых обеспечивает ему вертикальные взлёт и посадку, горизонтальный полёт и «висение» в воздухе. Первый способный летать В. построен во Франции в нач. 20 в. Серийно применяются со 2-й пол. 1940-х гг. для возд. перевозок, с.-х., монтажных (В.-краны) и поисково-спасат. работ, патрулирования, выполнения разл. боевых задач. Макс. скорость серийных В. до 350 км/ч, дальность до 800 км, потолок «висения» до 3 км (динамич. – до 6 км), грузоподъёмность до 20 т (на нач. 90-х гг.).

ВЕРФЬ (от голл. werf), 1) пр-тие для постройки судов. 2) Помещение для постройки дирижаблей.

ВЕРХА́РН (Verhaeren) Эмиль (1855–1916), бельг. поэт-символист (франц. яз.). В лирич. трилогии (сб. «Вечера», 1888, «Крушения», 1888, «Чёрные факелы», 1891) – вселенский пессимизм, отчаяние, бессилие разума. В сб. «Обезумевшие деревни» (1893), «Города-спруты» (1895) – осознание губительности для совр. цивилизации социальных контрастов (в т.ч. город – деревня); одновременно возникает мажорный урбанизм и мечта о социализме, ярко воплотившиеся в рев. дерзании масс в пьесе-утопии «Зори» (1898). Социальному героизму и доблести созидания (независимым от полит. пристрастий) посвящены сб. «Буйные силы» (1902) и «Державные ритмы» (1910), в к-рых совр. жизнь явлена в образах страсти, жажды обновления,

Вертолёт.

изобретения, протеста, гордости, сознания силы. Филос. («Лики жизни», 1899) и интимная («Часы», 1898–1902) лирика.

ВЕ́РХНЕЕ О́ЗЕРО, оз. в Сев. Америке (США, Канада), в системе *Великих озёр*. Пл. 82,4 т.км² (самое большое по размерам акватории пресное озеро мира), глуб. до 393 м. Сток в оз. *Гурон* по р. Сент-Мэрис. Порты: Дулут, Тандер-Бей.

ВЕРХО́ВНЫЙ СУД, высш. суд. орган гос-ва, возглавляющий суд. систему. Рассматривает суд. дела исключит. важности и является высш. инстанцией для всех др. судов гос-ва. В нек-рых странах (напр., в США) осуществляет функции *Конституционного суда*. Члены В. с. назначаются, как правило, пожизненно главой гос-ва (США).

ВЕРХО́ВНЫЙ ТА́ЙНЫЙ СОВЕ́Т, высш. совещат. гос. учреждение России в 1726–30 (7–8 чел., А.Д. Меншиков, Ф.М. Апраксин, П.А. Толстой и др.). Создан Екатериной I. Фактически решал важнейшие гос. вопросы. Пытался ограничить самодержавие в свою пользу, но был распущен имп. Анной Ивановной.

ВЕРХОЯ́НСКИЙ ХРЕБЕ́Т (Верхоянские цепи), горн. система на С.-В. Сибири, в Якутии. Простирается на 1200 км от дельты Лены до долины р. Томпо (басс. Алдана). Выс. до 2389 м. Повсеместна многолетняя мерзлота. Состоит из многочисл. массивов и хребтов с высокогорн. и среднегорн. рельефом. На склонах – лиственничные редколесья и горн. тундра. М-ния золота и олова. В р-не Оймякона находится один из «полюсов холода» Сев. полушария с абс. минимумом темп-ры ок. –71°С.

ВЕС, сила, с к-рой тело действует на горизонтальную опору (или подвес), препятствующую его свободному падению. В случае, если опора (подвес) покоится или движется равномерно и прямолинейно, В. численно равен произведению массы тела на *ускорение свободного падения*, т.е. *силе тя-*

Верхоянский хребет. Центральная часть.

жести на Земле или др. небесном теле. При свободном падении вместе с опорой (подвесом) возникает состояние *невесомости*; если же ускорение направлено в сторону, противоположную ускорению свободного падения, наблюдается состояние перегрузки.

ВЕСЁЛКА, род грибов (группа гастеромицетов). Ок. 20 видов, в широколиств. лесах, повсеместно. Плодовое тело молодого гриба овальное (т.н. чёртово яйцо), зрелого — имеет вид шляпочного гриба выс. до 30 см. Растёт на глазах (5 мм в 1 мин). Применяется в нар. медицине при подагре и ревматизме. Молодой гриб съедобен.

Весёлка: зрелый гриб и молодые плодовые тела.

ВЕСЕЛО́ВСКИЙ Ал-др Ник. (1838–1906), рос. филолог. Предст. сравнительно-ист. лит-ведения; родоначальник ист. поэтики (сб. иссл. «Историческая поэтика», 1940). Работы базировались на глубоком знании слав., визант. и зап.-европ. лит-р и мирового фольклора.

Веснины. Дворец культуры ЗИЛ в Москве. 1930–34.

ВЕСЕЛО́ВСКИЙ Степ. Бор. (1876–1952), рос. историк; тр. по соц.-экон. истории России 14–17 вв. (землевладение, деревня, социальные отношения), источниковедению, вспомогат. и спец. ист. дисциплинам (генеалогия, дипломатика, ономастика), фундам. соч. по истории дворянских родов (Пушкины и др.).

ВЕСНИНЫ́, рос. архитекторы, братья: Леон. Ал-др. (1880–1933), Викт. Ал-др. (1882–1950), Ал-др Ал-др. (1883–1959) — представители *конструктивизма*. Создавали коллективные проекты, уделяя особое внимание функциональному назначению сооружения, внедряли в стр-во новые конструкции и материалы (Днепрогэс, 1927–32).

ВЕСПУ́ЧЧИ (Vespucci) Америго (1454–1512), мореплаватель, гл. штурман Испании. Род. во Флоренции. Участник 1-й исп. и 2-й португ. экспедиций к Юж. Америке. Совм. с А. Охедой (1499–1500) открыл 1600 км сев. и 200 км вост. побережья материка, Венесуэльский зал. с оз. Маракайбо и ряд М. Антильских о-вов, в т.ч. Кюрасао. Самостоятельно обнаружил и закартировал дельту Амазонки, Гвианское течение, сев. берега Юж. Америки (1500 км) и Бразильское нагорье, показав, что это юж. заатлантич. континент, и предложил (1503) именовать его Н. Светом. Лотарингский картограф М. Вальдземюллер в 1507 назвал материк Америкой в честь В.; в 1538 назв. распространено на Сев. Америку.

ВЕСТА́ЛКИ, в Др. Риме жрицы (обычно 6) богини домашнего очага Весты. Поддерживали в очаге храма Весты священный огонь как символ надёжности и устойчивости гос-ва. Избирались из девочек знатных семей и служили 30 лет, соблюдая обет безбрачия. За его нарушение замуровывались живыми.

ВЕСТГО́ТЫ (визиготы), герм. племя, зап. ветвь готов (к В. от Днестра). В 410 во главе с Аларихом разграбили Рим. В 418 основали в Юж. Галлии кор-во (с центром в Тулузе). В 5 в. захватили б.ч. Пиренейского п-ова; их гос-во завоёвано арабами в нач. 8 в.

ВЕ́СТЕРН, жанр приключенч. кино, возникший в США в нач. 1900-х гг. Тематику В. составляют события, связанные с освоением амер. Запада во 2-й пол. 19 в. В. предполагает динамичный сюжет, развёртывающийся на обширных пространствах дикой природы при участии сильного, мужеств. героя, вступающего в схватку с врагами во имя утверждения нравств. и социальных идеалов; изображаемые события романтизировались, герой идеализировался. В нач. 50-х гг. возникла тенденция к переосмыслению и демифологизации истории завоевания дальнего Запада. Как жанр продолжает пользоваться успехом в США и др. странах («спагетти-В.» в Италии, и др.). Термин «В.» употребляется также применительно к амер. лит-ре приключенч. жанра с аналогичными сюжетами.

ВЕСТИБУЛЯ́РНЫЙ АППАРА́Т (от лат. vestibulum — преддверие), орган чувств у позвоночных ж-ных и человека, воспринимающий изменения положения головы и тела в пространстве, а также направление движения. Расположен в полукружных каналах и мешочках внутр. уха.

ВЕСТ-И́НДИЯ (букв. — Зап. Индия), общее назв. о-вов Атлантич. ок. между материками Сев. и Юж. Америка. Включает о-ва: Багамские, Б. Антильские, М. Антильские и др. Б.ч. о-вов открыта во время плаваний 1492–1502 Х. Колумба, ошибочно принявшего их за часть Индии. В отличие от Индии (Ост-Индия) эти о-ва позже стали называть В.-И. Общая площадь о-вов ок. 240 т. км², нас. св. 30 млн. ч. На о-вах расположены 13 гос-в, а также владения Великo-

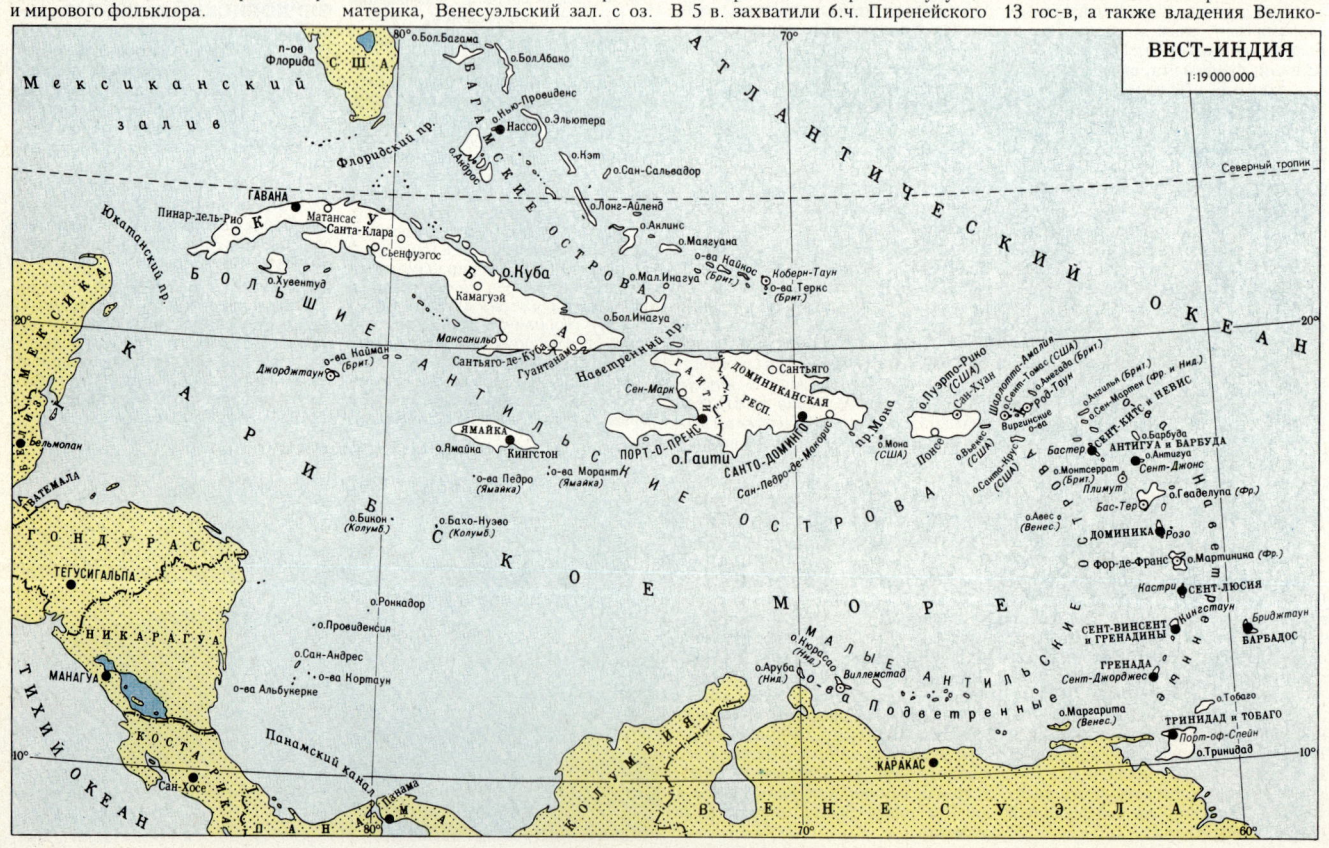

(1919–87), франц. киноактёр. Наиб. известны работы в ф.: «Мари-Октябрь» (1959), «Второе дыхание» (1966), «Искатели приключений» (1967), «С Новым годом!» (1973). Играл гл. обр. роли гангстеров или полицейских, а также решительных, удачливых и не лишённых юмора суперменов; в последние годы жизни обратился к социальной проблематике (ф. «Сиятельные трупы», 1976, «Отверженные», 1982).

ВЕНЧА́НИЕ, см. *Брака таинство*.

ВЕ́НЧИК (ботан.), внутр. часть двойного околоцветника, состоящая из отд. или сросшихся лепестков. Часто ярко окрашен. Защищает тычинки и пестики, иногда выделяет нектар, привлекает опылителей (насекомых, птиц).

ВЕ́НЫ (лат., ед.ч. vena), кровеносные сосуды, несущие насыщенную углекислотой (венозную) кровь от органов и тканей к сердцу (исключая лёгочные и пупочную В., к-рые несут артериальную кровь). У человека диам. В. 0,5–3 см.

ВЕНЯ́ВСКИЙ (Wieniawski) Генрик (1835–80), польск. скрипач, педагог, композитор. Гастролировал в Европе, США, в 1860–72 придворный солист в С.-Петербурге. Исполнит. стиль сочетал блестящую виртуозность с кантиленностью. В *мазурках*, *полонезах* и др. произв. для скрипки – нац. ритмич. характерность, черты слав. песенности. Соч. для скрипки с орк.: 2 концерта (1853, 1870), «Легенда» (1860), «Скерцо-тарантелла» (1855).

ВЕПРЬ, старинное рус. название *кабана*.

ВЕ́РА, 1) в теистич. религиях личное доверие к Богу и его слову, обращённому к человеку (божеств. откровение). В. включает в себя решимость исполнять волю Бога вопреки всем сомнениям («искушениям»), верность Богу (во всех языках, с к-рыми изначально связано становление теистич. религий, «В.» и «верность», а также «верующий» и «верный» обозначаются соотв. тем же словом). В иудаизме, христ-ве и исламе понятие В. почти совпадает с понятием религии (выражения «христ. В.» и «христ. религия» обычно употребляются как синонимы). 2) В философии и методологии науки принятие к.-л. знания без непосредств. эмпирич. и рациональных обоснований. 3) В обыденном словоупотреблении – доверие кому-либо, принятие к.-л. положений, утверждений без обоснования, убеждённость в чём-либо.

ВЕ́РБА, виды деревьев или кустарников рода *ива*.

ВЕРБА́ЛЬНАЯ НО́ТА (от лат. verbalis – словесный), форма дипл. переписки по текущим вопросам (напр., уточнение к.-л. деталей, изложение сути состоявшихся переговоров). Составляется в третьем лице от имени посольства, миссии, ведомства иностр. дел, не подписывается (иногда – парафируется), а только скрепляется печатью.

ВЕРБЕ́НА, род одно- или многолетних трав и полукустарников (сем. вербеновые). Св. 200 видов, гл. обр. в тропиках и субтропиках Америки. В декор. сад-ве используют В. гибридную. Теплолюбивое однолетнее р-ние. Размножают семенами. Цветёт с июня до октября. Цветки белые, розовые, красные, синие, фиолетовые, собраны в соцветия.

Верблюды в африканской саванне.

ВЕРБЛЮ́ДЫ, род млекопитающих (сем. верблюдовые). Длина тела 2,2–3,4 м, хвоста до 75 см, высота в холке 1,8–2,1 м, масса до 650 кг. На спине 1 или 2 жировых горба. Запястья, локти, грудь и колени покрыты кожными мозолями, позволяющими отдыхать на горячей земле. 2 вида: дромедар (одногорбый) и более крупный бактриан (двугорбый). В диком состоянии в полупустынях и пустынях Монголии и, возможно, в прилежащих р-нах Китая сохранился лишь бактриан. Хорошо переносят как жару, так и холод. Подолгу (до 10 сут) могут обходиться без пресной воды, способны питаться любой растительностью и пить солёную воду. Одомашнены более 5 тыс. лет назад. Выносливые и мощные вьючные, упряжные и верховые ж-ные. От В. получают молоко, мясо, шерсть.

ВЕРБЛЮ́ЖЬЯ КОЛЮ́ЧКА, род полукустарников и многолетних трав (сем. *бобовые*). 7 видов, гл. обр. в пустынях и полупустынях Евразии и Сев. Африки, в т.ч. 5 видов на Кавказе, в Ср. Азии, Казахстане. Имеет мощную корневую систему, достигающую грунтовых вод (18–20 м). Поедается верблюдами, в посевах – сорняк. Используют на топливо. Медонос.

ВЕ́РБНОЕ ВОСКРЕСЕ́НЬЕ, см. в ст. *Вход Господень в Иерусалим*.

ВЕРБУ́НКОШ (венг. verbunkos, от нем. Werbung – вербовка), 1) со 2-й пол. 18 в. венг. танец, исполнявшийся при вербовке рекрутов. Предшественник *чардаша*. 2) В кон. 18–19 вв. стиль венг. инстр. музыки, отличающийся эмоц. мелодикой и ритмич. разнообразием (образец «Ракоци-марш» неизв. автора). Нашёл отражение в творчестве Ф. Листа, И. Брамса.

ВЕ́РГА (Verga) Джованни (1840–1922), итал. писатель. В ранних произв. (ром. «Ева», 1873, «Эрос», 1875) – бунтарско-анархич. настроения. С позиций *веризма* изображена жизнь разных слоёв итал. об-ва в новеллах (в т.ч. «Сельская честь», 1884; одноим. опера П. Масканьи, пов. «Недда» (1874), ром. «Семья Малаволья» (1881), «Мастер дон Джезуальдо» (1889).

ВЕРГИ́ЛИЙ (Vergilius) Марон Публий (70–19 до н.э.), рим. поэт. В «Буколиках» («Пастушеские песни») рисует идиллич. мир пастушьей жизни, уводящий от скорбной действительности в идеальную Аркадию. В поэме «Георгики» («Поэма о земледелии») – осмысление тягостного труда как необходимого звена мироздания. Героич. эпос «Энеида» о странствиях троянца Энея (рим. параллель др.-греч. *эпосу*) – вершина рим. классич. поэзии; прославляет ист. миссию Рима; трагизм судьбы (направляемой неведомым провидением) и самоотречения умеряется верой в верховный смысл истории и мирового закона.

ВЕ́РДИ (Verdi) Джузеппе (1813–1901), итал. композитор. От героич. опер 40-х гг. в духе идей *Рисорджименто* обратился к психол. драмам в 50-е гг. («Риголетто», 1851; «Трубадур», 1853; «Бал-маскарад», 1859; уникальная по лирич. тонкости «Травиата», 1853,– предвосхищение *веризма* и франц. *лирической оперы*) и монументально-героич. драмам в традициях *большой оперы* в 60-е гг. («Сила судьбы», 1861, для Мариинского т-ра; «Дон Карлос», 1867). К вершинным образцам реалистич. «шекспировской» драматургии В. относятся последние оп.: «Аида» (1870), «Отелло» (1886) и «Фальстаф» (1892). 26 опер, Реквием (1874) и др.

Дж. Верди.

ВЕРДИ́КТ (от лат. vere dictum – истинно сказанное), в праве решение суда присяжных по вопросу факта в уголов. и гражд. делах. В уголов. процессе выносится по вопросу о виновности или невиновности подсудимого (обвинит. или оправдат. В.). На основе обвинит. В. суд назначает наказание.

ВЕРЕСА́ЕВ (наст. фам. Смидович) Вик. Вик. (1867–1945), рус. писатель. Пов. об исканиях интеллигенции на рубеже 19–20 вв.: «Без дороги» (1895), «Записки врача» (1901). Критико-филос. произв. о Ф.М. Достоевском, Л.Н. Толстом. Док. работы об А.С. Пушкине («Пушкин в жизни», 1926–27; «Спутники Пушкина», 1936–37), Н.В. Гоголе. Переводы.

В.В. Вересаев. Портрет работы С.В. Малютина. 1913. Литературный музей. Москва.

ВЕ́РЕСК, род вечнозелёных кустарников (сем. вересковые). 1 вид, в Евразии, Сев. Африке, на Атлантич. побережье Сев. Америки, в Гренландии и на Азорских о-вах. Сильно разрастаются на вырубках сосновых лесов, гарях, образуя сплошные заросли – верещатники. Медонос, декор. р-ние.

ВЕРЕЩА́ГИН Вас. Вас. (1842–1904), рос. живописец. В документально точных батальных картинах показал жестокие будни войны, тяжесть и героику ратного труда (серии картин на тему войны в Туркестане, 1871–74, и др.). Создал особый жанр док.-этногр. живописи, сочетающей точный рисунок с яркостью цветовых решений («Всадник-воин в Джайпуре», после 1874–76). Илл. см. на стр. 124.

ВЕРИ́ЗМ (от итал. vero – правдивый), реалистич. направление в итал. лит-ре (Дж. Верга, Л. Капуана, Г. Деледда), опере («Сельская честь» П. Масканьи, «Паяцы» Р. Леонкавалло, «Тоска» и «Богема» Дж. Пуччини), изобр. иск-ве кон. 19 в., близкое к *натурализму*. Характерны интерес к переживаниям героев, острые драм. коллизии, внимание к социальной проблематике.

ВЕРИ́ТЕЛЬНЫЕ ГРА́МОТЫ, документ, удостоверяющий полномочия дипл. представителя и назначение его в данную страну. Вручается главе принимающего гос-ва при вступлении в должность. При отзыве дипл. представителя в таком же порядке вручаются отзывные В.

ВЕРИФИКА́ЦИЯ (от лат. verus – истинный и facio – делаю), проверка, эмпирич. подтверждение теоретич. положений науки путём сопоставления их с наблюдаемыми объектами, фактич. данными, экспериментом.

«ВЕ́РКБУНД» (нем. Werkbund – производств. союз), объединение архитекторов, мастеров декор. иск-ва и промышленников. Нем. «В.» осн. в 1907 в Мюнхене, в 1933 упразднён фашистами, с 1947 воссоздан в Дюссельдорфе. Австр. «В.» осн. в 1912 в Вене. «В.» способствовали становлению *дизайна*, реорганизации архитектуры и худ. ремёсел на совр. пром. основе.

ВЕРЛЕ́Н (Verlaine) Поль (1844–1896), франц. поэт-символист. Ввёл в лирич. поэзию сложный мир чувств и переживаний (печальных и просветлённых, смутных и надломленных), придал стиху тонкую музыкальность (сб. «Галантные празднества», 1869, «Романсы без слов», 1874, «Мудрость», 1881). Кн. лит.-критич. статей «Проклятые поэты» (1884). Автобиогр. «Исповедь» (1895).

124 ВЕРЛ

В.В. Верещагин. «Двери Тамерлана». 1872–73. Третьяковская галерея.

ВЕРЛИ́БР, см. *Свободный стих*.
ВЕРМÉР ДÉЛФТСКИЙ (Vermeer van Delft) Ян (1632–75), голл. живописец. Небольшие интимные картины из жизни горожан («Бокал вина»), пейзажи («Уличка») отличаются поэтич. восприятием повседневной жизни, ясностью композиции, богатством и тонкостью колорита, живой вибрацией света и воздуха.
ВЕРН (Verne) Жюль (1828–1905), франц. писатель, один из создателей жанра науч. фантастики. Автор многочисл. (ок. 70) науч.-фантастич., приключенч.-геогр. и социально-утопич. произв., в т.ч. ром. «С Земли на Луну» (1865), «Дети капитана Гранта» (1867–68), «20 000 лье под водой» (1869–70), «Таинственный остров» (1875). Нек-рые науч.-техн. фантазии В. оказались впоследствии

Ж. Верн.

воплощёнными в действительность. Во мн. произв. (ром. «Властелин мира», 1904, и др.) выступал против использования науки в преступных, человеконенавистнич. целях.
ВЕРНА́ДСКИЙ Вл. Ив. (1863–1945), рос. естествоиспытатель, мыслитель и обществ. деятель. Основоположник комплекса совр. наук о Земле – геохимии, биогеохимии, радиохимии и др. Организатор мн. науч. учреждений и школ. Идеи В. сыграли выдающуюся роль в становлении совр. науч. картины мира. В центре его естеств.-науч. и филос. интересов – разработка целостного учения о *биосфере*, живом в-ве (организующем земную оболочку) и эволюции биосферы в ноосферу, в к-рой человеческий разум и деятельность науч. мысли становятся определяющим фактором развития, мощной силой, сравнимой по своему воздействию на природу с геол. процессами. Учение В. о взаимоотношении природы и об-ва оказало сильное влияние на формирование совр. экологич. сознания. Развивал традиции рус. космизма, опирающегося на идею внутреннего единства человечества и космоса. В. являлся одним из лидеров земского либерального движения и партии кадетов (конституционалистов-демократов).
ВÉРНЕР (Werner) Альфред (1866–1919), швейц. химик-неорганик, один из создателей химии и теории строения комплексных соед. (1891–1893). Ноб. пр. (1913).
ВЕРНИСА́Ж (франц. vernissage, букв.– покрытие лаком), торжеств. открытие выставки. Назв. происхо-

В.И. Вернадский.

дит от обычая покрывать картины лаком перед открытием выставки.
ВЕРÓНА, г. в Италии, на р. Адидже. 259 т.ж. Трансп. уз. на подступах к перевалу Бреннер в Альпах. Металлургия, маш-ние, хим., деревообр., полиграф., лёгкая пром-сть. Ун-т. Конс. «Даль Абако» (1968). Ежегодная междунар. с.-х. ярмарка. Археол. музей, Гал. совр. иск-ва. Своеобразие облику В. придают величеств. антич. пам. (др.-рим. арена, т-р), многочисл. романские церкви (Сан-Дзено Маджоре, 5–12 вв.) и готич. дворцы (Палаццо дель Говерно, 12–13 вв.). Замок Кастельвеккьо (ныне музей, 14 в.) с мостом Скалигеров.
ВЕРОНÉЗЕ (Veronese) (наст. имя Кальяри) Паоло (1528–88), живопи-

сец *венецианской школы*. Праздничные, светские по духу росписи, картины, панно («Брак в Кане», 1563), органично связанные с архитектурой, серебристые по колориту.
ВЕРОЯ́ТНОСТЬ, числовая характеристика степени возможности появления к.-л. случайного события при тех или иных условиях.
ВЕРРÓККЬО (Verrocchio) (наст. имя ди Микеле Чони) Андреа дель (1435 или 1436–1488), скульптор, живописец, ювелир; представитель флорентийской школы Раннего *Возрождения*. Реалистич. искания сочетал с утончённым аристократизмом (статуя «Давид», 1473–75; пам. кондотьеру Коллеони в Венеции, 1479–88; картина «Крещение Хри-

Верона. Пьяцца деи Синьори: слева – Лоджия дель Консильо (1475–92), в глубине – Палаццо дель Говерно (12–13 вв.).

П. Веронезе. «Поклонение волхвов». Между 1576 и 1582. Эрмитаж.

британии, Нидерландов, Франции и США.

ВЕ́СТМИНСТЕР, адм. округ и один из ист. р-нов Б. Лондона (Великобритания). 176 т.ж. (1986). Местонахождение королев. резиденции, парламента и др. правительств. учреждений. Бекингемский дворец (19—20 вв.) — резиденция англ. королей. Вестминстерское аббатство (13—19 вв.) — усыпальница англ. королей, гос. деятелей, знаменитых людей (И. Ньютона, Ч. Дарвина, Ч. Диккенса и др.). Дворец и аббатство, церк. Сент-Мэри включены в список *Всемирного наследия*.

ВЕ́ТЕМАА (Vetemaa) Энн (р. 1936), эст. писатель. В цикле «маленьких романов» «Монумент» (1965), «Реквием для губной гармоники» (1968), «Яйца по-китайски» (1972), ром. «Серебристая лента» (1977), «Лист Мёбиуса» (ч. 1—2, 1988—90), пьесах — психол. портрет совр. интеллектуального героя. Травестийная стилизация «Воспоминания Калевипоэга» (1971), сатирич. пародийная кн. «Полевой определитель эстонских русалок» (1980).

ВЕТЕРИНА́РИЯ (от лат. veterinarius — ухаживающий за скотом, лечащий скот), наука о лечении болезней ж-ных и их предупреждении, а также практич. меры по сохранению здоровья ж-ных, охране людей от болезней, общих для человека и ж-ных. Древнейшие сведения о лечении ж-ных относят к 4-му тыс. до н.э.; возникновение практич. В. на Руси — к 10—13 вв. Становление В. связано с развитием медицины, биологии, химии, физики и др. наук. Большой вклад в развитие В. внесли франц. учёный К. Буржела, англ.— Э. Дженнер, в России — В.И. Всеволодов, К.И. Скрябин, С.Н. Вышелесский и др.

ВЕТЛА́ (белотал), дерево рода *ива*.

ВЕ́ТО (от лат. veto — запрещаю), 1) право налагать запрет на акт, принятый парламентом или его палатой. Обычно предоставляется главе гос-ва (напр., президенту) или верх. палате парламента. В. может являться окончательным или преодолеваться повторным голосованием отвергнутого акта и принятием его *квалифицированным большинством*. 2) Правом В. наз. предусмотренный Уставом ООН принцип единогласия пост. членов Совета Безопасности ООН при принятии решений по непроцедурным вопросам.

ВЕ́ТРЕНИЦА (анемона), род корневищных трав, изредка полукустарников (сем. лютиковые). Ок. 150 видов,

Ветреница дубравная.

по всему земному шару. Растут на альп. и субальп. лугах, нек-рые — типично лесные. Многие культивируют как раноцветущие декор. р-ния. 2 вида (в т.ч. В. байкальская) охраняются.

ВЕТРОЭНЕРГЕТИ́ЧЕСКАЯ УСТАНО́ВКА, преобразует кинетич. энергию ветрового потока в к.-л. др. вид энергии. Состоит из ветроагрегата (ветродвигателя в комплекте с одной или неск. рабочими машинами), устройства, аккумулирующего энергию или резервирующего мощность, а также в ряде случаев дублирующего двигателя (б.ч. теплового, как, напр., в ветроэлектрич. станциях). Мощность В. у. (1992) от 100 Вт до неск. МВт. Кпд ветродвигателей, применяемых в В. у., достигает 48%.

ВЕТРЯНА́Я О́СПА, острое вирусное заболевание, преим. детское, с лихорадкой и сыпью в виде пузырьков, подсыхающих в корочки. Заражение от больного через воздух.

ВЕ́ТХИЙ ЗАВЕ́Т, часть *Библии*.

ВЕХ (цикута), род многолетних водных и болотных трав (сем. *зонтичные*). Ок. 10 видов, в умеренном поясе Сев. полушария, гл. обр. в Сев. Америке. В. ядовитый — евразиатский вид, растущий почти повсеместно. Все его части содержат токсин, вызывающий сильнейшие (часто смертельные) отравления человека и домашних ж-ных.

ВЕ́ЧЕ, нар. собрание на Руси. Наиб. развитие в рус. городах 2-й пол. 11—12 вв. (Киев, Новгород и др.). Решало вопросы войны и мира, призывало и изгоняло князей, принимало законы, заключало договор с др. землями и т.д. Использовалось боярами для ограничения княжеской власти. В Новгороде, Пскове и Вятской земле сохранилось до кон. 15 — нач. 16 вв.

ВЕ́ЧНЫЕ О́БРАЗЫ, мифол. и лит. персонажи, к-рым предельная худ. обобщённость, символичность и неисчерпаемость духовного содержания сообщает всечеловеческое, вневременное значение (*Прометей, Авель и Каин, Вечный жид, Дон Кихот, Дон Жуан, Мефистофель, Фауст, Гамлет* и др.).

ВЕ́ЧНЫЙ ДВИ́ГАТЕЛЬ (перпетуум мобиле), 1) В. д. 1-го рода — воображаемая непрерывно действующая машина, к-рая, будучи раз пущена в ход, совершала бы работу неограниченно долгое время без получения энергии извне. В. д. 1-го рода противоречит закону сохранения энергии и поэтому неосуществим. 2) В.д. 2-го рода — воображаемая *тепловая машина*, к-рая в результате совершения кругового термодинамич. цикла полностью преобразует теплоту, получаемую от к.-л. одного «неисчерпаемого» природного источника (океана, атмосферы и т.п.), в работу. Действие В.д. 2-го рода не противоречит закону сохранения энергии, но нарушает второе начало термодинамики, и поэтому такой двигатель также неосуществим. Первые проекты В.д. относятся к 13 в.; в 16—17 вв. идея В.д. получила широкое распространение, кол-во проектов неуклонно росло. Однако к кон. 18 в. стала ясна бесплодность попыток построения В.д., и с 1775 Парижская АН отказалась их рассматривать.

ВЕ́ЧНЫЙ ЖИД (Агасфер) (лат. Ahasverus), герой ср.-век. сказаний, еврей-скиталец, осуждённый Богом на вечную жизнь и скитания за то, что

не дал Христу отдохнуть (по мн. версиям, ударил его) по пути на *Голгофу*. К легенде об Агасфере обращались И.В. Гёте, К.Ф. Шубарт, поэты-романтики (П.Б. Шелли, Н. Ленау, В.А. Жуковский), Э.Сю, Х. Борхес и др. В. ж.— один из *вечных образов*, символ парадоксального возмездия — проклятие бессмертием.

ВЕ́ЩНОЕ ПРА́ВО, разновидность права имуществ. права, объектом к-рого является конкретная вещь. К числу В. п. относятся *право собственности, залог*, нек-рые сервитуты (право пользоваться в установленных пределах чужой вещью или ограничивать её собственника в отношении) и др. В. п. относится к числу абс. прав и подлежит защите от любого нарушителя.

«ВЕЩЬ В СЕБЕ́» (нем. Ding an sich), филос. понятие, означающее вещи, как они существуют сами по себе («в себе»), в отличие от того, как они являются «для нас» в познании; одно из центр. понятий «Критики чистого разума» И. Канта.

ВЗАИМОДЕ́ЙСТВИЯ ФУНДАМЕНТА́ЛЬНЫЕ, 4 вида взаимодействия между *элементарными частицами*, объясняющие все физ. явления на микро- или макроуровне. К В. ф. относятся (в порядке возрастания интенсивности) гравитационное, слабое, электромагнитное и сильное взаимодействия. Гравитац. взаимодействие существует между всеми элементарными частицами и обусловливает гравитац. притяжение всех тел друг к другу на любых расстояниях (см. *Всемирного тяготения закон*); оно пренебрежимо мало в физ. процессах в микромире, но играет осн. роль, напр., в *космогонии*. Слабое взаимодействие проявляется лишь на расстояниях ок. 10^{-18} м и обусловливает распадные процессы (напр., *бета-распад* нек-рых элементарных частиц и ядер). Эл.-магн. взаимодействие существует на любых расстояниях между элементарными частицами, имеющими электрич. заряд или магн. момент; в частности, оно определяет связь электронов и ядер в атомах, а также ответственно за все виды эл.-магн. излучений. Сильное взаимодействие проявляется на расстояниях ок. 10^{-15} м и обусловливает существование ядер атомов. Возможно, все виды В. ф. имеют общую природу и служат разл. проявлениями единого В. ф. Это полностью подтверждается для эл.-магн. и слабого В. ф. (т.н. электрослабое взаимодействие). Гипотетич. объединение электрослабого и сильного взаимодействий наз. Великим объединением, а всех 4 В. ф.— суперобъединением; эксперим. проверка этих гипотез требует энергий, недостижимых на совр. *ускорителях*.

ВЗРЫВ, быстрое освобождение большого кол-ва энергии в ограниченном объёме; вызывает в среде взрывную волну. В. происходит гл. обр. в результате освобождения хим. энергии ВВ или внутриядерной энергии (см. *Ядерный взрыв*). Бывают В., в к-рых энергия подводится от внеш. источника, напр. эл.-магн. энергия при ударе молнии или лазерной искре; механич. энергия при извержении вулканов, а также при падении нек-рых метеоритов на Землю. В. используются в воен. деле, в стр-ве, разведке и добыче полезных ископаемых, тушении лесных, торфяных и нефт. пожаров, лазерной и искровой обработке материалов и в иследоват. целях.

ВЗРЫВНА́Я ВОЛНА́, возникающее в результате взрыва движение среды. Скачкообразное изменение состояния в-ва на фронте В. в. распространяется со сверхзвуковой скоростью (см. *Ударная волна*). Поверхность фронта В. в. непрерывно увеличивается, а скорость её движения и интенсивность убывают. На больших расстояниях от места взрыва В. в. вырождается в звуковую волну.

ВЗРЫ́ВЧАТЫЕ ВЕЩЕСТВА́ (ВВ), индивид. хим. соединения или смеси, способные под воздействием внеш. удара, тепла и т.д. к самораспространяющейся с большой скоростью (км/с) хим. реакции с образованием газообразных продуктов и выделением тепла. Первым ВВ был изобретённый в Китае (7 в.) чёрный (дымный) *порох* (в Европе известен с 13 в.). Наиб. распространение до сер. 20 в. имел изобретённый швед.

Взрыв в карьере.

учёным А. Нобилем в 1867 динамит. С 70-х гг. осн. видом пром. ВВ являются аммиачно-селитренные ВВ.

ВЗЫСКА́НИЕ АДМИНИСТРАТИ́ВНОЕ, по рос. праву мера наказания, применяемая уполномоченными гос. органами (должностными лицами) за адм. правонарушение (адм. проступок). В. а. являются предупреждение, штраф, адм. арест, возмездное изъятие или конфискация предмета, явившегося орудием совершения или объектом правонарушения, исправит. работы, лишение спец. прав.

ВЗЫСКА́НИЯ БЕССПО́РНЫЕ, взыскание задолженности по распоряжениям управомоченных органов и *исполнительным документам*, напр. исполнит. надписям нотариусов без разбирательства дела в суд., арбитражных и др. органах (напр., взыскание недоимки по налогам с юрид. лиц).

ВИАДУ́К (от лат. via – дорога, путь и duco – веду), сооружение мостового типа (преим. металлич., бетонное или жел.-бетон.), возводимое на пересечении дороги с глубоким оврагом, горн. ущельем и т.п. Строится при экон. или техн. нецелесообразности устройства земляной насыпи. В. делают обычно многопролётными на высоких опорах. Каменные В. известны со времён Др. Рима.

ВИА́Н (Vian) Борис (1920–59), франц. писатель. Смешение пародии и патетики, достоверности и фантастики, лиризма и «чёрного юмора» в ром. «Пена дней» (1947; одноим. фантасмагорич. опера Э.В. Денисова, 1963), «Осень в Пекине» (1947), «Сердцедёр» (1953), драмах «Всеобщая живодёрня», 1950), рассказах. Творчество В., кумира молодёжи, явилось одним из ранних проявлений «молодёжного бунта» в зап. культуре 1950–70-х гг.; посмертно его романы стали бестселлерами.

ВИАРДО́-ГАРСИ́Я (Viardot-Garsia) Полина (1821–1910), франц. певица (меццо-сопрано), композитор, педагог. Славилась виртуозной техникой, глубоким и экспрессивным воплощением оперных образов: Сафо («Сафо» Ш. Гуно), Орфей («Орфей и Эвридика» К.В. Глюка), Розина («Севильский цирюльник» Дж. Россини). Автор романсов, комич. опер на либретто И.С. Тургенева.

ВИБРАЦИО́ННАЯ БОЛЕ́ЗНЬ, проф. заболевание, обусловленное длительным воздействием вибрации. Характеризуется изменениями сосудов конечностей, нервно-мышечного и костно-суставного аппарата (зябкость и парестезии конечностей, судороги мышц рук и ног, дистрофич. изменения в позвоночнике и др.).

ВИБРАЦИО́ННАЯ МАШИ́НА, машина, рабочему органу к-рой сообщается колебат. движение (вибрация).

П. Виардо-Гарсия.

Служат для перемещения материалов, грузов (вибрац. грохот, конвейер, питатель, насос и др.); для интенсификации резания металлов, наплавки материалов, прессования, спекания, уплотнения порошков в металлургии, разравнивания и уплотнения дорожных покрытий (виброкатки), бурения скважин, забивания свай и т.п.

ВИБРА́ЦИЯ (от лат. vibratio – колебание), механич. колебания в технике (машинах, механизмах, конструкциях и пр.). Полезная В. возбуждается вибраторами (рабочими органами машин) и используется в стр-ве, маш-нии, медицине и т.п. Вредная В. возникает, напр., при движении трансп. средств, работе двигателей, турбин и т.д. и может привести к нарушению режимов работы и к разрушению, вибрац. болезни персонала. Для защиты от В. применяют виброизоляцию.

ВИ́БРО... [от лат. vibro – колеблю(сь)], часть сложных слов, означающая: относящийся к колебат. движениям, вибрации.

ВИБРОТЕРАПИ́Я (от *вибро...* и *терапия*), метод физиотерапевтич. лечения заболеваний периферич. нерв. системы, асептич. воспалит. процессов и др. с помощью создаваемой спец. аппаратами вибрации (гл. обр. в форме вибрац. массажа). Улучшает кровообращение, обмен в-в, стимулирует нейротрофич. функции.

ВИВА́ЛЬДИ (Vivaldi) Антонио (1678–1741), итал. композитор, скрипач-виртуоз. Последователь А. Корелли, В. создал ок. 50 классич. образцов *кончерто гроссо*. Творчество В.– создателя жанра сольного инстр. концерта (св. 200 для скрипки), предвосхитившего достижения *венской классической школы*, оказало значит. влияние на европ. инстр. музыку 18 в. (И.С. Бах переложил

А. Вивальди. Гравюра Ламбера. Парижская Национальная библиотека.

для клавесина и органа ок. 20 скрипичных концертов В.) Цикл «Времена года» (1725)– один из ранних образцов *программной музыки*. Св. 40 опер, оратории, кантаты, камерно-инстр. музыка.

ВИВА́РИЙ (лат. vivarium, от vivus – живой), помещение для содержания (иногда и разведения) преим. лаб. ж-ных.

ВИВЕКАНА́НДА Свами (1863–1902), инд. мыслитель-гуманист, религ. реформатор и обществ. деятель, идеолог нац. движения. Ученик Рамакришны. Проповедовал универсальную религию, воспитание личности и об-ва в духе *веданты*.

ВИВИСЕ́КЦИЯ (от лат. vivus – живой и sectio – рассечение) (живосечение), операция на живом ж-ном с целью изучения функций организма, действия на него разл. в-в, разработки методов лечения и т.п.

ВИВЬЕ́Н Леон. Сер. (1887–1966), актёр, режиссёр, педагог. С 1913 в Александринском т-ре (позднее Ленингр. т-р драмы имени А.С. Пушкина; с 1937 гл. реж.). Актёрская манера отличалась сдержанностью, чёткостью сценич. рисунка: Эуген («Эуген Несчастный» Э. Толлера, 1923) и др. Постановкам свойственны выразит. простота: «На дне» М. Горького (1956, совм. с В.В. Эренбергом), «Бег» М.А. Булгакова (1958), «Маленькие трагедии» А.С. Пушкина (1962, совм. с А.Н. Даусоном). В 1918 организовал и возглавил в Петрограде Школу актёрского мастерства, в 1939 реорганизована в Ленингр. театральный

Вигвам.

ин-т (с 1992 С.-Петерб. гос. ин-т т-ра, музыки и кинематографии).

ВИГВА́М, жилище индейцев Сев. Америки, куполообразное, на каркасе из тонких стволов, покрытом ветками, корой, циновками.

ВИ́ГИ (англ. whigs, слово шотл. происхождения), полит. партия в Великобритании; возникла к нач. 80-х гг. 17 в. как группировка обуржуазившейся дворянской аристократии и крупной торг. и финанс. буржуазии. В сер. 19 в. на её основе сложилась Либеральная партия.

ВИГО́ (Vigo) Жан (1905–34), франц. кинорежиссёр. В док. ф. «По поводу Ниццы» (1929) и ленте «Ноль за поведение» (1933) наряду со склонностью к сатирич. обличению проявилась способность к поэтич. преображению мира, наиб. полное выражение получившая в ф. «Аталанта» (1934). Во Франции с 1951 присуждается ежегодная премия имени В.

ВИД (биол.), осн. структурная и классификац. (таксономич.) единица в системе живых организмов; группа особей с общими морфофизиол., биохим. и поведенческими признаками, способных к скрещиванию между собой с образованием плодовитого потомства, распространённая в пределах определ. ареала и сходно изменяющаяся под влиянием факторов среды. Термин «В.» предложил в 1693 англ. биолог Дж. Рей. В 1735 К. Линней ввёл для обозначения В. ж-ных и р-ний двойную лат. номенклатуру (т.н. бинарная номенклатура). Напр., вид *Homo sapiens* – человек разумный.

ВИД НА ЖИ́ТЕЛЬСТВО, 1) док-т, выдаваемый иностранцам на право проживания в данном гос-ве. 2) В России (до 1917) В. на ж. выдавался в предусмотренных законом случаях вместо *паспорта*.

ВИДА́Л (Vidal) Гор (р. 1925), амер. писатель. Иронич. проза; сочетает ист. колорит и актуальную проблематику. Ром.: военный – «Уилливо» (1946), исторические, раскрывающие, в частности, закулисный мир полит. власти,–«1876» (1976), «Линкольн» (1984), «Империя» (1987); антиутопия «Дулут» (1983). Эссеистика, драмы. Ром. «Голливуд» (1990).

ВИ́ДЕО... (от лат. video – смотрю, вижу), часть сложных слов, указывающая на отношение к электрич. сигналам, к-рые несут информации об изображении (видеосигнал), а также к системам и устройствам, используемым в системах передачи изображения (видеотелефон).

ВИДЕОЗА́ПИСЬ, запись электрич. сигналов, несущих информацию об изображении (видеосигналов) и его звуковом сопровождении, обычно на магн. ленту (магн. В.) или оптич. диск (оптич. В.) с целью их сохранения и последующего воспроизведения на экране телевизора.

ВИДЕОКА́МЕРА (от *видео...* и *камера*), портативное устройство, состоящее из конструктивно объединённых в одном корпусе телевиз. передающей камеры и кассетного видеомагнитофона. Запись сигналов изображения и звука осуществляется на магн. лентах шир. 12,7 или 8 мм.

ВИДЕОМАГНИТОФО́Н (от *видео...* и *магнитофон*), устройство для записи на магн. ленту изображения и звука (напр., телевиз. программы) и последующего их воспроизведения.

Виадук. Металлический виадук через каньон р. Раздан в Армении.

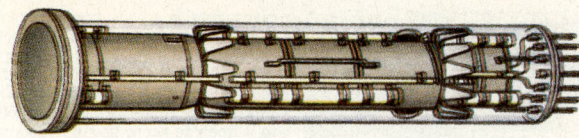

Видикон.

Скорость перемещения магн. ленты относительно головки до 50 м/с.

ВИДИКО́Н (от лат. video – смотрю, вижу и греч. eikōn – изображение), *передающая телевизионная трубка* с фотопроводящей мишенью. Под действием света от объекта передачи на мишени В. образуется распределение электрич. зарядов, соответствующее распределению освещённости объекта, к-рое затем преобразуется электронным лучом в выходной электрич. сигнал. Применяется гл. обр. в установках пром. телевидения.

ВИДОИСКА́ТЕЛЬ, оптич. система фотоаппарата, используемая для определения границ пространства (оптич. изображения объекта съёмки), получаемого в кадре на фотоплёнке; аналогичный (по назначению) узел киносъёмочного аппарата, как правило, наз. визиром. Различают рамочные, телескопич. и зеркальные В.

ВИЕЛЬГО́РСКИЕ, музыканты и муз. деятели, графы, братья: Мих. Юр. (1788–1856), композитор, автор одной из первых рус. симфоний (исполнена в 1825), романсов и др.; Матв. Юр. (1794–1866), виолончелист, один из учредителей Симф. об-ва (1840) и *Русского музыкального общества* в С.-Петербурге. Дом В. был одним из центров столичной муз. жизни.

ВИ́ЗА (от лат. visus – увиденный, просмотренный), 1) подпись соотв. лица на док-те, удостоверяющая его подлинность или придающая ему силу. 2) Офиц. отметка ведомства иностр. дел или внутр. дел в паспорте (заграничном паспорте), свидетельствующая о праве на въезд в данное гос-во или выезд из него.

ВИЗА́НТИЯ (Восточная Римская империя, Византийская империя), гос-во 4–15 вв.; образовалось при распаде Рим. империи в её вост. части (Балканский п-ов, М. Азия, юго-вост. Средиземноморье). Нас.– греки, сирийцы, копты, армяне и др. Господств. яз.– греческий. Религия – христианство (православие). Столица – Константинополь. В 4 – нач. 7 вв. в В. стал складываться феодализм (при сохранении до 7 в. рабовладения). В 6 в. при Юстиниане I превратилась в средиземномор. державу. Захват в 1204 участниками 4-го крестового похода Константинополя привёл к падению Визант. империи и основанию ими Латинской империи, а не завоёванной крестоносцами терр.– греч. гос-в (Никейской, Трапезундской империй, Эпирского гос-ва). Визант. империя была восстановлена Михаилом VIII в 1261. Взятие в 1453 Константинополя тур. войсками положило конец В.

ВИ́ЗЕР (Wieser) Фридрих (1851–1926), экономист, представитель *австрийской школы*. Один из авторов *предельной полезности теории*.

ВИЗИГО́ТЫ, см. *Вестготы*.

ВИЗИ́Р (нем. Visier, от лат. viso – смотрю), 1) (геод., астр., воен.) приспособление, устройство для визуального наведения угломерного, дальномерного или наблюдат. прибора на определ. точку в пространстве. 2) В киносъёмочном аппарате то же, что *видоискатель*.

ВИЗИ́ТНАЯ КА́РТОЧКА, карточка с именем, фамилией, указанием служебного положения и др. сведениями о лице, вручающем или оставляющем её при офиц. знакомстве, посещении кого-либо и т.п.

ВИЙО́Н (Вильон) (Villon) Франсуа (1431 или 1432 – после 1463), франц. поэт. В поэмах «Малое завещание» (1456), «Большое завещание» (1462), балладах, отмеченных ясностью и простотой стиля, парадоксальностью образов, нашли отражение сцены из жизни парижских низов (В. сам вёл богемную жизнь нищего и бродяги); мотивы одиночества, смерти сочетаются с дерзким прославлением земных радостей, иронич. отрицанием ценностей «здравого смысла», аскетич. идеала.

ВИ́КА (горошек), род одно- и многолетних трав (сем. бобовые). Ок. 150 видов, в умеренных поясах Сев. и Юж. полушарий. В культуре 10 видов – кормовые травы. В ср. полосе России возделывают чаще В. посевную (в культуре со времён Др. Рима) и В. мохнатую, обычно в смеси с овсом, реже – ячменём (200–250 ц с 1 га зелёной массы, до 20 ц с 1 га зерна).

ВИКА́РИЙ (от лат. vicarius – заместитель, наместник), в православ. церкви помощник архиерея, управляющего епархией; епископ без епархии. В протестантской церкви – помощник священника.

ВИ́КИНГИ (др.-сканд.), скандинавы – участники мор. торг.-грабительских и завоеват. походов в кон. 8 – сер. 11 вв. в страны Европы. На Руси их наз. *варягами*, в Зап. Европе – *норманнами*. В 9 в. захватили Сев.-Вост. Англию, в 10 в.– Сев. Францию (Нормандия), достигли Сев. Америки.

ВИ́КО (Vico) Джамбаттиста (1668–1744), итал. философ. Ист. процесс, по В., имеет объективный и провиденциальный (см. *Провиденциализм*) характер; все нации развиваются по циклам, состоящим из 3 эпох: божеств. (безгос. состояние, подчинение жрецам), героич. (аристократич. гос-во) и человеческой (демокр. республика или представит. монархия). Осн. соч.– «Основания новой науки об общей природе наций» (1725).

ВИКО́НТ (франц. vicomte), дворянский титул в странах Зап. Европы.

ВИКТО́РИЯ, в рим. мифологии богиня победы. Соответствует греч. Нике.

ВИКТО́РИЯ (Victoria) (1819–1901), королева Великобритании с 1837, последняя из Ганноверской династии. Царствование В.– период

Вика мохнатая: часть растения с цветками.

Виктория. Рельеф арки императора Диоклетиана. Мрамор. Конец 3 в. Сады Боболи. Флоренция.

торг.-пром. гегемонии Великобритании и создания Брит. колон. империи. В лит-ре её правление получило назв. «викторианский век» («викторианская эпоха» в англ. иск-ве, быту, нравах 19 в.).

ВИКТО́РИЯ, род многолетних водных р-ний (сем. кувшинковые). Круглые плавающие листья с загнутыми краями диам. до 2 м, выдерживают груз до 50 кг, цветки диам. 25–35 см. 2 вида, в Юж. Америке; оба культивируются в ботан. садах всего мира.

ВИКТО́РИЯ, оз. в Вост. Африке (Танзания, Кения, Уганда). Расположено на выс. 1134 м. Пл. 68 т. км² (2-е по величине пресное озеро мира), глуб. до 80 м. Впадает р. Кагера, вытекает р. Виктория-Нил. Фауна озера насчитывает ок. 100 видов, мн. эндемиков. Порты: Энтеббе, Мванза, Букоба, Кисуму. После сооружения в 1954 плотины Оуэн-Фолс на р. Виктория-Нил превратилось в водохранилище (уровень озера повысился на 3 м).

ВИКТО́РИЯ, водопад в Африке (граница Замбии и Зимбабве), на р. Замбези, один из крупнейших в мире. Выс. 120 м, шир. 1800 м. Включён в список *Всемирного наследия*.

ВИКТО́РИЯ, столица (с 1976) гос-ва Сейшельские Острова, на о. Маэ. 24 т.ж. Порт на Индийском ок. (база снабжения топливом судов на пути Африка – Индия); междунар. аэропорт. Пр-тия пищевкус. (в т.ч. таб.), меб., радиоэлектронной, рыбоперераб. пром-сти. Куст.-ремесл. произ-ва. Иностр. туризм.

ВИКТЮ́К Ром. Григ. (р. 1936), режиссёр. Работал во Львове, Калинине и др. городах. Добиваясь предельного жизнеподобия в студийных пост. пьес Л.С. Петрушевской («Уроки музыки», 1979, Студенч. т-р МГУ), раскрывал и их символич. смысл. В 1980–90-х гг. использует приёмы т-ра масок, пантомимы, шоковые методы воздействия на зал (условная, но откровенная эротика и др.). В 1991 организовал в Москве «Т-р Романа Виктюка». Среди пост.: «Вечерний свет» А.Н. Арбузова (1975, Т-р имени Моссовета), «Стена» А.М. Галина (1987, Моск. т-р «Современник»), «Федра» М.И. Цветаевой (1988, Моск. т-р на Таганке), «Служанки» Ж. Жене (1988, Моск. т-р «Сатирикон»; 1991, «Т-р Романа Виктюка»), «М. Баттерфляй» Д.Г. Хуана (1992) и др.

ВИ́ЛА (Порт-Вила), столица (с 1980) гос-ва Вануату, на о. Эфате (Н. Гебриды). 19 т.ж. Порт на Тихом ок. Произ-во и вывоз копры, рыбы, какао, древесины. Междунар. финанс. центр.

ВИ́ЛА-ЛО́БОС (Villa-Lobos) Эйтор (1887–1959), браз. композитор, фольклорист, дирижёр. Глава нац. композиторской школы. Основатель (1945) и през. Браз. муз. академии. В творчестве органично сочетаются яркая нац. основа с достижениями европ. муз. техники. Оперы, балеты, симфонии; популярные 14 «Шорос» (1920–29), воплощающие фольклорный жанр уличного ансамблевого музицирования, и «Бразильские бахианы» (1944) для инстр. ансамблей.

ВИЛА́Р (Vilar) Жан (1912–71), франц. актёр, режиссёр. В т-ре с 1932. В 1947 положил начало Авиньонским фестивалям драм. иск-ва (рук.– В.). С 1951 директор, ре-

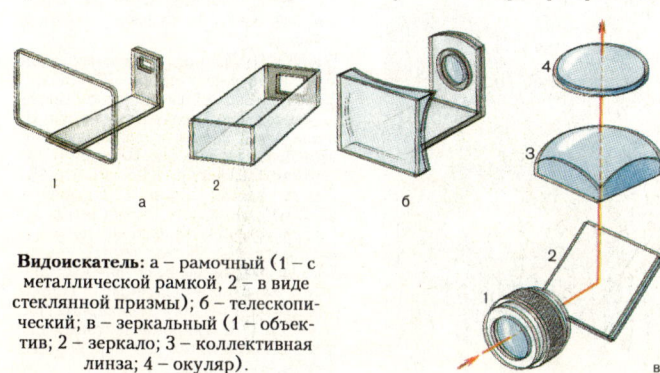

Видоискатель: а – рамочный (1 – с металлической рамкой, 2 – в виде стеклянной призмы); б – телескопический; в – зеркальный (1 – объектив; 2 – зеркало; 3 – коллективная линза; 4 – окуляр).

130 ВИЛЛ

жиссёр и актёр Нац. нар. т-ра. Пост.: «Сид» П. Корнеля (1949), «Рюи Блаз» В. Гюго и «Дон Жуан» Мольера (сыграл Дон Жуана) — оба 1954, «Федра» Ж. Расина (1957) и др. Оказал влияние на сценич. иск-во не только Франции, но и др. стран.

ВИ́ЛЛА (лат. villa — усадьба, поместье), загородный дом с садом или парком. В Др. Риме загородное поместье для отдыха и развлечений. В эпоху Возрождения имели регулярную осевую планировку с гл. зданием в центре, барочные В. получили сложную и прихотливую композицию. В 19—20 вв. комфортабельный односемейный дом с садом или парком в пригороде или на курорте.

Вилла Пояна близ Виченцы. 1560-е гг. Архитектор А. Палладио.

ВИЛЛА́Р (Villars) Клод Луи Эктор (1653—1734), франц. полководец, маршал-генерал (1733), герцог (1705). Одержал ряд побед в войне за Исп. наследство 1701—14. В войне за Польск. наследство 1733—35 совершил успешный поход в Сев. Италию (1733).

ВИ́ЛОЧКОВАЯ ЖЕЛЕЗА́ (тимус, зобная железа), центр. орган иммунной системы позвоночных. У большинства млекопитающих расположена в грудной полости в области переднего средостения. Участвует в формировании иммунитета (продуцирует Т-лимфоциты), в регуляции роста и общего развития организма. У человека В. ж. хорошо развита в молодые годы и к старости её масса уменьшается (в среднем до 15 г).

ВИЛЬГЕ́ЛЬМ I Завоеватель (William the Conqueror) (ок. 1027—87), англ. король с 1066; из Нормандской династии. С 1035 герцог Нормандии. В 1066 высадился в Англии и разбил при Гастингсе войско англосаксов короля Гарольда II.

ВИЛЬГЕ́ЛЬМ III ОРА́НСКИЙ (Willem van Oranje) (1650—1702), штатгальтер (правитель) Нидерландов с 1674, англ. король с 1689. Призван на англ. престол в ходе гос. переворота 1688—89 («Славной революции»), до 1694 правил совм. с женой Марией II Стюарт.

ВИЛЬГЕ́ЛЬМ ТЕЛЛЬ, см. Телль В.

ВИ́ЛЬДЕ (Vilde) Эдуард (1865—1933), эст. писатель. Ром. «В суровый край» (1896) о тяготах крест. жизни. Ист. трил. «Война в Махтра» (1902), «Ходоки из Ания» (1903), «Пророк Мальтсвет» (1905—08) — о нар. волнениях 50—60-х гг. 19 в. Сатирич. пьесы, памфлеты, рассказы. Тонкий психологизм в ром. «Молочник из Мяэкюлы» (1916).

ВИЛЬКИ́ЦКИЙ Бор. Анд. (1885—1961), рос. мореплаватель, гидрограф-геодезист. В 1904 тяжело ранен при обороне Порт-Артура. В 1913—1915 нач. гидрографич. эксп. в Сев. Ледовитом ок. на судах «Таймыр» и

Вильнюс. Вид на город с башни Верхнего замка.

«Вайгач». В 1913—14 открыл 3 о-ва и архипелаг Сев. Земля, впервые обнаружил явление летней температурной инверсии над арктич. акваториями, выявил пролив, позже названный по его имени (прол. Вилькицкого). После зимовки в 1915 прибыл в Архангельск, выполнив первое сквозное плавание Сев. мор. путём с В. на З. В 1918 назначен нач. первой сов. гидрографич. эксп. В 1920 эмигрировал в Великобританию.

ВИЛЬКИ́ЦКОГО ПРОЛИ́В, между п-овом Таймыр и о. Большевик (Сев. Земля), соединяет моря Карское и Лаптевых. Дл. 104 км, наим. шир. 55 км, наим. глуб. 32 км. Б. ч. года покрыт плавучими льдами.

ВИ́ЛЬНЮС (до 1939 Вильно), г., столица Литвы, на р. Нярис. 598 т.ж. Ж.-д. уз. Маш-ние (станки, инстр., топливная аппаратура, эл.-двигатели, эл.-сварочное и торг. оборудование, радиоизмерит. приборы, с.-х. машины и др.) и металлообработка, развиты хим., лёгкая (кож., обув., трикот.), пищ. (мясная, молочная, кондитерская) пром-сть. АН Литвы, 5 вузов (в т.ч. ун-т с 1579; университет — один из старейших в Вост. Европе, консерватория). 12 музеев (в т.ч. худ., ист.-этногр., архитектуры, т-ра и музыки). Т-ры: оперы и балета, драмы, рус. драм., молодёжи, кукольный. Изв. с 1323. Столица Вел. кн-ва Литовского. С 1795 в составе России. В 1920—39 — Польши. С 1940 столица Литов. ССР, с 1991 — Литов. Респ. На горе — остатки Верх. замка (14—15 вв.); внизу — Старый город с домами 17—18 вв., церк. Онос (16 в.), Пятро ир Повило (17 в.), кафедральным собором и ратушей (18 в.). Новый жилой р-н Лаздинай (завершён в 1973).

ВИ́ЛЬЯМС Вас. Робертович (1863—1939), биолог, почвовед и агроном, автор травопольной системы земледелия. Более полувека проработал в Моск. с.-х. академии имени К.А. Тимирязева (в 1922—24 ректор).

ВИ́МПЕРГ (нем. Wimperg), остроконечный декор. фронтон, завершающий порталы и оконные проёмы готич. зданий; украшались ажурной или рельефной резьбой и увенчивались крестоцветом.

ВИНА́, в праве необходимое условие привлечения к ответственности. Существует 2 формы В.: умысел и неосторожность. В уголов. праве преступление, совершённое умышленно, как правило, наказывается более строго. Отсутствие В. исключает уголов. ответственность. В гражд. праве форма В., как правило, не влияет на размер имуществ. ответственности. В исключит. случаях допускается от-

ветственность при отсутствии В. (напр., за вред, причинённый источником повышенной опасности).

ВИНДЕЛЬБАНД (Windelband) Вильгельм (1848—1915), нем. философ, глава баденской школы *неокантианства*. Определял философию как учение о *ценностях* («Прелюдии», рус. пер. 1904). Разделял науки на номотетические, имеющие дело с законами, и идиографические, изучающие единичные, неповторимые явления. Тр. по истории философии.

ВИНДИКА́ЦИЯ (лат. vindicatio, от vindico — заявляю претензию, требую) (виндикационный иск), в гражд. праве иск собственника или лица, владеющего имуществом на законном основании, об истребовании его из чужого незаконного владения.

ВИНДСЁРФИНГ (англ. windsurfing), разновидность парусного спорта — гонки на спец. доске (виндсёрфер или сёрф; дл. 3,7 м, шир. 0,65 м, масса 27 кг) с укреплённой на ней свободно вращающейся мачтой (выс. 4,2 м) для паруса пл. 5,2 м². Зародился в США (1968). В 1973 осн. Междунар. ассоциация В.; объединяет ок. 20 стран. Чемпионаты Европы и мира с 1973.

ВИ́НДХУК, столица (с 1990) Намибии, на выс. 1655 м. 114,5 т.ж. Узел ж. и шос. дорог, соединяющих В. с портами Намибии и ЮАР; междунар. аэропорт. Торговля каракулем; пищ., швейные и др. пр-тия. Осн. в 1840.

ВИ́НКЕЛЬМАН (Winckelmann) Иоганн Иоахим (1717—68), нем. ис-

Вимперг.

торик антич. иск-ва, к-рое анализировал с позиций философии Просвещения. Идеал В.— др.-греч. скульптура сер. 5 в. до н.э. (т.н. века Перикла). Расцвет др.-греч. иск-ва объяснял климатич. условиями, гос. устройством и прежде всего полит. свободой. Один из создателей методики искусствоведч. анализа, основатель эстетики *классицизма*.

ВИ́ННАЯ Я́ГОДА, сушёные плоды *инжира*.

ВИ́ННИЦА, г., обл. ц. на Украине, на р. Юж. Буг. 380,9 т.ж. Ж.-д. уз. Пищ., хим., лёгкая, деревообр., маш.-строит. (с.-х. машины, инстр-ты, подшипники, эл.-техн. и радиотехн. аппаратура и др.) пром-сть. 3 вуза. 3 музея (в т.ч. краеведч., лит.-мемор. М.М. Коцюбинского). Т-ры: муз.-драм. и кукольный. Изв. с 1363.

ВИННИЧЕ́НКО Вл. Кир. (1880—1961), укр. писатель, полит. деятель. Пред. Ген. секретариата Центр. рады (1917—18), пред. Директории Украинской (1918—19). В 1920 эмигрировал. Писал также на рус. яз. Повести, рассказы (1902—06) о крест. бедноте, провинц. захолустье. Социально-психол. романы (в т.ч. «Заветы отцов», 1914; «Хочу», 1916; «Записки курносого Мефистофеля» 1917) об идейном и духовном кризисе, настроениях скепсиса и крайнего индивидуализма в рев. среде. Док.-мемуарная кн. «Возрождение нации» (т. 1—3, 1919). Фантастич. ром.-утопия «Солнечная машина» (1928), ром.-антиутопия «Лепрозорий» (1938), полит. ром. «Слово за тобой, Сталин!» (1950). Дневники (в 40 тт.).

ВИ́ННЫЙ СПИРТ, см. Этиловый спирт.

ВИНО́, алкогольный напиток, полученный полным или частичным спиртовым брожением виноградного или плодово-ягодного сока либо мезги, иногда с добавлением спирта и др. в-в. В. разделяют на столовые, креплёные, ароматизированные. Столовые В. содержат обычно спирта 7—14 объёмных %, сахара до 0,3% (сухие В.), 0,5—3% (полусухие), 3—8% (полусладкие). Креплёные В. делятся на крепкие (17—20 объёмных % спирта 1—14% сахара) и десертные — полусладкие, сладкие и ликёрные (12—17 объёмных % спирта, 5—35% сахара). Ароматизир. В. получают смешением вин, настоев душистых трав с добавлением пряностей и т.п. (16—18 объёмных % спирта). Особая группа — В., насыщенные диоксидом углерода: игристые (напр., шампанское), шипучие, или газированные (напр., сидр). В., выдержанные неск. лет, наз. марочными, а ок. 1 года — ординарными. По окраске различают В. белые, розовые и красные.

ВИНОГРА́Д, род древесных лиан (сем. виноградовые). 60—70 видов, в Евразии, Сев. и Юж. Америке. Выращивают (неск. тысячелетий) в осн. В. культурный, во мн. странах, особенно в Испании, Италии, Франции, Аргентине, США и др.; в России — на Ю. Европ. части. Лиана с длинными (3—5 м) однолетними побегами-лозами, долговечна, плодоносит неск. десятков лет. Св. 8 тыс. сортов — винные (известны по назв. вин), столовые, кишмишно-изюмные. Плоды (до 200 ц с 1 га) богаты сахарами, витамином С и микроэлементами, широко используются для переработки (изюм, сок, вино и др.).

Виноград. Плоды.

ВИНОГРА́ДНАЯ УЛИ́ТКА, наземный брюхоногий моллюск. Раковина выс. до 5 см, шир. ок. 4,5 см. Обитает в листв. лесах, в кустарниковых зарослях Центр. и Юго-Зап. Европы; завезена в Юж. Америку. Питается листьями, в т.ч. и виноградной лозы. Съедобна, в ряде стран объект разведения.

ВИНОГРА́ДНЫЙ СА́ХАР, то же, что *глюкоза.*

ВИНОГРА́ДОВ Викт. Вл. (1894/95–1969), языковед, литературовед. Тр. по рус. грамматике, фразеологии, лексикологии, истории рус. лит. яз., языку и стилю рус. писателей 19–20 вв., поэтике, стилистике.

В.В. Виноградов.

ВИНОГРА́ДОВ Ив. Матв. (1891–1983), математик, основатель (с 1932) и дир. Матем. ин-та АН СССР. Создал классич. метод тригонометрич. сумм, получил фундам. результаты и решил ряд важных задач в теории чисел.

ВИНОГРА́ДОВ Олег Мих. (р. 1937), артист балета, балетмейстер, художник. В 1958–67 в Новосибирском т-ре оперы и балета, в 1973–77 гл. балетм. Ленингр. Малого оперного т-ра. С 1977 гл. балетм. Ленингр. т-ра оперы и балета имени С.М. Кирова (ныне Мариинский т-р). Пост.: «Ромео и Джульетта» С.С. Прокофьева (1965), «Горянка» М.М. Кажлаева (1968, сценарий В.), «Ярославна» Б.И. Тищенко (1974, худ. В.), «Петрушка» И.Ф. Стравинского (1988) и др. В. смело вводит совр. тематику, экспериментирует в области хореогр. лексики, создаёт оригинальные версии классич. балетов.

ВИНОКУ́РОВ Евг. Мих. (1925–93), рус. поэт. Стихи о людях воен. поколения, их духовном возмужании. Тяготеет к филос. лирике. Сб. «Лицо человеческое» (1960), «Слово» (1962), «Жребий» (1978), «Бытие» (1982), «Равноденствие» (1989). Поэма «На Запад» (1981). Переводы.

ВИНЬИ́ (Vigny) Альфред Виктор де (1797–1863), франц. писатель-романтик. В поэмах «Элоа» (1824), «Моисей» (1826), «Потоп» (1826) – воспевание идеальной любви, страданий разочарованного героя, богоборч. мотивы. Трагич. ощущение избранных душ в мире торжествующей пошлости в ист. ром. «Сен-Мар» (1826), психол. драме «Чаттертон» (1835), поэме «Смерть волка» (1843). Прозаическая, на автобиогр. основе, кн. «Неволя и величие солдата» (1835) посв. безвестным героям долга и чести.

ВИОЛОНЧЕ́ЛЬ (итал. violoncello), струн. смычковый муз. инстр-т скрипичного семейства басо-тенорового звучания. Появился в 15–16 вв. Классич. образцы созданы итал. мастерами 17–18 вв. (А. и Н. Амати, Дж. Гварнери, А. Страдивари и др.). Сольный, ансамблевый и орк. инстр-т.

ВИО́ЛЫ (итал. viole), семейство струн. смычковых инстр-тов, распространённых в Зап. Европе в 15–18 вв. По размерам и по положению инстр-та во время игры различают В. да браччо (итал. da braccio – ручные, в т.ч. виоль д'амур; держали горизонтально, как *скрипку*) и В. да гамба (da gamba – ножные; держали вертикально, как *виолончель*). К семейству В. близок совр. *контрабас.*

ВИО́ТТИ (Viotti) Джованни Баттиста (1755–1824), итал. скрипач, композитор. Гастролировал (в т.ч. в России в 1781), возглавлял в Лондоне и Париже разл. оперные т-ры (в 1819–22 – Парижскую оперу). Оказал влияние на скрипичное иск-во 19 в. и формирование т.н. парижской скрипичной школы. 29 скрипичных концертов, струн. квартеты, трио, дуэты.

ВИ́ППЕР Роберт Юр. (1859–1954), рос. историк. В 1924 эмигрировал в Латвию, вернулся в Москву в 1941. Диапазон науч. интересов чрезвычайно широк – от истории античности и возникновения раннего христ-ва до современности.

ВИРСА́ВИЯ, в Библии одна из жён царя Давида, мать Соломона.

ВИРСАЛА́ДЗЕ Элисо Конст. (р. 1942), груз. пианистка. Популярность В. снискала глубокая и тонкая трактовка соч. В.А. Моцарта. В репертуаре также музыка композиторов-романтиков.

ВИ́РУСЫ (от лат. virus – яд), неклеточные формы жизни. Состоят из нуклеиновой к-ты (ДНК или РНК) и белковой оболочки (капсида). Открыты в 1892 рос. учёным Д.И. Ивановским. В. – внутриклеточные паразиты: они размножаются только в живых клетках, используя их ферменты для синтеза зрелых вирусных частиц – вирионов. У разных В. вирионы сильно различаются по форме и размерам (20–400 нм). Распространены повсеместно; вызывают болезни р-ний, ж-ных и человека. Широко используются в генетич. инженерии. В. бактерий (бактериофаги) – классич. объект мол. генетики.

ВИ́РХОВ (Virchow) Рудольф (1821–1902), нем. патолог, антрополог и полит. деятель. Выдвинул теорию целлюлярной патологии, согласно к-рой патол. процесс – сумма нарушений жизнедеятельности отд. клеток. Описал морфологию и объяснил патогенез осн. общепатол. процессов (воспаление, лихорадка, отёк и др.). Тр. по гигиене, антропологии, археологии. Один из основателей (1861) и лидеров Прогрессистской партии.

ВИСКО́ЗА (от позднелат. viscosus – вязкий), высоковязкий р-р ксантогената целлюлозы – продукта взаимодействия щелочной целлюлозы с сероуглеродом в разбавленном вод. р-ре гидроксида натрия. Применяется гл. обр. для получения вискозного волокна, плёнки (целлофан), искусств. кожи (кирза). Пром. произ-во вискозного волокна впервые начато в 1905 в Великобритании.

ВИСКО́НТИ (Visconti), знатный итал. род (известен с кон. 10 в.), к к-рому принадлежали тираны (правители) Милана в 1277–1447 (с 1395 – герцоги).

ВИСКО́НТИ Лукино (наст. фам. Висконти ди Модроне) (1906–76), итал. режиссёр. Распад семейных, обществ. отношений, человек и его время, художник и культура, гибель красоты и иск-ва в совр. мире – гл. темы фильмов В., к-рым свойственна изощрённая пластич. культура: «Рокко и его братья» (1960), «Леопард» (1962), «Гибель богов» (1969), «Смерть в Венеции» (1971), «Семейный портрет в интерьере» (1974), «Невинный» (1976). Много работал в драм. и муз. т-ре, ставил классич. пьесы и оперы, сочинения совр. авторов.

ВИ́СМУТ (Bismuthum), Bi, хим. элемент V гр. периодич. системы, ат. н. 83, ат. м. 208,9804; металл, $t_{пл}$ 271,4°C. В. – компонент легкоплавких сплавов, припоев, баббитов и др., присадка к алюминию, сталям и др. сплавам. Из сплавов В. с марганцем изготовляют пост. магниты. Известен со ср. веков.

ВИТАЛИ́ЗМ (от лат. vitalis – жизненный), течение в биологии, признающее наличие в организме нематериальной, непознаваемой силы («жизненная сила», «душа», «энтелехия» и др.), управляющей жизненными явлениями и обеспечивающей целостность организма. Виталистич. воззрения зародились в древности и в разл. формах периодически возрождаются.

ВИТАМИ́ННАЯ НЕДОСТА́ТОЧНОСТЬ, патол. состояние организма, обусловленное дефицитом одного или неск. витаминов. Разновидности В. н. – *авитаминозы* и *гиповитаминозы.*

ВИТАМИНОТЕРАПИ́Я, введение в организм витаминов в определ. дозах с целью возмещения их недостатка (при витаминной недостаточности), а также с др. леч. и профилактич. целями.

ВИТАМИ́НЫ (от лат. vita – жизнь), органич. соединения разл. хим. природы, необходимые в незначит. кол-вах живым организмам. Многие В. – компоненты ферментов (кофакторы), в составе к-рых участвуют в разл. ферментативных реакциях. Че-

Виноград. Плоды.

Виолончель.

Виолы. Виола да гамба и виоль д'амур.

О.М. Виноградов. Сцена из балета «Витязь в тигровой шкуре».

132 ВИТГ

ловек и ж-ные не синтезируют В. или синтезируют их в недостаточном кол-ве и поэтому должны получать В. с пищей. Первоисточником В. обычно служат р-ния. Нек-рые В. образуются микрофлорой кишечника. Длит. употребление пищи, лишённой В., вызывает заболевания (гипо- и авитаминозы). Многие В., используемые как лекарств. препараты, получают хим. или микробиол. синтезом. Осн. В.: A_1 (ретинол), B_1 (тиамин), B_2 (рибофлавин), B_3 (пантотеновая к-та), B_6 (пиридоксин), B_{12} (цианкобаламин), B_c (фолиевая к-та), С (аскорбиновая к-та), D (кальциферолы), Е (токоферолы), Н (биотин), РР (никотиновая к-та), K_1 (филлохинон).

ВИТГЕНШТЕ́ЙН (Wittgenstein) Людвиг (1889–1951), австр. философ и логик, один из основателей *аналитической философии*. С 1929 в Великобритании. Друг и ученик Б. Рассела. Осн. труды «Логико-философский трактат», 1921; «Философские исследования», 1953) посвящены «логике языка», проясняющей структуру языка и «мира». По В., осмыслен лишь точный язык естеств. наук; этич., эстетич., религ. метафиз. положения – бессмысленны (ибо не могут быть правильно выражены в языке). Философия суть «терапевтич.» деятельность по прояснению языка. Центр. понятие позднего В.– «языковые игры» (модели употребления слов и выражений, исходные формы родного языка).

ВИТГЕНШТЕ́ЙН Пётр Христианович (1769–1843), ген.-фельдм. (1826), светлейший князь (1834). В Отеч. войну 1812 ком. корпуса, прикрывавшего С.-Петербург. В апр.-мае 1813 главнокоманд. рус.-прус. армией в войне против Франции. В нач. рус.-тур. войны 1828–29 главнокоманд. армией.

ВИ́ТЕБСК, г., обл. ц. в Белоруссии. 361,5 т.ж. Пристань на р. Зап. Двина; ж.-д. уз. Маш-ние (станки, приборы, телевизоры и др.), хим., лёгкая (трикот., текст., кож.-обув. и др.), пищ., деревообр. пром-сть; произ-во керамич. и худ. изделий. 4 вуза. 2 музея (в т.ч. краеведч.). 2 т-ра (в т.ч. драм.). Изв. с 974. Благовещенская церк. (12 в.).

ВИТКЕ́ВИЧ (Witkiewicz) Станислав Игнаци (1885–1939), польск. писатель, художник. Представитель польск. *авангардизма*. В гротескных пьесах (св. 30), предваряющих европ. *абсурда драму* (в т.ч. «Сапожник», опубл. 1948), и в ром. «Прощание с осенью» (1927), «Ненасытность» (1930) показал деформации и алогичность совр. цивилизации, выразил предчувствие её краха. Тр. о живописи и т-ре. Покончил с собой при вторжении гитлеровских войск.

ВИ́ТОВТ (Витаутас) (Vytautas) (1350–1430), вел. князь литовский (с 1392). Сын кн. Кейстута. Выдал дочь Софью за Василия I. Трижды вторгался в Моск. вел. кн-во (1406–08), захватил Смоленск. Один из рук. разгрома крестоносцев в *Грюнвальдской битве*.

ВИТРА́Ж (франц. vitrage, от лат. vitrum – стекло), орнаментальная или сюжетная декор. композиция (в окне, двери, перегородке, в виде самостоят. панно) из стекла или др. материала, пропускающего свет. В строит. практике также сплошное или частичное остекление фасада.

ВИТРУ́ВИЙ (Vitruvius), рим. архитектор и инженер 2-й пол. 1 в. до н.э.

С.Ю. Витте. Портрет работы И.Е. Репина. 1901–03.

Автор трактата «Десять книг об архитектуре», где рассмотрены градостроит., инж.-техн. и худ. вопросы, обобщён опыт греч. и рим. зодчества.

ВИ́ТТЕ Сер. Юл. (1849–1915), рос. гос. деятель, граф (с 1905). В 1892 мин. путей сообщения, с 1892 мин. финансов. С 1903 пред. К-та министров. В 1905–06 пред. Совета Министров. Инициатор введения винной монополии (1894), ден. реформы (1897), установившей зол. монометаллизм, стр-ва Сиб. ж.д. Подписал Портсмутский мир (1905), после чего в широких обществ. кругах получил прозвище «граф Полусахалинский». Разработал ряд положений столыпинской агр. реформы. Автор Манифеста 17 окт. 1905. Проводил политику сотрудничества с крупными пром. кругами. Автор «Воспоминаний» (т. 1–3, 1960).

ВИ́ТТИ (Vitti) Моника (наст. имя и фам. Мария Луиза Чечарелли) (р. 1931), итал. актриса. Известность В. принесло участие в фильмах реж. М. Антониони 60-х гг. («Приключение», «Ночь», «Затмение», «Красная пустыня»), в к-рых был создан образ интеллектуальной женщины из бурж. среды. Перестав сниматься в фильмах Антониони, стала одной из ведущих комедийных актрис итал. экрана («Девушка с пистолетом», 1968, в отеч. прокате – «Не промахнись, Асунта!» и «Флирт», 1984). Работает в т-ре.

М. Витти в фильме «Красная пустыня».

ВИ́ТТОВА ПЛЯ́СКА, то же, что *хорея*.

ВИФЛЕЕ́М (церк.-слав.; др.-евр. Бетлехем, совр. Бейт-Лахм), г. в Палестине, к Ю. от Иерусалима. Согласно Библии, родина царя Давида и место рождения Иисуса Христа.

ВИХРЕВЫ́Е ТО́КИ (Фуко токи), замкнутые индукц. токи в массивных проводниках, к-рые возникают под действием вихревого электрич. поля, порождаемого переменным магн. полем. В. т. приводят к потерям эл.-энергии на нагрев проводника (этот эффект обнаружен франц. физиком Ж. Фуко в 1855), в к-ром они возникают; для уменьшения этих потерь магнитопроводы машин и аппаратов переменного тока изготовляют из изолир. стальных пластин. В. т. используются, в частности, в бытовых счётчиках эл.-энергии, автомоб. спидометрах, для плавки и поверхностной закалки металлов.

ВИ́ЦЕ… (от лат. vice – вместо, взамен), часть сложных слов, означающая: помощник, заместитель по должности (напр., вице-губернатор).

ВИ́ЦЕ-ПРЕЗИДЕ́НТ, в ряде гос-в с респ. формой правления (напр., США, страны Лат. Америки) должностное лицо исполнит. власти, избираемое, как правило, одновременно с президентом. В.-п. обычно не имеет спец. компетенции: он выполняет поручения президента, а в случае его смерти, отставки и др. к В.-п. переходят полномочия и обязанности президента.

ВИ́ЦИН Георг. Мих. (р. 1918), актёр. В 1937–69 в Т-ре имени М.Н. Ермоловой. Острохарактерный актёр, В. часто использует краски тонкой иронии, гротеска: ф. «Двенадцатая ночь» (1955), «Деловые люди» (1963), «Женитьба Бальзаминова» (1965). Создал роль-маску Труса в кинокомедиях реж. Л.И. Гайдая: «Операция "Ы" и другие приключения Шурика» (1965), «Кавказская пленница» (1967) и др.

ВИЧ-ИНФЕ́КЦИЯ, инфекц. заболевание, вызываемое вирусом иммунодефицита человека (ВИЧ). Впервые описано в своей финальной стадии (*СПИД*) в США в 1981; регистрируется во всех странах мира (в СССР с 1985). В 1992 в мире было ок. 400 тыс. больных. Источник инфекции – носитель вируса. Заражение – при половых контактах, от матери плоду во время беременности и родов, от матери ребёнку при кормлении грудью, при переливании крови, инъекциях и т.п. Первые проявления инфекции (лихорадка, увеличение лимфоузлов и др.) возникают по прошествии от 3 сут до неск. мес после заражения. Вторичные проявления, обусловленные непосредств. действием ВИЧ, длятся от неск. мес до 8–10 лет и завершаются развитием СПИДа, к-рый в течение 1–5 лет приводит больного к смерти. В силу резкого ослабления защитных сил организма возникают разл. поражения, преим. вызываемые условно патогенными вирусами, бактериями, грибками и простейшими, а также опухоли, чем и определяются разнообразные проявления болезни (увеличение лимфоузлов, лихорадка, поносы, истощение, гнойно-воспалит., септич. процессы, пневмонии, поражения кожи и др.). Лечение малоэффективно (осн. препарат – азидотимидин). Меры профилактики: ограничение числа половых партнёров,

использование презервативов; серологич. обследование доноров, контингентов повышенного риска (мужчины-гомосексуалисты, наркоманы, больные венерич. болезнями и др.); использование шприцев, игл, систем для переливания крови разового пользования; тщательная стерилизация мед. инстр-тов, проведение массовых обследований на ВИЧ-и.

ВИЧЕ́НЦА, г. в Италии, у подножия Альп. 109 т.ж. Трансп. узел. Металлургия, маш-ние, хим., текст. пром-сть; произ-во ювелирных изделий. Филиал Венецианской конс. Облик В. определяют остатки др.-рим. построек (т-р, акведук, мост), романские и готич. дома и церкви, сооружения А. Палладио (базилика, 16 – нач. 17 вв.; лоджия дель Капитанио, 1571; т-р Олимпико, 1580–85).

Виченца. Дворец Кьерикати.

ВИША́ПЫ, кам. изваяния рыб выс. до 5 м (2–1-е тыс. до н.э.). Известны на Кавказе и в Монголии.

ВИШНЕ́ВСКАЯ Гал. Пав. (р. 1926), певица (сопрано). В 1952–74 в Большом т-ре. Артистка разностороннего дарования, обладающая выразит. голосом чистого тембра и незаурядным драм. талантом. Создала галерею сценич. образов в рус. и заруб. операх: Татьяна, Ли-

Г.П. Вишневская.

за («Евгений Онегин» и «Пиковая дама» П.И. Чайковского), Марфа («Царская невеста» Н.А. Римского-Корсакова), Аида, Виолетта («Аида» и «Травиата» Дж. Верди) и др. Снялась в гл. роли в фильме-опере «Катерина Измайлова» (по опере Д.Д. Шостаковича). С 1974 в США. В 1978 за правозащитную деятельность В. и её муж М.Л. Ростропович были лишены гражданства СССР; в 1990 восстановлена в гражданстве.

ВИ́ШНУ, в ведич. религии божество, в брахманизме и индуизме великий бог-охранитель. В ср. века В. почитался в осн. в его аватарах (воплощениях) – образах богов и героев Кришны, Рамы и др.

ВЛАД 133

Вишну. Фрагмент барельефа. Паршванатх Кхаджурахо (Индия). 11 в.

ВИШНУИ́ЗМ, одно из 2 главных (наряду с *шиваизмом*) течений в индуизме, распространено гл. обр. в Сев. Индии. Вишнуиты почитают Вишну как верх. бога.

ВИ́ШНЯ, род древесных р-ний (сем. розоцветные). Ок. 150 видов, в умеренном и субтропич. поясах Сев. полушария, гл. обр. в Азии. Выращивают (св. 2 тыс. лет) В. обыкновенную – в Европе, Центр. Азии, Америке (США), Австралии и др.; в России – в центр. и юж. р-нах. Дерево выс. 6–7 м или кустарник, живёт 30–40 и более лет, плодоносит с 3–4 лет. Неск. тыс. сортов (отечественные – Владимирская, Любская, Шубинка и др.); делятся на аморели

Вишня. Плоды.

(сок малокислый, неокрашенный) и морели, или гриоты (сок кислый, окрашенный). Плоды (до 80 кг с р-ния) богаты сахарами, органич. к-тами, витаминами, семена используют в мыловарении (содержат масло), листья – специи в соленьях и заменитель чая. Из древесины делают трубки, мундштуки и др. В культуре также В. песчаная, степная, войлочная, *черешня* и др.

ВКЛА́ДЫ (депозиты), ден. средства физич. и юрид. лиц, хранящиеся в банках. Осн. виды В.: до востребования (могут быть получены по первому требованию), на текущие счета, срочные (изымаются по истечении обусловленного срока). По В. банками выплачиваются проценты.

ВКУС, ощущение, возникающее при воздействии разл. растворимых в-в на вкусовые рецепторы, расположенные у позвоночных гл. обр. на поверхности языка, а также в слизистой оболочке ротовой полости. Осн. вкусовые ощущения: горькое, сладкое, кислое, солёное. В. влияет на аппетит и пищеварение, зависит от физиол. состояния. При нек-рых болезнях и с возрастом может меняться или утрачиваться.

ВКУС эстетический, способность человека к различению, пониманию и оценке эстетич. явлений во всех сферах жизни и иск-ва.

ВЛАДЕ́НИЕ, в гражд. праве фактич. обладание вещью, одно из правомочий собственника. При определ. условиях *давность* В. вещью лицом, не являющимся её собственником, служит для него основанием приобретения на эту вещь *права собственности*.

ВЛАДИ́ (Vlady) Марина (наст. фам. Полякова-Байдарова) (р. 1938), франц. киноактриса. Приобрела популярность в ролях естественных, своенравных девушек («Колдунья», 1956). Жен. натуры (от язвительных до романтических) воплощены В. в ф.: «Современная история» («Пчело-

М. Влади в фильме «Перед потопом» (1953).

матка», 1963), «Сюжет для небольшого рассказа» (1970), «Сплендор» (1988). Работает в т-ре. Автор книги «Владимир, или Прерванный полёт» (1989) о В.С. Высоцком (муже В.).

ВЛАДИВОСТО́К, г. (с 1880), ц. Приморского кр., в России. 648 т.ж. Порт на Тихом ок., в бухте Золотой Рог. Конечный пункт Транссиб. ж.-д. магистрали. Аэропорт. Маш-ние (судостроение и судоремонт, произ-во оборудования для рыбной, деревообр. и горнодоб. пром-сти), пищ. (в т.ч. рыбная) и лёгкая пром-сть. В. – база рыбного промысла; добыча

Владивосток. Морской порт.

морепродуктов. Дальневост. отделение РАН. 8 вузов (в т.ч. ун-т), 3 музея (в т.ч. картинная гал.). Т-ры: приморский драм., юного зрителя, кукол. Осн. в 1860.

ВЛАДИКАВКА́З (в 1931–44 и в 1954–90 Орджоникидзе, в 1944–54 Дзауджикау), г. (с 1860), столица (с 1924) Сев. Осетии, на р. Терек, у подножия Б. Кавказа. 324,7 т.ж. Ж.-д. ст.; нач. пункт Воен.-Груз. дороги. Маш-ние (эл.-техн. изделия, приборы и др.), произ-во цв. металлов и стекла, хим., деревообр., лёгкая и пищ. пром-сть. 4 вуза (в т.ч. ун-т). 7 музеев (сев.-осет. худ., осет. лит-ры и др.). Т-ры: муз., осет. драматический, рус. драмы, кукол. Осн. в 1784.

ВЛАДИ́МИР, г., центр Владимирской обл., в России, на р. Клязьма. 356,1 т.ж. Ж.-д. узел. Маш-ние (в т.ч. тракторное), хим., лёгкая, пищ. пром-сть. 2 вуза. Владимиро-Суздальский ист.-архит. и худ. музей-заповедник. Т-ры: хоровой музыки, драмы, кукол. Памятники владимиро-суздальской школы зодчества: «Золотые ворота» (1158–64), Успенский (1158–60, перестроен в 1185–89) и Дмитриевский (1194–97) соборы. Осн. в 1108.

ВЛАДИ́МИР I (Василий) (?–1015), князь новгородский (с 969), вел. князь киевский (с 980). Мл. сын Святослава. Покорил вятичей, радимичей и ятвягов; воевал с печенегами, Волжско-Камской Булгарией, Византией и Польшей. При нём сооружены оборонит. рубежи по рекам

Владикавказ. Мечеть.

Владимир. «Золотые ворота».

Владимиро-Суздальская школа. Дмитриевский собор во Владимире.

Десна, Осётр, Трубеж, Сула и др., заново укреплён и застроен кам. зданиями г. Киев. В 988–989 ввёл в качестве гос. религии христ-во. В рус. былинах наз. Красное Солнышко. Канонизирован Рус. православ. церковью.

ВЛАДИ́МИР II МОНОМА́Х (Василий) (1053–1125), вел. князь киевский (с 1113). Сын Всеволода Ярославича и дочери визант. имп. Константина IX Мономаха (предположительно, Марии). В 1060–70-е гг. княжил в Ростове, Смоленске, Владимире-Волынском, Чернигове (1076–77, 1078–93), Переяславле Южном (1093–1113). Защищая Переяславское кн-во от кочевников, обрёл в народе славу хранителя Рус. земли. Был в общерус. походах против половцев (1103, 1107, 1111, 1116 и др.). Призван киевскими боярами на великокняжеский стол. Автор Устава, включённого в Рус. правду; «Поучения» детям, в к-ром, используя опыт своей жизни, пытался создать образ идеального правителя.

ВЛАДИ́МИРОВ Иг. Петр. (р. 1919), актёр, режиссёр. С 1960 гл. реж. Т-ра имени Ленсовета (ныне С.-Петерб. Открытый т-р). Для В. характерна склонность к муз. орг-ции драм. действия, созданию яркого синтетич. зрелища. Публицистич. спектакли, комедии, мьюзиклы: «Пигмалион» Б. Шоу (1962), «Трёхгрошовая опера» Б. Брехта (1966), «Человек со стороны» И.М. Дворецкого (1971), спектакль-концерт «Люди и страсти» по произв. классиков нем. лит-ры (1974) и др. Снимался в ф.: «Твой современник» (1968), «Обратная связь» (1978) и др.; работал как кинорежиссёр.

ВЛАДИ́МИРОВ Юр. Куз. (р. 1942), артист балета, педагог. В 1962–88 в Большом т-ре. Танец В. отличался красотой, взрывчатой энергией, совершенством пластики: Спартак («Спартак» А.И. Хачатуряна, 1969), Грозный («Иван Грозный», на музыку С.С. Прокофьева, 1975) и др. Снимался в телефильмах.

ВЛАДИ́МИРО-СУ́ЗДАЛЬСКАЯ ШКО́ЛА, одна из осн. школ др.-рус. иск-ва в 12–13 вв. Для зодчества характерны изысканность пропорций, белокам. декор (соборы во Владимире, Покрова на Нерли церковь), для живописи – одухотворённость образов, величавость ритмов (росписи Дмитриевского собора во Владимире, ок. 1197).

ВЛАДИ́МИРСКОЕ ВЕЛИ́КОЕ КНЯ́ЖЕСТВО, в междуречье Оки и

134 ВЛАД

Волги в 12–14 вв. Образовалось в 1157 в связи с переносом вел. кн. Андреем Боголюбским столицы Ростово-Суздальского кн-ва из г. Суздаль в г. Владимир на Клязьме. После смерти вел. кн. Всеволода Большое Гнездо (1212) от В. в. к. отделились Ростовское, Переяславское, Юрьевское, Стародубское, Суздальское, Ярославское кн-ва. Вел. князь владимирский был старшим в Сев.-Вост. Руси. В период монголо-татарского ига князьям приходилось ездить в Орду за грамотами (ярлыками) на владение В. в. к. и отвечать за сбор дани с рус. кн-в. В 60-е – нач. 70-х гг. 13 в. из В. в. к. выделилось Московское великое княжество. В 1362 вел. кн. Дмитрий Донской, объявив В. в. к. наследственным владением, объединил его с Моск. вел. кн-вом.

ВЛАДИМОВ (наст. фам. Волосевич) Георг. Ник. (р. 1931), рус. писатель. В 1983 эмигрировал в ФРГ. В пов. «Большая руда» (1961) и ром. «Три минуты молчания» (1969) о современности, ром. «Генерал и его армия» (1994) о Вел. Отеч. войне остротич. изображение совр. жизни, проблемы сохранения нравств. достоинства в разн. обстоятельствах. В пов. «Верный Руслан» (1975) – феномен деформации человеческой сущности системой насилия сталинских лагерей.

ВЛАСОВ Анд. Анд. (1901–46), ген.-лейт. (1942). С 1920 в Кр. Армии. В Вел. Отеч. войну командовал корпусом и армией, зам. команд. Волховским фронтом, команд. 2-й ударной армией (Волховский фронт), оказавшейся весной 1942 в окружении. Попал в плен, возглавил «К-т освобождения народов России» (КОНР) и «Рус. освобод. армию» (РОА), составленную из сов. военнопленных (офицеры и солдаты РОА наз. «власовцами»). В мае 1945 захвачен сов. частями и по приговору Воен. коллегии Верх. суда СССР повешен.

ВЛАСОВ Юр. Петр. (р. 1935), спортсмен (тяжёлая атлетика), писатель. Неоднократный чемпион СССР, Европы и мира (1959–64), чемпион Олимп. игр (1960); многократный рекордсмен мира в тяжёлом весе. Автор мн. книг, в т.ч. «Себя преодолеть» (1964), «Особый район Китая» (1973), «Справедливость силы» (1989), «Огненный крест» (1991).

ВЛАСТЬ, в общем смысле способность и возможность оказывать определяющее воздействие на деятельность, поведение людей с помощью к.-л. средств – воли, авторитета, права, насилия (родительская В., гос., экон. и др.); полит. господство, система гос. органов.

ВНЕМАТОЧНАЯ БЕРЕМЕННОСТЬ, развитие оплодотворённого яйца вне матки, обычно в маточной трубе. Приводит к изгнанию плодного яйца через свободный конец маточной трубы в брюшную полость (трубный аборт) или к разрыву трубы (сопровождается внутрибрюшным кровотечением, шоком). Лечение оперативное.

ВНЕШНЯЯ ТОРГОВЛЯ, форма внешнеэкон. связей, продажа и покупка товаров, ценных бумаг на междунар. рынке. Различают экспорт (вывоз) и импорт (ввоз) товаров. В. т. реализуется на уровне связей компаний, корпораций, межгос. соглашений.

ВНИМАНИЕ, сосредоточенность и направленность психич. деятельности на определ. объект. Различают В. непроизвольное (пассивное) и произвольное (активное), когда выбор объекта В. производится сознательно, преднамеренно.

ВНП, см. Валовой национальный продукт.

ВНУТРЕННЕЕ ТРЕНИЕ, то же, что вязкость.

ВНУТРЕННИЕ БОЛЕЗНИ, заболевания органов кровообращения, дыхания, пищеварения, почек, обмена в-в, системы соединит. ткани и крови, лечение к-рых осуществляют врачи-терапевты. Область клинич. медицины, изучающая эти болезни (см. Терапия).

ВНУТРЕННИЕ ВОДЫ, в междунар. праве все воды (реки, озёра, каналы, проливы и т.п.), находящиеся в пределах терр. данного гос-ва (кроме его территориальных вод). К В. в. относятся также внутр. моря, ограниченные со всех сторон терр. одного гос-ва, воды портов, бухт, заливов при определ. ширине входа в них, т.н. ист. заливы. На В. в. полностью распространяется юрисдикция прибрежного гос-ва.

ВНУТРЕННЯЯ ТОРГОВЛЯ, реализация продукции производств.-техн. назначения и нар. потребления на внутр. рынке. Формы В. т.: оптовая торговля и розничная торговля. Один из каналов реализации товаров – товарные биржи. В широком смысле В. т. включает также торговлю валютой, разл. видами ценных бумаг.

ВНУТРЕННЯЯ ЭНЕРГИЯ тела, включает кинетич. энергию составляющих тело молекул, атомов, электронов, ядер, а также энергию взаимодействия этих частиц друг с другом. Изменение В. э. численно равно работе, к-рую совершают над телом (напр., при его сжатии) в адиабатном процессе, или кол-ву теплоты, к-рое сообщается телу (напр., при его нагревании) в изохорном процессе.

ВНУШЕНИЕ (суггестия), психич. воздействие на личность, приводящее либо к появлению у человека помимо его воли и сознания определ. состояния, чувства, отношения, либо к совершению человеком поступка, непосредственно не следующего из принимаемых им норм и принципов деятельности. Объектом В. может быть как отд. человек, так и группы, социальные слои (массовые В.). Используется в медицине как метод психотерапии; проводится в состоянии бодрствования и гипноза.

ВО (Waugh) Ивлин (1903–66), англ. писатель. В сатирич. ром. «Упадок и разрушение» (1928), «Мерзкая плоть» (1930), «Пригоршня праха» (1934), «Возвращение в Брайдсхед» (1945), «Незабвенная» (1948) – отрицание устоев совр. об-ва, теряющего традиц. этич. ценности; этико-эстетич. идеал В. воплощён в традиц. аристократич. укладе и католицизме. В трил. «Почётный меч» (1952–61, рус. пер.– «Офицеры и джентльмены») высмеивается воен.-бюрократич. машина «старой Англии»; коммунизм и нацизм предстают как проявления всемирного зла. Проницат. психологизм, гротеск, колоритные эксцентрич. характеры. Автобиогр. «Испытание Гилберта Пинфолда» (1957).

ВОБАН (Vauban) Себастьен Ле Претр де (1633–1707), маркиз, военачальник и воен. инженер, маршал Франции (1703). Построил и модернизировал св. 300 крепостей, руководил осадой 53 крепостей. Разработал метод постепенной атаки крепости, один из основоположников минно-подрывного дела. Тр. по воен.-инж. делу и экономике.

ВОБЛА, промысловая рыба рода плотва. Дл. до 35 см, масса до 800 г. Обитает в Каспийском м., нерестится в реках Волга и Урал.

ВОДА, H_2O, жидкость без запаха, вкуса и цвета; плотн. 1,000 г/см³ (3,98 °С), $t_{пл}$ 0°С, $t_{кип}$ 100°С; при замерзании образует лёд. Одно из наиб. распространённых соед. в природе (кол-во В. на поверхности Земли $1,39 \cdot 10^{18}$ т, в атмосфере $1,3 \cdot 10^{13}$ т); известны изотопные разновидности (см. Тяжёлая вода). В. входит в состав всех минералов и горн. пород, всех живых организмов (45–98%, в т.ч. в организме человека ок. 60% массы тела); присутствует в почве. Обязательный компонент практически всех технол. процессов в пром-сти и с. х-ве. В. особой чистоты необходима в произ-ве продуктов питания, полупроводников, люминофоров, в ядерной технике, хим. анализе и др. Как лечебные применяют природные В., содержащие повышенное кол-во минер. солей, газы, нек-рые хим. элементы (см. Минеральные воды).

ВОДАН, см. Один.

ВОДЕВИЛЬ (франц. vaudeville, от vau de vire, букв.– долина р. Вир в Нормандии, где в 15 в. были распространены нар. песенки-водевиры), вид лёгкого комедийного представления, построенного на занимат. интриге, с песнями-куплетами, романсами и танцами. Возник во Франции. Классики жанра – Э. Скриб, Э.М. Лабиш. Расцвет рус. В.– 1820–40-е гг. (А.А. Шаховской, Д.Т. Ленский, П.А. Каратыгин, Ф.А. Кони, Н.А. Некрасов и др.). В. с успехом шёл почти до кон. 19 в. Мастерами В. были актёры М.С. Щепкин, В.И. Живокини, К.А. Варламов и др. Новые возможности В. открыл А.П. Чехов («Медведь», «Предложение», «Свадьба» и др.), сблизив этот жанр с реалистич. драмой и комедией.

ВОДКА, крепкий спиртной напиток, получаемый смешиванием очищенного этилового спирта (40–56 объёмных %) с водой. Выработка В. (хлебного вина) в России началась в кон. 14 в. Добавляя в В. травы, семена, коренья, пряности, приготовляют разл. настойки. Др. виды В. получают перегонкой перебродивших сладких жидкостей (виноградной, вишнёвой и др. соков).

ВОДНОЕ ПОЛО, спорт. командная игра с мячом на воде в прямоуг. бассейне (30 м × 20 м, глуб. не менее 1,8 м); играющие, плавая, стремятся забросить мяч в ворота соперника. Первые показат. соревнования проведены в Лондоне (1869). В России культивируется с 1906 (С.-Петербург). В 1926 осн. К-т В.п. при Междунар. любительской федерации плавания (ФИНА). Чемпионаты Европы с 1926, мира с 1973; в программе Олимп. игр с 1900.

ВОДНОЛЫЖНЫЙ СПОРТ, соревнования спортсменов, скользящих на буксире за катером по поверхности воды на спец. лыжах. Как вид спорта сформировался в 1930-е гг. в США; с 1950-х гг. культивируется в СССР. В 1947 осн. Всемирный воднолыжный союз (ВВЛС); объединяет св. 60 стран. Чемпионаты мира с 1949.

Водное поло.

ВОДНО-МОТОРНЫЙ СПОРТ, техн. вид спорта, включающий скоростные соревнования и туризм на моторных судах. Зародился в нач. 20 в.; в России культивируется с 1920-х гг. В 1922 осн. Междунар. водно-моторный союз (УИМ); объединяет ок. 50 стран. Чемпионаты мира с 1920-х гг. в разл. классах судов. Входил в программу Олимп. игр (1908).

ВОДНЫЙ БАЛАНС ЗЕМЛИ, соотношение, связывающее кол-во воды, поступающей на поверхность земного шара в виде осадков, и кол-во воды, испаряющейся с поверхности суши и Мирового ок. за определ. период времени. В ср. многолетний период годовое кол-во осадков равно 1020 мм, испарение с поверхности Мирового ок. 880 мм и с суши 140 мм. В.б.З.– количеств. выражение влагооборота на Земле. Он тесно связан с тепловым балансом и наряду с ним – один из важных показателей для характеристики природных зон.

ВОДОЛЕЧЕНИЕ (гидротерапия), наруж. применение пресной (собственно В.) и минер. (бальнеотерапия) воды с целями лечения, профилактики или закаливания. Проводится в форме обливания, обтирания, укутывания, душа, ванны, купания и т.д.

ВОДОМЕРКИ, неск. семейств клопов. Дл. 1–34 мм. Ок. 700 видов, распространены широко. Своеобр. обитатели любого водоёма (морского или пресноводного). Легко и быстро скользят по поверхности воды (отсюда назв.).

ВОДОМЁТНЫЙ ДВИЖИТЕЛЬ (водомёт), судовой движитель, у к-рого сила, движущая судно, создаётся струей воды. В. д. представляет собой профилир. трубу (водовод), концы к-рой выведены в подводную часть судна. Водный поток, попадая в трубу, ускоряется лопастным механизмом, энергией продуктов сгорания топлива или давлением сжатого газа и затем выбрасывается. В. д. стал осн. движителем судов на подводн. крыльях.

ВОДООСВЯЩЕНИЕ (Водосвятие), христ. церк. обряд троекратного погружения воды путём священником креста. Правосл. церковь различает т.н. великое В. (накануне праздника Богоявления, или Крещения, и в самый праздник) и малое В. (обычно дважды в год: в день храмового праздника и в любое время на дому по желанию верующих).

ВОДООЧИСТКА, комплекс технол. процессов, имеющих целью довести качество воды, поступающей в

ВОЕН 135

ВЫСОЧАЙШИЕ И НАИБОЛЕЕ ИЗВЕСТНЫЕ ВОДОПАДЫ МИРА

Название	Местоположение	Высота, м
Анхель	Венесуэла	1054
Тугела	ЮАР	933
Йосемитский (каскад)	США	727
Утигард	Норвегия	610
Сатерленд	Новая Зеландия	580
Фишт	Россия	200
Виктория	Граница Замбии и Зимбабве	120
Игуасу	Граница Бразилии и Аргентины	72
Ниагарский	Граница США и Канады	51
Бойома (каскад)	Конго	40

КРУПНЕЙШИЕ ВОДОХРАНИЛИЩА МИРА

Водохранилище	Страна	Река	Объём, км³
Братское	Россия	Ангара	169,3
Кариба	Замбия, Зимбабве	Замбези	160,3
Насер	Египет, Судан	Нил	157,0
Вольта	Гана	Вольта	148,0
Даниел-Джонсон (Маникуаган-5)	Канада	Маникуаган	141,8
Красноярское	Россия	Енисей	73,3
Куйбышевское	Россия	Волга	58,0
Бухтарминское	Казахстан	Иртыш	49,6

водопроводную сеть из природного источника водоснабжения, до установленных нормами показателей. До подачи в водопроводную сеть вода поверхностных источников (рек, озёр) подвергается осветлению и обесцвечиванию в спец. очистных сооружениях (отстойниках, осветлителях, фильтрах), а затем обеззараживается (напр., введением хлорной извести). Кроме того, к процессам В. относятся умягчение и опреснение воды, её дегазация, дезактивация и т.д. В России станция очистки водопроводной воды впервые была сооружена в 1888 в С.-Петербурге.

ВОДОПАД, падение воды в реке с уступа, пересекающего речное русло. Вода может падать по неск. уступам, образуя серию В. – каскад; менее круто падающие В. наз. водоскатами.

ВОДОРОД (Hydrogenium), Н, первый, наиб. лёгкий хим. элемент периодич. системы, ат. м. 1,00794; газ, $t_{кип}$ –252,76 °C. Ядро атома В. наз. протоном. В. входит в состав воды, живых организмов, нефти, кам. угля, природного газа; самый распространённый элемент космоса – составляет более 70% массы Солнца и звёзд. *Термоядерные реакции* с участием В. – осн. источник энергии звёзд. Применяют В. для синтеза аммиака, метилового и др. спиртов, углеводородов, соляной к-ты, для гидрогенизации пищ. жиров, при получении, сварке и резке металлов, как горючее в ракетной и космич. технике и т.д. Изотопы В. – протий (^{1}H), *дейтерий* и *тритий*. В. открыт в 16 в. Парацельсом, в 1766 англ. физик и химик Г. Кавендиш впервые исследовал его свойства.

ВОДОРОДА ПЕРОКСИД (перекись водорода), H_2O_2, жидкость, $t_{кип}$ 150,2 °C. 30%-ный вод. р-р – пергидроль. Концентрир. вод. р-ры В. п. взрывоопасны. В. п. применяют как окислитель в ракетных топливах, при получении разл. хим. в-в, для отбеливания масел, жиров, меха, кожи, тканей, бумаги, при извлечении металлов из руд, для обезвреживания сточных вод, как антисептик в медицине; гидроперит (соед. мочевины с В. п.) – для обесцвечивания волос. В. п. и его р-ры обжигают кожу и слизистые оболочки.

ВОДОРОДНЫЙ ПОКАЗАТЕЛЬ (pH), характеризует кислотность разбавленных р-ров. Определяется как отрицат. десятичный логарифм концентрации ионов Н⁺. В нейтральных вод. р-рах pH = 7, в кислых < 7, в щелочных > 7.

ВОДОРОСЛИ, группа низш. водных р-ний, обычно содержащих хлорофилл и вырабатывающих органич. в-ва в процессе фотосинтеза. Тело В. (таллом, слоевище) не имеет настоящих корней, стеблей и листьев. Их размеры колеблются у разл. видов от долей микрона до 60 м. Неклеточные, одноклеточные, многоклеточные, колониальные, свободноплавающие и прикреплённые организмы. Размножение бесполое, вегетативное и половое. Отделы (или типы) В.: зелёные, бурые, красные, золотистые, жёлто-зелёные, диатомовые и др. Ок. 30 тыс. видов. Синезелёные В. чаще рассматривают как цианобактерии. В. – осн. продуценты органич. в-ва в пресных водоёмах и морях. Входят в состав планктона и бентоса. Нек-рые съедобные (напр., ламинария, порфира), другие – сырьё для получения кормовой массы, агара, каррагена, йода и др. (многие из них – объект аквакультуры). Ряд В. (хлорелла и др.) испытывают как компоненты биокомплексов, входящих в систему жизнеобеспечения космич. кораблей. Нек-рые одноклеточные В. в симбиозе с грибами образуют *лишайники*.

ВОДОХРАНИЛИЩЕ, искусств. водоём значит. вместимости, образованный обычно в долине реки водоподпорными сооружениями для регулирования её стока и дальнейшего использования в нар. х-ве. Наиб. отрицат. последствия создания В.: затопление, заболачивание, подтопление земель, увеличение сейсмоопасности.

ВОДЯНКА, скопление жидкости в полостях тела, подкожной клетчатке и др. тканях при болезнях сердца, почек, токсикозе беременных и др.

ВОДЯНОЙ ОРЕХ (чилим, рогульник), род водных однолетних трав (сем. рогульниковые). Неск. десятков видов (иногда объединяют в 1 полиморфный вид, иногда выделяют до 200), в Евразии и Африке, в т.ч. в низовьях Волги, Днепра, Днестра, на Д. Востоке и Кавказе. Плоды («орехи») с роговидными отростками используются в пищу, имеют также кормовое и лекарств. значение. В. о. плавающий – третичный реликт; охраняется.

ВОЕВОДА, военачальник, правитель у слав. народов. На Руси известен с 10 в. В Рос. гос-ве – во главе полка, отряда (кон. 15 – нач. 18 вв.), города (сер. 16 в. – 1775), пров. (1719–75).

ВОЕННО-ВОЗДУШНЫЕ СИЛЫ (ВВС), вид воору́ж. сил, предназначенный для самостоят. действий, а также для поддержки др. видов воору́ж. сил, высадки (выброски) возд. десантов, ведения возд. разведки и возд. перевозок. ВВС включает соед. и части тактич. истребителей, бомбардировщиков, штурмовиков, разведыват. и воен.-трансп. самолётов и вертолётов и др. Илл. см. на стр. 136.

ВОЕННО-МОРСКОЙ ФЛОТ (ВМФ) (военно-морские силы; ВМС), вид воору́ж. сил, предназначенный для самостоят. действий, а также для содействия сухопут. войскам, высадки мор. десантов, перевозок войск и материальных средств и др. Включает надвод. корабли, подвод. лодки, мор. авиацию, мор. пехоту. Илл. см. на стр. 136.

ВОЕННО-ПРОМЫШЛЕННЫЙ КОМПЛЕКС (ВПК), обозначение (принадлежит през. США в 1953–61 Д. Эйзенхауэру) сложившегося в ряде стран (США, СССР и др.) в ходе 2-й мир. войны и укрепившегося в период «холодной войны» альянса воен. пром-сти, армии и связанных с ними части гос. аппарата, науки, средств массовой информации. Масштабы ВПК и меры его влияния на внеш. и внутр. политику – выражение милитаризации определ. страны.

ВОЕННЫЕ ПОСЕЛЕНИЯ, особая орг-ция части войск в России в 1810–57, совмещавшая воен. службу с занятием с. х-вом. Были созданы в Могилёвской, Новгородской, Петерб., Херсонской и др. губерниях. В 1835 насчитывали 375 т.ч. Возглавлялись (с 1817) А.А. Аракчеевым.

ВОЕННЫЕ ПРЕСТУПНИКИ, лица, виновные в преступлениях против

Водоросли: 1 – алария съедобная; 2 – филлофора жилковатая; 3 – порфира лопастная; 4 – анфельция складчатая; 5 – хара обыкновенная; 6 – ульва салатная; 7 – ацетабулярия метельчатая; 8 – кодиум хрупкий.

136 ВОЕН

Военно-воздушные силы: 1. Самолёт «Илья Муромец». 2. Штурмовик Ил-2. 3. Истребитель МиГ-31. 4. Транспортный самолёт Ан-124 «Руслан».

Военно-морской флот: 1 — бриг «Меркурий», 20-е гг. 19 в.; 2 — миноносец «Стерегущий», 1903; 3 — подводная лодка, 1930–40-е гг.; 4 — торпедный катер типа Г-5, 1930–40-е гг.; 5 — тяжёлый атомный ракетный крейсер «Адмирал Нахимов», 1986.

Военно-морской флот: 1 — матрос, 1711; 2 — матрос, 1858 (оба — Россия); 3 — офицер, 1970–90-е гг.; 4 — матрос, 1970–90-е гг. (оба — СССР).

мира и человечности (иногда наз. воен. преступления), в нарушении норм права вооруж. конфликтов (ранее наз. законы и обычаи войны). Принципы ответственности В. п. были установлены в 1945 уставами *Международных военных трибуналов*, образованных для суда над нем. В. п. 2-й мир. войны. К В. п. не применяются сроки давности привлечения к ответственности. См. также *Нюрнбергский процесс*.

«ВОЕННЫЙ КОММУНИЗМ», название внутр. политики Сов. гос-ва в условиях Гражд. войны. Политика «В. к.» была направлена на преодоление экон. кризиса и опиралась на теоретич. представления о возможности непосредств. введения коммунизма. Была установлена воен.-приказная система управления об-вом, проведена национализация всей кр. и ср. пром-сти и б. ч. мелких пр-тий, ликвидирована частная торговля, введены продразвёрстка, прямой продуктообмен между городом и деревней, гос. распределение продуктов (карточная система), всеобщая трудовая повинность, уравнительность в оплате труда. Политика «В. к.» вызвала массовое недовольство широких слоёв населения, в особенности крестьянства (восстания на Тамбовщине, в Зап. Сибири, Кронштадте и др.). В 1921 несостоятельность «В. к.» признана руководством страны; введена *новая экономическая политика*.

ВОЗ (Всемирная организация здравоохранения), см. в ст. *Специализированные учреждения ООН*.

ВОЗБУЖДЕ́НИЕ (биол.), реакция живых клеток на воздействие разл. факторов внеш. и внутр. среды, их переход из состояния относит. физиол. покоя к деятельности. В нерв. и мышечных клетках В. сопровождается возникновением распространяющегося биоэлектрич. потенциала — нерв. импульса. Способность клеток к В. наз. возбудимостью. Ср. *Торможение*.

ВОЗВЫ́ШЕННОЕ, категория эстетики, характеризующая внутр. значительность, величие предметов и явлений. Получила распространение в эстетике 18 – нач. 19 вв. В античности В. («высокое») — особый стиль ораторской речи (соч. Псевдо-Лонгина «О возвышенном», 1 в. н. э.).

ВОЗГО́НКА, то же, что *сублимация*.

ВОЗДВИ́ЖЕНИЕ КРЕСТА́ ГОСПО́ДНЯ, один из *двунадесятых праздников*, установленный в память обретения в 4 в. креста, на к-ром был распят Иисус Христос, матерью рим. имп. Константина Великого Еленой, совершившей паломничество в Палестину. Со 2-й пол. 4 в. эта реликвия уже чтилась в Иерусалиме. При имп. Константине Великом на месте Голгофы и гроба Господня был возведён храм Воскресения. Отмечается верующими 14 (27) сентября.

ВО́ЗДУХ, смесь газов, составляющая атмосферу Земли. Сухой В. содержит азот (78,1% по объёму у поверхности Земли), кислород (21%), благородные газы (0,9%), углекислый газ (0,03%) и др.; во влажном В. — до 3% водяных паров. Масса $(5,1–5,3) \cdot 10^{15}$ т, плотн. 1,29 г/л. В. необходим для жизнедеятельности большинства организмов. Под действием В. и воды совершаются геол. процессы на поверхности Земли, формируются погода и климат. В. используют в разл. процессах (горение топлив, металлургия, получение многих хим. в-в), как тепло-, звуко- и электроизоляц. материал. Разделением В. при низких темп-рах получают азот, кислород, благородные газы. Сжатый В. — рабочее тело в пневматич. устройствах, напр. автомоб. шинах, струйных и распылит. аппаратах. Хоз. деятельность человека (в т. ч. развитие транспорта) приводит к загрязнению В., что оказывает вредное влияние на биосферу, приводит к изменению климата планеты.

ВОЗДУХОПЛА́ВАНИЕ, полёты на летат. аппаратах легче воздуха (*аэростаты* и *дирижабли*). Берёт начало от первого свободного полёта людей на тепловом аэростате бр. Ж. и Э. Монгольфье (Пилатр де Розье и д'Арланд, Париж, 21 нояб. 1783). Находило разл. воен. и гражд. применение. В 1980-х гг. в осн. полёты в спорт., науч., рекламных целях (гл. обр. на аэростатах).

ВОЗДУ́ШНАЯ ПОДУ́ШКА, область повыш. давления воздуха между основанием машины и опорной поверхностью, между подвижными и неподвижными элементами механизмов в приборах и пр. Способы образования В. п.: статические (создаются вентилятором или компрессором) и динамические (напр., под крылом летат. аппарата при его движении вблизи поверхности). Применяется в трансп. устройствах (суда на возд. подушке), гироскопах, т. н. возд. подшипниках.

ВОЗДУ́ШНАЯ ТРА́ССА (авиации), пространство над поверхно-

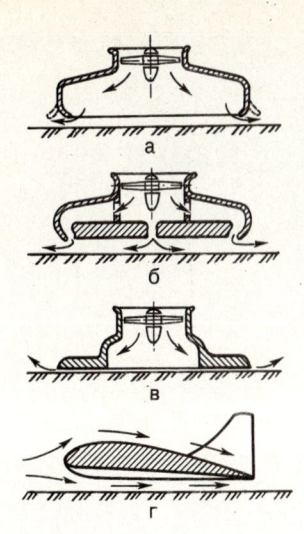

Воздушная подушка. Основные схемы образования: а — камерная; б — сопловая; в — щелевая; г — крыльевая.

стью земли в виде коридора, в пределах к-рого выполняются полёты, обеспеченные аэродромными и наземными радиотехн. средствами.

ВОЗДУ́ШНО - ДЕСА́НТНЫЕ ВОЙСКА́ (ВДВ), род сухопут. войск, предназначенный для высадки (выброски) с воздуха и ведения боевых действий в тылу противника. Состоят из парашютно-десантных, танковых, арт. и др. частей и подразделений.

ВОЗДУ́ШНО - РЕАКТИ́ВНЫЙ ДВИ́ГАТЕЛЬ (ВРД), *реактивный двигатель*, использующий для сжигания горючего кислород атм. воздуха. В ВРД осуществляются процессы сжатия воздуха, подвода теплоты и расширения нагретого газа. Сжатие воздуха происходит в воздухозаборнике за счёт энергии набегающего возд. потока (*прямоточный ВРД*) или, кроме того, в компрессоре (*турбореактивный двигатель*).

ВОЗМО́ЖНОСТЬ И ДЕЙСТВИ́ТЕЛЬНОСТЬ, филос. категории, выражающие осн. ступени развития предметов и явлений; возможность — объективная тенденция развития предмета; действительность — объективно существующий предмет как результат реализации нек-рой возможности. Различают абстрактную, или формальную (для осуществления к-рой нет всех необходимых условий), и реальную (обладающую для своей реализации всеми необходимыми условиями) возможности.

ВОЗНЕСЕ́НИЕ ГОСПО́ДНЕ, один из *двунадесятых праздников*, установленный в честь возвращения Иисуса Христа по завершении им земной жизни в божеств. сферу бытия — на Небо. Согласно новозаветному повествованию, вознесение произошло через 40 дней после воскресения Иисуса Христа (поэтому празднуется верующими на 40-й день после Пасхи) в окрестностях Иерусалима, на пути к Вифании, на склоне Елеонской горы, в присутствии апостолов.

ВОЗНЕСЕ́НСКИЙ Анд. Анд. (р. 1933), рус. поэт. В лирике —

Возрождение. Микеланджело. «Страшный суд». Фрагмент фрески в Сикстинской капелле. Ватикан.

стремление «измерить» совр. человека категориями и образами мировой цивилизации; экстравагантность сравнений и метафор, усложнённость ритмич. системы, звуковые эффекты. Сб.: «Треугольная груша» (1962), «Антимиры» (1964), «Витражных дел мастер» (1976), «Аксиома самоиска» (1990). Поэмы «Мастера» (1959), «Оза» (1964), «Авось» (1972; рок-опера «Юнона и Авось», пост. 1981), «Ров» (1986). Мемуарная проза, публицистика; кн. «Прорабы духа» (1984).

ВОЗРОЖДЕ́НИЕ (Ренессанс), эпоха в идейном и культурном развитии ряда стран Зап. и Центр., а также Вост. Европы. Осн. отличит. черты культуры В.: светский характер, гуманистич. мировоззрение, обращение к антич. культурному наследию, своего рода «возрождение» его (отсюда назв.). Культура В. обладает специфич. особенностями переходной эпохи от ср. веков к новому времени, в к-рой старое и новое, переплетаясь, образуют своеобразный, качественно новый стиль. Вопрос о хронологич. границах В. (в Италии, где В. подразделяется на Раннее, Высокое и Позд-

нее,— 14–16 вв., в др. странах — 15–17 вв.), его терр. распространении и нац. особенностях дискутируется в совр. науке.

Переломное значение эпохи особенно ярко проявилось в архитектуре и изобр. иск-ве. Для деятелей В. характерны стремление к реалистич. познанию мира и человека, вера в творч. возможности и силу разума, утверждение красоты и гармонии действительности, обращение к человеку как высшему началу бытия, представление о стройной закономерности мироздания. В архитектуре ведущую роль заняли: новые церк. (центрич.) здания, обществ. сооружения, дворцы, величественно-ясные, гармоничные по пропорциям и соразмерные человеку (Ф. Брунеллески, Л.Б. Альберти, Д. Браманте и др. в Италии, П. Леско и др. во Франции). В живописи и скульптуре (Мазаччо, Донателло, Пьеро делла Франческа, Леонардо да Винчи, Микеланджело, Рафаэль, Тициан и др. в Италии, Ян ван Эйк, П. Брейгель в Нидерландах, А. Дюрер, М. Грюневальд, Х. Хольбейн Младший и др. в Германии, Ж. Фуке, Ж. Гужон и др. во Франции) воплощены героич. представления о человеке (нередко с трагич. оттенком), освоены методы убедительного воплощения пространства, света, анатомически правильно построенной человеческой фигуры, интерьера, пейзажа. Лит-ра В. создала такие памятники непреходящей ценности, как «Гаргантюа и Пантагрюэль» (1533–52) Ф. Рабле, драмы У. Шекспира, ром. «Дон Кихот» (1605–15) М. Сервантеса и др., органически соединившие в себе интерес к античности с обращением к нар. культуре, пафос комического с трагизмом бытия. Сонеты Ф. Петрарки, новеллы Дж. Боккаччо, героич. поэма Л. Ариосто, филос. трактат Эразма Роттердамского «Похвала Глупости» (1511), эссе М. Монтеня в разных жанрах, индивид. формах и нац. вариантах воплотили идеи В. В музыке, проникающейся гуманистич. мироощущением, развивались вок. и инстр. *полифония*, жанры светской вокальной (*фроттола* и вилланелла в Италии, *шансон* во Франции, вильянсико в Испании, *баллада* в Англии, *мадригал*) и инстр. музыки; эпоха за-

вершается появлением новых академич. муз. жанров — сольной песни, *кантаты, оратории* и *оперы*.

В эпоху В. распространились филос. идеи *неоплатонизма* (М. Фичино и др.) и *пантеизма* (Дж. Бруно и др.), были сделаны выдающиеся открытия в области географии (см. *Великие географические открытия*), астрономии (разработка Н. Коперником гелиоцентрич. системы мира), анатомии (А. Везалий) и др. наук.

ВОИС (Всемирная организация интеллектуальной собственности), см. в ст. *Специализированные учреждения ООН*.

ВОЙНА́ ЗА НЕЗАВИ́СИМОСТЬ В СЕ́ВЕРНОЙ АМЕ́РИКЕ 1775–1783, освободит. война 13 англ. колоний, в ходе к-рой создано независимое гос-во — США. В 1776 принята Декларация независимости США. Амер. армия (с июня 1775 во главе Дж. Вашингтон) одержала решит. победы у Саратоги (окт. 1777) и Йорктауна (окт. 1781). По Версальскому мирному договору 1783 Великобритания признала независимость США.

ВОЙНА́ ЗА НЕЗАВИ́СИМОСТЬ ИСПА́НСКИХ КОЛО́НИЙ В АМЕ́РИКЕ 1810–26, освободит. война. Началась восстаниями против испанцев в осн. адм. центрах — Каракасе, Буэнос-Айресе, Боготе и др. Патриоты одержали крупные победы в Венесуэле, Мексике и Ла-Плате. Однако к кон. 1815 испанцам удалось почти повсеместно восстановить своё господство. В 1816 начался 2-й этап войны. Войска под рук. С. Боливара освободили от исп. господства в 1819 Н. Гранаду, в 1821 Венесуэлу, в 1822 Кито, под рук. Х. Сан-Мартина — в 1816 Ла-Плату, в 1818 Чили, в 1821 Ниж. Перу. В 1821 было ликвидировано исп. господство в Мексике, в 1824–26 под рук. А. Сукре разбиты последние исп. гарнизоны в Верх. Перу. В результате войны все исп. колонии в Америке, кроме Кубы и Пуэрто-Рико, получили независимость. Илл. см. на стр. 138.

ВО́ЙНИЧ (Voynich) Этель Лилиан (1864–1960), англ. писательница. Дочь англ. математика Дж. Буля. В 1887–89 жила в России, была связана

Война за независимость в Северной Америке 1775–83. «Капитуляция английских войск при Йорктауне». Картина Дж. Трамбалла. Библиотека Йельского университета. Нью-Хейвен.

138 ВОЙН

Война за независимость испанских колоний в Америке 1810—26. С. Боливар подписывает Основной закон об образовании федеративной республики Колумбии.

Волгоград. Лестница к набережной.

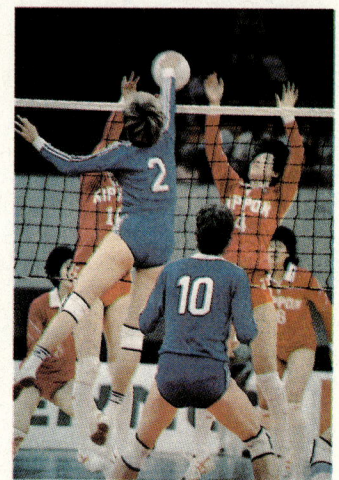

Волейбол.

Волга у Саратова.

Волк.

с польск. и рус. рев. движением. С 1920 в США. В ром. «Овод» (1897), «Овод в изгнании» (1910; др. пер.— «Прерванная дружба») создала героич. образ итал. революционера; ром. «Сними обувь твою» (1945) — о предках гл. героя предыдущих соч. Тема её муз. оратории «Вавилон» (1948) — свержение самодержавия в России. Переводы из рус. лит-ры.

ВОЙНО́ВИЧ Вл. Ник. (р. 1932), рус. писатель. В 1980—92 в эмиграции в ФРГ. В ром. «Жизнь и необычайные приключения солдата Ивана Чонкина» (1969—75) и его продолжении «Претендент на престол» (1979) — сатирич. осмеяние тоталитаризма; образ «Иванушки-дурачка» — носителя нар. нравственности и здравого смысла. «Иванкиада» (1976) — док.-сатирич. повесть на «квартирную» тему, раскрывающая механизм бюрократии. Эти 3 произв. до 1988 не печатались. Сатирич. повесть-антиутопия «Москва 2042» (1987). Пьеса «Кот домашний средней пушистости» (1990, совм. с Г.И. Гориным). Стихи (в т.ч. «Песня космонавтов»), повести («Два товарища», 1967), публицистика.

ВОЙНО-ЯСЕНЕ́ЦКИЙ Вал. Феликсович (архиепископ Лука) (1877—1961), рос. врач; автор классич. тр. «Очерки гнойной хирургии» (1934, 1950). В 1921 постригся в монахи; епископ Туркестанский, архиепископ Красноярский, Тамбовский, Крымский. Подвергался репрессиям за религ. деятельность (1923—26, 1930—33, 1937—43).

ВОКАЛИ́З (франц. vocalise, от лат. vocalis — гласный звук), 1) упражнение для развития вок. техники, исполняющееся на гласном звуке. 2) Концертное произв. без слов для голоса с инстр. сопровождением (С.В. Рахманинова, М. Равеля, Р.М. Глиэра).

ВО́ЛГА (древнее назв. Ра, в ср. века Итиль), река в России, крупнейшая в Европе. Дл. 3530 км. Начинается на Валдайской возв., впадает в Каспийское м., образуя дельту (пл. 19 т. км²). Ок. 200 притоков, наиб. значит.— Кама и Ока. На В.— каскад ГЭС (с вдхр.): Иваньковская, Угличская, Рыбинская, Горьковская, Чебоксарская, Волжская (2), Саратовская. В. соединена с Балтийским м. Волго-Балтийским водным путём, с Белым м.— Сев.-Двинской системой и Беломорско-Балтийским каналом, с Азовским и Чёрным морями — Волго-Донским судох. каналом, с р. Москва — каналом имени Москвы. Регулярное судох-во от г. Ржев (3256 км). На В.— гг. Тверь, Ярославль, Ниж. Новгород, Казань, Ульяновск, Самара, Саратов, Волгоград, Астрахань. С В. тесно связаны Поволжье и Заволжье.

ВОЛГОГРА́Д (до 1925 Царицын, до 1961 Сталинград), г., центр Волгоградской обл. в России. 1005,1 т.ж. Порт на Волге; нач. пункт Волго-Донского судох. канала; ж.-д. уз.; аэропорт. Маш-ние (в т.ч. тракторное) и металлообработка, чёрная и цв. металлургия, хим. и нефтехим., деревообр., лёгкая и пищ. пром-сть. 7 вузов (в т.ч. ун-т). 4 музея (в т.ч. пам.-ансамбль «Героям Сталинградской битвы» на Мамаевом кургане). Т-ры: муз. комедии, новый экспериментальный, гастрольный, юного зрителя, кукол. Осн. в 1589, с 1615 на совр. месте. В Вел. Отеч. войну почти полностью разрушен, восстановлен по генплану 1945. Близ В.— Волжская ГЭС.

ВОЛЕЙБО́Л (англ. volley ball), спорт. командная игра с мячом на площадке (9 м × 18 м), разделённой попалам сеткой (на выс. 2,43 м для муж. и 2,24 м для жен. соревнований). Играющие стремятся ударами рук по мячу приземлить его на половине соперника. Основоположник — У.Г. Морган (США, 1895); в России — с нач. 20 в. В 1947 осн. Междунар. федерация волейбола (ФИВБ); объединяет св. 180 стран. Чемпионаты Европы с 1948, мира с 1949; в программе Олимп. игр с 1964.

ВО́ЛКИ, род хищных млекопитающих (сем. волчьи). 7 видов (волк, шакал, койот и др.), в Евразии, Африке, Центр. Америке, Гренландии; в России 2 вида (В. и шакал). В. (длина тела до 160 см, масса до 60 кг) — типичный хищник, сильный, опасный, умный. Прожорлив, но вместе с тем может долго голодать, не утрачивая жизненных сил. Живёт до 15—20 лет. В природе поддерживает равновесие, регулируя численность др. ж-ных, особенно копытных. Наносит ущерб в р-нах отгонного жив-ва. Родоначальник пород домашних собак. Самостоят. роды (в каждом по 1 виду) – красные волки (в Юж. и Юго-Вост. Азии, в России на юге Приморья) и гривистые волки (Юж. Америка).

ВО́ЛКОВ Ник. Ник. (р. 1934), актёр. В 1962–86 (с перерывом) в Моск. т-ре на Малой Бронной, в 1978 и с 1986 в Моск. т-ре имени Вл. Маяковского. Актёрскую манеру отличают сдержанность, интеллигентность. Исполнитель гл. ролей во мн. пост. А.В. Эфроса: Дон Жуан («Дон Жуан» Мольера, 1973), Подколесин («Женитьба» Н.В. Гоголя, 1975), Отелло («Отелло» У. Шекспира, 1976) и др. Снимался в кино.

ВО́ЛКОВ Олег Вас. (р. 1900), писатель. «Погружение во тьму» (1987) – док. повествование о трагич. судьбе автора, пронёсшего через круги ада сталинских лагерей веру в общечеловеческие ценности, нац. идеалы, кодекс чести рус. дворянина. Тема защиты природы в повестях, рассказах, публицистике.

ВО́ЛКОВ Фёд. Григ. (1729–63), актёр, театральный деятель. Из купцов. Организовал в Ярославле любительскую труппу, с 1750 дававшую публ. спектакли, в 1752 вызванную указом имп. Елизаветы Петровны в С.-Петербург. Вместе с неск. др. актёрами-ярославцами зачислен в труппу первого постоянного рус. публ. т-ра, организованного в 1756. Занял в т-ре ведущее положение, прославился исполнением гл. ролей в трагедиях А.П. Сумарокова. Активный участник заговора, направленного против Петра III, возведён Екатериной II в дворянское достоинство. Имя В. присвоено Ярославскому драм. т-ру.

Ф.Г. Волков. Портрет работы А.П. Лосенко. 1763. Русский музей.

ВОЛКО́НСКИЙ Сер. Григ. (1788–1865), декабрист, князь, ген.-майор (1813). Участник Отеч. войны 1812 и загран. походов рус. армии 1813–15. Чл. «Союза благоденствия» и Юж. об-ва, один из «директоров» его Каменской управы. Осуждён на 20 лет каторги. С 1826 в Нерчинских рудниках, куда за ним последовала его жена Мария Ник. (урожд. Раевская, 1805–63); в 1835–56 на поселении в Иркутской губ. Автор «Записок» (1901).

ВОЛНИ́СТЫЙ ПОПУГА́Й, птица отр. попугаев. Дл. ок. 20 см (ок. половины – хвост). Распространён в Центр. Австралии. Оперение преим. зелёное. В неволе выведены белые, жёлтые, голубые, фиолетовые и др. формы. Может подражать пению др. птиц и произносить неск. слов.

ВОЛНОВА́Я ФУ́НКЦИЯ, в квантовой механике осн. величина (в общем случае комплексная), описывающая состояние системы и позволяющая находить вероятности и ср. значения характеризующих эту систему физ. величин. Квадрат модуля В.ф. равен вероятности данного состояния. Исторически назв. «В.ф.» возникло в связи с тем, что ур-ние Шрёдингера для этой величины имеет вид волнового уравнения, учитывающего понятие волн Де Бройля.

ВОЛНОВО́Д, устройство, канал, вдоль к-рых могут распространяться волны – акустич. (В.), эл.-магн. (в радиоволноводах, световодах), сейсмич. (в природных средах) и т.д. Акустич. В. обычно представляет собой трубы со звукоотражающими стенками, радиоволноводы – полые или частично заполненные диэлектриком металлич. трубы либо стержни из диэлектрика.

ВОЛНОЛО́М, гидротехн. сооружение для защиты от волн акватории порта, береговых участков моря и т.д. Различают В. оградительные (сплошные, плавучие, пневматич. и др.) и берегозащитные, располагающиеся непосредственно у берега. Самый длинный В. (дл. 10,85 км) сооружён в Техасе (США).

ВО́ЛНЫ, изменения состояния среды (возмущения), распространяющиеся в этой среде и несущие с собой энергию. Осн. свойство всех В., независимо от их природы, состоит в том, что перенос энергии в В. осуществляется без переноса в-ва. В. можно рассматривать как процесс распространения колебаний в пространстве, в частности в среде. В простейшем случае гармонич. волн их характеристиками являются длина волны, амплитуда, период и скорость распространения (отношение длины В. к периоду). Различают продольные волны и поперечные волны. Наиб. важные и часто встречающиеся виды В. – упругие В. (звук, сейсмич. В.), В. на поверхности жидкости и эл.-магн. В. (радиоволны, световые волны, рентгеновское излучение и др.). Несмотря на разную природу В., им свойственны мн. общие закономерности распространения (см. также Дисперсия волн, Дифракция волн, Интерференция волн, Отражение волн, Преломление волн). Движению микрочастиц также присущи особенности волновых процессов (см. Волны де Бройля).

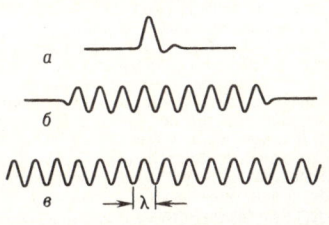

Волны: *а* – одиночная волна; *б* – цуг волн; *в* – бесконечная синусоидальная волна; λ – длина волны.

Вологда. Кремль. Софийский собор.

ВО́ЛНЫ ДЕ БРО́ЙЛЯ, проявление *корпускулярно-волнового дуализма* материи: любой «частице» с энергией E и импульсом p соответствует волна, наз. В. де Б., с длиной $\lambda = h/p$ и частотой $\nu = E/h$, где h – постоянная Планка. Гипотеза о существовании В. де Б., имеющих физ. смысл волн вероятности (см. Волновая функция), к-рую высказал Л. де Бройль в 1924, подтверждается, напр., дифракцией частиц.

ВО́ЛОГДА, г., центр Вологодской обл., в России на р. Вологда. 289,8 т.ж. Ж.-д. уз., пристань. Маш-ние, пищ. (в т.ч. маслосыродел.), лёгкая (гл. обр. льнообр.) пром-сть; произ-во кружев. 3 вуза. Дом-музей Петра I, Краеведч. музей, Лит. музей поэта К.Н. Батюшкова (уроженца В.), картинная гал. В., юного зрителя, кукол «Теремок». Изв. с 1147. В центре В., на терр. Архиерейского двора, – Софийский (1568–70) и Воскресенский (1772–76) соборы. В городе – многочисл. церкви в стиле «узорочной» и «нарышкинской» архитектуры; Спасо-Прилуцкий мон. (16 в.).

ВОЛОГДИ́Н Вал. Петр. (1881–1953), один из основателей Нижегородской радиолаборатории. Создал ВЧ машинные генераторы. Под рук. разработаны методы ВЧ пайки, закалки и др.

ВОЛОГО́ДСКОЕ КРУ́ЖЕВО, вид рус. кружева, плетённого на коклюшках (дерев. палочках); распространён в Вологодской обл. Узор в виде непрерывной плавной линии, образованной выплетенной тесьмой, выступает на фоне тонкой ажурной «решётки». В 1968 осн. объединение «Снежинка» (мерные кружева, покрывала, салфетки).

Вологодское кружево. Подзор (фрагмент). 1940-е гг.

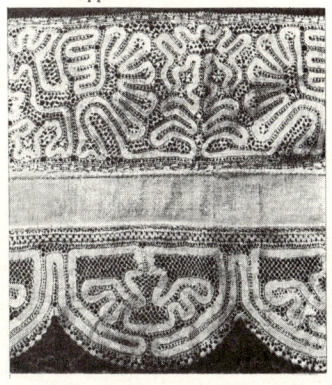

ВОЛО́ДИН (наст. фам. Лифшиц) Ал-др Моис. (р. 1919), рус. драматург. Сюжеты из повседневной жизни в пьесах «Фабричная девчонка» (пост. 1956), «Пять вечеров» (1959), «Старшая сестра» (1961), «Ящерица» (1982), «Блондинка» (1984) и др., в к-рых сопрягаются драм. и лирикомич. моменты, обнажают социальные, нравств., психол. конфликты совр. об-ва. Сценарии ф.: «Звонят, откройте двери!» (1965), «Осенний марафон» (1979) и др. Нек-рые пьесы также экранизированы.

ВОЛО́КНА ПРИРО́ДНЫЕ (волокна натуральные), текст. волокна растительного (напр., хлопок, лён, пенька), животного (шерсть, натуральный шёлк) и минерального (асбест) происхождения, пригодные для изготовления пряжи.

ВОЛО́КНА ХИМИ́ЧЕСКИЕ, получают из продуктов хим. переработки природных полимеров (искусств. волокна, напр. вискозное) или из синтетич. полимеров (синтетич. волокна, напр. полиамидное, полиакрилонитрильное). Произ-во (т.н. формование) В.х. обычно заключается в продавливании р-ра или расплава полимера через отверстия фильеры в возд. среду или спец. р-р. Выпускаются в виде мононити, штапельного (резаного) волокна или пучка из мн. скрученных нитей. Мировое произ-во ок. 25 млн. т в год.

ВОЛОКНИ́ТЫ, полимерные материалы, состоящие из рубленых волокон (хлопковых, стеклянных, асбестовых), пропитанных синтетич. смолами. Применяются в произ-ве изделий, подверженных ударным нагрузкам, напр. корпусов и крышек аппаратов, шестерён, втулок, строит. панелей.

ВОЛОКО́ННАЯ О́ПТИКА, раздел оптики, в к-ром изучается распрост-

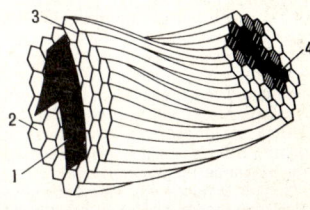

Волоконная оптика. Поэлементная передача изображения волоконной деталью: 1 – изображение на входе; 2 – светопроводящая жила; 3 – изолирующая прослойка; 4 – мозаичное изображение на выходе.

140 ВОЛО

ранение света и изображения по *световодам*, в частности по многожильным световодам и пучкам гибких волокон. Возникла в 50-х гг. 20 в. Т.к. волоконные световоды слабо поглощают энергию и почти не искажают информацию, они широко используются в мед. приборах (зонды), кабельном телевидении, в системах оптич. связи, передающих информацию на расстояния ок. 100 км, а при использовании промежуточного усиления (регенерации)— на расстояния до 10 т.км.

ВОЛОНТЕ́ (Volonté) Джан Мария (р. 1933), итал. актёр. Играл в т-ре. Стал известен по *вестернам* 60-х гг. («Кто знает?», в отеч. прокате — «Золотая пуля»). В кон. 60-х гг. ведущий актёр полит. кино, создал галерею героико-трагедийных и сатирич. образов: «Каждому своё» (1967), «Рабочий класс идёт в рай» (1971), «Дело Маттеи» (1972), «Дело Моро» (1986), «Простая история» (1991).

Дж.М. Волонте в фильме «Рабочий класс идёт в рай».

ВО́ЛОС, см. *Велес*.

ВО́ЛОСЫ, роговые производные кожи, образующие волосяной покров у млекопитающих ж-ных и человека. Содержат пигменты, определяющие их окраску. Защищают тело от механич. повреждений и потери тепла. У нек-рых ж-ных (слоны, носороги) кожа почти лишена В. С В. обычно связаны сальные, а иногда и потовые железы. У мн. млекопитающих весной и осенью происходит линька. Продолжительность жизни В. у человека в ср. 2—4 года.

ВО́ЛОТОВО, село близ Новгорода; в В.— памятник рус. иск-ва церк. Успения (1352, росписи между 1363 и 1390). Одноглавый кубич. храм с 2 притворами. В 1941—43 церковь была разрушена нем.-фаш. захватчиками; восстанавливается.

ВОЛОЧЕ́НИЕ, способ обработки металла давлением, при к-ром заготовка, полученная прокаткой или прессованием, для уменьшения размеров сечения протягивается через отверстие — канал волоки (фильеры) с плавно уменьшающимся сечением. В. возникло ок. 3500 лет до н.э. в Др. Египте для получения проволоки из золота. В 90-х гг. 20 в. используется при произ-ве проволоки, тонкостенных труб, а также при калибровании фасонных профилей для повышения точности размеров и улучшения качества поверхности.

ВОЛО́ШИН (наст. фам. Кириенко-Волошин) Максимилиан Ал-др. (1877—1932), рус. поэт, худ. критик.

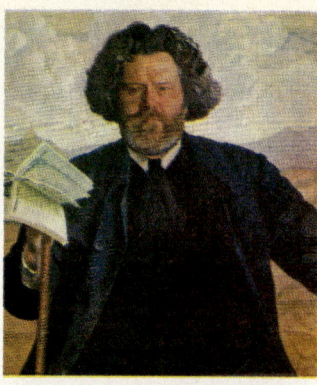

М.А. Волошин. Портрет работы Б.М. Кустодиева. 1924. Литературный музей. Москва.

В поэзии — сыновнее чувство природы как космич. целого, трагич. переживание ист. судеб России: сб. «Иверни» (1918), «Демоны глухонемые» (1919), кн. стихов «Неопалимая Купина», цикл философич. поэм «Путями Каина» (1921—23), поэма «Россия» (1924). Известен как акварелист (в осн. виды Юж. Крыма).

ВОЛХВЫ́, назв. в Др. Руси служителей дохрист. культов, знахарей, считавшихся чародеями; иногда — вост. мудрецов, звездочётов.

ВОЛЧА́НКА КРА́СНАЯ, заболевание из группы *коллагенозов*. Включает кожную форму с доброкачеств. течением и системное поражение соединит. ткани и сосудов, захватывающее мн. внутр. органы. Возможен переход первой формы во вторую.

ВО́ЛЧЕК Гал. Бор. (р. 1933), актриса, режиссёр. С 1956 в Моск. т-ре «Современник» (с 1972 гл. реж.). Характерная актриса широкого диапазона, сочетающая глубокую внутр. проработку роли со смелым, выразит. пластич. рисунком: Анна Андреевна («Ревизор» Н.В. Гоголя, 1983), Марта («Кто боится Вирджинии Вульф?» Э. Олби, 1985). Как режиссёр осн. внимание уделяет работе с актёрами, добиваясь социальной и психол. достоверности, заостряет сценич. рисунок, нередко используя сочные комедийные и драм. краски: «Три сестры» А.П. Чехова (1982), «Крутой маршрут» по Е.С. Гинзбург (1989), «Анфиса» Л.Н. Андреева (1991) и др. Снималась в ф.: «Осенний марафон» (1979) и др.

ВОЛЫ́НКА, нар. духовой язычковый муз. инстр-т с возд. резервуаром (мехом). Под разл. названиями распространён у мн. народов мира.

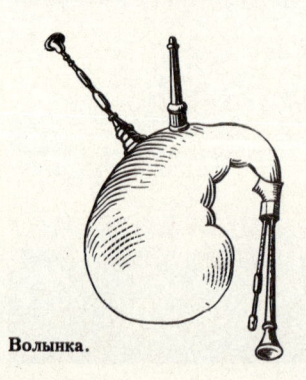

Волынка.

ВОЛЫ́НСКИЙ Артемий Петр. (1689—1740), гос. деятель и дипломат. В 1719—30 астраханский и казанский губернатор, с 1738 кабинет-министр имп. Анны Ивановны. Противник Э.И. Бирона. Во главе кружка дворян составлял проекты гос. переустройства. Казнён.

ВО́ЛЬНОЕ ЭКОНОМИ́ЧЕСКОЕ О́БЩЕСТВО (ВЭО), первое в России науч. экон. об-во. Осн. в С.-Петербурге в 1765. Организовывало конкурсы по политэкон. и прикладным с.-х. и техн. проблемам, хоз. анкетные обследования, выставки (гуртового скота, земледельч. орудий, молочного х-ва и др.). Издавало науч., науч.-популярную лит-ру, уч. пособия, «Труды ВЭО», ж. «Экономические известия», «Лесной журнал», «Русский пчеловодный листок», «Почвоведение» и др. Среди деятелей: А.Т. Болотов, адм. А.И. Синявин, Г.Р. Державин, К.Д. Кавелин, Д.И. Менделеев, В.В. Докучаев, А.М. Бутлеров, П.П. Семёнов-Тян-Шанский и др. Во 2-й пол. 1880-х гг. в ВЭО стали преобладать силы либер. оппозиции. Из-за притеснений властей фактически прекратило работу в 1915.

«ВО́ЛЬНЫЕ ХЛЕБОПА́ШЦЫ» (свободные хлебопашцы), в России крестьяне, освобождённые от крепостной зависимости с землёй по Указу 1803. К сер. 19 в. освобождена 151 тыс. душ муж. пола. В 1848 отнесены к разряду гос. крестьян.

ВО́ЛЬНЫЙ СТИХ, в силлабо-тонич. стихосложении, преим. в ямбе, свободное чередование разностопных по кол-ву строк. В рус. поэзии обычный размер басен, мн. элегий и посланий нач. 19 в., стихотв., комедий и драм. Не смешивать со *свободным стихом*.

ВО́ЛЬТА (Volta) Алессандро (1745—1827), итал. физик, физиолог, изобретатель. Создал первый хим. источник электрич. тока — вольтов столб (1800), а также др. электрич. приборы. Открыл контактную разность потенциалов. Первым обнаружил метан (1776).

ВО́ЛЬТА (Акосомбо), водохранилище в Африке (Гана), на р. Вольта, одно из крупнейших в мире. Пл. 8480 км^2, объём 148 км^3, дл. 400 км.

ВОЛЬТЕ́Р (Voltaire) (наст. имя Мари Франсуа Аруэ) (1694—1778), франц. писатель и философ-просветитель. Лирика молодого В. проникнута эпикурейскими и антиклерикальными мотивами. Зрелая проза разнообразна по темам и жанрам: филос. пов. «Кандид, или Оптимизм» (1759), «Простодушный» (1767), трагедии в стиле классицизма «Брут» (1731), «Танкред» (изд. 1761), сатирич. поэмы («Орлеанская девственница», 1735, изд. 1755), публицистика, ист. сочинения. Деятельность В. связана с борьбой против религ. нетерпимости и мракобесия, критикой феод.-абсолютистской системы, пороков цивилизации: «Философские письма» (1733), «Философский словарь» (1764—69). Оказал влияние на развитие мировой, в т.ч. русской, филос. мысли. Один из идеологов Франц. рев-ции кон. 18 в. С именем В. связано распространение в России т.н. вольтерьянства (дух свободомыслия, иронии, пафос ниспровержения авторитетов).

ВОЛЬТИЖИРО́ВКА (вольтиж) (от франц. voltiger — порхать, летать), 1) вид кон. спорта и кон. цирка (упражнения на бегущей по кругу лошади, перепрыгивание, перелёт наездника с партнёру с лошади на лошадь и др.). 2) Вид динамич. акробатики, гимнастики (перебрасывание партнёров, перелёт с трапеции на трапецию и т.п.). Упражнения выполняются парно или группой.

ВОЛЬТМЕ́ТР, прибор для измерения эдс или электрич. напряжения в вольтах (В). В электрич. цепь включается параллельно нагрузке. Шкалу В. часто градуируют в кратных и дольных единицах от В (мкВ, мВ, кВ).

ВОЛЬФ (Wolff) Каспар Фридрих (1734—94), один из основоположников эмбриологии. По происхождению немец, в России с 1766. Классич. труд В. «Теория зарождения» (1789, рус. пер. 1950) сыграл большую роль в борьбе с представлениями о неизменности видов, в обосновании учения о зародышевом развитии как процессе последоват. новообразований (эпигенез). Заложил основы учения об *онтогенезе*.

ВОЛЬФ Маврикий Осипович (1825—83), рос. издатель, книгопродавец, типограф. С 1853 в С.-Петербурге выпускал науч., дет. и худ. лит-ру (в т.ч. переводную), ж. «Вокруг света», «Задушевное слово» и др. В 1882 основал «Т-во М.О. Вольф» (существовало до 1918).

ВОЛЬФ (Wolff) Христиан (Кристиан) (1679—1754), нем. философ. Представитель рационализма, популяризатор и систематизатор идей Лейбница. Философия В. и его школы господствовала в нем. ун-тах вплоть до появления «критич. философии» И. Канта.

Вольтер.

ВОЛЬФ (Wolf) Хуго (1860—1903), австр. композитор, муз. критик. Представитель позднего *романтизма*. Автор декламационно выразительных разнохарактерных песен (ок. 300), б.ч. объединённых в сб-ки (в т.ч. «Стихотворения Э. Мёрике», «Испанская книга песен», «Итальянская книга песен»). Комич. оп. «Корехидор» (1895).

ВОЛЬФРА́М (Wolframium), W, хим. элемент VI гр. периодич. системы, ат. н. 74, ат. м. 183,85; самый тугоплавкий металл, $t_{пл}$ 3380 °C. В. используют в произ-ве легир. сталей, тв. сплавов на основе карбида В., в виде сплавов с др. металлами в авиац. и ракетной технике, электротехнике. Чистый В. применяют для изготовления спиралей и нитей накаливания в электровакуумной технике. В. открыл в 1781 швед. химик К. Шееле, впервые получили исп. естествоиспытатели Х.Х. и Ф. д'Элуяры в 1873.

ВО́ЛЬФРАМ ФОН Э́ШЕНБАХ (Wolfram von Eschenbach) (ок. 1170 – ок. 1220), нем. поэт-*миннезингер*. В стихотв. рыцарском ром. «Парцифаль» (1198–1210, изд. 1783; одноим. опера Р. Вагнера), входящем в цикл *Артуровских легенд*, в альбах («утренних песнях») – прославление чести, верности долгу, проповедь нравств. очищения и религ. искупления.

ВОЛЬФРА́МА КАРБИ́Д, WC, серые, очень тв. кристаллы, разлагается при 2720 °С. В.к. – основа металлокерамич. тв. сплавов, его используют для легирования сталей, изготовления буровых коронок, инстр-тов для обработки металлов и др.

ВОЛЮНТАРИ́ЗМ (от лат. voluntas – воля), 1) направление в философии, рассматривающее волю в качестве высш. принципа бытия. В. характерен для философии Августина, Иоанна Дунса Скота и др. Как самостоят. направление впервые оформилось у А. Шопенгауэра. 2) Деятельность, характеризующаяся произвольными решениями осуществляющих её лиц.

ВОЛЮ́ТА (итал. voluta, букв. – завиток, спираль), архит. мотив в виде спиралевидного завитка с «глазком» в центре. Составная часть ордерных капителей; архит. деталь карнизов, порталов, дверей, окон.

Волюты: 1 – ионической капители; 2 – коринфской капители; 3 – портала.

ВО́ЛЯ, способность к выбору деятельности и внутр. усилиям, необходимым для её осуществления. Специфич. акт, несводимый к сознанию и деятельности как таковой. Осуществляя волевое действие, человек противостоит власти непосредственно испытываемых потребностей, импульсивных желаний: для волевого акта характерно не переживание «я хочу», а переживание «надо», «я должен»; осознание ценностной характеристики цели действия. Волевое поведение включает принятие решения, часто сопровождающееся борьбой мотивов (акт выбора), и его реализацию.

ВО́НДЕЛ (Vondel) Йост ван ден (1587–1679), нидерл. поэт и драматург. Классицистич. драма «Пасха» (1612), трагедии «Мария Стюарт» (1646), «Люцифер» (1654) на ист. и библейские сюжеты. Патриотич. мотивы в сб. «Разные стихи» (1644–47).

ВО́ННЕГУТ (Воннегат) (Vonnegut) Курт (р. 1922), амер. писатель. Ром. «Механическое пианино» (1952, рус. пер. – «Утопия 14»), «Колыбель для кошки» (1963), «Бойня номер пять» (1969), «Балаган» (1976), «Тюремная пташка» (1982), «Галапагос» (1985) вскрывают жестокие парадоксы НТР, развенчивают технократич. и сциентистские концепции (см. *Технократия* и *Сциентизм*), реализация к-рых чревата социальными катаклизмами и нравств. вырождением. Проза сочетает приёмы науч. фантастики с традициями гротескной и притчевой лит-ры. Сб. эссе «Вербное воскресенье» (1981).

ВООБРАЖЕ́НИЕ (фантазия), психич. деятельность, состоящая в создании представлений и мысленных ситуаций, никогда в целом не воспринимавшихся человеком в действительности. Различают воссоздающее В. и творч. В.

ВООРУЖЁННЫЕ СИ́ЛЫ, особая часть механизма гос. управления, связанная с выполнением внеш. функций гос-ва, прежде всего воен. обороны страны. Один из важнейших элементов воен. орг-ции гос-ва. До 20 в. В.с. включали сухопут. войска и воен.-мор. флот. Совр. В.с. состоят из разл. видов В.с. (сухопут. войска, ВВС, ВМФ и др.), своих органов воен. управления, органов тыла и нек-рых воен. орг-ций гос-ва (напр., в США – нац. гвардия). Виды В.с. делятся на рода войск (род сил в ВМФ, род авиации) и специальные войска. В.с. комплектуются на основе всеобщей воинской обязанности или на контрактной основе.

ВООРУЖЁННЫЕ СИ́ЛЫ ООН, воен. формирования, создаваемые Советом безопасности ООН, согласно её Уставу, для поддержания и восстановления международ. мира и безопасности, если исчерпаны все иные резервы для этого. В.с. ООН состоят из воор уж. сил, предоставленных членами ООН по просьбе Совета Безопасности, они используются для предотвращения возобновления вооруж. столкновений, восстановления правопорядка, разъединения враждующих сторон, наблюдения за соблюдением условий перемирия, прекращения огня и т.п. В.с. ООН направлялись, напр., на Кипр (1964), в Ливан (1978), в Югославию (1992). Ноб. пр. мира (1988).

ВО́РВАНЬ, устар. название жира мор. млекопитающих и нек-рых рыб (трески и др.).

ВО́РДСВОРД (Уордсуорт) (Wordsworth) Уильям (1770–1850), англ. поэт. В сб. «Лирические баллады» (1798, совм. с С.Т. Колриджем) воспел уходящий мир сел. жизни и людей, не испорченных пром. цивилизацией. Нац.-освободит. пафос в цикле «Сонеты, посвящённые свободе» (1802–16). В. Колридж и Р. Саути составили группу, названную «озёрной школой», осуществившую романтич. реформу англ. поэзии. Осмысление собств. духовного пути в поэме «Прелюдия» (1850).

ВО́РМССКИЙ ЭДИ́КТ 1521, издан имп. «Священной Рим. империи» Карлом V; объявлял Лютера еретиком и ставил его вне закона. Оглашён на рейхстаге в г. Вормс.

ВОРОБЬЁВ Арк. Никитич (р. 1924), рос. спортсмен и тренер (тяжёлая атлетика). Неоднократный чемпион СССР, Европы, мира (1950–59), Олимп. игр (1956, 1960).

ВОРОБЬЁВ Конст. Дм. (1919–75), рус. писатель. В автобиогр. повестях, отмеченных психол. точностью, – беспощадное изображение жестокости войны («Крик», 1962; «Убиты под Москвой», 1963; «Это мы, Господи!», не окончена, 1943, опубл. 1986), трагедии коллективизации («Мой друг Момич», 1965, опубл. 1988).

ВОРОБЬИ́, род мелких птиц (сем. ткачиковые). Дл. 12–15 см. 17 видов, в т.ч. домовый, полевой, пустынный В. Распространены широко; почти всегда соседствуют с человеком. Чаще держатся стаями, нек-рые гнездятся колониями.

ВО́РОН, крупная птица (сем. вороновые). Дл. до 70 см. Клюв массивный, ноги и всё оперение чёрные. Распространён почти по всему Сев. полушарию, в лесах, на побережьях морей, в горах. Гнёзда чаще на старых крупных деревьях. В природе – редкая птица, однако в антропогенных ландшафтах численность увеличивается: стаи В. можно встретить на гор. свалках, скотных дворах и пр.

Ворон.

ВОРО́НЕЖ, г., центр Воронежской обл., в России, на р. Воронеж. 902,2 т.ж. Ж.-д. уз.; аэропорт. Маш-ние (станки, самолёты, экскаваторы, радиоэлектронные изделия и др.), хим. и хим.-фарм., пищ., лёгкая пром-сть. 9 вузов (в т.ч. ун-т). Музеи: худ., краеведч., изобр. иск-в, Дом-музей поэтов И.С. Никитина и А.В. Кольцова. Т-ры: оперы и балета (с 1968), драмы имени А. Кольцова, юного зрителя, кукол. Изв. с 1177, с 1585 крепость. Архит. пам. 17–18 вв.

ВОРОНИ́ХИН Анд. Никиф. (1759–1814), архитектор, представитель *ампира*. В строгих торжеств. формах выстроил Казанский собор в С.-Петербурге (1801–11), участвовал в создании архит. анс. в *Павловске* и Петергофе. Применил новые, облегчённые конструкции, естеств. стройматериалы.

Воронеж. Картинная галерея.

А.Н. Воронихин. Казанский собор в Санкт-Петербурге.

ВОРОНО́Й Юр. Юр. (1895–1961), рос. хирург. Первым (1933) осуществил в клинике пересадку трупной почки больному.

ВОРОНЦО́В Мих. Илларионович (1714–67), граф, гос. деятель и дипломат. В 1741 участник дворцового переворота и ареста правительницы России Анны Леопольдовны. С 1744 вице-канцлер, в 1758–62 канцлер.

ВОРОНЦО́В Мих. Сем. (1782–1856), ген.-фельдм. (1856), светлейший князь (1852). Участник Отеч. войны 1812. С 1823 новороссийский и бессарабский ген.-губернатор. В 1844–54 наместник и главнокоманд. войсками на Кавказе.

ВОРО́НЫ, два близких вида птиц (сем. вороновые). Дл. ок. 47 см. У серой В. оперение серое с чёрным, у чёрной – всё чёрное. Обитает в Евразии (чёрная В. только на З. Европы и к В. от Енисея) и Сев. Америке. Гнездятся в лесах, парках, обычны в городах, особенно серая В., к-рая способна к сложным формам поведения и умеет хорошо приспосабливаться к разл. условиям среды.

ВОРОТЫ́НСКИЙ Мих. Ив. (ок. 1510–73), князь, боярин и воевода. Отличился при взятии Казани (1552). В 1572 разбил войско крымских татар в Молодинской битве. Обвинён в измене, умер от пыток.

ВОРОШИ́ЛОВ Клим. Ефр. (1881–1969), пред. Презид. ВС СССР (1953–60), Маршал Сов. Союза (1935). В Гражд. войну команд. и чл. РВС ряда армий и фронтов. С 1925 наркомпо воен. и мор. делам и пред. РВС СССР; с 1934 нарком обороны СССР. С 1940 зам. пред. СНК СССР. В Вел. Отеч. войну чл. ГКО. С 1946 зам. пред. СМ СССР. Чл. Политбюро (Презид.) ЦК партии в 1926–60. Входил в ближайшее полит. окружение И.В. Сталина, один из наиболее активных организаторов массовых репрессий 1930-х – нач. 50-х гг. среди военных.

ВО́СКИ, продукты разл. происхождения, близкие по свойствам к пчелиному воску. Животные (пчелиный, ланолин, спермацет, шеллак) и растительные (карнаубский) В. состоят гл. обр. из липидов, ископаемые (озокерит и др.) – из углеводородов. Применяют в технике, медицине, косметике, быту.

ВОСКОВА́Я Ж́ИВОПИСЬ, техника живописи, в к-рой связующим краски в-вом является воск. Выполняется расплавленными (см. *Энка-*

устика) или растворёнными в летучих маслах красками либо эмульсией (восковая темпера).

ВОСПАЛЕНИЕ, сложная приспособит. сосудисто-тканевая реакция организма на воздействие болезнетворных агентов: физ., хим. (напр., ожог), биол. (внедрение микроорганизмов). Осн. общие признаки В.— повышение темп-ры тела и изменение состава крови; местные — краснота, боль, жар, припухлость, нарушение функции.

ВОСПАЛЕНИЕ ЛЁГКИХ (пневмония), группа заболеваний лёгких у человека и ж-ных; характеризуются воспалит. процессом в альвеолах, в межуточной ткани лёгкого и бронхиолах. У человека вызываются вирусами, пневмо- или стафилококками и др. микроорганизмами. Острое В.л. может быть крупозным (с поражением доли лёгкого, внезапным началом, ознобом, высокой темп-рой, болью в грудной клетке при дыхании) или очаговым (бронхопневмония; кашель со слизисто-гнойной мокротой, темп-ра 37-39°С). При хронич. В.л. в лёгких разрастается соединит. ткань (пневмосклероз), поражаются бронхи, возникают повторные вспышки воспалит. процесса в поражённой части лёгкого.

ВОСПИТАНИЕ, создание условий для развития и саморазвития человека, освоения им социального опыта, культуры, ценностей и норм об-ва. В воспитании взаимодействуют личность, группы и коллективы, семья, воспитат. и гос. и обществ. орг-ции, церковь; значит. влияние на В. оказывают средства массовой коммуникации и др.

ВОСПРИЯТИЕ, целостное отражение объективной реальности в результате непосредств. воздействия объектов реального мира на органы чувств человека. Включает обнаружение объекта как целого, различение отд. признаков в объекте, выделение в нём информативного содержания, адекватного цели действия, формирование чувств. образа. В. связано с мышлением, памятью, вниманием и включено в процессы практич. деятельности и общения.

ВОСПРОИЗВОДСТВО, постоянное возобновление; различают В. суженное, простое (в прежних объёмах) и расширенное. В. продукции — возобновляющийся цикл хоз. деятельности от произ-ва продукции до её конечного потребления. В. рабочей силы означает поддержание её нормальной жизнедеятельности и трудоспособности на основе удовлетворения запросов человека в продуктах питания, предметах длит. пользования, услугах, удовлетворения духовных потребностей. В. финанс. ресурсов — оборот ден. средств.

ВОСПРОИЗВОДСТВО НАСЕЛЕНИЯ, в узком смысле — процесс смены поколений в результате естеств. движения (рождения и смерти), в широком — постоянное возобновление населения на основе естеств. движения, миграции, переходов людей из одних социальных групп в др.

ВОССТАНОВЛЕНИЕ, см. *Окислительно-восстановительные реакции.*

«ВОСТОК», 1) одноместный космич. корабль для полётов по околоземной орбите, созданный в СССР. Масса 4,73 т. На «В.» совершён 1-й в мире полёт человека в космос (Ю.А. Гагарин, 12 апр. 1961). В 1961-63 запущено 6 «В.». 2) 3-ступенчатая ракета-носитель на жидком топливе, созданная в СССР. Стартовая масса 287 т, макс. масса полезного груза 4,73 т. С её помощью выведены на орбиту все космич. корабли «В.», нек-рые ИСЗ «Космос» и др.

ВОСТОЧНО - ЕВРОПЕЙСКАЯ РАВНИНА (Русская равнина), одна из крупнейших равнин земного шара, занимающая б.ч. Восточной и часть Зап. Европы. На С.-З. ограничена Скандинавскими горами, на Ю.-З.— *Карпатами*, на Ю.— *Кавказом*, на В.— *Уралом* и Мугоджарами. Наиб. высоты — в *Хибинах* (М 1191 м), наименьшие — на побережье Каспийского м. (28 м ниже ур. м.). На Русской равнине — Тиманский кряж, Среднерусская, Приволжская, Волыно-Подольская и др. возвышенности; на Ю. и Ю.-В.— полоса приморских низменностей (Причерноморская, Приазовская, Прикаспийская); на С. и С.-З. преобладают плоские междуречья с моренно-холмистым рельефом, в центр. части и на Ю.— овражно-балочный рельеф. Реки сев. части принадлежат басс. Сев. Ледовитого ок. (Мезень, Онега, Печора, Сев. Двина), зап. и южной — басс. Балтийского м. (Неман, Зап. Двина, Висла и др.), басс. Чёрного м. (Днепр, Днестр, Юж. Буг) и басс. Азовского м. (Дон); Волга, Урал и др. впадают в Каспийское м. Кр. озёра: Ладожское, Онежское, Чудско-Псковское, Белое, Ильмень. Б.ч. терр. расположена в лесной зоне, центр. и юж. части — в зонах лесостепи и степи, крайний Ю.-В.— в зонах полупустыни и пустыни (Прикаспийская низм.). М-ния жел., никелевой, медной и др. руд, природного газа, нефти, кам. и калийных солей, кам. угля, фосфоритов и др. На б.ч. территории В.-Е. р. расположена Европ. часть России.

ВОСТОЧНО - ИНДИЙСКИЙ ХРЕБЕТ, подводный хребет в Индийском ок. Вытянут на 5000 км почти вдоль меридиана 90° в.д. Наим. глуб. над хребтом 549 м.

ВОСТОЧНО-КИТАЙСКОЕ МОРЕ (Дунхай) Тихого ок., между побережьем Вост. Азии (Китай) и о-вами Рюкю и Кюсю (Япония). Пл. 836 т. км², глуб. до 2719 м. Впадает р. Янцзы. Рыб-во (сельдь, сардины). Лов омаров, крабов, добыча водорослей. Кр. порты: Шанхай (Китай), Нагасаки (Япония).

ВОСТОЧНО-СИБИРСКОЕ МОРЕ Сев. Ледовитого ок., у берегов России, между Новосибирскими о-вами и о. Врангеля. Пл. 913 т. км², глуб. до 915 м. Кр. о-ва: Новосибирские, Медвежьи, Айон. Заливы: Чаунская губа, Колымский, Омуллях-ская губа. Впадают рек Индигирка, Алазея, Колыма. Б.ч. года покрыто льдом. Рыб-во (муксун, навага, голец). Гл. порт — Певек.

ВОСТОЧНО-ТИХООКЕАНСКОЕ ПОДНЯТИЕ, подводный срединно-океанский хребет в Тихом ок. Назван не хребтом, а поднятием из-за большой ширины и растянутости склона. Отличается слабовыраженными рифтовыми долинами при участии в формировании рельефа зон поперечных разломов. Дл. 7600 км, шир. 850 км. Наим. глуб. над гребнем 732 м.

«ВОСХОД», многоместный космич. корабль для полётов по околоземной орбите, созданный в СССР. Макс. масса 5,68 т. В 1964-65 запущены 2 «В.». При полёте «В.-2», оснащённого шлюзовой камерой, был впервые осуществлён выход человека в открытое космич. пространство (А.А. Леонов, 18 марта 1965).

ВОСЬМЕРИК, в рус. и укр. архитектуре (преим. 17-18 вв.) 8-угольное в плане сооружение или его часть, нередко на 4-угольном основании («восьмерик на четверике»).

ВОТУМ (лат. votum), мнение, выраженное голосованием. Наиб. распространено голосование в парламенте о доверии пр-ву (т.н. В. доверия). По законодательству ряда стран при неполучении пр-вом В. доверия оно уходит в отставку либо главой гос-ва распускается парламент и объявляются досрочные парламентские выборы.

ВОТЧИНА, древнейший вид зем. собственности в России, родовое имение, переходившее по наследству. Возникла в 10-11 вв. (княжеская, боярская, монастырская), в 13-15 вв. господств. форма землевладения. В кон. 15-17 вв. отличалась от *поместья*. С нач. 18 в. входила в состав единого вида зем. собственности — *имения*.

«ВОЯДЖЕР» (англ. Voyager, букв.— путешественник), автоматич. межпланетные станции «В.-1» и «В.-2» для исследования планет и их спутников (США). Масса 733 кг. Запущены в 1977. «В.-1» в марте 1979 провёл исследования Юпитера, в нояб. 1980 — Сатурна; «В.-2» в июле 1979 — Юпитера, в авг. 1981 — Сатурна, в янв. 1986 — Урана, в авг. 1989 — Нептуна. Обе станции продолжают удаляться от Солнца; связь с ними надеются поддерживать до 2000.

ВПС (Всемирный почтовый союз), см. в ст. *Специализированные учреждения ООН.*

ВРАНГЕЛЬ Пётр Ник. (1878-1928), барон, один из гл. рук. белого движения в Гражд. войну, ген.-лейт. (1918). В 1918 командовал кон. дивизией и корпусом в Добровольч. армии, в 1919 — Кавк. армией, с дек. 1919 — янв. 1920 — Добровольч. армией. В 1920 главнокоманд. «Русской армией», после поражения к-рой в Сев. Таврии и Крыму эмигрировал. В 1924-28 организатор и пред. «Рус. общевоинского союза» (РОВС).

ВРАЧЕБНАЯ ТАЙНА, требование к мед. работникам не разглашать сведения о больных, определяемое принципами *деонтологии*. В.т. не сохраняется при опасности распространения заразных заболеваний, а также при запросах суд.-следств. органов и мед. учреждений.

ВРАЩАТЕЛЬНОЕ ДВИЖЕНИЕ твёрдого тела, 1) вокруг оси — движение, при к-ром все точки тела, лежащие на оси вращения, неподвижны, а остальные точки тела описывают окружности с центрами на оси. 2) Вокруг точки — движение тела, при к-ром одна его точка O неподвижна, а все другие движутся по поверхностям сфер с центром в точке O. Осн. кинематич. характеристики В.д. тела — его *угловая скорость* (ω) и *угловое ускорение*. Осн. динамич. характеристики В.д. тела — момент кол-ва движения относительно оси вращения z: $K_z = I_z\omega$ и кинетич. энергия $T = {}^1/{}_2 I_z\omega^2$, где I_z — момент инерции тела относительно оси вращения.

ВРЕМЕННАЯ НЕТРУДОСПОСОБНОСТЬ, врем. утрата трудоспособности, а также возможности выполнять работу (напр., при карантине, при уходе за заболевшим членом семьи). По рос. законодательству при В.н. работники освобождаются от работы и обеспечиваются пособиями за счёт средств гос. социального страхования.

ВРЕМЕННОЕ ПРАВИТЕЛЬСТВО в России, первое демокр. пр-во, образованное после свержения имп. Николая II. Сформировано после Февр. рев-ции Врем. к-том членов Гос. думы с согласия лидеров Петросовета на период до созыва Учредит. собрания. Высший исполнит.-распорядит. орган, выполнял также законодат. функции. Действовало с 2(15) марта по 25 окт. (7 нояб.) 1917; сменилось 4 состава В.п.: 1-й состав (2 октябриста, 8 кадетов и примыкающих к ним, 1 трудовик, затем — пред.: Г.Е. Львов); — до 6 (19) мая; 2-й (1 октябрист, 8 кадетов и примыкающих, 3 эсера, 2 меньшевика, пред.— Львов); — до 24 июля (6 авг.); 3-й (7 кадетов и примыкающих, 5 эсеров и нар. социалистов, 3 меньшевика, пред.— эсер А.Ф. Керенский) — до 1(14) сент. (передал власть «Директории»); 4-й (6 кадетов и примыкающих, 2 эсера, 4 меньшевика, 6 беспартийных; пред.— Керенский) — с 25 сент. (8 окт.). В первой программе, изложенной в декларации [опубл. 3(16) марта] и обращении к гражданам России 6(19) марта, провозгласило принцип «преемственности власти» и «непрерывности права», заявило о своём стремлении довести войну «до победного конца» и выполнить все договоры и соглашения, заключённые с союзными державами. Узаконило разгром аппарата полиции, арест членов Совета Министров, упразднило каторгу и ссылку, объявило полит. амнистию. Обещало ввести полит. свободы, созвать Учредит. собрание, заменить полицию нар. милицией. Приняло закон о свободе собраний и союзов, издало указы о передаче гос-ву земель, принадлежавших имп. фамилии, о рабочих к-тах на пром. пр-тиях; объявило о введении хлебной монополии. 1(14) сент. провозгласило Рос. респ. Свергнуто Окт. рев-цией.

ВРЕМЯ, филос., форма последоват. смены явлений, состояний материи; см. *Пространство и время.*

ВРЕМЯ (системы измерений). Измерение В. основано на наблюдении

Восьмерик.

периодич. процессов. Техн. средствами для измерения В. являются часы и др. приборы. Уже в глубокой древности в основу измерения промежутков В. легли астр. явления, обусловленные движением небесных тел, прежде всего Земли и Луны. Суточное вращение Земли относительно звёзд определяет звёздное время. На практике пользуются солнечным временем, определяемым вращением Земли относительно Солнца. В. для заданной долготы наз. местным временем. Местное ср. солнечное В. гринвичского меридиана наз. всемирным временем (мировым). Для практич. удобства в большинстве стран принята система поясного времени. Полностью независимая от астр. наблюдений равномерная система счёта В. основана на измерении частоты излучения нек-рых атомов (атомное В.).

ВРОЖДЁННЫЕ ИДЕИ, понятие теории познания, обозначающее идеи, изначально присущие человеческому мышлению и не зависящие от опыта (аксиомы математики и логики, нравств. ценности, исходные филос. принципы). Учение о В.и. развивалось в рационализме 17–18 вв.

ВРОЖДЁННЫЕ ПОРОКИ, см. *Пороки развития*.

ВРОЦЛАВ, г. в Польше, на р. Одра. 643 т.ж. Маш-ние, хим., текст., швейная, полиграф. пром-сть. Ун-т (1702). Музеи: силезский, архитектуры. Оперный т-р (1945). Изв. с 980 (ист. назв.— др.-слав. Бреславль, нем. Breslau, рус. Бреслау). Готич. костёлы (Девы Марии «на песке», 12–14 вв., и др.), Иезуитская коллегия (ныне ун-т; 18 в.), «Зал Столетия» (ныне Нар. дом, 1911–13).

ВРУБЕЛЬ Мих. Ал-др. (1856–1910), рос. живописец. В творчестве В.— морально-филос. вопросы о добре и зле, о месте человека в мире.

М.А. Врубель. «Пан». 1899. Третьяковская галерея.

Произведениям («Сирень», «К ночи»— оба 1900) свойственно органич. слияние мира человеческих чувств и мира природы, драм. напряжённость колорита, обобщённость образов, нередко принимающих трагич. окраску («Демон», 1890; «Демон поверженный», 1902). Создал остропроницательные по характеристике графич. портреты («В.Я. Брюсов», 1906). С 1902 страдал душевной болезнью, 1906 ослеп.

ВСАДНИКИ, в ряде антич. гос-в (Афинах, Риме, Фессалии и др.), наряду с аристократией, привилегир. сословие. К В. принадлежали землевладельцы, военные, ростовщики, кр. торговцы и др.

ВСЕВОЛОД III БОЛЬШОЕ ГНЕЗДО (1154–1212), вел. князь владимирский (с 1176). Сын Юрия Долгорукого. Успешно боролся со знатью; подчинил Киев, Чернигов, Рязань, Новгород. В его правление Владимиро-Суздальская Русь достигла наивысш. расцвета. Был главой большой семьи (отсюда прозвище).

ВСЕВОЛОД ЯРОСЛАВИЧ (1030–93), вел. князь киевский (с 1078). Сын Ярослава Мудрого. Женат 1-м браком на дочери визант. имп. Константина IX Мономаха (предположительно, Марии). Знал 5 языков. Княжил в г. Переяславль Южный (с 1054), в 1077–78 боролся за Чернигов. Воевал с кочевниками. Участвовал в княжеских междоусобицах. Один из составителей «Правды Ярославичей».

ВСЕЛЕННАЯ, вся окружающая нас часть материального мира, доступная наблюдению. Раздел физики и астрономии, изучающий В. как целое, наз. *космологией*. Астр. данные указывают на то, что В. расширяется: *галактики*, *квазары* удаляются от нас и друг от друга со скоростями, прибл. пропорциональными расстояниям между объектами. Самые далёкие квазары удаляются от нас со скоростями, близкими к скорости света. Возраст В. (время расширения от начального состояния — т.н. Большого взрыва) ≈ 10–20 млрд. лет, радиус В. ≈ 10–20 млрд. световых лет. Выдвинуты гипотезы о существовании других В.

ВСЕЛЕНСКИЕ СОБОРЫ, съезды высш. духовенства христ. церкви. На В.с. выносятся решения богословского, церк.-полит., дисциплинарного характера. Правосл. церковь признаёт 7 первых В.с. (4–8 вв.). После разделения церквей (1054) рим. папы возобновили (с 12 в.) съезды высш. духовенства католич. церкви, продолжая именовать их В.с.

ВСЕМИРНОГО ТЯГОТЕНИЯ ЗАКОН (Ньютона закон тяготения), сила F взаимного притяжения между *материальными точками* с массами m_1 и m_2, находящимися на расстоянии r друг от друга, равна $F = Gm_1m_2/r^2$; пост. величина G наз. гравитац. постоянной. Открыт И. Ньютоном в 17 в. на основе анализа *Кеплера законов*.

ВСЕМИРНОЕ НАСЛЕДИЕ, выдающиеся культурные и природные ценности, составляющие достояние всего человечества. В 1972 ЮНЕСКО приняла Конвенцию об охране всемирного культурного и природного наследия (вступила в силу в 1975). Ратифицировали конвенцию (нач. 1992) 123 страны-участницы, в т.ч. Россия. В списке В.н. более 80 объектов из 80 стран (нач. 1992): отд. архит. сооружения и ансамбли — *Акрополь*, соборы в *Амьене* и *Шартре*, ист. центр *Варшавы*, Московский Кремль и Красная площадь (Россия) и др.; города — *Бразилия*, *Венеция* вместе с лагуной и др.; археол. заповедники — *Дельфы* и др.; нац. парки — Мор. парк *Большого Барьерного Рифа*, *Йеллоустонский* (США) и др. Гос-ва, на терр. к-рых расположены объекты В.н., берут на себя обязательства по их сохранению.

ВСЕМИРНЫЙ ПОТОП, в мифологии ряда народов Божья кара, ниспосланная на человечество и на всё живое на земле. По Библии, во время

Всемирный потоп. Фрагмент фрески Микеланджело на плафоне Сикстинской капеллы. 1508–12. Ватикан.

В.п. спаслись в ковчеге праведник Ной с семьёй и по паре «от всякой плоти».

ВСЕМИРНЫЙ СОВЕТ ЦЕРКВЕЙ (ВСЦ), руководящий орган экуменического движения. Созд. в 1948. Во ВСЦ входят (1991) св. 300 церквей (из почти ста стран), гл. обр. протестантские, а также православные и др., в т.ч. Рус. правосл. церковь (с 1961), грузинская, армянская, лютеранские церкви Эстонии, Латвии, а также Совет *Евангельских христиан-баптистов*. Местопребывание — Женева.

ВСЕМИРНЫЙ СОЮЗ ОХРАНЫ ПРИРОДЫ (The World Conservation Union), назв. (с 1988) *Международного Союза охраны природы и природных ресурсов*.

ВСЕНОЩНАЯ (всенощное бдение), богослужение правосл. церкви, совершаемое накануне воскресений и отд. праздников. Возникла в Византии, на Руси с 11 в. Объединяет службы великой вечерни, утрени и 1-го часа. Со 2-й пол. 19 в. распространилось как циклич. муз. произв.— оригинальное и основанное на обработке древних распевов («Всенощная» П.И. Чайковского, А.А. Архангельского, А.Т. Гречанинова, П.Г. Чеснокова, С.В. Рахманинова).

ВСЕОБЩАЯ ДЕКЛАРАЦИЯ ПРАВ ЧЕЛОВЕКА, принята Ген. Ассамблеей ООН 10 дек. 1948. Провозглашает приоритет достоинства личности, прав и свобод человека, закрепляет равенство всех перед законом и равную защиту закона, право каждого на личную свободу и неприкосновенность, свободу мыслей и религии, совести, передвижения и др. Провозглашены также соц.-экон. и культурные права людей. 10 дек. по решению Ген. Ассамблеи ООН отмечается во всём мире как День прав человека.

ВСЕОБЩИЙ ЕВРЕЙСКИЙ РАБОЧИЙ СОЮЗ В ЛИТВЕ, ПОЛЬШЕ И РОССИИ (Бунд), с.-д. орг-ция, представлявшая гл. обр. евр. ремесленников зап. областей Рос. империи. Осн. в 1897 в Вильно. Лидеры: Р.А. Абрамович, И.Л. Айзенштадт, А.И. Кремер и др. В 1898–1903 и с 1906 авт. орг-ция в РСДРП, стояла на позициях, близких меньшевикам. После Окт. рев-ции правое крыло бундовцев выступило против большевиков, вследствие чего произошёл раскол в орг-ции. В 1921 Бунд самоликвидировался; часть членов принята в РКП(б).

ВСЕРОССИЙСКИЙ ЦЕНТРАЛЬНЫЙ ИСПОЛНИТЕЛЬНЫЙ КОМИТЕТ (ВЦИК), высший законодат., распорядит. и контролирующий орган гос. власти РСФСР в 1917–37. Избирался Всерос. съездом Советов и действовал в периоды между съездами. До образования СССР включал и членов от УССР и БССР, избиравшихся на респ. съездах Советов. Пред. ВЦИК — Л.Б. Каменев [с 27.10(9.11)1917], Я.М. Свердлов [с 8(21).11.1917], М.И. Калинин (с 30.3.1919). По Конституции РСФСР 1937 высш. органом гос. власти стал Верх. Совет.

ВСЕСОЮЗНЫЙ ЛЕНИНСКИЙ КОММУНИСТИЧЕСКИЙ СОЮЗ МОЛОДЁЖИ (ВЛКСМ), обществ.-полит. орг-ция молодёжи в РСФСР, СССР в 1918–91. Созд. в окт.– нояб. 1918 по инициативе и под руководством РСДРП(б) как её резерв. Наз. Рос. коммунистич. союз молодёжи (РКСМ), с 1924 — Ленинский коммунистич. союз молодёжи (РЛКСМ), с 1926 — ВЛКСМ. Принималась молодёжь от 14 до 28 лет. ВЛКСМ организационно воспроизводил структуру КПСС и выступал проводником парт. политики в среде молодёжи.

ВСТРЕЧНЫЙ ИСК, в гражд. процессе исковое требование ответчика к истцу, заявленное в суде или арбитражном суде в уже возникшем процессе. Рассматривается вместе с первонач. иском.

ВТОРАЯ МИРОВАЯ ВОЙНА 1939–45, крупнейшая в истории война, развязанная Германией, Италией и Японией. Участвовали 72 гос-ва, св. 80% населения земного шара, воен. действия охватили терр. 40 гос-в.

В.м.в. началась 1 сент. 1939 нападением Германии на Польшу. 3 сент. Великобритания и Франция объявили войну Германии. В апр.–мае 1940 герм. войска оккупировали Данию, Норвегию, Бельгию, Нидерланды, Люксембург, а в июне – Францию, 10 июля 1940 в войну на стороне Германии вступила Италия, войска к-рой в августе – сентябре захватили Брит. Сомали, часть Кении и Судана, вторглись в Египет. В декабре они были разбиты и в янв.– мае 1941 изгнаны из Вост. Африки англ. войсками. В апр. 1941 Германия захватила Грецию и Югославию. Япония оккупировала юж. р-ны Китая и сев. часть франц. Индокитая.

22 июня 1941 Германия напала на Сов. Союз (см. *Великая Отечественная война 1941–45*). В 1941–42 сложилось ядро антигитлеровской коалиции (СССР, Великобритания и США).

7 дек. 1941 нападением на Пёрл-Харбор Япония развязала войну против США и в кон. 1941 – нач. 1942 захватила Малайзию, Индонезию, Филиппины, Бирму. Победы Кр. Армии в Сталинградской битве 1942–43, Курской битве 1943 и битве за Днепр 1943 ознаменовали перелом в ходе В.м.в. К маю 1943 англо-амер. войска освободили Сев. Африку. В июле 1943 рухнул фаш. режим в Италии, к-рая в октябре объявила войну Германии. Герм. войска оккупировали её территорию. В июле – авг. 1943 союзные войска высадились в Италии, в июне 1944 – в Нормандии, открыв 2-й фронт. В 1944–45 сов. войска освободили страны Центр. и Юго-Вост. Европы. В апр. 1945 союзные войска освободили Сев. Италию, заняли Зап. Германию. 2 мая 1945 Кр. Армия овладела Берлином. В полночь 8 мая в предместье Берлина Карлсхорсте представители герм. командования подписали акт о безоговорочной капитуляции. Берлинская конференция глав пр-в СССР, США и Великобритании (17 июля – 2 авг. 1945, Потсдам) определила условия послевоен. устройства мира в Европе.

На Тихом ок. в 1944–45 англо-амер. войска овладели Маршалловыми и Марианскими о-вами, Филиппинами и япон. о. Окинава. На япон. города Хиросима (6 авг. 1945) и Нагасаки (9 авг.) были сброшены атомные бомбы. С авг. 1945 сов. войска начали воен. действия против Японии, разгромили япон. Квантунскую армию, освободили Сев.-Вост. Китай, Сев. Корею, Юж. Сахалин и Курильские о-ва. 2 сент. 1945 Япония подписала акт о безоговорочной капитуляции.

В странах, участвовавших во В.м.в., было мобилизовано ок. 110 млн. ч. В войне погибло до 62 млн. ч.

ВТОРИ́ЧНЫЕ РЕСУ́РСЫ, сырьё, материалы, изделия и отходы, к-рые образуются при произ-ве продукции и могут быть в дальнейшем применены в производств. процессе при изготовлении новой продукции. Использование В.р., как правило, экономически предпочтительнее добычи, обогащения и подготовки первичных ресурсов. Осн. виды В.р.: лом и отходы чёрных, цветных и драгоценных металлов, отработанные нефтепродукты, макулатура, резиносодержащие отходы и др.

ВТОРИ́ЧНЫЙ МЕТА́ЛЛ, 1) металл, получаемый переплавкой лома (изношенные машины, металлич. части зданий, мостов и пр.) и отходов произ-ва. Себестоимость В.м. на 50–70% меньше себестоимости первичного металла (получаемого из руд). Доля В.м. при произ-ве стали 35–40%, а при произ-ве меди и алюминия ок. 15%.

ВТОРО́В Ник. Ал-др. (1866–1918), рос. предприниматель. Унаследовал т-во «А.Ф. Второва сыновья» (торговля в 11 городах Сибири и Урала). В 1912–13 построил в Москве комплекс зданий «Деловой двор» (арх. И.С. Кузнецов). В 1-ю мир. войну основал пр-тия по произ-ву хим. красителей, боеприпасов и др., первый в России з-д по изготовлению электростали (ныне в г. Электросталь Моск. обл.).

ВТОРО́Е ПРИШЕ́СТВИЕ, в христианстве 2-е появление Христа на Земле в конце мира (по завершении земного существования человечества) для *Страшного суда*. Перен.: неопределённо очень далёкий срок.

ВУАЛЕХВО́СТЫ, см. *Золотая рыбка*.

ВУД (Wood) Генри (1869–1944), англ. дирижёр. Организатор и руководитель «Променад-концертов» (с 1895) и др. общедоступных симф. концертов. Пропагандировал классич. и совр., в т.ч. русскую, музыку.

ВУД Роберт Уильямс (1868–1955), амер. физик, изобретатель оптич. приборов и установок, сыгравших значит. роль в развитии эксперим. оптики, спектроскопии, астрофизики. Открыл и исследовал резонансное излучение паров Na и Hg. Заложил основы УФ- и ИК-фотографии.

ВУ́ДВОРД (Woodward) Роберт Бёрнс (1917–79), амер. химик-органик. Осуществил синтез мн. биологически активных в-в (хинин, кортизон, хлорофилл, витамин B_{12} и др.), за что прозван «королём синтеза». Установил строение ферроцена (1952, совм. с англ. химиком

Р.Б. Вудворд.

Дж. Уилкинсоном). Сформулировал ряд правил, используемых в структурной химии. Совм. с амер. физикохимиком Р. Хофманом разработал правила, предсказывающие реакц. способность органич. соед. (правила В. – Хофмана). Ноб. пр. (1965).

ВУЛКА́Н, у древних римлян бог огня, покровитель кузнечного ремесла, защитник от пожаров. Соответствует греч. Гефесту.

ВУЛКА́Н (от лат. vulcanus – огонь, пламя), геол. образование, возникающее над каналами и трещинами в *земной коре*, по к-рым на земную поверхность извергаются лава, пепел, горячие газы, пары воды и обломки пород. Различают действующие, уснувшие и потухшие В., а по форме – центральные (извержение из центр. выходного отверстия) и трещинные, имеющие вид зияющих линейных трещин или ряда небольших конусов. Наиб. кол-во действующих В. приходится на островные дуги (Камчатка, Курильские о-ва, Индонезия и др.) и горн. сооружения (Юж. и Сев. Америка). Активные действующие В.: Ключевская Сопка и Авачинская Сопка (Камчатка, Россия), Везувий (Италия), Исалько (Сальвадор), Мауна-Лоа (Гавайские о-ва) – самый большой в мире В. (размеры купола 120 × 130 км, выс. 4170 м, глубина кратера до 180 м), и др.

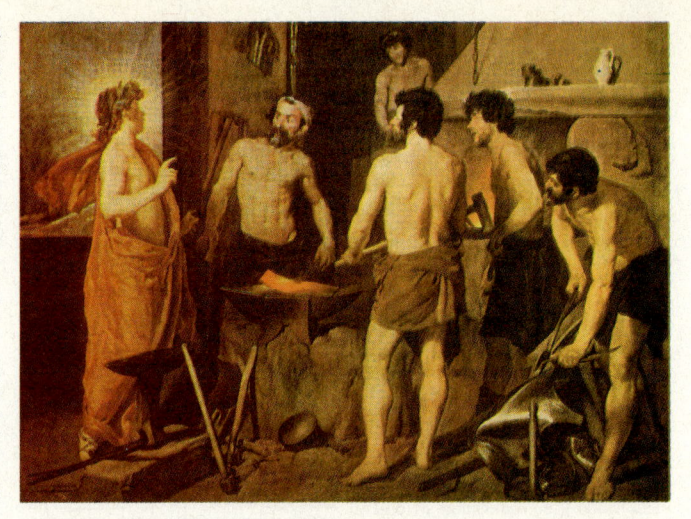

Вулкан. Картина Д. Веласкеса. «Кузница Вулкана». Ок. 1630. Прадо.

ВУЛКАНИЗА́ЦИЯ, превращение каучука в резину, осуществляемое с участием вулканизующих агентов (напр., серы, органич. пероксидов) или при облучении ионизирующим излучением.

ВУЛФ (Wolfe) Томас Клейтон (1900–38), амер. писатель. Своеобразные лироэпич. романы о конфликте труженика-созидателя и мира бездуховности, социальной жестокости («Взгляни на дом свой, Ангел», 1929; «О времени и о реке», 1935; «Домой возврата нет», 1940) сложились в совр. «роман воспитания», символически укрупняющий факты из биографии американца-романтика до притчи о всеобщности единичного человеческого опыта и воссоздающий поэтич. образ повседневной жизни народа. Повести («Портрет Баскома Хока», 1932), рассказы, пьесы.

ВУЛЬГАРИЗА́ЦИЯ (от лат. vulgaris – обыкновенный, простой), грубое упрощение к.-л. понятия, ведущее к искажению смысла; опошление.

ВУНДТ (Wundt) Вильгельм (1832–1920), нем. психолог, физиолог, философ. Один из основоположников эксперим. психологии. Центр. роль в душевной жизни отводил воле. Выдвинул концепцию «аналитич. интроспекции». «Психология народов» (т. 1–10, 1900–20) содержит психол. истолкование мифа, религии, иск-ва и т.д.

ВУ́ОЛИЙОКИ (Wuolijoki) Хелла (псевд. Юхани Тервапяя, Феликс Ту-

Вулкан. Трещинное извержение вулкана Толбачик. Камчатка.

Т.К. Вулф.

Л.С. Выготский.

ли) (1886–1954), фин. писательница; писала также на эст. яз. Ром. «Жители Затуманного» (ч. 1–2, 1914–33), пьесы «Койдулла» (1932) и «Горящая земля» (1936) – из эст. жизни. В цикле реалистич. пьес с родовом поместье Нискавуори (в т.ч. «Женщины Нискавуори», 1936) показано разложение патриархального быта. Автобиогр. трил. (1945–53).

ВУЧЕ́ТИЧ Евг. Викт. (1908–74), скульптор, один из офиц. лидеров сов. иск-ва 40–70-х гг. Автор гипертрофированно-монументальных, подавляющих человека своими масштабами и тотальной мощью произв. (пам.-ансамбль на Мамаевом кургане в Волгограде, 1963–67), портретов сов. военачальников («И.Д. Черняховский», 1945), аллегорич. образов (статуя «Воина-освободителя» в пам.-ансамбле воинам Сов. Армии в Трептов-парке в Берлине, 1946–49).

ВХОД ГОСПО́ДЕНЬ В ИЕРУСАЛИ́М, один из *двунадесятых праздников*. Согласно евангельскому повествованию, Иисус Христос перед своей мученич. кончиной и воскресением прибыл в Иерусалим, народ приветствовал его пальмовыми ветвями. В церк. ритуале, сложившемся в России, роль пальмовых ветвей играла верба. Отмечается в последнее воскресение (Вербное) перед Пасхой.

Вулкан. Побочное извержение вулкана Ключевская Сопка. Камчатка.

ВХУТЕИ́Н (Высший художественно-техн. ин-т), в 1922–30 уч. заведение в Ленинграде (осн. в 1922 на базе АХ) и в Москве (осн. в 1926 на базе ВХУТЕМАСа).

ВХУТЕМА́С (Высшие художественно-техн. мастерские), моск. уч. заведение, осн. в 1920. Имел худ. и производств. ф-ты; готовил в осн. художников-станковистов и архитекторов, создал основы подготовки дизайнеров. В 1926 преобразован во ВХУТЕИН.

ВШИ; отряд кровососущих бескрылых насекомых. Ок. 300 видов. Паразиты человека и млекопитающих. Дл. 1–5 мм. Развитие от яйца (гниды) до взрослой В. занимает ок. 20 сут. Могут служить переносчиками инфекц. заболеваний (сыпной тиф, возвратный тиф и др.). В. ж-ных на человека не переходят.

ВШИ́ВОСТЬ, то же, что *педикулёз*.

ВЫ́БОРЩИКИ, в ряде стран при *косвенных выборах* лица, непосредственно участвующие в голосовании. Напр., избрание президента США осуществляется коллегией В. Кол-во В. определяется конституцией с учётом федер. устройства США: каждый штат избирает число В., равное числу депутатов и сенаторов, направленных данным штатом в Конгресс США.

ВЫ́ВИХ, стойкое смещение суставных концов костей за пределы их нормальной подвижности, иногда с разрывом суставной сумки и связок и выходом суставного конца одной из костей из сумки (при травмах, заболеваниях суставов).

ВЫ́ГОТСКИЙ Лев Сем. (1896–1934), рос. психолог, создатель культурно-ист. теории развития психики, основатель крупной науч. школы. Автор тр. по психологии мышления и речи, дефектологии, психологии иск-ва, возрастной психологии и др.

ВЫ́ДАЧА ПРЕСТУ́ПНИКОВ (экстрадиция), в междунар. праве передача гос-ву лица, совершившего уголов. или междунар. преступление, для привлечения его к уголов. ответственности или исполнения вынесенного в отношении него приговора суда. Условия и порядок В.п. регламен-

тируются междунар. договорами и нац. законодательством.

ВЫДВОРЕ́НИЕ, принудит. высылка иностранцев из страны, обычно в случае нарушения ими законов этой страны. Выдворены могут быть дипломаты, объявленные *персоной нон грата*. В. собств. граждан законодательством большинства гос-в (в т.ч. Рос. Федерации) не предусматривается.

ВЫ́ДРЫ, род хищных млекопитающих (сем. куньи). Длина тела ок 95 см, хвоста 55 см. 8 видов, в Евразии, Африке, Сев. и Юж. Америке. В России 1 вид (порешня). Обитают В. близ пресных водоёмов, хорошо плавают и ныряют. Питаются гл. обр. рыбой. Мех В. красив и прочен (по носкости принимается за 100%), высоко ценится. Малочисленны, в ряде мест находятся под охраной.

ВЫ́ЕЗДКА, 1) приучение лошади к работе в упряжи и под седлом. 2) Вид кон. спорта (высш. школа верховой езды), соревнование в мастерстве управления лошадью на разл. аллюрах на площадке 20×40 или 20×60 м (время выступления 5–12 мин). Чемпионаты мира с 1966; в программе Олимп. игр с 1912.

ВЫЗЫВНО́Е ПРОИЗВО́ДСТВО, один из видов *особого производства*; форма восстановления в суд. порядке прав по утраченным (утерянным) док-там на предъявителя (напр., сберкнижкам). При В.п. суд даёт объявление об утерянном док-те и вызывает его держателя (напр., нашедшего док-т) явиться в суд.

ВЫ́КИДЫШ, см. *Аборт*.

ВЫ́МОРОЧНОЕ ИМУ́ЩЕСТВО, имущество, оставшееся после смерти

собственника, при отсутствии наследников. По праву наследования, как правило, переходит к гос-ву.

ВЫ́НУЖДЕННОЕ ИЗЛУЧЕ́НИЕ (индуцированное излучение), испускание эл.-магн. волн определ. частоты возбуждёнными атомами и молекулами под действием внеш. (вынуждающего) излучения такой же частоты. В.и. является, напр., излучение *лазера*.

ВЫ́НУЖДЕННЫЕ КОЛЕБА́НИЯ, колебания, возникающие в к.-л. системе в результате периодич. изменяющегося внеш. воздействия: силы в механич. системе, напряжения или тока в *колебательном контуре*. В.к. всегда происходят с частотой, равной частоте внеш. воздействия; в системе при определ. условиях возможен *резонанс*. В.к. полностью устанавлива-

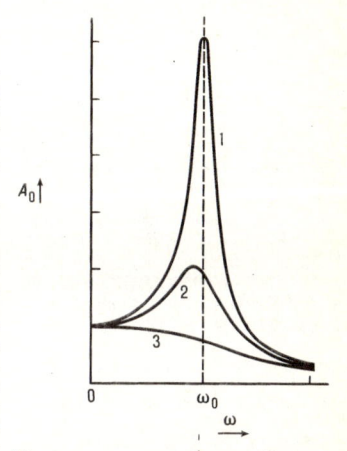

Вынужденные колебания. Зависимость их амплитуды (A) от частоты (ω) внешнего воздействия при различном затухании: 1 – слабое затухание; 2 – сильное затухание; 3 – критическое затухание.

ются в системе лишь после того, как в ней затухнут также вызванные внеш. воздействием *собственные колебания*. Примеры В.к.: колебания мембраны телефона, иглы швейной машины, поршня в цилиндре автомоб. двигателя, рессор автомобиля, движущегося по неровной дороге, океанич. приливы под действием Луны и др.

ВЫ́ПИ, род болотных птиц (сем. цапли). Ноги и шея короче, чем у большинства цапель. 4 вида, распространены широко. Скрытные ночные

Выдра.

птицы. Селятся отд. парами в зарослях на болотах. В брачный сезон самцы издают громкий крик, напоминающий отдалённый рёв быка (отсюда второе назв.— водяные быки).

ВЫПРЯМИ́ТЕЛЬ электрический, преобразователь перем. электрич. тока в постоянный, выполненный обычно на основе электрич. *вентиля*. Применяется в устройствах автоматики и телемеханики, измерит. техники и радиотехники (однофазный В.), а также для питания мощных пром. установок (трёхфазный В.).

ВЫСО́КАЯ ПЕЧА́ТЬ, вид типографской печати, при к-ром печатающие элементы на печатной форме расположены выше непечатающих. Используется гл. обр. для печатания текстовых изданий (книги, газеты и пр.). Истоки В.п. в Корее, Китае, Японии (8 в.).

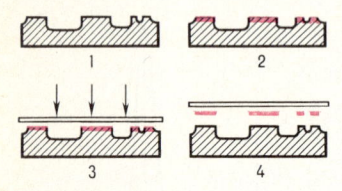

Высокая печать: 1 – форма; 2 – форма с краской; 3 – печать; 4 – оттиск.

ВЫСОКОМОЛЕКУЛЯ́РНЫЕ СОЕДИНЕ́НИЯ, то же, что *полимеры*.

ВЫСО́ТНАЯ БОЛЕ́ЗНЬ, болезненное состояние при подъёме на большие высоты, обусловленное значит. снижением парциального давления кислорода во вдыхаемом воздухе: чувство усталости, головокружение, головная боль, тошнота, боль в ушах, обморок и др. Разновидность В.б.— *горная болезнь*.

ВЫСО́ТНАЯ ПО́ЯСНОСТЬ (высотная зональность), закономерная смена природных условий в горах по мере возрастания абс. высоты. Сопровождается изменениями геоморфол., гидрологич., почвообразоват. процессов, состава растительности и животного мира. Мн. особенности В.п. определяются расположением склонов по отношению к странам света, господствующим возд. массам и удалённостью от океанов. Число поясов обычно возрастает в высоких горах и с приближением к экватору. Изменение природных условий по мере возрастания высоты соответствует изменению природных зон по мере продвижения на С. от зоны, в к-рой расположен данный объект.

ВЫСО́ЦКИЙ Вл. Сем. (1938–80), рус. поэт, актёр, автор и исполнитель песен. Трагически-исповедальные стихи, романтико-лирич., комич. и сатирич. песни, баллады (сб. «Нерв», 1981, «Я, конечно, вернусь...», 1988). В своём песенном творчестве отталкивался от традиций рус. гор. романса. С 1964 в Моск. т-ре на Таганке (Хлопуша – «Пугачёв» по С.А. Есенину, 1967; Гамлет – «Гамлет» У. Шекспира, 1971; Лопахин – «Вишнёвый сад» А.П. Чехова, 1975, и др. Снимался в ф.: «Вертикаль» (1967), «Короткие встречи» (1968), т/ф «Место встречи изменить нельзя» (1979) и др. В. присущ мощный, «лавинный» темперамент; его героям подлинно трагич. герой – сильная личность, бунтарь-одиночка, сознающий свою обречённость и не допускающий мысли о капитуляции. В комич. жанрах В. с лёгкостью менял

В.С. Высоцкий в роли Гамлета. 1971.

социальные маски, добиваясь абсолютной узнаваемости гротескных «зарисовок с натуры». В драматич. песнях и ролях пробивалась наружу бурлящая под спудом глубинная сила, рвущая душу тоска по справедливости.

ВЫ́СШАЯ НЕ́РВНАЯ ДЕ́ЯТЕЛЬНОСТЬ, деятельность высш. отделов центр. нерв. системы (коры больших полушарий и подкорковых центров), обеспечивающая наиб. совершенное приспособление ж-ных и человека к окружающей среде. В основе В.н.д. лежит взаимодействие врождённых безусловных и приобретаемых в процессе развития условных рефлексов, к к-рым у человека добавляется вторая сигнальная система, связанная с речью. Учение о В.н.д. создано И.П. Павловым.

ВЫ́СШИЕ ЖЕ́НСКИЕ КУ́РСЫ, в России частные высш. уч. заведения. Наиб. известны курсы проф. В.И. Герье (осн. в 1872) в Москве и Бестужевские (названы по имени их руководителя историка К.Н. Бестужева-Рюмина, 1878) в С.-Петербурге. Обучение велось по гуманитарным и естеств.-матем. циклам, программа близка университетской.

ВЫ́СШИЕ РАСТЕ́НИЯ, подцарство растит. мира. В отличие от низших растений тело В.р. разделено на специализир. органы – листья, стебель и корень. Св. 300 тыс. видов. К В.р. относятся мхи, папоротники, голосеменные, цветковые и нек-рые др. р-ния. Достоверные ископаемые остатки В.р. известны с силура.

ВЫ́СШИЙ АРБИТРА́ЖНЫЙ СУД Рос. Федерации, высш. суд. орган по рассмотрению экон. споров. Председатель и судьи В.а.с. назначаются Советом Федерации по представлению президента. Осуществляет также надзор за суд. деятельностью всех арбитражных судов. В.а.с. принадлежит право законодат. инициативы.

ВЫ́СШИЙ СОВЕ́Т НАРО́ДНОГО ХОЗЯ́ЙСТВА (ВСНХ), 1) высш. центр. орган по управлению нар. х-вом, гл. обр. пром-стью, в Сов. гос-ве в 1917–32. Созд. при СНК РСФСР. 2) Высш. гос. орган по руководству пром-стью и стр-вом при СМ СССР в 1963–65. Местные органы – совнархозы.

ВЫТЕСНЕ́НИЕ, защитный механизм психики, состоящий в изгнании из сознания неприемлемых для него переживаний – влечений и импульсов, а также их производных – эмоций, воспоминаний и др.; одно из осн. понятий *психоанализа*.

ВЫ́ХУХОЛЬ, насекомоядное млекопитающее (сем. *кротовые*). Длина тела до 22 см, хвоста до 20 см. Встречается в басс. Волги, Дона и Урала, по берегам стариц и медленно текущих рек; акклиматизирована в басс. Оби и ряде др. мест. Ведёт полуводный образ жизни. Мех высоко ценится. Численность сокращается гл. обр. из-за разрушения среды обитания. Охота запрещена, охраняется в заповедниках и заказниках.

ВЫЧИСЛИ́ТЕЛЬНАЯ МАШИ́НА, первоначально (до нач. 20 в.) механизм для выполнения арифметич. и нек-рых алгебр. действий (напр., арифмометр, механич. интегратор); совр. электронное устройство (или комплекс устройств) для автоматич. обработки, хранения и отображения информации наз. *электронная вычислительная машина*. Термин «В.м.» применительно к таким устройствам сохранился лишь в силу ист. преемственности.

ВЫЧИСЛИ́ТЕЛЬНАЯ СИСТЕ́МА, комплекс средств вычислит. техники, включающий не менее 2 осн. *процессоров* или ЭВМ с единой системой управления, имеющих общую память, единое *математическое обеспечение ЭВМ* и общие внешние устройства.

ВЫШНЕГРА́ДСКИЙ Ив. Ал. (1831/32–1895), рос. учёный, один из основоположников теории автоматич. регулирования, теоретич. основ конструирования машин. В 1888–92 мин. финансов.

ВЫШИ́НСКИЙ Анд. Януарьевич (1883–1954), юрист, гос. деятель, зам. прокурора и прокурор СССР в 1933–39. Был гос. обвинителем на многих фальсифицир. полит. процессах 30-х гг. В 1939–44 зам. пред. СНК СССР, в 1940–53 МИД СССР (в 1949–53 министр). Выдвинутые В. теоретич. положения (в частности, придано значение ведущего доказательства признанию обвиняемого) были направлены на обоснование грубых нарушений законности, массовых репрессий.

ВЫЩЕЛА́ЧИВАНИЕ, см. *Экстрагирование*.

ВЬЕНТЬЯ́Н, столица (с 1946) Лаоса. 178 т.ж. Порт на р. Меконг. Преим. куст. пром-сть: рисоочист., шёлкоткацкая, хл.-бум., кож., мебельная. Худ. ремёсла, рынок древесины тв. пород, шёлковых, лаковых изделий. Ун-т. Школа музыки. Осн. в 13 в. В 16 – нач. 18 вв. столица (с перерывами) лаосского гос-ва Лансанг. В 1899–1946 адм. ц. франц. протектората Лаоса. Монастыри-ваты (Фра-Кео, 1565; Сисакет, 1820), королев. дворец.

ВЬЕТА́Н (Vieuxtemps) Анри (1820–1881), бельг. скрипач, педагог, композитор. Гастролировал, в т.ч. в С.-Петербурге и Москве; в 1838–40 и 1845–52 работал в России. Исполнит. стиль отличался романтич. одухотворённостью и виртуозностью. 7 концертов для скрипки с оркестром, пьесы для скрипки.

ВЬЕТНА́М (Социалистическая Республика Вьетнам), гос-во в Юго-Вост. Азии, на п-ове Индокитай. Пл. 332 т. км². Нас. 69 млн. ч., гл. обр. вьеты (вьетнамцы, 88%). Офиц. яз.– вьетнамский. Верующие – буддисты, христиане, мусульмане и др. Глава гос-ва – президент. Высший законодат. орган – Нац. собрание. Столица – Ханой. Адм.-терр. деление: 36 провинций, особый округ и 3 города центр. подчинения; сохраняется ист.-геогр. деление на Сев. (Бакбо), Центр. (Чунгбо) и Южный (Намбо). Ден. единица – донг.

Б.ч. терр.– горы выс. до 3143 м; по побережье – низменности (гл. обр. в дельтах рек Хонгха на С. и Меконг на Ю.). Климат тропич. муссонный. Ср. темп-ры на Ю. меняются мало (от 26 °C в дек. до 29 °C в апр.), на С.– от 15 °C в янв. до 28 °C в июле, горам прохладнее; осадков 1500–3000 мм в год. Осенью нередки тайфуны, наводнения. 40% терр.– леса.

С 11 в. вьетнамское гос-во Дайвьет – одно из крупнейших гос-в в Юго-Вост. Азии. В 1858–84 В. захвачен Францией. В 1930 под рук. Хо Ши Мина осн. КП Вьетнама (КПВ). 2 сент. 1945 провозглашена ДРВ. В 1945–46 франц. войска начали войну во В. После ряда поражений (особенно в р-не Дьенбьенфу в 1954) Франция заключила Женевские соглашения 1954. В 1955–56 в Юж. В. был создан проамер. режим. В 1964–65 США развернули возд. войну против ДРВ, в 1965 ввели в Юж. В. войска. В 1973 подписано Парижское согл. о прекращении войны и восстановлении мира во В. В июле 1976 было завершено гос. воссоединение В., провозглашена Социалистич. Респ. Вьетнам (СРВ).

Основа экономики – с. х-во. ВНП на д. нас. 230 долл. в год. Осн. прод. культура – рис. Экспорт: кофе, чай, каучук. Выращивают батат, кукурузу, маниок, техн. культуры (джут, соя, сах. тростник, чай, арахис, хлопчатник); плантации каучуконосов; сад-во, овощ-во, субтропич. плодоводство и сбор лекарств. р-ний. Кр. рог. скот (используется гл. обр. как тягловая сила), св. 3 млн. буйволов. Свин-во. Птиц-во. В прудах, на рисовых полях и в море – рыб-во. Лов креветок и др. морепродуктов (экспорт). Добыча кам. угля (в т.ч. на экспорт), олова и вольфрама, апатитов, хроми-

Вьетнам. Город Камфа.

тов, соли из мор. воды. Пр-тия чёрной и цв. металлургии, металлообр. и маш.-строит.; произ-во минер. удобрений, стройматериалов и резин. изделий. Деревообработка (в т.ч. древесина ценных пород), обработка каучука. Пищевкус. пром-сть. Разнообразные ремёсла.

ВЬЮНО́К, род многолетних трав и кустарников (сем. вьюнковые). Ок. 250 видов, гл. обр. в умеренных поясах обоих полушарий. В. полевой (берёзка) — злостный сорняк посевов. В. наз. также виды повоя с вьющимися стеблями и гречишку вьюнковую — сорное р-ние сем. гречишных.

ВЬЮРКИ́, семейство птиц (отр. воробьиные). Дл. 18–25 см. В окраске преобладают жёлтые, зелёные, красные тона. Св. 130 видов, распространены широко; в России — клесты, снегирь, чиж, щегол, зяблик, чечётка. Гнёзда на деревьях, земле, среди скал. Самцы хорошо поют, нек-рые имитируют чужие голоса, поэтому В. часто содержат в неволе.

ВЬЯ́СА, легендарный др.-инд. поэт и мудрец. Ему приписывается авторство *Махабхараты* (в к-рой он одно из действующих лиц), *пуран* и упорядочение текста *вед*.

ВЯ́ЖУЩИЕ ВЕЩЕСТВА́, строит. материалы для изготовления бетонов и строит. растворов. Различают минер. (цемент, гипс, известь и др.) и органич. (битумы, дёгти, пеки) В.в. Минер. В.в. (преим. порошкообразные) при смешивании с водой образуют пластичную массу, затвердевающую в камневидное тело. Органич. В.в. в смеси с наполнителями (обычно без добавления воды) образуют пластичное тесто, способное при физ. и хим. воздействиях переходить в тв. состояние.

ВЯЗ, неск. видов деревьев рода *ильм*.

ВЯ́ЗЕМСКИЙ Пётр Анд. (1792–1878), князь, рус. поэт, лит. критик. В ранней лирике сочетание гражд. традиций 18 в. и «лёгкой поэзии». С 40-х гг. поэзия воспоминаний, трагич. мотивы; придерживался консервативных обществ. взглядов. Мемуары («Старая записная книжка»).

Вьетнам. Пейзаж на севере страны, район Тинтука.

П.А. Вяземский.

А.Д. Вяльцева.

ВЯ́ЗКОСТЬ (внутреннее трение), свойство текучих тел — газов и жидкостей оказывать сопротивление перемещению одной их части относительно другой. Осн. закон вязкого течения установил И. Ньютон в 1647. В. количественно характеризуется коэф. В., измеряемым в пуазах ($0{,}1$ Н·с/м²), и зависит от темп-ры и свойств тела. Напр., при 20 °C коэф. В. газообразного водорода, воды и глицерина равен соответственно 0,0088; 1,002 и 1500 (в сантипуазах); В. низкомол. жидкостей, расплавленных металлов и солей обычно не превышает неск. сотен пуаз.

ВЯЗЬ, 1) декор. письмо, при к-ром буквы соединяются в непрерывный орнамент (нек-рые виды др.-слав., араб. письма). 2) Соединение двух или неск. букв в один составной знак или слитную группу (напр., в *деванагари*).

ВЯ́ЛЬЦЕВА Анаст. Дм. (1871–1913), рос. эстрадная певица (сопрано). Артистка оперетты (ведущие партии в «Периколе», «Прекрасной Елене» Ж. Оффенбаха, «Цыганском бароне» И. Штрауса-сына и др.). Прославилась как исполнительница *цыганских романсов*.

ВЯ́ТИЧИ, объединение вост.-слав. племён в верх. и ср. течении Оки. С сер. 10 в. в составе Др.-рус. гос-ва. С 12 в. терр. В. в Черниговском, Рязанском, Ростово-Суздальском (позднее Владимирское великое) кн-вах.

ВЯ́ХИРЬ, самый крупный из обитающих в России голубей. Дл. ок. 45 см. На шее и крыльях белые пятна, хвост с чёрной полосой. В Евразии (в России — на В. до Томска) и Сев.-Зап. Африке, гл. обр. в хвойных лесах, к-рые оживляет своими глухими криками. Везде малочислен.

Г

Г, г [гэ], четвёртая буква рус. алфавита; восходит к букве *кириллицы* Г («глаголь»).

ГАА́ГА, г. в Нидерландах. 442 т.ж. Порт на Северном м. и пересечении каналов (аванпорт — Схевенинген). Эл.-техн. и радиоэлектронная, авиа-

Гаага. Вид части города.

строит., лёгкая, пищ. пром-сть. Изготовление худ. изделий из стекла, дерева. Королев. резиденция. Местонахождение правительств. и суд. органов, Междунар. суд ООН. Консерватория (1908). Музеи: почтовый, костюмов и др. Упоминается с кон. 11 в. (город с нач. 19 в.). Центр Г. во многом сохранил старинный облик: анс. Бинненхоф (13–18 вв.), готич. церкви, старая ратуша (1564–65), дворец Маурицхёйс (ныне Королев. кабинет картин; 1633–35).

ГАА́ГСКИЕ КОНВЕ́НЦИИ, 1) действующие междунар. конвенции о законах и обычаях войны, принятые на 1-й (3 конвенции) и 2-й (13 конвенций) мирных конференциях в Гааге в

1899 и 1907. Г.к. содержат положения о мирном разрешении междунар. споров, нейтралитете, о защите мирных жителей, режиме военнопленных, участи раненых и больных и т.д. 2) Конвенция 1954 о защите культурных ценностей в случае вооруж. конфликта. 3) Конвенции по междунар. частному праву 1902–05, 1954, 1955, 1956, 1961 и др.

ГААЗ Фёд. Петр. (1780–1853), рос. врач. Выходец из Германии. Как гл. врач моск. тюрем (с 1828) добился улучшения содержания заключённых, орг-ции тюремной больницы на Воробьёвых горах в Москве (1832), школ для детей арестантов. За филантропич. деятельность был прозван «святым доктором». Широкую известность приобрёл девиз Г. «Спешите делать добро» (воспроизведён на пам., установленном в Москве в 1909, скульп. Н.А. Андреев).

ГАБЕ́Н (Gabin) Жан (наст. фам. Монкорже) (1904–76), франц. киноактёр. Создал и утвердил на экране образ человека, верного долгу и справедливости, отстаивающего свою независимость. Ф.: «Великая иллюзия» (1937), «Набережная туманов» (1938), «По ту сторону решётки» (1948, в прокате — «У стен Малапаги»), «Отверженные» (1958), «Кот» (1971). Г. принёс на экран дух демократизма, слитый с волевым, действенным началом, уважением к человеческой личности.

ГА́БЕР (Хабер) (Haber) Фриц (1868–1934), нем. химик-неорганик и технолог. Впервые получил (1908) на полузаводской установке жидкий аммиак из водорода и азота. Инициатор воен. применения отравляющих веществ. Ноб. пр. (1918).

ГАБО́ВИЧ Мих. Маркович (1905–1965), артист балета. В 1924–52 в Большом т-ре. Исполнял гл. роли в классич. репертуаре: Вацлав («Бахчисарайский фонтан» Б.В. Асафьева, 1936), Принц («Золушка» С.С. Прокофьева, 1946), Ромео («Ромео и Джульетта» Прокофьева, 1946) и др. Отличался мужественной манерой исполнения, выразительностью жеста, скульптурностью поз. Партнёр Г.С. Улановой.

ГАБО́Н (Габонская Республика), гос-во в Центр. Африке. Пл. 268 т.км². Нас. 1,25 млн. ч., фанг, мбете и др. Офиц. яз.— французский. Ок. 74% нас.—

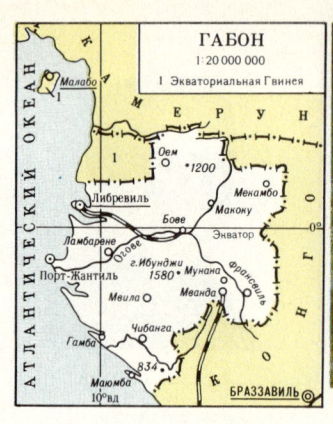

Ж. Габен и М. Морган в фильме «Набережная туманов».

христиане (преим. католики), 24% придерживаются местных традиц. верований. Глава гос-ва — президент. Законодат. орган — Нац. собрание. Столица — Либревиль. Адм.-терр. деление: 9 провинций. Ден. единица — франк КФА.

Внутр. часть Г.— плоскогорья и горы (выс. до 1580 м); вдоль Атлантич. ок.— низменность. Климат субэкв., на С. экв. Ср. темп-ры апреля 25–27 °C, июля 22–24 °C; осадков 1800–4000 мм в год. Гл. река — Огове (судоходна в ниж. течении). Тропич. леса.

Терр. Г. в 19 в. была захвачена франц. колонизаторами. В 1910–58 входил во Франц. Экв. Африку. С 1960 независимая республика. В 1990–92 Г. перешёл к многопарт. системе.

Г.— страна с развитой горнодоб., гл. обр. нефте- (ок. 8 млн. т в год) и газодоб., пром-стью. ВНП на д. нас. 3220 долл. в год. Добыча марганц. руды (3-е место в мире, св. 2 тыс. т в год; одно из ведущих мест в мире по экспорту), золота, произ-во урановых концентратов. Заготовки древесины окуме (ценное сырьё для фанерного произ-ва) — одно из первых мест в мире. Нефтеперераб., деревообр. (крупнейший в Африке з-д клеёной фанеры); пищ. пром-сть. Осн. с.-х. культуры: экспортные — сах. тростник, какао, арахис; потребительские — маниок, бананы, кукуруза, рис. Овощ-во. Охота и собирательство (плоды дикорастущей масличной пальмы и др.). Жив-во ограничено недостаточной кормовой базой и наличием в нек-рых р-нах мухи цеце. Рыб-во.

ГАБОРО́НЕ, столица (с 1966) Ботсваны, на выс. 1100 м. 133 т. ж. Пищ. пр-тия. Ун-т. Осн. в 1950-х гг.

ГАБРИА́ДЗЕ Реваз Леванович (р. 1936), груз. прозаик, драматург, режиссёр, художник. Творч. манеру отличают свобода фантазии, тонкий юмор и ирония, поэтичность. В 1981 организовал Тбилисский т-р марионеток. Среди пост. (Г.— автор пьес, реж. и художник): «Альфред и Виолетта» (по мотивам оперы Дж. Верди «Травиата», 1981), «Осень нашей весны» (1985), «Дочь императора Трапезунда» (1990). Автор сценариев ф. «Не горюй!» (1969), «Мимино» (1978) и др.

ГАБРИЛО́ВИЧ Евг. Иос. (1899–1993), рос. сценарист, педагог. Г. отличали особый интерес к психологии, стремление к раскрытию человеческих судеб в моменты значит. ист. событий. Работал с реж. Ю.Я. Райзманом, М.И. Роммом, С.И. Юткевичем, Г.А. Панфиловым. Сценарии к

ф. «Машенька» (1942), «Мечта» (1943), «Коммунист» (1958) и др.

ГА́БСБУРГИ (Habsburger), династия, правившая в Австрии (с 1282 герцоги, с 1453 эрцгерцоги, с 1804 австр. императоры). Присоединив в 1526 Чехию и часть Венгрии (где титуловались королями) и др. терр., стали монархами обширного многонац. гос-ва (в 1867–1918 — Австро-Венгрия). Г. были императорами «Священной Рим. империи» (постоянно в 1438–1806, кроме 1742–45). Гл. представители: Карл V, Филипп II (исп.), Мария Терезия, Иосиф II, Франц Иосиф I.

ГАВА́ЙСКИЕ ОСТРОВА́ (Сандвичевы острова), архипелаг в центр. части Тихого ок. (США, шт. Гавайи). Состоит из 24 вулканич. и коралловых о-вов (Гавайи, Мауи, Молокаи, Оаху и др.). Выс. до 4205 м (потухший вулкан Мауна-Кеа). Действующие вулканы Мауна-Лоа и Килауэа. Влажные тропич. леса, саванны. Климатич. курорты. Туризм. Адм. ц.— Гонолулу. Г.о. были открыты испанцами во 2-й пол. 16 в., вторич-

Габон. Сплав леса на р. Огове.

Гавана. Район Ведада.

Гавана. Национальный Капитолий (ныне — Академия наук Республики Куба).

но — англ. мореплавателем Дж. Куком в 1778.

ГАВА́НА, столица (с 1902) Кубы. 2 млн. ж. Порт на побережье Мексиканского зал.; междунар. аэропорт. Металлургич. комб-т, маш-ние, нефтеперераб., хим., фарм., лёгкая, пищевкус. пром-сть. Ун-т (1728). Музеи (в т.ч. нац., декор. иск-в, Дом-музей Э. Хемингуэя). Т-ры: Нац. балет Кубы, национальный, т-р Эстудио и др. Осн. в 1515; с 1592 адм. ц. исп. колонии на о. Куба. В 1762–63 оккупирована Великобританией, во время исп.-амер. войны 1898 — США. Крепости Эль Морро (1589–1630), Ла Кабанья, Ла Пунта, Ла Фуэрса (18 в.). Площадь Пласа де Армас с муниципалитетом (1777–91) и Домом почты (1772–76). Собор (1749–89), многочисл. церкви и дома в стиле барокко. Старая Г. включена в список *Всемирного наследия*.

ГА́ВАНЬ (от голл. haven), защищённая от ветра, волн и течений прибрежная часть вод. пространства; место стоянки, ремонта или отстоя судов. Г. наз. также часть акватории порта для грузопасс. операций.

ГАВО́Т (франц. gavotte), 1) старинный франц. нар. танец 2-х дольного размера. В 17 — сер. 19 вв. придворный танец. 2) Часть инстр. *сюиты*, иногда самостоят. пьеса.

ГАВР, г. во Франции, аванпорт Парижа в устье р. Сена. 197 т.ж. Один из крупнейших портов страны (грузооборот св. 50 млн. т в год, гл. обр. нефть). Судостроение, нефтеперераб., маш., хим., хл.-бум. пром-сть. Океанографич. ин-т. Музеи: изящных иск-в, Старого Г. Возник в 1517 на месте рыбацкого посёлка. Церк. Нотр-Дам (16–17 вв.), Сен-Франсуа (16–17 вв.), постройки арх. О. Перре, Б. Зерфюсса и др.

ГАВРИИ́Л, в Библии архангел, возвестивший Деве Марии о том, что у неё родится сын — Иисус Христос.

ГАВРИ́ЛИН Валер. Ал-др. (р. 1939), композитор. Стремясь к синтезу академич. и бытовых жанров, ввёл новые ярко нац. формы хорового музицирования, осн. на творч. претворении рус. фольклора (т.н. действа «Перезвоны», «Пастух и пастушка» и др.). Бал.: «Анюта» (1982), «Подпоручик Ромашов» (1985), «Женитьба Бальзаминова» (1989); вок.-симф. поэма «Военные письма» (1972), кантаты, вок. циклы и др.

ГАГА́РИН Юр. Ал. (1934–68), лётчик-космонавт СССР. 12 апр. 1961 совершил первый в истории человечества полёт в космос на космич.

Гавриил. «Благовещение». Створка алтаря работы Мастера жизни Марии (кёльнская школа). Ок. 1460. Старая пинакотека. Мюнхен.

корабле «Восток». Облетел земной шар за 1 ч 48 мин. Погиб при выполнении тренировочного полёта на самолёте.

Ю.А. Гагарин.

ГАГА́РЫ, водоплавающие, преим. морские птицы. Дл. до 1 м, масса от 1 до 6,4 кг. Оперение плотное и густое. 4 и 5 видов, в Сев. полушарии. Гнездятся на пресных озёрах в тундре и лесотундре; гнёзда строят у самой воды, т.к. по суше могут передвигаться только ползком. Шкурки заготовляют («птичий мех»).

Гагары. Чернозобая гагара.

ГА́ГИ, род водоплавающих птиц (сем. утиные). Дл. ок. 60 см. 4 вида, распространены кругополярно. Гнездятся колониями, гнездо обильно выстилают собств. пухом, к-рый ценится как материал для изготовления одеял, зимней одежды и пр. На Баренцевом и Белом морях охраняются в спец. заповедниках.

ГА́ГРА, г. (с 1933) в Абхазии. 26,6 т.ж. Порт на Чёрном м. Ж.-д. ст. Приморский климатич. и бальнеологич. курорт. Пищ. пром-сть. Музей старинного абх. оружия.

ГАДЕ́С, см. *Аид*.

ГАДЖИБЕ́КОВ Узеир Абдул Гусейн оглы (1885–1948), композитор. Возглавлял Азерб. конс., основал ряд муз. коллективов. Оп.: «Лейли и Меджнун» (1908), «Кёр-оглы» (1937); кантаты, симф. соч. и др. Мировую известность приобрела муз. комедия «Аршин мал алан» (1913).

ГАДОЛИ́НИЙ (Gadolinium), Gd, хим. элемент III гр. периодич. системы, ат. н. 64, ат. м. 157,25; относится к *редкоземельным элементам*; металл. Г. открыт франц. химиком П. Лекоком де Буабодраном в 1886.

ГАДЮ́КИ, семейство ядовитых змей. Дл. до 2 м. Ок. 60 видов, в Евразии и Африке. Укус Г. может быть смертелен для крупных ж-ных и человека. Наиб. ядовита гюрза. Кавказская и малоазиатская Г. редки, охраняются. Илл. см. при ст. *Змеи*.

ГАЗ (франц. gaz, от греч. cháos — хаос), *агрегатное состояние* вещества, в к-ром энергия движения его частиц (атомов, молекул) значительно превышает энергию их взаимодействий. Т.о., частицы Г. движутся свободно (между столкновениями) и в отсутствие внеш. воздействий равномерно заполняют весь объём, в к-рый Г. заключён.

ГАЗА́ЛИ (аль-Газали) Мухаммед (1058 или 1059–1111), мусульм. богослов, философ, мистик. Иранец, писал преим. по-арабски. Пережив в 1095 глубокий психол. кризис, 11 лет вёл жизнь странствующего дервиша, в конце жизни основал ханку (аскетич. обитель). В осн. соч. «Возрождение наук о вере» (после 1095) считал богопознание иррациональным актом индивидуального экстатич. переживания, опровергал все филос. системы, особенно вост. аристотелизм (дав, однако, его классич. изложение). Оказал влияние на ср.-век. философию, в т.ч. в Европе.

ГАЗДА́НОВ Гайто Ив. (1903–71), рус. писатель. В 1920 эмигрировал. Утончённый психологизм, изящество стиля в автобиогр. романах «Вечер у Клэр» (1930) о гимназич. поре и участии в белом движении, «История одного путешествия» (1935), «Ночные дороги» (1941, опубл. 1952) о непарадной жизни Парижа глазами таксиста. Повести, рассказы.

ГАЗЕ́ЛИ, род млекопитающих (сем. *полорогие*). Длина тела 85–170 см, высота в холке 50–110 см. 14 видов, в т.ч. джейран. Обитают в степях и пустынях Сев. Африки и Азии. Объект охоты (из-за мяса, кожи). Численность сокращается, ряд видов под охраной.

ГАЗЕ́ЛЬ [газаль (араб.)], вид монорим. лирич. стихотворения (обычно 12–15 *бейтов*); распространена в поэзии Бл. и Ср. Востока и Юго-Вост. Азии. В первом бейте рифмуются оба полустишия, далее — только чётные строки. В последнем бейте должен быть упомянут псевдоним автора (т.н. тахаллус). Высокие образцы жанра — в творчестве Рудаки, Саади, Хафиза; к форме Г. обращались и европ. поэты (И.В. Гёте, в России — В.Я. Брюсов).

ГАЗЕ́ТА, периодич. печатное листовое издание, в к-ром оперативно публикуются материалы о текущих событиях, а также лит. произведения, иллюстрации, фотоснимки, реклама и др.; одно из осн. средств массовой информации. Объём от 2 до 100 и более полос. Прообразом Г. считают древние рукописные сводки новостей. В Венеции в 16 в. за сводку платили мелкую монету — gazzetta (отсюда назв.). В России первая печатная Г. — «Ведомости», появилась при Петре I (1703). В Рос. Федерации в 1992 было выпущено св. 4,8 тыс. Г. В США в кон. 80-х гг. выходило св. 9 тыс. Г.

ГА́ЗОВАЯ СВА́РКА, сварка плавлением с помощью пламени, образованного при сжигании смеси горючего газа (ацетилена, водорода, паров бензина и др.) с кислородом в сварочной горелке. Г.с. способствовали иссл. процессов горения газ. смесей франц. учёным А.Л. Ле Шателье. В нач. 20 в. франц. инж. Э. Фуше и Ш.Э. Пикар разработали газосварочные горелки (конструкция к-рых почти не изменилась). В России Г.с. впервые демонстрировалась в 1906 в Москве. Применяют для сварки тонкостенных (1–5 мм) изделий из стали, цв. металлов и сплавов, для наплавки слоя металла на поверхность изделия, в осн. при ремонтных работах.

ГА́ЗОВАЯ ТУРБИ́НА, турбина, в к-рой тепловая энергия сжатого и нагретого газа (обычно продукты сгорания топлива) преобразуется в механич. работу; входит в состав газотурбинного двигателя. Мощность Г.т. обычно до 200 МВт. Кпд ок. 40%.

ГА́ЗОВОЕ ХРАНИ́ЛИЩЕ, естеств. или искусств. резервуар для хранения газа. Крупнейшие Г.х. (в полостях горн. пород) за рубежом: ок. 0,5 млрд. м³ (Хершер, США), ок. 1 млрд. м³ (Сент-Илье, Франция). В России Г.х. известны в Ленинградской, Самарской областях, в Башкирии и др.

ГА́ЗОВЫЙ РАЗРЯ́Д, то же, что *электрический разряд в газах*.

ГАЗО́ЙЛЬ, фракции нефти, получаемые при её атмосферной ($t_{кип}$ 270–360 °C) или вакуумной (350–500 °C) перегонке. Дизельное топливо, сырьё для каталитич. *крекинга* и гидрокрекинга.

ГАЗО́Н (франц. gazon), участок земли с искусственно созданным травяным покровом, коротко и ровно подстриженным. Для Г. используют злаковые или бобовые травы. Мавританский Г. — из злаковых трав и красивоцветущих однолетников (мак, василёк и др.).

ГАЗОПРОВО́Д МАГИСТРА́ЛЬНЫЙ, трубопровод для транспортировки горючих газов от места добычи или произ-ва к пунктам потребления. Различают подземные, наземные (на опорах), мор., подводные. Давление газа в Г.м. поддерживается газокомпрессорными станциями. Длина наиб. протяжённых Г.м. составляет неск. тыс. км («Уренгой — Помары — Ужгород», «Союз» и др.). Илл. см. на стр. 150.

ГАЗОРАЗРЯ́ДНЫЙ ПРИБО́Р (ионный прибор), эл.-вакуумный прибор, действие к-рого основано на *электрическом разряде в газах* (преим. в инертном газе или парах ртути). Г.п. применяются в разл. радиотехн., измерит. и др. аппаратуре для создания мощных электрич. импульсов, стабилизации напряжения, визуального воспроизведения информации, в качестве электрич. вентилей и т.д. К осн. Г.п. относятся газотроны, тиратроны, газоразрядные индикаторы, искровые разрядники, стабилитроны и др. Илл. см. на стр. 150.

ГАЗОТУРБИ́ННЫЙ ДВИ́ГАТЕЛЬ (ГТД), тепловой двигатель, в к-ром энергия газовоздушной смеси, получаемой при сгорании топлива в камере сгорания, преобразуется в механ-

Газовое хранилище.

150 ГАИТ

Газопровод магистральный (укладка в траншею).

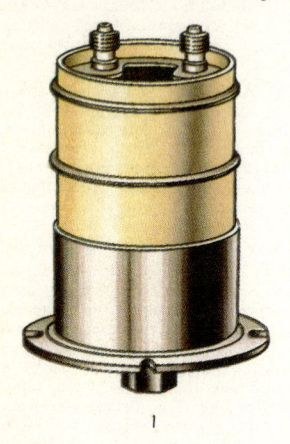

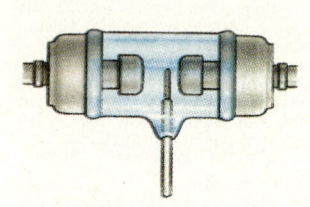

Газоразрядные приборы: 1 – импульсный газотрон; 2 – искровой разрядник.

Гаити. Город Кап-Аитьен. Наполнение канистр бензином для продажи в сельской местности.

нич. работу с помощью газ. турбины. Применяется в осн. на теплоэлектроцентралях для привода электрогенераторов, в качестве двигателей лет. аппаратов, судов и др. трансп. машин, компрессорных станций газопроводов.

ГАИ́ТИ (Республика Гаити), гос-во в Вест-Индии, в зап. части о. Гаити и на близлежащих о-вах. Пл. 27,8 т.км². Нас. 6,8 млн. ч., гаитийцы (в осн. негры). Офиц. языки – французский, гаитянский креольский. Верующие – гл. обр. католики. Глава гос-ва – президент. Законодат. орган – двухпалатный парламент. Столица – Порт-о-Пренс. Адм.-терр. деление: 9 департаментов. Ден. единица – гурд.

Рельеф гористый (выс. до 2680 м). Климат тропич. пассатный. Ср.-мес. темп-ры 22–28°C; осадков от 500 до 2500 мм в год. Судох. река – Артибо-

нит. Тропич. листопадные и вечнозелёные леса.

В кон. 15 в. о-в завоёван исп. *конкистадорами*. В кон. 17 в. зап. часть о-ва (Сан-Доминго) перешла к Франции, восточная (Санто-Доминго) – осталась у Испании. В 1804 провозглашена независимость Сан-Доминго, восстановлено индейское назв. о-ва – Г. В 1822 Г. присоединила вост. часть о-ва, в 1844 Санто-Доминго окончательно отделилось от Г., образовав Доминиканскую Респ. В 1915–34 Г. была фактически оккупирована США, к-рые вплоть до 1947 сохраняли контроль над финансами Г. С 1957 на Г. была установлена диктатура семейства Дювалье (до нач. 1986). С 1991 гражд. пр-во. В сент. 1991 в результате воен. переворота свергнут Ж.-Б. Аристид, первый демократически избранный президент; восстановлен в 1994.

Г. – агр. страна, одна из наиб. отсталых в Лат. Америке. ВНП на д. нас. 370 долл. в год. Осн. товарные культуры: кофе (сбор ок. 40 тыс. т в год), сизаль, сах. тростник, какао. Лов рыбы (до 3 тыс. т в год), крабов, креветок, омаров (гл. обр. на экспорт). Добыча бокситов. Пр-тия по произ-ву сахара (ок. 50 тыс. т в год), цемента, глинозёма, электронных компонентов и др. Экспорт: кофе, какао, изделия из сизаля, эфирные масла.

ГАЯ́НА (Кооперативная Республика Гайана), гос-во на С.-В. Юж. Америки, омывается Атлантич. ок. Пл. 215 т. км². Нас. 748 т.ч., гайанцы (в т.ч. св. ½ выходцы из Юж. Индии, св. ⅓ негры, св. ¹⁄₁₀ метисы и мулаты). Офиц. яз. – английский. Верующие – протестанты, индуисты, католики, мусульмане. Глава гос-ва и пр-ва – президент. Законодат. орган – Нац. собрание. Столица – Джорджтаун. Адм. деление: 10 р-нов. Ден. единица – гайанский доллар.

На С. и С.-В. – заболоченная низменность, в центре и на Ю. – Гвианское плоскогорье (г. Рорайма, выс. до 2772 м). Климат субэкв., жаркий и влажный. Ср.-мес. темп-ры 26–28°C; осадков 2330 мм в год. Реки многоводны, много порогов и водопадов; крупнейшие – Эссекибо, Корантейн. Ок. 85% терр. – влажные вечнозелёные леса, на Ю.-З., С. и С.-В. – саванны.

В 17 в. захвачена голландцами. С 1814 колония Великобритании (с 1831 наз. Брит. Гвиана). С 1966 независимое гос-во.

Основа экономики Г. – с. х-во и добыча бокситов (ок. 1,5 млн. т в год). ВНП на д. нас. 370 долл. в год. Гл. товарные культуры – сах. тростник, рис; выращивают также кокосовую пальму, кофе, какао, цитрусовые. Пастбищное жив-во. Рыб-во, лов креветок. Лесозаготовки. Добыча золота (ок. 350 кг), алмазов (ок. 9 тыс. кар). Произ-во глинозёма, переработка с.-х. сырья. Экспорт: бокситы, сахар, креветки, золото, рис, ром, цитрусовые.

ГАЙДА́Й Леон. Иович (1923–93), рос. кинорежиссёр. В жанре сатирич. комедии активно использовал приёмы эксцентрики: ф. «Жених с того света» (1958), «Операция "Ы" и другие приключения Шурика» (1965), «Кавказская пленница» (1967), «Бриллиантовая рука» (1969), «Иван Васильевич меняет профессию» (1973), «Частный детектив, или Операция "Кооперация"» (1990).

ГАЙДА́Р (наст. фам. Голиков) Арк. Петр. (1904–41), рус. писатель. Произв. для детей отмечены доверит.-уважит. интонацией, знанием дет. психологии, занимательностью сюжета, романтикой рев. борьбы (рассказ «Р.В.С.», 1926; автобиогр. пов. «Школа», 1930), лиризмом (рассказ «Голубая чашка», 1936); проблемы воспитания в духе идеалов нового социалистич. об-ва – в пов. «Военная тайна» (1935), «Судьба барабанщика» (1939), «Тимур и его команда» (1940), «Чук и Гек» (1939). За нек-рой недоговорённостью, тревожно-таинств. нотой у Г. угадывается неблагополучие сов. действительности. Погиб на фронте.

ГАЙДА́Р Ег. Тимурович (р. 1956), гос. деятель, экономист. С 1981 на научной, с 1987 на журналистской работе. С 1990 дир. Ин-та экон. политики Академии нар. х-ва и АН СССР.

С 1991 зам. пред. пр-ва РСФСР по вопросам экон. политики, мин. экономики и финансов. С 1992 1-й зам. пред. пр-ва по экон. реформе – мин. финансов Рос. Федерации; Г. начал практич. осуществление курса на реформирование рос. экономики. С июня 1992 и.о. пред. пр-ва Рос. Федерации. С дек. 1992 дир. Ин-та экон. проблем переходного периода. В 1993 – янв. 1994 1-й зам. пред. пр-ва России, мин. экономики; ушёл в отставку. С дек. 1993 деп. Гос. думы; лидер фракции «Выбор России». С июня 1994 пред. партии «Демократический выбор России».

ГАЙДН (Haydn) Франц Йозеф (1732–1809), австр. композитор, капельмейстер, представитель *венской классической школы*. В творчестве Г. сформировались классич. жанры

Й. Гайдн.

(симфония, соната, концерт, квартет), формы (в т.ч. *сонатная форма*), принципы тематич. развития, классич. состав симф. оркестра (т.н. двойной). Для музыки Г. характерны оптимистич. тонус, композиц. стройность, широта фольклорных связей (австр., нем., венг., слав. влияния). 104 симфонии (в т.ч. «Парижские» и «Лондонские»), 83 квартета (в т.ч. «Русские квартеты», 1781), оратории «Сотворение мира» (1798), «Времена года» (1801), оперы, мессы, кантаты, 52 фп. сонаты.

ГАЙДУ́ЗЕК (Gajdusek) Даниел Карлтон (р. 1923), амер. врач, вирусолог и эпидемиолог. Основоположник учения о медленных вирусных

Галактика. Схематическое изображение (вид с ребра).

инфекциях человека (болезни с длительным, достигающим неск. лет инкубац. периодом и преимущественным поражением центр. нерв. системы). Ноб. пр. (1976).

ГАЙДУКИ́ (хайдуки) (от венг. hajdúk — пехотинцы), в 15–19 вв. участники вооруж. борьбы юж.-слав. народов, молдаван и др. против тур. завоевателей. Партиз. отряды Г. наз. четы.

ГАЙМОРИ́Т, острое или хронич. воспаление слизистой оболочки верхнечелюстной (гайморовой) пазухи. Проявляется болью в области поражённой пазухи, заложенностью со отв. половины носа, снижением обоняния, слизистыми или гнойными выделениями из носа. У детей чаще встречается острый Г.

ГА́ККЕЛЬ Як. Модестович (1874–1945), инженер-конструктор. Спроектировал и построил ряд оригинальных самолётов (1909–12), в т.ч. первый в России гидросамолёт-амфибию, а также один из первых в мире магистральных тепловозов с электрич. передачей (1924).

ГАЛА́КТИКА, звёздная система (спиральная галактика), к к-рой принадлежит Солнце (для отличия от др. галактик пишется с прописной буквы). Г. содержит не менее 10^{11} звёзд (общая масса ~ 10^{11} масс Солнца), межзвёздное в-во (газ и пыль, масса к-рых составляет неск. процентов массы всех звёзд), косми. лучи, магн. поля, излучение (фотоны). Большинство звёзд находится в объёме линзообразной формы поперечником ок. 100 тыс. световых лет, концентрируясь к плоскости симметрии этого объёма (галактич. плоскости) и к центру (ядру) Г., к-рый находится в направлении созвездия Стрельца. Солнце расположено вблизи галактич. плоскости на расстоянии ок. 26 тыс. световых лет от центра Г. Для земного наблюдателя звёзды, концентрирующиеся к галактич. плоскости, сливаются в видимую картину Млечного Пути.

ГАЛА́КТИКИ, гигантские (до сотен млрд. звёзд) звёздные системы; к ним относится, в частности, наша Галактика (пишется с прописной буквы). Г. подразделяются на эллиптич., спиральные и неправильные. Одними из ближайших к нам Г. являются Большое и Малое Магеллановы Облака и туманность Андромеды. Г. распределены неравномерно, образуя скопления.

ГАЛАТЕ́Я, в греч. мифологии: 1) одна из нереид, олицетворение спокойного моря; 2) изваянная Пигмалионом статуя прекрасной девушки, в к-рую он влюбился; по его просьбе она была оживлена Афродитой. Илл. см. на стр. 152.

ГАЛЕ́ВИ Иегуда (ок. 1075–1141), евр. поэт, философ. С 1109 жил в Кордове. В религ. поэмах — трагедия евреев периода крестовых походов; элегии, эпиграммы, загадки. Основы иудаизма в филос. трактате «Книга Хазара».

ГАЛЕВИ́ (Halévy) Фроманталь (1799–1862), франц. композитор, педагог. Один из создателей жанра *большой оперы*: «Еврейка» (1835, в России — под назв. «Жидовка» и «Дочь кардинала»), «Пиковая дама» (1850). Его ученики: Ж. Бизе, Ш. Лекок, К. Сен-Санс.

ГАЛЕ́Н (Galenus) (ок. 130 – ок. 200), др.-рим. врач. В классич. тр. «О частях человеческого тела» дал первое анатомо-физиол. описание целостного организма. Ввёл в медицину вивисекц. эксперименты на ж-ных. Обобщил представления антич. медицины в виде единого учения, оказавшего большое влияние на развитие естествознания. Одностороннее истолкование соч. Г. способствовало трансформации его учения в систему схоластич. анатомо-физиол. и др. мед. положений (т.н. галенизм), господствовавших в медицине вплоть до 15–16 вв.

ГАЛЕРЕ́Я (франц. galerie), 1) длинное крытое помещение, в к-ром одна из продольных стен заменена колоннами или столбами; длинный балкон. 2) Удлинённый зал со сплошным рядом больших окон в одной из продольных стен. 3) Верх. ярус зрительного зала (галёрка, раёк). 4) Название мн. худ. музеев (Нац. гал., Картинная гал.).

ГАЛИЛЕ́Й (Galilei) Галилео (1564–1642), итал. учёный, один из основателей точного естествознания. Заложил основы совр. механики: высказал идею об относительности движения, открыл законы инерции, свободного падения и движения тел по наклонной плоскости. Установил постоянство периода колебаний маятника (используется в маятниковых часах). Построил телескоп с 32-кратным увеличением, открыл горы на Луне, 4 спутника Юпитера, фазы Венеры, пятна на Солнце. Мн. науч. трактаты Г. изложены в образной разговорной форме на итал. нар. языке. Автор стихотв. переводов с греч. яз. Активный сторонник гелиоцентрич. системы мира, осуждён инквизицией (1633). Как «узник инквизиции» до конца своих дней жил на вилле Арчетри близ Флоренции. В 1992 папа Иоанн Павел II объявил решение суда инквизиции ошибочным и реабилитировал Г. Илл. см. на стр. 152.

ГАЛИЛЕ́Я (греч. Galiláia, др.-евр. Галил), ист. обл. в Сев. *Палестине*.

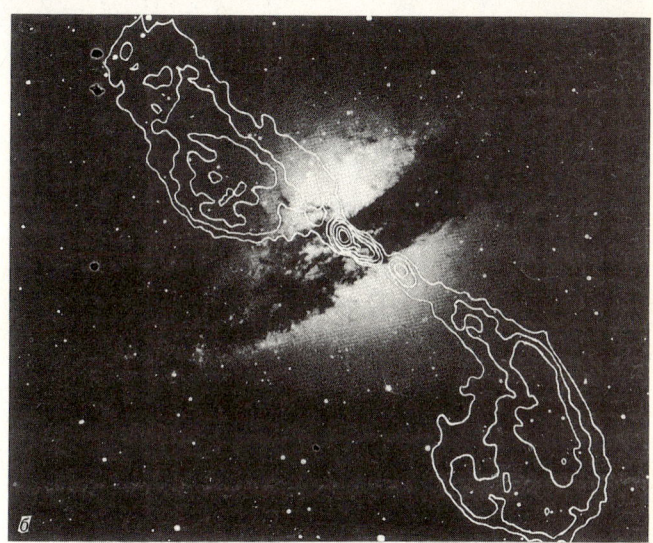

Галактики: *а* — типичная спиральная галактика; *б* — эллиптическая галактика Кентавр А с необычайно широкой полосой пыли (приведены также линии равной интенсивности радиоизлучения); *в* — неправильная галактика Большое Магелланово Облако.

ГА́ЛИЦКО-ВОЛЫ́НСКОЕ КНЯ́ЖЕСТВО, др.-рус., на терр. Галицкой и Волынской земель в кон. 12–14 вв., крупнейшее в Юж. Руси. Столица — Галич, затем Львов. Образовано в 1199. В период наиб. могущества в 1230–50-х гг. при кн. Данииле Романовиче Галицком включало также терр. Киевского и Турово-Пинского кн-в, Берестейскую и др. земли. Боролось с Польшей, Венгрией, монголо-татарами, пользовалось значит. влиянием в Зап. Европе. Захвачено

Галатея. Фреска Рафаэля «Триумф Галатеи». 1515. Вилла Фарнезина. Рим.

ГÁЛИЧ (наст. фам. Гинзбург) Ал-др Арк. (1918–77), рус. поэт. В 1974 эмигрировал. Автор и исполнитель песен-новелл трагикомич. и драм. характера, в центре к-рых ответственность за прошлое – перед жертвами сталинских лагерей («Облака», «Баллада о вечном огне»), солдатами прошедшей войны («Ошибка»), тема человеческого достоинства, неприятия бутафорского официоза и конформизма («Старательский вальсок», цикл «Коломийцев в полный рост»). Первые сб-ки изданы за рубежом «Поколение обречённых», 1972; «Когда я вернусь», 1977, 1981) в России – с кон. 80-х гг. Пьесы и сценарии фильмов (в т.ч. «Верные друзья», 1954, совм. с К. Исаевым); автобиогр. пов. «Генеральная репетиция» (1974).

ГÁЛКА, обычная птица гор. ландшафтов (сем. вороновые). Дл. ок. 30 см. Распространена в Евразии и Сев.-Зап. Африке. Селится в садах, парках; гнёзда в дуплах, в норах обрывов, под крышами домов, в трубах. Держится стаями, часто вместе с воронами и грачами. Близкий вид – даурская Г. (Д. Восток, Китай, Монголия).

ГÁЛКИН Сам. Залманович (1897–1960), евр. поэт, драматург (СССР); писал на идише. В филос. и интимной лирике (сб. «Боль и мужество», 1929, «Древо жизни», 1948, «Моё сокровище», 1966, посм.) – обращение к традициям евр. нац. культуры. Драм. поэмы «Бар-Кохба» (1939), «Суламифь» (1940) – из древней истории евреев, «Восстание в гетто» (1947) – о варшавском восстании. В 1950–55 репрессирован по делу Антифаш. евр. к-та.

ГÁЛЛИЙ (Gallium), Ga, хим. элемент III гр. периодич. системы, ат. н. 31, ат. м. 69,72; металл. Г. открыт франц. химиком П. Лекоком де Буабодраном в 1875.

ГÁЛЛЫ, лат. назв. *кельтов*.

ГАЛЛЬ (Gall) Франц Йозеф (1758–1828), австр. врач. Создатель френологии (учения, в к-ром утверждалось, что можно распознавать характерологич. и др. психич. особенности человека по форме его черепа. Предложил (1810–19) теорию локализации психич. функций в коре больших полушарий головного мозга.

ГАЛЛЮЦИНÁЦИИ (от лат. hallucinatio – бред, видения), обман чувств, ложное восприятие, возникающее без соотв. внеш. раздражения. Обычно Г. воспринимаются как реальные явления, но возможно и критич. отношение к ним. Различают слуховые (напр., слышание голосов, шума), зрительные (напр., видение людей, предметов) и др. Г. наблюдаются гл. обр. при психич. заболеваниях. Г. следует отличать от *иллюзий*.

ГАЛО́, светлые круги, дуги, столбы, пятна, наблюдаемые с Земли вокруг или вблизи дисков Солнца и Луны. Вызываются преломлением и отражением света кристаллами льда, взвешенными в воздухе.

ГАЛОГÉННАЯ ЛÁМПА, лампа накаливания, в состав газ. смеси к-рой кроме обычного инертного газа входят галогены (обычно бром или иод). По сравнению с обычными лампами обладают более высокой световой отдачей и длит. сроком службы. Широко применяются в прожекторах, автомоб. и самолётных фарах, кинопроекторах и др.

Г. Галилей.

ГАЛОГÉНЫ, хим. элементы VII гр. периодич. системы: *фтор* F, *хлор* Cl, *бром* Br, *иод* I и *астат* At. Фтор и хлор – газы, бром – жидкость, остальные – кристаллы. Все Г., кроме At, широко распространены в природе – входят в состав мн. минералов, содержатся в мор. воде.

ГАЛС (от голл. hals), 1) курс судна относительно ветра. Различают лев. Г. (ветер дует с лев. стороны) и прав. Г. 2) Отрезок пути судна (от поворота до поворота), идущего зигзагообразным курсом при встречном ветре, тралении и т.д.

ГАЛУÁ (Galois) Эварист (1811–32), франц. математик. Тр. по теории алгебр. уравнений положил начало развитию совр. алгебры. С идеями Г. связаны такие её важнейшие понятия, как группа, поле. Науч. наследие Г. – небольшое число весьма кратко написанных работ, из-за новизны идей не понятых при жизни Г. (опубл. в 1846). За публичные выступления против королев. режима дважды подвергался тюремному заключению. Убит на дуэли.

ГАЛУ́ППИ (Galuppi) Бальдассаре (1706–85), итал. композитор. В 1765–68 работал в С.-Петербурге, где создал реформаторскую *оперу-сериа* «Ифигения в Тавриде» (1768) и хоровые концерты; давал уроки Д.С. Бортнянскому. Из опер (св. 110) известность завоевали гл. обр. *оперы-буффа* – по К. Гольдони – «Лунный мир», 1750, «Деревенский философ», 1754), отличающиеся мелодич. богатством и изобретательностью. Инстр. сочинения.

ГАЛЫ́НИН Герман Германович (1922–66), рос. композитор. В соч. Г. соединились мелодич. щедрость, гармонич. красочность, классич. стройность формы: оратория «Девушка и смерть» (1950; 2-я ред. – 1963), «Эпич. поэма» для орк. (1950), 2 концерта для фп. с орк., сюита для струнного орк., камерно-инстр. соч., хоры и др.

ГАЛЬВÁНИ (Galvani) Луиджи (1737–98), итал. анатом и физиолог, один из основателей учения об электричестве, основоположник эксперим. электрофизиологии. Первым исследовал электрич. явления при мышечном сокращении («животное электричество»).

ГАЛЬВАНИ́ЧЕСКИЙ ЭЛЕМÉНТ, хим. источник тока; вырабатывает эл.-энергию в результате прямого преобразования хим. энергии окислит.-восстановит. реакций. Различают Г.э. одноразового (первичные элементы), многоразового (электрич. аккумуляторы) действия и с непрерывной подачей реагентов (топливные элементы).

ГАЛЬВÁНО... (от имени Л. Гальвани), часть сложных слов, означающая: отношение к «гальванич. току» (старинное назв. пост. электрич. тока); напр.: гальванометр, гальванотехника.

ГАЛЬВАНÓМЕТР (от *гальвано...* и ...*метр*), высокочувствит. прибор для измерения весьма малых электрич. токов, напряжений и кол-в электричества. Широко используется также в качестве указателя (нуль-индикатора) отсутствия тока (напряжения) в электрич. цепях.

ГАЛЬВАНОТÉХНИКА (от *гальвано...* и греч. technē – искусство, мастерство), область прикладной электрохимии, охватывающая процессы электролитич. осаждения металлов на поверхности металлич. и неметаллич. изделий. Основана на кристаллизации металлов из водных р-ров их солей при прохождении пост. электрич. тока. Используется для нанесения металлич. покрытий на поверхность изделий, получения точных металлич. копий (печатных форм, штампов грампластинок и др.).

ГАЛЬС Ф., см. Халс Ф.

ГÁЛЬТОН (Голтон) (Galton) Фрэнсис (1822–1911), англ. психолог и антрополог. Первые науч. интересы Г. были связаны с географией и метеорологией (открыл и дал теоретич. объяснение антициклонам). Один из создателей биометрии, метода тестов в психол. исследованиях. В кн. «Наследственность таланта, её законы и последствия» (1869, рус. пер. 1875) сформулировал осн. принципы *евгеники*. Разработанные Г. методы *дактилоскопии* нашли широкое применение в антропологии, криминалистике и др.

ГАЛЬШТÁТСКАЯ КУЛЬТУ́РА (археол.), раннего жел. века (ок. 900 – 400 до н.э.) в Юж. и Ср. Европе. Остатки поселений, могильники, рудники. Носители Г.к. гл. обр. иллирийцы и кельты. Названа по г. Гальштат в Австрии.

Гальштатская культура: 1 – бронзовый котёл; 2 – бронзовая колесница.

ГÁМА (Gama) Васко да (1469–1524), португ. мореплаватель, вице-король Новых земель. В 1497–99 совершил плавание из Португалии в Индию, завершив многолетние поиски мор. пути из Европы в страны Юж. Азии (в Индийском ок. частично с помощью араб. лоцмана). Г. первым пересёк Центр. Атлантику в меридиональном направлении (более 4000 км – 3 мес в открытом океане) и доказал, что по линии маршрута нет никакой земли. В 1502–03 и 1524 ещё дважды плавал в Индию.

Гамадрил.

Гамбия. Река Гамбия.

ГАМАДРИ́Л (плащеносный павиан), обезьяна рода *павианов*. Длина тела ок. 80 см. Седалищные мозоли красные, большие. У самцов развита длинная грива («плащ»). Обитают в предгорьях Сев.-Вост. Африки и на Аравийском п-ове, летом поднимаются высоко в горы. Г. часто содержат в зоопарках, используют как лаб. ж-ных.

ГАМАЛЕ́Я Ник. Фёд. (1859–1949), микробиолог и эпидемиолог. Совм. с И.И. Мечниковым в 1886 основал в Одессе первую в России бактериол. станцию. Открыл бактериолизины (1898), возбудителя холеры птиц. Обосновал значение дезинсекции для ликвидации сыпного и возвратного тифов. Тр. по профилактике бешенства, холеры, оспы и др. инфекц. заболеваний.

ГАМАЮ́Н, 1) (перс.) в вост. мифологии священная птица, символизирующая счастье, богатство, власть (человека, на к-рого упадёт её тень, ожидают богатство, удача и т.п.). 2) В памятниках рус. письменности (с 17 в.) райская птица. На старинных лубочных картинках изображалась с жен. лицом (сравни картину В.М. Васнецова «Гамаюн – птица вещая»).

ГАМБИ́Т (от итал. dareil gambetto – поставить подножку), общее назв. шахматных начал, в к-рых жертвуются фигуры с целью скорейшего развития. В случае принятия жертвы возникает принятый Г., при её отклонении – отказанный Г. Термин «Г.» впервые применил в 1561 исп. шахматист Р. Лопес.

ГА́МБИЯ (Республика Гамбия), гос-во на З. Африки, омывается Атлантич. ок. Пл. 11,3 т. км². Нас. 921 т.ч., мандинго, волоф и др. Офиц. яз.– английский. Ок. 85% нас.– мусульмане. Глава гос-ва и пр-ва – президент. Столица – Банджул. Адм.- терр. деление: 7 округов. Ден. единица – даласи.

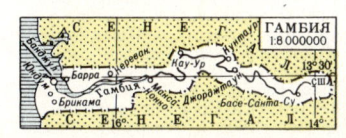

Терр. равнинная, в басс. р. Гамбия. Климат экв. муссонный. Ср.-мес. темп-ры 25–27 °C; осадков от 750 до 1500 мм в год. Гл. река – Гамбия. Саванны.

К сер. 19 в. большая часть Г. была захвачена Великобританией и объявлена колонией. С 1965 Г.– независимое гос-во.

Г.– агр. страна. ВНП на д. нас. 260 долл. в год. Основа экономики – выращивание на экспорт (50% стоимости) арахиса (сбор св. 100 тыс. т в год). Возделывают сорго, кукурузу, кассаву, бобовые, овощи, бананы, масличную пальму, хлопчатник. Полукочевое, экстенсивное скот-во. Лесозаготовки. Речное и мор. рыб-во. Пром-сть развита слабо, гл. обр. пр-тия, обслуживающие местные потребности населения.

ГА́МБУРГ, г. в Германии, на р. Эльба, 1,6 млн. ж. Гл. порт страны на Северном м. (грузооборот ок. 60 млн. т); междунар. аэропорт. Метрополитен. Кр. центр судостроения и судоремонта; авиастроение, цв. металлургия, эл.-техн., хим., резин., нефтеперераб., полиграф., пищевкус. пром-сть. Г.– торгово-финанс. центр (фондовая биржа Г.– одна из старейших в Европе, осн. в 1558). Ун-т. Музеи: Альтонский, Кунстхалле и др. Парк для выставок и отдыха «Плантен ун Бломен» (1953). Гамбургская гос. опера.

Изв. с 9 в. как крепость, осн. Карлом Великим. В ср. века один из гл. городов *Ганзы*. С 1510 вольный имперский город; с 16 в. один из крупнейших портов Европы. В 1815–1933 вольный город. Церк. Св. Екатерины (14–15 вв.), Св. Якоба (14 в.) в стиле т.н. кирпичной готики. Пам. Бисмарку в гавани (1906).

ГА́МБУРГСКАЯ ГОСУДА́РСТВЕННАЯ О́ПЕРА, оперный т-р (назв. с 1934), один из центров муз. культуры Германии. Ведёт своё происхождение от открытого в 1678 первого в Германии общедоступного т-ра. Среди дирижёров т-ра – Г. Малер, Ф. Вейнгартнер, К. Бём, Э. Ансерме. Репертуар отличается стилистич. разнообразием: помимо традиционных для т-ра опер Р. Вагнера

Гамбургская государственная опера.

ставятся соч. В.А. Моцарта, Р. Штрауса, А. Берга, К. Дебюсси, И.Ф. Стравинского, Э. Кшенека, Х.В. Хенце.

ГАМЕЛА́Н (яванск.), тип ансамбля или оркестра в традиц. индонез. музыке (от 10 до 80 инстр-тов). Включает разл. *гонги*, *ксилофоны*, *барабаны*, *флейты*, струн. инстр-ты. Сопровождает театральные представления, танцы; исполняет и самостоят. композиции. Г.– также соответствующий тип музицирования.

ГАМЕ́ТЫ (от греч. gametḗ – жена, gametḗs – муж), половые клетки ж-ных и р-ний – женские (яйца, или яйцеклетки) и мужские (сперматозоиды, спермии). При слиянии обеспечивают развитие новой особи и передачу наследств. признаков от родителей потомкам.

ГАМЗА́ТОВ Расул Гамзатович (р. 1923), даг. поэт; пишет на аварском яз. В поэзии (сб. «Год моего рождения», 1950, «Высокие звёзды», 1962, «У очага», 1978, «Остров женщин», 1983, «Колесо жизни», 1987) – нац. фольклорный колорит, образы гордых горцев, чтящих заветы дружбы, нац. традиции. Лирич. ром. «Мой Дагестан» (кн. 1–2, 1967–71).

ГА́МЛЕТ, герой одноим. трагедии У. Шекспира; один из *вечных образов*, ставший символом рефлектирующего героя, не решающегося на ответств. действие из-за сомнений в правоте и моральной безупречности своего поступка (одна из распространённых позднейших трактовок – бесстрашие мысли при бессилии, «параличе воли»). Реминисценциями об-

раза Г. проникнута вся европ. лит-ра и лит.-критич. мысль; отд. соч. о Г.– у И.В. Гёте, И.С. Тургенева, В.Г. Белинского, Л.С. Выготского; в поэзии М.И. Цветаевой Г.– символ благородной, но безжизненной чистоты, в одноим. стих. Б.Л. Пастернака Г.– цельный человек, сделавший свой выбор: уход от чуждой его духу современности.

ГА́ММА (γ, Г), третья буква греч. алфавита.

ГА́ММА, в уч.-метод. муз. практике назв. восходящего или нисходящего последования всех ступеней *тональности* (в пределах 1 или более октав) или тонов хроматич. *звукоряда* (хроматич. Г.).

ГА́ММА КРА́СОЧНАЯ (гамма цветовая), в изобр. и декор. иск-ве ряд гармонически взаимосвязанных оттенков цвета (с одним доминирующим), используемых при создании худ. произв. Различают тёплую, холодную, световую и др. Г.к.

ГА́ММА-ГЛОБУЛИ́НЫ (мед.), фракция белков плазмы крови (человека или ж-ных), содержащая противобактериальные и противовирусные антитела. Применяют с леч. и профилактич. целью.

ГА́ММА-ИЗЛУЧЕ́НИЕ (γ-излучение), коротковолновое эл.-магн. излучение (длина волны λ ≤ 2·10⁻¹⁰ м). При столь малых λ волновые свойства Г.-и. проявляются слабо, корпускулярные (см. *Корпускулярно-волновой дуализм*). Г.-и.– поток γ-квантов с энергией ≥ 10 кэВ. Первоначально термином «Г.-и.» (гамма-лучи) обозначалась компонента излучения радиоактивных в-в, к-рая не отклонялась магн. полем (в отличие от α- и β-лучей; см. *Радиоактивность*). В дальнейшем была установлена эл.-магн. природа Г.-и. Оно возникает при распаде радиоактивных ядер, при торможении в среде быстрых заряженных частиц, при аннигиляции частицы и *античастицы* (см. *Аннигиляция*) и др.

ГА́МОВ (Gamow) Джордж (Георг. Ант.) (1904–68), амер. физик и астрофизик. Род. в России, с 1933 за границей. Г. принадлежит теория *альфа-распада*, расчёт генетического кода, гипотеза «горячей» Вселенной.

ГАМСАХУ́РДИА Конст. Симонович (1891–1975), груз. писатель. Преобразования груз. деревни в ром. «Похищение луны» (т. 1–3, 1935–36), «Цветение лозы» (1956). Ист. ром. «Десница великого мастера» (1939),

Гамелан.

К. Гамсун.

«Давид Строитель» (т. 1–4, 1941–1962). Перевёл на груз. яз. «Божественную комедию» Данте. В 1930-е гг. подвергался репрессиям.

ГА́МСУН (Hamsun) (наст. фам. Педерсен) Кнут (1859–1952), норв. писатель. В психол. ром. «Голод» (1890), «Мистерии» (1892), «Пан» (1894), «Виктория» (1898) изобразил бунт личности против обывательской среды, сложную жизнь человеческого сердца, воспел красоту и силу любви. В ром. «Соки земли» (1917) восславил труд крестьянина и его верность земле. В драм. трил. «У врат царства» (1895), «Игра жизни» (1896) и «Вечерняя заря» (1898) – ницшеанские мотивы. В романах 20–30-х гг. («Женщины у колодца», 1920; «Кольцо замыкается», 1936) – настроения одиночества и беспомощности человека в совр. мире. Ноб. пр. (1920).

ГА́НА (Республика Гана), гос-во в Зап. Африке, омывается Атлантич. ок. Пл. 238,5 т. км². Нас. св. 15,2 млн. ч., акан, эве и др. Офиц. яз.— английский. ²/₃ придерживается местных традиц. верований, остальные — христиане, мусульмане. Входит в Содружество. Глава гос-ва и пр-ва — пред. Временного нац. совета обороны. Столица — Аккра. Адм.-терр. деление: 9 областей и столичный округ. Ден. единица — седи.

Поверхность Г. преим. равнина. Климат экв. муссонный, на Ю.-З. переходный к экв. Ср.-мес. темп-ры 23 °C на Ю., 32 °C на С.; осадков в год от 1000 мм на С. до 2000 мм на Ю.-З. Кр. река — Вольта. Б. ч. терр.— саванны, на Ю.-З.— влажные тропич. леса.

С нач. 20 в. Г.— колония Великобритании под назв. Золотой Берег. С 1957 независимое гос-во Г.

Г.— агр. страна с развитой горнодоб. пром-стью. ВНП на д. нас. 390 долл. в год. Гл. экспортная культура — какао (одно из ведущих мест в мире; сбор 200–300 тыс. т в год). Возделывают также кукурузу, рис, маниок, батат, сорго, масличную пальму, сах. тростник, плантации каучуконосов. Жив-во (на Аккрском плато и на С.— кр. животноводч. х-ва). Поголовье: кр. рог. скот, овцы и козы, свиньи; птица. Лесозаготовки (в т.ч. на экспорт) ценных пород древесины ограничены гос-вом из-за истощения резервов. Ведутся лесовосстановит. посадки. Добыча золота, алмазов, марганц. руды, бокситов. Алюм., нефтеперераб., цем., хим. з-ды.

ГАНГ (Ганга), р. в Азии (Индия, Бангладеш). Дл. 2700 км. Истоки в Гималаях, протекает по Гангской равнине, впадает в Бенгальский зал., образуя общую дельту с Мегхной и Брахмапутрой (пл. св. 80 т. км²). Осн. притоки: Джамна, Сон, Дамодар (справа), Гомати, Гхагхра, Гандак, Коси (слева). Частые наводнения. Судох. на 1450 км (до подножий Гималаев). В дельте — мор. порт Калькутта. Г.— священная река индусов. На берегах Г.— места религ. паломничества.

ГАНГРЕ́НА (греч. gángraina), одна из форм некроза (омертвения тканей) обычно вследствие травмы или закупорки кровеносного сосуда (напр., тромбом) с последующей мумификацией или гнилостным распадом тканей. Различают сухую, влажную (гнилостную), газовую Г. и др.

ГА́НГСТЕРСКИЙ ФИЛЬМ, категория фильмов об организованной преступности. Возник в кон. 20-х гг., когда в США в эпоху «сухого закона», зародились мафиозные синдикаты. Вымышленные и реальные преступники героизировались, пока в 60-е гг. не сформировалась тенденция демифологизации, а затем и беспощадного анализа мафии как «гос-ва в гос-ве». Разновидностью Г.ф. является полицейский фильм, где в качестве гл. героя выступает представитель закона.

ГА́НГУТСКОЕ СРАЖЕ́НИЕ, 27.7(7.8). 1714 у п-ова Гангут (Ханко) на Балтийском м. во время Северной войны. Авангард рус. галерного флота под команд. Петра I разгромил швед. эскадру и захватил все 10 кораблей противника.

ГАНДБО́Л (англ. hand — рука и ball — мяч), ручной мяч, спорт. командная игра на площадке (40 м × 20 м) с мячом, к-рый передают руками партнёрам, чтобы поразить ворота соперника. Зародился в Дании (1898); в России первые матчи в нач. 1920-х гг. В 1946 осн. Междунар. федерация Г. (ИГФ), объединяет св. 100 стран. Чемпионаты мира с 1938; в программе Олимп. игр с 1936.

ГА́НДИ Мохандас Карамчанд (1869–1948), один из лидеров и идеолог инд. нац.-освободит. движения. В 1893–1914 жил в Юж. Африке. В 1915 вернулся в Индию и вскоре возглавил партию Инд. нац. конгресс. Разработал тактику ненасилия. борьбы за независимость (сатьяграха). Прозван Махатмой («Великая душа»). Выступил против индо-мусульм. погромов и был убит чл. индуистской шовинистич. орг-ции.

Гандбол.

ГАНДИКА́П (англ. handicap), спорт. соревнование разных по классу (или по возрасту в конном спорте) участников с предварит. уравниванием шансов на победу, как правило, путём предоставления слабейшим (или младшим) к.-л. форы (напр., преимущества во времени).

ГА́НЕМАН (Ханеман) (Hahnemann) Самуэль (1755–1843), нем. врач, основатель гомеопатии. Выступал против кровопусканий, рвотных и др. средств, к-рыми злоупотребляли врачи того времени. Большое значение придавал гигиене и диететике.

«ГАНЖУ́Р» («Ганджур») (тибет., букв.— словеса), собрание канонич. произв., приписываемых Будде. Переведены на монг. яз. с тибет. яз. в 1-й пол. 17 в. Монг. «Г.» в 108 тт. включает 1161 произв. разл. содержания в прозе и стихах (беседы Будды с учениками о нравственности и философии, б.ч. в форме притчи или поучит. рассказа).

ГА́НЗА (нем. Hanse), торг. и полит. союз сев.-нем. городов в 14 (окончат. оформление) — 16 вв. (формально до 1669) во главе с Любеком. Г., осуществлявшей посреднич. торговлю между Зап., Сев. и Вост. Европой, принадлежала торг. гегемония в Сев. Европе.

ГАНИМЕ́Д, в греч. мифологии троянский юноша, из-за необыкновенной красоты похищенный Зевсом, превратившимся в орла, на Олимп, где он стал виночерпием богов. Перен.— слуга, подающий гостям вино.

ГАННИБА́Л (Hannibal) (247/246–183 до н.э.), карфагенский полководец. В ходе 2-й Пунической войны совершил переход через Альпы, одержал победы над римлянами при

М. Ганди.

Ганимед с орлом. Римская копия с греческого оригинала 3–2 вв. до н.э. Мраморный рельеф. Эрмитаж.

реках Тицин, Треббия (218), у Тразименского оз. (217), при Каннах (216). В 202 при Заме (Сев. Африка) был побеждён римлянами.

ГАННО́ВЕР, г. в Германии. 510 т.ж. Трансп. узел. Порт на р. Лайне и Среднегерманском канале; междунар. аэропорт. Метрополитен. Маш-ние (включая трансп., горное, произ-во строит. оборудования, эл.-техн.), хим. (в т.ч. кр. произ-во шин), цв. металлургия, текст., полиграф., пищ. пром-сть. Ежегод. пром. ярмарки. Техн. ун-т. Академия музыки и т-ра. Музей Кестнера, Музей земли Ниж. Саксония. Оперный т-р. Изв. с нач. 12 в., г. с 1241. Резиденция герцогов (с 1692), королей (с 1815) герцогства Ганновер (до 1866).

ГА́ННУШКИН Пётр Бор. (1875–1933), рос. психиатр, основатель науч. школы. Один из создателей т.н. малой психиатрии (учения о пограничных состояниях). Тр. по орг-ции психиатрич. помощи, социальной психиатрии.

ГАПО́Н Георг. Аполлонович (1870–1906), священник, рос. полит. деятель. С 1902 связан с охранкой. В 1903 выступил с инициативой создания рабочих кружков и орг-ций под надзором полиции; в 1904 организовал и возглавил «Собрание рус. фаб.-зав. рабочих С.-Петербурга». Инициатор петиции петерб. рабочих Николаю II, находился во главе шествия рабочих к Зимнему дворцу 9.1.1905 (т.н. Кровавое воскресенье). До окт. 1905 в эмиграции. Разоблачён, повешен рабочими.

ГАПРИНДАШВИ́ЛИ Нона Тер. (р. 1941), груз. шахматистка. 5-я чемпионка мира (1962–78), 5-кратная чемпионка СССР (1964, 1973/74, 1981, 1983, 1985). Первая женщина, к-рой присвоено звание междунар. гроссмейстера среди мужчин (1978). Лауреат шахматного приза «Оскар» (1982).

ГАРАНТИ́ЙНЫЙ СРОК в гражд. праве, 1) срок, в течение к-рого покупатель может предъявить поставщику (продавцу) претензии в связи с установлением в надлежащем порядке скрытых недостатков (дефектов) в продукции, работах. 2) Срок, в течение к-рого изготовитель обеспечивает стабильность качеств. показателей изделия (ремонт и др.).

ГАРА́НТИЯ (от франц. garantie – обеспечение), в гражд. праве предусмотренное законом или договором обязательство, в силу к-рого к.-л. лицо (физич. или юрид.) отвечает перед кредиторами (полностью или частично) за неисполнение или ненадлежащее исполнение обязательства должником.

ГА́РБО (Garbo) (наст. фам. Густафсон) Грета (1905–90), амер. киноактриса. По происхождению шведка. Со 2-й пол. 20-х гг. «звезда» Голливуда в амплуа загадочной, роковой женщины, испытывающей романтич. или трагич. любовь (ф. «Божественная женщина», «Королева Христина», «Дама с камелиями»). Миф о Г. окреп после 1941, когда она ушла из кино и избегала появления на публике.

Г. Гарбо и Р. Тейлор в фильме «Дама с камелиями».

ГА́РВАРДСКАЯ ШКО́ЛА, направление в политэкономии, возникшее в США после 1-й мир. войны. Изучает природу экон. цикла и хоз. конъюнктуру методами статистич. и матем. анализа, разрабатывает экон. прогнозы (т.н. экон. барометр). Гл. идея Г.ш.— возможность устранения кризисов. Представители — У. Митчелл и др.

ГАРВЕ́Й (Ха́рви) (Harvey) Уильям (1578–1657), англ. врач, основатель совр. физиологии и эмбриологии. В тр. «Анатомическое исследование о движении сердца и крови у животных» (1628) изложил учение о кровообращении, опровергавшее представления, господствовавшие со времён Галена. Впервые высказал мысль, что «всё живое происходит из яйца».

У. Гарвей.

ГА́РДИ Т., см. *Харди* Т.

ГА́РДНЕР (Gardner) Джон (1933–1982), амер. писатель. В ром. «Диалоги с Солнечным» (1972), «Никелевая гора» (1973) противопоставляет семейные нравы, ценности и традиц. демократию как бездуховному соц.-экон. процветанию, так и нигилистич. бунтарству молодых анархистов и радикалов. В ром. «Осенний свет» (1976) разлагающей «контркультуре» противостоит традиц. мораль сел. Америки. Полемика с модернизмом в кн. «О нравственности литературы» (1978).

ГАРЕ́М (от араб. харам – запретное), жен. помещение в мусульм. доме. Перен.— жёны и наложницы хозяина дома.

ГАРИБА́ЛЬДИ (Garibaldi) Джузеппе (1807–82), нар. герой Италии, генерал, один из вождей респ.-демокр. течения *Рисорджименто*. Уроженец Ниццы, сын моряка. В освободит. борьбу вступил в 1833, участник Итал. рев-ции 1848–49, организатор обороны Рим. респ. 1849. В 1848, 1859 и 1866 во главе добровольцев участвовал в освободит. войнах против Австрии. В 1860 возглавил поход «Тысячи» за освобождение Ю. Италии. В 1862 и 1867 пытался освободить Рим от власти пап. Сражался на стороне Франции во время франко-прус. войны 1870–71.

Дж. Гарибальди. Портрет работы Малински. 1845. Музей Рисорджименто. Турин.

ГА́РИН Эраст Пав. (1902–80), актёр. С 1922 в Т-ре имени Вс. Мейерхольда. Острохарактерный актёр, Г. часто использовал приёмы буффонады, гротеска, эксцентрики, большое внимание уделял интонац. и пластич. разработке роли: Гулячкин («Мандат» Н.Р. Эрдмана, 1925), Хлестаков («Ревизор» Н.В. Гоголя, 1926). С 1950 в Т-ре-студии киноактёра в Москве. Работал как режиссёр, в т.ч. восстановил в своей редакции постановку Мейерхольда «Мандат» (1956). Снимался в ф.: «Музыкальная история» (1940), «Свадьба» (1944), «Золушка» (1947) и др.

Э.П. Гарин в роли Гулячкина.

ГА́РИН Н. (наст. имя и фам. Ник. Георг. Михайловский) (1852–1906), рус. писатель, инженер-путеец. Тетралогия «Детство Тёмы» (1892), «Гимназисты» (1893), «Студенты» (1895), «Инженеры» (опубл. 1907) посв. судьбам интеллигенции. Работал на стр-ве крупнейших рос. жел. дорог.

ГАРМО́НИКА (гармонь) (от греч. harmonikós – созвучный, стройный), клавишно-пневматич. муз. инстр-т. Изобретена нем. мастером Ф. Бушманом (1822). Распространена у мн. народов Европы, в т.ч. в России. Разновидности рус. Г.: тульская, саратовская, вятская (тальянка), ливенка, черепашка, хромка и др. Усовершенствованные виды Г.— баян, аккордеон.

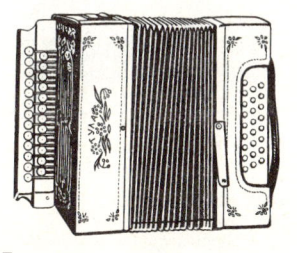

Гармоника двухрядная «хромка».

ГАРМОНИ́ЧЕСКИЕ КОЛЕБА́НИЯ, периодич. изменения физ. величины, происходящие по закону синуса. Графически Г.к. изображаются кривой – синусоидой. Г.к.— простейший вид периодич. движений, характеризуется периодом, амплитудой, фазой и частотой колебаний. Малые колебания маятника, изменения напряжений в электросети переменного тока близки к Г.к. Всякое сложное периодич. движение можно представить суммой Г.к. Распространяющиеся в пространстве Г.к. представляют собой простейшую бегущую гармонич. волну (пример — монохроматич. излучение *лазера*).

ГАРМО́НИЯ (греч. harmonía – связь, стройность, соразмерность), соразмерность частей, слияние разл. компонентов объекта в единое органич. целое. В др.-греч. философии организованность космоса, в противоположность хаосу. В истории эстетики рассматривалась как существ. характеристика *прекрасного*.

ГАРМО́НИЯ, область выразит. средств музыки, основанных на объединении тонов в *созвучия* и на связи созвучий в их последоват. движении. Г. строится по определ. законам *лада* в многоголосной музыке любого склада – *гомофонии*, *полифонии*. Элементы Г.— *каденции* и *модуляции* – важные факторы *музыкальной формы*. Г.— также название соотв. науч. дисциплины.

ГАРНИ́, др.-арм. крепость и поселение в Армении в 27 км к В. от Еревана, резиденция арм. царей. Осн. ок. 2 в. до н.э. на месте поселений энеолита. Руины крепостной стены, дворца с парадным залом, винодельней и баней с мозаичным полом (3–2 вв. до н.э.), языч. храма (2-я пол. 1 в., восстановлен в 1975; греко-рим. *периптер* с ионич. колоннами).

Гарни. Языческий храм.

ГАРНИТУ́РА ШРИФТА́, характеризует рисунок шрифта. Шрифты одной гарнитуры могут отличаться *кеглем*, начертанием (прямой, наклонный и др.), насыщенностью (светлый, полужирный и др.).

ГА́РПИИ, в греч. мифологии богини вихря, отвратительные крылатые существа (полуженщины-полуптицы), похитительницы детей и человеческих душ. Илл. см. на стр. 156.

ГА́РПИЯ, крупная хищная птица (сем. ястребиные). Дл. ок. 1 м. На голове хохол из широких перьев. Распространена в тропич. лесах Юж. и Центр. Америки. Охотится на обезьян, крупных попугаев и пр. Перья высоко ценятся у индейцев как украшения. Численность снижается.

Гарпия.

ГА́РРИК (Garrick) Дейвид (1717–1779), англ. актёр, драматург. В 1742–76 в т-ре «Друри-Лейн» (Лондон). Прославился исполнением ролей в пьесах У. Шекспира. В совершенстве владел иск-вом перевоплощения, большим сценич. темпераментом, доходчивостью выразит. средств. Был близок к франц. просветителям (Д. Дидро). Автор ок. 40 пьес, критич. статей.

Гарпии. Фрагмент росписи протоаттической вазы. 1-я пол. 7 в. до н.э. Государственные музеи. Берлин.

ГАРСИ́Я ЛО́РКА (García Lorca) Федерико (1898–1936), исп. поэт. В лирике – реконструкция в поэтич. пространстве 20 в. фольклорно-мифол. мироощущения; мотивы величия и трагич. обречённости любви, вечной неразделённости жизни и смерти (сб. «Цыганское романсеро», 1928, «Поэма о канте хондо», 1931); острота столкновения с мертвящей урбанистич. цивилизацией (сб. «Поэт в Нью-Йорке», опубл. 1940). Героич. драма «Мариана Пинеда» (1925), трагедии «Кровавая свадьба» (1933), «Йерма» (1934), драма «Дом Бернарды Альбы» (1935, опубл. 1945). Расстрелян фашистами.

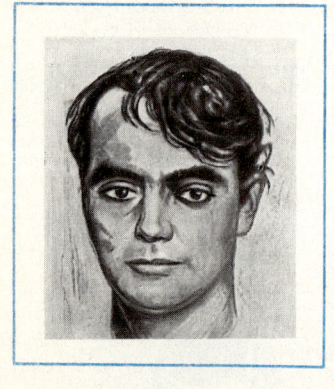

Ф. Гарсия Лорка. Портрет работы Г. Прието.

ГАРСИ́Я МА́РКЕС (García Márquez) Габриель (р. 1928), колумб. писатель. Социально-полит. пов. «Полковнику никто не пишет» (1958) и ром. «Недобрый час» (1962), антитиранич. гротескные ром. «Осень патриарха» (1975), ром. «Хроника объявленной смерти» (1981), «Любовь во время чумы» (1985), рассказы. В ром.-эпопее «Сто лет одиночества» (1967), используя фольклорно-мифол. мотивы и пародируя разные худ. традиции, создал фантасмагорич. мир, история к-рого, преломляющая реальные ист. черты Колумбии и всей Лат. Америки, осмысляется и как метафора развития человечества в целом. Ноб. пр. (1982).

Г. Гарсия Маркес.

ГАРТ (Харт) (Harte) Фрэнсис Брет (Брет Гарт) (1836–1902), амер. писатель. Неоромантич. новеллы о Калифорнии (сб. «Счастье ревущего стана», 1870, «Рассказы об аргонавтах», 1875), романы («Габриел Конрой», 1875–76) о золотоискателях, о мужестве отвергнутых об-вом людей и порабощающей власти золота. Прозаич. пародии; стихи.

ГА́РТМАН (Хартман) (Hartmann) Николай (1882–1950), нем. философ, основоположник т.н. критич. (новой) онтологии. Развил учение о слоистой структуре бытия как иерархии 4 качественно разл. пластов: неорганического, органического, душевного и духовного. Разрабатывал теорию неизменных этич. ценностей (в центре к-рой – проблема соотношения ценностей) и свободы воли.

ГА́РТМАН Эдуард (1842–1906), нем. философ, сторонник *панпсихизма*. Основой сущего считал абс. бессознательное духовное начало – мировую волю («Философия бессознательного», 1869). В этике вслед за А. Шопенгауэром разрабатывал концепцию пессимизма.

ГАРУ́Н АЛЬ-РАШИ́Д, см. *Харун ар-Рашид.*

ГАРУ́СПИКИ (от этрусск. harus – внутренности и лат. specio – наблюдаю), в Др. Риме жрецы, гадавшие по внутренностям жертвенных ж-ных и толковавшие явления природы (гром, молнию и др.).

ГА́РШИН Вс. Мих. (1855–88), рус. писатель. Для рассказов «Четыре дня» (1877), «Трус» (1879), «Художники» (1879), «Красный цветок» (1883), «Сигнал» (1887) и др. характерны обострённое восприятие социальной несправедливости, идея служения народу. Покончил жизнь самоубийством.

ГА́СМАН (Gassman) Витторио (р. 1922), итал. актёр, режиссёр. С 1943 в т-рах Милана, Рима. Роли: Орест («Орест» В. Альфьери), Гамлет («Гамлет» У. Шекспира), Эдип («Царь Эдип» Софокла) и др. Разносторонний актёр, выступал с успехом в трагедии и комедии. Один из основателей Т-ра итал. иск-ва (1950), где поставил: «Гамлет» (с Л. Скуарциной), «Персы» Эсхила. Снимался в ф.: «Горький рис» (1949), «Пустыня Тартари» (1976), «Терраса» (1979) и др.

ГАССЕНДИ́ (Gassendi) Пьер (1592–1655), франц. философ, математик и астроном. Пропагандировал атомистику и этику Эпикура, в отличие от к-рого признавал сотворение атомов Богом. С позиций сенсуализма выступал против учения о *врождённых идеях*. Осн. соч. – «Свод философии» (1658, посм.).

ГАСТРИ́Т, воспалит. заболевание слизистой оболочки желудка. Возникает вследствие неправильного питания, воздействия алкоголя, никотина, пищ. отравлений и др. (у ж-ных – недоброкачеств. корма, резкой смены рационов, перекармливания, отравлений и др.). Может быть острым (боли под ложечкой, тошнота, рвота) и хроническим (чувство тяжести и боли под ложечкой, изжога, отрыжка и др.).

ГАСТРО... (от греч. gastér, род. п. gastrós – желудок), часть сложных слов, означающая: относящийся к желудку, пищеварению (напр., гастроскопия).

ГАСТРОЭНТЕРОЛО́ГИЯ (от *гастро...* и греч. énteron – кишка, lógos – учение), раздел медицины, изучающий строение и функции органов пищеварения, причины и механизмы развития заболеваний этих органов и разрабатывающий методы их распознавания, лечения и профилактики.

ГАТТЕ́РИЯ, древнее, реликтовое пресмыкающееся. Известна с поздней *юры*. Внешне похожа на ящерицу. Дл. до 75 см, вдоль спины и хвоста гребень из треугольных чешуй. Живёт в норах глуб. до 1 м. До прихода европейцев населяла Сев. и Юж. о-ва Н. Зеландии, где к кон. 19 в. была истреблена; сохранилась на близлежащих о-вах в спец. заповеднике.

ГА́ТЧИНА, г. (с 1796, в 1923–29 Троцк, в 1929–44 Красногвардейск) в Ленинградской обл. 79,7 т.ж. Ж.-д. узел. Маш-ние и металлообработка, меб. ф-ка. Изв. с 1499. В 1783 подарена Екатериной II наследнику Павлу, при к-ром рос. архитекторами (А. Ринальди, В.Ф. Бренна, Н.А. Львов, А.Д. Захаров) был создан обширный дворцово-парковый ансамбль, включающий гл. дворец, земляной Приоратский дворец, парки с многочисл. павильонами, мостами, воротами. С 1983 худ.-архит. дворцово-парковый музей-заповедник.

«ГАУДЕА́МУС» (лат. gaudeamus – будем радоваться), название (по первому слову) студенч. ср.-век. песни на лат. яз. (обработана в 18 в.), получившей широчайшее распространение среди студенчества Германии и др. стран Европы, в т.ч. России, а также в США.

ГАУДИ́ (Гауди-и-Корнет) (Gaudí y Cornet) Антонио (1852–1926), исп. архитектор. Работал в Барселоне. В причудливых постройках добивался впечатления фантастич., вылепленных от руки архит. форм (церк. Саграда Фамилия, 1884–1926).

ГА́УПТМАН (Hauptmann) Герхарт (1862–1946), нем. драматург. Конфликт традиц. этики старшего поколения с прагматизмом молодых, неодолимость биол. инстинктов в натуралистич. «семейных драмах» («Перед восходом солнца», 1889; «Роза Бернд», 1903; «Перед заходом солнца», 1932), символистской драме-сказке «Потонувший колокол», ист. трагедии «Флориан Гейер» (обе 1896). Мистико-богоиск. мотивы – в ром. «Юродивый Эмануэль Квинт» (1910). Драма «Ткачи» (1892) – о восстании рабочих в Силезии. Ноб. пр. (1912).

Г. Гауптман.

ГА́УСС (Gauß) Карл Фридрих (1777–1855), нем. учёный. Для творчества Г. характерны органич. связь между теоретич. и прикладной математикой, широта проблематики. Труды Г. оказали большое влияние на развитие алгебры, теории чисел, матем. физики, теории электричества и магнетизма, геодезии и мн. разделов астрономии. Вместе с нем. физиком В. Вебером сконструировал в 1833 первый в Германии эл.-магн. телеграф.

ГА́УФ (Хауф) (Hauff) Вильгельм (1802–27), нем. писатель. Сказки на основе нем. и вост. фольклора, сочетающие романтич. фантазию с жизненной достоверностью, остроту сострадания с пристальным вниманием к переживаниям дет. души («Исто-

К.Ф. Гаусс.

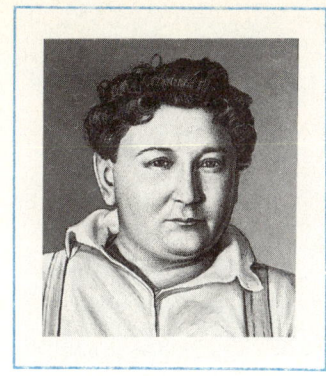

Я. Гашек.

Я. Гашек. «Похождения бравого солдата Швейка». Илл. Й. Лады. Прага, 1924.

рия о маленьком Муке», 1826; «Калиф Аист», 1827; «Холодное сердце», 1828). Роман из нем. истории 16 в. «Лихтенштейн» (1826), лирич. стихи (нек-рые стали нар. песнями).

ГА́УЧО, этнич. группа в Аргентине, образовавшаяся в 16–17 вв. от браков испанцев с индейскими женщинами; первоначально вели бродячую жизнь, работали пастухами.

ГА́ФНИЙ (Hafnium), Hf, хим. элемент IV гр. периодич. системы, ат. н. 72, ат. м. 178,49; металл. Г. открыт нидерл. физиком Д. Костером и венг. радиохимиком Д. Хевеши в 1923.

ГАФТ Вал. Иос. (р. 1935), актёр. С 1969 в Моск. т-ре «Современник». Игре Г. свойственны интеллектуальная острота и ирония, часто тяготеющая к едкому сарказму: Глумов («Балалайкин и К°» по М.Е. Салтыкову-Щедрину, 1973), Джордж («Кто боится Вирджинии Вульф» Э. Олби, 1985), Рахлин («Кот домашний средней пушистости» В.В. Войновича и Г.И. Горина, 1989) и др. Снимался в ф.: «Гараж» (1980), «Небеса обетованные» (1991) и др. Автор эпиграмм и пародий.

ГА́ШЕК (Hašek) Ярослав (1883–1923), чеш. писатель-сатирик. Участник 1-й мир. войны. Ром. «Похождения бравого солдата Швейка во время мировой войны» (1921–23) сочетает реалистич. картины нар. быта с сатирич. гротеском; под маской простодушной наивности гл. героя, выразителя нар. юмора,— стихийное противостояние «маленького человека» гос.-бюрократич. машине, жестокости войны. Многочисл. пародийно-комич., юмористич. и сатирич. рассказы.

ГВАДАЛАХА́РА, г. в Мексике. 1,6 млн. ж. Междунар. аэропорт. Маш-ние и металлообработка, пищевкус., текст., кож.-обув. пром-сть. Куст. произ-во керамич. изделий. Ун-ты. Музеи: шт. Халиско, краеведч. антропологии и истории, Музей-мастерская Х.К. Ороско. Осн. в 1531. Дворец пр-ва (1643; фрески Ороско), собор (1571–1618).

ГВА́РДИ (Guardi) Франческо (1712–93), итал. живописец. В поэтичных видах Венеции со сценами гор. жизни («Венецианский дворик») виртуозно передавал игру света и тени, влажный воздух, растворяющий очертания предметов. Писал также ист., религ. и мифол. картины («Александр перед телом Дария»).

ГВА́РДИЯ (итал. guardia), 1) отборная привилегир. часть войск. Появилась в Италии (12 в.), затем в др. странах. В России создана Петром I в 90-х гг. 17 в. (лейб-Г.). 2) Части, корабли, соединения и объединения Сов. Вооруж. Сил, отличившиеся в боях во время Вел. Отеч. войны и удостоенные звания гвардейских (введено в сент. 1941). 3) Нац. Г.— в ряде гос-в вооруж. гражд. ополчение или терр. воинские формирования.

ГВАРНЕ́РИ (Guarneri), семья итал. мастеров смычковых инстр-тов. Её глава, Андреа (1626–98), ученик Н. Амати, разработал собств. модель скрипки. Наиб. высоко ценятся скрипки и альты его внука Джузеппе, прозванного Г. дель Джезу (1698–1744).

ГВАТЕМА́ЛА (Республика Гватемала), гос-во в Центр. Америке, омывается Тихим ок. Пл. 108,9 т. км². Нас. 9,4 млн. ч., гватемальцы (в осн. испано-индейские метисы и разл. индейские народы). Офиц. яз.— испанский. Верующие — б.ч. католики. Глава гос-ва и пр-ва — президент. Законодат. орган — парламент (Конгресс Республики). Столица — Гватемала.

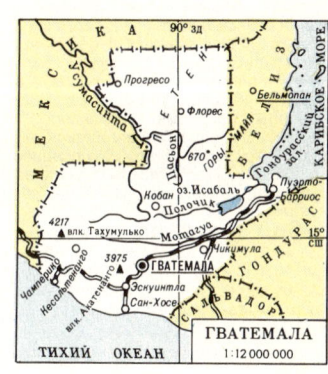

Ф. Гварди. «Вид площади с дворцом». Эрмитаж.

Гвардия: 1 – обер-офицер лейб-гвардии Преображенского полка, 1740; 2 – рядовой лейб-гвардии Конно-гренадерского полка, 1841–48; 3 – рядовой роты Дворцовых гренадер, 2-я пол. 19 – нач. 20 вв.; 4 – обер-офицер лейб-гвардии Первой артиллерийской бригады, 1911.

Адм.-терр. деление: 22 департамента. Ден. единица – кетсаль.

Св. ½ терр.— нагорье (выс. до 4217 м). Климат субэкв. Ср.-мес. темп-ры от 15 до 27 °C; осадков от 500 до 2500 мм в год. Судох. реки Мотагуа и Полочик, лагунное оз. Исабаль. Св. ½ терр.— вечнозелёные и др. леса, на Тихоокеанском побережье — саванны и кустарниковые заросли.

В нач. 16 в. завоёвана испанцами. В 1821 в ходе Войны за независимость исп. колоний в Америке 1810–26 Г. провозгласила независимость. В 1823–39 в составе Соединённых пров. Центр. Америки. После воен. переворота 1954, к-рый поддержали США, в стране установлен воен. режим. Длительный период (1954–65 и 1970–85) у власти находились представители армейских группировок; с 1961 начались боевые действия повстанч. отрядов, к-рыми руководили леворадикальные полит. орг-ции. С 1986 гражд. пр-ва предпринимают попытки прекращения вооруж. действий.

Г.— агр. страна. ВНП на д. нас. 900 долл. в год. Осн. товарные культуры (сбор тыс. т в год): кофе (140), хлопчатник (59), бананы (690), сах. тростник. Выращивают также сизаль, кенаф, табак, кунжут, цитрусовые, эфироносные злаки (лимонное сорго и др.). Заготовки ценных пород древесины (бакаут, бальса и др.) и смолы чикле. Лов креветок. Добыча нефти, руд свинца, цинка. Гл. роль в пром-сти играют пищ., деревообр., бум., кож.-обув. отрасли. Экспорт: кофе, сахар, бананы, креветки, кардамон, хлопок.

Гватемала. Центральная часть города.

ГВАТЕМА́ЛА, столица (с 1839) Гватемалы. 1,1 млн. ж. Трансп. уз. на Панамериканском шоссе; междунар. аэропорт. Пищевкус., текст., кож.-обув. пром-сть. Ун-ты. Нац. консерватория. Музеи, в т.ч. истории и изящных иск-в, нац. археологии и этнографии. Осн. испанцами в 1524 под назв. Сантьяго. С 1776 адм. ц. исп. генерал-капитанства Гватемала, в 1823–39 столица федерации Соединённых пров. Центр. Америки. Г. застроена в осн. 1–2-этажными домами по прямоуг. сетке. Крупнейшее здание – собор (1782–1815, сильно разрушен землетрясением, восстановлен в 20 в.).

ГВИ́ДО Д'АРЕ́ЦЦО (Гвидо Аретинский) (Guido D'Arezzo) (ок. 992 – ок. 1050), итал. муз. теоретик, монах-бенедиктинец. Родоначальник совр. *нотного письма, сольмизации.*

ГВИНЕ́ЙСКИЙ ЗАЛИ́В, Атлантического ок., у берегов Экв. Африки. Пл. 753 т. км². Глуб. до 5207 м. Впадает р. Нигер. Делится на заливы Биафра и Бенин. Много о-вов. Кр. порты: Ломе (Того), Лагос (Нигерия).

ГВИНЕ́Я (Гвинейская Республика), гос-во в Зап. Африке, омывается Атлантич. ок. Пл. 246 т. км². Нас. 7,2 млн. ч., фульбе, малинке, сусу и др. Офиц. яз. – французский. Св. 80% нас. – мусульмане, ок. 1% – христиане, остальные придерживаются местных традиц. верований. Глава гос-ва – президент. Столица – Конакри. Адм.-терр. деление: 8 провинций. Ден. единица – гвинейский франк.

Зап. часть Г. – приморская низм. и плато Фута-Джаллон, юго-вост. – Сев.-Гвинейская возв. (г. Нимба, выс. 1752 м). Климат экв. муссонный. Ср.-мес. темп-ры на б.ч. страны 18–26 °С, на побережье до 30 °С; осадков от 1200 до 4000 мм в год. Речная сеть густая: Гамбия, Бафинг, Нигер (Джолиба), Когон и др. Саванны, влажные тропич. леса.

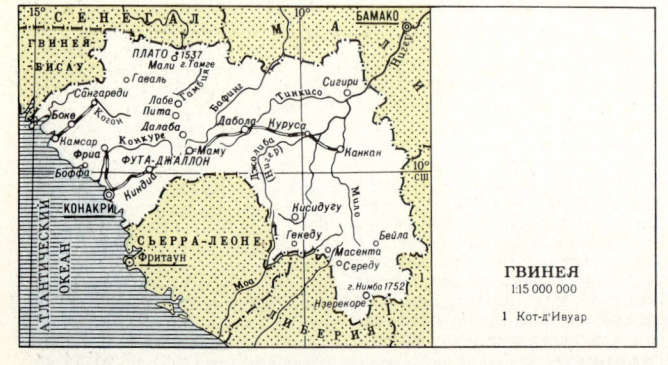

В 1880–90-х гг. терр. Г. захвачена Францией, в 1895 выделена в отд. колонию (под назв. Франц. Гвинея), к-рая вошла во Франц. Зап. Африку. С 1958 независимое гос-во. В дек. 1990 принята конституция, предусматривающая переход к многопарт. полит. системе: в течение 5 лет верх. власть осуществляет Переходный совет нац. возрождения (созд. в 1991).

Г. – агр. страна с развитой горнодоб. пром-стью. ВНП на д. нас. 480 долл. в год. Экспортные культуры: кофе, бананы, ананасы, цитрусовые, хинное дерево; потребительские – рис, просо, сорго, кукуруза, маниок, авокадо, батат, арахис, хлопчатник, чай, табак; овощи и др. Распространены дикорастущие плодовые: манго, папайя, авокадо, гуава, кокосовая пальма. Жив-во (кр. рог. скот, овцы, козы, свиньи; птица). Рыб-во. Лесозаготовки. Произ-во бокситов, алмазов. Произ-во глинозёма. Текст., полиграф., таб., спичечные, цем., металлообр., пищ. и др. пр-тия. Ремёсла: ткацкое, кузнечное, гончарное; худ. изделия из кожи, дерева, металла, кости.

ГВИНЕ́Я-БИСА́У (Республика Гвинея-Бисау), гос-во в Зап. Африке, включает о-ва Болама и Бижагош, омывается Атлантич. ок. Пл. 36 т. км². Нас. св. 1 млн. ч., баланте, фульбе и др. Офиц. яз. – португальский. Ок. 60% нас. придерживается местных традиц. верований, 30% – мусульмане, остальные – христиане. Глава гос-ва – президент. Столица – Бисау. Адм.-терр. деление: 8 р-нов и авт. сектор Бисау. Ден. единица – песо Г.-Б.

Поверхность – преим. низменность; на Ю.-В. – отроги плато Фута-Джаллон. Климат экв. муссонный. Ср.-мес. темп-ры 24–26 °С; осадков от 1200 до 2500 мм в год. Реки: Жеба, Кашеу. Тропич. леса и саванна.

С 17 в. существовало неск. поселений европейцев. В 1879–1973 колония Португалии. С 1973 независимое гос-во. До 1991 существовала однопарт. система. В 1991 легализован ряд полит. партий. В 1992 состоялись выборы на многопарт. основе. В Г.-Б. установился переходный период.

Г.-Б. – агр. страна. ВНП на д. нас. 180 долл. в год. С. х-во даёт ок. 80% стоимости экспорта. Экспортная культура – арахис; потребительские – рис, хлопчатник, каучуконосы, кокосовая и масличная пальмы (пальмовые ядра и масло идут на экспорт). Сбор плодов дикорастущих масличных и кокосовых пальм. Жив-во отгонно-пастбищное, малопродуктивное (кр. рог. скот, свиньи, овцы и козы). Мор. рыб-во (рыба и морепродукты гл. обр. на экспорт). Заготовки и переработка ценной древесины, произ-во паркета на экспорт. Пищевкус. и лёгкая пром-сть.

ГВО́ЗДЕВ Мих. Спир. (ок. 1700 – после 1759), рос. геодезист, картограф и навигатор, первооткрыватель Сев.-Зап. Америки. Летом 1732 возглавил мор. поход на боте «Св. Гаври-

Гвинея. В верховьях р. Нигер.

Гвоздика травянка.

ил», завершил открытие о-вов Диомида (Гвоздева), обнаружил зап. оконечность Сев. Америки, нанёс на карту часть побережья п-ова Сьюард и открыл о. Кинг. Участвовал во 2-й эксп. В. Беринга.

ГВОЗДИ́КА, 1) род трав, редко полукустарников (сем. гвоздичные). Ок. 300 видов, в Евразии и Африке, гл. обр. в Средиземноморье. Растут в светлых лесах, по опушкам. Цветки розовые, пурпурные, белые и др. Издавна в культуре как декор. р-ние. Г. садовая, или голландская, из Юж. Европы послужила исходной формой для создания мн. сортов с крупными разл. окраски цветками. 2) Пряность из высушенных цветочных бутонов гвоздичного дерева.

ГВОЗДИ́ЧНОЕ ДЕ́РЕВО, вечнозелёное дерево (сем. миртовые). Родина – Молуккские о-ва. Культивируется во мн. тропич. странах. Все части р-ния содержат гвоздичное масло, применяемое в парфюмерии, медицине, микроскопич. технике; высушенные бутоны (гвоздика) – пряность.

ГДАНЬСК, г. в Польше, в дельте р. Висла. 465 т.ж. Крупнейший порт

Гданьск. Главная ратуша.

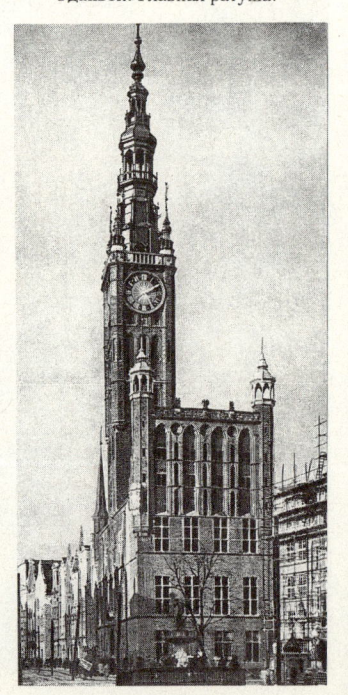

Н.Н. Ге. «Пётр I допрашивает царевича Алексея в Петергофе». Третьяковская галерея.

страны на Балтийском м. (грузооборот ок. 18 млн. т в год); междунар. аэропорт. Судостроение, эл.-техн., хим., нефтеперераб. пром-сть. Ун-т. Т-ры: оперный (1953), драматический. Музеи: поморский, Оружейная палата и др. Изв. с 10 в. В 10–13 вв. центр Вост.-Приморского кн-ва. Входил в состав *Ганзы*. В 1793–1918 (под назв. Данциг) в составе Пруссии. По Версальскому мирному дог. 1919 «Вольный город Данциг» под управлением Лиги Наций; в 1939–45 был оккупирован Германией. Облик Г. во многом определяют постройки «кирпичной готики» – Гл. ратуша (1378–16 в.), костёлы Девы Марии (1343–1502), Св. Катажины (13–15 вв.). Дома в стилях ренессанса и барокко.

ГЕ Ник. Ник. (1831–94), рос. живописец. Один из основоположников Т-ва передвижников. Психол. портреты («А.И. Герцен», 1867), ист. картины, экспрессивные драм. композиции на религ.-этич. темы («Что есть истина?», 1890).

ГЕ́БРА (Хебра) (Hebra) Фердинанд (1816–80), австр. врач, один из основоположников *дерматологии*. Создал первую дерматологич. клинику. Предложил патолого-анат. классификацию дерматозов, разрабатывал методы их лечения. Описал ряд заболеваний кожи, названных по его имени.

Гевандхауз. Концертный зал (старое здание). Сер. 19 в.

ГЕВА́НДХАУЗ (нем. Gewandhaus – суконный двор), конц. об-во, зал и симф. оркестр в Лейпциге. Назв. сохранилось от старого здания, первонач. предназначенного для продажи сукон; в нём в 1781–1884 проходили концерты оркестра Г.– одного из старейших в Европе. Оркестр возглавляли Ф. Мендельсон, А. Никиш, В. Фуртвенглер, Б. Вальтер и др.

ГЕВЕ́Я, род вечнозелёных деревьев (сем. молочайные). Св. 10 видов, в Тропич. Америке. Г. бразильская, или каучуковое дерево,– осн. источник натурального каучука (путём подсочки с 1 дерева получают 3–7,5 кг каучука в год). Культивируется в тропич. странах, наиб. плантации в Юго-Вост. Азии.

ГЕ́ГЕЛЬ (Hegel) Георг Вильгельм Фридрих (1770–1831), нем. философ, создавший систематич. теорию диалектики. Её центр. понятие – развитие – есть характеристика деятельности абсолюта (мирового духа) и сверхвременного движения в области чистой мысли в восходящем ряду всё более конкретных категорий (бытие, ничто, становление; качество, количество, мера; сущность, явление, действительность, понятие, объект, идея, завершающаяся абс. идеей) и перехода в отчуждённое состояние инобытия – в природу, его возвращения к себе в человеке в формах психич. деятельности индивида (субъективный дух), сверхиндивидуального

Г.В.Ф. Гегель.

«объективного духа» (право, мораль и нравственность – семья, гражд. об-во, гос-во) и «абс. духа» (иск-во, религия, философия как формы самосознания духа). Противоречие – внутр. источник развития, описываемого в виде триады. История – «прогресс духа в сознании свободы», последовательно реализуемый через «дух» отд. народов. Осуществление бурж.-демокр. требований мыслилось Г. в виде компромисса с фед.-сословным строем, в рамках конституц. монархии. Осн. соч.: «Феноменология духа» (1807), «Наука логики» (ч. 1–2, 1812–15), «Энциклопедия философских наук» (1817, 1830), «Основы философии права» (1821); лекции по философии истории, эстетике, философии религии, истории философии (изд. посм.).

ГЕГЕМО́НИЯ (от греч. hēgemonía) – предводительство, господство; руководство, первенствующее положение.

ГЕ́ДДА (Gedda) Николай (р. 1925), швед. певец (тенор). Выступал во мн. оперных т-рах мира; обладает голосом мягкого, тёплого тембра. Лучшие партии: в операх В.А. Моцарта; Фауст, Вертер (в одноим. операх Ш. Гуно, Ж. Массне). Исполняет камерные произв. Ф. Шуберта, Э. Грига, П.И. Чайковского, рус. песни и старинные романсы.

ГЕДИМИ́Н (Гедиминас) (Gediminas) (?–1341), вел. князь литовский (с 1316), основатель княж. рода и династии Гедиминовичей. Правил совм. с советом бояр. Отражал вторжения нем. рыцарей на зап. границе гос-ва. Укрепляя связи с Польшей, боролся с Ливонским орденом. Соперничая с Иваном I Калитой, заключил союз с Тверью. Продолжал подчинение зап.- и южно-рус. земель. Титуловал себя «королём литовцев и мн. русских».

ГЕДОНИ́ЗМ (от греч. hēdonē – удовольствие), направление в этике, утверждающее наслаждение, удовольствие как высш. цель и осн. мотив человеческого поведения.

ГЕЕ́ННА (греч. géenna, от др.-евр.), в иудаизме, христ-ве одно из обозначений ада – геенна огненная (первонач. долина Хеннем к Ю. от Иерусалима, где происходили языч. обряды, в к-рых приносили в жертву детей).

ГЕЙБЛ (Gable) Кларк (1901–60), амер. киноактёр. В 30-х гг. был удостоен титула «Король Голливуда». Создал образ простого, мужественного, знающего себе цену человека, с чертами героя-любовника в ф.: «Мятеж на "Баунти"» (1935), «Унесённые ветром» (1939) и др.

ГЕ́ЙГЕРА СЧЁТЧИК, газоразрядный *детектор* частиц. Срабатывает при попадании в его объём частицы или γ-кванта. Изобретён в 1908 нем. физиком Х. Гейгером и усовершенствован им совм. с нем. физиком В. Мюллером. Г.с. применяются гл. обр. как *дозиметры*.

ГЕЙДЕЛЬБЕ́РГСКИЕ РОМА́НТИКИ, см. в ст. *Гримм*.

ГЕ́ЙЗЕ (Хейзе) (Heyse) Пауль (1830–1914), нем. писатель. Приверженец «искусства для искусства». В изящно-психол. романах («Дети века», 1873) и новеллах – частная жизнь нем. бюргерства, интеллигенции и богемы 2-й пол. 19 в. Лирика, переводы. Ноб. пр. (1910).

ГЕЙЗЕНБЕ́РГ (Heisenberg) Вернер Карл (1901–76), нем. физик-теоре-

К. Гейбл и В. Ли в фильме «Унесённые ветром».

тик, один из создателей квантовой механики. Сформулировал одно из важнейших положений физики микромира – *неопределённости принцип*. Дал матем. обоснование протонно-нейтронной модели атомного ядра. Тр. по квантовой теории ферромагнетизма, квантовой электродинамике, теории ядерных сил, теории поля, философии естествознания. Ноб. пр. (1932).

ГЕ́ЙЗЕР (исл. geysir, от geysa – хлынуть), источник, периодически выбрасывающий фонтаны горячей воды и пара до выс. 20–40 м и более. Г.

Гейзер. Камчатка.

распространены в областях современной или недавно прекратившейся вулканич. деятельности. Известны в Исландии, США, Н. Зеландии, России (на Камчатке).

ГЕЙ-ЛЮССА́К (Gay-Lussac) Жозеф Луи (1778–1850), франц. химик и физик. Открыл бор (1808, совм. с франц. химиком Л. Тенаром). Получил безводную синильную к-ту (1811), дициан (1815) и др. Построил первые диаграммы растворимости (1819). Усовершенствовал методы элементного и объёмного хим. анализа, технологию произ-ва серной к-ты (башня Г.-Л.). Установил законы: теплового расширения газов (1802) и объёмных отношений газов (1808).

ГЕ́ЙНЕ (Heine) Генрих (1797–1856), нем. поэт и публицист. С 1831 в эмиграции в Париже. Романтич. ирония страдающего от несовершенства и прозы жизни героя, сарказм и лиризм, дерзкий вызов самодовольной пошлости – в «Книге песен» (1827), проникнутой нар.-мелодич. стихией, и сб. «Романсеро» (1851), где скептицизм и ноты отчаяния не подавляют мужеств. противостояния судьбе (с 1848 Г. прикован к постели). Язвит. полит. стихи (в т.ч. поэмы «Атта Тролль», 1843, «Герма-

160 ГЕЙН

Г. Гейне.

ния. Зимняя сказка», 1844), обличающие феод.-монархич. и филистерскую Германию. Те же темы и мотивы в прозаич. «Путевых картинах» — остроумном обзоре совр. состояния Германии и Европы (ч. 1–4, 1826–31), в публицистич. эссеистских книгах «Романтическая школа» (1833), «К истории религии и философии в Германии» (1834; влияние идей утопич. социализма) и др.

ГЕ́ЙНСБОРО (Gainsborough) Томас (1727–88), англ. живописец. Одухотворённые лирич. портреты («Голубой мальчик», ок. 1770), пейзажи («Телега со жнецами», ок. 1771) отличаются виртуозной лёгкостью и воздушностью живописи.

ГЕ́ЙША (япон. гэйся), в Японии проф. танцовщица, певица, музыкантша, развлекающая посетителей чайных домиков или гостей на приёмах и прислуживающая им.

ГЕКА́ТА, в греч. мифологии богиня мрака и колдовства. Богиня луны, покровительница охоты и ночных видений. С факелом в руках и змеями в волосах (иногда трёхликая) Г. охотится среди мертвецов и могил. Часто отождествляется с Артемидой, в рим. мифологии — с «богиней трёх дорог» Тривией.

ГЕКАТО́МБА (от греч. hekatón — сто и bús — бык), в Др. Греции жертвоприношение из 100 быков; впоследствии Г. называлось всякое значит. обществ. жертвоприношение. Перен.— огромные жертвы войны, террора, эпидемии и т.д.

Геката. Бронза. 1–2 вв. н.э. Капитолийские музеи. Рим.

Т. Гейнсборо. «Портрет дамы в голубом». Кон. 70-х гг. 18 в. Эрмитаж.

ГЕКЗА́МЕТР (от греч. hexámetros — шестистопный), стихотв. размер антич. эпич. поэзии: шестистопный *дактиль* с цезурой (паузой), рассекающей стих обычно на 3-й стопе («Илиада», «Одиссея»). В силлабо-тонич. стихосложении передаётся сочетанием дактилей с *хореями* («Юношу, горько рыдая, / ревнивая дева бранила», А.С. Пушкин).

ГЕККО́НЫ, семейство ящериц. Дл. от 3,5 до 30 см. Св. 700 видов, гл. обр. в тропиках и субтропиках. Окраска серая или коричневая, иногда яркая. Пальцы часто с роговыми прикрепительными пластинками, позволяющими легко передвигаться по вертикальным поверхностям. Большинство обитает на деревьях.

ГЕКСА́Н, C_6H_{14}, бесцв. горючая жидкость, $t_{кип}$ 68,74 °C, $t_{пл}$ −95,32 °C. Содержится в нефтепродуктах; при их переработке (напр., *риформинге*) превращается в бензол; при изомеризации образует изогексан — высокооктановый компонент моторных топлив. Применяется как растворитель и жидкость в низкотемпературных термометрах.

ГЕ́КСЛИ (Хаксли) (Huxley) Томас Генри (1825–95), англ. биолог, соратник Ч. Дарвина и виднейший пропагандист его учения. В 1883–85 през. Лондонского королев. об-ва. Сравнит.-анат. исследованиями доказал морфол. близость человека и высш. обезьян, птиц и пресмыкающихся.

ГЕ́КТОР, в греч. мифологии троянский герой, старший сын Приама и Гекубы, олицетворение патриотич. долга. Погиб в единоборстве с Ахиллом, мстившим Г. за убийство друга Патрокла.

Гектор. «Вооружение Гектора». Слева — Приам, справа — Гекуба. Роспись краснофигурной амфоры Евфимида. Ок. 510 до н.э. Музей античного прикладного искусства. Мюнхен.

ГЕКУ́БА (Гекаба), в греч. мифологии жена Приама, мать Гектора, Париса, Кассандры и др., потерявшая в Троянской войне мужа и почти всех детей. Олицетворение скорби и отчаяния.

Гелатский монастырь. Общий вид с юга. В центре — главный храм.

ГЕЛА́ТСКИЙ МОНАСТЫ́РЬ, центр груз. ср.-век. культуры, в 11 км от Кутаиси. Осн. в нач. 12 в. *Давидом IV* Строителем. В гл. храме (1106–25) — мозаика (1125–30) с изображением Богоматери и архангелов, в др. храмах — росписи 12–18 вв. с портретами ист. лиц.

ГЕЛЕНДЖИ́К, г. (с 1915) в Краснодарском кр., в России, на берегу Геленджикской бухты Чёрного м., в 43 км от ж.-д. ст. Новороссийск. 49,5 т.ж. Климатич. курорт. Пищ. (молочная и др.), стройматериалов пром-сть. Ист.-краеведч. музей. Осн. в 1861.

ГЕ́ЛИЙ (Helium), He, хим. элемент VIII гр. периодич. системы, ат.н. 2, ат.м. 4,002602; относится к *благородным газам*; самое низкокипящее в-во ($t_{кип}$ −268,93 °C), единственное не отвердевающее при нормальном давлении; квантовая жидкость, обладающая сверхтекучестью ниже −270,98 °C. Г.— самый распространённый после водорода элемент космоса. Используют Г. как защитную среду в металлургии, ракетной технике, при произ-ве полупроводниковых и др. материалов, как компонент среды газ. лазеров, газ-носитель в хроматографии, теплоноситель в ядерных реакторах и др. Открыт Г. в атмосфере Солнца англ. астрофизиком Н. Локьером и франц. астрономом Ж. Жансеном в 1868, впервые выделен англ. физиками У. Рамзаем и В. Круксом в 1895.

ГЕЛИО... (от греч. hélios — солнце), часть сложных слов, означающая: относящийся к солнцу, солнечным лучам, солнечной энергии (напр., гелиотехника).

ГЕЛИОБИОЛО́ГИЯ (от гелио... и *биология*), раздел биофизики, изучающий влияние изменений активности Солнца на земные организмы. Один из основоположников Г.— А.Л. Чижевский.

ГЕ́ЛИОС (Гелий), в греч. мифологии бог солнца.

ГЕЛИОТЕРАПИ́Я (от гелио... и *терапия*) (солнцелечение), метод климатотерапии — леч. и профилактич. использование прямого излучения солнца (т.н. солнечные ванны). Проводится с целью закаливания организма и лечения нек-рых заболеваний кожи, внелёгочных форм туберкулёза и др. (только по назначению врача и строго дозируется).

ГЕЛИОТЕ́ХНИКА (от гелио... и téchnē — искусство, мастерство), отрасль техники. Охватывает теоретич. основы, практич. методы и техн. средства преобразования энергии солнечного излучения в энергии др. видов (напр., тепловую, электрическую). Устройства Г. (гелиоустанов-

Гелиос. Мрамор. Сер. 2 в. до н.э. Археологический музей. Родос.

ки) применяют для нагревания, опреснения воды, выработки эл.-энергии и в др. целях преим. в районах со значит. солнечной радиацией, а также в космосе.

ГЕЛИОТРО́П, род кустарников, полукустарников и трав (сем. бурачниковые). Ок. 220 видов, гл. обр. в тропиках и субтропиках, в т.ч. ок. 20 видов в Ср. Азии, на сухих склонах, солончаках, сорных местах. Содержат гелиотропин, применяемый в парфюмерии. В культуре декор. сорта с приятным ароматом, полученные из дикорастущих перуанских видов.

ГЕЛЬВЕ́ЦИЙ (Helvétius) Клод Адриан (1715–71), франц. философ. Утверждал, что мир материален и бесконечен во времени и пространстве. Считал сознание и страсти человека гл. движущей силой обществ. развития. Сторонник учения о решающей роли среды в формировании личности. Доказывал опытное происхождение нравств. представлений, их обусловленность интересами индивида. Осн. соч.: «Об уме» (1758), «О человеке» (1773, посм.).

ГЁЛЬДЕРЛИН (Hölderlin) Фридрих (1770–1843), нем. поэт-романтик. В лирич.-экспрессивных стихах, одах и гимнах – вера в полноту жизненного самоосуществления, в возможность духовной и социальной гармонии (братства человечества), прообразом к-рой для Г. был светлый мир Эллады; воспевание красоты и величия «духа природы» и стремление к слиянию с ней. В ром. «Гиперион» (1797–99) – мотивы разочарования, трагизм разлада с идеалом, миром и самим собой. Филос. трагедия «Смерть Эмпедокла» (1798–99) – о героич. одиночестве философа. С 1804 страдал тяжёлым душевным расстройством; в 1806 помещён в психиатрич. лечебницу).

ГЕЛЬДЕРО́Д (Ghelderode) Мишель де (1898–1962), бельг. драматург; писал на франц. яз. В пьесах в стиле ярмарочного театра «Смерть доктора Фауста» (1926), «Варавва» (1932), «Красная магия» (1935), «Фарс о мрачнецах» (1941) – обнажение социальных пороков, трагизм бытия, вера в традиц. нар. нравственность и культуру, крайнее недоверие к ист. переменам. Сб. новелл «Колдовское» (1941).

ГЕ́ЛЬМГО́ЛЬЦ (Helmholtz) Герман Людвиг Фердинанд (1821–94), нем. учёный. Автор фундам. трудов по физике, биофизике, физиологии, психологии. Впервые (1847) математически обосновал закон сохранения энергии, показав его всеобщий характер. Разработал термодинамич. теорию хим. процессов, ввёл понятия свободной и связанной энергий. Заложил основы теории вихревого движения жидкости и аномальной дисперсии. Автор основополагающих трудов по физиологии слуха и зрения. Обнаружил и измерил теплообразование в мышце, измерил скорость распространения нервного импульса.

ГЕЛЬМЕРСЕ́Н Григ. Петр. (1803–1885), геолог, первый директор (с 1882) Геол. к-та. Осн. тр. по геологии Урала, Алтая и Ср. Азии. Составил «Генеральную карту горных формаций Европейской России» (1841).

Г.П. Гельмерсен.

ГЕЛЬМИ́НТЫ (от греч. hélmins, род. п. hélminthos – червь, глист), паразитич. черви, возбудители болезней (гельминтозов) человека, ж-ных и р-ний. Г. человека и ж-ных наз. глистами. Изучает Г. и вызываемые ими заболевания гельминтология.

ГЕЛЬСИНГФО́РС, швед. назв. г. Хельсинки.

ГЕ́ЛЬЦЕР Ек. Вас. (1876–1962), артистка балета. С 1894 (с перерывами) в Большом т-ре. Выступала в ведущих партиях в пост. А.А. Горского (Саламбо – «Саламбо» А.Ф. Арендса, 1910). Первая исполнительница партии Тао Хоа («Красный мак» Р.М. Глиэра). Классич. танцовщица, сочетавшая мягкость движений с открытым живым темпераментом.

ГЕМ..., то же, что *гемо*...

ГЕМАТО..., то же, что *гемо*...

ГЕМАТОЛО́ГИЯ (от *гемо*... и ...*логия*), раздел медицины, изучающий причины и механизмы болезней крови и разрабатывающий методы их диагностики, лечения и профилактики. Г. изучает также клеточные элементы крови, свойства плазмы и сыворотки крови и др. Теоретич. основу Г. составляет учение о кроветворении.

ГЕМАТО́МА (от *гемо*... и ...*ома*), огранич. скопление крови при закрытых повреждениях, сопровождающихся разрывом сосуда и излиянием крови в окружающие ткани.

ГЕМИПЛЕГИ́Я (от греч. hēmi – полу- и греч. plēgē – удар), паралич прав. или лев. половины тела, напр. после инсульта, при опухолях мозга и др.

ГЕ́ММА (лат. gemma), произв. *глиптики*, драгоценный или полудрагоценный камень с врезанными (*италия*) или выпуклыми (*камея*) изображениями.

ГЕ́МО... (*гем*, *гемато*...) (от греч. háima, род. п. háimatos – кровь), часть сложных слов, означающая: принадлежащий, относящийся к крови (напр., гемодиализ).

ГЕМОГЛОБИ́Н (от *гемо*... и лат. globus – шар), красный дыхательный пигмент крови человека, позвоночных и нек-рых беспозвоночных ж-ных. Состоит из белка (глобина) и железопорфирина – гема. Переносит кислород от органов дыхания к тканям и диоксид углерода от тканей к дыхательным органам. Мн. заболевания крови (анемии) связаны с нарушениями строения глобина, в т.ч. наследственными (гемоглобинопатии) – серповидноклеточная анемия, талассемия и др.

ГЕМОГЛОБИНОПАТИ́И (от *гемоглобин* и ...*патия*) (гемоглобинозы), группа наследств. заболеваний (серповидноклеточная анемия, талассемия и др.), обусловленных присутствием в эритроцитах дефектных гемоглобинов. Осн. проявление – гемолиз.

ГЕМОДИА́ЛИЗ (от *гемо*... и греч. diálysis – отделение), метод лечения острой и хронич. почечной недостаточности при помощи аппарата «искусств. почка».

ГЕМО́ЛИЗ (от *гемо*... и ...*лиз*), разрушение эритроцитов крови с выделением гемоглобина. В норме Г. завершает жизненный цикл эритроцитов (ок. 125 сут) и происходит в организме человека и ж-ных непрерывно. Патол. Г. происходит под влиянием гемолитич. ядов, холода, нек-рых лекарств. в-в (у чувствительных к ним людей) и др. факторов.

ГЕМОРРАГИ́Я (от *гемо*... и греч. rhḗgnymi – прорываю), истечение крови из сосудов при нарушении целостности, проницаемости их стенок (кровотечение, кровоизлияние).

ГЕМОРРО́Й (от *гемо*... и греч. rhéō – теку), расширение вен нижн. отдела прямой кишки – узлы, иногда кровоточащие, воспаляющиеся и ущемляющиеся в заднем проходе. К Г. предрасполагает застой крови в прямой кишке (запоры, сидячий образ жизни).

ГЕМОСО́РБЦИЯ (от *гемо*... и лат. sorbeo – поглощаю), метод внепочечного очищения крови от токсич. в-в путём прокачивания её через колонку с сорбентом (активный уголь, ионообменные смолы). Применяют при острых отравлениях, поражениях печени с выраженной интоксикацией и др.

ГЕМОФИЛИ́Я (от *гемо*... и ...*филия*), наследств. заболевание, обусловленное недостаточностью системы свёртывания крови и проявляющееся кровоточивостью. Болеют гл. обр. мужчины, женщины – лишь носители мутантного гена и передают Г. сыновьям.

ГЕН (от греч. génos – род, происхождение) (наследственный фактор), единица наследств. материала, ответственная за формирование к.-л. элементарного признака. У высш. организмов (эукариот) Г. находятся в *хромосомах* и в органеллах цитоплазмы (митохондриях, хлоропластах и др.). Совокупность всех Г. организма составляет его *генотип*. Дискретные наследств. задатки были открыты в 1865 Г. Менделем, в 1909 дат. генетик В. Иогансен назвал их Г. Развитие мол. генетики привело к раскрытию хим. природы генетич. материала и представлению о Г. как об участке молекулы ДНК (у нек-рых вирусов РНК) со специфич. набором нуклеотидов, в линейной последовательности к-рых закодирована генетич. информация (см. *Генетический код*). Г., контролируя синтез определ. макромолекул (фермента или др. белка, РНК), управляют всеми хим. реакциями организма (его *обменом веществ*) и определяют таким образом его признаки. Изучение мол. организации Г. привело к открытию мозаичного строения Г. эукариот. В этих Г. участки, несущие информацию о будущей макромолекуле (экзоны), перемежаются с участками, как правило, не несущими такую информацию (интронами). Г. способны к наследуемым изменениям – *мутациям*. Разработаны методы выделения, синтеза и клонирования (размножения) Г. Для разл. групп организмов созданы *банки генов*.

...ГЕН, ...ГЕННЫЙ (от греч. genés – рождающий, рождённый), часть сложных слов, означающая: происходящий от чего-либо или образующий что-либо (напр., канцероген, канцерогенный).

ГЕ́НДЕЛЬ (Händel) Георг Фридрих (1685–1759), нем. композитор, органист. Б.ч. жизни провёл в Лондоне. В творчестве Г. соединились лучшие традиции нем. и англ. муз. культур. Мастер монументальной *оратории*, гл. обр. на библейские сюжеты (ок. 30, в т.ч. «Саул», «Израиль в Египте», обе 1739, «Мессия», 1742, «Самсон», 1743, «Иуда Маккавей», 1747). Св. 40 опер, органные концерты, 18 соч. в жанре *концерто гроссо*, инстр. сонаты, сюиты.

Г.Ф. Гендель. Миниатюра Плетьера. 1710-е гг.

ГЕНЕАЛО́ГИЯ (греч. genealogía – родословная), спец. ист. дисциплина, изучающая возникновение и развитие родств. отношений. Как науч. дисциплина, устанавливающая родств. связи ист. деятелей, родов и фамилий, возникла в 17–18 вв.

...ГЕНЕ́З (от греч. génesis – происхождение, возникновение), часть сложных слов, означающая: связанный с процессом образования, возникновения (напр., филогенез).

ГЕ́НЕЗИС (генез), происхождение, возникновение; в широком смысле — момент зарождения и последующий процесс развития, приведший к определ. состоянию, виду, явлению.

ГЕНЕРА́Л-БАС (нем. Generalbaß, букв. — общий бас) (цифрованный бас), способ записи муз. *созвучий* цифрами при басовом голосе. Известен с кон. 16 в. (Италия). Учение о Г.-б. стало основой учения о *гармонии*. Цифрованный бас возродился в записи *джаза* и эстрадной музыки.

ГЕНЕРА́Л-ГУБЕРНА́ТОРСТВО, адм.-терр. единица в России в 1775–1917, включала одну или неск. губерний или областей; управлялась ген.-губернатором.

ГЕНЕРА́ЛЬНАЯ АССАМБЛЕ́Я ООН, один из гл. органов Орг-ции Объединённых Наций. Состоит из всех гос-в – членов ООН (каждое из них имеет в ООН не более 5 представителей). Сессии Г.А. ООН созываются ежегодно, при необходимости созываются чрезвычайные сессии. Полномочна рассматривать любые вопросы в рамках Устава ООН, давать рекомендации членам ООН и Совету Безопасности ООН. Имеет 7 гл. к-тов (по важнейшим направлениям своей деятельности), 2 пост. к-та – Консультативный по адм. и бюджетным вопросам и К-т по взносам) и образуемые спец. к-ты (врем. и пост.).

ГЕНЕРА́ЛЬНОЕ СОГЛАШЕ́НИЕ О ТАРИ́ФАХ И ТОРГО́ВЛЕ (ГАТТ), многостороннее межправительств. соглашение о регулировании междунар. торговли и торг. политике. Направлено гл. обр. на снижение торгово-полит. барьеров и разработку свода правил по применению неторг. ограничений (техн. барьеров и др. нетарифных форм при импорте товаров). Подписано 23 странами в 1947. В нач. 1990-х гг. в ГАТТ участвовало св. 150 стран.

ГЕНЕРА́ЛЬНЫЙ ПРОКУРО́Р, в ряде гос-в должностное лицо, возглавляющее систему органов прокуратуры. Г.п. Рос. Федерации назначается на должность и освобождается от должности Советом Федерации по представлению президента.

ГЕНЕРА́ЛЬНЫЙ СЕКРЕТА́РЬ ООН, гл. адм. должностное лицо ООН; возглавляет *Секретариат ООН*. Назначается Ген. Ассамблеей ООН по рекомендации *Совета Безопасности ООН*. Г.с. ООН: Трюгве Ли (Норвегия, 1946–53), Даг Хаммершельд (Швеция, 1953–61), У Тан (Бирма, 1961–71), Курт Вальдхайм (Австрия, 1971–81), Хавьер Перес де Куэльяр (Перу, 1982–91), Бутрос Гали (Египет, с янв. 1992).

ГЕНЕРАТИ́ВНЫЕ О́РГАНЫ (от лат. genero – рождаю, произвожу), органы полового размножения р-ний (напр., антеридий у папоротников, *цветок*). Г.о. ж-ных наз. *половыми органами*.

ГЕНЕРА́ТОР (от лат. generator – производитель), устройство, аппарат или машина, производящие к.-л. продукты (напр., ацетиленовый Г., газогенератор), вырабатывающие эл.-энергию (напр., гидрогенератор) либо создающие эл.-магн., световые, звуковые сигналы (напр., ультразвуковой Г.).

ГЕНЕ́ТИКА (от греч. génesis – происхождение), наука о законах наследственности и изменчивости организмов и методах управления ими. В зависимости от объекта иссл. различают Г. микроорганизмов, р-ний, ж-ных и человека, а от уровня исследования — мол. Г., цитогенетику и др. Основы совр. Г. заложены Г. Менделем, открывшим законы дискретной наследственности (1865), и школой Т.Х. Моргана, обосновавшей хромосомную теорию наследственности (1910-е гг.). В СССР в 20–30-х гг. выдающийся вклад в Г. внесли работы Н.И. Вавилова, Н.К. Кольцова, С.С. Четверикова, А.С. Серебровского и др. В результате после сессии ВАСХНИЛ 1948 в сов. Г. возобладали антинауч. взгляды Т.Д. Лысенко и названных им «мичуринским учением», что до 1965 остановило её развитие и привело к уничтожению крупных генетич. школ. Быстрое развитие Г. в этот период за рубежом, особенно мол. Г. во 2-й пол. 20 в., позволило раскрыть структуру генетич. материала, понять механизмы его работы. Идеи и методы Г. используются для решения проблем медицины, с. х-ва, микробиол. пром-сти. Её достижения привели к развитию *генетической инженерии* и *биотехнологии*.

ГЕНЕТИ́ЧЕСКАЯ ИНЖЕНЕ́РИЯ (генная инженерия), методы мол. биологии и генетики, связанные с целенаправленным конструированием новых, не существующих в природе сочетаний генов. Возникла в нач. 70-х гг. 20 в. Основана на извлечении из клеток к.-л. организма гена (кодирующего нужный продукт) или группы генов, на соединении их со спец. молекулами ДНК (т.н. векторами), способными проникать в клетки др. организма (гл. обр. микроорганизмов) и размножаться в них. Наряду с клеточной инженерией лежит в основе совр. *биотехнологии*. Открывает новые пути решения нек-рых проблем генетики, медицины, с. х-ва. С помощью Г.и. был получен ряд биологически активных соединений – *инсулин*, *интерферон* и др.

ГЕНЕТИ́ЧЕСКАЯ ИНФОРМА́ЦИЯ, получаемая от предков и заложенная в наследств. структурах (генах) программа развития организма. См. также *Генетический код*.

ГЕНЕТИ́ЧЕСКИЙ КОД, система записи наследств. информации в виде последовательности нуклеотидов в молекулах нуклеиновых к-т. Единицей Г.к. служит кодон, или триплет (тринуклеотид). Г.к. определяет порядок включения аминокислот в синтезирующуюся полипептидную цепь. Реализация Г.к. в живых клетках осуществляется в процессе синтеза матричной РНК на ДНК гена (транскрипция) и синтеза белка (трансляция), при к-ром последовательность нуклеотидов этой РНК переводится в соответствующую последовательность аминокислот белковой молекулы. 61 кодон из 64 кодирует аминокислоты, а 3 отвечают за окончание синтеза белка. Неск. кодонов могут кодировать одну и ту же аминокислоту (вырожденность Г.к.), но один и тот же кодон соответствует только одной аминокислоте. За редким исключением Г.к. универсален для всех организмов.

ГЕНИА́ЛЬНОСТЬ, наивысш. степень проявления творч. сил человека. Связана с созданием качественно новых, уникальных творений, открытием ранее неведомых путей творчества. От античности взгляд на Г. как на род иррационального вдохновения, «озарения» свыше (Платон, неоплатонизм и др.). С эпохи Возрождения получил распространение культ гения как творч. индивидуальности, достигший апогея в эпоху романтизма. В 19–20 вв. развиваются психол., а также социол. исследования разл. аспектов Г. и творчества.

ГЕНО́М, совокупность генов, содержащихся в гаплоидном (одинарном) наборе хромосом данного организма. Диплоидные организмы содержат 2 Г. – отцовский и материнский. Термин «Г.» в генетике употребляют и в отношении к совокупности генов у бактерий, вирусов, органелл (митохондриальный Г., хлоропластный Г.). В 1988 создана междунар. программа «Г. человека», ставящая целью координации работ по определению полной нуклеотидной последовательности всей ДНК человека, что важно для понимания его происхождения и эволюции, выяснения причин и механизмов возникновения наследств. болезней и др.

ГЕНОТЕРАПИ́Я (от *ген* и *терапия*), раздел мед. генетики, разрабатывающий подходы к лечению наследств. болезней путём полной или частичной замены дефектного гена либо путём введения активного аналога повреждённого гена в клетки организма. Ведутся работы по Г. наиб. распространённых наследств. болезней обмена в-в (фенилкетонурии и т.п.).

ГЕНОТИ́П (от *ген* и *тип*), генетич. (наследственная) конституция организма, совокупность всех его *генов*; контролирует развитие признаков организма — его *фенотип*.

ГЕНОФО́НД (от *ген* и франц. fond – основание), совокупность генов, к-рые имеются у особей, составляющих данную популяцию. Подчёркивая необходимость сохранения всех ныне живущих видов, говорят также о Г. Земли (биосфере). Разрабатываются методы сохранения генетич. ресурсов биосферы, особенно Г. р-ний и ж-ных, имеющих практич. значение (в т.ч. Г. многочисл. сортов культурных р-ний и пород домашних ж-ных) или находящихся под угрозой исчезновения.

ГЕНОЦИ́Д (от греч. génos – род, племя и лат. caedo – убиваю), действия, направленные на уничтожение (полностью или частично) целых групп населения по расовым, нац., этнич. или религ. признакам. Совр. междунар. правом Г. рассматривается как междунар. преступление (Конвенция ООН 1948).

ГЕ́НРИ, см. *О. Генри*.

ГЕ́НРИХ IV (Henri) (1553–1610), франц. король с 1589 (фактически с 1594), первый из династии Бурбонов. С 1562 король Наваррский (Генрих Наваррский). В Религ. войнах глава *гугенотов*. В 1594 Париж признал его королём (после перехода его в 1593 в католицизм). Убит католиком-фанатиком.

ГЕ́НРИХ VIII (Henry) (1491–1547), англ. король с 1509, из династии Тюдоров. При Г. VIII проведена Реформация, в 1536 и 1539 секуляризация монастырских земель. В 1534 провозглашён главой Англиканской церкви.

ГЕНТ, г. в Бельгии, при слиянии рек Лис и Шельда. 230 т.ж. Порт (каналами связан с Северным м., грузооборот ок. 25 млн. т в год). Старинный (с 11 в.) центр текст. пром-сти (в ср. века — европ. значения) и произ-ва кружев. Маш-ние, хим., бум. пром-сть; цветоводство (на экспорт; выставки цветов). Ун-т (1817). Музеи: изящных иск-в, археол., пром. и декор. иск-ва. Г. — центр фламандской культуры. Осн. в 7 в. Романский замок графов Фландрских (1180–1200), готич. собор Св. Бавона (ок. 1228–1559); в интерьере «Гентский алтарь» бр. Ван Эйк.

ГЕ́НУЯ, г. в Италии, на Генуэзском зал. 701 т.ж. Один из крупнейших портов Средиземного м. (грузооборот св. 40 млн. т в год); междунар. аэропорт. Металлургия и маш-ние, нефтеперераб., хим., лёгкая, пищ. (оливковое масло) пром-сть. Ун-т (с 15 в.). Музеи: Дом-музей Н. Паганини, Дом Христофора Колумба, Гал. Палаццо Бьянко и др. Оперный т-р «Карлофеличе» (1828). Ежегодная междунар. мор. выставка. В древности поселение лигуров. В 12–15 вв. могуществ. торг. республика, гл. соперниками к-рой были мор. республики Пиза и Венеция; владела колониями на Чёрном м. (в т.ч. в Крыму). В 15–16 вв. кр. центр шёлковой пром-сти и банковского дела. Г. живописно расположена амфитеатром по склонам морской бухты. Гл. достопримечательные – дворцы и виллы 16–17 вв. с лестницами и террасными парками, использующими рельеф местности (Палаццо Россо, ныне галерея); вилла Камбьязо и др.).

ГЕО... (от греч. gē – Земля), часть сложных слов, означающая: связанный с Землёй, относящийся к Земле, к её изучению (напр., геосфера, геофизика).

ГЕОГРАФИ́ЧЕСКАЯ ОБОЛО́ЧКА Земли (ландшафтная оболочка), сфера взаимопроникновения и взаимодействия литосферы, атмосферы, гидросферы и биосферы. Обладает сложной пространств. структурой. Вертикальная мощность Г.о. – десятки км. Природные процессы в Г.о. осуществляются за счёт лучистой энергии Солнца и внутр. энергии Земли. В пределах Г.о. возникло и развивается человечество, черпающее из оболочки ресурсы для своего существования и воздействующее на неё.

ГЕОГРАФИ́ЧЕСКАЯ ПАТОЛО́ГИЯ, область медицины и биологии, изучающая особенности разл. заболеваний, связанных с местными природными, а применительно к человеку – и социальными факторами.

ГЕОГРАФИ́ЧЕСКИЕ КООРДИНА́ТЫ (широта и долгота), определяют положение точки на земной поверхности. Геогр. широта φ – угол между отвесной линией в данной точке и плоскостью экватора, отсчитываемый от 0 до 90° в обе стороны от *экватора*. Геогр. долгота λ – угол между плоскостью меридиана, проходящего через данную точку, и плоскостью нач. меридиана (см. *Гринвичский меридиан*). Долготы от 0 до 180° в В. от нач. меридиана наз. восточными, к З.-западными.

ГЕОГРА́ФИЯ (от *гео...* и *...графия*), система естественных и общественных наук о природных, терр.-производств. и социально-терр. комплексах Земли и их компонентах. Изучает геогр. оболочку Земли. Подразделяется на *физическую географию* и социально-экономическую географию. Особое место занимает *картография*. К Г. относятся страноведение и комплексные прикладные дисциплины (воен. Г., рекреац. Г. и др.). Первонач. науч. объяснения геогр. явлений принадлежат мыслителям 6 в. до н.э. (Фалес, Анаксимандр).

ГЕОГРА́ФИЯ ПОЧВ, наука о закономерностях формирования и пространств. размещения почв. Возникла в России в кон. 19 в. (работы В.В. Докучаева о факторах почвообразования, горизонтальной и вертикальной зональности почв).

ГЕОДЕЗИ́ЧЕСКАЯ ЛИ́НИЯ, обобщение понятия прямой как кратчайшей между 2 точками на поверхности; напр., малые дуги винтовых линий на поверхности цилиндра, малые отрезки меридианов на поверхности вращения.

ГЕОДЕ́ЗИЯ (от *гео...* и греч. *daio* – разделяю), наука об определении фигуры, размеров и гравитац. поля Земли, измерении объектов местности для создания карт и планов, а также для проведения разл. инж. и нар.-хоз. мероприятий. Подразделяется на высшую Г. (изучает фигуру и гравитац. поле Земли, а также теорию и методы построения опорной геод. сети), *топографию* и прикладную Г. Возникла в глубокой древности. Данные Г. используются при проектировании и стр-ве сооружений, дорог и др.

ГЕОКРИОЛО́ГИЯ (от *гео..., крио...* и *...логия*), наука, изучающая мёрзлую зону земной коры, а также явления, связанные с процессами промерзания и оттаивания мёрзлых толщ.

ГЕОЛО́ГИЯ (от *гео...* и *...логия*), комплекс наук о составе, строении, истории развития *земной коры* и размещении в ней полезных ископаемых. Включает: минералогию, петрографию, геохимию, науку о полезных ископаемых, тектонику, гидрогеологию, геофизику, геоморфологию и др. Истоки Г. относятся к глубокой древности и связаны с первыми сведениями о горн. породах, минералах и рудах. Термин «Г.» ввёл в 1657 норв. учёный М.П. Эшольт; как самостоят. наука возникла в 18 – нач. 19 вв. Существ. вклад в Г. внесли А.Г. Вернер (Германия), Дж. Геттон, У. Смит и Ч. Лайель (Великобритания), Ж. Кювье и А. Броньяр (Франция), М.В. Ломоносов и В.М. Севергин (Россия) и др.

ГЕОМЕТРИ́ЧЕСКАЯ О́ПТИКА, раздел оптики, в к-ром распространение света в прозрачных средах описывается с помощью представления о световых лучах, а волновые и квантовые свойства не учитываются. Осн. законы Г.о. – *отражения света* и *преломления света* на границе раздела 2 однородных сред, достаточны для построения *изображений оптических* в оптич. системах, а также для описания *аберраций* и методов их исправления. По аналогии с Г.о. применяется также понятие геом. акустики.

ГЕОМЕТРИ́ЧЕСКИЙ СТИЛЬ, одна из ранних стадий (9–8 вв. до н.э.) развития др.-греч. иск-ва. Наиб. ярко проявился в вазописи, отчасти в мелкой пластике и *глиптике*: геом. орнамент, геометризов. фигуры людей и ж-ных в росписи ваз, схематичные статуэтки.

ГЕОМЕ́ТРИЯ (от *гео...* и *метрия*), часть математики, изучающая пространств. формы (фигуры и тела), их отношения (напр., взаимное расположение) и их обобщения. Зарождение Г. относится к 2-му тыс. до н.э., в самостоят. отрасль математики сформировалась в 4–3 вв. до н.э.

Геометрический стиль. Аттическая амфора. 2-я четв. 8 в. до н.э. Государственные античные собрания. Мюнхен.

ГЕОМОРФОЛО́ГИЯ (от *гео...* и *морфология*), наука о рельефе земной поверхности в пределах суши, дна морей и океанов. Г. появилась к кон. 19 – нач. 20 вв. Основы Г. заложили У.М. Дейвис (США), Ф. Рихтгофен, А. Пенк, В. Пенк (Германия), П.А. Кропоткин, И.В. Мушкетов (Россия). Данные Г. используются при поисках полезных ископаемых, проектировании дорог и сооружений.

ГЕОПОЛИ́ТИКА, политологич. концепция, согласно к-рой политика гос-в (в осн. внешняя) предопределяется геогр. факторами (положение страны, природные ресурсы, климат и др.). Возникла в кон. 19 – нач. 20 вв. (Ф. Ратцель, Германия; А. Мэхэн, США; Р. Челлен, Швеция, и др.). Использовалась для оправдания внеш. экспансии. Термин «Г.» употребляется в совр. лит-ре для обозначения определ. влияния геогр. факторов (терр. положения и др.) на внеш. политику гос-в (геополит. стратегия и т.п.).

ГЕО́РГИЕВСКАЯ Анаст. Пав. (1914–90), актриса. С 1936 во МХАТе имени М. Горького. Исполняла преим. характерные роли, добиваясь точности психол. и социальной обрисовки персонажа: Наташа («Три сестры» А.П. Чехова, 1940), Арина Петровна («Господа Головлёвы» по М.Е. Салтыкову-Щедрину, 1984) и др.

ГЕО́РГИЙ ПОБЕДОНО́СЕЦ, христ. святой, великомученик. Согласно христ. преданию, уроженец Каппадокии (на терр. совр. Турции). Замучен в 303 во время гонений на христиан при рим. имп. Диоклетиане; день памяти отмечается 23.4(6.5). Покровитель земледелия и скот-ва. На иконах, гербах и др. предметах изображается в виде конного воина, поражающего копьём дракона («Чудо Георгия о змие»). Г.П. – герой многочисл. сказаний, песен, легенд у христ. (у русских под именем Егория или Юрия) и мусульм. народов.

ГЕОРГИ́НА, род многолетних травянистых р-ний (сем. сложноцвет-

Георгий Победоносец. Новгородская икона. «Чудо Георгия о змие». Нач. 15 в. Третьяковская галерея.

ные). 15–20 видов, в Мексике и Гватемале. В культуре многочисл. (преим. гибридные) сорта. Г. свето- и теплолюбивы, требовательны к плодородию почвы. Размножение семенами, делением гнёзд корнеклубней и черенками (сортовые Г.). Цветение в июле – сентябре. Соцветия разл. величины (диам. от 3 до 35 см) и типа: немахровые, полумахровые, махровые, разнообразны по окраске.

ГЕОСФЕ́РЫ (от *гео...* и *сфера*), концентрич. оболочки, из к-рых состоит планета Земля. По направлению к центру Земли выделяются: атмосфера, гидросфера (внеш. оболочки), *земная кора*, мантия (внутр. оболочки) и ядро, в к-ром различают внеш. ядро, переходную зону и внутр. ядро.

ГЕОТЕРМИ́Я (геотермика) (от *гео...* и греч. *thérmē* – тепло), раздел *геофизики*, изучающий тепловое состояние и тепловую историю Земли. Данные Г. используются при разведке полезных ископаемых, для теплоснабжения, решения теоретич. проблем геологии.

ГЕОФИ́ЗИКА, комплекс наук, исследующих физ. методами строение, физ. свойства Земли и процессы, происходящие в её оболочках. В Г. выделяют физику Земли (сейсмология, геомагнетизм, гравиметрия, геотермия, разведочная Г. и др.), гидрофизику и физику атмосферы. Данные Г. используются в прогнозе погоды, при

Георгина кактусовая.

разведке и освоении минер. ресурсов, в изучении строения Земли.

ГЕОХИ́МИЯ, наука о распределении (концентрации и рассеянии) и процессах миграции хим. элементов в *земной коре* и в недрах Земли. Термин «Г.» ввёл в 1838 швейц. химик К.Ф. Шёнбейн. Основоположники Г. – В.И. Вернадский, А.Е. Ферсман; В.М. Гольдшмидт (Норвегия). Г. – одна из теоретич. основ поисков полезных ископаемых.

ГЕОХРОНОЛО́ГИЯ (от *гео...* и *хронология*) (геологическое летосчисление), учение о геол. времени, разделённом на отрезки разного ранга (зоны, эры, периоды, эпохи и др.). Различают относит. и абс. Г. Относит. Г. использует принцип последовательности напластования горн. пород для определения порядка их образования. Абс. Г. предложена в нач. 20 в. П. Кюри и Э. Резерфордом и основана на изучении природной радиоактивности минералов. В качестве геол. «хронометра» она использует процесс радиоактивного распада ряда элементов (Pb, K, Ar и др.), скорость к-рого не зависит от внеш. воздействий. На основании данных абс. и относит. Г. создана единая стратиграфич. (геохронологич.) шкала, отражающая историю развития *земной коры*. Табл. см. на стр. 164.

ГЕПА́РД, крупная кошка. Длина тела 115–140 см, хвоста до 75 см, масса 50–65 кг. Пятнистым рисунком меха и длинным хвостом похож на *леопарда*. Ранее был распространён в Африке, Передней, Ср. и Юж. Азии. Сохранился лишь в глухих местах в Африке и, возможно, в Иране. Хорошо приручается, использовали для охоты (развивает на коротких расстояниях скорость до 120 км/ч). Малочислен, охраняется; в ЮАР Г. разводят в питомниках.

ГЕПАТИ́Т (от греч. *hēpar*, род. п. *hēpatos* – печень), группа воспалит. заболеваний печени инфекционной (напр., гепатит вирусный) или неинфекционной (напр., при отравлениях) природы у человека и ж-ных. Нарушения функции печени при остром Г. часто сопровождаются желтухой. Хронич. Г. может привести к развитию цирроза печени.

ГЕПАТИ́Т ВИ́РУСНЫЙ, острое вирусное заболевание человека с поражением печени (желтуха). Включает ряд самостоят. форм. При инфекц.

Гепарды.

Зоны (зоно-темы)	Эры (эратемы)	Периоды (системы)	Начало млн. лет назад	Горообразование
ФАНЕРОЗОЙ (570 млн. лет)	Кайнозой (66 млн. лет)	Антропоген	0,7	
		Неоген (25 млн. лет)	25 ± 2	
		Палеоген (41 млн. лет)	66 ± 3	
	Мезозой (169 млн. лет)	Мел (66 млн. лет)	132 ± 5	
		Юра (53 млн. лет)	185 ± 5	
		Триас (50 млн. лет)	235 ± 5	
	Палеозой (340 млн. лет)	Пермь (45 млн. лет)	280 ± 10	
		Карбон (65 млн. лет)	345 ± 10	
		Девон (55 млн. лет)	400 ± 10	
		Силур (30 млн. лет)	435 ± 10	
		Ордовик (65 млн. лет)	490 ± 10	
		Кембрий (80 млн. лет)	570 ± 20	
КРИПТОЗОЙ (св. 3000 млн. лет)	Протерозой (св. 2000 млн. лет)		650 ± 10	
	Архей (св. 1000 млн. лет)		св. 3500	

Геохронология.

(эпидемич.) гепатите (гепатит А, болезнь Боткина) заражение от больного или вирусоносителя преим. через рот (с водой, пищей и т.д.); профилактика – сан. меры (те же, что при дизентерии), иммунизация гаммаглобулином. При сывороточном гепатите (гепатит В) заражение через мед. инстр-ты или при переливании крови больного (вирусоносителя); профилактика – стерилизация инструментов, мед. контроль за донорами. При др. формах (вирус – возбудитель заболевания имеет серологич. отличия) путь заражения, клинич. проявления и меры профилактики в одних случаях, как при гепатите А, в других – как при гепатите В.

ГЕПАТО-ЦЕРЕБРАЛЬНАЯ ДИСТРОФИЯ, хронич. наследств. заболевание, при к-ром развиваются цирроз печени и органич. изменения в головном мозге. В основе Г.-ц.д. нарушение синтеза белков и обмена меди. Проявляется патологией органов пищеварения, кровоточивостью, двигат. расстройствами и др.

ГЕРА, в греч. мифологии царица богов, сестра и жена Зевса, покровительница брака. Отличается властностью, жестокостью и ревнивым нравом. Ей соответствует рим. Юнона.

ГЕРАКЛ (Геркулес), в греч. мифологии герой, сын Зевса и смертной женщины Алкмены. Наделённый необычайной силой, Г. младенцем задушил 2 змей. Служа у Эврисфея, прославился 12 подвигами: добывает шкуру немейского льва; убивает лернейскую гидру; ловит керинейскую лань; ловит эриманфского вепря; очищает огромный скотный двор (Авгиевы конюшни); изгоняет стимфалийских птиц; приводит свирепого критского быка; пригоняет кобылиц Диомеда; добывает пояс царицы ама-

Гера. Фрагмент фрески из дома Трагического поэта в Помпеях: Гера и Ирида. 50–79. Национальный музей. Неаполь.

зонок Ипполиты; пригоняет коров Гериона с далёкого запада (совершив этот подвиг, создаёт пролив Гибралтар – «Геракловы столпы»); приносит золотые яблоки Гесперид; похищает стража преисподней Кербера. Был принят в сонм бессмертных.

ГЕРАКЛИТ Эфесский (кон. 6 – нач. 5 вв. до н.э.), др.-греч. философ, полит. и религ.-этич. мыслитель. Первоначалом сущего, по Г., является мировой огонь, к-рый есть также душа и разум (логос); он «мерами вспыхивает и мерами угасает»; путём сгущения из огня возникают все вещи, путём разрежения в него возвращаются. Высказал идею непрерывного изменения, становления («всё течёт», «в одну реку нельзя войти дважды»). Противоположности пребывают в вечной борьбе («раздор есть отец всего»), вместе с тем в космосе существует «скрытая гармония». Полит. идеал Г. – просвещённая монархия – правление философа на троне, опирающегося на «один, божественный» закон, к-рый начертан в вечной «Книге природы».

ГЕРАЛЬДИКА (от ср.-век. лат. heraldus – глашатай), гербоведение. Со 2-й пол. 19 в. вспомогат. ист. дисциплина, изучающая гербы (гос-в, городов, родов, фамилий). Практич. Г. связана с составлением дворянских, цеховых и др. гербов.

ГЕРАНЬ, род многолетних, реже однолетних трав (сем. гераниевые). Ок. 400 видов, гл. обр. в умеренном поясе Сев. полушария. Цветки с крупными, яркими (красными, лиловыми, фиолетовыми и др.) лепестками. Растут в

Гераклит.

лесах, на лугах и полях. Мн. виды культивируют как декор. р-ния. Иногда Г. наз. р-ния из рода *пеларгония*, выращиваемые как комнатные культуры.

ГЕРАСИМОВ Сер. Аполлинариевич (1906–85), рос. кинорежиссёр, актёр, педагог. Играл в фильмах 20-х гг.: «Шинель», «С.В.Д.», «Новый Вавилон». Стремление к достоверному изображению реальности, интерес к психол. характеристике героев нашли отражение в фильмах на совр. тему («Семеро смелых», 1936; «Молодая гвардия», 1948; «Журналист», 1967; «У озера», 1970) и в фильмах, поставленных по романам («Тихий Дон», 1957–58; т/ф «Красное и чёрное», 1976).

ГЕРАСИМОВ Сер. Вас. (1885–1964), рос. живописец. Простые по композиции портреты («Колхозный сторож», 1933), жанровые картины («Колхозный праздник», 1937), поэтичные, тонкие по ощущению жизни природы пейзажи (серия «Можайские пейзажи», 1954).

ГЕРАТСКАЯ ШКОЛА афганской миниатюры, в Герате в 15 в. Произв. мастеров (Кемаледдин Бехзад, Ка-

Геракл. Фрагмент росписи чернофигурной амфоры: борьба Геракла и Несса. Ок. 620 до н.э. Национальный музей. Афины.

Геракл. Фреска в доме Веттиев в Помпеях. Младенец Геракл душит змей. Государственные музеи. Берлин.

Герань лесная.

сим Али) свойственны разнообразие сюжетов, многофигурные и многоплановые композиции, пейзажные фоны, гармония и утончённость цвета, точный виртуозный рисунок.

ГЕРБ ГОСУДА́РСТВЕННЫЙ, офиц. эмблема гос-ва, изображаемая на печатях, бланках гос. органов, ден. знаках и т.д. Часто является составной частью *флага государственного*. Новый герб Рос. Федерации учреждён в 1993 (Положение о нём принято 30 нояб. 1993).

ГЕРБА́РИЙ (лат. herbarium, от herba – трава, растение), коллекция специально собранных и засушенных р-ний, а также учреждение, в к-ром она хранится. Первые Г. созданы в эпоху Возрождения, в России – в нач. 18 в. В мире ок. 500 крупных Г., в к-рых хранятся св. 300 000 видов р-ний. Наиб. крупные Г. в Ботан. саду в Кью (Великобритания) – св. 6 млн. листов, в Ботан. ин-те РАН (С.-Петербург) – св. 5 млн. листов.

ГЕ́РБАРТ (Хербарт) (Herbart) Иоганн Фридрих (1776–1841), нем. философ, психолог и педагог, основатель школы в нем. педагогике 19 в. Попытался построить психологию как систематич. науку, основанную на метафизике, опыте и математике. Выдвинул концепцию 4 ступеней (принципов) обучения (ясность, ассоциация, система, метод). Основоположник т.н. формальной эстетики

Гератская школа. «Хосров у замка Ширин». Миниатюра рукописи «Хамсе» Низами. 1431. Эрмитаж.

(источник прекрасного – симметрия, пропорции, ритм и т.п.).

ГЕРБИЦИ́ДЫ (от лат. herba – трава и caedo – убиваю), хим. препараты из группы пестицидов для уничтожения р-ний (Г. для уничтожения деревьев и кустарников – арборициды, для борьбы с водорослями – альгициды). Г. сплошного действия поражают все виды р-ний (используются, напр., на аэродромах, жел. дорогах), избирательного – уничтожают одни виды, напр. сорняки, и не повреждают культурные р-ния (применяются в с.-х-ве для хим. прополки). Многие Г. токсичны (см. *Пестициды*), их использование строго регламентировано.

ГЕ́РБОВЫЕ ЗНА́КИ, бланки для составления нек-рых финанс. док-тов (векселей, чеков и др.), а также особые марки, продавая к-рые гос-во взимает *гербовый сбор*.

ГЕ́РБОВЫЙ СБОР, гос. сбор, взимаемый с отд. лиц и орг-ций путём продажи спец. бланков или марок при оформлении док-тов по гражд.-правовым сделкам. В СССР взимание Г.с. было отменено с 1930 с введением единой гос. пошлины (в 1942 разл. гос. пошлины). С 1991 в России введён Г.с. по операциям с *ценными бумагами*.

ГЕ́РДЕР (Herder) Иоганн Готфрид (1744–1803), нем. философ, критик, эстетик. В 1764–69 пастор в Риге, с 1776 – в Веймаре, вдохновитель движения «Буря и натиск», друг И.В. Гёте. В многочисл. трудах синтезировал естеств.-науч. и гуманич. искания 18 в. В соч. «Идеи к философии истории человечества» (т. 1–4, 1784–91) сформулировал идею органич. формирования мира и ист. развития человечества. В сочинениях по эстетике и философии культуры утверждал ист. своеобразие и равноценность разл. эпох культуры и поэзии. Трактат о происхождении языка.

ГЕРДТ Зиновий Еф. (р. 1916), актёр. С 1945 в Центр. т-ре кукол под рук. С.В. Образцова, с 1988 в Моск. т-ре имени М.Н. Ермоловой. Снимается в кино. Острохарактерный, преим. комедийный актёр. Игру отличают грустный юмор, сочетание иронии, даже скептицизма с тонкой лирикой: ф. «Фокусник» и «Золотой телёнок» (1968), «Автомобиль, скрипка и собака Клякса» (1975), «Ключ без права передачи» (1977), «Сказки... сказки... сказки старого Арбата» (1982) и др.

ГЕРИАТРИ́Я (от греч. gérōn – старик и iatréia – лечение), раздел клинич. медицины, изучающий особенности заболеваний у людей пожилого и старческого возраста и разрабатывающий методы их лечения и профилактики.

ГЕРКУЛА́НУМ, рим. город в Италии около совр. Неаполя, частично разрушен и засыпан вулканич. пеплом при извержении Везувия в 79 н.э. Раскопаны жилые кварталы, термы, т-р, форум и др.

ГЕРКУЛЕ́С, в рим. мифологии герой. Соответствует греч. Гераклу. Перен. – человек огромной физич. силы.

ГЕ́РМА (греч. hermés), 4-гранный столб, завершённый скульпт. головой, первонач. бога Гермеса (отсюда назв.), затем др. богов, а с 5 в. до н.э. и портретными изображениями гос. деятелей, философов и др. В антич. эпоху Г. обр. межевой знак, с 16 в. вид декор. и садово-парковой скульптуры.

Геркуланум. Дома в жилом квартале.

Геркулес. Скульптурная группа Б. Бандинелли. «Геркулес и Как». Мрамор. 1534. Площадь Синьории. Флоренция.

ГЕ́РМАН Ал. Георг. (р. 1938), кинорежиссёр. Сын Ю.П. Германа. Пост. ф. «Проверка на дорогах» (1972, вып. 1986), «Двадцать дней без войны» (1977), «Мой друг Иван Лапшин» (1982, вып. 1985), где документально достоверное воспроизведение атмосферы минувшего времени стало худ. фундаментом филос. размышления о соотношении личного и исторического.

ГЕ́РМАН (German) Анна (1936–82), польск. эстрадная певица (сопрано). Исполняла польск. эстрадные песни, нар. песни (в т.ч. русские), произв. сов. композиторов. Манера пения и артистич. стиль отличались сдержанностью и благородством. Снималась в кино, гастролировала (с 1965 в СССР).

ГЕ́РМАН Юр. (Георг.) Пав. (1910–67), рус. писатель. Пов. о чекистах «Лапшин» (1937), «Алексей Жмакин» (1938; переработаны в ром. «Один год», 1960). Произв. о путях духовного развития человека – активного участника жизни об-ва (ром.-трил. «Дело, которому ты служишь», 1957, «Дорогой мой человек», 1961, «Я отвечаю за всё», 1964). Киносценарии.

ГЕРМА́НИЙ (Germanium), Ge, хим. элемент IV гр. периодич. системы, ат. н. 32, ат. м. 72,59; неметалл; полупроводн. материал. Г. открыт нем. химиком К. Винклером в 1886.

ГЕРМА́НИЯ (Федеративная Республика Германия), гос-во в Центр. Европе, омывается Северным и Балтийским морями. Пл. 357 т. км², Нас. 80,3 млн. ч., в т.ч. 94% – немцы. Офиц. яз. – немецкий. Среди верующих – протестанты (в осн. лютеране) и католики. Глава гос-ва – президент;

Герма с головой Гермеса. 1 или 2 вв. Национальный археологический музей. Афины.

Германия. Город Дрезден.

Германия. Памятник «Битва народов» близ Лейпцига.

ков 500–800 мм, в горах 1000–2000 мм в год. Кр. реки – Рейн, Везер, Эльба, Одер. На Ю. – Боденское оз. Ок. 30% терр. занято лесами.

В 10 в. на основе Вост.-Франкского кор-ва сформировалось герм. кор-во. В 962 образовалась «Священная Рим. империя». В 10–15 вв. осуществлялась колонизация земель славян и прибалт. народов. В 1517 началась Реформация, переросшая затем в Крест. войну 1524–26. Г. раскололась на католич. и протестантские кн-ва. Начавшаяся Тридцатилетняя война 1618–48 усилила децентрализацию Г. В 18 в. возвысились Австрия и Пруссия. В войнах против Франции они были разгромлены Наполеоном I (1806), «Священная Рим. империя» была ликвидирована. В созданном решением Венского конгресса 1814–15 Герм. союзе главенствовала Австрия. В 1848–49 произошла бурж.-демокр. рев-ция (потерпела поражение). Объединение Г. Бисмарком было осуществлено «сверху» на прус.-милитаристской основе (без Австрии); его этапы: создание (после победы Пруссии в австро-прус. войне 1866) Сев.-Герм. союза (1867) и провозглашение после франко-прус. войны 1870–71 Герм. империи (1871). В 1914 Г. развязала 1-ю мир. войну, в ходе к-рой возглавлявшийся Г. воен. блок (герм.-австр.) потерпел поражение. Ноябрьская рев-ция 1918 привела к свержению монархии и установлению респ. (т.н. *Веймарская республика*). В 1933 в Г. установлена фаш. диктатура во главе с А. Гитлером. Г. захватила Австрию (1938), Чехословакию (1938–39), развязала 2-ю мир. войну, 22 июня 1941 напала на СССР. 8 мая 1945 фаш. Г., разгромленная *антигитлеровской коалицией*, безоговорочно капитулировала. Терр. Г. была разделена на сов., амер., англ. и франц. зоны оккупации. Принципы послевоен. устройства Г. – её демилитаризация, денацификация, демократизация – были определены Берлинской конф. 1945. В сент. 1949 было создано зап.-герм. гос-во – Федеративная Респ. Г. В окт. 1949 в вост. части Г. провозглашено создание Германской Демокр. Республики. Период раздельного существования 2 суверенных герм. гос-в продолжался до окт. 1990. 12 сент. 1990 в Москве был подписан Договор об окончат. урегулировании в отношении Г. В соответствии с принятым Нар. палатой ГДР (высш. орган гос. власти) решением 3 окт. 1990 ГДР присоединилась к ФРГ, в результате образовалось единое герм. гос-во. У власти (с 1982) коалиция партий ХДС/ХСС и СвДП.

Г. – высокоразвитая индустр.-агр. страна, занимающая одно из ведущих мест в мире по объёму пром. произ-ва. Крупный экспортёр капитала; одновременно в экономике Г. важную роль играет иностр. капитал. ВНП на д. нас. 24 170 долл. в год. Крупная добыча угля, жел. руды, калийных солей. Ведущие отрасли пром-сти – маш-ние (включая военное) и химическая. Г. – один из крупнейших в мире производителей и экспортёров автомобилей, станков, пром. оборудования, мор. судов, вычислит. и бытовой техники, конторского оборудования, воен. техники (авиаракетная; танки) и хим. товаров. Развиты чёрная и цв. металлургия (одно из ведущих мест по выплавке стали, чугуна, алюминия, свинца, меди, цинка), нефтеперераб. и нефтехим., текст. (преим. хл.-бум., шерст.), трикотажная, швейная (в осн. муж. одежда), пищевкусовая (Г. – один из ведущих в мире и Европе производителей пива, высококачеств. рейнских и мозельских вин, таб. изделий, сливочного масла и маргарина, кондитерских изделий, включая шоколад, дет. питание, пищ. концентраты и др.). Традиционно известна обработка меха (преим. норки и каракуля). Ведущая отрасль с. х-ва – жив-во; преобладает свин-во (Г. занимает 1-е место в Европе по поголовью свиней) и разведение кр. рог. скота молочно-мясного направления. В растениеводстве – зерновое х-во (гл. культура – пшеница; выращивают овёс, рожь) и произ-во кормов. Значит. посевы картофеля, сах. свёклы. Развито выращивание ячменя и хмеля (ведущий производитель в мире). Овощ-во, сад-во. Экспорт машин и пром. оборудования (св. $1/3$ стоимости), хим. продукции (ок. $1/10$), продовольствия и напитков, минер. сырья, одежды, украшений, стали и чугуна.

ГЕРМА́НЦЫ, племена, обитавшие к 1 в. до н.э. между Северным и Балтийским морями, Рейном, Дунаем и в Ю. Скандинавии. В 4–7 вв. сыграли осн. роль в Вел. переселении народов, захватили б.ч. Зап. Рим. империи.

ГЕРМАФРОДИ́Т, в греч. мифологии сын Гермеса и Афродиты, юноша необычайной красоты. По просьбе нимфы Салмакиды, страстно и безответно влюблённой в Г., боги слили его с ней в одно двуполое существо.

Гермафродит и сатир. Мрамор. 1 в. до н.э. Скульптурное собрание. Дрезден.

ГЕРМАФРОДИТИ́ЗМ, наличие у одного организма муж. и жен. половых органов. Различают естеств. Г., свойственный гл. обр. беспозвоночным, и аномальный (порок развития), встречающийся и у человека.

ГЕРМЕНЕ́ВТИКА (от греч. hērmēneutikós – разъясняющий, истолковывающий), иск-во толкования текстов (классич. древности, Библии и т.п.); учение о принципах их интерпретации; *экзегетика*. В филос. течениях кон. 19–20 вв. – учение о понимании (целостном душевно-духовном переживании) как методол. основе гуманитарных наук (в отличие от объяснения в естеств. науках).

ГЕРМЕ́С, в греч. мифологии сын Зевса, вестник олимп. богов, покровитель пастухов, путников, торговли и прибыли, проводник душ умерших. Атрибуты – крылатые сандалии и жезл. Г. соответствует рим. Меркурий.

ГЕРМЕТИ́ЗМ, религ.-филос. течение эпохи эллинизма, сочетавшее элементы популярной греч. философии, халдейской астрологии, перс.

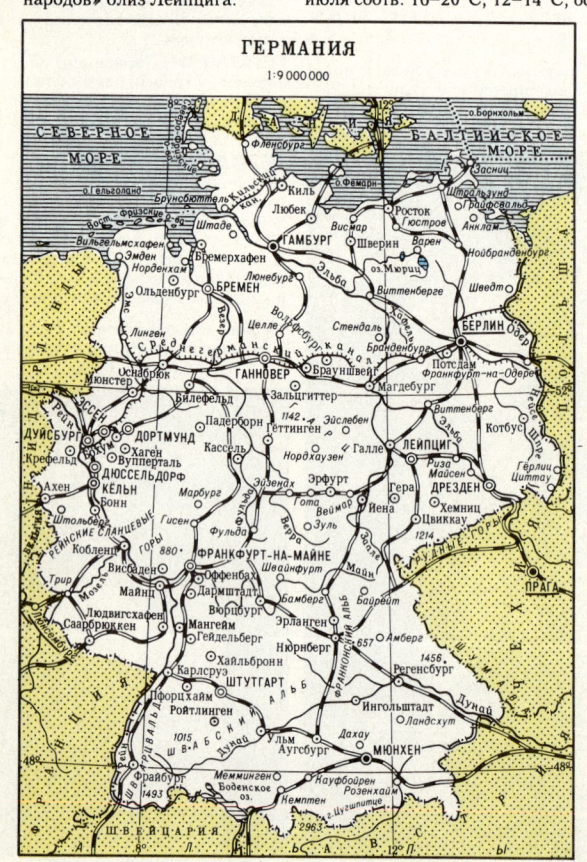

Гермес. Фрагмент терракотовой статуи Вулки с фронтона храма Аполлона в Вейях. Ок. 500 до н.э. Музей виллы Джулия. Рим.

магии, егип. алхимии. Представлен значит. числом соч., приписывавшихся Гермесу Трисмегисту (т.н. «Герметический корпус», 2–3 вв.). В расширит. смысле — комплекс оккультных наук (магия, астрология, алхимия).

ГЕРМЕТИ́ЗМ (итал. poesia ermetica – герметическая поэзия), модернистское направление в итал. поэзии 1920–30-х гг. (С. Квазимодо, Дж. Унгаретти); одна из осн. особенностей совр. модернистской поэзии. Выражает в нарочито усложнённой форме трагич. мироощущение, гуманистич. скорбь, определяемые одиночеством человека в совр. мире.

ГЕРМЕ́ТИКИ, пастообразные или вязкотекучие композиции гл. обр. на основе каучуков, к-рые наносят на болтовые, клёпаные или др. соединения с целью обеспечения их непроницаемости. Применяются в авиа- и судостроении, стр-ве, хим. и радиоэлектронной пром-сти. Используются также для изготовления слепков и отливок в зубопротезной технике и криминалистике.

ГЕРМОГЕ́Н (Ермоген) (ок. 1530–1612), рус. патриарх в 1606–12. С дек. 1610 рассылал по городам грамоты с призывом к всенар. восст. против интервенции Речи Посполитой. Был заключён интервентами в Чудов мон., где умер от голода. Канонизирован Рус. правосл. церковью.

ГЕРНЕ́Т Мих. Ник. (1874–1953), рос. юрист. Тр. в области криминологии, уголов. права, уголов. статистики, пенитенциарного права. Осн. тр.– «История царской тюрьмы», т. 1–5, М., 1951–56.

ГЕРОДО́Т (между 490 и 480 – ок. 425 до н.э.), др.-греч. историк, «отец истории». Автор соч. о греко-перс. войнах, истории гос-ва Ахеменидов, Египта и др.; дал первое описание жизни и быта скифов.

ГЕРО́Н АЛЕКСАНДРИ́ЙСКИЙ (гг. рожд. и смерти неизв., вероятно, 1 в.), др.-греч. учёный. Дал систематич. изложение осн. достижений антич. мира по прикладной механике и математике, изобрёл ряд приборов и автоматов.

ГЕРОНТОЛО́ГИЯ (от греч. géron, род. п. gérontos – старик и ...*логия*), наука, изучающая старение живых организмов, в т.ч. и человека.

ГЕРОСТРА́Т, др. грек из г. Эфес (М. Азия), сжёг в 356 до н.э., чтобы обессмертить своё имя, храм Артемиды Эфесской (одно из 7 чудес света). Перен. — честолюбец, добивающийся славы любой ценой.

ГЕРПЕТИ́ЧЕСКАЯ ИНФЕ́КЦИЯ, заболевания человека и ж-ных (свиней, обезьян и др.), к-рые вызываются герпесвирусами. У человека (герпес простой, пузырьковый лишай и др.) поражаются кожа (часто на губах), слизистые оболочки глотки, глаз, мочеполовых органов; характерны пузырьковые высыпания. У ж-ных к Г.и. относятся ринотрахеит кр. рог. скота, ринопневмония лошадей, болезнь Ауески и др.

ГЕРЦ (Hertz), нем. физики. Генрих Рудольф (1857–1894), один из основоположников электродинамики. Подтверждая идеи Дж.К. Максвелла, доказал (1886–89) реальность эл.-магн. волн и установил тождественность их свойств со свойствами световых волн. Густав Людвиг (1887–1975), его племянник, впервые экспериментально показал (1912–14, совм. с Дж. Франком), что внутр. энергия атома дискретна, т.е. не может принимать любые значения (Ноб. пр., 1925). Тр. по спектроскопии, физике плазмы, разделению изотопов. В 1945–54 работал в СССР.

ГЕ́РЦЕН Ал-др Ив. (1812–70), рос. философ, публицист, писатель. Внебрачный сын помещика И.А. Яковлева. В 1831–34 рук. студенч. кружка в

А.И. Герцен. Портрет работы А. Збруева (?). 1830-е гг.

Моск. ун-те. В 1835–40 в ссылке. Печатался с 1836 под псевд. Искандер. С 1842 в Москве, глава лев. крыла западников. В филос. тр. «Дилетантизм в науке» (1843), «Письма об изучении природы» (1845–46) и др. утверждал союз философии с естеств. науками. В ром. «Кто виноват?» (1841–46), пов. «Доктор Крупов» (1847) и «Сорока-воровка» (1848) критиковал крепостнич. строй. С 1847 в эмиграции. После поражения европ. рев-ций 1848–49 разочаровался в рев. возможностях Запада, разработал теорию «рус. социализма», выступив одним из основоположников народничества. В 1853 основал Вольную рус. типографию в Лондоне, издавал альманах «Полярная звезда» (1855–68), в газ. «Колокол» (1857–67) обличал самодержавие, требовал освобождения крестьян с землёй, содействовал созданию тайного об-ва «Земля и воля» 1860-х гг. в России, поддержал Польск. восстание 1863–64. Умер в Париже, похоронен в Ницце. Автобиогр. соч. «Былое и думы» (1852–68)– один из шедевров рус. мемуарной лит-ры.

ГЕ́РЦОГ (нем. Herzog), у германцев воен. вождь племени; в ср. века в Зап. Европе крупный феод. владетель, с конца ср. веков – один из высш. дворянских титулов.

ГЕ́РШВИН (Gershwin) Джордж (1898–1937), амер. композитор. В муз. стиле Г. органично сочетаются черты афроамер. фольклора, *джаза*, эстрадной и академич. музыки. Оп. «Порги и Бесс» (1935), «Рапсодия в блюзовых тонах» (1924) и др. орк. соч.; мюзиклы, песни.

ГЕ́РШЕЛЬ (Herschel), англ. астрономы, отец и сын. Уильям (Фридрих Вильгельм) (1738–1822), родился в Ганновере (Германия). В 1757 переехал в Великобританию, где стал известен как музыкант и композитор. Астр. наблюдения с 1773. Основоположник звёздной астрономии. Изготовил сотни зеркал для телескопов, построил уникальный в то время рефлектор с диам. зеркала 122 см. Иссл. звёздные скопления, туманности, двойные звёзды. Определил форму Галактики, установил движение Солнца в пространстве, открыл планету Уран (1781), опубликовал каталоги, содержащие более 2500 открытых им туманностей, открыл ИФ-лучи в спектре Солнца. Сын Фредерик Уильям (1792–1871) продолжил и значительно расширил исследования звёзд и туманностей, открыл св. 3000 двойных звёзд, опубликовал (1864) сводный каталог туманностей и звёздных скоплений, содержащий 5079 объектов. Изобрёл (1839) (независимо от У.Г.Ф. Тальбота) метод фотографирования на светочувствит. бумаге, ввёл термины «негатив» и «позитив».

ГЕРШЕНЗО́Н Мих. Осипович (1869–1925), историк рус. лит-ры и обществ. мысли. Был близок к неославянофилам, к «рус. религ. ренессансу». В трудах о П.Я. Чаадаеве, о «грибоедовской Москве», о западниках и славянофилах и др. ввёл в науч. обиход ценный ист.-лит. материал.

ГЕРШУ́НИ Григ. Анд. (1870–1908), деятель рев. движения в России. Один из основателей и руководителей партии эсеров, глава её Боевой орг-ции, организовал её первые террористич. акты. В 1904–06 на каторге, с 1906 в эмиграции. Восп.: «Из недавнего прошлого» (1907).

ГЕСИО́Д (8–7 вв. до н.э.), первый известный по имени др.-греч. поэт. В дидактич. эпич. поэме «Труды и дни» Г. славит крест. труд, грозит притеснителям крестьян гневом богов; включает житейские наставления, поучит. мифы, в т.ч. о *Прометее*; поэма «Теогония» (т.е. родословная богов) рационалистически систематизирует др.-греч. мифы. Г. противопоставляет свою поэзию героич. эпосу как трезвую «правду» красивой «лжи».

ГЕСС Герман Ив. (1802–50), рос. химик, один из основоположников термохимии. Открыл (1840) осн. закон термохимии, согласно к-рому тепловой эффект хим. реакции определяется только природой исходных в-в и образующихся продуктов и не зависит от промежуточных хим. превращений в системе (закон Г.). Иссл. каталитич. свойства платины, состав кавк. нефти.

ГЕ́ССЕ (Хессе) (Hesse) Герман (1877–1962), нем. писатель. С 1912 жил в Швейцарии. Постижение внутр. мира, вечное стремление человека к самосовершенствованию и победе над «звериным» началом в «романе воспитания» «Петер Каменцинд» (1904), пов. «Под колёсами» (1906), ром. «Степной волк» (1927). Проблема драм. неслиянности и неразделимости творч. духа и суетного бытия – в интеллектуально-филос. ром. «Игра в бисер» (1943). Ноб. пр. (1946).

ГЁТЕ (Goethe) Иоганн Вольфганг (1749–1832), нем. писатель, мыслитель, естествоиспытатель. Культ античности и пантеистич. наслаждение полнотой жизни в стихотв. циклах «Римские элегии» (1790), «Западно-восточный диван» (1814–19). Молодой Г.– участник движения «Буря и натиск». Ром. «Страдания молодого Вертера» (1774) утверждает ценность частной жизни – свободу чувства ничем не примечат. героя; сентиментальная история о неудавшейся любви с трагич. развязкой (самоубийство героя) породила множество подражаний в лит-ре и сходных жизненных ситуациях. Классич. образец «романа воспитания» (соединённый с социальной утопией) – «Годы учения Вильгельма Мейстера» (1795) и «Годы странствий Вильгельма Мейстера» (1821–29). Тираноборч. (драма «Эгмонт», 1788) и свободолюбивые мотивы в пьесах на ист., мифол. и бытовые сюжеты. Автобиогр. кн. «Поэзия и правда» (изд. 1811–13). В итоговом филос. соч.

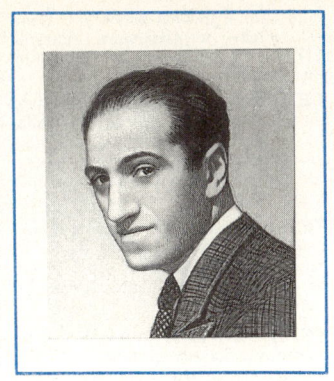

Дж. Гершвин.

Г. Гессе.

168 ГЁТЕ

И.В. Гёте.

трагедии «Фауст» (1808–32) — поиски смысла бытия, вечное стремление человека постигнуть тайну мироздания, коллизия созерцат. и действенного отношения к жизни расширяются до «рокового» вопроса о возможностях и пределах человеческого разума и духа. Конфликт «божественного» и «дьявольского» в душе Фауста вырастает в трагедию испытания самой человеческой природы, веру в к-рую утверждает Г. (одноим. оп. Ш. Гуно, 1859). Естеств.-науч. труды о метаморфозе р-ний, цвете, минералогич. проблемах. Рассматривал всю природу и всё живое как единое целое.

ГЁТЕБОРГ, г. в Швеции. 432 т.ж. Порт при впадении р. Гёта-Эльв в прол. Каттегат (грузооборот св. 25 млн. т в год). Судо- и автостроение, нефтеперераб. и нефтехим. пром-сть. Ун-т. Большой т-р (1859). Музеи: морской, худ., археол., этногр., ист. и др. Осн. в нач. 17 в. Форты «Лев» и «Корона». Ратуша (17–19 вв.), здание Ост-Индской компании (ок. 1740).

ГЕТЕРА (от греч. hetáira — подруга, любовница), в Др. Греции образованная незамужняя женщина, ведущая свободный, независимый образ жизни. Позднее Г. назывались также проститутки.

ГЕТЕРО... (от греч. héteros — другой), часть сложных слов, означающая: «другой», «иной», соответствует рус. «разно...» (напр., гетерогенный).

ГЕТЕРОЗИГОТА (от *гетеро...* и *зигота*), клетка или организм, у к-рого гомологичные (парные) хромосомы несут разные формы (аллели) того или иного гена. Как правило, является следствием полового процесса (один из аллелей привносится яйцеклеткой, а другой — сперматозоидом). Гетерозиготность поддерживает в популяции опредёл. уровень генотипич. изменчивости. Ср. *Гомозигота*.

ГЕТЕРОЗИС (от греч. heteróiōsis — изменение, превращение), свойство гибридов первого поколения превосходить по жизнестойкости, плодовитости и др. признакам лучшую из родительских форм. Во втором и последующих поколениях Г. обычно затухает. Г. используют как важный приём для повышения урожайности с.-х. р-ний и продуктивности домашних ж-ных.

ГЕТЕРОНОМИЯ (от *гетеро...* и греч. nómos — закон), чужеродная закономерность, определяемость к.-л. явления чуждыми ему внеш. законами. Противоположность Г.— *автономия*.

Гефест. Фреска из Помпей: Гефест показывает Фетиде щит, изготовленный для Ахилла. Ок. 70 н.э. Национальный музей. Неаполь.

Гжельская керамика.

ГЕТЕРОТРОФЫ (от *гетеро...* и греч. trophḗ — пища) (гетеротрофные организмы), используют для своего питания готовые органич. в-ва. К Г. относятся человек, все ж-ные, нек-рые р-ния, большинство бактерий, грибы. Ср. *Автотрофы*.

ГЕТЕРОФОНИЯ (от *гетеро...* и греч. phōnḗ — звук), древнейший муз. склад, промежуточный между одно- и многоголосием. Представляет собой одноврем. звучание вариантов одной мелодии. Сохраняется в архаич. слоях фольклора и в традиц. музыке разных народов. Общность с Г. ощутима в подголосочной *полифонии*. Г. близки нек-рые явления в музыке 20 в. (напр., в соч. И.Ф. Стравинского).

ГЕТМАН (польск. hetman, от нем. Hauptmann — начальник), командующий войсками в Чехии (15 в.), Польше (с 15 в.), Вел. кн-ве Литов. (с 16 в.), Речи Посполитой (16–18 вв.). На Украине в 16–1-й пол. 17 вв. глава реестровых казаков, с 1648 правитель Украины и глава казацкого войска. С 1657 существовали Г. Правобережной (до 1704) и Г. Левобережной Украины. С 1708 назначался царским пр-вом. В 1722–27 и 1734–50 Г. не назначались, а в 1764 упразднены. В 1918 Г. Украины был избран П.П. Скоропадский.

ГЕТТО (итал. ghetto), кварталы, выделявшиеся в ср. века в странах Зап. и Центр. Европы для проживания евреев. Во время 2-й мир. войны Г. были созданы нацистами в ряде городов Вост. Европы и превращены в лагеря уничтожения. Термин иногда употребляется для обозначения р-на города, в к-ром селятся нац. меньшинства.

ГЕФЕСТ, в греч. мифологии бог огня и кузнечного ремесла, сын Зевса и Геры, к-рые, недолюбливая сына, дважды сбрасывали его на землю. Г. хром и безобразен, но женат на прекрасной Афродите. Г. соответствует рим. Вулкан.

ГЕШТАЛЬТПСИХОЛОГИЯ (от нем. Gestalt — форма, образ, структура), одна из осн. школ (преим. нем.) психологии 1-й пол. 20 в. Подчёркивала целостный и структурный характер психич. образований, опираясь на представление о «гештальткачестве» как свойстве целого, к-рое сохраняется и при изменении отд. его частей (напр., мелодия, проигрываемая в разных тональностях, и т.п.). Осн. представители: нем. психологи М. Вертхаймер, В. Кёлер, К. Коффка. Сложившись первонач. на основе исследования зрительного восприятия, Г. распространила свои принципы на изучение мышления, памяти, личности и социальной группы.

ГЕЯ, в греч. мифологии богиня земли, от к-рой произошли горы и море, первое поколение богов, киклопы, гиганты. Супруга Урана, в рим. мифологии Теллус.

ГЖЕЛЬСКАЯ КЕРАМИКА, изделия керамич. пр-тий в р-не с. Гжель Моск. обл. Во 2-й пол. 18 в. «чёрные» (простые) и «муравленые» (поливные) гончарные изделия сменились *майоликой* с многоцветной росписью по белому поливе. В 19 в. производились *фарфор*, *фаянс* и полуфаянс. В 20 в. з-д худ. керамики в пос. Турыгино выпускает фарфоровые изделия, отличающиеся округлыми объёмистыми формами и сочной синей росписью по белому фону.

ГИАЦИНТ, в греч. мифологии прекрасный юноша, любимец Аполлона, случайно им убитый. Из крови Г. выросли цветы — гиацинты.

ГИАЦИНТ, род многолетних луковичных р-ний (сем. лилейные). 4 вида, часто объединяемые в один, в Средиземноморье. Многочисл. сорта Г. используют в декор. сад-ве. Светолю-

Гиацинт. А.А. Иванов. «Аполлон, Гиацинт и Кипарис». 1831–34. Третьяковская галерея.

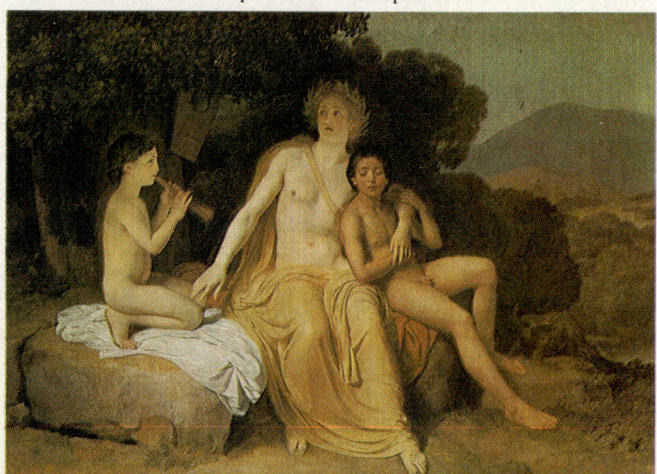

Гиацинт.

Дж. У. Гиббс.

Л. Гиберти. «Сотворение Адама и Евы». Фрагмент восточных дверей флорентийского баптистерия.

Гиацинт с о. Шри-Ланка.

Гиганты. Фрагмент скульптурного фриза Пергамского алтаря: крылатый змееногий гигант. Ок. 186–160 до н.э. Античное собрание. Берлин.

бив, предпочитает лёгкие, супесчаные почвы. Размножают луковицами (высаживают осенью). При зимней выгонке цветёт в янв.– февр., в открытом грунте – в апр.– мае. Душистые цветки разнообразной окраски (от белой до тёмно-фиолетовой) и формы, махровые и простые, собраны в соцветия.

ГИАЦИ́НТ, драгоценный камень, прозрачная красновато-коричневая разновидность *циркона* с сильным алмазным блеском. Окраска Г. напоминает одноимённый цветок (отсюда назв.). Лучшие Г. добывают в Таиланде, Вьетнаме, Шри-Ланке, ЮАР, России (Якутия, Урал).

ГИАЦИ́НТОВА Софья Вл. (1895–1982), актриса, режиссёр. С 1910 в Моск. Худ. т-ре, затем в 1-й Студии Моск. Худ. т-ра и во МХАТе 2-м. С 1938 в Моск. т-ре имени Ленинского комсомола (в 1951–57 худ. рук.). Наделённая сценич. обаянием и грацией, Г. в совершенстве владела иск-вом психол. анализа роли: Мария («Двенадцатая ночь» У. Шекспира, 1917, 1933), Нора («Нора» Г. Ибсена, 1939, пост. совм. с И.Н. Берсеневым), Мария Александровна Ульянова («Семья» И.Ф. Попова, 1949) и др. Снималась в кино.

ГИББО́НЫ, род малых человекообразных обезьян. Длина тела до 65 см; сложение тонкое, грациальное. Передние конечности длинные (до 2 м в размахе), с их помощью Г. «перелетают» с ветки на ветку на расстояние до 10 м. 6 видов, в тропич. лесах Юго-Вост. Азии и Зондских о-вов. Живут небольшими семьями (2–6 особей), осн. роль в к-рых играет вожак. В неволе живут св. 20 лет. Немногочисленны, 3 вида под угрозой исчезновения.

ГИББС (Gibbs) Джозайя Уиллард (1839–1903), амер. физик. Один из создателей статистич. механики. Разработал общую теорию термодинамич. равновесия (в т.ч. ограниченных систем), теорию термодинамич. потенциалов, вывел осн. ур-ния адсорбции. Установил универсальный закон распределения вероятностей состояний термодинамич. системы (т.н. ф-ция распределения Г.), имеющий фундам. значение для обоснования статистич. термодинамики.

ГИБЕ́РТИ (Ghiberti) Лоренцо (ок. 1381–1455), итал. скульптор и ювелир флорентийской школы Раннего *Возрождения*. В изящных многофигурных бронз. рельефах сев. (1404–24) и вост. (1425–52) врат баптистерия во Флоренции обратился к опыту антич. иск-ва, добился мягкой живописности и пространств. глубины.

ГИБРАЛТА́Р, владение Великобритании на Ю. Пиренейского п-ова, у Гибралтарского прол. Включает скалистый участок и песчаный перешеек; от Испании отделён нейтральной зоной. Пл. 6,5 км². Нас. 31,3 т.ч., в осн. гибралтарцы, англичане и испанцы. Офиц. яз.– английский. Верующие преим. католики. Ден. единица – гибралтарский фунт стерлингов (равен англ. фунту стерлингов).

Экономика ориентирована на обслуживание воен.-мор. и воен.-воздушной баз Великобритании, транзитного порта (судорем. доки; заходит ок. 200 судов в день; ввоз нефтепродуктов, продовольствия, пресной воды) и иностр. туристов. Небольшие швейные фабрики, произ-во пива и минер. воды. С.-х. продукции не производится.

ГИБРАЛТА́РСКИЙ ПРОЛИ́В, между Европой и Африкой, соединяет Атлантич. ок. и Средиземное м. Дл. 59 км, наим. шир. 14 км, наим. глуб. 53 м. По берегам Г.п. возвышаются массивы – Гибралтарская скала на С. и Муса на Ю., к-рые в древности наз. Геркулесовыми столбами. Порты: Гибралтар (Великобритания), Альхесирас (Испания), Танжер (Марокко).

ГИБРИДИЗА́ЦИЯ, скрещивание генетически разл. особей, приводящее к образованию гибридов – потомства с новыми наследств. свойствами. Скрещивание особей одного и того же вида наз. внутривидовой Г., а разл. видов или родов – отдалённой Г. Г. применяют для получения хоз. ценных форм ж-ных и р-ний. В эксперименте возможна Г. между неполовыми (соматич.) клетками. В этом случае удаётся скрещивать клетки человека и мыши, сои и гороха. Г. соматич. клеток открывает новые подходы к изучению изменчивости на клеточном уровне, процессов онтогенеза, опухолеобразования и т.п. «Молекулярная Г.» – искусств. объединение молекул нуклеиновых к-т разл. происхождения – широко применяется в исследованиях по мол. генетике.

ГИГА́НТЫ, в греч. мифологии чудовищные великаны со змеиным телом, рождённые Геей от капель крови оскоплённого Урана. Восстали против олимп. богов, были побеждены ими с помощью Геракла и низвергнуты в тартар.

ГИГИЕ́НА (от греч. hygieinós – здоровый), область медицины, изучающая влияние условий жизни и труда на здоровье человека и разрабатывающая меры (сан. нормы, правила и др.), направленные на предупреждение заболеваний, обеспечение оптимальных условий существования, укрепление здоровья и продление жизни. Разделы Г.: коммунальная Г., Г. окружающей среды (общая Г.), Г. труда, Г. питания, радиац. Г., военная Г., Г. детей и подростков, авиац. и космич. Г. и др.

ГИ́ГРО... (от греч. hygrós – влажный), часть сложных слов, означающая: относящийся к влаге, влажности (напр., гигрометр).

ГИ́ДРА Лернейская, в греч. мифологии чудовищная девятиголовая змея, жившая в Лернейском болоте на Пелопоннесе, считалась непобедимой, т.к. на месте отрубаемых голов вырастали новые. Убита Гераклом (один из его 12 подвигов).

ГИДРА́ВЛИКА (от гидро... и греч. aulós – трубка), раздел механики, изучающий законы движения и равновесия жидкостей, а также способы приложения этих законов к решению задач инж. практики.

ГИДРАВЛИ́ЧЕСКАЯ ПЕРЕДА́ЧА (гидропередача), устройство, позволяющее передавать энергию от ведущего элемента ведомому с помощью рабочей жидкости; часть гидропривода. Применяются на теплоходах, тепловозах, автомобилях, самолётах и т.д.

ГИДРАВЛИ́ЧЕСКАЯ ТУРБИ́НА (водяная турбина, гидротурбина), лопастной гидравлич. двигатель, преобразующий механич. энергию потока воды в энергию вращающегося вала. Мощность до 800 МВт и более. Применяется гл. обр. на гидроэлектростанциях для привода электрогенераторов. Разновидность Г.т.– водяное колесо – известна с древних веков.

ГИДРАВЛИ́ЧЕСКИЙ ДВИ́ГАТЕЛЬ (гидродвигатель), устройство для преобразования механич. энергии жидкости в механич. работу вращающегося вала, возвратно-поступательно движущегося поршня и т.д. Многие Г.д. обратимы, т.е. могут работать как насосы.

ГИДРАЗИ́Н, N_2H_4, горючая жидкость, $t_{кип}$ 113,5 °C. Горючее в ракетных топливах и топливных элемен-

тах, ингибитор коррозии паровых котлов, его применяют в произ-ве пенообразователей, инсектицидов, лекарств. средств, красителей, ВВ, в металлургии, аналитич. химии и др. Токсичен.

ГИДРАТЫ, продукты присоединения воды к молекулам, атомам или ионам. Могут быть газообразными, жидкими и твёрдыми (кристаллогидраты). Широко распространены в природе: мн. минералы – Г., значит. часть природного горючего газа существует в виде газ. Г. Образование газ. Г. в технол. процессах хим. газ. и нефтехим. пром-сти может привести к закупорке трубопровода и аварии.

ГИДРО... (от греч. hýdōr – вода), часть сложных слов, соотв. по значению словам «водный», «водяной», а также означающая: относящийся к воде, водным пространствам (напр., гидрология).

ГИДРОАКУСТИКА (от *гидро...* и *акустика*), изучает особенности распространения, отражения и затухания звуковых волн в реальной вод. среде, в морях, океанах, озёрах и т.п., где *звук* является единств. средством подвод. локации, связи и т.п. Диапазон звуковых частот, используемых в

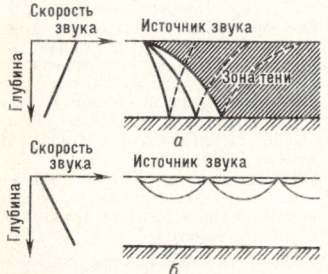

Гидроакустика. Рефракция звука в воде: *а* – летом; *б* – зимой; слева – изменение скорости с глубиной.

гидроакустич. устройствах, от 300 Гц до 10 кГц и ультразвуковых – св. 10 кГц. Осн. гидроакустич. устройства – *гидролокаторы*, эхолоты, гидрофоны (излучатели и приёмники звука и ультразвука) и др.

ГИДРОГЕНЕРАТОР (от *гидро...* и *генератор*), электрич. генератор, приводимый во вращение гидравлич. турбиной. Мощность Г. от неск. десятков до неск. сотен МВт.

ГИДРОГЕОЛОГИЯ (от *гидро...* и *геология*), наука о подземных водах; изучает их состав, свойства, происхождение, закономерности распространения и движения, а также взаимодействия с горн. породами и т.п. Сформировалась во 2-й пол. 19 в.

ГИДРОГРАФИЯ (от *гидро...* и *...графия*), 1) наука о судоходных трассах, формах дна океанов, морей, озёр, водохранилищ, рек, каналов, разрабатывающая способы улучшения судоходных путей. 2) Раздел гидрологии суши, посвящённый описанию физико-геогр. положения, режима и использования рек, озёр, водохранилищ.

ГИДРОИЗОЛЯЦИЯ, защита конструкций, зданий и сооружений от воздействия воды и др. жидкостей, предупреждение утечки технол. жидкостей, а также средства, применяемые в этих целях. Важнейшие виды Г.: окрасочная, штукатурная, оклеечная, засыпная.

ГИДРОКСИДЫ, неорганич. соед. металлов общей ф-лы M(OH)$_n$, где M – металл, n – его степень окисления. Г. – основания или амфотерные (обладают кислотными и основными свойствами) соед., Г. щелочных и щелочно-земельных металлов наз. *щелочами*. Нек-рые Г. встречаются в природе в виде минералов.

ГИДРОЛИЗ (от *гидро...* и *...лиз*), хим. реакция разложения в-ва водой, напр. превращение солей в основания и к-ты, крахмала в глюкозу, природных жиров в глицерин и карбоновые к-ты (омыление).

ГИДРОЛОГИЯ (от *гидро...* и *...логия*), наука о природных водах и протекающих в них процессах. Исследует все виды вод гидросферы (океаны, моря, реки, озёра, водохранилища, болота; почвенные и приповерхностные подземные воды). Г. разделяется на океанологию и Г. суши. Как науки состоят. наука Г. начала формироваться с 17 в.

ГИДРОЛОГИЯ СУШИ, наука о природных водах и гидрологич. процессах на материках. Подразделяется на потамологию (учение о реках), лимнологию (озероведение), болотоведение.

ГИДРОЛОКАТОР (от *гидро...* и лат. loco – размещаю), прибор для определения положения подвод. объектов при помощи излучения и приёма звуковых сигналов. Прототипом Г. является эхолот – прибор для определения глубин. Применение эха для измерения расстояний было предложено рос. учёным Я.Д. Захаровым в 1804; рос. изобретатель К. Шиловский в 1912–16 применил в качестве зондирующего излучения ультразвук. В совр. Г. для излучения и приёма ультразвуковых колебаний используют пьезоэлектрич. преобразователи.

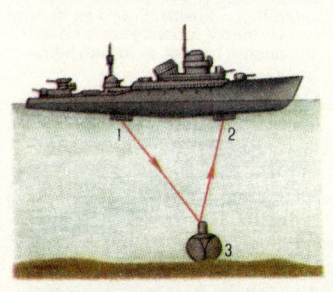

Гидролокатор. Принцип работы: 1 – излучатель; 2 – приёмник; 3 – отражающее тело.

ГИДРОМЕТАЛЛУРГИЯ (от *гидро...* и *металлургия*), извлечение металлов из руд, концентратов и отходов разл. произ-в при помощи вод. р-ров хим. реагентов (выщелачивание) с последующим выделением металлов из р-ров (напр., электролизом). Впервые применена в сер. 19 в. для извлечения золота и серебра. В нач. 20 в. стала использоваться для получения меди, цинка, свинца, молибдена и пр. Ок. 10% меди и 35% цинка добывается Г.

ГИДРОПОНИКА (от *гидро...* и греч. pónos – работа), выращивание р-ний (овощных, цветочных, ягодных) без почвы. Корни укрепляются в гравии, мхе, песке и др. твёрдом субстрате (куда подаётся вода с растворёнными в ней элементами питания), погружаются в питат. р-р

или, находясь в возд. среде, периодически этим р-ром опрыскиваются.

ГИДРОСАМОЛЁТ, самолёт, способный взлететь с воды и совершать на неё посадку. Выполняются с корпусом в виде лодки («летающая лодка») или с поплавками. Г., к-рые имеют также и колёсное шасси для наземного базирования, наз. самолётами-амфибиями. Первый Г. был построен во Франции А. Фабром (1910), в России – Я.М. Гаккелем (1911).

Гидросамолёт. Первый российский серийный гидросамолёт М-5 Д.П. Григоровича.

ГИДРОСФЕРА (от *гидро...* и *сфера*), совокупность всех вод. объектов земного шара (океаны, моря, реки, озёра, болота, подземные воды, ледники и т.п.). Часто под Г. подразумевают только океаны и моря.

ГИДРОТЕРАПИЯ, см. *Водолечение*.

ГИДРОТЕХНИКА (от *гидро...* и *техника*), отрасль науки и техники, занимающаяся изучением вод. ресурсов, их использованием для нужд нар. х-ва и борьбой с разруш. действием вод с помощью спец. (гидротехн.) сооружений и устройств.

ГИДРОУЗЕЛ, комплекс гидротехн. сооружений (плотины, дамбы, каналы, насосные станции, шлюзы, судоподъёмники и др.), объединённых по расположению и условиям их совм. работы. В зависимости от назначения Г. делятся на энергетич., воднотрансп., водозаборные и комплексные (выполняющие неск. водохоз. функций).

ГИДРОЦЕФАЛИЯ (от *гидро...* и греч. kephalé – голова) (водянка головного мозга), увеличение кол-ва спинномозговой жидкости в полости черепа из-за нарушения её образования, всасывания или циркуляции. Возникает гл. обр. после внутриутробной, родовой травм, энцефалита и др. заболеваний мозга. Проявляется увеличением объёма черепа, задержкой развития, головными болями и др.

ГИДРОЭЛЕКТРОСТАНЦИЯ (гидроэлектрическая станция, ГЭС), преобразует энергию вод. потока в эл.-энергию посредством гидравлич. турбин, приводящих во вращение гидрогенераторы. Первые ГЭС мощностью в неск. сотен Вт были сооружены в 1876–81 в Германии, Великобритании; в России первая пром. ГЭС мощн. ок. 300 кВт была построена в 1895–96. Мощность совр. кр. ГЭС до неск. ГВт.

ГИДРЫ, животные типа кишечнополостных; одиночные, способные к передвижению *полипы*. Тело мешковидное, до 3 см, зеленоватое, бурое или коричневое. 10 видов, в пресных водоёмах. Размножаются половым путём и почкованием. Способны к регенерации. Классич. лаб. ж-ные.

ГИЕНЫ, семейство хищных млекопитающих. 4 вида, в пустынях, полупустынях и предгорьях Африки, Передней и Юго-Зап. Азии. Полосатая Г. (длина тела ок. 1 м, хвоста ок. 30 см) встречается в Закавказье и Ср. Азии. Численность невелика в связи с сокращением поголовья диких копытных, трупами к-рых Г. питаются. В неволе живут до 25 лет.

ГИЕРАКОНПОЛЬ, см. *Иераконполь*.

ГИЗА, г. в Египте, пригород Каира. 2,2 млн. ж. Таб., маш.-строит. (в т.ч. радиотехн.) пром-сть. Туризм. Близ Г. – комплекс пирамид-гробниц 3-го тыс. до н.э. фараонов Хеопса, Хефрена и Микерина, некрополь с небольшими пирамидами и гробницами-мастаба.

Гиза. «Большой сфинкс». Сфинкс фараона Хефрена.

Гиены. Полосатая гиена.

ГИЗО́ (Guizot) Франсуа (1787–1874), франц. историк и полит. деятель. Тр. преим. по истории Франции. В 1840–48 мин. ин. дел, в 1847–48 глава пр-ва. Сторонник конституц. монархии, выступал против социальных реформ и реформы избират. права. В 1848 свергнут рев-цией, бежал в Великобританию. Вернувшись в 1849 во Францию, отошёл от политики. Автор мемуаров.

ГИ́ЗЫ (Guise), франц. аристократич. род. Гл. представители: Франсуа (1519–63), прославился обороной Меца от войск имп. Карла V (1552), взятием у англичан Кале (1558); его сын Генрих (1550–88), один из организаторов *Варфоломеевской ночи* (1572), глава Католич. лиги, стремившейся низложить Генриха III и передать престол Г.; был убит по приказу Генриха III.

ГИ́ЛГУД (Gielgud) Джон Артур (р. 1904), англ. актёр, режиссёр. С 1921 в т-рах «Олд Вик», Шекспировском мемориальном и др. Известность получил в пьесах У. Шекспира (Гамлет, 1929; Король Лир, 1940), А.П. Чехова (Треплев — «Чайка», 1936; Вершинин — «Три сестры», 1938). Ставил пьесы Шекспира, инсценировал «Преступление и наказание» Ф.М. Достоевского (1946; исполнил роль Раскольникова). Снимался в ф.: «Дирижёр» (1980), «Ганди» (1982) и др.

ГИ́ЛЕЛЬС Эмиль Григ. (1916–85), рос. пианист, педагог. В 13 лет дал первый сольный концерт. Исполнение Г. произв. Л. Бетховена, Ф. Шуберта, Ф. Листа, С.В. Рахманинова, С.С. Прокофьева и др. отличалось совершенством и глубиной прочтения.

Э. Гилельс.

ГИ́ЛЛЕ́СПИ (Gillespie) Диззи (1917–93), американский джазовый музыкант (трубач, а также исполнитель на тромбоне, фп., ударных), аранжировщик и композитор. В оркестрах с 1935. В сер. 40-х гг. в творч. содружестве с Ч. Паркером создал стиль *джаза бибоп* (боп). Выступал со своим квинтетом, затем биг-бэндом. Внёс значит. вклад в разработку ряда джазовых стилей.

ГИЛОЗОИ́ЗМ (от греч. hýlē – материя и zōḗ – жизнь), филос. учение о всеобщей одушевлённости материи. Г. характерен для ранней др.-греч. философии (ионийская школа, Эмпедокл), отчасти стоицизма.

ГИ́ЛЬБЕРТ (Hilbert) Давид (1862–1943), нем. математик. Для творчества Г. характерна убеждённость в единстве математики и естествознания. Тр. Г. оказали большое влияние на развитие мн. разделов математики, в к-рых он работал. На 2-м Междунар. матем. конгрессе (1900) Г. сформулировал 23 проблемы, к-рые охватили задачи (и тем самым состояние) математики в целом. Это позволило сосредоточить творч. усилия учёных 20 в. на самых актуальных темах.

ГИЛЬГАМЕ́Ш, полулегендарный правитель г. Урук в Шумере (27–26 вв. до н.э.). В шумеро-аккадском эпосе описываются дружба Г. с диким человеком Энкиду, странствования Г. в поисках тайны бессмертия.

ГИЛЬДЕБРА́НД, см. *Хильдебранд*.

ГИ́ЛЬДИИ (от нем. Gilde – корпорация), в Зап. Европе в период средневековья ассоциации (взаимопомощи, религ., полит.); в 12–15 вв. корпорации купцов (в Англии также ремесленников – *цехи*), защищавшие интересы своих членов, добивавшиеся правовых и таможенных льгот. В России Г. существовали в 18 в. – 1917 как сословные объединения купцов; привилегир. гильдейское купечество делилось (с 1775) по размерам капитала на три Г.

ГИЛЬЕ́Н (Гильен Батиста) (Guillén Batista) Николас (1902–89), кубин. поэт. В стихах, насыщенных социально-полит. мотивами (сб. «Песни для солдат и соны для туристов», 1937, «Испания. Поэма о четырёх печалях и одной надежде», 1937, «Всё моё», 1964, «Большой зверинец», 1967),– органич. сочетание ритмов и мелодики афро-кубин. фольклора с худ. публицист. кн. «Беглая проза. 1929 – 1972» (т. 1–3, 1975–76).

ГИЛЬОТИ́НА (франц. guillotine), орудие для обезглавливания осуждённых на казнь, применявшееся во Франции во время Франц. рев-ции кон. 18 в. по предложению врача Ж. Гийотена.

Гильгамеш. 8 в. до н.э. Лувр.

ГИ́ЛЬФЕРДИНГ (Хильфердинг) Рудольф (1877–1941), один из лидеров австр. и герм. социал-демократии и 2-го Интернационала. Одним из первых проанализировал новые тенденции в развитии капитализма в кон. 19 – нач. 20 вв. в работе «Финансовый капитал» (1910).

ГИЛЯ́ЗОВ Аяз Мирсаидович (р. 1928), тат. писатель. Остропроблемные повести о современности в её связи с трагич. репрессиями 30-х гг.: «Три аршина земли» (1963), «Любовь и ненависть» (1976), «Петух взлетел на плетень» (1981). Ром. о тат. деревне «За околицей луга зелёные» (1970). Рассказы. Пьесы.

ГИЛЯРО́ВСКИЙ Вл. Ал. (1853–1935), рус. писатель. Книги очерков о дорев. России, нравах и обычаях старой Москвы: «Трущобные люди» (1887), «Москва и москвичи» (1926), «Мои скитания» (1928), «Люди театра» (опубл. 1941). Сотрудник мн. моск. газет, имел репутацию «короля репортёров» («Катастрофа на Ходынском поле», 1896).

ГИМАЛА́И, высочайшая горн. система земного шара, в Азии (Индия, Непал, Китай, Пакистан, Бутан), между Тибетским нагорьем (на С.) и Индо-Гангской равниной (на Ю.). Дл. св. 2400 км. Выс. до 8848 м (г. Джомолунгма), 11 вершин более 8 тыс. м. Возвышаются 3 ступенями над Индо-Гангской равниной: горы Сивалик (Предгималаи), Малые Г., Большие Г. Ледники (пл. св. 33 т. км², крупнейший – Ганготри). В Г. – истоки Инда, Ганга, Брахмапутры; озёра (Вулар, Цоморари и др.). На юж. склонах снизу вверх сменяются тераи (заболоченные джунгли),

Гималаи. В окрестностях курорта Дуликёль (Непал).

вечнозелёные тропич. леса, листопадные и хвойные леса, кустарники, луга. Выше 5000 м – ландшафты гляциально-нивального пояса. На сев. склонах – горн. степи и полупустыни. Альпинизм (гл. обр. в Непале). М-ния медных руд, золота, хромитов, сапфиров, нефти и газа.

ГИМЕНЕ́Й, в греч. мифологии бог брака, сын Диониса и Афродиты. Песнь в честь новобрачных наз. его именем. Перен.: «узы Г.» – супружеский союз.

ГИМН ГОСУДА́РСТВЕННЫЙ, офиц. символ гос-ва наряду с гербом государственным и флагом государственным (напр., «Марсельеза» во Франции, «Боже, царя храни» в дорев. России). В Рос. Федерации с 1990 Г.г. является муз. вариант, созданный на основе мелодии «Патриотической песни» М.И. Глинки.

ГИМНА́ЗИИ, средние общеобразоват. уч. заведения, б.ч. гуманитарной направленности. Возникли в Зап. Европе в 16 в., давали *классическое образование*. Первая в России – академич. Г. в С.-Петербурге (осн. в 1726). С 1804 муж. Г. создавались в каждом губ. городе. С 1862 появились жен. Г., в 1864–72 существовали реальные Г., в 1863–82 – воен. Г. Срок обучения обычно 7–8 лет. С 1990 в Рос. Федерации открываются Г. с гуманитарной, пед., техн. направленностью обучения.

ГИМНА́СТИКА (греч. gymnastikē, от gymnázō – упражняю, тренирую), 1) система специально подобранных физич. упражнений и метод. приёмов, применяемых для укрепления здоровья, гармонич. физич. развития. Различают осн. Г. (включая гигиенич. и атлетич.), прикладные виды Г. (в т.ч. производственную), спорт., худ. Г., спорт. акробатику. 2) Жанр циркового иск-ва. Получил распространение в сер. 19 в. Партерная Г.– упражнения на снарядах и аппаратах, укреплённых на манеже, воздушная – на аппаратуре, подвешенной высоко над манежем.

ГИНГИВИ́Т (от лат. gingiva – десна), воспаление дёсен при неопрятном содержании полости рта, отложении зубного камня, пародонтозе, нек-рых болезнях обмена в-в, отравлениях солями тяжёлых металлов (свинец, ртуть, висмут) и др.

ГИНДУКУ́Ш, горн. система в Азии (Афганистан, Пакистан). Дл. ок. 800 км. Выс. до 7690 м (г. Тиричмир). Преобладают хребты с округлыми вершинами, отд. гребни альп. типа. Ледники (пл. ок. 6200 км²). Высокая сейсмичность. Г. образует водораздел между басс. рек Амударья, Инд и Гильменд. Горн. полупустыни с колючими кустарниками, сухие степи; на юго-вост. склонах – листопадные леса, сменяющиеся с высотой широколиств. и хвойными лесами. М-ния кам. угля, жел. и полиметаллич. руд, бериллия, золота, лазурита и др.

ГИНЕКОЛО́ГИЯ (от греч. gynḗ, род. п. gynaikós – женщина и ...логия), область медицины, изучающая анатомо-физиол. особенности организма женщины, заболевания жен. половой системы и разрабатывающая методы их диагностики, лечения и профилактики. Вместе с акушерством составляет единую мед. дисциплину. Включает оперативную Г., гинекологич. эндокринологию.

ГИНЕ́Я (англ. guinea), англ. золотая монета. Впервые отчеканена в 1663 из золота, привезённого из Гвинеи (отсюда назв.). С 1717 равнялась 21 шиллингу. В 1817 заменена зол. *совереном*.

ГИ́НЗБУРГ Евг. Сем. (1906–77), автор книги воспоминаний «Крутой маршрут» (ч. 1, 1967, ч. 2, 1979); распространялась в самиздате; в СССР опубл. в 1988–89) – о 18-летнем противостоянии испытаниям в сталинских тюрьмах, лагерях, ссылке, осмысленном как победа человеческого духа над злом. Мать В.П. Аксёнова.

ГИ́НЗБУРГ Моис. Як. (1892–1946), архитектор, представитель *конструктивизма*. Жилые дома с обобществлённым коммунально-бытовым обслуживанием в Москве (1926,

172　ГИНК

1930), комплекс санатория в Кисловодске (1935–37, с соавторами).

ГИ́НКАС Кама Мир. (р. 1941), рос. режиссёр. Для постановок характерны элементы «т-ра абсурда», гиперреалистич. детали, напряжённый драматизм, психол. острота: «Гамлет» У. Шекспира (1971, Красноярский ТЮЗ), «Вагончик» М.А. Павловой (1982, малая сцена МХАТа), «Записки из подполья» (1988, Моск. ТЮЗ) и «Преступление и наказание» (1990, «Лилла-театр», Хельсинки) по Ф.М. Достоевскому, и др.

ГИ́ННЕСС (Guinness) Алек (р. 1914), англ. актёр, режиссёр. В 1936–81 в т-ре «Олд Вик». Роли: Шут и Гамлет («Король Лир» и «Гамлет» У. Шекспира) и др. Виртуозная актёрская техника позволяла Г. выступать как в комедии, так и в трагедии. Пост.: «Двенадцатая ночь» (1948) и «Гамлет» (1951) Шекспира. Снимался в ф.: «Комедианты» (1967), «Кромвель» (1970), «Звёздные войны» (1977) и др.

ГИ́ННЕССА КНИ́ГА РЕКО́РДОВ, справочное издание, содержащее данные о выдающихся достижениях техники, уникальных явлениях и курьёзах в мире природы и человека. Издаётся по инициативе управляющего пивоваренной компании «Гиннесс» Х. Бивера с 1955 ежегодно (кроме 1957, 1959) англ. изд-вом «Гиннесс паблишинг лимитед». К 1990 выдержала 264 изд. на 37 яз.; общий тираж св. 65 млн. экз.) уступает по массовости лишь Библии. В России впервые издана в 1990.

ГИПЕР... (от греч. hypér – над, сверх), приставка, означающая: 1) находящийся наверху, 2) превышающий норму (напр., гипертония).

ГИПЕРБАРИ́ЧЕСКАЯ ОКСИГЕНА́ЦИЯ (от гипер..., греч. báros – тяжесть и лат. oxygenium – кислород), метод насыщения организма кислородом под повышенным давлением (в барокамере) с целью профилактики или лечения. Применяют при заболеваниях с выраженной недостаточностью снабжения организма кислородом (сердечно-сосудистые и др. болезни), хирургич. инфекциях и др.

ГИПЕ́РБОЛА (от греч. hyperbolé – преувеличение), плоская кривая, разность расстояний любой точки M к-рой до двух данных точек F_1 и F_2 (фокусов) постоянна.

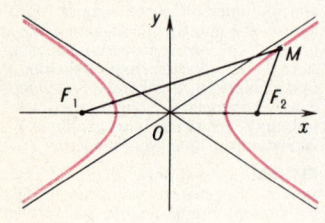

Гипербола.

ГИПЕ́РБОЛА (от греч. hyperbolé – преувеличение), поэтич. приём: разновидность *тропа*, основанная на преувеличении («реки крови»). Ср. *Литота*.

ГИПЕРБОЛО́ИД (от *гипербола* и греч. éidos – вид), поверхность, к-рая получается при вращении гиперболы вокруг одной из осей симметрии. В одном случае образуется двуполостный Г., в другом – однополостный Г.

ГИПЕРВИТАМИНО́ЗЫ (от *гипер...* и *витамины*), патол. состояния, обусловленные интоксикацией организма в результате избыточного поступления в него витаминов А и D (передозировка др. витаминов выраженных нарушений обычно не вызывает).

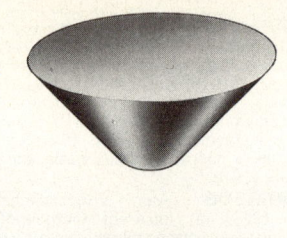

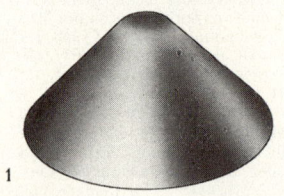

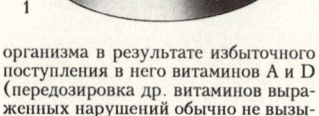

ГИПЕРЕМИ́Я (от *гипер...* и греч. háima – кровь), местное увеличение кол-ва крови при усиленном притоке её к к.-л. органу или участку ткани (артериальная, активная Г.) либо затруднённой её оттоке (венозная, пассивная, застойная Г.). Сопутствует всякому воспалению. Искусств. Г. вызывают с леч. целью (компрессы, грелки, банки).

ГИПЕРИНФЛЯ́ЦИЯ, исключительно быстрый рост товарных цен и ден. массы в обращении (как правило, св. 50% в месяц). Ведёт к резкому обесценению ден. единицы, расстройству платёжного оборота, нарушению хоз. связей. Обусловлена экстраординарными факторами – войной и экон. разрухой (напр., в Германии после 1-й мир. войны банкнотное обращение составило $496 \cdot 10^{18}$ бум. марок, обменённых в 1923 в соотношении 1 трлн. : 1) и др. Наиб. отрицательно влияет на экон. положение населения с фиксир. доходами.

ГИПЕРКИНЕ́З (от *гипер...* и греч. kínēsis – движение), непроизвольные движения при органич. и функциональных нарушениях нерв. системы. К Г. относят атетоз (медленные вычурные стереотипные движения конечностей), миоклонию (быстрые подёргивания мышц или их отд. пучков), *хорею*, *тик* и др.

ГИПЕРРЕАЛИ́ЗМ (англ. hyperrealism – сверхреализм) (фотореализм), направление в амер. и зап.-европ. иск-ве кон. 1960–80-х гг. (Чак Клоуз, Дон Эдди в США, Ю. Валлер в Германии, и др.), стремившееся восстановить утраченную в авангардистском иск-ве жизненную конкретность худ. языка за счёт имитации образов фотографии или муляжного воспроизведения отд. фрагментов действительности.

ГИПЕРТЕ́НЗИЯ (от *гипер...* и лат. tensio – напряжение), повышенное гидростатич. давление в сосудах, полых органах или полостях организма. По отношению к артериальному давлению термин «Г.» вытеснен широко применявшийся термин «гипертония».

ГИПЕРТИРЕО́З [от *гипер...* и лат. (glandula) thyreoidea – щитовидная железа], повышение функции щитовидной железы при диффузном токсич. зобе, а также при др. патол. и физиол. (напр., беременность) состояниях. Проявления: повышенная возбудимость, учащение пульса, потливость, повышение осн. обмена в-в, похудание и др.

ГИПЕРТОНИ́ЧЕСКАЯ БОЛЕ́ЗНЬ, заболевание сердечно-сосудистой системы, обусловленное психич. травматизацией и перенапряжением центр. нерв. системы; играет роль наследств. предрасположение. Характеризуется повышением артериального давления. Проявления зависят от преим. поражения сосудов мозга (головные боли, головокружение, раздражительность), сердца, почек, глазного дна. Без систематич. лечения может привести к инфаркту миокарда, сердечной недостаточности, инсульту, нефросклерозу.

ГИПЕРТОНИ́Я (от *гипер...* и греч. tónos – напряжение), 1) повышение тонуса тканей. 2) Повышенное артериальное давление (*гипертензия*) – признак гипертонич. болезни или вторичный (т.н. симптоматич.) Г. при нефрите, атеросклерозе аорты и др. заболеваниях.

ГИПЕРТРОФИ́Я (от *гипер...* и греч. trophé – питание), увеличение объёма органа или части тела. Различают Г. физиол. (напр., Г. мышц у атлетов, Г. матки при беременности) и патол. (напр., Г. миокарда при пороках сердца).

ГИПНО́З (от греч. hýpnos – сон), сноподобное состояние, вызываемое с помощью внушения, при этом торможением охвачена не вся кора головного мозга, а отдельные её участки; т.н. сторожевые пункты сохраняют возбудимость, обеспечивая контакт загипнотизированного с раздражителями. Лечение Г. применяют при неврозах, хронич. алкоголизме и др. заболеваниях, обычно в сочетании с др. методами *психотерапии*.

ГИПНОПЕ́ДИЯ (от греч. hýpnos – сон и paidéia – обучение), обучение посредством предъявления звуковой информации во время естеств. сна. Эффективность Г. спорна. Применима лишь для усвоения огранич. круга уч. материалов, поэтому не может заменить традиц. пед. процесс.

ГИПО... (от греч. hypó – под, внизу), приставка, означающая: 1) находящийся внизу (напр., гиподерма), 2) пониженный против нормы (напр., гипотония).

ГИПОВИТАМИНО́ЗЫ (от *гипо...* и *витамины*), снижение по сравнению с потребностями содержания к.-л. витаминов в организме. Витаминная недостаточность проявляется расстройствами нерв. системы, кроветворения, пищеварения и др.

ГИПОДИНАМИ́Я (от *гипо...* и греч. dýnamis – сила), нарушение функций организма (опорно-двигат. аппарата, кровообращения, дыхания, пищеварения) при ограничении двигат. активности, снижении силы сокращения мышц. Распространённость Г. у человека возрастает в связи с урбанизацией, автоматизацией и механизацией труда, увеличением роли совр. средств коммуникации (телефон, радио, телевидение), а также автомоб. транспорта в его жизни.

ГИПОКА́УСТ (от *гипо...* и греч. kaustós – нагретый), отопит. система под полом или в стенах терм (бань) и домов Др. Рима в виде каналов и труб, проводивших нагретый воздух.

ГИПОСТИ́ЛЬ (от греч. hypóstylos – поддерживаемый колоннами), в архитектуре Др. Востока (Египет, Иран) большой зал храма или дворца с многочисленными, тесно поставленными колоннами.

ГИПОСУЛЬФИ́Т, см. *Натрия тиосульфат*.

ГИПОТАЛА́МУС, отдел промежуточного мозга (под таламусом), в к-ром расположены центры вегетативной нерв. системы; тесно связан с *гипофизом*. Г. вырабатывает нейрогормоны, к-рые регулируют обмен в-в, деятельность сердечно-сосудистой, пищеварит., выделит. систем и желёз внутр. секреции, механизмы сна, бодрствования, эмоций. Осуществляет связь нерв. и эндокринной систем.

ГИПО́ТЕЗА (греч. hypóthesis – основание, предположение), предположит. суждение о закономерной (причинной) связи явлений; форма развития науки.

ГИПОТИРЕО́З [от *гипо...* и лат. (glandula) thyreoidea – щитовидная железа], недостаточность функции щитовидной железы. Причины: заболевания железы, поражение гипофиза и др. Тяжёлые формы Г. – *микседема*, *кретинизм*.

ГИПОТОНИ́Я (от *гипо...* и греч. tónos – напряжение), 1) понижение тонуса тканей. 2) Пониженное артериальное давление; обычно сопровождается головокружением, слабостью, головной болью.

ГИПО́ФИЗ, железа внутр. секреции позвоночных ж-ных и человека. Расположен у основания головного мозга; состоит из передней (аденогипофиз) и задней (нейрогипофиз) долей. Гормоны Г. оказывают преим. влияние на рост, развитие, обменные процессы и функции, связанные с размножением, регулируют деятельность др. желёз внутр. секреции. Поражения Г. приводят к разл. заболе-

---

2

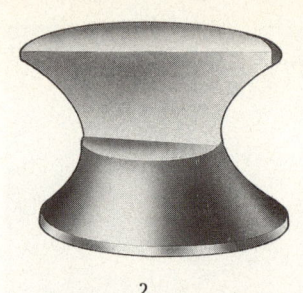

Гиперболоиды: 1 – двуполостный, 2 – однополостный.

Гиперреализм. Чак Клоуз. Портрет Р. Серра. 1969.

Гипостиль. Зал храма Амона-Ра в Карнаке. 14–12 вв. до н.э. Реконструкция.

ваниям (напр., *акромегалии*, гигантизму).

ГИППА́РХ (ок. 180 или 190 – 125 до н.э.), др.-греч. астроном, один из основоположников астрономии. Улучшил методику расчёта видимого движения Солнца и Луны, определил расстояние до Луны, продолжительность земного года, составил каталог положений ок. 1000 звёзд. Ввёл геогр. *координаты*.

ГИ́ППИУС Зин. Ник. (1869–1945), рус. писательница. Идеолог *символизма*. Жена Д.С. Мережковского. В сб-ках лирич. стихов (1904, 1910) – мотивы трагич. замкнутости, отединённости от мира, волевого самоутверждения личности. В рассказах (сб. «Алый меч», 1906, «Лунные муравьи», 1912, и др.) – религ. искания и ощущение человеческой незащищённости. Ром. «Чёртова кукла» (1911). Критич. статьи (кн. «Литературный дневник», 1908; псевд. Антон Крайний). В сб. «Последние стихи» (1918), в произв., написанных в эмиграции (с 1920), – резкое неприятие Окт. рев-ции. Мемуары: «Живые лица» (т. 1–2, 1925), «Дмитрий Мережковский» (1951) и др.

З.Н. Гиппиус.

ГИППОКРА́Т (ок. 460 – ок. 370 до н.э.), др.-греч. врач. В тр. Г., ставших основой дальнейшего развития медицины, отражены представления о целостности организма, индивид. подходе к больному и его лечению; учения об *этиологии*, прогнозе, темпераментах и др. С именем Г. связано представление о высоком моральном облике и образце этич. поведения врача. Г. приписывается текст этич. кодекса др.-греч. врачей («Клятва Г.»), к-рый стал основой обязательств, принимавшихся впоследствии врачами во мн. странах.

ГИППОПОТА́М, см. *Бегемоты*.

ГИПС (от греч. gýpsos – мел, известь), 1) минерал, водный сульфат

Гипс (Туркмения).

кальция. Бесцветные, серые кристаллы, агрегаты. Тв. 1,5–2; плотн. 2,3 г/см³. Разновидности: гипсовый шпат (полупрозрачные кристаллы); атласный шпат, или уральский селенит (параллельно-волокнистые агрегаты с шелковистым блеском), и алебастр (снежно-белый тонкозернистый Г.). Используется для улучшения почв, хирургич. повязок, для декоративных, скульптурных и лепных работ. 2) Г. строительный (алебастр) – быстротвердеющее вяжущее в-во, получаемое обжигом Г. (при 140–180 °C), подвергаемого помолу до или после обжига. Применяется гл. обр. для внутр. отделочных работ.

ГИ́РКЕ (Gierke) Отто фон (1841–1921), нем. юрист, последователь *исторической школы права*, представитель националистич. направления «германистов».

ГИРЛАНДА́ЙО (Ghirlandaio) (наст. имя ди Томмазо Бигорди) Доменико (1449–94), итал. живописец флорентийской школы Раннего *Возрождения*. Ясные по композиции, светлые по колориту фрески (в церк. Санта-Тринита во Флоренции, 1483–86) изобилуют жанровыми мотивами.

ГИРОСКО́П (от греч. gýros – круг, gyréuō – кружусь, вращаюсь и ...*скоп*), твёрдое тело, быстро вращающееся вокруг одной из своих осей симметрии (т.н. оси Г.), к-рая не закреплена и может изменять своё направление в пространстве лишь под действием внеш. сил. Примерами Г. являются большинство планет, роторы электрич. машин и турбин, арт. снаряды, дет. волчки и др. Осн. свойство Г. – способность сохранять устойчивость направления оси Г. – широко используется для целей авиа- и мор. навигации (гирокомпас, гирогоризонт), а также для стабилизации движения (напр., уменьшения качки корабля гиростабилизаторами) и автопилот. управления движением (автопилот). Гироскопич. устойчивость оси вращения Земли играет большую

Д. Гирландайо. Портрет Джованны Торнабуони. 1488. Собрание Тиссен-Борнемиса. Лугано.

Гироскоп в кардановом подвесе.

роль в геофиз., климатологич. и метеорол. процессах.

ГИСТАМИ́Н, производное аминокислоты гистидина. Содержится в неактивной (связанной) форме в разл. органах и тканях ж-ных и человека; в значит. кол-вах освобождается при аллергич. реакциях, шоке, ожоге; вызывает расширение кровеносных сосудов, сокращение гладкой мускулатуры, повышение секреции соляной к-ты в желудке и др. Применяется в медицине.

ГИСТО... (гистио...) (от греч. histós, histíon – ткань), часть сложных слов, означающая: относящийся к ткани, тканям животного организма.

ГИСТОЛО́ГИЯ (от гисто... и ...*логия*), наука о тканях многоклеточных ж-ных и человека. Изучает закономерности организации и развития тканей, взаимодействия клеток в пределах одной ткани и между клетками разных тканей. Науку Г. выделилась в 20-х гг. 19 в. Ткани р-ний изучает анатомия р-ний.

ГИСТРИО́Н (лат. histrio), 1) проф. актёр в Др. Риме. 2) Странствующий комедиант эпохи раннего зап.-европ. средневековья (9–13 вв.) – рассказчик, музыкант, танцор, певец, гимнаст, дрессировщик и др. Во Франции Г. наз. также *жонглёром*, в Италии – *мимом*, в Германии – *шпильманом*; в России бродячие актёры наз. *скоморохами*.

ГИТ (англ. heat), одиночный заезд на скорость в велосипедном и кон. спорте.

ГИТА́РА (от греч. kithára – кифара), струн. щипковый муз. инстр-т лютневого типа. С 13 в. известна в Испании, с 17–18 вв. – в др. странах Европы и в Америке (в т.ч. как нар. инстр-т). С 18 в. общеупотребительной стала 6-струнная Г., в России преим. 7-струнная. В совр. эстрадной музыке используется электрогитара.

Гитары: шести- и семиструнная.

ГИ́ТЛЕР (Hitler) (наст. фам. Шикльгрубер) Адольф (1889–1945), глава герм. фаш. гос-ва (в 1933 стал рейхсканцлером, в 1934 объединил этот пост и пост президента), руководитель (фюрер) фаш. Национал-социалистической партии (с 1921). Установил в Германии режим массового террора. Непосредств. инициатор развязывания 2-й мир. войны, нападения на СССР (июнь 1941). С вступлением сов. войск в Берлин покончил с собой. На Нюрнбергском процессе признан гл. нацистским воен. преступником.

А. Гитлер.

ГЛАВА́ (главка), наружное декор. завершение на барабанах купольных церквей и мечетей. Г. имеют форму шлема, луковицы, груши, зонтика и др.

ГЛАВА́ ГОСУДА́РСТВА, высшее должностное лицо гос-ва, являющееся носителем *исполнительной власти*. Представляет гос-во во внеш. сношениях, обычно является верховным главнокоманд. вооруж. силами. Г.г. при респ. форме правления – выборный президент, в монархиях – король (император, эмир). В нек-рых гос-вах Г.г. – одновременно глава пр-ва.

ГЛАГО́Л, часть речи, обозначающая действие или состояние как процесс. В разных языках имеет разл. грамматич. категории, из к-рых наиб. типичны время, лицо, наклонение, вид и залог. В предложении употребляется преим. в качестве сказуемого.

ГЛАГО́ЛИЦА (от старослав. «глаголъ» – слово, речь), одна из двух слав. азбук. От *кириллицы* отличается гл. обр. формой букв. Предположительно создана Кириллом и Мефодием в 9 в. Сохранились пам. 10–11 вв. В Хорватии существовала до кон. 18 в.

ГЛАДИА́ТОРЫ (лат. gladiator, от gladius – меч), в Др. Риме рабы, военнопленные и др. лица, к-рых заставляли сражаться на арене цирка между собой или с дикими зверями. Обучались в спец. школах (в Риме, Капуе).

ГЛАДИО́ЛУС (шпажник), род многолетних клубнелуковичных р-ний (сем. касатиковые). Ок. 200 видов, в Юж. и Сев. Африке, Евразии. Г. гибридный – важная культура пром. цветоводства во мн. странах. Ок. 8000 сортов. Г. светолюбивы, предпочитают чернозёмы и лёгкие суглинистые или супесчаные почвы с нейтральной или слабокислой реакцией. Размножают клубнелуковицами и детками. Цветение в июле – августе. Цветки разнообразной формы (простые, гофрированные, махровые и др.) и окраски (от белой до фиолетово-чёрной).

Гладиолус.

ГЛАДКО́В Ген. Иг. (р. 1935), рос. композитор. Автор оп. «Старший сын» (1983), бал. «Вий» (1984), «12 стульев» (1985), мюзиклов «Бременские музыканты» (1968), «Дульсинея Тобосская» (1972), «Тиль» (1975), «Старший сын» (1983) и «12 стульев» (1985), музыки к фильмам и мультфильмам (св. 100), спектаклям (св. 30). Яркий мелодист, в популярных жанрах ориентируется на классич. традиции.

ГЛАДКО́В Фёд. Вас. (1883–1958), рус. писатель. Ром. «Цемент» (1925) – о восстановлении пром-сти после Гражд. войны, «Энергия» (1932–38) – о стр-ве Днепрогэса; автобиогр. трил.: «Повесть о детстве» (1949), «Вольница» (1950), «Лихая година» (1954).

ГЛА́ДСТОН (Gladstone) Уильям Юарт (1809–98), премьер-мин. Великобритании в 1868–74, 1880–85, 1886, 1892–94, лидер Либер. партии с 1868. Безуспешно пытался решить ирл. вопрос (см. *Гомруль*). При Г. Великобритания заняла в 1882 Египет, но уступила Махди Судан (в 1884–85).

ГЛАЗ, орган зрения человека, позвоночных и мн. беспозвоночных ж-ных. У человека и позвоночных ж-ных – парный орган; состоит из собственно

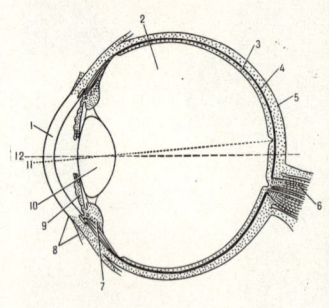

Глаз человека в разрезе (схема): 1 – роговая оболочка; 2 – стекловидное тело; 3 – сетчатая оболочка; 4 – сосудистая оболочка; 5 – склера; 6 – зрительный нерв; 7 – цилиарное тело; 8 – конъюнктива; 9 – радужная оболочка; 10 – хрусталик; 11 – ось видения; 12 – оптическая ось глаза.

Г. (глазного яблока), соединённого зрительным нервом с мозгом, и вспомогат. аппарата (глазодвигат. мышц, век, а у наземных позвоночных и слёзных желёз). Через отверстие в радужной оболочке (зрачок) лучи света входят в Г. и, преломляясь на поверхности глазного яблока, в роговице, хрусталике и стекловидном теле, сходятся на сетчатке, давая на ней изображение видимого предмета. У мн. членистоногих – фасеточные Г., образованные многочисл. отд. глазками.

ГЛА́ЗГО, г. в Великобритании, в Шотландии. 689 т.ж. Порт на р. Клайд. Метрополитен. Кр. судостроение и др. отрасли маш-ния; металлургия, полиграф., бум., пищевкус. пром-сть. Ун-т (осн. в 1451); Шотл. муз. академия (1929). Худ. галерея и музей. Возник ок. 6 в. на месте древнего кельтского поселения. С сер. 18 в. один из важнейших пром. и портовых центров страны. Собор (12–16 вв.).

ГЛАЗУНО́В Ал-др Конст. (1865–1936), рос. композитор, дирижёр, муз.-обществ. деятель. С 1928 за рубежом. Соединил традиции *«Могучей кучки»* и П.И. Чайковского. Произв. свойственны эпич. широта, созерцат. лиризм. Балеты, в т.ч. «Раймонда» (1897), 8 симф., 5 инстр. концертов и др.

ГЛАЗУНО́В Ил. Сер. (р. 1930), рос. живописец и график. Картины на ист. и совр. темы (серия «Поле Куликово», 1980; «Мистерия XX века», нач. 1970-х гг.), цикл картин и рисунков на темы романов Ф.М. Достоевского, портреты, рисунки, оформление театральных спектаклей («Сказание о граде Китеже» Н.А. Римского-Корсакова в ГАБТ, 1983).

ГЛАЗУ́РЬ (нем. Glasur, от Glas – стекло), 1) стекловидное защитно-декор. покрытие на керамике, закреплённое обжигом (прозрачное или непрозрачное, бесцветное или окрашенное). 2) Слой застывшего саха-

А.К. Глазунов. Портрет работы И.Е. Репина. 1887. Русский музей.

ра на фруктах, сладких мучных изделиях.

ГЛА́НДЫ (франц. glande, от лат. glans – жёлудь), принятое в просторечии назв. нёбных миндалин.

ГЛА́СНОСТЬ, открытость, доступность информации о деятельности учреждений, орг-ций, должностных лиц и т.п. для обществ. ознакомления, обсуждения.

ГЛА́СНОСТЬ СУДОПРОИЗВО́ДСТВА (юрид.), один из осн. демокр. принципов суд. процесса, предусматривающий открытое разбирательство дел во всех судах, публ. провозглашение суд. приговоров и решений.

ГЛА́СНЫЕ, звуки речи, образующиеся с обязательным участием голоса. При произнесении Г. положение языка, губ и мягкого нёба таково, что воздух проходит через полость рта, не встречая препятствий, к-рые могут способствовать возникновению шума.

ГЛАУКО́МА (от греч. gláukōma – синеватое помутнение хрусталика глаза), заболевание глаз, характеризующееся повышением внутриглазного давления. Проявляется приступами резких головных болей, врем. затуманиванием зрения, видением радужных кругов вокруг источника света. При отсутствии лечения ведёт к слепоте.

ГЛЕБ (Давид) (?–1015), князь муромский. Сын Владимира I Святославича, мл. брат Бориса. Убит по приказу Святополка I под Смоленском. Почитался вместе с Борисом заступником Рус. земли, оба канонизированы Рус. правосл. церковью.

ГЛИКОГЕ́Н, полисахарид, состоящий из остатков глюкозы; осн. запасной углевод человека и ж-ных. Откладывается в виде гранул в цитоплазме клеток (гл. обр. печени и мышц). Потребность организма в глюкозе удовлетворяется путём ферментативного расщепления Г.

ГЛИКО́ЛИ, двухатомные алифатич. спирты (простейший – *этиленгликоль*); бесцв. вязкие, хорошо растворимые в воде жидкости. Применяются в произ-ве полиэфирных смол, полиуретанов, пластификаторов, ВВ, моющих средств. Г. и их простые эфиры (напр., целлозольвы, карбитолы) – растворители.

ГЛИ́НА, пластичная осадочная горн. порода, состоящая в осн. из глинистых минералов (каолинита, монтмориллонита и др.). В увлажнённом состоянии пластична, при высыхании сохраняет приданную ей форму, а при обжиге твердеет. Применяется для изготовления керамич. изделий, скульптуры, кирпича, огнеупоров, как адсорбент (напр., для очистки нефти) и др.

ГЛИ́НКА Конст. Дм. (1867–1927), почвовед, организатор и руководитель почвенно-геогр. экспедиций в Сибирь и Ср. Азию (1908–14). Тр. по зональности почв. покрова.

ГЛИ́НКА Мих. Ив. (1804–57), композитор. Обобщив достижения европ. классич. музыки и раскрыв специфич. особенности рус. нац. мышления, Г. создал глубоко нац. классич. стиль, положил начало развитию оперных и симф. форм в рус. музыке. Оп. «Жизнь за царя» (1836, с 1939 с новым текстом исполнялась под назв. «Иван Сусанин») и «Руслан и Людмила» (1842) определили 2 направления рус. оперы – нар. муз. драмы и оперы-сказки (эпич. плана). Орк. соч.: 2 исп. увертюры – «Арагонская хота» (1845) и «Ночь в Мадриде» (1851), «Камаринская» (на тему рус. плясовой песни, 1848) и «Вальс-фантазия» (последняя ред. 1856) стали

М.И. Глинка.

основой рус. симфонизма. В вок. лирике (80 романсов и песен) Г. достиг абс. гармонии музыки и поэтич. текста. Творчество Г. выдвинуло рус. муз. культуру в ранг крупнейших в мировом масштабе.

ГЛИ́НКА Фёд. Ник. (1786–1880), рус. поэт. Участник Отеч. войны 1812, чл. тайных декабристских об-в – «Союза спасения» (с 1817) и «Союза благоденствия» (1818–21; один из рук.). Воен. дневник «Письма русского офицера» (1815–16). Библейские мотивы в лирике («Опыты священной поэзии», 1826). Стих. «Тройка» (1824) и «Узник» (1831) стали популярными песнями.

ГЛИНОЗЁМ, то же, что *алюминия оксид*.

ГЛИ́ПТИКА (греч. glyptikḗ, от glýphō – вырезаю, выдалбливаю), иск-во резьбы на драгоценных и полудрагоценных камнях. Резные камни (*геммы*) с врезанными изображениями наз. *инталиями*, с выпуклыми – *камеями*.

ГЛИПТОТЕ́КА (от греч. glyptós – вырезанный, изваянный и thḗkē – хранилище), собрание произв. скульптуры или глиптики (одна из крупнейших в мире – Новая Карлсбергская Г. в Копенгагене); музей скульптуры.

ГЛИ́ССЕР (франц. glisseur, от glisser – скользить), 1) общепринятое назв. судна с днищем особой формы (с реданами), благодаря чему при движении с большой скоростью Г. как бы скользит по поверхности воды (глиссирует). 2) Гоночное спорт. судно. Г. с реактивными двигателями используют для установления абс. рекордов скорости на воде (напр., на турбореактивном Г. в 1978 в Австралии на оз. Блоуэринг была достигнута скорость 511,11 км/ч).

ГЛИСТЫ́, паразитич. черви из гр. гельминтов, вызывающие *гельминтозы* человека и ж-ных. Заражение происходит обычно через пищу и воду (заглатываются яйца и личинки Г.).

ГЛИЦЕРИ́Н (от греч. glykerós – сладкий), CH$_2$(OH)CH(OH)CH$_2$OH, бесцв. горючая вязкая жидкость сладкого вкуса, $t_{кип}$ 290 °C. Эфиры Г.-глицериды – основа жиров. Г. – сырьё в произ-ве нитроглицерина, алкидных (глифталевых) смол, полиуретанов, акролеина, мягчитель в кож., текст., бум. пром-сти, компонент пищ., фарм. и косметич. продуктов, антифризов, эмульгаторов.

ГЛИЦИ́НИЯ, род крупных древеснистых листопадных лиан (сем. *бобовые*). 10 видов, в лесах Вост. Азии и Сев. Америки, в т.ч. 6 видов на Черномор. побережье Кавказа и Крыма, в Ср. Азии. Красиво цветущие, вьющиеся растения с голубыми, лиловыми, пурпурными, розовыми и белыми цветками в висячих кистях. Декоративные, используют для вертикального озеленения.

ГЛИЭ́Р Рейнгольд Морицевич (1874/75–1956), композитор, дирижёр, педагог, муз.-обществ. деятель. Продолжатель традиций рус. муз. классики (линии эпич. симфонизма). Автор опер, сыгравших значит. роль в развитии муз. культуры Азербайджана и Узбекистана (в т.ч. «Шахсенем», 1927, «Лейли и Меджнун», 1940, совм. с Т. Садыковым), балетов («Красный мак», 1927, с 1957 – «Красный цветок», 1949, «Медный всадник», 1949), симф. произведений. Популярны концерты для арфы с орк. (1938) и голоса с орк. (1943).

ГЛОБА́ЛЬНЫЕ ПРОБЛЕ́МЫ, совр. проблемы человечества в целом, от решения к-рых зависит его развитие: предотвращение мировой термоядерной войны; преодоление разрыва в уровне соц.-экон. развития между развитыми и развивающимися странами, устранение голода, нищеты и неграмотности; регулирование стремит. роста населения в развивающихся странах; предотвращение катастрофич. загрязнения окружающей среды; обеспечение необходимыми ресурсами – продовольствием, пром. сырьём, источниками энергии; предотвращение отрицат. последствий науч.-техн. рев-ции. Г.п. порождены противоречиями обществ. развития, резко возросшими масштабами воздействия деятельности человека на окружающий мир, неравномерностью соц.-экон. и науч.-техн. развития стран и регионов. Решение Г.п. требует развёртывания междунар. сотрудничества.

ГЛУБО́КАЯ ПЕЧА́ТЬ, вид типографской печати, при к-ром печатающие элементы на *печатной форме* углублены относительно непечатающих. Чем глубже печатающие элементы, тем больше краски переходит на бумагу. Зародилась в 15 в. Г.п. применяется гл. обр. для печатания продукции с большим кол-вом полутоновых изображений, напр. иллюстрир. журналов, фотоальбомов. См. также *Высокая печать, Плоская печать*.

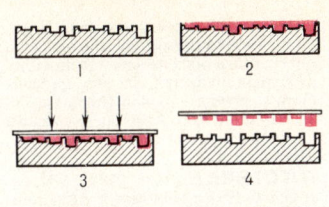

Глубокая печать: 1 – форма; 2 – форма с краской; 3 – печать; 4 – оттиск.

ГЛУ́ЗСКИЙ Мих. Анд. (р. 1918), рос. киноактёр. Мастер эпизодич. ролей; создал психологически глубокие, внутренне конфликтные характеры в ф.: «В огне брода нет» (1968), «Бег» (1971), «Остановился поезд» (1982), «Умирать не страшно» (1991), в т/ф «Инженер Прончатов» (1973), «Никудышная» (1980).

ГЛУХАРИ́, род птиц (сем. тетеревиные). Дл. до 86 см, масса до 6 кг. 2 вида, в лесах Евразии. Обыкновенный Г.– от Вост. Карпат до Байкала, каменный Г.– от Байкала до Камчатки и Сахалина. Предпочитают сосновые леса, в т.ч. кедрачи (зимой кормятся хвоей). Токующий самец на неск. секунд теряет слух (отсюда назв.). Численность в природе сокращается. В неволе размножаются. В природе встречается гибрид между видами Г.– *межняк*.

Глухари. Токующий самец.

ГЛУХОТА́, полное отсутствие слуха или такая степень его понижения, при к-рой восприятие речи становится невозможным. Может быть врождённой или приобретённой вследствие разл. заболеваний (внутр. уха, слухового нерва, инфекций и др.), иногда – контузии или длит. действия сильного шума и вибраций. Врождённая или приобретённая в раннем детстве Г. является причиной глухонемоты – неспособности к словесной речи.

ГЛУШКО́ Вал. Петр. (1908–89), учёный, один из пионеров ракетной техники и космонавтики. Создал первый в мире электротермич. ракетный двигатель (1929–33). Руководил разработкой жидкостных ракетных двигателей, использовавшихся на всех сов. ракетах-носителях.

ГЛЮК (Gluck) Кристоф Виллибальд (1714–87), нем. композитор.

К.В. Глюк.

Работал в городах Германии, в Милане, Вене, Париже. Реформа *оперы-сериа* в духе эстетики *классицизма* (подчёркивающая благородную простоту, героику) отразила тенденции *Просвещения*, её осн. идея – подчинение музыки законам поэзии и драмы – оказала влияние на муз. т-р 19–20 вв. Оп.: «Орфей и Эвридика» (1762), «Альцеста» (1767), «Ифигения в Авлиде» (1774), «Ифигения в Тавриде» (1779).

ГЛЮКАГО́Н, гормон ж-ных и человека, вырабатываемый поджелудочной железой. Стимулирует расщепление в печени запасного углевода – гликогена и тем самым повышает содержание глюкозы в крови.

ГЛЮКО́ЗА (от греч. glykýs – сладкий) (виноградный сахар), углевод из группы моносахаридов. Хорошо растворима в воде, имеет сладкий вкус. В значит. кол-вах содержится в плодах винограда, мёде. Входит в состав сахарозы и лактозы, мн. полисахаридов (крахмал, гликоген, целлюлоза). Участвует во мн. реакциях обмена в-в. При распаде Г. в процессах дыхания, гликолиза и брожения высвобождается энергия, большая часть к-рой аккумулируется в соединениях типа *аденозинтрифосфата*. У человека и ж-ных пост. уровень Г. в крови поддерживается за счёт синтеза и распада гликогена. В пром-сти Г. получают гидролизом крахмала. Применяется в кондитерской пром-сти, медицине.

ГЛЯЦИОЛО́ГИЯ (от лат. glacies – лёд и ...логия), наука о формах, составе, строении, свойствах льдов на земной поверхности (ледники, снежный покров и др.) и подземных льдах, их распространённости и процессах, в них происходящих. Как самостоят. область знания Г. сформировалась в кон. 18 – нач. 19 вв.

ГНЕ́ДИЧ Ник. Ив. (1784–1833), рус. поэт. Автор классич. перевода «Илиады» Гомера (1829). Сб. «Стихотворения» (1832).

ГНЕЙС (нем. Gneis), массивный, обычно полосчатый кристаллич. сланец гранитоидного состава. Плотн. 2,5–2,9 г/см³. Стройматериал, сырьё для щебня.

ГНЕ́СИНЫ, рос. музыканты-педагоги. Ел. Фабиановна (1874–1967), пианистка; с сёстрами Евгенией (1870–1940) и Марией (1871–1918) основала муз. школу (1895). С 1936 дир. муз. уч-ща, в 1944–53 дир. Муз.-пед. ин-та имени Гнесиных. Их брат Мих. Фабианович (1883–1957), композитор, педагог. Автор симф. монумента «1905–1917» для орк. и хора (1925; на слова С.А. Есенина), сонаты-фантазии для фп. квартета (1945) и др. соч., а также учебника композиции.

ГНИЕ́НИЕ, процесс расщепления сложных азотсодержащих органич. соединений (преим. белков) под действием гнилостных микроорганизмов. Играет важную роль в круговороте в-в в природе. Для предохранения от Г. пищ. продуктов используют стерилизацию, засолку, копчение и др.

ГНОЙ, выпот жёлто-зелёного или серого цвета, образующийся вследствие гнойной инфекции. Содержит белки, распадающиеся лейкоциты, бактерии и продукты распада тканей.

ГНО́МЫ (от позднелат. gnomus), в поверьях мн. европ. народов маленькие существа (ростом с ребёнка или с палец), обитающие под землёй, в лесу, горах. Обладают сверхъестеств. силой. Дружелюбны. Искусные кузнецы и ремесленники.

ГНОСЕОЛО́ГИЯ (от греч. gnôsis – познание и ...логия), то же, что *теория познания*.

ГНОСТИЦИ́ЗМ (от греч. gnōstikós – знающий), религ. дуалистич. учение поздней античности (1–5 вв.), воспринявшее нек-рые моменты христ. вероучения (т.н. иудео-христ. Г.), популярной греч. философии и вост. религий. Г. притязал на «истинное» знание о Боге и конечных тайнах мироздания. С Г. связано возникновение *манихейства*. Оказал влияние на ср.-век. ереси и неортодоксальную мистику нового времени.

ГНОТОБИО́ТЫ (от греч. gnōtós – известный, определённый и bíon, род. п. bíontos – живущее) (гнотобионты, безмикробные животные), животные, выращенные в условиях полной стерильности. Использование Г. (мор. свинок, мышей, кроликов и др.) в разл. областях эксперим. биологии и медицины привело к формированию в 60-х гг. 20 в. самостоят. направления – гнотобиологии.

ГНУ, род млекопитающих (сем. *полорогие*). Длина тела 1,7–2,4 м, хвоста 80–100 см, высота в холке 90–145 см, рога у самцов и у самок. 2 вида – белохвостый Г. и голубой Г. Обитают в травянистых и кустарниковых степях, на равнинах и холмах Вост., Юж. и Юго-Зап. Африки. Белохвостый Г. сохранился лишь в нац. парках.

ГНУС, общее назв. кровососущих двукрылых насекомых (комары, мухи, мошки, мокрецы, слепни), нападающих на теплокровных ж-ных и человека. Распространены широко; особенно многочисленны у открытых водоёмов, в заболоченных местах и т.п. Для защиты от Г. людей и с.-х. ж-ных используют *репелленты*.

ГО, игра двух партнёров линзообразными шашками на квадратной доске (гобан). Возникла в Др. Китае ок. 4 тыс. лет назад. Наиб. распространена в Японии. В 1982 осн. Междунар. федерация игры в Г. (ИГФ); объединяет ок. 40 стран. Чемпионаты Европы с 1957, мира с 1979.

ГОАЦИ́Н, крупная стройная птица; единств. представитель одноим. семейства. Дл. ок. 60 см, хвост длинный, широкий, на голове хохол. Обитает на С.-В. Юж. Америки, в густых лесах у водоёмов. Держатся группами в кронах деревьев, на землю не садятся. У птенцов на каждом крыле

Гоацин (слева птенец).

по 2 когтя, с помощью к-рых они ловко перебираются с ветки на ветку.

ГО́ББИ (Gobbi) Тито (1913–84), итал. певец (баритон). На оперной сцене с сер. 1930-х гг. Исполнил св. 100 партий, в т.ч. в спектаклях, поставленных Г. фон Караяном («Дон Жуан», 1952), Л. Висконти («Дон Карлос», 1958). Вок. мастерство и актёрское дарование снискали ему славу одного из лучших певцов своего времени. Автор ряда книг.

ГО́ББС (Hobbes) Томас (1588–1679), англ. философ. Геометрия и механика для Г.– идеальные образцы науч. мышления. Природа – совокупность протяжённых тел, различающихся величиной, фигурой, положением и движением (перемещением). Гос-во, к-рое Г. уподоблял мифич. библейскому чудовищу Левиафану,– результат договора между людьми, положившего конец естеств. состоянию «войны всех против всех». Осн. соч.: «Левиафан» (1651), «Основы философии» (1642–58).

ГОБЕЛЕ́Н, вытканный вручную ковёр-картина (шпалера). В узком смысле – изделие парижской мануфактуры, основанной в 1662 и названной по имени красильщиков Гобеленов.

ГО́БИ, пустынная (на С.-В.– полупустынная) область в Центр. Азии (Монголия, Китай). Дл. ок. 2000 км, пл. ок. 2 млн. км². Преобладают равнины выс. 900–1200 м, встречаются отд. горн. массивы и кряжи. Наибольшая на земном шаре годовая амплитуда темп-р воздуха (июль до 45 °C, янв. до –40 °C); осадков 70–200 мм в год. Постоянных водотоков нет. Разрежённая растительность гл. обр. из кустарничков и соляноки на С.-В.– с участием злаков. Пастбищное жив-во; очаговое земледелие.

ГОБО́Й (нем. Hoboe, от франц. hautbois, букв.– высокое дерево), духовой язычковый муз. инстр-т. Известен с 17 в. Разновидности: малый Г., Г. д'амур (букв.– Г. любви), английский рожок и др. Совр. Г. с клапанным механизмом создан к нач. 20 в. Используется как орк., сольный и ансамблевый инстр-т.

Гобой.

ГОВЕ́РЛА, самая высокая (2061 м) вершина Украинских Карпат. Туризм.

ГО́ВОР, наименьшая терр. разновидность языка, используемая жителями одного или неск. соседних, обычно сельских, насел. пунктов и обладающая нек-рыми специфич. чертами в фонетике, грамматике, лексике, словообразовании.

ГО́ВОРОВ Леон. Ал-др. (1897–1955), Маршал Сов. Союза (1944). В Вел. Отеч. войну команд. армией в Моск. битве; с июня 1942 команд. Ленингр. фр., с окт. 1944 одноврем. координировал действия Ленингр., 2-го и 3-го Прибалт. фр., в февр.– марте 1945 одноврем. команд. 2-м Прибалт. фр. В 1948–52 команд., в 1954–55 главнокоманд. Войсками ПВО страны – зам. мин. обороны СССР.

ГОВОРУ́ХИН Стан. Сер. (р. 1936), рос. кинорежиссёр. Экранизация произв. Д. Дефо, М. Твена, Ж. Верна, А. Кристи; т/ф «Место встречи изменить нельзя» (1979). Худ.-публицистич. ф.: «Так жить нельзя» (1990), «Россия, которую мы потеряли» (1992), «Великая криминальная революция» (1994).

ГОГ И МАГО́Г, в иудейской, христ. и мусульм. (Йаджудж и Маджудж) мифологиях два диких народа, нашествие к-рых должно предшествовать Страшному суду.

ГОГЕБАШВИ́ЛИ Якоб Сем. (1840–1912), груз. педагог, писатель. Разработал методику нач. обучения грузин и популярные пособия, в т.ч. «Дэда эна» – «Родная речь», с 1876; св. 50 переизданий до 1925), учебник рус. яз. (2 ч., 1885–88; в 1945 – нач. 60-х гг.– стабильный). Создал ред. основы нар. груз. школы. По имени Г. назван нац. праздник «День знаний» – «Якобоба».

ГОГЕ́Н (Gauguin) Поль (1848–1903), франц. живописец, представитель постимпрессионизма. В декор., эмоционально насыщенных по цвету, статичных по композиции плоскостных полотнах, гл. обр. на темы быта и легенд народов Океании, создал поэтич. мир гармонии человека и природы («А, ты ревнуешь?», 1892; «Брод», 1901).

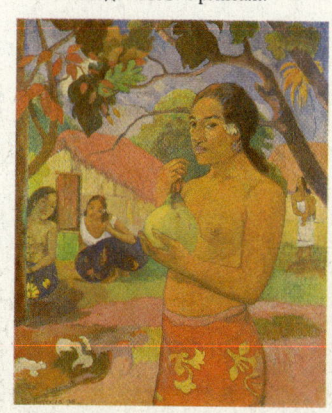

ГО́ГОЛЕВА Ел. Ник. (1900–93), актриса. С 1918 в Малом т-ре. Исполнительница выразительных по внеш. рисунку ролей сильных, волевых женщин: Панова («Любовь Яровая» К.А. Тренёва, 1926), леди Мильфорд («Коварство и любовь» Ф. Шиллера, 1936), Надежда Монахова («Варвары» М. Горького, 1941), Мамуре («Мамуре» Ж. Сармана, 1978), княжна Плавутина-Плавунцова («Холопы» П.П. Гнедича, 1987) и др.

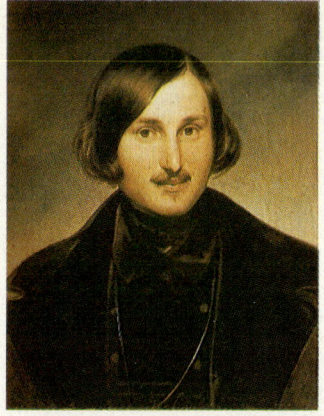

Н.В. Гоголь. Портрет работы Ф.А. Моллера. 1841.

Е.Н. Гоголева в роли герцогини Мальборо в спектакле «Стакан воды» О.Э. Скриба. 1940.

ГО́ГОЛЬ Ник. Вас. (1809–52), рус. писатель. Лит. известность Г. принёс сб. «Вечера на хуторе близ Диканьки» (1831–32), насыщенный нац. колоритом (укр. этногр. и фольклорный материал), отмеченный романтич. настроениями, лиризмом и юмором. Тема униженности «маленького человека» наиб. полно воплотилась в пов. «Шинель» (1842), с к-рой традиционно связывается становление натуральной школы в рус. лит-ре. Гротескное начало («Нос», «Портрет» и др.) получило развитие в комедии «Ревизор» (пост. 1836) как фантасмагория самозванства в чиновничье-бюрократич. мире. Поэма-роман «Мёртвые души» (1-й том – 1842) – символич. повествование, в к-ром осмеяние помещичьей России соединилось с пафосом духовного преображения человека, созданием ярких человеческих типов. Религ.-публицистич. кн. «Выбранные места из переписки с друзьями» (1847) – попытка христ. проповеди (вызвавшая критич. письмо В.Г. Белинского). В момент обострения душевного кризиса в 1852 Г. сжёг рукописи 2-го тома «Мёртвых душ».

ГО́ГОЛЬ, крупная нырковая утка. Дл. до 45 см, масса до 1,4 кг. В полёте издаёт крыльями звенящий звук (свист). Обитает в лесной зоне Сев. полушария. Гнездится в дуплах высоких деревьев около водоёмов. Объект охоты.

ГОДА́Р (Godard) Жан Люк (р. 1930), франц. кинорежиссёр. Для режиссёрской манеры Г. характерен своеобразный и острый стиль киноповествования, выраженный в ритмически-импульсивном монтаже, частом применении ручной камеры, в нетрадиц. лексике диалогов, в к-рых уличная разговорная речь чередуется с цитатами из разл. лит. источников. Пост. ф.: «На последнем дыхании» (1960), «Жить своей жизнью» (1962), «Безумный Пьеро» (1965), «Уик-энд» (1967), «Имя Кармен» (1983), «Германия, девять ноль» (1991) и др.

ГО́ДДАРД (Goddard) Роберт Хатчингс (1882–1945), амер. учёный, один из пионеров ракетной техники и космонавтики, основоположник создания жидкостных ракетных двигателей (ЖРД). 16 марта 1926 впервые в мире произвёл пуск ракеты с ЖРД. Тр. по теории космонавтики. Автор мн. изобретений в разл. областях ракетной техники.

Р. Годдард.

П. Гоген. «Женщина, держащая плод». 1893. Эрмитаж.

Т. Гоббс.

Ж.-Л. Годар. Кадр из фильма «На последнем дыхании».

Годичные кольца на поперечном срезе ствола сосны.

ГОДИ́ЧНЫЕ КО́ЛЬЦА, 1) у растений — слои прироста древесины, образованные растущими клетками камбия в результате его сезонной активности. Видны на спиле ствола или ветки дерева. Позволяют определять возраст р-ний, климаты прошлого и прогнозировать их (дендроклиматология), а также устанавливать возраст археол. находок (дендрохронология). 2) У животных — ежегодно формирующиеся и длительно сохраняющиеся образования в нек-рых тканях, позволяющие определять возраст особи, напр. на зубах, чешуе рыб. Отражают сезонные изменения темпа роста ткани.

ГОДУНО́В Ал-др Бор. (1949–95), артист балета. В 1971–79 в Большом т-ре. Партии: Зигфрид («Лебединое озеро» П.И. Чайковского, 1971), Хозе («Кармен-сюита» Ж. Бизе – Р.К. Щедрина, 1974), Иван Грозный («Иван Грозный» на музыку С.С. Прокофьева, 1976) и др. Обладал артистич. выразительностью, танц. техникой, позволяющей осваивать как классич., так и совр. репертуар. С 1980 в США и Зап. Европе. Снимался в Голливуде («Крепкий орешек», 1988).

ГОДУНО́В Бор. Фёд., см. *Борис Годунов.*

ГОЗНА́К, Гл. управление произ-вом гос. знаков, монет и орденов Мин-ва финансов Рос. Федерации. Осн. в 1818 в С.-Петербурге как Экспедиция заготовления гос. бумаг. В 1919 правление и печатное произ-во Г. переведены в Москву. Объединяет бум. и печатные ф-ки, изготовляющие банковские билеты, док-ты строгого учёта, высокохуд. издания, спец. и высокосортные бумаги; монетные дворы, чеканящие монеты, ордена, награды и памятные медали.

ГОЙТИСО́ЛО (Гойтисоло-Гай) (Goytisolo Gay) Хуан (р. 1931), исп. писатель. В ром. «Печаль в раю» (1955), трил. «Призрачное завтра» (1957–58) — осмысление гражд. войны 1936–39. В ром. «Особые приметы» (1966), «Возмездие графа дона Хулиана» (1970), «Макбара» (1980) — попытки развенчания социальной мифологии, стереотипов нац. сознания, анализ взаимоотношений зап. и вост. цивилизаций, осуществляемые с помощью приёмов, аналогичных технике *«нового романа».*

ГО́ЙЯ (Goya) Франсиско Хосе де (1746–1828), исп. живописец и гравёр. Свободолюбивое иск-во Г. отличается смелым новаторством, страстной эмоциональностью, фантазией,

Ф. Гойя. «Водоноска». 1810. Музей изобразительных искусств. Будапешт.

остротой характеристики, социально направленным гротеском: портреты («Семья короля Карла IV», 1800), росписи (в «Доме Глухого», 1820–1823), графика (серии «Капричос», 1797–98, «Бедствия войны», 1810–1820), картины («Восстание 2 мая 1808 года в Мадриде», ок. 1814).

Голгофа. Антонелло да Мессина. «Распятие». 1475. Королевский музей изящных искусств. Антверпен.

ГОЛА́ВЛЬ, рыба (сем. *карповые*). Обитает в водах Европы и Передней Азии. Дл. до 80 см, масса до 4 кг. Объект спорт. лова. Илл. см. при ст. *Рыбы.*

ГОЛГО́ФА, холм в окрестностях Иерусалима, на к-ром, по христ. преданию, был распят Иисус Христос. Слово «Г.» употребляется как синоним мученичества и страданий («взойти на Голгофу»).

ГО́ЛДИНГ (Golding) Уильям (1911–93), англ. писатель. Филос. притчи о человеческой натуре, равно способной к добру и злу. Ром. «Повелитель мух» (1954) — аллегория на события 2-й мир. войны, высвободившей «животное начало» в человеке, обуздать к-рое под силу лишь нравств. воспитанию. В метафорич. ром. «Шпиль» (1964), реконструирующем атмосферу средневековья, — разлад между великой целью и безнравств. средствами её достижения. Ром. «Зримый мрак» (1979) — критика бездуховности. Ром. «Бумажные людишки» (1984), стихи, публицистика. Ноб. пр. (1983).

ГОЛЕЙЗО́ВСКИЙ Касьян Яр. (1892–1970), артист балета, балетмейстер. В 1910–18 солист Большого т-ра. В 1918–24 рук. хореографич. студии. Пост. одноактные балеты: «Арлекинада» на музыку С. Шаминад, «Саломея» на музыку Р. Штрауса, «Фавн» на музыку К. Дебюсси.

Пост. в Эксперим. т-ре (филиал Большого т-ра) бал. «Иосиф Прекрасный» С.Н. Василенко (1925), в Большом т-ре – «Скрябиниану» (1962), «Лейли и Меджнун» С.А. Баласаняна (1964). Хореограф-новатор. Классич. танец сочетал с элементами акробатики, свободной пластики.

ГОЛИА́Ф, в Библии великан-филистимлянин, убитый в единоборстве пастухом Давидом (ставшим впоследствии царём).

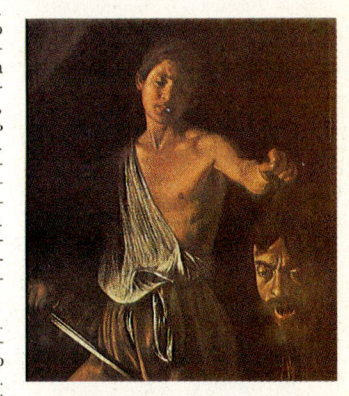

Голиаф. Картина Караваджо «Давид с головой Голиафа». 1605–10. Галерея Боргезе. Рим.

ГОЛИ́ЦЫН Бор. Бор. (1862–1916), князь, физик и геофизик, основоположник отеч. сейсмологии. Решил задачу определения очага землетрясения по данным одной сейсмич. станции. Сконструировал мн. сейсмич. приборы. Тр. по тепловому излучению, спектроскопии, критич. состоянию. През. Междунар. сейсмич. ассоциации (1911).

ГОЛИ́ЦЫН Вас. Вас. (1643–1714), князь, боярин, фаворит правительницы Софьи Алексеевны. В 1676–89 возглавлял Посольский и др. приказы. Заключил «Вечный мир» 1686 с Речью Посполитой. Участник Чигиринских (1677–78) и глава Крымских (1687, 1689) походов. В 1689 сослан Петром I в Архангельский кр.

ГОЛИ́ЦЫН Дм. Ал. (1734–1803), князь, учёный и дипломат. Рос. посол во Франции и Нидерландах, друг Вольтера и др. франц. просветителей. Автор соч. по естествознанию, философии, политэкономии. Сторонник смягчения крепостного права.

ГОЛКО́НДА, гос-во в Индии, в обл. Декан, в 16–17 вв. Славилось добычей алмазов, ткацким и др. ремёслами.

ГОЛЛА́НДИЯ, ср.-век. графство, затем провинция в составе Нидерландов исторических, а в 17–18 вв. в составе Респ. Соединённых провинций (к-рая по назв. провинции часто наз. Голландией, Голл. республикой). В составе совр. Нидерландов (также иногда неофициально наз. Г.) разделена на 2 провинции – Северную Г. и Южную Г.

ГОЛЛИВУ́Д, центр амер. кино вблизи г. Лос-Анджелес, шт. Калифорния. Первая студия осн. в 1911. Расширение произ-ва обусловило формирование в Г. на основе полукустарных групп крупных компаний, часть их существует и в наст. время. В 20-х гг. в Г. была создана самая передовая для своего времени материально-техн. база кинопроиз-ва (к-рая по-

178 ГОЛЛ

стоянно с тех пор совершенствовалась), подготовлены проф. кадры. В эти же годы в Г. зародилась система «кинозвёзд». В 50—60-х гг. Г. переживал экон. трудности, но выстоял в конкуренции с ТВ и независимыми продюсерами. Стал своеобразным мифом, синонимом амер. кино.

ГОЛЛЬ (Gaulle) Шарль де (1890—1970), президент Франции в 1959—1969, генерал. В 1940 основал в Лондоне патриотич. движение «Свободная Франция» (с 1942 «Сражающаяся Франция»), примкнувшее к *антигитлеровской коалиции*; в 1941 стал руководителем Франц. нац. к-та, в 1943 — Франц. к-та нац. освобождения, созданного в Алжире. В 1944 — янв. 1946 Г.— глава Врем.

Ш. де Голль.

пр-ва Франции. Основатель и руководитель партии «Объединение франц. народа». В 1958 премьер-мин. Франции. По инициативе Г. была подготовлена конституция (1958), расширившая права президента. Г. добивался восстановления позиций страны в качестве вел. державы (включая обладание ядерным оружием) и создания самостоят. Европы под эгидой Франции (дистанцированной от США).

ГОЛОВА́, название воен. и адм. должностей в России 16—17 вв. (стрелецкий Г., обозный Г., письменный Г. и др.) и выборных гор. и сословных должностей в 18 — нач. 20 вв. (гор. Г., волостной Г., ремесленный Г.).

ГОЛОВА́НОВ Ник. Сем. (1891—1953), дирижёр, педагог. С 1915 в Большом т-ре, с 1948 гл. дирижёр. С 1937 одноврем. худ. рук. Большого симф. оркестра Всес. радио. Среди оперных пост.: «Борис Годунов» (1928) и «Хованщина» (1950) М.П. Мусоргского, «Садко» Н.А. Римского-Корсакова (1949). Выступал как аккомпаниатор с женой — А.В. Неждановой.

ГОЛОВА́СТИК, личинка лягушек, жаб и др. *земноводных*.

ГОЛОВИ́Н Фёд. Ал. (1650—1706), граф, сподвижник Петра I; адмирал (1699) и ген.-фельдм. (1700). Подписал Нерчинский дог. 1689 между Рос. гос-вом и маньчжурской Цинской империей, участник Вел. посольства в Зап. Европу (1697—98), с 1699 один из руководителей внеш. политики.

ГОЛО́ВКИН Гавриил Ив. (1660—1734), граф, один из воспитателей и сподвижников Петра I. Руководитель внеш. политики, с 1709 канцлер, с 1718 през. Коллегии иностр. дел. В 1726—30 чл. *Верховного тайного совета*, поддерживал имп. Анну Ивановну.

ГОЛО́ВКИНА Софья Ник. (р. 1915), артистка балета, педагог, балетмейстер. В 1933—59 в Большом т-ре. Танец Г. отличался темпераментом, виртуозностью, героико-патетич. окраской: Никия («Баядерка» Л.Ф. Минкуса, 1943), Мирейль де Пуатье («Пламя Парижа» Б.В. Асафьева, 1947) и др. С 1960 директор Моск. хореогр. уч-ща. Среди учениц — Н.И. Бессмертнова, А.А. Михальченко, Н.А. Грачёва.

ГОЛОВНИ́Н Вас. Мих. (1776—1831), рос. мореплаватель, вице-адм. (1830), воен.-мор. теоретик, писатель. В 1802—06, плавая волонтёром на англ. судах, составил свод мор. сигналов. Совершил 2 кругосветных плавания: в 1807—09 на шлюпе «Диана», в 1817—19 на шлюпе «Камчатка». Командуя «Дианой», в апр. 1808 достиг Мыса Доброй Надежды, был задержан англичанами, в мае 1809 скрытно вывел шлюп из гавани и, обманув преследователей, совершил безостановочный переход «в ревущих сороковых» широтах до арх. Н. Гебриды. В 1811 на о. Кунашир захвачен японцами и провёл в плену более 2 лет. Записки о Японии и её жителях, опубликованные в 1816 и переведённые на ряд языков, принесли Г. всемирную известность. Под рук. Г. построено более 200 воен. кораблей, в т.ч. 10 первых вес. пароходов. Г. воспитал плеяду мореплавателей, ставших адмиралами. Именем Г. названы пролив между Курильскими о-вами, гора и мыс арх. Н. Земля.

ГОЛОВНО́Й МОЗГ, передний (высший) отдел центр.нерв. системы позвоночных ж-ных и человека, расположенный в полости черепа; материальный субстрат высш. нерв. деятельности. Наряду с эндокринной системой регулирует все жизненно важные функции организма. Состоит из больших полушарий, промежуточного, среднего, заднего и продолговатого мозга. Отделы, расположенные между промежуточным и спинным мозгом, образуют ствол Г.м. Наивысш. развития Г.м. достиг у человека (масса в ср. 1375 г у мужчин и 1275 г у женщин).

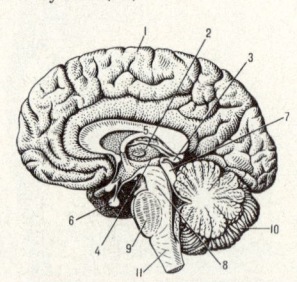

Головной мозг человека: 1 — большое полушарие; 2—4 — промежуточный мозг: 2 — зрительный бугор (таламус), 3 — надбугорная область (эпиталамус), 4 — подбугорная область (гипоталамус); 5 — мозолистое тело; 6 — гипофиз; 7—8 — средний мозг: 7 — четверохолмие, 8 — ножки мозга; 9—10 — задний мозг: 9 — вариолиев мост, 10 — мозжечок; 11 — продолговатый мозг.

ГОЛОГРА́ФИЯ (от греч. hólos — весь, полный и ...*графия*), способ записи и воспроизведения волновых полей, образующихся при *интерференции волн* (электромагнитных — в оптич. Г. и радиоголографии, акусти-

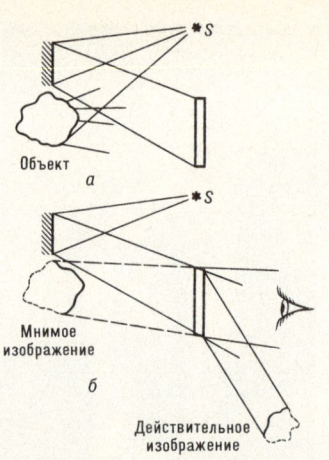

Голография. Схемы получения голограммы (*а*) и восстановления волнового фронта (*б*); штриховкой показаны зеркала; *S* — источник света.

ческих — в акустич. Г.). Предложен венг. физиком Д. Габором в 1948. В оптич. Г. на светочувствит. слое фотопластинки регистрируют интерференц. картину, к-рая образована волной, отражённой от объекта (предметной волной), и когерентной с ней волной от источника (опорной). На такой фотопластинке (голограмме) записывается не только распределение интенсивности волнового поля (как в фотографии), но и фазы. Именно это даёт не плоскостное, а объёмное изображение объекта. Восстановление волнового поля объекта осуществляется при освещении голограммы опорной волной. В оптич. Г. применяют лазеры как источники когерентного излучения. Методы Г. используют для записи и хранения информации, для визуализации акустич. и эл.-магн. полей.

ГОЛОДА́НИЕ, состояние организма, вызванное отсутствием, недостатком пищи или нарушением её усвоения. Как нормальное явление наблюдается у ряда ж-ных в периоды спячки или холодового оцепенения (у земноводных, насекомых, рыб, пресмыкающихся). В медицине Г. применяют для лечения подагры, ожирения, нервно-психич. и др. болезней. Проводится в виде разгрузочных дней, ограничит. диет и полного голодания (только в условиях стационара под наблюдением мед. персонала).

ГОЛОЛЁД, слой плотного льда, образующийся на земной поверхности и на предметах (деревьях, проводах, домах и т.д.) при намерзании капель переохлаждённого дождя и мороси, обычно при темп-ре воздуха от 0 до −3 °С.

ГОЛОЛЁДИЦА, тонкий слой льда на земной поверхности, образовавшийся после оттепели или дождя в результате похолодания, а также замерзания мокрого снега, капель дождя или мороси.

ГО́ЛОС, совокупность разнообразных по высоте, силе и тембру звуков, издаваемых человеком и ж-ными с помощью голосовых связок. У большинства позвоночных осн. источником звука служит верх. гортань, а у птиц — ниж. гортань, имеющая голосовые перепонки. Человек обладает наиб. развитым голосовым аппаратом, с помощью к-рого он выражает свои чувства и мысли (крик, смех, плач, речь, пение).

ГОЛОСЕМЕННЫ́Е, наиб. древняя группа высш. семенных р-ний. Произошли в девоне от примитивных папоротников. Ок. 600 видов вечнозелёных, реже листопадных деревьев и кустарников. Стробилы Г. («соцветия») однополые — мужские (колоски, серёжки, шишечки) и женские (шишки). Распространены широко. К Г. относятся саговники, гинкговые, хвойные и гнетовые, а также ископаемые семенные папоротники и беннеттиты. Хоз. значение имеют хвойные, особенно сосновые (сосна, лиственница, ель, пихта, кедр), а также представители сем. таксодиевых и кипарисовых.

ГОЛОСНИКИ́, небольшие керамич. сосуды или камеры, закладываемые в стены или своды здания и обращённые своими отверстиями внутрь помещения. Служат для усиления звука (как резонаторы) и для облегчения сводов.

ГОЛОТУ́РИИ (морские огурцы), класс ж-ных типа *иглокожих*. Тело обычно червеобразное, от неск. мм до 2 м. Ок. 1100 видов, повсеместно в морях и океанах. Донные, ползающие формы. Многие при раздражении способны выбрасывать наружу внутренности или отбрасывать заднюю часть тела с последующим их восстановлением. Объект промысла и аквакультуры (*трепанг*). Илл. см. при ст. *Иглокожие.*

ГО́ЛСУОРСИ (Galsworthy) Джон (1867—1933), англ. писатель. Социально-бытовые ром. «Остров фарисеев» (1904), «Патриций» (1911), «Фриленды» (1915). В социально-психол. семейных трил. «Сага о Форсайтах» (1906—21) и «Современная комедия» (1924—28) создал панораму Великобритании кон. 19 — 1-й трети 20 вв. В многочисл. семье Форсайтов, представляющих разные грани англ. нац. характера, Г. усматривал доминирующую черту — сочета-

Дж. Голсуорси.

ние собственнич. психологии с кастовостью, снобизмом, косным традиционализмом («форсайтизм»). В трил. «Конец главы» (1931—33) о судьбе молодого поколения захиревшего аристократич. рода — консервативные тенденции. Драмы, в т.ч. «Мёртвая хватка» (1920). В лит. публицистике отстаивал принципы реализма. Ноб. пр. (1932).

«ГОЛУБА́Я РО́ЗА», кратковрем. объединение рос. художников. Возникло на одноим. выставке 1907 в Москве. Для произв. чл. «Г.р.» (П.В. Кузнецов, А.Т. Матвеев, М.С. Сарьян, Н.Н. Сапунов, С.Ю. Судейкин и др.) характерны плоскостность и декор. стилизация форм, лиризм образов, настроения грусти и меланхолии, иногда мистико-символич. искания.

ГОЛУБИ, семейство птиц. Длина тела 20–45 см (у венценосных Г. до 89 см), масса 200–300 г. Ок. 290 видов, в т.ч. *горлицы, вяхирь*. Распространены широко. Гнездятся на деревьях, скалах, строениях, нек-рые – колониями. Птенцов кормят «птичьим молочком» (выделения слизистой оболочки зоба). Сизый Г. – родоначальник домашних пород (ок. 450). 6 видов, в т.ч. странствующий Г., истреблены. Мн. виды под угрозой исчезновения, охраняются.

Голуби. Дикий сизый голубь. Породы домашних голубей: 1 – якобинец; 2 – длинноклювый турман; 3 – павлиний голубь; 4 – английский дутыш; 5 – штрассер; 6 – карьер; 7 – анатолийская чайка; 8 – антверпенский почтовый голубь; 9 – космоногий голубь (немецкий трубастый).

ГОЛУБИКА (гонобобель), многолетний кустарничек (сем. брусничные). Растёт в умеренном и холодном поясах Сев. полушария, в тундре, лесной зоне и верх. поясе гор. Ягоды съедобны. На Крайнем Севере – антицинготное средство. В США, Германии, Финляндии и др. имеются пром. плантации.

ГОЛУБКИНА Анна Сем. (1864–1927), рос. скульптор. Обобщённо-символич. образы рабочих («Железный», 1897), портреты («Т.А. Иванова», 1925). Для мн. произв. характерны черты *импрессионизма* («Берёзка», 1927).

ГОЛУБОЙ КИТ, то же, что *синий кит*.

ГОЛЬБАХ (Holbach) Поль Анри (1723–89), франц. философ. Активно сотрудничал в «Энциклопедии» Д. Дидро и Ж.Д'Аламбера. Систематизатор взглядов франц. материалистов 18 в. В объяснении обществ. явлений отстаивал положение о формирующей роли среды по отношению к личности. Идеи Г. повлияли на утопич. социализм 19 в. Гл. соч.: «Система природы» (1770).

ГОЛЬБЕЙН Х., см. *Хольбейн Х.*

ГОЛЬДЕНВЕЙЗЕР Ал-др Бор. (1875–1961), пианист, педагог. Развил и обогатил исполнит. и пед. традиции моск. пианистич. школы. Редактор ряда фп. сочинений рус. и заруб. композиторов. Автор муз. произведений, а также воспоминаний о С.В. Рахманинове, Л.Н. Толстом.

ГОЛЬДОНИ (Goldoni) Карло (1707–93), итал. драматург. Развивая традиции ренессансной комедии и театрально-драм. технику *комедии дель арте*, осуществил просветит. реформу итал. драматургии и т-ра, принципы к-рой изложил, в частности, в комедии-манифесте «Комический театр» (1750), «Мемуарах...» (1784–87). Создал реалистич. «комедию характеров», выражающую демокр. идеи третьего сословия; пьесы в прозе и стихах: «Слуга двух господ» (1745–53), «Хитрая вдова» (1748), «Трактирщица» (1753), «Кухарки» (1755), «Кьоджинские перепалки» (1762) и др.

ГОЛЬМИЙ (Holmium), Ho, хим. элемент III гр. периодич. системы, ат. н. 67, ат. м. 164,9304; относится к *редкоземельным элементам*; металл. Открыт швед. химиком П. Клеве в 1879.

ГОЛЬФ (англ. golf), спорт. игра с эбонитовым мячом и клюшками на естеств. поле; необходимо прогнать мяч по 9 или 18 дорожкам-трассам к лункам и попасть в них. Зародился в ср. века в Дании. Распространён в США, Канаде, Великобритании, Австралии. Был в программе Олимп. игр 1900 и 1904.

ГОЛЬФСТРИМ (англ. Gulf Stream), система тёплых течений в сев. части Атлантич. ок. (крупнейшие из них – собственно Гольфстрим и Североатлантич. течение). Простирается на 10 т. км от берегов п-ова Флорида до Б. Ньюфаундлендской банки (собственно Г.) и далее до о-вов Шпицберген и Н. Земля (Североатлантич. течение). Скорость 10 км/ч у п-ова Флорида, 4 км/ч в р-не Б. Ньюфаундлендской банки, 0,4–0,7 км/ч у берегов Европы. Темп-ра поверхностных вод 24–28 °С на Ю. и 10–20 °С на С. Оказывает значит. влияние на климат Зап. и Сев. Европы.

ГОЛЬЦЫ, 1) род пресноводных и проходных промысловых рыб (сем. *лососи*). Дл. до 88 см, масса до 15 кг. 10 видов, в т.ч. палия и кунджа, у берегов Европы, Сев. Азии, Сев. Америки. 2) Промысловые рыбы (сем. вьюновые). Дл. до 30 см.

ГОМБРОВИЧ (Gombrowicz) Витольд (1904–69), польск. писатель. Гротескно-пародийные ром. «Фердыдурке» (1938), «Транс-Атлантик» (1953), «Порнография» (1960), «Космос» (1965), высмеивающие стереотипы польск. традиционного ист.-нац. сознания. Дневник. 1953–1966 (т. 1–3, Париж, 1957–66; в Польше опубл. в 1986).

ГОМЕЛЬ, г., обл. ц. в Белоруссии, порт на р. Сож. 503,3 т.ж. Ж.-д. узел. Произ-во станков, с.-х. машин, эл.-техн. изделий и др. Хим., деревообр., лёгкая, пищ. пром-сть. 5 вузов (в т.ч. ун-т). Краеведч. музей. Т-ры: драм., кукол; цирк. Изв. с 1142.

ГОМЕЛЬСКИЙ Ал-др Як. (р. 1928), рос. спортсмен (баскетбол). Тренер муж. команд СКА (Рига) (1954–70) и ЦСКА (1971–79), многократных чемпионов СССР; сборной команды СССР (1959–83), выигравшей чемпионаты Европы (7 раз в 1959–81) и мира (1967). Автор кн.: «С мячом по странам», «Тактика баскетбола», «Вечный экзамен» и др.

ГОМЕОПАТИЯ (от греч. hómoios – подобный, одинаковый и ...*патия*), система лечения ничтожно малыми дозами лекарств. Предложена в кон. 18 – нач. 19 вв. С. Ганеманом, к-рый исходил из «закона подобия»: применяются малые дозы в-в, к-рые в больших дозах могут вызвать явления, подобные признакам данного заболевания.

ГОМЕР, др.-греч. эпич. поэт, к-рому со времён антич. традиции приписывается авторство «*Илиады*», «*Одиссеи*» и др. произв. Легенды рисуют Г. слепым странствующим певцом. За честь называться родиной Г. спорили, по преданию, семь городов. Полуфантастич. образ Г. породил в науке т.н. гомеровский вопрос, из проблемы авторства выросший до совокупности проблем происхождения и развития др.-греч. эпоса (в т.ч. соотношения в нём фольклора и собственно лит. творчества).

А.С. Голубкина. Портрет Л.Н. Толстого. Гипс. 1927. Тульский художественный музей.

К. Гольдони.

180 ГОМИ

ГОМИЛЕ́ТИКА (от греч. homiléo – разговариваю, беседую), раздел христ. богословия, рассматривающий вопросы теории и практики проповеднической деятельности.

ГОМИНИ́ДЫ (от лат. homo – человек), сем. отряда приматов. Включает людей современного типа (*неоантропов*), а также их предшественников – *архантропов* и *палеоантропов*. К сем. Г. обычно относят и *австралопитеков*.

ГОМО... (от греч. homós – равный, одинаковый, взаимный, общий), часть сложных слов, означающая: сходный, единый, принадлежащий к одному и тому же (напр., гомогенный – однородный).

ГОМОЗИГО́ТА (от гомо... и *зигота*), клетка или организм, в наследственном наборе у к-рого гомологичные (парные) хромосомы несут одну и ту же форму данного гена. Ср. *Гетерозигота*.

ГОМО́РРА, см. *Содом и Гоморра*.

ГОМОСЕКСУА́ЛЬНОСТЬ (гомосексуализм) (от лат. *гомо* и лат. sexus – пол), сексуальная ориентация, проявляющаяся в эротич. влечении преимущественно или исключительно к лицам собств. пола. Г. может быть как постоянной, так и временной, преходящей. Женскую Г. называют также лесбийской любовью. Наряду с генетич. факторами на формирование Г. влияют особенности индивидуального развития. Общее число гомосексуалов составляет 2–4% населения.

ГОМОФО́НИЯ (от гомо... и греч. phōnē – звук, голос), вид многоголосия в музыке, основанный на господстве одного мелодич. голоса, обычно верхнего, и подчинении ему прочих голосов, образующих сопровождение (*аккомпанемент*).

ГОМРУ́ЛЬ (англ. Home Rule, букв. – самоуправление), программа самоуправления Ирландии в рамках Брит. империи; выдвинута в 1870-х гг. Только после освобод. войны 1919–21 Ирландия стала *доминионом* (англ.-ирл. договор 1921).

ГОНА́ДЫ, то же, что *половые железы*.

ГОНГ (малайск. gong), ударный самозвучащий муз. инстр-т с опредл. высотой звука. Бытует у народов Юго-Вост. Азии (ранние образцы бронзовых Г. – 2 в. до н.э.), Китая (из нефрита, бронзы). В Индонезии ансамбль Г. входит в состав *гамелана*. В европ. оперном и симф. оркестре применяется разновидность Г. – *тамтам*.

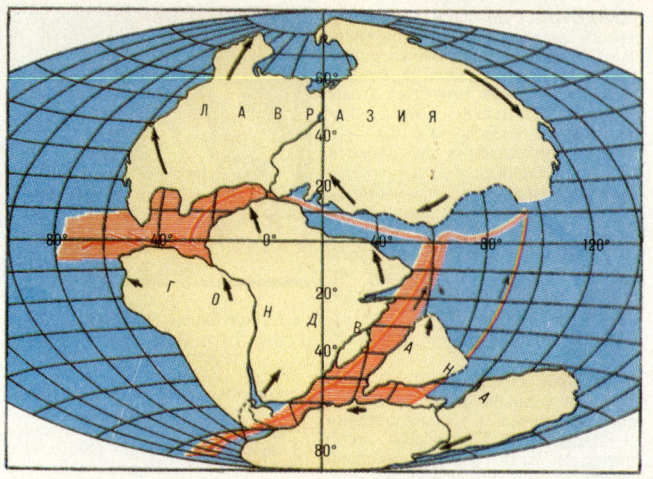

Гондвана. Расположение древних платформ Лавразия и Гондвана (180 млн. лет назад); стрелками показано направление движения.

эмах «Полифем» (1612–13) и «Уединения» (1613). Сб. «Сочинения в стихах испанского Гомера» (опубл. 1627), в т.ч. стихи в традиц. нар. жанрах. Зачинатель гонгоризма – одного из течений *маньеризма*.

ГОНДВА́НА (от назв. племени гондов и р-на Индии Вана), гигантский суперконтинент, существовавший в течение б.ч. *палеозоя* и в нач. *мезозоя* в Юж. полушарии. Включал части совр. Юж. Америки, Африки, Азии (Аравию, Индостан), Австралии и, возможно, Антарктиды. В мезозое произошёл распад Г. на отд. части – прообразы совр. материков. Антипод Г. в Сев. полушарии – *Лавразия*.

ГОНДО́ЛА (итал. gondola), 1) одновесельная плоскодонная лодка с приподнятыми фигурными оконечностями. 2) Кабина аэростата. 3) Элемент конструкции самолёта, вертолёта, имеющий обтекаемую форму, для размещения двигателя, шасси или др. устройств.

ГОНДУРА́С (Республика Гондурас), гос-во в Центр. Америке, омывается на С. Карибским и на Ю.-Тихим ок. Пл. 112,2 т. км². Нас. ок. 5 млн. ч., в осн. гондурасцы (испано-индейские метисы). Офиц. яз. – испанский. Верующие гл. обр. католики. Глава гос-ва и пр-ва – президент. Законодат. орган – однопалатный парламент (Конгресс). Столица – Тегусигальпа. Адм.-терр. деление: 18 департаментов. Ден. единица – лемпира.

Большая часть терр. – нагорье (выс. до 2865 м). На С.-В. заболоченные низменности (Москитовый берег). Климат тропич. пассатный. Ср.-мес. темп-ры на низменностях 22–26 °C, на нагорье 10–12 °C; осадков на склонах гор до 3000 мм в год. Реки: Улуа, Агуан, Патука, Коко. Лесами покрыто св. 60% территории.

В нач. 16 в. терр. Г. завоёвана испанцами. В ходе Войны за независимость исп. колоний в Америке 1810–26 Г. провозгласил независимость (1821). С нач. 20 в. у власти почти постоянно находились диктаторские и воен. режимы.

Г. – агр. страна. ВНП на д. нас. 590 долл. в год. Осн. товарные культуры (сбор тыс. т в год): бананы (1300), кофе (84), хлопчатник, сах. тростник. Разведение кр. рог. скота, свиней. Рыб-во, лов креветок, омаров. Заготовки ценной тропич. древесины. Добыча руд свинца, цинка, золота, серебра. Пр-тия пищевкус., текст., деревообр. пром-сти. Экспорт: бананы, кофе, свинец, цинк, креветки, омары, древесина.

ГОНЗА́ГА (Gonzaga), знатный итал. род, представители к-рого в 1328–1708 были синьорами Мантуи, с 1433 маркизы, с 1530 герцоги. Двор Г. был одним из центров *Возрождения*.

...ГО́НИЯ [от греч. goné, gonéia – (за)рождение, произведение на свет, потомство], часть сложных слов, означающая: относящийся к возникновению, происхождению (напр., космогония).

ГОНКО́НГ, см. *Сянган*.

ГОНКУ́Р (Goncourt), франц. писатели, братья: Эдмон (1822–96) и Жюль (1830–70). Романы из жизни разных слоёв об-ва, в т.ч. «социальных низов» («Жермини Ласерте», 1865, и др.). Известность приобрёл «Дневник» (опубл. 1887–96, полностью в 1956–58) – своеобразная летопись лит.-театральной жизни Парижа, отмеченная оценок авторских, остроумием, интеллектуальной игрой. По завещанию Эдмона Г. (автора ром. «Братья Земганно», 1879, «Актриса Фостен», 1882) в 1896 осн. т.н. Гонкуровская академия, в 1903 учреждена ежегод. Гонку-

Гондурас. Голова божества из Копана. Камень. Культура майя.

Гондола (Венеция).

Гонг (Индонезия).

ГО́НГОРА-И-АРГО́ТЕ (Góngora y Argote) Луис де (1561–1627), исп. поэт. Образная уплотнённость, усложнённая метафоричность – в по-

Гондурас. Город Тегусигальпа.

ровская пр. (присуждаемая десятью видными литераторами), фонд к-рой составляет завещанный Эдмоном Г. капитал.

ГОНОБО́БЕЛЬ, то же, что *голубика*.

ГОНОРЕ́Я (от греч. gónos – семя и rhéō – теку) (триппер), венерич. заболевание, вызываемое гонококком. Через 3–5 сут после заражения появляются резь и гноетечение из мочеиспускат. канала. Возможны воспалит. осложнения наружных (баланопостит) и внутр. (простатит, эпидидимит, оофорит, эндометрит) половых органов, мочевого пузыря (цистит), суставов (артрит) и др. При попадании гонококка в глаз развивается бленнорея. Г.– нередкая причина бесплодия. Своевременное лечение обеспечивает полное выздоровление.

ГОНЧА́РНЫЙ КРУГ, станок для формовки глиняной посуды. Появился на Др. Востоке в 4–3-м тыс. до н.э. Древнейший Г. к. вращался рукой; более совершенный Г. к. имел внизу маховое колесо, вращаемое ногами.

ГОНЧАРО́В Анд. Ал-др. (р. 1918), режиссер, педагог. С 1958 гл. реж. Моск. драм. т-ра, с 1967 – Моск. т-ра имени Вл. Маяковского. Для Г. характерны яркая, энергичная режиссура, стремление к обострению конфликтов, выявлению скрытых пружин драм. действия: «Трамвай "Желание"» Т. Уильямса (1970), «Беседы с Сократом» Э.С. Радзинского (1975), «Леди Макбет Мценского уезда» по Н.С. Лескову (1979), «Закат» И.Э. Бабеля (1988) и др.

ГОНЧАРО́В Ив. Ал-др. (1812–91), рус. писатель. В ром. «Обломов» (1859) судьба гл. героя раскрыта не только как явление социальное («обломовщина»), но и как филос.

И.А. Гончаров. Портрет работы И.Н. Крамского. 1874. Третьяковская галерея

осмысление рус. нац. характера, особого нравств. пути, противостоящего суете всепоглощающего «прогресса». В ром. «Обыкновенная история» (1847) конфликт между «реализмом» и «романтизмом» предстаёт как существенная коллизия рус. жизни. В ром. «Обрыв» (1869) – поиски нравств. идеала (особенно жен. образы), критика нигилизма. Цикл путевых очерков «Фрегат "Паллада"» (1855–57) – своеобразный «дневник писателя»; лит.-критич. статьи («Мильон терзаний», 1872).

ГОНЧАРО́ВА Нат. Сер. (1881–1962), рос. живописец. С 1915 жила в Париже. Вместе со своим мужем М.Ф. Ларионовым стала одним из основателей рус. примитивизма и т.н. лучизма (одного из первых опытов декор. абстракционизма). Произведениям («Мытьё холста», 1910) присущи декор. красочность и близкая рус. лубку выразительность. Оформляла спектакли в антрепризе С.П. Дягилева.

ГО́НЧИЕ, группа пород (ок. 40) подружейных охотничьих собак. Г.

Гончие. Русская гончая.

чутьём находят зверя (зайца, лисицу, волка и др.) и с лаем (отдавая голос) гонят его (отсюда назв.). Известны с глубокой древности (первые изображения Г. имеются на др.-егип. памятниках). Разводят в Великобритании, США, Франции; в России – русскую Г., русскую пегую Г. и др.

ГОР (Хор), в егип. мифологии бог солнца, покровитель власти фараона, сын Осириса и Исиды. Почитался в облике сокола.

Гор в образе сокола. Позолоченная бронза. 1-е тыс. до н.э. Музей изобразительных искусств имени А.С. Пушкина.

ГОРА́ (монтаньяры) (франц. montagnards, от montagne – гора), в период Франц. рев-ции кон. 18 в. рев.-демокр. крыло Конвента, представлявшее якобинцев; занимало на заседаниях верх. скамьи (отсюда назв.).

ГОРА́ЦИЙ (Квинт Гораций Флакк) (Quintus Horatius Flaccus) (65–8 до н.э.), рим. поэт. Сын вольноотпущенника. В книгах сатир, од, посланий – филос.-моралистич. рассуждения (в т.ч. о бренности жизни, бессмертии поэзии), наставления житейско-филос. характера; воспевая доступные радости бытия (уединённая жизнь, душевный покой, дружба, любовь),

Гораций. С древнеримской монеты.

утверждает культ меры и умеренности – «золотой середины» (выражение, восходящее к Г.). Трактат «Наука поэзии» («Послание к Пизонам») стал теоретич. основой классицизма. Знаменитый «Памятник» Г. породил множество подражаний (Г.Р. Державин, А.С. Пушкин и др.).

ГОРБ, у человека деформация грудного отдела позвоночника и грудной клетки. Характеризуется резко выраженным *кифозом*. Следствие перелома, туберкулёза позвоночника и др.

ГОРБАЧЁВ Иг. Олегович (р. 1927), актёр, режиссёр, педагог. С 1954 в Ленингр. т-ре драмы имени А.С. Пушкина (в 1975–91 худ. рук.). Непосредственность, эмоциональность ярче всего проявились в ранних ролях: Хлестаков («Ревизор» Н.В. Гоголя, 1946, 1952), Алексей («Оптимистическая трагедия» В.В. Вишневского, 1955), Васька Пепел («На дне» М. Горького, 1956) и др. Пост.: «Мария Тюдор» В. Гюго (1964) и др. Снимался в ф.: «Всё остаётся людям» (1963), «Укрощение огня» (1972) и др.

ГОРБАЧЁВ Мих. Сер. (р. 1931), ген. секр. ЦК КПСС (1985–91), пред. Презид. ВС СССР (1988–89) и ВС СССР (1989–90), президент СССР (1990–91). С 1955 на комсомольской и парт. работе. В 1966–68 1-й секр. Ставропольского горкома КПСС. С 1968 2-й секр., с 1970 1-й секр. Ставропольского крайкома КПСС. В 1978–85 секр. ЦК КПСС. В 1980–91 чл. Политбюро ЦК КПСС (канд. с 1979); пред. Рос. бюро ЦК КПСС в 1989–90. Возглавил процесс *перестройки*. После прекращения деятельности КПСС и распада СССР ушёл с постов генсека и президента. С дек. 1991 през. Междунар. фонда соц.-экон. и политологич. исследований («Горбачёв-фонд»). Ноб. пр. мира (1990).

М.С. Горбачёв.

ГОРБУ́ША, проходная рыба (сем. *лососи*). Дл. ок. 0,5 м, масса ок. 1,5 кг. Обитает в сев. части Тихого ок., редко в реках Сев. Ледовитого ок. в В. от р. Лена. Важный объект промысла. Акклиматизирована в Баренцевом, Белом и Северном морях. Илл. см. при ст. *Лососи*.

ГОРГО́НЫ, в греч. мифологии крылатые женщины-чудовища со змеями вместо волос; взгляд Г. превращал всё живое в камень. Из трёх Г. единств. смертная – *Медуза* (была обезглавлена Персеем). Её голову прикрепила к своему щиту-эгиде Афина.

Горгоны. Караваджо. «Голова Медузы». Ок. 1600. Галерея Уффици.

ГОРДЕ́ЕВ Вяч. Мих. (р. 1948), артист балета, балетмейстер. В 1968–88 в Большом т-ре. Лирико-драм. танцовщик: Базиль («Дон Кихот» Л.Ф. Минкуса, 1972), Зигфрид («Лебединое озеро» П.И. Чайковского, 1984) и др. Одноврем. с 1984 худ. рук. хореогр. ансамбля Моск. балет (с 1989 Моск. т-р «Рус. балет»).

ГОРДЕ́ЕВ Фёд. Гордеевич (1744–1810), скульптор. От драм. композиций в духе *барокко* («Прометей», 1769) перешёл к классицистич. произв. (рельефы дворца в Останкине в Москве, 1794–98, и Казанского собора в С.-Петербурге, 1804–07).

ГО́РДИЕВ У́ЗЕЛ, согласно греч. легенде, запутанный узел, к-рым фригийский царь Гордий привязал ярмо к дышлу телеги. Оракул предсказал: развязавший узел получит господство над миром. *Александр Македонский* в 334 до н.э. в ответ на предложение распутать узел разрубил его мечом («разрубить Г. у.» – принять быстрое и смелое решение запутанного и сложного вопроса).

ГО́РДИМЕР (Gordimer) Надин (р. 1923), писательница ЮАР; пишет на англ. языке. Антирасистские сб. рассказов «Избранные рассказы» (1975), «Наверняка в понедельник» (1976), «Объятия солдата» (1980), ром. «Земля чужестранцев» (1958), «Почётный гость» (1970). Ноб. пр. (1991).

ГОРЕЛЬЕ́Ф (франц. haut-relief), высокий *рельеф*, в к-ром изображение выступает над плоскостью фона более чем на половину своего объёма.

ГОРЕ́НИЕ, хим. превращение, к-рое сопровождается интенсивным выделением тепла и тепло- и массообменом с окружающей средой. Может начаться самопроизвольно (самовозгорание) или в результате зажигания. Характерное свойство Г.– способ-

182 ГОРЕ

ность распространяться по всему пространству, занятому горючей смесью. Часто сопровождается свечением (пламенем). Наиб. важные применения Г.: теплоэнергетика (Г. природных топлив, водорода), доменный процесс, металлотермия, произ-во сажи и ацетилена, Г. термитных составов и др.

ГОРЕНШТЕЙН Фридрих Наум. (р. 1932), рус. писатель. С 1980 в эмиграции (с 1981 в Зап. Берлине). В пов. «Зима 53-го года» (1978), «Искупление» (1979), ром. «Псалом» (1986), «Место» (1990) — сов. история, критически исследуемая в психол., социальном, метафизич. аспектах; жёсткий беспощадный реализм в изображении быта и психологии об-ва, придавленного прессом тоталитаризма. Пьесы, киносценарии, литературоведч. статьи.

ГОРИЛЛА, крупная человекообразная обезьяна. Рост самцов до 2 м, масса до 250 кг и более; самки почти вдвое меньше. Задние конечности много короче передних. Сильно развита мускулатура. Волосы и кожа чёрные. Обитают в густых непроходимых лесах Зап. и Центр. Африки. Растительноядные. Несмотря на свирепый вид и вопреки распространённому мнению, Г.— спокойные, миролюбивые ж-ные. Держатся небольшими стадами. На ночь строят гнёзда под деревьями. Живут, вероятно, до 50 лет. Г. находится под угрозой исчезновения, гл. обр. из-за сведения лесов. В неволе размножается.

Горилла.

ГОРИЦВЕТ, 1) род многолетних трав (сем. гвоздичные). 5 видов, в умеренном поясе Евразии. Сорняки; в культуре как декоративные. 2) Виды р-ний рода *адонис*. 3) В сад-ве — виды рода лихнис.

ГОРЛИЦЫ, неск. родов птиц (сем. *голуби*). Стройные птицы (дл. до 30 см) с маленькой головой и длинным хвостом. Ок. 30 видов, распространены широко, преим. в лесах, нек-рые в насел. пунктах. В светлых лесах России чаще встречаются обыкновенная (в Европ. части) и большая (к В. от Урала) Г. Бриллиантовую полосатую (Австралия) и смеющуюся (в диком виде не встречается) Г. разводят как клеточных птиц.

Горлица на гнезде.

ГОРМОНЫ (от греч. hormáō — возбуждаю, привожу в движение), биологически активные в-ва, вырабатываемые в организме специализир. клетками или органами (железами внутр. секреции) и оказывающие влияние на деятельность др. органов и тканей. У позвоночных ж-ных и человека такие железы (гипофиз, надпочечники, половые, щитовидная и др.) посредством Г., выделяемых в кровь, участвуют в регуляции всех жизненно важных процессов — роста, развития, размножения, обмена в-в. У высш. беспозвоночных Г. контролируют линьку, *метаморфоз* и др. Гормональная система совм. с нерв. системой обеспечивает деятельность организма как единого целого. Хим. природа Г. различна — белки, пептиды, производные аминокислот, стероиды. Г., используемые в медицине, получают хим. синтезом или р-ний см. в ст. *Фитогормоны*.

ГОРН, 1) небольшая печь с открытой неглубокой шахтой, интенсивность горения топлива (древесного угля, кокса, нефти или газа) в к-рой регулируется подачей воздуха. Используется для плавки металлов в тиглях и нагрева заготовок перед ковкой или закалкой. 2) Ниж. часть шахтной плавильной печи (напр., домны, вагранки), где горит топливо. 3) Простейшая металлургич. печь, известная с 3-го тыс. до н.э.

ГОРНАЯ БОЛЕЗНЬ, развивается в условиях высокогорья вследствие снижения парциального давления атм. газов, гл. обр. кислорода. Может протекать остро (разновидность *высотной болезни*) и хронически, проявляясь сердечной и лёгочной недостаточностью и др. симптомами.

ГОРНЕЕ МЕСТО (от слав. горний — возвышенный), в правосл. храме место у центр. части вост. стены алтаря, находящееся прямо против престола, где на возвышении устанавливалась кафедра (седалище) епископа.

ГОРНОЕ ДЕЛО, область деятельности человека по освоению недр Земли. Включает добычу полезных ископаемых, их первичную переработку и науч. исследования, связанные с процессами разработки м-ний, технологиями и оборудованием горн. пр-тий.

ГОРНО-АЛТАЙСК (до 1932 Улала, до 1948 Ойрот-Тура), с 1928) столица Респ. Алтай, на р. Майма, в 96 км от ж.-д. ст. и пристани Бийск. 47,8 т.ж. Пр-тия текст., обув., дереообр. пром-сти. Пед. ин-т. Краеведч. музей. Т-р. Изв. с нач. 19 в. Близ Г.-А.— Чуйский тракт.

ГОРНОЛЫЖНЫЙ СПОРТ, спуск с гор на лыжах по спец. трассам, размеченным воротами, с фиксацией времени. Виды: скоростной спуск, слалом, слалом-гигант. Первые соревнования по слалому проведены в Австрии (1905). В России Г. с. развивается с 1960-х гг. Чемпионаты мира с 1930; в программе Олимп. игр с 1936.

ГОРНОСТАЙ, хищное млекопитающее (сем. куньи). Длина тела до 38 см, хвоста до 12 см. Обитает в Евразии и Сев. Америке. Известен белоснежным «королевским» зимним мехом; летом мех коричневый, низ тела белый. Самый многочисленный из ценных пушных зверей, однако и его численность сокращается.

Горное дело. Средневековые механизмы для проветривания шахт.

Горностаи.

ГОРНЫЕ БАРАНЫ, то же, что *бараны*.

ГОРНЫЕ ИНДЕЙКИ, то же, что *улары*.

ГОРНЫЕ КОЗЛЫ, то же, что *козлы*.

ГОРНЫЕ ПОРОДЫ, природные ассоциации минералов более или менее пост. хим. состава, образующие самостоят. геол. тела, слагающие *земную кору*. Форма, размеры и взаимное расположение минер. зёрен и в-ва обусловливают структуру и текстуру Г. п. По происхождению выделяют: магматич. Г. п.— образуются при застывании магмы под землёй (интрузивные) или на её поверхности (эффузивные); осадочные Г.п.— формируются при осаждении в-ва (механич., хим. и биогенным путём) в вод. среде, реже из воздуха и в результате деятельности ледников; метаморфич. Г. п.— в результате изменения исходных пород под действием высоких темп-р и давлений; метасоматич. Г. п.— результат воздействия на исходные породы химически активных природных р-ров.

ГОРНЫЙ БАДАХШАН (Горно-Бадахшанская АО), в Таджикистане. Пл. 63,7 т.км². Нас. 167 т.ч., гор. 12,5%; таджики (89,5%), киргизы (6,7%), русские (ок. 2%). 6 р-нов, 1 город — Хорог (центр). Расположена в пределах Памира. Климат континентальный. Ср. темп-ры янв. от −8°С на З. до −20°С на В., июля от 22°С на З. до 13°С на В.; осадков 240 мм на З. и 60 мм в год на В. Реки: Пяндж, Мургаб. ГЭС. Осн. отрасль пром-сти — пищевая. Земледелие поливное, в долинах Зап. Памира; возделывают зерновые, овоще-бахчевые культуры, картофель, табак. Плод-во, шелководство. Жив-во (овцы, яки) — на Вост. Памире. Осн. автомоб. дороги Ош — Хорог, Душанбе — Хорог.

ГОРНЫЙ КОМБАЙН, комбинир. машина, производящая разрушение горн. пород и погрузку их в трансп. средства. Бывает очистный (для добычи пластовых залежей полезных ископаемых) и проходческим (для проведения горн. выработок). Широко используются в угольной и калийной пром-сти.

Горный комбайн проходческий: 1 — погрузочный стол; 2 — фрезерная коронка; 3 — стреловидный исполнительный орган; 4 — перегружатель; 5 — ходовая часть.

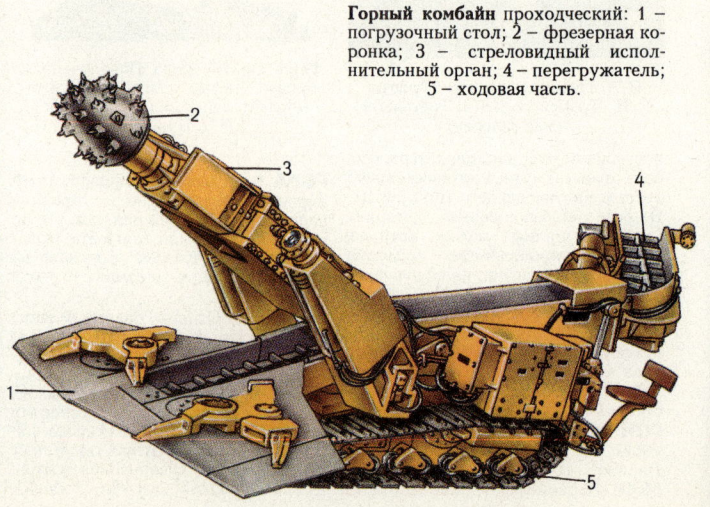

Горный хрусталь. Голова животного (1300–1521). Национальный антропологический музей. Мехико.

ГО́РНЫЙ ХРУСТА́ЛЬ, бесцв. прозрачная разновидность *кварца*. Встречается в пустотах и жилах в виде одиночных кристаллов, иногда друз, а также в россыпях. Известны кристаллы массой до 1 т и более. Г. х. используется как ювелирное и пьезооптич. сырьё. Гл. месторождения: в Швейцарии, Франции, Италии, США, Бразилии, Мадагаскаре, России, Таджикистане.

ГО́РОВИЦ (Horowitz) Вл. Самойлович (1904–89), амер. пианист. Род. в России. С 1928 в США. Исполнитель-виртуоз; сочетал динамич. напор с поэтич. изяществом, богатством звуковой палитры.

ГО́РОД, насел. пункт, жители к-рого заняты, как правило, вне с. х-ва. Отнесение насел. пункта к категории Г. оформляется в законодательном порядке; при этом критерий численности нас. колеблется — от 250 чел. в Дании до 30 тыс. чел. в Японии. Первые упоминания о Г. относятся к 4–3-му тыс. до н.э.; известны крупные торг., ремесл. центры: в Месопотамии – Ур, Вавилон; Египте – Мемфис, Фивы; Индии – Мохенджо-Даро, Хараппа; Греции – Спарта, Афины. В 11–12 вв. наиб. крупные Г. Европы – Венеция, Флоренция, Рим, Париж, Лондон, Кёльн, Новгород и др.

Совр. Г. делятся на малые (до 50 тыс. жит.), средние (50–100 тыс.), большие (100–250 тыс.), крупные (250–500 тыс.), крупнейшие (500 тыс. – 1 млн.) и Г.-миллионеры (св. 1 млн. жит.). В 80-х гг. в мире насчитывалось ок. 220 Г.-миллионеров, самый крупный Г. – Мехико (18 млн. жит., 1990). У мн. крупных Г. возникают Г.-спутники. Часто Г. и Г.-спутники объединяются, образуя агломерации, к-рые могут быть объединены в *мегалополисы*. В России Г. должен иметь не менее 12 т. ж. и не менее 85% нас., занятого вне с. х-ва. В 90-х гг. в Рос. Федерации св. 1030 городов, в к-рых проживало 74% нас. (см. также *Урбанизация*).

ГОРОДЕ́ЦКАЯ РО́СПИСЬ, рус. нар. худ. промысел (с сер. 19 в.) в р-не г. Городец Нижегородской обл. Изготовляются прялки, мебель, ставни, двери, украшенные яркой росписью с жанровыми сценами, фигурами коней, петухов, цветочными узорами. В 1936 осн. артель (с 1960 ф-ка «Городецкая роспись»).

ГОРО́ДИЩЕ (археол.), остатки древнего укреплённого поселения.

ГОРОДКИ́, спорт. игра. Выбивание палками («битами») с определ. расстояний («кон» – 13 м, «полукон» – 6,5 м) из «города» (квадрат 2×2 м) 5 городков (цилиндрич. чу-

Городецкая роспись. И.А. Мазин. Роспись прялочного донца.

рок дл. 20 см), составленных в виде разл. фигур (партия состоит из 15 фигур). Зародилась в 1820-х гг. в России.

ГОРОДОВО́Е ПОЛОЖЕ́НИЕ, название законов о гор. самоуправлении в России: 1) 1785, по Жалованной грамоте городам, было введено сословное самоуправление; 2) 1846 для С.-Петербурга, 1862 для Москвы, заменяло Шестигласную думу всесословной Распорядит. думой; 3) 1870, вводило бессословную гор. думу и гор. управу; 4) 1892, одна из *контрреформ*.

ГОРОДСКА́Я АГЛОМЕРА́ЦИЯ, см. Агломерация населённых пунктов.

ГОРОСКО́П (греч. hōroskópos, букв. – наблюдающий время), таблица взаимного расположения планет и звёзд на определ. момент времени; применяется в *астрологии*.

ГОРО́Х, род одно- и многолетних травянистых р-ний (сем. бобовые). 6–7 видов, в Евразии и Африке. В культуре (в Передней Азии с 4 в. до н.э.) в осн. Г. посевной из Средиземноморья. Выращивают (на зерно и зелёный горошек) во мн. странах, особенно широко в России, на Украине, в Китае, Индии, США. Урожайность семян 15–18 ц с 1 га. Ценный пищ. продукт (много белка, углеводов, калий, фосфор, витамины группы В), отличный корм для скота, хорошее зелёное удобрение. Возде-

Горох. Плодоносящее растение.

лывают (как кормовое р-ние) также Г. полевой, или пелюшку.

ГО́РСКИЙ Ал-др Ал. (1871–1924), артист балета, балетмейстер. В 1889–1900 в Мариинском т-ре (Фавн, Арлекин – «Времена года» и «Испытания Дамиса» А.К. Глазунова), в 1901–24 в Большом т-ре. Реформатор балетного т-ра, в спектаклях добивался последовательности развития драм. действия, ист. достоверности, стилевого единства: «Дочь Гудулы» А.Ю. Симона (1902), «Саламбо» А.Ф. Арендса (1910), «5-я симфония» на музыку Глазунова (1916).

ГОРТЕ́НЗИЯ, культивируемые виды р-ний рода гидрангия (сем. гидрангиевые). Г. крупнолистная с щитковидными розовыми, белыми, малиновыми, голубыми соцветиями – комнатное р-ние; Г. метельчатую, разношерстистую, древовидную с разнообразными соцветиями выращивают в открытом грунте.

ГОРЧАКО́В Ал-др Мих. (1798–1883), рос. дипломат, светлейший князь (с 1871), канцлер (с 1867). С 1817 на дипл. службе, в 1856–82 мин. ин. дел. В 1870 Г. удалось добиться отмены статей Парижского мирного дог. 1856 (заключённого после *Крымской войны 1853–56*), ограничивавших суверенные права России на Чёрном м. Участвовал в создании «Союза трёх императоров» (1873) – России, Германии и Австро-Венгрии. Обеспечил нейтралитет держав в рус.-тур. войне 1877–78. Сторонник проведения *реформ 1860–70-х гг.*

ГОРЧАКО́В Мих. Дм. (1793–1861), князь, ген. от артиллерии (1844). В Крымскую войну 1853–56 команд. войсками на Дунае (1854), в февр.-дек. 1855 главнокоманд. войсками в Крыму.

ГОРЧИ́ЦА, род одно- и многолетних травянистых р-ний (сем. крестоцветные). 7–10 видов, в Евразии и Сев. Африке. В культуре Г. белая (родина – Средиземноморье). Возделывают как масличное р-ние в осн. в Зап. Европе; в России – в нечерноземных р-нах. В семенах (12–25 ц с 1 га) – пищ. масло; из порошка (после отжима масла) делают приправу (столовая горчица) и горчичники. Корнеплодные и листовые сорта Г. – овощные р-ния.

ГОРШКО́В Ал-др Георг. (р. 1946), рос. спортсмен (фигурное катание). Чемпион СССР (1969–71, 1973–75), Европы (1970–71, 1973–76), мира (1970–74, 1976) и Олимп. игр (1976) в спорт. танцах на льду с Л.А. Пахомовой.

Горчица белая: часть растения с цветком.

ГО́РЫ, 1) то же, что горн. страны, горн. системы; обширные участки земной поверхности с резкими колебаниями высот, значительно поднятые над окружающими равнинами. Протягиваются иногда на неск. тыс. км, имеют сложную конфигурацию. Состоят из ряда горн. цепей и хребтов, разделённых межгорн. впадинами и речными долинами. Рельеф Г. образуется в результате сложных деформаций земной коры и последующего расчленения за счёт размыва реками. Крупнейшие Г. – *Гималаи*, *Тянь-Шань*, *Анды*, *Кордильеры*. 2) Поднятия земной коры в виде изолир. вершин или хребтов.

ГО́РЬКИЙ Максим (наст. имя и фам. Ал. Макс. Пешков) (1868–1936), рус. писатель, публицист, обществ. деятель. Большой резонанс имел сб. «Очерки и рассказы» (т. 1–3, 1898–99), где носителями новой, «свободной» морали были изображены (не без влияния ницшеанства) т.н. босяки. В ром. «Мать» (1906–07) сочувственно показал нарастание рев. движения в России. Выявив разные типы жизненного поведения обитателей ночлежки (пьеса «На дне», 1902), поставил вопрос о свободе и назначении человека. В «окуровском» цикле (ром. «Жизнь Матвея Кожемякина», 1910–11) – пассивность, косность уездной рус. жизни, проникновение в неё рев. настроений. Проблема рус. характера – в цикле рассказов «По Руси» (1912–17). В публицистич. кн. «Несвоевременные мысли» (отд. изд. 1918) резко критиковал взятый В.И. Лениным курс на рев-цию, утверждал её преждевременность, разрушит. последствия. Автобиогр.

Горы. Альпы (вершина Маттерхорн).

184 ГОРЬ

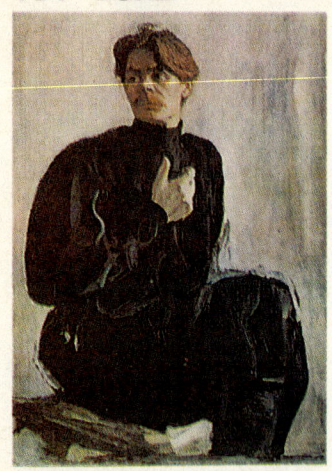

М. Горький. Портрет работы В. А. Серова. 1904. Музей Горького. Москва.

трил.: «Детство» (1913–14), «В людях» (1915–16), «Мои университеты» (1922). Лит. портреты, воспоминания. Многообразие человеческих характеров — в пьесах («Егор Булычов и другие», 1932), в незавершённом романе-эпопее «Жизнь Клима Самгина» (т. 1–4, 1925–36). За границей (1921–31) и после возвращения в Россию оказывал большое влияние на формирование идейно-эстетич. принципов сов. лит-ры (в т. ч. теории социалистич. реализма).

ГОРЬКУ́ШКА, съедобный гриб рода млечник (сем. сыроежковые). Шляпка с бугорком посредине, красно-бурая, ножка красновато-коричневая. На изломе выделяется белый млечный сок. Распространён в обр. во влажных сосновых лесах обоих полушарий. Из-за горького вкуса перед засолом вымачивают и варят.

Горькушка.

ГОРЮ́ЧИЕ СЛА́НЦЫ, осадочное полезное ископаемое, состоящее из органич. в-ва (10–50% по массе) и минеральной (глинистой, кремнистой и др.) части. При переработке Г. с. получают смолу, горючие газы и подсмольные воды. Выход смол 5–50%. Макс. теплота сгорания 16,7 МДж/кг. Г. с. используют как топливо, продукты их переработки — как топливо, сырьё для хим. пром-сти и пром-сти стройматериалов; тв. отходы добычи, обогащения и переработки — сырьё для пром-сти стройматериалов. Г. с. с высоким содержанием металлов — рудное сырьё. Общие потенциальные ресурсы Г. с. 450 трлн. т. Гл. м-ния: в США, Бразилии, Китае, Эстонии, России и др.

ГОРЯ́ЧКИН Вас. Прох. (1868–1935), основоположник с.-х. (землельч.) механики; инициатор созда-

ния н.-и. ин-тов с.-х. маш-ния (1928, с 1968 имени Г.) и механизации с. х-ва (1930) в Москве, а также Моск. ин-та инженеров с.-х. произ-ва (1930, с 1968 имени Г.).

ГО́СПИТАЛЬ (от лат. hospitalis — гостеприимный), леч. учреждение, то же, что больница.

ГОСПИТАЛЬЕ́РЫ, см. *Иоанниты*.

ГО́СТИ, крупные купцы на Руси 10–18 вв. Вели междугор. и заруб. торговлю. В 16 – нач. 18 вв. члены привилегир. корпорации купцов, выполняли поручения пр-ва по закупкам, оценке и хранению казённых товаров.

ГОСТИ́НЫЙ ДВОР, в рус. городах архит. комплекс для торговли и хранения товаров: в 16–17 вв. прямоуг. площадь с галереями, в 18–19 вв. прямоуг. сооружение с открытыми на улицу аркадами и колоннадами.

ГОСУДА́РСТВЕННАЯ ДУ́МА, 1) законодат. представит. учреждение в России в 1906–17. Учреждена *Манифестом 17 октября 1905*. Выборы многоступенчатые по куриям. 1-я (27.4–8.7.1906; пред. С. А. Муромцев); 2-я (20.2–2.6.1907; пред. Ф. А. Головин); 3-я (1.11.1907–9.6.1912; пред. Н. А. Хомяков, с 1910 А. И. Гучков, с 1911 М. В. Родзянко); 4-я (с 15.11.1912; пред. Родзянко). 27.2(12.3).1917 сформировала Врем. к-т Гос. думы. Формально существовала до 6(19) окт. 1917, распущена Врем. пр-вом. 2) Согласно Конституции РФ 1993, одна из двух палат *Федерального собрания*. Половина депутатов избирается по спискам полит. партий и обществ. движений, другая половина — по одномандатным округам по мажоритарной системе на 4 года.

ГОСУДА́РСТВЕННАЯ СО́БСТВЕННОСТЬ, форма собственности, при к-рой имущество, в т.ч. средства и продукты произ-ва, принадлежат гос-ву полностью или на основе долевой либо совместной собственности. В Рос. Федерации Г. с. является имущество, принадлежащее на праве собственности Рос. Федерации (федеральная собственность), и имущество, принадлежащее на праве собственности субъектам Рос. Федерации — республикам, краям, областям, городам федерального значения, авт.

Гостиный двор. «Красные ряды» в Костроме. 1789–1832.

Государственная дума. Таврический дворец в Санкт-Петербурге, в котором проходили заседания Государственной думы (1906–17).

области, авт. округам (собственность субъекта Рос. Федерации).

ГОСУДА́РСТВЕННОЕ ПРА́ВО, совокупность правовых норм, регламентирующих основы гос. устройства, систему высших органов гос-ва, порядок их избрания, избират. систему и т.п. В совр. период распространено более широкое понятие — *конституционное право*.

ГОСУДА́РСТВЕННЫЙ БЮДЖЕ́Т, смета (роспись) доходов и расходов гос-ва на определ. период

Гости. Н. К. Рерих. «Заморские гости». 1901.

(обычно на год). Осн. источник доходов Г. б. — *налоги*. Централизованные ден. фонды Г. б. используются для гос. регулирования экономики (финансирования гос. и частных пр-тий, имеющих важное социальное значение и др.), финансирования социальных программ, науки и культуры, воен. расходов, образования финанс. и материальных резервов, содержания органов гос. управления. К расходам Г. б. относятся и затраты по обслуживанию *государственного долга*. См. также *Бюджетный дефицит*.

ГОСУДА́РСТВЕННЫЙ ДОЛГ, сумма задолженности гос-ва по кредитным операциям и не выплаченным по ним процентам. Возникает, как правило, при необходимости финансирования *бюджетного дефицита*. С учётом сферы размещения делится на внутренний и внешний. Первый образуется по облигациям *займов государственных* и др. гос. *ценным бумагам*; гарантиям гос-ва под ценные бумаги, выпущенные акц. об-вами; кредитам, выданным гос-ву банками и др. кредиторами; не выплаченным физич. и юрид. лицам компенсациям и др. Внеш. Г. д. возникает по взятым гос-вом внеш. кредитам; гарантиям гос-ва под полученные за рубежом кредиты отеч. орг-циями; задолженностям по внешнеторг. операциям бюджетных орг-ций.

ГОСУДА́РСТВЕННЫЙ ЗАКА́З, в централизованно-планируемой экономике задание, выдаваемое пр-тию (объединению) вышестоящим органом и обязательное для включения в его производств. план; имеет гарантированное материально-техн. обеспечение. В странах с развитой рыночной экономикой заключаемый на конкурсной основе договор между представителями гос-ва и пр-тиями по произ-ву той или иной продукции.

ГОСУДА́РСТВЕННЫЙ ОБВИНИ́ТЕЛЬ, прокурор, поддерживающий перед судом обвинение по уголов. делу от имени гос-ва.

ГОСУДА́РСТВЕННЫЙ СЕКРЕТА́РЬ, в нек-рых странах член пр-ва, министр, одно из высших должностных лиц. В США – глава гос. департамента (ведомства иностр. дел). В России с 1810 – нач. Гос. канцелярии (отдел делопроиз-ва в Гос. совете).

ГОСУДА́РСТВЕННЫЙ СОВЕ́Т, высш. совещат. (с 1906 законодат.) орган Рос. империи в 1810–1917. Первонач. рассматривал законопроекты до их утверждения императором. Состоял из департаментов и гос. канцелярии (во главе с гос. секретарём). В 1906 с созданием Государственной думы Г. с. преобразован в верх. законодат. палату. Половина членов Г. с. назначалась императором, половина избиралась от духовенства, губ. земских собраний, дворянских об-в, АН и ун-тов, а также орг-ций пром-сти и торговли. Рассматривал принятые Гос. думой законопроекты до утверждения их императором. Возглавлялся председателем.

ГОСУДА́РСТВО, полит. орг-ция об-ва с определ. формой правления (монархия, республика). По форме гос. устройства Г. может быть *федерацией* или *унитарным государством*.

ГО́ТИКА (от итал. gotico, букв. – готский, от назв. герм. племени *готов*), худ. стиль (между сер. 12 и 15–16 вв.), завершивший развитие ср.-век. иск-ва Зап., Центр. и отчасти Вост. Европы. Гл. архит. тип Г.– гор. собор, основанный на каркасной системе (стрельчатые арки, опирающиеся на столбы; крестовые своды, выложенные на *нервюрах* и под-

Готика. «Мария». Фрагмент скульптурной группы «Встреча Марии и Елизаветы». Западный фасад собора Нотр-Дам в Реймсе.

креплённые *аркбутанами* и *контрфорсами*), позволившей создавать небывалые ранее по высоте сооружения, украшенные ажурной кам. резьбой, скульптурой и *витражами*. Строились дворцы, замки, ратуши, торг. ряды с богатым декором. В произв. изобр. иск-ва усилился интерес к сложному духовному миру образов, богатству человеческих переживаний, миру природы.

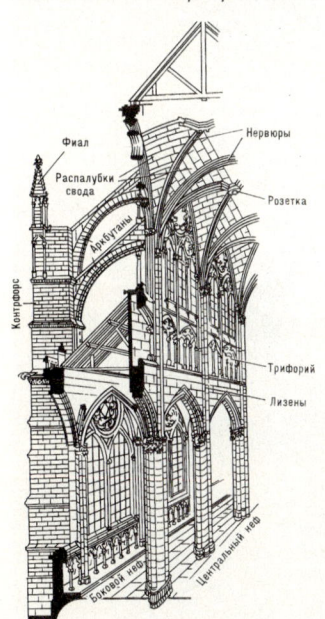

ГОТИ́ЧЕСКИЙ РОМА́Н (англ. the Gothico novel), «чёрный роман», роман «ужасов» в прозе предромантизма и романтизма. Содержит таинств. приключения, фантастику, мистику; в центре произв.– демонич. личность («Итальянец» А. Радклиф).

ГОТИ́ЧЕСКОЕ ПИСЬМО́, особый способ написания лат. шрифта. Первые образцы встречаются в 10 в. в Италии. В 12 в. обнаруживает в разных странах наиб. близость в написании, с кон. 12 в. развиваются специфические для каждой страны черты Г. п. Было особенно распространено в Германии (вплоть до нач. 20 в.). Характерна угловатая и удлинённая форма букв.

ГО́ТОРН Н., см. Хоторн Н.

ГО́ТФРИД БУЛЬО́НСКИЙ (Godefroi de Bouillon) (1060–1100), герцог Ниж. Лотарингии, один из предводителей 1-го крестового похода 1096–99 на Восток, первый правитель (с 1099) Иерусалимского кор-ва.

ГО́ТХОБ, г., адм. ц. Гренландии. 12 т.ж. Порт в Готхобской бухте. Рыб-во; произ-во мороженого филе. Осн. в 1727.

ГО́ТЫ, племена вост. германцев. Делились на *вестготов* (зап. Г.) и *остготов* (вост. Г.).

ГОТЬЕ́ (Gautier) Теофиль (1811–1872), франц. писатель и критик, один из вдохновителей *«Парнаса»*. Обосновал теорию *«искусства для искусства»*. Стилистически отточенная поэзия (сб. «Стихи», 1830, «Эмали и камеи», 1852, поэма «Комедия смерти», 1838) и проза. В новеллах («Два актёра на одну роль», 1841, и др.) – лёгкая ирония, эстетизм. Приключенч. ром. «Капитан Фракасс» (1863). Кн. «Новое искусство» (1852), лит. критика.

Э.Т.А. Гофман.

К. Гоцци.

ГО́ФМАН (Hofmann) Иосиф (Юзеф) (1876–1957), польск. пианист, педагог. Концертировал в 1883–1946. С 1899 жил в США. Один из лучших интерпретаторов соч. композиторов-романтиков, особенно Ф. Шопена.

ГО́ФМАН (Hoffmann) Эрих (1868–1959), нем. дерматовенеролог. Совм. с Ф. Шаудином открыл (1905) возбудителя сифилиса. Тр. по диагностике и лечению венерич. болезней.

ГО́ФМАН Эрнст Теодор Амадей (1776–1822), нем. писатель, композитор, художник. Романтич. ирония и фантазия, мистич. гротеск (ром. «Элексир дьявола», 1815–16) и иррациональность повседневного, темы безумия и реальности иллюзорного в фантастич. пов.-сказках «Золотой горшок» (1814), «Песочный человек» (1817), «Крошка Цахес» (1819), сатирич. ром. «Житейские воззрения Кота Мурра» (1820–22), новеллах (в т.ч. «Музыкальные страдания Иоганнеса Крейслера, капельмейстера», 1810). Осн. конфликты – столкновение грубой «прозы жизни» и романтич. идеала, противостояние филистерства тонкой душе художника,– осмыслены с точки зрения трезвого, проницательного авторского взгляда. По мотивам сказки «Щелкунчик и Мышиный король» создан бал. «Щелкунчик» П.И. Чайковского. Поэтич. образы Г. отражены в фп. цикле «Крейслериана» Р. Шумана. Теоретик романтич. муз. эстетики, автор одной из первых романтич. опер «Ундина» (1814).

ГО́ФМАНСТАЛЬ (Хофмансталь) (Hofmannsthal) Гуго (Хуго) фон (1874–1929), австр. писатель. В неоромантич.-символистских драмах («Смерть Тициана», 1892; «Авантюрист и певица», 1899; «Император и ведьма», 1900; «Башня», 1925) – проблемы жизни и смерти, культ красоты, мистика, эстетизация рока и патол. чувственности.

ГОХУА́ (кит.– нац. живопись), название совр. кит. живописи водяными красками на шёлковых и бум. свитках, в отличие от живописи маслом и акварели. Гл. мастера Г.– Ци Байши, Сюй Бэйхун и др.

ГО́ЦЦИ (Gozzi) Карло (1720–1806), итал. поэт и драматург. Создал новый жанр – театральную сказку (фьяба), соединив приёмы *комедии дель арте* с мотивами фольклора: «Любовь к трём апельсинам» (1761), «Король-олень», «Турандот» (обе 1762) и др., отмеченные изяществом, поэтичностью, яркостью и оптимизмом нар.-сказочной фантастики, содержат комич. и пародийный элемент.

Автобиогр. «Бесполезные мемуары» (1797). Трагикомедии в манере исп. «комедии плаща и шпаги».

ГОШ (Ош) (Hoche) Луи Лазар (1768–97), франц. полководец, генерал (1793). В рев. войнах Франции 90-х гг. 18 в. командовал рядом армий, подавлял мятежи в *Вандее* и Бретани, одержал победы над австр. войсками (1792–97). Пользовался большой популярностью в армейских и полит. кругах Франции.

ГОЭЛРО́ план, первый единый гос. перспективный (на 10–15 лет) план восстановления и развития нар. х-ва Сов. республики на базе электрификации. Разработан в 1920 Гос. комиссией по электрификации России (ГОЭЛРО). План был в осн. выполнен к 1931.

ГРАБ, род деревьев, реже кустарников (сем. берёзовые). Ок. 50 видов, в Европе, Вост. Азии и Сев. Америке. Деревья выс. 25–30 м, живут 100–150 лет. Лесообразующая порода. Древесина твёрдая, применяется при произ-ве ткацких челноков, муз. инстр-тов, в маш-нии и др. Илл. см. на стр. 186.

ГРАБА́РЬ Вл. Эмм. (1865–1956), рос. юрист. Брат И.Э. Грабаря. Основополагающие тр. по теории и истории междунар. права.

ГРАБА́РЬ Иг. Эмм. (1871–1960), живописец и историк иск-ва; один из

И.Э. Грабарь. «Февральская лазурь». 1904. Третьяковская галерея.

186 ГРАВ

Граб обыкновенный: 1 — ветвь с соплодиями; 2 — плоды (орешки с обёртками).

основоположников рос. музееведения, реставрац. дела и охраны памятников иск-ва и старины. Создал жизнерадостные, пронизанные светом пейзажи («Мартовский снег», 1904), натюрморты («Неприбранный стол», 1907), портреты («Н.Д. Зелинский», 1932). Руководил изд. первой науч. «Истории русского искусства» (1909–16). «Автомонография» (1939).

ГРА́ВИЙ (от франц. gravier), рыхлая крупнообломочная осадочная порода, состоящая из окатанных обломков горн. пород и минералов разм. 1–10 мм в поперечнике. Применяется гл. обр. в качестве заполнителя бетонов и в дорожном стр-ве.

ГРАВИТАЦИО́ННОЕ ВЗАИМОДЕ́ЙСТВИЕ, см. *Взаимодействия фундаментальные*.

ГРАВИТАЦИО́ННОЕ ПО́ЛЕ (поле тяготения), один из видов *поля физического*, посредством к-рого осуществляется гравитац. взаимодействие (притяжение) тел, напр. Солнца и планет Солнечной системы, планет и их спутников, Земли и находящихся на ней или вблизи неё тел (см. *Всемирного тяготения закон*).

ГРАВИТАЦИО́ННЫЕ ВО́ЛНЫ, предсказываемое теорией тяготения переменное гравитац. поле, свободно распространяющееся в пространстве со скоростью света. До наст. времени Г.в. непосредственно не обнаружены из-за их чрезвычайно малой интенсивности и слабости гравитационного взаимодействия. Попытки прямого обнаружения Г.в. основаны на том, что воздействуя на тела, Г.в. должны вызывать относит. смещение их частей (деформацию). Косвенное подтверждение существования Г.в. получено из наблюдений нек-рых тесных *двойных звёзд*.

ГРАВИТА́ЦИЯ (от лат. gravitas – тяжесть), то же, что *тяготение*.

ГРАВЮ́РА (франц. gravure), 1) печатный оттиск на бумаге (или на сходном материале) с пластины («доски»), на к-рой нанесён рисунок. 2) Вид *графики*, включающий разнообразные способы ручной обработки «досок» и печатания с них оттисков. Различают выпуклую (как правило, когда краска покрывает поверхность выпуклого рисунка), углублённую (преим. на металле), станковую (эстампы), книжную (иллюстрация, заставка и т.д.) Г.

ГРАДА́ЦИЯ (лат. gradatio – постепенное повышение, от gradus – ступень, степень), последовательность, постепенность в расположении чего-либо, последовательно расположенные этапы, ступени при переходе от одного к другому.

ГРАДИ́РНЯ (от нем. gradieren – сгущать соляной раствор; первоначально Г. служили для добычи соли выпариванием), сооружение для охлаждения воды атм. воздухом. Применяется гл. обр. в системах циркуляц. (оборотного) водоснабжения пром. пр-тий.

ГРАДОНАЧА́ЛЬСТВО, в Рос. империи 19 – нач. 20 вв. город с прилегавшими землями, выделенный из губернии в непосредств. подчинение мин. внутр. дел; управлялся градоначальником. Г. в нач. 20 в.: С.-Петербург, Москва, Одесса, Севастополь, Керчь-Еникале, Николаев, Ростов-на-Дону, Баку.

ГРАДОСТРОИ́ТЕЛЬСТВО, теория и практика планировки и застройки городов. Г. тесно связано с социальными условиями, уровнем произ-ва, науки и культуры, природными условиями и нац. особенностями страны; охватывает комплекс обществ.-экон., строит.-техн., архит.-худ., сан.-гигиенич. проблем. Упорядочению планировки и за-

Градирня.

стройки городов служат регулярная планировка (прямоуг., радиально-кольцевая, веерная и др.), учёт местных условий, стр-во архит. ансамблей, *ландшафтная архитектура* и т.д.

ГРА́ДУС (от лат. gradus – шаг, ступень, степень), 1) общее наименование разл. единиц темп-ры, соответствующих разным температурным шкалам. Различают Г. шкалы Кельвина, или кельвин (К), градус Цельсия (°С), градусы Реомюра (°R), Фаренгейта (°F). 1К = 1°С = 0,8°R = = 1,8°F. 2) Единица измерения плоских углов; 1/90 часть прямого угла. Обозначается знаком °. 1° = 60′ (минут) = 3600″ (секунд).

ГРАЖДА́НСКАЯ ВОЙНА́ В США 1861–65, между Севером и Югом. Юж. рабовладельч. штаты подняли мятеж (апр. 1861) с целью сохранения рабства и распространения его по всей стране. На 1-м этапе (1861–62) война со стороны Севера велась нерешительно, что привело к ряду воен. поражений северян. На 2-м этапе при участии широких нар. масс были раз-

Гражданская война в США 1861–65. Д.М. Картер. «А. Линкольн в столице конфедерации г. Ричмонд, взятой федеральными войсками». Чикагское историческое общество.

Гражданская война 1917—22. М.И. Самсонов. «Сиваш». 1957.

громлены осн. силы южан и в апр. 1865 взят г. Ричмонд — столица рабовладельч. штатов. Победа Севера привела к уничтожению рабства (официально отменено 1 янв. 1863).

ГРАЖДА́НСКАЯ ВОЙНА́ 1917–1922 в России, вооруж. борьба между большевиками, пришедшими к власти в результате Окт. рев-ции, и их противниками. После выхода России из 1-й мир. войны герм. и австро-венг. войска в февр. 1918 оккупировали часть Украины, Белоруссии, Прибалтики и Юга России; в марте 1918 англо-франко-амер. войска высадились в Мурманске; в апреле — япон. войска во Владивостоке; в мае 1918 начался мятеж Чехосл. корпуса. Всё это создало серьёзные проблемы для новой власти. К лету 1918 на ¾ терр. страны образовались многочисл. группировки и пр-ва, выступавшие против сов. власти. Сов. пр-во приступило к созданию Кр. Армии и перешло к политике «военного коммунизма». Во 2-й пол. 1918 Кр. Армия заняла Поволжье, часть Урала. Нояб. рев-ция 1918 в Германии привела к аннулированию Брестского мира. Политика «воен. коммунизма», а также «расказачивание», вызвали рост. и казацкие восстания. Руководители белого движения сформировали многочисл. армии. При поддержке стран Антанты возникли белогв. пр-ва в Сибири, на Юге, Севере и др. Они развернули наступление к Волге на Симбирск и Самару, Воткинск, Туркестан и др. (войска адм. А.В. Колчака), на Петроград (войска ген. Н.Н. Юденича), на Москву, через Курск, Орёл (войска ген. А.И. Деникина) и др. В апр. – мае 1919 Кр. Армия сумела остановить это наступление. В мае – июле сов. войска заняли Урал и Сибирь. В авг. – нояб. были эвакуированы иностр. войска с Ю. Украины, из Крыма, Баку, Ср. Азии. Осенью под Петроградом разгромлена армия Юденича. В окт. – нояб. были разгромлены в р-не Орла, Курска и Воронежа войска Деникина и к марту 1920 их остатки оттеснены в Крым. После окончания сов.-польск. войны Кр. Армия разгромила войска ген. П.Н. Врангеля в Крыму. В 1921-22 подавлены антибольшевистские восстания в Кронштадте, на Тамбовщине, в ряде р-нов Украины, Зап. Сибири и др., ликвидированы очаги белогвардейцев на Д. Востоке. Крах политики «воен. коммунизма» обусловил переход в 1921 к «новой экономической политике». В ходе Г.в. от голода, болезней, террора и в боях погибло (по разл. данным) от 8 до 13 млн. чел., в т.ч. ок. 1 млн. бойцов Кр. Армии. Эмигрировало из страны до 2 млн. чел. Ущерб нар. х-ву составил ок. 50 млрд. золотых руб., пром. произ-во упало до 4–20% от уровня 1913, с.-х. произ-во сократилось почти вдвое.

ГРАЖДА́НСКИЕ ПРАВА́ И СВОБО́ДЫ, комплекс личных прав и свобод полит., экон. и иного порядка, образующих статус личности в об-ве. Как правило, Г.п. и с. закрепляются в конституции, т.е. являются конституционными правами. К числу Г.п. и с. относятся право на свободу и личную неприкосновенность, защиту своей чести и доброго имени, неприкосновенность жилища, тайна переписки, свобода совести, мысли и слова, избирательное право, право на труд, социальное обеспечение по возрасту, в случае болезни, инвалидности, потери кормильца, право на судебную защиту и др. Г.п. и с. закреплены во *Всеобщей декларации прав человека* ООН, в междунар. *пактах о правах человека*.

ГРАЖДА́НСКИЙ БРАК, брак, оформленный в соотв. органах гос. власти без участия церкви. Иногда Г.б. называют также фактич. брак.

ГРАЖДА́НСКИЙ ПРОЦЕ́СС, установленный нормами права порядок разбирательства и разрешения судом гражд. дел, исполнения решений и постановлений по гражд. делам судов и нек-рых др. органов (напр., арбитражей).

ГРАЖДА́НСКИЙ ШРИФТ, шрифт, введённый в России для печатания светских книг в результате первой реформы рус. письма (изменения состава и упрощения кириллич. алфавита), осуществлённой Петром I в 1708-10. Г.ш. лёг в основу совр. рус. алфавита.

ГРАЖДА́НСКОЕ ДЕ́ЛО, дело по спору о гражданском праве (возникшее из гражд., семейных, трудовых и др. правоотношений); дело по жалобе на действия адм. органов или должностных лиц (в предусмотренных законом случаях); дело об установлении факта, имеющего юрид. значение, рассматриваемое и разрешаемое судом.

ГРАЖДА́НСКОЕ О́БЩЕСТВО, понятие, обозначающее совокупность отношений (соц.-экон., в сфере культуры), развивающихся относительно независимо, автономно от гос. власти. Г.о. в определ. смысле первично по отношению к гос. власти, предполагает существование широкого круга членов демокр. прав и свобод участников Г.о. Полное огосударствление обществ. отношений ведёт к свёртыванию демократии, установлению *тоталитаризма*.

ГРАЖДА́НСКОЕ ПРА́ВО, отрасль права, регулирующая товарно-денежные и иные, основанные на равенстве участников имуществ. отношения, а также связанные с ними личные неимуществ. отношения. Участниками регулируемых Г.п. отношений являются граждане (физич. лица) и юрид. лица, гос-во, а также авт. и муницип. образования. Г.п. содержит общие положения, имеющие значение для всех гражд. отношений (напр., о *сделках*, об исковой *давности*), а также нормы о *праве собственности*, *обязательственном праве* (в т.ч. общие положения об обязательствах и отд. виды договоров, напр. купля-продажа, аренда, подряд), *авторском праве*, праве на изобретение, наследственном праве, правоспособности иностр. граждан и юрид. лиц и о применении гражд. законов иностр. гос-в и междунар. договоров. Нормы Г.п., как правило, содержатся в ГК. Многие институты совр. Г.п. основаны на классич. рим. частном праве (см. *Римское право*).

ГРАЖДА́НСТВО, устойчивая правовая связь человека с гос-вом, выражающаяся в совокупности их взаимных прав, обязанностей и ответственности. Г. возникает по рождению, в результате приёма в Г., в ходе *оптации* и по др. законным основаниям. По законодательству большинства стран человек не может быть лишён Г. или права изменить его. Гос-во оказывает покровительство и защиту своим гражданам, находящимся за его пределами. Все вопросы, связанные с приобретением Г., выходом из Г. и приёмом в него, Г. детей при усыновлении, регулируются законами о Г. (в Рос. Федерации – Закон 1991).

ГРА́КХИ, братья: Тиберий (Tiberius Gracchus) (162–133 до н.э.) и Гай (Gaius Gracchus) (153–121 до н.э.), рим. нар. трибуны. Из знатного плебейского рода. Пытались проведением демокр. реформ приостановить разорение крестьян. Погибли в борьбе с сенатской знатью, выступавшей против реформ.

Гракхи. Скульптурный портрет. 19 в.

...ГРА́ММА (от греч. grámma – черта, буква, написание), часть сложных слов, означающая запись, графич. изображение (напр., радиограмма, кардиограмма).

ГРАММА́ТИКА (греч. grammatikḗ, от grámma – буква, написание), 1) строй языка, т.е. система морфол. категорий и форм, синтаксич. категорий и конструкций, способов словопроизводства. Без Г. (строевой основы языка) не могут быть созданы ни слова со всеми их формами, ни словосочетания, ни предложения (шире – высказывания) и их сочленения. 2) Раздел яз-знания, изучающий строй языка, его законы. Г. объединяет морфологию, синтаксис и словообразование.

ГРАММОФО́Н (от греч. grámma – запись и *...фон*), механич. аппарат для воспроизведения звука с грампластинки. Портативный вариант – патефон. В 40–50-х гг. 20 в. вытеснен *электрофонами*.

ГРА́МОТА (от греч. grámmata – чтение и письмо), 1) умение читать и писать. 2) Письменный акт офиц. или частный, в России 10 – нач. 20 вв., свидетельство на пожалование лицу или общине прав, владений, наград, отличий (Данная Г., Жалованная Г. и др.) или о совершении к.-л. сделок, установлении к.-л. отношений (Купчая Г., Уставные Г. и др.). 3) Старинное назв. всякого док-та, письма. 4) Док-т, выдаваемый в награду за успехи в к.-л. деле (Похвальная Г., Почётная Г.). 5) О Г. в междунар. праве см. в ст. *Верительная грамота*, *Ратификация*. 6) (Перен.) филькина Г. (безграмотный, не имеющий юрид. силы док-т); китайская Г. (непонятный док-т; незнакомое дело).

ГРА́МОТНОСТЬ, первоначально определ. степень владения навыками чтения и письма в соответствии с устоявшимися нормами родного языка. Исторически понятие Г. расширялось от элементарных умений читать, писать, считать к владению нек-рым комплексом знаний и навыков, позволяющих человеку сознательно участвовать в социальных процессах (т.н. функциональная Г.).

ГРАМПЛАСТИ́НКА, диск из полимерного материала, на поверхности к-рого по спирали расположены навивки (дорожки) с записью звука, воспроизводимого с помощью *электрофонов*. Прообраз Г. – восковой валик *фонографа* Т.А. Эдисона (1877); первая Г. (целлулоидная) изготовлена амер. инж. Э. Берлинером (1888) для сконструированного им *граммофона*. Совр. Г. выполнены из небьющихся синтетич. материалов. Различают монофонич. (1 звуковой канал

188 ГРАМ

на дорожке) и стереофонич. (2 канала) Г. Частота вращения диска 45, 33 1/3 об/мин.

ГРА́МШИ (Gramsci) Антонио (1891–1937), основатель и руководитель Итал. КП (ИКП). С 1913 в социалистич. движении. В 1923–24 возглавил ИКП. В 1924–26 глава парламентской группы ИКП. В 1926 за рев. деятельность арестован; в 1928 приговорён фаш. судом к 20 годам тюрьмы. Освобождённый в 1937 г. через неск. дней умер. Тр. по вопросам истории, философии и культуры.

ГРАНА́ДОС (Granados) Энрике (1867–1916), исп. композитор, пианист, педагог. Основатель и руководитель (1901–16) Академии музыки в Барселоне. Как композитор связан с движением за возрождение Испании – т.н. Ренасимьенто. В произ.-сочетание нац. элементов с совр. техникой письма. 7 опер, в т.ч. «Гойески» (1916), орк. соч., ансамбли; для фп. – 10 исп. танцев, «Испанское каприччио».

ГРАНА́ДСКИЙ ЭМИРА́Т, последнее араб. гос-во на Пиренейском п-ове (ц.– Гранада). Образован в 1238. Пал в борьбе с Кастилией в 1492.

ГРАНА́Т, род древесных р-ний (сем. гранатовые), распр. на о. Сокотра (Индийский ок.) и в Зап. Азии. Г. обыкновенный – одна из древнейших плод. культур субтропиков (Средиземноморье, Ср. Азия, Закавказье, Крым).

Гранат. Ветвь с плодом и цветками.

Дерево выс. до 5 м или кустарник, живёт до 80 и более лет, плодоносит с 3–4 лет. Плоды (до 60 кг с р-ния) богаты сахарами, танинами, витамином С. Гранатовый сок полезен при малокровии, отвар кожуры и плёнчатых перегородок – при ожогах и расстройствах желудка. Древесина идёт на поделки.

ГРАНА́ТЫ (от лат. granatum – гранат, по сходству с цветом плодов гранатового дерева), группа минералов, силикатов сложного состава. Образуют кристаллы, зернистые массы. Тв. 6,0–7,5; плотн. 3,2–4,3 г/см³. Красиво окрашенные прозрачные Г.– популярные драгоценные камни. Гл. представители: пироп, альмандин – фиолетово-красный; спессартин – оранжево-красный; гроссуляр – зеленовато-жёлтый; андрадит – буровато-красный до чёрного, его ценная разновидность демантоид – изумрудно-зелёный с алмазным блеском; уваровит – травяно-зелёный. Непроз-

Гранаты. Баженовское месторождение (Свердловская область).

рачные Г.– абразивы. Разл. синтетич. Г. используются в лазерных установках, оптич. приборах, вычислит. технике и ювелирном деле.

«ГРАНД-ОПЕРА́», см. *Парижская опера.*

ГРА́НДЫ (Grandes), в ср.-век. Испании высш. дворянство (духовное и светское); с 16 в. дворянский титул.

ГРАНИ́ЛЬНОЕ ДЕ́ЛО, обработка поверхности природных и синтетич. минералов-самоцветов и стекла для ювелирных и техн. целей путём резки, обдирки, гранения и полировки. Известно с 3-го тыс. до н.э. (Др. Египет, Двуречье).

Гранильное дело. Ваза из яшмы. 1873. Эрмитаж.

ГРА́НИН (наст. фам. Герман) Дан. Ал-др. (р. 1919), рус. писатель. Нравств.-психол. проблемы науч. интеллигенции в ром. «Искатели» (1954), «Иду на грозу» (1962). Худ.-док. произв.: «Эта странная жизнь» (1974, о биологе А.А. Любищеве), «Клавдия Вилор» (1976), «Зубр» (1987, о судьбе Н.В. Тимофеева-Ресовского), «Блокадная книга» (ч. 1–2, 1977–81; совм. с А.М. Адамовичем). В ром. «Картина» (1980) и пов. «Неизвестный человек» (1990) – проблема сохранения ист. памяти, анализ состояния человека, теряющего своё место в социальной иерархии. Шпионский ром. «Бегство в Россию» (1994).

ГРАНИ́Т (итал. granito, букв.– зернистый), наиб. распространённая в *земной коре* континентов кислая полнокристаллич. магматич. горн. порода, состоящая в осн. из кварца, полевых шпатов и слюды. Ср. плотн. 2,6 г/см³, прочность на сжатие до 300 МПа. Ценный строит. материал.

Гранит. Массив.

ГРАНИ́ЦЫ ГОСУДА́РСТВЕННЫЕ, линии, отделяющие терр. гос-в друг от друга или от *открытого моря.* Согласно междунар. праву Г.г. между соседними гос-вами устанавливаются в договорном порядке. Установление Г.г. проводится в 2 этапа: делимитация (определение направления Г.г. и нанесение её на прилагаемой к договору карте) и демаркация (обозначение границы на местности с помощью пограничных знаков). Г.г., проходящие по мор. поверхности, определяются как астрономические (по параллелям или меридианам) или как геометрические (между 2 точками).

ГРА́НКА (полиграф.), 1) столбец с произвольным числом набранных текстовых строк одного формата. 2) Оттиск, полученный со столбца набора, используемый для исправления ошибок.

ГРАНО́ВСКИЙ Тим. Ник. (1813–1855), историк, обществ. деятель, один из идеологов *западников;* заложил основы рус. медиевистики. Обладал ораторским талантом, в лекциях по средневековью выступал против деспотизма и крепостничества.

ГРАН-ПРИ́ (франц. Grand Prix – большая премия, главная премия), высш. награда на фестивале, конкурсе и т.п.

ГРАНТ (Grant) Кэри (наст. имя и фам. Арчибалд Александер Лич) (1904–86), амер. киноактёр. Прославившись в серии салонных комедий 30-х гг., Г. в дальнейшем с успехом играл в детективных лентах А. Хичкока («Подозрение», 1941, «Дурная слава», 1946, и др.), сохраняя верность жанру комедии («Мышьяк и старое кружево», 1944, «Обезьяньи проделки», 1952). Сыграл неск. драм. ролей («Гордость и страсть», 1957).

ГРАФ (Graf) Штефания (Штеффи) (р. 1969), нем. теннисистка. Чемпионка мира (1987–90, 1993) и Олимп. игр 1988. Победительница открытых чемпионатов Австралии (1988–90, 1993), Франции (1987–1988), США (1988–89, 1993), Уимблдонского турнира (1988–89, 1991–1993) в одиночном разряде; ок. 60 др. проф. турниров (1986–93) в одиночном и парном разрядах.

ГРАФ (нем. Graf), в раннем средневековье в Зап. Европе должностное лицо, представлявшее власть короля в графстве. В период феод. раздробленности Г. превратились в независимых крупных феодалов. В дальнейшем Г.– дворянский титул; в России со времени Петра I.

...ГРАФ (от греч. graphō – пишу), часть сложных слов, означающая: 1) записывающий, описывающий, изучающий, воспроизводящий что-нибудь (о человеке; напр., биограф, географ, фотограф); 2) воспроизводящий, фиксирующий, регистрирующий что-нибудь (о предмете; напр., осциллограф, барограф).

ГРА́ФИКА (греч. graphikē, от graphō – пишу), вид изобр. иск-ва, включающий *рисунок* и печатные худ. изображения (*гравюра, литография* и др.), основанные на иск-ве рисунка, но обладающие собств. изобр. средствами и выразит. возможностями. Г. делится на станковую (рисунок, не имеющий прикладного значения, *лубок, эстамп*), книжную и газетно-журнальную (*иллюстрация* и др.), прикладную (*экслибрис* и др.), *плакат.* Выразит. средства Г.: контурная линия, штрих, пятно, фон листа (обычно белой бумаги), изображение согласуется по принципу контраста или гармонии.

ГРАФИ́Т, наиб. устойчивая модификация *углерода.* Г. используют для изготовления деталей и аппаратуры в электротехнике, металлургии, хим. маш-нии, ракетостроении и др., в произ-ве огнеупорных материалов и изделий, графитопластов, углеграфитовых, антифрикционных материалов, искусств. алмазов, карандашей и др.

...ГРА́ФИЯ (от греч. graphō – пишу), часть сложных слов, означающая: описание, запись, чертёж, рисунок и т.п.; употребляется как составная часть терминов – названий наук, названий способов воспроизведения, изображения чего-нибудь, а также пр-тий, где применяются такие способы (напр., историография, литография, типография).

ГРА́ФО... (от греч. graphō – пишу), часть сложных слов, означающая: относящийся к письму, почерку, начертанию (напр., графология).

ГРАФОЛО́ГИЯ (от *графо...* и *...логия*), учение о почерке, исследование его с точки зрения отражающихся в нём свойств и психич. состояний пишущего. Данные Г. применяются в психологии, медицине и криминалистике.

ГРАФОМА́НИЯ (от *графо...* и *мания*), патол. страсть к сочинительству.

ГРАФОПОСТРОИ́ТЕЛЬ, устройство для автоматич. вычерчивания с большой точностью схем, чертежей, карт и др. на обычной бумаге, кальке, фотоплёнке. Применяется в системах автоматизир. проектирования, в информац.-измерит. системах, в картографии и т.д.

Графопостроитель планшетного типа.

ГРЕТ 189

Грации. Фреска из Помпеи. 1 в. Национальный музей. Неаполь.

ГРА́ЦИИ, в рим. мифологии три богини красоты, изящества и радости. Соответствуют греч. харитам.

ГРАЧ, стайная птица (сем. вороновые). Дл. ок. 45 см. Длинный тонкий клюв приспособлен к выкапыванию из земли семян, насекомых и пр. Распространён в Евразии, обычен в местах с развитым земледелием. Селится колониями (крупные существуют мн. десятилетий), гнездится на высоких деревьях.

ГРЕБЕШКИ́, семейство мор. двустворчатых моллюсков. Раковина (диам. до 20 см) ярко окрашена. С силой выталкивая воду из раковины, способны «перепархивать» в воде. Неск. десятков видов, распространены широко. Нек-рые — объект промысла и разведения. В ср. века раковина вида гребешок Св. Якова считалась знаком доблести у крестоносцев и пилигримов.

ГРЕБНО́Й КАНА́Л, искусств. водоём для тренировок и соревнований по гребному спорту. Шир. до 200 м (125 м — т.н. осн. вода для гребных дорожек и 75 м — возвратная), дл. ок. 4000 м (осн. вода — 2200 м), глуб. не менее 2 м. Один из крупнейших в Европе Г.к. в Крылатском (Москва).

ГРЕБНО́Й СПОРТ, включает *академическую греблю*, греблю на байдарках и каноэ, мор. ялах и др.

Гребной спорт. Гребля на каноэ.

ГРЕЙ, см. в ст. *Доза излучения*.

ГРЕЙГ Сам. Карлович (1736–88), адмирал (1782). В составе рос. эскадры Г.А. Спиридова командовал отрядом в Чесменском сражении. В рус.-швед. войну 1788–90 команд. Балт. флотом, одержал победу в Гогландском сражении.

ГРЕ́ЙДЕР (англ. grader), землеройная машина для профилирования и планирования уч. участков, грунтовых дорог. Рабочим органом служит поворотный криволинейный отвал. Самоходный Г. наз. автогрейдером. Г., оборудованный конвейером для перемещения или погрузки грунта, наз. Г.-элеватором.

ГРЕЙПФРУТ, древесное р-ние рода цитрус, плод. культура. Вероятно,

Грейпфрут (справа плод в разрезе).

естеств. гибрид помпельмуса и апельсина, возникший неск. столетий назад в Вест-Индии. Выращивают гл. обр. в США (с нач. 20 в.), Японии, Индии; с 1911 на Черномор. побережье Кавказа (незначит. посадки). Вечнозелёное дерево выс. 6–15 м, живёт 80 лет, плодоносит с 4–5 лет. Плоды (200–300 шт. с р-ния) с характерным горьким привкусом, богаты витамином С, полезны при авитаминозах. В корке эфирное масло.

ГРЕ́ЙФЕР (нем. Greifer, от greifen — хватать), грузозахватное устройство, к-рое используется как рабочий орган грузоподъёмного крана, тали, экскаватора, погрузчика. Может быть двухчелюстным — для сыпучих грузов или многочелюстным — для штучных грузов (металлолома, камней, брёвен и т.п.). Челюсти Г. после захвата груза замыкаются подъёмным канатом либо (в моторном Г.) элект-

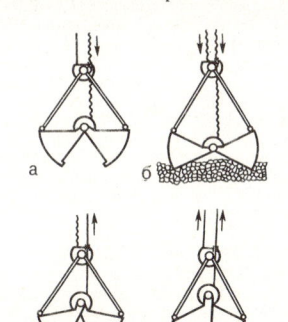

Грейфер. Схема работы двухканатного двухчелюстного грейфера: а — разгрузка; б — опускание на материал; в — захват материала; г — подъём.

ро- или гидроприводом. Обычная вместимость двухчелюстного Г. 0,35–0,5 м³.

ГРЕ́КО, см. *Эль Греко*.

ГРЕ́КО-БАКТРИ́ЙСКОЕ ЦА́РСТВО (ок. 250 — между 140–130 до н.э.), на терр. Ср. Азии, выделилось из гос-ва *Селевкидов*. Включало ист. области Бактрию, Согд, Маргиану и др.; в период наиб. подъёма (190–180 до н.э.) в его состав входили часть Афганистана и Сев.-Зап. Индия. Распалось в результате внутр. усобиц, нар. восст. и наступления кочевников.

ГРЕ́КОВ Митр. Бор. (1882–1934), живописец-баталист. Произв. посв. 1-й Конной армии и событиям Гражд. войны («Тачанка», 1925).

ГРЕ́КО-КАТОЛИ́ЧЕСКАЯ ЦЕ́РКОВЬ, одна из *униатских церквей*.

ГРЕ́КО-КАФОЛИ́ЧЕСКАЯ ЦЕ́РКОВЬ (греч. katholikos — вселенский), офиц. название православной церкви.

ГРЕ́КО-ПЕРСИ́ДСКИЕ ВО́ЙНЫ (500–449 до н.э., с перерывами), между Персией и греч. городами-гос-вами, отстаивавшими свою независимость. Крупные победы греков: при Марафоне, 490; у о. Саламин, 480; при Платеях, 479; у мыса Микале, 479; у г. Саламин (на Кипре), 449. Персия лишилась владений в Эгейском м., на побережье Геллеспонта и Боспора, признала полит. независимость греч. полисов М. Азии.

ГРЕМУ́ЧИЕ ЗМЕ́И, 2 рода змей (сем. ямкоголовые). Дл. до 2,4 м. 31 вид, гл. обр. в Сев. Америке. При раздражении издают громкие трещащие звуки с помощью образованного на конце хвоста кожистыми щитками погремка (отсюда назв.). Укус Г.з. опасен для человека.

ГРЕМУ́ЧИЙ ГАЗ, смесь водорода и кислорода, обычно в соотношении 2:1 по объёму. Взрывается при контакте с огнём или электрич. искрой. Пламя Г.г., получаемое в горелках, используют в металлургии и для плавки кварца.

ГРЕНА́ДА, гос-во в Вест-Индии, на о. Гренада и юж. части о-вов Гренадины. Пл. 344 т. км². Нас. 90,1 т.ч., гл. обр. гренадцы (негры и мулаты). Офиц. яз. — английский. Верующие преим. христиане. Входит в *Содружество*. Глава гос-ва — королева Великобритании. Столица — Сент-Джорджес. Адм.-терр. деление: 7 р-нов. Ден. единица — вост.-карибский доллар.

Поверхность гористая (выс. до 840 м, г. Сент-Катарин). Климат субэкв. пассатный, морской. Ср.-мес. темп-ры 25–28 °C; осадков св. 1500 мм в год. Тропич. вечнозелёные леса.

В 1498 о-в открыт испанцами. В 1650–1783 колония Франции. В 1783–1967 колония Великобритании, в 1967 получила статус «ассоциированного с Великобританией гос-ва». С 1974 независимое гос-во.

Г. — агр. страна. ВНП на д. нас. 2120 долл. в год. Г. называют «островом пряностей». Осн. экспортные культуры: мускатник (ведущий производитель мускатного ореха — 2,5 тыс. т в год, ок. 1/3 мирового

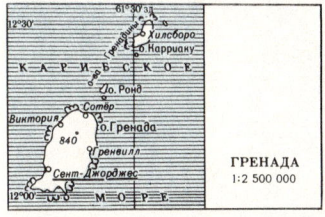

Гренада. Город Сент-Джорджес.

сбора), какао, бананы, цитрусовые; выращивают также ваниль, гвоздичное дерево, коричник. Пищевкус. (конс. з-ды, сах., таб., хл.-очист. ф-ки) и лёгкая пром-сть. Рыб-во. Туризм.

ГРЕНАДЕ́РЫ (франц. grenadiers, от grenade — граната), вид пехоты в европ. армиях 17–20 вв. Первонач.

Гренадеры: 1 — гренадер пехотного полка, 1756–61; 2 — рядовой Гренадерского генералиссимуса князя Суворова полка, 1855.

гранатомётчики, с кон. 18 в. отборные пех. части и соединения. В России — с кон. 17 в. Были также конные Г.

ГРЕНЛА́НДИЯ, о-в в Сев. Ледовитом ок., крупнейший на земном шаре. Терр. Дании (с 1953); пользуется самоуправлением с 1979. Пл. 2176 т. км². Нас. св. 50 т. ч. (1986), в т.ч. гренландцев (эскимосов) ок. 90%. Св. 80% терр. покрыто льдами мощн. до 3400 м (крупнейший ледник *Якобсхавн*). Объём льда 2,6 млн. км³. Выс. до 3700 м (г. Гунбьёрн). У берегов ежегодно образуется 13–15 тыс. айсбергов. Зимой отмечались темп-ры –70 °C (один из полюсов холода Сев. полушария). На побережье — тундровая растительность, много птиц. В Г. обитают сев. олень, овцебык, белый медведь, песец, волк и др. (всего ок. 30 видов млекопитающих). Добыча криолита, руд цв. и редких металлов. На С.-В. — Гренландский нац. парк. Адм. ц. — Готхоб.

ГРЕТРИ́ (Grétry) Андре Эрнест Модест (1741–1813), франц. композитор. Мастер франц. *опера-комик* 18 в. (от «слёзной» сентиментальной комедии до «*оперы спасения*»): «Люсиль» (1769), «Ричард Львиное Сердце» (1784) и др. Муз.-эстетич. труды.

ГРЕ́ТЦКИ (Gretsky) Уэйн (р. 1961), канад. спортсмен (хоккей с шайбой). Один из результативнейших нападающих в НХЛ (ок. 900 голов; 1979–1993); в командах: «Эдмонтон Ойлерз» (1979–88), «Лос-Анджелес Кингз» (с 1988). Обладатель Кубка Стэнли (4 раза в 1979–88) и Кубка Канады (1984, 1988).

ГРЕХ, в религ. этике моральное зло, состоящее в нарушении действием, словом или мыслью воли Бога. Понятие «Г.» выделяется из более древнего и внеморального понятия «скверны» (как бы физич. заразы или нечистоты, происходящей от нарушения сакральных запретов – табу); теология выделяет «первородный» Г. первых людей, последствия к-рого наследуются их потомками.

ГРЕ́ЦИЯ Древняя (Эллада), общее название терр. греч. гос-в на Ю. Балканского п-ова, о-вах Эгейского м., побережье Фракии, по зап. береговой полосе М. Азии. Населяли Г. в 3-м тыс. до н.э. пеласги, лелеги и др., к-рых оттеснили и ассимилировали протогреч. племена (ахейцы, ионийцы). Первые гос-ва (Кнос, Фест, Микены, Тиринф, Пилос и др.) образовались в нач. 2-го тыс. К 9 в. Г. заселяли: эолийцы – Сев. Г., дорийцы – Ср. Г. и Пелопоннес, ионийцы – Аттику и о-ва. В результате борьбы демоса с родовой аристократией в 8–6 вв. в Г. сформировались полисы. В зависимости от результатов борьбы земледельцев и ремесленников с родовой знатью гос. власть в полисе была либо демокр. (в Афинах), либо олигархической (в Спарте, на о. Крит). В экономически развитых полисах (Коринф, Афины и др.) широко распространилось рабство. 5–4 вв.– период высш. расцвета полисов. Он связан с возвышением Афин после победы греков в *греко-персидских войнах* (500–449) и созданием Делосского союза (во главе с Афинами). Время наивысш. могущества Афин, наиб. демократизации полит. строя и расцвета культуры – годы правления Перикла (443–429). В сер. 4 в. на севере Г. возвысилась Македония. Её царь Филипп II, одержав победу при Херонее (338), подчинил Г. После распада державы Александра Македонского в т.н. период эллинизма (3–2 вв.) в Г. преобладали гос-ва и союзы военизир. типа (Македония, Ахейский союз, Этолийский союз), оспаривавшие господство в Г. Со 146 (после разгрома римлянами Ахейского союза) Г. подчинялась Риму. С 4 в. н.э. Г. стала осн. частью Вост. Рим. империи – Византии.

ГРЕ́ЦИЯ (Греческая Республика), гос-во в Юж. Европе, на Балканском п-ове и многочисл. о-вах Средиземного м. (крупнейшие – Крит, Эвбея, Родос, Лесбос). Пл. 132 т. км². Нас. 10,3 млн. ч., в осн. греки. Офиц. яз.– греческий. Верующие преим. христиане. Глава гос-ва – президент. Законодат. власть осуществляется совм. президентом и Палатой депутатов. Столица – Афины. Адм.-терр. деление: 13 областей. Ден. единица – драхма.

Ок. 4/5 терр.– средневысотные горы (наиб. выс.– 2917 м, г. Олимп) и плоскогорья. Берега сильно расчленены. Климат субтропич. средиземноморский. Ср. темп-ры янв. 4–12 °C; июля 25–27 °C; осадков на равнинах 400–700 мм, в горах до 1500 мм в год. Кр. реки – Вардар, Марица; кр. озёра – Преспа, Трихонис. Под кустарниками и лесами – 44% территории.

Древнюю историю см. в ст. *Греция Древняя*, ср.-вековую – в ст. *Византия*. С 15 в. Г. под властью Турции. В ходе Греч. рев-ции 1821–29 была провозглашена (1822) независимость Г. После поражения в войне с Россией 1828–29 Турция по Адрианопольско-

Греция Древняя. Статуэтка из святилища дворца в Кносе. Богиня со змеями. 1600–1580 до н.э. Музей. Гераклион.

Грех. Тициан. «Грехопадение». Ок. 1570. Прадо.

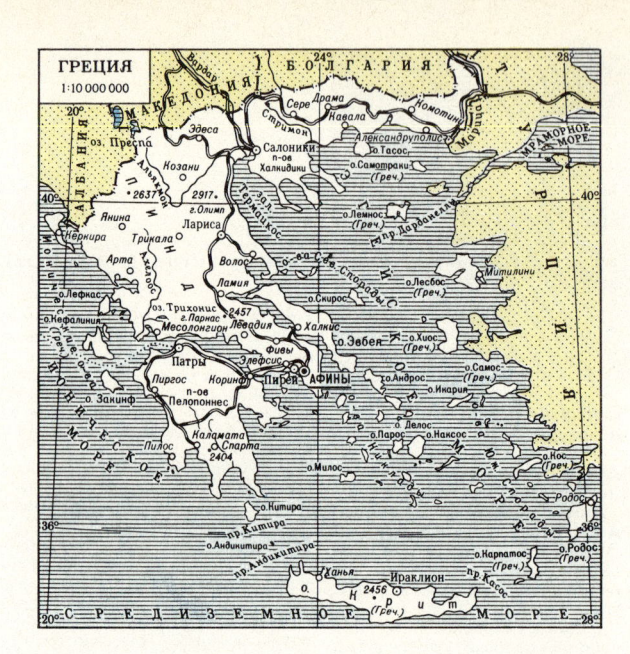

Греция. Афины. Городской квартал у Акрополя.

му мирному дог. 1829 признала автономию Г. С 1830 Г. — независимое гос-во (кор-во). Г.— участник Балканских войн 1912–13, а также 1-й мир. войны (на стороне Антанты). В 1924 Г. провозглашена республикой. В 1935 реставрирована монархия; в 1936 установлена воен. диктатура. В окт. 1940 в Г. вторглись войска фаш. Италии (в нояб. 1940 изгнаны из страны). В апр. 1941 на Г. напала фаш. Германия, вскоре оккупировавшая её. Нар.-освободит. армия (ЭЛАС, созданная Дв. Сопр. в 1941) освободила от фаш. войск в окт. 1944 всю материковую часть Г. В дек. 1944 англ. войска, высадившиеся в Г., начали боевые действия против ЭЛАС. В 1945 части ЭЛАС были расформированы. В сент. 1946 после плебисцита на трон вернулся король. В 1946–49 в Г. развернулась гражд. война. В 1967–74 у власти воен. режим. В результате проведённого в 1974 референдума по вопросу о гос. устройстве Г. в стране введена респ. форма правления. Ведущие полит. партии: Новая демократия (созд. в 1974) и ПАСОК (Всегреч. социалистич. движение, созд. в 1974).

Г.— агр.-индустр. страна. ВНП на д. нас. 6000 долл. в год. Ведущие отрасли пром-сти — текст. (преим. хл.-бум. ткани), пищевкус. (кр. произ-во оливкового масла, фруктовых и овощных консервов, изюма, табака), металлургия, нефтеперераб., цем. (Г.— один из крупнейших в мире экспортёров цемента). Важная отрасль экономики – судох-во (греч. судовладельцам принадлежит св. 170 судов, плавающих под иностр. флагами). Добыча бокситов, железоникелевых руд, пиритов, бурого угля; известен греч. мрамор; на о. Наксос — крупнейшее в мире м-ние наждака. В с.-х-ве преобладает растениеводство. Г.— один из ведущих в Европе производителей табака, хлопчатника, винограда, цитрусовых, помидоров. Разведение овец, коз. Рыб-во. Иностр. туризм (св. 10 млн. ч. в год). Экспорт: текстиль, металлы и изделия из них, нефтепродукты, с.-х. продукция.

ГРÉЦКИЙ ОРÉХ, листопадное дерево (сем. ореховые). Выс. 30–35 м. Растёт в М. Азии, на Балканском п-ове, в Иране, Ср. Азии, Закавказье. Живёт 300–400 лет, обильно плодонося до глубокой старости. Склонен к апомиктичному (без оплодотворения) развитию плодов. Введён в культуру задолго до н.э. ради съедобных плодов (т.н. орехов), орехового масла, ценной древесины.

Грецкий орех: 1 — ветвь с плодами в кожуре; 2 — вскрытый плод.

ГРЕЧАНИ́НОВ Ал-др Тих. (1864–1956), рос. композитор. С 1925 жил за рубежом. Наиб. известна музыка для детей (фп., вок., оперы),

Классический греческий алфавит	Названия греческих букв	Древнегреч. произношение	Цифровое значение	Новогреческий алфавит		Названия новогреч. букв	Новогреческое произношение
				Прописные буквы	Строчные буквы		
Α	ἄλφα	a	1	Α	α	альфа	a
Β	βῆτα	b	2	Β	β	вита	v
Γ	γάμμα	g	3	Γ	γ	гамма	g (фрикативный)
Δ	δέλτα	d	4	Δ	δ	дельта	ð (межзубной)
Ε	ἒ ψιλόν	e	5	Ε	ε	эпсилон	e
Ϛ	στίγμα		6				
Ζ	ζῆτα	dz	7	Ζ	ζ	зита	z
Η	ἦτα	ē	8	Η	η	ита	i
Θ	θῆτα	th	9	Θ	ϑ	тита	θ (межзубной)
Ι	ἰῶτα	i	10	Ι	ι	йота	i
Κ	κάππα	k	20	Κ	κ	каппа	k
Λ	λάμβδα	l	30	Λ	λ	лам/в/да	l
Μ	μῦ	m	40	Μ	μ	ми	m
Ν	νῦ	n	50	Ν	ν	ни	n
Ξ	ξῖ	ks	60	Ξ	ξ	кси	ks
Ο	ὂ μικρό(ν)	o	70	Ο	ο	омикро(н)	o
Π	πῖ	p	80	Π	π	пи	p
Ϟ	κόππα		90				
Ρ	ῥῶ	r	100	Ρ	ρ	ро	r
Σ	σίγμα	s	200	Σ	σ	сигма	s
Τ	ταῦ	t	300	Τ	τ	таф	t
Υ	ὖ ψιλόν	ü	400	Υ	υ	ипсило(н)	i
Φ	φῖ	ph	500	Φ	φ	фи	f
Χ	χῖ	ch	600	Χ	χ	хи	ch
Ψ	ψῖ	ps	700	Ψ	ψ	пси	ps
Ω	ὦ μέγα	ō	800	Ω	ω	омега	o
	σαμπῖ		900				

Примечание: Знаки Ϛ „стигма", Ϟ „коппа", Ϡ „сампи" в классическом др.-греч. письме употреблялись лишь для обозначения чисел. Вышел из употребления также знак Ϝ „диагаммы" архаического греческого письма, который служил для передачи w и восстанавливается в архаизмах и метрике греческого стиха.

Греческое письмо.

удачно сочетающая худ. и инструктивные задачи. Романсы, хоры, церк. музыка, оперы (в т.ч. «Добрыня Никитич», 1901).

ГРÉЧЕСКОЕ ПИСЬМÓ, алфавитное (буквенное) письмо, возникшее из финикийского консонантного письма в 9–8 вв. до н.э. и используемое поныне. В Г.п. появились буквы для передачи гласных звуков, что явилось новым этапом в развитии письма. Классич. общегреч. алфавит состоит из 27 букв, к-рые служили также для обозначения цифр; новогреч. алфавит имеет 24 буквы. Читается слева направо. Г.п. легло в основу мн. систем письма.

ГРЕЧИ́ХА, род одно- и многолетних травянистых р-ний (сем. гречишные). 4–5 видов, в Сев. полушарии. Г. посевную, или съедобную (в культуре с 3-го тыс. до н.э.), возделывают во многих (в осн. европ.) странах; в России — в Центр.-чернозёмных обл., Поволжье, Предуралье. Прод. культура (крупа, мука). Урожайность 8–12 ц с 1 га. Татарский Г.— сорняк.

ГРЖИ́МЕК (Grzimek) Бернхард (1909–87), нем. зоолог, деятель в области охраны природы. Осн. работы по сохранению и рациональному использованию природы Африки. Директор зоопарка во Франкфурте-на-Майне (с 1945). Популярные кн.: «Серенгети не должен умереть» (1959), «Они принадлежат всем. Борьба за животный мир Африки» (1962) и др.; Энциклопедия животного мира (т. 1–16, 1967–75).

Гречиха посевная: часть растения с цветками.

ГРИ́БОВ Ал. Ник. (1902–77), актёр. С 1924 во МХАТе. Создал драм. и комедийные образы, психологически глубоко разработанные, с сильной социальной мотивировкой: Чебутыкин («Три сестры» А.П. Чехова, 1940), Первый мужик («Плоды просвещения» Л.Н. Толстого, 1951), Фома Опискин («Село Степанчиково и его обитатели» по Ф.М. Достоевскому, 1970) и др. Снимался в ф.: «Свадьба» (1944) и др.

ГРИБОÉДОВ Ал-др Сер. (1790 или 1795?–1829), рус. писатель и дипломат. С 1828 посол в Персии, где был убит фанатиками. В комедии в стихах «Горе от ума» (1822–24, пост. в Москве в 1831, изд. 1833) конфликт между «либералом-обличителем» (близким к декабризму) и фамусовским об-вом (поклонение чину, богатству, власти) предстаёт как борьба за права

А.С. Грибоедов. Портрет работы И.Н. Крамского. 1873. Третьяковская галерея. Фрагмент.

и достоинство личности (в т.ч. и национальные). Мн. образы стали нарицательными, отд. стихи – поговорками и крылатыми словами.

ГРИБЫ́, одно из царств живых организмов (ранее относили к низшим р-ниям). Св. 100 тыс. видов, наиб. число в Европе и Сев. Америке. Вегетативное тело в виде грибницы, или *мицелия* (за исключением внутриклеточных паразитов). Размножение вегетативное, бесполое (спорами) и половое. Условно Г. разделяют на макромицеты – Г. с крупными плодовыми телами (шляпочные, дождевики, трутовые) и микромицеты – микроскопически малые Г., образующие налёты, плесени на р-ниях и органич. субстратах или живущие в почве и в вод. среде. Г. минерализуют растит. остатки в почве; патогенные Г. вызывают болезни р-ний, ж-ных и человека. Мн. виды плесневых Г. используют в микробиол. пром-сти для получения витаминов, антибиотиков, ферментов, стероидных гормонов. Многие Г. съедобны; дрожжи применяют в хлебопечении и пивоварении. Ряд видов культивируют (шампиньоны, трюфели, вешёлка). Наука о Г.— микология.

ГРИ́ВЕННИК, рус. разменная монета в 10 коп. Чеканилась с 1701 по 1930 обычно из серебра, с 1931 из медных и никелевых сплавов.

ГРИ́ВНА, металлич. обруч, шейное украшение.

Гривна. Славянская шейная гривна 11–12 вв., найденная в Курской области.

ГРИГ (Grieg) Эдвард (1843–1907), норв. композитор, пианист, дирижёр. В ярко национальной музыке Г.— черты *романтизма*, *импрессионизма*. Мн. стилистич. приёмы в гармонии и ритмике сложились под влиянием норв. фольклора. 2 орк. сюиты из музыки к драме Г. Ибсена «Пер Гюнт»

Э. Григ.

(1888, 1896), концерт для фп. с орк. (1868), ансамбли, «Лирич. пьесы» для фп., ок. 150 романсов и песен.

ГРИГО́Р НАРЕКАЦИ́ (951–1003), арм. поэт и философ, учёный монах. Гандзы — гимны во славу Бога, песни-таги. Лирико-мистич. поэма «Книга скорбных песнопений» (опубл. 1673, Марсель), в к-рой впервые в арм. лит-ре объектом изображения стал человек и его чувства; оказала влияние на развитие арм. лит. языка.

ГРИГОРЕ́НКО Пётр Григ. (1907–1987), правозащитник, публицист, ген.-майор (1959). Участвовал в боях на р. Халхин-Гол (1939) и в Вел. Отеч. войне. С 1945 преподавал в Воен. академии имени М.В. Фрунзе. В 1961 за критику Н.С. Хрущёва переведён на Д. Восток. В 1963 создал «Союз борьбы за возрождение ленинизма» и в 1964 лишён звания, наград и пенсии. В 1964–65, 1969–74 подвергался арестам и принудит. лечению в психиатрич. больнице. В 1977 выехал в США и был лишён гражданства СССР. Восп.: «В подполье можно встретить только крыс...» (1981).

ГРИГОРИА́НСКИЙ ХОРА́Л (от лат. cantus gregorianus — григорианское пение), традиционное литургич. монодийное песнопение римско-католич. церкви. Исполняется муж. хором в *унисон*. Языковая основа — латынь. Отбор и канонизация текстов и напевов начаты в кон. 6 в. при папе римском Григории I Великом. Мелодика, подчинённая богослужебному тексту, основана на нерегулярном чередовании долгих и кратких *длительностей*, на ср.-век. диатонических, т.н. церковных, ладах. Г.х. явился основой ранних форм европ. полифонии. См. также *Монодия, Хорал, Осмогласие.*

ГРИГО́РИЙ БОГОСЛО́В (Григорий Назианзин) (ок. 330 – ок. 390), греч. поэт и прозаик, церк. деятель и мыслитель, представитель *патристики*. Епископ г. Назианза (М. Азия). Переносил в теологию методы платоновской диалектики. Автобиогр. поэмы, написанные в последние годы жизни,— «О моей жизни», «О моей судьбе» и «О страданиях моей души».

ГРИГО́РИЙ I ВЕЛИ́КИЙ (Gregorius I Magnus) (Двоеслов) (540–604), отец церкви, папа римский (с 590). Политика Г.I В. играла централизующую роль в Зап. Европе в период ослабления имп. власти. Заложил основы папской системы правления пап; содействовал становлению зап. монашества. Автор мн. проповедей, библейских комментариев, «Диалогов» (сб. легенд об итал. святых). Г.I В. приписывается авторство гимнов, лёгших в основу т.н. «григорианской» системы церк. пения.

ГРИГО́РИЙ НИ́ССКИЙ (ок. 335 – ок. 394), христ. писатель, богослов и философ, отец церкви, один из виднейших представителей греч. *патристики*; епископ г. Ниса (М. Азия). Брат Василия Великого, друг Григория Богослова. Развивал традиции христ. платонизма, выдвинул тезис о размежевании сфер философии и богословия; в антропологии исходил из идеи человечества как органич. целого, некоей коллективной личности (полноте – плероме – душ).

ГРИГО́РИЙ ПАЛАМА́ (1296–1359), визант. теолог и церк. деятель, систематизатор *исихазма*. Развил идеи о различии сущности Бога (запредельной и недоступной) и его энергий (самоявлений), пронизывающих мир и сообщаемых человеку. Учение Г.П. в 1351 признано офиц. доктриной Визант. церкви.

ГРИГОРО́ВИЧ Дм. Вас. (1822–1899/1900), рус. писатель. Антикрепостнич. пов. «Деревня» (1846) и «Антон-Горемыка» (1847). Ром. 50-х гг. («Рыбаки» и «Переселенцы») насыщены этногр. материалом. Автор пов. «Гуттаперчевый мальчик» (1883).

ГРИГОРО́ВИЧ Юр. Ник. (р. 1927), артист балета, балетм., педагог. В 1946–64 в Т-ре оперы и балета имени С.М. Кирова, в 1964–95 гл. балетм. Большого т-ра. Пост. «Каменный цветок» С.С. Прокофьева (1957), «Щелкунчик» П.И. Чайковского (1966), «Спартак» А.И. Хачатуряна (1968), «Золотой век» Д.Д. Шостаковича (1982), «Раймонда» А.К. Глазунова (1984), «Баядерка» Л. Минкуса (1991), «Корсар» А. Адана и Ц. Пуни (1994) и др. Хореограф-новатор. Спектакли Г. включают сложные формы хореогр. симфонизма; классич. танец в них обогащён элементами др. танц. систем, балетам классич. наследия придал совр. звучание.

ГРИГО́РЬЕВ Аполлон Ал-др. (1822–64), рус. лит. и театральный критик, поэт. Создатель т.н. органич. критики: статьи о Н.В. Гоголе, А.Н. Островском, А.С. Пушкине, М.Ю. Лермонтове, И.С. Тургеневе, Н.А. Некрасове, А.А. Фете и др. По мировоззрению почвенник. В лирике Г.— раздумья и страдания романтич. личности: цикл «Борьба» (полное изд. 1857), в т.ч. стихи-романсы «О, говори хоть ты со мной...» и «Цыганская венгерка», цикл «Импровизации странствующего романтика» (1860). Поэма-исповедь «Вверх по Волге» (1862). Автобиогр. проза.

Ю.Н. Григорович. Сцена из балета «Иван Грозный» на музыку С.С. Прокофьева, 1975.

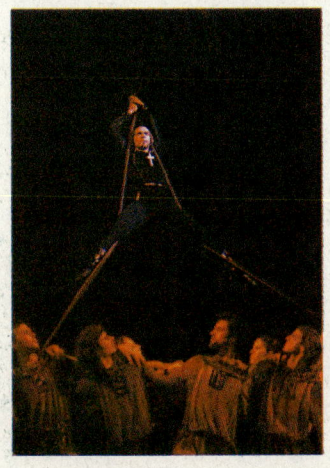

ГРИЗА́ЙЛЬ (франц. grisaille, от gris — серый), вид декор. живописи, выполняемой в разных оттенках к.-л. одного цвета (чаще серого).

ГРИ́ЗИНГЕР (Griesinger) Вильгельм (1817–68), нем. врач, один из основоположников науч. психиатрии. Рассматривал психич. расстройства как заболевания мозга.

ГРИ́ЗЛИ, подвид *бурого медведя.*

ГРИ́ЛЬПА́РЦЕР (Grillparzer) Франц (1791–1872), австр. писатель. В сочетающих черты романтизма и классицизма драмах на мифол. («Праматерь», 1817; «Сафо», 1818; «Золотое руно», 1822), ист. («Величие и падение короля Оттокара», 1825) и сказочные сюжеты («Сон – жизнь», 1834) — идеи верности долгу, бескорыстия, гуманности.

ГРИММ (Grimm), братья: Якоб (1785–1863), Вильгельм (1786–1859), нем. филологи, представители (наряду с А. Арнимом и К. Брентано) т.н. гейдельбергских романтиков (лит. кружок 1805–09 в г. Гейдельберг), возродивших интерес к нар. культуре. Исследователи и издатели ср.-век. нем. текстов, преданий, герм. героич. сказаний, нар. сказок («Детские и семейные сказки», т. 1–2, 1812–14; вошли в сокровищницу дет. мировой лит-ры). Лингвистич. тр. (книги Якоба Г. по истории и грамматике нем. яз.). Основоположники мифол. школы в фольклористике (кн. Якоба Г. «Немецкая мифология», 1875).

ГРИ́ММЕЛЬСХА́УЗЕН (Grimmelshausen) Ханс Якоб Кристоффель (ок. 1621–76), нем. писатель. В ром. «Симплициссимус» (лат. Simplicissimus — простодушнейший; 1669, на рус. яз. 1935), сочетающем сатирич. гротеск и социальную утопию, риторику, аллегорию и фольклорную сочность, устами «простака» («Симплиция») обличал зло *Тридцатилетней войны*, опустошившей души людей и поля страны.

ГРИН (наст. фам. Гриневский) Ал-др Степ. (1880–1932), рус. писатель. В романтико-фантастич. пов. «Алые паруса» (1923), «Бегущая по волнам» (1928), ром. «Блистающий мир» (1923), «Дорога никуда» (1930), рассказах — мир мечты, идеальные образы Любви и Красоты, гуманистич. вера в человека, лиризм. «Автобиографическая повесть» (1931).

ГРИН (Greene) Грэм (1904–91), англ. писатель. Романы (часто остросюжетные с элементами детективного), исследующие внешние, социальные факторы формирования человека, отмечены сложной христ.-этич. проблематикой, полит. актуальностью, психологизмом: «Власть и слава» (1940), «Суть дела» (1948), «Тихий американец» (1955), «Наш человек в Гаване» (1958), «Ценой потери» (1961), «Комедианты» (1966), «Монсеньор Кихот» (1982) и др. Для стиля Г. характерны парадокс, гротеск, ирония.

ГРИНА́УЭЙ (Greenaway) Питер (р. 1942), англ. кинорежиссёр, художник. Мастер постмодернистской поэтики, свободно смешивающий элементы разл. жанров и стилей: от вычурного эстетизма до грубого натурализма, от эротич. комедии до «фильмов ужасов» («Отсчёт утопленников», 1988; «Повар, вор, его жена и её любовник», 1989; «Книги Просперо», 1991, и др.).

ГРИ́НБЕРГ (Greenberg) Джозеф Харолд (р. 1915), амер. антрополог, этнограф, языковед. Тр. по африканистике, лингвистич. типологии, общему яз-знанию. Разработал классификацию языков Африки.

ГРИ́НВИЧСКИЙ МЕРИДИА́Н, начальный (нулевой) *меридиан*, от к-рого ведётся счёт долгот на Земле. Проходит через г. Гринвич (пригород Б. Лондона).

«ГРИ́НПИС» (англ. «Greenpeace» — «Зелёный мир»), независимая междунар. обществ. орг-ция, ставящая целью предотвращение деградации окружающей среды. Осн. в 1971 активистами из Канады и США; имеет отделения в 25 странах (с 1990 – в Москве). «Г.» выступает против ядерных испытаний и радиац. угрозы, загрязнения среды пром. отходами, в защиту животного мира и др. Воздействуя на обществ. мнение через печать, учреждения просвещения и образования, проводя ненасильств. акции протеста, «Г.» добивается от правительств. и пром. компаний решений по конкретным экологич. проблемам.

ГРИ́НЧЕНКО Бор. Дм. (1863–1910), укр. писатель, лексикограф. В рассказах, повестях «Без хлеба», 1884; «На распутье», 1891), драмах («Новый путь», 1905) — жизнь крестьян, шахтёров, положит. образ либерального деятеля. В стихах (сб. «Песни и думы», 1895, «Минуты», 1903) — традиции укр. демокр. поэзии. Фундам. труд — «Словарь украинского языка» (т. 1–4, 1907–09).

ГРИПП человека, острое респираторное вирусное заболевание. Проявляется лихорадкой, головными и мышечными болями, кашлем, насморком. Передаётся с капельками слизи через воздух при кашле, чихании, разговоре. Возможны тяжёлые осложнения. Периодически возникают эпидемии Г., из к-рых наиб. крупными были пандемии 1889–90 и 1918–20 (погибло св. 20 млн.ч.).

ГРИФ (франц. griffe), 1) штемпель с образцом подписи или к.-л. др. рукописным текстом. 2) Надпись на док-те или издании, определяющая порядок пользования им.

ГРИ́ФФИТ (Griffith) Дейвид Уорк (1875–1948), амер. кинорежиссёр. Внёс большой вклад в становление мирового кино, применив крупный план, параллельный монтаж, обширные панорамы, новые принципы ассоциативного эпич. сюжетосложения, прежде всего в ф. «Рождение нации» (1915), «Нетерпимость» (1916), а также в мелодрамах «Сломанные побеги» (1919), «Путь на Восток» (1920), «Сиротки бури» (1921). Последний ф.— «Схватка» (1931). Разработал осн. принципы актёрской игры в кино, открыл широкие возможности съёмочной камеры и её роль в построении экранного образа.

ГРИ́ФЫ, две группы хищных птиц. Американские Г. (7 видов, в т.ч. кондор; от Ю. Канады до Огненной Земли) и Г. Старого Света (14 видов, в т.ч. стервятник, бородач, в Юж. Европе, Африке, Юж. Азии). Голова и шея голые, покрыты редким пухом. Крылья широкие, в размахе до 3 м, приспособленные к длит. парению в поисках падали – осн. пищи большинства Г. Калифорнийский Г. (иногда наз. кондором) на грани исчезновения (в 1987 были отловлены последние сохранившиеся птицы; вместе с выращенными в неволе содержатся в спец. питомниках для последующего выпуска в естеств. местообитания).

ГРИЦЕ́НКО Ник. Олимпиевич (1912–79), актёр. С 1940 в Т-ре имени Евг. Вахтангова. Актёр широкого диапазона, обладал даром внеш. и внутр. перевоплощения: Мышкин («Идиот» по Ф.М. Достоевскому, 1958), Фёдор Протасов («Живой труп» Л.Н. Толстого, 1962) и др. В комедийных ролях смело использовал приёмы гротеска, буффонады: Молоков («На золотом дне» по Д.Н. Мамину-Сибиряку, 1955) и др. Снимался в ф.: трилогия «Хождение по мукам» (1957–59), «Анна Каренина» (1968) и др.

ГРИ́ШИН Евг. Ром. (р. 1931), рос. спортсмен. Неоднократный чемпион СССР (в 1956– 1965), мира (в 1955–68), Олимп. игр (1956, 1960) по конькобежному спорту. Абс. чемпион Европы (1956). Многократный рекордсмен мира на дистанциях 500, 1000 и 1500 м.

ГРОБНИ́ЦА, архит. сооружение или *саркофаг*, вмещающие тело умершего и увековечивающие его память (напр., др.-егип. *пирамиды*, *мавзолеи* и др.).

ГРО́ДНО, г., обл. ц. в Белоруссии, пристань на р. Неман. 285 т.ж. Ж.-д. узел. Хим. пром-сть (синтетич. волокна, азотные удобрения, лаки, краски и др.), маш-ние и металлообработка, лёгкая (текст., кож.-обув. и др.), пищ. пром-сть. 3 вуза (в т.ч. ун-т). 3 музея: ист.-археол. и др. 2 т-ра (в т.ч. рус. драм.). Изв. с 1128.

ГРОЗА́, атм. явление, при к-ром в кучево-дождевых облаках или между облаками и земной поверхностью возникают многократные электрич. разряды – молнии, сопровождающиеся громом.

ГРО́ЗНЫЙ, г. (с 1870), столица Чеченской Республики, на р. Сунжа. 387,5 т.ж. Ж.-д. ст. Центр нефтедоб. р-на. Нефтеперераб., нефтехим., хим., пищ. (конс. и др.) пром-сть; маш-ние (нефт. оборудование и др.) и металлообработка. 3 вуза (в т.ч. ун-т). 2 музея (в т.ч. изобр. иск-в). 3 т-ра (в т.ч. нац. и рус. драм.), филармония. Осн. в 1818.

Грозный. Вид центральной части города (начало 1990-х гг.).

ГРОМООТВО́Д, распространённое в быту неправильное назв. *молниеотвода*.

ГРО́ПИУС (Gropius) Вальтер (1883–1969), нем. архитектор, дизайнер и теоретик архитектуры. Основоположник *функционализма*, разрабатывал рационалистич. принципы в архитектуре и дизайне. Основатель и дир. (1919–28) *Баухауза*. С 1937 работал в США. Создал новые архит. формы, выявляя во внеш. облике построек их функциональное назначение (ф-ка «Фагус» в Альфельде, 1911–16).

ГРО́ССМАН Вас. Сем. (1905–64), рус. писатель. Ист.-рев. ром. «Степан Кольчугин» (ч. 1–4, 1937–40). Пьеса «Если верить пифагорейцам» (1946). Сб-ки рассказов «Счастье», 1935; «Добро вам!», 1967). Пов. «Народ бессмертен» (1942), ром. «За правое дело» (1952) посв. подвигу народа в Вел. Отеч. войне. В пов. «Всё течёт» (1955–63, опубл. в 1989, в России в 1989) – жёсткое изображение трагического в истории страны 1930–50-х гг. (в т.ч. голод на Украине, жен. лагеря). В ром. «Жизнь и судьба» (1948–60; в 1961 рукопись арестована; опубл. в 1980, в России в 1988) – многоплановая панорама эпохи Вел. Отеч. войны (Сталинградская битва, тыл, ГУЛАГ, нем. концлагеря, евр. гетто), прозрение духовно-нравств. глубин личности, противостоящей насилию тоталитарной системы (фашистской и коммунистической).

ГРОССМЕ́ЙСТЕР (нем. Großmeister) (вел. магистр), 1) глава католич. духовно-рыцарского ордена. Избирается пожизненно членами ордена, утверждается рим. папой. 2) Высш. спорт. звание в шахматах и шашках.

ГРОТ (франц. grotte), 1) неглубокая пещера со сводчатым потолком и широким входом. 2) Расширение пещеры после узкого прохода. 3) Ниша в конце ледника. 4) Сооружение в европ. парках 16–18 вв. (в России с 18 в.), искусств. пещера.

ГРОТЕ́СК (франц. grotesque, букв.– причудливый; комичный), 1) орнамент, в к-ром причудливо, фантастически сочетаются декор. и изобр. мотивы (р-ния, ж-ные, человеческие формы, маски). 2) Вид худ. образности, комически и трагикомически обобщающий и заостряющий жизненные отношения посредством причудливого и контрастного сочетания реального и фантастического, правдоподобия и карикатуры, гиперболы и алогизма. Издревле присущ худ. мышлению (произв. Аристофа-

на, Лукиана, Ф. Рабле, Л. Стерна, Э.Т.А. Гофмана, Н.В. Гоголя, М. Твена, Ф. Кафки, М.А. Булгакова).

ГРОТО́ВСКИЙ (Grotowski) Ежи (р. 1933), польск. режиссёр, теоретик т-ра. В 1965–83 руководил студией «Театральная лаборатория» во Вроцлаве, оказывшая воздействие на совр. режиссёрское иск-во. Исследует природу актёрского творчества, в постановках расширяет возможности сценич. реализма, используя опыт мирового т-ра. С 1973 организовал лаборатории стажировки актёров разл. стран.

ГРО́ЦИЙ (Grotius) (Гроот) Гуго (1583–1645), голл. полит. мыслитель и гос. деятель, теоретик права. Один из основателей теории *естественного права* и совр. науки междунар. права. Осн. тр. «Свободное море» (1609) и «О праве войны и мира» (1625).

ГРОШ (от лат. grossus – толстый, крупный), монета разл. стран. Начала чеканиться в Италии в 12 в. В России в 17–18 вв. медная двух-, с 19 в. полукопеечная монета. Совр. разменная монета Польши (1 Г. = $\frac{1}{100}$ злотого) и Австрии (нем. Groschen; 1 Г. = $\frac{1}{100}$ *шиллинга*).

ГРУДНА́Я ЖА́БА, то же, что *стенокардия*.

ГРУЗДЬ, съедобный гриб рода млечник (сем. сыроежковые). Шляпка вогнутая, с опущенным краем, белая или цвета слоновой кости (у Г. настоящего), зеленовато-бурая или чёрная (у Г. чёрного), ножка короткая, толстая. На изломе выделяется едкий белый сок. Растут в лиственных (дубовых или берёзовых) лесах. Используется для засола.

Груздь.

Грузия. Замок-крепость Ананури.

ГРУЗИ́НСКАЯ ПРАВОСЛА́ВНАЯ ЦЕ́РКОВЬ, одна из автокефальных правосл. церквей. Орг. оформление Г.п.ц. связано с распространением христ-ва в Грузии в нач. 4 в. и объявлением его гос. религией в Картли (центр. часть Грузии). До 5 в. во главе груз. церкви, подчинявшейся антиохийскому патриарху, стоял архиепископ, в 484 после провозглашения автокефалии её возглавил католикос. С 11 в. глава Г.п.ц. стал называться католикосом-патриархом. После присоединения Грузии к России Г.п.ц. вошла в состав Рус. правосл. церкви на правах экзархата (1811). После Февр. рев-ции 1917 груз. духовенство, упразднив экзархат и избрав католикоса-патриарха, провозгласило автокефалию. В 1943 синод Рус. правосл. церкви признал автокефалию Г.п.ц. По сравнению с др. правосл. церквами имеет нек-рые отличия в литургич. правилах, собственные религ. праздники.

ГРУЗИ́НСКОЕ ПИСЬМО́, оригинальный вид алфавитного (буквенного) письма: каждой фонеме соответствует одна определ. графема. Существуют гипотезы о генетич. связи Г.п. с финикийским, арамейским, греч. и др. видами письма. Древнейшие памятники относятся к 5 в. н.э. Состоит из 33 букв (5 для гласных и 28 для согласных). До перехода на араб. цифры буквы Г.п. имели также цифровое значение. Читается слева направо.

ГРУ́ЗИЯ (Республика Грузия), гос-во в центр. и зап. части Закавказья, на З. омывается Чёрным м. Пл. 69,7 т.км². Нас. 5482 т.ч., гор. 56%; грузины (70,1%), осетины (3,0%), абхазы (1,8%), армяне (8,1%), русские (6,3%), азербайджанцы и др. Офиц. яз. – грузинский. Большинство верующих – православные. Глава гос-ва – председатель парламента. Законодат. орган – парламент. Столица – Тбилиси. 65 р-нов, 62 города, 52 пос. гор. типа. В составе Г. – Абхазия, Аджария и Юж. Осетия. Ден. единица – купон (1994).

Б.ч. терр. занята горами, на С.– хребты Б. Кавказа (выс. до 5068 м, г. Шхара), на Ю.– М. Кавказа;

ГРУЗИЯ 1:5 000 000

Грузия. Панорама пос. Местиа.

между хребтами Б. и М. Кавказа расположены Колхидская низм. и Картлийская равнина, на В.— Алазанская равнина. Климат на б.ч. терр. субтропич.; ср. темп-ры янв. от 3 °C (Колхида) до −2 °C (Иверийская впадина), авг. 23–26 °C; осадков от 300 (на В.) до 2800 мм (на З.), в горах до 4000 мм в год. Ледники. Гл. реки: Кура, Риони. Ок. 39% терр. занято лесами (дуб, бук, граб, ель, сосна); Тбилисский природный нац. парк; заповедники.

В 6 в. до н.э. Колхидское царство, в 4–3 вв. до н.э. Иберия. В нач. 6–10 вв. под властью иран. Сасанидов, Византии и Араб. халифата. В 8 – нач. 9 вв. кн-ва: Кахети, Эрети, Тао-Кладжетское; Абхазское царство. В 11–12 вв. экон. и культурный расцвет Г. В 13–14 вв. нашествия монголо-татар, Тимура. В 15 – нач. 19 вв. царства и кн-ва: Картли, Кахети, Имерети, Самцхе-Саатабаго, Мегрелия, Гурия и Абхазия. В 16–18 вв. подвергалась нашествиям Ирана и Турции. По Георгиевскому трактату 1783 установлен протекторат России над Вост. Г. В 1801 Вост. Г., в 1803–64 Зап. Г. вошли в состав России (Тифлисская и Кутаисская губ.). В мае 1918 образована Груз. демокр. республика. В 1918 г. введены нем., тур. и англ. войска. В 1921 установлена сов. власть; 25.2.1921 образована Груз. ССР. С 12.3.1922 входила в Закавказскую федерацию (ЗСФСР); с 5.12.1936 непосредственно в СССР как союзная республика. В марте 1991 ВС принял Декларацию о восстановлении государственности Г. В 1992–94 на терр. Г. происходил вооружённый конфликт по поводу статуса Абхазии и Юж. Осетии.

Г.— индустр.-агр. страна. ВНП на д. нас. 850 долл. в 1995. Произ-во эл.-энергии в осн. на ГЭС. Ведущие отрасли пром-сти: маш-ние (станко-, электровозо- и автомобилестроение, с.-х. маш-ние, эл.-техн. пром-сть), хим. (произ-во минер. удобрений, хим. волокон и др.), нефтехим. и нефтеперераб., чёрная металлургия, пищевкус. (в т.ч. чайная, плодоконс., винодельч., конс., таб., произ-во эфирномасличного, душистых эфирных масел, розлив минер. вод и др.), лёгкая (шёлковая, шерстяная, хл.-бум., трикот., кож.-обув.). Добыча марганц. руд, кам. угля, руд цв. металлов, барита и др. Причерноморские р-ны Г. специализируются на произ-ве чая, цитрусовых, лаврового листа; в вост. части Г. ведущая роль принадлежит виногр-ву, развито плод-во. Посевы зерновых (кукуруза, ячмень). Гл. отрасли жив-ва – мясо-молочное скот-во; овц-во, свин-во, птиц-во. Мор. порты: Батуми, Поти. Нефтепровод Баку – Батуми; газопроводы с Сев. Кавказа и из Азербайджана. Курорты: Гагра, Пицунда, Новый Афон, Кобулети, Цхалтубо, Боржоми, Джава, Бакуриани и др.

ГРУЗОПОДЪЁМНЫЙ КРАН (подъёмный кран), стационарная или передвижная машина периодич. (циклич.) действия для подъёма и перемещения грузов. Осн. составные части Г.к.: несущая конструкция (стрела, мачта, мост, ферма, башня), грузоподъёмный механизм (лебёдка, таль) с приводом, грузозахватное устройство (крюк, строп, грейфер, ковш, электромагнит и др.) с направляющими и поддерживающими элементами (канаты, цепи). Наиболее распространённые разновидности стационарных Г.к.— консольные, мачтовые, мостовые, козловые, портальные, башенные, кабельные. К передвижным Г.к. относятся *стреловые самоходные краны*, ж.-д. и плавучие краны, вертолёты-краны. Первые цельнометаллич. Г.к. с механич. приводом (паровые) появились в Великобритании в 30-х гг. 19 в. Г.к. с электрич. двигателем и двигателем внутр. сгорания были созданы в США, Германии, России в кон. 19 в.

ГРУНТ (от нем. Grund – основа, почва), собират. назв. горн. пород, залегающих в пределах зоны выветривания земли. Используется как основание, на к-ром возводятся здания, инж. сооружения и пр. Г. подразделяют на скальные, залегающие в виде монолитного или т.н. трещиноватого массива, и рыхлые (несвязные) – крупнообломочные, песчаные и глинистые породы.

ГРУНТ в живописи, покрывающий основу (холст, картон, дерево и т.д.) промежуточный слой, на к-рый наносят краски. Осн. виды Г.— клеевой, масляный, эмульсионный.

ГРУНТО́ВКИ, образуют ниж. слои лакокрасочных покрытий. Основа Г.— плёнкообразователи (алкидные смолы, эфиры целлюлозы, растит. масла и др.); могут содержать пигменты, наполнители. Осн. назначение – создание надёжного сцепления верх. слоёв покрытия с окрашиваемой поверхностью; кроме того, Г. служат для защиты металлов от коррозии, заполнения пор на поверхности древесины, ткани (напр., в живописи) и др.

ГРУ́ППЫ КРО́ВИ, признаки крови, позволяющие различать одну особь от другой (в пределах вида) по наличию или у них отсутствию определ. антигенов в эритроцитах, лейкоци- тах, плазме крови, во мн. тканях и биол. жидкостях. Г.к. определяют по реакции гемагглютинации (склеивания эритроцитов). Групповая дифференцировка крови свойственна почти всем теплокровным ж-ным и человеку. Формируется в период раннего эмбрионального развития и не меняется в течение жизни. У человека 4 осн. Г.к. (система АВО), открытые в 1900 К. Ландштейнером. Определение Г.к. необходимо перед переливанием крови.

ГРУ́ША, род древесных р-ний (сем. розоцветные). Ок. 60 видов, гл. обр. в умеренном и субтропич. поясах Евразии. В культуре (на всех континентах) неск. видов, наиб. распространена Г. обыкновенная, к-рую выращивают св. 2 тыс. лет. Дерево выс. до 20 м, живёт от 50 до 300 лет, плодоносит с 6–8 лет. Св. 5 тыс. сортов, из отеч. наиб. известны Бессемянка, Бергамот осенний, Лесная красавица и др. Плоды (до 60 кг с р-ния) богаты сахарами, витаминами, дубильными в-вами. Древесина с красивым рисунком, идёт на изготовление худ. изделий, муз. инстр-тов и др.

Груша. Плоды.

ГРУШЕ́ВСКИЙ Мих. Сер. (1866–1934), укр. историк. В 1917–18 пред. Центр. рады. Созд. целостную концепцию истории укр. народа. В 1919–1924 в эмиграции. Осн. тр. «История Украины – Руси» (10 тт., в 13 кн., 1898–1936).

ГРЫ́ЖА, выхождение внутр. органа или его части через естеств. или искусств. отверстие к.-л. полости тела (т.н. грыжевые ворота) без нарушения целости выстилающих эту полость оболочек и кожи (напр., паховые, бедренные, пупочные Г.). Органы, выходящие из брюшной полости (петли кишки, сальник и др.), могут ущемляться в грыжевых воротах (ущемлённая Г.).

ГРЫЗУНЫ́, отряд млекопитающих. Ок. 1,6 тыс. видов (св. 1/3 всех млекопитающих), в т.ч. летяги, белки, дикобразы, сони, тушканчики, хомяки, мыши и др. Зубы приспособлены к питанию твёрдыми растит. кормами. Сильно развиты резцы, к-рые растут в течение всей жизни ж-ного. Размеры от 5 см (мышовки) до 1,3 м (водосвинка). Распространены широко. Для большинства характерна высокая плодовитость: 6–8 помётов в год с 8–15 детёнышами в каждом. Мелкие Г. живут 1,5–2 года, крупные 4–7 лет. Мн. Г.— вредители лесного и с. х-ва; могут быть переносчиками возбудителей чумы, туляремии и др. опасных инфекций (особенно домовая мышь и крысы). Белка, ондатра и др.— объекты пушного промысла.

ГРЭ́ХЕМ (Graham) Марта (1893, по др. данным, 1894–1991), амер. тан-

М. Грэхем. Сцена из балета «Величественный жест» Иенджела. 1935.

...цовщица, хореограф, педагог. Одна из ярких представительниц танца модерн. С 1928 выступала с сольными номерами в собств. пост. («Жалоба» и «Американские провинциалы» на музыку Л. Хорста, 1930, 1934; «Искушение Луны» на музыку Б. Бартока, 1986). В 1929 создала труппу «Грэхем данс груп». Г. выработала собств. стиль усложнённого ритмопластич. танца. Её иск-во оказало значит. влияние на развитие совр. хореографии.

ГРЮНВАЛЬДСКАЯ БИТВА, 15.7.1410 у д. Грюнвальд (Вост. Пруссия) во время Великой войны 1409—11. Польско-литовско-рус. войско, включавшее также валашские, чеш.-моравские, венг. и тат. отряды, под команд. польск. короля Владислава II Ягелло (Ягайло) разгромило войско Тевтонского ордена (нем., франц. и др. рыцари; англ., швейц. отряды) во главе с вел. магистром Ульрихом фон Юнгингеном, что остановило агрессию тевтонов на В.

ГРЮНЕВАЛЬД (Grünewald) Матис (между 1470 и 1475—1528), нем. живописец эпохи *Возрождения*. По мнению ряда исследователей, фам. Нитхардт, присвоенная ему в 1930-х гг., ошибочна. Исполненное драм. силы и напряжения творчество Г. связано с идеологией нар. низов и ересями. В гл. произв.— Изенхеймском алтаре (1512—15) мистич. образы соседствуют с гуманистически просветлёнными. Готич. традиции выразились в трагич. образе распятого Христа, в экспрессии линий, мощных аккордах цвета.

ГРЯЗЕЛЕЧЕНИЕ (пелоидотерапия), метод термотерапии грязями минерально-органич. происхождения, а также грязеподобными в-вами (торф, глина и др.). Применяют в форме общих или местных грязевых ванн, аппликаций, тампонов при лечении заболеваний опорно-двигат. аппарата, жен. половой сферы и др.

ГУАНАКО, парнокопытное млекопитающее (сем. верблюдовые). Дл. тела 1,2—2,2 м, хвоста 15—25 см, выс. в холке 90—140 см, масса до 140 кг. Обитает в степях, полупустынях и горах (до границы снега) Юж. Америки. Домашние формы — лама и альпака в диком состоянии не известны. Длинный и тонкий пух альпаки высоко ценится. Молодые Г. легко приручаются. Живут 15—30 лет.

ГУАНО (исп. guano), разложившийся в условиях сухого климата помёт мор. птиц; азотное и фосфорное удобрение. Залежи (иногда толщ. до 30 м) в Юж. Америке (Чили, Перу) и Юж. Африке. Г. наз. также удобрения из отходов рыбного и зверобойного промыслов.

ГУАШЬ (франц. gouache, от итал. guazzo — водяная краска), краски из тонко растёртых пигментов с водно-клеевым связующим и примесью белил, а также произв., выполненные этими красками. Отличается непрозрачными, плотными, матовыми тонами. Г. пишут по бумаге, картону, шёлку, кости.

ГУАЯКИЛЬ, г. в Эквадоре, на р. Гуаяс. 1,5 млн. ж. Порт в зал. Гуаякиль Тихого ок.; междунар. аэропорт. Гл. экон. центр страны. Металлообр., пищевкус., кож.-обув., текст. пром-сть. Ун-ты. Муниципальный и антрополо-гич. музеи. Церк. Санто-Доминго (1640). Осн. в 1531.

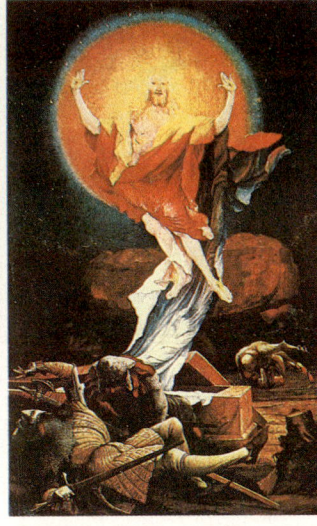

Грюневальд. «Воскресение Христа». 1512—15. Створка Изенхеймского алтаря. Музей Унтерлинден. Кольмар.

ГУБЕ 195

ГУБАЙДУЛИНА София Асгатовна (р. 1931), рос. композитор. В творчестве, синтезирующем муз. традиции «Запада» и «Востока», использует совр. средства выразительности, в т.ч. тембровой (нетрадиц. инстр. составы). Кантаты «Ночь в Мемфисе» (1968), «Посвящение Марине Цветаевой» (1984), «Аллилуйя» (1990), симфония «Слышу... умолкло...» (1986) и др. произв. для орк., инстр. концерты, камерные соч., музыка к кинофильмам и др.

ГУБЕНКО Ник. Ник. (р. 1941), актёр, режиссёр, сценарист. С 1964 (с перерывами) в Моск. т-ре на Таганке, в 1987—89 гл. реж. С 1993 гл. реж. т-ра «Содружество актёров Таганки». Стремится к меткости социальных характеристик, обобщённости образов, выразительности внеш. рисунка ролей: Янг Сун («Добрый человек из Сезуана» Б. Брехта, 1964), Борис Годунов («Борис Годунов» А.С. Пушкина, 1982, 1988) и др. Снимался в ф.: «Мне двадцать лет» (1965), «Прошу слова» и «Они сражались за Родину» (1975) и др. Пост. ф.: «Подранки» (1977), «Из жизни отдыхающих» (1981) и др. В 1989—91 мин. культуры СССР.

ГУБЕРНАТОР (от лат. gubernator — правитель), 1) в ряде совр. гос-в (США, Великобритания, Дания и др.) глава администрации штата, области, графства. 2) В дорев. России высш. правительств. чиновник в губернии. Назначался императором.

Грюнвальдская битва. Гравюра из «Хроники» М. Бельского. 16 в.

ГУ́БКИ, тип преим. мор. беспозвоночных ж-ных. Скелет из кремнёвых или известковых игл. Одиночные Г. выс. от неск. мм до 3 см; почкуясь, образуют колонии (до 1,5 м). Многие ярко окрашены. До 3 тыс. видов, распространены широко, встречаются от прибрежной зоны до глуб. 8500 м.

ГУБНА́Я ГАРМО́НИКА, духовой язычковый муз. инстр-т. Известны (с сер. 19 в.) Г.г. разных систем, в т.ч. с клавишами.

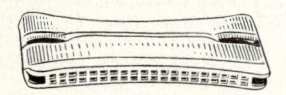

Губная гармоника.

ГУБНО́Й ОРГА́Н, духовой язычковый муз. инстр-т; набор бамбуковых или тростниковых трубок разл. длины, вмонтированных в чашеобразный корпус с мундштуком. Широко распространён у народов Вост. Азии как сольный, сопровождающий пение (лаосский кхэн), и орк. (китайский шэн) инстр-т.

ГУГЕНО́ТЫ, приверженцы *кальвинизма* во Франции 16–18 вв. Борьба Г. с католиками вылилась в т.н. религиозные войны (см. *Варфоломеевская ночь*).

ГУДЕ́А, правитель Лагаша (на терр. совр. Ирака) в 22 в. до н.э. При нём стр-во многочисл. храмов, расцвет лит-ры и иск-ва; сохранились клинописные док-ты, пам. скульптуры и др.)

ГУДЗЕ́НКО Сем. Петр. (1922–53), рус. поэт. В стихах (сб. «Однополчане», 1944, «После марша», 1947, поэмах («Памяти ровесника», 1945) — мысли и чувства поколения, ушедшего на фронт со школьной скамьи. «Армейские записные книжки» (опубл. в 1962).

ГУДЗО́НОВ ЗАЛИ́В, Сев. Ледовитого ок., у вост. берегов Сев. Америки. Пл. 848 т. км². Глуб. до 258 м. На Ю. образует зал. Джеймс. С окт. по июль покрыт льдом. Рыб-во (треска, сельдь), промысел тюленей. Гл. порты — Черчилл, Порт-Нельсон.

ГУДИАШВИ́ЛИ Ладо (Владимир Давидович) (1896–1980), груз. живописец и график. Используя мотивы нар. песен и сказаний, создавал фантастич., сатирич. и антифаш. произв. («Прогулка Серафиты», 1940).

Л.Д. Гудиашвили. Илл. к «Мудрости вымысла» Сулхана Сабы Орбелиани. Сепия. 1939.

Б. Гудмен.

ГУ́ДМЕН (Goodman) Бенни (Бенджамин Дейвид) (1909–86), амер. джазовый кларнетист, композитор, рук. ансамблей. С 1921 выступал (с 1950 гастролировал; в 1962 в СССР) с разл. (в т.ч. собств.) джазовыми коллективами (в числе первых практиковал совм. музицирование негров и белых). Один из основоположников *свинга* (прозван «королём свинга»), выработал индивид. виртуозно-импровизац. стиль игры на кларнете. Известен и как исполнитель академич. музыки (в т.ч. посвящённых ему соч. для кларнета Б. Бартока, П. Хиндемита, И.Ф. Стравинского, Д. Мийо, совр. амер. композиторов).

ГУДО́К, рус. 3-струнный смычковый муз. инстр-т лютнеобразной формы. Использовался *скоморохами*, сохранился и поныне.

ГУДО́Н (Houdon) Жан Антуан (1741–1828), франц. скульптор. Создал галерею психол. многогранных, жизненно ярких портретов деятелей эпохи Просвещения и Франц. рев-ции (бюсты Ж.Ж. Руссо, 1778, О.Г. Мирабо, 1791).

ГУДРО́Н (франц. goudron), чёрная смолистая масса, остаток после отгонки из нефти топливных и масляных фракций. Используют для получения нефт. битумов, как дорожно-строит. материал, сырьё для *крекинга*.

ГУЖО́Н (Goujon) Жан (ок. 1510 — между 1564 и 1568), франц. скульптор эпохи *Возрождения*. Светские по мироощущению, поэтически одухотворённые, изысканные по пропорциям и ритму произв. (рельефы «Фонтана Невинных» в Париже, 1547–49).

ГУЖО́Н Юл. Петр. (1854 или 1858–1918), предприниматель. Крупнейший пайщик Т-ва шёлковой мануфактуры (Москва), Т-ва Моск. металлич. з-да (ныне з-д «Серп и молот») и др. пр-тий. Бессменный (1907–17) пред. Моск. об-ва заводчиков и фабрикантов.

ГУК (Hooke) Роберт (1635–1703), англ. физик, изобретатель, биолог, архитектор. Установил один из важнейших законов упругости (Гука закон). Высказал гипотезы тяготения, волновой природы света, мол.-кинетич. природы теплоты. Установил (совм. с Х. Гюйгенсом) пост. точки термометра, показал, что темп-ры плавления и кипения тел постоянны. Ему приписывается ок. 100 изобретений, в т.ч. возд. насос. Обнаружил клеточное строение тканей, ввёл термин «клетка». Сохранилось неск. зданий, построенных по проектам Г.

Ж.А. Гудон. Статуя Вольтера. Мрамор. 1781. Эрмитаж.

ГУ́КА ЗАКО́Н, выражает связь между напряжениями и малыми упругими *деформациями* тв. тела (см. *Упругость*). Установлен англ. физиком Р. Гуком в 1660 для простейшего случая растяжения или сжатия стержня и гласит, что относит. удлинение (укорочение) цилиндрич. стержня прямо пропорционально растягивающей (сжимающей) силе. В дальнейшем Г.з. получил обобщение на случай других, более сложных видов деформации. Г.з. неприменим в случае, когда напряжения достигают т.н. предела упругости (см. *Пластичность*) и соотв. деформации перестают быть малыми. Г.з. является осн. соотношением, используемым при расчёте на

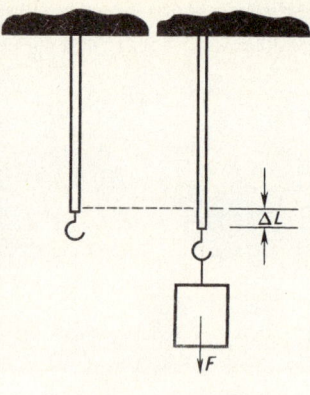

Гука закон: удлинение ΔL пропорционально приложенной силе (F).

прочность и деформируемость конструкций и сооружений.

ГУКО́ВСКИЙ Григ. Ал-др. (1902–1950), литературовед. Иссл. рус. лит-ры 18 в. Тр. об А.С. Пушкине и Н.В. Гоголе отмечены широтой ист.-лит. анализа, стремлением к социол. толкованию лит. явлений. Репрессирован (1949).

ГУЛА́Г (Главное управление исправительно-трудовых лагерей, трудовых поселений и мест заключений), в СССР в 1934–56 подразделение НКВД (МВД), осуществлявшее руководство системой исправит.-трудовых лагерей (ИТЛ). Спец. управления Г. объединяли мн. ИТЛ в разных р-нах страны: Карагандинский ИТЛ («Карлаг»), Дальстрой НКВД/МВД СССР, Соловецкий ИТЛ (УСЛОН), Беломорско-Балтийский ИТЛ и комб-т НКВД, Ворку-

Ж. Гужон. «Нимфы». Рельеф «Фонтана Невинных» в Париже. Мрамор. 1547–49. Лувр.

тинский ИТЛ, Норильский ИТЛ и др. В лагерях были установлены тяжелейшие условия, не соблюдались элементарные человеческие права, применялись суровые наказания за малейшие нарушения режима. Заключённые бесплатно работали на стр-ве каналов, дорог, пром. и др. объектов на Крайнем Севере, Д. Востоке и в др. регионах. Чрезвычайно высокой была смертность из-за голода, болезней и непосильного труда. После выхода в свет кн. А. Солженицына «Архипелаг ГУЛАГ» (1973), где он показал систему массовых репрессий и произвола в Сов. гос-ве, термин «Г.» стал синонимом лагерей и тюрем НКВД, тоталитарного режима в целом.

ГУЛА́К-АРТЕМО́ВСКИЙ (Артемовский) Сем. Степ. (1813–73), укр. певец (баритон), композитор, драматург. В 1842–65 пел на петерб. и моск. оперных сценах. Автор музыки и либретто первой укр. лирико-комич. оп. «Запорожец за Дунаем» (1863), пронизанной нар.-песенными интонациями.

ГУЛД (Гульд) (Gould) Гленн (1932–82), канад. пианист. В 1955–1964 концертировал, с 1967 преим. записывался на грампластинки. Известен оригинальными трактовками соч. И.С. Баха, соединяющими интеллектуализм и обострённую экспрессию.

ГУ́ЛЬДЕН (нем. Gulden, от Gold – золото) (флорин), 1) ден. единица Нидерландов, равная 100 центам. Введена в 1816. 2) Золотая, затем серебр. монета в нек-рых европ. странах (Франция, Германия и др.) в 13–20 вв.

ГУ́ЛЬСТРАНД (Gullstrand) Альвар (1862–1930), швед. офтальмолог. Тр. по оптике глаза, *астигматизму* и аккомодации. Ноб. пр. (1911).

ГУМАНИ́ЗМ (от лат. humanus – человеческий, человечный), признание ценности человека как личности, его права на свободное развитие и проявление своих способностей, утверждение блага человека как критерия оценки обществ. отношений. В более узком смысле — светское вольномыслие эпохи Возрождения, противостоявшее схоластике и духовному господству церкви и связанное с изучением вновь открытых произв. классич. древности.

ГУМАНИТА́РНОЕ ПРА́ВО международное, формирующаяся отрасль междунар. права, объединяющая осн. принципы и институты, направленные на обеспечение и защиту прав человека, наций и народностей, провозглашённых *Всеобщей декларацией прав человека ООН*. В Г.п. входит т.н. право вооруж. конфликтов (ранее наз. законы и обычаи войны), предусматривающее защиту гражд. населения при вооруж. конфликтах, режим воен. плена, раненых и больных и т.д.

ГУМАНИТА́РНЫЙ (франц. humanitaire, от лат. humanitas – человеческая природа, образованность), обращённый к человеческой личности, к правам и интересам человека, напр. Г. проблемы, Г. помощь, Г. науки (филология, искусствоведение, гумин и ульмин). Ср. также *Гуманный*.

ГУМА́ННЫЙ (от лат. humanus – человеческий), проникнутый любовью к человеку, человечный, направленный на благо других (напр., Г. цели, Г. отношение).

ГУ́МБОЛЬДТ (Humboldt) Вильгельм (1767–1835), нем. филолог, философ, языковед, гос. деятель, дипломат. Осуществил реформу гимназич. образования в Пруссии, осн. в 1809 Берлинский ун-т. Один из виднейших представителей нем. классич. гуманизма; друг И.В. Гёте и Ф. Шиллера. Видел в универсальном развитии индивидуальности высш. цель об-ва и гос-ва. Развил учение о языке как непрерывном творч. процессе («формирующем органе мысли») и о «внутр. форме» языка как выражения индивид. миросозерцания народа.

ГУМИЛЁВ Лев Ник. (1912–92), историк, географ. Сын Н.С. Гумилёва и А.А. Ахматовой. Создатель учения о человечестве и этносах как биосоциальных сущностях; выдвинул идею о биоэнергетич. доминанте этногенеза – пассионарности, понимаемой им как подсознат. биол. способность людей к сверхнапряжениям, проявляющимся при избытке биохим. энергии. Её проявления существенно воздействовали на ход истории. Тр. по истории тюрк., монг., слав. и др. народов Евразии. Подвергался репрессиям в 1930–50-е гг.

Н.С. Гумилёв.

ГУМИЛЁВ Ник. Степ. (1886–1921), рус. поэт. В 1910-е гг. один из ведущих предст. *акмеизма*. Для стихов характерны апология «сильного человека» – воина и поэта, декоративность, изысканность поэтич. яз. (сб. «Романтические цветы», 1908, «Костёр», 1918, «Огненный столп», 1921). Переводы. Обвинён в участии в контррев. заговоре; расстрелян.

ГУММИАРА́БИК (от лат. gummi – *камедь* и arabicus – аравийский), вязкая прозрачная жидкость, выделяемая нек-рыми видами акаций. Ранее Г. широко использовался как клеящее в-во.

ГУ́МПЛОВИЧ (Gumplowicz) Людвиг (1838–1909), австр. социолог и юрист. По происхождению поляк. Представитель социального дарвинизма, один из основателей социол. направления в государствоведении. Тр. по гос. праву, истории полит. учений.

ГУ́МУС (от лат. humus – земля, почва) (перегной), комплекс специфич. темноокрашенных органич. в-в почвы (гуминовые к-ты, фульвокислоты, гумин и ульмин). Содержит осн. элементы питания р-ний, к-рые при разложении Г. переходят в доступную для них форму. От кол-ва Г. в почве (обычное содержание 85–90% органич. в-ва почвы) зависит её плодородие.

ГУНДА́РЕВА Нат. Георг. (р. 1948), актриса. С 1971 в Моск. т-ре имени Вл. Маяковского. Игре свойственны жизненная сила и достоверность, сценич. темперамент, эмоц. обаяние: Катерина Измайлова («Леди Макбет Мценского уезда» по Н.С. Лескову, 1979), Эмма Гамильтон («Виктория» Г. Реттигана, 1991) и др. Снималась в ф.: «Сладкая женщина» (1977), «Вас ожидает гражданка Никанорова» (1978), «Осенний марафон» (1979) и др.

Н.Г. Гундарева (справа) в фильме «Здравствуй и прощай» (1973).

ГУ́ННЫ, кочевой народ, сложился во 2–4 вв. в Приуралье из тюркоязычных хунну и местных угров и сарматов. Массовое передвижение Г. на запад (с 70-х гг. 4 в.) дало толчок *Великому переселению народов*. Наиб. могущества достигли при Аттиле. Продвижение Г. на запад было остановлено их разгромом войсками Зап.-Рим. империи и её союзниками в 451 на Каталаунских полях (к З. от г. Труа, Франция).

ГУНО́ (Gounod) Шарль (1818–93), франц. композитор. Основоположник жанра *лирической оперы* («Фауст», 1859; 2-я ред.– с речитативами вместо разг. диалогов, 1869), в к-рой Г. отказался от филос. проблематики лит. источника (1-я часть одноим. трагедии И.В. Гёте), акцентировав любовную драму героини. Оп.: «Мирейль» (1863), «Ромео и Джульетта» (1865) и др.

ГУ́ППИ, пресноводная рыба (сем. пецилиевые). Длина обычно до 6 см. Распространена в водах Юж. Америки. Выведено много аквариумных форм.

ГУРА́МИ, пресноводная рыба (сем. лабиринтовые). Дл. до 60 см. Распространена в водах Юж. и Юго-Вост. Азии. Объект прудового рыбоводства. Молодых Г. иногда содержат в аквариумах. Аквариумисты часто наз. Г. нитенощы́м. Илл. см. при ст. *Аквариумные рыбы*.

ГУ́РИИ (от араб. хур – черноокие), девы, услаждающие, по Корану, праведников в раю.

ГУРИЛЁВ Ал-др Львович (1803–1858), композитор. Романсы и песни в традициях рус. гор. фольклора: «Разлука» («На заре туманной юности»), «Колокольчик», «Не шуми ты, рожь»; фп. пьесы.

ГУРО́Н, оз. в Сев. Америке, на границе США и Канады, второе по величине в системе *Великих озёр*. Пл. 59,6 т. км², глуб. до 208 м. Соединено р. Сент-Мэрис с оз. Верхнее, прол. Макино с оз. Мичиган. Сток по р. Сент-Клэр в оз. Эри. Порты: Сарния, Мидленд, Алпина.

ГУРУ́ (санскр.– духовный наставник), в индуизме, глава религ. общины сикхов в Пенджабе (Индия).

ГУ́РЧЕНКО Люд. Марковна (р. 1935), киноактриса. После успеха в муз. комедии «Карнавальная ночь» (1956) исполняла комедийные, ост-

Л.М. Гурченко и О.В. Басилашвили в фильме «Вокзал для двоих».

рохарактерные роли в ф.: «Соломенная шляпка» (1974), «Сек-сказка» (1991). Драм. талант Г. проявился в ф.: «Старые стены» (1974), «Двадцать дней без войны» (1977), «Пять вечеров» (1979), «Полёты во сне и наяву», «Вокзал для двоих» (1983) и др. Выступает как эстрадная певица.

ГУР-ЭМИ́Р, мавзолей в Самарканде, усыпальница Тимура и Тимуридов (1403–04). 8-гранник с ребристым куполом, в 1424 и позднее обстроен сводчато-купольными помещениями; в 1967 реставрирован.

Гур-Эмир.

ГУС (Hus) Ян (1371–1415), нац. герой чеш. народа, идеолог чеш. Реформации. Вдохновитель нар. дви-

Я. Гус.

жения в Чехии против нем. засилья и католич. церкви. Осуждён церк. собором в Констанце и сожжён.

ГУСА́РЫ (венг., ед. ч.huszár), вид лёгкой кавалерии в европ. и рус. армиях 17–20 вв. Впервые появились в Венгрии в 15 в. В Польше в 16–17 вв. тяжёлая дворянская конница.

Гусары: 1 – рядовой Ахтырского гусарского полка, 1812–16; 2 – обер-офицер лейб-гвардии Гусарского полка, 1911.

ГУСЕ́ЙНОВ Чингиз (р. 1929), азерб. писатель, лит. критик; пишет на азерб. и рус. языках. В сб. рассказов и пов. «Угловой дом» (1975), ром. «Магомед, Мамед, Мамиш...» (1975), «Семейные тайны» (1986) – остросовр. социальные и нравств. конфликты, обществ.-полит. подтекст; для стиля характерны ассоциативность, приёмы фантастич. реализма. Ром. о М.Ф. Ахундове «Фатальный Фатали» (1986, дополненное изд. 1987).

ГУ́СЕНИЦА, личинка бабочки. Интенсивно питается (обычно листьями, плодами, корнями, реже шерстью, воском и др.), растёт и после ряда линек превращается в *куколку*.

ГУ́СИ, неск. родов водоплавающих птиц (сем. утиные). Дл. до 1 м, масса до 6 кг. Шея длинная, ноги относительно высокие. 9–10 видов, в холодных и умеренных поясах Сев. полушария. Перелётные птицы. Обычно живут на крупных водоёмах, кормятся гл. обр. на суше. Активно охраняют свою терр. Белый Г. (сохранилась колония на о. Врангеля), Г.-белошей (Чукотка), горный Г. (Тянь-Шань, Памир, Алтай) – редкие виды, сухонос (Ю. Сибири,

Гуси домашние.

Д. Восток) – исчезающий вид; находятся под охраной. Нек-рые Г.– объект промысла. Серый Г. и сухонос – предки домашних гусей.

ГУ́СИ домашние, птицы (сем. утиные). Разводят (холмогорских, тулузских, крупных серых, кубанских и др.) ради мяса (живая масса 4–8 кг). Ценится также гусиный пух. Ср. год. яйценоскость 50–80 яиц. В нек-рых странах (Венгрия, Польша, Франция и др.) развито специализир. произ-во гусиной печени.

ГУСИ́ТЫ, сторонники Реформации в Чехии (отчасти в Словакии) в 1-й пол. 15 в., участники т.н. гуситских войн 1419–37 против католич. церкви, феод. гнёта и нем. засилья. Приверженцы Я. Гуса, Иеронима Пражского, их последователей – Микулаша из Пельгржимова, М. Гуски и др. Воен. руководители – Я. Жижка, Я. Желивский, Прокоп Великий. Феод.-католич. силы (во главе с папой Мартином V и имп. Сигизмундом I) провели в 1420–31 пять безуспешных походов против Г. В 1433 умеренное крыло Г.– чашники, объединившись с феод.-католич. силами, в 1434 у Липан разгромило радикальных таборитов, их последняя крепость (Сион) пала в 1437.

ГУ́СЛИ, рус. струн. щипковый муз. инстр-т. Крыловидные (звончатые) Г. имеют 4–14 и более струн, шлемовидные – 11–36, прямоугольные (столообразные) – 55–66 струн. Упоминаются с 6 в. В 20 в. используются гл. обр. прямоугольные Г.

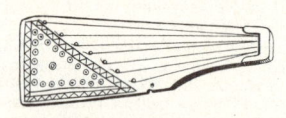

Гусли.

ГУ́ССЕРЛЬ (Husserl) Эдмунд (1859–1938), нем. философ, основатель *феноменологии*. Стремился превратить философию в «строгую науку» посредством феноменологич. метода («Логические исследования», т. 1–2, 1900–01). В дальнейшем обратился к идее «жизненного мира» как изначальному социально-культурному опыту, сближаясь с *философией жизни*. Оказал влияние на *экзистенциализм*, филос. антропологию.

ГУСТА́В II Адольф (Gustaf II Adolf) (1594–1632), король Швеции с 1611, из династии Ваза, полководец. Вёл войны с Данией, Россией, Польшей,

Э. Гуссерль.

захватив обширные терр., участвовал с 1630 в *Тридцатилетней войне* 1618–48 на стороне антигабсбургской коалиции (победы при Брейтенфельде, 1631, при Лютцене, 1632,– в этом сражении погиб).

ГУ́ТЕНБЕРГ (Gutenberg) Иоганн (ок. 1399–1468), нем. типограф, изобретатель европ. способа книгопечатания. В сер. 15 в. впервые напечатал в Майнце 42-строчную Библию (признана шедевром ранней печати). Выпустил т.н. Майнцскую псалтырь, учебники, календари и др. издания.

И. Гутенберг.

ГУ́ТМАН Нат. Григ. (р. 1942), рос. виолончелистка. Сольные концерты и выступления в ансамблях (в т.ч. с С.Т. Рихтером, до 1990 с мужем – О.М. Каганом). Разнообразный репертуар включает классику и совр. музыку.

ГУТТАПЕ́РЧЕВОЕ ДЕ́РЕВО, общее назв. деревьев, из млечного сока к-рых получают гуттаперчу (кожеподобный продукт коагуляции латекса). Наиб. пром. значение имеют деревья из родов палаквиум, пайена, пайена, растущие в лесах и на плантациях Юго-Вост. Азии и Африки. В умеренных широтах осн. Г.д.– бересклет.

ГУ́ТТЕН (Hutten) Ульрих фон (1488–1523), нем. писатель, гуманист эпохи *Возрождения*, просветитель и полит. деятель. Принадлежал к рыцарскому сословию; много странствовал. Один из авторов (наряду с К. Рубианом и Г. Бушем) широко известной сатиры «Письма тёмных людей» (ч. 1–2, 1515–17), обличавшей моральное разложение, невежественность духовенства, схоластич. науку. Язвит. «Диалоги» (1520–17) в духе Лукиана, памфлеты, инвективы, направленные против римско-католич. церкви, сатирич. стихи. Идеолог рыцарства; выступил против папского Рима и сепаратизма князей. Г. был вдохновителем рыцарского восстания 1522–23; после поражения бежал из страны.

ГУТТУ́ЗО (Guttuso) Ренато (1912–1987), итал. живописец и график. Драматически экспрессивные, обобщённые по формам сцены нар. жизни и рев. борьбы («Расстрел», 1938; «Толпа», 1960).

ГУЧКО́В Ал-др Ив. (1862–1936), предприниматель, совладелец ряда банков и пр-тий; лидер октябристов (с 1906). В марте 1910 – апр. 1911 пред. 3-й Гос. думы. Пред. Центр.

воен.-пром. к-та (1915–17). В 1917 вместе с В.В. Шульгиным принял отречение имп. Николая II от власти. Воен. и мор. мин. Врем. пр-ва [2(15) марта – 2(15) мая 1917], участник подготовки вооруж. выступления Л.Г. Корнилова. В Гражд. войну 1917–22 оказывал помощь Белой армии, с 1919 в эмиграции.

ГХОР (Эль-Гор), тектонич. впадина в Зап. Азии (Палестина). Включает долину р. Иордан, Тивериадское оз., Мёртвое м., на берегу к-рого – самая низкая точка суши (–395 м).

ГЬЕ́ЛЛЕРУП (Gjellerup) Карл (1857–1919), дат. писатель. Писал на дат. и нем. языках. Социально-психол. ром. «Идеалист» (автобиогр., 1878), «Ученик германцев» (1882), «Минна» (1889). Ром. «Пилигрим Каманита» (1906), «Друзья Бога» (1916) окрашены религ. тонами. Нек-рые соч. близки символизму. Стихи. Ноб. пр. (1917).

ГЭЛБРЕ́ЙТ (Голбрейт) (Galbraith) Джон Кеннет (р. 1908), амер. экономист и публицист. Совр. развитое об-во, по Г., обеспечивает высокие жизненные стандарты («об-во потребления») в результате возросшего гос. регулирования рыночной экономики. В концепции «нового индустриального об-ва» (разновидность *постиндустриального общества*) отводил доминирующую роль техноструктуре (власть управляющих-специалистов в корпорации).

ГЭ́ЛЛАПА ИНСТИТУ́Т, амер. ин-т обществ. мнения, осн. Дж. Гэллапом в 1935. Проводит регулярные опросы населения по проблемам внутр. и внеш. политики.

«ГЭ́НДЗИ-МОНОГАТА́РИ», см. *Мурасаки Сикибу*.

«ГЭСЭРИА́ДА» (полное назв. «Повесть о Гэсэр-хане, владыке десяти стран света»), эпич. цикл устных и письм. сказаний о Гэсэр-хане, распространённый в Центр. и Вост. Азии. Окончательно сложился в 16–17 вв. Известны тибет., монг., бурят. и калм. варианты. «Г.» сохранял миф. картину мира.

ГЮГО́ (Hugo) Виктор Мари (1802–1885), франц. писатель-романтик. Романтич. бунтарством окрашены сб-ки стихов «Восточные мотивы», 1829, и др.), драмы («Эрнани», 1829, и др.); предисловие к драме «Кромвель» (1827) стало манифестом франц. романтиков. Ист. ром. «Собор Парижской Богоматери» (1831) с сильными антиклерикальными тенденциями; ром. «Отверженные» (1862), «Труженики моря» (1866), «Человек, который смеётся» (1869), изображающие жизнь разных слоёв

В. Гюго.

франц. об-ва, проникнуты демокр., гуманистич. идеалами. Пафос борьбы с социальной несправедливостью и нравств. злом воплощается в гиперболич. страстях, резких контрастах, эксцентричных характерах: возвышенные и благородные герои Г. противостоят низким и порочным. Ром. о Франц. рев-ции «93-й год» (1874).

ГЮИСМА́НС (Huysmans) Шарль Мари Жорж (1848—1907), франц. писатель. Натуралистич. тенденции (пов. «Марта. История проститутки», 1876) перерастают в ром. «По течению» (1882), «Наоборот» (1884), «Там, внизу» (1891) в декадентство; проза Г. с её импрессионистичностью, бессюжетностью — у истоков лит-ры *«потока сознания»*. Лит.-критич. сб. «Современное искусство» (1883).

ГЮ́ЙГЕНС (Хёйгенс) (Huygens) Христиан (1629—95), нидерл. учёный, один из основоположников волновой теории света. Изобрёл маятниковые часы со спусковым механизмом (1657), разработал теорию колебаний физ. маятника, заложил основы теории удара. Ввёл принцип, объясняющий распространение света (принцип Гюйгенса — Френеля), объяснил ряд оптич. явлений. Совм. с Р. Гуком установил пост. точки термометра. Усовершенствовал телескоп, открыл кольцо Сатурна и его первый спутник Титан. Автор одной из первых работ по теории вероятности (1657).

ГЮРЗА́, ядовитая змея (сем. *гадюки*). Дл. до 1,6 м. В Сев. Африке, Юго-Зап. и Ср. Азии, а также в Закавказье и Казахстане. Укус может быть смертелен для человека. Яд используется в медицине.

ГЯУ́Р (тур. gâvur, перс.-гебр. от араб. кафир — неверующий), у исповедующих ислам, гл. обр. в ср. века, название всех немусульман.

ГЯУ́РОВ Николай (р. 1929), болг. певец (бас). С 1956 солист *Софийской народной оперы*, с 1961 в *«Ла Скала»*. Гастролирует (в 1950—1970-х гг. выступал в Большом т-ре в Москве). Значит. место в творчестве занимают партии рус. и итал. репертуара: Борис Годунов, Иван Хованский («Борис Годунов», «Хованщина» М. П. Мусоргского), Филипп II («Дон Карлос» Дж. Верди) и др.

Д

Д, д [дэ], пятая буква рус. алфавита; восходит к букве *кириллицы* Д («добро»).

ДАВИ́Д, царь Израильско-Иудейского гос-ва в кон. 11 в.— ок. 950 до н.э. Создал централизованную державу, победив филистимлян и др. соседние племена, провёл перепись населения, сделал столицей г. Иерусалим и др. Библейский образ Д. (юноша-пастух, победитель Голиафа, полководец, царь, составитель псалмов, мессия) получил отражение в иск-ве.

ДАВИ́Д (David) Жак Луи (1748—1825), франц. живописец. Предст. *классицизма*. Восприняв античность

Ж. Л. Давид. «Смерть Марата». 1793. Королевский музей изящных искусств. Брюссель.

как пример гражданственности, исполнил произв. большого обществ. звучания («Клятва Горациев», 1784), портреты («Врач А. Леруа», 1783). В годы Франц. рев-ции кон. 18 в. организатор худ. жизни, создатель портретов, ист. картин, посвящённых актуальным событиям («Смерть Марата», 1793). Позже пришёл к отвлечённым рассудочным образам («Сабинянки», 1799).

ДАВИ́Д Рене (1906—90), франц. учёный, специалист в области сравнит. правоведения. Фундам. тр. «Основные правовые системы современности. Сравнительное право» (1-е изд., Париж, 1964, в 1992 — 10-е изд.). Переведён на мн. языки (рус. пер. 1967, 1988).

ДАВИ́Д IV Строитель (ок. 1073—1125), груз. царь (с 1089) из династии *Багратионов*. Восстановил независимость Грузии от *сельджуков*. Вёл борьбу со знатью, создал пост. войско.

«ДАВИ́Д САСУ́НСКИЙ», см. *«Сасунци Давид»*.

ДАВИ́Д-ГАРЕ́ДЖА, комплекс пещерных монастырей в 60 км к Ю.-В. от Тбилиси. Древнейшие монастыри — лавра Давида, мон. Додо и Натлис-Мцемели — осн. в 1-й пол. 6 в., в 6—10 вв. образовались др. монастыри. Во мн. церквах и трапезных фрески 8—14 вв. с портретами ист. лиц.

ДАВЛЕ́НИЕ, физ. величина, характеризующая интенсивность нормальных (перпендикулярных поверхности) сил F, с к-рыми одно тело действует на поверхность S другого (напр., фундамент на грунт, жидкость на стенки сосуда и т. п.). Если силы распределены вдоль поверхности равномерно, то Д. $P = F/S$. Д. измеряется в паскалях (Па) или в кгс/см² (то же, что ат), а также в мм рт. ст., атм и др.

ДАВЛЕ́НИЕ СВЕ́ТА, давление, производимое светом на тела, частицы и отд. молекулы и атомы в процессах поглощения и отражения. Д. с.— результат передачи телам импульса световых квантов. Д. с. очень мало по величине, впервые измерено рос. физиком П. Н. Лебедевым в 1899. Д. с. существенно в астрономии, где им объясняется отклонение хвостов комет, пролетающих вблизи Солнца, стабильность звёзд (Д. с. противодействует силам гравитац. сжатия), и в атомных явлениях, напр. лазерный луч может удерживать частицу размером 0,1 — 100 мкм в к.-л. среде (оптич. левитация), разделять частицы с разными показателями преломления.

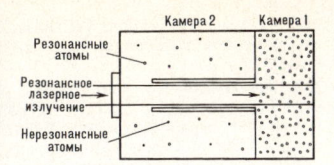

Давление света. Схема разделения газов при помощи резонансного светового давления (частота света лазера равна частоте атомного перехода). Резонансные атомы под действием света, получив направленный импульс от световых квантов, перейдут в дальнюю камеру.

ДА́ВНОСТЬ (юрид.), установленный законом срок, истечение к-рого влечёт юрид. последствия: утрату права на иск (исковая Д.), на принудит. исполнение решения суда, арбитража и т. п. (исполнит. Д.), исключение уголов. ответственности либо возможности исполнения обвинит. приговора. Кроме того, существует приобретат. Д. (при определ. условиях Д. владения вещью служит основанием приобретения права собственности). В соответствии с междунар. конвенцией Д. уголов. преследования не применяется к воен. преступникам.

ДАВЫ́ДОВ Вит. Сем. (р. 1939), спортсмен и тренер (хоккей с шайбой). Защитник команды «Динамо» (Москва); призёр 11 чемпионатов СССР (1959—72). Неоднократный чемпион Европы, мира (1963—71) и Олимп. игр (1964, 1968 и 1972). С 1979 тренер «Динамо» (Москва).

ДАВЫ́ДОВ Вл. Ник. (наст. имя и фам. Ив. Ник. Горелов) (1849—1925), актёр, педагог. С 1867 играл в провинции, с 1880 — в Александринском т-ре. С 1924 в Малом т-ре. Органически присущее Д. чувство жизненной правды, виртуозное владение техникой перевоплощения, мастерство сценич. речи позволяли ему с успехом выступать в комедиях, драмах, водевилях: Фамусов («Горе от ума» А. С. Грибоедова, 1874), Расплюев («Свадьба Кречинского» А. В. Сухово-Кобылина, 1875), Мошкин («Холостяк» И. С. Тургенева, 1882). Один из первых рус. актёров, приблизившихся к эстетике А. П. Чехова ещё до открытия МХТ (играл в его пьесах: Иванов — «Иванов», 1887, и др.).

ДАВЫ́ДОВ Денис Вас. (1784—1839), поэт, воен. писатель; ген.-лейт. (1831). Инициатор партиз. действий в Отеч. войну 1812 (командуя отрядом из гусар и казаков, успешно действовал в тылу франц. армии). В лирике создал ставший легендарным образ поэта-партизана, лихого гусара («гусарские» песни, послания, живописующие армейский быт и дружеские застолья); сатирич. стихи; циклы любовных элегий (1814—17; 1833—36). «Дневник партизанских действий 1812 года» (1814—38; опубл. в 1860), «Опыт теории партизанского действия» (1821), полемич. воен.-ист. статьи и очерки — яркий образец мемуарной прозы.

ДАВЫДО́ВСКИЙ Ипполит Вас. (1887—1968), рос. патолог, основатель науч. школы. Тр. по патол. анатомии инфекц. болезней, атеросклероза, старения, по общей патологии.

Л. Ж. Дагер.

ДАГЕ́Р (Daguerre) Луи Жак Манде (1787—1851), франц. художник и изобретатель. В 1822 создал первую в мире *диораму*. В 1837, продолжая начатые в сотрудничестве с Ж. Н. Ньепсом исследования по закреплению «светового рисунка», разработал первый практически пригодный способ *фотографии*, вошедший в историю (с 1839) под назв. *«дагеротипия»*.

ДАГЕСТА́Н (Республика Дагестан), в составе России. Пл. 50,3 т. км². Нас. 1854 т.ч., гор. 44%; аварцы (27,5%), даргинцы (15,6%), кумыки, лезгины, русские и др. Столица — Махачкала. 39 р-нов, 10 городов, 14 пос. гор. типа.

Расположен в вост. части Сев. Кавказа (в сев. части — Прикаспийская низм., в южной — предгорья и горы Б. Кавказа, выс. до 4466 м). На В. омывается Каспийским м. Климат характеризуется обилием тепла и сухостью: ср. темп-ры янв. от 1 до −11 °C (в горах), июля до 24 °C; осадков 200—800 мм в год. Гл. реки — Терек и Сулак. Минер. источники, грязевые озёра. Растительность пустынь, в горах — широколиств. (дуб, бук, граб) и смешанные леса; выше — субальп. и альп. луга.

В кон. 1-го тыс. до н.э. терр. Д. входила в состав Албании Кавказской, затем державы Сасанидов, подвергалась набегам арабов. В нач. 13 в. завоёвана монголо-татарами. По Гюлистанскому договору 1813 Д. присоединена к России. В ходе Кавк. войны 1817—64 подавлено движение горцев, выступавших под лозунгами мюридизма. В 1918—20 терр. Д. была оккупирована нем.-тур. войсками. 20 янв. 1921 образована Даг. АССР в составе РСФСР. В мае 1991 ВС республики принял её новое назв.— Республика Дагестан.

Осн. отрасли пром-сти: добыча нефти и газа; маш-ние и металлообработка (сепараторы, термич., эл.-техн. оборудование, станки, приборы, экскаваторы, судоремонт и др.), пищевкус. (плодоовощеконс., винодельч., рыбная), хим. (соли фосфора, стекловолокно, лаки, краски и др.), лёгкая (шерстяная, трикот., обув.). Чиркейская, Чирюртовская, Гергебильская ГЭС. В горн. р-нах — нар. промыслы (чеканка, ковроткачество, произ-во керамики, дерев. изделий, инкрустированных костью, перламутром). Посевы зерновых культур (пшеница, рис), подсолнечника. Овоще-во, плод-во, виногр-во. Гл. отрасль жив-ва — овц-во. Кр. мор. порт — Махачкала. Курорты: Каякент, Манас, Талги.

ДА́ГОБА, мемор. будд. сооружение в Шри-Ланке, подобное инд. *ступе*. Обычно часть «царского» монастыря.

ДАДАИ́ЗМ (франц. dadaïsme, от dada – конёк, дерев. лошадка; детский лепет), авангардистское лит.-худ. течение (1916–22), зародившееся в Швейцарии в среде анархиствующей интеллигенции. Д. (А. Бретон, М. Дюшан, Ф. Пикабия, Т. Тцара, К. Швиттерс и др.) выразился в отд. скандальных выходках – заборных каракулях, псевдотехн. чертежах, комбинациях случайных предметов и т.п. В 20-х гг. Д. во Франции слился с *сюрреализмом*, в Германии – с *экспрессионизмом*.

ДА́ЖБОГ, бог солнца и небесного огня в слав.-рус. мифологии (ср. *Хорс*), сын Сварога.

ДА́ЙДЖЕСТ (англ. digest – краткое изложение), 1) тип журнала, перепечатывающего материалы из др. изданий в сокращённом и, как правило, упрощённом виде; 2) массовое издание, содержащее краткое адаптир. изложение популярных произв. худ. лит-ры.

ДА́ЙНА, традиц. название литов. нар. песни. Старейшие сведения о Д. – в памятниках 10 в. Первый сб. издан в 1825. Тематически Д. делятся на трудовые, мифол., календарно-обрядовые, свадебные, детские, любовные, застольные, воен.-исторические, игровые и т.д.

ДАКА́Р, столица (с 1960) Сенегала. 1,7 млн.ж. Порт на Атлантич. ок.; междунар. аэропорт. Важный пром., трансп. и торг.-финанс. центр Зап. Африки. Нефтеперераб. з-д Текст., судостроит., хим. пр-тия. Ун-т. Нац. ансамбль балета. Нац. т-р. Ин-т по изучению Чёрной Африки. Фестивали иск-в. Осн. в 1857 как франц. форт. В 1895–1960 адм. ц. Франц. Зап. Африки.

ДА́ККА, столица (с 1971) Бангладеш. 6,1 млн. ж. Речной порт в дельте Ганга – Брахмапутры; междунар. аэропорт. С г. Нараянгандж образует агломерацию, где сосредоточена б.ч. пром-сти страны, в т.ч. джутовая, хл.-бум., пищ., металлообр. и др. Ун-т. Музеи: Даккский, Балда. В 1608–1717 столица Бенгалии. В 1947–71 адм. ц. Вост. Пакистана. Форт Лал-Багх (с 1678) с мавзолеем Биби Пари (1684), мечети Сат Гумбад (1680-е гг.), «Звёздная мечеть» (18 в.) и др.

ДАКТИЛО... (от греч. dáktylos – палец), часть сложных слов, означающая: относящийся к пальцам (напр., дактилография).

ДАКТИЛОСКОПИ́Я (от *дактило...* и *скопия*), раздел *криминалистики*, изучающий строение кожных узоров рук в целях *идентификации* личности, уголов. регистрации и розыска преступников. На ладонной поверхности ногтевых фаланг пальцев рук имеются рельефные линии (т.н. папиллярные), к-рые образуют сложные узоры, строго индивидуальные, устойчивые (сохраняющиеся в течение всей жизни и после смерти), восстанавливающиеся в прежнем виде при поверхностном нарушении кожного покрова. По отпечаткам пальцев рук осуществляется идентификация личности преступника, идентификация неопознанных трупов, и т.д.

ДА́КТИЛЬ (греч. dáktylos, букв. – палец), стихотв. метр, образуемый 3-сложными *стопами* с сильным местом (см. *Сильное место и слабое место*) на 1-м слове стопы («Вы́рыта за́ступом я́ма глубо́кая», И.С. Никитин).

ДАЛА́Й-ЛА́МА [от монг. далай – море (мудрости) и *лама*], титул (с 16 в.) первосвященника будд. церкви в Тибете (происхождение института Д.-л. относится к нач. 15 в.).

Д'АЛАМБЕ́Р (D'Alembert) Жан Лерон (1717–83), франц. математик, механик и философ-просветитель. В 1751–57 вместе с Д. Дидро редактировал «Энциклопедию», в к-рой вёл отделы математики и физики. Сформулировал правила составления дифференц. уравнений, теории рядов, алгебре. Высоко расценивая свою независимость, Д. не принял почётных званий и наград, присвоенных ему прус. королём Фридрихом II и рос. имп. Екатериной II.

ДАЛИ́ (Dali) Сальвадор (1904–89), исп. живописец. Предст. *сюрреализма*. Картины и рисунки, отмеченные безудержной фантазией и виртуозной техникой исполнения, нередко представляют собой фантасмагории, в к-рых самым противоестеств. ситуациям и сочетаниям предметов придана видимая достоверность и убедительность («Пылающий жираф», 1935; «Постоянство памяти», 1931).

ДАЛИ́ЛА, в Библии филистимлянка, возлюбленная *Самсона*.

ДАЛЛАПИ́ККОЛА (Dallapiccola) Луиджи (1904–75), итал. композитор. В начале творч. пути близок *неоклассицизму*, затем использовал *додекафонию*, *серийную технику*. Протест против насилия, свободолюбивые устремления личности в оп. «Ночной полёт» (1940), «Узник» (1948), «Улисс» (1968). Кантаты, инстр. соч.

ДАЛЬ Вл. Ив. (1801–72), рус. писатель, лексикограф, этнограф. Реалистич. очерки (30–40-е гг.) под пс. Казак Луганский. Сб. «Пословицы русского народа» (1861–62; содержит св. 30 тыс. пословиц, поговорок, прибауток и т.п.). Создал «Толковый словарь живого великорусского языка» (т. 1–4, 1863–66; св. 200 тыс. слов), к-рый, в отличие от академич. словарей того времени, содержит лексику живой нар. речи, собранную автором в разных областях России, а также фразеологию, пословицы, поговорки, сравнения и т.п.

ДАЛЬ Олег Ив. (1941–81), актёр. В 1963–77 в Моск. т-ре «Современник», в 1977–78 в Моск. т-ре на Малой Бронной. Романтич. начало, ироничность раскрылись в ф.: «Женя, Женечка и "катюша"» (1967), «Хроника пикирующего бомбардировщика» (1968). Склонность к рефлексии, трагич. мироощущение в экранизациях классики: «Король Лир» (1971), «Плохой хороший человек» (1973) и особенно в работах с реж. А.В. Эфросом (телевиз. спектакль «Страницы дневника Печорина», 1976; ф. «В четверг и больше никогда», 1978). Обострённость эмоц. реакций, интенсивность переживаний отличали его театральную игру: Васька Пепел («На дне» М. Горького, Моск. т-р «Современник», 1968), Беляев («Месяц в деревне» И.С. Тургенева, Моск. т-р на М. Бронной, 1977).

ДАЛЬ МО́НТЕ (Dal Monte) Тоти (наст. имя и фам. Антониетта Менегелли) (1893–1975), итал. певица (колоратурное сопрано), актриса. В 1916–43 на оперной сцене. Обладала лирич. даром и виртуозно-гибким и ярким голосом. Прославилась в классич. партиях: Джильда («Риголетто» Дж. Верди), Чио-Чио-сан («Мадам Баттерфлай» Дж. Пуччини).

ДАЛЬНОЗО́РКОСТЬ (гиперметропия), недостаток зрения, мешающий ясно видеть на близком расстоянии; зависит от слабой преломляющей силы роговицы и хрусталика или слишком короткой переднезадней оси глаза. Исправляется очками с положит. (собират.) стёклами.

ДАЛЬНОМЕ́Р, прибор для определения расстояний до объектов без непосредств. измерений на местности, в пространстве. Различают Д. оптич., акустич., электрооптич. и радиодальномеры. Используются в фотографии, геодезии, воен. деле, астрономии и др.

ДА́ЛЬТОН (До́лтон) (Dalton) Джон (1766–1844), англ. химик и физик. Создатель хим. атомистики; установил, что все в-ва должны взаимодействовать только в целых отно-

В.И. Даль. Портрет работы В.Г. Перова. 1872. Фрагмент. Третьяковская галерея.

С. Дали. «Открытие Америки Христофором Колумбом». 1959. Музей Дали. Кливленд.

Дальномер. Принципиальная схема оптического дальномера фотоаппарата: I и II – световые лучи, идущие от объекта по двум оптическим системам (ветвям) – основной (I) и вспомогательной (II); 1 – объект; 2 – оптический компенсатор; 3 – полупрозрачное зеркало; 4 – окуляр; Θ – параллактический угол; Б – база дальномера; x – расстояние до объекта съёмки.

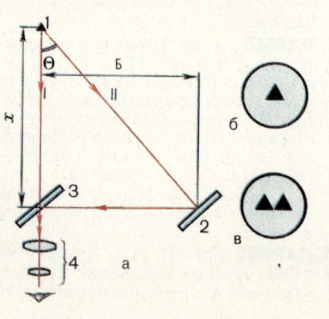

шениях (закон кратных отношений). Ввёл понятие «атомный вес», первым определил атомные веса (массы) ряда элементов (H, N, S, P). Открыл закон парциальных давлений газов (1801), зависимости их расширения при постоянном давлении от темп-ры (1802) и зависимости растворимости газов от их парциальных давлений (1803). Впервые описал (1794) *дальтонизм*.

ДАЛЬТОНИ́ЗМ, врождённая частичная цветовая слепота, неспособность различать гл. обр. красный и зелёный цвета. Наблюдается преим. у мужчин. Впервые описан Дж. Дальтоном.

ДАМА́НЫ, отряд млекопитающих. Относятся к копытным, но внешне напоминают грызунов. Длина тела 30–60 см, хвоста 1–3 см, масса до 3 кг. 7 видов, в Передней Азии и Африке (исключая сев. часть). Одни Д. живут в лесах (на деревьях), другие — в горных, скалистых р-нах. Добываются ради мяса.

ДАМА́СК (араб. Димишк, Димашк), столица (с 1943) Сирии. 1,5 млн. ж. Междунар. аэропорт. Текст., пищ., фарм. пром-сть. Худ. ремёсла. Ун-ты. Консерватория (осн. в 1962). Дамасская и Араб. академии. Музеи (в т.ч. национальный). Т-ры (в т.ч. арабской драм.). С кон. 11 в. до 732 до н.э. Д.— центр Дамасского царства. В 661–750 столица халифата Омейядов. В 1920–43 адм. ц. франц. подмандатной терр. Сирии. К др.-рим. времени относятся центр. прямая улица с остатками колоннад, стен, ворот, действующий акведук, колоннада входа в святилище Юпитера Дамасского. Мечеть Омейядов (8 в.), многочисл. медресе 12–13 вв. Старый Д. включён в список *Всемирного наследия*.

ДАМАСКИ́Н ИОА́НН, см. *Иоанн Дамаскин*.

ДА́МБА, гидротехн. сооружение, аналогичное по устройству земляной *плотине*. Различают Д.: напорные, напр. ограждающие валы для защиты прибрежных низменностей от затопления, и безнапорные — для регулирования русел рек, улучшения условий судоходства и т.д.

«Даная». Х. ван Р. Рембрандт. 1636. Эрмитаж.

ДАМО́КЛОВ МЕЧ. По греч. преданию, сиракузский тиран Дионисий I (кон. 5 в. до н.э.) предложил на 1 день престол фавориту Дамоклу, считавшему Дионисия счастливейшим из смертных. В разгар веселья на пиру Дамокл внезапно увидел над головой обнажённый меч, висевший на конском волосе, и понял призрачность благополучия. Перен.— нависшая над кем-либо постоянно угрожающая опасность при видимом благополучии.

ДАН Икума (р. 1924), япон. композитор. Работает практически во всех муз. жанрах: автор опер (в т.ч. наиб. репертуарной «Юдзуру», «Журавлиные перья» по Дз. Киносита), балета, симфоний, камерно-инстр. соч., хоров, песен.

ДАНАИ́ДЫ, в греч. мифологии 50 дочерей царя Даная, по велению отца убившие в брачную ночь мужей (ослушалась Гипермнестра, ставшая родоначальницей аргосских царей). В наказание Д. в Аиде вечно наполняют водой бездонную бочку. Перен.: «бочка Д.», «работа Д.» — бесполезный и бесконечный труд.

ДАНА́ЙЦЫ, греч. племена, населявшие Арголиду. У Гомера Д.— участники *Троянской войны*, хитростью (с помощью дерев. *троянского коня*) взявшие Трою; отсюда выражение «дары Д.» — дары, гибельные для получающего их.

ДАНА́Я, в греч. мифологии дочь аргосского царя Акрисия, к-рому была предсказана смерть от руки внука. Отец заключил Д. в подземный медный терем, куда не было доступа смертному. От Зевса, проникшего к Д. в виде золотого дождя, она родила Персея, к-рый во время игр случайно убил деда брошенным диском.

ДАНГ ТХАЙ ШОН (р. 1958), вьетн. пианист. Обучался в Моск. конс. Гастролирует. Утончённость и филигранность исполнит. манеры, «адекватность» трактовки (особенно соч. Ф. Шопена) выдвинули его в ряд лучших пианистов мира.

ДАНЕ́ЛИЯ Георг. Ник. (р. 1930), рос. кинорежиссёр. Снимал лирические («Я шагаю по Москве», 1964; «Мимино», 1978), сатирические («Тридцать три», 1966), фантастические («Кин-дза-дза!», 1987) комедии, наиболее успешно — трагикомедии («Не горюй!», 1969; «Афоня», 1975; «Осенний марафон», 1979; «Слёзы капали», 1983; «Паспорт», 1990), для к-рых характерны внимание к социальной природе явлений и поступков, сочувственная интонация по отношению к героям, нередко непутёвым, с незадачливой судьбой.

«ДАНЖУ́Р» («Данджур») (тибет., букв.— пояснения), собрание тибет. буддийских канонич. произв., получивших распространение в Монголии. Состоит из 225 томов. Является развитием и продолжением «Ганжура», содержит комментарии к нему. Включает соч. разных авторов по яз-знанию, стихосложению, медицине, архитектуре.

ДАНИИ́Л, в Библии праведник, пророк-мудрец, видения и приключения к-рого описаны в «Книге пророка Даниила». Д. толкует сон Навуходоносора как пророчество о 5 грядущих мировых державах, последняя из к-рых никогда не разрушится. На валтасаровом пиру (см. в ст. *Валтасар*) Д. единственный прочитывает и толкует таинств. надпись.

ДАНИИ́Л АЛЕКСА́НДРОВИЧ (1261–1303), князь московский (с 1276), родоначальник моск. князей. Сын Александра Невского. Присоединил Коломну. Получил по завещанию Переяславль-Залесский, положив начало росту Моск. кн-ва. Канонизирован Рус. правосл. церковью.

ДАНИИ́Л РОМА́НОВИЧ (1201–1264), князь галицко-волынский (с 1205, с перерывами); с 1254 имел титул короля. Сын Романа Мстиславича. Объединил галицкие и волынские земли; поощрял стр-во городов (Холм, Львов и др.), ремесло и торговлю.

ДАНИИ́Л ЧЁРНЫЙ (ок. 1360–1430), рус. живописец. Совм. с Андреем Рублёвым и др. расписал Успенский собор во Владимире (1408) и Троицкий собор (1420-е гг.) в Сергиевом Посаде.

ДАНИЛЕ́ВСКИЙ Григ. Петр. (1829–90), рус. писатель. Ром. «Мирович» (1879), «Княжна Тараканова» (1883), «Сожжённая Москва» (1886) — занимательное чтение на ист. материале из эпохи 18 — нач. 19 вв.

ДАНИ́ЛОВ К.Д., см. *Кирша Данилов*.

ДАНИ́ЛОВ МОНАСТЫ́РЬ (Свято-Данилов), мужской, в Москве. Осн. ок. 1298–90 моск. кн. Даниилом Александровичем. В 30-х гг. 14 в. оскудел, возобновлён в 1560. В кон. 17 в. Д.м. обнесён кирпичной стеной с 7 башнями. Во 2-й пол. 19 в. кладбище Д.м.— место погребения мн. деятелей науки и культуры. После Окт. рев-ции упразднён; с нач. 1920-х гг. на его терр.— приёмник-распределитель НКВД. В кон. 1920-х гг. разобрана колокольня монастыря (восстановлена в 1980-х гг.). Архит. памятники (17–19 вв.). Собор Семи вселенских соборов с церк. Даниила Столпника, братский корпус, настоятельские покои и др. В 1983 передан Рус. правосл. церкви. В Д.м.— Моск. патриархат, Священный Синод, Отдел внеш. церк. сношений; муж. монастырь.

ДА́НИО, рыбы (сем. *карповые*). Дл. 5–15 см. От жаберных щелей до конца хвостового плавника чёрно-синие и соломенно-жёлтые полосы. 7–8 видов, в Юж. и Юго-Вост. Азии. Разводят в аквариумах (Д. малабарский, леопардовый, розовый, рерио и др.).

ДАНИЭ́ЛЬ Юл. Маркович (1925–1988), рус. писатель. В гротескно-сатирич. пов. «Говорит Москва» (1962, в России опубл. 1989), психол. пов. «Искупление» (1964, в России опубл. в 1988), рассказах — проблемы личной ответственности, преодоления массовой психологии страха в тоталитарном гос-ве. Автобиогр. новеллы. Стихи, переводы. За публикацию за рубежом своих произв. (под псевд. Н. Аржак) в 1966 был осуждён (вместе с А.Д. Синявским).

ДА́НИЯ (Королевство Дания), гос-во в Сев. Европе, на п-ове Ютландия, прилегающих о-вах (Зеландия, Фюн, Лолланн, Фальстер и др.) и о. Борнхольм. Омывается Северным и Балт. морями и соединяющими их проливами — Скагеррак, Каттегат и др. Пл. 43,1 т. км² (без Фарерских о-вов и о. Гренландия). Нас. 5,2 млн.ч.; св. 97% — датчане. Офиц. яз.— датский. Верующие — лютеране. Д.— конституц. монархия. Глава гос-ва — король (королева). Законодат. орган — Фолькетинг. Пр-во возглавляет премьер-министр. Столица — Копенгаген. Адм.-терр. деление: 14 амтов. В составе Д.— Фарерские о-ва и Гренландия. Ден. единица — датская крона.

На терр. Д. преобладает равнина с древнеледниковыми формами рельефа. Климат умеренный, морской. Ср. темп-ры янв. ок. 0 °C, июля 15–16 °C; осадков до 800 мм в год. Мног. озёр, реки короткие. Св. ³/₅ терр. распахано. Под лесом — 12% территории.

В кон. 8 — сер. 11 вв. датчане участвовали в походах викингов. В 10 в. образовалось единое Дат. королевство. В нач. 11 в. под властью дат. коро-

Дания. Традиционное поселение.

Дания. Фарерские острова. Город Воавур на самом южном острове архипелага Суури.

ля (Кнуд I) были временно объединены Д., Норвегия и Англия. В 1397 (при Маргарите Датской) заключена Кальмарская уния, объединившая под властью дат. королей Д., Швецию (с Финляндией), Норвегию (с Исландией). В 1536 введено лютеранство. Дат.-швед. войны 17 в. за господство на Балт. м. окончились поражением Д. После поражения Д. в швед.-дат. войне 1813–14 Норвегия (без Исландии) перешла к Швеции. В 1849 Д. стала конституц. монархией. В результате войны 1864 с гос-вами Сев.-Герм. союза потеряла Шлезвиг (Сев. Шлезвиг по плебисциту 1920 возвращён Д.) и Гольштейн. После 2-й мир. войны пр-ва возглавлялись представителями партий С.-д. или Венстре («Левая»).

Д.— индустр.-агр. страна. ВНП на д. нас. 22090 долл. в год. Наиб. развиты маш-ние, пищ. (в т.ч. сах., муком., пивоваренная, конс., кондитерская), хим., текст. пром-сть. Д. поставляет на мировой рынок суда (танкеры, сухогрузы, рефрижераторы, мор. паромы) и судовое оборудование, с.-х. машины (сепараторы, электродойки и др.), оборудование для холодильной, цем., пищ. пром-сти, комплектное пром. оборудование, лаки, краски, моющие средства, медикаменты и удобрения, ткани и одежду. Широко известны дат. мебель и фарфор. В с. х-ве преобладает жив-во (мясо-молочное скот-во, свин-во и птиц-во). Д.— один из крупнейших в мире экспортёров масла, сыра и сухого молока, свинины. Развито клеточное звероводство (св. 1/3 мирового экспорта норковых шкурок), мор. рыб-во (экспорт мороженого филе, рыбной муки, консервов) и разведение форели. Осн. с.-х. культуры: ячмень, кормовые травы, пшеница, рожь, сах. свёкла. Значит. урожаи яблок, моркови, клубники.

Д'АННУ́НЦИО (D'Annunzio) Габриеле (1863–1938), итал. писатель, полит. деятель. Занимал профашист. позиции. Эстетизм, оборачивающийся аморализмом, ницшеанский культ сильной личности в ром. «Наслаждение», 1889, «Девы скал», 1895, драмах, в т.ч. «Корабль», 1908. Пьеса «Дочь Йорио» (1904) — поэтич. вариация нар. поверий.

Да́НТЕ Алигьери (Dante Alighieri) (1265–1321), итал. поэт и полит. деятель, создатель итал. лит. языка. От мистически-страстного, в русле нового сладостного стиля («дольче стиль нуово»), выражения чувств и пробуждающегося личностного самосознания (сонеты, посв. Беатриче; примыкающая к ним романизир. авто-

Данте.

биография «Новая жизнь», 1292–93, изд. 1576), погружаясь в аллегорич. морализаторство и ср.-век. схоластику и вырываясь за её пределы, шёл к вершине своего творчества — своеобразной энциклопедии средневековья, поэме в 3 частях и 100 песнях — «Комедии» (1307–21, изд. 1472). Названная потомками «Божественной комедией», поэма в традиц. жанре видения повествует о путешествии автора по 9 кругам Ада, Чистилищу и Раю, утверждает мощь человеческого разума, соравного божественному в постижении добра и зла, признаёт право человека на свободу волеизъявления и предвосхищает мн. идеи, темы и образы мировой культуры нового времени. Активный участник полит. борьбы, бежал из родной Флоренции, дважды приговаривался к смерти (приговор 1315 отменён в 1966). Трактаты, в т.ч. незаконченный «Пир» (1304–08) — первый образец филос. прозы на итал. яз.; «О монархии» (1312–13), где во всемирной монархии видится залог всечеловеческого единства и благодействия, «О народной речи» (1304–07, изд. 1529), с идеей родства романских языков, — оба на лат. яз.; послания, эклоги.

ДАНТО́Н (Danton) Жорж Жак (1759–94), деятель Франц. рев-ции, один из вождей якобинцев. Блестящий оратор, Д. активно содействовал падению монархии. В авг. 1792 организовал якобинский террор, однако, занял более умеренную позицию, оказался в оппозиции к М. Робеспьеру. Осуждён Рев. трибуналом, казнён.

ДА́НЧЕНКО Сер. Вл. (р. 1937), укр. режиссёр, педагог. В 1969–78 гл. реж. Львовского т-ра имени М.К. Заньковецкой, с 1978 гл. реж. Укр. т-ра имени И.Я. Франко (Киев). Пост.: «Украденное счастье» Франко (1979), «Дядя Ваня» А.П. Чехова (1979), «Каменный властелин» Л. Украинки (1988). Ставил спектакли в Минске, Москве и др.

ДА́О (кит., букв.— путь), одна из осн. категорий кит. философии. В *конфуцианстве* — путь идеального правителя, нравств. совершенствования, совокупность морально-этич. норм. В *даосизме* — закономерность сущего, его порождающее и организующее начало. Мир — «воплощение» Д. Мудрец, следуя Д., отказывается от целеполагающей активности (у вэй, «недеяние»), достигает единства с природой и совершенства. В традиции «Книги перемен» («Ицзин») Д.— закономерность чередования сил инь-ян.

ДАОСИ́ЗМ (кит. дао цзя или дао цзяо), кит. религия и одна из осн. религ.-филос. школ. Возник в сер. 1-го тыс. до н.э. на основе верований шаманского характера. Философии Д. присущи натурализм, начатки примитивной диалектики и элементы религ. мистики. Осн. представители — Лао-цзы, Чжуан-цзы. В нач. н.э. Д. оформился в развитую религию. К 12 в. создан «Дао цзан» — свод лит-ры Д. Цель адептов Д.— достичь единства с первоосновой мира — *дао* и посредством алхимии и психофизич. упражнений обрести бессмертие.

ДА́РВИН (Darwin) Чарлз Роберт (1809–1882), англ. естествоиспытатель, создатель теории эволюции. В осн. тр. «Происхождение видов путём естественного отбора» (1859), обобщив результаты собств. наблюдений во время плавания на корабле «Бигл» (1831–36) и достижения совр. ему биологии и селекц. практики, вскрыл осн. факторы эволюции органич. мира. В кн. «Происхождение человека и половой отбор» (1871)

Ч. Дарвин.

обосновал гипотезу происхождения человека от обезьяноподобного предка. Работы по геологии, ботанике и зоологии; автобиография.

ДАРВИНИ́ЗМ, теория эволюции (ист. развития) органич. мира Земли, основанная на воззрениях Ч. Дарвина. Движущими силами эволюции, по Дарвину, являются наследственная изменчивость и естественный отбор. *Изменчивость* служит основой образования новых признаков в строении и функциях организмов, а *наследственность* закрепляет эти признаки. В результате *борьбы за существование* происходит преим. выживание и участие в размножении наиб. приспособленных особей, т.е. *естественный отбор*, следствием к-рого является возникновение новых видов. При этом существенно, что приспособленность организмов к окружающей среде носит относит. характер. Независимо от Дарвина к близким выводам пришёл англ. биолог А. Уоллес. Существ. вклад в пропаганду и развитие Д. внесли англ. учёный Т. Гексли (в 1860 предложил термин «Д.»), нем.— Ф. Мюллер и Э. Геккель, рус.— А.О. и В.О. Ковалевские, Н.А. и А.Н. Северцовы, И.И. Мечников, К.А. Тимирязев, И.И. Шмальгаузен и др. В 20–30-х гг. 20 в. сформировалась т.н. синтетич. теория эволюции, объединившая классич. Д. и достижения генетики. Как целостное материалистич. учение Д. совершил переворот в биологии, подорвал позиции *креационизма* и *витализма*, оказал во 2-й пол. 19 в. огромное влияние на естеств. и обществ. науки, культуру в целом. Однако ещё при жизни Дарвина наряду с широким признанием его теории в биологии возникли разл. течения, отрицавшие или резко ограничивавшие роль естеств. отбора в эволюции и выдвигавшие в качестве гл. сил, приводящих к видообразованию, др. факторы. Полемика по осн. проблемам эволюц. учения продолжается и в совр. науке.

ДАРГОМЫ́ЖСКИЙ Ал-др Сер. (1813–69), композитор, один из основоположников рус. классич. музыки. Последователь М.И. Глинки. Гл. произв.— оп. «Русалка» (1855, по драм. поэме А.С. Пушкина) знаменовала рождение нового жанра рус. оперы — нар.-бытовой психол. драмы. Творчество Д. отразило критич. социальные тенденции (песни «Старый капрал», «Титулярный советник» и др.). Разработал метод т.н. интонац. реализма (воспроизведение интонаций речи посредством мелодизир. *речитатива* в оп. «Каменный

А.С. Даргомыжский.

гость», 1872, на неизменённый текст «маленькой трагедии» Пушкина). Оказал значит. влияние на музыку композиторов *Могучей кучки*, П.И. Чайковского. Оп. «Эсмеральда» (1841), опера-балет «Торжество Вакха» (1848), соч. для орк. (в т.ч. «Баба-яга», 1862, «Чухонская фантазия», 1867), для фп., романсы и др.

ДАРДАНЕ́ЛЛЫ, пролив между Европой и Азией, соединяет Эгейское и Мраморное моря. Дл. 120 км, наим. шир. 1,3 км, наим. глуб. 29 м. Порты: Гелиболу и Чанаккале (Турция).

ДАРИ́ (классический дари), лит. язык зап. и вост. иранцев (персов, таджиков и др.), распространённый с кон. 9 до нач. 16 вв. на терр. Ср. Азии, Ирана, Афганистана, Азербайджана, сев.-зап. части Индии. Относится к иран. группе индоевроп. семьи языков. На Д. писали классики перс.-тадж. лит-ры (Рудаки, Фирдоуси, Хафиз, Омар Хайям, Насир Хосров и др.). Со 2-й пол. 15 в. началась дифференциация Д. Лежит в основе перс. лит. яз.— в Иране, тадж. лит. яз.— в Таджикистане и языка Д.— в Афганистане (назв. одного из 2 офиц. и лит. яз. Афганистана, ранее называвшегося фарси-кабули).

ДА́РИЙ I, царь др.-перс. гос-ва *Ахеменидов* в 522—486 до н.э. Провёл адм., налоговой и воен. реформы; осуществил значит. стр-во. Ок. 519 до н.э. совершил воен. поход в Ср. Азию. Летом 515 до н. э. 20-тыс. войско прошёл почти всю юж. часть Вост. Европы, в т.ч. междуречье Днепра и Северского Донца. Д. I оставил также сведения о черноморских и эгейских берегах М. Азии и части юж. склонов Б. Кавказа. Время царствования Д. I — период наивысш. могущества Ахеменидов.

ДАРИ́О (Darío) Рубен (наст. имя Феликс Гарсия Сармьенто) (1867—1916), никарагуанский поэт. В лирике (сб. «Лазурь», 1888, «Языческие псалмы», 1896, «Песни жизни и надежды», 1905, «Поэма осени и другие стихи», 1910), отмеченной влиянием франц. символизма,— изысканно-экзотич. образность, пантеистич. восприятие мира; призывы к духовному единению народов Лат. Америки и Испании. Реформатор стиха, обогативший испаноязычную поэзию 20 в. новыми формами. Сказки, эссе.

ДАРОНО́СИЦА в православии небольшой ковчежец с ящиком внутри, устраиваемый в виде часовенки с дверцей и с крестом наверху. Служит для переноса Св. даров в дом больных и умирающих для причащения их; священники носит их на груди.

ДАРОХРАНИ́ТЕЛЬНИЦА, особый сосуд, служащий для хранения Св. даров, устроенный в виде храма или часовни, с небольшой гробницей из позолоченного металла. Размещается на престоле в правосл. храме.

ДА́РРЕЛ (Durrell) Джеральд Малколм (1925—95), англ. зоолог, путешественник, писатель. С 1947 организатор и участник экспедиций за коллекциями ж-ных в Зап. Африку, Юж. Америку, Австралию и др. Основал собств. зоосад редких ж-ных на о. Джерси (прол. Ла-Манш, терр. Великобритании). Создал фонд для приобретения ж-ных, к-рым угрожает опасность уничтожения. Автор популярных книг: «Перегруженный ковчег», «Гончие Бафута», «Земля шорохов», «Путь кенгурёнка» и др. Фильмы о животных, заповедниках разл. стран, в т.ч. России.

ДАР-ЭС-САЛА́М, г. (до 1993 столица) в Танзании. Ок. 1,4 млн. ж. Порт на Индийском ок.; междунар. аэропорт. Пищевкус., текст., нефтеперераб. пр-тия. Судостроение. Транзитный нефтепровод в Замбию. Ун-т. Ист.-этногр. музей, худ. галерея. Т-р. Ботанич. сад. Осн. в 1862 султаном Занзибара. С 1891 адм. ц. Герм. Вост. Африки; в 1919—61 — англ. владения Танганьика; в 1961—64 столица независимого гос-ва Танганьика.

ДАСТА́Н, эпич. жанр в лит-рах Бл. и Ср. Востока, Ср. и Юго-Вост. Азии. Д. бывают прозаическими, стихотв. и смешанными (проза со стихотв. вставками). В классич. перс., тадж. и тюркоязыч-

ных лит-рах Д.— отд. романич. поэмы (напр., «Лейли и Меджнун» Низами).

ДА́ТСКИЕ ПРОЛИ́ВЫ (Балтийские проливы), система проливов (крупные — Скагеррак и Каттегат) между п-овами Скандинавским и Ютландия, соединяет Балт. и Сев. моря.

ДА́ТЧИК, термин, нередко употребляемый в том же значении, что и *измерительный преобразователь*. Термин «Д.» не рекомендован к применению.

ДА́УНА БОЛЕ́ЗНЬ, одна из наиб. распространённых *хромосомных болезней* (1 случай на 700 новорождённых), обусловлена наличием лишней хромосомы. Характеризуется задержкой умств. развития (олигофренией — чаще на уровне *имбецильности* или *дебильности*) в сочетании с нарушением деятельности желёз внутр. секреции и нередко врождёнными пороками развития. Названа по имени англ. врача Л. Дауна, описавшего её в 1866.

ДА́ФНИИ, род ветвистоусых раков. Дл. 1—3 мм. 26 видов, распространены широко в пресных водоёмах. Служат кормом рыбам; разводятся на рыбоводных з-дах.

ДА́ФНИС, в греч. мифологии сицилийский пастух, создатель пастушеских песен. По одной версии мифа — умер от безнадёжной любви, по другой — за то, что не сдержал клятву верности, ослеплён нимфой или превращён ею в камень.

ДА́ШКОВА Ек. Ром. (1744—1810), княгиня. Участница дворцового переворота 1762, приведшего на престол Екатерину II. В 1769—71 и 1776—82 за границей; встречалась с Вольтером, Д. Дидро, А. Смитом. В 1783—96 дир. Петерб. АН и през. Рос. академии (науч. центра по изучению рус. яз. и словесности). Автор «Записок» (1859).

Е.Р. Дашкова. Портрет неизвестного художника. 18 в.

ДВАРИО́НАС (Dvarionas) Балис (1904—72), литов. композитор, дирижёр, пианист, педагог. Гл. дирижёр симф. оркестров Литов. радио в Каунасе (1935—38), Литов. филармонии в Вильнюсе. Гастролировал как пианист и дирижёр. Исполнял дит. и рус. музыку, соч. М. Чюрлёниса и др. литов. композиторов. Оп.

«Даля» (1957), бал. «Сватовство» (пост. 1933), симфония (1947), концерты (в т.ч. для скрипки с орк., 1948) и др.

ДВЕНА́ДЦАТЬ АПО́СТОЛОВ, в христ. преданиях избранная Иисусом Христом «коллегия» его ближайших учеников, составившая ядро христ. общины. Согласно Евангелию, это братья Пётр (Симон) и Андрей, братья Иаков Старший и Иоанн Богослов, Филипп, Варфоломей, Матфей Мытарь, Фома, Иаков Алфеев, Фаддей, Симон Зилот, Иуда Искариот (после его самоубийства на его место был избран Матфей). Д.а. присутствовали на *тайной вечере*, при вознесении Христа. Христ. предание связывает с деятельностью Д.а. (и Павла) распространение христ-ва.

ДВИ́ГАТЕЛЬ, машина, преобразующая разл. виды энергии в механич. работу. Работа может быть получена от вращающегося ротора, возвратно-поступательно движущегося поршня или от реактивного аппарата. Различают первичные и вторичные Д. Первичные Д. непосредственно преобразуют в механич. работу энергию топлива, ветра и пр.; вторичные Д.— энергию, полученную с помощью первичных Д., напр. электродвигатели. Устройства, содержащие накопленную механич. энергию, также относят к Д. (инерционные, пружинные, гиревые механизмы). Д. подразделяют на стационарные, передвижные, транспортные.

ДВИ́ГАТЕЛЬ ВНУ́ТРЕННЕГО СГОРА́НИЯ, тепловой двигатель, в к-ром часть хим. энергии топлива, сгорающего в рабочей полости, преобразуется в механич. работу. По виду топлива различают Д.в.с. жидкостные и газовые; по способу приготовления горючей смеси — с внеш. (напр., карбюраторные) и внутр. (напр., дизели) смесеобразованием; по виду преобразователя энергии — поршневые, турбинные, реактивные и комбинированные. Коэф. полезного действия Д.в.с. обычно 30—40%.

ДВИЖЕ́НИЕ НЕПРИСОЕДИНЕ́НИЯ, объединяет страны, провозгласившие основой своего внеш.-полит. курса неучастие в воен.-полит. блоках и группировках. В 1992 в Д.н. входило 108 стран, состоялась 10-я конф. неприсоединившихся стран (1-я конф. в Белграде в сент. 1961).

ДВИ́ЖИМОСТЬ, в гражд. праве один из видов имущества. В отличие от *недвижимости* относятся всё, кроме земли и того, что непосредственно связано с ней (здания, сооружения и т.п.).

ДВИ́ЖИТЕЛЬ, устройство для преобразования к.-л. вида энергии (напр., работа двигателя) в работу по перемещению транспортной машины. Функции Д. при передвижении по суше выполняют колёса (автомобили, трамваи и др.), гусеницы (тракторы, снегоходы), шагающие механизмы (напр., у экскаваторов), эл.-магн. поле (у поездов на магн. подвеске); при движении в воздухе, по суше и воде — возд. винты, сопла реактивных двигателей (самолёты, глиссеры, аэросани, суда на возд. подушке); для передвижения судов — вёсла, гребные винты и колёса, водомёты. Д., преобразующий энергию ветра — парус, энергию возд. потоков — парящая плоскость (в планёрах) или гибкий купол (в парашютах).

ДВОИ́ЧНАЯ СИСТЕ́МА СЧИСЛЕ́НИЯ, способ записи чисел, при к-ром используются две цифры 0 и 1. Две единицы 1-го разряда (т.е. места, занимаемого в числе) образуют единицу 2-го разряда, две единицы 2-го разряда образуют единицу 3-го разряда и т.д. Напр., 33 = 100001, что означает $33 = 1 \cdot 2^5 + 0 \cdot 2^4 + 0 \cdot 2^3 + 0 \cdot 2^2 + 0 \cdot 2^1 + 1 \cdot 2^0$. Д.с.с. используется в ЭВМ.

ДВОЙНО́Е ЛУЧЕПРЕЛОМЛЕ́НИЕ, раздвоение светового луча при прохождении через анизотропную среду. Открыто в 1670 дат. физиком Э. Бартолином в кристалле исландского шпата ($CaCO_3$). В нек-рых кристаллах, напр. турмалине, каждый из раздвоенных лучей поглощается по-разному в разных направлениях, что приводит к разл. окраске (*дихроизму*). Д.л. может быть естественным и наведённым — под действием электрич. поля (*Керра эффект*), магнитного, поля упругих сил.

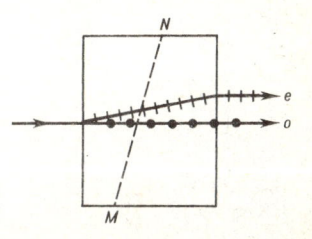

Двойное лучепреломление (схема): MN — направление оптической оси; o — обыкновенный луч; e — необыкновенный луч.

ДВОЙНЫ́Е ЗВЁЗДЫ, две звезды, объединённые силами тяготения и обращающиеся вокруг общего центра масс; наиб. распространённый тип кратных звёзд (систем, объединяющих две, три, четыре и т.д. звёзд). Д.з., компоненты к-рых расположены близко друг к другу и обмениваются в-вом, наз. тесными Д. з. Известным примером Д. з. является Алголь, находящийся на расстоянии ок. 100 световых лет от Земли. Система Алголя состоит из яркой белой звезды (масса ок. $M_\odot$, где $M_\odot$ — масса Солнца, диам. ок. 4 млн. км) и слабой оранжевой звезды (масса ок. 1 $M_\odot$, диам. ок. 5 млн. км), обращающихся на расстоянии ≈ 11 млн. км.

ДВОРЕ́Ц (от «княжий двор» — жилище князя), монументальное парадное здание. Первонач. резиденция властителя, позднее — высш. знати, в ср. века также и органов гос. власти, с 19 в.— особо значит. сооружения разл. обществ. назначения. В стр-ве Д. обычно принимали участие выдающиеся зодчие, живописцы, скульпторы, мастера декор. иск-ва. Одним из крупнейших Д. считается ансамбль императорского Д. в Пекине, прямоугольный в плане (960 м×750 м; начало стр-ва — 1-я пол. 14 в.).

ДВОРЕ́Ц ДОЖЕ́Й в Венеции, памятник итал. готич. архитектуры (14—15 вв.). Вместе с собором и б-кой Сан-Марко и др. зданиями образует гл. архит. ансамбль города. Илл. см. на стр. 204.

ДВО́РЖАК (Dvořák) Антонин (1841—1904), чеш. композитор, дирижёр. Гастролировал (в 1890 в России); в 1892—95 работал в США. В творчестве обращался к истории Чехии, её легендам. В ряде произв. отразились амер. впечатления. 11 опер (в т.ч. «Чёрт и Кача», 1899), оратории, 9 симфоний (9-я — «Из Нового Света», 1893), симф. поэмы, «Сла-

204 ДВОР

Дворец дожей. Общий вид.

А. Дворжак.

вянские танцы» для орк. (1878–84), концерты для фп., скрипки, виолончели (2-й – 1895) с орк., ансамбли, хоры, песни.

ДВОРЖАК Макс (1874–1921), австр. историк иск-ва. Исследовал его связь с духовной жизнью эпохи, исходя из представлений об истории иск-ва как «истории духа».

ДВОРЦО́ВАЯ ПЛО́ЩАДЬ, гл. площадь в С.-Петербурге. Основой застройки Д. п. стал *Зимний дворец*, напротив к-рого в 1819–29 было воздвигнуто грандиозное дугообразное здание Гл. штаба (арх. К.И. Росси). С вост. стороны Д. п. расположено б. здание штаба Гвардейского корпуса (1837–43, арх. А.П. Брюллов), в центре — Александровская колонна (1830–34, арх. А.А. Монферран). Различные по стилям здания великолепно организуют пространство, согласованы в масштабе.

ДВОРЯ́НСТВО, одно из высш. сословий феод. об-ва (наряду с *духовенством*), обладавшее закреплёнными в законе и передаваемыми по наследству привилегиями. Основа

экон. и полит. влияния Д. — собственность на землю. В Зап. Европе Д. формировалось из старинных аристократич. родов, королей, должностных лиц, рыцарства и сложилось в эпоху абсолютизма. Оно делилось на высшее и низшее, что находило выражение и в дворянских титулах (бароны и рыцари в Англии, гранды и идальго в Испании, магнаты и шляхта в Польше и т.п.). В странах Зап. Европы после ликвидации сословного об-ва Д. сохранило мн. привилегии и полит. влияние. В России Д. возникло в 12–13 вв. как низшая часть воен.-служилого сословия. С 14 в. дворяне получали за службу землю (см. *Помещики*). При Петре I завершилось становление Д., к-рое пополнялось выходцами из др. слоёв в результате их продвижения по гос. службе (см. *Табель о рангах*). В 1762 Д. добилось освобождения от обязат. воен. и гражд. гос. службы, введённой Петром I; Д. не подвергалось телесным наказаниям, освобождалось от рекрутской повинности, личных податей. Жалованная грамота (1785) Екатерины II (на права вольности и преимущества рос. Д.) устанавливала широкий круг личных привилегий Д., вводила дворянское самоуправление. Как сословие Д. было ликвидировано после Окт. рев-ции.

ДВУДО́ЛЬНЫЕ, класс покрытосеменных р-ний, у к-рых зародыш имеет 2 семядоли. Травы, кустарники, деревья. Св. 180 тыс. видов, входящих в 350–360 семейств. В отличие от *однодольных* листья, как правило, с сетчатым жилкованием. Между древесиной (ксилемой) и лубом (флоэмой) находится образоват. ткань (камбий), обеспечивающая прирост стебля (см. *Годичные кольца*). Д. составляют 75% всех цветковых р-ний. Распространены на всех континентах. Среди Д. — пищевые (зернобобовые, плодовые, масличные и др.), лекарств., декор. р-ния.

ДВУДО́МНЫЕ РАСТЕ́НИЯ, группа р-ний, у к-рых мужские (тычиночные) и женские (пестичные) цветки находятся на разных особях, напр. тополь, конопля, облепиха. Ср. *Однодомные растения*, *Многодомные растения*.

«ДВУЛИ́КИЙ Я́НУС», см. в ст. *Янус*.

ДВУНАДЕСЯ́ТЫЕ ПРА́ЗДНИКИ, 12 важнейших правосл. церк. праздников: Рождество Христово, Крещение Господне (Богоявление), Сретение Господне, Благовещение Пресвятой Богородицы, Вход Господень в Иерусалим (Вербное воскресенье), Вознесение Господне, День

Дворцовая площадь. Общий вид.

Дворянство. «Никольское. Общий вид усадьбы». Неизвестный художник. Кон. 1820-х – 30-е гг.

Св. Троицы, Преображение Господне, Успение Пресвятой Богородицы, Рождество Пресвятой Богородицы, Воздвижение Креста Господня, Введение во храм Пресвятой Богородицы.

ДВУРЕ́ЧЬЕ, то же, что *Месопотамия*.

ДВУХ И́СТИН ТЕО́РИЯ, ср.-век. учение об автономности истин философии (т.е. рационального познания) и теологии, могущих вступать в противоречие друг с другом. Связано с проникновением *аристотелизма* в ср.-век. культуру. Восходит к Ибн Рушду и отчётливо сформулировано в лат. *аверроизме*. Аверроистская интерпретация Аристотеля была осуждена церковью как противоречащая христ. догматам.

ДЕ... (ДЕЗ...) (лат. de ...; франц. dé ..., dés ...), приставка, означающая: 1) отсутствие, отмену, устранение чего-либо (напр., демобилизация, дегазация, дезориентация); 2) движение вниз, понижение (напр., девальвация).

ДЕБАРКА́ДЕР (франц. débarcadère, от débarquer — выгружать, высаживать на берег), 1) плавучая *пристань* в виде судна или понтона. 2) Устар. название станционной ж.-д. платформы с навесом.

ДЕ́БЕТ (от лат. debet — он должен), левая сторона бухгалтерских счетов. В счетах *актива* представляет приходную часть, куда заносятся все поступления по данному счёту, а в сче-

тах *пассива* — расходную часть, в к-рой группируются все расходы по счёту.

ДЕБИ́ЛЬНОСТЬ (от лат. debilis — слабый), лёгкая степень *олигофрении*; характеризуется низким уровнем абстрактного мышления, слабым волевым контролем поведения. При Д. в условиях спец. обучения во вспомогат. школе возможно освоение элементарных знаний, нек-рых трудовых навыков.

ДЕБО́РА (Девора), в Библии пророчица и судья, возглавившая завоевание др.-евр. племенами Палестины. «Победная песнь Деборы» — один из древнейших памятников евр. эпоса.

ДЕБРЕ́ (Debreu) Джерард (р. 1921), амер. экономист. Иссл. в области эконометрии (изучения конкретных количеств. взаимосвязей экон. объектов и процессов с помощью матем. и статистич. методов и моделей), теории общего экон. равновесия. Ноб. пр. (1983).

ДЕ́БРЕЦЕН, г. в Венгрии, бальнеологич. курорт. 219 т.ж. Маш-ние, хим.-фарм., швейная пром-сть. Ун-т. Музеи (в т.ч. этногр.). Т-р.

ДЕБЮССИ́ (Debussy) Клод (1862–1918), франц. композитор. Основоположник муз. *импрессионизма*, своеобразным манифестом к-рого стала орк. «Прелюдия к "Послеполуденному отдыху фавна"» (по эклоге С. Малларме, 1894). Муз. эстетика Д. обусловлена влиянием франц. символистской поэзии и импрессио-

К. Дебюсси.

нистской живописи. Музыке Д. свойственны тонкий психологизм и эмоц. напряжённость, символистская зыбкость настроений, изысканность и прихотливость мелодики, повышенная роль фонизма. Программные орк. произв.: триптих «Ноктюрны» (1899); 3 симф. эскиза «Море» (1905); «Образы» (1912). Оп. «Пелеас и Мелизанда» (по драме М. Метерлинка, 1902), балеты. Соч. для фп.: Бергамасская сюита (1890), «Эстампы» (1903), 24 прелюдии (тетрадь 1–2, 1910–13), этюды и др.

ДЕБЮТ (франц. début), 1) первое выступление на к.-л. поприще (напр., артиста на сцене). 2) Нач. стадия шахматной, шашечной партии. В значении Д. применяются термины «защита», «партия», «гамбит» и др.

ДЕВАЛЬВАЦИЯ (от de... и лат. valeo – имею значение, стою), снижение курса нац. валюты по отношению к к.-л. иностр. валюте, золоту. Напр., с авг. 1922 по дек. 1923 курс марки Германии понизился с 1,1 тыс. марок за 1 долл. США до 4,2 квинтиллиона марок за 1 долл.

ДЕВАНАГАРИ, силлабическая (слоговая) система письма, восходящая к др.-инд. письму брахми. Применяется в языках Сев. Индии (хинди, маратхи, непальском и др.), а также в санскрите.

ДЕВИАЦИЯ (от позднелат. deviatio – отклонение), термин, употребляемый для обозначения предметов, явлений, отклоняющихся от принятой нормы, заданного направления движения и т.п. (напр., Д. снаряда, Д. стрелки компаса, девиантное поведение).

ДЕВИЗ (франц. devise), 1) краткое изречение или слово, выражающее руководящую идею поведения или деятельности (первоначально надпись или эмблема на гербе, щите). 2) Изречение или слово, к-рое на закрытых конкурсах автор ставит на произведении вместо своего имени.

ДЕВИЗЫ (франц. devises), платёжные средства (переводы, чеки, аккредитивы и т.д.) в иностр. валюте, используемые в междунар. расчётах.

ДЕВИЧЬЯ БАШНЯ (Кыз-каласы) в Баку, памятник ср.-век. азерб. архитектуры (12 в., арх. Масуд ибн Давуд). Мощный цилиндрич. объём с выступом с востока и ребристой горизонтальной кладкой камня по фасаду.

ДЕВОН [Девонская система (период)] (от Девоншир – графства в Великобритании), четвёртое подразделение *палеозоя*, обозначающее отложения комплекса пород и период

Девичья башня.

Э. Дега. «Голубые танцовщицы». Пастель. Музей изобразительных искусств имени А.С. Пушкина.

геол. истории, в течение к-рого они сформировались (см. *Геохронология*). Начался 400 ± 10 млн. лет назад, длился ок. 55 млн. лет. Подразделяется на 3 отдела. Выделен в 1839 англ. геологами А. Седжвиком и Р. Мурчисоном.

ДЕВЯТЫЙ ВАЛ, 1) по старинному нар. поверью, самая сильная и опасная волна во время мор. бури. 2) (Перен.) символ грозной опасности или наивысшего подъёма чего-либо.

ДЕГА (Degas) Эдгар (1834–1917), франц. живописец, график и скульптор. Представитель *импрессионизма*. Произв. отличаются острым, динамичным восприятием совр. жизни, асимметричной комп., гибким и точным рисунком. Мастер пастели («Звезда»).

ДЕГЕНЕРАЦИЯ (от лат. degenero – вырождаюсь), 1) вырождение, ухудшение из поколения в поколение приспособит. или хоз. ценных свойств р-ний и ж-ных. 2) Разрушение клеток или органов живых организмов (напр., хвоста у головастика при превращении в лягушку). 3) «Перерождение» тканей организма с отложением в клетках разл. в-в и нарушением функций.

ДЕ ГОЛЛЬ Ш., см. Голль Ш. де.

ДЕГРАДАЦИЯ (от лат. degradatio – снижение), постепенное ухудшение, утрата положит. качеств, упадок, вырождение.

ДЕГТЯРЁВ Вас. Ал. (1879/1880–1949), рос. конструктор стрелк. оружия. Разработал ряд ручных пулемётов (в т.ч. ДП, на вооружении в России с 1927), пистолетов-пулемётов (ППД), станковый пулемёт (ДС, 1939), противотанковое ружьё (ПТРД, 1941) и др.

ДЕДАЛ, в греч. мифологии искусный зодчий. Построил на о. Крит лабиринт для Минотавра. Помог Ариадне освободить Тесея. Спасаясь от Миноса, улетел на крыльях из перьев, скреплённых воском, вместе с

Дедал. Скульптурная группа А. Кановы. «Дедал и Икар». 1777–79. Музей Каррер. Венеция.

сыном Икаром. Икар, поднявшийся слишком близко к солнцу (от лучей к-рого воск растаял), упал в море.

ДЕДУКЦИЯ (от лат. deductio – выведение), вывод по правилам логики; цепь умозаключений (рассуждение), звенья к-рой (высказывания) связаны отношением логич. следования. Началом (посылками) Д. являются аксиомы, постулаты или гипотезы, имеющие характер общих утверждений («общее»), а концом – следствия из посылок, теоремы («частное»). Если посылки Д. истинны, то истинны и её следствия. Д.– осн. средство доказательства.

ДЕЕПРИЧАСТИЕ, форма глагола, обозначающая второстепенное действие, подчинённое главному, выраженному в предложении сказуемым или инфинитивом в разл. синтаксич. функциях. В предложении обычно выступает как обстоятельство («Он ответил не задумываясь»).

ДЕЕСПОСОБНОСТЬ, в праве способность гражданина или юрид. лица своими действиями приобретать права и создавать для себя юрид. обязанности, нести ответственность за совершённое правонарушение. В Рос. Федерации полной Д. обладают граждане по достижении совершеннолетия (18 лет). В случае если законодательством допускается вступление в брак до достижения 18 лет, гражданин, не достигший этого возраста, приобретает Д. в полном объёме со времени вступления в брак. Для лиц юридических Д.– то же, что *правоспособность*.

ДЕЖНЁВ Сем. Ив. (ок. 1605–73), рос. землепроходец и полярный мореход. В 1648, участвуя в промысловой эксп. Ф.А. Попова, проплыл от устья Колымы в Тихий ок., открыв пролив между Азией и Америкой, Чукотский п-ов, Корякское нагорье и Анадырский зал., первым совершил плавание в Чукотское и Берингово моря.

ДЕЗ..., см. Де...

ДЕЗАКТИВАЦИЯ [от *де... (дез...)* и лат. activus – действенный], удаление радиоактивных загрязнений с техники, вооружения, зданий, почвы, одежды, продовольствия, из воды и др. объектов, заражённых вследствие применения ядерного оружия, аварий ядерных реакторов и др.

ДЕЗИНСЕКЦИЯ [от *де... (дез...)* и лат. insectum – насекомое], комплекс мер по уничтожению вредных членистоногих – переносчиков возбудителей болезней (комары, мухи, вши, клещи и т.д.), с.-х. вредителей и др. Методы Д.: физ. (горячий воздух, вод. пар), хим. и биологический.

ДЕЗИНФЕКЦИЯ [от *де... (дез...)* и ср.-век. лат. infectio – заражение], комплекс мер по уничтожению возбудителей инфекц. болезней человека и ж-ных во внеш. среде физ., хим. и биол. методами. Различают Д. профилактич. (вагонов, пищ. объектов и т.д.), текущую (Д. окружающих больного предметов) и заключительную (напр., после госпитализации больного).

ДЕЗОКСИРИБОНУКЛЕИНОВАЯ КИСЛОТА (ДНК), высокомолекулярное природное соединение, осн. компонент *хромосом* всех организмов. ДНК – носитель генетич. информации, её отд. участки соответствуют опредeл. генам. Молекула ДНК образована 2 цепями, закрученными одна вокруг другой в спираль (двойная спираль). Цепи состоят из мономеров – *нуклеотидов*, различающихся одним из 4 азотистых оснований (аденин, гуанин, цитозин, тимин). Опредeл. сочетание из трёх соседних нуклеотидов в гене (триплет, или кодон) – единица *генетического кода*. Последовательность нуклеотидов в ДНК каждого организма строго индивидуальна и определяет его особенности (признаки). ДНК точно воспроизводится при делении клеток, что обеспечивает передачу наследств. информации в ряду поколений. Самопроизвольное или вызываемое разл. воздействиями нарушение структуры ДНК может привести к наследств. изменениям – мутациям.

206 ДЕЗУ

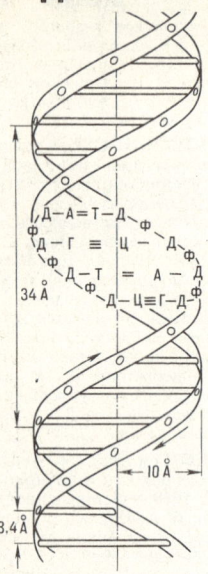

Дезоксирибонуклеиновая кислота. Фрагмент молекулы ДНК. Цепи состоят из остатков дезоксирибозы (Д), фосфорной кислоты (Ф) и азотистых оснований, обращённых внутрь молекулы. Двойная спираль устойчива благодаря водородным связям, образующимся между аденином и тимином (А-Т) и гуанином и цитозином (Г-Ц).

Структура ДНК установлена в 1953 Д. Уотсоном (США) и Ф. Криком (Великобритания).

ДЕЗУРБАНИ́ЗМ [от де... (дез...) и лат. urbanus — городской], направление в градостр-ве 20 в., противопоставляющее кр. городам (см. *Урбанизм*) свободное расселение среди природы.

ДЕИ́ЗМ (от лат. deus — Бог), религ.-филос. доктрина, к-рая признаёт Бога как мировой разум, сконструировавший целесообразную «машину» природы и давший ей законы и движение, но отвергает дальнейшее вмешательство Бога в самодвижение природы (т.е. промысел Божий, чудеса и т.п.) и не допускает иных путей к познанию Бога, кроме разума, см. *Естественная религия*). Получил распространение среди мыслителей Просвещения, сыграл значит. роль в развитии свободомыслия в 17–18 вв.

ДЕ́ЙВИС (Davis) Бетт (наст. имя Рут Элизабет) (1908–89), амер. киноактриса. Наиб. значит. роли в ф.: «Меченая женщина» (1937), «Иезавель» (1938), «Лисички» (1941), «Всё о Еве» (1950), «Что случилось с Бэби Джейн?» (1962). Играла волевых самоотверженных женщин, часто пренебрегающих условностями, общепринятой моралью. В 1987 снялась в ф. «Августовские киты».

ДЕ́ЙВИС Майлз (1926–91), амер. джазовый трубач, композитор, рук. ансамблей. С 1941 выступал со мн. (в т.ч. с собств.) джазовыми коллективами, работал в разл. стилях джаза (один из основоположников т.н. кул-джаза), с кон. 1960-х гг. — в традициях джаз-рока; оказал воздействие на мн. представителей рок-музыки.

ДЕЙНЕ́КА Ал-др Ал-др. (1899–1969), рос. живописец и график. Монументальные по форме, динамичные по композиции произв. на темы патриотич. героики, труда, спорта («Оборона Петрограда», 1928; «Будущие лётчики», 1938), панно, росписи (мозаика «Хоккеисты», 1959–60).

ДЕЙСТВИ́ТЕЛЬНОЕ ЧИСЛО́ (вещественное число), положительное, отрицательное число или нуль. Каждое Д. ч. изображается конечной или бесконечной десятичной дробью.

ДЕЙТЕ́РИЙ (тяжёлый водород), D, стабильный изотоп *водорода*, ат.м. 2,01416, газ. Ядро атома Д. наз. дейтрон. Д.— замедлитель нейтронов (в виде тяжёлой воды) в ядерных реакторах, изотопный индикатор. Д. открыт амер. физиком Г. Юри с сотрудниками в 1932.

ДЕКАБРИ́СТЫ, дворянские революционеры, поднявшие в дек. 1825 восстание против самодержавия и крепостничества. Гл. обр. офицеры, участники Отеч. войны 1812 и загран. походов рус. армии 1813–15. Первые орг-ции в 1816–21 — «Союз спасения», «Союз благоденствия», с 1821 — Южное об-во (в 1825 в него влилось Об-во соединённых славян) и Северное об-во. Д. планировали произвести в 1826 воен. переворот силами армии. Программа: отмена крепостного права, установление унитарной респ. («Русская правда» П.И. Пестеля, Юж. об-во) или конституц. монархии с федеративным устройством («Конституция» Н.М. Муравьёва, Сев. об-во). С усилением респ. крыла в Сев. об-ве (1823–24) намечалась выработка общей программы и единого плана действий. Междуцарствие после смерти имп. Александра I вызвало преждеврем. воору́ж. выступления: восст. 14 дек. 1825 на Сенатской пл. в С.-Петербурге и восст. Черниговского полка на Украине (29 дек. 1825–3 янв. 1826). После разгрома движения к следствию привлечены 579 чел., 121 чел. предан суду, по приговору к-рого 13 июля 1826 в С.-Петербурге повешены П.И. Пестель, С.И. Муравьёв-Апостол, К.Ф. Рылеев, М.П. Бестужев-Рюмин и П.Г. Каховский, остальные приговорены к каторге, ссылке в солдаты и др. Репрессиям подверглись также ок. 3 тыс. солдат и матросов. В 1856 оставшиеся в живых Д. помилованы. Материалы следствия опубл. в сб. док-тов «Восстание декабристов» (т. 1–18, 1925–86), многие Д. (Н.В. Басаргин, С.Г. Волконский, И.И. Горбачевский, А.Е. Розен, С.П. Трубецкой, И.Д. Якушкин и др.) — авторы мемуаров.

ДЕКА́БРЬ (лат. december, от decem — десять), двенадцатый месяц календарного года (31 сутки); до реформирования др.-рим. календаря Юлием Цезарем был десятым месяцем (отсюда назв.).

А.А. Дейнека. «На стройке новых цехов». 1926. Третьяковская галерея.

Декабристы. Акварель К.И. Кольмана. «14 декабря 1825 года на Сенатской площади». 1830-е гг.

Декабристы. М. Юшневский. «Петровский завод. Вход в острог». 1837.

ДЕКАДЕ́НТСТВО (франц. décadence, от ср.-век. лат. decadentia — упадок), обозначение течения в лит-ре и иск-ве кон. 19 – нач. 20 вв., характеризующегося оппозицией к общепринятой «мещанской» морали, культом красоты как самодовлеющей ценности, нередко сопровождается эстетизацией греха и порока, амбивалентными переживаниями отвращения к жизни и утончённого наслаждения ею и т.п. (франц. поэты Ш. Бодлер, П. Верлен, А. Рембо и др.; ж. «Декадент», 1886–89; см. *Символизм*). Понятие декаданса — одно из центральных в критике культуры Ф. Ницше, связывавшего декаданс с возрастанием роли интеллекта и ослаблением изначальных жизненных инстинктов, «воли к власти».

ДЕКАЛО́Г (греч. десятословие), десять заповедей Моисея, написанных на *скрижалях*; легли в основу религ.-этич. норм иудаизма и были восприняты затем христианством.

ДЕКА́НСКОЕ ПЛОСКОГО́РЬЕ (Декан), в Азии (Индия), на п-ове Индостан. Пл. ок. 1 млн. км². Ступенчатые равнины, понижающиеся к В. от 600–900 до 300–500 м, с отд. горами и холмами. Обширные базальтовые покровы (траппы). Кр. реки: Нармада, Маханади, Годавари, Кришна, Кавери. Листопадные леса и саванны. Ок. 60% терр. распахано.

М-ния руд железа, меди, марганца, вольфрама, золота, а также кам. угля.

ДЕКА́РТ (Descartes) Рене (латинизир.— Картезий) (1596–1650), франц. философ, математик, физик и физиолог. С 1629 в Нидерландах. Заложил основы аналитич. геометрии, дал понятия перем. величины и функции, ввёл мн. алгебр. обозначения, дал понятие импульса силы. Автор теории, объясняющей образование и движение небесных тел вихревым движением частиц материи (вихри Д.). Ввёл представление о рефлексе (дуга Д.). В основе философии Д.— дуализм души и тела, «мыслящей» и «протяжённой» субстанции. Материю отождествлял с протяжением (или пространством), движение сводил к перемещению тел. Общая причина движения, по Д.,— Бог, к-рый сотворил материю, движение и покой. Человек — связь безжизненного телесного механизма с душой, обладающей мышлением и волей. Безусловное основоположение всего знания, по Д.,— непосредств. достоверность сознания («мыслю, следовательно, существую»). В учении о познании Д.— родоначальник рационализма и сторонник учения о врождённых идеях. Философия Д.— источник *картезианства*. Осн. соч.: «Геометрия» (1637), «Рассуждение о методе...» (1637), «Начала философии» (1644).

ДЕ КИ́РИКО (De Chirico) Джорджо (1888–1978), итал. живописец. Глава «метафизич. школы» в живописи. В гор. пейзажах ощущение тревожной застылости мира, его отчуждённости от человека («Римские дома», 1922).

Р. Декарт.

Дж. Де Кирико. «Меланхолия политика». 1913. Художественный музей. Базель.

ДЕКЛАМАТИ́ВНЫЙ СТИХ, см. *Мелодика стиха.*

ДЕКЛАМА́ЦИЯ (от лат. declamatio – упражнение в красноречии), иск-во выразит. чтения стихов или прозы (ритмизация текста, подчёркивание интонацией ключевых слов и т.п.). В эпоху *классицизма* в зап.-европ. и рус. т-ре владение иск-вом Д. составляло основу актёрского мастерства; была канонизирована условная, торжеств., напевная манера сценич. речи. С изменением принципов актёрской игры слово «Д.» приобрело уничижит. оттенок (под ним часто подразумевается чтение стихов с ложным пафосом, «завыванием»). Разновидности эстрадной Д.— *мелодекламация,* т.н. коллективная Д. (ритмизированное произнесение текста хором, с выделением отд. голосов).

ДЕКЛАРА́ЦИЯ НЕЗАВИ́СИМОСТИ США, принята 4.7.1776 2-м Континентальным конгрессом в период Войны за независимость в Сев. Америке 1775–83. Провозглашала отделение 13 брит. колоний от метрополии и образование самостоят. гос-ва — США. Д. н. провозглашала равенство людей перед законом, их естеств. право на жизнь, свободу и стремление к счастью. День принятия Д. н. стал нац. праздником амер. народа.

ДЕКЛАРА́ЦИЯ ПРАВ ЧЕЛОВЕ́КА И ГРАЖДАНИ́НА, полит. манифест Франц. рев-ции, принятый Учредит. собранием 26 авг. 1789. Провозглашала неотъемлемыми правами человека свободу личности, слова, совести, равенство граждан перед законом, право на сопротивление угнетению. Объявляла неприкосновенной частную собственность.

ДЕКЛАРА́ЦИЯ ПРАВ ЧЕЛОВЕ́КА ООН, см. *Всеобщая декларация прав человека.*

ДЕКО́ДЕР (от *де...* и *код*), дополнит. устройство (блок) в телевизоре цв. изображения к.-л. системы (напр., *СЕКАМ*), позволяющее воспроизводить на его экране в цвете изображения, передаваемые или записанные по др. системе цв. телевидения (напр., *ПАЛ*). Во мн. совр. телевизорах Д. разл. систем объединяют в единый блок (напр., блок Д. ПАЛ/СЕКАМ).

ДЕКОДИ́РОВАНИЕ, см. в ст. *Код.*

ДЕКОРАТИ́ВНОЕ ИСКУ́ССТВО, род пластич. иск-в, произв. к-рого наряду с *архитектурой* художественно формируют окружающую человека материальную среду и вносят в неё эстетич. идейно-образное начало. Включает разл. иск-ва, служащие для украшения произв. архитектуры и *садово-паркового искусства* (монументально-декор. иск-во), создающие худ. предметы для обществ. и частного быта (декор.-прикладное иск-во), оформит. целей (*оформительское искусство*).

ДЕКОРАТИ́ВНО-ПРИКЛАДНО́Е ИСКУ́ССТВО, область декор. иск-ва: создание худ. произв., имеющих практич. назначение в обществ. и частном быту, и худ. обработка утилитарных предметов (утварь, мебель, ткани, орудия труда, одежда, игрушки и т.д.). Д.-п.и.— одна из важнейших областей *народного творчества*; в 20 в. связано с *дизайном*.

ДЕКОРА́ЦИЯ (от позднелат. decoratio – украшение), оформление *сцены*, киносъёмочной площадки или павильона, создающее зрительный образ спектакля, фильма, с помощью живописи, графики, архитектуры, освещения, сценич. техники, проекции, кино и др. Осн. системы театральной Д.: кулисная, кулисно-арочная, павильонная, объёмная, проекционная.

ДЕ КО́СТЕР (De Coster) Шарль (1827–79), бельг. писатель, писал на франц. яз. Сб. «Фламандские легенды» (1858) исполнен ренессансного духа. Уникальная по жанру книга-эпопея «Легенда об Уленшпигеле...» (1867) – своеобразная «Библия Бельгии», проникнутая нравств. оптимизмом. Ист. достоверность повествования о жестокой эпохе Нидерл. рев-ции закрепляет образ героич. личности из простого народа как воплощение нац. характера. Нац.-освободит. и антифеод. патетика сочетается с нар. смехом, реалистич. пластика – с романтич. лиризмом и символикой, фольклорные жанры – с традициями флам. живописи.

ДЕ КУ́ИНСИ (Де Квинси) (De Quincey) Томас (1785–1859), англ. писатель. Автобиогр. пов. «Исповедь англичанина, курильщика опиума» (1822) с описанием визионерства. Многочисл. эссе (филос., ист., по религиеведению, теории лит-ры) отличает парадоксализм, тяга к необычайному, экстравагантному, «исключениям истории» (фигуры самозванцев, клятвопреступников, тайные об-ва и т.п.): «Иуда Искариот», «Розенкрейцеры и франкмасоны», «Чудеса как предмет свидетельства», «Гомер и гомериды». Творчество Д. К. привлекло внимание символистов и сюрреалистов.

ДЕЛАКРУА́ (Delacroix) Эжен (1798–1863), живописец и график, глава франц. *романтизма*. Дух свободолюбия, борьбы выразил во взволнованно-напряжённых, проникнутых гуманистич. пафосом, динамичных по композиции и звучных по цвету произв. («Свобода, ведущая народ», 1830); богатая творч. фантазия, страстный темперамент проявились в ист. картинах и произв. на темы Востока, классич. и совр. лит-ры («Алжирские женщины», 1833–34; «Взятие крестоносцами Константинополя», 1840–41), илл. к произв. У. Шекспира, И.В. Гёте. Мысли об иск-ве, о знаменитых художниках (Дневник Д.).

ДЕЛЕ́ДДА (Deledda) Грация (1871–1936), итал. писательница. Подчёркнутый этнографизм в кн. «Сардинские рассказы» (1894). В романах «Элиас Портолу», 1903; «Пепел», 1904; «Возвращение сына», 1919; «Мать», 1920; «Бегство в Египет», 1826) сочетание традиционных для *веризма* элементов реалистич. прозы с условностью, фаталистич. и религ.-мистич. мотивами. Ноб. пр. (1926).

ДЕЛЕ́НИЕ (биол.), способ размножения одноклеточных организмов, а также клеток, составляющих тела многоклеточных. У бактерий Д. осуществляется образованием поперечной перегородки. У многоклеточных Д. клеток лежит в основе роста тканей и полового размножения (см. *Митоз, Мейоз*).

ДЕЛЕ́НИЕ атомных ядер, распад атомного ядра на 2 (реже 3) фрагмента (осколка). Наблюдается у тяжёлых ядер и сопровождается выделением энергии. Д. ядер урана под действием нейтронов открыто нем. учёными О. Ганом и Ф. Штрасманом в 1938. На основе Д. атомных ядер осуществлены ядерные цепные реакции, позволившие создать *ядерный реактор* и осуществить *ядерный взрыв*. Самопроизвольное (спонтанное) Д. атомных ядер, открытое рос. учёными Г.Н. Флёровым и К.А. Петржаком в 1940, ограничивает возмож-

Ш. Де Костер.

Э. Делакруа. «Львиная охота в Марокко». 1854. Эрмитаж.

Дели. Крепость Лал-Кила («Красный форт»).

Делос. «Терраса львов». 7 в. до н.э.

Дельфин гребнезубый.

ДЕ́ЛИ, столица (с 1947) Индии, на р. Джамна. Св. 7 млн. ж. Междунар. аэропорт. Гор. р-ны: Старый Д., Новый Д. (Нью-Дели) и др. Разнообразная лёгкая, а также хим., стекольно-керамич., пищ., полиграф. пром-сть; металлообработка и маш-ние. Худ. ремёсла. Ун-ты. Академия музыки, танца и драмы (Сангит Натак Академия). Нац. музей Индии, Нац. галерея совр. иск-ва, Интернац. музей кукол, мемор. музеи М. Ганди, Дж. Неру и др. Инд. центр иск-в и др. В древности наз. Индрапрастха. С 1206 Д.— столица Делийского султаната, с 1526 — Могольской империи. В 1803 захвачена англичанами. В 1911-47 столица Брит. Индии. Железная колонна (нач. 5 в.), крепость Лал-Кила («Красный форт», 17 в.) с дворцами и мечетью, Соборная мечеть (17 в.) и др.

ДЕЛИ́Б (Delibes) Лео (1836-91), франц. композитор. Симфонизировал балетную музыку, усилил её драм. начало: «Коппелия» (1870), «Сильвия» (1876) и др. Лирико-драм. оп. «Лакме» (1883) — одна из лучших франц. ориентальных опер.

ДЕЛИ́БЕС (Delibes) Мигель (р. 1920), исп. писатель. В романах и повестях — изображение жизни деревни («Дорога», 1950; «Крысы», 1962), острые нравств. и социальные проблемы времени («Пять часов с Марио», 1966; «Войны отцов наших», 1975; «Кому отдаст голос сеньор Кайо?», 1978). Рассказы.

ДЕЛИ́ЙСКИЙ СУЛТАНА́Т, гос-во в Индии в 1206-1526 со столицей в Дели. Основатель — наместник султаната Гуридов в Индии Кутб-ад-дин Айбак, объявивший себя султаном. Завоёван Вел. Моголами.

ДЕЛИ́КТНАЯ ОТВЕ́ТСТВЕННОСТЬ (внедоговорная), в гражд. праве установленная законом ответственность, возникающая в связи с причинением имуществ. или личным лицом другому в результате гражд. правонарушения (деликта).

ДЕЛИ́КТ (лат. delictum), проступок, правонарушение.

ДЕЛИ́РИЙ (от лат. delirium — безумие), вид помрачения сознания. Проявляется ложной ориентировкой в окружающем, сценоподобными зрительными, реже слуховыми галлюцинациями, яркими бредовыми представлениями, двигательным возбуждением и др. После Д. отмечается частичная амнезия.

ДЕЛОВЫ́Е И́ГРЫ, метод имитации принятия управленч. решений в разл. ситуациях путём игры по заданным правилам группы людей или человека и ЭВМ. Применяются для обучения и отбора руководителей, н.-и. целей, выработки управленч. решений.

ДЕЛО́Н (Delon) Ален (р. 1935), франц. киноактёр, продюсер. В ф. «Рокко и его братья» (1960), «Затмение» и «Леопард» (1962), «Самурай» (1967), «Убийство Троцкого» (1972), «Месье Кляйн» (1976) раскрывает двойственность человеческой натуры своих героев, конфликт между материальным и духовным. Внеш. данные, пластичность, динамизм сделали Д. популярным в приключенч. и детективных фильмах, в т.ч. в поставленных им «За шкуру полицейского» (1981), «Неукротимый» (1983).

ДЕЛОНЕ́ (Delaunay) Робер (1885-1941), франц. живописец. Создатель т.н. орфизма. Красочные декор. композиции, проникнутые острым ритмом («Эйфелева башня», 1910).

Р. Делоне. «Круглые формы, солнце, башня». 1913. Частное собрание. Париж.

ДЕ́ЛОС (Дилос), о-в в Эгейском м. Кр. религ. центр Др. Греции (храм Аполлона). Центр работорговли. Д. включён в список Всемирного наследия.

ДЕ́ЛЬВИГ Ант. Ант. (1798-1831), рус. поэт, друг А.С. Пушкина. Издавал альм. «Северные цветы» (1825-1831) и «Литературную газету» (1830-31). Лирич. стихи в духе др.-греч. идиллий, а также рус. нар. песен («Соловей», «Не осенний мелкий дождичек»).

ДЕЛЬ МО́НАКО (Del Monaco) Марио (1915-82), итал. певец (драм. тенор). В 1943-73 на оперной сцене. Обладал голосом обширного диапазона с уникальным по насыщенности баритональным тембром, точным ощущением муз. стиля и фактуры образа, свободным даром перевоплощения. Прославился в трагич. и героико-драм. партиях: Поллион («Норма» В. Беллини), Отелло («Отелло» Дж. Верди), Хозе («Кармен» Ж. Бизе).

ДЕ́ЛЬТА, низменность в низовьях кр. рек, впадающих в мелководные участки моря или озера, образованная речными отложениями. Прорезана сетью рукавов и протоков. Название Д. происходит от заглавной буквы греч. алфавита Δ (дельта), по сходству с к-рой оно было дано в древности треугольной Д. Нила.

ДЕЛЬТАПЛАНЁРНЫЙ СПОРТ (дельтапланеризм), разновидность авиац. спорта с использованием дельтапланов — сверхлёгких планёров, взлёт и посадка к-рых осуществляется при помощи ног планериста. Различают 2 типа дельтапланов: с балансир. и с аэродинамич. (комбинированным) управлением. Зародился в США (1951); в СССР — с кон. 1950-х гг. В 1976 осн. Междунар. комиссия по дельтапланеризму (СИВЛ), входящая в ФАИ (см. Самолётный спорт). Чемпионаты Европы и мира с 1977.

ДЕЛЬФИ́НИУМ, то же, что живокость.

ДЕЛЬФИ́НЫ, семейство зубатых китов. Дл. 1,2-10 м. Св. 50 видов, преим. в умеренно тёплых, в т.ч. пресных (речные Д.), водах. Большинство — быстроплавающие (до 55 км/ч) стадные ж-ные. При поисках добычи и ориентировке под водой используют эхолокацию; развита звуковая сигнализация, способны к звукоподражанию. Живут 30 (мелкие Д.) – 50 лет. Общительные и дружелюбные ж-ные, хорошо уживаются и размножаются в неволе, поддаются дрессировке. Нек-рые Д.— объект промысла. По др.-греч. легенде, «Д.» назвали ж-ное, в к-рое превратился Аполлон, чтобы указать людям путь в Дельфы, где потом был основан знаменитый дельфийский оракул и храм. В ряде стран, в т.ч. в СССР, велись работы по использованию Д. в воен. целях.

ДЕ́ЛЬФЫ, др.-греч. город в юго-зап. Фокиде (Ср. Греция), общегреч. религ. центр с храмом и оракулом Аполлона; в Д. происходили общегреч. пифийские игры. Д. расположены у горы Парнас. Раскопками (с 1892) открыты: храм Аполлона Пифийского (6-4 вв. до н.э.), сокровищницы сифнийцев (ок. 525 до н.э.), афинян (нач. 5 в. до н.э.), стоя (галерея-портик) афинян (475 до н.э.), т-р (2 в. до н.э.), стадион (6 в. до н.э.) и др. сооружения. Археол. заповедник Дельфы включён в список Всемирного наследия.

Дельфы.

М. Дель Монако.

ДЕМАГО́ГИЯ (греч. dēmagogía, от dēmos — народ и ágō — веду), обозначение в Др. Греции позиции руководителей полит. группировок, ведших за собой народ (демагог — буквально: вождь народа),— Клеон, Перикл и др. Постепенно термин приобрёл и иронич. смысл (напр., у Аристофана). В совр. значении Д.: основанное на намеренном извращении фактов воздействие на чувства, инстинкты, сознание людей, разжигание страстей для достижения к.-л. целей, обычно полит. целей; высокопарные рассуждения, прикрывающие к.-л. корыстные цели.

ДЕМЕ́НЦИЯ (лат. dementia), см. в ст. Слабоумие.

ДЕМЕ́ТРА, в греч. мифологии богиня плодородия и земледелия. Дочь Кроноса и Реи, сестра и супруга Зевса, мать Персефоны. Д. были посвящены Элевсинские мистерии

Деметра («Деметра Книдская»). Статуя круга Бриаксиса. Мрамор. 340–330 до н.э. Британский музей. Лондон.

(в г. Элевсин). Ей соответствует рим. *Церера*.

ДЕМИ́ДОВА Алла Сер. (р. 1936), актриса. С 1964 в Моск. т-ре на Таганке. Игру отличают интеллектуальность, эмоц. насыщенность при внеш. сдержанности и строгости: Гертруда («Гамлет» У. Шекспира, 1971), Раневская («Вишнёвый сад» А.П. Чехова, 1975), Федра («Федра» М.И. Цветаевой, 1988) и др. Снималась в ф.: «Дневные звёзды» и «Шестое июля» (оба 1968), «Зеркало» (1975) и др. Выступает с концертными программами.

А.С. Демидова и А.А. Попов в фильме «Дневные звёзды».

ДЕМИ́ДОВЫ, рос. предприниматели и землевладельцы, меценаты. Из тульских кузнецов, с 1720 дворяне, в кон. 18 в. вошли в круг высш. бюрократии и знати. Осн. св. 50 з-дов (40% чугуна в России). Никита Демидович Антуфьев (1656–1725), родоначальник, и его сын Акинфий Никитич (1678–1745) — организаторы стр-ва металлургич. з-дов на Урале. Прокопий Акинфиевич (1710–88) в 1764 пожертвовал св. 1 млн. руб. на создание моск. Воспитательного дома, в рус.-тур. войну 1768–74 ссудил пр-ву 4 млн. руб. на воен. нужды, в 1772 осн. Коммерч. уч-ще в Москве (Демидовское). Павел Григорьевич (1738–1821) — основатель Демидовского лицея в Ярославле. Павел Николаевич (1798–1840) — учредитель Демидовских премий, почётный чл. Петерб. АН.

ДЕМОГРАФИ́ЧЕСКИЙ ВЗРЫВ, резкое ускорение роста численности населения мира (в 1900–50 в ср. на 0,9% в год, в 1950–2000 на 2,1% в год) гл. обр. за счёт роста населения развивающихся стран (в них проживает св. 70% населения мира). В этих странах в 50–60-х гг. 20 в. Д. в. обусловлен снижением смертности (с 23–24‰ до 9–10‰), особенно детской, при сохранении высокой рождаемости (37–38‰). Д. в. обострил проблемы социального и экон. развития стран Азии, Африки и Лат. Америки, превратив их в *глобальные проблемы*.

ДЕМОГРА́ФИЯ (от греч. dēmos — народ и ...*графия*), наука о закономерностях воспроиз-ва населения. Как самостоят. наука сформировалась во 2-й пол. 19 — нач. 20 вв. Термин «Д.» ввёл франц. учёный А. Гийар в 1855. По материалам статистики Д. изучает воспроиз-во населения в целом и его компоненты как массовые социальные процессы, их количеств. взаимосвязи с возрастно-половой структурой населения, зависимости от социальных и экон. явлений, характер взаимодействия роста населения с обществ. развитием. Применяя статистич. и матем., а также собственно демографич. методы (продольный и поперечный анализ поколений, метод таблиц дожития, плодовитости, брачности, матем. модели населения), разрабатывает теорию воспроиз-ва населения, демографич. прогнозы, гос. демографич. политику.

ДЕМОДУЛЯ́ЦИЯ, см. в ст. *Детектор*.

ДЕМОКРА́ТИЯ (от греч. dēmos — народ и ...*кратия*), форма гос.-полит. устройства об-ва, основанная на признании народа в качестве источника власти. Осн. принципы Д.: власть большинства, равноправие граждан, правовая защищённость прав и свобод, верховенство закона, разделение властей, выборность главы гос-ва и представит. органов. Различают непосредственную (осн. решения принимаются непосредственно всеми гражданами на собраниях или посредством *референдумов*) и представительную (решения принимаются выборными органами) Д. Совр. демокр. ин-ты — продукт длит. ист. развития. Д. возникла вместе с гос-вом. Термин «Д.» употребляется также применительно к орг-циям и деятельности полит. и социальных ин-тов (напр., парт. Д., произ-водств. Д.).

ДЕМОКРИ́Т (ок. 470 или 460 до н.э. — умер в глубокой старости), из г. Абдера (Фракия), др.-греч. философ, один из основателей антич. атомистики. По Д., существуют только атомы и пустоты. Атомы — неделимые материальные элементы (геом. тела, «фигуры»), вечные, неразрушимые, непроницаемые; они невидимы для человека; из них «вихря» образуются как отд. тела, так и все бесчисл. миры. Истечения из атомов, действуя на органы чувств, вызывают ощущения. В этике развил учение об *атараксии*.

ДЕ́МОН, в греч. мифологии божество или дух-хранитель, определяющий жизненную судьбу человека.

Демон. Плакетка из Цере. Демоны уносят душу умершей женщины. Ок. 550 до н.э. Лувр.

У римлян Д. соответствует гений. В др. религиях Д. — злые духи, бесы.

ДЕМОНЕТИЗА́ЦИЯ, лишение гос. властью монет силы законного платёжного средства и обращения. Д. проводится в связи с изменением ден. системы, напр. в случае обесценения металла, из к-рого чеканится монета, и перехода к новому валютному металлу, а также в связи с полной заменой старых ден. знаков новыми. Так, непрерывное обесценение серебра в 19 в. заставило почти все гос-ва произвести Д. серебр. монеты и перейти к зол. валюте.

ДЕМОНСТРА́ЦИЯ (от лат. demonstratio — показывание), 1) шествие, митинг и др. формы массового выражения обществ. настроений. 2) Наглядный способ ознакомления с к.-л. явлением, предметом. 3) Проявление, свидетельство чего-либо. 4) Действия, подчёркнуто выражающие протест, неприязнь и т.п.

ДЕ́МОС (греч. dēmos — народ), в Др. Греции свободное население, обладавшее гражд. правами. С кон. 5–4 вв. до н.э. Д. наз. бедные слои (преим. гор.) населения.

ДЕМОСФЕ́Н (ок. 384–322 до н.э.), афинский оратор, вождь демократич. антимакед. группировки. Речи Д. против макед. царя Филиппа II — «филиппики». Добился создания антимакед. коалиции греч. полисов. После подчинения Греции Македонией отравился.

ДЕ́МПИНГ (англ. dumping, букв. — сбрасывание), бросовый экспорт, продажа товаров на внеш. рынках по ценам более низким, чем на внутр. рынке. Одно из средств конкурентной борьбы за внеш. рынки. Разновидность — валютный Д. — ввоз товаров по пониж. ценам из стран с обесценённой валютой в страны с более стабильной валютой.

ДЕНАТУРИ́РОВАННЫЙ СПИРТ (денатурат), этиловый спирт-сырец, содержащий добавки красителя, окрашивающего его в сине-фиолетовый цвет, и спец. в-в, придающих ему неприятные запах и вкус. Растворитель лаков и политур. Токсичен.

ДЕНАЦИОНАЛИЗА́ЦИЯ (от *де...* и *национализация*) (реприватизация), передача гос. собственности (пром. пр-тий, банков, зем. участков, акций и т.п.) в частную собственность.

ДЕНДРА́РИЙ (от греч. déndron — дерево), участок терр., где в открытом грунте культивируются древесные р-ния (деревья, кустарники, лианы), размещаемые по систематич., геогр., экологич., декор. и др. признакам. Наиб. богатые коллекции древесных р-ний в Д. ботан. сада Кью (ок. Лондона), Арнольд-Арборетум (Бостон, США), в России — Гл. ботан. сада (Москва).

ДЕНДРО... (от греч. déndron — дерево), часть сложных слов, означающая: относящийся к дереву (напр., дендрология).

ДЕНДРОЛО́ГИЯ (от дендро... и ...*логия*), раздел ботаники, изучающий древесные р-ния.

ДЕНЁВ (Deneuve) Катрин (наст. фам. Дорлеак) (р. 1943), франц. киноактриса. Наивные простодушные героини ф. «Шербурские зонтики» (1964) и «Девушки из Рошфора» (1967) уступают место образам сложным, драм., одержимым разрушит. страстями в ф. «Отвращение» (1965), «Дневная красавица» (1966), «Тристана» (1970), «Сука» (1972). Среди удач 80–90-х гг. роли в ф. «Последнее метро», «Индокитай».

ДЕ́НЕЖНОЕ ОБРАЩЕ́НИЕ, движение денег в наличной и безналичной формах, опосредующее обмен товаров и услуг.

ДЕ́НЕЖНЫЕ ЗНА́КИ, представители денег, принятые к обращению. В качестве Д. з. выступают *банковские билеты*, *казначейские билеты*, разменные монеты и др. знаки стоимости.

ДЕНИ́КИН Ант. Ив. (1872–1947), с апр. 1918 команд., с окт. главнокоманд. белогв. Добровольческой армией, с янв. 1919 — Вооруж. силами Юга России, одноврем. с янв. 1920 «верх. правитель Рос. гос-ва»; с апр. в эмиграции. В 1-ю мир. войну командовал стрелк. бригадой и див., армейским корпусом (1916). В 1917 нач. штаба верх. главнокоманд., главнокоманд. Зап. и Юго-

А.И. Деникин.

Зап. фр. Работы по истории рус.-япон. войны, восп.: «Очерки русской смуты» (т. 1–5, 1921–25), «Путь русского офицера» (1953).

ДЕ НИ́РО (De Niro) Роберт (р. 1943), амер. киноактёр. Решительность, целеустремлённость, неудержимый темперамент свойственны героям актёра, обладающего талантом глубокого перевоплощения. Среди ф.: «Таксист» (1976), «Крёстный отец, часть II» (1974), «Двадцатый век» (1976), «Охотник на оленей» (1978), «Бешеный бык» (1980), «Однажды в Америке» (1984) и др.

ДЕНИ́СОВ Эдисон Вас. (р. 1929), рос. композитор. В поисках новизны добивается синтеза совр. средств композиторской техники и муз. стилистики прошлого. Оп. «Пена дней» (1981), «Четыре девочки» (1986), бал. «Исповедь» (пост. 1984), вок.-инстр. соч. (в т.ч. Реквием, 1980), симфония (1987), «Свете тихий» для хора без сопровождения (1988), произв. для инстр-тов с орк., камерно-инстр. и вок. соч., музыка к спектаклям и фильмам.

ДЕНОМИНА́ЦИЯ (от *де...* и лат. nominatio – наименование), укрупнение нац. ден. единицы путём обмена по установленному соотношению старых ден. знаков на новые в целях упорядочения ден. обращения. Соотв. пересчитываются цены, тарифы, заработная плата, пенсии и т.д. Напр., в 1922 в СССР 1 руб. нового образца приравнивался к 1 млн. руб. в ден. знаках всех прежних выпусков. При Д. происходит номинальное уменьшение ден. массы.

ДЕНОНСА́ЦИЯ (франц. dénoncer - объявлять, расторгать), в междунар. праве отказ одной из сторон междунар. договора от его выполнения. Обычно право Д., её формы и сроки предусматриваются в самом договоре.

ДЕ́НЬГИ, всеобщий эквивалент, выражает стоимость всех товаров и обменивается на любой из них. С развитием товарного произ-ва роль Д. закрепилась за благородными металлами (золото, серебро), к-рые постепенно как Д. получили форму *монеты*. В процессе обращения драгоценные монеты стирались, теряли в весе, что привело к отделению реального содержания металла в монете от её номинала. Это дало основание для выпуска чисто номинальных знаков стоимости – бум. Д. (*банковские билеты*, *казначейские билеты*). В экономически развитых странах в составе ден. массы преобладающую роль по сравнению с налично-денежным компонентом играют т.н. депозитные Д. (банковские вклады). Функции Д.: мера стоимости, средство обращения, средство сбережения.

ДЕОНТОЛО́ГИЯ (от греч. déon, род.п. déontos – должное и *...логия*), 1) раздел этики, рассматривающий проблемы долга и должного. 2) Учение о юрид., проф. и моральных обязанностях и правилах поведения мед. работника.

ДЕПАРДЬЕ́ (Depardieu) Жерар (р. 1948), франц. киноактёр. Начав с ролей простоватых и циничных парней, позднее проявил себя как мастер психол. портрета, раскрывая сложную внутр. жизнь своих героев. Среди ф.: «Последнее метро» (1980), «Соседка» (1981), «Дантон» (1983), «Под солнцем Сатаны» (1987), «Сирано де Бержерак» (1990).

ДЕПОЗИ́Т (от лат. depositum – вещь, сданная на хранение), 1) материальная ценность (обычно ден. сумма или *ценная бумага*), переданная на хранение в финанс.-кредитные, таможенные, суд. или адм. учреждения и подлежащая по наступлении определ. условий возврату внёсшему её лицу – депоненту (или передаче к.-л. другому по его указанию). 2) Вклады в кредитных учреждениях.

ДЕПО́РТ (франц. déport), биржевая сделка на срок, заключаемая на фондовой *бирже* в расчёте на понижение курса ценных бумаг с целью получения курсовой разницы. Противоположность Д.– *репорт*.

ДЕПОРТА́ЦИЯ (от лат. deportatio – изгнание), принудит. выселение (в суд. или адм. порядке) лица из места постоянного жительства и поселение его в новом месте с ограничением свободы передвижения.

ДЕПРЕ́ (Deprez) Марсель (1843–1918), франц. физик и электротехник. Обосновал (1881) возможность передачи эл.-энергии по проводам на большие расстояния. Построил первую опытную ЛЭП пост. тока Мисбах – Мюнхен дл. 57 км (1882).

ДЕПРЕ́ССИЯ (от лат. depressio – подавление), в медицине – психич. расстройство, проявляющееся тоскливым, подавленным настроением с сознанием собств. никчёмности, пессимизмом, снижением побуждений, заторможенностью движений, разл. соматич. (телесными) нарушениями.

ДЕПУТА́Т (от позднелат. deputatus – уполномоченный), лицо, избранное членом представит. органа власти.

ДЕРАТИЗА́ЦИЯ (от *де...* и франц. rat – крыса), комплекс мер по борьбе с грызунами – источниками или переносчиками инфекц. болезней либо наносящими экон. ущерб.

ДЕ́РБИ (англ. derby), ипподромные состязания 3-летних скаковых чистокровных лошадей на дистанции 2400 м (или 1,5 мили). Организованы впервые в Великобритании в 1778 лордом Дерби (отсюда назв.); в России – с кон. 19 в. Д. наз. также гл. соревнования сезона для 4-летних лошадей рысистых пород.

ДЕРГА́Ч, то же, что *коростель*.

ДЕРЕВЕ́НСКАЯ ЛА́СТОЧКА, то же, что *касатка*.

ДЕ́РЕВО, многолетнее р-ние с одревесневшим гл. стеблем (стволом), сохраняющимся в течение всей его жизни, и ветвями, образующими крону. Выс. от 2 до 100 м (у нек-рых эвкалиптов до 150 м), диам. ствола до 15 м (баобаб); макс. продолжительность жизни до 4–5 тыс. лет (сосна остистая). Среди Д.– хвойные и лиственные, листопадные и вечнозелёные р-ния. С древности Д. удовлетворяли разл. потребности человека: священные Д. служили объектом культа, древесина использовалась в стр-ве, плодовые Д. обеспечивали пищей и т.д.

ДЕРЕВОРЕ́ЖУЩИЙ ИНСТРУМЕ́НТ, инстр-т для обработки натуральной древесины и древесных материалов резанием на дереворежущих станках или вручную. Д.и. общего назначения составляют пилы, ножи, фрезы, свёрла и зенкеры, долота, токарные резцы, шлифовальные шкурки. Специальный станочный Д.и. применяют при изготовлении отд. видов изделий (бочек, колёс для повозок, катушек для ниток, карандашей и т.п.) из древесины. Ручной Д.и. является частью *столярно-плотничного инструмента*.

ДЕРЕВЯ́ННАЯ АРХИТЕКТУ́РА, область архитектуры, специфика к-рой определяется характером материала (дерево) и строит. приёмами. Исторически сложились 2 конструктивные системы дерев. построек – срубная (постройки из брёвен – дома, храмы, хоз. сооружения стран Вост. и Сев. Европы) и каркасная (вертикальные столбы, горизонтальные ригели, раскосы – европ. *фахверк*, постройки Юж. и Юго-Вост. Азии, Африки, Океании и др.), отличаются простотой исходных геом. форм и богатством их комбинаций, выразит. использованием фактуры и текстуры дерева, декор. резьбы и росписи.

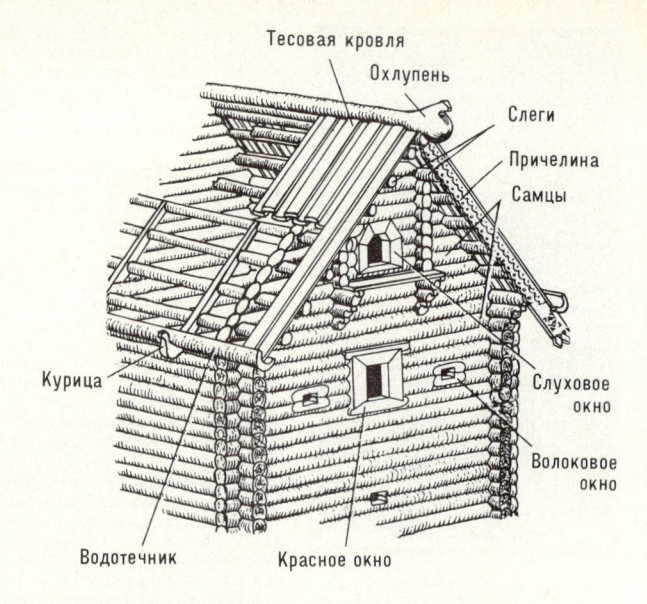

ДЕРЕ́Н (Derain) Андре (1880–1954), франц. живописец. Пейзажи в духе *фовизма* и раннего *кубизма*, сумрачные, как бы остановившиеся во времени, сцены из будничной жизни («Субботний день», 1911–14).

Деревянная архитектура. Схема конструкции рубленой избы.

А. Дерен. «Тропинка в лесу Фонтенбло». Ок. 1908. Музей изобразительных искусств имени А.С. Пушкина.

ДЕРЖА́ВИН Гаврила Ром. (1743–1816), рус. поэт, гос. деятель. Представитель рус. классицизма. Торжеств. оды, проникнутые идеей сильной государственности, включали сатиру на вельмож, пейзажные и бытовые зарисовки, размышления о жизни и смерти («Фелица», 1782; «Вельможа», 1774–94; «Водопад», 1791–94). Одна из вершин поэзии Д.– религ.-филос. ода «Бог» (1784). Лирич. стихи («Храповицкому», 1793; «Евгению. Жизнь званская», 1807), проникнутые любовью к простым радостям сел. жизни и природе. Автор «Записок» (1811–13). Губернатор олонецкий (1784) и тамбовский (1785–88). С 1791 кабинет-секр. Екатерины II. Мин. юстиции и чл. Гос. совета (1802–03).

ДЕРЖА́ВИН Мих. Мих. (р. 1936), актёр. С 1967 в Моск. т-ре сатиры. Исполнение отмечено непринуждённостью сценич. поведения, юмором: Бобчинский («Ревизор» Н.В. Гоголя, 1972), Конферансье («Прощай, конферансье!» Г.И. Горина, 1984) и др. Выступает на эстраде, часто в дуэте с А.А. Ширвиндтом. Снимался в кино и на ТВ.

ДЕРМАТИ́Т, воспалит. заболевание кожи, развивающееся при воздействии на неё внеш. (физ., хим., биол.) раздражителей.

ДЕРМА́ТО... (от греч. dérma, род. п. dérmatos – кожа), часть сложных слов, означающая: относящийся к коже, к болезням кожи (напр., дерматология).

ДЕРМАТО́ЗЫ, собират. обозначение заболеваний кожи, ногтей, волос.

ДЕРМАТОЛО́ГИЯ (от *дермато...* и *...логия*), область медицины, изучающая болезни кожи и разрабатывающая методы их диагностики, лечения и профилактики.

ДЕРНИ́НА, верх. слой почвы с живыми и отмершими корнями р-ний (обычно в целинной степи и на лугах). При перегнивании Д. после рас-

Г.Р. Державин. Портрет работы А.А. Васильевского. 1815.

пашки образуется богатый гумусом почвенный горизонт.

ДЕ САНТИС (De Santis) Джузеппе (р. 1917), итал. кинорежиссёр. Неореалистич. тенденции социальных драм «Трагическая охота» (1947), «Горький рис» (1949), «Нет мира под оливами» (1950) наиб. художественно убедительно раскрылись в ф. «Рим, 11 часов» (1952). Среди др. ф.: «Дайте мужа Анне Дзаккео» (1953, в прокате — «Утраченные грёзы», сов.-итал. ф. «Они шли на Восток» (в итал. прокате — «Итальянцы — славные ребята», 1964). В лучших картинах Де С. страстность, романтич. приподнятость сочетаются с колоритными зарисовками нар. жизни.

ДЕ СИКА (De Sica) Витторио (1901—74), итал. киноактёр, режиссёр. Много снимался в комедиях, проявил драм. талант в ф. «Генерал Делла Ровере» (1959). Был одним из зачинателей *неореализма* (ф. «Шуша», 1946, «Похитители велосипедов», 1948, «Умберто Д.», 1951). Ставил также антифаш. и антивоен. драмы («Затворники Альтоны», 1962; «Сад Финци-Контини», 1970)

В. Де Сика. Кадр из фильма «Похитители велосипедов».

и бытовые комедии («Вчера, сегодня, завтра», 1963; «Брак по-итальянски», 1964, и др.). Тонкий психологизм свойствен драм. ф. «Вокзал Термини» (1953), «Поездка» (1974).

ДЕСИКАНТЫ (от лат. desicco — высушиваю), хим. препараты из группы *пестицидов*, вызывающие обезвоживание тканей р-ний, что ускоряет их созревание и облегчает уборку урожая. Используют в посевах хлопчатника, подсолнечника, картофеля, клещевины, клевера, капусты, льна и др. Применение Д. строго регламентировано во избежание опасного загрязнения окружающей среды.

ДЕСКРИПТОР (от лат. descriptor — описывающий), лексич. единица (*слово, словосочетание*) информационно-поискового языка, служит для описания осн. смыслового содержания док-та или формулирования запроса при поиске док-та (информации) в *информационно-поисковой системе*. Д. однозначно ставится в соответствие группе ключевых слов естеств. яз., отобранных из текста, относящегося к определ. области знаний.

ДЕССАЛИН (Dessalines) Жан Жак (1760—1806), император Гаити с 1804. Негр, до 1790 раб. В 1791—1804 активный участник борьбы негров и мулатов за независимость Гаити от Франции.

ДЕСЯТИБОРЬЕ, легкоатлетич. многоборье, проводится в 2 дня: 1-й — бег на 100 и 400 м, прыжки в длину и в высоту, толкание ядра; 2-й — бег на 110 м с барьерами, метание диска, прыжки с шестом, метание копья, бег на 1500 м. Выступление в каждом виде оценивается в очках (по спец. таблице); победитель определяется по лучшей их сумме. С 1912 в программе Олимп. игр и всех крупнейших соревнований по лёгкой атлетике.

ДЕСЯТИЧНАЯ СИСТЕМА СЧИСЛЕНИЯ, способ записи чисел, при к-ром один и тот же знак (цифра) из десяти: 0, 1, 2, 3, 4, 5, 6, 7, 8, 9 имеет разл. значения в зависимости от того места, где он расположен. Десять единиц 1-го разряда (места, занимаемого в числе) образуют единицу следующего разряда — число 10, десять единиц 2-го разряда образуют единицу 3-го разряда — число 100 и т.д. Напр., $362 = 3 \cdot 100 + 6 \cdot 10 + 2$. Для обозначения больших чисел употребляется (с 14 в.) слово «миллион» (1000000) и его степени (с 15 в.):

биллион (миллиард) $10^{6 \cdot 2}$
триллион $10^{6 \cdot 3}$
квадриллион $10^{6 \cdot 4}$
квинтиллион $10^{6 \cdot 5}$
секстиллион $10^{6 \cdot 6}$
септиллион $10^{6 \cdot 7}$
октиллион $10^{6 \cdot 8}$
нониллион $10^{6 \cdot 9}$

С 17 в. во Франции и нек-рых др. странах биллионом стали называть число 10^9, триллионом 10^{12}, квадриллионом 10^{15} и т.д. Однако в Великобритании, Германии и нек-рых др. странах прежнее значение слов сохранилось.

ДЕТЕКТИВ (англ. detective, от лат. detectio — раскрытие), 1) специалист по расследованию уголов. преступлений; агент сыскной полиции, сыщик. 2) Лит. произведение или фильм, изображающие раскрытие запутанных преступлений.

ДЕТЕКТИВНАЯ ЛИТЕРАТУРА, в узком смысле — проза о расследовании и «разгадке» преступления, в расширит. смысле — изображение криминальных преступлений и борьбы с преступниками. Родоначальник Д.л. — Э.По («Убийство на улице Морг», 1841, и др. новеллы). Классич. произв. Д.л. описывают раскрытие логич. методом (А.К. Дойл, К.Г. Честертон, Э. Габорио, А. Кристи, Р. Стаут). Дальнейшее развитие жанра связано с появлением в Д.л. социально-психол. мотивов (Ж. Сименон, Мацумото Сэйтё), с возникновением разновидностей Д.л., изображающих непосредств. схватку стражей правопорядка с преступным миром, со сценами насилия и угроз (Д. Хаммет, Р.Т. Чандлер и др.).

ДЕТЕКТИВНЫЙ ФИЛЬМ, формировался с нач. 20 в. в тесной связи с развитием детективной лит-ры. У его истоков стоят сериалы фильмов о сыщике Нике Картере (1908—09, реж. В. Жассе), о Фантомасе (1913—14, реж. Л. Фейад). Интенсивное развитие жанра началось в 40-е гг. («Мальтийский сокол», 1941, реж. Дж. Хьюстон; «Леди из Шанхая», 1941, реж. О. Уэллс; «Подозрение», 1941, «Верёвка», 1948, оба — реж. А. Хичкок). В жанр Д.ф. в широком смысле включает «шпионские» фильмы (по романам Ф. Форсайта, И. Флеминга и др.) и т.н. *триллеры*.

ДЕТЕКТОР (от лат. detector — открыватель) (радио), устройство в радиоприёмнике, измерит. приборе и т.д. для разл. рода преобразований

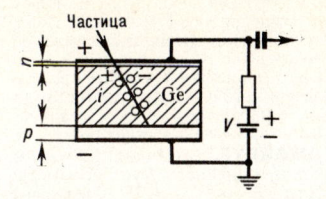

Детектор. Схематическое изображение полупроводникового детектора (штриховкой выделена чувствительная область): n — полупроводник с электронной проводимостью; p — полупроводник с дырочной проводимостью; Ge — германий, имеющий собственную проводимость (i); V — напряжение постоянного источника.

электрич. колебаний, напр. выделения модулирующего НЧ-сигнала из ВЧ-колебаний (демодуляции).

ДЕТЕКТОРЫ частиц, приборы для регистрации *элементарных частиц*, ядер и γ-квантов. Действие Д. основано на ионизации и возбуждении атомов в-ва. Различают Д. дискретного счёта (*ионизационная камера, Гейгера счётчик, полупроводниковый детектор*, сцинтилляционный и черенковский счётчики) и трековые Д., регистрирующие траекторию (трек) частиц (*пузырьковая камера, искровая камера*).

ДЕТЕРГЕНТЫ, принятое в заруб. лит-ре название синтетич. моющих средств.

ДЕТЕРМИНИЗМ (от лат. determino — определяю), филос. учение об объективной закономерной взаимосвязи и причинной обусловленности всех явлений.

ДЕТСКАЯ СМЕРТНОСТЬ, то же, что *младенческая смертность*.

ДЕТСКИЙ ФОНД ООН (United Nations Children's Fund, UNICEF — ЮНИСЕФ), осн. в 1946 (совр. назв. с 1953). Учреждение ООН, координирует деятельность по программам для детей, оказывает помощь гл. обр. развивающимся странам. Источники финанс. поступлений: ежегод. добровольные взносы пр-в, пожертвования обществ. орг-ций, частных лиц и др. В руководящем органе фонда — Правлении — представлены 41 гос-во. Секретариат — в Нью-Йорке, отделения — европейское в Женеве и региональные в ряде развивающихся стран. Ноб. пр. мира (1965).

ДЕТСКИЙ ЦЕРЕБРАЛЬНЫЙ ПАРАЛИЧ, группа дет. заболеваний, обусловленных внутриутробным поражением головного мозга, черепно-мозговой травмой в родах, разл. заболеваниями в раннем детстве, напр. энцефалитом. Нередко параличи сочетаются с задержкой умств. развития, эпилептич. припадками.

ДЕ-ФАКТО (лат. de facto — на деле, фактически), в междунар. праве неполное (не оформленное юридически) признание гос-ва или пр-ва.

ДЕФЕКТ (лат. defectus), изъян, недостаток.

ДЕФЕКТОЛОГИЯ (от *дефект* и ...*логия*), отрасль педагогики, изучающая закономерности развития, обучения и воспитания детей с физич. и психич. недостатками (нарушениями движений, зрения, слуха, речи, интеллекта).

ДЕФЕКТОСКОПИЯ (от *дефект* и... *скопия*), обобщённое назв. методов неразрушающего контроля, используемых для обнаружения нарушений структуры, хим. состава и др. дефектов в изделиях и материалах. Осн. методы: рентгено-, гамма-Д., ультразвуковая, люминесцентная, ИК-, капиллярная, магн., термо- и триэлектрич. Д.

ДЕ ФИЛИППО (De Filippo) (наст. фам. Пассарелли) Эдуардо (1900—1984), итал. драматург, режиссёр, актёр. Творчество связано с *неореализмом*. В пьесах социальной значимости, психол. глубина сочетаются с гротеском: «Филумена Мартурано» (пост. 1946), «Суббота, воскресенье, понедельник» (пост. 1960). В 1931—1973 рук. собств. труппы «Комический театр Де Филиппо» (Неаполь), где выступал и как актёр. Работал в кино («Неаполь — город миллионеров», 1950, и др.).

ДЕФИЦИТ (нем. defizit — недостаёт), недостаток, нехватка чего-либо (напр., Д. материалов); товар, к-рого нет в достаточном кол-ве.

ДЕФЛЯЦИЯ (от позднелат. deflatio — выдувание, сдувание), процесс сдерживания роста ден. массы в обращении путём изъятия части избыточных, по сравнению с потребностями ден. обращения, бум. денег. Проводится в целях борьбы с *инфляцией* путём повышения налогов, сокращения бюджетных расходов, стимулирования сокращения кредитов, роста сбережений и т.п.

ДЕФО (Defoe) Даниель (ок. 1660—1731), англ. писатель. Зачинатель англ. реалистич. романа. В публицистике пропагандировал здравомыслие и практицизм, выступал в защиту веротерпимости и свободы слова. Приключенч. ром. «Робинзон Крузо» (1719), восславивший человека как творца собств. судьбы, его волю к жизни, труд, предприимчивость, породил тип подражания (робинзонаду). В авантюрно-приключенч. ром. «Капитан Синглтон» (1720), «История полковника Жака» (1722), «Молль Флендерс» (1722) бесстрастная картина жизни деклассированных элементов.

ДЕФОЛИАНТЫ (от *де*... и лат. folium — лист), хим. препараты из группы *пестицидов*, вызывающие старение листьев — искусств. листопад, что ускоряет созревание и облегчает уборку урожая. Применяют для предуборочного опадения листьев, в осн. у хлопчатника. Применение Д. строго регламентировано во избежание опасного загрязнения окружающей среды.

ДЕФОРМАЦИЯ (от лат. deformatio — искажение), изменение взаимного расположения частиц в-ва, обусловленное к.-л. внеш. или внутр. причинами. Простые виды Д. тв. тела: растяжение, сжатие, сдвиг, изгиб, кручение. Д. возникает вследствие действия внеш. сил, теплового расширения, намагничивания (магнитострикционный эффект), появления электрич. заряда (пьезоэлектрич. эффект). Д. наз. упругой, если она полностью исчезает после снятия вызвавшей её причины, и пластической, если исчезает не полностью (см. также *Упругость, Гука закон, Пластичность, Ползучесть*). Перен. — изменение формы, искажение сущности

212 ДЕ ФР

чего-либо (напр., Д. социальной структуры).

ДЕ ФРИЗ (Де Фрис) (De Vries) Хуго (1848–1935), нидерл. ботаник, один из основателей учения об изменчивости и эволюции. Провёл первые систематич. иссл. мутационного процесса. Разработал концепцию эволюции посредством *мутаций*. Одновременно с нем. ботаником К.Э. Корренсом и австр. генетиком Э. Чермаком-Зейзенеггом вторично открыл законы Менделя (1900).

ДЕШИФРО́ВКА (от франц. déchiffrer – разбирать), чтение и восстановление понимания текста, написанного шифром, тайнописью или древней системой письменности, ранее недоступной для прочтения.

ДЕ-Ю́РЕ (лат. de jure, букв. – по праву, юридически), права, статус, основанные на законе. В международном праве полное офиц. признание гос-ва или пр-ва.

ДЖАЗ (англ. jazz), вид муз. иск-ва 20 в., объединяющий черты импровизационности в ансамблевом диалогически-состязательном музицировании и индивидуально-композиторского начала (см. *Аранжировка*). Сложился как особый пласт амер. культуры на Ю. США к нач. 20 в. в результате ист. слияния разл. форм муз. фольклора «чёрных» (восходящего к древним зап.-афр. традициям) с популярно-бытовой, песенно-танц. музыкой «белых». Прошёл ряд этапов развития: традиц. Д. (новоорлеанский и чикагский стили, *диксиленд*) 1900–20-х гг., *свинг* 30-х гг., *бибоп*, *кул-джаз* и др. 40–50-х гг., *фри-джаз* 60-х гг., *джаз-рок* 70-х гг. Д. сформировался во взаимодействии с *блюзом*, обладает собств. типами ансамблей и оркестров – джаз-бэндами (см. *Биг-бэнд*) и специфич. формами социального функционирования (импровизац. концерты – джем-сешн). Исполнение Д. требует наличия чувства свинга. С 1920-х гг. началось распространение Д. в странах Европы, затем Азии. Взаимодействие с др. видами музыки, Д. породил гибридные формы (симфоджаз в орк. П. Уайтмена), оказал влияние на композиторскую музыку 20 в. В историю Д. вошли имена Л. Армстронга, Э. Фицджеральда, Г. Миллера, Б. Гудмена, Дж. Гиллеспи, Д. Эллингтона и др.

ДЖАЗ-РОК (англ. jazz-rock), направление в популярной музыке с кон. 1960-х гг., пограничное между *джазом* и *рок-музыкой*. От первого воспринял дух импровизационности и состязательности, от второго – эл.-муз. инструментарий и ритмич. особенности (равномерная пульсация в басу – т.н. бит). Среди представителей – М. Дейвис, Дж. Коулмен. С 70-х гг. Д.-р. известен также под более расширит. назв. «фьюжн» (англ. fusion – смесь, сплав), подразумевающим взаимодействие джаза и рока с др. стилями *поп-музыки* и *рок-музыки*.

ДЖАЙНИ́ЗМ, религия в Индии (ок. 3 млн. последователей). Основателем считается Вардхамана, именуемый Джиной и Махавирой (6 в. до н.э.). Как и *буддизм*, явился реакцией на ритуализм и отвлечённую умозрительность *брахманизма*. Д. отверг авторитет *Вед*, открыл доступ в свою общину мужчинам и женщинам всех варн (*каст*). Д. сохранил индуистское учение о перерождении душ и воздаянии за поступки. Целью джайнов считается освобождение от перерождений (*нирвана*), достижимое, согласно Д., для аскета, соблюдающего строгие правила, в частности ахимсы – непричинения вреда живым существам.

ДЖАЙПУ́Р, г. в Индии, 1,5 млн. ж. Хл.-бум. пром-сть. Куст. промыслы. Ун-т. Д. осн. в 1728. Дворцовый комплекс 18 в. с садами, бассейнами, дворцом Чандра-Махал, обсерваторией Джантар-Мантар, дворец Хава-Махал («Дворец Ветров»).

ДЖАКА́РТА (до 1949 Батавия), столица (с 1945) Индонезии, на о. Ява. 7,8 млн. ж. Трансп. уз.: мор. аванпорт Танджунгприок на Яванском м.; междунар. аэропорт. Пром-сть по обработке каучука, текст., кож.-обув. и обслуживание портового х-ва. Ун-ты. Ин-т индонез. культуры. Академия музыки, симф. орк. (1978). Джакартский музей, картинная гал. В 16 в. г. Сундакелапа, с 1527 Джаякерта, в нач. 17 в. разрушен голландцами. В 1619 на этом месте ими построена крепость Батавия, город вокруг неё в 1621 получил то же название. Дома 17–18 вв. Пенангские ворота и португ. церковь 17 в.

ДЖАМБУ́Л (до 1936 Аулие-Ата, в 1936–38 Мирзоян), г., обл. ц. в Казахстане, на р. Талас. 312 т.ж. Ж.-д. уз. Хим. (фосфорные удобрения, резин. изделия и др.), маш.-строит. и др. пром-сть. ГРЭС. 3 вуза. Ист.-краеведч. музей. 2 т-ра (в т.ч. драм.). Изв. с 5 в. Назван по имени казах. поэта Джамбула Джабаева.

ДЖАМИ́ Нураддин Абдуррахман (1414–92), перс. поэт, проповедник *суфизма*; через одного из своих мюридов – Алишера Навои, Д., сторонившийся придворных кругов и ведший жизнь аскета, оказывал порой влияние на гос. и полит. дела. Автор мн. суфийских трактатов. Газели, филос. *касыды* и прозаич. соч. «Бахаристан» (1487, ответ на «Гулистан» Саади); собрание семи поэм «Семь престолов» (1480–87), в их числе – «Юсуф и Зулейха», «Лейли и Меджнун», «Саламан и Абсаль» и филос. поэма об Александре Македонском – «Книга мудрости Искандера» (1486–87, поэтич. ответ на «Искандер-наме» Низами).

«ДЖАНГА́Р», калм. богатырский эпос, сложившийся, как полагают, в 15 в. и передававшийся из поколения в поколение сказителями-джангарчи. Назван именем богатыря, защищавшего с 12 соратниками счастливую сказочную страну Бумбу.

ДЖА́ТАКА, жанр др.-инд. лит-ры. По форме – проза, перемежающаяся стихами. Древнейшие образцы на языке пали представлены сказаниями о перерождении Будды (созд. ок. 3 в. до н.э.). Сюжетная основа сказаний – басни и сказки о ж-ных (фабулы нек-рых из них повторяются в мировой лит-ре), волшебные сказки, притчи, ист. предания.

ДЖВА́РИ, храм (586/587–604) на вершине горы у слияния рек Куры и Арагви, близ Мцхеты в Грузии. *Тетраконх* с 4 угловыми помещениями, перекрытый куполом на 8-гранном барабане, отличается гармоничностью пропорций. К Д. примыкает крестообразная в плане церк. М. Джвари (6 в.).

Джвари.

ДЖЕ́ВОНС (Jevons) Уильям Стэнли (1835–82), англ. логик, экономист, статистик. Создал систему логики, основанную на принципе замещения равных. Построил «логич. счёты» и логич. машину. Сторонник *предельной полезности теории*. Применял логико-матем. аппарат в экон. анализе.

ДЖЕЙМС (James) Генри (1843–1916), амер. писатель; в 1875 пере-

Г. Джеймс.

селился в Европу. Брат У. Джемса. Социально-психол. повести и романы («Дейзи Миллер», 1877; «Женский портрет», 1881; «Послы», 1903) о трагедийных поисках любви и понимания, изображённых на фоне сопоставления Нового и Старого Света – амер. и европ. культурных традиций. Тема художника («Письма Асперна», 1988; «Урок мастера», 1892). Психологизм на грани «потока сознания» и изощрённая повествоват. техника поздних ром. («Крылья голубки», 1902; «Золотая чаша», 1904). Теоретик лит-ры (кн. «Мастерство романа», 1934).

ДЖЕЙРА́Н, ж-ное рода *газелей*. Дл. тела до 1,25 м, выс. в холке 60–75 см, масса до 33 кг. У самцов рога дл. до 40 см. Обитает в пустынях и полупустынях Азии, в т.ч. в Вост. Закавказье и Ср. Азии. Численность сокращается, охота запрещена. В неволе хорошо размножается и приручается, но живёт недолго.

ДЖЕ́КСОН (Jackson) Махалия (1911–72), американская певица. С 1928 пела на сцене, в т.ч. с разл. хоровыми и инстр. группами, выделившись исполнением негритянских религ. песен и гимнов (т.н. госпел), а также спиричуэл. По религ. мотивам не исполняла *блюзы*, но испытала воздействие традиции их исполнения.

ДЖЕМА́ЛЬ-АД-ДИН АЛЬ-АФГА́НИ (1839–97), мусульм. религ.-полит. деятель. Призывал к объединению мусульман во имя борьбы против зап.-европ. колонизаторов. Его идеи о наднациональной и надклассовой общности мусульман легли в основу панисламизма.

«ДЖЕ́МИНИ» («Джеминай») [англ. Gemini, букв. – Близнецы (созвездие)], 2-местный космич. корабль для полётов по околоземной орбите (США). Макс. масса 3,8 т. Использовался в рамках подготовки к лунным экспедициям для проведения техн. экспериментов. В 1965–1966 осуществлено 12 полётов «Д.», из них первые 2 беспилотные.

ДЖЕМС (Джеймс) (James) Уильям (1842–1910), амер. философ и психолог, один из основателей прагматизма. Брат Г. Джеймса. Выдвинул «прагматич.» критерий истины: истинно то, что отвечает практич. успешности действия. Единств. реальность, по Д., – непосредств. чувств. опыт. В психологии развил концепцию «потока сознания» – непрерывно сменяющих целостных психич. состояний; учение об эмоциях – один из истоков *бихевиоризма*.

«Джангар». Гравюра на дереве В.А. Фаворского. 1939.

ДЖЕ́ННЕР (Jenner) Эдуард (1749–1823), англ. врач, основоположник оспопрививания. Первый рук. (с 1803) об-ва оспопрививания в Лондоне (ныне Дженнеровский ин-т).

ДЖЕ́НТЛЬМЕ́Н (англ. gentleman), 1) в Англии – «вполне порядочный человек», т.е. человек, строго следующий светским правилам поведения (первонач. – относящийся к привилегир. слоям об-ва). 2) Корректный, воспитанный, благородный человек.

ДЖЕ́НТЛЬМЕ́НСКОЕ СОГЛАШЕ́НИЕ, 1) в междунар. праве договор, заключаемый без соблюдения офиц. формальностей, в устной форме. 2) Одна из форм соглашения компаний о ценах, квотах и т.п.

ДЖЕ́РМИ (Germi) Пьетро (1914–1974), итал. кинорежиссёр, актёр. Пост. неореалистич. драмы: «Во имя закона» (1949, в прокате – «Под небом Сицилии»), «Дорога надежды» (1950), «Машинист» (1956, сыграл гл. роль). Успехом пользовались сатирич. трагикомедии из итальянских нравов: «Развод по-итальянски» (1961), «Соблазнённая и покинутая» (1964), «Альфредо, Альфредо» (1971).

ДЖЕРО́М (Jerome) Джером Клапка (1859–1927), англ. писатель. Пов. «Трое в лодке (не считая собаки)» (1889), «Трое на велосипеде» (1900), ром. «Поль Кельвер» (1902) и «Энтони Джон» (1923) с добродушным юмором, нередко с налётом сентиментальности повествуют о незадачливых обывателях, чьё неадекватное представление о самих себе и об окружающих часто создаёт комич. ситуации.

ДЖЕ́ФФЕРСОН (Jefferson) Томас (1743–1826), 3-й президент США (1801–09), гос. секр. (1790–93) в администрации през. Дж. Вашингтона, вице-през. (1797–1801) в администрации през. Дж. Адамса. Автор проекта *Декларации независимости США*.

ДЖИБУ́ТИ (Республика Джибути), гос-во на С.-В. Африки. Пл. 22 т. км². Нас. 557 т.ч.; исса, афар, арабы, европейцы и др. Офиц. яз. – арабский и французский. Б-ч. исса и афар – мусульмане, часть афар придерживается местных традиц. верований. Глава гос-ва и пр-ва – президент. Законодат. орган – Нац. собрание. Столица: Джибути. Адм.-терр. деление: 5 округов. Ден. единица – франк Джибути.

Рельеф преим. горный (выс. до 2022 м). Омывается Индийским ок. Климат тропич., сухой. Ср.-мес. темп-ры 27–35°C; осадков 45–130 мм в год. Растительность полупустынная.

С кон. 19 в. франц. колония (Франц. Берег Сомали). В 1967 получила назв. Франц. Терр. Афар и Исса. Независимое гос-во с 1977.

Д. – страна с развитой сферой услуг (особенно банковские операции, т.к. франк Джибути – свободно конвертируемая валюта) и трансп. инфраструктурой (обслуживание торг. операций – порт Джибути и жел. дорога). ВНП на д. нас. 475 долл. в

Джибути. Горожане исса.

год. Кочевое и полукочевое скот-во (кр. рог. скот, овцы, козы, верблюды). Экспорт: живой скот, мясо, кожи. Рыб-во. Добыча перламутра и жемчуга. Осн. с.-х. культуры: кофе, финиковая пальма, плодовые, овощи. Судоверфи. Добыча соли из мор. воды.

ДЖИБУ́ТИ, столица (с 1977) гос-ва Джибути. 450 т.ж. Порт в Аденском зал. (обслуживает также св. 1/2 вешнеторг. операций Эфиопии); междунар. аэропорт. Судоверфь. Осн. в 1888, с 1892 адм. ц. колонии Франц. Берег Сомали.

ДЖИГАРХАНЯ́Н Армен Бор. (р. 1935), актёр. На сцене с 1955, с 1969 в Моск. т-ре имени Вл. Маяковского. Актёр мощного темперамента, стремится к монументальной лепке характеров: Стенли Ковальский («Трамвай "Желание"» Т. Уильямса, 1970), Сократ («Беседы с Сократом», 1975) и Нерон («Театр времен Нерона и Сенеки», 1985; обе – Э.С. Радзинского), Мендель Крик («Закат» И.Э. Бабеля, 1987) и др. Снимался в ф.: «Здравствуй, это я!» (1966), «Когда наступает сентябрь» (1976); т/ф «Место встречи изменить нельзя» (1979) и др.

А.Б. Джигарханян и Н.Н. Фатеева в фильме «Здравствуй, это я!».

ДЖИГИТО́ВКА (от тюрк. джигит – искусный и отважный всадник), 1) упражнения на скачущей лошади у народов Кавказа, Ср. Азии, Казахстана, у донских казаков. 2) Разновидность кон. цирка. Получила распространение в России в сер. 19 в., сначала в кон. пантомимах («Блокада Ахты» и «Молодцы-казаки» – 1850, Санкт-Петерб. цирк, и др.). С 1890-х гг. включается в программы и как самостоят. номер.

ДЖИНН (араб., букв. – дух), по Корану – фантастич. существо из «чистого» (бездымного) огня, сотворённое Аллахом.

ДЖИ́У-ДЖИ́ЦУ (джиу-джитсу) (япон. дзюдзюцу), япон. система самозащиты и нападения без оружия; осн. приёмы – удары в наиб. уязвимые места, выкручивание суставов (с бросками) и др. Возникла в 13 в. См. также *Дзюдо* и *Каратэ*.

ДЖИХА́Д (араб. – священная война, война за веру; букв. – усердие, рвение), предписание ислама, предусматривающее применение любых средств для его распространения и утверждения, вплоть до т.н. «священной войны» против иноверцев (газават).

ДЖОВАНЬО́ЛИ (Giovagnoli) Рафаэло (1838–1915), итал. писатель, участник *Рисорджименто*, сподвижник Дж. Гарибальди. Романтич. пафос борьбы против тирании в ист. ром. «Спартак» (1874).

ДЖО́ЗЕФСОНА ЭФФЕ́КТ, протекание тока через тонкий (~1нм) слой *диэлектрика*, разделяющий два сверхпроводника (контакт Джозефсона; см. *Сверхпроводимость*). Предсказан англ. физиком Б. Джозефсоном (1962). Д.э. принадлежит к числу макроскопич. квантовых явлений и основан на *туннельном эффекте*. Д.э. используется для измерения слабых магн. полей, создания усилителей сигналов, переключательных и измерит. устройств с предельно низким уровнем шумов и др.

ДЖОЙС (Joyce) Джеймс (1882–1941), ирл. писатель, представитель модернистской и постмодернистской прозы. Сб. рассказов «Дублинцы» (1914), ром. «Портрет художника в юности» (1916), пьеса «Изгнанники» (1918). В ром. «Улисс» (1922), «Поминки по Финнегану» (1939) выступил открывателем новой поэтики, способов письма, в к-рых худ. форма занимает место содержания, кодируя в себе идейные, психологич. и др. измерения: «Улисс» полупародийно соотнесён с «Одиссеей» Гомера, «Поминки...» базируются на кельтской мифологии Финна. Худ. метод Д. использует «поток сознания», пародии, стилизации, комич. приёмы, мифологич. и символич. слои смысла; в языкотворчестве доходит до создания нового эксперимент. языка. Аналитич. разложение языка и текста сопутствует разложение образа человека, новая антропология, близкая к структуралистской и характерная почти полным исключением социальных аспектов. Творчество Д. оказало влияние на последующую прозу и теорию лит-ры.

ДЖОМОЛУ́НГМА (Эверест, Сагарматха), высочайшая вершина земного шара (8848 м) в Азии, в

Джонка.

Б. Гималаях, на границе Непала и Китая. Ледники. Впервые покорена шерпом Н. Тенцингом и новозеландцем Э. Хиллари 29 мая 1953.

ДЖО́НКА (малайск. djong, искажённое кит. чуань – судно), грузовое парусное судно с приподнятыми широким носом и кормой в странах Юго-Вост. Азии и Д. Востока.

ДЖОНС (Jones) Джеймс (1921–77), амер. писатель. Антимилитаристский ром. «Отныне и во веки веков» (1951), «Тонкая красная линия» (1962), «Только позови» (1978) – ром. о трагич. судьбе бывших фронтовиков и извечном круге обречённости; «кровь рождает кровь». Ром. «Весёлый месяц май» (1971) развенчивает левацкий анархизм. Мемуары «Вторая мировая война» (1975).

ДЖО́НСОН (Johnson) Бенджамин (1573–1637), англ. драматург, поэт, актёр. Был другом У. Шекспира. В бытовых сатирико-нравоучит. комедиях «Вольпоне, или Лис» (1605), «Алхимик» (1610), «Варфоломеевская ярмарка» (1614) в соответствии с собств. «теорией свойств», требовавшей однолинейной типизации характеров, обличал стяжательство, эгоизм, невежество, ханжество, рисовал жизнь разных гор. слоёв. Гуманистич. идеалы в трагедии «Заговор Катилины» (1611). Лирика.

ДЖО́ПЛИН (Joplin) Дженис (1943–1970), амер. эстрадная певица. С 1966 выступала и гастролировала с неск. рок-группами, став кумиром движения хиппи. Отличалась эмоц.-страстной исполнит. манерой (включающей такие приёмы, как визг, хрип, шёпот, стон), оказавшей существ. влияние на последующих рок-певцов. Одна из первых выдающихся белых певиц *блюза*.

ДЖО́ПЛИН Скотт (1868–1917), амер. пианист и композитор. Как автор и исполнитель культивировал жанр *регтайма* (ок. 50 произв.), оказавший влияние на стилистику музыки его бал. «Танцевальный рег» (1902), оп. «Тримониша» (1911), мюзикла «Если» (1916) и др.

ДЖОРДЖО́НЕ (Giordgione) (наст. имя и фам. Джорджо Барбарелли да Кастельфранко) (1476 или 1477–1510), итал. живописец венецианской школы. Один из основоположников иск-ва Высокого *Возрождения*. Светская по духу, гармоничная живопись Д. выражает поэтич. чувство влюблённости в красоту земного бытия, единство человека и природы («Спящая Венера», «Гроза»). Илл. см. на стр. 214.

Джорджоне. «Спящая Венера». Картинная галерея. Дрезден.

Джорджтаун. Вид города.

ДЖО́РДЖТАУН, столица (с 1966) Гайаны. 150 т.ж. Порт при впадении р. Демерара в Атлантич. ок.; междунар. аэропорт. Пр-тия пищевкус. и деревообр. пром-сти. Ун-т. Музей. Осн. в 1781 голландцами под назв. Таброк (совр. назв. с 1812). С 1784 центр голл. владений в Юж. Америке. В нач. 19 в. владение Великобритании, в 1831—1966 центр Брит. Гвианы.

ДЖОСЕ́Р (Джесер), егип. фараон ок. 2780—2760 до н.э. Завершил объединение Верх. и Ниж. Египта. С пирамиды Д. началось стр-во егип. пирамид.

ДЖО́ТТО ДИ БОНДО́НЕ (Giotto di Bondone) (1266 или 1267—1337), итал. живописец эпохи *Проторенессанса*. Порвав со ср.-век. канонами, внёс в религ. сцены земное начало, изображая евангельские легенды с жизненной убедительностью, внутр. силой и величием образов, тектоничностью комп. (фрески капеллы дель Арена в Падуе, 1304—06, церк. Санта-Кроче во Флоренции, ок. 1320—25). Автор проекта кампанилы собора во Флоренции.

ДЖО́УЛЬ (Joule) Джеймс Прескотт (1818—89), англ. физик, экспериментально обосновавший закон сохранения энергии. Владелец пивоваренных з-дов. Показал, что теплоту можно получить за счёт работы и вычислил механич. эквивалент теплоты. Установил зависимость кол-ва теплоты, выделяемого при прохождении электрич. тока в проводнике, от величины этого тока (закон Джоуля—Ленца, 40-е гг. 19 в.).

ДЖУ́НГЛИ (англ. jungle, от джангал, на яз. хинди — заросли), древесно-кустарниковые заросли в муссонных областях тропиков. Для Д. характерно обилие гигантского бамбука и др. высокорослых злаков, акаций, стеркулий, стволы к-рых переплетены лианами (гл. обр. ротанговой пальмой). Распространены преим. в Юж. и Юго-Вост. Азии. Часто Д. неправильно наз. труднопроходимые участки заболоченных тропич. лесов.

ДЗЕРЖИ́НСКИЙ Феликс Эдмундович (1877—1926), с 1917 председатель ВЧК (с 1922 ГПУ, ОГПУ), нарком внутр. дел в 1919—23. Один из организаторов «красного террора». Один из рук. Рев-ции 1905—07 (Варшава). В 1907 избран чл. ЦК РСДРП. В Окт. рев-ции чл. парт. Воен.-рев. центра и Петрогр. ВРК. С 1921 нарком путей сообщения, с 1924 пред. ВСНХ СССР; с 1921 пред. Комиссии по улучшению жизни детей при ВЦИК. В 1922—24 чл. Оргбюро, с 1924 канд. в чл. Политбюро ЦК партии.

ДЗЕФФИРЕ́ЛЛИ (Zeffirelli) Франко (р. 1923), итал. режиссёр, художник. С 50-х гг. ставил драм. и оперные спектакли в Италии и за рубежом. Среди ф.: «Ромео и Джульетта» (1968), «Брат Солнце, сестра Луна» (1972), «Иисус из Назарета» (1977, теле- и киновариант), киноверсия оперы Дж. Верди «Травиата» (1982). Для режиссуры Д. характерны внимание к изысканным живописным комп. кадра, стремление к достоверной реконструкции быта эпохи.

ДЗИ́ММУ, мифич. предок япон. императора, потомок богини солнца Аматэрасу. День (11 февр.), когда, согласно мифам, Д. в 660 до н.э. вступил на престол, в 1873—1948 и с 1967 отмечается как праздник основания империи.

ДЗЭН (япон., от санскр. дхьяна — самопогружение, созерцание), чань (кит.), одна из школ буддизма. Возник в Китае в 5—6 вв., с 12—13 вв. получил распространение в Японии, где существует и ныне. Основателем считается инд. миссионер Бодхидхарма (6 в.). Для Д. характерна вера в возможность обретения «просветления» (у, сатори) посредством размышления над бессмысленным с позиции логики диалогом (вэнь-да, мондо) или вопросом (гун-ань, коан). С сер. 20 в. приобрёл популярность среди зап. интеллигенции (в рамках *контркультуры*).

ДЗЮДО́ (от япон. дзю — мягкость, до — путь), вид спорт. борьбы, модернизированное *джиу-джицу*. Наряду с приёмами борьбы разрешены и др., напр. болевые. Возник в Японии в кон. 19 в., в СССР с нач. 1960-х гг. В 1956 осн. Междунар. федерация Д. (ФИД); объединяет св. 150 стран. Чемпионаты Европы с 1951, мира с 1956; в программе Олимп. игр с 1964.

ДИ... (греч. di...), приставка, означающая: дважды, двойной (напр., дилемма).

ДИАБА́З, эффузивная магматич. *горная порода* основного состава. Гл. минералы — плагиоклаз, авгит и др., частично замещённые вторичными минералами. Плотн. 2,8—3,3 г/см^3. Стройматериал, сырьё для хим. литья.

ДИАБЕ́Т (греч. diabétēs, от diabáinō — прохожу), общее назв. группы болезней, характеризующихся избыточным выделением мочи. Осн. формы Д.: сахарный (сахарная болезнь), обусловленный недостатком инсулина; несахарный, связанный с нарушением функции гипоталамуса и гипофиза; почечный, обусловленный нарушением реабсорбции глюкозы в почечных канальцах, чаще наследств. происхождения.

ДИА́ГНОЗ (от греч. diágnōsis — распознавание), определение существа и особенностей болезни на основе исследования больного. Процесс постановки Д., а также методы и принципы распознавания болезней наз. диагностикой.

ДИА́КОННИК, см. *Ризница*.

ДИАЛЕ́КТ (от греч. diálektos — говор, наречие), разновидность данного языка, употребляемая в качестве средства общения лицами, связанными тесной терр., проф. или социальной общностью, и обладающая специфич. чертами в звуковом строе, грамматике, лексике, словообразовании.

ДИАЛЕ́КТИКА [от греч. dialektikḗ (téchnē) — искусство вести беседу, спор], филос. учение о становлении и развитии бытия и познания и основанный на этом учении метод мышления. В истории философии выдвигались разл. толкования Д.: учение о вечном становлении и изменчивости бытия (Гераклит); иск-во диалога, достижения истины путём противоборства мнений (Сократ); метод расчленения и связывания понятий с целью постижения сверхчувственной (идеальной) сущности вещей (Платон); учение о совпадении (единстве) противоположностей (Николай Кузанский, Дж. Бруно); способ разрушения иллюзий человеческого разума, к-рый, стремясь к цельному и абс. знанию, неминуемо запутывается в противоречиях (И. Кант); всеобщий метод постижения противоречий (внутр. импульсов) развития бытия, духа и истории (Г.В.Ф. Гегель); учение и метод, выдвигаемые в качестве основы познания действительности и её рев. преобразования (К. Маркс, Ф. Энгельс, В.И. Ленин). Диалектич. традиция в рус. философии 19—20 вв. нашла воплощение в учениях В.С. Соловьёва, П.А. Флоренского, С.Н. Булгакова, Н.А. Бердяева и Л. Шестова. В зап. философии 20 в. Д. преим. развивалась в русле *неоге-*

Джотто ди Бондоне. «Бегство в Египет». Фреска капеллы дель Арена в Падуе. Ок. 1305.

гельянства, экзистенциализма, разл. течений религ. философии.

ДИАЛЕКТИ́ЧЕСКАЯ ТЕОЛО́ГИЯ, ведущее направление в богословии европ. протестантизма 20–30-х гг. 20 в.; выступила против либер. протестантизма за возвращение к первонач. идеям *Реформации.* Исходила из идей С. Кьеркегора, подчёркивала абс. несоизмеримость Бога и всего человеческого; «религии» как своду предметных действий и представлений противопоставила «веру» как личную «встречу» с Богом. Гл. предст.– К. Барт (Швейцария), Э. Бруннер, Р. Бультман (Германия), Р. Нибур (США).

ДИАЛЕКТИ́ЧЕСКИЙ МАТЕРИАЛИ́ЗМ, филос. учение *марксизма.* Осн. принципы Д.м. сформулированы в 40-х гг. 19 в. К. Марксом и Ф. Энгельсом, а в нач. 20 в. разрабатывались В.И. Лениным. В период существования СССР догматизированный Д.м. был провозглашён единств. теоретич. основой науки, культуры и социальной жизни в целом, поставлен на службу идеологии и политике компартии. Материя, согласно Д.м.,– единств. основа мира, сознание – свойство материи, движение и развитие мира – результат его внутр. противоречий. Осн. законы Д.м.: единство и борьба противоположностей, переход количеств. изменений в качественные, закон отрицания отрицания.

ДИАЛЕКТОЛО́ГИЯ (от *диалект* и *...логия*), раздел яз-знания, изучающий историю и совр. состояние диалектов, диалектных зон, наречий и говоров того или иного языка. См. *Лингвистическая география.*

ДИАЛО́Г (греч. diálogos), 1) форма устной речи, разговор двух и неск. (полилог) лиц; речевая коммуникация посредством обмена репликами. Как часть словесно-худ. текста доминирует в драме, присутствует в эпич. произведениях. Существует и как самостоят. публицистич. и филос. жанр (напр., диалоги Платона). 2) (Перен.) переговоры, свободный обмен мнениями, напр. полит. Д.

ДИА́НА, в рим. мифологии богиня растительности, покровительница рожениц, олицетворение Луны. Д. отождествляли с греч. Артемидой и Гекатой.

Диана. П.П. Рубенс. «Возвращение Дианы с охоты». Ок. 1615. Картинная галерея. Дрезден.

ДИАПОЗИТИ́В (от греч. diá – через и лат. positivus – положительный) (слайд), фотоснимок, выполненный на стекле или плёнке для рассматривания на просвет или проецирования на экран.

ДИАПРОЕ́КТОР, прибор для проецирования на экран изображений с диапозитивов, диафильмов, др. прозрачных оригиналов.

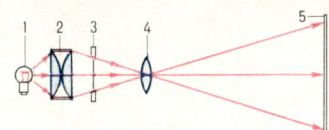

Диапроектор (оптическая схема): 1 – источник света (проекционная лампа); 2 – конденсор; 3 – диапозитив (слайд), диафильм; 4 – объектив; 5 – экран.

ДИАСКО́П, оптич. прибор для рассматривания диапозитивов на просвет с 2–3-кратным увеличением.

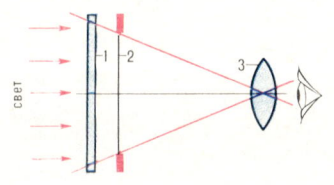

Диаскоп (оптическая схема): 1 – матовое стекло; 2 – диапозитив (слайд); 3 – окуляр.

ДИА́СПОРА (греч. diasporá – рассеяние), постоянное пребывание (добровольное или вынужденное) части народа на терр. др. гос-ва (т.е. вне страны происхождения народа).

ДИА́СТОЛА (от греч. diastolé – расширение), расширение полостей сердца (связано с расслаблением мышц предсердий и желудочков), во время к-рого оно заполняется кровью; вместе с *систолой* (сокращением) составляет цикл сердечной деятельности.

ДИАТЕ́З (от греч. diáthesis – предрасположение), аномалия конституции человека, характеризующаяся предрасположенностью организма к нек-рым заболеваниям (напр., к проявлениям аллергии при экссудативном Д., к кровотечениям – при геморрагич. Д.) и определ. типу неадекватных реакций на обычные раздражители.

ДИАТО́НИКА (от греч. diatonikós, букв.– растянутый), система муз. звуков из 7 тонов, к-рые могут быть расположены по чистым квинтам (см. *Интервал*). Большинство муз. *ладов* диатоничны. Д. противоположна *хроматике.*

ДИАФИ́ЛЬМ, ряд позитивных статич. фотоизображений на киноплёнке, расположенных в определ. сюжетной или иной последовательности.

ДИАФРА́ГМА (от греч. diáphragma – перегородка), 1) грудобрюшная преграда – у млекопитающих ж-ных и человека сухожильно-мышечная перегородка, отделяющая грудную полость от брюшной; участвует в дыхат. движениях: при вдохе опускается, при выдохе поднимается. 2) Непрозрачная преграда с отверстием, ограничивающая световые пучки в оптич. системах. Обычно гл. оптич. системы проходит через центр Д. Роль Д. часто играют оправы линз (в т.ч. объективы кинокамер, фотокамер), призм, зеркал и др. оптич. элементов, радужная оболочка глаза и т.п.

ДИАХРОНИ́Я (от греч. diá – через, сквозь и chrónos – время), ист. развитие тех или иных знаковых систем (напр., языка) как предмет изучения. Термин получил распространение в ряде обществ. наук в значении ист. подхода к исследуемым явлениям; противопоставляется *синхронии.*

ДИ́АШ (Диаш ди Новаиш) [Dias (Diaz) de Novaes] Бартоломеу (ок. 1450–1500), португ. мореплаватель. В 1487–88 в поисках мор. пути в Индию открыл юго-зап. и юго-вост. побережье Африки дл. 2500 км и юж. оконечность материка; первым совершил плавание в Юж. Атлантике и в «ревущие сороковые» широты. В 1500 командир судна в эксп. португ. мореплавателя П. Кабрала, открывшей Бразилию; погиб во время шторма у мыса Доброй Надежды.

ДИ́БИЧ Ив. Ив. (Иоганн Карл Фридрих Антон) (1785–1831), рос. военачальник, ген.-фельдм. (1829), граф (1827). С 1823 нач. Гл. штаба. В рус.-тур. войну 1828–29 фактически руководил воен. действиями, в 1829 главнокоманд., совершил поход через Балканы к Адрианополю, за что получил поч. титул Д.-Забалканского. Главнокоманд. армией при подавлении Польск. восст. 1830–31. Умер от холеры.

ДИВА́Н (перс.), в классич. лит-рах Бл. и Ср. Востока сб. стихов одного поэта, расположенных в традиц. порядке жанров, а в пределах жанра – в порядке алфавита рифм (по последним буквам рифмующихся слов).

ДИВЕРГЕ́НЦИЯ (от лат. divergens, род. п. divergentis – расходящийся в разные стороны), расхождение, разветвление, отклонение. Напр., Д. диалектов – расхождение диалектов, приводящее к превращению их в самостоят. языки; Д. в биологии – расхождение признаков и свойств у первоначально близких групп организмов в ходе эволюции.

ДИВЕРСИФИКА́ЦИЯ (от ср.-век. лат. diversificatio – изменение, разнообразие), 1) проникновение компаний, банков через инвестиции, покупку акций, *системы участия* в отрас-

ли, не имеющие прямой производств. связи и функциональной зависимости от осн. рода их деятельности. 2) В широком смысле – распространение хоз. деятельности в разл. сферы с целью снижения риска от возможных потерь капитала или доходов.

ДИВЕРТИСМЕ́НТ (франц. divertissement, букв.– развлечение), 1) вставные, преим. вок.-хореогр. номера в драм., оперных и балетных спектаклях с 17 в. Исполнялись между актами разыгрываемой пьесы, как правило, не были связаны с её сюжетом. 2) Программа из номеров разл. жанров (популярные арии, куплеты, танцы, комич. монологи и сценки и др.), показывавшаяся с 17 в. в драм. т-ре по окончании осн. пьесы. 3) С 17 в. вставная муз.-хореогр. композиция в опере, балете. См. также *Сюита.* 4) С 18 в. одна из *циклических форм* инстр. музыки.

ДИВИДЕ́НД (от лат. dividendum – то, что надлежит разделить), доход, периодически выплачиваемый акционерам на их *акции* из прибыли акц. об-ва.

ДИВИЗИОНИ́ЗМ (от франц. division – разделение), в живописи письмо чётко различимыми раздельными мазками, рассчитанными на оптич. смешение красок в глазу зрителя. См. *Пуантилизм, Неоимпрессионизм.*

ДИ́ГГЕРЫ (англ. diggers, букв.– копатели), крайне лев. крыло в Англ. рев-ции 17 в. Выделились из движения *левеллеров* (назв. себя «истинными левеллерами»). Гл. идеолог – Дж. Уинстэнли.

ДИГИТА́ЛИС, то же, что *наперстянка.*

ДИДА́КТИКА (от греч. didaktikós – поучающий), раздел педагогики, теория *образования* и обучения. Возникла в 17 в. В зависимости от целей обучения определяет объём и структуру содержания образования, выявляет закономерности его усвоения и формирования убеждений, исследует методы и орг. формы обучения и др.

ДИДЛО́ (Didelot) Шарль Луи (1767–1837), франц. артист балета, балетмейстер, педагог. В 1801–29 (с перерывами) работал в С.-Петербурге (пост. «Амур и Психея», 1809, «Кавказский пленник, или Тень невесты» по А.С. Пушкину, 1823 – оба К.А. Кавоса). Поставил св. 40 балетов. В 1804 возглавил Петерб. театр. школу, среди учеников – А.И. Исто-

Ш. Дидло. Портрет работы В.В. Баранова.

Д. Дидро.

ДИДРО́ (Diderot) Дени (1713–84), франц. философ-просветитель, писатель. Основатель и ред. франц. «Энциклопедии» (т. 1–35, 1751–80). В филос. соч. «Письмо о слепых в назидание зрячим» (1749), «Мысли об объяснении природы» (1754), «Сон Д'Аламбера» (1769, изд. 1830) и др., будучи сторонником просвещённой монархии, выступал с непримиримой критикой феодализма, абсолютизма, христ. религии и церкви, отстаивал (опираясь на сенсуализм) материалистич. идеи; один из идеологов рев. франц. буржуазии 18 в. Лит. соч. написаны в осн. в традициях реалистически-бытового романа Просвещения (проникнутый нар. жизнелюбием и житейской мудростью «Жак-фаталист», 1773, изд. 1796; антиклерикальный роман «Монахиня», 1760, изд. 1796); остроумие, диалектическая, не без циничн. оттенка, игра ума — в ром. «Племянник Рамо» (1762–79, изд. 1823).

ДИЕ́З (франц. dièse, от греч. díesis — полутон) (муз.), знак нотного письма (♯), предписывающий повышение звука на полутон. Повышение на целый тон обозначает дубль-диез (𝄪).

ДИЕ́ТА (от греч. díaita — образ жизни), специально подобранные по кол-ву, хим. составу, калорийности и кулинарной обработке рацион, а также режим питания. Применение определ. Д. с леч. или профилактич. целью наз. диетотерапией или леч. питанием. Диетология — учение о рациональном питании больного и здорового человека.

ДИЗА́ЙН (от англ. design — замысел, проект, чертёж, рисунок), вид худ. деятельности, проектирование пром. изделий, обладающих эстетич. свойствами. В более узком смысле Д. — художественное конструирование.

ДИ́ЗЕЛЬ, поршневой двигатель внутр. сгорания с воспламенением от сжатия. Работает на дизельном топливе, экономичен. Применяется в осн. на судах, тепловозах, грузовых автомобилях, тракторах и др. с.-х. машинах, дизельных эл.-станциях. Создан нем. изобретателем Р. Дизелем в 1897 (патент 1892). Коэф. полезного действия до 44%.

ДИ́ЗЕЛЬНОЕ ТО́ПЛИВО, жидкое нефт. топливо: в осн. керосино-газойлевые фракции прямой перегонки нефти (для быстроходных двигателей) и более тяжёлые фракции или остаточные нефтепродукты (для тихоходных дизелей). Гл. характеристика — цетановое число.

ДИЗЕНТЕРИ́Я (от дис... и греч. énteron — кишка), 1) бактериальная Д. — острое инфекц. заболевание человека с поражением толстого кишечника (понос) и общей интоксикацией. Возбудители — бактерии рода шигелл. Заражение от больных и бактерионосителей через пищу, воду, грязные руки, мух. 2) Амёбная Д., или амёбиаз, — инвазионное заболевание, вызываемое дизентерийной амёбой; характеризуется язвенным поражением толстой кишки, нередко с абсцессами в печени и др. органах. Заражение от больных и бактерионосителей через пищу, воду.

ДИ́КИЙ Ал. Денисович (1889–1955), режиссёр и актёр. С 1910 в МХТ, в 1924–28 во МХАТе 2-м. В 1931 организовал в Москве собств. студию. В 1941–44 в Т-ре имени Евг. Вахтангова, в 1944–52 в Малом т-ре. Для спектаклей Д. характерны острота и динамичность формы, яркость сценич. красок: «Блоха» Е.И. Замятина по Н.С. Лескову (1925, МХАТ 2-й), «Леди Макбет Мценского уезда» по Лескову (1935, студия Д.), «Мещане» М. Горького (1946, сыграл Тетерева) и др. Снимался в ф.: «Кутузов» (1944), «Адмирал Нахимов» (1947) и др.

ДИ́КИНСОН (Dickinson) Эмили (1830–86), амер. поэтесса; при жизни опубликовано всего 11 стих. (анонимно). Лирика (часто стилизованная под примитив), отталкиваясь от пуританства, проникается трагизмом бытия. Но сомнению, горечи и иронии противостоят красота природы, свобода человеческого духа и бессмертие души. Поэтика (предельная напряжённость сюжета, свободный интонационно-синтаксич. строй, прихотливая ассоциативность, рифма-ассонанс) предваряла поэзию 20 в.

Э. Дикинсон.

ДИ́ККЕНС (Dickens) Чарлз (1812–1870), англ. писатель. Юмористич. нравоописательные «Очерки Боза» (1836) посв. обитателям разл. слоёв лондонского об-ва. В сентимент. ром. «Посмертные записки Пиквикского клуба» (1837) (с наивным и трогательным эксцентричным героем) свойственные Д. ирония и сатира побеждаются своеобразным диккенсовским комизмом, обусловленным верой в доброе начало человека. Пафос сострадания к униженным (особенно к переживаниям дет. души), неприятием всех форм социальной несправедливости проникнуты авантюрно-приключенч. ром. «Приключения Оливера Твиста» (1838),

Ч. Диккенс.

«Николас Никльби» (1839), «Мартин Чезлвит» (1844). Социальный оптимизм Д. (ром. «Лавка древностей», 1841, «Рождественские повести», 1843–46) вступал в противоречие с гротескно-реалистич. изображением губительной психологии собственничества и прагматизма: романы воспитания «Домби и сын» (1848) и «Давид Копперфилд» (1850, с автобиогр. чертами), ром. «Холодный дом» (1853). Детективный ром. «Тайна Эдвина Друда» (1870). Рисуя драм. картину жизни англ. об-ва, Д. вносил в неё смягчающие сказочно-сентиментальные оттенки (в т.ч. ром. «Тяжёлые времена», 1854, «Крошка Доррит», 1857). Осн. нравств. коллизии романов Д. — столкновение бескорыстного, великодушного или беззащитного героя с миром эгоистич. страстей и расчёта, олицетворяемым низким «злодеем» или холодным рационалистом (иногда способным к нравств. преображению).

ДИКОБРА́ЗЫ, семейство грызунов. Длина тела 40–90 см, хвоста до 25 см. Спина и бока покрыты иглами. 11 видов, в Африке, Юж. Европе, Передней, Ср. и Юж. Азии. Иногда повреждают с.-х. культуры. В Америке отд. семейство — американские Д.

ДИКС (Dix) Отто (1891–1969), нем. живописец и график. Социально-критич. и антимилитаристские произв. («Окоп», 1920–23; триптих «Война», 1929–32). Мастер обострённо-выразит. портрета.

О. Дикс. Портрет родителей. 1921. Публичное художественное собрание. Базель.

ДИ́КСИЛЕНД (Dixieland, букв. «Страна Дикси» — обиходное назв. юж. штатов США), евро-амер. стиль джаза, возникший в подражание негритянскому новоорлеанскому стилю; стал его разновидностью.

ДИКТАТУ́РА (лат. dictatura — неограниченная власть), понятие, характеризующее систему осуществления гос. власти недемокр. методами, авторитарный или тоталитарный полит. режим (см. Авторитаризм, Тоталитаризм).

ДИКТОФО́Н (от лат. dicto — говорю, диктую и ...фон), устройство для магн. записи речи с целью, напр., последующего печатания её текста с помощью пишущей машины. Разновидность магнитофона.

ДИ́ЛАН (Dylan) Боб (р. 1941), амер. эстрадный певец, композитор. Один из ведущих представителей движения фолксингеров в США в 60-е гг. Выделился исполнением баллад и песен в традициях кантри (в т.ч. «песен протеста») и с 70-х гг. — рок-музыки.

ДИЛЕ́ММА (от ди... и греч. lémma — посылка), затруднит. выбор между двумя равно неприятными возможностями.

ДИ́ЛЕР (англ., ед.ч. dealer), отд. лицо или фирма, занимающиеся куплей-продажей ценных бумаг, валюты, разл. товаров. Действует от своего имени и за свой счёт (в отличие от брокеров).

ДИЛЕТАНТИ́ЗМ (дилетантство) (итал. dilettantismo, от лат. delectare — услаждать, развлекать), занятие к.-л. областью науки или иск-ва без спец. подготовки, при поверхностном знакомстве с предметом; любительство.

ДИ́ЛЬТЕЙ (Dilthey) Вильгельм (1833–1911), нем. историк культуры и философ, ведущий представитель философии жизни, основатель филос. герменевтики. Развил учение о понимании как специфич. методе наук о духе (в отличие от наук о природе), интуитивном постижении духовной целостности личности и культуры. Тр. по истории нем. философии, лит-ры, музыки.

ДИМИ́ТРИЙ СОЛУ́НСКИЙ, христ. св. великомученик. Сын солунского воеводы (совр. г. Салоники, Греция), тайно исповедовавшего христ-во. Д. С., назначенный имп. Максимианом на пост проконсула, активно способствовал распространению христ-ва, за что в 306 претерпел мученическую кончину.

ДИНА́МИКА (от греч. dýnamis — сила), раздел механики. Изучает движение тел под действием приложенных к ним сил. Основа Д. — Ньютона законы механики, сформулированные в кон. 17 в.

ДИНА́МО-МАШИ́НА, устар. назв. электрич. генератора пост. тока.

ДИНАМО́МЕТР (от греч. dýnamis — сила и ...метр) (силомер), прибор для измерений силы и крутящих моментов (напр., тягового усилия локомотива, трактора). Результаты измерений показывает отсчётное устройство. Д. используют также для определения силы мышц человека.

ДИНА́СТИЯ (от греч. dynastéia — господство), ряд монархов из одного рода, семьи (дома) (Бурбоны, Валуа, Габсбурги, Гогенцоллерны и др.). Д. наз. по имени родоначальника или основателя (Рюриковичи, Ягеллоны, Каролинги). Перен. — ряд поколений, передающих из рода в род проф. мастерство, традиции и т.п.

ДИ́НГО, одичавшая домашняя собака; единств. хищник в туземной фауне Австралии. Завезена в страну, по-видимому, в кам. веке охотниками и рыболовами с Малайского арх. Ча-

Динозавры: 1 — бронтозавр (апатозавр); 2 — тираннозавр; 3 — трицератопс; 4 — стегозавр.

сто рассматривается как самостоят. вид. Свободно скрещивается с домашней собакой, но приручается плохо.

ДИНЕ́СКУ (Dinescu) Мирча (р. 1950), рум. поэт. Традиц. лирич. темы и образы в сб. «Хозяин мостов» (1976). Саркастич. неприятие общества, порядков Румынии 70–80-х гг., утверждение гуманистич. принципа свободы личности в сб. «К вашим услугам» (1979), «Демократия природы» (1981), «Рембо-купец» (1985).

ДИНОЗА́ВРЫ, вымершие пресмыкающиеся, населявшие Землю 225–65 млн. лет назад. Длина тела от 20 см до 30 м. Одни передвигались на двух ногах (напр., хищные Д.), другие — на четырёх (напр., рогатые Д.). Ок. 600 видов. Первые Д. были сухопут. хищниками, затем появились Д., питающиеся р-ниями, нек-рые из них перешли к жизни в воде. Быстрое загадочное вымирание Д. (в конце *мела*) пытаются объяснить изменением климата, глобальной катастрофой (падение астероида), сменой растит. покрова. Остатки Д. служат *руководящими ископаемыми*.

Диод. Полупроводниковые диоды.

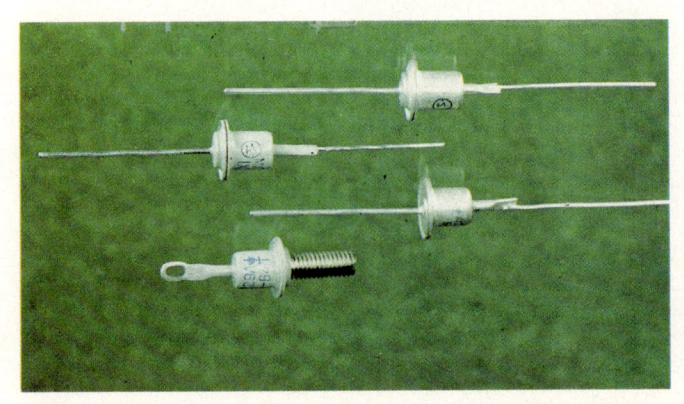

ДИОГЕ́Н ЛАЭ́РТИЙ (Лаэртский) (1-я пол. 3 в.), др.-греч. писатель, автор единственной сохранившейся биогр. истории др.-греч. философии с жизнеописаниями Пифагора, Эмпедокла, Платона, Аристотеля и др.

ДИОГЕ́Н СИНО́ПСКИЙ (ок. 400 – ок. 325 до н.э.), др.-греч. философ-киник, ученик Антисфена; практиковал крайний аскетизм, доходящий до эксцентрич. юродства; герой многочисл. анекдотов. Называл себя

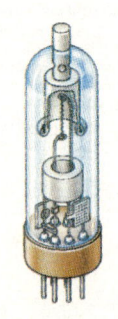

Диод. Высоковольтный кенотрон.

гражданином мира (космополитом). По преданию, жил в бочке.

ДИО́Д [от греч. ди... и (электр)од], двухэлектродный эл.-вакуумный (в т.ч. газоразрядный) или полупроводн. прибор с односторонней проводимостью. Осн. разновидности Д.: кенотрон, газотрон, полупроводниковый. Применяется в электро- и радиоаппаратуре гл. обр. для выпрямления перем. тока, детектирования, переключения электрич. цепей и т.д.

ДИОКЛЕТИА́Н (Diocletianus) (243 – между 313 и 316), рим. император в 284–305. Создатель домината – неогранич. монархии. Стабилизировал положение империи. В 303–304 предпринял гонение на христиан. Добровольно отрёкся от власти и поселился в своём дворце в Салоне (совр. Сплит).

ДИОКСИ́НЫ, группа высокотоксичных хим. соединений. Побочные продукты в целл.-бум. пром-сти, при синтезе нек-рых пестицидов, образуются при сжигании мусора и др. Способны накапливаться в организме.

ДИО́НИС (Бахус, Вакх), в греч. мифологии бог виноградарства и виноделия, сын Зевса и фиванской царевны Семелы. В честь Д. справлялись празднества – Дионисии и Вакханалии.

ДИОНИ́СИИ, у древних греков празднества в честь Диониса (торжеств. процессии, состязания драматургов, поэтов и хоров). На гл. празднике – Великих Д.– ставились с 6 в. до н.э. трагедии, с 5 в. до н.э.– комедии.

ДИОНИ́СИЙ (ок. 1440 – после 1502–03), рус. живописец. Иконы («Спас в силах», 1500), фрески (Ферапонтов мон. близ г. Кириллов, 1500–02 или 1502–03; совм. с сыновьями) отмечены чертами праздничности и нарядности, тонким рисунком и изысканным светлым колоритом. Илл. см. на стр. 218.

ДИОНИ́СИЙ АРЕОПАГИ́Т, христ. мыслитель 5 в. или нач. 6 в., представитель поздней *патристики*, к-рому приписывается т.н. «Ареопагитич. корпус» (см. «*Ареопагитики*»). Ав-

торство Д.А. подвергалось сомнению (отсюда – Псевдо-Дионисий Ареопагит), хотя ни одна гипотеза не приобрела общего признания.

ДИОРА́МА (от греч. diá – через, сквозь и hórama – вид, зрелище), лентообразная, изогнутая полукругом живописная картина с передним предметным планом (сооружения, реальные и бутафорские предметы). Д. рассчитаны на искусств. освещение и часто располагаются в спец. павильонах. Создаются с 19 в.

ДИОСКУ́РЫ, в греч. мифологии сыновья Зевса и Леды, братья Елены, герои-близнецы: смертный Кастор – укротитель коней и бессмертный Полидевк (у римлян Поллукс) – кулачный боец. Совершили ряд подвигов. В созвездии Близнецов являются на небе попеременно, т.к. Полидевк отдал брату часть своего бессмертия.

Диоскуры. Фрагмент росписи краснофигурного килика «художника Пенфесилеи». Ок. 460 до н.э. Археологический музей. Феррара.

Дионис. Скульптура Микеланджело «Вакх». Мрамор. 1496–97. Национальный музей. Флоренция.

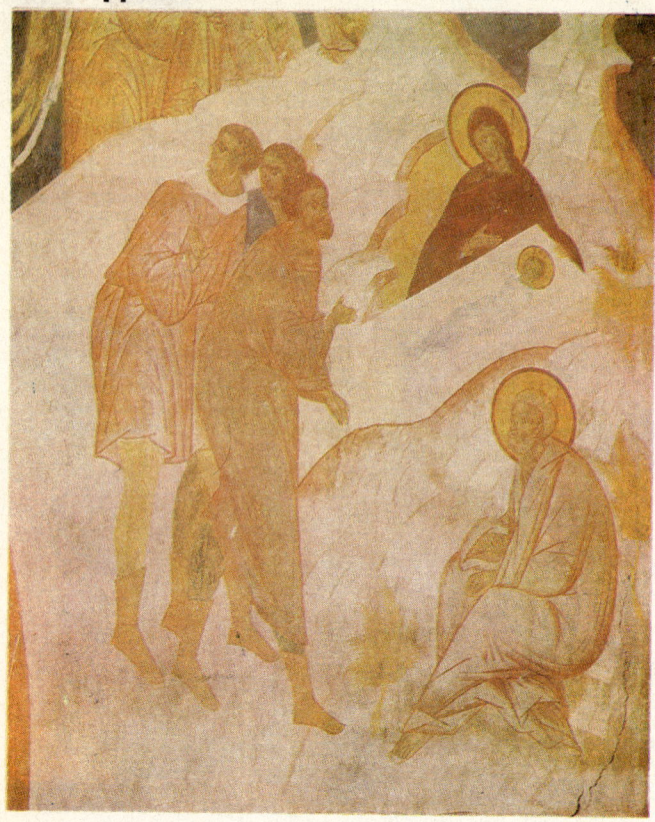

Дионисий. Роспись Ферапонтова монастыря. Фрагмент.

ДИПЛОМАТИЧЕСКИЕ КЛАССЫ, звания (наименования) дипл. представителей. В междунар. праве Венской конвенцией о дипл. отношениях 1961 закреплены 3 Д.к.: послы и нунции (дипл. представитель папы римского); посланники и интернунции; поверенные в делах. Дипломаты 1-го и 2-го классов аккредитуются обычно при главе гос-ва, поверенные в делах – при мин. иностр. дел. Д.к. присваиваются главой гос-ва.

ДИПЛОМАТИЧЕСКИЕ РАНГИ, звания, присваиваемые дипл. персоналу ведомства иностр. дел и дипл. представительств за границей. Устанавливаются каждым гос-вом; как правило – атташе, 1-й, 2-й и 3-й секретари неск. классов, советник. Присваивается мин. иностр. дел.

ДИПЛОМАТИЧЕСКИЙ КОРПУС, в широком смысле – весь дипл. персонал (с членами семей) дипл. представительств, аккредитованных в данном гос-ве. В узком смысле – только главы дипл. представительств. От имени Д.к. обычно выступает *дуайен*.

ДИПЛОМАТИЯ, офиц. деятельность глав гос-в, пр-в и спец. органов внеш. сношений по осуществлению целей и задач внеш. политики гос-ва, а также по защите интересов гос-ва и граждан за границей. Слово «Д.» происходит от греч. *diploma* (в Др. Греции – сдвоенные дощечки с нанесёнными на них письменами, выдававшиеся посланцам в качестве док-тов, подтверждающих их полномочия).

ДИПТИХ (от греч. *diptychos* – двойной, сложенный вдвое), две картины, связанные единым замыслом; двустворчатый *складень*.

ДИРАК (Dirac) Поль Адриен Морис (1902–84), англ. физик, один из создателей квантовой механики, квантовой электродинамики, квантовой статистики. Вывел квантовое ур-ние движения электрона с высокими (релятивистскими) скоростями (ур-ние Д.), из к-рого следовало существование *позитрона* и *аннигиляции* частицы с одним магн. полюсом (магн. монополь). Ноб. пр. (1933).

ДИРЕКТОРИЯ, 1) название органа (пр-ва, совета, трибунала и др.), осуществляющего управление в к.-л. сфере. 2) Исполнительная Д. – пр-во из 5 директоров) Франц. респ. в нояб. 1795 – нояб. 1799.

ДИРИЖАБЛЬ (от франц. dirigeable – управляемый), управляемый *аэростат*. Отличается удлинённой обтекаемой формой корпуса, наличием двигателя с возд. винтами и рулей управления. Первый дирижабль А. Жиффара (Франция, 1852) имел паровой двигатель. Практич. дирижаблестроение – с нач. 20 в. (Ф. Цеппелин и др.). Использовались для воен. целей, пасс. перевозок и т.д. Полётная масса крупнейших Д. 214 т, объём до 200 тыс. м³, дл. до 245 м.

ДИС...(ДИЗ...) (греч. dys...; лат. dis...), приставка, означающая: затруднение, нарушение, расстройство, разделение, утрату чего-нибудь (напр., диспропорция); перед гласными – диз... (напр., дизурия).

«ДИСКАВЕРИ», см. *Спейс шаттл*.

ДИСКАНТ (от ср.-век. лат. discantus) (муз.), 1) форма ср.-век. 2-голосного пения. 2) Высокий дет. голос (мальчика), а также исполняемая им партия в хоре или вок. ансамбле. 3) В нар. белорус., укр. пении, у донских казаков (наз. дишкант) – верхний солирующий голос.

ДИСКВАЛИФИКАЦИЯ (от *дис...* и *квалификация*) в спорте, 1) исключение спортсмена (или команды) из квалификац. зачёта за тех. нарушения правил соревнований. 2) Лишение права участвовать в соревнованиях за нарушение морально-этич. норм поведения или за применение *допинга*.

ДИСКЕТА, кассета-конверт с гибким *магнитным диском*. В центре Д. имеется отверстие для установки на дисковод. Используется гл. обр. в персональных ЭВМ для записи и хранения информации, в т.ч. программ.

ДИСКОНТ (англ. discount, итал. sconto), 1) процент, взимаемый банками при учёте векселей и др. краткосрочных долговых обязательств (учётный процент). 2) Сам *учёт векселей*. 3) Разл. виды скидок в биржевых и валютных сделках.

ДИСКОС (греч. – круглое блюдо), в христ-ве богослужебный сосуд – небольшое круглое блюдо на высокой ножке. Служит для хранения просфоры.

ДИСКРЕТНОСТЬ (от лат. discretus – разделённый, прерывистый), прерывность; противопоставляется непрерывности. Напр., дискретное изменение к.-л. величины во времени – изменение, происходящее в нек-рые промежутки времени (скачками).

ДИСКУРСИВНЫЙ (от позднелат. discursus – рассуждение, довод), рассудочный, понятийный, логический (в отличие от чувственного и интуитивного).

ДИСНЕЙ (Disney) Уолт (1901–66), амер. кинорежиссёр, художник, продюсер. Создал популярные во всём мире рисованные фильмы с участием пост. героев – Микки Мауса, Дональда Дака, Плуто и др., а затем первые полнометражные мультипликац. сказки «Белоснежка и семь гномов» (1938), «Пиноккио» (1939), «Бэмби» (1942), «Золушка» (1950), «Мери Поппинс» (1965, осн. на совмещении игры актёра и мультипликации). Создатель «Диснейленда» – увеселит. дет. парка в Калифорнии.

ДИСПАНСЕР (франц. dispensaire, от лат. dispenso – распределяю), специализир. мед. учреждения – противотуберкулёзные, кожно-венерологич., психоневрологич., онкологич., врачебно-физкультурные и др.

ДИСПЕПСИЯ (от *дис...* и греч. pepsia – пищеварение), нарушение пищеварения, проявляющееся изжогой, отрыжкой, тяжестью под ложечкой, вздутием живота, схваткообразными болями, поносом (кишечная Д.), срыгиванием, рвотой, интоксикацией (дет. Д.). Наблюдается при желудочно-кишечных и др. заболеваниях, неправильном вскармливании ребёнка и т.д.

ДИСПЕРСИЯ (от лат. dispersio – рассеяние) волн, зависимость скорости распространения волн в в-ве от длины волны (частоты). Д. определяется физ. свойствами той среды, в к-рой распространяются волны. Напр., в вакууме эл.-магн. волны (в т.ч. свет) распространяются без Д. Дисперсия света проявляется в разложении пучка белого света, проходящего сквозь прозрачную призму, на отд. разноцветные лучи (спектр) (см. также *Радуга*). Д. звука проявляется лишь при очень высоких частотах или при распространении звука в жидкости, в к-рую вкраплены пузырьки газа.

ДИСПЕРСНЫЕ СИСТЕМЫ, состоят из тв. частиц, капель или пузырьков газа (дисперсная фаза), распределённых в к.-л. среде (дисперсионная среда). Осн. виды Д.с.: *аэрозоли*, *суспензии*, *эмульсии*, золи, гели, порошки, волокнистые материалы типа войлока, *пены*, латексы, композиты, микропористые материалы; в природе – горн. породы, почвы, атм. осадки. Важнейшие свойства Д.с. определяются поверхностными явлениями на границе раздела фаз; их изучает *коллоидная химия*.

ДИСПЛЕЙ (англ. display – показывать, воспроизводить), устройство для визуального (видимого) отображения информации (напр., текстов, таблиц, чертежей) преим. на экране электронно-лучевого прибора. Применяются для ввода-вывода информации в ЭВМ, АСУ, системах автоматизир. проектирования (САПР), бан-

У. Дисней. Кадр из фильма «Фантазия». 1940.

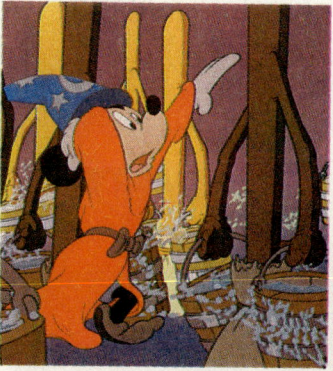

Дирижабль. LZ-127 «Граф Цеппелин» (Германия, 1928).

Дисплей (в комплекте с клавиатурой).

ках данных, информац. сетях (как терминалы) и др. Иногда в качестве Д. используют обычные телевизоры (особенно в сочетании с бытовыми компьютерами).

ДИСПРО́ЗИЙ (Dysprosium), Dy, хим. элемент III гр. периодич. системы, ат. н. 66, ат. м. 162,50; относится к *редкоземельным элементам*; металл. Д. открыт франц. химиком П. Лекоком де Буабодраном в 1886.

ДИССЕРТА́ЦИЯ (от лат. dissertatio – исследование), н.-и. работа, подготовленная для публ. защиты на соискание учёной степени.

ДИССИДЕ́НТЫ (от лат. dissidentes – несогласные), 1) в странах, где гос. религией является католицизм или протестантизм, верующие-христиане, не придерживающиеся господств. вероисповедания. Перен.– инакомыслящие. 2) Назв. участников движения против тоталитарного режима в б. социалистич. странах в кон. 1950-х – сер. 80-х гг. В разных формах выступали за соблюдение прав и свобод человека и гражданина (правозащитники), против преследования инакомыслия, протестовали против ввода сов. войск в Чехословакию (1968) и Афганистан (1979). Подвергались репрессиям со стороны властей, многие были осуждены по сфабрикованным обвинениям в шпионаже, гос. измене и т.п., принудительно помещены в психиатрич. лечебницы («карательная психиатрия»), высланы или вынуждены эмигрировать (В.И. Буковский, П.Г. Григоренко, А.Д. Сахаров, А.И. Солженицын и др.).

ДИССИПА́ЦИЯ (лат. dissipatio – рассеяние), переход части энергии упорядоченных процессов (кинетич. энергии движущегося тела, энергии электрич. тока и т.д.) в энергию неупорядоченных процессов, в конечном итоге – в тепло. Д. наз. также рассеяние газов земной атмосферы в межпланетное пространство.

ДИССОНА́НС (франц. dissonance, от лат. dissonare – нестройно звучать), в музыке – неслитное, напряжённое одноврем. звучание разл. тонов. К Д. относятся *интервалы*: секунда, тритон, септима и *аккорды* с их участием. Противоположен *консонансу*. Перен.– разлад, несогласованность, противоречие с чем-либо, то, что вносит разлад, резко не соответствует чему-либо.

ДИССОЦИА́ЦИЯ (лат. dissociatio – разъединение), распад хим. соед. на неск. более простых компонентов. Протекает при к.-л. энергетич. воздействии (напр., термич. Д.) или в результате взаимодействия с растворителями (электролитич. Д.).

ДИ́СТЕРВЕГ (Diesterweg) Фридрих Адольф Вильгельм (1790–1866), нем. педагог. Выдвинул и обосновал принципы создания массовой нар. школы. Разрабатывал идею развивающего обучения, к-рое должно соответствовать природным склонностям учащегося и требованиям культуры. Автор школьных учебников и книг для учителей.

ДИСТИЛЛЯ́ЦИЯ (от лат. distillatio – стекание каплями) (перегонка), разделение многокомпонентных жидких смесей на отличающиеся по составу фракции; основана на различии темп-р кипения жидкости и образующейся из неё при нагревании пара. Д. применяют в хим., нефтеперераб., хим.-фарм. отраслях пром-сти, в лаб. практике.

ДИСТРИБЬЮ́ТОР (англ. distributor), распределитель (коммерч. посредник), связующее звено между производителями и потребителями товаров и услуг. Д. могут быть супермаркеты, оптовики, *дилеры*, *брокеры* и др.

ДИСТРОФИ́Я (от *дис*... и греч. trophḗ – питание) (дегенерация, перерождение), патол. процесс, заключающийся в замещении нормальных компонентов клетки продуктами нарушения обмена в-в или в отложении их в межклеточном пространстве. В широком смысле – любые биохим. нарушения в тканях (напр., Д. миокарда). Д. у детей – хронич. расстройства питания, обусловленные недостаточным поступлением в организм питат. веществ или нарушением их усвоения, однообразием рациона питания и др. причинами.

ДИСЦИПЛИ́НА (лат. disciplina), 1) определ. порядок поведения людей, отвечающий сложившимся в об-ве нормам права и морали, а также требованиям той или иной орг-ции. 2) Отрасль науч. знания, уч. предмет.

ДИ́ТРИХ (Dietrich) Марлен (наст. имя и фам. Мария Магдалена фон Лош) (1901–92), амер. актриса. По происхождению немка. Образ роковой женщины (красивой и аморальной) – в фильмах 30-х гг. («Голубой ангел», «Марокко», «Дьявол – это женщина»). Позже играла комедийные («Дестри снова в седле», 1939) и драм. («Свидетель обвинения», 1957; «Нюрнбергский процесс», 1961) роли. В годы 2-й мир. войны отвергла предложение нацистов вернуться в Германию, выступила с резким осуждением фашизма.

М. Дитрих в фильме «Голубой ангел».

ДИФИРА́МБ (греч. dithýrambos), 1) хоровая песнь, гимн в честь бога Диониса в Др. Греции; лит. жанр, близкая к гимну и оде. 2) Преувеличенная, восторженная похвала.

ДИФРАКЦИО́ННАЯ РЕШЁТКА, оптич. прибор, представляющий со-

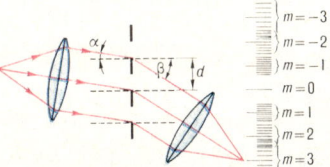

Дифракционная решётка. Схема образования спектров с помощью прозрачной дифракционной решётки, состоящей из щелей: d – период решётки; α – угол между лучом на решётку; β – угол между нормалью к решётке и направлением распространения дифрагированного пучка; $m = 0 \pm 1, \pm 2\ldots$ – порядковый номер спектра.

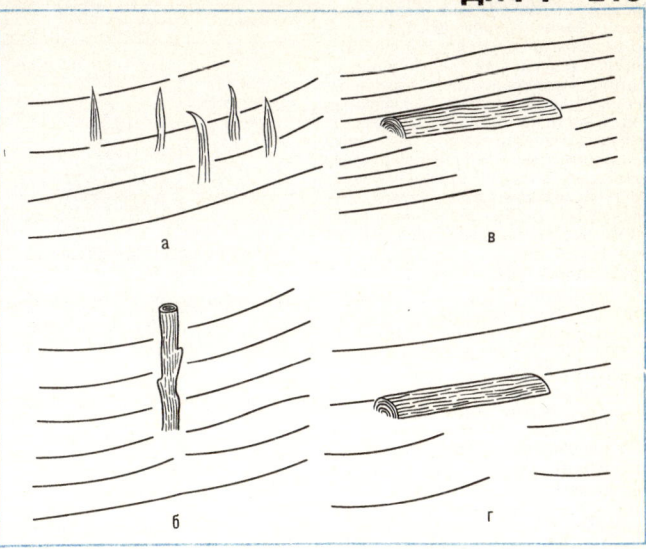

Дифракция. Волны на воде при наличии препятствий различных размеров. Чем больше длина волны по сравнению с размером препятствия, тем сильнее выражена дифракция в области «тени»: *а* – листья осоки; *б* – палка, торчащая из воды; *в* – плавающее бревно (малая длина волны); *г* – плавающее бревно (большая длина волны).

бой периодич. структуру из большого числа (300–1200 на 1 мм для УФ- и видимой области) регулярно расположенных элементов (щелей в непрозрачном или штрихов на отражающем экранах), на к-рых происходит дифракция. Д.р. разлагает падающий на неё свет в спектр, что используется в спектральных приборах.

ДИФРА́КЦИЯ (от лат. diffractus – разломанный) волн, в первонач., узком смысле – огибание волнами препятствий, в совр., более широком – любое отклонение при распространении волн от законов *геометрической оптики*. Благодаря Д. волны могут попадать в область геом. тени: огибать препятствия, проникать через небольшие по сравнению с длиной волны отверстия в экранах и т.п. Напр., звук может быть услышан за углом дома или радиоволна может проникнуть за горизонт без распространения от ионосферы. Явления Д. имеют место и в микромире, поскольку объектам квантовой механики свойственно волновое поведение.

ДИФТЕРИ́Я (от греч. diphtérion – кожица, плёнка), острое инфекц. заболевание преим. детей с поражением зева (реже – носа, гортани, глаз и т.д.), общей интоксикацией. Возбудитель – дифтерийная палочка. Заражение от больных и бактерионосителей через воздух (при кашле, чихании) и предметы. Профилактика – иммунизация.

ДИФФЕРЕНЦИА́Л (от лат. differentia – разность, различие), одно из осн. понятий *дифференциального исчисления*.

ДИФФЕРЕНЦИА́ЛЬНОЕ ИСЧИСЛЕ́НИЕ, раздел математики, в к-ром изучаются производные, дифференциалы и их применения к исследованию свойств функций. Производной функции $y = f(x)$ наз. предел отношения приращения функции $\Delta y = y_1 - y_0$ к приращению аргумента $\Delta x = x_1 - x_0$ при Δx, стремящемся к нулю (если этот предел существует). Производная обозначается y';

т.о. $y' = \lim\limits_{\Delta x \to 0} \dfrac{\Delta y}{\Delta x}$. Дифференциалом

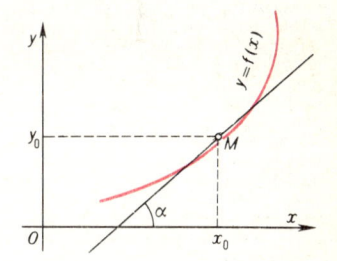

Дифференциальное исчисление. Проведение касательной к графику функции $y = f(x)$ в точке M.

функции $y = f(x)$ наз. выражение $dy = y' dx$, где $dx = \Delta x$ – приращение аргумента x. Очевидно, что $y' = \dfrac{dy}{dx}$.

Отношение $\dfrac{dy}{dx}$ часто употребляют как знак производной. Вычисление производных и дифференциалов наз. дифференцированием. Если производная $f'(x)$ имеет, в свою очередь, производную, то её наз. 2-й производной функции $f(x)$ и обозначают $f''(x)$, и т.д. Осн. понятия Д.и. могут быть распространены на случай функций неск. переменных. Для приложений Д.и. к геометрии важно, что т.н. угловой коэф. касательной, т.е. тангенс угла α между осью Ox и касательной к кривой $y = f(x)$ в точке $M(x_0, y_0)$, равен значению производной при $x = x_0$, т.е. $f'(x_0)$. С точки зрения механики производную от пути по времени можно истолковать как скорость прямолинейно движущейся точки. Д.и. (как и *интегральное исчисление*) имеет многочисл. применения.

ДИФФЕРЕНЦИА́ЦИЯ (франц. différentiation, от лат. differentia – разность, различие), разделение, расчленение целого на разл. части, формы и ступени.

ДИФФУ́ЗИЯ (от лат. diffusio – распространение, растекание, рассеивание), движение частиц среды, приводящее к переносу в-ва и выравниванию концентраций или уста нов-

220 ДИХЛ

лению их равновесного распределения. Обычно Д. определяется тепловым движением частиц. В отсутствии внеш. воздействий диффузионный поток пропорционален градиенту концентраций; коэф. пропорциональности наз. коэф. Д. Процесс Д. может происходить под воздействием разности темп-р (термодиффузия), электрич. поля (электродиффузия), в турбулентном потоке (турбулентная Д.) и т.д. Теория Д. применима также к системам электронов, дырок, фононов и др.

ДИХЛОРЭТА́Н, $ClCH_2CH_2Cl$, бесцв. жидкость, $t_{кип}$ 83,5 °C. Растворитель, фумигант, сырьё в произ-ве нек-рых каучуков и мономеров. Токсичен.

ДИХОТОМИ́Я (от греч. dichotomia – разделение надвое), способ классификации: множества, понятия, термины разбиваются на пары «соподчинённых» элементов.

ДИХРОИ́ЗМ (от греч. dichroos – двухцветный), разл. окраска кристаллов, обладающих *двойным лучепреломлением*, при взаимно перпендикулярных направлениях наблюдения – по оси кристалла и перпендикулярно к ней. Д. обусловлен зависимостью поглощения от направления поляризации и длины волны света. Открыт в 1809 франц. учёным П.Л.А. Корде на минерале, назв. кордиеритом. Д. обладает александрит, имеющий голубоватую и светло-сиреневую окраску в разных направлениях наблюдения. Предельный случай Д.– полное поглощение лучей одной поляризации и пропускание другой – используется в дихроичных плёнках – *поляроидах*.

ДИЧЬ, добываемые охотой птицы и звери, мясо к-рых употребляют в пищу. Пернатая Д. (лесная, или боровая, полевая, степная, водоплавающая, горная) – птицы; четвероногая – зайцы и копытные ж-ные.

ДИЭЛЕ́КТРИКИ, в-ва, плохо проводящие электрич. ток (удельное сопротивление порядка 10^{10} Ом·м). Существуют твёрдые, жидкие и газообразные Д. Внеш. электрич. поле вызывает поляризацию диэлектрика. В нек-рых тв. Д. поляризация существует и в отсутствие поля (спонтанная), что связано с особенностями их строения (напр., *сегнетоэлектрики*). Д. используются как электрич. изоляц. материалы (изоляторы). Д. являются стекло, фарфор, слюда и мн. полимеры, напр. эбонит.

ДИЭЛЕКТРИ́ЧЕСКАЯ ПРОНИЦА́ЕМОСТЬ, величина ε, показывающая, во сколько раз сила взаимодействия двух электрич. зарядов в среде меньше, чем в вакууме. Величина ε колеблется в широких пределах: водород 1,00026, трансформаторное масло 2,24, полиэтилен 2,3, поваренная соль 5,62, этиловый спирт 27, вода 81, титанат бария 8000. В сильных электрич. полях Д.п. начинает зависеть от напряжённости поля и возникают разл. нелинейные явления (см. *Нелинейная оптика*).

ДИЭТИ́ЛОВЫЙ ЭФИ́Р, то же, что *этиловый эфир*.

ДЛИ́ТЕЛЬНОСТЬ (муз.), время, занимаемое звуком или *паузой*. В совр. нотном письме фиксируется относит. Д. (половина, четверть, восьмая, шестнадцатая и т.д. от целой ноты, к-рой определяется *темпом*). Увеличение Д. на $1/2$ обозначается точкой справа от ноты или паузы, свободное увеличение Д.– *ферматой*.

Название	Обозначение	
	звуки	паузы
целая		
половинная		
четверть		
восьмая		
шестнадцатая		
тридцатьвторая		
шестьдесятчетвёртая		

Длительность. Нотная запись длительностей.

ДМИТРЕ́ВСКИЙ Ив. Аф. (1736–1821), актёр, театральный деятель, педагог, литератор. В 1749–51 в ярославской труппе Ф.Г. Волкова (был с ней в С.-Петербурге), с 1756 в труппе первого рус. постоянного проф. публ. т-ра. Представитель рус. театрального *классицизма*; играл в трагедиях и комедиях, с 1770-х гг. в «мещанских драмах». В 1782–83 возглавлял в С.-Петербурге Вольный т-р К. Книппера, первым пост. здесь комедию Д.И. Фонвизина «Недоросль» (1782, сыграл Стародума). Среди учеников – А.С. Яковлев, Е.С. Семёнова.

ДМИ́ТРИЕВСКИЙ СОБО́Р во Владимире, памятник рус. архитектуры владимиро-суздальской школы. Построен в 1194–97 и первонач. входил в комплекс кн. дворца. Торжественный и величавый 4-столпный одноглавый храм отличается строгими пропорциями, обилием фасадных рельефных украшений, воспринимающихся как узор. Включён в список *Всемирного наследия*.

ДМИ́ТРИЙ ДОНСКО́Й (1350–89), великий князь московский (с 1359) и владимирский (с 1362), сын Ивана II. При нём в 1367 построен белокам. кремль в Москве. Возглавил вооруж. борьбу рус. народа против ордынцев; руководил их разгромом в битве на р. Вожа (1378).

Дмитрий Донской. Фреска Архангельского собора Московского Кремля. 17 в.

В *Куликовской битве* 1380 проявил полководч. талант, за что был прозван Донским. Москва утвердила своё руководящее положение в рус. землях. Д.Д. впервые передал княжение Василию I без санкции Золотой Орды. Канонизирован Рус. правосл. церковью.

ДМИ́ТРИЙ ИВА́НОВИЧ (Димитрий) (1582–91), царевич, сын Ивана IV и М.Ф. Нагой. Погиб в Угличе при неясных обстоятельствах (несчастный случай или убийство). Имя Д.И. использовали самозванцы: Лжедмитрий I, Лжедмитрий II и др. Канонизирован Рус. правосл. церковью.

ДМИ́ТРИЙ ШЕМЯ́КА (Большой) [1420 (?) – 1453], князь галицкий, великий князь московский (1446–47). Сын Юрия Дмитриевича. Участник княж. войны 1425–52 за моск. стол. В 1446 ослепил Василия II. Отравлен в Новгороде сторонниками моск. князя.

ДМИ́ТРОВСКИЙ ФАРФО́Р, изделия Дмитровского фарфорового з-да в пос. Вербилки (близ г. Дмитров) Моск. обл., основанного в 1766 (б. з-д Ф.Я. Гарднера, затем М.С. Кузнецова). Начав с творч. переработки зап.-европ. образцов, з-д к нач. 19 в. нашёл собств. стиль, в к-ром формы *ампира* сочетались с жанровостью изобр. мотивов и цветовой насыщенностью декора. С 1833 освоил произ-во фаянсовой посуды, в 1840-х гг.– из опака. В 20 в. выпускает в осн. массовую продукцию (сервизы, мелкая пластика).

ДНЕПР (др.-греч. Борисфен), одна из крупнейших рек в Европе, на терр. России, Белоруссии и Украины. Дл. 2201 км. Истоки на Валдайской возв., впадает в Днепровский лиман Чёрного м. Гл. притоки: Березина, Припять, Ингулец, Сож, Десна, Псёл. На Д.– каскад ГЭС (с водохранилищами): Киевская, Каневская, Кременчугская, Днепродзержинская, Днепровская. Д. соединён с Юж. Бугом Днепровско-Бугской водной системой. Судох-во от устья на 1677 км. Каналы: Д.– Кривой Рог, Д.– Донбасс, Северо-Крымский. На Д.– гг. Смоленск, Могилёв, Киев, Черкассы, Кременчуг, Днепродзержинск, Днепропетровск, Запорожье, Никополь, Херсон.

ДНЕПРОПЕТРО́ВСК (до 1796 и в 1802–1926 Екатеринослав, в 1796–1802 Новороссийск), г., обл. ц. на Украине. 1190 т.ж. Порт на р. Днепр; ж.-д. уз. Строится (1992) метрополитен. Чёрная металлургия, маш-ние, хим., коксохим., лёгкая, пищевая пром-сть. Науч. центр АН Украины. 9 вузов (в т.ч. 2 ун-та). 3 музея (в т.ч. ист., осн. в 1849, худ.). Т-ры: оперы и балета, укр. драм. имени Т.Г. Шев-

Днепропетровск. Вид на город с р. Днепр.

ченко, рус. драм. имени М. Горького и др. Осн. в 1776.

ДНИ́ШЕВ Алибек Мусаевич (р. 1951), казах. певец (тенор). С 1976 солист Казах. филармонии, с 1978 – Т-ра оперы и балета в Алма-Ате. В репертуаре казах., рус., зап.-европ. оперы, выступает в концертах с неаполитанскими песнями и др.

ДНК, то же, что *дезоксирибонуклеиновая кислота*.

ДОБА́ВЛЕННАЯ СТО́ИМОСТЬ (стоимость, добавленная обработкой), стоимость проданного продукта за вычетом стоимости изделий (материалов), купленных и использованных для его произ-ва; равна выручке, включающей заработную плату, арендную плату, ренту, банковский процент, прибыль, амортизацию; во мн. экономически развитых странах служит основой косвенного налогообложения.

ДОБЕРМА́Н, порода крупных (рост до 80 см) спортивно-служебных собак из группы *пинчеров*. Используются для розыскной и охранной службы. Обладают тонким чутьём, смелостью. Родина – Германия. Разводят во мн. странах, в т.ч. в России.

Доберман.

ДОБРЖА́НСКАЯ Люб. Ив. (1908–1980), актриса. С 1924 в Киевском рус. драм. т-ре. С 1934 в Центр. т-ре Сов. Армии. Выступала в комич. и драм. ролях, часто играла экстравагантных, властных, взбалмошных женщин: Катарина («Укрощение строптивой» У. Шекспира, 1937), Шура Азарова («Давным-давно» А.К. Гладкова, 1942), Василуца («Каса маре» И. Друцэ, 1961) и др. Снималась в ф.: «Игрок» (1973), «В четверг и больше никогда» (1978) и др.

ДОБРО́ И ЗЛО, наиболее общие понятия морального сознания, категории этики, обозначающие должное и нравственно-положительное (благо), нравственно-отрицательное и предосудительное в поступках, мотивах людей, в жизни об-ва.

ДОБРОВО́ЛЬЧЕСКАЯ А́РМИЯ, одно из воен. формирований *Белой гвардии*; сражалась на Юге России в годы Гражд. войны с Кр. Армией. Первонач. создавалась из добровольцев – офицеров, юнкеров, студентов и др., в дальнейшем – путём мобилизации. Возглавлялась ген. М.В. Алексеевым, Л.Г. Корниловым, А.И. Деникиным, с 1919 в составе деникинских «Вооруж. сил Юга России». Численность от 2 т.ч. (янв. 1918) до 50 т.ч. (сент. 1919). В окт. 1919 – марте 1920 разбита Кр. Армией, остатки вошли в армию П.Н. Врангеля.

ДОБРОЛЮ́БОВ Ник. Ал-др. (1836–61), рус. лит. критик, публицист. С 1857 пост. сотр. ж. «Современник». Развивал эстетич. принципы В.Г. Белинского и Н.Г. Чернышевского, видя назначение лит-ры прежде всего в критике существующего строя, разработал метод «реальной критики» (статьи 1859–60: «Что такое обломовщина?», «Тёмное царство», «Когда же придёт настоящий день?» и др.). Создал сатирич. приложение к «Современнику» – «Свисток» (1859). Сатирич. стихи, пародии.

ДОБРОНРА́ВОВ Бор. Георг. (1896–1949), актёр. С 1915 в МХТ. В иск-ве Д. искренность, мужеств. простота сочетались с романтич. вдохновением, подчас поэтич. пафосом: Мышлаевский («Дни Турбиных»

Н.А. Добролюбов.

Б.Г. Добронравов в роли царя Фёдора.

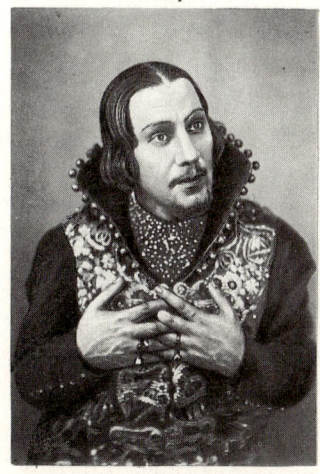

М.А. Булгакова, 1926), Царь Фёдор («Царь Фёдор Иоаннович» А.К. Толстого, 1944), Войницкий («Дядя Ваня» А.П. Чехова, 1947). С 1920 снимался в ф.: «Петербургская ночь» (1934) и др.

ДОБРО́ТНОСТЬ колебательной системы, характеристика резонансных свойств системы, показывающая, во сколько раз амплитуда *вынужденных колебаний* при *резонансе* превышает их амплитуду вдали от резонанса. Чем выше Д. системы, тем меньше потери энергии в ней за период (см. *Затухающие колебания*). Типичные значения Д.: для колебательного контура 10–100, для камертона 1000, для пластинки из пьезокварца 10000, для оптич. резонатора в *лазере* 100 000 и выше.

ДОБУЖИ́НСКИЙ Мст. Валерианович (1875–1957), график и театральный художник, чл. «Мира искусства». С 1925 жил в Литве, с 1939 – в Великобритании и США. В книжной и станковой графике (илл. к «Белым ночам» Ф.М. Достоевского, 1923), карикатурах, театральных работах изящная стилизов. манера сочетается с чертами трагич. гротеска.

ДОБЫ́ЧИН Леон. Ив. (1896–1936), рус. писатель. В рассказах (сб. «Встречи с Лиз», 1927, «Портрет», 1931) почти бессюжетные зарисовки послерев. провинции складываются в унылую картину разорённой жизни, полной абсурда и нелепости; антипсихологизм в сочетании с лирич. подтекстом, символика быта. В ром. «Город Эн» (1935) – воспоминания героя о детстве.

ДОВЕ́РЕННОСТЬ, письменное уполномочие, выдаваемое одним лицом (доверителем) другому (поверенному, представителю) для совершения юрид. действий (напр., *сделок*). Д. может быть совершена в простой письменной либо нотариальной форме.

ДОВЖЕ́НКО Ал-др Петр. (1894–1956), кинорежиссёр, писатель. Снимал ф. в Киеве и Москве. Создал героико-поэтические, пластически выразительные, метафорические ф.: «Звенигора» (1928), «Арсенал» (1929), «Земля» (1930), «Аэроград» (1935), «Щорс» (1939) и др.

ДОВЛА́ТОВ Сер. Донатович (1941–90), рус. писатель. С 1978 в США. В новеллах (циклы «Компромисс», 1981, «Чемодан», 1986), повестях («Зона», 1982; «Ремесло», 1985; «Иностранка», 1986; «Филиал», 1989) – в автобиогр. зарисовках иронически воссоздаёт абсурдную сов. действительность и жизнь рус. эмиграции.

ДО́ГА (Doga) Еуджениу (Евг. Дм.) (р. 1937), молд. композитор. Творчество связано с молд. нац. фольклором. Песни, музыка к ф.: «Лаутары» (1972), «Табор уходит в небо» (1976), «Мой ласковый и нежный зверь» (1978), а также кантаты, симфонии.

ДО́ГИ (от англ. dog – собака), породы спортивно-служебных собак из группы догообразных. Назв. Д. сохранилось лишь за нем. Д. – самыми крупными (рост до 90 см) собаками, сочетающими силу с красотой форм; они обладают спокойным, уравновешенным характером, недоверчивы к незнакомым людям, надёжные сторожа. Бывают разл. окраса – тигровые, голубые, чёрные, мраморные. Разводят во мн. странах, в т.ч. в России.

ДОГИ́ЛЕВА Тат. Анат. (р. 1957), актриса. С 1978 в Моск. т-ре имени Ленинского комсомола. С 1985 в

Доги. Немецкий дог.

Моск. т-ре имени М.Н. Ермоловой. Открытый темперамент, обаятельная непосредственность ярко проявляются в комедийных и характерных ролях: Неля («Жестокие игры» А.Н. Арбузова, 1979), Катя («Спортивные сцены 1981 года», 1986) и Она («Наш Декамерон», 1989) Э.С. Радзинского и др. Снималась в ф.: «Забытая мелодия для флейты» (1988) и др.

ДО́ГМА (от греч. dógma – мнение, учение, постановление), принимаемое на веру за непреложную истину, неизменную при всех обстоятельствах.

ДО́ГМАТ, 1) в религии утверждённое высш. церк. инстанциями положение вероучения, объявляемое церковью непреложной истиной, не подлежащее критике. Систему Д. имеют иудаизм, христ-во, ислам, буддизм. 2) То же, что *догма*.

ДОГМАТИ́ЗМ, одностороннее, схематич., окостеневшее мышление, оперирующее догмами.

ДОГОВО́Р, в гражд. праве соглашение двух или более лиц об установлении, изменении или прекращении гражд. прав и обязанностей. Наиб. распространённые виды Д.– *заём, купля-продажа, подряд* и т.д. Д. может быть заключён в устной или письменной форме; иногда нотариальная форма по закону обязательна.

ДОГОВО́Р МЕЖДУНАРО́ДНЫЙ, соглашение между гос-вами или иными субъектами международ. права, устанавливающее их взаимные права и обязанности в полит., экон. или иных отношениях; осн. источник *международного права*. Д.м. бывают двусторонние и многосторонние. Наименования Д.м. различны: договор, соглашение, конвенция, пакт, декларация, статут, устав, коммюнике и др. Действие Д.м. прекращается по истечении срока, в связи с выполнением установленных им обязательств, по взаимному согласию сторон и путём *денонсации*.

ДОДЕ́ (Daudet) Альфонс (1840–1897), франц. писатель. В трил. «Необычайные приключения Тартарена из Тараскона» (1872–90), опираясь на нар. традиции, создал яркий юмористич. тип провинц. буржуа – сибарита и фанфарона. Книга рассказов и очерков о Провансе «Письма с моей мельницы» (1869). В ром. «Набоб» (1877) и др. – нравы разл. слоёв франц. об-ва. Лит. воспоминания.

ДОДЕКАФО́НИЯ (от греч. dódeka – двенадцать и phōnē – звук), один из видов композиторской техники 20 в. Метод сочинения (теоретически разработан А. Шёнбергом), при к-ром муз. ткань произв. выводится из 12-тоновой серии определ. интервальной (см. *Интервал*) структуры (причём из 12 звуков хроматич. гам-

мы ни один не повторяется). Серия может появляться как в горизонтальном изложении (в виде мелодии-темы), так и в вертикальном (в виде *созвучий*), или и в том и в другом одновременно.

ДОДЕКА́ЭДР (от греч. dódeka – двенадцать и hédra – грань), один из пяти типов правильных *многогранников*, имеющий 12 пятиугольных граней, 30 рёбер и 20 вершин, в каждой из к-рых сходятся 3 ребра.

ДО́ДЕРЕР (Doderer) Хаймито фон (1896–1966), австр. писатель. Эпич. размах, иронич. скепсис в романах из жизни Австро-Венгрии нач. 20 в. (дилогия «Лестница Штрудльхоф», 1951, «Бесы», 1956). Психоаналитич. («Убийство, которое совершает каждый», 1938) и ист. романы с гротескными аллюзиями на современность.

ДО́ДИН Лев Абр. (р. 1944), театральный режиссёр, педагог. С 1967 в Ленингр. ТЮЗе. С 1984 гл. реж. Ленингр. (Санкт-Петербургского) Малого драм. т-ра. Для Д. характерны нравств. ориентация творчества, опора на традиции классич. рус. лит-ры. Работы по сценич. воплощению прозы: «Братья и сёстры» (1978, 1985) и «Дом» (1980) по Ф.А. Абрамову, «Кроткая» по Ф.М. Достоевскому (1981), в 1985 перенесена на сцену МХАТа, «Господа Головлёвы» по М.Е. Салтыкову-Щедрину (1984, МХАТ) и др.

ДОДО́МА, столица (с 1993) Танзании. 204 т.ж. Пищевкус. пром-сть (произ-во вина, фруктовых консервов, касторового масла и др.), переработка с.-х. продукции, деревообработка. Геологич. музей.

ДОЖ (итал. doge), глава Венецианской (кон. 7–18 вв.) и Генуэзской (14–18 вв.) республик.

ДОЖДЕВЫ́Е ЧЕ́РВИ (земляные черви), группа червей, живущих в почве (выползают на поверхность после сильных дождей – отсюда назв.). Дл. в ср. 3–15 см, редко до 40 см (иногда до 2,5 м). Ок. 1500 видов, гл. обр. в тропиках. Питаются разлагающимися органич. остатками. Рыхлят почву, способствуют её аэрации, увлажнению и т.о. повышают её плодородие.

ДО́ЗА ИЗЛУЧЕ́НИЯ, энергия *ионизирующего излучения*, поглощённая облучаемым в-вом, рассчитанная на единицу его массы (поглощённая доза). Измеряется в греях (Гр); 1 Гр равен энергии в 1 Дж, поглощённой в 1 кг массы. На практике распространена единица 1 рад = $= 10^{-2}$ Дж/кг $= 10^{-2}$ Гр. Доза рентгеновского и γ-излучений, определяемая по ионизации воздуха, наз. экспозиционной дозой. Она измеряется в системе СИ в Кл/кг (суммарный заряд всех ионов одного знака, образованных в 1 кг воздуха). Внесистемная единица – рентген (R): $1R = 2{,}58 \cdot 10^{-4}$ Кл/кг, что соответствует образованию $2{,}08 \cdot 10^{9}$ пар ионов в 1 см³ воздуха. При облучении живых организмов возникают биол. эффекты, величина к-рых при одной и той же Д.и. различна для разных видов ионизирующих излучений. Для оценки радиац. опасности введено понятие эквивалентной дозы, отличающейся от поглощённой т.н. коэф. качества излучения K, показывающим, во сколько раз радиац. опасность от данного излучения выше, чем от рентгеновского при одинаковых поглощённых Д.и. Измеряется в бэрах, 1 бэр соответствует погло-

222 ДОЗА

щённой Д.и. в 10^{-2} Гр (при $K=1$). Единица эквивалентной Д.и. в системе СИ – зиверт (Зв).

ДОЗА́РИВАНИЕ плодов, дозаривание плодов томата, дыни, яблони, груши, абрикоса и др. в искусств. условиях (хранилищах, теплицах, парниках). Д. ускоряется при темп-ре ок. 20 °C и при обработке этиленом (в герметич. камерах).

ДОЗИ́МЕТР, прибор для измерения дозы излучения или связанных с ней величин. Существуют Д. для одного вида излучений (напр., нейтронные Д., γ-Д.) и для смешанного излучения. Осн. части Д. – *детектор* частиц и измерит. устройство, проградуированное в единицах поглощённой или эквивалентной дозы (см. *Доза излучения*). В зависимости от типа детектора Д. делятся на ионизационные (с *ионизационной камерой*, *Гейгера счётчиком* и др.), люминесцентные (сцинтилляционные, термо- и фотолюминесцентные), полупроводниковые, фотогр. (по потемнению плёнки) и калориметрич. Ионизац. камера находит применение для всех видов излучения; счётчики Гейгера – для поглощённой дозы нейтронного и смешанного излучений (чувствительность мала). Сцинтилляц. Д. по скорости счёта дают плотность потока частиц (не дозу). Для индивидуальных Д. используются счётчики Гейгера и фотоплёнка.

ДОЗНА́НИЕ, в рос. праве одна из форм расследования правонарушений. Д. осуществляет милиция и иные уполномоченные органы. Различают 2 вида Д.: по делам, по к-рым производство *предварительного следствия* обязательно, по делам, по к-рым предварит. следствие не обязательно (для преступлений, по к-рым обвиняемому не грозит строгая мера наказания, и не сложных для расследования). В первом случае орган Д. возбуждает уголов. дело, производит неотложные следств. действия по установлению и закреплению следов преступления и передаёт дело в прокуратуру. Во втором случае Д. включает полное расследование дела; при этом материалы Д. являются основанием для рассмотрения дела в суде.

ДОЙЛ (Doyle) Артур Конан (1859–1930), англ. писатель. Создал образ сыщика-любителя Шерлока Холмса, интеллектуальность, ироничность и духовный аристократизм к-рого придают особый блеск раскрытию запутанных преступлений (сб. рассказов «Приключения Шерлока Холмса», 1891–92, «Воспоминания о Шерлоке Холмсе», 1892–93; пов. «Собака Баскервилей», 1901–

А.К. Дойл.

1902, «Долина ужаса», 1914–15). Ист. и науч.-фантастич. романы (в т.ч. «Затерянный мир», 1912); кн. «История спиритизма» (т. 1–2, 1926).

ДОК (голл. dok, англ. dock), 1) сооружение для ремонта подвод. части судов и для их постройки. 2) Портовый бассейн с гидротехн. затвором для стоянки судов под погрузкой-разгрузкой в местах больших приливно-отливных колебаний уровня моря.

ДОКЕ́МБРИЙ (криптозой, криптозойский эон), древнейшие толщи земной коры, образование к-рых предшествовало *кембрию*, и соответствующий им промежуток времени, составляющий $6/7$ геол. истории Земли (см. *Геохронология*). Продолжительность св. 3,5 млрд.лет. Подразделяется на *архей* и *протерозой*. Нач. Д. соответствует образованию Земли как планеты. В начале Д. вода имела кислый, а атмосфера аммиачно-углекислый состав, темп-ра поверхности достигала 80 °C. В морях появились первые одноклеточные организмы – *прокариоты*. В породах архея найдены остатки окремнелых микроорганизмов разл. формы и известковые продукты жизнедеятельности бактериально-водорослевых сообществ. Благодаря распространению сине-зелёных водорослей постепенно возрастало содержание O_2 в атмосфере. В протерозое состав атмосферы Земли становится азотно-кислородным, в воде уменьшилось содержание CO_2. Это время массового развития сине-зелёных водорослей и возникновения первых *эукариотов*, сначала одно-, а затем и многоклеточных.

В Д. достоверно установлены неск. эпох тектоно-магматич. активности и следы древних оледенений. Д. богат разл. полезными ископаемыми, но особенно жел. рудами (св. 60% мировых запасов).

ДО́КТОРОУ (Doctorow) Эдгар Лоренс (р. 1931), амер. писатель. В ист. ром. «Рэгтайм» (1975), «Гагачье озеро» (1980), «Всемирная выставка» (1985) – идея оплаты прогресса цельной человечности и одновременно устойчивости гуманистич. традиций, панорамное повествование и поэтика «ретро» воссоздают социальные драмы повседневной Америки нач. 20 в. и 1930-х гг.

ДОКТРИ́НА (лат. doctrina), учение, науч. или филос. теория, система, руководящий теоретич. или полит. принцип (напр., воен. Д.).

ДОКУМЕНТА́ЛЬНАЯ ЛИТЕРАТУ́РА, очерки, реже произв. др. жанров, содержанием к-рых являются характерные реальные явления, события, лица; как правило, включает публицистич. оценку автора. Мн. произв. Д.л. имеют худ. значение (напр., «Обыкновенное убийство» Т. Капоте, «Блокадная книга» А.М. Адамовича и Д.А. Гранина, «У войны – не женское лицо» С.А. Алексиевич).

ДОКУЧА́ЕВ Вас. Вас. (1846–1903), естествоиспытатель и почвовед. Создал классич. тр. «Русский чернозём» (1883). Сформулировал учение о геогр. (по Д., «естественно-ист.») зонах, развитое его учениками (Н.М. Сибирцев и др.). Дал науч. определение почвы, разработал науч. классификацию почв, установил факторы их образования, доказал возможность сознательного управления почвообразоват. процессами и плодородия почвы. Предложил комплекс мер по борьбе с засухой в степных р-нах. Основал первую

В.В. Докучаев.

в России кафедру почвоведения (1895). Идеи Д. оказали влияние на развитие естествознания (биосферно-экологич. направление), физ. географии, лесоведения, мелиорации и др.

ДО́ЛГИЙ ПАРЛА́МЕНТ в Англии, созван королём Карлом I в 1640; фактически стал законодат. органом начавшейся Англ. рев-ции 17 в. Разогнан Кромвелем в 1653.

ДОЛГОРУ́КОВ Вас. Лукич (ок. 1670–1739), князь, дипломат. С 1706 рос. посол, посланник, полномочный мин. в Речи Посполитой, Дании, Франции, Швеции. С 1727 чл. *Верховного тайного совета*. После воцарения имп. Анны Ивановны (1730) заточён в Соловецкий мон.; казнён.

ДОЛГОРУ́КОВ Як. Фёд. (1639–1720), князь, сподвижник Петра I. Участник Азовских походов и создания рус. регулярной армии. В 1700–1711 в швед. плену. С 1712 сенатор, с 1717 през. Ревизионной коллегии.

ДОЛГОРУ́КОВ-КРЫ́МСКИЙ Вас. Мих. (1722–82), князь, ген.-аншеф (1762). В рус.-тур. войну 1768–74 главнокоманд. армией, к-рая в 1771 овладела Перекопскими укреплениями, разгромила в сражении при Кафе тур.-тат. войска и заняла Крым.

ДОЛГОРУ́КОВЫ, князья, кр. помещики, земские деятели, участники создания партии кадетов, братья. Пав. Дм. (1866–1927), один из основателей «Союза освобождения». После Окт. рев-ции организатор антисов. заговоров. Расстрелян в ответ на убийство сов. полпреда в Варшаве П.Л. Войкова в числе ряда представителей дворянских и бурж. семей. Пётр Дм. (1866–1945), один из лидеров «Союза земцев-конституциона-

листов», товарищ пред. 1-й Гос. думы. После Окт. рев-ции эмигрант.

ДОЛГОТА́, см. в ст. *Географические координаты*.

ДОЛГУ́ШИН Никита Ал-др. (р. 1938), артист балета, балетмейстер, педагог. В 1968–83 в Ленингр. Малом т-ре оперы и балета. Партии: Щелкунчик-Принц («Щелкунчик» П.И. Чайковского, 1969); Князь Игорь («Ярославна» Б.И. Тищенко, 1974) и др. Мастер отточенного, элегантного танца. Пост.: «Концерт в белом» на музыку Чайковского (1969), «Клитемнестра» на музыку К. Глюка (1972). С 1983 рук. балетной труппы Муз. т-ра Санкт-Петерб. конс., где пост. «Король Лир» на музыку С.И. Насидзе (1990, совм. с Г.Д. Алексидзе; Д.– Лир) и др.

ДОЛЕВА́Я ОТВЕ́ТСТВЕННОСТЬ, разновидность гражданско-правовой ответственности при наличии в обязательстве множественности (т.е. нескольких) должников. Такое обязательство считается долевым, и каждый из должников обязан исполнить его в равной доле с другими, если из закона или договора не вытекает иное. См. также *Солидарная ответственность*, *Субсидиарная ответственность*.

ДОЛИ́ВО - ДОБРОВО́ЛЬСКИЙ Мих. Осипович (1861/62–1919), рос. электротехник. С 1884 работал в Германии. Создатель техники трёхфазного перем. тока. Разработал (1888–89) трёхфазный асинхронный двигатель, осуществил (1891) первую эл. передачу трёхфазного тока.

ДОЛИ́НА СМЕ́РТИ, межгорн. впадина в Сев. Америке (США) в пуст. Мохаве. Расположена на 85 м ниже ур. м. Абс. максимум темп-ры воздуха 56,7 °C (самая высокая в Зап. полушарии). Назв. связано с гибелью здесь в 1849 партии золотоискателей от недостатка воды.

ДОЛИ́НЫ, линейно вытянутые формы рельефа, образованные деятельностью рек и имеющие уклон в направлении их течения. Различают Г. горные (глубокие при небольшой ширине) и равнинные (широкие при незначит. высоте и крутизне склонов).

ДО́ЛЛАР (англ. dollar, от нем. taler), 1) ден. единица США, равная 100 центам. В обращении с 1786 серебр. Д., с 1792 и зол. Д., с 1873 только зол. Д. С 1928 эмиссия Д. в банкнотах, с 1965 – медно-никелевого Д. В совр. валютной системе Д. фактически признан основой валютных паритетов и курсов. Д. США – ден. единица Виргинских о-вов, Вост. Самоа, о. Гуам, Либерии, Панамы, Пуэрто-

Долина р. Катунь (Алтай).

Рико, Тайваня, О-вов Теркс и Кайкос, Федеративных Штатов Микронезии. 2) Ден. единица Австралии, Багамских О-вов, Барбадоса, Белиза, Бермудских о-вов, Брунея, Гайаны, Зимбабве, Кайман О-вов, Канады, Либерии, Ливии, Н. Зеландии, Сингапура, Соломоновых О-вов, Сянгана (Гонконга), Тринидада и Тобаго, Фиджи, Ямайки, группы стран Карибского бас. (восточнокарибский Д.). 3) Серебр. монета в Китае (1907–49).

ДОЛЛЕЖА́ЛЬ Ник. Ант. (р. 1899), рос. энергетик. Тр. по тепловым и компрессорным установкам, ядерной энергетике. Один из создателей реактора первой в мире *атомной электростанции* (г. Обнинск).

ДОЛУХА́НОВА Зара (Заруи Агасьевна) (р. 1918), арм. певица (меццо-сопрано). В 1939–44 в Арм. т-ре оперы и балета исполняла партии в классич. операх. В 1959–82 солистка Моск. филармонии. Камерный репертуар включает произв. композиторов 16–20 вв. Первая исполнительница ряда соч. Д.Д. Шостаковича, С.С. Прокофьева, Р.К. Щедрина.

ДОЛЬМЕ́Н (от бретон. tol — стол и men — камень), мегалитич. сооружение бронз. и жел. века в виде вертикально стоящих больших кам. плит, накрытых плоской плитой. См. *Мегалиты*.

Дольмен близ г. Геленджик.

ДО́МАГК (Domagk) Герхард (1895–1964), нем. патолог и микробиолог. Разработал первый эффективный препарат для лечения гонореи (1934), новые препараты для химиотерапии туберкулёза и опухолей. Обосновал антибактериальное действие сульфаниламидных препаратов и ввёл их в леч. практику. Ноб. пр. (1939).

ДО́МАР (Domar) Евсей Дейвид (р. 1914), амер. экономист. Соч. по теории экон. роста. Предст. неокейнсианства (см. в ст. *Кейнсианство*).

ДОМА́ШНИЕ ЖИВО́ТНЫЕ, см. *Одомашнивание*.

ДОМА́ШНЯЯ КО́ШКА, млекопитающее рода кошек. Произошла от сев.-афр. подвида дикой кошки (ливийская кошка). Одомашнена не менее 5 тыс. лет назад. Более 50 пород, отличающихся длиной, типом и окрасом шерсти, цветом глаз, длиной хвоста. Д.к. обладают отличным слухом, хорошими зрением и осязанием, обоняние слабее, чем у собак. Половой зрелости достигают к 7–9 мес, но физически формируются значительно позже. Оптим. возраст для вязки 14–18 мес. Беременность длится ок. 9 нед. В помёте 4–6 (у чистопородных обычно меньше), реже до 10 котят. Д.к. ласковы и привязаны к человеку (кроме отд. пород), легко привыкают к месту обитания, однако всегда сохраняют независимость и очень трудно поддаются дрессировке. Живут до 13–18 лет.

Домашняя кошка: 1 – персидская; 2 – норвежская лесная; 3 – сиамская.

ДОМБРА́, казах. 2-струнный щипковый муз. инстр-т. На Д. исполняются традиц. пьесы — *кюи*.

Домбра.

ДОМБРО́ВСКИЙ Юр. Осипович (1909–78), рус. писатель. История в свете нравств. проблем современности в ром. «Державин» (кн. 1, 1939), «Обезьяна приходит за своим черепом» (1959), кн. «Смуглая леди. Три новеллы о Шекспире» (1969). Типы поведения людей в критич. ситуациях 1930-х гг. в пов. «Хранитель древностей» (1964) и её продолжении — ром. «Факультет ненужных вещей» (опубл. 1988). Драм. опыт жертвы сталинских репрессий в стихах (в 30–50-х гг. Д. провёл в лагерях и ссылках ок. 18 лет).

ДО́МЕННОЕ ПРОИЗВО́ДСТВО, получение чугуна восстановит. плавкой жел. руд или концентратов в смеси с коксом в шахтных печах (доменах). Первые доменные печи появились в сер. 14 в. До 18 в. в качестве топлива использовали древесный уголь, а затем кокс. Для интенсификации Д.п. в 1766 И.И. Ползунов применил принудит. подачу воздуха.

ДОМИНА́НТА (от лат. dominans, род. п. dominantis — господству-

П. Доминго в роли Каварадосси (опера «Тоска» Дж. Пуччини; театр «Ла Скала», Милан).

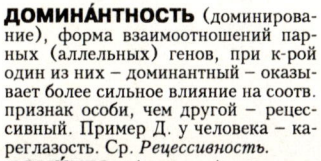

ющий), главенствующая идея, осн. признак или важнейшая составная часть чего-нибудь.

ДОМИНА́НТНОСТЬ (доминирование), форма взаимоотношений парных (аллельных) генов, при к-рой один из них — доминантный — оказывает более сильное влияние на соотв. признак особи, чем другой — рецессивный. Пример Д. у человека — кареглазость. Ср. *Рецессивность*.

ДОМИ́НГО (Domingo) Пласидо (р. 1941), исп. певец (тенор). Из семьи актёров и певцов — исполнителей *сарсуэл*. Поёт во мн. т-рах мира. Предст. иск-ва бельканто, исполняет гл. и драм. партии в операх Дж. Верди, Ж. Массне). Исполнение отличается высшим синтезом актёрского и вокального мастерства, естеств. спонтанной эмоциональностью. Выступает как оперный дирижёр.

ДОМИ́НИКА (Содружество Доминики), гос-во на о. Доминика в Карибском м. Пл. 790 км². Нас. 73,9 т.ч., доминикцы (гл. обр. негры и мулаты). Офиц. яз.— английский. Верующие в осн. католики. Республика. Входит в *Содружество*. Глава гос-ва — президент. Законодат. орган — Палата Собрания. Столица — Розо. Адм.-терр. деление: 2 гор. и 25 сельских советов. Ден. единица — вост.-карибский доллар.

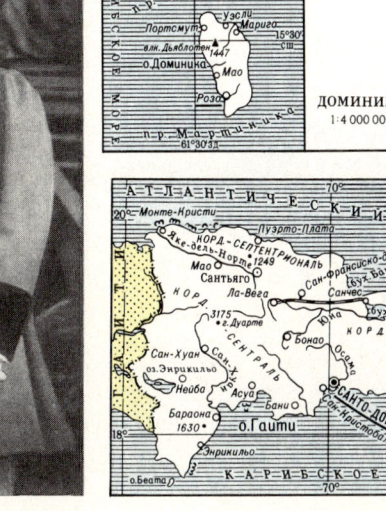

Поверхность гористая (выс. до 1447 м, вулкан Дьяблотен). Климат тропич. пассатный, влажный.

Доминика. Влажно-тропический лес на склонах вулкана Дьяблотен.

Ср.-мес. темп-ры 25–27 °C; осадков 1500–2500 мм в год. Влажные тропич. леса.

В 1493 о-в открыт испанцами. В 1763–1967 колония Великобритании. С 1978 независимое гос-во.

Д.— агр. страна. ВНП на д. нас. 2510 долл. в год. Осн. экспортная культура — бананы; выращивают цитрусовые (лайм, грейпфрут), какао, табак, кокосовую пальму. Произ-во и вывоз фруктовых соков, мыла, копры, сигар, кокосового масла. Туризм.

ДОМИНИКА́НСКАЯ РЕСПУ́БЛИКА, гос-во в вост. части о. Гаити. Пл. 48,7 т. км². Нас. 7,63 млн. ч., доминиканцы (гл. обр. мулаты). Офиц. яз.— испанский. Верующие в осн. католики. Глава гос-ва и пр-ва — президент. Законодат. орган — двухпалатный парламент (Сенат и Палата депутатов). Столица — Санто-Доминго. Адм.-терр. деление: 29 провинций и 1 нац. округ. Ден. единица — доминиканское песо.

Рельеф преим. гористый (выс. до 3175 м); между хребтами и на побе-

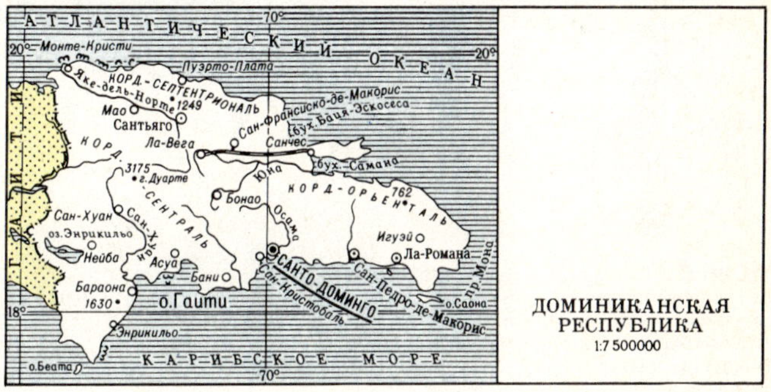

ДОМИ 224

режье — плодородные равнины. Климат тропич. пассатный. Ср.-мес. темп-ры на низменностях 25—27 °C; осадков 1000—2000 мм в год. Реки: Сан-Хуан, Юна, Якс-дель-Норте. Тропич. вечнозелёные и листопадные леса.

С кон. 15 в. вост. часть о-ва (терр. совр. Д.Р.) — колония Испании (Санто-Доминго). В 1821 в ходе Войны за независимость исп. колоний в Америке 1810—26 Санто-Доминго приобрела независимость. В 1822 Д.Р. была включена в состав Респ. Гаити, с 1844 независимая Д.Р.

Д.Р. — агр. страна. ВНП на д. нас. 1040 долл. в год. Осн. экспортные культуры: сах. тростник, кофе, какао, табак, бананы. Пастбищное жив-во. Добыча бокситов, железнокелевых руд, золота, серебра. Наиб. развита пищевкус. (преим. сах.) пром-сть. Нефтеперераб. з-д, никелевый комб-т. Экспорт: ферроникель, золото.

ДОМИНИКА́НЦЫ, члены *нищенствующего ордена*, осн. в 1215 исп. монахом Домиником. В 1232 папство передало в ведение Д. инквизицию. После основания ордена *иезуитов* (16 в.) значение Д. уменьшилось.

ДОМИНИО́Н, гос-во в составе Брит. империи, признававшее главой гос-ва англ. короля (королеву), представленного в Д. ген.-губернатором. Первые Д.— Канада (1867), Австралийский Союз (1901), Н. Зеландия (1907). После образования *Содружества* термин «Д.» не употребляется, хотя многие б. Д. входят в него и по-прежнему признают англ. королеву главой гос-ва (Канада, Н. Зеландия и др.).

ДОМО́ВЫЕ ГРИБЫ́, семейство грибов (порядок афиллофоровые). 50 видов, в хвойных, реже лиственных лесах Сев. полушария. Растут на пнях, валежнике, стволах деревьев, поражают деловую древесину, дерев. постройки, разрушая их за полгода — год.

«ДОМОСТРО́Й», памятник рус. лит-ры 16 в., свод житейских правил и наставлений. Составлен при участии гос. деятеля и писателя священника Сильвестра (умер ок. 1566). Отражает принципы патриархального быта, известен предписанием строгости домашнего уклада.

ДО́МРА, др.-рус. струн. щипковый муз. инстр-т; использовался в 16—17 вв. скоморохами. В кон. 19 в. было создано семейство 3-струнных орк. Д., в нач. 20 в.— семейство 4-струнных Д. На совр. Д. играют *плектром*.

Домра.

ДОМЬЕ́ (Daumier) Оноре (1808—1879), франц. график, живописец и скульптор. Мастер сатирич. рисунка и литографии. Острогротескные карикатуры на правящую верхушку и мещанство (литография — «Законодательное чрево», 1834, серия «Добрые буржуа», 1846—49). В живописи и скульптуре сочетал драматизм и сатиру, героику и гротеск («Дон Кихот», ок. 1868).

О. Домье. «Дон Кихот». Новая пинакотека. Мюнхен.

ДОН (др.-греч. Танаис), одна из крупнейших рек на терр. России и Украины. Дл. 1870 км. Истоки на Среднерусской возв., впадает в Таганрогский зал. Азовского м., образуя дельту (пл. до 340 км²). Гл. притоки: Хопёр, Медведица, Сал, Северский Донец. Д. соединён с Волгой Волго-Донским судох. каналом. На Д.— Цимлянская ГЭС и вдхр.; 3 гидроузла. Рыб-во. Судох. от устья р. Сосна (1604 км); регулярное судох-во от г. Лиски (1355 км). Др. гг.— Калач-на-Дону, Ростов-на-Дону, Азов.

Донателло. Памятник кондотьеру Гаттамелате в Падуе.

ДОН АМИНА́ДО (наст. имя и фам. Аминад Петр. Шполянский) (1888—1957), рус. поэт. В 1920 эмигрировал. В лирико-сатирич. стих., фельетонах, пародиях (сб. «Дым без отечества», 1921, «Нескучный сад», 1935), кн. восп. «Поезд на третьем пути» (1954) — атмосфера предрев. России, горький опыт рус. эмиграции.

ДО́НАР, см. *Тор*.

ДОНАТЕ́ЛЛО (Donatello) (наст. имя Донато ди Никколо ди Бетто Барди) (ок. 1386—1466), итал. скульптор флорентинской школы Раннего *Возрождения*. Осмысливая опыт антич. иск-ва, создал классич. формы и виды ренессансной скульптуры: новый тип статуи и скульпт. группы («Давид», 1430), монументального конного пам. («Гаттамелата» в Падуе, 1447—53), живописного рельефа (алтарь церк. Сант-Антонио в Падуе, 1446—50), величеств. надгробия.

ДОНБА́СС, см. *Донецкий угольный бассейн*.

ДОНЕЛА́ЙТИС (Donelaitis) Кристийонас (1713/14—1780), литов. поэт, пастор. Зачинатель литов. худ. лит-ры. В поэме «Времена года» (изд. 1888), написанной гекзаметром, изображены крест. быт, природа литов. края, нац. добродетели (трудолюбие, благочестие) и пороки (лень, пьянство, забвение родного языка). Басни.

ДОНЕ́ЦК (до 1924 Юзовка, до 1961 Сталино), г. (с 1917), обл. ц. на Украине, на р. Кальмиус, в центр. части Донбасса. 1121 т.ж. Ж.-д. уз. Добыча кам. угля. Чёрная и цв. металлургия, маш-ние, хим. и коксохим., пищевкус., лёгкая (в т.ч. хл.-бум.) пром-сть. Науч. центр АН Украины. 6 вузов (в т.ч. ун-т). Краеведч. и худ. музеи. Т-ры: оперы и балета, муз.-драм., кукол. Осн. в 1869.

ДОНЕ́ЦКИЙ У́ГОЛЬНЫЙ БАССЕ́ЙН (Донбасс), один из крупнейших в мире, расположен на терр. Украины и России. Открыт в 20-х гг. 18 в., пром. освоение с кон. 19 в. Пл. ок. 60 тыс. км². В угленосной толще до 300 пластов мощностью 0,6—1,2 м. Угли каменные. Запасы ок. 55 млрд. т до глуб. 1800 м. Разработка подземным способом. Осн. центры добычи — Донецк, Макеевка, Лисичанск, Горловка и др.

ДОНЖО́Н (франц. donjon), главная, отдельно стоящая башня ср.-век. замка, круглая или 4-угольная в плане, расположенная в самом недоступном месте и служащая последним убежищем осаждённых.

ДОН ЖУА́Н (Дон Хуан), созданный ср.-век. легендой образ рыцаря-повесы, один из *вечных образов* — воплощение неудержимости чувств. стихии. Дерзкий нарушитель моральных и религ. норм, готовый на всё ради нескончаемого любовного поиска, Д.Ж. послужил источником мн. произв. иск-ва и лит-ры (Тирсо де Молина, Мольер, Э.Т.А. Гофман, Дж. Байрон, А.С. Пушкин, А.К. Толстой), в к-рых его образ не лишён артистизма. В 20 в. цельность образа утрачивается, мельчает питающая его стихия, разрушит., губительные свойства выступают на первый план, и сам Д.Ж. становится их жертвой (М.И. Цветаева, А.А. Блок).

ДОНИЦЕ́ТТИ (Donizetti) Гаэтано (1797—1848), итал. композитор. Автор св. 70 опер, представляющих все жанровые разновидности итал. романтич. оперы и обозначивших расцвет *бельканто*. Лирич. муз. драмы и комедии: «Анна Болейн» (1830), «Любовный напиток» (1832), «Лукреция Борджа» (1833), «Лючия ди Ламмермур» (1835), «Дон Паскуале» (1843, *опера-буффа*) и др.

Дон Кихот. Иллюстрация К. Алонсо. Буэнос-Айрес. 1958.

ДОН КА́РЛОС (Don Carlos), см. *Карлос дон*.

ДОН КИХО́Т, герой романа М. Сервантеса; один из *вечных образов*, ставший символом благородного человека, чьё благородство, великодушие и готовность на рыцарские подвиги вступают в трагич. противоречие с действительностью. В более широком смысле имя Д.К. и понятие донкихотство используются как символ бесперспективности, «безумности» идеальных порывов, их несовместимости с торжествующей прозой жизни, заведомой неустранимости абс. разрыва между ними. В массовом сознании сохраняется интерпретация Д.К. как комич. персонажа.

ДОНН (Donne) Джон (1572—1631), англ. поэт. Жизнерадостная любовная лирика в духе Возрождения (цикл «Песни и сонеты»), элегии, сатиры, эпиграммы. В религ.-мистич. поэмах «Путь души» (1601), «Анатомия мира» (1611) — темы ничтожности и бренности земного существования, необходимости смирения жалкого человека перед всесильной мощью божества; эти соч. (как и его проповеди, к-рые читал в будущем настоятелем собора Св. Павла в Лондоне) положили начало т.н. метафизич. школе, внёсшей в англ. лит-ру черты *барокко*.

ДО́ННИК, род одно- и двулетних трав (сем. бобовые). Ок. 25 видов, в Евразии, Сев. Африке, интродуциро-

Донник жёлтый: часть растения с цветками.

Донской монастырь. Малый собор.

ваны в Сев. Америку и Австралию. В культуре Д. белый и Д. жёлтый (лекарственный) — кормовые травы (ок. 200 ц с 1 га зелёной массы, 30—50 ц с 1 га сена). Возделывают в Сев. Америке, Европе; небольшие площади в Прибалтике, сев. р-нах Казахстана, в России — на Урале, в Сибири.

ДО́НОР (от лат. donare — дарить), человек, добровольно сдающий кровь для использования её в леч. целях или ткань, орган (напр., почку) для пересадки.

ДОНСКО́Й Марк Сем. (1901—81), кинорежиссёр. Работал в Москве. Пост. ф. по произв. М. Горького — «Детство Горького» (1938), «В людях» (1939) и «Мои университеты» (1940). Тяготел к изображению колоритных человеческих характеров и судеб, ярких бытовых сцен: «Радуга» (1944), «Сельская учительница» (1947), «Дорогой ценой» (1958), «Фома Гордеев» (1959) и др.

ДОНСКО́Й МОНАСТЫ́РЬ (Свято-Донской монастырь), действующий муж. монастырь на Ю.-З. Москвы. Осн. в 1591 в память избавления Москвы от нашествия крымского хана Казы-Гирея. В 18—19 вв. кладбище Д.м. — место погребения наиб. знатных моск. дворянских родов. Квадратная в плане терр. окружена стенами и башнями (1686—1711). 1-главый Малый собор (1591—93) с трапезной

Доплера эффект: *а* — оба наблюдателя на тротуаре слышат звук сирены стоящей на месте пожарной машины на одной и той же частоте; *б* — наблюдатель, к к-рому приближается пожарная машина, слышит звук более высокой частоты, а наблюдатель, от к-рого машина удаляется, слышит более низкий звук.

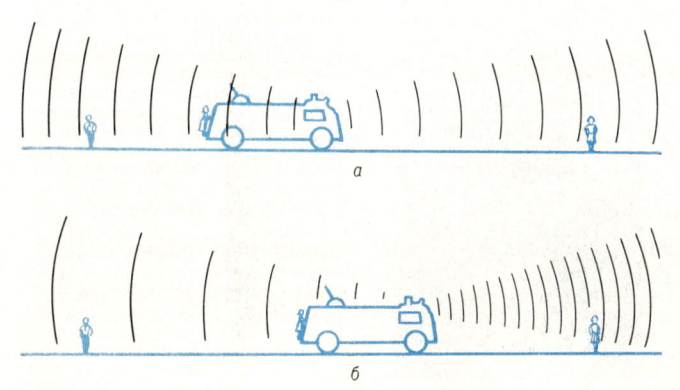

(1678) и колокольней (1679), 5-главый Большой собор (1684—93), Тихвинская надвратная церк. (1713—14). Упразднён после Окт. рев-ции. С 1964 филиал Н.-и. музея архитектуры им. А.В. Щусева. В 1990 часть строений монастыря возвращена Рус. православной церкви.

ДО́ПИНГ (англ. doping от dōpe — давать наркотики), фармакологич. и др. средства, временно усиливающие физич. и психич. деятельность организма, применяемые гл. обр. для улучшения спорт. результатов. В 1967 Междунар. олимп. к-т принял решение о запрещении Д. в спорте в связи с рядом случаев отравления спортсменов и смертельных исходов и об орг-ции контроля на Д. на соревнованиях. При установлении факта применения Д. спортсмена дисквалифицируют (см. *Дисквалификация*).

ДО́ПЛЕРА ЭФФЕ́КТ, изменение длины (частоты) волн (звуковых, световых и др.) при движении источника и приёмника волн относительно друг друга. Д.э. имеет важное значение в радио- и гидролокации. На основе Д.э. в астрофизике определяют скорости движения звёзд, галактик и др. небесных объектов. В 1842 австр. физик и астроном Х. Доплер теоретически обосновал описанное явление в акустике и оптике (назв. впоследствии Д.э.), в 1848 франц. физик А. Физо уточнил теорию Доплера для световых явлений.

ДОПОЛНИ́ТЕЛЬНАЯ ОТВЕ́ТСТВЕННОСТЬ, см. *Субсидиарная ответственность*.

ДОПОЛНИ́ТЕЛЬНЫЕ ЦВЕТА́, при смешении дают в глазу ощущение белого цвета, напр. сине-зелёный и красный, оранжевый и синий, зелёно-жёлтый и фиолетовый цвета.

ДОРЕ́ (Doré) Гюстав (1832—83), франц. график. Полные фантазии и юмора иллюстрации к «Гаргантюа и Пантагрюэлю» Ф. Рабле (1854), романтически-эффектные, тщательно проработанные иллюстрации к «Божественной комедии» Данте (1861), «Дон Кихоту» М. Сервантеса (1862—63), Библии (1864—66).

ДОРИ́ЙЦЫ (доряне), одно из осн. племён в Др. Греции.

ДОРИ́ЧЕСКИЙ О́РДЕР, один из трёх осн. архит. *ордеров*. Сложился в дорийских обл. Др. Греции ок. кон. 7 в. до н.э. Отличается мужественностью и лаконизмом форм. Колонна Д.о. не имеет *базы*, ствол прорезан каннелюрами; *капитель* состоит из эхина и абака; антаблемент — из архитрава, фриза и карниза; фриз по горизонтали членится на триглифы и метопы.

ДОРЛИА́К Нина Львовна (р. 1908), певица (сопрано), педагог. С 1935 выступала в концертах, в т.ч. в ансамбле с мужем — С.Т. Рихтером. Впервые исполнила ряд камерных произв. С.С. Прокофьева, Д.Д. Шостаковича. Создала школу камерного пения в Моск. конс.

ДОРО́НИНА Тат. Вас. (р. 1933), актриса. С 1959 в Ленингр. Большом драм. т-ре, в 1966—72 и с 1983 во МХАТе имени М. Горького; с 1987 худ. рук. сцены на Тверском бульваре (с 1989 самостоят. т-р, сохранивший назв. МХАТ имени М. Горького). В 1972—83 в Моск. т-ре имени Вл. Маяковского. Актриса сильного, глубокого темперамента: Надя («Моя старшая сестра» А.М. Володина, 1961), Настасья Филипповна («Идиот» по Ф.М. Достоевскому, 1966), Аркадина («Чайка» А.П. Чехова, 1978), леди Макбет («Макбет»

Т.В. Доронина и О.Н. Ефремов в фильме «Три тополя на Плющихе».

У. Шекспира, 1990) и др. В комедийных ролях склонна к гротеску. Снималась в ф.: «Три тополя на Плющихе» (1968) и др.

ДОС ПА́ССОС (Dos Passos) Джон (1896—1970), амер. писатель. В 20-е гг. близок к *потерянному поколению*. Социальная эпопея-трил. «США» («42-я параллель», 1930; «1919», 1932; «Большие деньги», 1936), экспериментально сочетающая по принципу кинематографич. монтажа док., биогр. и лирич. прозу, создаёт панораму «вздыбленной», кризисной Америки 1-й трети 20 в. с позиций лев. социально-полит. радикала. В трил. «Округ Колумбия» (1939—48) порывает с лев. идеями и переходит на позиции либерального консерватизма.

ДОСТОЕ́ВСКИЙ Фёд. Мих. (1821—81), рус. писатель. В пов. «Бедные люди» (1846), «Белые ночи» (1848), «Неточка Незванова» (1849, не окончена) и др. — страдания «маленького человека» как трагедия социальная. В пов. «Двойник» (1846) дал психол. анализ расколотого сознания. Участник кружка М.В. Петрашевского, Д. в 1849 был арестован и приговорён к смертной казни, заменённой каторгой (1850—1854). В 1859 возвратился в С.-Петербург. «Записки из Мёртвого дома» (1861—62) — о трагич. судьбах и достоинстве человека на каторге. Вместе с братом М.М. Достоевским издавал ж. «Время» (1861—63) и «Эпоха» (1864—65), выражавшие идеи *почвенников*. В ром. «Преступление и наказание» (1866), «Идиот» (1868), «Бесы» (1871—72), «Подросток» (1875), «Братья Карамазовы»

Ф.М. Достоевский. Гравюра В.А. Боброва. 1883.

(1879—80) — осмысление социального и духовного кризиса России с христ. точки зрения, диалогич. столкновение самобытных личностей, носителей своей «идеи», страстные поиски обществ. и человеческой гармонии, глубокий психологизм и трагизм. Публицистич. «Дневник писателя» (1873—81).

ДОТА́ЦИЯ (от ср.-век. лат. dotatio — дар), ден. средства, выдаваемые в безвозвратном порядке юрид. и физич. лицам. Д. из гос. бюджета используются для регулирования экономики; выдаются малодоходным и убыточным отраслям, имеющим важное социальное значение.

ДОФИ́Н (франц. dauphin), во Франции с сер. 14 в. до 1830 титул наследника престола.

ДО́ХА, столица Катара. 236 т.ж. Порт в Персидском зал.; междунар. аэропорт. Металлообр.; цем. з-ды; рыб-во; добыча жемчуга. Куст. пром-сть. Ун-т.

ДРА́ГА (от англ. drag), плавучий комплексно-механизир. горно-обогатит. агрегат с многоковшовым рабочим органом для подводной разработки преим. россыпей. Макс. ёмкость черпака 600 дм³.

Драга.

ДРА́ГЛАЙН (англ. dragline), одноковшовый экскаватор с гибкой канатной связью стрелы и ковша, как правило, с шагающим ходом. Длина стрелы достигает 100 м, вместимость ковша — 100 м³. Илл. см. на стр. 226.

ДРАГОЦЕ́ННЫЕ КА́МНИ, минералы, используемые для ювелирных целей. Бесцв. или красивой чистого

226 ДРАГ

Драглайн.

тона окраски; большинство Д.к. отличаются блеском, прозрачностью, сильным светорассеянием, высокой твёрдостью, способностью принимать огранку. Условно делятся на 4 класса: I — алмаз, рубин, сапфир, изумруд; II — александрит, сапфир оранжевый, зелёный и фиолетовый, благородный чёрный опал, благородный жадеит; III — демантоид, шпинель, опал благородный белый и огненный, аквамарин, топаз, родонит, турмалин; IV — хризолит, циркон, кунцит, лунный камень, солнечный камень, берилл жёлтый, зелёный и розовый, пироп, альмандин, бирюза, аметист, хризопраз, цитрин. Масса измеряется в каратах (0,2 г). Мировые розничные цены на огранённые ювелирные камни колеблются от 10 тыс. (I класс) до 80–100 (IV класс) амер. долл. за 1 кар.

ДРАГОЦЕ́ННЫЕ МЕТА́ЛЛЫ, то же, что *благородные металлы*.

ДРАГУ́НСКИЙ Викт. Юзефович (1913–72), рус. писатель. Рассказы для детей под общим назв. «Денискины рассказы» (одноим. сб., 1966). Повести, фельетоны.

Драгоценные камни. 1. Венец Большого наряда царя Михаила Романова (золото, алмазы, изумруд, сапфир, шпинели). Ок. 1600. 2. Букет. Сер. 18 в. 3. Эгрет – заколка для волос (бриллианты, сапфиры). 60-е гг. 18 в. 4. Звезда ордена Св. Андрея Первозванного (бриллианты, эмаль). 1805–15.

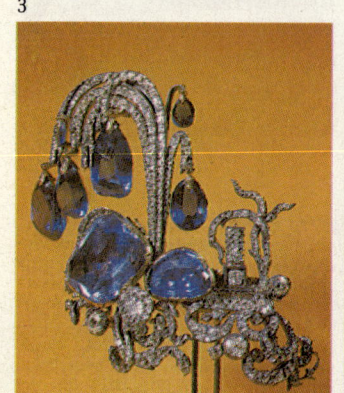

ДРАГУ́НЫ (от франц. dragon), вид кавалерии в европ. (с 16 в.) и рус. армиях (17–20 вв.), предназначенной для действий в кон. и пешем строю.

Драгуны: 1 – рядовой Владимирского полка, 1797–1801; 2 – рядовой Нижегородского драгунского полка, 1882.

ДРА́ЙЗЕР (Dreiser) Теодор (1871–1945), амер. писатель, публицист. Ром. «Сестра Керри» (1900) и «Дженни Герхард» (1911) о полярных социально-нравств. судьбах простых девушек; «Финансист» (1912), «Титан» (1914), «Стоик» (изд. 1947) – трилогия желания о финансисте-«сверхчеловеке», демонстрирующем «чудо и ужас» индивидуализма, в т.ч. аморальность и обесцвечение личности, исповедующей принцип «я угождаю себе»; «Гений» (1915) о мертвящей власти денег над иск-вом; «Американская трагедия» (1925) о несостоятельности попытки юноши средних достоинств любой ценой добиться осуществления социального престижа и богатства – «амер. мечты». Сочетает реалистич. и натуралистич. принципы творчества. В 1945 вступил в компартию США.

ДРАКО́Н, в мифологии мн. народов крылатый (иногда многоголовый) огнедышащий змей, туловище к-рого состояло из частей тела змеи, крокодила, птицы, рыбы, льва, собаки и т.д.

Дракон. «Чудо Георгия о Змии» (Георгий поражает копьём дракона). Новгородская икона 14 в. Третьяковская галерея.

ДРАКО́НОВО ДЕ́РЕВО (драцена драконовая), древовидное р-ние (сем. агавовые). При надрезе из ствола вытекает краснеющая на воздухе смола – т.н. драконова кровь, из к-рой получают лак. Ствол выс. до 20 м, диам. в основании до 4 м. Нек-рые деревья живут до 5 тыс. лет. Растёт на Канарских о-вах, в Сомали, Эфиопии.

ДРАКО́НОВЫ ГО́РЫ, на Ю.-В. Африки, гл. обр. в ЮАР, часть Большого Уступа. Выс. до 3482 м (г. Табана-Нтленьяна). Характерны столовые вершины и крутосклонные ступенчатые плато. Служат водоразделом между короткими реками басс. Инд. ок. и верховьями р. Оранжевая. На вост. склонах – тропич. леса, на зап. – саванны и заросли кустарников.

ДРАКО́НЫ, род ящериц (сем. *агамы*). Дл. до 40 см. По бокам тела кожные складки – «парашют» для планирующего полёта (на расстояние до 23 м). 22 вида, гл. обр. в Юго-Вост. Азии.

ДРА́МА (греч. dráma, букв. – действие), 1) *род литературный,* принадлежащий одноврем. двум иск-вам: театру и лит-ре; его специфику составляют сюжетность, конфликтность действия с членением на сценич. эпизоды, сплошная цепь высказываний персонажей, отсутствие повествоват. начала. Драм. конфликты воплощаются в поступках героев, их диалогах и монологах, жестах и мимике. Текст Д. ориентирован на зрелищную выразительность (мимика, жест, движение) и на звучание; он согласуется также с возможностями сценич. времени, пространства и театральной техники (с построением *мизансцен*). Лит. Д., реализуемая актёром и режиссёром, должна обладать сценичностью. Ведущие жанры Д.: трагедия, комедия, драма (как жанр), трагикомедия. 2) Один из ведущих жанров драматургии начиная с эпохи просвещения (Д. Дидро, Г.Э. Лессинг). Изображает преим. частную жизнь человека в его остроконфликтных, но, в отличие от *трагедии,* не безысходных отношениях с об-вом или с собой («Бесприданница» А.Н. Островского, «На дне» М. Горького). Трагич. начало присуще ист. Д.

ДРА́ХМА (греч. drachmē), 1) весовая (массы) и ден. единица Др. Греции, содержала 6–7 г (в Афинах 4,37 г, затем 4,26 г) серебра; серебр. монета, чеканившаяся с 6 в. до н.э. 2) Ден. единица Греции, равная 100 лептам.

ДРЕВЕСИ́НА (ксилема), ткань высших р-ний, служащая для проведения воды и р-ров минер. солей от корней к листьям и др. органам. Д. наз. также срубленные и распиленные стволы деревьев (деловая Д., строит. Д. и др.). Д. разл. древесных пород, имеющая красивый цвет, блеск и оригинальную текстуру, наз. декоративной и используется для отделки мебели, интерьеров, худ. промыслов. Самая тяжёлая Д. у железного дерева (1490 кг/м³), самая лёгкая – у бальзового дерева (40–384 кг/м³).

ДРЕВЕ́СНЫЕ ЛЯГУ́ШКИ, то же, что *квакши*.

ДРЕВЕ́СНЫЙ СПИРТ, то же, что *метиловый спирт.*

ДРЕВЕ́СНЫЙ У́ГОЛЬ, микропористый продукт, образующийся при высокотемпературном разложении древесины без доступа воздуха. Применяется в произ-ве кристаллич.

Древесина грецкого ореха.

Дрезден. Ансамбль Цвингер.

К.Т. Дрейер. Кадр из фильма «День гнева».

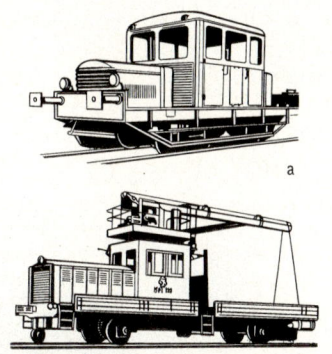

Дрезина: а — пассажирская; б — грузовая.

кремния, сероуглерода, чёрных и цветных металлов, активного угля и т.д., а также как топливо в быту.

ДРЕВЛЯНЕ, объединение вост.-слав. племён между рр. Случь и Тетерев, на С. в р-не р. Припять граничили с *дреговичами*. С кон. 9 в. в зависимости от киевских князей. В 945 убили кн. Игоря. С 946 окончательно покорены кн. Ольгой и включены в состав Др.-рус. гос-ва.

ДРЕВНЕРУ́ССКИЙ ЯЗЫ́К, вост.-слав. язык, возникший в результате распада праславянского этноязыкового единства (7 в.) и формирования др.-рус. народности; существовал в Др.-рус. гос-ве. В 14–15 вв. на основе Д.я. начали складываться отд. близкородств. вост.-слав. языки – рус., укр. и белорусский.

ДРЕВНЕРУ́ССКОЕ ГОСУДА́РСТВО, возникло в Вост. Европе в посл. четв. 9 в. в результате объединения под властью князей династии Рюриковичей двух гл. центров вост. славян – Новгорода и Киева, а также земель, расположенных вдоль *пути из «варяг в греки»*. В 882 кн. Олег захватил Киев и сделал его столицей гос-ва. Во 2-й пол. 10 в. известны факты возникновения княж. землевладения. При Владимире I Святославиче произошло крещение Руси (988–89). В городах, древнейшими из к-рых наряду с Киевом и Новгородом были Ладога, Белоозеро, Ростов, Суздаль, Псков, Полоцк и др., развивались ремёсла и торговля; создавались памятники письменности (Остромирово евангелие, «Повесть временных лет», жития и др.) и архитектуры (Десятинная церк., Софийский собор в Киеве и др.). Устанавливались связи с юж. и зап. славянами, Византией, Зап. Европой, народами Кавказа, Ср. Азии. Велась борьба с кочевниками (печенегами, торками, половцами). Правление Ярослава Мудрого (1019–54) – период наиб. расцвета гос-ва. Обществ. отношения регулировались *Русской правдой*, княж. уставами и др. Во 2-й пол. 11 в. княж. междоусобицы и набеги половцев привели к ослаблению Д.-р.г. Попытки сохранить единство Д.-р.г. были предприняты кн. Владимиром II Мономахом (правил в 1113–25) и его сыном Мстиславом (правил в 1125–32). Во 2-й четв. 12 в. гос-во вступило в завершающую фазу распада – сложились самост. кн. Киев, Новгородскую и Псковскую республики.

ДРЕГОВИЧИ́, объединение вост.-слав. племён на р. Припять и её лев. притоках. С 10 в. в составе Др.-рус. гос-ва.

ДРЕ́ЗДЕН, г. в Германии. 485 т.ж. Порт на р. Эльба; междунар. аэропорт. Эл.-техн., хим.-фарм., полиграф., лёгкая, пищевкус. пром-сть; произ-во кино- и фотооптики. Техн. ун-т. Гос. опера (1918), консерватория (1937). Музеи: Дрезденская картинная гал., ист., худ. ремесла, «Зелёный свод» (коллекция декор. иск-ва), нар. иск-ва и др. Впервые упоминается в 1216. С 1485 резиденция саксонских герцогов, в 1806–1918 столица кор-ва Саксония. Облик Д. во многом определяют парки, мосты через Эльбу, барочная застройка (терраса Брюля). Анс. Цвингер (1711–22).

ДРЕ́ЗДЕНСКАЯ КАРТИ́ННАЯ ГАЛЕРЕ́Я, одно из крупнейших в мире собраний живописи. Осн. в 1560 в Дрездене. Произв. старых и новых европ. мастеров (в т.ч. «Сикстинская мадонна» Рафаэля, «Спящая Венера» Джорджоне, «Портрет Ш. Моретта» Х. Хольбейна Младшего, и др.), в 1945 были спасены воинами Сов. Армии, вывезены в Москву, отреставрированы и в 1955 переданы Д.к.г.

ДРЕЗИ́НА [нем. Draisine, от имени нем. изобретателя К.Ф. Дреза (1785–1851)], тележка с ручным приводом или вагон с двигателем (автодрезина, мотодрезина), передвигающиеся по рельсам; служит для перевозки грузов и пассажиров на небольшие расстояния.

ДРЕ́ЙЕР (Dreyer) Карл Теодор (1889–1968), дат. кинорежиссёр. Для творчества Д. характерны высокая изобр. культура при воплощении на экране историй филос., религ. или мистич. плана: «Страсти Жанны Д'Арк» (1927), «День гнева» (1943), «Слово» (1955), «Гертруда» (1965) и др.

ДРЕЙК (Drake) Фрэнсис (1540–1596), англ. мореплаватель, вице-адмирал (1588). Руководитель пиратских экспедиций в Вест-Индию; в 1577–80 совершил 2-е (после Ф. Магеллана) кругосветное плавание, во время к-рого обнаружил пролив (прол. Д.), доказал, что Огненная Земля не выступ Юж. материка, а отд. архипелаг. В 1588 фактически командовал англ. флотом по разгрому исп. «Непобедимой армады».

ДРЕ́ЙКА ПРОЛИ́В, между арх. Огненная Земля и Юж. Шетлендскими о-вами. Соединяет Атлантич. и Тихий океаны. Дл. 460 км. Самый широкий (до 1120 км) пролив на Земле. Глуб. до 5249 м. Штормы; айсберги.

ДРЕНА́Ж (от англ. drain – осушать), 1) система искусственно созданных подземных каналов (труб, скважин и др.), с помощью к-рых осуществляются осушение с.-х. земель, отвод от сооружений грунтовой воды и понижение её уровня. Вода из дренажной сети выводится обычно в водоприёмник (водоём, лощину). 2) Метод осушения ран (полостей тела), выведения из них жидкого отделяемого – гноя, выпота и т.п. с помощью трубок, резиновых или марлевых полосок.

ДРЕССИРО́ВКА (от франц. dresser – выправлять, обучать), воздействие разл. методами на ж-ных для выработки и закрепления у них определ. условных рефлексов и навыков. Применяют Д., напр., в служебном собаководстве, при подготовке цирковых ж-ных и демонстрации трюков. «Дикая», болевая, Д. (ж-ное выполняет упражнения под страхом наказания) господствовала в цирке до кон. 19 в. «Мягкая», гуманная, Д. строится на приёмах ласкового обращения и пищ. поощрения; её основоположник – нем. дрессировщик-предприниматель К. Гагенбек, в России – В.Л. Дуров. Комплексная Д. сочетает оба принципа, распространена в совр. рус. цирке.

ДРИА́ДЫ, в греч. мифологии нимфы деревьев, обитательницы лесов и рощ.

ДРИ́ФТЕР, см. в ст. *Рыбопромысловые суда*.

ДРОБЬ, число, составленное из одной или неск. (равных) долей единицы. Д. выражается отношением двух целых чисел m/n, где $n \neq 0$ – знаменатель Д. – показывает, на сколько долей разделена единица, а m – числитель Д. – число таких долей, содержащихся в Д. Дробь наз. правильной, если $m < n$, и неправильной или смешанной, если $m \geq n$.

ДРО́ЖЖИ, сборная группа одноклеточных грибов из разл. классов. Широко распространены в природе. Размножаются преим. почкованием. Многие вызывают спиртовое брожение. Богаты белками, витаминами группы В. Используются в виноделии, пивоварении, хлебопечении, с.-х. ве (Д. кормовые) и др.; живые Д. – в медицине при гиповитаминозе B_1, нарушениях обмена веществ, фурункулёзе и др.

ДРОЗДЫ́, род певчих птиц (сем. дроздовые). Дл. до 30 см. 63 вида (белобровик, деряба, рябинник, чёрный, певчий и др.), распространены широко. Лесные птицы. Питаются насекомыми, ягодами, семенами. Пение звонкое, чистое, в осн. продолжит. свистовые «слова» – фью-фью, фи-фу» и др. В нек-рых странах – объект промысла.

Дрозд деряба.

ДРОЗОФИ́ЛЫ, род двукрылых насекомых (сем. плодовые мушки). Дл. до 3,5 мм. Ок. 1000 видов, распространены широко. В помещениях часто встречается Д. фруктовая (личинки развиваются на портящихся овощах, фруктах, прокисающих соках). Д. – классич. объект генетики (легко разводится в неволе, очень плодовита, обладает большой *изменчивостью*). Изучение наследования признаков у Д. школой Т.Х. Моргана послужило эксперим. основой хромосомной теории наследственности.

ДРОК, род кустарников и полукустарников (сем. бобовые). Св. 70 видов, гл. обр. в Средиземноморье; мн. на Кавказе. Цветки жёлтые, собраны в соцветия. Д. красильный – лекарств., декоративное и красильный (получают жёлтую краску) р-ние. Ядовит. Д. четырёхгранный и Д. крылатый под угрозой исчезновения.

ДРОМЕДА́Р, см. в ст. *Верблюды*.

ДРОФА́, крупная степная птица (сем. дрофиные). Дл. до 1 м, самая тяжёлая (масса до 22 кг) среди летающих птиц. У самцов на горле пучки нитевидных перьев. Распространена в Евразии, совр. ареал разорван (результат распашки целинных степей). Гнездится на низкотравных степных участках, а также на пастбищах и полях. Самцы токуют. Редка и охраняется. В нек-рых странах на спец. станциях выращивают птенцов Д. (яйца из брошенных кладок) и выпускают птиц в их естеств. местообитания.

ДРУЖИ́НА, 1) отряд воинов, объединявшихся вокруг плем. вождя в период разложения родового строя, а затем князя (короля); составляли привилегир. слой об-ва. 2) Воoруж. отряды при князе в Др. Руси, участвовавшие в походах, управлении кн-вом и личным х-вом князя. Делились на «старшую» (наиб. знатные и близкие лица — «княжие мужи») и «молодшую» — «гриди» и «отроки».

ДРУИ́ДЫ (лат. druides), жрецы у кельтов; ведали жертвоприношениями, выполняли также суд. функции, были врачами, учителями, прорицателями.

ДРУ́СКИНИНКАЙ, г. (с 1953), в Литве, на р. Нямунас (Неман). 23 т.ж. Ж.-д. ст. Бальнеологич. грязевой и климатич. курорт (с 1837). Произ-во худ. изделий. Музеи: мемориальный М.К. Чюрлёниса, леса. Изв. с 1635.

ДРЮО́Н (Druon) Морис (р. 1918), франц. писатель. Психол. ром. «Сильные мира сего» (1-я кн. трил. «Конец людей», 1948—51) о нравств. деградации «хозяев жизни». Серию популярных, увлекательно написанных (с чертами *массовой культуры*) романов «Про́клятые короли» (1955—77, из 7 книг — на материале истории Франции), в т.ч. «Железный король», «Узница Шато-Гайара» (оба 1955), «Яд и корона» (1956), отличает сюжетная изобретательность, динамизм повествования.

ДРЯ́КВА, то же, что *цикламен*.

ДУАЙЕ́Н (франц. doyen — старшина, старейшина), глава дипл. корпуса. Д. считается посол в данном гос-ве, первым из числа глав дипл. представительств вручивший свои *верительные грамоты*.

ДУАЛИ́ЗМ (от лат. dualis — двойственный), 1) филос. учение, исходящее из признания равноправными двух начал — духа и материи. Один из крупнейших представителей — Р. Декарт. 2) Д. в гражд. праве в ряде стран (напр., во Франции, Италии) заключается в том, что гражд. правовые отношения, связанные с торговлей и др. коммерч. деятельностью, регулируются спец. *торговым правом*. 3) См. *Корпускулярно-волновой дуализм*.

ДУБ, род листопадных и вечнозелёных деревьев, реже кустарников (сем. буковые). Ок. 450 видов, в умеренном, субтропич. и тропич. поясах, гл. обр. в Сев. полушарии. Деревья выс. до 40—45 м, живут до 500 (нек-рые 1000 и более) лет. Лесообразующая порода. Древесина прочная и долговечная, с красивым рисунком; применяется в кораблестроении, произ-ве мебели и т.д. Используют для получения дубильных в-в и в леч. целью (вяжущее средство); жёлуди идут на суррогат кофе и корм ж-ным; из коры Д. пробкового получают пробку. Многие виды декоративны. Редкий дальневост. вид — Д. зубчатый охраняется.

ДУБЛЕ́НИЕ в произ-ве кожи и меха, обработка кож. сырья (голья и шкур) р-рами разл. дубящих веществ для придания ему прочности, пластичности, износостойкости и др. свойств, необходимых при выработке кожаных и меховых изделий. Широко распространено Д. соединениями хрома (хромовое Д.), жирами разл. рыб и мор. ж-ных (жировое Д.), экстрактами древесных пород (растит. Д.).

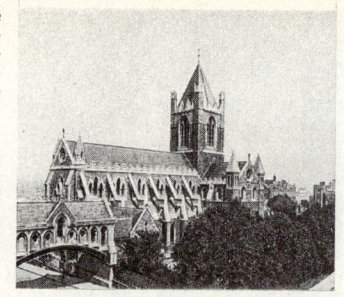

ДУБЛЁР (от франц. doubler — удваивать), 1) тот, кто параллельно с к.-л. выполняет сходную, одинаковую работу (напр., предприятия-Д., Д. космонавта — проходящий одинаковую с ним подготовку и могущий его заменить). 2) Актёр, заменяющий осн. исполнителя роли, а также актёр, воспроизводящий текст при переводе фильма с одного языка на другой.

ДУ́БЛИН, столица Ирландии. 478 т.ж. Мор. порт в устье р. Лиффи, впадающий в зал. Дублин Ирландского м.; междунар. аэропорт. Машние, металлообр., текст. пром-сть. Ун-ты; консерватория (1848). Музеи: Нац. галерея, Нац. музей науки и иск-ва. «Гейт-театр», Т-р Аббатства. Впервые упоминается в 3 в. В центре Д. — парадные ансамбли в стиле классицизма. Замок (ныне Дворец юстиции, 13 в.), готич. собор (кон. 12—14 вв.).

ДУБЛО́Н (франц. doublon, от исп. doblon), старинная зол. монета Испании (чеканилась до 1868), Швейцарии и Италии (15—16 вв.).

ДУБОВИ́К (поддубовик), съедобный гриб (сем. болетовые). Внешне похож на белый гриб, но ниж. губчатая сторона шляпки красноватая. Распространён в Сев. Африке, Сев. Америке, но б.ч. в Европе, встречается на Кавказе, Д. Востоке; растёт преим. в дубравах.

ДУБРО́ВНИК (лат. Рагуза), г. в Хорватии. 44 т.ж. Порт на Адриатическом м. Примор. климатич. курорт. Осн. в 7 в., был заселён славянами. В 15—17 вв. культ. и науч. центр на Балканах. Старый город 14—18 вв. расположен на обрывистом мысу над морем, окружён кам. стенами с башнями. Площади с фонтанами, ренессансные дворцы (Княжий двор, 2-я пол. 15 в.), готич. монастыри, барочные церкви. Д. (старый город) включён в список *Всемирного наследия*.

ДУ́ГЛАС (Douglas), семья амер. киноактёров. Кёрк (наст. имя и фам. Иссур Демски) (р. 1916), сыграл разноплановые роли в ф.: «Чемпион» (1949), «Тропы славы» (1957), «Спартак» (1960), «Семь дней в мае» (1964), «Сделка» (1969). Его сын Майкл (р. 1944) добился успеха как продюсер (ф. «Кто-то пролетел над гнездом кукушки», 1975, и др.) и актёр («Роман с камнем», 1984, «Кордебалет», 1985, «Уолл-стрит», 1987).

ДУГОВА́Я СВА́РКА (электродуговая сварка), сварка плавлением, при к-рой детали в месте соединения нагреваются электрич. дугой. Дуговой

Дублин. Церковь Крайст-чёрч. 1038—1225.

Дуб черешчатый: 1 — цветущая ветвь с пестичными (♀) и тычиночными (♂) цветками; 2 — жёлудь с черешком.

Дубровник. Вид старой части города.

разряд возбуждается в осн. между свариваемым металлом и плавящимся или неплавящимся электродом (стержень, пластина или ролик, по к-рому подводится ток к месту сварки). Впервые новый способ сварки был продемонстрирован Н.Н. Бенардосом в 1881 в Париже.

ДУДИ́НКА, г. (с 1951), ц. Таймырского (Долгано-Ненецкого) авт. округа. 32,1 т.ж. Мор. порт в низовьях р. Енисей (аванпорт Норильска). Ж.-д. ст. (нач. пункт самой северной в мире ж.д. Д.— Норильск). Рыбозавод. Краеведч. музей. Осн. в 1667.

ДУДИ́НСКАЯ Нат. Мих. (р. 1912), артистка балета, педагог. В 1931–62 в Ленингр. т-ре оперы и балета имени С.М. Кирова. Виртуозная классич. танцовщица, отличавшаяся экспрессивной манерой исполнения, эмоц. выразительностью, изысканным рисунком танца. Заглавные партии в «Лауренсии» А.А. Крейна (1939), «Золушке» С.С. Прокофьева (1946), «Раймонде» А.К. Глазунова (1948) и др. С 1963 занимается пед. деятельностью.

ДУДИ́НЦЕВ Вл. Дм. (р. 1918), рус. писатель. Ром. «Не хлебом единым» (1956) — о драм. судьбе изобретателя, сталкивающегося с бюрократич. системой, имел широкий успех. Обвинения офиц. критики в искажении сов. действительности показали несоответствие надежд, порождённых «оттепелью», идеологич. реальности. Остросюжетный ром. «Белые одежды» (1987) о самоотверженной борьбе ряда сов. учёных за спасение генетики в кон. 1940-х гг.

ДУ́ЗЕ (Duse) Элеонора (1858–1924), итал. актриса. Выступала с огромным успехом во мн. странах, в т.ч. в России (в 1891–92, 1908). Играла в пьесах Г. Д'Аннунцио (Анна — «Мёртвый город»), М. Метерлинка

Э. Дузе. Портрет работы А.А. Волкова (Руссова).

(Монна Ванна — «Монна Ванна»), А. Дюма-сына (Маргарита Готье — «Дама с камелиями»). Исполнение отличалось виртуозным сценич. мастерством, тонким раскрытием внутр. мира героинь.

ДУКА́Т (от итал. ducato), старинная серебр., затем зол. (3,4 г) монета; появилась в Венеции (1140). Позднее чеканились во мн. зап.-европ. странах (иногда под назв. цехина или флорина). В России с 15 в. все зол.

И.О. Дунаевский.

монеты весом 3,4 г носили назв. угорский (венг.) Д., а со 2-й пол. 17 в.— червонец.

ДУЛЕ́БЫ, объединение вост.-слав. племён на терр. Зап. Волыни. В 7 в. подвергались нашествию аваров. С 10 в. в составе Др.-рус. гос-ва, под назв. бужан и волынян жили в верховьях Зап. Буга.

ДУЛЁВСКИЙ ФАРФО́Р, изделия Дулёвского фарфорового з-да в г. Ликино-Дулёво (Моск. обл.), основанного в 1832 з-д Т-ва М.С. Кузнецова). Изделия 2-й пол. 19 – нач. 20 вв. отличались техн. безупречным исполнением и эклектич. декором. С нач. 1930-х гг. преобладает роспись крупными цветовыми пятнами (столовые и чайные сервизы, вазы, мелкая пластика).

ДУ́МА, законосовещат. представит. учреждение в России (см. *Боярская дума, Государственная дума*); органы гор. самоуправления (Гор. дума).

ДУ́МА, лиро-эпич. нар. песня, ист. или бытового содержания. Возникли в казачьей среде в 15–17 вв. Исполняются под аккомпанемент кобзы или бандуры.

ДУМБА́ДЗЕ Нодар Вл. (1928–84), груз. писатель. В пов. «Я, бабушка, Илико и Илларион» (1960) и ром. «Я вижу солнце» (1962) — о груз. деревне в годы войны, в публицистически заострённых ром. «Белые флаги» (1972), «Закон вечности» (1978), пов. «Кукарача» (1980) о современности — социально-нравств. проблемы, обаяние нац. юмора сочетаются с лиризмом и высокой драмой.

ДУ́МНЫЕ ЧИНЫ́, в Рус. гос-ве 15–17 вв. члены *Боярской думы* (бояре, окольничие, думные дворяне и думные дьяки).

ДУ́МУЗИ, см. *Таммуз*.

ДУНАЕ́ВСКИЙ Исаак Осипович (1900–55), композитор. Одарённый мелодист, способствовал становлению официального сов. иск-ва 30–50-х гг. Мастер лёгкого жанра. Оперетты: «Золотая долина» (1937), «Вольный ветер» (1947), «Белая акация» (1955). Музыка к ф.: «Весёлые ребята» (1934), «Вратарь», «Цирк», «Дети капитана Гранта» (все 1936), «Волга-Волга» (1938), «Светлый путь» (1940), «Весна» (1947), «Кубанские казаки» (1949). Песни, в т.ч. «Марш энтузиастов» (1940), «Летите, голуби» (1951).

ДУНА́Й, вторая по длине (после Волги) река в Европе, на терр. Германии, Австрии, Словакии, Венгрии, Хорватии, Югославии, Болгарии, Румынии, Украины. Дл. 2850 км. Истоки в отрогах Шварцвальда, протекает по Среднедунайской и Нижнедунайской равнинам, впадает в Чёрное м. Св. 300 притоков (осн.— Драва, Тиса, Сава, Олт, Серет, Прут). 2 кр. ГЭС, каскад ГЭС. Важная трансп. магистраль. Судох. от верховьев. Осн. порты: Регенсбург, Вена, Братислава, Будапешт, Белград, Русе, Галац, Измаил. Д.— междунар. река. Конвенцией о режиме судох-ва на Дунае 1948 установлена свобода судох-ва; плавание воен. кораблей непридунайских стран запрещено, создана Дунайская комиссия (все придунайские гос-ва) для обеспечения соблюдения конвенции.

ДУНКА́Н (Duncan) Айседора (1877–1927), амер. танцовщица. Одна из основоположников школы танца «модерн». Использовала др.-греч. пластику, танцевала в хитоне, без обуви. Обладала большим талантом пантомимич. актрисы и импровизатора. В репертуаре: «Марсельеза», «Интернационал», танцы на музыку Л. ван Бетховена, Ф. Шопена, П.И. Чайковского. В 1921–24 жила в СССР, организовала собств. студию в Москве. Была женой С.А. Есенина.

ДУНС СКОТ, см. *Иоанн Дунс Скот*.

ДУ́РА-ЕВРО́ПОС, г. (ок. 300 до н.э.— 256 н.э.) на р. Евфрат (Ирак). Цитадель, агора, остатки дворца, храмов, терм, росписи, скульптуры, мозаики и др.

ДУ́РБИН (Durbin) Дина (наст. имя и фам. Эдна Мей, Mae) (р. 1921), амер. киноактриса. Популярна в ролях обаятельных героинь в муз. комедиях 1937–43: «Сто мужчин и одна девушка», «Первая любовь» (в прокате «Первый бал»), «Это началось с Евы» (в прокате «Брак поневоле»), «Сестра его дворецкого». С 1949 не снималась.

ДУРМА́Н, род трав, реже кустарников или деревьев (сем. паслёновые). Св. 10 видов, преим. в тропиках и субтропиках. Д. обыкновенный растёт вдоль дорог, на пустырях на Ю. России, Кавказе, в Ср. Азии. Содержит алкалоиды. Возделывается как лекарств. и декор. р-ние. Все виды Д. ядовиты.

ДУ́РОВ Лев Конст. (р. 1931), актёр, режиссёр. С 1967 в Моск. т-ре на Малой Бронной. Обладает комедийным и драм. дарованием. Игре свойственны непосредственность, открытый темперамент. Наиб. известные роли — в постановках реж. А.В. Эфроса: штабс-капитан Снегирёв («Брат Алёша» В.С. Розова по Ф.М. Достоевскому, 1972), Сганарель («Дон Жуан» Мольера, 1973), Яго («Отелло» У. Шекспира, 1976) и др. Снимался в ф.: «Двое в степи» (1964), «Калина красная» (1974) и др.

ДУ́РОВА Над. Анд. (1783–1866), писательница, первая в России женщина-офицер. В 1806, выдав себя за мужчину, вступила в кав. полк, участвовала в войнах с Францией в 1807 и 1812–14, ординарец М.И. Кутузова. Мемуарные произв. («Записки кавалерист-девицы», 1836–39), приключенч. романы и повести.

ДУ́РОВЫ, семья рос. артистов цирка, клоунов и дрессировщиков. Основатели династии — братья Анат. Леон. (1864–1916), знаменитый клоун-сатирик, публицист, работавший преим. с мелкими домашними ж-ными, и Вл. Леон. (1863–1934), основоположник новой рус. школы гуманной («безболевой», «эмоциональной»)

Дура-Европос. Пальмирские ворота.

дрессировки. Традиции братьев Д. развивали Анна Вл. (1900–78), дочь Вл. Леон.; Вл. Григ. (1909–72), внук Анат. Леон.; Юр. Вл. (1909/10–71), внук Вл. Леон. Его дочь Нат. Юр. (р. 1934), с 1978 худ. рук. *Театра зверей имени В.Л. Дурова,* автор повестей и рассказов на темы цирка. В цирке работают и др. представители семьи Д.

ДУР-ШАРРУКИ́Н, ассирийский г., ныне городище Хорсабад в Ираке. Построен Саргоном II в 713–707 до н.э., в нач. 7 в. оставлен. Укрепления, дворцы, храмы, скульптура и др.

ДУ́ТОВ Ал-др Ил. (1879–1921), ген.-лейт. (1919), войсковой атаман Оренбургского казачьего войска (с окт. 1917). 27 окт. возглавил вооруж. выступление в Оренбурге, подавленное рев. войсками. В 1918–19 команд. Оренбургской армией в войсках адм. А.В. Колчака, после её разгрома бежал в Китай, где был смертельно ранен чекистами.

ДУХ, филос. понятие, означающее нематериальное начало, в отличие от материального, природного начала. В истории философии Д. истолковывался как понятие, субстанция (*пантеизм*), личность (*теизм, персонализм*). В рационализме определяющей стороной Д. считается мышление, сознание, в иррационализме — внемыслит. аспекты (воля, чувство, воображение, интуиция и т.д.). В др.-греч. философии — *пневма, нус, логос*. См. также *Троица*.

ДУХОБО́РЫ (духоборцы), сектантское течение, одно из направлений духовных христиан. Появилось в России во 2-й пол. 18 в. Отвергают таинства, священников, монашество. За неповиновение властям и отказ от воен. службы преследовались царским пр-вом. В кон. 19 в. часть Д. переселилась в Канаду, где сохранили язык и осн. традиции.

ДУХОВЕ́НСТВО, служители культа в монотеистич. религиях; лица, профессионально занимающиеся отправлением религ. обрядов и служб. Почитаются верующими как люди, наделённые некой сверхъестественной силой (благодатью). В православии Д. делится на *белое духовенство* и *чёрное духовенство*. Составляет 3 чина (степени): дьякон, иерей и архиерей (архиерейство достижимо только для монашествующих). В Рус. правосл. церкви Д. содержится за счёт церк. приходов. Кадры готовят духовные семинарии и академии. Илл. см. на стр. 230.

ДУХО́ВНО-РЫ́ЦАРСКИЕ ОРДЕНА́, воен.-монашеские орг-ции зап.-европ. рыцарей, создававшиеся в период *крестовых походов*. Наиб. зна-

Духовенство (православное): 1 – патриарх; 2 – митрополит; 3 – епископ; 4 – дьякон; 5 – иерей; 6 – великосхимник.

Душанбе. Памятник А. Рудаки.

чительные: *иоанниты*, *тамплиеры*, *тевтонский орден*.

ДУХО́ВНЫЕ СТИХИ́, у вост. славян лит. и фольклорные муз.-поэтич. произведения разл. жанров, объединяемые христ. содержанием. По теме и сюжету восходят к религ.-книжным истокам (Библии, житиям святых, церк. гимнам, а также легендам, апокрифам). Лит. Д.с. известны в рус. рукописях 15–17 вв. как «Стихи покаянные» (жанр духовной лирики, осн. на мелодике *знаменного распева*), нотировались крюками; широко распространены в монастырской среде, но не входили в церк. службу. С 18 в. бытуют гл. обр. в старообрядч. книжной культуре. Фольклорные Д.с. по стилистике и мелодике связаны с эпич. и лирич. песнями белорус., рус. и укр. народов. Пелись по церк. праздникам, в пост, во время похоронно-поминальных обрядов. Наряду с христ. идеями («О Страшном суде») содержали древние языч. мотивы (в стихе «О двух Лазарях»). Наиб. полное собрание рус. Д.с. – «Калики перехожие» П.А. Бессонова (1861–63); наиб. совр. истолкование – кн. «Стихи духовные» Г.П. Федотова. К Д.с. относятся также сектантские стихи 18–20 вв., зачастую заимствующие мелодику лирич. песни и гор. *романса*.

ДУХО́ВНЫЕ УЧЕ́БНЫЕ ЗАВЕДЕ́НИЯ, готовят служителей религ. культов и дают богословское образование. Высшие Д.у.з. – теологич. ун-ты и ин-ты, соотв. ф-ты при светских ун-тах, академии; средние – семинарии, колледжи и лицеи (христ.), медресе (мусульм.), бывают также высшими), иешибот (иудаистские) и др. В Рос. Федерации действуют рус. православ. академии (Москва, С.-Петербург) и семинарии (Сергиев Посад, С.-Петербург, Тобольск), медресе (Грозный, Махачкала, Уфа), ламская школа в Хамбинском дацане (Улан-Удэ), иешибот (Москва) и др.

ДУХО́ВНЫЕ ХРИСТИА́НЕ, название ряда течений (духоборов, молокан, скопцов и др.), вышедших из православия. Появились в России в 17–18 вв. Верят в воплощение Бога в живых людях, отвергают духовенство и мн. церк. обряды.

ДУХО́ВНЫЙ КОНЦЕ́РТ, жанр рус. хорового (*а капелла*) концерта. Восходит к партесному концерту (см. *Партесное пение*). Классич. тип Д.к. (3–4-частный) создали М.С. Березовский и Д.С. Бортнянский (2-я пол. 18 в.), обобщив достижения европ. классич. инстр. форм и полифонич. (см. *Полифония*) иск-ва.

ДУЧЕ́НТО (итал. ducento – тринадцатый век, букв. – двести), наименование периода в истории итал. культуры, положившего начало иск-ву *Проторенессанса*.

ДУ́ЧЧО ДИ БУОНИСЕ́НЬЯ (Duccio di Buonisegna) (ок. 1255–1319), итал. живописец. Основоположник сиенской школы живописи. Лирич. по духу, изысканные по линейному ритму и цвету произв., исполненные в ср.-век. традиции («Маэста», 1308–11).

Дуччо ди Буонисенья. «Мадонна Ручеллаи». 1298. Галерея Уффици.

ДУША́, понятие, выражающее исторически изменявшиеся воззрения на психич. жизнь человека и ж-ных. Восходит к древним представлениям об особой силе, обитающей в теле человека и ж-ного (иногда и р-ния) и покидающей его во время сна или в случае смерти (ср. учение о переселении душ – *метемпсихоза*). Идеи всеобщей одушевлённости космоса (*гилозоизм*, *панпсихизм*) явились основой учения о *мировой душе* (Платон, неоплатонизм). У Аристотеля Д. – активное целесообразное начало («форма») живого тела, неотделимое от него. В теистич. религиях Д. человека – созданное Богом, неповторимое бессмертное духовное начало. В пантеистич. *аввероизме* Д. лишь индивид. проявление единой духовной субстанции (монопсихизм). Дуалистич. метафизика Декарта разделяет Д. и тело как две самостоят. субстанции. В новоевроп. лит-ре термин «Д.» стал преим. употребляться для обозначения внутр. мира человека.

ДУШАНБЕ́ (до 1929 Дюшамбе, до 1961 Сталинабад), г., столица Таджикистана (с 1929), в Гиссарской долине, на р. Душанбинка, на выс. 750–930 м. 582,4 т.ж. Ж.-д. уз. Маш-ние и металлообработка, лёгкая, пищевкус. пром-сть. АН Респ. Таджикистан. 8 вузов (в т.ч. ун-т). Музеи (в т.ч. ист.-краеведч. и изобр. иск-в имени Бехзада, этногр., лит. имени Айни и имени М. Турсун-заде). Т-ры (в т.ч. оперы и балета имени Айни, рус. драм. имени В. Маяковского, драм. имени А. Лахути и др.). Возник на месте кишлака, город с 1925.

ДУШИ́СТЫЕ ВЕЩЕСТВА́, органич. в-ва с характерным запахом, применяемые в произ-ве парфюмерных и косметич. изделий, товаров бытовой химии, пищ. продуктов (напр., ванилин, мускус). Выделяют из эфирных масел, получают синтетически.

ДУЭ́ЛЬ (франц. duel, от лат. duellum – война), поединок (с применением оружия) между двумя лицами по вызову одного из них на заранее определ. условиях. Перен. – борьба, состязание двух сторон.

ДУЭ́Т (итал. duetto, от лат. duo – два), см. в ст. *Ансамбль*.

ДХА́РМА (санскр. – закон, порядок, долг, справедливость, качество, характер, природа), понятие инд. мысли: некий образец, к-рому надлежит следовать как норме, вечный закон; в более узком смысле – долг, добродетель. Понятие Д. употреблялось в школах инд. философии, признающих авторитет *вед*. В буддизме – вечные и неизменные элементы безначального и безличного жизненного процесса, своеобразные «вспышки» психофизич. энергии.

ДЫ́МКОВСКАЯ ИГРУ́ШКА (вятская, кировская игрушка), рус. нар. худ. промысел; издавна существует в слободе Дымково (ныне на терр. г. Киров). Д.и. (животные, птицы, всадники, дамы в кринолинах) лепят из глины, обжигают и по грунту раскрашивают темперой, украшают сусальным золотом. В 1919 создана мастерская (с 1942 – цех в ведении т-ва «Кировский художник», с 1956 – цех в составе Худ.-производств. мастерских Кировского отделения Худ. фонда РФ).

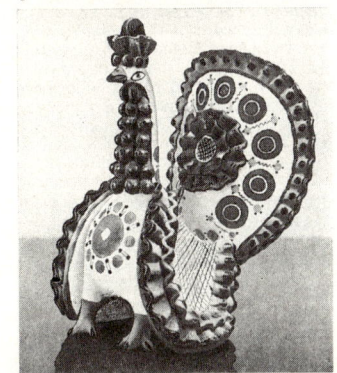

Дымковская игрушка. Е.И. Косс-Деньшина. «Павлин». 1969.

ДЫ́ННОЕ ДЕ́РЕВО, то же, что *папайя*.

ДЫ́НЯ, однолетнее р-ние рода огурец, бахчевая культура. В диком виде встречается преим. в Юго-Зап. Азии и Африке. Окультурена в Ср. Азии св. 2 тыс. лет назад. Выращивается в странах с сухим, тёплым климатом; в России – на Ю. (с 15–16 вв.). Плоды (до 400 ц с 1 га) богаты сахарами, крахмалом, железом; полезные свойства те же, что у *арбуза*. Из мякоти получают «мёд» (бекмез).

Дыня. Плоды.

ДЫХА́НИЕ, совокупность процессов, обеспечивающих поступление в организм кислорода и удаление диоксида углерода (внеш. Д.), а также использование кислорода клетками и тканями для окисления органич. веществ с освобождением энергии, необходимой для их жизнедеятельности (т.н. клеточное или тканевое Д.). У многоклеточных ж-ных (и человека) внеш. Д. осуществляется спец. органами дыхания – лёгкими, жабрами и др.

ДЬЮА́РА СОСУ́Д, колба с двойными посеребрёнными изнутри стенками, из пространства между к-рыми выкачан воздух. Теплопроводность разреженного газа между стенками столь мала, что темп-ра в-в, помещаемых в Д.с., сохраняется постоянной длит. время. Применяются гл. обр.

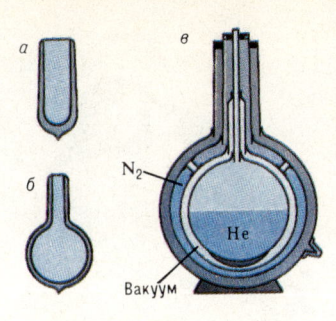

Дьюара сосуды: а, б – стеклянные; в – металлические для жидких газов (N_2 и He)

для хранения и транспортировки жидких воздуха, азота, гелия и др. Д.с. являются бытовые термосы. Изобретён англ. учёным Дж. Дьюаром в 1892.

ДЬЮ́И (Dewey) Джон (1859–1952), амер. философ, один из ведущих предст. *прагматизма*. Предложил «реконструкцию философии», чтобы придать ей практич. значимость. Развил концепцию инструментализма, согласно к-рой понятия и теории – инструменты приспособления к внеш. среде. Создатель пед. теории, в основе к-рой лежит принцип «обучения посредством делания» (формирования практич. навыков).

ДЬЯ́ВОЛ (греч. diábolos) (сатана, чёрт, Иблис), в нек-рых религиях (иудаизме, христ-ве, исламе и др.) злой дух или глава злых духов, противостоящий Богу; властелин ада. В иудаизме, христ-ве, исламе Д.– творение самого Бога; живущее в Д. зло рассматривается не как изначальное свойство Д., а как следствие ложного выбора его свободной воли, отпадения от Бога в акте измены.

ДЬЯ́КОН (греч. diákonos), в христ. церквах лицо, имеющее первую, низшую степень священства; пом. священника, участвующий в церк. службе. Старший Д. наз. протодьяконом, Д.-монах – иеродьяконом.

ДЭ́ВИ (Дейви) (Davy) Гемфри (Хамфри) (1778–1829), англ. химик и физик, один из основателей электрохимии. Получил электролизом (1800) водород и кислород (из воды), K, Na, Ca, Sr, Ba, Mg и Li (1807–18). Описал (1810) электрич. дугу. Предложил водородную теорию кислот. Открыл обезболивающее действие гемиоксида азота. Изобрёл безопасную рудничную лампу.

ДЮГИ́ (Duguit) Леон (1859–1928), франц. юрист. Сторонник социол. юриспруденции. Выдвинул идею социальной солидарности как основу объединения людей в об-ве и основу права, соответственно идею социальной функции права. Хотя Д. не был сторонником авторитарных режимов, он предложил концепцию синдикализма (корпоративности об-ва), полагая, что это приведёт к полит. и правовому плюрализму. Труды по теории гос-ва и права, конституц. праву, гражд. праву.

ДЮКА́ (Dukas) Поль (1865–1935), франц. композитор. Муз. стиль, отличающийся блеском, красочностью, сложился под влиянием *импрессионизма*. Симф. скерцо «Ученик чародея» (1897), оп. «Ариана и Синяя Борода» (1907), бал. «Пери» (1912).

ДЮМА́ (Dumas), франц. писатели. Александр Д. (Д.-отец) (1802–70).

Романтич. драмы (1829–36). Многочисл. авантюрно-приключенч. (на ист. материале) романы с захватывающей интригой: трил. «Три мушкетёра» (1844), «Двадцать лет спустя» (1845), «Виконт де Бражелон» (т. 1–3, 1848–50); «Королева Марго» (1845). Приключенч. ром. «Граф Монте-Кристо» (1845–46). Герои Д. привлекают рыцарственным благородством, отвагой, верностью в дружбе и любви. Кн. «Мои мемуары» (т. 1–22, 1852–54). Описание поездки в Россию в 1858 «Из Парижа в Астрахань» (1858). Александр Д. (Д.-сын) (1824–95). Автор мелодрам. романа (1848) и одноим. пьесы «Дама с камелиями» (1852; оп. Дж. Верди «Травиата»). Семейно-бытовые пьесы.

ДЮМА́ Жан Батист (1800–84), франц. химик. Предложил методы определения плотности паров разл. в-в (1826), азота в органич. соединениях (1830). Выдвинул первую теорию типов (1840), согласно к-рой все в-ва построены подобно немногим неорганич. соединениям (типам). Впервые получил (1847) нитрилы, разработав общий метод их синтеза.

ДЮНА́Н (Dunant) Анри Жан (1828–1910), швейц. обществ. деятель. Инициатор создания междунар. об-ва «Красный Крест» (1863). Ноб. пр. мира (1901).

ДЮ́НЫ (нем., ед. ч. Düne), невысокие (до 100 м), серповидные в плане песчаные холмы с крутым подветренным (угол наклона 30–40°) и пологим наветренным склоном (8–20°), медленно (до 10 м в год) передвигающиеся в сторону преобладающих ветров. Самые большие в мире Д. расположены в Сахаре.

ДЮ́РЕР (Dürer) Альбрехт (1471–1528), нем. график и живописец. Ос-

Дюны. Куршская коса Балтийского моря.

А. Дюрер. Автопортрет. 1498. Прадо.

Дьявол (протягивающий молитвенник Св. Вольфгангу). Фрагмент алтаря «Отцов церкви» работы М. Пахера. 1486. Старая пинакотека. Мюнхен.

новополoжник иск-ва нем. *Возрождения*. В напряжённо-экспрессивных формах, фантастич. образах воплотил ожидание всемирно-ист. перемен (серия гравюр «Апокалипсис», 1498), выразил гуманистич. представления о смысле бытия и задачах иск-ва (т.н. мастерские гравюры, 1513–14). Создал полные силы и энергии образы человека реформационной эпохи (диптих «Четыре апостола», 1526), людей из народа (гравюра «Три крестьянина»). Тонкий, наблюдательный рисовальщик, теоретик иск-ва.

ДЮРКГЕ́ЙМ (Durkheim) Эмиль (1858–1917), социолог, основатель франц. социол. школы. Рассматривал об-во как реальность, несводимую к совокупности индивидов. Отводил определяющую роль в об-ве «коллективному сознанию». Разделение труда считал основой обществ. солидарности и трактовал социальные конфликты как патол. явление. Осн. соч.: «О разделении общественного труда» (1893), «Самоубийство» (1897), «Элементарные формы религиозной жизни» (1912).

ДЮ́РРЕНМАТТ (Dürrenmatt) Фридрих (1921–90), швейц. писатель; пишет на нем. яз. Острое ощущение неблагополучия мира и сомнение в возможности изменить человека в гротескно-фантастич. трагикомедии «Визит старой дамы» (1956), муз. пьесе «Франк V. Опера частного банка» (1959). В пьесе «Физики» (1962), пов. «Поручение...» (1986) – страх перед гибелью человечества в результате своевольного вторжения в природу. Детективные романы («Правосудие», 1985, и др.).

ДЮССЕЛЬДО́РФ, г. в Германии. 577 т.ж. Порт на Рейне; междунар. аэропорт. Один из крупнейших финанс.-экон. центров (кр. биржа; ярмарки). Чёрная металлургия, тяж. маш-ние, хим., швейная, текст., полиграф. пром-сть. Центр нем. моды. Ун-т; консерватория (1902). Музеи: худ., Кунстхалле, Худ. собрание земли Сев. Рейн-Вестфалия и др. Оперный т-р (1875), «Нем. опера на Рейне» (1956). Д. – родина Г. Гейне (музей). Впервые упоминается в 12 в. Вырос со 2-й пол. 19 в. в связи с развитием Рурской обл. Готич. замок (13 в.), ренессансная ратуша (16 в.).

ДЮФА́И (Dufay) Гийом (ок. 1400–74), франко-фламанд. композитор. Работал в Италии и Франции. Один из основоположников *нидерландской школы*. Разработал гл. жанр *полифонии* строгого стиля – 4-голосную *мессу*. Автор *мотетов*, песен и др.

ДЮФИ́ (Dufy) Рауль (1877–1953), франц. живописец, график, театральный художник, керамист. Праздничные, чистые по цвету, беглые по рисунку картины, панно, акварели со сценами скачек («Скачки в Довиле», 1930), регат и т.д., эскизы для гобеленов, иллюстрации.

А. Дюрер. «Четыре всадника». Гравюра из серии «Апокалипсис». 1498.

Дятлы. Большой пёстрый дятел.

ДЯ́ГИЛЕВ Сер. Пав. (1872–1929), рос. театральный и худ. деятель. Вместе с А.Н. Бенуа создал худ. объединение *Мир искусства*, соредактор одноим. журнала. Организатор выставок рус. иск-ва, ист. рус. концертов, *Русских сезонов* (с 1907) за границей; создатель труппы «Рус. балет Дягилева» (1911–29). Театральные антрепризы Д. оказали влияние на развитие мировой хореографии.

ДЯ́ГИЛЬ, род травянистых р-ний (сем. зонтичные). Ок. 12 видов, в умеренном поясе Сев. полушария. В корнях и корневищах содержится душистое в-во кумарин. Д. лекарственный используется в кондитерском и ликёро-водочном произ-вах; хороший медонос.

ДЯ́ТЛЫ, семейство птиц. Дл. от 9 до 56 см. Долотообразный клюв, прочный череп, мощные мышцы шеи и жёсткий хвост-опора позволяют Д. долбить древесину и извлекать длинным языком насекомых. Окраска яркая. 207 видов, в т.ч. вертишейки, желна, зелёный и большой пёстрый Д. Распространены широко, гл. обр. в лесной зоне. С конца зимы самцы стучат по сухим ветвям, издавая «барабанную дробь», привлекающую самок.

Е Ё

Е, е [е], шестая буква рус. алфавита; восходит к букве *кириллицы* Є [«есть»].

Ё, ё [ё], седьмая буква рус. алфавита, введённая в 1797 Н.М. Карамзиным. Обычно две точки над буквой пишутся в спец. текстах (словарях, учебниках и др.) и для предупреждения неверного чтения (напр., все и всё).

Е́ВА, в Библии жена Адама, сотворённая Богом из ребра Адама; первая женщина и праматерь рода человеческого. Поддавшись искушению змея, Е., а за ней и Адам вкусили в Эдеме (раю) запретный плод с древа познания добра и зла, нарушив предписание Бога. За это Е. и Адам лишены бессмертия и изгнаны из Эдема. В христ-ве это сказание истолковано как грехопадение (или первородный грех).

ЕВА́НГЕЛИЯ (от греч. euangélion – благая весть), раннехрист. сочинения, повествующие о земной жизни Иисуса Христа. Разделяются на канонические – Матфея, Марка, Луки, Иоанна (входят в Новый Завет) и апокрифические. Авторы Е. – апостолы или их ученики. Время написания Е. – 2-я пол. 1 в. – нач. 2 в.

ЕВАНГЕ́ЛЬСКИЕ ХРИСТИА́НЕ, одно из течений в протестантизме, близкое баптизму. Возникли в России в сер. 70-х гг. 19 в. Е.х. придерживались вероучения общих баптистов: считали, что возможность спастись доставлялась не «избранным», а всем уверовавшим в Христа. В 1909 создан Союз Е.х. со своей духовной иерархией и Всеросс. советом. Окт. рев-цию 1917 руководители Е.х. категорически не приняли. В 30-е гг. многие верующие и руководители Е.х. подверглись репрессиям, деятельность Союза Е.х. была прекращена. В 1944 Е.х. объединились с баптистами в Союз евангельских христиан-баптистов.

ЕВАНГЕ́ЛЬСКИЕ ХРИСТИА́НЕ-БАПТИ́СТЫ, церковь возникла в СССР в 1944 путём объединения *баптистов* с евангельскими христианами, к к-рым в 1945 присоединилась часть пятидесятников, в 1963 – «братские» меннониты. Возглавляется Союзом Е.х.-б. (Москва).

ЕВГЕ́НИЙ САВО́ЙСКИЙ (Eugen von Savoyen) (1663–1736), принц, австр. полководец, генералиссимус (1697). В 1690-х гг. нанёс ряд поражений франц. войскам в Италии, одержал победы над турками (1697, 1716), во время войны за Исп. наследство – над франц. и франко-баварскими войсками, но потерпел поражение при г. Денен. С 1703 пред.

Ева. Фреска Мазаччо. «Изгнание Адама и Евы из рая». 1427–28. Церковь Санта-Мария дель Кармине. Капелла Бранкаччи. Флоренция.

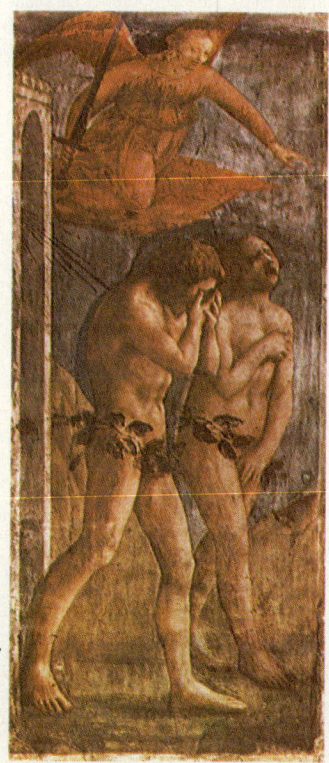

военного, затем тайного совета при императоре.

ЕВГЕ́НИКА (от греч. eugenés — хорошего рода), теория о наследств. здоровье человека и путях его улучшения. Принципы Е. были впервые сформулированы Ф. Гальтоном (1869), предложившим изучать влияния, к-рые могут улучшить наследств. качества (здоровье, умств. способности, одарённость) будущих поколений. Идеи Е. нередко использовались для оправдания расизма (напр., фаш. расовая теория). В совр. науке мн. проблемы Е., особенно борьба с наследств. заболеваниями, решаются в рамках генетики человека, в т.ч. мед. генетики.

ЕВКЛИ́Д, др.-греч. математик. Работал в Александрии в 3 в. до н.э. Гл. тр. «Начала» (15 книг), содержащий основы антич. математики: элементарной геометрии (изложенной на основе аксиоматич. метода), теории чисел, общей теории отношений и метода определения площадей и объёмов, включавшего элементы теории пределов. «Начала» Е. оказали огромное влияние на развитие математики; с 1482 многократно переиздавались на мн. языках мира, первое издание на

Евклид.

рус. языке вышло в 1739. Работы по астрономии, оптике, теории музыки.

ЕВКЛИ́ДОВА ГЕОМЕ́ТРИЯ, геометрия, описывающая простейшие свойства физ. пространства. Исходными объектами Е.г. являются точки, прямые, плоскости. Осн. положения Е.г. сосредоточены в системе аксиом, первая попытка систематич. изложения к-рых была сделана в «Началах» Евклида (3 в. до н.э.). Характерной чертой Е.г. является аксиома о единственности прямой, проходящей через точку параллельно заданной прямой.

ЕВМЕНИ́ДЫ, см. *Эринии*.

Е́ВНУХ (греч. eunúchos — блюститель ложа), кастрат, наблюдающий за *гаремом*.

ЕВНУХОИДИ́ЗМ, эндокринное заболевание, характеризующееся нарушением функции половых желёз, недоразвитием половых органов, диспропорцией скелета, ожирением.

ЕВПАТО́РИЯ, г. (с 1784) в Крыму; приморский климатич. и бальнео-грязевой (преим. детский) курорт. 110,5 т.ж. Порт на Чёрном м. Ж.-д. ст. Пищ. и др. пр-тия. Краеведч. музей. Изв. с 6–5 вв. до н.э. как греч. колония. Мечеть Джума-Джами (1552, Хорджа Синам).

ЕВРАЗИ́ЙСКАЯ РА́СА, см. *Европеоидная раса*.

ЕВРАЗИ́ЙСТВО, идейно-полит. и филос. течение в рус. эмиграции 1920–30-х гг. Началом движения стал выход сб. «Исход к Востоку» (София, 1921) молодых философов и публицистов Н.С. Трубецкого, П.Н. Савицкого, Г.В. Флоровского и П.П. Сувчинского. Историософская и геополит. доктрина Е., следуя идеям поздних славянофилов (Н.Я. Данилевский, Н.Н. Страхов, К.Н. Леонтьев), во всем противопоставляла ист. судьбы, задачи и интересы России и Запада и трактовала Россию как «Евразию», особый срединный материк между Азией и Европой и особый тип культуры. На 1-м этапе движения евразийцы осуществили ряд плодотворных историко-культурных разработок; однако затем Е. всё более приобретало полит. окраску, наследуя «сменовеховству» в признании закономерности рус. революции и оправдании большевизма. Эта тенденция, усиленно проводившаяся левым крылом (Сувчинский, Л.П. Карсавин, П.С. Арапов, Т.П. Святополк-Мирский и др.), сочеталась с проникновением в движение агентуры ГПУ (Н.Н. Ланговой, С.Я. Эфрон и др.), вызывала протест другой части евразийцев, и после ряда расколов на грани 20–30-х гг. Е. пошло на убыль.

ЕВРА́ЗИЯ, самый большой материк Земли; в Сев. полушарии (часть о-вов в Юж. полушарии). Пл. ок. 53,4 млн. км². Нас. ок. 4 млрд. ч. Наиб. насел. страны — Китай, Индия, Россия. В Е. входят части света *Европа* и *Азия*.

ЕВРЕ́ЙСКАЯ АВТОНО́МНАЯ О́БЛАСТЬ, в России, на юге Д. Востока. Осн. в 1934. Пл. 36 т. км². Нас. 221 т.ч.; гор. 66%; евреи (4,2%), русские (83,2%), украинцы (7,4%). Ц. — Биробиджан. 5 р-нов, 2 города, 12 пос. гор. типа. На З. и С.-З. области — горы М. Хинган. Климат умеренно муссонный. Ср. темп-ры янв. от −21 до −26 °C, июля 18–21 °C; осадки 500–800 мм в год. Гл. река — Амур (судоходна). Леса (св. ⅓ терр.) хвойные (ель, пихта, кедр) и смешанные. Осн. отрасли пром-сти: маш-ние и металлообработка, деревообр., лёгкая, пищ. Добыча олов. руд. Посевы зерновых, сои и др. Картофелеводство. Жив-во. Пчеловодство. Охота и рыболовство. Транссиб. ж.-д. магистраль. Бальнеологич. курорт Кульдур.

ЕВРЕ́ЙСКОЕ («КВАДРА́ТНОЕ») ПИСЬМО́, ответвление зап.-семитского письма, восходящее к арамейскому письму. Письмо др.-евр. надписей, лит-ры на др.-евр. языке, нек-рых совр. языков, напр. иврита, идиша, ладино. Употребляется, по крайней мере, с 3–2 вв. до н.э. Первонач. консонантное (состоящее из знаков, выражающих в осн. только согласные звуки речи), затем приспособленное и для передачи нек-рых гласных звуков речи, напр.: в совр. иврите 4 буквы используются также для гласных звуков, применяются надстрочные и подстрочные знаки огласовки; в идише часть букв получила значение гласных. Читается справа налево.

ЕВРИДИ́КА (Эвридика), в греч. мифологии жена Орфея. Внезапно умерла от укуса змеи. Орфей пытался вернуть Е. из царства мёртвых, но нарушил условие, данное Аиду и Персефоне (не смотреть на жену, прежде чем войдёт в свой дом). Орфей обернулся к жене, и Е. навсегда исчезает в аиде.

Евридика. Скульптура Каллимаха «Гермес, Эвридика и Орфей». Римская мраморная копия с греческого оригинала. 420–410 до н.э. Национальный музей. Неаполь.

ЕВРИПИ́Д (ок. 480 – 406 до н.э.), др.-греч. поэт-драматург; младший из трёх великих афинских трагиков

Еврипид.

(см. *Эсхил*, *Софокл*). Творчество Е., сложившееся в годы кризиса афинской демократии, отличается резко критич. отношением к религ.-мифол., этич. и др. традиц. нормам (в т.ч. суровому или «непродуманному» вмешательству богов в человеческую судьбу). Вводит в драм. действие рассудочные — в духе *софистов* — интонации филос. диспута или судебных прений, соединяя крайний рационализм с психологизмом, доходящим до интереса к патологическому (в «Вакханках» и особенно в «Геракле»). Е. свойственны необычное для антич. трагедии усиление бытового элемента, интерес к частным судьбам людей («Медея», «Ипполит», «Электра», «Орест»). Оказал влияние (через Менандра и Сенеку Младшего) на европ. драматургию.

ЕВРО́ПА, в греч. мифологии дочь финикийского царя, похищенная Зевсом, обратившимся в быка. На его спине Е. переплыла море и попала на Крит, где родила от Зевса Миноса.

ЕВРО́ПА, часть света, образующая вместе с Азией материк Евразия (о сухопутной границе Е. с *Азией*). Пл. ок. 10 млн. км². Нас. 727 млн. ч. Омывается Атлантич. и Сев. Ледовитым океанами и их морями. Пл. о-вов ок. 730 т. км². На п-ова приходится ок. ¼ терр. Е. (Кольский, Скандинавский, Пиренейский, Апеннинский, Балканский и др.). Ср. выс. ок. 300 м, макс. — 4807 м (г. Монблан). Преобладают равнины (крупные — Вост.-Европ., Среднеевроп., Средне- и Нижнедунайская, Парижский басс.), горы занимают ок. 17% терр. (основные — Альпы, Карпаты, Пиренеи, Апеннины, Урал, горы Скандинавского и Балканского п-овов). Действующие вулканы в Исландии и Средиземноморье.

На б.ч. терр. климат умеренный (на З. — океанический, на В. — континентальный, со снежной и морозной зимой), на сев. о-вах — субарктический и арктический; в Юж. Е. — средиземноморский. На о-вах Арктики, в Исландии, Скандинавских горах, Альпах — оледение (пл. св. 116 т. км²). Осн. реки: Волга, Днепр, Дон,

Европа. Фрагмент картины В.А. Серова «Похищение Европы». 1910. Третьяковская галерея.

Европа. Южные Карпаты.

Печора, Сев. Двина, Дунай, Висла, Одра, Эльба, Рейн, Луара, Рона, Тахо. Кр. озёра: Ладожское, Онежское, Чудское, Венерн, Балатон, Женевское.

На о-вах Арктики и вдоль побережья Сев. Ледовитого ок. – арктич. пустыни и тундры, таёжные, смешанные и широколиств. леса, лесостепи, степи, субтропич. средиземномор. леса и кустарники; на Ю.-В. – полупустыни.

В Е. частично или полностью расположены 47 гос-в.

Европа. Среднегорный ландшафт (Босния).

щеcтвом были отменены таможенные пошлины на пром. товары. Соглашения о свободной торговле были также заключены в 1991–93 с Турцией, Чехословакией, Израилем, Польшей, Румынией, Венгрией и Болгарией. В соответствии с соглашением о Европейском эконом. пространстве (вступившим в силу в 1994) страны ЕАСТ (за исключением Швейцарии и Лихтенштейна) являются его участниками.

ЕВРОПЕ́ЙСКИЕ СООБЩЕСТВА (ЕС), общее название трёх зап.-европ. интеграц. орг-ций (*Европейское экономическое сообщество* – ЕЭС, Европ. объединение угля и стали – ЕОУС, Европ. сообщество по атомной энергии – Евроатом), образованных в 1951–57. ЕС прошли неск. этапов – от установления общих принципов до совместной деятельности (создание Европейского инвестиционного банка, общей расчётной валюты – ЭКЮ, Фонда европ. регионального развития и т.п.). Важным этапом было принятие Единого европ. акта (1986), осн. цель к-рого – создание Европейского союза.

ЕВРОПЕ́ЙСКИЙ БАНК РЕКОНСТРУ́КЦИИ И РАЗВИ́ТИЯ (ЕБРР), Междунар. банк, начавший свои операции в 1991 в целях содействия реализации экон. реформ в странах Вост. Европы и в гос-вах, образовавшихся на терр. б. СССР. Место расположения – Лондон. Чл. банка – 57 стран, а также Европ. инвестиц. банк и *Европейские сообщества*. Цель банка – оказание кредитного содействия в переходе к рыночно-ориентиров. экономике. Капитал банка 10 млрд. ЭКЮ.

ЕВРОПЕ́ЙСКИЙ ИНВЕСТИЦИО́ННЫЙ БАНК, межправ. финансово-кредитная орг-ция Европейских сообществ. Учреждён в 1958. Гл. цель банка (согласно Рим. договору) – способствовать экон. развитию сообщества путём выявления и предоставления новых ресурсов, гл. обр. для выравнивания уровня экон. и социального развития в рамках ЕС. Оплаченный капитал и резервы 15,3 млрд. ЭКЮ (1991). Сумма баланса 74,3 млрд. ЭКЮ. Штаб-квартира – в Люксембурге.

ЕВРОПЕ́ЙСКИЙ ПАРЛА́МЕНТ, один из органов Европ. Союза. С 1979 избирается прямым всеобщим голосованием населения стран-участниц сроком на 5 лет по нормам представительства пропорционально численности населения гос-ва (по итогам выборов в июне 1994 Германия имеет 99 мандатов, Франция, Италия, Великобритания – по 87, Испания – 64 и т.д.). Хотя Е.п. имеет в осн. консультативные функции, с 80-х гг. его существ. полномочия в ряде важных сфер деятельности Европ. Союза расширялись. Ежемес. сессии Е.п. проходят в Страсбурге (Франция), чрезвычайные заседания – в Брюсселе (Бельгия), где работают комитеты Е.п.; секретариат – в Люксембурге.

ЕВРОПЕ́ЙСКИЙ СОВЕ́Т, см. *Совет Европы*.

ЕВРОПЕ́ЙСКИЙ СОЮ́З, образован в 1993 в соответствии с Маастрихтским Договором 1992 на базе *Европейских сообществ*, объединивших 12 стран: Бельгия, Великобритания, Германия, Греция, Дания, Ирландия, Испания, Италия, Люксембург, Нидерланды, Португалия, Франция. В 1994 подписаны соглашения о вступлении в ЕС Австрии, Норвегии, Финляндии и Швеции. Договор в развитие идеи единой Европы предусматривает создание политич., экономич. и валютного союза (т.н. «Европа без границ»), завершение формирования единого внутр. рынка – устранение всех препятствий на пути свободного передвижения товаров, услуг, капиталов и людей. Страны ЕС обязались проводить совместный курс в сфере внешней политики и безопасности, осн. направления внутр. экономич. политики, координировать политику в вопросах охраны окружающей среды, борьбы с преступностью, в т.ч. с наркобизнесом, в области юстиции и др. Устанавливается единое европ. гражданство. Создаётся Европ. валютный ин-т и Европ. центр. банк, а к 1999 намечено введение единой валюты – ЭКЮ и осуществление единой денежно-кредитной политики.

ЕВРОПЕ́ЙСКОЕ ЭКОНОМИ́ЧЕСКОЕ СООБЩЕСТВО (ЕЭС), одна из осн. региональных интеграц. орг-ций, входящая в состав *Европейских сообществ*. Созд. по Римскому договору 1957, иногда наз. «Общим рынком». Первоначально включало 6 европ. стран (Францию, Германию, Италию, Бельгию, Нидерланды, Люксембург); затем к ЕЭС присоединились Великобритания, Дания, Ирландия (с 1973), Греция (с 1981), Испания, Португалия (с 1986). Цель ЕЭС – создание единого экономич. пространства путём повышения уровня экономич. развития его участников. Достижение целей, поставленных ЕЭС (с 1986 – Европейские сообщества), привело к принятию Маастрихтского договора о *Европейском союзе*. После создания Европ. союза ЕЭС наз. Европ. сообществом.

ЕВРОПЕО́ИДНАЯ РА́СА (евразийская раса), одна из осн. больших рас человечества. Характерные светлая кожа, мягкие и волнистые волосы головы, сильный и средний рост волос на лице и теле (у мужчин), узкий и резко выступающий нос, тонкие губы, слабое выступание лицевого отдела черепа (ортогнатизм) и т.д. Область первонач. распространения – Европа, Сев. Африка, Передняя Азия, Сев. Индия.

ЕВРО́ПИЙ (Europium), Eu, хим. элемент III гр. периодич. системы, ат. н. 63, ат. м. 151,96; относится к *редкоземельным элементам*; металл. Открыт франц. химиком Э. Демарсе в 1901.

ЕВСТИГНЕ́ЕВ Евг. Ал-др. (1926–1992), актёр. В 1957–70 в Моск. т-ре «Современник». С 1971 во МХАТе (с 1989 МХАТ имени А.П. Чехова). Игре свойственны тонкость психол. анализа, меткость социально-бытовой характеристики персонажа, разнообразие красок (от лирики до едкого сарказма): Король («Голый король» Е.Л. Шварца, 1960), Серебряков («Дядя Ваня», 1985) и Фирс («Вишнёвый сад», 1990) А.П. Чехова; Глов («Игроки-XXI» по Н.В. Гоголю, 1992) и др. Снимался в ф.: «Добро пожаловать, или Посторонним вход воспрещён» (1964), т/ф «Собачье сердце» (1988) и др.

ЕВТУШЕ́НКО Евг. Ал-др. (р. 1933), рус. поэт. В лирике, отмеченной независимостью позиции и доверительностью интонации, – острая постановка сложных нравств. и социальных вопросов (стих. «Наследники Сталина», «Бабий Яр»), проблемы гражданственности, междунар. политики (сб. «Шоссе Энтузиастов», 1956, «Интимная лирика», 1973, «Граждане, послушайте меня», 1989; поэмы «Братская ГЭС», 1965, «Казанский

Егеря: 1 – 1765–86; 2 – 1797–1801. Россия.

университет», 1970). Поэзия Е. (в т.ч. в авторском исполнении, собиравшем многотысячные аудитории) – одно из ярких явлений «оттепели» кон. 1950-х – нач. 60-х гг. Ром.: «Ягодные места» (1982); «Не умирай после смерти» (1993). Пост. ф. «Детский сад» (1984) и «Похороны Сталина» (1991) и снялся в них.

ЕВФРА́Т, р. в Азии, на терр. Турции, Сирии, Ирака. Образуется слиянием рек Мурат и Карасу. Дл. 3065 км (от истока Мурата). Берёт начало в горах Арм. нагорья, протекает по Месопотамской низм.; в низовьях сливается с р. Тигр, образуя р. Шатт-эль-Араб, впадающую в Персидский зал. Судох. от Хит. Междуречье Тигра и Е. – один из древнейших центров цивилизации (см. *Ассирия, Вавилония, Шумер*).

ЕВХАРИ́СТИЯ (греч. eucharistía), 1) то же, что *причащение*. 2) Одно из названий Божественной *литургии*.

Е́ГЕРЬ (от нем. Jäger – охотник, стрелок), специалист-охотник, обслуживает охотников-любителей; должностное лицо в охотничьих х-вах России.

ЕГЕРЯ́, вид лёгкой пехоты и лёгкой кавалерии в европ. и рус. армиях 18–19 вв. Первонач. набирались из лучших стрелков и действовали в рассыпном строю.

ЕГИ́ПЕТ Древний, гос-во в Сев.-Вост. Африке, в ниж. течении р. Нил. Терр. Е.– один из древнейших очагов цивилизации с кон. 4-го тыс. до н.э. В период расцвета в 16–15 вв. до н.э., когда были завоёваны Сирия, Палестина, Куш и др. терр., централизов. вост. деспотия с фараоном во главе, с общей для гос-ва системой иригац. сооружений, контролировавшихся наместниками фараона – номархами. Завоёван римлянами в 30 до н.э.

Египет Древний. Пирамида в Гизе.

В Е. была разработана стройная система мифологии и религии, создана иероглифич. письменность, сложилась разнообразная по содержанию и жанрам лит-ра. В архитектуре Древнего Е. сформировались мн. классич. типы и формы (храм, пирамида, обелиск, колонна), в изобр. иск-ве – настенная живопись, круглая статуя, рельеф.

ЕГИ́ПЕТ (Арабская Республика Египет), гос-во на С.-В. Африки и на Синайском п-ове в Азии, омывается Средиземным и Красным морями. Пл. 1001,4 т. км². Нас. 57,2 млн. ч.; 98% египтяне (арабы Е.). Офиц. яз. – арабский. Гос. религия – ислам (суннитского толка, св. 6 млн. – христиане (копты). Глава гос-ва – президент. Законодат. орган – однопалатное Нар. собрание. Столица – Каир. Адм.-терр. деление: 26 мухафаз (губернаторств). Ден. единица – египетский фунт.

Ок. 96% терр.– пустынные р-ны, 3% – дельта и долина р. Нил. Климат тропич., на севере пустынный, близ побережья субтропич., средиземноморский. Ср. темп-ры янв. от 11–12 °С на С. до 15–16 °С на Ю., июля соотв. 30–35 °С и 35–40 °С; осадков в год менее 100 мм на б.ч. терр., 200–400 мм на С. Растительность преим. культурная.

Древнюю историю Е. см. в ст. *Египет Древний*. После перехода Е. под власть арабов (639–642) в стране распространился ислам; высокого уровня достигла культура, развивавшаяся на араб. яз. Экон. и полит. значение Е. возросло при Фатимидах. В 1171–1250 находился под властью Айюбидов, в 1250–1517 – мамлюкских султанов, правление к-рых – апогей воен. и полит. могущества Е. в ср. века. В 1517 вошёл в состав Османской империи. Фактически с 18 в. Е. правили мамлюкские эмиры (1711–98), затем паши (с 1867 – хедивы) из династии Мухаммеда Али. В 1882 после подавления нац.-освободит. движения 1879–82 оккупирован Великобританией, к-рая в 1914 установила над Е. протекторат. В результате подъёма нац.-освободит. движения 1919–21 Е. провозглашён (1922) независимым кор-вом. В результате Июльской рев-ции 1952 из Е. в 1956 были выведены англ. войска, национализирован Суэцкий канал. В 1953 Е. провозглашён республикой. В 1967 Израиль оккупировал Синайский п-ов вплоть до Суэцкого канала (частично освобождён в результате воен. действий в окт. 1973). В период правления през. А. Садата (стал им после смерти през. Г.А. Насера в 1970) в 1979 подписан мирный договор с Израилем. В 1982 Е. возвращён Израилем весь Синайский п-ов (кроме анклава Таба, возвращённого в 1989). През. Х. Мубараку (избран после убийства А. Садата в 1981) удалось преодолеть нек-рую дипл. и экон.

изоляцию Е. в араб. мире, вызванную подписанием договора с Израилем в 1979. С 1988 в Е. сохраняется чрезвычайное положение, объявленное в ответ на действия исламских фундаменталистов.

Е.– агр.-индустр. страна. ВНП на д. нас. 630 долл. в год. Е.– крупнейший поставщик высококачественного длинноволокнистого хлопчатника (сбор 400–500 тыс. т в год, 1-е место в мире) и хл.-бум. изделий. Наиб. важные источники доходов: экспорт нефти, ден. переводы египтян, уехавших на заработки за границу, поступления от эксплуатации Суэцкого канала, туризм. Возделывают рис, кукурузу, пшеницу, сах. тростник и др. Добыча нефти, фосфатов, жел. руды и др. Чёрная и цв. металлургия, маш-ние. Нефтеперераб., нефтехим. пром-сть, произ-во минер. удобрений.

ЕГИ́ПЕТСКИЙ МУЗЕ́Й в Каире, осн. в 1858 франц. египтологом О. Мариетом. Богатейшее собрание пам. иск-ва и культуры Др. Египта (в т.ч. сокровища гробницы фараона Тутанхамона).

ЕГИ́ПЕТСКОЕ ПИСЬМО́, словесно-слоговая система письма, обслуживавшая др.-егип. язык (ок. 4-го тыс. до н.э.– 3–4 вв. н.э.). Его основу составляли ок. 500 знаков-рисунков, мнемонически связанных с определ. понятиями и выражающими их словами. Е.п. употреблялось параллельно в 2 разновидностях: рисуночной с тщательным воспроизведением изображаемого предмета (иероглифика)

Египет. Высотная Асуанская плотина.

Египет. Каир. Мост через Нил.

и скорописной (иератика). С 7 в. до н.э. на основе иератики выработалась новая скоропись – демотич. письмо (демотика).

ЕГО́РОВ Ал-др Ил. (1883–1939), Маршал Сов. Союза (1935). Участник Гражд. войны; в 1919–20 команд. Юж. фр. при разгроме войск ген. А.И. Деникина и Юго-Зап. фр. в сов.-польск. войне. С 1931 нач. Штаба РККА, с 1935 – Генштаба, с 1937 1-й зам. наркома обороны СССР, в 1938 команд. войсками Закавк. ВО. Тр. по воен. иск-ву, истории Гражд. войны. Расстрелян по сфальсифицир. обвинению.

ЕДИНИ́ЦА, 1) наименьшее из натуральных чисел. 2) Мнимая Е.– число

Единорог. Деталь фрески Доменико Вампьери. «Девушка с единорогом». 1602–08. Палаццо Фарнезе. Рим.

i, квадрат к-рого равен отрицательной единице: $i = \sqrt{-1}$.

ЕДИНОГЛА́СИЯ ПРИ́НЦИП (в ООН), см. в ст. *Вето*.

ЕДИ́НОЕ, центр. понятие *неоплатонизма*, начало всякого бытия и ума, предшествующее им и превосходящее их.

ЕДИНОРО́Г, мифич. животное с телом быка, лошади или козла и одним длинным прямым рогом на лбу. Е.– символ чистоты и девственности.

ЕЖЕВИ́КА, древесное р-ния рода рубус. Св. 400 видов, в Сев. Америке и Евразии. Е. сизая, Е. несская (куманика) – ягодные культуры, возделываемые гл. обр. в США (с 19 в.), а также в Великобритании, Канаде, Германии; в России незначит. посадки в ср. полосе. Кустарники выс. 0,9–2 м, часто с колючими стеблями. Надземные побеги живут 2 года, корневая система многолетняя. Ок. 300 сортов (со стелющимся стеблем наз. росяники). Плоды (до 2 кг с куста) богаты сахарами, лимонной к-той, каротином, витамином С.

Ежевика: часть растения с ягодами.

ЕЖИ́, семейство насекомоядных млекопитающих. Длина тела от 10 до 44 см. Спина покрыта крепкими и острыми иглами. При опасности сворачиваются в шар. 17 видов, в лесах, степях и пустынях Евразии и Африки. Ряд видов на зиму впадает в спячку. Живут ок. 6 лет.

Ёж обыкновенный.

ЕКАТЕРИ́НА II Великая (1729–96), рос. императрица (с 1762). Нем. принцесса Софья Фредерика Августа Анхальт-Цербстская. С 1744 – в России. С 1745 жена вел. кн. Петра Фёдоровича, будущего имп. Петра III, к-рого свергла с престола (1762), опираясь на гвардию, Г.Г. и А.Г. Орловых и др. Провела реорганизацию Сената (1763), секуляризацию земель (1763–64), упразднила гетманство на Украине (1764). Возглавляла Уложенную комиссию 1767–69. Издала Учреждение для управления губерний 1775, Жалованную грамоту дворянству 1785 и Жалованную грамоту городам 1785. При Е. II в результате рус.-тур. войн 1768–74, 1787–91 Россия окончательно закрепилась на Чёрном м.; присоединены Сев. Причерноморье, Крым, Прикубанье. Приняла под рос. подданство Вост. Грузию (1783). В период правления Е. II осуществлены разделы Речи Посполитой (1772, 1793, 1795), произошло восстание Е. Пугачёва. Переписывалась с Вольтером и др. деятелями франц. Просвещения. Автор мн. беллетристич., драматич., публицистич., науч.-популярных соч., «Записок» (1859, 1907).

ЕКАТЕРИ́НА АРАГО́НСКАЯ (Catherine of Aragon) (1485–1536), первая жена англ. короля Генриха VIII

Екатерина II. Портрет работы Ф.С. Рокотова. 1762.

(с 1509). Его развод с Е.А. (офиц. в 1533) и женитьба на Анне Болейн, не признанная папой римским, послужили поводом для разрыва с ним и началом Реформации в Англии.

ЕКАТЕРИ́НА МЕДИ́ЧИ (Catherine de Médicis) (1519–89), франц. королева (с 1547), жена Генриха II. В значит. мере определяла гос. политику в правления сыновей: Франциска II (1559–60), Карла IX (1560–1574), Генриха III (1574–89). Одна из организаторов *Варфоломеевской ночи*.

ЕКАТЕРИНБУ́РГ (в 1924–91 Свердловск), г., ц. Свердловской обл., в России, на р. Исеть. 1370,7 т.ж. Ж.-д. уз.; аэропорт. Метрополитен. Кр. центр маш-ния, чёрная металлургия, хим., лёгкая пром-сть. Камнерезное произ-во. Уральское отделение РАН. 14 вузов (в т.ч. 2 ун-та). Консерватория (1934). Киностудия, картинная гал. Музеи: краеведч., истории медицины, Дом музей П.П. Бажова, Литературный имени Д.Н. Мамина-Сибиряка и др. Т-ры (в т.ч. *Екатеринбургский театр оперы и балета*, муз. комедии, драмы, юного зрителя, кукол). Осн. в 1723. Пам. архитектуры в стиле классицизма: усадьба Расторгуева-Харитонова (нач. 19 в.), собор Александра Невского (1-я пол. 19 в.).

ЕКАТЕРИНБУ́РГСКИЙ ТЕА́ТР ОПЕРЫ И БАЛЕ́ТА имени А.В. Луначарского, центр муз. культуры Урала. Открыт в 1919 на основе оперных антреприз, существовавших с 1879. В 1931–91 Свердловский т-р оперы и балета; с 1966 – академич. Среди разнообразия оперных и балетных постановок выде-

Екатеринбургский театр оперы и балета.

ляются произв. С.С. Прокофьева, Д.Д. Шостаковича, В.Я. Шебалина, А.И. Хачатуряна, К.В. Молчанова, Р.К. Щедрина и др.

ЕКТЕНЬЯ́ (от греч. ekténeia – усердие), молитвенные прошения в правосл. богослужении. Гл. виды: великая, малая, сугубая и просительная. Первые две, т.н. мирные, провозглашаются дьяконом (или священником) после возгласа: «Миром Господу помолимся!».

ЕЛА́НСКАЯ Кл. Ник. (1898–1972), актриса. С 1924 во МХАТе. Игре свойственны сила и глубина сценич. переживания, искренность, поэтич. трепетность: Катюша Маслова («Воскресение» по Л.Н. Толстому, 1930), Катерина («Гроза» А.Н. Островского, 1934), Ольга («Три сестры» А.П. Чехова, 1940) и др.

ЕЛЕ́Й, оливковое или др. растит. масло, употребляемое в христ. церк. ритуалах. Е. заправляют лампады, помазывают верующих на праздничном богослужении, а также перед крещением, применяют в таинстве елеосвящения, возливают на покойника.

ЕЛЕ́НА, в греч. мифологии прекраснейшая из женщин, дочь Зевса и Леды, жена царя Спарты Менелая. Похищение Е. Парисом послужило поводом к *Троянской войне*.

ЕЛЕОПОМА́ЗАНИЕ, чин, отправляемый в правосл. храме по окончании утрени, когда священник по прочтении молитвы помазывает мирян, «знаменуя» крест над головой.

ЕЛЕ́ЦКОЕ КРУ́ЖЕВО, вид рус. нар. кружева, плетённого на коклюшках, с центром произ-ва в г. Елец (Липецкая обл.). Существует с 19 в. Отличается мягким контрастом мелкого узора (геом. и растит.) и тонкого ажурного фона. С 1960 Елецкий комб-т худ. изделий выпускает скатерти, воротнички и т.п.

ЕЛИЗАВЕ́ТА I (Elizabeth) Тюдор (1533–1603), англ. королева с 1558, дочь Генриха VIII и Анны Болейн. При Е. I укреплены позиции абсолютизма, восстановлена англиканская церковь, разгромлена исп. «Непобедимая армада» (1588), широко осуществлялась колонизация Ирландии.

ЕЛИЗАВЕ́ТА ПЕТРО́ВНА (1709–1761/62), рос. императрица (с 1741). Дочь Петра I и Екатерины I. Тайно обвенчана (1744) с А.Г. Разумовским. Опираясь на гвардию, отстранила от власти Анну Леопольдовну и Ивана VI. Вернулась к принципам правления Петра I. Восстановила роль Сената, Берг- и Мануфактур-коллегий, Гл. магистрата; учредила Конференцию при Высочайшем дворе; ликвидировала внутр. таможни (1754), отменила смертную казнь (1756). В результате рус.-швед. войны 1741–43 к России отошла часть Финляндии; Россия была участницей *Семилетней войны 1756–63*. Царствование Е.П.– время расцвета рус. культуры и науки (деятельность М.В. Ломоносова, открытие Моск. ун-та и др.).

ЕЛИЗАВЕ́ТА ФЁДОРОВНА Романова (1864–1918), великая княгиня, св. великомученица. Дочь вел. герцога Гессен-Дармштадтского Людвига IV и супруга (с 1884) вел. кн. Сергея Александровича. После убийства супруга (4.2.1905) посвятила свою жизнь заботе о больных и бедных. После Окт. рев-ции 1917 арестована (1918) и вместе с др. Романовыми вывезена в г. Алапаевск, где в

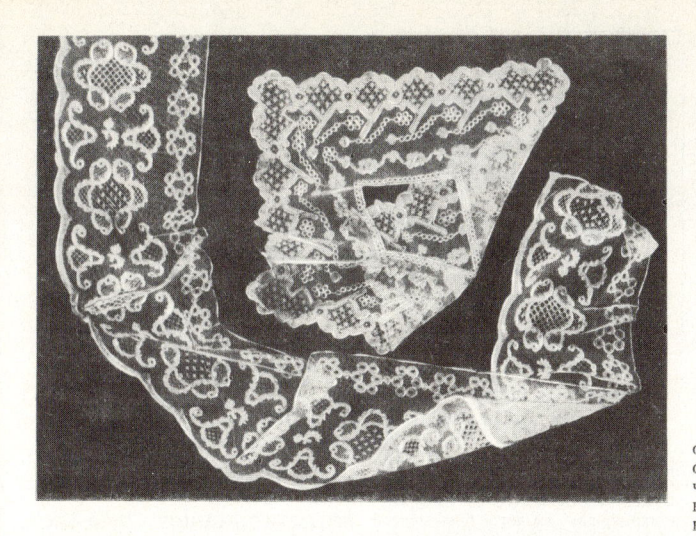

Елецкое кружево. Оплёт носового платка и мерное кружево. Лён. 19 в. Музей народного искусства. Москва.

ночь с 17 на 18 июля 1918 сброшена живой в шахту рудника. Тело Е.Ф. было вывезено и в 1921 захоронено в Иерусалиме. Канонизирована Рус. правосл. церковью за границей (1981) и Рус. правосл. церковью (1990).

ЕЛИН ПЕЛИН (Элин Пелин) (наст. имя и фам. Димитр Стоянов) (1877–1949), болг. писатель. В сб. «Рассказы» (1904, 1911) колоритная жизнь болг. села, глубина психол. анализа, лиризм, лаконичность стиля. В пов. «Гераковы» (1911), «Земля» (1922) показал распад патриархального быта. Сб. стихов в прозе «Чёрные розы» (1928).

ЕЛИСЕЙСКИЕ ПОЛЯ, то же, что *Элизиум*.

ЕЛЬ, род хвойных вечнозелёных деревьев (сем. сосновые). Ок. 45 видов,

Ель европейская: 1 – ветвь с мужскими шишечками; 2 – зрелая шишка; 3 – семя.

гл. обр. в умеренном поясе Евразии и Сев. Америки. Выс. 40–50 м, живёт до 300 (иногда 500–600) лет. Одна из гл. лесообразующих пород. Древесина лёгкая и мягкая, используется в стр-ве, при произ-ве целлюлозы, получении смолы, скипидара, канифоли, дёгтя и пр.; хвоя идёт на пром. получение витамина С. Декоративны, особенно «голубые» формы Е. канадской. Е. Глена охраняется.

ЕЛЬЦИН Бор. Ник. (р. 1931), первый президент Рос. Федерации (избран на всеобщих выборах 12.06.1991). Окончил Уральский политехн. ин-т (Свердловск); с 1955 работал в строит. орг-циях; с 1963 гл. инж., дир. Свердловского домостроит. комб-та. В 1968–88 на парт. работе: с 1976 1-й секр. Свердловского

Б.Н. Ельцин.

обкома, с 1985 секр. ЦК КПСС, 1-й секр. МГК КПСС, с 1986 кандидат в чл. Политбюро ЦК КПСС. После критического выступления на Пленуме ЦК в окт. 1987 снят с поста 1-го секр. МГК и выведен из Политбюро ЦК КПСС; назначен 1-м зам. пред. Госстроя СССР – министром СССР. В 1989 при поддержке демокр. движения был избран нар. депутатом СССР. В 1990 вышел из КПСС. В 1990–91 пред. ВС РСФСР. В авг. 1991 возглавил сопротивление антидемокр. путчу. В условиях глубокого кризиса и распада СССР в 1991 был одним из создателей Содружества Независимых Государств (СНГ). Как президент Российской Федерации руководит осуществлением реформ в России, направленных на переход к демократии и рыночной экономике. В соответствии с Указом Е. «О поэтапной конституционной реформе в Российской Федерации» (сент. 1993) ликвидирована система Советов. Е. – инициатор разработки новой Конституции Рос. Федерации (принята в дек. 1993 всенародным голосованием). По инициативе е. подписан «Договор об общественном согласии» (апр.–май 1994). Кн.: «Исповедь на заданную тему» (1990), «Записки президента» (1994).

ЕНГИБАРОВ Леон. Георг. (1935–1972), рос. артист цирка, клоун-мим. Образ-маска артиста – мечтательный шут, ребёнок и поэт в душе. Выступал на эстраде с «Вечерами пантомимы», снимался в кино, разрабатывал идею «авторской клоунады». Сочинял для себя номера, писал киносценарии. Автор лит. произв. – коротких новелл, притч.

ЕНИСЕЙ, одна из крупнейших рек в Сибири и самая многоводная в России, в Красноярском крае (верховья – в Туве). Дл. 3487 км. Образуется слиянием Большого Е. (Бий-Хем) и Малого Е. (Ка-Хем). Протекает по Тувинской котловине, где наз. Верх. Е. (Улуг-Хем), через Зап. Саян, Минусинскую котловину; впадает в Енисейский зал. Карского м. Гл. прито-

Енотовидная собака.

ки: Ангара, Подкаменная Тунгуска, Ниж. Тунгуска. На Е.– Красноярская и Саяно-Шушенская ГЭС. Регулярное судох-во от Саяногорска, мор. суда поднимаются до Игарки. Рыб-во. На Е.– гг. Кызыл, Минусинск, Красноярск, Енисейск, Игарка, Дудинка и др.

ЕНОТОВИДНАЯ СОБАКА (уссурийский енот), хищное млекопитающее (сем. волчьи). Длина тела 65–80 см, хвоста 15–25 см. По окраске морды и строению черепа похожа на амер. енота-полоскуна. Встречается в Юго-Вост. Азии; в России – в Приамурье и Приморском кр.; акклиматизирована в Европе. Объект пушного промысла и звероводства (мех прочный, но грубый).

ЕНОТЫ, род хищных млекопитающих (сем. енотовые). 7 видов, в лесах Америки. Длина тела до 60 см, хвоста до 40 см. Е.-полоскун – объект пушного промысла и звероводства в США: мех густой, пушистый, буровато-серый. Акклиматизирован в Азербайджане и Белоруссии.

ЕПИСКОП (греч. epískopos), в католич., правосл., англиканской церквах высш. духовное лицо, глава церк.-адм. терр. единицы (епархии, диоцеза). Иерархич. деление Е. (с 4 в.): патриархи, митрополиты (часть из к-рых имеет титул архиепископа) и собственно Е.

ЕПИТИМЬЯ (эпитимия) (от греч. epitímion – наказание), в христ.-ве исполнение исповедавшимися по назначению духовника в качестве нравственно-исправит. меры продолжит. молитвы, милостыни, усиленного поста, паломничества и др.

ЕПИТРАХИЛЬ (от греч. epitrachélion), часть облачения; символ благодати священника: длинная лента (см. *Орарь*), середина к-рой охватывает шею, а 2 длинных конца соединены в виде передника.

ЕПИФАНИЙ ПРЕМУДРЫЙ (2-я пол. 14 в.– между 1418–22), рус. книжник, инок Троице-Сергиева мон. Автор житий Стефана Пермского (1396–98) и Сергия Радонежского (1417–18). Эмоц.-экспрессивный стиль (виртуозное «плетение словес»), повествоват. мастерство; ценнейшие сведения о Моск. Руси 15 в.

ЕПИФАНИЙ СЛАВИНЕЦКИЙ (?–1675), рус. и укр. церк. деятель, писатель, учёный. Руководил исправлением перевода Библии с греч. яз. Проповеди, духовные песни, стихи; переводы произв. А. Везалия, Эразма Роттердамского и др. Публицистика (полемич. «Разглагольство» с Симеоном Полоцким). Составитель греко-слав. и филол. словарей.

ЕРЕВАН (до 1936 Эривань), г., столица (с 1920) Армении, на р. Раздан. 1283 т.ж. Ж.-д. ст. Метрополитен (с 1981). Маш-ние (эл.-техн., электронное оборудование и др.), хим. и нефтехим. (пластмассы, хим. волокна, шины и др.), хим.-фарм. и др. пром-сть; произ-во алюминия. АН Армении, 11 вузов (в т.ч. ун-т, консерватория). Музеи: Картинная гал. Армении, нар. иск-ва Армении, совр. иск-ва Армении, рус. иск-ва. 9 т-ров: оперы и балета, драм. имени Г. Сундукяна, рус. драм. имени К.С. Станиславского и др.

Изв. с 782 до н.э. как урартская крепость Эребуни. С 1440 адм. и торг.-ремесл. центр Вост. Армении. С 1828 в России. Е. расположен в левобережной части Араратской долины и частично на вулканич. плато.

Ереван. Панорама города.

Ср.-век. церк. Католике (13 в.). Анс. центр. площади (1920–50-е гг.), хранилище древних рукописей Матенадаран (1959).

ЕРЁМЕНКО Анд. Ив. (1892–1970), Маршал Сов. Союза (1955). В Вел. Отеч. войну команд. рядом армий, Брянским, Юго-Вост., Сталинградским, Юж., Калининским и др. фронтами. В 1945–58 команд. войсками ряда ВО.

ЕРЁМИН Юр. Ив. (р. 1944), режиссёр. С 1978 гл. реж. Ростовского-на-Дону драм. т-ра, с 1981 — Центр. т-ра Сов. Армии (ныне — Центр. т-р Рос. Армии), с 1987 — Моск. драм. т-ра имени А.С. Пушкина. Для Е. характерно стремление к заострению драм. конфликтов, тонкая психол. разработка характеров, зачастую сочетающаяся с открытой театральностью зрелища: «Старик» М. Горького (1981), «Счастье моё» А.М. Червинского (1982), «Идиот» по Ф.М. Достоевскому (1984), «Палата № 6» по мотивам повести А.П. Чехова (1988) и др.

ЕРЕСИ (от греч. háiresis – особое вероучение), в христ-ве течения, отклоняющиеся от офиц. церк. доктрины в области догматики и культа. Форму Е. принимали мн. нар. движения (крестьянские и городские): павликиан (в 7–9 вв. в Византии), катаров (в 11–13 вв. в Зап. Европе) и др.

ЕРМАК (Ермолай) Тимофеевич (кличка Токмак) (между 1532 и 1542–1585), рус. землепроходец, казачий атаман (с 60-х гг. 16 в.). В нач. 1580-х гг. положил начало освоению Сибири. Погиб в бою с ханом Кучумом. Сподвижники Е. доставили первые сведения о Зап.-Сибирской равнине и басс. ниж. Иртыша и Оби. Герой нар. песен.

ЕРМОЛАЕВ Ал. Ник. (1910–75), артист балета, балетмейстер, педагог. С 1930 в Большом т-ре. Танцовщик героико-романтич. амплуа, один из создателей экспрессивного, мужественного, виртуозного муж. танца: Тибальд («Ромео и Джульетта» С.С. Прокофьева, 1946), Филипп («Пламя Парижа» Б.В. Асафьева, 1947) и др.

ЕРМОЛОВ Ал. Петр. (1777–1861), ген. от инфантерии (1818; с 1837 ген. от артиллерии). В Отеч. войну 1812 нач. штаба 1-й Зап. армии. Участник загран. походов рус. армии 1813–14. В 1816–27, во время Кавк. войны, ком. Отд. Грузинского (с 1820 — Кавказского) корпуса, руководил завоеванием Сев. Кавказа. Обладал всей полнотой власти на Кавказе. Восп.: «Записки» (ч. 1–2, 1865–68).

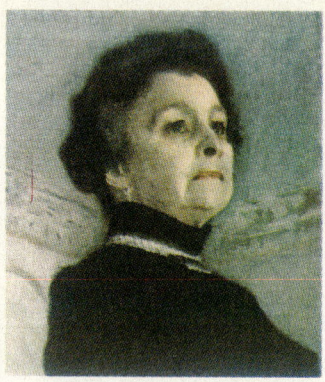

М.Н. Ермолова. Портрет (фрагмент) работы В.А. Серова. 1905. Третьяковская галерея.

ЕРМОЛОВА Мария Ник. (1853–1928), актриса. С 1871 в Малом т-ре. Иск-во Е., актрисы трагедийного дарования, наделённой мощным сценич. темпераментом, проникнуто героико-романтич. пафосом, её героиням присущи нравств. чистота и бескомпромиссность, готовность к самопожертвованию: Лауренсия («Овечий источник» Лопе де Веги, 1876), Иоанна д'Арк («Орлеанская дева», 1884) и Мария Стюарт («Мария Стюарт», 1886) Ф. Шиллера, и др. Осн. место в рус. репертуаре Е. занимали пьесы А.Н. Островского: Негина («Таланты и поклонники», 1881) и др.

ЕРОФЕЕВ Венедикт Вас. (1938–1990), рус. писатель. В пов. «Москва – Петушки» (1970; получила широкое распространение в самиздате; опубл. в России в 1988–89), трагедии «Вальпургиева ночь, или Шаги Командора» (1989), эссе «Василий Розанов глазами эксцентрика» (1973, опубл. в 1989), тяготеющих к традициям сюрреализма и лит. буффонады (обыгрывание идеологич. и лит. штампов, сниженные бытовые реалии, разговорная речь, включая сквернословие), – кризисное состояние мира, игнорирующие принятые социальные нормы поведения герои (новый тип героя в рус. лит-ре).

ЕРШ, род рыб (сем. окунёвые). Дл. 10–30 см, масса 20–200 г. 4 вида, в пресных водах Сев. и Центр. Европы, Сев. Азии. Прибрежная рыба-хищник, поедая икру и молодь др. рыб. Илл. см. при ст. *Рыбы*.

ЕРШОВ Ив. Вас. (1867–1943), певец (драм. тенор), педагог. Совершенствовался в Италии. В 1895–1929 в Мариинском т-ре. Создавал завершённые пластически выразительные вок.-сценич. образы. Выдающийся исполнитель партий в операх рус. композиторов, Р. Вагнера.

ЕРШОВ Пётр Пав. (1815–69), рус. писатель. Наиб. известное произв. – стихотв. сказка «Конёк-Горбунок» (1834, полное изд. 1856) – лит. импровизация на фольклорные темы.

ЕСЕНИН Сер. Ал-др. (1895–1925), рус. поэт. С первых сб-ков («Радуница», 1916; «Сельский часослов», 1918) выступил как тонкий лирик, певец крест. Руси. В 1919–23 входил в группу имажинистов (см. *Имажинизм*). Трагич. мироощущение, душевное смятение выражены в циклах «Кобыльи корабли» (1920), поэме «Чёрный человек» (1925). В сб. «Русь советская» (1925), поэме «Анна Снегина»

С.А. Есенин.

(1925) пытался постигнуть «коммуной вздыбленную Русь», хотя продолжал чувствовать себя поэтом «Руси уходящей», «золотой бревенчатой избы». Драм. поэма «Пугачёв» (1921). В состоянии депрессии покончил жизнь самоубийством.

ЕСИПОВА Анна Ник. (1851–1914), пианистка, педагог. Концертировала в 1868–1908. Характерны рационалистичность интерпретации, виртуозный блеск, певучесть звука. Создала в Петерб. конс. одну из крупнейших рус. пианистич. школ (среди учеников – С.С. Прокофьев).

ЕССЕИ (греч. essáioi), обществ.-религ. течение в Иудее во 2-й пол. 2 в. до н.э. – 1 в. н.э. Общины Е. считаются одними из гл. предшественников раннего христ-ва. К Е., по мнению большинства учёных, принадлежала кумранская община (ставшая известной после открытия *Мёртвого моря рукописей*).

ЕССЕНТУКИ, г. (с 1917) в Ставропольском кр., в России; бальнеогрязевой курорт (с 1839) в группе *Кавказских Минеральных Вод*. 87,1 т.ж. Ж.-д. ст. Пищевкус. (в т.ч. розлив минер. вод) и лёгкая пром-сть. Осн. в 1798.

ЕСТЕСТВЕННАЯ РЕЛИГИЯ, в идеологии Просвещения 17–18 вв. сумма наиб. общих и отвлечённых религ. представлений («религия чувства»), выводимых из человеческой «природы» и не нуждающихся в авторитете откровения и догмы. В период Франц. рев-ции кон. 18 в. была попытка создать гос. культ на основе Е.р. См. также *Деизм*.

ЕСТЕСТВЕННОЕ ПРАВО, понятие полит. и правовой мысли, означающее совокупность неотъемлемых принципов и прав, вытекающих из природы человека и независимых от социальных условий. Идея Е.п. получила развитие в антич. мире (Аристотель, Цицерон). Особое социальное значение Е.п. приобрело в 17–18 вв. как идеология социальных рев-ций. Развивалось в произв. Дж. Локка, Ж.Ж. Руссо, Ш. Монтескьё, Д. Дидро, А.Н. Радищева и др.

ЕСТЕСТВЕННЫЕ РЕСУРСЫ, см. *Природные ресурсы*.

ЕСТЕСТВЕННЫЙ ОТБОР, процесс выживания и воспроизведения организмов, наиб. приспособленных к условиям среды, и гибели в ходе эволюции неприспособленных. Будучи следствием *борьбы за существование*, Е.о. обусловливает относит. целесообразность строения и функций организмов; творч. роль Е.о. выражается в преобразовании популяций, приводящем к появлению новых видов. Е.о. как осн. движущий фактор ист. развития живой природы открыл Ч. Дарвином.

ЕСТЕСТВОЗНАНИЕ (естественные науки), совокупность наук о природе (в отличие от обществоведения (наук об об-ве). См. *Наука* и статьи об отд. науках.

ЕФРЕМ СИРИН преподобный (Афрем) (умер 373), христ. проповедник, богослов и поэт. Уделял особое внимание темам покаяния, Страшного суда и свободной воли. Классик христ. сирийской поэзии (сочинения его были рано переведены на греч. яз.), оказал широкое влияние на лит-ры вост.-христ. круга, в частности на рус. духовные стихи.

ЕФРЕМОВ Ив. Ант. (1907–72), рус. писатель, палеонтолог. Заложил основы тафономии – раздела палеонтологии, изучающего закономерности процессов захоронения организмов. Науч.-фантастич., приключенч., социально-филос. романы «Туманность Андромеды» (1957), «Лезвие бритвы» (1963), «Час быка» (1968–69).

ЕФРЕМОВ Олег Ник. (р. 1927), режиссёр, актёр, театральный деятель, педагог. С 1956 основатель и гл. реж. т-ра «Современник», с 1970 худ. рук. МХАТа имени М. Горького (с 1989 — МХАТа имени А.П. Чехова). Е. утверждает принципы демократического, неразрывно связанного со своим временем «т-ра живого человека»: «Вечно живые» В.С. Розова (1957, 1964), «Чайка» (1970, 1980), «Иванов» (1976) и «Дядя Ваня» (1985) Чехова, «Заседание парткома» А.И. Гельмана (1975), «Утиная охота» А.В. Вампилова (1979) и др. В актёрских работах ярко выражены личностное начало, психол. полнота

Ессентуки. Грязелечебница.

образа. Снимался в ф.: «Берегись автомобиля» (1966), «Три тополя на Плющихе» (1968) и др.

ЕФРОН Илья Абр. (1847–1917), рос. издатель, типограф, книгопродавец. В 1890 вместе с нем. фирмой «Брокгауз» основал в С.-Петербурге изд-во «Брокгауза и Ефрона», осуществившее выпуск Энциклопедического словаря Брокгауза и Ефрона (1890–1907; 86 полутомов — 82 основных и 4 дополнительных). В 1911–16 выпускался Новый энциклопедический словарь (вышло 29 тт. из намеченных 48).

ЕХИДНА (Эхидна), в греч. мифологии чудовище — полудева-полузмея, породившая от Тифона Сфинкс, Цербера, Химеру и др. Перен. — злой, коварный человек.

ЕХИДНЫ, семейство яйцекладущих млекопитающих. Тело (дл. до 80 см) покрыто иглами и грубыми волосами, голова с длинным цилиндрич. клювом. 2 вида: ехидна (Вост. Австралия, Тасмания) и проехидна (Н. Гвинея). Обитают в зарослях кустарников, питаются насекомыми, к-рых ловят длинным языком. Самка откладывает одно яйцо, помещает его в сумку и вынашивает. Продолжительность жизни ок. 30 лет. Численность проехидны невысока.

Ж

Ж, ж [жэ], восьмая буква рус. алфавита; восходит к букве *кириллицы* Ж («живе́те»).

ЖАБОТИ́НСКИЙ Леон. Ив. (р. 1938), укр. спортсмен и тренер (тяжёлая атлетика). Неоднократный чемпион СССР (1964–69), Европы (1966, 1968), мира (1964–66, 1968), Олимп. игр (1964, 1968). Тренер сборных команд СССР (1990–91) и СНГ (1992).

ЖА́БРЫ, органы газообмена водных ж-ных. Имеются у ряда беспозвоночных, у рыб и нек-рых земноводных. Содержат кровеносные (или лимфатич.) капилляры, через тонкие стенки к-рых в воду поступает диоксид углерода, а из неё поглощается кислород.

ЖА́БЫ, семейство бесхвостых земноводных. Дл. от 2 до 25 см. Св. 300 видов, распространены широко. Ведут наземный сумеречный образ жизни. Кожные выделения Ж. вызывают раздражение слизистых оболочек у др. ж-ных, у нек-рых (напр., у юж.-амер. Ж. ага) они ядовиты. Ж. истребляют насекомых — вредителей с. х-ва.

Жаба.

Жаворонки: рогатый (слева) и полевой.

ЖА́ВОРОНКИ, семейство певчих птиц. Дл. 11–23 см, масса 15–70 г. Полёт стремительный. Ок. 80 видов, в Африке (половина всех видов), Евразии (в России 14 видов; в т.ч. юла, полевой, рогатый и хохлатый Ж.), встречаются в Америке и Австралии. Гнездятся на земле отд. парами; после сезона размножения кочуют большими группами. Песня — звонкие мелодичные трели.

ЖАК-ДАЛЬКРО́З (Jaques-Dalcroze) Эмиль (1865–1950), швейц. педагог, композитор. Разработал систему муз.-ритмич. воспитания. Его метод, основанный на передаче образного содержания музыки пластич. движением, применялся в балетных школах и ин-тах ритмич. воспитания ряда стран, в т.ч. в России. Автор опер, оперетт и др. муз. произведений.

ЖАКЕРИ́Я (Jacquerie, от «Jacques Bonhomme» — «Жак-Простак», прозвище, данное крестьянину франц. дворянами), крест. восстание во Франции в 1358, вызванное усилением феод. гнёта, экон. разрухой в период *Столетней войны 1337–1453*. Один из его вождей — Гильом Каль.

ЖАККА́Р (Jacquard) Жозеф Мари (1752–1834), франц. изобретатель. Создал (1804–08) приспособление к ткацкому станку для выработки крупноузорчатых тканей (машина Жаккарда, правильнее — Жаккара): декор. тканей, ковров, скатертей и т.п.

ЖАЛАКЯ́ВИЧЮС (Žalakevičius) Витаутас (р. 1930), литов. кинорежиссёр. Напряжённые нравств. конфликты, неоднозначные характеры, поиски в области формы в ф.: «Адам хочет быть человеком» (1959), «Никто не хотел умирать» (1965), «Это сладкое слово — свобода» (1973), «Зверь, выходящий из моря» (1992) и др.

ЖАЛЕ́ЙКА, рус. духовой язычковый муз. инстр-т — дерев. или тростниковая трубка с раструбом из рога или бересты.

ЖА́ЛОВАННАЯ ГРА́МОТА, документ, выдававшийся высш. властью в России (вел. князем, царём, императором) о предоставлении к.-л. прав или льгот отд. лицам и монастырям (с 12 в.) или группам населения (с 17 в.). Важнейшим законодат. акты 18 в.: Ж.г. 1785 дворянству (свод сословных привилегий) и городам (основы самоуправления).

ЖАЛЮЗИ́ (франц. jalousie), 1) ставни, шторы из параллельных пластинок, закреплённых в вертикальном или горизонтальном положении на раме (обычно под углом 45°) или на шнурах (могут устанавливаться под любым углом). Применяются для защиты помещения от солнечных лучей, атм. осадков, пыли. 2) Поворотные металлич. створки, устанавливаемые перед радиатором системы охлаждения автомобиля для регулирования потока воздуха, проходящего через радиатор.

ЖАН ПОЛЬ (Jean Paul) (наст. имя и фам. Иоганн Пауль Фридрих Рихтер) (1763–1825), нем. писатель. Иронич.-сентиментальные бытописат. повести и романы («Геспер», 1795; «Зибенкэз», 1796–97), написанные с причудливым юмором и неистощимым воображением, проникнуты сочувствием к обездоленным («адвокат бедных»). Автор оригинальной «Приготовительной школы эстетики» (1804), отвергающей всякую нормативность; исследовал юмор как эстетич. категорию.

ЖАН-БЕРНА́Р, карстовая пропасть в Европе (Франция), в Савойских Альпах. Глуб. 1535 м (считается самой глубокой в мире).

ЖАНДАРМЕ́РИЯ (франц. gendarmerie), воен. полиция, имеющая соотв. внутр. орг-цию и выполняющая охранные функции; в недействующей армии — полевая Ж. Впервые была создана во Франции в 1791; в России жандармские части были образованы в рус. армии в 1815, с 1827 в качестве полит. полиции действовал корпус жандармов.

ЖАНЕ́ (Janet) Пьер (1859–1947), франц. психолог и психиатр. Основой неврозов считал нарушение равновесия между высш. и низш. психич. функциями. Рассматривал психологию как науку о поведении, разработал сложную иерархич. систему поведения от рефлекторных актов до высш. интеллектуальных действий.

ЖАНЕКЕ́Н (Жаннекен) (Janequin, Jannequin) Клеман (ок. 1485–1558), франц. композитор. Один из создателей жанра светской многоголосной песни — шансона (в т.ч. жанрово-изобр. — «Охота», «Женская болтовня». Автор *месс, мотетов, псалмов*.

ЖА́ННА Д'АРК (Jeanne d'Arc) (Орлеанская дева) (1412–31), нар. героиня Франции. Из крест. семьи. В ходе Столетней войны 1337–1453 возглавила борьбу франц. народа против англичан, в 1429 освободила Орлеан от осады. Благодаря победе франц. войск при Пате (июнь 1429) стала возможной коронация франц. короля Карла VII в Реймсе (июль 1429). В 1430 попала в плен к бургундцам, выдавшим её за большую ден. сумму англичанам, к-рые объявили Ж. д'А. колдуньей и предали церк. суду. Обвинённая в ереси, в Руане сожжена на костре. В 1920 канонизирована католич. церковью.

ЖАНР (франц. genre), исторически сложившееся внутр. подразделение вида иск-ва; тип худ. произведения в единстве специфич. свойств его формы и содержания. Обобщает черты, свойственные обширной группе произв. к.-л. эпохи, нации или мирового иск-ва вообще. В лит-ре Ж. определяется на основе принадлежности произв. к *роду литературному*, преобладающего эстетич. качества (идейно-оценочного настроения — сатирич., героич., трагического), объёма произв. и способа построения образа (символика, аллегория, документальность): эпич. (героич. поэма, роман, повесть, рассказ), лирич. (ода, элегия, стих., песня), драм. (трагедия, комедия) Ж.; более дробное деление исходит из преобладающей тематики (роман бытовой, психологический). В изобр. иск-ве определяется на основе предмета изображения (портрет, натюрморт, пейзаж, ист. или батальная картина), а иногда и характера изображения (карикатура, шарж).

ЖАРО́ 239

В музыке Ж. различаются: по исполнительскому (вокальные — сольные, ансамблевые, хоровые; вокально-инстр.; инструментальные — сольные, ансамблевые и оркестровые); по назначению и типам социального функционирования (прикладные Ж. — марш, танец, колыбельная; культовые и др.); по содержанию и типам экспрессии (лирич., эпич. и драм.); по месту и условиям исполнения (театральные, концертные, камерные, киномузыка). В 20 в. происходит интенсивный процесс взаимодействия и модификации Ж.

ЖАРГО́Н (франц. jargon), разновидность речи, отличающаяся от общего языка спе́цифич. лексикой и фразеологией, особым использованием словообразоват. средств (ср. *Арго*). Применяется преим. в устном общении к.-л. устойчивой социальной группой (Ж. программистов, молодёжный Ж.). Иногда термин «Ж.» используется для обозначения искажённой, неправильной речи.

ЖА́РОВ Мих. Ив. (1899–1981), актёр. Работал в Т-ре имени Вс. Мейерхольда, Камерном т-ре. С 1938 в Малом т-ре. Создал ряд яркохарактерных, комедийно-сатирич. и драм. образов: Алексей («Оптимистическая трагедия» В.В. Вишневского, 1933), Прохор («Васса Железнова» М. Горького, 1952), Митрич («Власть тьмы» Л.Н. Толстого, 1956) и др. В кино играл преим. роли жизнелюбивых, весёлых героев: «Путёвка в жизнь» (1931), «Пётр I» (1937, 1939), «Возвращение Максима» и «Выборгская сторона» (1937, 1939), «Иван Грозный» (1945, 1958) и др.

М.И. Жаров в роли Лебедева («Иванов» А.П. Чехова, 1960).

ЖАРОПРО́ЧНОСТЬ, способность материала выдерживать без заметных деформаций механич. нагрузки при высоких темп-рах. Наиб. жаропрочны молибденовые сплавы (до 1200 °C), детали из никелевых сплавов могут работать при темп-рах до 850 °C.

ЖАРОУПО́РНОСТЬ, способность металлов и сплавов противостоять хим. разрушению под воздействием окислит. газовой среды при высоких темп-рах. Наибольшая Ж. у никелевых сплавов, легированных хромом и алюминием (1200 °C).

ЖАРРИ́ (Jarry) Альфред (1873–1907), франц. писатель. В поэзии («Записки песка», 1894; «Кесарь антихриста», 1895) расшатывает лирич. каноны символизма (в духе эпатирующего образности Лотреамона и позднего А. Рембо). В ром. «Дни и ночи» (1897), «Сверхсамец» (1902), «Деяния и мнения доктора Фаустроля, патафизика» (1898, опубл. в 1911) клишированной повседневности противопоставляет апологию не знающего границ воображения (чем продиктован и саморазрушит. опыт обращения Ж. к наркотикам). Заложил основы антипсихол. и антигероич. т-ра абсурда в проникнутых чёрным юмором фарсах для т-ра марионеток: «Король Убю» (1896), «Убю в цепях» (1900), «Укрощение Убю» (1910) и др., объединённых гротескной фигурой «Калибаном в образе парвеню». Предопределил поиски европ. авангарда обращением к «низким», массовым жанрам иск-ва.

ЖАСМИ́Н, род кустарников и лиан (сем. маслиновые). Ок. 300 видов, гл. обр. в тропиках и субтропиках, в т.ч. 3 вида в Крыму, на Кавказе, в Ср. Азии. Выращивают как декоративные, а также ради цветочного эфирного масла, применяемого в парфюмерии и для ароматизации чая. Так называемый Ж. садовый (дикий, ложный) относится к роду чубушник.

ЖВАНЕ́ЦКИЙ Мих. Мих. (р. 1934), рус. писатель-сатирик, исполнитель своих произведений. Злободневные фельетоны, репризы, миниатюры (сб. «Год за два», 1989, «Новое старое», 1992), ром.-фельетон «Жизнь моя, побудь со мной!» (опубл. в 1987–91) отмечены смелостью и остротой анализа социально-нравств. проблем совр. действительности. С 1988 худ. рук. Моск. т-ра миниатюр.

ЖВА́ЧНЫЕ, группа парнокопытных ж-ных. Вместо верх. резцов плотный мозолистый валик, коренные зубы имеют лунчатое строение, способствующее перетиранию грубых кормов; желудок сложный, из 4 отделов – рубца, сетки, книжки и сычуга (из рубца пища периодически отрыгивается в полость рта и снова пережёвывается). К Ж. относятся олени, жирафы, антилопы, быки и др., а из домашних ж-ных – кр. рог. скот, овцы, козы.

ЖЕЛАТИ́Н (желатина) (франц. gelatine, от лат. gelatus – замёрзший, застывший), студнеобразующее в-во, продукт денатурации коллагена – белка соединит. ткани. Получают вывариванием костей, хрящей, сухожилий (наиб. чистый – из рыбных хрящей). Применяют в пищ. пром-сти, для изготовления фотоэмульсий, в микробиологии как среду для культивирования микроорганизмов, в качестве столярного клея и др.

ЖЕЛЕ́ЗА ОКСИ́ДЫ: FeO (чёрный, $t_{пл}$ 1369 °C); Fe_2O_3 (от тёмно-красного до чёрно-фиолетового или коричневого цвета, $t_{пл}$ 1565 °C; минерал гематит и др.); Fe_3O_4 (чёрный, $t_{пл}$ 1594 °C; минерал магнетит). Природные Ж.о.- сырьё в произ-ве железа, природные и синтетические – пигменты (охра, умбра, сурик и др.), компоненты футеровочной керамики, цемента и др. Fe_2O_3 используют в произ-ве магн. лент.

ЖЕЛЕ́ЗНАЯ ДОРО́ГА, служит для перевозки грузов, пассажиров, багажа, почты в специализир. вагонах, перемещаемых *локомотивами* по рельсовому пути. Различают Ж.д. магистральные (общего пользования), пром. транспорта (подъездные пути шахт, заводов и т.п.), городские (трамвай, метрополитен) и дороги высокоскоростного наземного транспорта, относящиеся ко второму поколению Ж.д., на к-рых движение осуществляется со скоростями более 200 км/ч. Первая ж.д. для перевозки грузов построена в Великобритании между Дарлингтоном и Стоктоном Дж. Стефенсоном в 1825. Первая в России Царскосельская ж.д. проложена в 1837.

Железноводск. Пушкинская галерея.

ЖЕЛЕЗНОВО́ДСК, г. (с 1917) в Ставропольском кр., в России; бальнеогрязевой курорт (осн. в 1856) в группе *Кавказских Минеральных Вод*. 29,4 т.ж. Ж.-д. ст. Розлив минер. вод («Баталинская», «Славяновская», «Смирновская»). Гос. музей-заповедник М.Ю. Лермонтова.

ЖЕЛЕ́ЗНОЕ ДЕ́РЕВО, реликтовое листопадное дерево (сем. гамамелисовые). Растёт в лесах Азербайджана и Сев. Ирана. Твёрдая, прочная, тяжёлая древесина (отсюда назв.) идёт на изготовление деталей машин, худ. изделий. Численность сокращается в связи с использованием древесины, освоением земель. Ж.д. наз. также нек-рые др. древесные породы.

ЖЕЛЕ́ЗНЫЕ РУ́ДЫ, содержат Fe 16–72%. Различают Ж.р.: богатые (св. 50% Fe) – идут в плавку без обогащения, рядовые (50–25% Fe) и бедные (до 25% Fe) – требуют обогащения. Гл. минералы: магнетит, гематит, лимонит, сидерит и др. Мировые запасы св. 400 млрд. т. Гл. добывающие страны: Бразилия, Австралия, Украина, Россия, Китай, США, Канада, Индия.

ЖЕЛЕ́ЗНЫЙ ВЕК, ист. период, наступивший с распространением металлургии железа и изготовления жел. орудий и оружия. Сменил бронз. век в нач. 1-го тыс. до н.э.

ЖЕЛЕ́ЗО (Ferrum), Fe, хим. элемент VIII гр. периодич. системы, ат. н. 26, ат. м. 55,847; металл, $t_{пл}$ 1535 °C. Содержание в земной коре 4,65% по массе. Ж. входит в состав гемоглобина. Его используют для выплавки чугуна и стали, как материал сердечников электромагнитов и якорей электромашин, для нанесения покрытий на магнитофонные ленты и т.д.

ЖЕЛЕЗОБЕТО́Н, сочетание *бетона* и стальной арматуры, монолитно соединённых и работающих в конструкции как единое целое. Ж. широко применяется в жилищном, пром. и гидротехн. стр-ве, мостостроении и др. Создан во 2-й пол. 19 в. (первый патент получил франц. учёный Ж. Монье в 1867).

ЖЕ́ЛЕЗЫ, органы ж-ных и человека, вырабатывающие и выделяющие специфич. в-ва (гормоны, слизь, слюна, мускус и др.), к-рые участвуют в разл. физиол. и биохим. процессах. Ж. внутр. секреции (эндокринные) выделяют продукты своей жизнедеятельности непосредственно в кровь или лимфу (гипофиз, надпочечники, половые Ж. и др.), а Ж. внеш. секреции (экзокринные) – на поверхность тела, слизистых оболочек или во внеш. среду (потовые, слюнные, молочные Ж., восковые Ж. насекомых и др.).

ЖЁЛТАЯ ЛИХОРА́ДКА, острое вирусное карантинное заболевание человека (лихорадка, желтуха и др.). Встречается в Юж. Америке и Африке. Переносчики – комары.

ЖЁЛТОЕ МО́РЕ (кит. Хуанхай), в Тихом ок., у вост. берегов Евразии. Пл. 416 т. км². Глуб. до 106 м. Кр. заливы: Бохайвань, Ляодунский и Зап.-Корейский. Впадает р. Хуанхэ и др. Рыб-во (треска, сельдь), добыча устриц, мидий. Кр. порты: Циндао, Тяньцзинь, Люйшунь (Порт-Артур), Далянь (Дальний) – Китай, Инчхон (Чемульпо) – Респ. Корея.

ЖЕЛТУ́ХА, накопление билирубина в крови и отложение его в тканях с окрашиванием в жёлтый цвет кожи, слизистых оболочек, склер глаз. Наблюдается при повышенном распаде эритроцитов (напр., у новорождённых, Ж. при гемолитич. анемии), вирусном гепатите и др. заболеваниях печени, препятствии оттоку желчи в кишечник (напр., механич. Ж. при желчнокаменной болезни) и т.д.

ЖЕЛУ́ДОК, расширенный отдел пищеварит. канала ж-ных и человека, следующий за пищеводом. Выполняет функции накопления, механич. и хим. обработки, эвакуации пищи в кишечник. Железы Ж. выделяют желудочный сок (у человека до 2 л в сут). Наиб. частые заболевания Ж.– гастрит и язвенная болезнь.

ЖЕЛЧНОКА́МЕННАЯ БОЛЕ́ЗНЬ, связана с образованием в желчном пузыре и желчных протоках камней из холестерина, желчных пигментов, известковых солей в результате нарушения холестеринового обмена, застоя желчи, инфекции. Осн. проявление – приступы резких болей в правом подреберье (печёночная колика), к-рые сопровождаются тошнотой, иногда желтухой, повышением темп-ры.

ЖЁЛЧНЫЙ ПУЗЫ́РЬ, полый орган у большинства позвоночных ж-ных и человека, расположенный на ниж. поверхности печени. В Ж.п. происходит накопление и концентрация жёлчи, к-рая периодически (гл. обр. с приёмом пищи) поступает в кишечник. Воспаление Ж.п.– холецистит.

ЖЁЛЧЬ, секрет, вырабатываемый железистыми клетками печени. Содержит воду, соли жёлчных к-т, пигменты, холестерин, ферменты. Способствует расщеплению, эмульгированию и всасыванию жиров, усиливает перистальтику. Печень человека выделяет в сутки до 2 л Ж. Препараты из Ж. и жёлчных к-т используют как желчегонные средства (аллохол, дехолин и др.).

ЖЕЛЯ́БОВ Анд. Ив. (1851–81), революционер-народник. Один из создателей и руководителей партии «Народная воля» (1879, чл. Исполнит. к-та), из студенч., рабочей и воен. орг-ций. Ред. нелегальной «Рабочей газеты» (1880–81). Готовил покушения на имп. Александра II. Приговорён к смертной казни, повешен 3 апр. в С.-Петербурге вместе с 4 др. участниками цареубийства.

ЖЕ́МЧУГ, округлые отложения углекислого кальция (арагонита) внутри раковин нек-рых моллюсков. Тонкослоистое строение придаёт Ж. красивый матовый перламутровый блеск. Цвет белый, голубой, розовый, чёрный. Крупный, правильной формы Ж. ценится высоко, используется в ювелирном иск-ве. Самая крупная жемчужина (масса 6 кг, размер 24 × 14 см) найдена в 1934 на Филиппинах. С 20 в. в искусств. выращивание в осн. в Японии. Добывают мор. Ж. в Красном м. и Персидском зал., у берегов Шри-Ланки, Австралии, Японии и др.

Жемчуг. Одна из крупнейших в мире жемчужин – «Жемчужина Азии» (масса 600 карат).

ЖЕМЧУГО́ВА (наст. фам. Ковалёва) Праск. Ив. (1768–1803), крепостная актриса, певица (сопрано). С 1779 выступала в т-ре Шереметевых; с 1801 жена графа Н.П. Шереметева.

ЖЕМЧУ́ЖНИЦЫ, двустворчатые моллюски, способные образовывать жемчуг. Раковина овальная, с развитым перламутровым слоем. Св. 15 видов пресноводных Ж. обитает в прозрачных реках и ручьях Европы, Сев. Америки, Вост. Азии. Из-за загрязнения численность Ж. резко сократилась (6 видов очень редки, в т.ч. обыкновенная Ж. — в прошлом осн. источник рус. жемчуга). Морские Ж. (ок. 10 видов) — в субтропич. и тропич. морях. Объект промысла и аквакультуры.

ЖЕНЕ́ (Genet) Жан (1910-86), франц. писатель. В первую половину жизни — бродяга и вор, в 1948 приговорён к пожизненному заключению, отменённому по ходатайству литераторов. В автобиогр. ром. «Богородица в цветах» (1942), «Чудо розы» (1946), документальном «Дневнике вора» (1949-50) — своеобразная, использующая приёмы «чёрного» гротеска героизация преступления; в подтексте — тема искупления отверженных. В драмах «Служанки» (1947), «Балкон» (1956), «Ширмы» (1961) в духе *абсурда драмы* утверждает всеобщность разрушения и поругания, демонстрируя своего рода «ритуалы социального переворачивания»: замкнутый мирок мстительной злобы униженных зеркально отражает «большой» мир власти и лицемерия.

ЖЕНЕ́ВА, г. в Швейцарии. 167 т.ж. Расположен на Женевском оз. и р. Рона. Междунар. аэропорт. Машние, ювелирное дело, точная механика; хим., полиграф., пищ. (шоколадная) пром-сть. Ун-т (1559). Консерватория (1835). Музеи: иск-ва и истории, этнографии, Ж.Ж. Руссо и др. «Гран-театр». Туризм. В Ж. была штаб-квартира Лиги Наций. В Ж. находятся Отделение ООН, а также мн. междунар. орг-ции («Красный Крест», ВОЗ, МОТ и др.). Впервые упоминается в 1 в. до н.э. В 16 в. (при Ж. Кальвине) центр Реформации европ. значения («протестантский Рим»). Собор Сен-Пьер (12–18 вв.), церк. Сент-Мари Мадлен (14–15 вв.), Дворец Наций (1928-37).

ЖЕНЬШЕ́НЬ (кит. — корень жизни, букв. — человек-корень), многолетнее травянистое р-ние (сем. аралиевые).

Женьшень.

В сев.-вост. части Китая, на С. Кореи, а также в Приморском и Хабаровском краях. Растёт в смешанных кедровых, пихтовых и широколист. лесах, часто в зарослях папоротников и кустарников. Выращивают как лекарств. р-ние (препараты из корня — тонизирующее средство). Редкий реликтовый вид, под угрозой исчезновения.

ЖЕ́РЕХ, хищная рыба (сем. карповые). Дл. до 80 см, масса до 12 кг. В пресных водах Европы и басс. Каспийского и Аральского морей.

Объект спорт. лова. Илл. см. при ст. *Рыбы*.

ЖЕРИКО́ (Géricault) Теодор (1791-1824), франц. живописец и график. Основоположник *романтизма* во франц. живописи. Драматически-напряжённые, экспрессивные произв. на актуальные темы («Плот Медузы», 1818-19, посв. гибели фрегата «Медуза»), бытовые сцены («Дерби в Эпсоме», 1821), пейзажи, серия портретов умалишённых.

ЖЕРЛЯ́НКИ, род бесхвостых земноводных. Дл. до 6–7 см. 5 видов, в Европе и Азии (на Д. Востоке и в Китае). При опасности поворачиваются на спину, показывая яркую (жёлтую или красную с чёрными пятнами) предупреждающую окраску брюшка; кожа богата ядовитыми железами.

ЖЕРО́МСКИЙ (Żeromski) Стефан (1864-1925), польск. писатель. В экспрессивно-лирич. манере запечатлел драматизм нац.-освободит. борьбы в 19 в. (ром. «Пепел», 1902-03, «Краса жизни», 1912), показал жертвенный героизм отд. личности (ром. «Бездомные», 1900). В ром. «Канун весны» (1924) — резкая критика социального уклада польск. об-ва после 1918.

ЖЕ́РТВЕННИК, естеств. возвышение из земли, камня или металла, на к-ром или около к-рого происходит жертвоприношение (см. также *Алтарь*); в христ. храме стол для возложения даров, закрывается покрывалом, на него ставятся священные сосуды.

ЖЕРТВОПРИНОШЕ́НИЕ, форма религ. культа, принесение божеству даров, обладающих реальной или символич. ценностью для жертвующего, в т.ч. заклание животных (иногда людей). Смысл Ж. в установлении или укреплении связи общины или личности с божеством, искуплении грехов, очищении от скверны, выражении покорности, благодарности и умилостивлении Бога. Ж. восходит к глубокой древности. В христ-ве самопожертвование Иисуса Христа — искупит. жертва за грехи мира. В форме *евхаристии* (вкушение тела и крови Христа) Ж. — гл. таинство и основа христ. культа.

ЖЕСТЬ, тонкая (толщ. 0,08–0,32 мм) холоднокатаная отожжённая листовая сталь. Применяется для изготовления металлич. тары (гл. обр. консервной). Для предохранения от воздействия пищ. сред и атм. коррозии на поверхность Ж. наносят защитные покрытия (олово, хром, спец. лаки и др.).

ЖЖЁНОВ Георг. Степ. (р. 1915), актёр. С 1938 в Ленингр. ТЮЗе, в том же году репрессирован. Играл в т-рах Магадана, Норильска. С 1969 в Моск. т-ре имени Моссовета. Исполняет в осн. роли современников, раскрывает индивид. черты персонажа, почти не прибегая к гриму, не преображаясь внешне: Забродин («Ленинградский проспект» И.В. Штока, 1970), Панаев («Чёрный гардемарин» А.П. Штейна, 1980) и др. Снимался в ф.: «Экипаж» (1980) и др.

ЖИВОКО́СТЬ (дельфиниум), род многолетних трав (сем. лютиковые). Листья Ж. пальчато-рассечённые, цветки неправильной формы, б.ч. голубые, синие, фиолетовые, собраны в метельчатое или кистевидное соцветие. Ок. 250 видов, в Сев. полушарии и в горах Тропич. Африки. Ж. посевная (сокирки) — медоносное и кра-

сильное р-ние, Ж. высокая — лекарственное (курареподобное действие) р-ние. Мн. виды Ж. разводят как декоративные.

ЖИ́ВОПИСЬ, вид изобр. иск-ва, произведения к-рого создаются с помощью красок, наносимых на к.-л. поверхность. Гл. выразит. средства Ж. — композиция, рисунок, цвет (колорит). В монохромной Ж. используется один (с оттенками) цветовой тон, в полихромной — система взаимосвязанных красочных тонов (см. *Гамма красочная*) или неизменяемый локальный (местный) цвет. В тональной Ж. применяются тончайшие градации тона (см. *Валёр*), на непосредств. изучении натуры основано воспроизведение естеств. освещения и возд. среды (см. *Пленэр*). Другие выразит. средства Ж. — мазок, фактура, линейная и возд. перспектива, светотеневая моделировка и др. Ж. может быть однослойной (алла прима) и многослойной с использованием лессировок. Осн. техн. разновидности Ж. — *масляная живопись, фреска, темпера, восковая живопись, мозаика, витраж*. Для исполнения живописных произв. часто служат *акварель, пастель, гуашь*, тушь.

ЖИВОТНОВО́ДСТВО, разведение с.-х. ж-ных для произ-ва гл. обр. молока, мяса, яиц, шерсти, кожи; отрасль с. х-ва. Включает скот-во, свин-во, овц-во, коневодство, верблюдоводство, птиц-во, оленеводство, кролиководство, пчеловодство, звероводство, рыбоводство, пчеловодство, шелк-во и др. Тесно связано с растениевод-

Т. Жерико. «Офицер конных егерей императорской гвардии, идущий в атаку». Эскиз. 1812. Лувр.

ством. Теоретич. основа Ж. — *зоотехния*.

ЖИВО́ТНЫЕ, одноклеточные и многоклеточные организмы, составляющие одно из царств органич. мира. Возникли, вероятно, в *протерозое* (ок. 1–1,5 млрд. лет назад), в море. На Земле Ж. появились после прокариот, водорослей, грибов; возраст их достоверных остатков не превышает 0,8 млрд. лет. Общие свойства Ж. и р-ний (клеточное строение, обмен в-в, наследственность и изменчивость) обусловлены единством их происхождения. Однако в отличие от р-ний Ж. — гетеротрофы, т.е. питаются готовыми органич. соединениями, т.к. не способны синтезировать питат. в-ва из неорганич. соединений в процессе фотосинтеза, и, как правило, активно подвижны. По разным оценкам, ныне существует от 1,5 до 2 млн. видов Ж. Усиливающееся воздействие человека на природу привело к сокращению численности одних и полному исчезновению др. видов Ж.

ЖИ́ГА (англ. jig), 1) старинный быстрый нар. танец кельтского происхождения, в 17 в. популярный в нек-рых странах Зап. Европы. 2) С 17 в. инстр. пьесы разл. типов (в осн. 3-, 6-, 9- и 12-дольные); заключит. часть *сюиты*.

ЖИГУ́ЛИН Анат. Вл. (р. 1930), рус. поэт. В 1949-54 был репрессирован. Тема человеческой стойкости, опыт лагерных испытаний в стихах (сб. «Память», 1964, «Летящие дни», 1989; автобиогр. пов. «Чёрные камни» (1988) — о. попытке молодёжи противостоять идеологии сталинского режима. В поэтич. сб. «Соловецкая чайка» (1979), «Жизнь, нечаянная радость» (1980), «В надежде вечной» (1983) – философич. раздумья, лирика природы.

ЖИД (Gide) Андре (1869–1951), франц. писатель. Символистские сб-ки стихов (1887–91). В ром. «Яства земные» (1897), «Имморалист» (1902), «Подземелья Ватикана» (1914), «Фальшивомонетчики» (1925) – бунт против общепринятой (в т.ч. традиц. семейной) морали, проповедь эстетизма, подчас вседозволенности и ницшеанства. Иссл. «Достоевский» (1923). Резкое неприятие сов. действительности в кн. «Возвращение из СССР» (1936). «Дневники» (1940-е гг.). Ноб. пр. (1947).

ЖИ́ДКИЕ КРИСТА́ЛЛЫ, жидкости, обладающие *анизотропией* свойств (в частности, оптических), связанной с упорядоченностью в ориентации молекул. Благодаря сильной зависимости физ. свойств Ж.к. от внеш. воздействий они находят разнообразные применения в технике (в температурных датчиках, индикаторных устройствах, модуляторах света и т.п.). Ж.к. открыты Ф. Рейнитцером в 1888. Известно неск. тыс. органич. соединений, образующих

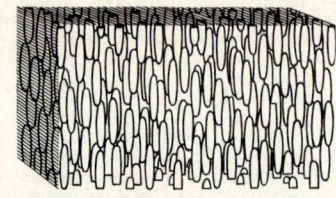

Жидкие кристаллы. Расположение молекул в жидком кристалле.

Ж.к., напр. система мыло – вода, нек-рые полимеры.

ЖИ́ДКОСТЬ, агрегатное состояние в-ва, промежуточное между твёрдым и газообразным. Ж. обладает свойством текучести, принимает форму сосуда, в к-рый налита, обладает упругими свойствами и т.д. Частицы Ж. (молекулы, атомы) более упорядочены, чем частицы газа, но не расположены строго опредéл. образом, как в кристаллах (исключение составляют растворы нек-рых органич. в-в – *жидкие кристаллы*). Кинетич. энергия частиц Ж. сравнима с потенциальной энергией их взаимодействия. Их движение состоит из колебаний около положений равновесия и редких перескоков из одного такого положения в другое. При наличии

Д.Д. Жилинский. «Под старой яблоней». 1969.

внеш. воздействий такие перескоки происходят преим. в направлении внеш. силы. Этим объясняется текучесть Ж.

ЖИ́ЖКА (Žižka) Ян (ок. 1360–1424), нац. герой чеш. народа, полководец. Участник *Грюнвальдской битвы* 1410. С 1420 первый гетман таборитов – радикального крыла *гуситов*. В 1420–22 отразил 3 крестовых похода феод.-католич. сил.

ЖИЗНЬ, одна из форм существования материи, способная к развитию (эволюции). Живые организмы отличаются от неживых объектов обменом в-в, раздражимостью, способностью к размножению, росту, развитию, активной регуляции своего состава и функций, к разл. формам движения, приспособляемостью к условиям среды и т.п. Полагают, что Ж. на Земле возникла в результате хим. эволюции – длительных превращений углеродсодержащих соединений. По палеонтол. данным, первые живые организмы (одноклеточные) появились 3,5–3,8 млрд. лет назад. Гипотеза о занесении Ж. на нашу планету из космоса (панспермия) достоверных подтверждений не имеет.

ЖИЛИ́НСКИЙ Дм. Дм. (р. 1927), живописец. Творчески переосмысляя наследие др.-рус. иконописи и живописи Раннего *Возрождения*, создал монументализир., локальные по цвету произв. («Гимнасты СССР», 1964).

ЖИЛЯ́РДИ (Джилярди) (Gilardi) Дем. (Доменико) Ив. (1785–1845), архитектор; представитель *ампира*. По происхождению итальянец. В 1810–32 работал в России. После пожара 1812 восстановил в Москве здание ун-та (1817–19), перестроил Опекунский совет (1823–26), дома-усадьбы моск. знати.

ЖИ́МОЛОСТЬ, род кустарников, иногда вьющихся (сем. жимолостные). Св. 200 видов, гл. обр. в Сев. полушарии, в т.ч. ок. 50 видов на Кавказе, в Ср. Азии, Сибири, на Д. Востоке. Разводят как декор. р-ния, напр. Ж. душистую, или каприфоль. Нек-рые виды Ж. выращивают ради съедобных плодов. Мн. виды Ж. – медоносы. Редкий вид – Ж. этрусская – охраняется.

ЖИРАРДО́ (Girardot) Анни (р. 1931), франц. киноактриса. Образ сильной и гордой женщины создан ею в ф.: «Рокко и его братья» (1960), «Умереть от любви» (1971) и др. В ф. «Женщина-обезьяна» (1963), «Диллинджер мёртв» (1969), «Старая дева» (1972) и в многочисл.

Жимолость татарская.

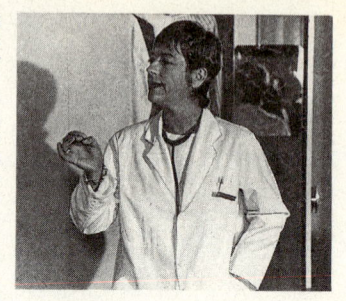

А. Жирардо в фильме «Доктор Франсуаза Гайан» (1976).

коммерч. лентах проявилась склонность Ж. к сарказму или лирич. юмору.

ЖИРА́Ф (жирафа), жвачное млекопитающее. Длина тела 3–4 м ($1/3$ составляет шея), высота до темени 4,5–5,8 м, длина хвоста ок. 1 м, масса 550–750 кг. Окраска и рисунок пятен на теле сильно варьируют. Обитает в саваннах Африки. В брачный период самцы устраивают схватки, нанося друг другу боковые удары головой. Из-за охоты (ради мяса и шкуры) численность невысока. Хорошо размножаются в неволе. Живут до 20–30 лет.

Жираф.

ЖИРМУ́НСКИЙ Викт. Макс. (1891–1971), рос. филолог. Тр. по теории лит-ры, стиховедению, поэтике, фольклору, истории зап. и рус. лит-ры, сравнит. лит-ведению («Байрон и Пушкин», 1924; сб. статей «Теория лит-ры. Поэтика. Стилистика», 1977). Иссл. проблемы общего яз-знания, германистики и тюркологии.

ЖИРОНДИ́СТЫ, умеренная респ. группировка периода Франц. рев-ции кон. 18 в. Назв. «Ж.» – по деп. Жиронда, откуда родом были мн. деятели группировки (лидеры: Ж.П. Бриссо, П.В. Верньо, Ж.А. Кондорсе и др.). Вместе с якобинцами свергли франц. монархию, но вскоре оказались в оппозиции радикальным якобинцам. В 1793–94 б.ч. Ж. была казнена.

ЖИРЫ́, в-ва гл. обр. животного и растит. происхождения, состоящие в осн. из сложных эфиров глицерина и одноосновных высш. карбоновых к-т (триглицеридов); относятся к *липидам*. Источник энергии в организме; калорийность чистого Ж. 3770 кДж (900 ккал)/100 г. Норма потребления взрослым человеком

80–100 г в сутки. Животные жиры (говяжий, свиной, бараний) — пищ. продукты. Из коровьего молока выделяют жир, используемый для получения масла. В сливочном масле содержание Ж. 78–82%, в топлёном — ок. 99%. Ж. мор. млекопитающих и рыб применяют в медицине, парфюмерной пром-сти, произ-ве маргарина и др. См. также *Растительные масла*.

ЖИТИЯ́ СВЯТЫ́Х, жизнеописания лиц, канонизир. христ. церковью. В Рим. империи сказания о христ. мучениках. В Др.-рус. гос-ве распространялись переводные Ж.с. юж. и зап. славян и из Византии. Жития первых рус. святых: князей Бориса и Глеба, Владимира I Святославича, Ольги, Феодосия Печерского (11–12 вв.). Включались в летописи, «Четьи-минеи» и др.

ЖИТКО́В Бор. Степ. (1882–1938), рус. писатель. Повести и рассказы (сб. «Злое море», 1924, «Морские истории», 1925–37), пьесы, науч.-худ. книги («Пароход», «Рассказы о животных», обе 1935) для подростков. Повесть-энциклопедия для малышей «Что я видел» (1939). Ром. о Рев-ции 1905 «Виктор Вавич» (кн. 1–2, 1929–34).

ЖИТО́МИР, г., обл. ц. на Украине, на р. Тетерев. 298 т.ж. Ж.-д. уз. Маш-ние и металлообработка, хим., лёгкая пром-сть; переработка лекарств. растит. сырья; произ-во муз. инстр-тов и др. 2 вуза. Дома-музеи В.Г. Короленко и С.П. Королёва, Музей природы и др., картинная гал. Т-ры: муз.-драм., кукольный. Осн. в 9 в. Магистрат (18 в.), костёл бернардинский (17–18 вв.), кафедральный костёл (18 в.).

ЖМЫХ, семена масличных р-ний после выделения из них жира прессованием; побочный продукт маслоб. произ-ва. Концентрир. корм для с.-х. ж-ных; один из компонентов комбикормов.

ЖОКЕ́Й (англ. jockey), проф. наездник на скачках; специалист по тренингу и испытаниям верховых лошадей.

ЖОЛИО́-КЮРИ́ (Joliot-Curie), франц. физики и обществ. деятели, супруги. Открыли искусств. радиоактивность (1934), *аннигиляцию* (1933), синтезировали ряд радиоактивных изотопов. Активные участники Дв. Сопротивления. Ноб. пр. (1935). Ирен (1897–1956), дочь М. Склодовской-Кюри и П. Кюри. Фредерик (1900–58), её муж (до 1934 Жолио); возглавлял Комиссариат по атомной энергии и стр-во франц. ядерного реактора (пущен в 1948). Один из инициаторов Движения сторонников мира, с 1950 пред. Всемирного Совета Мира.

ЖОЛТО́ВСКИЙ Ив. Влад. (1867–1959), архитектор, теоретик архитектуры. Один из авторов плана реконструкции Москвы (1918–25). В своём творчестве использовал мотивы и формы классич. архитектуры: здание Госбанка (1927–29), ипподром (1951–55), жилые дома — в Москве.

ЖОНГЛЁР (франц. jongleur, от лат. joculator — шутник, забавник), 1) франц. ср.-век. странствующий комедиант; то же, что *гистрион*. 2) Цирковой артист, демонстрирующий иск-во *жонглирования*.

ЖОНГЛИ́РОВАНИЕ, жанр циркового иск-ва, один из самых древних. Демонстрация умения подбрасывать и ловить одновременно неск. одинаковых или разл. предметов. Часто сочетается в выступлениях артистов с элементами др. жанров (силовые жонглёры, жонглёры-эквилибристы, жонглёры на лошади и др.).

ЖОРЖ САНД, см. *Санд Ж.*

ЖОСКЕ́Н ДЕПРЕ́ (Josquin Després) (ок. 1440–1521 или 1524), франко-флам. композитор. Представитель *нидерландской школы*. Обобщив её достижения, отказался от чрезмерных усложнений муз. ткани, способствовал прояснению полифонич. стиля. Автор месс, мотетов, светских песен, инстр. пьес.

ЖО́СТОВСКАЯ РО́СПИСЬ, рус. нар. худ. промысел; возник в нач. 19 в. в дер. Жостово Моск. обл. Декор. живопись на металлич. подносах, покрываемых затем лаком: букеты, фрукты, исполненные яркими красками на чёрном или цветном фоне. В 1928 осн. артель (ныне Жостовская ф-ка декор. росписи).

Жостовская роспись. З.А. Клёдова. Поднос «Весна». 1976. Русский музей.

ЖОФФРУА́ СЕНТ-ИЛЕ́Р (Geoffroy Saint-Hilaire) Этьен (1772–1844), франц. зоолог. Развивал учение о единстве плана строения всех ж-ных, к-рое объяснял общностью их происхождения; критиковал учение Ж. Кювье о неизменяемости видов. Положил начало эксперим. изучению уродств и пороков развития р-ний, ж-ных и человека (тератология) и учению об акклиматизации.

ЖРЕ́ЧЕСТВО, обществ. группа, занимавшаяся отправлением культов в архаич. религиях (жертвоприношения, молитвы и т.д.); сохранилась у нек-рых народов Африки, Юж. Америки, Океании. В мировых религиях преемником Ж. стало духовенство.

ЖУ́ЖЕЛИЦЫ, семейство жуков. Дл. от 1,2 мм до 9 см. Ок. 25 тыс. видов, распространены от арктич. р-нов до тропиков. В осн. хищники, уничтожают личинок и взрослых насекомых (в т. ч. вредителей с.-х. культур, древесных пород). Используются как *биоиндикаторы*.

ЖУКИ́, насекомые с жёсткими надкрыльями (отсюда науч. назв. — жесткокрылые) и грызущим ротовым аппаратом. Дл. от 0,3 мм до 15 см. Самый многочисл. отряд насекомых — св. 300 тыс. видов, распространены широко. Иногда ярко окрашены, с металлич. блеском, чаще бурые и чёрные; у нек-рых на голове причудливые выросты, напр. у самцов жуков-носорогов и жуков-голиафов (самых крупных из Ж.) большой рог на голове, у самцов жука-оленя верх. челюсти похожи на оленьи рога. Многие Ж. повреждают полевые и лесные культуры (*щелкуны*, *короеды*, *хрущи* и др.), прод. запасы (*златки*, *хрущаки*), мебель и дерев. постройки (точильщики). Пользу человеку приносят хищники (*божьи коровки*, *жужелицы*) и санитары (*навозники*, мертвоеды).

ЖУ́КОВ Георг. Конст. (1896–1974), Маршал Сов. Союза (1943). Участник сражения на р. Халхин-Гол (1939). С 1940 команд. войсками Киевского ВО. В янв. – июле 1941 нач. Генштаба – зам. наркома обороны СССР. В Вел. Отеч. войну проявил себя как талантливый полководец,

Г.К. Жуков.

сыгравший решающую роль в разгроме нем.-фаш. войск в Ленингр. и Моск. битвах (1941–42), при прорыве блокады Ленинграда и в Сталинградской и Курской битвах (1942–43), при наступлении на Правобережной Украине и в Белорус. операции (1943–44), в Висло-Одерской и Берлинской операциях (1944–1945). С авг. 1942 1-й зам. наркома обороны СССР и зам. Верх. главнокомандующего. В 1945–46 главноком. Группой сов. войск и глава Сов. воен. администрации в Германии. С марта 1946 главнокоманд. Сухопут. войсками и зам. мин. Вооруж. Сил СССР. В том же году отстранён от должности И.В. Сталиным. С июня 1946 команд. войсками Одесского, с 1948 – Уральского ВО. С 1953 1-й зам. мин., с 1955 мин. обороны СССР. В окт. 1957 освобождён от обязанностей министра по распоряжению Н.С. Хрущёва, в 1958 уволен из Вооруж. Сил. Автор кн. «Воспоминания и размышления» (1-е изд., 1969; 10-е изд. дополнено по рукописи автора, т. 1–3, 1990).

ЖУКО́ВСКИЙ Вас. Анд. (1783–1852), рус. поэт. Начав как сентименталист («Сельское кладбище», 1802), стал одним из создателей рус. *романтизма*. Поэзия проникнута меланхолич. мечтаниями, стремлением к невыразимому, романтически переосмысленными образами нар. фантастики (баллады «Людмила», 1808, «Светлана», 1808–12). Перевёл «Одиссею» Гомера, произв. Ф. Шиллера, Дж. Байрона. Лит. критика. Илл. см. на стр. 244.

Жуки: 1 – жужелица (пахучий красотел); 2 – плодовая казарка; 3 – окаймлённый плавунец; 4 – майский хрущ; 5 – жук-олень; 6 – золотистая бронзовка; 7 – пёстрый усач; 8 – чёрный щелкун; 9 – колорадский жук; 10 – зелёная златка; 11 – погребальный могильщик.

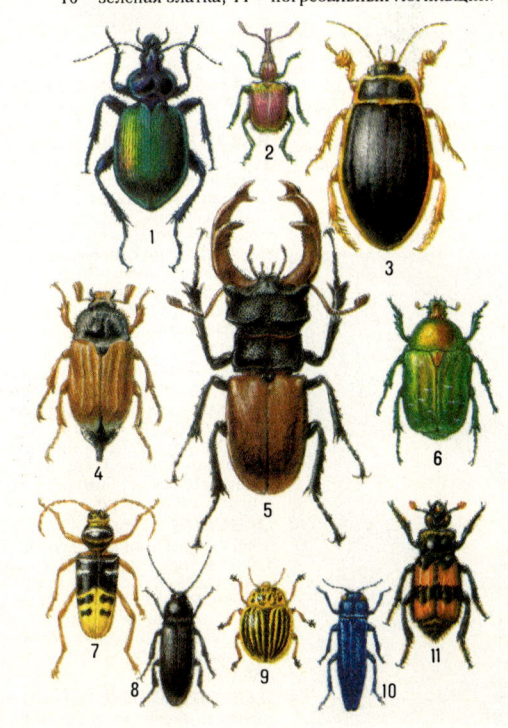

В.А. Жуковский.

ЖУКО́ВСКИЙ Ник. Ег. (1847–1921), один из основоположников аэродинамики. Организатор первых отеч. авиац. н.-и. учреждений. Инициатор создания (1918) и первый руководитель Центр. аэрогидродинамич. ин-та. Тр. по теоретич. механике, гидравлике, гидро- и аэродинамике, теории авиации и др.

Н.Е. Жуковский.

ЖУ́ПЕЛ, 1) по христ. религ. представлениям, горящая сера, смола для грешников в аду. 2) То, что внушает страх, ужас, чем запугивают кого-нибудь.

Журавли. Японский, или уссурийский, журавль.

З

З, з [зэ], девятая буква рус. алфавита; восходит к букве кириллицы З («земля»).

ЗАБАСТО́ВКА, прекращение работы лицами наёмного труда, с предъявлением администрации требований, касающихся условий труда. Одна из форм разрешения коллективных *трудовых конфликтов*. Полит. З. обычно сопровождаются требованиями к пр-ву. Право на З. предусмотрено законодательством мн. стран, в т.ч. в Рос. Федерации. Во мн. странах запрещены З. гос. служащих и военных.

ЗАБЕ́ЛА (по мужу – Врубель) Над. Ив. (1868–1913), певица (лирико-колоратурное сопрано). Пела на сцене Моск. частной рус. оперы, затем в С.-Петербурге. Н.А. Римский-Корсаков написал для З. ведущие партии в оп. «Царская невеста», «Сказка о царе Салтане» и др.

ЗАБЕ́ЛИН Ив. Ег. (1820–1908/09), историк, археолог. Пред. Об-ва истории и древностей российских (1879–88) – фактич. рук. Ист. музея в Москве. Тр. и публ. док-тов, в т.ч. «История города Москвы» (ч. 1, 1902), «Домашний быт русского народа в XVI–XVII вв.» (т. 1–2, 1862–69).

ЗАБОЛЕВА́ЕМОСТЬ, распространённость болезней среди населения или отд. его групп; статистич. показатель. Характеризует состояние здоровья населения и выражается кол-вом зарегистрир. заболеваний на 100, 1 тыс. или 10 тыс. человек на определ. терр. за 1 год. В мед. учреждениях учитываются общая З., З. с временной утратой трудоспособности, З. инфекц., проф. и др. болезнями.

ЗАБОЛО́ЦКИЙ Ник. Ал. (1903–1958), рус. поэт. Входил в *ОБЭРИУ*. В сб. «Столбцы» (1929) – гротескное изображение нэповского быта. В поэме «Торжество земледелия» (1933) – филос. осмысление темы преобразования природы, в поздней лирике – размышления о месте человека в мироздании, обществ.-психол., нравств. проблемы. Переводы груз. поэзии, «Слова о полку Игореве». Опыт жертвы сталинских репрессий в мемуарах «История моего заключения» (опубл. на англ. яз. 1981; на рус. яз. 1986).

ЗАВА́ДСКИЙ Юр. Ал-др. (1894–1977), актёр, режиссёр, педагог. С 1915 в Студии под рук. Е.Б. Вахтангова, в 1924–31 во МХАТе, с 1924 руководил осн. им студией, с 1940 худ. рук. Т-ра имени Моссовета. Игра отличалась пластич. изяществом, чёткостью сценич. рисунка: Антоний («Чудо святого Антония» М. Метерлинка, 1916, 1921), Калаф («Принцесса Турандот» К. Гоцци, 1922) и др. В героико-лирич. спектаклях, романтич. трагедиях, комедиях («Трактирщица» К. Гольдони, 1940; «Отелло» У. Шекспира, 1944; «Маскарад» М.Ю. Лермонтова, 1952, 1964) стремился к синтезу разл. театральных традиций.

ЗАВЕ́Т, библейское понятие, означающее союз Бога и людей. Ветхий З. – союз Бога с избранным народом. Новый З. – заключённый через Иисуса Христа союз Бога со всем человечеством. См. *Библия*.

ЗАВЕЩА́НИЕ, распоряжение гражданина относительно своего имущества на случай смерти, сделанное в установленной законом форме (нотариальной или приравненной к ней). По рос. праву гражданин может завещать всё своё имущество или часть его одному или неск. гражданам, как входящим, так и не входящим в круг наследников по закону, а также юрид. лицам или гос-ву. Наследователь может в З. лишить права

ЖУРАВЛИ́, род крупных птиц (сем. журавлиные). Выс. до 1,5 м, ноги и шея длинные, клюв прямой, острый. 10 видов, в Евразии и Сев. Америке. Чаще гнездятся на заболоченных лугах, в лесах, реже в тундре и степи. *Стерх, красавка,* серый и канадский Ж. – перелётные птицы. 6 видов, в т.ч. американский, чёрный, даурский Ж., редки и охраняются. У народов Японии и Сев. Азии Ж. – священная птица.

ЖУРНА́Л (франц. journal, первонач. – дневник), печатное периодич. издание. Первым Ж. считается науч. «Журналь де саван» (Франция, 1665). В России первый Ж. «Месячные исторические, генеалогические примечания в Ведомостях» (1728) – приложение к газ. «Санкт-Петербургские ведомости». В Рос. Федерации в нач. 90-х гг. выпускалось ок. 5 тыс. Ж. В США в кон. 80-х гг. выходило св. 11 тыс. Ж.

ЖУРНАЛИ́СТИКА, деятельность по сбору, обработке и распространению информации с помощью средств массовой информации (печать, радио, телевидение, кино и др.); науч. дисциплина. Ж. возникла с созданием периодич. печати. Во 2-й пол. 19 – нач. 20 вв. появились фото- и кино-журналистика, в 20–40-х гг. 20 в. – радио- и тележурналистика.

ЖЮЛЬ ВЕРН, см. *Верн* Ж.

ЖЮРИ́ (англ. и франц. jury, от лат. juro – присягаю), 1) группа специалистов, решающих вопрос о присуждении премий и наград на конкурсах, спорт. состязаниях и т.п. 2) В уголов. процессе ряда гос-в коллегия непроф. судей – присяжных, участвующих в рассмотрении гражд. и уголов. дел.

Ю.А. Завадский в роли Калафа.

наследования одного, неск. или всех наследников по закону (за исключением лиц, имеющих право на *обязательную долю*). При отсутствии З. наследуют наследники по закону. См. также *Выморочное имущество*.

ЗАВЕЩА́ТЕЛЬНЫЙ ОТКА́З (легат), в гражд. праве возложение на наследников по завещанию исполнения к.-л. обязательства в пользу к.-л. лица (лиц).

ЗАГА́ДКА, жанр нар.-поэтич. творчества; краткое замысловатое иносказательное поэтич. описание к.-л. предмета или явления, предлагаемое как вопрос для отгадывания. По форме (мерная речь, созвучие слов и рифма) нар. З. примыкает к пословице («В воде родится, воды боится»).

ЗАГРАНИ́ЧНЫЕ ПОХО́ДЫ РУ́ССКОЙ А́РМИИ, принятое в лит-ре назв. воен. действий рус. армии совм. с прус., швед. и австр. армиями в 1813–14 против наполеоновских войск в Германии и Франции, а также похода 1-й рус. армии под команд. ген.-фельдм. М.Б. Барклая-де-Толли во Францию в 1815 (в связи с бегством Наполеона с о. Эльба и возвращением его на франц. престол; см. «*Сто дней*»). Кампания 1813 завершилась разгромом франц. войск в Лейпцигском сражении, изгнанием их с терр. Германии, кампания 1814 – взятием союзными войсками Парижа 18(30) марта. В кампании 1815 (март–июль) рус. войска принимали участие эпизодически.

ЗА́ГРЕБ, столица Хорватии, на р. Сава. 707 т.ж. Кр. трансп. узел; междунар. аэропорт. Маш-ние; хим.-фарм., нефтеперераб., текст., обув.,

Загреб. Одна из улиц города.

полиграф. пром-сть. Ун-т (с 17 в.). Консерватория (1916). Св. 40 музеев (в т.ч. иск-в и ремёсел, Гал. старых мастеров, Гал. совр. иск-ва с Домом-музеем И. Мештровича и Гал. примитивистов), Нац. опера (1895). Киностудия. Ежегодные междунар. ярмарки. Туризм. Впервые упоминается в 1094. С сер. 16 в. гл. г. Хорватии. В 1526–1918 З. (нем. Аграм) под властью Габсбургов. С 1918 в составе Кор-ва сербов, хорватов и словенцев (с 1929 Югославия), с 1992 столица независимой Респ. Хорватия. Остатки укреплений 13–18 вв., готич. церкви, дворцы в стилях барокко и классицизма. Совр. застройка в р-не Юж. З.

ЗАГС (запись актов гражданского состояния), в Рос. Федерации письм. сведения об *актах гражданского состояния*, а также гос. органы, регистрирующие эти акты.

«ЗАДО́НЩИНА» (1380-е гг.), воинская повесть о *Куликовской битве*. Написана (возможно, Софонием Рязанцем) с ориентацией на «*Слово о полку Игореве*», что было вызвано общей идейной установкой авторов: единение рус. княжеств перед лицом внеш. врага. Гибельному исходу событий в «Слове» символически противопоставлялся победоносный в «З.». Будучи лирич. откликом на битву, исполнена «жалости» – плача по всем погибшим (в т.ч. монголо-татарам) и «похвалы» – славы воинской доблести русских.

ЗАЁМ, в гражд. праве договор, в силу к-рого одна сторона (займодавец) передаёт другой стороне (заёмщику) в собственность деньги или вещи, определённые родовыми признаками – числом, весом, мерой (напр., зерно), а заёмщик обязуется возвратить такую же сумму денег или равное кол-во вещей того же рода и качества.

ЗАЗЕМЛЕ́НИЕ, электрич. соединение элементов электрич. машин, аппаратов, приборов и т.п. с землёй с целью защиты людей от поражения электрич. током (защитное З.) или использования земли в качестве проводника (рабочее З.); устройство, обеспечивающее такое соединение.

ЗАИКА́НИЕ, расстройство речи в виде задержки звуков, слогов и их повторения вследствие судорог мышц речедвигат. аппарата. Возникает обычно в детстве после испуга, инфекций, интоксикаций и др.

ЗАИ́Р (Республика Заир), гос-во в Центр. Африке, на протяжении 40 км омывается Атлантич. ок. Пл. 2,3 млн. км². Нас. 38,5 млн.ч.: луба, конго, монго, руанда, занде и др. Офиц. яз.– французский. Ок. 50% нас. придерживается местных традиц. верований, остальные б.ч. христиане. Глава гос-ва – президент. Законодат. орган – Высший совет республики (переходный парламент). Столица – Киншаса. Адм.-терр. деление: 9 областей (в т.ч. столица выделена в отд. адм.-терр. единицу). Ден. единица – заир.

Б.ч. терр. З.– впадина Конго и обрамляющие её плато (выс. до 1300 м). На В.– горы (выс. до 5109 м, пик Маргерита). Климат экв. на Ю. и крайнем С. субэкв. Ср. темп-ры от 22 до 28 °C; осадков 1000–2500 мм в год. Гл. река – Конго (Заир), её притоки: Арувими, Убанги, Ломами, Касаи. Кр. озёра: Мобуту-Сесе-Секо, Эдуард, Киву, Танганьика, Мверу. Влажные экв. леса, вторичные саванны; на Ю. и Ю.-В.– сухие тропич. редколесья, в горах – горн. леса.

В 1885–1908 владение бельг. короля Леопольда II («Независимое гос-во Конго»), в 1908–60 колония Бельгии (Бельг. Конго). С 1960 независимое гос-во. С 1965 у власти находится през. Мобуту Сесе Секо (в дек. 1991 срок его полномочий истёк, и он сохраняет свой пост до новых президентских выборов). В авг. 1991 в З. созвана общенац. конференция по вопросу проведения демокр. реформ. В 1992 конф. одобрила проект новой конституции (Хартия переходного периода). Однако Мобуту Сесе Секо созвал в 1993 сессию Нац. собрания для обсуждения собств. проекта конституции. В стране функционировали 2 пр-ва и 2 законодат. органа. Распущены в 1994; создан Высший совет республики.

З.– агр. страна с развитой горнодоб. пром-стью. ВНП на д. нас. 220 долл. в год. З. занимает одно из первых мест в мире по добыче кобальта (св. 70% мирового произ-ва; св. 9 тыс. т в год) и техн. алмазов (75%; 18–20 млн. карат в год), а также меди, является одним из крупнейших производителей германия, кадмия, серебра, золота, олова, цинка, пальмового масла, кофе, натурального каучука. Цв. металлургия, хим., металлообр. пром-сти. Осн. экспортные с.-х. культуры: масличная пальма, кофе (75% поступлений от экспорта с.-х. продукции), какао, гевея, потребит. культуры: маниок (1-е место в Африке), батат, ямс, зерновые. Жив-во малопродуктивное и развито слабо. Лесозаготовки. Рыб-во. Произ-во эл.-энергии 6 млрд. кВт·ч, в Шабе единственная в Африке геотермальная ЭС.

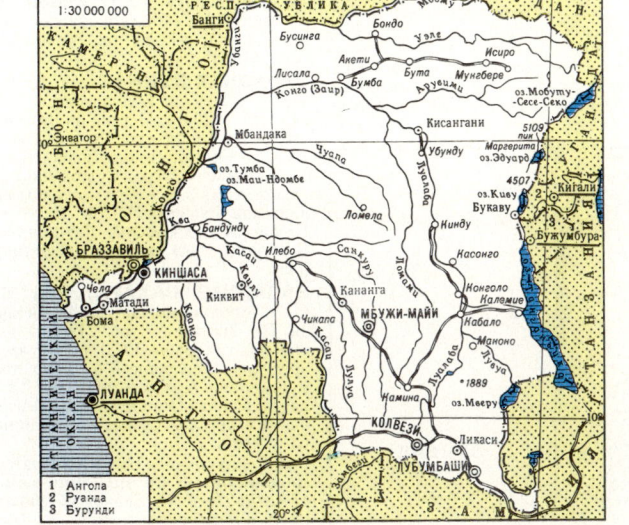

Заир. Деревня народа луба.

ЗА́ЙМЫ ГОСУДА́РСТВЕННЫЕ, кредиты, получаемые гос-вом или предоставляемые им. Задолженность по З.г., в к-рых гос-во выступает заёмщиком, включается в сумму *государственного долга*. Осн. форма размещения З.г.– облигации. В экономике нек-рых стран З.г.– второй после налогов способ мобилизации средств для финансирования гос. расходов.

ЗА́ЙЦЕВ Ал-др Ген. (р. 1952), рос. спортсмен (фигурное катание). Чемпион СССР (1973–75, 1977), Европы (1973–78, 1980), мира (1973–78); Олимп. игр (1976, 1980) в парном катании с И.К. Родниной.

ЗА́ЙЦЕВ Бор. Конст. (1881–1972), рус. писатель. С 1922 в эмиграции. Чувство мистич. единения человеческого и природного миров в рассказах и повестях, отмеченных импрессионистичностью («Аграфена», 1908; «Голубая звезда», 1918). Кн. воспоминаний «Москва» (1939), худ. биографии рус. писателей (И.С. Тургенева, А.П. Чехова и др.), «житийные портреты» (в т.ч. «Преподобный Сергий Радонежский», 1925).

ЗА́ЙЦЫ, семейство млекопитающих. Длина тела до 75 см. Задние конечности обычно значительно длиннее передних; уши большие. 47 видов, в т.ч. беляк, русак, дикий кролик, толай. Передвигаются обычно прыжками со скоростью до 70 км/ч. Распространены широко; нек-рые акклиматизированы в Австралии, Н. Зеландии. Объект промысла и спорт. охоты (мясо, мех). Живут 8–10 лет.

ЗАК Як. Израилевич (1913–76), рос. пианист, педагог. Обширный репертуар З. включал произв. рус. (многие исполнил впервые) и заруб. композиторов. 1-я пр. на Междунар. конкурсе пианистов имени Ф. Шопена (Варшава, 1937).

ЗАКА́ЗНИК природный (от старого рус. слова «заказать», т.е. «запретить»), территория (акватория), на к-рой ограничивается природопользование и др. деятельность человека в целях охраны отд. видов ж-ных, р-ний, водных, земельных объектов и т.д. В Рос. Федерации существуют охотничьи, рыбохоз., геол., ландшафтные и др. виды З.

ЗАКАРИА́ДЗЕ Сер. Ал-др. (1909–1971), актёр. Играл в театрах имени Ш. Руставели и К.А. Марджанишвили (Тбилиси), Кутаисском театре. С равной силой использовал в игре комедийные и трагедийные краски. Снимался в ф.: «Последние крестоносцы» (1934), «Георгий Саакадзе» (1942–43), «День последний, день первый» (1960), «Не горюй!» (1969). Одна из лучших ролей – в ф. «Отец солдата» (1965).

ЗАКОМА́РА, в рус. архитектуре полукруглое или килевидное завершение участка стены, закрывающее прилегающий к ней внутр. цилиндрич. свод и повторяющее его очертания.

Зайцы. Заяц-беляк летом.

ЗАКО́Н, 1) необходимое, существенное, устойчивое, повторяющееся отношение между явлениями в природе и об-ве. Понятие З. родственно понятию сущности. З. выражает общие отношения, связи, присущие всем явлениям данного рода, класса. Познание З. составляет задачу науки. 2) Нормативный акт, принятый высш. органом законодат. власти, установленным конституцией. Обладает высш. юрид. силой по отношению к др. нормативным актам (указам, постановлениям и др.). Осн. *источник права*.

ЗАКО́Н БО́ЖИЙ, обязат. предмет в нач. и ср. уч. заведениях России до 1917; преподавался священнослужителями. С 1990-х гг. преподаётся в воскресных школах и нек-рых др. уч. заведениях.

«ЗАКО́Н РУ́ССКИЙ», свод вост.-слав. и др.-рус. обычного права. Содержал нормы уголов., наследств., семейного, процессуального права. Текст «З.Р.» частично отражён в договорах Руси с Византией 911, 944 и в *«Русской правде»*.

ЗАКО́ННЫЕ ПРЕДСТАВИ́ТЕЛИ, в праве лица, к-рые в силу закона (без особого полномочия) выступают во всех учреждениях, в т.ч. в суде, в защиту прав и законных интересов недееспособных, ограниченно дееспособных либо дееспособных, находящихся под опекой и попечительством. З.п. являются родители (в отношении детей до 18 лет), опекуны и попечители (см. *Опека, Попечительство*).

ЗАКОНОДА́ТЕЛЬНАЯ ВЛАСТЬ, в системе *разделения властей* одна из ветвей власти, функцией к-рой является принятие законов. З.в. принадлежит, как правило, выборным представит. органам гос-ва (напр., парламенту).

ЗАКОНОДА́ТЕЛЬНАЯ ИНИЦИАТИ́ВА, право внесения законопро-

Закомары.

ектов в законодат. орган, влекущее обязанность этого органа рассмотреть законопроект и принять по нему решение. Круг органов и лиц, имеющих право З.и., определяется обычно в конституции (напр., ст. 104 Конституции Рос. Федерации).

ЗАКОПА́НЕ, крупнейший в Польше горноклиматич. курорт в Татрах; центр зимнего спорта, туризма и альпинизма. 30 т.ж.

ЗАКРЕПИ́ТЕЛЬ ФОТОГРАФИ́ЧЕСКИЙ, то же, что *фиксаж фотографический.*

ЗАКС (Sachs) Нелли (1871–1970), нем. поэтесса. С 1940 в Швейцарии. В трагически пронзит. лирике, полной мистич. символов («мёртвый жених», «мёртвые дети»), – плач о судьбах евреев – жертвах геноцида (сб. «В обиталищах смерти», 1947, «Омрачение звёзд», 1949, «Следы на песке», 1962). Ноб. пр. (1966).

ЗА́ЛЕЖЬ, пашня, необрабатываемая длит. время. См. *Целина.*

ЗАЛИ́В, часть водоёма, вдающаяся в сушу, но имеющая свободный водообмен с осн. частью водоёма (за исключением особых случаев одностороннего стока мор. вод в З., напр. Сиваш). Иногда назв. «З.» даётся отд. частям Мирового ок., к-рые по своему гидрологич. режиму являются морями (напр., Мексиканский зал., Гудзонов зал., Персидский зал.).

ЗАЛО́Г, 1) в гражд. праве один из способов обеспечения обязательств. Состоит в передаче должником кредитору денег или иных имуществ. ценностей, из стоимости к-рых кредитор имеет преимущественное право удовлетворить своё требование при неисполнении должником обязательства. 2) В угол. процессе *мера пресечения.* Состоит во внесении обвиняемым, подозреваемым либо др. лицом (орг-цией) денег или ценностей в *депозит* суда для обеспечения явки обвиняемого (подозреваемого) по вызовам следователя, прокурора, суда. Применяется с санкции прокурора или по определению суда.

ЗАЛО́ЖНИКИ, лица, насильственно схваченные или задерживаемые с целью заставить др. сторону (под угрозой смерти З.) произвести к.-л. действия или воздержаться от таковых. Совр. междунар. право рассматривает захват и убийство З. из числа лиц, не принимающих участия в воен. действиях, как воен. преступления, а случаи взятия З. в мирное время в рамках ООН принята Междунар. конвенция по борьбе с захватом З. (1979), к-рая квалифицирует взятие З. как преступление и обязывает участников конвенции предавать виновных суду, если они не выдаются к.-л. др. гос-ву. См. также *Выдача преступников.*

ЗАЛЫ́ГИН Сер. Пав. (р. 1913), рус. писатель. В пов. «На Иртыше» (1964), ром. «Солёная падь» (1967–68), «Комиссия» (1975), «После бури» (кн. 1–2, 1980–85) – осмысление жизни послерев. Сибири, отмеченное стремлением к ист. достоверности, психологизму. Публицистика по проблемам экологии; работы о лит-ре. Гл. ред. ж. «Новый мир» (с 1986).

ЗА́ЛЬЦБУРГ, г. в Австрии, на р. Зальцах. 144 т.ж. Междунар. аэропорт. Центр муз. и театрального иск-ва; ежегодные муз. фестивали (с 1920). Родина В.А. Моцарта (Дом-музей, Муз.-науч. об-во и конс. «*Моцартеум*»). Музей Каролины Августы (археол. и худ. собрание). Маш-ние; полиграф., деревообр. пром-сть. Ун-т (1622). Собор (осн. стр-во – 17 в.), крепость (осн. в 11 в., перестроена в 15–16 вв.).

ЗАМАНИ́ХА, род листопадных шиповатых кустарников (сем. аралиевые). 3 вида, в Сев. Америке, Вост. Азии, в т.ч. З. высокая – на Ю. Приморского края. Растёт в елово-пихтовых лесах, иногда образуя заросли. Лекарств. р-ние (настойка из корней и корневищ – тонизирующее средство).

ЗАМБЕ́ЗИ, р. в Юж. Африке (Ангола, Замбия, Намибия, Зимбабве, Мозамбик). Дл. 2660 км. Берёт начало на плато Лунда, впадает в Индийский ок. Много порогов и водопадов (Виктория и др.). Осн. притоки: Кафуэ, Луангва, Шире. ГЭС и вдхр. Кариба. Судох. в осн. на терр. Замбии.

ЗА́МБИЯ (Республика Замбия), гос-во в Центр. Африке. Пл. 752,6 т. км². Нас. 8,5 млн. ч.; бемба, тонга, малави, лози и др. Офиц. яз. – английский. Ок. 60% нас. придерживается местных традиц. верований. Входит в *Содружество*. Глава гос-ва и пр-ва – президент. Законодат. орган – Нац. собрание. Столица – Лусака. Адм.-терр. деление: 9 провинций. Ден. единица – квача.

Замбези. Каньон в районе ГЭС Кариба.

Поверхность – волнистое плоскогорье выс. 1000–1350 м. На С.-В. – горы Мучинга (1893 м). Климат субэкв. Ср. темп-ры самого тёплого месяца (окт.) 23–27°C, самого холодного (июль) 15–20°C; осадков 600–1400 мм в год. Б.ч. рек относится к басс. р. Замбези. Кр. озёра: Танганьика, Мверу (пограничные). Преим. сухой тропич. лес и саванны.

С кон. 1880-х гг. терр. З. под брит. господством. С 1911 назв. Сев. Родезия. С 1964 независимое гос-во. С 1973 в З. действовала конституция, установившая однопартийную систему. Главой гос-ва в 1964–91 был К. Каунда (с 1960 през. ЮНИП, Объединённой партии нац. независимости, осн. в 1959). В 1991 вступила в силу новая конституция. На президентских выборах 1991 победу одержал лидер оппозиц. Партии движения за многопарт. демократию (осн. в 1990) Ф. Чилуба.

Основа экономики – горнодоб. пром-сть и цв. металлургия (дают 98% стоимости экспорта). ВНП на д. нас. 290 долл. в год. Добыча меди (4-е место в мире), кобальта (одно из первых мест в мире) и др. Хим., лёгкая, деревообр. пром-сть. Возделывают кукурузу и др. зерновые, табак, арахис, сах. тростник, хлопчатник. Отгонно-пастбищное жив-во ограничено из-за скудных пастбищ и распространения мухи цеце. Поголовье: кр. рог. скот, свиньи, овцы. Рыб-во – традиц. занятие населения.

ЗА́МОК, укреплённое жилище знати. В Европе, на Бл. Востоке, Кавказе и в Ср. Азии возводились в хорошо защищённых местах, гл. башня (*донжон*, кешк) окружалась валами, рвами. Суровые, мощные З. с 11–12 вв. стали более живописными и свободными по планировке, с 13–14 вв. превратились в сложные комплексы построек, позже в дворцовые ансамбли, иногда грандиозные по масштабам (Градчанский З. в Праге).

ЗА́МША (от польск. zamsz), кожа жирового или комбинир. дубления с ворсистой лицевой поверхностью, вырабатывается из шкур оленей, лосей, овец, диких коз и т.д. Характеризуется мягкостью, бархатистостью, водонепроницаемостью. Из З. изготовляют обувь, одежду, перчатки и др.

ЗАМЯ́ТИН Евг. Ив. (1884–1937), рус. писатель. С 1932 в эмиграции (Париж). Гротескно-сатирич. изображение провинц. мещанства в России (пов. «Уездное», 1913) и Англии (пов. «Островитяне», 1918). Пов. «На куличках» (1914) о попрании человеческого достоинства в армии.

Замок Шамбор. Франция. 1519–53.

Замок Азе-ле-Ридо. Франция. 1518–29.

В романе-антиутопии «Мы» (опубл. на англ. яз. за рубежом, 1924, в России в 1988) – гротескное изображение тоталитарного режима. Сказки-притчи, пьесы.

ЗАНД Жорж, см. *Санд Ж.*

ЗА́НДЕРЛИНГ (Sanderling) Курт (р. 1912), нем. дирижёр. В 1936–60 жил в СССР (в 1937–41 дирижёр Всес. радио, в 1941–60 – орк. Ленингр. филармонии). С 1960 в Берлине.

ЗАНЗИБА́Р, о-в в Индийском ок., у вост. побережья Африки (Танзания). Пл. 1658 км². Выс. до 120 м. Сложен коралловыми известняками, окаймлён рифами. Вторичные кустарниковые заросли, на побережье местами мангровая растительность. Гл. г. и порт – Занзибар.

ЗАНУ́ССИ (Zanussi) Кшиштоф (р. 1939), польск. кинорежиссёр. Исследует взаимоотношения людей и проблемы религ. сознания в совр. об-ве: ф. «Семейная жизнь» (1971), «Иллюминация» (1973), «Защитные цвета» (1976), «Год спокойного солнца» (1984), «Если ты где-нибудь есть» (1988).

ЗА́ПАДНАЯ ДВИНА́ (латв. Даугава), р. в России, Белоруссии и Латвии. Дл. 1020 км. Истоки на Валдайской возв., впадает в Рижский зал. Балт. м. Осн. притоки: Дисна, Дрисса, Айвиексте, Огре. Судох. на отд. участках. На З.Д. – Кегумсская, Плявиньская, Рижская ГЭС; гг. Витебск, Полоцк в Белоруссии, Даугавпилс, Екабпилс, Рига (в устье) в Латвии и др.

ЗА́ПАДНАЯ САХА́РА, терр. на С.-З. Африки, омывается Атлантич. ок. Пл. 266 т.км². Нас. 213 т.ч., гл. обр. мавры (арабы З.С.). Офиц. яз. – арабский. Верующие – большинство мусульмане. Адм. ц. – Эль-Аюн. 2 области: Южная (Рио-де-Оро) и Северная (Сегиет-эль-Хамра). Ден. единица – песета.

З.С. – пустынная равнина. Климат тропич., сухой. Ср.-мес. темп-ры от 17–20 до 25–30°C; осадков 50–200 мм в год. Кустарники и травы.

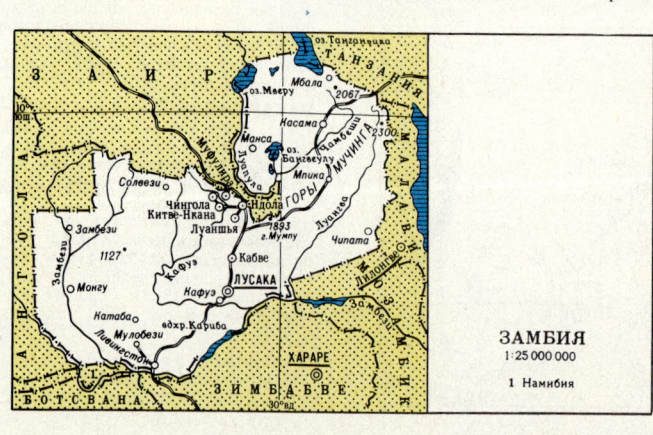

С 80-х гг. 19 в. владение Испании. В 1976 в соответствии с соглашением 1975 между Испанией, Марокко и Мавританией и решениями Ген. Ассамблеи ООН о З.С. Испания официально передала власть в З.С. представителям Марокко и Мавритании (в 1979 Мавритания отказалась от терр. притязаний на З.С.). В 1976 провозглашено создание Сахарской Араб. Демокр. Респ.

Основа экономики – добыча фосфоритов (м-ние Бу-Краа – одно из крупнейших в мире). Осн. занятие нас. – кочевое скот-во (верблюды, козы, овцы). Добыча поваренной соли. В оазисах – финиковая пальма. Рыб-во.

ЗА́ПАДНИКИ, представители одного из направлений рус. обществ. мысли 1840–50-х гг. Считали историю России частью общемирового ист. процесса, сторонники развития страны по зап.-европ. пути. Критиковали самодержавие и крепостничество, выдвигали проекты освобождения крестьян с землёй, сторонники реформ и конституц. преобразования гос. строя. Гл. представители: П.В. Анненков, В.П. Боткин, Т.Н. Грановский, К.Д. Кавелин, М.Н. Катков, И.С. Тургенев, П.Я. Чаадаев, Б.Н. Чичерин и др. Сотрудничали в ж. «Отечественные записки», «Современник», «Русский вестник». Крайне левое крыло З.– А.И. Герцен, В.Г. Белинский, Н.П. Огарёв (до кон. 1840-х гг.). После крест. реформы 1861 З. сблизились со *славянофилами* на почве либерализма. Взгляды З. (особенно их конституц. проекты) получили дальнейшее развитие в программах рос. либеральных орг-ций и групп кон. 19 – нач. 20 вв.

ЗА́ПАДНОЕ САМО́А, гос-во в Океании, в юго-зап. части Тихого ок. Занимает зап. часть арх. Самоа – о-ва Савайи и Уполу (почти 100% терр.). Общая пл. 2,8 т. км². Нас. 163 т.ч., в осн. самоанцы. Офиц. языки –

самоанский и английский. Ок. 75% верующих – протестанты. Входит в *Содружество*. З.С.– монархия, возглавляется пожизненным главой гос-ва. Согласно конституции З.С. после смерти нынешнего главы гос-ва монархия будет ликвидирована. Законодат. орган – Законодат. собрание. Столица – Апиа. Адм.-терр. деление: 11 округов. Ден. единица – тала.

О-ва вулканич. происхождения, гористы (выс. до 1658 м, о. Савайи). Климат тропич., жаркий и влажный; часты ураганы. Ср.-мес. темп-ры 25–27°C; осадков в год 3000 мм в год. Густые влажные тропич. леса.

В кон. 19 в. захвачено Германией. В 1914–62 под управлением Н. Зеландии. С 1962 независимое гос-во.

З.С.– агр. страна. ВНП на д. нас. 940 долл. в год. Осн. культуры: кокосовая пальма, какао, бананы. Лесоразработки. Рыб-во. Развивается иностр. туризм (св. 40 т.ч. в год). Вывоз копры и кокосового масла, какао, бананов.

ЗА́ПАДНО-СИБИ́РСКАЯ НЕФТЕГАЗОНО́СНАЯ ПРОВИ́НЦИЯ, крупнейшая на терр. России. Пл. 2,2 млн. км². Широкое освоение бассейна с 1950-х гг.: открыто св. 300 м-ний нефти и газа. Св. 40 продуктивных горизонтов на глуб. 0,7–4 км. Запасы крупнейших м-ний: Самотлорского св. 1,4 млрд. т нефти и Уренгойского св. 7 трлн. м³ газа.

ЗА́ПАДНО-СИБИ́РСКАЯ РАВНИ́НА (Западно-Сибирская низменность), одна из самых больших (пл. ок. 3 млн. км²) равнин земного шара. Занимает б.ч. Зап. Сибири, протягиваясь с С. на Ю. на 2500 км, с З. на В. на 1900 км. Выс. от 50 до 300 м. Поверхность слабо расчленённая, с моренными холмами, грядами и гривами. Выделяются: Васюганская равнина, Барабинская, Ишимская и Кулундинская степи. Св. 2000 рек, в т.ч. *Обь, Иртыш, Енисей*. Много озёр (Чаны, Убинская и др.) и болот. На С.– тундра и лесотундра, южнее – тайга, к-рая сменяется лесостепью и степью, б.ч. распаханными. Кр. м-ния нефти и газа Зап.-Сиб. нефтегазоносной провинции.

ЗА́ПАДНО-СИБИ́РСКОЕ ВОССТА́НИЕ, крестьян Тюменской, Омской и отд. уездов Оренбургской, Челябинской и Екатеринбургской губерний, вызванное политикой «воен. коммунизма» (янв.– июнь 1921). Подготовлено эсеровским «Сиб. (Всесиб.) крест. союзом». Руководитель – В.А. Родин. Осн. лозунги: «Долой продразвёрстку!», «Советы без коммунистов» и др. Подавлено Кр. Армией.

ЗАПОВЕ́ДНИК, территория (акватория), на к-рой полностью исключены любая хоз. деятельность и др. вмешательство в естеств. природу; находится под охраной гос-ва. Создаются для сохранения для природных экосистем, так и отд. р-ний и ж-ных. З., где ведутся науч. иссл. и долговрем. наблюдения (мониторинг) природной среды по междунар. программам, назв. биосферным. В России (на 1994) 84 З. (в т.ч. 17 биосферных и 1 морской) пл. ок. 8 млн. га. Первыми из них были Баргузинский и Кедровая Падь (организованы в 1916), наиб. крупные – *Кроноцкий заповедник*, Таймырский, о. Врангеля. См. также *Национальный парк*.

Заповедник. В Сихотэ-Алинском заповеднике.

ЗАПОЛНИ́ТЕЛИ бетонов, природные или искусств. сыпучие материалы; осн. компонент *бетона* (составляет до 85% его объёма). Различают З.: плотные – для обыкновенных (тяжёлых) бетонов и пористые – для лёгких. По размеру и форме зёрен З. делятся на крупные (напр., гравий, щебень) и мелкие (преим. песок). Среди пористых З. наиб. распространены искусственные (керамзит, шлаковая пемза и др.), а также из дроблёных пористых горн. пород (напр., туф).

ЗАПОМИНА́ЮЩЕЕ УСТРО́ЙСТВО, устройство для автоматич. записи, хранения и выдачи (по запросу) информации. Используется в ЭВМ, базах данных, автоматич. и автоматизир. системах управления и др. Информация записывается и хранится на магн. лентах, магн. и оптич. дисках, полупроводн. структурах и др. носителях. Осн. параметры З.у.– ёмкость (наиб. кол-во одновременно хранимой информации – от неск. *байт* до неск. Гбайт) и время обращения (миним. промежуток времени между 2 последоват. обращениями – от неск. нс до неск. мс).

ЗАПОРО́ЖСКАЯ СЕЧЬ, орг-ция укр. казаков в 16–18 вв. за Днепровскими порогами. Назв. происходит от наименования гл. укрепления (Сечи). Казачья «республика»; верх. орган – сечевая рада. Возглавлялась кошевым атаманом. Делилась на курени. Сыграла крупную роль в освободит. борьбе укр. народа в 16–17 вв. В 1709 т.н. Старая Сечь была ликвидирована, в 1734 пр-вом создана т.н. Новая Сечь, упразднена Екатериной II в 1775 после подавления восстания Е.И. Пугачёва.

ЗАПОРО́ЖЬЕ (до 1921 Александровск), г. (с 1806), обл. ц. на Украине. 897 т.ж. Порт на р. Днепр; ж.-д. уз. Чёрная и цв. металлургия, маш-ние (автомобили «Запорожец» и «Таврия», моторы, эл.-техн. аппаратура и др.), хим., коксохим. пром-сть. Днепрогэс. 4 вуза (в т.ч. ун-т). Краеведч. и худ. музеи. Т-ры: муз.-драм., кукол и др. Осн. в 1770.

ЗАПРО́С ДЕПУТА́ТА (интерпелляция), право депутата парламента требовать от пр-ва или отд. министра офиц. разъяснений по вопросам общей политики пр-ва или конкретным мероприятиям.

ЗА́РАБОТНАЯ ПЛА́ТА, часть *национального дохода*, поступающая в индивид. потребление работающих по найму. Номинальная З.п.– сумма ден. средств, полученных работником за выполнение работы в течение определ. периода времени; реальная – то кол-во товаров и услуг, к-рое можно за неё приобрести. В зависимости от специфики труда применяют повременную, сдельную системы З.п. В большинстве стран миним. З.п. устанавливается законом.

ЗАРАЖЕ́НИЕ КРО́ВИ, см. *Сепсис*.

ЗАРАТУ́ШТРА (Заратустра) (греч. Зороастр) (между 10 – 1-й пол. 6 вв. до н.э.), пророк и реформатор др.-иран. религии, получившей назв. *зороастризм*. Составил древнейшую часть «Авесты».

ЗА́РИНЬШ (Zariņš) Маргерс (р. 1910), латыш. композитор, театр. деятель. В 1940–50 муз. рук. т-ра «Дайлес» в Риге. В муз. творчестве – театральная стихия, пародийно-сатирич. образность, с 1960-х гг. – черты неоклассицизма. Оп. «К новому берегу» (1955), комич. оп. «Зелёная мельница» (1958), комич. опера-балет «Чудо Св. Маврикия» (1964), оратории, вок. произв., соч. для хора, музыка к кинофильмам. Сатирико-фантастич. ром. «Фальшивый Фауст, или Переработанная и дополненная поваренная книга» (1973), сб-ки рассказов.

ЗАРО́ДЫШ, 1) у ж-ных и человека З., или эмбрион,– организм на ранних стадиях развития: от оплодотворённого яйца до выхода из яйцевых или зародышевых оболочек или до рождения. Развивается за счёт запасов питат. в-в в яйце или за счёт материнского организма. У млекопитающих З. на поздних стадиях развития назв. *плодом*. 2) Зачаток папоротниковидных и семенных р-ний; развивается обычно из оплодотворённой яйцеклетки.

ЗАРХИ́ Ал. Григ. (р. 1908), рос. кинорежиссёр. В 1930–50 снимал фильмы с И.Е. Хейфицем (в т.ч. популярную комедию «Горячие денёчки», 1935), отмеченные стремлением к обобщённости, психол. глубине изложения. Самостоят. работы З. посвящены современности («Высота», 1957), экранизации классики («Анна Каренина», 1968) или ист. фигурам («26 дней из жизни Достоевского», 1981).

ЗАРЯ́Д ЭЛЕКТРИ́ЧЕСКИЙ, см. *Электрический заряд*.

ЗАРЯ́НКА (малиновка), певчая птица (сем. дроздовых). Дл. ок. 15 см. Обитает в сырых лесах Европы и Зап. Азии. Гнёзда на земле и пеньках. Часто поёт на вечерней заре (отсюда назв.). Илл. см. на стр. 248.

ЗАСЕ́ЧНЫЕ ЧЕРТЫ́ (линии), оборонит. сооружения на юж. и юго-вост. окраинах Рус. гос-ва в 16–17 вв. для защиты от крымско-тур.

248 ЗАСУ

Зарянка.

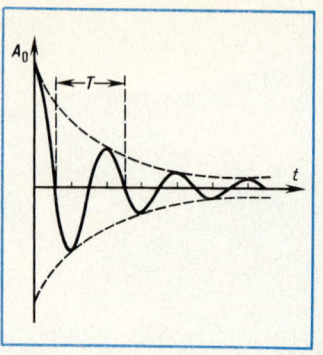

Затухающие колебания: A_0 — первоначальная амплитуда; T — период.

набегов. Состояли из засек, валов, рвов, частоколов, дополнялись естеств. преградами (реки, овраги). Имели опорные пункты (остроги и города-крепости).

ЗАСУ́ЛИЧ Вера Ив. (1849–1919), участница рев. движения, с нач. 1880-х гг. – с.-д. (была одним из организаторов гр. «Освобождение труда»), с 1903 – меньшевичка. В 1878 покушалась на жизнь петерб. градоначальника Ф.Ф. Трепова, оправдана. Автор восп. (опубл. 1919).

ЗА́СУХА, стихийное бедствие, для к-рого характерны дефицит осадков, повышенная темп-ра, пониженная влажность воздуха и почвы. Длительная З. губительна для урожая, особенно в тропич. областях (напр., сахель в Африке), а также в зоне степей и полупустынь.

ЗАТВО́Р, 1) подвижная конструкция для полного или частичного закрывания водопропускных отверстий гидротехн. сооружений (шлюза, плотины, рыбохода и т.п.). 2) В фотоаппарате механизм для точного дозирования выдержки при съёмке. 3) В огнестрельном оружии механизм для запирания канала ствола и воспламенения заряда в момент выстрела.

ЗАТМЕ́НИЯ солнечные и лунные, происходят либо когда Земля попадает в тень, отбрасываемую Луной (солнечные З.), либо когда Луна попадает в тень Земли (лунные З.). Длительность полных солнечных З. не превышает 7,5 мин, частных (большой фазы) – 2 ч. Полные лунные З. могут длиться до 1 ч 45 мин. З. повторяются в опредёл. последовательности с периодом 6585 $\frac{1}{3}$ сут (т.н. сарос). В течение одного сароса происходит 43 солнечных и 28 лунных З. Ежегодно бывает не более 7 З. (из них не более 3 лунных). В данном месте Земли полные солнечные З. наблюдаются в ср. 1 раз в 200–300 или 300–400 лет.

ЗА́ТОПЕК (Zátopek) Эмиль (р. 1922), чеш. спортсмен (лёгкая атлетика). Чемпион Олимп. игр (1948, в беге на 10 000 м; 1952, в беге на 5000 и 10 000 м, в марафоне) и Европы (1950, 1954). Неоднократный рекордсмен мира (1950–54).

ЗАТУХА́ЮЩИЕ КОЛЕБА́НИЯ, колебания, амплитуда к-рых уменьшается с течением времени вследствие потерь энергии: превращения энергии колебаний в тепло в результате трения в механич. системе (напр., в точке подвеса маятника) или потерь на электрич. сопротивлении либо излучения эл.-магн. энергии в электрич. системах. Време-

нем затухания δ наз. промежуток времени, за к-рый первонач. амплитуда З.к. убывает в e раз.

ЗА́УЭРБРУХ (Sauerbruch) Фердинанд (1875–1951), нем. хирург, один из основоположников грудной хирургии. Осн. тр. по хирургич. лечению туберкулёза, рака лёгких, болезней пищевода и средостения.

ЗАХА́ВА Бор. Евг. (1896–1976), режиссёр, актёр, педагог. С 1913 в Студии, затем в Т-ре имени Е. Вахтангова. Преим. комедийный и характерный актёр, творчеству к-рого присущи чёткое выявление драм. конфликтов, создание достоверных, но обобщённых, крупных характеров. Пост.: «Егор Булычов и другие» М. Горького (1932, 1951) и др.

ЗАХА́РОВ Андреян Дм. (1761–1811), архитектор, представитель *ампира*. Создатель одного из шедевров рус. архитектуры – здания *Адмиралтейства* в С.-Петербурге (1806–1823), проектов «образцовых» (типовых) сооружений для рус. городов.

А.Д. Захаров. Павильон Адмиралтейства в Санкт-Петербурге. 1806–23.

ЗАХА́РОВ Вл. Григ. (1901–56), композитор. Муз. рук. (с 1932) хора имени Пятницкого. Творчески претворив традиции рус. нар. иск-ва, создал индивид. стиль многоголосной песни: «Вдоль деревни» (1933), «Зелёными просторами» (1938), «И кто его знает» (1939), «Ой, туманы мои, растуманы» (1942) и др.

ЗАХА́РОВ Марк Анат. (р. 1933), режиссёр. С 1973 худ. рук. Моск. т-ра имени Ленинского комсомола (с 1990 «Ленком»). Среди пост.: «Тиль» Г.И. Горина по Ш. де Костеру (1974), «Иванов» А.П. Чехова (1975), «Три девушки в голубом» Л.С. Петрушев-

ской (1985), «Поминальная молитва» по Шолом-Алейхему, «Мудрец» по комедии А.Н. Островского «На всякого мудреца довольно простоты» (обе 1989), «Безумный день, или Женитьба Фигаро» П.О. Бомарше (1993) и др. З. стремится дать драм. произведению совр., иногда злободневную трактовку. Его чёткие, жёсткие по структуре спектакли динамичны, часто насыщены музыкой и танцем. Пост. т/ф: «Обыкновенное чудо» (1978), «Тот самый Мюнхгаузен» (1979), к/ф «Убить дракона» (1989) и др.

ЗАХА́РОВ Ростислав Вл. (1907–1984), балетмейстер, педагог. В 1936–56 в Большом т-ре. В «Бахчисарайском фонтане» Б.В. Асафьева (1934), «Золушке» С.С. Прокофьева (1945) и др. стремился к монументальности, совершенствовал пластич. решения спектакля. Большое значение придавал лит. сюжету, драматизации действия зрительного действия.

ЗАХА́РЬИН Григ. Ант. (1829–1897/98), врач, один из основоположников отеч. клинич. медицины, основатель моск. терапевтич. школы, развивавшей эмпирич. направление в медицине в отличие от петерб. школы С.П. Боткина. Усовершенствовал метод опроса больного.

ЗАХОДЕ́Р Бор. Вл. (р. 1918), рус. поэт. Стихи, сказки, пьесы для детей. Пересказы классич. произв. заруб. дет. лит-ры «Алиса в стране чудес» Л. Кэрролла, «Винни-Пух...» А. Милна).

ЗАЩИ́ТА СУДЕ́БНАЯ, в праве совокупность процессуальных действий, направленных на защиту осн. прав и свобод граждан от преступных посягательств, на опровержение обвинения или смягчение ответственности обвиняемого (подсудимого). З. исходит из принципов: равенство всех перед законом; право каждого на равную защиту закона; право на восстановление в правах судом в случае их нарушения и др. См. также *Презумпция невиновности*.

ЗАЩИЩЁННЫЙ ГРУНТ, сооружения с естеств. (солнце, биотопливо) или техн. обогревом, в к-рых выращивают рассаду, а также овощные и цветочные культуры (с целью получения высокоурожайной продукции, продления сроков её потребления). К сооружениям З.г. относят теплицы (дерев. или металлич. конструкции, остеклённые или с плёночным покрытием), парники (котлованы с обвязкой или коробы, укрытые рамами или плёнкой), тоннельные или каркасные сооружения (проволочные или пластмассовые дуги и двускатные каркасы, покрытые плёнкой), а также бескаркасные сооружения (гряда или гребень, закрытые плёнкой).

ЗАЯ́-ПАНДИ́ТА (1599–1662), проповедник буддизма в Джунгарии и Вост. Монголии; реформировал монг. письменность.

ЗБРУ́ЧСКИЙ И́ДОЛ, кам. столб с четырёхликим изображением слав. божества (10 в.). Найден в р. Збруч (Украина).

ЗВА́НИЯ ВО́ИНСКИЕ, персонально присваиваются военнослужащим и военнообязанным. Определяют старшинство во взаимоотношениях, сроки службы и нахождения в запасе. З.в. были введены в 15–16 вв. в ряде стран, в России – в 1550 в стрелецком войске, с 30-х гг. 17 в. –

в ряде частей. Пётр I установил единую систему З.в. (чинов), оформленную в 1722 Табелью о рангах, к-рые подразделялись на 4 группы: 1) солдатский состав; 2) обер-офицерский состав; 3) штаб-офицерский состав; 4) генеральский и адмиральский состав; в 1917 отменены. В 1935 персональные З.в. введены в Сов. Армии. З.в. военнослужащих Вооруж. Сил СССР (к 1977) подразделялись на группы: 1) солдаты (СА), матросы и солдаты (ВМФ); 2) сержанты (СА), старшины и сержанты (ВМФ); 3) прапорщики и мичманы; 4) мл. офицерский состав; 5) ст. офицерский состав; 6) высш. офицерский состав. Такое деление З. в. сохраняется в Вооруж. Силах РФ.

ЗВА́НИЯ ПОЧЁТНЫЕ, в Рос. Федерации форма признания заслуг отличившихся граждан: Заслуженный артист Рос. Федерации, Заслуженный деятель науки Рос. Федерации, Герой Рос. Федерации, Лётчик-космонавт Рос. Федерации, Заслуженный военный лётчик Рос. Федерации, Заслуженный военный штурман Рос. Федерации (учреждены в 1992). Присваиваются президентом России.

ЗВАРТНО́Ц, храм (641–661) близ Эчмиадзина в Армении. Сохранился в руинах. Представлял собой 3-ярусное купольное сооружение; внутри – *тетраконх* с обходной галереей.

Звартноц. Реконструкция.

ЗВЕЗДЧА́ТКА, род многолетних и однолетних трав (сем. гвоздичные). Ок. 120 видов, по всему земному шару; в лесах, преим. хвойных. З. злаковидная (пьяная трава) ядовита для лошадей и рогатого скота. З. средняя (мокрица) – сорняк.

ЗВЁЗДЫ, светящиеся газовые (плазменные) шары, подобные Солнцу. Массы З. от ≈ 0,04 до ≈ 60 $M_\odot$, *светимости* от ≈ 0,5 до сотен тыс. $L_\odot$ ($M_\odot$ и $L_\odot$ – соотв. масса и светимость Солнца). Образуются из межзвёздной газово-пылевой среды (гл. обр. из водорода и гелия) в результате гравитац. сжатия. При достижении в недрах З. высоких плотностей и темп-р (10–12 млн. градусов) начинаются термоядерные реакции – осн. источник энергии большинства З. Ср. кол-во энергии, вырабатываемой в 1 с одним граммом солнечного в-ва, составляет 10 тыс. эрг (эта же величина для человеческого тела в 10 раз больше, ~100 тыс. эрг). По мере истощения запасов ядерного горючего изменяются структура, размеры и хим. состав З. Когда ядерные реакции в недрах З. прекращаются, З. сжимаются под действием сил гравитации, превращаясь (в зависимости от массы) в *белый карлик*, *нейтронную звезду* или

Звания воинские: 1 – генерал от инфантерии, 1913; 2 – адмирал Российского флота в звании генерал-адъютанта, 1899; 3 – Маршал Советского Союза, 1940; 4 – адмирал ВМФ СССР, 1969; 5 – маршал авиации, с 1970; 6 – генерал-лейтенант Вооружённых Сил СССР, 1969; 7 – генерал-лейтенант сухопутных войск РФ, 1994; 8 – вице-адмирал ВМФ РФ, 1994.

чёрную дыру. Большая часть З. нашей Галактики входит в двойные и кратные звёздные системы (см. *Двойные звёзды*). На определ. этапах эволюции З. становятся переменными (см. *Переменные звёзды*). Ближайшая к Солнцу З. – Проксима Кентавра (Проксима – «Ближайшая») на расстоянии ок. 4,3 *световых года.*

ЗВЕНИГОРОД, г. (с 1781) в Моск. обл., в России, на р. Москва. 15,5 т.ж. Близ ж.-д. ст. Звенигород. Произ-во муз. инстр-тов, культтоваров, изделий лёгкой пром-сти. В стиле раннемоск. зодчества – Успенский собор на Городке (1399). Анс. Саввино-Сторожевского мон. (15–18 вв.). Краеведч. музей. Санатории, дома отдыха. Возник в 12 в.

ЗВЕРЕВ Анат. Тимоф. (1931–86), рос. живописец. Мастер психол. портретов, декор. пейзажей, отмеченных

Звенигород. Успенский собор на Городке.

Звёзды. При одной и той же массе звёзды могут иметь существенно различные размеры (показаны размеры Солнца по сравнению с красным гигантом, белого карлика по сравнению с Солнцем и т.д.)

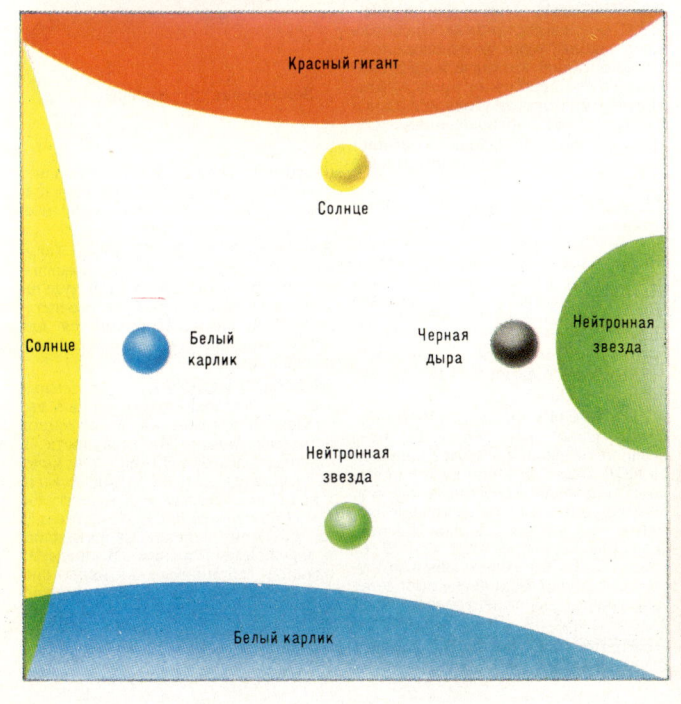

виртуозной игрой тонких круглящихся линий и экспрессивных цветовых пятен.

ЗВЕРИ, то же, что *млекопитающие*; нередко З. наз. только хищных млекопитающих.

ЗВЕРИНЫЙ СТИЛЬ, условное назв. стилизованных изображений ж-ных и частей их тела в древнем и ср.-век. иск-ве. Преобладал в иск-ве скифов, норманнов и др.

ЗВЕРОБОЙ, род трав и полукустарников (сем. зверобойные). Св. 300 видов, преим. в умеренном и субтропич. поясах обоих полушарий, а также в горах тропиков. Растут в хвойных и смешанных лесах, на полянах и вырубках. З. продырявленный – лекарств. р-ние (вяжущее и противомикробное действие). Мн. виды декоративные.

ЗВОННИЦА, надстроенное на храме или поставленное рядом с ним сооружение с проёмами для колоколов. Выразительны, напр., стенообразные З. храмов Пскова 14–17 вв.

ЗВОРЫКИН (Zworykin) Вл. Куз. (1888–1982), инженер и изобретатель. Род. в России. С 1919 в США. Создал (1931) первую передающую телевизионную трубку – иконоскоп, разрабатывал фотоэлементы, фотоэлектронные умножители, электронные микроскопы и др.

ЗВУК, упругие волны, распространяющиеся в газах, жидкостях и тв. телах и воспринимаемые ухом человека и ж-ных. Осн. характеристики З.: скорость распространения, неодинаковая в разл. средах, возрастает с увеличением давления и темп-ры (в воздухе при 0 °C скорость З. 331 м/с, а при комнатной темп-ре

Звериный стиль. Олень. Украшение щита из кургана у станицы Костромской. 6 в. до н.э. Эрмитаж.

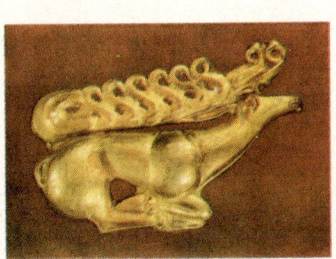

Зверобой продырявленный.

343 м/с, в воде 1440 м/с, в стекле 4500 м/с, в стали 5000 м/с); частота (человек слышит З. с частотами от 16 Гц до 20 кГц; З. с частотами до 16 Гц наз. инфразвуком, $2 \cdot 10^4$ – 10^9 Гц – ультразвуком, а 10^9 – 10^{13} Гц – гиперзвуком); интенсивность (измеряется в *ваттах* на кв. м) и громкость (измеряется в децибелах, дБ, зависит от частоты З. и его интенсивности). При одинаковой интенсивности низкий З. имеет меньшую громкость, чем высокий. Порогу слышимости соответствует интенсивность З. (громкость) 10^{-12} Вт/м² (0 дБ), порогу болевого ощущения – 1,0 Вт/м² (120 дБ). Важной характе-

В.К. Зворыкин.

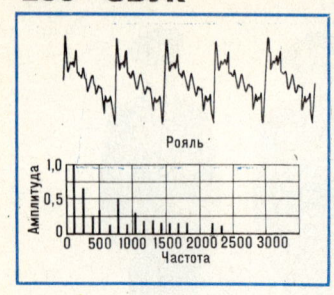

250 ЗВУК

Звук. Форма колебаний (сверху) и частотно-амплитудный спектр (снизу) звуков рояля (основная частота 128 Гц).

Зебры.

ристикой З. является его спектр, указывающий, с какими амплитудами в него входят гармонич. колебания; наинизшая частота определяет воспринимаемую на слух высоту З., а кратные ей гармонич. составляющие – его тембр.

ЗВУКОВИ́ДЕНИЕ, см. в ст. *Интроскопия*.

ЗВУКОВЫ́Е ПОВТО́РЫ, осн. элемент *фоники* стиха: ощутимо повышенная концентрация одинаковых или похожих звуков. По месту в стихе различаются кольцо, когда звуки повторяются в конце и начале стиха («Редеет облаков летучая гряда», А.С. Пушкин; условное обозначение АВ ... АВ), анафора (повторяются начала смежных стихов: АВ ..., АВ...), эпифора (повторяются окончания: ...АВ, ...АВ), стык (...АВ-АВ...); выделяются также З.п. разложенные (АВ ... А ... В ...) и суммирующие (А ... В ...), метатетич. (АВ ... ВА), точные и неточные, двойные и тройные. К З.п. относятся аллитерация, ассонанс, рифма.

ЗВУКОЗА́ПИСЬ, запись звуковой информации (речи, музыки и т.п.) с целью её сохранения и последующего воспроизведения. Осн. системы З.: механич., магн., оптическая. Бывает моно-, стерео- и квадрафонич. З. часто наз. саму записанную звуковую информацию.

ЗВУКОИЗОЛЯ́ЦИЯ, преграда из звукопоглощающего материала, препятствующая распространению звуковых волн. Применяется в зданиях, самолётах, автомобилях и т.д. В широком смысле – совокупность мероприятий и средств для снижения уровня шума, проникающего в помещение извне. Напр., для улучшения З. зданий в стенах и перекрытиях широко используют слоистые материалы; З. от ударного шума достигается с помощью установки упругих (виброизоляц.) прокладок.

ЗВУКОРЯ́Д (музыкальная шкала), совокупность муз. тонов к.-л. системы (*лада, строя*), выстроенных в определ. (восходящем или нисходящем) порядке. З. *тональности* наз. гаммой.

ЗВУКОСНИМА́ТЕЛЬ (адаптер), устройство, преобразующее механич. колебания в электрические при воспроизведении звука, записанного на *грампластинках*. Осн. узлы: головка с иглой (собственно эл.-механич. преобразователь) и тонарм (стержень, на к-ром крепится головка).

ЗДРАВООХРАНЕ́НИЕ, система соц.-экон. и мед. мероприятий, направленных на сохранение и повышение уровня здоровья населения. Осн. формы оказания мед. помощи – част-

нопрактикующая, гос. и страховая. Как правило, существуют разл. сочетания их – т.н. смешанная форма З.

ЗЕ́БРЫ, млекопитающие рода лошадей. Длина тела 200–240 см, хвоста 40–50 см, выс. в холке 120–140 см, масса до 350 кг. Окраска – чередующиеся тёмные и светлые полосы. 4 вида (1 – истреблён) в Юж., Вост. и Центр. Африке. Осторожны, бегают быстро. Шкура высоко ценится, что послужило причиной сокращения численности. Хорошо размножаются в неволе, но плохо приручаются. Живут до 20–25 лет.

ЗЕ́ВКСИС, др.-греч. живописец кон. 5 – нач. 4 вв. до н.э. Стремясь к иллюзорности изображения, применил светотень. Произв. не сохранились (известны по описаниям антич. авторов).

ЗЕВС (Дий), в греч. мифологии верховный бог, сын Кроноса и Реи, отец богов и людей. З. повелевает громами и молниями (З.-громовержец). Низвергнув в тартар титанов и Кроноса, братья З. – Посейдон и Аид поделили с ним власть: З. получил небо (Посейдон – море, Аид – царство мёртвых). Атрибуты З. – эгида (щит), скипетр, иногда орёл; местопребывание – Олимп (З.-Олимпиец). З. соответствует рим. Юпитер.

Зевс. Мрамор. 1 в. н.э. Музей. Кирена.

ЗЕ́ГЕРС (Seghers) Анна (1900–83), нем. писательница. В 1933–47 в эмиграции. В графически чётких описаниях жизни простых тружеников (пов. «Восстание рыбаков», 1928; ром. «Седьмой крест», 1942 – на англ. яз., 1946 – на нем. яз.; «Мёртвые остаются молодыми», 1949, и др.) – стойкий антифашизм, пафос социальной борьбы, коммунистич. идеалы.

ЗЕ́ЕМАНА ЭФФЕ́КТ, расщепление уровней энергии и спектральных линий атома и др. атомных систем в магн. поле. Открыт голл. физиком П. Зееманом в 1896.

ЗЕЛЁНАЯ Рина (Ек.) Вас. (1902–91), актриса. В 1920-х гг. в т-рах миниатюр, Моск. т-ре обозрений Дома печати, Ленингр. мюзик-холле. Популярная артистка эстрады. С 30-х гг. выступала с рассказами о детях, своеобразно имитируя дет. речь. Снималась в кино, мастер комедийных эпизодич. ролей (ф. «Подкидыш», 1940, «Три толстяка», 1966; т/ф «Приключения Буратино», 1975, «Приключения Шерлока Холмса и доктора Ватсона», 1979–83, и др.

«ЗЕЛЁНЫЕ», движение, возникшее в нач. 1970-х гг. в Зап. Европе и выступающее против загрязнения окружающей среды, вредных последствий развития атомной энергетики, за сокращение воен. бюджетов, децентрализацию и демократизацию обществ. жизни. В ФРГ «З.» в 1980 оформились в полит. партию. С 1984 существует Европ. партия «З.», объединяющая группы из мн. стран Европы.

ЗЕЛИ́НСКИЙ Ник. Дм. (1861–1953), рос. химик-органик, создатель науч. школы, один из основоположников органич. катализа и нефтехимии. Тр. по проблемам загрязнения нефти, химии её углеводородов и их каталитич. превращениям. Открыл реакцию получения α-аминокислот. Создал угольный противогаз (1915).

ЗЕЛЬДИ́Н Вл. Мих. (р. 1915), актёр. С 1945 в Центр. т-ре Сов. Армии (ныне Центр. т-р Рос. Армии). Сценич. обаяние, музыкальность, пластичность; изящество игры, тщательность отделки внеш. рисунка в ролях: Альдемаро («Учитель танцев» Лопе де Веги, 1946), Барни Кэшмэн («Последний пылко влюблённый» Н. Саймона, 1981) и др. Снимался в кино.

ЗЕЛЬДО́ВИЧ Як. Бор. (1914–87), физик, глава науч. школы. Не имел высш. образования, с 19 лет занимался науч. работой. Один из основоположников теории горения и взрыва, автор фундам. трудов по теории элементарных частиц, ядерной физике, астрофизике, космологии. В 1939–41 совм. с Ю.Б. Харитоном впервые осуществил расчёт цепной реакции деления урана. Участник создания сов. ядерного оружия.

ЗЕМЕ́ЛЬНОЕ ПРА́ВО, отрасль права, регулирующая земельные от-

ношения (*землепользование*, правовой режим отд. категорий земель, землеустройство и т.д.).

ЗЕМЛЕВЕ́ДЕНИЕ, наука о наиб. общих закономерностях строения и развития геогр. оболочки Земли; изучает её пространственно-временную организацию, круговорот в-ва и энергии, геосферы и т.д. Термин введён нем. географом К. Рихтером в 1-й пол. 19 в.

ЗЕМЛЕВЛАДЕ́НИЕ, обладание землёй на определ. правовых основаниях (право собственности, право пользования, аренда и др.), определяющих права и обязанности землевладельца.

ЗЕМЛЕДЕ́ЛИЕ, 1) система приёмов воздействия на почву (её механич. обработка, внесение удобрений, севообороты и др.), направленных на сохранение и повышение почвенного плодородия с целью получения обильных, устойчивых урожаев. Высокая культура З. предполагает использование научно обоснованных систем З., разработанных в соответствии с конкретными почвенными, климатич. и др. условиями. 2) Раздел *агрономии*, изучающий общие приёмы возделывания с.-х. культур, разрабатывающий методы защиты почвы от ветровой и водной эрозии, способы рационального использования земли и др.

ЗЕМЛЕПО́ЛЬЗОВАНИЕ, пользование землёй в порядке, установленном при отводе земли во временное (напр., служебные наделы в Рос. Федерации) или целевое (напр., для нужд транспорта, связи и т.п., ведения лесного х-ва, для заповедников, заказников) использование.

ЗЕМЛЕРО́ЙКИ, семейство насекомоядных млекопитающих. Похожи на мышей, длина тела 3,5–18 см, хвоста 1–12 см, масса от 2 до 35 г. Одни

Землеройка (бурозубка).

из самых мелких млекопитающих. Ок. 300 видов, распространены широко. Могут переносить возбудителей ряда заболеваний.

ЗЕМЛЕСО́СНЫЙ СНАРЯ́Д (земснаряд), судно техн. флота, всасывает грунт из-под воды в виде пульпы и транспортирует его. Осн. агрегат – грунтовой насос. Применяется для углубления дна рек, разработки россыпей и др.

ЗЕМЛЕТРЯСЕ́НИЕ, подземные удары и колебания, вызванные высвобождением энергии, накопленной в недрах Земли. Интенсивность З. оценивается в баллах (см. *Сейсмическая шкала*), для энергетич. классификации З. пользуются магнитудой (см. *Рихтера шкала*). Известны две гл. сейсмич. пояса: Тихоокеанский и Средиземноморский. В пределах океанов сейсмически активны срединно-океанич. хребты. Ежегодно регистрируются сотни тысяч З., но большинство из них относится к слабым. Катастрофич. З.: Лиссабонское (1775), Калифорнийское (1906),

Земля. Вид из космоса.

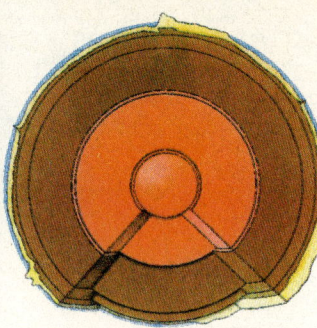

Земля. Внутреннее строение: ядро (показано красным); мантия (коричневым); земная кора (жёлтым); океаны (голубым).

Мессинское (1908), Ашхабадское (1948), Чилийское (1960), Армянское (1988). Самое большое число жертв (св. 600 т.ч.) вызвало Таншаньское З. в 1976 в Китае.

ЗЕМЛЯ́ (от общеслав. зем — пол, низ) (астр. знак ♁ или ⊕), планета, ср. расстояние от Солнца 149,6 млн. км (1 а.е.), ср. радиус 6371,032 км (экваториальный 6378,160 км, полярный 6356,777 км), масса $6 \cdot 10^{24}$ кг. Период обращения вокруг Солнца 365,3 сут, период вращения вокруг своей оси 23 ч 56 мин (звёздные сутки), период вращения относительно Солнца (ср. солнечные сутки) 24 ч. Естеств. спутник — Луна.

В составе З. преобладают железо (34,6%), кислород (29,5%), кремний (15,2%), магний (12,7%). Плотность в-ва З., давление и темп-ра возрастают от поверхности З. к её центру, или ядру, где плотность ок. 12500 кг/м³, давление $3,6 \cdot 10^{11}$ Па, темп-ра 5000–6000 °C. В результате дифференциации в-ва З., под воздействием её гравитац. поля, в условиях разогрева земных недр возникли и сформировались различные по хим. составу и физ. свойствам *геосферы*.

Б.ч. земной поверхности покрыта водами Мирового *океана* (70,8%), макс. глуб. к-рого 11022 м (Марианский жёлоб в Тихом ок.). Суша (пл. 149,1 млн. км²; 29,2%) представлена 6 материками (Евразия, Африка, Сев. Америка, Юж. Америка, Антарктида, Австралия) и многочисл. о-вами. В рельефе преобладают равнины; ср. выс. ок. 875 м над уровнем океана. Горы, или горн. системы, занимают ок. 1/3 земной поверхности; самая высокая вершина — 8848 м (г. Джомолунгма). Имеются отд. небольшие впадины, к-рые лежат ниже уровня океана (самая низкая на побережье Мёртвого м. — 395 м).

Ср. темп-ра приземного слоя атмосферы на З. 57–58 °C зарегистрированы в тропич. пустынях Сев. Африки, Сев. Америки (Долина смерти) и внутр. р-нах Австралии; миним. темп-ра воздуха ок. –90 °C — в центр. части Антарктиды, близ ст. Восток (полюс холода).

Среднегодовое кол-во осадков на земном шаре не превышает 1000 мм. Больше всего их выпадает на С.-В. Индии (Черапунджи) — ок. 12 тыс. мм в год. Самые засушливые р-ны З. — нек-рые высокогорн. пустыни Центр. Азии (Памир, Тибет) (осадков ок. 80 мм в год), а также ледяные пустыни Арктики (Гренландия) и Антарктиды.

Ок. 30% суши покрывают леса, ок. 20% — саванны и редколесья, ок. 20% — пустыни и полупустыни, св. 10% — ледники, ок. 10% — прочие ландшафты и св. 10% занято под пахотные земли и урбанизированные территории. Прослеживается закономерная смена *ландшафтов географических* (арктич. и антарктич. ледяные пустыни, тундра, тайга, смешанные и широколиств. леса, лесостепи, степи, полупустыни, пустыни, субтропич. ландшафты, муссонные леса, саванны и др.), что определяется кол-вом солнечной энергии в зависимости от геогр. широты (см. *Зоны физико-географические* и *Пояса физико-географические*).

По совр. космогонич. представлениям, З. образовалась ок. 4,7 млрд. лет назад из рассеянного в протосолнечной системе газово-пылевого в-ва. Абс. возраст наиб. древних пород З. св. 4,5 млрд. лет. В геол. истории З. выделяют два неравных периода: докембрий — 3,5 млрд. лет и фанерозой — последние 570 млн. лет (см. *Геохронология*).

Возникновение жизни на З. ок. 3,5 млрд. лет (по др. данным, 3,8 млрд.) лет назад обусловило развитие *биосферы*, или оболочки жизни, к-рая объединила находящиеся в тесном взаимодействии атмосферу, гидросферу и часть литосферы в целостную геогр. оболочку. Совокупность всех населяющих З. живых организмов и прежде всего деятельность человека в значит. мере повлияли на дальнейшее развитие биосферы. Высокие темпы роста населения (275 млн. ч. в 1000; 1,6 млрд. ч. в 1900; 5,5 млрд. ч. в 1993), активная производств. деятельность человека, возрастающее антропогенное воздействие на отд. компоненты ландшафтов и окружающую среду в целом, а также нерациональное использование природных ресурсов выдвинули ряд экологич. проблем глобального и регионального характера, среди к-рых особо остро стоят проблемы *охраны природы* и рационального природопользования. На терр. З. расположено 193 гос-ва (1993), см. карту на стр. 252–253.

ЗЕМЛЯНА́Я ГРУ́ША, то же, что *топинамбур*.

ЗЕМЛЯНИ́КА, род многолетних травянистых р-ний (сем. розовые). Ок. 50 видов, в Евразии и Америке. В культуре в осн. З. садовая (часто её неверно наз. *клубникой*). Выращивают в Зап. Европе, Азии, Австралии, Америке; в России с кон. 18 в. в осн. в Европ. части). З. живёт до 20 лет, плодоносит с 1–2 лет, обильно до 3–5 лет. Более 2 тыс. сортов. Ягоды (до 300 г и более с р-ния) богаты сахарами, витамином С, микроэлементами, ценный диетич. продукт. Культивируют также З. лесную (лекарств. р-ние), реже клубнику и *земляничнo-клубничные гибриды*.

ЗЕМЛЯНИ́ЧНОЕ ДЕ́РЕВО, род вечнозелёных деревьев и кустарников (сем. вересковые). Св. 20 видов, в Средиземноморье и Сев. Америке; реликтовый вид З.д. красное растёт в Крыму, Абхазии и Аджарии, охраняется; декор. р-ние, медонос. Плоды похожи на землянику, съедобны.

ЗЕМЛЯНИ́ЧНО - КЛУБНИ́ЧНЫЕ ГИБРИ́ДЫ (земклуника), получены в результате скрещивания земляники садовой с клубникой. Мощные кусты имеют высокие цветоносы, не поникающие даже при полном созревании ягод. Урожайность 200–400 г с куста. Ягоды вкусные, лёжкие.

ЗЕМЛЯНЫ́Е ЧЕ́РВИ, то же, что *дождевые черви*.

ЗЕ́ММЕЛЬВЕЙС (Semmelweis) Игнац Филипп (1818–65), венг. акушёр. Эмпирически установил (1846) заразную природу послеродового *сепсиса* и предложил метод обеззараживания рук мед. персонала хлорной водой.

ЗЕМНА́Я КОРА́, наружная «твёрдая» оболочка Земли, состоящая под континентами из осадочного, гранитного и базальтового слоёв общей мощностью до 80 км; под океанами её толща составляет 5–10 км, а гранитный слой полностью отсутствует. В её строении выделяют подвижные области (складчатые пояса) и относительно спокойные — платформы. Илл. см. на стр. 254.

ЗЕМНОВО́ДНЫЕ (амфибии), класс позвоночных ж-ных. Кожа голая, богата железами. Первыми из позвоночных перешли в конце *девона* от водного к водно-наземному образу жизни. Икру откладывают в воду (от 3 до 28 тыс. икринок), нек-рые — живородящие. Развитие завершается превращением (*метаморфозом*) рыбообразной личинки во взрослое ж-ное. Темп-ра тела непостоянная. Ок. 3400 видов, распространены широко. Многие З. уничтожают вредителей леса и с. х-ва. В ряде стран нек-рые виды лягушек употребляют в пищу. Отд. виды З. — классич. лаб. ж-ные.

ЗЕ́МСКАЯ МЕДИЦИ́НА, форма мед.-сан. обслуживания сел. населения в России до 1918. Возникла в связи с земской реформой 1864. Осн. организац. структура — врачебный участок. З.м. оказала влияние на развитие гор., фабрично-заводской медицины в России; в 1934 Гигиенич. комиссия Лиги Наций рекомендовала распространение опыта З.м. на др. страны.

ЗЕ́МСКИЕ СОБО́РЫ, высш. сословно-представит. учреждения в России сер. 16 — кон. 17 вв. Включали членов Освящённого собора — архиепископы, епископы и др. во главе с митрополитом, с 1589 — с патриархом), Боярской думы, «Государева двора», выборных от провинциального дворянства и верхушки горожан. На З.с. рассматривались важнейшие общего. вопросы.

ЗЕ́МСКОЕ ДВИЖЕ́НИЕ, либерально-оппозиционных обществ. и полит. деятельность земских гласных и земской интеллигенции в России 2-й пол. 19 — нач. 20 вв., направленная на расширение прав земств и привлечение их к управлению гос-вом. Проявлялось в подаче адресов на имя императора и ходатайств перед пр-вом, проведении нелегальных собраний и съездов, издании за границей брошюр и статей. В нач. 20 в. возникли нелегальные полит. орг-ции: «Беседа», «Союз земцев-конституционалистов», «Союз освобождения». Виднейшие деятели: И.И. Петрункевич, В.А. Бобринский, Пав. Д. и Пётр Д. Долгоруковы, П.А. Гейден, В.И. Вернадский, Ю.А. Новосильцев и др. В ходе Рев-ции 1905–07 с образованием полит. партий кадетов и октябристов З.д. прекратилось.

ЗЕ́МСТВО (земские учреждения), выборные органы местного самоуправления в Рос. империи. Введены земской реформой 1864, к 1914 действовали в 43 губерниях. Распорядит. органы З. — губ. и уездные земские собрания (пред. — губ. или уездный предводитель дворянства); депутаты («гласные») избирались по трём куриям: уездных землевладельцев, владельцев гор. недвижимости и представителей сел. об-в; исполнит. органы — губ. и уездные управы. З. ведали нар. образованием, здравоохранением (создали обширную сеть земских школ, больниц, фельдшерских пунктов, аптек), стр-вом дорог и др., содействовали развитию крест. х-ва (агроном. служба, склады с.-х. машин, посевного материала), куст. промыслов и др. З. действовали под контролем властей (Мин-во внутр. дел и губернаторы имели право отменять решения З.). Контроль пр-ва усилен в 1890 с созданием губернских по земским делам присутствий. В ходе 1-й мир. войны З. оказали помощь больным и раненым воинам (1915), к-рый в том же году объединился с Всерос. союзом городов (их деятельность координировал объединённый к-т — «Земгор»). После Февр. рев-ции 1917 З. введены ещё в 19 губерниях и областях России, созданы волостные З. — низшие органы местного управления. Ликвидированы в 1918 декретом сов. пр-ва.

ЗЕНО́Н из Элеи (ок. 490–430 до н.э.), др.-греч. философ, предст. элейской школы. Аристотель считал его основателем диалектики как иск-ва постижения истины посредством спора или истолкования противоположных мнений. Известен знаменитыми парадоксами (апориями) — «Ахиллес», «Стрела» и др., обосновывающими невозможность движения, множественности вещей и т.п.

ЗЕ́РКАЛО, стеклянное или металлич. тело с отражающей поверхностью, отполированной так, что её неровности не превышают долей длины электромагн. волны. Обычно З. бывают плоские, реже и спец. З. со сферич. или параболоидальной поверхностью. З. используются в быту, медицине, астр. и прочих приборах. Обычные бытовые З. изготовляют из стекла; на одну из поверхностей наносят металлизир. покрытие из алюминия, серебра или диэлектрич. покрытия, к-рые затем защищают слоем лака, краски, пластмассы, дерева.

ЗЕРКА́ЛОВА Дарья Вас. (1901–1982), актриса. С 1933 в Москве в Центр. т-ре Красной Армии, с 1938 в Малом т-ре. Преим. комедийное дарование, сценич. обаяние и яркий темперамент в ролях озорных, весёлых девчонок. Создала также ряд романтич. и драм. образов: Гла-

Политическая карта мира
Масштаб 1 : 110 000 000

ЦИФРАМИ ОБОЗНАЧЕНЫ:

ЕВРОПА
1. Албания
2. Андорра
3. Бельгия
4. Болгария
5. Босния и Герцеговина
6. Венгрия
7. Ирландия
8. Латвия
9. Литва
10. Лихтенштейн
11. Люксембург
12. Македония
13. Мальта
14. Молдавия
15. Нидерланды
16. Португалия
17. Российская Федерация
18. Словакия
19. Словения
20. Хорватия
21. Швейцария
22. Эстония
23. Югославия

АЗИЯ
24. Азербайджан
25. Армения
26. Бангладеш
27. Бахрейн

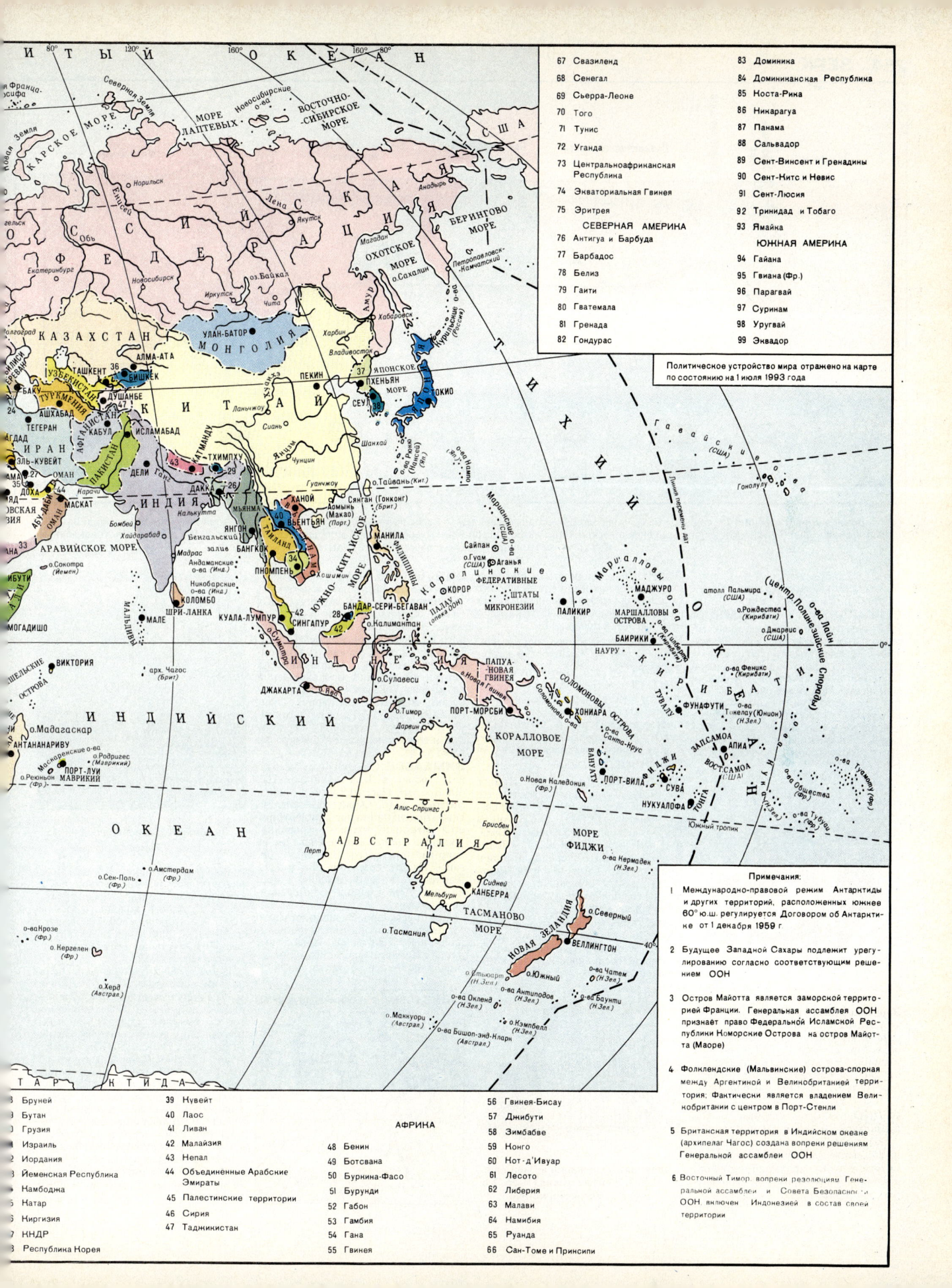

№		№	
67	Свазиленд	83	Доминика
68	Сенегал	84	Доминиканская Республика
69	Сьерра-Леоне	85	Коста-Рика
70	Того	86	Никарагуа
71	Тунис	87	Панама
72	Уганда	88	Сальвадор
73	Центральноафриканская Республика	89	Сент-Винсент и Гренадины
74	Экваториальная Гвинея	90	Сент-Китс и Невис
75	Эритрея	91	Сент-Люсия
	СЕВЕРНАЯ АМЕРИКА	92	Тринидад и Тобаго
76	Антигуа и Барбуда	93	Ямайка
77	Барбадос		**ЮЖНАЯ АМЕРИКА**
78	Белиз	94	Гайана
79	Гаити	95	Гвиана (Фр.)
80	Гватемала	96	Парагвай
81	Гренада	97	Суринам
82	Гондурас	98	Уругвай
		99	Эквадор

Политическое устройство мира отражено на карте по состоянию на 1 июля 1993 года

Примечания:

1. Международно-правовой режим Антарктиды и других территорий, расположенных южнее 60° ю.ш. регулируется Договором об Антарктике от 1 декабря 1959 г.

2. Будущее Западной Сахары подлежит урегулированию согласно соответствующим решением ООН.

3. Остров Майотта является заморской территорией Франции. Генеральная ассамблея ООН признаёт право Федеральной Исламской Республики Коморские Острова на остров Майотта (Маоре).

4. Фолклендские (Мальвинские) острова-спорная между Аргентиной и Великобританией территория; фактически является владением Великобритании с центром в Порт-Стенли.

5. Британская территория в Индийском океане (архипелаг Чагос) создана вопреки решениям Генеральной ассамблеи ООН.

6. Восточный Тимор, вопреки резолюциям Генеральной ассамблеи и Совета Безопасности ООН, включён Индонезией в состав своей территории.

	Бруней	39	Кувейт			56	Гвинея-Бисау
	Бутан	40	Лаос			57	Джибути
	Грузия	41	Ливан		**АФРИКА**	58	Зимбабве
	Израиль	42	Малайзия	48	Бенин	59	Конго
	Иордания	43	Непал	49	Ботсвана	60	Кот-д'Ивуар
	Йеменская Республика	44	Объединенные Арабские Эмираты	50	Буркина-Фасо	61	Лесото
	Камбоджа	45	Палестинские территории	51	Бурунди	62	Либерия
	Катар	46	Сирия	52	Габон	63	Малави
	Киргизия	47	Таджикистан	53	Гамбия	64	Намибия
	КНДР			54	Гана	65	Руанда
	Республика Корея			55	Гвинея	66	Сан-Томе и Принсипи

254 ЗЕРК

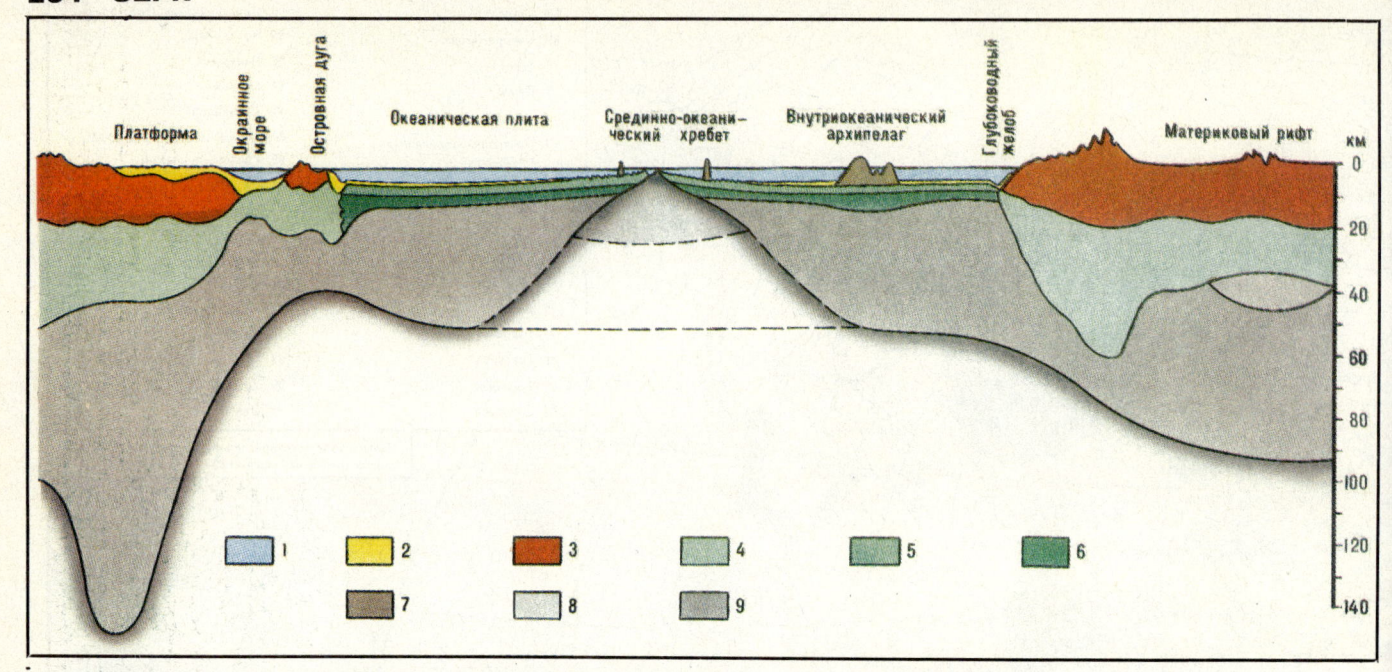

Земная кора, строение: 1 – вода; 2 – осадочный слой; 3 – гранитный слой; 4 – базальтовый слой континентальной коры; 5 – базальтовый слой океанической коры; 6 – магматический слой океанической коры (породы габброидного состава); 7 – вулканические острова; 8, 9 – мантия (ультраосновные магматические породы), расположенная ниже коры.

фира («Волки и овцы» А. Н. Островского, 1941), Элиза Дулитл («Пигмалион» Б. Шоу, 1943) и др.

ЗЕРКА́ЛЬНЫЙ ФОТОАППАРА́Т, фотогр. аппарат с встроенным зеркальным *видоискателем*. Различают З. ф. однообъективные, у к-рых визирование и фокусировка (наводка на резкость) осуществляются непосредственно через съёмочный объектив («Зенит-11», «Алмаз-103», «Киев-19»), и двухобъективные, видоискатель к-рых имеет собств. объектив, сопряжённый с осн. съёмочным объективом («Любитель-166У»).

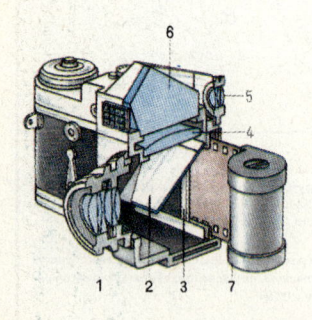

Зеркальный фотоаппарат. Схема устройства однообъективного аппарата типа «Зенит»: 1 – съёмочный объектив; 2 – зеркало; 3 – шторка затвора; 4 – коллективная линза; 5 – окуляр видоискателя; 6 – пентапризма; 7 – кассета с фотоплёнкой.

ЗЕРНО́, 1) плод хлебных злаков (зерновка) и семя зернобобовых культур. 2) Продукт зернового произ-ва; сырьё для муком., крупяной, пивоваренной, крахмало-паточной, комбикормовой пром-сти, концентрир. корм для ж-ных.

ЗЕРНЬ, разновидность *скани*; мелкие зол., серебр. или медные шарики (диам. от 0,4 мм), к-рые напаиваются на ювелирные изделия, часто на орнамент из свитой проволоки.

ЗЕФИ́Р, в греч. мифологии бог зап. ветра. Перен. – тёплый лёгкий ветер.

ЗИ́ВЕРТ, см. в ст. *Доза излучения*.

ЗИГО́ТА (от греч. zygōtós – соединённый вместе), клетка, образующаяся у ж-ных и р-ний в результате слияния муж. и жен. половых клеток (*гамет*); оплодотворённое яйцо, нач. стадия развития *зародыша*.

ЗИ́ГФРИД, см. *Сигурд*.

ЗИЕ́ДОНИС (Ziedonis) Имантс (р. 1933), латыш. поэт. В поэтич. сб. «Динамит сердца» (1963), «Как свеча горит» (1971), «Сквозняк» (1975), «Нападение бабочек» (1988), в «Поэме о молоке» (1977), «Поэме о хлебе» (1983), очерках, прозаич. миниатюрах – лирич. и филос. медитации, поиск духовных источников через обращение к природе, нац. культурным мифам.

ЗИККУРА́Т (аккадск.), в архитектуре Др. Месопотамии культовая башня. З. имели 3–7 ярусов из кирпича-сырца, соединявшихся лестницами и пандусами.

Зиккурат Этеменанки в Вавилоне (т. н. Вавилонская башня). Сер. 7 в. до н. э. Реконструкция.

ЗИ́ЛЬБЕР Лев Ал-др. (1894–1966), микробиолог, вирусолог, иммунолог; основатель иммунологии опухолей в СССР. Открыл вирус и предложил меры предупреждения весенне-летнего клещевого *энцефалита* (1937). Первым из отеч. учёных изучил онкогенные вирусы, сформулировал вирусную теорию происхождения опухолей. Доказал, что ткани опухолей содержат специфич. антиген (1948–49). Установил патогенность вируса куриной саркомы для млекопитающих. Репрессирован в 1930-х гг.

ЗИМБА́БВЕ (Республика Зимбабве), гос-во в Юж. Африке. Пл. 390,6 т. км². Нас. 10,7 млн. ч.; шона, матабеле и др. Офиц. яз. – английский. Большинство нас. придерживается местных традиц. верований. Входит в *Содружество*. Глава гос-ва и пр-ва – президент. Законодат. орган – Палата собрания. Столица – Хараре. Адм.-терр. деление: 8 провинций. Ден. единица – зимбабвийский доллар.

Почти всю терр. З. занимает плато Матабеле и Машона выс. 800–1500 м, наиб. выс. 2596 м (г. Иньянгани) в горах Иньянга, на С. плато понижается к долине р. Замбези, на Ю.-

Зимбабве. Национальный парк Матопо.

к долине р. Лимпопо. Климат в сев. части субэкв., в южной – тропич. Ср. темп-ры самого тёплого месяца (янв.) 21–27 °C, самого холодного (июля) 10–17 °C; осадков от 300–700 мм в год на Ю.-З. до 2000 мм на В. Кр. вдхр.-Кариба. Опустыненные саванны и саванные редколесья.

В кон. 1880-х гг. захвачена англичанами, названа Юж. Родезией. С 1923 получила статус самоуправляющейся колонии. С 1980 независимое гос-во. 1-м през. страны стал лидер партии Афр. нац. союз З. – Патриотич. фронт (осн. в 1963) Р. Мугабе.

З. – страна с развитой горнодоб. пром-стью (90% продукции экспортируется). ВНП на д. нас. 650 долл. в год. Добыча золота, асбеста, руд никеля, хромитов, жел. и медной руд, угля и др. Чёрная и цв. металлургия, маш-ние; хим., нефтехим. пром-сть. Гл. экспортная культура – табак. Выращивают зерновые (гл. обр. кукурузу), сах. тростник, хлопчатник. Жив-во (мясной кр. рог. скот). Лесозаготовки.

Зимний дворец.

ЗИМИ́Н Ал-др Ал-др. (1920–80), историк. Тр. по истории России 9–18 вв. (гос. строй Др. Руси, «Русская правда», «Слово о полку Игореве», формирование Боярской думы, Царский архив 16 в. и др.). Ряд книг посвящён образованию и становлению единого Рос. гос-ва.

ЗИ́ММЕЛЬ (Simmel) Георг (1858–1918), нем. философ, социолог, предст. *философии жизни*, основоположник т.н. формальной социологии. Усматривал «трагедию творчества» в противоречии между творч. пульсацией «жизни» и её объективацией в застывших формах культуры.

ЗИ́МНИЙ ДВОРЕ́Ц в С.-Петербурге, памятник архитектуры рус. *барокко*. Построен в 1754–62 В.В. Растрелли. Был резиденцией рос. императоров, с июля по ноябрь 1917 — Врем. пр-ва. Мощное каре с внутр. двором; фасады обращены к Неве, Адмиралтейству и *Дворцовой площади*. Парадное звучание здания подчёркивает пышная отделка фасадов и помещений. В 1918 часть, а в 1922 всё здание передано *Эрмитажу*.

ЗИМОРО́ДКИ, семейство птиц. Дл. 10–47 см. Окраска яркая. 88 видов, распространены всесветно, наиб. разнообразны в тропиках. В России обычен голубой З., в редколесьях, чаще у воды. Могут зимовать на незамерзающих водоёмах (отсюда назв.).

Зимородок голубой, или обыкновенный.

ЗИ́НГЕР (Singer) Айзек (Исаак) Башевис (1904–91), евр. писатель (США). До 1935 жил в Польше. Писал на идише. В ром. «Семья Москат» (1950), «Имение» (1953–70), «Шоша», «Покаяние» (1983), сб. «Гимпл Там и другие рассказы» (1957), «Друг Кафки и другие рассказы» (1969), «Зеркало и другие рассказы» (1975), повестях, мемуарах сквозь призму доброй иронии и трагич. фатализма воссоздана реальность местечкового евр. быта с его религ.-мистич. атмосферой, в к-рой жизнелюбие и мудрость хасидизма противостоят суровости и книжности талмудизма. Ноб. пр. (1978).

ЗИ́НГШПИЛЬ (нем. Singspiel, от singen — петь и Spiel — игра), нем. и австр. разновидности комической оперы, в к-рой муз. номера чередуются с разг. диалогами.

ЗИ́НИН Ник. Ник. (1812–80), химик-органик, основатель науч. школы. Первый през. Рус. физико-хим. об-ва (1868–77). Открыл метод получения ароматич. аминов восстановлением ароматич. нитросоединений (реакция З.). Впервые синтезировал этим методом *анилин* (1842) и др. ароматич. амины, заложив основы произ-ва синтетич. красителей, душистых в-в, лекарств. средств и др.

ЗИНО́ВЬЕВ Ал-др Ал-др. (р. 1922), рус. философ и писатель. С 1978 живёт в ФРГ. Автор работ по логике и методологии науки. В сатирич. «социологич. романах», являющихся как бы главами единого незамкнутого повествования («Зияющие высоты», 1976; «Жёлтый дом», 1980; «Гомо советикус», 1982; «Иди на Голгофу», 1985; «Пара беллум», 1986), — парадоксальность и абсурдность сов. действительности. С кон. 80-х гг. З. отвергает осн. ценности зап. об-ва, резко критикует преобразования в России («Катастройка», 1988), выступает с апологией сов. системы. Марксистской теории противопоставляет собств. общую социологию и теорию науч. коммунизма.

ЗИНО́ВЬЕВ (наст. фам. Радомысльский) Григ. Евс. (1883–1936), полит. деятель. Участник Рев-ции 1905–07. Накануне Окт. рев-ции выступил против вооруж. восстания. С дек. 1917 до 1926 пред. Петрогр. совета. В 1919–26 пред. Исполкома Коминтерна. В 1923–24 вместе с И.В. Сталиным и Л.Б. Каменевым боролся против Л.Д. Троцкого. В 1925 на 14-м съезде ВКП(б) выступил с содокладом, в к-ром критиковал Полит. отчёт ЦК, сделанный Сталиным. Чл. ЦК партии в 1907–27; чл. Политбюро ЦК в окт. 1917 и в 1921–26. В 1934 арестован, в 1936 расстрелян.

ЗЛА́КИ (мятликовые), семейство однодольных р-ний. Травы, реже древовидные формы (бамбуки). Мелкие цветки собраны в простые соцветия — колоски, образующие сложные соцветия — колос, метёлку и др. Ок. 10000 видов (ок. 650 родов). З. являются доминирующими травами в растит. покрове степей, лугов, прерий, пампасов и саванн. К З. принадлежат осн. пищевые р-ния (пшеница, рис, рожь, овёс, ячмень, кукуруза, сорго и др.), а также кормовые (тимофеевка, мятлик, житняк и др.), сах. тростник.

ЗЛАТНИ́К, первая рус. зол. монета, обращавшаяся в Киевской Руси в кон. 10 в. Масса З. (ок. 4,2 г) в дальнейшем была положена в основу рус. весовой единицы — *золотника*.

ЗЛО, см. *Добро и зло*.

ЗМЕЕЯ́Д, крупная хищная птица (сем. ястребиные). Крылья в размахе до 1,9 м. З. распространён в Евразии и Сев. Африке. Охотится на пресмыкающихся (особенно змей), реже на мелких грызунов. В России (от Ладожского оз. до юж. р-нов Зап. Сибири) крайне редок, под угрозой исчезновения.

ЗМЕ́И, ж-ные класса пресмыкающихся. Дл. от 8 см до 10 м (удавы), тело удлинённое, покрытое чешуёй, лишено конечностей. Тонкие, острые, загнутые назад зубы используют для захвата добычи, а ядовитые — и для укуса (по ним стекает яд). Длинный раздвоенный на конце язык (ошибочно наз. жалом) служит для «ощупывания» близлежащих предметов. Ок. 3000 видов, распространены широко. Большинство З. — наземные (среди густого кустарника или камней, в кронах деревьев), другие — водные (*морские змеи*). Добычу заглатывают живой (*ужи, полозы*), предварительно удушенной (*удавы, питоны*) или отравленной. Ядовитые З. (*гадюки, щитомордники, эфа, кобра*) опасны для людей и домашних ж-ных. Кожа З. идёт на поделки, змеиный яд используют в медицине.

ЗМИ́ЕВЫ ВАЛЫ́, нар. название древних оборонит. валов (предположительно 1-го тыс. до н.э. или 1-го тыс. н.э.) по берегам притоков Днепра южнее Киева.

ЗНАК, предмет (явление, действие), к-рый выступает как представитель др. предмета, свойства или отношения и используется для приобретения, хранения, переработки и передачи информации. Понимание З. невозможно без выяснения его *значения*.

ЗНАК ОБСЛУ́ЖИВАНИЯ, см. *Товарный знак*.

ЗНАК ТОВА́РНЫЙ, см. *Товарный знак*.

ЗНА́КИ МАТЕМАТИ́ЧЕСКИЕ, условные обозначения, служащие для записи матем. понятий, предложений и выкладок. Напр., матем. знаки +, −, =, > (больше), √ (знак корня), sin (синус), ∫ (интеграл) и т.д. Первыми З.м., возникшими за 3,5 тыс. лет до н.э., были знаки для изображения чисел — цифры. Создание совр. матем. символики относится к 14–18 вв.

ЗНА́КИ РАЗЛИ́ЧИЯ ВОЕННОСЛУ́ЖАЩИХ, знаки на форменной одежде для обозначения персональных воинских званий (чинов), принадлежности к виду вооруж. сил, роду войск и др. (погоны, эполеты, знаки на головных уборах, погонах, петлицах, нарукавные знаки и др.). В рус. армии — с 16 в.

Змеи: 1 — кобра; 2 — эфа; 3–8 — гадюки: 3 — гюрза, 4 — обыкновенная, 5 — степная, 6 — рогатая, 7 — кавказская, 8 — малоазиатская; 9 — щитомордник.

256 ЗНАМ

Знаки различия военнослужащих. 1–6 – знаки различия Российской армии, нач. 20 в.: 1 – гусарские наплечные шнуры (поручик, подполковник, генерал-лейтенант); 2 – эполеты генерал-майора; 3 – кавалерийские эполеты нижних чинов (6-й уланский Волынский полк); 4 – погоны контр-адмирала; 5 – погоны войскового старшины Амурского казачьего дивизиона; 6 – погоны старшего унтер-офицера гвардейской пехоты; 7–9 – знаки различия РККА: 7 – нарукавный знак командира роты, 1919; 8 – нарукавный знак командарма (кавалерия), 1922; 9 – петлицы и нарукавный знак полковника (пехота), 1935; 10–12 – образцы петлиц РККА и Сов. Армии: 10 – 1919; 11 – 1941; 12 – 1970–90-е гг.; 13–15 – погоны: 13 – генерал-полковника ВВС; 14 – капитана; 15 – старшины ВМФ 2-й статьи; 16–22 – знаки различия Вооружённых Сил Российской Федерации (1994): 16 – нарукавный знак; 17–19 – эмблемы родов войск: 17 – воздушно-десантные войска; 18 – авиация; 19 – войска связи; 20–22 – погоны: 20 – генерал-полковника авиации и воздушно-десантных войск; 21 – капитана сухопутных войск; 22 – рядового сухопутных войск.

ЗНА́МЕННЫЙ РАСПЕ́В (крюковое пение), в 11–17 вв. распев др.-рус. церк. музыки. Назв. – от наименования использовавшихся для его записи знаков – знамён (или крюков). Подчинён системе осмогласия. Использован в произв. С.В. Рахманинова, П.Г. Чеснокова, А.Т. Гречанинова. Сохранился у старообрядцев.

ЗНА́МЕНСКИЕ, братья, спортсмены: Георг. Ив. (1903–46) и Сераф. Ив. (1906–42). Неоднократные чемпионы и рекордсмены СССР, победители ряда междунар. соревнований в беге на ср. и длинные дистанции в 30-е гг. С 1958 проводятся мемориалы братьев З.

ЗНА́МЯ (стяг, флаг), определ. цвета (или цветов) укреплённое на древке полотнище с надписями, эмблемами, украшениями, служащее офиц. символом гос-ва (см. Флаг государственный) или принадлежащее к.-л. орг-ции.

ЗНА́НИЕ, постижение действительности человеком. З. объективируется знаковыми средствами языка. Процессы получения, обоснования, проверки и распространения З. изучаются логикой, методологией, теорией познания, науковедением, социологией.

ЗНАТО́ЧЕСТВО, направление в искусствознании (с кон. 19 в.), ставящее своей целью определение ценности известных и вновь открытых произв., их детальное изучение, атрибуцию (гл. обр. с помощью зрительного опыта и худ. интуиции), описание и систематизацию.

ЗНА́ХАРЬ, в древн. понимании – лекарь, применяющий травы, заговоры, массирование, водолечение и др. в сочетании с магич. ритуалами. Существовали также З. – заклинатели змей и др. животных, З.-предсказатели (др. назв. – волхвы). Знахарство восходит к дохрист. культам. В России вплоть до кон. 18 в. З. были осн. врачевателями.

ЗНАЧЕ́НИЕ, содержание, связываемое с тем или иным выражением (слова, предложения, знака и т.п.) нек-рого языка. З. языковых выражений изучаются в яз-знании, логике и семиотике.

ЗОБ, увеличенная щитовидная железа, обычно с нарушением её функции. Осн. клинич. формы: эндемич. З. (заболевание людей и ж-ных в определ. геогр. р-нах, связанное с недостаточным поступлением в организм йода) и З. диффузный токсич., или Базедова болезнь (связан с повышением функции железы и проявляется пучеглазием, а также тахикардией, раздражительностью и др. признаками тиреотоксикоза).

ЗОДИА́К (пояс зодиака), совокупность созвездий, расположенных вдоль эклиптики (т.н. зодиакальных созвездий) – большого круга небесной сферы, по к-рому Солнце совершает свой видимый путь в течение года. Число зодиакальных созвездий (12) равно числу месяцев в году, и каждый месяц обозначается знаком созвездия (см. Астрономические знаки), в к-ром Солнце в этот месяц находится. На самом деле путь Солнца проходит по 13 созвездиям, однако для удобства созвездия Змееносца и Скорпиона считают одним зодиакальным созвездием (Скорпион). В совр. эпоху начало месяцев не совпадает с переходом Солнца из одного зодиакального созвездия в другое.

ЗО́ДЧЕСТВО, то же, что архитектура.

ЗОЛОТА́Я ОРДА́, гос-во, осн. в нач. 40-х гг. 13 в. ханом Батыем. В состав З.О. входили Зап. Сибирь, Сев. Хорезм, Волжская Болгария, Сев. Кавказ, Крым, Дешт-и-Кипчак. Рус. кн-ва находились от З.О. в вассальной зависимости. Столицы: Сарай-Бату, с 1-й пол. 14 в. – Сарай-Берке (Ниж. Поволжье). В 15 в. распалась на Сибирское, Казанское, Крымское, Астраханское и др. ханства.

ЗОЛОТА́Я РЫ́БКА, подвид серебряного карася. Тело укороченное, широкое, чаще красно-золотистой окраски; плавники длинные. Множество аквариумных форм (шубункин, вуалехвосты, телескопы и др.). Илл. см. при ст. Аквариумные рыбы (чёрный московский телескоп).

ЗОЛОТНИ́К, старая рус. мера веса (массы), равная 4,266 г или $\frac{1}{96}$ фунта.

ЗОЛОТНИ́К, подвижной элемент системы управления тепловым или механич. процессом, направляющий поток рабочей жидкости или газа в нужный канал; применяется в паровых машинах, турбинах, пневматич. механизмах и пр.

ЗО́ЛОТО (Aurum), Au, хим. элемент I гр. периодич. системы, ат. н. 79, ат. м. 196,9665; относится к благородным металлам; мягкий тяжёлый металл жёлтого цвета; плотн. 19,32 г/см^3, $t_{пл}$ 1064,4 °C; химически инертно. В природе встречается гл. обр. самородное З. Первый из открытых человеком металлов. З. и его сплавы используют в ювелирном деле и технике. Количество содержания в сплавах характеризуют пробой (см. Проба благородных металлов). Естеств. свойства З. – однородность, делимость, сохраняемость, портативность (большая стоимость при небольшом объёме и массе) – делали его в ист. периоды наиб. подходящим для роли всеобщего эквивалента, т.е. денег. В качестве денег З. употреблялось ещё за 1500 лет до н.э. в Китае, Индии, Египте и др. Обращалось в форме слитков и монет. Наиб. полно роль З. как денег проявилась при золотом стандарте. В 1976 Международным валютным фондом была закреплена демонетизация З. Хотя ни в одной совр. стране не обращаются зол. монеты, З. остаётся страховым фондом для приобретения резервных валют (см. также Золотой запас).

«ЗОЛОТО́Е ПРА́ВИЛО», одна из древнейших нравств. заповедей: не делай другим того, чего не хочешь, чтобы причиняли тебе. Высказывалась др.-вост. и др.-греч. мудрецами, вошла в Новый Завет.

ЗОЛОТО́Е РУНО́, в греч. мифологии золотая шкура волшебного барана, охранявшаяся драконом у царя Колхиды Ээта; была похищена аргонавтами.

ЗОЛОТО́Е СЕЧЕ́НИЕ (золотая пропорция, деление в крайнем и среднем отношении, гармонич. деление), деление отрезка AC на две части таким образом, что бо́льшая его часть AB относится к меньшей BC так, как весь отрезок AC относится к AB (т.е. $AB:BC = AC:AB$). Приближённо это отношение равно $\frac{5}{3}$, точнее $\frac{8}{5}$, $\frac{13}{8}$ и т.д. Принципы З.с. используются в архитектуре и в изобр. иск-вах. Термин «З.с.» ввёл Леонардо да Винчи (кон. 15 в.).

ЗОЛОТО́Й ВЕК, в представлениях мн. народов счастливая ранняя пора человечества, когда люди оставались вечно юными, не знали забот, были подобны богам, смерть, приходившая к ним как сладкий сон. Перен. – время расцвета иск-ва, науки, также счастливая пора.

ЗОЛОТО́Й ЗАПА́С, централизованный резерв золота в слитках и монетах в распоряжении финанс. органа или междунар. валютно-кредитной орг-ции. Является страховым фондом для получения при необходимости междунар. платёжных средств путём продажи металла, а также передачи его в качестве залога для получения внеш. кредитов.

ЗОЛОТО́Й КО́РЕНЬ, р-ние рода родиола.

ЗОЛОТО́Й РУБЛЬ, условная ден. единица России (0,774235 г чистого золота), введённая после ден. реформы 1895–97, установившей зол. монометаллизм. Зол. монеты чеканились достоинством в 5 и 10, а также 15 руб. (империалы) и 7 руб. 50 коп. (полуимпериалы), находились в обращении до 1914.

ЗОЛОТО́Й СТАНДА́РТ, ден. система, сложившаяся в кон. 19 в. во мн. странах, при к-рой только золото выступало всеобщим эквивалентом и непосредств. основой денег. Классич. формой З.с. был золотомонетный стандарт, характеризовавшийся неограниченной чеканкой и обращением зол. монет и свободным разменом на них бум. денег. Этот вид З.с. потерпел крах в период 1-й мир. войны. В 1920-х гг. восстановлен в форме золотослиткового и золотодевизного (золотовалютного) стандартов (обращение зол. монет восстановлено не было, крупные банкноты обменивались на зол. слитки массой в 12–14 кг или на иностр. валюту, обмениваемую в свою очередь на зол. слитки). В результате мирового экон. кризиса 1929–33 практически во всех странах установилось бумажно-ден. обращение.

ЗОЛОТУ́ХА, вышедший из употребления термин; частично соответствует совр. представлению о туберкулёзе кожи и лимфатич. узлов у детей с экссудативным диатезом.

ЗОЛОТУ́ХИН Валер. Сер. (р. 1941), актёр. С 1964 в Моск. т-ре на Таганке. Игру отличает лёгкость, пластичность, стремительность. Роли: Альцест («Мизантроп» Мольера, 1986), Самозванец («Борис Годунов» А.С. Пушкина, 1983, 1988), Фёдор Кузькин («Живой» Б.А. Можаева, 1968, 1988). Снимался в ф.: «Сказ про то, как царь Пётр арапа женил» (1976), т/ф «Бумбараш» (1972), «Маленькие трагедии» (1980) и др. Автор ряда лит. произв.

ЗОЛОТЫ́Е РУ́ДЫ, содержат золото гл. обр. в самородном виде (см. *Самородок*) в коренных м-ниях от 1 до 1000 г/т, в россыпях — от десятков мг/м³ до кг/м³. Мировые запасы ок. 90 тыс. т. Гл. добывающие страны — ЮАР, Россия, Канада, США, Гана, Филиппины, Папуа — Новая Гвинея.

ЗОЛЯ́ (Zola) Эмиль (1840–1902), франц. писатель. В 20-томной серии ром. «Ругон-Маккары» (1871–93) — история одной семьи в эпоху Второй империи. В лучших ром. серии — «Чрево Парижа» (1873), «Западня» (1877), «Жерминаль» (1885), «Деньги» (1891), «Разгром» (1892) — с большой остротой изображены социальные противоречия. З.— сторонник принципов натурализма (кн. «Экспериментальный роман», 1880). Разделял взгляды, согласно к-рым об-во подчинено биол. законам, что приводило к детерминизму в понимании природы человека. Выступал с протестами против суда над А. Дрейфусом: памфлет «Я обвиняю» (1898).

ЗО́НА МОЛЧА́НИЯ, 1) в *акустике* — область вблизи земной поверхности, где звук от удалённых мощных источников не слышен, в то время как на бо́льших расстояниях от этих источников он слышен. Аналогичное явление часто наблюдается при распространении ультразвука в океане; в этом случае З.м. обычно наз. зоной тени. 2) В радиосвязи — окружающая коротковолновую передающую радиостанцию область пространства, в к-рой сигналы не принимаются или ослаблены по сравнению с областями, расположенными ближе и дальше этой зоны.

Зоны молчания при распространении звука в атмосфере. Стрелки показывают ход звуковых лучей при убывании температуры воздуха атмосферы с высотой.

ЗОНД (франц. sonde), в медицине металлич., резин. инстр-ты для иссл. каналов и полостей тела (напр., мочеиспускат. канала), а также проведения нек-рых леч. процедур (напр., промывания желудка).

«ЗОНД», автоматич. межпланетные космич. аппараты для иссл. космоса, изучения Луны, отработки техники дальних космич. полётов. Созд. в СССР. Макс. масса ок. 950 кг. В 1964–70 запущено 8 «З.». «З.-5» — первый космич. аппарат, возвратившийся на Землю после облёта Луны (1968).

ЗО́НДСКИЙ (ЯВА́НСКИЙ) ЖЁЛОБ, в вост. части Индийского ок., вдоль склонов Андаманских, Нико-

Э. Золя.

барских и Б. Зондских о-вов. Дл. ок. 2900 км, глуб. до 7729 м (наиб. в Индийском ок.).

ЗО́ННАЯ ТЕО́РИЯ, квантовая теория, объясняющая свойства тв. тел, обусловленные электронами (*электропроводность, теплопроводность* металлов, оптич. свойства и др.). Электроны тв. тела не могут иметь любую энергию. Значения энергии электронов в тв. теле образуют определ. интервалы — разрешённые зоны, к-рые могут быть отделены друг от друга запрещёнными зонами (см. *Твёрдое тело*).

ЗО́НТИЧНЫЕ (сельдереевые), семейство двудольных р-ний. Травы, редко кустарники или небольшие деревья. Ок. 3000 видов (св. 280 родов), почти по всему земному шару. Соцветие — сложный, реже простой зонтик или головка. Среди З.— овощные (укроп, петрушка и др.), эфирно-масличные (тмин, кориандр и др.), лекарств. (анис и др.) р-ния; нек-рые ядовиты (особенно вех), ряд видов — сорняки.

ЗО́НЫ ФИ́ЗИКО-ГЕОГРАФИ́ЧЕСКИЕ (природные зоны суши), крупные части *поясов физико-географических*, закономерно сменяющиеся от экватора к полюсам и от океанов в глубь континентов. Положение З.ф.-г. определяется гл. обр. особенностями соотношения тепла и влаги. Зоны обладают известной общностью почв, растительности и др. компонентов природной среды (напр., зоны степей, зоны саванн). В пределах З.ф.-г. по преобладанию ландшафтов того или иного типа выделяются физико-геогр. подзоны.

ЗОО... (от греч. zôon — животное, живое существо), часть сложных слов, указывающая на отношение к животному миру (напр., зоогеография).

ЗООЛО́ГИЯ (от *зоо...* и *...логия*), наука о ж-ных. Изучает видовое многообразие ж-ных (систематика), их строение (анатомия), особенности жизнедеятельности (физиология), закономерности индивид. и ист. развития (эмбриология, эволюц. учение), родств. связи (филогения), распространение (зоогеография), взаимоотношения со средой обитания и между собой (экология), особенности поведения (зоопсихология и др.), вымерших ж-ных (палеозоология). По изучаемым объектам выделяют: энтомологию, ихтиологию, орнитологию, териологию и др. Как наука З. зародилась в Др. Греции в осн. благодаря исследованиям Аристотеля. В стройную систему знаний оформилась к кон. 18 в. в тр-

дах Ж. Бюффона, Ж. Ламарка. Развитие З. в России связано с именами К. Бэра, А.О. и В.О. Ковалевских, И.И. Мечникова, А.Н. Северцова и др.

ЗООПА́РК, науч.-просветит. учреждение, в к-ром содержат в неволе (в клетках, вольерах) или полувольно (на больших огороженных площадях) диких ж-ных с целью их демонстрации, изучения, сохранения и воспроизводства. От зоосада отличается более обширной и разнообразной коллекцией ж-ных. В мире (1990) св. 800 З. и зоосадов (крупнейшие — Берлинский З. в Германии, лондонский Реджентспарк в Великобритании). Первые коллекции ж-ных создавались ещё в древности: 4 тыс. лет назад в Вавилонии, 3 тыс. лет назад в Др. Египте, Китае.

ЗООТЕ́ХНИЯ (от *зоо...* и греч. téchnē — искусство, мастерство), наука о разведении, кормлении, содержании и использовании с.-х. ж-ных; теоретич. основа жив-ва. Первые рекомендации по кормлению ж-ных и уходу за ними встречаются у антич. учёных. Научно обоснованные нормы кормления с.-х. ж-ных стали разрабатываться с 17 в., в кон. 18 — нач. 19 вв. создаются разл. породы овец, мясного скота, свиней и лошадей. Термин «З.» в 1848 предложил франц. учёный Ж. Бодеман. Большое влияние на развитие З. оказали труды Ч. Дарвина и рус. учёных П.Н. Кулешова, М.Ф. Иванова, Е.А. Богданова, Н.П. Чирвинского и др.

ЗО́РИН Леон. Генрихович (р. 1924), рус. драматург. В пьесах на совр. темы («Варшавская мелодия», 1967; «Максим в конце тысячелетия», 1989) и исторических («Дион», 1965; «Медная бабушка», 1975; «Граф Алексей Константинович», 1992) — преобладают об-ва личности, творчеству, любви; тенденция к интеллектуализации драмы. Роман-трил.: «Старая рукопись» (1980), «Странник» (1984), «Злоба дня» (1992).

ЗОРОАСТРИ́ЗМ, религия, распространённая в древности и раннем средневековье в Ср. Азии, Иране, Афганистане, Азербайджане и ряде стран Бл. и Ср. Востока; сохранилась у парсов в Индии и гербов в Иране. Названа по имени пророка Зороастра (иран. Заратуштра). Священный канон — «Авеста». Осн. принципы З.: противопоставление двух «вечных начал» — добра и зла, борьба между к-рыми составляет содержание мирового процесса; вера в конечную победу добра, олицетворяемого в образе верх. божества Ахурамазды. Гл. роль в ритуале З. играет огонь.

ЗО́ЩЕНКО Мих. Мих. (1894–1958), рус. писатель. В рассказах 20-х гг. создал комич. образ обывателя, с убогой моралью и примитивным взглядом на окружающее. «Голубая книга» (1934–35) — цикл сатирич. новелл о пороках и страстях ист. персонажей и прост. мещанина. Пов. «Мишель Синягин» (1930), «Возвращённая молодость» (1933), пов.-эссе «Перед восходом солнца» (ч. 1, 1943; ч. 2, под назв. «Повесть о разуме», опубл. в 1972). Интерес к новому языковому сознанию, широкое использование форм сказа, построение образа «рассказчика» — носителя «наивной философии». Пр. произв. З. подверглись уничтожающей критике в пост. ЦК ВКП(б) «О журналах "Звезда" и "Ленинград"» (1946) как клевета на сов. действительность.

М.М. Зощенко.

ЗРЕ́НИЕ, восприятие организмом объектов внеш. мира посредством улавливания отражаемого или излучаемого ими света. У человека и высших ж-ных световые колебания в диапазоне длин волн 380–760 нм (видимая часть спектра) воспринимаются светочувствит. клетками сетчатки *глаза* — колбочками (функционируют при дневном освещении, различают цвета, обеспечивая цветовое З.) и палочками (обеспечивают сумеречное ахроматич. З.— различие серых тонов). Нерв. возбуждение через зрительный нерв и проводящие пути центр. нерв. системы передаётся в зрительные центры головного мозга, где возникает зрительное ощущение. Многие членистоногие и большинство позвоночных (кроме ж-ных, ведущих ночной образ жизни) способны различать цвета видимых объектов.

ЗРИ́ТЕЛЬНАЯ ТРУБА́, оптич. увеличит. прибор для визуального наблюдения удалённых предметов; состоит из *объектива* и *окуляра*, расположенных так, что задний фокус объектива совмещён с передним фокусом окуляра. Наиб. распространённая оптич. система (телескоп, бинокль, подзорная труба) З.т. известны с кон. 16 — нач. 17 вв. В 1609 З.т. 20-кратного увеличения с отрицат. линзой в окуляре построил Г. Галилей; в 1610–11 др. вариант З.т. предложил И. Кеплер. В этой трубе с положит. окуляром получается перевёрнутое изображение, поэтому в ней дополнительно установлена оборачивающая система. Разновидность З.т. для наблюдения с земли — подзорная труба, обладает увеличением ~ 10 раз и широко использовалась в армии и на флоте в 17–19 вв.

ЗУБА́ТКИ, семейство мор. рыб (отр. окунеобразные). Дл. 110–250 см, масса до 32 кг (обычно 5–9 кг). 5 видов, в умеренных и сев. широтах. Ценный объект промысла.

ЗУБР, млекопитающее (сем. *полорогие*). Длина тела до 3,5 м, хвоста до 110 см; высота в холке до 2 м; масса до 1000 кг. Ещё в прошлом веке в большом числе обитал в лесах Европы. К нач. 20 в. сохранился лишь в зоопарках и заповедниках (48 голов). Для восстановления поголовья в ряде стран (Россия, Белоруссия, Польша и др.) созданы питомники. Всего в мире насчитывается ок. 2 тыс. З.; в ряде мест (Беловежская Пуща, Сев. Кавказ) находятся на вольном содержании. Гибрид З. с бизоном — зубробизон. Илл. см. на стр. 258.

258 ЗУБЧ

Зубр.

ЗУБЧА́ТАЯ ПЕРЕДА́ЧА, механизм для передачи вращательного движения между валами и изменения частоты вращения. З.п. могут быть встроены в машину, прибор или выполнены в виде самостоят. агрегата – *редуктора*. К З.п. относятся коробки скоростей, *планетарные передачи*, дифференциальные механизмы и др.

ЗУ́БЫ, костные образования в ротовой полости у большинства позвоночных ж-ных и человека. Служат для захватывания, удержания, механич. переработки пищи, участвуют в произношении звуков (у человека). Примитивные З. конич. формы («хватательные») у рыб, земноводных и большинства пресмыкающихся. У млекопитающих З. дифференцированы (выделяют 4 типа). Напр., из 32 постоянных З. человека 8 резцов, 4 клыка, 8 малых и 12 больших коренных З. Число З. у разных ж-ных существенно различается (напр., у китовой акулы ок. 1500, дельфинов до 260, свиньи 44, слона 26, крысы 16).

ЗУ́ЕВА Анаст. Платоновна (1896–1986), актриса. С 1916 во 2-й Студии МХТ, с 1924 во МХАТе. Яркость красок (комедийных и драматических), смелость используемых приёмов театральной выразительности в характерных ролях: Матрёна («Воскресение» по Л.Н. Толстому, 1930), Коробочка («Мёртвые души» по Н.В. Гоголю, 1932) и др. Снималась в кино.

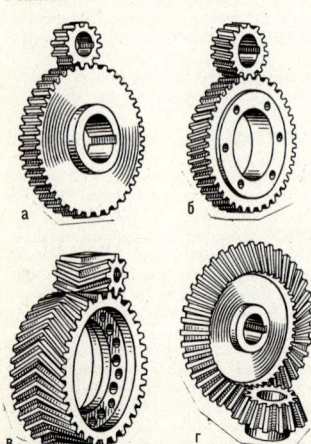

Зубчатая передача. Зубчатые колёса: а – прямозубые; б – косозубые; в – шевронные; г – конические.

ЗУ́ППЕ (Suppé) Франц фон (1819–1895), австр. композитор, дирижёр. Автор ок. 250 муз.-сценич. произв., гл. обр. комических: опер, *зингшпилей*, фарсов, водевилей. Один из создателей венской оперетты (всего ок. 30): «Прекрасная Галатея» (1865), «Лёгкая кавалерия» (1866), «Донна Жуанита» (1880).

ЗУ́СКИН Вениамин Львович (1899–1952), актёр. С 1921 в Гос. евр. камерном т-ре в Москве (с 1925 – ГОСЕТ). Исключит. музыкальность, пластичность, органич. дар перевоплощения, грустный юмор, лиричность трактовка образов при остром сценич. рисунке: Сендрл-Баба («Путешествие Вениамина III» по Менделе-Мойхер Сфориму, 1927), Шут («Король Лир» У. Шекспира, 1935), Сват Бадхен («Фрейлехс» З. Шнеера, 1945) и др. Репрессирован в 1948.

ЗЫ́КИНА Люд. Георг. (р. 1929), певица. С 1960 выступает с сольными концертами, с 1977 худ. рук. и солистка ансамбля «Россия». Исполняет рус. нар. песни, произв. рус. композиторов.

ЗЯ́БЛИК, птица (сем. *вьюрки*). Дл. в ср. 15 см. Обитает в лесах Европы, Зап. Азии и Сев. Африки. Одна из самых многочисл. птиц на планете. Весенняя песня – звучная трель, осенью – тихое бормотание.

ЗЯБЬ, летне-осенняя обработка почвы (в осн. вспашка) с целью лучшего накопления влаги, уничтожения сорняков, вредителей и возбудителей болезней с.-х. культур.

Зяблик.

И

И, и [и], десятая буква рус. алфавита; восходит к букве *кириллицы* **Н** («иже») (поперечная черта к-рой изменила направление), называвшейся в дорев. рус. алфавите «и восьмеричное», поскольку «иже» имела цифровое значение «восемь».

И ДЕСЯТЕРИ́ЧНОЕ, буква i в рус. алфавите до реформы 1917–18, обозначавшая звук [и] (отсюда выражение: ставить точки над и – «уточнять сказанное, вносить полную ясность»); восходит к букве *кириллицы* I («и»).

ИА́КОВ (Израиль), в Библии младший из двух сыновей-близнецов Исаака и Ревекки. Откупил у брата Исава право первородства за чечевичную похлёбку и хитростью получил благословение Исаака как первородный сын. 12 сыновей И. считались родоначальниками 12 израильско-иудейских племён.

ИАФЕ́Т, см. в статье *Сим, Хам, Иафет*.

ИБА́РРУРИ (Ibárruri) (псевд. Пасионария – «Пламенная») Долорес (1895–1989), в 1942–59 ген. секр., с 1959 пред. КП Испании (КПИ). Во время Исп. рев-ции 1931–39 была одним из организаторов борьбы против фашизма. В 1939–77 в эмиграции в СССР.

ИБЕ́РИЯ (лат. Iberia), 1) древнее назв. Испании, затем всего Пиренейского п-ова (Испания и Португалия) по наименованию иберов, древних племён Испании. 2) И. («Иверия») – антич. и визант. название местности по р. Кура, где жили вост.-груз. племена иберов (совр. Грузия).

И́БИСЫ, семейство птиц. Клюв длинный, обычно изогнутый, у многих на затылке хохол из длинных перьев. 30 видов, в тропич. и умеренных поясах. Обитают по берегам водоёмов и болот, гнездятся колониями. Красноногий И. (Япония) и горный И. (Средиземноморье) – на грани исчезновения. В Др. Египте священный И. олицетворял собой бога познания, мумию птицы помещали в гробницы фараонов.

Иаков. Я Пальма Старший. «Иаков и Рахиль». Ок. 1520. Картинная галерея. Дрезден.

Ибисы. Красный ибис.

ИБЛИ́С, дьявол в исламе.

ИБН БАТТУ́ТА (1304–77), араб. путешественник. Описал путешествия по Египту, Аравии, Месопотамии, Сирии, М. Азии, Ирану, Крыму, юж. областям России, Ср. Азии, Индии, Китаю, Испании, Зап. и Центр. Судану.

ИБН РУШД (Ибн Рошд) (латинизир. Аверроэс, Averroes) (1126–98), араб. философ и врач; представитель араб. *аристотелизма*. Жил в Андалусии и Марокко, был судьёй и придворным врачом. Разграничение И.Р. «рациональной» религии (доступной образованным) и образно-аллегорич. религии (доступной всем) явилось одним из источников учения о двойственной истине (см. *Двух истин теория*). Автор энциклопедич. труда по медицине.

ИБН СА́УД (1880–1953), король Саудовской Аравии в 1932–53. Вёл войны за объединение Аравии. В 1902–1927 эмир гос-ва Неджд, в 1927–32 король гос-ва Хиджаз, Неджд и присоединённые области.

ИБН СИ́НА (латинизир. Авиценна, Avicenna) (ок. 980–1037), учёный, философ, врач, музыкант. Жил в Ср. Азии и Иране, врач и везир при разных правителях. В философии продолжал традиции араб. *аристотелизма*, отчасти *неоплатонизма*. Осн. филос. соч. – «Книга исцеления», «Книга указаний и наставлений» и др.– содержат также естеств.-науч., муз.-теоретич. положения. И.С. Его трактаты были необычайно популярны на Востоке и Западе. Энциклопедия теоретич. и клинич. медицины «Канон врачебной науки» (в 5 ч.) – обобщение взглядов и опыта греч., рим., инд. и ср.-азиат. врачей – была

Ибн-Сина.

много веков обязат. руководством, в т.ч. в ср.-век. Европе (ок. 30 лат. изд.).

ИБН ФАДЛА́Н, араб. путешественник 10 в. Описал путешествие через Бухару и Хорезм к волжским болгарам.

ИБН ХАЛЬДУ́Н (1332–1406), араб. историк и философ. Последователь Ибн Рушда. В многотомном соч. «Книга назидательных примеров...» (1377–82) изложил историю народов мусульм. Востока, высказал идею ист. циклов.

ИБРАГИМБЕ́КОВ Максуд Мамед Ибрагим оглы (р. 1935), азерб. писатель, кинорежиссёр. Брат Р. Ибрагимбекова. Пишет на рус. языке. Необходимость нравств. выбора, преодоление рутинности быта и равнодушия к ближним – темы пов. «И не было лучше брата» («Ссора», 1973), «Кто поедет в Трускавец» (1974), сб-ков «В один прекрасный день» (1980), «Несколько причин для развода» (1985), пьес, киносценариев. Пост. ф. «Прерванная серенада» (1979) и др.

ИБРАГИМБЕ́КОВ Рустам Мамед Ибрагим оглы (р. 1939), азерб. писатель. Пишет на рус. языке. Брат М. Ибрагимбекова. Сб. остросюжетных рассказов и пов. «Забытый август» (1974), пов. «И заплачет как дитя...» (1987), пьесы «Дом на песке» (1976), «Допрос, или Момент истины» (1978), киносценарии; отражают сложность совр. социально-бытовых проблем.

И́БСЕН (Ibsen) Генрик (1828–1906), норв. драматург. Романтич. драмы на сюжеты сканд. саг, ист. пьесы. Филос.-символич. драм. поэмы «Бранд» (1866) и «Пер Гюнт» (1867). Остро-

Г. Ибсен.

критич. социальные реалистич. драмы «Кукольный дом» («Нора», 1879), «Привидения» (1881), «Враг народа» (1882). В драмах «Дикая утка» (1884), «Гедда Габлер» (1890), «Строитель Сольнес» (1892) усилились черты психологизма и символизма, сближающие их с неоромантич. иск-вом конца века. Обнаруживая глубокое несоответствие между благопристойной видимостью и внутр. порочностью изображаемой действительности, И. выразил протест против всей системы совр. обществ. установлений, требуя максимальной эмансипации человека.

И́ВА, род деревьев, кустарников и кустарничков (сем. ивовые). Ок. 350 видов, в умеренном поясе Евразии и Сев. Америки. Растут в поймах рек, часто образуют ивовые леса по берегам водоёмов, в оврагах, в альп. и субальп. поясах гор, лесотундре и тундре. Мн. виды декоративны, служат также для закрепления песков, оврагов. Древесина идёт на поделки, ветви – для плетения корзин и пр. Кора богата дубящими в-вами.

ИВА́Н I Калита (до 1296–1340), князь московский (с 1325) и вел. князь владимирский (1328–31, с 1332). Сын Даниила Александровича. Влиянию И. в рус. землях способствовал переезд в Москву из Владимира митрополита Петра (1325). За участие в подавлении антиордынского восстания в Твери (1327) получил (1328) от хана Узбека грамоту (ярлык) на часть терр. (Кострома) Владимирского вел. кн-ва и право княжить в Новгороде. Создал экон. и юрид. предпосылки для терр. роста и усиления Моск. вел. кн-ва. Значительно пополнил свою казну (отсюда прозвище «Калита» – «кошель», «сумка»).

ИВА́Н II Красный (1326–59), вел. князь владимирский и московский (с 1353). Второй сын Ивана I Калиты. Отстоял право на владимирское вел. княжение в борьбе с нижегородско-суздальским кн. Константином Васильевичем.

ИВА́Н III (1440–1505), вел. князь московский (с 1462), «государь всея Руси» (с 1478). Сын Василия II. Женат первым браком (1452) на княжне тверской Марии Борисовне, вторым – на Софье Палеолог. Присоединил к Моск. вел. кн-ву с гг. Ярославль (1463), Ростов (1474), Новгород (1477), Пермь (1478), Тверь (1485), Вятка (1489) и др. Освободил Русь от ордынского ига («стояние на Угре» 1480). В результате рус.-литов. войн (1487–94 и 1500–03) присоединил Верховские кн-ва, юго-зап. земли с гг. Чернигов, Новгород Северский и др. Посылал воен. экспедиции в Зап. Сибирь (1483, 1499). Руководил составлением Судебника 1497, стр-вом Моск. Кремля.

ИВА́Н IV Грозный (1530–84), вел. князь московский и «всея Руси» (с 1533), первый рус. царь (с 1547) из династии Рюриковичей. Сын Василия III и Е.В. Глинской. Склонный к подозрительности, лицедейству и садизму, рос в обстановке жестокой дворцовой борьбы. От первого брака (1547) с А.Р. Захарьиной-Юрьевой – сыновья Иван Иванович, Фёдор Иванович и др.; от седьмого (последнего) брака (1580) с М.Ф. Нагой – Дмитрий Иванович. В кон. 40–50-х гг. совм. с *Избранной радой* отменил *кормления*, завершил губную, земскую и др. реформы. Учредил *опричнину*, отменил крестьянский вы-

ход в Юрьев день (см. *Крепостное право*). Завоевал Казанское (1552) и Астраханское (1556) ханства, принял в подданство Ногаи Большие (1555–63). Ливонская война 1558–83 за выход к Балт. м. была неудачной. При нём организован поход в Сибирь Ермака (ок. 1581). Талантливый писатель (автор публицистич. «посланий» кн. А.М. Курбскому и др.). Поддерживал книгопечатание. Умер в обстановке экон. и полит. кризиса (последствия опричнины и Ливонской войны).

ИВА́Н V (1666–96), рус. царь (с 1682). Сын царя Алексея Михайловича. Болезненный и неспособный к гос. деятельности, провозглашён царём вместе с мл. братом Петром I; до 1689 за них правила сестра *Софья Алексеевна*, после её свержения – Пётр I.

ИВА́Н VI (1740–64), рос. император (1740–41). Правнук Ивана V, сын принца Антона Ульриха Брауншвейгского. За младенца правили Э.И. Бирон, затем мать *Анна Леопольдовна*. Заключён в тюрьму по приказу имп. Елизаветы Петровны. Убит при попытке офицера караульной команды подпоручика В.Я. Мировича освободить его.

ИВА́Н ИВА́НОВИЧ (1554–81), рус. царевич. Сын Ивана IV. С 13 лет участвовал в Ливонской войне 1558–83. Сопровождал Ивана IV в походе опричников на Новгород (1570). Во время ссоры с отцом получил смертельную рану в висок наконечником посоха. Этот эпизод отражён в картине И.Е. Репина «Иван Грозный и сын его Иван».

ИВА́Н-ДА-МА́РЬЯ (марьянник дубравный), однолетнее полупаразитное травянистое р-ние рода *марьянник*. Распространено в Европе, в листв. лесах, на сырых торфянистых лугах. Семена ядовиты.

Иван IV. В.М. Васнецов. «Царь Иван Васильевич Грозный». 1897. Третьяковская галерея.

И.-да-М. наз. также анютины глазки (двуцветные формы) и нек-рые др. р-ния.

ИВАНИ́ЦКИЙ Ал-др Вл. (р. 1937), рос. спортсмен, журналист. Чемпион СССР (1964–65), мира (1962–63, 1965–66), Олимп. игр (1964) по вольной борьбе.

ИВА́НОВ Ал-др Анд. (1806–58), рос. живописец. В 1831–58 жил в Италии. В ранних произв. («Аполлон, Гиацинт и Кипарис», 1831–34) дал возвышенно-поэтич. истолкование принципов *классицизма*. В монументальном полотне «Явление Христа народу» (1837–57) трактует евангельский сюжет как поворотное событие в истории человечества, начало его освобождения и нравств. возрождения. В поздних «Библейских эскизах» достиг необычайной глубины филос. обобщения этой темы, использовал новаторские композиц. и цветовые решения. Много и углублённо работая над натурой (многочисл. этюды, пейзажи итал. природы), И. добился значит. успехов в области пленэрной живописи (см. *Пленэр*). Илл. см. на стр. 260.

ИВА́НОВ Вс. Вяч. (1895–1963), рус. писатель. В пов. «Бронепоезд 14-69» (1922, одноим. пьеса, 1927) изображение народа, отстаивающего завоевания рев-ции. Автобиогр. ром. «Похождения факира» (1934–35; 2-я ред.– 1960). Социально-филос. осмысление современности в полуфантастич., подчас гротескной форме в ром. «Кремль» (опубл. 1981), «У» (опубл. 1988).

ИВА́НОВ Вяч. Ив. (1866–1949), рус. поэт. Идеолог *символизма* (кн. «По звёздам», 1909). В доме И. в С.-Петербурге (известном как «башня Вяч. Иванова») устраивались т.н. ивановские среды, собиравшие всю лит.-артистич. петерб. интеллигенцию 1905–12; регулярно в 1905–07. Поэзия ориентирована на культурно-филос. проблематику античности и средневековья: сб. «Кормчие звёзды» (1903), «Cor ardens» (ч. 1–2, 1911), в центре к-рых напряжённые поиски «я» через откровение чужого «ты». В лит.-филос. трудах (в т.ч. кн. «Борозды и межи», 1916) – религ.-эстетич. концепция творчества, преодоление индивидуализма путём выхода к «соборности». В 1921 издал кн. «Переписка из двух углов» (совм. с М.О. Гершензоном). С 1924 жил в Италии (поэтич. цикл «Римские сонеты», 1924–25).

ИВА́НОВ Георг. Вл. (1894–1958) рус. поэт. В 1910-е гг. был близ-

Иван-да-Марья.

А.А. Иванов. «Явление Христа народу». Третьяковская галерея.

к *акмеизму*. В ранних стихах (сб. «Отплытие на о. Цитеру», 1912, «Сады», 1921, «Лампада», 1922) — мотивы усталости, разочарования и др. В 1922 эмигрировал. Зрелая поэзия И. (сб. «Розы», 1931, «Отплытие на остров Цитеру», 1937, «1943—1958. Стихи», 1958) отмечена трагич. мироощущением человека 20 в., обострённым личным опытом изгнанничества. Беллетризованные мемуарные очерки «Петербургские зимы» (1928).

ИВА́НОВ Конст. Конст. (1907—84), дирижёр. В 1946—65 гл. дирижёр Гос. симф. оркестра СССР. В конц. репертуаре выделялись симф. произведения рус. композиторов. Дирижировал почти исключительно наизусть. Автор муз. произведений.

ИВА́НОВ Лев Ив. (1834—1901), артист балета, балетмейстер. С 1852 в труппе петерб. Большого Каменного (с 1860 Мариинского) т-ра. Впервые пост. балет «Щелкунчик» (1892) и 4-й акт балета «Лебединое озеро» (1895) П.И. Чайковского, положившие (наряду с балетами М.И. Петипа) начало симфонизации танца.

ИВА́НОВ Мих. Фёд. (1871—1935), один из основателей зоотехнич. опытного дела в России. Разработал научно обоснованную методику выведения новых и совершенствования имеющихся пород овец и свиней. Автор асканийской породы овец и укр. степной белой породы свиней.

ИВА́НОВ ДЕНЬ (Иван-Купала у славян, Лиго у латышей), праздник летнего солнцестояния у народов Европы, приуроченный к церк. празднику Рождества Иоанна Крестителя (24 июня или 7 июля).

ИВА́НОВ-КРАМСКО́Й Ал-др Мих. (1912—73), гитарист, композитор, дирижёр. В 1947—52 дирижёр Рус. нар. хора и оркестра нар. инстр-тов Всес. радио. Автор муз.

произв. для гитары (в т.ч. 2 концертов с оркестром).

ИВА́НОВО (до 1932 Иваново-Вознесенск), г., ц. Ивановской обл. в России, на р. Уводь. 480,4 т.ж. Ж.-д. уз. Кр. центр текст. пром-сти (хл.-бум., льняные, штапельные, шерстяные ткани). Маш-ние, хим. пром-сть. 7 вузов (в т.ч. 2 ун-та). 4 музея (в т.ч. ивановского ситца). Мемор. комплекс Революции 1905—07. Т-ры: муз., драм., кукол. Образован в 1871 из с. Иваново (изв. с 1561) и Вознесенского Посада (возник в 1853).

ИВА́НОВСКИЙ Дм. Иос. (1864—1920), рос. физиолог р-ний и микробиолог. Исследуя заболевания табака, впервые (1892) открыл возбудителя табачной мозаики, названного впоследствии *вирусом*. Тр. по патофизиологии р-ний, почвенной микробиологии.

ИВА́НО-ФРАНКО́ВСК (до 1962 Станислав), г., обл. ц. на Украине, в предгорьях Укр. Карпат. 226 т.ж.

Иволга. Самец, кормящий птенцов.

(1989). Ж.-д. ст. Маш-ние и металлообработка (механич. прессы, геофиз. приборы и др.); хим., деревообр. (в т.ч. меб.) пром-сть. 3 вуза. 3 музея (в т.ч. краеведч., худ.). Т-ры: Укр. муз.-драм. имени И. Франко, кукольный. Осн. в 1662. Назван по имени И.Я. Франко.

ИВА́Н-ЧАЙ, многолетнее травянистое р-ние рода *кипрей*. Растёт в светлых сухих местах, по опушкам лесов, на гарях, образуя сплошные заросли. Богат витамином С, микроэлементами. Молодые листья И. издавна служили заменителем настоящего чая и готовились для этой цели в с. Копорье (Петербургская губ.), откуда и назв. «копорский чай». Используется в нар. медицине. Один из лучших медоносов.

ИВАНЫЧУ́К Ром. Ив. (р. 1929), укр. писатель. Трил. «У столбовой дороги» (1962) — о послевоен. жизни в Зап. Украине. Остросюжетная, стилистически яркая ист. проза: ром. «Мальвы» (1968) — о янычарстве, утрате нац. достоинства; «Манускрипт с улицы Русской» (1979) — о жизни средневекового Львова; биогр. романы, в т.ч. «Шрамы на скале» (отд. изд. 1987, об И. Франко), — о гражд. долге художника; ром. «Журавлиный крик» (1968, опубл. в 1988) — о последних годах Запорожской Сечи.

ИВАСИ́, промысловая рыба (сем. сельдёвые). Дл. до 30 см. Обитает в прибрежных водах Вост. Азии.

ИВАШКЕ́ВИЧ (Iwaszkiewicz) Ярослав (1894—1980), польск. писатель. В ист. ром. «Красные щиты» (1934) из эпохи средневековья, «Блендомерские страсти» (1938) — тонкий психологизм, поэтич. видение мира. В ром. «Хвала и слава» (т. 1—3, 1956—62) — широта охвата польск. действительности 20 в., морально-филос. проблематика. Стихи (сб. «Ксении и элегии», 1970).

И́ВОЛГА, яркоокрашенная древесная птица (отр. воробьиные). Дл. ок. 25 см. Оперение — сочетание яркожёлтого и чёрного цветов. Распространена в Европе, Зап. Азии и Сев.-Зап. Африке; в России гнездится преим. в березняках и дубравах. Свист напоминает звуки флейты.

ИГЛОКО́ЖИЕ, тип мор. беспозвоночных ж-ных. Возникли в докембрии. Длина от неск. мм до 1 м (нек-рые ископаемые — до 20 м). Тело радиально-симметричное (обычно 5-лучевое), пронизано системой заполненных водой сосудов, к-рая служит для движения, выделения и осязания. Ок. 6 тыс. видов, распространены широко. Свободноподвижные и прикреплённые формы. Нек-рые, напр. мор. ежи (икра), трепанг, — объект промысла.

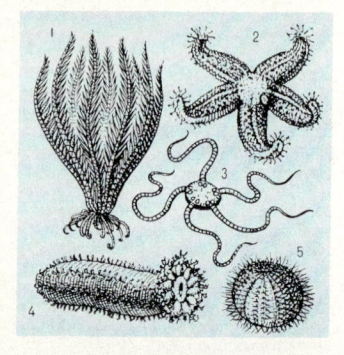

Иглокожие: 1 — морская лилия; 2 — морская звезда; 3 — офиура; 4 — морской огурец (голотурия); 5 — морской ёж.

ИГЛОТЕРАПИ́Я (иглоукалывание), то же, что *акупунктура*.

ИГНА́ТИЙ БРЯНЧАНИ́НОВ (1807—67), епископ, духовный писатель. Из дворян. Оставил воен. службу и постригся в монахи. В 1833—57 настоятель Троице-Сергиевой пустыни (Петерб. губ.). С окт. 1857 епископ Кавказский и Черноморский. Автор «Аскетических опытов» (1865), «Отечника» (1903) и др. Канонизирован Рус. правосл. церковью.

ИГНИПУНКТУ́РА, см. в ст. *Прижигание*.

И́ГОРЬ (?— 945), вел. князь киевский с 912. Муж кн. Ольги. В 941 и 944 совершил походы в Византию, с к-рой заключил договор. Убит древлянами, восставшими во время повторного сбора дани.

И́ГОРЬ ГЛЕ́БОВ, см. *Асафьев* Б.В.

ИГРА́, вид деятельности, мотив к-рой заключается не в её результатах, а в самом процессе. В истории человеческого об-ва переплеталась с магией, культовым поведением и др.; тесно связана со спортом, воен. и др. тренировками, иск-вом (особенно его исполнит. формами). Имеет важное значение в воспитании, обучении и развитии детей как средство психол. подготовки к жизненным ситуациям. Свойственна также высш. ж-ным. С 40-х гг. 20 в. разрабатываются логич., психол., матем. (теория игр) модели И., применяемые для принятия оптимальных решений в условиях конфликта сторон (в экон., воен. и др. сферах); для освоения определ. видов деятельности и прогнозирования (уч., управленч., исследоват. и др. деловые И.).

ИГРУ́ШКА, специально изготовленный предмет, служащий для развлечения и психич. развития ребёнка. И. — изображения людей и ж-ных, копии предметов, позволяют ребёнку познать их роль и функциональное назначение, способствуют развитию разл. форм общения. И. воспроизводит существ. черты цивилизации (с 18 в. распространились механич. И., в 20 в. — электрич. и электронные) и отражает вместе с тем особенности мира детства, напр. предрасположенность к игровой деятельности, фантазию и др.

Игрушка. 1. Богородская игрушка.

2. Дымковская игрушка.

3. Кукла «Кокэеи» (Япония).

4. Кукла «Модница» (19 в., Франция).

ИГУА́НЫ, семейство ящериц. Длина от неск. см до 2 м. Св. 700 видов, преим. в Зап. полушарии. Большинство — древесные ж-ные. Мясо и яйца съедобны, кожа используется для разл. поделок.

ИГУ́МЕН (греч. hēgúmenos, букв.— ведущий), настоятель правосл. монастыря (в женских — игуменья). Обычно в сане *архимандрита*.

ИГУ́МНОВ Конст. Ник. (1873–1948), пианист, педагог Моск. конс.; один из создателей рус. пианистич. школы. Тонкий интерпретатор фп. произв. П.И. Чайковского.

Игуана.

ИДА́ЛЬГО (Идальго-и-Костилья) (Hidalgo y Costilla) Мигель (1753–1811), нац. герой Мексики, священник. Возглавил нар. восст. 1810–11, переросшее в войну за независимость от Испании. Захвачен в плен и расстрелян.

ИДА́ЛЬГО (исп. hidalgo), рыцарь в ср.-век. Испании.

ИДЕА́Л (франц. idéal — относящийся к *идее*), образец, нечто совершенное, высш. цель стремлений.

ИДЕАЛИЗА́ЦИЯ, мыслит. конструирование понятий об объектах, процессах и явлениях, не существующих в действительности, но таких, для к-рых имеются прообразы в реальном мире (напр., «точка», «абсолютно твёрдое тело», «идеальный газ»). И. позволяет формулировать законы, строить абстрактные схемы реальных процессов; используется в *моделировании*.

ИДЕАЛИ́ЗМ (франц. idéalisme, от *идея*), общее обозначение филос. учений, утверждающих, что дух, сознание, мышление, психическое — первично, а материя, природа, физическое — вторично, производно. И. противостоит *материализму*. Осн. формы И. — объективный и субъективный. Первый утверждает существование духовного первоначала вне и независимо от человеческого сознания, второй либо отрицает наличие к.-л. реальности вне сознания субъекта, либо рассматривает её как нечто, полностью определяемое его активностью. В зависимости от того, как понимается духовное первоначало, различаются многообразные формы И.: мировой разум (панлогизм) или мировая воля (волюнтаризм), единая духовная субстанция (идеалистич. монизм) или множество духовных первоэлементов (плюрализм), разумное, логически постигаемое начало (идеалистич. рационализм), чувств. многообразие ощущений (идеалистич. эмпиризм и сенсуализм, феноменализм), незакономерное, алогичное начало, не могущее быть объектом науч. познания (иррационализм). Крупнейшие представители объективного И. в антич. философии — Платон, Плотин, Прокл; в новое время — Г.В. Лейбниц, Ф.В. Шеллинг, Г.В.Ф. Гегель. Субъективный И. наиб. ярко выражен в учениях Дж. Беркли, Д. Юма, раннего И.Г. Фихте. В обыденном словоупотребление «идеалист» (от слова «идеал») часто означает бескорыстного человека, стремящегося к возвышенным целям.

ИДЕНТИФИКА́ЦИЯ (от ср.-век. лат. identifico — отождествляю), уподобление, опознание объектов, личностей в процессе сравнения, сопоставления. В психологии и социологии применяется для классификации, анализа знаковых систем, распознавания образов и др. И. обозначает также самоотождествление личности с др. человеком, социальной группой или образцом. В криминалистике метод И. используется во всех видах экспертиз, проводимых в ходе расследования конкретных суд. дел.

ИДЕОГРАФИ́ЧЕСКОЕ ПИСЬМО́ (от греч. idéa — идея, образ и gráphō — пишу), принцип письма, использующий идеограммы — схематизир. рисунки, передающие понятия, ассоциируемые с изображениями. И.п. не воспроизводило связную речь. Предшествовало собственно письменности. К И.п. восходит словесно-слоговое письмо. Идеографич. характер имели др.-егип., шумерская и др. старейшие системы письма. Наиб. развития достигло в кит. иероглифике.

К.Н. Игумнов.

Древне-шумерские		Древне-египетские		Китайские	
⟨	Глаз	⬯	Видеть	目	Глаз
⋎⋎	Лес	≈	Вода	水	Вода
∧∧	Горы	⊕	Города	山	Гора
✋	Факел	♦	Огонь	火	Огонь
𓀀	Человек	𓀁	Мужчины	人	Человек
		𓁐	Женщины	女	Женщина

Идеографическое письмо. Идеограммы.

ИДЕОЛО́ГИЯ (от *идея* и ...*логия*), система полит., правовых, нравств., религ., эстетич. и филос. взглядов и идей, в к-рых осознаются и оцениваются отношения людей к действительности. Выражает интересы и формулирует цели определ. социальных групп. Термин «И.» нередко употребляется также для обозначения ложного, иллюзорного, оторванного от действительности сознания.

ИДЕФИ́КС (франц. idée fixe — навязчивая *идея*), устаревший мед. термин, обозначавший одержимость человека навязчивой, маниакальной идеей. В совр. словоупотреблении (иногда иронич.) — идея, всецело увлёкшая, захватившая человека.

Иезекииль. Рафаэль. «Видение пророка Иезекииля». Ок. 1518. Галерея Питти. Флоренция.

ИДЕЯ (греч. idéa), 1) первоначально в др.-греч. философии «то, что видно», «видимое» (как и *эйдос*), затем «видимая сущность», прообраз. Платон называл И. умопостигаемые прообразы вещей чувств. мира, истинное бытие. По Канту, И. – понятия разума, к-рым нет соотв. предмета в чувств. опыте (свобода, бессмертие, Бог). 2) Мысль, представление. 3) Намерение, план.

ИДИ́ЛЛИЯ (греч. eidýllion – картинка, уменьшительное от *идея*), поэтич. жанр (в античности – вид *буколики*), изображение мирной добродетельной сел. жизни на фоне прекрасной природы (идиллии Феокрита, Вергилия, И. Фосса, И. В. Гёте и др.). Перен. – мирное беззаботное существование (обычно иронически).

ИДИО́МА, то же, что *фразеологизм*.

ИДИОСИНКРАЗИ́Я (от греч. ídios – свой, своеобразный и synkrasis – смешение; здесь – «непереносимость») как результат неправильного смешения жидкостей в организме, соотв. представлениям древней медицины), болезненные реакции организма, к-рые возникают (часто после первого контакта с раздражителем) у людей с повышенной чувствительностью к определ. в-вам (в т. ч. небелковой природы, напр. к иоду) или воздействиям, обусловленной наследственно. Проявления (отёк кожи, крапивница и др.) похожи на аллергические (см. *Аллергия*).

ИДИОТИ́Я (от греч. idiōtéia – невежество), наиб. глубокая степень *олигофрении*. При И. мышление и речь не развиваются, влечения и эмоции элементарны, не корригируются.

ИДРИ́СИ (1100–1161 или 1165), араб. путешественник по Пиренейскому п-ову, Франции, Англии, М. Азии. По поручению сицилийского короля Рожера II создал карту мира и «Книгу Рожера» – ценный источник по истории и ист. географии Европы и Африки.

ИЕГО́ВА, искажённая форма имени *Яхве*.

ИЕГОВИ́СТЫ («Общество свидетелей Иеговы»), протестантская секта, осн. в 1872 в США Ч. Расселом. И. признают единым богом Иегову, а Иисуса Христа – порождением Иеговы и исполнителем его воли.

ИЕЗЕКИИ́ЛЬ, др.-евр. пророк. Автор кн. Ветхого Завета, носящей его имя; создана в т. н. вавилонском плену (с 597 до н. э.). В книге содержатся пророчества И. о наказании Израиля Богом за порочность и беззаконие народа, о необходимости покаяния в грехах и о грядущем восстановлении Израиля. Аллегорич. картины видений в последнем пророчестве И., полные таинств. экзотич. символов (божеств. колесо и др.), послужили одной из основ каббалистич. лит-ры (см. *Каббала*).

ИЕЗУИ́ТЫ, члены католич. монашеского ордена («Об-во Иисуса», лат. «Societas Jesu»), основанного в 1534 в Париже И. Лойолой. Орден стал гл. орудием *Контрреформации*. И. утвердились не только в европ. гос-вах, но проникли в Индию, Японию, Китай, на Филиппины. В России И. появились в нач. 18 в., в 1719 по указу Петра I были изгнаны. В 1801 официально признано их существование, однако в 1820 Александр I запретил их деятельность. В 1610–1768 существовало «Иезуитское гос-во» в Парагвае. Осн. принципы орг-ции ордена: строгая централизация, абс. авторитет главы ордена.

ИЕ́НА, ден. единица Японии, равная 100 сенам. В обращении с 1869–71 зол. и серебр. И., с 1918 только банкноты в И. На кон. 1993 курс И. к доллару США составлял 108,5 И. за 1 долл.

ИЕРАКО́НПОЛЬ (Гиераконполь; др.-егип. Нехен), г. в Др. Египте, культовый центр бога Гора. Развалины у с. Ком-эль-Ахмар. Храм кон. 4-го тыс. до н. э., гробницы и др.

ИЕРА́РХ (греч. hierárchēs, букв. – священноначальник) церковный, высш. священнослужитель в христианстве.

ИЕРА́РХИЯ (от греч. hierós – священный и arché – власть), расположение частей или элементов целого в порядке от высшего к низшему. Термин употребляется для характеристики организации христ. церкви. В социологии обозначает социальную структуру об-ва, бюрократии; в теории организации – принцип управления.

ИЕРЕ́Й (греч. hiereús, букв. – жрец), офиц. название правосл. священника.

ИЕРЕМИ́Я, евр. пророк 7 – нач. 6 вв. до н. э. Основу кн. Ветхого Завета, носящей имя И., составляют проповеди и изречения И., записанные им и его сподвижником Барухом. И. также приписывается авторство кн. Ветхого Завета «Плач Иеремии». Во время осады Иерусалима (587) обвинён в измене и выслан в Египет, где умер.

ИЕ́РИНГ (Ihering) Рудольф фон (1818–92), нем. юрист. Одним из элементов понятия права считал его практич. значение для защиты интересов разл. групп об-ва – право – юридически защищённый интерес. Учение И. оказало влияние на формирование ряда правовых доктрин 20 в. (т. н. юриспруденция интересов в Германии, юрид. прагматизм в США и т. д.).

ИЕРИХО́Н, город 7–2-го тыс. до н. э. в Палестине (на Зап. берегу р. Иордан, к С.-В. от Иерусалима). Открыты остатки укреплённых поселений эпохи неолита и бронзы, руины города с мощными стенами 18–16 вв. до н. э., гробницы и др. В кон. 2-го тыс. до н. э. разрушен евр. племенами. По библейскому преданию, стены И. рухнули от звуков труб завоевателей («иерихонские трубы»).

ИЕРО́ГЛИФЫ (от греч. hierós – священный и glyphē – то, что вырезано), древние рисуночные знаки егип. письма, также знаки мн. других неалфавитных письменностей (*китайского письма*, *японского письма* и др.). Начертание И. складывается из стандартных черт, повторяющихся в разл. комбинациях. См. также *Идеографическое письмо*.

ИЕРОМОНА́Х (от греч. hieromónachos), монах-священник.

ИЕРОНИ́М БЛАЖЕ́ННЫЙ (Стридонский) (Eusebius Sophronius Hieronymus) (ок. 347–420), отец церкви. Автор лат. пер. Библии – Вульгаты, мн. библ. комментариев, соч. «О знаменитых мужах» (важный источник по истории церкви) и др.

ИЕРОНИ́М ПРА́ЖСКИЙ (Jeronym Pražský) (ок. 1380–1416), идеолог чеш. Реформации, сподвижник Я. Гуса. Осуждён церк. собором в Констанце и сожжён.

ИЕРУСАЛИ́М, г. в Израиле. 544 т. ж. Религиозный («священный») центр иудеев, христиан и мусульман. Разнообразная пром-сть. Ун-т. Музеи: национальные Беца-

Иерихон. Миниатюра Ж. Фуке. «Взятие Иерихона». 1470-е гг. Национальная библиотека. Париж.

Ижевск. Вид части города.

лель» (худ.), Израиля (иск-во и археол. памятники) и др.

Первые упоминания об И.— в сер. 2-го тыс. до н.э. Позднее в составе разл. гос-в: Иудейского царства, Др. Рима, Византии, Араб. халифата и др. С нач. 16 в. под властью Османской империи. В 1917 занят англ. войсками. В 1920–48 адм. ц. англ. подмандатной терр. Палестина. По решению Ген. Ассамблеи ООН от 29 нояб. 1947 должен был стать самостоят. адм. единицей под управлением ООН. После арабо-израильской войны 1948–49 И. был разделён на 2 части: восточная отошла к Иордании, западная к Израилю. В 1950 пр-во Израиля объявило зап. часть И. столицей Израиля. В июне 1967 Израиль присоединил и вост. часть И., в июле 1980 провозгласил весь И. «вечной и неделимой столицей» Израиля. В вост. части И.— руины раннехрист. зданий (в т.ч. ротонды «Гроба Господня»). Зап. стена («Стена плача»), часть уцелевшей стены после разрушения Второго Храма. Мечеть Куббат ас-Сахра (687–691), церкви 11–12 вв., цитадель (14–16 вв.). Зап. часть застраивается с сер. 19 в. Здания комплекса ун-та, мед. центра (1960). Старый город и его стены включены в список *Всемирного наследия*.

ИЖЕ́ВСК (в 1984–87 Устинов), г. (с 1918), столица Удмуртии (с 1921), на р. Иж. 650,7 т.ж. Ж.-д. уз. Маш-ние и металлообработка (легковые автомобили, мотоциклы, станки, электропилы, охотничьи ружья, оборудование для нефт. пром-сти и др.), чёрная металлургия; пр-тия лёгкой и пищ. пром-сти. 4 вуза (в т.ч. ун-т). 2 музея (в т.ч. изобр. иск-в). 4 т-ра: рус. и удмуртский драм., муз., кукол, цирк. Осн. в 1760.

И́ЖИЦА, последняя буква рус. алфавита; исключена орфографич. реформой 1917–18; обозначала гласный «и» в немногих словах греч. происхождения. Восходит к кириллич. букве Ѵ с тем же названием. Прописать ижицу кому-нибудь (устар.) – высечь, сделать строгое внушение.

ИЖО́РСКАЯ ЗЕМЛЯ́ (Ижора), ист. название в 12–18 вв. терр., населённой ижорцами (ижорой), по берегам Невы и юго-зап. Приладожья. С 1228 владение Вел. Новгорода, с 1478 в Рус. гос-ве, в 1581–90, 1609–1702 владение Швеции. В ходе Сев. войны возвращена России в 1702–03, с 1708 Ингерманландская (с 1710 С.-Петербургская) губерния. Другие назв.— Ингрия, Ингерманландия.

ИЗА́Й (Ysaye, Ysaÿe) Эжен (1858–1931), бельг. скрипач, композитор, дирижёр, педагог. Гастролировал во мн. странах (в 1882–1912 в России). В 1888 играл в основанном им струн. квартете; организатор (1895), директор и дирижёр «Концертов Изаи» в Брюсселе. Исполнит. стиль отличался патетич. темпераментом, блестящей техникой. Программные произв., сонаты, *транскрипции* для скрипки.

ИЗБИРА́ТЕЛЬНАЯ СИСТЕ́МА, см. в статьях *Мажоритарная система*, *Пропорциональная система представительства*.

ИЗБИРА́ТЕЛЬНОЕ ПРА́ВО, 1) совокупность правовых норм, устанавливающих порядок выборов главы гос-ва, представит. органов и др. И.п. обычно регламентируется конституцией и спец. законами о выборах. Определяет порядок выдвижения кандидатов, нормы представительства, порядок определения результатов голосования и др. 2) Право гражданина участвовать в выборах, избирать (*активное избирательное право*) и быть избранным (*пассивное избирательное право*).

ИЗБИРА́ТЕЛЬНЫЙ КО́РПУС, общее кол-во граждан, имеющих право на участие в голосовании на выборах того или иного представит. органа (напр., И.к. России, И.к. данного избират. округа).

ИЗБИРА́ТЕЛЬНЫЙ О́КРУГ, осн. звено терр. орг-ции населения для проведения выборов главы гос-ва или представит. органов власти. От каждого округа избирается установленное законом кол-во депутатов (норма представительства).

И́ЗБРАННАЯ РА́ДА, неофиц. пр-во Рус. гос-ва при царе Иване IV, в кон. 40–50-х гг. 16 в. (А.Ф. Адашев, Сильвестр, Макарий, А.М. Курбский и др.). Сторонники компромисса между разл. господствующими слоями, присоединения Поволжья, борьбы с Крымом. Провела реформы центр. и местного гос. аппарата.

ИЗВЕСТНЯ́К, осадочная горн. порода, содержащая в качестве гл. ми- нералов *карбонаты* (в осн. кальцит), а также карбонатизир. органич. остатки (ракушки, водоросли, кораллы и др.), глинистые и песчаные частицы.

И́ЗВЕСТЬ: негашёная И.— оксид кальция CaO ($t_{пл}$ 2627 °C) и гашёная И. (пушонка) – гидроксид кальция $Ca(OH)_2$ (разлагается при 520 °C). Суспензию гашёной И. в воде наз. известковым молоком. Негашёную И. получают обжигом известняка, мела, гашёную – действием воды на негашёную. И. применяют для получения вяжущих материалов, хлорной извести и др., гашёную И.— также для получения бордоской жидкости (р-р сульфата меди в известковом молоке, инсектицид), в сах. пром-сти, для раскисления почв, в произ-ве стекла.

ИЗДЕ́РЖКИ ПРОИЗВО́ДСТВА, совокупность затрат живого (заработная плата) и овеществлённого (амортизация, сырьё, материалы) труда на изготовление продукта, выраженных в ден. форме.

ИЗДО́ЛЬЩИНА, вид аренды земли, при к-рой арендная плата уплачивается собственнику земли долей урожая (иногда до половины и более).

ИЗИ́ДА, см. *Исида*.

ИЗЛУЧЕ́НИЕ электромагнитное, процесс образования свободного эл.-магн. поля, а также само свободное эл.-магн. поле, существующее в форме *электромагнитных волн*. И. испускают ускоренно движущиеся заряженные частицы, а также атомы, молекулы и др. квантовые системы при *квантовых переходах*. И. делят на диапазоны по длинам волн: *инфракрасное излучение*, *видимое* (свет), *ультрафиолетовое излучение*, *рентгеновское излучение* и т.д.

ИЗМАИ́Л (Исмаил), в Библии сын *Авраама* и наложницы Агари. Когда жена Авраама *Сарра* родила Исаака, И. вместе с матерью были изгнаны в пустыню. 12 сыновей И. считаются родоначальниками 12 араб. племён. В исламе – один из пророков.

ИЗМЕ́НЧИВОСТЬ, разнообразие признаков и свойств у особей и групп особей любой степени родства; один из важнейших факторов эволюции, к-рый обеспечивает приспособленность видов и популяций к изменяющимся условиям существования. Присуща всем живым организмам. Наследств. И. обусловлена возникновением *мутаций*, ненаследственная – воздействием факторов внеш. среды.

ИЗМЕРЕ́НИЕ, действия, производимые с целью нахождения числовых значений к.-л. величины в принятых единицах измерения. И. выполняют с помощью соотв. средств И. (линейка, часы, весы и т.д.). Различают прямые (непосредственные И. искомой величины) и косвенные (И. величин, связанных с искомой величиной нек-рой зависимостью, и последующее вычисление искомой величины) И. Отличие измеренного значения искомой величины от точного её значения наз. *погрешностью измерения*.

ИЗМЕРИ́ТЕЛЬНЫЙ ПРЕОБРАЗОВА́ТЕЛЬ, устройство, преобразующее измеряемую физ. величину (перемещение, давление, темп-ру, электрич. напряжение и т.д.) в сигнал (обычно электрический) для дальнейшей передачи, обработки, регистрации. Термин «И.п.» в лит-ре нередко заменяют термином «датчик».

ИЗО́... (от греч. *isos* – равный, одинаковый), 1) часть сложных слов, означающая равенство, подобие (напр., изоморфизм, изолинии). 2) Часть сложных слов, соответствующая по значению слову «изобразительный» (напр., изостудия).

ИЗОБА́РНЫЙ ПРОЦЕ́СС (изобарический процесс) (от *изо...* и *baros* – тяжесть), термодинамич. процесс, протекающий при пост. давлении в системе. Линия, изображающая И.п. на диаграмме состояния, наз. изобарой.

ИЗОБРАЖЕ́НИЕ ОПТИ́ЧЕСКОЕ, картина, создаваемая оптич. системой при прохождении через неё лучей, отражённых или испускаемых объектом, и воспроизводящая его контуры и детали. Различают действительные и мнимые И.о. Действительное И.о., создаваемое сходящимися пучками лучей в точках их пересечения, можно зарегистрировать на экране, фотоплёнке и т.п. Мнимые И.о. создаются при мысленном продолжении до пересечения расходящихся лучей; мнимое И.о. нельзя зафиксировать на экране, но оно может само стать объектом по отношению к др. оптич. системе (напр., глазу или собирающей линзе), к-рая преобразует его в действительное. Плоские и выпуклые зеркала и рассеивающие линзы всегда дают мнимое И.о. Вогнутые зеркала и собирающие линзы могут давать И.о. как действительные, так и мнимые, в зависимости от положения объекта относительно фокуса зеркала или линзы.

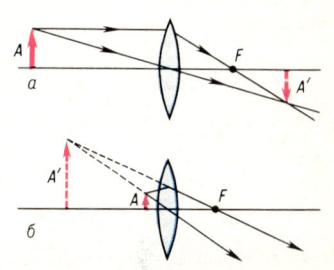

Изображение оптическое: *а* – действительное перевёрнутое изображение A' объекта A, образуемое собирающей линзой; F – фокус линзы; *б* – мнимое изображение A' объекта A, образуемое рассеивающей линзой.

ИЗОБРАЗИ́ТЕЛЬНЫЕ ИСКУ́ССТВА, раздел пластич. иск-в, охватывающий живопись, скульптуру и графику.

ИЗОБРЕТЕ́НИЕ, устройство, способ, в-во, штамм микроорганизма, культура клетки р-ний и ж-ных, являющиеся новыми, имеющие изобретательский уровень и промышленно применимые. И. является также использование по новому назначению известного ранее устройства, способа, в-ва, штамма. Право на И. удостоверяется *патентом*.

ИЗОЛЯ́ЦИЯ ЭЛЕКТРИ́ЧЕСКАЯ, разделение проводников тока диэлектриком с целью предотвращения их непосредств. электрич. контакта или пробоя между ними; разл. средства, обеспечивающие такое разделение.

ИЗОМЕРИ́Я (хим.), существование хим. соединений в неск. формах – изомерах, одинаковых по составу и мол. массе, но различающихся по строению или расположению атомов в пространстве. Напр., изомерны этанол C_2H_5OH и диметиловый эфир

264 ИЗОП

CH₃OCH₃. Наиб. характерна для органич. соединений.

ИЗОПРЕ́Н (2-метил-1,3-бутадиен), CH₂=C(CH₃)CH=CH₂, бесцв. горючая жидкость, $t_{кип}$ 34,1 °C. Выделяют из газов пиролиза нефтепродуктов, получают синтетически. Сырьё для получения каучуков. Из звеньев И. построены молекулы натурального каучука и др. природных соед., т.н. изопреноидов.

ИЗОПРОПИ́ЛОВЫЙ СПИРТ, (CH₃)₂CHOH, бесцв. горючая жидкость, $t_{кип}$ 82,4 °C. Сырьё для получения ацетона, растворитель, компонент антифризов и др.

ИЗОТО́ПНЫЕ ИНДИКА́ТОРЫ, то же, что *меченые атомы*.

ИЗОТО́ПЫ (от *изо...* и греч. *tópos* — место), разновидности хим. элементов, у к-рых ядра атомов (нуклидов) отличаются числом нейтронов, но содержат одинаковое число протонов и поэтому занимают одно и то же место в *периодической системе химических элементов*. Различают устойчивые (стабильные) и радиоактивные И. Термин предложен англ. учёным Ф. Содди в 1910. Первыми были открыты стабильные изотопы Ne (²¹Ne, ²²Ne, ²⁰Ne). Наиб. значение в энергетике и оборонной пром-сти имеют радиоактивные изотопы урана (²³⁵U, ²³⁸U) и плутония (²³⁹Pu). Элементы с изменённым изотопным составом используются в качестве меток (меченые атомы, изотопные индикаторы) для исследования разл. процессов в физике, химии, биологии, медицине, технике и др.

ИЗОТРОПИ́Я (от *изо...* и *trópos* — направление), свойство тела или среды, состоящее в том, что их физ. свой-ства в любом направлении проявляются количественно одинаково. И. обычно характерна для жидкостей, газов и нек-рых тв. тел.

ИЗРА́ЗЦЫ (кафель), керамич. плитки для облицовки стен, печей, каминов и т.д. Известны с 8 в. в странах Европы, широко распространились в 16–17 вв. Могут быть гладкими, рельефными, покрытыми глазурью (майоликовые), неглазурованными (терракотовые). С обратной стороны имеют вид открытой коробки (румпы) для крепления в кладке. Выпускают И. плоские, угловые и др.

ИЗРА́ИЛЬ (Исраэль), в Библии второе имя *Иакова*.

ИЗРА́ИЛЬ (Государство Израиль), в Зап. Азии, на Бл. Востоке, на вост. побережье Средиземного м. Пл. 20,8 т. км². Нас. 5,5 млн. ч.; евреи (ок. 82%; более ½ — иммигранты), палестинские арабы и др. И. оккупирует часть территории соседних арабских гос-в пл. 7,1 тыс. км². Официальные языки — иврит и арабский. Большинство верующих приверженцы иудаизма, имеются мусульмане и христиане. И. — республика, глава гос-ва — президент. Законодат. орган — парламент (кнессет). Столицей И. провозглашён Иерусалим. Адм.-терр. деление: 6 округов (дистриктов). Ден. единица — шекель.

Поверхность И. — гл. обр. плоскогорье. Климат в осн. субтропич. Ср. темп-ры янв. 6–18 °C, июля — авг. 24–30 °C; осадков 100–800 мм в год. Гл. р. — Иордан; озеро — Мёртвое м. Растительность — средиземноморские кустарники (маквис и фригана), на Ю. — полупустыня и пустыня.

Гос-во И. провозглашено 14 мая 1948 на части терр. Палестины (до 1948 — англ. мандат) в соответствии с решением Ген. Ассамблеи ООН от 29 нояб. 1947. В ходе арабо-израильской войны 1948–49 И. присоединил б.ч. терр. Палестины, отведённой ООН для Араб. гос-ва, и зап. часть Иерусалима (в 1967 весь город, провозгласив его в 1980 «вечной и неделимой столицей И.»). В результате войн с араб. странами в 1967 и 1973 И. оккупировал терр. на зап. берегу р. Иордан, сектор Газа, Голанские высоты и др. И. отказывался от выполнения резолюции Совета Безопасности ООН от 22 нояб. 1967 о полит. урегулировании ближневост. кризиса. В 1979 И. подписал мирный договор с Египтом, вывел свои войска с Синайского п-ова и в 1982 возвратил его Египту. С 1991 И. принимает участие в переговорах по ближневост. урегулированию. В сент. 1993 И. и ООП заключили соглашение о взаимном признании и подписали декларацию, на основе к-рой в 1994 созд. Палестинск. автономия в секторе Газа и р-не Иерихона. В окт. 1994 И. и Иордания подписали мирный договор.

И. — развитая индустр.-агр. страна. ВНП на д. нас. 11330 долл. в год. Осн. отрасли пром-сти: металлообр., маш.-строит. (авиа- и судостроение, в т.ч. военное, эл.-технич., радиоэлектронное), хим., пищевкус., лёгкая (преим. текст.); алмазогранение. Осн. с.-х. культура — цитрусовые. Овощ-во, сад-во, цветоводство. Птиц-во. Возделывание зерновых. Экспорт: гранёные алмазы, минер. удобрения и химикаты, машины и оборудование, с.-х. продукция.

ИЗРА́ИЛЬСКОЕ ЦА́РСТВО, гос-во ок. 928–722 до н.э. в Сев. Палестине. См. также *Палестина*.

ИЗУМРУ́Д, прозрачная разновидность *берилла*, окрашенная примесью Cr³⁺ (до 2%) в травяно-зелёный цвет, *драгоценный камень*. Бездефектные кристаллы массой св. 5 кар ценятся выше ювелирных *алмазов*. Самые крупные И.: массой в 24 тыс. кар (найден в 1956, ЮАР), «Кочубеевский» массой 6 тыс. кар (найден в 1834, Россия, Урал). Лучшими считаются И. Колумбии и России (Урал), хотя м-ния имеются также в Зимбабве, ЮАР, Бразилии, Австрии и др. С 1970-х гг. налажен пром. синтез И. в России, США, Японии, Франции и др.

ИЗЮ́БРЬ, млекопитающее (сем. оленевые), разновидность (подвид) благородного оленя. Распространён в горах Вост. Сибири и Д. Востока, на С. Китая. Разводят в питомниках ради *пантов*.

ИИСУ́С ХРИСТО́С (4 до н.э.? — ок. 30 н.э.?), согласно христ. вероучению, Богочеловек, в к-ром соединены божественная (как Бог-сын он второе лицо Троицы) и человеческая (рождён от Девы Марии) природы, добровольно принявший страдания и смерть на кресте ради искупления первородного греха, совершённого *Адамом* и *Евой* в акте грехопадения. Отсюда эпитеты и имена Иисуса: Христос (греч. Christós, букв. — Помазанник, т.е. *Мессия*), Спаситель (Спас), Искупитель (Заступник), Сын человеческий, Сын Божий и др. Проповедуя своё учение, И. Х. призвал первых учеников (см. *Двенадцать апостолов*), творил чудеса (воскрешение мёртвых, хождение по воде, насыщение тысяч людей пятью хлебами, исцеление душевнобольных и др.). Перед Пасхой И. Х. торжественно въехал на ослике в Иерусалим, приветствуемый толпой как мессианский царь. Иудейские старейшины решили выдать его на казнь рим. властям. И. Х. в кругу апостолов справлял обряд пасхального ужина (*Тайная вечеря*). Схваченный помощниками старейшин по знаку Иуды Искариота («поцелуй Иуды»), И. Х. был отведён на суд Синедриона, к-рый вынес ему смертный приговор, подтверждённый затем рим. прокуратором *Понтием Пилатом*. После смерти и последовавшего воскресения И. Х. в течение 40 дней вёл беседы с учениками и затем вознёсся на небо. С именем И. Х. связано возникновение новой религии — *христианства*. Нек-рые исследователи, особенно в 19 в., отрицали само его существование. Большинство совр. учёных признают историчность И. Х.

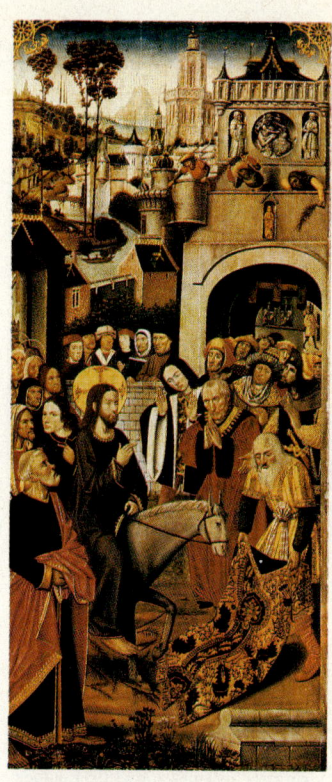

ИКАО (Международная орг-ция гражданской авиации), см. в ст. *Специализированные учреждения ООН*.

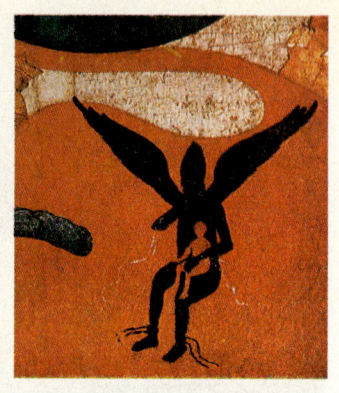

Иисус Христос. «Въезд Христа в Иерусалим». Неизвестный французский мастер 15 в. Эрмитаж.

Икона «Страшный суд» (сатана в аду с душой Иуды в руках). Фрагмент. Новгородская школа. Сер. 15 в. Третьяковская галерея.

ИКА́Р, в греч. мифологии сын *Дедала*.

ИКО́НА (от греч. eikón — изображение, образ), в православии и католицизме изображение Иисуса, Богоматери, святых, сцен из Священного Писания; произв. *иконописи*. Культ И. зародился во 2. в., древнейшие сохранившиеся И. датируются 6 в. По церк. вероучению, И. есть изображение-символ, таинственно связанное с божеством и потому позволяющее духовное приобщение к «оригиналу» (архетипу). И. имеются в нек-рых др. религиях, напр. *ламаизме*.

ИКОНИ́ЙСКИЙ СУЛТАНА́Т, см. *Конийский султанат*.

ИКОНОБО́РЧЕСТВО, религ. движение в Византии в 8–1-й пол. 9 в., к-рое отвергало почитание икон как идолопоклонство, основываясь на ветхозаветных заповедях («не делай себе кумира и никакого изображения того, что на небе вверху,.. не поклоняйся им и не служи им» — Исход, 20,4–5). Против И. выступил Иоанн Дамаскин. Торжество, восстановление в 843 иконопочитания празднуется Вост. церковью во 1-е воскресение Великого поста («Торжество Православия»). И. было характерно также для радикальных направлений протестантизма (прежде всего кальвинизма) в ряде стран Зап. Европы в эпоху Реформации 16 в. (Нидерланды, Германия, Франция) и в результате И. были уничтожены тысячи памятников иск-ва (мозаики, фрески, статуи святых, расписные алтари, витражи, иконы и др.).

ИКОНОГРА́ФИЯ (от *икона...* и *...графия*), в изобр. иск-ве строго установленная система изображения к.-л. персонажей или сюжетных сцен. И. связана с религ. культом и ритуалом и помогает идентификации персонажа или сцены, а также согласованию принципов изображения с опредёл. теологич. концепцией. В искусствознании И. — описание и систематизация типологич. признаков и схем при изображении персонажей или сюжетных сцен. Также совокупность изображений к.-л. лица, совокупность сюжетов, характерных для к.-л. эпохи, направления в иск-ве и т.д.

ИКОНОЛО́ГИЯ (от *икона* и *...логия*), направление в искусствознании 20 в., исследующее сюжеты и изобр. мотивы в худ. произв. для определения его ист.-культурного смысла и выраженного в нём мировоззрения. Гл. представитель — Э. Панофский.

ИЛЬИ 265

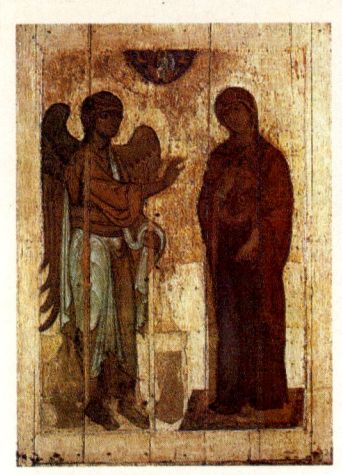

Иконопись. «Устюжское Благовещение». Икона 12 в. Третьяковская галерея.

ИКОНОПИСЬ, писание икон, вид живописи (гл. обр. ср.-век. православной), религиозной по темам и сюжетам, культовой по содержанию, выполненной на дерев. досках, холсте и т.д. первонач. в технике *энкаустики*, затем гл. обр. *темперы*, редко *мозаики*, позже *масляной живописи*. Обычно иконы входили в единый идейно-худ. комплекс с архитектурой и декор. иск-вом и включались в *иконостас*.

ИКОНОСТАС (от *икона* и греч. stásis — место стояния), перегородка с рядами (чинами) икон, отделяющая алтарь от осн. части правосл. храма. В развитой форме тип высокого И. сложился на Руси в кон. 14 — нач. 15 вв.

Иконостас. Схема древнерусского иконостаса: 1 — царские врата; 2 — местный ряд; 3 — деисусный чин; 4 — праздничный чин; 5 — пророческий чин; 6 — праотеческий чин.

ИКОСАЭДР (от греч. éikosi — двадцать и hédra — грань), один из 5 типов правильных *многогранников*, имеющий 20 треугольных граней, 30 рёбер и 12 вершин, в каждой из к-рых сходятся 5 рёбер.

ИКРА́, яйца (жен. половые клетки), откладываемые рыбами, моллюсками, иглокожими и нек-рыми др. водными ж-ными, а также земноводными. В качестве продукта питания, получаемого обработкой (гл. обр. солением), используется И. осетровых (белуги, осётра, севрюги, шипа — чёрная И.), лососёвых (кеты, горбуши, нерки, чавычи, кижуча, сёмги — красная И.) и др. промысловых рыб (судака, сазана, минтая).

ИКТИ́Н, др.-греч. архитектор 2-й пол. 5 в. до н.э. Крупнейший архитектор периода классики. Постройки И. (*Парфенон* в Афинах, совм. с Калликратом) отличаются пластичностью, органич. соединением дорич. и ионич. форм.

ИКЭБА́НА, иск-во аранжировки цветов, распространённое в Японии, композиция, составленная по законам И. Сложилась к сер. 15 в. В И. входят 3 осн. компонента: природный материал (цветы, ветви деревьев, листья и др.), ваза, металлич. наколка «кэндзан»). Гл. эстетич. принцип — изысканная простота, достигаемая выявлением естеств. красоты материала.

ИЛАРИО́Н, др.-рус. писатель, первый киевский митрополит из русских (с 1051). В «Слове о законе и благодати» с патриотич. позиций оценил деятельность др.-рус. князей и междунар. роль Руси.

«ИЛИА́ДА» (поэма об Илионе, т.е. Трое), др.-греч. эпич. поэма, приписываемая *Гомеру*, памятник мирового значения. По-видимому, возникла в 9–8 вв. до н.э. на основе преданий

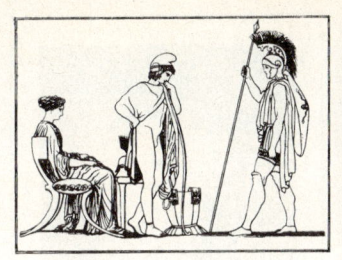

«Илиада». Иллюстрация М.И. Пикова к изданию 1949 (Москва).

о *Троянской войне*. Написана гекзаметром, ок. 15700 стихов. Гл. герой «И.» — Ахилл. «Гнев Ахилла», оскорблённого верховным вождём Агамемноном,— осн. мотив, организующий сюжетное единство поэмы. Картины героич. поединков чередуются с картинами мирной жизни в осаждённой Трое и со сценами спора богов на Олимпе, не лишёнными «снижающего» юмора. Классич. рус. перевод Н.И. Гнедича (1829).

ИЛИО́Н, см. *Троя*.

ИЛЛЮ́ЗИИ (от лат. illusio — игра воображения, обман), искажённое восприятие действительности, обман восприятия. 1) И. как следствие несовершенства органов чувств; свойственны всем людям (напр., оптич. И.). 2) И., обусловленные особым состоянием психики (напр., страхом, снижением тонуса психич. деятельности; наличие ложно воспринимаемого реального объекта отличает И. от *галлюцинаций*. 3) Ложные представления, связанные с определ. социальными установками индивида. 4) Несбыточные надежды.

ИЛЛЮ́ЗИИ ОПТИ́ЧЕСКИЕ, несоответствие зрительных восприятий

Иллюзии оптические. Неоднозначная классификация зрительных впечатлений: наблюдатель видит либо вазу, либо два силуэта.

реальным свойствам наблюдаемого объекта. И.о. делятся на 2 типа: 1) И.о. вследствие несовершенства глаза как оптич. прибора (кажущаяся лучистая структура ярких маленьких источников света, напр. звёзд; радужная кромка и т.д.); 2) И.о., за к-рые отвечает весь зрительный аппарат, включая мозговые отделы. К И.о. относятся и *стробоскопический эффект*, и иллюзии, связанные с *цветовым контрастом*.

ИЛЛЮЗИОНИ́ЗМ, в изобр. иск-ве имитация видимого мира, создающая впечатление реального существования изображаемого пространства и предметов, предполагающая при зрительном восприятии стирание грани между условным миром изображения и реальностью (напр., натюрморты-«обманки», в к-рых иллюзорно выписанные средствами живописи предметы выдаются за реально существующие).

ИЛЛЮСТРА́ЦИЯ (от лат. illustratio — освещение, наглядное изображение), 1) объяснение с помощью наглядных примеров. 2) Изображение, сопровождающее и дополняющее текст. 3) Область изобр. иск-ва, связанная с образным истолкованием лит. произв. Первонач. рукописи иллюстрировались миниатюрами; после изобретения книгопечатания И. стали областью печатной книжной графики.

ИЛЬИ́Н Ив. Ал-др. (1882–1954), рос. религ. философ, правовед, публицист. В философии Гегеля видел систематич. раскрытие религ. опыта пантеизма («Философия Гегеля как учение о конкретности Бога и человека», 1918). Активный противник большевизма, идеолог белого движения. В 1922 выслан за границу. Проф. Рус. науч. ин-та в Берлине (с 1923) и издатель ж. «Русский колокол» (1927–30). В 1934 уволен нацистами; с 1938 в Швейцарии. Автор неск. сотен статей и св. 30 книг, в т.ч. «О сопротивлении злу силою» (1925), «Путь духовного обновления» (1935, 1962), «Основы борьбы за национальную Россию» (1938), «Аксиомы религиозного опыта» (т. 1–2, 1953), «Наши задачи» (т. 1–2, 1956).

ИЛЬИ́НСКИЙ Иг. Вл. (1901–87), актёр, режиссёр. В 1920–35 в Т-ре имени В.Э. Мейерхольда, с 1938 в Малом т-ре. Характерный, комедийный актёр, склонный к эксцентрике и гротеску. Придавал создаваемым образам драм. глубину: Счастливцев («Лес» А.Н. Островского, 1924, 1938; 1974 — в собств. пост.), Присыпкин («Клоп» В.В. Маяковского, 1929), Хлестаков и Городничий («Ревизор» Н.В. Гоголя, 1938,

266 ИЛЬМ

И.В. Ильинский в роли Счастливцева.

С.В. Ильюшин.

1949 и 1951, 1966) и др. Снимался в ф.: «Закройщик из Торжка» (1925), «Праздник святого Йоргена» (1930), «Волга-Волга» (1938) и др. Выступал на эстраде с чтением произв. Гоголя, А.П. Чехова и др.

ИЛЬМ, род листопадных, редко вечнозелёных деревьев (сем. ильмовые). Св. 30 видов, в умеренном, реже тропич. поясе Сев. полушария. Преим. высокие деревья с раскидистой кроной. Живут 80—120 (иногда 400—500) лет. Применяются в защитном лесоразведении и озеленении. Древесину используют для стр-ве и меб. произ-ве. Мн. виды И. известны под назв. *вяз*, *берест*, *карагач*.

ИЛЬФ И. И ПЕТРО́В Е., рус. писатели, соавторы: Ильф Илья (наст. имя и фам. Илья Арнольдович Файнзильберг) (1897—1937); Петров Евгений (наст. имя и фам. Евг. Петр. Катаев) (1902—42), погиб на фронте, брат В.П. Катаева. В ром. «Двенадцать стульев» (1928), «Золотой телёнок» (1931) — похождения предприимчивого авантюриста на фоне сатирич. картины нравов 20-х гг. Фельетоны; кн. «Одноэтажная Америка» (1936).

ИЛЬЮШИН Сер. Вл. (1894—1977), авиаконструктор. В Вел. Отеч. войне применялись созданные под рук. И. штурмовики Ил-2 (построено св. 36 тыс.), Ил-10, дальний бомбардировщик Ил-4. Под его руководством созданы также фронтовой реактивный бомбардировщик Ил-28, пасс. самолёты Ил-12, Ил-18 (на этом самолёте было установлено 12 мировых рекордов), Ил-62 (долгие годы — флагман Аэрофлота) и др.

ИМАЖИНИ́ЗМ (англ. imagism, от image — образ), рус. лит. группировка 1920-х гг. (А.Б. Мариенгоф, В.Г. Шершеневич, А.Б. Кусиков, Р. Ивнев, отчасти С.А. Есенин). Утверждали примат самоценного образа и формотворчества над смыслом, идеей; в её умонастроении главенствовали мотивы упаднические, тоски, одиночества или богемного шутовства (поэма Есенина «Кобыльи корабли»).

Ильм. Вяз гладкий: 1 — побег с плодами; 2 — осенние листья.

ИМА́М (араб.), у мусульман: 1) руководитель богослужения в мечети; 2) светский и духовный глава общины.

ИМАМА́Т, 1) общее название мусульм. теократич. гос-ва. 2) Гос-во, возникшее в Дагестане и Чечне в кон. 20-х гг. 19 в. во время борьбы горцев Кавказа против рос. армии. Имамы: Гази-Магомет (1828—32), Гамзат-бек (1832—34), Шамиль (1834—59).

ИМБЕЦИ́ЛЬНОСТЬ (от лат. imbecillus — слабый), ср. степень задержки психич. развития (*олигофрении*). У больных И. скудный словарный запас, их не удаётся обучить счёту и чтению; можно привить элементарные трудовые навыки.

ИМЕ́НИЕ, зем. участок с усадьбой. В России до 1917 название гл. обр. дворянских зем. владений (см. *Поместье*). Существовали также гос., удельные, войсковые (казачьи) и др. И.

ИМЕНИ́НЫ (День ангела), в христ. традиции — день памяти к.-л. святого; является праздником для верующего, названного именем этого святого.

И́МИДЖ (англ. image, от лат. imago — образ, вид), целенаправленно формируемый образ (лица, явления, предмета), призванный оказать эмоц.-психол. воздействие в целях популяризации, рекламы и т.п.; одно из средств пропаганды (напр., И. полит. деятеля).

ИМИТА́ЦИЯ (от лат. imitatio — подражание), 1) подражание кому-либо или чему-либо, воспроизведение; подделка. 2) В музыке — повторение (точное или изменённое) к.-л. мелодии, перед тем прозвучавшей в др. голосе. Основа *канона, ричеркара, фуги*, инвенции и др. форм *полифонии*.

ИММАНЕ́НТНЫЙ (от лат. immanens — пребывающий в чём-либо, свойственный чему-либо), нечто внутренне присущее к.-л. предмету, явлению, процессу. Противоположное понятие — *трансцендентный*.

ИММИГРА́НТЫ (от лат. immigrans — вселяющийся), граждане одного гос-ва, поселившиеся постоянно или на длит. время на терр. другого гос-ва по причинам экон., полит., религ. и иного характера. Нек-рые гос-ва устанавливают т.н. иммиграц. квоты на въезд И.

ИММОРТЕ́ЛИ, то же, что *бессмертники*.

ИММУНИЗА́ЦИЯ, создание искусств. иммунитета — активного (при введении вакцин и анатоксинов) или пассивного (при введении сывороток и гамма-глобулинов). Применяют в леч. и профилактич. целях.

ИММУНИТЕ́Т (от лат. immunitas — освобождение, избавление), способность организма защищать свою целостность и биол. индивидуальность. Частное проявление И. — невосприимчивость к инфекц. заболеванию. У позвоночных ж-ных и человека формирование и поддержание приобретённого активного И. осуществляется иммунной системой (включает красный костный мозг, тимус, лимфатич. узлы, селезёнку и нек-рые др. органы), к-рая распознаёт, перерабатывает и устраняет чужеродные *антигены* (бактерии, вирусы и т.п.). Центр. место среди клеток этой системы занимают Т- и В-лимфоциты. Происходящие от В-лимфоцитов плазматич. клетки вырабатывают *антитела*. Приобретённый пассивный И. развивается при передаче антител ребёнку с молоком матери или искусств. введении антител при иммунизации. Врождённые или приобретённые дефекты иммунной системы приводят к снижению или отсутствию иммунного ответа организма и развитию иммунодефицитов, напр. *СПИДа*.

ИММУНИТЕ́Т (в международном праве), 1) И. дипломатический — совокупность особых прав и привилегий, предоставляемых иностр. посольствам и их сотрудникам. Включает неприкосновенность личности, служебных помещений, жилища, собственности, неподсудность судам гос-ва пребывания, налоговые, таможенные и др. льготы. 2) И. консульский — льготы и привилегии, предоставляемые консульским учреждениям и их сотрудникам. Несколько уже И. дипломатического. 3) И. гос-ва от иностр. юрисдикции — один из принципов междунар. права, согласно к-рому гос-ву и его органам не может быть предъявлен иск в суде иностр. гос-ва; на имущество гос-ва не может быть обращено взыскание, наложен арест.

ИММУНОГЛОБУЛИ́НЫ (от лат. immunis — свободный от чего-либо и globus — шар), глобулярные белки позвоночных ж-ных и человека, обладающие активностью *антител*; вырабатываются В-лимфоцитами. Содержатся гл. обр. в плазме крови и др. жидкостях организма. Участвуют в формировании иммунитета. Препараты И. используются в медицине.

ИММУНОЛО́ГИЯ (от *иммунитет* и ...*логия*), наука о защитных свойствах организма, его иммунитете. Изучает биол. основы, происхождение и эволюцию иммунитета (иммунобиология), генетич. обусловленность его факторов, внутривидовое разнообразие и наследование тканевых антигенов (иммуногенетика), хим. строение, свойства и взаимодействие антител и антигенов (иммунохимия), патологию иммунной системы (клинич. И.), иммунологич. подходы к проблеме рака. Выяснение механизмов иммунного ответа организма необходимо для целенаправленного воздействия на иммунные процессы. И. возникла в 19 в. Её основоположниками были Л. Пастер (Франция), П. Эрлих (Германия), И.И. Мечников (Россия).

ИММУНОТЕРАПИ́Я, лечение инфекц. и нек-рых др. заболеваний с помощью *вакцин*, анатоксинов (бактериальных токсинов, обезвреженных спец. обработкой), сывороток и гамма-глобулинов.

ИМО (Международная морская орг-ция), см. в ст. *Специализированные учреждения ООН*.

ИМПЕРАТИ́В (от лат. imperativus — повелительный), требование, приказ, закон. И. Кант ввёл в этику понятие категорич. И. — безусловно общеобязательного формального правила поведения всех людей. Категорич. И. требует поступать всегда в соответствии с принципом, к-рый в любое время могли бы стать всеобщим нравств. законом, и относиться ко всякому человеку как к цели, а не как к средству.

ИМПЕРА́ТОР (лат. imperator — повелитель), титул единоличных глав нек-рых монархич. гос-в. В России принят Петром I в 1721 в ознаменование Ништадтского мира со Швецией. Последний рос. И. — Николай II.

ИМПЕРИА́Л (от лат. imperialis — императорский), рос. золотая монета, содержавшая 11,61 г золота. Чеканилась с 1755 номиналом в 10 руб. На обороте И. помещалась надпись «Имперская российская монета». С введением в 1897 *золотого рубля* номинальная стоимость И. возросла до 15 руб.

ИМПЕРИАЛИ́ЗМ (франц. imperialisme), в широком смысле – гос. политика, направленная на завоевание терр., колоний, установление полит. или экон. контроля над др. гос-вами. Термин получил распространение со 2-й пол. 19 в., особенно после выхода работы англ. экономиста Дж. Гобсона «Империализм» (1902). В марксизме [работы О. Бауэра (Австрия), Р. Гильфердинга, Р. Люксембург (Германия), В.И. Ленина, Н.И. Бухарина и др.] обозначался высш. стадии развития *капитализма* – монополистич. капитализма.

ИМПЕ́РИЯ (от лат. imperium – власть), 1) монархич. гос-во, глава к-рого, как правило, носил титул императора. 2) И. назывались также гос-ва, имевшие колон. владения (напр., Британская И.).

ИМПИ́ЧМЕНТ (англ. impeachment), в нек-рых гос-вах (напр., в Великобритании, США, Японии) особый порядок привлечения к ответственности, а также суд. рассмотрения дел о преступлениях высш. должностных лиц гос-ва (президента страны, главы пр-ва и т.п.). При И. возбуждение дела и предание суду, как правило, осуществляет ниж. палата парламента, а само рассмотрение дела – верх. палата, его результатом может быть отстранение (отрешение) от должности. Лицо, осуждённое в порядке И., может быть привлечено к уголов. ответственности в общем порядке. К осуждённому в порядке И. помилование не применяется. В США И. возбуждался 12 раз, обвинит. решение было принято 4 раза. В 1974 под угрозой И. подал в отставку през. США Р. Никсон.

ИМПЛИЦИ́ТНЫЙ (англ. implicit), подразумеваемый, невыраженный.

И́МПОРТ (от лат. importare – ввозить), 1) ввоз товаров, капиталов из-за границы. 2) Общее кол-во или стоимость ввезённых товаров, кредитов, займов.

ИМПОТЕ́НЦИЯ (лат. impotentia – слабость), половое бессилие), ослабление эрекции, нарушающее нормальное течение полового акта.

ИМПРЕСА́РИО (итал. impresario, от imprendere – предпринимать, затевать), в нек-рых странах частный предприниматель, организатор зрелищных предприятий или агент к.-л. артиста, действующий от его имени, заключающий для него контракты и т.п.

ИМПРЕССИОНИ́ЗМ (от франц. impression – впечатление), направление в иск-ве посл. трети 19 – нач. 20 вв. Сложилось во франц. живописи 1860-х – нач. 70-х гг. (Э. Мане, К. Моне, Э. Дега, О. Ренуар, К. Писсарро, А. Сислей). И. утверждал красоту повседневной действительности во всём богатстве её красок и постоянной изменчивости, разработал законченную систему *пленэра*, добившись впечатления сверкающего солнечного света, вибрации световоздушной среды. Живописная система И. отличается разложением сложных тонов на чистые цвета, как бы смешивающиеся в глазу зрителя, богатством рефлексов и *валёров*, цветными тенями. Под

влиянием И. развивалось творчество многих живописцев др. стран (К.А. Коровин, И.Э. Грабарь в России). В скульптуре наиб. ярко проявился в работах М. Россо в Италии, О. Родена во Франции, П.П. Трубецкого и А.С. Голубкиной в России. В лит-ре черты импрессионистич. стиля (предпочтение «впечатления» – непосредственного, мимолётного, изменчивого – как осн. средства передачи предмета, события, переживания) свойственны прозе бр. Ж. и Э. Гонкуров, К. Гамсуна, поэзии И. Анненского, К. Бальмонта.

ИМПРОВИЗА́ЦИЯ (от лат. improvisus – неожиданный, внезапный), вид творчества, при к-ром произв. (сочинение) рождается непосредственно в процессе исполнения (в музыке, театральном иск-ве, поэзии, напр. *экспромт*, и др.). С точки зрения структуры характеризуется набором канонизир. элементов, сочетание к-рых тем не менее не сковано *каноном*, что обусловливает незамкнутость формы. И. преобладает в фольклоре (напр., *причитания*), в традиц. муз. проф. неевроп. музыке (*макам*, *рага* и т.п.). Распространена в европ. муз. исполнительстве 17–19 вв. (инстр. *фантазия*, сольная *каденция* в инстр. концерте), в 20 в. – основа *джаза*.

И́МПУЛЬС (от лат. impulsus – удар, толчок), толчок, побуждение, стремление; побудит. причина.

И́МПУЛЬС в физике, 1) мера механич. движения (то же, что кол-во движения). И. обладают все формы материи, в т.ч. эл.-магн., гравитац. и др. поля (см. *Поля физические*). В простейшем случае механич. движения И. равен произведению массы тела *m* на скорость его поступ. движения *v*. 2) И. силы – мера действия силы на нек-рый промежуток времени; равен произведению ср. значения силы на время её действия. 3) И. новой – однократное возмущение, распространяющееся в пространстве или среде, напр.: звуковой И. – внезапное и быстро исчезающее повышение давления; световой И. (частный случай эл.-магн.) – кратковременное (≤0,01 с) испускание света источником оптич. излучения. 4) И. электрический – кратковременное отклонение напряжения или силы тока от нек-рого пост. значения.

И́МПУЛЬСНАЯ ЛА́МПА, источник света для получения кратковременных световых вспышек высокой интенсивности. В И.л. используется обычно свечение низкотемпературной *плазмы*, возникающее, напр., при импульсном разряде в инертном или др. газе. И.л. применяются для кино- и фотосъёмки, в автоматике, телемеханике, полиграфии, для оптич. накачки лазеров и т.д.

И́МПУЛЬСНАЯ ТЕ́ХНИКА, область техники; охватывает исследование, разработку и использование методов и техн. средств генерирования, преобразования, усиления и измерения параметров электрич. импульсов, а также исследование импульсных процессов в электрич. цепях (гл. обр. в автоматике, вычислит. технике, электро- и радиотехнике).

И́МРУ-УЛЬ-КА́ЙС (ок. 500 – между 530–540), араб. поэт доислам. времени, сын правителя двух сев.-аравийских племён. Изгнанный отцом за неподобающее княжичу сочинение вольных по языку гедонистич. стихов, скитался с отрядом изгоев-единомышленников. Бедуинские по духу и точной, конкретной образности поэзия испытала влияние иран. и визант. культур; араб. традиция считает его «отцом» *касыды*. Поэма-муаллака («нанизанная») рисует красочную картину жизни аравийской степи.

ИМУ́ЩЕСТВЕННЫЕ ПРАВА́, субъективные права участников правоотношений, связанные с владением, пользованием и распоряжением имуществом, а также с теми материальными (имущественными) требованиями, к-рые возникают между участниками экон. оборота по поводу обмена товарами, услугами, выполняемыми работами и т.п.

ИМУ́ЩЕСТВО (в гражданском праве), 1) материальный объект граждан. прав, прежде всего права собственности (напр., вещь, деньги). 2) Совокупность имуществ. прав (актив) или имуществ. прав и обязанностей (*актив* и *пассив*), принадлежащих опредeл. лицу.

ИМЯРЕ́К (имрек) (от церковно-слав. выражения имя рекъ – «назвавший имя», употреблявшегося в молитвах, юрид. актах и т.п. в том месте, где должно быть поставлено собств. имя). В совр. рус. яз. употребляется вместо имени неизвестного или нарочито неназываемого лица в значении некто, такой-то.

ИНАУГУРА́ЦИЯ (иногурация) (от лат. inauguro – посвящаю), торжеств. процедура вступления в должность главы гос-ва.

ИНБРИ́ДИНГ (англ. inbreeding, от in – в, внутри и breeding – разведение) (инцухт), скрещивание близкородств. организмов. У самоопыляющихся р-ний (пшеница, ячмень, цитрусовые и др.) И. – нормальное явление. У ж-ных и перекрёстноопыляемых р-ний при длительном И. возможны возникновение уродств, снижение продуктивности, жизнеспособности или гибель особей. У человека И., называемый *инцестом*, приводит к наследств. болезням, вырождению, поэтому во мн. странах близкородственные браки запрещены законом.

ИНВАЗИО́ННЫЕ БОЛЕ́ЗНИ, заболевания человека и ж-ных, вызываемые животными паразитами – простейшими (напр., малярия), клещами (чесотка), ракообразными (болезни рыб), гельминтами и др.

ИНВАЛИ́ДНОСТЬ, стойкое нарушение (снижение или утрата) общей или проф. трудоспособности вследствие заболевания или травмы. По рос. законодательству и в зависимости от степени потери трудоспособности врачебно-трудовые экспертные комиссии (ВТЭК) устанавливают 1-ю, 2-ю, 3-ю группы И. временно (от 6 до 12 мес) или бессрочно. Инвалиды обеспечиваются гос. пенсией, льготным лечением, протезами. Инвалиды Вел. Отеч. войны и приравненные к ним лица имеют ряд дополнит. льгот.

ИНВАРИА́НТ (от лат. invarians – неизменяющийся), величина, остающаяся неизменяемой при тех или иных преобразованиях. Напр., И. движения (т.е. преобразования, при к-ром сохраняются расстояния между точками) – площадь какой-либо фигуры, угол между двумя прямыми.

ИНВЕ́РСИЯ НАСЕЛЁННОСТЕЙ (от лат. inversio – переворачивание, перестановка), неравновесное состояние в-ва, при к-ром в отличие от обычного состояния теплового равновесия количество составляющих в-во частиц (атомов, молекул), находящихся на более высоких *уровнях энергии*, превышает количество частиц, находящихся на более низких уровнях энергии. И.н. является необходимым условием для создания *активной среды*.

ИНВЕ́РТОР, 1) устройство на базе полупроводн. или газоразрядного прибора, преобразующее пост. ток в переменный. 2) Логический элемент ЭВМ, выполняющий логич. операцию отрицания – инвертирования («НЕ»). 3) Электрич. цепь или электронное устройство, преобразующее входной электрич. сигнал в 2 сигнала, сдвинутых по фазе на 180°. Более точное назв. – фазоинвертор.

ИНВЕСТИ́ЦИИ (нем. Investition, от лат. investio – одеваю), долгосрочные вложения капитала в отрасли экономики внутри страны и за границей. Различают И. финансовые, или портфельные (покупка *ценных бумаг*), и реальные (вложения капитала непосредственно в пр-тия).

ИНВЕСТИЦИО́ННЫЕ БА́НКИ, см. в ст. *Банки*.

ИНГАЛЯ́ЦИЯ (от лат. inhalo – вдыхаю), метод лечения вдыханием лекарств. в-в, распыляемых при помощи спец. аппаратов.

ИНГЕРМАНЛА́НДИЯ (от швед. Ingermanland), одно из названий *Ижорской земли*.

ИНГРЕДИЕ́НТ (от лат. ingrediens, род. п. ingredientis – входящий), составная часть к.-л. сложного соединения или смеси.

ИНГУШЕ́ТИЯ (Ингушская Республика), в России. Граница между И. и Чечнёй не демаркирована (1994). Нас. 315 т.ч. Врем. адм. ц. – Назрань.

Расположена в центр. части сев. склонов Б. Кавказа. Климат континентальный. Ср. темп-ры янв. от –3 до –10°С, июля 21–23°С. Осадков до 1200 мм в год. Гл. река – Сунжа. Широколиственные леса, выше – субальп. и альп. луга.

Первые упоминания об ингушах относятся к 7 в. В 1810 И. добровольно вошла в состав Рос. империи. С 1921 в составе Горской АССР. В 1924 образована Ингушская АО в составе РСФСР, в 1934 объединена с Чеченской АО в Чечено-Ингушскую АО, к-рая в 1936 преобразована в АССР (см. *Чечено-Ингушетия*). В дек. 1992 образована Ингушская Респ. в составе РФ, в 1993 учреждён пост президента.

Нефтедоб., хим., газоперераб., металлообраб., трикотажн., пищ. пр-тия. Посевы кукурузы, пшеницы, овса, ячменя, сах. свёклы, подсолнечника, картофеля. Жив-во: разведение кр. рог. скота, овц-во (преим. тонкорунное), свин-во.

Импульсная лампа ксеноновая:
1 – электроды;
2 – оболочка;
3 – токоподводы.

268 ИНД

ИНД, р. в Азии (Китай, Индия, Пакистан). Дл. 3180 км. Истоки на Тибетском нагорье. Протекает между отрогами Гималаев и Гиндукуша, ниж. течение на З. Индо-Гангской равнины. Впадает в Аравийское м. Осн. притоки: Гилгит, Кабул (справа), Сатледж (слева). Нерегулярное судох-во от устья р. Кабул. В басс. И. орошается св. 11 млн. га земель. Близ дельты — мор. порт Карачи.

ИНДЕ́ЙКИ, семейство птиц. Крупные (дл. 85–100 см) стройные птицы с крепкими длинными ногами. Оперение отливает металлич. блеском. У самцов со лба свешивается голый кожистый мясистый вырост. 2 вида, в лесах юж. р-нов Сев. Америки. Стайные птицы; полигамы. Обыкновенная И. завезена в Европу; родоначальник домашних пород И. (белых широкогрудых, чёрных тихорецких и др.). Разводят ради мяса (живая масса 4,5–35 кг), отличающегося высокими вкусовыми и диетич. качествами. Ср. год. яйценоскость 100–150 яиц.

Индейка белая широкогрудая.

И́НДЕКС (лат. index), 1) указатель, реестр имён, названий и т.п. 2) Условное обозначение (буквенное, цифровое или комбинированное) в системе к.-л. классификации (напр., почтовый И.). 3) Числовой или буквенный указатель, к-рым снабжаются матем. выражения для того, чтобы отличать их друг от друга, напр. a_1, a_i, x_5, x_n и т.п. 4) Относит. показатели, позволяющие сопоставлять непосредственно несоразмерные величины (напр., И. цен, И. экон. развития разл. стран, И., обобщающий информацию социол. исследований).

«ИНДЕКС ЗАПРЕЩЁННЫХ КНИГ», издававшийся Ватиканом в 1559–1966 офиц. перечень сочинений, чтение к-рых католич. церковь запрещала верующим без особого разрешения.

ИНДЕКСА́ЦИЯ, метод поддержания реальной величины ден. обязательств и разл. доходов в условиях *инфляции*; при этом сумма платежей пересчитывается до исполнения обязательств. Используются индексы оптовых цен (при И. ценных бумаг), розничных цен (для расчётов по заработной плате, пенсиям, пособиям), реже индексы цен экспортных товаров, изменения курса валюты.

ИНДЕТЕРМИНИ́ЗМ (от лат. in — приставка, означающая отрицание, и *детерминизм*), филос. учение, отрицающее объективность и всеобщность причинной связи природных или социальных явлений, а также причинное объяснение в науке. Применительно к объяснению человеческого поведения И. рассматривает волю как самостоят. автономную силу, признавая её абс. свободу.

ИНДИВИДУАЛИ́ЗМ, мировоззренческая ориентация, ядро к-рой составляет принцип свободы индивида, реализуемый во всех сферах жизни (напр., в политике — в форме демократии, представляющей индивиду полит. свободы и права; в экономике — в свободном частном предпринимательстве).

Индийский океан. Побережье.

ИНДИВИДУА́ЛЬНОСТЬ, неповторимое своеобразие к.-л. явления, человека; противоположность общего, типичного, в социальной психологии — коллективного (группового).

ИНДИВИ́ДУУМ (индивид) (от лат. individuum — неделимое, особь), 1) особь, каждый самостоятельно существующий организм. 2) Отд. человек; личность.

ИНДИ́ГО, кубовый краситель синего цвета. Известен с глубокой древности, добывался из листьев индигоносных р-ний (индигофера и др.). Пром. синтез И. освоен в кон. 19 в. Применяется для крашения (в т.ч. джинсовой ткани).

И́НДИЙ (Indium), In, хим. элемент III гр. периодич. системы, ат. н. 49, ат. м. 114,82; металл. И. открыт нем. учёными Ф. Рейхом и И. Рихтером в 1863.

ИНДИ́ЙСКАЯ КО́БРА, то же, что *очковая змея*.

ИНДИ́ЙСКИЙ ОКЕА́Н, третий по величине (после Тихого и Атлантического). Площадь с морями 76,17 млн. км², объём воды 282,7 млн. км³, ср. глуб. 3711 м. Моря: Красное, Аравийское, Андаманское. Кр. заливы: Персидский, Аденский, Бенгальский, Б. Австралийский. Кр. о-ва: Мадагаскар, Амирантские, Сейшельские, Маскаренские, Мальдивские, Шри-Ланка. В рельефе дна выделяются срединно-океанич. хребет, состоящий из 3 ветвей, Зондский жёлоб (с макс. глубиной И.о. — 7729 м), котловины — Центр., Зап.-Австрал., Африкано-Антарктич. и др. Осн. течения — тёплые — Юж.-Пассатное, Мадагаскарское, Мозамбикское и холодные — Западных ветров и Запад-

Индия. Река Ганг.

Индия. Калькутта.

но-Австралийское. Темп-ра воды на поверхности выше 20 °C, на крайнем Ю. ниже 0 °C. Солёность 32–36,5‰ (в Красном м. до 42‰). В Персидском зал. – месторождение нефти и газа, в рифтовых зонах – хрома, железа, марганца, меди, у берегов Мьянмы и Таиланда – олова. 5–6% мирового улова рыбы. Кр. порты: Аден (Йемен), Бомбей, Калькутта (Индия), Карачи (Пакистан), Янгон (Мьянма), Рас-Таннура (Саудовская Аравия) и др.

ИНДИКА́ТОР (от позднелат. indicator – указатель), прибор (устройство), отображающий ход к.-л. процесса, полученные результаты, состояние объекта наблюдения и т.п. информацию в простой и доступной человеку форме. Примеры И.: сигнальная лампа, звонок, стрелочный или цифровой прибор, табло.

ИНДИКА́ТОРНЫЕ РАСТЕ́НИЯ, см. *Биоиндикаторы*.

ИНДИКА́ТОРЫ ХИМИ́ЧЕСКИЕ, в-ва, используемые для определения *водородного показателя* pH или установления конечной точки *титрования* по изменению окраски И.х. Наиб. известные И.х. – лакмус, фенолфталеин, метилоранж.

ИНДИФФЕРЕ́НТНОСТЬ (от лат. indifferens, род. п. indifferentis – безразличный), равнодушие, безучастность, безразличие.

И́НДИЯ (Республика Индия), гос-во в Юж. Азии, на п-ове Индостан, омывается Индийским ок., Аравийским м. и Бенг. зал. Пл. 3,3 млн. км². Нас. ок. 897 млн. ч.; хиндустанцы, телугу, бихарцы, бенгальцы, маратхи, тамилы, гуджаратцы, каннара, малаяли, панджабцы, раджастханцы, ассамцы. Офиц. языки – хинди и английский; в штатах – офиц. нац. языки. Индуизм исповедуют 83% нас., ислам – 11%, имеются буддисты, христиане, сикхи. Входит в *Содружество*. Глава гос-ва – президент. Пр-во возглавляет премьер-министр. Законодат. орган – двухпалатный парламент (Совет штатов и Народная палата). Столица – Дели. И. – федеративная респ., состоящая из 25 штатов и 7 союзных терр. центр. подчинения. Ден. единица – индийская рупия.

Б.ч. п-ова Индостан занимает Деканское плоскогорье, на С. – Индо-Гангская равнина, высочайшие горы Земли Гималаи (г. Нангапарбат, 8126 м) и Каракорум. Климат преим. тропич., на С. тропич. муссонный. На равнинах ср. темп-ры янв. от 15 °C на С. до 27 °C на Ю., мая 28–35 °C; осадков от 60–100 мм в год в пустыне Тар на З. страны до 12 тыс. мм на плато Шиллонг (самое влажное место на Земле). Осн. реки – Ганг, Брахмапутра, Инд. Тропич. леса, саванна, кустарниковая полупустыня. В горах – высотная поясность.

Раннее об-во – *Хараппская цивилизация*. Крупные гос. образования – со 2-й пол. 1-го тыс. до н.э. Важнейшие из них – гос-ва Маурьев, Гуптов, Делийский султанат, гос-во Вел. Моголов. С нач. 16 в. происходило постепенное завоевание Индии европ. колонизаторами (португ., голл., франц., англ.). В результате англо-майсурских войн, англо-маратхских войн, англо-сикхских войн и др. англичане к сер. 19 в. подчинили всю И. Крупнейшее антиколон. Инд. восст. 1857–59 было жестоко подавлено. В кон. 19 в. нац.-освободит. движение возглавила партия Инд. нац. конгресс (ИНК). После 2-й мир. войны англ. пр-во предоставило И. независимость, разделив страну (1947) на 2 доминиона – Инд. Союз и Пакистан. В 1950 Инд. Союз стал Республикой И. С 1947 (с перерывами в 1977–80, 1989–91) у власти ИНК [с 1977 ИНК(И)].

И. – агр.-индустр. страна. ВНП на д. нас. 330 долл. в год. В с.х-ве преобладают мелкие и мельчайшие х-ва. Обрабатывается 145 млн. га (св. ⅖ терр.), 35 млн. га засевается дважды в год. Орошается ⅖ с.-х. площади. Гл. земледельч. р-ны – Индо-Гангская равнина и приморские низменности. И. занимает одно из первых мест в мире по произ-ву сах. тростника (сбор в пересчёте на сахар-сырец 16–18 млн. т в год), арахиса (5–7 млн. т), чая (ок. 600 тыс. т), а также джута, клещевины, хлопка. Осн. прод. культуры: рис, пшеница, просяные, бобовые, масличные (арахис, клещевина, рапс и др.). В юж. части И. – кофе, кокосовая пальма, пряности (перец, имбирь, кардамон и др.). Многочисл. поголовье (ок. ⅕ мирового) кр. рог. скота (в т.ч. буйволы используются гл. обр. как тягловая сила), коз и овец, свиней, верблюдов; птиц-во. Шелк-во. В прибрежных р-нах – рыб-во. Запасы угля оцениваются в 121,4 млрд. т, жел. руды – в 22,4 млрд. т (одни из крупнейших в мире), имеются также бокситы, медь, нефть, руды редких металлов, титан, слюды и др. По добыче и экспорту марганц. руды и слюды И. занимают одно из ведущих мест в мире. Произ-во эл.-энергии св. 220 млрд. кВт·ч, гл. обр. на ТЭС и ГЭС, имеются также АЭС. Традиц. отрасли пром-сти: текст. (гл. обр. джутовая, одно из первых мест в мире; хл.-бум.), пищевкус. (сах., таб.), кож.-обувная. Развиваются чёрн. и цв. металлургия, хим., нефтепереработка и особ. маш.-строит. пром-сть (атомная энергетика, оборонная отрасли, трансп. маш-ние, приборостроение и др.). Экспорт: джутовые изделия, продукция маш-ния и металлообработки, сахар, хл.-бум. ткани, чай, кожи, пряности и др.

И́НДО-ГА́НГСКАЯ РАВНИ́НА, в Азии (Индия, Пакистан, Бангладеш), между Гималаями на С. и Деканским плоскогорьем на Ю. Дл. ок. 3 тыс. км, шир. до 350 км. Поверхность преим. плоская, осложнена оврагами и речными террасами. Осн. реки – Инд и Ганг. Части низменности. Б.ч. терр. распахана. Естеств. растительность на В. – мангровые леса, в центр. части – листопадные леса и саванны, на З. – солончаки и пустыни.

ИНДОКИТА́Й, п-ов на Ю.-В. Азии. Пл. ок. 2 млн. км². Омывается на З. Бенгальским зал., Андаманским м., Малаккским прол., на Ю. и В. – Юж.-Китайским м. и его заливами – Сиамским и Бакбо. Юж. оконечность И. – п-ов Малакка. Хребты и нагорья (Араканские, выс. до 3053 м, и Аннамские горы, Шанское нагорье и др.) разделены низменностями (Ирравадийская, Менамская, Камбоджийская) и плато (Корат). Вечнозелёные влажные тропич. леса, сухие редколесья и саванны, на побережьях – мангровые леса. Крупнейшие м-ния руд олова и вольфрама. На терр. И. полностью или частично расположены гос-ва Бангладеш, Мьянма, Вьетнам, Камбоджа, Лаос, Малайзия, Таиланд.

ИНДОНЕ́ЗИЯ (Республика Индонезия), гос-во в Юго-Вост. Азии, на о-вах Малайского арх. и зап. части о. Новая Гвинея, омывается водами морей Индийского и Тихого океанов. Пл. 1,9 млн. км². Нас. 188 млн. ч.; яванцы, сунды, мадурцы, малайцы И., минангкабау, китайцы и др. Офиц. яз. – индонезийский. 90% верующих – мусульмане-сунниты. Глава гос-ва и пр-ва – президент. Законодат. орган – двухпалатный парламент (Палата нар. представителей и Нар. консультативное собрание). Столица – Джакарта. Адм.-терр. деление: 27 провинций, включая 2 особые адм. единицы, имеющие статус провинции. Ден. единица – индонезийская рупия.

В состав И. входит св. 13,6 тыс. о-вов (крупнейшие – Ява, Суматра, Сулавеси, б.ч. Калимантана, зап. часть Н. Гвинеи). Равнины и горы (до 5029 м, на о. Н. Гвинея) занимают примерно одинаковые площади. Активный вулканизм – ок. 400 вулканов, в т.ч. св. 100 действующих. Климат экв. и субэкв. Темп-ры на равнинах в течение всего года 25–27 °C; осадков 2000–4000 мм в год. Реки многоводны. Ок. ⅔ терр. покрыто влажными тропич. лесами с ценными породами деревьев. Участки редколесий и саванн.

Первые гос. образования возникли во 2–5 вв. В 10–11 вв. почти вся Ява была объединена под властью кн-ва Матарам. В 13–15 вв. яванское кн-во Маджапахит распространило власть почти на всю терр. И. С 16 в. началось португ., затем голл. завоевание И. К сер. 18 в. голландцы захватили почти всю Яву, в 19 – нач. 20 вв. завершили покорение И. Они подавили восстания 1825–30, 1840, 1888 на Яве, 1893 на Суматре и др. К кон. 2-й мир. войны, в условиях оккупации (с 1942) И. япон. войсками, на-

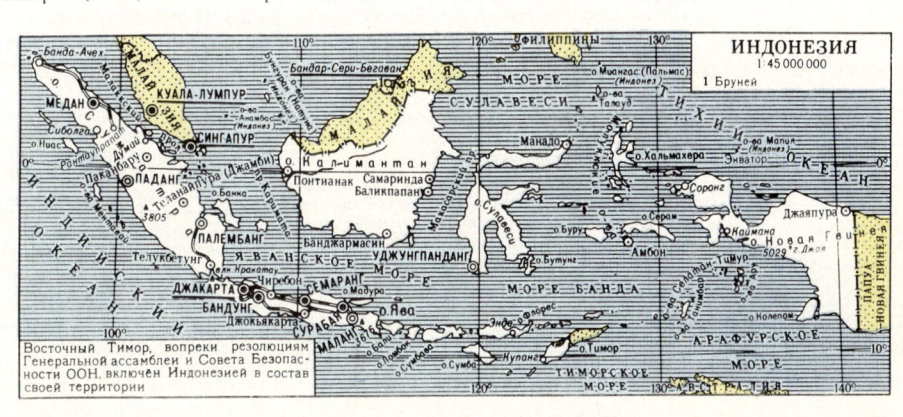

Индонезия. Традиционное жилище.

чался подъём нац.-освободит. движения. 17 авг. 1945 провозглашена независимость И., к-рую Нидерланды признали в 1949. През. И. Сукарно (с 1945), один из лидеров Нац. партии И., в 1950 объявил И. унитарной республикой. После провала в 1965 путча группы армейских офицеров, подготовленного компартией И., Сукарно оставался номинальным президентом. В 1966 врем. през. (с 1968 официально) стал ген. Сухарто, к-рый начал проводить независимую внеблоковую внеш. политику. В 1976 И. объявила своей пров. Вост. Тимор (быв. португ. колония). Рост влияния исламских фундаменталистов в 1980-е гг. привёл к их открытым столкновениям с властями.

И. – аграрно-индустриальная страна, с развитой горнодоб. пром-стью. ВНП на д. нас. 660 долл. Осн. экспортные культуры: каучуконосы (одно из ведущих мест в мире – ок. 1 млн. т в год каучука), ¹/₃ – на плантациях), кокосовая пальма (одно из ведущих мест в мире; б.ч. в крест. х-вах), масличная пальма, чай, кофе, табак, какао, перец, сейба (капок), агава (сизаль), мускатный орех, хинное дерево (И. – гл. поставщик коры), сах. тростник. Осн. прод. культуры: рис, кукуруза, кассава, батат, арахис, соя. Жив-во развито слабо. Рыб-во, мор. промысел, рыборазведение. Заготовка ценных пород древесины. Осн. отрасль пром-сти – добыча нефти и прир. газа, а также олова, бокситов, марганцевых, никелевых и медных руд, угля, асбеста, фосфоритов, поваренной соли, золота, серебра, алмазов. В обрабат. пром-сти – пищевкусовые (сах., маслоб., рисоочист., таб.) и текстильные (гл. обр. хл.-бум.) пр-тия. Развиваются авто-, судо-, авиастроение, радиоэлектроника, нефтехимия. Кустарная пром-сть – про-во батика, чеканных изделий из серебра, керамич. сосудов, плетёных циновок, шляп; худ. резьба по кости.

ИНДОССАМЕНТ (нем. Indossament), передаточная надпись, к-рая учиняется на *векселях, чеках, коносаментах* и нек-рых др. *ценных бумагах* их держателем для передачи прав по этим док-там от одного лица (индоссанта) другому.

ИНДОСТАН, п-ов на Ю. Азии (гл. обр. Индия). Пл. 2 млн. км². Омывается Аравийским м. (на З.) и Бенг. зал. (на В.). Внутр. р-ны И. занимает Деканское плоскогорье, ограниченное Зап. и Вост. Гатами. На Ю.-горн. массивы Анаймалай (выс. до 2698 м), Нилгири, Кардамоновы горы; вдоль побережий – низменности. На склонах Гат – леса, во внутр. р-нах – преим. саванна. М-ния руд железа, марганца.

ИНДУИЗМ, одна из наиб. крупных по числу последователей религий мира (ок. 95% всех индуистов – в Индии). Сформировалась в 1-м тыс. н.э. в процессе развития ведич. религии и брахманизма и дальнейшей ассимиляции нар. верований. Основа И. – учение о перевоплощении душ (сансара), происходящем в соответствии с законом воздаяния (карма) за добродетельное или дурное поведение, определяемое почитанием верховных богов (Вишну или Шивы) или их воплощений и соблюдением кастовых бытовых правил. Культовые обряды совершаются в храмах, у местных и домашних алтарей, в священных местах. В качестве священных почитаются ж-ные – корова, змея, реки (Ганг), р-ния (лотос) и др. Для И. характерно представление об универсальности и всеобщности верховного божества. В совр. И. существует 2 течения: *вишнуизм и шиваизм*.

ИНДУКТИВНОСТЬ, физ. величина, характеризующая магн. свойства электрич. цепей и равная отношению потока Ф магн. индукции, пересекающего поверхность, ограниченную проводящим контуром, к силе тока в этом контуре, создающем Ф; в СИ измеряется в генри. Термин «И.» употребляется также для обозначения элемента цепи, определяющего её индуктивные свойства (катушка индуктивности).

ИНДУКЦИЯ (от лат. inductio – наведение), умозаключение от фактов к нек-рой гипотезе (общему утверждению). См. *Дедукция, Математическая индукция*.

ИНДУЛЬГЕНЦИЯ (от лат. indulgentia – милость), в католич. церкви полное или частичное отпущение грехов, а также свидетельство об этом.

ИНДУСТРИАЛИЗАЦИЯ, процесс создания крупного машинного про-из-ва и на этой основе переход от аграрного к *индустриальному обществу*. Источниками средств для И. могут быть как внутр. ресурсы, так и кредиты, инвестиции капиталов из более развитых стран. Сроки и темпы И. в разл. странах неодинаковы (напр., Великобритания превратилась в индустриальную страну к сер. 19 в., а Франция – в нач. 20-х гг. 20 в.). В России И. успешно развивалась с кон. 19 – нач. 20 вв. После Окт. рев-ции (с кон. 20-х гг.) И. форсированно осуществлялась тоталитарным режимом насильств. методами за счёт резкого ограничения уровня жизни большинства населения, эксплуатации крест. в-ва.

ИНДУСТРИАЛЬНОЕ ОБЩЕСТВО (промышленное общество), обозначение стадии развития об-ва, сменяющего традиционное, аграрное (родо-племенное, феод.) об-во. Термин принадлежит А. Сен-Симону; широкое распространение концепция И.о. получила в 50-60-х гг. 20 в. (Р. Арон, У. Ростоу, Д. Белл и др.). Формирование И.о. связано с распространением крупного машинного произ-ва (см. *Индустриализация*), урбанизацией, утверждением рыночной экономики и возникновением социальных групп предпринимателей и наёмных работников, со становлением демократии, *гражданского общества* и правового гос-ва. *Капитализм* в теориях И.о. рассматривается как его ранняя стадия (европ. страны в 19 в. – нач. 20 вв.). В ряде стран противоречия становления И.о. привели в 20–30-х гг. 20 в. к возникновению тоталитарных режимов (см. *Тоталитаризм*). В кон. 20 в. И.о. переходит к *постиндустриальному обществу*. См. также «*Массовое общество*».

ИНДУСТРИЯ (от лат. industria – усердие), то же, что *промышленность*.

ИНДУЦИРОВАННОЕ ИЗЛУЧЕНИЕ, то же, что *вынужденное излучение*.

ИНЕРТНОСТЬ (от лат. iners, род. п. inertis – бездеятельный), отсутствие активности, бездеятельность.

ИНЕРТНОСТЬ (инерция) в механике, свойство тела сохранять состояние равномерного прямолинейного движения или покоя, когда действующие на него силы отсутствуют или взаимно уравновешены. При действии неуравновешенной системы сил И. проявляется в том, что тело изменяет своё движение постепенно и тем медленнее, чем больше его масса, являющаяся мерой И. тела.

ИНЕРТНЫЕ ГАЗЫ, то же, что *благородные газы*.

ИНЕРЦИАЛЬНАЯ СИСТЕМА ОТСЧЁТА, см. *Система отсчёта*.

ИНЖЕНЕРНЫЙ ЗАМОК в С.-Петербурге, памятник архитектуры рус. *классицизма*. Первонач. наз. Михайловским (по имени архангела Михаила, к-рого имп. Павел I считал своим небесным покровителем; в ночь на 12(24).3.1801 Павел был убит заговорщиками в парадной спальне). Построен в 1797–1800 (арх. В.Ф. Бренна). Квадратное в плане здание с внутр. 8-угольным двором и сложными по конфигурации внутр. помещениями (круглые, овальные, многоугольные, прямоугольные с нишами). Гл. фасад оформлен ионич. колоннами и 2 плоскими обелисками и завершён треугольным фронтоном. Перед ним в 1800 установлена конная статуя Петра I (1743, отлита в 1744–1760, скульптор Б.К. Растрелли).

ИНЖЕНЮ (франц. ingénue – наивная), актёрское *амплуа*: роли невинных, простодушных, обаятельных девушек, воодушевлённых глубоким чувством (И.-драматик, И.-лирик; напр., Верочка в комедии И.С. Тургенева «Месяц в деревне») или озорных, шаловливо-кокетливых (И.-комик; напр., Лиза в водевиле Д.Т. Ленского «Лев Гурыч Синичкин»).

ИНЖИНИРИНГ (англ. engineering, от лат. ingenium – изобретательность, выдумка, знания), предоставление на коммерч. основе инж. консультац. услуг самого широкого плана (предпроектные, проектные, послепроектные; рекомендации по эксплуатации оборудования, реализации получаемой продукции и др.). Контракты по И. широко распространены в междунар. торговле, а также как одна из форм междунар. коммерч. связей в сфере науки и техники.

ИНЖИР (фиговое дерево, смоковница), древесное р-ние рода фикус, плод. культура. Возделывают с глубокой древности (в Азии ок. 5 тыс. лет, в Европе не менее 2 тыс. лет), наиб. широко в М. Азии, Сев. Америке (Калифорния). Кустарник или дерево выс. до 15 м; живёт до 150–200 лет, плодоносит с 2–3 лет. Плоды (20–100 кг с р-ния) богаты сахарами, пектинами, витаминами, микроэлементами, обладают слабительным, мочегонным и отхаркивающим действием.

Инжир.

ИНИЦИАЛ (от лат. initialis – начальный), 1) укрупнённая заглавная буква раздела в тексте книги; в рукописных книгах И. (буквицы) украшались сложным орнаментом. 2) Нач. буква имени, фамилии, отчества.

ИНИЦИАЦИИ (от лат. initiatio – совершение таинств), обряды посвящения в члены коллектива в первобытном об-ве. Наиб. распространены И., связанные с переходом подростков в возрастной класс взрослых. Пережитки И. – обрезание в иудаизме и исламе, христ. крещение и т.д.

ИНКАССО (итал. incasso), банковская операция, при к-рой банк по поручению клиента получает причитающиеся последнему ден. суммы на основании ден.-товарных или расчётных док-тов.

ИНКВИЗИЦИЯ (от лат. inquisitio – розыск), в католич. церкви в 13–19 вв. особые суды церковной юрисдикции, независимые от органов и учреждений светской власти. В осн. вели борьбу с инакомыслием (ересями). Сложился т.н. инквизиционный процесс с особой системой доказательств, с совмещением судьи и следователя в одном лице. Широко применялись пытки как важнейший источник получения доказательств. Осуждённые обычно приговаривались к сожжению на костре. В 16–17 вв.— одно из осн. орудий *Контрреформации*. Особенно свирепствовала И. в Испании.

ИНКИ (правильнее инка), первоначально индейское племя языковой семьи кечуа, обитавшее в 11–13 вв. на терр. совр. Перу, позже название господствующего слоя, а также верх. правителя в образовании И. гос-ве Тауантинсуйу (15 в.). И.— создатели одной из древнейших цивилизаций в Юж. Америке.

ИНКО́ГНИТО (от лат. incognitus — неузнанный, неизвестный), скрыто, тайно, не открывая своего имени (напр., приехать И.).

ИНКРУСТА́ЦИЯ (позднелат. incrustatio, букв.— покрытие корой), украшение изделий и зданий узорами и изображениями из кусочков мрамора, керамики, дерева и т.п., к-рые врезаны в поверхность и отличаются от неё по цвету или материалу. Распространены И. деревом по дереву (*интарсия*) и металлом по металлу (*насечка*).

ИНКУБАЦИО́ННЫЙ ПЕРИ́ОД (от лат. incubo, здесь — покоюсь), скрытый период от внедрения в организм возбудителя до появления первых признаков инфекц. заболевания. При ряде заболеваний больные заразны уже в конце И.п.

ИНКУНА́БУЛЫ (от лат. incunabula — колыбель), печатные издания в Европе, вышедшие с момента изобретения книгопечатания (сер. 15 в.) до янв. 1501. К кон. 80-х гг. 20 в. было известно ок. 40 тыс. названий И. (оценка).

ИННОВА́ЦИЯ (от англ. innovation), то же, что *нововведение*.

ИНОЗЕ́МЦЕВ Фёд. Ив. (1802–69), врач и обществ. деятель. Одним из первых указал на роль вегетативной нерв. системы в патологии, впервые в России (1847) произвёл операцию под наркозом. Основал об-во рус. врачей в Москве (1861).

ИНОСТРА́НЦЫ, граждане к.-л. иностр. гос-ва (иностр. граждане),

Инкунабулы. Фронтиспис в книге С. Бранта «Корабль дураков» (Базель, 1494).

а также *апатриды*, находящиеся или проживающие на терр. данного гос-ва.

ИНСА́ЙТ (англ. insight — проницательность, понимание), акт непосредств. постижения, «озарения». См. *Интуиция*.

И́НСБРУК, г. в Австрии, на р. Инн. 118 т.ж. Междунар. аэропорт. Центр туризма и зимних видов спорта. Текст., эл.-техн., хим.-фарм. пром-сть. Худ. промыслы (мозаика, стекло и др.), произ-во сувениров. Ун-т (1669). Тирольский музей Фердинандеум (худ. собр.), Тирольский музей нар. иск-ва. Дворец Габсбургов Хоффбург (14–18 вв.), Ландхауз (1725–28). Изв. с 1234.

ИНСЕКТИЦИ́ДЫ (от лат. insectum — насекомое и caedo — убиваю), хим. препараты из группы пестицидов для уничтожения насекомых — вредителей с.-х. р-ний, их яиц (овициды) и личинок (ларвициды). И. используют также для борьбы с насекомыми — переносчиками болезней и эктопаразитами ж-ных, с бытовыми насекомыми, для защиты прод. запасов, тканей и др. материалов. Многие И. токсичны (см. *Пестициды*), их применение строго регламентировано.

ИНСИНУА́ЦИЯ (от лат. insinuatio, букв.— вкрадчивость), клеветнич. измышление, злостный вымысел.

ИНСПИРА́ЦИЯ (от лат. inspiratio — вдохновение, внушение), 1) наущение, подстрекательство. Инспирированный — вызванный чьим-либо подстрекательством, внушением. 2) (Физиол.) вдох, вдыхание.

ИНСТА́НЦИЯ (от лат. instantia — непосредств. близость), ступень, звено в иерархич. системе органов (напр., суд. И.).

ИНСТИ́НКТ (от лат. instinctus — побуждение), врождённая форма поведения ж-ных и человека, направленная на приспособление к строго определ. условиям жизни и реализующаяся под влиянием осн. биол. потребностей (пищ., половых, оборонительных и т.д.); сложный безусловный рефлекс. На основе И. происходит обучение, формирование индивидуального поведения и др.

ИНСТИТУ́Т (от лат. institutum — установление), 1) название разл. специализир. уч. заведений (ср., высш., повышения квалификации и т.п.) и н.-и. учреждений. 2) В праве — группа норм к.-л. отрасли права, регулирующих определ. обществ. отношения (напр., И. собственности, И. договора в гражд. праве). Термин «И.» употребляется в *конституционном праве*: напр., парламент, пр-во — как И. власти, конституц. И. 3) В широком смысле — элемент социальной структуры, ист. формы организации и регулирования обществ. жизни — совокупность учреждений, норм, ценностей, культурных образцов, устойчивых форм поведения: экон. И. (напр., заработная плата), полит. И. (гос-во, партии), воспитат. И. и др.

ИНСТИТУЦИОНАЛИ́ЗМ, одно из направлений государствоведения 20 в., рассматривающее полит. орг-цию об-ва как комплекс разл. объединений граждан — «институций» (напр., семья, партия, профсоюз и т.п.). Квалифицирует гос-во также как одну из «институций».

ИНСУЛИ́Н, белковый гормон ж-ных и человека, вырабатываемый поджелудочной железой. Понижает содержание сахара в крови, задер-

живая распад гликогена в печени и увеличивая использование глюкозы мышечными и др. клетками. Недостаток И. приводит к сах. *диабету*, для лечения к-рого применяются препараты И.

ИНСУЛЬ́Т (от лат. insulto — скачу, впрыгиваю), «мозговой удар» — острое нарушение мозгового кровообращения (кровоизлияние и др.) гл. обр. при гипертонич. болезни, атеросклерозе, воспалит. заболеваниях и аномалиях мозговых сосудов. Проявляется головной болью, рвотой, расстройством сознания, параличами и др.

ИНСЦЕНИРО́ВКА (от лат. in — на и scaena — сцена), переработка повествоват. (прозаич. или поэтич.) произв. для т-ра. Может иметь самостоят. худ. значение (напр., «Одержимые» А. Камю по роману Ф.М. Достоевского «Бесы»).

ИНТА́ЛИЯ (от лат. intaglio — резьба), резной камень (*гемма*) с углублённым изображением. Служили гл. обр. печатями.

ИНТА́РСИЯ (от итал. intarsio — инкрустация), вид *инкрустации* на мебели и др. предметах; фигурные изображения и узоры из пластинок дерева, разных по текстуре и цвету, врезанных в дерев. поверхность.

Интарсия. Исповедальня. Италия. Ок. 1500. Музей Виктории и Альберта. Лондон.

ИНТЕГРА́Л (от лат. integer — целый), одно из осн. понятий *интегрального исчисления*.

ИНТЕГРА́ЛЬНАЯ СХЕ́МА (ИС, интегральная микросхема, микросхема), микроминиатюрное устройство с высокой плотностью упаковки элементов (диодов, транзисторов, резисторов, конденсаторов и др.), неразрывно связанных (объединённых) между собой конструктивно, технологически и электрически. Предназначена для приёма, обработки информации, представленной обычно в виде непрерывных или дискретных электрич. и оптич. сигналов. ИС подразделяются: по способу объединения (интеграции) элементов — на монолитные (осн. тип) и гибридные (с использованием навесных дискретных электронных приборов); по виду обрабатываемых сигналов — на цифровые и аналоговые; по числу содержащихся в ИС элементов N (сте-

Интегральные схемы различного исполнения.

пени интеграции) — на малые ($N < 10^2$), средние ($N = 10^2 – 10^3$), большие (БИС; $N = 10^3 – 10^4$) и сверхбольшие (СБИС; $N > 10^4$).

ИНТЕГРА́ЛЬНОЕ ИСЧИСЛЕ́НИЕ, раздел математики, в к-ром изучаются свойства и способы вычисления интегралов и их приложения к решению разл. матем. и физ. задач. В систематич. форме И.и. было предложено в 17 в. И. Ньютоном и Г. Лейбницем. И.и. тесно связано с *дифференциальным исчислением*; интегрирование (нахождение интеграла) есть действие, обратное дифференцированию: по данной непрерывной функции $f(x)$ ищется функция $F(x)$ (первообразная), для к-рой $f(x)$ является производной. Вместе с $F(x)$ первообразной функцией для $f(x)$ является и $F(x)+C$, где C — любая постоянная. Общее выражение $F(x)+C$ первообразных непрерывной функции $f(x)$ наз. неопределённым интегралом; он обозначается $\int f(x)\,dx = F(x)+C$. Определённым интегралом непрерывной функции $f(x)$ на отрезке $[a,b]$, разделённом точками $x_1, x_2, …, x_{n-1}$, наз. предел интегральных сумм $\sum_{i=1}^{n} f(x_{i-1})\,\Delta x_i$, где $\Delta x_i = x_i - x_{i-1}$, при условии, что наиб. разность стремится к нулю и число точек деления неограниченно увеличивается; его обозначают $\int_a^b f(x)\,dx$ (самый знак $\int$ возник из первой буквы S лат. слова Summa). Через определённые интегралы выражаются площади плоских фигур, длины кривых, объёмы и поверхности тел, координаты центров тяжести, моменты инерции, работа, производимая данной силой, и т.д.

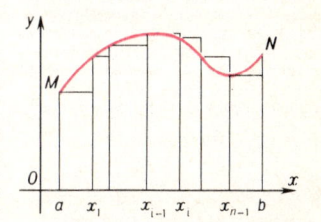

Интегральное исчисление. Построение интегральных сумм для вычисления определённого интеграла непрерывной функции $f(x)$, график которой — кривая MN.

ИНТЕГРА́ЦИЯ (лат. integratio – восстановление, восполнение, от integer – целый), понятие, означающее состояние связанности отд. дифференц. частей и функций системы в целое, а также процесс, ведущий к такому состоянию (напр., И. в науке, экон. И.).

ИНТЕЛЛЕ́КТ (от лат. intellectus – познание, понимание, рассудок), способность мышления, рационального познания. Лат. перевод др.-греч. понятия *нус* («*ум*»), тождественный ему по смыслу.

ИНТЕЛЛЕКТУА́ЛЬНАЯ СО́БСТВЕННОСТЬ, условный собират. термин. Включает права, относящиеся к лит., худ. и науч. произведениям, исполнительской деятельности артистов, звукозаписи, радио- и телевиз. передачам (т.е. *авторские права*), науч. открытиям, *изобретениям* и др. правам, связанным с разл. видами *промышленной собственности*, а также с защитой от *недобросовестной конкуренции*. В 1967 подписана Междунар. конвенция об учреждении Всемирной орг-ции интеллектуальной собственности и о защите И.с.

ИНТЕЛЛИГЕ́НЦИЯ (от лат. intelligens – понимающий, мыслящий, разумный), обществ. слой людей, профессионально занимающихся умственным, преим. сложным творческим, трудом, развитием и распространением культуры. Понятию И. придают нередко и моральный смысл, считая её воплощением высокой интеллектуальности и демократизма. Термин «И.» введён рус. писателем П. Д. Боборыкиным и из русского перешёл в др. языки. На Западе более распространён термин «интеллектуалы», употребляемый и как синоним И. и. Интеллигенция неоднородна по своему составу. Предпосылкой появления И. было *разделение труда* на умственный и физический. Зародившись в антич. и ср.-век. об-вах, получила значит. развитие в индустр. и постиндустр. об-вах.

ИНТЕНСИФИКА́ЦИЯ (от лат. intensio – напряжение, усиление и ...фикация), усиление, увеличение напряжённости, производительности, действительности (напр., И. про-из-ва).

ИНТЕ́НЦИЯ (от лат. intentio – стремление), намерение, цель, направление или направленность сознания, воли, чувства на к.-л. предмет.

ИНТЕРВА́Л (муз.), расстояние между двумя звуками (по высоте, или по частоте, колебаний). В музыке равномерной *темперации* единицами измерения И. являются *полутон* и целый *тон*. По традиции к И. относится унисонное (*Унисон*) *созвучие* – чистая прима (обозначается цифрой 1), далее (по степени возрастания на полутон) следуют И.: секунды (2) – малая (полутон) и большая (тон); терции (3) – малая (полтора тона) и большая (два тона); чистая кварта (4); *тритон*, чистая квинта (5); сексты (6) – малая и большая; септимы (7) – малая и боль-

шая; чистая октава (8) и т.д. И. разделяются на *консонансы* и *диссонансы*. Звукоряды с И. меньше полутона характерны для нек-рых неевроп. муз. культур, встречаются в европ. музыке 20 в. (*четвертитоновая система*).

ИНТЕРВЬЮ́ (англ. interview), 1) жанр публицистики, беседа журналиста с одним или неск. лицами. 2) В социологии – один из методов исследования, целенаправленная беседа интервьюера и опрашиваемого. И. делятся на 2 вида: свободные и стандартизованные (формализованные).

ИНТЕРЕ́С (от лат. interest – имеет значение, важно), 1) в социологии, экономике – реальная причина социальных действий, лежащая в основе непосредств. побуждений (мотивов, идей и т.п.) участвующих в них индивидов и социальных групп. 2) В психологии – отношение личности к предмету как к чему-то для неё ценному, привлекательному. Содержание и характер И. связаны как со строением и динамикой мотивов и потребностей человека, так и с характером форм и средств освоения действительности, к-рыми он владеет.

ИНТЕРЛЮ́ДИЯ (от лат. inter – между и ludus – игра), 1) в музыке – пьеса (эпизод) связующего характера. 2) В опере, драм. спектакле то же, что *интермедия*.

ИНТЕРМЕ́ДИЯ (от лат. intermedius – находящийся посреди), 1) не связанная непосредственно с сюжетом театрального представления (мистерии, трагедии, комедии, оперы и др.) короткая, как правило комическая, сценка или пьеска с пением и танцами, исполнявшаяся между *актами* и перебивавшая осн. действие. Форма, распространённая в ср.-век. т-ре и т-ре 16–18 вв. 2) Эпизод между проведениями темы в *фуге*.

ИНТЕРМЕ́ЦЦО (итал. intermezzo, букв. – перерыв), 1) в опере и инстр. музыке – пьеса (эпизод), близкая *интерлюдии*. 2) Небольшая самостоят. фп. пьеса. Впервые – у Р. Шумана.

ИНТЕРНАТУ́РА (от лат. internus – внутренний), форма стажировки врачей – выпускников мед. вузов при клиниках и больницах по специальности. Во мн. странах рассматривается как обязат. часть высш. мед. образования. В Рос. Федерации применяется с 1968.

ИНТЕРНАЦИОНА́Л, 1-й (Междунар. товарищество рабочих), первая междунар. орг-ция пролетариата в 1864–76, осн. в Лондоне К. Марксом и Ф. Энгельсом; 2-й, междунар. объединение социалистич. партий, осн. в Париже в 1889 при участии Энгельса, распался с нач. 1-й мир. войны. Существовали также Бернский И. (1919–23), «И. 2½-й» (Венский И., 1921–23), к-рые в 1923 (в Гамбурге) образовали Социалистич. рабочий И. (прекратил деятельность после нач. 2-й мир. войны); Коммунистич. И. (Коминтерн, 3-й И., осн. в Москве в 1919, распущен в 1943); 4-й И. (осн. в 1938 в Париже Л.Д. Троцким) и др. В 1951 во Франкфурте-на-Майне осн. Социалистич. И. (Социнтерн), объединяющий 103 партии и орг-ции (1992).

ИНТЕРНАЦИОНАЛИЗА́ЦИЯ, распространение, расширение процесса, сферы деятельности за рамки одного гос-ва, региона, вовлечение в него широкого круга участников. Разли-

чают И. произ-ва и капитала, воен. конфликтов, совм. усилия гос-в в защите окружающей среды, оказании гуманитарной помощи и т.д.

ИНТЕРНАЦИОНАЛИ́ЗМ, 1) междунар. солидарность людей разл. наций и рас, основа их совм. выживания на планете, взаимопонимания, взаимодоверия, взаимопроникновения культур, ценностей, знаний и технологий; противоположен *национализму*. 2) В марксизме – принцип солидарности пролетариата, в основе к-рого – доктрина мировой социалистич. рев-ции.

ИНТЕРНИ́РОВАНИЕ (от франц. interner – водворять на жительство), в междунар. праве особый режим ограничения свободы, устанавливаемый одной воюющей стороной для гражд. лиц другой воюющей стороны. Режим И. устанавливается также нейтральным гос-вом в отношении граждан обеих воюющих сторон.

ИНТЕРПО́Л, см. *Международная организация уголовной полиции*.

ИНТЕРПОЛЯ́ЦИЯ (от лат. interpolatio – изменение, переделка), отыскание промежуточных значений величины по нек-рым известным её значениям. Напр., отыскание значений функции $y = f(x)$ в точках x, лежащих между точками x_0 и x_n, $x_0 < x_1 < \ldots < x_n$, по известным значениям $y_i = f(x_i)$ (где $i = 0, 1, \ldots, n$). Если x лежит вне интервала (x_0, x_n), аналогичная процедура наз. экстраполяцией.

ИНТЕРФЕ́ЙС (англ. interface), совокупность техн. и программных средств, обеспечивающих взаимодействие разл. функциональных устройств вычислит., управляющих или измерит. систем, в т.ч. оперативного и внешнего *запоминающих устройств* ЭВМ. И. позволяет набирать системы из готовых модулей в соответствии с установленными правилами и соглашениями в отношении кодирования и синхронизации передаваемой информации, механич. и электрич. соединения устройств, вида сигналов, формы представления информации и т.д.

ИНТЕРФЕРЕ́НЦИЯ ВОЛН (от лат. inter, здесь – взаимно и fero – несу), взаимное усиление или ослабление двух или неск. волн при их наложении друг на друга при одновременном распространении в пространстве, вследствие чего образуется т.н. интерференционная картина. И.в. имеет место для всех видов волн, независимо от их физ. природы (волны на поверхности жидкости, упругие, световые и др.). Явление И.в. используется в радиотехнике и акустике для создания, напр., сложных антенн. И.в. лежит в основе голографии, а также применяется в нек-рых оптич. приборах, напр. *интерферометрах*.

ИНТЕРФЕРО́МЕТР, прибор для точных измерений разл. физ. величин, основанный на *интерференции волн*. Существуют для звуковых волн и эл.-магн. волн (оптических и радиоволн). Оптич. И. применяются для измерения длин волн спектральных линий, дефектов отражающих поверхностей, показателей преломления прозрачных сред, абс. и относит. длин объектов, угловых размеров звёзд.

ИНТЕРФЕРО́Н, защитный белок, вырабатываемый клетками млекопитающих и птиц в ответ на заражение их любыми вирусами; фактор противовирусного иммунитета. Получают с помощью генетич. инженерии. Используется для профилактики и лечения вирусных болезней, напр. гриппа.

ИНТЕРЬЕ́Р (от франц. intérieur – внутренний), в архитектуре внутр. пространство здания или помещение в здании (вестибюль, комнаты, зал и т.п.). Изображение И. – жанр живописи и графики.

ИНТОКСИКА́ЦИЯ, см. *Токсикоз*.

ИНТОНА́ЦИЯ (от лат. intono – громко произношу), совокупность мелодики, ритма, темпа, интенсивности, акцентного строя, тембра и др. просодических элементов речи. И. организует речь фонетически, является средством выражения разл. синтаксич. значений и категорий, а также экспрессивной и эмоц. окраски.

ИНТРОВЕРТИ́ВНЫЙ (от лат. intro – внутрь и verto – поворачиваю, обращаю), обращённый внутрь; психол. характеристика личности, направленной на внутр. мир мыслей, переживаний и т.п., самоуглублённой. Ср. *Экстравертивный*.

ИНТРОДУ́КЦИЯ (лат. introductio – введение) (муз.), краткое вступление к инстр. произв. или его части; небольшая *увертюра* к опере или отд. её акту, к балету.

ИНТРОДУ́КЦИЯ (биол.), переселение особей к.-л. вида ж-ных и р-ний за пределы естеств. ареала в не существующие для них места обитания. Целенаправленная И. осуществляется гл. обр. для введения в культуру новых видов и форм (напр., кукуруза, картофель интродуцированы в Европу из Америки).

ИНТРОСКОПИ́Я (от лат. intro – внутри и ...скопия), визуальное наблюдение предметов и явлений в оптически непрозрачных телах и средах. Осуществляется посредством преобразования в видимое изображение пространственного распределения (пространственной картины), проникающего извне в исследуемое тело (среду) к.-л. излучения: УЗ (звуковидение), радиоволнового, ИК (тепловидение) и др.

ИНТРОСПЕ́КЦИЯ (от лат. introspecto – смотрю внутрь), самонаблюдение: наблюдение субъекта к-рого – психич. состояния и действия наблюдающего субъекта; осн. метод интроспективной психологии.

ИНТУИТИВИ́ЗМ, течение в философии, видящее в интуиции единственно достоверное средство познания. Противопоставление интуиции и интеллекта характерно для *философии жизни* А. Бергсона и др., попытка соединить их – для Н.О. Лосского, С.Л. Франка, Е.Н. Трубецкого, франц. *неотомизма*, отчасти – *феноменологии*.

ИНТУИ́ЦИЯ (ср.-век. лат. intuitio, от intueor – пристально смотрю), постижение истины путём непосредственного её усмотрения без обоснования с помощью доказательства; сформировавшаяся на основе предшествующего опыта субъективная способность выходить за его пределы путём мысленного схватывания («озарения») или обобщения в образной форме непознанных связей, закономерностей.

ИНФАНТЕ́РИЯ (устар. итал. infanteria, от infante – юноша, пехотинец), название пехоты в армиях ряда заруб. гос-в; в России употреблялось наряду с термином «пехота» в 18 – нач. 20 вв.

ИНФАНТИЛИ́ЗМ (от лат. infantilis – детский), сохранение у взрослых физич. и (или) психич. черт, свойственных дет. возрасту, вследствие нарушения внутриутробного развития, поражения центр. нерв. системы и т.д. Может быть общим и частичным (половым, психическим).

ИНФА́РКТ (от лат. infarctus – набитый), очаг омертвения в тканях вследствие нарушения кровообращения при длительном спазме, тромбозе, эмболии сосудов. И. миокарда – острая и наиболее тяжёлая форма *ишемической болезни сердца*, следствие нарушения коронарного кровообращения. Проявляется приступом острой боли в центре или левой половине грудной клетки, удушьем, чувством страха, изменениями на электрокардиограмме и др.; необходима экстренная госпитализация.

ИНФЕКЦИО́ННЫЕ БОЛЕ́ЗНИ, 1) заболевания, вызываемые болезнетворными микроорганизмами, к-рые передаются от заражённого человека или ж-ного здоровому. Каждая И.б. вызывается особым возбудителем. 2) Раздел клинич. медицины, изучающий причины, механизмы развития, методы распознавания, лечения и профилактики И.б.

ИНФЕ́КЦИЯ (от ср.-век. лат. infectio – заражение), внедрение и размножение в организме болезнетворных микробов, сопровождающееся реактивными процессами; завершается инфекц. заболеванием, бактерио-, вирусоносительством или гибелью микробов.

ИНФЛЮЭ́НЦА (итал. influenza), то же, что *грипп*.

ИНФЛЯ́ЦИЯ (от лат. inflatio – вздутие), процесс обесценивания бум. денег, падение их покупат. способности вследствие чрезмерного выпуска (эмиссии) или сокращения товарной массы в обращении при неизменном кол-ве выпущенных денег. Проявляется в росте цен и повышении стоимости жизни. Обычно И. – реакция на несбалансированность гос. доходов и расходов, монополизацию экономики, опережающий рост издержек произ-ва (в частности, зарплаты) по сравнению с ростом производительности труда, несбалансированность платёжных отношений между странами и др. Различают: ползучую (умеренную) И. – непрерывный рост цен в пределах 10% в год; галопирующую – стремительный рост цен от 20 до 200% в год; *гиперинфляцию*. В 20 в. умеренная И. – нормальное явление для экономически развитых стран. Меры антиинфляц. политики: сокращение гос. расходов, повышение налоговых ставок, «замораживание» зарплаты, контроль за ден. массой и др.

ИНФОРМА́ТИКА (франц. informatique, нем. Informatik), наука, изучающая законы и методы накопления, передачи и обработки информации с помощью ЭВМ; в переносном смысле – область человеческой деятельности, связанная с применением ЭВМ. Формирование И. как самостоят. науч. дисциплины относится к 60-м гг. 20 в. Осн. направления: теоретич. основы вычислит. техники, теория информации, вычислит. эксперимент, программирование, искусств. интеллект, информац. технология. Аналог термина «И.» в англоязычных странах – «computer science» («вычислит. наука»).

ИНФОРМАЦИО́ННАЯ СЕТЬ, совокупность взаимодействующих автоматич. систем обработки информации (преим. ЭВМ), объединённых каналами передачи данных. Различают локальные (действующие в пределах пр-тия, организации, х-ва) и территориальные (охватывающие регионы, страны, континенты) И.с.

ИНФОРМАЦИО́ННОЕ АГЕ́НТСТВО, орг-ция, занимающаяся сбором и распространением информации для органов печати, радиовещания и телевидения, гос. и обществ. орг-ций, предпринимателей и др. Опирается на сеть корпунктов. Крупнейшие И.а.: Информац.-телегр. агентство России (ИТАР – ТАСС, осн. в 1992; ведёт историю от Петрогр. телегр. агентства, осн. в 1904); Ассошиэйтед пресс (1848) и Юнайтед пресс интернешонал (ЮПИ, 1907) – США; Дойче прессеагентур (Германия, 1949); Киодо цусин (Япония, 1945); Рейтер (Великобритания, 1851); Синьхуа (Китай, 1938); Франс пресс (Франция, 1944).

ИНФОРМАЦИО́ННО-ПОИСКО́ВАЯ СИСТЕ́МА, совокупность программных, языковых и техн. средств, предназначенных для хранения, поиска и выдачи по запросу требуемой информации. Поиск (размещение) информации в И.-п.с. осуществляется вручную (напр., в библиотечном каталоге) либо при помощи ЭВМ (в автоматизир. И.-п.с., банках данных и т.п.) по опред. правилам (алгоритму). Различают документальные (для поиска разл. документов – статей, книг, патентов и т.п.) и фактографические (для поиска фактич. сведений – дат, физ. констант и т.п. либо адресов их хранения) И.-п.с.

ИНФОРМА́ЦИЯ (от лат. informatio – разъяснение, изложение), первонач. – сведения, передаваемые людьми устным, письменным или др. способом (с помощью условных сигналов, техн. средств и т.д.); с сер. 20 в. общенауч. понятие, включающее обмен сведениями между людьми, человеком и автоматом, автоматом и автоматом, обмен сигналами в животном и растит. мире, передачу признаков от клетки к клетке, от организма к организму; одно из осн. понятий кибернетики.

ИНФРАЗВУ́К (от лат. infra – ниже, под), не слышимые человеческим ухом упругие волны низкой частоты (менее 16 Гц). И. вызывает у человека чувство необъяснимого страха, тревожности. При больших амплитудах И. ощущается как боль в ушах. Возникает при землетрясениях, подводных и вулканич. взрывах, от бурь и ураганов, цунами и пр. Поскольку И. слабо поглощается, он распространяется на большие расстояния и может служить предвестником бурь, ураганов, цунами.

ИНФРАКРА́СНОЕ ИЗЛУЧЕ́НИЕ (ИК-излучение), не видимое глазом эл.-магн. *излучение* в пределах длин волн от 1–2 мм до 0,74 мкм. Составляет ок. 50% излучения Солнца, б.ч. излучения электрич. ламп. И.и. регистрируют болометрами, фотоэлектрич. приёмниками, спец. фотоматериалами.

ИНФРАСТРУКТУ́РА (от лат. infra – ниже, под и structura – строение, расположение), совокупность сооружений, зданий, систем и служб, необходимых для функционирования отраслей материального произ-ва и обеспечения условий жизнедеятельности об-ва. Различают производственную (дороги, каналы, порты, склады, системы связи и др.) и социальную (школы, больницы, т-ры, стадионы и др.) И. Иногда термином «И.» обозначают комплекс т.н. инфраструктурных отраслей х-ва (транспорт, связь, образование, здравоохранение и др.).

ИНФУЗО́РИИ, тип одноклеточных ж-ных – простейших. Размеры от 10 мкм до 3 мм. Передвигаются с помощью ресничек или прикреплённые. Ок. 7000 видов, преим. в мор. и пресных водах, реже в почве; мн. виды – паразиты ж-ных. Играют важную роль в биол. очистке сточных вод.

ИНЦИДЕ́НТ (от лат. incidens, род. п. incidentis – случающийся), случай, происшествие (обычно неприятное), столкновение, недоразумение.

ИНЬ – ЯН, осн. понятия др.-кит. натурфилософии, универсальные космич. полярные и постоянно переходящие друг в друга силы (женское – мужское, пассивное – активное, холодное – горячее и т.д.). Учение о силах И. – я. систематизировано в приложениях к «Книге перемен» («И цзин»), приписываемых Конфуцию, и развито в школе натурфилософов (иньянцзя).

«ИНЮРКОЛЛЕ́ГИЯ», созд. в 1937. Ведёт за границей гражд. дела рос. граждан и орг-ций (наследств., бракоразводные и др.), а также оказывает юрид. помощь по гражд. делам иностр. гражданам и орг-циям на терр. Рос. Федерации.

ИО́, в греч. мифологии дочь аргосского царя, возлюбленная Зевса. Желая избежать ревности Геры, Зевс превратил И. в белоснежную корову. И., мучимая оводом, посланным Герой, странствовала по свету; в Египте она приняла прежний вид и родила от Зевса сына.

Ио. П.П. Рубенс. «Меркурий, Аргус и Ио». 1635–38. Картинная галерея. Дрезден.

ИОАКИ́М, см. в ст. *Святое семейство*.

ИОА́НН БЕЗЗЕМЕ́ЛЬНЫЙ (John Lackland) (1167–1216), англ. король (с 1199) из династии Плантагенетов. В 1202–04 потерял значит. часть англ. владений во Франции. Под давлением баронов, поддержанных рыцарством и городами, подписал в 1215 *Великую хартию вольностей*.

ИОА́НН БОГОСЛО́В (Евангелист Иоанн), в христ-ве один из *двенадцати апостолов*, любимый ученик Иисуса Христа. Присутствовал при воскресении Христа, его *преображении*, а также при молении о чаше. Умирая, Христос завещал И.Б. сыновние обязанности по отношению к Деве *Марии*. Впоследствии И.Б. вместе с братом Иаковом Младшим и *Петром* был одним из руководителей иерусалимской христ. общины. Согласно легенде, в Риме его пытались умертвить, однако ни яд, к-рый он выпил из кубка (отсюда почитание И.Б. в качестве патрона виноградарей), ни кипящее масло не повредили ему. Авторство И.Б. 4-го Евангелия (Евангелие от Иоанна), трёх посланий и Апокалипсиса оспаривается. Символ И.Б. – орёл.

ИОА́НН ДАМАСКИ́Н (ок. 675 – ок. 749), визант. богослов, философ и поэт, завершитель и систематизатор греч. *патристики*. Род. в Дамаске в состоят. семье (возможно, арабской), сохранявшей верность христ-ву, но служившей халифу (противники И.Д. в Византии называли его араб. именем Мансур). Активно защищал почитание икон (см. *Иконоборчество*). Автор филос.-богословского компендиума «Источник знаний» – энциклопедич. свода, предвосхитившего «суммы» зап. схоластов. Созданные им церк. песнопения способствовали оформлению визант. системы «осмогласия» (свободное переложение его знаменитого погребального гимна – у А.К. Толстого в поэме «Иоанн Дамаскин»: «Какая сладость в жизни сей / Земной печали не причастна?...»).

ИОА́НН ДУНС СКОТ (Joannes Duns Scotus) (ок. 1266–1308), фило-

274 ИОАН

соф, ведущий представитель францисканской *схоластики*. Его учение (скотизм) противостояло доминиканской схоластике – *томизму*. Разделял веру и знание, теологию и философию. Утверждал примат воли над интеллектом. Развил учение о *свободе воли*.

ИОА́НН ЗЛАТОУ́СТ (между 344 и 354–407), один из *отцов церкви*, визант. церк. деятель, епископ Константинополя (с 398), представитель греч. красноречия, блестящий оратор (отсюда – И.З.). Автор проповедей, панегириков, псалмов. Борьба за осуществление аскетич. идеала и критика обществ. несправедливости сделали И.З. популярным, но восстановили против него влиятельные круги двора и высш. клира; в 403 был отправлен в ссылку, из страха перед народом возвращён, в 404 снова низложен и сослан. Способствовал изгнанию готов из Константинополя в 400. В Византии и на Руси был идеалом проповедника и неустрашимого обличителя (в т.ч. для Аввакума); канонизирован церковью.

ИОА́НН КРЕСТИ́ТЕЛЬ (Иоанн Предтеча), в Библии предвозвестник прихода *Мессии*, предшественник Иисуса Христа; назван Крестителем по обряду крещения, к-рый он совершал в р. Иордан. Казнён (обезглавлен) по приказу царя Ирода Антипы.

Иоанн Креститель. Прокопий Чирин. «Иоанн Предтеча ангел пустыни». Русская икона нач. 17 в. Третьяковская галерея.

ИОА́НН ЛЕ́СТВИЧНИК (до 579 – ок. 649), визант. религ. писатель. Его соч. «Лествица, возводящая к небесам» – аскетико-дидактич. трактат о ступенях на пути самосовершенствования (отсюда заглавие) и о остерегающих монаха нравов. опасностях – было широко распространено в вост.-христ. странах, в т.ч. и на Руси.

ИОА́НН ПА́ВЕЛ II (Joannes Paulus) (р. 1920), рим. папа с 1978. С 1964 был архиепископом Кракова. И.П. II – первый поляк, первый неитальянский папа начиная с 1523.

ИОА́НН СКОТ ЭРИУГЕ́НА (Johannes Scotus Eriugena) (Эригена) (ок. 810 – ок. 877), философ. Ирландец по происхождению; с нач. 840-х гг. во Франции при дворе Карла Лысого. Ориентировался на греч. ср.-век. неоплатонизм (перевёл на лат. яз. *Ареопагитики*). Гл. соч. «О разделении природы» – проникнуто сильными пантеистич. тенденциями (см.

Пантеизм). Идеи И.С.Э. были осуждены в 13 в. как еретические.

ИОАННИ́ТЫ (госпитальеры), члены духовно-рыцарского ордена, основанного в Палестине крестоносцами в нач. 12 в. Первонач. резиденция – иерусалимский госпиталь (дом для паломников) св. Иоанна. В 1530–1798 И. – на о. Мальта (Мальтийский орден). С 1834 резиденция И. – в Риме.

ИОА́ХИМ (Йоахим) (Joachim) Йожеф (Йозеф) (1831–1907), венг. скрипач, педагог. Выступал с 1838. Работал в Германии. Основатель (1869) и руководитель струн. квартета. Гастролировал (в т.ч. в России с 1872). Автор 3 концертов для скрипки с оркестром, пьес и др. Среди учеников – Л. Ауэр.

ИОАХИ́М ФЛО́РСКИЙ (Джоаккино да Фьоре) (Joachimus Florensus, Gioacchino da Fiori) (ок. 1132–1202), итал. мыслитель. В мистико-диалектич. концепции всемирной истории исходил из деления на эры, соотв. трём лицам *Троицы*; грядущая эра Св. Духа, к-рая начнёт выявляться ок. 1260, характеризуется воцарением на земле любви к бедности, духа свободы, любви и мира. Хилиастич. учение (см. *Хилиазм*) И.Ф. оказало влияние на нар. еретич. движения позднего средневековья и полит. мессианизм.

ИО́В, в Библии страдающий праведник; гл. персонаж книги Иова (5–4 вв. до н.э.), осн. тема к-рой испытание благочестия И., преодолевающего страдания и несчастья, о к-рых сообщают ему вестники беды.

ИО́В, в миру Иван (?–1607), первый патриарх Московский и всея Руси (1589–1605), писатель. С 1586 архиепископ Ростовский, с 1587 митрополит Московский. Содействовал распространению христ-ва в Поволжье, на С. России, в Сибири. Поддерживал избрание на царство Бориса Годунова. Предал анафеме Лжедмитрия I. Отказавшись присягнуть самозванцу, низложен и сослан. Автор «Повести» (кон. 16 – нач. 17 вв.) о царе Фёдоре Ивановиче, посланий и др. соч. Канонизирован Рус. правосл. церковью.

ИОГАНСО́Н Бор. Вл. (1893–1973), живописец. В кон. 1920-х гг. создал ясные по композиции и яркие по цвету жанровые произв., отражающие черты новой действительности в России («Рабфак идёт», 1928); с 30-х гг. обратился к ист.-рев. тематике («Допрос коммунистов», 1933; «На старом уральском заводе», 1937). В 1950 совм. с «бригадой» др. живописцев написал огромное полотно «Выступление В.И. Ленина на 3-м съезде комсомола».

ИО́Д (Iodum), I, хим. элемент VII гр. периодич. системы, ат. н. 53, ат. м. 126,9045; относится к *галогенам*; фиолетовые кристаллы, легко летуч, $t_{пл}$ 113,5 °C. Используют для получения иодсодержащих соед., как катализатор, антисептик, для рафинирования металлов, в аналитич. химии. Радиоактивные изотопы И. применяют для диагностики и лечения заболеваний щитовидной железы. И. открыт франц. химиком Б. Куртуа в 1811.

ЙОМ-КИППУ́Р («день прощения»; рус. назв. – День искупления, Судный день), праздник в иудаизме, день покаяния и отпущения грехов.

ИОНЕ́СКО (Ionesco) Эжен (1912–1994), франц. драматург. Выходец из Румынии, во Франции с 1938. Один

Э. Ионеско.

из зачинателей *абсурда драмы*. В эксцентрически-гротесковых пьесах-притчах «Лысая певица» (изд. 1953), «Урок» (1951), «Стулья» (пост. 1952, изд. 1954), «Носорог» (1959), «Воздушный пешеход» (1963) бессмыслица, иллюзорность, иррационализм утверждаются как фундам. основы мира, обрекающего человека на фатальную замкнутость существования, переживаемого как кошмар. Пьесам И. свойственна резкая критика конформистского сознания (в «Носороге» – тоталитаризма). Кн. «Театр» (т. 1–5, 1962–74).

ИОНИЗАЦИО́ННАЯ КА́МЕРА, прибор в виде электрич. конденсатора, заполненного газом, для регистрации и определения энергии заряженных частиц (детектор). Действие основано на измерении электрич. заряда, возникающего при ионизации газа отд. частицей либо потоком частиц за опредл. промежуток времени.

ИОНИЗА́ЦИЯ, превращение атомов и молекул в ионы и свободные электроны; процесс, обратный *рекомбинации*. И. в газах происходит в результате отрыва от атома или молекулы одного или неск. электронов под влиянием внеш. воздействий. В нек-рых случаях возможно прилипание электронов к атому или молекуле и образование отрицат. иона. Энергия, необходимая для отрыва электронов, наз. энергией И. Происходит И. при поглощении эл.-магн. излучения (фотоионизация), при нагревании (термич. И.), при воздействии сильного электрич. поля (полевая И.), при столкновении частиц с электронами и возбуждёнными частицами (ударная И.) и др.

ИОНИЗИ́РУЮЩИЕ ИЗЛУЧЕ́НИЯ, потоки частиц (электронов, протонов, нейтронов и др. элементарных частиц, а также атомных ядер) и квантов эл.-магн. излучения гамма-, рентгеновского и оптич. диапазонов, прохождение к-рых через в-во приводит к ионизации и возбуждению его атомов или молекул. В случае γ-квантов, нейтронов ионизацию осуществляют заряженные частицы, образующиеся при их взаимодействии с в-вом. Источниками И.и. являются ускорители заряженных частиц, ядерные реакторы, рентгеновские установки и др., а также радионуклиды, содержащиеся в биосфере и космических лучах, радиоактивные загрязнения, сопровождающие ядерные взрывы, аварийные ситуации на АЭС и др. О биол. воздействии И.и. см. в статьях *Доза излучения*, *Предельно допустимая доза*.

ИОНИ́ЙСКИЕ ФИЛО́СОФЫ, др.-греч. философы 6–4 вв. до н.э., жившие в ионийских колониях Греции в М. Азии: Фалес, Анаксимандр, Анаксимен (милетская школа), Гераклит Эфесский, Диоген Аполлонийский. Одна из осн. идей – мысль о единстве сущего, происхождении всех вещей из нек-рого первоначала (воды, воздуха, огня). Для натурфилософии И.ф. характерен *гилозоизм*.

ИОНИ́ЙЦЫ, одно из осн. греч. племён; населяли Аттику, часть о. Эвбея, о-ва Хиос, Самос, Наксос и др. В 11–9 вв. до н.э. колонизовали ср. часть зап. побережья М. Азии (обл. Ионии), побережья Чёрного и Мраморного морей.

ИОНИ́ЧЕСКИЙ О́РДЕР, один из 3 осн. архит. *ордеров*. Имеет стройную *колонну* с *базой*, стволом, прорезанным *каннелюрами*, и *капителью* из 2 *волют*. Антаблемент иногда без *фриза*, *архитрав* – из 3 горизонтальных полос. Фриз часто сплошь покрывался рельефом. Сложился в ионич. областях Др. Греции между 560 и 500 до н.э. От *дорического ордера* отличается большей лёгкостью пропорций, изяществом и более богатым декором.

ИОНИ́ЧЕСКОЕ МО́РЕ, часть Средиземного м. к Ю. от Адриатич. м., между п-овами Балканским и Апеннинским и о-вами Крит и Сицилия. Пл. 169 т. км². Глуб. до 5121 м. Рыб-во. Кр. порты: Таранто, Катания (Италия).

ИО́ННЫЙ ПРИБО́Р, то же, что *газоразрядный прибор*.

ИОНОСФЕ́РА, ионизованная часть верх. слоёв *атмосферы Земли*, расположена выше 50 км, характеризуется значит. содержанием атм. ионов и свободных электронов. Верх. границей И. является внеш. часть *магнитосферы Земли*. Причина повышенной ионизации атмосферы – разложение молекул и ионизация атомов газов, составляющих атмосферу, под действием ультрафиолетовой и рентгеновской солнечной радиации и космич. излучения. Только благодаря И. возможно распространение радиоволн на дальние расстояния.

ИО́НЫ, электрически заряженные частицы, образующиеся в результате потери или присоединения одного или неск. электронов атомом или молекулой. Положительно заряженные И. наз. катионами, отрицательно заряженные И. – анионами.

ИОРДА́НИЯ (Иорданское Хашимитское Королевство), гос-во в Зап. Азии, на Бл. Востоке. Пл. 89,4 т. км². Нас. 3,8 млн. ч., гл. обр. иорданцы (арабы И.), палестинские арабы. Офиц. яз. – арабский. Гос. религия – ислам (суннитского толка). И. – конституционная монархия. Глава гос-ва – король. Законодат. орган – двухпалатный парламент (Сенат, назначаемый королём, и Палата депутатов). Столица – Амман. Адм.-терр. деление: 10 губернаторств (мухафаз). Ден. единица – иорданский динар.

Б.ч. страны – плоскогорье. Климат сухой, субтропич. Ср. темп-ры янв. 8–14 °C, июля 24–30 °C; осадков 100–700 мм в год. Гл. река – Иордан; озеро – Мёртвое.

И. в древности заселяли семитские племена ханаанеев. С 7 в. в составе Араб. халифата, в 16 в. – 1918 – Османской империи. После 1-й мир. войны включена в англ. мандатную терр. Палестина, в 1921 выделена в мандатный эмират Трансиордания.

Иордания. На улицах Аммана.

С 1946 независимое гос-во во главе с королём (с 1952 Хусейн). В ходе 1-й арабо-израильской войны (1948–49) И. присоединила зап. берег р. Иордан, к-рый в войне 1967 был оккупирован Израилем. В сент. 1970 в И. убито св. 3 тыс. чел. в ходе карательных мер пр-ва И. против палестинских партизан, к-рые при поддержке Сирии пытались свергнуть пр-во. С июня 1971 осн. базой изгнанных из И. палестинцев стал Ливан. В июле 1988 король И. объявил о прекращении адм. связей И. с оккупированными Израилем территориями На Западном берегу р. Иордан. С 1991 И. участвует в переговорах по ближневост. урегулированию. В окт. 1994 И. и Израиль подписали мирный договор.

И.– агр. страна. ВНП на д. нас. 1150 долл. в год. Осн. земледельч. р-н – долина р. Иордан, где возделывают плодовые, виноград, овощи, оливки, зерновые и др. Добыча и переработка фосфатов, по экспорту к-рых И. занимает одно из ведущих мест в мире. Переработка импортной нефти и местных с.-х. продуктов, произ-во стройматериалов (цемент, обработка мрамора). Св. 2/3 пром. пр-тий в Аммане.

ИОРДА́НЬ, название проруби в водоёме, сделанной к христ. празднику Крещения Господня для совершения обряда *водоосвящения*.

ИОСЕЛИА́НИ Отар Давидович (р. 1934), груз. кинорежиссёр. В фильмах, снятых в Грузии («Листопад», 1968; «Жил певчий дрозд», 1971; «Пастораль», 1976) и во Франции («Фавориты луны», 1984; «И стал свет», 1989),– поэтич. наблюдение реальности, воссоздание потока самой жизни; в последних работах ощутимо притчевое начало.

ИО́СИФ Прекрасный, в Библии любимый сын *Иакова* и *Рахили*. Был продан братьями в рабство, после долгих злоключений стал править Египтом. В Египте он истолковал 2 сновидения фараона, предсказав, что ближайшие 7 лет будут плодородными, а затем наступит 7 лет недорода. Когда гонимые голодом братья И. прибыли в Египет, он поселил их в этой стране и примирился с ними.

ИО́СИФ ВО́ЛОЦКИЙ (Иван Санин) (1439/40–1515), основатель и игумен Иосифо-Волоколамского мон., глава *иосифлян*, писатель. Возглавлял борьбу с новгородско-московской ересью и *нестяжателями*. Автор «Просветителя» (не ранее 1502), мн. посланий и др.

ИО́СИФ ФЛА́ВИЙ (Josephus Flavius) (37 – после 100), евр. историк. Во время антирим. восстания в рим. провинции Иудее (Иудейской войны) изменил восставшим и сдался римлянам. Автор «Иудейской войны» (с прорим. позиций), «Иудейских древностей» (апологетика иудеев), «Жизни» (автобиография с попыткой самооправдания) и др.

ИОСИФЛЯ́НЕ (осифляне), церк.-полит. течение в Рус. гос-ве кон. 15 – сер. 16 вв. Идеолог – Иосиф Волоцкий. В борьбе с *нестяжателями* отстаивали незыблемость церк. догм, защищали церк.-монастырское землевладение.

ИО́СИФО-ВОЛОКОЛА́МСКИЙ МОНАСТЫ́РЬ (Волоколамский Успенский Иосифов), мужской, в 20 км к С.-В. от Волоколамска Моск. обл. Осн. в 1479 Иосифом Волоцким. В 16 в. центр иосифлян. Играл важную роль в полит. и церк. жизни как центр борьбы с *нестяжателями*. После Окт. рев-ции преобразован в музей. Архит. ансамбль включает кам. стены с шатровыми башнями (16–17 вв.) со сложным кирпичным узором, Петропавловскую надвратную церк. (кон. 17 в.), трапезную с церк. Богоявления (кон. 17 в.) и Успенский собор (17 в.) в *нарышкинском стиле*.

ИО́ФФЕ Абрам Фёд. (1880–1960), физик. Ученик В.К. Рентгена, создатель школы физиков, многие из к-рых в дальнейшем стали основателями школ (Я.К. Зельдович, П.Л. Капица, И.В. Курчатов, Н.Н. Семёнов, Ю.Б. Харитон и др.). Организатор физ.-техн. ин-тов (Ленинград, Харьков, Днепропетровск, Свердловск, Томск), Ин-та полупро-

Иосиф и жена начальника телохранителей фараона Потифара. Мозаика. Кон. 12 – нач. 13 вв. Собор Сан-Марко. Венеция.

Иосифо-Волоколамский монастырь.

Ипатьевский монастырь.

А.Ф. Иоффе.

водников АН СССР (Ленинград) и др. Науч. интересы в области физики тв. тела. Инициировал отеч. исследования полупроводников.

ИПА́ТЬЕВ Вл. Ник. (1867–1952), химик, ген.-лейт. рус. армии (1914). С 1930 работал в США. Один из основоположников каталитич. органич. синтеза. Иссл. в области каталитич. реакций при высоких темп-рах и давлениях.

ИПА́ТЬЕВСКИЙ МОНАСТЫ́РЬ (Троицкий), мужской, в Костроме. Осн. ок. 1330. С сер. 16 в. переживал расцвет, связанный с возвышением Годуновых, от к-рых поступали крупные вклады, на средства Годуновых велось кам. стр-во. Здесь в 1613 Мих. Фёд. Романову было объявлено об избрании его царём. В 1918 монастырь упразднён; с 1946 музей (с 1958 Ист.-архит. худ. музей-заповедник). В ансамбле И.м. стены и башни «старого» (1586–90, перестроены в 1621–22) и «нового» (1624–43) «городов», Троицкий собор и звонница (17 в.), Келарские кельи (т.н. Палаты Романовых, 16 в., 19 в.) и др. На терр. И.м. переведены памятники рус. дерев. зодчества – церкви Богородицы из с. Холм (16 в.), Спасо-Преображенская из с. Спас-Вежи (17 в.) и др. В И.м. хранился древнейший памятник юж.-рус. летописания – Ипатьевская летопись (нач. 15 в.); обнаружена Н.М. Карамзиным.

ИПОСТА́СЬ (от греч. hypóstasis – сущность, основание), термин др.-греч. философии, субстанция, сущность. Впервые введён Посидонием в 1 в. до н.э. В христ-ве начиная с патристики термин «И.» (в значении форма проявления, способ бытия) служит для обозначения каждого из лиц триединого Бога (см. *Троица*).

ИПОТЕ́КА (от греч. hypothéke – залог), вид *залога*, при к-ром заложенное имущество, как правило земля и др. *недвижимость*, остаётся во владении залогодателя до наступления срока платежа.

ИПОТЕ́ЧНЫЕ БА́НКИ, см. в ст. *Банки*.

ИПОХО́НДРИЯ (от греч. hypochóndria, букв.– подреберье), чрезмерное внимание к своему здоровью, необоснованная тревога за него, страх заболевания неизлечимой болезнью и др. Проявляется в диапазоне от нек-рой мнительности до бредовой убеждённости в наличии болезни.

ИППОДРО́М (греч. hippódromos, от híppos – лошадь и drómos – бег, место для бега), комплекс сооружений для испытаний рысистых и скаковых лошадей и соревнований по кон. спорту; учреждение, их организующее. Прототипом совр. И. являются др.-греч. И. Крупнейшие совр. И.: Лексингтонский (США), Нью-Маркет, Эпсомский (Великобритания), Венсенский, Лоншан (Франция), Пардубицкий (Чехия), Мадридский (Испания), Московский (Россия).

ИППОЛИ́Т, в греч. мифологии сын Тесея, искусный охотник, почитатель Артемиды. Отверг преступную любовь мачехи Федры, за это она оклеветала его перед отцом. Погиб, растоптанный своими конями.

ИППОЛИ́ТОВ-ИВА́НОВ (наст. фам. Иванов) Мих. Мих. (1859–1935), композитор и дирижёр. В 1882–93 жил в Тбилиси, сыграл видную роль в развитии груз. муз. культуры. В 1899–1906 дирижёр Моск. частной оперы и Оперного т-ра Зимина, с 1925 – Большого т-ра. Музыке И.-И. свойственны мелодич. распевность, эмоц. уравновешен-

276 ИППО

М.М. Ипполитов-Иванов.

ность. В ряде соч. использовал фольклор и традиц. музыку Кавказа и Ср. Азии (оп. «Ася», 1900, «Измена», 1909). Симф. поэма «Мцыри» (1924).

ИППОЛО́ГИЯ (от греч. hippos — лошадь и ...логия), наука, изучающая анатомию, физиологию, породообразование лошадей. Первые сочинения по И. появились за неск. сотен лет до н.э. и содержали сведения об экстерьере и выездке лошадей. Как самостоят. область знания сформировалась к нач. 20 в.

ИПСИЛА́НТИ Александр (1792–1828), руководитель (с 1820) греч. тайной орг-ции «Филики Этерия». Брат Д. Ипсиланти. Участник Отеч. войны 1812; ген.-майор рус. армии (1817). В 1821 сформировал повстанч. армию и поднял антиосманское восст. в Молдове, явившееся сигналом к началу Греч. рев-ции 1821–29.

ИПСИЛА́НТИ Дмитрий (1793–1832), главнокомандующий Вост. Греции (с 1828) в ходе Греч. рев-ции 1821–29, офицер рус. армии. Нац. собранием избран в 1822 пред. Законодат. корпуса.

ИРА́К (Иракская Республика), гос-во в Юго-Зап. Азии, в междуречье рек Тигр и Евфрат, омывается Персидским зал. Пл. 444 т.км². Нас. 19,4 млн. ч.; иракцы (арабы И.) (75%), курды (св. 20%) и др. Офиц. языки — арабский и курдский. Большинство верующих — мусульмане. Высш. орган власти — Совет рев. командования (СРК); пред. СРК является президентом и верх. главнокомандующим. Высш. законодат. орган — однопалатный Нац. совет. Столица — Багдад.

Ирак. Река Шатт-эль-Араб.

Ирак. Вавилон.

Адм.-терр. деление: 18 мухафаз (губернаторств). Ден. единица — иракский динар.

Большая часть И. — Месопотамская низм., на С. и С.-В. — хребты Арм. и Иран. нагорий (выс. до 3598 м на границе с Ираном). Климат субтропич., сухой. В Мосуле ср. темп-ры июля 33 °C, янв. 7 °C; осадков 50–1500 мм в год. Гл. реки — Евфрат и Тигр и их общее русло — Шатт-эль-Араб. Преобладают степи, полупустыни и пустыни. Вдоль рек — оазисы.

В древности на терр. И. (Двуречье, или Месопотамия) — гос-ва Аккад, Вавилония, Ассирия и др. С приходом в 7 в. на терр. И. арабов получили распространение араб. яз. и ислам. С 30-х гг. 17 в. до кон. 1-й мир. войны в составе Османской империи; к концу войны И. оккупировали англ. войска. В 1922 (фактически с 1920) — 1932 англ. мандат. В 1958 И. (с 1921 Кор-во И.) провозглашён республикой. С 1968 у власти Партия араб. социалистич. возрождения (Баас; созд. в 1954). В 1979 обострились отношения с Ираном, к-рые в 1980–88 приняли форму вооруж. конфликта. В авг. 1990 И. осуществил вооруж. захват Кувейта; в февр. 1991 потерпел поражение от многонац. вооруж. сил во главе с США. Режим С. Хусейна (през. с 1979) был вынужден вывести свои войска из Кувейта.

И. — агр.-индустр. страна. ВНП на д. нас. 4110 долл. в год. Основа экономики — добыча нефти. С. х-во (особенно земледелие) — важная отрасль экономики. И. занимает одно из ведущих мест в мире по сбору фиников (до 500 тыс. т в год). Экстенсивное жив-во (кр. рог. скот, верблюды, лошади, ослы и др.). Рыб-во. Добыча газа, серы, фосфатов, мрамора и др. В обрабат. пром-сти преобладают кустарные пр-тия. Нефтеперераб., цем., текст., кож.-обув. и пищевкус. (сах., таб.) пром-сть.

ИРА́Н (Исламская Республика Иран) (до 1935 офиц. назв. Персия), гос-во в Юго-Зап. Азии, омывается на Ю. и Ю.-З. Оманским и Персидским заливами, на С. Каспийским м. Пл. 1,65 млн. км². Нас. ок. 60,8 млн. ч., персы, а также азербайджанцы, курды и др. Офиц. яз. — персидский (фарси). Гос. религия — ислам (шиитского толка). Глава гос-ва — президент. Законодат. орган — однопалат-

Иран. Рисовые поля.

Иран. Город Исфахан.

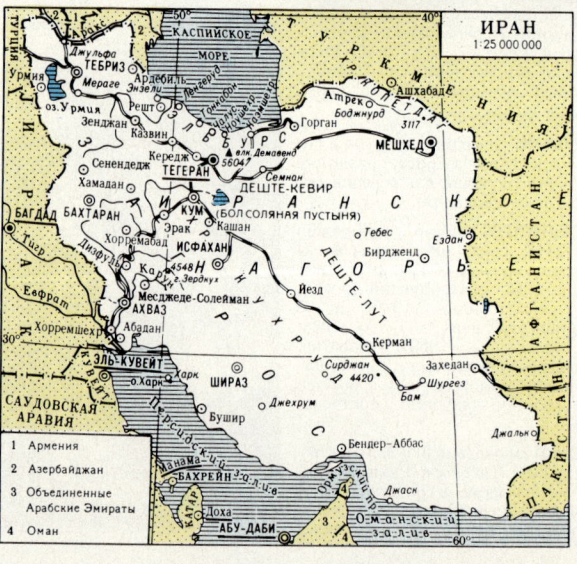

ИРАК
1 : 18 000 000
1 Иордания

ИРАН
1 : 25 000 000
1 Армения
2 Азербайджан
3 Объединенные Арабские Эмираты
4 Оман

ное Исламское нац. собрание (меджлис). Столица — Тегеран. Адм.-терр. деление: 24 остана. Ден. единица — иранский риал.

Бо́льшая часть И.— Иранское нагорье. На С.— хр. Эльбурс (вулкан Демавенд, 5604 м), на Ю.-З.— горн. система Загрос. Климат субтропич., континентальный (в Тегеране ср. темп-ры янв. 2 °С, июля 29 °С), на побережьях Персидского и Оманского заливов тропический (в Джаске соотв. 19 и 32 °С); осадков на большей части И. до 500 мм, на сев. склонах Эльбурса и на Юж.-Каспийской низм. до 2000 мм в год. Преобладают пустыни и полупустыни.

В нач. 3-го тыс. до н.э. на терр. И. сложились древнейшие гос. образования; в сер. 6 в. до н.э. гос-во Ахеменидов. В 3–7 вв. н.э. при Сасанидах началась феодализация иран. об-ва. В сер. 7 в. в. Лондоне завоевали арабы; в 11–12 вв. под властью Сельджуков, в 13–сер. 14 вв.— монг. династии Хулагуидов. В нач. 16 в. утвердились Сефевиды (до 1736), с кон. 18 в.— Каджары (до 1925). В посл. трети 19 — нач. 20 вв. И. превратилась в полуколонию (гл. обр. Великобритании и России). С 1925 у власти династия Пехлеви. Со 2-й пол. 30-х гг. началось проникновение в И. Германии. Во время 2-й мир. войны (в авг. 1941) на терр. И. были введены сов. и англ. войска (выведены в кон. 1945 — мае 1946). Прозападная ориентация шахского режима и его политика модернизации страны вызвала нарастание сопротивления фундаменталистских шиитских кругов, стремившихся восстановить в И. ценности ислама. В 1979 шах (Мохаммед Реза Пехлеви, с 1941) был вынужден покинуть страну. Вернувшийся из ссылки (с 1964) лидер шиитов аятолла Хомейни провозгласил Исламскую Респ. И. В конце 70-х обострились отношения И. с Ираком, к-рые с 1980 переросли в вооруж. конфликт; в 1988 достигнуто перемирие. После смерти Хомейни (1989) руководство И. начало проведение прагматич. реформ, во внеш. политике наметился курс на вывод И. из междунар. изоляции.

И.— агр.-индустр. страна с развитой нефт. пром-стью. ВНП на д. нас. 2320 долл. в год. И. занимает одно из первых мест в мире по запасам природного газа и нефти. Неск. нефтеперераб. з-дов, нефтехранилищ, сеть нефтепроводов. Добыча жел., медных, свинцово-цинковых руд, угля, гипса и др. Чёрная и цв. металлургия. Маш-ние и металлообработка. Пищевкус. (в т.ч. чайная, таб., конс. и особенно сах.) и текст. пром-сть. Куст.-ремесл. произ-во (ковры, изделия из металла). Осн. прод. культуры — зерновые, рис, бобовые; технические — хлопчатник, сах. свёкла, сах. тростник, табак, чай. Плод-во, бахчеводство, виногр. Посадки ореховых, в т.ч. фисташковых, деревьев. Экстенсивное жив-во (овцы, козы, кр. рог. скот, верблюды и др.). Шелк-во. Мор. рыб-во. И. экспортирует нефть, ковры, руды металлов, изюм, финики, абрикосы и др.

ИРА́СЕК (Jirásek) Алоис (1851–1930), чеш. писатель. В «Старинных чешских сказаниях» (1894), многочисл. романах, в т.ч. «Псоглавцы» (1894), «Между течениями» (1887–90), «Против всех» (1893), «Братство» (1898–1908) — худ. летопись важнейших этапов нац. истории, колорит эпохи, чёткость социальных характеристик.

ИРБИ́ТСКАЯ Я́РМАРКА, на Урале в г. Ирбит, проводилась ежегодно с 1-й пол. 17 в. до 1929. Центр торговли Европ. части России и Сибири (ткани, кожи, пушнина, чай и др.), 2-я по товарообороту ярмарка в Рос. империи (после Нижегородской).

И́РВИНГ (Irving) Вашингтон (1783–1859), амер. писатель, журналист. Один из создателей жанра романтич. рассказа в США (сб. «Книга эскизов», 1819–20; «Рассказы путешественника», 1824; «Альгамбра», 1832). Юмористич. истолкователь амер. «старины» в хронике «История Нью-Йорка» (1809). Жизнеописания Х. Колумба, Дж. Вашингтона, О. Голдсмита.

И́РВИНГ Генри (наст. имя и фам. Джон Генри Бродрибб) (1838–1905), англ. актёр и режиссёр. На сцене с 1856. Руководил (с Э. Терри) т-ром «Лицеум» (1878–98, Лондон). Роли в одноим. пьесах У. Шекспира: Гамлет (1874), Отелло (1877). Пост.: «Король Лир» (1892) и «Ричард III» (1896) Шекспира. Первый актёр Великобритании, получивший дворянский титул (1895).

И́РВИНГ Джон (р. 1942), амер. писатель. В трагикомич. ром. «Мир глазами Гарпа» (1977), «Отель "Нью-Гэмпшир"» (1981), «Инструкции для сидроварильни» (1985) герои, «неисправимые» индивидуалисты, вступают в неизбежный конфликт с законами всеобщей стандартизации и дегуманизации, не впадают в отчаяние или цинизм, доверяясь несбыточной мечте об идиллии уютного семейного очага. Ст. «В защиту сентиментальности» (1979) о возврате к традиц. нравств. ценностям.

ИРГА́, род древесных р-ний (сем. розоцветные). Ок. 25 видов, в Евразии, Сев. Америке. В культуре (с 16 в.) неск. видов, в т.ч. И. круглолистная. Выращивают гл. обр. в Зап. Европе; в России — в Европ. части. Кустарник выс. до 3 м; живёт до 40 лет, плодоносит с 2–4 лет. Плоды (до 20 кг с р-ния) богаты сахарами, витамином С, каротином, пигментами (пищ. краситель), дубильными в-вами, обладают вяжущим действием, в связи с чем используются (сок) в леч. целях. Из стеблей делали шомпола и трости. Декоративна.

Ирга круглолистная.

ИРИ́ДИЙ (Iridium), Ir, хим. элемент VIII гр. периодич. системы, ат. н. 77, ат. м. 192,22; относится к *платиновым металлам*. Открыт англ. химиком С. Теннантом в 1804.

ИРИДОДИАГНО́СТИКА (от греч. íris, род. п. írídos — радуга и diag-nōstikós — способный распознавать) (глазная диагностика, иридология), метод распознавания болезней человека путём осмотра радужной оболочки глаза. Основана на представлении о том, что нек-рые заболевания внутр. органов сопровождаются характерными внеш. изменениями определ. участков радужной оболочки.

И́РИС (касатик), род травянистых р-ний (сем. касатиковые). Св. 250 видов, в Сев. полушарии; ок. 100 из них в Ср. Азии, Сибири, на Кавказе. Растут в сухих светлых лиственных лесах, реже в тенистых и заболоченных местах. Корневище нек-рых видов И. (т.н. фиалковый корень) содержит ирон — душистое в-во с запахом фиалки, используется в парфюмерии. Нек-рые редкие виды (гл. обр. эндемики) на грани исчезновения. Св. 3000 сортов И.— декор. р-ния. Цветки крупные, простые и махровые, однотонные (голубые, синие, фиолетовые, пунцовые, жёлтые, белые) и пёстрые, душистые. Цветут в мае — июне.

Ирис.

ИРКУ́ТСК, г. (с 1686), ц. Иркутской обл., в России, при впадении р. Иркут в Ангару. 639 т.ж. Ж.-д. уз. на Транссиб. ж.-д. магистрали, пристань на Ангаре, междунар. аэропорт. Маш-ние и металлообработка (оборудование для горнодоб. пром-сти, цв. металлургии и др.); обработка слюды. ГЭС. Науч. центр Сиб. отд. РАН, 9 вузов (в т.ч. ун-т). Музеи: краеведч. и худ., мемор. комплекс «Декабристы в Иркутске».

Т-ры: муз. комедии, драм. имени Н.П. Охлопкова, юного зрителя имени А.В. Вампилова, кукол «Аистёнок». Осн. в 1661.

ИРЛА́НДИЯ (Ирландская Республика), гос-во в Зап. Европе, на о. Ирландия (в составе Британских о-вов). Пл. 70,3 т.км². Нас. 3,5 млн.ч., св. 94% — ирландцы. Офиц. языки — ирландский и английский. Верующие преим. католики. Глава гос-ва — президент. Законодат. орган — двухпалатный парламент (Сенат и Палата представителей). Столица — Дублин. Адм.-терр. деление: 4 провинции, включающие 26 графств. Ден. единица — ирландский фунт.

Терр. преим. низменная, на окраинах — горы (Керри, до 1041 м). Климат умеренный океанич. Ср. темп-ры янв. 5–8 °С, июля 14–16 °С; осадков 700–1500 мм (в горах местами св. 2000 мм) в год. Густая сеть рек (крупнейшая — Шаннон) и озёр. Преобладают луга; под лесом — ок. 5% терр.

В кон. 12 в. началось завоевание И. англичанами, усиливавшееся в 16–17 вв. Ирл. восст. 1641–52 было подавлено. Англо-ирл. уния 1801 ликвидировала остатки автономии И. В 1914 англ. парламент вынужден был принять закон о самоуправлении для И. В 1919–21 развернулась освободит. война ирл. народа, в ходе к-рой был заключён англо-ирл. договор 1921 о предоставлении И. (за исключением Сев. И.) статуса *доминиона* (Ирл. свободное гос-во). В 1949 И. провозглашена республикой.

И.— индустр.-агр. страна. ВНП на д. нас. 10780 долл. в год. Занимает одно из первых мест в мире по добыче (ок. 8 млн.т в год) и использованию торфа (ок. 20% эл.-энергии производится на кр. ТЭЦ, работающих на

Иркутск. Панорама города.

Ирландия. Сторожевая башня в Глендалохе.

торфе); добыча руд цинка, свинца, меди и др. цв. металлов (в И.— крупнейшее в Зап. Европе месторождение полиметаллич. руд). Ведущие отрасли обрабат. пром-сти — маш-ние (автостроение, эл.-техн. и электронное), металлообработка, хим. (произ-во минер. удобрений, хим. волокон), нефтепереб., пищевкус. (ок. 70% продукции экспортируется, в т.ч. мясная, молочная, пивоваренная, текстильная. В с. х-ве преобладает жив-во; выращивают ячмень, картофель, пшеницу, овёс. Морское и речное рыб-во. Экспорт: машины и оборудование, продукты питания, хим. товары, концентраты цв. металлов.

ИРЛА́НДСКИЕ СА́ГИ, условное название прозаич. эпич. произведений древних кельтов. 1-е события и мифол. сюжеты. Складывались в первые вв. н.э. (отд. стихотв. вставки — более позднего происхождения). Источник сюжетов для мн. ирл. писателей.

ИРЛА́НДСКОЕ МО́РЕ, в Атлантич. ок., между о-вами Великобритания и Ирландия. Пл. 47 т.км². Глуб. до 197 м. Кр. о-ва — Мэн и Англси. Рыб-во (сельдь, треска, анчоусы). Кр. порты: Ливерпул (Великобритания), Дублин (Ирландия).

И́РОД I Великий (ок. 73–4 до н.э.), царь Иудеи с 40 (фактически с 37), овладел троном с помощью рим. войск. Жестокий и властолюбивый; в христ-ве ему приписывается «избиение младенцев» по извести и о рождении Христа (отсюда нариц. значение И.— злодей).

ИРО́НИЯ (от греч. eirōnéia — притворство), 1) отрицание или осмеяние, притворно облекаемые в форму согласия или одобрения. 2) Стилистич. фигура: выражение насмешки или лукавства посредством иносказания, когда слово или высказывание обретает в контексте речи смысл, противоположный их буквальному значению или отрицающий его. 3) Вид комического, когда смешное скрывается под маской серьёзного (в противоположность юмору) и таит в себе чувство превосходства или скептицизма.

ИРРАЦИОНАЛИ́ЗМ, обозначение течений в философии, к-рые ограничивают или отрицают возможности разума в процессе познания и делают основой миропонимания нечто иррациональное. И. выдвигает на первый план внемыслит. аспекты духовной жизни человека: волю (волюнтаризм), непосредств. созерцание, чувство, интуицию (интуитивизм), мистич. озарение, воображение, инстинкт, бессознательное и т.п. Противоположен рационализму.

ИРРАЦИОНА́ЛЬНОЕ (от лат. irrationalis — неразумный), находящееся за пределами разума, алогическое, неинтеллектуальное, несоизмеримое с рациональным мышлением или противоречащее ему. Противоположность И.— рациональное (см. Рационализм).

ИРРИГА́ЦИЯ, то же, что орошение.

ИРТЫ́Ш, река в Зап. Сибири, лев. приток Оби, в Казахстане и России. Дл. 4248 км. Истоки в горах Алтая (в Китае). Гл. притоки: Ишим, Тобол. Питает канал И.— Караганда. Судох. на 3784 км от устья. На И.— гг. Усть-Каменогорск, Семипалатинск, Павлодар, Омск, Тобольск, Ханты-Мансийск.

ИСАА́К, в Библии сын Авраама и Сарры, отец сыновей-близнецов Исава и Иакова.

ИСААКЯ́Н Аветик Сааковим (1875–1957), арм. поэт. В 1911 эмигрировал в Европу, вернулся в Армению в 1936. Сб. стихов-раздумий о горестной судьбе арм. народа «Песни и раны» (1897), филос. поэма о трагедии свободолюбивой личности «Абул Ала Маарри» (1909–11). Поэмы, баллады, циклы лирики («Наши историки и наши гусаны», 1939; «Армянская архитектура», 1942, и др.) осмысливают арм. культуру в контексте мировой культуры.

ИСА́ЙЯ, древнеевр. пророк (8 в. до н.э.), автор глав 1–33 и 36–39 книги Ветхого Завета, носящей его имя («Исайя»). Согласно апокрифич. легендам, умер мученической смертью.

ИСАКА́ДЗЕ Лиана Ал-др. (р. 1946), груз. скрипачка, дирижёр. С 1981 худ. рук. Камерного орк. Грузии. 1-я пр. на Междунар. конкурсе имени М. Лонг — Ж. Тибо в Париже (1965).

ИСА́КОВА Мария Григ. (р. 1918), рос. спортсменка. Абсолютная чемпионка СССР (1945–49, 1951), первая сов. чемпионка мира (1948–50) в скоростном беге на коньках. Обладательница 84 медалей, в т.ч. 32 золотых.

ИСАКО́ВСКИЙ Мих. Вас. (1900–1973), рус. поэт. Сб. «Провода в соломе» (1927), «Поэма ухода» (1930) — о совр. деревне. В лирич. стихах, многие из к-рых стали нар. песнями («Катюша», «Огонёк», «Враги сожгли родную хату», «Слова замерло всё до рассвета»), — любовь к Родине, тонкое ощущение мелодики рус. речи. Поэма «Сказ о правде» (опубл. 1987). Автобиогр. кн. «На Ельнинской земле» (1969).

ИСИ́ДА (Изида), в егип. мифологии супруга и сестра Осириса, мать Гора, олицетворение супружеской верности и материнства; богиня плодородия, воды и ветра, волшебства, мореплавания. Изображалась женщиной с головой или рогами коровы.

ИСИКА́ВА Такубоку (1886–1912), япон. поэт. Любовная, пейзажная лирика; анархистские и социалистич. идеи в традиц. жанре танка и свободном белом стихе «си» (сб. «Горсть песка», 1910, «Свист и свисток», 1911, «Печальная игрушка», 1912).

ИСИХА́ЗМ (от греч. hesychía — покой, безмолвие, отрешённость), мистич. течение в Византии. В широком смысле — этико-аскетич. учение о пути к единению человека с Богом через «очищение сердца» слезами и самососредоточение сознания; включало систему психофизич. контроля, имеющую нек-рое внеш. сходство с методами йоги. Возникло в 4–7 вв., возродилось в кон. 13–14 вв. (Григорий Синаит, Нил Сорский). В более узком смысле — религ.-филос. учение Григория Паламы.

ИСК (исковое заявление), обращение в суд, арбитражный орган или третейский суд, за защитой своего нарушенного, оспариваемого права и охраняемого законом интереса.

ИСКАНДЕ́Р Фазиль Абдулович (р. 1929), рус. писатель. Сатирич. пов. «Созвездие Козлотура» (1966), «Кролики и удавы» (1987). В ром. на автобиогр. основе «Сандро из Чегема» (1973–88; полное изд. 1989), проникнутом лиризмом и юмором, — панорама жизни и ист. судьбы абх. народа, своеобразие нац. характера. Сб-ки стихов («Горные тропы», 1957; «Зори земли», 1966), рассказов («Тринадцатый подвиг Геракла», 1966). Ром. «Человек и его окрестности» (1993).

ИСКОВО́Е ПРОИЗВО́ДСТВО, рассмотрение в суде гражд. дел, к-рые возбуждаются путём предъявления иска.

Исида ведёт царицу Нефертари. Роспись в гробнице Нефертари в Фивах. XIX династия.

Исаак. Иаков с помощью матери Ревекки обманом получает благословение незрячего Исаака (к-рый думает, что перед ним его первородный сын-близнец Исав). Мозаика. 1-я пол. 13 в. Собор в г. Монреале (Сицилия).

ИСЛА 279

Ископаемые животные (млекопитающие): 1 — безрогий носорог (индрикотерий); 2 — гигантский наземный ленивец (мегатерий); 3 — двурогий носорог — арсиноитерий; 4 — саблезубый тигр (махарод); 5 — хищное млекопитающее эндрюсархус.

ИСКОПАЕМЫЕ ЖИВОТНЫЕ, населявшие в прошлом Землю ж-ные, остатки или отпечатки к-рых (как правило, окаменелые) сохранились в отложениях земной коры. Самые древние И.ж. (черви, медузы) известны из отложений, имеющих возраст 680–570 млн. лет, рыбы — начиная с позднего силура (ок. 400 млн. лет), пресмыкающиеся (динозавры, черепахи, крокодилы) — с мезозоя (ок. 230 млн. лет), млекопитающие — с конца триаса (ок. 185 млн. лет), птицы — с конца юры (ок. 135 млн. лет). Используются в качестве *руководящих ископаемых*.

ИСКОПАЕМЫЕ РАСТЕНИЯ, р-ния геол. прошлого. Среди них как ныне живущие реликтовые (секвойя, карликовая берёза), так и вымершие (беннетитовые, кордаитовые, каламитовые) группы р-ний. Остатки и следы их сохранились в отложениях земной коры в виде окаменелостей, отпечатков листьев, плодов и т.д. Образуют скопления полезных ископаемых (торф, угли, горючие сланцы). Используются в *геохронологии*. Наиб. древние И.р. (водоросли) известны из отложений докембрия, в силуре появились первые высш. р-ния (риниофиты).

ИСКРОВАЯ КАМЕРА, прибор для регистрации траектории частиц, действие к-рого основано на развитии искрового разряда в газ. промежутке при пролёте через него частицы. Разряд вдоль следа (трека) частицы можно наблюдать и фотографировать.

Искровая камера. Фотография трека частицы.

ИСКУПЛЕНИЕ, понятие христ. богословия, означающее совершённое Богочеловеком Иисусом Христом — через его крестную смерть и воскресение — восстановление повреждённой грехом человеческой природы и примирение человека с Богом.

ИСКУССТВ ПЛОЩАДЬ (б. Михайловская) в С.-Петербурге, созд. в 1819–40 К.И. Росси. Гл. здание — *Русский музей* (б. Михайловский дворец), по сторонам площади — Михайловский т-р (ныне Малый т-р оперы и балета), Дворянское собрание (ныне Филармония) и др. В 1946–48 на площади разбит сквер с пам. А.С. Пушкину (1957, скульптор М.К. Аникушин).

ИСКУССТВЕННОЕ ДЫХАНИЕ, леч. приёмы при остановке естеств. дыхания: вдувание воздуха в лёгкие, ритмическое (16–18 раз в мин) сжатие и расширение грудной клетки и др. Используют при оказании первой помощи (напр., И.д. по типу изо рта в рот или изо рта в нос), проведении больших хирургич. операций (И.д. с помощью аппаратов).

ИСКУССТВЕННОЕ КРОВООБРАЩЕНИЕ, временное выключение сердца из кровообращения и осуществление циркуляции крови в организме с помощью аппарата искусств. кровообращения (АИК). Используется при операциях на сердце и аорте.

ИСКУССТВЕННОЕ ОПЛОДОТВОРЕНИЕ, осеменение, инстр. введение в половые органы женщины нативной (в естеств. состоянии) или консерв. спермы при нек-рых видах бесплодия. Для И.о. используют сперму мужа или др. донора.
В жив-ве И.о. применяют для улучшения породных и продуктивных качеств с.-х. ж-ных.

ИСКУССТВЕННОЕ ПИТАНИЕ, введение питат. в-в в организм посредством зонда, клизм, внутривенных, внутримышечных или подкожных вливаний при невозможности глотания (сужение пищевода и т.п.), после нек-рых операций, при отказе от пищи (психич. заболевания) и др.

ИСКУССТВЕННЫЕ ОРГАНЫ, техн. устройства для врем. или постоянной замены функции к.-л. внутр. органа человека (напр., почки, сердца).

ИСКУССТВЕННЫЕ ЯЗЫКИ, спец. языки, в отличие от естественных конструируемые целенаправленно для междунар. общения (напр., эсперанто), автоматич. обработки информации с помощью ЭВМ (языки программирования и машинные языки), записи информации из определ. области науки и техники (информац. языки) и др.

ИСКУССТВЕННЫЙ ИНТЕЛЛЕКТ, раздел *информатики*, в к-ром разрабатываются методы и средства моделирования и воспроизведения с помощью ЭВМ отд. интеллектуальных действий человека (восприятие информации, элементы рассуждения и др.). И.и. используют при построении т.н. интеллектуальных систем (напр., экспертных систем, баз знаний), при решении задач «машинного зрения» (ориентирование в пространстве, распознавание образов, анализ обстановки и т.д.), в сложных системах переработки информации (т.н. компьютерах пятого поколения).

ИСКУССТВЕННЫЙ ОТБОР, отбор человеком из поколения в поколение ж-ных и р-ний, обладающих определ. признаками, для дальнейшего разведения. Благодаря И.о. и гибридизации, являющихся осн. методами *селекции*, созданы все породы домашних ж-ных и сорта с.-х. р-ний.

ИСКУССТВЕННЫЙ СПУТНИК, космич. аппарат, движущийся по орбите вокруг к.-л. небесного тела. Первые в мире И.с. Земли (ИСЗ; 1957), Солнца (1959), Луны (1966), Венеры (1975) запущены в СССР, Марса (1971) — в США. Миним. высота полёта ИСЗ 140–150 км, макс. высота до неск. сотен тыс. км. Период обращения по орбите от 1,5 ч до неск. сут. ИСЗ на орбите, лежащей вблизи плоскости экватора, наз. экваториальными; ИСЗ на орбите, проходящей вблизи полюсов Земли, — полярными; ИСЗ, выведенные на круговую экв. орбиту, удалённую на 35 800 км от поверхности Земли (т.н. геостационарная орбита), и движущиеся в направлении, совпадающем с направлением вращения Земли, наз. стационарными (ИСЗ «висят» практически неподвижно над одной точкой земной поверхности). Особым типом ИСЗ являются орбитальные космич. корабли и обитаемые орбитальные станции.

ИСКУССТВО, 1) худ. творчество в целом — лит-ра, архитектура, скульптура, живопись, графика, декор. И., музыка, танец, театр, кино и др. В истории эстетики сущность И. истолковывалась как подражание (мимесис), чувственное выражение сверхчувственного, худ.-образное освоение мира и т.п. 2) В узком смысле — изобр. иск-во. 3) Высокая степень умения, мастерства в любой сфере деятельности.

«ИСКУССТВО ДЛЯ ИСКУССТВА» («чистое искусство»), название ряда эстетич. концепций, утверждающих независимость иск-ва от политики и обществ. требований. Идеи «И.д.и.» оформились в теорию к сер. 19 в.

ИСКУССТВОЗНАНИЕ (искусствоведение), комплекс обществ. наук об иск-ве — худ. культуре об-ва в целом, отд. видах иск-ва, их отношении к действительности, взаимосвязи с социальной жизнью и с разл. явлениями культуры, проблемах формы и содержания худ. произв. В узком смысле — включает *литературоведение* (чаще рассматриваемое в комплексе филол. наук), музыковедение, театроведение, киноведение, а также И. в узком и наиб. употребит. смысле — науки о пластич. иск-вах. И. складывается из теории иск-в, их истории и худ. критики. Как наука И. сформировалось во 2-й пол. 19 в.

ИСЛАМ (араб., букв. покорность), монотеистич. религия, одна из мировых религий (наряду с *христианством* и *буддизмом*), её последователи — мусульмане. Возник в Аравии в 7 в. Основатель — Мухаммед. И. складывался под значит. влиянием христ-ва и *иудаизма*. В результате араб. завоеваний распространился на Бл. и Ср. Востоке, позднее в нек-рых странах Д. Востока, Юго-Вост. Азии, Африке. Гл. принципы И. изложены в *Коране*. Осн. догматы И. — поклонение единому всемогущему Богу — *Аллаху* и почитание Мухаммеда пророком — посланником Аллаха. Мусульмане верят в бессмертие души и загробную жизнь. Пять основных обязанностей (колонны) И.: 1) вера в то, что нет Бога кроме Аллаха, а Мухаммед есть посланник Аллаха (шахада); 2) пятикратное ежедневное совершение молитвы (салат); 3) милостыня в пользу бедных (закат); 4) пост в месяце рамазан (саум); 5) паломничество в Мекку (хадж), совершаемое хотя бы единожды в жизни. Священное Предание — *сунна*. Осн. направления — *суннизм* и *шиизм*. В 10 в. создана система теоретич. основ И. — *калам*; правовая система И. разработана в *шариате*. В 8–9 вв. возникло мистич. течение — *суфизм*. Число последователей И. оценивается в 880 млн. (1990). Почти во всех странах с преобладающим мусульм. населением И. является гос. религией.

ИСЛАМАБАД, столица Пакистана. 204 т.ж. Построен в 1960–70-х гг. близ г. Равалпинди (с к-рым практически слилась); междунар. аэропорт. Пищ., лёгкая пром-сть. Ун-т. Ин-т атомной энергии.

ИСЛАНДИЯ (Республика Исландия), гос-во на о. Исландия, в сев. части Атлантич. ок. Пл. 103 т.км². Нас. 264 т.ч., св. 96% — исландцы. Офиц. яз. — исландский. Верующие преим. лютеране. Глава гос-ва — президент. Законодат. орган — однопалатный

280 ИСЛА

парламент (альтинг). Столица — Рейкьявик. Адм.-терр. деление: 8 р-нов. Ден. единица — исландская крона.

Берега сильно расчленены фьордами. Вулканич. плато с вершинами выс. до 2119 м. Многочисл. действующие вулканы (Гекла, Лаки), гейзеры. Субарктич. морской климат. В Рейкьявике ср. темп-ры янв. 0 °С, июля 11 °С; в горах холоднее; осадков 500–2000 мм в год (над ледниками 4000 мм). Ледники занимают пл. 11,8 т.км². Реки с порогами и водопадами. Горн. тундра, торфяные болота.

С 9 в. И. заселялась норвежцами, участвовавшими в походах *викингов*. В 1262–64 подчинена Норвегии, вместе с к-рой в 1397 перешла под власть Дании. В 1918 заключена дат.-исл. уния. По референдуму 1944 дат.-исл. уния была расторгнута. И. провозглашена республикой.

Основа экономики И.— рыб-во (улов ок. 1,5 млн.т в год) и переработка рыбы (включая засолочные станции, холодильники, з-ды консервные и по произ-ву рыбной муки и рыбьего жира). ВНП на д.нас. 22580 долл. в год. Произ-во алюминия, ферросилиция, диатомита, азотных удобрений, цемента, шерстяного трикотажа. В с. х-ве преобладает мясо-шёрстное овц-во и молочное скот-во; возделывают гл. обр. кормовые травы. Значит. парниково-тепличное х-во, использующее для обогрева геотермальную энергию. Экспорт: рыба и морепродукты (¾ стоимости, в т.ч. омары и креветки), алюминий, ферросилиций, шерсть и шерстяные изделия.

ИСЛА́НДСКИЕ СА́ГИ, см. *Саги*.

ИСМАИ́Л I (1487–1524), шах Ирана с 1502, основатель династии Сефевидов; полководец, поэт (писал под псевд. Хатаи). При И. I терр. гос-ва Сефевидов достигла наиб. размеров.

ИСМАИ́ЛА САМАНИ́ МАВЗОЛЕ́Й в Бухаре, в Узбекистане (кон. 9 — нач. 10 вв.), усыпальница Саманидов: 1-камерный, квадратный в плане, центр.-купольный, с узорной кирпичной кладкой на фасадах и в интерьерах. Отличается стройностью и гармоничностью пропорций.

ИСПА́НИЯ (Королевство Испания), гос-во в Ю.-З. Европы, занимает б.ч. Пиренейского п-ова, о-ва Балеарские и Питиусские в Средиземном м., Канарские в Атлантич. ок. Пл. 504,8 т.км². Нас. 39,1 млн.ч.; 72% — испанцы, а также каталонцы, галисийцы, баски. Офиц. яз.— испанский. Верующие — католики (97%). Конституц. монархия. Глава гос-ва — король. Законодат. орган — двухпалатный парламент (кортесы), состоящий из Сената и Конгресса депутатов. Столица — Мадрид. Терр. И. состоит из 17 авт. областей, включающих 50 провинций. Ден. единица — песета.

Центр. часть терр.— плоскогорье Месета с цепью гор Центр. Кордильеры. На С. и С.-В.— Пиренейские, Кантабрийские, Иберийские и Каталонские горы, на Ю.— Андалусские горы, г. Муласен, 3478 м — высш. точка континентальной И.) и горы Сьерра-Морена. Климат средиземноморский. Ср. темп-ры янв. от 4–5 °С на плоскогорье Месета до 12 °С на Ю., июля соотв. от 23 до 29 °С; осадков 300–500 мм, в горах св. 1000 мм в год. Кр. реки — Тахо, Дуэро, Гвадалквивир, Гвадиана. Средиземноморские кустарники и леса, степи.

В 711–718 почти всю терр. И. захватили арабы. В ходе *Реконкисты* (718–1492) возникли исп. кор-ва Арагон, Кастилия и др. Со времени династич. унии 1479 Кастилии и Арагона И.— единое гос-во. В 16 в. утвердился абсолютизм. В нач. 16 в. сложилась исп. колон. империя. В войнах с Англией 16–17 вв. утратила преобладание на море. В нач. 18 в. борьба европ. династий за исп. престол привела к войне за *Испанское наследство*. В 19 в. произошло 5 незавершённых рев-ций (1808–14, 1820–23, 1834–43, 1854–56 и 1868–1874). В 1810–26 добилась независимости б.ч. исп. колоний в Лат. Америке. В 1923 установилась воен.-монархич. диктатура (до 1930). 14 апр. 1931 была свергнута монархия, что положило начало Исп. рев-ции 1931–39, в ходе к-рой в янв. 1936 был создан Нар. фронт [КП Испании (осн. в 1920), Исп. социалистич. рабочая партия (осн. в 1879) и др.]. Гражд. война (1936–39), принявшая характер нац.-рев. войны против фаш. мятежников и итало-герм. интервентов, завершилась установлением фаш. диктатуры ген. Франко. В 1947 И. была объявлена кор-вом. В нояб. 1975, после смерти Франко, королём был провозглашён Хуан Карлос (из династии Бурбонов). В И. развернулась демократизация полит. жизни, распущена партия Нац. движение (Исп. фаланга), легализован ряд полит. партий. В дек. 1978 вступила в силу новая конституция, к-рая закрепила право на автономию в рамках единого гос-ва Страны Басков, Каталонии, Андалусии, Галисии, Астурии, Валенсии, Кантабрии, Мурсии, Кастилии-Леона, Ла-Риохи, Канарских о-вов, Арагона, Кастилии-Ла-Манчи, пров. Наварра, г. Мадрида, Эстремадуры и Балеарских о-вов.

И.— индустр.-агр. страна. ВНП на д. нас. 14030 долл. в год. Добыча кам. угля, ртути, пиритов. Ведущие отрасли пром-сти — маш-ние (в т.ч. автомобиле-, судо- и станкостроение, про- из-во вычислит. техники) и металлургия, хим. (кр. произ-во серной к-ты), цементная, текст., кож.-обув., пищевкусовая. И.— один из крупнейших в мире производителей и экспортёров оливкового масла (св. 400 тыс.т в год), вин (херес, малага и др.), плодоовощных и рыбных консервов. Осн. с.-х. культуры: цитрусовые (1-е место по сбору апельсинов в Европе; ок. 3 млн.т в год), олива, рис (2-е место в Европе по сбору после Италии), кукуруза. Виногр-во, овощ-во (перец, баклажаны, лук, томаты). Выращивают миндаль (ведущее место по экспорту в Европе), финики и сах. тростник (в Европе — только в И.), табак, хлопчатник, заготовка и экспорт пробки. Жив-во, преим. мясо-мол., овцеводство; специфич. отрасль — разведение бойцовых быков для корриды. И.— крупнейший р-н междунар. туризма (св. 50 млн.ч. в год).

«ИСПА́НКА», название гриппа во время пандемии 1918–20 (первые сведения о болезни появились в исп. печати, свободной от воен. цензуры), от к-рой погибли св. 20 млн.ч.

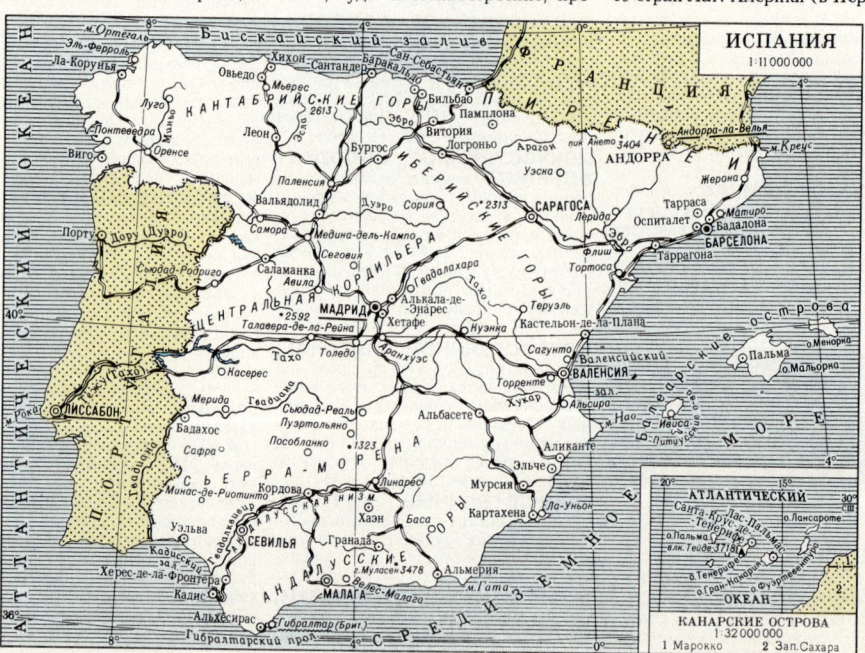

ИСПА́НСКИЙ ЯЗЫ́К, относится к романской группе индоевропейской семьи яз. Офиц. яз. Испании, 19 стран Лат. Америки (в Перу наряду с кечуа, в Боливии – с кечуа и аймара, в Пуэрто-Рико – с англ. яз.), Экв. Гвинеи. Один из офиц. и рабочих языков ООН. Общее число говорящих ок. 320 млн.ч. (1990). Письменность на основе лат. алфавита.

ИСПА́НСКОЕ НАСЛЕ́ДСТВО, война за И.н. (1701–14), началась после смерти последнего исп. *Габсбурга* (1700). Франция возвела на исп. престол Филиппа Бурбона (внука Людовика XIV). Против франко-исп. коалиции выступила коалиция Великобритании, Голландии, Австрии (император «Священ. Рим. империи»), Пруссии и др. Война закончилась подписанием Утрехтского мира (1713) и Раштаттского мира (1714). Филиппу Бурбону была оставлена Испания с её заморскими колониями (при условии отказа его наследников от прав на франц. престол). Австр. Габсбурги получили исп. владения в Нидерландах и Италии; Великобритания – Гибралтар и Маон (на о. Менорка) от Испании, а также монопольное право ввоза негров-рабов в её амер. владения; ряд владений в Сев. Америке – от Франции.

ИСПОВЕ́ДНИК, название святого, пострадавшего от гонителей веры (в отличие от мучеников, принявших смерть за веру).

И́СПОВЕДЬ, таинство церкви, раскрытие верующим своих грехов священнику и получение от него прощения («отпущения грехов») именем Иисуса Христа. И. сначала была публичной, затем стала тайной, обязательной. В католицизме тайная И. узаконена в 13 в., в рус. православии – в 17 в. В протестантизме не является таинством, но в нек-рых конфессиях практикуется как важное условие освобождения от грехов. И. связана с гл. христ. таинством – причащением, к-рому, как правило, предшествует.

ИСПОЛНИ́ТЕЛЬНАЯ ВЛАСТЬ, в соответствии с теорией *разделения властей* одна из самостоятельных ветвей гос. власти. Осуществляет функции управления (глава государства, правительство), основываясь на действующих законах и иных нормативных актах. И.в. принимает собств. постановления и решения во исполнение актов *законодательной власти.*

ИСПОЛНИ́ТЕЛЬНОЕ ПРОИЗВО́ДСТВО, заключит. стадия гражд. процесса, в к-рой принудительно осуществляются права, подтверждённые решением суда. В Рос. Федерации в порядке, установленном для исполнения суд. решений, исполняются также постановления и решения др. органов (напр., арбитражных).

ИСПОЛНИ́ТЕЛЬНЫЕ ДОКУМЕ́НТЫ, документы (исполнит. листы, исполнит. надписи нотариальных контор, приказы арбитража и др.), на основании к-рых осуществляется принудит. исполнение постановлений суда, арбитражных и нек-рых др. органов.

ИСПО́ЛЬЩИНА, разновидность *издольщины,* при к-рой арендная плата составляет половину урожая.

ИСПРАВИ́ТЕЛЬНО-ТРУДОВО́Е ПРА́ВО, отрасль права и система правовых норм, регулирующих порядок и условия отбывания назначенных судом наказаний. И.-т.п. наз. также одна из отраслей юрид. науки.

ИСПРАВИ́ТЕЛЬНО-ТРУДОВО́Й ЛА́ГЕРЬ (ИТЛ), в СССР в 1929–56 (под др. назв. с 1918–29) одно из мест отбывания наказания (в виде лишения свободы). Система ИТЛ первоначально включала особые лагеря ВЧК и лагеря принудит. работ, куда направлялись лица, якобы представлявшие опасность для сов. строя, и существовала параллельно с системой общих мест заключения Наркомюста. В 1930 была создана единая система ИТЛ ОГПУ (был расширен контингент лиц, подлежащих направлению в них), к-рой руководило с 1934 одно из подразделений НКВД – *ГУЛАГ.*

ИСПРАВИ́ТЕЛЬНЫЕ РАБО́ТЫ, 1) в рос. уголов. праве вид наказания. Состоит в привлечении осуждённого к труду с вычетом определ. части (до 20%) его заработной платы в пользу гос-ва. Отбывается на основании приговора суда по месту работы осуждённого либо в иных местах в р-не жительства осуждённого. Назначается на срок до 2 лет. 2) Вид адм. взыскания. Отбывается по месту пост. работы правонарушителя с удержанием до 20% заработка в доход гос-ва.

ИССЫ́К-КУЛЬ, бессточное солоноватое озеро в Киргизии; одно из крупнейших горн. озёр мира. Расположено в Сев. Тянь-Шане, в пределах Иссык-Кульской котловины (на выс. 1608 м). Пл. 6236 км². Дл. 178 км, шир. до 60 км, глуб. до 668 м. Впадает ок. 50 рек, в т.ч. Джергалан и Тюп. Рыб-во (чебак, сазан, маринка). Судох-во. На берегах – гг. Иссык-Куль (до 1989 Рыбачье) и Пржевальск (близ к-рого находится могила рус. путешественника Н.М. Пржевальского), а также бальнеоклиматич. курорты Чолпон-Ата и Тамга. Туризм.

И́СТВУД (Eastwood) Клинт (р. 1930), амер. киноактёр, режиссёр. В итал. *вестернах* реж. С.Леоне «За несколько лишних долларов» (1965), «Хороший, плохой, злой» (1967) создал образ хладнокровного и безжалостного героя, к-рый был перенесён им в совр. амер. действительность («Грязный Гарри», 1972, и др. фильмы этой серии). Жёсткость манеры характерна и для мн. режиссёрских работ И.

ИСТЕ́БЛИШМЕНТ (англ. establishment – установление, основание; учреждение), правящие круги об-ва, а также сама система их власти (напр., полит. И., пром. И.)

ИСТЕРИ́Я (от греч. hystéra – матка; считалось, что И.– следствие болезни матки), психич. расстройства (невроз, психопатия), проявляющиеся демонстративными эмоциями, стремлением привлечь к себе внимание, внушаемостью, функциональные неврологич. нарушениями (парезы, параличи) и др.

ИСТЕ́Ц, в гражд. процессе гражданин или юрид. лицо, обращающееся с иском в суд, *арбитраж* или *третейский суд.*

И́СТИНА, адекватное постижение предметов и явлений действительности познающим субъектом; объективное содержание человеческого познания. Аристотель понимал И. как соответствие знания вещам (теория корреспонденции); Платон и Августин – как вечно неизменное и абс. свойство идеальных объектов; Кант – как согласие мышления с его априорными формами.

ИСТО́МИНА Авдотья Ил. (1799–1848), артистка балета. С 1816 ведущая танцовщица петерб. балетной труппы. Исполнительница гл. партий в балетах Ш. Дидло (Флора – «Зефир и Флора» А. Венюа; Кора – «Кора и Алонзо, или Дева Солнца» Ф. Антонолини, и др.). Впервые создала пушкинские образы на балетной сцене: Людмила («Руслан и Людмила, или Низвержение Черномора, злого волшебника» Ф. Шольца, 1824) и др. Иск-во И. воспето А.С. Пушкиным в ром. «Евгений Онегин».

ИСТОРИ́ЗМ, принцип подхода к действительности как развивающейся во времени. Предполагает рассмотрение объекта как системы, закономерностей его развития. Истоки И.– в учениях Гераклита, Платона, Аристотеля; применительно к об-ву его разрабатывали Дж. Вико, Вольтер, Г.Ф.В. Гегель, К. Маркс; в естествознании – Ч. Лайель и Ч. Дарвин. С кон. 19 в. И. (его наз. также историцизм) подвергался критике В. Дильтеем, Б. Кроче, Г. Риккертом, К. Ясперсом, К. Поппером и др., к-рые ставили под сомнение возможность установления законов развития об-ва и предсказание его будущего. В совр. философии и науке продолжается острая полемика по проблемам И.

ИСТОРИОГРА́ФИЯ (от *история* и *...графия*), 1) история ист. науки в целом, а также совокупность исследований, посв. определ. эпохе, теме, проблеме. 2) Отрасль ист. науки, изучающая её становление и развитие (накопление ист. знаний и источниковой базы, борьбу и смену методол. направлений и др.). Зародилась в трудах историков 5 в. до н.э.– Геродота и Фукидида. Складывалась в 16–19 вв.

ИСТОРИ́ЧЕСКАЯ ГЕОЛО́ГИЯ, изучает историю и закономерности развития Земли с момента образования *земной коры* до совр. её состояния. Осн. раздел И.г.– *стратиграфия.* Задачи И.г.– восстановление истории развития земной поверхности и населяющего её органич. мира, а также выяснение истории преобразования структуры земной коры. Как самостоят. дисциплина сложилась во 2-й пол. 18 в. (У. Смит, Ч. Лайель – в Великобритании, Ж. Кювье, А. Броньяр – во Франции и др.).

ИСТОРИ́ЧЕСКАЯ ШКО́ЛА, направление политэкономии, возникшее в сер. 19 в. в Германии. Название получила от ист. метода, к-рый её теоретики (В. Рошер, Б. Гильдебранд, К. Книс и др.) пытались ввести в *политическую экономию.* Представители И. ш. описывали конкретно-ист. формы经 развития отд. стран, подчёркивали их неповторимость. В 70–80-х гг. 19 в. преемницей И.ш. стала т.н. новая (молодая) И. ш. (Г. Шмоллер, К. Бюхер, Л. Брентано, В. Зомбарт); нек-рые её положения стали одним из источников идеологии и экон. концепции нем. национал-социализма.

ИСТОРИ́ЧЕСКАЯ ШКО́ЛА ПРА́ВА, в 19 в. направление в юрид. науке, наиб. популярное в Германии (Ф. Савиньи, Г. Пухта и др.). Выступала против демокр. идеи *естественного права,* законодат. деятельности парламентов и др. представит. органов. Выдвигала тезис «саморазвития» права в соответствии с динамикой обществ. потребностей.

ИСТОРИ́ЧЕСКИЕ ПЕ́СНИ, жанр рус. фольклора, эпич. и лироэпич. песни о конкретных ист. событиях и деяниях реальных лиц, преим. 16–18 вв.; отд. циклы посв. Ивану Грозному, Ермаку, Степану Разину, Петру I.

ИСТОРИ́ЧЕСКИЙ ЖАНР, один из осн. жанров изобр. иск-ва, посвящённый ист. событиям и деятелям. Осн. виды произв. И.ж.: картины, росписи, рельефы, скульптура, миниатюра, книжная и станковая графика, часто переплетающиеся с др. жанрами – *бытовым жанром* (ист.-бытовые изображения), *портретом* (портреты ист. деятелей прошлого), батальным жанром (изображение битв, осад городов и т.п.). Зачатки И.ж. восходят к глубокой древности. Собственно И.ж. сформировался в эпоху *Возрождения,* в 19 в. приобрёл самостоят. значение. Вторую илл. см. на стр. 282.

Исторический жанр. А.П. Лосенко. «Прощание Гектора с Андромахой». 1773. Третьяковская галерея.

ИСТОРИ́ЧЕСКИЙ МАТЕРИАЛИ́ЗМ (материалистическое понимание истории), составная часть *марксизма;* теория развития и познания об-ва. Осн. идеи выдвинуты К. Марксом, Ф. Энгельсом и В.И. Лениным. И.м. исходит из признания первичности материальной

Исторический жанр. В.И. Суриков. «Утро стрелецкой казни». 1881. Третьяковская галерея.

жизни об-ва – обществ. бытия по отношению к обществ. сознанию; из идеи о том, что люди сами творят свою историю, а побудит. мотивы их деятельности определяются материальными условиями обществ. произ-ва. Выделяет производств. отношения как экон. структуру (базис об-ва), определяющую надстройку; рассматривает историю как закономерный естеств.-ист. процесс развития и смены обществ.-ист. формаций, в результате к-рого утверждается коммунизм. С 20–30-х гг. 20 в. И-м был догматизирован и схематизирован, поставлен на службу политике компартий.

ИСТО́РИЯ (от греч. historía – рассказ о прошедшем, об узнанном), 1) процесс развития природы и об-ва. 2) Комплекс обществ., гуманитарных и др. наук. изучающих прошлое человечества во всей его конкретности и многообразии. Исследует факты, события и процессы на базе ист. источников. Принято деление на всемирную (всеобщую) И. и И. отд. стран и народов; И. первобытного об-ва, древнюю И.; ср.-век., новую и новейшую И. Отрасли: экон. И., воен. И. и др.; *историография*; *источниковедение*. Органич. части И. как комплекса наук – *археология*

Исфахан. Мечеть.

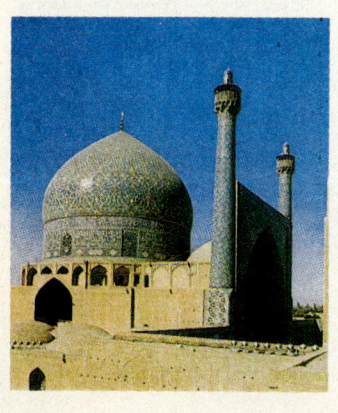

и этнография. И. разл. сторон культуры, науки и техники изучается ист. разделами соотв. наук (И. математики, И. физики и т.д.) и видов иск-ва (И. музыки, И. театра и т.д.). И. входит в группу гуманитарных наук, изучающих регионы (африканистика, балканистика), народы (синология и т.п.) или группу народов (славяноведение).

ИСТО́ЧНИКИ ПРА́ВА, акты компетентных органов, устанавливающие нормы права, формы выражения воли законодателя (*закон*, *указ* и т.д.).

ИСТОЧНИКОВЕ́ДЕНИЕ, отрасль *истории*, разрабатывающая теорию, методику и технику изучения ист. источников (письменных, вещественных, аудиовизуальных и т.п.). Тесно связана с вспомогат. и спец. ист. дисциплинами. Формировалось в 16–19 вв.

ИСФАХА́Н, г. в Иране. Ок. 930 т.ж. Текст., цем., хим. пром-сть. Металлургич. з-д. Ун-т. В кон. 16–18 вв. столица Ирана. В И. один из образцов ср.-век. иран. градостроит. иск-ва – анс. пл. Мейдане-Шах с дворцом Али-Капу (15–17 вв.), мечетями, садами и павильонами. Соборная мечеть (9–20 вв.). Старинный центр худ. ремёсел и миниатюры.

ИСФАХА́НСКАЯ ШКО́ЛА, иран. школа миниатюры, сложилась в Исфахане на рубеже 16–17 вв. при дворе шаха Аббаса I. Для И.ш. характерны миниатюры на отд. листах, собираемых в альбом, каллиграфически отточенный рисунок кистью с лёгкой подцветкой. Ведущий мастер 17 в. – Реза Аббаси. С 1670-х гг. развивалась под влиянием европ. живописи.

ИТА́ЛИКИ, древние индоевроп. племена Италии, говорившие на италийских языках. Общее назв. всех племён Апеннинского п-ова, покорённых Римом в 5–3 вв. до н.э. и подвергшихся романизации.

ИТА́ЛИЯ (Итальянская Республика), гос-во на Ю. Европы, в центре Средиземноморья. Занимает Апеннинский п-ов, Паданскую равнину, юж. склоны Альп, о-ва Сицилия, Сардиния и ряд мелких о-вов. Пл. 301 т.км². Нас. 57,2 млн.ч., 94% – итальянцы. Офиц. яз. – итальянский. Верующие (83%) – католики. Глава гос-ва – президент. Пр-во возглавляет премьер-министр. Законодат. орган – двухпалатный парламент (Сенат и Палата депутатов). Столица – Рим. 20 областей, включающих в качестве адм.-терр. ед. 94 провинции. Ден. единица – итальянская лира.

И. – преим. горн. страна. На С.-юж. склоны Альп с высш. точкой Зап. Европы г. Монблан (4807 м), южнее – Паданская равнина; на п-ове – горы Апеннины (высш. точка – г. Корно, 2914 м). Действующие вулканы (Везувий, Этна); часты землетрясения. Климат средиземноморский. Ср. темп-ры янв. от 0 до 12 °C, июля 20–28 °C; осадки преим. зимой (600–1000 мм в год, в горах местами св. 3000 м). Гл. реки – По, Арно и Тибр; озёра – Гарда, Лаго-Маджоре, Комо и др. 25% терр. И. – леса и кустарники.

В 5–3 вв. до н.э. терр. И. была осн. частью Рим. гос-ва (см. *Рим Древний*). Характерной формой итал. ср.-век. гос-ва являлись города-гос-ва с респ. строем. В городах Сев. и Ср. И. в 14–16 вв. сложились раннекапиталистич. отношения. К кон. средневековья И. оставалась раздробленной. В 16 в. на значит. части И. закрепилось господство Испании, после войны за *Испанское наследство* 1701–14 – господство австр. Габсбургов. С кон. 18 в. в И. развернулось движение за нац. освобождение и ликвидацию терр. раздробленности (Рисорджименто). В кон. 18 в. – 1814 И. – под франц. оккупацией, на её терр. были созданы зависимые от наполеоновской Франции гос-ва. Венский конгресс 1814–15 реставрировал в И. феод.-абсолютистские монархии. Борьбой за единую И. руководили карбонарии, «Молодая Италия» и др. орг-ции. К кон. 1860 терр. И. была в осн. объединена вокруг Сардинского кор-ва (с 1861 Итал. кор-во), в 1870 к Итал. кор-ву был присоединён Рим. В 1922 к власти пришли фашисты, установившие диктатуру во главе с Муссолини (1922–43). И. захватила Эфиопию (1935–36), Албанию (1939). Заключив воен. союз с фаш. Германией, И. в 1940 вступила во 2-ю мир. войну. В 1945 действиями Дв. Сопр. (высш. точка – Апрельское восст. 1945) и англо-амер. войск И. была освобождена. В 1946 И. стала республикой. После 2-й мир. войны на полит. арене выдвинулась Христ.-демокр. партия

(ХДС), к-рая в 1945–81 и в 1987–92 формировала пр-ва. Резкое усиление коррупции во всех звеньях власти привело к изменению избират. системы. 4 авг. 1993 одобрен новый закон о парламентских выборах.

И.— высокоразвитая индустр.-агр. страна. ВНП на д. нас. 18580 долл. в год. Ведущие отрасли пром-сти: маш-ние, металлургия, хим. и нефтехим., лёгкая и пищевкусовая. И. входит в число крупнейших производителей и поставщиков на мировой рынок автомобилей, велосипедов и мопедов, тракторов, стиральных машин и холодильников, пишущих и счётных машин, радиоэлектронной продукции, пром. оборудования, стальных труб, пластмасс и хим. волокон, автомоб. шин, а также готовой одежды и кожаной обуви, макарон, сыра, оливкового масла, вина, фруктовых и томатных консервов. Кр. произ-во цемента, натуральных эссенций и эфирных масел из цветов и фруктов, худ. изделий из стекла и фаянса, ювелирных изделий. Добыча пиритов, руд ртути, природного газа, калийной соли, доломитов, асбеста. В с. х-ве преобладает растениеводство. Осн. культуры — пшеница, кукуруза, рис (1-е место по сбору в Европе; св. 1 млн.т в год), сах. свёкла. И.— один из крупнейших в мире и ведущий в Европе производитель цитрусовых (св. 3,3 млн.т в год), томатов (св. 5,5 млн.т), винограда (ок. 10 млн.т в год; св. 90% перерабатывается в вино), оливок. Цветоводство. Развито птиц-во. И.— крупнейший р-н междунар. туризма (св. 50 млн.ч. в год).

ИТТЕ́РБИЙ (Ytterbium), Yb, хим. элемент III гр. периодич. системы, ат. н. 70, ат.м. 173,04; относится к *редкоземельным элементам*; металл. И. открыт швейц. химиком Ж. Мариньяком в 1878.

И́ТТРИЙ (Yttrium), Y, хим. элемент III гр. периодич. системы, ат.н. 39, ат.м. 88,9059; относится к *редкоземельным элементам*; металл. И. открыт фин. химиком Ю. Гадолином в 1794, впервые получен нем. химиком Ф. Вёлером в 1828.

ИУ́ДА ИСКАРИО́Т, в *Новом Завете* один из двенадцати апостолов. На *Тайной вечере* учитель указал на И.И. со словами: «Один из вас предаст меня». Своим поцелуем Иуда помогает толпе, посланной схватить Христа, опознать его. Узнав об осуждении учителя, И.И. в раскаянии возвращает 30 сребреников. В отчаянии от содеянного И.И. удавился. Перен.— предатель.

Иуда Искариот. Фреска Джотто. «Поцелуй Иуды». Ок. 1305. Капелла дель Арена. Падуя.

Италия. Озеро Лаго-Маджоре.

Италия. Город Катания. Исторический центр.

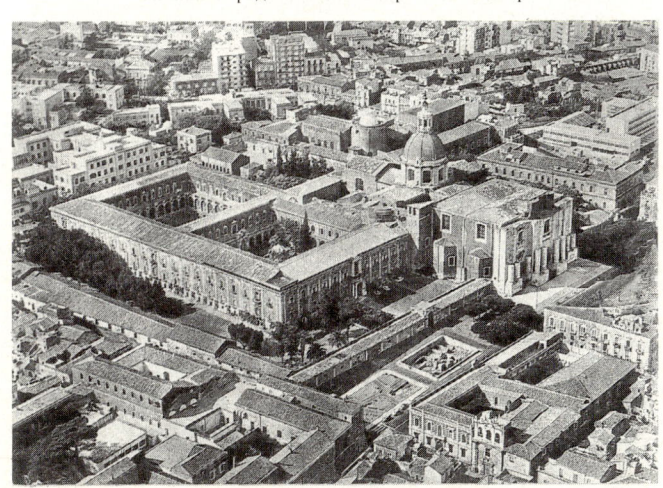

ИУДАИ́ЗМ, наиб. ранняя монотеистич. религия, возникшая в 1-м тыс. до н.э. в Палестине. Распространена в осн. среди евреев. Приверженцы И. верят в *Яхве* (единого Бога, творца и властелина Вселенной), бессмертие души, загробную жизнь, грядущий приход Мессии, богоизбранность евр. народа (идея «завета», союза, договора народа с Богом, в к-ром народ выступает как носитель божеств. откровения). Канон священных книг И. включает *Тору* («Пятикнижие Моисея»), книги пророков и т.н. Писания. Разл. толкования и комментарии канона собраны в *Талмуде* В И. получили распространение мистич. учения (*каббала, хасидизм*). Число последователей И. ок. 18 млн. (ок. ⅓ из них в США).

ИУДЕ́ЙСКОЕ ЦА́РСТВО, гос-во ок. 928–586 до н.э. в Юж. Палестине. Столица — Иерусалим.

ИФА́Д, Междунар. фонд с.-х. развития; см. в ст. *Специализированные учреждения ООН*.

ИФИГЕ́НИЯ, в греч. мифологии дочь Агамемнона и Клитемнестры. Принесена отцом в жертву Артемиде, чтобы обеспечить грекам благополучное отплытие к Трое. Однако богиня заменила И. на жертвеннике ланью, а И. перенесла в Тавриду, где сделала своей жрицей. Илл. см. на стр. 284.

ИХТИО́З (от греч. ichthýs — рыба), наследств. заболевание кожи, проявляющееся в замедленном отторжении рогового слоя, образовании массивных роговых пластинок, напоминающих рыбью чешую, сухости всего кожного покрова.

ИХТИОЗА́ВРЫ (от греч. ichthýs — рыба и sáuros — ящерица; букв.— рыбоящер), вымершие мор. пресмыкающиеся, похожие на дельфинов. Жили 200–70 млн. лет назад. Дл. до 15 м. Хищники. Ок. 80 видов. *Руководящие ископаемые*.

ИХТИОЛО́ГИЯ (от греч. ichthýs — рыба и ...*логия*), раздел зоологии, изучающий рыб и круглоротых (*миног* и *миксин*). И.— основа рационального рыболовства и рыбоводства.

«ИЦЗИ́Н», «И цзин» («Книга перемен»), Чжоу И [«(Книга) перемен (династии) Чжоу»], наиб. авторитетная книга канонич. кит. лит-ры (1-я пол. 1-го тыс. до н.э.), использовавшаяся в гадательной практике. Состоит из 64 графич. символов (гексаграмм), образованных элементами, символизирующими *инь-ян*, и их разл. истолкований.

ИШЕМИ́ЧЕСКАЯ БОЛЕ́ЗНЬ СЕ́РДЦА (ИБС) (от греч. ischō — задерживать, останавливать и háima — кровь), сердечно-сосудистое заболевание, характеризующееся нарушениями коронарного кровообращения, ишемией (местным обескровливанием вследствие спазма или органич. сужения просвета питающего сосуда) миокарда, а в ряде случаев и др. его изменениями (напр., развитием очагов замещения мышечных волокон соединит. тканью). Формы ИБС: стенокардия, инфаркт миокарда, атеросклеротич. кардиосклероз и др.

И́ШИАС (от греч. ischíon — бедро), поражение седалищного нерва, чаще вследствие остеохондроза пояснично-крестцового отдела позвоночника. Проявляется болями в пояснице, ягодице, бедре, голени и др. симптомами.

И́ШТАР (Инанна), в шумеро-аккадской мифологии богиня плодородия и плотской любви, войны и распри, олицетворение планеты Венера. Илл. см. на стр. 284.

Ифигения. Фреска из дома Трагического поэта в Помпеях. «Жертвоприношение Ифигении». 1 в. Национальный музей. Неаполь.

ИШТВАН I (Istvan) Святой (ок. 970–1038), князь (с 997), первый король Венг. кор-ва (с 1000). Из династии Арпадов. Уничтожил племенное деление страны, введя адм.-терр. округа – королев. комитаты. В 1030 отразил нем. нападение. Ввёл (к 997) в Венгрии христ-во.

ИЮЛЬ (лат. Julius), седьмой месяц календарного года (31 сут); назван по имени Юлия Цезаря.

ИЮНЬ (лат. Junius), шестой месяц календарного года (30 сут); назван по имени др.-рим. богини Юноны.

Иштар. Богиня на льве, её символическом звере. Рельеф из Эшнунны. Лувр.

Й

Й, й [и краткое], одиннадцатая буква рус. алфавита; введена в 1735 в гражд. азбуку Академией наук, не имеет прототипа в *кириллице*; совр. назв. введено Я.К. Гротом.

ЙЕ́МЕН (Йеменская Республика), гос-во в Азии, в юж. части Аравийского п-ова. Пл. 532 т. км² (с о-вами). Б.ч. границ на С. и В. проходит по пустыням и не демаркирована. Нас. ок. 12,5 млн.ч., гл. обр. йеменцы (арабы Й.); св. 100 тыс. ведут кочевой образ жизни в вост. и сев.-вост. р-нах. Офиц. яз. – арабский. Гос. религия – ислам. Столица – Сана. Адм.-терр. деление 17 провинций (губернаторств). Ден. единицы – йеменский риал и йеменский динар. На З. – Йеменские горы (Джебель) выс. до 3600 м (г. Эн-Наби-Шаиб). Вдоль побережья Красного м. и Аденского зал. – пустыня Тихама, на Ю. и в центр. части – горы, выс. до 2513 м, их сев. склоны снижаются к пустыне Руб-эль-Хали. Климат тропич., жаркий, сухой. Ср. темп-ры янв. 20–25 °С, июля 30–32 °С; осадков 40–100 мм, в горах 700–1000 мм в год. Саванны, пустыни, на склонах гор – кустарниковая растительность (акация, мимоза, алоэ и др.).

На рубеже 2–1-го тыс. до н.э. на терр. Й. складывалась юж.-аравийская цивилизация, возникли гос-ва Хадрамаут, Катабан, Аусан, Саба, Маин; ок. сер. 1-го до н.э. наиб. значит. – Саба. В нач. 4 в. н.э. вся терр. Й. объединена в Химьяритское царство. В 7 в. терр. Й. включена в состав Араб. халифата. В 10 в. в Сев. Й. утвердилась шиитская секта зейдитов. В нач. 16 в. он включён в состав Османской империи. С 1839 Юж. Й. переходит под брит. господство (колония Аден и Аденские протектораты). В ходе антиосманского восст. 1904–11 Сев. Й. добился автономии, в 1918 провозглашён независимым кор-вом. В 1962 в Сев. Й. провозглашена Йеменская Араб. Респ. (ЙАР). В 1967 провозглашена независимость Юж. Й. (с 1970 Нар. Демокр. Респ. Йемен; НДРЙ). В 1990 ЙАР и НДРЙ объединились в Йеменскую Респ. Однако в стране сохранялась тенденция к размежеванию южан и северян. Нарастающие противоречия между правящими группировками С. и Ю. переросли с апр. 1994 в крупный воен. конфликт, завершившийся победой северян.

Й. – агр. страна. ВНП на д.нас. 540 долл. в год. Осн. с.-х. культуры: зерновые – просо, сорго, пшеница, ячмень; техн. и ароматич. – индиго, кунжут, имбирь, хлопчатник, табак, хна и др.; кофе (экспорт), фрукты (инжир, абрикосы, манго, гранаты), бахчевые; финиковая и кокосовая пальмы. Скот-во (овцы, козы; кр. рог. скот, гл. обр. зебу; верблюды, лошади, ослы). Пчеловодство. Рыб-во, мор. промысел (на экспорт); добыча жемчуга. Добыча нефти (экспорт). 2 нефтеперераб. и судорем. з-ды. Преобладают мелкие пром. пр-тия: хл.-очист., швейные полимерные, спичечные, кож., цем. и пищевкус. Куст.-ремесл. произ-во домашней утвари, тканей, гончарных и ювелирных изделий, холодного оружия и др.

ЙЕ́НСЕН (Jensen) Йоханнес Вильхельм (1873–1950), дат. писатель.

Йемен. Город Шибам.

Цикл новелл из крест. жизни «Химерландские истории» (1898–1910), ист. ром. «Падение короля» (ч. 1–3, 1900–01) и «Долгий путь» (ч. 1–6, 1908–22), прозаич. миниатюры «Мифы» (кн. 1–9, 1907–44); эссе «Готический ренессанс» (1901). В прозе сказалось влияние мифа и расовой теории. Ноб. пр. (1944).

ЙЕ́НСКИЕ РОМА́НТИКИ, кружок нем. романтиков 1798–1801 (А.В. и Ф. Шлегели, Новалис, Ф. Шлейермахер, Л. Тик), живших в осн. в г. Йена (нек-рые в Берлине). Опираясь на философию И.Г. Фихте и Ф.В. Шеллинга (также входившие в кружок), разработали филос.-эстетич. теорию раннего романтизма: возможность эстетич., посредством иск-ва, преображения мира, идеал новой универсальной культуры (в к-рой сливаются иск-во, философия, наука и религия), идеи всеобщего символизма, «соответствий» явлений природного и человеческого мира. Й.р. создали также концепцию «романтич. иронии», не чуждой культа самодовлеющего, стоящего над «толпой» «Я» и апологии творч. сознания художника (поэт – макрокосмос Вселенной).

ЙИТС (Йетс, Ейтс) (Yeats) Уильям Батлер (1865–1939), ирл. поэт и драматург. Представитель символизма. Вдохновитель культурного движения 90-х гг. «Ирландское возрождение». Поэтич. сб. «Странствия Оссиана» (1889), «Кельтские сумерки» (1893), сб. гражд. лирики «Ответственность» (1916), патриотич. пьеса «Кетлин, дочь Хулиэна» (1902), пьесы-маски в традициях классич. япон. т-ра ноо. Ноб. пр. (1923).

ЙО́ГА (санскр., букв. – связь, единение, сосредоточение, усиление), 1) учение и метод управления психикой и физиологией человека, составной элемент религ. и филос. систем Индии, ставящих целью достижение состояния «освобождения» (нирваны). Признаёт существование в человеке неосознаваемых сил и возможности управления ими (через определ. орг-цию психики); разработана система физич. упражнений. Й. достигла известных успехов в управлении дыхат. и др. физиол. функциями организма, в реализации желаемых психич. состояний человека. Осн. филос. идея: соотнесённость человеческой психофизиологии и космоса. 2) Одна из 6 ортодоксальных (признающих авторитет *вед*) систем инд. философии, основанная Патанджали; осмысляла природу и функции йогич. методов, этапы их применения и др. В общих филос.

Йошкар-Ола. Центральная площадь.

вопросах придерживалась учения *санкхьи*.

ЙО́КАИ (Jókai) Мор (1825–1904), венг. писатель. Ист. романы о нац.-освободит. борьбе венг. народа («Сыновья человека с каменным сердцем», 1869, и др.). В ром. «Венгерский набоб» (1853), «Золотой человек» (1873) – надежды на бурж. преобразования венг. об-ва. Романтич. по характеру сочинения Й. содержат реалистич. зарисовки гор. и сел. быта.

ЙОКОХА́МА (Иокогама), г. в Японии. Ок. 3,3 млн. ж. Крупнейший порт страны на о. Хонсю (грузооборот св. 120 млн. т в год). Метрополитен. Маш-ние (включая судостроение), металлургия, нефтехим., атомная и др. пром-сть. Ист. архив (1981). Осн. в 1858.

ЙОММЕ́ЛЛИ (Jommelli) Никколо (1714–74), итал. композитор, представитель *неаполитанской школы*. В поздних *операх-сериа* «Фаэтон» (2-я ред. 1768), «Армида» (1770), «Ифигения в Навриде» (1771) осуществил реформу жанра – введение хоров, усиление драматургич. роли оркестра (прозван «итал. Глюком»). Св. 50 опер, оркестровые и хоровые сочинения.

ЙОРК, г. в Великобритании, на р. Уз. 45 т.ж. Пищ., стек., полиграф. пром-сть, маш-ние. Ун-т. Музеи: Йоркшира, Худ. гал. г. Йорк. С 1 в. рим. крепость. С 6 в. центр кор-ва англосаксов, в 9 в.– дат. завоевателей. Резиденция архиепископа Йоркского с 735. В Й.– один из наиб. значит. англ. готич. соборов (1070–1470).

ЙО́РКИ (Yorks), королев. династия в Англии в 1461–85, ветвь *Плантагенетов*. Представители: Эдуард IV, Эдуард V, Ричард III.

ЙОСЕ́МИТСКИЙ ВОДОПА́Д, каскад водопадов в Сев. Америке (США), на р. Йосемити-Крик. Общая высота падения 727 м; наиб. высокий (430 м) – верх. водопад Аппер-Йосемити.

ЙОШКА́Р-ОЛА́ (до 1919 Царёво-кокшайск, до 1927 Краснококшайск), г. (с 1781), столица (с 1920) Марийской Респ., на р. М. Кокшага. 249,2 т.ж. Ж.-д. ст. Маш-ние, целл.-бум. и деревообр., лёгкая, пищ. пром-сть. 3 вуза (в т.ч. ун-т). Краеведч. музей и др. 4 т-ра (марийский муз., драм., рус. драм., кукол). Осн. в 1584.

К

К, к [ка], двенадцатая буква рус. алфавита; восходит к букве *кириллицы* К («како»).

КА́АБА (от араб. ка'б – куб), гл. святыня ислама, храм в Мекке, имеющий форму куба. В К. находится «чёрный камень», к-рый считают посланным Аллахом. К.– гл. объект *хаджа*.

КАБАЛЕ́ВСКИЙ Дм. Бор. (1904–1987), композитор, педагог. Оп.: «Кола Брюньон» (1937, 2-я ред. 1968), «Семья Тараса» (1950); оп-та «Весна поёт» (1957); реквием (1962); концерты для инстр-тов с оркестром; 2 струн. квартета, фп. произв., романсы, песни и др. В 70-х гг. разработал систему муз. воспитания в сов. общеобразоват. школе. Основатель (1983) и гл. ред. ж. «Музыка в школе».

КАБАЛЬЕ́ (Caballé) Монсеррат (р. 1933), исп. певица (сопрано). Выступает в крупнейших оперных т-рах мира (с 1960 в «Ла Скала»). Обладает сильным, экспрессивным голосом, крупнейшая представительница иск-ва *белъканто*. Лучшие партии – в операх В. Беллини (Норма в одноим. опере), Дж. Россини, Г. Доницетти (многие поставлены специально для неё).

КАБАЛЬЕ́РОС (исп. caballeros), рыцари в ср.-век. Испании. Приблизительно тот же смысл имел термин *идальго*.

КАБА́Н (дикая свинья, вепрь), млекопитающее (сем. *свиньи*). Дл. до 2 м, масса до 300 кг. Тело покрыто грубой щетиной. Сильно различаются по размерам и окраске (от светло-бурой до почти чёрной); у поросят – светлые продольные полосы. Распространён в Евразии и Сев. Африке. Родоначальник домашней свиньи.

КАБА́РГИ́, род млекопитающих (сем. *олени*). Длина тела до 1 м, хвоста 4–6 см, масса 10–17 кг. У самцов длинные верх. клыки, на животе – железа, выделяющая мускус. 4 вида, в горн. тайге Вост. и Юго-Вост. Азии, в России – на Алтае,

Кабан.

Кабарга (самка).

в Саянах, Вост. Сибири и на Д. Востоке, кроме Камчатки. Легко передвигаются по скалам. Сибирская К.– объект промысла (ради мускуса); 3 др. вида под угрозой исчезновения, охота запрещена.

КАБАРДИ́НО-БАЛКА́РИЯ (Кабардино-Балкарская Республика), в составе России. Пл. 12,5 т.км². Нас. 784 т.ч., гор. 61,5%; кабардинцы (48,2%), балкарцы (9,4%), русские (32%) и др. Столица – Нальчик. 8 р-нов, 7 городов, 9 пос. гор. типа.

Расположена на сев. склоне Б. Кавказа (г. Эльбрус, 5642 м). Климат континентальный. Ср. темп-ры янв. от –4 °C (на равнине) до –12 °C (в горах), июля соотв. от 23 до 4 °C; осадков 500–2000 мм в год. Реки – Терек, Малка, Баксан. На склонах Б. Кавказа – ледники. Многочисл. минер. источники (Долина Нарзанов и др.). На равнине – степи, в горах – широколиств. (бук, дуб, граб) леса, субальп. и альп. луга. Кабардино-Балкарский заповедник.

Заселена кабардинцами и балкарцами в 13–15 вв. В 16–18 вв. боролась против агрессии Крымского ханства и Турции. В 1557 Кабарда и 1827 Балкария вошли в состав России. Гражд. война продолжалась до кон. марта 1920. 1.9.1921 в составе РСФСР образована Кабард. АО, 5.12.1936 преобразована в Каб.-Балк. АССР. В 1944 ликвидирована

Кабардино-Балкария. Чегемское ущелье.

286 КАБА

автономия балкарцев, нас. насильственно выселено. В 1957 Каб.-Балк. АССР восстановлена. В янв. 1991 ВС К.-Б. принял Декларацию о гос. суверенитете. В 1993 учреждён пост президента.

Осн. отрасли пром-сти: цв. металлургия (добыча и переработка вольфрамо-молибденовых руд), маш-ние и металлообработка (пр-из-во эл.-техн. оборудования, приборов, деревообр. станков, автозапчастей и др.); пищ., лёгкая, лесная и деревообр. Худ. промыслы – резьба по дереву, ювелирное дело, вышивка (гл. обр. золотошвейная), ковроделие. Баксанская ГЭС. Посевы пшеницы, кукурузы, подсолнечника. Овощ-во, плод-во и виногр-во. Жив-во (кр. рог. скот, овцы), в т.ч. племенное коневодство. Центр высокогорн. туризма и альпинизма в России.

КАБАРЕ́ (франц. cabaret, букв.- кабачок), первонач. (с 80-х гг. 19 в. во Франции) лит.-худ. кафе, в к-рых давались импровизир. представления интимного, камерного характера с участием поэтов, музыкантов, актёров. Позднее – кафе или ресторан с эстрадной программой. В России К. получили распространение в нач. 20 в.; среди наиб. известных – «Летучая мышь» (Москва), «Бродячая собака» (С.-Петербург).

КАБАЧО́К, разновидность *тыквы* твердокорой, овощная культура. Характеризуется скороспелостью, длит. периодом плодоношения и высокой урожайностью (при орошении – до 1000 ц с 1 га). Плоды употребляют после кулинарной обработки и в консервир. виде, по сравнению с тыквой они беднее сахарами, но богаче минер. солями, жирами и витамином С (вдвое больше), диетич. продукт.

Кабачки: плоды, листья и цветок с завязью.

КАББАЛА́ (др.-евр., букв.- предание), мистич. течение в *иудаизме*, стремящееся постигнуть скрытый истинный смысл Торы (Пятикнижие в Ветхом Завете) и др. священных книг. Сложилась в 13 в. в Испании («Зогар», или «Книга сияния», на арамейск. яз.). Т.н. практич. К. («каббалистика») основана на вере в то, что при помощи особых ритуалов, молитв, словесных и буквенных формул, чисел, амулетов человек может соучаствовать в божеств. творении.

КАБЕ́ (Cabet) Этьен (1788–1856), франц. публицист. В ром. «Путешествие в Икарию» (1840) изобразил утопич. коммунистич. об-во, основанное на принципах уравнительности и братства. К. принадлежит лозунг: «Каждый по способностям, каждому по потребностям». Предпринял попытку (при содействии Р. Оуэна) создать колонию икарийцев (1843) в Америке, к-рая вскоре потерпела неудачу.

КА́БЕЛЬ ЭЛЕКТРИ́ЧЕСКИЙ (от голл. kabel – канат, трос), один или неск. изолир. проводников (токопроводящих жил), заключённых в защитную (обычно герметичную) оболочку. Применяется для передачи на расстояние эл.-энергии (силовой К.э.) или информации (телефонной, телеграфной, программ звукового и телевизионного вещания и т.д.) электрич. сигналами (кабель связи)

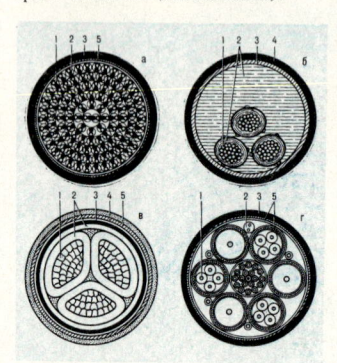

Кабель электрический. Схемы поперечных сечений некоторых типов кабелей: а – телефонного для городских телефонных сетей; б – маслонаполненного в стальном трубопроводе для передачи больших мощностей; в – силового бронированного без защитных покровов для силовых и осветительных установок; г – телевизионного для подключения передвижных телекамер к источнику питания и передающей аппаратуре; 1 – токопроводящая жила; 2 – изоляция; 3 – оболочка; 4 – наружные защитные покровы; 5 – броня, экран.

КАБИНЕ́Т МИНИ́СТРОВ, 1) название пр-ва в нек-рых странах. 2) В России в 1731–41 гос. орган в составе 3 кабинет-министров, офиц. совет при имп. Анне Ивановне.

КА́БО-ВЕ́РДЕ (Республика Кабо-Верде), гос-во на о-вах Зелёного Мыса Атлантич. ок., близ побережья Зап. Африки. Пл. св. 4 т.км². Нас. 350 т.ч., кабовердцы (потомки рабов, смешавшихся в 13 в. португ. переселенцами; св. 60% мулаты), португ., манджак, баланте и др. Офиц. яз.– португальский. 98% нас.– католики. Глава гос-ва – президент. Законодат. орган – однопалатный парламент (Нац. нар. собрание). Столица – Прая. Адм.-терр. деление: 14 округов. Ден. единица – эскудо Кабо-Верде.

Рельеф гористый (выс. до 2829 м, вулкан Фогу). Климат тропич. пассатный. Ср.-мес. темп-ры 22–27 °C; осадков 100–250 мм в год. Полупустынная и пустынная растительность.

С 1581 владение Испании, с 1640 колония Португалии. С 1975 независимое гос-во. В 1991 введена многопарт. система.

Основа экономики – с. х-во. ВНП на д. нас. 850 долл. в год. Из-за гористого рельефа обрабатывается менее 10% терр. страны. Гл. экспортные культуры: кофе, бананы; потребительские – кукуруза, батат, маниок и др. Рыб-во и мор. промысел (дают 35–40% стоимости экспорта). Пром-сть развита слабо (з-ды по опреснению мор. воды; рыбоконс. пр-тия). Добыча поваренной соли (на экспорт), гипса.

КА́БОТ (Каботто) (Cabot, Caboto), итал. мореплаватели, отец и сын. Джон (Джованни) (1443–98?), с 1490 на англ. службе. В 1497 и 1498 в поисках зап. мор. пути в Китай пересёк Атлантич. ок., открыл о. Ньюфаундленд, Б. Ньюфаундлендскую банку, пролив (позже назв. его именем), зал. Св. Лаврентия и значит. часть атлантич. побережья Сев. Америки. Себастьян (1479–1557), участник 2 экспедиций отца (1497–98), в 1508–09 открыл Гудзонов прол. и Гудзонов зал. В 1526–30, состоя на исп. службе, исследовал ниж. течение р. Парана, открыл ниж. течение р. Парагвай.

КАБОТА́Ж (франц. cabotage), судох-во между портами одной страны. Различают большой (между портами разных морей) и малый К. (между портами одного или двух смежных морей).

КАБУ́КИ, один из видов классич. т-ра Японии. Включает музыку, танцы, драму. Истоки в нар. песнях и танцах. Сложился в 17 в., полное развитие в кон. 17 – нач. 18 вв. С 1652 в труппах К. выступают только мужчины. В совр. К. сохраняются канонич. позы, грим, декорации и др. Утвердилась преемственность актёрских династий (Итикава, Оноэ и др.).

КАБУ́Л, столица Афганистана, на р. Кабул, на выс. 1820 м, 1,4 млн. ж. Трансп. узел; междунар. аэропорт. Авторем.-механич. и фарм. з-ды, домостроит. комб-т, пр-тия металлообр., лёгкой и пищ. пром-сти. Пр-из-во ковров. Ун-т. Музеи: национальный Афганистана (Кабульский музей), Нац. картинная гал. Т-ры. Первое упоминание о К. во 2 в. В нач. 16 в. столица гос-ва Великих Моголов, в 1773/74–1818 – Дурранийской державы, после 2-й англо-афганской войны 1878–80 – афганского гос-ва. На холмах остатки др.-афганских крепостных стен (7–8 вв.), крепость Бала-Хиссар (с 5 в., перестраивалась), садово-парковые анс., в т.ч. сад Баги-Бабур с гробницей Бабура (16 в.) и мечетью Шах-Джахана (17 в.).

Кабул. Вид части города.

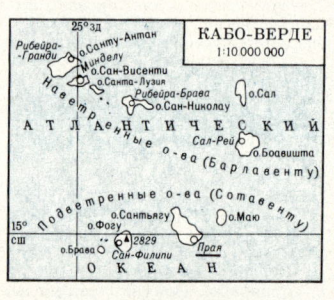

Кабо-Верде. На побережье одного из островов.

КАВАБА́ТА Ясунари (1899–1972), япон. писатель. Философия и эстетика *дзэн*-буддизма, традиц. лиризм и классич. поэзия «печального очарования вещей», ностальгич. любование далёким прошлым и утончённый психологизм, изящная простота стиля в пов. «Снежная страна» (1937), «Тысячекрылый журавль» (1951), ром. «Стон горы» (1953), «Старая столица» (1961). Ноб. пр. (1968).

КАВАЛЕРГА́РДЫ (от франц. cavalier – всадник и garde – охрана), в России с 1724 телохранители и почётная стража царствующих особ, в 1800–1917 гв. кавалерийский полк.

КАВАЛЕ́РИЯ (франц. cavalerie), конница, род войск, в к-ром для передвижений и боевых действий использовалась верховые лошади. Появилась в странах Др. Востока. В ср. века К. была гл. родом войск, с

Кавалергарды: 1.— обер-офицер, 1820-е гг.; 2 — рядовой в дворцовой форме, кон. 19 — нач. 20 вв.

Кавалерия: 1 — рядовой Острогожского гусарского полка, 1763–76; 2 — рядовой Стародубского кирасирского полка, 1813–14; 3 — рядовой Казанского драгунского полка, 1851–55.

сер. 19 в. её роль снижалась, с сер. 1950-х гг. в связи с полной моторизацией армии как род войск упразднена.

КАВАЛЕРО́ВИЧ (Kawalerowicz) Ежи (р. 1922), польск. кинорежиссёр. Фильмы К., обращённые к современности («Поезд», 1959, в прокате — «Загадочный пассажир»; «Встреча в Атлантике», 1974), недавнему прошлому («Настоящий конец большой войны», 1957, в прокате — «Этого нельзя забыть»; «Смерть президента», 1977) или к истории («Мать Иоанна от ангелов», 1961; «Фараон», 1966; «Пленник Европы», 1989), отличаются глубоким анализом характеров и явлений.

КАВА́НИ (Cavani) Лилиана (р. 1936), итал. кинорежиссёр. Приобрела широкую известность после ф. «Ночной портье» (1974), где история любви между бывшим эсэсовцем и бывшей узницей гитлеровского концлагеря трактуется в психопатол. ключе, с элементами натурализма. Жестокостью окрашена стилистика ф. «Шкура» (1980) — о приходе амер. войск в Италию в кон. 2-й мир. войны.

КАВАТИ́НА (итал. cavatina), небольшая лирич. *ария*.

КАВА́ФИС Константинос (1863–1933), греч. поэт. Жил за пределами Греции — в осн. в Александрии (Египет). В сб-ках «Стихотворения» (1905, 1910; наиб. полный издан в 1935), воссоздающих мир греко-рим. и визант. истории, в форме монологов, своего рода стихотв. новелл о подлинных и стилизованных ист. лицах — тоска по идеалам утраченной цивилизации, определённости смысла и места человека в мире, достоинству в принятии ударов и искушений судьбы («Фермопилы», «Итака», «Деметрий Сотер...»); в лирич. с эротич. мотивами стихах — отторжённость от «живых голосов» жизни. Преодолевая поэтику суггестивно-многозначного слова, пришёл к редкому в 20 в. аскетизму выразит. средств: стих К., б.ч. безрифменный, отличает естественность интонаций устной речи.

КАВЕ́ЛИН Конст. Дм. (1818–85), историк, правовед, публицист, обществ. деятель. В 1840-х гг. *западник*. Автор одного из первых либер. проектов отмены крепостного права (1855), участник подготовки крест. реформы 1861. Сторонник реформ при сохранении самодержавия и помещичьего землевладения. Наряду с Б.Н. Чичериным К.— основатель гос. школы в рус. историографии. Тр. по истории Др. Руси, рус. праву.

КА́ВЕНДИШ (Cavendish) Генри (1731–1810), англ. физик и химик. Изобрёл крутильные весы и установил с их помощью закон взаимодействия электрич. зарядов (независимо от Ш.О. Кулона). Подтвердил закон всемирного тяготения Ньютона, измерил массу и ср. плотность Земли. Работал в собств. лаборатории в одиночестве; тр. по электричеству К. не публиковал, они были неизвестны современникам и изданы Дж. Максвеллом лишь в 1879. Имя К. носит всемирно известная Кавендишская лаб. (Кембридж; осн. в 1881 на деньги герцога Девонширского, родственника К.).

КАВЕНЬЯ́К (Cavaignac) Луи Эжен (1802–57), франц. генерал. В 1848 воен. мин., глава исполнит. власти Франц. респ. С жестокостью подавил Июньское восст. 1848.

КАВЕ́РИН Вениамин Ал-др. (1902–1989), рус. писатель. Принадлежал к *«Серапионовым братьям»*. В остросюжетных нравств.-психол. ром. «Исполнение желаний» (кн. 1–2, 1934–36), «Два капитана» (кн. 1–2, 1938–44, об исследователях-путешественниках), трил. «Открытая книга» (1949–56; об учёных микробиологах) — борьба романтич. максималистов-подвижников с их антиподами, беспринципными карьеристами. Ром. «Перед зеркалом» (1971). Книги воспоминаний («Освещённые окна», ч. 1–3, 1974–76; «Эпилог», 1989), худ. биографии.

КАВЕ́РНА (лат. caverna), полость, возникающая в органе при разрушении его тканей патол. процессом (преим. в лёгких при туберкулёзе).

КАВКА́З, терр. между Чёрным, Азовским и Каспийским морями. В центре — горн. система *Большого Кавказа*. На Ю.-В.— складчатые Талышские горы и Ленкоранская низм. Среднегорн. рельеф преобладает на М. Кавказе (до 3724 м) и Армянском нагорье (4090 м). Характерны обширные низменности: Кубано-Приазовская, Терско-Кумская, Колхидская и Кура-Араксинская. Гл. реки: Кура с Араксом, Риони, Ингури, Кубань. Крупнейшее озеро — Севан. На склонах — листв. (бук, дуб) и хвойные леса, выше — альп. луга. Ок. 40 заповедников, 2 нац. парка. К.— популярный курортный р-н.

КАВКА́ЗСКАЯ ВОЙНА́ 1817–1864, принятое в лит-ре название воен. действий между рос. войсками и горскими народами в ходе завоевания Россией Сев. Кавказа. Борьбу народов Чечни, горн. Дагестана и Сев.-Зап. Кавказа, проходившую под флагом священной войны (газавата), возглавляли имамы Гази-Магомед (1828–32), Гамзат-бек (1832–1834), Шамиль (1834–59).

КАВКА́ЗСКИЕ МИНЕРА́ЛЬНЫЕ ВО́ДЫ, группа курортов в России, в Ставропольском кр.— Ессентуки, Железноводск, Кисловодск, Пятигорск. Расположены в пределах Ставропольской возв. и сев. склонов Б. Кавказа. Св. 130 минер. источников и большие запасы иловой грязи (Тамбуканское оз.). К.М.В.— один из старейших (с 1803) курортных р-нов России.

КАГА́Н Олег Моис. (1946–90), рос. скрипач. Первый исполнитель ряда произв. совр. рус. композиторов. Выступал в ансамбле с С.Т. Рихтером, Н.Г. Гутман (жена К.) и др.

КАГА́Н (тюрк.), титул главы гос-ва у древних тюрк. народов (авар, печенегов, хазар и др.), с кон. 8 — нач. 9 вв. наряду с титулом князь — у вост. славян, в 13 в.— у монголов.

Кавказ. Вид на вершину Казбек из пос. Казбеги.

КА́ГЕЛЬ (Kagel) Маурисио (р. 1931), аргент. композитор, дирижёр, а также кинорежиссёр и драматург. С 1957 живёт в Германии, работает в области *конкретной музыки* и *электронной музыки*, применяет *алеаторику*. Крайние авангардистские устремления проявились в «антиопере» «Государственный театр» (1971). Среди соч.– «Страсти по святому Баху» (1985).

КАДА́СТР (франц. cadastre), систематизир. свод сведений, составляемый периодически или путём непрерывных наблюдений над соотв. объектом (К. земельный, К. водный, К. лесной, К. животного мира и т.д.).

КАДЕ́НЦИЯ (итал. cadenza; позднелат. cadentia; от лат. cadere – падать), каданс (франц. cadence), 1) мелодич. или гармонич. оборот, завершающий любое муз. построение и сообщающий ему определ. законченность. 2) Сольный виртуозный эпизод (*соло*) в инстр. концерте или оперной арии. До 19 в. К. обычно импровизировалась исполнителем.

КАДЕ́ТЫ, см. *Конституционно-демократическая партия*.

КА́ДИ (араб., тюрк. и перс.– кази), в мусульм. странах судья, единолично осуществляющий судопроиз-во на основе *шариата*.

КАДИ́ЛО (кади́льница), металлич. чаша с раскалёнными углем, ладаном и др. ароматич. составами, подвешенная на 3–4 цепочках. Используется во время богослужения в христ. храмах.

КА́ДМИЙ (Cadmium), Cd, хим. элемент II гр. периодич. системы, ат. н. 48, ат.м. 112,41; металл, $t_{пл}$ 321,1 °C. К. используют для нанесения антикоррозионных покрытий на металлы, изготовления электродов, получения пигментов, полупроводн. материалов, как компонент антифрикционных сплавов, для изготовления аварийных и регулирующих стержней ядерных реакторов. Открыт нем. химиком Ф. Штромайером в 1917.

КА́ДОЧНИКОВ Пав. Петр. (1915–1988), киноактёр. В 1935–44 в Ленингр. Новом ТЮЗе. В кино сыграл лирико-комедийные («Антон Иванович сердится», 1941; «Укротительница тигров», 1955) и героико-романтич. («Подвиг разведчика», 1947) роли. Исполнил роль Старицкого в ф. С.М. Эйзенштейна «Иван Грозный» (1945, 1958). Участвовал в ф.: «Неоконченная пьеса для механического пианино» (1977), «Сибириада» (1979), «Бешеные деньги» (1982). Выступал как кинорежиссёр.

КАЗАКЕ́ВИЧ Эмм. Генрихович (1913–62), рус. писатель. Проблемы гуманизма в произв. о Вел. Отеч. войне и послевоен. жизни: романтич. пов. «Звезда» (1947), пов. «Двое в степи» (1948), ром. «Весна на Одере» (1949). В пов. «Синяя тетрадь» (1961) создал гуманизир. образ В.И. Ленина как антипод И.В. Сталину.

КАЗАКО́В Матв. Фёд. (1738–1812), архитектор, один из основоположников рус. классицизма. В работах К. гармонично сочетались широта градостроит. начинаний, рациональность плановых решений и возвышенность архит. образа. Разработал типы жилых домов и обществ. зданий, к-рые организовали большие гор. пространства и определили масштаб и характер застройки Москвы кон. 18 – нач. 19 вв. (Сенат в Кремле, 1776–87; ун-т, 1786–93; дома-усадьбы – Демидова, 1779–91, Губина, 1790-е гг., и др.). Руководил составлением ген. плана Москвы, организовал архит. школу.

М.Ф. Казаков. Голицынская (ныне 1-я городская) больница в Москве. 1796–1801. Центральная часть.

КАЗАКО́В Юр. Ив. (р. 1924), рос. баянист, исполнитель-виртуоз. Способствовал утверждению баяна как сольного инстр-та.

КАЗАКО́В Юр. Пав. (1927–82), рус. писатель. В эмоционально-психол. прозе (сб. рассказов «Голубое и зелёное», 1963, «Во сне ты горько плакал», 1977, и др.), тяготеющей к традициям рус. классики,– столкновение душевно-тонких героев с грубой реальностью мира, возвышающее человека ощущение причастности к бытию природы, утверждение вечных ценностей. «Северный дневник» (1961–73), близкий лирич. прозе. Кн. «Две ночи. Проза. Заметки. Наброски» (1986).

КА́ЗАН (Kazan) Элиа (р. 1909), амер. режиссёр, писатель. В т-ре ставил пьесы Т. Уильямса, А. Миллера и др. Один из основателей Актёрской студии в Нью-Йорке (1947). Почти все фильмы посвящены острым проблемам совр. амер. об-ва: антисемитизму («Джентльменское соглашение», 1947), расизму («Пинки», 1949), гангстеризации профсоюзов («В порту», 1954), нравств. последствиям войны во Вьетнаме («Посетители», 1972) и др. Экранизировал свои романы «Америка, Америка» (1963) и «Сделка» (1969), роман Ф.С. Фицджеральда «Последний магнат» (1976).

КАЗАНДЗА́КИС Никос (1883–1957), греч. писатель. С 1947 жил во Франции и ФРГ. Филос. и социально-критич. драмы «Христос», «Одиссей» (обе 1928), трил. «Прометей» (изд. после 1945). Ром.-притча «Христа распинают вновь» (1950), ром. «Капитан Михалис. Свобода или смерть» (1953) проникнуты гуманистич. пафосом.

КАЗАНЛЫ́КСКАЯ ГРОБНИ́ЦА, антич. погребальное сооружение близ г. Казанлык в Болгарии. Памятник греко-фракийского иск-ва кон. 4 – нач. 3 вв. до н.э. В куполе подкурганной камеры роспись с изображением фракийской погребальной трапезы. Включена в список *Всемирного наследия*.

КАЗАНО́ВА (Casanova) Джованни Джакомо (1725–98), итал. писатель. Ист. соч.; фантастич. ром. «Искамерон» (1788). Бурная жизнь, полная многочисл. любовных и авантюрных приключений в «Мемуарах» (т. 1–12, написаны в 1791–98 на франц. яз., опубл. в 1822–28 на нем. яз.), замечательных откровенными самооценками, проницат. характеристиками современников, обществ. нравов, ист. событий.

КАЗА́НСКИЙ СОБО́Р в С.-Петербурге (1801–11, арх. А.Н. Воронихин), памятник архитектуры рус. классицизма. Примыкающая к боковому фасаду здания мощная полукруглая колоннада образует площадь, входящую в цепь анс. Невского просп. Скульпт. декор выполнен И.П. Мартосом и др. Перед собором – исполненные Б.И. Орловским памятники М.И. Кутузову (похоронен в соборе) и М.Б. Барклаю-де-Толли.

КАЗА́НСКОЕ ХА́НСТВО, гос-во в Ср. Поволжье (1438–1552). Выделилось из *Золотой Орды*. Столица – Казань. Нас.– казанские татары, мари, чуваши, удмурты, мордва, башкиры. В 1487–1521 находилось в вассальной зависимости от России, с 1524 – от Турции. Обострение рус.-казанских отношений сопровождалось воен. действиями. В результате похода на Казань царя Ивана IV К.х. было покорено, Ср. Поволжье присоединено к России.

КАЗА́НЬ, г., столица (с 1920) Татарии. 1105 т.ж. Порт на р. Волга, у впадения р. Казанка. Ж.-д. уз. Маш-ние (самолёты, ЭВМ и др.) и металлообработка, хим. и нефтехим. (синтетич. каучук, кинофотоплёнка и др.), хим.-фарм., лёгкая (меховая, кож. и др.), пищ. пром-сть. 11 вузов (в т.ч. ун-т, консерватория). Музеи: изобр. иск-в Татарстана и др. 6 т-ров (в т.ч. оперы и балета). Осн. в 13 в.; в 1438–1552 столица Казанского ханства. В центре К.– кремль: дозорная башня Сююмбеки (кон. 17 – 1-я пол. 18 вв.), собор (16 в.) и др. В городе – Петропавловский собор (18 в.), мечеть Марджани (18 в.), комплекс зданий ун-та (1820–30-е гг.).

Казань. Главное здание университета.

Казань. Музей изобразительных искусств.

КАЗАРЕ́С (Casarès) (наст. фам. Касарес Кирога) Мария (р. 1922), франц. актриса. В 1936 эмигрировала из Испании. Работала в «Комеди Франсез» и др. т-рах. В исполнит. манере К. психол. тонкость игры сочетается с большим сценич. темпераментом: Леди Макбет («Макбет» У. Шекспира, 1954), Мария Тюдор («Мария Тюдор» В. Гюго, 1955) и др. Снималась в ф.: «Дети райка» (1944), «Пармская обитель» (1947), «Орфей» (1949) и др.

КАЗАХСТА́Н (Республика Казахстан), гос-во в центр. части Евразии. Пл. 2717,3 т.км². Нас. 17,2 млн.ч., гор. 58%; казахи (39,7%), русские (37,8%), немцы (5,8%), украинцы (5,4%), татары, узбеки и др. Офиц. язык – казахский. Большинство верующих – православные и мусульмане. Глава гос-ва – президент. Законодат. орган – парламент. Столица – Алма-Ата. 20 обл., 207 р-нов, 84 города, 210 посёлков гор. типа. Ден. единица – тенге.

На З.– Прикаспийская низм. На Ю.-З.– п-ов Мангышлак (впадина Карагие, 132 м ниже ур.м.). В центр. части – Казахский мелкосопочник, на С.– юж. окраина Зап.-Сиб. равнины, на В. и Ю.-В.– горы Алтая, Тарбагатая, Джунгарского Алатау и Тянь-Шаня (выс. до 4973 м). Климат резко континентальный. Ср. темп-ры янв. от –18 °C на С. до –3 °C на Ю., июля соотв. 19 °C и 28–30 °C; осадков до 300 мм в год на С., в пустынях менее 100 мм, в горах до 1600 мм. Гл. реки – Иртыш, Урал, Чу, Сырдарья; св. 48 тыс. озёр, наиб. крупные – Каспийское и Аральское моря, Балхаш. Растительность гл. обр. степная, пустынная. Баянаульский природный нац. парк; заповедники: Алма-Атинский, Аксу-Джабаглы, Барсакельмес и др.

В 3–1 вв. до н.э. возникло гос. образование Кангюй. В сер. 6–8 вв. Тюркский каганат, гос-во карлуков, в 9–12 вв. гос-ва огузов и Караханидов. В 11 – нач. 13 вв. нашествие сельджуков, киданей, монголо-татар. В кон. 15 в. образовалось Казах. ханство, к-рое делилось на жузы. В 18 в. Мл. и Ср. жузы добровольно приняли рос. подданство. С присоединением Ст. жуза в 60-е гг. 19 в. все казах. земли вошли в состав России (Семипалатинская, Акмолинская, Тургайская, Уральская и части Семиреченской и Сырдарьинской обл.). В нояб. 1917 – февр. 1918 установлена сов. власть. Гражд. война закончилась в марте 1920. 26.8.1920 в составе РСФСР образована Кирг. АССР, переим. 19.4.1925 в Казах. АССР. В результате нац.-гос. размежевания Ср. Азии в 1924–25 все казах. земли объединились. С 5.12.1936 союзная республика в составе СССР. В окт. 1990 ВС Казах. ССР принята Декларация о гос. суверенитете республики. В 1991 провозглашена независимость республики, учреждён пост президента.

К.– агр.-индустр. страна. ВНП на д. нас. 1680 долл. в год. Ведущие отрасли пром-сти: горнодоб. (кам. уголь, нефть, газ, жел., полиметаллич., медные, никелевые руды, бокситы и др.), цв. и чёрная металлургия, хим. (произ-во минер. удобрений, пластмасс, синтетич. каучука, хим. волокон и др.), маш-ние (произ-во горно-шахтного оборудования, станков, экскаваторов, с.-х. машин и др.), лёгкая (в т.ч. кож., обув., овчинно-шубная, шерстяная, трикот., хл.-бум.), пищ. (мясная, маслоб., сах., консервная). Нефтепереработка и произ-во стройматериалов. С освоением целинных и залежных земель (1954–60; 25,5 млн. га) К. стал крупным производителем зерна. Посевы зерновых (гл. обр. пшеница), кормовых и техн. (подсолнечник, хлопчатник, лён-кудряш)

Казахстан. Озеро Иссык.

Казахстан. Спортивный комплекс «Медео» близ Алма-Аты.

культур. Плод-во, виногр-во, бахчеводство. Площадь орошаемых с.-х. угодий 2308 т. га (1990), гл. обр. в Юж. К. Мясо-шёрстное овц-во, мясное и мясо-молочное скот-во, разводят также свиней, верблюдов и лошадей. Судох-во по Каспийскому м., оз. Балхаш, рекам Иртыш, Сырдарья, Урал. Курорты: Боровое, Алма-Арасан, Сарыагач и др.

КАЗА́ЧЕСТВО, воен. сословие в России в 18 – нач. 20 вв. В 14–17 вв. вольные люди, работавшие по найму, несшие службу на границе (городовые и сторожевые казаки). В 15–16 вв. на Днепре, Дону, Волге, Тереке, Урале возникли самоуправляющиеся общины т.н. вольных казаков (гл. обр. из беглых крестьян). Рос. пр-во в нач. 18 в. превратило К. в привилегир. воен. сословие, использовало его для охраны границ, в войнах и в качестве полицейской силы. В нач. 20 в. существовало 11 казачьих войск: Донское, Кубанское, Оренбургское, Забайкальское, Терское, Сибирское, Уральское, Астраханское, Семиреченское, Амурское, Уссурийское. К 1916 казачье нас. (св. 4,4 млн.ч.) имело ок. 53 млн. десятин земли. В Гражд. войну К. в осн. выступало на стороне белого движения. В 1920 как сословие упразднено, одноврем. проводилась политика «расказачивания», сопровождавшаяся репрессиями. В Вел. Отеч. войне участвовали казачьи соединения. С кон. 80-х гг. началось возрождение традиций, культуры и быта К., появились казачьи орг-ции. С нач. 90-х гг. рос. пр-вом принимаются меры по воссозданию казачьего самоуправления, особых казачьих воинских формирований и др. Илл. см. на стр. 290.

КАЗЕ́ЛЛА (Casella) Альфредо (1883–1947), итал. композитор, пианист, дирижёр, музыковед. Представитель итал. *неоклассицизма*. Выступал за возрождение старинной

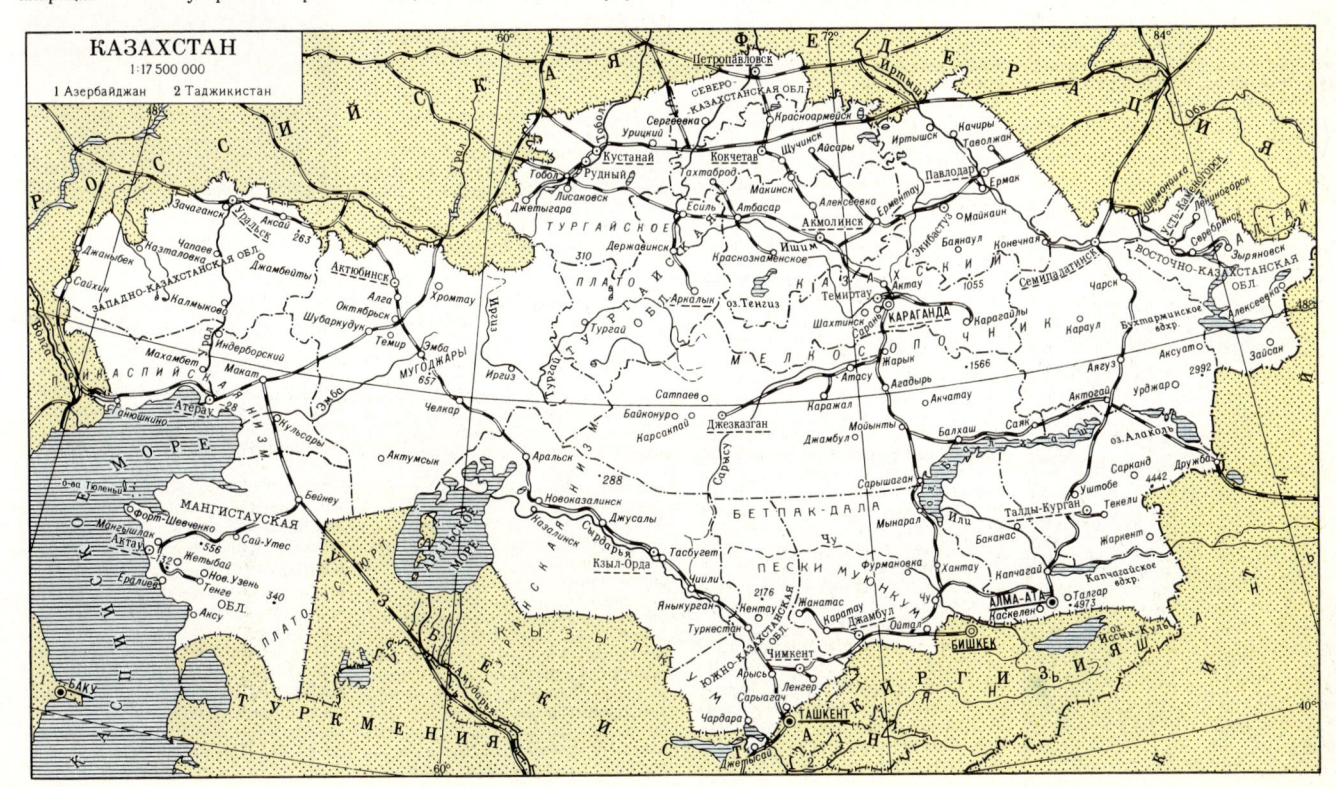

Казачество: 1 — обер-офицер лейб-гвардии Казачьего полка, 1801–09; 2 — казак Сибирского линейного казачьего войска, 1829–38; 3 — казак Уральского казачьего войска, 1885; 4 — Кубанский казак Собственного его императорского величества конвоя, 1911.

итал. музыки. Оперы (в т.ч. камерная «Сказка об Орфее», 1932), балеты, орк. («Партита», 1925) и инстр. сюиты («Скарлаттиана», 1926; «Паганиниана», 1942), симфонии, концерты.

КАЗИМИ́Р III Великий (1310–70), король польский с 1333, последний из династии Пястов. Уступил (1343) Тевтонскому ордену Вост. Поморье, вернул Польше Куявию (1343), Мазовию (1351–53). Захватил Галицкую землю (1349–52), Подолию (1366). Издал сб. законов — Вислицко-Петроковские статуты 1346–47.

КАЗНА́ (тюрк.), ценности, имущество, принадлежащие гос-ву (ранее также королю, князю, герцогу) или орг-ции (напр., войсковая, монастырская К.); место для хранения ценностей.

КАЗНАЧЕ́ЙСКИЕ БИЛЕ́ТЫ, бум. деньги, выпускаемые казначейством, как правило, для покрытия *бюджетного дефицита.* Исторически К.б. не обеспечивались драгоценными металлами и не разменивались на них в отличие от *банковских билетов.* После отмены *золотого стандарта* грань между банковскими и К.б. практически стёрлась.

Каин и Авель. Фрагмент рельефа на фасаде кафедрального собора в Линкольне (Великобритания). Ок. 1145.

КАЗУИ́СТИКА, рассмотрение отд. случаев в их связи с общими принципами (права, морали и т.д.). В теологии (особенно в католицизме) — учение о степени греха применительно к разл. обстоятельствам. Перен. — ловкость, изворотливость в доказательствах (обычно ложных или сомнит. положений); крючкотворство.

КА́ЗУС (лат. casus), 1) случай, происшествие, приключение (обычно смешное, затруднительное, необычайное). 2) В праве — событие или случайное действие, не зависящее от воли лица и, как правило, не влекущее юрид. ответственности.

КАИ́Н, в Библии старший сын Адама и Евы, земледелец. Убил из зависти брата Авеля — «пастыря овец». Проклят Богом за братоубийство и отмечен особым знаком («каинова печать»).

КАИ́Р, столица (с 1922) Египта, на р. Нил. Ок. 11 млн. ж. Важнейший трансп. уз.; междунар. аэропорт. Метрополитен. Металлургич., машиностроит., текст., хим. и др. пром-сть. Ремёсла (изделия из металла, кожи и др.). Ун-ты. Академия иск-в Египта. Музеи (в т.ч. *Египетский музей,* Коптский, исламского иск-ва). Консерватория (осн. 1959). Т-ры: оперы (построен в 1869 в связи с открытием Суэцкого канала), национальный, свободный, кукольный и др. В рим.-визант. эпоху на терр. совр. К. — г. Вавилон, затем Фустат. В 641–969 столица араб. наместников Египта. С 969 правительств. резиденция Фатимидов (Аль-Кахира). В 973–1171 столица гос-ва Фатимидов. В 13 — нач. 16 вв. кр. торг., ремесл. и культурный центр, столица мамлюкских султанов, резиденция последних халифов из династии Аббасидов. В нач. 16 в. захвачен турками-османами. В 1822 оккупирован англ. войсками. В 1914–22 адм. ц. брит. протектората. В К. — св. 400 архит. памятников 4 в. до н.э. — 19 в., в т.ч. мечети Ибн-Тулуна (9 в.), аль-Азхар (10 в.), ворота (11 в.), цитадель (12 в.), многочисл. медресе, мавзолеи мамлюков 15 — нач. 16 вв.

КАИ́ССА, героиня одноим. поэмы англ. шахматного историка и поэта У. Джонса (1746–94). В к-рой бог войны Марс пленился красотой К. и смог добиться взаимности благодаря изобретению шахмат; с сер. 19 в. богиня — покровительница шахмат.

КАЙДАНО́ВСКИЙ Ал. Леон. (р. 1946), рос. киноактёр, режиссёр. Отрицат. персонажи в приключенч. ф.: «Свой среди чужих, чужой среди своих» (1974), «Золотая речка» (1977); психологически более сложные характеры в ф.: «Кто поедет в Трускавец» (1977, т/ф), «Спасатель» (1980), «Рассказ неизвестного человека» (1981). Одна из лучших ролей — в ф. «Сталкер» (1980). Пост. ф.: «Простая смерть» (1988), «Жена керосинщика» (1989).

КА́ЙЗЕР (нем. Kaiser), титул императоров «Священной Рим. империи» (962–1806) и Герм. империи (1871–1918).

КАЙМА́НЫ, общее название 3 родов крокодилов (сем. *аллигаторы*). Брюхо защищено костным панцирем. 6 видов, в водоёмах Центр. и Юж. Америки. Наиб. крупный — чёрный К. (4–5 м) опасен и для человека.

КАЙНОЗО́Й [кайнозойская эратема (эра)] (от греч. kainós — новый и zōé — жизнь), самая молодая группа слоёв *земной коры* и соответствующая ей *эра* геол. истории до современной (см. *Геохронология*). Начался 66 млн. лет назад. Делится на *палеоген, неоген* и *антропоген.* Назв. предложено англ. геологом Дж. Филлипсом в 1841. К. знаменует новый этап в развитии органич. мира: в морях и океанах возникли новые семейства моллюсков и костистых рыб, на суше доминировали разнообразные млекопитающие и птицы, шло развитие покрытосеменных р-ний. В антропогене появился человек. В палеогене климат был значительно мягче современного: в Европе до берегов Балт. м. произрастали тропич. и субтропич. деревья, листопадные деревья преобладали на С. Европы, б.ч. Азии и Сев. Америки. Мировой ок. в палео- и эоцене был тепловодным. В нач. ср. палеогена Антарктида покрылась льдом, что привело к общему охлаждению океанич. вод. В неогене происходило постепенное похолодание, и к нач. антропогена климат стал близок к современному. В антропогене неоднократно отмечались материковые оледенения. В целом структура земной коры была близка к современной. В К. произошли мощные тектонич. движения (т.н. альп. орогенез). Палео- и эоцен были эпохами преимуществ. прогибания земной коры, гл. обр. в складчатых поясах. В олигоцене во многих р-нах началось горообразоват. процессы.

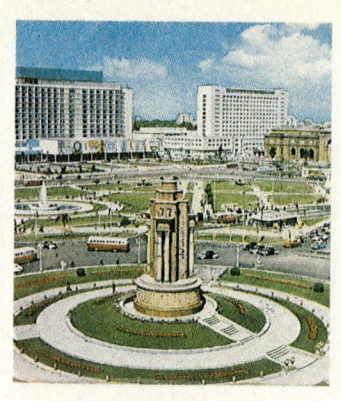

Каир.

апогей к-рых приходится на неоген. В ряде участков проявилась интенсивная сейсмич. деятельность. Отложения К. богаты разл. полезными ископаемыми, но особенно углем и нефтью.

КАКАДУ́, крупные красивые попугаи. Дл. 35–80 см. Оперение обычно чёрное или белое с розовым или жёлтым оттенком, у многих на голове хохол. Ок. 20 видов, гл. обр. в Австралии. Лесные птицы, чаще гнездятся в дуплах. Любителей К. привлекают их забавные приседания и наклоны, игра хохлом, «разговор» и «пение» (могут насвистывать разл. мелодии), привязанность к хозяину. Илл. см. при ст. *Попугаи.*

КАКА́О (шоколадное дерево), вечнозелёное дерево (сем. стеркулиевые). Растёт в тропич. лесах Америки. Культивируется в тропиках обоих полушарий. Мякоть плодов съедобна. Семена содержат алкалоид теобромин, применяемый в медицине, а также до 50% масла, используемого в кондитерской, фарм. и парфюмерной пром-сти. Жмых идёт на изготовление шоколада и порошка какао.

Какао.

КА́КТУСЫ, семейство двудольных многолетних р-ний. Стебли обычно мясистые, сочные, покрыты колючками или волосками, без листьев; выс. от 2–5 см до 10–12 м. Древовидные, кустарниковые и лиановидные формы. Св. 3000 видов, произрастающих гл. обр. в пустынях Америки. Цветки К. часто крупные, ярко окрашенные, душистые. Мякоть стеблей и ягодообразные плоды у мн. видов К. съедобны. Используют как топливо, в стр-ве. Выращивают в комнатах и оранжереях.

КАЛАМБУ́Р (франц. calembour), игра слов, оборот речи, шутка, осн. на комич. обыгрывании звукового сходства разнозначащих слов или словосочетаний («Осип охрип, а Архип осип»).

КАЛА́Н (морская выдра), мор. млекопитающее (сем. куньи). Длина тела до 1,5 м, хвоста до 36 см, масса до 42 кг. Приспособлен к жизни в воде, на суше неуклюж. Обитает в

Кактусы: 1 – цереус; 2 – мамиллярия; 3 – карнегия.

прибрежной зоне сев. части Тихого ок. Питается мор. ежами, моллюсками, рыбой. Густой и красивый мех от рыжего до почти чёрного цвета считается самым ценным. К кон. 19 в. был почти истреблён. Благодаря мерам по охране численность восстанавливается. Промысел северного и курильского К. запрещён.

КАЛАНХО́Э, род преим. тропич. суккулентных (сочных) р-ний (сем. толстянковые). Ок. 100 видов, в тропиках Юж. Африки, Азии, на о. Мадагаскар. Нек-рые виды, часто выделяемые в самостоят. род бриофиллум, – лекарств. и декор. (комнатные и оранжерейные) р-ния.

КАЛАТО́ЗОВ (Калатозишвили) Мих. Конст. (1903–73), кинорежиссёр. Снимал ф. в Тбилиси и Москве. Склонность к яркой поэтич. образности проявилась в ф. «Соль Сванетии» (1930), решённом на док.-этногр. материале. Вершины творчества – ф. «Летят журавли» (1957), получивший всемирное признание. Поиски новых выразит. средств продолжил в ф. «Неотправленное письмо» (1960), «Я – Куба» (1964), «Красная палатка» (1970). Пост. популярную комедию «Верные друзья» (1954).

КАЛАХА́РИ, природная преим. полупустынная область в центр. части Юж. Африки (Ангола, Ботсвана, Замбия, Зимбабве, Намибия, ЮАР). Обширная впадина (выс. 900–1000 м) с эоловыми формами рельефа. К.– область внутр. стока, лишь на С. и Ю. её пересекают рр. Замбези и Оранжевая. Опустыненные саванны, на С.– парковые саванны, на Ю.-З.– песчаные пустыни.

КАЛА́ШНИКОВ Мих. Тим. (р. 1919), рос. конструктор стрелкового оружия. Создал автомат АК (1947), на базе к-рого проведена унификация стрелкового оружия калибра 7,62 мм. АК, модернизир. автомат АКМ, ручной пулемёт РПК, танковый пулемёт ПКТ и др. приняты на вооружение мн. стран. На основе АК в нач. 1970-х гг. создан автомат калибра 5,45 мм.

КА́ЛДОР (Kaldor) Николас (1908–1986), англ. экономист, представитель неокейнсианства. Тр. по проблемам экон. роста, занятости и инфляции.

КАЛЕБА́С, сосуд из плода калебасового дерева или тыквы, нередко украшенный расписным, выжженным или процарапанным узором. Распространены у народов Африки, Юж. Америки, Н. Гвинеи.

«КА́ЛЕВАЛА», карело-фин. эпос о подвигах и приключениях героев сказочной страны Калева. Составлен фин. фольклористом Э. Лёнротом на основе карел., фин. и ижорских рун, дополненных сюжетными линиями из иных фольклорных жанров (заговоров и др.). Первая композиция из 32 рун опубл. в 1835, вторая из 50 рун – в 1849.

«Калевала». Иллюстрация М. Мечева к изданию 1956. Петрозаводск.

КАЛЕ́ДИН Ал. Макс. (1861–1918), один из гл. руководителей белоказачьего движения на Дону в Гражд. войну, ген. от кавалерии (1916). С июня 1917 войсковой атаман Донского казачьего войска. 25.10(7.11).1917 К. возглавил вооруж. выступление, после краха к-рого сложил полномочия атамана; застрелился.

КАЛЕ́ДИН Сер. Евг. (р. 1949), рус. писатель. Острокритич. освещение «закрытых» для сов. лит-ры тем («низы» об-ва в пов. «Смиренное кладбище», 1987; внеуставные отношения в армии в пов. «Стройбат», 1989; сб. повестей «Коридор», 1987) сочетается с утверждением традиц. нравств. ценностей.

КАЛЕДО́НИЯ, древнее название части о. Великобритания, к С. от зал. Ферт-оф-Форт и Ферт-оф-Клайд. В лит-ре нередко используется как поэтич. назв. Шотландии.

КАЛЕЙДОСКО́П (от греч. kalós – красивый, éidos – вид и ...скоп), трубка с зеркальными пластинками и осколками разноцв. стекла, в к-рой можно наблюдать быстро сменяющиеся симметричные цветовые узоры. Изобретён англ. физиком Д. Брюстером в 1817, впоследствии стал дет. игрушкой. Перен. – быстрая смена лиц, событий.

КАЛЕНДА́РНАЯ ПОЭ́ЗИЯ, разновидность *обрядовой поэзии*.

КАЛЕНДА́РЬ (от лат. Calendae – 1-й день месяца у римлян), система счисления больших промежутков времени, осн. на периодичности видимых движений небесных тел. Наиб. распространён солнечный К., в основу к-рого положен солнечный (тропич.) год – промежуток времени между двумя последоват. прохождениями центра Солнца через точку весеннего равноденствия. Совр. К. наз. григорианским (новый стиль), он был введён папой Григорием XIII в 1582 и заменил юлианский К. (старый стиль), к-рый применялся с 45 до н.э. Длина года в григорианском К. меньше, чем в юлианском, и в ср. равна 365,2425 сут, что лишь на 26 с превышает тропич. год. Григорианский К. более точен, поэтому в нём меньше високосных годов, вводимых для устранения расхождения К. со счётом тропич. лет. Началом отсчёта в нём служит «Рождество Христово» (т.н. наша, или новая, эра). В России григорианский К. введён с 14 февр. 1918. Различие между старым и новым стилями составляет: в 18 в. 11 сут, в 19 в. 12 сут и в 20 в. 13 сут. В ряде мусульм. стран пользуются лунным К. (т.н. лунной хиджрой), в к-ром начало календарных месяцев соответствует моментам новолуний. Лунный месяц (синодич.) составляет 29 сут 12 ч 44 мин 2,9 с. 12 таких месяцев дают лунный год в 354 сут, к-рый оказывается на 11 сут короче тропич. года. Т. о., начало лунного года ежегодно переходит на всё более ранние даты солнечного года. Начало мусульм. эры летосчисления приходится на 16 июля 622 (по солнечному календарю). В ряде стран Юго-Вост. Азии, Иране, Израиле существуют разновидности лунно-солнечных К., в к-ром смена фаз Луны согласуется с началом солнечного года. В таких К. важную роль играет период в 19 солнечных лет, равный 235 лунным месяцам (т.н. метонов цикл), начало года не имеет пост. даты по солнечному календарю.

КАЛЕ́НДУЛА, род трав и полукустарников (сем. *сложноцветные*). Св. 20 видов, в осн. в Средиземноморье. Растут в зарослях кустарников, на мор. побережьях, скалах. Возделывают К. лекарственную (ноготки), используемую как дезинфицирующее и успокаивающее средство, а также как пищ. краситель и декор. р-ние.

КА́ЛИ, г. в Колумбии. 1,7 млн. ж. Узел жел. и шос. дорог; междунар. аэропорт. Кож.-обув., сах., текст. пром-сть. Ун-ты. Музей. Осн. в 1536.

КАЛИ́БР (франц. calibre), 1) диаметр снаряда, пули, канала ствола огнестрельного оружия. 2) В метрологии – бесшкальный измерит. прибор (К.-пробка, К.-скоба, К.-шаблон) для контроля размеров, формы и взаимного расположения частей изделия.

КАЛИДА́СА (прибл. 5 в.), инд. поэт, драматург. Писал на санскрите. Лирич. (элегич. поэма «Облаковестник», любовная поэма «Времена года») и эпич. поэмы, фольклорная и эпич. сюжеты в драмах «Малавика и Агнимитра», «Мужеством обретённая Урваши»; всемирно известная классич. драма «Шакунтала, или Перстень-примета».

КА́ЛИЙ (Kalium), К, хим. элемент I гр. периодич. системы, ат.н. 19, ат. м. 39,0983; относится к *щелочным металлам*; $t_{пл}$ 63,51 °С. В живых организмах К.– осн. внутриклеточный катион, участвует в генерации биоэлектрич. потенциалов, поддержании осмотич. давления, в углеводном обмене, синтезе белков. К.– материал катодов, газопоглотитель, в виде сплавов с натрием – теплоноситель в ядерных реакторах, соединения К.– удобрения, др. Открыт англ. учёным Г. Дэви в 1807.

КАЛИ́ЙНЫЕ СО́ЛИ (калиевые соли), содержат K_2O 12–30%. Гл. минералы: сильвин, карналлит, каинит, полигалит и др. Мировые запасы ок. 50 млрд. т. Гл. добывающие страны: Канада, Франция, Германия, США, Белоруссия, Россия.

КАЛИМАНТА́Н (Борнео), самый большой о-в в Малайском арх. (пл. ок. 743 т. км²). Б.ч. в составе Индонезии, на С. и С.-З. – часть Малайзии и гос-во Бруней. В центр. части и на С.-В. – горн. хребты выс. до 4101 м (г. Кинабалу) и плато, на Ю.-З. – холмистые равнины и низменности. Вечнозелёные многоярусные тропич. леса с богатой флорой (ок. 11 тыс. видов) и разнообразной фауной. М-ния нефти и газа. Кр. гг. – Понтианак, Банджармасин.

КАЛИ́НА, род небольших деревьев или кустарников (сем. жимолостные). Ок. 200 видов, в Евразии, Сев. Африке и Америке. Мн. декоративные, напр. бульденеж – культурная форма К. обыкновенной. Плоды этого вида съедобны. Экстракт и отвар коры нек-рых видов К.– кровоостанавливающее средство.

КАЛИ́НИН Мих. Ив. (1875–1946), пред. ВЦИК (с 1919), пред. ЦИК СССР (с 1922), пред. През. ВС СССР (с 1938). Чл. Петерб. «Союза борьбы за освобождение рабочего класса». С 1912 чл. Рус. бюро ЦК РСДРП. Чл. Политбюро ЦК партии с 1926 (канд. с 1919). Входил в ближайшее полит. окружение И.В. Сталина; фактически санкционировал массовые полит. репрессии 1930–40-х гг.

КАЛИНИНГРА́Д (до 1946 Кёнигсберг), г., ц. Калининградской обл., в России, в устье р. Преголя (полуанклав). 410,7 т.ж. Незамерзающий порт на Балт. м. Ж.-д. уз.; аэропорт. База рыбопромыслового и трансп. флота. Маш-ние и металлообработка (вагоны-самосвалы, оборудование эл.-техн., подъёмно-трансп., рыбообрабатывающее и др., судоремонт), целл.-бум., пищ. (в т.ч. рыбоперераб.), лёгкая пром-сть. 3 вуза (в т.ч. ун-т). Музеи: обл., янтаря. Могила И. Канта. Т-ры: драм., юного зрителя, кукол. Осн. в 1255. Готич. собор (14–16 вв.), Биржа (19 в.) и др. До 1945 в составе Германии (Вост. Пруссия), с 1945 в России, в 1946 назван по имени М.И. Калинина.

КАЛИ́ННИКОВ Вас. Сер. (1866–1900/01), рос. композитор. В симф. произв. развивал традиции П.И. Чайковского и композиторов *Могучей кучки*. Выделяются лирич. муз. пейзажи в 1-й симф. (1895), симф. картине «Кедр и пальма» (1898), романсах.

КАЛИТА́ ИВА́Н, см. *Иван I*.

КАЛИФО́РНИЙ (Californium), Cf, искусств. радиоактивный хим. элемент III гр. периодич. системы, ат. н. 98; относится к *актиноидам*. Впервые К. получен амер. физиками С. Томпсоном, К. Стритом, А. Гиорсо и Г. Сиборгом в 1950.

КАЛИФО́РНИЯ, п-ов на З. Сев. Америки (Мексика). Дл. 1200 км, шир. 50–250 км. Омывается Тихим ок. (на З.) и его Калифорнийским зал. (на В.). На В. – вулканич. и кристаллич. массивы (выс. до 3078 м, г. Ла-Энкантада), на З. – ступенчатые плоскогорья и низменности. Пустынная и полупустынная растительность, в горах – участки лесов. Илл. см. на стр. 292.

КА́ЛИЯ ГИДРОКСИ́Д, КОН, кристаллы, $t_{пл}$ 405 °С. Сильное основание, относится к *щелочам*. Применяют К.г. в произ-ве жидкого мыла, при

Калифорния. Побережье.

обработке хлопка, в щелочных аккумуляторах, как поглотитель газов и осушающий агент и др. Вызывает тяжёлые ожоги кожи и слизистых оболочек.

КА́ЛИЯ КАРБОНА́Т (поташ), K_2CO_3, кристаллы, $t_{пл}$ 891 °С. К.к.— компонент шихты в произ-ве оптич. стекла, поглотитель сероводорода, осушающий агент. Используют в фотографии, произ-ве жидких моющих средств, безалкогольных напитков, огнетушащих составов и др.

КА́ЛИЯ НИТРА́Т, KNO_3, кристаллы, $t_{пл}$ 334,5 °С. Встречается в природе (калийная селитра). Применяют К.н. как удобрение, для изготовления чёрного пороха и пиротехн. составов, в произ-ве спичек, для консервирования мясных продуктов.

КА́ЛИЯ ПЕРМАНГАНА́Т, $KMnO_4$, тёмно-фиолетовые кристаллы, разлагается выше 240 °С. К.п. применяют для отбеливания тканей, очистки газов, как компонент ослабляющих растворов в фотографии, аналитич. химии и в медицине как антисептик.

КА́ЛИЯ ЦИАНИ́Д, KCN, кристаллы, $t_{пл}$ 634,5 °С. Используют для извлечения золота и серебра из руд, для очистки платины от серебра, для гальванич. золочения и серебрения, в аналитич. химии и др. Очень токсичен, в старину распространённый яд.

КА́ЛКА (ныне Кальчик), р., приток р. Кальмиус в Донецкой обл. (Украина), на к-рой 31.5.1223 монг.-тат. завоеватели разгромили рус. дружины

М. Каллас в роли Тоски (опера «Тоска» Дж. Пуччини; театр «Ла Скала», Милан).

и половецкий отряд. В 1380 на р. К. хан Золотой Орды Тохтамыш разбил войско темника Мамая.

КА́ЛЛАС (Callas) (наст. фам. Калойеропулу) Мария (1923–77), греч. певица (сопрано). В 1947–65 выступала на сценах крупнейших оперных т-ров мира и в концертах. Спектакли «Ла Скала» с её участием (1950-е гг.) открыли новую эпоху в истории европ. муз. т-ра. Обладала голосом большого диапазона, исключит. артистизмом, в совершенстве владела иск-вом *бельканто*. Прославилась в драм. ролях (Норма, Медея в одноим. операх В. Беллини, Л. Керубини).

КАЛЛО́ (Callot) Жак (1592 или 1593–1635), франц. график. В виртуозных по техн. мастерству офортах сочетал причудливую фантастику и гротеск с острыми реалистич. наблюдениями (2 серии «Бедствий войны», 1632–33).

КАЛМЫ́КИЯ (Республика Калмыкия – Хальмг Тангч), в России. Пл. 76,1 т. км². Нас. 327 т.ч., гор. 46%; калмыки (45,4%), русские (37,7%) и др. Столица – Элиста. 13 р-нов, 3 города, 6 посёлков гор. типа.

Расположена в зап. части Прикаспийской низм., возв. Ергени и Кумо-Манычской впадины; на Ю.-В. омывается Каспийским м. Климат резко континентальный. Ср. темп-ры янв. от –5 до –8 °С, июля 23–26 °С; осадков 170–400 мм в год. Мелкие солёные озёра и лиманы.

Терр. К. заселена калмыками в 17 в., со 2-й пол. 17 в. до 1771 Калм. ханство. В 17–18 вв. вошла в Рос. империю. В 1920 образована Калм. АО (до 1927 ц.– Астрахань). В 1935 преобразована в Калм. АССР. В годы Вел. Отеч. войны (дек. 1942 – янв. 1943) подвергалась нем. оккупации. В 1943 автономия ликвидирована, нас. насильственно выселено. В 1957

Калуга. Дом Золотарёвых – Кологривовой (ныне Краеведческий музей).

Ж. Калло. «Дерево повешенных». Из серии «Большие бедствия войны». Офорт. 1632–33.

автономия калмыков восстановлена (до 1958 Калм. АО). В 1990 ВС республики принял Декларацию о гос. суверенитете. В 1991 учреждён пост президента.

Осн. отрасли пром-сти: маш-ние и металлообработка; пищ. (мясо-молочная, конс., рыбная). Добыча природного газа, нефти и др. Тонкорунное овц-во, мясное скот-во. Посевы зерновых (пшеница) и кормовых культур, подсолнечника. Традиц. виды нар. иск-ва, резьба и роспись по дереву, тиснение кожи, вышивка, обработка серебр. изделий чеканкой, гравировкой, просечной чернью.

КА́ЛОМЕЛЬ (хлорид ртути), Hg_2Cl_2, $t_{пл}$ 525 °С, возгоняется при 383,7 °С. Применяют для изготовления электродов, как антисептик, катализатор и др. Токсична.

КАЛОРИ́ЙНОСТЬ, 1) энергетич. ценность пищ. продуктов или рационов питания: кол-во энергии, аккумулированное в пищ. в-вах; выражается в ккал/100 г (в ед. СИ – в кДж/100 г). 2) К. топлива, то же, что *теплота сгорания*.

КАЛОРИ́МЕТР (от лат. calor – тепло и ...*метр*), прибор для измерения кол-ва *теплоты*, выделяющейся или поглощающейся при разл. физ., хим., биол. или пром. процессах. Используется, напр., для определения теплоты сгорания топлива. Кол-во теплоты чаще всего определяется по изменению темп-ры к.-л. жидкости известной массы, в к-рую опускают образец.

КАЛУ́ГА, г., ц. Калужской обл., в России. 315,5 т.ж. Ж.-д. ст., пристань на р. Ока. Маш-ние (произ-во турбин, тепловозов, насосов, электро- и радиооборудования, приборов и др.), деревообр. (произ-во спичек, мебели, клавишных муз. инстр-тов и др.), лёгкая (в т.ч. обувная), хим. пром-сть. Пед. ин-т. Музеи: краеведч., худ., истории космонавтики имени К.Э. Циолковского и его филиал – мемор. Дом-музей Циолковского. Драм. т-р. Изв. с 1371. В 1607 центр крест. восст. И.И. Болотнико-

Ж. Кальвин. Портрет неизвестного художника. 17 в. Частная коллекция. Женева.

ва. К. живописно расположена на высоких холмах, имеет чёткую планировку, многочисл. культурные и гражд. постройки 17–19 вв., в т.ч. палаты Коробовых (1697), Гостиный двор (18 – нач. 19 вв.), присутственные места (18 в.).

КАЛЫ́М (тюрк.), выкуп за невесту у народов Ср. Азии, Кавказа и Сибири.

КАЛЬВИ́Н (Calvin, Calvinus) Жан (1509–1564), франц. деятель Реформации, основатель кальвинизма. Гл. соч.– «Наставление в христианской вере». Став с 1541 фактич. диктатором Женевы, превратил её в один из центров Реформации. Отличался крайней религ. нетерпимостью.

КАЛЬВИНИ́ЗМ, направление протестантизма, осн. Ж. Кальвином. Из Женевы К. распространился во Францию (гугеноты), Нидерланды, Шотландию и Англию (пуритане). Под влиянием К. проходили нидерл. (16 в.) и англ. (17 в.) рев-ции. Для К. особенно характерны: признание только Священного Писания, исключит. значение доктрины предопределения (исходящая от Божьей воли предустановленность жизни человека, его спасения или осуждения; успех в проф. деятельности служит подтверждением его избранности), отрицание необходимости помощи духовенства в спасении людей, упрощение церковной обрядности (во время богослужения не звучит протяжная духовная музыка, не возжигаются свечи, в церквях отсутствуют настенные изображения). Совр. приверженцы К.– кальвинисты, реформаты, пресвитериане, конгрегационалисты.

КАЛЬДЕ́РА (исп. caldera, букв.– большой котёл), котлообразная впадина с крутыми склонами и ровным дном. Образуется гл. обр. вследствие провала вершины вулкана (вулкан Мауна-Лоа на Гавайях) или при мощных взрывах газов в жерле вулкана (вулкан Асо в Японии). Поперечник К. 20 км и более, глуб. до сотен м. В К. часто образуются озёра.

КАЛЬДЕРО́Н ДЕ ЛА БА́РКА (Calderón de la Barca) Педро (1600–81), исп. драматург. В творчестве, воплотившем трагич. противоречивость мироощущения *барокко* и завершившем «золотой век» исп. театра,– стремление к филос. осмыслению бытия, гуманистич. пафос. «Драмы чести»

П. Кальдерон де ла Барка. Портрет работы Х. де Альфаро. Фрагмент.

(«Стойкий принц», 1628–29; «Врач своей чести», 1637; «Саламейский алькальд», 1651), религ. («Поклонение кресту», 1636) и религ.-филос. («Маг-чудодей», 1637) драмы; комедии. В драме «Жизнь есть сон» (1636) — мотивы иллюзорности жизни, тяга к сверхчувственному, стоич. идеи самообуздания человека.

КАЛЬКУЛЯ́ЦИЯ (от лат. calculatio — счёт, вычисление), исчисление себестоимости произведённой единицы продукции или выполненных работ и услуг.

КАЛЬКУ́ТТА, г. в Индии. В агломерации Б. Калькутта св. 11 млн. ж. Порт в дельте Ганга (грузооборот ок. 10 млн. т в год); междунар. аэропорт. Метрополитен. Джутовая, хл.-бум., хим., полиграф. и др. пром-сть; маш.-ние. Ун-ты (в т. ч. «Рабиндра бхиван»). Осн. в 1690. В 1773–1911 гл. ц. англ. колон. адм-ции в Индии. Родина Р. Тагора (музей «Дом Тагора»).

КА́ЛЬМАН (Kálmán) Имре (1882–1953), венг. композитор. Один из создателей т.н. новой венской оперетты (всего ок. 20), в к-рой использовал мелодии и ритмы стиля *вербункош*: «Королева чардаша» («Сильва», 1915), «Марица» (1924), «Принцесса цирка» (1926), «Фиалка Монмартра» (1930). Жил гл. обр. в Вене, с 1940 в США, с 1948 во Франции.

КАЛЬМА́РЫ, отряд мор. головоногих моллюсков. Туловище торпедообразное, дл. от 2 см до 5 м; длина (вместе с щупальцами) гигантского К. 6–13 м, иногда до 18 м. Масса до 300 кг, иногда до 1 т. Мелководные К. способны менять окраску, глубоководные — почти прозрачные или однотонные. Св. 250 видов, от Арктики

Калькутта. Одна из улиц.

до Антарктики. К. — осн. пища кашалотов и др. мор. ж-ных. Ряд видов — объект промысла (съедобны). Гигантских К. иногда наз. спрутами.

КА́ЛЬЦИЙ (Calcium), Ca, хим. элемент II гр. периодич. системы, ат. н. 20, ат. м. 40,08; относится к *щёлочно-земельным металлам*; $t_{пл}$ 842 °C. Содержится в костной ткани позвоночных, раковинах моллюсков, яичной скорлупе. К. применяют для металлотермич. получения др. металлов, как газопоглотитель, сплав со свинцом — антифрикционный материал в произ-ве подшипников. Впервые получен англ. учёным Г. Дэви в 1808.

КА́ЛЬЦИЯ КАРБИ́Д, CaC_2, кристаллы; $t_{пл}$ 2160 °C. Применяют для получения ацетилена и цианамида кальция (дефолиант для хлопчатника и гербицид для зерновых культур).

КА́ЛЬЦИЯ КАРБОНА́Т, $CaCO_3$, кристаллы; $t_{пл}$ 1330 °C. В природе — минерал кальцит, являющийся главным породообразующим минералом известняка, мела и мрамора. Природный К. к.— строит. материал, сырьё для получения извести; из прозрачной разновидности кальцита (исландский шпат) изготовляют оптич. поляризационные призмы; синтетич. К. к.— наполнитель бумаги и резины, его используют для получения зубного порошка и косметич. препаратов.

КАЛЬЯ́Н (перс.), прибор для курения табака в странах Азии и Африки. Состоит из трубки с табаком, ниж. конец к-рой опущен в сосуд с водой, и шланга или трубки, введённых в сосуд выше уровня воды; вдыхаемый дым проходит через воду и очищается.

КАЛЬЯ́О, г. в Перу, близ Лимы. 572 т.ж. Порт в бухте Кальяо Тихого ок. Цв. металлургия, судостроение, хим., нефтеперераб., текст. пром-сть. Ун-т. Воен.-ист. музей. Осн. в 1537.

КАЛЯ́ГИН Ал-др Ал-др. (р. 1942), актёр. На сцене с 1965, с 1971 во

А.А. Калягин и **Е.К. Глушенко** в фильме «Неоконченная пьеса для механического пианино».

МХАТе (с 1989 МХАТ имени А.П. Чехова). Основатель и руководитель драм. т-ра «Et cetera» (с 1993). К. доступны драма и фарс, «иск-во переживания» и «иск-во представления», тонкая психол. игра на полутонах и откровенные лицедейство: В.И. Ленин («Так победим!» М.Ф. Шатрова, 1981), Оргон («Тартюф» Мольера, 1981), Протасов («Живой труп» Л.Н. Толстого, 1982), Симон («Тамада» А.В. Галина, 1986) и др. Снимался в ф.: «Неоконченная пьеса для механического пианино» (1977) и др.

КАЛЯ́ЕВ Ив. Платонович (1877–1905), чл. Петербургского «Союза борьбы за освобождение рабочего класса» (с 1898), с 1903 эсер, чл. Боевой орг-ции эсеров. 4.2.1905 убил бомбой моск. ген.-губернатора вел. кн. Сергея Александровича. Повешен.

КА́МА, р. в Европ. части России, левый, самый кр. приток Волги. Дл. 1805 км. Истоки на Верхнекамской возв., впадает в Куйбышевское вдхр. Гл. притоки: Вятка, Белая, Чусовая, Вишера. Молевой сплав леса по К. и притокам до сплоточного рейда Керчевский; ниже — регулярное судох-во. На К.— Камская, Воткинская, Нижнекамская ГЭС; гг. Соликамск, Березники, Пермь, Набережные Челны.

КАМА́КУРА, г. в Японии, на о. Хонсю. 175 т.ж. Осн. на месте др.-япон. столицы. Кинопром-сть. Маш-ние. Произ-во худ. изделий. К.— город-музей, в к-ром традиц. застройка сочетается с современной. Многочисл. будд. и синтоистские храмы (Хасээра, осн. в 8 в., и др.). Гигантская бронз. статуя Будды (выс. 11,5 м; 1252). Музей нац. сокровищ и др. Центр паломничества буддистов и туризма.

КАМАРИ́ЛЬЯ (исп. camarilla, от cámara — палата, двор монарха), придворная клика, заправляющая делами гос-ва в своекорыстных целях. Термин «К.» вошёл в обиход при исп. короле Фердинанде VII (правил в 1808, 1814–33).

КАМА́РИНСКАЯ, рус. нар. плясовая песня шуточного характера. Использована М.И. Глинкой в орк. произв. «Камаринская».

КА́МБАЛЫ, отряд рыб. Тело плоское, асимметрично сжатое, глаза на одной стороне. Дл. от 6 см до 4,7 м, масса до 330 кг (белокорый палтус). Ок. 500 видов, гл. обр. в морях Мирового ок. (кроме Антарктики); донные рыбы. Ценный объект промысла.

КАМБО́ДЖА (Королевство Камбоджа), в Юго-Вост. Азии, на Ю. п-ова Индокитай, омывается водами Сиамского зал. Пл. 181 т. км². Нас. св. 9,3 млн. ч., св. 80% кхмеры. Офиц. яз.— кхмерский. Гос. религия — буддизм. К.— конституц. монархия во главе с королём. Законодат. орган — Нац. собрание. Столица — Пномпень. Адм.-терр. деление: 19 пров. (кхэтов) и 2 города центр. подчинения (Пномпень и Сиануквиль). Ден. единица — риель.
Б.ч. поверхности — низменность в ниж. течении р. Меконг; на З.— горы Кравань (выс. до 1813 м). Климат тропич. муссонный. Темп-ры 26–30°C; осадков 750–2000 мм в год. Озеро Тонлесап. Тропич. леса, саванны.
Древнейшее гос-во на терр. К.— Фунань (1–6 вв., в это же время начал распространяться буддизм), в 6–8 вв. Ченла, в 9–13 вв. Камбуджадеша (крупнейшее гос-во Юго-Вост. Азии). В 14–19 вв. неоднократно вторгались сиамские войска. В 1863 Франция навязала кор-ву К. договор о протекторате, по договору 1884 К.— фактически колония Франции. В 1940–45 под япон. оккупацией. В 1953 добилась независимости. В 1975 — янв. 1979 у власти левацкая группировка «красные кхмеры», установившая диктаторский режим (число жертв составило ок. 1 млн.ч.). В 1979 режим был свергнут. В 1991 в Париже подписано соглашение о всеобъемлющем полит. урегулировании в К. В 1993 принята

КАМБОДЖА
1 : 25 000 000

новая конституция страны, восстановлена монархия во главе с королём Нородомом Сиануком.
К.— агр. страна. ВНП на д. нас. 130 долл. в год. Преобладают мелкое землевладение и первичные формы кооперирования. Гл. прод. культура — рис (½ обрабат. земель), возделывают кукурузу, маниок, бобовые; из технических — табак, хлопчатник, джут, каучуконосы (одна из статей экспорта), масличные, пряности. Жив-во (кр. рог. скот, буйволы — в осн. как тягловая сила, свиньи). Рыб-во (в т.ч. на экспорт), гл. обр. в оз. Тонлесап. Заготовки (на экспорт) древесины (сандал, тик, палисандр, чёрное и красное дерево и др.). Пр-тия по переработке с.-х. сырья, древесины, рыбы. Переработка натурального каучука. Мелкие пр-тия по произ-ву с.-х. инвентаря, цем., хим., текст., лесобум. и др. Небольшая добыча жел. руды, фосфоритов, руд цв. металлов и золота. Куст. промыслы.

КАМЕ́ДИ (гумми), высокомол. углеводы, выделяемые нек-рыми древесными р-ниями (вишня, слива, акация и др.) при их механич. повреждениях и заболеваниях. Используют гл. обр. как клей, для стабилизации эмульсий и суспензий, произ-ва искусств. волокна и др.

КАМЕ́ЛИЯ, род вечнозелёных деревьев и кустарников (сем. чайные). Ок. 80 видов, в тропиках и субтропиках Азии. Декоративны (цветки чаще белые или красные), выращивают в оранжереях и комнатах, а также

Камелия сасанква.

в открытом грунте (в т.ч. в Крыму и на Кавказе). К роду К. часто относят чайный куст (*чай*).

КА́МЕНЕВ (наст. фам. Розенфельд) Лев Бор. (1883–1936), полит. деятель. Накануне Октябрьской революции выступил против вооружённого восстания. Избран пред. 2-го съезда Советов рабочих и солдатских депутатов. В нояб. 1917 пред. ВЦИК. В 1918–26 пред. Моссовета. В апр. 1922 предложил назначить И.В. Сталина ген. секр. ЦК РКП(б). Вместе со Сталиным и Г.Е. Зиновьевым вёл борьбу против Л.Д. Троцкого. В 1923–26 зам. пред. СНК СССР; в 1922–24 зам. пред., в 1924–26 пред. СТО. В 1923–26 дир. Ин-та В.И. Ленина, затем на адм. и дипл. работе, в т.ч. дир. Ин-та мировой лит-ры. В 1925–27 участник «новой» («ленинградской») оппозиции. Чл. ЦК партии в 1917–27, чл. Политбюро ЦК ВКП(б) (1919–26). В 1935 арестован, в 1936 расстрелян.

КА́МЕНЕВ Сер. Сер. (1881–1936), командарм 1-го ранга (1935), воен. теоретик. Участник 1-й мир. войны, полковник. Участник Гражд. войны; команд. Вост. фр.; в 1919–24 главнокоманд. вооруж. силами Республики, затем нач. Штаба РККА, зам. наркома по воен. и мор. делам и зам. пред. РВС СССР, с 1934 нач. Управления ПВО РККА. Руководил арктич. экспедицией и спасением экипажа «Челюскина». Тр. по воен. иск-ву и воен. стр-ву, истории Гражд. войны.

КА́МЕНЕЦ-ПОДО́ЛЬСКИЙ, г. в Хмельницкой обл., на Украине. 102 т.ж. Ж.-д. ст. Маш-ние (приборы, автоагрегаты, с.-х. машины и др.), лёгкая, пищевкус. и др. пром-сть. 2 вуза. Осн. в кон. 11 в. С 14 в. в составе Литвы и Польши, с 1793 – России. Старый город с многочисл. церквами, костёлами, монастырями 14–16 вв. и замок (Старая крепость; 14–18 вв.) – Ист.-архит. музей-заповедник.

КАМЕННОУ́ГОЛЬНАЯ СМОЛА́, чёрный жидкий продукт коксования кам. углей; сложная смесь органич. соединений. Сырьё для получения фенолов, нафталина, антрацена, разл. гетероциклич. соед., техн. масел, пека.

КА́МЕННЫЕ БА́БЫ, кам. изваяния человека (воинов, женщин) в степях Евразии. Датируются начиная с бронз. века и кончая 13–14 вв.

Каменные бабы: слева – каменное изваяние с Алтая, 6–7 вв.; справа – каменные изваяния из южнорусских степей, 11 в.

КА́МЕННЫЙ ВЕК, древнейший период в истории человечества (прибл. св. 2 млн. – 6 тыс. лет назад), когда орудия и оружие изготовлялись из камня, дерева и кости. К.в. делится на древний (*палеолит*), средний (*мезолит*) и новый (*неолит*). Люди К.в. занимались собирательством, охотой, рыб-вом; в неолите появились мотыжное земледелие и скот-во.

КА́МЕННЫЙ У́ГОЛЬ, см. *Угли ископаемые*.

КА́МЕРА-ОБСКУ́РА (от лат. obscurus – тёмный) тёмная камера (коробка), куда свет проникает через очень маленькое отверстие в одной из

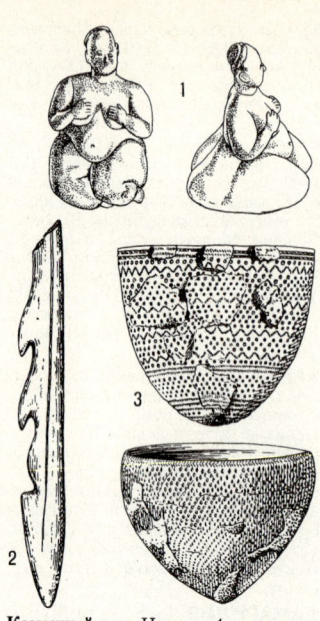

Каменный век. Неолит: 1 – женские статуэтки из глины; 2 – гарпун из рога; 3 – глиняная посуда с ямочным орнаментом.

стенок, высвечивая на противоположной стенке, как на экране, перевёрнутое изображение предметов, находящихся снаружи перед отверстием. Известна араб. учёным кон. 10 в. Ею пользовались Леонардо да Винчи и И. Ньютон. К.-о. послужила прототипом *фотографического аппарата*.

КА́МЕРЛИНГ-О́ННЕС (Kamerling Onnes) Хейке (1853–1926), нидерл. физик. Организовал Лейденскую криогенную лаб. (ныне носит имя К.-О.), где впервые достиг темп-р, близких к абс. нулю, получил жидкий гелий, исследовал свойства мн. в-в при низких темп-рах и открыл *сверхпроводимость*. Ноб. пр. (1913).

КА́МЕРНАЯ МУ́ЗЫКА, инстр. и(или) вок. музыка для небольшого состава исполнителей (сольные соч., разл. рода ансамбли) и произв. для т.н. камерного оркестра (т.е. для небольшого числа струн. инстр-тов с клавесином, духовыми, ныне также ударными).

КА́МЕРОН (Cameron) Чарлз (1730-е гг. – 1812), архитектор; представитель классицизма. Шотландец по происхождению, с 1779 работал в России. Постройки (комплекс «Висячего сада», «Агатовых комнат», «Холодных бань» и Камероновой гал.» в Царском Селе, 1780–93; дворец, 1782–86, и парковые павильоны в Павловске) отличаются гармонич-

Ч. Камерон. «Камеронова галерея» в Царском Селе (ныне г. Пушкин).

ностью, изяществом пропорций и отделки интерьеров.

КАМЕРТО́Н (нем. Kammerton), прибор (самозвучащий вибратор), производящий звук, служащий эталоном высоты при настройке муз. инстр-тов, для хорового пения. Стандартная частота тона ля первой октавы 440 Гц.

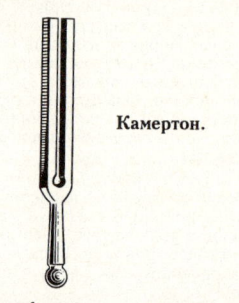

Камертон.

КАМЕРУ́Н, вулканич. массив в Африке (Камерун), у берегов Гвинейского зал. Выс. 4070 м (вулкан Камерун). На склонах К. выпадает наиб. в Африке кол-во осадков (ок. 10000 мм в год).

КАМЕРУ́Н (Республика Камерун), гос-во в Центр. Африке, омывается Атлантич. ок. Пл. 475,4 т. км². Нас. ок. 13 млн. ч., фанг, бамилеке, фульбе, дуала и др. Офиц. яз. – французский и английский. Ок. 45% нас. придерживается местных традиц. верований, 35% – христиане, 20% – мусульмане. Глава гос-ва – президент. Законодат. орган – однопалатное Нац. собрание. Столица – Яунде.

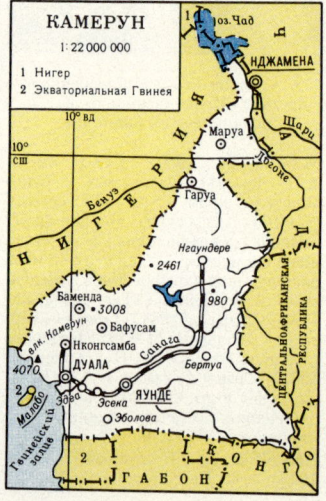

КАМЕРУН
1:22 000 000
1 Нигер
2 Экваториальная Гвинея

Камерун. Сельское поселение.

Адм.-терр. деление: 10 провинций. Ден. единица – франк КФА.

Большая часть К. – плоскогорья, в центре – плато Адамауа (3008 м). На Ю.-З. – г. Камерун (4070 м). Климат на Ю. экв., на С. экв.-муссонный. Ср.-мес. темп-ры от 22 °C на Ю. до 33 °C на С.; осадков в год от 500 мм на С. до 10 000 мм на склонах г. Камерун. Гл. река – Санага. На Ю. – тропич. леса, на С. – саванны.

С кон. 19 в. К. – протекторат Германии. В 1916 терр. К. была разделена между Францией (Вост. К.) и Великобританией (Зап. К.); в 1946 разделён на Сев. и Южн. К. С 1922 Вост. К. и Зап. К. мандатные (с 1946 подопечные) терр. соотв. Франции и Великобритании. В янв. 1960 Вост. К. провозглашён независимым гос-вом, с к-рым в результате референдума объединилась в 1961 Южн. К. (образовалась Федеральная Респ. К.). Сев. К. был присоединён в 1961 к Нигерии. В 1990 введена многопарт. система.

К. – агр. страна. ВНП на д. нас. 820 долл. в год. Основа экономики К. – с. х-во, специализирующееся на произ-ве экспортных культур (какао-бобы, кофе, бананы, продукты масличной пальмы и др.). Выращивают также каучуконосы, маниок, просо, рис, кукурузу. Кочевое и полукочевое скот-во, свин-во. Экспорт гл. обр. необработанных шкур и кож. Неск. тыс. голов кр. рог. скота ежегодно перегоняется для продажи в Нигерию. Добыча нефти, олов. руды, кианита. В пром-сти преобладают отрасли по обработке с.-х. сырья и древесины (особо ценных пород). Нефтепереб. пр-тия. Алюм., цем. з-ды.

КАМЕ́Я (франц. camée), резной камень (*гемма*) с выпуклым изображением.

Камея с портретами Клавдия, Германика и их супруг. Сер. 1 в. Музей истории искусств. Вена.

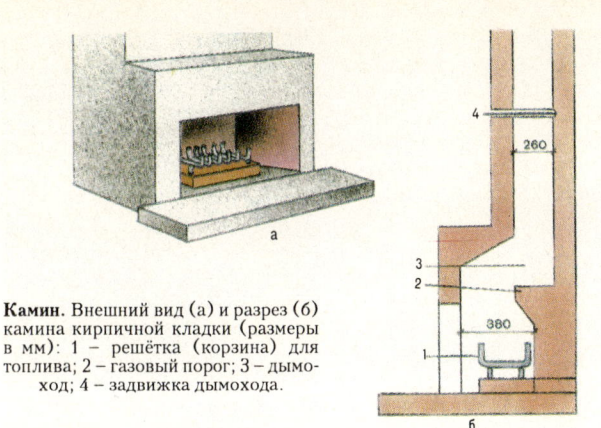

Камин. Внешний вид (а) и разрез (б) камина кирпичной кладки (размеры в мм): 1 — решётка (корзина) для топлива; 2 — газовый порог; 3 — дымоход; 4 — задвижка дымохода.

Кампала. Вид части города.

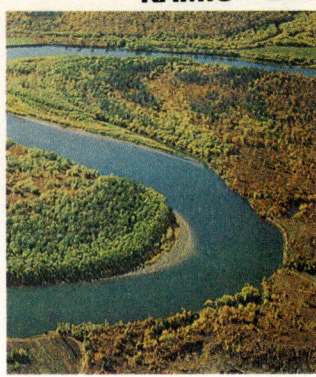

Камчатка. Река Авача.

КАМИЛА́ВКА (от позднегреч. kamēláuka, от греч. kámēlos — верблюд), цилиндрич., расширяющийся кверху головной убор, часть облачения православного духовенства; первоначально из верблюжьей шерсти; чёрного цвета. В России фиолетовая К.— награда белого духовенства.

КАМИ́Н (от греч. káminos — печь, очаг), пристенная печь с открытой топкой в виде ниши и прямым дымоходом; нагревает помещение гл. обр. за счёт теплового излучения огня при сгорании дров или угля. Сооружаются из кирпича, камня, листовой стали, бетона и др. Широко распространены также электрич. К., в к-рых источником тепла служат раскалённые проволочные спирали или трубчатые электронагреват. элементы — ТЭНы (как в электроплитках).

КАМЛА́НИЕ, см. в ст. *Шаманство*.

КА́ММИННГС (Cummings) Эдуард Эстлин (1894–1962), амер. поэт. Лирик-урбанист, близок к футуризму; стремился передать красоту техн. форм, склонялся к эстетич. примитивизму, экспериментировал над пространственным расположением текста и графикой слов (сб. «100 избранных стихотворений», 1959). Роман о 1-й мир. войне «Огромная камера» (1922); драмы («Ему», 1927). Отвергал амер. образ жизни за механистичность и стадный культ житейского успеха. Осудил увиденное в СССР (в 1931) в кн. очерков «Я есмь» (1933).

КАМНЕЛО́МКА, род трав (сем. камнеломковые). Ок. 350 видов, в умеренном и холодном поясах Сев. полушария, а также в Андах. Растут часто в трещинах скал (отсюда назв.). Многие виды выращивают как декоративные.

КАМНЕТО́ЧЦЫ, группа мор. двустворчатых моллюсков, протачивающих ходы в тв. породах. Раковина подвижная, крепкая, с острыми шиповатыми рёбрами. Распространены в Сев. полушарии. Обитают в ходах (глуб. до 30 см). Причиняют ущерб прибрежным и гидротехн. сооружениям, вызывают оползни и осадку грунта. К. наз. также нек-рых др. мор. ж-ных (губки, нек-рые черви и ракообразные, мор. ежи).

КА́МОВ Ник. Ил. (1902–73), авиаконструктор; основоположник стр-ва в СССР вертолётов соосной схемы (2 несущих винта вращаются вокруг общей оси в противоположные стороны). К. создал серию вертолётов гражд. и воен. назначения, обладавших высокими лётно-техн. характеристиками (на них установлено ок. 10 мировых рекордов). К. был разработан также винтокрыл (комбинация самолёта с вертолётом; на нём установлено 8 мировых рекордов), аэросани.

КАМО́ЭНС (Камоинш) (Camões) Луиш ди (1524 или 1525–1580), португ. поэт. Лирич. стихи, сонеты, сатиры, комедии («Филодемо», опубл. в 1587; «Царь Селевк», опубл. в 1645) в духе Возрождения. В эпич. поэме о плавании в Индию Васко да Гамы «Лузиады» (1572) — прославление героич. истории Португалии, вера в безграничное могущество человеческого духа.

Л. ди Камоэнс. Портрет работы Ф. Гомиша.

Камчатка. Группа вулканов.

КАМПА́ЛА, столица (с 1962) Уганды, близ сев. побережья оз. Виктория. 773 т.ж. Междунар. аэропорт. Пищевкус., текст., металлообр. пром-сть. Ун-т. Нац. музей Уганды. Т-ры: нац., «Тиэтр лимитед» и др. Центр археол. исследований. Осн. в 1890.

КАМПАНЕ́ЛЛА (Campanella) Томмазо (1568–1639), итал. филосов, поэт, полит. деятель; создатель коммунистич. утопии; монах-доминиканец. В 1598–99 возглавил в Калабрии заговор против исп. владычества, был схвачен, ок. 27 лет провёл в тюрьмах, где создал десятки соч. по философии, политике, астрономии, медицине, в т.ч. «Город солнца» (1602, опубл. в 1623) — произв. в форме рассказа мореплавателя об идеальной общине (в рамках всемирной теократии), руководимой учёно-жреч. кастой и характеризующейся отсутствием частной собственности, семьи, гос. воспитанием детей, общеобязат. трудом при 4-час. рабочем дне, развитием науки и просвещения. Автор канцон, мадригалов, сонетов.

КАМПАНИ́ЛА (итал. campanile), в итал. архитектуре ср. веков и Возрождения 4-гранная или круглая башня-колокольня, обычно стоящая отдельно от церкви.

КАМЧА́ТКА, п-ов на севере Д. Востока, в России. Омывается Тихим ок., Охотским и Беринговым морями. Пл. 370 т. км². Высш. точка — вулкан *Ключевская Сопка* (4750 м). На К.- св. 160 вулканов, из к-рых 28 действующих. Кр. реки: Камчатка, Авача, Большая. Много горячих минер. источников и гейзеров, в т.ч. знаменитая Долина Гейзеров, к-рая входит в состав *Кроноцкого заповедника*.

КАМЫ́Ш, род многолетних трав (сем. осоковые). Св. 250 видов, по всему земному шару, на избыточно увлажнённых местах, в воде рек, озёр, болот. К. озёрный, или куга,— торфообразователь. Нек-рые виды декоративны. К. часто неправильно наз. тростник.

КАМЮ́ (Camus) Альбер (1913–60), франц. писатель и философ-экзистенциалист. Поиски мировоззренч. опор в лишённом Бога и к.-л. смысла мире, иллюзорность безграничной личной свободы в пьесе «Калигула» (1944) и последующих сочинениях. В пов. «Посторонний» (др. назв.— «Чужой», 1942), «Падение» (1956) нигилистич. герой воплощает фатальное бессилие овладеть потоком бытия. Бунт против законов мироздания, стоич. противостояние абсурдному бытию, обязательность нравств. выбора как способа свободного само-

А. Камю.

осуществления личности – сквозные темы произв. К.: роман-притча «Чума» (1947; со скрытым антифашистским и антитоталитаристским подтекстом), филос. эссе «Миф о Сизифе» (1942), «Бунтующий человек» (1951). Публицистика: «Злободневные заметки» (кн. 1–3, 1950–58), «Шведские речи» (1958). Творчество К., питавшееся и социальным критицизмом, стало выразителем трагич. сознания 20 в. Ноб. пр. (1957).

КАН (Cão) Диогу (ок. 1440–86?), португ. мореплаватель. В 1482–84 и 1485–86 совершил 2 эксп., исследовал св. 2500 км Атлантич. побережья Экв. и Юж. Африки, завершил иссл. Гвинейского зал., обнаружил устья рр. Конго и Кунене, доставил первые сведения о гос-ве Конго и пустыне Намиб. Судьба не выяснена: К. либо умер на пути в Португалию, либо вернулся домой. Он опроверг легенду о нестерпимой жаре за экватором, что позволило португальцам приступить к поискам мор. пути в Индию вокруг Африки.

КАНА́ДА, гос-во в Сев. Америке, омывается Атлантич. ок. (на В.), Тихим ок. (на З.) и Сев. Ледовитым ок. (на С.) и их морями. Пл. 9976 т. км². Нас. 28,3 млн.ч., гл. обр. англо-канадцы (44%) и франко-канадцы (ок. 28%); коренное нас.– индейцы и эскимосы. Офиц. яз.– английский и французский. Верующие – протестанты и католики. К. входит в *Содружество* и признаёт главой гос-ва англ. королеву. Пр-во возглавляет премьер-министр. Законодат. орган – двухпалатный парламент (Сенат и Палата общин). Столица – Оттава. К.– федерация в составе 10 пров. и 2 терр. Ден. единица – канадский доллар.

К. занимает сев. часть Америки и примыкающие к ней о-ва, в т.ч. Канадский арктич. арх., о-ва Ньюфаундленд и Ванкувер и др. Вост. часть К.– равнины и плато выс. от 300 до 1500 м. На З.– Кордильеры выс. до 6050 м (г. Логан). Климат б.ч. умеренный и субарктич. Ср. темп-ры янв. от –35 °C на С. до 4 °C на Ю. Тихоокеанского побережья; июля от 21 °C на Ю. до 4 °C на о-вах Канадского Арктич. арх.; осадков в год от 150 мм в сев. части до 1250 мм на Атлантическом и 2500 мм на Тихоокеанском побережьях. Гл. реки – Св. Лаврентия, Макензи, Фрейзер. На Ю.-В.– система Великих озёр (К. принадлежит ⅓ акватории); др. крупные озёра: Б. Медвежье, Б. Невольничье, Виннипег, Атабаска. На С.– арктич. пустыня, тундра, лесотундра, на склонах Кордильер – хвойные и смешанные леса, на Ю.– степи и лесостепи, б.ч. распаханные.

В 16 в. началась франц., в нач. 17 в.– англ. колонизация террито-

Канада. Провинциальный парк Маунт-Робсон. Провинция Британская Колумбия.

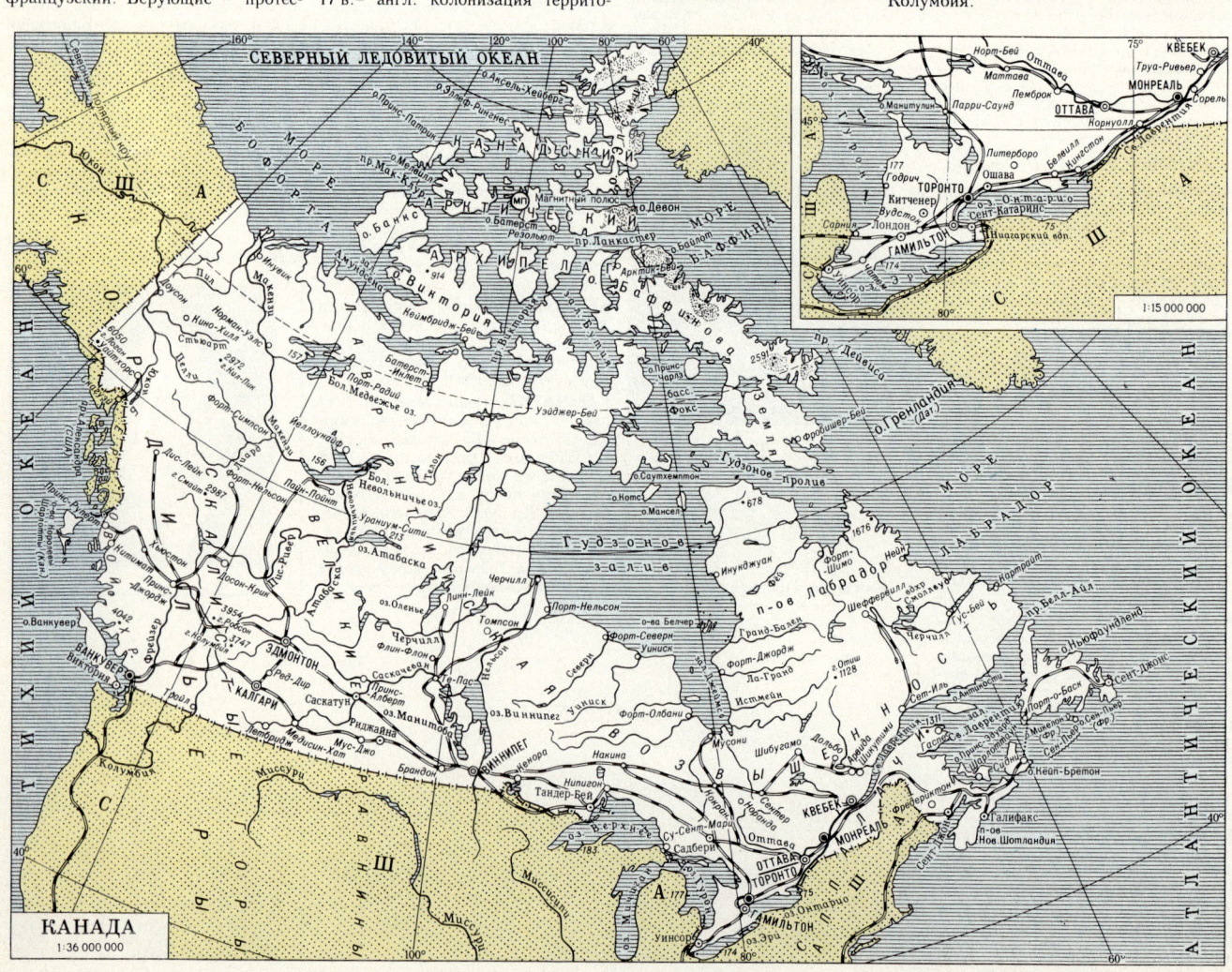

КАНАДА
1:36 000 000

Канада. Водопады на р. Ривер.

рии. К. в 1763 стала англ. колонией, в 1867 (первая из англ. колоний) – *доминионом*. По Вестминстерскому статуту 1931 была расширена компетенция К. в междунар. и внутр. делах. После 2-й мир. войны усилились экон. связи К. и США (при одноврем. ослаблении англ. позиций). С 60—70-х гг. обострилась внутриполит. борьба по вопросам положения франко-канадцев в федерации и статуса пров. Квебек.

К.— высокоразвитая индустр.-агр. страна. ВНП на д. нас. 20 600 долл. в год. К. занимает одно из ведущих мест в мире по добыче калийных солей, асбеста, руд никеля, цинка, урана, серебра, свинца, меди. Значит. добыча руд молибдена, золота, жел. руды, гипса, нефти, природного газа. Цв. (выплавка никеля, алюминия) и чёрная металлургия, электрохим., целл.-бум. (одно из первых мест в мире, св. 20 млн. т бумаги в год), нефтеперераб. и нефтехим. пром-сть. Разнообразное маш-ние. Пищевкус., текст., швейная пром-сть. Гл. с.-х. культура — пшеница. Жив-во

Канал имени Москвы.

Дж. А. Каналетто. «Портелло и канал Брента в Падуе». Национальная галерея. Вашингтон.

(молочное, мясо-шёрстное, птиц-во) даёт 60% стоимости с.-х. продукции. Лесозаготовки. Пушной промысел. Рыб-во. К. занимает одно из ведущих мест в мире по экспорту мороженой рыбы. К. экспортирует автомобили, нефть и нефтепродукты, бумагу и целлюлозу, пшеницу, ячмень, овёс, лён, табак, рапс, природный газ, пром. оборудование, никель, алюминий, медь.

КАНА́ДСКИЙ АРКТИ́ЧЕСКИЙ АРХИПЕЛА́Г, в Сев. Ледовитом ок., на крайнем С. Сев. Америки, в Канаде. Пл. 1,3 млн. км². Нас. неск. тыс. чел., преим. эскимосы. Крупнейшие о-ва: Баффинова Земля, Элсмир, Виктория. Рельеф — холмистые равнины и плато, на В.— горн. массивы выс. до 2926 м (на о. Элсмир). Оледенение (пл. 154 т. км²); на С.— шельфовые ледники. Растительность на С.— арктич. пустыни, на Ю.— тундры. М-ния жел. руды, нефти и газа. Осн. насел. пункты — Фробишер-Бей, Кеймбридж-Бей, Резолют.

КАНА́Л (от лат. canalis — труба, жёлоб), в гидротехнике искусств. русло (водовод) с безнапорным движением воды, устраиваемое в грунте. Различают К.: судоходные (напр., имени Москвы, Суэцкий), энергетич. (напр., на Севанском каскаде), ороси́т., обводнит., осушит., водопроводные (напр., Иртыш — Караганда), лесосплавные, рыбоводные и комплексного назначения.

КАНА́Л МЕЖДУНАРО́ДНЫЙ, искусств. водные пути, используемые для междунар. судоходства. Режим плавания через такие К. (Суэцкий, Панамский, Кильский, Коринфский) регулируется междунар. конвенциями.

КАНА́Л СВЯ́ЗИ, 1) совокупность техн. устройств, обеспечивающих передачу сообщений любого вида от отправителя к получателю, осуществляемую с помощью электрич. сигналов. 2) Полоса частот, время передачи или отличит. признак сигнала (форма, фаза и т.п.), выделяемые или используемые в данной системе связи для передачи сообщений (телефонный, телеграфный, телевизионный и др. К.с.).

КАНАЛЕ́ТТО (Canaletto) (наст. фам. Каналь) Джованни Антонио (1697—1768), итал. живописец. Мастер «ведуты» — пейзажа-панорамы с изображением архит. памятников и ансамблей, гл. обр. Венеции.

КАНАЛИЗА́ЦИЯ, комплекс инж. сооружений, оборудования и сан. мероприятий, обеспечивающих сбор и отведение за пределы насел. пунктов и пром. пр-тий загрязнённых сточных вод, а также их очистку и обеззараживание перед утилизацией и сбросом в водоём.

КАНАРЕ́ЙКА, певчая птица (сем. вьюрки). Дл. 12—14 см. В естеств. условиях распространена на Канарских (отсюда назв.), Азорских о-вах и на о. Мадейра. Песня К.— разл. свистовые и переливчатые трели (ок. 10 колен). В 16 в. завезена в Европу и одомашнена. Выведено много певчих (молодых К. подсаживают к хорошо поющим птицам) и декор. К. разл. окраски (белой, жёлтой, ярко-красной) и экстерьера (хохлатые, курчавые и др.).

КАНА́РСКИЕ ОСТРОВА́, в Атлантич. ок., у сев.-зап. побережья Африки (авт. обл. Испании). Пл. 7,3 т. км². Осн. о-ва: Гран-Канария, Тенерифе, Фуэртевентура, Лансароте

Канарейка дикой окраски.

Потухшие и действующие вулканы. Выс. до 3718 м (вулкан Тейде на о. Тенерифе). Вечнозелёные леса и кустарники; много эндемиков. Приморские климатич. курорты. Адм. ц.— Лас-Пальмас.

КАНБЕ́РРА, столица (с 1927) Австралии. 279 т.ж. Междунар. аэропорт. Пищ., лёгкая, полиграф. пром-сть. Ун-т. Построена специально как столица по плану арх. У. Гриффина (стр-во начато в 1913).

КАНДИ́НСКИЙ Вас. Вас. (1866—1944), рос. живописец и график. Один из основоположников и теоретиков абстрактного иск-ва. Автор экспрессивных, динамич. композиций, построенных на сочетании красочных пятен и ломаных линий («Смутное», 1917). Участвовал в организации об-ва «*Синий всадник*» и Ин-та худ. культуры. В 1907—14 и с 1921 жил за границей.

В.В. Кандинский. «Химерическая импровизация». 1913. Коллекция Иды Бьенерт. Мюнхен.

КАНДИ́НСКИЙ Викт. Хрисанфович (1849—89), рос. психиатр. Дал классич. определение псевдогаллюцинаций. Тр. по проблемам психопатий, применению трудотерапии.

КАНЕ́ТТИ (Canetti) Элиас (1905—94), австр. писатель. С 1938 в Лондоне. В гротескно-сатирич. ром. «Ослепление» (1935), драмах «Свадьба» (1932), «Комедия тщеславия» (1934), многочисл. эссе и острохарактерных миниатюрах (сб. «Слышавший своими ушами», 1974) в притчеобразной форме исследует массовую психологию. В филос.-социол. трактате «Массы и власть» (1960) анализирует природу авторитарной власти. Мемуары (т. 1—3, 1977—85). Ноб. пр. (1981).

КАНКА́Н (франц. cancan, от canard — утка), франц. танец алж. происхождения, 2-дольного размера, быстрого темпа. Характерные па — выбрасывание ноги, прыжки. Распространён с сер. 19 в., широко использовался в классич. *оперетте*, варьете.

КАНН (Канны), крупнейший приморский курорт Франции, на Средиземном м., один из центров Лазурного берега (франц. Ривьеры). 73 т.ж. Междунар. центр туризма. Ежегодные междунар. кинофестивали

А. Канова. Портрет Паолины Боргезе в образе Венеры. Мрамор. 1805—07. Фрагмент. Галерея Боргезе. Рим.

(с 1946) и ярмарки фирм грамзаписи МИДЕМ; 2 казино. К.— центр цветоводства (мимоза), парусного спорта.

КА́ННА, род многолетних р-ний (сем. канновые). Ок. 50 видов, в тропиках Азии, Африки и Америки. Культивируют как декоративные во мн. странах (цветки крупные, яркие; жёлтые, красные, изредка белые). К. съедобную возделывают в Австралии и Африке как крахмалоносное р-ние.

КАННЕЛЮ́РЫ (франц. cannelures), вертикальные желобки на стволе колонны или пилястры.

КАННИБАЛИ́ЗМ (от франц. cannibale — людоед), поедание человеческого мяса, распространено у первобытных народов. Бытовой К. практиковался на древнейшей стадии кам. века, с увеличением пищ. ресурсов сохранился лишь как исключит., вызванное голодом явление. Религ. К. сохранялся дольше, выражался в поедании разл. частей тела убитых врагов, умерших сородичей; был основан на убеждении, что сила и др. свойства убитого переходили к поедающему.

КАННИБАЛИ́ЗМ (биол.), поедание ж-ными особей своего вида. Обычно наблюдается при переуплотнении популяции, недостатке пищи, воды и др. Напр., мн. рыбы поедают своих мальков, самки волка и рыси — свой приплод. Самки каракурта и богомола съедают оплодотворивших их самцов (постоянная К.).

КАННИЦЦА́РО (Cannizzaro) Станислао (1826—1910), итал. химик, один из основателей атомно-мол. теории. Разграничил понятия «атом», «эквивалент» и «молекула» (1858).

КА́ННЫ, селение в Юго-Вост. Италии. Около К. 2.8.216 до н.э. во время 2-й Пунич. войны карфагенская армия разбила рим. войска под команд. консула Т. Варрона. К. вошли в историю воен. иск-ва как образец полного разгрома противника путём его окружения меньшими силами.

КАНО́ВА (Canova) Антонио (1757—1822), итал. скульптор, представитель *классицизма*. Автор эффектных надгробий (папы Климента XIII, 1792), мифол. статуй («Амур и Психея», 1793), идеализир. портретов знати.

КАНО́Н (от греч. kanōn — норма, правило), свод положений, имеющих обязат. характер: 1) библейский К.— совокупность книг Библии, признаваемых церковью «боговдохновенными» и применяемых в богослужении в качестве Священного Писания; 2) церк. К.— правила в области догматики, культа, организации церкви, возведённые христ. церковью в закон; 3) К. в иск-ве — система стилистич., иконографич. и др. норм, господствующих в иск-ве к.-л. периода или направления; произв., служащие нормативным образцом; 4) жанровая форма визант. литургич. поэзии и певч. иск-ва, вид церк. поэмы-гимна сложной конструкции; состоит из 9 песен, каждая из к-рых поётся по определ. мелодич. модели (ирмосу). Пришёл на смену *кондаку* в кон. 7 в. («Великий канон» Андрея Критского); на Руси с 11 в.; 5) муз. К.— полифонич. форма, основанная на точной *имитации*, при к-рой мелодия в данном голосе вступает до её окончания в др. голосе; 6) (перен.) всё, что твёрдо установлено, стало общепринятым.

КАНОНИЗА́ЦИЯ (от греч. kanonizō), в католич. и православ. церквях акт причисления к.-л. лица к числу святых.

КАНО́ССА, замок в Сев. Италии, где в 1077 отлучённый от церкви и низложенный имп. «Священной Рим. империи» Генрих IV вымаливал прощение у своего противника, папы Григория VII. Перен.— «идти в К.» — согласиться на унизит. капитуляцию.

КАНО́Э (исп. canoa — челнок; заимствование из карибских яз.), 1) лодка индейцев Сев. Америки из целого ствола дерева или дерев. каркас, обтянутый кожей; без уключин с однолопастными вёслами. Вместимость 2—100 чел. 2) Спорт. лодка.

КАНТ (Kant) Иммануил (1724—1804), родоначальник нем. классич. философии. В 1755—96 преподавал в Кёнигсбергском ун-те. В 1747—55 разработал космогонич. гипотезу происхождения Солнечной системы из первонач. туманности («Всеобщая естественная история и теория неба», 1755). В развитой с 1770 «критич. философии» («Критика чистого разума», 1781; «Критика практического разума», 1788; «Критика способности суждения», 1790) выступил против догматизма умозрительной метафизики и скептицизма с дуалистич. учением о непознаваемых «вещах в себе» (объективный источник ощущений) и познаваемых явлениях, образующих сферу бесконечного возможного опыта. Условие познания — общезначимые априорные (см. *Априори*) формы, упорядочивающие хаос ощущений. Идеи Бога, свободы, бессмертия, недоказуемые теоретически, являются, однако, постулатами «практич. разума», необходимой предпосылкой нравственности. Центр. принцип этики К., основанный на понятии долга,— категорический императив. Учение К. об антиномиях теоретич. разума сыграло большую роль в развитии диалектики.

КАНТ (от лат. cantus — пение, песня), многоголосная песня, распространённая в России, Белоруссии и на Украине в 17—18 вв. Осн. вид — «виватный К.» — торжеств.-гимнич. характера, преим. 3-голосный, сложившийся в рус. музыке в эпоху Петра I и исполнявшийся гл. обр. во время придворных празднеств.

КАНТА́ТА (итал. cantata, от cantare — петь), обычно многочастное произв. для солистов, хора и оркестра; жанр вок.-инстр. музыки. Близка *оратории*. Возникла в 17 в. Вершина жанра — в творчестве И.С. Баха (сохранилось ок. 200 духовных К., св. 20 светских, в т.ч. «Кофейная», «Крестьянская»), в рус. музыке — «Иоанн Дамаскин» С.И. Танеева, «Александр Невский» С.С. Прокофьева.

КА́НТЕ ФЛАМЕ́НКО, фламенко (исп. cante flamenco), группа сольных песен-танцев Юж. Испании андалусского происхождения. Характерны любовное содержание, особый эмоц. стиль пения (древнейший слой наз. канте хондо — «глубинное пение»), разнообразие ритмов (прищёлкивание пальцев, дробь каблуков — сапатеадо, игра на кастаньетах); гл. инстр-т — гитара. Среди осн. видов — тона, поло, сигирийя, солеарес, *фанданго*. Стиль К.ф. нашёл отражение в композиторском творчестве (М. де Фалья).

Канте фламенко.

КАНТЕМИ́Р Антиох Дм. (1708—44), князь, рус. поэт, дипломат. Сын Д.К. Кантемира. Просветитель-рационалист, один из основоположников рус. *классицизма* в жанре стихотв. сатиры.

КАНТЕМИ́Р (Cantemir) Дм. Конст. (1673—1723), молд. господарь (с 1710), светлейший князь (с 1711); учёный, писатель и полит. деятель. Участник Прутского похода, с 1711 в России, советник Петра I. Участник Персидского похода 1722—23. Тр. по истории и географии Молдавии, Османской империи и др. Автор аллегорич. ром. «Иероглифическая история» (1704—05, изд. 1883) из истории Молдавии и Валахии нач. 18 в.

КАНТЕМИ́РОВЫ, семья сев.-осет. артистов цирка, наездников-джигитов. Алибек Тузарович (1882—1975), создатель и руководитель кон. ансам- бля «Джигиты Али-Бек» (др. назв.— «Кантемировы»), в выступлениях к-рого, отличающихся яркой зрелищностью, развиваются традиции нар. конно-спорт. игр. Его сын Ирбек Алибекович (р. 1928), наездник и педагог-тренер.

КА́НТОР (Cantor) Георг (1845—1918), нем. математик. Разработал основы т.н. теории множеств — совокупностей объектов произвольной природы, рассматриваемых как одно целое. Идеи К. оказали большое влияние на развитие математики.

КА́НТОР (от лат. cantor — певец), певчий в католич. церкви; учитель музыки, дирижёр хора, органист и церк. композитор у протестантов (И.С. Бах и др.); в синагоге — гл.певец (также наз. хазан).

КАНТОРО́ВИЧ Леон. Вит. (1912—1986), математик и экономист. Осн. тр. по функциональному анализу, вычислит. математике. Положил начало линейному программированию. Один из создателей в СССР теории оптим. планирования и управления нар. х-вом, теории оптим. использования сырьевых ресурсов. Ноб. пр. (1975).

КА́НТРИ (от англ. country music), в широком смысле — пласт традиц. сел. песенно-танц. культуры Великобритании и белого населения США (гл. обр. Юга и Ср. Запада); в узком — область амер. популярной музыки 20 в., осн. на традициях этой культуры. Включает нар. и авторские песни, баллады, религ. гимны, инстр. пьесы, танцы. Типичные инстр-ты — скрипка, банджо, мандолина, гитары разл. видов, контрабас, губная гармоника, аккордеон. Для ансамблей К. (2—10 чел.) характерно специфич. «носовое» пение в высокой *тесситуре*, последоват. чередование солистов в вок. и инстр. эпизодах.

КАНЦО́НА (итал. canzone, букв.— песня), многоголосная песня 16 в. в Италии в нар. духе, близкая фроттоле, или её инстр. переложение. В кон. 16—18 вв. инстр. пьеса типа *ричеркара*, *фуги* (Дж. Фрескобальди, Д. Букстехуде, И.С. Бах). В 19 в. пьеса лирич. характера.

КАНЧЕ́ЛИ Гия (Георг. Ал-др.) (р. 1935), груз. композитор. 7 симфоний (1967—86), образующих макроцикл, посв. судьбе красоты в дисгармонии совр. мира. Оп. «Музыка для живых» (1984), музыка к спектаклям драм. т-ра, к ф. «Не горюй» (1969), «Мимино» (1977) и др.

КАНЬО́Н (исп. cañón), глубокая речная долина с очень крутыми склонами и относительно узким дном, обычно занятым руслом реки (напр., *Большой Каньон* р. Колорадо в США).

КАН ЮВЭ́Й (1858—1927), кит. полит. деятель, публицист, философ. В 1898 пытался провести реформы («Сто дней реформ»), включавшие систему образования, стр-во жел. дор., з-дов, модернизацию с. х-ва, внутр. и внеш. торговлю, реорганизацию вооруж. сил, чистку гос. аппарата и т. д.

КАНЮКИ́, то же, что *сарычи*.

КАОЛИ́Н, глина белого цвета, состоящая преим. из минерала каолинита. Образуется при выветривании гранитов, гнейсов и др. горн. пород, содержащих полевые шпаты. Керамич. сырьё (фарфор, фаянс, эл.-техн. изделия); применяют в бум., текст. и резин. пром-сти. Гл. добывающие страны: США и Великобритания.

И. Кант.

Х.Р. Капабланка.

КАПАБЛА́НКА (Capablanca) Хосе Рауль (1888–1942), кубин. шахматист, шахматный теоретик и литератор, 3-й чемпион мира (1921–27). Автор ряда книг, в т.ч. «Моя шахматная карьера» (1920), «Основы шахматной игры» (1921).

КАПЕ́ЛЛА (позднелат. capella), 1) католич. или англиканская *часовня*; небольшое отд. сооружение или помещение в храме (в боковом *нефе*, в обходе *хора*) для молитв одной семьи, хранения реликвий и т.д. 2) В Европе с 16 в. духовный или светский ансамбль певцов и инструменталистов. 3) Хоровой исполнительский коллектив. 4) Традиц. название ряда нем. симф. оркестров (Дрезденская К.).

КАПЕЛЛА́Н (позднелат. capellanus), в католич. и англиканской церквах: 1) священник при часовне (капелле) или домашней церкви, а также пом. приходского священника; 2) священник в армии.

КАПЕЛЬМЕ́ЙСТЕР (нем. Kapellmeister), 1) в 16–18 вв. руководитель хоровых, инстр. и вок.-инстр. *капелл*. 2) С 19 в. дирижёр театральных, воен., симф. оркестров.

КАПЕТИ́НГИ (позднелат. Capetingi, франц. Capétiens), династия франц. королей в 987–1328. Основатель – Гуго Капет. Важнейшие представители: Филипп II Август, Людовик IX Святой, Филипп IV Красивый и др.

КАПИЛЛЯ́РНЫЕ ЯВЛЕ́НИЯ, явления, вызванные искривлением поверхности жидкости, граничащей с др. жидкостью или газом (паром).

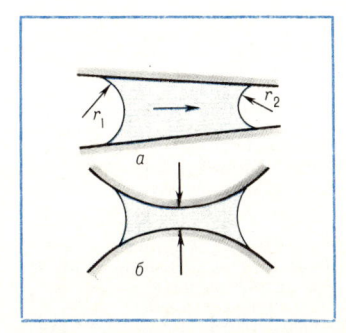

Капиллярные явления: *а* – перемещение жидкости в капилляре под действием разности капиллярных давлений; r_1, r_2 – радиусы капилляра (r_1) > (r_2); *б* – стягивающее действие капиллярного давления в капилляре с гибкими стенками.

К.я. обусловлены *поверхностным натяжением*. Искривление поверхности жидкости (см. *Мениск*) приводит к появлению в жидкости капиллярного давления, в результате чего, напр., жидкость в тонких трубках (капиллярах) поднимается. К.я. объясняют, в частности, свойство пористых тел накапливать влагу.

КАПИЛЛЯ́РЫ (от лат. capillaris – волосной), 1) трубки с очень узким каналом; система сообщающихся мелких пор (в горн. породах, пенопластах и др.). 2) Тончайшие кровеносные сосуды (диам. 2,5–30 мкм); соединяющее звено между венозной и артериальной системами.

КАПИТА́Л (нем. Kapital, от лат. capitalis – главный), экон. категория; созданные человеком ресурсы, используемые для произ-ва товаров и услуг и приносящие доход. К. выступает в виде ден. К. (реального К.); на уровне пр-тия К. – вся сумма материальных благ (вещей) и ден. средств, используемых в произ-ве; делится на основной и оборотный. В марксизме К.– стоимость, приносящая прибавочную стоимость в результате эксплуатации наёмных рабочих капиталистами.

КАПИТАЛИ́ЗМ, тип об-ва, основанный на частной собственности, рыночной экономике и демокр. институтах. В разл. течениях обществ. мысли определяется как система свободного предпринимательства, этап развития *индустриального общества*, а совр. ступень К.– как «смешанная экономика», «постиндустриальное об-во», «информационное об-во» и др.; в марксизме К.– обществ.-экон. формация, основанная на частной собственности на средства произ-ва и эксплуатации капиталом наёмного труда.

К. возник в городах Италии (торговля) и Голландии (мануфактура) в 14–15 вв. и утвердился в Европе с 16 в. в процессе т.н. первоначального накопления капитала. В результате пром. переворота было создано кр. машинное произ-во. В условиях К. механизм рыночной конкуренции побуждает предпринимателей для получения прибыли постоянно увеличивать капитал и совершенствовать произ-во. Это способствует динамичному развитию производит. сил, науки и техники. В кон. 19 – нач. 20 вв. в развитых странах Запада возникают кр. пром. и банковские корпорации, важную роль приобретает финанс. капитал, рыночная конкуренция дополняется механизмами гос. регулирования экономики. Складывается устойчивая социальная структура, в к-рой наряду с кр. собственниками и работниками наёмного труда значит. место занимает ср. класс собственников.

Совр. формы К. включают краткосрочное (антициклическое, антиинфляционное) и долгосрочное (макроэкон.) гос. регулирование, осуществляемое в прямой (законодат. и адм. акты) и косвенной (налоги, расходы гос. бюджета, амортизац. политики) формах; отраслевые и региональные программы (планы), носящие индикативный, рекомендат. характер. Постепенно утвердившаяся во мн. странах развитая рыночная экономика и парламентская демократия обеспечили во 2-й пол. 20 в. повышение уровня жизни и культуры населения, смягчение социальных противоречий и выработку правового механизма их разрешения.

С ростом интернационализации хоз. жизни, усилением трансnац. корпораций получают развитие региональная и мировая экон. интеграция, межгос. регулирование экономики. Это нашло отражение в возникновении спец. орг-ций: *Организации экономического сотрудничества и развития*, *Международного валютного фонда*, *Международного банка реконструкции и развития*, *Европейского союза* и др.

КАПИТЕ́ЛЬ (от позднелат. capitellum – головка), венчающая часть колонны, столба или *пилястры*.

Капитель: 1 – древнеегипетская пальмовидная; 2 – ионическая; 3 – дорическая; 4 – коринфская.

КАПИТО́ЛИЙ, 1) один из 7 холмов, на к-рых возник Др. Рим. На К. находился Капитолийский храм, происходили заседания сената, нар. собрания. 2) Здание конгресса США в Вашингтоне, построенное в 1793–1865 (арх. У. Торнтон и др.). Назв. «К.» носят также здания законодат. ассамблей отд. штатов. К.– либо компактное здание с портиком, фронтоном и куполом в центре, либо имеет форму антич. храма.

КАПИТО́НОВ Викт. Арсеньевич (р. 1933), рос. спортсмен и тренер (велоспорт). Чемпион СССР (1956–1964) и Олимп. игр (1960) в групповых шос. гонках. Победитель Велогонки мира в командном зачёте (1958–59, 1961–62). Тренер сборной команды СССР (1970–88) по шос. гонкам.

КАПИ́ЦА Пётр Леон. (1894–1984), один из основателей физики низких

П.Л. Капица.

температур и физики сильных магнитных полей. В 1921 послан в науч. командировку в Великобританию, работал у Э. Резерфорда. Дир. Мондовской лаборатории в Кембридже. В 1934 в Москве основал Ин-т физ. проблем (ныне носит имя К.).

Открыл *сверхтекучесть* жидкого гелия. Разработал высокопроизводит. методы сжижения воздуха и мощные СВЧ-генераторы. Ноб. пр. (1978).

КАПНИ́СТ Вас. Вас. (1758–1823), рус. драматург и поэт. Комедия «Ябеда» (1798) – резкая сатира, изобличающая мздоимство, взяточничество и др. обществ. пороки. Сатиры, оды.

КА́ПОВА ПЕЩЕ́РА, пещера с настенными изображениями эпохи позднего палеолита на р. Белая, на Юж. Урале (Башкирия).

КАПОДИ́СТРИЯ Иоаннис (1776–1831), граф, первый президент Греции. Избран в 1827 в ходе Греч. рев-ции 1821–29. Сторонник дружеств. отношений с Россией. В 1809–27 на рус. дипл. службе. Пал жертвой заговора.

КАПО́ТЕ (Capote) Трумэн (1924–1984), амер. писатель. От лирич. прозы (пов. «Голоса травы», 1951, «Завтрак у Тиффани», 1958) об одиночестве романтич. души в мире прагматизма и жестокости перешёл к прозе, синтезирующей док. изложение, психол. повествование и авторский дневник и повествующей об обыденной преступности (ром. «Не дрогнув», 1965, пер.– «Обыкновенное убийство», 1966; пов. «Самодельные гробики», 1980).

КА́ПРА (Capra) Франк (1897–1991), амер. кинорежиссёр. Известность принесли социальные комедии 30-х гг. («Это случилось однажды ночью», «Мистер Дидс переезжает в город», «С собой не унесёшь» и др.), фильмы, снятые в традициях «чёрного юмора» («Мышьяк и старое кружево», 1944), и совр. сказки («Эта прекрасная жизнь», 1947). Ленты К. отличали оригинальность сюжетов (сценарист большинства фильмов – Р. Рискин), остроумный диалог, обаяние героев.

КАПРИ́ЧЧО (каприс) (итал. capriccio, франц. caprice, букв.– причуда, каприз), инстр. пьеса, близкая *фантазии*, нередко более виртуозная: произв. И.С. Баха, Н. Паганини, И. Брамса, для оркестра – «Итальянское каприччо» П.И. Чайковского, «Испанское каприччо» Н.А. Римского-Корсакова, «Каприччо на цыганские темы» С.В. Рахманинова.

КАПРО́Н (перлон, дедерон), торг. название *полиамидного волокна* на основе поликапроамида [– HN(CH$_2$)$_5$C(O) –]$_n$. Мировое произ-во ок. 1,2 млн. т в год.

КА́ПСКИЕ ГО́РЫ, на крайнем Ю. Африки (ЮАР). Дл. ок. 800 км. Выс. до 2326 м. Состоят из неск. параллельных хребтов. На наветренных склонах – заросли вечнозелёных кустарников и смешанные леса, на подветренных склонах и во внутр. долинах – полупустыни.

КА́ПТЕРЕВ Пётр Фёд. (1849–1922), рос. педагог и психолог. Стремился создать психологически обоснованную дидактику, разрабатывал учение о типах душевной жизни. Тр. по теории и истории педагогики. Редактор и соавтор многотомной «Энциклопедии семейного воспитания и обучения» (с 1898).

КАПУ́Р Радж (1924–88), инд. режиссёр, киноактёр. Широкую известность К. принесли ф. «Бродяга» (1951), «Господин 420» (1955), «Сангам» (1964), решённые в жанре социальной мелодрамы (исполнил гл. роли). Последующие фильмы утратили остроту и худ. убедительность

300 КАПУ

Р. Капур в фильме «Бродяга».

(«Бобби», 1973; «Любовный недуг», 1982).

КАПУ́СТА, род одно-, дву- и многолетних травянистых р-ний (сем. крестоцветных). Ок. 35 видов, в Евразии и Сев. Африке, большинство происходит из Средиземноморья и Китая. Возделывают (со времён раннего неолита) разновидности К. огородной (К. кочанная, савойская, брюссельская, цветная, кольраби, брокколи, листовая, пекинская и др.) на всех континентах. Богата калием, витаминами С, B_2 и др.

КАПУ́СТИН ЯР, см. в ст. *Космодром*.

КАПУТИКЯ́Н Сильва (Сирвард) Барунаковна (р. 1919), арм. поэтесса. В сб-ках внутренне напряжённой, темпераментной лирики «Мои родные» (1951), «Раздумья на полпути» (1960), «Часы ожидания» (1983), «Тревожный день» (1985) — филос. размышления о внутр. мире совр. женщины, об Армении; кн. прозы «Караваны ещё в пути» (1964) — о судьбах армян, рассеянных по странам мира.

КАПУЦИ́Н, то же, что *настурция*.

КАПУЦИ́НЫ (итал. cappuccino, от cappuccio — капюшон), члены католич. монашеского ордена, осн. в 1525 в Италии (как ветвь ордена *францисканцев*), самостоятельного с 1619.

КАРАБИНЕ́РЫ (франц., ед. ч. carabinier, от carabine — укороченное, облегчённое ружьё), 1) вид пехоты и кавалерии. Появились в Испании как отборные стрелки (карабены). В России были карабинерные полки: конные во 2-й пол. 18 в. и пехотные в 19 в. 2) *Жандармерия* в Италии, Чили и др.

КАРА́БИХА, музей-усадьба Н. А. Некрасова в Ярославской обл., в 15 км к Ю. от Ярославля. Постройки 18 в. Парк. Музей (с 1947). Ежегодные праздники поэзии.

КАРАВАДЖИ́ЗМ, направление в европ. живописи 17 в., представленное последователями Караваджо (О. Джентилески в Италии, Х. Тербрюгген в Нидерландах, Х. Рибера

Капуста: 1 — брюссельская; 2 — краснокочанная; 3 — цветная; 4 — белокочанная; 5 — кольраби; 6 — савойская.

Карабинеры: 1 — унтер-офицер Карабинерного полка, 1763—78; 2 — обер-офицер Эриванского карабинерного полка, 1830—34. Россия.

в Испании, Ж. Валантен во Франции). Через этап К. прошли П. П. Рубенс, Д. Веласкес, Х. ван Рейн Рембрандт, Ж. де Латур.

КАРАВА́ДЖО (Caravaggio) (наст. фам. Меризи) Микеланджело да (1573—1610), итал. живописец. Основоположник реалистич. направления в европ. живописи 17 в., внёс в неё демократизм, острое чувство материальности, эмоц. напряжения, выраженное контрастами света и тени. Произв. К. отличают лаконизм и простота композиции, энергичная пластич. лепка. Создал исключительные по драматизму религ. («Положение во гроб», ок. 1602—04), мифол. («Вакх», 1592—93) и жанровые картины.

КАРАВА́Н-САРА́Й (перс., букв.— дом караванов), постоялый и торг. двор в городах и на дорогах Бл. Востока, Ср. Азии, Закавказья; укреплённый двор, окружённый помещениями; в Армении также зал, разделённый на *нефы*. Известны с глубокой древности. С развитием ж.-д. и автотранспорта потеряли своё значение.

КАРАГАНДА́, г. (с 1934), обл. ц. в Казахстане. 608,6 т. ж. Ж.-д. ст. Пром-сть: угольная (центр угольного бассейна), лёгкая, пищ., маш-ние (произ-во горн. оборудования). ГРЭС. 5 вузов (в т. ч. ун-т). Краеведч. музей. 3 т-ра (в т. ч. казах. и рус. драм.), цирк. Ботан. сад. Возник в 19 в.

КАРАГАНДИ́НСКИЙ У́ГОЛЬНЫЙ БАССЕ́ЙН, один из крупнейших в мире, расположен на терр. Казахстана. Освоение с 1930. Пл. ок. 3,6 т. км². В отложениях карбона до 30 рабочих пластов мощностью 0,6—8 м. Угли в осн. каменные. Запасы св. 90 млрд. т. Добыча гл. обр. подземным способом. Осн. центры добычи — гг. Караганда, Сарань, Абай, Шахтинск.

КАРАГА́Ч, название нек-рых видов деревьев рода *ильм*.

КАРАГЕО́РГИЙ (наст. имя и фам. Георгий Петрович) (1768—1817), руководитель 1-го серб. восст. 1804—13 против османского ига, основатель (1808) династии Карагеоргиевичей (в 1808—13, 1842—58 княжеская, в 1903—45 королевская). После поражения восстания бежал в Австрию, в 1814 выехал в Россию. В 1817 тайно вернулся в Сербию, убит по приказу кн. Милоша Обреновича.

КАРАДЖА́ЛЕ (Caragiale) Йон Лука (1852—1912), рум. писатель. Используя фарсовую ситуацию и бытовую интригу, в сатирич. комедиях «Бурная ночь» (1878), «Потерянное письмо» (1884), а также в рассказах (сб. «Заметки и рассказы», 1892) обличал мораль совр. ему об-ва.

КАРА́ЕВ Кара Абульфаз оглы (1918—82), азерб. композитор, педагог. Глубокое знание азерб. фольклора, мастерство композиции определи-

Караваджизм. Х. Тербрюгген. «Игрок на лютне». Музей изящных искусств. Бордо.

Караваджо. «Лютнист». 1595. Эрмитаж.

ли самобытный и ярко совр. стиль музыки К. Оп. «Вэтэн» («Родина»; с Дж. Гаджибековым, 1945), бал. «Семь красавиц» (1952), «Тропою грома» (1958), мюзикл «Неистовый гасконец» (1978), 3 симфонии (1943—65), симф. поэма «Лейли и Меджнун» (1947) и др.

КАРАКА́Л, млекопитающее (сем. кошки). Длина тела до 85 см, хвоста ок. 25 см. Внешне похож на рысь. Встречается в пустынях Африки и Азии, в т. ч. в Туркмении. Питается грызунами, зайцами и др. Редок. Илл. см. при ст. *Кошки*.

КАРАКА́ЛЛА (Caracalla) (186—217), рим. император с 211, из династии Северов. Политика давления на сенат, казни знати, избиение жителей Александрии, противившихся дополнит. набору в армию, вызвали недовольство и привели к убийству К. заговорщиками.

К.А. Караев.

КАРАКАЛПА́КИЯ (Республика Каракалпакстан), в Узбекистане. Пл. 164,9 т. км². Нас. 1311 т.ч., гор. 48%; каракалпаки (32,1%), узбеки (32,8%), казахи (26,3%) и др. Столица – Нукус. 15 р-нов, 12 городов, 14 пос. гор. типа.

Расположена на В. плато Устюрт, в зап. части пустыни Кызылкум и в дельте Амударьи; на С. – Аральское м., объявленное в кон. 1980-х гг. зоной экологич. бедствия. Климат резко континентальный. Ср. темп-ры янв. –5 °C, июля 27 °C; осадков 100 мм в год. Единств. река – Амударья. Пустынная растительность. Заповедник Бадай-Тугай.

Гл. отрасли пром-сти: хл.-очист. и хл.-бум., маслоб., произ-во стройматериалов, металлообработка. Тахиаташская ГРЭС. Поливное земледелие (хлопчатник, рис, люцерна), бахчеводство, плод-во; жив-во (каракульские овцы, кр. рог. скот), звероводство. Шелк-во. Судох-во по Амударье.

КАРА́КАС, столица (с 1830) Венесуэлы, 1,3 млн.ж. Расположен в 13–14 км от Карибского м. (аванпорт К. – Ла-Гуайра); междунар. аэропорт. Метрополитен. Пищ., текст., швейная, кож.-обув., хим., фарм., нефтеперераб., автосборочная пром-сть. Ун-ты 2 консерватории (1820-е гг., 1947). Нац. ин-т культуры и изящных иск-в (1972). Музеи (в т.ч. изящных иск-в, колон. иск-ва). Осн. в 1567. На центр. площади Старого города Пласа Боливар – собор (1664–1713). Нац. пантеон (1744).

Каракас. Многоярусная дорожная развязка в центре города.

КАРАКА́ТИЦЫ, отряд мор. головоногих моллюсков. Дл. до 50 см. Раковина внутренняя или отсутствует. Благодаря секрету чернильной железы хорошо маскируются. У нек-рых есть органы свечения (могут выбрасывать облачко светящейся слизи – «стрелять огнём»). Св. 150 видов, распространены широко. Донные или пелагич. ж-ные. Ряд видов – объект промысла. Из секрета чернильной железы изготовляют краску (сепию).

КАРАКО́ЗОВ Дм. Вл. (1840–66), народник. 4.4.1866 по собств. инициативе в С.-Петербурге неудачно покушался на имп. Александра II. По приговору Верх. уголов. суда повешен. Выстрел К. привёл к массовым арестам и преследованию демокр. печати (закрыты ж. «Современник» и «Русское слово»), отходу пр-ва от политики реформ.

КАРАКОРУ́М, горн. система в Центр. Азии (Индия, Китай), между Памиром и Куньлунем на С., Гималаями и Гандисышанем на Ю., одна из самых высоких в мире. Дл. ок. 800 км. Выс. до 8611 м (г. Чогори). Неск. вершин превышает 8000 м. Характерны скалистые гребни, крутые каменистые склоны, многочисл. осыпи. Ледники (пл. ок. 16,3 т. км², крупнейший – Сиачен). К. служит водоразделом басс. рек Инд и Тарим; встречаются бессточные озёра. Сев. склоны каменистые, пустынные, на южных до выс. 3000–3500 м – хвойные и мелколиств. леса, выше – степи и участки лугов. М-ния бериллиевой и молибденовой руд, золота, серы и др.

КАРА́КУЛЬ, шкурки, снятые с ягнят каракульской породы на 1–3-и сутки после рождения. К. отличается густым, упругим, шелковистым волосяным покровом, образующим завитки разл. формы и размеров.

КАРАКУЛЬЧА́, шкурки ягнят (выкидышей и недоносков) каракульских овец. К. имеет короткий, прилегающий к мездре шелковистый волосяной покров с муаровым рисунком, без сформировавшихся завитков.

КАРАКУ́МЫ, (букв. – чёрные пески) Туркменские, крупнейшая (пл. 350 т. км²) песчаная пустыня в Ср. Азии, в Туркмении. К. пересечены Каракумским каналом (1100 км) и реками Амударьёй, а также теряющимися в песках Тедженом и Мургабом. В оазисах и долинах рек сосредоточено осн. население. Б.ч. пустыни используется как пастбище.

КАРАКУ́РТ, ядовитый паук. Длина самки до 2 см, самца до 7 мм. Тело чёрное, брюшко самца с красными пятнышками. Обитает в Сев. Африке, Зап. Азии и Юж. Европе. На ж-ных и человека нападает, когда его потревожат; укусы самки могут быть смертельными.

Каракурт.

Н.М. Карамзин. Портрет работы Дж.Б. Дамон-Ортолани. 1805.

КАРАМЗИ́Н Ник. Мих. (1766–1826), рус. писатель, историк. Основоположник рус. *сентиментализма* («Письма русского путешественника», 1791–95; «Бедная Лиза», 1792, и др.). Ред. «Московского журнала» (1791–92) и «Вестника Европы» (1802–03). Осн. соч. «История государства Российского» (т. 1–12, 1816–29) – новый этап в развитии рус. ист. науки и вместе с тем образец рус. прозы. Рассматривал самодержавие как «благоразумную систему».

КАРАНДА́Ш (наст. имя и фам. Мих. Ник. Румянцев; псевдоним по имени известного франц. художника-карикатуриста Каран д'Аша) (1901–83), артист цирка, клоун. Выступал с пантомимич. репризами, комич. миниатюрами, сатирич. номерами на актуальные в СССР обществ.-полит. темы. Создал образ-маску наивного и любопытного чудака.

КАРАНДА́Ш (от тюрк. кара – чёрный и таш, даш – камень), стержень (часто в дерев. или металлич. оправе) для письма, рисования и черчения. Свинцовые и серебр. штифты в металлич. оправе применялись в 12–16 вв. Итал. К. (с 14 в.) изготовлялся из сланца или порошка жжёной кости с растит. клеем. Известны графитные К. (с 16 в.) и К. из графитного порошка (в т.ч. цветные) с глиной в дерев. оправе (с кон. 18–19 вв.).

КАРАНТИ́Н (от итал. quaranta giorni – сорок дней), система мер для предупреждения распространения инфекц. заболеваний из эпидемич. или эпизоотич. очага: запрещение или ограничение выезда и въезда (ввода, вывода и перегруппировок восприимчивых ж-ных), выявление и изоляция больных и лиц, соприкасающихся с ними, изоляция больных ж-ных и др.

КАРАНТИ́ННЫЕ БОЛЕ́ЗНИ человека, особо опасные инфекц. заболевания, в отношении к-рых действуют междунар. правила по сан. охране границ (территорий). К К.б. относятся натуральная оспа, чума, холера, жёлтая лихорадка.

КАРА́СИ, рыбы (сем. *карповые*). Дл. до 45 см, масса 1–3 кг. Обычный серебряный (в водоёмах Евразии и басс. Тихого ок.) и обыкновенный (в водоёмах Европы и Сибири) К. Объект промысла, разведения в прудах и аквариумах (*золотая рыбка*). Илл. см. при ст. *Рыбы*.

КАРАТЫ́ГИН Вас. Анд. (1802–53), актёр. С 1820 на петерб. сцене, с 1832 в Александринском т-ре, ведущий трагик труппы. Творчество К. тесно

В.А. Каратыгин в роли Велизария.

связано с традициями *классицизма*. В совершенстве владел иск-вом декламации, добивался выразительности, скульпт. завершённости, пластики; Гамлет («Гамлет» У. Шекспира, 1837), Велизарий («Велизарий» Э. Шенка, 1839) и др.

КАРАТЭ́ (карате) (япон., букв. – голыми руками), разновидность самозащиты без оружия, основанная на ударах рукой или ногой по наиб. уязвимым местам человеческого тела. Совр. система К. созд. в Японии в нач. 20 в. путём отбора и модернизации приёмов джиу-джицу; в СССР – с нач. 1970-х гг. В 1968 осн. Междунар. федерация К. (ВУКО). Объединяет ок. 50 стран. Чемпионаты Европы с 1971, мира с 1970.

КАРАЧА́ЕВО-ЧЕРКЕ́СИЯ (Карачаево-Черкесская Республика), в России. Пл. 14,1 т. км². Нас. 431 т.ч., гор. 49%; карачаевцы (31,2%), черкесы (9,7%), абазины, ногайцы, русские (42,4%) и др. Столица – Черкесск. 8 р-нов, 4 города, 11 пос. гор. типа.

Расположена на сев. склоне Б. Кавказа (высш. точка – г. Эльбрус, 5642 м, по границе с Кабардино-Балкарией). Климат континентальный. Ср. темп-ры янв. от –5 °C на С. до –10 °C на Ю., июля соотв. 8 и 21 °C;

Карачаево-Черкесия. Тебердинский заповедник.

осадков 550–2500 мм в год. Гл. река – Кубань. Проложен Б. Ставропольский канал. Степи предгорий сменяются широколист. и хвойными лесами (сосна, ель, пихта); выше – высокогорн. луга. Тебердинский и Кавказский (часть) заповедники.

В кон. 1 – нач. 2-го тыс. н.э. терр. К.-Ч. входила в гос-во аланов, в 15–18 вв. подвергалась вторжениям крымско-тур. войск. В 1-й пол. 19 в. в составе России. Сов. власть установлена в 1918. В 1922 образована Карачаево-Черкесская АО. В 1926 разделилась на Карачаевскую АО и Черкесский нац. округ (с 1928 Черкесская АО). В окт. 1943 ликвидирована автономия карачаевцев, нас. насильственно выселено. В 1957 восстановлена объединённая Карачаево-Черкесская АО; в 1991 преобразована в республику.

Осн. отрасли пром-сти: нефтехим. и хим., пищ., лёгкая, маш.-строит. и металлообр. (в т.ч. эл.-техн.), деревообр., угольная, горнорудная. Мясо-молочное скот-во, овц-во. Посевы зерновых (пшеница, кукуруза), подсолнечника, сах. свёклы и др. Картофелеводство, овощ-во. Плод-во. Курорт Теберда и др. Горн. туризм, альпинизм. Терр. К.-Ч. пересекает Воен.-Сухумская дорога.

КАРАЧЕНЦОВ Ник. Петр. (р. 1944), актёр. С 1967 в Моск. т-ре имени Ленинского комсомола (с 1990 «Ленком»). Наделённый весёлым и буйным темпераментом, пластичностью и музыкальностью, К.– популярный исполнитель ролей молодых героев – бродяг и авантюристов: Тиль Уленшпигель («Тиль» Г.И. Горина по Ш. де Костеру, 1974), Николай Резанов («"Юнона" и "Авось"» А.А. Вознесенского, комп. А.Л. Рыбников, 1981). Снимался в ф.: «Белые Росы» (1984), «Мисс миллионерша» (1988); т/ф «Старший сын» (1975) и др. Выступает на эстраде как исполнитель песен.

КАРАЧИ, город (6,5 млн. ж.), гл. экон. центр и мор. порт в Пакистане, в дельте р. Инд (грузооборот св. 15 млн. т в год); междунар. аэропорт. В К. производится ок. ½ пром. продукции страны. АЭС. Ун-т. Худ. центр (1960). Нац. музей. Мавзолей М.А. Джинны – основателя Пакистана. Возник в нач. 18 в. на месте рыбацкого посёлка. В 1947–59 столица.

КАРАЯН (Karajan) Герберт фон (1908–89), австр. дирижёр. Возглавлял Венский и Берлинский филармонич. оркестры; Венскую гос. оперу (1956–64). Выступал с Лондонским и Парижским оркестрами, дирижировал во мн. т-рах мира (в т.ч. «Ла Скала»). В интерпретациях симф. и оперной музыки достиг выдающегося худ. уровня. Дирижёр и постановщик ф.: «Паяцы», «Кармен», «Девятая симфония Л. Бетховена».

КАРБАМИД, то же, что мочевина.

КАРБИДЫ, соединения углерода с металлами, бором и кремнием. К.– основа мн. твёрдых сплавов, упрочняют чугун и сталь, входят в состав жаропрочных и жаростойких композиц. материалов и др. См., напр., Бора карбид, Кальция карбид.

КАРБО..., **КАРБОН...** (от лат. carbo, род. п. carbonis – уголь), часть слов-терминов, означающая: относящийся к соединениям углерода (напр., к углю).

КАРБОЛОВАЯ КИСЛОТА, то же, что фенол.

Г. фон Караян.

КАРБОН [каменноугольная система (период)] (от карбо; назв. по характерному полезному ископаемому), 5-е подразделение палеозоя, обозначающее комплекс пород и период геол. истории, в течение к-рого они сформировались (см. Геохронология). Начался 345 млн. лет назад, длительность 65 млн. лет. Подразделяется на 3 отдела. Выделен англ. учёными У. Конибиром и У. Филлипсом в 1822.

КАРБОНАРИИ (итал. carbonari, букв.– угольщики), члены тайного об-ва в Италии в 1807–32. Боролись за нац. освобождение (от франц., затем от австр. гнёта) и конституц. строй. Для об-ва К. характерны сложная иерархия, обрядовость и символика (в частности, ритуал выжигания древесного угля, символизирующий духовное очищение человека). Орг-ции К. существовали в ряде др. стран Европы.

КАРБОНАТЫ, соли угольной к-ты H_2CO_3. Широко распространены в виде минералов (известно св. 120), играют большую роль в круговороте углекислого газа CO_2 в природе. См., напр., Кальция карбонат.

КАРБОНОВЫЕ КИСЛОТЫ, органич. соединения, содержащие одну или неск. карбоксильных групп СООН. По числу таких групп различают одноосновные К.к. (напр., уксусная), двухосновные (напр., щавелевая) и многоосновные (напр., лимонная). К.к. обычно значительно слабее минеральных. Имеют разнообразное пром. применение; участвуют в процессах обмена в-в в живых клетках.

КАРБОРУНД (карбид кремния), SiC, очень тв. синтетич. кристаллы, $t_{пл}$ 2830 °C. Применяют К. как абразивный, огнеупорный, электротехн., износостойкий материал, для изготовления полупроводн. приборов.

КАРБУНКУЛ (лат. carbunculus, букв.– уголёк), гнойно-некротич. воспаление глубоких слоёв кожи и подкожной клетчатки вокруг группы волосяных мешочков и сальных желёз, чаще на задней поверхности шеи, спине.

КАРБЮРАТОРНЫЙ ДВИГАТЕЛЬ, двигатель внутр. сгорания, в к-ром горючая смесь приготовляется карбюратором вне камеры сгорания (отсюда др. назв.– двигатель с внеш. смесеобразованием) и воспламеняется в ней свечой зажигания. Кпд до 35%.

КАРВАШ (Karvaš) Петер (р. 1920), словац. писатель. Пьесы, в т.ч. психол. дилогия «Полуночная месса» (1959), «Антигона и другие» (1962), посв. антифаш. сопротивлению; «Пациент 113» (1955), «Язва» (1963), «Большой парик» (гротескно-сатирич.; 1965), обличающие обществ.-полит. систему Чехословакии 50–60-х гг.

КАРГОПОЛЬ, г. в Архангельской обл., в России, на р. Онега. 13,1 т.ж. Пищ. пром-сть. Изв. с 1380. Краеведч. музей. В К.– многочисл. кубич. храмы с фасадами в «узорочном стиле»: Христорождественский собор (1562), Благовещенская (1682–92) и др. церкви.

КАРДИНАЛ (от лат. cardinalis – главный), в иерархии католич. церкви духовное лицо, следующее после рим. папы, ступенью выше епископа. К.– ближайшие советники и помощники папы по управлению церковью. Назначаются папой. См. также Конклав.

КАРДИНАЛЕ (Cardinale) Клаудия (р. 1939), итал. киноактриса. Создала разнообразную галерею тонко индивидуализир. характеров в ф.: «Рокко и его братья» (1960), «Леопард» (1962), «Туманные звёзды Большой Медведицы» (1965) – все реж. Л. Висконти; «Восемь с половиной» (1963, реж. Ф. Феллини), «Фицкарральдо» (1981, реж. В. Херцог). В 70–80-х гг. много снималась в мелодрамах, комедиях, приключенч. фильмах.

КАРДИНАЛЬНЫЙ (лат. cardinalis), основной, главнейший, важнейший.

КАРДИО... (от греч. kardía – сердце), часть сложных слов, указывающая на отношение к сердцу (напр., кардиограмма).

КАРДИОГРАММА (от кардио... и ...грамма), кривая, получаемая на бумаге или фотоплёнке при регистрации деятельности сердца спец. приборами (электрокардиографом, баллистокардиографом и др.).

КАРДИОЛОГИЯ (от кардио... и ...логия), раздел медицины, изучающий строение и функции сердечно-сосудистой системы, причины и механизмы развития сердечно-сосудистых заболеваний и разрабатывающий методы их распознавания, лечения и профилактики.

КАРДИОСКЛЕРОЗ (от кардио... и склероз), разрастание в мышце сердца соединит. ткани на месте гибели мышечных волокон, гл. обр. при атеросклерозе венечных сосудов и миокардитах. Осн. проявления – сердечная недостаточность, аритмия сердца.

КАРДОЗО (Cardozo) Бенджамин Натан (1870–1938), амер. юрист, один из основоположников социологич. юриспруденции. Сторонник расширения прав судьи (т.н. судейское усмотрение) при рассмотрении конкретных дел.

КАРДУЧЧИ (Carducci) Джозуэ (1835–1907), итал. поэт. В лирике (сб. «Новые стихи», 1873, «Ямбы и эподы», 1867–79, изд. 1882), поэма «К Сатане», 1863), ориентированной

Дж. Кардуччи.

на поэтику классицизма,– развитие как романтич. (воспевание радости жизни и др.), так и реалистич. (в т.ч. полит.) мотивов. Ноб. пр. (1906).

КАРЕЛИН Ал-др Ал-др. (р. 1967), рос. спортсмен. Чемпион СССР (1988–91), Европы (1988–92), мира (1989–91), Олимп. игр (1988, 1992) по греко-римской (классич.) борьбе.

КАРЕЛИЯ (Республика Карелия), в России. Пл. 172,4 т. км². Нас. 800,0 т.ч., гор. 82%; карелы (11%), русские (71,3%), белорусы, финны и др. Столица – Петрозаводск. 15 р-нов, 13 городов, 44 пос. гор. типа.

Расположена на С.-З. Вост.-Европ. равнины; преобладает холмисто-моренный рельеф, на З. и С.-З.– хр. Манселькя (выс. до 576 м). На С. омывается Белым м., на Ю.– Ладожским и Онежским озёрами. Климат переходный от морского к континентальному. Ср. темп-ры февр. от –9 до –13 °C, июля 14–16 °C; осадков ок. 500 мм в год. Св. ½ терр. занимают хвойные и смешанные леса; св. 40 тыс. озёр (18% терр.). Заповедники: Кивач и Костомукшский.

В 9 – нач. 12 вв. терр. К. принадлежала Др.-рус. гос-ву, с 12 в.– Новгородской респ. В 1478 присоединена к Рус. гос-ву. В 13–17 вв. объект швед. агрессии. В 1721 часть терр. (Карел. перешеек и Сев. Приладожье), захваченная шведами в нач. 17 в., была возвращена России. С весны 1918 до весны 1920 оккупирована фин. и англо-франко-амер. войсками; 8.6.1920 образована Карел. трудовая коммуна в составе РСФСР. В 1921–22 разгромлены фин. интервенты. С июля 1923 Карел. АССР в составе РСФСР (с 31.3.1940 по 16.7.1956 Карело-Фин. ССР в составе СССР). В годы Вел. Отеч. войны б.ч. терр. подвергалась нем.-фаш. оккупации (июль 1941 – июнь 1944). С нояб. 1991 – Респ. Карелия в составе Рос. Федерации. В 1994 учреждён пост президента.

Осн. отрасли пром-сти: лесная, деревообр., целл.-бум., маш-ние и металлообработка (оборудование для лесной, деревообр. и целл.-бум. пром-сти и др.), чёрная и цв. металлургия, горнодоб. (жел. руда, слюда и др.). ГЭС на реках Суна, Выг, Кемь и др. Посевы кормовых культур, картофелеводство. Молочно-мясное скот-во, птиц-во, пушное звероводство. Рыб-во. Судох-во по Ладожскому и Онежскому озёрам, Беломорско-Балт. каналу, Белому м. Туризм (Валаамские о-ва, Кижи и др.). Курорты: Марциальные Воды, Сортавала.

Карелия. Кончозеро.

КАРЕ́ТНИКОВ Ник. Ник. (1930–94), композитор. Оп.: «Тиль Уленшпигель» (1984), «Мистерия апостола Павла» (1986); бал.: «Крошка Цахес...» (1958), «Ванина Ванини» (1962), «Пять духовных песнопений» (1970) и др. Один из наиб. ярких и разносторонних по жанровой и стилистич. направленности совр. рос. композиторов.

КАРИАТИ́ДА (от греч. Karyátides – жрицы храма Артемиды в Кариях в обл. Лакония в Др. Греции), скульпт. изображение стоящей жен. фигуры, служащее опорой балки в здании. Обычно прислонены к стене или выступают из неё.

КАРИ́БСКОЕ МО́РЕ, Атлантич. ок., между Центр. и Юж. Америкой и Б. и М. Антильскими о-вами. Пл. 2777 т. км², глуб. до 7090 м. Соединяется Юкатанским прол. с Мексиканским зал., Панамским каналом с Тихим ок. Кр. порты: Сантьяго-де-Куба (Куба), Маракайбо, Ла-Гуайра (Венесуэла), Картахена (Колумбия), Лимон (Коста-Рика) и др.

КА́РИЕС (лат. caries – гниение), разрушение ткани кости или зуба вследствие дистрофич. или инфекц. процесса в кости или надкостнице. К. зубов – одно из самых распространённых заболеваний человека, проявляющееся образованием в тв. тканях зуба дефекта в виде полости.

КАРИКАТУ́РА (итал. caricatura, от caricare – нагружать, преувеличивать), в широком смысле – всякое изображение, в к-ром сознательно со-

Кариатиды Эрехтейона в Афинах.

здаётся комич. эффект, соединяются реальное и фантастическое, преувеличиваются и заостряются характерные черты фигуры, лица, костюма, манеры поведения людей, используются неожиданные сопоставления и уподобления. В более узком смысле – жанр изобр. иск-ва (преим. графики).

КАРИЛЬО́Н (карийон) (от франц. carillon – трезвон), набор *колоколов* определ. строя, часто с клавишным механизмом. С 15 в. в Зап. Европе устанавливался на зданиях ратуш, в колокольнях, применялся в башенных часах.

КАРИ́М Мустай (наст. имя Мустафа Сафич Каримов) (р. 1919), башк. писатель. Сб. лирики: «Реки разговаривают» (1961), «Годам вослед» (1971), «Четыре времени любви» (1978). В автобиогр. пов. «Долгое-долгое детство» (1974–78), пов. «Деревенские адвокаты» (1986–1988) – жизнь башк. деревни.

Карикатура. О. Домье. «Ведь это маленькая шутка!». 1834.

Каркасон. Общий вид.

КАРИ́МОВ Ислам Абдуганиевич (р. 1938), президент Узбекистана с 1990. С 1983 мин. финансов, в 1986 зам. пред. СМ Узб. ССР и пред. Госплана. С дек. 1986 1-й секр. Кашкадарьинского обкома. С июня 1989 1-й секр. ЦК КП Узбекистана. Чл. Политбюро ЦК КПСС в 1990–91.

КАРКАСО́Н (Каркассонн), г. во Франции, на р. Од и Южном канале. 40 т.ж. Гл. город ист. обл. Лангедок. Виноделие, произ-во текстиля, обуви. Музеи: изящных иск-в, художественный. Осн. в 485 вестготами. К. сохранил облик ср.-век. города-крепости: Верхний (Старый) город с 2 кольцами крепостных стен и 52 башнями (5–13 вв.) и Нижний город (с 1274).

КАРЛ I (Charles) (1600–49), англ. король с 1625, из династии Стюартов. Пытался осуществлять абсолютистское правление (1625–40) без парламента. В 1640 созвал *Долгий парламент*, чтобы добиться финансирования мероприятий по усмирению религ. волнений в Шотландии и Ирландии. Однако К.I столкнулся с решимостью парламента ограничить королев. власть. В борьбе с парламентской армией в ходе англ. революции К.I потерпел поражение. Казнён.

КАРЛ IV (Karl) (1316–78), герм. король и император «Священной Рим. империи» с 1347, чеш. король (Карл I) с 1346, из династии Люксембургов. Утвердил Золотую буллу (1356, действовала до 1806) – законодат. акт, узаконивавший избрание императора коллегией курфюрстов. Поощрял развитие ремесла, торговли, культуры и иск-в.

КАРЛ V (1500–58), император «Священной Рим. империи» в 1519–56, исп. король (Карлос I) в 1516–56, из династии Габсбургов. Вёл успешные войны с Францией за обладание Италией, с Османской империей. Издал *Вормсский эдикт 1521*, направленный против *Реформации*. Одержал победу над объединением нем. протестантов (князей и городов) в 1546–1548. Однако после поражения в борьбе с нем. князьями-протестантами во главе с Морицем Саксонским (1552) и заключения с ними *Аугсбургского религиозного мира 1555* отрёкся от престола.

КАРЛ ВЕЛИ́КИЙ (лат. Carolus Magnus) (742–814), франкский король с 768, с 800 император, из династии Каролингов. Его завоевания (в 773–774 в Италии, в 772–804 земель саксов и др.) привели к образованию обширной империи.

Карл Великий. Бронзовая статуэтка. Ок. 870 (?). Лувр.

КАРЛ СМЕ́ЛЫЙ (Charles le Téméraire) (1433–77), герцог Бургундии с 1467. Возглавил коалицию знати («Лига обществ. блага»), поднявшую мятеж против франц. короля Людовика XI. Погиб в Бургундских войнах в битве при Нанси.

КА́РЛИКОВОСТЬ, ненормально низкий рост человека (для мужчин ниже 130 см, для женщин ниже 120 см), обусловленный обычно поражением желёз внутр. секреции. У р-ний проявление К. связано прежде всего с неблагоприятными климатич. условиями, недостатком питания, влаги и др. Часто причиной К. служат генетич. нарушения.

КА́РЛОВИ-ВА́РИ, бальнеологич. курорт в Чехии (осн. в 14 в.), в долине р. Тепла. 60 т.ж. Произ-во худ. стекла (з-д Мозер; музей) и фарфора и натуральной карловарской соли из термальных (до 73 °С) углекислых минер. водных источников (с нач. 18 в.). Междунар. кинофестивали (с 1950; 1 раз в 2 года). Гор. музей, картинная гал. Междунар. туризм.

КА́РЛОС (дон Карлос) (Don Carlos) (1545–68), наследник исп. престола, сын короля Филиппа II. Всё более отдаляясь от отца, открыто готовился к побегу в Нидерланды, но был арестован в 1568. Взаимоотношения К. с отцом послужили сюжетом трагедии Ф. Шиллера «Дон Карлос».

КА́РМА (санскр. – деяние), одно из осн. понятий инд. религии (индуизма, буддизма, джайнизма) и философии, дополняющее понятие *сансары*. В широком смысле – общая сумма совершённых всяким живым существом поступков и их последствий, определяющая характер его нового рождения, перевоплощения. В узком смысле – влияние совершённых действий на характер настоящего и последующего существования.

КАРМИ́Р-БЛУР, см. *Тейшебаини*.

КАРНАВА́Л (франц. carnaval), в Зап. Европе, Лат. Америке и др. регионах нар. гулянье с уличными шествиями, ряжением, театрализов. играми перед началом Великого поста.

КАРНА́К, комплекс мегалитов (кромлехи, менгиры) кон. неолита – нач. бронз. века (кон. 3-го – 2-е тыс. до н.э.) в юж. Бретани (Франция).

КАРНА́К (др.-егип. Ипет-Исут), комплекс храмов (20 в. до н.э. – кон.

304 КАРН

Карнак. Руины храма.

1-го тыс. до н.э.) на терр. др.-егип. *Фив*, гл. гос. святилище в период Нового царства. Имеет сложную планировку, богатый скульпт. декор. Обелиски, статуи, аллея сфинксов.

КА́РНАП (Carnap) Рудольф (1891–1970), нем.-амер. философ и логик, ведущий представитель позитивизма и философии науки. Активный участник *Венского кружка*. С 1935 в США. Разработал аппарат для логич. анализа языка науки. Ряд результатов, полученных К., был использован в кибернетике.

КАРНЕ́ (Carné) Марсель (1909–94), франц. кинорежиссёр. Гл. темы творчества К.— неустойчивость, зыбкость мира, трагич. одиночество человека в бесприютной и враждебной действительности — с наибольшей определённостью проявились в фильмах (все созданы в сотрудничестве со сценаристом Ж. Превером): «Набережная туманов» (1938), «Вечерние посетители» (1942), «Дети райка» (1944), для к-рых характерны яркая зрелищность, изысканная метафоричность. Наиб. значит. фильмы послевоен. периода: «Жюльетта, или Ключ к сновидениям» (1951), «Тереза Ракен» (1953), «Обманщики» (1958).

КАРНО́ (Carnot) Никола́ Леона́р Сади́ (1796–1832), франц. физик и инженер, один из основателей термодинамики. Рассмотрел (1824) работу идеального цикла тепловой машины (цикла Карно) и показал, что работу можно получить только при переходе теплоты от нагретого тела к холодному (см. *Термодинамика*), а разность темп-р определяет кпд тепловой машины. Идеи К. стали широко известны благодаря франц. физику и инженеру Б. Клапейрону, к-рый придал им матем. форму.

М. Карне. Кадр из фильма «Дети райка».

КАРОЛИ́НГИ (позднелат. Carolingi, франц. Carolingiens), королев. (с 751) и имп. (с 800) династии во Франкском гос-ве. Первый король — Пипин Короткий. Назв. «К.» — по имени Карла Великого. После распада его империи (843) правили на терр. Италии до 905, Германии до 911, Франции до 987. Культурный подъём при К. получил назв. «Каролингское возрождение» (центр — кружок, т.н. Академия, при дворе Карла Великого).

КАРОТА́Ж (франц. carottage), исследование горн. пород в буровых скважинах электрич., магн., радиоактивными, акустич. и др. методами. К. используется для изучения геол. разреза и выявления полезных ископаемых.

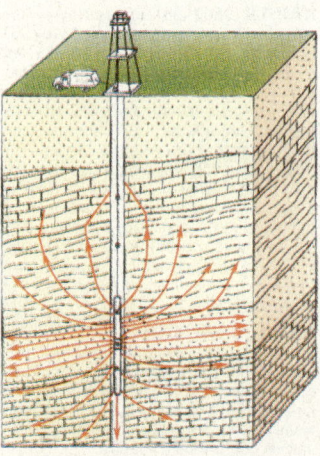

Каротаж. Схема проведения электрического каротажа (красным показано направление токовых линий).

КАРП, одомашненная форма *сазана*. Осн. объект прудового рыбоводства во мн. странах мира. Выращивается до товарной массы 500–800 г (двухлетки) и 1,2–2 кг (трёхлетки). Выведены породы К. с разл. чешуйным покровом — чешуйчатый, зеркальный, голый и др. Илл. см. при ст. *Рыбы*.

КАРПА́ТЫ, горн. система в Европе (Чехия, Словакия, Польша, Венгрия, Украина, Румыния). Дл. ок. 1500 км. Выс. до 2655 м (г. Герлаховски-Штит). Включает Зап. и Юж. Карпаты, Бескиды, Зап. Румынские горы, Трансильванское плато. Часты землетрясения, к-рые ощущаются в Европ. части России. Кр. реки: Ваг, Грон, Тиса, Олт, Сирет, Прут и др.; озёра преим. в высокогорьях. До выс. 1600–1800 м — широколиств. и хвойные леса, выше — субальп. кустарники и луга. Термальные источники, курорты. Туризм, зимние виды спорта. М-ния нефти, газа, кам. соли, руд цв. металлов.

КАРПЕНТЬЕ́Р (Carpentier) Алехо (1904–80), кубин. писатель. В ром. «Царство земное» (1949), «Век Просвещения» (1962), в развивающем сюжетно-образную символику балета И. Ф. Стравинского ром. «Весна священная» (1978), повестях «Концерт барокко», 1975) — вера в возможность гармонизации природного и духовного начал человека — созидателя истории, воплощение концепции «чудесной реальности» Лат. Америки, где во взаимодействии рас и народов свободно творится «новое человечество» и его культура.

КАРПИ́НСКИЙ Ал-др Петр. (1846/47–1936), основатель рус.

А.П. Карпинский.

геол. науч. школы, первый выборный през. Рос. АН (1917–25), през. АН СССР (с 1925). Осн. тр. по стратиграфии, палеонтологии, тектонике, палеогеографии, петрографии и др. Создал общую номенклатуру стратиграфич. подразделений, составил сводные геол. и тектонич. карты Европ. части СССР, Урала и Зап. Европы.

КА́РПОВ Анат. Евг. (р. 1951), рос. шахматист. 12-й чемпион мира (1975–85). Лауреат шахматного приза «Оскар» (1973–77, 1979–81, 1984). 3-кратный чемпион СССР (1976, 1982/83, 1988). Автор ряда книг, в т.ч. «Сто победных партий» (1984), «В далёком Багио» (1981), «Моя сестра — Каисса» (1990).

КА́РПОВЫЕ, семейство рыб. Ок. 1600 пресноводных и проходных видов, в Сев. Америке, Евразии, Африке; в кон. 19 в. завезены в Австралию. Многие К.— объект промысла и разведения (карп, вобла, лещ, рыбец, тарань, толстолобики и др.

КАРРА́ЧЧИ (Carracci), семья итал. живописцев *болонской школы*, представители *академизма*: Лодовико (1555–1619) и его двоюродные братья Агостино (1557–1602) и Аннибале (1560–1609). Основали в Болонье «Академию вступивших на правильный путь» (ок. 1585). Эклектически соединяя приёмы великих мастеров Возрождения, создали академич. тип алтарной картины и монументально-декор. росписи *барокко*.

КАРРЕ́ЛЬ (Carrel) Алексис (1873–1944), франц. хирург и патофизиолог. В 1904–39 в США. Предложил

А.Е. Карпов.

сосудистый шов. Основополагающие тр. по трансплантации органов. Разработал технику выращивания культуры ткани. Ноб. пр. (1912).

КАРРЕ́РАС (Carreras) Хосе (р. 1946), исп. певец. С нач. 1970-х гг. на сцене крупнейших оперных театров мира (был партнёром М. Кабалье). Один из выдающихся лирич. теноров современности, К. покоряет не только красотой голоса, но и ярко индивид. стилем исполнения.

КАРСА́ВИН Лев Платонович (1882–1952), рос. религ. философ и историк ср.-век. культуры. Брат Т.П. Карсавиной. В 1922 выслан за границу. Преподавал в Каунасе (с 1928) и Вильнюсе (1940–46). Опираясь на принцип всеединства В.С. Соловьёва, стремился к созданию целостной системы христ. миросозерцания. Осн. соч.: «Философия истории» (1923), «О личности» (1929). Филос.-поэтич. произв.: «Поэма о смерти» (1931), «Сонеты» и «Терцины» (написаны в тюрьме и лагере). Репрессирован в 1949. Умер в лагере.

КАРСА́ВИНА Там. Платоновна (1885–1978), артистка балета. Сестра Л.П. Карсавина. В 1902–18 в Мариинском т-ре, в 1909–29 выступала в

Ан. Карраччи. «Куда идёшь, Господи?». Национальная галерея. Лондон.

«Рус. сезонах» и в труппе «Рус. балет С.П. Дягилева (в постановке М.М. Фокина: Жар-птица и Балерина – «Жар-птица», 1910, и «Петрушка», 1911, И.Ф. Стравинского). С 1918 – в Лондоне. Эмоциональность, изящество, красота поз и движений. Постоянная партнёрша Фокина и сподвижница его новаторских исканий.

КА́РСКИЕ ВОРО́ТА, пролив между о-вами Н. Земля и Вайгач, соединяет моря Баренцево и Карское. Дл. 33 км, шир. ок. 45 км, наим. глуб. 52 м. Значит. часть года покрыт льдами.

КА́РСКОЕ МО́РЕ Сев. Ледовитого ок., у берегов России, между о-вами Н. Земля, Земля Франца Иосифа и Сев. Земля. Пл. 883 т. км², глуб. до 600 м. О-ва: Арктич. ин-та, Визе, Сергея Кирова, Норденшельда и др. Кр. заливы: Енисейский и Обская губа. Впадают реки Енисей и Обь. Часты туманы и штормы. Б.ч. года покрыто льдами. Рыб-во (тресковые, сиг). Порт – Диксон.

КАРСТ (нем. Karst) (карстовые явления), растворение поверхностными и подземными водами горн. пород (гипса, кам. соли и др.) с образованием сообщающихся пустот (пещер, воронок и др.) разл. размера. К. характеризуется своеобразием режима подземных вод, речной сети (исчезающей в подземных полостях) и озёр.

КАРТ (англ. cart), гоночный микролитражный автомобиль без кузова, дифференциала и упругой подвески колёс для соревнований на небольшой площадке (картинг). Двигатель двухтактный, с рабочим объёмом до 250 см³. Макс. скорость на прямом участке до 150 км/ч. См. также *Картинг*.

КАРТ-БЛАНШ (франц. carte blanche, букв.– чистый бланк) (устар.), чистый бланк, подписанный лицом, предоставляющим др. лицу право заполнить этот бланк текстом. Перен.– дать К.-б. – предоставить кому-либо неогранич. полномочия, полную свободу действий.

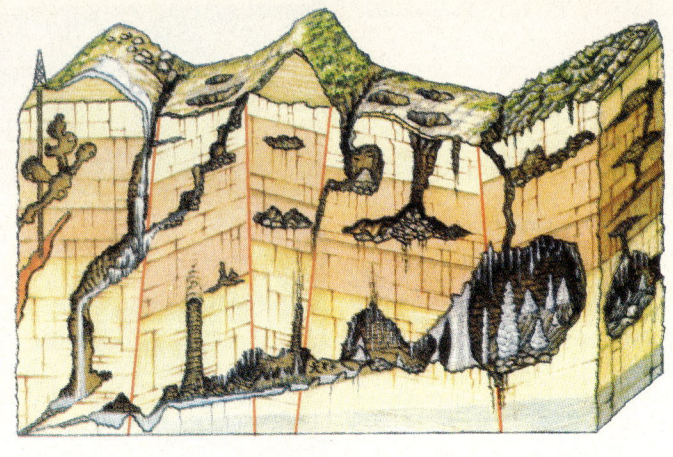

КАРТЕЗИА́НСТВО, направление в философии и естествознании 17–18 вв., теоретич. источником к-рого были идеи Р. Декарта (латинизир. имя Cartesius – Картезий, отсюда назв.). Основа К.– последоват. дуализм, т.е. разделение мира на две самостоят. и независимые субстанции – протяжённую и мыслящую; исходные принципы картезианской *гносеологии* – самодостоверность сознания (декартовское «мыслю, следовательно, существую») и теория *врождённых идей*.

КАРТЕ́ЛЬ (франц. cartel, итал. cartello, от carta – бумага, документ), одна из форм экономических объединений, возникшая в сер. 19 в. Заключается в соглашении предпринимателей о размерах произ-ва, рынках сбыта, ценах при сохранении производств. и коммерч. самостоятельности. Совр. разновидности К.: патентные пулы, лицензионные соглашения, соглашения об обмене и распространении информации о новейшей технике, рыночной конъюнктуре и т.д. В сфере междунар. бизнеса действуют азотный, нефтяной, урановый и др. К.

КА́РТЕР (Carter) Бенни (р. 1907), американский джазовый музыкант (кларнетист, саксофонист, трубач, пианист), композитор, аранжировщик. Выступал с 1924 до кон. 70-х гг. Сотрудничал с лучшими джазовыми коллективами, в т.ч. Д. Эллингтона, Ч. Уэбба, У. Мак-Кинни. Гастролировал в Великобритании и др. странах. Один из знаменитых представителей *свинга*. Автор музыки к кинофильмам, *аранжировок* для орк. Эллингтона, Б. Гудмена и др.

КА́РТИНГ (англ. carting), спорт. гонки на картах; площадка для этих гонок. Зародился в США в сер. 1950-х гг. С 1959 проводятся чемпионаты мира по К. В России развивается с нач. 1960-х гг.

КАРТИ́ННАЯ ГАЛЕРЕ́Я, худ. музей, в к-ром экспонируются (исключительно или преимущественно) произв. живописи (картины). Также раздел в крупных музеях и залы дворцов, предназначенные для собрания картин. Др. назв.– *пинакотека*.

КАРТОГРА́ФИЯ (от греч. chártēs – лист и ...графия), наука о геогр. картах, методах их создания и использования. Включает теорию картографич. проекций, теорию генерализации и способов изображения (знаковой системы), технологию проектирования и изготовления карт, а также анализ картографич. источников и др. Данные К.– основа для геол. исследований, произ-ва инж.-строит. работ, воен. дела, туризма и др.

КАРТО́ФЕЛЬ, многолетние клубненосные виды (ок. 150) рода паслён, преим. в Центр. и Юж. Америке. Возделывают 2 вида – К. андийский, в Юж. Америке, и К. европейский, в странах умеренного пояса (как однолетнее р-ние). В культуре с начала земледелия, первоначально – в Чили,

Карст.

Т.П. Карсавина. Партия Жар-птицы.

Картофель: цветки, клубень и лист.

в Европу завезён ок. 1565. В России известен с кон. 17 в., в пром. культуре с 18 в. Клубни (200–400 ц с 1 га) богаты углеводами и калием, содержат белок, к-рый по аминокислотному составу близок к животному. Один из осн. продуктов питания, используется также для произ-ва спирта, крахмала, на корм ж-ным.

КА́РТРАЙТ (Cartwright) Эдмунд (1743–1823), англ. изобретатель. Создал механич. ткацкий станок с ножным приводом (1785).

КА́РТЫ географические, уменьшенные, математически определённые, обобщённые образно-знаковые изображения земной поверхности на плоскости. Показывают размещение, сочетания и связи природных и обществ. явлений, отбираемых и характеризуемых в соответствии с назначением данной карты. К. географические подразделяют по охвату терр. (мировые, материков, гос-в и др.), по содержанию (общегеографические и тематические), назначению (учебные, туристские и др.), масштабу (крупно-, средне- и мелкомасштабные) и др. признакам. Наиб. древние из уцелевших К. созданы в Вавилонии и Египте в 3–1-м тыс. до н.э.

КАРУ́ЗО (Caruso) Энрико (1873–1921), итал. певец (тенор). В 1894–1920 на оперной сцене. Обладая обворожительным по красоте и ровности тембра голосом, выступал в разнохарактерных партиях (ок. 80), из к-рых ок. 30 признавались лучшим исполнением (гл. обр. в операх Дж. Верди, Дж. Пуччини, Ж. Бизе), а также в концертах с неаполитанскими нар. песнями. Любимая партия – Манрико («Трубадур» Верди).

Э. Карузо.

КАРУСЕ́ЛЬНЫЙ СТАНО́К, металлореж. станок токарной группы для обработки крупногабаритных деталей, закрепляемых обычно в спец. приспособлении – планшайбе (диам. до 1,6 м) либо в неск. *суппортах*, совершающих движение по кругу.

306 КАРФ

КАРФАГЕ́Н, город-гос-во в Сев. Африке (в р-не совр. г. Тунис). Осн. в 825 до н.э. финикийцами. К нач. 3 в., завоевав Сев. Африку, Сицилию (кроме Сиракуз), Сардинию и Юж. Испанию, превратился в могуществ. державу Средиземноморья, что привело к столкновению с Римом. После поражения в *Пунических войнах* К. был разрушен римлянами (146 до н.э.). К. включён в список *Всемирного наследия*.

КАРЬЕ́РА (от итал. carriera – бег, жизненный путь, поприще), 1) продвижение в к.-л. сфере деятельности. 2) Достижение известности, славы, выгоды. 3) Обозначение рода занятий, профессии (напр., К. учителя).

КАРЬЕРИ́ЗМ, беспринципная погоня за личным успехом в каком-либо виде деятельности.

КАСА́ЛЬС (Казальс) (Casals) Пабло (1876–1973), исп. виолончелист, дирижёр, композитор. Гастролировал (в 1905–13 ежегодно в России как солист и в ансамбле с С.В. Рахманиновым и др.). С 1905 – в фп. трио (с А. Корто и Ж. Тибо). Основатель (1920) и дирижёр первого в Барселоне симф. орк. С 1939 во Франции, с 1956 в Пуэрто-Рико, где основал симф. оркестр (1959) и консерваторию (1960).

КАСА́ТЕЛЬНАЯ прямая к кривой *l* в точке *M*, предельное положение *MT*, к к-рому стремится секущая *MM'* при приближении точки *M'* к точке *M*.

КАСА́ТИК, то же, что *ирис*.

Карфаген. Крышка так называемого саркофага принцессы. Мрамор с росписью. Ок. 300 до н.э. Национальный музей. Карфаген.

Касательная.

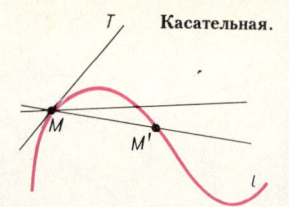

КАСА́ТКА (деревенская ласточка), птица (сем. ласточки). Дл. ок. 20 см. Крайние рулевые перья в виде косиц (отсюда назв.). Распространена в Евразии, Сев. Африке и Сев. Америке. Гнездится только на строениях.

КАСА́ТКИНА Людм. Ив. (р. 1925), актриса. С 1947 в Центр. т-ре Сов. Армии (ныне Центр. т-р Рос. Армии). Игре свойственны непосредственность, эмоц. яркость. Начав с лирико-комедийных ролей, со временем перешла на драматические: Марья Антоновна («Ревизор» Н.В. Гоголя, 1951), Лейди Торренс («Орфей спускается в ад» Т. Уильямса, 1978) и др. Снималась в ф.: «Укротительница тигров» (1955), т/ф «Душечка» (1966), «Операция "Трест"» (1968, вып. 1970) и др.

КАСА́ТКИНА Нат. Дм. (р. 1934), артистка балета, балетмейстер. В 1954–76 артистка Большого т-ра. Характерная танцовщица. С 1960-х гг. работает совм. с В.Ю. Василёвым как балетмейстер. С 1977 Госл. хореогр. ансамбля Моск. классич. балет (с 1986 Моск. гос. т-р балета СССР, с 1992 Гос. т-р классич. балета под рук. Касаткиной и Василёва). Пост.: «Сотворение мира» А.П. Петрова (1971), «Повесть о Ромео и Джульетте» С.С. Прокофьева (1980), «Лебединое озеро» П.И. Чайковского (1988), «Поцелуй феи» И.Ф. Стравинского (1989) и др. Спектакли основаны на классич. танце и совр. пластике.

КАСИ́К (исп. cacique), 1) индейский вождь в Мексике и Центр. Америке. 2) В Лат. Америке и Испании К. называют политиков, пользующихся влиянием в отд. областях страны.

КАСИ́МОВ, г. в Рязанской обл., в России. 37,9 т.ж. Пристань на р. Ока, близ ж.-д. ст. Касимов. Маш-ние, сетевязальная, овчинно-меховая ф-ки. Краеведч. музей. С сер. 15 в. до 1681 центр Касимовского царства. Минарет (15 в.), мавзолей (16–17 вв.), церкви нач. 18 в. Филиал Рязанского ист.-архит. музея-заповедника.

КАСИ́МОВСКОЕ ЦА́РСТВО, удельное кн-во на Оке во 2-й пол. 15 в.–1681. Ц.– Касимов. Выделялось моск. князьями тат. «царям» и «царевичам», переходившим на рус. службу. Первым владельцем этих земель был Касим-хан (ок. 1450–56).

КАСКА́Д (франц. cascade), 1) естеств. или искусств. водопад, низвергающийся уступами, или система водопадов (напр., в парковой архитектуре). 2) В гидроэнергетике – группа ГЭС (обычно в составе энергосистемы), расположенных по течению вод. потока на нек-ром расстоянии друг от друга и связанных между собой общностью водохоз. режима. 3) В цирке – приём комич. акробатич. имитации падений. 4) В оперетте – быстрый танец, сопровождаемый пением. 5) (Перен.) стремительный, неудержимый поток чего-либо.

КА́СЛИНСКОЕ ЛИТЬЁ, худ. изделия из чугуна (скульптура, решётки, мебель, спорт. призы), производящиеся на Каслинском маш.-строит. з-де в г. Касли (Челябинская обл.). Традиции К.л. (чёткость силуэта, тщательная отделка деталей) сложились в 19 в. Скульптура изготовляется по моделям известных рус. скульпторов (П.К. Клодт, Е.Е. Лансере и др.) и местных мастеров.

КАСПА́РОВ Гарри Кимович (р. 1963), рос. шахматист, 13-й чемпион мира (с 1985). Лауреат шахматного приза «Оскар» (1982, 1983, 1985–90). Чемпион СССР (1981 и 1988). Автор ряда книг, в т.ч. «Испытание временем» (1985), «Два матча» (1987), «Безлимитный поединок» (1989).

КАСПИ́ЙСКОЕ МО́РЕ, крупнейшее в мире бессточное озеро-море. Пл. 376 т. км². Лежит на 27,9 м ниже уровня океана (1986). С 1929 по 1977 отмечалось падение уровня, с 1978 начался подъём. В Сев. Каспии глуб. 5–8 м, в Ср. Каспии 788 м, в Юж. Каспии – до 1050 м. Кр. заливы: Казахский, Мангышлакский, Красноводский. Зал. Кара-Богаз-Гол отчленён в 1980 глухой дамбой, в 1984 построены водопропускные сооружения. Впадают реки Волга, Урал, Кура, Терек. Солёность 12,6–13,2‰, на С., близ устья Волги, 0,05‰. Рыб-во (осетровые – более 80% мирового улова, лещ, сазан, судак и др.) м-ния нефти и газа. Концентрация нефтепродуктов и фенолов в воде превышает уровень допустимого загрязнения (от 2 до 16 ПДК). Кр. порты: Астрахань (Россия), Баку (Азербайджан), Красноводск (Туркмения), Энзели (Иран).

Н.Д. Касаткина и В.Ю. Василёв. Сцена из балета «Сотворение мира».

Г.К. Каспаров.

Каслинское литьё. П.К. Клодт. «Лошади». Отливка 1915.

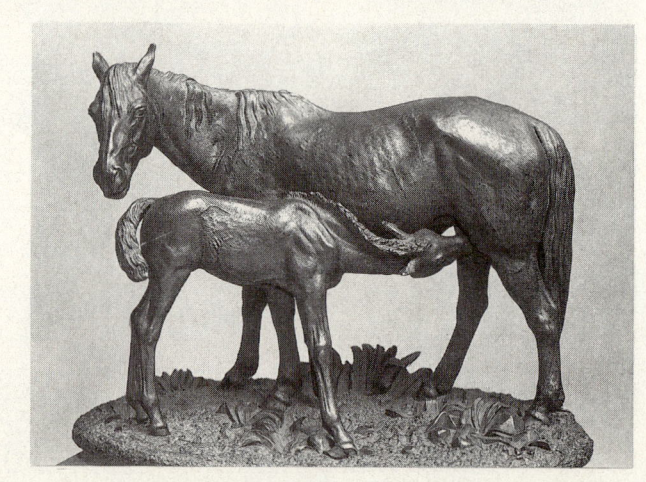

Кассандра. Аякс и Кассандра. Фрагмент росписи кратера «Художника Ликурга». 360–350 до н.э. Национальный музей. Неаполь.

КАСРАШВИ́ЛИ Маквала Филим. (р. 1942), певица (лирико-драм. сопрано). С 1966 в Большом т-ре. Среди партий: Татьяна, Лиза («Евгений Онегин», «Пиковая дама» П.И. Чайковского), Тоска («Тоска» Дж. Пуччини), Дездемона («Отелло» Дж. Верди), Любка («Семён Котко» С.С. Прокофьева).

КАССА́НДРА, в греч. мифологии дочь *Приама*, получившая от Аполлона пророческий дар. Трагич. пророчества К. были отвергнуты и осмеяны, но затем они воплотились в гибели её семьи и разрушении Трои. Образ К. широко отражён в мировой лит-ре (Эсхил, Еврипид и др.).

КАССА́ЦИЯ (ср.-век. лат. cassatio – отмена, уничтожение, от лат. quasso – разбиваю, разрушаю), одна из форм обжалования суд. приговора (решения), не вступившего в законную силу. В отличие от апелляц. суда, кассац. инстанция не связана пределами жалобы или протеста и обязана проверить дело в полном объёме по имеющимся в деле и дополнительно представленным материалам. Кассац. инстанция может оставить приговор (решение) без изменений, отменить их и направить дело на новое расследование или суд. рассмотрение либо отменить приговор и прекратить производство по делу.

КАССА́ЦИЯ (нем. Kassation), во 2-й пол. 18 в. муз. произв. типа *сюиты*, исполняемое на открытом воздухе. Близка *дивертисменту*, *серенаде* (Й. Гайдн, В.А. Моцарт).

КАССЕ́ТА (от франц. cassette – ящичек), 1) в фотографии – светонепроницаемый футляр (цилиндрич., плоский, спец. формы), в к-рый помещают светочувствит. материал, используемый в съёмочной аппаратуре. 2) К. магнитофонная, видеомагнитофонная (видеокассета) – плоская закрытая коробка с магн. лентой, вставляемая в кассетоприёмник магнитофона (видеомагнитофона).

Кассета магнитофонная: вверху – в собранном виде; внизу – со снятой крышкой.

КАССИ́ЛЬ Лев Абр. (1905–70), рус. писатель, один из зачинателей дет. лит-ры сов. периода. Автобиогр. пов. «Кондуит» (1930) и «Швамбрания» (1933) – о событиях 1917 глазами детей; ром. «Вратарь республики» (1938), «Великое противостояние» (ч. 1–2, 1941–47). Лирич. пов. «Дорогие мои мальчишки» (1944) – о Вел. Отеч. войне.

КАССИ́РЕР (Cassirer) Эрнст (1874–1945), нем. философ, представитель марбургской школы *неокантианства*. С 1933 в эмиграции, с 1941 в США. В философии культуры выдвинул учение о языке, мифе, науке и иск-ве как специфич. «символич. формах». Тр. по истории философии нового времени.

КАССИ́ТЫ, горн. племена, обитавшие во 2–1-м тыс. до н.э. на терр. совр. Зап. Ирана. В 16 в. овладели Вавилонией и основали т.н. касситскую династию, правившую ок. 400 лет.

КАСТА́ЛЬСКИЙ Ал-др Дм. (1856–1926), композитор и фольклорист. Способствовал развитию рус. хоровой культуры. В культовых соч. возрождал древние формы *знаменного распева*. Литургия Св. Иоанна Златоуста (для жен. хора, 1905). Оп. «Клара Милич» (1907), реквием «Братское поминовение героев» (1916), кантаты, а также массовые рев. песни и хоры. Исследования, в т.ч. «Основы народного многоголосия» (опубл. в 1948).

КА́СТОР, см. в ст. *Диоскуры*.

КАСТРА́ЦИЯ (от лат. castratio – оскопление), удаление половых желёз (яичек, яичников) хирургич. путём или подавление их функций др. методами (гормонами, облучением). В жив-ве проводится гл. обр. с хоз. целями: кастрир. с.-х. ж-ные спокойнее, лучше откармливаются, их мясо вкуснее, питательнее.

КАСТРИ́, столица гос-ва Сент-Люсия. 11 т.ж. Порт в Карибском м.; междунар. аэропорт. Пр-тия пищевкус. пром-сти.

КА́СТРО РУС (Castro Ruz) Фидель (р. 1926), пред. Гос. совета и СМ Респ. Куба с 1976, 1-й секр. ЦК КП Кубы с 1965. В 1959–76 премьер-мин. Рев. пр-ва Кубы. В 1953 возглавил вооруж. выступление против диктаторского режима Батисты. Пришёл к власти в 1959. Возглавил однопарт. режим, провозгласивший своей целью стр-во социализма.

КА́СТЫ (португ. casta, от лат. castus – чистый, санскр. джати), 1) замкнутые группы людей, обособившиеся вследствие выполнения специфич. социальных функций, наследств. занятий и профессий (что может быть связано с принадлежностью к определ. этнич., а иногда и религ. общности). К. образуют иерархию, в общении между К. есть строгие ограничения. В Индии в 40-х гг. 20 в. было 3,5 тыс. К. и подкаст. Конституция Респ. Индия (1950) признала равноправие К. См. также *Варны*. 2) Перен.– замкнутая обществ. группа.

КАСЫДА́ (араб.), жанр лирич. поэзии в лит-рах Бл. и Ср. Востока, Ср. и Юго-Вост. Азии, преим. панегирич. стихотворение на одну рифму (рифмуются лишь чётные строки) объёмом от 15 до 200 *бейтов*, первый из к-рых должен содержать законченную мысль, являющуюся ключом ко всей К. Филос. К. в 10 в. представлена у Рудаки, особенно развивается в 11–12 вв.

КАТА́ЕВ Вал. Петр. (1897–1986), рус. писатель. Брат Е.П. Петрова (см. *Ильф И. и Петров Е.*). В пьесах 20-х гг. («Квадратура круга», 1928) – осмеяние мещанства. Ром. «Время, вперёд!» (1932) посв. социалистич. стр-ву. Пов. о детстве «Белеет парус одинокий» (1-я ч. тетралогии «Волны Чёрного моря», 1936–61); пов. «Сын полка» (1945) – о судьбе мальчика на войне. Мемуарные произв. («Святой колодец», 1966; «Трава забвенья», 1967; «Алмазный мой венец», 1978). Гл. ред. ж. «Юность» (1955–61).

КАТАКЛИ́ЗМ (от греч. kataklysmós – наводнение, потоп), разруш. переворот, катастрофа (в природе, об-ве).

КАТАЛА́НИ (Catalani) Анджелика (1780–1849), итал. певица (сопрано). В 1797–1828 выступала на оперной сцене и в концертах (в России в 1825 на открытии Большого т-ра). Пользовалась славой её виртуозное импровизац. исполнение колоратурных партий в операх Дж. Паизиелло, Н. Пиччинни, Д. Чимарозы, В.А. Моцарта.

КАТА́ЛИЗ (от греч. katálysis – разрушение), ускорение хим. реакции в присутствии в-ва – катализатора, к-рый взаимодействует с реагентами, но в реакции не расходуется. Использование катализаторов позволяет проводить хим. процессы при небольших темп-рах и с предпочтительным образованием одного продукта из неск. возможных. Каталитич. процессами являются произ-ва аммиака, серной к-ты, мн. полимеров и др. Многие процессы в живых организмах ускоряются катализаторами – ферментами.

КАТАЛО́Г (от греч. katálogos – список), перечень к.-л. предметов (книг, экспонатов, товаров), составленный в определ. порядке, облегчающем их нахождение (напр., алфавитный, систематич. и др. К. в библиотеке); справочное издание, содержащее такой список, иногда с иллюстрациями (напр., К. марок).

КАТАМАРА́Н (от тамильского каттумаран, букв.– связанные брёвна), 1) у народов Юж. Азии плот или небольшое судно (гребное или парусное) из неск. брёвен, соединённых мостками. 2) Судно с 2 соединёнными в верх. части параллельно расположенными корпусами. Строят К. техн. флота, промысловые, пасс. и спортивные.

КАТАПУ́ЛЬТА (лат. catapulta – от греч. katapéltēs), 1) метательная машина, приводимая в действие силами упругости скрученных волокон (сухожилий, ремней и т.п.). Предназначалась для метания на крутой траектории камней, ядер, стрел и др. на дальность 250–850 м. Применялась с 5 в. до н.э. (Др. Греция, Др. Рим) до 15 в. (Европа). 2) Устройство для ускорения или обеспечения взлёта самолётов и др. летат. аппаратов. 3) Устройство для отработки катапультирования, тренировки лётчиков и космонавтов.

КАТАПУ́ЛЬТНОЕ КРЕ́СЛО, предназначено для аварийного покидания вместе с лётчиком (космонавтом) кабины летат. аппарата. Имеет парашютные системы, механизм отделения лётчика (космонавта) от кресла, запас кислорода и продуктов, радиоаппаратуру. Катапультирование (отстрел) осуществляется пиротехн. устройством.

КАТА́Р (Государство Катар), в Юго-Зап. Азии, на п-ове Катар, омывается Персидским зал. Пл. 11 т. км². Нас. 521 т.ч., в осн. катарцы (арабы К.). Офиц. яз.– арабский. Гос. религия – ислам. К.– монархия во главе с эмиром. Столица – Доха. Ден. единица – риал Катара.

Низменная пустынная равнина, с редкими оазисами. Климат тропич., сухой. Ср. темп-ры янв. 16 °C, июля 32 °C; осадков до 125 мм в год. Постоянных рек нет. Солончаки, болота, участки песков.

С 7 в. в Араб. халифате. В 13–14 вв. под властью эмиров Бахрейна, в нач. 16 в.– португальцев, затем – Османской империи. В 1916–71 брит. протекторат. С 1971 независимое гос-во.

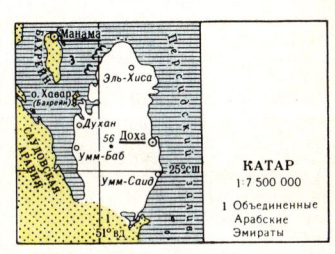

Основа экономики – добыча нефти (до 85% ВВП) и природного газа. ВНП на д. нас. 15,9 тыс. долл. в год. Произ-во удобрений, нефтехим. продуктов, цемента, сжиженного газа. Комплексы по опреснению мор. воды. Куст. пром-сть. Оазисное земледелие (финиковая пальма; пшеница, кукуруза, сорго; овощ-во). Кочевое и полукочевое скот-во (овцы, козы, верблюды). Мор. промысел (рыба, креветки, добыча жемчуга).

КАТА́Р (от греч. katarrhéō – стекать, истекать), устар. название воспаления слизистых оболочек, характеризующегося обильным экссудатом (серозным, гнойным и др.) и стеканием его по поверхности слизистой оболочки.

КАТАРА́КТА (от греч. katarrháktēs – водопад), помутнение хрусталика глаза в результате старческого нарушения питания тканей, диабета, повреждения глаза и др. причин. Резко ухудшает зрение.

КА́ТАРСИС (греч. kátharsis – очищение), 1) термин «Поэтики» Аристотеля, очищение духа при помощи «страха и сострадания» как цель трагедии. Понятие К. имело многочисл. толкования. 2) В психоанализе З. Фрейда – один из методов психотерапии.

КАТАТОНИ́Я (от греч. katátonos – натянутый), психич. расстройство с преобладанием двигат. нарушений (ступор и возбуждение).

КАТЕГО́РИИ (от греч. kategoría – высказывание; признак) (филос.), наиб. общие и фундам. понятия, выражающие существенные, всеобщие свойства и отношения явлений действительности и познания. К. образовались как результат обобщения ист. развития познания.

КАТЕГОРИ́ЧЕСКИЙ ИМПЕРАТИ́В, см. *Императив*.

КАТЕТЕРИЗА́ЦИЯ, введение катетера (спец. трубки разл. диаметра, длины, формы, изготовленные из разл. материалов) в естеств. канал или полость тела с диагностич. или леч. целями (напр., К. мочевого пузыря).

КАТЕХИ́ЗИС (от греч. katéchesis – поучение), 1) религ. книга; изложение христ. вероучения в форме вопросов и ответов. 2) Изложение основ к.-л. учения в форме вопросов и ответов.

КАТЕХОЛАМИ́НЫ, природные физиологически активные в-ва (адреналин, норадреналин, дофамин), осуществляющие в нерв. системе контактные межклеточные взаимодействия. Участвуют в обмене в-в и поддержании внутр. среды и устойчивости осн. физиол. функций организма. При физич. и психич. напряжении (стрессе), нек-рых болезнях содержание К. в организме резко возрастает.

КАТИЛИ́НА (Catilina) (ок. 108–62 до н.э.), рим. политик. В 66–63 пытался захватить власть, привлекая недовольных обещанием кассации долгов. Заговор был раскрыт Цицероном.

КАТИО́НЫ, см. в ст. *Ионы*.

КАТКО́В Мих. Никиф. (1818–87), рос. публицист, обществ. деятель. В 1830-х гг. примыкал к кружку Н.В. Станкевича. В 50-х гг. умеренный либерал, сторонник англ. гос. системы. Издатель ж. «Русский вестник» (1856) и газ. «Московские ведомости» (1850–55, 1863–87). Со времени Польск. восстания 1863–64 один из вдохновителей *контрреформ*. В 1868 основал в Москве Лицей памяти цесаревича Николая (рано умершего сына имп. Александра II), известный как Катковский лицей.

КАТМАНДУ́, столица (с 1769) Непала, в межгорн. долине Гималаев, на р. Багхмати (басс. Ганга), на выс. 1360 м. 419 т.ж. Трансп. уз.; междунар. аэропорт. Худ. ремёсла. Ун-т. Королев. академия, Ассоциация изящных иск-в. Музеи: в т.ч. непальский нац., нумизматич. англ.-непальский. Т-р и Религиозный центр буддистов. До 16 в. наз. Кантипур. К. сохранил в осн. ср.-век. облик, сочетающийся с совр. постройками. Дерев. пагода (1596), дворцы (нач. 20 в.).

КАТО́Д (от греч. káthodos – ход вниз, возвращение), электрод электронного либо электротехн. прибора или устройства (напр., электровакуумного прибора, гальванич. элемента, электролитич. ванны), характеризующихся тем, что движение электронов во внеш. цепи направлено к нему (от *анода*).

КАТОЛИКО́С (от греч. katholikós – всеобщий), титул патриархов Арм. апостольской церкви и Груз. правосл. церкви.

КАТОЛИЦИ́ЗМ, одно из осн. направлений в христ-ве. Разделение христ. церкви на католическую и православную произошло в 1054–1204; в 16 в. в ходе Реформации от К. откололся *протестантизм*. Организация католич. церкви отличается строгой централизацией, иерархич. характером. Глава – рим. папа, считающийся преемником апостола Петра; 1-м Ватиканским собором 1869–70 провозглашён догмат о его непогрешимости. Резиденция папы – Ватикан. Источники вероучения – Священное Писание и Священное Предание, к-рое включает помимо древней традиции, постановлений первых 7 Вселенских соборов (4–8 вв.), решения последующих церк. соборов, папские послания. В К. считается, что Святой Дух (см. *Троица*) исходит не только от Бога-отца, но и от сына (филиокве); лишь в К. имеется догмат о *чистилище*. В К. развито почитание Девы Марии (в 1854 провозглашён догмат о её непорочном зачатии, в 1950 – о её телесном вознесении), святых; культ характеризуется пышным театрализованным богослужением, клир резко отделён от мирян. Католики составляют б.ч. верующих в Австрии, Бельгии, Венгрии, Испании, Италии, Литве, Польше, Португалии, Франции, Чехии, Словакии, зап. областях Белоруссии, Украины, в лат.-амер. гос-вах; всего ок. 860 млн. ч.

КАТО́Н (Cato): 1) Старший (234–149 до н.э.), рим. писатель, гос. деятель. Непримиримый враг *Карфагена*, ему принадлежит слова: «Карфаген должен быть разрушен», постоянно повторяемые им в сенате; поборник старинных нравов. Сохранился трактат К. «О земледелии». 2) Младший (или Утический) (95–46 до н.э.), республиканец, сторонник Помпея, противник Цезаря. Покончил с собой после победы Цезаря при Тапсе.

КАТУ́ЛЛ (Catullus) Гай Валерий (ок. 87 – ок. 54 до н.э.), рим. поэт. Любовные переживания, непосредственность и сила страсти, трагич. противоречия усложнившегося любовного чувства (выделяемая К. и во всей антич. поэзии) составляют центр. содержание его лирики.

КАТУ́ЛЬСКАЯ Ел. Клим. (1888–1966), певица (лирико-колоратурное сопрано). С 1909 в Мариинском, в 1913–45 в Большом т-рах. Обладала исключит. музыкальностью, высокой сценич. культурой. Лучшая партия – Снегурочка («Снегурочка» Н.А. Римского-Корсакова).

КАТУ́ШКА ИНДУКТИ́ВНОСТИ, катушка из провода с изолир. витками. Обладает значит. индуктивностью при относительно малой электрич. ёмкости и малом активном сопротивлении. Один из осн. элементов электрич. фильтров, колебат. контуров, электрич. источников магн. поля и др.

КАТЫ́НЬ (Катынский лес), урочище в 14 км к З. от Смоленска, в р-не ж.-д. ст. Гнёздово. В 1930-х гг. место захоронения сов. граждан, жертв массовых репрессий. Весной 1940 органы НКВД уничтожили в К. св. 4 тыс. польск. офицеров, интернированных осенью 1939 и доставленных в К. из Козельского лагеря. В 1989 в К. сооружён мемориал.

Каунас. Старый город.

КАУЗА́ЛЬНОСТЬ (от лат. causalis – причинный), то же, что *причинность*.

КА́УНАС (до 1917 Ковно), г. в Литве. 429 т.ж. Порт на р. Неман при впадении в него р. Нярис; ж.-д. уз. Маш-ние (станкостроение, эл.-моторы, телевизоры и др.), металлообработка; пищ., полиграф., хим., деревообр. пром-сть. 5 вузов. Музеи: ист., худ. имени М.К. Чюрлёниса, мемориальный Жмуйдзикавичюса (чертей) и др. Т-ры: муз. (1940), драм., кукол. Изв. с 1361. С 1795 в России. В 1919–40 столица Литов. республики. Замок (13–17 вв.), церковь Св. Витауто (с 1400), собор Пятро ир Повило (15–17 вв.), ратуша (16–18 вв.).

КАУТЕРИЗА́ЦИЯ, см. в ст. *Прижигание*.

КА́УФМАН Конст. Петр. фон (1818–82), рос. гос. и воен. деятель, инж.-ген. (1874). С 1867 команд. войсками Туркестанского ВО, туркестанский ген.-губернатор. Руководил воен. экспедициями в Ср. Азии, в результате к-рых к Рос. империи присоединена терр. Кокандского и Хивинского ханств, а бухарский эмир признал протекторат России.

КАУЧУ́К НАТУРА́ЛЬНЫЙ (НК), получают коагуляцией латекса каучуконосных р-ний, гл. обр. бразильской гевеи. Осн. компонент – полиизопрен [– $CH_2C(CH_3)=CHCH_2$ –]$_n$. Вулканизацией НК получают прочную и эластичную резину. Применяется в произ-ве шин, амортизаторов, клеёв, изделий санитарии и гигиены и др. Мировое произ-во ок. 4,5 млн. т в год.

КАУЧУ́КИ СИНТЕТИ́ЧЕСКИЕ (СК), синтетич. эластомеры, способные перерабатываться в резину путём вулканизации. СК общего назначения (напр., изопреновые, бутадиеновые) применяются в тех же резиновых изделиях, что и натуральный каучук. СК спец. назначения – в изделиях, к-рые должны обладать масло- и бензостойкостью (напр., бутадиен-нитрильные каучуки), тепло- и морозостойкостью (напр., кремнийорганич. каучуки) или др. свойствами. Из СК изготовляют изделия ок. 50 тыс. наименований; крупнейший потребитель – шинная пром-сть. Первый СК получил Г. Бушарда (Франция) в 1879; крупное произ-во впервые осуществлено С.В. Лебедевым (СССР) в 1932. Мировое произ-во ок. 12 млн. т в год.

КАУЧУ́КОВОЕ ДЕ́РЕВО, название *гевеи* бразильской и нек-рых др. каучуконосных деревьев.

Ф. Кафка.

КАФ [англ. c.a.f. (cost and freight) – стоимость и фрахт], вид договора внешнеторг. купли-продажи, при к-ром в цену товара включается стоимость его мор. перевозки (фрахта) до порта назначения.

КА́ФЕЛЬ, то же, что *изразцы*.

КА́ФКА (Kafka) Франц (1883–1924), австр. писатель. В притчеобразных ром. («Америка», 1914, изд. в 1927; «Процесс», 1915, изд. в 1925; «Замок», 1922, изд. в 1926) и рассказах («Превращение», 1916; «В исправительной колонии», 1919), сочетающих кошмарную фантастику с буднично-протокольной манерой письма, показал трагедию одиночества и бессилия совр. человека, сминаемого гос.-бюрократич. машиной и фатальной невозможности противостоять абсурду бытия.

КАХИ́ДЗЕ Джансуг Ив. (р. 1936), дирижёр. С 1973 худ. рук. и гл. дирижёр Гос. симф. орк. Грузии. С 1982 гл. дирижёр Груз. т-ра оперы и балета; дирижировал премьерами оп. «Саломея» Р. Штрауса (на сцене этого т-ра), «Музыка для живых» Г. Канчели и др.

КАЧА́ЛОВ (наст. фам. Шверубович) Вас. Ив. (1875–1948), актёр. С 1895 на провинциальной сцене. С 1900 в МХТ. Один из ведущих мастеров труппы. Актёр высокой интеллектуальной культуры, обладал исключит. сценич. обаянием, редким по красоте голосом: Тузенбах («Три сестры» А.П. Чехова, 1902), Ивар Карено («У врат царства» К. Гамсуна, 1909), Иван Карамазов («Братья Карамазовы» по Ф.М. Достоевскому, 1910), Гамлет («Гамлет» У. Шекспира, 1911), от автора («Воскресение» по Л.Н. Толстому, 1930) и др. Выступ-

В.И. Качалов в роли Тузенбаха.

пал на эстраде с чтением произв. А.С. Пушкина, С.А. Есенина и др.

КАШАЛО́Т, наиб. крупный представитель зубатых китов. Длина тела до 21 м, масса до 40 т. Голова занимает до $1/3$ длины тела, над верх. челюстью жировая подушка из воскоподобного в-ва — спермацета (до 6 т). Окраска от серо-коричневой до почти чёрной с мелкой пятнистостью. Обитает гл. обр. в тёплых и умеренных водах Мирового ок. В поисках добычи (в осн. головоногие моллюски) ныряет на глуб. более 1 км и может находиться под водой до 1,5 ч. Промысел (ради жира, спермацета, *амбры*) регулируется междунар. соглашением.

КАША́Н, г. в Иране. 138 т.ж. Куст. пром-сть. В К. много памятников ср.-век. иран. зодчества, в т.ч.: мечеть Мейдан (13—15 вв.), мавзолей 13 в. с гробницей шаха Аббаса I (1629), минарет Зейноддин (11 в.). Крупнейший худ. центр ср.-век. Ирана.

КАШТА́Н, род листопадных деревьев, редко кустарников (сем. буковые). Ок. 10 видов, в Сев. Америке, Вост. Азии, Средиземноморье. Деревья выс. 35—40 м, живут 500—1000 (иногда 3000) лет. К. посевной, или съедобный, растёт на Черноморском побережье Кавказа и в Закавказье. Главная лесообразующая порода каштановых лесов. К. высокодекоративны, используется в садово-парковом стр-ве; плоды съедобны, древесину используют в кораблестроении, произ-ве мебели, муз. инстр-тов.

КВАДРА́Т (от лат. quadratus — четырёхугольный), 1) равносторонний прямоугольник. 2) Вторая степень a^2 числа a (назв. связано с тем, что именно так выражается площадь К. со стороной a).

КВАДРАТУ́РА КРУ́ГА, задача о построении с помощью циркуля и линейки квадрата, равновеликого (т.е. имеющего такую же площадь) данному кругу. В 19 в. была установлена неразрешимость К.к. Задача о К.к. становится разрешимой, если расширить средства построения.

КВАЗА́РЫ (англ. quasar, сокр. от quasi-stellar radio source), квазизвёздный источник радиоизлучения, космич. объекты чрезвычайно малых угловых размеров (по-видимому, ядра далёких галактик), имеющие значит. *красные смещения* линий в спектрах, что указывает на их большую удалённость от Солнечной системы; самые удалённые К. находятся вблизи границы наблюдаемой Вселенной (ок. 20 млрд. световых лет). К. излучают в десятки раз больше энергии, чем самые мощные относительно близкие галактики (*светимость* К. $\sim 10^{12} - 10^{15}$ светимостей Солнца). Источник их энергии точно не известен. Открыты в нач. 1960-х гг.

КВА́ЗИ... (от лат. quasi — якобы, как будто), часть сложных слов, соответствующая по значению словам «мнимый», «ненастоящий» (напр., квазиучёный), «почти», «близко» (напр., квазиоптика).

КВАЗИ́МОДО (Quasimodo) Сальваторе (1901—68), итал. поэт. От поэтики и мироощущения *герметизма* (сб. «Эрато и Аполлион», 1936) пришёл к поэзии широкого общества. звучания: антифаш., патриотич. темы в сб. «Жизнь не сон» (1949), «Земля несравненная» (1958). Ноб. пр. (1959).

Квазары. Радиоизображение близкого квазара 3С273, видна струя излучающего вещества длиной ок. 150 тыс. световых лет и центральный компактный объект (слева вверху), условные цвета соответствуют интенсивности радиоизлучения. Запечатлённое излучение было испущено квазаром приблизительно 1,5 млрд. лет назад (расстояние до квазара приблизительно 1,5 млрд. световых лет).

КВА́КЕРЫ (от англ. quakers, букв.— трясущиеся; самоназв.— Общество друзей), члены религ. христ. общины, возн. в сер. 17 в. в Англии. Отвергают институт священников, церк. таинства, проповедуют пацифизм, занимаются благотворительностью. Общины К. распространены гл. обр. в США, Великобритании, странах Вост. Африки.

КВА́КШИ (древесные лягушки), семейство бесхвостых земноводных. Дл. от 2 до 13,5 см. Окраска меняется в зависимости от фона, часто ярко-зелёная. Ок. 580 видов, в Евразии, Америке (тропики) и Австралии. На Ю. России, Украине и Кавказе встречается обыкновенная К. (древесница), на Д. Востоке — дальневосточная К. Многие живут и размножаются на деревьях (яйца откладывают в пазухи листьев с накопленной там водой).

КВАЛИТЕ́Т (нем. Qualität, от лат. qualitas — качество), характеристика точности изготовления изделия (детали), определяющая значения допусков. В маш-нии установлено 19 К.; первые 6 К. применяются для калибров и др. особо точных изделий.

КВАЛИФИКА́ЦИЯ (от лат. qualis — какой по качеству и ...фикация), 1) характеристика предмета, явления, отнесение его к к.-л. категории, группе. 2) Уровень подготовленности, степень годности к к.-н. виду труда. 3) Профессия, специальность (напр., К. токаря).

КВАЛИФИЦИ́РОВАННОЕ БОЛЬШИНСТВО́, большинство в $2/3$ или $3/4$ голосов присутствующих или списочного состава, необходимое в ряде случаев для принятия правомочных решений (напр., в большинстве стран К.б. необходимо для принятия конституции или внесения в неё изменений).

КВА́НТОВАЯ МЕХА́НИКА (волновая механика), теория, устанавливающая способ описания и законы движения микрочастиц в заданных внеш. полях. Все частицы в К.м. являются носителями как корпускулярных, так и волновых свойств (*корпускулярно-волновой дуализм*, Л. де Бройль, 1924). Из К.м. вытекает, что не все физ. величины могут одновременно иметь точные значения (*неопределённости принцип*, В. Гейзенберг, 1927). Отличит. черта К.м.— дискретность возможных значений для ряда физ. величин, напр. энергии электронов в атомах (идея дискретности высказана Н. Бором в 1913); в классич. теории все эти величины могут изменяться лишь непрерывно. Фундам. роль в К.м. играет постоянная Планка h (введена М. Планком в 1900) — один из осн. масштабов природы, разграничивающий области квантовой, к-рые можно описывать классич. законами (в этих случаях можно считать $h = 0$), от областей, для правильного истолкования к-рых необходима К.м. В частности, существуют макроскопич. эффекты, в к-рых проявляются законы К.м. (*сверхпроводимость*, *сверхтекучесть*, ферромагнетизм).

КВА́НТОВАЯ ТЕО́РИЯ ПО́ЛЯ (КТП), релятивистская квантовая теория физ. систем с бесконечным числом степеней свободы; гл. аппарат физики элементарных частиц, их взаимодействий и взаимопревращений. Включает теорию эл.-магн. (квантовую электродинамику) и слабого взаимодействий (в совр. теории — единая теория электрослабого взаимодействия) и теорию сильного (ядерного) взаимодействия (квантовую хромодинамику).

КВА́НТОВАЯ ЭЛЕКТРО́НИКА, область науки и техники, охватывающая исследование и применение генераторов и усилителей эл.-магн. волн, действие к-рых основано на явлении вынужденного излучения. К устройствам К.э. относятся *мазеры, лазеры, квантовые стандарты частоты*, квантовые магнитометры и др. Первый прибор К.э.— генератор когерентного излучения СВЧ (мазер) на пучке молекул аммиака в качестве активной среды — был создан Н.Г. Басовым, А.М. Прохоровым (СССР) и Дж. Гордоном, Г. Зейгером и Ч. Таунсом (США) в 1954—55. Переход к оптич. диапазону стал возможен с созданием т.н. открытого резонатора и использованием метода трёх уровней (Басов, Прохоров, 1955). Первый лазер (на рубине) был создан Т. Мейманом (США) в 1960. В 1956 амер. физик Н. Бломберген (США) предложил этот путь для создания парамагн. квантовых усилителей диапазона СВЧ, чем существенно расширил область использования К.э. Дальнейший прогресс в К.э. связан с развитием нелинейной оптики, физики полупроводников и тв. тела и др.

КВА́НТОВЫЕ ПЕРЕХО́ДЫ, скачкообразные переходы квантовой системы (атома, молекулы, атомного ядра, кристалла) из одного возможного состояния в другое. К.п. могут быть излучательными и безызлучательными. Излучат. К.п. сопровождается поглощением или испусканием фотона.

КВА́НТОВЫЕ СТАНДА́РТЫ ЧАСТОТЫ́, устройства для точного измерения частоты излучения при квантовых переходах (в СВЧ- и оптич. спектрах) атомов, ионов или молекул из одного состояния в другое. В пассивных К.с.ч. используются частоты спектральных линий поглощения (цезиевая атомно-лучевая трубка), а в активных — вынужденное испускание фотонов (К.с.ч. на пучке молекул аммиака, атомов водорода). Стабильность частоты атомно-лучевого К.с.ч. достигает 10^{-14}. К.с.ч. используются в навигации и службе времени в качестве эталонов частоты (времени).

КВА́НТОВЫЕ ЧАСЫ́ (атомные часы), устройства для измерения времени, содержащие кварцевый генератор, управляемый стандартом частоты. Роль «маятника» в К.ч. играют атомы. Частота излучения атомов при переходе их с одного уровня энергии на другой регулирует ход К.ч. Эта частота настолько стабильна, что К.ч. позволяют измерять время точнее, чем астр. методы (см. *Время*). Первые К.ч. были построены в США с мол. аммиачным генератором в качестве квантового стандарта частоты (см. также *Мазер*). К.ч. применяются в системах радионавигации, в астр. обсерваториях, в исследоват. и контрольно-измерит. лабораториях.

КВА́НТОВЫЕ ЧИ́СЛА, целые или дробные числа, определяющие возможные дискретные значения физ. величин, характеризующих квантовую систему (атомное ядро, атом, молекула и др.) и отд. элементарные частицы.

КВАРЕ́НГИ (Quarenghi) (Гваренги) Джакомо (1744—1817), архитектор, представитель *классицизма*. По происхождению итальянец. В России с 1780. Автор строгих, монументальных, пластически законченных построек (Смольный ин-т в С.-Петербурге, 1806—08, и др.). Илл. см. на стр. 310.

КВА́РКИ, точечные бесструктурные частицы. Из К. состоят все *адроны*. К. и лептоны в совр. физике выступают как предельная ступень дробления материи. В свободном состоянии К. не наблюдались. Косвенно установлено существование 6 типов К. Имеют дробный электрич. заряд, кратный $1/3$ заряда электрона e. Назв. «К.» введено амер. физиком М. Гелл-Маном; оно заимствовано из романа Дж. Джойса «Поминки по Финнегану», где означает нечто неопределённое, мистическое.

КВА́РТА, см. в ст. *Интервал*.

КВАРТЕ́Т, 1) ансамбль из 4 исполнителей. 2) Жанр европ. классич. музыки, подразумевающий стабильный исполнит. состав: 2 скрипки, альт, виолончель (сложился в творчестве Й. Гайдна).

КВАРЦ, самый распространённый породообразующий минерал, оксид кремния. Образует зёрна, зернистые кристаллы и сплошные массы. Разновидности: *аметист, горный хрусталь*, раухтопаз — дымчато-бурый, морион — чёрный, цитрин — жёлтый, празем — зелёный, молочный К.— белый и др. Тв. 7; плотн. 2,65 г/см³. Используется в керамич. и стек. пром-сти; хорошо огранённые кри-

С. Квазимодо.

Дж. Кваренги. Здание Эрмитажного театра в Санкт-Петербурге. 1783–87.

сталлы К.— в оптич. приборостроении и как пьезоэлектрик в радио- и УЗ-технике, окрашенные разновидности — в ювелирном деле. С 1957 налажен пром. синтез К. в России.

КВАСЦЫ́, сульфаты состава $M^I M^{III}(SO_4)_2 \cdot 12H_2O$, где M^I — однозарядный катион (Na^+, K^+ и др.), M^{III} — трёхзарядный катион (Al^{3+}, Fe^{3+}, Cr^{3+} и др.). Имеют кислый, вяжущий вкус. К.— дубильные в-ва для кож, протрава при крашении тканей, кровоостанавливающие и прижигающие средства в медицине, их применяют при проклеивании бумаги, в фотографии, аналитич. химии и др.

КВАТРОЧЕ́НТО (итал. quattrocento, букв.— четыреста), принятое в итал. языке наименование 15 века; в иск-ведении — период Раннего Возрождения в Италии.

КВАША́ Игорь Вл. (р. 1933), актёр, режиссёр. С 1957 в Моск. т-ре «Современник». Актёр интеллектуального типа, склонён и к лирике, и к гротеску: Первый министр («Голый король» Е.Л. Шварца, 1960), Рассказчик («Балалайкин и К°» по М.Е. Салтыкову-Щедрину, 1973), Мякишев («Спешите делать добро» М.М. Рощина, 1980) и др. Снимался в кино. Известен как чтец. В т-ре «Современник» поставил: «Кабала святош» М.А. Булгакова (1981, сыграл Мольера), «Кот домашний средней пушистости» В.В. Войновича и Г.И. Горина (1989) и др.

Квезал. Гватемальский квезал (самец и самка).

КВЕБЕ́К, г. на В. Канады, адм. ц. пров. Квебек. 647 т.ж. (с пригородами), гл. обр. франко-канадцы. Кр. мор. порт (грузооборот 13 млн. т в год) в устье р. Св. Лаврентия. Целл.-бум., судостроит. пром-сть. Ун-т. Музеи: провинции Квебек, ун-та Лаваля. Осн. в 1608. Здания и церкви 17–18 вв.

КВЕЗА́Л (кетсаль), род птиц (сем. трогоновые). 5 видов, в горн. лесах Центр. Америки. Наиб. известен гватемальский К.; длина (без хвоста) ок. 40 см, у самца верх. кроющие перья длинные (до 80 см) и закрывают хвост. Окраска сверху бронзово-зелёная, на груди красная. Священная птица древних майя и ацтеков; гос. символ Гватемалы. Охраняется.

КВИЕТИ́ЗМ (от лат. quietus – спокойный, безмятежный), религ. учение, доводящее идеал пассивного подчинения воле Бога до требования быть безразличным к собств. «спасению». Возникло в 17 в. внутри католицизма, было осуждено церк. инстанциями. Перен.— созерцательность, бездейственность.

КВИ́НТА, см. в ст. *Интервал*.

КВИНТЕ́Т, 1) ансамбль из 5 исполнителей. 2) Жанр европ. классич. музыки (со 2-й пол. 18 в.), подразумевающий стабильный исполнит. состав: струн. К. (2 скрипки, 2 альта, виолончель), духовой К. (флейта, гобой, кларнет, фагот, валторна). В 19–20 вв. получил распространение фп. К. (фп. 2 скрипки, альт, виолончель).

КВИНТЭССЕ́НЦИЯ (от лат. quinta essentia – пятая сущность), основа, самая суть чего-либо; в антич. философии – эфир, введённый Аристотелем, тончайший пятый элемент (стихия) наряду с водой, землёй, воздухом, огнём; позднее – тончайшая субстанция вообще, «экстракт» всех элементов (Парацельс).

КВИ́ТКА - ОСНОВЬЯ́НЕНКО (наст. фам. Квитка) Григ. Фёд. (1778–1843), укр. писатель. В комедиях «Сватанье на Гончаровке» (1835), «Шельменко-денщик» (1840), сентиментальной и бурлескно-реалистич. прозе («Малороссийские повести», кн. 1–2, 1834–37) – сочувств. изображение героев из простонародья, нац. колорит в описании быта, языка, юмор. Романы на рус. яз. «Пан Халявский» (1839), «Жизнь и похождения Петра Степанова, сына Столбикова» (1841) в русле натуральной школы.

КВО́РУМ (лат. quorum), установленное законом или уставами обществ. орг-ций число участников собрания, заседания, необходимое для принятия правомочных решений. Обычно для К. необходимо простое большинство (50% + 1) от общего числа депутатов данного органа или членов орг-ции. См. также *Квалифицированное большинство*.

КВО́ТА (ср.-век. лат. quota, от лат. quot – сколько), 1) доля, часть, пай, норма. Напр., доля в общем произ-ве, сбыте или экспорте, устанавливаемая в рамках соглашения (картельного и др.) для каждого из его участников. 2) Величина налога, взимаемого с единицы обложения.

КВО́ТА ИЗБИРА́ТЕЛЬНАЯ (метр избирательный), при пропорциональной системе представительства кол-во голосов, необходимое для избрания одного депутата в данном округе, или процент голосов (обычно 5%), необходимых для избрания партии по парт. списку.

КЕВЕ́ДО-И-ВИЛЬЕ́ГАС (Quevedo y Villegas) Франсиско (1580–1645), исп. писатель. Сатирич. панорама Испании 17 в. в плутовском ром. «История жизни пройдохи по имени дон Паблос» (1626), цикле социально-полит. памфлетов «Сновидения» (1627), сб. новелл «Час воздаяния, или Разумная Фортуна» (опубл. в 1650), стихах, отражающих глубоко пессимистич. мироощущение автора.

КЕ́ГЛИ (нем. Kegel), спорт. игра, цель к-рой сбить меньшим кол-вом шаров, пускаемых руками, большее число фигур — кеглей, установленных на площадке или в кегельбане (спец. сооружение для игры в К.) в определ. порядке. Зародилась в Германии в ср. века; в России – с нач. 1990-х гг. В 1952 осн. Междунар. федерация кегельного спорта (ФИК), объединяет ок. 70 стран. Чемпионаты Европы с 1964, мира с 1926.

КЕГЛЬ (кегель) (полиграф.), характеризует высоту букв шрифта. Измеряется в пунктах (в России 1 пункт = 0,3759 мм). Нек-рые К. имеют собств. назв., напр. бриллиант (высота букв 3 пункта), нонпарель (6), петит (8), цицеро (12).

КЕДР, род хвойных вечнозелёных деревьев (сем. сосновые). Выс. 40–50 м, живут до 1000 и более лет. 4 вида, в горах Сев.-Зап. Африки, Малой и Юго-Зап. Азии, Гималаях. 3 вида (атласский, ливанский, гималайский) разводят как декоративные в Крыму, Закавказье, на Черноморском побережье Кавказа, юге Ср. Азии. Древесину применяют в стр-ве. К. ливанский входит в рисунок гос. герба Ливана. К. часто называют *кедровую сосну сибирскую*.

КЕ́ДРИН Дм. Бор. (1907–45), рус. поэт. В лирике («Избранное», 1947) – поэтич. мир природы, темы ист. прошлого России, одарённости рус. народа (баллада «Зодчие», 1938, поэма «Конь», 1940). Стихотв. драма «Рембрандт» (1940).

КЕ́ДРОВ Мих. Ник. (1894–1972), актёр, режиссёр, педагог. С 1924 во МХАТе (в 1946–55 гл. реж.). Игру отличали меткость психол. и социальных характеристик, пластич. выразительность: Манилов («Мёртвые души» по Н.В. Гоголю, 1932), Тартюф («Тартюф» Мольера, 1939) и др. Пропагандист системы К.С. Станиславского, способствовал её теоретич. оформлению, конкретизировал и жёстко закрепил её в своих постановках. Пост.: «Глубокая разведка» А.А. Крона (1943), «Плоды просвещения» Л.Н. Толстого (1951) и др.

КЕ́ДРОВАЯ СОСНА́, виды деревьев из рода *сосна*, дающих съедобные семена (т.н. кедровые орехи); часто неправильно наз. кедром. 8 видов, в лесах Евразии и Сев. Америки. В России наиб. площади заняты К.с. сибирской (сибирским кедром), растущей на С.-В. Европ. части и почти по всей Сибири. Живёт до 500 лет.

Кедровая сосна сибирская: 1 – побег с мужскими колосками; 2 – зрелая шишка; 3 – семенная чешуя с двумя семенами («орешками»).

Кедровка.

Кейптаун. Центр города.

Ценная древесина идёт на изготовление мебели, муз. инстр-тов (ранее широко применялась в кораблестроении); орехи – ценный пищ. продукт, из них получают кедровое масло.

КЕДРО́ВКА (ореховка), таёжная птица (сем. вороновые). Дл. ок. 35 см. Обитает в Евразии, преим. в еловых лесах и кедрачах. Осн. пища – кедровые орешки, к-рые запасает на зиму. Часть своих «кладовых» К. не находит, семена в них прорастают и таким образом К. способствует расселению кедровой сосны.

КЕЙДЖ (Cage) Джон (1912–92), амер. композитор. Представитель *авангардизма*; использует в своих соч. *додекафонию*, *алеаторику*. Особенности муз. организации ряда соч. К. обусловлены изучением др.-кит. философии («*Ицзин*»), дзэн-буддизма. Пьесы для ударных, фп.; муз. хеппенинги.

КЕЙНС (Keynes) Джон Мейнард (1883–1946), англ. экономист и публицист, основоположник кейнсианства. Осн. соч. – «Общая теория занятости, процента и денег» (1936).

КЕЙНСИА́НСТВО, теория гос. регулирования экономики. К. возникло во 2-й пол. 30-х гг. 20 в., оказало существ. влияние на экон. политику США, Великобритании и др. стран. Осн. принципы сформулированы Дж.М. Кейнсом. К. исследует практич. пути стабилизации экономики, количественные связи макроэкон. величин: нац. дохода, капиталовложений, занятости, потребления и др. Решающая сфера воспроиз-ва – рынок, осн. цели – поддержание «эффективного спроса» и «полной занятости». Экон. программа К. включает: всемерное увеличение расходов гос. бюджета, расширение обществ. работ, абсолютное или относит. увеличение кол-ва денег в обращении, регулирование занятости и др. Нек-рые положения К. пересмотрены и развиты представителями неокейнсианства (гл. обр. в анализе техн.-экон. факторов экон. роста) и посткейнсианства (достижение «эффективного спроса» зависит от ряда социальных мероприятий).

КЕЙПТА́УН (Капстад), г. в ЮАР. 1,9 млн. ж. Порт близ мыса Доброй Надежды, междунар. аэропорт. Местонахождение парламента ЮАР. Кр. пром. (маш-ние, хим., нефтеперераб. и др. пром-сть) центр. Ун-т (осн. в 1829 как Юж.-Афр. колледж, ун-т с 1918). Юж.-Афр. музей, Нац. гал. Т-р, симф. оркестр. Осн. в 1652 голландцами. Близ К. – первая в Африке АЭС.

КЕКУЛЕ́ (Kekule) Фридрих Август (1829–96), нем. химик-органик. Показал, что углерод четырёхвалентен (1857) и его атомы могут соединяться друг с другом в цепи (1858). Предложил (1865) циклич. форму *бензола*.

КЕ́ЛДЫШ Мст. Вс. (1911–78), математик и механик, през. АН СССР (1961–75). Фундам. труды по математике (теории функций комплексного переменного, функциональному анализу и др.), аэрогидродинамике, теории колебаний. Исследовал мн. проблемы авиац. и атомной техники, вычислит. математики. Руководил мн. космич. программами, включая полёты человека в космос.

КЕ́ЛЛЕРМАН (Kellermann) Бернхард (1879–1951), нем. писатель. От романтически-трогат. описания мира чувств (ром. «Иестер и Ли», 1904) шёл к отвержению прагматизма эпохи техн. прогресса («Туннель», 1913), предпринимат. лихорадки («Город Анатоль», 1932). Симпатии рев.-пролет. движению в ром. «9 ноября» (1920); антифаш. ром. «Пляска смерти» (1948).

КЕ́ЛЬВИН, см. *Томсон У.*

КЕ́ЛЬВИНА ШКАЛА́, абс. термодинамич. *температурная шкала*. Названа по имени лорда Кельвина (У. Томсона), впервые предложившего принцип её построения (1848). Не зависит от свойств термометрич. в-ва (начало отсчёта – *абсолютный нуль* темп-ры). Единица К.ш. – кельвин (К) – осн. единица СИ, определяется как $1/273,16$ часть термодинамич. темп-ры *тройной точки* воды и равен градусу Цельсия: 1 К = 1 °C.

КЕ́ЛЬЗЕН (Kelsen) Ханс (1881–1973), австр. юрист. Один из основателей *нормативизма* в праве. Считал, что юрид. наука должна полностью отказаться от изучения социально-полит., экон. обусловленности права, её объектом должно быть право в «чистом» виде, собственно правовая форма, нормативные акты (его школу иногда называют «чистой теорией права»).

КЁЛЬН, г. в Германии. 956 т.ж. Кр. трансп. узел; порт на Рейне; междунар. аэропорт. Метрополитен. Важный пром., торг. и финанс. центр. Маш-ние, нефтеперераб. и нефтехим., парфюмерная, бум. пром-сть. Ун-т (с 1388). Консерватория (1850), ин-т Ф.Й. Гайдна (1955). Музеи, в т.ч. Вальраф-Рихарц-Людвиг (картинная гал.), римско-германский. Т-ры: оперный (новое здание 1957), драматический. Зоопарк. Ботан. сад. Изв. с 1 в. до н.э. В 785–1237 центр архиепископства. В ср. века в числе ведущих городов Ганзы. Крупнейший готич. собор (дл. 144 м, выс. 157 м), строившийся в 1248–1820, многочисл. романские и готич. церкви, ратуша (14 – нач. 15 вв.).

КЕ́ЛЬТЫ (галлы), индоевроп. племена, обитавшие во 2-й пол. 1-го тыс. до н.э. на терр. совр. Франции, Бельгии, Швейцарии, юж. части Германии, Австрии, Сев. и Зап. Испании, Брит. о-вов, Чехии, частично Венгрии и Болгарии. К сер. 1 в. до н.э. покорены римлянами.

Дж.М. Кейнс.

Кёльн. Собор. Вид с востока.

КЕНГ 311

КЕ́ЛЬЯ (греч. kéllion, от лат. cella – комната), жилое помещение в монастыре для одного или неск. монахов.

КЕ́МБРИДЖ, г. в Великобритании. 98 т.ж. Старинный (с 13 в.) университетский центр. Эл.-техн., полиграф. пром-сть. Музеи: Фицуильяма (университетское собрание иск-ва и древностей), археологии и этнографии. Старинный ансамбль ун-та с капеллой Кингс-колледжа (1446–1515) и церк. Сент-Мэри (1478–1608) в стиле поздней готики.

КЕ́МБРИДЖСКАЯ ШКО́ЛА экономической мысли, возникла в Великобритании в кон. 19 в. Осн. представители: А. Маршалл, А.С. Пигу, Д. Робертсон. Исследовала закономерности развития отд. товарных рынков, проблемы ценообразования, экон. равновесия, благосостояния и др. Положила начало совр. микроэкон. анализу.

КЕ́МБРИЙ [кембрийская система (период)] (от лат. Cambria – старое назв. Уэльса), первое (наиб. древнее) подразделение *палеозоя*, обозначающее комплекс пород и период геол. истории, в течение к-рого они сформировались (см. *Геохронология*). Начался 570 ± 20 млн. лет назад, длительность 80 млн. лет. Подразделяется на 2 отдела. Выделен в 1835 англ. геологом А. Седжвиком.

КЕ́МЕРОВО (в 1925–32 Щегловск), г. (с 1918), ц. Кемеровской обл. в России, на р. Томь, при впадении в неё р. Искитим. 520,6 т.ж. Пристань на р. Томь; ж.-д. ст.; аэропорт. Хим. (произ-во минер. удобрений, хим. волокон, пластмасс и др.) пром-сть, маш-ние (оборудование для горнодоб. и хим. пром-сти и др.), угольная (в т.ч. ун-т). Музеи: краеведч. и изобр. иск-в; музей-заповедник «Красная горка». Т-ры: оперетты, драм., кукол. Образован в 1918 из сёл Щеглово (осн. в 1720) и Кемерово (осн. в 1863). В р-не К. – добыча кам. угля.

КЕНА́Ф, однолетнее травянистое р-ние рода гибискус (сем. мальвовые), прядильная культура. Возделывают преим. в тропиках (Индия, Китай и др.), небольшие площади в Узбекистане. В сухих стеблях (40–60 ц с 1 га) прочное волокно, используемое для изготовления мешковины, брезента, верёвок и др. Отходы при костры идут на произ-во бумаги и строит. плит. В семенах – масло; жмых – корм для скота и удобрение.

КЕНГУРУ́, семейство сумчатых млекопитающих. Длина тела от 23 см до 1,6 м, хвоста от 13 см до 1,1 м, масса от 1,4 до 90 кг. Большинство передвигается прыжками (до 13 м в длину) на задних лапах, к-рые длиннее и сильнее передних. Более 50 видов, в Австралии, на о. Тасмания, Н. Гвинее и

Кенгуру.

312 КЕНИ

нек-рых др. о-вах; завезены в Н. Зеландию. Объект промысла (шкура, мясо) и разведения. Нек-рые виды легко приручаются.

КЕ́НИЯ (Республика Кения), гос-во в Вост. Африке, омывается Индийским ок. Пл. 582,6 т. км². Нас. св. 28 млн. ч.; кикуйю, лухья, луо, камба, календжин и др. Офиц. языки — английский и суахили. Св. ½ верующих придерживается местных традиц. верований, остальные — христиане, мусульмане, индуисты. Входит в *Содружество*. Глава гос-ва и пр-ва — президент. Законодат. орган — однопалатное Нац. Собрание. Столица — Найроби. Адм.-терр. деление: 7 пров., столица выделена в столичный округ. Ден. единица — кенийский шиллинг.

К. занимает сев.-вост. часть Вост.-Афр. плоскогорья (г. Кения, 5199 м). Климат субэкв. Ср. темп-ры янв. 14–27 °C, июля 12–25 °C; осадков от 250 до 2000 мм в год. Гл. реки — Тана и Галана. Оз. Виктория. Саванны и саванные леса, полупустыни. Нац. парки (Маунт-Кения, Цаво).

С 1895 брит. владение. С 1963 независимое гос-во.

К.— агр. страна. ВНП на д. нас. 330 долл. в год. Осн. с.-х. культуры: экспортные — пиретрум (экстракт — 100 т в год, 80% мирового произ-ва), чай (1-е место в Африке по сбору, 155–165 тыс. т в год), сизаль (2-е место в Африке после Танзании, по сбору, ок. 37 тыс. т в год), кофе; потребительские — маниок, батат, рис, зерновые. Жив-во (мясо-молочное). Лесозаготовки. По площади лесопосадок К. занимает одно из ведущих мест в Тропич. Африке. Добыча на экспорт флюорита, природной соды, диатомита. Иностр. туризм.

Кения. Галерейные леса вдоль р. Тана.

Дж. Кеннеди. Портрет работы А. Шиклера. Историческая ассоциация Белого дома.

КЕ́ННЕДИ (Kennedy) Джон Фицджералд (1917–63), 35-й президент США (1961–63), от Демокр. партии. В 1941–45 офицер флота. Выступал с программой борьбы с бедностью, защиты гражд. прав цветного населения и др.; склонялся к более реалистич. курсу в отношениях с СССР. Убит в Далласе.

КЕНТА́ВРЫ, в греч. мифологии лесные или горн. демоны, полулюди-полукони, пристрастные к вину спутники Диониса.

КЕ́НТЕРБЕРИ, г. в Великобритании. 34 т.ж. До 1 в. кельтское поселение. В 6 в. центр кор-ва Кент. Резиденция архиепископа Кентерберийского, примаса Англиканской церкви. Королев. музей. Грандиозный готич. собор (1070–1840; дл. ок. 160 м) — гл. англиканская церковь.

КЕНЭ́ (Quesnay) Франсуа (1694–1774), франц. экономист. Основоположник школы *физиократов*. Впервые провёл анализ обществ. воспроиз-ва с позиции установления определ. балансовых пропорций между натуральными (вещественными) и стоимостными элементами обществ. продукта.

КЕ́ПЛЕР (Kepler) Иоганн (1571–1630), нем. астроном. Открыл законы движения планет (*Кеплера законы*), на основе к-рых составил таблицы движения планет. Заложил основы теории *затмений*. Изобрёл телескоп, в к-ром объектив и окуляр — двояковыпуклые линзы. Осн. труды: «Новая астрономия» (1609), «Гармония мира» (1619), «Сокращение коперниковой астрономии» (1618–22).

КЕ́ПЛЕРА ЗАКО́НЫ, три закона движения планет относительно Солнца. Установлены И. Кеплером в нач. 17 в. как обобщение данных наблюдений Т. Браге. 1-й К.з.: каждая планета движется по эллипсу, в одном из фокусов к-рого находится Солнце. 2-й К.з.: каждая планета движется в плоскости, проходящей через центр Солнца, причём площадь сектора орбиты, описанная радиусом-вектором планеты, изменяется пропорционально времени. 3-й К.з.: квадраты времён обращения планеты вокруг Солнца относятся как кубы их ср. расстояний от Солнца. К.з. были объяснены и уточнены на основе *всемирного тяготения закона*.

КЁ́ППЕН (Koeppen) Вольфганг (р. 1906), нем. писатель. Усложнённая манера «потока сознания», острота психол. анализа, экстремальные ситуации, противостояние «естественного» человека нацизму, машине гос. власти в романах о Германии 20 в.: «Стена шатается» (1935), «Голуби в траве» (1951), «Смерть в Риме» (1954); автобиогр. пов. «Юность» (1976).

КЕРА́МИКА (греч. keramikē — гончарное искусство, от kéramos — глина), изделия и материалы, получаемые спеканием глин и их смесей с минер. добавками, а также оксидов металлов и др. неорганич. соединений (карбидов, боридов, нитридов, силицидов и др.). Различают грубую

Ф. Кенэ.

И. Кеплер.

К., имеющую крупнозернистую, неоднородную в изломе структуру (напр., строит. и шамотный *кирпич*), и тонкую К. с однородным, мелкозернистым и равномерно окрашенным черепком (напр., *фарфор*, *фаянс*). Используется в быту, иск-ве, стр-ве, эл.-технике, радиотехнике и др. Первые попытки обжига глины относятся к позднему палеолиту. Широко обжиг глиняных изделий для придания им твёрдости, водо- и огнестойкости стал применяться в неолите (ок. 5 тыс. лет до н.э.).

КЕРБЕЛА́, г. в Ираке, в долине р. Евфрат. 83 т.ж. Осн. в 7 в. Свя-

Кентавры. С. Боттичелли. «Паллада и Кентавр». 1480-е гг. Галерея Уффици.

Керамика. Птица. Музей исламского искусства. Каир.

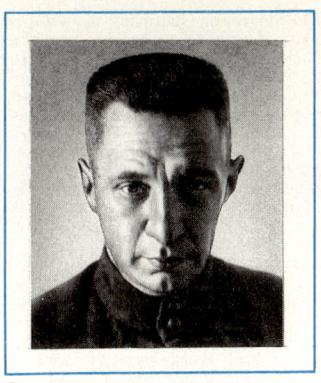

А.Ф. Керенский.

Л. Керубини. Литография Ф.С. Дельпеша.

щенный город у мусульман-шиитов, в К.— гробница внука Мухаммеда — Хусейна. Ср.-век. архит. пам.: мавзолей имама Хусейна (с мечетью и медресе), мечеть-мавзолей Аббаса.

КЕ́РБЕР, см. *Цербер*.

КЕ́РЕНСКИЙ Ал-др Фёд. (1881—1970), рос. полит. деятель. Адвокат, защитник на мн. полит. процессах, в т.ч. большевистской фракции 4-й Гос. думы (1915). Лидер фракции трудовиков в 4-й Гос. думе, активный деятель Февр. рев-ции 1917, с марта 1917 эсер. Во Врем. пр-ве: мин. юстиции (март—май), воен. и мор. мин. (май—сент.), с 8(21) июля мин.-пред., с 30 авг. (12 сент.) верх. главнокомандующий. После Окт. рев-ции организатор антибольшевистского вооруж. выступления. С 1918 в эмиграции, один из организаторов «Лиги борьбы за нар. свободу». Автор мемуаров, ист. исследований, составитель и редактор док. публикаций по истории рус. рев-ции: «Дело Корнилова» (1918), «Гатчина» (1922), «Издалека» (1922) и др.

КЕ́РЗОН (Curzon) Джордж Натаниел (1859—1925), маркиз, мин. ин. дел Великобритании в 1919—24, консерватор. В 1899—1905 вице-король Индии. Во время сов.-польск. войны 1920 требовал прекратить наступление Кр. Армии на линии («Керзона линия»), предложенной Верх. советом Антанты в качестве вост. границы Польши (Гродно — Брест-Литовск — восточнее Пшемысля до Карпат).

КЕ́РЛИНГ (англ. curling, от curl — крутить), спорт. игра, цель к-рой — попасть пущенной по льду битой (диск с рукояткой, масса 20 кг, длина окружности ок. 1 м) в вычерченную на нём мишень. Зародился в Шотландии (14 в.). В 1950 осн. Междунар. федерация К. (ФИК); объединяет ок. 20 стран. Чемпионаты Европы с 1951.

КЕРОСИ́Н (англ. kerosene), бесцв. жидкость легче воды; смеси углеводородов, выкипающие при 110—320 °С. Получают дистилляцией нефти или крекингом тяжёлых нефтепродуктов (пром. произ-во впервые начато в 1823 братьями Дубиниными в России). К. применяют как реактивное топливо, горючий компонент жидкого ракетного топлива, горючее при обжиге стеклянных и фарфоровых изделий, для бытовых нагреват. и осветит. приборов и в аппаратах для резки металлов, как растворитель, сырьё для нефтеперераб. пром-сти.

КЕ́РРА ЭФФЕ́КТ, 1) электрооптич. К.э.— возникновение *двойного лучепреломления* в оптически изотропных средах (жидкостях, стёклах) под действием электрич. поля. Открыт шотл. физиком Дж. Керром в 1875. На к.э. основана т.н. ячейка Керра, представляющая собой плоский конденсатор, заполненный жидкостью и использующийся как оптич. затвор: в нач. условиях свет не пропускает, а при включении электрич. поля пропускает; обладает большим быстродействием ($10^{-9} - 10^{-13}$ с). 2) Магнитооптич. К.э. состоит в том, что плоскополяризованный свет, отражаясь от намагниченного ферромагнетика, становится эллиптически поляризованным.

КЕРУБИ́НИ (Cherubini) Луиджи (1760—1842), франц. композитор, педагог. По происхождению итальянец. Преподаватель и инспектор Парижской конс. со дня её основания (1795; в 1822—41 директор). Творчески синтезировал традиции франц. оперы комик и достижения реформаторской драматургии К.В. Глюка; создал яркие образцы «оперы спасения»: «Лодоиска» (1791), «Два дня» (1800; в России — под назв. «Водовоз»).

КЕРЧЬ, г. в Крыму. 178 т.ж. Порт на берегу Керченского прол.; ж.-д. ст. Связан со ст. Кавказ (Таманский п-ов) ж.-д. паромной переправой. Добыча жел. руды (Камыш-Бурунский комб-т). Металлургич., судостроит. и судорем., пищевкус. (в т.ч. рыбная) пром-сть. Ист.-археол. музей. Драм. т-р имени А.С. Пушкина. Осн. греками в 6 в. до н.э., наз. Пантикапей. С нач. 5 в. до н.э. и до кон. 4 в. н.э. столица Боспорского царства. В 9—11 вв. др.-рус. г. Керчь. В 1475 захвачен турками; с 1774 в составе России. В центре К.— склеп Деметры (1 в.), церк. Иоанна Предтечи (10—13 вв.), в окрестностях — скифские курганы, руины антич. гг. Мирмекий и Нимфей, крепости Еникале (1703). Мемор. ансамбль героям обороны Аджимушкая (подземные каменоломни, в к-рых героически оборонялись окружённые сов. войска во время Вел. Отеч. войны в мае—окт. 1942).

КЕ́САРЕВО СЕЧЕ́НИЕ, акушерская операция извлечения плода (через разрез брюшной стенки и матки) при невозможности родов через естеств. родовые пути (напр., суженный таз, тяжёлое общее заболевание женщины), а также при асфиксии плода.

КЕ́САРЬ, старослав. и др.-рус. передача рим. имени и имп. титула Caesar (Цезарь) через греч. káisar — монарх, властелин.

КЕСЛЁВСКИЙ (Kieślowski) Кшиштоф (р. 1941), польск. кинорежиссёр. Работал в док. кино. В игровых фильмах использовал док. стилистику, одновременно эволюционируя к сложным метафорич. формам экранного выражения. Междунар. признание принесли ф.: «Короткий фильм об убийстве» и «Короткий фильм о любви» (1988, оба в сокращённом виде вошли в его телесериал «Декалог»), «Двойная жизнь Вероники» (1991), «Три цвета. Синий, белый, красный» (1994).

КЕССО́Н (от франц. caisson — ящик), 1) ограждающая конструкция в виде бетонной (или жел.-бетон.) камеры для создания под водой или в водонасыщенном грунте рабочего пространства, свободного от воды. Используется преимущественно при устройстве мостовых опор и фундаментов глубокого заложения. 2) Ящик для частичного осушения подвод. части судна с целью ремонта или осмотра. 3) Элемент стенки шахтной металлургич. печи в виде стальной коробки, охлаждаемой водой. 4) Тонкостенная конструкция коробчатого вида. Один из наиб. распространённых типов авиац. конструкций, напр. крыла.

КЕССО́ННАЯ БОЛЕ́ЗНЬ, патол. состояние, возникающее б.ч. после кессонных и водолазных работ при нарушении правил декомпрессии (постепенного перехода от высокого к нормальному атм. давлению). Проявляется зудом, болями в суставах и мышцах, головокружением, помрачением сознания и др.

КЕССО́НЫ (кассеты), квадратные или многоугольные углубления на потолке или внутр. поверхности арки, свода. Играют конструктивную и декор. роль, улучшают акустику помещений.

КЕТА́, рыба (сем. лососи). Дл. до 1 м, масса 2,5—4,5 кг. В сев. части Тихого ок., реже в Сев. Ледовитом ок., к В. от Лены. Нерест в реках. Ценный объект промысла и рыбоводства.

КЕ́ТГУТ (англ. catgut, букв.— струна), материал для внутр. швов при операциях; нити (получаемые из кишок преим. баранов), к-рые со временем рассасываются.

КЕТО́НЫ, органич. соед., содержащие карбонильную группу >C=O, связанную с 2 углеводородными радикалами. Широко используются как растворители. Наиб. известен *ацетон*.

КЕТСА́ЛЬ (кетцаль), то же, что *квезал*.

КЕТЧ (англ. catch — хватать), вид проф. борьбы, в к-рой разрешены разнообразные приёмы: подножки, захваты, удары и др. Возникла в кон. 19 — нач. 20 вв. в США (истоки — любительская амер. борьба).

КЕФА́ЛИ, семейство рыб. Длина обычно 40—50 см, масса до 7 кг. Св. 100 видов, гл. обр. в тропич. и субтропич. морях (в т.ч. в Чёрном и Азовском) и пресных водах. Объект промысла.

КИАКСА́Р (Увахштра) (?—585/584 до н.э.), царь Мидии, полководец. Между 625 и 615 до н.э. завоевал вост. часть Иранского нагорья, первым достиг пустынь Каракумы и Кызылкум. В союзе с Вавилонией уничтожил Ассирию (616—605), присоединил к Мидии терр. Маны, Урарту (590) и вост. часть М. Азии (585). Инициатор создания перс. клинописи.

КИБЕ́ЛА (Великая мать богов), фригийская богиня, почитавшаяся в М. Азии, Греции, во всей Рим. империи (с 204 до н.э. гос. культ К. установлен в Риме). В честь К. устраивались оргиастич. мистерии.

КИ́ВИ (Kivi) (наст. имя Стенвалль) Алексис (1834—72), фин. писатель. Романтич. трагедия «Куллерво» (1860) на сюжет из «Калевалы». Реалистич. комедии «Сапожники Нумми» (1864), «Помолвка» (1866). Ром. «Семеро братьев» (1870), в к-ром прославляется нравств. здоровье крестьян.

КИВО́РИЙ (греч. kibṓrion), в христ. храмах дарохранительница, позже алтарная *сень*, поддерживаемая колоннами и богато украшенная.

КИВО́Т, см. *Киот*.

КИ́ДЕКША, село во Владимирской обл., в 4 км от Суздаля. Архит. анс. 12—18 вв. с первой белокам. постройкой Сев.-Вост. Руси — церк. Бориса и Глеба (12 в., перестроена в 18 в., фрески 12 в.); включена в список *Всемирного наследия*. Илл. см. на стр. 314.

КИ́ЕВ, г., столица Украины, обл. центр. 2651 т.ж. Порт на р. Днепр; ж.-д. уз.; междунар. аэропорт (Борисполь). Метрополитен (с 1960). Центр маш-ния и металлообработки (в т.ч. станкостроение, трансп. маш-ние, приборостроение, эл.-техника, радиотехника и др.). Развиты хим., нефтехим. и хим.-фарм., лёгкая, полиграф., пищевкус. пром-сть. АН Украины. 18 вузов (в т.ч. ун-т, консерватория). 24 музея: архит.-ист. заповедник «Софийский музей», рус. иск-ва, укр. изобр. иск-ва, зап. и вост. иск-ва и др.

Кидекша. Архитектурный ансамбль. Общий вид.

13 т-ров (в т.ч. оперы и балета имени Т.Г. Шевченко, укр. драм. имени И. Франко, драм. имени Леси Украинки, оперетты). Осн. в 5 в. как центр племени полян. В рус. летописях изв. с 860. В 9 – нач. 12 вв. столица Киевской Руси. В 1240 разрушен монголо-татарами. С 1362 в составе Вел. кн-ва Литовского, с 1569 – Польши, в 1654 – 1991 России, СССР. К. расположен на холмах с крутыми спусками, много парков, архит. ансамблей. Отд. пам.: *Софийский собор, Киево-Печерская лавра*, Золотые ворота (11 в.), Выдубецкий мон. (11 в.), церк. Спаса на Берестове

Киев. Улица Крещатик.

Киево-Печерская лавра.

(кон. 11 – нач. 12 вв.), Кирилловская (12 в.) и Андреевская (18 в.) церкви.

КИ́ЕВО-МОГИЛЯ́НСКАЯ АКАДЕ́МИЯ, первое на терр. Украины высш. уч. заведение. Создана митрополитом Петром Могилой в 1632 на базе школы Богоявленского братства (с 1615) и школы при Киево-Печерской лавре (1631). Получила статус академии в 1701. Была крупным просветит. и науч. центром вост.-слав. народов. В 1817 закрыта. Вместо неё созданы правосл. духовная семинария, а в 1819 – духовная академия (существовала до нач. 1920).

КИ́ЕВО-ПЕЧЕ́РСКАЯ ЛА́ВРА, муж. монастырь в Киеве. Осн. в 1051, с 1598 лавра. В 11–19 вв. кр. религ. и культурный центр; велось летописание, составлен сб. житий монахов «Киево-Печерский Патерик» (13–15 вв.), действовали иконописная мастерская, типография, школа. В 1929 монастырь закрыт (действовал в 1942–61). С 1926 на его терр. – музей-заповедник; включён в список *Всемирного наследия*. В 1988 открыт Свято-Успенский Киево-Печерский мон., в 1989 – духовная семинария. Архит. комплекс 11–18 вв. Верх. лавру и анс. Ближних и Дальних пещер: Успенский собор (в руинах; 1073–78; взорван нем.-фаш. захватчиками в 1941), Троицкая надвратная церк. (1108, перестроена в 18 в.), надвратная церк. Всех Святых (17 в.), т.н. Ковнировский корпус и др.

КИ́ЕВСКАЯ РУСЬ, см. *Древнерусское государство*.

КИ́ЕВСКИЙ МУЗЕ́Й ЗА́ПАДНО-ГО И ВОСТО́ЧНОГО ИСКУ́ССТ-ВА, крупнейшее на Украине собрание произв. заруб. иск-ва. Осн. в 1919. Пам. иск-ва древности, Зап. Европы, Бл. и Д. Востока.

КИ́ЕВСКИЙ МУЗЕ́Й РУ́ССКОГО ИСКУ́ССТВА, осн. в 1922 как Киевская картинная гал., в 1934–36 отдел рус. иск-ва Худ. музея. Собрание др.-рус. (иконы 13–17 вв.) и рус. (живопись и скульптура 18–20 вв.) иск-ва, фарфора, изделий нар. худ. промыслов.

КИ́ЕВСКИЙ ТЕА́ТР О́ПЕРЫ И БАЛЕ́ТА имени Т.Г. Шевченко, старейший муз. т-р Украины. Открыт в 1867, до 1919 назв. «Русская опера». С 1934 совр. назв., с 1939 имени Шевченко. Традиционно отличается высоким уровнем вок. иск-ва, наличием хороших певческих голосов. В т-ре в разные годы пели А.В. Нежданова, Л.В. Собинов, Ф.И. Шаляпин, Б.А. Руденко, А.В. Соловьяненко.

КИ́ЖИ, о-в на Онежском оз., в Карелии. Комплекс дерев. сооружений Кижского погоста 18–19 вв.; включён в список *Всемирного наследия*. Живописные по силуэту 22-главая Преображенская церк. (1714), 9-главая Покровская церк. (1764), шатровая колокольня (1874) составляют редкий по красоте ансамбль. На К. перевезены дерев. Лазаревская церк. Муромского мон. (14 в.), жилые и хоз. постройки 17 – нач. 19 вв. Музей-заповедник.

КИЖУ́Ч, проходная рыба (сем. *лососи*). Дл. до 80–90 см, масса до 6,5 кг, иногда до 14 кг. От др. лососей отличается ярко-серебристым цветом чешуи («серебряный лосось», или «белая рыба»). В сев. части Тихого ок.; на терр. России нерестится в реках от Амура до Анадыря. Ценный объект промысла.

КИЗИ́Л, род деревьев и кустарников (сем. кизиловые). 4 вида, в Евразии и Сев. Америке. В России на Сев. Кавказе, в горах, в подлеске дубовых и грабовых лесов) произрастает К. обыкновенный, образующий иногда сплошные заросли (кизиловые рощи). Плоды съедобны, древесина идёт на поделки. Медонос.

КИКЛА́ДСКАЯ КУЛЬТУ́РА (археол.), эпохи бронзы (3–2-е тыс. до н.э.) на о-вах Киклады в Эгейском м. См. *Эгейская культура*.

КИКЛО́ПЫ (циклопы), в греч. мифологии одноглазые (посреди лба) великаны, сыновья Урана и Геи, изготовившие Зевсу молнии, громы и перуны (оружие). Считались подручными Гефеста в его кузнице, строителями мощных «киклопич. построек» в Микенах и Тиринфе.

КИЛИМАНДЖА́РО, вулканич. массив в Вост. Африке (Танзания). Образован 3 слившимися конусами потухших вулканов: Кибо (выс. 5895 м, высш. точка материка), Мавензи, Шира. На склонах – саванны, горн. леса, на вершинах – ледники.

КИЛОГРА́ММ (кг, kg), единица массы, осн. единица СИ. Международ. эталон К. – платиноиридиевый цилиндр (90% Pt, 10% Ir), высота и диаметр к-рого равны 39 см. Изготовлен в 1889, хранится в Севре, близ Парижа. Относит. погрешность сличения с междунар. эталоном $2 \cdot 10^{-9}$. 1 кг = 1000 г.

КИЛЬ (голл. kiel), 1) балка, проходящая посредине днища судна от но-

Киклопы. Фрагмент росписи протоаттической амфоры из Элевсина. «Ослепление Полифема». 670–650 до н.э. Музей. Элевсин.

совой до кормовой оконечностей. 2) Вертикальная часть хвостового оперения летат. аппарата (самолёта, дирижабля), служит для обеспечения устойчивости летат. аппарата, а в ряде случаев и для управления его боковым движением (поворотный К.).

КИ́ЛЬКИ, общее название мелких промысловых рыб (сем. сельдевые). Дл. до 17 см. 2 рода: *шпроты* и *тюльки*. Обитают в Балтийском, Чёрном, Азовском и Каспийском морях.

КИМ Анат. Анд. (р. 1939), рус. писатель. В романе-сказке «Белка» (1984), повестях и рассказах (сб. «Голубой остров», 1976, «Нефритовый пояс», 1981) – стремление осмыслить вечные законы бытия через соединение реалистического с иррациональным, мифологическим, попытки сопряжения христ. и будд. культурных традиций.

КИ́МБЕРЛИ, г. в ЮАР. 74 т.ж. Центр добычи и обработки алмазов. Кож.-обув. и др. пром-сть. Осн. в 1870-х гг. в связи с открытием м-ний алмазов.

КИМБЕРЛИ́Т, магматич. *горная порода*, заполняющая трубки взрыва. Состоит из сцементир. обломков *силикатов* (оливина, флогопита, серпентина) и др. минералов. На Земле

Кижи. Общий вид ансамбля.

Кимберлит. Снимок под поляризационным микроскопом (увеличено в 40 раз): *а* – без анализатора; *б* – со скрещёнными николями.

известно св. 1500 кимберлитовых геол. тел, из к-рых ок. 8–10% алмазоносны (в осн. в ЮАР и России).

КИМ ИР СЕН (1921–94), ген. секр. ЦК Трудовой партии Кореи (ТПК) с 1966 (в 1949–66 пред. ЦК ТПК), през. КНДР с 1972. В условиях сохраняющегося в КНДР однопарт. режима насаждался культ К. Почитается как создатель (на основе идей «чучхе» – самобытности) об-ва, называемого «рай на земле» (социализм корейского типа).

КИММЕРИ́ЙЦЫ, племена Сев. Причерноморья (от Кавказа до Фракии) в 8–7 вв. до н.э. Скот-во, ремёсла. Теснимые *скифами,* захватили значит. часть М. Азии, где смешались с местным населением.

КИН (Kean), семья англ. актёров. Эдмунд (1787–1833), представитель англ. сценич. *романтизма.* Крупнейший трагич. актёр нач. 19 в. Прославился в пьесах У. Шекспира. Сценич. темперамент, отточенность внеш. формы сочетались с раскрытием душевного мира героев. А. Дюма-отец в 1836 написал о К. пьесу «Кин, или Гений и беспутство». Чарлз (1811–68), сын Эдмунда. Играл в мелодрамах. Добивался на сцене ист. достоверности образов.

КИ́НГСТА́УН, столица (с 1979) гос-ва Сент-Винсент и Гренадины, на о. Сент-Винсент. 15,5 т.ж. Порт на Карибском м. Пищевкус., мыловаренные пр-тия.

КИ́НГСТОН, столица (с 1962) гос-ва Ямайка. 104 т.ж. Порт на Карибском м.; междунар. аэропорт. Пр-тия пищ., нефтеперераб.; металлообр. Ун-т. Музеи:

Э. Кин.

Нац. гал. Ямайки, археол., традиц. афр. иск-ва и ремесла, ямайский народный. Осн. англичанами в 1693; с 1872 адм. ц. англ. колонии Ямайка. Крепость Рокфорт (кон. 17 в., перестроена в 19 в.).

КИНЕМА́ТИКА (от греч. kínēma, род. п. kinēmatos – движение), раздел механики, в к-ром изучаются геом. свойства движения тел без учёта их массы и действующих на них сил; сформировался в трудах греч. учёных Аристотеля (4 в. до н.э.), Птоломея (2 в. н.э.).

КИНЕСКО́П (от греч. kínēsis –движение и ...*скоп*) (приёмная телевизионная трубка), электронно-лучевой прибор для воспроизведения телевизионных изображений. В чёрно-белом К. электронный луч, попадая на люминесцентный экран, высвечивает строку за строкой и кадр за кадром в соответствии с передаваемым изображением. В цветном К. используются 3 электронных луча, каждый из к-рых вызывает на мозаичном или штриховом экране свечение люминофора к.-л. одного типа – красного, зелёного или синего. При наложении 3 одноцветных изображений получается результирующее цветное. В бытовых телевизорах обычно применяются К. с размером экрана по диагонали от 16 до 72 см (глубина К. соизмерима с размером диагонали). С нач. 80-х гг. ведутся разработки т.н. плоских К. со значительно уменьшенной глубиной (в Великобритании и Японии созданы, напр., К. с диагональю 5 см и глуб. 2 см для карманных телевизоров).

КИНЕТИ́ЧЕСКАЯ ЭНЕ́РГИЯ, механич. *энергия* системы, зависящая от скоростей движения составляющих её частей. В классич. механике К.э. материальной точки массы *m*, движущейся со скоростью *v*, равна $\frac{1}{2}mv^2$. В сумме с *потенциальной энергией* К.э. составляет полную механич. энергию системы, к-рая сохраняется, если в системе отсутствует *диссипация.*

КИНЕТИ́ЧЕСКОЕ ИСКУ́ССТВО, авангардистское направление в совр. пластике, основанное на создании эстетич. эффекта с помощью «движущихся (также светящихся и озвученных) установок. Зародилось в 1920–30-х гг. (опыты В.С. Татлина, «мобили» А. Колдера), но оформилось в 60-х гг.; используется также в *оформительском искусстве.*

КИНЗА́ (киндза), см. *Кориандр.*

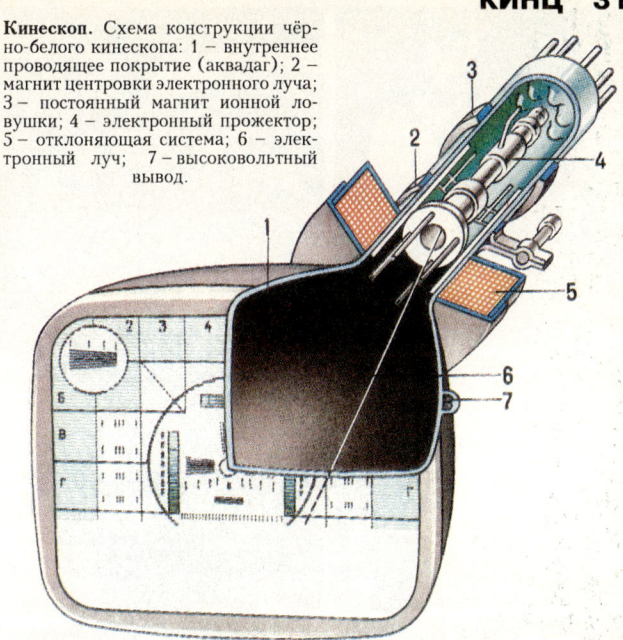

Кинескоп. Схема конструкции чёрно-белого кинескопа: 1 – внутреннее проводящее покрытие (аквадаг); 2 – магнит центровки электронного луча; 3 – постоянный магнит ионной ловушки; 4 – электронный прожектор; 5 – отклоняющая система; 6 – электронный луч; 7 – высоковольтный вывод.

КИ́НИКИ (греч. kynikói, от kynósarges – Киносарг, холм в Афинах к гимнасием, где Антисфен занимался с учениками; лат. cynici – циники), одна из сократич. школ др.-греч. философии (Антисфен, Диоген Синопский, Кратет и др.). Выдвинув идеал безграничной духовной свободы индивида, К. относились с демонстративным пренебрежением ко всяким социальным институтам, обычаям и установлениям культуры. Оказали влияние на стоицизм.

КИНО́... (от греч. kinéō – двигаю, двигаюсь), часть сложных слов, указывающая на связь с кинематографией (напр., *кинопрокат*).

КИНОИСКУ́ССТВО, род иск-ва. Возникнув как «живая фотография» (изобретатели бр. Л.Ж. и О. Люмьер, 1895, Франция), К. разделяется на худ., док., науч.-популярный, мультипликационный (анимационный) виды. Илл. см. на стр. 316.

КИНОЛО́ГИЯ (от греч. kýōn, род. п. kynós – собака и ...*логия*), наука о *собаках.* Изучает анатомию и физиологию собак, происхождение и эволюцию пород домашних собак, вопросы их разведения, содержания, кормления, хоз. использования и др.

КИНОПРОЕКЦИО́ННЫЙ АППАРА́Т (кинопроектор), оптико-механич. аппарат для демонстрации фильмов на экране. Выпускаются К.а. для проецирования фильмов на 70-, 35-, 16-, 8-мм киноплёнках.

КИНОСЪЁМОЧНЫЙ АППАРА́Т (киноаппарат, кинокамера), оптико-механич. аппарат для съёмки фильмов. Выпускаются К.а. для съёмки на 70-, 35-, 16- и 8-мм киноплёнку (простую и типа «С»).

КИ́НСКИ (Kinski) (наст. фам. Накшински), семья нем. актёров. Клаус (1929–91), киноактёр. В фильмах реж. В. Херцога «Агирре, гнев Божий» (1972), «Носферату – признак ночи» (1978), «Войцек» (1979), «Фицкарральдо» (1981) раскрылся как актёр неукротимого темперамента, трагич. миросозерцания.

Настасья (р. 1962), его дочь. В начале своей карьеры добилась успеха благодаря своим внеш. данным, в дальнейшем стала сниматься в ролях, требующих сильного драм. темперамента и высокого профессионализма: «Париж, Техас» и «Возлюбленные Марии» (оба 1984), «Униженные и оскорблённые» (1991, в СССР).

КИНЦВИ́СИ, ср.-век. монастырь в 7 км от пос. Карели в Грузии. В купольном кирп. храме (рубеж

Кинопроекционный аппарат «Русь».

Киносъёмочный аппарат «Кварц 1×8С=2».

Киноискусство. Мультипликационное кино: 1 — «Белоснежка и семь гномов», режиссёр У. Дисней (США), 1938; 2 — «Похождения бравого солдата Швейка», режиссёр И. Трнка (Чехословакия), 1955; 3 — «Умная деревня», режиссёр Д. Донев (Болгария), 1972; 4 — «Двенадцать месяцев», режиссёр К. Ябуки (Япония), 1980.

12–13 вв.) фрески того же времени, в т.ч. портреты Георгия III, царицы Тамары.

КИНША́СА (до 1966 Леопольдвиль), столица (с 1960) Заира. 3,8 млн. ж. Порт на лев. берегу р. Конго (Заир); междунар. аэропорт. Хим., металлообр. и др. пром-сть. Нац. ун-т. Нац. академия изящных иск-в. Нац. т-р. Осн. в 1881. С 1926 адм. ц. колонии Бельг. Конго.

КИ́О, семья рос. артистов цирка, иллюзионистов. Эмиль Теодорович (наст. фам. Гиршфельд-Ренард) (1894–1965), расширил возможности иллюзионного жанра; создавал целостные представления-ревю, включая в них сюжетные номера на т.ч. на злободневные темы, конструктор цирковой аппаратуры. Эмиль Эмильевич (р. 1938) и Игорь Эмильевич (р. 1944), его сыновья. Сохраняя лучший репертуар отца, разрабатывают новые номера и трюки.

КИО́Т (кивот) (от греч. kibōtós — ящик), 1) В Ветхом Завете — ковчег, в к-ром хранились скрижали заповедей Бога. 2) В православии — остеклённый ящик или шкафчик для икон.

КИО́ТО, г., пром., культурный и ист. центр Японии, на о. Хонсю. 1,5 млн. ж. Текст. и лёгкая пром-сть; маш-ние, цв. металлургия. Традиц. ремесл.-худ. произ-ва (фарфор, шёлк и др.). Центр туризма. Ун-ты. Св. 30 музеев (в т.ч. нац. совр. иск-ва в Киото, киотский нац.). Т-ры. Традиц. фестиваль Гион. К. построен в 792–794; до 1868 — столица. К. в осн. сохранил ср.-век. регулярную планировку, многочисл. храмы и монастыри: храм Тодзи (8–17 вв.), мон. Сайходзи, Тенрюдзи (оба 14 в.), Рёандзи (15 в.); Кинкакудзи («Золотой павильон», 14 в.), Гинкакудзи («Серебряный павильон», кон. 15 в.); дворцовый анс. Кацура (17 в.).

КИПАРИ́С, в греч. мифологии прекрасный юноша, любимец Аполлона, превратившийся в кипарис (Аполлон превратил его в дерево из сострадания, т.к. К. впал в безысходную тоску, случайно убив своего любимого оленя; по др. мифу – К. стал деревом, стремясь избежать преследований со стороны Аполлона).

Киото. Чайный домик.

КИПАРИ́С, род хвойных деревьев, реже кустарников (сем. кипарисовые). 15–20 видов, в умеренно тёплом поясе Евразии, Сев. Америки, Сев. Африки. Долговечны, нек-рые живут до 2000 лет. К. вечнозелёный (пирамидальная форма, выс. до 30 м) и др. широко культивируют, в т.ч. в Крыму и на Кавказе, как декор. р-ние. Древесина идёт на мебель и поделки.

КИПЕ́НИЕ, интенсивный переход жидкости в пар (парообразование) вследствие образования и роста пузырьков пара в жидкости (пузырьковое К.) или появления в жидкости плёнки пара на поверхности нагрева (плёночное К.). Темп-ра К. $T_к$ при атм. давлении наз. точкой К. в-ва. К. – фазовый переход 1-го рода.

КИ́ПЛИНГ (Kipling) Джозеф Редьярд (1865–1936), англ. писатель. Прославление личной отваги, верности долгу перед родиной и иск-вом в ром. «Свет погас» (1890). Пропаганда культурной миссии англичан на Востоке в ром. «Ким» (1901) и стихах («Бремя белого человека», 1899; сб. «Песни казармы», 1892, «Семь морей», 1896) с их неповторимой интонацией (сдержанный, подчас грубоватый лиризм), определяемой близостью к нар. балладам и песням. В «Книге джунглей» (1894, «Вторая книга джунглей», 1895) – история жизни человеческого детёныша Маугли среди дикой природы - яркие, психологически достоверные образы зверей, мысль о нетронутой цивилизацией первонач. жизни с её обнажённо простой и очевидной иерархией ценностей. Ноб. пр. (1907).

КИПР (Республика Кипр), гос-во в Зап. Азии, на о. Кипр в Средиземном м. Пл. 9,3 т. км². Нас. 764 т.ч., в осн. греки-киприоты (78%). Верующие в осн. православные, ок. 18% (турки-киприоты) – мусульмане. Офиц. языки – греческий и турецкий. Входит в Содружество. Глава гос-ва и пр-ва – президент. Законодат. орган – однопалатный парламент (Палата представителей). Столица – Никосия. Адм.-терр. деление: 6 округов. Ден. единица – кипрский фунт.

Преобладают холмы и горы (выс. до 1951 м), на В. – низменности. Климат и растительность – средиземноморские. Ср. темп-ры янв. ок. 12 °C, авг. до 28 °C (на равнине); осадки 600–1000 мм в год. До выс. ок. 500 м – заросли вечнозелёных кустарников (маквис, фригана), выше – леса из дуба, кипариса, алеппской сосны (покрывают 18% терр.).

В древности один из центров эгейской культуры. С 395 н.э. в составе Византии. В 648 завоёван арабами, в 965 – снова Византией, в 1191 – крестоносцами. В 1489–1571 принадлежал Венеции, в 1571–1878 – Турции, в 1878–1959 колония Великобритании. С 1960 К. – независимое гос-во – Республика К. В дек. 1963 произошли вооруж. столкновения между кипрскими греками и турками (с марта 1964 на К. находятся войска ООН). Турки-киприоты в дек. 1967 создали «врем. тур. администрацию». В 1974 на К. высадились тур. войска и оккупировали почти 40% терр. К. В 1975 тур.-кипрская администрация провозгласила на этой терр. «Тур. федеративное гос-во К.». В 1983 законодат. ассамблея этого «гос-ва» провозгласила «Турецкую респ-ку Сев. К.», к-рая не признана пр-вом Респ. К.

К. – агр.-индустр. страна. ВНП на д.нас. 8,6 тыс. долл. в год. Виногр-во и плод-во. Осн. с.-х. культуры: пшеница, ячмень, картофель, бобовые, бахчевые; технические – табак, миндаль, оливковое дерево, грецкий орех. В горн. р-нах жив-во (овцы, козы, свиньи, кр. рог. скот). Шелк-во; лов рыбы, губок. Добыча медных, жел. и хромовых руд и др. Пищевкус. (вино, оливковое масло, консервир. фрукты, овощи, таб. изделия) и лёгкая (текст., швейная, деревообр., парфюмерная, кож.-обув.) пром-сть, продукция к-рых экспортируется. Иностр. туризм.

КИПРЕ́Й, род многолетних трав и полукустарников (сем. кипрейные). Ок. 200 видов, во внетропич. поясах обоих полушарий. Наиб. известен иван-чай.

КИПРЕ́НСКИЙ Орест Адамович (1782–1836), рос. живописец и рисовальщик. Представитель романтизма. В портретах современников романтич. приподнятость образа, эмоц. полнота в раскрытии психол. состояния модели, новый взгляд на человека как на внутренне независимую личность («Е.Н. Ростопчина», «Е.В. Давыдов» – оба 1809).

КИР II Великий (? – 530 до н.э.), первый царь с 558 до н.э. гос-ва Ахеменидов. В 550–540 до н.э. завоевал Мидию и всю М. Азию, выявил её полуостровный характер; покорил значит. часть Ср. Азии. В 539 К. завоевал Вавилонию и Месопотамию. Погиб в Ср. Азии во время похода.

КИРАСИ́РЫ (от франц. cuirassier – латник), вид тяж. кавалерии в европ. армиях кон. 16 – нач. 20 вв. (в России с 18 в.). Имели кирасу (из 2 пластин, выгнутых по форме спины и груди) и каску; вооружение – палаш, карабин, пистолет.

КИРГИ́ЗИЯ (Кыргызстан), Республика Киргизия (Республикасы Кыргызстан), гос-во на С.-В. Ср. Азии.

Дж.Р. Киплинг.

О.А. Кипренский. Портрет Е.С. Авдулиной. 1822–23. Русский музей.

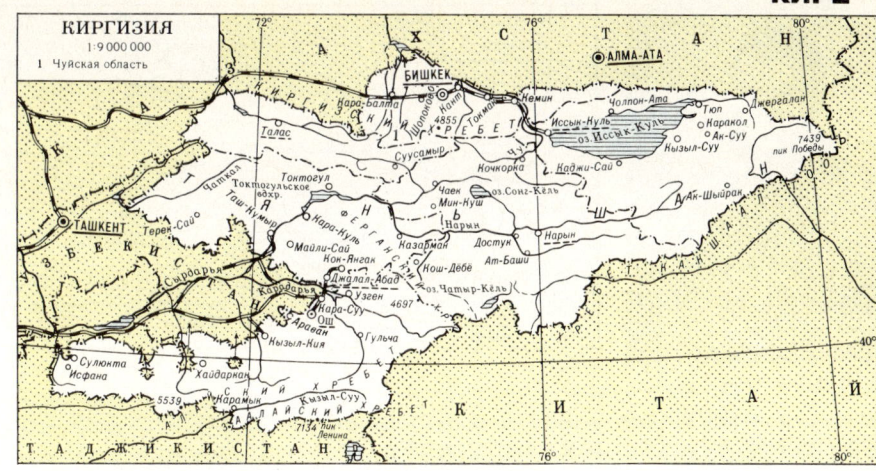

Киргизия. Башня Бурана в с. Ден-Арык.

Кирасиры: 1 — рядовой Кирасирского полка, 1732–42; 2 — рядовой Псковского кирасирского полка, 1840-е гг.

Пл. 198,5 т.км². Нас. 4,53 млн.ч., гор. 38%; киргизы (52,3%), русские (21,5%), узбеки (12,9%), украинцы и др. Офиц. яз.— киргизский, рус. яз.— язык межнац. общения. Большинство верующих — мусульмане и православные. Глава гос-ва — президент. Законодат. орган — парламент. Столица — Бишкек. 6 областей, 40 р-нов, 21 город, 29 пос. гор. типа. Ден. единица — сом.

Расположена в пределах Памиро-Алая на Ю.-З. и Тянь-Шаня на С.-В. (выс. до 7439 м, пик Победы), разделённых высокогорн. долинами и котловинами (на С.— Чуйская и Таласская, на Ю.— Алайская, на Ю.-З.— часть Ферганской). Климат континентальный. Ср. темп-ры янв. от –1 до –8 °С в долинах, в высокогорье до –27 °С, июля от 20–27 до 15–17 °С в долинах и 5 °С в высокогорье; осадков в год от 180 мм на В. до 1000 мм на Ю.-З. Гл. реки: Нарын, Чу, Талас. Ок. 3000 озёр; наиб. крупные — Иссык-Куль, Сонг-Кёль. Растительность пустынная и полупустынная; в горах — горн. степи, леса, луга. Природный нац. парк Ала-Арча; заповедники.

В 6–12 вв. входила в Тюркский каганат, в гос-ва тюргешей, карлуков, Караханидов. В 13 — 1-й пол. 16 вв. под властью монголо-татар, ойратов. В 1-й пол. 19 в. в Кокандском ханстве. В 60–70-х гг. 19 в. вся К. вошла в состав России. В нояб. 1917 — июне 1918 установлена сов. власть. По нац.-гос. размежеванию Ср. Азии 14.10.1924 в составе РСФСР образована Кара-Кирг. АО (с 25.5.1925 Киргизская), преобразованная 1.2.1926 в Кирг. АССР. С 5.12.1936 союзная республика. В 1991 ВС провозгласил К. суверенным гос-вом; учреждён пост президента.

К.— агр.-индустр. страна. ВНП на д. нас. 810 долл. в год. Произ-во эл.-энергии на ГЭС и ТЭС. Ведущие отрасли пром-сти: маш-ние (с.-х. машины, станки, эл.-техн. изделия и др.), цв. металлургия (добыча и обогащение ртутных, сурьмяных и свинцово-цинковых руд), лёгкая (произ-во хл.-бум., шерстяных, шёлковых тканей, ковроткачество), пищевкус. (мясная и др.). Добыча угля, нефти и газа. Гл. отрасль с. х-ва — жив-во (овц-во, молочно-мясное скот-во, коневодство). Посевы кормовых, зерновых (гл. обр. пшеница), техн. (преим. хлопчатник) культур. Картофелеводство, овоще-бахчеводство. Плод-во, виногр-во. Площадь орошаемых с.-х. угодий 1037 т.га. Судох-во по оз. Иссык-Куль. Иссык-Кульская курортная зона (Чолпон-Ата), а также курорты Джалал-Абад, Иссык-Ата, Кызыл-Булак. Альпинизм.

КИРЕ́ЕВ Руслан Тим. (р. 1941), рус. писатель. В ром. «Победитель», «Апология» (оба 1980), «Подготовительная тетрадь» (1981) иронически осмыслен тип совр. делового человека (антигероя). Поиски путей конкретного воплощения нравств. ценностей — в ром. «Кровли далёкого города» (1986), пов. «Пир в одиночку» (1989), сб. рассказов «Рая Шептунова и другие люди» (1983).

КИРЕ́ЕВСКИЙ Ив. Вас. (1806–56), религ. философ, лит. критик и публицист, один из основоположников славянофильства (см. *Славянофилы*). В работах «О характере просвещения Европы и его отношении к просвещению России» (1852), «О необходимости и возможности новых начал для философии» (1856) и др. отход от религ. начал и утрату духовной цельности считал источником кризиса «европ. просвещения» и господства отвлечённого мышления в нем. идеалистич. философии. Задачей са-

Киргизия. Скалы «Семь быков» в долине р. Джеты-Огуз.

318 КИРИ

И.В. Киреевский.

мобытной рус. философии считал переработку «европ. образованности» в духе учений вост. *патристики*.

КИРИБА́ТИ, гос-во в Океании, в юго-зап. части Тихого ок. Занимает о-ва Гилберта (16 атоллов), Лайн (8 атоллов), Феникс (8 атоллов) и Банаба. Общая пл. 0,7 т.км². Нас. 76,9 т.ч., в осн. кирибати. Офиц. яз.— английский. Верующие гл. обр. протестанты. Республика, входит в *Содружество*. Глава гос-ва и пр-ва — президент, законодат. орган — Палата собрания. Столица — Баирики (на атолле Тарава; высокая плотность нас.). Ден. единица — австралийский доллар.

О-ва кораллового происхождения (о. Киритимати, пл. 364 км² — крупнейший в мире о-в Земли; важный орнитолог. заповедник); выс. до 81 м (о. Банаба). Климат экваториальный, жаркий, темп-ра в течение года 26–28 °C. Влаги недостаточно. Растительность преим. кустарниковая; мангровые заросли.

С 1979 — независимое гос-во. К.— агр. страна. ВНП на д. нас. 750 долл. в год. Осн. культура — кокосовая пальма. Рыб-во. Запасы фосфоритов на о. Банаба исчерпаны к 1980. Вывоз копры и рыбы.

КИРИ́ЛЛ И МЕФО́ДИЙ, братья из Солуни (Салоники), слав. просветители, создатели слав. азбуки, проповедники христ-ва: Кирилл (ок. 827–869; до принятия в 869 монашества — Константин, Константин Философ) и Мефодий (ок. 815–885). В 863 были приглашены кн. Ростиславом в Великоморавскую державу для введения богослужения на слав. яз. Перевели с греч. на старослав. яз. осн. богослужебные книги. Канонизированы.

КИРИ́ЛЛ БЕЛОЗЕ́РСКИЙ (1337–1427), архимандрит *Симонова монастыря* (1388–90), основатель (1397) *Кирилло-Белозерского монастыря*. Автор посланий, поучений и др. соч. Канонизирован Рус. правосл. церковью.

КИРИ́ЛЛ ТУ́РОВСКИЙ (ок. 1130-х гг.— не позднее 1182), рус. писатель, проповедник; епископ г. Туров. Торжеств. «слова» на церк. праздники, в т.ч. «Слово на Антипасху (Фомину неделю)», поучения, молитвы, канон; памфлет «Притча о душе и теле». «Слова» отличаются драматизмом изложения, обилием стилистич. фигур. Канонизирован Рус. православной церковью.

КИРИ́ЛЛИЦА, одна из двух (см. *Глаголица*) слав. азбук. Названа по имени слав. просветителя Кирилла

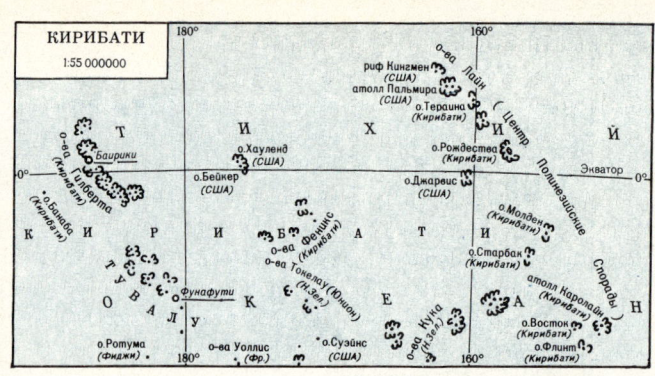

(см. *Кирилл и Мефодий*). Созд. на основе греч. (визант.) торжеств. унциального письма в кон. 9 — нач. 10 вв. с добавлением неск. букв. Была распространена у юж., вост. и, вероятно, зап. славян. На Руси введена в 10–11 вв. в связи с христианизацией. Буквы К. употреблялись и в цифровом значении, в этом случае над буквой ставился знак титла, а по сторонам её — две точки или одна. В 1708 в России реформирована (см. *Гражданский шрифт*). Легла в основу *русского алфавита*.

КИРИ́ЛЛО-БЕЛОЗЕ́РСКИЙ МОНАСТЫ́РЬ, муж. монастырь на С. России. Осн. в 1397 на берегу Сиверского оз. (в черте совр. г. Кириллов Вологодской обл.). Архит. комплекс включает: Успенский собор (1497–98), Большие больничные палаты (кон. 16 — нач. 17 вв.), крепостные сооружения Старого города (16 в.) и Нового города (17 в.), а также ряд церквей и построек 16–18 вв. С 1924 музей-заповедник, ныне Кирилло-Белозерский ист.-архит. и худ. музей-заповедник.

КИРИ́ЛЛО-МЕФО́ДИЕВСКОЕ О́БЩЕСТВО, тайная орг-ция укр. интеллигенции в Киеве в 1845–47 (Н.И. Костомаров, П.А. Кулиш, В.М. Белозерский, Т.Г. Шевченко,

Кириллица.

Кириллица		Кириллица	
Буквы и их название	Цифровое значение	Буквы и их название	Цифровое значение
А — аз	1	Х — хер	600
Б — буки		ѡ — от	800
В — веди	2	Ц — цы	900
Г — глаголь	3	Ч — червь	90
Д — добро	4	Ш — ша	
Є — есть	5	Щ — ща	
Ж — живете		Ъ — ер	
Ѕ — зело	6	Ы — еры	
Z — земля	7	Ь — ерь	
И — иже	8	Ѣ — ять	
І — и	10	Ю — ю	
К — како	20	ѩ — (и)я	
Л — люди	30	Ѥ — е	
М — мыслете	40	Ѧ — юс малый	
N — наш	50	Ѫ — юс большой	
О — он	70	Ѩ — йотов. юс малый	
П — покой	80	Ѭ — йотов. юс большой	
Р — рцы	100		
С — слово	200	Ѯ — кси	60
Т — твердо	300	Ѱ — пси	700
Оу — ук	400	Ѳ — фита	9
Ф — ферт	500	Ѵ — ижица	

Н.И. Гулак, Н.И. Савич). Цель: нац. освобождение укр. народа, ликвидация крепостного права, создание всеслав. федеративной республики. Члены арестованы по доносу, приговорены к разл. срокам тюремного заключения и ссылки.

КИ́РКА, в греч. мифологии волшебница; см. *Цирцея*.

КИ́РОВ (наст. фам. Костриков) Сер. Мир. (1886–1934), чл. Политбюро ЦК с 1930 (канд. с 1926). Участник рев. движения и Гражд. войны. С 1921 секр. ЦК КП Азербайджана. С 1926 1-й секр. Ленингр. губкома (обкома) и Сев.-Зап. бюро ЦК ВКП(б), одновременно в 1934 секр. ЦК ВКП(б). Чл. ЦК партии с 1923. Убит террористом в Смольном.

КИ́РОВ (до 1781 Хлынов, до 1934 Вятка), г. (с 1708), ц. Кировской обл., в России. 492,5 т.ж. Порт на р. Вятка; ж.-д. узел; аэропорт. Маш-ние, в т.ч. станко- и приборостроение, электротехника и металлообработка, микробиол., деревообр., кож.-обув. пром-сть. Произ-во глиняной дымковской игрушки. Музеи: худ., краеведч., вятских худ. промыслов, авиации и космонавтики имени К.Э. Циолковского; дома-музеи А.С. Грина, М.Е. Салтыкова-Щедрина. Т-ры: драм., юного зрителя, кукол. Изв. с 1374. Успенский собор Трифоновского мон. (17 в.), жилые дома в стиле классицизма (18–19 вв.). В место полит. ссылки (А.И. Герцен и др.). Совр. назв.— по имени С.М. Кирова.

КИРОВОГРА́Д (до 1924 Елизаветград, до 1934 Зиновьевск, до 1939 Кирово), г., обл. ц. на Украине, на р. Ингул. 278 т.ж. Ж.-д. ст. Маш-ние и металлообработка (с.-х. агрегаты, подъёмно-трансп. оборудование и

др.), цв. металлургия, пищевкус., лёгкая пром-сть. 3 вуза. Краеведч. и худ. музеи. Т-ры: муз.-драм. и кукольный. Осн. в 1754.

КИРПИ́Ч, искусств. камень правильной формы, обычно в виде параллелепипеда. В стр-ве (возведение стен, перегородок и т.д.) наиб. распространён обыкновенный К.: глиняный обожжённый и силикатный (известково-песчаный), получаемый обработкой в автоклаве. При сооружении пром. установок (печи, хим. агрегаты, отстойники и др.) применяют, как правило, специальный К. — огне- и кислотоупорный; для устройства дорог — клинкерный (см. *Клинкер*). Самый древний искусств. строит. материал (первые постройки — в Египте, 3–2-е тыс. до н.э.).

КИ́РХГОФ (Kirchhoff) Густав Роберт (1824–87), нем. физик. Совм. с нем. учёным Р. Бунзеном заложил основы спектрального анализа, открыл цезий и рубидий. Установил один из законов излучения (носит имя К.) и правила для расчёта электрич. цепей (правила К.).

КИ́РХГОФА ПРА́ВИЛА, позволяют рассчитывать любые электрич. цепи постоянного и квазистационарного тока. Согласно 1-му К.п., алгебр. сумма сил токов в точке разветвления проводников (узле) равна нулю; согласно 2-му К.п., алгебр. сумма падений напряжений на отд. участках замкнутого контура, произвольно выделенного в сложной разветвлённой цепи, равна алгебр. сумме эдс в этом контуре. К.п. сформулированы Г.Р. Кирхгофом в 1847.

КИ́РША ДАНИ́ЛОВ (Кирилл Данилович) (18 в.), певец-импровизатор, предполагаемый составитель первого сборника рус. былин (наряду с ист., лирич. песнями, духовными стихами, балладами, скоморошинами; 71 текст с нотами). Издан в 1804, полностью в 1901.

КИСЛИ́ЦА, род трав, иногда кустарников (сем. кисличные). Из 800 видов, распространённых гл. обр. в Юж. Африке и Центр. Америке, в России встречается 6 видов. В тенистых хвойных лесах обычна К. обыкновенная (заячья капуста). Листья К. содержат щавелевую и аскорбиновую к-ты. Изв. с 1803. Нек-рые афр. и амер. виды выращивают в тропиках ради съедобных клубней.

КИСЛОВО́ДСК, г. (с 1830) в Ставропольском крае, в России, в сев. предгорьях Б. Кавказа; бальнеоклиматич. курорт в группе *Кавказских Минеральных Вод*. 117,7 т.ж. Ж.-д. ст. Пищевкус. (в т.ч. разлив минер. воды «Нарзан»), лёгкая, меб. пром-сть. Музеи: изобр. иск-в, литературный народов Сев. Кавказа и др. Осн. в 1803.

КИСЛОРО́Д (Oxygenium), О, хим. элемент VI гр. периодич. системы, ат. н. 8, ат. м. 15,9994; газ, $t_{кип}$ –182,962 °C. К.— наиб. распространённый элемент, в атмосфере 23,10% по массе свободного К., в гидросфере и литосфере соотв. 85,82% и 47% связанного. К. входит в состав всех живых организмов (в организме человека К. ок. 65% по массе). Выделяется р-ниями при фотосинтезе и потребляется при дыхании всеми живыми организмами. К.— окислитель в металлургии, хим. и нефтехим. пром-сти, в ракетных топливах, используют в дыхат. аппаратах в космич. и подводных кораблях, в меди-

Кирилло-Белозерский монастырь.

Кисловодск. Вход в парк.

цине. Впервые К. получен швед. химиком К. Шееле в 1771.

КИСЛО́ТНЫЕ ДОЖДИ́ (кислые дожди), характеризуются повышенным содержанием к-т (в осн. серной); водородный показатель pH < 4,5. Образуются при взаимодействии атм. влаги с транспортно-пром. выбросами (гл. обр. *серы диоксид*, а также *азота оксиды* и др.). Вредно действуют на здоровье людей, растит. и животный мир, сооружения и конструкции; закисляют почвы и водоёмы. Распространены в пром. р-нах США, стран Зап. Европы, России и др. Кислотные загрязнения могут содержаться в др. атм. осадках (снег, град и т.п.).

КИСЛО́ТЫ, хим. соединения, водные р-ры к-рых имеют острый вкус, изменяют окраску хим. индикаторов, реагируют с металлами с выделением водорода, образуют соли с основаниями. Свойства К. обусловлены их диссоциацией с образованием протонов – ионов H⁺.

КИСТА́ (от греч. kýstis – пузырь), патол. полость в органе с плотными стенками, заполненная жидким или кашицеобразным содержимым (напр., К. яичника, зубная К.).

КИСТЕ́НЬ, старинное оружие; короткая палка, на одном конце к-рой на ремне или цепи подвешен металлич. шар, а на другом – петля для надевания на руку. К. применяли на Руси и в странах Востока.

КИТАЕ́НКО Дм. Георг. (р. 1940), дирижёр. С 1970 гл. дирижёр Моск. муз. т-ра имени К.С. Станиславского и Вл.И. Немировича-Данченко, с 1976 худ. рук. и гл. дирижёр симф. орк. Моск. филармонии. Осуществил в Венской опере пост. «Пиковой дамы» П.И. Чайковского (1982) и «Бориса Годунова» М.П. Мусоргского (1983).

КИТА́Й (Китайская Народная Республика), гос-во в Центр. и Вост. Азии. На В. омывается Жёлтым, Вост.-Китайским и Южно-Китайским морями Тихого ок.; из многочисл. о-вов наиб. крупные – Тайвань и Хайнань. Пл. 9,6 млн. км². Нас. св. 1,18 млрд. ч.; 93,3% – китайцы, населяющие гл. обр. вост. половину страны, остальные – чжуаны, уйгуры, монголы, тибетцы, хуэй, мяо и др. (всего св. 50 народностей). Офиц. яз. – китайский. Религии – буддизм, даосизм и конфуцианство. Высш. орган гос. власти – Всекит. собрание нар. представителей, его постоянно действующий орган – Пост. к-т. Глава гос-ва – пред. КНР. Столица – Пекин. Адм.-терр. деление: 22 провинции (без Тайваня), 5 авт. р-нов, 3 города центр. подчинения. Ден. единица – юань.

К. находится в пределах умеренного, субтропич. и тропич. поясов. Юго-зап. часть К. занята Тибетским нагорьем (ср. выс. ок. 4500 м), обрамлённым горн. системами Гималаев, Каракорума, Куньлуня, Наньшаня и Сино-Тибетскими горами; на З. и С.-З. – высокие равнины (Таримская, Джунгарская, Алашань) и горы Вост. Тянь-Шаня. Вост. часть страны менее высока; на С.-В. – Маньчжуро-Корейские горы, Б. и М. Хинган, равнины в басс. р. Сунгари; южнее – Лёссовое плато, Великая Кит. равнина, на Ю. – горы Наньлин, Юньнань-Гуйчжоуское нагорье. Климат на З. континентальный, на В. преим. муссонный. Ср. темп-ры янв. от –24 °C на С. и в Тибетском нагорье до 18 °C на Ю., июля на равнинах 20–28 °C; осадков от 50–100 мм (на С. и З.) до 2000–2500 мм (на Ю. и В.) в год. Осенью часты тайфуны. Зап. р-ны – область внутр. стока; на В. –

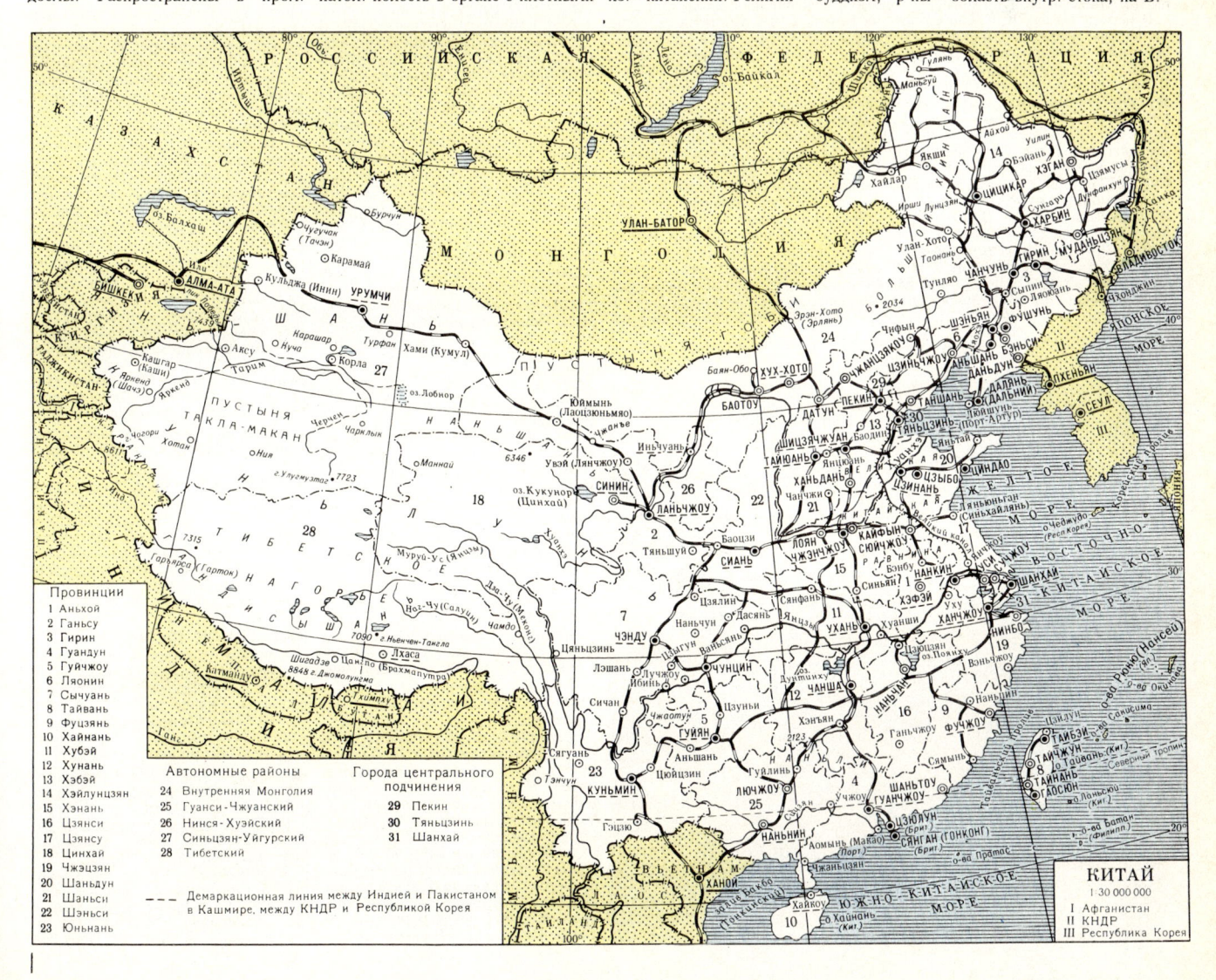

Провинции
1 Аньхой
2 Ганьсу
3 Гирин
4 Гуандун
5 Гуйчжоу
6 Ляонин
7 Сычуань
8 Тайвань
9 Фуцзянь
10 Хайнань
11 Хубэй
12 Хунань
13 Хэбэй
14 Хэйлунцзян
15 Хэнань
16 Цзянси
17 Цзянсу
18 Цинхай
19 Чжэцзян
20 Шаньдун
21 Шаньси
22 Шэньси
23 Юньнань

Автономные районы
24 Внутренняя Монголия
25 Гуанси-Чжуанский
26 Нинся-Хуэйский
27 Синьцзян-Уйгурский
28 Тибетский

Города центрального подчинения
29 Пекин
30 Тяньцзинь
31 Шанхай

--- Демаркационная линия между Индией и Пакистаном в Кашмире, между КНДР и Республикой Корея

КИТАЙ
1 : 30 000 000

I Афганистан
II КНДР
III Республика Корея

Китай. Пекин, главная улица.

Китай. Старый район в Шанхае.

разветвлённая сеть рек. Гл. реки: Янцзы, Хуанхэ, Сунгари, Сицзян. На З.– пустыня Такла-Макан, на С.– часть пустыни Гоби. Лесами занято ок. 8% терр. страны.

В 14 в. до н.э. в Др. К. сложилось гос-во Инь, завоёванное в 11 в. племенем чжоу. Чжоуское гос-во к 7 в. раздробилось на ряд самостоят. царств. В кон. 3 в. в К. возникла централизов. империя Цинь, её сменила империя Хань (206 до н.э.– 220 н.э.). В 3–6 вв. н.э. распалась на ряд самостоят. гос-в. В кон. 6 в. страна была объединена под властью династии Суй. В 12 в. Сев. К. покорили племена кочевников-чжурчжэней. В 13 в. К. завоевали монголы. В результате нар. борьбы монг. иго было свергнуто (1368). В конце правления династии Мин (1368–1644) вспыхнула крест. война 1628–45. Для её подавления на помощь были призваны маньчжурские правители, установившие своё господство в К. (их династия Цин правила в К. в 1644–1911). После поражения К. в 1840-х гг. в войне с Великобританией К. был навязан первый из неравноправных договоров (в частности, в 1842 был отторгнут Гонконг). США, Франция и Великобритания помогли Цинам подавить восстание тайпинов (1850–64). В кон. 19 в. страна была поделена на сферы влияния иностр. держав. В К. развернулось рев. движение под рук. Сунь Ятсена. Синьхайская рев-ция 1911–13 свергла Цинскую династию. Рев-ция 1925–27 окончилась установлением власти гоминьдана (партия осн. в 1912 Сунь Ятсеном) во главе с Чанкайши, к-рый стал пред. нац. пр-ва в Нанкине. Остатки войск, руководимых КП Китая (осн. в 1921), начали создавать рев. опорные базы. В 1931 Япония захватила Сев.-Вост. К. После капитуляции в 1945 япон. Квантунской армии и освобождения Сев.-Вост. К. вооруж. силы (Нар.-освободит. армия К.), руководимые КПК, разгромили гоминьдановские войска; Чанкайши был вынужден бежать на Тайвань. 1 окт. 1949 провозглашена КНР. В 1950 был занят Тибет; после подавления в 1959 кит. армией восстания в этой области далай-лама бежал в Индию. 8-й съезд КПК в 1956 утвердил ген. линию стр-ва основ социализма. Политика т.н. большого скачка (1958–60), «культурной рев-ции» (1966–76) оказала негативное влияние на развитие страны (впоследствии она была осуждена в К.). С 1978 проводится курс на модернизацию экон. и полит. жизни с целью превратить К. к сер. 21 в. в высокоразвитую державу. Была допущена многоукладность в экономике, расширена хоз. самостоятельность пр-тий, образованы открытые экон. р-ны и «спец. экон. зоны» с целью привлечения иностр. капитала. С нач. 90-х гг. определился переход к «социалистич. рыночному х-ву», осуществляемый КПК. В 1989 заключён договор с Великобританией о передаче Гонконга К. в 1997.

К.– индустр.-агр. страна. ВНП на д. нас. 370 долл. в год. За годы реформ нар. х-во К. приобрело динамичный характер; к кон. 80-х гг. удвоен объём валовой продукции пром-сти и с. х-ва. В К. переплетаются черты совр. х-ва и традиц. экономики. Получили развитие космич., авиац., атомная, нефтехим. и радиоэлектронная пром-сть. Традиционно развитые отрасли – текст. (1-е место в мире по выпуску тканей, гл. обр. хл.-бум., а также шерстяных), угольная, чёрная металлургия. По общему кол-ву пром. пр-тий, занятых на них К. занимает 1-е место в мире. Ок. ½ пром. продукции производят мелкие пр-тия. Кр. индустрия сосредоточена гл. обр. в приморских р-нах. Добыча угля (св. 1,1 млрд. т в год), нефти (144 млн. т, 5-е место в мире). По произ-ву эл-энергии (820 млрд. квт·ч, гл. обр. на ТЭС, работающих на угле) К. на 4-м месте в мире. Выплавка цв. металлов; маш-ние. К. на 1-м месте в мире по произ-ву велосипедов (св. 31 млн. шт. в год). Произ-во бытовой техники. Осн. отрасли хим. пром-сти – произ-во минер. удобрений, хим. волокон и пластмасс. Произ-во синтетич. и натурального каучука. Фарм. пром-сть (продукция – важная статья экспорта). Продукция лёгкой пром-сти даёт ¼ экспорта. К.– родина шелководства, играет ведущую роль в произ-ве и экспорте тканей из натурального шёлка. Развито произ-во изделий из лака, фарфоро-фаянсовых и керамических, а также ковров, циновок, вышивок и рисунков на шёлке и др.

Гл. отрасль с. х-ва – растениеводство. К. занимает 1-е место в мире по разнообразию возделываемых культур: св. 50 видов полевых, св. 80 видов огородных и 60 видов садовых культур. Под пашней – 93 млн. га (10% терр.), ½ орошается, гл. обр. к Ю. от 32° с.ш. рисовая зона. С орошаемых земель получают ⅔ произ-ва зерновых. Осн. прод. культуры – рис, пшеница. Ок. 18% площади под техн. культурами: хлопчатник, соевые бобы, арахис, чай, табак, джут, сах. тростник и др. Овощ-во, плод-во. Поголовье (млн.): кр. рог. скот 134, свиньи 391, овцы 218. Птиц-во (куры, индюки, гуси). Пчеловодство (экспорт мёда – ⅓ мирового). Важное значение имеют рыб-во, сбор дикорастущих плодов и лекарственных трав.

КИТАЙСКИЙ ЯЗЫК, относится к китайско-тибетской семье языков. Офиц. язык КНР. Распространён также во мн. странах Юго-Вост. Азии. Один из офиц. и рабочих языков ООН. Общее число говорящих св. 1 млрд. ч. (1990). Письменность иероглифическая (см. *Китайское письмо*).

КИТАЙСКОЕ ПИСЬМО, словесно-слоговое письмо, использующее *иероглифы*. Сложилось в сер. 2-го тыс. до н.э. Общее число иероглифов ок. 50 тыс., в совр. кит. яз. используется 4–7 тыс. Употреблялось также в Корее, Вьетнаме, Японии. Легло в основу нац. письма Японии и Кореи.

КИТО, столица (с 1830) Эквадора, 1,1 млн. ж. Расположена на Панамериканском шоссе; междунар. аэропорт. Пищевкус., лёгкая, хим.-фарм. пром-сть. Куст. произ-во ювелирных изделий, шляп. Ун-ты. Нац. конс. (1870). Музеи (в т.ч. колон. иск-ва, гор. иск-ва и истории, археологии и этнографии). Т-ры. Осн. в 1534 испанцами; до 18 в. входил в состав исп. вице-королевства Перу, за-

Китай. Деревня в пров. Цинхай.

тем вице-королевства Н. Гранада. В центр. р-нах сохранились узкие улицы с 1–2-этажными домами колон. периода, монастыри и церкви 16–18 вв. (церк. Сан-Франсиско и др.). Старый город включён в список *Всемирного наследия*.

КИ́ТОН (Keaton) Бестер (наст. имя Джозеф Фрэнсис) (1895–1966), амер. киноактёр, режиссёр. Иск-во К. было основано на комич. несоответствии неподвижной, бесстрастной маски человека тем невероятным ситуациям, в к-рые он попадает, а также на горькой и тонкой иронии, пародийном переосмыслении жанров и штампов. Среди ф.: "Три эпохи" (1923), "Шерлок-младший" (1924), "Генерал" (1926). Испытывал трудности в звуковом кино. После успеха монтажной ленты "История Бестера Китона" (1957), постановку к-рой он консультировал, вновь вернулся в кино ("Это безумный, безумный, безумный, безумный мир", 1963; "Смешное происшествие на пути к форуму", 1966).

КИТС (Keats) Джон (1795–1821), англ. поэт-романтик. Гедонистич. стихи и патриархально-утопич. идиллии (1818), культ антич. красоты и гармонии ("Ода к греческой урне"), культ природы (оды "Осени", "Психее") выражают неприятие К. пуританской морали, грубости и прозы собственнич. устремлений. Символико-аллегорич. поэма "Гиперион" (1820).

КИТЫ́, отряд водных млекопитающих. Дл. от 1,1 м (нек-рые *дельфины*) до 33 м (*синий кит*), масса соответственно от 30 кг до 150 т. Ок. 80 видов, во всех океанах (речные дельфины – гл. обр. в крупных реках). Тело обтекаемое, торпедообразное или каплевидное, окраска от тёмной (почти чёрной) до белой. Зубы только у т.н. зубатых К. (дельфины, нарвалы, кашалот, клюворылы), к-рые питаются гл. обр. рыбой; усатые К. (серые К., гладкие К., полосатики) имеют на нёбе роговые образования – "усы", служащие для отцеживания планктона. Нек-рые К. могут до 1,5 ч находиться под водой, после чего выдыхаемый с силой воздух образует на поверхности воды водяной фонтан. Держатся в осн. стадами из неск. голов до тыс. особей. Живут до 50 лет (мелкие – до 30). Многократно описанные случаи массового выбрасывания К. на сушу не имеют общепринятого объяснения. Численность мн. видов резко сокращается. В 1946 подписана Междунар. конвенция по китобойному промыслу и создана комиссия, регулирующая добычу (гл. обр. ради жира, мяса) отд. видов К. в опредёл. р-нах океанов.

КИФА́РА (греч. kifhára), др.-греч. струн. щипковый муз. инстр-т типа *лиры*. От слова "К." произошли назв. ряда инстр-тов, в т.ч. *гитары*.

КИФО́З (от греч. kýphōsis – горбатость), искривление позвоночника (обычно грудного отдела) выпуклостью назад. Возникает при поражении одного или неск. позвонков (туберкулёз, травма). При грубой деформации образуется горб.

КИШ (Kish) Данило (1935–89), серб. писатель. В интеллектуальной прозе – ром. "Мансарда", "Псалом 44" (оба 1962), "Сад, пепел" (1965), "Песчаник" (1972), "Гробница Бориса Давидовича" (1976) трагич. реальность 20 в. переплетается с субъективно-лирич. видением эпохи.

КИШЕ́ЧНАЯ ПА́ЛОЧКА, подвижная палочковидная бактерия, обитающая в кишечнике ж-ных и человека. Обнаруживается в почве и водоёмах. Патогенные формы – возбудители кишечных болезней (коли-инфекций). Классич. объект мол.-генетич. исследований. Широко используется в генетич. инженерии и микробиол. пром-сти. Определение наличия К.п. в питьевой воде – один из методов её сан.-гигиенич. контроля.

КИШЕ́ЧНИК, пищеварит. трубка у большинства ж-ных. В зависимости от степени дифференцированности начинается ротовым отверстием, глоткой или желудком и заканчивается анальным отверстием. У человека и высш. ж-ных К. – часть пищеварит. тракта, следующая за желудком; состоит из тонкой (в т.ч. двенадцатиперстной, тощей и подвздошной) и толстой (в т.ч. собственно толстой, слепой и прямой) кишок. К. осуществляет переваривание, усвоение пищи и выведение её остатков из организма. Железы К. выделяют кишечный сок, гормоны.

КИШЕЧНОПОЛОСТНЫ́Е, тип беспозвоночных ж-ных. Наиб. низкоорганизованные многоклеточные. Ок. 9 тыс. видов; водные, преим. морские организмы – одиночные плавающие (*медузы*) и прикреплённые, обычно колониальные (*полипы*).

КИШИНЁВ, г., столица Молдавии, на р. Бык (приток Днестра). 753,5 т.ж. Ж.-д. ст. Маш-ние (в т.ч. эл.-техн. и с.-х.), пищевкус. (виноделч., плодоовощеконс., таб.), лёгкая (кож.-обув., трикот. и др.), хим., деревообр. (в т.ч. меб.) пром-сть. АН, 7 вузов (в т.ч. ун-т). 9 музеев: ист.-краеведч., худ., лит., Дом-музей А.С. Пушкина и др. Т-ры: оперы и балета, Молд. муз.-драм. имени А.С. Пушкина, Рус. драм. имени А.П. Чехова, юного зрителя, кукол. Изв. с 1466, город с 1818. С нач. 16 в. в составе Османской империи, с 1812 – Рос. империи, с 1918 – Румынии, с 1940 – СССР, столица Молд. ССР. С 1991 столица Респ. Молдова. К. делится на Верх. (с регулярной планировкой и Ниж. город со ср.-век. застройкой. Церк. Рождества Богородицы (18 в.), кафедральный собор (19 в.).

КИШЛА́К (от тюрк. кышлак, букв. – зимовье), 1) первоначально зимовка кочевников и полукочевников Ср. и Передней Азии. 2) Сел. поселение в Ср. Азии.

КЛАВЕСИ́Н (чембало, харпсихорд) (франц. clavecin; итал. cembalo; англ. harpsichord), струн. клавишно-щипковый (в отличие от *клавикорда*) муз. инстр-т. Известен с 16 в. Существовали К. разл. форм, типов и разновидностей. Один из предшественников *фортепьяно*. Широко применяется и в 20 в.

Кишинёв. Центр города.

Киты: 1 – гренландский кит; 2 – синий кит; 3 – финвал; 4 – малый полосатик; 5 – серый кит; 6 – горбач.

Клавесин.

Клавикорд.

КЛАВИКО́РД (от лат. clavis – ключ и греч. chordē – струна; рус. назв. в 18–19 вв. – клавикорды), струн. клавишно-ударный муз. инстр-т. Был распространён в 15–19 вв. гл. обр. в сольном камерном музицировании; полностью вытеснен *фортепьяно*.

КЛАВИ́Р (нем. Klavier), 1) общее наименование клавишных муз. инстр-тов в 17–18 вв. (*клавесин, клавикорд, фортепьяно*). 2) Переложение *партитуры* оперы, оратории для голоса с фп. или инстр. и орк. сочинения для фп. Другое назв.– клавираусцуг (от К. и Auszug – извлечение).

КЛА́ДБИЩЕ, см. *Могильник*.

КЛА́ЙПЕДА (до 1923 и в 1939–45 Мемель), г. в Литве, на берегу Балт. м. и Куршского зал., у впадения р. Дане. 206,4 т.ж. Незамерзающий мор. порт; ж.-д. ст. Рыбная, судостроит. и судорем., лёгкая, целл.-бум. пром-сть; произ-во худ. изделий из янтаря. Картинная гал., краеведч. музей, морской музей-аквариум. Драм. т-р. Осн. в 1252.

Клайпеда. Вид на набережную.

КЛАН (гэльск. clann – отпрыск, потомство), у кельтских народов наименование рода, реже племени; позднее – группа кровных родственников, носивших имя предполагаемого родоначальника. К. сохранял общую собственность на землю, обычаи кровной мести, круговой поруки и др. В отд. р-нах Шотландии и Уэльса К. сохранялся вплоть до 19 в.

КЛАПЕЙРО́НА УРАВНЕ́НИЕ (Клапейрона – Менделеева уравнение), зависимость между давлением p, абс. темп-рой T и объёмом V идеального газа массы M: $pV = BT$, где $B = M/\mu$ (μ – масса молекулы газа в атомных единицах массы). Установлена франц. учёным Б.П.Э. Клапейроном в 1834. Для 1 моля газа получено Д.И. Менделеевым: $pV = RT$, где R – универсальная газовая постоянная. К.у. применимо к реальным газам при низких давлениях и высоких темп-рах (напр., к атм. воздуху).

КЛАРК (Clark) Джон Бейтс (1847–1938), амер. экономист. Основоположник теории предельной производительности. Сформулировал т.н. закон К., по к-рому ценность (стоимость) продукта определяется суммой предельных полезностей его свойств.

КЛАРНЕ́Т [франц. clarinette, от лат. clarus – ясный (звук)], дерев. духовой язычковый (с одинарным язычком) муз. инстр-т. Сконструирован в нач. 18 в. Разновидности: малый (пикколо), сопрановый, альтовый (бассетгорн), бас-кларнет.

Кларнет.

КЛАС (Klas) Эри (р. 1939), эст. дирижёр. Гл. дирижёр т-ра оперы и балета «Эстония» в Таллине (с 1975). Одновременно гл. дирижёр Стокгольмской королев. оперы (1985–1989), дирижёр Финской нац. оперы (1989–91). Гастролирует как симф. и оперный дирижёр. В репертуаре – св. 60 опер.

КЛАСС (от лат. classis – разряд, группа) в биологии, одна из высш. таксономич. категорий (рангов) в систематике ж-ных и р-ний. В К. объединяют родств., отряды (ж-ных) или порядки (р-ний). Напр., отряды грызунов, хищных, приматов и др. составляют К. млекопитающих.

КЛА́ССИКА (от лат. classicus – образцовый, первоклассный), образцовые, выдающиеся, общепризнанные произведения лит-ры и иск-ва, имеющие непреходящую ценность для нац. и мировой культуры.

КЛАССИФИКА́ЦИЯ (от лат. classis – разряд, класс и …*фикация*) (в логике), система соподчинённых понятий (классов объектов) к.-л. области знания или деятельности человека, используемая как средство для установления связей между этими понятиями или классами объектов.

КЛАССИЦИ́ЗМ (от лат. classicus – образцовый), стиль и направление в лит-ре и иск-ве 17 – нач. 19 вв., обратившиеся к антич. наследию как к норме и идеальному образцу. Сложился в 17 в. во Франции. Стремился воплотить представления о разумной закономерности мира, о прекрасной облагороженной природе, возвышенные героич. и нравств. идеалы. Расцвет К. в лит-ре – трагедии П. Корнеля, Ж. Расина, комедии Мольера, басни Ж. Лафонтена, проза Ф. Ларошфуко. Основоположником К. в муз. т-ре стал Ж.Б. Люлли (создатель *лирической трагедии*), черты К. и *барокко* объединены в жанре *оперы-сериа*. С просветит. К. (18 в.; *Просвещение*) связано творчество Вольтера, Г.Э. Лессинга, И.В. Гёте и Ф. Шиллера (1780–90-е гг.); в музыке – оперы К.В. Глюка; вершинной стадией развития муз. К. стало иск-во венской классической школы. В России К. (возник в последней четв. 18 в.) представлен поэзией М.В. Ломоносова, Г.Р. Державина, сатирами А.Д. Кантемира, трагедиями А.П. Сумарокова и Я.Б. Княжнина; в рус. муз. культуре (в сочетании с др. худ. направлениями) – сочинениями М.С. Березовского, Д.С. Бортнянского, Е.И. Фомина и др. Нормативная эстетика К.: свод «правил» поэтики дан в «Поэтическом искусстве» Н. Буало; предписывала строгую иерархию жанров («высокие» – *трагедия, эпопея, ода,* ист., мифол., ре- лиг. картина, и «низкие» – *комедия, сатира, басня,* жанровая картина), единство времени, места и действия (в драматургии), языковой пуризм. Архитектуре К. присущи чёткость и геометризм форм, логичность и ясность планировки, сочетание гладкой стены с ордером и сдержанным декором; изобр. иск-ву – строгое развёртывание сюжета (ведущий – ист. жанр), ясность и уравновешенность композиции, сдержанное цветовое решение. Поздняя стадия К.– стиль *ампир.*

КЛАССИ́ЧЕСКАЯ ШКО́ЛА политэкономии, направление экон. мысли кон. 17 в.– 30-х гг. 19 в. Гл. представители: У. Петти, А. Смит, Д. Рикардо (Великобритания), П. Буагильбер, А.Р.Ж. Тюрго, Ф. Кенэ (Франция), Ж.Ш.Л. Сисмонди (Швейцария). К.ш. исходила из того, что процессы произ-ва, распределения и потребления богатства определяются экон. законами; разработала трудовую теорию стоимости; исследовала механизм воспроиз-ва, ден. обращение и кредит, гос. финансы и др. Выступала за экон. свободу, ограничение вмешательства гос-ва в экономику. Оказала значит. влияние на развитие экон. мысли.

КЛАССИ́ЧЕСКОЕ ОБРАЗОВА́НИЕ, тип общего ср. образования, в к-ром гл. предметами были древние языки и математика. Возникло в Зап. Европе в эпоху Возрождения. В 19 в. уч. заведения с классич. программой (*гимназии, лицеи* и др.) были типом ср. школы, готовившей к поступлению в ун-т (см. также *Реальное образование*). В ряде стран К.о. сохраняется как одно из альтернативных направлений учёбы в ср. школе.

КЛАССО́Н Роберт Эд. (1868–1926), рос. электротехник. Предложил (1914) гидравлич. способ добычи торфа. Строитель ряда эл.-станций в России, в т.ч. первой в мире на торфе (1912–14, ныне имени К.) около Ногинска. Участник составления плана ГОЭЛРО.

КЛА́ССЫ общественные, относительно устойчивые большие *социальные группы* (напр., крест-во, рабочий класс, буржуазия, ср. класс). Концепции К. получили распространение в Европе в 19 в. (К.А. Сен-Симон, О. Тьерри, Ф. Гизо – Франция, и др.). К. Маркс и Ф. Энгельс связывали существование К. с определ. способами произ-ва, считали борьбу К. движущей силой истории (см. *Марксизм, Социализм*). В совр. социологии выдвигаются разные критерии деления об-ва на К. и др. социальные группы (см. *Социальная стратификация, Статус* социальный).

Классицизм. Ж.А. Габриель. Малый Трианон в Версале. 1762–64.

КЛА́УЗЕВИЦ (Clausewitz) Карл Филипп Готфрид фон (1780–1831), нем. воен. теоретик и историк, ген.-майор прус. армии (1818). В 1812–14 служил в рус. армии. Автор воен.-ист. работ (о войнах и походах с 1566 по 1815). В осн. труде «О войне» (1-е изд. на нем. яз. в 1832; т. 1–2, 3-е изд., М., 1936) сделал вывод о том, что «война есть орудие политики»; разработал мн. принципы стратегии и тактики; раскрыл роль в достижении победы морального фактора. Труды К. составили целый этап в развитии воен. мысли.

КЛЕ́ВЕР, род одно- и многолетних трав (сем. бобовые). Ок. 200 видов, гл. обр. в Евразии и Сев. Америке. В культуре св. 10 видов. Возделывают часто в смеси со злаками) в осн. К. красный, или луговой (в России в осн. в Европ. части, более 200 ви). Используют на зелёный корм, сено, травяную муку, сенаж, силос (до 400 ц с 1 га зелёной массы, 60–80 ц с 1 га сена).

Клевер красный.

КЛЕВРЕ́Т (старослав., от лат. collibertus – отпущенный с кем-либо на свободу), приспешник, приверженец, не брезгающий ничем, чтобы угодить своему покровителю. До сер. 19 в. употреблялось в значении «друг», «союзник», «единомышленник».

КЛЕ́Е (Klee) Пауль (1879–1940), швейц. живописец и график. Один из лидеров *экспрессионизма*, тяготел к абстрактному иск-ву. В своих произв. добился тонкой выразительности линейных ритмов и цветовых созвучий («Оттепель в Арктике», 1920).

КЛЕЙ, композиции на основе в-в, способных соединять (склеивать) материалы благодаря образованию прочной связи между поверхностью материала и клеевой прослойкой. Для К. из синтетич. полимеров (напр., полиэфирных, эпоксидных, фенолоформальдегидных смол, каучуков) характерны высокая прочность склеивания и стойкость в разл. средах. К. из природных полимеров (напр., коллагена, альбумина, камедей, крахмала) отличаются невысокой устойчивостью к действию воды и микроорганизмов. К неорганич. К. относятся силикатные и др. К. могут быть жидкими (напр., р-ры, эмульсии),

П. Клее. «К Парнасу». 1932. Художественный музей. Берн.

пастообразными и твёрдыми (плёнки, порошки, прутки).

КЛЕЙКОВИ́НА, белковая часть муки (из зерна пшеницы и др. злаков), остающаяся в виде эластичного сгустка после вымывания крахмала водой из теста. Составляющие К. запасные белки (проламины и глютелины) содержатся в питательной ткани (эндосперме) зерна. От их содержания и свойств зависят хлебопекарные качества муки.

КЛЕЙН (Klein) Лоренс (р. 1920), амер. экономист. Исследования в области экон.-матем. моделирования, работы по созданию эконометрич. моделей и их применению к анализу экон.политики и циклич. колебаний. Ноб. пр. (1980).

КЛЕЙСТ (Kleist) Генрих фон (1777–1811), нем. писатель-романтик. Неразрешимость трагич. конфликтов, в к-рых носителями темы рока выступают не только мистич. силы, но сам человек с его иррациональными страстями и подточенными недоверием отношениями: стихотв. драмы «Семейство Шроффентштейн» (1803), «Пентесилея» (1808), «Кетхен из Гейльбронна» (1810) (обе из эпохи средневековья); новелла «Михаэль Кольхаас» (1810) — о герое- максималисте (нем. бюргере 16 в.), вынуждаемом к мщению и жестокости. Остроумная, с элементами социальной сатиры комедия «Разбитый кувшин» (1811). Ист. драмы «Битва Германа», «Принц Фридрих Гомбургский» (обе изд. в 1821) посв. проблемам границ власти. Покончил с собой вместе с возлюбленной, в духе складывающегося в нем. романтизме жизненно-мифотворч. поведения.

КЛЕМА́Н (Clément) Рене (р. 1913), франц. кинорежиссёр. Интерес К. к характерам людей, проявляющимся в экстремальных ситуациях, нашёл воплощение в антивоен. ф.: «Битва на рельсах» (1945), «Запрещённые игры» (1952); в драмах: «По ту сторону решётки» (1948, в прокате — «У стен Малапаги»), «Жервеза» (1956). В 60–70-е гг. снимал в осн. детективы: «Хищники» (1964), «Пассажир, приехавший в дождь» (1970), «Приходящая няня» (1975).

КЛЕМА́ТИС, то же, что *ломонос*.

КЛЕМЕ́НТИ (Clementi) Муцио (1752–1832), англ. пианист, композитор, педагог. По происхождению итальянец. С 1766 в Лондоне. Гастролировал (в т.ч. в России). Внёс значит. вклад в развитие фп. иск-ва. Фп. сонаты (ок. 60), сонатины, вариации, этюды, в т.ч. сб. «Gradus ad Parnassum» («Путь к Парнасу», т. 1–3, 1817–26).

КЛЕ́МПЕРЕР (Klemperer) Отто (1885–1973), нем. дирижёр, композитор. Работал в Берлине, Будапеште, Лондоне, Нью-Йорке, в 1933–39 возглавлял симф. орк. в Лос-Анджелесе. В репертуаре К.— симф. и оперные произв. разл. эпох и стилей. В лучших интерпретациях (соч.

Клён остролистный: 1 — цветущий побег; 2 — плод-крылатка; 3 — лист.

В.А. Моцарта, Л. Бетховена, А. Брукнера, Г. Малера, Р. Штрауса, П. Хиндемита) — масштабность худ. концепций.

КЛЁН, род листопадных деревьев и кустарников (сем. клёновые). Ок. 150 видов, в Евразии, Сев. Африке, Сев. и Центр. Америке. Выс. до 40 м, живут 150–200 (макс.— до 600) лет. Растут в лиственных и смешанных лесах. К. остролистный, татарский, полевой, явор и др. используют в защитных лесонасаждениях, для озеленения, древесину — в произ-ве мебели, муз. инстр-тов и др. Лист К.— в гос. гербе и на флаге Канады.

КЛЕОПА́ТРА (69–30 до н.э.), царица Египта с 51, из династии *Птолемеев*. Умная и образованная, любовница Цезаря, после 41 — Антония (с 37 его жена). Потерпев поражение в войне с Римом, покончила жизнь самоубийством.

КЛЕПТОМА́НИЯ (от греч. kléptō — краду и *мания*), импульсивно возникающее непреодолимое стремление совершать кражи (без корыстной цели).

КЛЕР (Clair) (наст. фам. Шомет) Рене (1898–1981), франц. кинорежиссёр. От авангардных фарсово-эксцентрич. фильмов («Антракт», 1924, и др.) перешёл к созданию лирико-иронич., порой сатирич. комедий: «Под крышами Парижа» (1930), «Последний миллиардер» (1934), «Молчание – золото» (1947), «Большие манёвры» (1955), «Порт де Лила» (1957, в прокате — «На окраине Парижа»). Для режиссёрской манеры К. характерны тщательная проработка деталей, музыкальность.

КЛЕРИКАЛИ́ЗМ (от позднелат. clericalis – церковный), направление, ставящее целью усиление влияния церкви и духовенства в полит. и культурной жизни.

КЛЕРК (франц. clerc, от позднелат. clericus — духовное лицо), 1) духовное лицо в ср.-век. Франции и Англии. 2) В нек-рых странах конторский служащий.

КЛЕСТЫ́, род птиц (сем. *вьюрки*). Дл. до 17 см. Удлинённые концы клюва перекрещены, что позволяет К. отгибать чешую шишек хвойных и липким языком извлекать из них семена. 3 вида — К.-еловик, К.-сосновик и белокрылый К.; обитают в лесах Сев. полушария. К размножению чаще приступают в кон. зимы — нач. весны (связано с обилием семян).

Р. Клер. Кадр из фильма «Порт де Лила».

Клесты. Клёст-еловик.

КЛЕ́ТКА, элементарная живая система, основа строения и жизнедеятельности всех живых организмов. К. могут существовать как самостоят. организмы (одноклеточные) либо в составе тканей и органов многоклеточных организмов, где они различаются по форме, функциям и характеру взаимодействия между собой. Размеры К. варьируют от 0,1–0,25 мкм у нек-рых бактерий до 155 мм (яйцо страуса в скорлупе). В организме человека ок. 10^{14} клеток разл. типов. Содержимое К. отделено от окружающей среды плазматич. мембраной; К. р-ний, как правило, покрыты ещё твёрдой оболочкой. Внутри К. заключены *цитоплазма* с погружёнными в неё разл. структурами (в т.ч. органеллами) и ядро (у *эукариот*) или нуклеоид (у *прокариот*), содержащие осн. массу генетич. материала. Деятельность всех составляющих К. компонентов взаимосвязана, но выполняют они строго определ. функции. Напр., такие органеллы, как эндоплазматич. сеть и аппарат Гольджи, участвуют в синтезе и транспорте органич. соединений; *митохондрии* и *хлоропласты* обеспечивают К.

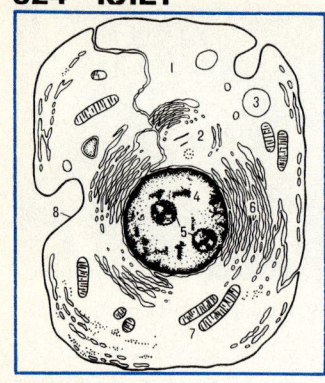

Клетка. Схема строения животной клетки: 1 – цитоплазма; 2 – аппарат Гольджи; 3 – вакуоль; 4 – ядро; 5 – ядрышки; 6 – эндоплазматическая сеть; 7 – митохондрии; 8 – клеточная мембрана.

энергией. Размножаются К. путём деления. Наука о К.– *цитология*.

КЛЕ́ТОЧНАЯ ИНЖЕНЕ́РИЯ, конструирование спец. методами клеток нового типа. К.и. включает реконструкцию жизнеспособной клетки из отд. фрагментов разных клеток, объединение двух целых клеток, принадлежащих разл. видам (и даже относящихся к разным царствам – р-ниям и ж-ным), с образованием новой, несущей генетич. материал исходных клеток, и др. операции. К.и. используется для решения теоретич. проблем, в *биотехнологии*, для создания новых форм р-ний, обладающих полезными признаками и одновременно устойчивых к болезням, и т.п.

КЛЕТЧА́ТКА (целлюлоза) (франц. cellulose, от лат. cellula, букв.– комнатка, здесь – клетка), полисахарид, образованный молекулами глюкозы; гл. составная часть клеточных стенок р-ний, обусловливающая механич. прочность и эластичность тканей. В коробочках хлопчатника содержится 95–98% К., в лубяных волокнах – 60–85%, в стволовой древесине – 40–55%. Природные (хлопковые, лубяные) и модифицир. волокна из К. используются в текст. пром-сти, в произ-ве бумаги, картона, пластмасс, лаков и пр.

КЛЕЩЕВИ́НА, род многолетних древовидных р-ний (сем. молочайные). Один вид – К. обыкновенная, произрастает в тропиках и субтропиках Азии и Африки, возделывается как масличное р-ние в Египте (со 2-го тыс. до н.э.), Бразилии, Индии, Китае и др. странах; в России (Сев. Кавказ) – с 19 в. В семенах (до 7 ц с 1 га) – касторовое масло. Жмых используют на удобрение, обезвреженный острым паром – на корм скоту. Выращивают К. и как декор. р-ние.

КЛЕЩИ́, группа членистоногих ж-ных (кл. паукообразные). Дл.

Клещ иксодовый

0,05 мм – 3 см. Ок. 20 тыс. видов. Большинство обитает на суше, нек-рые – водные. Вредители с.-х. р-ний, паразиты ж-ных и человека (вызывают дерматиты, чесотку), переносчики возбудителей инфекц. заболеваний (энцефалитов, тифов, чумы, туляремии); амбарные К. повреждают зерно и зернопродукты.

КЛИ́БЕРН (Клайберн) (Cliburn) Ван (Харви Лаван) (р. 1934), амер. пианист. Искренность и лиризм, проникновенность игры К. сочетаются с мощью и масштабностью звучания. В репертуаре преобладают соч. романтиков, рус. композиторов. 1-я пр. на Междунар. конкурсе имени П.И. Чайковского (1958) принесла ему всемирную известность.

КЛИ́МАКС (от греч. klímax – лестница), период в жизни человека, характеризующийся угасанием (инволюцией) функции половой системы, происходящим на фоне общих возрастных изменений организма.

КЛИ́МАТ [от греч. klíma – наклон (земной поверхности к солнечным лучам)], статистич. многолетний режим погоды, одна из осн. геогр. характеристик той или иной местности. Осн. особенности К. определяются поступлением солнечной радиации, процессами циркуляции возд. масс, характером подстилающей поверхности. Из геогр. факторов, влияющих на К. отд. региона, наиб. существенны широта (экв., субэкв., тропич., субтропич., умеренный, субарктич., арктич., субантарктич., антарктич. К.) и высота (горн. К.) местности, близость её к мор. побережью (морской, континентальный К.), особенности орографии и растит. покрова, наличие снега и льда, степень загрязнённости атмосферы. Эти факторы осложняют широтную зональность К. и способствуют формированию местных его вариантов. В зависимости от размеров и степени однородности терр., охваченной климатич. исследованиями, различают макроклимат и микроклимат. На протяжении истории Земли происходили изменения К., вызванные разл. факторами. В результате исследований намечаются климатич. ритмы продолжительностью 11, 35, 80–90 лет, а также сверхвековые (напр., 1800–1900-летний ритм увлажнения) и др.

КЛИМАТОЛО́ГИЯ (от *климат* и *...логия*), наука о климате, его формировании, геогр. распределении и изменении во времени. Сформировалась в 19 в., её становление связано с исследованиями рос. учёных А.И. Воейкова, Г.И. Вильда, нем.– А. Гумбольдта, В. Кёппена и др.

КЛИ́МОВ Вл. Як. (1892–1962), конструктор авиац. двигателей. В годы Вел. Отеч. войны двигатели К. устанавливались на сов. истребителях ЛаГГ-3, на всех истребителях Як, бомбардировщиках Пе-2. Реактивные двигатели К. были применены на самолётах МиГ-15, МиГ-17, Ил-28 и др.

В. Клиберн.

КЛИ́МОВ Элем Германович (р. 1933), рос. кинорежиссёр. Склонность к сатире, эксцентрике проявилась в ф.: «Добро пожаловать, или Посторонним вход воспрещён» (1964), «Похождения зубного врача» (1965). В трагич. тона окрашены фильмы К., в к-рых нравств. коллизии исследуются в моменты ист. ломок – гибели Рос. империи («Агония», 1974, вып. 1985), уничтожение рус. деревни («Прощание», 1983), в годы Вел. Отеч. войны («Иди и смотри», 1985).

КЛИ́НИКА (от греч. kliniké – врачевание лежачих больных, от klínē – ложе, постель), 1) мед. учреждение, в к-ром кроме стационарного лечения проводится преподават. и н.-и. работа. 2) Совокупность проявлений (клинич. картина) болезни.

КЛИНИ́ЧЕСКАЯ СМЕРТЬ, терминальное состояние, при к-ром отсутствуют видимые признаки жизни (сердечная деятельность, дыхание), угасают функции центр. нерв. системы, но сохраняются обменные процессы в тканях. Длится неск. минут, сменяется биол. смертью, при к-рой восстановление жизненных функций невозможно.

КЛИ́НКЕР (нем. Klinker), 1) твёрдый спечённый остаток после переработки полезных ископаемых во вращающихся печах; используется в дальнейшем для извлечения из него металлов, произ-ва *цементов* и т.п. 2) Высокопрочный *кирпич*, полученный из спец. глин обжигом до спекания; применяется для мощения дорог, в пром. зданиях и т.д.

КЛИ́НОПИСЬ, письменность, знаки к-рой состоят из групп клинообразных чёрточек (знаки выдавливались на сырой глине). Возникла в 4-м тыс. до н.э. в Шумере и позже была приспособлена для аккадского, эламского, хурритского, хетто-лувийских, урартского и др. языков. По происхождению К.– идеографически-ребусное, позже (с сер. 3-го тыс. до н.э.) – словесно-слоговое письмо.

КЛИ́НТОН (Klinton) Билл (р. 1946), 42-й президент США с 1993, от Демокр. партии. В 1978–80 и 1982–92 губернатор шт. Арканзас.

КЛИО́, в греч. мифологии одна из 9 муз, покровительница истории. Изображалась с грифелем и папирусным свитком или со шкатулкой для свитков.

КЛИР (от греч. kléros – жребий), в христ. церкви совокупность священнослужителей (священников, епископов) и церковнослужителей (псаломщиков, пономарей и др.); то же, что *духовенство*.

КЛИ́РИНГ (англ. clearing), система безналичных расчётов, основанная на зачёте взаимных требований по товарам и услугам, ценным бумагам.

КЛИ́РОС (греч. kléros), в рус. правосл. церкви место на возвышении перед иконостасом для певчих, чтецов и причетников.

КЛИТЕМНЕ́СТРА (Клитеместра), в греч. мифологии жена *Агамемнона*.

КЛИШЕ́ (франц. cliché), 1) иллюстрац. печатная форма высокой печати. 2) Выражение, механически воспроизводимое в типичных речевых контекстах; шаблонная фраза.

КЛОБУ́К (от тюрк. калпак – шапка), в православии головной убор монахов, цилиндр без полей с покрыва-

Клинопись. Развитие клинописных знаков.

Шумер IV тыс. до н.э.	Шумер III тыс. до н.э.	Вавилония курсив II тыс. до н.э.	Ассирия курсив I тыс. до н.э.	Шумерское значение	Вавилоно-ассирийское значение
〰				„вода; семя, потомство; родитель"	„вода"; „наследник"
				„голова; глава; верх"	„голова, глава"
				„рыба"	„рыба"
				„ходить"; „стоять"; „приносить"	„ходить"; „стоять" и т.д.
				апин „плуг"; энгар „земледелец"; уру „возделывать"	эпинну „плуг"; иккару „земледелец" и др.; слог пин
				каc „пиво"; бе „род сосуда (?)"; слог бе	шикару „пиво"; слоги би, пи, кас, каш, гаш
				Вышел из употребления	?	—
				мату „страна"; шаду „гора"; кур „гора"; чужая страна"; гин „холм"	слоги мат, мад, шат, шад, нат, лат, кур, гин и т.д.

Клио. Римская мраморная копия с греческого оригинала 3–2 вв. до н.э. Эрмитаж.

Клитемнестра. Фрагмент росписи килика из Спины. Клитемнестра убивает пленницу Агамемнона Кассандру. Ок. 420 до н.э. Археологический музей. Феррара.

1925) насыщена библейскими реминисценциями. Кн. очерков «Познание Востока» (1900). Эссе, кн. «Поэтическое искусство» (1907).

КЛОДТ Пётр Карлович (1805–67), скульптор, представитель позднего рус. *классицизма*. В монументальных произв. и в мелкой пластике стремился к непосредств. фиксации жизненных наблюдений (4 конные группы на Аничковом мосту в С.-Петербурге, 1830-е гг., установлены в 1849–50).

КЛОН (от греч. klōn – ветвь, отпрыск), совокупность всех потомков одной клетки или одного организма, полученных путём бесполого размножения. Примером К. могут быть все сорта плодовых р-ний – груш, яблонь и др., полученные в результате размножения черенками, отводками, прививками, а также целые р-ния, выращенные из одной клетки с использованием *культуры клеток*. Клонирование клеток широко используют при решении мн. теоретич. и практич. задач биологии и медицины.

КЛОПЫ́, отряд насекомых. Имеют колюще-сосущий ротовой аппарат и (как правило) пахучие железы. Дл. 0,7 мм – 12 см. 25–30 тыс. видов, распространены широко, большинство на суше, нек-рые в воде (гладыши) или на её поверхности (*водомерки*). Паразиты (напр., постельный клоп), хищные и растительноядные; многие повреждают с.-х. культуры.

КЛО́УН (англ. clown, от лат. colonus – деревенщина, грубиян), артист цирка, исполняющий юмористич. номера, участвующий в сатирич. сценках, в к-рых используются приёмы эксцентрики, гротеска, пародии. Как правило, создаёт пост. образ-маску – карикатурное воплощение к.-л. комич. характера. Традиц. клоунские маски – Август (в Европе – в России – Рыжий), плутоватый, но по-детски наивный, и Белый клоун, заносчивый насмешник. Среди известных рус. клоунов – бр. Дуровы, В.Е. Лазаренко, Карандаш, О.К. Попов, Ю.В. Никулин, Ю.Д. Куклачёв.

КЛУ́БЕНЬ, видоизменённый побег р-ния с утолщённым стеблем и недоразвитыми листьями. Надземные К. у кольраби, нек-рых орхидей, подземные – у картофеля, земляной груши. В К. отлагаются гл. обр. крахмал и др. углеводы. Может служить для вегетативного размножения. Многие культурные р-ния возделываются ради съедобных К.

КЛУБНИ́КА, многолетнее травянистое р-ние рода земляника. Выращивают в Европе, в т.ч. в европ. части России. Ягоды мелкие, сладкие, с белой мякотью и специфич. ароматом. К. часто неправильно наз. *землянику* садовую.

КЛУЖ-НАПО́КА, г. в Румынии. 328 т.ж. Маш-ние, хим.-фарм., кож., трикот., полиграф., пищ. пром-сть. Ун-т (1872). Консерватория (1920). Музеи: ист., этногр. и художественный. Т-р оперы и балета (1919). Обсерватория. Изв. с 1173. Старый город с регулярными кварталами окружён кам. укреплениями (13–17 вв.). Готич. церк. Св. Михаила (14–19 вв.), мон. францисканцев (15–18 вв.), барочный дворец Банфи (18 в.).

КЛУЗО́ (Clouzot) Анри Жорж (1907–77), франц. кинорежиссёр.

П.К. Клодт. «Укрощение коня». Группа на Аничковом мосту в Санкт-Петербурге. Бронза.

Пост. ф.: «Ворон» (1943), «Манон» (1948), «Плата за страх» (1952), «Истина» (1960) и др. К.– мастер создания тревожной атмосферы, напряжённой полицейско-уголов. интриги, мучит. психол. ситуаций.

КЛЮ́ЕВ Ник. Ал. (1887–1937), рус. поэт. Поэзия крест. патриархальности, стремление открыть в «избяной Руси» древнюю духовную культуру, противостоящую Западу, мистико-романтич. интерпретация рус. нац. характера, нар.-мифол. символика, религиозность. В последних вещах – глубокое осознание трагедии России. Сб.: «Сосен перезвон» (1912), «Песнослов» (кн. 1–2, 1919), «Изба и поле» (1928); поэма «Погорельщина» (опубл. 1987). Погиб в лагере.

КЛЮИТЕ́НС (Cluytens) Андре (1905–67), франц. дирижёр. По происхождению бельгиец. Выступал как оперный (с 1947 муз. рук. т-ра «Опера комик», Париж) и симф. (с 1960 рук. Нац. симф. оркестра Бельгии дирижёр.

КЛЮ́КВА, род вечнозелёных полукустарников (сем. вересковые). 4 вида, в холодном и умеренном поясах Сев. полушария, на торфяных и сфагновых болотах образуют обширные заросли. Ягоды – ценный пищ. продукт, богаты органич. к-тами, витаминами, микроэлементами и др. веществами. В культуре К. крупноплодная (плантации гл. обр. в США, Канаде).

КЛЮЧ (муз.), знак *нотного письма*, ставится в начале нотного стана и определяет звуковысотное значение нот. Используются К. соль (скрипичный; указывает, что нота соль первой октавы находится на 2-й линейке), К. фа (басовый; фа малой октавы), К. до (альтовый, теноровый, нота до первой октавы). К. избавляет нотный текст от многочисленных добавочных линеек.

КЛЮЧЕВСКА́Я СО́ПКА, самый высокий (4750 м) и активный действующий вулкан в Евразии, на Камчатке. Последнее извержение в 1972–74.

КЛЮЧЕ́ВСКИЙ Вас. Осипович (1841–1911), рос. историк. С нач. 1880-х гг. читал «Курс русской истории», органически соединивший идеи гос. школы с экон.-геогр. подходом.

В.О. Ключевский.

Доказывал, что развитие об-ва зависело от сочетания геогр., экон., социальных, личностных и др. факторов. Тр. «Боярская дума Древней Руси» (1882); книги и статьи по истории сословий, крепостного права, финансов, историографии. Изучал жития рус. святых и соч. иностранцев о России. Выдающийся лектор, мастер ист.-худ. изображения прошлого.

КЛЮЧИ́ЦА, парная кость плечевого пояса у позвоночных ж-ных и человека. У млекопитающих обеспечивает свободу движений конечности в плечевом суставе, укрепляет плечевой пояс.

КНЕ́БЕЛЬ Мария Осиповна (1898–1985), актриса, режиссёр, педагог. С 1924 во МХАТе. В 1950–68 реж. (в 1955–60 и с 1966 гл. реж.) Центр. дет. т-ра. Утверждала творч. понимание системы К.С. Станиславского. Пост.: «В добрый час!» В.С. Розова (1954), «Таланты и поклонники» А.Н. Островского (1969), «Дядюшкин сон» по Ф.М. Достоевскому (1972). Разработала методику преподавания актёрского и режиссёрского мастерства. С 1960 проф. ГИТИСа. Среди учеников – Л.Е. Хейфец, А.А. Васильев.

КНИ́ГА, непериодич. издание в виде сброшюрованных листов печатного материала (объём более 48 страниц); произведение худ., науч., обществ.

Книга. 1. Страница греческой рукописной книги «Евангельские чтения» с миниатюрой «Христос является Мариям». 9 в.

326 КНИЖ

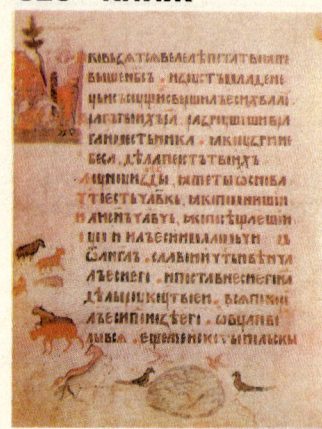

2. Страница древнерусской рукописной книги «Киевская псалтырь». 1397.

4. Страница 42-строчной Библии, изданной И. Гутенбергом. 1452—55.

5. Страница «Апостола» Ивана Фёдорова. 1564.

лит-ры, средство массовой, науч. и техн. информации. Одна из древнейших форм К.— свиток (4—3-е тыс. до н.э.), со 2—4 вв. заменялся кодексом (совр. форма К. в виде книжного блока). Осн. материалы для изготовления К.: папирус, со 2 в. до н.э.— пергамен, с 13 в. в Европе — бумага. В антич. мире и в ср. века К. размножали переписыванием. Древнейшей печатной К. считают текст, воспроизведённый ксилографич. путём (см. *Ксилография*) в Корее в период с 704 по 751. Первые опыты книгопечатания были предприняты в Китае в сер. 11 в. Би Шэном. Новый период в истории К. связан с И. Гутенбергом, изобретателем европ. способа книгопечатания (сер. 15 в.). В Моск. Руси первая рус. печатная датированная

К. «Апостол» (1564) была выпущена И. Фёдоровым и П. Мстиславцем.

КНИ́ЖНЫЙ ЗНАК, то же, что *экслибрис*.

КНИ́ППЕР-ЧЕ́ХОВА Ольга Леонардовна (1868—1959), актриса. Жена А.П. Чехова. В труппе Моск. худ. т-ра с 1898. Характерные черты иск-ва актрисы — благородство сценич. манеры, глубина чувств и сдержанность — раскрылись прежде всего в её чеховских ролях: Аркадина («Чайка», 1898), Елена Андреевна («Дядя Ваня», 1899), Маша («Три сестры», 1901), Раневская («Вишнёвый сад», 1904). Играла в пьесах М. Горького (Настя — «На дне», 1902; Полина Бардина — «Враги», 1935), И.С. Тургенева, Г. Гауптмана, Г. Ибсена и др.

3. Миниатюра русской рукописной книги «Евангелие от Матфея». 1531.

О.Л. Книппер-Чехова в роли Раневской.

КНОС (Кносс), г. в центр. части сев. Крита, один из центров *эгейской культуры*. С кон. 3-го тыс. до н.э. столица царства. Разрушен землетрясением в 1470, пожаром ок. 1380 до н.э. Раскопками вскрыты дворец правителей, т.н. хоз. архив — таблички с письмом.

КНУШЕВИ́ЦКИЙ Свят. Ник. (1907/08—1963), виолончелист. Выступал соло и в сов. камерных ансамблях — в трио (с Л.Н. Обориным и Д.Ф. Ойстрахом) и дуэтном сонатном ансамбле (с Обориным). Игра К. отличалась поэтичностью, теплотой, тонкостью фразировки.

Кнос. Один из участков дворцового комплекса.

КНЯЖЕНИ́КА (мамура, поляника), многолетнее травянистое р-ние (сем. розоцветные). Распространена в Евразии и Сев. Америке. Растёт в тундрах, на болотах, в сырых лесах и зарослях кустарников. Съедобные плоды обычно красные, с сизоватым налётом, похожи на плоды малины или ежевики, но более мелкие, очень сладкие, с запахом ананаса.

КНЯЗЬ, 1) вождь племени, правитель гос-ва или гос. образования у славян и нек-рых др. народов. В ср.-век. Германии К. (нем. Fürst) — представитель высшей имперской аристократии. В странах романских яз. титул К. обозначается словом принц (от лат. princeps — первый). На Руси старший из К. наз. великим К., остальные — удельными, а также служилыми (служебными) К. 2) В России почётный наследственный дворянский титул. Пожалование княжеским титулом ввёл Пётр I в нач. 18 в. (см. также *Великий князь*).

КОАГУЛЯ́ЦИЯ (от лат. coagulatio — свёртывание, сгущение, слипание тв. частиц в *дисперсных системах* при их соприкосновении. Слияние капель жидкости или газ. пузырьков наз. коалесценцией. К. и коалесценция используются при очистке природных и сточных вод, извлечении ценных продуктов из отходов произ-ва, нанесении покрытий, получении лекарств. препаратов, пищ. продуктов.

КОА́ЛА, сумчатый медведь. Длина тела 60—82 см, масса до 16 кг. Обитает в лесах Вост. Австралии. Медлительное ночное ж-ное. Живёт на деревьях, питается листьями эвкалиптов. Продолжительность жизни ок. 20 лет. К. сильно пострадал вследствие избыточного промысла (ради превосходного меха). После запрета охоты его численность медленно восстанавливается.

КОАЛИ́ЦИЯ (от ср.-век. лат. coalitio — союз), 1) полит. или воен. союз гос-в, договорившихся о совм. действиях в тех или иных вопросах междунар. отношений (напр., антигитлеровская коалиция гос-в во 2-й мир. войне). 2) Соглашение неск. полит. партий об образовании пр-ва из представителей этих партий (т.н. коалиционное пр-во).

КО́БАЛЬТ (Cobaltum), Co, хим. элемент VIII гр. периодич. системы, ат. н. 27, ат. м. 58,9332; металл, $t_{пл}$ 1494 °C; ферромагнетик, точка Кюри 1121 °C. К.— компонент магнитных, высокопрочных, твёрдых и др. сплавов; радиоактивный изотоп ^{60}Co — источник γ-излучения (кобальтовая пушка). К. впервые получен швед. химиком Г. Брандтом в 1735.

КО́БАЛЬТОВЫЕ РУ́ДЫ, содержат Co в руде от тысячных и сотых долей до 4%. Гл. минералы: кобальтин, линнеит, скуттерудит и др. Руды — мышьяковые, сернистые и окисленные. Имеются пром. концентрации Co в м-ниях никеля, меди и железа. Мировые запасы ок. 10 млн. т. Гл. добывающие страны: Заир, Замбия, Австралия, Канада, Филиппины.

КОБЗО́Н Иос. Давыдович (р. 1937), эстрадный певец. С 1962 в Москонцерте. Пропагандист и первый исполнитель мн. песен А. И. Островского, А. Н. Пахмутовой, М. Л. Таривердиева и др. 1-е премии на Междунар. фестивалях эстрадной песни в Сопоте (Польша, 1964) и «Золотой Орфей» (Болгария, 1968).

КОБОЛ [от англ. Co(mmon) – общепринятый, B(usiness) – деловой, O(riented) – ориентированный, L(anguage) – язык], *язык программирования*, ориентированный на решение преим. экон. задач. Разработан в 1958–60 (США). Обеспечивает компактную и наглядную запись программ; удобен для обучения программированию.

КОБРЫ, ядовитые змеи (сем. *аспиды*). Длина тела от 1,4 до 5,5 м. При опасности шипят и поднимают переднюю треть тела, расширяя шею, разводя неск. пар рёбер и образуя т.н. капюшон. Обитают в Юж. Азии и Африке. Наиб. известна *очковая змея*. Самая крупная в мире ядовитая змея – королевская К. из Юго-Вост. Азии. В Африке обитает египетская К. (гая), в Др. Египте служила символом могущества, её изображение украшало головной убор фараонов. Нек-рые К. выбрасывают яд на расстояние до 2 м («плюющиеся» К.). Содержатся в серпентариях для получения яда, к-рый используют в медицине. Илл. см. при ст. *Змеи*.

КОБЧИКИ, род хищных птиц (сем. соколиные). Дл. ок. 30 см. 2 вида, в лесостепной и степной зонах Евразии. Зимуют в Юж. Африке. Уничтожают насекомых и грызунов. Численность сокращается.

КОВАЛЕВСКИЙ Ал-др Онуфриевич (1840–1901), рос. биолог, один из основоположников сравнит. эмбриологии и физиологии, эксперим. и эволюц. гистологии. Брат В.О. Ковалевского. Установил общие закономерности развития позвоночных и беспозвоночных ж-ных, доказал взаимное эволюц. родство этих групп.

КОВАЛЕВСКИЙ Вл. Онуфриевич (1842–1883), рос. зоолог, основоположник эволюц. палеонтологии. Последователь и пропагандист учения Ч. Дарвина. Автор классич. тр. по истории развития копытных ж-ных.

«КОВЕНТ-ГАРДЕН» (Covent Garden), англ. оперный т-р (Лондон). Открыт в 1732. С 1847 совр. здание. В 1890-х гг. «Королев. оперный т-р К.-Г.», с 1940-х гг. государственный. С 1946 выступает также балетная труппа (с 1957 «Королев. балет»). Среди дирижёров – Т. Бичем, Г. Шолти, Б. Хайтинк. Ставятся произв. англ. композиторов и мировой классики.

КОВЕНТРИ, г. в Великобритании. 309 т.ж. Сложился вокруг основанного в 1043 монастыря. Маш-ние, цв. металлургия, хим. пром-сть. Ун-т. Старый город в 1940–41 почти полностью разрушен нем. авиацией. Готич. собор (1373–94) сохраняется в руинах как свидетельство фаш. варварства.

КОВЁР, худ. текстильное изделие из шерстяной, шёлковой или хл.-бум. пряжи, обычно с многоцветными узорами. Служит гл. обр. для утепления и украшения помещений и обеспечения бесшумности. Распространены К. ручной и машинной (с сер. 19 в.) работы, ворсовые и безворсовые, вязаные и вышитые. Наиб. известны перс., азерб., туркм., тур., кит. К.

КОВКА, способ обработки металлов давлением, при к-ром после многократного прерывистого воздействия инстр-та на заготовку она приобретает заданные форму и размеры. Различают К. машинную (в штампах или между гладкими бойками) и ручную. Ручная К. появилась 4 тыс. лет до н.э. в Персии, Месопотамии, Египте и использовалась для обработки меди, золота и серебра.

КОВЧЕГ, 1) в Библии – судно, на к-ром Ной с людьми и ж-ными спасся во время всемирного потопа. 2) В христ-ве общее назв. предметов церк. обихода, служащих вместилищем культовых реликвий. 3) В синагоге шкаф для хранения Пятикнижия.

КОВЫЛЬ, род преим. многолетних трав (сем. злаки). Ок. 300 видов, в умеренных и субтропич. областях обоих полушарий. Часто составляют основу травяного покрова степей, прерий и пампасов. Многие К. – ценные кормовые р-ния, нек-рые – сырьё для бум. пром-сти.

КОГАН Леон. Бор. (1924–82), скрипач, педагог. Выступал соло и в кам. камерных ансамблях. Исполнит. стиль отличался романтич. приподнятостью, эмоц. насыщенностью, волевым напором. 1-я пр. на Междунар. конкурсе скрипачей имени королевы Елизаветы в Брюсселе (1951).

КОГЕН (Cohen) Герман (1842–1918), нем. философ, основоположник марбургской школы *неокантианства*. Стремясь преодолеть кантовский дуализм, отказался от понимания «вещи в себе» как внеш. источника ощущений («опыта»). Развивая кантовское учение, ввёл понятие «первоначала» – универсального творч. принципа, спонтанно порождающего науч. знание. Один из авторов концепции этич. социализма, в к-рой социализм трактуется как этич. идеал, опирающийся на осн. гуманистич. ценности и утверждающийся в результате нравств. эволюции людей.

КОГЕРЕНТНОСТЬ (от лат. cohaerens, род. п. cohaerentis – пребывающий во взаимной связи), согласованное протекание во времени и пространстве неск. колебат. или волновых процессов (любой природы), проявляющееся при их сложении. Колебания наз. когерентными, если разность их фаз остаётся постоянной (или закономерно изменяется) во времени. К. – необходимое условие *интерференции волн*. В более широком смысле понятие «К.» применяется в разл. областях физики для описания коррелированного (согласованного) поведения большого числа частиц.

КОГОУТ (Kohout) Павел (р. 1928), чеш. писатель. С 1977 в Австрии. Пьесы морально-этич. проблематики, в т.ч. «Хорошая песня» (1952), «Такая любовь» (1957), «Август, август, август» (1968); ист. пьеса «Ессе Constantia» (пост. 1985) о суде церк. собора в г. Констанца над Я. Гусом. Горько-иронич. автобиогр. ром. «Из дневника контрреволюционера» (1969) – история человека, верившего в рев. идеалы и разочаровавшегося в них.

КОД (франц. code), упорядоченная совокупность условных знаков (напр., цифр, букв) или сигналов (электрич., световых и др.), используемая для передачи, обработки и хранения информации в системах связи, автоматич. управления, ЭВМ и т.п. Представление информации в виде К. наз. кодированием, обратное преобразование – декодированием. В ЭВМ, напр., для кодирования информации используют разл. сочетания цифр 0 и 1 (цифровой К.); в системах телеграфной связи каждая буква (знак) передаётся по линии связи в виде определ. комбинации токовых импульсов (телеграфный К.).

КОДА (итал. coda, букв. – хвост), дополнит. заключит. раздел муз. формы, сообщающий ей завершённость. Следует после *репризы*.

КОДАЙ (Kodály) Золтан (1882–1967), венг. композитор, музыковед-фольклорист, педагог. Один из создателей венг. композиторской школы. В муз. произв. опирался на нац. фольклор. Комич. оп. «Хари Янош» (1926); «Венг. псалом» для солистов, хора и орк. (1923); «Танцы Галанты» для орк. (1933), хоры, песни. Тр. по венг. фольклору, сб-ки нар. песен. Учебники по музыке.

КОДЕИН, алкалоид, содержащийся в опийном маке, производное морфина. Применяют как болеутоляющее, успокаивающее средство и против кашля. Длительное употребление может вызвать *наркоманию*.

КОДЕКС (лат. codex), 1) систематизир. единый законодат. акт, регулирующий к.-л. однородную область обществ. отношений (гражд. К., уголов. К. и т.п.). 2) В Др. Риме форма книги из скреплённых вместе вощёных дощечек или папирусных листов. Совр. книга сохраняет форму К. в виде книжного блока.

«КОДЗИКИ» («Записки о делах древности»), первый из сохранившихся памятников на япон. яз., сб. космогонич., героич. мифов и ист. сказаний (кн. 1–3). Записан в 712, опубл. в 17 в., полностью расшифрован и прокомментирован в 18 в.

КОДИРОВАНИЕ, см. в ст. *Код*.

КОЖА, наруж. покров тела ж-ных и человека. Защищает организм от внеш. воздействий, участвует в осязании, обмене в-в, выделении, терморегуляции. У взрослого человека площадь К. составляет 1,5–2 м². Клетки наруж. слоя К. обновляются в течение 20 сут. Поверхность К. ладоней и ступней человека имеет строго индивидуальный рисунок, не меняющийся с возрастом, что используется в антропологии, криминалистике (см. *Дактилоскопия*). Производные К. – волосы, когти, перья, ногти и др. Заболевания К. – дерматиты и др.

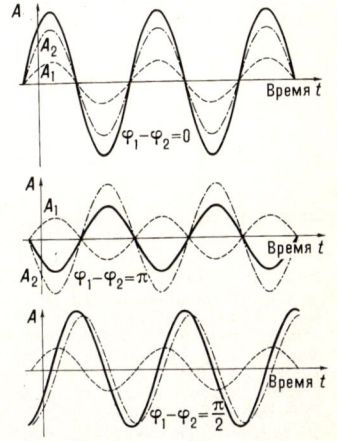

«Ковент-Гарден». Здание театра. 1810.

Л.Б. Коган.

Кобчик: самец (вверху) и самка.

Когерентность. Сложение двух гармонических колебаний (пунктир) с амплитудами A_1 и A_2 при различных разностях фаз (φ_1, φ_2). Результирующее колебание – сплошная линия.

328 КОЖА

КО́ЖА натуральная, продукт переработки шкур ж-ных, в т.ч. мор. зверей, рептилий; имеет волокнистое строение (см. *Лайка*, *Сафьян*, *Шевро*, *Юфть*). По назначению К. подразделяют на обувные, шорно-седельные, техн. и одёжно-галантерейные. Искусств. К.— полимерный материал пром. произ-ва.

КОЖЕ́ВНИКОВ Ал. Як. (1836–1902), один из основоположников невропатологии в России, создатель моск. науч. школы. Осн. тр. по морфологии и физиологии центр. нерв. системы. Описал (1894) особую форму кортикальной эпилепсии, назв. его именем. Первый рус. учебник по невропатологии – «Нервные болезни и психиатрия» (1880–81).

КОЗА́ домашняя, парнокопытное жвачное ж-ное (сем. полорогие). Произошла от диких *козлов*, одно из первых приручённых продуктивных ж-ных. Разводят (мегрельских, сов. шёрстных и др.) ради шерсти (настриг 3–6 кг), пуха (0,2–0,5 кг), молока (550 кг в год, жирность 3,8–4,4%). Плодовитость 1–2, иногда до 5 козлят. Продолжительность жизни 9–10 лет, срок хоз. использования 7–8 лет.

Коза (мегрельская порода).

КОЗАКО́В Мих. Мих. (р. 1934), актёр, режиссёр. Работал в моск. т-рах имени Вл. Маяковского, «Современник», МХАТе, т-ре на Малой Бронной. С 1991 в Камерном т-ре (Тель-Авив). Актёр интеллектуального плана, игру отличает сочетание романтич. возвышенности и иронии. Исполняет драм. и комедийные, острохарактерные роли: Гамлет («Гамлет» У. Шекспира, 1957), Кочкарёв («Женитьба» Н.В. Гоголя, 1975) и др. Снимался в ф.: «Убийство на улице Данте» (1956), «Здравствуйте, я ваша тётя!» (1975) и др. Пост. т/ф: «Безымянная звезда» (1978), «Покровские ворота» (1982) и др.

КО́ЗИН Вад. Ал. (1903–94), рос. певец (тенор). Внук В.В. Паниной. На эстраде с 1920-х гг., исполнял цыганские песни и романсы, произв. рус. композиторов и собств. сочинения. Был репрессирован, жил в Магадане.

КО́ЗИНЦЕВ Григ. Мих. (1905–73), кинорежиссёр, педагог. В 1924–1945 работал с Л.З. Траубергом. В ранних фильмах реализовывали эстетич. программу основанной ими в Ленинграде ФЭКС (Фабрика эксцентрич. актёра), разрабатывая язык киноиск-ва. В ф.: «Шинель» (1926), «С.В.Д.» (1927), «Новый Вавилон» (1929) – поворот к классич. наследию. Перейдя в звуковое кино, пост. т. ф.: «Юность Максима» (1935), «Возвращение Максима» (1937), «Выборгская сторона» (1939). Экранизация классики: «Дон Кихот» (1957), «Гамлет» (1964), «Король Лир» (1971).

И.С. Козловский.

КОЗЛО́В Ив. Ив. (1779–1840), рус. поэт, переводчик. В 1821 ослеп. Лирич. стихи, романтич. поэма «Чернец» (1825); стих. «Вечерний звон» (1828, перевод стих. Т. Мура) стало нар. песней.

КОЗЛО́ВСКИЙ Ив. Сем. (1900–1993), певец (лирич. тенор). В 1926–54 в Большом т-ре. Создал сценич. образы, вошедшие в историю мирового оперного т-ра: Юродивый («Борис Годунов» М.П. Мусоргского), Ленский («Евгений Онегин» П.И. Чайковского) и др. В обширном конц. репертуаре – рус. и укр. песни, старинные романсы, произв. рус. и заруб. композиторов.

КОЗЛО́ВСКИЙ Мих. Ив. (1753–1802), рос. скульптор, представитель *классицизма*. Творчество К. проникнуто просветит. идеями, возвышенным гуманизмом, яркой эмоциональностью образов (статуя для каскада в Петергофе «Самсон, раздирающий пасть льва», 1800–02).

КОЗЛЫ́ (горные козлы), род млекопитающих (сем. полорогие). Длина тела 100–170 см, высота в холке 65–115 см, масса 35–150 кг. Рога у самцов и самок. 8 видов (винторогий К., туры и др.), в Сев. Африке и Евразии, в т.ч. 4 вида в горах Кавказа, Юж. Сибири. Населяют труднодоступные скалистые места. Живут 12–18 лет. Численность большинства видов сокращается. К.– предки домашних коз.

М.И. Козловский. Памятник А.В. Суворову в Санкт-Петербурге. Бронза. 1799–1801.

КОЗОДО́И, отряд близких к совам птиц. Дл. 25–50 см, масса от 100 до 600 г. Клюв короткий, по углам рта пучки щетинок. 93 вида. Обитают преим. в тропиках и субтропиках, по лесным опушкам, на вырубках. Питаются насекомыми, к-рых ловят в воздухе. По нар. поверью, К. своим широким мягким клювом по ночам доят коз (отсюда назв.).

КОЗОЛУ́ПОВ Сем. Матв. (1884–1961), виолончелист, педагог. Исполнитель-виртуоз. Один из основоположников сов. виолончельной школы. Выступал как солист и в ансамблях с С.И. Танеевым, К.Н. Игумновым, А.Б. Гольденвейзером и др. В 1908–31 (с перерывом) солист орк. Большого т-ра.

КОЗЬМА́ ПРУТКО́В, коллективный псевдоним, под к-рым в ж. «Современник», «Искра» и др. выступали в 50–60-х гг. 19 в. поэты А.К. Толстой и бр. Жемчужниковы (Вл. Мих. и Ал-др Мих.). Сатирич. стихи и афоризмы К.П. высмеивали пошлость, самодовольство, полит. «благонамеренность», пародировали лит. эпигонство. Пьесы («Двоюродный братец из Саарема», 1870; «Этакий Мульк...», 1872) заложили основы нац. драматургии.

КО́ЙДУЛА (Koidula) (наст. фам. Янзен) Лидия (1843–86), эст. писательница. В стихах (сб. «Луговые цветы», 1866, «Соловей Эмаеги», 1867) – любовь к народу, благородная простота и возвышенность чувств, смелость поэтич. образов; многие стихи стали популярными песнями.

КОЙО́Т (луговой волк), хищное млекопитающее из рода *волков*. Длина тела ок. 90 см, хвоста ок. 30 см. Шерсть густая, длинная, серовато- или рыжевато-бурого цвета, конец хвоста чёрный. Обитает на открытых пространствах Сев. и Центр. Америки.

КО́КА, то же, что *кокаиновый куст*.

КОКАИ́Н, алкалоид, содержащийся в листьях кокаинового куста. Вызывает возбуждение, затем угнетение центр. нерв. системы, подавляет чувствительность нерв. окончаний. Применяется как местное обезболивающее средство. Частое употребление К. может привести к наркомании (кокаинизму).

КОКАИ́НОВЫЙ КУСТ (кока), вечнозелёный кустарник (сем. кокаиновые). В диком виде почти не встречается. К.к.– древняя культура инков, к-рые считали его священным р-нием. Культивируют в тропиках Юж. Америки и Азии. Листья содержат кокаин и др. алкалоиды, используемые в медицине. Плантации находятся под контролем Интерпола.

КОКА́НДСКОЕ ХА́НСТВО, гос-во в Ср. Азии. Выделилось из Бухарского эмирата в 1710. С 1876 в составе Рос. империи (Ферганская обл.).

КОКИ́ЛЬ (франц. coquille, букв.– раковина, скорлупа), металлич. литейная многократно используемая форма. Различают разъёмные, состоящие из двух или более частей, и неразъёмные (вытряхные) К.

КОКЛЕ́Н (Coquelin) Бенуа Констан (1841–1909), франц. актёр, теоретик т-ра. С 1860 (с перерывом) в «Комеди Франсез», с 1897 возглавлял т-р «Порт Сен-Мартен» (Париж). Прославился в роли Сирано («Сирано де Бержерак» Э. Ростана, 1897). Выступал против натурализма в т-ре.

КОКЛЮ́Ш (франц. coqueluche), острое инфекц. заболевание преим. детей (приступы судорожного кашля). Вызывается бактерией Борде – Жангу. Передаётся через воздух с капельками слизи. Профилактика – иммунизация.

КО́КОН, защитное образование *куколок* мн. насекомых. Обычно К. сплетён гусеницей из вырабатываемой ею двойной шёлковой нити, иногда построен из слизи. К. тутового, дубового и нек-рых др. *шелкопрядов* служат сырьём для получения натурального шёлка. В яйцевых К. муравьёв, дождевых червей, пиявок, пауков и нек-рых моллюсков развиваются яйца.

КОКО́СОВАЯ ПА́ЛЬМА, вечнозелёное р-ние (сем. пальмы). Выс. до 20–25 м. Встречается на о-вах и мор. побережьях, где образует рощи. С древности культивируют в тропиках обоих полушарий (гл. обр. в Азии) ради съедобных плодов, т.н. кокосовых орехов (масса до 1,5–2,5 кг), содержащих кокосовое молоко (в незрелом виде) и *копру*. Стволы – строит. материал. К.п. декоративны, используются в парковых насаждениях.

КОКО́ШКА (Kokoschka) Оскар (1886–1980), австр. живописец, драматург. Представитель *экспрессионизма*. Писал картины в нервной, напряжённой манере («Сила музыки», 1918–20), достигая лиризма и богатства цвета в пейзажах («Венеция», 1924), остроты характеристики в портретах («А. Форель», 1908). Построенные на гротеске драмы, антифаш. пьеса «Коменский» (пост. 1939).

КОКО́ШНИК, в архитектуре рус. церквей 16–17 вв. полукруглая или килевидная ложная *закомара*, имеющая декор. значение. К. часто располагались ярусами.

КОКО́ШКИН Фёд. Фёд. (1871–1918), рос. полит. деятель. Видный участник *земского движения*. С 1905

Кокосовая пальма. Роща.

О. Кокошка. «Вид Зальцбурга». Новая пинакотека. Мюнхен.

один из основателей и руководителей кадетской партии. В 1906 чл. 1-й Гос. думы, её секр. В 1917 гос. контролёр в 3-м составе Врем. пр-ва. В нояб. 1917 арестован и убит матросами в больнице вместе с А.И. Шингарёвым.

КОКС (нем. Koks, от англ. coke), твёрдый остаток, получаемый при коксовании природных топлив (гл. обр. кам. угля), а также нек-рых нефтепродуктов, напр. гудрона. Содержит 91–99,5% углерода. Кам.-уг. К.– топливо и восстановитель жел. руды в произ-ве чугуна; нефт. К.– материал для изготовления электродов, коррозионноустойчивой аппаратуры, восстановитель при получении ферросплавов.

КОКСИТ (от лат. coxa – бедро), воспаление тазобедренного сустава, преим. у детей. Туберкулёзный К. начинается незаметно, протекает хронически.

КОКТЕЙЛЬ (англ. cocktail, букв.– петушиный хвост), напиток из смеси различных ликёроводочных изделий, виноградных вин, коньяка, рома, соков, фруктов, ягод, сливок, молока, мороженого, яиц, мёда и др.

КОКТО (Cocteau) Жан (1889–1963), франц. писатель, художник, театральный деятель, киносценарист и режиссёр. Творчество К., утверждавшее эксперим. формы (в лит-ре и живописи), развивалось от *дадаизма* («Стихи», 1920) к *сюрреализму* (сб. «Опера», 1927). Ром. «Самозванец Тома» (1923), «Трудные дети» (1929) посв. проблеме молодого поколения. Пьесы «Антигона» и «Орфей» (обе 1928); поставил ф.: «Орфей» (1950), «Завещание Орфея» (1960).

Кокошники.

КОЛДЕР (Calder) Александр (1898–1976), амер. скульптор. Один из основателей *кинетического искусства*. Из металлич. листов и проволоки выполнял подвижные конструкции («мобили»), к-рые при движении образуют разл. композиц. варианты.

КОЛДУЭЛ (Caldwell) Эрскин (1903–87), амер. писатель. Произв. о тяжкой жизни бедняков провинциально-захолустного Юга (ром. «Табачная дорога», 1932, «Богова делянка», 1933, пов. «Мальчик из Джорджии», 1943); многочисл. рассказы. Бесстрастное изображение жестокой правды социального неравенства сочетается с трагикомич. интонациями. Панорама «одноэтажной Америки» в книгах очерков, воспоминаний и путевых заметок (в т.ч. «Полдень посредине Америки», 1976).

КОЛЕБАНИЯ, движения или процессы, обладающие той или иной степенью повторяемости. К. могут быть периодическими, когда в результате нарушения состояния *равновесия* возникают изменения состояния физ. системы, повторяющиеся через равные промежутки времени, наз. периодом колебаний, и апериодическими, когда нет полного повторения процесса изменения. Различают механич. К. (К. маятника, струны, моста, корабля на волне, плотности и давления воздуха при распространении звука и т.д.), эл.-магн. К. (К. электрич. и магн. полей, возбуждающиеся в *колебательном контуре*, распространяющиеся в виде волн в пространстве, в волноводах и др.) и их комбинации. К. разл. природы подчиняются общим закономерностям. Простейшим видом К. являются *гармонические колебания*.

КОЛЕБАНИЯ КРИСТАЛЛИЧЕСКОЙ РЕШЁТКИ, колебания атомов или ионов, составляющих кристалл, около положений равновесия (узлов кристаллич. решётки). Амплитуда тепловых К.к.р. тем больше, чем выше темп-ра, но обычно она гораздо меньше межатомных расстояний даже при темп-ре плавления.

КОЛЕБАТЕЛЬНЫЙ КОНТУР, замкнутая электрич. цепь, содержащая катушку с индуктивностью L, конденсатор с ёмкостью C и электрич. сопротивление R, в к-рой могут возбуждаться электрич. *колебания*. В К.к. дважды за период происходит перекачка энергии из электрич. поля конденсатора в магн. поле катушки индуктивности и обратно. При этом часть энергии теряется на сопротивлении проводников цепи R, переходя в тепло, что приводит к затуханию колебаний. Если R мало, то затухание слабое и частота колебаний К.к. близка к частоте *собственных колебаний*: $\omega_0 = 1/\sqrt{LC}$.

КОЛИБРИ, семейство птиц. Крошечные и мелкие птицы; дл. от 5,7 до 21,6 см, масса от 1,6 до 20 г. У самцов красивое яркое оперение с металлич. блеском. Клюв тонкий, длинный (у нек-рых равен длине туловища). Движение крыльев в полёте (до 80, а в брачном – до 100 взмахов в с) неуловимо для глаза. Ок. 320 видов, в Америке, наиб. разнообразны в тропиках. Опылители р-ний. Нек-рые – объект промысла (оперение). Ок. 20 видов находятся под охраной.

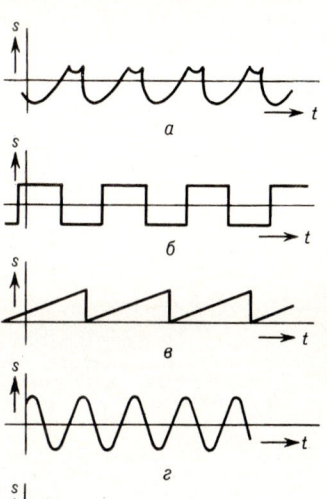

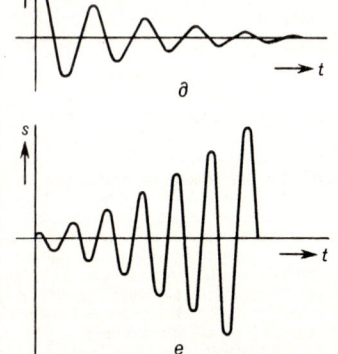

Колебания. Различные виды колебаний: *а* – периодические сложной формы; *б* – прямоугольные; *в* – пилообразные; *г* – синусоидальные; *д* – апериодические (затухающие); *е* – нарастающие; *s* – смещение; *t* – время.

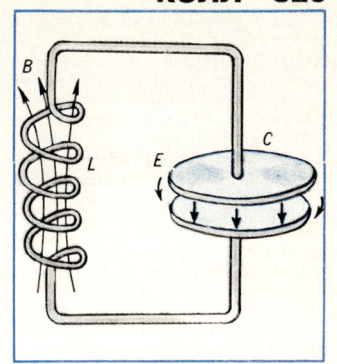

Колебательный контур: L – индуктивность; C – ёмкость; E – электрическое поле; B – магнитное поле.

Колибри-сапфо.

КОЛИЗЕЙ (от лат. colosseus – громадный), амфитеатр Флавиев в Риме (75–80). Служил для гладиаторских боёв и др. зрелищ, вмещал ок. 50 тыс. зрителей (самый крупный из известных амфитеатров). Сооружён из туфа, конструкции галерей укреплены бетоном и кирпичом. На величеств. фасаде 3 яруса аркад. Сильно разрушен в последующие эпохи.

Колизей.

КОЛИКА (от греч. kōlikē – кишечная болезнь), приступ острых болей в животе при резком спазме жёлчного пузыря (печёночная К.), мочеточника (почечная К.) и др. органов.

КОЛИНЬИ (Coligny) Гаспар де Шатийон (de Châtillon) (1519–72), с 1552 адмирал Франции. С 1569 глава гугенотов. Убит в *Варфоломеевскую ночь*.

КОЛИТ (от греч. kólon – толстая кишка), воспалит. заболевание толстой кишки. Проявляется приступами боли в животе, запорами (спастич. К.), поносом, примесями гноя, слизи, крови в испражнениях и др.

КОЛИЧЕСТВЕННАЯ ТЕОРИЯ ДЕНЕГ, теория, согласно к-рой существует прямая зависимость между ростом ден. массы в обращении и ростом товарных цен. Ранние представители – Ш. Монтескьё, Д. Юм; в 20 в.– Дж.М. Кейнс, И. Фишер и др. Предшествовала *монетаризму*.

КОЛЛАГЕН (от греч. kólla – клей и ...*ген*), фибриллярный белок, составляющий основу соединит. ткани ж-ных (сухожилие, кость, хрящ) и обеспечивающий её прочность.

КОЛЛАГЕНО́ЗЫ (коллагеновые болезни, диффузные заболевания соединительной ткани), группа заболеваний, характеризующаяся системным поражением соединит. ткани, в т.ч. волокон, содержащих коллаген: системная красная волчанка, склеродермия, дерматомиозит, узелковый периартериит, а также ревматизм и ревматоидный артрит.

КОЛЛА́Ж (франц. collage), 1) приём в изобр. иск-ве: на к.-л. основу наклеиваются материалы, отличающиеся от неё по цвету, фактуре; произв., исполненные в этой технике. 2) В муз. иск-ве 20 в.– введение в соч. стилистически чуждых фрагментов из произв. др. композиторов (напр., включение темы фп. сонаты Й. Гайдна в финал 1-го фп. концерта Д.Д. Шостаковича), иногда из собств. соч. в соответствии с худ. замыслом.

КОЛЛА́ПС (от лат. collapsus – упавший), угрожающее жизни состояние, характеризующееся падением кровяного давления и ухудшением кровообращения жизненно важных органов. Проявляется резкой слабостью, бледностью, холодным липким потом, похолоданием конечностей. Возникает при инфекц. болезнях, отравлениях, большой кровопотере и др.

КО́ЛЛАР (Kollár) Ян (1793–1852), деятель словац. и чеш. нац. Возрождения, поэт. Оды, сонеты, элегии, афоризмы (сб. «Стихотворения», 1821), лироэпич., дидактич. поэма в сонетах «Дочь Славы» (1824, доп. изд. 1832). Трактат «О литературной взаимности славян» (1836).

КОЛЛЕ́ГИИ (лат., ед. ч. collegium), 1) в Др. Риме корпорации лиц, связанных общей профессией или отправлением культа, во главе с магистром (К. жрецов, ветеранов, ремесленников и др.). 2) В России в 18 – нач. 19 вв. центр. учреждения, ведавшие отд. отраслями гос. управления. Образованы Петром I в 1717–1722 вместо *приказов*. Первые К. (1717–18): Иностр. дел, Военная, Адмиралтейств-К., Камер-К., Штатс-контор-К., Ревизион-К., Юстиц-К., Берг- и Мануфактур-К., Коммерц-К. В 1722 из Юстиц-К. выделилась Юстиц-К. лифляндских, эстляндских и финляндских дел, а Поместный приказ преобразован в Вотчинную К. Берг- и Мануфактур-К. разделена на 2 самостоятельные, открыта Малороссийская К. В 1726 образована К. Экономии.

КО́ЛЛЕДЖ (англ. college), уч. заведение в Великобритании, странах Содружества, в США и др. Самостоят. К. дают, как правило, общее ср. образование. К. часто входят в состав ун-та (обучение в К.– первая ступень высш. проф. образования). В Рос. Федерации К. наз. (с нач. 90-х гг.) проф. уч. заведения со специализир. программой.

КОЛЛЕ́Ж (франц. collège), уч. заведение во Франции и странах, использующих принципы её образоват. системы. К. дают общее ср. образование во Франции – единств. тип полной ср. школы.

КОЛЛЕКТИВИЗА́ЦИЯ сельского хозяйства, массовое создание коллективных х-в (колхозов), осуществлённое в СССР в кон. 1920-х – нач. 1930-х гг., сопровождавшееся ликвидацией единоличных х-в. К. проводилась форсированными темпами с широким использованием насильств. методов, репрессий по отношению к крест-ву. Привела к значит. разрушению производит. сил, сокращению с.-х. произ-ва, массовому голоду 1932–33 на Украине, Сев. Кавказе, в Поволжье и др. регионах. После окончания 2-й мир. войны К. проводилась по сов. образцу в странах Вост. Европы и Юго-Вост. Азии.

КОЛЛЕКТИ́ВНЫЙ ДОГОВО́Р, соглашение, заключаемое трудовым коллективом с администрацией пр-тия. В соответствии с рос. законодательством необходимость заключения К.д. решается трудовым коллективом. В К.д. устанавливаются взаимные обязательства администрации и трудового коллектива по вопросам условий и охраны труда, социального развития пр-тия, дополнит. (по сравнению с законодательством) льготы членам коллектива.

КОЛЛЕ́КЦИЯ (от лат. collectio – собирание), систематизир. собрание однородных предметов, представляющих науч., худ., лит. и т.п. интерес (напр., К. картин). Коллекционирование известно с древнейших времён. Первоначально носило универсальный характер, во 2-й пол. 18 в. получило распространение специализир. коллекции. Многие частные собрания стали основой музеев. Наиб. популярные виды коллекционирования: *библиофилия, бонистика, нумизматика, фалеристика, филателия, филокартия, филофония, филумения.*

КО́ЛЛИ (шотландская овчарка), порода довольно крупных (рост до 70 см) служебных собак. Очень понятливы, хорошо поддаются дрессировке, преданы владельцу, с особой симпатией относятся к детям. Родина – Шотландия. Разводят (коротко-шёрстных и длинношёрстных К., а также декор. форму – шелти) во мн. странах, в т.ч. в России.

Колли.

КОЛЛИЗИО́ННОЕ ПРА́ВО, совокупность норм, разрешающих коллизии между законами разл. гос-в, напр. между иностр. и рос. законами (коллизионные нормы). Нормы К.п. не разрешают спора по существу, а указывают, право какого гос-ва следует применять в данном случае (закон места заключения договора, места нахождения имущества и т.п.). К.п.– осн. часть *международного частного права.*

КОЛЛИ́ЗИЯ (от лат. collisio – столкновение), столкновение противоположных сил, стремлений, интересов, взглядов.

КО́ЛЛИНЗ (Collins) Уильям Уилки (1824–89), англ. писатель. Первые англ. детективные ром. «Женщина в белом» (1860), «Лунный камень» (1868), в к-рых критически изображено англ. об-во. Соавтор Ч. Диккенса – кн. «Ленивое путешествие двух досужих подмастерьев» (1857), пов. «В тупике» (1867) и др. Пьесы, в т.ч. «Маяк» (1855, совм. с Диккенсом), «Замёрзшая пучина» (1874).

КОЛЛО́ИДНАЯ ХИ́МИЯ, изучает *дисперсные системы*, обладающие высокой степенью раздробленности (размер частиц от 10^{-2} до 10^{-7} см) и огромной поверхностью (напр., у активного угля удельная поверхность достигает тысяч м²/г), что и определяет их специфич. свойства. Имеет важные практич. приложения в технологии композиц. и строит. материалов, бурении горн. пород с использованием промывочных жидкостей, извлечении нефти из пластов, флотации руд, применении поверхностно-активных в-в и др.

КОЛЛО́КВИУМ (лат. colloquium – разговор, беседа), 1) одна из форм уч. занятий, беседа преподавателя с учащимися (обычно в вузах) для выяснения знаний. 2) Науч. собрание с обсуждением докладов на определ. тему.

КОЛМОГО́РОВ Анд. Ник. (1903–1987), математик, основатель в СССР науч. школ по теории вероятностей и теории функций. Фундам. тр. по теории функций, матем. логике, топологии, дифференц. уравнениям, функциональному анализу, механике (теория турбулентности) и особенно по теории вероятностей и теории информации. Исследования по теории стрельбы, статистич. методам контроля качества массовой продукции, применению матем. методов в биологии, матем. лингвистике. Принимал участие в разработке вопросов матем. образования в ср. школе и ун-тах.

А.Н. Колмогоров.

КО́ЛОКОЛ, ударный самозвучащий муз. инстр-т. 2 осн. типа К.: с языком и без языка (ударяемый извне). Европ. К., как правило, грушеобразной формы с языком; изготовляются из т.н. колокольной бронзы. В культовом обиходе преим. у христиан и буддистов (К. дальневост. региона баллонообразной формы без языка), используется и как сигнальный инстр-т. В странах христ. Европы К. получили распространение с 7 в.; первое письменное упоминание о К. на Руси – сер. 11 в. Для К. сооружались спец. звонницы и колокольни. В правосл. церкви колокольные звоны развились в самобытное иск-во.

КОЛОКОЛА́, ударный самозвучащий муз. инстр-т симф. оркестра: набор спец. труб-цилиндров хроматич. строя, свободно подвешенных в раме. Применяется для имитации колокольного звона.

Колокола.

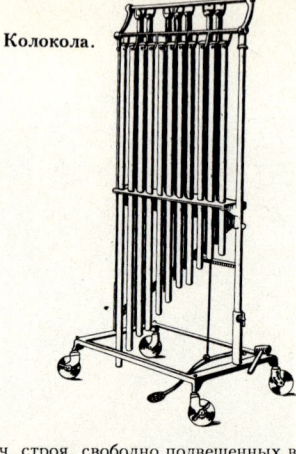

КОЛОКО́ЛЬНЯ, башня с открытым ярусом для колоколов, стоящая рядом с храмом или включённая в его композицию. В Италии наз. *кампанила.*

КОЛОКО́ЛЬЧИК, род трав или полукустарников (сем. колокольчиковые). Ок. 350 видов, в умеренных широтах Сев. полушария, в т.ч. 130 на Кавказе. Многие виды разводят как декоративные (под назв. кампанула).

КОЛОКО́ЛЬЧИКИ, 1) (глокеншпиль), оркестровый ударный самозвучащий муз. инстр-т в виде набора металлич. пластинок. 2) Древние инстр-ты типа малых *колоколов* (выс. прибл. до 15–20 см), используются в культовых ритуалах (католич., буддийских; преим. ручные), подвешиваются

Колокольня. Новодевичий монастырь в Москве. Кон. 17 в.

Колокольчик крапиволистный.

Коломна. Ансамбль торговых рядов с колокольней.

ваются под крышами пагод (т.н. ветряные К.), служат оберегами на шее ж-ных (коровьи, верблюжьи К.). В России знамениты валдайские К. (ямские, поддужные).

КОЛОМБО, столица (с 1948) Шри-Ланки. 615 т.ж. Порт на Индийском ок.; междунар. аэропорт. Обув. и др. пром-сть; металлургич., шинный з-ды; ремёсла. Ун-ты, в т.ч. буддийский Видьяланкара. Гос. колледж музыки, танца и балета. Музеи, в т.ч. нац. музей К., Галерея иск-в. С кон. 18 в. адм. ц. англ. колонии Цейлон.

КОЛОМЕНСКОЕ, бывшее село на Ю.-В. Москвы (с 1960 в гор. черте), на высоком прав. берегу р. Москва. Изв. с 14 в., в 15–17 вв. усадьба рус. царей. Комплекс дворцовой царской усадьбы (16–17 вв.) с шатровой церк. Вознесения (1532), церк. Усекновения главы Иоанна Предтечи в Дьяковском (1547), храмом-колокольней Георгия Победоносца (16 в.), Казанской церк. (1660-е гг.). В К. перенесён также ряд памятников рус. дерев. зодчества. Музей-заповедник «Коломенское».

КОЛОМНА, г. (с 1781) в Моск. обл., в России. 163,7 т.ж. Порт на р. Ока, при впадении рр. Москва и Коломенка; ж.-д. ст. (Голутвин). Маш-ние, произ-во станков и др. 2 вуза. Краеведч. музей. Изв. с 12 в. Частично сохранились кремль (16 в.) с архиерейским домом (18 в.), церкви

Коломенское. Церковь Вознесения.

Иоанна Предтечи (нач. 16 в.) и Брусенского мон. (16 в.).

«КОЛОН» (Colón), оперно-балетный т-р в Буэнос-Айресе. Крупнейший центр муз. культуры Лат. Америки. Открыт в 1857. Балетная труппа с 1925. Среди дирижёров — Э. Ансерме, О. Клемперер, Ф. Вейнгартнер, А. Тосканини; своими операми дирижировали К. Сен-Санс, О. Респиги, Р. Штраус. Ставятся оперы разных стран.

КОЛОНИЯ (от лат. colonia — поселение), 1) страна или терр., находящаяся под властью иностр. гос-ва (метрополии). 2) Поселение, основанное древними народами (финикийцами, греками, римлянами) в чужих землях.

КОЛОНН (Kolonne) Эдуар (1838–1910), франц. дирижёр. По происхождению итальянец. В 1873 осн. совм. с издателем Ж. Хартманом конц. об-во «Нац. концерты» (позднее — «Концерты К.»); возглавлял оркестр до 1909. В репертуаре преобладали произв. современных ему франц. композиторов, славился исполнением музыки романтиков.

КОЛОНОК, хищное млекопитающее (сем. куньих). Длина тела до 40 см, хвоста ок. 18 см. Распространён на В. Европы и в Азии, в тайге и лесостепи. Объект пушного промысла; мех ярко-рыжий, часто его красят в коричневый цвет «под соболя» или «под норку»; из волос хвоста изготовляют лучшие кисти для живописи.

КОЛОРАТУРА (итал. coloratura, букв.— окраска, раскрашивание), быстрые, технически трудные, виртуозные пассажи в пении (чаще у высокого *сопрано*).

КОЛОРИМЕТРИЯ (от лат. color цвет и ...*метрия*), методы измерения и количеств. выражения *цвета* и цветовых различий в т.н. цветовых координатах в выбранной системе 3 основных цветов. Для измерения к.-л. цвета визуально (на основе спектральной чувствительности глаза человека) или фотометрич. способом меняют интенсивность 3 осн. цветов, подбирая цвет, не отличимый от исследуемого. Количеств. выражение цвета важно для разработки осветит. приборов, в цветном кино, телевидении и т.п. Тренированный глаз различает до 10^4 цветов и оттенков.

КОЛОРИТ (итал. colorito, от лат. color — цвет), в произв. изобр. иск-ва система соотношений цветовых *тонов*. В каждом конкретном произв. К.

образуется сложным и неповторимым взаимодействием красок, согласующихся по законам гармонии, дополнения и контраста, и является одним из важнейших средств эмоц. выразительности. Может быть тёплым, холодным, ярким, блёклым и т.д.

КОЛОСОВА Евг. Ив. (урожд. Неелова) (1780–1869), артистка балета. С 1799 в петерб. балетной труппе. Ученица балетм. И.И. Вальберха, выступала во всех его балетах: Изора («Рауль Синяя борода» К.А. Кавоса, А. Гретри и Н.Е. Кубишты), Юлия («Ромео и Юлия» Д. Штейбельта). Первая на рус. балетной сцене создала образ современницы (Девушка — «Новый Вертер» С.Н. Титова). Славилась также исполнением рус. плясок. Играла в драм. спектаклях. Современники, в т.ч. А.С. Пушкин, восторженно отзывались об иск-ве К.

Колориметрия. Схематическое изображение различных цветностей в виде смешения чистых цветов — красного, зелёного и синего (цифрами указаны длины волн в нм, сплошными линиями — условные границы оттенков).

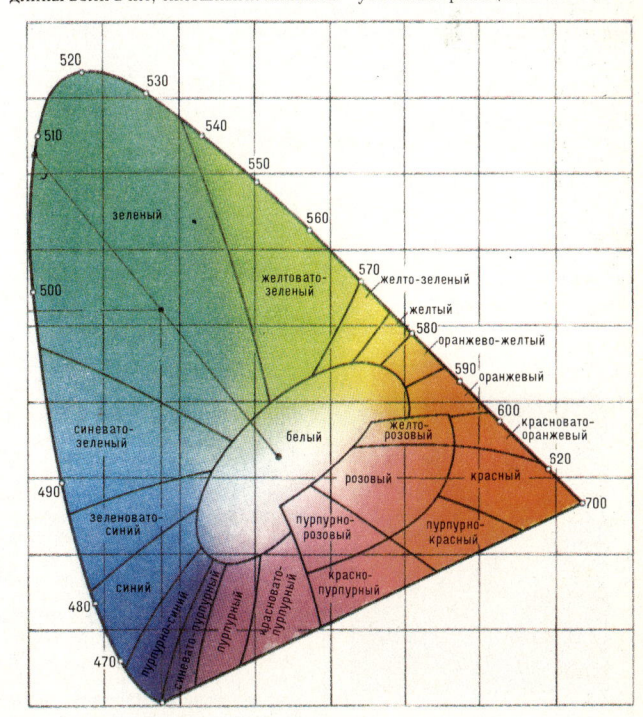

И.А. Колпакова. Партия Раймонды («Раймонда» А.К. Глазунова, 1963).

КОЛПАКОВА Ир. Ал-др. (р. 1933), артистка балета. С 1951 в Ленингр. т-ре оперы и балета имени С.М. Кирова (ныне Мариинский т-р). Партии: Жизель («Жизель» А. Адана, 1952), Аврора («Спящая красавица» П.И. Чайковского, 1956), Катерина («Каменный цветок» С.С. Прокофьева, 1957), Его любимая («Берег

332 КОЛП

надежды» А.П. Петрова, 1959), Ширин («Легенда о любви» А.Д. Меликова, 1961). Танец К. отличается лёгкостью, музыкальностью, лиризмом.

КО́ЛПИЦА, крупная снежно-белая птица (сем. ибисы). Дл. ок. 90 см. Клюв на вершине расширен в лопаточку. Обитает в Евразии и Сев.-Вост. Африке. Гнездится колониями, часто вместе с цаплями, бакланами. Зимует в тропиках Африки и Азии. На терр. России охота на К. запрещена, охраняется в Астраханском заповеднике и неск. спец. заказниках.

КО́ЛРИДЖ (Coleridge) Сэмюэл Тейлор (1772–1834), англ. поэт и критик. В поэмах «Сказание о старом мореходе» (в сб. «Лирические баллады», 1798, совм. с У. Вордсвортом), «Кристабель» и «Кубла Хан» (обе 1816) – темы роковой разобщённости людей, одиночества (тёмные глубины душевной жизни), романтич. критика урбанистич. цивилизации, благоговение перед живой природой. Ассоциативность, многозначность образов, ритмич. богатство и музыкальность поэтич. языка. «Литературная биография» (т. 1–2, 1817), лекции о У. Шекспире (изд. 1849).

КО́ЛТРЕЙН (Coltrane) Джон (1926–67), амер. джазовый саксофонист, композитор, рук. ансамблей. Выступал с 40-х гг. с разл. (с 1960 с собственным) джазовыми коллективами. Наряду с Ч. Паркером один из ведущих представителей модального и авангардного джаза.

КОЛТУ́Н, склеивание длинных волос в пучки; осложнение мокнущей экземы, педикулёза и др. патол. процессов.

КОЛУ́МБ (исп. Colón, итал. Colombo, лат. Columbus) Христофор (1451–1506), мореплаватель. Род. в Генуе. Руководил четырьмя (1492–1493, 1493–96, 1498–1500, 1502–04) исп. эксп. для поисков кратчайшего пути в Индию. Во время первой экспедиции на каравеллах «Санта-Мария», «Пинта» и «Нинья» пересёк Атлантич. ок. и 12.10.1492 достиг о. Самана (Багамские о-ва) – офиц. дата открытия Америки. К. открыл Саргассово и Карибское моря, все Б. Антильские, неск. М. Антильских и Багамских о-вов, небольшой (150 км) участок Южной и часть (1700 км) побережья Центр. Америки.

КОЛУ́МБИЯ (Республика Колумбия), гос-во на С.-З. Юж. Америки, омывается на З. Тихим ок., на С.-З.

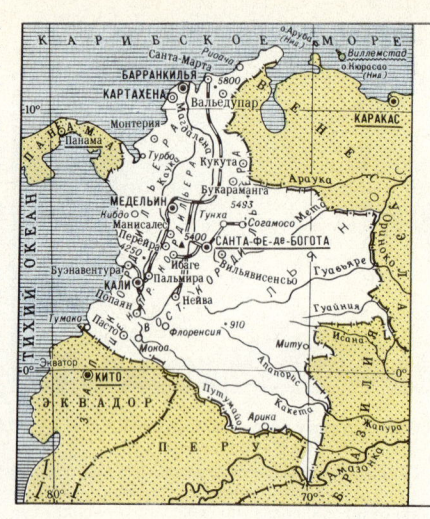

Х. Колумб.

Карибским м. Пл. 1138,9 т. км². Нас. 33,9 млн. ч.; колумбийцы (58% испано-индейские метисы, 20% белые, 14% мулаты). Офиц. яз. – испанский. 95% верующих – католики. Глава гос-ва и пр-ва – президент. Законодат. орган – двухпалатный парламент (Сенат и Палата представителей). Столица – Богота (Санта-Фе-де-Богота). Адм.-терр. деление: 32 департамента и столичный округ. Ден. единица – песо.

На З. – Анды (выс. до 5800 м), расчленённые рр. Магдалена, Каука и др.; на В. – плоскогорье, пересекаемое притоками Амазонки. По побережьям – низменности. Климат экв. и субэкв. Ср.-мес. темп-ры на низменностях до 29 °C; осадков от 150 до 10000 мм в год. Преобладают влажные вечнозелёные леса, на С.-В. и С. – саванны (льянос).

В кон. 15 – нач. 16 вв. К. завоёвана исп. конкистадорами, создавшими колонию под назв. Н. Гранада. В 1819 в ходе Войны за независимость исп. колоний в Америке 1810–26 Н. Гранада освободилась от колон. ига. С 1886 – Респ. К. В 1903 от К. отделилась Панама, провозгласившая независимость. Во внутриполит. жизни длительное время доминировало соперничество Либеральной (образована в 1849) и Консервативной (образована в 1848) партий. В 1948 конфликт между либералами и консерваторами перерос в гражд. войну, в ходе к-рой погибло ок. 200 тыс. чел. В стране возникли вооруж. крест. отряды, партиз. движения. В 1957 между этими партиями заключено соглашение о «паритетном правлении» (до 1974 пост през. К. поочерёдно занимали либералы и консерваторы). В 1970–80-х гг. между правительственными войсками и вооруж. повстанч. группировками происходили постоянные столкновения. В кон. 80-х – нач. 90-х гг. они начали переговоры о прекращении вооруж. борьбы. В 1991 введена новая конституция.

К. – агр.-индустр. страна. ВНП на д. нас. 1290 долл. в год. К. занимает одно из ведущих мест в мире по сбору и экспорту кофе (сбор ок. 650 тыс. т в год) и бананов (1,3 млн. т в год). Добыча изумрудов (ок. 90% мировой,

КОЛУМБИЯ 1:30 000 000

крупнейший экспортёр), платины (св. 8 т в год; одно из ведущих мест в мире), золота (св. 35 т в год), серебра, нефти, угля. Осн. отрасли обрабат. пром-сти: пищевкус. (произ-во растворимого кофе, сахара, шоколада), текст., хим. и нефтехим., металлургия и маш-ние (автосборочное, с.-х., эл.-техн.). Экспортируются также уголь, нефтепродукты, ткани, цветы; золото.

«КОЛУ́МБИЯ», см. в ст. *Спейс шаттл*.

КОЛХИ́ДСКОЕ ЦА́РСТВО, гос-во союза др.-груз. племён колхов в 6–2 вв. до н.э. на Ю.-З. Закавказья. В 4 в. до н.э. пыталось объединить все груз. племена. Во 2 в. до н.э. покорено Понтийским гос-вом, затем Римом. Распалось.

КОЛЧА́К Ал-др Вас. (1873–1920), рос. военачальник, полярный исследователь, гидролог, один из гл. руководителей белого движения в Гражд. войну, адмирал (1918). Участвовал в полярных эксп. 1900–02, 1903, 1908–11. В 1-ю мир. войну команд. Черномор. флотом (1916–17). В 1918–20 «верх. правитель Рос. гос-ва». Расстрелян по решению Иркутского ВРК.

КОЛЫМА́, крупнейшая река на С.-В. Сибири, в Магаданской обл. и Якутии. Дл. 2129 км. Начинается на Колымском нагорье, впадает в Вост.-Сиб. м. Осн. притоки: Ясачная, Ожогина, Коркодон, Омолон. Регу-

А.В. Колчак.

лярное судох-во (от Усть-Среднекана). На К. – г. Среднеколымск.

КОЛЬ (Kohl) Гельмут (Хельмут) (р. 1930), федеральный канцлер Германии с 1982; пред. Христ.-демокр. союза с 1973.

КОЛЬБЕ́Р (Colbert) Жан Батист (1619–83), ген. контролёр (министр) финансов Франции с 1665. Экон. политика К. (т.н. кольбертизм) – одна из разновидностей *меркантилизма*. К. добивался роста гос. дохода гл. обр. созданием крупных мануфактур, увеличением вывоза и сокращением ввоза пром. изделий.

КО́ЛЬВИЦ (Kollwitz) Кете (1867–1945), нем. график и скульптор. В графич. сериях, посвящённых нар. жизни и рев. борьбе («Восстание ткачей», 1897–98), скульптуре («Родители», 1924–32), плакатах в острой экспрессивной форме выразила гуманистич. идеи.

КО́ЛЬСКИЙ ПОЛУО́СТРОВ, в России. Омывается Баренцевым и Белым морями. Пл. ок. 100 т. км². На З. возвышаются *Хибины* (до 1191 м) и Ловозерские тундры. Кр. м-ния апатитонефелиновых руд (Хибины), никеля (Печенга, Мончетундра) и др. Многочисл. реки и озёра, в т.ч. Имандра, Ловозеро и Умбозеро. Гл. город и порт – Мурманск. В г. Кировск – самый северный в мире Полярно-альпийский ботан. сад (с 1931). В пос. Полярные Зори – АЭС.

КОЛЬЦО́В Ал. Вас. (1809–42), рус. поэт. Стихи о деревенской жизни, радости труда и красоте природы («Не шуми ты, рожь», 1831; «Песня пахаря», 1831; «Косарь», 1836) близки по своей поэтике нар. песням; многие положены на музыку. Стих. «Лес» (1837) посв. памяти А.С. Пушкина. Думы.

КОЛЬЦО́В Ник. Конст. (1872–1940), биолог, основоположник отеч. эксперим. биологии. Первым (1928) разработал гипотезу мол. строения и матричной репродукции хромосом («наследственные молекулы»), предвосхитившую принципиальные положения совр. мол. биологии и генетики. Тр. по сравнит. анатомии позвоночных, эксперим. цитологии, физ.-хим. биологии, евгенике.

КОЛЯДА́, мифол. персонаж у слав. и нек-рых др. народов, связанный с весенним циклом плодородия. В образе ряженого (козёл и др.) участник нар. рождественских обрядов с иг-

А.В. Кольцов.

Н.К. Кольцов.

рами и песнями (колядование, колядки).

КОЛЯ́ДКИ (от лат. Calendae – календы), древние обрядовые песни. Распространены у индоевроп. народов, в т.ч. у славянских. Пелись под Новый год, на Рождество. Содержат древние магич. и христ. мотивы, величание хозяев, пожелания богатства, здоровья, хорошего урожая, девушкам – счастливого брака. Укр. колядование описано в пов. Н.В. Гоголя «Ночь перед Рождеством».

КО́МА (от греч. kōma – глубокий сон), угрожающее жизни состояние, характеризующееся утратой сознания, нарушением кровообращения, дыхания, обмена в-в, отсутствием рефлексов. Наблюдается при инсульте, сах. диабете, гепатитах, уремии, эпилепсии, отравлениях (в т.ч. алкоголем) и т.д. Глубокая К. относится к *терминальным состояниям*.

КОМАРЫ́, семейство двукрылых насекомых. Тело вытянутое, дл. до 8 мм, ноги высокие, тонкие, хоботок длинный, колющий. Ок. 2500 видов, распространены широко. Развиваются преим. в стоячих водоёмах, дуплах деревьев, предпочитают влажные места. Питаются соком и нектаром р-ний, а самки кровососущих видов, кроме того, кровью теплокровных ж-ных и человека. Живут 1–2 мес, в ср. полосе России дают 3–4 поколения в год. Кровососущие К. – переносчики возбудителей малярии, жёлтой лихорадки, туляремии и др. болезней; входят в состав *гнуса*.

КОМБА́ЙН (англ. combine, букв. – соединение), агрегат – совокупность рабочих машин, одновременно выполняющих неск. разл. операций, напр. К. в с. х-ве, быту (кухонный К.), горный К.

КОМБИНАЦИО́ННОЕ РАССЕ́ЯНИЕ СВЕ́ТА, рассеяние света молекулами, при к-ром частоты рассеянного света являются комбинациями (суммой, разностью и т.п.; отсюда назв.) частоты падающего света и частот колебаний или вращения молекул. Открыто в 1928 сов. физиками Г.С. Ландсбергом и Л.И. Мандельштамом и инд. физиками Ч.В. Раманом и К.С. Кришнаном (в жидкостях). К. р.с. используется для мол. *спектрального анализа*.

«КОМЕДИ́ ФРАНСЕ́З» (Comédie-Française), франц. т-р. Осн. в 1680 в Париже Людовиком XIV. Стал школой актёрского и режиссёрского иск-ва. В «К.Ф.» выступали Ф.Ж. Тальма, Э. Рашель, Сара Бернар, Б.К. Коклен, Ж.Л. Барро. Сохраняет в репертуаре произв. Мольера, П. Корнеля, Ж. Расина, П. Бомарше, остаётся верен классич. традициям.

КОМЕ́ДИЯ (от греч. kōmōdía), жанр драмы, в к-ром действие и характеры трактуются в формах *комического*; противоположен *трагедии*. По принципу организации действия различают К.: положений, основанную на хитроумной, запутанной интриге («Комедия ошибок» У. Шекспира); характеров или нравов – на осмеянии отд. гипертрофир. человеческих качеств («Тартюф» Мольера); идей, где высмеиваются устарелые или банальные воззрения (пьесы Б. Шоу). По характеру комического различают К.: сатирические («Ревизор» Н.В. Гоголя), юмористические («Турандот» К. Гоцци), *трагикомедии*.

КОМЕ́ДИЯ ДЕЛЬ А́РТЕ (итал. commedia dell'arte), комедия масок, театральная форма, получившая распространение во 2-й пол. 16–17 вв. Труппы К.д.а. кочевали по Италии и др. европ. странам, за каждым актёром был закреплён опред. персонаж-маска, легко узнаваемый по деталям костюма, характеризующийся устойчивым типом поведения: влюблённые; смешные старики Панталоне и Доктор; Арлекин, Пульчинелла и др. Принцип игры – импровизация на основе сценария. Для спектакля К.д.а. характерно динамич. развитие действия, использование *буффонады*, комич. трюков.

КОМЕ́НСКИЙ (Komenský) Ян Амос (1592–1670), чеш. мыслитель-гуманист, педагог, писатель. Основоположник *дидактики*. Разработал дидактич. принципы всеобщего обучения на родном языке и единой школьной системы. Тр.: «Великая дидактика» (1633–38), «Открытая дверь к языкам» (1632), «Мир чувственных вещей в картинках» (1658) и др.

КОМЕ́ТЫ (от греч. komḗtēs, букв. – длинноволосый), тела Солнечной системы с протяжёнными (до сотен млн. км) нестационарными атмосферами, движущиеся по сильно вытянутым орбитам. С Земли наблюдаются именно атмосферы К., а не тела, их порождающие – ядра. К. – глыбы неправильной формы (размеры от ≈ 10 м до ≈ 30 км), состоящие из загрязнённого пылью и др. примесями льда. По мере приближения К.

Я.А. Коменский.

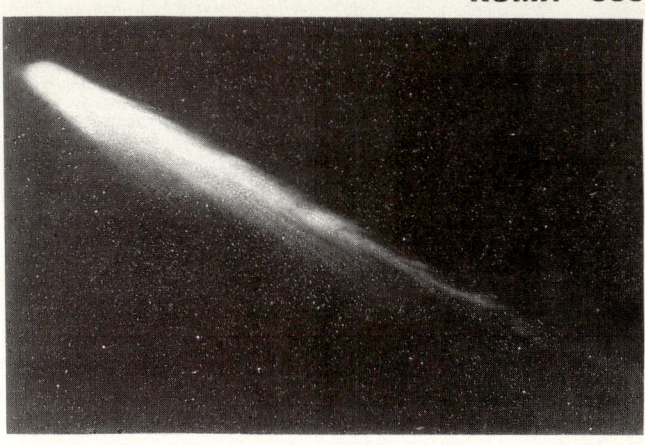

Комета Когоутека (1973–74): видимая часть атмосферы – голова кометы состоит из газа, плазмы и пыли; солнечный ветер и давление солнечного излучения «сдувают» вещество атмосферы, образуя протяжённый хвост.

к Солнцу усиливается испарение с поверхности ядра и возрастают плотность и размеры атмосферы К. Зарегистрировано появление более тысячи К. Нек-рые из них наблюдались многократно. Наиб. хорошо изучена К. Галлея, появляющаяся с периодом ок. 76 лет: в 1986 к ней приблизились сов., зап.-европ. и япон. космич. аппараты.

КО́МИ (Республика Коми), на С.-З. России. Пл. 415,9 т. км². Нас. 1255 т.ч., гор. 76%; коми (23,3%), русские (57,7%) и др. Столица – Сыктывкар, 16 р-нов, 10 городов, 47 пос. гор. типа.

Поверхность – холмистая равнина, на В.– зап. склоны Урала с высш. точкой г. Народная (1895 м); с Ю.-В. на С.-З.– Тиманский кряж. Климат б.ч. умеренно континентальный. Ср. темп-ры янв. от −17 до −20 °C, июля 11–15 °C; осадков 700–1500 мм в год. На С. и С.-В.– многолетняя мерзлота. Гл. реки – Печора, Вычегда, Мезень. Печоро-Илычский заповедник.

В 12–14 вв. племена перми вычегодской, населявшие терр. К., были в зависимости от Новгорода, с 14 в.– от Московского кн-ва. В 1478 край Коми вошёл в состав Рус. гос-ва. 22 авг. 1921 образована Коми (Зырян) АО в составе РСФСР, в 1936 преобразована в Коми АССР. В сент. 1990 ВС Коми принял Декларацию о гос. суверенитете. В 1992 принято назв. Респ. Коми. Учреждён пост президента (1991).

Осн. отрасли пром-сти: топливно-энергетич., лесная, деревообр. и целл.-бум., маш-ние и металлообработка, пищ., лёгкая. Добыча кам. угля, нефти и газа. Газопровод Вуктыл – Ухта – Торжок («Сияние Севера») и др., нефтепровод Усинск – Ухта – Ярославль. Печорская ГРЭС. Молочное скот-во, птиц-во. Посевы зерновых и кормовых культур. На С.– оленеводство, звероводство. Судох-во по Печоре и Вычегде. Курорт – Серёгово.

КО́МИ-ПЕРМЯ́ЦКИЙ АВТОНО́МНЫЙ О́КРУГ, в Пермской обл. России. Пл. 32,9 т. км². Нас. 160 т.ч., гор. 21%; коми-пермяки (60,2%), русские (36,1%) и др. Ц.– Кудымкар. 6 р-нов, 1 город, 3 пос. гор. типа.

Расположена в Предуралье, в верх. течении р. Кама; на З.– Верхнекамская возв. Климат континентальный. Ср. темп-ры янв. от −15 до −17 °C, июля 17–18 °C; осадков ок. 500 мм

в год. Гл. река – Кама (судоходна). Ок. ⅘ терр. занято лесом.

Осн. отрасли пром-сти: лесная и деревообр., лесохим., металлообр., лёгкая, пищ. Посевы зерновых (рожь, овёс, пшеница) и льна-долгунца. Жив-во; пушной промысел.

КО́МИКС (от англ. comic – смешной), серия рисунков с краткими текстами, образующая связное повествование. Появились в кон. 19 в. в газетах США. Могут быть комич. характера, «ужасов», ист. К., а также К., упрощённо перелагающие произв. классиков.

КОМИССАРЖЕ́ВСКАЯ Вера Фёд. (1864–1910), актриса. На сцене с 1891. В 1896–1902 в Александринском т-ре. Стремясь к обновлению сценич. иск-ва, в 1904 организовала в С.-Петербурге драм. т-р Комиссаржевской, ориентированный на совр., идейно значит. репертуар (пьесы М. Горького, А.П. Чехова, Г. Ибсена и др.), с 1906 – на символистскую драму. Игре К. свойственны нервная порывистость, одухотворённость, лиризм: Лариса («Бесприданница» А.Н. Островского, 1896), Нора («Кукольный дом» Ибсена, 1904), Беатриса («Сестра Беатриса» М. Метерлинка, 1906) и др. Илл. см. на стр. 334.

Коми. Сыктывкар. Пожарная каланча.

В.Ф. Комиссаржевская в роли Нины Заречной («Чайка» А.П. Чехова, 1896).

КОМИ́ССИЯ (от лат. commissio – поручение), 1) орган, создаваемый для выполнения к.-л. определ. функций (избират. К., счётная К., К. по трудовым спорам) или проведения спец. мероприятий. 2) В гражд. праве договор, по к-рому одна сторона (комиссионер) обязуется по поручению др. стороны (комитента) за вознаграждение заключить с третьим лицом сделку от своего имени, но в интересах и за счёт комитента.

КОМИТА́С (наст. имя и фам. Согомон Геворкович Согомонян) (1869–1935), арм. композитор, фольклорист, певец, хоровой дирижёр. Мастер хоровых жанров *а капелла*: поэмы «Лорийский оровел», «Песня плуга», «Песня гумна», обрядовая картина «Свадебные сюиты», эпико-героич. циклы «Храбрецы Сипана», «Зар-зынгы», пьесы для фп. и др. Умер в Париже, прах в 1936 захоронен в Ереване.

КОМИ́ЧЕСКАЯ О́ПЕРА, тип оперы комедийного характера. Сложилась в 18 в. Нац. жанровые разновидности: итал. *опера-буффа*, франц. *опера-комик*, англ. балладная опера, австр. и нем. *зингшпиль*, исп. *тонадилья*, рус. К.о. Характерны бытовые сюжеты, демокр. муз. язык, близость фольклору.

КОМИ́ЧЕСКОЕ (греч. kōmikós – весёлый, смешной, от kōmos – весёлая ватага ряженых на сельском празднестве Диониса в Др. Греции), категория эстетики, означающая

Комитас.

смешное. Восходит к игровому нар. смеху, в частности к карнавальным играм. В ходе развития культуры обособляются виды К.– ирония, юмор, сатира. Различаются высокие виды К. (напр., образ Дон Кихота у Сервантеса) и забавные, шутливые виды (каламбур, дружеские шаржи и т.п.). Для К., отражающего противоречия реальности, важны элементы карикатуры, гротеска. На К. основан жанр *комедии*.

«КО́МИШЕ О́ПЕР» (нем. Komische Oper – Комическая опера), нем. оперный т-р (Берлин). Осн. в 1947 реж. В. Фельзенштейном как «альтернативный» традиционному оперному т-ру. В 1965 создана балетная труппа. Среди дирижёров – Р. Ройтер. Ставятся гл. обр. комич. классич. и совр. оперы.

КО́МЛЕВА Габриэла Троф. (р. 1938), артистка балета, балетмейстер. В 1957–88 в Ленингр. т-ре оперы и балета имени С.М. Кирова (ныне Мариинский т-р). Партии классич. и совр. репертуара: Девушка («Ленинградская симфония» на музыку Д.Д. Шостаковича, 1961), Мехменэ Бану («Легенда о любви» А.Д. Меликова, 1974) и др. Музыкальность, виртуозная техника, пластич. выразительность сочетаются с драм. дарованием. В 1986 пост. «Лебединое озеро» П.И. Чайковского.

КОММЕНТА́РИЙ (от лат. commentarius – заметки, толкование), 1) книжный К. (примечания) – пояснения к тексту, часть науч.-справочного аппарата книги. 2) В системе средств массовой информации – разновидность оперативного аналитич. материала об обществ.-полит. событии, документе и т.п.

КОММЕ́РЦИЯ (лат. commercium – товарообмен), деятельность, связанная с произ-вом и (или) реализацией продукции, оказанием услуг, приносящая доход (прибыль).

КОММЕ́РЧЕСКАЯ ТА́ЙНА, сведения и документы, отражающие деятельность акц. компании, пр-тия, фирмы, банка и т.п., информацию о к-рых они вправе не раскрывать. Перечень сведений, составляющих К.т., определяется руководителем пр-тия. Перечень сведений, к-рые не могут составлять К.т., в Рос. Федерации определяется пр-вом.

КОММЕ́РЧЕСКИЕ БА́НКИ, см. в ст. *Банки*.

КОММЕ́РЧЕСКИЙ АКТ, в Рос. Федерации док-т, составляемый перевозчиком и получателем при обнаружении недостачи, повреждения или порчи груза при ж.-д., речных, мор. и возд. перевозках; является основанием имуществ. ответственности перевозчика, грузополучателя или грузоотправителя. Составляется также при междунар. перевозках.

КОММИВОЯЖЁР (франц. commis voyageur), разъездной представитель торг. фирмы, предлагающий покупателям товары по имеющимся у него образцам, каталогам и т.п.

КОММУНА́ЛЬНОЕ ХОЗЯ́ЙСТВО, совокупность пр-тий, служб и х-в по обслуживанию населения. Включает сан.-техн. пр-тия (водопровод и др.), жилищно-коммунальное х-во, гор. транспорт, энергетич. пр-тия, гостиницы, сооружения благоустройства (дороги и др.).

КОММУНИ́ЗМ (от лат. communis – общий), общее название разл. концепций, в к-рых – отрицание

«Комише опер». Зрительный зал.

частной собственности (первобытный К., утопич. К., «казарменный» К. и др.). В марксистской концепции ист. процесса обществ.-экон. формация, сменяющая капитализм и проходящая в своём развитии 2 ступени (фазы) – низшую, наз. социализмом, и высшую, наз. полным К.

КОММУНИКА́ЦИЯ (лат. communicatio, от communico – делаю общим, связываю, общаюсь), 1) путь сообщения, связь одного места с другим. 2) Общение, передача информации от человека к человеку – специфич. форма взаимодействия людей в процессах их познават.-трудовой деятельности, осуществляющаяся гл. обр. при помощи языка (реже при помощи др. знаковых систем). К. наз. также сигнальные способы связи у ж-ных.

КОММУНИСТИ́ЧЕСКАЯ ПА́РТИЯ СОВЕ́ТСКОГО СОЮ́ЗА [с 1898 – РСДРП, с весны 1917 – РСДРП(б), с 1925 – ВКП(б), с 1952 – КПСС], полит. партия в России, РСФСР, СССР в 1898–1991. 1-й съезд РСДРП (1898) объявил об образовании Рос. с.-д. рабочей партии. Созданная в 1900 газ. «Искра» и 2-й съезд РСДРП (1903) способствовали объединению марксистских орг-ций в единую партию, возглавляющуюся В.И. Лениным, к-рая пришла к власти в России в результате Окт. рев-ции 1917. С 1920-х гг. КПСС, единств. партия в стране, во главе с И.В. Сталиным, стала основой гос. тоталитарного режима. Её численность, составлявшая в 1917 ок. 40 тыс. чл., возросла к сер. 80-х гг. до 19 млн. чл.

На 20-м съезде (1956) часть руководства партии во главе с Н.С. Хрущёвым выступила с разоблачением культа личности Сталина. Но с сер. 60-х гг. консервативные силы прервали процесс обновления. С 1985 М.С. Горбачёвым и др. были предприняты попытки *перестройки* общества и партии, не приведшие, однако, к коренному изменению в жизни страны. Реформированию общества оказывали сопротивление сторонники тоталитарного режима, консервативные силы КПСС, что привело к обострению кризиса партии и общества. В 1991 по указу президента Рос. Федерации Б.Н. Ельцина деятельность КПСС на терр. России была прекращена и распущены её организационные структуры (см. также *Россия, Социализм*).

КОММУНИСТИ́ЧЕСКИЙ ИНТЕРНАЦИОНА́Л, см. в ст. *Интернационал*.

КОММУТА́ТОР (от лат. commuto – меняю), эл.-механич., электронное или электронно-лучевое устройство (переключатель, выключатель, распределитель), обеспечивающее выбор требуемой выходной цепи (цепей) и соединения с ней входной цепи (цепей). Входит в более сложные устройства, напр. телеф. станции.

КОМНИ́НЫ, династия визант. императоров в 1081–1185, осн. Алексеем I.

КО́МОВ Ив. Мих. (1750–92), агроном. Автор тр. «О земледельных орудиях» (1785), первого рус. руководства по с.-х. машинам и орудиям. Тр. по травосеянию, улучшению естеств. лугов и пастбищ и др.

КО́МОВ Олег Конст. (1932–94), рос. скульптор. Портреты, сочетающие лиризм образов с ист. достоверностью: пам. А.С. Пушкину в Твери (1974), Болдине (1979), А.Г. Венецианову в Вышнем Волочке (1980), Андрею Рублёву в Москве (1985).

КОМО́ДСКИЙ ВАРА́Н (комодосский варан), пресмыкающееся (сем. вараны). Самая крупная совр. ящерица: дл. св. 3 м (до 4,75 м), масса до 166 кг. Обитает на неск. о-вах Малайского арх. (Комодо, Риндха, Падар и Флорес). Роет норы (до 5 м). Питается копытными, обезьянами, падалью. Иногда нападает на людей. Охраняется на о. Комодо, к-рый получил статус нац. парка.

Комодский варан.

КОМО́РСКИЕ ОСТРОВА́ (Федеративная Исламская Республика Коморские Острова), гос-во на Коморских о-вах Индийского ок.; о-в Маоре (Майотта) имеет статус «заморской терр.» Франции. Пл. 2 т. км². Нас. 516 т.ч., гл. обр. коморцы. Офиц. яз. – французский и арабский. Гос. религия – ислам. Глава гос-ва и пр-ва – президент. Столица – Морони. К.О. включает 3 о-ва: Нгазиджа (Гранд-Комор), Нджуани (Анжуан) и Мвали (Мохели). Ден. единица – коморский франк.

О-ва гористы (выс. до 2560 м), много действующих вулканов. Климат тропический. Ср.-год. темп-ра 23–28 °С; осадков от 1100 до 3000 мм в год. В кратерах потухших вулканов – пресноводные озёра. Тропич. леса по наветренным склонам вулканич. массивов. В ниж. частях склонов – саванны, кустарниковые заросли.

В 1886–1909 о-ва заняты французами. С 1975 независимое гос-во. Основа экономики – с. х-во (ориентировано на экспорт). ВНП на д. нас. 510 долл. в год. К.О.– одно из ве-

Коморские Острова.

ющих в мире производителей эфирномасличных культур: иланг-иланг, лимонная мята, базилик, жасмин, розовая пальма и др. (сбор 50–70 тыс. т в год), ванили (ок. 200 тыс. т в год), гвоздики. Жив-во (кр. рог. скот, козы, овцы); птица. Рыб-во. Заготовка древесины. Добыча вулканич. туфа (пуццолана) на о. Нгазиджа.

КОМПА́КТ-ДИСК, *оптический диск* небольшого диаметра (обычно 120 мм) с пост. (нестираемой) записью звука, воспроизводимого с помощью оптич. (лазерных) проигрывателей. Длительность звуковой программы на К.-д. до 1 ч. По качественным характеристикам намного превосходит грампластинку и магн. фонограмму.

КО́МПАС (нем. Kompass), прибор, указывающий направление геогр. или магн. меридианы; служит для ориентирования относительно сторон горизонта. Различают магнитные, механич., радиокомпас и др. Старейший К.– магнитный, применялся в Китае более 2 тыс. лет назад, в Европе появился не позднее 12 в. Используется в навигации, геодезии, воен. деле и др.

КОМПЕНСАЦИО́ННАЯ СДЕ́ЛКА, форма договора купли-продажи, предусматривающая взаимную поставку товаров на равную стоимость. Применяется, как правило, во внеш.-торг. обороте. В отличие от *бартерной сделки* при К.с. требуется хотя бы частичное ден. покрытие приобретаемых товаров.

КОМПЕТЕ́НЦИЯ (лат. competentia – принадлежность по праву), 1) установленный конституцией или иным законом круг полномочий конкретного органа, должностного лица. 2) Знания, опыт в той или иной области.

КОМПИЛЯ́ТОР в вычислит. технике, то же, что *транслятор*.

КОМПИЛЯ́ЦИЯ (от лат. compilatio, букв. – ограбление), составление сочинений на основе чужих исследований или чужих произведений (т. К.) без самостоят. обработки источников; работа, выполненная таким методом.

КО́МПЛЕКС (от лат. complexus – связь, сочетание), совокупность, сочетание предметов, явлений, действий, свойств, составляющих одно целое.

КО́МПЛЕКС НЕПОЛНОЦЕ́ННОСТИ в психологии и психоанализе, чувство собственной неполноценности, несостоятельности, обусловлен-

ное действительными или мнимыми физич. либо психич. недостатками.

КОМПЛЕ́КСНОЕ ЧИСЛО́, число вида $x + iy$, где x и y – действит. числа, а i – мнимая единица (число, квадрат к-рого равен -1). Действит. числа – частный случай К.ч. (при $y = 0$). К.ч., не являющиеся действительными ($y \ne 0$), иногда наз. мнимыми числами.

КОМПОЗИЦИО́ННЫЕ МАТЕ-РИА́ЛЫ (от лат. compositio – сложение, складывание), материалы, образованные объёмным сочетанием химически разнородных компонентов с чёткой границей раздела между ними (стеклопластики, биметаллы, сталежелезобетон и др.). Характеризуются свойствами, к-рыми не обладает ни один из компонентов, взятый в отдельности. По прочности, жёсткости и др. свойствам превосходят многие обычные конструкц. материалы.

КОМПОЗИ́ЦИЯ (от лат. compositio – сложение, составление), 1) построение худ. произв. (лит., муз., живописного и т.п.), обусловленное его содержанием, характером, назначением и во многом определяющее его восприятие. К.– важнейший, организующий элемент худ. формы, придающий произв. единство и цельность, соподчиняющий его элементы друг другу и целому. 2) Муз., живописное, скульптурное или графич. произв., а также произв., включающее разл. виды иск-в (напр., лит.-муз. К.) или составленное из разных произв. и отрывков. Муз. К. может фиксироваться *нотным письмом*.

КОМПОНЕ́НТ (от лат. componens – слагающий, составляющий), составная часть, элемент чего-либо.

КОМПО́СТ, разложившаяся смесь навоза с торфом, землёй, пищ. отходами, фосфоритной мукой и др.; органич. удобрение. По эффективности равноценен навозу.

КОМПРЕ́СС (франц. compresse, от лат. compressus – сжатый), леч. повязка из марли или полотна. Различают сухие и влажные (холодные, горячие, согревающие) К.

КОМПРЕ́ССОР (от лат. compressio – сжатие), машина для сжатия (компрессии) воздуха или газа до избыточного давления не ниже 0,015 МПа. По устройству различают объёмные (поршневые и ротационные), в к-рых сжатие происходит при уменьшении объёма, лопаточные (центробежные и осевые), в к-рых силовое воздействие осуществляется вращающимися лопастями, и струйные (сжатие рабочей среды под действием движущегося потока) К.

КОМПРОМЕТА́ЦИЯ (от франц. compromettre – подрывать репутацию), оглашение сведений, порочащих кого-либо, подрывающих доверие к кому-либо в коллективе, обществе.

КОМПРОМИ́СС (от лат. compromissum), соглашение на основе взаимных уступок.

КОМПЬЕ́НСКОЕ ПЕРЕМИ́РИЕ, 1) заключено 11.11.1918 в Компьенском лесу (Франция) между побеждённой Германией, с одной стороны, и США, Великобританией, Францией и др. гос-вами одержавшей победу антигерм. коалиции – с другой. 2) Подписано там же во время 2-й мир. войны 22.6.1940 Германией и франц. пр-вом А.Ф. Петена; предусматривало нем. оккупацию ок.

⅔ франц. терр. и ряд др. крайне тяжёлых для Франции условий.

КОМПЬЮ́ТЕР (англ. computer – вычислитель, от лат. computo – считаю), то же, что ЭВМ; термин распространён в науч. и науч.-популярной лит-ре.

КОМПЬЮ́ТЕРНАЯ МУ́ЗЫКА, течение в *электронной музыке*, осн. на применении компьютеров (в т.ч. оснащённых ими синтезаторов звука). Возникло в 1950–60-е гг. (первый образец – «Иллиакская сюита» для струн. квартета амер. композитора Л. Хиллера и программиста Л. Айзексона, 1957). Среди представителей – М. Бэббитт, П. Барбо, К. Штокхаузен, Я. Ксенакис.

КОМПЬЮ́ТЕРНЫЕ И́ГРЫ, устройства на базе ЭВМ с необходимым программным обеспечением, при помощи к-рых можно моделировать разл. игровые ситуации с изображением их на экране дисплея или телевизора; сами игры, проводимые с использованием таких устройств.

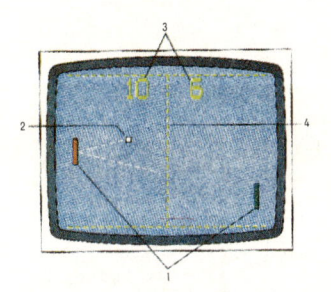

Компьютерные игры. Вид игрового поля (пинг-понг) на экране дисплея: 1 – стилизованные изображения теннисных ракеток; 2 – «мяч»; 3 – текущий счёт; 4 – «сетка».

КОМПЬЮ́ТЕРНЫЙ ТОМО́ГРАФ, устройство для исследования внутр. структуры объекта (органов человека, пром. изделий и др.) путём получения с помощью вычислит. методов его послойных изображений (томограмм) в результате просвечивания разл. видами излучения (см. *Томография*). Разработан в 1963 в США А. Кормаком.

КОМФО́РТ (англ. comfort), бытовые удобства: благоустроенность и уют жилищ, обществ. учреждений, средств сообщения и т.п. Перен.: душевный К.– состояние внутр. спокойствия, отсутствия разлада с собой и окружающим миром.

КОМЭ́НЕЧ (Comăneci) Надя (р. 1961), рум. спортсменка. Чемпионка Европы (1975, 1977, 1979), Олимпийских игр (1976, 1980) и ми-

Компьютерный томограф. Томограмма головного мозга человека.

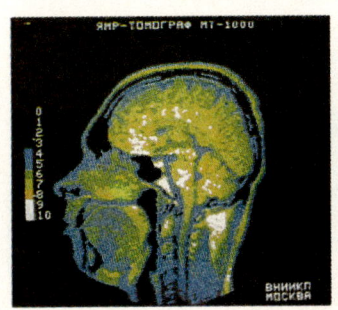

ра (1978, 1979) по спорт. гимнастике. С 1990 живёт в Канаде.

КО́НАКРИ, столица (с 1958) Гвинеи. Расположена на о. Томбо и п-ове Калум (соединены между собой дамбой). 705 т.ж. Порт на Атлантич. ок.; междунар. аэропорт. Хим., текст., деревообр. и др. пром-сть. Музеи. Нац. фестиваль иск-ва и культуры (с 1970). Осн. в 1884. В кон. 19 в.– 1958 адм. ц. колонии Франц. Гвинея.

КОНВЕ́ЙЕР (англ. conveyer, от convey – перевозить), 1) машины непрерывного действия для перемещения грузов. Грузонесущими органами К. могут быть гибкая лента (резиновая, тканевая, из металлич. или дерев. пластин), ковши, люльки, каретки, тележки, прикреплённые к замкнутой тяговой цепи. Распространены также К. винтовые, шнеки (грузонесущий орган – вращающийся в жёлобе винт), роликовые, или рольганги (установленные с наклоном ролики вращаются под действием силы тяжести груза), инерционные (совершают возвратно-поступ. движение с ускоренным обратным ходом), вибрационные (жёлоб или труба с быстрым возвратно-поступат. движением). Спец. виды К.– *эскалаторы*, *элеваторы*. 2) Трансп. устройство периодич. либо непрерывного действия для сборки машин или обработки к.-л. материала. Впервые К. был использован с этой целью в 1882 (США).

КОНВЕ́КЦИЯ (от лат. convectio – принесение, доставка), перенос теплоты в жидкостях, газах или сыпучих средах потоками этого в-ва (имеющими более высокую темп-ру, чем средняя темп-ра в-ва), приводящий к выравниванию темп-ры в нём. Пример К.– нагревание воздуха в комнате от печки или радиатора: нагреваясь у радиатора, воздух поднимается вверх, т.к. его плотность понижается при нагревании, а на его место поступает более холодный воздух – возникают конвекционные потоки.

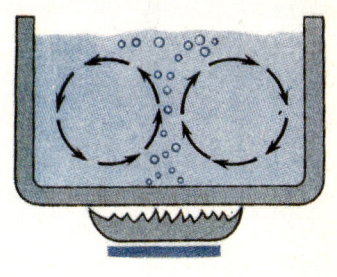

Конвекция. Конвекционные потоки, возникающие при нагревании воды в сосуде.

КОНВЕ́НТ (Национальный конвент), высш. законодат. и исполнит. орган Первой франц. респ. Действовал с 21.9.1792 по 26.10.1795. Депутаты составляли 3 группировки: жирондисты, якобинцы, «болото». В 1792 – мае 1793 руководили жирондисты, после восстания 31.5–2.6.1793 (изгнавшего жирондистов из К.) – якобинцы. В якобинском К. полноту власти сосредоточили фактически К-т обществ. спасения и К-т обществ. безопасности. Термидорианский переворот (июль 1794) положил начало т.н. термидорианскому К., подготовившему переход к режиму Директории.

КОНВЕ́НЦИИ МЕЖДУНАРО́ДНЫЕ (от лат. conventio – соглашение), вид междунар. договора (как правило, многостороннего). Устанавливает взаимные права и обязанности гос-в-участников в к.-л. спец. области. К.м. принимаются в рамках ООН (напр., Ген. Ассамблеей ООН); междунар. орг-циями и *специализированными учреждениями ООН* (напр., *Гаагские конвенции*).

КОНВЕРГЕ́НЦИЯ (от лат. convergens, род. п. convergentis – склоняющийся, сближающийся), схождение, сближение. напр. К. языков – возникновение общих свойств у разных языков вследствие длительных и интенсивных контактов, приводящее к образованию языковых союзов. В биологии К. – развитие в ходе эволюции сходных признаков у неродств. групп организмов в результате приспособления к близким условиям внеш. среды. В социальных науках (теория К. в 60–80-х гг. 20 в.) – сближение 2 разл. социальных систем (капитализма и социализма), заимствующих друг у друга позитивные черты и свойства.

КОНВЕ́РСИЯ ВОЕ́ННОГО ПРОИЗВО́ДСТВА, процесс перевода пр-тий оборонных отраслей на выпуск гражд. продукции. Важнейшая составная часть процесса разоружения и демилитаризации страны.

КОНВЕ́РТЕРНОЕ ПРОИЗВО́ДСТВО, получение стали из расплавленного чугуна путём продувки его кислородом или воздухом в облицованной изнутри огнеупорным кирпичом стальной ёмкости (конвертере). При этом окисляются содержащиеся в чугуне примеси (напр., углерод) и затем удаляются. К.п. предложено англичанином Г. Бессемером в 1856 и усовершенствовано англичанином С. Томасом в 1878 и рус. инж. Н.И. Мозговым в 1936. В 90-е гг. на К.п. приходится ок. 80% выпуска стали в мире.

КОНВЕРТИ́РУЕМОСТЬ ВАЛЮ́Т, возможность обмена (конверсии) *валюты* данной страны на валюты др. стран. Различают: свободно конвертируемые валюты, без всяких ограничений обмениваемые на иностр. ден. эквиваленты во всех видах операций, а также выполняющие функции *резервных валют* (доллар США, нем. марка, япон. иена, швейц. франк, англ. фунт стерлингов, доллар Канады и т.д.); частично конвертируемые – валюты стран, сохраняющих ограничения на нек-рые валютные операции в стране и за рубежом; неконвертируемые (замкнутые) – валюты стран, где применяются запреты (ограничения) на операции по её обмену на др. валюты.

КОНВИ́ЦКИЙ (Konwicki) Тадеуш (р. 1926), польск. писатель, кинорежиссёр. В ром. «Дыра в небе» (1959), «Современный сонник» (1963), «Польский комплекс» (1977), «Малый апокалипсис» (1979), «Бохинь» (1987) – картины совр. жизни и воспоминания о детстве и войне, проблема нравств. выбора в сложных обществ.-полит. ситуациях. Пост. ф.: «Сальто» (1965), «Последний день лета» (1958).

КОНВУ́ЛЬСИИ (лат., ед. ч. convulsio, от convello – ломаю, потрясаю), судороги в виде быстрых ритмич. сокращений больших групп мышц.

КО́НГО (Заир) (Congo, Zaïre), самая многоводная река Африки, гл. обр. в Заире. Дл. 4320 км (от истока р. Луалаба). Впадает в Атлантич. ок. Пороги, водопады (Бойома, Ливингстона). Осн. притоки: Лувуа, Арувими, Убанги, Санга (справа), Ломами, Лулонга, Руки, Касаи (слева). Огромные массы воды, выносимые К. в океан, опресняют его на 76 км от берега. Общая длина судох. путей в басс. К. ок. 20 т. км. Кр. речные порты – Киншаса, Браззавиль; в эстуарии К. – мор. порты Матади, Бома, Банана.

КО́НГО (Республика Конго), гос-во в Центр. Африке. Пл. 342 т. км², нас. 2,77 млн. ч., гл. обр. конго, теке, банги. Офиц. яз. – французский. Св. 50% нас. придерживается местных традиц. верований, ок. 40% – христиане, остальные – мусульмане. Глава гос-ва – президент. Законодат. орган – двухпалатный парламент (Сенат и Нац. собрание). Столица – Браззавиль. Адм.-терр. деление: 9 адм. р-нов и 6 гор. коммун. Ден. единица – франк КФА.

Терр. К. занимает часть впадины Конго, пояс плато и гор (1040 м выс.) и приатлантич. низм. Климат экв. и субэкв. Ср.-мес. темп-ры от 21 до 26 °C, осадков 1200–2000 мм в год. Речная сеть густая и многоводная,

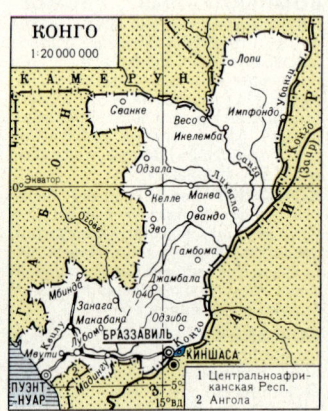

Река **Конго**.

Конго. Деревня.

в осн. пограничная р. Конго и её притоки. Тропич. леса.

В кон. 19 в. – 1958 колония Франции, с 1960 независимое гос-во Респ. К. (в 1969–91 Нар. Респ. К.). После принятия в 1964 Нац. собранием закона об единств. полит. системе в стране утвердился режим единств. полит. партии: в 1964–68 – Нац. рев. движения (сформирована в 1963), в 1969–1991 – Конголезской партии труда (осн. в 1969 на базе крыла распущенного Нац. рев. движения). В 1991 на общенац. конференции принят Осн. закон на переходный период от однопартийной системы к полит. плюрализму. Врем. парламент – Высш. совет респ. утвердил в 1991 проект новой конституции (одобрен на референдуме 1992).

К. – страна со значит. горнодобыв. пром-стью. ВНП на д. нас. 1030 долл. в год. Добыча нефти (ок. 90% стоимости экспорта), свинцово-цинковых руд с примесью меди, золота. Лесозаготовки (2-я после нефти статья экспорта). К. – крупнейший производитель фанеры в Центр. Африке. Кр. распределит. центр Центр. Африки, транзитный торговля и перевозки – один из важных источников доходов.

КОНГРЕ́СС (от лат. congressus – встреча, собрание), 1) съезд, совещание, как правило, междунар. характера. 2) В нек-рых гос-вах назв. парламента (напр., в США), полит. партий (напр., Индийский нац. К.). 3) Высш. орган нек-рых междунар. орг-ций.

КОНДА́К (от греч. kontákion), жанр ранневизант. церк. поэзии и музыки, род поэмы-гимна на религ. сюжет. После расцвета в 6 в. был вытеснен в 8–9 вв. новым жанром гимнографии *каноном*. В позднейшем богослужении сохранились отд. строфы древних К. под тем же названием.

КОНДАКО́В Никодим Пав. (1844–1925), рос. историк визант. и др.-рус. иск-ва. Разработал иконографич. метод изучения ср.-век. иск-ва и его типологич. особенностей («История византийского искусства и иконографии…», 1876; «Византийские эмали…», 1892; «Иконография Богоматери», т. 1–2, 1914–15). С 1920 в эмиграции.

КОНДЕ́ (Condé) Луи II Бурбон (1621–86), принц, франц. полководец, генералиссимус. В *Тридцатилетнюю войну* одержал ряд побед над войсками габсбургской коалиции. В 1651 возглавлял аристократич. оппозицию – «Фронду принцев». После поражения под Парижем бежал в Нидерланды. В 1653–58 стоял во главе исп. армии. В 1660 вернулся во Францию, командовал франц. войсками в войне с Нидерландами (1672–78).

КОНДЕНСА́ТОР электрический, устройство из 2 или более проводящих электродов (обкладок), разделённых диэлектриком (бумагой, слюдой, воздухом и т.п.), обладающее значит. электрич. ёмкостью. Один из осн. элементов электрич. фильтров, колебат. контуров и т.д.

КОНДЕНСА́ЦИЯ (от позднелат. condensatio – уплотнение, сгущение), переход в-ва из газообразного состояния в жидкое или твёрдое. К. – *фазовый переход* 1-го рода. К. возможна только при темп-рах ниже критич. точки.

КОНДЕ́НСОР (от лат. condenso – сгущаю, уплотняю), линза, линзовая или зеркально-линзовая система, используемая в проекторах, микроскопах, фотоувеличителях и др. для концентрации светового потока и равномерного освещения поля изображения.

КОНДИЦИОНЕ́Р, аппарат для создания и автоматич. поддержания в закрытых помещениях темп-ры, влажности, чистоты и скорости движения воздуха, наиб. благоприятных для самочувствия людей, протекания технол. процессов, работы оборудования и т.п. Различают автономные (со встроенными холодильными машинами и электрич. воздухонагревателями) и неавтономные (снабжаемые холодом и теплом от внеш. источников) К.

Кондиционер бытовой.

КОНДОМИ́НИУМ [от лат. con(cum) – вместе и dominium – владение], совладение, совместное господство неск. гос-в над одной терр. или совместное управление ею. Напр., франко-брит. К. над Новыми Гебридами до приобретения ими независимости в 1980.

КО́НДОР, самая крупная из совр. хищных птиц (сем. американские грифы). Крылья в размахе до 3 м. У самцов на голове чёрный мясистый гребень. Встречается в Андах, на С. ареала держится в альп. поясе, на Ю. – в прибрежных скалах. Редок; в неволе размножается. К. изображён на гербах ряда стран Лат. Америки.

КОНДОРСЕ́ (Condorcet) Жан Антуан Никола́ (1743–94), маркиз, франц. философ-просветитель, математик, полит. деятель. С 1785 секр. Франц. академии, сотрудничал в «Энциклопедии» Д. Дидро и Д'Аламбера. В 1791 избран в Законодат. собрание, в Конвенте примыкал к жирондистам. В философии – сторонник деизма и сенсуализма, развил концепцию ист. прогресса, в основе к-рого развитие разума («Эскиз исторической картины прогресса человеческого разума», 1794).

КОНДОТЬЕ́РЫ (итал. condottieri), в Италии 14–16 вв. предводители наёмных воен. отрядов, находившихся на службе у отд. государей и рим. пап. Вербовались сначала преим. из иноземных рыцарей, с кон. 14 в.— из числа итальянских. Нередко К. захватывали власть в городах, основывая синьории (напр., герцог Милана Франческо Сфорца).

КОНДРА́ТЬЕВ Вяч. Леон. (1920–1993), рус. писатель. Нравств. проблемы человека на войне в пов. «Сашка» (1979, одноим. сб. 1981), «Что было...» (1988). Послевоен. действительность, зарождение у молодёжи, прошедшей войну, мучительных сомнений в офиц. сов. истории в пов. «Встречи на Сретенке» (1983), ром. «Красные ворота» (1988).

КОНДРА́ТЬЕВ Ник. Дм. (1892–1938), экономист. Тр. по экономике и планированию с. х-ва. Под рук. К. разработан первый перспективный план развития сел. и лесного х-ва СССР на 1923–28. Автор теории больших циклов конъюнктуры, смена к-рых связана с качеств. изменениями в хоз. жизни об-ва. В 1930 был арестован, в 1938 расстрелян.

КОНДРА́ШИН Кир. Петр. (1914–1981), дирижёр. В 1943–56 дирижёр Большого т-ра. В 1960–75 гл. дирижёр симф. орк. Моск. филармонии. Первый исполнитель 4-й и 13-й симфоний Д. Д. Шостаковича. Автор кн. «О дирижёрском искусстве» (1970). С 1978 в Нидерландах.

КО́НЕВ Ив. Степ. (1897–1973), Маршал Сов. Союза (1944). В Вел. Отеч. войну команд. армией, войсками Зап., Калининского, Сев.-Зап., Степного и ряда др. фронтов. С 1945 главнокоманд. Центр. группой войск, в 1946–50 и 1955–56 зам. мин. обороны СССР; с 1956 1-й зам. мин. обороны СССР и одноврем. главнокоманд. Объединёнными вооруж. силами Варшавского договора. В 1961–62 главнокоманд. Группой сов. войск в Германии. Восп.: «Сорок пятый» (1970), «Записки командующего фронтом» (1972).

КОНЁНКОВ Сер. Тим. (1874–1971), рос. скульптор. Создавал обобщённо-символич. и фольклорно-сказочные образы («Нике», 1906; «Стрибог», 1910), психол. портреты («Автопортрет», 1954), монументальные композиции («Освобождённый человек», 1947). В 1924–1945 жил в США.

С. Т. Конёнков. Автопортрет. Мрамор. 1954. Третьяковская галерея.

КОНЕ́ЦКИЙ Викт. Викт. (р. 1929), рус. писатель. В ром. «За Доброй Надеждой» (1977), «Никто пути пройдённого у нас не отберёт» (1987), повестях (в т.ч. «Третий лишний», 1982), рассказах, путевых очерках — жизнь моряков-полярников, размышления о времени, отмеченные не-

А. Ф. Кони.

зависимостью суждений и чувством юмора.

КО́НИ Анат. Фёд. (1844–1927), рос. юрист и обществ. деятель, чл. Гос. совета. Выдающийся суд. оратор. Сторонник демокр. принципов судопроиз-ва. В 1878 суд под председательством К. вынес оправдат. приговор по делу В. И. Засулич. Очерки и воспоминания «На жизненном пути» (т. 1–5, 1912–29).

КОНИ́ЙСКИЙ СУЛТАНА́Т (Иконийский султанат, Румский султанат), гос-во сельджуков в М. Азии в кон. 11 – нач. 14 вв. После 1243 К. с.— вассал монг. правителей Ирана. К 1307 распался на мелкие кн-ва. Одно из них стало ядром Османской империи (Турции).

КОНИ́ЧЕСКАЯ ПОВЕ́РХНОСТЬ, множество прямых (образующих) пространства, соединяющих все точ-

Коническая поверхность.

ки нек-рой линии (направляющей) с данной точкой (вершиной) пространства. Если направляющая – окружность, а вершина К. п. лежит на перпендикуляре (оси К. п.) к плоскости направляющей, проходящем через её центр, то К. п. наз. круглой.

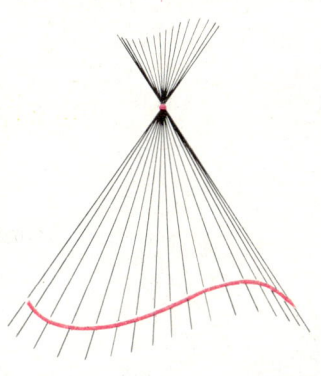

КО́НКА (конно-железная дорога), один из осн. видов гор. обществ. транспорта в кон. 19 – нач. 20 вв. Представляла собой рельсовый путь, по к-рому перемещались спец. вагоны

Конка.

(часто двухэтажные – империалы) упряжкой лошадей. В России первые линии К. появились в 1854 в С.-Петербурге, в 1872 в Москве, позднее в др. городах; постепенно была вытеснена трамваем.

КОНКИСТАДО́РЫ (исп., ед. ч. conquistador – завоеватель), исп. авантюристы, отправлявшиеся в Америку после её открытия для завоевания новых земель. Походы К. (Ф. Писарро, Э. Кортес и др.) сопровождались истреблением и порабощением коренного населения.

Конкистадоры. Завоевание Мексики Э. Кортесом. Картина неизвестного художника. 17 в.

КОНКЛА́В (от лат. conclave – запертая комната), собрание (с 1274) кардиналов, созываемое после смерти рим. папы для избрания нового. Происходит в изолированном от внеш. мира помещении.

КОНКРЕ́ТНАЯ МУ́ЗЫКА (франц. musique concrète), муз. произв., создаваемые посредством записи на магнитофонную ленту природных звучаний, шумов, к-рые могут подвергаться разл. акустич. преобразованиям и смешиваться. Изобретатель К. м.– франц. инж.-акустик П. Шеффер (первые опыты осуществил в 1948). С 1960-х гг. больше известна под назв. «магнитофонная музыка», став одним из течений *электронной музыки*.

КОНКРЕ́ЦИИ (от лат. concretio – срастание, сгущение) (стяжения), округлые минеральные образования, возникшие в осадочных *горных породах* иного состава при уплотнении первичного осадка. Железомарганцевые К. на поверхности дна Тихого, Атлантич. и Индийского океанов – важный ресурс минер. сырья.

КОНКУ́Р (франц. concours – состязание), вид кон. спорта, преодоление препятствий (до 16) на определ. маршруте (дл. 200–1100 м) на поле не менее 75 × 40 м. Различают К.: иппик (высший), охотничий и др. В программе Олимп. игр с 1900.

КОНКУРЕ́НЦИЯ (позднелат. concurrentia, от concurrere – сталкиваться), соперничество, соревнование людей, групп, организаций в достижении сходных целей, лучших результатов в определ. обществ. сфере. К.— существ. черта разл. видов деятельности, в к-рых происходит столкновение интересов (политика, экономика, наука, спорт и др.). К. получает широкое распространение после ликвидации наследств., сословных привилегий и ср.-век. регламентаций, утверждения принципов демократии и рыночной экономики; вырабатываются нормы и правила К.

КО́НКУРС (от лат. concursus – стечение, столкновение), состязание для выявления наилучших из числа участников, представленных работ и т. п.

КО́ННЕРИ (Connery) Шон (наст. имя Томас) (р. 1930), англ. киноактёр. Исполнитель роли Джеймса Бонда в серии иронически-приключенч. лент. Чуть насмешливая манера и в ф. «Робин и Мэриан» (1976, в прокате – «Возвращение Робин Гуда»), «Имя розы» (1986), «Индиана Джонс и последний крестовый поход» (1989). Играл драм. роли в ф. «Холм» (1965), «Магнитные ленты Андерсона» (1971).

КО́ННЫЙ СПОРТ, состязание в верховой езде на лошадях. Осн. виды: выездка, конкур-иппик (см. *Конкур*); троеборье, манежная езда (упражнения на осн. аллюрах), полевые испытания (движения по дорогам, стипл-чейз, кросс) и преодоление препятствий; скачки, кон. охоты; вольтижировка и др. Входил в программу антич. Олимп. игр с 680 до н. э. В 1921 осн. Междунар. федерация К. с. (ФЕИ); объединяет ок. 100 стран. Чемпионаты Европы и мира с 1953; в программе совр. Олимп. игр с 1900.

КОНОВА́ЛОВ Дм. Петр. (1856–1929), рос. химик. Классич. иссл. давления пара р-ров. Открыл (1881–1884) законы, устанавливающие зависимости состава жидкой и паровой фаз двойной системы от давления или темп-ры (законы К.).

КОНОПЛЯ́, род однолетних травянистых р-ний (сем. коноплёвые). 3 вида. К. посевную, или культурную, возделывают в Центр. Азии, европ. странах; в России – в Центральночернозёмных обл., Поволжье, на Сев. Кавказе. В сухих стеблях (до 12–15 ц с 1 га) – грубое волокно (пенька), в семенах – масло. К. индийская – наркотич. р-ние – источник гашиша (марихуана), произ-во к-рого во мн. странах запрещено законом. К. сорная – злостный сорняк.

КОНОПЛЯ́НКА (реполов), птица (сем. *вьюрки*). Дл. ок. 13 см. Распространена в Евразии, Сев.-Зап. Африке. Обычна на пустырях с кустарником, у жилья. Самец хорошо поёт.

КОНОСАМЕ́НТ (от франц. connaissement), *товарораспорядительный документ*. Содержит условия договора мор. перевозки груза, удостоверяет факт наличия договора и служит доказательством приёма груза к перевозке.

КО́НРАД (Conrad) Джозеф (наст. имя и фам. Юзеф Теодор Конрад Коженёвский) (1857–1924), англ. писатель. По происхождению поляк. Неоромантич. мотивами проникнуты ром. «Каприз Олмейера» (1895), «Лорд Джим» (1900), «Сердце тьмы» (1902); герои – гордые и мужественные «пасынки» общества. Социальный пессимизм в ром. «Ностромо» (1904) и ром. о рус. народовольцах «Глазами Запада» (1911).

КОНСЕ́НСУС (лат. consensus – согласие, единодушие), принятие решений в парламенте и его комиссиях, на конференциях и совещаниях на основе общего согласия без голосования и при отсутствии формально заявленных возражений. Метод К. признан также в нек-рых органах ООН, применяется на междунар. конференциях и совещаниях в рамках и под эгидой ООН.

КОНСЕРВАТИ́ЗМ (франц. conservatism, от лат. conservo – охраняю, сохраняю), совокупность разнородных идейно-полит. и культурных течений, опирающихся на идею *традиции* и преемственности в социальной и культурной жизни. В ходе истории К. приобретал разл. формы, но в целом для него характерны приверженность к существующим и устоявшимся социальным системам и нормам, неприятие рев-ций и радикальных реформ, отстаивание эволюц. органич. развития. В условиях социальных перемен К. проявляется в требованиях реставрации старых порядков, восстановления утраченных позиций, в идеализации прошлого. Впервые термин «К.» употреблён Ф. Шатобрианом, у к-рого он обозначал концепции, выражающие идеологию аристократии периода Франц. рев-ции кон. 18 в. (Э. Бёрк, Ж. де Местр, Л. Бональд). В период утверждения капитализма К. на Западе противостоял либерализму и социализму.

КОНСЕРВАТО́РИЯ (от итал. conservatorio), муз. уч. заведение (высшее, в нек-рых странах также среднее), готовящее музыкантов-исполнителей, дирижёров, хормейстеров, композиторов, музыковедов. В ряде заруб. К. имеются драм. отделения. В России первые К. были открыты в С.-Петербурге (1862) и Москве (1866).

КОНСЕРВА́ЦИЯ (от лат. conservatio – сохранение), 1) совокупность мер, обеспечивающих сохранение, длительное хранение архит., ист.-культурных и археол. памятников, худ. произв., книг; машин, материалов (древесины и др.). 2) Временная приостановка хода, развития, деятельности чего-либо (напр., К. хода стр-ва).

КОНСИ́ЛИУМ (лат. consilium – совещание, обсуждение), совещание врачей, обсуждающих диагноз и лечение больного.

КО́НСКИЙ КАШТА́Н, род деревьев, реже кустарников (сем. конскокаштановые). Ок. 25 видов, в Юж. Европе, Азии (Индия, Япония, Китай), Сев. Америке. Выс. до 30 м, живут до 350 лет. Растут на горн. склонах, в долинах рек, кедровых лесах. К.к. обыкновенный – декор. р-ние, широко применяемое в озеленении. Плоды используются для получения техн. крахмала, на корм кр. рог. скоту, свиньям.

КОНСОЛИДА́ЦИЯ (позднелат. consolidatio, от consolido – укрепляю), упрочение, укрепление чего-либо; объединение, сплочение отд. лиц, групп, орг-ций для достижения к.-л. общих целей.

КОНСОНА́НС (франц. consonance – созвучие) в музыке, слитное, гармоничное одноврем. звучание разл. тонов. Противоположен *диссонансу*.

КОНСО́РЦИУМ (от лат. consortium – соучастие, сообщество), врем. соглашение между неск. банками или пром. пр-тиями для совм. проведения кредитных и иных операций или осуществления единого капиталоёмкого пром. проекта.

КОНСТАНТИ́Н I Великий (Constantinus) (ок. 285–337), рим. император с 306. Последовательно проводил централизацию гос. аппарата, поддерживал христ. церковь, сохраняя также языч. культы. В 324–330 основал новую столицу Константинополь на месте г. Византий.

КОНСТАНТИ́Н VII Багрянородный (905–959), визант. император с 913, из Македонской династии. Автор соч., содержащих важные сведения о рус.-визант. отношениях 10 в.

КОНСТАНТИ́Н НИКОЛА́ЕВИЧ Романов (1827–92), вел. князь, 2-й сын имп. Николая I, гос. и воен.-мор. деятель, ген.-адм. (1831). В 1853–81 возглавлял Мор. мин-во и флот, провёл крупные мор. реформы. С 1860 одноврем. пред. Гл. к-та по крест. делу, в 1861–81 пред. Пост. к-та о сел. состоянии, один из руководителей подготовки и проведения крест. реформы 1861. В 1862–63 наместник и главнокоманд. войсками в Царстве Польском. В 1865–81 пред. Гос. совета. По вступлении на престол имп. Александра III с началом *контрреформ* ушёл в отставку.

КОНСТАНТИ́НОВО, село на р. Ока к С. от Рязани. Родина С.А. Есенина, навеявшая многие лирич. стихи поэта, поэму «Анна Снегина». Лит.-мемор. музей-заповедник с 1965. Казанская церковь (1779).

КОНСТАНТИНО́ПОЛЬ (Византий; в ср.-век. рус. текстах Царьград), столица Рим. империи (с 330), затем Визант. империи. См. *Стамбул*.

Конский каштан: 1 – осенний лист; 2 – соцветие; 3 – плод.

Дж. Констебл. «Вид на Хайгет с Хэмстедских холмов». Ок. 1834. Музей изобразительных искусств имени А.С. Пушкина.

КОНСТА́НЦА, г. в Румынии. Св. 350 т.ж. Гл. порт страны на Чёрном м. (грузооборот ок. 15 млн. т в год); междунар. аэропорт. Судостроение и судоремонт; целл.-бум., мёб., лёгкая, пищ. пром-сть. Музеи: археол., худ. Центр курортного р-на. Туризм. Поселение на месте совр. К. осн. в 6 в. до н.э. ионийскими греками. В 1413–1878 в составе Османской империи, с 1878 – Румынии.

КОНСТАТА́ЦИЯ (франц. constatation, от лат. constat – известно), установление несомненности существования, наличия чего-либо; сообщение о точно установленном, непреложном факте или явлении.

КО́НСТЕБЛ (Констебль) (Constable) Джон (1776–1837), англ. живописец. Сыграл важную роль в развитии европейской пленэрной живописи (см. *Пленэр*), изображая обыденную природу в её свежести и изменчивости, воссоздавая трепетность световозд. среды («Телега для сена», 1821).

КОНСТИТУЦИО́ННО-ДЕМОКРАТИ́ЧЕСКАЯ ПА́РТИЯ (партия народной свободы, кадеты), полит. партия в России в 1905–17. Программа: конституционная и парламентарная монархия, демокр. свободы, культурное самоопределение народностей, входивших в состав Рос. империи, частичная национализация земли, законодат. решение рабочего вопроса. Лидер – П.Н. Милюков. Печатные органы – газ. «Речь», ж. «Вестник партии народной свободы». В 1-й и 2-й Гос. думах кадеты занимали главенствующее положение. Преобладали в первом составе Врем. пр-ва. После Окт. рев-ции кадеты объявлены «партией врагов народа», их деятельность запрещена сов. пр-вом. В нач. 1990-х гг. возник ряд полит. орг-ций, принявших назв. партии кадетов.

КОНСТИТУЦИО́ННОЕ ПРА́ВО, 1) отрасль права, включающая принципы гос. устройства, порядок избрания главы гос-ва, его компетенцию, систему представит. органов гос-ва, порядок их формирования, их компетенцию. К сфере К.п. относятся также основы избират. права, суд. системы. Важнейшим разделом К.п. являются права и свободы граждан, их объём и гарантии осуществления. Осн. источник К.п.— конституция (осн. закон) гос-ва. В России сфера К.п. обычно охватывалась понятием *государственного права*; в 1990-е гг. шире применяется термин «К.п.». 2) Назв. соотв. отрасли юрид. науки.

КОНСТИТУЦИОННЫЙ СУД, во многих странах спец. суд. орган, на к-рый возложен контроль за соблюдением конституции, за конституционностью (т.е. за соответствием конституции) всех нормативных актов, принимаемых органами гос-ва, заключаемых гос-вом междунар. договоров, а также за конституционностью правоприменит. практики. В 1991 К.с. избран Верх. Советом Рос. Федерации. В июне 1994 Гос. дума приняла новый закон о К.с. В ряде стран (напр., в США) функции К.с. возложены на *Верховный суд*.

КОНСТИТУЦИЯ (лат. constitutio — устройство), осн. закон гос-ва, определяющий его гос. устройство, системы органов власти и управления, их компетенцию и порядок формирования, избират. систему, гражд. права и свободы, а также суд. систему. К.- база всего текущего законодательства. Контроль за соблюдением К. в разл. сферах гос. деятельности возлагается на Верх. суд или на Конституционный суд. Термин «К.» существовал ещё в Древнем Риме, где К. была кодификацией публично-правовых нормативных актов (т.н. императорские К.). Первыми К. в совр. смысле слова считаются полит. акты англ. переселенцев в Америку (Новая Англия), а также конституц. акты Великобритании (13—16 вв.)

КОНСТИТУЦИЯ (анат.), морфол. и функциональные особенности организма ж-ных и человека, сложившиеся на основе наследств. и приобретённых свойств. Выражается в определ. формах телосложения и др. признаках.

КОНСТРУКТИВИЗМ, направление в иск-ве России 1920-х гг., выдвинувшее задачей конструирование материальной среды, окружающей человека. Для создания простых,

Конструктивизм. А.А., В.А. и Л.А. Веснины. Проект Дворца труда в Москве. 1923.

логичных, функционально оправданных форм, целесообразных конструкций К. использовал новую технику (архит. проекты бр. Весниных, М.Я. Гинзбурга и др.; худ. конструирование мебели, посуды, моделирование одежды, театральные «станки» для работы актёров на сцене и т.д.— худ. А.М. Родченко, В.Е. Татлин, Л.М. Лисицкий и др.).

КОНСТРУКЦИЯ (от лат. constructio — составление, построение), устройство, взаимное расположение частей, состав к.-л. строения, механизма и т.п.; строение, механизм и т.п. с таким устройством (напр., К. моста, жел.-бетон. К.).

КОНСУЛ (лат. consul), должностное лицо, назначенное в качестве пост. представителя в к.-л. городе или р-не иностр. гос-ва для защиты интересов своего гос-ва и его граждан (защита прав граждан, выдача паспортов и виз, регистрация актов гражд. состояния, *легализация* док-тов и т.п.). Факт назначения К. подтверждает спец. док-том — консульским патентом. См. также *Иммунитет*.

КОНСУЛЬТАЦИЯ (от лат. consultatio — совещание), 1) совет, даваемый специалистом. 2) Один из видов уч. занятий — дополнит. помощь преподавателя в усвоении предмета. 3) Совещание специалистов по какому-либо вопросу. 4) Учреждение, оказывающее помощь населению советами специалистов (напр., юрид. К.; дет. К.— вид леч. учреждения).

КОНТ (Comte) Огюст (1798—1857), франц. философ, один из основоположников позитивизма и социологии. В 1817—22 был секретарём К.А. Сен-Симона. Наука, по К., познаёт не сущности, а только явления. Выдвинул теорию трёх стадий интеллектуальной эволюции человечества (теологич., метафизич. и позитивной, или научной), определяющих развитие об-ва. Разработал классификацию наук (по степени уменьшения их абстрактности). Осн. соч.: «Курс позитивной философии» (т. 1—6, 1830—42), «Система позитивной политики» (т. 1—4, 1851—54).

КОНТЕЙНЕР (англ. container, от contain — вмещать), ёмкость стандартных размеров для бестарной перевозки грузов разл. видами транспорта от склада получателя. Применение К. улучшает сохранность груза, уменьшает трансп. издержки и расходы на погрузочно-разгрузочные работы.

КОНТИНГЕНТ (от лат. contingens — достающийся на долю), 1) совокупность людей, образующих однородную в к.-л. отношении группу, категорию. 2) Установленное для определ. целей предельное кол-во, норма чего-либо (напр., К. приёма в вузы).

КОНТИНЕНТ, то же, что *материк*.

КОНТИНЕНТАЛЬНАЯ БЛОКАДА, торг. блокада Великобритании, объявленная Наполеоном I в 1806. Всем союзным и подвластным Франции гос-вам запрещалось вести торговлю, поддерживать почтовые и др. сношения с Брит. о-вами. Формально отменена после отречения Наполеона от престола (апр. 1814).

КОНТИНЕНТАЛЬНЫЙ ШЕЛЬФ, в междунар. праве мор. дно и недра подводных р-нов, простирающиеся за пределы *территориальных вод* прибрежного гос-ва. Границы К.ш. исчисляются по нормам Конвенции ООН по мор. праву 1982, к-рая устанавливает и правовой режим К.ш. См. также *Шельф*.

КОНТР... (от лат. contra — против), часть сложных слов, означающая активное противодействие, противопоставление, противоположность тому, что выражено во второй части слова (напр., контрнаступление).

КОНТРАБАС [итал. contrab(b)asso], 1) самый большой по размеру и низкий по звучанию струн. смычковый муз. инстр-т. Созд. в сер. 17 в. на основе контрабасовой *виолы да гамба*. Использовался как ансамблевый, с 18 в. также как орк. и с 20 в.— сольный инстр-т (впервые — С.А. Кусевицким). 2) Обозначение самой низкой разновидности инстр-тов одного семейства (напр., балалайка-контрабас).

Контрабас.

КОНТРАГЕНТ (от лат. contrahens — договаривающийся), одна из сторон *договора*.

КОНТРАКТ (от лат. contractus), то же, что *договор*.

КОНТРАКТУРА (от лат. contractura — стягивание, сужение), ограничение подвижности в суставе, вызванное рубцовым стягиванием кожи, сухожилий, заболеваниями мышц, сустава, болевым рефлексом и др. причинами.

КОНТРАЛЬТО (итал. contralto), низкий жен. голос. В операх певицы-К. часто исполняют партии мальчиков и юношей.

КОНТРАПУНКТ (нем. Kontrapunkt, от лат. punctus contra punctum, букв.— точка против точки), 1) в полифонич. (*многоголосной*) музыке одноврем. сочетание 2 и более мелодич. линий в разных голосах — простой К. Повторение этого сочетания, при к-ром соотношение мелодий изменяется,— сложный К. 2) То же, что *полифония*.

КОНТРАСТ (франц. contraste), резко выраженная противоположность.

КОНТРАСТ (от франц. contraste — противоположность), в оптике, отношение *яркостей* объекта и фона к их сумме или такое же отношение для *освещённостей* изображения. Зрительный К. характеризует особенности зрительного восприятия, в силу к-рой оценка яркости наблюдаемого объекта меняется в зависимости от окружающего фона либо от предыдущих зрительных впечатлений. Для глаза человека существует минимальный (пороговый) К. Понятием «К.» пользуются и в *фотографии*, где оно характеризует различие между наибольшей и наименьшей оптич. плотностью.

КОНТ 339

КОНТРАЦЕПЦИЯ (от новолат. contraceptio, букв.— противозачатие), предупреждение беременности механич. (презервативы, шеечные колпачки и др.), хим. (напр., нон-овлон, трикквилар, грамицидиновая паста) и др. противозачаточными средствами и способами.

КОНТРДАНС (франц. contredanse, от англ. country-dance, букв.— деревенский танец), старинный англ. нар. танец (размеры 2/4; 6/8). В 18—19 вв. популярен в Европе (в России под назв. англез). Разновидности: экосез, кадриль, котильон, гросфатер. В композиторской музыке — инстр. пьеса (напр., у Л. Бетховена).

КОНТРЕЙЛЕР (от лат. con — вместе и англ. trailer — тянущий, волочащий), контейнер, оборудованный колёсами с пневматич. шинами и предназначенный для перевозки грузов на ж.-д. платформах и по шоссе. Грузоподъёмность 6—30 т.

КОНТРИБУЦИЯ (от лат. contributio), 1) в междунар. праве (до 19 в.) платежи (дань), налагаемые гос-вом — победителем в войне на побеждённое гос-во. Совр. междунар. правом не предусматривается. См. также *Репарации*. 2) Ден. сборы, взимаемые с населения оккупир. местности.

«КОНТРКУЛЬТУРА», общее обозначение ценностей определ. групп молодёжи («новые левые», хиппи, битники, йиппи и др.), противопоставляемые офиц. ценностям. Этот протест принимает разл. формы: от пассивных до экстремистских; общедемокр. цели нередко сочетаются с анархизмом, «левацким» радикализмом, культурным нигилизмом, технофобией, религ. поисками.

КОНТРОЛЬНЫЙ ПАКЕТ АКЦИЙ, кол-во акций, обеспечивающее их владельцу возможность решающим образом влиять на принятие решений в акц. об-ве. Теоретически К.п.а. составляет 51% их общего кол-ва, но в реальной практике при широком распространении мелких акций достаточно владеть 20—30% (иногда меньше), чтобы полностью контролировать деятельность акц. об-ва.

КОНТРРЕФОРМАЦИЯ, церк.-полит. движение в Европе сер. 16—17 вв. во главе с папством, направленное против Реформации. Активные проводники К.— монашеские ордена. См. также *Инквизиция*.

КОНТРРЕФОРМЫ в России, в лит-ре назв. серии законов, принятых в 1880 — нач. 90-х гг. и направленных на пересмотр реформ 1860-х гг.: восстановление предварит. цензуры (1882), введение сословных принципов в нач. и ср. школе, отмена автономии ун-тов (1884), введение ин-та земских начальников (1889), усиление контроля пр-ва над земством (1890) и гор. самоуправлением (1892).

КОНТРФОРС (от франц. contreforce — противодействующая сила), устой, поперечная стенка, вертикальный выступ, укрепляющий осн. конструкцию (гл. обр. наружную стену). Один из осн. элементов готич. конструкции (см. *Готика*). Илл. см. на стр. 340.

КОНТУЗИЯ (от лат. contusio — ушиб), общее повреждение организма при ушибе всего (или большей части) тела, чаще при действии ударной возд. волны. Проявляется потерей

Контрфорс.

сознания (вплоть до комы), последующей амнезией, головной болью, головокружением, нарушениями слуха и речи.

КОНУС (от лат. conus, от греч. kônos – шишка), геом. тело, ограниченное круглой конич. поверхностью и плоскостью, не проходящей через вершину конич. поверхности. Если вершина лежит на перпендикуляре к плоскости направляющей окружности, проходящем через её центр, то К. наз. прямым круговым К. Он может быть образован вращением прямоугольного треугольника вокруг одного из катетов. Объём К. равен $V = \pi r^2 h/3$, площадь боковой поверхности $S = \pi r l$, где $\pi = 3,14...$; r – радиус окружности; h – высота; l – длина отрезка образующей.

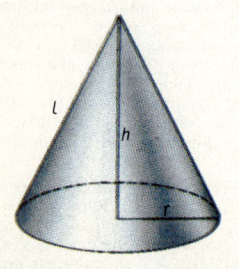

Конус. Прямой круговой конус.

КОНФЕДЕРАЦИЯ (позднелат. confoederatio – союз, объединение), 1) форма объединения суверенных гос-в, при к-рой каждое из них сохраняет независимость, имеет собств. органы власти и управления. Члены К. обычно образуют спец. органы для координации действий в определ. областях, имеющих интерес для всех гос-в (воен., внешнеэкон., экон. сотрудничества и т.п.). Исторически как К. была образована Швейцария, хотя в совр. период она фактически является *федерацией*. 2) Назв. к.-л. обществ. или иных орг-ций (напр., К. независимых профсоюзов).

КОНФЕРЕНЦИЯ ООН ПО ТОРГОВЛЕ И РАЗВИТИЮ (ЮНКТАД; англ. United Nations Conference on Trade and Development – UNCTAD), орган Ген. Ассамблеи ООН. Созд. в 1964. Осн. функция – поощрение междунар. торговли.

КОНФЕССИЯ (лат. confessio), вероисповедание. С возникновением разл. течений *протестантизма* К. стали называть религ. общины (церкви), связанные общностью вероучения, равно как соотв. «символич. книги», фиксирующие это вероучение (напр., Аугсбургское исповедание, или К., 1530, и др.).

КОНФЕТНОЕ ДЕРЕВО, листопадное дерево (сем. крушиновые). Растёт в субтропич. лесах Юго-Зап. Азии. Культивируют в Индии, Китае, Японии, Юж. Америке, а также в Крыму, на Кавказе и в Ср. Азии ради твёрдой красивой древесины и мясистых сладких плодоножек, употребляемых в вяленом виде как конфеты.

КОНФИДЕНЦИАЛЬНЫЙ (от лат. confidentia – доверие), доверительный, секретный.

КОНФИРМАЦИЯ (от лат. confirmatio – утверждение), у католиков и протестантов (в разных формах) обряд приёма в церк. общину подростков, достигших определ. возраста.

КОНФИСКАЦИЯ ИМУЩЕСТВА (от лат. confiscatio – отобрание в казну), принудит. безвозмездное изъятие в собственность гос-ва всего или части имущества, принадлежащего гражданину, в качестве санкции за правонарушение (уголов., адм. и др.). Допускается в случаях и порядке, указанных в законе. В рос. уголов. праве К. дополнит. *наказание*. В адм. праве применяется конфискация предмета, явившегося орудием совершения или непосредств. объектом адм. правонарушения.

КОНФОРМИЗМ (от позднелат. conformis – подобный, сообразный), приспособленчество, пассивное принятие существующего порядка, господствующих мнений, отсутствие собств. позиции, беспринципное и некритич. следование к.-л. образцу.

КОНФОРМНОСТЬ (психол.), усвоение индивидом определ. групповых норм, привычек, ценностей; необходимый аспект *социализации* личности и предпосылка нормального функционирования любой социальной системы.

КОНФУЦИАНСТВО, этико-полит. учение в Китае. Основы К. были заложены в 6 в. до н.э. Конфуцием. К. объявляло власть правителя (государя) священной, дарованной небом, а разделение людей на высших и низших («благородных мужей» и «мелких людишек») всеобщим законом справедливости. В основу социального устройства К. ставило нравств. самоусовершенствование и соблюдение норм этикета («ли»). Со 2 в. до н.э. и до Синьхайской рев-ции 1911–13 К. являлось гос. идеологией.

КОНФУЦИЙ (Кун-цзы) (ок. 551–479 до н.э.), др.-кит. мыслитель, основатель конфуцианства. Осн. взгляды К. изложены в кн. «Лунь юй» («Беседы и суждения»).

КОНХА (от греч. kónchē – раковина), полукупол, служащий для перекрытия полуцилиндрич. частей (апсид, ниш и др.) зданий.

КОНЦЕНТРАЦИОННЫЙ ЛАГЕРЬ, лагерь для принудит. изоляции реальных или предполагаемых противников гос-ва, полит. режима и т.п. В отличие от тюрем, обычных лагерей для военнопленных и беженцев К.л. создавались по особым декретам во время войны, обострения полит. борьбы. Первые К.л. были организованы испанцами в 1895 с нач. освободит. восстания на Кубе, англичанами в ходе англо-бурской войны 1899–1902. В России К.л. были созданы по пост. СНК РСФСР «О красном терроре» (сент. 1918); в последующем наз. лагерями особого назначения и получили распространение в период массовых репрессий в условиях тоталитарного режима (см. *ГУЛАГ*).

В фаш. Германии К.л. – инструмент массового гос. террора и геноцида, были распространены и на оккупированные ею страны. В Бухенвальде, Заксенхаузене, Освенциме, Майданеке, Треблинке и в др. К.л. было уничтожено св. 11 млн. граждан СССР, Польши, Франции, Бельгии, Нидерландов, Чехословакии, Югославии, Румынии, Венгрии и др. стран.

КОНЦЕНТРАЦИЯ (от новолат. concentratio), сосредоточение, скапливание, собирание кого-либо, чего-либо в каком-либо месте (напр., К. войск, К. сил).

КОНЦЕНТРАЦИЯ вещества, отношение кол-ва к.-л. компонента смеси (молярная К., единица измерения моль/м³) или его массы (массовая К., кг/м³) к объёму смеси. На практике часто используют безразмерную величину – массовую, молярную или объёмную долю, равную отношению массы, кол-ва или объёма к.-л. компонента смеси соотв. к массе, кол-ву или объёму смеси; выражают в долях единицы, напр. в сотых (%), тысячных (промилле, ‰) и т.п.

КОНЦЕПТУАЛИЗМ, направление ср.-век. схоластич. философии. См. *Номинализм*, *Универсалии*.

КОНЦЕПТУАЛЬНОЕ ИСКУССТВО, течение в авангардистском иск-ве 1960–90-х гг., поставившее своей целью переход от традиц. худ. произв. к созданию «худ. идей-концептов», часто не имеющих устойчивой художеств. формы и воплощённых в виде графиков, диаграмм, схем, формул и т.д.

КОНЦЕПЦИЯ (от лат. conceptio – понимание, система), определ. способ понимания, трактовки к.-л. явлений, осн. точка зрения, руководящая идея для их освещения; ведущий замысел, конструктивный принцип разл. видов деятельности.

КОНЦЕРН, наиб. распространённая совр. форма экон. объединения пр-тий пром-сти, транспорта, торговли, банков, н.-и. учреждений, уч. центров, испытат. лабораторий на базе комбинирования и *диверсификации* произ-ва. Для К. характерны децентрализованная система управления входящими в него пр-тиями (по осн. группам продукции и регионам), большой объём внутрифирменных поставок; централизованными в нём являются, как правило, капиталовложения, н.-и. и опытно-конструкторские работы и финансы.

КОНЦЕРТ (итал. concerto, букв. – согласие, от лат. concerto – состязаюсь), муз. произв. для ансамбля исполнителей (инстр. или вок.), осн. на контрастном сопоставлении звучания всего исполнит. состава и солиста или солистов. Ист. разновидности: инстр. *кончерто гроссо*, вок. *духовный концерт*; классич. К. в форме 3-частного произв. (см. *Циклические формы*, *Сонатная форма*) сложился у композиторов венской классической школы, это произв. для 1, реже 2, 3 (т.н. двойной и тройной К.) солистов с оркестром. В 20 в. получил распространение жанр К. для оркестра. 2) Публичное (гл. обр. платное) исполнение муз. и др. произв. или номеров по объявленной программе, как правило в спец. помещении.

КОНЦЕССИЯ (от лат. concessio – разрешение, уступка), 1) договор о передаче гос-вом в эксплуатацию частным предпринимателям, иностр. фирмам на определ. срок пр-тий и др. хоз. объектов, участков земли с правом добычи полезных ископаемых, стр-ва разл. сооружений и т.д. 2) Само пр-тие, организованное на основе такого договора.

КОНЧАЛОВСКИЙ, Михалков-Кончаловский, Анд. Сер. (р. 1937), рос. кинорежиссёр. Сын С.В. Михалкова, брат Н.С. Михалкова. В творчестве К. документалистски жёсткая стилистика (ф. «Первый учитель», 1965, «История Аси Клячиной, которая любила, да не вышла замуж», 1967, вып. 1988) чередуется с живописной, импрессионистской манерой (ф. «Дворянское гнездо», 1969, «Дядя Ваня», 1971). В США пост.: «Возлюбленные Марии» (1984), «Поезд беглецов» (1985), «Скромные люди» (1987), «Ближний круг» (1991), «Курочка ряба» (1994).

КОНЧАЛОВСКИЙ Пётр Петр. (1876–1956), живописец, один из основателей *Бубнового валета*. Красочные жанровые картины («Возвращение с ярмарки», 1926), портреты («О.С. Кончаловская», 1925), пейзажи и натюрморты («Сирень», 1933) утверждают чувственную красоту мира.

КОНЧЕРТО ГРОССО (итал. concerto grosso, букв. – большой концерт), вид инстр. *концерта* для группы солистов и оркестра. Классич. образцы – у А. Корелли, А. Вивальди, Г.Ф. Генделя; в 20 в. – стилизации (Б. Мартину, Э. Тамберг, А.Г. Шнитке).

КОНЪЮНКТИВИТ, воспаление слизистой оболочки *глаза* (конъюнктивы). Осн. причины: инфекция, хим. и физ. (напр., пыль) раздражения. Признаки: покраснение и резь в глазу, слизистые или слизисто-гнойные выделения, слезотечение, светобоязнь.

КОНЪЮНКТУРА (позднелат. conjunctura, от лат. conjungo – связываю, соединяю), сложившаяся обстановка, создающееся положение, конкретные условия на данный момент (напр., произ-ва и реализации – экон. К.), врем. ситуация в к.-л. области.

КОНЬКОБЕЖНЫЙ СПОРТ, скоростной бег и фигурное катание на коньках на льду. Дистанции бега: 500, 1000, 1500, 3000, 5000 м – для женщин, 500, 1000, 1500, 5000, 10 000 м – для мужчин. Как вид спорта получил распространение в кон. 19 в. в Норвегии, России, Великобритании. В 1892 осн. Международ. союз конькобежцев (ИСУ); объединяет св. 40 стран. Чемпионаты Европы и мира с 1893; в программе Олимп. игр с 1924.

КОНЬЯК, запатентов. назв. производимого в г. Коньяк (Франция) бренди – крепкого спиртного напитка (40–60 объёмных % спирта), изготовленного из коньячного спирта, получаемого преим. перегонкой белых сухих виноградных вин, с последующей выдержкой его в дубовых бочках не менее трёх лет.

П.П. Кончаловский. Портрет В.Э. Мейерхольда. 1938. Третьяковская галерея.

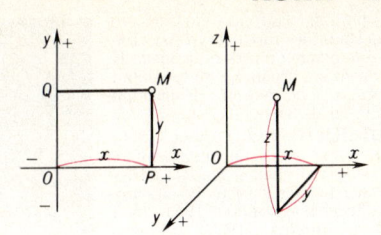

Координаты: на плоскости (слева) и в пространстве (справа).

КО́ОНЕН Алиса Георг. (1889–1974), актриса. С 1905 в МХТ. В 1914–49 в Камерном т-ре. Жена А.Я. Таирова, видевшего в ней идеальную актрису «синтетич. т-ра». Обладая редкой пластичностью, музыкальностью, владея иск-вом поэтич. декламации, К. играла в спектаклях разл. жанров, но подлинной её сферой были трагедия и высокая мелодрама: Саломея («Саломея» О. Уайльда, 1917), Федра («Федра» Ж. Расина, 1922), Эмма («Мадам Бовари» по Г. Флоберу, 1940) и др.

КООПЕРА́ЦИЯ (от лат. cooperatio – сотрудничество), 1) форма организации труда, при к-рой значит. число людей совместно участвуют в одном или разных, но связанных между собой процессах труда. 2) Организационно оформленные добровольные объединения взаимопомощи мелких производителей, рабочих, служащих для достижения общих целей в разл. областях экон. деятельности. В кон. 20 в. в развитых странах наиб. распространение получила посреднническо-сбытовая К. в с. х-ве.

Конькобежный спорт. Скоростной бег.

КООРДИНА́ТЫ (от лат. со – совместно и ordinatus – упорядоченный), числа, к-рые определяют положение точки на прямой, плоскости, поверхности, в пространстве. К. суть расстояния до выбранных к.-л. способом координатных линий. Напр., прямоугольные (декартовы) К. точки M на плоскости суть снабжённые знаками $+$ или $-$ расстояния $x = QM = OP$ (x – абсцисса) и $y = PM = OQ$ (y – ордината) точки от двух взаимно перпендикулярных прямых O_x и O_y (осей К.). В пространстве К. являются расстояниями (x, y и аппликата z) до трёх взаимно перпендикулярных плоскостей. Системы К., для к-рых не все координатные линии прямые, наз. криволинейными, напр. определяющие положение точки на земной поверхности – геогр. К. – долгота и широта; геодезич. К. – долгота, широта и высота – величина отклонения от нек-рой поверхности (геоида).

КОПЕ́ЙКА, рус. разменная монета, равная 1/100 рубля. Назв. произошло от изображения на монете всадника с

А.Г. Коонен в роли Федры.

копьём. В 16–17 вв. К. чаще всего наз. новгородкой. С 1535 по 1718 чеканилась из серебра. В 1704 Пётр I ввёл медную К. С 1926 чеканились из медно-цинкового сплава. С 1992 выпуск К. прекращён.

КОПЕЛЯ́Н Еф. Зах. (1912–75), актёр. С 1935 в Ленингр. Большом драм. т-ре. Для игры К. характерны сдержанный мужественный лиризм, умение «держать паузу», приковывая внимание зрителя к раздумьям героя. Роли: Джексон («Скованные одной цепью» Н. Дугласа и Г. Смита, 1961), Вершинин («Три сестры» А.П. Чехова, 1965) и др. Снимался в ф.: «Николай Бауман» (1968), «Преступление и наказание» (1970) и др. Читал текст от автора в т/ф «Семнадцать мгновений весны» (1973) и др.

КОПЕНГА́ГЕН, столица (с 1443) Дании, на С.-З. о-ва Зеландия и о-ве Амагер. 1,3 млн. ж. Порт у прол. Эресунн; междунар. аэропорт. Маш-ние (произ-во судов, дизелей; эл.-техн.), металлообр., хим., фарфоровая пром-сть. Ун-ты. Музеи: гос. худ., нац., Новая глиптотека Карлсберга и др. Королев. т-р (1770). Впервые упоминается в 1043, в 1167 построены замок и укрепления; город с 1254. С 1-й пол. 15 в. королев. резиденция. В Старом городе узкие кривые улицы, дворец Росенборг, биржа, дворец Шарлоттенборг (все 17 в.), дворец-парламент Кристиансборг (18 в.).

КОПЕ́РНИК (Kopernik, Copernicus) Николай (1473–1543), польск. астроном, создатель гелиоцентрич. системы мира. Совершил переворот в естествознании, отказавшись от принятого в течение мн. веков учения о центр. положении Земли (геоцентрич. системы). Объяснил видимые движения небесных светил вращением Земли и обращением планет (в т.ч. Земли) вокруг Солнца. Своё учение изложил в соч. «Об обращениях небесных сфер» (1543), запрещённом в 1616–1828 католич. церковью.

КО́ПИРАЙТ (англ. Copyright), знак охраны авторского права (©), предусмотренный Всемирной (Женевской) конвенцией об авторском праве (1952). Проставляется на изданиях, впервые выпущенных в свет, с указа-

Н. Коперник.

Копенгаген. Центр города.

ниём фамилии автора или названия изд-ва (иногда и того и другого). Правила о порядке применения знака К. изданы во мн. странах, присоединившихся к указанной Конвенции (СССР – в 1973).

КО́ПЛЕНД (Copland) Аарон (1900–1990), один из основоположников совр. композиторской школы США. Часто обращался к амер. фольклору. Оп. «Ласковая земля» (1954); бал. «Парень Билли» (1938), «Родео» (1942), «Весна в Аппалачах» (1944); поэма «Портрет Линкольна» для чтеца и орк. (1942) и др.

КОПО́ (Copeau) Жак (1879–1949), франц. режиссёр, актёр, драматург. Один из основоположников совр. франц. режиссуры. Организовал т-р «Вьё коломбье» (Париж, 1913, руководил до 1924). Роли: Иван Карамазов («Братья Карамазовы» по Ф.М. Достоевскому), Альцест («Мизантроп» Мольера). Пост.: «Двенадцатая ночь» (1914), «Зимняя сказка» (1920; обе – У. Шекспира). В 1936–40 в «Комеди Франсез». Автор пьес «Утренний туман» (1897), «Родной дом» (1924).

КО́ППОЛА (Coppola) Фрэнсис Форд (р. 1939), амер. кинорежиссёр, сценарист, продюсер. Мировую известность К. получила гангстерская сага-трилогия «Крёстный отец» (1972, 1974, 1990). Склонность К. к эпосу и трагедии проявилась и в антивоен. ф. «Апокалипсис сегодня» (1979). Острый драматизм, мастерство повествования, психол. точность актёрского исполнения отличают и др. пост. К.: «Разговор» (1974), «Клуб "Коттон"» (1985).

КО́ПРА (португ. copra, от малаяльского коппара), высушенная питательная ткань (эндосперм) плода кокосовой пальмы – кокосового ореха. Используется для получения кокосового масла, произ-ва маргарина и мыла.

КОПУЛЯТИ́ВНЫЕ О́РГАНЫ (лат. copula – соединение, связь, узы), у самцов ж-ных органы для введения спермы в половую систему самки, у самок – для принятия совокупит. органа и нередко для сохранения спермы; имеются у ж-ных с внутр. оплодотворением. Функцию К.о. могут выполнять конечности (у ракообразных, пауков), выросты плавников (у рыб) и др.

КО́ПЧИК, нижний конец позвоночника человека, состоящий из 4–5 сросшихся рудиментарных позвонков. Гомологичен хвостовому скелету др. позвоночных. Участвует в образовании таза.

КОПЫ́ТЕНЬ, род вечнозелёных многолетних трав (сем. кирказоновые). Листья округлые (по форме напоминают отпечаток копыта; отсюда назв.). Ок. 100 видов, в лесах Евразии и Сев. Америки. В листв. и смешанных лесах России распространён К. европейский. Лекарственное (усиливает сердечную деятельность) и декор. р-ние.

КОПЫ́ТНЫЕ, группа млекопитающих, 6 отр.: *парнокопытные*, *непарнокопытные*, мозоленогие (*верблюды*), хоботные (*слоны*), *сирены* и *даманы*. Первые 3 отр. объединяют настоящих К. (конечности заканчиваются копытами). К К. относятся наиб. ценные домашние ж-ные: лошади, рог. скот, свиньи, верблюды, северный олень.

КО́РА (от греч. kórē – девушка), 1) в греч. мифологии – культовое имя богини *Персефоны*. 2) В др.-греч. иск-ве – статуя прямо стоящей девушки в длинных одеждах.

КОРА́ РАСТЕ́НИЙ, многослойная периферич. ткань стеблей и корней р-ний. У мн. древесных пород внеш. слои коры отмирают и при увеличении диаметра ствола растрескиваются, образуя корку – толстый поверхностный ребристый слой (дуб и др.), крупные чешуи (сосна, платан) или продольные полосы (виноград, эвкалипт). У хвойных в коре имеются смоляные ходы. Окраска К.р., её рисунок и фактура – один из отличит. признаков древесных пород. Кора нек-рых деревьев используется для получения красок, лекарственных в-в, дубителей.

КОРА́БЛЬ (от греч. kárabos), то же, что *судно*. В совр. рус. языке К. наз. воен. суда. Возд. К. – крупные самолёт, дирижабль; космич. К. – пилотируемый космич. аппарат.

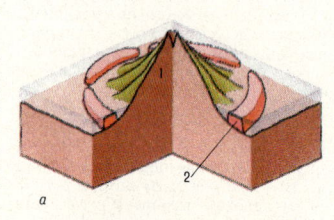

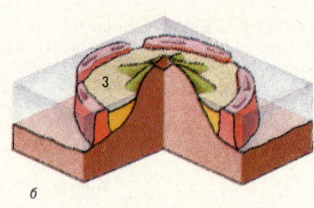

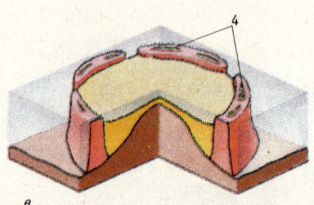

КОРА́ЛЛОВЫЙ РИ́Ф, известковый риф, формирующийся преим. скелетами колониальных кораллов в мелководн. участках тропич. морей нормальной солёности и при ср. темп-ре не ниже 20 °C. Общая площадь К.р. в Мировом ок. 600 т. км². Органич. мир чрезвычайно богат, а его представители (особенно рыбы) поражают яркостью и пестротой окраски, причудливыми формами.

КОРА́ЛЛЫ, мор., преим. колониальные *кишечнополостные*. Большинство имеет известковый скелет. В тропич. морях формируют коралловые рифы, *атоллы*; нек-рые ярко окрашены (обычно все оттенки жёлтого, красного и коричневого цвета. Из скелетов красного и чёрного К. изготовляют украшения. Известняки, образуемые ископаемыми К., используют как строит. материал.

КОРА́Н (араб. кур'ан, букв. – чтение), гл. священная книга мусульман, собрание «божеств. откровений», ниспосланных Мухаммеду. Включает проповеди, обрядовые и юрид. установления, заклинания, молитвы, назидат. рассказы и притчи, произнесённые Мухаммедом в Мекке и Медине. При халифе Османе между 650 и 655 была составлена редакция К., признанной канонической. К. включает 114 глав – сур (90 «мекканских» и 24 «мединские»), к-рые делятся на т.н. аяты. Многие сюжеты К. восходят к христианским и иудаистическим.

КОРА́НА (Khorana) Хар Гобинд (р. 1922), амер. биохимик. По происхождению индиец, с 1945 за границей, с 1960 в США. Впервые осуществил хим. синтез гена. Ноб. пр. (1968).

КО́РБУТ Ольга Вал. (р. 1955), белорус. спортсменка. Чемпионка СССР (1970, 1974, 1976), мира (1974) и Олимп. игр (1972, 1976) в разл. видах гимнастич. многоборья.

КОРБЮЗЬЕ́, см. *Ле Корбюзье*.

КОРДЕ́ (Корде д'Армон, Corday d'Armont) Шарлотта (1768–93), франц. дворянка. Проникла в дом к Ж.П. Марату и заколола его кинжалом. Казнена (гильотинирована).

КОРДЕБАЛЕ́Т (франц. corps de ballet, от corps – личный состав и *балет*), ансамбль танцовщиц и танцовщиков, исполняющих в балете, оперетте и др. массовые танцы.

КОРДИЛЬЕ́РЫ, величайшая по протяжённости (более 18 т.км) горн. система земного шара, простирающаяся вдоль зап. окраин Сев. и Юж. Америки. Подразделяется на К. Сев. Америки и К. Юж. Америки, или *Анды*.

КОРДИЛЬЕ́РЫ СЕ́ВЕРНОЙ АМЕ́РИКИ, сев. часть горн. системы Кордильер, вытянута вдоль зап. окраины Сев. Америки. Длина более 9 т.км. Включает: восточный пояс, или пояс Скалистых гор (4399 м, г. Элберт); западный, или Тихоокеанский, пояс (6193 м, г. Мак-Кинли – высш. точка материка); внутр. пояс – высокие плато и плоскогорья, разделённые глубокими тектонич. впадинами. Ледники (пл. ок. 67 т. км²; кр. ледник Беринг). Вулканизм. Высокая сейсмичность. В К.С.А. – истоки рр. Миссури, Юкон, Колумбия, Колорадо; озёра (Большое Солёное озеро, Тахо и др.). Вследствие климатич. различий и

значит. высоты растит. покров весьма разнообразен. М-ния руд цв. металлов, ртути, золота, нефти, кам. угля.

КО́РДОВА, г. в Аргентине, на Панамериканском шоссе. 1,18 млн.ж. Междунар. аэропорт. Авто- и самолётостроение, металлургия и металлообработка, хим. пром-сть. Ун-т (1613). Музеи: провинциальный изящных иск-в, ботанический. Собор (16–18 вв.), комплекс иезуитской миссии (17 в.), монастыри и дома 17–18 вв. Осн. в 1573.

КО́РДОВА, г. в Испании, на р. Гвадалквивир. 300 т.ж. Цв. металлургия, маш-ние, пищевкус., текст. пром-сть. Ун-т. Музеи: провинциальный изобр. иск-в, археологический. В 756–929 столица Кордовского эмирата, в 929–1031 – Кордовского халифата. В К. – одна из крупнейших в мире мечетей (8–10 вв.), с 13 в. собор; романские и готич. церкви, мавританские дома с глухими фасадами.

КОРДО́ВСКИЙ ХАЛИФА́Т, мусульм. гос-во на Пиренейском п-ове со столицей в Кордове. Возникло в 929 из Кордовского эмирата, осн. в 756 Омейядом Абдаррахманом I. Период наиб. расцвета – 10 в., правление Абдаррахмана III (929–961), аль-Хакама II (961–976), аль-Мансура (976–1002). В 1031 распался на мелкие эмираты.

КОРЕ́ЙСКОЕ ПИСЬМО́, фонетич. буквенно-слоговое письмо. Создано в сер. 15 в. для унификации чтений кит. иероглифов и записи кор. речи (до сер. 15 в. использовались кит. иероглифы). Алфавит состоял из 28 букв, в совр. кор. алфавите 40 букв. Буквы не следуют одна за другой, а группируются по ярусам в слоги и располагаются в пределах воображаемых квадратов равной величины, как иероглифы в кит. письме. Направление строки – сверху вниз и справа налево, сейчас всё чаще – по горизонтали слева направо. С 1949 в КНДР употребляются только кор. буквы, в Респ. Корея в осн. смешанное письмо – кит. иероглифы и кор. буквы.

КОРЕ́ЛЛИ (Corelli) Арканджело (1653–1713), итал. композитор, скрипач. Основоположник т.н. римской школы, знаменовавшей начало расцвета итал. скрипичного иск-ва, автор классич. образцов трио-сонаты, ранней скрипичной *сонаты*, *концерто гроссо*.

КО́РЕНЬ (биол.), орган р-ний, служащий для укрепления в почве, поглощения воды, минер. в-в, синтеза органич. соед., а также для выделения нек-рых продуктов обмена. К. может быть местом хранения запасных в-в (напр., у моркови), органом

Кора растений. Клён остролистный.

Коралловый риф. Стадии образования коралловых сооружений: *а* – риф на мелководье у вулканического острова; *б* – повышение уровня моря и затопление вулканического острова; *в* – низкие островки; 1 – вулканический остров; 2 – риф; 3 – лагуна; 4 – низкие островки.

Кордова. Быв. Большая мечеть (ныне собор). Интерьер.

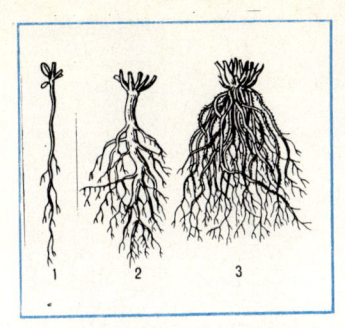

Корень. Типы корневой системы: 1, 2 — стержневая; 3 — мочковатая.

вегетативного размножения (у сирени и др.). Совокупность К. одного р-ния наз. корневой системой, форма к-рой (стержневая, мочковатая) зависит от соотношения роста главного, боковых и придаточных К. Р-ния с глубокой и разветвлённой корневой системой используются для закрепления песков, оврагов, эрозированных почв. Многие К. съедобны. К., содержащие крахмал, масла, красящие и др. ценные в-ва, используют в пром-сти и медицине.

КО́РЕНЬ (матем.), 1) К. степени n из числа a — число, n-я степень к-рого равна заданному числу a (обозначается $\sqrt[n]{a}$; a наз. подкоренным выражением). Действие нахождения К. наз. извлечением К. 2) Решение уравнения — значение неизвестного, обращающее уравнение в тождество. 3) Число, обращающее многочлен в нуль при подстановке этого числа вместо переменного.

КОРЕ́ЦКИЙ Вл. Мих. (1890—1984), укр. юрист. В 1961—70 чл. Междунар. суда ООН. Тр. по междунар. праву, всеобщей истории гос-ва и права, одним из первых теоретически обосновал необходимость создания междунар. хоз. права.

КОРЕ́Я (кор. Чосон, букв. — страна утренней свежести), гос-во в Вост. Азии, существовало до 1948, занимало Корейский п-ов, прилегающую к нему часть материка и ок. 3,5 тыс. прибрежных о-вов.

В нач. н.э. на терр. Корейского п-ова сложилось 3 кор. гос-ва — Пэкче, Силла и Когурё. В кон. 10 в. Корейский п-ов был объединён под властью гос-ва Коре. В 1876 Япония, а также ряд европ. гос-в навязали К. неравноправные договоры, закрепившие за ними разл. привилегии в торговле и др. После рус.-япон. войны 1904—05 Япония установила протекторат над К. и в 1910 аннексировала её, превратив в колонию. Разгром Японии во 2-й мир. войне положил конец япон. господству в К. По договору между союзниками по антигитлеровской коалиции К. была поделена на сов. зону ответственности (к С. от 38-й параллели) и американскую (к Ю. от неё). В сев. части К. в сент. 1948 провозглашена Кор. Нар.-Демокр. Респ. В юж. части К. в авг. 1948 провозглашена парламентская Респ. Корея.

КОРЕ́Я (Корейская Народно-Демократическая Республика, КНДР), гос-во в Вост. Азии, занимает сев. часть Корейского п-ова и прилегающую часть материка, омывается на В. Японским м., на З. Жёлтым м. Пл. 121,2 т. км². Нас. 22,6 млн. ч., гл. обр. корейцы. Офиц. яз. — корейский. Глава гос-ва — президент. Законодат. орган — Верховное нар. собрание. Столица — Пхеньян. Адм.-терр. деление: 9 провинций и 4 города центр. подчинения (Пхеньян, Кэсон, Чхонджин, Нампхо), приравненные к провинции. Ден. единица — вона.

Горы занимают ¾ терр. На С.-Сев.-Корейские горы (выс. до 2750 м, вулкан Пэктусан) и плоскогорья (Кэма и др.), на Ю.-В. — Вост.-Корейские горы. Низменности и холмистые равнины — преим. вдоль зап. побережья. Климат умеренный муссонный. Ср. темп-ры янв. от −6 до −21 °C, июля 21—23 °C; осадков 700—1000 мм в год. Кр. реки: Амноккан (Ялуцзян), Туманган (Тумынцзян), Тэдонган. Ок. ⅔ терр. занимают леса и кустарники. Равнины в осн. возделаны.

Корея. КНДР. Ворота Тэдон в окрестностях Пхеньяна.

После отвода оккупац. войск СССР и США (дек. 1948 — июнь 1949) между КНДР и Респ. Корея в 1950 вспыхнула война, в к-рой на стороне КНДР участвовали кит. воен. формирования, а на стороне Респ. Корея — войска США и ряда др. гос-в. После стабилизации фронта по 38-й параллели в 1953 было достигнуто перемирие, по к-рому между КНДР и Респ. Корея была образована демилитаризованная зона шир. 4 км. В КНДР укрепился однопарт. режим Трудовой партии Кореи, провозгласившей стр-во «социализма корейского типа». С кон. 1980-х гг. усилились разносторонние контакты с Респ. Корея с целью достижения мирного объединения Кореи. В февр. 1992 подписано соглашение о примирении, ненападении, обмене и сотрудничестве между Севером и Югом.

КНДР — индустриально-агр. страна. ВНП на д. нас. 1100 долл. в год. Добыча кам. угля, жел., вольфрамовых, свинцово-цинковых, молибденовых, медных, алюм. руд, магнезита, графита и др. Наиб. развиты эл.-энергетика, чёрная и цв. металлургия, нефтеперераб. и хим. пром-сть. Многоотраслевое маш-ние, лёгкая и пищевкус. (в т.ч. рыбная) пром-сть. Гл. отрасль с. х-ва — растениеводство. Возделывают зерновые (½ обрабат. площадей — рис); плантации женьшеня. Овощ-во, плод-во. Жив-во (кр. рог. скот, преим. рабочий; овцы, козы; птица). Шелк-во. Рыбоводство. КНДР экспортирует пром. продукцию (9/10 стоимости), рыбопродукты, женьшень, фрукты.

КОРЕ́Я (Республика Корея), гос-во в Вост. Азии, занимает юж. часть Корейского п-ова (к Ю. от 38-й параллели) и включает о. Чеджудо, омывается на В. Японским м., на З. Жёлтым м., на Ю. Корейским прол. Пл.

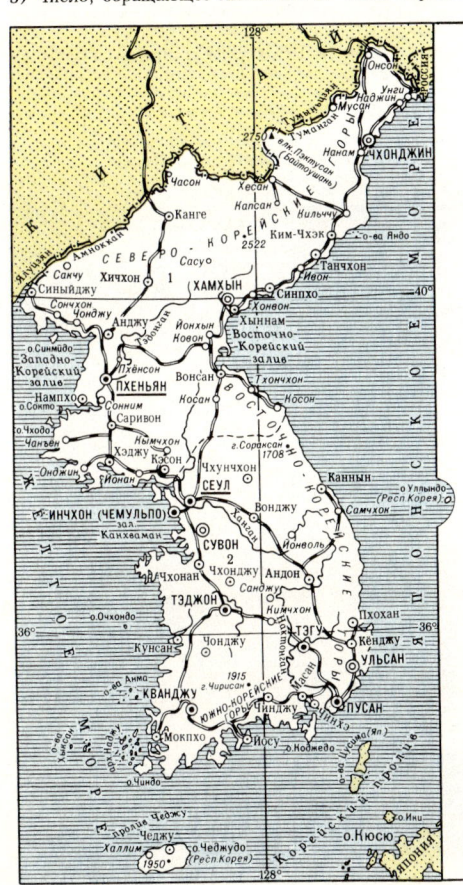

Корея. КНДР. Водохранилище Киян близ Пхеньяна.

98,5 т.км². Нас. св. 44 млн.ч., гл. обр. корейцы. Офиц. яз.— корейский. Верующие — буддисты, конфуцианцы, англикане, часть придерживается традиц. верований. Глава гос-ва — президент, законодат. орган — Нац. собрание. Столица — Сеул. Адм.-терр. деление: 9 провинций и 6 городов, выделенных в особые адм. единицы. Ден. единица — вона.

На В.— Вост.-Корейские горы, на Ю.— Юж.-Корейские горы (выс. до 1915 м, г. Чирисан). Низменности и холмистые равнины — преим. вдоль зап. побережья. Климат умеренно муссонный, на Ю. субтропич. Ср. темп-ры янв. от −6 до 4 °C, июля 23—26 °C; осадков 900—1500 мм в год. Кр. реки: Кымган, Нактонган, Ханган. Ок. ⅔ терр. занимают леса и кустарники. Равнины в осн. возделаны.

После окончания войны с КНДР К. в 1953 подписала с США договор о совм. обороне (вступил в силу в 1954). 60—80-е гг. характеризовались воен. формой правления, к-рой был положен конец в 1992, когда к власти пришло гражд. пр-во, провозгласившее курс на проведение широких реформ и достижение воссоединения с КНДР.

К.— динамично развивающаяся индустриально-агр. страна, занимает одно из ведущих мест среди т. н. новых индустр. стран. ВНП на д. нас. 6340 долл. в год. Пром-сть работает в значит. мере на импортном сырье. Добыча угля, вольфрамовых (одно из ведущих мест в мире), жел., марганц., свинцово-цинковых, медных руд, золота, серебра и др. Металлургия, маш-ние, нефтеперераб. и хим. пром-сть. Текст. и пищевкус. пром-сть. Гл. отрасль с. х-ва — растениеводство. Возделывают зерновые (рис — 50% обрабат. площадей), техн. культуры (хлопчатник, табак, рами, конопля). Плод-во, овощ-во. Жив-во

(кр. рог. скот, свиньи, птица). Шелк-во. Рыб-во, добыча морепродуктов. Св. 95% экспорта — готовая продукция: суда (2-е место в мире после Японии), продукция электроники, телевизоры (4-е место в мире), видеомагнитофоны, автомобили, обувь, текстиль, хим. товары и др.

КОРЖА́ВИН (наст. фам. Мандель) Наум Моис. (р. 1925), рус. поэт. С 1973 живёт в США. В лирике (сб. «Годы», 1963, «Время дано», 1992) — осмысление судьбы своего поколения, утверждение ценности внутр. свободы человека и нравств. ответственности поэта. Лит.-критич. статьи, публицистика, мемуары.

КО́РЖЕВ Гелий Мих. (р. 1925), рос. живописец. В драм. полотнах (серия «Опалённые огнём войны», 1962—67; «Опрокинутый», 1974—75) обращается к гражд. темам и героич. ситуациям.

КОРИА́НДР (кишнец), род однолетних трав (сем. *зонтичные*). 2 вида, из Средиземноморья. К. посевной растёт в Закавказье, Крыму, Ср. Азии. Культивируют для получения эфирного масла. Молодые стебли, называемые *кинзой*, и семена используются как приправа.

КО́РИН Пав. Дм. (1892—1967), рос. живописец. Тематич. картинам («Русь уходящая», или «Реквием», 1920—30-е гг., не закончена, многочисл. этюды), портретам («М.С. Сарьян», «Р.Н. Симонов», оба — 1956) свойственны одухотворённость и волевая собранность образов, монументальная строгость композиции и рисунка. Реставрировал картины Дрезденской гал., выполнял монументальные работы.

КОРИ́НФ, греч. полис (в 6 км от совр. Коринфа). Осн. дорийцами ок. 10 в. до н.э. Кр. торг.-ремесл. центр, соперничал с Афинами. Частично со-

хранились храм Аполлона (ок. 550 до н.э.), рим. агора, театр, храмы, крепость имп. Юстиниана (6 в.).

КОРИ́НФСКИЙ О́РДЕР, один из трёх осн. архит. *ордеров*. Имеет высокую колонну с *базой*, стволом с *каннелюрами* и пышной *капителью* из рядов листьев *аканта* и небольших *волют*. Сложился во 2-й пол. 5 в. до н.э. Отличается пышностью и торжественностью.

КОРИОЛИ́СА СИ́ЛА, одна из сил *инерции*, учитывающая влияние вращения подвижной системы отсчёта на относит. движение тела. На Земле эффект К.с. заключается в том, что свободно падающие тела отклоняются к В., а тела, движущиеся вдоль земной поверхности по направлению меридиана, отклоняются в Сев. полушарии вправо, а в Южном — влево от направления движения (закон К.М. Бэра). Эти отклонения вследствие медленности движения Земли весьма малы и заметно сказываются или при очень больших скоростях движения (напр., у ракет), или при очень длительном движении (напр., подмыв соотв. берегов рек). В технике К.с. учитывается в теории гироскопов, турбин и др.

КОРИФЕ́Й (греч. korypháios — глава, предводитель), 1) в др.-греч. трагедии — предводитель *хора*. Исполнял мелодекламац. речитативы, вёл диалоги с гл. героями. 2) В балете — танцовщик *кордебалета*, выступающий в первой линии и исполняющий отд. небольшие танцы (термин употребляется редко). 3) (Перен.) выдающийся деятель на к.-л. поприще.

КОРКУНО́В Ник. Мих. (1853—1904), рос. правовед и социолог. Тр. по гос. праву, теории и философии права. Одним из первых начал разработку проблем истории отеч. философии права и один из первых представителей социологич. юриспруденции в России.

КО́РМАК (Cormack) Аллан Маклеод (р. 1924), амер. физик. В 1963 разработал компьютерный метод реконструкции изображения при томографии. Ноб. пр. (1979).

КОРМЛЕ́НИЕ, система содержания должностных лиц (наместников и др.) за счёт местного населения на Руси. Складывалось в Др. Руси. Ликви-

П.Д. Корин. «Александр Невский». Центральная часть триптиха. 1942—43. Третьяковская галерея.

Корея. Республика Корея. Маяк на острове в южной части страны.

Корея. Республика Корея. Одно из зданий мемориала, посвящённого адмиралу Ли Сунсину. Провинция Кёнсан-Намдо.

П. Корнель.

дировано земской реформой Ивана IV (1555–56).

КОРМОВА́Я РЕ́ПА, то же, что *турнепс*.

КОРНЕВИ́ЩЕ, видоизменённый многолетний побег, как правило, подземный (часть стебля). Служит для отложения запасных питательных в-в, перенесения неблагоприятного периода, для вегетативного размножения. Несёт придаточные корни, почки, иногда чешуевидные листья.

КОРНЕ́ЛЬ (Corneille) Пьер (1606–1684), франц. драматург, представитель *классицизма*. Траги́ч. конфликт страсти и долга – в основе трагикомедии «Сид» (пост. и изд. в 1637), первого образца классицистич. т-ра. Тема гос-ва как высшего начала жизни (воплощение разума и общенац. интересов), победа граж. доблести над личными влечениями, торжество героич. воли – в трагедиях «Гораций» (пост. в 1640), «Цинна» (пост. в 1640–41). Разочарование в абсолютизме – в трагедиях «Мученик Полиевкт» (1643), «Смерть Помпея» (1644).

КОРНЕПЛО́ДЫ, мощные сочные подземные органы нек-рых культурных р-ний (брюквы, репы, петрушки, моркови, свёклы и др.). К. образуются при разрастании гл. корня и (или) подземного основания стебля.

КОРНЕ́Т (корнет-а-пистон), медный духовой муз. инстр-т с мундштуком и вентилем. Распространён с нач. 19 в. как орк. инстр-т, чаще в духовом оркестре и *биг-бэнде*.

КОРНИ́ЛОВ Вл. Ал. (1806–54), военачальник, вице-адмирал (1852). С 1849 нач. штаба, с 1851 фактически команд. рос. Черномор. флотом. В Крымскую войну 1853–56 один из руководителей обороны Севастополя. Смертельно ранен на Малаховом кургане.

КОРНИ́ЛОВ Вл. Ник. (р. 1928), рус. писатель. В поэме «Шофёр» (1961), сб. стихов «Пристань» (1964), «Польза впечатлений» (1989) и др. – мужеств. интонация, склонность к сюжетному воплощению поэтич. образа, поиски нравств. решений. В пов. «Девочки и дамочки» (1974) – атмосфера произвола и растерянности в нач. Вел. Отеч. войны. Романы (в т.ч. «Демобилизация», 1976).

КОРНИ́ЛОВ Лавр Георг. (1870–1918), военачальник, ген. от инфантерии (1917). В 1917 командовал армией, фронтом, в июле – авг. 1917 Верх. главнокомандующий. Выступил с программой стабилизации положения в России (в связи с усилением позиций леворадикальных партий), предусматривавшей милитаризацию тыла и ж.д. Вёл переговоры с А.Ф. Керенским о мирном переходе к нему всей полноты власти. 24 авг. предпринял ряд воен. мер по установлению жёсткого воен. режима. 27 авг. отстранён от командования; после отказа подчиниться объявлен мятежником и вскоре арестован. В Гражд. войну один из организаторов и главноком. *Добровольческой армией* (нояб. 1917– апр. 1918). Убит в бою под Екатеринодаром.

КОРНИШО́НЫ, плоды огурца (зеленцы) узкоплодных сортов дл. 5–9 см.

КОРО́ (Corot) Камиль (1796–1875), франц. живописец. Автор одухотворённо-лирич. пейзажей, отмеченных богатством *валеров*, тонкостью серебристо-серой гаммы, мягкостью воздушной дымки, окутывающей предметы («Воз сена», ок. 1865–70).

КОРО́ВИН Конст. Ал. (1861–1939), рос. живописец. С 1923 жил за границей. Тонкий мастер пленэрной живописи (см. *Пленэр*), создал эмоц. пейзажи и жанровые картины («Северная идиллия», 1886), портреты («Т.С. Любатович», 1886–87), натюрморты. Под влиянием *импрессионизма* выработал свободную декор. манеру. Создал красочные театральные декорации.

КОРОЕ́ДЫ, семейство жуков. Дл. 0,8–12 мм. Св. 3000 видов, в лесах и древесных насаждениях. Живут под корой, в коре, древесине, корнях, проделывая систему ходов. Многие К. сильно вредят лесам, садам, паркам, особенно в годы массового размножения.

КОРОЛЁВ Ник. Фёд. (1917–74), абсолютный (1936–37, 1944–45) и 9-кратный (1936–53) чемпион СССР в тяжёлом весе (бокс). Победитель Всемирной рабочей олимпиады в Антверпене (1937), междунар. турниров в Хельсинки и Праге (1946).

КОРОЛЁВ Сер. Пав. (1906/07–1966), учёный и конструктор в обла-

К.А. Коровин. «Париж». 1905. Третьяковская галерея.

К. Коро. «Пейзаж с озером». Эрмитаж.

Короед-двойник: жук и его ходы на внутренней стороне коры.

сти ракетостроения, основоположник практич. космонавтики. Под рук. К. в СССР созданы первый в мире ИСЗ, космич. корабли «Восток» и «Восход», на к-рых совершены первые в истории полёт и выход человека в космос. Был репрессирован в 1938–44: находился в заключении на Колыме, затем (с 1940) работал в КБ.

С.П. Королёв.

КОРОЛЕ́ВСКИЙ ШЕКСПИ́РОВСКИЙ ТЕА́ТР (Royal Shakespeare Theatre), англ. драм. т-р. Осн. в 1879 в Стратфорде-он-Эйвон; до 1961 – Шекспировский мемор. т-р. Ставит пьесы У. Шекспира и проводит шекспировские фестивали.

КОРОЛЕ́НКО Вл. Галактионович (1853–1921), рус. писатель. За причастность к рев. движению был сослан в Якутию (1881–84). Рассказы и пов. «Сон Макара» (1883), «Слепой музыкант» (1886), «Без языка» (1895), «Павловские очерки» (1890), «Река играет» (1891), автобиогр.

В.Г. Короленко.

346 КОРО

«История моего современника» (опубл. посм. в 1922) и др. проникнуты демокр. и гуманистич. идеями. Критика рев. террора после 1917 в письмах к А.В. Луначарскому (опубл. в 1988). Ред. ж. «Русское богатство» (1895–1918).

КОРО́ЛЬ, см. в ст. *Монархия*.

КОРОМЫ́СЛА, род стрекоз. Крупные (дл. до 7 см, крылья в размахе ок. 10 см), с быстрым порывистым полётом насекомые. Распространены повсеместно. Хищники, истребляют комаров, мух. Личинки живут в воде, иногда вредят прудовым х-вам, поедая мальков.

КОРО́НА (от лат. corona – венец), 1) драгоценный головной убор – знак монаршего достоинства. 2) В монархич. гос-вах – обозначение гос. власти, гос-ва (напр., «действовать в интересах К.»).

КОРО́НЕР (англ. coroner), в Великобритании, США и нек-рых др. странах спец. судья, в обязанности к-рого входит выяснение причины смерти, происшедшей при необычных или подозрит. обстоятельствах. При установлении факта насильств. смерти К. передаёт дело в суд.

КО́РОР, столица (с 1994) гос-ва Палау. 8. т. ж. Рыб-во, тропич. земледелие. Вывоз копры.

КОРОСТЕ́ЛЬ (дергач), скрытная ночная птица (сем. пастушковые). Дл. ок. 27 см, масса до 200 г. При ходьбе ритмично дёргает хвостом и покачивает головой. Распространён в Евразии (на В. до Вилюя), на влажных лугах и лесных полянах. Зимует в Африке; бытует мнение, что туда К. «ходят пешком» (на самом деле летят небольшими стайками). Объект спорт. охоты.

КОРО́ТКОЕ ЗАМЫКА́НИЕ, соединение точек электрич. цепи, имеющих разл. потенциалы, друг с другом или с др. цепями через ничтожно малое сопротивление (минуя нагрузку). Может привести к пожару. В быту для предотвращения вредных последствий К.з. применяют плавкие предохранители (т.н. пробки) или автоматич. выключатели.

КО́РПУС (от лат. corpus – тело, единое целое), 1) туловище человека, ж-ного. 2) Остов судна. 3) Осн. часть машины, механизма, прибора, аппарата, в к-рую монтируются др. детали. 4) Одно из неск. зданий, расположенных на общем участке; изолир. часть большого здания. 5) К. дипломатический, см. *Дипломатический корпус*. 6) В России до 1917 – нек-рые воен. закрытые ср. уч. заведения (напр., кадетский К., морской К.).

КО́РПУС ЖАНДА́РМОВ (с 1836 Отдельный корпус жандармов), в России с 1827 воинское соединение полит. полиции – при III отделении Собственной его Имп. Величества канцелярии, с 1880 при Департаменте полиции Мин-ва внутр. дел. Структура: штаб, округа (с 1867 губ. жандармские управления), дивизионы (моск., петерб., варшавский). Руководитель – шеф жандармов (гл. нач. III отделения, с 1880 мин. внутр. дел.)

КОРПУСКУЛЯ́РНО-ВОЛНОВО́Й ДУАЛИ́ЗМ, заключается в том, что любые микрочастицы материи (фотоны, электроны, протоны, атомы и др.) обладают свойствами и частиц (корпускул) и волн. Количеств. выражение К.-в.д – соотношение, введённое в 1924 Л. де Бройлем (см. *Волны де Бройля*). К.-в.д. получил объяснение в *квантовой механике*.

А. Корреджо. «Юпитер и Антиопа». Ок. 1524–25. Лувр.

КОРРЕ́ДЖО (Correggio) (наст. фам. Аллегри) Антонио (ок. 1489–1534), итал. живописец, представитель Высокого Возрождения. Религ. и мифол. картины («Даная», ок. 1526) отличаются грациозностью и поэтич. мягкостью образов, свежестью колорита.

КОРРЕКТИ́В (франц. correctif, от лат. correctus – исправленный, улучшенный), поправка, частичное изменение или исправление чего-либо.

КОРРЕ́КТНОСТЬ, 1) тактичность в обращении с людьми; вежливость, учтивость. 2) Точность, правильность, чёткость. Напр., К. доказательства, К. перевода.

КОРРЕЛЯ́ЦИЯ (от позднелат. correlatio – соотношение), взаимная связь, взаимозависимость, соотношение предметов или понятий.

КОРРИ́ДА (исп. corrida de toros, букв. – бег быков), бой быков, с нач. 18 в. традиц. цирковое зрелище в Испании, Португалии, Юж. Франции, странах Лат. Америки. Гл. роль играет тореро (эспада, матадор и др.), убивающий быка ударом шпаги.

КОРРО́ЗИЯ, физико-хим. взаимодействие металлич. материала и окружающей среды, к-рое приводит к понижению выносливости и прочности материала, вплоть до его разрушения. При К. железа и сталей во влажной атмосфере обычно образуются оксиды железа в виде ржавчины. Нормальная эксплуатация оборудования, коммуникаций, трансп. средств и т.п. часто возможна лишь при замедлении К. при помощи разл. покрытий (напр., лакокрасочных покрытий). В промышленно развитых странах убытки от К. (как безвозвратные потери металла, так и косвенные убытки, связанные с авариями, простоями оборудования) достигают 4% нац. дохода.

Коррида.

КОРСА́К, один из видов лисиц. Длина тела 50–60 см, хвоста 25–35 см. Мех пушистый, рыжевато-серый. Обитает в степях, полупустынях и отчасти в пустынях Евразии; в России – от Сев. Кавказа до Забайкалья. Объект охоты. В Сев. Америке близкий вид – американский К.

КО́РСАКОВ Сер. Сер. (1854–1900), один из основоположников нозологич. направления в психиатрии, создатель моск. школы психиатров. Описал (1897) т.н. корсаковский психоз. Автор классич. «Курса психиатрии» (1893).

КО́РСИКА, остров в Средиземном м., деп. Франции. Пл. 8,7 т.км². Гористый, выс. до 2706 м (г. Мон-Сенто). Средиземномор. кустарниковые заросли (гаррига), леса. Адм. ц. – Аяччо (родина Наполеона Бонапарта).

КОРТ (англ. court), спорт. площадка (40 × 20 м), размеченная для игры в теннис, разделённая посередине сеткой (выс. 91 см); покрытие глинопесчаное, травяное, синтетическое.

КОРТА́САР (Cortázar) Хулио (1914–84), аргент. писатель. В ром. «Экзамен» (изд. в 1986), «Игра в классики» (1963), «62. Модель для сборки» (1968) и др., рассказах (сб. «Бестиарий», 1951, «История о хронопах и фамах», 1962) – причудливо-парадоксальное совмещение психол. и бытовой достоверности с фантастич. и символико-филос. мотивами, «игровым» преображением реальности, языковые эксперименты; проблемы преодоления отчуждённости личности на путях активного социального действия (ром. «Книга Мануэля», 1973). Стихи.

КОРТЕ́С (Cortés) Эрнан (1485–1547), исп. конкистадор. В 1504–19 служил на Кубе. В 1519–21 возглавил завоеват. поход в Мексику, приведший к установлению там исп. господства. В 1522 назначен ген.-капитаном и губернатором (до 1528) завоёванных им областей (названных Н. Испания). В 1524 в поисках мор. прохода из Атлантич. ок. в Тихий пересёк Центр. Америку.

КОРТЕ́СЫ (исп. cortes), 1) в ср. гос-вах Пиренейского п-ова – сословно-представит. собрания (первые по времени в Зап. Европе). Впервые упоминаются в Кастилии в 1137. 2) В Испании – назв. парламента.

КОРТИКОСТЕРО́ИДЫ, гормоны ж-ных и человека, вырабатываемые корой надпочечников. Регулируют водно-солевой, белковый и углеводный обмен. По хим. природе – стероиды. Применяются (гидрокортизон, кортизон и др.) в медицине при нарушениях функции надпочечников, в качестве противовоспалит. и противоаллергич. средств.

КОРТО́ (Cortot) Альфред (1877–1962), франц. пианист, дирижёр, педагог. Исполнит. стилю присущи тембровое многообразие звучания, театральная приподнятость. В репертуаре выделялись трактовки произв. Ф. Шопена, Р. Шумана, а также К. Дебюсси, М. Равеля. В 1905 организовал совм. с Ж. Тибо и П. Касальсом трио.

КОРУ́НД (нем. Korund; из др.-инд.), минерал, оксид алюминия. Тв. 9; плотн. ок. 4 г/см³. Накапливается в россыпях. Разновидности: *рубин*, *сапфир*, лейкосапфир (бесцветный), наждак (тонкозернистая смесь К. с магнетитом серо-чёрного цвета). Прозрачные бездефектные кристаллы К. используются в ювелирном деле, наждак – как абразив. Налажен пром. синтез К. для часовой, радиоэлектронной и ювелирной пром-сти.

КОРЧА́ГИНА – АЛЕКСАНДРО́ВСКАЯ Ек. Пав. (1874–1951), актриса. На сцене с 1887. С 1904 в С.-Петербурге, с 1915 в Александринском т-ре. Исполняла в осн. характерно-бытовые роли: Пошлепкина («Ревизор» Н.В. Гоголя), Улита («Лес» А.Н. Островского; обе – 1907) и др. В 1920-х гг. играла социальных героинь: Клара Спасова («Страх» А.Н. Афиногенова, 1931) и др. Снималась в ф.: «Крестьяне» (1935) и др.

КО́РЧАК (Korczak) Януш (наст. имя Генрик Гольдшмидт) (1878–1942), польск. писатель, педагог, врач. Автор св. 20 книг о воспитании, в т.ч. «Как любить детей» (1914), где изложена его концепция формирования ребёнка как личности, а также дет. повести «Дети улицы» (1901), «Король Матиуш I» (1923), проникнутых гуманизмом. Погиб в фаш. концлагере вместе с 200 детьми из варшавского гетто – его воспитанниками.

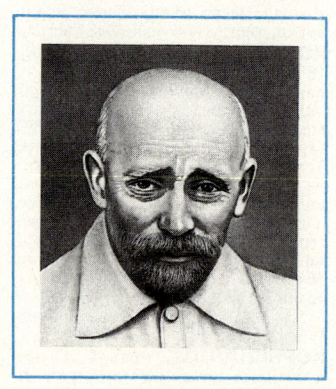

Я. Корчак.

КО́РШУНЫ, род хищных птиц (сем. ястребиные). Дл. до 70 см. 2 вида (чёрный и красный К.), в Евразии,

Коршуны. Чёрный коршун.

Африке, Австралии. Обитают в лесах, на открытых местах, часто у водоёмов. Добычу (птенцы, ящерицы, крупные насекомые и пр.) высматривают паря в воздухе.

КОРЬ, острое вирусное заболевание преим. детей: лихорадка, сыпь, воспаление слизистых оболочек дыхат. путей, глаз. Заражение от больного через воздух при кашле, разговоре и т.п. Профилактика: иммунизация.

КО́РЮШКИ, семейство промысловых рыб. Дл. до 35 см, масса до 350 г. 14 видов, в мор. и пресных водах Сев. полушария.

КОРЯ́КСКИЙ АВТОНО́МНЫЙ О́КРУГ, в Камчатской обл. России. Пл. 301,5 т.км². Нас. 396 т.ч., гор. 39%; коряки (16,5%), чукчи, ительмены, русские (62,0%), украинцы. Ц.- пос. гор. типа Палана. 5 пос. гор. типа.

Расположен на С. п-ова Камчатка и прилегающей к нему части материка; омывается Беринговым и Охотским морями. Преобладает горн. рельеф – Корякское (выс. до 2562 м) и Колымское нагорья. Климат субарктический. Ср. темп-ры янв. от −24 до −26°С, июля 10−14°С; осадков 300−700 мм в год. Многолетняя мерзлота. Кр. река – Пенжина (судоходна). Тундра и лесотундра. Осн. отрасли х-ва: рыбная пром-сть, добыча бурого угля. Оленеводство, охота, звероводство.

КОСА́ТКА, самый крупный вид дельфинов. Дл. до 10 м, масса до 8 т. Распространена от Арктики до Антарктики. Наряду с рыбой и головоногими моллюсками питается мясом крупных теплокровных ж-ных (тюлени, моржи, нек-рые киты и др.), из-за чего получила прозвище «кит-убийца». В неволе послушна, хищных инстинктов не проявляет. Смышлёное, легко обучающееся ж-ное, «звезда» морских цирков.

Косатка.

КО́СВЕННЫЕ ВЫ́БОРЫ, система выборов, при к-рой избиратели не участвуют непосредственно в выборах депутата парламента, органа или главы гос-ва, а избирают своих представителей для этого. (В порядке К.в. избирается коллегией *выборщиков* президент США.)

КОСИ́ЦКАЯ (по мужу Никулина) Люб. Пав. (1827−68), актриса. На сцене с 1843. С 1847 в Малом т-ре (Москва). Игру отличали искренность переживания, внутр. свобода, лирич. воодушевление. Дарование К. наиб. полно раскрылось в постановках пьес А.Н. Островского. Первая исполнительница роли Катерины («Гроза», 1859) и др.

КОСМЕ́ТИКА (от греч. kosmetikē – искусство украшать), средства и методы улучшения внешности человека. Различают врачебной и декор. К. Задачи врачебной К.– борьба с проявлениями старения, последствиями заболеваний кожи лица и головы, оперативное устранение разл. косметич. дефектов. Декор. К. помогает скрыть нек-рые дефекты внешности или оттенить отд. черты лица. Среди гигиенич. и профилактич. косметич. средств – зубные пасты, порошки, жидкости для полоскания, кремы, лосьоны, шампуни и т.д. Средства декор. К.– пудры, губные помады, грим, лаки для волос и ногтей и т.д. Для ароматизации косметич. средств используются разл. парфюмерные композиции (см. *Парфюмерия*).

КОСМИ́ЧЕСКАЯ МЕДИЦИ́НА, см. *Авиационная медицина*.

КОСМИ́ЧЕСКАЯ СВЯЗЬ, радио- или оптич. (лазерная) связь между наземными приёмопередающими станциями и космич. аппаратами (КА), между неск. наземными станциями преим. через спутники связи или пассивные ретрансляторы (напр., пояс иголок в космосе), между неск. КА.

КОСМИ́ЧЕСКАЯ СЪЁМКА, съёмка (фотогр., телевиз.) Земли, небесных тел и космич. явлений с ИСЗ, космич. кораблей и т.п., выполненная в разл. областях спектра эл.-магн. излучения. Ср. масштаб космич. снимков Земли 1:1 000 000 – 1:10 000 000.

КОСМИ́ЧЕСКИЕ ЛУЧИ́, потоки заряженных частиц высокой энергии (до ~ 10²⁰ эВ), приходящих к Земле из космич. пространства. Открыты австр. физиком В. Гессом в 1912. По месту происхождения (ускорения) К.л. разделяют на метагалактические (внегалактические), галактические и солнечные. Источники К.л.: *квазары, ядра галактик, сверхновые звёзды, пульсары,* межзвёздная среда, вспышки на звёздах (аналогичные солнечным вспышкам) и Солнце. Солнечные К.л. (протоны) высоких энергий, оказывающие вредное воздействие на живые организмы, задерживаются магнитосферой и атмосферой Земли. Сталкиваясь с ядрами атомов в атмосфере Земли, К.л. образуют множество вторичных частиц (протонов, электронов, мезонов и др.) – т.н. вторичные К.л. Потоки К.л.– уникальный естеств. источник частиц сверхвысоких энергий, позволяющих изучать структуру и процессы взаимодействия элементарных частиц.

КОСМИ́ЧЕСКИЕ СКО́РОСТИ. В астрономии и динамике космич. полёта употребляются понятия трёх К.с. Первой К.с. (круговой скоростью) наз. наим. скорость, к-рую нужно сообщить телу, чтобы оно стало искусств. спутником к.-л. планеты; для поверхностей Земли, Марса и Луны первые К.с. соотв. прибл. 7,9 км/с, 3,6 км/с и 1,7 км/с. Второй К.с. (параболич. скоростью) наз. наим. нач. скорость, к-рую нужно сообщить телу, чтобы оно, начав движение у поверхности планеты, преодолело её притяжение; для Земли, Марса и Луны вторые К.с. соотв. равны прибл. 11,2 км/с, 5 км/с и 2,4 км/с. Третьей К.с. наз. наим. нач. скорость, обладая к-рой тело относит. притяжение Земли, Солнца и покидает Солнечную систему; равна прибл. 16,7 км/с.

КОСМИ́ЧЕСКИЙ АППАРА́Т, общее название разл. технич. автоматич. или пилотируемых устройств, предназначенных для выполнения целевых задач в космосе (искусств. спутники, космич. корабли, станции). Делятся на 2 осн. группы: околоземные орбитальные и межпланетные. Первый К.а.– ИСЗ (1957, СССР).

КОСМИ́ЧЕСКОЕ ПРА́ВО, совокупность норм междунар. права, регулирующих отношения между его субъектами (прежде всего гос-вами), в связи с осуществлением космич. деятельности по исследованию и использованию космич. пространства и устанавливающих его междунар.-правовой режим. Осн. док-т в области К.п.– Договор о принципах деятельности гос-в по исследованию и использованию космич. пространства, включая Луну и др. небесные тела (1967). Предусматривает свободу исследования, мирного использования космич. пространства и небесных тел, запрещение размещать в космосе любые объекты с ядерным оружием или любыми др. видами оружия массового уничтожения.

КОСМОГО́НИЯ (от *космос* и ...*гония;* греч. kosmogonía), раздел астрономии, изучающий происхождение и развитие космич. тел и их систем (планет и Солнечной системы в целом, звёзд, галактик и т.д.). Наиб. развита К. Солнечной системы (планетная К.). Во 2-й пол. 20 в. в планетной К. утвердилась гипотеза о происхождении Солнца и планет из единого холодного газово-пылевого облака прибл. 4,7 млрд. лет назад.

КОСМОДРО́М (от *космос* и греч. drómos – бег, место для бега), комплекс сооружений, оборудования и земельных участков, предназначенных для сборки, подготовки и запуска космич. аппаратов. В 1946 был осн. первый в СССР К.– Капустин Яр, в 1955 – Байконур, в 1960 – Плесецк. Функционируют К.: Вост. испытат. полигон, Зап. испытат. полигон, Уоллопс (США), Куру (Франция), Утиноура, Танегасима (Япония), Чанчэнцзе (Китай), Сан-Марко (Италия), Шрихарикота (Индия) и др. Первые в мире запуск ИСЗ (1957) и полёт космонавта (Ю.А. Гагарин, 1961) осуществлены с К. Байконур.

КОСМОЛО́ГИЯ (от *космос* и ...*логия*), учение о Вселенной в целом. В совр. К. наиб. распространена модель Вселенной, согласно к-рой в расширяющейся Вселенной на ранней стадии развития в-во и излучение имели очень высокую темп-ру и плотность. Расширение привело к их постепенному охлаждению, образованию атомов, а затем (в результате гравитационной конденсации) – протогалактик, галактик, звёзд и др. космич. тел. Наблюдаемое *реликтовое излучение* – «остывшее» излучение, сохранившееся с ранних стадий развития Вселенной, является важнейшим подтверждением такой модели. К нерешённым проблемам К. относятся проблемы нач. сверхплотного состояния Вселенной (т.н. сингулярности; см. *Большой взрыв*) и конечной судьбы её существования (возможности возвращения в состояние сингулярности).

КОСМОНА́ВТ (от *космос* и греч. naútēs – мореплаватель) (астронавт), человек, испытывающий и эксплуатирующий космич. технику в космич. полёте и проводящий исследования в составе экипажа космич. корабля. Первый К.– Ю.А. Гагарин (1961), первый К., вышедший в открытый космос,– А.А. Леонов (1965), первый К., ступивший на Луну,– Н. Армстронг (1969, США).

КОСМОНА́ВТИКА (от *космос* и греч. nautikē – искусство мореплавания) (астронавтика, космоплавание) (астронавтика), полёты в космич. пространство (начало космич. эры относят к 4 окт. 1957 – запуск в СССР первого в мире искусств. спутника Земли); совокупность отраслей науки и техники, обеспечивающих с помощью ИСЗ и космич. кораблей освоение ближнего космоса, науч. исследования Вселенной и Земли (геология, метеорология, природные ресурсы и др.).

КОСМОПОЛИТИ́ЗМ (от греч. kosmopolítēs – космополит, гражданин мира), идеология т.н. мирового гражданства. В философии стоицизма все люди являются гражданами единого мирового гос-ва – Космополиса. В эпоху Возрождения и Просвещения идеал мирового гражданства был направлен против феод. раздробленности (Данте, Т. Кампанелла), выражал идеи свободы индивида (Г. Лессинг, И.В. Гёте, И.Ф. Шиллер, И. Кант, И.Г. Фихте). В совр. условиях К. выступает в виде разл. социально-полит. ориентаций – от взаимодействия и сближения народов и гос-в до нигилистич. отношения к нац. культуре и традициям.

КОСМОПОЛИ́ТЫ (биол.), р-ния и ж-ные, обитающие по всему (или почти по всему) земному шару. К. являются, напр., злаки, воробьёвые птицы. К. противопоставляются *эндемикам.*

КО́СМОС (греч. kósmos – строй, порядок, мир, Вселенная), первоначально у древних греков – Вселенная как стройная, организованная система, в противоположность хаосу, беспорядочному нагромождению материи. В совр. понимании термин «К.» имеет неск. значений: синоним *Вселенной;* всё, что находится за пределами Земли и её атмосферы; область пространства, доступная исследованиям с борта космич. аппаратов (прибл. совпадает с планетной системой); ближайшая и наиб. доступная таким исследованиям область – околоземное пространство (иногда наз. «ближний К.»).

«КО́СМОС», 1) искусств. спутник Земли (ИСЗ) для изучения космич. пространства, решения техн. проблем, отработки систем космич. аппаратов, созданный в СССР. Разработано неск. модификаций «К.», унифицированных по конструкции и составу осн. бортовых систем. Первый запуск 16.3.1962. 2) 2-ступенчатая ракета-носитель для запуска ИСЗ «К.».

КО́СТА-ГАВРА́С (Costa-Gavras) (наст. имя и фам. Константин Гаврас) (р. 1938), франц. кинорежиссёр. Ставит фильмы детективного жанра, в к-рых затрагивает острые полит. проблемы, связанные с существованием тоталитарных режимов в разл. странах мира: «Дзета» (1969), «Признание» (1970), «Осадное положение» (1973), «Пропавший без вести» (1982), «Музыкальная шкатулка» (1989).

КО́СТА-РИ́КА (Республика Коста-Рика), гос-во в Центр. Америке, омывается на С.-В. Карибским м., на Ю.-З. Тихим ок. Пл. 50,7 т. км². Нас. 3,2 млн. ч., гл. обр. костариканцы (креолы – 87%, метисы). Офиц. яз.– испанский. Св. 80% верующих – католики. Глава гос-ва и пр-ва – президент. Законодат. орган – однопалатный парламент (Законодат. собрание). Столица – Сан-Хосе. Адм.-терр. деление: 7 провинций. Ден. единица – колон.

Поверхность б.ч. гористая (выс. до 3820 м); действующие вулканы. Климат субэкв. Ср. темп-ры 19−25°С;

ж-ных и человека. Различают красный К.м. (преобладает в первые годы жизни) – осн. кроветворный орган, в к-ром образуются форменные элементы крови (эритроциты, лейкоциты, тромбоциты), и жёлтый К.м., состоящий гл. обр. из жировых клеток; с возрастом жёлтый К.м. постепенно наполовину вытесняет красный.

КОСТОЕ́ДА, устар. название *кариеса*.

КОСТОЛЕ́ВСКИЙ Иг. Матв. (р. 1948), актёр. С 1973 в Моск. т-ре имени Вл. Маяковского. Артист лирико-романтич. плана, иногда подчёркивает драм. напряжение, усложняет психол. рисунок ролей: Кинг («Смотрите, кто пришёл!» В.К. Арро, 1982), Василий Леонидович («Плоды просвещения» Л.Н. Толстого, 1984) и др. Снимался в ф.: «Звезда пленительного счастья» (1975), т/ф «И это всё о нём», «Безымянная звезда» (оба – 1978) и др.

КОСТОМА́РОВ Ник. Ив. (1817–1885), историк, писатель. Один из руководителей Кирилло-Мефодиевского об-ва. Сторонник укр. культурно-нац. автономии. Тр. по социально-полит. и экон. истории России и Украины («Русская история в жизнеописаниях её главнейших деятелей», т. 1–3, 1873–88). Иссл. и публ. укр. фольклора, древних актов. Сб. стихов «Украинские баллады» (1839), «Ветка» (1840), ист. пьесы «Савва Чалый» (1838), «Переяславская ночь» (1841); повести на укр. и рус. языках. Автобиография.

КОСТРОМА́, г., ц. Костромской обл., в России. 282,3 т.ж. Порт на Волге, ж.-д. ст. Старинный центр текст. пром-сти (гл. обр. льняной). Маш-ние (экскаваторы, станки и др.), деревообр., хим., пищ. пром-сть. 3 вуза. Объединённый музей-заповедник. Музеи: изобр. иск-в и дерев. зодчества. Т-ры: драм. имени А.Н. Островского, кукол. Осн. в 12. Близ К.– ГРЭС. Центр К. имеет веерообразную систему улиц, со зданиями в стиле классицизма. Анс. Богоявленского и Ипатьевского мон. (16–18 вв.), церкви в «узорочном стиле». Осн. в 12 в.

КО́СТЫЧЕВ Пав. Анд. (1845–95), рос. учёный, один из основоположников совр. почвоведения. Разработал способы повышения почвенного плодородия, создал учение о происхождении, составе и свойствах чернозёмных почв, исследовал также свойства песчаных почв и солончаков, предложил меры по борьбе с почвенной эрозией. Автор первого в России учебника «Почвоведение» (ч. 1–3, 1886–87). Организатор первой в России агрохим. лаборатории (1878).

КОСТЬ, осн. элемент скелета позвоночных ж-ных и человека. Костная ткань – разновидность соединит. тка-

ни; состоит из клеток и плотного межклеточного в-ва, содержащего соли кальция и белки (гл. обр. коллаген) и обеспечивающего её твёрдость и эластичность. Вместе с суставами, связками и мышцами, прикреплёнными к К. сухожилиями, образует опорно-двигат. аппарат. В течение жизни К. перестраивается: разрушаются старые клетки, развиваются новые. После переломов К. регенерирует путём деления клеток надкостницы.

КОСТЮ́ШКО (Kościuszko) Тадеуш (1746–1817), руководитель Польск. восст. 1794. Участник Войны за независимость в Сев. Америке 1775–83. Ранен в бою и взят в плен царскими войсками; заключён в Петропавловскую крепость (освобождён в 1796). Умер в Швейцарии, прах перевезён в Краков.

КОСТЯКО́В Ал. Ник. (1887–1957), рос. учёный. Разработал методы орошения и технику полива с.-х. культур, методы борьбы с потерями воды и др.

КОСТЯНИ́КА, многолетнее р-ние (сем. *розоцветные*), родственное малине, ежевике. В дубравах, разрежённых хвойных лесах Сев. полушария. Плоды богаты витаминами, органич. к-тами; съедобны.

КОСУ́ЛИ, млекопитающее (сем. *олени*). Длина тела до 1,5 м, высота в холке 65–100 см, масса до 60 кг. 2 вида, в лесной и лесостепной зонах Евразии; хорошо приживаются в преображённых человеком ландшафтах (лесопарки и т.д.). Объект охоты (мясо, кожа). В ряде мест охраняемы.

КОТ-Д'ИВУА́Р (Республика Кот-д'Ивуар), гос-во в Зап. Африке, омывается Атлантич. ок. Пл. 322,5 т. км². Нас. 13,5 млн. ч., гл. обр. народы бете, бауле, сенуфо, аньи, малинке и др. Проживает также св. 2 млн. иностранцев из Буркина-Фасо, Мали

Косули. Европейская косуля.

Кострома. Торговые ряды.

и Ганы. Офиц. яз.– французский. Ок. 65% нас. придерживается местных традиц. верований, св. 20% – мусульмане, 14% – христиане. Глава гос-ва – президент. Законодат. орган – однопалатный парламент (Нац. собрание). Столица – Ямусукро; резиденция президента и пр-ва – в Абиджане. Адм.-терр. деление: 49 департаментов. Ден. единица – франк КФА.

Поверхность – преим. равнина. Климат экв. в юж. части (до 2300 мм осадков в год), субэкв. в северной. Ср.-мес. темп-ры от 25 до 30 °C. Гл. реки: Комоэ, Бандама, Сасандра, Кавалли. На Ю.– экваториальные леса, на С.– саванны.

В 1893 образована франц. колония Берег Слоновой Кости; в 1895 вошла в состав Франц. Зап. Африки. С 1960 независимое гос-во. С 1986 называется К.-д'И.

К.-д'И.– агр. страна. ВНП на д. нас. 700 долл. в год. Экспортные с.-х. культуры: какао (крупнейший в мире производитель какао-бобов, 500 тыс. т в год) и кофе (3-е место в мире после Бразилии и Колумбии), ананасы, бананы, гевея, масличная пальма, хлопчатник. Рыб-во. Лесозаготовки (крупнейший экспортёр на мировом рынке лесоматериалов ценных тропич. пород). Добыча нефти. Деревообр., текст. и кож.-обув. пром-сть.

КОТЕ́ЛЬНИКОВ Глеб Евг. (1872–1944), рос. изобретатель. Создал первый авиац. ранцевый парашют (1911), применённый в 1-ю мир. войну на ряде самолётов «Илья Муромец» и привязных аэростатах наблюдения. Впоследствии разработал ряд усовершенствованных моделей парашютов, принятых в эксплуатацию.

КОТЁНОЧКИН Вяч. Мих. (р. 1927), рос. режиссёр. С 1969 осуществляет постановки популярного многосерийного мультфильма «Ну, погоди!», насыщенного трюками, музыкой, комедийными ситуациями (вышло 17 выпусков, последний в 1992).

КО́ТИК (северный морской котик), млекопитающее (сем. *ушастые тюлени*). Длина тела самцов до 2,1 м, масса до 300 кг; самки существенно мельче. Распространены в сев. части Тихого ок.; лежбища на Командорских, Тюленьем и Прибылова о-вах. Живут до 30 лет; бо́льшую часть жизни проводят в воде. Высоко ценится мех молодых К. Промысел регулируется. 8 видов юж. мор. К. обитают в Юж. полушарии.

Коста-Рика. Кратер действующего вулкана Поас в Центральной Кордильере.

осадков на Прикарибской низм. до 3000 мм в год (вечнозелёные леса), на Тихоокеанском побережье 1000–1500 мм (листопадные леса, мимозовые саванны).

В нач. 16 в. завоёвана испанцами. В 1821 в ходе Войны за независимость исп. колоний в Америке 1810–26 освободилась от колон. гнёта и стала независимым гос-вом. В 1823–38 К.-Р. в составе Соед. провинций Центр. Америки. В 1848 конгресс К.-Р. принял декларацию о суверенитете и независимости. Период гражд. войн, воен. столкновений с соседями продолжавшийся до кон. 19 в., сменился периодом относит. полит. стабилизации. В 1948 в К.-Р. вспыхнула гражд. война. В соответствии с конституцией 1949 в К.-Р. был установлен демократ. строй, упразднены вооруж. силы. В 1983 К.-Р. заявила о своём «активном, автономном и невооруж. нейтралитете». В 1987 она выступила инициатором мирного урегулирования в Центр. Америке.

К.-Р.– агр. страна. ВНП на д. нас. 2010 долл. в год. Осн. экспортные культуры – кофе (⅓ стоимости), бананы, какао; выращивают сахарный тростник, рис, кукурузу. Лесоразработки. Жив-во. Рыб-во. Произ-во (на экспорт) одежды, электронных компонентов, ювелирных украшений.

КОСТЕ́НКО Лина Вас. (р. 1930), укр. поэтесса. В поэзии драматизм, размышление о человеке на перекрёстках нац. и всемирной истории – сб. «Странствия сердца» (1961), «Над берегом вечной реки» (1977), «Сад летающих скульптур» (1987), ист. ром. в стихах «Маруся Чурай» (1979).

КО́СТНЫЙ МОЗГ, содержится в полостях костей у позвоночных

Кот-д'Ивуар. Заготовка древесины.

Р. Кох.

Коттедж на садовом участке близ Таллина. 1970-е гг.

Кофейное дерево: плоды.

В.М. Котёночкин. Кадр из мультфильма «Ну, погоди!».

КО́ТИН Жозеф Як. (1908–79), конструктор. Под рук. К. в СССР созданы первые тяжёлые танки СМК и КВ (1939), ИС (1943), тяжёлые самоходные арт. установки, тракторы: трелёвочный КТ-12 (1948), колёсный К-700 (1963).

КОТИРО́ВКА (от франц. coter, букв. – нумеровать, метить), установление курсов иностр. валют или ценных бумаг, а также цен биржевых товаров. К. – важный показатель *конъюнктуры* рынка.

КОТТЕ́ДЖ (англ. cottage), одноквартирный индивид. гор. или сел. жилой дом с участком земли. К. – традиц. тип англ. жилища, распространившийся в др. европ. странах и США, обычно имеет 2 этажа.

КОТУ́РНЫ (греч. kóthornoi, лат. cothurni), род антич. обуви, первонач. бытовой (высокие сапоги из мягкой кожи), затем (с 5 в. до н.э.) сценической: обувь на толстой подошве, употреблявшаяся трагич. актёрами для увеличения роста и придания фигуре величественности. Антич. традиция приписывает введение К. в т-ре Эсхилу.

КО́УЛМЕН (Коулман) (Coleman) Орнетт (р. 1930), амер. джазовый саксофонист, композитор, руководитель ансамблей. Выступал с 1940-х гг. с разл. (в т.ч. собств.) джазовыми коллективами. Основоположник т.н. фри-джаза (см. *Джаз*); с 1970-х гг. работает б.ч. в традициях джаз-рока и стилях поп- и рок-музыки.

КО́ФЕ (от араб. кахва), продукт, получаемый обжариванием и измельчением семян (зёрен) *кофейного дерева*. Содержит *кофеин*, сахара, минер., азотистые и др. в-ва. Из зёрен кофе получают растворимый К. (порошок или гранулы). Крупнейший производитель К. – Бразилия.

КОФЕ́ИН, алкалоид, содержащийся в семенах кофейного дерева, листьях чайного куста, орехах кола и др. Оказывает возбуждающее действие на центральную нервную и сердечно-сосудистую системы. Применяется как стимулирующее средство, при отравлении наркотиками и др.

КОФЕ́ЙНОЕ ДЕ́РЕВО (кофе), род вечнозелёных деревьев и кустарников (сем. мареновые). Ок. 40 видов, в тропиках и субтропиках Африки и Азии. В культуре 4–5 видов, из к-рых 90% площадей занимает К.д. аравийское, выращиваемое с 14–15 вв. на Аравийском п-ове. В 18 в. этот вид был завезён в Бразилию – ныне мировой центр культуры кофе. Семена К.д. (кофейные зёрна) используют для получения кофеина и кофе. Нек-рые виды декоративны.

КОХ (Koch) Роберт (1843–1910), нем. микробиолог, один из основоположников бактериологии и эпидемиологии. Тр. по выявлению возбудителей инфекц. болезней и разработке методов борьбы с ними. Сформулировал критерии этиологич. связи инфекц. заболевания с микроорганизмом. Открыл (1882) возбудителя туберкулёза («палочка К.»). Впервые выделил чистую культуру возбудителя сибирской язвы. Предложил способы дезинфекции. Ноб. пр. (1905).

КОХ, семья рос. артистов цирка: сёстры Марта Болеславовна (р. 1912), Зоя Болеславовна (1915–1981) и Клара Болеславовна (1923–1982), эквилибристки. Выступали с номерами исключит. техн. сложности, добиваясь изящества, лёгкости и худ. выразительности исполнения. Конструктор аппаратуры и постановщик номеров – отец Марты и Клары, отчим Зои – Болеслав Юзефович Кухарж-Кох (1886–1967).

КО́ХЕР (Kocher) Теодор (1841–1917), швейц. хирург, один из основоположников совр. хирургии. Предложил ряд хирургич. инстр-тов, названных его именем. Разработал оперативные доступы к крупным сосудам и суставам, печени и желчным путям, хирургич. методы лечения заболеваний щитовидной железы. Ноб.пр. (1909).

КОХИНХИ́НА (франц. Cochinchine), название Юж. Вьетнама в европ. лит-ре в период франц. господства.

КОЦЕБУ́ Отто Евстаф. (1788–1846), рос. мореплаватель, капитан 1-го ранга. Участник кругосветной эксп. И.Ф. Крузенштерна (1803–1806). Руководил 2 кругосветными эксп. (1815–18 и 1823–26), открыл 18 о-вов в Тихом ок., залив на З. Аляски, 3 бухты, 2 о-ва и 1 п-ов, завершил открытие п-ова Сьюард; выяснил, что Маршалловы о-ва состоят из 2 цепей; первым высказал верную идею о происхождении коралловых атоллов и существовании в далёком прошлом перемычки между Азией и Америкой (ныне Берингов прол.).

КОЦЮБИ́НСКИЙ Мих. Мих. (1864–1913), укр. писатель. В лирико-психол. новеллах («Смех», 1906; «В дороге», 1907; «Кони не виноваты», 1912), пов. «Тени забытых предков» (1912) социальная заострённость сюжета, романтич. поэтизация героев сочетаются с нац. своеобразием нар. жизни. Пов. «Fata morgana» (ч. 1–2, 1904–10) – о назревании рев. настроений в укр. деревне в период 1905–07.

КОЧЕ́ВНИЧЕСТВО, образ жизни скотоводов, основанный на миграциях по мере смены пастбищ. Сложилось в кон. 2-го – нач. 1-го тыс. до н.э. в горно-степных областях Евразии. Сохраняется в ряде стран Центр. и Зап. Азии, Сев. Африки.

КОЧЕДЫ́ЖНИК, род травянистых многолетних папоротников. Ок. 200 видов, в лесах умеренного пояса обоих полушарий; в России – гл. обр. в хвойных лесах Д. Востока. Декоративны, используются в озеленении; молодые побеги съедобны. Нек-рые виды лекарственные.

КОЧУБЕ́Й Викт. Пав. (1768–1834), рос. гос. деятель и дипломат, князь (1831). Чл. *Негласного комитета*. В 1802–07 и 1819–23 мин. внутр. дел. С 1827 пред. Гос. совета и К-та министров. Сторонник умеренных реформ.

КОШИ́ (Cauchy) Огюстен Луи (1789–1857), франц. математик. Один из основоположников теории функций. Тр. по теории дифференц. уравнений, матем. физике, теории чисел, геометрии. Автор классич. курсов матем. анализа.

КО́ШКА, см. *Домашняя кошка*.

КО́ШКИ, семейство хищных млекопитающих. 37 видов, в т.ч. лев, тигр, леопард, рысь, каракал, дикая кошка, гепард и др. Распространены повсеместно, кроме Австралии, о-вов Н. Гвинея, Мадагаскар, Сулавеси. Типичные хищники: у большинства сильно развиты клыки, когти большие, изогнутые. Живут до 30 лет. Нек-рые К. – объект пушного промысла. Ливийская дикая К. – предок *домашней кошки*. Илл. см. на стр. 350.

КО́ШКИН Мих. Ил. (1898–1940), конструктор танков. Возглавлял работы по созданию в СССР ср. танка Т-34 (на вооружении с 1939, признан лучшим танком периода 2-й мир. войны).

КО́ШУТ (Kossuth) Лайош (1802–1894), гл. организатор борьбы венг. народа за независимость во время Рев-ции 1848–49 в Венгрии; с сент. 1848 глава К-та защиты родины (с окт. 1848 – фактически пр-во), верх. правитель (май – авг. 1849) Венгрии. Инициатор создания (июль 1848) венг. нац. армии, издания Декларации независимости (апр. 1849), объявившей о низложении Габсбургов. В авг. 1849 эмигрировал.

КОЩУ́НСТВО, 1) оскорбление религ. святыни. 2) Глумление, надругательство над чем-нибудь глубоко почитаемым, над тем, что свято и дорого кому-нибудь.

КОЭФФИЦИЕ́НТ (от лат. со – совместно и efficiens – производящий), множитель, обычно выражаемый цифрами. Если произведение содержит одну или неск. переменных (или неизвестных) величин, то К. при них называют также произведение всех постоянных, в т.ч. и буквенных, букв. К. служит важными количеств. показателями мн. процессов и явлений, напр. в физике (К. трения, поглощения света), технике (кпд), статистике и др.

КОЭФФИЦИЕ́НТ ИНТЕЛЛЕКТУА́ЛЬНОСТИ (англ. Intelligence quotient, сокр. IQ), показатель умственного развития, уровня имеющихся знаний и осведомлённости, получаемый на основе тестов. К.и. определяет отношение т.н. умственного возраста человека к хронологич. возрасту. В качестве нормы принято 100 пунктов, стандартное отклонение 15–16 пунктов.

КОЭФФИЦИЕ́НТ ПОЛЕ́ЗНОГО ДЕ́ЙСТВИЯ (кпд), числовая характеристика энергетич. эффективности к.-л. устройства или машины (в т.ч. *тепловой машины*). Кпд определяется отношением полезно использованной энергии (т.е. превращённой в ра-

350 КРАА

боту) к суммарному кол-ву энергии, переданному системе. Вследствие неизбежных потерь энергии на трение, электрич. сопротивление, нагревание окружающих тел и др. кпд всегда меньше 1 и выражается обычно в процентах. Кпд первых тепловых машин – доли %, совр. двигателей внутр. сгорания – 40–50%, электрич. машин – 90–95%.

КРААЛЬ (голл. kraal, от португ. curral – загон для скота), поселение скотоводч. народов Юж. и Вост. Африки с кольцевой планировкой; в центре – загон для скота. К. часто обнесён изгородью.

КРАББ (от нем. Krabbe), декор. деталь в виде стилизованных листьев, цветов на *пинаклях*, *вимпергах* и др. элементах готич. зданий.

КРАБЫ, группа десятиногих раков. Ширина грудного щита от 2 до 20 см; размах клешней гигантского японского К. достигает 3 м. Св. 4 тыс.

Крааль народа зулу.

Краббы.

видов, преим. в тропиках. Живут в морях, пресных водах, реже на суше. Многие К. – объект промысла.

Крабы. Травяной краб.

Кошки: 1 – бенгальская кошка; 2 – рысь; 3 – манул; 4 – камышовая кошка; 5 – каракал; 6 – гепард; 7 – барханная кошка; 8 – леопард; 9 – ягуар; 10 – лев; 11 – тигр; 12 – снежный барс.

КРАЙНЕВ Вл. Вс. (р. 1944), рос. пианист. В репертуаре выделяются произв. Ф. Шопена, С.С. Прокофьева. 1-я премия на Междунар. конкурсе имени П.И. Чайковского в Москве (1970).

КРАЙНЯЯ НЕОБХОДИ́МОСТЬ (юрид.), состояние, при к-ром гражданин устраняет опасность, угрожающую его правам и интересам или правам и интересам др. граждан, а также интересам общества или гос-ва путём совершения действий, содержащих признаки преступного деяния, если эта опасность не могла быть устранена др. средствами и если причинённый вред является менее значительным, чем предотвращённый (напр., уничтожение части гос. груза на судне для предотвращения кораблекрушения). В рос. праве является обстоятельством, исключающим уголов. ответственность.

КРА́ЙСТЧЕРЧ, г. в Новой Зеландии, на Южном о-ве. 294 т.ж. Маш-ние, хим., шерст., мясохладобойная пром-сть. Ун-т (в 1890–94 в нём учился Э. Резерфорд). Музей, картинная галерея.

КРАКАТА́У, действующий вулкан в Азии, в Зондском прол., между о-вами Ява и Суматра (Индонезия). Образовал остров пл. 10,5 км², Выс. 813 м. Катастрофич. извержение в 1883 вызвало цунами (погибло ок. 36 т.ч.); было выброшено ок. 19 км³ вулканич. пепла, повышенная концентрация к-рого наблюдалась в высоких слоях атмосферы неск. лет.

КРАКЕЛЮ́Р (франц. craquelure), трещинка красочного слоя или лака в произведении живописи.

КРАКЛЕ́ (франц. craquelé), узор из тонких трещинок на глазуров. поверхности керамич. изделий.

КРА́КОВ, г. в Польше. 751 т.ж. Междунар. аэропорт. Чёрная металлургия, маш-ние, хим.-фарм., цем., полиграф. пром-сть. Старейший (1364) польск. ун-т; обсерватория (1792). Музеи: нац., гос. худ. собрания на Вавеле, археол. и этнографический. Муз. т-р (1958), консерватория (1918). Туризм. Осн. в 8–10 вв. В 11–16 вв. столица Польск. гос-ва. В 1809–15 в Варшавском княж-ве, в 1815–46 ц. Краковской

Краков. Костёл Девы Марии.

респ. На холме Вавель – замок, в Старом городе – остатки укреплений с барбаканом (предкрепостное укрепление 15 в.), готич. костёл Девы Марии с алтарём В. Ствоша, торг. ряды «Сукеннице» (13–19 вв.), б. здание ун-та (15 в.). Ист. центр К. включён в список *Всемирного наследия*.

КРАКОВЯ́К (польск. krakowiak), польск. нар. и бальный танец (2-дольный). Возник в Краковском воеводстве в 14 в. Инстр. пьеса у Ф. Шопена; использован М.И. Глинкой.

КРА́МЕР (Креймер) (Kramer) Стэнли (р. 1913), амер. кинорежиссёр, продюсер. Получил известность как создатель остросюжетных фильмов с актуальной социальной тематикой и открытой полит. позицией: «Не склонившие головы» (1958; в прокате – «Скованные одной цепью»), «На последнем берегу» (1959), «Пожнёшь бурю» (1960), «Нюрнбергский процесс» (1961), «Корабль глупцов» (1965), «Принцип "Домино"» (1977). Работы К. отмечены уверенным профессионализмом и следуют традиц. драматургич. и жанровым схемам.

С. Крамер. Кадр из фильма «Принцип "Домино"».

КРА́МЕР Сэмюэл Ноа (1897–1992), амер. шумеролог. Участвовал в археол. раскопках на терр. Ирака, исследовал и перевёл шумерские мифы, эпич. и др. лит. тексты, законы и т.д.

КРАМСКО́Й Ив. Ник. (1837–87), рос. живописец. Один из создателей Артели художников и Т-ва передвижников. Утверждал принципы реалистич. демокр. иск-ва. Глубокие по социальной и психол. характеристике портреты деятелей рус. культуры («Л.Н. Толстой», 1873) и крестьян («Полесовщик», 1874). Тематич. картины посвящены филос. проблемам, раскрытию сложных душевных переживаний («Неутешное горе», 1884).

КРА́НАХ (Cranach) Лукас Старший (1472–1553), нем. живописец и график. Ранние произв. К. («И. Куспиниан», 1502–03) отличаются правдивостью образов, поэтичностью пейзажей. Позже сочетал худ. принципы Возрождения с элементами готич. традиции и чертами маньеризма («Юдифь»).

КРАПИ́ВА, род трав (сем. крапивные). Стебли и листья покрыты жгучими волосками. 40–50 видов, в умеренном и тропич. поясах преим. Сев. полушария. Молодые побеги К., богатые витаминами и минер. солями, употребляют для супов и салатов, на корм домашнему скоту и птице. Лекарств. р-ние (кровоостанавливающее и общеукрепляющее средство).

КРАПИ́ВНИЦА, кожное (преим. аллергическое) заболевание: высыпание волдырей (в связи с повышением проницаемости капиллярной стенки) и зуд.

КРАСА́ВКА, птица рода журавлей. Выс. ок. 90 см. Над глазами султаны длинных белых перьев (вероятно, отсюда назв.). Распространена в Евразии, в отличие от др. журавлей обитает в сухих степях и полупустынях. На зимовках (Африка, Юж. Азия) держится большими стаями. Численность сокращается, особенно резко на Ю. Европы.

КРАСА́ВКА, род многолетних трав (сем. паслёновые). 4 вида, в Европе, Сев. Африке, Зап. Азии. В России К. обыкновенная, или *белладонна*, и К. Комарова охраняются.

КРАСИ́ТЕЛИ, органич. соединения (обычно растворимы в воде или органич. растворителях), применяемые для крашения разл. материалов. Известные с древности природные К. получали гл. обр. из р-ний (напр., *индиго*) и нек-рых ж-ных. После открытия анилина и возникновения анилинокрасочной пром-сти природные К. к нач. 20 в. почти полностью вытеснены синтетическими.

КРА́СКИ, суспензии пигментов в воде (акварель, гуашь) или плёнкообразователях – высыхающих маслах, олифах (масляные К.), лаках (эмалевые К.), вод. р-рах клеёв (крахмал, казеин и др.; клеевые К.) и жидкого стекла (силикатные К.), вод. дисперсиях синтетич. полимеров (эмульсионные К.). Тонкие слои К. образуют при высыхании непрозрачные покрытия, защищающие поверхность и придающие ей красивый внеш. вид. Используют в нар. х-ве, быту, живописи.

КРА́СНАЯ А́РМИЯ, Рабоче-Крестьянская Красная Армия

И.Н. Крамской. «Христос в пустыне». 1872. Третьяковская галерея.

Л. Кранах Старший. «Мадонна с младенцем под яблоней». Эрмитаж.

(РККА), в 1918–46 офиц. наименование *Советской Армии.*

КРА́СНАЯ ГВА́РДИЯ, вооруж. отряды рабочих в России. Создавалась с весны 1917 на пр-тиях под руководством большевиков. В окт.–нояб. 1917 ок. 200 т.ч. Осн. ударная сила большевиков. В марте 1918 влилась в Кр. Армию.

КРА́СНАЯ КНИ́ГА, название списков редких и находящихся под угрозой исчезновения видов р-ний и ж-ных; содержат данные о биологии, распространении, причинах сокращения численности и исчезновения отд. видов. С 1949 Междунар. союзом охраны природы и природных ресурсов начаты сбор информации и составление первых таких списков (для птиц), позднее во мн. странах также были созданы нац. К.к. На основе таких списков публикуются спец. сборники, напр. тома «Красной книги фактов» («Red Data Book») – выходят с 1966, «Красная книга СССР» (т. 1–2, 1984), «Красная книга РСФСР» («Животные» – 1983, «Растения» – 1988).

КРА́СНАЯ ПЛО́ЩАДЬ, центр. площадь Москвы, примыкающая с В. к Кремлю. Образовалась в кон. 15 в. Наз. Красной (красивой) со 2-й пол. 17 в. Первонач. торг. площадь, с 16 в. место торжеств. церемоний. С З. ограничена кремлёвской стеной с башнями, в 1508–16 отделённой рвом. В 1534 сооружено Лобное место. В 1535–38 в границах Китай-города. В 1555–60 воздвигнут Покровский собор (*Василия Блаженного храм*). После пожара 1812 ров засыпан,

Красная площадь.

перестроены торг. ряды. В 1818 открыт пам. К. Минину и Д. Пожарскому. В кон. 19 в. сооружены Ист. музей, новые Верхние торг. ряды (ГУМ). В 1924–30 построен мавзолей В.И. Ленина. В 1930–31 площадь замощена брусчаткой. В 1992–94 воссоздан Казанский собор (ок. 1636; разобран в 1936). От К.п. ведётся отсчёт расстояния по всем идущим от Москвы шоссе. К.п. вместе с *Кремлём Московским* включена в список Всемирного наследия.

КРАСНО́В Пётр Ник. (1869–1947), рос. воен. и полит. деятель, воен. публицист, писатель, ген. от кавалерии (1918). В 1-ю мир. войну командовал полком, бригадой, дивизией. В окт. 1917 вместе с А.Ф. Керенским возглавил вооруж. выступление против большевиков. В мае 1918 – февр. 1919 войсковой атаман Всевеликого войска Донского, один из организаторов вооруж. борьбы с сов. пр-вом на Ю. России. С 1920 в эмиграции. Во время 2-й мир. войны сотрудничал с нем.-фаш. командованием, с 1944 нач. Гл. управления казачьих войск при Гл. командовании сухопут. сил вермахта. В 1945 выдан брит. властями сов. пр-ву; повешен. Автор работ по истории донского казачества, беллетристич. произведений, а также мемуаров.

КРАСНОДА́Р (до 1920 Екатеринодар), г. (с 1867), ц. Краснодарского края в России, на р. Кубань. 634,5 т.ж. Ж.-д. узел; аэропорт. Маш-ние (станки, компрессоры, с.-х. машины и др.), нефтеперераб., хим., лёгкая (в т.ч. шерстяная, хл.-бум., кож.-обув. и т.п.), пищ. пром-сть. Произ-во витаминных и биохим. препаратов. 7 вузов (в т.ч. 2 ун-та). Ист.-археол. и худ. музеи. Т-ры: оперетты, драмы, кукол. Осн. в 1793.

КРА́СНОЕ ДЕ́РЕВО, тропич. виды деревьев с красной и коричневой древесиной, называемой также К.д. Очень прочная, с красивой текстурой древесина хорошо полируется и используется для изготовления высококачеств. мебели, облицовки стен и т.п. Наиб. ценность на мировом рынке имеет древесина амер. и афр. махагониевого дерева из родов свитения и кайи. Иногда К.д. наз. древесину тиса, чёрной ольхи и секвойи, имеющую красно-коричневую окраску, но не обладающую др. качествами настоящего К.д.

КРА́СНОЕ МО́РЕ, Индийского ок., между Африкой и Аравийским п-овом. На Ю. соединяется Баб-эль-Мандебским прол. с Аденским зал. и Аравийским м., на С.– Суэцким каналом со Средиземным м. Пл. 460 т.км². Глуб. до 3039 м. Одно из самых тёплых (до 32 °С) и солёных (38–42‰) морей. Рыб-во, добыча жемчуга и кораллов. Кр. порты: Суэц (Египет), Порт-Судан (Судан), Массауа (Эфиопия), Джидда (Саудовская Аравия), Ходейда (Йемен).

КРА́СНОЕ СМЕЩЕ́НИЕ, увеличение длин волн линий в спектре источника излучения (смещение линий в сторону красной части спектра) по сравнению с линиями эталонных спектров. К.с. возникает, когда расстояние между источником излучения и приёмником (наблюдателем) увеличивается (см. *Доплера эффект*) или когда источник находится в сильном гравитац. поле (гравитац. К.с.). В астрономии наиб. К.с. наблюдается в спектрах далёких внегалактич. объектов (*галактик* и

квазаров) и рассматривается как следствие космологич. расширения Вселенной.

КРАСНОПЁРКА, промысловая рыба (сем. *карповые*). Дл. до 36 см, масса до 1,5 кг. Обитает в пресных водах Европы, Малой и Ср. Азии. Илл. см. при ст. *Рыбы*.

КРАСНОЯ́РСК, г. (с 1822), ц. Красноярского края, в России. 925 т.ж. Порт на Енисее; ж.-д. уз.; аэропорт. Маш-ние и металлообработка (произ-во оборудования для лесной и целл.-бум. пром-сти, судов, экскаваторов, зерноуборочных комбайнов и др.), хим. волокна, синтетич. каучук, шины, металлургич. (в т.ч. алюминиевая), целл.-бум., лёгкая пром-сть. 13 вузов (в т.ч. 2 ун-та). Науч. центр СО РАН. Музеи: краевед., Дом-музей В.И. Сурикова, худ. имени В.И. Сурикова и др. Т-ры: оперы и балета, муз. комедии, драм., кукол, юного зрителя, кукол. Осн. в 1628. Близ К.– ГЭС и заповедник Столбы.

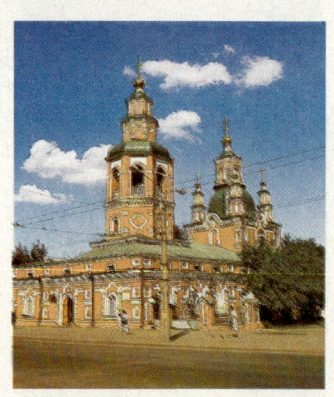

Красноярск. Церковь Покрова.

КРАСНУ́ХА коревая, острое вирусное заболевание преим. детей, сходное с корью. Возможно внутриутробное поражение плода при заболевании беременной женщины.

КРАСС (Crassus) (ок. 115–53 до н.э.), рим. полководец. Сторонник Суллы (нажился на казнях и конфискациях во время проскрипций Суллы). В 71 подавил восст. Спартака. В 60 вместе с Цезарем и Помпеем входил в 1-й *триумвират*. Потерпел поражение от парфянами при Каррах (С.-З. Месопотамии), погиб вместе с большей частью рим. войска.

КРА́ТЕР (греч. kratér) (геол.), 1) чашеобразное или воронкообразное углубление на вершине или склоне *вулкана* диам. от неск. м до неск. км. 2) Кольцевые горы на поверхности планет.

...КРА́ТИЯ (от греч. krátos – сила, власть, господство), часть сложных слов, означающая: власть, правление, напр. демократия, технократия, охлократия.

КРАХМА́Л (польск. krochmal, от нем. Kraftmehl), запасной углевод р-ний; состоит из 2 полисахаридов – амилозы и амилопектина, образованных остатками глюкозы. Накапливается в виде зёрен, гл. обр. в клетках семян, луковиц, клубней, а также в листьях и стеблях. К.– осн. часть важнейших продуктов питания: муки (75–80%), картофеля (25%), саго и др. К. и его производные применяются при произ-ве бумаги, текст.

изделий, клеёв, в литейном и др. произ-вах, а также в фарм. пром-сти.

КРА́ЧКИ, группа родов птиц (сем. чайковые). Дл. 20–26 см. В полёте могут останавливаться трепеща крыльями. 43 вида, в т.ч. речная, чёрная и хохлатая К.; распространены широко, по берегам водоёмов. Полярная К. совершает самые дальние среди всех ж-ных миграции – из Арктики в Антарктику (ок. 20 т.км). Алеутская К. охраняется.

КРАЧКО́ВСКИЙ Игн. Юлианович (1883–1951), востоковед. Один из основателей рос. арабистики. Тр. по лит-ре, языку, истории, культуре арабов в ср. века и новое время, рус. перевод Корана и комментарии к нему. Занимался описанием араб. рукописей в отеч. собраниях, опубл. мн. памятники ср.-век. и новой араб. лит-ры. Организатор изучения араб. источников по истории народов России.

КРАШЕ́НИЕ, придание текстилю, коже, меху, бумаге, пластмассам окраски, устойчивой при эксплуатации материала. Проводят с использованием красителей или пигментов. В отличие от К., образование на материале тонкого слоя краски наз. окрашиванием.

КРАШЕНИ́ННИКОВ Степ. Петр. (1711–55), географ, основоположник этнографии и спелеологии в России. Участник Вел. Сев. эксп. (1733–43). В 1735–36 иссл. Вост. Сибирь (Прибайкалье, Забайкалье, басс. Лены). В 1737–41 впервые изучил Камчатку, 10 раз пересёк п-ов: исследовал рельеф, б.ч. вулканов, гейзеры, реки, флору и фауну, дал характеристику населения. Гл. труд К. «Описание земли Камчатки» (1756) – классик. произ. мировой геогр. и этногр. лит-ры.

КРА́ШЕНОЙ КЕРА́МИКИ КУЛЬТУ́РЫ, общее название археол. культур позднего неолита и энеолита Египта и Месопотамии, Ирана (Сиалк), Ср. Азии (Анау, Намазга-Тепе), Индии, Китая, Юго-Вост. Европы (Трипольская культура и др.). Характерны господство мотыжного земледелия, кам. и медные орудия, глинобитные дома, расписная керамика, глиняные жен. статуэтки и др.

КРЕАТУ́РА (от лат. creatura – создание, творение), ставленник влиятельного лица, послушный исполнитель воли своего покровителя.

КРЕАЦИОНИ́ЗМ (от лат. creatio – сотворение), религ. учение о сотворении мира Богом из ничего. Харак-

Кратер. Озеро в кратере вулкана Малый Семячик (Камчатка).

терен для теистич. религий – иудаизма, христ-ва, ислама.

КРЕВЕ́ТКИ, группа десятиногих раков. Тело сжато с боков, дл. 2–30 см. Ок. 2 тыс. видов, преим. в морях, реже в пресных водах. Объект промысла и разведения.

КРЕДИ́Т (лат. creditum – ссуда, от credo – верю, доверяю), предоставление денег или товаров в долг, как правило, с уплатой процента. Банковский К.– предоставление банками ден. ссуд; коммерч. К.– продажа товаров (средств произ-ва) с отсрочкой платежа; ипотечный К.– предоставление ден. ссуд под залог недвижимости; потребит. К.– ссуды населению для оплаты потребит. товаров и услуг. В гос. К. заёмщиком или кредитором выступает гос-во, междунар. К. предоставляется гос-вами, междунар. финанс. орг-циями, банками, физич. лицами в процессе междунар. сотрудничества.

КРЕ́ДИТ (от лат. credit – он верит), правая сторона бухгалтерских счетов. В активных счетах запись в К. показывает уменьшение, а в пассивных – увеличение средств.

КРЕДИ́ТНАЯ КА́РТОЧКА, именной ден. док-т, выпускаемый кредитной фирмой, удостоверяющий личность владельца счёта в банке и дающий ему право на приобретение товаров и услуг без оплаты наличными деньгами. Пр-тия торговли (сферы услуг) периодически производят расчёты с банками, обслуживающими клиентов, путём списания сумм с их текущих счетов.

КРЕДИ́ТНЫЕ БИЛЕ́ТЫ, знаки стоимости, выпускаемые эмиссионными банками. Понятие К.б. тождественно *банковским билетам*.

КРЕДИТО́Р (от лат. creditor – заимодавец, веритель), сторона в обязательстве, имеющая право требовать от др. стороны (должника) исполнения обязанности совершить определ. действие либо воздержаться от определ. действий.

КРЕ́ДО (от лат. credo – верую), 1) в католич. церкви символ веры. 2) Убеждения, взгляды, основы мировоззрения (напр., полит. К., науч. К.).

КРЁЗ (595–546 до н.э.), царь Лидии с 560. Разбит и взят в плен Киром II, а его царство присоединено к Персии (546). Богатство К. вошло в поговорку.

КРЕ́ЙСЛЕР (Kreisler) Фриц (1875–1962), австр. скрипач, композитор. Исполнит. стиль К. сочетал техн.

виртуозность и певучесть, тембровую красочность, ритмич. свободу и ясность. Автор скрипичных миниатюр, *вальсов*, транскрипций (часто стилизованных), конц. пьес, оперетт. Жил в Европе, США, концертировал до 1948 (в 1890–1910-х гг. был в России).

КРЕЙЦВАЛЬД (Kreutzwald) Фридрих Рейнхольд (1803–82), эст. писатель, фольклорист, просветитель. Составитель на основе сказаний о богатыре-великане нац. эпоса «*Калевипоэг*» (изд. в 1857–61), сходного стихотв. размером и нек-рыми сюжетами с «*Калевалой*», и сб. литературно обработанных сказок «Старинные эстонские народные сказки» (1866). Сатирич. рассказы, сб. стихов «Песни вируского певца» (1865).

КРЕЙЦЕР (Kreutzer) Родольф (1766–1831), франц. скрипач, композитор, дирижёр. По происхождению немец. Камер-виртуоз двора Наполеона I (с 1802), Людовика XVIII (с 1815). Яркий представитель т.н. парижской скрипичной школы, основоположником к-рой был Дж.Б. Виотти. К. посвящена т.н. Крейцерова соната для скрипки Л. Бетховена. Концерты и др. произв. для скрипки, оперы и др.

КРЕЙЧА (Krejča) Отомар (р. 1921), чеш. актёр, режиссёр. На сцене с 1940 (Сирано де Бержерак – «Сирано де Бержерак» Э. Ростана). В 60-е гг. возглавлял чеш. театральный авангард. В 1956–61 гл. реж. Нац. т-ра, в 1965–72 организатор и руководитель «Т-ра за браноу», с 1991 – «Т-ра за браноу-2». Ставит пьесы А.П. Чехова («Вишнёвый сад», «Три сестры») и др., в т.ч. в Германии, Швейцарии, Италии.

КРЕКИНГ (англ. cracking, букв. расщепление), переработка нефти или её фракций для получения, как правило, продуктов меньшей мол. массы, гл. обр. моторных топлив, а также сырья для хим. переработки. Метод К. был запатентован рос. инженерами В.Г. Шуховым и С. Гавриловым (1891). Различают К. термический, осуществляемый при высокой темп-ре (до 550 °С) и давлении 4–6 МПа, и каталитический (до 500 °С, до 0,4 МПа, катализаторы – алюмосиликаты). Для переработки нек-рых видов нефти применяют каталитич. крекинг под давлением водорода (т.н. гидрокрекинг).

КРЕ́МЕР Гидон (р. 1947), скрипач. Выступает с 1965 (первонач. в Латвии, затем за рубежом), пропагандирует совр. музыку. 1-е премии на Междунар. конкурсах имени Н. Паганини в Генуе (1969) и имени П.И. Чайковского в Москве (1970). С 1981 рук. учреждённого Фестиваля камерной музыки в Локкенхаузе (Австрия).

КРЕМЛЬ МОСКО́ВСКИЙ, ист. ядро Москвы. Расположен на Боровицком холме, на лев. берегу р. Москва, при впадении в неё р. Неглинная (в нач. 19 в. заключена в трубу). В кон. 1-го тыс. до н.э.– 1-й пол. 1-го тыс. н.э. на терр. К.М. поселения дьяковской культуры, не позднее кон. 11 в. возник укреплённый пос. славян-вятичей. В 1156 по повелению кн. Юрия Долгорукого сооружены новые укрепления, терр. К.М. увеличена в неск. раз. В 1339–1340 воздвигнуты стены и башни из дуба, в 1367 – из белого камня (отсюда – «Москва-белокаменная»), в 1485–95 – совр. стены и башни из кирпича. Башни в 17 в. получили существующие ныне ярусные и шатровые завершения. С 14 в. К.М. – резиденция моск. вел. князей, с сер. 16 в. – царей, с нач. 18 в. – врем. резиденция императоров, место торжеств. церемоний (коронаций и др.). С марта 1918 резиденция сов. пр-ва, с 1991 – президента Рос. Федерации. В 1928–33 по распоряжению пр-ва снесены мн. памятники архитектуры, в т.ч. собор Спаса на Бору (1330), анс. Чудова мон. с собором (1503) и Вознесенского мон. с Екатерининской церк. (1808–17), Малый Николаевский дворец (с 1775) и др.

К.М. – один из красивейших архит. ансамблей мира. Памятники др.-рус. архитектуры: соборы – Успенский (1475–79), Благовещенский (1484–1489) и Архангельский (1505–08), колокольня «Иван Великий» (1505–1508, надстроена в 1600), Грановитая палата (1487–91), Теремной дворец (1635–36) и др. В 1776–87 построено здание Сената, в 1839–49 – Б. Крем-

Кремль Московский. Колокольня «Иван Великий» (внизу – «Царь колокол»), справа – звонница. На заднем плане слева – Архангельский собор, справа – Успенский собор.

лёвский дворец, в 1844–51 – Оружейная палата. В 1959–61 сооружён Дворец съездов (ныне Гос. Кремлёвский дворец). Среди 20 башен К.М. наиб. значительны Спасская, Никольская, Троицкая, Боровицкая. На терр. – замечат. памятники рус. литейного дела – «Царь-пушка» (16 в.) и «Царь-колокол» (18 в.). В 1970-х гг. осуществлена комплексная реставрация стен и башен. К.М. и *Красная площадь* включены в список *Всемирного наследия*.

КРЕМНЕЗЁМ, то же, что *кремния диоксид*.

КРЕ́МНИЙ (Silicium), Si, хим. элемент IV гр. периодич. системы, ат. н. 14, ат.м. 28,0855; неметалл, $t_{пл}$ 1415 °С. К. – второй после кислорода по распространённости на Земле элемент, содержание в земной коре 27,6% по массе. Один из осн. полупроводниковых материалов в электронике, восстановитель при металлотермич. получении металлов, компонент сталей, чугунов и др.

Кремль Московский. Вид с р. Москва.

сплавов. Открыт франц. учёными Ж. Гей-Люссаком и Л. Тенаром в 1811.

КРЕ́МНИЯ ДИОКСИ́Д (кремнезём), SiO_2, кристаллы. Наиб. распространённый минерал – *кварц*; обычный песок – также К.д. Используют в произ-ве стекла, фарфора, фаянса, бетона, кирпича, керамики, как наполнитель резины, адсорбент в хроматографии, в электронике, акустооптике и др.

КРЕ́ПЕЛИН (Kraepelin) Эмиль (1856–1926), нем. психиатр, основатель науч. школы. Один из создателей совр. психиатрич. *нозологии*. Описал ряд клинич. форм.

КРЕПОСТНО́Е ПРА́ВО (крепостничество), форма зависимости крестьян: прикрепление их к земле и подчинение адм. и суд. власти феодала. В России закреплено Судебником 1497; указом о заповедных годах (кон. 16 в.), в к-ром прекращался переход крестьян от одного землевладельца к другому в *Юрьев день* (осенний); указом об урочных годах, устанавливавшим 5-, 15-летние и др. сроки сыска беглых крестьян (90-е гг. 16 в.); Соборным уложением 1649. Крепостничество (особенно в последней четв. 17 – 1-й четв. 19 вв.) отличалось крайне жестокими условиями (постепенное лишение крепостных почти всех гражд. прав, купля и продажа их без земли, разлучение родителей с детьми, установление ответственности помещиков за истязания лишь в случае смерти крепостного и т.д.). Отменено *крестьянской реформой 1861*. К.п. известно у нек-рых народов Зап. Европы (в частности, у немцев вост. части Германии с 16 в.). Илл. см. на стр. 354.

КРЕПОСТНО́Й ТЕА́ТР, в России частный дворянский т-р с труппой из крепостных. Возникли в кон. 17 в., широко распространены в кон. 18 – нач. 19 вв., существовали до отмены крепостного права. Иногда имели почти проф. характер, располагали хорошо оборудованными сценами, по репертуару приближались к придворным и императорским. Среди наиб. известных К.т. – т-ры графов

Крепостное право. Н.В. Неврев. «Торг». 1866. Третьяковская галерея.

Шереметевых (в Останкине, Кускове и др.), князя Н.Б. Юсупова (в Архангельском). Имена мн. крепостных актёров вошли в историю т-ра (П.И. Жемчугова, Т.В. Шлыкова-Гранатова и др.). К.т. стали основой рус. провинциальной сцены.

КРЕ́СПИ (Crespi) Джузеппе Мария (1665—1747), итал. живописец. В пасторальных, мифол., жанровых картинах (серия «Семь таинств», 1708—12) придавал бытовым мотивам романтич. напряжённость и взволнованность.

КРЕСС-САЛА́Т (клоповник посевной), однолетнее травянистое растение (сем. крестоцветные). Растёт в долине Нила и Зап. Азии. В культуре издавна (выращивали в Др. Египте) как овощная культура. Богат витамином С. Возделывают во мн. странах.

КРЕСТЕ́Ц, один или неск. обычно сросшихся позвонков у наземных позвоночных ж-ных и у человека. Служит опорой тазу.

КРЕСТИ́НЫ, в христ. традиции празднество по случаю крещения новорождённого.

КРЕ́СТНЫЙ ХОД, христ. обряд, шествие священнослужителей и верующих с крестами, хоругвями и иконами, обычно во время церк. праздников.

КРЕСТО́ВНИКОВ Гр. Ал-др. (1855 — ок. 1918), рос. предприниматель, из купцов, с 1910 потомств. дворянин. Владелец текст. и торг. и др. пр-тий. Пред. Моск. биржевого к-та (1905—15). Чл. Гос. совета (1906—15). Чл. ЦК партии октябристов (с 1906).

КРЕСТО́ВО - КУ́ПОЛЬНЫЙ ХРАМ, тип христ. храма, в к-ром купол на парусах опирается на 4 столба в центре здания, откуда расходятся 4 сводчатых рукава креста. Сложился в зодчестве Византии и в разных вариантах распространился в церк. зодчестве России, Балканского п-ова, Кавказа и др.

КРЕСТО́ВСКИЙ Вс.Вл. (1840—95), рус. писатель. В ром. «Петербургские трущобы» (1864—67) — авантюрный сюжет, картины гор. «дна». Антинигилистич. ром. «Панургово стадо» (1869) и «Две силы» (1874).

Крестово-купольный храм.

КРЕСТО́ВЫЕ ПОХО́ДЫ, походы (1096—1270) на Бл. Восток (в Сирию, Палестину, Сев. Африку), организованные зап.-европ. феодалами и католич. церковью для восстановления и расширения влияния христ. вероучения под лозунгами борьбы против «неверных» (мусульман), освобождения «гроба Господня» и «Святой земли» (Палестины). 1-й К.п. (1096—99) завершился захватом крестоносцами у сельджуков Иерусалима и образованием Иерусалимского кор-ва. 2-й (1147—49) и 3-й (1189—92) походы были безрезультатными. 4-й К.п. (1202—04) был направлен (гл. обр. усилиями венецианского купечества) против Византии, на части терр. к-рой после захвата крестоносцами Константинополя была создана Латинская империя (1204—61). Последние походы — 5-й (1217—21), 6-й (1228—1229), 7-й (1248—54), 8-й (1270) — сущест. роли не играли. С переходом к мусульманам Акры (1291) крестоносцы полностью утратили свои владения на Востоке.

КРЕСТОЦВЕ́Т (флерон), декор. деталь в архитектуре готики. Имеет вид стилизов. цветка с крестообразными горизонтальными ответвлениями; завершает башни, *вимперги*, пинакли.

Крестоцветы.

КРЕСТЬЯ́НСКАЯ ВОЙНА́ 1524—26 в Германии, вызвана усилением феод. гнёта, переплелась с Реформацией. Крестьяне, поддержанные частью горожан (особенно плебейством), штурмовали дворянские замки и монастыри, захватили мн. города. Программа восставших — «Двенадцать статей» — требовала упразднения крепостной зависимости, уменьшения поборов и барщины, свободного пользования общинными угодьями. Вождь и идеолог крест.-плебейского лагеря Т. Мюнцер призывал к установлению справедливого порядка.

КРЕСТЬЯ́НСКАЯ ВОЙНА́ НАЧА́ЛА 17 в., в России, вызвана недовольством крестьян, холопов, гор. слоёв, а также служилых людей (стрельцов, пушкарей, служилых казаков) политикой пр-ва. Первый период (1603—05): восстание Хлопка 1603; восстание 1604 крестьян на Ю.-З. России, горожан, служилых людей «по прибору» в юж., юго-зап. и др. городах. Второй период (1606—1607) — *Болотникова восстание 1606—07*. Третий период (1608—18): массовые нар. движения в Центре, Ср. Поволжье и др.; переключение нар. движения в русло нац.-освободит. борьбы с польск. и швед. интервенций; широкие выступления казаков против политики пр-ва Михаила Романова на С., в Поволжье, Центре, подавлены пр-вом.

КРЕСТЬЯ́НСКАЯ ВОЙНА́ 1670—71, в России, охватила Дон, Поволжье и Заволжье, связана с усилением закрепощения. Во главе восставших С.Т. Разин, В.Р. Ус, Ф. Шелудяк и др. Участвовали казаки, крепостные крестьяне, посадские люди и нерус. народы Поволжья (чуваши, мари, мордва, татары). Разин и его сторонники призывали послужить царю, «побить» бояр, дворян, воевод и торг. людей «за измену», дать чёрным людям свободу. К осени 1670 отряды Разина захватили Ниж. Поволжье. В авг. 1670 Разин с войском (ок. 10 т.ч.) двинулся из Царицына вверх по Волге на Москву и в сент. 1670 осадил Симбирск. В окт. 1670 повстанцы потерпели поражение под Симбирском. Война перекинулась в Заволжье. Часть восставших участвовала в Соловецком восст. 1668—76. В апр. 1671 Разин был выдан казаками царскому пр-ву и казнён в Москве.

КРЕСТЬЯ́НСКАЯ ВОЙНА́ 1773—75, в России, охватила Приуралье, Зауралье, Ср. и Ниж. Поволжье. Во главе восставших Е.И. Пугачёв, И.Н. Белобородов, И.Н. Чика-Зарубин, М. Шигаев, Хлопуша (А. Соколов) и др. Участвовали яицкие казаки, крепостные крестьяне, работные люди уральских з-дов и народы Поволжья, особенно башкиры во главе с Салаватом Юлаевым, Кинзей Арслановым. Пугачёв, провозгласивший себя царём Петром Фёдоровичем (см. *Пётр III*), объявлял народу вечную волю, жаловал землю, призывал к истреблению помещиков. В сент. 1773 повстанцы захватили Илецкий и др. укреплённые городки. Дворяне и духовенство безжалостно уничтожались. В окт. 1773 Пугачёв с отрядом в 2500 чел. осадил крепость Оренбург. В февр. 1774 был взят Челябинск. Под натиском регулярных войск Пугачёв ушёл на уральские з-ды. После поражения в бою за Казань (июль 1774) повстанцы перешли на прав. берег Волги, где развернулось крест. движение. Пугачёв призывал к передаче земли крестьянам, ликвидации крепостного права, уничтожению дворян и царских чиновников. После поражения восстания Пугачёв был схвачен и казнён в Москве в 1775. Жестоким наказаниям были подвергнуты тысячи повстанцев.

КРЕСТЬЯ́НСКАЯ РЕФО́РМА 1861, главная из реформ 1860—70-х гг., отменившая крепостное право в России. Проводилась на основе «Положений 19 февр. 1861» (опубл. 5 марта). Крестьяне получили личную свободу и право распоряжаться своим имуществом. Помещики сохраняли собственность на принадлежавшие им земли; получаемые от помещиков наделы крестьяне обязаны были выкупать, что в ряде мест встретило сопротивление крестьян. До выкупа крестьяне назывались временнообязанными и несли повинности в пользу помещика. На местах реформу проводили мировые посредники, контролировавшие составле-

Крестьянская война 1670—71. В.И. Суриков. «Степан Разин». 1903—10. Русский музей.

ние уставных грамот на каждое имение.

КРЕСТЬЯ́НСТВО, социальная группа, возникшая в процессе разложения первобытного общества и выделения семейного *парцеллярного хозяйства*. Крестьянам, ведущим индивидуальное х-во собств. средствами произ-ва и силами своей семьи, свойственны приверженность традиции в произ-ве, быту и сознании, местная замкнутость, раздробленность. С прогрессом науки, техники и развитием обществ. разделения труда К. вовлекается в соц.- экон. связи, создаваемые товарно-ден. отношениями. С утверждением капитализма К. постепенно подвергается социальному расслоению. В странах с развитой рыночной экономикой наряду с ростом фермерского х-ва, сопровождающимся резким уменьшением численности К., возникает с.-х. кооперация. В совр. развивающихся странах эволюция К., составляющего осн. часть их населения, осложнена общей отсталостью соц.-экон. развития. В СССР и в ряде стран Вост. Европы и Азии форсированное кооперирование крест. х-в осуществлялось с применением насилия, репрессий, что нанесло К. и обществу в целом громадный ущерб и сопровождалось значит. падением с.-х. произ-ва (см. также *Коллективизация*).

КРЕТИНИ́ЗМ (от франц. crétin – слабоумный, кретин), эндокринное заболевание, обусловленное недостаточной функцией щитовидной железы (гипотиреозом). Проявляется задержкой физич. и психич. развития, неврологич. расстройствами. Возникает гл. обр. в горн. р-нах с недостатками иода в воде или как наследств. патология.

КРЕ́ЧЕТ, хищная птица рода соколов. Дл. до 60 см. Распространён в тундре и лесотундре Сев. полушария. Всюду редок. К.– первая охраняемая птица на Руси: более 300 лет назад были заповеданы гнездовья («кречачья седьбища») по сев. побережье Мурмана (терр. от границ с Норвегией до Белого м.). Ценился как ловчая птица, особенно снежно-белый К. (встречается на Чукотке и в Гренландии).

КРЕЩА́ЛЬНЯ, то же, что *баптистерий*.

КРЕЩЕ́НИЕ (от греч. baptízō – окунаю), одно из гл. христ. таинств. Совершение К. связывается с принятием верующего в лоно церкви. По её учению, это означает, что «человек

Кречет, используемый как ловчая птица.

умирает для жизни плотской, греховной и возрождается от Духа Святого в жизнь духовную, святую». Согласно евангелиям, начало К. положил Иоанн Креститель, к-рый крестил в р. Иордан Иисуса Христа. Ритуал состоит в троекратном (в православии) и единократном (в баптизме) погружении младенца в купель, в обливании (католичество, лютеранство и др.), миропомазании, надевании на них крестика; допускается К. и взрослых.

КРЕЩЕ́НИЕ ГОСПО́ДНЕ (Богоявление), один из христ. праздников. Установлен в честь крещения Иисуса Христа пророком Иоанном Крестителем в р. Иордан. Отмечается верующими 6 (19) янв.

КРЕЩЕ́НИЕ РУСИ́, введение христ-ва в греко-правосл. форме как гос. религии. Начато Владимиром I Святославичем (988–989), к-рый крестился вместе с семьёй и дружиной, а затем начал *крещение* киевлян, новгородцев и др. Насильств. христианизация и уничтожение языч. пантеонов встречали сопротивление народа и жречества. В дальнейшем христианство содействовало развитию культуры, созданию памятников письменности, иск-ва, архитектуры. 1000-летие К.Р. отмечалось в 1988.

КРИВИЧИ́, объединение вост.-слав. племён в верховьях Зап. Двины, Днепра, Волги. С 9 в. в составе Др.-рус. гос-ва. С 11–12 вв. терр. К.– в Смоленском и Полоцком (полочане) кн-вах, часть – в Новгородских владениях.

КРИВОРО́ЖСКИЙ ЖЕЛЕЗОРУ́ДНЫЙ БАССЕ́ЙН, один из крупнейших в мире, расположен на Украине. Пл. ок. 300 км². Эксплуатируется с 1881. М-ния легкообогатимых железистых кварцитов (28–36% Fe) и др. залежи богатых жел. руд (46–62%). Запасы св. 20 млрд.т до глуб. 800 м. Добыча в осн. открытым способом.

КРИЗ (от франц. crise – приступ) (мед.), внезапное резкое обострение заболевания (напр., гипертонич. К.)

КРИ́ЗИС (от греч. krísis – решение, поворотный пункт, исход), резкий, крутой перелом в чём-либо, тяжёлое переходное состояние; острый недостаток, нехватка чего-либо, тяжёлое положение (напр., экон., полит., духовный К., а также мед. К.)

КРИК (Crick) Фрэнсис Хэрри Комптон (р. 1916), англ. биофизик и генетик. В 1953 совм. с Дж. Уотсоном создал модель структуры *дезоксирибонуклеиновой кислоты* (двойную спираль), что позволило объяснить её свойства и биол. функции и положило начало мол. генетике. Тр. по расшифровке генетич. кода. Ноб. пр. (1962).

КРИ́КЕТ (англ. cricket), спорт. командная игра с мячом и битами на травяном поле овальной формы (80×60–70 м), с целью разрушения бросками мяча «калитки» (ворот) соперника; напоминает *бейсбол* и рус. *лапту*. Зародилась в ср. века в Англии. В 1909 осн. Междунар. федерация К. (ИКФ, ICF), объединяет ок. 20 стран. В программе Олимп. игр 1900.

КРИЛЬ (голл. kril, букв.– крошка, мелочь), промысловое назв. нек-рых мор. рачков, служащих пищей китам, ластоногим, рыбам, питающимся *планктоном*. Из К. получают кормовую муку, пищ. пасты, витамины.

КРИМИНАЛИ́СТИКА (от лат. criminalis – относящийся к преступлению), наука, разрабатывающая систему спец. приёмов, методов и средств собирания, исследования, использования и оценки суд. доказательств. Возникла в кон. 19 – нач. 20 вв. Включает общую теорию К., криминалистич. технику (её разделы: баллистика, дактилоскопия, почерковедение, трасология и др.), криминалистич. тактику и методику расследования отд. видов преступлений.

КРИМИНОЛО́ГИЯ (от лат. crimen, род. п. criminis – преступление и греч. lógos – слово, учение), наука о преступности, её причинах, личности преступника, путях и средствах предупреждения преступности. Как самостоят. наука К. выделилась из науки уголов. права в сер. 20 в. Теоретич. основа – учения бельг. социолога Л.А.Ж. Кетле, итал. криминалистов Ч. Ломброзо, Э. Ферри и др.

КРИО... (от греч. krýos – холод, мороз, лёд), часть сложных слов, указывающая на связь с низкими темп-рами (напр., криотерапия).

КРИОГЕ́ННАЯ ТЕ́ХНИКА, отрасль науки и техники, изучающая вопросы получения, поддержания и использования криогенных темп-р (ниже 120 К; ок. –150 °C). Осн. задачи: сжижение газов, разделение газ. смесей, охлаждение и термостатирование сверхпроводящих и др. эл.-техн. устройств и т.д.

КРИОСТА́Т (от *крио...* и *...стат*), устройство для поддержания в рабочем объёме пост. криогенной темп-ры (ниже 120 К; ок. –150 °C) обычно с помощью сжиженных газов с низкой темп-рой кипения (азота, водорода, гелия и др.).

КРИ́ПТА (лат. crypta, от греч. kryptē – крытый подземный ход, тайник), в Др. Риме сводчатое подземное помещение, в зап.-европ. ср.-век. архитектуре – *часовня* под алтарной частью храма для погребений святых или мучеников.

КРИ́ПТО... (от греч. kryptós – тайный, скрытый), часть сложных слов, указывающая на к.-л. скрытое действие или состояние, соответствующая по значению слову «тайный» (напр., криптография).

КРИПТОЗО́ЙСКИЙ ЭО́Н (криптозой), то же, что *докембрий*.

Крипта Сен-Лоран в Гренобле. 7–8 вв.

КРИПТО́Н (Krypton), Kr, хим. элемент VIII гр. периодич. системы, ат.н. 36, ат.м. 83,80; относится к *благородным газам*. К. открыли англ. учёные У. Рамзай и М. Траверс в 1898.

КРИПТО́НОВАЯ ЛА́МПА, лампа накаливания, колба к-рой наполнена криптоном. По сравнению с обычными (вакуумными) лампами накаливания имеет повышенную (на 15% и более) световую отдачу, малые размеры. Применяется гл. обр. для освещения.

КРИСТАЛЛИЗА́ЦИЯ, процесс образования *кристаллов* из паров, р-ров, расплавов, из в-ва в другом кристаллич. или аморфном состоянии. К. начинается при переохлаждении жидкости или пересыщении пара, когда практически мгновенно возникает множество мелких кристалликов – центров К. Кристаллики растут, присоединяя атомы или молекулы из жидкости или пара. Зависимость скорости роста от условий К. приводит к разнообразию форм роста кристаллов (многогранные, пластинчатые, игольчатые, скелетные, дендритные и др. формы).

КРИСТАЛЛОГРА́ФИЯ (от *кристаллы* и *...графия*), наука о кристаллич. состоянии в-ва. Изучает симметрию, строение, образование и свойства *кристаллов*. Зародилась в древности и развивалась в тесной связи с *минералогией* как наука, устанавливающая законы ограничения кристаллов (франц. учёный Р.Ж. Аюи, 1784). В дальнейшем была развита теория симметрии внеш. формы кристаллов (А.В. Гадолин, 1867) и их внутр. строения (Е.С. Фёдоров, 1890, нем. учёный А. Шёнфлис, 1891). Совокупность методов описания внеш. форм кристаллов и их закономерности составляют содержание геом. К. Структурная К. исследует атомно-мол. строение кристаллов методами *рентгено-структурного анализа*, электронографии, нейтронографии.

КРИСТА́ЛЛЫ (от греч. krýstallos, первонач.– лёд), тв. тела, атомы или молекулы к-рых образуют упорядоченную периодич. структуру (кристаллич. решётку). К. обладают симметрией атомной структуры, соответствующей ей симметрией внеш. формы, а также анизотропией физ. свойств. К. могут быть

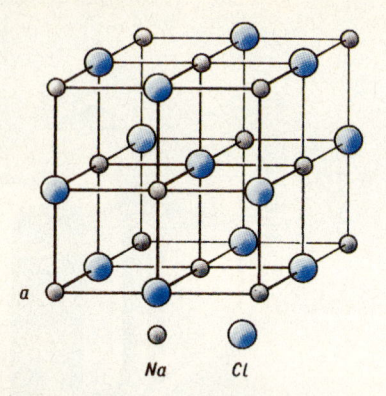

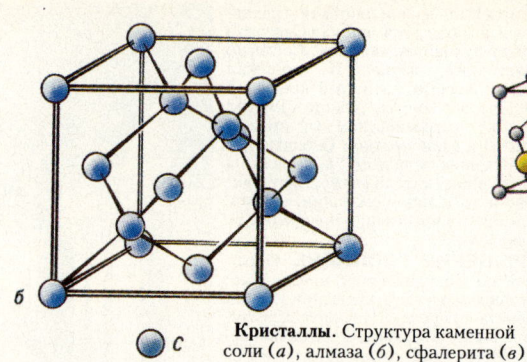

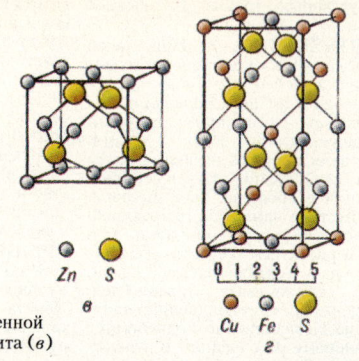

Кристаллы. Структура каменной соли (*а*), алмаза (*б*), сфалерита (*в*) и халькопирита (*г*).

совмещены сами с собой путём поворотов, отражений (точечная симметрия), параллельных переносов или трансляций (трансляционная симметрия) и др. преобразований симметрии, а также комбинаций этих преобразований. Анизотропия свойств К. связана с симметрией его строения.

КРИ́СТИ (Christie) Агата (1890–1976), англ. писательница. Герои её многочисл. «интуитивных» детективных романов и повестей — старая дама Джейн Марпл и сыщик-любитель Эркюль Пуаро, обладающие неиссякаемой энергией, феноменальной наблюдательностью и интуицией: «Пуаро расследует» (1924), «Тайна каминов» (1925), «Убийство Роджера Экройда» (1926), «Восточный экспресс» (1934), «Смерть на Ниле» (1937) и др. Пьесы «Свидетель обвинения», «Мышеловка» (обе 1954) и др.

КРИТ, о-в в Средиземном м.; терр. Греции. Пл. 8,3 т. км², Горист, выс. до 2456 м (г. Ида), развит карст. Средиземномор. кустарники (фригана), на вершинах — луга. К.— один из центров эгейской культуры (руины дворцов в Кноссе, Фесте и др.). Осн. порты: Ираклион, Ханья.

КРИТЕ́РИЙ (от греч. kritérion — средство для суждения), признак, на основании к-рого производится оценка, определение или классификация чего-либо; мерило оценки.

КРИ́ТИКА (от греч. kritiké — искусство разбирать, судить), 1) разбор (анализ), обсуждение чего-либо с целью дать оценку (напр., лит. критика). 2) Отрицат. суждение о чём-либо (в науке, иск-ве, обществ. жизни и т.д.), указание недостатков. 3) Исследование, науч. проверка достоверности, подлинности чего-либо (напр., К. текста, К. ист. источников).

КРИТИ́ЧЕСКАЯ МА́ССА, миним. масса делящегося в-ва (ядерного горючего), обеспечивающая протекание самоподдерживающейся *ядерной цепной реакции* деления. Величина К.м. ($M_{кр}$) зависит от вида ядерного горючего и его геом. конфигурации. Для ^{235}U при сферич. форме $M_{кр} = 50$ кг, для ^{239}Pu — 11 кг, для ^{239}U — 16 кг, для Cf — неск. десятков г. При М > $M_{кр}$ состояние системы надкритично и развитие цепной реакции может привести к *ядерному взрыву*. При М = $M_{кр}$ состояние системы критично, это режим работы *ядерного реактора*.

КРИТИ́ЧЕСКОЕ СОСТОЯ́НИЕ (физ.), состояние двух равновесно сосуществующих *фаз* (напр., газа и жидкости), при достижении к-рого фазы становятся тождественными по своим свойствам. Характеризуется критич. значениями темп-ры, давления, удельного объёма. На фазовой диаграмме изображается критич. точкой. В К.с. системы жидкость — пар удельные объёмы жидкой и паровой фаз становятся одинаковыми, теплота фазового перехода обращается в нуль, исчезает граница раздела фаз и поверхностное натяжение.

КРИ́ТО-МИКЕ́НСКАЯ КУЛЬТУ́РА, см. *Эгейская культура*.

КРИ́ШНА, в индийской мифологии воплощение *Вишну*.

КРИШНАМУ́РТИ Джидду (1895 или 1897–1986), инд. религ. мыслитель и поэт. В 1910 объявлен теософами новым учителем мира, однако в 1929 порвал с ними; истина, по К., раскрывается только интуитивно, в состоянии свободного «излияния» личности, чему препятствует любая законченная филос. и религ. система.

КРЛЕ́ЖА (Krleža) Мирослав (1893–1981), хорв. писатель. Антифаш. роман-памфлет «Банкет в Блитве» (кн. 1–2, 1938–39, кн. 3, 1962); в романе-эпопее «Знамёна» (кн. 1–5, 1962–69, 2-е доп. изд. 1976) показал влияние событий нац. истории периода 1-й мировой войны, рев. движения в Хорватии на личные судьбы героев, их духовную эволюцию.

КРОВЕЗАМЕНИ́ТЕЛИ, растворы преим. для внутривенного введения с целью восполнения объёма циркулирующей в кровяном русле жидкости, удаления из организма токсич. в-в и др.

КРОВЕНО́СНАЯ СИСТЕ́МА, совокупность сосудов и полостей, по к-рым циркулирует кровь. У млекопитающих и человека кровь от сердца поступает в *артерии* (алого цвета) и по ним распределяется по артериолам и тканевым капиллярам, а от них по венулам и *венам* (тёмно-красного цвета) возвращается к сердцу. См. также *Кровообращение*.

КРОВЕТВОРЕ́НИЕ, образование, развитие и созревание клеток крови. У взрослых особей млекопитающих и человека происходит в кроветворных органах — костном мозге, селезёнке, лимфатич. узлах и вилочковой железе. К.— непрерывный процесс, обусловленный коротким жизненным циклом большинства кровяных клеток.

КРО́ВНАЯ МЕСТЬ, обычай, сложившийся при родовом строе как средство защиты чести рода. Состоит в обязанности родственников убитого отомстить убийце или его родным.

КРОВООБРАЩЕ́НИЕ, движение крови в кровеносной системе, обусловливаемое гл. обр. сокращениями сердца. У большинства беспозвоночных ж-ных незамкнутый круг К. (гемолимфа движется благодаря сокращениям мышц тела и сосудов), у остальных ж-ных замкнутое К. У позвоночных (кроме рыб) два круга К. У крокодилов, птиц и млекопитающих большой круг К. начинается от левого желудочка сердца и заканчивается в правом предсердии (снабжает кровью всё тело); малый (лёгочный) круг К. начинается от правого желудочка и заканчивается в левом предсердии.

КРОВОТЕЧЕ́НИЕ, истечение крови из кровеносных сосудов из-за нарушения их целостности. К. наружное и внутр. (из внутр. органов); артериальное (наиб. опасно), венозное, капиллярное и смешанное (напр., при ранении печени, селезёнки). К. останавливают давящими повязками, наложением жгута, перевязкой сосуда, кровоостанавливающими средствами; применяют также переливание крови.

КРОВОХЛЁБКА, род многолетних трав, полукустарников и кустарников (сем. *розоцветные*). Ок. 30 видов, в умеренном поясе Сев. полушария. Корневища и корни К. лекарственной используют в медицине (вяжущее и кровоостанавливающее средство). К. великолепная — под угрозой исчезновения.

КРОВЬ, жидкая ткань, циркулирующая в кровеносной системе позвоночных ж-ных и человека. Состоит из плазмы и форменных элементов (эритроциты, лейкоциты, тромбоциты и др.). Красный цвет К. придаёт *гемоглобин*, содержащийся в эритроцитах. Переносит кислород от органов дыхания к тканям и диоксид углерода от тканей к органам дыхания; доставляет питат. в-ва из органов пищеварения к тканям, а продукты обмена к органам выделения; участвует в регуляции водно-солевого обмена и кислотно-щелочного равновесия в организме, в поддержании пост. темп-ры тела (у теплокровных). Благодаря способности лейкоцитов поглощать микроорганизмы и инородные тела К. выполняет защитную функцию. У мужчин — в ср. 5,2 л К., у женщин — 3,9 л. В 1 мм³ К. — 3,9–5,0 млн. эритроцитов, 4–9 тыс. лейкоцитов, 180–320 тыс. тромбоцитов, гемоглобина ок. 13–16 г в 100 мл.

КРОВЯНО́Е ДАВЛЕ́НИЕ, давление внутри кровеносных сосудов, обусловленное работой сердца и сопротивлением стенок сосудов. Понижается по мере удаления от сердца (наибольшее в аорте, значительно ниже в капиллярах, в венах наименьшее). Нормальным для взрослого человека считают артериальное давление 100–140 мм рт.ст. (при *систоле*) и 70–80 мм рт. ст. (при *диастоле*). Повышенное артериальное давление — признак *гипертонической болезни*, поражения почек и др., пониженное — сопровождает ряд заболеваний, но возможно и у здоровых людей.

КРОЙФ (Cruyff) Йохан, см. *Круифф Й.*

КРОКЕ́Т (англ. и франц. croquet), игра спорт. типа, в к-рой шар ударами дерев. молотка проводится через расположенные в определ. порядке (на земляной или травяной площадке произвольного размера) проволочные ворота. Возник в 17 в. во Франции, с 19 в. получил распространение в др. странах; в 1900 входил в программу Олимп. игр.

КРОКОДИ́ЛЫ, отряд водных пресмыкающихся. Дл. до 7 м (нильский К.). Кожа покрыта роговыми щитками. 21 вид, преим. в пресных водоёмах тропиков и субтропиков. Активны в осн. ночью. Питаются рыбой, беспозвоночными, птицами,

Крокодилы. Нильский крокодил.

млекопитающими. Могут быть опасны для человека (*кайманы*). Самки откладывают яйца в песок или гнёзда, заботятся о потомстве. Мясо К. съедобно. Живут до 80–100 лет. Хищнически истребляются (особенно виды ради кожи). Мн. виды на грани исчезновения. В ряде стран (США, Куба и др.) разводят на фермах.

КРО́КУС, то же, что *шафран*.

КРО́ЛИК, млекопитающее (сем. зайцы). Длина тела 35–44 см, масса до 2,2 кг. В Юж. и Центр. Европе, Сев. Африке; завезён в Великобританию, Н. Зеландию, Австралию, Америку. Объект охоты. При большой численности повреждает с.-х. культуры, лесопосадки. Дикий К.— родоначальник домашнего К. Разводят (белых пуховых, венских голубых, рус. горностаевых и др.) ради питат. диетич. мяса (масса тушки 2-мес. К. 1,8–3 кг), шкурок (ценное меховое сырьё), пуха (ср. годовой начёс 300–700 г). 3–6 окролов в год, в помёте 6–8 крольчат. Живёт 7–10 лет.

Кролик (порода серый великан).

КРОМАНЬО́НЦЫ (от назв. грота Кро-Маньон, Cro-Magnon, во Франции), наиб. распространённый из ископаемых людей совр. вида (*неоантропов*) эпохи позднего палеолита. Известны по костным останкам преим. из Европы. Появились ок. 40 тыс. лет назад. Иногда К. называют вообще всех ранних неоантропов позднего палеолита.

КРО́МВЕЛЬ (Cromwell) Оливер (1599–1658), деятель Англ. рев-ции 17 в. В 1640 избран в *Долгий парламент*. Один из гл. организаторов

О. Кромвель. Портрет. 17 в. Музей Версаля.

парламентской армии, одержавшей победы над королев. армией в 1-й (1642–46) и 2-й (1648) гражд. войнах. Содействовал казни короля и провозглашению республики (1649). С 1650 лорд-ген. (главнокоманд. всеми воор. силами). Подавил движения *левеллеров*, освободит. движения в Ирландии и Шотландии. В 1653 установил режим единоличной воен. диктатуры.

КРО́МЛЕХ (от бретон. crom — круг и lech — камень), мегалитич. сооружение эпохи неолита и бронз. века в виде круговой ограды.

КРО́МПТОН (Crompton) Сэмюэл (1753–1827), англ. изобретатель. Создал прядильную «мюль-машину» (1779), сыгравшую большую роль в развитии прядильного произ-ва, т.к. она позволила вырабатывать более тонкую пряжу, чем существовавшие в то время машины.

КРО́НОС, в греч. мифологии титан, сын Урана и Геи. Проглатывал своих детей, т.к. по предсказанию он должен свергнуть сын. Вместо сына Зевса жена Рея подложила К. завёрнутый в пелёнки камень. Впоследствии К. изрыгнул братьев и сестёр Зевса, к-рые объявили титанам войну и сбросили их вместе с К. в тартар. К. соответствует рим. Сатурн.

КРОНО́ЦКИЙ ЗАПОВЕ́ДНИК, заповедник на В. Камчатки. Осн. в 1934 для восстановления запасов соболя. Совр. пл. ок. 1 млн. га. Ландшафт К.з. определён вулканич. деятельностью (из 22 вулканов 12 — действующие): Долина гейзеров, термальные озёра, водопады. Светлые леса из берёзы каменной, заросли кедрового стланика. Кроме соболя обычны горностай, белка, бурый медведь; стадо диких сев. оленей. Лежбища сивучей, нерп. Птичьи базары. С 1985 биосферный заповедник.

КРОНШТА́ДТ (до 1723 Кроншлот), г. и порт в Ленингр. обл., на о. Котлин, в Финском зал., в 29 км к З. от С.-Петербурга. 45,2 т.ж. Судоремонт. Музеи: «Кронштадтская крепость», мемор. А.С. Попова (1906), ист.-краеведческий. Осн. в 1703 Петром I как крепость для защиты С.-Петербурга с моря. С 1720-х гг. гл. база Балт. флота. Морской Никольский собор (1903–13).

КРОНШТА́ДТСКИЕ ВОССТА́НИЯ, матросов и солдат Кронштадтского гарнизона и экипажей нек-рых кораблей Балт. флота: 1) в ходе Рев-ции 1905–07. Подавлено правительств. войсками. В 1906 осуждено 1417 чел. (в т.ч. 36 казнены). 2) 1–18 марта 1921. Вызвано недовольством политикой «воен. коммунизма», усилившимся в связи с неурожаем, хоз. разрухой и голодом. Осн. лозунги: «Вся власть Советам, а не коммунистам!», «Советы без коммунистов!». Подавлено частями Кр. Армии.

КРОПО́ТКИН Пётр Ал. (1842–1921), князь, рос. революционер, теоретик анархизма, географ и геолог. В 1860-х гг. совершил ряд экспедиций по Вост. Сибири. В нач. 70-х гг. обосновал широкое распространение древних материковых льдов в Сев. и Ср. Европе. В 1872–74 чл. рев. народнич. кружка «чайковцев» в С.-Петербурге. В 1876–1917 в эмиграции, участник анархич. орг-ций, чл. ряда науч. об-в. Родоначальник концепции анархич. коммунизма, в основе к-рой идея федерации свободных производств. общин («коммун»). В противовес социаль-

П.А. Кропоткин.

ному дарвинизму разработал концепцию взаимопомощи как гл. фактора эволюции человечества. Тр. по этике, социологии, теории анархизма, истории — «Вел. франц. рев-ция 1789–93» (1909; рус. изд. 1918, 1979); «Записки революционера» (1899; рус. изд. 1902, 1988).

КРОСС (Kross) Яан (р. 1920), эст. писатель. В поэзии (сб. «Поток и трезубец», 1971) — интеллектуально-филос. начало. В прозе (ром. «Между тремя поветриями», ч. 1–4, 1970–1980, «Императорский безумец», 1978, «Ракверский роман», 1982, «Раскопки», 1990) — история Эстонии в социально-филос. и нравств. ракурсе. В ром. «Гимназисты Викмана» (1988) автобиогр. мотивы.

КРОСС (англ. cross — пересекать, переходить), спорт. бег, ходьба на лыжах, езда на лошади, велосипеде, мотоцикле, автомобиле на естественно пересечённой местности.

КРО́ССИНГ (англ. crossing — пересечение), в спорт. соревнованиях на скорость (гонки, гребля, скачки и т.п.) нарушение правил обгона соперника неправильным (задерживающим) пересечением его дорожки. За К. спортсмен дисквалифицируется.

КРОТЫ́, семейство млекопитающих (отр. насекомоядные). Длина тела 5–21 см, хвоста 1,5–20 см. 30 видов, в т.ч. *выхухоль*, в Евразии и Сев. Америке. Большинство К. ведёт подземный образ жизни. Питаются почвенными беспозвоночными (гл. обр. дождевыми червями). Нек-рые К.— объекты пушного промысла. Живут до 6 лет.

КРО́ЧЕ (Croce) Бенедетто (1866–1952), итал. философ, историк, литературовед, полит. деятель. Представитель итал. *неогегельянства*. Противник фаш. режима. Ведущую роль в познании отводил интуиции как постигающей неповторимо индивидуальное. Тр. по философии истории, эстетике, этике, понимаемой как «наука о выражении», истории культуры, истории Италии 1871–1915 и Европы 19 в.

КРУГ Карл Адольфович (1873–1952), электротехник. Труды по теоретич. электротехнике, преобразованию пост. тока в переменный. Автор учебника «Основы электротехники» (т. 1–2, 6 изд., 1946). Участник составления плана ГОЭЛРО.

КРУГ, множество точек плоскости, расстояния к-рых от фиксир. точки (центра К.) не превосходят заданного числа R (радиуса К.). Граница К.— *окружность*. Площадь К. $S = \pi R^2$, где $\pi = 3,14...$

КРУ́ГЛЫЕ ЧЕ́РВИ, то же, что *нематоды*.

«КРУ́ГЛЫЙ СТОЛ», форма публ. обсуждения или освещения к.-л. вопросов, когда участники высказываются в определ. порядке (первонач.— сидя за столом, имеющим круглую форму); совещание, обсуждение ч.-л. с равными правами участников. Представление о «К.с.» как символе равенства и благородства восходит к *Артуровским легендам*.

КРУГОВА́Я КИНОПАНОРА́МА (кругорама, циркорама), вид кинематографа, обеспечивающий показ фильмов на цилиндрич. (круговом) экране. Изобретена в 1897 франц. инж. Р. Гримуэном-Сансоном; усовершенствована в 50-х гг. 20 в. в США. Первый фильм по системе К.к. создан в 1955 на студии У. Диснея. В 1959 К.к. построена на ВДНХ в Москве.

КРУГОВО́Й ПРОЦЕ́СС, то же, что *цикл термодинамический*.

КРУГОВОРО́Т ВЕЩЕ́СТВ на Земле, повторяющихся процессы превращения и перемещения в-ва в природе, имеющие более или менее циклич. характер. Общий К.в. складывается из отд. процессов (круговорота воды, газов, хим. элементов), к-рые не являются полностью обратимыми, т.к. происходит рассеяние в-ва, изменение его состава и т.д. С появлением жизни на Земле и развитием *биосферы* огромную роль в К.в. играют живые организмы. Глобальное, сравнимое с геол. процессами влияние на К.в. оказывает деятельность человека.

КРУ́ЖЕВО, текст. изделие (ручной или машинной работы) без тканой основы, в к-ром ажурный рисунок образуется в результате переплетения нитей. Применяется в осн. для отделки белья, одежды.

Кружево. Волан. Седан (Франция). Нач. 18 в. Эрмитаж.

КРУЗЕНШТЕ́РН Ив. Фёд. (1770–1846), рос. воен. моряк, океанограф. Создатель Воен.-мор. академии, один из чл.-учредителей Рус. геогр. об-ва. Нач. первой рус. кругосветной эксп. (1803–06) на судах «Надежда» и «Нева». Открыл Межпассатные противотечения в Атлантич. и Тихом океанах, впервые выполнил комплекс океанографич. и метеорол. работ в Тихом и Индийском океанах, положил начало систематич. глубоководным исл. Мирового ок., впервые нанёс на карту ок. 1000 км побережья о. Сахалин. Автор «Атласа Южного моря» (т. 1–2, 1823–26). Илл. см. на стр. 358.

КРУИ́З (англ. cruise), мор. путешествие обычно по замкнутому маршруту с радиальными поездками из пор-

358 КРУИ

И.Ф. Крузенштерн.

тов во внутр. р-ны стран (напр., К. вокруг Европы).

КРУИФФ (Cruyff) Йохан (р. 1947), нидерл. футболист и тренер. В составе команды «Аякс» (Амстердам) многократный чемпион Нидерландов; трёхкратный обладатель Кубка европ. чемпионов (1971, 1972, 1973). Серебр. призёр чемпионата мира 1974. Один из самых техничных нападающих мирового футбола. Признан лучшим футболистом Европы (1971 и 1972).

КРУНГТЕ́П, см. *Бангкок*.

КРУП, острый спазм гортани. Проявляется «лающим» кашлем, охриплостью голоса, затруднением дыхания. Истинный К.— устар. назв. дифтерии гортани. Т.н. ложный К. наблюдается у детей при гриппе, кори, аденовирусных болезнях и др. инфекциях.

КРУПИ́Н Вл. Ник. (р. 1941), рус. писатель. Автобиогр. исповедально-публицистич. проза. Житейская с фантастич. эпизодами пов. «Живая вода» (1980) о «трёхжильном» крестьянине, чудаке и балагуре. В док. этногр. «Вятской тетради» (1987), в пов. «Прощай, Россия, встретимся в раю» (1991), «Крестный ход» (1993) ведущий лейтмотив — воскрешение традиционной, основанной на православии рус. культуры. Юмор, порождаемый скоморошьими перифразами и балагурной «перелицовкой» языка массовой культуры.

КРУ́ПНЫЙ РОГА́ТЫЙ СКОТ, парнокопытные жвачные ж-ные (сем. полорогие): домашние (бык, корова), а также як, гаял, бизон, зубр. Домашний К.р.с. произошёл от *тура*, приручение к-рого началось ок. 8 тыс. лет назад. Разводят (холмогорскую, красную степную, чёрно-пёструю и др. породы) ради молока (3500—4000 кг в год, жирность 3,6—4%) и мяса (живая масса 200—900 кг, иногда более). Особенно ценится мясо откормленного молодняка (телятина). Плодовитость — 1 телёнок (очень редко 2). Продолжительность жизни ок. 20 лет, хоз. использование молочных коров до 12—13 лет.

Крупный рогатый скот. Корова (симментальская порода).

КРУ́ПСКАЯ Над. Конст. (1869—1939), обществ. деятель. Жена В.И. Ленина. С 1917 чл. коллегии Наркомпроса, с 1920 пред. Главполитпросвета, с 1929 зам. наркома просвещения РСФСР. Чл. През. ВС СССР с 1938. Работы по истории КПСС и педагогике.

КРУШИ́НА, род кустарников и деревьев (сем. крушиновые). Ок. 50 видов, в умеренном поясе Евразии и Сев. Америки, а также в Сев. Африке. В России произрастает 1 вид — К. ломкая. Отвар коры К.— слабительное средство. Многие виды К.— декоративные, медоносные и дубильные р-ния.

Крушина ломкая.

КРЫЖО́ВНИК, род кустарников (сем. крыжовниковые). Св. 50 видов, гл. обр. в Сев. Америке, Евразии, на

Крыжовник.

С. Африки. Возделывают (в России с 11 в.) К. отклонённый, или культурный. Выс. до 1,5 м, живёт 30 лет, плодоносит с 2—3 лет. Ок. 1500 сортов. Плоды (до 30 кг с куста) богаты пектинами, витамином С и др., железом, фосфором.

КРЫЛА́НЫ (летучие собаки, летучие лисицы), млекопитающие (отр. рукокрылые). Длина тела 6—40 см, крылья в размахе до 1,5 м. Ок. 110 видов, в тропиках и субтропиках Вост. полушария. Держатся колониями, иногда в неск. тысяч особей. Питаются плодами р-ний, пыльцой и нектаром цветков. Местами наносят ущерб садоводству.

КРЫЛА́ТЫЕ СЛОВА́, меткие выражения, часто краткие цитаты и афоризмы, получившие широкое распространение в живой речи на правах пословиц и поговорок («А воз и ныне там»).

КРЫЛО́В Ал. Ник. (1863—1945), кораблестроитель, механик и математик. Участвовал в проектировании и постройке первых рус. линкоров типа «Севастополь», в решении осн. техн. вопросов воен. и гражд. судостроения. Основополагающие труды по теории корабля.

КРЫЛО́В Ив. Анд. (1769—1844), рус. писатель, баснописец. Издавал сатирич. ж. «Почта духов» (1789) и др. Писал трагедии и комедии, оперные либретто. В 1809—43 создал 200 басен, отличающихся сатирич. остротой, ярким и метким языком. В них обличались обществ. и личные пороки. Н.В. Гоголь назвал басни К. «...книгой мудрости самого народа».

КРЫМ (Крымский полуостров), омывается Чёрным и Азовским морями; с материком соединён Перекопским перешейком. Пл. 27 т. км². Юж. часть занята *Крымскими горами*, вдоль к-рых протянулась узкая галечная полоса *Южного берега Крыма*. Климат сев. части умеренно сухой, южной — субтропич. средиземномор. типа. Ср. темп-ры янв. от 1 °С на С. до 4 °С на Ю., июля 24 °С; осадков от 300 мм то до 1200 мм в горах. Св. 50 солёных озёр; св. 100 источников мин. вод, лечебные грязи в озёрах (Сакское и др.). Кр. м-ния жел. руды (Керченский п-ов), соли (Сиваш). Заповедники: Ялтинский, Мыс Мартьян, Карадагский; Никитский ботан. сад.

КРЫМ (Республика Крым), в составе Украины, на терр. Крымского п-ова. Нас. 2596 т.ч., гор. 69,2%. 15 р-нов, 16 городов, 56 пос. гор. типа. Столица — Симферополь.

А.Н. Крылов.

И.А. Крылов.

К.— один из древнейших р-нов заселения человеком Вост. Европы. С кон. 2-го — в 1-м тыс. до н.э. был населён киммерийцами, в 1-м тыс. до н.э.— таврами, с 8—7 вв. до н.э.— скифами. Ок. 480 до н.э. часть терр. К. входила в *Боспорское государство*. В 1-й пол. 3 в. н.э. в К. вторглись готы, в 375 — гунны. В 12—13 вв. населён греками, армянами, потомками алан, печенегов и др. В 13 в. завоёван монголами и включён в *Золотую Орду*. В 1443 в К. образовалось *Крымское ханство*, ставшее вассалом Османской империи. В ходе рус.-тур. войны 1768—74 рус. войска овладели К.; по договору с ханом (1772) и Кючук-Кайнарджийскому миру 1774 Крымское ханство перешло под покровительство России. В 1783 присоединён к Рос. империи. В 1918—54 в составе РСФСР (Крымская автономная сов. социалистич. республика, 1921—45). С 1954 в составе Украины. В 1993 учреждён пост президента К.

Осн. отрасли пром-сти: пищевкус. (плодоовощеконс., виноделч., эфирно-масличная и др.), маш.-строит. (суда, оборудование для пищ. пром-сти, приборы, телевизоры и др.), хим., лёгкая. Добыча жел. руды и природного газа. Симферопольская ГРЭС и др. Кр. р-н плод-ва и виногр-ва, овощ-ва и бахчеводства. Выращивают кукурузу, сою, рис, подсолнечник, табак, эфирно-масличные культуры. Птиц-во, мясо-молочное скот-во, свин-во, овц-во. Мор. порты:

Крым. Никитский ботанический сад.

Керчь, Феодосия, Ялта, Севастополь, Евпатория. Кр. курорты. Туризм.

КРЫМОВ Ник. Петр. (1884–1958), рос. живописец. Мастер синтетического, гармонично построенного пейзажа-картины, основанного на разработанной им «системе тона» (цвет выявляет не материальность, а только степень освещённости предметной формы). «Речка» (1926), «Летний день в Тарусе» (1939–40).

КРЫМСКАЯ ВОЙНА 1853–56 (Восточная война), между Россией и Турцией (с февр. 1854 на стороне Турции также выступили Великобритания, Франция и с 1855 – Сардинское кор-во) за господство на Бл. Востоке. В 1853 рус. войска вступили в Молдавию и Валахию, одержали победу при Башкадыкларе (восточнее Карса), разгромили тур. флот в Синопском сражении. В 1854 тур. войска потерпели поражение при Кюрюк-Дара (восточнее Карса), союзники предприняли блокаду Балт. м., высадились в Крыму, нанесли поражение рус. армии на р. Альма и осадили Севастополь. В 1855 Россия оказалась в дипл. изоляции, рус. войска взяли Карс, но оставили Севастополь, в конце года воен. действия прекратились. К. в. завершилась невыгодным для России Парижским миром 1856.

КРЫМСКАЯ КОНФЕРЕНЦИЯ 1945 (Ялтинская конференция), глав правительств трёх союзных держав во 2-й мир. войне: И.В. Сталина (СССР), Ф.Д. Рузвельта (США) и У. Черчилля (Великобритания) 4–11 февр. в Ялте. Были определены и согласованы воен. планы союзных держав и намечены основные принципы их послевоен. политики с целью создания прочного мира и системы междунар. безопасности; участники К.к. заявили о своей цели — уничтожить герм. милитаризм и нацизм; были приняты решения о создании в Германии зон оккупации 3 держав (а также Франции, в случае её согласия) и общегерм. контрольного органа союзных держав, о взыскании с Германии репараций, о создании ООН и др. СССР выразил согласие на определ. условиях вступить в войну против Японии через 2–3 мес после окончания войны в Европе.

КРЫМСКИЕ ГОРЫ (Таврические горы), на Ю. Крымского п-ова. Дл. ок. 150 км. Состоят из 3 гряд: Южной, или Главной, гряды (Яйлы) – самой высокой (до 1545 м, г. Роман-Кош) и 2 более низких гряд. Встречаются выходы магматич. пород (г. Аюдаг) и разрушенные вулканич. массивы (Карадаг). У подножия Гл. гряды – узкая полоса *Южного берега Крыма*. На сев. склонах – дубовые, буковые и сосновые леса. Плоская поверхность Яйлы безлесна; развит карст. М-ния стройматериалов и полудрагоценных камней. На склонах Гл. гряды – Крымское заповедно-охотничье х-во и 3 заповедника. К.г.– популярный р-н туризма.

КРЫМСКОЕ ХАНСТВО, гос-во в Крыму в 1443–1783. Выделилось из Золотой Орды. С 1475 вассал Османской империи. Столица с нач. 16 в.– Бахчисарай. Крымские ханы совершали набеги на рус., укр., молд. и польск. земли. Ликвидировано в результате рус.-тур. войн, терр. присоединена к России.

КРЫСЫ, род мышей. Длина тела 8–30 см, хвост примерно такой же длины. Ок. 70 видов, преим. в лесах тропиков и субтропиков; нек-рые (серая К., или пасюк, и чёрная К.) вслед за человеком расселились очень широко. Наносят ущерб нар. х-ву, портя и уничтожая продукты. Переносчики глистных и мн. инфекц. заболеваний. Лаб. ж-ные. К. наз. также представителей мн. др. родов мышей.

КРЭГ (Крейг) (Craig) Генри Эдуард Гордон (1872–1966), англ. режиссёр, художник, теоретик т-ра. Сын актрисы Э. Терри. На сцене с 1889. Ставил оперы; трагедии У. Шекспира в Берлине, Флоренции, Москве (в 1911 с К.С. Станиславским пост. «Гамлет» Шекспира в МХТ). Изобрёл систему ширм, к-рая легко трансформировала пространство сцены. Утверждал идею режиссёрского т-ра, концепцию «сверхмарионетки», предполагающую творчество «актёра-поэта» в строгих пределах режиссёрского замысла.

КРЮКОВОЕ ПЕНИЕ, см. *Знаменный распев*.

КРЮЧКОВ Ник. Аф. (1910/1911–94), киноактёр. Создал образ положит. героя первых пятилеток («Комсомольск», 1938; «Трактористы», 1939; «Парень из нашего города», 1942). Снимался в ф.: «Фронт» (1943), «Сорок первый» (1956) и др. В более поздние годы сыграл драм. роли в ф.: «Жестокость» (1959), «Особо важное задание» (1981), «Сталинград» (1990) и др.

КРЮЧКОВА Свет. Ник. (р. 1950), актриса. С 1973 во МХАТе. С 1975 в Ленингр. Большом драм. т-ре. Владеет иск-вом психол. анализа роли, часто использует острохарактерные краски, приёмы гротеска; тонко ощущает стиль и жанр пьесы. Роли: Люба («Фантазии Фарятьева» А.Н. Соколовой, 1976), Аксинья («Тихий Дон» по М.А. Шолохову, 1977), Мамаева («На всякого мудреца довольно простоты» А.Н. Островского, 1985) и др. Снималась в ф.: «Женитьба» (1978), «Родня» (1982) и др.

КРЯКВА, речная утка. Дл. ок. 60 см. У самца голова и шея тёмно-зелёные, на крыле сине-фиолетовое «зеркальце», самка крапчатая. Распространена в Евразии и Сев. Америке. Гнездится у водоёмов, изредка в дуплах и даже на крышах гор. зданий. Легко приручается. Издавна (палеолит) один из источников пищ. запасов человека. От К. произошли мн. породы домашних уток. Как декор. птица стала обычной на гор. водоёмах.

КСЕНАКИС (Xenakis) Янис (р. 1922), франц. композитор и архитектор. По происхождению грек, родом из Румынии. Один из лидеров франц. муз. авангарда. Создал свою т.н. стохастич. систему соч. музыки. Балеты, орк. произв., *электронная музыка*. Работал с Ш.Э. Ле Корбюзье.

КСЁНДЗ (ksiądz), в Польше священнослужитель в католич. церкви.

КСЕНОБИОТИКИ (от греч. xénos – чужой и bíos – жизнь), чужеродные для организмов соед. (пром. загрязнения, пестициды, препараты бытовой химии, лекарств. средства и т.п.). Попадая в окружающую среду в значит. кол-вах, К. могут служить причиной мн. заболеваний, воздействовать на генетич. аппарат организмов, вызывать их гибель, нарушать равновесие природных процессов в биосфере. Превращения К. в организмах, пути их детоксикации и деградации учитываются при организации сан.-гигиенич. мероприятий, мер по охране природы.

КСЕНОН (Xenon), Хе, хим. элемент VIII гр. периодич. системы, ат. н. 54, ат. м. 131,29; относится к *благородным газам*. К. открыли англ. учёные У. Рамзай и М. Траверс в 1898.

КСЕНОНОВАЯ ЛАМПА, газоразрядный источник света высокого давления с дуговым разрядом в атмосфере ксенона. Колба из кварцевого стекла. Спектр излучения близок к солнечному. Применяются в проекц. аппаратуре, для освещения больших пространств (стадионов, площадей) и т.д.

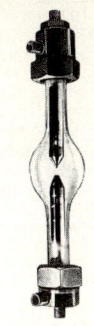

КСЕНОФАН Колофонский (ок. 570 – после 478 до н.э.), др.-греч. поэт и философ. Учил о единстве, вечности и неизменяемости сущего. Выступил с критикой *антропоморфизма* и многобожия, характерного для греч. нар. религии.

КСЕНОФОБИЯ (от греч. xénos – чужой и ...*фобия*), 1) навязчивый страх перед незнакомыми лицами. 2) Нетерпимость, неприятие, ненависть к кому-либо или чему-либо чужому, чужеродному.

КСЕНОФОНТ (ок. 430–355 или 354 до н.э.), греч. писатель и историк. Автор «Греческой истории» (в 7 кн.) – изложение событий 411–362 до н.э. с проспартанских и антидемокр. позиций.

КСЕРКС I (? – 465 до н.э.), царь гос-ва *Ахеменидов* с 486. В 480–479 возглавлял поход персов в Грецию, окончившийся их поражением.

КСЕРОГРАФИЯ (от греч. xērós сухой и ...*графия*), наиболее распространённый способ оперативного копирования док-тов в чёрно-белом или цв. изображении методами *электрофотографии* с использованием сухого порошка. Изобретена в 1938 Ч. Карлсоном (США).

КСИЛЕМА, то же, что *древесина*.

КСИЛО... (от греч. xýlon – срубленное дерево), часть сложных слов, указывающая на связь с деревом, древесиной как материалом (напр., ксилофон).

КСИЛОГРАФИЯ (от *ксило*... и ...*графия*), гравюра на дереве.

КСИЛОМЕТР (от *ксило*... и ...*метр*), прибор для определения объёма тел (первонач. гл. обр. из древесины; отсюда назв.) неправильной формы. Действие К. основано на измерении объёма (уровня) жидкости, вытесняемой в сосуде с погружённым в него телом. Отсчёт ведётся по установленной вертикально градуир. трубке, сообщающейся с сосудом.

КСИЛОФОН (от *ксило*... и ...*фон*), ударный муз. инстр-т: набор дерев. брусочков разл. длины. Распространён у мн. народов. В проф. музыке с нач. 19 в.; совр. разновидности — маримба, тубафон и др.

Ксеноновая лампа.

Крымские горы.

Ксилофон.

КТО́РОВ Анат. Петр. (1898–1980), актёр. С 1920 в б. Т-ре Корша в Москве. С 1933 во МХАТе. Игре К. свойственны изящество, острота и точность рисунка роли. Блестящий комедийный актёр. Роли: Сэм Уэллер («Пиквикский клуб» по Ч. Диккенсу, 1935), Джозеф («Школа злословия» Р. Шеридана, 1940), Коко («Плоды просвещения» Л.Н. Толстого, 1951). В зрелые годы создал сложные драм. характеры: Бернард Шоу («Милый лжец» Дж. Килти, 1962) и др. Снимался в ф.: «Процесс о трёх миллионах» (1926), «Бесприданница» (1937) и др.

А.П. Кторов в роли Джозефа.

КУА́ЛА-ЛУ́МПУР, столица (с 1957) Малайзии, на п-ове Малакка. Св. 1,2 млн. ж. Трансп. уз.; междунар. аэропорт. Торг. и финанс. центр. Металлообр., деревообр. пром-сть; обработка каучука. Ун-ты. Как город изв. с 80-х гг. 19 в. С 1880 столица Селангора (княжества, затем штата). В 1946–57 адм. ц. англ. колонии Малайский Союз (в 1948–57 Малайская Федерация).

Куала-Лумпур.

КУБ (от лат. cubus, от греч. kýbos — игральная кость), 1) один из 5 типов правильных многогранников, имеющий гранями квадраты, 12 рёбер, 8 вершин, в каждой вершине сходятся 3 ребра (илл. см. при ст. *Многогранник*). К. иногда наз. гексаэдром. 2) Третья степень a^3 числа a (назв. связано с тем, что именно так выражается объём К. со стороной a).

КУ́БА (Республика Куба), гос-во в Вест-Индии, на о-вах Куба, Хувентуд (б. Пинос) и ок. 1600 мелких. Пл. 110,9 т. км². Нас. 10,9 млн. ч.; кубинцы (ок. 66% — белые, 12% — негры, 22% — мулаты, метисы). Офиц. яз. — испанский. Верующие в осн. католики. Столица — Гавана. Глава гос-ва и пр-ва — президент. Законодат. орган — однопалатное Нац. нар. собрание. Адм.-терр. деление: 14 провинций и спец. муниципия о. Хувентуд. Ден. единица — кубинское песо.

Зап. и центр. часть К. — преим. равнина, на Ю.-В. — массив Сьерра-Маэстра (выс. до 1972 м). Климат тропич. пассатный. Реки короткие, немноговодные. Ср. темп-ры янв. 22 °С, авг. 28 °С; осадков от 800 до 2200 мм в год; дождливый сезон май — окт. (80% годовых осадков). Саванны, леса (гл. обр. в горах), мангры (низменные побережья).

В 1492 о-в был открыт Х. Колумбом; в 16 в. колонизован Испанией. Война кубин. народа против исп. колон. гнёта (1868–78), восст. 1895–98 под рук. Х. Марти и А. Масео, а также исп.-амер. война 1898 привели к провозглашению К. независимой республикой (1902). Однако фактически К. превратилась в полуколонию США. В сер. 50-х гг. на К. развернулась борьба против режима Ф. Батисты, к-рый был свергнут 1 янв. 1959. Кубин. руководство (Ф. Кастро и др.) постепенно стало ориентироваться на СССР. Непримиримая позиция руководства К. в отношении США (в 1961 были разорваны дипл. отношения; в 1962 К. была исключена из ОАГ) привела к втягиванию К. в т.ч. карибский кризис окт. 1962, вызванный размещением на К. сов. ракет. К. была провозглашена социалистич. гос-вом с однопартийным коммунистич. режимом. С нач. 1990-х гг. обострились кризисные явления в обществ. жизни, резко нарастали экон. трудности.

К. — агр.-индустр. страна. ВНП на д. нас. 1580 долл. в год. Осн. экспортные с.-х. культуры: сах. тростник, цитрусовые, табак, кофе. Добыча и переработка никеля. Кр. сах. пром-сть, произ-во таб. изделий и напитков, машин для с. х-ва, оборудования для сах. пром-сти, удобрений, судов, тканей и пряжи.

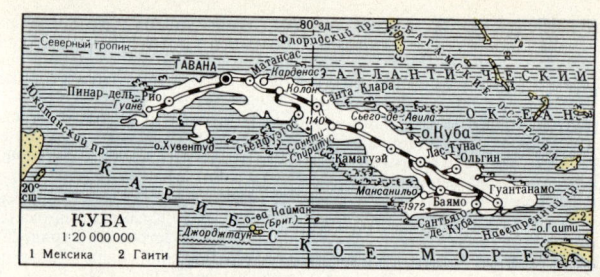

КУБАЧИ́, пос. гор. типа в Дагестане. Центр худ. обработки металла (чернение по серебру, зол. и серебр. насечка по металлу, кости, рогу, гравировка, филигрань, зернь), произ-во и украшение оружия и ювелирных изделий, медных подносов и блюд с геом. орнаментом и изображениями зверей. В 1923 осн. артель (ныне худ. комб-т).

Куба. 1:20 000 000
1 Мексика 2 Гаити

Куба. Склоны гор Сьерра-Маэстра.

Кубачи. Сахарница. Серебро, чернение, гравировка. 1947. Мастер Г. Кишев.

Куба. Туристский центр «Гуама» на оз. Эль-Тесоро (пров. Матансас).

П. де Кубертен.

КУ́БЕЛИК (Kubelík) Ян (1880–1940), чеш. скрипач, композитор. Гастролировал как виртуоз (в России в 1901, 1927). Один из лучших исполнителей пьес Н. Паганини. Симфония (1937), 6 концертов для скрипки с орк., пьесы для скрипки.

КУБЕРТЕ́Н (Coubertin) Пьер де (1863–1937), барон, франц. обществ. деятель и педагог. Основатель совр. Олимп. движения. В 1896–1916, 1919–25 през., в 1925–37 поч. през. Междунар. олимп. к-та. Автор работ по проблемам спорта и физич. воспитания, «Оды спорту» (1912).

КУБИ́ЗМ (франц. cubisme, от cube – куб), авангардистское течение в изобр. иск-ве 1-й четв. 20 в. Развивалось во Франции (П. Пикассо, Ж. Брак и др.) и др. странах. К. выдвинул на первый план формальные эксперименты – конструирование объёмной формы на плоскости, выявление простых устойчивых геом. форм (куб, конус, цилиндр), разложение сложных форм на простые.

КУ́БОК спортивный, 1) название спорт. соревнований, проводимых б. ч. с выбыванием проигравших спортсменов или команд (напр., розыгрыши европ. К. по футболу, К. мира по лёгкой атлетике и др.). 2) Приз, как правило, переходящий, вручаемый победителю соревнований.

КУ́БРИК (Kubrick) Стэнли (р. 1928), амер. кинорежиссёр, сценарист. Антивоен. ф. «Тропы славы» (1957) и «Цельнометаллическая оболочка» (1987), ист. ф. «Спартак».

Кубизм. П. Пикассо. «Дама с веером». 1909. Музей изобразительных искусств имени А.С. Пушкина.

(1960), филос. антиутопии «Доктор Стрейнджлав, или Как я перестал волноваться и полюбил атомную бомбу» (1963), «2001 год: Космическая одиссея» (1968), «Заводной апельсин» (1971), мистич. ф. «Сияние» (1980) объединяют раздумья К. о сути человеческой натуры и смысле существования человека.

КУБЫ́ШКА, род многолетних водных трав с плавающими листьями и жёлтыми цветками (сем. кувшинковые). Св. 10 видов, в Сев. полушарии. Иногда разводятся в стоячих и медленно текущих водоёмах как декоративные. Служат кормом для водоплавающих птиц и др. ж-ных.

Кубышка жёлтая.

КУВЕ́З (от франц. couveuse – наседка), прибор с автоматич. подачей кислорода и с поддержанием оптимальной темп-ры, в к-рый помещают недоношенного или заболевшего новорождённого.

КУВЕ́ЙТ (Государство Кувейт), в Зап. Азии, на С.-В. Аравийского п-ова, у берегов Персидского зал. Пл. 17,8 т. км². Нас. 1,4 млн. ч., 90% – арабы, из них св. 40% кувейтцы (арабы К.). Офиц. яз. – арабский. Гос. религия – ислам. К. – конституц. монархия. Глава гос-ва – эмир. Законодат. орган – однопалатное Нац. собрание. Столица – Эль-Кувейт. Ден. единица – кувейтский динар.

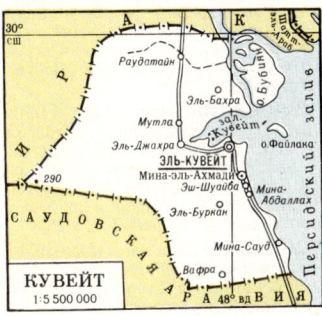

Терр. К. – низменная пустынная равнина. Климат тропич. Ср. темп-ры янв. 11 °C, июля 34 °C; осадков 100–150 мм в год. В К. острая нехватка источников пресной воды. Скудная растительность лишь в оазисах. К. – один из богатейших нефтью р-нов мира (входит в состав нефтегазоносного бассейна Персидского зал.).

С 7 в. терр. К. входила в Араб. халифат, с 16 в. – в Османскую империю. В 1899–1961 брит. протекторат. С 1961 независимое гос-во.

Основа экономики – нефт. пром-сть. ВНП на д. нас. 16,2 тыс. долл. в год. Серьёзный ущерб экономике был нанесён в результате оккупации К. Ираком в 1990–91. До этого добыча нефти составляла до 70 млн. т в год. Добыча газа. Опреснение мор. воды. Нефтеперераб., хим. пром-сть. Ремёсла. Кочевое скот-во. Оазисное земледелие. Рыб-во, мор. промысел. К. располагает самым крупным среди араб. стран торг. флотом (96 судов).

КУВШИ́НКА, род многолетних водных трав с крупными плавающими листьями и различно окрашенными цветками (сем. кувшинковые). Св. 50 видов, по всему земному шару. Молодые корневища (у нек-рых – семена и почки) съедобны. Неск. видов разводят как декоративные. К роду К. относится и т.н. египетский, или нильский, лотос.

Кувшинка чисто-белая.

КУГУЛЬТИ́НОВ Давид Никитич (р. 1922), калм. поэт. Сб. стихов и поэм «Стихи юности» (1940), «Глазами сердца» (1958), «Я твой ровесник» (1966), «Возраст» (1973), «Жизнь и размышления» (1983) и др.; начиная с 60-х гг. в поэзии К. преобладает филос.-поэтич. осмысление прошлого и современности. В 1945 репрессирован, реабилитирован в 1956.

КУДЫМКА́Р, г. (с 1938), ц. Коми-Пермяцкого АО, на р. Иньва, при впадении в неё р. Кува. 33,8 т.ж. Лесная и деревообр., металлообр., лёгк. пром-сть. Краеведч. музей. Т-р. Возник в 16 в.

КУЗБА́СС, см. *Кузнецкий угольный бассейн.*

КУЗНЕ́Ц (Kuznets) Саймон Смит (1901–85), амер. экономист. Иссл. в области экон. статистики и эконометрии. Разработал методику исчисления ВНП и др. экон. показателей, используемую в ряде стран мира. Ноб. пр. (1971).

КУЗНЕ́ЦКИЙ У́ГОЛЬНЫЙ БАССЕ́ЙН (Кузбасс), один из крупнейших в мире, расположен в России, в осн. в Кемеровской обл. Открыт в 1721, широкое освоение с 1920-х гг. Пл. 26,7 т. км². Угли в осн. каменные. Запасы 637 млрд. т до глуб. 1800 м. Добыча открытым и подземным способами; центры – гг. Кемерово, Новокузнецк, Ленинск-Кузнецкий, Прокопьевск.

КУЗНЕЦО́В Ник. Гер. (1904–74), Адмирал Флота Сов. Союза (1944). В 1939–46 нарком ВМФ СССР, одноврем. в Вел. Отеч. войну главнокоманд. ВМФ. В 1948, по сфабрикованному обвинению в передаче секретных док-тов союзникам во время войны, понижен в звании до контр-адмирала. В 1951–53 воен.-мор. мин. В 1953–56 главнокоманд. ВМС – зам. мин. обороны СССР, адмирал (1955). В 1956 понижен до вице-адмирала, посмертно восстановлен в звании Адмирала Флота Сов. Союза (1988). Восп.: «Накануне» (1966), «На флотах боевая тревога», «На далёком меридиане» (оба 1971), «Курсом к победе» (1975).

КУЗНЕЦО́В Пав. Варфоломеевич (1878–1968), рос. живописец. Поэтически-созерцательные, декор. обобщённые по цвету жанрово-пейзажные сцены, посв. кочевникам Востока, жизни Ср. Азии («Мираж в степи», 1912; «Отдых пастухов», 1927), портреты, натюрморты.

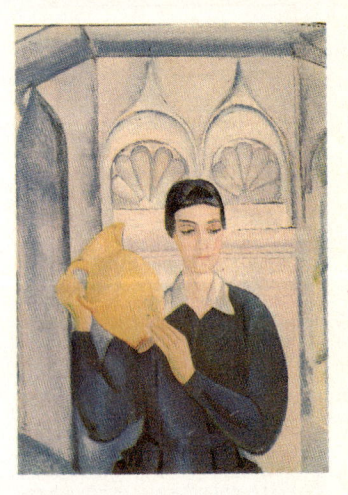

П.В. Кузнецов. Портрет Е.М. Бебутовой. 1922. Третьяковская галерея.

КУЗНЕ́ЧИКИ, семейство насекомых (отр. прямокрылые). Ок. 7 тыс. видов, распространены широко. Обычны зелёный и серый К., дл. 27–42 мм. Широко известны как насекомые-музыканты – при трении надкрылий друг о друга издают серии громких стрекочущих звуков. Илл. см. при ст. *Прямокрылые.*

КУЗНЕ́ЧНЫЙ ИНСТРУМЕ́НТ, рабочая оснастка при ковке и штамповке. К. и. для ручной ковки – наковальни, кувалды, ручники, обжимки (для местного утонения заготовки), зубила (для рубки), бородки (для пробивки отверстий) и пр., для машинной – бойки, обжимки, прошивни, топоры и пр., для штамповки – штампы, матрицы, пуансоны. При измерении заготовок и поковок используются скобы, шаблоны, нутромеры, глубиномеры.

КУ́ЗОВ автомобиля, часть автомобиля или прицепа, предназначенная для размещения груза, пассажиров или спец. оборудования. Грузовые автомобили и прицепы могут иметь К. в виде бортовой платформы и специализированные К. (самосвалы, фургоны, цистерны и пр.). Распространены закрытые К. легковых автомобилей (седан, лимузин, купе и пр.), открытые (с убирающимся верхом – кабриолет, фаэтон), а также 2-местные типа «спорт». Илл. см. на стр. 362.

КУИ́Н (Quinn) Антони (наст. фам. Каксака) (р. 1915), амер. киноактёр. Играл в приключенч. фильмах, вестернах. Наиб. интересные драм. роли исполнил в ф.: «Случай в Окс-Боу» (1943), «Вива Сапата» (1952), «Дорога» (1954, в прокате – «Они броди-

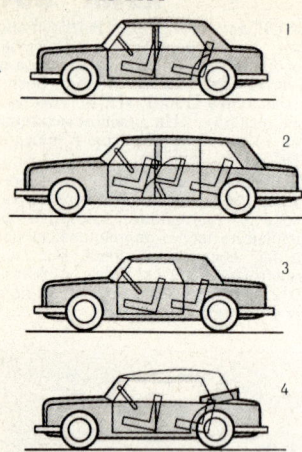

Кузов легковых автомобилей: 1 – седан; 2 – лимузин; 3 – купе; 4 – кабриолет.

ли по дорогам»), «Жажда жизни» (1956), «Грек Зорба» (1964).

КУИ́НДЖИ Арх. Ив. (1841–1910), рос. живописец. Передвижник. Для пейзажей К. («Берёзовая роща», 1879; «Ночь на Днепре», 1880) характерны романтич. приподнятость, панорамность композиции, декор. звучность колорита, иллюзорные эффекты освещения. В 1902 в С.-Петербурге по инициативе и на средства К. создано Об-во художников (позже – имени А.И. Куинджи; существовало до 1931), организовывавшее выставки, приобретавшее произв. рос. художников, присуждавшее ежегодно премии имени К.

КУК (Cook) Джеймс (1728–79), англ. мореплаватель, трижды обогнувший Землю. Руководил 3 эксп., открыл в Тихом ок. 11 архипелагов и 27 о-вов, в т.ч. Н. Каледонию. В ходе 1-й эксп. («Индевор», 1768–71) выяснил, что Н. Зеландия – двойной о-в, обнаружил Б. Барьерный риф и б.ч. вост. берега Австралии. Во 2-й эксп. («Резольюшен» и «Эдвенчер», 1772–75) обошёл Южный ок. в высоких широтах в безуспешных поисках Юж. материка, первым совершил плавание в м. Амундсена, трижды пересекал Юж. полярный круг, достиг 71°10' ю.ш., выявил о. Юж. Георгия и принятые им за единый массив суши Юж. Сандвичевы о-ва. В 3-й эксп. («Резольюшен» и «Дискавери», 1776–79) открыл Гавайские о-ва, ок. 5000 км побережья Аляски, окончательно доказал наличие пролива между Азией и Америкой. Убит гавайцами.

КУКЛАЧЁВ Юр. Дм. (р. 1949), рос. артист цирка, клоун-дрессировщик. Первым в России начал работать с кошками. С 1989 выступает исключительно с эстрадно-цирковыми представлениями. В 1991 открыл в Москве т-р кошек. Программам К. свойственны развлекат. лёгкость, мягкий юмор. Автор кн. для детей «Мои друзья – кошки» (1981) и др. соч.

КУ-КЛУКС-КЛАН (Ku-Klux-Klan), тайная расистская орг-ция в США. Созд. в 1865 для борьбы с негритянским движением и прогрессивными орг-циями.

КУ́КОЛКА, стадия развития насекомых с полным превращением (жуков, бабочек, двукрылых, перепончатокрылых и др.), в ходе к-рой из личинки формируется взрослое насекомое. К. не питаются, обычно неподвижны; у большинства видов покрыты тв. оболочкой. Продолжительность стадии К. от 6–10 сут (у ряда мух) до неск. месяцев.

КУКРЫНИ́КСЫ (псевдоним по первым слогам фамилий), творч. коллектив рос. графиков и живописцев: Куприянов Мих. Вас. (1903–91), Крылов Порф. Никитич (1902–90), Соколов Ник. Ал-др. (р. 1903). Злободневные карикатуры на темы внутр. и междунар. жизни (серии «Транспорт», 1933–34, «Поджигатели войны», 1953–57), агитац. и антифаш. плакаты, иллюстрации к произв. рус. классиков, картины («Конец», 1947–48). Работали методом коллективного творчества (индивидуально – над портретами и пейзажами).

Кукрыниксы. «Потеряла я колечко... (а в колечке – 22 дивизии)». 1943.

КУКУРУ́ЗА (маис), однолетнее травянистое р-ние (сем. злаки), одна из осн. зерновых культур мира. 7 подвидов: кремнистая, зубовидная (широко возделываются), лопающаяся, сахарная и др. Родина К.– Центр. и Юж. Америка. В Юж. и Юго-Вост. Европу завезена в кон. 15 в. Возделывают гл. обр. в США, Центр. и Юж. Америке, Юго-Вост. Азии, Юж. и Вост. Африке; в России в осн. на Сев. Кавказе и в Поволжье. Из зерна (30–100 ц с 1 га) – крупа, мука, крахмал, спирт, комбикорма; из зародышей – кукурузное масло. Зелёная масса, силос, сено – корма для скота; из сухих стеблей и стержней початков – бумага, линолеум, вискоза и др. Классич. объект генетики и селекции.

Кукуруза: 1 – мужское соцветие; 2 – женское соцветие; 3 – початок.

КУКУ́ШКА, лесная одиночная птица (сем. кукушковые). Дл. до 40 см. Оперение серое или рыжеватое (самки) с тёмными поперечными полосами. Распространена в Евразии и Африке. Держится в светлых лесах, садах, парках. Гнезда не вьёт. Несёт ок. 20 яиц, к-рые по одному подкладывает в гнёзда к трясогузкам, славкам, горихвосткам и др. мелким воробьиным. Голос самца К.– многократное повторение «ку-ку», самки – громкая трель и глухой «хохот».

Кукушка (самец).

КУКУ́ШКИН ЛЁН, род многолетних, крупных листостебельных мхов. Выс. до 40–50 см. Ок. 100 видов, по всему земному шару. Растут подушкообразными дерновинами в тундре, горах, лесах, на лугах и болотах. Способствуют заболачиванию почв. Торфообразователи.

КУЛА́Н, ж-ное рода лошадей. Длина тела 2–2,4 м, высота в холке ок. 125 см. Грива короткая, стоячая, на хвосте – кисть из длинных грубых волос. Обитает в пустынях и полупустынях Передней, Ср. и Центр. Азии, в т. ч. в Ю. Туркмении (Бадхызский заповедник). При беге может развивать скорость до 75 км/ч. Численность К. сокращается, сирийский и индийский К. под угрозой исчезновения.

КУЛ-ДЖАЗ (англ. cool jazz – холодный джаз), стиль совр. джаза, сложившийся на рубеже 1940–50-х гг. на основе свинга и бибопа. Характеризуется эмоц. сдержанностью, тенденцией к сближению с композиторской музыкой (усиление роли композиции, формы и гармонии, полифонизация фактуры, введением инстр-тов симф. оркестра. Представители К.-д.– М. Дейвис, Д. Брубек.

КУЛЕБА́КИН Викт. Сер. (1891–1970), электротехник, генерал-майор инженерно-авиац. службы (1942). Тр. по эл.-оборудованию самолётов, электрич. машин, теории автоматич. регулирования и др. Участник составления плана ГОЭЛРО.

КУЛЕШО́В Лев Вл. (1899–1970), кинорежиссёр, теоретик кино, педагог. Художник и актёр дорев. кино. Создал теорию монтажа, известную под назв. «эффект К.». Интерес к формальным и жанровым поискам в ф.: «Необычайные приключения мистера Веста в стране большевиков» (1924), «Луч смерти» (1925), «Горизонт» (1933); психол. драма «По закону» (1926), трагикомедия «Великий утешитель» (1933).

КУЛЕШО́В Пав. Ник. (1854–1936), учёный, один из основоположников зоотехнии в России. Осн. тр. по племенному разведению с.-х. ж-ных, их конституции.

КУ́ЛИ (тамильск., букв.– заработки), название низкооплачиваемых неквалифициров. рабочих в Китае (до 1949), Индии и др. странах Азии.

КУЛИ́БИН Ив. Петр. (1735–1818), рос. механик-самоучка. Изобрёл мн. разл. механизмов. Усовершенствовал шлифовку стёкол для оптич. приборов. Разработал проект и построил модель одноарочного моста через р. Нева пролётом 298 м. Создал семафорный телеграф и др.

КУЛИДЖА́НОВ Лев Ал-др. (р. 1924), рос. кинорежиссёр. Интерес к камерным сюжетам, исследование внутр. мира человека в ф.: «Дом, в котором я живу» (1957, совм. с Я.А. Сегелем), «Отчий дом» (1959), «Когда деревья были большими» (1962). Среди других ф.– «Преступление и наказание» (1970), «Умереть не страшно» (1991).

КУЛИ́ЕВ Кайсын Шуваевич (1917–1985), балкар. писатель. В 1944–57 выслан, жил в Киргизии. Тонкий лирик, чутко воспринимавший события совр. и прошлой истории народа: циклы стихов «Мои соседи» (1939–45), «Песни ущелий» (1960); сб. стихов и поэм «Раненый камень» (1964), «Книга земли» (1972), «Вечер» (1974), «Краса земная» (1980).

КУЛИКИ́, группа семейств птиц (отр. ржанкообразные). Тело (дл. 14–62 см) стройное, шея и ноги удлинённые; масса от 20 г до 1,1 кг. Клюв чаще длинный, изогнутый. У большинства стремительный полёт. Св. 180 видов, в т.ч. ржанки, зуйки, авдотки, чибисы, кречетка, вальдшнеп, К.-лопатень (эндемик России, обитает в прибрежных р-нах Камчатки и С.-В. Чукотки, охраняется). Распространены на всех материках, в т.ч. в Антарктике. Многие К.– объект охоты.

КУЛИКО́ВСКАЯ БИ́ТВА, 8.9.1380 на Куликовом поле (между рр. Дон и Непрядва, ныне в Куркинском р-не Тульской обл.). Рус. войско (участвовали воины мн. рус. княжеств, укр. и белорус. отряды) во главе с вел. князем московским и владимирским Дмитрием Донским разгромило монголо-тат. войско под предводительством темника Мамая. Битва началась поединком богатырей – Пересвета и Темир-мурзы (оба погибли). Натиск монголо-татар в центре был задержан атакой рус. резерва. Удар засадного полка в тыл и фланг противника привёл к разгрому Мамая. К.б. стала важнейшей вехой в освобождении Руси от монголо-тат. ига.

КУЛИ́СЫ театральные (франц. ед. ч. coulisse, от couler – скользить), плоские части декорации, однотонные или расписанные полотнища, к-рые попарно располагаются по бокам сцены, параллельно или под углом к рампе. Впервые применены в 1619 в т-ре Фарнезе в Парме для создания пейзажных декораций с применением перспективы.

КУЛО́Н (Coulomb) Шарль Огюстен (1736–1806), франц. физик и инженер, один из основателей электростатики. Изучал законы деформации кручения нитей, изобрёл крутильные весы и с их помощью (независимо от Г. Кавендиша) закон взаимодействия электрич. зарядов (К. закон).

КУЛО́НА ЗАКО́Н, определяет силу взаимодействия двух неподвижных электрич. зарядов. Согласно К.з., эта сила прямо пропорциональна произведению зарядов и обратно пропорциональна квадрату расстояния между ними. Открыт Ш.О. Кулоном в 1785.

КУЛУА́РЫ (от франц. couloir – коридор), помещения, преим. в парламенте, театре, для отдыха, неофиц. встреч и т.п.

Куликовская битва. А.П. Бубнов. «Утро на Куликовом поле». 1943–47. Третьяковская галерея.

Куницы. Лесная куница.

КУ́ЛЬБАК Моис. Сол. (1896–1937), евр. писатель (СССР). Рев.-романтич. поэма «Город» (1919), филос.-сатирич., антифаш. поэма «Чайльд-Гарольд из местечка Дисна» (1933); лирич. цикл «Беларусь» (1921), пов. «Зелменяне» (1931–35) о перестройке местечкового быта. Репрессирован, расстрелян.

КУЛЬМИНА́ЦИЯ (от лат. culmen, род. п. culminis – вершина), 1) точка наивысш. напряжения, подъёма, развития чего-либо. 2) В астрономии – прохождение светил через небесный меридиан. Различают верх. К., когда светило близко к зениту, и нижнюю – ближе к надиру. 3) Момент наивысш. напряжения в развитии сюжетного действия в эпосе и драме, максимально обостряющий художественный конфликт. В К. происходит или намечается перелом, подготавливающий развязку (сцена «мышеловки» в «Гамлете» У. Шекспира). 4) Момент наивысш. напряжения в муз. произведении или к.-л. его части. Выделяется высоким регистром, усилением громкости звучания, гармонич. средствами и т.п. К. образует смысловой центр произв., зачастую приходится на точку *золотого сечения*.

КУЛЬ-ОБА́, курган скифского вождя (4 в. до н.э.) около г. Керчи. Погребение в кам. склепе; золотые и электровые (сплав золота с серебром) украшения, сосуды, оружие и др.

Куль-оба. Золотая ваза: 1 – общий вид; 2 – развёртка с изображениями скифов на вазе; 3 – фигуры конных скифов на концах золотой гривны.

КУЛЬТ (от лат. cultus – почитание), 1) один из осн. элементов религии; действия (телодвижения, чтение или пение определ. текстов и т.п.), имеющие целью дать видимое выражение религ. поклонению или привлечь к их совершению божеств. «силы» (т.н. таинства). 2) Чрезмерное возвеличение чего-либо или кого-либо (культ личности).

КУЛЬТУ́РА (от лат. cultura – возделывание, воспитание, образование, развитие, почитание), исторически определ. уровень развития общества, творч. сил и способностей человека, выраженный в типах и формах организации жизни и деятельности людей, в их взаимоотношениях, а также в создаваемых ими материальных и духовных ценностях. Понятие «К.» употребляется для характеристики определ. ист. эпох (антич. К.), конкретных обществ, народностей и наций (К. майя), а также специфич. сфер деятельности или жизни (К. труда, полит. К., худ. К.); в более узком смысле – сфера духовной жизни людей. Включает все предметные результаты деятельности людей (машины, сооружения, результаты познания, произв. иск-ва, нормы морали и права и т.д.), а также человеческие силы и способности, реализуемые в деятельности (знания, умения, навыки, уровень интеллекта, нравств. и эстетич. развития, мировоззрение, способы и формы общения людей). Материальная и духовная К. находятся в органич. единстве.

КУЛЬТУ́РА КЛЕ́ТОК, выделенные из организма и выращенные на спец. питательных средах клетки или клеточные системы (кусочки тканей, органов ж-ных и р-ний). К.к. широко используют при решении теоретич. проблем биологии, а также в *биотехнологии*, медицине, с. х-ве.

КУЛЬТУ́РА РЕ́ЧИ, соответствие индивид. речи нормам данного языка (см. *Норма языковая*); раздел яз-знания, исследующий проблемы нормализации лит. языка.

КУЛЬТУРИ́ЗМ (франц. culturisme, англ. physical culture), система физич. упражнений с разл. тяжестями (гантели, гири, штанга и др.) для развития мускулатуры. В ряде стран англ. назв. Body-Building – «телостроительство».

КУЛЯ́Б, г. (с 1934), обл. ц. в Таджикистане, в долине р. Яхсу, в 203 км от Душанбе. 79,3 т.ж. Пром-сть: хл.-очист., пищ. (маслоб., молочная, мясная); произ-во аккумуляторов и др. Пед. ин-т. Муз.-драм. т-р. Ист.-краеведч. музей. Возник до н.э.

КУЛЯ́БКО Ал. Ал-др. (1866–1930), рос. физиолог. Впервые (1902) в эксперименте оживил изолированное сердце человека через 20 ч после смерти. Тр. по физиологии центр. нерв. системы, нервно-мышечного аппарата.

КУМАНИ́КА, то же, что *ежевика* несская.

КУ́МЖА, рыба (сем. лососи). Дл. до 1 м, масса до 13 кг (у каспийской К. до 51 кг). Обитает в басс. Белого, Балтийского, Чёрного, Каспийского и Аральского морей. Нерестится в реках. Пресноводная форма К. – *форель*. Ценная промысловая рыба, объект разведения и акклиматизации.

КУМРА́НСКИЕ НАХО́ДКИ, см. в ст. *Мёртвого моря рукописи*.

КУМЫ́С (тюрк.), кисломолочный напиток из кобыльего (реже коровьего и верблюжьего) молока. Содержит 2–2,5% белка, 1–2% жира, 3,5–4,8% сахара, витамины, фосфор и кальций, 0,6–1,2% молочной к-ты и 1–3% спирта. К. из кобыльего молока применяют с леч. целью при туберкулёзе лёгких и лимфатич. узлов, истощении, анемии, желудочно-кишечных заболеваниях.

КУН (Kuhn) Томас (р. 1922), амер. философ и историк науки. В его работе «Структура научных революций» (1963), получившей широкую известность, история науки представлена как чередование эпизодов конкурентной борьбы между разл. науч. сообществами. Ввёл в совр. методологию науки понятие науч. рев-ции как смены *парадигм*.

КУНА́ЧЕСТВО (от тюрк. конак, кунак – гость), обычай побратимства у народов Сев. Кавказа.

КУ́НДЕРА (Kundera) Милан (р. 1929), чеш. писатель. С 1975 во Франции. В ром. «Шутка» (1967), «Жизнь – не здесь» (1973), «Невыносимая лёгкость бытия» (1984; о судьбах людей, причастных к трагедии «пражской весны» 1968), «Книга смеха и забвенья» (1978), «Бессмертие» (1989) – тема неблагополучия совр. духовной и полит. ситуации в мире, ироннч. критика тоталитарных режимов.

КУНИ́ЦЫ, род хищных млекопитающих (сем. куньи). Длина тела до 80 см, хвоста 33–44 см. 7 видов, в лесах Евразии и Сев. Америки. В России 4 вида: соболь, харза, лесная и каменная К. Осн. пища – мелкие грызуны. В природе встречается помесь соболя и лесной К. – кидас. К. – ценный объект пушного промысла.

КУНСТКА́МЕРА (от нем. Kunstkammer – кабинет редкостей, музей), в прошлом название различных ист., худ., естеств.-науч. и др. коллекций редкостей и места их хранения. Под этими назв. в Петербурге на базе личных коллекций Петра I был основан старейший рус. музей (1714), в 1830-х гг. разделённый на ряд музеев.

КУНЬЛУ́НЬ (Куэнь-Лунь), горная система в Азии, в З. Китае, одна из крупнейших в мире. Дл. ок. 2700 км. Выс. до 7723 м (г. Улугмузтаг). Ледники (пл. 11,6 т. км²). Вулканизм. Реки короткие, маловодные; озёра, в т.ч. Кукунор. Горн. пустыни и степи, на сев. склонах – небольшие участки лесов и лугов. М-ния руд железа, меди, золота, кам. угля и др.

КУПА́ЛА Янка (наст. имя и фам. Ив. Доминикович Луцевич) (1882–1942), белорус. поэт. В ранней поэзии, близкой к фольклору образностью, лиризмом, мелодикой, – тяжкая доля народа (сб. стихов «Дорогой жизни», 1913; поэмы «Извечная песня», 1908, «Сон на кургане», 1910, «Могила льва», 1913). В пьесе «Здешние» (1924) – утверждение самобытности нац. культуры и языка. В поэме «Над рекой Орессой» (1933), сб. «Белоруссии орденоносной» (1937) жизнь изображается в духе сов. официоза.

КУПА́ЛЬНИЦА, род многолетних трав (сем. лютиковые). Св. 30 видов, в холодных и умеренных поясах Сев. полушария. В России ок. 25 видов, гл. обр. в Сибири и на Д. Востоке. Цветки К. шаровидные, жёлтые или оранжевые. Нек-рые крупноцветковые виды и их гибриды разводят как декоративные. Илл. см. на стр. 364.

КУПЕ́ЛЬ, сосуд, используемый в таинстве крещения.

КУ́ПЕР (Cooper) Гари (наст. имя Фрэнк Джеймс) (1901–61), амер. киноактёр. Снимался в приключенч. фильмах и мелодрамах, в экранизациях произв. Э. Хемингуэя («Прощай, оружие!», 1933), «По ком звонит колокол» (1948). Особый успех

Купальница азиатская (жарки).

имел в социальных комедиях Ф. Капры «Мистер Дидс переезжает в город» (1936) и «Познакомьтесь с Джоном Доу» (1942), где создал образ «стопроцентного американца», борющегося за воплощение в жизнь «американской мечты». В 50-е гг. снялся в вестернах «Ровно в полдень» и «Человек с Запада».

КУ́ПЕР (Cooper) Джеймс Фенимор (1789–1851), амер. писатель. Сочетал элементы просветительства и романтизма. Ист. и приключенч. романы, развивающие традиции В. Скотта, о войне за независимость в Сев. Америке («Шпион», 1821, рус. пер. 1825), эпохе и романтике *фронтира*, где зарождались мн. нац. черты амер. народа (пенталогия о Кожаном Чулке, в т.ч. «Последний из Могикан», 1826, пер. 1833; «Зверобой», 1841, пер. 1848), мор. путешествиях («Лоцман», 1823, пер. 1832) вошли в классику мировой детской лит-ры. Социально-полит. сатира (ром. «Моникины», 1835) и публицистика (памфлет в форме трактата «Американский демократ», 1838).

Дж.Ф. Купер.

КУПЕРЕ́Н (Couperin) Франсуа (1668–1733), франц. композитор, клавесинист, органист. Из семьи потомственных музыкантов, прозван «К.-великим». Его программные пьесы (объединены в циклы) – вершина франц. клавесинного иск-ва. Стилю К. присущи мелодич. разнообразие, изящество в отделке деталей, прихотливость, грациозность ритмики, изобилие орнаментики.

КУПЕ́ЧЕСТВО, 1) социальный слой, занимавшийся предпринимательством гл. обр. в области торговли. Известно в древнем мире (Карфагене, эллинистич. гос-вах, Др. Греции, Риме и др.). В период раннего средневековья развивалось в араб. странах, Индии, Китае, в 11–12 вв.– Зап. Европе (особенно в Венеции, Генуе, городах Ганзы), а также в России, гл. обр. в сфере внеш. торговли, с 16 в. и внутр. торговли. После Вел. геогр. открытий распространило торг. деятельность на страны Америки, Азии, Африки, были созданы большие торг. компании: англ. (1600–1858) и нидерл. (1602–1798) Ост-Индские компании, Рос.-Амер. компания (1799–1868). В 16–18 вв. К. соединяло торг. и кредитно-ссудные операции с предпринимательством в пром-сти. Позднее вошло в состав буржуазии.

2) Законодательно оформленное в 1775 в России гор. торг.-пром. сословие, пользовавшееся личными и хоз. привилегиями и платившее налоги в казну. Гильдейское К. до 1898 пользовалось преим. правом на занятия предпринимательством. Упразднено 10(23).11.1917.

КУПИДО́Н, в рим. мифологии божество любви (ср. Амур и Эрот). К. изображались в виде шаловливых мальчиков.

КУПИНА́ НЕОПАЛИ́МАЯ, в Библии горящий, но не сгорающий терновый куст, в к-ром Бог явился *Моисею* и призвал его вывести соплеменников из Египта в обетованную землю.

КУ́ПЛЯ-ПРОДА́ЖА, в гражд. праве один из наиб. распространённых типов договоров, согласно к-рому продавец обязуется передать имущество в собственность (полное хозяйственное ведение, оперативное управление) покупателю, а покупатель – принять его и уплатить обусловленную цену.

КУ́ПМАНС (Koopmans) Тьяллинг (1910–85), амер. экономист. Иссл. в области теории экон. цикла, линейного программирования, операц. анализа. Разработал теорию оптимального использования ресурсов. Ноб. пр. (1975).

КУ́ПОЛ (итал. cupola, от лат. cupula – бочечка), пространственное покрытие зданий и сооружений, перекрывающее круглые, многоугольные, эллиптические в плане сооружения. Формы К. образуются кривыми, выпуклыми наружу. Возводятся из камня, стали, железобетона.

Купол. Древнерусский храм.

КУПО́Н (франц. coupon – отрезной талон), 1) часть ценной бумаги (акции или облигации), к-рая предъявляется для получения процента или *дивиденда*. 2) Переходная ден. единица в нек-рых странах (Грузия, Украина).

КУПРИ́Н Ал-др Вас. (1880–1960), живописец. Член-учредитель *«Бубнового валета»*, писал декор. натюрморты, пейзажи («Тополя», 1927).

КУПРИ́Н Ал-др Ив. (1870–1938), рус. писатель. С 1919 в эмиграции, в 1937 вернулся на родину. В ранних произв. показал несвободу человека как роковое обществ. зло (пов. «Молох», 1896). Социальный критицизм усилился в пов. «Поединок» (1905), «Яма» (1909–15). Многообразие тонко очерченных типов, лирич. ситуаций в пов. и рассказах: «Олеся» (1898), «Гамбринус» (1907), «Гранатовый браслет» (1911). Циклы очерков «Листригоны», 1907–11). Автобиогр. ром. «Юнкера» (1928–32).

КУ́ПЧЕНКО Ирина Петр. (р. 1948), актриса. С 1970 в Т-ре имени Евг. Вахтангова. Роли: Долли («Анна Каренина» по Л.Н. Толстому, 1984), Клодия («Мартовские иды» по Т. Уайлдеру, 1991) и др. Снималась в ф.: «Дворянское гнездо» (1969), «Дядя Ваня» (1971), «Чужие письма» (1976), «Обыкновенное чудо» (т/ф, 1978), «Хомо новус» (1990) и др. Создала жен. образы, полные внутр. драматизма, благородной сдержанности и духовной красоты.

Купина неопалимая. «Моисей перед горящим кустом». Миниатюра Ингеборгской псалтыри. 13 в. Музей Конде. Шантийи.

А.И. Куприн.

КУРАВЛЁВ Леонид Вяч. (р. 1936), рос. киноактёр. Персонажи К. жизненно убедительны, по-человечески привлекательны, сыграны с юмором: «Мичман Панин» (1960), «Живёт такой парень» (1964), «Ваш сын и брат» (1966), «Начало» (1970), «Афоня» (1975). Талант комедийного, острохарактерного актёра проявился в ф.: «Золотой телёнок» (1968), «Иван Васильевич меняет профессию» (1973), «Самоубийца» (1991).

КУРА́ЕВ Мих. Ник. (р. 1939), рус. писатель. Психол. портреты, судьбы людей, причастных к трагич. событиям сов. истории: Кронштадтскому восстанию 1921 (пов. «Капитан Дикштейн», 1987), сталинским репрессиям (пов. «Ночной дозор», 1988). В пов. «Петя по дороге в Царствие Небесное» (1991) – проблема личностной неполноценности людей, сформированных тоталитарным строем. Ром. «Зеркало Монтачки» (1993).

КУРА́КИН Ал-др Бор. (1752–1818), князь, рос. дипломат. В 1796–1802 вице-канцлер, през. Коллегии иностр. дел. В 1808–12 посол во Франции, своевременно информировал рос. пр-во о предстоящем нашествии Наполеона I.

КУРА́КО Мих. Конст. (1872–1920), металлург, основатель школы рос. доменщиков. Принципиально усовершенствовал доменную печь и технологию доменного процесса.

КУРА́НТА (франц. courante, букв.– бегущая), 1) в кон. 16 – нач. 17 вв. придворный танец итал. происхождения (2-дольный). Позднее итал. и франц. 3-дольный танец. 2) 2-я часть инстр. *сюиты* (в 3-дольном размере).

КУРА́НТЫ (от франц. courant – бегущий), старинное название башенных или больших комнатных часов с мелодичным боем.

КУРА́РЕ, общее название сильнодействующих ядов, получаемых сгущением водных экстрактов из нек-рых тропич. р-ний – чилибухи и др. видов рода стрихнос (сем. логаниевые). Действующее начало – алкалоиды группы курариновов. Оказывают мышечно-паралитич. действие. Использовался туземцами Юж. Америки для отравления стрел. Введение К. или курареподобных средств в организм ж-ных и ч-ка их обездвиживает, проводится с леч. и исследоват. целями.

КУРБА́Н-БАЙРА́М (тюрк.) (араб.– ид аль-адха), ежегод. праздник жертвоприношения у мусульман, отмечаемый 10-го числа 12-го месяца

Г. Курбе. «Хижина в горах». 1870-е гг. Музей изобразительных искусств имени А.С. Пушкина.

мусульм. лунного календаря. Ко времени К.-б. приурочивается *хадж*.

КУ́РБАС Лесь (Ал-др Степ.) (1887–1937), режиссёр, актёр, педагог. Реформатор укр. театра. Организатор и руководитель труппы «Молодой т-р» (1917), т-ра «Березіль» (1922; позднее Укр. т-р имени Т.Г. Шевченко, Харьков). Пост.: «Гайдамаки» по Шевченко (1920), «Народный Малахий» (1928), «Мина Мазайло» (1929) и «Маклена Граса» (1933) М.Г. Кулиша и др. Иск-во К. вобрало все элементы символизма, экспрессионизма и укр. сценич. романтизма. Как режиссёр тяготел к форме нар. трагедии и к игре-гротеску, значит. роль отводил зрелищной стороне, пластике, вокалу, использовал кинофрагменты и др. Репрессирован.

КУРБЕ́ (Courbet) Гюстав (1819–77), франц. живописец. Участник Парижской Коммуны 1871, боролся за демокр. идеи, принципы реализма. Обобщённые образы простых людей («Дробильщики камня», 1849), значительность повседневной жизни («Похороны в Орнане», 1849–50).

КУ́РБСКИЙ Анд. Мих. (1528–83), князь, боярин, писатель. Участник Казанских походов кон. 40-х – нач. 50-х гг. 16 в., член Избранной рады, воевода в *Ливонской войне 1558–83*. Опасаясь опалы за близость к казнённым Иваном IV феодалам, в 1564 бежал в Литву; член королев. рады, участник войны с Россией. Автор мн. сочинений, в т.ч. 3 посланий к Ивану IV и «Истории о великом князе Московском», в к-рых обличал деспотизм и жестокость царя.

КУРГА́Н (тюрк.), надмогильная насыпь из земли и камня, обычно полусферич. или конич. формы. Изв. с 4–3-го тыс. до н.э. до 14–15 вв. н.э.

КУРГА́Н, г. (с 1782), ц. Курганской обл., в России, на р. Тобол. 365,1 т.ж. Ж.-д. уз.; аэропорт. Маш-ние (с.-х., трансп., приборостроение и др.), хим., пищ., лёгкая пром-сть. 3 вуза. Музеи: краеведч., Дом-музей декабристов и др. Т-ры: драмы, кукол. Осн. в 1662.

КУРГА́Н-ТЮБЕ́, г., обл. ц. в Таджикистане. 58,5 т.ж. Ж.-д. ст. Хим. (произ-во минер. удобрений), эл.-техн., лёгкая (в т.ч. хл.-очист.), пищ. пром-сть. Ист.-краеведч. музей. Осн. в 17 в.

КУ́РЗЕМЕ (Курляндия), ист. область в зап. части Латвии; древняя Курса. В 13 в. захвачена нем. рыцарями, часть Ливонии. С 1561 Курляндское герцогство, в 1795–1917 Курляндская губ. Рос. империи.

КУРИ́ЛЬСКИЕ ОСТРОВА́, архипелаг из 30 значительных и множества мелких о-вов и скал на границе Охотского м. и Тихого ок., в России. Пл. 15,6 т. км². Различают Б. и М. Курильскую гряду. Выс. до 2339 м (вулкан *Алаид*). Известно ок. 160 вулканов, из к-рых ок. 40 действующих. Высокая сейсмичность. Много озёр, в т.ч. кратерных и лагунных. Рыб-во. Заповедники. В 1745 К.о. нанесены на «Генеральную карту Российской империи» под рус. названиями (первые сведения о К.о. сообщены в 1697 рус. землепроходцем В.В. Атласовым), однако их офиц. статус оставался неопределённым. По Симодскому трактату 1855 рус.-япон. граница установлена между о-вами Уруп и Итуруп. По договору 1875 Россия передала Японии все К.о. в обмен на её офиц. отказ от притязаний на о. Сахалин. По решению Крымской конференции 1945 К.о. перешли к СССР.

«КУРИ́НАЯ СЛЕПОТА́» (ночная слепота, гемералопия), резкое ухудшение зрения в условиях пониженной освещённости. Может быть врождённой; симптоматической (при нек-рых заболеваниях глаза или зрительного нерва); обусловленной недостатком в организме витаминов А и В₂ (рибофлавина), входящих в состав т.н. зрительного пурпура палочек сетчатки глаза (обычно носит временный характер). При всех видах «К.с.» рекомендуется богатая витаминами пища, особенно витамином А (молоко, морковь, шпинат, зелёный лук и др.).

КУРИ́НЫЕ, отряд птиц. Самцы обычно крупнее самок и ярче окрашены. У нек-рых на голове мясистые серёжки, брови или гребень. 6 семейств, в т.ч. тетеревиные, фазановые. 283 вида, распространены широко. Многие К.— полигамные и токующие птицы. Насиживают и водят птенцов самки. Куропатки, рябчик, перепел и др.— объект промысла. Банкивский петух, индейки, цесарки одомашнены.

КУРЛЯ́НДИЯ, офиц. назв. *Курземе* до 1917.

КУРНАКО́В Ник. Сем. (1860–1941), физикохимик, один из основоположников физ.-хим. анализа, основатель науч. школы. Организатор ряда отеч. металлургич. и галургич. (получение минер. солей) произ-в, н.-и. учреждений.

КУРНО́ (Cournot) Антуан Огюстен (1801–77), франц. математик, экономист и философ, предшественник матем. школы в политэкономии.

КУРОПА́ТКИ, группа мелких и средних птиц (сем. тетеревиные и фазановые). Дл. 30–45 см, масса до 400 г. Оперение, маскирующее птиц на земле, летом пёстрое, зимой белое. Встречаются в Евразии и Сев. Америке; обитают в тундре (белая К.), в лесостепной и степной зонах (серая К.), в пустынях (пустынная К.), горах (кеклик). Объект промысла.

КУРОПА́ТКИН Ал. Ник. (1848–1925), рос. гос. и воен. деятель, ген. от инфантерии (1901). В 1898–1904 воен. мин., в рус.-япон. войну 1904–05 команд. Маньчжурской армией, в окт. 1904 – марте 1905 главноком. вооруж. силами на Д. Востоке; после поражения под Мукденом был смещён и назначен команд. 1-й Маньчжурской армией. В 1-ю мир. войну командовал корпусом, фронтом. В 1916–17 туркестанский ген.-губернатор. Воен.-ист. и воен.-геогр. работы.

КУРО́РТ (нем. Kurort, от Kur – лечение и Ort – место), местность, обладающая природными леч. средствами (минер. воды, грязи, климат и др.) и необходимыми условиями для их применения.

КУРОРТОЛО́ГИЯ (от *курорт* и ...*логия*), область медицины, изучающая воздействие природных леч. факторов на организм человека и разрабатывающая методы их использования с леч. и профилактич. целями. Осн. разделы: климатотерапия и бальнеология.

Куропатки. Белая куропатка в период линьки.

КУ́РОС (греч. kúros), в иск-ве др.-греч. *архаики* статуя обнажённого юноши-атлета. Илл. см. на стр. 366.

КУРОСА́ВА Акира (р. 1910), япон. кинорежиссёр, сценарист. Мировую известность получили фильмы К.:

А. Куросава. Кадр из фильма «Расёмон».

Курильские острова. Один из островов южной группы Большой Курильской гряды.

366 КУРС

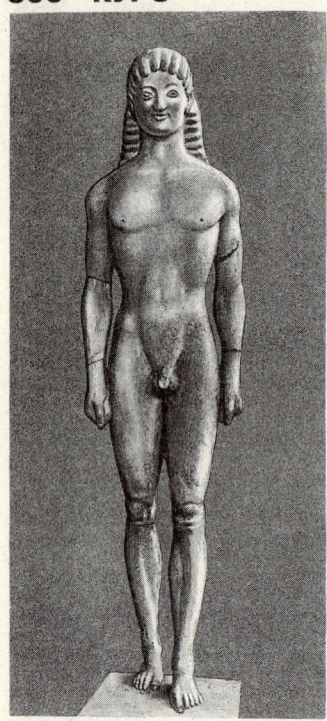

Курос. Так называемый Аполлон Тенейский. Мрамор. Сер. 6 в. до н.э. Глиптотека. Мюнхен.

«Расёмон» (1950), «Идиот» (1951), «Семь самураев» (1954), «Замок паутины» («Трон в крови»), «На дне» (оба 1957), «Телохранитель» (1961), «Красная борода» (1965), «Дерсу Узала» (1976, в СССР), «Тень воина» (1980), «Сны» (1989), «Августовская рапсодия» (1991); в них проявилась приверженность К. к яркой исключительности человеческих характеров, бурным страстям, острым драм. столкновениям и конфликтам.

КУРС (от лат. cursus – бег, движение), 1) направление движения, путь (корабля, самолёта и т.п.). 2) Направление в политике, обществ. и др. деятельности. 3) Полное изложение к.-л. науки или её части (напр., К. рус. истории). 4) Ступень обучения в вузе, техникуме (напр., первый К., второй К.). 5) Законченный цикл леч. процедур (К. лечения). 6) Цена, по к-рой покупаются и продаются акции, облигации и др. ценные бумаги. См. также *Валютный курс*.

КУРСИВ (нем. Kursiv, от ср.-век. лат. cursivus, букв.– бегущий), одно из начертаний типографского *шрифта* с наклоном осн. штрихов букв вправо (обычно на 15°). Используется в осн. для выделения к.-л. части текста. В данной статье К. набрано слово «шрифта».

КУРСК, г. (с 1095), ц. Курской обл., в России, на р. Сейм. 435,2 т.ж. Ж.-д. уз.; аэропорт. Маш-ние (счётные машины, эл.-техн. и с.-х. оборудование), хим. (резинотехн. изделия, хим. волокна и др.) и хим.-фарм., лёгкая пром-сть. 5 вузов. Музеи: краеведч., воен.-ист. Курской битвы (1943), картинная галерея. Т-ры: драм., юного зрителя, кукол. Архит. пам. 17–19 вв., в т.ч. палаты бояр Ромодановских, Троицкая церковь,

Курск. Сергиево-Казанский собор.

Сергиево-Казанский собор. Изв. с 1032 как крепость Киевской Руси; в 14 в. захвачен Литвой; с 1508 в составе Рус. гос-ва.

КУРСКАЯ МАГНИТНАЯ АНОМАЛИЯ (КМА), крупнейший железорудный бассейн в России на терр. Курской, Белгородской и Орловской обл. Богатые руды открыты в 1931. Пл. ок. 120 т. км². Содержание Fe в богатых рудах до 66%. Запасы св. 900 млрд. т. М-ния разрабатываются открытым и подземным способами.

КУРТУАЗНАЯ ЛИТЕРАТУРА (от франц. courtois – учтивый, рыцарский), придворно-рыцарское направление в европ. лит-ре 12–14 вв.; представлено лирикой *трубадуров* и труверов во Франции, *миннезингеров* в Германии и *рыцарскими романами*. Прославляла воинские подвиги, служение даме, отражала ритуал рыцарской чести. Классич. образцы – творчество Бертрана де Борна (1140 – ок. 1215) и Кретьена де Труа (ок. 1130 – ок. 1191). См. также *Артуровские легенды*.

КУРФЮРСТЫ (нем. Kurfürsten, букв.– князья-избиратели), в «*Священной Римской империи*» князья (духовные и светские), за к-рыми с 13 в. было закреплено право избрания императора. Юридически коллегия К. была оформлена Золотой буллой 1356.

КУРЧАТОВ Иг. Вас. (1902/03–60), физик, организатор и руководитель исследований по ядерной физике и технике; глава школы физиков-ядерщиков в СССР. Первые труды по сегнетоэлектрикам. Открыл (совм. с сотрудниками) ядерную изомерию. Создал и возглавил (1943) Ин-т атомной энергии (с 1960 носит имя К.).

И.В. Курчатов.

Под рук. К. построены первый отеч. циклотрон (1939), первый в Европе *ядерный реактор* (1946) и созданы атомная бомба, первые в мире водородная бомба (1953) и АЭС (1954). В 1942 разработал (совм. с А.П. Александровым и др.) противоминную защиту кораблей.

КУРЧАТОВИЙ (Kurchatovium), Ku, искусств. радиоактивный хим. элемент IV гр. периодич. системы, ат. н. 104. Впервые К. получили в СССР физик Г.Н. Флёров с сотрудниками в 1964. В США этот элемент наз. «резерфордием» (Rutherfordium, Rf).

КУРЫ домашние, птицы (отр. куриные). Произошли от диких банкивских кур, приручённых в Индии ок. 5 тыс. лет назад. Разводят (леггорн, плимутрок, род-айланд, корниш и др. породы) ради мяса (живая масса до 4,5 кг) и яиц (до 300 в год); декор. и бойцовые К. не имеют пром. значения. Куриный помёт – ценное органич. удобрение.

Куры. Порода плимутрок.

КУСЕВИЦКИЙ Сер. Ал-др. (1874–1951), дирижёр и контрабасист. Основал симф. орк. (1908) и Рос. муз. изд-во (1909). С 1920 за рубежом. Организовал в Париже «Симф. концерты К.» (1921–28). Рук. Бостонского симф. орк. (1924–49). Пропагандировал рус. музыку, соч. совр. авторов. Автор произв. для контрабаса.

КУСКОВО, усадебный ансамбль 18 в. к В. от Москвы (с 1960 в гор. черте), б. загородная резиденция графов Шереметевых. С 1918 музей (с 1938 Музей керамики и «Усадьба Кусково XVIII века»). Включает дер. дворец (2-я пол. 18 в., под рук. арх. К.И. Бланка), регулярный парк с декор. скульптурой и павильонами – «Грот», «Оранжерея» (2-я пол. 18 в., проекты крепостного арх. Ф.С. Аргунова), «Итальянский» и «Голландский» домики (оба сер. 18 в.).

КУСТАНАЙ (в 1893–95 Николаевск), г., обл. ц. в Казахстане, на р. Тобол. 233,9 т.ж. Ж.-д. уз. Пищ. (муком., мясная и др.), хим. (волокна), металлообр. пром-сть. 2 вуза. 3 музея (в т.ч. краеведч., археологии). Драм. т-р. Осн. в 1883.

КУСТАРНИКИ, многолетние деревянистые р-ния выс. 0,8–6 м, не имеющие во взрослом состоянии гл. ствола. Продолжительность жизни 10–20 лет. Распространены широко по границе лесов (кустарниковая степь, лесотундра). В лесах образуют подлесок. Многие К.– ценные ягодные (крыжовник, смородина), орехоплодные (лещина) и декоративные (роза, сирень, чубушник) р-ния.

КУСТО (Cousteau) Жак Ив (р. 1910), франц. океанограф, зачинатель подводных исследований с помощью техн. средств, организатор первых подводных киносъёмок. Изобрёл совм. с Э. Ганьяном акваланг (1943), подводные дома и др. Автор популярных книг и фильмов.

КУСТОДИЕВ Бор. Мих. (1878–1927), рос. живописец. Красочные сцены крест. и провинц. мещанского и купеч. быта (серия «Ярмарки»), портреты («Шаляпин», 1922), иллюстрации, театральные декорации.

КУТУЗОВ (Голенищев-Кутузов-Смоленский) Мих. Илларионович (1745–1813), светлейший князь (1812), рос. полководец, ген.-фельдм. (1812). Сподвижник

Б.М. Кустодиев. «Купчиха за чаем». 1918. Русский музей.

Кусково. Общий вид усадьбы со стороны пруда.

М.И. Кутузов.

А.В. Суворова. В рус.-австро-франц. войну 1805 командовал рус.-австр. армией, вывел её из-под угрозы окружения. В рус.-тур. войну 1806–12 главнокоманд. молд. армией (1811–12), одержал победы под Рущуком и Слободзеей, заключил Бухарестский мирный дог. В Отеч. войну 1812 главнокоманд. (с авг.) рус. армиями, изгнавшими армию Наполеона из России.

КУЦ Вл. Петр. (1927–75), чемпион СССР (1953–57) в беге на 5000 и 10 000 м, Европы (1954) — на 5000 и Олимп. игр (1956) — на 5000 и 10 000 м. Рекордсмен мира (1954–65) в беге на эти дистанции.

КУЧАК НААПЕТ (? – ок. 1592), арм. поэт-гуманист. Автор *айренов скитаний* (о любви, страданиях народа, армянах-изгнанниках) и филос. *айренов раздумий*.

КУЧМА Леон. Дан. (р. 1938), президент Украины с июля 1994. С 1960 на инж.-конструкторской работе в КБ «Южное» (Днепропетровск). В 1986–92 ген. дир. ТПО «Юж. маш.-строит. з-д». В окт. 1992 – сент. 1993 през. Украинского союза промышленников и предпринимателей.

КУШАНСКОЕ ЦАРСТВО, древнее гос-во. Возникло из кн-ва в Бактрии, возглавленного племенем (или родом) кушан. В период расцвета (кон. 1–3 вв. н.э.) включало значит. часть терр. совр. Ср. Азии, Афганистана, Пакистана, Сев. Индии и, возможно, Синьцзяна.

КУШИНГ (Cushing) Харви Уильямс (1869–1939), амер. врач, один из основоположников нейрохирургии. Описал форму эндокринных расстройств, обусловленных опухолью (базофильная аденома) гипофиза. Тр. по менингеальным опухолям, патологии внутричерепного давления.

КУШНЕР Ал-др Сем. (р. 1936), рус. поэт. В лирико-философич. стихах (сб. «Ночной дозор», 1966, «Прямая речь», 1975, «Канва», 1981, «Таврический сад», 1984, «Живая изгородь», 1988), отмеченных ист.-культурной ассоциативностью, — воссоздание духовного мира совр. интеллигента, стремление постичь вневременное в обыденной жизни. «Аполлон в снегу» (1991) — книга прозы о поэтах и поэзии.

КШАТРИИ (санскр. кшатрия, от кшатра – господство, власть), одна из двух высш. *варн* в Др. Индии, образовавшаяся из воен.-плем. аристократии.

КШЕНЕК (Кренек) (Křenek) Эрнст (1900–91), амер. композитор. По происхождению австриец. Примыкал к разл. худ. направлениям — от экспрессионизма до сюрреализма; использовал *атональность*, *додекафонию*. Пародийно-сатирич. оп. «Прыжок через тень» (1924), «Джонни наигрывает» (1927), «Золотое руно» (1964).

КШЕСИНСКАЯ (наст. фам. Кржесинская) Матильда (Мария) Феликсовна (1872–1971), артистка балета, педагог. С 1890 в Мариинском т-ре (Одетта-Одиллия – «Лебединое озеро» и Аврора – «Спящая красавица» П.И. Чайковского), участвовала в постановках М.М. Фокина (Эвника – «Эвника» на музыку В.В. Щербачёва). Владела виртуозной техникой итал. школы, хотя и оставалась танцовщицей рус. балетного академизма. Пользовалась покровительством членов царской семьи. В 1904 покинула т-р; вернувшись затем на положение гастролёрши, выступала во мн. странах, в 1911–12 в антрепризе С.П. Дягилева. В 1920 эмигрировала во Францию, где в 1921 вышла замуж за вел. кн. А.В. Романова, получив титул княгини. В 1929 открыла студию в Париже. Автор «Воспоминаний» (1960; 1992, на рус. яз.).

М.Ф. Кшесинская. Партия Нирити («Талисман» Р. Дриго, 1910).

КЫЗЫЛ (до 1918 Белоцарск, до 1926 Хем-Белдыр), г., столица (с 1921) Тувы, у слияния рр. Б. Енисей (Бий-Хем) и М. Енисей (Ка-Хем). 90,3 т.ж. Конечный пункт Усинского тракта. Пр-во автоспецоборудования. Лёгкая, деревообр. пром-сть. 3 вуза. Краеведч. музей. Муз.-драм. т-р. Геогр. центр Азии. Осн. в 1914.

КЫЗЫЛКУМ (красные пески), обширная (300 т. км²) песчаная пустыня в Ср. Азии, в междуречье Амударьи и Сырдарьи, на терр. Узбекистана, Казахстана и Туркмении. Характерны древние кряжи (выс. 922 м). Кр. м-ния газа (Газли) и золота (Мурунтау). К. используется как пастбище.

КЬЕРКЕГОР (Киркегор) (Kierkegaard) Сёрен (1813–55), дат. теолог, философ, писатель, предшественник *экзистенциализма*. Вёл замкнутую жизнь одинокого мыслителя, в конце жизни вступил в бурную полемику с офиц. протестантским богословием. Многие труды («Или-или», 1843; «Страх и трепет», 1843; «Философские крохи», 1844) публиковал под разл. псевдонимами, излагая свои идеи от лица вымышленных персонажей и нередко облекая их в худ. форму («Дневник соблазнителя»). «Объективной» диалектике Г. Гегеля К. противопоставил «субъективную» («экзистенциальную») диалектику личности, проходящей 3 стадии на пути к Богу: эстетическую, этическую и религиозную.

КЭМПБЕЛЛ (Campbell) Патрик (наст. имя и фам. Беатрис Стелла Таннер, Tanner) (1865–1940), англ. актриса. С 1890 выступала в Лондоне. Роли: Паула («Вторая мисс Тэнкверей» А. Пинеро), Джульетта («Ромео и Джульетта»), Офелия («Гамлет», обе У. Шекспира) и др. Неоднократно гастролировала в США. Обладала высокой сценич. техникой, красивым голосом. Б. Шоу написал для неё роль Элизы Дулитл («Пигмалион», 1914). Многолетняя переписка К. с Шоу легла в основу пьесы Дж. Килти «Милый лжец» (1957).

КЭРРОЛЛ (Carroll) Льюис (наст. имя Чарлз Латуидж Доджсон)

С. Кьеркегор.

Л. Кэрролл.

(1832–98), англ. писатель, математик и логик. В повестях-сказках, продолжающих традиции гротескной «поэзии бессмыслиц», — «Алиса в стране чудес» (1865) и «В Зазеркалье» (1871), иронизируя над шаблонами мышления, насмешливо изобразил нравы англ. общества кон. 19 в. Реальный мир в его интеллектуальных сказках уступил место стихии сна, видения, кошмара, к-рая, однако, лишена трагедийности, но наделена весельем и добродушием. Науч. работы К. предвосхитили нек-рые идеи матем. логики. После посещения России в 1867 написал «Русский дневник».

КЮВЬЕ (Cuvier) Жорж (1769–1832), франц. зоолог, один из реформаторов сравнит. анатомии, палеонтологии и систематики ж-ных. Установил принцип «корреляции органов», на основе к-рого реконструировал строение мн. вымерших ж-ных. Отрицал учение Ж.Б. Ламарка об эволюции живой природы, изменяемости видов, а последоват. смену в пластах Земли отличных друг от друга вымерших ж-ных стихийными бедствиями («катастрофами»), периодически происходившими в геол. прошлом.

КЮЙ Цезарь Ант. (1835–1918), рос. композитор, чл. «*Могучей кучки*», муз. критик, учёный в области фортификации, инж.-генерал. Пропагандировал творчество М.И. Глинки, А.С. Даргомыжского, ратовал ему рус. композиторов. Романтич. оп. «Вильям Ратклиф» (1868) и др., романсы, соч. для детей.

КЮЙ, казах. традиционная инстр. или вок.-инстр. пьеса, б.ч. для *домбры*. Близкий жанр кирг. инстр. музыки – кю (кюу).

КЮРЕ (франц. curé), католич. приходский священник во Франции, Бельгии и нек-рых др. странах.

КЮРИ (Curie), семья франц. физиков, создавших учение о *радиоактивности*. Пьер К. (1859–1906), тр. по физике кристаллов и магнетизму. Совм. с женой Марией Склодовской-К. (1867–1934), по происхождению полькой, открыл полоний и радий, исследовал радиоактивное излучение; за эти работы им присуждена Ноб. пр. (1903). Мария К. открыла также радиоактивность тория, а после смерти мужа получила (совм. с А. Дебьерном) металлич. радий и исследовала его свойства (Ноб. пр. по химии, 1911). Исследования радиоактивности продолжили их дочь Ирен и зять Фредерик Жолио-Кюри.

КЮРИЙ (Curium), Cm, искусств. радиоактивный хим. элемент III гр. периодич. системы, ат. н. 96; относится к *актиноидам*. Впервые К. получили амер. физики Г. Сиборг, Р. Джеймс и А. Гиорсо в 1944.

КЮХЕЛЬБЕКЕР Вильгельм Карлович (1797–1846), рус. поэт, декабрист. Приговорён к тюремному заключению и вечной ссылке. Оды, послания, трагедии, романтич. драма «Ижорский» (опубл. в 1835), поэмы, ром. «Последний Колонна» (1832–1843; опубл. в 1937). Критич. статьи; «Дневник» (написан в заключении, опубл. в 1929).

Л

Л, л (эль), тринадцатая буква рус. алфавита; восходит к букве кириллицы Л («люди»).

ЛАБИРИ́НТ (греч. labýrinthos), сооружение со сложным и запутанным планом. Перен.– запутанные положения, отношения.

ЛАБРАДО́Р, полуостров на С.-В. Сев. Америки (Канада). Омывается водами Атлантич. ок., моря Лабрадор, зал. Св. Лаврентия, Гудзонова прол. и Гудзонова зал. Пл. св. 1,6 млн. км². Поверхность преим. холмистая (Лаврентийская возв.), на С.-В.– горы Торнгат (выс. до 1676 м). Лесотундра, хвойные леса. М-ния жел. руд, цв. металлов.

ЛАБРАДО́Р (назв. по месту первой находки – вблизи п-ова Лабрадор), поделочный камень, *породообразующий минерал* гр. плагиоклазов. Цвет б.ч. серый или тёмно-серый до чёрного с синеватым отливом на гранях. Горн. порода, состоящая в осн. из Л., – лабрадорит (чёрная с иризирующими «глазками») – декор.-облицовочный материал.

ЛАБРЮЙЕ́Р (La Bruyère) Жан де (1645–1698), франц. писатель-моралист, мастер афористич. публицистики. В кн. «Характеры, или Нравы нашего века» (1688), обобщая мотивы человеческих добродетелей и пороков, дал сатирич. «портрет» высш. сословий.

ЛА́ВА (итал. lava), раскалённая жидкая или очень вязкая, преим. силикатная масса, изливающаяся на поверхность Земли при извержениях *вулканов*. При застывании Л. образуются эффузивные горн. породы. Длина потоков Л. достигает 50–80 км.

ЛА-ВАЛЛЕ́ТТА, см. *Валлетта*.

ЛАВА́НДА, род многолетних трав, кустарников и полукустарников (сем. губоцветные). Св. 25 видов, гл. обр. в Средиземноморье. Все части Л. (особенно цветки и листья) содержат ценное эфирное (лавандовое) масло, ради к-рого Л. возделывают во мн. странах мира. Нек-рые виды декоративные, медоносы.

ЛАВЕРА́Н (Laveran) Шарль Луи Альфонс (1845–1922), франц. врач, паразитолог. Открыл возбудителя малярии (1880). Тр. по этиологии и профилактике протозойных (вызываемых простейшими) болезней, воен. гигиене. Ноб. пр. (1907).

ЛА́ВОЧКИН Сем. Ал. (1900–60), авиаконструктор. В Вел. Отеч. войне принимали участие истребители (выпущено св. 15 тыс.) Ла-5, Ла-7. Под его руководством созданы также реактивные истребители, в т.ч. Ла-176, на к-ром в 1948 впервые в СССР была достигнута скорость полёта, равная скорости звука.

ЛАВР, род вечнозелёных деревьев и кустарников (сем. лавровые). 2 вида, преим. в Средиземноморье. В культуре – с глубокой древности Л. благородный, венками из к-рого увенчивали победителей (отсюда «лауреат»). Ароматные листья используются как пряность (лавровый лист).

ЛА́ВРА (греч. láura), название нек-рых крупнейших муж. правосл. монастырей. В России подчинялись непосредственно патриарху, с 1721 – Синоду. К 1917 имелись Киево-Печерская (с 1598), Троице-Сергиева (с 1744), Александро-Невская (с 1797), Почаевско-Успенская (с 1833) лавры.

ЛАВРА́ЗИЯ [от назв. Лаврентьевский щит (теперь – Канадский щит) и Азия], гипотетич. суперконтинент, объединявший материки и части света Сев. полушария – Сев. Америку, Европу и Азию, существовавший с сер. *палеозоя* до сер. *мезозоя* и отделявшийся океаном *Тетис* от континента Юж. полушария – *Гондваны*.

ЛАВРЕНЁВ Бор. Анд. (1891–1959), рус. писатель. В пов. «Ветер», «Сорок первый» (обе 1924), отмеченных лирико-патетич. стилистикой, драме «Разлом» (1927) – картины, конфликты, люди рев-ции. Место иск-ва, судьбы интеллигенции в рев. эпоху в пов. «Седьмой спутник» (1927), «Гравюра на дереве» (1928). Пьеса «За тех, кто в море!» (1945).

ЛАВРО́В Кир. Юр. (р. 1925), актёр, театральный деятель. На сцене с 1950. С 1955 в Ленингр. (с 1992 Санкт-Петерб.) Большом драм. т-ре, с 1989 худ. руководитель. Игру Л. отличает углублённый драматизм, точность социально-психол. анализа роли. Выступает в амплуа положит. социального героя, создавая образы сильных, надёжных людей. В отриц. ролях исследует изнанку «волевого характера» (прямолинейность, карьеризм и пр.). Иногда играет двойственные, противоречивые натуры: Молчалин («Горе от ума» А.С. Грибоедова, 1962), Нил («Мещане» М. Горького, 1966), Городничий («Ревизор» Н.В. Гоголя, 1972), Президент («Коварство и любовь» Ф. Шиллера, 1990) и др. Снимался в ф.: «Живые и мёртвые» (1964), «Братья Карамазовы» (1969) и др. С 1986 Пред. правления Союза театральных деятелей СССР (с 1992 Междунар. конфедерация театральных союзов).

ЛАВРО́В Пётр Лаврович (1823–1900), рос. философ, социолог, публицист, один из идеологов рев. народничества. Участник обществ. движения 1860-х гг. В 1866–70 в ссылке, с 1870 в эмиграции. В 1868–69 опубл. «Исторические письма» (псевд. П. Миртов), пользовавшиеся большой популярностью среди рев. молодёжи. В 1873–76 ред. ж. «Вперёд», в 1883–86 – ж. «Вестник Народной воли». Тр. по философии, социологии, этике, истории мысли, истории рев. движения 1870-х гг. в России.

ЛАВРО́ВА Тат. Евг. (р. 1938), актриса. В 1959–61 во МХАТе; в 1961–78 в моск. т-ре «Современник»; с 1987 во МХАТе (с 1989 МХАТ имени А.П. Чехова). Добивается тонкой психол. разработки ролей, точности и сдержанности эмоциональных реакций, чёткости сценич. рисунка: Аркадина («Чайка» Чехова, 1980), Нелли («Колея» В.К. Арро, 1987), Люба («Московский хор» Л.С. Петрушевской, 1988) и др. Снималась в ф.: «Девять дней одного года» (1961), т/ф «Вся королевская рать» (1972) и др.

ЛАВРО́ВСКИЕ, отец и сын: артисты балета, балетмейстеры. Леон. Мих. (наст. фам. Иванов) (1905–67), с 1922 артист, в 1938–44 худ. рук. балетной труппы Ленингр. т-ра оперы и балета имени С.М. Кирова. Пост. «Ромео и Джульетта» С.С. Прокофьева (1940). В 1944–64 гл. балетм. Большого т-ра. Пост.: «Паганини» на музыку С.В. Рахманинова (1960), «Ночной город» Б. Бартока (1961) и др. Ставил т.н. хореодрам. спектакли, уделял большое внимание лит. сюжету, драматизации балетного действия, пластике, пантомиме. Мих. Леон. (р. 1941), в 1961–88 в Большом т-ре. Партии: Альберт («Жизель» А. Адана, 1963), Спартак («Спартак» А.И. Хачатуряна, 1968), Виктор («Ангара» А.Я. Эшпая, 1976) и др. Классич. танцовщик романтико-героич. плана. Танц. стиль отличается динамичностью, чёткостью формы, экспрессией. Осуществил ряд балетных постановок, снимался в телефильмах.

ЛА́ВРЫ, ветви лавра благородного, венок из них как символ победы, славы; напр., увенчать лаврами (от обычая, существовавшего у древних греков и римлян). Перен.– почить на лаврах – успокоиться на достигнутом.

ЛАВСА́Н, отеч. торг. назв. *полиэфирного волокна*.

ЛАВУАЗЬЕ́ (Lavoisier) Антуан Лоран (1743–94), франц. химик, один из основоположников химии. Систематически применял в хим. иссл. количеств. методы. Выяснил роль кислорода в процессах горения, окисления и дыхания (1772–77). Один из основателей термохимии. Руководил разработкой новой хим. номенклатуры (1786–87). Автор классич. курса «Начальный учебник химии» (1789). В 1768–91 ген. откупщик; во время Франц. рев-ции 8 мая по суду рев. трибунала в числе др. откупщиков гильотинирован («Республика не нуждается в учёных»,– заявил председатель трибунала в ответ на петицию в защиту Л.).

ЛАГ (от голл. log), прибор для определения скорости судна и пройденно-

К.Ю. Лавров (справа) и М.И. Прудкин в фильме «Братья Карамазовы».

Лаванда колосовая.

Лава. Вулкан Ключевская Сопка на Камчатке.

А.Л. Лавуазье.

го им расстояния относительно воды (относит. Л.) или скорости судна относительно мор. дна и угла сноса судна (гидроакустич., или абс., Л.).

ЛАГА́Ш, гос-во в Шумере (на терр. совр. Ирака) с одной. столицей (совр. Эль-Хиба). Расцвет в 26–24 вв. и в 22 в. до н. э. (при *Гудеа*).

ЛА́ГЕРКВИСТ (Lagerkvist) Пер Фабиан (1891–1974), швед. писатель. Символист. Стихи, автобиогр. пов. «В мире гость» (1925). Антифаш. аллегорич. пов. и одноим. пьеса «Палач» (1933); в пов. «Карлик» (1944) — поиски истоков мракобесия и сил, им противостоящих (любовь в пов. «Мариамна», 1967). Герои филос. ром. на библейский сюжет «Варавва» (1950) предпринимают мучит. попытки обрести нравств. опору в борьбе с жизненными невзгодами. Трил. о пилигриме (1960–64), экспрессионистич. драмы. Ноб. пр. (1951).

ЛА́ГЕРЛЁФ (Lagerlöf) Сельма (1858–1940), швед. писательница. Неоромантич. ром. «Сага о Йёсте Берлинге» (1891), кн. для детей «Чудесное путешествие Нильса Хольгерссона по Швеции» (т. 1–2, 1906–07), построенная на нар. сказках и легендах. Антивоен. ром. «Изгнанник» (1918). Ист. трил. о дворянской семье Лёвеншёльд (1925–28) рисует жизнь швед. провинции на протяжении 18–19 вв. Новеллы. Ноб. пр. (1909).

ЛАГИ́ДЫ, см. *Птолемеи*.

ЛА́ГОС, город в Нигерии. 1,3 млн. ж. Порт на побережье Гвинейского зал.; междунар. аэропорт. Металлообр. и др. пром-сть. Ун-т. Нац. музей (в т.ч. коллекция дерев. скульптуры).

Назв. «Л.» дано португальцами, высадившимися в кон. 15 в. у побережья совр. Нигерии. В ср. века и новое время Л. — город-гос-во. В 1914–60 адм. ц. англ. владения Нигерия, в 1960–92 столица Нигерии.

ЛАГРА́НЖ (Lagrange) Жозеф Луи (1736–1813), франц. математик и механик. Тр. по вариац. исчислению (им разработаны осн. понятия и методы), матем. анализу, теории чисел, алгебре, дифференц. уравнениям. В трактате «Аналитическая механика» (1788) в основу статики положил принцип возможных перемещений, в основу динамики — сочетание этого принципа с принципом Д'Аламбера, придал уравнениям движения форму, названную его именем.

ЛА́ГТИНГ (lagting), 1) в Норвегии — часть депутатов парламента (*стортинга*), избранная им на первой сессии и играющая роль верх. палаты.

Ж. Л. Лагранж.

2) Выборный орган местного управления на Фарерских о-вах.

ЛАГУ́НА (итал. laguna), 1) неглубокий естеств. водоём, соединяющийся с морем узким проливом или отделённый от него наносной полосой суши. Берега лагунного типа могут простираться на тыс. км (напр., берега Мексиканского зал.). 2) Участок моря между коралловыми рифами и берегом материка или острова, а также внутри атолла.

ЛАГУ́ТИН Бор. Ник. (р. 1938), рос. спортсмен. Чемпион СССР (1959–1968), Европы (1961, 1963), Олимп. игр (1964, 1968) по боксу, в 1-м среднем весе.

ЛАД, в музыке система взаимосвязей звуков по высоте, объединённых центром (созвучием); фиксируется в виде *звукоряда*. Элементы Л. (звуки, созвучия) группируются по признакам устойчивости (устой, гл. элемент, олицетворяет покой, опору) и неустойчивости (неустой, движение, напряжение; тяготеет к устою). Эволюция Л. отражает развитие муз. мышления. Ист. формы Л.: опевание центр. тона (устоя) близкими по высоте звуками, модальные (монодич.) Л., связанные с принципом мелодии-модели (модуса, попевки; напр., *рага, макам*). В европ. музыке (с 17 в.) 2 главных Л. — *мажор* и *минор*. В музыке 20 в. используются новые высотные структуры (см. *Додекафония*) наряду с классич. и древними типами Л. См. также *Пентатоника, Диатоника, Хроматика*.

ЛА́ДАН (от греч. ládanon), ароматич. смола, выделяемая нек-рыми р-ниями. Получают подсочкой коры гл. обр. ладанного дерева (босвеллии священной) и нек-рых др. видов рода босвеллия, растущих в Вост. Африке.

Лагос. Вид центра города.

М. П. Лазарев.

Применяют для ароматич. курений при религ. обрядах и как антисептик.

ЛА́ДОЖСКОЕ О́ЗЕРО (Нево), самое крупное пресноводное озеро в Европе. Расположено в Карелии и Ленинградской обл. Пл. 17,7 км², дл. 219 км. Ср. шир. 83 км. Глуб. до 230 м. Ок. 660 о-вов, из них крупнейшие — Мантсинсари, Валаам, Коневец. Впадает 35 рек, вытекает р. Нева. Рыб-во. Судох-во. Входит в систему Волго-Балтийского и Беломорско-Балтийского водных путей. На берегах — гг. Приозёрск, Петрокрепость, Новая Ладога, Сортавала. В результате индустриализации региона нарушена экосистема Л. о. Озеро и его побережье — популярный р-н туризма и отдыха. В 9–12 вв. через Л. о. проходил знаменитый торг. путь «из варяг в греки». В годы Вел. Отеч. войны по льду озера была проложена «Дорога жизни» для снабжения блокадного Ленинграда.

ЛАДЫ́НИНА Марина Ал. (р. 1908), рос. киноактриса. Лирико-комедийные, мелодрам. и острохарактерные роли в фильмах реж. И.А. Пырьева (мужа Л.): «Богатая невеста» (1938), «Трактористы» (1939), «Свинарка и пастух» (1941), «В шесть часов вечера после войны» (1944), «Сказание о земле Сибирской» (1948), «Кубанские казаки» (1950).

ЛАЖЕ́ЧНИКОВ Ив. Ив. (1792–1869), рус. писатель. В ром. «Последний Новик» (1831–33), «Ледяной дом» (1835), положивших начало ист. жанру в России, — картины рус. истории (гл. обр. 18 в.).

ЛА́ЗАРЕВ Ал-др Сер. (р. 1938), актёр. С 1959 в Моск. т-ре имени Вл. Маяковского. Игр. драм. и комедийные острохарактерные роли, владеет приёмами психол. и социальной обрисовки персонажа. Многие герои Л. — нервные, импульсивные натуры, склонные к возвышенным порывам и драм. восприятию жизни: Дон Кихот («Человек из Ламанчи» Д. Вассермана и Дж. Дэриона, музыка М. Ли, 1972), Хлудов («Бег» М.А. Булгакова, 1978), Звездинцев («Плоды просвещения» Л.Н. Толстого, 1984) и др. Снимался в ф.: «Цветы запоздалые» (1970) и др.

ЛА́ЗАРЕВ Викт. Никитич (1897–1976), рос. историк иск-ва. Труды, анализирующие ист. процессы в др.-рус., визант., зап.-европ. иск-ве. Мастер *атрибуции*.

ЛА́ЗАРЕВ Мих. Петр. (1788–1851), рос. флотоводец и мореплаватель, адм. (1843). В 1813–25 совершил 3 кругосветных плавания, в т.ч. в 1819–21 командовал шлюпом

«Мирный» в экспедиции Ф.Ф. Беллинсгаузена, открывшей Антарктиду. С 1827 ком. линейного корабля «Азов», отличившегося в *Наваринском сражении*. С 1833 гл. ком. Черномор. флота и портов. Создал воен.-мор. школу.

ЛАЗАРЕ́НКО, артисты цирка, отец и сын. Вит. Еф. (1890–1939), клоун. Мастер сатирич. публицистич. клоунады и прыжковой акробатики. Завоевал большую популярность после 1917 как «шут его величества народа». Работая над агитац. репертуаром, сотрудничал с В.В. Маяковским. Участвовал в пост. «Мистерии-буфф» Маяковского в Т-ре имени Вс. Мейерхольда (1921). Снимался в кино. Вит. Вит. (1914–48), клоун-сатирик, прыгун, жонглёр.

ЛАЗАРЕ́Т (франц. lazaret от итал. lazzaretto; по названию больницы в Венеции на о. Назарет, а также по имени библейского персонажа нищего Лазаря), название разл. (в т.ч. благотворительных) мед. учреждений, к-рые осуществляют стационарное лечение больных, изоляцию инфекц. больных и др. функции. В России Л. называли гл. обр. войсковые леч. учреждения (батальонный Л., полковой Л.).

ЛА́ЗЕР (оптический квантовый генератор; аббревиатура от нач. букв англ. слов Light Amplification by Stimulated Emission Radiation — усиление света в результате вынужденного излучения), источник оптич. когерентного излучения, характеризующегося высокой степенью монохроматичности, направленностью и большой плотностью энергии. Один из осн. приборов *квантовой электроники*. Первый Л. (на рубине) был создан в 1960 Т. Мейманом (США); первый газовый Л. (на смеси He–Ne) — А. Джаваном (США). Гл. элемент Л. — активная среда, для образования к-рой используют разл. методы накачки. Разработаны Л. на основе газовых, жидкостных и твердотельных активных сред (в т.ч. на диэлектрич. кристаллах, стёклах, полупроводниках). Л. применяются в науч. исследованиях (в физике, астрономии, химии, биологии и др.), медицине (хирургии, офтальмологии и др.), а также в технике (лазерная технология, в т.ч. создание материалов полупроводниковой электроники, высокоточная обработка поверхностей сверхтвёрдых материалов и др.). Л. позволили осуществить эффективную оптическую (в т.ч. космич.) связь и локацию.

ЛАЗУРИ́Т (ляпис-лазурь) (от лат. lapis — камень и lazur — синий камень, лазоревый цвет), минерал, сложный силикат, ювелирно-поделочный камень. Образует плотные зернистые массы. Тёмно-синего, фиолетового и зеленовато-голубого цвета. Тв. ок. 6, плотн. ок. 2,4 г/см³. Используется также как природная высококачеств. устойчивая краска (ультрамарин), высоко ценимая живописцами Возрождения. Лучшие по качеству Л. в Афганистане, Таджикистане, России (Прибайкалье).

ЛА́ЙЕЛЬ (Лайелл) (Lyell) Чарлз (1797–1875), англ. естествоиспытатель и геолог. Л. — один из основоположников принципа актуализма в геологии, по к-рому во все геол. эпохи действовали одинаковые силы, поэтому знания о совр. геол. явлениях можно без поправок распространять на геол. прошлое (т.н. униформизм). В гл. тр. «Основы геологии» в 3 тт.

370 ЛАЙК

(1835) в противовес теории катастроф изложил теорию постепенных и непрерывных преобразований земной поверхности под влиянием пост. геол. факторов. Заложил основы совр. классификации горн. пород.

ЛАЙКА, кожа, выделываемая в осн. из шкур овец и коз; обладает большой тягучестью и мягкостью. Для дубления используют соединения алюминия. Изготовляют галантерейные изделия (напр., перчатки, верх обуви и т.д.

ЛАЙКИ, группа пород охотничьих собак, используемых для добычи зверей, лесной и водоплавающей птицы. Обладают большой остротой чутья, зрения и слуха, звонким голосом. Бесстрашны, настойчивы и неутомимы в работе. Великолепно плавают. Разводят в России (Л. русско-европейскую, западносибирскую, восточносибирскую, карело-финскую), сканд. и нек-рых др. европ. странах.

Лайки. Западносибирская лайка.

ЛАЙНЕР (англ. liner, от line — линия), название кр. быстроходных обычно пасс. судов дальнего плавания, совершающих регулярные рейсы. Возд. Л. — скоростной многоместный самолёт.

ЛАЙОШ ВЕЛИКИЙ (Lajos Nagy) (1326—82), король Венг. кор-ва с 1342, Польши с 1370. Вёл войны с Неаполитанским кор-вом, Венецией, Литвой и др. Издал законы, укрепляющие привилегии дворянства.

ЛАКЕДЕМОН, то же, что Спарта.

ЛАКИ (от нем. Lack), растворы плёнкообразователей в органич. растворителях или воде. Тонкие слои Л. высыхают с образованием твёрдых, блестящих, прозрачных покрытий, назначение к-рых — защита изделий от агрессивных агентов, декор. отделка поверхности. Л. — основа эмалевых красок, грунтовок, шпатлёвок.

ЛАКИ ХУДОЖЕСТВЕННЫЕ, изделия из дерева, папье-маше или металла, покрытые лаком и нередко украшенные росписью, рельефной резьбой, инкрустацией, гравировкой. Известны со 2-го тыс. до н.э. в Китае, позже появились в Корее, Японии, Вьетнаме, Лаосе, Индии, Иране, с 18 в. — в России (Мстёрская миниатюра, Жостовская роспись, Палехская миниатюра, Федоскинская миниатюра, Холуйская миниатюра).

ЛАКЛО (Шодерло де Лакло) (Choderlos de Laclos) Пьер (1741—1803), франц. писатель и полит. деятель. Психол. ром. в письмах «Опасные связи» (1782; рус. пер. 1804—05) рисует картину морального упадка аристократич. общества накануне Франц. рев-ции кон. 18 в.

ЛАКМУС (от голл. lakmoes), красящее в-во, добываемое из нек-рых лишайников. Вод. р-р применяют как индикатор-химический (в кислой среде окрашен в красный, в щелочной — в синий цвет).

ЛАКСНЕСС (Laxness) (наст. фам. Гвюдйоунссон) Хальдоур Кильян (р. 1902), исл. писатель. Социально-психол. ром. «Салка Валка» (1931—32), «Самостоятельные люди» (1934—35) о людях труда, тетралогия «Свет мира» (1937—40) о судьбе художника, трил. «Исландский колокол» (1943—46) на темы нац. истории. Автобиогр. трил. (1975—78), пьесы. Ноб. пр. (1955).

ЛАКТ..., ЛАКТО... (от лат. lac, род. п. lactis — молоко), часть сложных слов, означающая: относящийся к молоку (напр., лактоза).

ЛАКТАЦИЯ (от лат. lacto — кормлю молоком), образование молока в молочных железах и периодическое его выведение. Свойственна самкам млекопитающих ж-ных и женщинам. Начинается после родов под действием гормонов.

ЛАКТОЗА (молочный сахар), дисахарид, образованный остатками глюкозы и галактозы. Менее сладок, чем сахароза. Содержится только в молоке млекопитающих и человека.

ЛАЛИЧ (Lalih) Михайло (1914—1993), черногор. писатель. Романы о нар.-освободит. войне 1941—45: «Свадьба» (1950), «Лелейская гора» (1957), «Облава» (1960). В эпич. тетралогии «Военное счастье» (1973), «Узники» (1976), «Когда горы оденутся зеленью» (1982), «Глядя вниз, на дороги» (1986) — история Черногории, нац. проблемы кон. 19—20 вв.

ЛАЛО (Lalo) Эдуар (1823—92), франц. композитор. Создал классич. образцы инстр. концерта и его новый тип — концерт-сюиту: «Испанская симфония» для скрипки с орк. (1875). Оперы, балеты, орк. произв. и др. Ввёл исп. тематику, впоследствии характерную для франц. музыки.

ЛАМА (тибет., букв. — высший), монах в странах тибето-монг. культа.

ЛАМАИЗМ, встречающееся в лит-ре название формы буддизма, распространённой в авт. р-нах Тибет и Внутр. Монголия (КНР), в Монголии, а также в отд. р-нах Непала и Индии, в России гл. обр. в Бурятии, Калмыкии и Туве.

ЛА-МАНШ (франц. La Manche), пролив между материком Евразия (побережье Франции) и о. Великобритания. Вместе с прол. Па-де-Кале соединяет Сев. м. с Атлантич. ок. 578 км, наим. шир. 32 км, наим. глуб. 23,5 м. В Л.-М. — Нормандские о-ва, один из к-рых (о. Джерси) — зоопарк, организованный англ. зоологом Дж. Дарреллом. Под Л.-М. сооружён туннель (1994). Кр. порты: Саутхемптон (Великобритания), Гавр (Франция).

ЛАМАРК (Lamarck) Жан Батист (1744—1829), франц. естествоиспытатель. Создал первое целостное учение об эволюции живой природы (ламаркизм). Ввёл (1802) термин «биология» (независимо и одновременно с нем. естествоиспытателем Г.Р. Тревиранусом). Разграничил (1794) животный мир на 2 осн. группы — позвоночных и беспозвоночных. Автор первой (1778) науч. сводки по флоре Франции. Положил начало зоопсихологии.

Ж.Б. Ламарк.

ЛАМАРКИЗМ, первая целостная концепция эволюции живой природы, сформулированная Ж.Б. Ламарком. По Ламарку, виды ж-ных и р-ний постоянно изменяются, усложняясь в своей организации в результате влияния внеш. среды и некоего внутр. стремления всех организмов к усовершенствованию. Л. подвергался резкой критике сторонников дарвинизма, но вместе с тем находил поддержку в разл. направлениях неоламаркизма.

ЛАМАРТИН (Lamartine) Альфонс (1790—1869), франц. поэт-романтик, полит. деятель. В период Рев-ции 1848 чл. Врем. пр-ва. В сб. медитативной лирики «Поэтические раздумья» (1820), «Новые поэтические раздумья» (1823), мистич. поэмах («Жоселен», 1836) — размышления о Боге, смерти, смирении, бренности жизни, стремление к «небесной» гармонии. В «Истории жирондистов» (1847) подверг критике якобинцев.

ЛАМБЕРТА ЛЕДНИК, крупнейший совм. с землёй шаре ледник в Вост. Антарктиде. Дл. ок. 450 км, шир. 30—120 км. Открыт в 1957 австрал. экспедицией.

ЛАМЕТРИ (Lamettrie, La Mettrie) Жюльен Офре де (1709—51), франц. философ, врач. Последоват. изложение системы механистич. материализма и сенсуализма. В соч. «Человек-машина» (1747) рассматривал человеческий организм как самозаводящуюся машину, подобную часовому механизму.

ЛАМИНАРНОЕ ТЕЧЕНИЕ (от лат. lamina — пластинка, полоска), упорядоченное течение жидкости или газа, при к-ром жидкость (газ) перемещается как бы слоями, параллельными направлениями течения. Л.т. наблюдается или при течениях, происходящих с достаточно малыми скоростями, или у очень вязких жидкостей. С увеличением скорости движения Л.т. может перейти в неупорядоченное, турбулентное течение.

ЛАМПА ДНЕВНОГО СВЕТА, люминесцентная лампа с голубоватым свечением. Широко используется для общего освещения. Л.д.с. часто неправильно наз. все виды люминесцентных ламп.

ЛАМПА НАКАЛИВАНИЯ, источник света, представляющий собой стеклянную колбу с излучателем из проволоки (обычно вольфрамовой) в виде нити или спирали, накаливаемой электрич. током. Различают Л.н. вакуумные (из колбы удалён воздух) и наполненные газом (напр., крип-

тоном), характеризующиеся повышенной световой отдачей (до 35 лм/Вт). Срок службы Л.н. до 1000 ч. Изобретена в 1872 рус. электротехником А.Н. Лодыгиным, усовершенствована в 1879 амер. изобретателем Т. Эдисоном.

ЛАМПАДА, небольшой сосуд с фитилём, наполняемый маслом. Зажжённые Л. ставят или подвешивают на Горнем месте, на престоле, на жертвеннике, а также у икон.

ЛАМЫ, см. Гуанако.

ЛАНГ (Lang) Фриц (1890—1976), нем. и амер. кинорежиссёр. В стиле экспрессионизма в фильмах нем. периода (1918—33) воспроизвёл атмосферу смятения и страха, пророчески предсказал приход фаш. диктатуры: «Нибелунги», «Метрополис», «М.», «Завещание доктора Мабузе» и др. С 1935 работал в США, поставил антирасистскую драму «Ярость» (1936), но в осн. снимал приключенч. и криминальные ленты. Вернувшись в 1958 на родину, пост. неск. фильмов, в т.ч. «Тысяча глаз доктора Мабузе» (1960).

ЛАНГЕНБЕК (Langenbeck) Бернхард (1810—1887), нем. хирург; создатель науч. школы (Т. Бильрот, Ф. Эсмарх, А. Черни и др.). Тр. по клинич., оперативной и воен.-полевой хирургии и гинекологии. Св. 20 хирургич. операций носят имя Л.

ЛАНГУСТЫ, сем. десятиногих раков. Тело дл. до 60 см, покрыто шипами. 100 видов, распространены гл. обр. в тёплых морях. Объект промысла и разведения.

ЛАНДАУ Лев Дав. (1908—1968), глава школы физиков-теоретиков в СССР. Науч. интересы охватывали магнетизм, физику низких темп-р, физику твёрдого тела, атомного ядра и элементарных частиц, плазмы, квантовую электродинамику, астрофизику. Автор классич. курса теоретич. физики (совм. с Е.М. Лифшицем), переведённого на мн. языки. Ноб. пр. (1962).

ЛАНДОВСКА (Landowska) Ванда (1879—1959), польск. клавесинистка. Гастролировала во мн. странах (с 1907 в России), преподавала (в т.ч. во Франции). С 1941 в США. С именем Л. связано возрождение междунар. интереса к клавесинной музыке.

ЛАНДСТИНГ (Landsting), в Швеции выборный орган местного самоуправления.

ЛАНДТАГ (нем. Landtag), 1) в ср. века орган сословного представительства в герм. гос-вах. 2) Местные органы власти в нем. княжествах в 16—17 вв. 3) Представит. орган

Л.Д. Ландау.

Сев.-Герм. союза (до образования Герм. империи в 1871). 4) В нек-рых совр. гос-вах (напр., в Австрии, ФРГ) – представит. органы земель.

ЛАНДША́ФТ (нем. Landschaft), 1) общий вид местности, пейзаж. 2) Л. географический (в широком смысле – синоним природного терр. комплекса любого ранга), относительно однородный участок геогр. оболочки, отличающийся закономерным сочетанием её компонентов (рельефа, климата, растительности и др.) и морфол. частей (фаций, урочищ, местностей), а также особенностями сочетаний и связей более низких терр. единиц. Геогр. Л., изменённый целенаправленной деятельностью человека, наз. антропогенным. 3) В иск-ве изображение к.-л. местности; то же, что *пейзаж*.

ЛАНДША́ФТНАЯ АРХИТЕКТУ́РА, иск-во создавать гармонич. сочетания естеств. и освоенной человеком терр. с насел. пунктами, архит. комплексами и сооружениями. В цели Л.а. входит охрана естеств. ландшафтов и создание новых, планомерное развитие системы и искусств. ландшафту.

ЛАНДША́ФТНАЯ ОБОЛО́ЧКА, см. *Географическая оболочка*.

ЛА́НДШТЕЙНЕР (Landsteiner) Карл (1868–1943), австр. учёный, один из основателей иммунологии. С 1922 в США. Открыл группы крови человека (1900) и резус-фактор (1940, с амер. учёным А. Винером). Доказал (1909, с Э. Поппером) инфекц. природу полиомиелита. Ноб. пр. (1930).

ЛА́НДЫШ, род многолетних трав (сем. спаржевые). 1 вид – Л. майский растёт в лесах Евразии и Сев. Америки. Белоснежные цветки с нежным и сильным ароматом, собранные в изящной поникающей кисти, распускаются в мае. Лекарств. (сердечное средство) р-ние; все части р-ния ядовиты. Культивируется как декоративное с 16 в. Нуждается в охране.

ЛАНЖ (Lange) Джессика (р. 1950), амер. киноактриса. Первый большой успех – в ф. «Почтальон всегда звонит дважды» (1981), где создала образ женщины, одержимой чувственной страстью и переступившей все моральные запреты. С равным успехом выступает в комедиях («Тутси», 1983) и психол. драмах («Фрэнсис», 1983; «Музыкальная шкатулка», 1989).

ЛА́НКАСТЕР (Lancaster) Бёрт (1913–94), амер. киноактёр. Гл. направление в его творчестве связано с социально-критич. проблематикой. Играл людей волевых, сильных; среди его работ остросатирические («Элмер Гантри», 1960; «Буффало Билл и индейцы», 1976), тонкопсихологические («Леопард», 1962; «Семейный портрет в интерьере», 1974) и трагические («Нюрнбергский процесс», 1961) роли. Был ведущим комментатором киноэпопеи «Неизвестная война» (1979, в СССР – «Великая Отечественная»), созданной сов. документалистами.

ЛАНКА́СТЕРЫ (Lancaster), королев. династия в Англии в 1399–1461, ветвь Плантагенетов. Представители: Генрих IV, Генрих V, Генрих VI.

ЛА́ННЕР (Lanner) Йозеф (1801–1843), австр. скрипач, дирижёр, композитор. Один из создателей классич. венского *вальса* (всего ок. 200), автор *лендлеров*, галопов и др. танц. музыки.

ЛАНОВО́Й Вас. Сем. (р. 1934), актёр. С 1957 в Т-ре имени Евг. Вахтангова. Л. свойственны красота и благородство пластич. рисунка роли, романтич. пафос. Часто играет роли, близкие к традиц. амплуа «героя-любовника»; выступает в комедиях: Калаф («Принцесса Турандот» К. Гоцци, 1963), Цезарь Октавиан («Антоний и Клеопатра» У. Шекспира, 1971), Казанова («Три возраста Казановы» М.И. Цветаевой, 1984). Снимался в кино, читал дикторский текст в ф. «Великая Отечественная» (1979).

ЛАНСЕРЕ́ Евг. Евг. (1875–1946), рос. график и живописец. Чл. «*Мира искусства*». Илл. («Казаки Л.Н. Толстого, 1917–37), ист. комп. (серия «Трофеи русского оружия», 1942), монументальные росписи сочетают декоративность с ист. точностью образов.

ЛАНТА́Н (Lanthanum), La, хим. элемент III гр. периодич. системы, ат. н. 57, ат. м. 138,9055; относится к *редкоземельным элементам*; металл. Открыт швед. химиком К. Мосандером в 1839.

ЛАНТАНО́ИДЫ, см. *Редкоземельные элементы*.

ЛА́НЦА (Lanza) Марио (наст. имя и фам. Альфредо Кокоцца) (1921–59), амер. певец (тенор). По происхождению итальянец. Представитель школы *бельканто*; обладал голосом редкой красоты и силы. Выступал на конц. эстраде с оперными ариями и песнями. Снимался в муз. фильмах.

М. Ланца.

ЛАНЦЕ́Т (нем. Lanzette, от лат. lancea – копьё), хирургич. инстр-т – остроконечный обоюдоострый складной нож с ручкой из 2 пластин. В совр. медицине заменён скальпелем.

ЛАНЬ, млекопитающее (сем. оленьи). Длина тела до 1,6 м, масса 40–90 кг. У самца лопатообразно расширенные рога. Родина – Средиземноморье и М. Азия. Разводят в парках и заповедниках Европы, Н. Зеландии и Америки. Дикая Л., сохранившаяся в Юж. Иране, под угрозой исчезновения.

ЛАОКО́ОН, в греч. мифологии жрец Аполлона в Трое. Задушен вместе с сыновьями 2 змеями, к-рых послала Афина, помогавшая ахейцам.

ЛАО́С (Лаосская Народно-Демократическая Республика), гос-во в Юго-Вост. Азии, на п-ове Индокитай. Пл. 236,8 т. км². Нас. 4,5 млн. ч., св. 70% лао. Офиц. яз.– лаосский. Религия – буддизм. Глава гос-ва – президент. Законодат. орган – парламент (Нац. собрание). Столица – Вьентьян. Адм.-терр. деление: 16 пров. (кхуэнгов), Вьентьян выделен в особую адм. единицу. Ден. единица – кип.

Л.– преим. горная страна, выс. до 2820 м (г. Биа). Вдоль р. Меконг – низменности. Климат муссонный. Ср. темп-ры янв. 15–23 °C, июля 28–30 °C; осадков до 3000 мм в год. Тропич. леса, саванны.

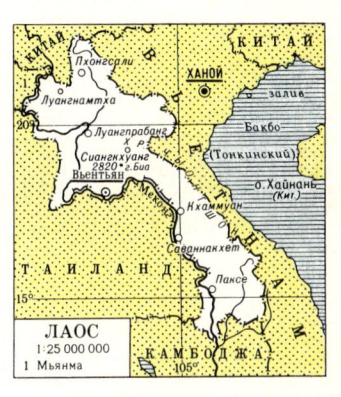

Первое крупное гос-во лао – Лансанг – сложилось в сер. 14 в. (распа-

Е.Е. Лансере. «Корабли времён Петра I». Темпера. 1911. Третьяковская галерея.

Б. Ланкастер (справа) и К. Дуглас в фильме «Семь дней в мае» (1964).

Лаокоон. Гибель Лаокоона и его сыновей. Мрамор. Ок. 50 до н.э. Ватиканские музеи. Рим.

лось в 1707). В 1893 Л. превращён в колонию Франции (формально протекторат). В 1941–45 Л. находился под япон. оккупацией, в ходе борьбы с к-рой возникло антиколон. движение Лао Иссара (Свободный Л.). 12 окт. 1945 оно провозгласило независимость Л., однако Франция в нач. 1946 вновь оккупировала Л. В 1950 создан Единый нац. фронт Л. (Нео Лао Итсала). В 1953 Франция признала Л. независимым кор-вом. В 1955 образована Нар.-рев. партия Л. (НРПЛ). В 1960 в Л. началась гражд. война между коммунистич., правыми и нейтралистскими группировками, к-рая продолжалась (с перерывами) до 1973. В дек. 1975 провозглашено образование Лаосской Нар.-Демокр. Респ.

Л.– агр. страна. ВНП на д. нас. 230 долл. в год. Осн. с.-х. культура – рис; возделывают также кукурузу, хлопчатник, сою, масличные, овощи, кофе, табак, чай, каучуконосы и др. Жив-во (кр. рог. скот, буйволы, свиньи, овцы и козы; птица). Заготовка ценной древесины (сал, тик, палисандр, чёрное дерево). Добыча руд олова и золота, самоцветов. Преобладает куст. произ-во. Осн. отрасли пром-сти – лесопиление и рисоочистка. Худ. ремёсла. Экспорт древесины, кофе.

ЛА́О-ЦЗЫ (Ли Эр), автор др.-кит. трактата «Лао-цзы» (древнее название – «Дао дэ цзин», 4–3 вв. до н.э.), канонич. соч. *даосизма*. Осн. понятие – *дао*, к-рое метафорически уподобляется воде: податливость и неодолимость. Вытекающий из дао образ действий – недеяние (у вэй):

уступчивость, покорность, отказ от желаний и борьбы. Правитель-мудрец должен, отвергнув роскошь и войну, возвратить народ к примитивной простоте, чистоте и неведению, существовавшим до возникновения культуры и морали.

ЛАО ШЭ (наст. имя Шу Шэюй) (1899—1966), кит. писатель. Социальные («Философия почтенного Чжана», 1926), сатирические («Записки о кошачьем городе», 1933, о гоминьдановском режиме в Китае) романы, драмы «Чайная» (1957), «Кулак во имя справедливости» (1961).

ЛА-ПАС, фактич. столица (с 1898) Боливии. 711 т.ж. Расположена в центр. Андах, на выс. ок. 3700 м (самая высокорасположенная столица в мире); на Панамериканском шоссе. Междунар. аэропорт. Пищевкус., текст., бум. и др. пром-сть; произ-во изделий из керамики, золота и серебра. Ун-т (1830). Музеи, в т.ч. нац. иск-ва. Муниципальный т-р. Осн. испанцами в 1548. Памятники архитектуры барокко: дворцы Диес де Медина (1775) и др., церкви Сан-Франциско (ок. 1743—84) и др.

ЛАПЕРУЗ (La Pérouse) Жан Франсуа де Гало (1741—88), франц. мореплаватель. На воен. флоте с 1756. В 1785—88 возглавлял кругосветную экспедицию на фрегатах «Буссоль» и «Астролябия». Обогнул мыс Горн, прошёл к о. Пасхи, Гавайским о-вам и зал. Аляска, исследовал берега С.-З. Америки и С.-В. Азии. Открыл о. Монерон и пролив между о-вами Сахалин и Хоккайдо (позже назв. его именем). Затем повёл фрегаты к о-вам Самоа, где открыл о. Савайи, и к Австралии. Из Сиднея экспедиция пошла на С. и пропала без вести. Её остатки найдены в 1826, 1828 и 1964 на о. Ваникоро (о-ва Санта-Крус).

ЛАПЕРУ́ЗА ПРОЛИ́В, между о-вами Сахалин и Хоккайдо. Соединяет Япон. и Охотское моря. Дл. 94 км, наим. шир. 43 м, наим. глуб. 27 м. Зимой покрыт льдом. Открыт Ж. Лаперузом в эксп. 1785—88.

ЛАПИДА́РНОСТЬ (от лат. lapidarius — каменный, присущий надписям на камне), краткость, сжатость, выразительность слога, стиля. Эти качества были присущи надписям на др.-рим. памятниках.

ЛА́ПИКОВ Ив. Гер. (1922—93), рос. киноактёр. Мастер эпизода, ёмкой и точной характеристики: «Председатель» (1964), «Непрошеная любовь» (1965), «Андрей Рублёв» (1971), «Вечный зов» (т/ф, 1976—83).

ЛАПЛА́С Пьер Симон (1749—1827), франц. математик, астроном, физик. Автор классич. тр. по теории вероятностей и небесной механике (динамика Солнечной системы в целом и её устойчивость и др.); соч. «Аналитическая теория вероятностей» (1812) и «Трактат о небесной механике» (т. 1—5, 1798—1825); мн. тр. по дифференц. уравнениям, матем. физике, теории капиллярности, теплоте, акустике, геодезии и др. Предложил (1796) космогонич. гипотезу.

ЛА-ПЛА́ТА, г. в Аргентине. Порт в зал. Ла-Плата Атлантич. ок. 543 т.ж. Нефтеперераб. и нефтехим., мясо-хладобойная пром-сть. Ун-т. Музей естеств. наук. Осн. в 1882.

ЛА́ППО-ДАНИЛЕ́ВСКИЙ Ал-др Сер. (1863—1919), историк. Тр. по соц.-экон., полит. истории России 15—18 вв., историографии, вспомогат. и спец. ист. дисциплинам. Создал школу отеч. источниковедения и дипломатики. Важнейший тр.: «Методология истории» (в. 1—2, 1910—13). Издал писцовые и переписные книги, грамоты и др.

ЛАПТА́, рус. нар. командная игра с мячом и битой. Игроки одной команды выбивают битой — лаптой мяч как можно дальше и во время его полёта бегут через игровое поле и обратно; задача спортсменов др. команды — поймать мяч и попасть им в одного из соперников.

ЛА́ПТЕВЫ, рос. мореплаватели, участники Великой Северной эксп., двоюродные братья. Дм. Як. (1701—1767), обследовал (1736—42) побережье между р. Лена и мысом Б. Баранов, провёл съёмку рр. Яны, Индигирка, Хрома, Колыма, Б. Анюй и Анадырь; доставил первые сведения о Яно-Индигирской и Колымской низменностях. Хар. Прокофьевич (1700—63/64), обследовал (1739—1742) побережье от р. Лена до р. Хатанга и выявленный им Таймырский п-ов; нанёс на карту Хатангский зал., рр. Пясина и Хатанга; открыл 2 о-ва (Б. Бегичев и М. Бегичев), исследованные в 1908 Н.А. Бегичевым и назв. его именем, центр. часть гор Бырранга, неск. бухт и в т.ч. Нордвик, прибрежных п-вов и мысов.

ЛА́ПТЕВЫХ МО́РЕ, Сев. Ледовитого ок., у берегов России, между п-овом Таймыр и о-вами Сев. Земля и Новосибирскими. Пл. 662 т.км², глуб. до 3385 м. Заливы: Хатангский, Оленёкский, Буор-Хая; в зап. части много о-вов. Б.ч. года покрыто льдами. Обитают морж, тюлень, морской заяц (лахтак), нерпа. Порт - Тикси.

ЛА́РГО (итал. largo — широко), обозначение очень медленного темпа, а иногда также название произв. или его части в темпе Л.

ЛАРИНГИ́Т, воспаление слизистой оболочки гортани. Возникает при гриппе и острых респираторных заболеваниях. Проявления: кашель, хрипота, потеря голоса. При повторных заболеваниях, злоупотреблении курением, алкоголем Л. может стать хроническим.

ЛАРИНГО... (от греч. lárynx, род. п. láryngos — гортань), часть сложных слов, означающая: относящийся к гортани, напр. ларингоскопия.

ЛАРИНГОФО́Н (от ларинго и ...фон), устройство для преобразования механич. колебаний (вибраций) связок и хрящей гортани говорящего человека в электрич. колебания. Применяется вместо микрофона для радио- или телеф. переговоров в условиях повышенного шума (напр., в танке). Закрепляется на шее у гортани.

ЛАРИО́НОВ Мих. Фёд. (1881—1964), рос. живописец. Писал в примитивистской манере гротескные сцены из провинц. быта и жизни солдат («Отдыхающий солдат», 1911). Создатель т.н. лучизма — одного из вариантов абстрактного иск-ва. С 1915 жил в Париже, оформлял антрепризы С.П. Дягилева.

ЛАРОШФУКО́ (La Rochefoucauld) Франсуа де (1613—80), франц. писатель-моралист; герцог. Участник Фронды, события и атмосферу к-рой с позиции защитника аристократич. привилегий, изобразил в «Мемуарах» (1662); дал ряд нелицеприятных портретов представителей власти и своих единомышленников-фрондёров. В знаменитых «Максимах» (1665) — образец франц. классич. прозы — в афористич. форме обобщил наблюдения над природой человеческого характера, обнажив парадоксальное переплетение скрытых эгоистич. мотивов (главный из к-рых себялюбие) и бескорыстных поступков и побуждений.

ЛАРРЕ́Й (Ларре) (Larrey) Доминик Жан (1766—1842), франц. хирург, один из основоположников воен.-полевой хирургии, участник походов Наполеона. Организовал систему эвакуации с поля боя и лечения раненых. Ввёл (1793) походные лазареты. Тр. по клинике и лечению черепно-мозговых ранений и ранений грудной клетки.

ЛА́РЫ, в рим. мифологии божества-покровители семьи, дома, дорог и др. Перен. — синоним дома, домашнего очага.

«ЛАСАРИ́ЛЬО С ТО́РМЕСА» (полное назв. — «Жизнь Ласарильо с Тормеса, его невзгоды и злоключения»), исп. повесть. Издана анонимно в 1554. Её герой — мальчик-слуга, гонимый нищетой — попадает в трагикомич. ситуации, в к-рых проявляет хитроумие и изворотливость. Одно из наиб. ярких произв. ренессансной лит-ры, положившее начало плутовскому роману.

ЛАС-ВЕ́ГАС, г. на З. США, шт. Невада. 258 т.ж. Междунар. аэропорт. В 35 км от Л.-В., на р. Колорадо, плотина и ГЭС Гувер. Хим., полиграф., стек., эл.-техн., пищ. пром-сть. Цв. металлургия. Ун-т. Климатич. курорт. «Индустрия отдыха и развлечений» (игорные дома). Первое поселение на месте Л.-В. в 1855, город с 1905.

ЛА́СИ Пётр Петр. (1678—1751), ген.-фельдм. (1736). По происхождению ирландец. С 1700 на рус. службе; участник Сев. войны 1700—21. Командуя армией, в 1737—38 дважды вторгался в Крым по Арабатской косе и разбил тур. войско. Успешно командовал рус. армией в рус.-швед. войне 1741—43.

ЛА́СКА, хищное млекопитающее (сем. куньи). Самый мелкий зверёк среди хищных: длина тела 11—26 см, хвоста ок. 4 см. Окраска меха летом буровато-рыжая, зимой белая. Распространена в Евразии, Сев. Америке; в России почти повсеместно.

«ЛА СКА́ЛА» (La Scala), итал. оперный т-р (Милан). Открыт в 1778 (арх. Дж. Пьермарини). Один

Э. Ласкер.

из центров мирового вок. иск-ва. Среди дирижёров — А. Тосканини, В.Д. Сабата, Н. Сандзоньо, К. Аббадо, Р. Мути. Традиционно ставится гл. обр. итал. оперная классика. Малая сцена — «Пиккола Скала» с 1955, камерные старинные и совр. оперы.

ЛА́СКЕР (Lasker) Эмануил (1868—1941), нем. шахматист; шахматный теоретик и литератор. 2-й чемпион мира (1894—1921). Автор мн. книг, в т.ч. «Здравый смысл в шахматах» (1895), «Учебник шахматной игры» (1926). В 1902 защитил диссертацию в Гейдельбергском ун-те на степень д-ра философии и математики. В математике известны кольцо Л. и модуль Л.

ЛАС-ПА́ЛЬМАС, г. в Испании, на Канарских о-вах, порт на о. Гран-Канария. 342 т.ж. Приморский климатич. курорт; центр междунар. туризма. Междунар. аэропорт. Транзитный пункт трансатлантич. сообщений. Центр судоремонта междунар. значения. Рыб-во. Музей иск-в. Осн. в 1478.

ЛА́ССИЛА (Lassila) Майю (наст. имя Алгот Унтола Тиетявяйнен) (1868—1918), фин. писатель. Автобиогр. ром. «Хархама» и «Мартва» (оба 1909). Юмористич. пов. «За спичками» (1910), «Воскресший из мёртвых» (1916) из нар. жизни. Расстрелян в Гражд. войну (белофиннами).

ЛА́ССО (Lasso) Орландо (ок. 1532—94), франко-флам. композитор. Представитель нидерландской школы. Работал во мн. городах Европы. Творчески претворил характерные черты нидерл., нем., франц. и итал. музыки. Создал высокие образцы полифонич. иск-ва (св. 2000 светских и духовных соч.).

ЛАСТОНО́ГИЕ, отряд водных млекопитающих. Длина тела от 150 до 650 см, масса от 100 кг до 3,6 т. Форма тела обтекаемая, веретеновидная. Конечности превращены в ласты. 3 сем.: моржи, ушастые тюлени, настоящие тюлени; 31 вид. Распространены преим. в холодных и умеренных водах Мирового ок. и во внутр. водоёмах (Ладожское оз., Байкал, Каспийское м.). Прекрасные пловцы, способные оставаться под водой до 40 мин и нырять на глуб. до 600 м. Питаются рыбой, моллюсками, ракообразными. Многие виды — объект промысла (гл. обр. ради жира и шкуры). Численность ряда видов сокращается, нек-рые истреблены.

ЛА́СТОЧКИ, семейство мелких птиц. Дл. 10—23 см, масса 10—60 г. В отличие от др. воробьиных, имеют маленький, плоский и широкий клюв, длинные, острые крылья. 77 видов, в т.ч. касатка, воронок (городская Л.), береговая Л. Распространены широко, обитают на скалах и обрывах вблизи пресных водоёмов, нек-рые — в насел. пунктах (гнездят-

Ласточки: касатка (слева) и воронок.

ся под крышами). Во время миграций образуют огромные скопления. Песня — набор щебечущих звуков.

ЛА́ТВИЯ (Латвийская Республика), гос-во в Вост. Европе, в Прибалтике, омывается Балт. м. и Рижским зал. Пл. 64,5 т.км². Нас. 2596 т.ч., гор. 71%; латыши (52%), русские (34%), белорусы (4,5%), украинцы, поляки и др. Офиц. яз. — латышский. Верующие — протестанты, православные, католики. Глава гос-ва — президент. Законодат. орган — сейм. Столица — Рига. 26 р-нов, 56 городов, 37 пос. гор. типа. Ден. единица — лат.

Б.ч. терр. — моренная равнина; в центр. части — Видземская возв. (выс. до 311 м, г. Гайзинькалнс), на З. и В. — холмистые возвышенности (Курземская и Латгальская). Климат переходный от морского к континентальному. Ср. темп-ры янв. от −2 до −7°C, июля 16—18°C; осадков 500—800 мм в год. Гл. река — Даугава (Зап. Двина); много озёр, ⅓ терр. покрыта лесом. Нац. парк Гауя. Заповедники: Грини, Морицсала, Слитере и др.

Латвия. Рига.

В 10—13 вв. на терр. Л. возникли первые кн-ва (Кокнесе, Ерсика, Талава). В 13—16 вв. под властью нем. завоевателей. В 1562 часть терр. Л. разделена между Польшей и Швецией. В 1721 и 1795 присоединена к России (Курляндская, части Лифляндской и Витебской губ.). 17.12.1918 в Л. провозглашена сов. власть. С нач. 1920 независимая Латв. респ. В авг. 1920 подписан сов.-латв. мирный договор. В мае 1934 совершён гос. переворот, установлена диктатура: запрещены полит. партии, профсоюзы, рабочие орг-ции, распущен сейм. В июле 1940 на терр. Л. введены сов. войска; 21.7.1940 образована Латв. ССР, 5.8.1940 присоединена к СССР. В 1941—45 оккупирована нем.-фаш. войсками. В мае 1990 ВС республики принял Декларацию о её независимости.

Л. — индустр.-агр. страна. ВНП на д. нас. 3410 долл. в год. Ведущие отрасли пром-сти — маш-ние и металлообработка (эл.-техн., энергетич., радиоэлектронная пром-сть, произ-во средств связи и приборостроение, трансп. и с.-х. маш-ние), хим. и нефтехим., лёгкая (текст., трикот. и др.), пищ. (мясо-молочная, рыбная и др.), целл.-бум.; произ-во фарм., парфюмерно-косметич. продукции. Развиты худ. промыслы (обработка кожи, янтаря, резьба по дереву, вышивка). Гл. отрасль с. х-ва — жив-во (молочно-мясное скот-во и беконное свин-во). Посевы зерновых и кормовых культур. Картофелеводство, овощ-во. Пчеловодство, зверовод-во. Экспорт: продукция маш-ния, лёгкой и пищ. пром-сти. Мор. порты: Рига, Вентспилс, Лиепая. Судох-во по рр. Лиелупе и Даугава. Курорты: Юрмала, Лиепая, Кемери, Балдоне и др.

ЛА́ТЕКСЫ, вод. дисперсии природных или синтетич. полимеров. Применяются для изготовления тонкослойных и губчатых изделий, клеёв, красок, для отделки бумаги, защиты почвы от эрозии и др. Из натурального Л. — млечного сока бразильской гевеи — получают натуральный каучук.

ЛАТИМЕ́РИЯ, рыба из группы кистепёрых, «живое ископаемое», возможно, самое древнее из ныне населяющих Землю живых существ (ископаемые представители группы известны из отложений *девона*). Дл. до 1,8 м, масса до 95 кг. Л. очень редка, впервые обнаружена в 1938 в Индийском ок. у побережья ЮАР (у Ист-Лондона), а затем в 1952 у Коморских о-вов, где позднее было поймано ещё ок. 100 особей; в 1992 выловлена также у побережья Мозамбика. Коморские О-ва объявили Л. достоянием гос-ва.

Латимерия.

ЛАТИНОАМЕРИКА́НСКАЯ АССОЦИА́ЦИЯ ИНТЕГРА́ЦИИ (ЛАИ), торг.-экон. группировка 11 стран (Аргентина, Боливия, Бразилия, Венесуэла, Колумбия, Мексика, Парагвай, Перу, Уругвай, Чили и Эквадор). Созд. в 1980. Заменила существовавшую с 1960 Лат.-амер. ассоциацию свободной торговли (ЛАСТ). Гл. цель — создание лат.-амер. общего рынка. Штаб-квартира — в Монтевидео.

ЛАТИНОАМЕРИКА́НСКАЯ ЭКОНОМИ́ЧЕСКАЯ СИСТЕ́МА (ЛАЭС), региональная экон. орг-ция, в к-рую входят 26 лат.-амер. стран. Созд. в 1975 с целью регионального сотрудничества и содействия экономич. процессам. Штаб-квартира — в Каракасе.

ЛАТИ́НСКАЯ АМЕ́РИКА, общее название стран, расположенных в юж. части Сев. Америки, к Ю. от р. Рио-Браво-дель-Норте (включая Центр. Америку и Вест-Индию), и в Юж. Америке. Общая пл. 22,8 млн. км². Нас. 451 млн. ч. На терр. Л.А. расположены 33 гос-ва, а также владения Великобритании, Франции, Нидерландов и США. Назв. Л.А. произошло от лат. основы романских языков (преим. испанского и португальского), на к-рых говорит б.ч. населения этого региона.

ЛАТИ́НСКАЯ ИМПЕ́РИЯ, гос-во, осн. в 1204 участниками 4-го крестового похода на завоёванной ими визант. территории. Столица — Константинополь. Помимо непосредств. владений императоров в Л.и. входили Фессалоникийское кор-во, Ахейское кн-во, Афинское герцогство и др. В 1261 никейский император занял Константинополь. Л.и. пала.

ЛАТИ́НСКИЙ ЯЗЫ́К, язык италийской гр. индоевроп. семьи языков. Развивался на основе языка древнего племени латинов, населявших область Лаций в ср. части Италии с центром (с 8 в. до н.э.) Рим. С возвышением Рима распространился во всей Италии, затем в значит. части Рим. империи. Становление лит. языка — 3—2 вв. до н.э. В 9 в. на основе нар.-разговорного Л.я. сформировались романские языки (франц., исп., португ., итал. и др.). В ср. века был общим письменным языком зап.-европ. об-ва, католич. церкви, науки и частично лит-ры. В 20 в. используется в науч. терминологии (напр., в медицине). Язык католич. церкви и офиц. язык (наряду с итал.) Ватикана. Лат. алфавит лежит в основе письменности мн. языков мира.

ЛАТИ́НСКОЕ ПИСЬМО́, алфавитное (буквенное) письмо, к-рым пользовались древние римляне. Восходит к греч. алфавиту. Древнейшие лат. надписи относятся к 7 в. до н.э. Собств. лат. алфавит (латиница) сложился в 4—3 вв. до н.э. С 4 в. до н.э. направление письма слева направо.

ЛАТИНСКИЙ АЛФАВИТ

Прописные	Строчные	Названия	Произношение
A	a	а	[а]
B	b	бе	[б]
C	c	це	[ц] и [к]
D	d	де	[д]
E	e	э	[э]
F	f	эф	[ф]
G	g	ге	[г]
H	h	ха	[х]
I	i	и	[и]
J	j	йот	[й]
K	k	ка	[к]
L	l	эль	[л]
M	m	эм	[м]
N	n	эн	[н]
O	o	о	[о]
P	p	пе	[п]
Q	q	ку	[к]
R	r	эр	[р]
S	s	эс	[с]
T	t	те	[т]
U	u	у	[у]
V	v	ве	[в]
X	x	икс	[кс]
Y	y	ипсилон	[и]
Z	z	зета	[з]

Латинское письмо.

Л.п. легло в основу письма большинства народов Зап. Европы.

ЛАТИФУНДИ́ЗМ, система землевладения, основу к-рого составляют кр. помещичьи зем. владения — латифундии (лат. latifundium, от latus — обширный и fundus — поместье). Возник в Др. Риме во 2 в. до н.э. Л. существует в нек-рых странах Лат. Америки.

ЛАТУ́К, род трав, реже полукустарников (сем. сложноцветные). Св. 100 видов, в Евразии и Африке, немногие — в Америке. Л. посевной (салат) — широко распространённое овощное р-ние.

ЛАТУ́НЬ (от нем. Latun), сплав меди с цинком (до 50%), часто с добавками алюминия, железа, марганца, никеля, свинца и др. элементов (в сумме до 10%). Л. выплавляли ещё до н.э. Л. хорошо обрабатывается давлением, характеризуется достаточной прочностью, высокой пластичностью и стойкостью против коррозии.

ЛАТУ́Р (Ла Тур) (La Tour) Жорж де (1593—1652), франц. живописец. Ис-

Ж. де Латур. «Скорбящая Святая Магдалина». Лувр.

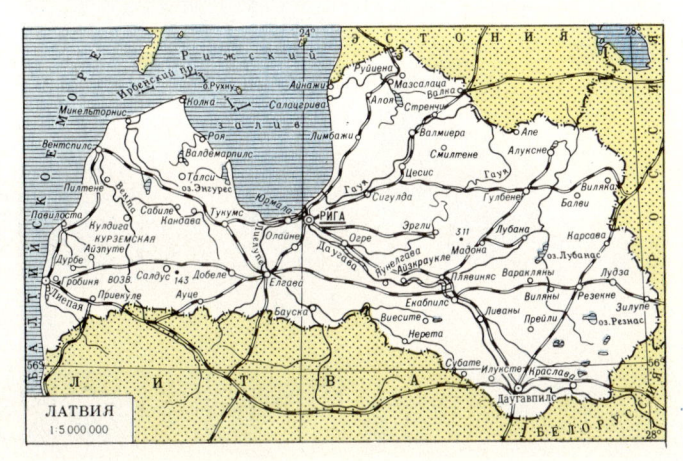

374 ЛАТЫ

пользовав жанровые мотивы, контрастную светотень, создал строгие по стилю, сдержанные по чувствам, обобщённые по формам произв. («Иосиф-плотник»).

ЛАТЫ́НИНА Лар. Сем. (р. 1934), рос. спортсменка. Чемпионка СССР (1956–64), Европы и мира (1957–62), Олимп. игр (9 зол. медалей в 1956, 1960, 1964) в разл. видах гимнастич. многоборья.

ЛАУРЕА́Т (от лат. laureatus – увенчанный лаврами), лицо, к-рому присуждена гос. или междунар. премия, а также победитель конкурсов (гл. обр. художественных).

ЛА́УЭ (Laue) Макс фон (1879–1960), нем. физик, один из основоположников *рентгено-структурного анализа*. Тр. по физике тв. тела, атомной физике, сверхпроводимости, теории относительности, квантовой теории, истории физики. Развил теорию дифракции рентгеновских лучей и предложил метод, с помощью к-рого она была обнаружена (1912). Ноб. пр. (1914).

ЛАФАЙЕ́Т (La Fayette) Мари Жозеф (1757–1834), маркиз, участник (с 1777) Войны за независимость в Северной Америке 1775–83. Как генерал амер. армии сыграл важную роль в поражении англичан в битве при Йорктауне (1781). Страстный поборник свободы, в 1789 направил в Учредит. собрание Франции проект *Декларации прав человека и гражданина*. Во время Французской революции конца 18 в. возглавлял Нац. гвардию, но как сторонник конституц. монархии в 1792 бежал за границу. В Июльской рев-ции 1830 вновь командовал Нац. гвардией.

ЛАФОНТЕ́Н (La Fontaine) Жан де (1621–95), франц. писатель. Вольнодумные, озорные «Сказки и рассказы в стихах» (1665–85). В знаменитых «Баснях» (1668–94), отмеченных иронич., то язвит. насмешкой, мастерством лаконичной композиции, предстаёт как мыслитель и сатирик, опирающийся (помимо античных и др. образцов) на нар. мудрость и фольклор. Традиции Л. использовал И.А. Крылов.

ЛАХО́Р, г. в Пакистане, на р. Рави. 4,5 млн. ж. (с пригородами). Междунар. аэропорт. Текст., хим., металлообр. пром-сть, маш-ние, ремёсла. Ун-т. Возник в нач. н.э. В 1799–1849 столица гос-ва сикхов. В форте (16 в.) – дворец Джахангира (1617). Жемчужная мечеть (1645). В Старом городе – стены и башни, мечети 17–18 вв. Музеи: центральный, оружия.

ЛА́ЧИНОВ Дм. Ал-др. (1842–1928), рос. физик и электротехник. Доказал (1880) возможность передачи эл.-энергии по проводам на значит. расстояния. Автор электролитич. способа получения водорода и кислорода в пром-сти (1888).

ЛАЭННЕ́К (Laennec) Рене Теофиль Гиацинт (1781–1826), франц. врач, один из основоположников клинико-анатомич. метода в медицине. Изобрёл (1816) стетоскоп, разработал (1819) и ввёл в практику метод аускультации (выслушивания). Предложил термин «туберкулёз», установил специфичность туберкулёзного процесса задолго до открытия возбудителя болезни.

ЛЕБЕДА́, род однолетних трав, полукустарников и кустарников (сем. маревые). Ок. 200 видов, в умеренных и субтропич. поясах обоих полушарий. Обычно на пустырях,

как сорняки – в садах и огородах. Листья Л. богаты витаминами C, E, каротином, эфирными маслами. Л. садовую и нек-рые др. виды используют в пищу (как шпинат). В России из семян Л. в неурожайные годы пекли хлеб (первое упоминание в летописях – 1092), особенно широко – во время голода 1891–92. Однако его пищ. качества невысоки, а длительное употребление приводит к заболеваниям.

ЛЕ́БЕДЕВ Вл. Вас. (1891–1967), график. Один из основателей петерб. «Окон РОСТА». Создал собств. стиль иллюстраций дет. книги, сочетающий условность броского рисунка-кадра с непосредств. жизненностью изображения («Слонёнок» Р. Дж. Киплинга, изд. в 1921).

ЛЕ́БЕДЕВ Евг. Ал. (р. 1917), актёр. На сцене с 1940. С 1956 в Ленингр. (с 1992 Санкт-Петербургском) Большом драм. т-ре. Игре Л. присущи глубокий психологизм и страстность при тяге к острой характерности, трансформации, гротеску. Монахов («Варвары», 1959), Бессеменов («Мещане», 1966; обе – М. Горького), Артуро Уи («Карьера Артуро Уи, которой могло не быть» Б. Брехта, 1963), Холстомер («История довольно простоты» А.Н. Островского, 1985) и др. Снимался в ф.: «В огне брода нет» (1968), «Странные люди» (1970), «Блокада» (1975, 1978) и др.

ЛЕ́БЕДЕВ Пётр Ник. (1866–1912), глава первой рос. школы физиков. Впервые получил (1895) и исследовал миллиметровые эл.-магн. волны. В скромной лаборатории Петерб. ун-та выполнил блестящие тонкие

С.Д. Лебедева. Портрет А.Т. Твардовского. Бронза. 1943. Третьяковская галерея.

П.Н. Лебедев.

эксперименты: открыл и измерил давление света на тв. тела (1899) и газы (1907), количественно подтвердив эл.-магн. теорию света.

ЛЕ́БЕДЕВ Сер. Ал. (1902–74), учёный в области электротехн. и вычислит. техники. Осн. тр. по устойчивости энергосистем, разработке средств вычислит. техники. Под рук. Л. созданы первая отеч. ЭВМ – «МЭСМ» (1950), а также ряд ЭВМ «БЭСМ» (1953–67).

ЛЕ́БЕДЕВ Сер. Вас. (1874–1934), химик. С 1908 исследовал полимеризацию непредельных углеводородов. В 1926–28 руководил разработкой в СССР первого в мире пром. способа получения синтетич. каучука (реализован в 1932).

ЛЕ́БЕДЕВА Сарра Дм. (1892–1967), скульптор. В портретной галерее соотечественников («В.П. Чка-

лов», 1936; «Б.Л. Пастернак», 1961–1963) остропсихол. трактовка образов, выявление пластич. специфики индивид. облика подчёркнуты экспрессивной живописной трактовкой материала.

ЛЕ́БЕДИ, род водоплавающих птиц (сем. утиные). Дл. до 180 см, масса до 13 кг. Длина шеи равна или превышает длину тела. 6 видов. в Сев. полушарии (трубач, шипун, кликун и малый Л.), Юж. Америке (черношейный Л.), Австралии (чёрный Л.). Обитают по берегам пресных водоёмов. Моногамы, пары соединяются на много лет. Охота на Л. запрещена. Декор. птицы. В России численность малого Л. сокращается, находится под охраной

ЛЕБЕДИ́НАЯ ПЕ́СНЯ, последнее, обычно наиб. яркое творч. свершение, предсмертное произв. (выражение основано на нар. поверье, что лебеди поют единств. раз в жизни – перед смертью).

ЛЕБЁДКА, машина для перемещения грузов канатом или цепью, навиваемыми на барабан, который приводится во вращение вручную или от к.-л. двигателя. Л. – самостоят. машина или составная часть грузоподъёмного крана, подъёмника, дорожно-строит. и др. машин.

ЛЕВ, крупная кошка. Длина тела до 2,4 м, хвоста до 1,1 м; масса 280 кг. У самцов в передней части туловища – грива. Был распространён в Африке, Европе (Балканский п-ов),

Лебеди. Лебедь-шипун.

Азии. Сохранился в Центр. Африке и Юж. Азии (Индия), гл. обр. в нац. парках и резерватах. Обитатель пустынь, саванн и приречных лесов. Держится семейными группами (прайдами). Охотится на крупных копытных. Всюду охраняется. В неволе размножается; живёт до 20–30 лет. В мифологии и фольклоре мн. народов Л. – символ силы, власти и величия, царь зверей. Изображён на гербе ряда гос-в.

ЛЕВЕ́ЛЛЕРЫ (англ. Levellers, букв. – уравнители), радикальная полит. партия в период Англ. рев-ции 17 в. Л. во главе с Дж. Лилберном выступали за республику, против ликвидации частной собственности и отмежевались от диггеров (т.н. истинных Л.).

ЛЕВЕНГУ́К (Leeuwenhoek) Антони ван (1632–1723), нидерл. натуралист, один из основоположников науч. микроскопии. Изготовив линзы с 150–300-кратным увеличением, впервые наблюдал и зарисовал (публ. с 1673) ряд простейших, бактерий, сперматозоиды, эритроциты и их движение в капиллярах.

ЛЕВИАФА́Н, в Библии огромное мор. чудовище. Перен. – нечто огромное и чудовищное.

ЛЕВИ́Н (Lewin) Курт (1890–1947), нем.-амер. психолог. В 20-х гг. представитель *гештальтпсихологии*, эксперим. исследований воли и *аффекта*. С 1932 в США. Разработал концепцию личности, в основе к-рой – понятие «поля» (заимство-

Львы.

ванное из физики) как единства личности и её окружения.

ЛЕВИРА́Т (от лат. levir – деверь, брат мужа), обычай, по к-рому вдова обязана или имеет право выйти замуж за брата своего мужа. Был распространён у мн. народов в эпоху родового строя, сохранялся позднее (на Кавказе, в Ср. Азии и др.).

ЛЕВИ́-СТРОСС (Lévi-Strauss) Клод (р. 1908), франц. этнограф и социолог, один из гл. представителей *структурализма*. В своей структурной антропологии дал глубокий анализ культуры, социального устройства и логич. своеобразия мифол. мышления первобытных племён.

ЛЕВИТА́Н Исаак Ил. (1860–1900), рос. живописец-передвижник. Создатель «пейзажа настроения», к-рому присущи богатство поэтич. ассоциаций, мажорность («Март», 1895) или скорбная одухотворённость образов («Над вечным покоем», 1894; «Владимирка», 1892). Произв. Л. раскрывают тончайшие состояния природы средствами пленэрной (см. *Пленэр*), тонко нюансированной живописи.

ЛЕВИТА́Н Юр. Бор. (1914–83), диктор Всес. радио (с 1931). Читал важнейшие офиц. сообщения, в т.ч. в период Вел. Отеч. войны. Дикторский стиль Л. отличался высокой актёрской культурой, строгой возвышенностью, мужественностью интонации и одновременно ясностью, простотой и доступностью.

И.И. Левитан. «Вечерний звон». 1892. Третьяковская галерея.

Левиафан. «Врата ада в виде пасти левиафана». Фрагмент картины Эль Греко «Сон Филиппа II». 1579. Эскориал (Испания).

ЛЕВИТА́НСКИЙ Юр. Дав. (р. 1922), рус. поэт, переводчик. В стихах (сб. «Земное небо», 1963, «Кинематограф», 1970, «Воспоминанье о красном снеге», 1975, «Годы», 1987, «Белые стихи», 1991) – лирич. зарисовки совр. жизни, проникнутые иронически-созерцат. интонацией, доброжелательностью авторского взгляда, воспоминания о войне. Пародии.

ЛЕВИТА́ЦИЯ (лат. levitas – лёгкость), научно не объяснённый феномен свободного парения человеческого тела (или к.-л. предмета), отмечаемый в разл. сообщениях о святых, йогах, медиумах и т.п.; состояние Л. нередко переживается в сновидениях.

ЛЕВИ́ТИН Мих. Зах. (р. 1945), режиссёр, драматург. Работал в т-рах Москвы, Ленинграда, Риги, Казани. С 1978 в Моск. т-ре миниатюр (с 1987 Моск. т-р «Эрмитаж»), с 1987 худ. руководитель. Для Л. характерно тяготение к открытой театральности, форме спектакля-игры. Во многом опираясь на традиции рус. т-ра 1920-х гг., использует приёмы эксцентрики и клоунады, сочетает в своих постановках лирику и гротеск. Среди пост.: «Хармс! Чармс! Шардам! или Школа клоунов» по произв. Д. Хармса (1982), «Нищий, или Смерть Занда» Ю.К. Олеши (1986).

ЛЕВИ́ЦКИЙ Дм. Григ. (ок. 1735–1822), рос. живописец. В парадных портретах торжественность сочетал с жизненностью образов, красочным богатством («Кокоринов», 1769–70; серия портретов воспитанниц Смольного ин-та, 1773–76); углублённо-индивидуальные по характеристикам, сдержанные по цвету интимные портреты («М.А. Дьякова», 1778). Поздний период отмечен влиянием *классицизма* («Екатерина II», 1783).

ЛЕВКА́С (от греч. leukós – белый), меловой грунт в рус. ср.-век. живописи.

ЛЕ́ВЫЕ ЭСЕ́РЫ, полит. партия в России в 1917–23 (до дек. 1917 лев. крыло эсеров). Лидеры: М.А. Спиридонова, Б.Д. Камков, М.А. Натансон. Газ. «Земля и воля» и «Знамя труда». Участвовали в Окт. рев-ции, входили в ВРК, ВЦИК, СНК РСФСР (дек. 1917 – март 1918). С нач. 1918 противники Брестского мира, агр. политики большевиков. В июле 1918 организовали вооруж. выступление, к-рое было подавлено. Отд. группы Л.э. действовали на Украине, Д. Востоке, в Туркестане. В 1923 прекратили деятельность.

Д.Г. Левицкий. Портрет М.А. Дьяковой. Третьяковская галерея.

ЛЕГА́ВЫЕ, группа пород (св. 30) охотничьих собак, используемых преим. для добычи пернатой дичи. Обладая хорошим обонянием, Л. разыскивают дичь и указывают охотнику место её нахождения стойкой. Родина – Европа. Разводят во мн. странах; в России – гл. обр. англ. Л. (*пойнтер, сеттер*) и нем. Л. (короткошёрстная, или курцхаар, и жесткошёрстная, или дратхаар).

Легавые. Немецкая короткошёрстная легавая.

ЛЕГАЛИЗА́ЦИЯ (от лат. legalis – законный), 1) разрешение деятельности к.-л. орг-ции, её узаконение; придание юрид. силы к.-л. акту, действию. 2) Подтверждение подлинности подписей, имеющихся на к.-л. док-те. Л., как правило, подлежат док-ты, составленные за границей или предназначенные для представления за границей. Такая Л. – одна из функций *консула*.

«ЛЕГА́ЛЬНЫЙ» МАРКСИ́ЗМ, название идейно-полит. течения радикальной интеллигенции во 2-й пол. 1890-х – нач. 1900-х гг. (П.Б. Струве, С.Н. Булгаков, М.И. Туган-Барановский и др.). Выступали в легальной печати (отсюда назв.): ж. «Новое слово», «Жизнь», «Начало» и др. С позиций марксистской экон. теории обосновывали развитие капитализма в России. Сыграли значит. роль в борьбе с народничеством и в распространении марксизма. В 1900–01 большинство «легальных» марксистов прекратили контакты с социал-демократами, вступили в «Союз освобождения», в период Рев-ции 1905–07 — в Конституционно-демокр. партию.

ЛЕГА́Р (Lehár) Франц (1870–1948), венг. композитор, дирижёр. Работал в Будапеште, Вене. Один из авторов т.н. новой венской *оперетты* (всего св. 30): «Весёлая вдова» (1905), «Граф Люксембург» (1909), «Цыганская любовь» (1910).

ЛЕГА́Т (от лат. legatus), 1) в Др. Риме назначавшийся сенатом посол или уполномоченный. 2) Л. папский — титул высш. дипл. представителей Ватикана. 3) *Завещательный отказ* (лат. legatum).

ЛЕГЕ́НДА (от лат. legenda, букв. — то, что следует прочесть), 1) в ср.-век. письменности — *житие святого* и религ.-нравоучит. рассказ, притча; в фольклоре — вошедший в традицию нар. рассказ о чудесном, воспринимающийся рассказчиком и слушателем как достоверный (Л. о «золотом веке»); в новейшей лит-ре всякое произв., отличающееся поэтич. и сверхъестественным вымыслом, но претендующее на некую достоверность в прошлом. 2) В обиходном значении — что-то невероятное, выдумка.

ЛЕГИ́РОВАНИЕ (нем. legieren — сплавлять, от лат. ligo — связываю, соединяю), введение в металлич. расплав или шихту элементов (напр., в сталь — хрома, никеля, молибдена, вольфрама, ванадия, ниобия, титана), повышающих механич., физ. и хим. свойства осн. металла.

ЛЕГИТИМА́ЦИЯ (лат. legitimus), признание или подтверждение законности гос. власти, к.-л. социального института, статуса, полномочий, опирающееся на принятые в данном об-ве ценности. Основой Л. могут быть традиции и обычаи, *харизма*, конституц. нормы, демокр. выборы, референдум или плебисцит.

ЛЁГКАЯ АТЛЕ́ТИКА, один из наиб. массовых видов спорта; включает бег и ходьбу на разл. дистанции, прыжки в длину и высоту, метания спорт. снарядов, легкоатлетич. многоборье. Зародилась в Великобритании в 18 в. В 1912 осн. Междунар. любительская федерация Л.а. (ИААФ); объединяет ок. 200 стран. Чемпионаты Европы с 1934, мира с 1983; в программе Олимп. игр с 1896.

ЛЁГКИЕ, органы дыхания у человека, наземных позвоночных и нек-рых рыб. В Л. кислород воздуха переходит в кровь, а диоксид углерода из крови в воздух. У млекопитающих ж-ных и человека Л. — парный орган, расположенный в грудной полости. Состоит из долей (в правом — 3, в левом — 2), основу к-рых образуют разветвляющиеся бронхи и бронхиолы, переходящие в альвеолярные ходы с альвеолами. Дыхательная поверхность Л. превышает примерно в 75 раз поверхность тела.

ЛЕГРА́Н (Legrand) Мишель (р. 1932), франц. композитор, джазовый пианист. Проникновенный лиризм свойствен его музыке к фильмам («Шербурские зонтики», 1963, «Девушки из Рошфора», 1967, и др.) и популярным песням.

ЛЁД, вода в тв. состоянии. Известны 11 кристаллич. модификаций Л. и аморфный Л. В природе обнаружена только одна форма Л. (плотн. 0,92 г/см³), к-рая встречается в виде собственно Л. (материкового, плавающего, подземного), снега и инея. Используется для хранения и охлаждения пищ. продуктов, получения пресной воды, в медицине.

ЛЕ́ДА, в греч. мифологии супруга спартанского царя Тиндарея. *Зевс*, пленённый красотой Л., овладел ею, обратившись в лебедя. Из двух яиц, рождённых Л., вышли на свет *Елена* и сыновья — *Диоскуры*.

Леда. Римская мраморная копия с греческого оригинала скульптора Тимофея (4 в. до н.э.): Леда с лебедем. Рим, вилла Альбани.

ЛЕДНИКИ́, скопления льда атм. происхождения, движущиеся по земной поверхности; образуются в тех р-нах, где твёрдых атм. осадков отлагается больше, чем стаивает и испаряется. Л. делятся на наземные ледниковые покровы, шельфовые и горные. Общая площадь L. ок. 16,3 млн. км² (10,9% площади суши); общий объём льдов ок. 30 млн. км³.

ЛЕДНИКО́ВЫЙ ПЕРИ́ОД, этап геол. истории Земли, в течение к-рого многократно чередовались отрезки времени с очень холодным климатом (резкое расширение площади ледников) с промежутками более тёплого климата (т.н. межледниковье). Наиб. хорошо изучены Л.п. в *антропогене*; известны в *палеозое* и *докембрии*.

ЛЕДО́ВОЕ ПОБО́ИЩЕ, сражение на льду Чудского оз. 5.4. 1242 между рус. войском во главе с новгородским кн. Александром Невским и войском нем. Ливонского ордена. Завершилось разгромом рыцарей. Победа Александра Невского приостановила продвижение Ливонского ордена.

ЛЕДОКО́Л, судно, предназначенное для плавания во льдах и служащее для поддержания навигации в замерзающих вод. бассейнах. Первый в мире Л. совр. типа — пароход рус. флота «Пайлот» (1864), первый арктич. Л. — «Ермак» (построен в 1899 под рук. С.О. Макарова). Водоизмещение наиб. крупных совр. Л. «Арктика», «Сибирь» и «Россия» (построены в СССР в 1975, 1977 и 1986 соотв.) 23,4 тыс. т, мощность гл. турбин 55 МВт.

ЛЕЖЕ́ (Léger) Фернан (1881–1955), франц. живописец и график. Картины, посвящённые труду индустр. и строит. рабочих («Строители», 1951), монументально-декор. композиции (мозаики, витражи) отличаются геометризованными, уподобленными машинным изобр. формами.

Ф. Леже. «Строители». Музей изобразительных искусств имени А.С. Пушкина.

ЛЕ́ЙБНИЦ (Leibniz) Готфрид Вильгельм (1646–1716), нем. философ, математик, физик, юрист, историк, языковед. С 1676 на службе у ганноверских герцогов. Основатель и президент (с 1700) Бранденбургского науч. об-ва (позднее Берлинская АН). По просьбе Петра I разработал проекты развития образования и гос. управления в России. Реальный мир, по Л., состоит из бесчисленных психич. деятельных субстанций — *монад*, находящихся между собой в отношении предустановленной гармонии («Монадология», 1714); существующий мир создан Богом как «наилучший из всех возможных миров» («Теодицея», 1710). В духе рационализма развил учение о прирождённой способности ума к познанию высш. категорий бытия и всеобщих и необходимых истин логики и математики («Новые опыты о человеческом разуме», 1704). Предвосхитил принципы совр. матем. логики. Один из создателей дифференц. и интегр. исчислений.

ЛЕЙБОРИ́СТСКАЯ ПА́РТИЯ Великобритании (Рабочая партия Великобритании), одна из ведущих партий страны. Осн. в 1900. После

Г.В. Лейбниц.

2-й мир. войны у власти в 1945–51, 1964–70, 1974–1979.

ЛЕ́ЙДЕН, г. в Нидерландах. 114 т.ж. Порт в дельте Рейна. Маш-ние, полиграф., шерст. пром-сть. Ун-т (с 1575). Музеи: древностей, этногр., Дом-музей Рембрандта (в к-ром родился художник) и др. Изв. с 9 в. В 16–17 вв. крупный центр шерст. пром-сти. Л. сохранил ср.-век. застройку, улицы перерезаны многочисл. каналами. Б. тюрьма Гравенстен (13–17 вв.), позднеготич. церкви, ратуша (16 в.), Суконные ряды (17 в.).

ЛЕЙКО... (от греч. leukós — белый), часть сложных слов, означающая: относящийся к белому цвету (напр., лейкоциты).

ЛЕЙКО́ЗЫ, опухолевые заболевания кроветворной ткани с поражением костного мозга и вытеснением нормальных ростков кроветворения, увеличением лимфатич. узлов и селезёнки, изменениями в картине крови, угнетением иммунитета и др. Различают острые и хронич. Л. Причинами Л. являются наследств. и приобретённые (гл. обр. под влиянием ионизир. излучения) хромосомные нарушения, наследств. дефекты иммунной системы и др.

ЛЕЙКОЦИ́ТЫ (от греч. leukós — белый и kýtos — вместилище, здесь — клетка), бесцв. клетки крови человека и ж-ных. Образуются в органах *кроветворения*. Все типы Л. (лимфоциты, моноциты, базофилы, эозинофилы и нейтрофилы) имеют ядро и способны к активному движению. В организме поглощают бактерии и отмершие клетки, вырабатывают антитела. В 1 мм³ крови здорового человека содержится 4–9 тыс. Л.

ЛЕ́ЙПЦИГ, г. в Германии, на р. Вайсе-Эльстер. 503 т.ж. Междунар. аэропорт. Маш-ние, хим., швейная, пушно-меховая пром-сть. Кр. центр издательского дела (с 15 в.) и торговли (ярмарки, пушные аукционы). Междунар. кинофестивали короткометражных и док. фильмов. Ун-т (с 1409), первая нем. конс. (1843), конц. об-во и орк. «Гевандхауз». Музеи: изобр. иск-в, этногр., худ. ремесла, истории города, Герм. музей книги и письменности и др. Т-ры: оперный (1960), «Шаушпильхауз». Изв. с 1015. В 13–15 вв. кр. экон. центр, гл. город Саксонии. Старая ратуша (16 в.) в стиле ренессанса, жилые дома 16–18 вв.

ЛЕЙТМОТИ́В (нем. Leitmotiv, букв. — ведущий мотив), муз. оборот, повторяющийся в муз. произв. в качестве характеристики или условного обозначения персонажа, предмета, явления, идеи, эмоции. Используется с кон. 18 в. в опере, с 19 в. в балете и программной инстр. музыке. Сложную систему Л. применял в своих операх Р. Вагнер.

ЛЕЙФ Э́ЙРИКСОН (Лейф Счастливый) (Leifr inn heppni Eiriksson) (ок. 975 – ок. 1022), исл. викинг. Сын Эйрика Рауди. Ок. 1000 участвовал в христианизации гренландских переселенцев. В 1004 пересёк прол. Девиса, проследил вост. берег п-ова Лабрадор и зимовал на о. Ньюфаундленд. В 1005 вернулся в Гренландию.

ЛЕЙШМАНИО́ЗЫ, заболевания человека и ж-ных (собак, грызунов и др.), вызываемые простейшими (лейшманиями) и передающиеся через москитов. Различают 2 формы Л. человека: Л. кожный (напр., пендинская язва) и Л. внутренний (висцеральный; напр., кала-азар).

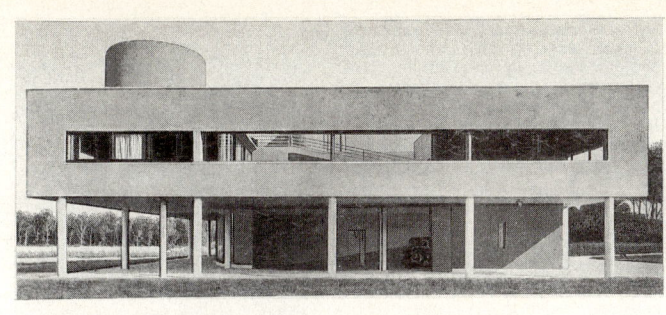

Ле Корбюзье. Вилла Савой в Пуасси. 1929–31.

ЛЕ КАРРЕ́ (Le Carré) Джон (наст. имя Дейвид Джон Мур Корнуэлл) (р. 1931), англ. писатель. Остросюжетные полит. детективные романы о роли разведывательной службы в сохранении свободы и полит. стабильности в гос-ве: «Убийство по-джентльменски» (1962), «В одном немецком городке» (1968), «Маленькая барабанщица» (1983). В романах о британской разведке «Шпион, который пришёл с холода» (1963), «Медник, портной, солдат, шпион» (1974), «Идеальный шпион» (1986; в двух последних – о «двойном» разведчике Филби), «Русский дом» (1989, в рус. пер.– «Русский отдел») – нравств. и идеологич. парадоксы.

ЛЕКА́РСТВЕННАЯ БОЛЕ́ЗНЬ, термин, обозначающий разл. проявления повышенной чувствительности (лекарств. аллергии) или индивид. непереносимости (идиосинкразии) лекарств. средств и др. виды побочного действия лекарств.

ЛЕ́КАРЬ, офиц. название врача в России до 1917.

ЛЕКО́НТ ДЕ ЛИЛЬ (Leconte de Lisle) Шарль (1818–94), франц. поэт, глава группы *«Парнас»*. В сб. «Варварские стихотворения» (1862) утверждал красоту первобытной природы, противопоставляя её ничтожеству совр. «варваров». Сб. «Трагические стихотворения» (1884).

ЛЕ КОРБЮЗЬЕ́ (Le Corbusier) (наст. фам. Жаннере) Шарль Эдуар (1887–1965), франц. архитектор и теоретик архитектуры. Один из создателей совр. течений архитектуры (*рационализма*, *функционализма*), применял плоские покрытия, ленточные окна, открытые опоры в ниж. этажах зданий, свободную планировку (жилой дом в Марселе, 1947–52). В 50–60-х гг. создал большие гор. ансамбли (Чандигарх в Индии, 1951–56), стремился к свободе и гибкости пространства пластич. структур здания.

ЛЕ́КСИКА (от греч. lexikós – относящийся к слову), 1) вся совокупность слов, словарный состав языка. 2) Совокупность слов, характерных для данного варианта речи (Л. бытовая, военная, детская и пр.), того или иного стилистич. пласта (Л. нейтральная, просторечная и др.), для данного писателя (лексика А.С. Пушкина) или одного лит. произв. (Л. «Слова о полку Игореве»).

ЛЕКСИКОГРА́ФИЯ (от греч. lexikós – относящийся к слову и *...графия*), раздел языкознания, занимающийся теорией и практикой составления словарей.

ЛЕКСИКОЛО́ГИЯ (от греч. lexikós – относящийся к слову и *...логия*), раздел языкознания, изучающий словарный состав, *лексику* языка.

ЛЕКУВРЁР (Lecouvreur) Адриенна (1692–1730), франц. трагедийная актриса. С 1717 в «Комеди Франсез». Стремилась противопоставить классицистич. иск-ву свежесть эмоц. порыва, искренность человеческих чувств: Андромаха («Андромаха» Ж. Расина), Корнелия («Смерть Помпея» П. Корнеля) и др. Иск-во Л. высоко ценил Вольтер. Ранняя смерть Л. вызвала слухи об отравлении её соперницей, что послужило основой пьесы Э. Скриба и Э. Легуве «Адриенна Лекуврёр» (1849).

ЛЕЛУ́Ш (Lelouch) Клод (р. 1937), франц. кинорежиссёр, продюсер. Фильмы: мелодраматически-сентиментальные («Мужчина и женщина», 1966; «Да здравствует жизнь», 1984), детективы («Приключение – это приключение», 1972), политические («Жить, чтобы жить», 1967; «Добрые и злые», 1976). Установка на внеш. привлекательность и общедоступность в сочетании с использованием элементов эксперим. кино

Лемех. Главка церкви в Соликамске.

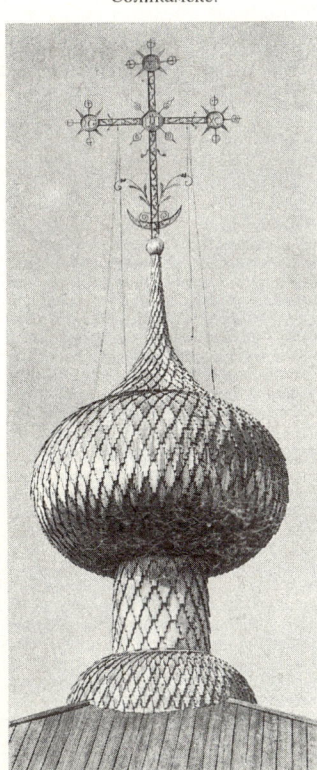

обеспечила фильмам Л. успех у массового зрителя.

ЛЕМ (Lem) Станислав (р. 1921), польск. писатель. В многочисл. произв. в жанре науч.-филос. фантастики (ром. «Астронавты», 1951, «Дневник, найденный в ванне», «Солярис», оба 1961, «Голос Неба», 1968, «Насморк», 1976, «Мир на земле», «Фиаско», оба 1987) – острые проблемы моральной ответственности человека за последствия своих деяний. Эссе по проблемам науки и лит-ре «Философия случая» (1968); филос.-социологич. иссл. «Сумма технологии» (1964, доп. изд. 1974), монография «Фантастика и футурология» (т. 1–2, 1970).

ЛЕ́МЕХ, в рус. дерев. зодчестве продолговатые дощечки, часто уступчатой формы, служащие для покрытия глав, барабанов, шатров и пр.

ЛЕ́МЕШЕВ Сер. Як. (1902–77), певец (лирич. тенор). В 1931–56 в Большом т-ре. Один из лучших исполнителей партии Ленского («Евгений Онегин» П.И. Чайковского). Тонкий интерпретатор камерной вок. лирики, исполнитель рус. и укр. нар. песен. Выступал как оперный режиссёр. Снимался в кино. Автор кн. «Путь к искусству» (1968).

С.Я. Лемешев.

ЛЕ́ММА (от греч. lémma – допущение), *теорема*, не имеющая самостоят. значения, но используемая для доказательства др. теорем.

ЛЕ́ММИНГИ, 4 рода грызунов (сем. хомяки). Длина тела до 15 см, хвоста до 2 см. Ок. 20 видов, в лесах и тундрах Евразии и Сев. Америки. Осн. пища песца и белой совы. В тундре примерно 1 раз в 4 года размножаются в массовом кол-ве (до 300 особей на 1 га) и предпринимают далёкие миграции. Переносчики возбудителей ряда вирусных заболеваний.

ЛЕ́ММОН (Lemmon) Джек (р. 1925), амер. актёр, режиссёр. Работал в т-ре и на телевидении. С равным успехом играл комич. и драм. роли в ф.: «Некоторые любят погорячее» (1959, в прокате – «В джазе только девушки»), «Квартира» (1960), «Китайский синдром» (1973), «Чествование» (1980), «Пропавший без вести» (1982).

ЛЕМУ́РЫ, неск. родов низших приматов. Дл. от 13–25 см (мышиный Л.) до 50 см. Мордочка вытянутая, заострённая, с крупными глазами. Мех плотный, хвост (дл. 13–51 см) пушистый, часто с поперечными полосами. 16 видов, на Мадагаскаре и Коморских о-вах. Чаще держатся небольшими группами, гл.

Лемуры. Лемур катта.

обр. в лесах. Из-за сведения лесов 7 видов Л. на грани исчезновения.

ЛЕМЬЁ (Lemieux) Марио (р. 1965), канад. спортсмен (хоккей с шайбой). Один из результативнейших нападающих в НХЛ (ок. 500 голов, 1984–94). Обладатель Кубка Канады (1987).

ЛЁН, род одно- и многолетних травянистых р-ний (сем. льновые). Ок. 230 видов, в субтропич. и умеренных поясах. Л.-долгунец (в стеблях волокно, в семенах масло) введён в культуру в Др. Египте за неск. тысяч лет до н.э., в 10–13 вв. повсеместно распространился на Руси. Возделывают в Египте, Турции, европ. странах; в России – в нечернозёмных р-нах. Л. масличный, или Л.-кудряш (в семенах св. 50% масла), выращивают в Индии, Аргентине, США и др.; в России – в Поволжье, Зап. Сибири. Нек-рые виды декоративны.

Лён-долгунец.

ЛЕ́НА, крупнейшая река в Вост. Сибири – в Иркутской обл. и Якутии. Дл. 4400 км. Истоки на склонах Байкальского хр., впадает в море Лаптевых, образуя большую дельту (пл. ок. 30 т. км^2). Регулярное судох-во от Усть-Кута (Осетрово). Рыб-во. Осн. порты и пристани: Осетрово, Киренск, Ленск, Олёкминск, Якутск.

ЛЕНДЛ (Lendl) Иван (р. 1960), амер. спортсмен (теннис). Победитель открытых чемпионатов Австралии (1989–90), Франции (1984, 1986–87), США (1985–87), чемпионатов мира (1985–87, 1990) и др. турниров в одиночном разряде.

ЛЕ́НДЛЕР (нем. Ländler, букв.– сельский житель), нар. австр.-нем. 3-дольный танец. Предшественник *вальса*. Инстр. пьеса (Ф. Шуберт).

ЛЕНД-ЛИЗ (англ. lend-lease), поставки США (взаймы или в аренду) вооружения, боеприпасов, стратегич. сырья, продовольствия и т.п. союзникам по антигитлеровской коалиции в

Ленен. «Семейство молочницы». 40-е гг. 17 в. Эрмитаж.

период 2-й мир. войны. На кон. 1945 поставки по Л.-л. в целом составили св. 49 млрд. долл., в т.ч. в СССР св. 11 млрд. долл.

ЛЕНЕ́Н (Ле Нен) (Lenain, Le Nain), франц. живописцы, братья: Антуан (между 1600 и 1610–1648), Луи (между 1600 и 1610–1648), Матьё (между 1600 и 1610–1677). Работали в осн. совместно. Авторы портретов крестьян и бюргеров, сцен крест. быта, в к-рых жизненность наблюдений сочетается с выражением благородного достоинства персонажей («Крестьянское семейство»).

ЛЕНИ́ВЦЫ, семейство древесных малоподвижных млекопитающих. Длина тела 50–65 см. 5 видов, в тропич. лесах Центр. и Юж. Америки. Обычно висят на ветвях вниз спиной. Питаются р-ниями. Ошейниковый Л. редок.

Ленивцы. Трёхпалый ленивец.

ЛЕ́НИН (Ульянов) Вл. Ил. (1870–1924), рос. полит. деятель. Род. в семье инспектора нар. уч-щ, ставшего потомств. дворянином. Получил юрид. образование (1891). В 1895 Л. участвовал в создании Петерб. «Союза борьбы за освобождение рабочего класса», затем арестован и выслан в с. Шушенское Енисейской губ. В 1900 выехал за границу. На 2-м съезде РСДРП (1903) Л. возглавил партию большевиков. С 1905 в С.-Петербурге; с 1907 в эмиграции. В апр. 1917, приехав в Петроград, Л. выдви-

В.И. Ленин.

нул курс на победу социалистич. рев-ции. Возглавил руководство Окт. восстанием в Петрограде. На 2-м Всерос. съезде Советов избран пред. СНК. Л. одобрил создание Всерос. чрезвычайной комиссии по борьбе с контрр-цией и саботажем, широко применявшей методы насилия и репрессий, ликвидацию оппозиц. партий и репрессии по отношению к духовенству и интеллигенции. В 1922 Л. тяжело заболел и с декабря не участвовал в полит. деятельности.

Л. рано стал приверженцем идей К. Маркса и Ф. Энгельса. Важнейшим средством рев. борьбы Л. считал создание «партии нового типа», в отличие от парламентских с.-д. партий. Л. пришёл к выводу, что капитализм вступил в последнюю стадию – империализм и передовые страны Европы созрели для мировой социалистич. рев-ции. Резко критикуя концепции реформирования капитализма, принципы парламентской демократии и *разделения властей*, Л. отстаивал курс на установление диктатуры пролетариата. Л. считал, что Россия должна начать мировую социалистич. рев-цию. Острый кризис в стране после Окт. переворота и гражд. войны привёл Л. к признанию ошибочности «*военного коммунизма*» и необходимости перехода к *новой экономической политике*. С сер.

80-х гг. в анализе идей и деятельности Л., оказавших значит. влияние на ход истории в 20 в., существует широкий спектр оценок – от позитивных до резко критических.

ЛЕ́ННОН Дж., см. в ст. «*Битлз*».

ЛЁНРОТ (Lönnrot) Элиас (1802–1884), фин. фольклорист. Из карельских, ижорских и фин. рун составил сб. «*Калевала*», сб. лирич. рун «*Кантелетар*» (1840–41), сб. нар. пословиц, загадок.

ЛЕ́НСКИЙ (наст. фам. Вервициотти) Ал-др Пав. (1847–1908), актёр, режиссёр, педагог. На сцене с 1865; с 1876 в Малом т-ре (с 1907 гл. реж.). Выступал в высокой комедии, романтич. драме, трагедии, затем перешёл на характерные роли. Игре Л. свойственны изящество, мягкость; добивался жизненной, ист. и социальной достоверности образов, пластич. выразительности, совершенства грима: Гамлет («Гамлет» У. Шекспира, 1877), Фамусов («Горе от ума» А.С. Грибоедова, 1887) и др. В своих пост. («Снегурочка» А.Н. Островского, 1900; «Кориолан» Шекспира, 1902, и др.) стремился к осуществлению единого режиссёрского замысла, цельности актёрского ансамбля. Занимался живописью, скульптурой. Среди учеников Л. – А.А. Остужев, В.Н. Пашенная, В.Н. Рыжова, Е.Д. Турчанинова.

ЛЕНТУ́ЛОВ Аристарх Вас. (1882–1943), рос. живописец. Один из основателей «*Бубнового валета*». В своём творчестве использовал традиции рус. *лубка* и *иконописи*, писал радостные по мироощущению декор. натюрморты («Овощи», 1933), пейзажи, выступал как театральный художник.

«ЛЕНФИ́ЛЬМ», кинокомпания в С.-Петербурге, одна из крупнейших в Рос. Федерации. Осн. в 1918. Имела разл. названия, с 1934 – совр. назв. В наиболее плодотворные периоды на «Л.» работали коллективы единомышленников - ярких творч. личностей, что позволяет говорить о «киношколе "Л."»: в 20-х - нач. 30-х гг.– Г.М. Козинцев, Л.З. Трауберг, С.И. Юткевич, А.Г. Зархи, И.Е. Хейфиц и др.; с кон. 60-х – И.А. Авербах, Г.А. Панфилов, А.Г. Герман, Д.К. Асанова, А.А. Сокуров и др.

ЛЕНЦ (Lenz) Зигфрид (р. 1926), нем. писатель. Проблема вины и ответственности за нацистское прошлое, решаемая с позиций экзистенциального выбора, поиск идеала в драме-притче «Время невиновных» (1961) и в романах-размышлениях, развивающих традицию «романа воспитания»: «Урок немецкого» (1968), «Живой пример» (1973), «Краеведческий музей» (1978), «Учебный плац» (1985).

ЛЕОНА́РДО ДА ВИ́НЧИ (Leonardo da Vinci) (1452–1519), итал. живописец, скульптор, архитектор, учёный, инженер. Сочетая разработку новых средств худ. языка с теоретич. обобщениями, создал образ человека, отвечающий гуманистич. идеалам Высокого *Возрождения*. В росписях («Тайная вечеря», 1495–1497, трапезная мон. Санта-Мария делле Грацие в Милане, религ. картинах («Мадонна в скалах», 1483–94 и ок. 1497–1511), портретах (т.н. Джоконда, 1503) высокое этич. содержание выражено в строгих закономерностях композиции, ясной системе жестов и мимики персонажей. Л. да В. принадлежат многочисл. от-

Леонардо да Винчи. Автопортрет. Ок. 1510–13. Библиотека. Турин.

крытия, проекты и исследования, намного опередившие эпоху: проекты гидроканалов и ирригац. систем, металлургич. печей, прокатных станов, ткацких станков, землеройных и др. машин, подводной лодки и танка, летат. аппаратов и парашюта. Рассматривая организм как образец «природной механики», впервые описал ряд костей и нервов, высказал новаторские предположения о работе мышц; занимался экспериментированием по удалению органов у ж-ных, исследо-

Леонардо да Винчи. «Мадонна Бенуа» («Мадонна с цветком»). Ок. 1478. Эрмитаж.

вал движение соков и др. физиол. процессы у р-ний. Был близок к созданию гелиоцентрич. системы. Сохранились записные книжки и рукописи (ок. 7 тыс. листов).

ЛЕО́НЕ (Leone) Серджо (1929 или 1921–1989), итал. кинорежиссёр. Известность получил как «отец» итал. *вестерна*: «За пригоршню долларов» (1964), «За несколько лишних долларов» (1965), «Хороший, плохой, злой» (1966). После долгого перерыва снял трагич. гангстерскую сагу «Однажды в Америке» (1984).

ЛЕОНИ́ДОВ Леон. Миронович (1873–1941), актёр, педагог. С 1896 на сцене. С 1903 в МХТ. Иск-во Л., актёра трагедийного дарования, наделённого необыкновенно сильным и ярким темпераментом, отличала высокая простота, психол. и бытовая достоверность: Лопахин («Вишнёвый сад» А.П. Чехова, 1904), Дмитрий Карамазов («Братья Карамазовы» по Ф.М. Достоевскому, 1910), Плюшкин («Мёртвые души» по Н.В. Гоголю, 1932) и др. Снимался в ф.: «Крылья холопа» (1926), «Гобсек» (1937) и др.

Л.М. Леонидов в роли Плюшкина.

ЛЕОНКАВА́ЛЛО (Leoncavallo) Руджеро (1857–1919), итал. композитор. Родоначальник муз. *веризма* (оп. «Паяцы», 1892). Ок. 20 опер, 10 оперетт, балет, фп. и вок. соч.

Р. Леонкавалло.

ЛЕО́НОВ Евг. Пав. (1926–94), актёр. Играл в Моск. драм. т-ре имени К.С. Станиславского, с 1972 – в Моск. т-ре имени Ленинского комсомола (с 1990 т-р «Ленком»). Популярный комедийный, характерный актёр, Л. отличался непосредственностью и простодушной открытостью, был наделён и самобытным драм. дарованием. Его герои – люди «из народа», добросердечные и житейски мудрые, иногда лукавые, скрывающие хитрость за маской трогат. наивности: Иванов («Иванов» А.П. Чехова, 1975), Вожак («Оптимистическая трагедия» В.В. Вишневского, 1983), Тевье («Поминальная молитва» по Шолому-Алейхему, 1989) и др. Снимался в ф.: «Тридцать три» (1966), «Белорусский вокзал» (1971), «Осенний марафон» (1979), «Убить дракона» (1989), т/ф «Старший сын» (1975) и др.

ЛЕО́НОВ Леон. Макс. (1899–1994), рус. писатель. В рассказах, повестях 20-х гг., ром. «Барсуки» (1924), «Вор» (1927, 2-я ред. 1959) драматич. события и трагич. последствия рев. ломки, представленной как создаваемый большевиками «процесс природы», и осуждение «мещанства» (включая «уездную Русь» и крестьянство) за чужеродность «надличному разуму Революции». Пьеса «Золотая карета» (3-я ред. 1964) о счастье, неотрывном от чувства долга и достигаемом ценой жертв. Ром. «Русский лес» (1953) о средстве рус. характера с рус. природой и губительности для народа её бездумного покорения; романтич. патетика граничит подчас с риторикой, а возвышенные персонажи – с идеализацией. «Пирамида» (1994) – монументальный ром.-мениппея, где переоценка рос. реальности 20 в. и ряда ключевых идей прежнего «социального идеалиста» в свете христианства завершается безотрадным прозрением-эпитафией на «отчем пепелище». Прозу отличает колоритная стилистика, включающая элементы старорус. речи с разноцветием сказовых манер.

ЛЕО́НТЬЕВ Валер. Як. (р. 1949), рос. эстрадный певец. Исполнительская манера отличается экспрессией и театральностью.

ЛЕО́НТЬЕВ (Leontief) Вас. Вас. (р. 1906), амер. экономист. Род. в России, с 1931 в США. Разработал метод экон.-матем. анализа «затраты – выпуск» для изучения межотраслевых связей, структуры экономики и составления *баланса межотраслевого*. Ноб. пр. (1973).

ЛЕО́НТЬЕВ Конст. Ник. (1831–1891), рус. писатель, публицист и лит. критик; поздний славянофил. Считая гл. опасностью либерализма с его «омещаниванием» быта и культом всеобщего благополучия, проповедовал «византизм» (церковность, монархизм, сословная иерархия и т.п.) и союз России со странами Востока как охранит. средство от рев. потрясений («Восток, Россия и славянство», т. 1–2, 1885–86). В истории культуры и об-ва выделял 3 стадии циклич. развития: первичной «простоты», «цветущей сложности» и вторичного «упрощения» и «смешения». Повести, лит.-критич. этюды о Л.Н. Толстом, И.С. Тургеневе, Ф.М. Достоевском.

ЛЕОПА́РД (барс); крупная кошка. Красивое, с гибким стройным телом (дл. до 1,8 м) и сильными ногами ж-ное; масса 32–40 кг. Окраска обычно жёлтая с тёмными пятнами. Обитает в горн. лесах Африки, Юго-Вост. Европы, юж. половины Азии, в России – в Юж. Приморье, всюду малочислен. Питается гл. обр. копытными. В неволе живёт до 21 года. Принадлежал к излюбленным трофеям охотников (шкуры высоко ценятся на пушном рынке). Иногда Л. наз. пантерой, темноокрашенную форму Л. из Юго-Вост. Азии – чёрной пантерой. У ряда афр. народов одно из священных ж-ных; изображён на гербе нек-рых стран Африки.

Леопард.

ЛЕОПА́РДИ (Leopardi) Джакомо (1798–1837), граф, итал. поэт-романтик. Полит., филос., интимная лирика (сб. «Песни», 1831). Сатирич. поэма «Паралипомены Войны мышей и лягушек» (изд. 1842). Связанная с классицистич. традициями, романтическая по духу поэзия Л. в трагич. коллизии вечной жизни природы, рода человеческого и жестокой обречённости отдельного человека отразила близкую Л. концепцию вселенского (космич.) зла. Прозаич. диалоги «Нравственные очерки» (1827–45).

ЛЕОХА́Р, др.-греч. скульптор сер. 4 в. до н.э. Представитель академич. направления в иск-ве поздней классики. Произв. («Артемида Версальская») сохранились в копиях.

Леохар. «Аполлон Бельведерский». Сер. 4 в. до н.э. Мраморная римская копия. Музей Пио-Клементино. Ватикан.

ЛЕПЕШИ́НСКАЯ Ольга Вас. (р. 1916), артистка балета. В 1933–63 в Большом т-ре. Покоряла искромётной техникой, виртуозностью, одухотворённостью танца: Китри («Дон Кихот» Л.Ф. Минкуса, 1940), Золушка («Золушка» С.С. Прокофьева, 1945), Жанна («Пламя Парижа» Б.В. Асафьева, 1947), Тао Хоа («Красный мак» Р.М. Глиэра, 1949). Педагог-консультант в Венгрии, Германии, Швеции и др. През. Рос. хореогр. ассоциации (с 1991).

О.В. Лепешинская. Художник А.М. Герасимов, 1939. Третьяковская галерея.

ЛЕ́ПРА (греч. lépra) (проказа), хронич. инфекц. заболевание. Вызывается микобактериями, характеризуется продолжит. инкубац. периодом, образованием плотных, постепенно изъязвляющихся узлов на коже, в др. органах и тканях, поражением нервов. Больных Л. изолируют и лечат в лепрозориях.

ЛЕПТО́НЫ, элементарные частицы, не участвующие в сильных взаимодействиях (см. *Взаимодействия фундаментальные*). К Л. относятся электрон, мюоны, нейтрино и др. Назв. «Л.» (от греч. leptós – тонкий, лёгкий) связано с тем, что массы известных до 1975 Л. были меньше масс всех др. элементарных частиц, имеющих массу покоя.

ЛЕ́РМОНТОВ Мих. Юр. (1814–1841), рус. поэт. В 1837 за стих. «На смерть поэта» (о гибели А.С. Пушкина) был сослан в армию на Кавказ. Убит на дуэли в Пятигорске. Разочарование в действительности, трагедия одиночества, мятежность, богоборчество, скептицизм, проблемы личности питали его романтич. стихи. В зрелой лирике наряду с этим мечта о душевном покое, порой молитвенное настроение («Дума», «И скучно и грустно», «Молитва», «Пророк», «Выхожу один я на дорогу»; поэма «Мцыри», 1839; драма «Маскарад», 1835). Многие произв. Л. пронизаны патриотич. чувством (стих. «Бородино», «Поэт», «Роди-

М.Ю. Лермонтов. Портрет работы К.А. Горбунова. 1883. Литературный музей ИРЛИ. Санкт-Петербург.

на). Поэма «Демон» (закончена в 1839) – символич. воплощение идеи бунта против «мирового порядка». Стих Л. отмечен небывалой энергией мысли и мелодичностью. Ром. «Герой нашего времени» (1840), насыщенный глубоким социальной рефлексией и психол. содержанием,— вершина реализма Л.

ЛЕС, один из осн. типов растительности, господствующий ярус к-рого образован деревьями одного или неск. видов, с сомкнутыми кронами; для Л. характерны также кустарники, травы, мхи и др. Л.— жизненная среда для мн. птиц и зверей, источник древесины, ягод, грибов и техн. сырья; имеет важное климаторегулирующее, почво- и водозащитное значение, один из факторов устойчивости биосферы. Л. покрывают ок. 30% суши, произрастают на всех континентах, кроме Антарктиды. Бывают хвойные, лиственные (чистые и смешанные), листопадные и вечнозелёные.

ЛЕСÁЖ (Lesage) Ален Рене (1668–1747), франц. писатель. Ром. «Хромой бес» (1707), «История Жиль Блаза из Сантильяны» (1715–1735); в центре – смелый и умный, морально небезупречный плебей, «завоеватель жизни»), восходящие к *плутовскому роману*, рисуют картину разложения нравов абсолютистской Франции.

ЛЕСÁМА ЛИ́МА (Lezama Lima) Хосе (1910–76), кубин. писатель. В насыщенных мифол. и мистич. мотивами стихах (сб. «Враг мой он», 1941, «Даритель», 1960, «Влекомые к центру», опубл. 1977) – влияние исп. барокко и европ. сюрреализма, восприятие поэзии как «новой религии», созидающей мир из небытия. Эссе («Лик нашего континента», 1957, и др.), отразившие романтич. понимание Лат. Америки как утопич. «царства возможностей». Новаторские ром. «Рай» (1966) и «Оппиан Ликарий» (1977, незаконч.).

ЛЕСБИ́ЙСКАЯ ЛЮБО́ВЬ (лесбианство, сапфизм, трибадия), женская *гомосексуальность*; назв. от о. Лесбос, где в 7–6 вв. до н.э. жила др.-греч. поэтесса Сапфо, к-рой приписывают воспевание этой формы любви.

ЛЕСГÁФТ Пётр Францевич (1837–1909), рос. врач и педагог, создатель системы физич. воспитания. Рассматривал физич. упражнения как средство не только развития тела, но и умств., нравств., эстетич. воспитания.

Н.С. Лесков.

ЛЕСКО́В Ник. Сем. (1831–95), рус. писатель. Антинигилистич. ром. («Некуда», 1864; «На ножах», 1870–71); романы-хроники о рус. провинции (о духовенстве – «Соборяне», 1872; о дворянстве – «Захудалый род», 1874); пов. и рассказы о праведниках («Очарованный странник», 1873; «Однодум», 1879), о талантливых умельцах («Левша», 1881); христ. легенды; сатирич. произв. («Смех и горе», 1871); мемуары и публицистика. Критикуя совр. социальные отношения, живописуя традиц. бытовой уклад и пёстроцветную нар. культуру, осмысляя укоренённость христ. веры в России, воссоздаёт реальность в парадоксальном переплетении (трагич., трагикомич., идиллич. или анекдотич.) её разнородных начал. Жанровое и образное богатство (в т.ч. документальность, автобиографизм, миф и гротеск) сочетается с красочной разнообразием форм повествовательного *сказа*.

ЛЕСОВЕ́ДЕНИЕ, наука о лесе, его формировании, составе и биол. особенностях древесных пород, типах древостоев, связи со средой, методах восстановления и ухода. Теоретич. основа лесоводства – отрасли растениеводства, занимающейся выращиванием леса. Как самостоят. наука сформировалась в России в нач. 20 в. на основе трудов Г.Н. Высоцкого, Г.Ф. Морозова (создал учение о лесе), В.Н. Сукачёва (основоположник биогеоценологии).

ЛЕСО́ТО (Королевство Лесото), гос-во на Ю. Африки, анклав на терр. ЮАР. Пл. 30,4 т. км². Нас. 1,9 млн. ч., гл. обр. суто. Офиц. яз. – английский и сесуто. Св. 70% верующих христиане (католики и протестанты), остальные придерживаются местных традиц. верований. Входит в *Содружество*. Глава гос-ва – король. Столица – Масеру. Адм.-терр. деление: 10 округов. Ден. единица – лоти.

Занимает плато Басуто (наиб. выс. 3482 м), ограниченное с В. и Ю. Драконовыми горами. Климат субтропич., резко континентальный. Ср. темп-ры янв. 25–26 °C, июля 15 °C;

ЛЕСОТО 1:10 000 000

Лесото. Жилище суто.

осадков 750–1000 мм в год. Гл. река – Оранжевая. Преимущественно степь.

В 1868–1966 протекторат Великобритании (Басутоленд). С 1966 независимое гос-во.

Л.– агр. страна, экон. зависимая от ЮАР. ВНП на д. нас. 580 долл. в год. Гл. отрасль с. х-ва – шёрстное овц-во. Возделывают кукурузу, пшеницу, сорго. Добыча алмазов.

ЛЁСС (нем. Löss), неслоистая, однородная, тонкозернистая известковистая осадочная горн. порода светло-жёлтого или палевого цвета. Увлажнение Л. приводит к просадкам, развитию псевдокарста, потере несущих свойств грунтов, оврагообразованию. Распространён преим. в степных и полупустынных р-нах умеренных поясов.

ЛЕ́ССИНГ (Lessing) Готхольд Эфраим (1729–81), нем. драматург, теоретик иск-ва. Призыв к веротерпимо-

Г.Э. Лессинг.

сти и сословному равенству с позиций просветительского разума в «мещанской» драме «Мисс Сара Сампсон» (1751), трагедии «Эмилия Галотти» (1772). В программной эстетич. трудах, отличающихся глубиной и точностью анализа, отстаивал, вопреки нормативности франц. классицизма, принцип естественности, динамизма, живого правдоподобия («Лаокоон», 1766) и социальной значимости («Гамбургская драматургия», 1767–1769) иск-ва.

ЛЕССИРО́ВКА (от нем. Lasierung), тонкие прозрачные и полупрозрачные слои красок, наносимые на просохший слой масляной живописи для обогащения *колорита*.

ЛЕ́СХА (греч. lésche), в др.-греч. архитектуре здание для собраний, собеседований, «клуб».

ЛЕСЬМЯ́Н (Leśmian) (наст. фам. Лесман) Болеслав (1877 или 1879–1937), польск. поэт. В сб. «Сад на перепутье» (1912), «Луг» (1920), «Студёное питьё» (1936), опираясь на слав. мифологию, создал свой фантастич. и одновременно конкретно-вещный мир (для описания к-рого прибегает к смелым, основанным на нар. корнесловии неологизмам), где обитают двойственные полусущества, принадлежащие то ли этому свету, то ли обступившему его «загробью». Л. открывает особый трагизм (и родств. боль) этого мира недовоплотившихся, недоразвившихся форм и существ. В любовной и пейзажной лирике почти языческая острота и трагизм чувственного восприятия жизни.

ЛЕСЮЭ́Р (Lesueur) Жан Франсуа (1760–1837), франц. композитор, педагог. Один из создателей «оперы спасения» («Пещера», 1793). Проф. и инспектор Парижской конс. (с 1795). Ученики – Г. Берлиоз, Ш. Гуно, А. Тома.

ЛЕ́ТА, в греч. мифологии река забвения в подземном царстве. Души умерших, отведав воду из Л., забывали о своей земной жизни. «Кануть в Лету» – быть забытым, бесследно исчезнуть.

ЛЕТА́ЛЬНОСТЬ (смертность), показатель мед. статистики: отношение (в процентах) числа умерших от к.-л. болезни (ранения и т.п.) к числу переболевших этой болезнью (раненых) за определ. промежуток времени. Ср. *Смертность*.

ЛЕТАРГИ́Я (греч. lēthargía, от lēthē – забвение и argía – бездействие), мнимая смерть – похожее на сон состояние неподвижности, с отсутствием реакций на раздражения, резким угнетением всех признаков жизни, к-рые при тщательном обследовании могут быть выявлены. Длится обычно от неск. часов до неск. суток.

ЛЕТА́ЮЩИЕ Я́ЩЕРЫ (птерозавры), вымершие пресмыкающиеся. Жили 180–60 млн. лет назад на всех материках. Передние конечности соединялись с телом кожными перепонками и служили крыльями. Размеры от мелких до очень крупных (размах крыльев от 7–8 см до 15 м). Нек-рые, возможно, могли плавать и подниматься в воздух с воды. Ок. 110 видов, в т.ч. *птеродактили*.

ЛЕ́ТНИЙ САД в С.-Петербурге (разбит в 1704, арх. Ж.Б. Леблон, М.Г. Земцов, И.М. Матвеев), в к-ром расположен Летний дворец Петра I. Служил местом проведения придворных празднеств, ассамблей и т.п. Имеет строго геом. планировку; пл. ок. 11,5 га; мраморные скульптуры, павильоны, изящная металлич. ограда (1773–86, арх. Ю.М. Фельтен, П.Е. Егоров). В 1835 установлен пам. И.А. Крылову (скульптор П.К. Клодт).

ЛЕ́ТОПИСИ, ист. произв., вид повествоват. лит-ры в России 11–17 вв.; погодные записи либо памятники сложного состава – летописные своды. Л. были общерусскими (напр., «Повесть временных лет», Никоновская Л. и др.) и местными (Новгородские Л. и др.). Сохранились гл. обр. в поздних списках.

ЛЕТУ́ЧИЕ ЛИСИ́ЦЫ, то же, что *крыланы*.

Летающие ящеры. Птеранодон.

Летописи. Лицевой летописный свод 16 в.

ЛЕТУ́ЧИЕ МЫ́ШИ, млекопитающие (отр. рукокрылые). Длина тела от 2,5 до 14 см. Ок. 800 видов, распространены всюду, где есть древесная растительность, особенно многочисленны в тропиках и субтропиках. Зрение развито плохо, ориентируются улавливая слуховым аппаратом ультразвуковых сигналов, к-рые испускают гортанью. Питаются преим. насекомыми, есть кровососущие виды (вампиры).

Летучие мыши. Водяная ночница.

ЛЕТУ́ЧИЕ РЫ́БЫ, семейство мор. рыб. Дл. 15–55 см. Ок. 50 видов, в тропич. и субтропич. широтах открытых частей Тихого, Индийского и Атлантич. океанов. Благодаря наличию длинных грудных плавников способны к планирующему полёту над водой на расстояние до 200 м (иногда до 400 м). Объект промысла.

Летучая рыба.

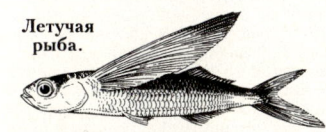

ЛЕТУ́ЧИЕ СОБА́КИ, то же, что *крыланы*.

ЛЕТЯ́ГИ, семейство похожих на белок грызунов. Длина тела от 7 до 60 см, хвоста до 40 см. По бокам тела и между конечностями – кожистая перепонка, служащая для планирующих прыжков (дл. до 130–450 м). Ок. 40 видов, в лесах умеренного и тропич. поясов; в России обыкновенная Л. (белка-Л.) обычна во всей лесной зоне. Ведут древесный ночной образ жизни.

Летяги. Азиатская летяга.

ЛЕФ (Левый фронт искусств), лит.-худ. объединение (1922–29) в Москве, Одессе и др. городах (В.В. Маяковский, Н.Н. Асеев, А.М. Родченко; близкие Л. – С.М. Эйзенштейн, Дзига Вертов и др.). Теоретич. установки Л. (О.М. Брик, С.М. Третьяков, В.Б. Шкловский): создание действенного рев. иск-ва, теория «социального заказа», примат «лит-ры факта» над вымыслом, поиски новых форм худ. выразительности. Издавало ж. «ЛЕФ» (1923–25) и «Новый ЛЕФ» (1927–28).

ЛЕЧЕ́БНАЯ ФИЗКУЛЬТУ́РА (ЛФК), раздел медицины, изучающий лечение и профилактику заболеваний методами физкультуры (обычно, в сочетании с физиотерапевтич. процедурами и массажем), а также совокупность этих методов лечения. Осн. метод – леч. гимнастика (специально подобранные упражнения). С профилактич. целью применяют гигиенич. гимнастику, дозированные спорт. упражнения, игры.

ЛЕЧЕ́БНИК, общее назв. др.-рус. рукописных мед. изданий (зелейники, травники и др.), в к-рых обобщался опыт нар. медицины, а позже включались и науч. сведения.

ЛЕ ШАТЕЛЬЕ́ ПРИ́НЦИП: внеш. воздействие, выводящее систему из термодинамич. равновесия, вызывает в ней процессы, стремящиеся ослабить результаты этого воздействия. Предложен в 1884 франц. учёным А. Ле Шателье.

ЛЕ́ЩЕНКО Пётр Конст. (1898–1954), эстрадный певец. До 1918 жил в России, затем в осн. в Румынии. В репертуаре рус., укр., цыганские нар. песни (часто аккомпанировал себе на гитаре), песни рус. композиторов и собств. сочинения.

ЛЕЩ, род промысловых рыб (сем. *карповые*). Дл. до 50 см, масса до 5 кг. 3 вида, в водоёмах Евразии, в т.ч. в реках и озёрах басс. Балтийского, Белого, Баренцева, Чёрного, Азовского, Каспийского и Аральского морей. Объект разведения.

ЛЕЩИ́НА (орешник), род кустарников, реже деревьев (сем. берёзовые). Ок. 20 видов, в Евразии и Сев. Америке, образуют подлесок в хвойно-широколиств. лесах. Л. обыкновенную (лесной орех), Л. крупноплодную (ломбардский орех) и Л. понтийскую с древности выращивают как орехоплодные культуры. Древесина нек-рых видов – ценный поделочный материал; масло используется в пищ. и лакокрасочной пром-сти.

ЛЖЕДМИ́ТРИЙ I (?–1606), рус. царь с 1605. Самозванец (предположительно – Григорий Отрепьев). В 1601 объявился в Польше под именем сына Ивана IV Грозного – Дмитрия (Димитрия). В 1604 с польско-литов. отрядами перешёл рус. границу, был поддержан частью горожан, казаков и крестьян. Заняв царский престол, пытался лавировать между польск. и рус. феодалами. Убит боярами-заговорщиками во время свадьбы с Мариной Мнишек.

ЛЖЕДМИ́ТРИЙ II («Тушинский вор») (?–1610), самозванец, выдававший себя за сына Ивана IV Грозного – Дмитрия (Димитрия). В 1607 собрал войско и выступил на Брянск и Тулу. В 1608 осн. под Москвой Тушинский лагерь (откуда безуспешно пытался захватить столицу); тайно обвенчался с Мариной Мнишек. Раздавал земли своим приверженцам, грабил население. В 1609 бежал в Калугу, где был убит.

ЛИ (Leigh) (наст. фам. Хартли) Вивьен (1913–67), англ. актриса. Играла в разл. т-рах, в т.ч. в «Олд Вик». В большинстве ролей классич. и совр. репертуара романтич., возвышенная, мятущаяся, порой одержимая натура героинь Л. вступает в резкий конфликт с окружающим бездушным миром. Снималась в ф.: «Унесённые ветром» (1939), «Мост Ватерлоо» (1940), «Леди Гамильтон» (1941), «Цезарь и Клеопатра» (1946), «Корабль глупцов» (1965) и др.

ЛИА́НЫ, древесные и травянистые лазящие или вьющиеся р-ния, использующие в качестве опоры др. р-ния, скалы, здания и пр. Св. 2 тыс. видов, преим. во влажно-тропич. лесах, а также в лесах Кавказа, Карпат (ломонос, ежевика, плющ и др.), в тайге Сибири и Д. Востока (лимонник, актинидия и др.). В средних широтах растут, как правило, травянистые Л. Виноград, хмель и др. – в культуре.

ЛИБЕРАЛИ́ЗМ (от лат. liberalis – свободный), идейное и обществ.-полит. течение, возникшее в европ. странах в 17–18 вв. и провозгласившее принципы гражд., полит. экон. свобод. Истоки Л. – в концепциях Дж. Локка, физиократов, А. Смита, Ш. Монтескьё и др., направленных против абсолютизма и феод. регламентации. Идеи Л. получили первое воплощение в Конституции США (1787) и Декларации прав человека и гражданина (1789) во Франции. В 19 – нач. 20 вв. сформировались осн. положения Л.: гражд. об-во, права и свободы личности, правовое гос-во, демокр. полит. институты, свобода частного предпринимательства и торговли. Совр. Л. (неолиберализм) исходит из того, что механизм свободного рынка создаёт наиб. благоприятные предпосылки для эффективной экон. деятельности, регулирования социальных и экон. процессов; вместе с тем постоянное вмешательство гос-ва необходимо для поддержания нормальных условий конкуренции. В последние десятилетия происходит сближение идей Л., консерватизма и социал-демократии.

ЛИБЕ́РИЯ (Республика Либерия), гос-во в Зап. Африке, омывается Атлантич. ок. Пл. 111,4 т.км². Нас. 2,8 млн. ч., гл. обр. кпелле, лома, кру и др., ок. 2% американо-либерийцы – потомки негров-переселенцев из США. Офиц. яз. – английский. Б.ч. верующих придерживается местных традиц. верований, остальные – мусульмане и христиане. Столица – Монровия. Адм.-терр. деление: 14 графств. Ден. единица – либерийский доллар.

Низменная равнина, на С. – Леоно-Либерийская возв. (выс. до 1381 м, г. Колахун). Климат эж. Ср.-мес. темп-ры не ниже 24 °C; осадков от 1500–2000 мм в год во внутр. р-нах до 5000 мм близ Атлантич. побережья. Осн. реки: Мано, Лоффа, Сент-Пол, Сент-Джон, Сесс. Тропич. леса, саванны.

С 1821 на терр. Л. стали возникать поселения освобождённых негров – выходцев из США (американо-либерийцы), объединившихся в 1839 и создавших Содружество Л. В 1847 про-

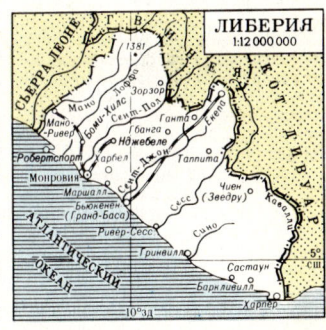

Либерия. Леоно-Либерийская возвышенность.

возглашена Респ. Л. Фактически до 1980, когда произошёл воен. переворот и к власти пришли представители местных афр. народов, американо-либерийцы занимали господствующее положение и в гос.-адм. аппарате и экономике Л. В кон. 1980-х гг. в Л. вспыхнула вооруж. борьба между разл. полит. группировками. В 1990 было создано переходное пр-во. В 1993 подписано соглашение о прекращении огня и проведении всеобщих выборов. В марте 1994 создано Нац. переходное пр-во.

Л.— агр. страна с развитой горно-доб. пром-стью. ВНП на д.нас. 400 долл. в год. Осн. экспортные с.-х. культуры: гевея, кофе, какао. Жив-во (лишь в саванне) малопродуктивно. Заготовки древесины (в т.ч. на экспорт). Рыб-во. Добыча (на экспорт) жел. руды (одно из ведущих мест в мире, св. 16 млн.т в год), алмазов, золота. Из-за низких налогов под флагом Л. плавают суда др. стран, поэтому мор. торг. флот Л. формально занимает 1-е место в мире по тоннажу (ок. 50 млн. рег. бр.-т в год). Гл. порты: Монровия, Бьюкенен, Маршалл.

ЛИБИ́ДО (лат. libido — влечение, желание, стремление), в сексологии — половое влечение. Одно из понятий *психоанализа* З. Фрейда, означающее преим. бессознательные сексуальные влечения, способные к *вытеснению* и сложной трансформации (*сублимации*).

ЛИ́БИХ (Liebig) Юстус (1803–73), нем. химик, основатель науч. школы, один из создателей агрохимии. Открыл (1823) изомерию. Получил ряд органич. соед. Один из создателей теории радикалов. Автор хим. теории брожения и гниения, теории минер. питания р-ний, доказал необходимость широкого применения минер. удобрений.

ЛИ́БКНЕХТ (Liebknecht) Карл (1871–1919), один из основателей (1918) КП Германии. С 1900 чл. с.-д. партии, принадлежал к её леворадикальному направлению. В 1912–16 деп. герм. рейхстага. В дек. 1914 Л. один голосовал в рейхстаге против воен. кредитов. Выступал за создание социалистич. герм. республики. Зверски убит (вместе с Р. Люксембург).

ЛИ БО (701–762), кит. поэт. Сохранилось более 900 лирич. стих., в т.ч. «*Древнее*»; стихи в жанре песен (юэфу), ритмич. проза (фу), четверостишия. Стихи Л.Б.— классика мировой поэзии, проникнуты жизнерадостным мироощущением, сочувствием к народу, нелёгкой крест. и жен. доле, любовью к родной земле. Воспевая мужество воинов и романтику боя, в то же время выступал против войны и разорит. походов.

ЛИБРЕВИ́ЛЬ, столица (с 1960) Габона. 352 т.ж. Порт на Атлантич. ок.; междунар. аэропорт. Текст., деревообр. пр-тия; судоверфи. Ун-т. Осн. в 1849 франц. колон. освобождённых рабов-африканцев.

ЛИВА́ЙН (Levine) Джеймс (р. 1943), амер. дирижёр, пианист. С 1971 дирижёр «Метрополитен-опера» (с 1986 худ. рук.). Выступает с ведущими оперными коллективами и оркестрами мира. Участвует в постановках опер в Зальцбургском и Байрейтском фестивалях.

ЛИВА́Н (Ливанская Республика), гос-во в Зап. Азии, на вост. побережье Средиземного моря. Пл. 10,4 т.км². Нас. 2,9 млн.ч.; 90%

Ливан. 1:7 500 000 1 Израиль

ливанцы (арабы Л.). Офиц. яз.— арабский. Верующие — мусульмане и христиане. Глава гос-ва — президент. Законодат. орган — Нац. собрание. Столица — Бейрут. Адм.-терр. деление: 5 мухафаз (губернаторств). Ден. единица — ливанский фунт.

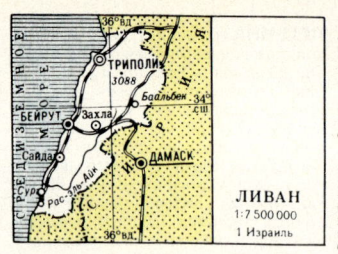

Б.ч. страны занимают хребты Ливан и Антиливан и впадина Бекаа между ними. Климат субтропич. Ср. темп-ры янв. 13 °C, июля 28 °C; осадков 400–1000 мм в год. На зап. склонах — кустарничковая растительность, на восточных — степи.

В 4–2-м тыс. до н.э. на терр. совр. Л. возникли финикийские города-государства. В 8–1 вв. до н.э. в составе разл. гос-в Др. Востока. В 1 в. до н.э.— 4 в. н.э. под властью Рима. В 7 в. завоёван арабами. В нач. 16 в.— 1918 в составе Османской империи (в 16–17 вв. Л. фактически правила местная династия Маанов, в кон. 17 в.— 1840 — Шихабов). В 1920–43 подмандатная терр. Франции. С 1943 независимое гос-во. С кон. 1960-х гг. по 1982 на терр. Л. действовали орг-ции Палестинского движения сопротивления. В 1975–76 развернулся вооруж. конфликт между христ. и мусульм. формированиями. Противоборство двух осн. полит. блоков сохраняется.

Л.— страна с развитой банковско-финанс. системой, транзитно-трансп. торговлей и сферой обслуживания. ВНП на д. нас. 1250–1425 долл. в год. Б.ч. доходов в х-ва дают плод-во (яблоки, цитрусовые, оливки, бананы), овощ-во, виногр-во, табак. Осн. земледельч. р-н — Бекаа. Жив-во (козы, овцы, кр. рог. скот; домашняя птица). Рыб-во. Незначит. произ-во (на экспорт) готовой одежды, ювелирных изделий, фарм. продукции. Куст.-ремесл. произ-ва.

ЛИВА́НОВЫ, актёры, отец и сын. Бор. Ник. (1904–72), с 1924 во МХАТе. Преим. характерный актёр, наделённый ярким темпераментом и фантазией, склонный к шаржу, юмо-

Ливан. Город Баальбек.

ру, сочным бытовым краскам; создал также ряд глубоких драм. образов. Роли: Альмавива («Безумный день, или Женитьба Фигаро» П. Бомарше, 1927), Ноздрёв («Мёртвые души» по Н.В. Гоголю, 1934), Солёный («Три сестры» А.П. Чехова, 1940), Астров («Дядя Ваня» Чехова, 1947), Дмитрий Карамазов («Братья Карамазовы» по Ф.М. Достоевскому, 1960, реж.— Л. совм. с П.А. и В.П. Марковыми) и др. Снимался в ф. «Дубровский» (1936), «Адмирал Ушаков» (1953) и др. Художник-карикатурист. Вас. Бор. (р. 1935), с 1988 худ. рук. моск. т-ра «Детектив». Характерный актёр, в игре к-рого органичность и сердечная теплота сочетаются с иронией. Снимался в кино и на ТВ (т/ф «Приключения Шерлока Холмса и доктора Ватсона», 1979–83, и др.). Работает в области мультипликац. кино как сценарист, режиссёр, озвучивает мультфильмы: Карлсон («Малыш и Карлсон», 1968), Гена («Крокодил Гена», 1969–74). Сб. повестей и сказок «Агния, дочь Агнии» (1990) и др.

ЛИВЕРПУ́Л (Ливерпу́ль), г. в Великобритании. 475 т.ж. Порт при впадении р. Мерси в Ирландское м. (грузооборот ок. 11 млн.т в год). Фондовая и товарная биржи. Судостроение и судоремонт; цв. металлургия, хим. пром-сть. Ун-т (1881). Публичный музей города, худ. гал. Уокера. Впервые упоминается ок. 1191. С сер. 17 в. один из центров торговли с колониями.

ЛИ́ВИЙ Тит (Titus Livius) (59 до н.э.— 17 н.э.), рим. историк, автор «Римской истории от основания города» (142 книги; сохранились 35 — события до 293 до н.э. и 218–168 до н.э.).

ЛИ́ВИНГСТОН (Livingstone) Давид (1813–73), шотл. врач-миссионер. Совершил ряд путешествий по Юж. и Центр. Африке (с 1840): иссл. впадину Калахари, басс. рек Окаванго и Замбези, оз. Ньяса и Танганьика (совм. с Г. Стэнли); открыл водопад Виктория, оз. Ширва, Бенгвеулу, р. Луалаба; положил начало науч. изучению Вост.-Африканской зоны разломов; внёс крупный вклад в этнографию Юж. Африки.

ЛИ́ВИЯ (Социалистическая Народная Ливийская Арабская Джамахирия), гос-во в Сев. Африке, омывается Средиземным м. 1759,5 т.км². Нас. ок. 4,6 млн.ч.; ок. 90% ливийцы (арабы Л.), берберы и др. Офиц. яз.— арабский. Гос. религия — ислам. Руководящий орган — Рев. руководство (гос-во, пр-во и партии офиц. упразд-

Ливия. 1:50 000 000

нены). Законодат. орган — Всеобщий нар. конгресс. Функции пр-ва выполняет Высш. нар. комитет. Столица — Триполи. Адм.-терр. деление: 46 муниципальных округов. Ден. единица — ливийский динар.

Св. 98% терр. Л.— пустыня (Ливийская). Климат тропич. пустынный, на С. субтропич. Ср. темп-ры июля 27–35 °C, янв. 11–18 °C; осадков 25–600 мм в год.

В 1-й пол. 1-го тыс. до н.э. на З. страны были осн. финикийские колонии, в 7 в. на В.— греч. города-колонии. В сер. 5–2 вв. значит. часть Л. (на З.) под властью Карфагена, во 2 в. до н.э.— 5 в. н.э.— Рима. После прихода арабов (7 в.) распространились ислам и араб. яз. В 11 в. Л. подверглась опустошит. нашествию кочевников. В 16 в.— 1912 в составе Османской империи. В 1912–43 итал. колония. С дек. 1951 независимое кор-во, в 1969 в результате гос. переворота (т.н. Сентябрьская рев-ция) провозглашена республика. В 1977 принят декрет об установлении в Л. «режима нар. власти» и управления посредством «прямой нар. демократии». С кон. 80-х гг. предпринимаются шаги по либерализации в экон. и полит. сферах.

Основа экономики — нефт. пром-сть (ок. 98% стоимости экспорта). ВНП на д. нас. 6800 долл. в год. Нефтеперераб., нефтехим., металлообр., цем., текст., пищевкус. пром-сть. Возделывают зерновые, овощи, арахис, табак. Плод-во (финики, цитрусовые), виногр-во. Экстенсивное жив-во. Рыб-во (тунец, сардины, губки).

ЛИВО́НИЯ (лат. Livonia, нем. Livland), 1) область расселения финноязычного народа — ливов в низовьях рр. Даугава и Гауя в 10 — нач. 13 вв. 2) Вся терр. совр. Латвии и Эстонии (2-я четв. 13 в.— 1561), завоёванная нем. рыцарями; конфедерация 5 гос-в (Ливонский орден, Рижское архиепископство, Курляндское, Дерптское и Эзельское епископства). После образования в 1561 Курляндского герцогства Л. называли Сев. Латвию и Юж. Эстонию. В 1561–1629 под властью Речи Посполитой (Задвинское герцогство), затем отошла к Швеции (см. *Лифляндия*).

ЛИВО́НСКАЯ ВОЙНА́ 1558–83, России против Ливонского ордена, Швеции, Польши и Вел. кн-ва Литовского (с 1569 — Речи Посполитой) за выход к Балт. м. До 1561 рус. войска разбили Ливонский орден, затем (до 1578) действовали с переменным успехом, заняли ряд прибалт. крепостей, с 1579 перешли к оборонит. действиям (Псковская оборона 1581–1582 и др.). Завершилась невыгодными для России Ям-Запольским миром (1582) и Плюсским перемирием (1583).

Ливия. Песчаные дюны. Район г. Себха.

Ливия. Руины античного г. Кирена.

ЛИВО́НСКИЙ О́РДЕН, католич. гос. и воен. организация нем. рыцарей-крестоносцев в Вост. Прибалтике на латыш. и эст. землях в 1237–1561. Вёл захватнич. войны против Литвы и Руси. Потерпел ряд серьёзных поражений от русских и литовцев (Ледовое побоище 1242; битва при Дурбе 1260 и др.). В Ливонской войне разгромлен рус. войсками, ликвидирован.

ЛИВР (франц. livre, от лат. libra – рим. фунт), 1) ден. единица Франции до введения в 1799 франка. Л. обращался также в др. странах, в т.ч. в Великобритании. 2) Мера массы во Франции до введения метрич. системы (1 Л. = 489,5 г).

ЛИ́ГА (франц. ligue, от лат. ligo – связываю), союз, объединение (лиц, орг-ций, гос-в).

ЛИ́ГА АРА́БСКИХ ГОСУДА́РСТВ (Лига арабских стран), осн. в 1945, 21 страна и Орг-ция освобождения Палестины (1993). Руководящий орган – Совет Лиги. Штаб-квартира в г. Тунис.

ЛИ́ГА НА́ЦИЙ, в 1919–46 междунар. орг-ция, имевшая целью развитие сотрудничества между народами и обеспечение мира и безопасности. Местопребывание – Женева. Первоначальными членами Л.Н. были 32 гос-ва, подписавших Версальский мирный договор (кроме США), вступление к-рых отклонил сенат), а также 13 приглашённых нейтральных гос-в. В 1920 принята Австрия, в 1934 – СССР (исключён в 1940). Из Л.Н. вышли Бразилия (1928), Япония (1935), Германия (1935, вступила в 1926), была исключена Италия (1937).

ЛИ́ГЕТИ (Ligeti) Дьёрдь (р. 1923), венг. композитор. С 1956 в Австрии. Представитель *авангардизма*, в соч. 1980-х гг. близок неоромантизму. Сценич. произв. – в духе т-ра абсурда. Оп. «Великий мертвец» (1978), Реквием (1965), для орк. – «Видения» (1959), «Атмосферы» (1961), «Далёкое» (1967); камерные ансамбли.

ЛИГРО́ИН, бесцв. жидкость, получаемая дистилляцией нефти и газовых конденсатов; смесь углеводородов, выкипающих при 120–240 °C. Компонент товарных бензинов, осветит. керосинов и реактивных топлив; растворитель, наполнитель жидкостных приборов (напр., манометров).

ЛИ ГЮБО́ (1169–1241), кор. поэт. Ок. 2 тыс. стих. и поэм (в т.ч. «Государь Тонмён», 1194) и 700 соч. «изящной прозы» на ханмуне (офиц. письм.-лит. язык ср.-век. Кореи) – новеллы, анекдоты, предания, очерки.

ЛИ́ДИЯ, в древности страна на западе М. Азии, населённая племенами лидийцев. В 7–6 вв. до н.э. независимое гос-во. В 6–4 вв. до н.э. под властью персов, затем входила в державу Александра Македонского, гос-во Селевкидов, Пергам и Рим (составляла часть пров. Азия).

ЛИЕ́ПА Марис-Рудольф Эд. (1936–89), артист балета. В 1960–84 в Большом т-ре. Партии: Альберт («Жизель» А. Адана, 1961), Ферхад («Легенда о любви» А.Д. Меликова, 1965), Красс («Спартак» А.И. Хачатуряна, 1968) и др. Танец отличался мужественной манерой, широтой и силой движения, скульптурностью поз. В 1984–85 худ. рук. балетной труппы Софийской оперы. Снимался в кино и на ТВ.

ЛИЗ..., ...ЛИЗ (от греч. lýsis – разложение, растворение, распад), часть сложных слов, означающая: относящийся к растворению, разложению в-ва (напр., гидролиз).

ЛИ́ЗИНГ (англ. leasing), во внешнеэкон. отношениях долгосрочная аренда машин, оборудования, трансп. средств, сооружений производств. назначения и др. Даёт возможность потребителю получить дорогостоящую технику и внедрить её без крупных капиталовложений. В контракте может быть оговорено право (обязанность) арендатора купить указанную технику по истечении срока аренды.

ЛИКВИ́ДНОСТЬ (от лат. liquidus – жидкий, текучий), 1) способность банков, пр-тий, биржевых структур обеспечить своевременную оплату своих обязательств. 2) Возможность превращения материальных ценностей (напр., акций, драгоценностей) в наличные деньги.

ЛИКЁР (франц. liqueur), крепкий сладкий спиртной напиток (до 45 объёмных % спирта) из спиртованных фруктовых и ягодных соков, настоев душистых трав с добавлением кореньев, пряностей и т.п.

ЛИКОПО́ДИУМ, то же, что *плаун*.

ЛИКУ́РГ, легендарный спартанский законодатель (9–8 вв. до н.э.), к-рому греч. авторы приписывают создание гос. и обществ. ин-тов Спарты.

ЛИ́ЛИЕНТАЛЬ (Lilienthal) Отто (1848–96), нем. инженер, один из пионеров авиации. Строил планёры, совершил на них св. 2000 полётов, преодолевая расстояние до 300 м. Погиб во время полёта. С 1938 Междунар. авиац. федерация присуждает медаль Л. за успехи в планеризме.

ЛИ́ЛИНА (наст. фам. Перевозчикова) Мария Петр. (1866–1943), актриса, педагог. Жена К.С. Станиславского. С 1898 во МХАТе. Игру отличали непосредственность, внутр. свобода, психол. тонкость. Л. чутко улавливала особенности поэтики «новой драмы» (А.П. Чехова, Г. Гауптмана и др.). Диапазон ролей – от лирических до характерных: Маша («Чайка», 1898), Соня («Дядя Ваня», 1899) и Наташа («Три сестры», 1901), все – А.П. Чехова, Марья Тимофеевна Лебядкина («Николай Ставрогин» по Ф.М. Достоевскому, 1913), Дарья Ивановна («Провинциалка» И.С. Тургенева, 1912) и др.

ЛИЛИПУ́Т, человек очень маленького роста (по назв. крошечных жителей фантастич. страны Лилипутии в романе Дж. Свифта «Путешествия Гулливера»). См. также *Карликовость*.

ЛИ́ЛИЯ, род многолетних луковичных р-ний (сем. лилейные). Св. 90 видов, в Сев. полушарии, гл. обр. в горах и предгорьях. Цветки крупные, белые, жёлтые, красные, сиреневые, иногда крапчатые. С древности разводятся как декоративные (св. 2 тыс. сортов). Размножают семенами, луковицами, детками, возд. луковичками-бульбочками, луковыми чешуями. Цветут в мае – сентябре. Нек-рые – лекарств. р-ния. Медоносы. Редкие виды охраняются.

Лилия.

ЛИЛО́НГВЕ, столица (с 1975) Малави (на выс. 1100 м). 223 т.ж. Междунар. аэропорт. Центр р-на возделывания табака. Таб. аукционы. Осн. в 1902 англичанами.

ЛИ́МА, столица (с 1821) Перу. 422 т.ж. Расположена в 12 км от побережья Тихого ок. (мор. порт – Кальяо); междунар. аэропорт. Текст., нефтеперераб., автомоб., хим. пром-сть. Куст. произ-во изделий из серебра. Ун-ты. Музеи, в т.ч. естеств. истории. «Хавьер Прадо», иск-ва, Нац. музей перуанской культуры, Нац. музей антропологии и этнографии. Муниципальный и др. т-ры. Осн. в 1535 испанцами; до 1821 столица вице-королевства Перу. Собор (1572–1797), Дворец президента республики (1937–38), барочный дворец Торре Тагле (1735) и др. Ист. центр Л. включён в список *Всемирного наследия*.

ЛИМА́Н (от греч. liménー гавань, бухта), залив с извилистыми невысокими берегами, образующийся при

Лима. Вид города в сер. 19 в. Акварель.

384 ЛИМИ

затоплении морем долин равнинных рек в результате относит. погружения прибрежных частей суши. Илистые отложения Л. (грязи) часто используют для бальнеотерапии (напр., Куяльницкий Л., Березанский Л.).

ЛИМИ́Т (франц. limite, от лат. limes – граница, предел), предельная норма.

ЛИМО́Н, древесное р-ние рода цитрус, плод. культура. Родина – Юж. и Юго-Вост. Азия, в 11 в. завезён в Средиземноморье. Выращивают в субтропиках (Италия, США, Индия и др.), на Черноморском побережье Кавказа – в открытом грунте (с 18 в.), в Ср. Азии – траншейная культура. Вечнозелёное дерево выс. 1,5–7 м; живёт неск. десятков лет, плодоносит с 3–4 лет. Плоды (15–30 кг с р-ния) богаты лимонной к-той, витамином С, полезны при

Лимон. Плод и побег с цветками.

авитаминозах и др. заболеваниях. Известны гибриды Л. с апельсином (лимонанжи), мандарином и др.

ЛИМО́ННАЯ КИСЛОТА́, $(HOOCCH_2)_2C(OH)COOH$, бесцв. кристаллы, $t_{пл}$ 153,5 °С. Важный продукт обмена в-в в живых организмах. Р-ния способны накапливать Л.к.; так, плоды цитрусовых содержат 6–8% Л.к., листья махорки – 8–14%. Получают Л.к. из махорки и брожением углеводов (сахар, патока); применяют в фарм. и пищ. пром-сти. Соли Л.к. (цитраты) используют в медицине для консервирования крови.

ЛИМО́ННИК, род листопадных или вечнозелёных лиан (сем. лимонниковые). Ок. 25 видов, гл. обр. в Юго-Вост. Азии, в т.ч. 1 вид – Л. китайский на Д. Востоке. Стебли, корни и плоды при растирании пахнут лимоном; препараты из плодов и семян Л. используют в медицине (тонизирующее средство).

ЛИ́МФА (от лат. lympha – чистая вода, влага), бесцв. жидкость, образующаяся из плазмы крови путём её фильтрации в межтканевое пространство и оттуда в лимфатич. систему. Содержит небольшое кол-во белков и разл. клетки, гл. обр. лимфоциты. Обеспечивает обмен в-в между кровью и тканями организма. В организме человека ок. 2 л лимфы.

ЛИМФАТИ́ЧЕСКАЯ СИСТЕ́МА, совокупность специализир. капилляров и сосудов, участвующих в проведении лимфы от тканей и органов в венозную систему у позвоночных животных и человека. По ходу крупных сосудов располагаются лимфатич. узлы (у человека ок. 460), в к-рых происходит образование лимфоцитов и иммуноглобулинов, участвующих в иммунных процессах организма, обезвреживание инородных частиц и микроорганизмов.

ЛИМФОГРАНУЛЕМАТО́З, опухолевое заболевание лимфатич. системы и селезёнки, лихорадкой, потливостью, кожным зудом, кахексией (крайней степенью истощения организма).

ЛИМФОГРАНУЛЕМАТО́З ПА́ХОВЫЙ (четвёртая венерич. болезнь), хронич. вирусное заболевание; передаётся половым путём. Характеризуется воспалением и нагноением паховых и бедренных лимфатич. узлов.

ЛИН (Lean) Дейвид (1908–91), англ. кинорежиссёр. Склонность к лирике, тонкому психологизму появилась в ф. «Короткая встреча» (1945) и др. В ф. «Мост через реку Квай» (1957), «Лоуренс Аравийский» (1962), «Доктор Живаго» (1965), «Поездка в Индию» (1984) раскрылся эпич. талант Л.

ЛИНГВИ́СТИКА (от лат. lingua – язык), то же, что *языкознание*.

ЛИНГВИСТИ́ЧЕСКАЯ ГЕОГРА́ФИЯ, раздел языкознания, изучающий терр. распространение языковых явлений. Развивается во взаимодействии с *диалектологией*.

ЛИ́НДГРЕН (Lindgren) Астрид (р. 1907), швед. писательница. Пов. для детей «Пеппи – Длинный Чулок» (1945–52), о Малыше и Карлсоне (1955–68), «Расмус-бродяга» (1956), об Эмиле из Лённеберги (1963–70), «Братья Львиное сердце» (1979), «Роня, дочь разбойника» (1981). Фантастич. приключения её героев, отличающихся непосредственностью, пытливостью и озорством, происходят в реальном мире.

ЛИ́НДЕР (Linder) Макс (наст. имя и фам. Габриель Максимилиан Лёвьель) (1883–1925), франц. актёр, режиссёр. Популярный комик 1910-х гг., оказавший влияние на творчество Ч. Чаплина. Типичный герой салонных мелодрам – элегантный «человек из общества», легкомысленный покоритель сердец – представал в его лентах в комич., пародийном плане. Новый интерес к Л. возник после выхода монтажного ф. «В компании Макса Линдера» (1964).

ЛИНЕ́ЙНАЯ ФУ́НКЦИЯ, функция вида $y = kx + b$. График Л.ф. – прямая, наклонённая к оси абсцисс (x) под углом α, тангенс к-рого равен k, и отсекающая на оси ординат (y) отрезок b, а на оси абсцисс – отрезок $-\frac{b}{k}$.

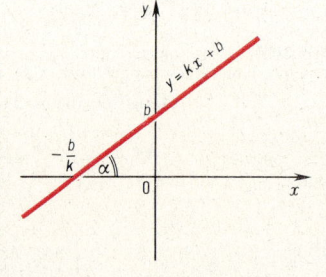

Линейная функция. График.

ЛИ́НЗА (от лат. lens – чечевица), прозрачное тело, ограниченное выпуклыми и вогнутыми поверхностями (одна поверхность может быть плоской) и преобразующее форму светового пучка. Л. бывают собирающие (положительные) и рассеивающие (отрицательные). Л. является наиб. употребит. деталью разл. оптич. приборов; самые распространённые Л. – очки и простейшие лупы. Искусство изготовления Л. начало развиваться в ср. века (А. Левенгук, Нидерланды, 1677, изготов-

лял Л., увеличивающие в 150–300 раз). Материалом для Л. обычно служит оптич. и органич. стекло, требующее высокого качества обработки (шлифовки) поверхности.

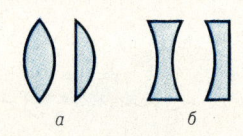

Линза: а – собирающая; б – рассеивающая.

ЛИ́НИЯ (от лат. linea – льняная нить), одно из осн. понятий математики, возникло как матем. абстракция понятия нити. В разл. областях математики имеет разл. трактовки. Л. может определяться как траектория движущейся точки, график функции, общая часть пересекающихся поверхностей и др.

ЛИ́НИЯ ЭЛЕКТРОПЕРЕДА́ЧИ (ЛЭП), эл.-установка для передачи эл.-энергии на расстояние, состоящая из проводов (кабелей) и вспомогат. устройств (изоляторов, муфт и т.д.). Различают воздушные ЛЭП, провода к-рых подвешены над землёй или над водой, и подземные (подводные), в к-рых используются гл. обр. силовые кабели. Эксплуатируются ЛЭП перем. тока на напряжение 1150 кВ (Экибастуз – Кокчетав), ЛЭП пост. тока на напряжение 800 кВ (Волжская ГЭС – Донбасс) и др.

ЛИ́НКОЛЬН (Lincoln) Авраам (1809–65), 16-й президент США

А. Линкольн.

(1861–65), один из организаторов Респ. партии (1854). В ходе развязанной плантаторами Юга Гражд. войны в США 1861–65 пр-во Л. провело ряд демокр. преобразований (в частности, отмена рабства) и перешло к решит. методам ведения войны, что обеспечило разгром южан. Убит агентом плантаторов.

ЛИНКРУ́СТ (от лат. linum – лён, полотно и crusta – кора, облицовка), рулонный отделочный материал с рельефной поверхностью; состоит из плотной бум. или тканевой основы, покрытой тонким слоем (0,5–1 мм) пластмассы. Применяется гл. обр. для внутр. отделки обществ. зданий и средств транспорта.

ЛИННЕ́Й (Linné) Карл (1707–78), швед. естествоиспытатель, создатель системы растит. и животного мира. Первый през. Швед. АН (1739). Разработал единую искусств. классификацию р-ний и ж-ных, описал и классифицировал ок. 10 тыс. видов р-ний, в т.ч. 1500

К. Линней.

новых, открытых им. Выступал в защиту неизменяемости видов и концепции, рассматривающей многообразие органич. мира как результат его творения Богом (*креационизм*). Автор «Системы природы» (1735), «Философии ботаники» (1751) и др.

ЛИНОГРАВЮ́РА, выпуклая гравюра на линолеуме, по типу близкая гравюре на дереве.

ЛИНО́ЛЕУМ (от лат. linum – лён, полотно и oleum – масло), полимерный рулонный материал для покрытия полов. Различают Л. поливинилхлоридный, глифталевый, нитролинолеум и резиновый (релин). Л. может быть безосновным (однослойным и многослойным) и на упрочняющей (тканевой) или теплоизоляц. основе.

ЛИНЬ, рыба сем. *карповых*. Дл. до 60 см, масса до 7,5 кг. В пресных водоёмах Европы (кроме рек басс. Сев. Ледовитого ок.) и Азии. Объект промысла и разведения.

ЛИО́ЗНОВА Тат. Мих. (р. 1924), рос. кинорежиссёр. Наряду с психол. драмами «Евдокия», «Рано утром» (1966), «Три тополя на Плющихе» (1968) пост. т/ф «Мы, нижеподписавшиеся» (1980) и ф. «Карнавал» (1982) с элементами комедии и мюзикла. Наиб. известная работа Л. – многосерийный т/ф «Семнадцать мгновений весны» (1973).

ЛИО́Н, г. во Франции. 422 т.ж. Порт у слияния рр. Рона и Сона; междунар. аэропорт. Метрополитен. Старинный европ. центр произ-ва изделий из натурального шёлка (с 15 в.), искусств. и синтетич. тканей, трикотажа, красителей. Маш-ние, хим., нефтеперераб., полиграф. пром-сть. Ежегодные междунар. ярмарки (с 15 в.). Ун-ты. Музеи: Ист. музей тканей, декор. иск-в в Лионне, археол. и др. В древности – галльское поселение; статус гор. коммуны с 14 в.; с 16 в. кр. центр европ. торговли и кредита. Собор Сен-Жан (12–15 вв.).

ЛИ́ПА, род листопадных деревьев (сем. липовые). Ок. 50 видов, в Сев. полушарии, в России – 7 видов. Выс. до 25 (редко 40) м; живёт обычно 150 лет, нек-рые Л. – до 1200–1300 лет. Лесообразующая порода. Л. мелколистная – повсеместный спутник дуба, клёна, ясеня и др.; образует почти чистые липовые леса в В. Европы. Издавна используется как парковая культура. Древесина идёт на произ-во мебели, токарных и резных изделий, бочек, а Л. – на мочало и т.п. Соцветия Л. применяют в медицине (потогонное средство). Один из лучших медоносов.

ЛИ́ПЕЦК, г. (с 1779), ц. Липецкой обл., в России, на р. Воронеж. 463,6 т.ж. Ж.-д. ст.; аэропорт. Чёрная металлургия (Новолипецкий металлургич. комб-т; произ-во труб и др.), маш-ние и металлообработка (тракторы, станки и др.); хим. пром-сть. 3 вуза. Музеи: краеведч., ковки и литья; Дом-музей Г.В. Плеханова. Т-ры: драм., кукол. Бальнео-грязевой курорт (осн. в 1803). Изв. с 13 в.

ЛИПИ́ДЫ (от греч. lípos – жир), группа природных соед., включающая жиры и жироподобные в-ва. Присутствуют во всех клетках. Входят в состав нервного волокна, биол. мембран, водоотталкивающих и термоизоляц. покровов, образуют энергетич. резерв организма и др. Получаемые из природных источников, а также хим. или микробиол. синтезом Л. широко используются в пищевой, парфюмерной и др. отраслях пром-сти (жиры, масла), медицине (напр., стероиды) и др.

ЛИ́ПКИН Сем. Израилевич (р. 1911), рус. поэт, переводчик. В стихах (сб. «Очевидец», 1967, «Тетрадь бытия», 1977, «Лира», 1989) – жёсткие приметы совр. жизни с её отклонениями от нравств. норм, размышления о единстве мира и человеческой судьбы. Переводы классиков вост. поэзии, нар. эпосов [«Джангар», «Манас», Нартовский (нартовский) эпос, «Гэсэриада» (см. «Гэсэр»), из «Махабхараты»]. Пов. «Декада» (1983) о депортации кавк. народов в годы сталинщины. Воспоминания.

ЛИПО́МА (от греч. lípos – жир и ...ома) (жировик), доброкачеств. опухоль из жировой ткани.

ЛИ́РА (греч. lýra), 1) др.-греч. струнный щипковый муз. инстр-т. Игрой на Л. сопровождалось исполнение произв. эпич. и лирич. поэзии (отсюда «лирика»). Среди многочисл. разновидностей – усовершенствованная *кифара*. Подобный тип инстр-та был широко распространён

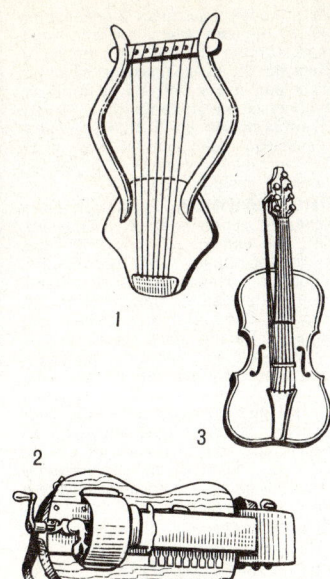

Лира: 1 – древнегреческая; 2 – колёсная; 3 – западноевропейская смычковая.

во мн. древних цивилизациях, в т.ч. шумерской. 2) В Зап. Европе 15–18 вв. струнные смычковые инстр-ты, близкие *виолам*, *лютне*, *скрипке*. 3) С 11 в.в Зап. и Вост. Европе известна т.н. колёсная Л.– струнный фрикционный инстр-т (укр. реля, рыля, белорус. лера).

ЛИ́РИКА (от греч. lyrikós – произносимый под звуки лиры), род литературный (наряду с эпосом, драмой), предмет к-рого – содержание внутр. жизни, собственное «я» поэта, а речевая форма – внутр. монолог, преим. в стихах. Охватывает множество стихотв. жанров (напр., элегия, романс, газель, сонет, песня, *стихотворение*). Любые явления и события жизни в Л. воспроизводятся в форме субъективного переживания. Однако «самовыражение» поэта обретает в Л. благодаря масштабности и глубине личности автора общечеловеческое значение; ей доступна вся полнота выражения сложнейших проблем бытия. Высокие образцы лирич. поэзии создали Анакреонт, Катулл, араб. поэты 6–8 вв., Ли Бо, Саади, Ф. Петрарка, Дж. Байрон; в России – А.С. Пушкин, М.Ю. Лермонтов, Ф.И. Тютчев, А.А. Блок.

ЛИРИОДЕ́НДРОН, то же, что *тюльпанное дерево*.

ЛИРИ́ЧЕСКАЯ О́ПЕРА (франц. opéra lirique), франц. оперный жанр, возникший во 2-й пол. 19 в. Характерны лирич. бытовые сюжеты, ариозно-романсовый мелодич. стиль. Среди представителей – Ш. Гуно, А. Тома, Ж. Массне.

ЛИРИ́ЧЕСКАЯ ПРО́ЗА, см. *Лироэпические жанры*.

ЛИРИ́ЧЕСКАЯ ТРАГЕ́ДИЯ (франц. tragédie lirique – муз. трагедия), франц. оперный жанр 2-й пол. 17–18 вв. Отразил классицистское направление во франц. иск-ве (своеобразный аналог трагедии П. Корнеля и Ж. Расина). Отличался монументальностью (5-актная композиция с *увертюрой*, героикой и патетикой. Создатели Л.т.– Ж.Б. Люлли, Ф. Кино. Завершил развитие жанра Ж.Ф. Рамо.

ЛИРОХВО́СТЫ (птицы-лиры), два вида птиц (отр. воробьиные). Дл. 75–130 см, у самцов в хвосте 2 пера лирообразно изогнуты. Обитают во влажных лесах Юго-Вост. Австралии; акклиматизированы на о. Тасмания. Способны имитировать голоса птиц и др. ж-ных, механич. звуки

Лирохвост.

ЛИРОЭПИ́ЧЕСКИЕ ЖА́НРЫ, басни, баллады, поэмы, романы в стихах, сочетающие эпич. повествование с лирич. началом – непосредств. выражением переживаний, мыслей автора («Медный всадник» А.С. Пушкина). Особая разновидность – лирическая проза в разл. композиц. формах: эпистолярная, дневниковая, автобиогр., эссеистская («Планета людей» А. Сент-Экзюпери, «Дневные звёзды» О. Берггольц).

ЛИ́СИЙ (ок. 435–380 до н.э.), афинский оратор, сторонник демокр. группировки. Предание приписывает Л. св. 200 речей (дошло ок. 40) и включает его в число 10 лучших ораторов древности.

ЛИСИ́ПП, др.-греч. скульптор 2-й пол. 4 в. до н.э. Представитель

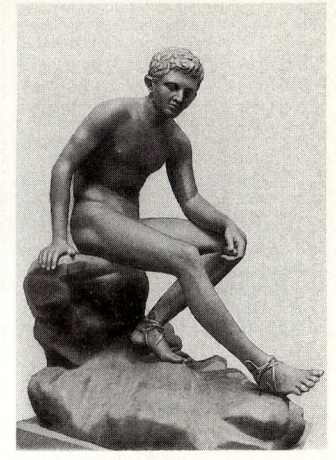

Лисипп. «Отдыхающий Гермес». 2-я пол. 4 в. до н.э. Римская копия. Национальный музей. Неаполь.

поздней классики. Придворный художник Александра Македонского. Скульптуры Л. (атлеты, мифол. персонажи, сохранились в рим. копиях) изображены в сложных, неустойчивых, многоплановых движениях («Апоксиомен»). В портретном бюсте Александра Македонского Л. выразил сложную внутр. жизнь человека.

ЛИСИЦИА́Н Павел Гер. (р. 1911), певец (баритон). На сцене с 1935. В 1940–66 в Большом т-ре. Пение Л. отличалось благородством, безупречной интонацией, совершенством дикции. Партии из классич. репертуара, рус. и арм. композиторов. Много концертировал.

ЛИСИ́ЦКИЙ (псевд. Эль Лисицкий) Лаз. Маркович (1890–1941), рос. архитектор, художник-конструктор, график. В 1921–25 жил в Германии и Швейцарии. Разрабатывал проекты высотных домов, трансформируемой мебели, методы худ. конструирования книги («Хорошо!» В.В. Маяковского, 1927).

ЛИСИ́ЦЫ, род хищных млекопитающих (сем. волчьи). Длина тела 40–90 см, хвоста до 60 см. Окраска от рыжей до серебристо-бурой, почти чёрной. 11 видов, в т.ч. обыкновенная, или рыжая, Л., корсак, афганская Л. Обитает в Евразии, Сев. Америке, Африке, завезены в Австралию. В неволе, живёт до 15–20 лет. В природе регулируют численность грызунов и др. ж-ных. Объект пуш-

Лисица.

Липа мелколистная: 1 – цветущая ветвь; 2 – соплодие.

386 ЛИСИ

ного промысла и звероводства (выведены серебристо-чёрная, платиновая и др. Л.). Изредка вредят охотничьему х-ву и птиц-ву.

ЛИСИ́ЧКА, род съедобных грибов (сем. лисичковые). Ок. 70 видов, в Сев. полушарии, в России 2 вида. Растут почти повсеместно, в хвойных и лиственных лесах встречается Л. настоящая, или жёлтая. На Д. Востоке, кроме Л. жёлтой, растёт Л. пёстрая с оранжево-охристой шляпкой в буро-красных чешуйках. Оба вида съедобны; употребляются в жареном, солёном и маринованном виде. Л. ложная (сем. свинушковые) имеет более яркую шляпку и настоящие пластинки (у Л. настоящей – складочки); несъедобна.

Лисичка настоящая, или жёлтая.

ЛИСКУ́Н Еф. Федотович (1873–1958), рос. зоотехник. Установил зависимость продуктивности и племенных качеств с.-х. ж-ных от их интерьера – внутр. строения органов и тканей. В процессе науч. работы собрал самую богатую в мире (св. 5 тыс. экз.) коллекцию скелетов с.-х. ж-ных разл. пород. На её основе был создан (1950) Гос. музей животноводства в Москве, носящий имя Л.

ЛИСНЯ́НСКАЯ Инна Львовна (р. 1928), рус. поэтесса. В лирике (сб. «Верность», 1958, «Из первых уст», 1966, «Виноградный свет», 1978, «Стихотворения», 1991) – обнажённость чувств, мотивы вины, душевной усталости, поиски веры.

ЛИССАБО́Н, столица (с 1255–56) Португалии, в 15 км от Атлантич. ок. 678 т. ж. Порт в эстуарии р. Тежу

Лиссабон. Башня-маяк Торри ди Белен. 1515–20.

(грузооборот ок. 15 млн. т в год); междунар. аэропорт. Метрополитен. Судостроение, эл.-техн., хим., нефтеперераб., лёгкая, стек. пром-сть, металлургия. Ун-ты. Консерватория (1835). Музеи, в т.ч. Нац. старинного иск-ва, Нац. религ. иск-ва, Нац. совр. иск-ва, карет, изразцов. Т-ры: оперный, «Сан Карлуш» (1793), нац. нар., худ., т-р королевы Марии и др. В древности – поселение лузитан. В 714 занят арабами; в 1147 отвоёван португальцами. В 15–17 вв. кр. торг. центр. В 1755 разрушен землетрясением; заново отстроен в кон. 18 в. Замок (9–14 вв.), собор (12–14 вв.), готич. монастырь кармелитов (ныне

Ф. Лист. Фотография последних лет жизни.

Археол. музей; 1389–1423), церкви и дворцы в стиле «мануэлино» и барокко.

ЛИСТ (Liszt) Ференц (1811–86), венг. композитор, пианист, дирижёр. С 1865 аббат. Представитель *романтизма*. Один из создателей совр. пианизма: открыл новые техн. и темброво-выразит. возможности фп., превратив его из салонного в конц. инстр-т. До 1848 гастролировал по Европе как пианист-виртуоз, в 1840-х гг. – в России. Оратории, мессы, кантаты; «Фауст-симфония» (1857), 13 симф. поэм (создатель этого жанра); произв. для фп.: концерты с орк. (1856, 1861), соната (1853), циклы пьес, в т.ч. «Годы странствий», 19 венг. рапсодий, этюды; хоры, песни.

ЛИСТ Франц (1851–1919), австр. юрист, один из основателей Международ. союза криминалистов, представитель социологич. школы уголов. права.

ЛИСТ, орган высших р-ний, выполняющий функции фотосинтеза, транспирации и газообмена. Состоит из листовой пластинки и основания, между к-рыми часто имеется черешок. Форма Л.– видовой признак. Нередко Л. превращаются в усики, колючки, чешуи (гл. обр., у р-ний засушливых местообитаний). Размер Л. от неск. мм до 20 м. Продолжительность жизни менее 1 года, реже 2–5 лет, очень редко 25 и более лет (у ели Шренка).

ЛИ́СТВЕННИЦА, род листопадных хвойных деревьев (сем. сосновые). Ок. 20 видов, гл. обр. в горах и лесной зоне Сев. полушария; в России – 6 видов, из к-рых наиб. распространены Л. сибирская (С.-В. Европы, Сибирь) и Л. даурская (Сибирь, Д. Восток). Выс. до 45 м. Живут 300–400 лет. Твёрдую, долговечную древесину используют для подвод. сооружений, в кораблестроении и т.п. При подсочке ствола получают ценную живицу (терпентин), из к-рой производят канифоль и скипидар. Л. европейская, произрастающая в Карпатах, широко разводится как парковая культура.

ЛИ́СТЕР (Lister) Джозеф (1827–1912), англ. хирург. През. Лонд. королев. об-ва (1895–1900). Ввёл (1867) в хирургич. практику антисептику. Открыл возбудителя молочнокислого брожения.

ЛИ́СТИНГ (от англ. list – список), печатный док-т, формируемый транслятором и содержащий текст исходной программы ЭВМ и результаты трансляции, выдаваемые по желанию пользователя.

ЛИ СУНСИ́Н (1545–98), кор. воен. деятель, нац. герой. Во время Имдинской войны 1592–98 под его командованием разгромлен япон. флот. Погиб в бою.

ЛИСЯ́НСКИЙ Юр. Фёд. (1773–1837), рос. моряк, капитан 1-го ранга (1809). В 1-й рус. кругосветной эксп. И.Ф. Крузенштерна (1803–06) командовал «Невой»; плавание Л. следует считать независимым: 720 дней

Лиственница сибирская: 1 – ветвь с мужским (♂) и женским (♀) «соцветиями»; 2 – зрелая шишка; 3 – семя.

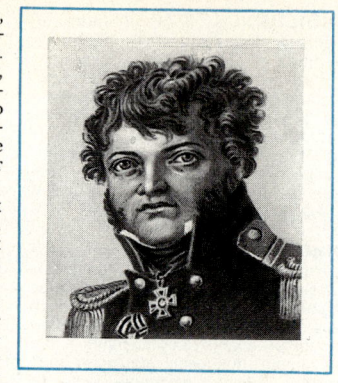

Ю.Ф. Лисянский.

из 1095 Л. прошёл самостоятельно, причём выполнил рекордный безостановочный переход – 13 923 мили за 140 дней без захода в порт. Открыл один из Гавайских о-вов, названный его именем; иссл. о. Кадьяк и часть арх. Александра.

...ЛИТ, часть сложных слов, означающая: 1) (от греч. líthos – камень) относящийся к камню, подобный камню (напр., палеолит, лакколит); 2) (от греч. lytós – разлагаемый, растворимый) продукт растворения, разложения (напр., электролит).

ЛИТА́ВРА (литавры) (от греч. polytauréa), ударный муз. инстр-т котлообразной формы с одной мембраной. Распространён с древнейших времён. В состав симф. орк. входит с 17 в.; обычно употребляются 2 и более Л.

Литавры.

ЛИТВА́ (Литовская Республика), гос-во в Вост. Европе, в Прибалтике, омывается Балт. м. Пл. 65,2 т.км². Нас. 3798 т.ч., гор. 68%: литовцы (79,6%), русские (9,4%), поляки (7,0%) и др. Офиц. яз.– литовский. Большинство верующих – католики. Глава гос-ва – президент. Законодат. орган – Сейм. Столица – Вильнюс. 44 р-на, 92 города, 22 пос. гор. типа. Ден. единица – лит.

Б.ч. терр.– моренная равнина; на З. и В. – холмистые возвышенности: Жямайтская возв. и Балтийская гряда (выс. до 292 м, г. Юозапине). Климат переходный от морского к континентальному. Ср. темп-ры янв. –5°C, июля 17°C; осадков 630 мм в год. Гл. река – Нямунас (Неман); много озёр. Леса (смешанные) занимают ¼ терр. Литов. нац. парк. Заповедники: Жувинтас, Каманос и др.

К 1240 образовалось Вел. кн-во Литовское. В 13–15 вв. народы Л. отражали нем. агрессию. В Грюнвальдской битве 1410 в союзе с поляками и русскими литов. войска разгромили Тевтонский орден. В 1558–83 Л.– участница Ливонской войны с Рос-

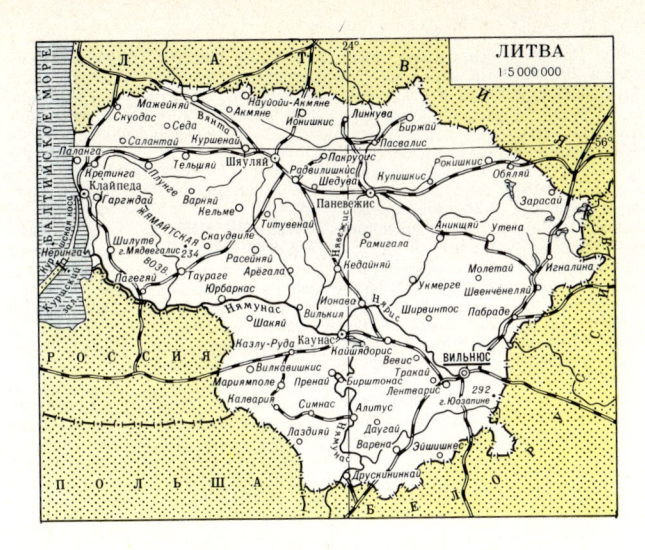

Литва. Замок Раудондварис.

сией. По Люблинской унии 1569 Л. объединилась с Польшей в Речь Посполитую. В 1795–1815 вся Л. (кроме Клайпеды) вошла в состав Рос. империи. В 1830–31 и 1863–64 литовцы участвовали в Польск. восстаниях. В дек. 1918 – янв. 1919 сов. власть установлена на б.ч. терр. Л. В февр.– авг. 1919 входила в Литов.-Белорус. ССР. С авг. 1919 независимая Литовская Респ., в июле заключён сов.-литов. мирный дог. В 1926 совершён гос. переворот, установлена диктатура: запрещены мн. обществ. орг-ции, профсоюзы, в 1927 распущен Сейм. В июле 1940 в Л. были введены сов. войска. 21.7.1940 образована Литов. ССР, 3.8.1940 присоединена к СССР. В 1941–45 оккупирована нем. войсками. В марте 1990 ВС республики принял Акт о восстановлении Литов. гос-ва. В мае 1990 ВС принял Декларацию о гос. суверенитете Литвы.

Л.– индустр.-агр. страна. ВНП на д. нас. 2710 долл. в год. Произ-во эл.-энергии на ГЭС и ГРЭС. Ведущие отрасли пром-сти: маш-ние (приборо-, станко-, судостроение, эл.-техн. и др.), хим. и нефтехим. (произ-во искусств. волокон, минер. удобрений и др.), лёгкая (трикот., хл.-бум. и др.), пищ. (мясо-молочная, маслосыро-, рыбная и др.). Произ-во изделий из янтаря, керамики. Гл. отрасль с. х-ва – жив-во (молочно-мясное скот-во и беконное свин-во, птиц-во). Посевы зерновых, кормовых культур; выращивают также лён-долгунец, свёклу, картофель, овощи.

Гл. мор. порт – Клайпеда, речной – Каунас. Экспорт: продукция маш-ния, пищ., лёгкой пром-сти.

ЛИ́ТЕРА [от лат. lit(t)era – буква], прямоуг. брусок из типографского сплава, дерева или пластмассы с рельефным (выпуклым) изображением (головкой) буквы, цифры или знака для ручного набора. При печатании верх. поверхность головки (очко) покрывается краской и даёт отиск. Впервые Л. были изготовлены из глины в Китае в сер. 11 в.

«ЛИТЕРА́ТОРСКИЕ МОСТКИ́», место погребения мн. писателей, обществ. деятелей, учёных на Волковом кладб. в С.-Петербурге. Возникли в 1861, когда рядом с могилой В.Г. Белинского был похоронен Н.А. Добролюбов. Здесь похоронены И.С. Тургенев, М.Е. Салтыков-Щедрин, Д.И. Менделеев, И.П. Павлов.

Литера: а – ножка; б – рельефная буква; в – очко; г – кегль; д – толщина; е – сигнатура; ж – рост (постоянный для всех литер).

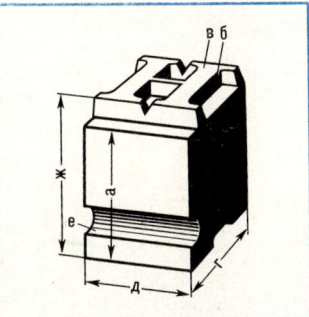

ЛИТЕРАТУ́РА (лат. lit(t)eratura, букв.– написанное), произведения письменности, имеющие обществ. значение (напр., худ. Л., науч. Л., эпистолярная Л.). Чаще под Л. понимают художественную Л. (соответствие в 19 в.– «изящная словесность»). В этом значении Л.– явление иск-ва («иск-во слова»). Материальный носитель образности в Л.– речь – позволяет ей необычайно широко осваивать и активно истолковывать жизненные процессы во всей их сложности, в т.ч. внутр. мир людей (особенно духовный, интеллектуальный) и их общение, воплощаемые в высказываниях (см. *Монолог* и *Диалог*). Худ. Л. возникает на почве мифологии и устно-поэтич. нар. творчества. Будучи средством целостного, личностного постижения действительности, она хранит, накапливает и передаёт от поколения к поколению эстетич., нравств., психол., религ., филос., социальные ценности. Л. представляет собой формирующуюся на протяжении тысячелетий динамич. систему лит. родов (*эпос, лирика, драма*), жанров, мотивов, сюжетов, образов, стиховых и прозаич. форм (см. *Проза* и *Поэзия*), изобр. средств языка (худ. речь), приёмов *композиции*. Существуют виды письменных произв., смыкающихся с худ. Л.,– мемуарная, эпистолярная, док. Л. Древнейшие произв. писались в стихах, проза – относительно более поздняя область худ. Л. Только в 18–19 вв. эти две области сравнились по значению. Творчество выдающихся деятелей худ. Л. знаменует важнейшие фазы развития мировой и нац. культуры. Л. изучается *филологией*, преим. *литературоведением*.

ЛИТЕРАТУ́РНЫЙ ЯЗЫ́К, нормализованная (см. *Норма языковая*) наддиалектная форма языка, существующая в устной и письменной разновидностях и обслуживающая все сферы обществ. и культурной жизни народа.

ЛИТЕРАТУРОВЕ́ДЕНИЕ, наука, изучающая худ. лит-ру: её сущность и специфику, происхождение, обществ. функцию, закономерности лит. процесса. Состоит из 3 осн. разделов: теория лит-ры – изучает своеобразие лит-ры как особой формы духовной и худ. деятельности, структуру худ. текста (*поэтика*), факторы и слагаемые лит. процесса и творч. метода; история лит-ры – исследует процессы развития мировой лит-ры (в т.ч. смену лит. эпох, стилей, направлений), нац. лит., творчество отд. писателей; лит. критика – истолковывает и оценивает преим. совр. произведения (или давние с точки зрения современности), определяет их эстетич. и духовную значимость и роль в текущей лит.-обществ. жизни. Вспомогат. дисциплины Л.: текстология, палеография, библиография и др. Совр. Л. неотделимо от эстетики, этики, философии и тесно связано с языкознанием, историей, социологией, психологией, а также семиотикой; в нём используются нек-рые методы точных наук. У истоков Л. стоят антич. философы и поэты, а на Востоке – кит., инд., араб. мыслители древности и ср. веков. Как самостоят. нау-

ка Л. оформляется в 19 в.; возникают разл. науч. методы (*миграционная теория*, мифол., культурно-ист. и психол. школы, сравнит.-ист. Л.). Становлению рус. Л. особо содействовали статьи критиков В.Г. Белинского, Н.А. Добролюбова, А.А. Григорьева и иссл. учёных Ф.И. Буслаева, А.Н. Веселовского, А.А. Потебни. Среди литературоведч. направлений 20 в. выделяются духовно-ист. школа, нацеленная на поиски худ. смысла и опирающаяся на традиции герменевтики, методы «формальный» (в т.ч. ОПОЯЗ), психоаналитич. и социологический (укоренённый в марксистском Л.), ритуально-мифол. школа, структурализм и постструктурализм, концепции интерпретации и диалогичности лит-ры, во многом наследующие установки духовно-ист. школы.

ЛИ́ТИЙ (Lithium), Li, хим. элемент I гр. периодич. системы, ат.н. 3, ат.м. 6,941; относится к *щелочным металлам*, $t_{пл}$ 180,54 °C. Л. используют для изготовления анодов для хим. источников тока, в произ-ве меди, сплавов с магнием, алюминием, кремнием, антифрикционных и др. сплавов, как теплоноситель в ядерных реакторах; изотоп ^{6}Li – для получения трития. Л. открыл в 1817 швед. химик Ю.А. Арфведсон, впервые получил англ. учёный Г. Дэви в 1818.

ЛИТИ́Я (от греч. litḗ – моление), в христ-ве ряд молитвенных прошений, произносимых на праздничной вечерне обыкновенно в притворе; краткая заупокойная служба.

ЛИ́ТО... (от греч. líthos – камень), часть сложных слов, означающая: относящийся к камню, к горн. породам (напр., литогенез, литография).

ЛИТО́ВСКОЕ ВЕЛИ́КОЕ КНЯ́ЖЕСТВО, см. *Великое княжество Литовское*.

ЛИТОГРА́ФИЯ (от *лито...* и *...графия*), способ плоской печати, где печатной формой служит поверхность камня (известняка), на к-рую жирной литографской тушью или карандашом наносится изображение. Изобретена в 1798. Наиб. распространение получила в журнальной графике 19 в., в 20 в. вытеснена офсетной печатью.

ЛИТОЛО́ГИЯ (от *лито...* и *...логия*), наука об осадочных породах и совр. геол. осадках, их составе, строении, происхождении и закономерностях пространственного размещения. Как самостоят. наука оформилась в кон. 19 – нач. 20 вв.

ЛИТОСФЕ́РА (от *лито...* и *сфера*), внеш. оболочка «твёрдой» Земли, включающая *земную кору* и часть верх. мантии. Толщина Л. под континентами 25–200 км, под океанами 5–100 км. Сформировалась в осн. в *докембрии*.

ЛИТО́ТА (от греч. litótēs – простота) 1) троп; отрицание признака, не свойственного объекту, дающее в итоге формально равнозначное положительному, но фактически ослабленное утверждение («небесполезный»). 2) Троп, противоположный *гиперболе*; намеренное преуменьшение («мужичок с ноготок»).

ЛИТУРГИА́РИЙ, см. *Служебник*.
ЛИТУ́РГИКА, богословская дисциплина, в к-рой рассматриваются внутр. смысл и внеш. формы богослужения.
ЛИТУРГИ́ЧЕСКАЯ ДРА́МА, вид ср.-век., преим. зап.-европ. религ. представления. В 9–13 вв. входила

в состав пасхальной и рождественской церк. службы (литургии). Инсценировка определ. эпизодов Евангелия (поклонение пастухов, поклонение волхвов, сцена трёх Марий у гроба Господня и др.). Л. д. исполняли священники, представлявшие евангельских персонажей, хор певчих и миряне или проф. актёры, к-рым поручались отрицат. роли, трактовавшиеся комически (торговцы, черти и др.). Когда представления в церквах были запрещены указом рим. папы Иннокентия III (1210), Л. д. стала разыгрываться на паперти перед храмом (т.н. полулитургич. драма).

ЛИТУРГИ́Я (греч. leitourgía – общественная служба), 1) в правосл. церкви божественная Л. – гл. богослужение суточного круга, совершается в дообеденное время (отсюда др. назв. – обедня). Порядок службы восходит к 4 в. Ныне совершаются 2 евхаристич. Л. (см. *Евхаристия*) – Св. Иоанна Златоуста (ежедневно) и Св. Василия Великого (с более пространными молитвами; 10 раз в год). Л. Преждеосвящённых даров Св. Григория Двоеслова без евхаристии совершается в определ. дни Великого поста. Божеств. Л. включает 3 части: проскомидию (греч. proskomidé – принесение) – символич. подготовку Св. даров (хлеба – просфор – и красного вина), к-рая производится на жертвеннике, как правило, при закрытом алтаре; Л. оглашённых (т.е. готовящихся к принятию крещения), включающую пение ектений, хоровое пение псалмов, чтение Апостола и Евангелия и т.д.; Л. верных – освящение Св. даров (пресуществление их в Тело и Кровь Иисуса Христа), причащение священнослужителей и верующих, произнесение ектений, хоровое исполнение песнопений (гл.– евхаристич. канон). До 17 в. песнопения были основаны на разл. распевах, с кон. 17 в. утвердилось многоголосное *партесное пение*. Циклы литургич. песнопений создавались мн. рус. композиторами (в их числе П.И. Чайковский, С.В. Рахманинов). В католицизме и протестантизме божественной Л. типологически соответствует *месса*. 2) С 16 в. в католич. теологич. лит-ре термином «Л.» обозначается вся совокупность офиц. богослужений и церемоний.

ЛИТЬЁ, получение изделий (отливок) из разл. расплавов (металлов, пластмасс и пр.), принимающих конфигурацию полости литейной формы и сохраняющих её после затвердевания. Применяется более 50 разновидностей Л.: в песчаные формы, в кокиль, по выплавляемым моделям и др. При наиб. распространённом Л. в песчаные формы изготовляется литейная дерев. модель, копирующая будущую деталь. Модель засыпается песком, заполняющим пространство между ею и двумя открытыми ящиками (опоками). Образовавшиеся полости в песке заливаются расплавом. Отверстия в нём образуются с помощью размещённых в форме литейных песчаных стержней, копирующих форму будущего отверстия.

ЛИФА́РЬ (Lifar) Серж (Сергей Михайлович) (1905–86), артист балета, балетмейстер, педагог. Выходец из России. В 1923–29 в труппе «Русский балет Дягилева». Исполнял гл. партии в балетах: «Жар-птица» И.Ф. Стравинского (1926), «Блудный сын» С.С. Прокофьева (1929) и др. В 1930–77 (с перерывами) балетм., солист (до 1956) и педагог Парижской оперы. Поставил св. 200 балетов, многие из к-рых сохраняются в репертуаре т-ров мира: «Творения Прометея» на музыку Л. Бетховена (1929), «Икар»-ритмы в обработке Ж. Сифера (1935), «Сюита в белом» на музыку Э. Лало (1943) и др. Пост. Л. были отмечены скульптурно-живописной выразительностью. Л. способствовал возрождению иск-ва балета во Франции. Основал в Париже Ин-т хореографии (1947). Автор работ по истории и теории классич. танца.

ЛИФЛЯ́НДИЯ (нем. Livland), 1) нем. название Ливонии в 13–16 вв. 2) Офиц. название терр. Сев. Латвии и Юж. Эстонии в 17 – нач. 20 вв. (латыш. Видземе, эст. Лиивимаа).

ЛИФТ (англ. lift – поднимать), машина циклич. или непрерывного действия для вертик. перемещения пассажиров и грузов в кабине, движущейся в шахте по жёстким направляющим. Пасс. Л. непрерывного действия с кабинами без дверей наз. патерностерами (от лат. paternoster – отец наш). Первые упоминания о Л. относятся к 6 в. (Египет), 13 в. (Франция), 17 в. (Англия). В России пасс. Л. построены в сер. 18 в. Совр. отеч. грузовые Л. поднимают 3,2 т груза (пасс. и малые магазинные Л.– до 10 т) на выс. до 45 м; пасс. Л.– до 20 чел. на выс. до 150 м со скоростью до 4 м/с (в Л. Останкинской телевиз. башни в Москве поднимает 260 чел. со скоростью 7 м/с).

ЛИХАЧЁВ Дм. Сер. (р. 1906), рос. литературовед и обществ. деятель. Фундам. исследование «Слова о полку Игореве», лит-ры и культуры Др. Руси, проблем текстологии (в т.ч. «Поэтика древнерусской литературы», 3 изд., 1979). Идеи богатства и многомерности «национального», созидательной силы традиции в современности («Заметки о русском», 1981; «Прошлое – будущему», 1985). Статьи, беседы по проблемам гуманитарной культуры как высш. ценности жизни. В 1928–32 был репрессирован.

ЛИХОРА́ДКА, общая реакция организма на болезнетворные воздействия (инфекцию, травму и др.). Проявляется повышением темп-ры тела, изменениями обмена в-в, кровообращения и др.

ЛИХТЕНШТЕ́ЙН (Княжество Лихтенштейн), гос-во в Центр. Европе, в Альпах, в басс. верхнего Рейна, между Швейцарией и Австрией. Пл. 157 км^2. Нас. 30,1 т.ч.; лихтенштейнцы (63%), швейцарцы (16%), австрийцы (8%). Офиц. язык – немецкий. Верующие в осн. католики. Л. – конституц. монархия во главе с князем. Законодат. орган – парламент. Столица – Вадуц. Адм.-терр. деление: 2 округа, включающие 11 коммун. Ден. единица – швейц. франк.

Ок. $\frac{3}{4}$ терр. Л. занимают отроги Альп (выс. св. 2 тыс. м). На З.– долина Рейна. Климат умеренный; осадков 700–1200 мм в год. Св. $\frac{1}{3}$ терр.– под лесами, гл. обр. из дуба, ели, бука; субальпийские и альпийские луга.

Как единое кн-во Л. существует с 1719. В 1815–66 в составе Герм. союза. В 1876–1918 Л. тесно связан с Австро-Венгрией. С 1924 в таможенной унии со Швейцарией, к-рая представляет интересы Л. за границей.

Л.– индустр. страна, по кол-ву производимой продукции на д. нас. занимает одно из первых мест в Зап. Европе. ВНП на д. нас. 33510 долл. в год. Ведущие отрасли пром-сти (в осн. на экспорт): маш-ние (эл.-техн. продукция, пром. оборудование, измерит. приборы, компьютеры) и металлообработка, хим., текст., керамическая. Междунар. финанс. центр. В с. х-ве – молочное скот-во; пчеловодство. Важные статьи дохода – иностр. туризм и продажа почтовых марок.

ЛИ́ХТЕР (голл. lichter – портовая баржа), несамоходное сухогрузное судно для перевозки грузов с помощью буксирующих судов, а также для погрузки-разгрузки стоящих на рейде мор. судов, к-рые не могут войти в порт. Грузоподъёмность стандартного Л. 370 т.

ЛИ́ЦА БЕЗ ГРАЖДА́НСТВА, лица, не являющиеся гражданами к.-л. гос-ва. Состояние безгражданства возникает чаще всего при выходе из *гражданства* или исключении из него. Л.б.г. подчиняются законам страны пребывания, где им выдаётся *вид на жительство*; на них распространяется *национальный режим* (с нек-рыми ограничениями).

ЛИЦЕВО́Й СЧЁТ, выходной банковский док-т, отражающий все денежно-кредитные и расчётные отношения банка с его клиентом.

ЛИЦЕ́Й (от греч. Lýkeion), 1) ср. общеобразоват. уч. заведение в ряде стран Зап. Европы, Лат. Америки, Африки. 2) В России нач. 19 – нач. 20 вв. сословное привилегированное ср. или высшее уч. заведение для детей дворян, готовившее гос. чиновников. Наиб. известны Царскосельский (Александровский), Ришельевский (в Одессе), Нежинский, Ярославский (Демидовский) Л. 3) Название нек-рых ср. общеобразоват. и проф. уч. заведений в Рос. Федерации, работающих по собств. уч. программам (в 1994 – св. 300 Л.).

ЛИЦЕНЗИО́ННОЕ ВОЗНАГРАЖДЕ́НИЕ, возмещение за предоставление прав на использование *лицензий*, *«ноу-хау»* и др. техн. достижений. См. также *Паушальный платёж*, *Роялти*.

ЛИЦЕ́НЗИЯ (от лат. licentia – свобода, право), разрешение: 1) экспортная или импортная Л. выдаётся компетентным гос. органом на осуществление внеш.-торг. операций; 2) Л. на использование изобретения или иного техн. достижения выдаётся владельцем *патента*; 3) Л. на ведение к.-л. деятельности, на отстрел ж-ных и др. выдаётся в порядке, предусмотренном законодательством.

ЛИЦО́ ФИЗИ́ЧЕСКОЕ (в гражд. праве), термин, употребляемый для обозначения человека (гражданина) как участника правоотношения.

ЛИЦО́ ЮРИДИ́ЧЕСКОЕ (в гражд. праве), орг-ция, являющаяся по закону субъектом (носителем) гражд. прав и обязанностей. Л.ю. обладает обособленным имуществом, может от своего имени приобретать имуществ. и личные неимуществ. права и нести обязанности, быть истцами и ответчиками в суде, арбитражном и третейском суде. Правоспособность Л.ю. определяется целями, предусмотрен-

Лицей. Здание Царскосельского лицея.

Актовый зал Царскосельского лицея. Современная музейная экспозиция.

ЛИХТЕНШТЕЙН
1:1 000 000

ными в его учредительных документах.

ЛИ́ЧНОСТЬ, 1) человек как субъект отношений и сознат. деятельности. 2) Устойчивая система социально значимых черт, характеризующих индивида как члена об-ва или общности. Понятие «Л.» отличают от понятий «индивид» и «индивидуальность». Л. формируется под влиянием обществ. отношений, культуры, непосредств. окружения и обусловлена также биол. особенностями.

Лишайники: 1 — уснея длиннейшая; 2 — алектория бледноохряная; 3 — пельтигера собачья; 4 — нефрома арктическая; 5 — гипогимния вздутая; 6 — эверния сливовая.

ЛИ́ЧНЫЕ НЕИМУ́ЩЕСТВЕННЫЕ ПРАВА́, права граждан, не имеющие имуществ. содержания и неотделимые от личности человека (право на имя, авторство, честь, достоинство и др.).

ЛИША́Й, заболевания кожи разл. происхождения, при к-рых осн. элемент сыпи — мелкие зудящие узелки (папулы), воспалит. пятна (напр., красный плоский Л., отрубевидный Л.).

ЛИША́ЙНИКИ, группа низш. р-ний, образованных симбиозом гриба (аскомицета или базидиомицета) и водоросли (зелёной, редко желтозелёной или бурой). Различают накипные, листоватые и кустистые Л. Размножение бесполое. Ок. 26 тыс. видов. Наиб. разнообразны в тропиках и субтропиках, обильны в тундре и высокогорьях. Растут на почве, деревьях, гнилой древесине, горн. породах; играют существ. роль в почвообразовании. Л. используют для получения антибиотиков, ароматич. в-в, лакмуса; мн. виды — индикаторы загрязнения окружающей среды.

ЛИШЕ́НИЕ СВОБО́ДЫ, в уголов. праве вид наказания; заключается в принудит. изоляции осуждённого от общества. По рос. УК назначается по приговору суда на срок до 10 лет, за особо тяжкие преступления — не св. 15 лет. При замене в порядке *амнистии* или *помилования* смертной казни лишением свободы оно может быть назначено на срок до 20 лет. Осуждённые к Л.с. отбывают наказание в исправит. учреждениях.

ЛЛЕ́ВЕЛЛИН (Llewellyn) Карл Викерсон (1893–1962), амер. юрист. Основатель *реалистической школы права*.

ЛЛОЙД (Lloyd) Гарольд (1893–1971), амер. киноактёр. Создал образ наивного, незадачливого «очкарика», к-рый добивается успеха, пройдя через немыслимые испытания. В фильмах 20-х гг. («Бабушкин внучек», «Наконец в безопасности», «Первокурсник» и др.) демонстрировал остроумные комич. трюки. С меньшим успехом снимался в звуковом кино. Выпущены монтажные фильмы о Л.: «Мир комедий Гарольда Ллойда» (1962) и «Забавная сторона жизни» (1963).

ЛЛОЙД ДЖОРДЖ (Lloyd George) Дэвид (1863–1945), премьер-мин. Великобритании в 1916–22; один из лидеров Либер. партии. В 1906–08 мин. торговли, в 1908–15 мин. финансов. На Парижской мирной конф. (1919–20) выступал за возмещение Германией всех воен. убытков союзников, но возражал против расчленения Германии.

ЛОБА́Н, рыба (сем. *кефали*). Дл. до 90 см, масса до 6–7 кг. Обитает в тропич., субтропич. и умеренно тёплых водах всех океанов. Объект промысла и рыбоводства.

ЛОБА́НОВ Анд. Мих. (1900–59), режиссёр. В т-ре с 1924. В 1945–56 гл. реж. Моск. т-ра имени М.Н. Ермоловой. Режиссёр-«антимонументалист», Л. находил поэзию в реальной, обыденной жизни. Ближе всего ему была сфера социальной драмы, его постановки совр. пьес отличались сдержанностью и простотой общего тона («Таня» А.Н. Арбузова, 1939; «Старые друзья» Л.А. Малюгина, 1946, и др.). Трактовки классич. пьес («Вишнёвый сад» А.П. Чехова, 1934; «Бешеные деньги» А.Н. Островского, 1945) выделялись своей неожиданностью и остротой, яркой комедийностью.

ЛОБАЧЕ́ВСКИЙ Ник. Ив. (1792–1856), рос. математик, создатель геометрии Л. отличной от *евклидовой геометрии*. Открытие Л. (1826, опубл. в 1829–30), не получившее признание современников, совершило переворот в представлениях о природе пространства, более 2 тыс. лет покоившихся на учении Евклида. Тр. по алгебре, матем. анализу, теории

ЛОВИ 389

вероятностей, механике, физике и астрономии. Вся жизнь Л. связана с Казанским ун-том (там он учился, вёл науч. работу; ректор в 1827–46). Учреждена (1895) Междунар. пр. имени Л.

ЛОББИ́ЗМ (от англ. lobby — кулуары, где депутаты парламента могли общаться с посторонними), специфич. институт полит. системы, представляющий собой механизм воздействия частных и обществ. орг-ций — полит. партий, профсоюзов, корпораций, предпринимат. союзов и т.п. (т.н. групп давления) на процесс принятия решений парламентом. Прежде всего, Л. относится к бюджетным ассигнованиям, финанс. дотациям, руководящим постам в парламентских к-тах и т.п. Л. возник впервые в США, где лоббистская деятельность с 1946 регулируется федеральным законом.

ЛО́БНОЕ МЕ́СТО, 1) возвышенность, холм, курган, сопка. 2) Крутой кам. помост с парапетом на Красной площади в Москве, построен в 1534 (в совр. виде с 1786). С Л.м. в 16–17 вв. оглашались царские указы и распоряжения. В 16–18 вв. около Л.м. на спец. помостах иногда совершались казни.

Н.И. Лобачевский. Фрагмент памятника, установленного в Казани в 1896. Скульптор М. Диллон.

Лобное место на Красной площади.

ЛО́ВИЦ Товий (Иоганн Тобиас) Егорович (1757–1804), химик и фармацевт. По происхождению немец. С 1768 в России. Открыл (1785) и изучил адсорбцию растворённых в-в древесным углем. Впервые получил ледяную уксусную к-ту (1789) и мн. др. соединения.

ЛОГАРИ́ФМ (от греч. lógos – отношение и arithmós – число) числа N по основанию a ($0 < a \neq 1$), показатель степени y, в к-рую следует возвести число a, чтобы получить N, т.е. $a^y = N$. Обозначается $\log_a N$. Л. с основанием $e = 2{,}71\ldots$ наз. натуральным и обозначается $\ln N$, Л. с основанием 10 – десятичным и обозначается $\lg N$. Дробная часть десятичного Л. наз. мантиссой, а целая его часть – характеристикой. Нахождение Л. наз. логарифмированием, а нахождение числа по значению его Л. – потенцированием. Свойства Л. позволяют сводить умножение и деление чисел к сложению и вычитанию их Л. (и использовать при этом простые механич. устройства, напр. т.н. логарифмич. линейку). Открытие Л. было связано в первую очередь с быстрым развитием астрономии в 16 в. Первые таблицы Л. составлены шотл. математиком Дж. Непером и швейц. математиком И. Бюрги в нач. 17 в.

ЛО́ГИКА (греч. logikē), наука о способах доказательств и опровержений; совокупность науч. теорий, в к-рых рассматриваются определ. способы доказательств и опровержений. Основателем Л. считается Аристотель. Различают индуктивную и дедуктивную Л., а последней классич., интуиционистскую, конструктивную, модальную и др. Все эти теории объединяет стремление к систематизации таких способов суждений, к-рые от истинных суждений-посылок приводят к истинным суждениям-следствиям. Особую роль играют приложения Л. в вычислит. математике, теории автоматов, лингвистике, информатике и др. См. также *Математическая логика*.

...ЛО́ГИЯ (от греч. lógos – слово, учение), часть сложных слов, означающая: наука, знание, учение (напр., геология, филология).

ЛО́ГОС (греч. lógos), одно из осн. понятий др.-греч. философии; одновременно «слово» («предложение», «высказывание», «речь») и «смысл» («понятие», «суждение», «основание»). Введено Гераклитом, толковавшим Л. как ритм и соразмерность бытия. В стоицизме – эфирно-огненная душа космоса и совокупность формообразующих потенций («семенные Л.»), от к-рых в инертной материи «зачинаются» вещи. В христ-ве Л. отождествлён со 2-м лицом *Троицы*.

ЛОДЗЬ, г. в Польше. 852 т.ж. Кр. текст. центр (с 1820-х гг.); маш-ние, хим., швейная, полиграф. пром-сть. Ун-т. Музеи: худ., истории текст. произ-ва и др. Т-ры, в т.ч. оперный (1954). Город с 15 в.

ЛО́ЖЕ ОКЕА́НА, крупнейший элемент рельефа и геол. структуры Земли, занимающий бо́льшую часть дна Мирового ок. и характеризующийся океанич. типом *земной коры*. Ср. глуб. ок. 4 км, макс. – до 7 км. Важнейшие элементы рельефа Л.о. – океанич. котловины, желоба, срединно-океанич. подвод. хребты, возвышенности и плато.

ЛОЗА́НОВ Георги Кирилов (р. 1926), болг. психотерапевт. Создатель концепции суггестопедии – раскрытия и реализации резервных возможностей учащихся с целью повышения эффективности обучения (в частности, иностр. языкам).

ЛОЙО́ЛА (Loyola) Игнатий (1491?–1556), основатель ордена *иезуитов* (1534). Исп. дворянин. С 1541 пожизненный «генерал» ордена. В соч. «Духовные упражнения» изложил систему иезуитского воспитания. Канонизирован католич. церковью (1622).

ЛОКАЛИЗА́ЦИЯ (от лат. localis – местный, locus – место), отнесение чего-либо к определ. месту; ограничение места действия, распространения к.-л. явления, процесса, напр. Л. пожара.

ЛОКА́РНО, климатич. курорт междунар. значения в Швейцарии, у оз. Лаго-Маджоре. 14 т.ж. Место проведения междунар. конференций и кинофестивалей.

ЛОКАЯ́ТА (чарвака), др.-инд. филос. учение; считается, что основано в сер. 1-го тыс. до н.э. полулегендарным мудрецом Брихаспати. Отвергая авторитет *вед* и проповедуемые ими принципы (существование Бога-абсолюта, души и т.п.), Л. считает истинным постигаемое лишь непосредств. чувствованием, существующим – только этот мир (лока), единств. реальностью – материю, целью человеческого существования – достижение наслаждения.

ЛОКК (Locke) Джон (1632–1704), англ. философ, создатель идейно-полит. доктрины либерализма. В «Опыте о человеческом разуме» (1690) разработал эмпирич. теорию познания. Отвергая существование *врождённых идей*, утверждал, что всё человеческое знание проистекает из опыта. Развил теорию образования общих идей (абстракций). Социально-полит. концепция Л. опирается на теорию *естественного права* и *общественного договора*. В педагогике исходил из решающего влияния среды на воспитание. Основоположник ассоциативной психологии.

Дж. Локк.

ЛОКОМОТИ́В (франц. locomotive, букв. – относящийся к сдвиганию с места, от лат. loco movēre – сдвигать с места), *паровоз*, *тепловоз*, *электровоз*, газотурбовоз, моторный вагон и др. тяговые машины, относящиеся к подвижному составу и служащие для перемещения поездов по магистральным жел. дорогам, вагонов при маневровых работах, на путях пром. пр-тий. Одна из осн. характеристик Л. – кпд; ср.-эксплуатац. кпд паровоза ок. 4%, тепловоза 29–32%, электровоза 22–24% (с учётом кпд ТЭЦ, ЛЭП и пр.; собственный кпд электровоза ок. 90%).

ЛОЛЛОБРИДЖИ́ДА (Lollobrigida) Джина (р. 1927), итал. киноактриса. Успехом обязана своей яркой внешности, темпераменту, обаянию, природному артистизму («Опасно: бандиты» и «Фанфан-Тюльпан», оба

Дж. Лоллобриджида в фильме «Хлеб, любовь и фантазия».

1951; «Ночные красавицы», 1952; «Хлеб, любовь и фантазия», 1953; «Соломон и царица Савская», 1959).

ЛОМБА́РД, кредитное учреждение, предоставляющее ссуды под залог легко реализуемого движимого имущества. Стоимость залога обычно превышает сумму кредита. Впервые учреждены в 15 в. во Франции ростовщиками, выходцами из Ломбардии.

ЛОМБРО́ЗО (Lombroso) Чезаре (1835–1909), итал. суд. психиатр и криминалист, родоначальник антропологич. направления – ломброзианства – в *криминологии* и уголов. праве. Выдвинул положение о существовании особого типа человека, предрасположенного к совершению преступлений в силу определ. биол. признаков.

Ч. Ломброзо.

ЛОМЕ́, столица (с 1960) Того. 366 т.ж. Порт в Гвинейском зал.; междунар. аэропорт. Нефтеперераб.,

Ломе. Здание Национального собрания.

хл.-очист. пром-сть. Ун-т. Нац. тоголезская театральная труппа. Нац. музей. Осн. в кон. 19 в. на месте одного из поселений эве. До 1-й мир. войны адм. ц. герм. владения Того, после войны адм. ц. Франц. Того.

ЛОМОНО́С (клематис), род многолетних трав или деревянистых р-ний (сем. лютиковые). Св. 250 видов, в умеренном и тёплом поясе гл. обр. Сев. полушария. В декор. целях используют Л. с вьющимися стеблями и крупными цветками разнообразной окраски (белые, сиреневые, фиолетовые и др.). Хорошо растут на солнечных, защищённых от ветра участках, на плодородных дренированных почвах, нейтральных или щелочных. Размножение – делением куста, черенками, прививкой, семенами. Цветут летом.

ЛОМОНО́СОВ Мих. Вас. (1711–1765), первый рос. учёный-естествоиспытатель мирового значения, поэт,

М.В. Ломоносов. Портрет работы неизвестного художника 18 в. Музей М.В. Ломоносова, Санкт-Петербург.

заложивший основы рус. лит. языка, художник, поборник отеч. просвещения, науки и экономики. Род. в д. Денисовка Архангельской губ. (ныне с. Ломоносово) в семье помора. В 19 лет ушёл учиться в Москву, затем учился в С.-Петербурге и Германии. Первый (с 1745) рус. академик Петерб. АН. В 1748 основал при АН первую в России хим. лабораторию. По инициативе Л. в 1755 основан Моск. ун-т (носит имя Л.). Развивал атомно-мол. представления о строении в-ва, утверждал, что теплота обусловлена движением «корпускул» (молекул). Сформулировал всеобщий принцип сохранения материи и движения. Заложил основы физ. химии. Изучал электричество и силу тяжести, природу цвета. Открыл атмосферу планеты Венера. Объяснил образование гор «трясением Земли», описал происхождение мн. полезных ископаемых и минералов. Опубл. руководство по металлургии и исследования по рус. истории. Указал на необходимость освоения Сев. мор. пути и Сибири. Реформатор стиха (вместе с В.К. Тредиаковским ввёл в рус. поэзию *силлабо-тоническое стихосложение*). Создатель рус. оды религ.- филос. и гражд. звучания. Автор поэм, поэтич. посланий, трагедий, сатир, фундам. филол. трудов и научной грамматики русского языка. Возродил иск-во мозаики, произ-во смальты, создал с учениками мозаичные картины.

ЛОМОНО́СОВ (до 1948 Ораниенбаум), г. (с 1780) в Ленингр. обл., пристань на Финском зал. Ж.-д. ст. (Ораниенбаум). 41,7 т.ж. Литейно-механич. з-д, ПО «Парус». Возник в нач. 18 в. Дворцово-парковый ансамбль 18 в.: Большой дворец, Верх. парк с Кит. дворцом, павильон «Катальная горка».

ЛОМОНО́СОВА ХРЕБЕ́Т, подвод. хребет в Сев. Ледовитом ок. Простирается от Новосибирских о-вов через центр. часть океана до о. Элсмир в Канад. Арктич. арх. на 1800 км, шир. 60–200 км, ср. выс. 3300–3700 м. Миним. глуб. над отд. вершинами 900 м.

ЛОНГ (Long) Маргерит (1874–1966), франц. пианистка, педагог. Пропагандировала музыку франц. импрессионистов и композиторов «Шестёрки». Организовала совм. с Ж. Тибо конкурс пианистов и скрипачей (1943; с 1946 — Международный имени М. Лонг – Ж. Тибо).

ЛО́НГА ПРОЛИ́В, между о. Врангеля и побережьем Азии. Соединяет Вост.-Сибирское и Чукотское моря. Дл. 128 км, наим. шир. 146 км, наим. глуб. 36 м. Б.ч. года покрыт льдами. Назван по имени капитана амер. китобойного судна Т. Лонга.

ЛОНГФЕ́ЛЛО (Longfellow) Генри Уодсуорт (1807–82), амер. поэт-романтик, учёный-филолог. В эпич. поэмах, балладах, лирике часто афористически-дидактич., сентиментальных, сочетавших как песенно-фольклорную, так и книжную традицию, обращался к истории США, ср.-век. легендам, христ. тематике, обличал рабство и религ. нетерпимость. Сб. «У моря и очага» (1849), «Перелётные птицы» (1858); поэмы «Евангелина» (1847), «Сватовство Майлза Стэндиша» (1858) и всемирно известная «Песнь о Гайавате» (1855), близкая к жанру нац. эпоса (основана на индейском фольклоре, в к-ром Л. видел один из истоков амер. нац. культуры).

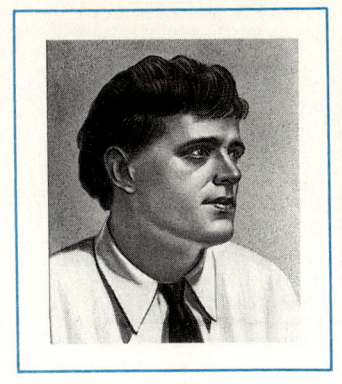

Ломоносов. Павильон «Катальная горка».

Дж. Лондон.

ЛО́НДОН (London) Джэк (1876–1916), амер. писатель. Неоромантич. повести (в т.ч. «Зов предков», 1903), рассказы о Севере (сб. «Сын волка», 1900, «Дети мороза», 1902, «Любовь к жизни», 1906) и произв. о жизни на море (ром. «Морской волк», 1904) сочетают поэзию суровой природы, бескорыстного мужества с изображением тяжёлых физич. и моральных испытаний, принимаемых часто ради обогащения. Просоциалистич. роман-утопия «Железная пята» (1908). Автобиогр. ром. «Мартин Иден» (1909) о судьбе писателя из народа, пришедшего к трагич. разочарованию в совр. цивилизации и её интеллектуальной элите. Как и его герой, покончил с собой.

ЛО́НДОН (Большой Лондон), столица (с 1707) Великобритании. 6,7 млн.ж. Порт в эстуарии Темзы, у Северного м. Междунар. аэропорты. Метрополитен (старейший в Европе, 1863). Междунар. финанс. центр. Маш-ние (авиа- и автостроение, эл.-техн., радиоэлектронное, судоремонт); бум., полиграф., хим., деревообр., швейная пром-сть. Ун-ты. Королев. академия драм. иск-ва, музыки, танца. Лондонское королей. об-во, Брит. академия и др. уч. и науч. учреждения. Св. 30 музеев, в т.ч. *Британский музей*, Нац. гал., гал. Тейт, Музей Виктории и Альберта, собр. Уоллес, Ин-т Кортолда (все худ.). Ок. 80 т-ров: «Ковент-Гарден», *Королевский шекспировский театр*, «Ройял Корт», «Друри-Лейн» и др. Первонач. Л.- кельтское поселение, с 1 в. рим. воен. лагерь, с сер. 4 в. значит. полит. центр рим. Британии, с нач. 7 в.- англосаксонского кор-ва. С кон. 11 - нач. 12 вв. офиц. столица Англии. Осн. р-ны собственно Л.- Сити, *Вестминстер,* Уэст-Энд, Ист-Энд. Включён в список *Всемирного наследия*.

Лондон. Вид города со стороны р. Темза. Слева – здание парламента.

Лондон. Смена караула английских и шотландских гвардейцев у Букингемского дворца.

ЛО́НДОНСКАЯ ШКО́ЛА политэкономии, сложилась в кон. 19 в. Основатель - У.С. Джевонс. Его последователи (Ф. Хайек, Л. Роббинс и др.) отстаивают свободу действия рыночных сил, выступают против широкого вмешательства гос-ва в экон. жизнь. Отд. идеи Л.ш. положены в основу экон. программы Консервативной партии Великобритании.

ЛО́НЖА (от франц. longe – аркан, верёвка) в цирке, приспособление, страхующее артистов во время исполнения опасных трюков.

ЛОПА́ТИН Герман Ал-др. (1845–1918), революционер-народник. С 1870 чл. Ген. совета 1-го Интернационала. Организатор побега П.Л. Лаврова (1870) и попытки освобождения Н.Г. Чернышевского (1871) из ссылки. С 1873 в эмиграции. В 1884 в России, глава Распорядит. комиссии «Нар. воли». На «Процессе 21-го» (1887) приговорён к вечной каторге. До 1905 в Шлиссельбургской крепости. Первый переводчик «Капитала» К. Маркса на рус. яз. Писал рев. стихи.

ЛО́ПЕ ДЕ ВЕ́ГА, см. *Вега Карпьо Л.Ф. де*.

ЛОПУ́Х (репейник), род двулетних трав (сем. *сложноцветные*). Ок. 10 видов, в Евразии. Растут на пустырях, сорных местах, вдоль дорог. Отвар корней Л.- старинное лекарств. средство (мочегонное, потогонное действие). Настой корней Л. на миндальном или оливковом масле (т.н. репейное масло) издавна используют для укрепления волос. Молодые корни и побеги Л. съедобны. Медоносы.

Лопух войлочный.

ЛОПУХО́В Фёд. Вас. (1886–1973), артист балета, балетмейстер, педагог. В 1922–56 (с перерывами) гл. балетмейстер Ленингр. т-ра оперы и балета имени С.М. Кирова. Пост.: «Величие мироздания» на музыку 4-й симф. Л. Бетховена (1923), «Ледяная дева» на музыку Э. Грига (1927), «Болт» на музыку Д.Д. Шостаковича (1931). В 1931–35 организатор и худ. руководитель балетной труппы Ленингр. Малого оперного т-ра, с 1962 - балет-

С. Лорен в фильме «Вчера, сегодня, завтра».

мейстерского отделения Ленингр. конс. Продолжая традиции рус. балета, обновлял классич. танец.

ЛОРД (англ. lord), в ср.-век. Англии первонач. земледелец (Л. манора, ленд-лорд), затем собират. титул англ. высш. дворянства; присваивался пэрам королевства, образующим палату лордов брит. парламента. С 19 в. титул Л. жалуется также представителям др. социальных групп, деятелям науки, культуры.

ЛОРДО́З (от греч. lordós – выгнутый), врождённое или приобретённое искривление позвоночника выпуклостью кпереди, часто в сочетании с др. искривлениями.

ЛОРЕ́Н (Loren) София (наст. фам. Шиколоне) (р. 1934), итал. киноактриса. Драм. и трагикомич. роли женщин из народа, неаполитанок и римлянок сыграла в фильмах реж. В. де Сика: «Золото Неаполя» и «Брак по-итальянски» (оба 1954), «Вчера, сегодня, завтра» (1963), «Подсолнухи» (1969). Много снималась в приключенч. фильмах, мелодрамах, в 1990 снялась в ф. «Суббота, воскресенье, понедельник».

ЛО́РЕНС (Lawrence) Дейвид Герберт (1885–1930), англ. писатель. Тема психол. отчуждения, разрыва взаимосвязи человека и мира, духовного омертвения как следствие индустриализации в отмеченных модернистскими тенденциями ром. «Сыновья и любовники» (1913), «Радуга» (1915,

в рус. пер.– «Семья Брэнгуэнов»), «Любовник леди Чаттерли» (1928). В кн. «Последние стихи» (опубл. в 1932) – поэтич. система мира, сплавляющая воедино многообразные проявления жизни. Пьесы, эссе, рассказы, путевые заметки.

ЛО́РЕНЦ (Lorenz) Конрад (1903–1989), австр. зоолог, один из создателей этологии. Разработал учение об инстинктивном поведении ж-ных (совм. с Н. Тинбергеном); ряд иссл. посвящён общим принципам поведе-

Х.А. Лоренц.

К. Лоррен. «Полдень». 1651. Эрмитаж.

ния, свойственным ж-ным и человеку, природе агрессивности и др. Автор популярных кн. «Кольцо царя Соломона» (1970), «Человек находит друга» (1971). Ноб. пр. (1973).

ЛО́РЕНЦ (Лорентц) (Lorentz) Хендрик Антон (1853–1928), нидерл. физик. Автор классич. электронной теории и электродинамики движущихся сред, в рамках к-рой объяснил мн. электрич. и магн. явления, в т.ч. расщепление спектральных линий в магн. поле. Близко подошёл к созданию *относительности теории*. Ноб. пр. (1902).

ЛО́РЕНЦА СИ́ЛА, сила (*f*), действующая на заряженную частицу, движущуюся в эл.-магн. поле; выражается установленной Х.А. Лоренцем в кон. 19 в. ф-лой $f = qE + q(v \times B)$ (в СИ), где *q*, *v* – заряд и скорость частицы соотв.; *E* – напряжённость электрич. поля; *B* – *магнитная индукция*; *x* – знак векторного произведения. Величина $v \times B$ представляет собой *вектор*, перпендикулярный *v* и *B*, равный по модулю величине $v \cdot B \sin\Theta$, где Θ – угол между *v* и *B*. Действие электрич. поля (первый член справа) сводится к ускорению заряженной частицы, а действие магн. поля (второй член справа) – к искривлению траектории частицы. На действии Л.с. основана работа ускорителей.

ЛО́РИС-МЕ́ЛИКОВ Мих. Тариелович (1825–88), рос. гос. деятель, граф (1878), ген. от кавалерии (1875). В ходе рус.-тур. войны 1877–78 фактически руководил воен. действиями на Кавказе. В 1880 пред. Верх. распорядительной комиссии – чрезвычайного гос. органа. В 1880–1881 мин. внутр. дел. Сочетал репрессии с уступками либер. общественности. Имп. Александром III уволен в отставку.

ЛОРРЕ́Н (Lorrain) (наст. фам. Желле) Клод (1600–82), франц. живописец и график. Представитель *классицизма*. В торжественные по композиции «идеальные пейзажи» вносил лиризм, мечтательно-элегич. настроение, тонкие эффекты освещения (серия «Времена суток»). Мастер рисунка и офорта.

ЛО́РЦИНГ (Lortzing) Альберт (1801–51), нем. композитор. Оперный певец и дирижёр в т-рах Германии и Австрии. Автор ок. 30 опер и зингшпилей. Б.ч. опер – комические, близкие нем. зингшпилю, в т.ч. «Царь и плотник, или Два Петра» (1837; о Петре I).

ЛОС-А́НДЖЕЛЕС, г. в США, шт. Калифорния. 3,5 млн.ж. (с пригородами св. 7 млн.ж.). Порт (грузооборот св. 25 млн. т в год) на Ю. Тихоокеанского побережья; междунар. аэропорт. Л.-А. вытянут с С. на Ю. более чем на 80 км. Гл. экон. центр Запада США. Крупнейший в стране центр авиаракетной пром-сти. Произ-во космич. летательных аппаратов. Маш-ние, а также нефтепераб., хим., полиграф., швейная пром-сть. Добыча нефти. Гл. центр кинопром-сти и видеобизнеса (Голливуд). Кр. центр науч. исследований. Ун-ты. Музей иск-ва графства Лос-Анджелес. Муз. центр. В окрестностях – примор. климатич. курорты. Туризм. Осн. в 1781 испанцами. До 1848 в составе Мексики.

ЛОС А́НХЕЛЕС (Los Angeles) Виктория де (р. 1923), исп. певица (сопрано). Выступала в крупнейших оперных т-рах мира и как камерная

певица. Лучшие партии: Манон, Чио-Чио-сан (в одноим. операх Ж. Массне, Дж. Пуччини), Эльза («Лоэнгрин» Р. Вагнера). Тонкий интерпретатор произв. М. де Фальи.

ЛО́СЕВ Ал. Фёд. (1893–1988), рос. философ и филолог. В русле традиций Платона и неоплатонизма, диалектики Шеллинга и Гегеля, феноменологии Гуссерля разрабатывал проблемы символа и мифа («Философия имени», 1927; «Диалектика мифа», 1930), диалектики худ. творчества, особенно антич. восприятия мира. В 1930–33 был репрессирован. Тр. по антич. эстетике (т. 1–7, 1963–88), философии, мифологии, лит-ре, филос. проблемам яз-знания, истории рус. философии и др. Переводчик произведений Аристотеля, Плотина, Прокла, Николая Кузанского.

ЛОСО́СИ, семейство рыб. Дл. от 50 см до 1,5 м. Пресноводные и проходные рыбы Сев. полушария. Ок. 30 видов, в т.ч. тихоокеанские Л. – *чавыча*, *кета*, *горбуша*, *кижуч*, *нерка* и др., настоящие, или благородные, Л. – *сёмга*, *кумжа*, *форели* и др., а также *гольцы*, *таймени* и др. Солёная икра Л. («красная») – деликатес. Ценный объект промысла; численность снижается.

ЛО́ССКИЙ Ник. Онуфриевич (1870–1965), философ, один из крупнейших представителей *интуитивизма* и *персонализма* в России. В 1922 выслан за границу; до 1945 жил в Чехословакии, в 1946–52 – в США. Гл. задачу философии видел в построении «теории о мире как едином целом» на основе прежде всего религ. опыта. Осн. соч.: «Обоснование интуитивизма» (1916), «Мир, как органическое целое» (1917), «Свобода воли» (1927), «Условия абсолютного добра» (1931), «Чувственная, интеллектуальная и мистическая интуиция» (1938), «История русской философии» (1951).

ЛОСЬ, млекопитающее (сем. *олени*). Длина тела до 3 м, высота в холке до 2,3 м, масса до 570 кг. У самцов большие лопатообразные рога. Обитает в лесах Евразии и Сев. Америки. Объект промысла (ради мяса, кожи, рогов). Проводятся опыты по одомашниванию. Живёт ок. 20 лет.

ЛОТ, в Библии племянник Авраама. После гибели г. Содом и превращения жены Л. в соляной столп (за то, что она при бегстве из Содома оглянулась, несмотря на запрет Бога) дочери Л., напоив его вином, вступили с ним в кровосмесительную связь, чтобы продолжить человеческий род.

ЛОТ (от нем. Lot – свинец, гиря), прибор для измерения глубины водоёма. Глубина определяется длиной вытравленного линя с грузом, замером гидростатич. давления у дна или временем прохождения отражённого от дна звука (гидроакустич. Л. – эхолот).

ЛОТ, в аукционной торговле партия товара, предлагаемого к продаже. Обычно обозначается номером, под к-рым товар перед *аукционом* был выставлен для осмотра.

ЛОТЕРЕ́Я (фр. lotteria, от lot – жребий), розыгрыш вещей или ден. сумм по билетам. Продажа лотерейных билетов – форма привлечения средств, часть из к-рых идёт на финансирование выигрышей, а другая – используется организаторами для коммерч., благотворит. и др. мероприятий.

ЛО́ТМАН Юр. Мих. (1922–93), литературовед, культуролог. С 1950 работал в Эстонии. Проблемы истов прозе «Песни Мальдорора» (1869) довёл до логич. предела линию «сатанинского» («чёрного») романтизма; в мотивы «вселенской скорби» ввёл «эстетику безобразного» (Ш. Бодлер), бросая вызов канонам морали. Выстраивая своего рода лирич. роман вокруг демонизированного двойника автора, исчадия ада, обличал «смертоносные миазмы», убожество, тоску и самонадеянность человеческого существования. В кн. «Стихотворения» (1870), ломая рамки прежней лит. роли, выдвигает критерий утилитарности поэзии. Радикальностью экспериментов (гротескно-метафорич. и иррациональная образность, контрастирующая со стилистич. отточенным поэтич. языком) предвосхитил мн. пути поэзии 20 в.

ЛОУ (Loewe) Фредерик (наст. фам. и имя Лёве Фриц) (1901–88), амер. композитор. По происхождению австриец. Мелодичная, ритмически своеобразная музыка Л. привлекает сплавом юмора и лиризма. Мюзиклы, в т.ч. «Моя прекрасная леди» (1956; экранизирован в 1964), киномузыка.

ЛОУЗИ (Losey) Джозеф (1909–84), англо-амер. режиссёр. С 1931 в т-ре. Пост. ф.: «Слуга» (1963), «Несчастный случай» (1967), «Посредник» (1971), «Романтическая англичанка» (1975), «Месье Кляйн» (1976) и др. Для Л. характерен интерес к социальной проблематике – поведению представителей разл. слоёв общества в условиях психол. давления и насилия.

ЛОУРЕ́НСИЙ (Lowrencium), Lr, искусств. радиоактивный хим. элемент III гр. периодич. системы, ат. н. 103; относится к *актиноидам*. Первое сообщение об открытии Л. сделал амер. физик А. Гиорсо с сотрудниками в 1961, достоверный синтез осуществил физик Г.Н. Флёров с сотрудниками в 1965–67 в СССР.

ЛО́УСОН (Lawson) Генри Арчибалд (1867–1922), писатель, зачинатель реалистич. и демокр. традиций в австрал. лит-ре. Стихи в духе нар. баллад (сб. «Всадники на горизонте», 1910), сб. рассказов «Покуда закипит котелок» (1896), «Шапка по кругу» (1907).

ЛО́УЭЛЛ (Lowell) Роберт (1917–1977), амер. поэт. «Исповедальная» лирика (сб. «Жизненные этюды», 1959, «Записные книжки», 1969, «История», 1973, «День за днем», 1977). Сочетает автобиографизм, интерес к семейной тематике и стремление осмыслить совр. нац. историю, самобичевание, отчаяние и религ. веру в нравств. исцеление.

ЛОХ, род деревьев и кустарников (сем. лоховые). Св. 50 видов, гл. обр. в Японии, Китае и Ю. Европы. В России 1 вид – Л. узколистный, произрастающий на Ю.-В. Европ. части, в Сибири. Широко используется в озеленении садов и парков наряду с Л. серебристым из Сев. Америки. Медонос. Экстракт из съедобных сладковатых плодов Л.- лекарств. (вяжущее) средство.

ЛО́ЦИЯ (от голл. loodsen – вести корабль), 1) раздел науки о судовождении, изучающий условия плавания в водных басс. 2) Навигац. пособие с подробным описанием особенностей определ. водного басс. (берега, навигац. опасности и др.).

ЛО́ШАДИ, род млекопитающих (сем. лошадиные). Длина тела до 2,8 м, высота в холке до 1,5 м, длина хвоста 40–50 см. К Л. относятся *зебры*, дикий осёл, *лошадь Пржевальского*, кулан, а также уничтоженный в 18–19 вв. *тарпан*. Обитают в Азии и Африке, в степях, пустынях и полупустынях. Держатся табунами. Способны бегать со скоростью 50–60 км/ч. Численность ряда видов сокращается, нек-рые находятся под охраной. Одомашнены примерно 5–6 тыс. лет назад. Осн. типы домашних Л.: верховая, упряжная и тяжеловозная; св. 200 пород. Разводят Л. в осн. как рабочих ж-ных, у нек-рых народов также для получения мяса (конина) и молока, из к-рого делают *кумыс*. Л. также используют в кавалерии и кон. спорте (русская рысистая, орловская рысистая и др.). Живут Л. ок. 25, иногда 40 и более лет. Рабочих и молочных Л. используют до 15–18 лет, племенных – до 18–20 и более лет.

ЛО́ШАДЬ ПРЖЕВА́ЛЬСКОГО, дикая лошадь. Длина тела ок. 2,3 м, высота в холке ок. 1,3 м. Открыта в 1878 в Центр. Азии Н.М. Пржевальским. Обитала в пустынях Джунгарии, там же в 1968 её видели (в естеств. условиях) последний раз. Сохранилась только в зоопарках и заповедниках, в т.ч. в Аскании-Нова.

ЛОЯ́ЛЬНОСТЬ (от франц. или англ. loyal – верный), 1) верность действующим законам, постановлениям органов власти (иногда только формальная, внешняя). 2) Корректное благожелательное отношение к кому-либо или чему-либо.

ЛСД (LSD, сокр. от нем. Lysergsäurediäthylamid), производное (диэтиламид) лизергиновой к-ты; обладает сильным галлюциногенным действием; наркотик.

ЛУА́НДА, столица (с 1975) Анголы. 1,5 млн. ж. Порт на Атлантич. ок.; междунар. аэропорт. Нефтепераб., хим. пром-сть. Музеи. Академия музыки (1956). Осн. в 1575 португальцами под назв. Сан-Паулу-ди-Луанда. Илл. см. на стр. 394.

ЛУБ, комплекс тканей высш. растений, к-рый включает живые проводящие элементы *флоэмы* и т.н. твёрдый Л. (лубяные волокна и твёрдые клетки-склереиды), выполняющий преим. арматурную и опорную функции и составляющий *лыко*.

ЛУБО́К (народная картинка), вид графики, изображение с подписью, отличающееся простотой и доступностью образов. Первоначально – вид нар. творчества. Откликался на полит. события; выполнялся в технике гравюры на дереве, меди, литографии и дополнялся раскраской от руки. Илл. см. на стр. 394.

ЛУБО́ЧНАЯ ЛИТЕРАТУ́РА, дешёвые нар. издания в России со 2-й половины 18 в. (вслед за нар. *лубком*) до 1918: переделки сказок, былин, рыцарских романов (о Бове

Лососи: 1 – сёмга, 1а – сёмга в брачном наряде; 2 – озёрная форель; 3 – каспийский лосось; 4 – микижа; 5 – горбуша, 5а – горбуша в брачном наряде.

Лось.

Лот. С. Вуэ. «Лот с дочерьми». 1633. Музей. Страсбур.

Лотос орехоносный, справа – плод.

Лошади. Русская рысистая.

394 ЛУВР

Луанда. Один из центральных кварталов.

Лубок. «Охотник медведя колет, а собаки грызут». Гравюра на дереве. Раскраска. Россия. 1-я пол. 18 в.

Королевиче), житий святых, ист. сказаний (о Куликовской битве), иногда произв. классиков; сб-ки анекдотов, песенники, сонники. Приобщала к чтению малообразованные слои народа. Сходные издания выходили во мн. странах.

ЛУВР в Париже, первонач. королев. дворец; возведён на месте замка в 16–19 вв. (арх. П. Леско, К. Перро и др.), с 1791 худ. музей; богатейшее собрание др.-егип., антич., зап.-европ. иск-ва.

ЛУГАНСК (в 1935–58 и в 1970–90 Ворошиловград), г., обл. ц. на Украине, при слиянии рр. Лугань и Ольховая. 504 т.ж. Ж.-д. уз. Маш-ние (в т. ч. тепловозостроение) и металлообработка, металлургич., лёгкая, хим.-фарм. пром-сть. 4 вуза. Музеи: краеведч., худ., В.И. Даля и др. Т-ры: драм., кукольный. Осн. в 1795.

ЛУГИНИН Вл. Фёд. (1834–1911), физикохимик, основатель первой в России термохим. лаборатории. Тр. по термохимии. Принимал деятельное участие во мн. обществ.-полит. начинаниях А.И. Герцена и Н.П. Огарёва.

ЛУГОВОЙ ВОЛК, то же, что *койот*.

ЛУДДИТЫ (англ. Luddites), участники первых стихийных выступлений против применения машин в ходе пром. переворота в Великобритании (кон. 18 – нач. 19 вв.). Назв. – от имени легендарного подмастерья Неда Лудда, к-рый якобы первым разрушил станок в безрассудной ярости.

ЛУЖЕНИЕ, покрытие тонким слоем олова металлич. изделий (посуды и др.) или полуфабрикатов (напр., проволоки) для защиты их от коррозии или для облегчения процесса пайки. Перед Л. обрабатываемую поверхность очищают и протравливают к-той.

ЛУИДОР [франц. louis d'or, от Louis – Луи (Людовик) и d'or – золотой], франц. зол. монета. Чеканилась в 1640–1795. Назв. в честь короля Людовика XIII.

ЛУК, род дву- и многолетних трав (сем. луковые). Ок. 500 видов, в Сев. полушарии, в т.ч. ок. 300 видов в Ср. Азии и на Кавказе. Все виды Л. съедобны. Луковицы и листья Л. богаты

Лук репчатый.

Лук-порей.

витамином С (в 10–15 раз больше, чем в лимонах); содержат также эфирные масла, фитонциды. Многие Л.– лекарств. (обеззараживающее и противоцинготное действие) и декор. р-ния. Как овощные культуры возделывают Л. репчатый, образующий круглую луковицу (в культуре св. 4 тыс. лет), Л.-шнитт и Л.-шалот, образующие мелкие луковицы; Л.-батун и Л.-порей, не образующие луковиц; многоярусный Л., образующий крупную луковицу в почве и 2–4 яруса возд. луковиц на стрелках. Урожайность Л. (ц с 1 га): листьев до 300, луковиц до 400.

ЛУКА, автор 3-го Евангелия в Новом Завете (Евангелие от Луки и Деяний апостолов (датируются кон. 1 в. н.э.), спутник апостола *Павла* (имя Л. многократно упоминается в посланиях Павла). Л., вероятно, греч. происхождения. Врачевал. Согласно легенде, умер мученической смертью. Символ Л.– бык.

ЛУКА ЛЕЙДЕНСКИЙ, Лукас ван Лейден (Lucas van Leyden) (1489 или 1494–1533), нидерл. живописец и гравёр. Портреты (автопортрет, ок. 1514), жанровые картины («Игра в шахматы», ок. 1508–10), гравюры («Коровница», 1510) отличаются смелым новаторством; в религ. композициях интерес к бытовым деталям сочетал со стилизацией в духе *маньеризма*.

ЛУКАН (Lucanus) Марк Анней (39–65), рим. поэт. Участник заговора против Нерона, покончил с собой по приказу императора. Ист.-героич. поэма в 10 кн. «Фарсалия, или О гражданской войне» (о падении республики в Риме в войне Цезаря с Помпеем) проникнута духом аристократич. оппозиции имп. режиму.

ЛУКАС (Lucas) Джордж (р. 1944), амер. кинорежиссёр. Пост. фантастич. ф. «ТНХ 1138» (1970), ретро-лента «Американские граффити» (1973), комич. сказка «Звёздные войны» (1977). Затем выступал как продюсер фильмов, тематически продолжавших «Звёздные войны».

ЛУКАЧ (Lukács) Дьёрдь (1885–1971), венг. литературовед и философ. Ученик Г. Зиммеля. От неокантианства перешёл к гегелевской философии («Теория романа», 1920) и затем к марксизму («История и классовое сознание», 1923). В 1919 нарком просвещения Венг. сов. республики. С 1929 в Москве, с 1945 в Венгрии. В 1956 входил в пр-во Имре Надя.

ЛУКАШЕНКО Ал-др Григ. (р. 1954), президент Белоруссии с июля 1994. С 1987 работал в Шкловском р-не Могилёвской обл., с 1987 дир. совх. «Городец». С 1990 нар. деп. Верх. Совета Белоруссии.

ЛУКИАН (ок. 120 – ок. 190), др.-греч. писатель-сатирик. Родом из Сирии. Вёл жизнь странствующего ритора-*софиста*. Филос. сатира (см. «*Мениппова сатира*»), направленная против традиц. почитания олимп. богов, филос. догматизма и житейских предрассудков, проникнутая влиянием *эпикуреизма*, скептицизма и философии киников («Разговоры богов», «Разговоры в царстве мёртвых»). Оказал влияние на сатирич. лит-ру Возрождения (Эразм Роттердамский, У. Гуттен, Ф. Рабле) и Просвещения (Вольтер, Дж. Свифт).

ЛУКРЕЦИЙ, Тит Лукреций Кар (Titus Lucretius Carus), рим. поэт и философ 1 в. до н.э. Поэма «О приро-

де вещей» – единств. систематич. изложение идей атомистич. философии Эпикура. Важнейшая тема поэмы – учение о смертности души.

ЛУКРЕЦИЯ БОРДЖА (Lucrezia Borgia) (1480–1519), дочь рим. папы Александра VI и сестра Чезаре Борджа. В 3-м замужестве – герцогиня Феррары; привлекала ко двору художников, поэтов.

ЛУКСОР, г. в Египте, в ср. течении р. Нил. На зап. окраине Л.– др.-егип. храм 15–13 вв. до н.э., грандиозный по пространств. композиции, торжественный по архит. формам, с колоннадами, колоссальными статуями, аллеей сфинксов.

Луксор. Храм Амона-Ра. Двор и колоннада фараона Аменхотепа III.

ЛУКУЛЛ (Lucullus) (ок. 117 – ок. 56 до н.э.), рим. полководец. Сторонник Суллы. Славился богатством, роскошью и пирами («лукуллов пир»).

ЛУКЬЯНЕНКО Пав. Пант. (1901–73), рос. селекционер. Вывел 15 высокоурожайных сортов озимой пшеницы (Аврора, Безостая 1, Кавказ и др.), разработал осн. параметры и модели её будущих короткостебельных сортов, а также ускоренные схемы селекции в специально оборудованных теплицах и камерах.

ЛУЛЛИЙ (латинизир. Lullius) Раймунд (ок. 1235 – ок. 1315), философ и теолог; основоположник и классик каталонской лит-ры. Тридцати лет, оставив жизнь придворного поэта, вступил в орден францисканцев. Миссионер, проповедовал в Сев. Африке, где, согласно легенде, претерпел мученическую смерть. Ок. 300 соч., гл. обр. на каталонском и араб. языках. В соч. «Великое искусство» разработал методы моделирования логич. операций и высказал идею логич. машины для их осуществления.

ЛУМУМБА (Lumumba) Патрис Эмери (1925–61), первый премьер-мин. (июнь – сент. 1960) независимой Респ. Конго (совр. Заир). Нац. герой Заира (1966). Основатель (1958) и руководитель партии Нац. движение Конго, требовавшей безоговорочного предоставления независимости Бельг. Конго. Убит.

ЛУНА, естеств. спутник Земли, ср. расстояние от Земли 384000 км, ср. диам. 3476 км, масса $7{,}35 \cdot 10^{22}$ кг ($1/81$ массы Земли). Л. практически лишена атмосферы. Поверхность Луны в осн. гориста, покрыта многочисленными кратерами метеоритного происхождения. Большие тёмные области условно называются морями, светлые – материками. Период обращения вокруг Земли (27,3 сут) равен периоду вращения вокруг своей оси, поэтому Л. постоянно повёрнута к Земле одной стороной; период смены

Луна. Море Дождей.

Лусака. Одна из центральных улиц.

Лу Синь.

фаз 29,5 сут. Л.— первое космич. тело (вне Земли), на к-рое ступила нога человека (1969, Н. Армстронг и Э. Олдрин; всего на Л. было осуществлено 6 эксп. в 1969—72 на «Аполлоне», США).

«ЛУНА́», автоматич. межпланетные станции для изучения Луны и космич. пространства. Созданы в СССР. Макс. масса при посадке на Луну 1,88 т. В 1959—77 полёты 24 «Л.»: «Л.-9» — первая мягкая посадка на Луну (1966); «Л.-10» — первый иск. спутник Луны (1966); «Л.-17» доставила на Луну первый лунный самоходный аппарат (1970).

ЛУНАТИ́ЗМ, то же, что *сомнамбулизм*.

ЛУНАЧА́РСКИЙ Анат. Вас. (1875—1933), полит. деятель, писатель, критик. Чл. редакций большевистских газ. «Вперёд», «Пролетарий». Участник Окт. рев-ции (Петроград). С 1917 нарком просвещения. В 1933 назначен полпредом в Испании. Один из организаторов сов. системы образования. Работы по философии марксизма (в нек-рых — богостроительные идеи). Статьи о рус. и зап.-европ. лит-ре, театре, изобразит. иск-ве; способствовал выработке принципов социалистич. реализма. Пьесы.

ЛУ́НДКВИСТ (Lundkvist) Артур (1906—91), швед. писатель. В стихах («Обнажённая жизнь», 1929) утверждал непреходящую ценность первооснов человеческого бытия. В ром. «Вальс в Виндинге» (1956) о деревне, ист. ром. «Жизнь и смерть вольного стрелка» (1970), новеллах — переплетение реалистич. и модернистских черт.

ЛУНДСТРЕ́М Олег Леонидович (р. 1916), эстрадный дирижёр. Организовал джаз-оркестр в Харбине (1934), с к-рым переехал в Шанхай (1936), затем в Казань (1947). С 1956 худ. руководитель и гл. дирижёр эстрадного орк. Росконцерта (Москва, ныне Концертный орк. джазовой музыки). Автор джазовых композиций.

ЛУНИ́, род хищных птиц (сем. ястребиные). Дл. 41—60 см. На боках головы подобие лицевого диска, как у сов. Полёт медленный, низко над землёй. 9 видов, в т.ч. полевой, болотный Л. Распространены широко, кроме полярных областей. Обитают на открытых местах, иногда близ водоёмов. Добычу (грызуны, ящерицы, птенцы) высматривают в полёте.

ЛУ́ННЫЙ КА́МЕНЬ, ценный *поделочный камень*. Разновидность полевого шпата любого состава. Прозрачный, бесцветный с нежным синевато-голубым отливом. Лучшие по качеству Л.к. известны в м-ниях Шри-Ланки, а также в Юж. Индии, США (шт. Виргиния), Мьянме.

ЛУНЦ Лазарь Адольфович (1892—1979), рос. юрист. Основополагающие тр. в области *международного частного права*.

ЛУ́ПА (от франц. loupe), оптич. прибор для рассматривания мелких объектов, плохо различимых глазом. Простейшая Л. представляет собой собирающую *линзу* или систему 2—3 линз с небольшим фокусным расстоянием, увеличивает в 2—40 раз. Голл. учёный А. Левенгук (1677) за счёт качества шлифовки стекла создал набор Л. с увеличением 150—300 (по традиции наз. «микроскоп» Левенгука).

ЛУРИСТА́НСКИЕ БРО́НЗЫ, бронз. худ. изделия (оружие, украшения конской сбруи, одежды) из погребений 2-й пол. 2-го — 1-й пол. 1-го тыс. до н.э. в Луристане (Зап. Иран).

ЛУСА́КА, столица (с 1964) Замбии, на выс. 1280 м. 982 т.ж. Междунар. аэропорт. Цем., швейные, хим., автосборочные пр-тия. Ун-т. Музеи. Т-р. Осн. в 1905 как станция строившейся жел. дороги. В 1935—64 адм. ц. брит. протектората Сев. Родезия.

ЛУ СИНЬ (наст. имя Чжоу Шужэнь) (1881—1936), кит. писатель. Сб-ки рассказов о жизни бедняков «Клич» (1923) и «Блуждания» (1926) отмечены влиянием А.П. Чехова и М. Горького. Пов. «Подлинная история А-Кью» (1921) о трагедии «маленького человека». Сб-ки стихотворений в прозе «Дикие травы» (1927), сатирико-героич. сказок «Старые легенды по-новому» (1936). Публицистика, в т.ч. кн. «Горячий ветер» (1925), «Инакомыслящий» (1932), «Книга о лжесвободе» (1933), «Краткая история китайской прозы» (1933), переводы.

ЛУСПЕКА́ЕВ Пав. Бор. (1927—70), актёр. На сцене с 1950. В 1959—64 в Ленингр. Большом драм. т-ре. Актёр мощного темперамента, игре свойственны органичность, эмоц. яркость: Галлен («Скованные одной цепью» Н. Дугласа и Г. Смита, 1961), Нагульнов («Поднятая целина» по М.А. Шолохову, 1965). Снимался в ф. «Белое солнце пустыни» (1970) и др.

ЛУТФИ́ (1366/67—1465/66), узб. поэт. Жил в Герате. В юности изучал светские науки, позднее увлёкся учением *суфизма* и вёл уединённую жизнь аскета. По заказу султана Шахруха предпринял изложение стихами биографии Тимура «Зафар-наме»; работу не окончил, рукопись не сохранилась, как и рукопись романтич. поэмы «Гуль и Навруз». Мастер староузб. *газели*.

ЛУЧ (матем.), часть прямой, расположенная по одну сторону от к.-л. точки этой прямой и включающая эту точку.

ЛУЧ (физ.), линия, вдоль к-рой распространяется поток энергии волны, испущенной в определ. направлении источником света (световой Л.) или звука (звуковой Л.). В однородной среде Л.— прямая (что, напр., используется в Др. Египте при строит. работах). В среде с плавно изменяющимися характеристиками (напр., атмосфере или океане) Л. искривляется. Этим объясняются оптич. миражи в пустынях, акустич. зоны молчания и т. п.

ЛУЧЕВА́Я БОЛЕ́ЗНЬ, возникает при воздействии на организм ионизирующих излучений, превышающих предельно допустимые дозы. Выделяют острую и хронич. Л.б. Проявляется гл. обр. поражением органов кроветворения, нерв. системы, желудочно-кишечного тракта.

ЛУЧЕВА́Я ТЕРАПИ́Я, применение ионизирующих излучений с леч. целью. Источниками излучений служат генерирующие их устройства и радиоактивные препараты. Включает альфа-, бета-, гамма-, рентгенотерапию и др., используемые гл. обр. для лечения злокачеств. опухолей.

ЛХА́СА, г. в Китае, адм. ц. Тибетского авт. р-на, на Тибетском нагорье, на выс. св. 3 тыс. м. Ок. 107 т.ж. Ремёсла. Осн. в 7 в. тибетским царём Сронцзангамбо. Религ. центр ламаизма. Дворец-монастырь Потала (б. резиденция далай-ламы; изв. с 7 в.; совр. облик восходит к 16—17 вв.). Монастырь Джоканг (7 в.).

ЛЫ́ЖИ. Различают Л. скользящие (полозообразная форма и загнутый кверху носок) — спортивные, туристские, охотничьи, специальные (напр., самолётные), водные и т.д., и ступающие (дерев. обод с сеткой из гибкой лозы или ремней). Появились у сев. племён в эпоху неолита.

ЛЫ́ЖНЫЙ СПОРТ, включает гонки на разл. дистанции, прыжки с трамплина, двоеборье (гонки и прыжки), *горнолыжный спорт*, *фристайл*. Зародился в Норвегии в 18 в. Первые лыжные клубы в России организованы в 1895. В 1924 осн. Междунар. федерация Л.с. (ФИС); объединяет св. 60 стран. Чемпионаты мира с 1925 (официально с 1937); в программе Олимп. игр с 1924. Илл. см. на стр. 396.

ЛЫ́КО, внутр. (лубяной) слой коры молодых лиственных деревьев (до

Лхаса. Дворец-монастырь Потала.

396 ЛЫСЕ

Лыжный спорт.

10 лет), чаще липы и ивы. Из Л. плетут корзины, короба и др. изделия, раньше – лапти.

ЛЫСЕ́НКО Ник. Вит. (1842–1912), композитор, пианист, хоровой дирижёр. Основоположник укр. композиторской школы. 10 опер, в т.ч. лирико-бытовая «Наталка Полтавка» (1889), героич. нар. драма «Тарас Бульба» (1890), опера-сатира «Энеида» (1910).

ЛЫСЕ́НКО Троф. Денисович (1898–1976), агроном, создатель псевдонауч. «мичуринского учения» в биологии в СССР. Отрицая классич. генетику (т.н. менделизм-морганизм) как «идеалистическую» и «буржуазную», утверждал возможность наследования приобретённых признаков, «перерождения» одного вида в другой и др. Многочисленные практич. рекомендации Л. для с. х-ва (сверхскоростное выведение новых сортов и др.) были несостоятельны и нанесли большой экон. ущерб. С 30-х гг. по 1964 (особенно после сессии ВАСХНИЛ 1948) деятельность Л. поддерживалась И.В. Сталиным и затем Н.С. Хрущёвым, а его «марксистское» учение и практич. рекомендации, как направленные на рев. переделку природы и сулившие быстрое решение продовольств. проблемы, внедрялись административно. В результате монополизма Л. и его сторонников (т.н. лысенковщины) были разгромлены науч. школы в генетике, ошельмованы честные учёные, деградировало биол. и с.-х. образование, затормозилось развитие биологии и с. х-ва.

ЛЬВОВ Ал. Фёд. (1798–1870), рос. скрипач, композитор, дирижёр. Дир. Придворной певч. капеллы в 1837–1861. Автор музыки гимна «Боже, царя храни» (1833) и др. соч.

ЛЬВОВ Георг. Евг. (1861–1925), князь, крупный помещик. Деп. 1-й Гос. думы. Пред. Всерос. земского союза, один из рук. «Земгора». В марте – июле 1917 глава Временного пр-ва. После Окт. рев-ции в эмиграции, в 1918–20 глава Рус. полит. совещания в Париже.

ЛЬВОВ Ник. Ал-др. (1751–1803/04), архитектор, поэт, музыкант. Представитель классицизма в России: почтамт в С.-Петербурге (1782–89), собор в Торжке (1785–1796), усадебные ансамбли (с. Никольское около Торжка, 1789–1804). Составил одно из первых нотных собраний нар. песен (совм. с И. Прачем; СПб., 1790); вступит. статья к нему – первый рус. трактат о нар. песне. Автор либретто комич. опер. Стихи, поэмы в духе сентиментализма, переводы.

ЛЬВОВ, г., обл. ц. на Украине, на р. Полтва. 802 т.ж. Ж.-д. уз. Маш-ние и металлообработка (автобусы, с.-х. машины, теле-, радиоаппаратура, станки, приборы и др.); лёгкая, полиграф., нефтеперераб., хим. и хим.-фарм., стек. пром-сть. 10 вузов (в т.ч. ун-т). Зап. науч. центр АН Украины. Консерватория (1939). Музеи: этнографии и худ. промыслов, укр. иск-ва, нар. архитектуры и быта, картинная гал. и др. 4 т-ра, в т.ч. оперы и балета имени И. Франко (1940), укр. драм. имени М. Заньковецкой, для детей и юношества. Изв. с 1256. С 14 в. в Польше, с 1772 в Австрии (наз. Лемберг), с 1918 в Польше, с 1939 в УССР. На пл. Рынок – кафедральный собор (14–15 вв.), капеллы Боимов и Кампианов (обе 17 в.), часовня Трёх святителей (16 в.), «Чёрная каменица» (кон. 16 – нач. 17 вв.). Собор Св. Юра (18 в.).

ЛЬГО́ТА, предоставление к.-л. преимуществ, частичное освобождение от выполнения установленных правил, обязанностей или облегчение условий их выполнения, напр. налоговые Л.

ЛЬЕЖ, г. в Бельгии, на р. Маас. 196 т.ж. Порт (каналом связан с Антверпеном). Металлургия и металлообработка, хим., стек. пром-сть; про-из-во охотничьего и спорт. оружия. Ун-т. Музеи: Королев. опера Валлонии (1980). Резиденция епископа (с 8 в.), центр церковного кн-ва (до кон. 18 в.). В Старом городе на левом возвышенном берегу Мааса – готич. собор (13–15 вв.), Дворец князей-епископов (10–16 вв.; ныне Дворец юстиции), церкви, б. Мясные ряды (1545).

ЛЬЮ́ИС (Lewis) Гилберт Ньютон (1875–1946), амер. физикохимик, основатель науч. школы. По хим. термодинамике. Предложил электронную теорию хим. связи (1912–16) и одну из совр. теорий к-т и оснований (1923). Впервые получил тяжёлую воду (1933, совм. с амер. учёным Р. Макдональдом).

ЛЬЮ́ИС (Lewis) Карл (р. 1961), амер. спортсмен. Один из сильнейших в мире спринтеров и прыгунов в длину в сер. 80-х – нач. 90-х гг.; 8-кратный Олимп. чемпион (1984 –

Львов. В старой части города. На заднем плане – костёл бернардинцев. 17 в.

бег 100 м, 200 м, эстафета 4×100 м, прыжки в длину; 1988 – бег 100 м, прыжки в длину; 1992 – эстафета 4×100 м, прыжки в длину).

ЛЬЮ́ИС Синклер (1885–1951), амер. писатель. Ром. о среднем классе Америки: «Главная улица» (1920) о заштатном городке и протесте молодой девушки против обывательщины; сатира «Бэббит» (1922) – социол. «исследование» безыдейного существования процветающего дельца; «Эрроусмит» (1925, совм. с П. де Крайфом) о трудном пути к признанию молодого учёного. Ром. «У нас это невозможно» (1935) об угрозе фашизма в США. Ноб. пр. (1930).

ЛЮ́БЕК, г. в Германии. 216 т.ж. Порт на Балт. м. Маш-ние, металлургия; деревообр. пром-сть. Консерватория. Музеи: Св. Анны, иск-ва и истории культуры, т.н. Дом Бена. Осн. в 12 в. С 1226 вольный имперский город; возглавлял Ганзу. В 1815–1937 вольный город. Постройки нем. т.н. кирпичной готики: собор (1173–14 в.), ратуша (13–16 вв.), крепостные ворота Бургтор (1444) и Хольстентор (1466–78).

ЛЮ́БЕЧ, др.-рус. город (ныне пос. гор. типа в Черниговской обл., Украина). Остатки укреплений, посада, замка с дерев. дворцом 11–12 вв.

ЛЮБИ́МОВ Юр. Петр. (р. 1917), режиссёр, актёр, педагог. С 1946 в Т-ре имени Евг. Вахтангова. В 1964–84 и с 1989 худ. рук. Моск. т-ра драмы и комедии на Таганке (ныне Моск. т-р на Таганке). В режиссёрской практике исходит из идей Е.Б. Вахтангова, В.Э. Мейерхольда, Б. Брехта. Спектакли: «Добрый человек из Сезуана» Брехта (1964), «А зори здесь тихие» по Б. Васильеву и «Гамлет» У. Шекспира (оба 1971), «Мастер и Маргарита» по М.А. Булгакову (1977), «Дом на набережной» по Ю.В. Трифонову (1980), «Поэт Владимир Высоцкий» (1981, 1988), «Борис Годунов» А.С. Пушкина (1982, 1988), «Доктор Живаго» Б.Л. Пастернаку и произв. рус. поэзии (1993) и др. Полемич. острота и открытый гражд. пафос постановок Л. привели к запретам властей и в 1984–89 он был лишён сов. гражданства. С 1988 совмещает работу в Т-ре на Таганке и за рубежом. Снимался в т/ф «Всего несколько слов в честь господина де Мольера» (1973) и др.

ЛЮ́БКА, род многолетних трав (сем. орхидные). Св. 50 (по др. данным, до 200) видов. В Сев. полушарии. В России 8 видов. Наиб. распространена Л. двулистная (ночная фиалка), растущая на опушках и полянах в лесах. Цветки белые, в рыхлых кистях, с приятным запахом, усиливающимся к ночи (отсюда второе назв.) и перед дождём. Молодые клубни (т.н. салеп) применяют с леч. целью как обволакивающее средство. Декор. р-ние, нуждается в охране.

ЛЮБЛЯ́НА, столица Словении. 276 т.ж. Междунар. аэропорт. Маш-ние; хим., фарм., лёгкая, деревообр., бум., полиграф. пром-сть. Словен. академия наук и иск-в, ун-т. Словен. филармония (1702). Нац. и университетская б-ки. Музеи: нац., этногр., гор. нар. гал., Совр. нац. Туризм, междунар. ярмарки. Как словен. поселение Л. изв. с 1144. Со 2-й пол. 13 в. Л. (нем. Лайбах) – город, адм. ц. Крайны. В 1335–1918 (с перерывом в 1809–13, когда Л. была адм. ц. Иллирийских пров.) под властью Габсбургов. С 1918 – столица Словении. На холме – замок Град (9–19 вв.), Дворец епископа (1512–1733), собор Св. Николая (1700–19 гг.), «Фонтан словенских рек» (1751).

ЛЮБО́ВЬ, интимное и глубокое чувство, устремлённость на другую личность, человеческую общность или идею. В древней мифологии и поэзии – космич. сила, подобная силе тяготения. У Платона и в платоновских употреблении платонич. Л. – это Л., свободная от чувств. влечения. Половая Л. в совр. её форме индивидуально-избират. чувства – результат длительного ист. развития человеческой Л.-эрос – побудит. сила духовного восхождения; в обыденном словоупотреблении платонич.

«ЛЮБОМУ́ДРЫ», участники филос.-лит. кружка в Москве «Общество любомудрия» (1823–25): В.Ф. Одоевский, Д.В. Веневитинов, И.В. Киреевский, А.И. Кошелев, С.П. Шевырёв и др. Знаток соч. Б. Спинозы, И. Канта, И.Г. Фихте, Л. Окена и особенно Ф.В. Шеллинга, сыграли заметную роль в разработке диалектики и философии иск-ва в России. Издавали альманах «Мнемозина» (4 части, 1824–25).

ЛЮБШИ́Н Стан. Анд. (р. 1933), актёр. На сцене с 1959. С 1980 во МХАТе (с 1989 МХАТ имени А.П. Чехова). Игру отличают психологизм и острый драматизм, нервная импульсивность. Л. тяготеет к «сгущению красок», концентрированному выражению сути образа: Шаманов («Прошлым летом в Чулимске» А.В. Вампилова, Моск. т-р имени М.Н. Ермоловой, 1974), Тартюф («Тартюф» Мольера, 1981), Князь Теймураз Хевистави («Обвал» по М. Джавахишвили, 1984) и др. Снимался в ф.: «Мне двадцать лет» (1965), «Позови меня в даль светлую» (1978, реж. Л., совм. с Г.Н. Лавровым), «Пять вечеров» (1979) и др.

ЛЮДО́ВИК IX (Louis) Святой (1214–70), франц. король с 1226, из династии Капетингов. Осуществил реформы по централизации гос. управления. Заключил договор 1259 с англ. королём, по к-рому Англия отказывалась от притязаний на Нормандию и др. франц. территории. Возглавил 7-й (1248) и 8-й (1270) крестовые походы (умер во время последнего). Канонизирован в 1927.

ЛЮДО́ВИК XIV (1638–1715), франц. король с 1643, из династии Бурбонов. Стал править самостоятельно после смерти (1661) первого мин. Франции кардинала Дж. Мазарини. Л. XIV явился олицетворением франц. абсолютизма (ему приписывают выражение: «Государство – это я»). Опираясь на мин. финансов Ж.Б. Кольбера, добивался макс. эффективности в проведении политики меркантилизма. Были созданы кр. воен. флот, сильная армия, заложены основы франц. колон. империи (в Канаде, Луизиане и Вест-Индии). С целью осуществления гегемонии Франции в Европе Л. XIV вёл многочисленные войны (Деволюционная война 1667–68, война за Исп. наследство 1701–14 и др.).

ЛЮДО́ВИК XVI (1754–93), франц. король в 1774–92, из династии Бурбонов. В условиях острого кризиса абсолютизма созвал Генеральные штаты (сословно-представит. учреждение, созд. в 1302, не созывалось с 1614), удвоив число представителей

Людовик XIV. Фрагмент картины, приписываемой Ф. Маро (1666–1719). Музей Версаля.

3-го сословия. Однако этот созыв послужил толчком к Французской революции кон. 18 в., в ходе к-рой он был низложен. Осуждён Конвентом и казнён.

ЛЮКА́РНА (франц. lucarne, от лат. lucerna – светильник), оконный проём в чердачной крыше или купольном покрытии. Л., имеющие декор. значение, снаружи часто украшены наличниками, лепными обрамлениями и т.п.

Люкарна.

ЛЮКС (от франц. luxe – роскошь, великолепие), обозначение лучших по оборудованию, уровню обслуживания и т.п. магазинов, гостиниц, ателье и др.

ЛЮКСЕМБУ́РГ (Великое герцогство Люксембург), гос-во в Зап. Европе. Пл. 2,6 т. км². Нас. 392 т.ч.; люксембуржцы (71%), португальцы (10%), итальянцы (5%) и др. Наиболее употребляемые языки – французский, люксембургский, немецкий. Верующие преим. католики. Л. – конституц. монархия во главе с вел. герцогом. Законодат. орган – двухпалатный парламент (Гос. совет и Палата депутатов). Столица – Люксембург. Ден. единица – люксембургский франк.

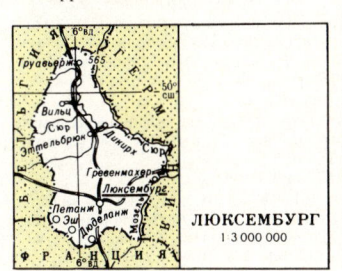

ЛЮКСЕМБУРГ
1 3 000 000

Поверхность – холмистая равнина, на С. – отроги Арденн (выс. до 565 м). Климат умеренно морской. Кр. река – Мозель. Ср. темп-ры янв. 0–2 °C, июля 18 °C; осадков 700–750 мм в год. Широколиств. леса (в осн. в Арденнах).

В ср. века часть графства (с 14 в. герцогства) Л., входившего в Нидерланды (исторические). С 1815 Вел. герцогство (в совр. границах с 1839, до 1890 в личной унии с Нидерландами). В 1842–1919 в таможенной унии с Германией. С 1921 Л. находится в экон. (в т.ч. таможенном) союзе с Бельгией.

Л. – индустр. страна. ВНП на д. нас. 31080 долл. в год. Осн. отрасль пром-сти: чёрная металлургия (одно из первых мест в мире по выплавке стали на душу нас.); произ-во и экспорт синтетич. волокон, автомоб. покрышек, машин и оборудования, текстиля. Иностр. туризм. Кр. междунар. финанс. и банковский центр. В с. х-ве – мясо-молочное жив-во; виногр-во; цветоводство.

ЛЮКСЕМБУ́РГ, столица гос-ва Люксембург. 75 т.ж. Трансъевроп. трансп. узел; междунар. аэропорт. Междунар. финанс. центр. Металлургия и металлообработка, пр-тия лёгкой и пищ. пром-сти. Консерватория (с 1969). Нац. музей. Муниципальный т-р (1869). Осн. в 963. Руины рим. дозорной башни, капелла Сен-Кирен (6 в., 15 в.), готич. церк. Сен-Мишель (1519), собор Нотр-Дам (в осн. 17 в.).

ЛЮЛЛИ́ (Lully) Жан Батист (1632–87), франц. композитор. По происхождению итальянец. Основоположник франц. оперы, создатель жанра лирической трагедии: «Тезей» (1675), «Армида» (1686) и др. Музыка к комедиям-балетам Мольера. Выступал как драм. артист и танцовщик. С 1672 руководитель, композитор, дирижёр «Королев. академии музыки» (см. *Парижская опера*).

ЛЮ́ЛЬКА Арх. Мих. (1908–84), конструктор. Один из инициаторов работ по *турбореактивным двигателям* (ТРД) в СССР; создал первый отеч. ТРД ТР-1 (1947) и ряд др. (гл. обр. для самолётов П.О. Сухого).

ЛЮМБА́ГО (лат. lumbus – поясница) (прострел), приступы сильной боли в пояснице, ограничивающие движения в пояснично-крестцовом отделе позвоночника; чаще вследствие остеохондроза межпозвоночных дисков.

ЛЮ́МЕТ (Lumet) Сидни (р. 1924), амер. режиссёр. Работал в т-ре и на ТВ. В кинодебюте «Двенадцать разгневанных мужчин» (1957) проявились осн. черты его режиссёрского стиля: склонность к замкнутому пространству, к ситуации нравств. поединка, к темпераментной манере. Обращался к экранизации («Вид с моста», 1961; «Чайка», 1968), работал в жанре криминального фильма («Серпико», 1973; «Убийство в Восточном экспрессе», 1974), социальной драмы («Вердикт», 1982).

ЛЮМИНЕСЦЕ́НТНАЯ ЛА́МПА, газоразрядный источник света низкого давления, световой поток к-рого определяется в осн. свечением *люминофоров*, возникающим под действием УФ-излучения электрич. разряда (обычно дугового). Наиб. распространены ртутные Л.л. Световая отдача до 85 лм/Вт; срок службы до 15–18 тыс. ч. Применяются гл. обр. для общего и местного освещения.

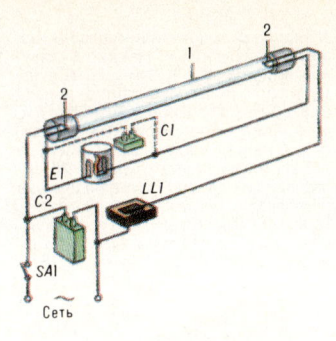

Люминесцентная лампа. Внешний вид и схема её включения: 1 – стеклянная трубка; 2 – электроды; Е1 – стартёр; С1 и С2 – конденсаторы; LL1 – дроссель; SA1 – выключатель.

ЛЮМИНЕСЦЕ́НЦИЯ (от лат. lumen, род. п. luminis – свет, суффикс -escent означает слабое действие), «холодное» свечение в-в (в отличие от всегда существующего теплового излучения), возбуждаемое светом, радиоактивными излучениями, рентгеновскими излучениями, электрич. полем, а также возникающее при хим. реакциях и механич. воздействиях. Примеры Л. – свечение гниющего дерева, нек-рых насекомых (*биолюминесценция*), экрана телевизора, ламп дневного света. Л., продолжающаяся длительное время после прекращения возбуждения, наз. фосфоресценцией, кратковрем. Л. – флуоресценцией.

ЛЮМИНОФО́РЫ, органич. и неорганич. в-ва, способные светиться под воздействием разл. факторов (см. *Люминесценция*). Используют для изготовления телевизионных и др. светящихся экранов, индикаторов, люминесцентных красок, ламп дневного света, в нек-рых видах анализа в-в, в качестве активной среды лазеров и т.д.

ЛЮ́МПЕН-ПРОЛЕТАРИА́Т (от нем. Lumpen – лохмотья), термин введён К. Марксом для обозначения низш. слоёв пролетариата. Позднее «люмпенами» стали наз. все деклассированные слои населения (бродяги, нищие, уголов. элементы и др.). «Люмпенизация об-ва» означает увеличение доли этих слоёв в населении и распространение психологии люмпенов в условиях социального кризиса.

ЛЮМЬЕ́Р (Lumière) Луи Жан (1864–1948), франц. изобретатель. В 1895 совм. с братом Огюстом (1862–1954) создал аппарат для съёмки и проецирования на экран «движущихся фотографий» – первый практически пригодный киноаппарат (получил назв. «кинематограф»). Первая программа Л., показанная 29.12.1895, включала сцены, снятые с натуры, ряд жанровых эпизодов. Выпускали фильмы до 1898, затем занимался кинотехникой.

ЛЮНЕ́Т (люнетта) (франц. lunette, букв. – лунка), арочный проём в своде или стене, ограниченный снизу горизонталью. В сквозных Л. помещаются окна, глухие – украшаются живописью и скульптурой.

ЛЮПИ́Н, род одно- и многолетних трав, полукустарников, редко кустарников (сем. бобовые). Ок. 100 видов, в умеренных поясах обоих полушарий. Выращивают повсеместно более 10 видов, в т.ч. Л. жёлтый, белый, Л. узколистный. Кормовое

Люнет.

(300–400 ц с 1 га зелёной массы) и декор. р-ние, сидерат.

ЛЮ́ТЕР (Luther) Мартин (1483–1546), деятель Реформации в Германии, начало к-рой положило его выступление (1517) в Виттенберге с 95 тезисами, отвергавшими осн. догматы католицизма. Основатель лютеранства (см. в ст. *Протестантизм*).

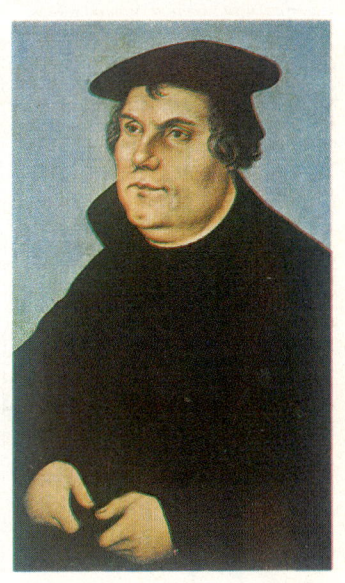

М. Лютер. Портрет работы Лукаса Кранаха. Курпфальцский музей. Гейдельберг.

Перевёл на нем. яз. Библию, утвердив нормы общенем. лит. языка.

ЛЮТЕ́ЦИЙ (Lutetium), Lu, хим. элемент III гр. периодич. системы, ат.н. 71, ат.м. 174,967; относится к *редкоземельным элементам*; металл. Открыт франц. химиком Ж. Урбеном в 1907.

ЛЮ́ТИК, род трав (сем. лютиковые). Св. 600 видов, по всему земному шару, но преим. в умеренном поясе Сев. полушария, гл. обр. на сырых лугах и в лесах. Цветки одиночные или в соцветиях, обычно жёлтые, иногда белые, редко красные. Листья и стебли Л. содержат ядовитые гликозиды, вызывающие раздражение слизистых оболочек и кожи. Нек-рые декоративны.

ЛЮ́ТНЯ (польск. lutnia, от араб. аль-уд, букв. – дерево), струн. щипковый муз. инстр-т арабо-иран. происхождения. В Европе распростра-

Лютня.

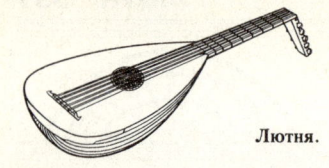

нился со времён араб. завоевания Испании (с 8 в.).

ЛЮТОСЛА́ВСКИЙ (Lutosławski) Витольд (1913–94), польск. композитор. В произв. – черты *неоклассицизма*, элементы *додекафонии*, *сонорики*, *алеаторика*. 3 симф., «Венецианские игры» для орк. (1960), Траурная музыка для струн. орк. (памяти Б. Бартока, 1960) и др. Гастролировал как пианист и дирижёр.

ЛЮ́ФФА, род однолетних трав (сем. тыквенные). 5–8 видов, в тропиках и субтропиках. 2 вида издавна в культуре (в Китае с 6 в. до н.э.), в т.ч. на Кавказе и в Ср. Азии. Молодые завязи съедобны, зрелые плоды дают т.н. растит. губку (идёт на мочалки, изготовление шляп, корзин и др.). Семена содержат техн. масло.

ЛЮЦЕ́РНА, род одно- и многолетних трав или полукустарников (сем. бобовые). Ок. 100 видов, в Евразии и Африке. Многие из них в культуре (на всех континентах). В России (Сев. Кавказ, Поволжье, Юж. Сибирь) выращивают (часто в смеси со злаками) Л. синюю, Л. жёлтую и др. – кормовые травы (за 2 укоса 60–90 ц сена с 1 га).

Люцерна посевная (синяя).

ЛЮЦИФЕ́Р, в христ-ве падший ангел, дьявол.

ЛЮ ШИКУ́НЬ (р. 1939), кит. пианист. Совершенствовался в России. 2-я пр. на Междунар. конкурсе им. П.И. Чайковского (1958). В период «культурной революции» подвергся репрессиям. В кон. 70-х гг. вернулся к исполнит. деятельности; солист Центральной пекинской филармонии. Покорял публику мастерством исполнения и глубоко проникновенной интерпретацией. Преподаёт.

ЛЮ́ЭС, то же, что *сифилис*.

ЛЯГУ́ШКИ, семейство бесхвостых земноводных. Дл. от 3 до 32 см. Св. 550 видов, распространены широко. Размножаются в воде, самка откладывает от 500 до 11 тыс. яиц, из к-рых выходят личинки (головастики). В период размножения многие Л. издают характерные звуки («лягушачьи концерты»). Зимуют на суше (в лесной подстилке, пнях, норах) или на дне водоёмов. Питаются гл. обр. насекомыми. Крупных Л. (лягушка-голиаф – дл. до 32 см, масса до 3,5 кг; лягушка-бык – дл. до 20 см; озёрная Л.– дл. до 17 см) в ряде стран разводят и употребляют в пищу. Классич. лаб. ж-ные. Обычная в европ. части России травяная Л. в природе живёт 4–5 лет (в неволе до 18).

Лягушки. Прудовая лягушка.

ЛЯ́ДОВ Анат. Конст. (1855–1914), композитор, дирижёр, педагог. Преемственно связан с композиторами «Могучей кучки». Входил в т.н. Беляевский кружок (см. *М.П. Беляев*). Тяготел к жанру миниатюры. Характерна тонкая шлифовка муз. материала, в т.ч. фольклорного. Симф. картины «Баба-Яга» (1904), «Волшебное озеро», «Кикимора» (обе 1909); фп. прелюдии, характеристич. пьесы («Музыкальная табакерка», 1893), обработки рус. нар. песен.

А.К. Лядов.

ЛЯКРО́СС (франц. la crosse – клюшка), спорт. командная игра с мячом и ракетками-клюшками на травяном поле (100×64 м для мужчин и 110×73 м для женщин) с воротами (выс. 1,83 м). Правила сходны с принятыми в хоккее на траве и с шайбой. Зародилась во Франции в 14 в. В 1928 осн. Междунар. федерация Л. (ИФАЛ); объединяет св. 10 стран. Входила в программу Олимп. игр в 1904 и 1908.

ЛЯ́МБЛИИ, род жгутиковых простейших. Дл. 8–30 мкм. Св. 100 видов. Паразитируют в кишечнике мн. млекопитающих. У человека вызывают лямблиоз.

ЛЯМБЛИО́З, инвазионное заболевание человека, с поражением органов пищеварения, вызываемое лямблиями. Протекает чаще бессимптомно; может сопровождаться энтеритом, холециститом.

ЛЯТОШИ́НСКИЙ Бор. Ник. (1894/95–1968), укр. композитор, педагог. Выступал как дирижёр собств. сочинений. Высш. достижения – 3-я, 4-я и 5-я симфонии (1951–66). Симф. поэмы на слав. темы, ист. оп. «Золотой обруч» (1930) и др. соч.

М

М, м [эм], четырнадцатая буква рус. алфавита; восходит к букве *кириллицы* М («мыслете»).

МА́АЗЕЛЬ (Maazel) Лорин (р. 1930), амер. дирижёр, скрипач. В 9 лет впервые дирижировал Нью-Йоркским филармонич. орк., с 1945 выступает как солист-скрипач. Руководитель симф. орк. Берлинского радио, Кливлендского симф. орк., с 1987 Нац. орк. Франции. Выступает как оперный дирижёр. Стиль М. сочетает страстность с глубиной и убедительностью исполнит. концепций. Дирижёр-постановщик фильмов-опер, в т.ч. «Отелло» (1986).

МАА́РИ (наст. фам. Аджемян) Гурген Григорьевич (1903–69), арм. писатель. Выходец из Зап. Армении, в России с 1915. Лирич. стихи (сб. «Время созревания плодов», 1930, «Давильня», 1960, и др.), в автобиогр. трил. в прозе «Детство» (1929), «Юность» (1930), «На пороге молодости» (1955) – трагич. судьба зап. ветви армян в 10-е гг. 20 в. Ист. ром. об Армении «Сады горят» (1966), мемуары «Чаренц-нама» (1968). В 1937–56 репрессирован.

МАА́РРИ (аль-Маарри) Абу-ль-Ала (973–1057 или 1058), араб. поэт-философ. В 3 года ослеп. Религиозность и вместе с тем критика обрядовой стороны религии; пессимизм и аскетич. настроения – в кн. лирики «Обязательное необязательного». Прозаич. «Послание о прощении» и «Послание об ангелах» – неприятие мусульм. представления о загробном мире.

МАВЗОЛЕ́Й (лат. mausoleum, от греч. Mausōléion), монументальное погребальное сооружение, включающее камеру, где помещались останки умершего. Назв. по гробнице карийского царя Мавсола в Галикарнасе (сер. 4 в. до н.э.). Получили распространение в Др. Риме и 20 в. на Востоке. В 20 в. в ряде стран возведены М. полит. деятелей (В.И. Ленина в Москве, 1929–30; Хо Ши Мина в Ханое, 1975).

МАВРИ́КИЙ (Республика Маврикий), гос-во на о. Маврикий и мелких о-вах в зап. части Индийского ок. Пл. 2045 км². Нас. св. 1 млн. ч.; индомаврикийцы, маврикийцы-креолы и др. Офиц. яз. – английский. Верующие: св. 50% – индуисты, ок. 30% – католики, остальные – мусульмане и буддисты. Входит в *Содружество*. Глава гос-ва – президент. Законодат. орган – парламент (Законодат. собрание). Столица – Порт-Луи. Адм.-терр. деление: 9 округов. Ден. единица – маврикийская рупия.

Поверхность возвышенная (до 826 м). Климат тропич. морской. Ср. темп-ры февр. 26 °C, авг. от 14 до 18,5 °C; осадков от 1500 до 5000 мм в год. Тропич. леса сохранились лишь на 6% терр. в горах.

В 1598 М. захвачен голландцами, в 1715 – французами. В 1810–1968 владение Великобритании. С 1968 независимое гос-во.

М. – агр. страна с относительно развитой обрабат. пром-стью. ВНП на д. нас. 2740 долл. в год. Основа экономики – выращивание и переработка сах. тростника, чая и табака на экспорт. Жив-во. Рыб-во. Создана «экспортно-пром. зона», в к-рой ок. 280 пр-тий обрабат. пром-сти (гл. обр. по произ-ву текстиля, готовой одежды и ювелирных изделий).

Маврикий. Чайные плантации.

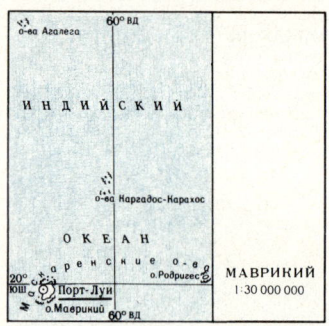

МАВРИТА́НИЯ (Исламская Республика Мавритания), гос-во на С.-З. Африки, омывается Атлантич. ок. Пл. 1030,7 т.км². Нас. 2,2 млн. ч.; мавры (арабы Зап. Сахары) – св. 80%, берберы и др. Офиц. яз. – арабский. Гос. религия – ислам. Глава гос-ва и пр-ва – президент. Законодат. орган – двухпалатный парламент (Сенат и Нац. собрание). Столица – Нуакшот. Адм.-терр. деление: 12 областей и авт. столичный округ.

Терр. М. в осн. пустыня. Климат тропич. пустынный. Ср. темп-ры янв. 16–20°, июля 30–32 °C; осадков 100–400 мм в год.

В 11–12 вв. М. в составе гос-ва Альморавидов. Юж. часть терр. М. входила в состав разл. ср.-век. гос-в Зап. Африки. С 1920 М. – колония Франции; с 1946 «заморская терр.», с 1958 в составе Франц. сообщества. С 1960 независимое гос-во.

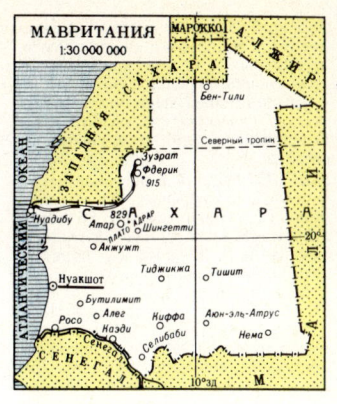

Основа экономики – скот-во и горнодоб. пром-сть. ВНП на д. нас. 520 долл. в год. Добыча жел. руды ($1/3$ стоимости экспорта), нефти. Нефтеперераб. з-д, пищевкус. пр-тия. Возделывают (гл. обр. в оазисах) финиковую пальму и зерновые. Рыб-во. Под пастбищами – ок. $1/4$ терр. Вывозят рыбу и рыбопродукты (св. $1/2$ стоимости экспорта), живой скот, шерсть, гуано.

МАВРЫ (лат. Mauri, от греч. maurós – тёмный), 1) рим. название коренного нас. Мавритании, сев.-зап. областей Африки. 2) Народ, осн. население Мавритании.

МАГАДАН, г. (с 1939), ц. Магаданской обл. в России. 152 т.ж. Порт (Нагаево) в бухте Охотского м.; аэропорт. Нач. пункт Колымского тракта. Маш-ние и металлообработка. 3 вуза (в т.ч. пед. ун-т). Краеведч. музей. Т-ры: муз.-драм., кукол. Возник в нач. 1930-х гг.

МАГАТЭ, см. *Международное агентство по атомной энергии*.

МАГДЕБУРГ, г. в Германии. 275 т.ж. Трансп. уз.; порт на р. Эльбе. Маш-ние, хим.-фарм., кож.-обув., швейная пром-сть. Культурно-ист. музей. Т-ры: нац. (1796), Новый гор. (1876). Изв. с 805. С 968 центр архиепископства. Готич. собор (1209–1520) с богатым скульпт. убранством. На площади перед ратушей – статуя П. Магдебургского всадника (ок. 1240).

МАГЕЛЛАН (Магальяйнш) (порт. Magalhães, исп. Magallanes) Фернан (1470–1521), мореплаватель, эксп. к-рого совершила первое кругосветное плавание. Род. в Португалии. В 1519–21 в исп. эксп. по поиску зап. пути к Молуккским о-вам; открыл всё Атлантич. побережье Юж. Америки к Ю. от Ла-Платы со всеми заливами и устьями рек, юж. часть Пампы; обогнул континент с Ю., открыв пролив, назв. его именем; первым пересёк Тихий ок. (1520), обнаружив 3 о-ва (в т.ч. о. Гуам); первым наблюдал 2 звёздные системы (Б. и М. Магеллановы облака) и созвездие Юж. Крест; достиг Филиппинских о-вов, где был убит. М. доказал наличие единого Мирового ок. и представил практич. свидетельство шарообразности Земли. Плавание завершил Х.С. Элькано, обогнувший с Ю. Африку.

МАГЕЛЛАНОВ ПРОЛИВ, между материком Юж. Америки и арх. Огненная Земля, соединяет Атлантич. и Тихий океаны. Дл. 575 км, наим. шир. 2,2 км, наим. глуб. 19,8 м. Многочисленные подвод. скалы и мели затрудняют судох-во. В М.п. с Огненной Земли спускаются ледники. Порт Пунта-Аренас (Чили).

МАГИСТР (от лат. magister – начальник, наставник), 1) в нек-рых странах учёная степень, промежуточная между первой (напр., *бакалавр*) и высшей (доктор наук). Присуждается лицам, выполнившим после курса базового высш. образования дополнит. программу, сдавшим спец. экзамены и защитившим соответствующую науч. работу. В Рос. Федерации вводится с нач. 90-х гг. 2) В России в 19 – нач. 20 вв. низш. учёная степень.

МАГИСТРАЛЬ (от лат. magistralis – руководящий), 1) основная, главная линия в системе к.-н. сети (ж.-д., электрич., водной и т.п.). 2) Широкая и прямая гор. улица, обычно с интенсивным движением транспорта.

МАГИСТРАТ (лат. magistratus) – сословный орган гор. управления в России с 1720 (в 1727–43 наз. ратушей). Первонач. имел адм.-суд., с 1775 преим. суд. функции. Упразднён Суд. реформой 1864.

МАГИСТРАТУРА (от лат. magistratus – начальник), 1) в Др. Риме гос. должность. Высш. М.– диктатор, децемвиры, консулы, преторы, цензоры; низш. М.– нар. трибуны, эдилы, квесторы и др. Высш. магистраты обладали верх. властью, все остальные имели в них право издавать указы по кругу своих обязанностей и налагать штрафы. 2) В нек-рых гос-вах система суд. ведомств.

МАГИЧЕСКИЙ КВАДРАТ, квадрат, разделённый на n столбцов и n строк, со вписанными в полученные клетки первыми n^2 натуральными числами, к-рые дают в сумме по каждому столбцу, каждой строке и двум большим диагоналям одно и то же число. В Индии и в нек-рых др. странах употреблялись в качестве талисманов.

1	15	14	4
12	6	7	9
8	10	11	5
13	3	2	16

Магический квадрат.

МАГИЯ (от греч. mageía – колдовство, волшебство), обряды, связанные с верой в сверхъестеств. способность человека воздействовать на людей и явления природы. Возникла в первобытном об-ве.

МАГМА (от греч. mágma – густая мазь), расплавленная огненно-жидкая масса преим. силикатного состава, формирующаяся в земной коре или верх. мантии и образующая при застывании на глубине или при излиянии на земную поверхность магматич. *горные породы*.

МАГНЕТИЗМ (от греч. magnétis – магнит, от Magnétis líthos, букв.– камень из Магнесии, древнего города в М. Азии), раздел физики, изучающий взаимодействие микрочастиц (или тел), обладающих магнитным моментом, друг с другом или с внеш. *магнитным полем*; к М. относится также изучение взаимодействия движущихся электрически заряженных частиц (или тел), создающих *электрический ток*, с магн. полем, созданным др. движущимися зарядами или пост. магнитами. Важнейшей составной частью М. является изучение физ. свойств *магнетиков*, а также магн. *небесных тел*. Явления, изучаемые в М., широко применяются в электро- и радиотехнике, электронике, в устройствах управления и контроля, дефектоскопии, геофиз. разведке и т.п. Первые упоминания о магн. явлениях относятся к началу н.э. (Китай); магн. свойства Земли описаны У. Гильбертом (17 в.). Значит. вклад в развитие М. внесли Х. Эрстед, М. Фарадей, Дж.К. Максвелл, П. Кюри (19 в.); в 20 в. совр. теории магнетизма были построены на основе *квантовой механики* в трудах П. Дирака, В. Гейзенберга и др.

МАГНЕТИК, в-во, обладающее магн. свойствами, к-рые определяются наличием собственных или инду-

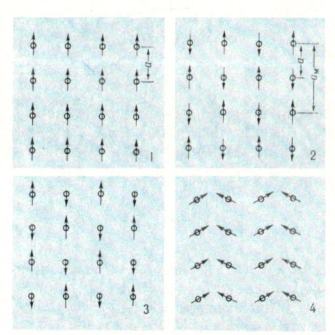

Магнетик. Типы магнитных структур: 1 – ферромагнитная; 2 – антиферромагнитная; 3 – ферримагнитная; 4 – слабоферромагнитная; a и $a_м$ – соответственно периоды атомной и магнитной структур.

цированных внеш. магн. полем магнитных моментов, а также характером взаимодействия между ними. Различают диамагнетики, в к-рых внеш. магн. поле создаёт результирующий магн. момент, направленный противоположно внеш. полю, и парамагнетики, в к-рых эти направления совпадают. Ряд в-в обладает т.н. сильно магн. свойствами, т.е. магн. моменты в них расположены упорядоченно даже в отсутствие внеш. магн. поля ниже нек-рой критич. темп-ры; к ним относятся ферро- и ферримагнетики (ниже *Кюри точки*), антиферромагнетики (антипараллельное расположение ниже Нееля точки), а также магнетики с более сложными (неколлинеарными) расположениями магн. моментов (напр., слабые ферромагнетики). Наиб. применение в электро- и радиотехнике находят ферромагн. металлы Fe, Ni, Co.

МАГНИЙ (Magnesium), Mg, хим. элемент II гр. периодич. системы, ат.н. 12, ат.м. 24,305; относится к щелочно-земельным металлам; $t_{пл}$ 650 °C. Входит в состав хлорофилла. М.– компонент сплавов, осветит. и зажигат. составов, его применяют для металлотермич. получения др. металлов, в органич. синтезе. М. открыт англ. учёным Г. Дэви в 1808.

МАГНИТНАЯ ЗАПИСЬ, способ записи информации (звука, изображения и др.), представленной в форме электрич. сигналов, при к-ром эти сигналы преобразуются в пространств. изменения остаточной намагниченности отд. участков движущегося магн. носителя (напр., магн. ленты, диска). Осуществляется с помощью магн. головки: при записи электрич. сигналы возбуждают в головке магн. поле, воздействующее на носитель; при воспроизведении магн. поле сигналограммы индуцирует в головке электрич. сигналы. Первый аппарат для М.з. звука на стальную проволоку (телеграфон) был предложен дат. инж. В. Паульсеном в 1898. Системы М.з. звука на магн. ленту (магнитофоны) получили распространение с 40–50-х гг. 20 в., изображения (видеомагнитофоны) – с кон. 50-х гг.

МАГНИТНАЯ ИНДУКЦИЯ (B), среднее результирующее магн. поле в в-ве; с напряжённостью магн. поля H и *намагниченностью* в-ва M связана соотношением $B = H + 4\pi M$ (в единицах СГС) или $B = \mu_0(H + M)$ (в единицах СИ, где μ_0 – магн. постоянная). В вакууме $B = H$ (в единицах СГС) или $B = \mu_0 H$ (в единицах СИ).

МАГНИТНАЯ КАРТА, картонная или пластмассовая карточка, покрытая (с одной или двух сторон) тонким магн. слоем, на к-ром посредством магн. записи нанесена информация. Служит опознават. док-том, пропуском, своеобразным «ключом» с магн. кодом.

МАГНИТНАЯ ЛЕНТА, гибкая пластмассовая лента, покрытая (с одной стороны) тонким магн. слоем; носитель информации в системах магн. записи (напр., магнитофонах, видеомагнитофонах). Размещается на стандартных катушках или в кассетах; продолжительность записи (воспроизведения) – от неск. минут до неск. часов в зависимости от ёмкости катушки (кассеты).

МАГНИТНОЕ ПОЛЕ, одна из форм эл.-магн. поля. Создаётся движущимися электрич. зарядами и спиновыми магн. моментами, а также переменным электрич. полем. Действует на движущиеся электрич. заряды и тела, обладающие магн. моментом. Характеризуется *магнитной индукцией* (или напряжённостью). Индукция М.п. Земли (в единицах СИ) ок. 0,00005 Тл, наиб. сильными крупномасштабными М.п. обладают *нейтронные звёзды* (ок. 100 млн. Тл). В лаб. условиях и технике для получения пост. М.п. (0,05–25 Тл) используют пост. магниты, электромагниты, сверхпроводящие соленоиды. Импульсные сверхсильные М.п. (160–1000 Тл) получают при помощи импульсных соленоидов и методом направленного взрыва. Техн. применения М.п. (наряду с электрич. полем) лежат в основе всей электротехники, радиотехники и электроники. М.п. используются в дефектоскопии, для удержания горячей плазмы в условиях управляемого термоядерного синтеза, в ускорителях заряженных частиц и т.д.

МАГНИТНЫЕ БУРИ, сильные возмущения магн. поля Земли. Могут длиться неск. суток; вызываются воздействием усиленных потоков солнечной плазмы (*солнечного ветра*) на *магнитосферу* Земли. Во время М.б. существенно меняются параметры *ионосферы*. В результате возника-

400 МАГН

Магнитные ловушки. Схемы тороидальных магнитных ловушек: *а* – токамак; *б* – стелларатор. Стрелки показывают направление токов: I_c – в витках тороидального поля; I_h – в винтовых витках; I – в плазме токамака.

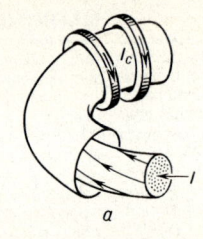

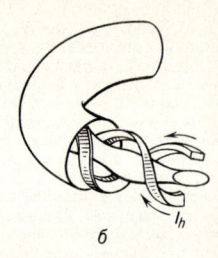

ют значит. помехи в коротковолновой радиосвязи.

МАГНИ́ТНЫЕ ЛОВУ́ШКИ, конфигурации магн. поля, способные длительное время удерживать заряженные частицы внутри определ. объёма. М.л. бывают открытые и замкнутые (напр., тороидальные – стелларатор, *токамак*). Магн. поле Земли является открытой М.л. и образует *радиационные пояса*. М.л. стали широко исследоваться в связи с проблемой *управляемого термоядерного синтеза*.

МАГНИ́ТНЫЕ ЧЕРНИ́ЛА, суспензия или мастика, содержащая микроскопич. магн. частицы и нередко красящее в-во (видимые М.ч.). Запись производится на обыкновенной бумаге вручную (напр., перьевой ручкой) или печатающим устройством, считывание – с помощью магн. головки. Применяются при оформлении счетов, чеков и т.п.

МАГНИ́ТНЫЙ ДИСК, жёсткий алюминиевый или гибкий пластмассовый диск, покрытый (с двух сторон) тонким магн. слоем. Служит магн. носителем данных в ЭВМ, информац.-поисковых и др. автоматизир. системах обработки данных. Жёсткие М.д. компонуют в пакеты (стопки) или наборы по 4–6 шт.; ёмкость 1 пакета до неск. Гбайт. Гибкие М.д. размещают по одному в дискетах; ёмкость 1 дискеты 0,1–1 Мбайт.

Магнитный диск. Дискета.

МАГНИ́ТНЫЙ ПОДВЕ́С, бесконтактное подвешивание трансп. средств при движении над путевым устройством (зазор до 30 см), осуществляемое с помощью пост. магнитов и электромагнитов с использованием тяговых линейных электродвигателей. М.п. применяется с кон. 70-х гг. на подвижном составе высокоскоростных линий, может обеспечивать движение со скоростями до 500 км/ч.

МАГНИТОГИДРОДИНАМИ́ЧЕСКИЙ ГЕНЕРА́ТОР (МГД-генератор), энергетич. установка, в к-рой тепловая энергия электропроводящей среды (жидких металлов, электролитов, низкотемпературной плазмы с $T \sim 10^4$К), движущейся в магн. поле, преобразуется в электрич. энергию. Идея МГД-преобразования энергии была высказана М. Фарадеем в 1831, осн. принципы совр. М.г. сформулированы в 1907–22, а практич. разработка этих идей началась только в кон. 50-х гг. Однако широкого практич. применения М.г. пока не

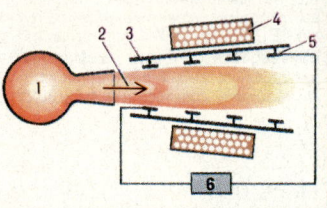

Магнитогидродинамический генератор (простейшая схема): 1 – источник ионизованного газа; 2 – ионизованный газ; 3 – канал, по которому подаётся плазма; 4 – электромагнит; 5 – электроды; 6 – нагрузка.

нашли, т.к. коэф. преобразования энергии невелик (0,1–0,25). Макс. электрич. мощность М.г. на газе (в Москве) ~20 МВт, опытной установки на угле в США ≥50 МВт. Передвижные импульсные М.г. используются в геофиз. исследованиях.

МАГНИТО́ЛА, комбинир. установка из объединённых в общем корпусе радиовещат. приёмника и магнитофона.

МАГНИТОРАДИО́ЛА, комбинир. установка, объединяющая в единое устройство радиовещат. приёмник, магнитофон и электропроигрыватель.

МАГНИТОСФЕ́РА Земли и планет, область околопланетного пространства, физ. свойства к-рой определяются магн. полем планеты и его взаимодействием с потоками заряженных частиц космич. происхождения (с *солнечным ветром*). М. Земли с дневной стороны простирается до 8–14 $R_\oplus$ ($R_\oplus$ – земной радиус), с ночной – вытянута, образуя т.н. магн. хвост Земли в неск. сотен $R_\oplus$; в М. находятся *радиационные пояса*. М. Земли является своеобразным экраном, защищающим планету от губительных для жизни потоков солнечного ветра. Протяжёнными М. обладают Юпитер и Сатурн. М. Меркурия, Венеры, Марса ярко не выражены.

МАГНИТОФО́Н, аппарат для магн. записи (обычно на магн. ленте) звука и его последующего воспроизведения. Различают М. катушечные и кассетные, одно- и многодорожечные (до 8 дорожек записи), для моно- и стереофонич. записи. Стандартные скорости движения магн. ленты в М.: 38,1; 19,05; 9,5; 4,75; 2,4 см/с.

Магнитофоны: катушечный и кассетный.

МАГНИ́ФИКАТ (первое слово лат. текста «Magnificat animamea Dominum» – «Величит душа моя Господа»), песнопение католич. церкви на евангельский текст о *Благовещении*. В музыке 18–20 вв. близок *кантате, оратории* (И.С. Бах, В.А. Моцарт, Ф. Мендельсон, К. Пендерецкий).

МА́ГНИЯ СУЛЬФА́Т, $MgSO_4$, кристаллы, $t_{пл}$ 1137 °C. Содержится в мор. воде, встречается в виде минералов. М.с. используют в произ-ве магнезиальных цементов, как утяжелитель хлопка и шёлка, протраву при крашении тканей, наполнитель бумаги, как спазмолитич., слабительное (английская соль) и желчегонное средство.

МАГНО́ЛИЯ, род листопадных и вечнозелёных деревьев, реже кустарников (сем. магнолиевые). 80 видов, в Вост. и Юго-Вост. Азии, Америке и Вест-Индии. Древний вид обратнояйцевидная М. встречается на о. Кунашир, охраняется. Благодаря блестящим большим кожистым листьям и ароматным кремовым или белым крупным (до 30–45 см в диаметре) цветкам М. весьма декоративны. Садовая и парковая культура. Нек-рые виды – эфирно-масличные р-ния. Из листьев и плодов М. готовят лекарств. (сердечно-сосудистые) препараты.

МА́ГНУСА ЭФФЕ́КТ, возникновение поперечной силы Y, действующей на тело, вращающееся в обтекаю-

Магнуса эффект.

щем его потоке жидкости или газа; направлена всегда от той стороны вращающегося тела, на к-рой направление вращения и направление потока (скорость к-рого v) противоположны, к той стороне, на к-рой эти направления совпадают. Открыт нем. физиком и химиком Г.Г. Магнусом в 1852.

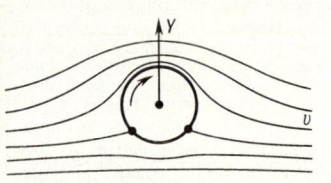

МАГОМА́ЕВ Абдул Муслим Магометович (1885–1937), композитор,

Магнитосфера: N и S – соответственно северный и южный магнитные полюсы Земли.

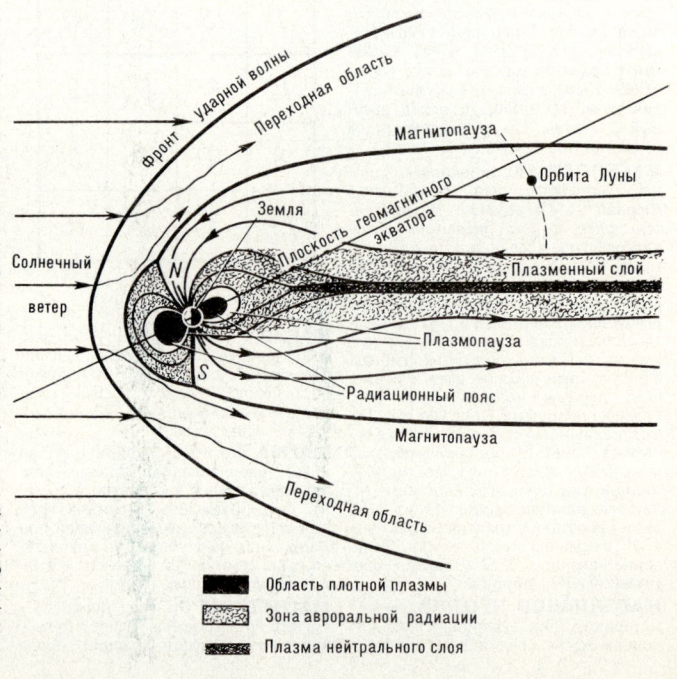

- ■ Область плотной плазмы
- ▨ Зона авроральной радиации
- ▤ Плазма нейтрального слоя

дирижёр, один из создателей азерб. муз. т-ра. Оп.: «Шах Исмаил» (1919), «Нэргиз» (1935) и др.

МАГОМА́ЕВ Муслим Магометович (р. 1942), певец (баритон). Внук А.М.М. Магомаева. В 1963–75 и 1977 в Азерб. т-ре оперы и балета; в 1975–79 худ. рук. Азерб. эстрадно-симф. орк. Выступает в концертах (в т.ч. совм. с женой – Т.И. Синявской) с оперными ариями, эстрадными песнями. Автор песен, музыки к фильмам.

МАГОМЕ́Т (Магомед), см. *Мухаммед*.

МАГОМЕТА́НСТВО, см. *Ислам*.

МАДАГАСКА́Р (Республика Мадагаскар), гос-во на о. Мадагаскар и прилегающих мелких о-вах в Индийском ок. Пл. 596 т. км². Нас. 13,3 млн. ч.; св. 98% – малагасийцы. Офиц. языки – малагасийский и французский. Верующие – ок. 45% придерживается традиц. верований, св. 40% – протестанты и католики, часть – мусульмане-сунниты. Глава гос-ва – президент. Законодат. орган – Нац. собрание и Сенат. Столица – Антананариву. Адм.-терр. деление: 6 провинций. Ден. единица – малагасийский франк.
Б. ч. о-ва – плато с вулканич. массивами (до 2876 м выс.). Климат тропич. и экв. муссонный. Ср.-мес. темп-ры от 13 до 30 °C; осадков от 500 до 3000 мм в год. Саванны; на Ю. – тропич. леса.
В 1896–1960 М. (с 1958 – самоуправляющаяся Малагасийская Респ.) – владение Франции, с 1960 независимое гос-во. С 1975, после прихода к власти Д. Рацараки (през. и пред. Верх. рев. совета с 1975, ген. секр. партии Авангард малагасийской рев-ции с 1976) страна стала называться Демокр. Респ. М. В окт. 1991 пр-во и оппозиция подписали конвенцию о создании Переходного пр-ва нац. единства. Приостановлена деятельность Верх. рев. совета и Нац. собрания в связи с образованием новых органов власти на переходный период. В авг. 1992 на референдуме одобрена новая конституция М. С сент. 1992 страна наз. Респ. М.
М. – агр. страна. С. х-во даёт 80% стоимости экспорта. ВНП на д. нас. 230 долл. в год. Осн. с.-х. культуры: потребительская – рис (½ рациона малагасийцев); экспортные – кофе, гвоздика, перец, какао, чай, эфироносы и др. М. – единств. страна в Экв. Африке, выращивающая яблоки, груши, персики, абрикосы. Жив-во (зебу, овцы, козы). Рыб-во (преим. во внутр. водоёмах). Добыча на экспорт хромитов, графита, слюды и др.

МАДЖНУ́Н (наст. имя Кайс ибн аль-Мулаувах) (? – ок. 700), араб. поэт узритской школы из назв. племени узра, представители к-рой певали целомудренную, платонич. любовь разлучённых судьбой влюблённых. Позднее сам М. с его всепоглощающей любовью и героиня его лирики Лейла стали символами трагич. любовной разлуки, их легендарные биографии легли в основу произв. романтич. эпоса на Востоке.

МАДЗИ́НИ (Mazzini) Джузеппе (1805–72), вождь респ.-демокр. крыла итал. *Рисорджименто*. Основатель «Молодой Италии». Активный участник Рев-ции 1848–49, глава пр-ва Рим. респ. 1849, в 1860 один из организаторов похода «Тысячи» (рев. отряд Дж. Гарибальди). Призывал к нац. освобождению Италии и её объединению.

МАДО́ННА (итал. Madonna), у католиков то же, что Богоматерь. М. наз. также её живописное или скульпт. изображение (б.ч. с младенцем Иисусом Христом). Происходит от старинного обращения к женщине в Италии (mia donna – моя госпожа).

МАДРА́С, г. в Индии. 5,4 млн. ж. (с пригородами). Порт в Бенгальском зал.; междунар. аэропорт. Текст., маш.-строит., металлообр., таб., кож., нефтеперераб. пром-сть. Ун-т. Муз. академия (1928). Осн. в 1636.

МАДРИГА́Л (франц. madrigal), 1) в 14 в. и 16 – нач. 17 вв. небольшое муз.-поэтич. произв. любовно-лирич. содержания, первонач. 2–3-голосное с инстр. сопровождением, позднее 4–5-голосное без сопровождения. Зародился в Италии. 2) С 16 в. также небольшое стихотворение-комплимент, написанное *вольным стихом*, обычно с парадоксальным заострением в концовке («"Душа телесна!" – ты всех уверяешь смело; / Я соглашусь любовию дыша: / Твоё прекраснейшее тело / Не что иное, как душа!» – М.Ю. Лермонтов).

МАДРИ́Д, столица (с 1561) Испании, на р. Мансанарес. 2,9 млн. ж. Междунар. аэропорт. Метрополитен. Маш-ние, хим.-фарм., лёгкая, полиграф., цем. пром-сть. Куст. произ-во кружев, вышивок, вееров, кастаньет. Ун-т (1508). Консерватория (1830). Музеи: *Прадо*, нац. археол., Академии Сан-Фернандо, исп. народа и др. Т-р Лары, Т-р Эспаньоль. Изв. с 932 (сложился вокруг мавританской крепости Маджирит); в 1083 отвоёван испанцами у арабов. В 14–15 вв. резиденция кастильских королей, с 16 в. – исп. королей. В центре М. – анс. Пласа Майор (17 в.), королев. дворец (18 в.), церк. Сан-Хинес (17 в.) и Эрмите де Сан-Антонио де Ла Флорида (18 в.; фрески Ф. Гойи).

МАЖО́Р (франц. majeur, от лат. major – больший), *лад*, в основе к-рого лежит большое (мажорное) *трезвучие*. В противоположность *минору* М. привычно воспринимается как светло окрашенный лад.

МАЖОРИТА́РНАЯ СИСТЕ́МА представительства (от франц. majorité – большинство), в избират. праве система определения результатов голосования на выборах, при к-рой избранным считается кандидат, получивший абсолютное (50% + 1 голос) или относительное (бо́льшее число голосов, чем у каждого другого кандидата) число голосов избирателей, участвовавших в выборах.

МАЗАРИ́НИ (итал. Mazarini, франц. Mazarin) Джулио (1602–61), кардинал с 1641, первый мин. Франции с 1643. Итальянец по происхождению. Вёл борьбу с *Фрондой*, завершил оформление абсолютизма во Франции. По Вестфальскому миру 1648 и Пиренейскому миру 1659 добился значит. терр. приращений Франции, укрепил гегемонию Франции в Зап. Европе.

МАЗА́ЧЧО (Masaccio) (наст. имя Томмазо ди Джованни ди Симоне Кассаи) (1401–28), итал. живописец флорентийской школы. Один из основоположников иск-ва *Возрождения*. В религ. сценах воплощал гуманистич. представления о человеческой личности. Произв. отличают энергичная светотеневая лепка, трёхмерность фигур, монументализация и обобщение форм («Троица», ок. 1426–27). Илл. см. на стр. 402.

МАЗЕ́ПА Ив. Степ. (1644–1709), гетман Украины (1687–1708). Стремился к отделению Левобережной Украины от России. Во время Сев. войны 1700–21 перешёл на сторону вторгшихся на Украину шведов. После Полтавской битвы (1709) бежал в тур. крепость Бендеры вместе с Карлом XII.

МА́ЗЕР [от нач. букв англ. слов Microwave Amplification by Stimulated Emission of Radiation] – усиление микроволн (СВЧ) в результате вынужденного излучения], общее название квантовых усилителей и квантовых генераторов СВЧ, обладающих высокой монохроматичностью и направленностью (когерентностью). Один из осн. приборов *квантовой электроники*; первый М. (на пучке молекул аммиака) был создан практически одновременно в 1954–55 Н.Г. Басовым, А.М. Прохоровым (СССР) и Ч. Таунсом (США). В дальнейшем были разработаны М. на парамагн. кристаллах. М. используются в технике (в частности, в космич. связи), в физ. исследованиях, а также как квантовые стандарты частоты.

МАЗЕРЕ́ЛЬ (Ма́серел) (Masereel) Франс (1889–1972), бельг. график и живописец. В сериях ксилографий («романов в картинах») раскрыл трагич. судьбу человека в совр. мире, используя худ. приёмы, близкие *экспрессионизму* («Крестный путь человека», 1918). Илл. см. на стр. 402.

МАЗИ́НА (Masina) Джульетта (1921–94), итал. киноактриса. Лучшие роли создала в фильмах реж. Ф. Феллини (мужа М.): «Дорога» (1954, в прокате – «Они бродили по дорогам»), «Ночи Кабирии» (1957),

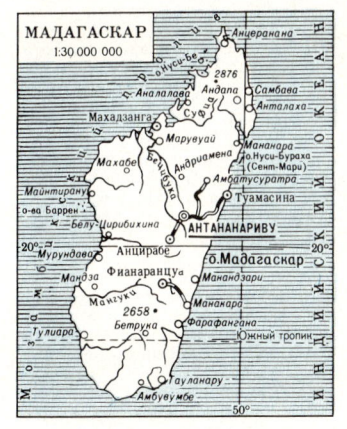

Мадагаскар. Рисовые террасы центральной части плато.

Мадонна. Рафаэль. «Мадонна с младенцем и Иоанном Крестителем» («Прекрасная садовница»). 1507. Лувр.

Мадрид. Пласа Майор.

402 МАЗО

Мазаччо. «Чудо со статиром». 1425–28. Фреска в капелле Бранкаччи церкви Санта-Мария дель Кармине во Флоренции.

Ф. Мазерель. «Расстрел» (из цикла «Крестный путь человека»). Ксилография. 1918.

Дж. Мазина в фильме «Дорога».

«Джульетта и духи» (1965), «Джинджер и Фред» (1985) и др.; её трагикомич., сентиментальная и одновременно гротескная манера исполнения глубоко созвучна его фильмам.

МАЗОХИ́ЗМ, 1) половое извращение, при к-ром для достижения оргазма необходимо испытывать физич. боль или моральное унижение, причиняемые партнёром. Названо по имени австр. писателя Л. Захер-Мазоха (1836–95), описавшего это извращение. 2) Перен.— упорное желание растравлять собств. обиды, душевную боль и др. неприятные ощущения.

МА́ЗУР (Masur) Курт (р. 1927), нем. дирижёр. С 1948 в разл. т-рах Германии (в т.ч. в «Комише опер»), в 1967–72 рук. Дрезденского филармонич. орк., с 1970 – Гевандхауза. Гастролировал (в т.ч. в СССР). Прославился интерпретацией симфоний Л. Бетховена.

МАЗУ́РКА (польск. mazur, букв.– житель Мазовии), польск. нар. танец (3-дольный). В 19 в. распространён в Европе как бальный танец; также инстр. пьеса (Ф. Шопен, М.И. Глинка, П.И. Чайковский, А.К. Лядов, А.Н. Скрябин, К. Шимановский).

МАЗУРО́К Юр. Ант. (р. 1931), певец (баритон). С 1963 в Большом т-ре. Среди партий: Евгений Онегин («Евгений Онегин» П.И. Чайковского), Ренато («Бал-маскарад» Дж. Верди), Андрей Болконский («Война и мир» С.С. Прокофьева).

МАЗУ́Т (тюрк.), густая тёмно-коричневая жидкость; остаток после выделения из нефти или продуктов её вторичной переработки бензиновых, керосиновых и газойлевых фракций. Применяют как жидкое котельное топливо, для произ-ва моторных топлив и смазочных масел, битумов, кокса.

МАЙС, то же, что кукуруза.

МАЙ (лат. Maius, вероятно, от имени др.-италийской богини земли Майи), пятый месяц календарного года (31 сут).

МАЙА́МИ, г. на Ю.-В. США, шт. Флорида. 2,0 млн. ж. (с пригородами). Мор. порт на Атлантич. ок.; междунар. аэропорт. Крупнейший в стране грузовой аэропорт (вывоз цитрусовых и ранних овощей). Центр круизного судох-ва. Маш-ние; полиграф., швейная, таб. пром-сть. Произ-во мед. оборудования и инстр-тов. Ун-ты. Оперный т-р. Худ. музей. Океанариум. Климатич. курорт. Через зал. Бискейн-Бей М. соединён мостами с вост. пригородом Майами-Бич, где вдоль пляжа расположены гостиницы, санатории, мотели. Туризм. Осн. в 1895.

МА́ЙДАРИ ХУРА́Л, праздник в честь будды Майтреи (монг. Майдари) в тибето-монг. буддизме.

МА́ЙЕР (Mayer) Юлиус Роберт (1814–78), нем. естествоиспытатель, врач. Первым сформулировал закон сохранения энергии (эквивалентность механич. работы и теплоты) и теоретически рассчитал механич. эквивалент теплоты (1842). М. рассмотрел также применение этого закона к живым организмам, выделил ключевую роль зелёных растений, аккумулирующих солнечную энергию, в общей энергетике живой природы. Идеи и приоритет М. долгое время не были признаны.

МА́ЙКОВ Аполлон Ник. (1821–97), рус. поэт. В антологич. лирике – пластичное и цветовое видение идиллич. красоты. Патриотич. стихи. Из произв. на ист. темы – взгляды славянофила-государственника (драм. поэма «Странник», 1867; поэма «Княжна», 1878). Высокое созерцание обыкновенной рус. природы в пейзажной лирике. Магистральная тема – распад язычества и торжество христ-ва – в поэмах «Три смерти» (1857), «Два мира» (1882) и др. Перевод «Слова о полку Игореве».

МАЙКО́П, г. (с 1870) столица (с 1936) Адыгеи, на р. Белая. 152,5 т.ж. Ж.-д. ст. Маш-ние; пищ., лёгкая, деревообр. и целл.-бум. пром-сть. Пед. ин-т. 2 музея (в т.ч. краеведч.). 2 драм. т-ра (рус. и адыг.). Осн. в 1858.

МАЙКО́ПСКИЙ КУРГА́Н, погребение вождя раннебронз. века (3-е тыс. до н.э.) в Майкопе (Адыгея). Зол. и серебр. украшения и сосуды и др.

МАЙМОНИ́Д (Maimonides) Моисей (Моше бен Маймон) (1135–

Майкопский курган. Предметы кон. 3-го тыс. до н.э.

1204), евр. философ. Род. в Испании, с 1165 жил в Египте, придворный врач каирского султана Салах-ад-Дина. Стремился синтезировать библейское откровение и *аристотелизм* (в толковании араб. мыслителей). Гл. соч.– «Путеводитель колеблющихся» (на араб. яз.).

МАЙН РИД, см. *Рид* Т.М.

МА́ЙНОТ (Minot) Джордж Ричардс (1885–1950), амер. патофизиолог и гематолог, один из авторов т.н. печёночного метода лечения пернициозной (злокачественной) анемии. Ноб. пр. (1934).

МАЙНЦ, г. в Германии. 183 т.ж. Порт на Рейне, при впадении в него р. Майн. Маш-ние; хим., текст., кож.-обув., полиграф. пром-сть. Ун-т. Консерватория. П. Корнелиуса. Музеи: И. Гутенберга, рим.-герм. центральный. Нац. т-р (1788). Возник на месте др.-рим. лагеря Могонциакум, осн. в 1 в. до н.э. До нач. 19 в. центр курфюршества Майнцского. Романский «имперский» собор (кон. 10–18 вв.), замок курфюрстов (17–18 вв.).

МАЙО́ЛИКА (итал. maiolica), вид керамики, изделия из цв. обожжённой глины, с крупнопористым черепком, покрытые глазурью. Для М. характерны мягкие, округлые формы, яркая роспись по непрозрачной глазури или (т.н. полумайолика) по белой обмазке под прозрачной глазурью.

МАЙО́ЛЬ (Maillol) Аристид (1861–1944), франц. скульптор. Гуманистич. содержание воплотил в гармонич., пластически-обобщённых символич. статуях – женских обнажённых фигурах («Средиземноморье», 1901–05).

МАЙОРА́Н, род многолетних трав и полукустарников (сем. губоцветные). 4–6 видов, в Средиземноморье. М. садовый в культуре как пряное р-ние (зелень, срезанная до цветения). Медонос.

МАЙО́РОВЫ, спортсмены (хоккей с шайбой), нападающие команды «Спартак» (Москва, 1956–69), братья. Бор. Ал-др. (р. 1938), чемпион СССР (1962, 1967, 1969), Европы и мира (1963–68), Олимп. игр (1964, 1968). Тренер «Спартака» (Москва, 1969–71, 1985–89). Евг. Ал-др. (р. 1938), чемпион СССР (1962, 1967), Европы и мира (1963–64), Олимп. игр (1964). Тренер «Спартака» (Москва, 1967–68). Телекомментатор.

МАЙРО́НИС (Maironis) (наст. имя и фам. Йонас Мачюлис) (1862–1932), литов. поэт. В сб. стихов «Весенние голоса» (1895) – нац.-освободит. идеи, любовь к родной природе, языку, филос. и интимная лирика, сатирич. стихи. Мн. стихи стали популярными песнями. Ист. драм. трилогия в стихах: «Смерть Кейстута»

вайта-веданте,— иллюзорность всего воспринимаемого мира, скрывающего под видимым многообразием свою истинную сущность — *Брахмана* как единств. реальность.

МАЙЯ ЦИВИЛИЗА́ЦИЯ, города-государства, возникшие в 1-м тыс. н.э. на терр. Юго-Вост. Мексики, Гондураса, Гватемалы. Создана иероглифич. письменность, дворцовая и храмовая архитектура, изобр. иск-во и др. После завоевания тольтеками в 9–10 вв. центром гос-ва стал г. Чичен-Ица, с кон. 12 в.— г. Майяпан. М.ц. была уничтожена в 16 в. исп. завоевателями. Сохранились развалины св. 100 городов, наиб. крупные — Чичен-Ица, Копан, Майяпан, Ушмаль, Тикаль.

МАК, род одно- и многолетних трав (сем. маковые). Св. 100 видов. С древности культивируют (гл. обр. в Китае, Индии, Малой и Ср. Азии) М. снотворный, или опийный, из незрелых коробочек к-рого получают *опий*, из семян — масло. Декор. р-ния — М. восточный с круглыми красными и розовыми цветками (используют в групповых посадках и на срезку), М.-самосейка с цветками разнообразной окраски (для мавританского газона) и др. Размножают семенами.

МАКА́КИ, род обезьян. Длина тела 40–75 см, хвоста 5–70 см. Конечности короткие и сильные. 12 видов, в Юж. и Вост. Азии; магот, или бесхвостый М.,— в Сев. Африке и Европе (Гибралтар). Обитают в лесах, кустарниковых зарослях, среди скал. Способны выживать при низкой темп-ре (японский М.). Держатся группами, с ярко выраженной иерархией. Общаются с помощью звуков (до 30 сигналов), мимики, жестов. В неволе живут ок. 30 лет. Классич. лаб. ж-ные, особенно *резус*; с кон. 40-х гг. М. используются в космич. биологии (первые из приматов запущены в стратосферу). Нек-рые виды (магот, львинохвостый М. и др.) редки; охраняются.

МАКА́М (араб.— местоположение, позиция, в т.ч. положение пальца на грифе струнного инстр-та), осн. понятие арабо-иран. традиционной проф. музыки, обозначающее общий принцип музицирования и его проявления; сочетает каноничность (нормативность мелодич. моделей и ритмоформул) и импровизац. свобо-

ду. Близко инд. *раге*. У иран. и тюрк. народов Ср. Азии и Закавказья — региональные разновидности (преим. в значении жанра или *лада*): узб. и тадж.— маком, азерб.— *мугам*, уйгурское и туркм.— мукам. См. также *Монодия*.

МАКА́НИН Вл. Сем. (р. 1937), рус. писатель. От «исповедальной» прозы — к антиромантизму, иронии, к проблеме «беспочвенного человека»: ром. «Портрет и вокруг» (1978), пов. «Один и одна» (1987), «Лаз» (1991); сб-ки повестей и рассказов «Повесть о Старом Посёлке» (1974), «Голоса» (1982), «Река с быстрым течением» (1983). Проблема взаимосвязи творч. личности и «массы» в пов. «Где сходилось небо с холмами» (1984), «Стол, покрытый сукном и с графином посередине» (1993).

МАКА́О, см. *Аомынь*.

МАКА́РЕНКО Ант. Сем. (1888–1939), педагог и писатель. Разработал систему коллективного воспитания детей и подростков, в т.ч. отклоняющимся поведением, применявшуюся в практике трудовой колонии имени М. Горького (1920–1928, под Полтавой, с 1926 в Куряже близ Харькова) и в детской коммуне имени Ф.Э. Дзержинского (1927–35, пригород Харькова). Произв.: «Педагогическая поэма» (книжные публикации с 1934), «Флаги на башнях» (1938), «Книга для родителей» (1937) и др.

МАКА́РИЙ (1482–1563), рус. митрополит с 1542, писатель. Глава *иосифлян* и кружка книжников, члены к-рого собирали и распространяли произв. рус. церк. лит-ры. В 1551 добился провала правительств. программы секуляризации церк. земель. Руководил антиеретич. соборами 1553–54. Ред. «Великих Четьи-Миней» (собрание библейских книг, соч.

А. Майоль. «Иль-де-Франс». Бронза. 1920–25. Музей Пти-Пале. Париж.

(1921), «Витовт у крестоносцев» (1925), «Витовт-король» (1930).

МА́ЙСЕН (Мейсен), г. в Германии, на р. Эльба. 40 т.ж. Произ-во фарфоровых изделий (старейший в Европе фарфоровый з-д). Маш-ние; кож.-обув., пивоваренная пром-сть, произ-во красок для керамики. Музеи, в т.ч. городской при фарфоровом з-де, в замке Альбрехтсбург. На скале над Эльбой — готич. собор (13–15 вв.) и замок Альбрехтсбург (15 в.).

Майсен. Замок Альбрехтсбург.

МА́ЙСЕНСКИЙ (МЕ́ЙСЕНСКИЙ) ФАРФО́Р, изделия первого в Европе фарфорового з-да в г. Майсен в Германии (Саксония; отсюда др. назв.— Саксонский фарфор), осн. в 1710. Знаменитые изделия 1730–60-х гг. в духе *рококо* (сервизы, вазы, скульпт. группы), отличающиеся пластичностью форм, изысканной росписью. В 20 в. остаётся наиб. известной маркой нем. фарфора.

МА́ЙЯ, понятие древней и ср.-век. инд. философии. Имеет неск. значений; наиб. известное, развитое в *ад-*

Макаки. Макак-резус.

Майя цивилизация. Центральная группа храмов в Тикале.

церк. писателей и др.). Канонизирован Рус. православ. церковью.

МАКА́РОВ Сер. Мих. (р. 1958), рос. спортсмен (хоккей с шайбой). Нападающий команды ЦСКА. Многократный чемпион СССР (1978–1989). Неоднократный чемпион Европы, мира (1978–90), Олимп. игр (1984, 1988). Обладатель Кубка Канады (1981). 9 раз признавался лучшим хоккеистом СССР (в 1979/80–1988/89). Один из результативнейших игроков сов. хоккея (ок. 400 голов; 1978–90). С 1990 в клубах НХЛ — «Калгари Флэймз» (1990–1993) и «Сан-Хосе Шаркс» (с 1993).

МАКА́РОВ Степ. Осип. (1848/49–1904), рос. флотоводец, воен.-мор. теоретик, мореплаватель, океанограф, кораблестроитель, вице-адм. (1896). Возглавлял кругосветные плавания (1886–89, 1894–96). Выдвинул идею и руководил стр-вом ледокола «Ермак», на к-ром совершил арктич. плавания в 1899 и 1901. Разрабатывал проблемы тактики броненосного флота, непотопляемости и живучести корабля. В нач. рус.-япон. войны 1904–05 команд. Тихоокеанской эскадрой в Порт-Артуре. Погиб на броненосце «Петропавловск», подорвавшемся на мине.

МАКА́РОВА Люд. Иос. (р. 1921), актриса. С 1945 в Ленингр. (с 1992 С.-Петерб.) Большом драм. т-ре. В игре М. лирика часто сочетается с яркой характерностью: Наташа («Три сестры» А.П. Чехова, 1965), Елена Кривцова («Мещане» М. Горького, 1966), Ханума («Ханума» А.А. Цагарели, 1972), Ребекка Нэрс («Салемские колдуньи» А. Миллера, 1992) и др.

МАКА́РОВА Нат. Ром. (р. 1940), артистка балета, балетмейстер. В 1955–70 в Ленингр. т-ре оперы и балета имени С.М. Кирова (Жизель – «Жизель» А. Адана, 1959; Аврора – «Спящая красавица» П.И. Чайковского, 1960; Зоя – «Клоп» Ф. Отказова, Г. Фиртича, 1962). С 1970 живёт и работает за рубежом — Великобритания, США (Манон – «Манон Леско» на музыку Ж. Массне; Татьяна – «Онегин» на музыку Чайковского). С 1974 выступала как балетмейстер, с 1991 — как драм. актриса.

МАКА́РОВА Там. Фёд. (р. 1907), рос. киноактриса, педагог. Большинство ролей сыграны в фильмах реж. С.А. Герасимова (мужа М.): «Семеро смелых» (1936), «Комсомольск» (1938), «Учитель» (1939), «Маскарад» (1941), «Дочки-матери» (1975), «Лев Толстой» (1984). Исполнит. иск-ву М. свойственны лаконизм и простота выражения, ясность и естественность психол. рисунка.

МАКА́РЬЕВСКАЯ ЯРМАРКА, у Макарьева мон., на лев. берегу Волги (ныне пос. Макарьево типа Макарьево-Лысковского р-на Нижегородской обл.), в сер. 16 в.– 1816, ежегодно в июле. Кроме русских, купцы из Ср. Азии, Закавказья, Индии, Ирана; товары — пушнина, ткани, рыба, металлич. изделия и др. С 1817 *Нижегородская ярмарка*.

МАКБЕ́Т (Macbeth) (?–1057), шотл. король с 1040. Пришёл к власти, убив короля Дункана I. Погиб в битве с сыном Дункана Малькольмом. Легенды о М. составили сюжет одноим. трагедии У. Шекспира.

МАК-ДО́УЭЛЛ (MacDowell) Эдуард (1860–1908), амер. композитор и пианист. Один из основоположников нац. композиторской школы. Музыка в традициях нем. *романтизма*. Программные симф. соч. (в т.ч. «Индейская сюита», 1895), фп. концерты, сонаты, пьесы.

МАКЕДО́НИЯ Древняя, гос-во 5–2 вв. до н.э. на Балканском п-ове. Царь Филипп II к сер. 4 в. до н.э. завершил объединение терр. собственно М., с 359 по 338 до н.э. присоединил Фокиду, Фессалию, Халкидику, Фракию и др., в зависимость от М. попала Греция. Сын Филиппа II Александр Македонский, завоевав терр. перс. державы, образовал огромную монархию, к-рая распалась после его смерти (323). В самой М. в результате борьбы за власть между диадохами (преемниками Александра Македонского) утвердилась династия Антигонидов. В 148 до н.э., потерпев поражение от Рима, была превращена в рим. провинцию.

МАКЕДО́НИЯ (Республика Македония), гос-во на Ю. Европы, на Балканском п-ове, в басс. р. Вардар. Пл. 25,7 т. км². Нас. 2,06 млн. ч.; македонцы, албанцы, турки, цыгане, сербы, боснийцы и др. Офиц. яз. – македонский. Верующие преим. христиане и мусульмане. Глава гос-ва – президент. Законодат. орган – парламент (Собрание). Столица – Скопье. Адм.-терр. деление: 30 р-нов. Ден. единица – денар.

Б.ч. терр. занимают средневысотные горы (выс. до 2764 м в пределах хр. Кораби на границе с Албанией). Климат средиземноморский. Ср. темп-ры янв. 5–7 °С, июля 24–26 °С; осадков 450–500 мм в год. Кр. река – Вардар, озёра – Охридское, Преспа (на границе с Албанией и Грецией). Долины возделаны, на склонах до выс. 2000 м – смешанные леса и кустарники, выше – горн. луга. Под лесом – св. ⅓ терр.

В 6–7 вв. терр. М. заселена славянами, ассимилировавшими местное иллиро-фракийское нас. В 9–10 вв. распространилось христ-во. Терр. М. входила в состав Зап.-Болг. царства, Византии, Второго Болг. царства, Сербии. В кон. 14 в. захвачена Осм. империей. Усилилось проникновение в М. албанцев и особенно турок, началось распространение ислама. В результате Балканских войн 1912–13 терр. М. была поделена между Сербией (Вардарская М.), Грецией (Эгейская М.) и Болгарией (Пиринский кр.). С 1918 в составе Сербии стала частью Кор-ва сербов, хорватов и словенцев (с 1929 Югославии). В 1945–92 входила в состав Социалистич. Федеративной Респ. Югославии в качестве одной из 6 республик. В 1991 принята Конституция М., провозгласившая М. суверенным гос-вом.

М.– агр.-индустр. страна. ВНП на д. нас. 1812 долл. в год. Добыча хромитов, свинцово-цинковых, жел. руд. Развиты чёрная и цв. металлургия, маш-ние, хим., пищевкус. (таб., виноделч., рисоочистит.), лёгкая (обув., шёлковая), деревообр. пром-сть; произ-во стройматериалов. В с. х-ве преобладает растениеводство; гл. зерновые культуры – рис, кукуруза, пшеница. Выращивают хлопчатник, опийный мак, арахис, кунжут, анис. М.– один из значит. производителей юж. сортов табака. Сад-во (олива, инжир, тутовое дерево), овощ-во; виногр-во. Горно-пастбищное овц-во.

МАКЕ́НЗИ (Mackenzie) Александер (1764–1820), шотл. купец, исследователь терр. Канады и Сев. Америки, служащий Сев.-Зап. пушной компании. В 1789 иссл. р. Невольничья, Б. Невольничье оз., горы Франклин и хр. Ричардсон, а также реку, горы, низменность и залив, названные его именем. В 1792–94 прослеживал по р. Пис-Ривер, изучил Передовой и Береговой хр., Внутреннее плато и р. Фрейзер, дважды пересёк Сев. Америку. Возведён в рыцарское достоинство (1802).

МАКЕ́НЗИ Джеймс (1853–1925), англ. терапевт, один из основоположников кардиологии. Организатор и руководитель Ин-та клинич. исследований в Сент-Андрусе (Шотландия, 1918).

МАКИАВЕ́ЛЛИ (Макьявелли) (Machiavelli) Никколо (1469–1527), итал. полит. мыслитель. Считал гл. причиной бедствий Италии её полит. раздробленность, преодолеть к-рую способна лишь сильная гос. власть. Признавал ради упрочения гос-ва допустимыми любые средства (отсюда термин «макиавеллизм»). Среди соч.– «История Флоренции» (1520–1525, изд. в 1532), «Государь» (1513, изд. в 1532), комедия «Мандрагора» (1518, пост. и изд. в 1524).

МА́КИНРОЙ (McEnroe) Джон (р. 1959), амер. теннисист. Чемпион мира (1981, 1983–84), Уимблдонского турнира (1981, 1983–84) и США (1979, 1980–81, 1984) в одиночном разряде. Победитель более 70 др. проф. турниров (1977–92). Один из сильнейших в мире мастеров парной игры.

МАК-КА́ЛЛЕРС (McCullers) Карсон (1917–67), амер. писательница. Трагич. проза о стремлении к любви и пониманию подростков, увечных, жаждущих утешения в мире равнодушия и жестокости: ром. «Сердце – одинокий охотник» (1940), «Участник свадебной церемонии» (1946), «Часы без стрелок» (1961), пов. «Баллада о невесёлом кабачке» (1951; инсценировка Э. Олби, 1965).

МАК-КА́РТНИ П., см. в ст. «Битлз».

МАК-КИ́НЛИ, горн. вершина в Аляскинском хр. (*Кордильеры Северной Америки*), в США, высш. точка Сев. Америки (6193 м).

МАКЛАКО́В Ник. Ал. (1869–1957), рос. полит. деятель, адвокат. Один из основателей и лидеров партии кадетов. Деп. 2–4-й Гос. дум. В 1917 посол во Франции. Эмигрант. Тр. по истории рус. обществ. мысли и либер. движения.

МАК-ЛЕ́ЙН (MacLaine) Ширли (наст. фам. Маклин Бити) (р. 1934), амер. актриса. Сестра У. Битти. Выступала как танцовщица в мюзиклах и на ТВ. Особый успех принёс ф. «Милая Чарити» (1968). Свойственное актрисе сочетание драм. и комедийных элементов особенно проявились в ф.: «Квартира» (1960), «Будучи там» (1979), «Мадам Сузацка» (1988), «Стальные магнолии» (1989).

Н. Макиавелли.

МА́КЛЕР (нем. Makler), посредник при заключении сделок, в т.ч. на *биржах*. В совр. условиях в большинстве стран посреднические операции выполняют *брокеры*.

МАКО́ВСКИЕ, рос. живописцы, братья. Передвижники. Конст. Ег. (1839–1915) – портреты, жанровые и историч. полотна («Поцелуйный обряд», 1895) выделяются виртуозной живоп. техникой. Вл. Ег. (1846–1920) – убедит. психологичность, точность характеристик отличают бытовые сцены («Крах банка», 1881; «Свидание», 1883).

МАКРЕ́ЛИ, род рыб сем. *скумбриевых*.

МА́КРО... (от греч. makrós – большой, длинный), часть сложных слов, означающая: большой, относящийся к большим размерам, величинам (напр., макромолекула).

МАКРОКО́СМ(ОС) (от *макро*... и *космос*), Вселенная, универсум, мир в целом, в отличие от микрокосм(ос)а (человека).

МАКСА́КОВА Люд. Вас. (р. 1940), актриса. С 1961 в Т-ре имени Евг. Вахтангова. Наделена пластичностью, тонким чувством стиля. Игре свойственно психол. насыщенность, зачастую – сложность психол. рисунка ролей: Жорж Санд («Лето в Ноане» Я. Ивашкевича, 1976), Анна Каренина по Л.Н. Толстому, 1983), Паола («Дама без камелий» Т. Рэттигана, 1990), Коринкина («Без вины виноватые» А.Н. Островского, 1993) и др. Снималась в ф.: «Плохой хороший человек» (1973), «Осень» (1975), т/ф «Летучая мышь» (1979) и др.

МАКСА́КОВА Мария Петр. (1902–1974), певица (меццо-сопрано). В 1923–53 в Большом т-ре. Исполне-

М.П. Максакова.

нию М. были присущи экспрессивность, тонкое иск-во фразировки, полное слияние муз. и сценич. образов: Марина Мнишек, Марфа («Борис Годунов», «Хованщина» М.П. Мусоргского), Кармен («Кармен» Ж. Бизе). Первая исполнительница партии Алмаст («Алмаст» А.А. Спендиарова). Выступала и как камерная певица.

МА́КСВЕЛЛ (Maxwell) Джеймс Клерк (1831–79), англ. физик, создатель классич. электродинамики, один из основоположников статистич. физики. Создал теорию эл.-магн. поля (ур-ния М.), описывающую эл.-магн. явления в средах и в вакууме. Предсказал существование эл.-магн. волн и эл.-магн. природу света. Установил закон распределения молекул газа по скоростям (распределение М.). Ввёл статистич. представления в термодинамику и впервые употребил термин «статистич. механика». Иссл. вязкость, диффузию, теплопроводность газов, цветное зрение. Основатель и первый директор (1871) Кавендишской лаб. в Кембриджском ун-те (Великобритания), ставшей мировым науч. центром.

Дж. Максвелл.

МА́КСИМ (Maxim) Хайрем Стивенс (1840–1916), амер. изобретатель и промышленник в области воен. техники. Изобрёл способ автоматич. перезарядки оружия за счёт отдачи ствола (1883), разработал автоматич. винтовку, пушку и станковый пулемёт (был на вооружении армий мн. гос-в, в т.ч. России).

МАКСИ́М ГРЕК (в миру – Михаил Триволис) (ок. 1470–1555), публицист, богослов, философ, переводчик. По происхождению грек; в 1518 выехал в Москву. Сблизился с церк. оппозицией, был осуждён на соборах 1525 и 1531. Нравственно-обличит. («Стязание о известном иноческом жительстве», «Беседы ума с душой»), поучит. («Главы поучительны начальствующим правоверно») и полемич. (в т.ч. против католиков, магометан, иудеев, эллинов-язычников) статьи; филос. и богословские рассуждения; переводы (в т.ч. отцов церкви), статьи по грамматике и лексикографии. Полит. идеал – гармония светской и духовной властей; отстаивал свободу воли («самовластный дар»). Канонизирован Рус. правосл. церковью.

МАКСИ́М ИСПОВЕ́ДНИК (ок. 580–662), визант. богослов, гл. оппонент *монофелитов*. В 653 арестован, в 662 подвергнут мучениям (отсечению языка и правой руки), сослан. Комментатор «*Ареопагитик*». Задача человека в мистич. концепции М.И. – восстановить целостность своей природы и космоса. Оказал сильное влияние на ср.-век. мистику.

МАКСИ́МОВ Вл. Ем. (1932–95), рус. писатель. В 1974 эмигрировал в Париж. Пов. «Мы обживаем землю» (1961), «Жив человек» (1962). В ром. «Семь дней творения» (1971), «Карантин» (1973) – драматизм обыденной жизни в условиях сов. действительности, обращение к христ. идеалу. Автобиогр. кн. «Прощание из ниоткуда» (кн. 1–2, 1974–82). Публицистика. Гл. ред. ж. «Континент» (1974–92).

МАКСИ́МОВА Ек. Сер. (р. 1939), артистка балета. В 1958–88 в Большом т-ре. Классич. танцовщица, обладает филигранной отточенностью и чистотой движений, грацией, даром

Е.С. Максимова в балете «Золушка».

драм. актрисы: Китри («Дон Кихот» Л.Ф. Минкуса, 1965), Жизель («Жизель» А. Адана, 1966), Фригия («Спартак» А.И. Хачатуряна, 1968), Юлия («Ромео и Юлия», на музыку Г. Берлиоза, 1978, «Балет ХХ века», Брюссель), Анюта («Анюта» В.А. Гаврилина, 1986), Татьяна («Онегин» на музыке П.И. Чайковского, 1989, Нац. балет Великобритании), Золушка («Золушка» С.С. Прокофьева, 1991). Танцует преим. со своим мужем В.В. Васильевым. Снималась в гл. ролях в т/ф: «Галатея» (1977), «Старое танго» (1979), «Жиголо и Жиголетта» (1980).

МА́КСИМУМ (от лат. maximum – наибольший), наибольшее кол-во, величина, высш. степень; противоположное – минимум.

МА́КСИМУМ И МИ́НИМУМ (от лат. maximum и minimum – наибольшее и наименьшее) (матем.), наибольшее и наименьшее значения функции по сравнению с её значениями в достаточно близких точках. Точки М. и м. наз. точками *экстремума*.

МАКФЕ́РСОН Дж., см. Оссиан.

МАЛА́БО (до 1973 Санта-Исабель), столица (с 1968) Экв. Гвинеи, на о. Биоко. 40 т.ж. Порт в Гвинейском зал.; междунар. аэропорт. Лесопил., деревообр. пр-тия. Осн. в 1827 англи-

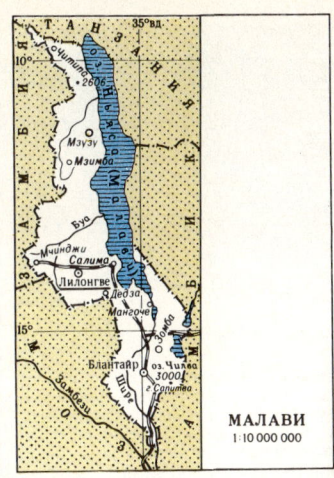

чанами как поселение Порт-Кларенс. В 1843–1968 адм. ц. Исп. Гвинеи.

МАЛА́ВИ (Республика Малави), гос-во в Вост. Африке. Пл. 118,5 т. км². Нас. 10,6 млн. ч.; св. 50% малави и др. народы. Офиц. языки – ньянджа (яз. малави) и английский. Верующие – ок. 50% придерживается традиц. верований, ок. 40% – христиане, 10% – мусульмане. Входит в *Содружество*. Глава гос-ва и пр-ва – президент. Законодат. орган – парламент (Нац. собрание). Столица – Лилонгве. Адм.-терр. деление: 3 провинции. Ден. единица – малавийская кварча.

Б.ч. поверхности – плоскогорье выс. до 1000–1500 м (г. Сапитва, 3000 м). Климат экв.-муссонный. Ср. темп-ры нояб. 23–27°C, июля 14–19°C; осадков от 750 до 2500 мм в год. Гл. река – Шире. Озёра: Ньяса, Маламбе, Чилва. Тропич. листопадные леса, саванна, горн. степи.

Со 2-й пол. 19 в. на терр. М. проникают европейцы. С 1891 – брит. протекторат Ньясаленд. После провозглашения независимости М. (в 1964) в стране фактически сложился диктаторский режим Х.К. Банды (през. с 1966), к-рый в 1971 был объявлен пожизненным президентом. Партия Конгресс М. (осн. в 1959) в 1965 стала единств. полит. партией в союзе с президентом. В июне 1993 парламент М. принял закон о ликвидации однопарт. системы.

М. – агр. страна. ВНП на д. нас. 210 долл. в год. Основа экономики – произ-во экспортных культур: чая, табака, арахиса, хлопчатника, орехов-тунга (техн. культура), сах. тростника, каучуконосов. Озёрное и речное рыб-во. Заготовка древесины. Добыча мрамора. Пр-тия по переработке с.-х. сырья (осн. отрасль – сахарная). Цем. з-д и таб. ф-ка.

МА́ЛАГА, г. в Испании. 566 т.ж. Рыболовный и нефт. порт на Средиземном м. Центр виноделия; кр. пищ. пром-сть (оливковое масло, плодоовощные и рыбные консервы), судостроение, нефтехимия. Ун-т. Провинциальный музей. Осн. финикийцами, вероятно, в 11 в. до н.э. Руины рим. т-ра, цитадель (с 9 в.) и собор (16–17 вв.).

МАЛА́ЙЗИЯ, гос-во в Юго-Вост. Азии; состоит из разделённых Юж.-Китайским м. частей: Зап. М. (Малайя) – на п-ове Малакка, Вост. М. – в сев.-зап. части о. Калимантан, омывается водами Юж.-Китайского м., морей Сулу и Сулавеси. Пл.

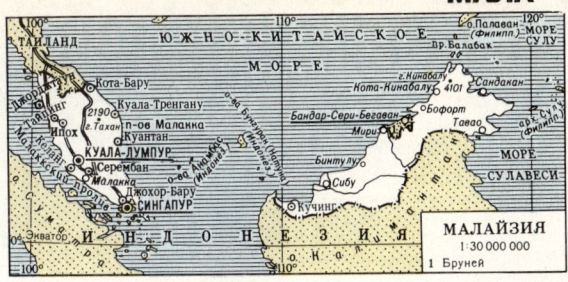

Малайзия. Деревня.

332,8 т. км². Нас. 19,1 млн. ч.; малайцы (55%), китайцы (34%), индийцы (10%). Офиц. яз. – малайский. Гос. религия – ислам. М. – конституц. монархия. Глава гос-ва избирается поочерёдно главами образующих федерацию султанатов на 5 лет. Законодат. орган – двухпалатный парламент (Сенат и Палата представителей). Столица – Куала-Лумпур. М. – федерация в составе 13 штатов-султанатов и 2 федеральных терр. Ден. единица – ринггит (малайзийский доллар).

Преобладают невысокие холмы и горы. Наиб. выс. на о. Калимантан – г. Кинабалу (4101 м). Климат экв., жаркий и влажный. Ср. темп-ры в течение всего года 25–27°C; осадков 1500–2000 мм, в горах св. 5000 мм в год. Тропич. леса.

Первые гос-ва возникли в начале н.э. на С. п-ова Малакка. В 15 в. сев. ч. п-ова была объединена Малаккским султанатом. В кон. 18–нач. 20 вв. англичане захватили терр. Зап. М., образовали колонии Стрейтс-Сетлментс и Брит. Малайю. В 1888 установлен англ. протекторат над Сабахом и Сараваком. В дек. 1941–45 терр. М. – под япон. оккупацией. В 1946 и 1948 брит. властями проведены конституц. реформы. Сингапур отделён от Малайи (с 1948 – Малайская Федерация), Сабах и Саравак превращены в колонии. В 1957 была провозглашена независимость Малайской Федерации, в 1963 Федерация Малайзия в составе Малайской Федерации, Сабаха, Саравака и Сингапура. В 1965 Сингапур вышел из состава федерации.

М. – индустр.-агр. страна. ВНП на д. нас. 2490 долл. в год. В нач. 1990-х гг. ок. 50% мирового произ-ва каучука и 40% олова (без стран СНГ). Добыча бокситов, нефти, жел. руды; произ-во эл.-энергии св. 17 млрд кВт·ч, цемента. Гл. отрасли обрабат. пром-сти: эл.-техн., нефтеперераб., хим., металлургич., автомоб., текст., пищевкусовая. Основа с. х-ва – произ-во натурального каучука, паль-

мового масла (одно из ведущих мест в мире), какао-бобов, ананасов, перца. Осн. прод. культура – рис. Мор. и речное рыб-во. Заготовка древесины.

МАЛА́ЙСКИЙ АРХИПЕЛА́Г, самое большое скопление о-вов на земном шаре (ок. 10 тыс. о-вов, пл. ок. 2 млн. км²), между материковой Азией и Австралией. Включает Б. и М. Зондские, Филиппинские и неск. групп более мелких о-вов. Входит гл. обр. в состав Индонезии, Малайзии и Филиппин. Рельеф преим. горный, выс. до 4101 м (г. Кинабалу, на о. Калимантан). Более 330 вулканов, в т.ч. св. 100 действующих. Преобладают влажные тропич. леса, местами муссонные леса и саванны. Флора и фауна отличаются большим видовым разнообразием. Крупнейшие м-ния руд олова, а также нефти.

МАЛА́ККА, п-ов на Ю.-В. Азии (Малайзия, Таиланд), юж. часть *Индокитая*. Пл. ок. 190 т. км². Выс. до 2190 м. Влажные тропич. леса, у побережий – мангровые леса. Богатые м-ния руд олова и вольфрама.

МАЛАХИ́Т (от греч. maláche – мальва, по сходству с цветом её листьев), ювелирно-поделочный камень, минерал, карбонат меди. Образует натёчные почковидные агрегаты от светло- до густо-зелёного цвета с ленточным, концентрически-круговым рисунком. Тв. ок. 4, плотн. ок. 4 г/см³. Землистый М. – сырьё для красок («малахитовая зелень»). Лучший в мире М. добывался в России на Урале (описан П.П. Бажовым в «Малахитовой шкатулке»).

МА́ЛАЯ А́ЗИЯ, п-ов на З. Азии (Турция). Пл. ок. 506 т. км². Омывается Чёрным, Мраморным, Эгейским и Средиземным морями, прол. Босфор и Дарданеллы. Б.ч. занимает полупустынное Малоазиатское нагорье, ограниченное горами Понтийскими (на С., выс. до 3937 м) и Тавр (на Ю.), вдоль берегов – участки низменностей со средиземномор. растительностью.

МА́ЛЕ, столица (с 1968) Мальдивской Респ., на о. Мале. Св. 55 т.ж. Порт на Индийском ок. Рыб-во. Вы-вз сушёной рыбы, кокосовых орехов, копры. Музей.

МАЛЕ́ВИЧ Казимир Северинович (1878—1935), рос. художник. Основоположник *супрематизма* («Чёрный квадрат», 1913). В 20-х гг. с помощью пространств. композиций («архитектонов») изучал формальный язык пластич. иск-в, создавал проекты бытовых вещей, рисунки для текстиля и др.

МАЛЕГО́Т, см. *Санкт-Петербургский театр оперы и балета*.

МА́ЛЕР (Mahler) Густав (1860—1911), австр. композитор, дирижёр. В 1897—1907 дир. Венской придворной оперы. С 1907 в США. Гастролировал (в 1890—1900-х гг. в России). Черты позднего *романтизма*, экспрессионизма в творчестве связаны с трагич. осознанием социальных противоречий эпохи. 10 симф. (10-я не окончена), «Песнь о Земле» для солистов и орк. (1909), вок. циклы для голоса с орк. — «Песни странствующего подмастерья» (1885), «Песни об умерших детях» (1904).

Г. Малер.

МАЛИ́ (Республика Мали), гос-во в Зап. Африке. Пл. 1240 т. км², нас. 8,6 млн. ч., гл. обр. бамбара, фульбе, сенуфо, малинке, сонинке, туареги и др. Офиц. яз.— французский. Большинство верующих — мусульмане, св. 10% нас. придерживается традиц. верований. Глава гос-ва — президент. Законодат. орган — парламент (Нац. собрание). Столица — Бамако. Адм.-терр. деление: 7 областей и особая адм. ед. (дистрикт) Бамако. Ден. единица — франк КФА.

Поверхность преим. равнинная; на С., Ю. и В.— горн. массивы выс. до 1155 м. Климат субэкв. (на Ю.) и тропич. пустынный. Ср.-мес. темп-ры от 20 до 35 °C; осадков от 50 до 1500 мм в полосе. Гл. судох. реки — Нигер и Сенегал. Растительность преим. пустынная и полупустынная, на Ю.— саванны.

В сер. 1890-х гг.— 1958 франц. владение под назв. Франц. Судан. С 1960 независимое гос-во. В марте 1991 в М. произошёл гос. переворот. През. М. Траоре (с 1979) был отстранён от власти, правящая и единств. партия Демокр. союз малийского народа (осн. в 1979) распущены. Переходный к-т спасения народа выступил за проведение демокр. преобразований. В янв. 1992 на референдуме одобрена конституция, предусматривавшая введение многопартийной системы. В 1992 прошли всеобщие выборы, завершившие переход к гражд. правлению.

М.— агр. страна. ВНП на д. нас. 280 долл. в год. Экстенсивное (на 70—80% кочевое и полукочевое, низкопродуктивное) скот-во. Поголовье: кр. рог. скот, овцы и козы. Осн. с.-х. экспортные культуры — хлопчатник, арахис, капок. Плод-во (ананасы, манго, папайя, цитрусовые), овощ-во. Сбор орехов карите в Ниж. части Нигера — рыб-во. Небольшая добыча золота (на экспорт), фосфатов. Пр-тия по переработке с.-х. сырья; сборочные.

Мали. Селение кочевников близ Томбукту.

МАЛИБРА́Н (Malibran) Мария Фелисита (1808—36), франц. певица (меццо-сопрано). Сестра П. Виардо-Гарсия, жена Ш. Берио. С 1825 на оперных сценах Лондона, Парижа, городов Италии. Прославилась исполнением драм. партий. Ей посв. оп. «Мария Малибран» амер. композитора Р.Р. Беннета.

МАЛИ́НА, древесные р-ния рода рубус. Ок. 120 видов, гл. обр. в умеренном и субтропич. поясах Евразии (в культуре с 4 в.) неск. видов, в т.ч. М. обыкновенная, или красная. Выращивают в умеренном поясе Сев. полушария (европ. страны, США, Канада и др.); в России — в осн. в ср. полосе и Поволжье. Полукустарники выс. до 1,5 м. Надземные побеги живут 2 года, корневая система многолетняя. Плоды (до 2 кг с р-ния) богаты сахарами, органич. к-тами, витаминами, применяются при простуде (потогонным свойством обладает также «малиновый чай» — заваренные верхушки побегов с листьями, цветками и незрелыми плодами).

Малина обыкновенная, сорт Барнаульская.

МАЛИ́НОВКА, то же, что *зарянка*.

МАЛИНО́ВСКИЙ Род. Як. (1898—1967), Маршал Сов. Союза (1944), с 1956 главнокоманд. Сухопутными войсками — 1-й зам. мин., с 1957 мин. обороны СССР. В Вел. Отеч. войну командовал рядом армий и фронтов. Летом 1945 команд. Забайкальским фр. В 1947—56 главнокоманд. войсками Д. Востока, команд. войсками Дальневост. ВО. Восп.: «Солдаты России» (1969).

МАЛИНО́ВСКИЙ Ром. Вацлавович (1876—1918), чл. РСДРП с 1906, меньшевик, нефракционный социал-демократ, с 1911 большевик. С 1910 агент охранки, с 1912 — Департамента полиции. В 1912—14 чл. ЦК РСДРП, деп. 4-й Гос. думы. После Февр. рев-ции 1917 разоблачён. Расстрелян по приговору Верх. рев. трибунала ВЦИК.

МАЛИПЬЕ́РО (Malipiero) Франческо (1882—1973), итал. композитор, музыковед, педагог. Интеллектуализм в сочетании с иронией и гротеском, фантасмагорич. смесь реальности и иллюзии воплощены в соч. в традициях неоклассицизма. Св. 30 опер (в т.ч. трил. «Орфеиды», 1925, «Фантазии в манере Калло», 1942, «Дон Жуан», 1962), балеты, 14 симф. и др. Иссл. и изд. итал. музыки. Учитель Л. Ноно.

МАЛЛАРМЕ́ (Mallarmé) Стефан (1842—98), франц. поэт, один из осн. представителей *символизма*. Для его драм. поэм «Иродиада» (1867—69), «Удача никогда не упразднит случая» (1897), сб. «Стихотворения» (1887), проникнутых мотивами одиночества, неприятия жизни и бессилия перед ней, характерны усложнённость поэтич. речи, суггестивность образов, стремление к передаче «сверхчувственного» в поэзии. Филол. труды, лит.-критич. статьи.

МАЛОАЗИА́ТСКОЕ НАГО́РЬЕ, в Азии (Турция), на п-ове М. Азия. Дл. ок. 1200 км, шир. до 600 км. Преобладающие выс. 800—1500 м, наиб.— 3916 м (вулкан Эрджияс). Внутр. часть — Анатолийское плоскогорье, на С.— Понтийские горы, на Ю.— горы Тавр. Кр. реки — Кызыл-Ирмак, Сакарья, в т.ч. Тоз. Во внутр. р-нах — полупустыни и степи, на внеш. склонах гор — леса и кустарники. М-ния кам. угля, медных и полиметаллич. руд и др.

МАЛОКРО́ВИЕ, то же, что *анемия*.

МА́ЛЫЙ ТЕА́ТР, старейший рус. драм. т-р в Москве. Формирование труппы с 50-х гг. 18 в. С 1824 наз. М.т. (стал работать в новом здании). С 1919 академический. В М.т. сложилась школа реалистич. актёрского иск-ва, связанная с пост. пьес А.С. Грибоедова, Н.В. Гоголя и А.Н. Островского, а также произв. зап.-европ. классики (пьесы У. Шекспира, Ф. Шиллера, Лопе де Веги). Основоположники этой школы утвердили глубокий жизненный реализм (Садовские, М.С. Щепкин), романтизм (П.С. Мочалов, М.Н. Ермолова). Среди крупнейших актёров 2-й пол. 19 — нач. 20 вв.: С.В. Васильев, Г.Н. Федотова, А.П. Ленский, А.И. Южин. После Окт. рев-ции т-р поставил пьесы совр. драматургов (К.А. Тренёв, Б.С. Ромашов, М. Горький), сохранил верность традициям, утверждал приоритет актёра. Актёры: П.М. Садовский, С.Л. Кузнецов, А.А. Яблочкина, А.А. Остужев, М.М. Климов, К.А. Зубов, В.Н. Пашенная, В.Н. Рыжова, Е.Д. Турчанинова, Е.Н. Гоголева, В.О. Массалитинова, Е.М. Шатрова, Д.В. Зеркалова, Б.А. Бабочкин, М.И. Жаров, М.И. Царёв, И.В. Ильинский, Н.А. Анненков, Э.А. Быстрицкая, В.И. Коршунов, Р.Д. Нифонтова и др. Художественный руководитель — Ю.М. Соломин (с 1988). Спектакли: «Царь Фёдор Иоаннович» А.К. Толстого (1973), «Лес» Островского (1974), «Заговор Фиеско в Генуе» Ф. Шиллера (1977), «Холопы» П.П. Гнедича (1987). При т-ре работает Театральное уч-ще имени Щепкина.

МА́ЛЫЙ ТЕА́ТР О́ПЕРЫ И БАЛЕ́ТА, см. *Санкт-Петербургский театр оперы и балета*.

МАЛЬ (Malle) Луи (р. 1932), франц. кинорежиссёр. Пост. ф.: «Частная жизнь» (1962), «Блуждающий огонёк» (1963), «Лакомб Люсьен» (1974), «До свидания, дети» (1987). Романтич. иск-во М. основывается на ощущении глубокого разлада между героем и жизнью. Придерживается традиц. форм психол. драмы, в ф. «Зази в метро» (1960), «Виват, Мария!» (1965) проявилась склонность к комедии абсурда и иронии.

МАЛЬБРА́НШ (Malebranche) Никола́ (1638—1715), франц. философ, один из гл. представителей окказионализма. Направление в зап.-европ. философии 17 в., утверждавшее, что взаимодействие души и тела принципиально невозможно. В противоположность Б. Спинозе утверждал, что всё существует в мире, а мир в Боге. Осн. соч.— «Разыскания истины» (1674—75).

МА́ЛЬВА (просвирник), род трав (сем. мальвовые). Ок. 40 видов, в Сев. полушарии. Растут у жилья, в посевах как сорные, в светлых лесах. Листья М. лесной используют в пищу и как лекарств. (противовоспалит.) средство. Нек-рые виды — ценные кормовые травы. М. розовую, или шток-розу,— высокое стройное р-ние с крупными цветками разл. окраски — разводят как декоративную. Медонос.

МАЛЬДИ́ВЫ (Мальдивская Республика), гос-во в Юж. Азии, на Мальдивских о-вах (ок. 2000 о-вов, гл. обр. коралловых атоллов, заселено ок. 200) в Индийском ок., в 640 км к Ю.-З. от Шри-Ланки. Пл. 298 км². Нас. 237 тыс. ч.; 99% — мальдивцы.

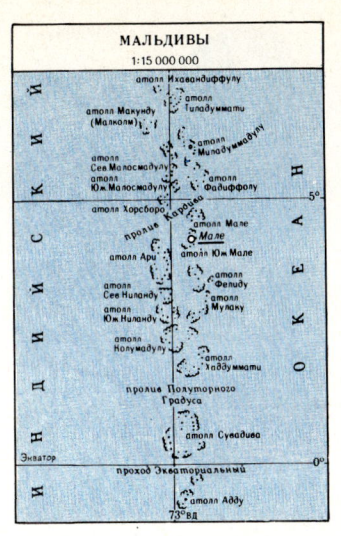

МАЛЬДИВЫ
1:15 000 000

Гос. яз.— дивехи (мальдивский). Гос. религия — ислам. Глава гос-ва и пр-ва — президент. Законодат. орган — парламент (Нар. совет). Столица — Мале. Ден. единица — мальдивская руфия.

Климат экв. муссонный. Ср.-мес. темп-ры 24–30 °C; осадков ок. 2500 мм в год. Рощи кокосовых пальм, бананов.

До 1968 султанат (в 1887–1965 под брит. протекторатом). С 1965 независимое гос-во.

Основа экономики — рыб-во и переработка рыбы (50% экспорта). ВНП на д. нас. 500 долл. в год. Осн. с.-х. культура — кокосовая пальма; возделывают также рис, овощи, фрукты, хлебное дерево. Птиц-во. Импорт продовольствия. Важный источник валюты — мор. судов. компания (штаб-квартира в Сингапуре). Произ-во рыболовных судов, сборка электронных компонентов (на экспорт). Иностр. туризм (до 150 тыс. туристов в год).

МАЛЬМЁ, г. в Швеции. 232 т.ж. Порт в прол. Эресунн. Судостроение; хим., трикот. пром-сть. Консерватория. Ист.-худ. гор. музей (в замке Мальмёхус, 16 в.). Т-р. Изв. с 12 в.

МА́ЛЬТА, верхнепалеолитич. стоянка на р. Белая (Иркутская обл.). Остатки жилищ, статуэтки, погребение мальчика с костяными украшениями.

МА́ЛЬТА (Республика Мальта), гос-во в Юж. Европе, на Мальтийском арх. (осн. о-ва — Мальта и Гоцо), в центр. части Средиземного м. Пл. 316 км². Нас. 363 т.ч., в осн. мальтийцы. Офиц. языки — мальтийский и английский. Верующие преим. католики. Входит в Содружество. Глава гос-ва — президент. Законодат. орган — парламент (Палата представителей). Столица — Валлетта. Ден. единица — мальтийская лира.

Б.ч. поверхности — известняковое плато выс. до 240 м. Климат средиземноморский. Ср. темп-ры февр. 12 °C, авг. 25 °C; осадков ок. 530 мм в год, ощущается недостаток пресной воды. Ксерофитная кустарниковая растительность.

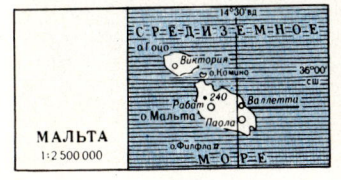

С кон. 11 в. М. владели норманны, присоединившие её к Сицилии, с 16 в.— орден иоаннитов (Мальтийский орден). В 1798 М. захвачена Францией, в 1800 — Великобританией, превратившей её в свою колонию и воен.-мор. базу. С 1964 независимое гос-во.

Основа экономики — судоремонт и транзитно-трансп. операции (Мальтийские доки — крупнейшие судорем. пр-тия в Средиземном м.) и иностр. туризм. ВНП на д. нас. 6850 долл. в год. Произ-во и вывоз швейных и трикот. изделий, тканей, обуви, эл.-техн. оборудования и хим. продукции.

МАЛЬТА
1:2 500 000

МАЛЬТИ́ЙСКИЙ О́РДЕН, см. в ст. Иоанниты.

МАЛЬТО́ЗА (солодовый сахар), дисахарид, образованный двумя остатками глюкозы. В живых организмах образуется при расщеплении крахмала и гликогена ферментами (амилазами), в больших кол-вах — в проросших зёрнах (солоде) ячменя и др. зерновых.

МАЛЬТУЗИА́НСТВО, теория, созданная в кон. 18 в. англ. экономистом Т.Р. Мальтусом (Malthus; 1766–1834), в соответствии с к-рой благосостояние населения определяется естеств. законом народонаселения: темпы роста народонаселения значительно превышают темпы увеличения произ-ва средств существования (их соотношение Мальтус выводит из сравнения геом. и арифметич. прогрессий). В совр. условиях проблемы развивающихся стран, связанные с быстрым ростом народонаселения, вызывают периодич. оживление модифицир. форм М.

МА́ЛЬЦЕВ Ал-др Ник. (р. 1949), рос. спортсмен (хоккей с шайбой). Нападающий команды «Динамо» (Москва). Призёр 13 чемпионатов СССР (1971–83). Неоднократный чемпион Европы, мира (1969–83), Олимп. игр (1972, 1976). Обладатель Кубка Канады (1981). Один из результативнейших игроков сов. хоккея (св. 400 голов).

МА́ЛЬЦЕВ Тер. Сем. (1895–1994), рос. земледелец. Предложил (1951) принципиально новую (безотвальную) систему обработки почвы для р-нов Зауралья и Зап. Сибири, при к-рой меньше распыляется почва. Автор мн. публицист. работ, посвящённых культуре земледелия и нравств. отношения к земле.

МАЛЬЦО́ВЫ, рос. предприниматели и землевладельцы. Из купцов, с 1755 дворяне. Афанасий в 1724 осн. стекольный з-д близ Можайска, в 1727 перевели его частично на р. Гусь близ Владимира, в т.ч. в с. Дятьково близ Брянска, где сложились две группы мальцовских з-дов (в т.ч. крупнейшие частные стекольно-хрустальные пр-тия). Дело продолжили Сер. Акимович (1771–1823) и Ив. Акимович (1772–1853), затем их сыновья: Ив. Сер. (1807–80) и Сер. Ив. (1810–93).

МАЛЯ́ВИН Фил. Анд. (1869–1940), рос. живописец. В красочных полотнах на темы крест. жизни стремился выразить безудержное её стихийное начало («Вихрь», 1906).

МАЛЯРИ́ЙНЫЕ КОМАРЫ́, род комаров, переносчики возбудителя малярии человека. Ок. 300 видов, распространены широко. Яйца, личинки и куколки развиваются в воде. У М.к. (в отличие от немалярийных) брюшко при посадке приподнято, голова опущена. Самки М.к. питаются кровью кр. стадных ж-ных и человека, большие скопления к-рых они определяют на расстоянии до 3 км.

МАЛЯРИ́Я (итал. malaria, от mala aria — дурной воздух) (болотная лихорадка, перемежающаяся лихорадка), инфекц. болезнь, вызываемая плазмодиями. Переносчики — малярийные комары. Характерны приступы лихорадки, анемия, увеличение печени, селезёнки. Наиб. распространена в странах Африки, Юго-Вост. Азии и Юж. Америки.

МА́МБЫ, ядовитые змеи (сем. аспиды). Дл. 2–4 м. 4 вида, в Африке к Ю. от Сахары, во влажных лесах. Человек может погибнуть от укуса в течение получаса. Чёрная М.— самая быстрая ядовитая змея (на ровной поверхности развивает скорость до 19 км/ч).

МА́МИН-СИБИРЯ́К (наст. фам. Мамин) Дм. Наркисович (1852–1912), рус. писатель. В ром. «Приваловские миллионы» (1883), «Горное гнездо» (1884), «Золото» (1892) — картины горнозаводской жизни Урала и Сибири 2-й пол. 19 в., раскрывающиеся в психологии любовных, семейных, бытовых отношений.

МАМЛЮ́КИ (араб.— невольники), воины-рабы. Составляли гвардию династии Айюбидов, в 1250 свергли их ветвь и основали династию султанов, правившую до 1517 в гос-ве, включавшем Египет и Сирию. Свергнуты турками-османами. В 1711–98 мамлюкские эмиры (беи) фактически снова правили Египтом. Окончательно их власть была ликвидирована Мухаммедом Али в 1811.

МА́МОНТ, вымерший вид слонов. Был современником человека кам. века. Выс. 2,5–3,5 м. Вымер в результате изменения климата и истребления человеком. На С. Сибири (басс. р. Колыма и др.) и на Аляске в слоях вечной мерзлоты найдены М. с сохранившимися мягкими тканями, кожей и шерстью.

МА́МОНТОВ Савва Ив. (1841–1918), рос. предприниматель и меценат. Из купцов. Участник ж.-д. и пром. об-в; разорился в 1899. В 1885 основал Моск. частную рус. оперу (в 1900–04 «Т-во частной оперы»). Режиссёр ряда спектаклей, автор оперных либретто. Владелец имения Абрамцево. Был дружен с крупнейшими деятелями рус. культуры: В.М. Васнецовым, М.А. Врубелем, М.В. Нестеровым, В.Д. и Е.Д. Поленовыми, И.Е. Репиным, В.А. Серовым, Ф.И. Шаляпиным и др.

МА́МОНТОВО ДЕ́РЕВО, то же, что секвойядендрон.

…МАН (от греч. mania — безумие, восторженность, страсть), часть сложных слов, означающих: страстный любитель того, что названо предшествующей частью слова (напр., балетоман).

МАНА́ГУА, столица (с 1858) Никарагуа. 682 т.ж. Расположена на оз. Манагуа, в 45 км от Тихого ок. Междунар. аэропорт. Текст., кож.-обув., нефтеперераб. пром-сть. Ун-ты. Нац. музей Никарагуа и др. Нац. т-р. Осн. в 16 в. Город вновь выстроен после землетрясения 1931, имеет шахматную сеть улиц, в осн. одноэтажную застройку. Илл. см. на стр. 408.

МАНА́МА, столица (с 1971) Бахрейна. 152 т.ж. Порт в Персидском зал. Куст. ремесл. произ-во. Рыб-во; добыча жемчуга и перламутра. Ун-т. К Ю. от М.— нефтеперераб. и нефтехим. з-ды.

«МАНА́С», кирг. героич. эпос. Вобрал предания о происхождении киргизов и их переселении с Алтая на Тянь-Шань, о подвигах богатыря Манаса и его дружины. «М.», включающий в нек-рых вариантах свыше полумиллиона стихов. строк, исполняют сказители-манасчи. К «М.» примыкают сказания о сыне богатыря Семетее и внуке Сейтеке.

МАНАССЕ́ИН Вяч. Авксентьевич (1841–1901), рос. терапевт и обществ. деятель. Участвовал в организации гос. и земской медицины. Основатель (1880) и ред. ж. «Врач». Мед. тр. по вопросам голодания и др.

МА́НГО, род вечнозелёных деревьев (сем. сумаховые). Ок. 40 видов, в Юго-Вост. Азии. М. индийское с древности выращивают в Индии; разводят и в др. тропич. странах.

Ф.А. Малявин. «Вихрь». Третьяковская галерея.

Мамонт.

408 МАНГ

Манагуа. Панорама города.

Нежные ароматные плоды М.– изысканные тропич. фрукты. Богатые крахмалом жареные семена М. используют в пищу и на корм скоту.

Манго: ветвь с плодами.

МАНГО́ЛЬД (листовая свёкла), подвид *свёклы* обыкновенной, овощная культура. Родина – Средиземноморье. Выращивают в осн. в Зап. и Юж. Европе, в России – ограниченно. В пищу используют листья и сочные мясистые черешки (преим. для супов и борщей).

МА́НГРЫ (мангровы), заросли вечнозелёных деревьев и кустарников с ходульными и дыхательными корнями (пневматофорами). Характерны для периодически затопляемых илистых участков мор. побережий влажных тропиков, гл. обр. в Вост. Африке, Юж. Азии, Австралии и Океании.

МАНГУ́СТЫ, род хищных млекопитающих. Длина тела 23–64 см, хвоста до 50 см. 14 видов, в Африке, Малой, Передней и Юж. Азии, Юго-Зап. Европе; акклиматизированы в Вест-Индии и на Гавайских о-вах. Легко приручаются. Наиб. крупный М.– ихневмон, или фараонова крыса, содержится в домах для истребления крыс и змей.

МАНДАРИ́Н (португ. mandarim, от санскр. мантрин – советник), данное португальцами название чиновников в Китае.

МАНДАРИ́Н, древесное р-ние рода цитрус, плод. культура. Родина – Юго-Вост. Азия. Выращивают в Японии, Китае, странах Средиземноморья и Юж. Америки; осн. культура влажных субтропиков Грузии; в Ср. Азии и Азербайджане – траншейная культура. Вечнозелёное деревце выс. 2–3 м, живёт до 50 лет, плодоносит с 3–4 лет. Плоды (100–150 кг с дерева) богаты сахара́ми, витамином С. В кожуре – эфирное масло, настойку из неё используют в медицине. Известны гибриды М. с апельсином (тангор), лимоном и др.

Мандарин: ветвь с плодами.

МАНДА́Т (от лат. mandatum – поручение), док-т, удостоверяющий те или иные полномочия предъявителя, права на что-либо (напр., депутатский М.).

МАНДЕ́ЛА (Mandela) Нельсон Ролихлахла (р. 1918), президент ЮАР с мая 1994. Один из основателей Молодёжной лиги Афр. нац. конгресса (АНК). С 1944 чл. АНК, с 1991 през. АНК. Неоднократно арестовывался. В 1964 приговорён к пожизненному заключению, в 1990 освобождён.

МАНДЕЛЬШТА́М Осип Эмильевич (1891–1938), рус. поэт. Начинал как представитель *акмеизма*. Поэзия насыщена культурно-ист. образами и мотивами, отмечена конкретно-веществ. восприятием мира, трагич. переживанием гибели культуры (сб. «Камень», 1913, «Tristia», 1922). Цикл «Воронежские тетради» (опубл. в 1966) с венчающей его космич. ораторией «О неизвестном солдате» ознаменован проникновением в глубь новых будней – безысторический и обездуховленный материк времени. Кн. «Разговор о Данте» (опубл. 1967), автобиогр. проза, статьи о поэзии. Погиб в лагере.

О. Мандельштам. Портрет работы Л. А. Бруни. 1916. Частное собрание.

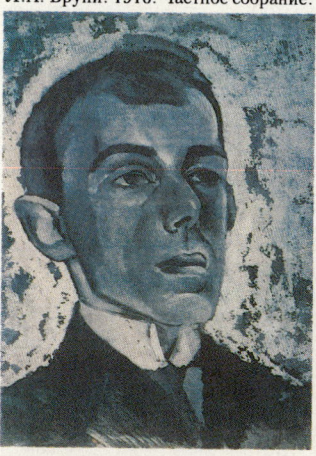

МАНДЗО́НИ (Manzoni) Алессандро (1785–1873), итал. писатель. Патриотич. идеи в романтич. трагедиях («Граф Карманьола», 1820, предисловие к к-рой стало одним из манифестов итал. *романтизма*, и «Адельгиз», 1822); религ.-филос. настроения в цикле «Священные гимны» (1812–22). В социально-ист. ром. «Обручённые» (ч. 1–3, 1821–27) из жизни Ломбардии 17 в. периода исп. владычества – драм. судьбы простых людей, обличение развращённого общества, его институтов.

МАНДОЛИ́НА (итал. mandolino), струн. щипковый муз. инстр-т типа *лютни*. Звук извлекается *плектром*. Инстр-т итал. происхождения, изв. с 17 в. Наиб. популярна неаполитанская сопрановая М. с 4 парными струнами.

Мандолина.

МАНДРАГО́РА, род многолетних трав (сем. паслёновые). Бесстебельное р-ние с крупными овальными листьями, собранными в прикорневую розетку диам. до 1,6 м. Корни (до 2 м в глубину) по форме иногда напоминают человеческую фигуру, из-за чего в древности М. приписывали магич. силу. 5–6 видов, в Средиземноморье, Передней и Ср. Азии, в Гималаях. Препараты из корней, плодов и семян М. лекарственной – болеутоляющее средство. М. туркестанская, растущая в Зап. Копетдаге,– реликт третичной флоры, охраняется.

Мандрил.

МАНДРИ́Л, обезьяна рода павианов. Длина тела до 1 м. Самцы М.– наиб. ярко и причудливо окрашенные ж-ные среди млекопитающих. Обитают в экв. лесах Зап. Африки. Чаще держатся группами; драчливы и агрессивны.

МАНЕ́ (Manet) Эдуар (1832–83), франц. живописец. Переосмысливал образы и сюжеты старых мастеров в духе современности («Олимпия», 1863), создавал произв. на бытовые, ист., рев. темы. Работам М. присущи свежесть и острота восприятия. Один из основоположников *импрессионизма*, в 70-х гг. он обратился к светлой пленэрной (см. *Пленэр*) живописи («В кабачке папаши Латюиль», 1879; «Нана», 1877).

МАНЕ́Ж (франц. manège), 1) площадка или здание для тренировки лошадей, обучения верховой езде, конноспорт. соревнований. В архит. отношении наиб. выразительны М. эпохи классицизма (М. в Москве, 1817–25; конногвардейский М. в С.-Петербурге, 1804–07). 2) М. цирковой, то же, что *арена*.

МАНЕФО́Н (2-я пол. 4 – нач. 3 вв. до н.э.), егип. историк, верх. жрец в Гелиополе. Автор истории Египта на греч. яз. М. принадлежит принятое в науке разделение истории Египта на 30 династий фараонов и на периоды Древнего, Среднего и Нового царств.

МАНИАКА́ЛЬНО - ДЕПРЕССИ́ВНЫЙ ПСИХО́З (циклофрения), психич. заболевание, протекающее в виде приступов (фаз) пониженного

Э. Мане. «Бар в "Фоли-Бержер"». 1881–82. Институт Кортолда. Лондон.

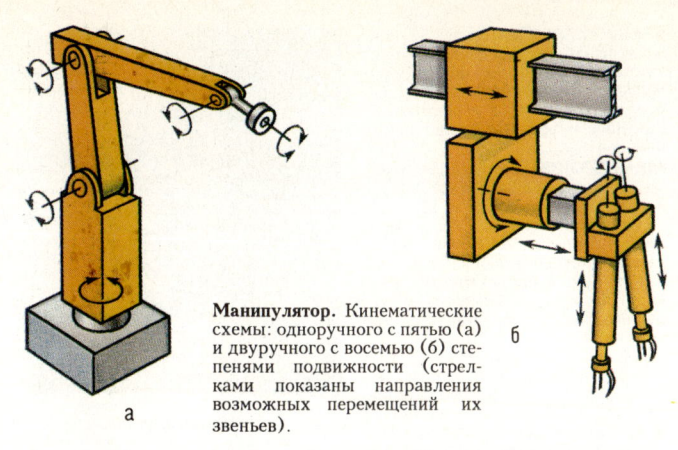

Манипулятор. Кинематические схемы: одноручного с пятью (а) и двуручного с восемью (б) степенями подвижности (стрелками показаны направления возможных перемещений их звеньев).

(депрессия) или повышенного (мания) настроения. Приступы чаще разделены периодами полного здоровья.

МАНИ́ЛА, столица (с 1946) Филиппин, на о. Лусон, в Манильском зал. 9,6 млн. ж. (с пригородами). Грузооборот аванпорта М. Батаан св. 12 млн. т в год. В Большой М.— св. 2/3 всех пром. пр-тий Филиппин. Лёгкая, полиграф., деревообр., хим. пром-сть; маш-ние. Ун-ты. Музеи, в т.ч. Нац. музей Филиппин, Музей Санто-Томас. Междунар. фестиваль хоровой музыки (1979). Культурный центр Филиппин (осн. в 1969, включает т-р, музей, худ. галерею, б-ку). Филармонич. оркестр.

МАНИО́К (маниот), род кустарников и трав, редко невысоких деревьев (сем. молочайных). Св. 160 видов, в тропиках Америки. М. съедобный, или горький,— древняя культура Бразилии, Мексики и Вест-Индии. Возделывают для получения тапиоки, или маниокового саго,— крупы из высушенных крахмалистых корней. В Юж. и Центр. Америке выращивают также М. сладкий.

МАНИПУЛЯ́ТОР, 1) управляемый механизм, повторяющий движения (действия, манипуляции) руки человека при перемещении разл. предметов (напр., инстр-тов и изделий в процессе их обработки или сборки). Автоматич. М. (в т.ч. с программным управлением) назв. *промышленными роботами.* Используются преим. в гибких производственных системах, при работе с радиоактивными материалами, в зоне сильного ионизац. излучения. 2) Рычажный механизм для передачи телегр. сигналов кодом Морзе; др. назв.— телегр. ключ. 3) Цирковой артист, иллюзионист.

МАНИФЕ́СТ 17 ОКТЯБРЯ́ 1905 («Об усовершенствовании государственного порядка»), подписан Николаем II в момент подъёма Окт. всерос. полит. стачки. Провозглашал гражд. свободы, создание Гос. думы. Составлен С.Ю. Витте.

МАНИФЕСТА́ЦИЯ (от лат. menifestatio — обнаружение, проявление), массовое шествие, выступление в поддержку к.-л. требований, для выражения солидарности или протеста.

МАНИХЕ́ЙСТВО, религ. учение. Осн. в 3 в. Мани, к-рый, по преданию, проповедовал в Персии, Ср. Азии, Индии. В основе М.— дуалистич. учение о борьбе добра и зла, света и тьмы как изначальных и равноправных принципов бытия. Распространилось в 1-м тыс. н.э. от Китая до Испании. Оказало влияние на ср.-век. дуалистич. ереси.

МА́НИЯ (от греч. manía — безумие, восторженность, страсть), 1) психич. расстройство, характеризующееся повышенным настроением, двигат. возбуждением, ускоренным мышлением, говорливостью. 2) Патол. стремление, влечение, страсть (напр., графомания). 3) Устар. синоним слова «бред» (напр., М. преследования).

МАНН (Mann) Генрих (1871—1950), нем. писатель. Брат Т. Манна. С 1933 в антифаш. эмиграции, с 1940 в США. Социально-нравств. романы о Германии «бюргерской» эпохи, в т.ч. «Учитель Гнус» (1905) и «Верноподданный» (1914), с экспрессионистич. гротеском и сарказмом обличающие кайзеровский милитаризм и бурж. стиль жизни. Культ ницшеански-свободной личности в трил. «Богини» (1903). Образ искомого героя — носителя разума и идеи прогресса, «гуманиста с мечом в руке» — в дилогии «Юность и зрелость короля Генриха IV» (1935—38). Демокр. и социалистич. симпатии, решительный антифашизм в лит. критике и публицистике. Новеллы, пьесы.

МАНН Томас (1875—1955), нем. писатель. Брат Г. Манна. С 1933 в антифаш. эмиграции, с 1938 в США, с 1952 в Швейцарии. В «семейной хронике» бурж. семьи (ром. «Будденброки», 1901), в филос. ром. «Волшебная гора» (1924), «Доктор Фаустус» (1947), тетралогии на библейский сюжет «Иосиф и его братья» (1933—43), многочисл. новеллах показал кризисное состояние мира и человека 20 в., утратившего устойчивость традиц. ориентиров; судьбы культуры и европ. цивилизации, их несовместимость со всеми формами диктата — социального, прагматич. и культурно-потребительского; нравств., духовные и интеллектуальные искания европ. интеллигента; усложнившееся индивидуалистич. сознание (с комплексом ницшеанских проблем), чреватое опасностью трагич. замкнутости. «Доктор Фаустус» (основанный на ср.-век. легенде о *Фаусте*) — филос. роман-притча о «трагедии эстетизма», рискованном расширении пределов человеческого опыта, непомерности платы — судьбой и саморазрушением личности — за цену худ. прозрений и утончённых переживаний. Новеллы «Тонио Крегер» (1903), «Смерть в Венеции» (1913, одноим. фильм Л. Висконти, 1971). Лит.-критич. статьи, в т.ч. посвящённые нем. и рус. классике. Ноб. пр. (1929).

МА́ННА, 1) застывший сок нек-рых р-ний (ясеня манного, гребенщика и др.), вытекающий из ранок на коре. 2) Неск. видов лишайников сем. леканоровых (Юго-Вост. Европа, Юго-Зап. Азия и Сев. Африка). Имеют вид комочков, переносимых ветром на большие расстояния. Съедобны (отсюда, возможно, легенда о М. «падающей с неба»).

МА́ННЕРГЕЙМ (Mannerheim) Карл Густав (1867—1951), барон, фин. маршал (1933). Участник 1-й мир. войны как генерал рус. армии. Главнокоманд. фин. армией в войнах с СССР 1939—40 и 1941—44. В авг. 1944 — марте 1946 през. страны.

МАНО́МЕТР (от греч. manós — неплотный и ...*метр*), прибор для измерения давления жидкости или газа. Различают М. жидкостные, поршневые, деформационные и пружинные; используются также М., основанные на зависимости нек-рых физ. величин (напр., силы электрич. тока) от давления. Идея измерения давления по высоте столба жидкости принадлежит итал. учёному Э. Торричелли (1640). Первый жидкостный М. построен франц. учёным Л. Кальете в 1891 и установлен на Эйфелевой башне в Париже.

МАНСА́Р (Mansart) Франсуа (1598—1666), франц. архитектор. Представитель *классицизма.* Строгие, уравновешенные по композиции дворцы знати (Мезон-Лаффит, 1642—51), церкви.

МАНСА́РДА (франц. mansarde), чердачное помещение под крутой с изломом крышей, используемое для жилых и хоз. целей. Назв. по фамилии франц. арх. Ф. Мансара.

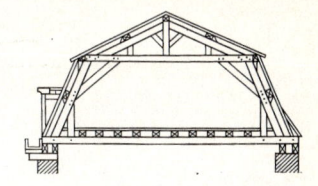

Мансарда. По чертежу Ф. Мансара.

МАНСУ́РОВА Цецилия Львовна (1896—1976), актриса, педагог. С 1919 в Студии под рук. Е.Б. Вахтангова (с 1926 Т-р имени Вахтангова). Присущие М. эмоциональность и пластич. изящество, тонкое чувство юмора ярко проявились в ролях: Турандот («Принцесса Турандот» К. Гоцци, 1922), Шурка («Егор Булычов и другие» М. Горького, 1932), Беатриче («Много шума из ничего» У. Шекспира, 1936), Филумена («Филумена Мартурано» Э. Де Филиппо, 1956).

МАНТАПА́М (санскр.), в ср.-век. инд. архитектуре многостолпный зал (павильон), терраса, галерея. Служит местом собраний (паломников и др.), свадебных церемоний, входным портиком; нередко входит в храмовый комплекс.

МАНТЕ́НЬЯ (Mantegna) Андреа (1431—1506), итал. живописец и гравёр. Представитель Раннего *Возрождения.* Иск-во М., с героич. пафосом утверждающее силу и достоинство человека, отличается строгой архитектоникой композиции, чеканностью форм, сильными ракурсами, иллюзионистич. эффектами (росписи «Камеры дельи Спози» в замке Сан-Джорджо в Мантуе, 1474).

МА́НТУЯ, г. в Италии. 58 т.ж. Порт на р. Минчо. Нефтехим. и нефтепере-

Т. Манн.

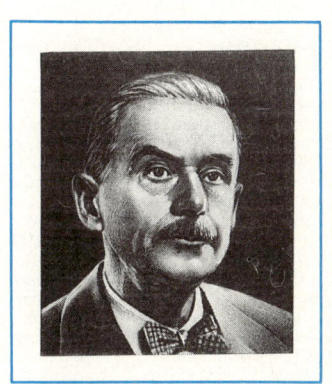

А. Мантенья. «Мёртвый Христос». Ок. 1500. Галерея Брера. Милан.

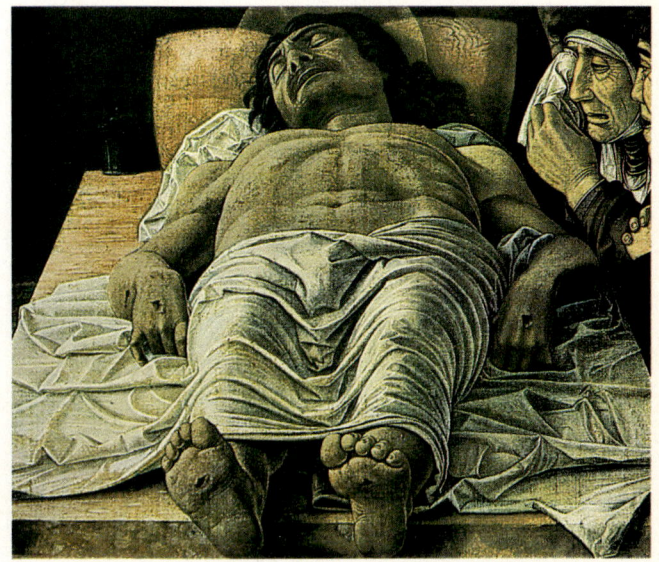

Мантуя. Пьяцца делле Эрбе.

Мао Цзэдун.

Маньеризм. Пармиджанино. Женский портрет (т.н. «Антея»). 1535–1537. Национальный музей и галерея Каподимонте. Неаполь.

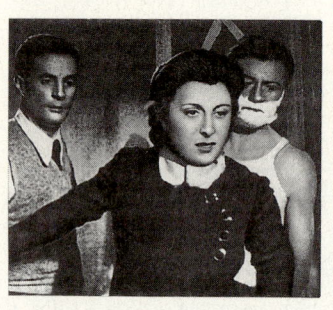

А. Маньяни в фильме «Рим — открытый город».

раб., маш.-строит., бум., керамич. пром-сть. Вергилианская академия наук и иск-в. Консерватория (1864). 2 муз. т-ра (1822, 1862), близ М.— т-р «Олимпико». Осн. в 6 в. до н.э. этрусками. В 1328–1708 в М. правил род Гонзага. В 15–16 вв. один из центров итал. Возрождения. Палаццо Дукале (ныне галерея и музей; 13–18 вв.), замок Сан-Джорджо (14 – нач. 15 вв.; фрески А. Мантеньи), церкви по проектам Л. Б. Альберти.

МАНУА́ЛЬНАЯ ТЕРАПИ́Я, см. *Хиропрактика*.

МАНУСКРИ́ПТ (от итал. manus – рука и scribo – пишу), термин, применяемый к древним рукописным книгам безотносительно их размера и формы (в виде отд. листов, свитков или *кодекса*). В ряде европ. языков до наст. времени термин «М.» является синонимом термина «рукопись» (в т.ч. машинописная).

МАНУФАКТУ́РА (от лат. manus – рука и factura – изготовление), пр-тие, основанное на разделении труда и ручной ремесленной технике; 2-я после простой кооперации стадия в ист. процессе становления пром. произ-ва. Существовала с сер. 16 в. до посл. трети 18 в. в странах Зап. Европы, со 2-й пол. 17 в. до 1-й пол. 19 в. в России. В силу узкой специализации рабочего и орудий труда М. способствовала углублению обществ. разделения труда, подготовила переход к *машинному производству*.

МАНФРЕ́ДИ (Manfredi) Нино (р. 1921), итал. актёр, режиссёр, сценарист. Играл в т-ре «Пикколо ди Милано». Выступал в комедийных ролях на радио, ТВ и эстраде. Популярный киноактёр в комедиях 50-х гг. Трагикомич. талант М. раскрылся в ф.: «Палач» (1963), «Мы так любили друг друга» (1975), «Отвратительные, грязные, злые» (1976). Актёр, соавтор сценариев и режиссёр в ф.: «За полученную милость» (1971), «Обнажённая женщина» (1982).

МА́НХЕЙМ (Mannheim) Карл (1893–1947), нем. социолог. С 1933 в Великобритании. Переосмысливая марксистское учение об идеологии, считал её иллюзорными взглядами определ. класса, маскирующего господствующие позиции, оправдывающими статус-кво и противостоящими *утопии*, к-рую М. считал ложным сознанием оппозиц. слоёв. Утверждал, что к истинному социальному познанию способна лишь стоящая над классами творч. интеллигенция, с к-рой М. связывал надежды на сохранение демократии в условиях угрозы фашизма.

МА́НЧЕСТЕР, г. в Великобритании. 407 т.ж. Мор. порт на р. Эруэлл (грузооборот 10–12 млн. т в год); Манчестерским каналом связан с Ирландским м. Маш-ние; хим., текст. (отделка хл.-бум. тканей), швейная пром-сть. Ун-т Виктория (осн. в 1851). Гор. музей. Худ. галерея. Осн. в 10 в. на месте древнего рим. поселения; в 19 в. крупнейший мировой центр хл.-бум. пром-сти. Собор (ок. 1422–1520, т.н. перпендикулярный стиль), неоготич. ратуша (19 в.).

МАНЧИ́НИ (Mancini), рим. род в ср.-век. Италии. Гл. представители: сёстры Мария (1639–1715), возлюбленная Людовика XIV, и Олимпия (1640–1708), мать принца *Евгения Савойского*. Известны своей красотой.

«МАНЪЁ́СЮ» («Собрание мириад листьев»), первая антология япон. поэзии (759). Состоит из 20 книг, включая св. 4,5 тыс. фольклорных и авторских стихов, гл. обр. в жанре *танка*, отразивших образ жизни, ист. предания, легенды и верования, настроения и эстетич. представления японцев.

МАНЬЕРИ́ЗМ (итал. manierismo, от maniera – манера, стиль), направление в зап.-европ. иск-ве 16 в., отошедшее от ренессансного восприятия мира, гуманистич. концепции человека. Программное стремление М.— выражать субъективную «внутр. идею» худ. образа, рождающегося в душе художника. Интерпретируя в этом духе произв. мастеров Высокого Возрождения, представители М. (Понтормо, Пармиджанино, Джулио Романо и др. в Италии) создавали произв. б. ч. аллегорич. характера, ориентированные на узкий круг знатоков и отмеченные трагизмом мировосприятия, усложнённостью поз и движений, удлинённостью пропорций фигур. В архитектуре М. (Дж. Вазари, Б. Амманати и др.) проявился гл. обр. в неустойчивости динамичной композиции, обычно в чрезмерном декоре, стремлении к сценич. эффектам.

МАНЬЯ́К (франц. maniaque, от греч. manía – безумие, восторженность, страсть), человек, одержимый к.-л. манией. Перен.: человек, испытывающий сильное пристрастие к чему-либо.

МАНЬЯ́НИ (Magnani) Анна (1908–1973), итал. актриса. С равным успехом выступала в комич. сценах на эстраде и в трагедийных спектаклях. В исполнении М. сочетались трагизм и комедийность, патетика, эпич. масштабность и тончайшая индивидуализация образа. Лучшие роли в ф.: «Рим — открытый город» (1945), «Мечты на дорогах», «Любовь» (оба 1948), «Самая красивая» (1951), «Мама Рома» (1962). Характеры героинь М., как и её актёрская манера, глубоко национальны.

МАО ДУНЬ (наст. имя Шэнь Яньбин) (1896–1981), кит. писатель. Социально-психол. проза: трил. «Затмение» (1927–28), незавершённый ром. «Радуга» (1929), социальная эпопея «Перед рассветом» (1933), ром. «Распад» (1941), «Тронуты инеем, листья алеют, словно цветы весной» (1942). Лит. критика.

МАО ЦЗЭДУ́Н (1893–1976), председатель ЦК КП Китая (КПК) с 1943, один из основателей КПК. В 1954–59 пред. КНР. Проведение им политики «большого скачка» (1958–60) ослабило его гос. позиции. С 1959 насаждался культ личности М.Ц. (миллионными тиражами в стране издавались «цитатники М.Ц.», сб-ки его высказываний), а его идейно-теоретич. установки — маоизм — интерпретировались как творч. развитие марксизма-ленинизма. Организовал т.н. культурную революцию 1966–76, нанёсшую ущерб развитию Китая.

МАПУ́ТУ (до 1976 Лоренсу-Маркиш), столица Мозамбика. 1 млн. ж. Порт на берегу Индийского ок. (грузооборот ок. 10 млн. т в год). Междунар. аэропорт. Маш.-строит., нефтеперераб., пищ. и др. пр-тия. Ун-т. Музеи. Нац. ин-т кино. Сады: кешью, хлопка, ботанический.

МАРАДО́НА (Maradona) Диего (р. 1960), аргент. футболист. В составе команды «Наполи» (Неаполь) чемпион Италии (1988). В составе команды Аргентины чемпион мира (1986), вице-чемпион мира (1990). Один из лучших футболистов мира в 1980–90-х гг.

МАРА́ЗМ (от греч. marasmós – истощение, угасание), почти полное угасание психич. деятельности человека вследствие атрофии коры головного мозга; истощение организма с постепенным угасанием всех жизненных процессов.

МАРАКА́ЙБО, г. в Венесуэле. 1,2 млн. ж. Крупный нефт. порт (грузооборот св. 70 млн. т в год) на проливе, соединяющем оз. Маракайбо и Венесуэльский зал.; междунар. аэропорт. Хим. и нефтехим., эл.-техн. пром-сть. Ун-т. Музеи. Осн. в 1571.

МАРАКА́ЙБО, нефтегазоносный басс. в сев.-зап. части Венесуэлы и сев.-вост. части Колумбии. Пл. 86 т. км². Нефтепоисковые работы с 1912, разработка с 1917. Открыто 79 нефт. м-ний (в т.ч. крупнейшие в мире – Боливар, а также Лама, Ламар, Мене-Гранде, Ла-Пас, Боскан) и 4 газовых. Запасы нефти 6,6 млрд. т, газа 1,7 трлн. м³.

МАРА́Л, млекопитающее (сем. *олени*), разновидность (подвид) благородного оленя. 2 геогр. расы – алтайский и тянь-шаньский М. Разводят в питомниках ради *пантов*.

МАРА́ЛИЙ КО́РЕНЬ (левзея сафлоровидная), многолетнее травянистое р-ние (сем. *сложноцветные*). Встречается гл. обр. в Сибири (преим. на выс. 1700–2000 м). Пастбищный корм для маралов (отсюда назв.). Возделывают как лекарств. р-ние (тонизирующее действие).

МАРА́НЫ (исп. marranos), в ср.-век. Испании и Португалии евреи, официально принявшие христ-во. Обвиняя в тайной приверженности иудаизму,

Мапуту. Национальный театр. На переднем плане – памятник Генриху Мореплавателю.

МАРАФО́НСКАЯ БИ́ТВА, 13.9.490 до н.э., во время греко-перс. войн 500–449 до н.э., у селения Марафон (северо-восточнее Афин, Греция). Войска афинского стратега Мильтиада разбили перс. войска (Датис, Артаферн).

МАРАФО́НСКИЙ БЕГ, в лёгкой атлетике бег на дистанцию 42 км 195 м. Название и дистанция связаны с легендой о др.-греч. воине, прибежавшем из Марафона в Афины (ок. 40 км) с вестью о победе греков над персами (490 до н.э.). В программе Олимп. игр с 1896.

МА́РГАНЕЦ (Manganum), Mn, хим. элемент VII гр. периодич. системы, ат. н. 25, ат. м. 54,9380; металл, $t_{пл}$ 1244 °C. М. используют для легирования сталей и получения сплавов на его основе, в произ-ве микроудобрений. Открыт швед. химиком К. Шееле и получен швед. минералогом Ю. Ганом в 1774.

МА́РГАНЦЕВЫЕ РУ́ДЫ, содержат Mn св. 10%. Гл. минералы: пиролюзит, псиломелан, манганит, вернадит, браунит, гаусманит, родохрозит. Пром. м-ния – осадочные и в корах выветривания. Мировые запасы св. 14 млрд. т. Гл. добывающие страны: ЮАР, Украина, Австралия, Габон, Бразилия, Индия.

МАРГАРИ́ТА НАВА́РРСКАЯ (Marguerite de Navarre) (1492–1549), королева Наварры (с 1543). Франц. писательница. Покровительница гуманистов. В сб. новелл «Гептамерон» (изд. под назв. «История о счастливых любовниках» в 1558), написанном в подражание Дж. Боккаччо и выражающем настроения франц. Ренессанса, причудливо сочетаются утончённость, откровенная фривольность и морализаторство.

МАРГАРИ́ТКА, род гл. обр. многолетних трав (сем. *сложноцветные*). 10–15 видов, в Европе и М. Азии. М. многолетняя, растущая в Зап. Европе, Крыму, Закарпатье, с древности используется в цветоводстве (обычно двулетники).

МАРГИНА́ЛЬНЫЙ (от франц. marginal, лат. margo – край, граница), находящийся на границе двух сред; человек, оказавшийся по своему положению вне определ. социального слоя, группы (М. личность, маргинал). Нередко употребляется как негативная оценка по отношению к люмпенам, изгоям и др., а также в позитивном смысле – по отношению к людям, творчески преодолевающим стереотипы, устоявшиеся принципы деятельности.

МАРДЖАНИШВИ́ЛИ (Марджанов) Конст. (Котэ) Ал-др. (1872–1933), режиссёр. На сцене с 1893, с 1897 в рус. т-рах, в т.ч. в МХТ. Организовал Свободный т-р в Москве (1913, среди пост.– «Прекрасная Елена» Ж. Оффенбаха), Т-р комич. оперы в Петрограде (1920). Работал в Киеве (в 1919 комиссар всех т-ров города). Участвовал в пост. массовых действ в разных городах. Ставил спектакли контрастных жанров – трагедии, драмы, оперетты, пантомимы. С 1922 ведущий деятель груз. т-ра, его реформатор. В 1928 создал Драм. т-р в Кутаиси, ныне Груз. т-р имени Марджанишвили (Тбилиси). Приверженец яркой, зрелищной театральной формы, стремился к синтезу искусств: героико-романтич. спектакль «Фуэнте Овехуна» Лопе де Веги (1919, Киев; 1922, Тбилиси) и др. Работал в кинематографе.

МА́РДУК, бог-покровитель г. Вавилон, верх. божество вавилонского пантеона.

МАРЕ́ (Marais) (наст. фам. Виллен-Маре) Жан (р. 1913), франц. актёр. Выступал в пьесах Ж. Кокто в т-ре. Удачи М. в кино также связаны с творчеством этого драматурга и режиссёра: «Вечное возвращение» (1943), «Орфей» (1950), «Завещание Орфея» (1960). За М. закрепилось амплуа романтич. героя в фильмах для массового зрителя «Рюи Блаз» (1947, в прокате – «Опасное сходство»), «Граф Монте-Кристо» (1953), «Железная маска» и «Парижские тайны» (1962), в киносериале о Фантомасе.

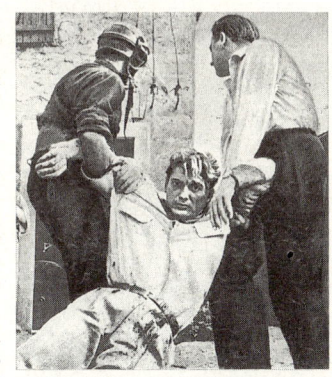

Мардук. Оттиск печати. Вавилонский жрец перед алтарём с символами Мардука – драконом и копьём.

Ж. Маре в фильме «Орфей».

МАРЕ́ (Marées) Ханс фон (1837–1887), нем. живописец. В аллегорич. образах, построенных на ассоциациях с классич. иск-вом, стремился чисто пластич. средствами – мерным ритмом, цветовой лепкой формы – выразить «вечные» худ. идеалы («Золотой век», 1879–85).

МАРЕ́НА, род многолетних трав, полукустарников и кустарников (сем. мареновые). Ок. 55 видов, в умеренных поясах обоих полушарий. Корни мн. видов содержат красящие в-ва. М. красильная (крапп) с древности возделывалась для получения яркой стойкой краски (красной, фиолетовой) для тканей; ранее из неё получали ализарин (органич. краситель, входящий в состав худ. лаков).

МАРЕ́НГО, селение в Сев. Италии, юго-западнее Алессандрии. Около М. 14.6.1800, во время войны Франции против 2-й антифранц. коалиции гос-в (Австрия, Великобритания, Кор-во обеих Сицилий, Россия, Турция), франц. армия Наполеона Бонапарта разгромила австр. армию и заняла Сев. Италию.

МАРЕ́ЦКАЯ Вера Петр. (1906–78), актриса. С 1924 в Студии под рук. Ю.А. Завадского (с 1927 Театр-студия). С 1940 в Моск. т-ре имени Моссовета. Для иск-ва М. характерны широта диапазона (от острой характерности и гротеска до проникновенной лирики), темпераментность игры, смелость комедийных приёмов: Мирандолина («Трактирщица» К. Гольдони, 1940), Машенька («Машенька» А.Н. Афиногенова, 1941) и др. В кино часто исполняла роли весёлых, трудолюбивых девушек-активисток («Член правительства», 1940; «Сельская учительница», 1947, и др.).

МАРЖА́ (от франц. marge – край), в торг., биржевой и банковской практике разница между ценами товаров, курсами ценных бумаг, процентными ставками и др.

МАРЖИНАЛИ́ЗМ (от франц. marginal – предельный), использование предельных величин в анализе экон. процессов. Первые попытки введения маржинального анализа в экон. теорию были сделаны в сер. 19 в. А.О. Курно (Франция), И.Г. Тюненом и Г.Г. Госсеном (Германия). Матем. аппарат М. создан представителями *математической школы*. Осн. категории М. (предельная полезность, предельная производительность и др.) используются в совр. теориях спроса, цены, фирмы, рыночного равновесия, в *неоклассическом* направлении политэкономии.

МАРИА́НСКИЙ ЖЁЛОБ, в зап. части Тихого ок., к В. и Ю. от Марианских о-вов. Дл. 1340 км, глуб. до 11022 м (наиб. глуб. Мирового ок.).

МАРИИ́НСКИЙ ТЕА́ТР (по имени имп. Марии Александровны), т-р оперы и балета в С.-Петербурге. Открыт в 1860 пост. оп. «Жизнь за ца-

Марал.

В.П. Марецкая в фильме «Сельская учительница».

Мариинский театр.

ря» М.И. Глинки в перестроенном в 1859 здании Театра-цирка на Театральной пл. (реконструировано в 1968—70). Один из старейших т-ров России, ведёт происхождение от Каменного (Большого) т-ра, построенного в 1783. С 1919 Гос. академич. т-р оперы и балета, с 1935 имени С.М. Кирова. С 1992 вновь под назв. М.т. Традиционно ставятся рус. оперы и балеты, произв. зап.-европ. композиторов, с 1960-х гг. репертуар включает мн. совр. произв. В М.т. работали: дирижёры А.К. Лядов, Э.Ф. Направник, Н.А. Малько, певцы Л.В. Собинов, Ф.И. Шаляпин; танцовщики Т.П. Карсавина, М.Ф. Кшесинская, В.Ф. Нижинский, А.П. Павлова, Г.С. Уланова, художники А.Н. Бенуа и др.; балетмейстеры М.И. Петипа, М.М. Фокин, Ф.В. Лопухов и др. Гл. балетм. О.М. Виноградов (с 1977).

МА́РИЙ (Marius) Гай (ок. 157—86 до н.э.), рим. полководец, консул. Противник Суллы, в 87 взял Рим и жестоко расправился со своими врагами.

МАРИ́ЙСКАЯ РЕСПУ́БЛИКА (Республика Марий Эл), в России. Пл. 23,2 т.км², Нас. 762 т.ч. (1989), гор. 62%; марийцы (43,3%), русские (47,5%), татары и др. Столица — Йошкар-Ола. 14 р-нов, 4 города, 19 пос. гор. типа.

Расположена на В. Вост.-Европ. равнины, в ср. течении Волги. Климат умеренно континентальный. Ср. темп-ры янв. — 13°C, июля 19°C; осадков ок. 500 мм в год. Гл. река — Волга. Леса занимают 46% территории. Нац. парк Марий-Чодра.

Начало формирования мар. племён относится к рубежу н.э. В 10—12 вв. марийцы находились под экон. и культурным влиянием Болгарии Волжско-Камской. В 13 в. терр. была захвачена монголо-татарами. В 1551—1552 вошла в состав Рус. гос-ва. 4 нояб. 1920 образована Мар. АО в составе РСФСР. 5 дек. 1936 преобразована в Мар. АССР. В окт. 1990 ВС республики принял Декларацию о гос. суверенитете, в 1991 учреждён пост президента.

Осн. отрасли пром-сти: маш-ние и металлообработка (приборы, инстр-ты, торг., холодильное оборудование и др.); целл.-бум., деревообр., лёгкая и пищ. пром-сть. Мясо-молочное скот-во, овц-во, свин-во. Посевы зерновых, льна-долгунца, кормовых культур. Картофелеводство. Судох-во по Волге и Ветлуге.

«МАРИ́НЕР» («Mariner»), амер. автоматич. межпланетные станции для изучения Венеры, Марса, Меркурия и космич. пространства. Макс. стартовая масса ок. 1 т. В 1962—73 запущено 10 «М.». «М.-9» — первый искусств. спутник Марса (1971).

МАРИ́НКОВИЧ (Marinković) Ранко (р. 1913), хорв. писатель. В рассказах (сб. «Унижение Сократа», 1959), ром. «Циклоп» (1965), «Совместное купание» (1980), пьесе «Глория» (1965), отличающихся ироничной манерой, метафоричностью, глубиной психологизма,— проблема отчуждения в совр. обществе.

МАРИТЕ́Н (Maritain) Жак (1882—1973), франц. религ. философ, ведущий представитель *неотомизма*. В возврате к ср.-век. миросозерцанию М. видел путь к преодолению морального и социального хаоса, вызванного, по его мнению, субъективизмом нового времени в сфере веры (М. Лютер), мысли (Р. Декарт), чувства (Ж.Ж. Руссо).

МАРИХУА́НА, продукт, получаемый из верх. частей *конопли* индийской. Наркотик.

МАРИ́Я (Богородица, Богоматерь, Дева Мария, Мадонна), в христ-ве мать Иисуса Христа, непорочно его зачавшая. Родители М.— праведники Иоаким и Анна — были бездетны до пожилого возраста. В 12 лет М. дала обет вечного девства. По достижении М. совершеннолетия, ей находят престарелого супруга Иосифа Обручника, к-рый уважает её обет. В его доме М. работала над пурпурной пряжей для храмовой завесы, во время прядения произошло *Благовещение*. Её образ занимает значит. место в иск-ве ср. веков и Возрождения (С. Боттичелли, Рафаэль, Леонардо да Винчи и др.).

МАРИ́Я МАГДАЛИ́НА, в христ-ве раскаявшаяся грешница, преданная последовательница Иисуса Христа, удостоившаяся первой увидеть его воскресшим. Включена христ. церковью в число святых.

Мария. Успение Богородицы. Русская икона новгородской школы. Ок. 1380. Третьяковская галерея.

«Мария Магдалина». Картина К. Кривелли. Ок. 1480. Государственный музей. Амстердам.

МАРИ́Я СТЮА́РТ (Mary Stuart) (1542—87), шотл. королева в 1542 (фактически с 1561) — 1567; претендовала также на англ. престол. Восст. шотл. кальвинистской знати вынудило её отречься от престола и бежать в Англию; по приказу англ. королевы Елизаветы I заключена в тюрьму. Замешанная в ряде католич. заговоров, М.С. была предана суду и казнена.

МАРИ́Я I ТЮ́ДОР (Mary I Tudor) (1516—58), англ. королева с 1553. Восстановив католицизм, жестоко преследовала сторонников *Реформации* (прозвища — Мария Католичка, Мария Кровавая). Сблизилась с папством и католич. Испанией; в 1554 вступила в брак с наследником исп. короля Филиппом II.

МАРК, автор 2-го Евангелия в Новом Завете (Евангелие от Марка), спутник апостола *Павла*. Евангелие от Марка считается самым ранним из сохранившихся евангелий (датируется 70). Символы М.— лев, книга и перо.

МА́РКА (нем. Mark, фин. markka), 1) ден. единица Германии, равная 100 пфеннигам. Введена с 1871 зол. М., с 1914 только банкноты в М., с 1923 рентная М., с 1924 рейхсмарка. На кон. 1993 курс немецкой М. к доллару США составлял 1,7 М. за 1 долл. 2) Ден. единица Финляндии, равная 100 пенни. 3) Ден. единица Польши в 1919—24.

МАРКЕ́ (Marquet) Альбер (1875—1947), франц. живописец. Примыкал к *фовизму*. Лиричные, ясные, утончённые по колориту, полные света пейзажи («Везувий», 1909).

МАРКЕ́ВИЧ (Markevich) Игорь (Борисович) (1912—83), франц. дирижёр, педагог. Род. в России. С 1957 возглавлял Парижский орк., одноврем. Монреальский орк. Иск-во М. рождало в оркестре атмосферу свободного творч. музицирования, превращавшего сложнейшие произв. в доступные и доходчивые. Обладал блистат. техникой. Автор муз. произв.

МА́РКЕС, см. *Гарсия Маркес*.

МА́РКЕТИНГ (англ. marketing, от market — рынок), система управления производств.-сбытовой деятельностью пр-тий и фирм, основанная на комплексном анализе рынка. Включает изучение и прогнозирование спроса, цен, организацию н.-и. и

Марийская республика. Дворец в пос. Юрино.

опытно-конструкторских работ по созданию новых видов продукции, рекламу, координацию внутрифирменного планирования и финансирования и др. В странах с развитой рыночной экономикой существуют специализир. фирмы, оказывающие услуги по М.

МАРКЕТРИ́ (франц. marqueterie), вид *мозаики* из фигурных пластинок (различных по цвету и текстуре), к-рые наклеиваются на основу (дерев. мебель, панно и др.).

МАРКИ́З (франц. marquis), дворянский титул в нек-рых странах Зап. Европы.

МА́РКОВ Леон. Вас. (1927–91), актёр. С 1965 в Моск. т-ре имени Моссовета (в 1986–87 в Малом т-ре). Игру отличали эмоц. яркость, внутр. сила. Герои М., как правило, люди сложной судьбы: Порфирий Петрович («Петербургские сновидения» по Ф.М. Достоевскому, 1969), Алексей Орлов («Царская охота» Л.Г. Зорина, 1977) и др. Снимался в ф.: «Русское поле» (1972), «Долги наши» (1977), т/ф «И это всё о нём» (1977) и др.

МА́РКОВИЦ (Markowitz) Харри (р. 1927), амер. экономист. Иссл. по проблемам функционирования финанс. рынков (теория портфельного выбора, вопросы финансирования корпораций и стоимости компаний на рынке и т.д.). Ноб. пр. (1990).

МАРКО́ВНИКОВ Вл. Вас. (1837–1904), рос. химик, основатель науч. школы. Развивая теорию хим. строения А.М. Бутлерова, иссл. взаимное влияние атомов в органич. соед. и установил ряд закономерностей. Открыл (1865) изомерию жирных к-т. С нач. 80-х гг. иссл. кавк. нефти, открыл нафтены. Содействовал развитию отеч. хим. пром-сти. Один из организаторов Рус. хим. об-ва (1868).

МАРКО́НИ (Marconi) Гульельмо (1874–1937), итал. радиотехник. С 1894 проводил опыты по практич. применению эл.-магн. волн. В 1897 получил патент на изобретение способа беспроводного телеграфирования. Способствовал развитию радио как средства связи. Ноб. пр. (1909).

МАРКС (Marx), амер. актёры, братья: Леонард (Чико) (1886–1961), Артур (Харпо) (1888–1964), Джулиус (Граучо) (1890–1977). Выступали в кабаре и мюзик-холлах с др. братьями — Милтоном (Гуммо) и Гербертом (Зеппо). Их абсурдно-эксцентрич. юмор ярко проявился в ф.: «Утиный суп» (1933), «Вечер в опере» (1935), «День на скачках» (1936), «Поезжай на Запад» (1940).

МАРКС Адольф Фёд. (1838–1904), издатель и книгопродавец. В 1859 приехал в С.-Петербург из Германии. С 1870 выпускал ж. «Нива», в приложении — собр. соч. рус. и иностр. писателей, иллюстрир. альбомы, геогр. атласы и др.

МАРКС (Marx) Карл (1818–83), мыслитель и обществ. деятель, основоположник *марксизма*. Род. в г. Трир (Германия) в семье адвоката, в 1835–41 учился на юрид. ф-тах ун-тов в Бонне и Берлине. В 1843 переехал в Париж. Активно участвовал в работе междунар. орг-ции «Союз коммунистов» и вместе с Ф. Энгельсом написал его программу — «Манифест Коммунистической партии» (1848). В авг. 1849 переехал в Лондон. Теоретич. и обществ. деятельность продолжил благодаря материальной помощи Энгельса. М. был ор-

К. Маркс.

ганизатором и лидером 1-го Интернационала (1864–76). В 1867 вышел гл. труд М.— «Капитал» (т. 1); М. не завершил след. томов, их подготовил к изданию Энгельс (т. 2, 1885; т. 3, 1894). Др. труды: «Святое семейство» (1845), «Немецкая идеология» (1845–46; обе — совм. с Энгельсом), «Нищета философии» (1847), «Восемнадцатое брюмера Луи Бонапарта» (1852), «Гражданская война во Франции» (1871), «Критика Готской программы» (1875).

МАРКСИ́ЗМ, филос., экон. и полит. учение, основоположники к-рого — К. Маркс и Ф. Энгельс. Они разработали материалистич. диалектику и материалистич. понимание истории (см. *Диалектический материализм*, *Исторический материализм*), теорию прибавочной стоимости и учение о коммунизме. Общество в М. рассматривается как организм, в структуре к-рого *производительные силы* определяют *производственные отношения*, формы собственности, к-рые в свою очередь обусловливают классовую структуру общества, политику, гос-во, право, мораль, философию, религию, иск-во. Взаимодействие этих сфер образует *формации общественно-экономические*, смена к-рых определяет процесс поступат. движения общества. Борьба господствующих и угнетённых классов — движущая сила истории, её высш. выражение — социальная рев-ция. В условиях капитализма созревает пролетариат, свергающий господство буржуазии, устанавливающий свою власть и осуществляющий переход к *коммунизму*.

М. стал важной вехой в развитии социальной мысли 19 в. В то же время в нём абсолютизируется роль социальных антагонизмов, классовой борьбы и насилия, отрицается возможность прогрессивной эволюции бурж. общества, романтизируется ист. роль пролетариата, утверждается необходимость ликвидации частной собственности, парламентских институтов и разделения властей. М. стал идеологич. основой с.-д. движения, с нач. 20 в. разделившегося на рев. течение (В.И. Ленин и др.), в к-ром возобладало крайне левое истолкование М., и реформистское течение (Э. Бернштейн и др.), подвергшее критике теоретич. положения М. и отказавшееся от его осн. положений. После Окт. рев-ции в России М. стал гос. идеологией, подвергался догматизации и вульгаризации и был поставлен на службу коммунистич. тоталитаризму.

МАРКУ́ЗЕ (Marcuse) Герберт (1898–1979), нем.-амер. философ и социолог, представитель *франкфуртской школы*. С 1934 в США. Утверждал, что в совр. обществе рев. роль перешла к «аутсайдерам» (люмпены, преследуемые нац. меньшинства и т.п.) и радикальным слоям студенчества и интеллигенции, настаивал на отказе от легальных форм борьбы как «парламентской игры». Концепции М. оказали влияние на идеологию левоэкстремистских элементов на Западе. Осн. работы: «Эрос и цивилизация» (1955), «Одномерный человек» (1964), «Психоанализ и политика» (6 изд., 1980).

МАРКШЕЙДЕРИ́Я (от нем. Mark — граница и scheiden — различать, разделять), наука, изучающая на основе измерений, геом. и графич. построений структуры м-ний, формы, размеры и др. параметры залежей полезных ископаемых, расположение горн. выработок.

МА́РЛО (Marlowe) Кристофер (1564–93), англ. драматург. Освобождение личности от аскетич. ср.-век. морали, богоборческий пафос в трагедиях «Тамерлан Великий» (1587–88, изд. 1590) и «Трагическая история доктора Фауста» (изд. 1604). В трагедии «Мальтийский еврей» (1592, изд. 1633) — критика индивидуализма и аморализма сильных мира сего. Ист. хроника «Эдуард II» (изд. 1594). Предполагаемый соавтор У. Шекспира в нек-рых ранних пьесах.

МАРМАШЁН, монастырский комплекс в одноим. селе в Армении, памятник ср.-век. арм. архитектуры 10–13 вв. Ансамбль состоит из 2 церквей типа купольного зала: большой (10–11 вв.) и средней (11 в.). К западу — руины притвора-гавита (13 в.), круглого храма (11 в.) и усыпальницы.

МАРО́ККО (Королевство Марокко), гос-во в Сев.-Зап. Африке, омывается Атлантич. ок. и Средиземным м. Пл. 446,6 т. км². Нас. 26,5 млн. ч., гл. обр. марокканцы (арабы М.), а также берберы. Офиц. яз.— арабский. Гос. религия — ислам. М.— конститут. монархия. Законодат. орган — парламент (Палата представителей). Столица — Рабат. Адм.-терр. деление: 35 провинций и 8 префектур. Ден. единица — марокканский дирхам.

М. занимает приатлантич. равнины, зап. часть гор Атласа и сев.-зап. часть пустыни Сахара. Климат субтропич. средиземноморский. Ср. темп-ры янв. 10–12 °C, июля 24–28 °C; осадков 500–1000 мм в год, на Ю. менее 200 мм. В горах — субтро-

Мармашен. Общий вид.

пич. леса; полупустынная растительность.

В кон. 2-го тыс. до н.э. на побережье М. осн. финикийские колонии, позднее перешедшие под власть Карфагена. В 1 в. до н.э.– 5 в. н.э. большая часть М. под властью Рима.

Марокко. Окрестности Фигига.

Марокко. Дюны в Сахаре.

414 МАРР

С кон. 7 в. началось проникновение в М. арабов и распространение ислама. В сер. 11 – сер. 13 вв. М. составляло ядро гос-в Альморавидов и Альмохадов. В 1269–1465 правили Мариниды. В 15 – нач. 16 вв. Португалия и Испания захватили ряд прибрежных р-нов. Борьбу против европ. колонизаторов возглавили династии Ваттасидов (1465–1554), Саадидов (1554–1659), Алауитов (с 60-х гг. 17 в.). С 1912 М. под франц. протекторатом, небольшая часть под властью Испании; г. Танжер с прилегающей терр. был объявлен междунар. зоной. В марте 1956 провозглашена независимость б. франц. М., в апр. 1956 – исп. зоны. В 1957 Танжер включён в состав М. С кон. 80-х гг. усиливаются позиции мусульм. фундаментализма.

М. – агр. страна с относительно развитой горнодоб. пром-стью. ВНП на д. нас. 1030 долл. в год. М. – крупнейший производитель и экспортёр ценных видов минер. сырья, особенно фосфоритов и продукции из них, свинцового и кобальтового концентратов, марганц. руды; с.-х. продуктов – цитрусовых и ранних овощей, винограда, оливок, рыбных консервов. Осн. с.-х. потребит. культуры – зерновые. Экстенсивное жив-во. Рыб-во. Пищевкус., кож.-обув., текст., хим., нефтеперераб., металлообр. пром-сть. Иностр. туризм.

МА́РРИ (Murray) Джозеф Эдуард (р. 1919), амер. хирург. Тр. по проблемам трансплантации органов (в т.ч. почек), предотвращения реакции отторжения пересаживаемых органов. Ноб. пр. (1990).

МАРС, в рим. мифологии бог полей, урожая и войны. Считался отцом Ромула и Рема – основателей Рима. Соответствует греч. Аресу.

МАРС (астр. знак ♂), планета, ср. расстояние от Солнца 1,5 а.е. (227,9 млн. км), ср. диам. 6780 км, масса $6,4 \cdot 10^{23}$ кг (0,108 массы Земли). Разреженная атмосфера, состоит в осн. из углекислого газа, ср. давление у поверхности 0,006 атм. Поверхность М. – пыле-песчаная пустыня с каменистыми россыпями, потухшими вулканами, ударными кратерами, ветвящимися каньонами типа высохших русел рек. Период обращения вокруг Солнца 687 сут, период вращения вокруг своей оси 24 ч 37 мин. Спутники М. – Фобос и Деймос. Значит. науч. материал о М. получен с помощью космич. аппаратов «Маринер» и «Марс».

«МАРС», автоматич. межпланетные станции для изучения Марса и космич. пространства, созд. в СССР. Макс. стартовая масса ок. 4,65 т. В 1962–74 запущено 7 «М.».

МАРСЕ́ЛЬ (Marcel) Габриель Оноре (1889–1973), франц. философ, драматург и лит. критик, основоположник католич. *экзистенциализма*. Подлинный мир бытия (существование) противостоит у М. неподлинному миру обладания, «таинство» (интуитивное постижение) – «проблеме» (рациональному познанию). В основе драм М. лежат религ.-моральные конфликты («Расколотый мир», 1933; «Жажда», 1938; «Рим больше не в Риме», 1951).

МАРСЕ́ЛЬ, г. во Франции. 801 т.ж. Крупнейший порт страны на Средиземном м. (грузооборот ок. 100 млн. т в год); междунар. аэропорт. Метрополитен. Нефтепереработка и нефтехимия, судо- и авиастроение. Ун-ты. Музеи: археологии, изящных иск-в, Старого М., антич. торговли и др. Туризм. Осн. ок. 600 до н.э. Романские соборы Сен-Виктор (11–15 вв.) и Ла-Мажор (Сент-Мари-Мажор, 12–15 вв.), новый собор Ла-Мажор (19 в.).

МАРСО́ (Marceau) Марсель (р. 1923), франц. актёр-мим. Организатор (1947) и руководитель (до 1960) труппы «Содружество мимов» (Париж). Создал лирич. и смешные, пронизанные поэзией и драматизмом образы (в частности, всемирно известный Бип – центр. персонаж мимич. сценок). Пост. пантомимич. версию «Шинели» Н.В. Гоголя (1952).

МАРТ (от лат. Mars), третий месяц календарного года (31 сут); назван по имени др.-рим. бога войны Марса.

МАРТЕ́Н (Martin) Пьер (1824–1915), франц. металлург. Разработал способ мартеновского произ-ва стали в печах, впоследствии также названных его именем.

МАРТЕ́Н ДЮ ГАР (Martin da Gard) Роже (1881–1958), франц. писатель. В ром. «Семья Тибо» (т. 1–8, 1922–1940) семейная хроника перерастает в широкую реалистич. картину жизни Франции нач. 20 в.; социальный критицизм направлен на духовное оскудение буржуазии, полит. деятелей. Ноб. пр. (1937).

МАРТЕ́НОВСКОЕ ПРОИЗВО́ДСТВО, переработка чугуна и стального лома в сталь путём окислит. плавки в газовых или мазутных пламенных печах с регенерацией теплоты. В 90-х гг. М.п. используется для выпуска 20% стали в мире.

МА́РТЕНС Фёд. Фёд. (Фридрих Фромгольд) (1845–1909), рос. юрист и дипломат. В 1885 вице-през. Европ. ин-та междунар. права. Делегат России на ряде междунар. конференций (в т.ч. Гаагских 1899 и 1907). Гл. труд – «Собрание трактатов и конвенций, заключённых Россиею с иностранными державами» (т. 1–15, СПБ, 1874–1909).

МА́РТИНСОН (Martinson) Харри Эдмунд (1904–78), швед. писатель. Сб-ки филос. стихов «Кочевник» (1931), «Пассат» (1945), «Стихи о свете и мраке» (1971). Автобиогр. психол. ром. «Крапива цветёт» (1935), символико-фантастич. поэма «Аннара» (1956). Ноб. пр. (1974).

МА́РТИНУ (Martinů) Богуслав (1890–1959), чеш. композитор.

Марс: *а* – участок поверхности со следами древней водной эрозии; *б* – южная полярная шапка Марса, состоящая из льда CO_2 и обычного льда под ним.

М. Марсо в образе Бипа.

Марс и Венера. Фреска из Помпей. 1 в. Национальный музей. Неаполь.

С 1923 жил во Франции, США, Италии, Швейцарии. В произв.— черты *импрессионизма*, *неоклассицизма*, традиции чеш. муз. классики, опора на чеш.-моравский фольклор. 9 опер, балеты, духовные и светские кантаты и оратории, 6 симф., «Памятник Лидице» для орк. (1943), фп. концерты, квартеты, хоры, песни.

МАРТИРОЛОГ (греч. martyrológion, от mártyros — мученик и lógos — слово, сказание), 1) в христ. церк. лит-ре — сб-к повествований о мучениках и святых. 2) Перечень жертв преследований, гонений, а также перечень перенесённых кем-либо страданий.

МАРТОВ Л. (Цедербаум Юлий Осипович) (1873—1923), деятель рос. рев. движения. В 1895 чл. Петерб. «Союза борьбы за освобождение рабочего класса». С 1900 чл. редакции газ. «Искра». С 1903 один из лидеров меньшевиков, с 1917 руководитель их левого крыла. Окт. революцию рассматривал как неотвратимую катастрофу, выступал с критикой внутр. политики большевиков (прод. диктатуры, «красного террора» и др.). В 1919 чл. ВЦИК. С 1920 за границей.

МАРТОС Ив. Петр. (1754—1835), рос. скульптор. Представитель *классицизма*. В памятниках, портретных бюстах, мемор. пластике (надгробия Е.С. Куракиной, 1792, Е.И. Гагариной, 1803) гармонично сочетаются гражд. пафос, идеальная возвышенность и жизненность образов.

МАРТЫНОВ Ал-др Евстаф. (1816—1860), актёр. С 1836 в Александринском т-ре в С.-Петербурге. Игру М., виртуозно владевшего иск-вом перевоплощения, отличали искренность и простота; он стремился показать сложность душевного мира «маленького человека». Хлестаков («Ревизор» Н.В. Гоголя, 1843), Мошкин («Холостяк» И.С. Тургенева), Тихон («Гроза» А.Н. Островского; обе роли — 1859) и др. Выступал в водевилях, часто окрашивая исполнение грустным юмором, раскрывая внутр. драматизм комич. ситуаций.

МАРТЫНОВ Леон. Ник. (1905—1980), рус. поэт. Философич. лирика

И.П. Мартос. Памятник Кузьме Минину и Дмитрию Пожарскому в Москве. Бронза, латунь, гранит. 1804—18.

(сб. «Лукоморье», 1945, «Стихи», 1955, «Гиперболы», 1972, «Узел бурь», 1979) отмечена афористичностью, аллюзионностью и иронич. интонацией, искусным экспериментированием в области формы. Ист. поэмы («Тобольский летописец», 1937, и др.). Воспоминания, в т.ч. «Знак бесконечности» (1980).

МАРТЫШКИ, род обезьян. Длина тела 20—70 см, хвоста 35—100 см. Имеют большие защёчные мешки. Ок. 20 видов, со мн. подвидами (самый многочисл. род среди приматов), в тропич. лесах Африки. Держатся группами от 6 до 30, иногда до 200 особей. Часто совершают набеги на плантации. Издавна содержались в неволе; нек-рые — лаб. ж-ные. В неволе живут до 20—30 лет. Зелёная М.— носитель вируса иммунодефицита обезьян, родственного вирусу, вызывающему СПИД у человека.

МАРЦИНКЯВИЧЮС (Marcinkevičius) Юстинас (р. 1930), литов. поэт. В сб-ках стихов («Прикосновение ласковое жизни», 1978; «Единственная земля», 1984), поэмах «Кровь и пепел», 1960; «Стена», 1965; «Древо познания», 1979) в лирич. медитации сливаются воспоминания детства, одухотворённая атрибутика деревенского быта и реалии ист. опыта народа. В поэмах, трилогии поэтич. драм об ист. вехах литов. культуры («Миндаугас», 1968; «Собор», 1971; «Мажвидас», 1977) — филос. аллегоричность, символич. и мифол. образность.

МАРЧЕНКО Анат. Тих. (1938—86), рус. писатель. О стоич. противостоянии личности тоталитаризму в условиях послесталинских лагерей рассказывают мемуарно-док. кн. «Мои показания» (написана в 1967, опубл. в 1968?), «От Тарусы до Чуны» (1976), «Живи как все» (опубл. в 1987, не окончена), запечатлевшие выстраданный опыт автора: 5 раз осуждён по полит. обвинениям, ок. 19 лет провёл в заключении. Умер в тюрьме. В России соч. публикуются с 1989.

МАРШ, муз. жанр, отличающийся размеренным темпом, чётким ритмом (4-дольный), бодрым характером. Обеспечивает синхронное движение большого числа людей. Обычно используется духовым оркестром. Используется в опере, балете, симфо-

Мартышки.

нии, сюите (С.С. Прокофьев). Разновидность — похоронный М.

МАРШАК Сам. Як. (1887—1964), рус. поэт, переводчик. Стихи («Багаж», «Вот какой рассеянный»; «Детки в клетке», 1923), сказки, пьесы («Кошкин дом», 1922; «Двенадцать месяцев», 1943) для детей. Переводы Р. Бёрнса, сонетов У. Шекспира. Философич. миниатюры (кн. «Избранная лирика», 1962). Кн. воспоминаний «В начале жизни» (1960).

МАРШАЛЛ (Marshall) Альфред (1842—1924), англ. экономист. Основатель *кембриджской школы* политэкономии. Ввёл понятие эластичности спроса и предложил способ вычисления этого показателя. Результаты исследований М. положили начало совр. микроэкон. направлению, поставившему в центр внимания изучение закономерностей развития отд. рынков.

МАРШАЛЛА ПЛАН, программа восстановления и развития Европы после 2-й мир. войны путём предоставления ей амер. экон. помощи. Выдвинут в 1947 гос. секр. США Дж.К. Маршаллом (вступил в действие в апр. 1948). В осуществлении плана участвовали 17 европ. стран (включая Зап. Германию).

МАРШАЛЛОВЫ ОСТРОВА (Республика Маршалловы Острова), гос-во в зап. части Тихого ок., в Микронезии, на одноим. архипелаге. Пл. 181,3 км². Нас. 52 т.ч., гл. обр. маршалльцы. Офиц. яз.— маршалльский и английский. Верующие — протестанты, часть — католики. Глава гос-ва и пр-ва — президент. Законодат. орган — двухпалатный парламент. Столица — Маджуро (на одноим. о-ве). Адм.-терр. деление: 25 округов. Ден. единица — доллар США.

Терр. состоит из неск. сотен небольших коралловых о-вов, атоллов и рифов, образующих две группы: Радак на В. и Ралик на З. Климат на С. тропич. пассатный, на Ю.— субэкваториальный; осадков (на сев. о-вах) 2000—4000 мм в год. Вечнозелёные тропич. леса, кус арники.

О-ва открыты в 1529 и только в 1788 исследованы англичанином Маршаллом. В 17—19 вв. они принадлежали Испании, в 1885 были захвачены Германией. В 1914 о-ва захвачены Японией, к-рая в 1920 получила от Лиги Наций мандат на управление ими. В период 2-й мир. войны о-ва были оккупированы США; с 1947 подопечная терр. США (в составе Подопечной терр. Тихоокеанские о-ва). С мая 1979 Респ. М.О.; с 1983 — «свободная ассоциированная» с США территория. С 1986 прекращена опека США и М.О. получили внутр. самоуправление.

Основа экономики — с. х-во и рыб-во. ВНП на д. нас. 1577 долл. в год. Выращивают кокосовую пальму, хлебное дерево, кассаву, тропич. фрукты. Экспорт: кокосовое масло, копра, живой скот, консервир. рыба, кораллы.

МАРЬЯННИК, род полупаразитных трав (сем. норичниковые). Ок. 30 видов, в умеренном поясе Сев. полушария. Наиб. известен М. дубравный, или *иван-да-марья*. Семена мн. видов ядовиты для скота.

МАСАРИК (Masaryk) Томаш (1850—1937), президент Чехословакии в 1918—35. В 1900—20 руководитель либер. Чеш. народной, затем Прогрессистской (реалистич.) партии. Пред. Чехосл. нац. совета. Филос. тр. по религ.-этич. проблемам.

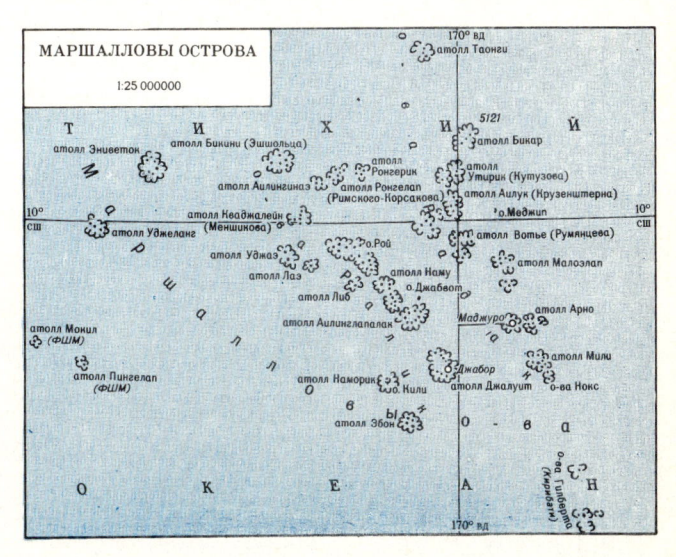

МА́СЕРУ, столица (с 1966) Лесото, на выс. ок. 1500 м. 109 т.ж. Междунар. аэропорт. Узел автодорог; ж.-д. веткой связана с ЮАР. Пр-тия обрабат. пром-сти. Осн. в 1869. До 1966 адм. ц. англ. владения Басутоленд.

МА́СКА (франц. masque), 1) накладка с вырезами для глаз, скрывающая лицо, иногда с изображением человеческого лица, головы ж-ного или мифич. существа. М. ритуальные надевались исполнителями религ. обрядов в первобытных культах. 2) Слепок из гипса и др. материалов, снятый с лица умершего. 3) Накладка спец. назначения на лицо или часть лица, напр. в медицине М. для наркоза, физиотерапевтич. процедур, марлевая, асептическая. 4) В косметике – слой крема, лекарств. состава, наложенный на лицо или шею для лечения, ухода за кожей. 5) Предмет защитного снаряжения спортсмена (в фехтовании, хоккее и др.), предохраняющий лицо от травмы.

МАСКА́НЬИ (Mascagni) Пьетро (1863–1945), итал. композитор. Родоначальник муз. *веризма* (оп. «Сельская честь» по Дж. Верге, 1888), 17 опер и оперетт и др. соч.

МАСКА́Т, столица (с 1971) Омана, на берегу Оманского зал. 370 т.ж. (с пригородами, включая порт Матрах). Узел караванных путей. Ремёсла. Из Матраха – вывоз фруктов, фиников. Ун-т. Близ М. – междунар. аэропорт.

МА́СЛЕНИЦА (Масленая неделя, Сырная седмица), неделя, предшествующая *Великому посту*. Весенний праздник дохрист. происхождения у слав. народов. Символика обряда связана с др.-слав. традициями проводов зимы и встречи весны.

МАСЛЯ́ТА, род съедобных грибов (сем. болетовые). Шляпка шоколадно-буроватой, выцветает до серовато-жёлтой, клейко-слизистая с легко снимающейся кожицей. Трубчатый слой светлый, желтоватый. Ножка бледно-желтоватая. Ок. 15 видов, в Евразии, Америке, Австралии. В России ок. 15 видов. Растут группами, гл. обр. в сосновых лесах. Все виды М. съедобны, кроме перечного гриба.

Маслята. Поздний, или жёлтый, маслёнок.

МАСЛИ́НА, род древесных р-ний (сем. маслиновые). Ок. 60 видов, в тропиках и субтропиках. Выращивают (на Бл. Востоке с 3–2 го тыс. до н.э.) М. культурную (оливковое дерево). Наиб. крупные плантации в странах Средиземноморья, возделывают также в Закавказье, Крыму, Ср. Азии (Туркмении). Вечнозелёное дерево выс. до 10–15 м, живёт до 1000 лет, плодоносит 3–4 лет. Ок.

500 сортов (консервные и масличные). Плоды (20–40 кг с р-ния) употребляют в пищу солёными и маринованными. Из зрелых плодов масличных сортов получают оливковое масло (высококачественное наз. прованским). Древесина идёт на столярные и токарные изделия.

МА́СЛОУ (Maslow) Абрахам (1908–1970), амер. психолог, один из лидеров «гуманистич. психологии» (направление в амер. психологии, изучающее человека в его целостности, ценности личности). В иерархии потребностей особое место отводил потребностям в творчестве и самоактуализации личности (реализация способностей и талантов личности).

МА́СЛЯНАЯ ЖИ́ВОПИСЬ, вид живописи худ. красками, приготовленными растиранием неорганич. пигментов в отбелённом льняном масле (иногда с добавлением орехового или подсолнечного). Краски наносятся на холст, картон и др. материалы, см. *грунтами*. М.ж. позволяет достичь на плоскости зрительной иллюзии объёма и пространства, богатства цветовых эффектов. Известна с античности, усовершенствована в 1-й пол. 15 в. братьями Ван Эйк и с 16 в. стала ведущей техникой в живописи.

МА́СЛЯНЫЕ КРА́СКИ, краски на основе *олиф*. Выпускаются густотёртыми (пастообразными) и готовыми к употреблению (жидкими). Образуют покрытия с удовлетворит. атмосферостойкостью, невысокой твёрдостью, медленно набухающие в воде и разрушающиеся в щелочах. Просты в применении; используются в осн. в стр-ве (окраска стен и др.), а также в живописи.

МАСО́НСТВО (франкмасонство) (от франц. franc – вольный каменщик), религ.-этич. движение. Возникло в нач. 18 в. в Великобритании, распространилось во мн. странах, в т.ч. в России. Название, организация (ложи), иерархия, символы и др. традиции заимствованы от ср.-век. цехов (братств) строителей-каменщиков, отчасти от рыцарских мистич. орденов. Масоны стремились создать тайную всемирную орг-цию с целью мирного объединения человечества в братском союзе. Почитая Бога великим архитектором Вселенной, М. допускает исповедание любой религии. Наиб. роль играло в 18 – нач. 19 вв.

МА́ССА (от лат. massa – глыба, ком, кусок), фундам. физ. величина, определяющая инертные и гравитац. свойства всех тел – от макроскопич. тел до атомов и элементарных частиц. Как мера инертности М. была введена И. Ньютоном с помощью определения *импульса* $p = mv$ (m и v – масса и скорость тела) и в дальнейшем использовалась при формулировке второго *Ньютона закона механики* в виде $F = ma$ (a – ускорение, F – сила). В качестве меры гравитац. взаимодействия М. входит во *всемирного тяготения закон* и определяет, в частности, *вес* тела. В системе СИ М. измеряется в кг.

При движении тел со скоростями, близкими к скорости света c, понятие М. теряет своё значение в качестве меры инертных и гравитац. свойств. Согласно соотношению А. Эйнштейна $E_0 = mc^2$, М. тела m характеризует лишь его *энергию покоя* E_0 и совпадает с *массой покоя*.

МА́ССА ПОКО́Я тела, масса тела в *системе отсчёта*, в к-рой оно поко-

ится; одна из осн. характеристик любых материальных объектов, обычно наз. просто *массой* (m). Соотношение Эйнштейна $m_0 = E_0/c^2$ (c – скорость света) связывает М.п. m_0 с *энергией покоя* E_0. М.п. измеряется с высокой точностью путём независимого измерения энергии E и импульса p частицы с использованием соотношения

$$m^2_0 = (E^2/c^4) - (p^2/c^2).$$

Существуют т.н. безмассовые ($m_0 = 0$) частицы – фотон и (возможно) нейтрино, для к-рых $E = cp$, и, следовательно, их скорость $v = c/E$ всегда равна c.

МАССА́Ж (франц. massage, от араб. масс – касаться), механич. воздействие гид. человека на поверхность тела или к.-л. орган с леч. или гигиенич. целью. Проводится руками, реже аппаратами (см. *Вибротерапия*). М. сердца – метод *реанимации* при остановке сердца. Заключается в ритмичном сжатии сердца – при операциях со вскрытием грудной клетки (открытый, или прямой, М. сердца) или при оказании первой помощи (закрытый, или непрямой, М. сердца).

МАССАЛИ́ТИНОВА Варв. Осиповна (1878–1945), актриса. С 1901 в Малом т-ре. Исполняла в осн. характерно-бытовые роли в рус. классич. репертуаре. Создавала колоритные реалистич. образы, придавая им внутр. значительность и глубину: Манефа («На всякого мудреца довольно простоты», 1905), Кукушкина («Доходное место», 1911), обе – А.Н. Островского), Хлёстова («Горе от ума» А.С. Грибоедова, 1938) и др. Снималась в ф.: «Детство Горького» (1938), «В людях» (1939) и др.

МАССА́ЛЬСКИЙ Пав. Вл. (1904–1979), актёр, педагог. В 1922–24 в Студии под рук. Ю.А. Завадского. С 1925 во МХАТе. Актёр, наделённый сценич. обаянием, пластичностью; игру отличали завершённость, выверенность сценич. рисунка, в комедийных ролях – непосредственность, лёгкость: Джингль («Пиквикский клуб» по Ч. Диккенсу, 1934), Молчалин («Горе от ума» А.С. Грибоедова, 1938), Чарльз Сэрфес («Школа злословия» Р. Шеридана, 1940) и др. Снимался в ф.: «Цирк» (1936) и др.

МАССИ́В (франц. massif, букв. – мощный, сплошной), 1) горн. возвышенность, сравнительно мало расчленённая и имеющая примерно одинаковые размеры в длину и ширину (напр., М. Тянь-Шаня). 2) Большое пространство, однородное по к.-л. признакам, совокупность мн. однородных предметов, образующих целое (напр., лесной М., жилой М.).

МАССНЕ́ (Massenet) Жюль (1842–1912), франц. композитор. Создал яркие образцы *лирической оперы*: «Манон» (1884), «Вертер» (1886), «Таис» (1894).

МА́ССОВАЯ КУЛЬТУ́РА, понятие, охватывающее многообразные и разнородные явления культуры 20 в., получившие распространение в связи с науч.-техн. рев-цией и пост. обновлением средств массовой информации. Произ-во, распространение и потребление продуктов М.к. носит индустр.-коммерч. характер. Смысловой диапазон М.к. весьма широк – от примитивного китча (ранний комикс, мелодрама, эстрадный шлягер, «мыльная опера») до сложных, содержательно насыщенных форм (нек-рые виды рок-музыки, «интеллектуальный» детектив, поп-арт). Для эстетики М.к. характерно пост.

балансирование между тривиальным и оригинальным, агрессивным и сентиментальным, вульгарным и изощрённым. М.к. отвечает потребностям массовой аудитории в досуге, развлечении, игре, общении, эмоц. компенсации и разрядке.

МА́ССОВОЕ ДЕ́ЙСТВО, театрализованное зрелище, в к-ром принимают участие массы народа (исполнители и зрители). Проводятся под открытым небом – на улицах, площадях, стадионах и др. [напр., представления времён Франц. рев-ции кон. 18 в., включавшие аллегорич. шествия, представления пантомим и ораторий; действа эпохи Окт. рев-ции в России [«Взятие Зимнего дворца», 1920, и др.]. Форма М.д., дающая возможность выстраивать монументальные пространств. композиции, привлекала режиссёров и художников: С.Э. Радлов, К.А. Марджанов, Н.Н. Евреинов, Н.И. Альтман, Ю.П. Анненков и др.

«МА́ССОВОЕ О́БЩЕСТВО», социологич. и филос. концепция, в к-рой совр. общество характеризуется индустриализацией и урбанизацией, стандартизацией произ-ва и массовым потреблением, бюрократизацией обществ. жизни, распространением *массовой культуры*.

МАСС-СПЕКТРО́МЕТР, физ. прибор для разделения ионизированных атомов и молекул по их массам. Основан на воздействии электрич. и магн. полей на пучки ионов, движущихся в вакууме. Изобретён англ. физиком Ф. Астоном в 1919. Метод исследования в-ва путём определения спектра масс и относит. содержания составляющих его частиц наз. масс-спектрометрией и масс-спектральным анализом. Применяется в физике, химии, биологии, геологии, технике и др.

МАСТАБА́ (араб., букв. – каменная скамья), др.-егип. гробница (3-е тыс. до н.э.) в виде лежащего бруса с наклонными к центру стенами; в подземной погребальной камере – статуи, рельефы, росписи.

МАСТИ́Т (от греч. mastós – сосок, грудь) (грудница), воспалит. заболевание молочной железы у человека и ж-ных, обычно в результате проникновения инфекции через трещины сосков; возникает чаще в послеродовой период.

МАСТОДО́НТЫ (от греч. mastós – сосок и odoús, род. п. odóntos – зуб), вымершие млекопитающие, похожие на слонов. Были широко распространены в 25 млн. – 10 тыс. лет назад. Выс. 1,5–3,6 м. Ок. 100 видов. От гребнезубых М. произошли слоны.

МАСТРОЯ́ННИ (Mastroianni) Марчелло (р. 1923), итал. актёр. В кон. 40-х гг. играл в спектаклях реж. Л. Висконти, у к-рого позже снимался в ф. «Белые ночи» (1957) и «Посторонний» (1967). Чуткая восприимчивость М. к творч. манере разл. режиссёров, талант внутр. перевоплощения, сочетание лиризма и острой характерности особенно проявились в фильмах Ф. Феллини: «Сладкая жизнь» (1960), «Восемь с половиной» (1963), «Джинджер и Фред» (1985), а также в ф.: «Ночь» (1960), «Развод по-итальянски» (1961), «Очи чёрные» (1986), «Пчеловод» (1987) и др.

МАСТУРБА́ЦИЯ, то же, что *онанизм*.

М. Мастроянни и С. Лорен в фильме «Необычный день» (1977).

МАСШТА́Б (нем. Maßstab), отношение длины линии на чертеже, плане или карте к длине соотв. линии в натуре. Обозначается в виде дроби, числитель к-рой равен единице, а знаменатель — числу, показывающему степень уменьшения длин линий (напр., 1:100000).

МАТВЕ́ЕВ Ал-др Тер. (1878–1960), скульптор, педагог. Член объединений «Мир искусства», «Голубая роза» и др. Стремился к классически ясным образам, обобщённым формам («Октябрь», 1927). Мастер пластики малых форм.

МАТВЕ́ЕВ Евг. Сем. (р. 1922), актёр, режиссёр. В 1952–68 в Малом т-ре. Создал образы сильных и мужественных людей в ф.: «Поднятая целина» (1961), «Воскресение» (1962), «Родная кровь» (1964), «Емельян Пугачёв» (1979). Поставил ф.: «Цыган» (1967), «Любовь земная» (1975), «Судьба» (1978), «Чаша терпения» (1990) и сыграл в них.

МАТВЕ́ЕВА Новелла Ник. (р. 1934), рус. поэтесса; автор и исполнитель лирич. песен. В поэтич. сб. «Кораблик» (1963), «Душа вещей» (1966), «Ласточкина школа» (1973), «Страна прибоя» (1983), «Хвала работе» (1987) — сочетание романтич. фантазии с тонкой поэтизацией обыденного. Переводы.

МАТЕВОСЯ́Н Грант Игн.(р. 1935), арм. писатель. Цельность не искажённой механич. цивилизацией личности в её связях с нар. традициями и мифологизир. миром природы в сб-ках повестей и рассказов о совр. деревне «Твой род» (1982), «Старики» (1984), пов. «Буйволица» (1968), «Август» (1972), «Ташкент» (1982), «Хозяин» (1983).

МАТЕ́ЙКО (Matejko) Ян (1838–1893), польск. живописец. Многофигурные полотна на темы нац. истории («Битва под Грюнвальдом», 1878) отмечены драм. пафосом, звучным колоритом.

МАТЕМА́ТИКА (от греч. mathēma — знание, учение, наука), наука о количеств. отношениях и пространств. формах окружающего нас мира. Понимание самостоятельного положения М. как особой науки возникло в Др. Греции в 6–5 вв. до н.э. В М. объединяет комплекс дисциплин: *арифметика* (теория чисел), *алгебра*, *геометрия*, матем. анализ (*дифференциальное исчисление* и *интегральное исчисление*), теория множеств, теория вероятностей и мн. др. М. характеризуется: а) высокой степенью абстрактности её понятий (точки — без размеров, линии — без толщины, множества любых предметов и т.п.); б) высокой степенью их общности (напр., в алгебре буква обозначает любое число, в матем. логике рассматриваются произвольные высказывания и т.п.). Абстрактность и общность понятий М. позволяют один и тот же матем. аппарат применять в разл. науках.

МАТЕМАТИ́ЧЕСКАЯ ИНДУ́КЦИЯ, способ доказательства или определения нек-рого свойства A для всех n случаев, основанный на переходе заключения о наличии свойства A от n к n+1. М.и. состоит из двух этапов: установление A для нек-рого начального n и обоснование перехода от n к n+1.

МАТЕМАТИ́ЧЕСКАЯ ЛО́ГИКА, дедуктивная логика, использующая матем. методы исследования способов рассуждений (выводов); матем. теория дедуктивных способов рассуждений.

МАТЕМАТИ́ЧЕСКАЯ СТАТИ́СТИКА, наука о матем. методах систематизации и использования статистич. данных для науч. и практич. выводов. Истоки М.с. можно найти в соч. учёных кон.17 — нач. 19 вв. Во многих своих разделах М.с. опирается на теорию вероятностей, позволяющую оценить надёжность и точность выводов, делаемых на основании ограниченных статистич. материалов.

МАТЕМАТИ́ЧЕСКАЯ ФИ́ЗИКА, теория матем. моделей физ. явлений. Иногда под назв. «М.ф.» понимают матем. методы исследования и решения задач, связанных со встречающимися в физике ур-ниями.

МАТЕМАТИ́ЧЕСКАЯ ШКО́ЛА, направление политэкономии, отводящее матем. методам решающую роль в изучении экон. явлений. Возникла во 2-й пол. 19 в. (Л. Вальрас, В. Парето, У. Джевонс, Ф. Эджуорт, Г. Кассель, К. Виксель). Теоретич. построения М.ш. опираются на *маржинализм*. М.ш. рассматривает экономику как взаимодействие индивид. х-в. Осн. задачу видит в установлении количеств. показателей, характеризующих поведение отд. производителей и потребителей.

МАТЕМАТИ́ЧЕСКИЙ АНА́ЛИЗ, совокупность разделов математики, посвящённых исследованию функций методами *дифференциального исчисления* и *интегрального исчисления*.

МАТЕМАТИ́ЧЕСКОЕ МОДЕЛИ́РОВАНИЕ, см. *Машинный эксперимент*.

МАТЕМАТИ́ЧЕСКОЕ ОБЕСПЕ́ЧЕНИЕ ЭВМ, то же, что *программное обеспечение ЭВМ*. Иногда к М.о. ЭВМ относят также библиотеки алгоритмов и собрания общих матем. и вычислит. методов решения задач на ЭВМ.

МАТЕРИАЛИ́ЗМ (от лат. materialis — вещественный), филос. направление, к-рое исходит из того, что мир материален, существует объективно, вне и независимо от сознания, что материя первична, никем не сотворена, существует вечно, что сознание, мышление — свойство материи, что мир и его закономерности познаваемы. М. противоположен *идеализму*. Ист. формы М.: антич. (Демокрит, Эпикур), метафизич. (механистич.) М. 17–18 вв. (П. Гассенди и др.), франц. М. 18 в. (Ж. Ламетри, К. Гельвеций, П. Гольбах, Д. Дидро), антропологич. М. (Л. Фейербах), диалектич. М. (К. Маркс, Ф. Энгельс, В.И. Ленин).

МАТЕРИА́ЛЬНАЯ ТО́ЧКА, понятие, вводимое в механике для обозначения тела, размерами и формой к-рого можно пренебречь. Положение М.т. в пространстве определяется как положение геом. точки. Тело можно считать М.т. в случаях, когда оно перемещается поступательно на большие (по ср. с его размерами) расстояния; напр., Земля радиусом ок. 6,4 т. км является М.т. в своём годовом движении вокруг Солнца (радиус орбиты — т.н. эклиптики — ок. 150 млн. км). Аналогично, понятие М.т. применимо, если вращ. часть движения тела можно в условиях рассматриваемой задачи не учитывать (напр., пренебречь суточным вращением Земли при изучении годового движения).

МАТЕРИА́ЛЬНОГО ПРОИЗВО́ДСТВА СФЕ́РА, условное выделение совокупности отраслей, производящих или доводящих до потребителей материальные блага. Включает пром-сть, с. х-во, лесное х-во, вод. х-во, стр-во, грузовой транспорт, связь (по обслуживанию произ-ва), торговлю и обществ. питание, материально-техн. обеспечение. См. также *Непроизводственная сфера*.

МАТЕРИ́К (континент), крупный массив земной коры, большая часть к-рого выступает над уровнем Мирового ок., а периферич. часть погружена под уровень океана. Для М. характерен континентальный тип *земной коры* толщиной 35–70 км. В нач. *мезозоя* (ок. 200 млн. лет назад) М. были соединены в единый мегаконтинент *Пангею*. Затем в результате его раскола и дрейфа материков со скоростями от 1 до 16 см/год они заняли совр. положение. В совр. геол. эпоху существуют М.: *Евразия*, *Северная Америка*, *Южная Америка*, *Африка*, *Австралия*, *Антарктида*, занимающие 29,02% земной поверхности.

МАТЕ́РИЯ (лат. materia), вещество; субстрат, субстанция; содержание (в отличие от формы). В лат. филос. язык термин введён Цицероном как перевод греч. hýlē. Понятие М. как субстрата вещественного мира было выработано в греч. философии в учениях Платона и Аристотеля, при этом М. понималась как чистая потенция. Сформулированное Р. Декартом понятие М. как телесной субстанции, обладающей пространственной протяжённостью и делимостью, легло в основу материализма 17–18 вв. М. — центр. категория диалектич. материализма.

МАТИ́СС (Matisse) Анри (1869–1954), франц. живописец и график. Один из лидеров *фовизма*. Праздничную красочность мира выразил в ясных по композиции и чистых по цвету картинах («Танец», 1910), в витражах, гравюрах, литографиях, утверждающих красоту и радость бытия.

МА́ТКА, мускулистый половой орган у самок ж-ных и у женщин. У яйцекладущих м-ных (пресмыкающиеся, птицы, клоачные) в М. временно помещаются созревшие яйца, у живородящих — происходит развитие зародыша. У человека М. — детородный орган; расположена в полости малого таза между мочевым пузырём и прямой кишкой.

МА́ТКОВИЧ (Matković) Мариян (1915–85), хорв. драматург. В цикле драм «Хоровод смерти» (1955), «Боги тоже страдают» (1962), «Икары без крыльев» (1977), обращённых к острым этич. проблемам современности, — использование мифол. сюжетов, образов и мотивов антич. драмы.

МАТРИАРХА́Т (от лат. mater — мать и греч. archē — начало, власть) (гинекократия), одна из форм обществ. устройства, в осн. в ранний период первобытного общества. Характеризуется доминирующим положением женщины, господством материнского рода.

МА́ТРИЦА (нем. Matrize, от лат. matrix — матка), 1) в металлообработке — инстр-т со сквозным отверстием или углублением, используемый, напр., при штамповке, прессовании. 2) В полиграфии — углублённая форма (обычно из латуни, бронзы) для отливки *литер*, механизир. набора или изготовления *стереотипов*.

МА́ТРИЦА (от лат. matrix — матка), прямоугольная таблица, состоящая из m строк и n столбцов элементов (чисел, матем. выражений). Над М. можно производить действия: умножение на число, сложение, перемножение.

МАТФЕ́Й, автор 1-го Евангелия в Новом Завете (Евангелие от Матфея, датируется между 80 и 90) и один из *двенадцати апостолов* (считается, что автор Евангелия и апостол Матфей мытарь, упоминаемый в нём, одно и то же лицо). Символ М. — человек.

МАТЬЁ (Mathieu) Мирей (р. 1946), франц. шансонье. Обладательница глубокого, низкого, сильного голоса. Опираясь на традиции Э. Пиаф, создала индивид. исполнит. стиль, отличающийся яркой экспрессией. В репертуаре — любовные монологи, песни (на разных яз.): «Последний вальс», «Парижское танго» и др. Выступает р телевизионных шоу.

МАТЬ-И-МА́ЧЕХА, вид многолетних трав (сем. *сложноцветные*). Встречается в умеренном поясе Евразии, в Сев. Африке, Сев. Америке. Растёт на открытых, незатенённых местах. Жёлтые цветки появляются раньше листьев, верх. сторона к-рых голая, холодная («мачеха»), а нижняя — мягкая, беловойлочная («мать»). Лекарств. р-ние (отхаркивающее средство). Илл. см. на стр. 418.

А. Матисс. «Красные рыбы». 1911. Музей изобразительных искусств имени А.С. Пушкина.

Мать-и-мачеха.

МА́ТЬЯШ ХУ́НЬЯДИ (Mátyás Hunyadi) (Матвей Корвин) (1443–1490), король Венг. кор-ва с 1458. Проводил политику централизации страны. Вёл борьбу с Османской империей. В 1468–70 во главе походов против Чехии; захватил Моравию и Силезию. В 80-х гг. занял б. ч. австр. владений, включая Вену (1485).

МА́УЗЕР (Mauser), нем. конструкторы и промышленники, братья: Вильгельм (1834–82), Пауль (1838–1914). Создали однозарядную винтовку и револьвер (1866), магазинную винтовку, автоматич. пистолет (маузер) и др. виды стрелкового оружия.

МА́УЛИД (маулид ан-наби), в исламе праздник рождества пророка Мухаммеда.

МА́УНА-ЛО́А, действующий вулкан на о. Гавайи (США), в Тихом ок. Выс. 4170 м. Считается самым большим вулканом на земном шаре по объёму слагающего его материала (включая подводную часть), лава занимает пл. 5180 км^2. Последнее извержение в 1984.

МАУ́РЬЯ, династия царей в Индии в 4–2 вв. до н.э. Основатель – Чандрагупта (Маурья). Крупнейший представитель – Ашока.

МАХ (Mach) Эрнст (1838–1916), австр. физик и философ, один из основателей *эмпириокритицизма* (махизма). Тр. по механике, газ. динамике, физиол. акустике, оптике, физиологии зрения и слуха. Изучал движение тел в газе со сверхзвуковой скоростью и явления, возникающие при этом (см. *Маха число*). Подверг критич. анализу основы механики, попытавшись объяснить инерцию взаимодействием тел. Эти идеи М. оказали влияние на А. Эйнштейна при построении им теории относительности.

МА́ХА ЧИСЛО́ (М-число), одна из основных характеристик течения сжимаемого газа, равная отношению скорости течения к скорости звука a в той же точке потока: $M=v/a$. Понятие М.ч. применяется и при описании движения тела в газе. В этом случае М.ч. равно отношению скорости тела к скорости звука в этой среде. При $M<1$ течение наз. дозвуковым, при $M=1$ – звуковым, при $M>1$ – сверхзвуковым (при обтекании тел или торможении потока образуются *ударные волны*), при $M>5$ – гиперзвуковым. Названо по имени Э. Маха.

«МАХАБХА́РАТА», эпос народов Индии. Первоначально, по-видимому, был написан на пракрите, затем изложен на санскрите. Сложился на основе устных повествований и легенд племён и народов Сев.-Зап. Индии. Совр. вид приобрёл к сер. 1-го тыс. Авторство приписывается Вьясе. В центре «М.» – повествование о битве двух родов и их союзников за господство над Хастинапурой (ныне Дели). Состоит из 18 книг, вводных эпич. сказаний гл. обр. фольклорного характера («Сказание о Нале», «Повесть о Савитри»). «М.» – источник мн. сюжетов и образов, получивших развитие в лит-рах народов Юж. и Юго-Вост. Азии.

МАХАРА́ДЖА (санскр., букв. – великий раджа), титул князей в Индии.

МАХАЧКАЛА́ (в 1857–1922 Петровск-Порт), г. (с 1857), столица (с 1923) Дагестана, порт на Каспийском м. 339,3 т.ж. Ж.-д. ст. Маш-ние и металлообработка; хим., текст. пром-сть. Даг. науч. центр РАН. 5 вузов (в т.ч. ун-т). 2 музея (в т.ч. изобр. иск-в). 5 т-ров: аварский и кумыкский муз.-драм., рус. и лакский драм., кукол. Осн. в 1844.

МАХАЯ́НА (санскр., букв. – большая колесница), наряду с *хинаяной* одно из двух осн. направлений буддизма, т.н. сев. буддизм. Возникнув в Индии, с нач. н.э. распространилось в Китае, Тибете, Японии и др. М. подчеркнула черты терпимости в этич. учении буддизма и выдвинула идеал *бодхисатвы*. Провозглашение божественности Будды привело к появлению сложного культа.

МАХДИ́ (араб.), мусульм. Мессия, Спаситель.

МАХДИ́ Суданский Мухаммед Ахмед (ок. 1848–85), вождь освободит. движения в Судане (восстания махдистов). Основатель суданского Махдистского гос-ва.

МАХМУ́Д ГАЗНЕВИ́ (970–1030), правитель гос-ва Газневидов с 998; при нём гос-во достигло наиб. могущества, включало терр. совр. Афганистана, ряд областей Ирана, Ср. Азии, Индии.

МАХНО́ Нестор Ив. (1888–1934), один из руководителей анархо-крест. движения в 1918–21 на Юж. Украине в Гражд. войну. Возглавляемое М. движение (общая численность непостоянна – от 500 ч. до 35 т. ч.) выступало под лозунгами «безвластного гос-ва», «вольных советов», вело вооруж. борьбу против герм. войск, белогвардейцев, а затем и против сов. власти. Движение ликвидировано Кр. Армией. М. в 1921 эмигрировал.

МАХТУМКУЛИ́ (лит. имя Фраги) (ок. 1730–1780-е гг.), туркм. поэт и мыслитель. Лирич. стихи разных жанров, среди к-рых выделяется трагич. цикл о пребывании в иран. плену и о страданиях народа, разорённого чужеземным нашествием. Приблизил язык поэзии к нар. языку.

МАЦА́ (др.-евр.), тонкие сухие лепёшки из пресного теста (опресноки), к-рые иудаизм предписывает есть верующим в дни Пасхи.

МА́ЦУО БАСЁ́ (1644–94), япон. поэт. Вершинные образцы филос. лирики в жанре *хокку*, полной изящной простоты и гармонич. восприятия мира; шуточные рэнга (стихотворения-«цепи»). Наследие М.Б. и его учеников составило 7 антологий, в т.ч. «Зимние дни» (1684), «Весенние дни» (1686), «Соломенный плащ обезьяны» (кн. 1–2, 1691–98).

МАЧА́ДО-И-РУИ́С (Machado y Ruiz) Антонио (1875–1939), исп. поэт. В импрессионистич. лирике (сб. «Одиночества», 1903) – уходящая Испания глухих окраин, бег времени, увиденные глазами одинокого мечтателя. В сб. «Поля Кастилии» (1912), «Новые песни» (1924), отмеченных влиянием фольклора, – трагич. восприятие природы и истории. Экзистенциалистские мотивы, поиски новых средств поэтич. языка (сб. «Хуан де Майрена», 1936, «Дополнения», опубл. в 1957). Пьесы. Скончался в изгнании во Франции.

МА́ЧТА (от голл. mast), 1) судовая вертикальная металлич. или дерев. конструкция на верх. палубе. К М. крепят антенны, средства сигнализации и др. На парусных судах М. служат для постановки парусов; носовая М. наз. фок-М., следующая за ней – грот-М., кормовая (у судов с тремя и более М.) – бизань-М. 2) Вертикальное сооружение (выс. до 600 м и более), устойчивость к-рого, в отличие от башни, обеспечивается оттяжками; применяются, напр., как опоры для антенн радиотехнич. линий.

МА́ЧУ-ПИ́КЧУ (Machu Picchu), крепость и святилище инков 15–16 вв. в Перу. Развалины укреплений, храмов, жилых и хоз. построек из камня. Включена в список *Всемирного наследия*.

«Махабхарата». Схватка Бхимы и Джарасандхи. Деталь рельефа в Гархвале. 5 в.

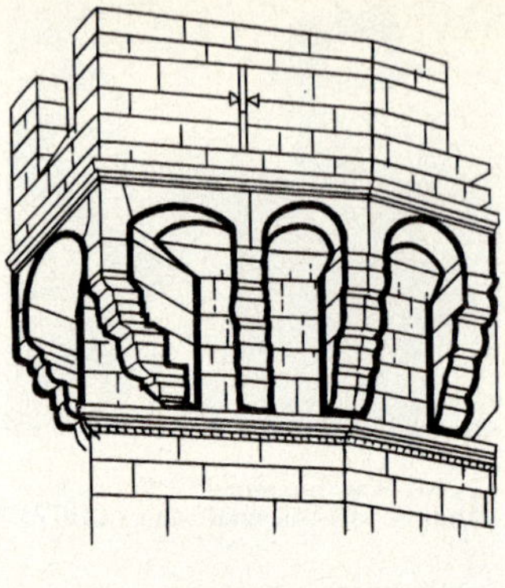

Н.И. Махно.

Машикули.

МАШИКУЛИ́ (франц. mâchicoulis), навесные бойницы в верх. частях стен и башен ср.-век. укреплений. Позже элементы архит. декора.

МАШИ́НА (франц. machine), устройство, выполняющее механич. движение с целью преобразования энергии (энергетич. М., напр. двигатели, турбины), материалов (рабочие и трансп. М., напр. станки, прессы, конвейеры) и информации (шифровальные, арифмометры, интеграторы и ЭВМ, за к-рыми назв. сохранилось традиционно).

МАШИ́ННАЯ ГРА́ФИКА, совокупность средств и методов для преобразования данных в графич. изображение (чертежи, графики, рисунки) или обратное преобразование (графич. изображений в данные) при помощи ЭВМ.

МАШИ́ННОЕ ПРОИЗВО́ДСТВО, важнейшая стадия становления материальной основы пром. произ-ва, на к-рой произошла замена *мануфактуры* ф-кой. Характерно применение системы машин. Возникло в результате *промышленного переворота* во 2-й пол. 18 в. Новая ступень в развитии М.п. связана с науч.-техн. рев-цией.

МАШИ́ННЫЙ ПЕРЕВО́Д, автоматич. перевод текстов (гл. обр. специальных) с одного языка на другой, выполняемый на ЭВМ по формальным правилам, реализованным в виде соотв. программы. К нач. 90-х гг. 20 в. используется гл. обр. при обработке науч.-техн. информации и техн. документации.

МАШИ́ННЫЙ ЭКСПЕРИМЕ́НТ (математическое моделирование), метод изучения сложных систем посредством исследования на ЭВМ их матем. моделей (совокупности ур-ний, описывающих исследуемую систему); имитируя разл. условия функционирования системы (путём изменения значений переменных в ур-ниях), определяют (по реакции модели) величины, характеризующие поведение системы, её параметры.

МАШИ́ННЫЙ ЯЗЫ́К, язык программирования для представления программ в форме, допускающей их непосредств. реализацию аппаратными средствами конкретной ЭВМ. Программа на М.я. представляет собой последовательность машинных команд, поэтому иногда М.я. наз. систему команд ЭВМ. Перевод исходной программы, подлежащей выполнению на ЭВМ, осуществляется автоматически самой ЭВМ с помощью ассемблера.

МАШКО́В Ил. Ив. (1881–1944), рос. живописец, педагог. Один из основателей «*Бубнового валета*». Красочные натюрморты («Фрукты на блюде», 1910), портреты, пейзажи отличаются чувственной конкретностью образов.

МАШО́ (Гильом де Машо) (Guillaume de Machaut) Гильом де (ок. 1300–77), франц. поэт, композитор. Представитель *арс нова*. В произв. М. традиции муз.-поэтич. рыцарского иск-ва сочетаются с достижениями в области полифонии. Создал тип изоритмич. *мотета*, а также многоголосные *баллады*.

МАЮДЗУ́МИ Тосиро (р. 1929), япон. композитор. Совершенствовался в Парижской конс. Автор оп. «Золотой павильон» (1976), симфоний «Нирвана» (1958), «Мандала» (1960), симф. поэмы «Сансара» (1962), а также *конкретной музыки*, *электронной музыки*. Стремится к интеграции европ. и традиц. япон. муз. начал.

МАЯ́К, сооружение башенного типа, устанавливаемое обычно на берегу или мелководье. Служит навигац. ориентиром для судов. Оборудуется т.н. маячными огнями, а также устройствами для подачи звуковых сигналов, радиосигналов (радиомаяк) и др. М. использовались с древних времён. Александрийский, или Фаросский, М. выс. 143 м, построенный из белого мрамора в 283 до н.э., известен как одно из «семи чудес света».

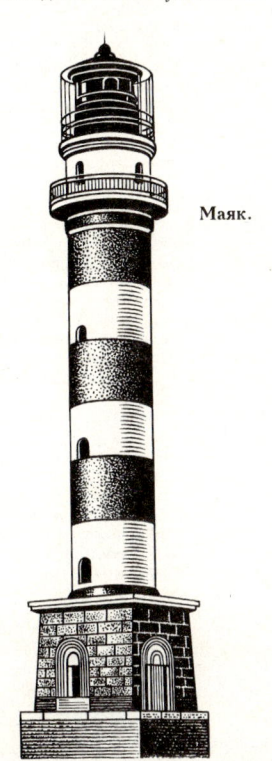

Маяк.

МАЯКО́ВСКИЙ Вл. Вл. (1893–1930), рус. поэт. В дорев. творчестве форсированная до крика исповедь поэта, воспринимающего действительность как апокалипсис (трагедия «Владимир Маяковский», 1914; поэмы «Облако в штанах», 1915, «Флейта-позвоночник», 1916, «Война и мир», 1917). После 1917 – сотворение мифа о социалистич. миропорядке (пьеса «Мистерия-Буфф», 1918; поэмы «150000000», 1921, «Владимир Ильич Ленин», 1924, «Хорошо!», 1927) и трагически нарастающее ощущение его порочности (от стих. «Прозаседавшиеся», 1922, до пьесы «Баня», 1929). В поэме «Во весь голос» (1930) – утверждение искренности своего пути и надежда быть понятым в «коммунистич. далеке». Реформатор поэтич. языка, оказал влияние на поэзию 20 в. Кончил жизнь самоубийством.

В.В. Маяковский.

«Человек, шагающий вслед заходящему солнцу». Последний рисунок В.В. Маяковского. 1930.

МБАБА́НЕ, столица (с 1968) Свазиленда, на выс. 1150 м. Св. 38 т.ж. Пищ., швейные, металлообр. пр-тия. Ун-т. Осн. в кон. 17 – нач. 18 вв. В 1903–68 адм.ц. брит. протектората Свазиленд.

МЕА́НДР, тип геом. орнамента в виде прямой ломаной под углом или непрерывной кривой линии, образующей спирали. Разработан в Др. Греции. Название – от реки Меандр в М. Азии.

Меандр.

МГАЛОБЛИШВИ́ЛИ Нодар Ал-др. (р. 1931), груз. актёр. С 1954 (с перерывами) в Т-ре имени К. Марджанишвили. М. свойственны выразит. пластика, импровизац. дар, эмоц. заразительность. Лучшие роли создал в спектаклях реж. Т. Чхеидзе: Освальд («Привидения» Г. Ибсена, 1976), Хаки Адзба («Хаки Адзба» Л. Киачели, 1981), Яго («Отелло» У. Шекспира, 1982), Теймураз Хевистави («Обвал» М. Джавахишвили, 1984). Снимался в кино.

МЕГАЛИ́ТЫ (от *мега...* и *...лит*), культовые сооружения 3–2-го тыс. до н.э. из огромных необработанных или полуобработанных кам. глыб. Известны в Зап. Европе (*Стонхендж, Карнак*), Сев. Африке, на Кавказе и в др. р-нах. К М. относятся *дольмены, менгиры, кромлехи*.

МЕГАЛО́ПОЛИС (мегалополис) (от греч. mégas – большой и pólis – город; назв. др.-греч. г. Мегалополь, возникшего в результате слияния более 35 поселений), наиб. крупная форма расселения, образующаяся в результате срастания большого кол-ва соседних *агломераций населённых пунктов*. Наиб. известные М.: Токио – Осака (Япония), ниж. и ср. течение Рейна (ФРГ – Нидерланды), Лондон – Ливерпул (Великобритания), р-н Великих озёр (США – Канада), р-н Юж. Калифорнии (США).

МЕ́ГАРОН (греч. mégaron, букв. – большой зал), тип древнейшего греч. жилища (3–2-го тыс. до н.э.): прямоуг. зал (иногда разделён 1–2 продольными рядами столбов) с очагом и входным портиком.

МЕГАФО́Н (от *мега...* и *...фон*), рупор (чаще конич. формы), приставляемый ко рту для концентрации (усиления) звука голоса в нужном направлении. Дальность действия обычно до неск. десятков метров. Для значит. усиления звука применяются электромегафоны, содержащие микрофон, усилитель электрич. колебаний звуковой частоты и рупорный громкоговоритель; дальность действия до 250 м.

МЕГВИНЕТУХУЦЕ́СИ Отар Вахтангович (р. 1932), груз. актёр. С 1954 (с перерывами) в Т-ре имени К. Марджанишвили. В ролях Уджуш Эмха («Хаки Адзба» Л. Киачели, 1981) и Отелло («Отелло» У. Шекспира, 1982) утвердил себя как трагич. актёр, у к-рого возвышающая красота жеста сопрягалась со стихийной мощью темперамента. В «Провинциальной истории» Л. Росеба (Лео, 1981) обогатил свою актёрскую манеру красками бытовой достоверности и психол. реализма. Снимался в ф.: «Мольба» (1968), «Древо желания» (1977), т/ф «Берега» (1979) и др.

МЕ́ГЕРА, в греч. мифологии одна из *эриний*. Перен. – злая, сварливая женщина.

МЁД пчелиный, сладкая сиропообразная либо закристаллизовавшаяся масса; продукт переработки медоносными пчёлами *нектара* или *пади*. Корм для пчёл, ценный продукт питания. В М. присутствуют углеводы (70–80%), белки (0,3–0,4%), вода (до 20%), минер. соли, ферменты, ароматич. и биол. активные в-ва и др. М. широко используют в нар. медицине (при переохлаждении, желудочно-кишечных и др. заболеваниях).

МЕДА́ЛЬ (франц. medaille от итал. medaglia), металлич. знак круглой, прямоуг. и др. форм, плоский, разл. размера, с двусторонним изображением и (или) надписью в память о

Медали (Российская Федерация, 1995): верхний ряд – медаль ордена «За заслуги перед Отечеством» I степени; медаль «За спасение погибавших»; медаль Нестерова; нижний ряд – медаль «За отличие в охране государственной границы»; медаль «За отличие в охране общественного порядка».

420 МЕДА

Медали (СССР): 1 – «Золотая Звезда» (1939); 2 – «За отвагу» (1938); 3 – «За трудовую доблесть» (1938); 4 – «За оборону Москвы» (1944); 5 – «За взятие Берлина» (1945).

Медали (Российской империи): 1 – «В память Ништадтского мира» (1721); 2 – «За полезные обществу труды» (1762; реверс – оборотная сторона); 3 – «В память освящения храма Христа Спасителя» (1883); 4 – «В память русско-японской войны» (1906).

к.-л. событии, деятеле или месте. Большинство М. из золота, серебра, бронзы. М. были известны в Др. Риме, но общепринято, что иск-во изготовления М. началось в 14–15 вв. (Италия, Византия). М. как гос. или обществ. награда вручаются за особые заслуги, храбрость, значит. достижения в области науки, культуры, спорта, в память об юбилейных датах, об участии в к.-л. событиях.

МЕДАЛЬЕРНОЕ ИСКУССТВО, иск-во изготовления монет и медалей, область мелкой пластики, родственная *глиптике*.

МЕДВЕДИ, семейство хищных млекопитающих. Дл. 1,1–3 м, выс. в холке до 1,3 м, масса от 60 до 1000 кг. Сложение тяжёлое, неуклюжее; мех у большинства видов густой. 8 видов, в т.ч. белый, бурый, белогрудый М., большая панда. Распространены гл. обр. в Сев. полушарии; лишь очковый М. – в Юж. Америке. Всеядны, нек-рые питаются гл. обр. растит. пищей, другие – животной. Могут впадать в зимний сон. Живут до 30–40 лет. Издавна были предметом охоты (ради шкуры и мяса). Численность и ареал М. в 20 в. сильно сократились.

МЕДВЕДКИ, семейство насекомых с роющими передними ногами (отр. *прямокрылые*). Дл. 3,5–6 см. Св. 40 видов, распространены широко. Живут в почве; сильно вредят на полях, огородах, в питомниках и парниках, объедая подземные части р-ний.

МЕДВЕДЬ Ал-др Вас. (р. 1937), рос. спортсмен и тренер. Неоднократный чемпион СССР, Европы и мира (1961–72), Олимп. игр (1964, 1968, 1972) по вольной борьбе в полутяж. и тяж. весе.

МЕДЕЛЬИН, г. в Колумбии, на Панамериканском шоссе. 1,6 млн. ж. Междунар. аэропорт. Центр горнодоб. (золото, серебро и др.) и текст. пром-сти, торговли кофе. Ун-ты. Музеи. Осн. в 1675.

МЕДЕЯ, в греч. мифологии дочь царя Колхиды, волшебница, внучка Гелиоса. Помогала *Ясону* добыть золотое руно. Когда он задумал жениться на дочери коринфского царя, М. погубила соперницу, убила двух своих детей от Ясона и скрылась на крылатой колеснице.

МЕДЖЛИС (араб.), название представит. органа в нек-рых гос-вах (напр., в Иране, Азербайджане).

МЕДИАТОР, см. *Плектр*.

МЕДИНА, г. в Саудовской Аравии. 350 т.ж. Междунар. аэропорт. Обслуживание паломников; произ-во предметов религ. культа. Исламский ун-т. В древности наз. Ясриб (Ятриб). В 622 в М. из Мекки переселился основатель ислама Мухаммед. С 7 в. М.– священный город мусульман. Гробница Мухаммеда в М.– второе, после Каабы в Мекке, место паломничества мусульман. Большая мечеть (7 в., 8 в. и 19 в.).

МЕДИТАТИВНАЯ ЛИРИКА (от *медитация*), передаёт переживания, размышления поэта о жизни и смерти, о природе, любви, дружбе, о загадочности человеческой судьбы («Поэтические раздумья» А. де Ламартина, «Брожу ли я вдоль улиц шумных» А.С. Пушкина, «Выхожу один я на дорогу» М.Ю. Лермонтова. Характерный её жанр – *элегия*.

МЕДИТАЦИЯ (от лат. meditatio – размышление), умственное действие, цель к-рого – приведение психики человека в состояние углублённости и сосредоточенности. Сопровождается телесной расслабленностью, отсутствием эмоц. проявлений, отрешённостью от внеш. объектов. Методы М. многообразны. Особое развитие М. получила в йоге, пифагореизме, платонизме и неоплатонизме, учении суфизма, отчасти – в православии (т.н. «умное делание») и католицизме.

МЕДИУМ (от лат. medium – середина), нечто среднее, промежуточное, посредствующее; в спиритизме – посредник между миром «духов» и людьми, через к-рого в состоянии транса передаются «сообщения» умерших; в парапсихологии – человек с необычными («медиумическими») способностями, напр. к сверхчувственному восприятию.

МЕДИЦИНА [лат. medicina (ars) – врачебная, лечебная наука и искусство)], область науки и практич. деятельности, направленные на сохранение и укрепление здоровья людей, предупреждение и лечение болезней. Вершиной врачебного иск-ва в древнем мире была деятельность Гиппократа. Во 2 в.н.э. представления антич. М. были систематизированы Галеном. Система Галена, дополненная Ибн Синой, господствовала в М. вплоть до кон. 17 в. Анат.-физиол. труды А. Везалия, У. Гарвея, труды Парацельса, клинич. деятельность А. Паре и Т. Сиденхема способствовали становлению М. на основе опытного знания. В 19 в. формируется науч. М., к-рая в процессе развития дифференцировалась на ряд самостоят. отраслей: патол. анатомию, акушерство, терапию, хирургию, гигиену и др. На основе достижений в области физики, химии, биологии, электротехники и в др. отраслях знаний в 20 в. были разработаны эффективные методы диагностики, лечения

Медея. Фреска из Помпей с изображением Медеи и её сыновей. 1 в.

и профилактики мн. заболеваний (применение ультразвука и лазерного излучения, химиопрепаратов, гормональных и психотропных средств, трансплантация органов и тканей и создание искусств. органов, микрохирургич. операции и т.д.).

МЕДИЦИНСКАЯ ГЕОГРАФИЯ, область медицины и географии, изучающая природные и соц.-экон. особенности разл. территорий с целью выявления их влияния на состояние здоровья населения, возникновение и распространение отд. заболеваний человека.

МЕДИЧИ (Mèdici), флорентийский род в ср.-век. Италии. М. основали торг.-банковскую компанию, одну из крупнейших в 15 в. в Европе; в 1434–1737 (с перерывами) правили Флоренцией. Гл. представители: Козимо Старший (1389–1464), Лоренцо Великолепный (1449–92).

МЕДНЫЕ РУДЫ, содержат Cu 0,3–2% (прожилково-вкрапленные руды), 1–6% (медистые песчаники и сланцы). Пром. минералы: медь самородная, борнит, халькозин, ковеллин, блёклые руды, куприт и др. Мировые запасы ок. 1 млрд. т. Гл. добывающие страны – Чили, США, Перу, Канада, Замбия, Заир.

«МЕДНЫЙ БУНТ», принятое в лит-ре название восстания низших и ср. слоёв жителей Москвы, стрельцов, солдат (25.7.1662). Вызвано ростом налогов в годы рус.-польск. войны 1654–67 и выпуском обесцененных медных денег. Часть восставших пошла в с. Коломенское к царю Алексею Михайловичу с требованием

Медведка.

Медельин. Спортивный центр «Атанасио Хирардот».

выдать бояр Милославских, окольничего Б.М. Хитрово и др. В тот же день св. 1000 чел. было убито и казнено. В 1663 медные деньги были отменены.

МЕ́ДНЫЙ ВЕК [халколит (от греч. chalkós – медь и ...*лит*), энеолит (от лат. aeneus – медный и ...*лит*)], переходный период от каменного к бронзовому веку (4–3-е тыс. до н.э.). Преобладают орудия из камня, но появляются медные.

МЕ́ДНЫЙ КОЛЧЕДА́Н, см. *Халькопирит*.

МЕ́ДНЫЙ КУПОРО́С (сульфат меди), $CuSO_4 \cdot 5H_2O$, лазурно-синие кристаллы, $t_{пл}$ 95,88 °C. Встречается в природе в виде минерала. М.к. применяют как протраву при крашении, для консервирования древесины, как пестицид, антисептик и вяжущее лекарств. средство, пигмент, для выделки кож, при флотации, в гальванотехнике, фотографии и др.

МЕДРЕСЕ́ (араб. мадраса, от дараса – изучать), с 9 в. мусульм. ср. и высш. школа, готовящая служителей культа, учителей, а также в нек-рых странах Бл. и Ср. Востока – гос. служащих. Здания М. 1–2 этажные, с внутр. прямоугольным двориком, вокруг к-рого размещаются мечети, кельи, аудитории. Мн. ансамбли М. – памятники ср.-век. вост. архитектуры.

МЕДУ́ЗА, см. в ст. *Горгоны*.

МЕДУ́ЗЫ, свободноплавающие формы мор. кишечнополостных. Образуются отпочковыванием от прикреплённых к субстрату полипов. Тело в виде колокола или зонтика, студенистое, полупрозрачное, диам. от неск. мм до 2,3 м. По краям зонтика – щупальца (дл. до 30 м) со стрекательными клетками (способны вызывать ожоги).

МЕДУНИ́ЦА, род многолетних опушённых трав (сем. бурачниковые). Ок. 10 видов, в умеренном поясе Евразии. В широколист. лесах растёт М. неясная, цветущая рано весной розовыми, сине-фиолетовыми, сиреневыми цветками. Медоносы, лекарств. (отхаркивающее и вяжущее средства) и декор. р-ния.

МЕДЬ (Cuprum), Cu, хим. элемент I гр. периодич. системы, ат. м. 63,546; розовато-красный металл, $t_{пл}$ 1083,4 °C. Содержание в земной коре (4,7–5,5)·10^{-3}% по массе. М. – гл. металл электротехники, её используют также для изготовления теплообменной аппаратуры, худ. изделий и др. Важнейшие сплавы М. – *бронза*, *латунь*, *мельхиор*. М. известна с древнейших времён (см. *Медный век*).

МЕДЯ́НКА, неядовитая змея (сем. ужи). Дл. до 65 см. Распространена в Европе и Зап. Азии. Иногда из-за сходства окраски М. ошибочно называют ядовитую гадюкой.

МЕЖДОМЕ́ТИЕ, часть речи, разряд неизменяемых, морфологически нечленимых слов, употребляющихся обычно для выражения чувств и волевых побуждений, напр. «о!», «ах!», «эй!».

МЕЖДУНАРО́ДНАЯ ОРГАНИЗА́ЦИЯ УГОЛО́ВНОЙ ПОЛИ́ЦИИ (Интерпол), созд. в 1923 как Международная комиссия уголов. полиции (МКУП) для борьбы с общеуголов. преступлениями. В 1938 прекратила существование. В совр. виде воссоздана в 1946. Члены Интерпола – св. 160 гос-в. Местопребывание – Париж.

МЕЖДУНАРО́ДНАЯ СИСТЕ́МА ЕДИНИ́Ц (SI, от франц. Système International, или СИ – система интернациональная), система единиц физ. величин, принятая 11-й Ген. конф. по мерам и весам (1960). 7 осн. единиц: длины – метр, массы – килограмм, времени – секунда, силы электрич. тока – ампер, термодинамич. темп-ры – кельвин, силы света – кандела, кол-ва в-ва – моль. Удобство СИ в том, что в ф-лы не требуется вводить переводные коэффициенты, если все величины выражены в единицах СИ. СИ обладает мн. преимуществами перед др. системами единиц, её единицы удобны для практики, однако в нек-рых науч. исследованиях (физике, астрономии) используются СГС система единиц и нек-рые внесистемные единицы измерений (электронвольт, парсек и др.). См. таблицу единиц измерений в приложении.

МЕЖДУНАРО́ДНОЕ АГЕ́НТСТВО ПО А́ТОМНОЙ ЭНЕ́РГИИ (МАГАТЭ), созд. в 1957 под эгидой ООН для развития междунар. сотрудничества в области мирного использования атомной энергии. Члены – св. 120 гос-в. Местопребывание – Вена.

МЕЖДУНАРО́ДНОЕ ПРА́ВО публичное, совокупность юрид. принципов и норм, регулирующих отношения между гос-вами и др. участниками (субъектами) междунар. общения. Совр. М.п. содержит общепризнанные и обязательные для всех гос-в принципы и нормы поведения, к-рые создаются путём соглашений между самими субъектами, как, напр., принципы ненападения, самоопределения народов, мирного разрешения споров, разоружения, уважения прав человека, соблюдения междунар. договоров. Осн. принципы М.п. закреплены в Уставе ООН, в Декларации о принципах М.п. Ген. Ассамблеи ООН (1970).

МЕЖДУНАРО́ДНОЕ ЧА́СТНОЕ ПРА́ВО, отрасль права, к-рая содержит нормы, регулирующие гражд.-правовые отношения с иностр. элементом. Иностр. (или междунар.) элемент означает, что одна из сторон договора – иностр. гражданин или иностр. юрид. лицо; имущество – объект правоотношения – находится за границей (напр., в случае открытия наследства за границей); юрид. факт, повлёкший возникновение правоотношения, имел место за границей (причинение ущерба, заключение договора и т.п.). Особенностью регулирования гражд.-правовых отношений М.ч.п. является то, что его нормы, как правило, не регулируют конкретно возникший спор, а только указывают, законодательство какой страны подлежит применению (такие нормы наз. коллизионными). Коллизионное право – важнейший раздел М.ч.п.

МЕЖДУНАРО́ДНЫЕ ОРГАНИЗА́ЦИИ, объединения гос-в или нац. об-в (ассоциации) неправительств. характера для достижения общих целей в полит., экон., социальной, науч.-техн. областях, в области культуры и т.п.; одна из важнейших форм многостороннего сотрудничества. Членами нек-рых М.о. (напр., *специализированных учреждений ООН*) могут быть только гос-ва (т.н. межправительственные М.о.). Особое место среди межгос. М.о. занимает ООН как универсальная М.о. общей компетенции.

МЕЖДУНАРО́ДНЫЙ БАНК РЕКОНСТРУ́КЦИИ И РАЗВИ́ТИЯ (МБРР), специализир. учреждение ООН, межгос. валютно-финанс. орг-ция. Осн. в 1944. Операции начал в 1946. Правление – в Вашингтоне. Предоставляет среднесрочные и долгосрочные кредиты. Членами МБРР могут быть только члены *Международного валютного фонда*. 3 филиала: Междунар. ассоциация развития, Междунар. финанс. корпорация, Многостороннее агентство по гарантированию инвестиций. Вместе с филиалами МБРР часто наз. Мировым банком.

МЕЖДУНАРО́ДНЫЙ ВАЛЮ́ТНЫЙ ФОНД (МВФ), специализир. учреждение ООН. Осн. в 1944 для упорядочения валютно-финанс. отношений между странами-членами, поддержания валютных курсов и оказания кредитной помощи для выравнивания платёжных балансов. Правление – в Вашингтоне. Члены – ок. 180 гос-в, в т.ч. Россия.

МЕЖДУНАРО́ДНЫЙ ВОЕ́ННЫЙ ТРИБУНА́Л, междунар. суд. орган по преследованию и наказанию гл. *военных преступников*. М.в.т. для суда над гл. воен. преступниками был образован в 1945 по соглашению гос-в – союзников по антигитлеровской коалиции. Провёл *Нюрнбергский процесс*. В 1946 решением М.в.т. для Д. Востока, к-рый осуществил суд над гл. япон. воен. преступниками (*Токийский процесс*).

МЕЖДУНАРО́ДНЫЙ КООПЕРАТИ́ВНЫЙ АЛЬЯ́НС (МКА), междунар. неправительств. орг-ция, объединяющая нац. и региональные союзы кооперативов ок. 80 стран (нач. 1990-х гг.). Осн. в 1895 в целях развития кооп. движения, сотрудничества между кооп. орг-циями разл. стран. Имеет консультативный статус при *Экономическом и социальном совете* ООН. Местопребывание МКА – Женева.

МЕЖДУНАРО́ДНЫЙ ОЛИМПИ́ЙСКИЙ КОМИТЕ́Т (МОК), высш. постоянно действующий орган совр. олимп. движения (см. в ст. *Олимпийские игры*). Осн. в 1894 по инициативе П. де Кубертена; в составе МОК св. 90 чл.

МЕЖДУНАРО́ДНЫЙ СОЮ́З ОХРА́НЫ ПРИРО́ДЫ И ПРИРО́ДНЫХ РЕСУ́РСОВ (МСОП), осн. в 1948. Разрабатывает общие принципы и стратегию охраны природы, определяет направления междунар. сотрудничества и национальной политики гос-в в области природоохранной деятельности. С помощью спец. комиссий (по редким видам, по нац. паркам и др.) и нац. комитетов готовит конкретные программы по сохранению биологич. разнообразия Земли, издаёт Красную книгу и др. документы. Члены МСОП – государства (в т.ч. Россия), междунар. общественные организации, правительственные учреждения, неправительственные научные организации (в 1993 в МСОП ок. 800 членов, представлено 126 стран). Высший орган – Генеральная ассамблея, штаб-квартира в г. Глан (Швейцария). В 1990 переименован во Всемирный союз охраны природы (в лит-ре чаще употребляется старое сокр. назв. – МСОП).

МЕЖДУНАРО́ДНЫЙ СУД ООН, главный суд. орган ООН. Образован в 1945. Разрешает правовые споры между гос-вами с их согласия и даёт консультативные заключения по правовым вопросам. Состоит из 15 судей, избираемых Ген. Ассамблеей ООН и Советом Безопасности. Действует на основе Статуса, являющегося неотъемлемой частью Устава ООН.

МЕЖЕЛА́ЙТИС (Mieželaitis) Эдуардас (р. 1919), литов. поэт. В сб. стихов «Человек» (1961) – патетич. образ человека-творца, его связь с природой, Вселенной и цивилизацией 20 в. В творчестве (сб. стихов «Лирика», 1943, «Солнце в янтаре», 1961, «Моя лира», 1979; книги, сочетающие лирич. прозу и стихи, «Барокко Антакальниса», 1971, «Монологи», 1981, «Муза и форель», 1984) – темы культурного наследия, иск-ва, пантеистич. мировосприятие.

МЕЖИ́РОВ Ал-др Петр. (р. 1923), рус. поэт. В стихах – тема войны, опосредованная личным опытом (сб. «Коммунисты, вперёд!», 1950), лирич. переживания, размышления о времени и судьбе поколения (сб. «Подкова», 1957, «Поздние стихи», 1971, «Медальон», 1979, «Проза в стихах», 1982).

МЕЖЛЕДНИКО́ВЬЕ, промежутки времени, разделявшие ледниковые эпохи. В четвертичном периоде характеризовались потеплением климата, освобождением от ледниковых покровов умеренных широт, изменениями в составе флоры и фауны.

МЕЖНЯ́К, см. *Глухари*.

МЕЖПАРЛА́МЕНТСКИЙ СОЮ́З, междунар. неправительств. орг-ция, объединяющая нац. парламентские группы. Созд. в 1889. Задачи М.с.: поощрение личных контактов между парламентариями и объединение их совм. деятельности по укреплению мира, сотрудничества, демокр. парламентских ин-тов. В деятельности М.с. участвуют парламентские группы св. 110 гос-в. Местопребывание Секретариата М.с. – Женева.

МЕЖПЛАНЕ́ТНАЯ СРЕДА́, плазма, нейтральный газ, пыль, *космические лучи* и магн. поля, заполняющие околосолнечное пространство. Осн. компонент М.с. – *солнечный ветер*. Источниками нейтрального газа (концентрация ≈ 60 тыс. частиц в 1 м³) являются межзвёздная среда, планеты и их спутники, кометы и межпланетная пыль. Межпланетная пыль сосредоточена в плоскости планетных орбит, осн. источником её являются, по-видимому, кометы (массы пылинок от 10^{-17} до 10^{-5} г, суммарная масса ~ 10^{-8} массы Земли).

МЕ́ЗЕНЦЕВА Гал. Сер. (р. 1952), артистка балета. В 1970–90 в Ленингр. т-ре оперы и балета имени С.М. Кирова. Создала образы, исполненные высокого романтизма, музыкальности, артистизма, импровизации: Одетта-Одиллия («Лебединое озеро» П.И. Чайковского, 1973), Эсмеральда («Собор Парижской Богоматери» М. Жарра, 1978), Жизель («Жизель» А. Адана, 1978), Нестан-Дареджан («Витязь в тигровой шкуре» А.Д. Мачавариани, 1985) и др. С 1990 работает в Шотл. нац. балете (Глазго).

МЕ́ЗО..., МЕЗ... (от греч. mésos – средний, промежуточный), часть сложных слов, означающих: занимающий среднее, промежуточное положение или характеризующийся средней, умеренной величиной чего-нибудь, напр. мезодерма, мезолит.

МЕЗОЗО́Й [мезозойская эратема (эра)] (*мезо*... и греч. zōē – жизнь), среднее подразделение *фанерозоя*.

Нач. 235 млн. лет назад, продолжительность ок. 170 млн. лет. Делится на *триас, юру, мел* (см. *Геохронология*). На рубеже *палеозоя* и М. происходили существ. изменения в мире ж-ных и р-ний. Для М. характерны господство пресмыкающихся (динозавры, ихтиозавры, птерозавры и др.), иногда достигавших громадных размеров, появление многочисленных насекомых, птиц, млекопитающих. Среди беспозвоночных преобладали головоногие моллюски. Происходили обновление флоры, расцвет голосеменных. Климатич. зональностью, в отличие от позднепалеозойской, выделяются гумидные и аридные зоны тропич. и умеренного климата, с позднего триаса происходило неоднократное увлажнение и потепление климата. В М. отмечалось интенсивное проявление складчатости, горообразования и магматизма. В М. распались *Гондвана* и *Лавразия*, сформировались осн. контуры совр. материков и океанов. К отложениям М. приурочены осн. запасы нефти и газа, а также угля, торфа, писчего мела, солей, гипсов, рудных полезных ископаемых и др.

МЕЗОЛИ́Т (от *мезо...* и *...лит*), средний кам. век, переход от палеолита к неолиту (ок. 10-го – 5-е тыс. до н.э.). В М. появились лук и стрелы, микролитич. орудия (на мелких кам. отщепах), в охоте широко применялась собака.

МЕЙ Лев Ал-др. (1822–62), рус. поэт и драматург. Ист. драмы «Царская невеста» (1849), «Псковитянка» (1849–59), на основе к-рых созданы одноим. оперы Н.А. Римского-Корсакова; лирич. стихи, переводы.

МЕ́ЙЕР (Meyer) Эдуард (1855–1930), нем. историк древнего мира. Гл. труд – «История древности» (5 тт., 1884–1902) – от возникновения др.-вост. цивилизаций до 355 до н.э. (время крушения господства греков в Сицилии), в основе работы полит. события и история государственности.

МЕЙЕРБЕ́Р (Meyerbeer) Джакомо (наст. имя и фам. Якоб Либман Бер) (1791–1864), франц. композитор. Жил и работал в Германии, Италии. Создатель жанра *большой оперы*: «Роберт-Дьявол» (1830, ознаменовала появление романтич. муз. т-ра во Франции), «Гугеноты» (1835), «Пророк» (1849), «Африканка» (1864).

МЕЙЕРХО́ЛЬД Вс. Эмильевич (1874–1940), режиссёр, актёр, педагог. Один из реформаторов т-ра. В 1898–1902 в МХТ, затем в провинции. В 1906–07 гл. реж. Т-ра В.Ф. Комиссаржевской на Офицерской (С.-Петербург), развивал символистскую концепцию «условного т-ра» («Сестра Беатриса» М. Метерлинка и «Балаганчик» А.А. Блока, 1906). В 1908–17 в петерб. имп. т-рах, утверждал принципы «театрального традиционализма», стремился вернуть т-ру яркость и праздничность («Дон Жуан Мольера, 1910, и «Маскарад» М.Ю. Лермонтова, 1917, в Александринском т-ре, и др.). После 1917 возглавил движение «Театрального Октября», выдвинув программу полной переоценки эстетич. ценностей, полит. активизации т-ра. В 1920–38 руководил т-ром в Москве (с 1923 Т-р имени М.) и существовавшей при нём школой. Разработал особую методологию актёрского тренажа – биомеханику, в к-рой нашли своеобразное применение принципы конструктивизма. Пост.: «Мистерия-буфф» (1918, 1921), «Клоп» (1929) и «Баня» (1930) В.В. Маяковского, «Великодушный рогоносец» Ф. Кроммелинка (1922), «Лес» А.Н. Островского (1924), «Ревизор» Н.В. Гоголя (1926), «Дама с камелиями» А. Дюма-сына (1934). В 1939 репрессирован; расстрелян в тюрьме. (Портрет см. при ст. Кончаловский П.П.)

МЕ́ЙЛЕР (Mailer) Норман (р. 1923), амер. писатель и публицист. В воен. ром. «Нагие и мёртвые» (1948) выявляет идейные и психол. корни насилия. На рубеже 50–60-х гг. представитель «контркультуры» (эссе «Белый негр», 1957). В ром. «Американская мечта» (1965), «Песнь палача» (1979) – социально-критич. мотивы, экзистенциалистская и фрейдистская трактовка гл. героя, бунтаря и насильника. Док. книги («Майями и осада Чикаго», 1968). «Роман идей» с ист. колоритом «Стародавние вечера» (1983).

МЕЙО́З (от греч. méiōsis – уменьшение), способ деления ядра клетки, в результате к-рого число хромосом в дочерних ядрах уменьшается вдвое. М. – осн. звено образования половых клеток (*гамет*), когда из клеток, содержащий двойной набор хромосом, в результате двух последоват. делений образуются 4 половые клетки, каждая из к-рых содержит одинарный набор хромосом. При слиянии муж. и жен. половых клеток в процессе оплодотворения двойной набор хромосом, свойственный данному виду, восстанавливается.

МЕ́ЙСЕНСКИЙ ФАРФО́Р, см. *Майсенский фарфор*.

МЕ́ЙСНЕРА ЭФФЕ́КТ, вытеснение магн. поля из в-ва при его переходе в сверхпроводящее состояние (см. *Сверхпроводимость*). Открыт нем. физиками В. Мейснером и Р. Оксенфельдом в 1933.

...МЕ́ЙСТЕР (от нем. Maister – мастер), часть сложных слов, названий должностей или званий с первонач. значением «мастер», «специалист» (напр., гроссмейстер).

МЕЙСТЕРЗИ́НГЕРЫ (нем. Meistersinger, букв. – мастер-певец), нем. поэты-певцы 14–16 вв. из цеховых ремесленников (Г. Фольц, Г. Сакс и др.). Религ.-дидактич., с 16 в. светские стихи и соотв. напевы регламентировались сводом правил; нар. фарсы, куплеты, анекдоты, проникнутые бюргерским морализаторством. Иск. М., т.н. мейстерзанг, развилось из творчества *миннезингеров*. Школа-гильдия М. в Нюрнберге и образ её главы – Сакса получили отражение в опере Р. Вагнера «Нюрнбергские мейстерзингеры» (1867).

МЕ́ККА, г. в Саудовской Аравии. 550 т.ж. Гл. религ. центр ислама, место паломничества мусульман. Произ-во и торговля предметами религ. культа и обслуживание паломников. Исламский ун-т. Впервые упоминается у Птолемея (2 в.) как Макораба. В М. родился основатель ислама *Мухаммед*. Мечеть Харам (Бейт-Уллах; в совр. виде относится к 16–17 вв.; построена вокруг древнего святилища Каабы, включающего мусульм. фетиш – «чёрный камень»).

МЕКО́НГ, р. в Азии (Китай, Мьянма, Лаос, Таиланд, Камбоджа, Вьетнам), самая большая на п-ове Индокитай. Ок. 4500 км. Истоки на Тибетском нагорье, протекает по Кампучийской равнине, впадает в Юж.-Китайское море, образуя дельту (пл. ок. 70 т. км²). Осн. притоки: Тонлесап (справа). Судох. на 700 км от устья, в половодье на 1600 км, мор. судох-во на 350 км, до Пномпеня. На М. – гг. Луангпрабанг, Вьентьян, Пномпень.

МЕ́КСИКА (Мексиканские Соединённые Штаты), гос-во на Ю. Сев. Америки, омывается Тихим и Атлантич. океанами. Пл. 1958,2 т. км². Нас. 89,95 млн. ч., в осн. мексиканцы. Офиц. яз. – испанский. Верующие гл. обр. католики. Глава гос-ва и пр-ва – президент. Законодат. орган – двухпалатный парламент (Сенат и Палата депутатов). Столица – Мехико. М. – федеративная республика в составе 31 штата и столичного федерального округа. Ден. единица – мексиканское песо.

Б.ч. страны – Мексиканское нагорье, окаймлённое хр. Вост. Сьерра-Мадре, Зап. Сьерра-Мадре, Поперечная Вулканич. Сьерра (до 5700 м). Климат тропич., на С. субтропич. Ср. темп-ры янв. от 10 °C на С.-З. до 25 °C на Ю., июля от 15 °C на нагорье до 30 °C на побережье Калифорнийского зал.; осадков от 100 до 3000 мм в год. Кр. река – Рио-Браво-дель-Норте (пограничная с США). В засушливых р-нах – пустынная и полупустынная растительность, во влажных – тропич. леса, в горах на С. – хвойные.

Терр. М. населяли ацтеки, майя и др. индейские племена, достигшие высокого уровня цивилизации.

В нач. 16 в. завоёвана исп. конкистадорами и включена в исп. колон. империю. В ходе Войны за независимость исп. колоний в Америке 1810–26 М. добилась независимости (1821) и была провозглашена республикой (1824). В 1845 США аннексировали Техас, а в результате амер.-мекс. войны 1846–48 присоединили св. ½ терр. М. В 1861–67 Великобритания (1862), Испания (1861–62), Франция (1862–67) предприняли вооруж. интервенцию в М. с целью утвердиться в стране. В 1877 установилась клерикально-помещичья диктатура. Мекс. рев-ция 1910–17 свергла реакц. режим. В 1929 осн.

Мексика. «Храм воинов» в Чичен-Ице. 9–12 вв. Культура майя.

нац.-реформистская Институц.- рев. партия, к-рая является правящей в стране.

М.— индустр.-агр. страна, одна из наиб. экономически развитых в Лат. Америке. ВНП на д. нас. 3470 долл. в год. Добыча нефти и природного газа (одно из ведущих мест в Лат. Америке), жел. руды, серы, руд сурьмы и ртути, графита. М.— один из ведущих в мире производителей и экспортёров плавикового шпата. В обрабат. пром-сти наиб. развиты чёрная и цв. металлургия, маш-ние (в т.ч. трансп., произ-во оборудования для нефт. и текст. пром-сти), нефтепереработ., хим. и нефтехим. (кр. произ-во полиэтилена, метанола, удобрений), хл.-бум., пищевкус. отрасли. В с. х-ве преобладает растениеводство. Гл. экспортные культуры: хлопок, хенекен, кофе, сах. тростник, табак, цитрусовые. Овощ-во. Пастбищное мясное жив-во. Лесозаготовки. Рыб-во, лов креветок. Экспорт: сырая нефть (ок. 30% стоимости), цв. металлы, чугунное и стальное литьё, легковые и грузовые автомобили (включая автозапчасти), пром. оборудование, хим. товары, продукция пищевкус. и текст. пром-сти. Иностр. туризм.

МЕКСИКА́НСКИЙ ЗАЛИ́В, Атлантического ок., у берегов Сев. Америки, между п-овами Флорида, Юкатан и о. Куба. Пл. 1555 т. км², глуб. до 3822 м. Впадает р. Миссисипи. На шельфе — добыча нефти. Порты: Н. Орлеан (США), Веракрус (Мексика).

МЕКТЕ́Б (араб. мактаб, букв.— место, где пишут), с 7 в. нач. мусульм. школа. Создавались, как правило, при мечетях. Получили распространение в странах Бл. и Ср. Востока, в 9–10 вв. появились в Ср. Азии, Азербайджане, Поволжье, Сибири.

МЕЛ, тонкозернистый мягкий белый известняк, состоящий из мелких обломков и целых известковых скелетов микроорганизмов. Широко распространён, характерен для верх. отдела *мела*. Применяют в цем., стек., резин. и др. отраслях пром-сти.

МЕЛ [меловая система (период)] (назв. по характерной горн. породе — белому писчему мелу), 3-е подразделение *мезозоя*, обозначающее комплекс пород и период геол. истории, в течение к-рого они сформировались. Нач. 132 млн. лет назад, продолжительность ок. 66 млн. лет. Делится на 2 отдела (см. *Геохронология*). Выделен в Парижском басс. бельг. геологом Ж. Омалиусом д'Аллуа в 1822.

МЕЛАНЕ́ЗИЯ, одна из осн. островных групп в *Океании*, в юго-зап. части Тихого ок. Гл. острова и архипелаги: Н. Гвинея, арх. Бисмарка, Соломоновы о-ва, Н. Гебриды, Н. Каледония, Фиджи. Пл. ок. 1 млн. км². О-ва М. материкового и вулканич. происхождения. Выс. до 5029 м (на Н. Гвинее). Часты землетрясения. Кр. сев. о-ва покрыты влажными тропич. лесами; на центр. и юж. о-вах встречается растительность типа саванн.

МЕЛАНХО́ЛИК (от греч. mélaina cholé — чёрная желчь), 1) человек, склонный к депрессии, настроениям грусти, подавленности. 2) Восходящее к Гиппократу обозначение одного из 4 темпераментов, характеризующегося повышенной впечатлительностью и относительно незначительным внеш. выражением чувств.

МЕЛАНХО́ЛИЯ, устар. название *депрессии*.

Г. Мелвилл.

МЕ́ЛВИЛЛ (Melville) Герман (1819–91), амер. писатель-романтик. Автобиогр. морские повести, гл. тема к-рых — неиспорченность туземцев цивилизацией («Ому», 1847). Нац. эпопея — филос. ром. «Моби Дик» (1851) о трагич. попытках сильной личности бросить вызов року как непостижимой, грозной надличной силе. Психол. рассказы (сб. «Повести на веранде», 1856); религ.-филос. стихи (сб. «Тимолеон», 1891).

МЕЛЕ́ТИЙ СМОТРИ́ЦКИЙ (1577–1633), белорус.-укр. публицист, филолог, обществ.-полит. и религ. деятель; монах (1617). Полемич. книги в защиту православных и угрозы со стороны католичества и Брестской унии, в т.ч. «Фринос» («Плач восточной церкви», 1610); поучения. Первая науч.-систематизир. грамматика церк.-слав. яз. (1619), удостоверившая возможность развития лит-ры и науки на слав. яз. В 1627 перешёл в униатство. Один из зачинателей лит-ры вост.-слав. *барокко*.

МЕЛИ́ЗМЫ, см. *Орнаментика*.

МЕ́ЛИК-ПАША́ЕВ Ал-др Шамильевич (1905–64), дирижёр. С 1931 в Большом т-ре (в 1953–62 гл. дирижёр). Среди лучших работ: «Отелло» Дж. Верди, «Абесалом и Этери» З. Палиашвили, «Пиковая дама» П.И. Чайковского, «Война и мир» С.С. Прокофьева.

МЕЛИОРА́ЦИЯ, коренное улучшение неблагоприятных гидрологич., почвенных и др. условий земель с

Мелисса лекарственная.

целью наиб. эффективного их использования. Виды М.: орошение, осушение, хим. М., агролесомелиорация.

МЕЛИ́ССА, род многолетних трав (сем. губоцветные). 3–4 вида, в Евразии. В России на Сев. Кавказе встречается М. лекарственная, или лимонная мята,— мягкоопушённое р-ние (выс. 15–20 см) с лимонным запахом. Настой травы обладает лёгким успокаивающим, болеутоляющим и ветрогонным действием (используется в нар. медицине). М. лекарственную выращивают как эфирно-масличное, медоносное и пряное р-ние.

МЕ́ЛЛЕР (Маллер) (Muller) Герман Джозеф (1890–1967), амер. генетик, один из основоположников радиац. генетики. В 1933–37 работал в СССР. Экспериментально доказал возможность возникновения искусств. мутаций под действием рентгеновских лучей (1927). Участвовал в разработке хромосомной теории наследственности. Ноб. пр. (1946).

МЕЛО́... (от греч. mélos — песнь, мелодия), часть сложных слов, означающая: относящийся к музыке, пению (напр., мелодекламация).

МЕЛОДЕКЛАМА́ЦИЯ (от *мело...* и декламация), худ. чтение с муз. сопровождением. Как конц.-эстрадный жанр М. распространена в России с 1870-х гг.

МЕЛО́ДИКА СТИХА́, система распределения восходящих и нисходящих интонаций в стихе (ср. *Интонация* стихотворная). Три осн. типа М.с. в лирике — стих декламативный (напр., ода), напевный (напр., романс) и говорной (напр., «Валерик» М.Ю. Лермонтова).

МЕЛО́ДИЯ (от греч. melōdía — пение, напев, песня), одноголосно выраженная муз. мысль (содержательно неделимое целое), гл. элемент музыки. М.— ряд ладово и ритмически организованных звуков.

МЕЛОДРА́МА (от *мело...* и драма), 1) драматургич. жанр. Пьеса с захватывающей интригой, сентиментально-просветлённым или безнадёжно-мрачным финалом. Строится на пост. нагнетании эмоц. напряжения, чередовании контрастов; в центре М.— столкновение олицетворённого Добра с олицетворённым Злом. Возникла во Франции в кон. 1790-х гг., достигла расцвета в 1830–

1840-х гг. В рус. т-ре получила распространение с 1820-х гг. (одна из знаменитых ролей П.С. Мочалова — в мелодраме В. Дюканжа «Тридцать лет, или Жизнь игрока»). Постановки М. отличались зрелищностью, разнообразием сценич. эффектов. Совр. М., как правило,— история преодолевающей препятствия любви, несчастной семейной жизни и т.п. 2) Муз.-драм. произв., в к-ром диалоги и монологи чередуются с музыкой или сопровождаются ею. Появились во 2-й пол. 18 в. (напр., «Орфей» Е.И. Фомина на слова Я.Б. Княжнина, 1792).

МЕ́ЛЬБУРН, г. в Австралии. 3 млн. ж. Порт в зал. Порт-Филлип (грузооборот св. 18 млн. т в год); междунар. аэропорт. Маш-ние, металлургия, хим., нефтепереработ., текст., бум. пром-сть. Ун-ты. Консерватория (1973). Музеи, в т.ч. Нац. музей Виктории (иск-во аборигенов), совр. иск-ва. Т-ры, в т.ч. Нац. мемориальный (1973). Ботан. сад. Осн. в сер. 1830-х гг. В 1901–27 врем. столица Австралийского Союза.

МЕЛЬЕ́С (Méliès) Жорж (1861–1938), франц. кинорежиссёр. Один из родоначальников кино, изобретатель мн. трюков, причудливых эффектов, применённых в феериях «Синяя Борода» (1901), «Путешествие на Луну» (1902), «Путешествие через невозможное» (1904).

МЕ́ЛЬНИКОВ Конст. Степ. (1890–1974), архитектор. В 1920–30-х гг. разрабатывал новые типы и архит. формы обществ. зданий в Москве, использовал конструктивные решения (собств. дом в Москве, 1927–29).

МЕ́ЛЬНИКОВ Пав. Ив. (псевд. Андрей Печерский) (1818–83), рус. писатель. Эпопея из жизни заволжского старообрядческого купечества «В лесах» (1871–74) и «На горах» (1875–1881), насыщенная богатым ист., этногр., фольклорным материалом.

МЕЛЬПОМЕ́НА, в греч. мифологии одна из 9 муз, покровительница трагедии. Изображалась в венке из плюща с трагич. маской и палицей в руке. Перен.: «жрецы М.» — актёры. Илл. см. на стр. 424.

МЕЛЬХИО́Р [нем. Melchior, искажение франц. maillechort, от имени франц. изобретателей Майо (Maillot) и Шорье (Chorier)], сплав меди с никелем (5–30%), иногда с добавка-

К.С. Мельников. Клуб имени И.В. Русакова в Москве. 1927–29.

424 МЕМО

Мельпомена. Римская мраморная копия с греческого оригинала 3–2 вв. до н.э. Эрмитаж.

ми железа (0,8%) и марганца (1%). Высокая коррозионная стойкость, хорошая обрабатываемость. Применяется в судостроении, произ-ве мед. инстр-та, монет, посуды, худ. изделий и т.д.

МЕМОРА́НДУМ (лат. memorandum, букв.– то, о чём следует помнить), дипл. док-т, излагающий фактич., док. или юрид. сторону к.-л. вопроса. Обычно прилагается к ноте либо вручается лично представителю др. страны.

МЕМОРИА́Л (от лат. memorialis – памятный), 1) архит. сооружение, комплекс сооружений для увековечения памяти о ком-либо или о чём-либо. 2) Спорт. соревнования, посв. памяти выдающихся спортсменов, а также лиц, внёсших большой вклад в развитие спорта (напр., М. братьев Знаменских).

МЕМУА́РЫ (франц. mémoires – воспоминания), разновидность *документальной литературы*, лит. повествование участника обществ., лит. худ. жизни о событиях и людях, современником к-рых он был.

МЕ́МФИС, др.-егип. город (к Ю.-З. от Каира). Осн. в 3-м тыс. до н.э., кр. религ., полит., культурный и ремесл. центр, в 28–23 вв. до н.э. столица Египта. Остатки храмов, некрополь близ совр. Гизы, Саккары и др.

МЕН (Ман) (Mun) Томас (1571–1641), англ. экономист, представитель *меркантилизма*. Связывал рост обществ. богатства с активным торг. балансом. Выдвинул идею о том, что обилие или недостаток денег в обращении оказывает влияние на цены товаров.

МЕНА́ДЫ (вакханки), в греч. мифологии спутницы Диониса. С тирсами, тимпанами, украшенные плющом и опоясанные змеями, М. взывают к Богу, в экстазе разрывают животных, иногда людей. См. *Вакханалии.*

МЕНА́НДР (342–292 до н.э.), др.-греч. поэт-комедиограф. В духе бытового правдоподобия изображал конфликты частной, семейной жизни. В отмеченных пафосом гуманности комедиях («Брюзга», «Самиянка», «Третейский суд» и др.), несмотря на свойственное новой аттической комедии (М. был её гл. представителем) тяготение к стереотипным ситуациям и характерам-маскам (гетеры, раба, хвастливого воина, скупого или сурового отца), достигал разнообразия индивид. характеристик.

МЕ́НГЕР (Menger) Карл (1840–1921), экономист, основатель *австрийской школы* политэкономии, один из основоположников *предельной полезности теории.*

МЕНГИ́Р (от бретонского men – камень и hir – длинный), мегалитич. сооружение, вертикально врытый в землю длинный камень (4–5 м и более). Известны в Зап. Европе, Сев. Африке, Сибири и на Кавказе.

МЕНГЛЕ́Т Георг. Пав. (р. 1912), актёр. В 1933–35 в т-ре-студии А.Д. Дикого (Москва). С 1945 в Моск. т-ре сатиры. Комедийный актёр широкого диапазона, использует разл. приёмы театральной выразительности – от характерно-бытовых красок до трагикомич. гротеска. Роли: Победоносиков («Баня», 1953, 1967) и Олег Баян («Клоп», 1955) В.В. Маяковского, Вышневский («Доходное место» А.Н. Островского, 1967), Пишта Оброк («Проснись и пой!» М. Дярфаша, 1970), Градобоев («Горячее сердце» Островского, 1993) и др. Снимался в кино и на ТВ.

МЕ́НДЕЛЕ МО́ЙХЕР-СФО́РИМ (наст. имя и фам. Шолом Яков Абрамович) (1835/36–1917), евр. писатель. Жил в России. Писал в осн. на идише. В сатирич. пьесе «Такса» (1869), пов. «Путешествие Вениамина Третьего» (1878), социальных ром. «Заветное кольцо» (ч. 1–2, 1888), «Шлойме реб Хаим» (1894–1917) – картина жизни рос. еврейства, симпатия к «маленькому человеку», сочетание приёмов гротеска, психол. и лирич. прозы.

МЕНДЕЛЕ́ВИЙ (Mendelevium), Md, искусств. радиоактивный хим. элемент III гр. периодич. системы, ат. н. 101; относится к *актиноидам*; металл. Впервые М. получен амер. фи-

Менгир. Гранит. Франция.

зиками А. Гиорсо, Г. Сиборгом и др. в 1955.

МЕНДЕЛЕ́ЕВ Дм. Ив. (1834–1907), рос. учёный, педагог, обществ. деятель. Открыл (1869) *периодический закон.* Оставил св. 500 печатных трудов, среди к-рых классич. «Основы химии» (1 изд., 1869–71; 13 изд., 1947). Автор фундам. иссл. по химии, хим. технологии, физике, метрологии, воздухоплаванию, метеорологии, с. х-ву, экономике, нар. просвещению и др. Итоги многолетних размышлений о развитии производ. сил России изложил в кн. «К познанию России» (1906). Заложил основы теории р-ров, предложил пром. способ фракц. разделения нефти, изобрёл вид бездымного пороха, пропагандировал использование минер. удобрений, орошение засушливых земель. Один из инициаторов создания Рус. хим. об-ва (1868; ныне Рос. хим. об-во имени М.). Организатор и первый директор (1893) Гл. палаты мер и весов (ныне НИИ метрологии имени М.).

МЕ́НДЕЛЬ (Mendel) Грегор Иоганн (1822–84), австр. естествоиспытатель, основоположник учения о наследственности (менделизма). Монах (1843), настоятель (1868) августинского мон. Св. Фомы (Брюнн, ныне Брно). Применив статистич. методы для анализа результатов скрещивания разл. сортов гороха, М. в 1865 открыл закономерности передачи наследств. признаков от поколения к поколению (см. *Менделя законы*). Результаты иссл. М. были поняты и оценены лишь в 1900, когда его опыты повторили («переоткрыли») др. учёные. Тр. по пчеловодству, садоводству, метеорологии и др.

МЕНДЕЛЬСО́Н (Мендельсон-Бартольди) (Mendelssohn-Bartholdy) Феликс (1809–47), нем. композитор, дирижёр, пианист. С 1835 дирижёр орк. *Гевандхауза* в Лейпциге. Основатель первой нем. консерватории (Лейпциг, 1843). Представитель *романтизма*, тесно связан с классич. традициями. 5 симф., в т.ч. «Итальянская» (1833), «Шотландская» (1842), конц. увертюры, концерты для фп. с орк. (1831, 1837), для скрипки с орк. (1844), «Песни без слов» для фп. (1829–45), музыка к пьесе У. Шекспира «Сон в летнюю ночь» (1842) и др.

МЕ́НДЕЛЯ ЗАКО́НЫ (или правила), закономерности распределения в потомстве наследств. факторов, названных позднее генами. Сформулированы Г.И. Менделем. Включают законы: единообразия гибридов первого поколения, расщепления гиб- ридов второго поколения, независимого комбинирования признаков (точнее, закон независимого расщепления). М.з. получили подтверждение и объяснение на основе хромосомной теории наследственности.

МЕ́НЕДЖЕР (англ. manager – управляющий), наёмный проф. управляющий (руководитель пр-тия, фирмы, орг-ции и др.); специалист по управлению.

МЕ́НЕДЖМЕНТ (англ. management – управление, заведование, организация), управление произ-вом; совокупность знаний, принципов, средств и форм управления произ-вом в условиях рыночной экономики. Совр. М. возник в нач. 20 в. в США.

МЕНЕЛА́Й, в греч. мифологии брат Агамемнона, царь Спарты, муж Елены. Организовал поход под Трою, чтобы вернуть похищенную Парисом Елену. Особенно прославился в единоборстве с *Парисом* и обороняя от троянцев тело Патрокла.

МЕНЕСТРЕ́ЛЬ (франц. ménestrel, от позднелат. ministerialis – состоящий на службе), ср.-век. придворный певец и музыкант (нередко также поэт и автор музыки) во Франции и Англии. В куртуазной лирике воспевал рыцарские подвиги, служение даме. В 14–18 вв. М. наз. также простонар. музыкантов, скитавшихся по городам и сёлам.

МЕНИНГИ́Т (от греч. mēninx – мозговая оболочка), гнойное или серозное воспаление оболочек головного мозга, вызываемое бактериями, вирусами и др. Проявляется головной болью, рвотой, расстройством сознания и т.д. Возможны тяжёлые по-

Д.И. Менделеев.

Г.И. Мендель.

Ф. Мендельсон.

Менелай. Римская мраморная копия с греческого оригинала ок. 230 до н.э.: Менелай с телом Патрокла. Лоджия деи Ланци. Флоренция.

следствия (парезы, параличи, гидроцефалия и др.).

«МЕНИ́ППОВА САТИ́РА» (мениппея), жанр антич. лит-ры, названный по имени др.-греч. философа-*киника* и писателя-сатирика Мениппа. Характеризуется свободным соединением стихов и прозы, серьёзности и комизма, филос. рассуждений и сатирич. осмеяния, общей пародийной установкой, а также пристрастием к фантастич. ситуациям (полёт на небо, нисхождение в преисподнюю, беседа мёртвых и т.п.), к-рые создают для персонажей возможность свободного от всяких условностей поведения. Осн. представители жанра — Сенека Младший, Петроний, Лукиан. В совр. отеч. лит-ведении термин «мениппея» применяется (вслед за М.М. Бахтиным) преим. к романным произв. подобного типа (Ф. Рабле, Ф.М. Достоевский, М.А. Булгаков).

МЕНИ́СК (от греч. mēnískos — полумесяц), 1) искривлённая поверхность жидкости в капиллярной трубке или между близко расположенными тв. стенками. При смачивании (напр., вода — стекло) образуется вогнутый М., при отсутствии его (напр., ртуть — стекло) — выпуклый. 2) В оптике — *линза*, ограниченная 2 сферич. поверхностями с одинаковым направлением кривизны (выпукло-вогнутая линза). М., у к-рого толщина на краях больше, чем в середине, наз. рассеивающим; М., у к-рого толщина на краях меньше, чем в середине, — собирающим.

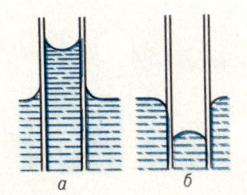

Мениск: *а* — вогнутый; *б* — выпуклый.

МЕННОНИ́ТЫ, протестантская секта, гл. обр. в США, Канаде, Нидерландах (где была осн. в 30–40-е гг. 16 в. Менно Симонсом), Германии. С кон. 18 в. появились в России в среде колонистов, привлечённых Екатериной II для заселения окраинных земель. С 1830 существует Всемирная конф. М. (центр — в Канаде). Проповедуют смирение, отказ от насилия, верят во Второе пришествие Христа.

МЕНО́ТТИ (Menotti) Джан Карло (р. 1911), амер. композитор. По происхождению итальянец. Ярко театральные оперы (св. 20) в традициях *веризма* на собств. либретто, в т.ч. «Медиум» (1945), «Консул» (1949), «Гойя» (1986). В 1958 осн. в Сполето (Италия) «Фестиваль двух миров» (итал. и амер. музыки; с 1977 дублируется в Чарлстоне, США).

МЕНСТРУА́ЦИЯ (от лат. menstruus — ежемесячный), связанное с детородной функцией циклич. выделение крови из матки у девушки, достигшей полового созревания (чаще с 12 лет), и женщины детородного возраста (обычно до 47–50 лет). Завершает цикл изменений в половой системе, если не произошло оплодотворения созревшей яйцеклетки. Наступает через 21–30 (и более) сут, чаще 28 сут, считая от 1-го дня предыдущей М.; продолжается 3–7 сут, кол-во теряемой крови ок. 50–70 мл. Отсутствует во время беременности и, как правило, в период кормления ребёнка. Нарушения М. наблюдаются как при общих, так и при гинекологич. заболеваниях.

МЕНТА́ЛЬНОСТЬ (менталитет) (от позднелат. mentalis — умственный), определ. образ мыслей, совокупность умственных навыков и духовных установок, присущих отд. человеку и обществ. группе.

МЕ́НТОР (от имени персонажа «Одиссеи» Ментора — воспитателя Телемаха, сына Одиссея), наставник, воспитатель.

МЕНУ́ХИН (Menuhin) Иегуди (р. 1916), амер. и англ. скрипач, муз.-обществ. деятель. Концертирует с 7 лет, выступает с крупнейшими оркестрами мира, в ансамблях (с инд. ситаристом Р. Шанкаром), иногда как дирижёр. Первый исполнитель ряда соч. Б. Бартока, У. Уолтона и др. (нек-рые посвящены М.).

МЕНУЭ́Т (франц. menuet), 1) старинный франц. танец (3-дольный), в европ. странах сер. 17–19 вв. бальный. 2) Часть инстр. *сюиты*, *партиты*, *дивертисмента*, *серенады*; 3-я часть классич. формы симфонии, 4-частной сонаты.

МЕ́НЦЕЛЬ (Menzel) Адольф фон (1815–1905), нем. живописец и график. Реалистич. точные иллюстрации (к «Истории Фридриха Великого» Ф. Куглера, 1839–42), пейзажи, интерьеры, жанровые картины («Комната с балконом», 1845; «Театр "Жимназ"», 1856).

МЕ́НЧИК (Menčik) Вера (1906–44), первая чемпионка мира по шахматам (1927–44). По происхождению чешка, родилась в Москве, с 1921 жила в Лондоне. С успехом выступала в муж. соревнованиях. Погибла во время налёта фаш. авиации. На Всемирных шахм. олимпиадах разыгрывается Кубок Веры Менчик (с 1957).

МЕ́НШИКОВ Ал-др Дан. (1673–1729), рос. гос. и воен. деятель, сподвижник Петра I, генералиссимус (1727), светлейший князь (1707). Участник Азовских походов 1695–96 и Сев. войны 1700–21, одержал ряд побед над швед. войсками. В 1709–13 командовал рус. войсками в Польше, Курляндии, Померании, Гольштейне. С 1714 управлял отвоёванными у Швеции Прибалтикой и Ижорской землёй, ведал сбором гос. доходов. Во время отъездов Петра I возглавлял управление страной. При имп. Екатерине I фактич. правитель гос-ва. При имп. Петре II обвинён в гос. измене, хищении казны и сослан в Берёзов.

МЕ́НШИКОВ Ал-др Сер. (1787–1869), светлейший князь, рос. гос. и воен. деятель, адм. (1833). Правнук А.Д. Меншикова. С 1827 нач. Мор. штаба и чл. К-та министров. В Крымскую войну 1853–56 главнокоманд. сухопут. и мор. силами в Крыму. За поражения смещён с должности (февр. 1855). В 1855–56 воен. ген.-губернатор Кронштадта.

МЕНШУ́ТКИН Ник. Ал-др. (1842–1907), рос. химик. Осн. тр. по кинетике органич. реакций. Открыл влияние растворителя на скорость хим. реакций (1886–89). Автор «Аналитической химии» (1871; 16 изд., 1931) и «Очерка развития химических воззрений» (1888) — первого отеч. труда по истории химии.

МЕНЬЕ́РА БОЛЕ́ЗНЬ (описана в 1861 франц. врачом П. Меньером), обусловлена изменениями во внутр. ухе (лабиринте). Проявляется приступами головокружения с тошнотой, рвотой, шумом в ухе, постепенным снижением слуха на поражённое ухо.

МЕНЬШЕВИКИ́, представители полит. течения (фракции) в РСДРП, с 1917 самостоят. полит. партия. Понятие «М.» возникло на 2-м съезде РСДРП (1903), когда часть делегатов осталась в меньшинстве по вопросам о выборах в руководящие органы партии. Гл. лидеры-идеологи — Л. Мартов, А.С. Мартынов, П.Б. Аксельрод, Г.В. Плеханов. Выступали против строгого централизма в работе партии и наделения ЦК большими полномочиями. В Рев-цию 1905–07 считали, что пролетариат должен действовать в коалиции с либер. буржуазией против самодержавия; отрицали рев. потенциал крест-ва; отдавали предпочтение мирным методам деятельности и т.п. После Февр. рев-ции поддерживали Врем. пр-во. Окт. рев-цию не приняли, считая, что Россия не созрела для социализма, полагали, что большевики, осознав неудачу предпринятого социалистич. эксперимента, отступят и будут стремиться к соглашению с др. партиями. В Гражд. войну участвовали в антибольшевистских пр-вах, вооруж. действиях, однако выступали против интервенции стран Антанты и поддерживаемых ими сил контрреволюции. В 1924 М. как организов. сила прекратили существование на терр. СССР. В марте 1931 состоялся фальсифицир. суд. процесс над меньшевистским «Союзным Бюро ЦК РСДРП», члены к-рого (14 чел.) были обвинены в шпионаже и вредительстве и приговорены к разл. срокам лишения свободы.

МЕ́НЬШИКОВ Олег Евг. (р. 1960), актёр. С 1982 в Центр. т-ре Сов. Армии, с 1985 в Моск. т-ре имени М.Н. Ермоловой, с 1990 в Моск. т-ре имени Моссовета. Обладает сценич. обаянием, даром импровизации. Игре свойственны психол. тонкость, острота (иногда гротескность) пластич. рисунка ролей: Ганя («Идиот» по Ф.М. Достоевскому, 1984), Серёжа («Спортивные сцены 1981 года» Э.С. Радзинского, 1986), Калигула («Калигула» А. Камю, 1990), Сергей Есенин («Когда она танцевала» М. Шермана, 1991, т-р «Глобус», Лондон), Нижинский («N» А. Бурыкина, театральное агентство «БОГИС», 1993). Снимался в т/ф «Покровские ворота» (1982), в ф.: «Полёты во сне и наяву» (1983), «Дюба-дюба» (1993) и др.

МЕНЬШО́В Вл. Вал. (р. 1939), рос. кинорежиссёр, актёр. Сыграл в ф.: «Человек на своём месте» (1973), «Год телёнка» (1986), «Город Зеро» (1989). Пост. ф.: «Розыгрыш» (1977), «Москва слезам не верит» (1980), «Любовь и голуби» (1984) и др. Исследует личность человека в остроконфликтных ситуациях, одновременно придавая коллизии и героям лирич. или юмористич. тона.

МЕО́ТЫ, древние племена (синды, дандарии, досхи и др.) на вост. и юго-вост. побережье Азовского м. (др.-греч. Меотида). Занимались земледелием, с. х-вом, рыб-вом, ремёсла. В 4–3 вв. до н.э. часть М. в составе *Боспорского государства*.

МЕ́РА НАКАЗА́НИЯ, в уголов. праве определ. вид и размер наказания, назначенного осуждённому приговором суда на основании конкретной нормы уголов. закона, по к-рой квалифицировано совершённое им преступление.

МЕ́РА ПРЕСЕЧЕ́НИЯ, в уголов. процессе мера (подписка о невыезде, *поручительство*, заключение под стражу, *залог* и др.), применяемая к обвиняемому (в исключит. случаях — к подозреваемому) для предотвращения попыток скрыться от следствия и суда, воспрепятствовать установлению истины по уголов. делу, продолжить преступную деятельность, а также для обеспечения исполнения приговора.

МЕРВ, древний город в Ср. Азии, на р. Мургаб (близ совр. г. Байрам-Али в Туркмении). Возник в кон. 1-го тыс. до н.э. Расцвет в 2–3 вв. и 11–12 вв. (столица гос-ва Великих Сельджуков). В 1222 разрушен монголо-татарами. В сер. 13–14 вв. возродился; в 1510–24 и 1601–1747 находился под властью персов. К 19 в. окончательно пришёл в упадок. Сохранились остатки укреплений, домов, дворцов, мечетей, мавзолеев (с 1987 Гос. ист.-культурный заповедник «Древний Мерв»).

МЕ́РДОК (Murdock) Айрис (р. 1919), англ. писательница. В интеллектуальной (близкой экзистенциализму) прозе М. — проблемы свободы, нравств.-филос. самоопределения, одинокой и страдающей личности, ищущей выхода в обретении внутр. свободы, преодолении заданно-концептуального отношения к жизни (от к-рого не свободны и сами соч. М.): ром. «Под сетью» (1954), «Чёрный принц» (1972) — о творчестве и любви как равноценных путях испытания нравств. состоятельности героя-художника, «Дитя слова» (1975), «Море, море...» (1978), «Ученики философа» (1983). Использует аллегорию, многосложную символику мифол. сюжета, сочетая эти приёмы с элементами мелодрамы и детективного жанра.

МЕРЕЖКО́ВСКИЙ Дм. Сер. (1866–1941), рус. писатель, религ. философ. Муж З.Н. Гиппиус. Работа М. «О причинах упадка и новых течениях современной русской литературы» (1893) — эстетич. декларация рус. декадентства. В романах (трил. «Христос и Антихрист», 1895–1905, «Александр I» и др.) и пьесах, написанных на ист. материале,— осмысление мировой истории как вечного борения «религии духа» и «религии плоти». Иссл. «Л. Толстой и Достоевский» (кн. 1–2, 1901–02). Публицистика (антирев. памфлет «Грядущий хам», 1906); стихи. С 1920 в эмиграции, где опубл. кн. «Лица святых. От Иисуса к нам» (вып. 1–4, 1936–38), «Данте» (т. 1–2, 1939) и др.

МЕРЕЦКО́В Кир. Аф. (1897–1968), Маршал Сов. Союза (1944). В сов.-финл. войну команд. армией. С авг. 1940 нач. Генштаба, с янв. 1941 зам. наркома обороны СССР. В Вел. Отеч. войну командовал рядом армий и фронтов. Летом 1945 команд. 1-м Дальневост. фр. После войны команд. войсками ряда ВО. В 1955–64 пом. мин. обороны СССР. Восп.: «На службе народу» (1983).

МЕРЗЛОТОВЕ́ДЕНИЕ, см. *Геокриология*.

МЕ́РИ (Meri) Леннарт Георг (р. 1929), президент Эст. Респ. (с окт. 1992). С 1955 редактор Эст. радио и киностудии «Таллиннфильм». С 1986 секр. правления Союза писателей Эстонии. С апр. 1990 мин. ин. дел Эстонии.

МЕРИДИА́Н (от лат. meridianus — полуденный) географический, линия сечения поверхности земного шара плоскостью, проведённой через к.-л. точку земной поверхности и ось вращения Земли. За начальный М., от к-рого ведётся счёт геогр. долготы, принят Гринвичский М., проходящий через Гринвич (близ Лондона).

МЕРИМЕ́ (Mérimée) Проспер (1803–70), франц. писатель. Мастер новеллы. В остросюжетной, стилистически отточенной романтич. прозе — сильные и цельные характеры, интерес к нар. жизни (новеллы «Матео Фальконе», «Таманго», «Коломба», «Кармен» — одноим. опера Ж. Бизе). Сб. пьес на исп. темы «Театр Клары Гасуль» (1825) и сб. баллад на сюжеты балк. фольклора «Гузла» (1827) — лит. мистификации. Яркое изображение нравов эпохи в посвящённой истории Франции пьесе «Жакерия» (1828); ром. «Хроника царствования Карла IX» (1829) — о борьбе гугенотов и католиков в 16 в. Цикл статей о рус. классике (А.С. Пушкине, Н.В. Гоголе, И.С. Тургеневе).

П. Мериме.

МЕ́РИН, кастрированный жеребец. Отличается спокойным нравом, поэтому более удобен в работе.

МЕРИСТЕ́МА (от греч. meristós — делимый), ткань р-ний, в течение всей жизни сохраняющая способность к образованию новых клеток. За счёт М. р-ния растут, образуют новые органы (листья, стебли, корни, цветки). Из производных М. образуются ткани р-ний (покровные, проводящие и др.).

МЕРИТОКРА́ТИЯ (от лат. meritus — достойный и греч. krátos — власть), букв.— власть наиб. одарённых. Концепция, согласно к-рой в ходе эволюции в обществе утвердится принцип выдвижения на руководящие посты наиб. способных людей, отбираемых из всех социальных слоёв. Термин введён англ. социологом М. Янгом в кн. «Возвышение меритократии: 1870–2033» (1958).

МЕРКАНТИЛИ́ЗМ (от итал. mercante — торговец, купец), первая науч. школа в политэкономии, а также опиравшаяся на её положения экон. политика накопления ден. богатства страны. Ранний М. [посл. треть 15 — сер. 16 вв.; У. Стаффорд (Англия), Г. Скаруффи (Италия)] исходил из необходимости проведения политики с помощью законодательства. Поздний М. [17 в.; Т. Мен (Англия), А. Серра (Италия), А. Монкретьен (Франция)] ориентировал на активный *протекционизм*, поддержку экспансии торг. капитала, поощрение отеч. пром-сти.

МЕРКАНТИ́ЛЬНОСТЬ (от франц. и итал. mercantile — торгашеский, корыстный), излишняя расчётливость, торгашество; своекорыстие.

МЕРКАПТА́НЫ, то же, что *тиолы*.

МЕ́РКУРИ (Меркьюри) (Mercury) Фред (наст. имя и фам. Фаррух Балдасар) (1946–91), англ. рок-музыкант, композитор, певец. Рук. рок-группы «Куин». Способствовал развитию *рок-музыки*, в т. ч. обр. мелодич. стиля. Обладал красивым тембром голоса. Композиции М. отличаются масштабностью, великолепными *аранжировками*, красотой вок. многоголосия; в них прослеживается влияние классич. (академич.) музыки (напр., «Богемская рапсодия»). Выступал в дуэте с М. Кабалье.

МЕРКУ́РИЙ, в рим. мифологии бог торговли, иск-в и ремёсел, проводник душ усопших, вестник богов. Отождествлялся с *Гермесом*.

МЕРКУ́РИЙ (астр. знак ☿), ближайшая к Солнцу планета, ср. расстояние от Солнца 0,387 а.е. (58 млн. км), ср. диам. 4880 км, масса $3,3 \cdot 10^{23}$ кг (0,055 массы Земли). М. практически лишён атмосферы, поверхность подобна лунной. Период обращения вокруг Солнца (меркурианский год) ок. 88 сут, период вращения вокруг своей оси 58,6 сут (меркурианские звёздные сутки), меркурианские солнечные сутки (напр., промежуток времени между двумя последовательными восходами Солнца) равны

«Меркурий». Скульптура Джамболоньи. Бронза. 1564. Городской музей. Болонья.

176 сут, т.е. двум меркурианским годам.

«МЕРКУ́РИЙ», одноместный космич. корабль для полётов по околоземной орбите (США). Макс. масса 1,36 т. В 1959–63 осуществлено 13 успешных запусков «М.», в т.ч. 6 пилотируемых (имели собств. назв.). На космич. корабле серии «М.» — «Фридом-7» совершён первый суборбитальный полёт человека продолжительностью 15 мин 22 с (А. Шепард, 5 мая 1961).

МЕРКУ́РЬЕВ Вас. Вас. (1904–78), актёр, педагог. На сцене с 1920. С 1937 в Ленингр. т-ре драмы имени А.С. Пушкина. Известен в осн. как комедийный, характерный актёр; игре свойственны яркость и непосредственность, зачастую мягкий юмор, трогат. лиризм: Максимов («За тех, кто в море» Б.А. Лавренёва, 1946), Мальволио («Двенадцатая ночь» У. Шекспира, 1951), Грознов («Правда — хорошо, а счастье лучше» А.Н. Островского, 1958) и др. Снимался в ф.: «Небесный тихоход» (1946), «Глинка» (1947), «Верные друзья» (1954), «Летят журавли» (1957) и др.

МЕРЛУ́ЗЫ (хеки), семейство мор. рыб. Дл. до 1,3 м, масса до 10 кг. 25 видов, в умеренных и субтропич. шельфовых водах Атлантич. и Тихого океанов. Важный объект промысла.

МЕРЛУ́ШКА, шкурка с ягнёнка грубошёрстной породы овец (за исключением смушковых и метисов) в возрасте до 2 нед. Характеризуется густым волосяным покровом с крупными завитками.

МЕРЛЬ (Merle) Робер (р. 1908), франц. писатель. Антифаш. ром. «Смерть — моё ремесло» (1953) воссоздаёт психологию эсэсовца, коменданта концлагеря; антиколон. ром. «Остров» (1962). Ром. «За стеклом» (1970) — о молодёжном движении во Франции. Роман-утопия «Мальвиль» (1972) — об угрозе атомной катастрофы. Ист. ром. «Судьба Франции» (1978).

МЕРОВИ́НГИ (Merovingi), первая королев. династия во Франкском гос-ве (кон. 5 в.— 751). Названа по имени полулегендарного основателя рода — Меровея. Гл. представитель — Хлодвиг I.

МЁРТВОГО МО́РЯ РУ́КОПИСИ, находимые с 1947 в пещерах на зап. побережье Мёртвого м. (в р-нах Кумрана, Масады, Вади-Мураббаата и др.) рукописи на др.-евр., арамейском, набатейском, греч., лат., сирийско-палестинском и араб. яз.; датируются 2 в. до н.э.— 2 в. н.э.; в значит. мере расширили представления о социальной и идейной атмосфере периода раннего христ-ва на Бл. Востоке. Их изучением занимается отрасль ист.-филол. науки — кумрановедение.

МЁРТВОЕ МО́РЕ, бессточное оз. на Бл. Востоке (в Иордании и Израиле), в тектонич. впадине Гхор. Пл. 1050 км², дл. 76 км. Расположено на 395 м ниже ур. м. (побережье — самое низкое место на суше). Глуб. до 356 м. Впадает р. Иордан. Одно из самых солёных озёр мира — 260–270‰ (в отд. годы до 310‰). Органич. жизнь отсутствует, кроме нек-рых видов бактерий (отсюда назв.). Добыча калийных и др. солей.

МЁРФИ (Murphy) Уильям Парри (1892–1987), амер. врач, один из авторов т.н. печёночного метода лечения пернициозной (злокачествен-

Меркурий. Слева — серп Меркурия, справа — светлый кружок — Солнце. Промежуток времени 1–5 соответствует меркурианским звёздным суткам, 1–7 — меркурианскому году. Отмеченная белым пятном область будет опять направлена на Солнце через два оборота вокруг Солнца (меркурианские солнечные сутки).

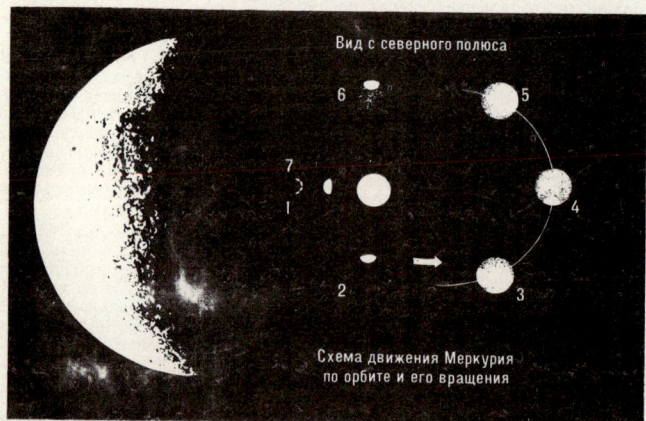

«Метрополитен-опера».

дирижёров – Г. Малер, А. Тосканини, Л. Стоковский, Дж. Ливайн. С 1966 работает в новом здании в «Линкольн-центре».

МЕТРОПО́ЛИЯ, статус гос-ва, имеющего колонии, по отношению к этим колониям.

МЕ́ТТЕРНИХ (Меттерних-Виннебург) (Metternich-Winneburg) Клеменс (1773–1859), князь, мин. иностр. дел и фактич. глава австр. пр-ва в 1809–21, канцлер в 1821–48. Противник объединения Германии; стремился помешать укреплению позиций России в Европе. Один из организаторов *Священного союза*.

К. Меттерних.

МЕФИСТО́ФЕЛЬ, один из *вечных образов*; в фольклоре и худ. творчестве народов Европы искуситель – несущий раздор и хаос *дьявол*, сатана или «бескорыстный» злой дух, испытывающий меру божеств. могущества и нравств.-религ. стойкость человека (ср. Демон в одноим. поэме М.Ю. Лермонтова). Всемирно известен образ М. в «Фаусте» И.В. Гёте, искушающий Фауста властью, возможностью безграничного познания, земными благами в обмен на душу.

МЕФО́ДИЙ, см. *Кирилл и Мефодий*.

МЕХ натуральный, выделанная шкура ж-ного с сохранённым (полностью или частично) волосяным покровом; вырабатывают из шкур пушных и мор. зверей, домашних ж-ных. Наиб. носкостью обладают М. выдры, котика, бобра, росомахи, соболя, наименьшей – водяной крысы, зайца. Искусств. М.– текст. изделие, имитирующее натуральный М.; состоит из несущего основания (хл.-бум. или др. пряжи) и ворса (из шерстяной пряжи, хим. волокон, шёлка и т.п.). Покрытие изнанки искусств. М. пластиками придаёт ему высокие теплозащитные свойства.

МЕХАНИ́ЗМ, система звеньев (тел), преобразующая движение одних звеньев в требуемое движение других. Обычно М. имеет одно входное звено, получающее движение от двигателя, и одно выходное, соединённое с рабочим органом машины или с указателем прибора. В зависимости от вида элементов, составляющих М., и характера их взаимодействия и движения различают М. зубчатые, дифференциальные, планетарные, реверсивные, кривошипные и др., а также пневматич. и гидравлические, если в преобразовании движения участвует газ или жидкость.

МЕХА́НИКА [от греч. mēchanikḗ (téchnē) – искусство построения машин], раздел физики, изучающий механич. движение твёрдых, жидких и газообразных материальных тел и взаимодействия между ними. В т.н. классич. М. (или просто М.) выделяют статику (учение о равновесии тел), кинематику (о траекториях движения) и динамику (учение о движении с учётом действия сил). В М. рассматривают движение материальных точек, их дискретных систем и сплошных сред (тв. тел, жидкостей и газов). В основе М. лежат *Ньютона законы*. Скорости движения в М. малы по сравнению со скоростью света. Законы М. используются для расчётов машин, механизмов, строит. сооружений, трансп. средств (в т.ч. самолётов и ракет), а также движений разл. небесных тел. Многие сведения из М. (особенно о законах равновесия тел) изв. с глубокой древности (неск. тыс. лет до н.э.). Антич. знания о М. описаны Аристотелем, к-рый ввёл и сам термин «М.» (4 в. до н.э.). Развитие М. как части физики принадлежит Архимеду (3 в. до н.э.), Г. Галилею и Н. Копернику (16 в.). Стройную форму классической М. придал И. Ньютон (17 в.), значит. вклад в М. сделали Л. Эйлер и Ж. Лагранж (18 в.), в 19–20 вв.– Л. Навье, Дж. Стокс, Н.Е. Жуковский, А.М. Ляпунов, А. Пуанкаре и др.

Часть М., где изучают движения тел со скоростями, близкими к скорости света, и в сильных гравитац. полях, наз. релятивистской М. (см. *Относительности теория*). Движение микрочастиц исследуют в *квантовой механике*.

МЕХА́НО..., часть сложных слов, указывающая на отношение к механич. движению или механизму (напр., механосборочный), означающая: действующий при помощи механизма, подобно механизму (напр., механотерапия).

МЕ́ХИКО, столица (с 1821) Мексики, на выс. 2240 м. 9,8 млн. ж.; с близлежащими городами образует одну из крупнейших в мире гор. агломераций (св. 18 млн. ч.). Имеет статус 32-го штата Мексики (1992). Междунар. аэропорт. Метрополитен. Пищевкус., лёгкая, фарм., полиграф., эл.-техн., автомоб., металлообр., цем. пром-сти. Ун-ты, в т.ч. крупнейший в Лат. Америке Мексиканский нац. автономный ун-т (1551). Консерватория (1877). Многочисленные музеи, в т.ч. Нац. музей антропологии, Гал. совр. и древнего иск-ва. Т-ры: Нац. опера; драматические – «Хименес Руэда», «Хола», «Идальго» и др.; Т-р для детей, кукольный «Гиньоль» и др. М.– самая

Мехико. Колонна Независимости.

древняя из столиц Зап. полушария; осн. индейцами-ацтеками в 1325 под назв. Теночтитлан, к-рый к нач. 16 в. был одним из крупнейших городов мира. Разрушен испанцами в 1521 и заново отстроен как столица вице-королевства Н. Испания (1535–1821). Облик М. определяют совр. высотные здания и 2–3-этажная застройка 19 – нач. 20 вв. Древние пирамиды, дома, церкви и монастыри 16–19 вв. Университетский городок (1949–54), стадионы – Олимпийский (1951–53), «Ацтека» (1968). Ист. центр М. включён в список *Всемирного наследия*.

МЕХМЕ́Д II (Mehmet) Фатих (1432–81), тур. султан в 1444 и с 1451. Проводил завоеват. политику в М. Азии и на Балканах. В 1453 захватил Константинополь и сделал его столицей Османской империи, положив т.о. конец существованию Византии.

МЕЦЕНА́Т (Maecenas) (между 74 и 64 – 8 до н.э.), приближённый рим. имп. Августа, выполнявший его дипл., полит., а также частные поручения. Его покровительство поэтам сделало имя М. нарицательным.

МЕ́ЦЦО-СОПРА́НО (итал. mezzosoprano), жен. голос, средний по высоте между *сопрано* и *контральто*.

МЕЧ, колющее и рубящее металлич. оружие. Употреблялся с сер. 2-го тыс. до н.э. до 16 в.

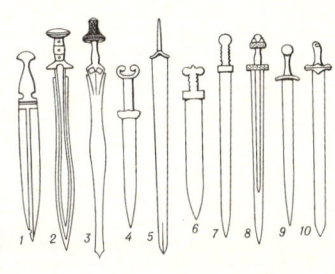

Мечи: 1–2 – древнейшие типы бронзовых мечей; 3 – древнейший тип европейских железных мечей (гальштатская культура); 4 – скифский меч акинак; 5 – тип латенской культуры (5–1 вв. до н.э.); 6 – римский меч гладиус; 7 – длинный римский меч спата; 8–9 – древнерусские мечи; 10 – кавалерийский меч Ближнего Востока.

МЕЧЕНО́СЦЫ, члены нем. католич. духовно-рыцарского ордена, основанного в 1202 для захвата Вост. Прибалтики. Назв. от изображения на их плащах красного меча с крестом. В 1237, после разгрома М. литовцами и земгалами (1236), остатки М. слились с *Тевтонским орденом*, образовав *Ливонский орден*.

МЕЧЕНО́СЦЫ, род живородящих рыб (сем. пецилиевые). Дл. 6–14 см, для самцов нек-рых видов характерен «меч» из удлинённых ниж. лучей хвостового плавника. 4 вида, в пресных водоёмах Центр. Америки. Разнообразные аквариумные формы, в т.ч. зелёный М., М.-пигмей, М. Монтезумы.

МЕ́ЧЕНЫЕ АТО́МЫ (изотопные индикаторы), радиоактивные (реже стабильные) *нуклиды*, к-рые могут быть легко обнаружены и измерены количественно при введении в механич., хим. и биол. системы для изучения проходящих в них процессов.

МЕЧЕ́ТЬ (от араб. масджид – место поклонения), мусульм. культовое сооружение. С 7–8 вв. имели прямоуг.

Мечеть Такия Сулеймания в Дамаске. 1554. Архитектор Синан.

двор, окружённый галереями, и многоколонный молитв. зал; в 10 в. появились *айваны* по осям двора, а позже – монументальные порталы на гл. фасаде. В обращённой к Мекке стене молитв. зала помещалась одна или неск. молитв. ниш – *михрабов*, а около них кафедры для чтения Корана и проповедей – минбары. Развивались также центрич. купольные М. Одна из первых многоколонных М.– мечеть Омейядов в Дамаске (705–715).

МЕ́ЧНИКОВ Ил. Ил. (1845–1916), рос. биолог, один из основоположников сравнит. патологии, эволюц. эм-

И.И. Мечников.

430 МЕЧ

бриологии, иммунологии; создатель науч. школы. Открыл (1882) явление *фагоцитоза* и разработал фагоцитарную теорию иммунитета. Создал теорию происхождения многоклеточных организмов. Тр. по проблеме старения. Совм. с Н.Ф. Гамалеей основал (1886) первую в России бактериол. станцию. С 1888 в Пастеровском ин-те (Париж). Ноб. пр. (1908).

МЕЧ-РЫ́БА, промысловая мор. рыба. Дл. до 4–4,5 м, масса до 0,5 т. Верх. челюсть вытянута в мечевидный отросток (до $\frac{1}{3}$ длины тела). Обитает гл. обр. в тропич. и субтропич. водах, в Чёрном и Азовском морях встречается единично. При плавании развивает скорость до 130 км/ч.

МЕ́ШКО I (Mieszko) (?–992), первый исторически достоверный польск. князь (ок. 960–992). Из династии Пястов. В правление М. I началось складывание польск. гос-ва. Ввёл христ-во (966; по зап. образцу).

МЕШТРО́ВИЧ (Meštrović) Иван (1883–1962), хорв. скульптор. С 1947 — в США. В отмеченных демократизмом и пафосом нац. самоутверждения статуях и памятниках («Мать», 1908, пам. Неизвестному солдату на г. Авала близ Белграда, 1934–38) неоклассицистич. монументальность сочетается с декор. стилизацией. Галерея М.— в г. Сплит.

И. Мештрович. «Мать». Бронза. 1908. Галерея Мештровича.

МЕШХЕ́Д, г. в Иране. 1,5 млн. ж. Текст. и др. пром-сть. Ковроткачество. Ун-т. В М.— грандиозный культовый ансамбль (12–19 вв.) вокруг усыпальницы имама Резы (ок. 9 в.). Близ М.— могила поэта Фирдоуси с надгробным павильоном (1934).

МЕЩА́НЕ, в Рос. империи в 1775–1917 податное сословие из б. посадских людей — ремесленники, мелкие торговцы и домовладельцы. Объединялись по месту жительства в общины с нек-рыми правами самоуправления. До 1863 по закону могли подвергаться телесным наказаниям.

МЕЩА́НСКАЯ ДРА́МА, драматургич. жанр, как бы промежуточный между трагедией и комедией, сложившийся в зап.-европ. т-ре в 18 в., в эпоху Просвещения. В противовес классицистич. канонам М.д. вывела на сцену нового героя — «честного буржуа», обыкновенного человека,

Мешхед. Мечеть Гаухар-шад. 1405–18.

наделённого высокими гражд. добродетелями. В центре М.д.— конфликты морального или социального характера. Один из создателей и крупнейших теоретиков жанра — Д. Дидро. Среди авторов М.д.— Г.Э. Лессинг, Ф. Шиллер.

МИА́ЗМЫ (от греч. míasma — загрязнение, скверна), по устар. представлениям, ядовитые испарения, продукты гниения, якобы вызывающие заразные болезни.

МИГРАЦИО́ННАЯ ТЕО́РИЯ (заимствования теория, «бродячих сюжетов» теория), объясняет сходство мотивов и сюжетов фольклора и лит-р у разных народов перемещением (миграцией) поэтич. произв. из одной страны в другие. Широко признана во 2-й пол. 19 в. (Т. Бенфей в Германии, В.Ф. Миллер, В.В. Стасов в России). К сер. 20 в. стала лишь одним из принципов сравнительно-ист. лит-ведения (наряду с принципом типологич. аналогий — сходством, объясняемым близостью или однотипностью бытия и мышления у разных народов).

МИГРА́ЦИЯ (лат. migratio, от migro — перехожу, переселяюсь), перемещение, переселение. М. населения связана, как правило, со сменой места жительства; подразделяется на безвозвратную (смена пост. места жительства), временную (переселение на ограниченный срок), сезонную (перемещение в определ. периоды года). Различают внешнюю (эмиграция, иммиграция) и внутреннюю (из села в город, межрайонные переселения) М. населения. Выделяют и т.н. маятниковые М. (регулярные поездки к месту работы или учёбы за пределы своего насел. пункта). М. ж-ных связаны с изменением условий существования в местах их обитания или циклом их развития. Первые могут быть сезонными, суточными или наблюдаться при засухах, пожарах и т.д. Вторые обеспечивают расселение вида (у сидячих ж-ных, напр. коралловых, губок,— на стадии личинки). М. птиц наз. перелётами.

МИГРЕ́НЬ (франц. migraine), приступы боли, чаще в одной половине головы (гемикрания). Обычно сопровождаются бледностью лица, головокружением, рвотой. В происхождении М. имеет значение наследств. фактор. Приступ обусловлен спазмом, а затем расширением сосудов головного мозга.

МИД (Meade) Джеймс Эдуард (р. 1907), англ. экономист. Тр. по проблемам междунар. торговли, тео-

рии платёжного баланса и междунар. валюты. Ноб. пр. (1977).

МИД (Mead) Джордж Герберт (1863–1931), амер. философ, социолог и социальный психолог. Формирование человеческого «Я», по М., целиком социально и происходит в процессе взаимодействия индивида в разл. группах и зависит от их разнообразия; в ходе этого взаимодействия индивид усваивает значения символов и способов деятельности (роли). М.— основатель интеракционизма — теоретико-методол. направления в социологии.

МИДА́С, царь Фригии в 738–696 до н.э. Согласно греч. мифу, М. был наделён Дионисом способностью обращать в золото всё, к чему бы он ни прикасался. По др. мифу, невежественный и самоуверенный М. присудил первенство в муз. состязании Аполлона с Паном последнему (отсюда «мидасов суд» — суд невежды); в наказание за это Аполлон наделил М. ослиными ушами («уши Мидаса»).

МИДДЕНДО́РФ Ал-др Фёд. (1815–94), рос. натуралист и географ, основоположник мерзлотоведения. В 1842–45 путешествовал по Сев. Сибири и Д. Востоку: открыл плато Путорана, первым иссл. п-ов Таймыр, Сев.-Сибирскую низм., Амурско-Зейскую равнину, часть басс. ниж. Амура и Станового хр., побережье Охотского м.; указал на зональность растительности; объяснил причину извилистости сев. границы лесов («закон М.»); установил юж. пределы распространения многолетней мерзлоты; впервые дал характеристику климата Сибири и этногр. описание сиб. народов. В 1870 в Баренцевом м. открыл Нордкапское течение.

МИДЗОГУ́ТИ Кэндзи (1898–1956), япон. кинорежиссёр. Нац. самобытность, мастерское умение создать атмосферу действия, поэтич. образность, высокая изобр. культура определили успех мн. фильмов М. («Элегия Нанива» и «Гионские сёстры», оба 1936; «Женщина Сайкаку», 1952, в прокате — «Жизнь О-Хару, куртизанки»; «Угэцу моногатари», 1953), в к-рых причудливо сочетались реальность и ирреальность, поданные как подлинная жизнь.

МИ́ДИИ, род мор. двустворчатых моллюсков. Раковина дл. до 20 см, внутр. поверхность перламутровая. 3 вида, в умеренных водах обоих полушарий, в прибрежьях. Местами образуют сплошные поселения — мидиевые банки. Являются объектами в обрастаниях. С древности используются в пищу; объект промысла и аквакультуры.

МИ́ДИЯ, царство в Др. Азии в 70-х гг. 7 в.— 550/549 до н.э. Столица — Экбатан. Расцвет при Киаксаре (ок. 625–585/584). Завоёвано персами.

МИЕЛИ́Т (от греч. myelós — спинной мозг), воспаление спинного мозга при поражении нейротропными вирусами (первичный М.) или (чаще) как осложнение др. инфекц. заболеваний — гриппа, кори и др. (вторичный М.). Проявляется параличами, расстройствами чувствительности, трофич. нарушениями и т.д.

МИЗАНСЦЕ́НА (франц. mise en scène — размещение на сцене), расположение актёров на сцене в тот или иной момент спектакля. В 20 в. «язык» М. осознаётся как один из важнейших элементов режиссуры (М. в режиссёрских планах К.С. Станиславского, пластически

раскрывающие внутр. смысл эпизода, разговора и др.).

МИЗАНТРО́ПИЯ (греч. misanthrōpía), нелюбовь к людям, человеконенавистничество.

МИ́ЗЕС (Mises) Людвиг фон (1881–1973), австро-амер. экономист, один из лидеров неоавстрийской школы. Крупнейший теоретик либерализма. Автор одной из кредитно-ден. теорий экон. цикла. Рассматривал гос. вмешательство в экономику как нарушение естеств. процесса экон. развития. Считал капитализм системой, соответствующей природе человека. В 1920-х гг. выдвинул теорию логич. и практич. неосуществимости социализма».

МИЙО́ (Milhaud) Дариюс (1892–1974), франц. композитор. Участник «*Шестёрки*», воплотил в музыке её бунтарские устремления. Оп.: «Несчастья Орфея» (1924), «Бедный матрос» (1926), «Боливар» (1950), «Давид» (1953); балеты, в т.ч. «Бык на крыше» (1919); симфонии, квартеты и др. Наряду с обращением к библейским и антич. сюжетам развивал гражданств. темы: «Кантата о мире» (1937), «Кантата о войне» (1940), кантата «Огненный замок» (1954), посв. памяти жертв фаш. концлагерей; «Ода погибшим на войне» (1963).

МИКА́ДО (япон., букв.— величественные врата), титул императора Японии.

МИКЕЛА́НДЖЕЛО Буонарроти (Michelangelo Buonarroti) (1475–1564), итал. скульптор, живописец, архитектор, поэт. С наибольшей силой выразил глубоко человечные, полные героич. пафоса идеалы Высокого *Возрождения*, а также трагич. ощущение кризиса гуманистич. миропонимания в период Позднего Воз-

Микеланджело. «Пророк Даниил». Фреска Сикстинской капеллы в Ватикане.

рождения. Монументальность и драматизм образов, преклонение перед красотой человека проявились уже в ранних произв. («Давид», 1501–04). Росписи свода Сикстинской капеллы в Ватикане (1508–12), статуя «Моисей» (1515–16) утверждают физич. и духовную красоту человека, его безграничные творч. возможности; трагич. ноты звучат в анс. Новой сакристии церкви Сан-Лоренцо во Флоренции (1520–34), во фреске «Страшный суд» на стене Сикстинской капеллы, в поздних вариантах

Микены. Царские погребения на акрополе. 16 в. до н.э. Вид с северо-востока.

«Оплакивания Христа» (ок. 1550–1555) и др. С 1546 руководил стр-вом собора Св. Петра, созданием анс. Капитолия в Риме. Поэзия М. отличается глубиной мысли и высоким трагизмом.

МИКЕ́НЫ, древний город в Арголиде (Юж. Греция), кр. центр эгейской культуры. Расцвет М. в 1400–1200 до н.э. Ок. 1200 до н.э. уничтожен пожаром. При раскопках обнаружены дворец, усыпальницы – толосы, циклопич. стены, дома ремесленников и др.

МИКЕ́ШИН Мих. Осипович (1835–96), рос. скульптор. Проекты пам.: «Тысячелетие России» в Новгороде (1862), Богдану Хмельницкому в Киеве (1870–88). Известен также как график-иллюстратор.

МИКЛУ́ХО-МАКЛА́Й Ник. Ник. (1846–88), рос. этнограф. Изучал коренное население Юго-Вост. Азии, Австралии и Океании (1870–1880-е гг.), в т.ч. папуасов сев.-вост. берега Н. Гвинеи (ныне Берег Миклухо-Маклая). Путевые дневники М.-М. изданы в 1923.

МИКОЛО́ГИЯ (от греч. mýkēs – гриб и ...логия), наука, изучающая грибы, их внеш. и внутр. строение, жизнедеятельность, функции и т.д. Ранее – раздел ботаники.

МИКОРИ́ЗА (от греч. mýkēs – гриб и rhíza – корень), симбиоз мицелия гриба с корнями высш. р-ний, напр. подосиновика с осиной и др. видами тополя, подберёзовика с берёзой, подгруздка с дубом и грабом и т.д. При разведении леса для успешного развития древесных пород (сосны, ели, лиственницы, дуба и др.) почву «заражают» грибами-микоризообразователями.

МИКОЯ́Н Анастас Ив. (1895–1978), пред. През. ВС СССР (1964–65), чл. Политбюро (Президиума) ЦК партии (1935–66; канд. с 1926). Брат Арт. И. Микояна. С 1917 на парт. работе в Баку и др. городах. В 1926–46 возглавлял ряд наркоматов: внеш. и внутр. торговли, пищ. пром-сти и др.; одноврем. с 1937 зам. пред. СНК СССР. В 1942–45 чл. ГКО. С 1946 зам. пред., с 1955 1-й зам. пред. СМ СССР; одноврем. в 1946–49 мин. внеш. торговли, в 1953–55 мин. торговли СССР. Входил в ближайшее полит. окружение И.В. Сталина. Поддерживал массовые репрессии в 1930-е гг.

МИКОЯ́Н Артём Ив. (1905–70), авиаконструктор. Брат Анаст. И. Микояна. В организованном М. опытном КБ совм. с М.И. Гуревичем (отсюда марка самолётов МиГ) создавались применявшиеся в Вел. Отеч. войне высотные истребители МиГ-1, МиГ-3. Под рук. М. созданы также реактивные истребители МиГ-15 (первый отеч. серийный истребитель со стреловидным крылом), МиГ-19 (первый отеч. серийный сверхзвуковой истребитель), МиГ-21 (самолёт с треугольным крылом и скоростью полёта, вдвое превышающей скорость звука), МиГ-23 (первый отеч. серийный самолёт с крылом изменяемой в полёте стреловидности), МиГ-25 (скорость полёта до трёх скоростей звука – св. 3000 км/ч) и др. На созданных под рук. М. самолётах установлено 55 мировых рекордов.

МИ́КРО... (от греч. mikrós – малый), часть сложных слов, указывающая на малую величину чего-либо (напр., микроорганизм).

МИКРОБИОЛО́ГИЯ (от микро... и биология), наука, изучающая микроорганизмы, их систематику, морфологию, биол. свойства, распространение и роль в круговороте в-в в природе, возможности использования в хоз. деятельности человека и способы борьбы с возбудителями болезней. Основоположник М.– Л. Пастер.

МИКРО́БЫ, то же, что микроорганизмы.

МИКРОВОЛНО́ВАЯ ПЕЧЬ, нагреват. устройство для быстрого приготовления пищи, подогрева готовых блюд и др., в к-ром термич. обработка осуществляется за счёт поглощения эл.-магн. СВЧ-колебаний. Обеспечивает высокие вкусовые качества блюд, сохраняет витамины, исключает пригорание и т.д.

МИКРОКАЛЬКУЛЯ́ТОР электронный, портативная микроЭВМ индивид. пользования. Простые М. обеспечивают выполнение арифметич. действий и нек-рых простейших вычислит. операций; более сложные (т.н. инженерные) М. позволяют, кроме того, вычислять тригонометрич., показат., логарифмич., степенные и др. функции в т.ч. сложные (со скобками); программируемые М. могут работать в автоматич. режиме по введённой в их память программе. Созданы в сер. 50-х гг. 20 в.

МИКРОКО́СМ(ОС) (от микро... и космос), человек как подобие, отражение, зеркало, символ Вселенной – макрокосма. Учение о М. было распространено в др.-греч. философии (Платон, перипатетич. школа, стоицизм), философии Возрождения (Николай Кузанский, Дж. Бруно, Т. Кампанелла, Парацельс), оно присуще пантеистич. учениям И.В. Гёте и нем. романтизма. В философии Г.В. Лейбница – монада.

МИКРОНЕ́ЗИЯ, группа мелких о-вов в Океании, в зап. части Тихого ок. Включает ок. 1500 о-вов: Марианские, Каролинские, Маршалловы, Гилберта, Банаба, Науру и др. Пл. 2,6 тыс. км². О-ва кораллового и вулканич. происхождения. Выс. до 965 м (на Марианских о-вах). Вечнозелёные тропич. леса, кустарники.

В 17–19 вв. М. (Каролинские, Маршалловы и Марианские о-ва) принадлежали Испании. В 1885 Германия захватила Маршалловы о-ва, в 1889 купила у Испании Каролинские и Марианские о-ва. В 1914 о-ва были захвачены Японией, к-рая в 1920 получила от Лиги Наций мандат на управление ими. Во 2-й мир. войне о-ва заняты США, к-рые в 1947 получили от ООН мандат на управление М. как подопечной терр. (Подопечная терр. Тихоокеанские о-ва). В кон. 1970-х –80-е гг. США оформили с разл. частями подопечной терр. М. статус свободно ассоциированных с США гос-в. С помощью США М. разделена на 4 гос. образования: Федеративные Штаты Микронезии, Респ. Маршалловы О-ва, Содружество Северных Марианских о-вов и Респ. Палау. На о-вах М. расположены также гос-ва Науру и Кирибати (частично).

МИКРОНЕ́ЗИЯ (Федеративные Штаты Микронезии), гос-во в зап. части Тихого ок., в Микронезии, в архипелаге Каролинские о-ва (Центр. и Вост. Каролины). Пл. 701,4 км². Нас. 103 т. ч., преим. микронезийцы. Большинство верующих – христиане. Глава гос-ва и пр-ва – президент. Законодат. орган – Нац. конгресс. Имеет статус свободно ассоциированного с США гос-ва. Столица – Паликир (на о. Понпеи). М.– федерация в составе 4 островных групп: о-ва Косрае, Понпеи, Трук и Яп. Ден. единица – доллар США.

В кон. 1970-х –1980-е гг. США оформили с частью Подопечной терр. Тихоокеанские о-ва (см. в ст. Микронезия) статус свободной ассоциации с США. Действует конституция М. от 1979. В 1991 М. принята в ООН.

Основа экономики – с. х-во. ВНП на д. нас. 1595 долл. в год. Выращивают кокосовую пальму, хлебное дерево, кассаву, батат, тропич. фрукты. Разводят преим. свиней и домашнюю птицу. Рыб-во. Экспорт копры (св. ⅕ стоимости), растит. и животного масла, одежды, обуви, циновок.

МИКРООРГАНИ́ЗМЫ (микробы), мельчайшие, преим. одноклеточные организмы, видимые только в микроскоп: бактерии, микроскопич. грибы и водоросли, простейшие. Иногда к М. относят вирусы. Способны существовать в разл. условиях, в т.ч. экстремальных (горячие источники, дно океана и т.д.). Играют большую роль в круговороте в-в в природе. Используются в пищ. и микробиол. пром-сти (виноделие, хлебопечение, произ-во антибиотиков, витаминов, белков и др.), генетич. инженерии. Патогенные М. вызывают болезни р-ний, ж-ных и человека.

МИКРОПРОЦЕ́ССОР, самостоятельное или входящее в состав микроЭВМ устройство обработки информации, выполненное в виде одной или неск. больших интегральных схем. М. и средства вычислит. техники и автоматики на их основе применяются в системах управления, технол. и контрольно-испытат. оборудования, трансп. средств, бытовых приборов и др.

МИКРОСКО́П (от греч. mikrós – малый и skopéō – смотрю), оптический прибор для получения увеличенного изображения мелких объектов и их деталей, не видимых невооружённым глазом. Первый двухлинзовый М. построил З. Янсен (Нидерланды) ок. 1590. Теоретич. расчёт сложных М.

Микроскоп. Внешний вид инструментального микроскопа ММИ-2.

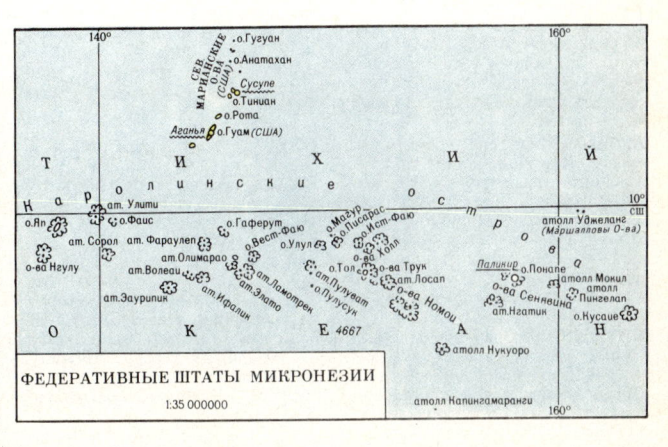

ФЕДЕРАТИВНЫЕ ШТАТЫ МИКРОНЕЗИИ 1:35 000 000

дал нем. физик Э. Аббе в 1872. Увеличение совр. оптич. М., достигающее 1500–2000, ограничено дифракц. явлениями. Предел разрешения (см. *Разрешающая способность*) составляет для М. ~ 0,25 мкм, тогда как для человеческого глаза он равен ~ 0,08 мм, для *электронного микроскопа* ~ 0,01–0,1 нм.

МИКРОФИЛЬМИ́РОВАНИЕ (микрофотокопирование), получение фотогр. способом уменьшенных в десятки и сотни раз фотокопий текстов, чертежей, рисунков и т.п. на отрезке киноплёнки (микрофильм) либо на листовой фотоплёнке или фотобумаге (микрофиша, микрокарта). При М. используют объективы и фотоматериалы с высокой разрешающей способностью (соотв. 400–450 и 200–600 лин/мм). Для чтения микрокопий применяют читальные аппараты, *фотографические увеличители*, *диапроекторы*.

МИКРОФО́Н (от *микро*... и ...*фон*), устройство для преобразования звуковых колебаний в электрические. Осн. типы: угольный, эл.-динамич., эл.-статич., пьезоэлектрический. Применяют в телеф. аппаратах, системах радиовещания, звукозаписи и др.

МИ́КРОЭВМ (микро-ЭВМ), вычислит. машина, выполненная на основе *микропроцессора*.

МИКРОЭЛЕКТРО́НИКА, направление электроники, связанное с созданием приборов и устройств в микроминиатюрном исполнении, с использованием групповой (интегральной) технологии их изготовления. Основу элементной базы М. составляют *интегральные схемы* (ИС). Сформировалась в нач. 60-х гг. 20 в. Развивается в направлении уменьшения размеров содержащихся в ИС элементов (на 1993 — до 0,1–1 мкм), повышения степени их интеграции (до 10^7 элементов на кристалл) и плотности упаковки (до 10^5 элементов в 1 мм²).

МИКРОЭЛЕМЕ́НТЫ (биол.), хим. элементы (Al, Fe, Cu, Mn, Zn, Mo, Co, I и др.), содержащиеся в организмах в низких концентрациях (обычно тысячные доли процента и ниже) и необходимые для их нормальной жизнедеятельности. Входят в состав ряда ферментов, витаминов, гормонов, дыхательных пигментов. Влияют на рост (Mn, Zn, I — у ж-ных), размножение (Mn, Zn — у ж-ных, B, Mn, Ca, Mo — у р-ний), кроветворение (Fe, Cu, Co) и т.д. Недостаток или избыток М. в среде обитания человека может служить причиной заболеваний (напр., недостаток иода способствует возникновению эндемич. зоба, а избыточное поступление фтора приводит к флуорозу). М. используют для повышения урожайности с.-х. культур (микроудобрения) и продуктивности с.-х. ж-ных (добавки М. к кормам).

МИКСЕДЁМА (от греч. mýxa — слизь и oídēma — опухание, отёк), эндокринное заболевание, обусловленное врождённым или приобретённым (напр., после оперативного удаления щитовидной железы) тяжёлым *гипотиреозом*. Признаки: отёк кожи и подкожной клетчатки, выпадение волос, вялость, снижение умств. способностей.

МИКСИ́НЫ, отряд водных позвоночных ж-ных. Тело угреобразное, дл. 45–70 см. Ок. 20 видов, в умеренных и субтропич. водах Мирового ок. (в т.ч. 1 вид в Баренцевом м.).

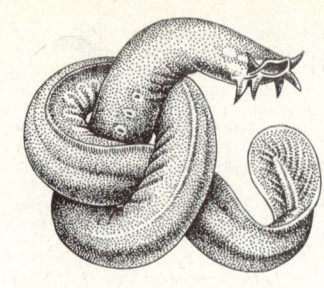

Миксина, завязавшаяся узлом.

Вредят рыб-ву, поедая промысловых рыб.

МИКУ́ЛИН Ал-др Ал-др. (1895–1985), конструктор. Создатель первого в СССР авиадвигателя жидкостного охлаждения М-34 большой мощности (ок. 600 кВт), применявшегося на самолётах АНТ-25, ТБ-3 и др. В годы Вел. Отеч. войны двигатели М. устанавливались на самолётах МиГ-1, МиГ-3, Пе-8, Ил-2, Ил-10. Его реактивные двигатели были применены на самолётах Ту-16, Ту-104, МиГ-19 и др.

МИ́КШЕР (от англ. mixer — смеситель), электрич. устройство для смешивания (сложения) неск. сигналов (напр., для получения смешанного звучания речи и музыки) в системах звукового вещания и звукозаписи.

МИЛА́Н, г. в Италии, 1,4 млн. ж. Трансп. уз.; междунар. аэропорт. Метрополитен. Крупнейший пром. центр страны. Маш-ние, металлургия, нефтеперераб., хим., лёгкая, полиграф., пищ. пром-сть. Правления итал. компаний, банки, биржи. Ун-ты. Консерватория (1808). Музеи, в т.ч. Нац. музей науки и техники

Милан. Кастелло Сфорцеско.

Леонардо да Винчи, морской. Картинные гал. Брера, Амброзиана и др. Оперный т-р «Ла Скала», «Пикколо-театр». Пром. выставка. Осн. в кон. 5 или в нач. 4 вв. до н.э. В 1395–1535 (с перерывом) — центр герцогства. В 1815–59 центр Ломбардо-Венецианского кор-ва. Замок Кастелло Сфорцеско (ныне музей; с 1450), мон. Санта-Мария делле Грацие (15 в.; в трапезной — фреска «Тайная вечеря» Леонардо да Винчи), готич. собор (14–19 вв.), готич. и ренессансные церкви.

МИЛА́ШКИНА Там. Анд. (р. 1934), певица (сопрано). С 1958 в Большом т-ре. Среди партий: Мария, Лиза, Татьяна («Мазепа», «Пиковая дама», «Евгений Онегин» П.И. Чайковского), Феврония («Сказание о невидимом граде Китеже» Н.А. Римского-Корсакова), Аида, Леонора («Аида», «Трубадур» Дж. Верди).

МИЛЕ́Т, древний город в Ионии (М. Азия; совр. Балат, Турция), торг., ремесл. и культурный центр античности. Играл ведущую роль в греч. колонизации (основал ок. 80 колоний). Строго регулярная планировка М. кон. 5 в. до н.э. (по т.н. гипподамовой системе) — один из лучших образцов градостр-ва.

МИЛЕ́ТСКАЯ ШКО́ЛА, древнейшая греч. науч.-филос. школа натурфилософов и естествоиспытателей, живших в 6 в. до н.э. в г. Милет (*Фалес*, *Анаксимандр*, *Анаксимен*). С М.ш. начинается история европ. науч. космогонии и космологии, физики, географии, метеорологии, астрономии, биологии.

МИЛИ́ЦИЯ (от лат. militia — войско), 1) в Рос. Федерации — органы по охране обществ. порядка в составе Мин-ва внутр. дел. Компетенция и права М. регулируются Законом о милиции 1991. 2) В России в 1806–1807 — ополчение, созданное в связи с угрозой вторжения войск Наполеона. М. назывались также нерегулярные войска на Кубани и в Дагестане по несению конвойной и полицейской службы. См. также *Полиция*.

МИЛЛЕ́ (Millet) Жан Франсуа (1814–75), франц. живописец и график. Правдиво и поэтично изображал трудовую повседневную жизнь крестьян, часто с социально-критич. оттенком («Сборщицы колосьев», 1857; «Анжелюс», 1859).

Ж.Ф. Милле. «Крестьянки с хворостом». 1858. Эрмитаж.

МИ́ЛЛЕР (Miller) Артур (р. 1915), амер. драматург. Семейные драмы с социальным звучанием, в т.ч. «Смерть коммивояжёра» (1949) о гибельности безоглядной веры в материальный успех. Экзистенциалистски окрашенные «драмы идей» о соотношении личной и коллективной ответственности за зло мира («Это случилось в Виши», 1965). В комедии «Сотворение мира и другие дела» (1972) — иронич. коллизия между греховностью человека и поисками нравств. абсолюта. В автобиографии «Сдвижения времени. Одна жизнь» (1987) социальный скептицизм, отказ от любой «полит. философии» сочетаются с приверженностью к исконным амер. ценностям.

МИ́ЛЛЕР Гленн (1904–44), амер. тромбонист, руководитель джаз-оркестра. Представитель танц.-развлекат. музыки в стиле *свинг*. Ввёл оригинальные приёмы джазовой аран-

жировки. Музыка к ф. «Серенада солнечной долины» (1941), в к-ром снимался со своим оркестром.

МИ́ЛЛЕР Мёртон (р. 1923), амер. экономист. Иссл. по проблемам функционирования финанс. рынков (теория портфельного выбора, вопросы финансирования корпораций и т.д.). Ноб. пр. (1990).

МИЛЛЬ (Mill) Джон Стюарт (1806–73), англ. философ, экономист, обществ. деятель. Идеолог *либерализма*. Основоположник позитивизма в Великобритании. В «Системе логики» (т. 1–2, 1843) разработал методы индуктивного исследования, трактуя их как общие методы науки. В этике соединял принцип эгоизма (утилитаризм) с альтруизмом. В соч. «Основания политической экономии» (т. 1–2, 1848) дал систематич. изложение осн. идей политэкономии.

МИЛН (Milne) Ален Александер (1882–1956), англ. писатель. Сб-ки стихов и книги для детей об игрушечных зверушках — Винни-Пухе, Пятачке, Кенге и Ру. Комедии, в т.ч. «Мистер Тим проходит мимо» (1921); детективный ром. «Тайна красного дома» (1922). Кн. воспоминаний «Теперь уже слишком поздно» (1939).

МИЛОСЕ́РДИЕ, готовность помочь кому-нибудь, проявить снисхождение к кому-нибудь из сострадания, человеколюбия, сердечного участия, деятельная помощь кому-нибудь, вызванная этими чувствами.

МИ́ЛОШ (Miłosz) Чеслав (р. 1911), польск. писатель; пишет также на франц. и англ. яз. С 1951 в эмиграции (во Франции, с 1960 — в США). В стихах и поэмах 30–50-х гг., в книгах стихов «Где восходит солнце и где заходит» (1974), «Необъятная земля» (1984) — осмысление катастрофич. опыта совр. человека в контексте развития мировой цивилизации, противостояние распаду и забвению: поэт у М.— хранитель потерь, летописец исчезнувших Атлантид, целых народов и цивилизаций 20 в. Проникнутые антиавторитаризмом повести-притчи «Захват власти» (1953, франц. изд.), «Порабощённый разум» (1953). В книгах эссе «Континенты» (1958), «Личные повинности» (1972) исследует опорные духовные ориентиры разных культур, феномен пограничного культурного сознания («Наша Европа», 1959; «Земля Ульро», 1977). Драматизм совр. сознания, определяется гностич. удвоением мира — добрый и злой (см. *Манихейство*), переживанием греховности и самообожествле-

Ч. Милош.

нием, противостоянием веры и разума,– не только неустранимый, но и плодотворный, с точки зрения М., источник самоопределения человека 20 ь. Переводчик книг Ветхого и Нового Завета, англоязычной поэзии, польск. поэзии на англ. язык. Ноб. пр. (1980).

МИЛЬ Мих. Леонт. (1909–70), авиаконструктор. В организованном М. опытном КБ созданы: первый отеч. серийный вертолёт Ми-1 (1948, на нём установлено 27 мировых рекордов, продавался в 12 стран мира); трансп.-пасс. вертолёт Ми-4 (в 1958 получил зол. медаль на Всемирной выставке в Брюсселе); тяж. трансп. вертолёт Ми-6 (крупнейший для своего времени, взлётная масса до 48 т), первым в мире превысил скорость 300 км/ч, считавшуюся предельной для вертолётов; массовый вертолёт ср. класса Ми-8, строившийся в большом числе модификаций. Всего под рук. М. создано 9 типов серийных вертолётов, поставлявшихся более чем в 40 стран мира; на них установлено более 50 мировых рекордов.

МИЛЬТИНИС (Miltinis) Юозас (1907–94), литов. режиссёр. С 1939 руководил театральной студией в Каунасе, в 1940–54 и с 1959 гл. реж. созданного на основе этой студии Паневежисского драм. т-ра. Осн. принципы режиссуры М.: импровизационность, психологизм, ансамблевость игры, интеллектуальность. Пост.: «Смерть коммивояжёра» А. Миллера (1958), «Макбет» У. Шекспира (1961), «Пляска смерти» А. Стриндберга (1973) и др.

МИЛЬТОН (Milton) Джон (1608–1674), англ. поэт, полит. деятель. В период Англ. рев-ции 17 в. сторон-

Дж. Мильтон.

ник индепендентов; вёл междунар. гос. переписку О. Кромвеля. В памфлетах «Защита английского народа» (1650 и 1654) выступил как последователь антитиранич. теорий 16 в., поборник суверенитета англ. республики. В титанич. образах поэм на библейском материале «Потерянный рай» (1667) и «Возвращённый рай» (1671), пронизанных рев. духом, поставил вопрос о праве человека преступать освящённую церковью мораль. Тираноборч. мотивы и в поэме «История Британии» (1670) и трагедии «Самсон-борец» (1671). Написал «Краткую историю Московии» (1682; в рус. пер. «Московия Джона Мильтона»). Лирич. поэмы, сонеты, переводы псалмов.

П.Н. Милюков.

МИЛЮКО́В Пав. Ник. (1859–1943), рос. полит. деятель, историк, публицист. Теоретик и лидер партии кадетов. В 1-ю мир. войну поддерживал экспансионистскую политику пр-ва, за что прозван «М.-Дарданелльский». В 1917 мин. ин. дел Врем. пр-ва 1-го состава [до 2(15) мая]. После Окт. рев-ции в эмиграции. Тр. по истории России 18–19 вв., Февр. и Окт. рев-ций.

МИЛЮ́ТИН Дм. Ал. (1816–1912), рос. военачальник, ген.-фельдм. (1898), воен. мин. (1861–81), граф (1878). В 1856–59 нач. Гл. штаба Кавк. армии. В 1860–70-х гг. провёл воен. реформы. Тр. по воен. статистике (кн. 1–2; 1847–48), воен. истории, «Воспоминания» (т. 1, 1919), «Дневник» (т. 1–4, 1947–50).

МИМ (от греч. mímos, букв.– подражатель), 1) комедийный жанр в антич. нар. т-ре. Короткие, часто импровизац. сценки бытового, развлекат. или сатирич. содержания, разыгрывавшиеся на улицах и площадях актёрами без масок (в т.ч. женщинами, к-рые к участию в представлениях др. рода не допускались). Постепенно М. проник в проф. т-р, получил широкое распространение в Др. Риме, в 1 в. вытеснил комедию и *ателлану*. Существовал и в Византии до кон. 7 в. 2) Исполнитель антич. мима. 3) Итал. странствующий комедиант; то же, что *гистрион*. 4) В совр. т-ре – исполнитель *пантомим*, актёр т-ра мимики и жеста.

МИМА́НСА (санскр., букв.– исследование), одна из шести ортодоксальных (признающих авторитет *вед*) систем инд. философии. Др. назв.– пурва-М. («первая М.» – в отличие от собственно *веданты*, к-рая назв. уттара-М., или «последняя М.»). Основана Джаймини. Исходя из абс. значения ритуала и отрицая безусловную ценность мокши («освобождения») и религ. отшельничества, а также существования Бога-творца и управителя Вселенной, М. утверждала идеал сравнительно более деятельной жизни и способствовала становлению социальной системы индуизма.

МИ́МЕСИС (греч. mímēsis – подражание), термин др.-греч. философии, характеризующий сущность человеческого творчества как подражания (музыка – гармонии небесных сфер; иск-во – реальности).

МИМИКРИ́Я (англ. mimicry, от греч. mimikós – подражательный), один из видов покровительств. окраски и формы, при к-ром ж-ное похоже на предметы окружающей среды,

р-ния или др. (несъедобных или хищных) ж-ных. Способствует сохранению особи в борьбе за существование. Напр., рыба морская игла похожа на водоросли, среди к-рых она скрывается. М. у р-ний – сходство (формы, запаха, окраски и пр.) с к.-л. другими р-ниями или ж-ными.

МИМО́ЗА, род р-ний (сем. *бобовые*). Деревья, кустарники, лианы, травы. Ок. 500 видов, в тропиках и субтропиках Америки; в Европе только в оранжереях. Известна М. стыдливая, листочки к-рой при прикосновении складываются и опускаются. М. наз. также акацию серебристую, выращиваемую на Черномор. побережье Кавказа.

МИНАРЕ́Т (от араб. манара, букв.– маяк), башня (круглая, квадратная или многогранная в сечении) для призыва мусульман на молитву; ставится рядом с *мечетью* или включается в её композицию.

Минарет. Селение Вабкент (Узбекистан). 1196–98.

МИНБА́Р (араб.), кафедра с лесенкой, предназначенная для чтения Корана и проповедей; ставится внутри мечети вблизи около молитвенной ниши – *михраба*.

МИНДА́ЛИНЫ, органы лимфатич. системы у наземных позвоночных и человека, расположенные в слизистой оболочке на границе ротовой, носовой полостей и глотки. Участвуют в защите организма от болезнетворных микроорганизмов, в выработке иммунитета. Воспаление нёбных М.– тонзиллит.

МИНДА́ЛЬ, род древесных р-ний (сем. розоцветные). Ок. 40 видов, в субтропич. и умеренном поясах Сев. полушария. В культуре М. обыкновенный. Выращивают в Азии (со 2 в. до н.э.), Средиземноморье и на Ю. Европы (с 8 в. н.э.). Кустарник или небольшое дерево выс. 4–6 м, живёт до 130 лет, плодоносит с 4–5 лет. Миндальные орехи (до 5 кг и более с р-ния) со сладкими (съедобны, содержат пищ. масло) и горькими (ядовиты, используются для мыловарения) ядрами.

Миндаль обыкновенный. Зелёные плоды на побеге и зрелый плод.

МИНЕРА́Л (от ср.-век. лат. minera – руда), физически и химически однородное, как правило, тв. тело, образующееся в результате физ.-хим. процессов в глубинах и на поверхности Земли, Луны и др. планет, обычно представляющее собой составную часть горн. пород, руд и метеоритов. Известно ок. 3 тыс. минер. видов. Физ. и хим. свойства М. обусловлены их кристаллич. структурой и хим. составом. Диагностич. признаки М.: форма выделений, цвет, плотность, твёрдость, механич., оптич., магн., электрич. и др. свойства. Илл. см. на стр. 434.

МИНЕРАЛО́ГИЯ (от *минерал* и *...логия*), наука о минералах; изучает состав, свойства, морфологию, особенности структуры, процессы образования и изменения минералов, закономерности их совместного нахождения в природе, а также условия и методы искусств. получения и практич. использования. Возникла в глубокой древности, связана с развитием горн. дела. Как самостоят. наука М. оформилась в эпоху Возрождения (Г. Агрикола и др.). Основы совр. М. заложены В.И. Вернадским, А.Е. Ферсманом (Россия), У. Брэггом (Великобритания), В. Гольдшмидтом (Норвегия) и др. Различают описат., генетич., прикладную и др. отрасли М.

МИНЕРА́ЛЬНЫЕ ВО́ДЫ (обычно подземные), характеризуются повыш. содержанием нек-рых биологически активных, хим. и органич. компонентов. Границей между пресными и М.в. обычно считают общую минерализацию св. 1 г/л. Применяют гл. обр. для курортно-санаторного лечения – питьевого и т.п. (ванны, орошения, ингаляции и т.п.), а также как столовую воду.

МИНЕРА́ЛЬНЫЕ МАСЛА́, то же, что *нефтяные масла*.

МИНЕ́РВА, в рим. мифологии богиня-покровительница ремёсел и иск-в. Вместе с Юпитером и Юноной составляла Капитолийскую триаду. Отождествлялась с греч. Афиной и почиталась также как богиня мудрости, войны и городов.

МИНИАТЮ́РА (франц. miniature, от лат. minium – киноварь, сурик), худ. произв. (обычно живописное) малых размеров, отличающееся особо тонкой манерой наложения красок. Первонач. выполненные гуашью, акварелью и др. красками иллюстрации, заставки, инициалы и т.п. в рукописных книгах (ср.-век. европ., ближневост., ср.-азиат., иран., инд.), позже назв. «М.» перешло и на живопись малого формата (гл. обр. портретную), исполняемую

Минералы: 1 — красный корунд, Полярный Урал, Россия; 2 — криолит, месторождение Ивигтут, Гренландия; 3 — куприт, Средний Урал, Россия; 4 — лазурит, Горный Бадахшан, Таджикистан.

на кости, картоне, бумаге, фарфоре, лаковых изделиях (см. *Лаки художественные*).

МИ́НИМУМ (от лат. minimum — наименьшее), наим. кол-во, наим. величина; противоположное — максимум.

МИ́НИН Вл. Ник. (р. 1929), хоровой дирижёр, педагог. С 1972 возглавляет основанный им Моск. камерный хор, с 1987 (одноврем.) худ. руководитель Гос. рус. хора. Пропагандирует рус. хоровую музыку.

МИ́НИН Кузьма Минич (?–1616), один из организаторов и руководителей 2-го земского ополчения 1611–12. Нижегородский посадский. С сент. 1611 земский староста. В боях за Москву с польско-литов. интервентами проявил личную храбрость. В 1612–13 чл. земского пр-ва, с 1613 думный дворянин.

МИ́НИХ (правильнее Мюнних) Христоф. Ант. (Буркхард Кристоф) фон (1683–1767), гос. и воен. деятель, ген.-фельдм. (1732), граф (1728). По происхождению немец, с 1721 на рус. службе. В 1732–41 през. Воен. коллегии, провёл ряд реформ в армии, с 1741 одноврем. первый министр. В рус.-тур. войну 1735–39 главнокоманд. Днепровской армией. В 1742 сослан имп. Елизаветой Петровной в г. Пелым, в 1762 возвращён имп. Петром III.

МИ́НКУС (Minkus) Людвиг Фёд. (наст. имя Алоизий Людвиг) (1826–1917), композитор, скрипач. В 1853–90 работал в России (в 1872–85 композитор балетной музыки имп. т-ров). После 1890 жил в Вене. Мелодичная, ритмически чёткая музыка обеспечила успех его бал. «Пахита» (1864), «Дон Кихот» (1869), «Баядерка» (1877) и др.

МИННЕЗИ́НГЕРЫ (нем. Minnesinger, букв.— певец любви), нем. рыцарские поэты-певцы 12–14 вв. (Вольфрам фон Эшенбах, Гартман фон Ауэ, Вальтер фон дер Фогельвейде). Испытали влияние провансальских *трубадуров*. Воспевали любовь к даме (гл. тема иск-ва М.-т.н. миннезанга), крестовые походы, служение Богу и сюзерену. Образ М.- в опере Р. Вагнера «Тангейзер и состязание певцов в Вартбурге» (1845). Иск-во М. сменилось бюргерским иск-вом *мейстерзингеров*.

МИННЕ́ЛЛИ (Minnelli) Лиза (Лайза) (р. 1946), амер. актриса. Дочь реж. В. Миннелли и актрисы Д. Гарленд. С семи лет выступала с матерью в концертах, с 1964 гастролировала в разл. странах как певица. Играла в т-ре. Прославилась в роли певицы в кабаре нач. 30-х гг. в ф. «Кабаре» (1972), где продемонстрировала богатую палитру актёрской выразительности, позволяющую органично переходить от буффонады к лирике и драме. Актёрский и муз. дар М. раскрылся в ф.: «Бесплодная кукушка» (1969), «Нью-Йорк, Нью-Йорк» (1977), «Выход на сцену» (1991).

МИНО́ГИ, отряд позвоночных ж-ных. Тело угреобразное, дл. от 15 до 100 см. Св. 30 видов, в умеренных

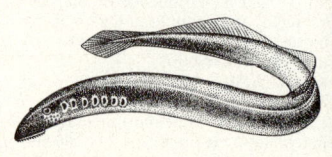

Миноги. Тихоокеанская минога.

водах обоих полушарий. Проходные морские и жилые озёрные и речные формы. Мн. виды — наружные паразиты крупных рыб (в т.ч. лососей). Мясо М. съедобно; объект промысла.

Минор.

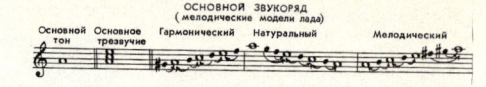

МИНО́ЙСКАЯ КУЛЬТУ́РА (археол.), бронз. века (3–2-е тыс. до н.э.) на о. Крит. См. *Эгейская культура*.

МИНО́Р (итал. minore, от лат. minor — меньший) (муз.), *лад*, в основе к-рого лежит малое (минорное) *трезвучие*, придающее ему специфич. «сумрачную» окраску (в противоположность *мажору*).

МИ́НОС, легендарный царь Кноса, по преданию, первый законодатель, создатель могуществ. мор. державы.

МИНОТА́ВР, в греч. мифологии чудовище (полубык-получеловек), рождённое женой критского царя Миноса Пасифаей от быка Посейдона или самого Посейдона. Минос заключил М. в лабиринт, построенный Дедалом, и потребовал, чтобы афиняне постоянно посылали к М. по семь юношей и девушек. Тесей убил М.

МИНСК, столица (с 1919) Белоруссии, обл. ц., на р. Свислочь (басс. Днепра). 1633,6 т.ж. Ж.-д. уз.; метрополитен (1984). Маш-ние и металлообработка (автомобили, тракторы, станки, приборы, подшипники, ЭВМ, часы, телевизоры, радиоприёмники, бытовые холодильники и др.). Лёгкая, пищевкус., хим.-фарм. и хим. пром-сть. Произ-во мебели. Полиграф. комб-т АН Белоруссии. 13 вузов (в т.ч. ун-т). Консерватория. 12 музеев (в т.ч. худ.). 7 т-ров, в т.ч. оперы и балета. Изв. с 1067 под назв. Менеск. С 14 в. в Литве и Польше, с 1793 в России. В 1920–30-х гг. проведена реконструкция М., в 1940–50-х гг. восстановлен после разрушений в 1941–44. Барочные мон.,

Минотавр. Фрагмент росписи краснофигурного килика «художника Айсона». Тесей вытаскивает из лабиринта убитого им Минотавра, слева — Афина. Ок. 420 до н.э. Национальный археологический музей. Мадрид.

Петропавловская (Екатерининская) церк. (1622).

МИНТА́И, род рыб (сем. *тресковые*). Дл. до 55 см, масса до 1,5 кг. 2 вида, один — в сев.-зап. части Тихого ок. (наиб. многочисленная из тресковых рыб), другой — в Норвежском м. Объект промысла.

МИНХ Григ. Ник. (1836–96), рос. патологоанатом и инфекционист. Доказал опытом на себе заразительность крови больных возвратным тифом (1874), указал на роль кровососущих насекомых в распространении сыпно-

Минск. Площадь Победы.

го и возвратного тифов. Изучал чуму, проказу, сибирскую язву.

МИНЦ Ал-др Львович (1894/95–1974), физик и радиотехник. Руководил проектированием и стр-вом мн. мощных радиовещат. станций в России. Участник сооружения ряда ускорителей (в т.ч. до 77 ГэВ в Серпухове, 1967). Осн. тр. по радиотелеф. модуляции, антеннам, генераторным лампам, радиоизмерениям.

МИО... (от греч. mýs, род. п. myós – мышца), часть сложных слов, означающая: относящийся к мышцам (напр., миокардит).

МИОЗИТ, воспаление скелетных мышц как следствие инфекций, интоксикаций, травм и др.; проявляется болями и уплотнением мышц.

МИОКАРДИТ, группа острых или хронических воспалит. заболеваний мышцы сердца преим. инфекц.-аллергич. природы (напр., при ревматизме, скарлатине); проявляются одышкой, сердцебиением, болями в сердце, аритмией.

МИОМА (от *мио...* и *...ома*), доброкачеств. опухоль из мышечной ткани. Развивается чаще в органах с гладкой мускулатурой (лейомиома), преим. в матке, реже – в поперечно-полосатых мышцах скелета или миокарде (рабдомиома).

МИОПИЯ (от греч. mýōps – близорукий), то же, что *близорукость*.

«МИР», орбитальная станция для полёта по околоземной орбите, создана в СССР на базе конструкции станции «Салют»; выведена на орбиту 20.2.1986. Имеет 6 стыковочных узлов. Является базовым блоком для построения на орбите постоянно действующего пилотируемого комплекса с орбитальными модулями науч. и нар.-хоз. назначения. Макс. масса ок. 40 т, макс. дл. ок. 40 м.

«МИР ИСКУССТВА», объединение (1898–1924) художников, созданное в С.-Петербурге А.Н. Бенуа и С.П. Дягилевым. Предст. «М.и.» отвергали как *академизм*, так и тенденциозность *передвижников*; опираясь на поэтику *символизма*, они часто уходили в мир прошлого (особенно – дворянского быта 18 в.) и гротескных полусказочных образов. Живописи и графике «М.и.» (Л.С. Бакст, Е.Е. Лансере, К.А. Сомов и др.) присущи утончённая декор. стилизация, изящная орнаментальность, высокое мастерство книжного оформления, эстампа, театральной декорации. Издавало одноим. ежемес. иллюстрир. лит.-худ. журнал (1898/99–1904), в к-ром печатались произв. писателей-символистов, статьи религ.-филос. характера.

МИРАБО (Mirabeau) (Оноре Габриель Рикети) (1749–91), граф, деятель Франц. рев-ции кон. 18 в. Был избран депутатом в Ген. штаты в 1789 от 3-го сословия. Приобрёл популярность обличениями абсолютизма. По мере развития рев-ции М., сторонник конституц. монархии, стал лидером крупной буржуазии. С 1790 тайный агент королев. двора.

МИРАЖ (франц. mirage), оптич. явление в атмосфере, при к-ром, кроме (или вместо) предметов в их истинном положении, видны также их мнимые изображения. М. объясняется искривлением лучей света, идущих от предмета в неодинаково нагретых и имеющих разную плотность слоях атмосферы.

МИРАКЛЬ (франц. miracle, от лат. miraculum – чудо), ср.-век. драматургич. жанр. Религ.-назидат. стихотворная драма, «действо о чуде», совершённом святым или Девой Марией. С нач. 13 в. М. получили распространение во Франции, с 14 в.– во всех странах Зап. Европы. В преображённом виде жанр возродился в эпоху *символизма* («Сестра Беатриса» М. Метерлинка и др.). Утрачивая дидактич. характер, М. зачастую обретал мистич. многозначность. В редких случаях тема трактовалась иронически («Чудо Святого Антония» Метерлинка).

МИРАНДА (Miranda) Франсиско (1750–1816), генералиссимус Венесуэльской респ. (1812), один из рук. Войны за независимость исп. колоний в Америке 1810–26. Был схвачен испанцами, умер в тюрьме.

МИРО (греч. mýrrha – благовонное масло), в христ-ве состав, употребляемый при совершении таинства *миропомазания*. М. первонач. представляло собой растит. масло. С 6 в. к нему добавляют бальзам и ароматич. в-ва. В правосл. церкви М. изготовляется из оливкового масла, белого вина и ароматич. в-в.

МИРОВАЯ ДУША, одно из центр. понятий в философии *неоплатонизма*, восходящее к учению Платона о М.д. как движущем начале космоса; выступает посредницей между идеальным (бестелесным) миром и созидаемым ею чувственным миром. Учение о М.д. было воспринято пантеизмом эпохи Возрождения (итал. неоплатоники, Дж. Бруно, нем. романтизмом и философией 19 в. (Ф.В. Шеллинг, Г.Т. Фехнер, Э. Гартман).

МИРОВОЕ СОГЛАШЕНИЕ, достигнутое сторонами в любой стадии суд. процесса соглашение об условиях разрешения гражд. дела без суд. решения. М.с. подлежит утверждению судом.

МИРОВОЗЗРЕНИЕ (миросозерцание), система взглядов на мир и место человека в нём, на отношение людей к окружающей их действительности и самим себе, а также обусловленные этими взглядами их убеждения, идеалы, принципы познания и деятельности. Носитель М.– личность, социальная группа. Выделяют три осн. типа М.: житейское (обыденное) М., в к-ром отражаются представления здравого смысла, традиц. взгляды о мире и человеке; религ. М., связанное с признанием сверхъестеств. мирового начала; филос. М., в к-ром обобщается опыт духовного и практич. освоения мира.

МИРОВОЙ СУД, в нек-рых заруб. гос-вах низшее звено суд. системы. Рассматривает в упрощённом порядке мелкие уголов. и гражд. дела. Впервые М.с. возник в 14 в. в Англии. В России М.с. создан суд. реформой 1864, действовал до сер. 1889 и в 1912–17.

МИРОЖСКИЙ МОНАСТЫРЬ в Пскове, осн. в 1156. Упразднён после Окт. рев-ции. Архит. ансамбль сложился в 12–19 вв. Спасо-Преображенский собор (ок. 1156) – крестово-купольный, одноглавый, с массивным барабаном и большим куполом (в интерьере фрески, предположительно, греч. мастера), кам. палаты, надвратная церк. Св. Стефана (оба 17 в.). Стены кон. 18 – нач. 19 вв.

МИРОН, др.-греч. скульптор сер. 5 в. до н.э. Предст. иск-ва ранней классики. Создал гармонич. образы, утверждающие силу и красоту человека («Дискобол», сохранился в копиях).

МИРОНОВ Анд. Ал-др. (1941–87), актёр. Сын М.В. Мироновой и А.С. Менакера. С 1962 в Моск. т-ре сатиры. Прославился в осн. как комедийный актёр, виртуозно владеющий приёмами «лёгкого жанра», ироничный, элегантный, одарённый пластически и музыкально. Во многих (особенно поздних) работах проявились драм. талант М., его способность к глубокому психол. анализу, неожиданной и острой трактовке роли: Жадов («Доходное место» А.Н. Островского, 1967), Фигаро («Безумный день, или Женитьба Фигаро» П.О. Бомарше, 1969), Хлестаков («Ревизор» Н.В. Гоголя, 1972), Чацкий («Горе от ума» А.С. Грибоедова, 1976), Лопахин («Вишнёвый сад» А.П. Чехова, 1983) и др. Пост.: «Прощай, конферансье!» Г.И. Горина (1984, сыграл Конферансье), «Тени» М.Е. Салтыкова-Щедрина (1987, сыграл Клаверова) и др. Снимался в ф.: «Берегись автомобиля» (1966), «Бриллиантовая рука» (1969), «Достояние республики» (1971), «Мой друг Иван Лапшин» (1982, вып. 1985), т/ф «12 стульев» (1976), «Обыкновенное чудо» (1978) и др.

МИРОНОВА И МЕНАКЕР, артисты эстрады, жена и муж. Миронова Мар. Вл. (р. 1911), играла во

Мирожский монастырь. Спасо-Преображенский собор.

А.А. Миронов в роли Лопахина.

Мирон. «Афина и Марсий». Ок. 450 до н.э. Римская копия.

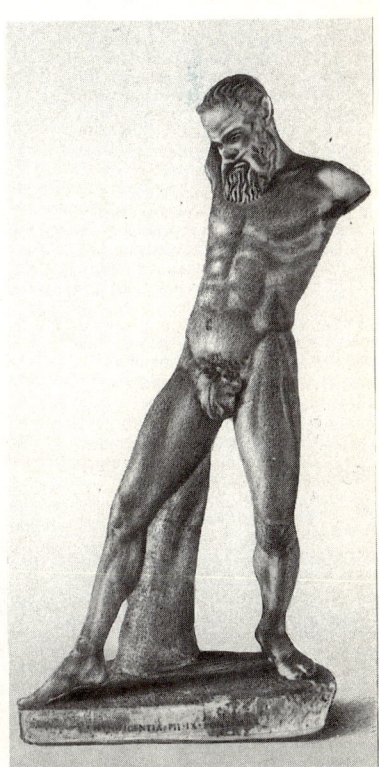

436 МИРО

МХАТе 2-м, Моск. мюзик-холле и др. С 1927 выступала на эстраде с сатирич. монологами; создала образ-маску мещанки Капы (позже Кисы). Острохарактерная актриса, мастер перевоплощения, обладает беспощадной точностью в пародийной обрисовке высмеиваемых персонажей. С 1990 в Моск. т-ре под рук. О. Табакова.
Менакер Ал-др Сем. (1913–1982), на эстраде с 1930, работал в жанре муз. фельетона. Участвовал в спектаклях Ленингр. мюзик-холла. Обладал талантом пародиста, манеру определяли ирония, мягкий юмор, лирика. Дуэт сложился в Моск. т-ре эстрады и миниатюр, существовал в 1948–82. Спектакли: «Дела семейные», «Кляксы», «Мужчина и женщины», «Номер в отеле».

МИРОПОМА́ЗАНИЕ, одно из семи христ. таинств, посредством к-рого человек получает дары Св. Духа. Обряд М. состоит в смазывании лба, глаз, ушей и др. частей лица и тела верующего миром. В православии и у старообрядцев-поповцев соединено с *крещением*.

МИРОШНИЧЕ́НКО Евг. Сем. (р. 1931), певица (лирико-колоратурное сопрано). С 1957 в Укр. т-ре оперы и балета. Обладает лёгким и подвижным голосом большого диапазона. В репертуаре — партии в рус., укр. и зап.-европ. операх.

МИРОШНИЧЕ́НКО Ир. Петр. (р. 1942), актриса. С 1965 во МХАТе (с 1989 во МХАТе имени А.П. Чехова). Игру отличают тонкость анализа роли, богатство оттенков. Определяющие черты героинь М.— женственность, сила характера и благородная ранимость: Анна Петровна («Иванов» А.П. Чехова, 1976), Серафина делла Роза («Татуированная роза» Т. Уильямса, 1982), Эстер («Эквус» П. Шеффера, 1988) и др. Снимается в кино.

МИ́РРА (греч. mýrrha), ароматич. смола, получаемая подсочкой коры тропич. деревьев рода коммифора сем. бурзеровых из Юж. Аравии и Эфиопии. Антисептик; используют для полосканий, присыпки ран, приготовления пластырей и мазей. Ранее широко применялась для благовонных курений в религ. обрядах и как пряность.

МИРТ, род вечнозелёных кустарников и деревьев (сем. миртовые). Ок. 100 видов, преим. в субтропиках и тропиках. Средиземноморский М. обыкновенный выращивают в Крыму и на Черномор. побережье Кавказа как декор. р-ние, севернее — в комнатной культуре. Листья и др. части содержат эфирное масло, используемое в парфюмерии; плоды — пряность.

МИС ВАН ДЕР РО́Э (Mies van der Rohe) Людвиг (1886–1969), нем. и амер. архитектор. С 1938 жил в США, где развивал идею совершенной «универсальной формы», создал тип здания — параллелепипед со стальным каркасом, пересечённым внутр. пространством и сплошным остеклением навесных стен.

МИ́СИМА Юкио (наст. имя Хираока Кимитакэ) (1925–70), япон. писатель. В стилистически изысканных романах, своеобразно преломляющих эстетику европ. модернизма сквозь призму традиц. нар. миросозерцания, утверждал самурайский кодекс чести (трил. «Патриот», «Хризантема», «Крик души героя», 1967), отразил метания героев, ущербных физически и нравственно, тяготеющих к смерти, жестокости и уничт-

Л. Мис ван дер Роэ. Учебный корпус Иллинойского технологического института в Чикаго. 1955.

тожению («Исповедь маски», 1949; «Жажда любви», 1950; «Золотой храм», 1956). Пьесы, в т.ч. «Мой друг Гитлер» (1968), оправдывающая преступление как естеств. акт самовыражения «сильной личности»; повести, новеллы, эссе. Был также актёром, режиссёром театра и кино, спортсменом (культуризм, карате и др.), военным. Покончил с собой (харакири) в знак протеста против поражения Японии во 2-й мир. войне.

МИССИОНЕ́РСТВО (от лат. missio — посылка, поручение), деятельность церквей и сект по распространению собств. вероучения среди иноверующих. У католиков и православных М. занимаются служители культа, у протестантов М.— обязанность каждого верующего.

Миссионерство. «Миссионер с бутылкой и бокалом в руках». Статуэтка из нижнего Конго. Музей народного искусства. Берлин.

МИССИСИ́ПИ, р. в Сев. Америке (США), одна из крупнейших в мире. Дл. 3950 км, от истока Миссури 6420 км. Пересекает США с С. на Ю. по Центр. равнинам и Примексиканской низм., впадает в Мексиканский зал. Осн. притоки: Миссури, Арканзас, Ред-Ривер, Иллинойс, Огайо. Важная трансп. магистраль, соединена реками и судох. каналами с Великими озёрами и Атлантич. ок. Дл. судох. путей всей системы М. св. 25 т.км. На М.— гг. Миннеаполис, Сент-Луис, Мемфис, Н. Орлеан.

МИССУ́РИ, р. в Сев. Америке (США), прав. приток Миссисипи. Дл. 4740 км. Истоки в Скалистых горах, пересекает плато Миссури и Центр. равнины. Осн. притоки: Йеллоустон, Платт, Канзас. Система кр. водохранилищ. Судох. от г. Су-Сити. На М.— гг. Омаха, Канзас-Сити.

МИСТЕ́РИИ (от греч. mystérion — тайна, таинство), тайные религ. обряды, в к-рых участвовали только посвящённые — мисты. В Египте — М. Исиды и Осириса, в Вавилонии — М. Таммуза, в Греции — Элевсинские М. (в честь Деметры и её дочери Персефоны), Орфические М. (осн. Орфеем), Самофракийские М. (в честь Кабиров — покровителей мореходства), в Риме — М. Вакха, Аттиса и др.

МИСТЕ́РИЯ (от греч. mystérion — таинство, тайна), жанр ср.-век. зап.-европ. религ. т-ра 14–16 вв. Площадное представление, в к-ром последовательно разыгрывались эпизоды Ветхого или Нового Завета, чередовавшиеся с *интермедиями*: возвышенно-патетич. повествование перебивалось грубовато-комич. или пародийными сценками. Число действующих лиц в М. доходило до неск. сотен. Спектакль длился весь день или неск. дней подряд. Представления М. устраивались во время религ. праздников, организовывались гор.

Миссисипи.

властями. Исполнители М.— актёры-любители, преим. ремесленники, с кон. 13 в.— члены полупроф. актёрских «братств». Рус. поэты-символисты, часто употреблявшие термин «М.», объединяли ср.-век. М. с антич. таинствами.

МИ́СТИКА (от греч. mystikós — таинственный), религ. практика, имеющая целью переживание в экстазе непосредств. «единения» с Богом, а также совокупность теологич. и филос. доктрин, оправдывающих и осмысляющих эту практику.

МИСТИЦИ́ЗМ, умонастроения и учения, исходящие из того, что подлинная реальность недоступна разуму и постигается лишь интуитивно-экстатич. способом, каковой усматривается в мистике.

МИСТРА́ЛЬ (Mistral) Габриела (1889–1957), чил. поэтесса. Лирика (сб. «Сонеты смерти», 1914, «Отчаяние», 1922, «Тала», 1938, «Давильня», 1954) соединила традиции поэзии с анимистич. образностью индейской мифологии. Ноб. пр. (1945).

МИСТРА́ЛЬ Фредерик (1830–1914), прованс. поэт. Глава движения фелибров, возникшего (на романтич. почве) во 2-й пол. 19 в. в Юж. Франции (Прованс) и стремившегося возродить прованс. лит-ру, язык, культуру, традиции к-рой восходят к *трубадурам*. Сб. «Золотые острова» (1876), «Сбор олив» (1912), поэтизирующие старину, созданы по мотивам фольклора. Прованс.-франц. сло-

Миссури.

варь «Сокровище фелибрижа» (1879–87). Ноб. пр. (1904).

МИТО́З (от греч. mítos – нить), деление ядра клетки, в процессе к-рого происходит равномерное распределение удвоенного наследств. материала между двумя дочерними ядрами. Протекает в неск. фаз. Нередко М. наз. процесс деления не только ядра, но и всей клетки в целом.

МИТОХО́НДРИИ (от греч. mítos – нить и chondríon – зёрнышко, крупинка), внутриклеточные структуры животных и растит. клеток, обеспечивающие клетки энергией за счёт протекающих в них окислит.-восстановит. реакций. М. имеют собств. генетич. аппарат. В одной клетке может содержаться от единиц до неск. тысяч М.

МИ́ТРА, один из гл. индоиран. богов, бог солнца, договора, согласия. Культ М. был широко распространён на Востоке и в Рим. империи.

Митра. Скульптурная группа из Пантикапея (ныне Керчь): Митра, убивающий быка.

МИ́ТРА (греч. – головная повязка), позолоченный головной убор, надеваемый высш. христ. духовенством во время богослужения.

МИТРИДА́Т VI ЕВПА́ТОР (132–63 до н.э.), царь Понта. Вёл борьбу со скифами; подавил восстание Савмака в Боспорском царстве. Подчинил всё побережье Чёрного м. В войне с Римом был побеждён и покончил с собой.

МИТРОПОЛИ́Т (греч. metropolítēs – гражданин метрополии, а также епископ метрополии), в ряде христ. церквей один из высш. санов архиереев. Глава крупной епархии, подчинён патриарху.

МИТРО́ПУЛОС Димитриос (1896–1960), греч. дирижёр, пианист, композитор. С 1936 в США. Руководитель симф. оркестров в Миннеаполисе (1937–49), Нью-Йорке (1950–58). Выступал и как оперный дирижёр. Наиб. значительны его интерпретации музыки 20 в. Управлял оркестром без дирижёрской палочки и без нот (наизусть).

МИ́ТТЕЛЬШПИ́ЛЬ (нем. Mittelspiel), середина шахматной партии, чаще всего гл. этап борьбы.

МИТТЕРА́Н (Mitterand) Франсуа (р. 1916), президент Франции 1981–1995. В 1965–68 лидер Федерации демокр. и социалистич. левых сил. 1-й секр. франц. Социалистич. партии в 1971–81.

МИ́ТЧЕЛЛ (Mitchell) Маргарет (1900–49), амер. писательница. Долговечный бестселлер, ром. «Унесённые ветром» (1936) – история любви-поединка и выживания в обстановке социально-гражд. потрясений и торжества меркантилизма женщины с сильной и богатой натурой. Имя неразборчивой в средствах Скарлетт О'Хары («нельзя быть леди не имея денег») стало синонимом несгибаемой жизнестойкости и беззастенчивого индивидуализма («скарлеттизм»).

МИФ (от греч. mýthos – предание, сказание), 1) повествования о богах, духах, обожествлённых героях и первопредках, возникшие в первобытном обществе. В М. переплетены ранние элементы религии, философии, науки и иск-ва. У разных народов присущи сходные и повторяющиеся темы и мотивы. Наиб. типичны М. о происхождении мира, Вселенной (космогонич. М.) и человека (антропогонич. М.), о происхождении Солнца (солярные М.), Луны (лунарные М.), звёзд (астральные М.); М. о животных; календарные М. и др. Особое место занимают М. о происхождении и введении культурных благ (добывание огня, изобретение ремёсел, земледелия), а также об установлении опредёл. социальных институтов, брачных правил, обычаев и обрядов. Для М. характерно наивное очеловечивание всей природы (всеобщая персонификация). В первобытном обществе М.– осн. способ познания мира, опирающийся на своеобразную логику (нерасчленённость, тождественность субъекта и объекта, предмета и знака, существа и его имени). Нек-рые элементы мифол. мышления сохраняются и в совр. массовом сознании (напр., расовые и классовые М., культ вождей, ритуалы массовых сборищ и т.п.). 2) Перен.– ложные, некритич., оторванные от действительности состояния сознания, концепции, представления.

МИФОЛО́ГИЯ (от греч. mýthos – предание, сказание и ...логия), 1) совокупность мифов (рассказов, повествований о богах, героях, демонах, духах и др.). Наиб. известны мифол. образы Др. Греции, Др. Индии и др. 2) Наука, изучающая мифы (их возникновение, содержание, распространение).

МИФУ́НЭ Тосиро (р. 1920), япон. киноактёр. Взрывной темперамент, острая пластика, психол. глубина характерны для ролей М. в фильмах реж. А. Куросавы: «Расёмон» (1950), «Идиот» (1951), «Семь самураев» (1954), «На дне» (1957), «Телохранитель» (1961), «Красная борода» (1965). Снимался в англ. и амер. фильмах, на ТВ. Обогатил кинематографич. выразительность традициями япон. классич. т-ра.

МИХАИ́Л, в Библии архангел (архистратиг), предводитель небесного воинства в битве против сил зла. М.– ангел-хранитель Израиля. Он является также защитником церкви, патроном христ. воинства.

МИХАИ́Л ВСЕ́ВОЛОДОВИЧ (1179–1246), князь черниговский. В 20-х гг. 13 в. неоднократно был князем в Новгороде. С 1238 вел. князь киевский. Во время нашествия Батыя бежал в Венгрию. После возвращения на Русь был вызван в ханскую ставку и убит. Канонизирован Рус. правосл. церковью.

МИХАИ́Л ПСЕЛЛ (до пострижения в монахи – Константин) (1018 – ок. 1078 или ок. 1096), визант. полит. де-

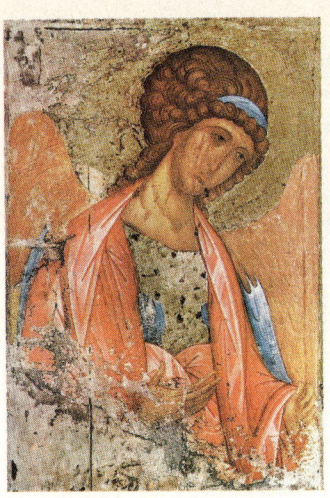

Михаил. Икона Андрея Рублёва «Архангел Михаил». Ок. 1400. Третьяковская галерея.

ятель, писатель, учёный, философ. Оказывал сильное влияние на полит. курс пр-ва Константина IX. «Хронография» М.П. (охватывает события 976–1078) – полит. мемуары, отличающиеся рационалистич. взглядом на ист. процесс, проницательностью в понимании интересов лиц и групп. Важным ист. источником служат также речи и письма М.П.

МИХАИ́Л ФЁДОРОВИЧ (1596–1645), первый царь династии Романовых (с 1613). Сын Ф.Н. Романова (см. *Филарет*). Избран царём Земским собором при поддержке казачества. Благодаря И.М. Сусанину избежал гибели во время польск. интервенции. Нерешительный, болезненный и слабовольный, находился под влиянием матери – старицы Марфы (в миру Ксения Ив. Шестова), родственников бояр Салтыковых, в 1619–33 в полном подчинении у отца. При нём возрождалось Рос. гос-во, разорённое в период «смутного времени».

МИХАИ́Л ЯРОСЛА́ВИЧ (1271–1318), вел. князь тверской (с 1285), вел. князь владимирский (1305–17). Первым из рус. князей титуловался «вел. князем всея Руси». Боролся с князем моск. Юрием Даниловичем за вел. владимирское княжение. Вызван на суд в *Золотую Орду* к хану Узбеку, где убит. Канонизирован Рус. правосл. церковью.

МИХА́ЙЛОВ Бор. Петр. (р. 1944), спортсмен и тренер (хоккей с шайбой). Нападающий команды ЦСКА; многократный чемпион СССР (1968–81). Неоднократный чемпион Европы, мира (1968–71), Олимп. игр (1972, 1976). Один из результативнейших игроков сов. хоккея (св. 500 голов). Тренер СКА (Ленинград, 1981–84), ЦСКА (1985–91) и сборной команды России (с 1992).

МИХА́ЙЛОВ Макс. Дормидонтович (1893–1971), певец (бас). С детства пел в церк. хорах; был протодьяконом в Омске, Казани, Москве. В 1932–56 в Большом т-ре. С особым успехом пел в операх рус. композиторов, среди партий: Иван Сусанин («Иван Сусанин» М.И. Глинки), Кончак («Князь Игорь» А.П. Бородина), Пимен, Варлаам («Борис Годунов» М.П. Мусоргского). Один из

лучших исполнителей рус. нар. песен. Снимался в кино.

МИХАЙЛО́ВСКИЙ Ник. Конст. (1842–1904), социолог, публицист, лит. критик, идеолог народничества. В 1870–80-х гг. один из ред. ж. «Отечественные записки», с нач. 90-х гг.– ж. «Русское богатство». Сторонник субъективного метода в социологии, автор теории «героев и толпы» (взаимоотношения лидеров и масс). В кон. 70-х – нач. 80-х гг. близок к партии «Народная воля». В 90-х гг. с позиций крест. социализма полемизировал с «легальными марксистами». Осн. работы: «Лит. заметки» (1877–1880), «Записки профана» (1875–1877), «Письма о правде и неправде» (1877), «Что такое прогресс?» (1869), «Герои и толпа» (1882).

МИХА́ЙЛОВСКИЙ ЗЛАТОВЕ́РХИЙ МОНАСТЫ́РЬ, мужской, в Киеве. Осн. ок. 1108. В 1108–13 построена кам. Михайловская церковь. В 1240 разорён монголо-татарами. В 16 в. один из богатейших киевских монастырей. В 17 в. один из центров антиуниатской борьбы. После Окт. рев-ции упразднён. В 1934–35 здания монастыря разобраны. Фрески и мозаики – в архит.-ист. заповеднике «Софийский музей» в Киеве.

МИХА́ЙЛОВСКОЕ, см. *Пушкинские Горы*.

МИХАЛКО́В Никита Сер. (р. 1945), кинорежиссёр, актёр. Сын С.В. Михалкова. Брат А.С. Кончаловского. Для режиссёрского творчества в целом характерно многообразие жанрово-стилевых решений; для отдельного фильма – худ. цельность воплощения. Мастерски использует выразит. средства др. иск-в (неожиданные включения муз. фрагментов), усложняющие психол. гамму восприятия. В работе с актёрами пользуется приёмами театральной режиссуры. Ф.: «Свой среди чужих, чужой среди своих» (1974), «Раба любви» (1976), «Неоконченная пьеса для механического пианино» (по А.П. Чехову, 1977; поставил также в Римском т-ре «Арджентино» с участием М. Мастроянни, 1987), «Несколько дней

Н.С. Михалков. Кадр из фильма «Несколько дней из жизни И.И. Обломова».

из жизни И.И. Обломова» (1980), «Очи чёрные» (1987, Италия), «Урга – территория любви» (1991, Франция – СССР), «Утомлённые солнцем» (1994, Франция – Россия) и др. Как актёр тяготеет к острой характерности («Вокзал для двоих», 1983).

МИХАЛКО́В Сер. Вл. (р. 1913), рус. писатель. Отец А.С. Кончаловского и Н.С. Михалкова. Стихи для детей («Дядя Стёпа», «А что у вас?»), пьесы («Дорогой мальчик», 1971). Басни, сатирич. комедии («Пена», 1975; «Всё могут короли...», 1983). Текст Гимна Сов. Союза (1943, совм. с Г.А. Эль-Регистаном; новая ред. 1977). Пред. правления СП РСФСР (1970–90).

МИХА́ЛЬЧЕНКО Алла Анат. (р. 1957), артистка балета. С 1976 в Большом т-ре. Отличается изысканностью, пластичностью и одновременно уверенностью исполнения: Одетта-Одиллия («Лебединое озеро» П.И. Чайковского, 1977), Валентина («Ангара» А.Я. Эшпая, 1978), Ширин («Легенда о любви» А.Д. Меликова, 1989) и др.

МИ́ХЕЛЬС (Michels) Роберт (1876–1936), историк, экономист и социолог. По происхождению немец; в 1926 принял итал. гражданство. Участвовал в социалистич. движении, затем порвал с ним. В осн. работе «Социология политических партий в условиях современной демократии» (1911) выдвинул т.н. «железный закон олигархических тенденций»: необходимость господства в об-ве элиты (активного меньшинства), т.к. прямое господство масс технически невозможно. В конце жизни восхвалял фашизм.

МИХО́ЭЛС (наст. фам. Вовси) Сол. Мих. (1890–1948), актёр, режиссёр, педагог. С 1919 в Евр. театр. студии в Петрограде, с 1920 в Гос. евр. камер-

С.М. Михоэлс в роли Лира. Зарисовка А.Г. Тышлера.

ном т-ре в Москве (с 1925 ГОСЕТ), с 1929 худ. рук. Актёр мощного темперамента, добивался почти скульпт. выразительности пластики, образности жеста. Для иск-ва М. характерны тяготение к поэтике филос. притчи, светлый юмор и мудрая ирония. Синтезировал в своём творчестве евр. нар., рус. и зап.-европ. театральные традиции: Вениамин III («Путешествие Вениамина III» по Менделе-Мойхер Сфориму, 1927), Лир («Король Лир» У. Шекспира, 1935), Тевье («Тевье-молочник» по Шолом-Алейхему, 1938) и др. Пост.: «Фрейлехс» З. Шнеера (1945) и др. С 1941 пред. Антифаш. евр. к-та. Погиб (наиб. вероятная версия – полит. убийство, организованное МГБ).

МИХРА́Б (араб.– святилище), молитвенная ниша в мечети, в стене, обращённой к Мекке (в ранних мечетях – к Иерусалиму). М. завершается полукуполом, украшается орнаментальной резьбой, инкрустацией, росписью.

МИЦЕ́ЛИЙ (от греч. mýkēs – гриб) (грибница), вегетативное тело грибов, состоящее из тончайших ветвящихся нитей – гиф. Частями М. осуществляется вегетативное размножение грибов.

МИЦКЕ́ВИЧ (Mickiewicz) Адам (1798–1855), польск. поэт, деятель нац.-освободит. движения. Осново-

А. Мицкевич.

положник польск. романтизма (ст. «О романтической поэзии», 1822; сб. «Поэзия», т. 1, 1822; поэмы «Дзяды», ч. 2, 1823, «Гражина», 1823). В 1824 выслан царскими властями из Литвы; жил в России, где сблизился с декабристами, А.С. Пушкиным; издал кн. «Сонеты» (1826), поэму «Конрад Валленрод» (1828). С 1829 в эмиграции (преим. в Париже); создал 3-ю часть «Дзядов» (1832), разив подвижническую борьбу польск. патриотов, и поэму «Пан Тадеуш» (1834) – лироэпич. полотно старопольск. быта, образец словесной живописи. В 1849 ред. демокр. газ. «Трибюн де пёпль».

А. Мицкевич. Горельеф И. Мильбергера. А. Мицкевич и А.С. Пушкин. Установлен на доме в Москве, где встречались поэты (ныне по ул. Немировича-Данченко).

МИ́ЧИГА́Н, оз. в Сев. Америке (США), в системе *Великих озёр*. Пл. 58 т. км², глуб. до 281 м. Соединено прол. Макино с оз. Гурон и судох. каналом с системой р. Миссисипи. Порты: Чикаго, Милуоки.

МИЧУ́РИН Ив. Влад. (1855–1935), рос. селекционер-практик. Автор мн. сортов плодовых культур (сорта яблони – Пепин шафранный, Бельфлёр-китайка, Славянка и др., груши – Бере зимняя Мичурина и др.), выведенных гл. обр. на основе метода отдалённой гибридизации. М. получил гибриды яблони и груши, абрикоса и сливы, айвы и яблони, черёмухи и вишни, яблони и рябины, миндаля и персика. Имя М. было необоснованно использовано Т.Д. Лысенко и его сторонниками для обозначения своей теории (т.н. мичуринская биология, мичуринское учение).

МИШЛЕ́ (Michelet) Жюль (1798–1874), франц. историк патриотич. направления. Автор «Истории Франции» (до 1789, т. 1–17, 1833–67) и «Истории Французской революции» (т. 1–7, 1847–53), написанных с воодушевлением и страстью.

МЛАДЕ́НЧЕСКАЯ СМЕ́РТНОСТЬ, см. *Детская смертность*.

МЛА́ДШИЙ ЖУЗ (Киши жуз), группа казах. племенных объединений (жети-ру, алим-улы, бай-улы) в Зап. Казахстане (с 16 в.). В 1731 казахи М.ж. вошли в состав Рос. империи.

МЛЕКОПИТА́ЮЩИЕ (звери), класс позвоночных ж-ных. Включает яйцекладущих, или клоачных, М. (первозверей) и живородящих М. (настоящих зверей). Первые М. произошли от звероморфных пресмыкающихся, по-видимому, в триасе или в кон. перми. Осн. черты общей организации М.: высоко развитые нерв. система и органы чувств, молочные железы для вскармливания

И.В. Мичурин.

детёнышей молоком (отсюда назв.), совершенная система терморегуляции, позволяющая поддерживать более или менее пост. темп-ру тела (в ср. ок. 39°С). Размеры тела от 4 см при массе 1,5 г (у карликовой белозубки) до 33 м при массе 150 т (у голубого кита). Более 4000 видов (от примитивных ехидны и утконоса до человека), распространены повсеместно (кроме центр. областей Антарктиды). Среди М.– наземные, подземные (кроты), древесные (белки), летающие (летучие мыши) и водные (ластоногие, сирены, киты) ж-ные. К М. относятся важнейшие с.-х. и промысловые ж-ные. Численность и ареал большинства М. сокращается, мн. виды под угрозой исчезновения. Наука о М.– териология.

МЛЕ́ЧНЫЙ ПУТЬ, 1) пересекающая звёздное небо неярко светящаяся полоса. Представляет собой огромное кол-во визуально неразличимых звёзд, концентрирующихся в осн. плоскости *Галактики*. Близ этой плоскости расположено Солнце, так что большинство звёзд Галактики проецируется на небесную сферу в пределах этой полосы – М.П. 2) Собств. назв. Галактики.

МНЕМОСИ́НА (Мнемозина), в греч. мифологии дочь Урана и Геи, богиня памяти, мать 9 муз. Перен.– память.

МНИ́ШЕК (Mniszech) Марина (ок. 1588 – ок. 1614), дочь польск. магната. Рус. царица (1606), жена Лжедмитрия I, после смерти к-рого признала своим якобы спасшимся мужем Лжедмитрия II, позднее сблизилась с предводителем антиправительств. казацкого движения И.М. Заруцким. Выдана рус. пр-ву яицкими казаками. Умерла в заключении.

МНОГОГРА́ННИК, поверхность, состоящая из многоугольников (граней) таких, что каждая сторона любого из них есть одновременно сторона др. многоугольника (смежной грани) и от каждой грани можно перейти к любой другой, переходя через смежные грани. М. наз. выпуклым, если он весь лежит по одну сторону от плоскости любой его грани. Выделяют правильные М.– такие М., все грани к-рых одинаковые правильные многоугольники. Существуют пять видов правильных выпуклых М. (тела Платона): тетраэдр, куб, октаэдр, додекаэдр, икосаэдр.

МНОГОДО́МНЫЕ РАСТЕ́НИЯ (полигамные растения), имеют мужские (тычиночные), женские (пестичные) и обоеполые цветки, к-рые могут находиться на одном р-нии или в разл. сочетаниях на разных р-ниях одного вида. Многодомность – приспособление к перекрёстному опылению. Ср. *Двудомные растения, Однодомные растения*.

Многогранники (правильные выпуклые): 1 – тетраэдр; 2 – куб; 3 – октаэдр; 4 – додекаэдр; 5 – икосаэдр.

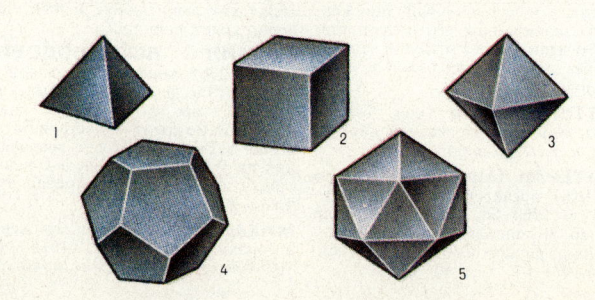

МНОГОКАНА́ЛЬНАЯ СВЯЗЬ, одновременная (групповая) передача телеф., телегр., телевизионной и др. информации по независимым *каналам связи,* образованным в одной общей линии связи (проводной, радио). В основе построения систем М.с. лежит принцип разделения каналов по частоте или (и) по времени.

МНОГОЛЕ́ТНЯЯ МЕРЗЛОТА́, часть криолитозоны, где породы имеют в течение мн. лет (от 2 лет до неск. тысячелетий) отрицат. или нулевую темп-ру и содержат подземные льды. В России распространены в Сибири, на Д. Востоке и на С. Европ. части.

МНОГОНО́ЖКИ, беспозвоночные ж-ные типа членистоногих. Дл. от 1 мм до 30 см. Св. 53 тыс. видов, распространены широко. Тело состоит из значит. числа сегментов (до 177), почти на каждом из к-рых 1 или 2 пары конечностей (отсюда назв.). Преим. ночные ж-ные, прячутся под корой, камнями и т.п. Самые крупные – *сколопендры, кивсяки.*

МНОГОСТЕПЕ́ННЫЕ ВЫ́БОРЫ, система, при к-рой лицо на ту или иную должность избирается не избирателями непосредственно, а специально избранными *выборщиками* (напр., президент США) или постоянно действующим представит. органом.

МНОГОУГО́ЛЬНИК, плоская замкнутая ломаная линия, соседние звенья к-рой не лежат на одной пря-

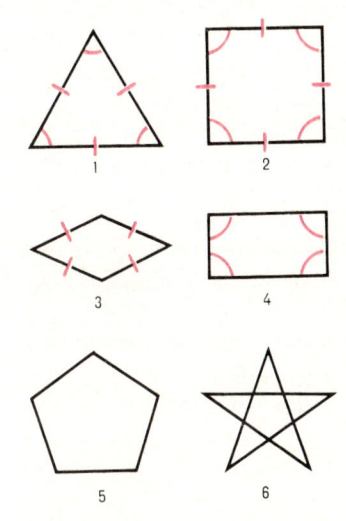

Многоугольники: 1 — правильный (равносторонний) треугольник; 2 — правильный четырёхугольник (квадрат); 3 — ромб (все стороны равны); 4 — прямоугольник (все углы равны); 5 и 6 — два пятиугольника (пентагона) — без самопересечения и с ним.

мой. Отрезки ломаной наз. сторонами М., а их концы — вершинами. Иногда под М. понимают часть плоскости, ограниченной его сторонами. По числу вершин различают треугольники, четырёхугольники и т.д. М. наз. правильным, если все его стороны и все его углы равны.

МНОГОЧЛЕ́Н, сумма конечного числа *одночленов.*

МНУ́ШКИНА (Mnouchkine) Ариана (р. 1939), франц. режиссёр. В созданном ею в 1964 «Театре дю солей» возродила дух старинного ярмарочного представления. Пост.: «1789» (1970), «1793» (1972), посв. Франц. рев-ции кон. 18 в., «Золотой век» (1975), «Индиана» (1987; авторство всех пьес коллективное), неск. трагедий У. Шекспира, антич. драмы под общим назв. «Атриды».

МОБИЛИЗА́ЦИЯ (франц. mobilisation, от лат. mobilis – подвижный), приведение кого-либо или чего-либо в активное состояние; сосредоточение сил и средств для достижения какой-либо цели.

МОБИЛИ́ЗМ, в геологии гипотеза, предполагающая большие (до неск. тыс. км) горизонтальные перемещения крупных глыб литосферы (материков, плит) в течение геол. времени. Впервые выдвинута нем. геофизиком А. Вегенером в 1912, получила широкое развитие с нач. 60-х гг. (тектоника плит или новая глобальная тектоника).

МОБИ́ЛЬНОСТЬ (от лат. mobilis – подвижный), подвижность, способность к быстрому передвижению, действию.

МОГАДИ́ШО, столица (с 1960) Сомали. Ок. 700 т.ж. Порт на Индийском ок.; междунар. аэропорт. Нефтеперераб., судостроит., судорем. пр-тия. Нац. ун-т. Музеи. Нац. т-р. Осн. араб. и перс. купцами в 12 в. В 12–17 вв. центр гос-ва Могадишо. В 1905–60 адм. ц. Итал. Сомали.

МОГИ́ЛА Пётр Симеонович (1596/97–1647), деятель укр. культуры, церк. писатель. С 1632 митрополит Киевский и Галицкий. Добился у польск. короля легализации правосл. церкви и передачи ей ряда униатских монастырей. В 1632 основал Киево-Могилянскую коллегию. Покровительствовал писателям, художникам, книгопечатанию.

МОГИЛЁВ, г., обл. ц. в Белоруссии, на р. Днепр. 363 т.ж. Ж.-д. уз. Маш-ние и металлообработка (с.-х. машины, электродвигатели, лифты и др.), произ-во хим. волокон; лёгкая (шёлковые ткани, швейные, трикот., обув. изделия) пром-сть. 3 вуза. Краеведч. музей, Музей этнографии и быта. 2 т-ра (в т.ч. драм.). Изв. с 1267.

МОГИ́ЛЬНИК (орёл-могильник), хищная птица рода орлов. Дл. ок. 80 см, крылья в размахе ок. 2 м. Обитает в лесостепных и степных ландшафтах Евразии и Сев.-Зап. Африки, часто сидит на курганах-могильниках (отсюда назв.). В России – в лесостепи и степи, на В. до Байкала; редок, охраняется. Испанский подвид М. – под угрозой исчезновения.

Могадишо. Центральная часть города.

Могольская школа. «Пир Бабура». Миниатюра рукописи «Бабур-наме». 2-я пол. 16 в. Музей Востока. Москва.

МОГИ́ЛЬНИК (археол.), погребальный комплекс. М., обособленные от поселений, появились в мезолите. По обряду погребения различают захоронения тела умершего (трупоположение) и захоронение сожжённого праха (трупосожжение). Виды М.: курганные, отмеченные насыпями, и грунтовые – без насыпей. Антич. М. обычно наз. некрополем, христ. и мусульм. М. – кладбищем, М. с захоронением пепла в урнах – колумбарием.

МОГО́ЛЬСКАЯ ШКО́ЛА инд. ср.-век. миниатюры. Развивалась при дворе Вел. Моголов во 2-й пол. 16–18 вв. Сложилась на основе местных традиций, под влиянием иран. и ср.-азиат. миниатюры, европ. живописи и графики. Для произв. характерны динамичные композиции на декор. пейзажном фоне, портреты, изображения зверей, птиц, цветов.

«МОГУ́ЧАЯ КУ́ЧКА», творч. содружество композиторов, существовавшее в России в кон. 1850-х – сер. 1870-х гг. Название – из статьи критика В.В. Стасова. В «М.к.» входили: М.А. Балакирев (рук.; по его мнению 2-е назв. – Балакиревский кружок), А.П. Бородин, Ц.А. Кюи, М.П. Мусоргский, Н.А. Римский-Корсаков. В произв. – опора на традиции рус. иск-ва, старинный крест. фольклор, развитие нац. стиля. Оказала сильное влияние на мировое муз. иск-во.

МО́ДА (франц. mode, от лат. modus – мера, способ, правило), 1) непродолжит. господство определ. вкуса в к.-л. сфере жизни или культуры. В отличие от стиля, отражает более кратковрем. и поверхностные изменения внеш. форм бытовых предметов и худ. произведений; в узком смысле – смена форм и образцов одежды. 2) Непрочная, быстропреходящая популярность.

МОДЕЛИ́РОВАНИЕ, исследование к.-л. явлений, процессов или систем объектов путём построения и изучения их *моделей;* использование моделей для определения или уточнения характеристик и рационализации способов построения вновь конструируемых объектов. На идее М. по существу базируется любой метод науч. исследования – как теоретический (при к-ром используются разл. рода знаковые, абстрактные модели; напр., матем. М.), так и экспериментальный (использующий предметные модели).

МОДЕ́ЛЬ (франц. modèle, от лат. modulus – мера, образец), 1) образец (эталон, стандарт) для массового изготовления к.-л. изделия или конструкции; тип, марка изделия. 2) Изделие (из легкообрабатываемого материала), с к-рого снимается форма для воспроизведения (напр., посредством литья) в др. материале; разновидности таких М. – лекала, шаблоны и др. 3) Позирующий художнику натурщик или изображаемые предметы («натура»). 4) Устройство, воспроизводящее, имитирующее строение и действие к.-л. другого («моделируемого») устройства в науч., производств. (при испытаниях) или спорт. целях. 5) В широком смысле – любой образ, аналог (мысленный или условный) изображение, описание, схема, чертёж, график, план, карта и т.п.) к.-л. объекта, процесса или явления («оригинала» данной М.), используемый в качестве «заместителя», «представителя». 6) В математике и логике М. к.-л. системы аксиом называют любую совокупность (абстрактных) объектов, свойства к-рых и отношения между к-рыми удовлетворяют данным аксиомам, служащим тем самым совместным (неявным) определением такой совокупности. 7) М. в яз-знании – абстрактное понятие эталона или образца к.-л. системы (фонологич., грамматич. и т.п.), представление самых общих характеристик к.-л. языкового явления; общая схема описания системы языка или к.-л. его подсистемы.

«МОДЕ́РН» (франц. moderne – новейший, современный) («ар нуво», «югендстиль»), стилевое направление в европ. и амер. иск-ве кон. 19 – нач. 20 вв. Предст. «М.» в архитектуре (Х. ван де Велде в Бельгии, Й. Ольбрих в Австрии, А. Гауди в Испании, Ч.Р. Макинтош в Шотландии, Ф.О. Шехтель в России) использовали новые техн.-конструктивные средства, свободную планировку, своеобразный архит. декор для создания необычных, подчёркнуто индивидуализир. зданий (гл. обр. гор. особняков), все элементы к-рых подчинялись единому орнаментальному ритму и образно-символич. замыслу. Изобр. и декор. иск-во «М.» отличают поэтика *символизма,* декор. ритм гибких текучих линий, стилизованный растит. узор. Илл. см. на стр. 440.

МОДЕРНИ́ЗМ, общее обозначение явлений иск-ва и лит-ры 20 в., отошедших от традиций внеш. подобия и утверждающих новый подход к изображению бытия. Осн. черта методологии М. (фовизм, экспрессионизм, кубизм, рус. «авангард» 1910-х гг., включая беспредметность, сюрреализм, футуризм, примитивизм и т.д.) – метафорич. построение образа по принципу разветвлённой ассоциативности, свободного соответствия выразительности формы характеру запечатлеваемых настроений, переживаний, мирочувствия. Во 2-й пол. 20 в. тенденции М. развиваются в *авангардизме.*

440 МОДИ

«Модерн». М.А. Врубель. «Демон». 1890. Третьяковская галерея.

«Модерн». Ф. Ходлер. «День». 1898–1900. Художественный музей. Берн.

МОДИЛЬЯ́НИ (Modigliani) Амедео (1884–1920), итал. живописец. Используя декор. плоскость, лаконичность композиции, музыкальность изысканного силуэта и цвета, создал особый мир хрупких образов («Эльвира», 1919).

МОДИЛЬЯ́НИ Франко (р. 1918), амер. экономист. Иссл. в области эконометрии; разработал основы теории сбережений. Ноб. пр. (1985).

МОДИФИКА́ЦИЯ (от позднелат. modificatio – изменение), видоизменение, преобразование чего-либо, характеризующееся появлением новых свойств.

А. Модильяни. «Женщина из народа». Коллекция А. Хаммера. США.

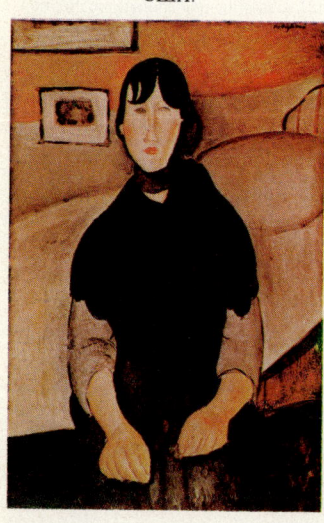

МО́ДУЛЬ (от лат. modulus – мера) в архитектуре и стр-ве, исходная мера, принятая для выражения кратных соотношений размеров сооружений и их частей. В качестве М. принимается мера длины (фут, метр), размер одного из элементов здания или размер строит. изделия. Применение М. облегчает унификацию и стандартизацию стр-ва.

МО́ДУЛЬ в радиоэлектронике, функционально законченный узел радиоэлектронной аппаратуры, оформленный конструктивно как самостоят. изделие. Чаще всего М. – печатная плата с размещёнными на ней интегральными схемами и др. деталями. Применяется в устройствах техники СВЧ, радиотехники, вычислит., измерит. техники и др. Применение М. сокращает сроки проектирования аппаратуры, удешевляет её изготовление, упрощает эксплуатацию, облегчает ремонт.

МОДУЛЯ́ТОР, составная часть передающих устройств, осуществляющая наложение сигналов передаваемых сообщений на генерируемые передатчиком гармонич. колебания в к.-л. диапазоне радиочастот (несущих частот), т.е. *модуляцию колебаний*. Применяется в системах радиосвязи, ТВ, радиовещания и др.

МОДУЛЯ́ЦИЯ (от лат. modulatio – мерность, размерность) (муз.), переход из одной *тональности* в другую. М. возможна благодаря наличию общих (но разнофункциональных) звуков и аккордов у разл. тональностей. Система М. (тональный план) является основой мн. классич. форм (напр., *сонатной формы*).

МОДУЛЯ́ЦИЯ КОЛЕБА́НИЙ, медленное по сравнению с периодом

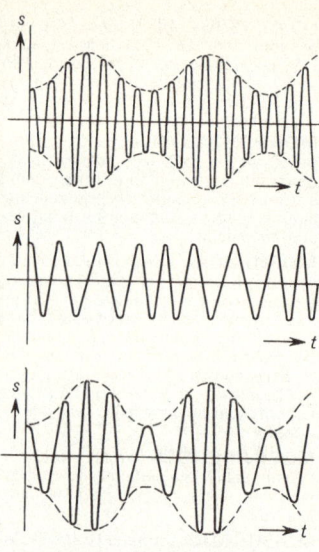

Модуляция колебаний (сверху вниз): амплитудная, частотная и амплитудно-фазовая; S – амплитуда; t – время.

колебаний изменение по определ. закону амплитуды, фазы или частоты колебаний. М.к. применяется для передачи информации с помощью эл.-магн. волн радио- или оптич. диапазонов, а также акустич. волн. В радиовещании используется в осн. амплитудная М.к. В ТВ для передачи звука применяется частотная М.к. Переданный с помощью М.к. сигнал (звук, изображение) низкой частоты выделяется из модулир. колебаний высокой частоты (т.н. несущих) посредством детектирования в радио- или телеприёмниках.

МО́ДУС (от лат. modus), 1) вид, мера, способ. 2) Филос. термин, обозначающий свойство предмета, присущее ему лишь в нек-рых состояниях, в отличие от атрибута – неотъемлемого свойства предмета. 3) В логике – разновидности силлогизмов (умозаключений). 4) В музыке – лад (звукоряд), ритмич. формула, эмоц. строй.

МОЖА́ЕВ Бор. Анд. (р. 1923), рус. писатель. В произв. о совр. жизни, гл. обр. сельской, сочетание острой конфликтности с юмором (пов. «Из жизни Фёдора Кузькина», 1966, в последующих изд. «Живой»; ром. «Мужики и бабы», кн. 1–2, 1976–87; рассказы). Пов. «Полтора квадратных метра» (1982). Публицистика.

МОЖЖЕВЕ́ЛЬНИК, род вечнозелёных хвойных деревьев и кустарников (сем. кипарисовые). Св. 60 видов, гл. обр. в умеренном поясе Сев. полушария; в России ок. 15 видов, в Европ. части, на Сев. Кавказе, в Сибири и на Д. Востоке. Растёт медленно, долговечны (живут 800–2000 лет). Имеют почвозащитное и водоохранное значение; декор. р-ния. Из листьев и молодых побегов нек-рых видов получают эфирное масло, обладающее фитонцидными свойствами; настой из шишек (можжевеловых ягод) М. обыкновенного применяют в медицине (отхаркивающее, мочегонное и дезинфицирующее средство, пищ. и парфюм. пром-сти. Дальневосточные виды М. охраняются.

МОЗА́ИКА (франц. mosaïque), изображение или узор, выполненный из цв. камней, смальты, керамич. плиток и т.д.; разновидность живописи, используемая преим. для украшения зданий. Изв. с антич. эпохи.

МОЗАМБИ́К (Республика Мозамбик), гос-во на Ю.-В. Африки, омывается Индийским ок. Пл. 802 т. км². Нас. 15,2 млн.ч., гл. обр. макуа, малави, тсонга, шона и др. Офиц. яз.– португальский. 70% верующих придерживается местных традиц. верований, ок. 20% – христиане (католики), св. 10% – мусульмане. Глава гос-ва и пр-ва – президент. Законодат. орган – парламент (Собрание Республики). Столица – Мапуту. Адм.-терр. деление: 10 пров. Ден. единица – метикал.

На С.– плато Вост.-Африканского плоскогорья (выс. до 2419 м), на З.– уступ Иньянга (до 2436 м, высш. точка М.), на В.– прибрежная низменность. Климат на С. субэкваториальный, на Ю. тропический. Ср. темп-ры на Мозамбикской низм. 15–30 °C, на плоскогорье на 3–5 °C ниже; осадков до 1500 мм в год. Кр. реки – Замбези и Лимпопо. Озеро Ньяса (Малави). Саванна.

В 16 в. вторглись португальцы, создавшие колонию (колонизация внутр. р-нов завершена лишь в нач. 20 в.). С 1975 независимое гос-во. В 1994 введена многопартийная система.

М.– агр. страна. ВНП на д. нас. 60 долл. в год. Осн. экспортные с.-х. культуры: орехи кешью, джут, подсолнечник, чай, хлопчатник, сах. тростник, кокосовая пальма. Жив-во. Рыб-во. Добыча угля, бокситов, медных, танталовых и жел. руд. Произ-во эл.-энергии (часть экспортируется в ЮАР). Лесозаготовки.

МОЗАМБИ́КСКИЙ ПРОЛИ́В, в Индийском ок., между о. Мадагаскар и Африкой. Дл. 1760 км, наим. шир. 422 км, наим. глуб. 117 м.

МОЗГ, центр. отдел нерв. системы ж-ных и человека. Состоит из нерв. ткани: серого в-ва (скопление гл. обр. нерв. клеток) и белого в-ва (скопление гл. обр. нерв. волокон). У позвоночных различают головной М. и спинной М.

МОЗЖЕЧО́К, отдел головного мозга. Играет ведущую роль в координа-

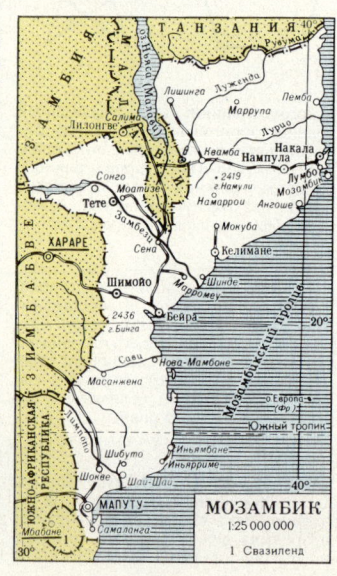

Мозамбик. Провинция Маника.

ции движений, поддержании равновесия тела, регуляции мышечного тонуса.

МОЗЖУ́ХИН Ив. Ил. (1889–1939), рос. киноактёр. Работал в разных жанрах – от мелодрамы до комедии, но особого успеха достиг в психол. и драм. экранизациях классики реж. Я.А. Протазанова – «Пиковая дама» (1916) и «Отец Сергий» (1918). С 1920 в эмиграции, снимался гл. обр. во Франции, в т.ч. в ф.: «Кин» (1922), «Покойный Матиас Паскаль» (1925), «Михаил Строгов» (1926).

МОИСЕ́ЕВ Иг. Ал-др. (р. 1906), артист балета, балетмейстер. В 1924–39 в Большом т-ре. Исполнил партию Иосифа в «Иосифе Прекрасном» С.Н. Василенко. С 1930 там же ставил балеты: «Футболист» В.А. Оранского (1930), «Спартак» А.И. Хачатуряна (1958). Организатор и руководитель (с 1937) Ансамбля нар. танца СССР; с 1991 – Гос. академич. ансамбль нар. танца. Создатель нового жанра – сценич. нар. танца («Картинки прошлого», «Славянский концерт», «Сиртаки»). Пост. также «Половецкие пляски» на музыку А.П. Бородина, «Ночь на Лысой горе» на музыку М.П. Мусоргского. В 1966 организовал анс. «Молодой балет» (с 1977 Моск. гос. т-р балета).

МОИСЕ́Й, в преданиях иудаизма первый пророк Яхве, учащий евр. племена его религии. С М. как вождём этих племён Библия связывает их исход из Египта в Ханаан (Палестину), в ходе к-рого реализуется «союз» («завет») между Яхве и его народом. Вместе с Аароном, служащим косноязычному М. толмачом, ему удаётся вывести народ из егип. плена, и на третий месяц по исходу М. получает на Синайской горе от Яхве десять заповедей (декалог), регулирующих поведение человека перед Богом. После 40-летних скитаний по пустыне народ достигает земли восточнее Иордана («земля обетованная»), самому же М. не суждено было перейти Иордан (Яхве карает его за погрешности в исполнении своего долга перед народом). В возрасте 120 лет он умирает на горе Нево. Почитается в христ-ве, исламе (пророк Муса).

МО́ЙВА, мор. промысловая рыба (сем. корюшки). Дл. до 22 см, масса до 17 г. 2 подвида: атлантическая М.– в сев. части Атлантич. ок., тихоокеанская М. (уёк) – в Тихом ок. и сев. морях.

МО́ЙРЫ, в греч. мифологии три дочери Зевса и Фемиды (богини

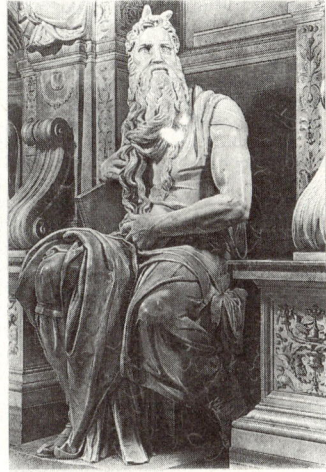

«Моисей». Скульптура Микеланджело. 1515–16. Церковь Сан-Пьетро ин Винколи. Рим.

судьбы): Клото прядёт нить жизни, Лахесис назначает жребий, Атропос обрезает жизненную нить. М. соответствуют рим. Парки.

МОКРЕЦЫ́, кровососущие двукрылые насекомые, входящие в состав гнуса. Тело горбатое, дл. 0,5–4 мм. Ок. 4 тыс. видов, распространены широко, наиб. многочисленны в лесной зоне (особенно в тайге). Самки М.– назойливые кровососы. Нападают преим. под открытым небом, могут залетать в дома; активны после захода солнца и на рассвете, обычно с нач. июня до сер. августа. Могут переносить возбудителей разл. болезней (туляремия, энцефалит и др.).

МОКРИ́ЦЫ, преим. наземные раки (отр. равноногие). Дл. 1–50 мм. Ок. 1000 видов, распространены широко, обитают во влажных (отсюда назв.) тёплых местах. Участвуют в почвообразовании; нек-рые виды вредят парниковым и поливным культурам.

МОКРОУ́СОВ Бор. Анд. (1909–1968), композитор. Автор популярных сов. песен (св. 60), в т.ч. «Заветный камень» (1944), «Одинокая гармонь» (1947). Оп. «Чапаев» (2-я ред.– 1942, 3-я ред.– 1961), оперетта «Роза ветров» (1947), музыка к спектаклям и фильмам.

МО́КША (санскр.), одно из центр. понятий инд. философии и религии индуизма; высш. цель человеческих стремлений, состояние «освобождения» от бедствий эмпирич. существования с его бесконечными перевоплощениями (сансара) и т.д. См. также Нирвана.

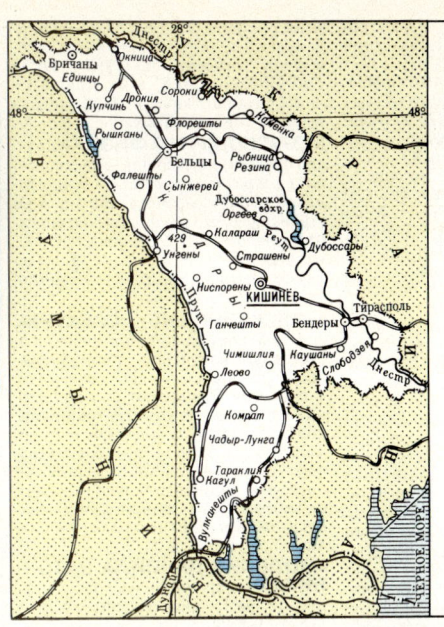

МОЛ (от лат. moles – насыпь), гидротехн. сооружение в виде узкой вертикальной или наклонной стенки, защищающее акваторию порта от волн; примыкает одним концом к берегу. Часто служит также для размещения причалов. Самый длинный в мире М. (дл. 10,85 км) защищает Галвестонский порт (шт. Техас, США).

МОЛДА́ВИЯ (Республика Молдова), гос-во на Ю. Вост. Европы. Пл. 33,7 т.км². Нас. 4362 т.ч., гор. 47,1%; молдаване (64,5%), украинцы (13,8%), русские (13%), гагаузы (3,5%) и др. Офиц. яз.– молдавский. Верующие гл. обр. православные. Глава гос-ва – президент. Законодат. орган – парламент. Столица – Ки-

МОЛДАВИЯ
1:5 000 000

Молдавия. Приднестровская возвышенность, р. Днестр.

Молдавия. Кодры. Общий вид.

442 МОЛЕ

шинёв. 40 р-нов, 21 город, 48 пос. гор. типа. Ден. единица – молдавский лей.

Поверхность М.– холмистая равнина; наиб. приподнята в центр. части (возв. Кодры, выс. до 429 м). Климат умеренно континентальный. Ср. темп-ры янв. на С. –5 °C, на Ю. –3 °C, июля соотв. 19 и 22 °C; осадков от 400 мм (на Ю.) до 560 мм (на С.) в год. Гл. реки – Днестр и Прут. Много пойменных озёр. Леса (дуб, ясень, граб, бук, липа) занимают ок. 9% терр. М. Заповедник Кодры.

В 10 – нач. 12 вв. терр. М. входила в состав Др.-рус. гос-ва, затем Галицкого и Галицко-Волынского кн-в. В сер. 13 – 1-й пол. 14 вв. была под властью Золотой Орды. С 1359 независимое Молд. кн-во. В 16–18 вв. под властью Османской империи. В кон. 18 в. к Рос. империи отошло Левобережье Днестра, в 1812 – Бессарабия. В дек. 1917 – янв. 1918 провозглашена сов. власть; в янв.– марте 1918 Бессарабия в составе Румынии. 12.10.1924 основана Молд. АССР в составе УССР. 28.6.1940 Бессарабия присоединена к СССР. 2.8.1940 образована Молд. ССР. В 1941–44 М. оккупирована нем.-фаш. войсками. В 1990 ВС республики принял Декларацию о гос. суверенитете; учреждён пост президента.

М.– индустр.-агр. страна. ВНП на д. нас. 1260 долл. в год. Произ-во эл.-энергии гл. обр. на ТЭС. Ведущая отрасль пром-сти – пищевкусовая (плодоовощеконс., винодельч., сах., маслоб., таб. и др.). Развивается маш-ние (в т.ч. с.-х., эл.-техн., приборостроение и др.), хим., металлургич., лёгкая пром-сть. Важное значение имеют плод-во, виногр-во и овощ-во. Посевы зерновых (пшеница, кукуруза), кормовых, техн. (подсолнечник, сах. свёкла, табак, эфирно-масличных) культур. Картофелеводство. Молочно-мясное скот-во, свин-во, птиц-во. Судох-во по Днестру и Пруту.

МОЛЕ́БЕН, в христ-ве коллективное хвалебное, благодарственное и просительное моление верующих к Богу, Богородице или святым. М. совершается в храме после *литургии*, утрени или вечерни.

МОЛЕ́КУЛА, наименьшая частица в-ва, обладающая его осн. хим. свойствами. Состоит из атомов, расположенных в пространстве в определ. порядке и соединённых хим. связями. Состав и расположение атомов отражены в хим. ф-ле. Число атомов в М. составляет от 2 (H_2, O_2, HCl) до мн. тысяч (напр., белки); размеры М. варьируют от десятых долей до млн. нанометров. По величине мол. массы все в-ва условно делят на низко- и высокомолекулярные. В-во в газообразном состоянии состоит, как правило, из отд. молекул (кроме благородных газов и паров металлов); в большинстве жидкостей отд. молекулы соединены друг с другом в ассоциаты. Существуют кристаллы, образованные М. (нафталин, кристаллы белков, нуклеиновых к-т). М. одного в-ва превращаются в М. др. в-ва в результате *химических реакций*.

МОЛЕКУЛЯ́РНАЯ БИОЛО́ГИЯ, исследует осн. свойства и проявления жизни на мол. уровне. Выясняет, каким образом и в какой мере рост и развитие организмов, хранение и передача наследств. информации, превращение энергии в живых клетках и др. явления обусловлены структурой и свойствами биологически важных макромолекул (гл. обр. белков и нуклеиновых к-т). Возникновение М.б. обычно относят к 1953, когда Дж. Уотсон (США) и Ф. Крик (Великобритания) предложили модель двойной спирали ДНК.

МОЛЕКУЛЯ́РНАЯ ФИ́ЗИКА, раздел физики, изучающий физ. свойства тел в разл. *агрегатных состояниях* на основе рассмотрения их мол. строения. Первым сформировавшимся разделом М.ф. была кинетич. теория газов (сер. 19 в.). Из М.ф. выделились физика тел, статистич. физика и др. разделы.

МОЛЕКУЛЯ́РНЫЕ СПЕ́КТРЫ, спектры испускания, поглощения и рассеяния излучения, принадлежащие свободным или слабо связанным молекулам. Возникают при *квантовых переходах* между электронными, колебат. и вращат. *уровнями энергии* молекул. Состоят из спектральных полос и линий, расположение к-рых типично для испускающих их молекул. М.с. используют в *спектроскопии* и для спектрального анализа.

«МОЛЕ́НИЕ ДАНИИ́ЛА ЗАТО́ЧНИКА» (в др. ред.– «Слово...»), 12 или 13 вв.), произведение др.-рус. лит-ры (Даниил Заточник – либо реальный, либо воображаемый автор; по социальному положению – княжеский «милостник»). По форме – послание, состоит из слагающихся сюжетную канву афоризмов (книжных – из Библии, поучит. сб-ков и фольклорных – «мирские притчи») и рассуждений, оправдывающих сильную княжескую власть и одновременно призывающих её к милости. Сочетает стиль высокой книжности (подчас звучащей насмешливо-пародийно) со скоморошьим балагурством, исполненным веселья, острословия, прибауток, грубоватого юмора.

МО́ЛИ, общее название неск. семейств мелких бабочек. Крылья узкие, в размахе 6–60 мм. Распространены широко. Нек-рые виды сем. настоящих М. (платяная, шубная, зерновая и др.) повреждают прод. запасы, шерстяные изделия, меха и т.п. Многие М. развиваются на деревьях (гусеницы объедают листья) и при массовом размножении наносят им существ. вред (напр., ивовая, паутинная, яблонная, тополёвая М.-пестрянка).

МОЛИБДЕ́Н (лат. Molybdaenum), Mo, хим. элемент VI гр. периодич. системы, ат.н. 42, ат.м. 95,94; металл, $t_{пл}$ 2623 °C. М. используют для легирования сталей, как компонент жаропрочных сплавов в авиационной, ракетной и атомной технике, антикоррозионных сплавов в хим. маш-нии. Из М. изготовляют разл. детали в эл.-технике, нагреватели для высокотемпературных печей. Открыт швед. химиком К. Шееле в 1778, чистый металл получен швед. учёным Й. Берцелиусом в 1817.

МОЛИБДЕ́НОВЫЕ РУ́ДЫ, содержат Мо 0,06–1%. Гл. минерал – молибденит. Мировые запасы св. 19 млн. т. Гл. добывающие страны: США, Чили, Канада, Армения, Казахстан, Китай, Мексика, Перу.

МОЛИ́ТВА, религ. обращение к Богу, святым, великомученикам и др., принадлежность любого религ. культа. М. подразделяются на словесные (читаемые вслух) и бессловесные (совершаемые «умом и сердцем») – славословия, прошения, благодарения и ходатайствования; М. обычно произносятся в виде песнопений, псалмов и др. В христ-ве осн. М. содержатся в «Молитвослове».

МОЛЛЮ́СКИ, тип беспозвоночных ж-ных. Тело у большинства покрыто раковиной. Голова имеет рот, щупальца и часто глаза. Мускулистый вырост (нога) на брюшной стороне служит для ползания или плавания. Ок. 130 тыс. видов, в морях (большинство), пресных водах и на суше. Многие М. употребляются в пищу человеком (устрицы, мидии, кальмары, гребешки и др.); объект аквакультуры (напр., мор. жемчужницы). С древности раковины использовались как украшения, в качестве денег и пр. Ряд наземных М. повреждает культурные р-ния, нек-рые портят подвод. части судов и гидротехн. сооружений (камнеточцы, корабельные черви). Из-за перелова и разрушения местообитаний мн. виды нуждаются в охране.

МОЛНИЕОТВО́Д, устройство для защиты зданий, пром., с.-х. и др. сооружений от прямого попадания молнии. Состоит из металлич. стержня или троса, возвышающегося над защищаемым объектом и принимающего на себя удар молнии, и надёжного заземления (по к-рому разряд уходит в землю). Нередко в быту М. неправильно наз. громоотводом.

«МОЛОДА́Я ИТА́ЛИЯ», итал. подпольная орг-ция в 1831–34 и 1840–48. Основатель Дж. Мадзини. Гл. цели – борьба за освобождение Италии от иноземного ига и создание унитарной Итал. респ. путём орг-ции заговоров, вооруж. восстаний для мобилизации обществ. мнения.

МОЛО́ЗИВО, секрет молочных желёз женщины и самок млекопитающих, выделяющийся в первые 5–7 сут после родов. По сравнению с молоком содержит меньше углеводов, но больше белков, жиров, минер. в-в; обладает бактерицидными свойствами. Незаменимая пища для новорождённых детей и молодняка ж-ных.

Моллюски: 1 – японский гребешок; 2 – гигантская тридакна; 3 – крупнопупковый наутилус; 4 – шероховатая лима; 5 – голубой слизень; 6 – тритония Хомберга; 7 – осьминог адский вампир; 8 – обыкновенный осьминог; 9 – обрублённая мия; 10 – обыкновенный прудовик; 11 – церастодерма Ламарка; 12 – кальмар чудесная лампа; 13 – лекарственная каракатица.

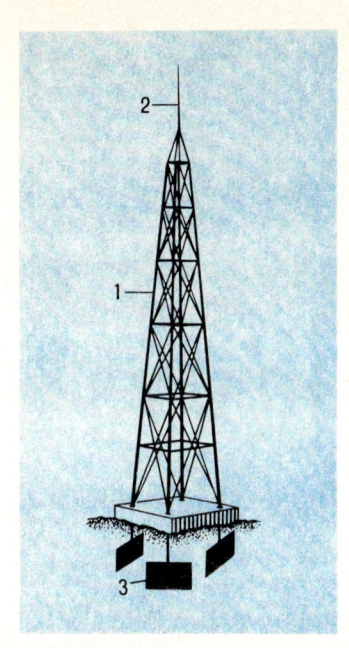

Молниеотвод: 1 – стальная опора; 2 – стержень; 3 – заземление.

МОЛО́КИ, сперма рыб. Зрелые М. имеют молочно-белый цвет (отсюда назв.).

МОЛОКО́, секрет молочных желёз женщины и самок млекопитающих. Ценный пищ. продукт. Состав М. у разных видов неодинаков. Напр., коровье молоко содержит (%): воду 87; молочный сахар 4,7; жир 3,9; белки 3,2; минер. в-ва 0,7, витамины, ферменты; энергетич. ценность (калорийность) 100 г – 289 кДж (69 ккал).

МО́ЛОТОВ (Скрябин) Вяч. Мих. (1890–1986), пред. СНК СССР (1930–41). В Окт. рев-цию чл. Петрогр. ВРК. С 1919 на сов. и парт. работе. В 1921–30 секр. ЦК ВКП(б). С 1941 зам. пред., в 1942–57 1-й зам. пред. СНК(СМ) СССР, одноврем. в 1941–45 зам. пред. ГКО. В 1939–49 и 1953–56 нарком, мин. ин. дел СССР. Чл. Политбюро (През.) ЦК КПСС (1926–57). В 1957–62 на дипл. работе. Входил в ближайшее полит. окружение И.В. Сталина; один из наиб. активных организаторов массовых репрессий 1930-х – нач. 50-х гг.

«МО́ЛОТОВА – РИ́ББЕНТРО́ПА ПАКТ», см. в ст. *Советско-германские договоры 1939*.

МОЛО́Х, согласно Библии, божество, к-рому приносились человеческие жертвы (особенно дети); почиталось в Палестине, Финикии и Карфагене. Перен.– страшная, ненасытная сила, требующая человеческих жертв.

МОЛОЧА́Й, род многолетних трав и кустарников (сем. молочайные). Ок. 2000 видов, по всему земному шару. Млечный сок многих М. ядовит. Среди видов М.– сорняки, декоративные; нек-рые тропич. и субтропич. виды М. используются в парфюмерии и медицине (слабительное, рвотное, глистогонное средства).

МОЛО́ЧНИЦА (кандидозный стоматит), заболевание слизистой оболочки полости рта, вызываемое дрожжевыми грибами рода кандида, гл. обр. у грудных детей. Проявляется покраснением слизистой оболочки, образованием на ней беловатых налётов, язвочек.

МОЛО́ЧНЫЕ ЖЕ́ЛЕЗЫ, органы жен. особей млекопитающих ж-ных и человека, секретирующие молоко в период лактации. Развиваются к периоду половой зрелости. У муж. особей в течение всей жизни находятся в зачаточном состоянии.

МОЛО́ЧНЫЙ СА́ХАР, то же, что *лактоза*.

МОЛЧА́НОВ Кир. Вл. (1922–82), композитор. В оп. «Неизвестный солдат» («Брестская крепость», 1967), «Русская женщина» (1969), «Зори здесь тихие» (1973) колорит сов. истории воссоздан цитированием песен воен. поры. Бал. «Макбет» (1980), телебалет «Три карты» (пост. 1983); песни, в т.ч. «Солдаты идут», «Сердце, молчи», «Помни».

МОЛЬ, единица кол-ва в-ва в *СИ*. Обозначение – моль. В 1 М. содержится столько молекул (атомов, ионов или к.-л. др. структурных элементов в-ва), сколько атомов содержится в 0,012 кг ^{12}С (углерода с ат.м. 12). Число атомов, содержащихся в 1 М. ^{12}С, представляет собой число Авогадро (6,022·10^{23}).

МОЛЬЕ́Р (Molière) (наст. имя и фам. Жан Батист Поклен) (1622–1673), франц. комедиограф, актёр, реформатор сценич. иск-ва. Служил при дворе Людовика XIV. Опираясь на традиции нар. т-ра и достижения классицизма, создал жанр социально-бытовой комедии, в к-рой буффонада, плебейский юмор сочетались с изяществом и артистизмом. Высмеивая сословные предрассудки аристократов, ограниченность буржуа, ханжество дворян и церковников, видел в них извращение человеческой природы («Смешные жеманницы», пост. 1659; «Мизантроп», пост. 1666; «Скупой», пост. 1668; «Учёные женщины», пост. 1672; «Мещанин во дворянстве», пост. 1670; «Мнимый больной», пост. 1673); с особой непримиримостью разоблачал лицемерие, создав бессмертный образ Тартюфа,– комедия «Тартюф, или Обманщик» (пост. 1664). Постановка «Дон Жуана» в 1665 подверглась преследованиям за вольнодумство. Жизненность, худ. ёмкость образов М. оказали огромное влияние на развитие мировой к-ры, в т.ч. рус., драматургии и т-ра.

МО́ЛЬТКЕ (Moltke) (Старший) Хельмут Карл (1800–91), герм. полководец, воен. теоретик, ген.-фельдм. (1871). С 1858 нач. прусского, в 1871–88 – герм. генштаба, фактически главнокоманд. в войнах с Данией (1864), Австрией (1866) и Францией (1870–71). Автор тр. по воен. истории и теории.

Мольер. Портрет работы Н. Миньяра. 17 в.

МОМЕ́НТ ИНЕ́РЦИИ, мера инертности тв. тел при вращательном движении (подобно тому как *масса* является мерой инертности при поступат. движении). При заданной массе тела М.и. зависит как от распределения этой массы по объёму тела, так и от положения и направления оси вращения. В общем случае М.и. неоднородных тел сложной формы определяется экспериментально.

МО́ММЗЕН (Mommsen) Теодор (1817–1903), нем. историк. М. принадлежит более 1500 работ по истории Др. Рима (праву, нумизматике, лит-ре, хронологии, лингвистике и пр.). В гл. труде «Римская история» (т. 1–3,5, 1936–49) изложил полит. историю Рима до 46 до н.э. и дал подробный обзор истории рим. провинций. Ноб. пр. по лит-ре (1902).

МОНА́ДА (от греч. monás, род.п. monádos – единица, единое), понятие, обозначающее в разл. филос. учениях основополагающие элементы бытия: число в пифагореизме; *единое* в неоплатонизме; единое начало бытия в пантеизме Дж. Бруно; психич. активная субстанция в монадологии Г.В. Лейбница, воспринимающая и отражающая др. М. и весь мир («М.– зеркало Вселенной»).

МОНА́КО, гос-во в Юж. Европе, на побережье Средиземного м. Состоит из слившихся друг с другом городов (адм. округов): Монако, Монте-Карло и Ла-Кондамин. Пл. 1,9 км². Нас. 30,5 т.ч., в осн. французы и итальянцы; монегаски (монаковцев) ок. 5 т.ч. Офиц. яз.– французский. Верующие преим. католики. М.– конституц. монархия. Глава гос-ва – князь. Столица – Монако. Ден. единица – французский франк.

Как княжество известно с 15 в. В 1524–1641 под исп. господством, затем в осн. под франц. протекторатом (в 1793–1814 в составе Франции).

Основа экономики – торг.-финанс. деятельность (ок. 800 междунар. компаний и 50 банков), туризм, пром-сть (радиоэлектронная, эл.-техн., хим., фарм., пищ., полиграф.). ВНП на д.нас. 16000 долл. в год. Важные статьи дохода – игорные дома, выпуск почтовых марок.

МОНА́КО, столица гос-ва Монако. 3 т.ж. Порт на Средиземном м. Произ-во сувениров. Океанографич. музей с уникальным аквариумом. Музей доист. антропологии. Туризм. Изв. с 13 в. Сохранились жилые кварталы и террасные сады 16–18 вв. Княжеский дворец (16–19 вв., включает фрагменты крепости 13–14 вв.).

МОНА́РХИЯ, гос-во, главой к-рого является монарх (напр., царь, король, шах, эмир, кайзер), получающий власть, как правило, в порядке наследования. Различают неограниченную (абсолютную) М. и ограниченную (т.н. конституц.) М., при к-рой власть монарха ограничена парламентом (напр., Великобритания, Норвегия, Дания, Швеция). В нек-рых странах глава гос-ва является одноврем. религ. главой.

МОНАСТЫРИ́ (от греч. monastérion – место для уединения, в буддизме, христ-ве (православии и католицизме) поселения монахов (муж. М.) и монахинь (жен. М.), подчиняющихся единым правилам жизни (устав). Древнейшие – будд. М. (сер. 1-го тыс. до н.э., в Индии). Крупнейшие правосл. М. назывались *лаврами*.

В Индии и Китае распространены пещерные буддийские М.; в Китае, Японии, странах Юго-Вост. Азии – ансамбли дерев. храмов-павильонов; в Монголии, Тибете – строго регулярные комплексы ламаистских М. Христ. М. Сев. Африки, Бл. Востока и др. имели облик крепостей. Чёткая регулярная композиция отличает европ. католич. М., более свободная живописная – правосл. М. Балканского п-ова, М. Азии, Руси, Грузии, Армении.

МОНА́ШЕСТВО (от греч. monachós – живущий в одиночестве, уединённо), объединение верующих (группа, община, братство), принявших обет нестяжания (отказ от собственности), послушания (абс. повиновение уставу), целомудрия (безбрачие), исполняющих волю своих духовных руководителей и отказавшихся от старого имени. М. зародилось в буддизме в сер. 1-го тыс. до н.э.; в кон. 3 – нач. 4 вв. н.э. появилось в христ-ве (отсутствует в протестантизме), основатель – Антоний Великий. На Руси с кон. 10 – нач. 11 вв. Правосл. монахи носят чёрную одежду.

МОНБЛА́Н (франц. Mont Blanc, итал. Monte Bianco), горн. массив и вершина в Зап. *Альпах*, на границе Франции и Италии, самая высокая в Зап. Европе (4807 м). Пл. оледенения св. 200 км². Альпинизм. Туризм.

МОНГО́ЛИЯ, гос-во в Центр. Азии. Пл. 1566 т. км². Нас. 2,3 млн.ч., св. 80% монголы. Офиц. яз.– монгольский. Верующие гл. обр. буддисты (ламаисты). М.– республика; глава гос-ва – президент. Законодат. орган – Великий нар. хурал. Столица – Улан-Батор. Адм.-терр. деление: 18 аймаков, гг. Улан-Батор, Дархан и Эрдэнэт выделены в особые адм. единицы. Ден. единица – тугрик.

На З. и Ю.-З.– Монг. Алтай (выс. до 4362 м), Гобийский Алтай, Хангай, на В. и Ю.-В.– равнины пустыни Гоби (выс. 1000–2000 м). Климат сухой, резко континентальный. Ср. темп-ры янв. от –35° до –10°С, июля 15–26°С; осадков 100–200 мм (в горах до 500 мм) в год. Гл. реки – Селенга, Керулен, Кобдо, Дзабхан. Кр. озёра: Убсу-Нур, Хубсугул. Преобладают степи; на Ю.– полупустыни и пустыни, в горах местами лесостепи и хвойные леса.

В 6–12 вв. терр. М. в составе Тюркского, Уйгурского, Кирг. каганатов и киданьского гос-ва Ляо. В нач. 13 в. возникло монг. гос-во во главе с Чингисханом. При нём и его преемниках образовалась Монг. империя (распалась в 14 в.). В 1636 маньчжурские правители установили господство над Внутр. Монголией, в 1691 – над Сев. Монголией (Внеш. М.). В 1911 Внеш. М. стала самостоят. теократич. гос-вом, с 1915 – авт. территорией в составе Китая. В 1918–21 Япония пы-

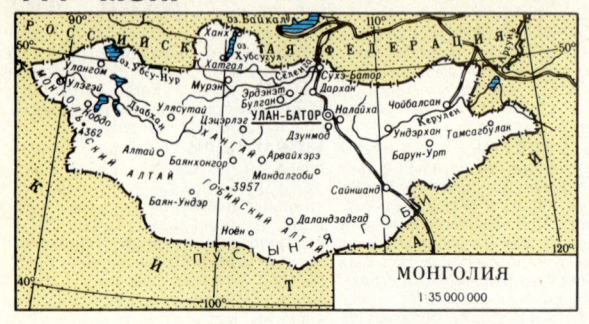

Монголия. Пейзаж у реки Керулен.

талась подчинить Внеш. М., используя для этого кит. милитаристов и отряды барона Унгерна фон Штернберга (фактич. диктатора М.). Части Кр. Армии вступили в пределы Внеш. М. и совм. с монг. войсками разгромили интервентов. В 1921 провозглашена независимость М.; с 1924 – Монг. Нар. Респ. (МНР). В принятой в 1960 конституции МНР была провозглашена социалистич. гос-вом, единств. партией была Монг. нар.-рев. партия (МНРП, созд. в 1921; с 1991 – Монг. нар. партия). Со 2-й пол. 1980-х гг. началась демократизация обществ.-полит. жизни. В 1992 вступила в силу новая конституция, МНР стала называться М. После выборов 1992 сформировано однопарт. пр-во МНП.

М.– агр.-индустр. страна. ВНП на д. нас. 112 долл. в год. Развито жив-во. М. занимает одно из первых мест в мире по кол-ву скота на душу населения. Разводят кр. рог. скот, лошадей, овец, коз, верблюдов, в горах – яков и хайнаков (гибрид монг. яка с коровой), в пригородах – свиней и птицу. Пушные зверофермы. Возделываются зерновые и зернобобовые. На крайнем З.– овощ-во, плод-во, местами кормовые культуры. Наиб. развиты добыча полезных ископаемых (угля, руд вольфрама, меди, молибдена, золота, флюорита) и пром-сть по переработке животноводч. сырья, а также лесная, деревообр. и энергетическая. Полиграфия; микробиол. произ-во. Экспорт: медные и молибденовые концентраты и др. продукция горнодоб. пром-сти (40% всего объёма), овечья и верблюжья шерсть, кожсырьё и изделия из кож, ковры, трикотаж, овчинно-шубные изделия, мясо и мясные консервы, биопрепараты и др.

МОНГОЛО́ИДНАЯ РА́СА (азиат.-амер. раса), одна из больших рас человечества. Характерны желтоватая кожа, прямые чёрные волосы, слабый рост волос на лице и теле, слабо выступающий нос, уплощённость лица, значит. выступание скул, эпикантус (складка на верх. веке). Распространена в Вост. Азии, Индонезии, Центр. Азии, Сибири, Америке.

МОНГО́ЛО-ТАТА́РСКОЕ И́ГО на Руси (1243–1480), традиц. название вассальной зависимости рус. кн-в от монг.-тат. ханов. Установлено в результате нашествия Батыя. До нач. 60-х гг. 13 в. Русь находилась под властью вел. монг. ханов, затем ханов Золотой Орды. Кн-ва контролировались наместниками ханов (баскаками и др.). Население платило дань и многочисл. налоги. Князья доставляли дань (выход) в Орду и получали грамоты (ярлыки) на право княжения. Старшим князем, утверждавшимся ханами, был вел. князь владимирский. Непокорные кн-ва подвергались опустошит. набегам ордынцев. После Куликовской битвы (1380) носило номинальный характер. Окончательно свергнуто Иваном III в 1480 (см. «Стояние на Угре»).

МОНГО́ЛЬСКИЕ ЗАВОЕВА́НИЯ, войны и походы армий Чингисхана и его потомков в 13 в. в Азии и Вост. Европе. В 1207–11 подчинены мн. народы Сибири и Вост. Туркестана. В 1211–34 завоёван Сев. Китай, в 1215 – Семиречье, в 1219–21 – Ср. Азия. В 1222–23 походы в Закавказье и на Сев. Кавказ. В 1223 победа над рус.-половецким войском на р. Калка. В 1231–73 завоевание Кореи, в 1232 разгром Волжско-Камской Болгарии. В 1237–41 нашествие хана Батыя на Русь. В 1241–42 войны в Польше, Венгрии, на Балканах. Во 2-й пол. 13 в. захват терр. в Вост. и Юго-Вост. Азии. М.з. привели к опустошению обширных регионов, покорению мн. народов, разрушению городов и памятников культуры. На захваченных землях возникли гос-ва: *Золотая Орда*, гос-во Хулагундов и др. Введена система эксплуатации вассальных терр. (см. *Монголо-татарское иго*).

МОНГОЛЬФЬЕ́ (Montgolfier), франц. изобретатели теплового (наполняемого нагретым воздухом) аэростата (возд. шара), братья: Жозеф Мишель (1740–1810) и Жак Этьен (1745–99). Первый полёт с людьми на таком шаре состоялся 21 нояб. 1783 в Париже (см. *Воздухоплавание*).

МО́НДРИАН (Mondrian) Пит (1872–1944), нидерл. живописец. Один из основателей группы «Стиль». Создатель неопластицизма – абстрактных композиций из прямоуг. плоскостей и прямоуг. линий, окрашенных в осн. цвета спектра.

МОНЕ́ (Monet) Клод (1840–1926), франц. живописец. Представитель *импрессионизма*. Тонкие по колориту, напоённые светом и воздухом пейзажи; в 90-х гг. стремился запечатлеть мимолётные состояния свето-возд. среды в разное время дня (серия «Руанский собор», 1893–95).

МОНЕ́ТА [от лат. moneta, первоначально – один из эпитетов Юноны (Juno Moneta), при храме к-рой в Риме в 3 в. до н.э. находился монетный двор], ден. знак, отчеканенный из золота, серебра, меди, др. металлов и их сплавов. Имеет лицевую (аверс) и оборотную (реверс) стороны и обрез (гурт). На Руси собств. монетная чеканка возникла в 9–10 вв. По реформе 1534 началась чеканка общегос. монеты – копейки.

МОНЕТАРИ́ЗМ, экон. теория, рассматривающая ден. массу, находящуюся в обращении, как определяющий фактор в формировании хоз. конъ-

П. Мондриан. «Композиция». 1921. Национальный музей современного искусства. Париж.

Монгольские завоевания. Осада монголо-татарскими войсками г. Козельск. 1237. Миниатюра Лицевого свода. 16 в.

К. Моне. «Бульвар капуцинок в Париже». 1873. Музей изобразительных искусств имени А.С. Пушкина.

юнктуры и исследующая зависимость между изменениями кол-ва денег и величиной *валового внутреннего продукта*. Возник в США в 50-х гг. 20 в. как антипод *кейнсианства*; ведущий представитель – М. Фридмен.

МОНЕ́ТНЫЙ ДВОР, гос. пр-тие по чеканке монет, изготовлению орденов и др. металлич. знаков отличия. В России первый М.д. осн. в 1534 в Москве; в 1724 – в С.-Петербурге, с 1876 стал единственным в стране. В 1942 создан М.д. в Москве.

МОНИ́ЗМ (от греч. mónos – один, единственный), филос. способ рассмотрения многообразия явлений мира в свете единой основы (субстанции) всего существующего. Противоположность М. – *дуализм* (признающий два независимых начала) и *плюрализм* (исходящий из множественности начал).

МОНИТО́Р (от лат. monitor – напоминающий, надзирающий), 1) устройство для визуального контроля качества передаваемого телевизионного изображения (видеоконтрольное устройство) во всех узловых точках тракта телецентра (от телевизионной камеры до выхода на радиопередатчик). Осн. узлы: кинескоп, видеоусилитель, декодирующее устройство. 2) В вычислит. технике – машинная программа, к-рая организует согласованную работу неск. программ в системе автоматич. обработки данных.

МОНИТО́РИНГ, комплексная система наблюдений, оценки и прогноза изменений состояния биосферы или её отд. частей, гл. обр. под влиянием человеческой деятельности (т.н. антропогенного воздействия). Наиб. важны в системе М. наблюдения за хим. составом атмосферы, осадков, поверхностных и грунтовых вод, почвы, за концентрацией и осн. путями распространения загрязнений. Кроме того, проводится М. сейсмич. явлений, водных и минер. ресурсов, численности и видового состава ж-ных, р-ний и др. При локальном М. наблюдения ведутся за состоянием природной окружающей среды с точки зрения её влияния на здоровье человека (напр., радиационный М.). При глобальном М. определяют в биосфере фоновые изменения озона, диоксида углерода, циркуляции газов между океаном и атмосферой Земли и др. В службе М. используют физ., хим., биол. методы иссл., применяют авиац. и космич. технику. Данные М. позволяют определять допустимые экологич. нагрузки, вводить ограничения (нормирование) для разных антропогенных воздействий и др.

МО́НИШ (Moniz) Антониу Каэтану ди Абреу Фрейри Эгаш (1874–1955), португ. невропатолог и нейрохирург. Тр. по *ангиографии*. Первым применил хирургич. методы лечения нек-рых психич. болезней. Ноб. пр. (1949).

МО́НО... (от греч. mónos – один, единственный), часть сложных слов, означающая: «одно», «едино» (напр., монокультура, монотонный).

МОНОГА́МИЯ (от *моно...* и греч. gámos – брак) (единобрачие), форма брака, позволяющая иметь только одного супруга. Возникнув в первобытном об-ве, М. в дальнейшем стала господствующей брачной нормой.

МОНОГАТА́РИ («рассказ о вещах»), общее наименование повествоват. жанров в япон. лит-ре 9–14 вв., включая волшебные и бытовые повести («Такэтори-моногатари», 9 в.), собрания новелл, преданий, легенд («Исэ-моногатари», нач. 10 в.), романы («Гэндзи-моногатари», кон. 10 в.), ист. и воен. эпопеи («Хэйкэ-моногатари», 13 в.).

МОНОГРА́ММА (от *моно...* и *...грамма*), 1) сплетённые в виде *вензеля* нач. буквы имени, фамилии. 2) Условный знак (изображение цветка, животного), заменяющий подпись на произв. художника.

МОНО́ДИЯ (греч. monōdía), 1) в др.-греч. музыке сольное пение. 2) Стиль сольного пения с инстр. сопровождением, сложившийся в 17 в. в Италии в *мадригалах*, ариях и речитативах ранней оперы (см. *Гомофония*). 3) Одноголосие, не предполагающее аккордовое сопровождение (*григорианский хорал, знаменный распев, макам, рага*).

МОНОКРИСТА́ЛЛ (от *моно...* и *кристалл*), отд. кристалл, имеющий во всём объёме непрерывную кристаллич. решётку. Многие М. обладают важными физ. свойствами: алмаз очень твёрд; сапфир, кварц, флюорит исключительно прозрачны. Многие М. чувствительны к примесям и внеш. воздействиям (света, магн. и электрич. полей, механич. напряжений), поэтому они применяются в полупроводн. электронике, а также в качестве разл. преобразователей в оптике (рубиновый лазер), акустике (пьезокварцевые датчики) и т.д. От М. отличаются поликристаллы, состоящие из различно ориентированных монокристаллич. зёрен.

МОНОКУЛЯ́Р (от *моно...* и лат. oculus – глаз), оптич. прибор для рассматривания удалённых предметов одним глазом. Состоит из объектива, окуляра и призменной оборачивающей системы (подобно *биноклю*). В отличие от *зрительных труб* М. имеет существенно меньшую длину. Кратность увеличения до 20.

МОНОЛИ́Т (от *моно...* и *...лит*), цельная кам. глыба; сооружение или часть его, высеченные из цельного камня (напр., памятник). Монолитный – цельный, единый.

МОНОЛО́Г (от *моно...* и греч. lógos – речь), развёрнутое высказывание одного лица; преобладающая форма в лирике, важная – в эпических и особенно в драм. жанрах. В повествоват. прозе 19–20 вв. распространён «внутр. М.» героев.

МОНОПЛА́Н (от *моно...* и planum – плоскость), самолёт с одним крылом по обе стороны фюзеляжа, к-рое может быть расположено сверху, снизу или посередине фюзеляжа и крепится к нему подкосами (подкосный М.)

Моноплан. Истребитель-моноплан И-16 конструкции Н.Н. Поликарпова.

или без них (свободнонесущий М.). С сер. 1930-х гг. свободнонесущий М. – осн. тип самолёта.

МОНОПО́ЛИЯ (от *моно...* и греч. pōléō – продаю), 1) исключит. право произ-ва, торговли, промысла и т.д., принадлежащее одному лицу, определ. группе лиц или гос-ву; в широком смысле – исключит. право на что-либо. 2) М. в сфере экономики, ситуация на рынке, к-рая характеризуется наличием небольшого числа продавцов (редко единственного), каждый из к-рых способен повлиять на общий объём предложения и на цену товара или услуги. При этом осуществляется определ. контроль над вхождением в данную отрасль др. фирм как потенциальных конкурентов. Барьеры, ограждающие М., могут быть либо установлены гос-вом (в форме патентов, тарифов и др.), либо обусловлены превосходством монополиста, используемой им технологии или управленч. ноу-хау, либо связаны с необходимостью огромных капиталовложений для ведения хоз. деятельности в данной отрасли. В развитых странах существует антимонопольное законодательство.

МОНОРЕ́ЛЬСОВАЯ ДОРО́ГА, трансп. система, в к-рой направляющая балка (монорельс), расположенная на опорах или эстакаде, служит для движения пасс. вагонов (вместимость 120–140 чел.) со скоростью до 240 км/ч или грузовых вагонеток (грузоподъёмность 0,5–5 т) со скоростью до 4 км/ч. Стр-во М.д. применяется в путевых устройствах высокоскоростного наземного транспорта. Первая в России М.д. была построена в 1820 близ Москвы в с. Мечково (патент выдан в 1821 в Великобритании).

Монорельсовая дорога: а – навесная система «Альвег» (Германия); б – подвесная система «Сафеже» (Франция).

МОНОТЕИ́ЗМ (от *моно...* и греч. theós – бог) (единобожие), система религ. верований, основанная на представлении о едином Боге. К монотеистич. религиям относятся иудаизм, христ-во и ислам.

МОНОФЕЛИ́ТЫ (от *моно...* и греч. thélēma – воля), сторонники христ. учения, сложившегося в 7 в. в Византии как офиц. компромисс между ортодоксальной догмой и *монофиситами*. Согласно М., Христос обладал двумя природами, одной волей и «энергией» (богочеловеческой). Осуждены как еретики на 6-м Вселенском соборе 680–681.

МОНОФИСИ́ТЫ (от *моно...* и греч. phýsis – природа, естество), сторонники христ. учения, возникшего в Византии в 5 в. как реакция на *несторианство*. Трактовали соединение двух природ во Христе как поглощение человеческого начала божественным. Учение М. распространилось в вост. провинциях Византии (Египте, Сирии, Армении) и стало знаменем полит. сепаратизма; в 451 осуждено Халкидонским собором. Господствует в арм., эфиоп., коптской (егип.) и «яковитской» сирийской церкви. См. также *Монофелиты*.

МОНОХРОМАТИ́ЧЕСКОЕ ИЗЛУЧЕ́НИЕ (от греч. mónos – один, единый и chróma – цвет), эл.-магн. излучение одной определённой и строго постоянной частоты (длины волны). Происхождение термина «М.и.» связано с тем, что различие в частоте (длине) световых волн воспринимается человеческим глазом как различие в цвете.

МОНРЕА́ЛЬ, г. в Канаде. Св. 3 млн. ж. Порт на р. Св. Лаврентия (грузооборот св. 15 млн. т в год); 2 междунар. аэропорта. Метрополитен. Маш.-строит., хим., нефтеперераб., текст. пром-сть; цв. металлургия. 3 ун-та. Музей изящных иск-в. Осн. в 1642 как франц. фактория и форт на месте индейского поселения Хочелага. В 1967 в М. состоялась всемирная выставка. Семинария Сен-Сюльпис (1680), дворец Рамзе (1705–24), многочисл. небоскрёбы (20 в.).

МОНРО́ (Monroe) Мэрилин (наст. имя и фам. Норма Джин Бейкер Мортенсон) (1926–62), амер. киноактриса. Во мн. фильмах эксплуатировались внеш. облик, миф, скандальный ореол М., ставшей секс-символом эпохи (комедии: «Обезьяньи проделки», 1952, «Джентльмены предпочитают блондинок», 1953, «Некоторые любят погорячее», 1959, в отеч. прокате – «В джазе только девушки»). Драм. роли сыграла в ф.: «Автобус-

446 МОНР

М. Монро (на заднем плане) в фильме «В джазе только девушки».

ная остановка» (1956), «Неприкаянные» (1960). Покончила жизнь самоубийством.

МОНРО́ ДОКТРИ́НА, внешнеполит. программа пр-ва США; провозглашена в 1823 в послании през. США Дж. Монро конгрессу. Декларировала принцип взаимного невмешательства стран Амер. и Европ. континентов во внутр. дела друг друга. Одновременно выдвигала положение, согласно к-рому рост могущества США ставился в зависимость от присоединения новых территорий. Значение М.д. возросло с усилением с 1898 внешнеполит. активности США. Она использовалась, в частности през. Т. Рузвельтом, с 1904 для политики опеки над слаборазвитыми гос-вами Центр. и Юж. Америки. М.д. положена в основу идеи солидарности амер. гос-в (ОАГ и др.).

МОНРО́ВИЯ, столица (с 1847) Либерии. 421 т.ж. Порт на Атлантич. ок., в устье р. Сент-Пол (грузооборот ок. 12 млн. т в год); 2 междунар. аэропорта. Ун-т. Музеи. Осн. в 1822 освобождёнными неграми — переселенцами из США (названа по имени през. США Дж. Монро).

МОНСИНЬИ́ (Monsigny) Пьер Александр (1729–1817), франц. композитор. Один из создателей *оперы-комик* сентиментально-патетич. направления. Герои опер М.— простолюдины (солдаты, фермеры, крестьяне), действующие в обыденной обстановке. Оп. «Дезертир» (1769) — предтеча *«оперы спасения»*, и др.

МОНСТР (франц. monstre), чудовище, урод.

МОНТА́Ж (франц. montage — подъём, установка, сборка) (кино), творч. и техн. процесс в создании кинофильма, следующий после проведения съёмок. Включает отбор отснятых фрагментов в соответствии со сценарием и режиссёрским замыслом, склейку отд. фрагментов в единое целое, перезапись фонограмм и др.

МОНТА́ЛЕ (Montale) Эудженио (1896–1981), итал. поэт, лит. критик. Представитель *герметизма*. Сб. стих. «Раковины каракатицы» (1925), «Случайности» (1939), «Буря и другие стихотворения» (1956), «Сатура» (1972) проникнуты гуманистич. мотивами. Ноб. пр. (1975).

МОНТА́Н (Montand) Ив (наст. имя и фам. Иво Ливи) (1921–91), франц. киноактёр, певец. Выступал в кабаре, на эстраде. Создал драм. характеры сильных, мужеств. героев, проявляющих себя в экстремальных ситуациях, в ф.: «Плата за страх» (1953), «Война окончена» (1966), «Дзета» (1969), «Признание» (1970), «Два билета на 26-е» (1989) и др.

МОНТАНЬЯ́РЫ, см. *Гора*.

МОНТГО́МЕРИ Аламейнский (Montgomery of Alamein) Бернард Лоу (1887–1976), англ. военачальник, фельдм. (1944), виконт (1946). Во 2-ю мир. войну с 1942 команд. 8-й армией в Сев. Африке, к-рая в 1942 разгромила нем. войска ген.-фельдм. Э. Роммеля под Эль-Аламейном близ Александрии. В 1944–45 команд. 21-й группой армий в Нормандии, Бельгии и Сев. Германии. В 1945 главнокоманд. брит. оккупац. войсками в Германии. С 1946 нач. имперского геншатаба, с 1948 пред. К-та главнокомандующих Совета обороны Зап. союза, в 1951–58 1-й зам. верх. главнокоманд. вооруж. силами НАТО в Европе.

МОНТЕ́ (Monteux) Пьер (1875–1964), франц. дирижёр. С 1911 дирижировал спектаклями труппы «Рус. балет С.П. Дягилева». С 1916 в США. Рук. Бостонского (1919–24), Симф. орк. Парижа (его основатель, 1929–38), Сан-Францисского (1936–1952), Лондонского (с 1961) симф. оркестров. Техн. мастерство, безукоризненное чувство стиля обусловили широту и разнообразие репертуара.

МОНТЕВЕ́РДИ (Monteverdi) Клаудио (1567–1643), итал. композитор. Восприняв опыт *флорентийской камераты*, заложил традиции оперной

К. Монтеверди. Портрет работы неизвестного художника. Музей Ашмола. Оксфорд.

венецианской школы. Создал первые шедевры оперного жанра — «Орфей» (1607), «Возвращение Улисса на родину» (1640), «Коронация Поппеи» (1642) — образцы эмоц.-психологически напряжённой, конфликтной драматургии. 8 сб-ков *мадригалов*, в т.ч. драматические.

МОНТЕВИДЕ́О, столица (с 1828) Уругвая. 1,3 млн.ж. Порт в зал. Ла-Плата. Междунар. аэропорт. Мясохладобойная и мясоконс., нефтеперераб., текст., кож.-обув., металлообр., эл.-техн. пром-сть. Ун-ты. Нац. консерватория (1849), Ин-т Верди (1890), Муз. академия Ф. Листа и др. Музеи: нац. пластич. иск-в, муниципальный изящных иск-в, нац. исторический. Т-ры, в т.ч. т-р «Вик-

тория». Мор. курорт. Осн. в 1726 испанцами. В 1816–28 в составе Бразилии. В Старом городе, построенном по регулярному плану в 18 — нач. 19 вв.,— гл. площадь Пласа де ла Конститусьон с собором (1790–1804), дома колон. периода с внутр. дворами.

МО́НТЕ-КА́РЛО, г. в Монако. 12 т.ж. Климатич. курорт на Средиземном м. Кр. финанс. центр. Междунар. туризм. Казино (1861). Музей изящных иск-в. Оперный т-р (1879). Одна из самых мощных в Европе радиостанций. Ежегод. междунар. фестивали циркового иск-ва. «Ралли Монте-Карло» (с 1911).

МОНТЕ́НЬ (Montaigne) Мишель де (1533–92), франц. философ-гуманист. Эссеистские (по типу изложения и способу философствования) «Опыты» (1580–88) направлены против схоластики и морально-филос. догматизма, отмечены своеобразным скептиц. гуманизмом. Пользуясь методом самонаблюдения, исследует текучесть и противоречивость человеческого характера.

МОНТЕРРЕ́Й, г. в Мексике. 1,1 млн.ж. Междунар. аэропорт. Металлургия, маш-ние, хим., текст., кож.-обув., пищевкус. пром-сть. Ун-ты. Музеи. Близ М.— горячие источники и горн. курорт. Осн. в сер. 16 в.

МОНТЕСКЬЁ (Montesquieu) Шарль Луи (1689–1755), франц. просветитель, правовед, философ. Выступал против деспотизма («неправильная» форма правления). Для «правильных» форм (напр., демок-

Монтевидео. Вид одной из центральных площадей города.

ратия, монархия) средством обеспечения законности считал принцип *разделения властей*. Осн. соч.: «Персидские письма» (1721), «О духе законов» (1748).

МОНТЕССО́РИ (Montessori) Мария (1870–1952), итал. педагог. На основе теории «спонтанного развития» разработала систему дошкольного воспитания, воплощённую в созданных ею «домах ребёнка». Гл. внимание уделяла формированию познават. способностей детей с помощью спец. дидактич. материалов.

МОНУМЕНТА́ЛЬНОЕ ИСКУ́ССТВО, род *изобразительных искусств*, произв. к-рого создаются, как правило, для конкретной архит. среды, отличаются значительностью идейного содержания, обобщённостью форм, крупным масштабом. К М.и. относятся памятники и монументы, скульпт. и живописные и пр. композиции для зданий, *витражи*, фонтаны и т.д.

МОНЮ́ШКО (Moniuszko) Станислав (1819–72), композитор, дирижёр, создатель польск. нац. оперы. Гл. дирижёр «Театра Вельки» в Варшаве. Гастролировал (в т.ч. в С.-Петербурге). Патриотич. и демокр. идеи — в оп. «Галька» (1848), «Страшный двор» (1865). Всего св. 15 опер, оперетты, балеты, духовная музыка, св. 300 песен.

МОПАССА́Н (Maupassant) Ги де (1850–93), франц. писатель. Мастер короткого рассказа. В многочисл. сб-ках новелл «Заведение Телье» (1881), «Мадемуазель Фифи» (1882), «Дядюшка Милон» (1883),

С. Монюшко.

Т. Мор.

Т.Х. Морган.

Г. де Мопассан.

новелле «Пышка» (1880), разнообразных по тематике и тональности, отличающихся точностью и пластичностью худ. изображения, в романах «Жизнь» (1883), «Милый друг» (1885), «Пьер и Жан» (1888) – трезвость и острота социального анализа, резкое неприятие бурж. прагматизма, лживости и лицемерной морали, приводящих к измельчанию личности. В трактовке постоянной для М. любовной темы – откровенное изображение чувственных влечений (развитие предосудит. страсти, описание адюльтера и пр.). Умер в лечебнице для душевнобольных.

МОПС, древняя порода мелких (рост 25–35 см) бульдогообразных декор. собак. М. независимы и самоуверенны в общении с др. собаками, недоверчивы к посторонним, игривы и сдержанно ласковы с хозяином. Родина – Китай. Наиб. многочисленными и популярными в европ. странах были в 18–19 вв. Разводят во мн. странах, в России немногочисленны.

Мопс.

МОР (More) Томас (1478–1535), англ. гуманист, гос. деятель и писатель; один из основоположников *утопического социализма*. Друг Эразма Роттердамского. Канцлер Англии в 1529–32. Будучи католиком, отказался дать присягу королю как «верх. главе» Англиканской церкви, после чего обвинён в гос. измене и казнён; канонизирован католич. церковью (1935). В соч. «Утопия» (1516), содержащем описание идеального строя фантастич. о-ва Утопия (назв. дано М.), М. изобразил об-во, где нет частной собственности и обобществлены произ-во и быт; труд – обязанность всех, распределение происходит по потребности. Слово *утопия* стало впоследствии нарицательным.

МОРАВИА (Moravia) (наст. фам. Пинкерле) Альберто (1907–90), итал. писатель. В сб. «Римские рассказы» (1954) и «Новые римские рассказы» (1959), ром. «Чочара» (1957) – влияние *неореализма*. В ром. «Равнодушные» (1929), «Римлянка» (1947), «Презрение» (1954) – нравств. проблемы. Гл. идея М., склонного к морализированию, – невозможность счастья, основанного на нравств. конформизме.

МОРАВИЯ, ист. обл. в Чехии. Древнее население – кельты, с сер. 1-го тыс. н.э. – славяне (мораване и др.). В 9–10 вв. в Великоморавской державе, с 11 в. в Чеш. гос-ве (с 16 в. во владениях Габсбургов). С 1918 в составе Чехосл. респ. (Чехии). В 1938–39 оккупирована Германией, включена в «Протекторат Богемии и Моравии». В апр. – мае 1945 освобождена Сов. Армией.

МОРАЛИТЕ́ (франц. moralité, от лат. moralis – нравственный), драматургич. жанр; в зап.-европ. т-ре 15–16 вв. назидат. аллегорич. драма, персонажами к-рой были персонифицир. добродетели и пороки, вступавшие в борьбу за душу человека. Содержание М. раскрывалось в диалогах, спектакль представлял собой развёрнутый диспут. Персонажи узнавались по костюмам и традиц. атрибутам: Глупость – по ослиным ушам, Надежда – по якорю и т.д. Использовалось условно-символич. оформление таблички с поясн. надписями. Первое известное М. – франц. пьеса «Благоразумный и Неразумный» (1436).

МОРА́ЛЬ (от лат. moralis – нравственный), 1) нравственность, особая форма обществ. сознания и вид обществ. отношений (моральные отношения); один из осн. способов регуляции действий человека в об-ве с помощью норм. В отличие от простого обычая или традиции, нравств. нормы получают ценностное обоснование в виде идеалов добра и зла, должного, справедливости и т.п. В отличие от права, исполнение требований М. санкционируется лишь формами духовного воздействия (обществ. оценки, одобрения или осуждения). Наряду с общечеловеческими М. включает и исторически преходящие нормы, принципы, идеалы. М. изучается спец. филос. дисциплиной – *этикой*. 2) Отдельное практич. нравств. наставление, нравоучение (М. басни и т.п.).

МОРА́ЛЬНЫЙ ВРЕД, в праве вред неимуществ. характера, причинённый неправомерными действиями. Выражается в причинении нравств. (напр., умаление достоинства, подрыв репутации) или физич. страданий. Возмещается виновным в денежной или иной материальной форме и в размере, определяемых судом, независимо от подлежащего возмещению имуществ. вреда. См. также *Честь и достоинство*.

МОРА́ЛЬНЫЙ ИЗНО́С, снижение стоимости средств произ-ва вследствие роста производительности труда в отраслях, к-рые их производят, и появления более совершенной техники.

МОРА́НДИ (Morandi) Джорджо (1890–1964), итал. живописец и график. Автор тонких, ритмически упорядоченных по композиции, изменчивых по цветовой гамме натюрмортов.

МОРАТО́РИЙ (от позднелат. moratorius – замедляющий, отсрочивающий), 1) в гражд. праве – отсрочка исполнения обязательств, устанавливаемая пр-вом на определ. срок или до окончания к.-л. чрезвычайных событий (напр., войны, стихийного бедствия). 2) В междунар. праве – договорённость гос-в об отсрочке или воздержании от к.-л. действий на определ. или неопредел. срок.

МОРГ (франц. morgue), специально оборудованное помещение больницы, суд.-мед. учреждения для хранения, опознания, вскрытия и выдачи трупов для захоронения. Вскрытие трупа проводят также в патологоанат. отделениях больниц.

МО́РГАН (Morgan) Льюис Генри (1818–81), амер. историк и этнограф, исследователь культуры индейцев (ирокезов) и общих проблем первобытного об-ва.

МО́РГАН Томас Хант (1866–1945), амер. биолог, один из основоположников генетики. През. Нац. АН США (1927–31). Работы М. и его школы (Г.Дж. Мёллер, А.Г. Стёртевант, К. Бриджес и др.) обосновали хромосомную теорию наследственности; установленные закономерности расположения генов в хромосомах прояснили цитологич. механизм законов Менделя и способствовали разработке генетич. основ теории естеств. отбора. Ноб. пр. (1933).

МОРГА́НЬИ (Morgagni) Джованни Баттиста (1682–1771), итал. врач и анатом, один из основоположников патол. анатомии. В тр. «О местонахождении и причинах болезней, выявленных анатомом» (т. 1–2, 1761) объяснил патогенез ряда заболеваний и описал мн. анат. образования, названные его именем.

МОРДВИ́НОВ Ник. Дм. (1901–1966), актёр. С 1925 в студии под руководством Ю.А. Завадского (с 1927 театр-студия). С 1940 в Моск. т-ре имени Моссовета. Иск-во отличалось романтич. приподнятостью. М. привлекали могучие, цельные характеры: Ричард Даджен («Ученик дьявола» Б. Шоу, 1933), Отелло и Лир («Отелло», 1944, и «Король Лир», 1958, У. Шекспира), Арбенин («Маскарад» М.Ю. Лермонтова, 1952). С успехом выступал и в комедийном репертуаре. Снимался в ф.: «Богдан Хмельницкий» (1941), «Котовский» (1943) и др.

Н.Д. Мордвинов в роли Арбенина.

МОРДВИ́НОВ Ник. Сем. (1754–1845), рос. гос. деятель, граф (1834), адм. (1799). В 1802 мор. министр. В 1823–40 през. Вольного экон. об-ва. Сторонник безземельного освобождения крестьян за выкуп. М. – единственный из членов Верх. уголов. суда, отказавшийся подписать в 1826 смертный приговор декабристам.

МОРДО́ВИЯ (Республика Мордовия), в России. Пл. 26,2 т. км². Нас. 964 т.ч., гор. 57,7%; мордва (32,5%), русские (60,8%), татары и др. Столица – Саранск. 21 р-н, 7 городов, 19 пос. гор. типа.

Расположена на С.-З. Приволжской возв., на З. – Окско-Донская равнина. Климат умеренно континентальный. Ср. темп-ры янв. −11°С, июля 19°С; осадков ок. 500 мм в год. Гл. реки – Сура и Мокша. Леса занимают ок. 1/4 терр. Мордовский заповедник.

Племена мордвы впервые упоминаются в 6 в. С 13–14 вв. терр. М. в составе Рязанского и Нижегородского

448 МОРД

кн-в, в сер. 13 в. захвачена монголо-татарами. С падением Казанского ханства (1552) в составе России. В нояб. 1917 – марте 1918 установлена сов. власть. В 1928 создан Морд. округ (в Средневолжском кр.), к-рый 10 янв. 1930 преобразован в авт. область, с 20 дек. 1934 — Морд. АССР. В дек. 1990 ВС республики принял Декларацию о гос.-правовом суверенитете. В 1991–93 в М. существовал пост президента.

Осн. отрасли пром-сти: маш-ние и металлообработка (эл.-техн., приборостроение, тяж. и хим. маш-ние), хим., лёгкая. Худ. промыслы (вышивка, резьба по дереву и др.). Посевы зерновых и кормовых культур; выращивают картофель, сах. свёклу и др. овощи. Плод-во. Жив-во; птиц-во; пчеловодство.

МОРДЮКО́ВА Нонна (Ноябрина) Викт. (р. 1925), рос. киноактриса. Создала образы современниц, яркие нар. характеры. Героини М.— натуры незаурядные, душевно щедрые, бескомпромиссные («Молодая гвардия», 1948; «Чужая родня», 1956; «Председатель», 1964; «Комиссар», 1967, вып. 1988; «Журавушка», 1969; «Русское поле», 1972; «Запретная зона», 1988). Сочная комедийность и острохарактерность проявились в ф.: «Женитьба Бальзаминова» (1965), «Бриллиантовая рука» (1969), «Родня» (1982).

МО́РЕ, часть Мирового ок., обособленная сушей или возвышениями подводного рельефа и отличающаяся от открытой части океана гидрологич. и метеорол. режимом. Чем более замкнуто М. сушей, тем в большей степени оно отличается от океана; условно М. наз. также нек-рые открытые части океанов (напр., Саргассово м.) и нек-рые кр. озёра (напр., Каспийское, Аральское, Мёртвое), а также заливы (Гудзонов, Мексиканский). По степени обособленности и особенностям гидрологич. режима М. подразделяются на внутренние, окраинные и межостровные.

МОРЕ́ЛОС (Morelos) (Морелос-и-Павон) Хосе Мария (1765–1815), руководитель освободит. борьбы мекс. народа против исп. колонизаторов в 1811–15, нац. герой Мексики, генералиссимус. Захвачен в плен испанцами и казнён.

МОРЕ́НА (франц. moraine), скопление обломков горн. пород, переносимых и отложенных ледниками.

МОРЖ, мор. млекопитающее (отр. ластоногие). Дл. до 4,1 м, масса ок. 2 т. Приметен мощными клыками верх. челюсти, выступающими изо рта (у самца дл. до 80 см), усатой мордой, обычно кротким нравом и любознательностью. Обитает гл. обр. в прибрежной зоне арктич. вод. Питается преим. придонными моллюсками. Живёт до 30–40 лет. Промысел запрещён, кроме ограниченной добычи местным населением Аляски и Чукотки, для к-рого жир, шкура, мясо и клыки М. имеют важное хоз. значение.

Морж (самец).

МО́РЗЕ (Morse) Сэмюэл Финли Бриз (1791–1872), амер. художник и изобретатель. В 1837 изобрёл эл.-механич. телегр. аппарат; в 1838 разработал телегр. код (М. код).

МО́РЗЕ КОД (Морзе азбука), телегр. *код*, в к-ром каждой букве и знаку соответствует определ. комбинация кратковременной (точка) и утроенной продолжительности (тире) посылок (импульсов) электрич. тока. Разработан С. Морзе. Ныне применяется в осн. в радиолюбительской связи.

МОРИА́К (Mauriac) Франсуа (1885–1970), франц. писатель. Трагич. поиски смысла бытия, религ. оправдание мира, обретаемое человеком с опустошённым сознанием; вера в возможность нравств. и ответств. самоопределения личности. Острота социального критицизма (с позиций христ-ва) психологии собственнических и совр. морали: ром. «Тереза Дескейру» (1927), «Клубок змей» (1932), «Дорога в никуда» (1939), «Обезьянка» (1951), «Подросток былых времён» (1969); морально-филос. роман-иссл. «Жизнь Жана Расина» (1928). Ноб. пр. (1952).

МОРИ́СКИ (исп. moriscos), мусульм. население, оставшееся на Пиренейском п-ове по завершении Реконкисты (после 1492) и насильственно обращённое в христ-во. Жестоко преследовались инквизицией за тайную приверженность исламу. В 1609–10 изгнаны из Испании.

МО́РИЦ Юнна Петр. (р. 1937), рус. поэтесса. Напряжённость внутр. мира, рационалистичность, предметная образность в сб. лирики «Лоза» (1970), «При свете жизни» (1977), «Синий огонь» (1985), «На этом берегу высоком» (1987), «В логове голоса» (1990). Переводы. Публицистика.

МО́РИЦ САКСО́НСКИЙ (Maurice de Saxe) (1696–1750), франц. полководец, воен. теоретик, маршал Франции (1744), граф (1711). Побочный сын курфюрста саксонского польск. короля Августа II. В войне за Австр. наследство 1740–48 команд. армией, с 1745 главнокоманд. франц. армией, одержал ряд побед над англо-голл. войсками. Воен.-теоретич. трактат «Мои мечтания» (издан посмертно в 1757).

МОРКО́ВЬ, род дву-, редко одно- и многолетних травянистых р-ний (сем. зонтичные). Ок. 60 видов, в осн. в Евразии и Сев. Африке. М. посевная окультурена св. 4 тыс. лет назад (в Афганистане и Средиземноморье), возделывается на всех континентах, в России – повсеместно. Корнеплоды (до 400 ц с 1 га) богаты каротином (особенно оранжевые сорта), фолиевой к-той, легкоусвояемыми сахарами, калием (очень полезны детям).

Морковь. Корнеплод.

МОРМО́НЫ («Святые последнего дня»), члены религ. секты, основанной в США в 1-й пол. 19 в. Дж. Смитом, к-рый опубликовал в 1830 «Книгу Мормона» (якобы запись таинств. письмен израильского пророка Мормона, переселившегося в Америку) – гл. источник вероучения, включающего положения иудаизма, христ-ва и др. религий. В 1848 община М. основала в шт. Юта гос-во М.– теократич. гос-во по типу Др. Израиля. М. проповедовали и практиковали многожёнство. Ведут миссионерскую деятельность по всему миру.

МОРО́ (Moreau) Жанна (р. 1928), франц. актриса. В 1948–52 играла в *Комеди Франсез*, затем в *Национальном народном театре* у Ж. Вилара. Получила признание как актриса тонкого психол. склада, интеллектуальной манеры, великолепного чувства стиля в ф.: «Любовники» (1958), «Ночь» (1961), «Жюль и Джим» (1962), «Вива, Мария!» (1965), «Месье Кляйн» (1976), «Анна Карамазофф» (1990, снималась в СССР). Пост. по собств. сценариям ф. «Свет» (1976, сыграла также гл. роль) и «Девушка-подросток» (1979).

МОРО́ЗОВ Вл. Ив. (р. 1940), рос. спортсмен. Неоднократный чемпион СССР (1962– 1972), Европы (1967, 1969), мира (1966, 1970–71), Олимп.

Ж. Моро (справа) и Б. Бардо в фильме «Вива, Мария!».

игр (1964, 1968, 1972) в гребле на байдарках.

МОРО́ЗОВ Георг. Фёд. (1867–1920), лесовод, ботаник и географ. Создал совр. учение о лесе как биогеоценозе, основал школу лесоведения в России. Разработал учение о типах лесных насаждений, развил представление о сменах лесных пород и их сообществ, обосновал теорию рубок и лесовозобновления.

МОРО́ЗОВ Ник. Ал-др. (1854–1946), учёный, писатель. С нач. 1870-х гг. в рев. движении. Чл. Исполнит. к-та партии «Народная воля», участник покушений на имп. Александра II. В 1882 осуждён к вечной каторге (до 1905 в Петропавловской и Шлиссельбургской крепостях). Тр. по химии, математике, астрономии, физике, истории. Стихи, повести, восп. «Повести моей жизни» (изд. 1965, т. 1–2).

МОРО́ЗОВ Савва Тим. (1862–1905), рос. предприниматель, меценат. Из купеческого рода Морозовых, владевших текст. пр-тиями. Сочувствовал и помогал революционерам, дружил с М. Горьким. Жертвовал средства для рабочих Никольской мануфактуры в с. Зуево Богородского у. Моск. губ., на мед. учреждения. Меценат Моск. Худ. т-ра. Покончил жизнь самоубийством.

МОРО́ЗОВА (Соковнина) Феодосия Прокопиевна (1632–75), боярыня, раскольница. Состояла в переписке с Аввакумом, оказывала помощь его семье. Вопреки угрозам и пыткам, оставалась верной *расколу*. Арестована в 1671, умерла в заточении в Боровске. Ей посв. картина В.И. Сурикова «Боярыня Морозова» (1887).

МОРО́НИ, столица (с 1975) Коморских Островов, на о. Нгазиджа (Гранд-Комор). 22 т.ж. Порт на Индийском ок.; междунар. аэропорт.

МОРОНО́БУ (Хисикава) (ок. 1618 – ок. 1694), япон. график и живописец. Один из основоположников школы *укиё-э*. Мастер юмористич. жанровых сценок, выполненных динамичным штрихом.

МОРО́ШКА, многолетнее травянистое р-ние (сем. *розоцветные*). Растёт гл. обр. в Сев. полушарии, на моховых болотах тундры и лесной зоны, часто образуя большие заросли. Цветки одиночные, белые. Зрелые плоды М., напоминающие по форме малину, оранжевые, полупрозрачные, кислосладкие, с приятным ароматом; употребляются в свежем виде и идут на переработку. Хороший медонос.

МО́РРИС (Morris) Уильям (1834–1896), англ. художник, писатель, теоретик иск-ва. В иск-ве видел средство преобразования совр. действительности. Лит. творчество отмечено романтич. стилизацией (поэма «Земной рай», 1868–70); идеи утопич. социализма выражены в ром. «Вести ниоткуда, или Эпоха счастья» (1891).

МО́РРИСОН (Morrison) Тони (р. 1932), амер. писательница. В ром. «Сула» (1974), «Песнь Соломона» (1977), «Любимица» (1987), соединяя историю и современность, воссоздаёт важнейшие черты чёрной Америки как особой этнорасовой общности с уникальным менталитетом, слагавшимся три века в условиях рабства и борьбы за нац. самосознание, против

Т. Моррисон.

духовной унификации. В ром. «Джаз» (1992, в стилистике ретро) эпизод социальной хроники 1920-х гг. осмыслен как притча об экзистенциальном одиночестве и его преодолении. Проза сочетает социально-бытовую и историко-хроникальную изобразительность с иносказательными, мифопоэтич. мотивами (преим. из негритянского фольклора и мифологии). Публицистика. Ноб. пр. (1993).

МОРСКА́Я КАПУ́СТА, водоросли рода ламинария, имеющие промысловое значение. Образуют заросли с биомассой 5–10 кг и более на 1 м². Богаты белками, углеводами, витаминами, микроэлементами. Ламинария японская съедобна в свежем и консервир. виде; выращивается на мор. плантациях. Нек-рые виды используют в медицине (слабительное).

МОРСКА́Я КОРО́ВА (стеллерова корова), мор. млекопитающее (отр. сирены). Открыта в 1741 нем. биологом Г. Стеллером у Командорских о-вов. Дл. до 10 м, масса до 4 т. В результате хищнич. промысла в 1768 полностью истреблена.

МОРСКА́Я СВИ́НКА, млекопитающее (отр. грызуны). Длина тела до 35 см. Обитает в сев. части Юж. Америки. Одомашнена инками (ради мяса). Завезена в 16 в. в Европу (отсюда назв. – заморская свинка, изменённое позже на М.с.). Лабораторное ж-ное.

МОРСКИ́Е ЗВЁЗДЫ, беспозвоночные ж-ные типа иглокожих. Тело (диам. от 1 см до 1 м) ярко окрашено, в форме звезды (до 50 лучей) или пятиугольника. Св. 1500 видов, в морях до глуб. 10 км. Нек-рые уничтожают

промысловых моллюсков (*устриц*, *мидий*) и рифообразующие кораллы (напр., терновый венец). Илл. см. при ст. *Иглокожие*.

МОРСКИ́Е ЗМЕ́И, семейство ядовитых змей. Дл. до 2,7 м. Св. 50 видов, в тропич. прибрежных водах Индийского и Тихого океанов. На сушу не выходят. Питаются рыбами. Яд в неск. раз токсичнее, чем у наземных змей.

МОРСКИ́Е КОНЬКИ́, группа родов мор. рыб (сем. игловые) с характерной формой тела, напоминающей фигуру шахматного коня. Дл. от 4 до 20 см. Ок. 30 видов, преим. в тёплых морях.

Морские коньки. Черноморский морской конёк.

МОРСКИ́Е ЛЬВЫ́, группа мор. млекопитающих (сем. ушастые тюлени), объединяющая 4 вида. Дл. до 3,6 м, масса до 400 кг. Обитают гл. обр. в сев. и юж. частях Тихого ок. и на Ю. Атлантич. ок. Численность невелика. Промыслового значения не имеют. Калифорнийские М.л. используются в цирках и зоопарках (смышлёные, легко обучаются трюкам). Живут до 20–30 лет.

Морские львы. Калифорнийский морской лев: самец и самка (сзади).

МОРСКИ́Е ОГУРЦЫ́, то же, что *голотурии*.

МОРСКИ́Е СЛОНЫ́, мор. млекопитающие (сем. настоящие тюлени). Дл. до 6,5 м, масса до 3,5 т. На конце морды самцов вырост (дл. до 40 см), напоминающий хобот (отсюда назв.) и действующее как резонатор, благодаря к-рому рёв М.с. слышен на неск. км. 2 вида, вдоль Тихоокеанского побережья Сев. Америки (от Калифорнии на С. до о. Ванкувер) и в прибрежных р-нах Субантарктики. Живут обычно до 12 лет. Промысел южного М.с. регулируется, северного – запрещён.

МОРСКИ́Е ТЕЧЕ́НИЯ (океанические течения), поступат. движения масс воды в морях и океанах. На на-

правление М.т. большое влияние оказывает сила вращения Земли, отклоняющая течения в Сев. полушарии вправо, в Южном – влево. М.т. различаются: по происхождению – вызываемые трением ветра о поверхность моря (ветровые течения), неравномерным распределением темп-ры и солёности воды (плотностные течения), наклоном уровня (стоковые течения) и т.д.; по характеру изменчивости – постоянные, временные и периодич. (приливного происхождения); по расположению – поверхностные, подповерхностные, промежуточные, глубинные, придонные; по физ.-хим. свойствам – тёплые (напр., Гольфстрим, Куросио), холодные (напр., Лабрадорское, Курильское течения), опреснённые и солёные.

МОРСКИ́Е ЧЕРЕПА́ХИ, семейство черепах. Длина панциря от 50 см до 1,4 м, конечности плавательные. 6 видов, преим. в тропич. и субтропич. морях. Совершают миграции до 2 т. км, безошибочно ориентируясь в открытом океане. М.ч. неуклюжи на суше, но в воде их движения по красоте и манёвренности сравнимы с полётом птиц; скорость до 35 км/ч, ныряют на глуб. до 1200 м. Самая крупная – зелёная (суповая) черепаха (масса до 600 кг), суп из неё – признанный деликатес. Панцирь М.ч. идёт на поделки. Все виды охраняются. Илл. см. при ст. *Черепахи*.

МОРСКО́Е ПРА́ВО, совокупность правовых норм, регулирующих отношения, к-рые складываются в области торг. и воен. мореплавания, рыб-ва и мор. промысла, добычи биол. и минер. ресурсов морей, проведения науч. исследований и т.п. Нормы М.п. содержатся в междунар. конвенциях (напр., Конвенция ООН по М.п. 1982) и в нац. законодательстве отд. гос-в.

МО́РТОН (Morton) Уильям Томас Грин (1819–68), амер. зубной врач. Ввёл в хирургич. практику эфирный наркоз (1846).

МОРУА́ (Maurois) Андре (наст. имя и фам. Эмиль Эрзог) (1885–1967), франц. писатель. Мастер жанра романизированной биографии (книги о П. Б. Шелли, Дж. Байроне, О. де Бальзаке, И.С. Тургеневе, Жорж Санд, А. Дюма-отце, В. Гюго). Психол. ром. «Превратности любви» (1928), «Семейный круг» (1932); кн. «Мемуары» (опубл. в 1970).

МОРФЕ́Й, в греч. мифологии крылатый бог сновидений, сын Гипноса. Перен.: «погрузиться в объятия М.» – уснуть и видеть сны.

МО́РФИ (Morphy) Пол Чарлз (1837–84), амер. шахматист. В 20 лет чемпион США. В 1857–59 победил в ряде матчей лучших мастеров Евро-

Морские слоны. Самец и самка (сзади) южного морского слона.

пы и был признан сильнейшим в мире.

МОРФИНИ́ЗМ, наркомания, вызванная употреблением морфина.

МОРФОЛО́ГИЯ (от греч. morphé – форма и ...*логия*) в биологии, наука о форме и строении организмов. М. ж-ных и человека включает анатомию, эмбриологию, гистологию, цитологию; М. р-ний исследует закономерности их строения и формообразования. М. человека также раздел антропологии, изучающий изменчивость организма человека (возрастную, половую и др.).

МОРФОЛО́ГИЯ в языкознании: 1) часть грамматич. строя языка – грамматич. классы слов, а также принадлежащие этим классам грамматич. категории и формы слов; осн. единицы М. – слово с его грамматич. изменениями и грамматич. характеристиками и морфема (минимальная значимая часть слова); 2) раздел грамматики, изучающий эту часть грамматич. строя языка.

МОРФОНОЛО́ГИЯ, раздел яз-знания, изучающий фонологич. (см. *Фонология*) структуру морфем (минимальных значимых частей слова) и использование фонологич. средств в морфол. целях.

МО́СИН Сер. Ив. (1849–1902), рос. конструктор стрелкового оружия. В 1890 создал пятизарядную винтовку, принятую на вооружение рус. армии под назв. «трёхлинейная винтовка образца 1891» (была на вооружении в Кр. и Сов. Армии).

МО́СКА (Mosca) Гаэтано (1858–1941), итал. юрист и социолог. Концепция М. о «полит. или правящем классе» – разновидность теории *элиты*. Демократию считал расширенной аристократией.

МОСКВА́, река, лев. приток Оки, в Московской и частично в Смоленской областях. Дл. 473 км. Берёт начало на Смоленско-Московской возв. Осн. притоки: Руза, Истра, Яуза, Пахра. Используется для водоснабжения. Судох. в г. Москва и ниже, где шлюзована. Каналом имени Москвы соединена с Волгой. На М. – Можайское вдхр.; гг. Можайск, Воскресенск, Коломна и др.

МОСКВА́, столица России, центр Моск. обл.; г. федерального значения, субъект Рос. Федерации. Крупнейший полит., пром., науч. и культурный центр. Расположена в центре Европ. части России, в междуречье Оки и Волги, на р. Москва. Граница города в осн. проходит по Моск. кольцевой автомоб. дороге. Пл. св. 1000 км². 8746,7 т.ж. (включая насел. пункты, подчинённые гор. администрации, 8956,9 т.ж.). Кр. трансп. уз.: ж.-д. (11 радиальных направлений), автомоб. (в М. сходится 13 шос. дорог), авиац. (4 аэропорта – Внуково, Домодедово, Шереметьево, Быково) и

«Морфей». Статуя Ж.А. Гудона. Мрамор. 1769. Лувр.

Москва. Кутузовский проспект.

Москва. Улица Варварка.

Москва. Церковь Рождества Богородицы в Путинках. 1649–52.

водный (3 речных порта) транспорт. Метрополитен (с 1935, 150 станций на сент. 1994).

Ведущее место в пром. произ-ве М. занимают маш-ние и металлообработка. Развиты: станко-, автомобилестроение (ПО: «ЗИЛ», «Москвич»), эл.-техн. пром-сть, приборостроение (произ-во подшипников, пром. оборудования). Металлургич. (з-д «Серп и молот» и др.), хим. (ПО: «Каучук», «Красный богатырь» и др.; з-ды: хим., шинный и др.), лёгкая (произ-во хл.-бум. и шёлковых тканей, обуви и др.), пищевкус. (мясная, молочная, кондитерская, таб.) пром-сть. Рос. академия наук (РАН), отраслевые академии: Рос. академия с.-х. наук (РА СХН), Рос. академия мед. наук (РАМН), Рос. академия образования (РАО), Рос. академия художеств (РАХ) и др. Св. 1000 НИИ и КБ. 81 вуз (в т.ч. 13 ун-тов, 19 академий, консерватория), 74 музея (в т.ч. ист., изобр. иск-в имени А.С. Пушкина, объединение «Гос. Третьяковская галерея»). 60 проф. т-ров (Большой, Малый, МХАТ имени А.П. Чехова, МХАТ имени М. Горького и др.). Крупнейшие б-ки (рос. гос., иностр. лит-ры, историческая и др.).

Впервые упомянута в летописи под 1147. С 13 в. центр кн-ва, в 14 в. центр Вел. кн-ва Московского, со 2-й пол. 15 в. столица единого Рос. гос-ва. С перенесением столицы России в С.-Петербург (1712) сохранила значение второй столицы. С 12.3.1918 столица РСФСР, с 30.12.1922 – СССР, с 1991 – России.

Старая часть М. сохранила радиально-кольцевую планировку. Ист. ядро М.– *Кремль Московский*, рядом с ним *Красная площадь*, *Василия Блаженного храм*. Среди сохранившихся архит. пам.– церк. Вознесения в *Коломенском*, комплексы *Андроникова монастыря*, *Донского монастыря*, *Новодевичьего монастыря*, усадьбы *Кусково*, *Останкино*, *Кузьминки*, *Царицыно*, церкви и отд. здания 17 в., жилые и общест. здания 18 – 1-й пол. 19 вв. в стиле классицизма и кон. 19 – нач. 20 вв. в стиле «модерн» и неоклассицизма. Мн. архит. памятники, в т.ч. культовые и светские сооружения, придававшие М. своеобразный неповторимый облик («сорок сороков»), были необоснованно снесены при реконструкции 1930–70-х гг. С сер. 50-х гг. застраивались большие гор. р-ны по типовым проектам, созданы новые микрорайоны и кр. обществ. сооружения. Вокруг М. образовалась крупнейшая в России гор. агломерация.

«МОСКВА́ – ТРЕ́ТИЙ РИМ», полит. теория, в к-рой столица Рус. гос-ва – Москва рассматривалась как всемирный полит. и церк. центр. Моск. цари провозглашались преемниками рим. и визант. императоров. Складывалась в сер. 15 – сер. 16 вв. Сформулирована в письмах старца Филофея вел. князю московскому Василию III.

МОСКВИ́Н Ив. Мих. (1874–1946), актёр. На сцене с 1896, с 1898 в МХТ, исполнил в первом спектакле этого т-ра роль царя Фёдора («Царь Фёдор Иоаннович» А.К. Толстого, 1898). Блестяще владел иск-вом перевоплощения; не ограничиваясь достижением жизненной достоверности образа, стремился к раскрытию его внутр. нравств. сущности. Одна из осн. тем творчества М. – исследование рус. нац. характера: Лука («На дне» М. Горького, 1902), Епиходов («Вишнёвый сад» А.П. Чехова, 1904), Хлынов («Горячее сердце» А.Н. Островского, 1926) и др. Снимался в ф.: «Поликушка» (1919) и др.

МОСКВИ́ТИН Ив. Юр. (17 в.), землепроходец, казачий пятидесятник. В 1639 во главе отряда первым достиг Охотского м.; в 1640 проследил 6 ч. его материкового побережья, Шантарские о-ва, Сахалинский зал., Амурский лиман и сев.-зап. берег о. Сахалин; положил начало рус. тихоокеанскому мореходству. Материалы эксп. М. легли в основу первой карты Д. Востока, составленной К.А. Ивановым (1642).

МОСКИ́ТЫ, семейство мелких кровососущих двукрылых насекомых, входящих в состав *гнуса*. Дл. 1,3–3,5 мм. Св. 130 видов, гл. обр. в тропиках и субтропиках. Обитают в пещерах, норах ж-ных, жилых помещениях, постройках для скота и птиц. Нападают в сумерках; пик активности в июне и в кон. августа. Не способны преодолевать вод. пространства (мор. суда, стоящие на рейде, от М. свободны). Могут переносить возбудителей москитной лихорадки, лейшманиоза и др. болезней.

«МОСКО́ВСКАЯ ОПЕРЕ́ТТА», муз. т-р. Открыт в 1922 (как частный т-р), с 1927 гос., до 1992 Моск. т-р оперетты. В «М.о.» ставились произв. И.О. Дунаевского, Б.А. Александрова, Ю.С. Милютина, В.П. Соловьёва-Седого, Д.Д. Шостаковича, К.Я. Листова, Д.Б. Кабалевского, Т.Н. Хренникова, А.Я. Эшпая, а также классика заруб. оперетты. В труппе первонач. выступали артисты Т.Я. Бах, К.М. Новикова, Г.М. Ярон (также реж.), впоследствии – В.А. Канделаки (также реж.), Т.И. Шмыга и др.

МОСКО́ВСКИЙ ДЕ́ТСКИЙ МУЗЫКА́ЛЬНЫЙ ТЕА́ТР, крупнейший в России муз. т-р для детей. Открыт в 1965. Основатель, худ. рук. Н.И. Сац. В репертуаре оперы, балеты (6 ч. написанные для этого т-ра), дет. симф. концерты, театрализов. представления и др.

МОСКО́ВСКИЙ ДРАМАТИ́ЧЕСКИЙ ТЕА́ТР имени Н.В. Гоголя, созд. в 1938 на базе передвижного Моск. т-ра транспорта (осн. в 1929) под назв. Центр. т-р транспорта. С 1959 совр. назв. Гл. реж.: Б.Г. Голубовский (1965–87), С.И. Яшин (с 1987). Спектакли: «А этот выпал из гнезда» Д. Вассерман по К. Кизи, 1983), «После грехопадения» А. Миллера (1990) и др. Актёры: Б.П. Чирков, С.М. Брагарник и др.

МОСКО́ВСКИЙ ДРАМАТИ́ЧЕСКИЙ ТЕА́ТР имени А.С. Пушкина, образован в 1950 на основе Камерно-

И.М. Москвин в роли царя Фёдора.

го т-ра (осн. А.Я. Таировым в 1914). Гл. реж. Ю.И. Ерёмин (с 1987). Пост.: «Одержимые» А. Камю (по «Бесам» Ф.М. Достоевского; 1988), «Эрик» А. Стриндберга (1992) и др. Актёры: О.А. Викланд, Л.О. Гриценко, В.В. Алентова и др.

МОСКО́ВСКИЙ ДРАМАТИ́ЧЕСКИЙ ТЕА́ТР имени К.С. Станиславского, первонач. Оперно-драм. студия под рук. Станиславского (созд. в 1935 как эксперим. лаборатория по разработке его системы), с 1943 Оперно-драм. т-р, с 1948 совр. назв. Гл. реж.: М.М. Яншин (1950–63), А.А. Попов (1977–80), В.В. Ланской (с 1992). Спектакли: «Взрослая дочь молодого человека» В.И. Славкина (1979), «Сирано де Бержерак» Э. Ростана (1980) и др. Актёры: Г.И. Бурков, Е.Я. Урбанский, А.Л. Филозов, Е.С. Никищихина и др.

МОСКО́ВСКИЙ ДРАМАТИ́ЧЕСКИЙ ТЕА́ТР на Малой Бронной, осн. в 1946 под назв. М.д.т., с 1965 совр. назв. Наиболее значит. период связан с именем реж. А.В. Эфроса (1967–84); пост. спектакли: «Человек со стороны» И.М. Дворецкого (1971), «Брат Алёша» В.С. Розова (по «Братьям Карамазовым» Ф.М. Достоевского; 1972), «Женитьба» Н.В. Гоголя (1975), «Месяц в деревне» И.С. Тургенева (1977) и др. с участием актёров Л.С. Броневого, Н.Н. Волкова, Л.К. Дурова, О.М. Яковлевой и др. Среди пост.: «Пучина» А.Н. Островского, «Король Лир» У. Шекспира (оба 1992).

МОСКО́ВСКИЙ КА́МЕРНЫЙ МУЗЫКА́ЛЬНЫЙ ТЕА́ТР, один из рос. муз. т-ров нетрадиц. направления. Открыт в 1972. Организатор и худ. руководитель Б.А. Покровский. Развивает иск-во камерного муз. спектакля. Ставятся преим. старинные и совр. камерные оперы (среди пост.: «Скупой» В.А. Пашкевича, «Нос» Д.Д. Шостаковича).

МОСКО́ВСКИЙ МОЛОДЁЖНЫЙ ТЕА́ТР «НА КРА́СНОЙ ПРЕ́СНЕ», драматический, созд. в 1977 (до 1990 театр-студия). Основатель и худ. рук. В.С. Спесивцев (1977–83), с 1987 – Ю.Н. Погребничко. Пост.: «Отчего застрелился Константин» по «Чайке» А.П. Чехова, «Нужна трагическая актриса» по «Лесу» А.Н. Островского (оба 1988); «Три сестры» А.П. Чехова (1990) и др.

МОСКО́ВСКИЙ МУЗЫКА́ЛЬНЫЙ ТЕА́ТР имени К.С. Станиславского и В.И. Немировича-Данченко, созд. в 1941 в результате объединения Оперного т-ра имени Станиславского и Муз. т-ра имени Немировича-Данченко. Репертуар традиционно включает оперы, балеты разных эпох и стилей, классич. оперетты. В т-ре работали: реж. Немирович-Данченко, Л.В. Баратов, П.С. Златогоров, Л.Д. Михайлов, дирижёры С.А. Самосуд, К.Д. Абдуллаев, Г.Г. Жемчужин, Д.Г. Китаенко, В.М. Есипов, балетм. В.П. Бурмейстер и др.

МОСКО́ВСКИЙ ТЕА́ТР имени Вл. Маяковского, драматический, создан на основе Моск. т-ра Революции (1922–43; среди пост. – «Таня» А.Н. Арбузова, в гл. роли М.И. Бабанова). В 1943–54 наз. Моск. т-р драмы, с 1954 совр. назв. Гл. реж. в 1943–66 Н.П. Охлопков («Гамлет» У. Шекспира, 1954, и др.). С 1967 худ. рук. А.А. Гончаров, сформировавший яркую актёрскую труппу: Л.П. Сухаревская, Б.М. Тенин, М.М. Штраух, В.Я. Самойлов, Т.М. Карпова, Н.Г. Гундарева, А.Б. Джигарханян, Т.В. Доронина, А.С. Лазарев, С.В. Немоляева, И.М. Костолевский, Е.П. Симонова, Э.Г. Виторган, А.Д. Балтер и др. Спектакли: «Трамвай "Желание"» Т. Уильямса (1970), «Человек из Ламанчи» О. Вассермана и Д. Дэриона (1972), «Беседы с Сократом» Э.С. Радзинского (1975), «Плоды просвещения» Л.Н. Толстого (1984), «Жертва века» («Последняя жертва») А.Н. Островского (1993) и др.

МОСКО́ВСКИЙ ТЕА́ТР имени М.Н. Ермоловой, драматический, осн. в 1925 как Театр-студия имени Ермоловой. После её слияния (1937) с Театром-студией под рук. Н.П. Хмелёва получил совр. назв. Худ. рук.: Хмелёв (1937–45), А.М. Лобанов (1945–56), В.А. Андреев (1978–85), В.В. Фокин (1985–1990). Спектакли: «Старые друзья» Л.А. Малюгина (1946), «Пушкин» А.П. Глобы (1949), «Старший сын» А.В. Вампилова (1972), «Спортивные сцены 1981 года» Э.С. Радзинского (1986), «Мудрец» А.Н. Островского (1989) и др. Актёры: И.И. Соловьёв, В.С. Якут, Т.А. Догилева, В.А. Проскурин и др. С 1990 две труппы: Моск. междунар. театральный центр имени Ермоловой (худ. рук. Фокин) и Т-р имени Ермоловой (худ. рук. Андреев).

МОСКО́ВСКИЙ ТЕА́ТР имени Моссовета, драматический, осн. в 1923 как т-р МГСПС, с 1938 совр. назв. Худ. рук.: Ю.А. Завадский (1940–77), сформировавший труппу выдающихся актёров; П.О. Хомский (с 1985). Спектакли: «Маскарад» М.Ю. Лермонтова (1952), «Дальше – тишина» В. Дельмар, «Петербургские сновидения» по Ф.М. Достоевскому (оба 1969), «Иисус Христос – суперзвезда» Э. Уэббера и Т. Райса (1990) и др. Актёры: В.П. Марецкая, Н.Д. Мордвинов, Л.П. Орлова, Р.Я. Плятт, Ф.Г. Раневская, Л.В. Марков, Г.С. Жжёнов, Г.Л. Бортников, М.Б. Терехова, С.Ю. Юрский и др.

МОСКО́ВСКИЙ ТЕА́ТР «ЛЕНКО́М», драматический, в 1927–38 Центр. т-р рабочей молодёжи (ТРАМ), в 1938–90 Т-р имени Ленинского комсомола. Худ. рук.: И.Н. Берсенев (1938–51), А.В. Эфрос (1963–67), М.А. Захаров (с 1973). Спектакли: «104 страницы про любовь» Э.С. Радзинского (1964), «Жестокие игры» А.Н. Арбузова (1979), "«Юнона» и «Авось»" А.А. Вознесенского и А.Л. Рыбникова (1981), «Мудрец» А.Н. Островского (1989), «Безумный день, или Женитьба Фигаро» П.О. Бомарше (1993) и др. Актёры: С.Г. Бирман, С.В. Гиацинтова, В.В. Серова, Т.И. Пельтцер, Е.П. Леонов, Е.А. Фадеева, Л.С. Броневой, А.Г. Абдулов, Н.П. Караченцов, А.Г. Збруев и др.

МОСКО́ВСКИЙ ТЕА́ТР НА ТАГА́НКЕ, драматический, образован в 1964 на основе Моск. т-ра драмы и комедии (созд. в 1946) и труппы выпускников Театрального уч-ща имени Б.В. Щукина. Худ. рук.: Ю.П. Любимов (1964–84 и с 1989), А.В. Эфрос (1984–87), Н.Н. Губенко (1987–89). Спектакли: «Добрый человек из Сезуана» Б. Брехта (1964), «Десять дней, которые потрясли мир» по Дж. Риду, «Павшие и живые» (оба 1965), «А зори здесь тихие» по Б.Л. Васильеву (1970), «Гамлет» У. Шекспира (1971), «Вишнёвый сад» А.П. Чехова (1975), «Дом на набережной» по Ю.В. Трифонову (1980), «Поэт Владимир Высоцкий» (1981, 1988), «Борис Годунов» А.С. Пушкина (1982, 1988), «Доктор Живаго» по Б.Л. Пастернаку (1993) и др. Актёры: В.С. Высоцкий, А.С. Демидова, В.С. Золотухин, З.А. Славина, В.Б. Смехов, Н.Н. Губенко, Л.А. Филатов, Б.А. Хмельницкий и др. С 1993 разделился на две труппы: Т-р на Таганке (под рук. Любимова) и Содружество актёров Таганки (под рук. Губенко).

МОСКО́ВСКИЙ ТЕА́ТР ПОД РУКОВО́ДСТВОМ О. ТАБАКО́ВА, драматический, осн. О.П. Табаковым в 1974 как студия, с 1987 проф. театр-студия, с 1992 совр. назв. Спектакли: «Учитель русского» А. Буравского (1990), «Ревизор» Н.В. Гоголя, «Матросская тишина» А.А. Галича (оба 1991) и др. Актёры: М.В. Миронова, Е.А. Германова, М.В. Зудина и др.

МОСКО́ВСКИЙ ТЕА́ТР «РОМЭ́Н», единственный в мире цыганский т-р, осн. в 1931. С 1941 спектакли идут на рус. яз. Гл. реж. Н.А. Сличенко (с 1977). Спектакли: «Мы – цыгане» И.И. Ром-Лебедева, Сличенко (1976, 1987), «Живой труп» Л.Н. Толстого (1984) и др. Актёры: Ляля Чёрная, Ром-Лебедев, М.В. Скворцова, О.Е. Янковская, С.М. Шишков, С.С. Золотарёв, Сличенко, Т.С. Агамирова, И.М. Некрасова, Р.И. Демент, Л.А. Бобров, Б.Р. Ташкентский и др.

МОСКО́ВСКИЙ ТЕА́ТР САТИ́РЫ, осн. в 1924. Гл. реж. В.Н. Плучек (с 1957). Спектакли: «Баня» (1953, 1967) и «Клоп» (1955, 1974) В.В. Маяковского, «Тёркин на том свете» А.Т. Твардовского (1966), «Безумный день, или Женитьба Фигаро» П. Бомарше (1969), «Горе от ума» А.С. Грибоедова (1976), «Вишнёвый сад» А.П. Чехова (1984), «Самоубийца» Н.Р. Эрдмана (1982, 1987) и др. Актёры: В.Я. Хенкин, Т. И. Пельтцер, А.Д. Папанов, А.А. Миронов, Г.П. Менглет, В.К. Васильева, О.А. Аросева, М.М. Державин, А.А. Ширвиндт, С.В. Мишулин и др.

МОСКО́ВСКИЙ ТЕА́ТР «СОВРЕМЕ́ННИК», драматический, осн. в 1956 как Студия молодых актёров, с 1957 театр-студия «Современник», с 1964 совр. назв. Основатель и гл. реж. О.Н. Ефремов (до 1970), с 1972 гл. реж. Г.Б. Волчек. Спектакли: «Вечно живые» В.С. Розова (1956, 1964), «Голый король» Е.Л. Шварца (1960), «Назначение» А.М. Володина (1963), «Балалайкин и К⁰» по М.Е. Салтыкову-Щедрину (1973), «Эшелон» М.М. Рощина (1975), «Крутой маршрут» по Е.С. Гинзбург (1989), «Анфиса» Л.Н. Андреева (1991) и др. Актёры: Е.А. Евстигнеев, Л.М. Толмачёва, И.В. Кваша, О.П. Табаков, М.М. Козаков, Н.М. Дорошина, Л.И. Иванова, Л.М. Ахеджакова, В.И. Гафт, М.М. Неёлова и др.

МОСКО́ВСКИЙ ТЕА́ТР «У НИКИ́ТСКИХ ВОРО́Т», драматический, осн. в 1983 как театр-студия, с 1992 совр. назв. Основатель и худ. рук. М.Г. Розовский. Спектакли: «Бедная Лиза» по Н.М. Карамзину (1983), «Триумфальная площадь» Розовского (1991) и др. В труппе С.Г. Десницкий и др.

МОСКО́ВСКИЙ ТЕА́ТР «ЭРМИТА́Ж», драматический, осн. в 1959 под назв. Моск. т-р миниатюр, с 1987 совр. назв. Худ. рук. М.З. Левитин (с 1987). Спектакли: «Хармс! Чармс! Шардам, или Школа клоунов» по Д.И. Хармсу (1982), «Нищий, или Смерть Занда» по Ю.К. Олеше (1986) и др. Актёры: Л.Г. Полищук, Р.А. Карцев, В.Л. Ильченко, В.В. Гвоздицкий и др.

МОСКО́ВСКИЙ ТЕА́ТР Ю́НОГО ЗРИ́ТЕЛЯ, созд. в 1927 на базе передвижного коллектива (осн. в 1924), в 1941 слит с Гос. центр. ТЮЗом (осн. в 1920). Гл. реж. Г.Н. Яновская (с 1987). Спектакли: «Остановите Малахова» В.А. Аграновского (1977), «Собачье сердце» по М.А. Булгакову (1987), «Иванов и другие» А.П. Чехова (1993) и др.

МОСКО́ВСКИЙ ТЕА́ТР-СТУ́ДИЯ «НА Ю́ГО-ЗА́ПАДЕ», осн. в 1974 как любительский, с 1990 проф. Основатель и худ. рук. В.Р. Белякович. Спектакли: «Носороги» Э. Ионеско (1982), «Гамлет» У. Шекспира (1984), «Картины прошлого» по трилогии А.В. Сухово-Кобылина (1988) и др. В труппе В.В. Авилов и др.

МОСКО́ВСКИЙ ХУДО́ЖЕСТВЕННЫЙ АКАДЕМИ́ЧЕСКИЙ ТЕА́ТР (МХАТ) имени М. Горького, осн. в 1898 К.С. Станиславским и В.И. Немировичем-Данченко. До 1901 назв. Моск. Худ.-Общедоступный т-р, с 1932 имени Горького. Осуществил реформу репертуара, актёрского иск-ва, режиссуры. Творческую направленность определили постановки новаторских пьес А.П. Чехова («Чайка», 1898) и М. Горького («На дне», 1902). После 1917 в репертуаре – пьесы М.А. Булгакова («Дни Турбиных», 1926), Вс.В. Иванова («Бронепоезд 14-69», 1927) и др. Социально-углублённое истолкование получила классич. драматургия А.Н. Островского («Горячее сердце», 1926), проза Л.Н. Толстого («Воскресение», 1930; «Анна Каренина», 1937) и др. Первые актёры: М.Ф. Андреева, А.Р. Артём, О.Л. Книппер-Чехова, М.П. Лилина, В.Э. Мейерхольд, И.М. Москвин, затем – В.И. Качалов, Л.М. Леонидов, Н.П. Хмелёв, Б.Г. Добронравов, Б.Н. Ливанов, А.К. Тарасова, К.Н. Еланская, О.Н. Андровская, А.И. Степанова, М.И. Прудкин, А.Н. Грибов, В.Я. Станицын, М.Н. Кедров, В.А. Орлов, М.М. Яншин, А.П. Зуева, А.П. Кторов, М.М. Тарханов, В.О. Топорков, П.В. Массальский, А.М. Комиссаров, А.И. Георгиевская, М.П. Болдуман и др. С 1987 две труппы: под худ. руководством О.Н. Ефремова (с 1989 МХАТ имени А.П. Чехова) и Т.В. Дорониной (МХАТ имени М. Горького).

МОСКО́ВСКИЙ ЦИРК на Ленинских горах, открыт в 1971. Один из крупнейших стационарных цирков в мире (3307 мест). Показывает сборные программы, тематич. представления с участием моск. артистов и гастролёров. Худ. рук. П.Л. Костюк (с 1990).

МОСКО́ВСКИЙ ЦИРК на Цветном бульваре (до 1917 цирк А. Саламонского), открыт в 1880. Показывал пантомимы, водяные феерии и др. В постановках 1920-х гг. (пантомимы «Чёрный пират», 1928, «Махновщина», 1929, «Москва горит», 1930, и др.) участвовали реж. С.Э. Радлов, балетм. К.Я. Голейзовский, худ. В.М. Ходасевич, М.П. Бобышев и др. С 1982 худ. рук. и директор Ю.В. Никулин. Участники представлений: А.Л. и В.Л. Дуровы, М.Н. Румянцев (Карандаш), О.К. Попов, Никулин и М.И. Шуйдин, сёстры Кох, Волжанские и др.

МОСКО́ВСКОЕ ВЕЛИ́КОЕ КНЯ́ЖЕСТВО, выделилось из Владимирского вел. кн-ва в 60-х – нач. 70-х гг. 13 в. Столица – Москва. С нач. 80-х гг. 13 в. при кн. Данииле Александровиче росло полит. влияние М.в.к. в Сев.-Вост. Руси. Иван I Калита и его потомки расширили территорию кн-ва. При кн. Дмитрии Донском одержана победа над монг.-тат. войсками в Куликовской битве 1380. В процессе усиления М.в.к. происходило формирование Рус. централизованного гос-ва. Образование территориально единого Рос. гос-ва завершилось при Иване III (1462–1505) и Василии III (1505–33).

МОСОЛО́В Ал-др Вас. (1900–73), рос. композитор. В 20-х гг. экспериментировал в духе урбанизма и конструктивизма (симф. эпизод «Завод. Музыка машин» из неосуществлённого балета «Сталь», 1928). Оп. «Герой» (1928), «Плотина» (1930), «Сигнал» (1941), «Маскарад» (1944); 7 симф., концерты для инстр-тов с оркестром, фп. сонаты, вок. цикл «Газетные объявления» и др.

МОСТ, сооружение для перевода дороги через к.-л. препятствие. Важнейшие элементы М.– опоры (быки и устои) и пролётные строения. Различают собственно М. (через водотоки), *виадуки* и *эстакады* (через безводные препятствия), *путепроводы* (через дороги). По назначению М. подразделяют на автодорожные, ж.-д., пешеходные, совмещённые; по конструкции – на балочные, арочные, рамные, висячие и комбинированные. Особую группу образуют *разводные мосты, наплавные мосты,* сборно-разборные мосты. См. также *Вантовый мост.*

«МОСТ» (нем. Brücke), объединение нем. художников-экспрессионистов в Дрездене (1905–13). Члены «М.» (Э. Хеккель, Э.Л. Кирхнер, М. Пехштейн и др.) создавали трагически-заострённые образы, применяли резко очерченные, динамичные формы, диссонирующие сочетания цветовых пятен.

«МОСФИ́ЛЬМ», киностудия худ. фильмов, одна из крупнейших в России. Осн. в 1924, имела разные названия (с 1935 совр. назв.). На «М.» работали: С.М. Эйзенштейн, В.И. Пудовкин, А.П. Довженко, М.И. Ромм, А.А. Тарковский и др. С 1991 киноконцерн, предоставляющий разл. студиям павильоны для съёмок.

МОТ (Международная организация труда), см. в ст. *Специализированные учреждения ООН.*

МОТЕ́ЛЬ (англ. motel, от motor – двигатель, автомобиль и hotel – гостиница, отель), гостиница для автотуристов со станцией техн. обслуживания, топливозаправочной станцией, гаражом, стоянками автомобилей.

МОТЕ́Т (франц. motet, от mot – слово), многоголосное вок. или вок.-инстр. произведение. Жанр зап.-христ. церк. и светской музыки. Известен с кон. 12 в. В 17–18 вв. сближается с *ораторией, кантатой.* Образцы – у Г. де Машо, Жоскена Депре, Палестрины, Г. Шютца, И.С. Баха, В.А. Моцарта, А. Брукнера.

МОТИ́В, в поэтике: 1) простейшая динамич. смысловая единица повествования в мифе и сказке (напр., М. «увоза невесты»); в повествовательном тексте (где потенциально каждый глагол может стать М., как каждое существительное – образом) различаются М. структурные, сюжетообразующие («Раскольников убил старуху» – в ром. Ф.М. Достоевского) и орнаментальные, вспомогательные («солнце пекло»); 2) расширительно-устойчивая тема, проблема, идея в творчестве писателя (особенно поэта) или в лит. направлении (М. «мщения», «судьбы», «вечности» у М.Ю. Лермонтова).

МОТИ́ВЫ (психол.), то, что побуждает деятельность человека, ради чего она совершается. В широком смысле к М. относят потребности и инстинкты, влечения и эмоции, установки и идеалы.

МОТО... (от лат. motor – приводящий в движение), часть сложных слов, означающая: моторный (напр., мотобот); моторизованный (мотодивизия); мотоциклетный (мотогонки).

МОТОДРО́М (от *мото...* и греч. drómos – бег, место для бега), спорт. сооружение для тренировок и соревнований по мотоциклетному спорту. Включает трек (дл. 1–2 км), кольцевую (замкнутую) гаревую дорожку, поле для мотобола, трибуны и др.

МОТОРО́ЛЛЕР (нем. Motorroller, букв.– катящийся с помощью мотора), комфортабельная разновидность мотоцикла с колёсами меньшего диаметра. Двигатель внутр. сгорания одноцилиндровый, двухтактный (мощн. до 8 кВт). Скорость до 95 км/ч.

МОТОЦИ́КЛ (от *мото...* и греч. kýklos – колесо), двух- или трёхколёсное трансп. средство с карбюраторным двух- или четырёхтактным двигателем мощн. до 75 кВт. Различают дорожные (скорость до 215 км/ч), спортивные [до 300 км/ч, рекорд скорости на М. 513 км/ч (1978)] и спец. М. Первый М. с двигателем внутр. сгорания построен Г. Даймлером в 1885 (Германия).

МОТОЦИКЛЕ́ТНЫЙ СПОРТ, техн. вид спорта, соревнования в езде на дорожных и спорт. мотоциклах по спец. трассам, дорогам и вне дорог. Включает гонки шоссейные, трековые – спидвей (по гаревой и ледяной дорожкам стадиона), ипподромные (по зелёной дорожке), кроссы, фигурные вождения, игру в мяч на мотоцикле – мотобол, а также спец. заезды на установление рекордов. Первые гонки на мотоциклах начаты в 1894 (Париж – Руан). В СССР М.с. получил распространение в 1950-х гг. В 1904 осн. Междунар. федерация М.с. (ФИМ); объединяет ок. 60 стран. Чемпионаты Европы с 1936, мира с 1924.

Мотоциклетный спорт.

МОТЫ́ЛЬ Вл. Як. (р. 1927), режиссёр. В 1948–57 работал в т-рах Урала и Сибири. С 1963 в кино. Склонность М. к эксцентрич. и трагикомич. трактовке материала проявилась в ф.: «Женя, Женечка и "катюша"» (1967), «Белое солнце пустыни» (1970), «Лес» (1980, вып. 1988). Романтич. стиль доминирует в ф. «Звезда пленительного счастья» (1975).

МОТЫ́ЛЬ, червеобразные тёмно-красные личинки комаров-звонцов. Дл. до 25 мм. Обитают в озёр и прудов. Корм для рыб, в т.ч. аквариумных; используется как наживка при спорт. ловле рыбы.

МО́УСОН (Mawson) Дуглас (1882–1958), англо-австрал. исследователь Антарктики, геолог и географ. Участник 3 антарктич. эксп.: 1907–09 (рук. Э.Г. Шеклтон), 1911–14 и 1929–31 (рук. М.). Иссл. Землю Королевы Мэри, Землю Мак-Робертсона; выполнил съёмку св. 5500 км побережья материка, уточнил положение его береговой линии; определил положение Юж. магн. полюса на тот период (1908); первым иссл. моря Дюрвиля и Дейвиса.

МОХЕ́НДЖО-ДА́РО, остатки города 3–2-го тыс. до н.э. в Пакистане, одного из центров *хараппской цивилизации.* Кварталы, укрепления и др.

МО́ЦАРТ (Mozart) Вольфганг Амадей (1756–91), австр. композитор, клавесинист, органист, скрипач, капельмейстер. Представитель *венской классической школы,* наряду с Й. Гайдном и Л. ван Бетховеном является основоположником классич. стиля, связанного с разработкой системы инстр. жанров (*симфония, соната, квартет*), классич. норм муз. языка; музыкант универсального дарования, проявившегося необычайно рано. В музыке М.– отражение гармонич. целостности бытия: лирика и красота музыки сочетаются с глубоким драматизмом; возвышенное и обыденное предстают в динамич. равновесии. Муз. драматургия произв. М. основана на раскрытии многоплановых контрастных образов и их взаимодействии. В оп. «Свадьба Фигаро» (1786), «Дон Жуан» (1787), «Волшебная флейта» (1791) (всего св. 20 опер) – сущностная модификация традиц. оперных жанров; в 3 симфониях 1788 (всего ок. 50) – индивидуализация их жанровых типов и драматургии. Оратории, мессы, кантаты, Реквием (не окончен), инстр. концерты, камерно-инстр. ансамбли, соч. для фп., вок. сочинения.

МОЦАРТЕ́УМ, муз.-науч. об-во в Зальцбурге, центр изучения творчества В.А. Моцарта. Открыт в 1880. Участвует в проведении Зальцбургских муз. фестивалей. Организованная при М. консерватория (1914), в 1953 ставшая самостоятельной, с 1971 наз. Высш. школа музыки и сценич. иск-ва Моцартеума.

МО-ЦЗЫ (Мо Ди) (479–400 до н.э.), др.-кит. философ, противник конфуцианства. Взгляды М. и его учеников собраны в кн. «Мо-цзы». Осн. тезис учения М.-ц. о «всеобщей любви и взаимной выгоде» – попытка своеобразного этич. обоснования идеи равенства всех людей.

МОЧА́, продукт выделения ж-ных и человека, вырабатываемый почками. Состоит из воды (96%) и содержащихся в ней солей, конечных продуктов обмена (мочевина, мочевая к-та и др.) и чужеродных в-в. В норме человек выделяет в сутки 1,2–1,6 л М. Анализ М. используется в диагностике мн. заболеваний.

П.С. Мочалов в роли Мейнау («Ненависть к людям и раскаяние» А. Коцебу). Художник В. Каракалпаков. 1826.

Мост. Бесединский мост через р. Москва.

МОЧА́ЛОВ Пав. Степ. (1800–48), актёр. С 1817 на моск. сцене (с 1824 в Малом т-ре). Крупнейший представитель *романтизма* в рус. т-ре. Играл в трагедиях, романтич. драмах, мелодрамах: Фердинанд («Коварство и любовь» Ф. Шиллера, 1829), Чацкий («Горе от ума» А.С. Грибоедова, 1831), Гамлет («Гамлет» У. Шекспира, 1837) и др. Был наделён «пламенным» темпераментом, стремился к независимости от канонов сценич. иск-ва, свободному выражению чувств.

МОЧЕВИ́НА (карбамид), $(NH_2)_2CO$, бесцв. кристаллы, $t_{пл}$ 135 °С. Растворима в воде. М.— конечный продукт белкового обмена у большинства позвоночных ж-ных и человека. Образуется в печени, выводится с мочой. В пром-сти М. синтезируют из аммиака и углекислого газа. Применяют для получения синтетич. смол, красителей, снотворных средств (барбитала, фенобарбитала), для депарафинизации нефтей; в медицине как мочегонное средство. М.— концентрир. азотное удобрение (содержит 46% азота). В жив-ве — заменитель белка.

МОЧЕКА́МЕННАЯ БОЛЕ́ЗНЬ (уролитиаз), образование в почках и мочевых путях конкрементов (в т.ч. камней) из составных частей (гл. обр. солей) мочи. Разновидность М.б.— *почечнокаменная болезнь*.

МОЧУТКО́ВСКИЙ Осип Осипович (1845–1903), рос. врач. Доказал опытами на себе, что кровь больных сыпным (1876) и возвратным (вслед за Г.Н. Минхом) тифами заразна. Предполагал возможную роль кровососущих насекомых в передаче этих болезней.

МО́ШКИ, семейство кровососущих двукрылых насекомых, входящих в состав *гнуса*. Дл. 2–4 мм. Ок. 1000 видов, распространены широко, наиб. многочисленны в лесах, особенно в таёжных. Активны днём, обычно с сер. июня до кон. августа. Укусы М. болезненны, вызывают отёки. Переносчики возбудителей мн. заболеваний человека и ж-ных.

МО́ЩИ, останки святых, обладающие, по церк. учению, способностью творить чудеса и выступающие объектом религ. поклонения у православных и католиков. Почитание М.— необходимый элемент культа святых. М. сохраняются и выставляются в храмах в т.н. раках — гробницах или ковчегах.

МО́ЩНОСТЬ, физ. величина N, измеряемая отношением работы A к промежутку времени t, в течение к-рого она совершена; если работа совершается равномерно, то $N=A/t$. Измеряется в ваттах.

МО́ЭМ (Maugham) Уильям Сомерсет (1874–1965), англ. писатель. В исповедальном ром. «Бремя страстей человеческих» (1915) — духовное становление героя, обретение им гуманистич. идеалов. Проблема отношения художника к обществу, ценности таланта в ром. «Луна и грош» (1919). В ром. «Пироги и пиво, или Скелет в шкафу» (1930), «Театр» (1937), «Остриё бритвы» (1944) — жизнь художника, интеллектуальных кругов глазами ироника и аналитика. В кн. «Подводя итоги» (1938), «Точка зрения» (1959) и др.— размышления о собств. житейском и лит. опыте, проница. самооценки и наблюдения над творч. процессом. Рассказы, пьесы.

МРАВИ́НСКИЙ Евг. Ал-др. (1903–1988), дирижёр. В 1932–38 дирижёр Ленингр. т-ра оперы и балета. С 1938 гл. дирижёр и худ. рук. симф. оркестра Ленингр. филармонии. Под рук. М. оркестр стал одним из лучших симф. коллективов мира, были впервые исполнены мн. произв. Д.Д. Шостаковича, С.С. Прокофьева, А.И. Хачатуряна.

МРО́ЖЕК (Mrożek) Славомир (р. 1930), польск. писатель. В гротескно-сатирич., абсурдных, пародийных рассказах и пьесах («Полиция», 1958; «Индюк», 1960; «Танго», 1964; «Эмигранты», 1974; «Посол», 1982; «Портрет», 1985; «Контракт», 1986) высмеиваются ист.-культурные мифы, стереотипы демагогич. мышления. С 1968 в эмиграции (Франция, Мексика).

МСОП, см. *Международный союз охраны природы и природных ресурсов*.

МСТЁРСКАЯ ВЫ́ШИВКА, вид рус. нар. шитья; сложился в пос. Мстёра (Владимирская обл.) в сер. 19 в.— вышивка белой гладью с изящными мелкими узорами, позже — цветная с крупными узорами. В 1923 осн. артель (ныне ф-ка), выпускающая бельё, блузки, салфетки и т.д.

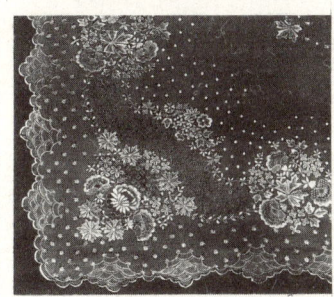

Мстёрская вышивка. Т.М. Дмитриева-Шульпина. Накидка. Белая гладь. 1956. Музей народного искусства. Москва.

МСТЁРСКАЯ МИНИАТЮ́РА, вид рус. нар. миниатюрной живописи темперными красками на лаковых изделиях, гл. обр. из папье-маше (коробки, шкатулки, ларцы и др.), сложившийся в пос. Мстёра (Владимирская обл.) на базе местного иконописного промысла (артель др.-рус. живописи, с 1931 артель «Пролетарское иск-во», с 1960 ф-ка). Для М.м. характерны бытовые, лит., фольклорные и ист. сюжеты, тёплый и мягкий колорит.

Мстёрская миниатюра. Н.П. Клыков. «На покосе». 1944. Музей народного искусства. Москва.

МУА́ВИЯ I (?–680), основатель и первый халиф (с 661) династии *Омейядов*.

МУГА́М, азерб. разновидность практики музицирования, распространённой в культурах Бл. и Ср. Востока (см. *Макам*): 1) общее название азерб. *ладов*; 2) жанр традиц. азерб. музыки с характерным импровизац. типом мелодии, развёртывания на основе определ. М.—лада. Несколько М. объединяются в циклич. вок.-инстр. формы дастгя (иран. дастгях).

МУДРО́В Матв. Як. (1776–1831), врач, один из основоположников терапии, патол. анатомии и воен. гигиены в России. Разработал схему обследования больного. Ввёл в практику составления истории болезни. Чл. Центр. комиссии по борьбе с холерой (1830–31). Погиб, заразившись холерой во время борьбы с эпидемией в С.-Петербурге.

МУЗЕ́Й (от греч. muséion — храм муз), н.-и. и науч.-просветит. учреждение, осуществляющее хранение, изучение и популяризацию памятников истории, материальной и духовной культуры. Совр. М. получили развитие с 15–16 вв. Первый рос. публ. М.— Кунсткамера открыт в 1719 в С.-Петербурге. Различают М. ист., техн., с.-х., естеств.-науч., худ., лит., мемор., краеведч. и др. В нач. 1990-х гг. в Рос. Федерации св. 1,2 тыс. М.

МУЗЕ́Й ВОСТО́КА в Москве, осн. в 1918 (до 1925 Ars Asiatica, до 1962 Музей вост. культур, до 1992 Музей иск-ва народов Востока). Собр. произв. древнего, ср.-век. и совр. иск-ва Д. Востока, Бл. и Ср. Востока, Ср. и Юго-Вост. Азии и др., а также иск-ва народов Сев. и Тропич. Африки.

МУЗЕ́Й ИЗОБРАЗИ́ТЕЛЬНЫХ ИСКУ́ССТВ имени А.С. Пушкина в Москве, второе по значению (после *Эрмитажа*) в России собр. памятников др.-вост., др.-егип., антич. и зап.-европ. иск-ва. Открыт в 1912 по инициативе И.В. Цветаева как музей слепков. Вырос из основанного в сер. 19 в. Кабинета изящных иск-в Моск. ун-та (здание построено в 1898–1912, арх. Р.И. Клейн); позднее сложились археол. коллекции, картинная гал., открыт отдел гравюры и рисунка. Реставрац. мастерская.

МУЗЕ́Й ИСТО́РИИ ИСКУ́ССТВ (Художественно-исторический музей) в Вене, осн. в 1891. Собр. вост. и антич. древностей, живопись зап.-европ. мастеров, скульптура, монеты, медали, оружие и др.

МУ́ЗИЛЬ (Musil) Роберт (1880–1942), австр. писатель. С 1938 жил в Швейцарии. Горько-иронич. картина распада Австро-Венгрии, отождествляемого с кризисом европ. цивилизации,— в своеобразном по форме филос. ром. «Человек без свойств» (т. 1–3, 1930–43, не окончен). Проблемы воспитания и морали — в автобиогр. ром. «Смятение воспитанника Тёрлеса» (1906), многочисл. новеллах.

МУ́ЗЫ (Мусы), в греч. мифологии дочери Зевса и Мнемосины, девять сестёр, богини наук, поэзии и иск-в: Евтерпа — лирич. поэзии, Клио — истории, Талия — комедии, Мельпомена — трагедии, Терпсихора — танцев, Эрато — любовной поэзии, Полигимния — гимнов, Урания — астрономии, Каллиопа — эпич. поэзии.

МУ́ЗЫКА (греч. musikḗ, букв.— иск-во муз), вид иск-ва, в к-ром средством воплощения худ. образов служат определ. образом организованные муз. звуки. Осн. элементы и выразит. средства М.— *лад, ритм,*

Музы. Фрагмент росписи белофонного лекифа «художника Ахилла»: «Муза с лирой на горе Геликон». Ок. 440 до н.э. Частное собрание.

метр, темп, громкостная динамика, *тембр; мелодия, гармония, полифония,* инструментовка. М. фиксируется в нотной записи и реализуется в процессе исполнения. Принято разделение М. на светскую и духовную. Осн. область духовной М.— культовая (древнейшая из сохранившихся ныне — М. будд. ритуала). С европ. культовой М. (обычно называемой церковной) связано развитие европ. муз. теории, *нотного письма,* муз. педагогики. По исполнит. средствам М. подразделяется на вокальную (пение), инструментальную (см. *Музыкальные инструменты*) и вокально-инструментальную. М. часто сочетается с *хореографией,* театральным иск-вом, кино. Различают М. одноголосную (*монодия*) и многоголосную (*гомофония, полифония*). М. подразделяется: на роды и виды — театральная (опера и т.п.), симф., камерная и др.; на жанры — песня, хорал, танец, марш, симфония, сюита, соната и др. Муз. произв. свойственны определённые относительно устойчивые типич. структуры (см. *Музыкальная форма*).

МУЗЫКА́ЛЬНАЯ ДРА́МА, 1) одно из ранних (17–18 вв.) названий *оперы.* 2) Со 2-й пол. 19 в. опера, в к-рой музыка подчинена драм. действию и деление на законченные номера отсутствует (оперы Р. Вагнера, М.П. Мусоргского и др.). 3) С кон. 19 в. драм. произв. с музыкой и пением, в т.ч. комедийного плана. 4) Жанр неевроп. муз.-театрального иск-ва (напр., пекинская М.д.).

МУЗЫКА́ЛЬНАЯ КОМЕ́ДИЯ, муз.-сценич. произв. комедийного характера (разновидности *комической оперы, оперетта, зингшпиль, мюзикл,* пьеса с музыкой).

МУЗЫКА́ЛЬНАЯ ФО́РМА, 1) комплекс выразит. средств, воплощающих в муз. произв. определённое худ. содержание. 2) Строение, структура муз. произведения. В каждом произв. М.ф. индивидуальна, однако

МУЗЫ 454

существуют её относительно устойчивые типы разл. масштабов – период, простая и сложная двух- и трёхчастные формы, вариации, рондо, сонатная форма и др. Малые М.ф. могут использоваться как формы отд. произв. или как составные части крупных М.ф. Типичное строение крупной М.ф.: изложение (экспозиция) и точное или варьированное повторение осн. тем, разработка – развитие осн. тем и сопоставление с новыми, повторение ранее изложенного материала (*реприза*), заключение (*кода*). См. также *Циклические формы*.

МУЗЫКА́ЛЬНЫЕ ИНСТРУМЕ́НТЫ, существовали уже в эпохи палеолита и неолита. Древнейшие функции М.и. – магическая, сигнальная и др. В совр. муз. практике М.и. делятся на разл. классы и семейства по источнику звука, материалу изготовления, способу звукоизвлечения и др. признакам. В орк. исполнительстве возникло деление М.и. на 3 группы: духовые (*флейты, гобои, кларнеты, фаготы; валторны, трубы, тромбоны, туба*), ударные (*литавры, треугольник, тарелки, барабаны, ксилофон, колокольчики* и др.), струнные (в европ. оркестре – *арфа* и струнные смычковые: *скрипки, альты, виолончели, контрабасы*). Особую разновидность составляют клавишные М.и.: *фортепьяно, клавесин, орган, челеста* и др. См. также *Электромузыкальные инструменты*.

МУЗЫКОВЕ́ДЕНИЕ (музыкознание), отрасль искусствознания. В отеч. науке было условно разделено на историческое и теоретическое. Ист. М. включает также социологич., философско-эстетич., культурологич. направления, к нему примыкают муз. критика, муз. иконография. Теоретич. М. включает комплекс наук об организации муз. произв. (учение о *гармонии, полифонии, музыкальной форме* и т.п.), к нему примыкают муз. акустика. На стыке ист. и теоретич. М. – муз. инструментоведение, муз. палеография, муз. фольклористика, этномузыкология (изучает неевроп. муз. культуры). Развиваются отд. области М. – муз. психология, муз. терапия.

МУКДЕ́Н, см. *Шэньян*.

МУКСУ́Н, проходная рыба (сем. *сиги*). Дл. до 75 см, масса до 8 кг. Обитает в опреснённых водах Сев. Ледовитого ок. Нерест в реках. На п-ове Таймыр – озёрная форма. Ценный объект промысла и разведения.

МУЛ, гибрид лошади (кобылы) и осла (самца). Как правило, бесплоден. Очень вынослив. Используется для работы в упряжи и как вьючное ж-ное в Азии, Африке и Юж. Европе, Сев. и Юж. Америке.

МУЛА́ТЫ (исп., ед. ч. mulato, от араб. муваллад – нечистокровный араб), потомки от браков представителей европеоидной расы с неграми.

МУЛЛА́ (от араб. маула – владыка), служитель религ. культа у мусульман; знаток религ. наук. Обычно М. избирается верующими из своей среды.

МУЛЬТАТУ́ЛИ (Multatuli) (наст. имя и фам. Эдуард Дауэс Деккер) (1820–87), нидерл. писатель. Автобиографич. антиколон. ром. «Макс Хавелаар, или Кофейные аукционы Нидерландского торгового общества» (1860) и антибурж. ром. «Письма любви» (1861). Публицистика (кн. «Идеи», 1862–77).

МУ́ЛЬТИ... (от лат. multum – много), часть сложных слов, означающая: множественность или многократность ч.-л. (напр., мультимиллионер).

МУЛЬТИПЛЕ́КСОР, устройство в системе передачи данных, обеспечивающее независимый обмен информацией одновременно по неск. каналам связи между ЭВМ и разл. абонентскими пунктами.

МУЛЬТИПЛИКА́ТОР (лат. multiplicator – умножающий, увеличивающий), 1) устройство для повышения частоты вращения вала машины (напр., повышающий *редуктор*). 2) Устройство для повышения давления жидкости в насосах и др. гидравлич. машинах. 3) Прибор для одноврем. получения неск. проб в 1 кадре при цв. печати.

МУЛЯ́Ж (франц. moulage, от mouler – формовать), точное воспроизведение (слепок) к.-л. объекта из гипса, папье-маше и др. материалов, часто раскрашенное. Также серийное повторение произв. классич. скульптуры, сделанное для уч. целей.

МУМИФИКА́ЦИЯ (от *мумия* и *...фикация*), превращение трупа в мумию, т.е. высыхание его без гниения (при захоронении в сухих почвах или при бальзамировании).

МУНИЦИПАЛИТЕ́Т, в ряде гос-в выборный орган в системе местного самоуправления.

МУНИЦИПА́ЛЬНАЯ СО́БСТВЕННОСТЬ, собственность р-на, города и входящих в них адм.-терр. образований. В Рос. Федерации к М.с. относится имущество, принадлежащее на праве собственности гор. и сел. поселениям, а также др. муницип. образованиям. Права собственника осуществляют органы местного самоуправления, а также муницип. предприятия и учреждения, за к-рыми это имущество закреплено.

МУНК (Munch) Эдвард (1863–1944), норв. живописец и график. Характерные для поэтики *символизма* и экспрессионизма мотивы одиночества, тревоги, смерти получают у М. трагич. звучание, подчёркнутое жёстким рисунком, динамичной композицией, диссонирующим цветом («Крик», 1893).

МУНКЭ́ (1208–59), хан (с 1251) Монг. империи, внук Чингисхана. Завоевал Иран и начал покорение Юж. Китая.

Э. Мунк. «Мадонна». Цветная литография. 1895–1902.

МУНЬЕ́ (Mounier) Эмманюэль (1905–50), франц. философ, основатель и глава франц. *персонализма*. Путь освобождения человечества видел в моральном обновлении, духовной революции. Сторонник христ. социализма.

МУР (Moore) Генри (1898–1986), англ. скульптор. Работам М., как жизненно конкретным («Мать и дитя», 1943–44), так и более абстрактным, иногда фантастически причудливым («Король и королева», 1952–53), присущи пластич. мощь, ритмич. цельность, напряжённость внутр. структуры.

Г. Мур. «Семья». Бронза. 1945. Галерея Тейт. Лондон.

МУР Джордж Эдуард (1873–1958), англ. философ. Дал обоснование *неореализма* («Опровержение идеализма», 1903). Признавал безусловную истинность суждений «здравого смысла», исследование к-рого связывал с анализом обыденного языка. Основополагающей категорией этики считал добро, смысл к-рого постигается лишь с помощью интуиции.

МУРАВЬЁВ Никита Мих. (1795–1843), декабрист, капитан Гв. ген. штаба (1825). Участник загран. походов рус. армии 1813–14. Один из основателей «Союза спасения» и «Союза благоденствия». Чл. Верх. думы и правитель Сев. об-ва декабристов. Автор проекта Конституции. Приговорён к 20 годам каторги. С 1827 в Нерчинских рудниках, с 1835 на поселении в Иркутской губ.

МУРАВЬЁВ-АПО́СТОЛ Сер. Ив. (1795–1826), декабрист, подполковник (1820). Участник Отеч. войны 1812 и загран. походов рус. армии 1813–14. Один из основателей «Союза спасения» и «Союза благоденствия», один из директоров Юж. об-ва декабристов (глава его Васильковской управы). Организатор и руководитель восстания Черниговского полка 29.12.1825 – 3.1.1826 в р-не Трилесы – Васильков – Белая Церковь (Киевская губ.), при подавлении к-рого ранен и взят в плен. Приговорён к смертной казни. Повешен 13 июля в С.-Петербурге.

МУРАВЬИ́, семейство жалящих перепончатокрылых. *Общественные насекомые;* образуют сложные семьи, состоящие из неск. каст. Длина бескрылых «рабочих» М. от 0,8 до 30 мм, самки крупнее. Ок. 10 тыс. видов, разнообразны и многочисленны в тропиках, сев. граница распространения – лесотундра. Гнёзда в почве, древесине, иногда надземные сооружения (муравейники); у т.н. бродячих видов нет постоянного гнезда. Нек-рые М., т.н. рабовладельцы, не имеют собств. «рабочих», а используют таковых др. видов. Уничтожают насекомых-вредителей, участвуют в почвообразовании. В ряде стран нек-рые виды М. и их гнёзда охраняются.

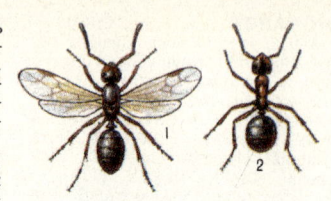

Муравьи. Рыжий лесной муравей: 1 – крылатая самка; 2 – рабочий.

МУРАВЬИ́НАЯ КИСЛОТА́, HCOOH, бесцв. горючая жидкость с резким запахом, $t_{кип}$ 100,8 °C. Содержится в хвое, крапиве, едких выделениях муравьёв и пчёл. Получают синтетически. Применяют в протравном крашении, для получения лекарств. средств, пестицидов, растворителей, как консервант. Соли и эфиры М.к. наз. формиатами.

МУРАВЬИ́НЫЙ АЛЬДЕГИ́Д, то же, что *формальдегид*.

МУРАДЕ́ЛИ Вано Ил. (1908–70), композитор. Оп. «Великая дружба» [1947, подверглась необоснованно резкой критике в пост. ЦК ВКП(б) 1948; 2-я ред. – 1960], «Октябрь» (1961; уникальная тем, что в числе поющих действующих лиц – В.И. Ленин), 2 оперетты, кантаты, 2 симф., песни, в т.ч. «Бухенвальдский набат» (1959).

МУ́РАНОВО, усадьба 19 в. в Моск. обл., к С. от Москвы (в 4 км от ст. Ашукинская). В 1840-х гг. здесь жил поэт Е.А. Баратынский. В разное время М. посещали Д.В. Давыдов, Н.В. Гоголь, С.Т. Аксаков, Ф.И. Тютчев, В.Ф. Одоевский, Я.П. Полонский, А.И. Майков и др. С 1920 Лит.-мемор. музей.

МУРАСА́КИ СИКИБУ́ (ок. 978 – ок. 1016), япон. писательница; придворная дама. Нравоописат. ром. «Гэндзи-моногатари» («Повесть о Гэндзи», ок. 1001–1006) – вершина классич. япон. прозы – соединил живость повествования с идеей будд. кармы – неотвратимости возмездия за дурные дела; образы, темы и мотивы М.С. влияли на лит-ру до 19 в. «Дневник Мурасаки Сикибу» (ок. 1010).

МУРА́ТОВА Кира Георг. (р. 1934), рос. кинорежиссёр. Пост. ф.: «Короткие встречи» (1968), «Долгие проводы» (1971, вып. 1987), «Познавая белый свет» (1980), «Перемена участи» (1988), «Астенический синдром» (1990), «Чувствительный милиционер» (1992). Режиссёрская стилистика М. эволюционировала от тонкого лиризма ранних фильмов ко всё более жёсткой манере, основанной на иронич. отстранении и гротескной деформации.

МУРЕ́НЫ, семейство мор. рыб (отр. угреобразные). Дл. до 3 м, тело змеевидное, кожа без чешуи. Св. 100 видов, в тропич. и субтропич. водах всех океанов. Хищники. Объект местного промысла. Мясо нек-рых видов ядовито.

МУРИ́ЛЬО (Murillo) Бартоломе Эстебан (1618–82), исп. живописец. Идеализир., сентиментальные обра-

Мурены. Средиземноморская мурена.

зы, проникнутые мягким лиризмом («Отдых на пути в Египет», 1665–70; «Мальчики с фруктами»).

МУ́РМАНСК (до 1917 Романов-на-Мурмане), г., центр Мурманской обл., в России. 468,3 т.ж. Незамерзающий порт в Кольском зал. Баренцева м.; ж.-д. ст. Пром-сть: рыбная, рыбоперераб., судоремонтная. База тралового, сельдяного и трансп. флота. М.– нач. пункт Сев. мор. пути. 3 вуза. Музеи: краеведч., воен.-морской и худ. 3 т-ра (в т.ч. драм., кукол). Осн. в 1916.

МУ́РОМ, г. во Владимирской обл., в России. 126,5 т.ж. Пристань на р. Ока; ж.-д. уз. Маш-ние (тепловозы, холодильники; радиопром-сть); хл.-бум., деревообр., пищ. пром-сть. Музей. Изв. с 862, с 1097 центр Муромо-Рязанского кн-ва, с сер. 12 в. до нач. 15 в. ц. Муромского кн-ва. Церк. Косьмы и Дамиана (1565), Воскресенская (1658); Спасский (16 в.) и Троицкий (17 в.) мон.

МУ́РОМЦЕВ Сер. Анд. (1850–1910), юрист, публицист, земский деятель. Один из лидеров кадетов. Пред. 1-й Гос. думы. Тр. по истории рим. и гражд. права, общей теории права.

МУ́РРЕЙ (Марри), самая большая р. в Австралии. Дл. 2570 км. Истоки в Австрал. Альпах, впадает в Индийский ок. Гл. притоки: Дарлинг и Маррамбиджи. В басс. М.– крупное водохранилище и ГЭС. Судох. от г. Олбери.

МУ́СКУЛЫ, то же, что *мышцы*.

МУ́СКУС (лат., ед. ч. muscus), пахучий продукт животного или растит.

Б.Э. Мурильо. «Отдых на пути в Египет». Эрмитаж.

Мурманск. Памятник Герою Советского Союза А.Ф. Бредову в центре города.

Муром. Церковь Косьмы и Дамиана.

происхождения. Животный М.– продукт выделения мускусных желёз (напр., кабарги); играет роль хим. сигнала для мечения терр., привлечения особей др. пола и т.п., служит для смазки шерсти. Растит. М. содержится в корне аптечного *дягиля*, в семенах гибискуса и нек-рых др. р-ниях. Используется в парфюмерии (облагораживающее и фиксирующее действие).

МУ́СКУСНАЯ КРЫ́СА, то же, что *ондатра*.

МУ́СКУСНЫЙ БЫК, то же, что *овцебык*.

МУ́СОРГСКИЙ Модест Петр. (1839–81), композитор. Чл. «*Могучей кучки*». Представитель реализма в рус. музыке. Автор монументальных нар. *музыкальных драм* «Борис Годунов» (1869; 2-я ред.– 1872) и «Хованщина» (1872–80, завершена Н.А. Римским-Корсаковым, 1883), в центре к-рых тема «народ и власть». Мн. песни М.– социально заострённые сценки из нар. жизни («Сиротка», «Калистрат», «Гопак»). Муз. язык М. (мелодия, гармония, фактура, форма) отмечен столь радикальным новаторством, что многие его находки не были восприняты современниками, но получили развитие в 20 в. Почти все крупные композиторы 20 в. испытали влияние М. Оп. «Сорочинская ярмарка» (1874–80, окончена Ц.А. Кюи, 1916), фп. цикл «Картинки с выставки» (1874; оркестрованы М. Равелем в 1922), вок. циклы «Детская» (1872), «Без солнца» (1874), «Песни и пляски смерти» (1877) и др.

МУССОЛИ́НИ (Mussolini) Бенито (1883–1945), фаш. диктатор Италии в 1922–43. Полит. карьеру начал в Социалистич. партии, из к-рой был исключён в 1914. В 1919 основал фаш. партию и стал её руководителем (дуче). Организовал «марш на Рим», захватил власть (1922). Пр-во М. ввело в стране террористич. режим, проводило агрессивную внеш. политику (захват Эфиопии в 1935, Албании в 1939 и др.), совм. с Германией развязало 2-ю мир. войну. В 1945 захвачен итал. партизанами и казнён.

МУССО́НЫ (франц. mousson, от араб. маусим – сезон), устойчивые ветры, направление к-рых резко меняется на противоположное (или близкое к противоположному) 2 раза в год. Обусловлены гл. обр. сезонными различиями в нагревании материков. Зимние М. чаще направлены с суши на океан, летние – с океана на сушу. Осн. особенности муссонного климата – обильное осадками лето и сухая зима. М. хорошо выражены в тропич. широтах, гл. обр. в басс. Индийского ок. Бывают и внетропич. М. (на Д. Востоке).

МУСТА́НГ (англ. mustang), одичавшая домашняя лошадь. М. был распространён в прериях Сев. Америки. В прошлом объект охоты (ради мяса, кожи). Почти истреблён.

МУТАГЕНЕ́З (от *мутация* и *...генез*), процесс возникновения в организме наследств. изменений – мутаций. Основа М.– изменения в молекулах нуклеиновых к-т, хранящих и передающих наследств. информацию. Методы искусств. М. используют для создания высокоурожайных сортов с.-х. культур, высокопродуктивных штаммов микроорганизмов.

МУТАГЕ́НЫ (от *мутация* и *...ген*), физ. и хим. факторы, вызывающие наследств. изменения – мутации. Мутагенным действием обладают ионизирующее и УФ-излучения, разл. природные (колхицин) и получаемые искусственно (азотистая к-та, нитрозопроизводные мочевины и др.) хим. соединения. М. используются в генетич. экспериментах и в селекции для получения новых сортов р-ний и штаммов микроорганизмов. При попадании в организм человека М. могут вызывать развитие злокачеств. опухолей, появление уродств и т.п. Поэтому во мн. странах проверяются на мутагенность все новые хим. соед. (лекарств. препараты, продукты бытовой химии и т.п.), а также проводится контроль за присутствием М. в окружающей среде.

МУТА́ЦИЯ (от лат. mutatio – изменение, перемена), возникающее естественно или вызываемое искусственно изменение наследств. свойств организма в результате нарушений в *хромосомах* и *генах*. М.– основа наследств. изменчивости в живой природе. У человека М.– причина мн. наследств. болезней и уродств. Для селекции и эволюции важны редкие М. с благоприятными изменениями.

МУ́ТИ (Muti) Риккардо (р. 1941), итал. дирижёр. Рук. фестиваля «Флорентийский музыкальный май» (1967–82), Лондонского (с 1973), Филадельфийского (с 1980) орк., т-ра «Ла Скала» (с 1986). Отточенный вкус, чувство стиля, яркий темперамент в интерпретациях соч. Б. Бриттена, Г. Петрасси, Л. Даллапикколы, К. Орфа, И.Ф. Стравинского, Д.Д. Шостаковича и др.

МУ́ФТА (от нем. Muffe или голл. mouwtje), устройство для соединения труб, тяг, канатов, кабелей, валов и т.п. По назначению различают М. постоянные соединительные и М., передающие вращение либо компенсирующие смещение соединяемых деталей, сцепные предохранительные и обгонные (передают вращение только

М.П. Мусоргский.

в одном направлении) и др. В зависимости от конструкции М. могут быть зубчатые, кулачковые, центробежные, цепные, упругие, эластичные, эл.-магн. и т.п.

МУФТИЙ (араб.), духовное лицо у мусульман, облечённое правом выносить решения (фетвы) по религ.-юрид. вопросам.

МУХАМЕ́ДОВ Ирек Джавдатович (р. 1960), артист балета. В 1981–90 в Большом т-ре. Виртуозный танцовщик героико-романтич. плана; танц. стиль отличается мужественностью, темпераментом: Юноша («Весна священная» И.Ф. Стравинского, 1979), Спартак («Спартак» А.И. Хачатуряна, 1981), Иван Грозный («Иван Грозный» на музыку С.С. Прокофьева, 1983), Ферхад («Легенда о любви» А.Д. Меликова, 1989) и др. С 1990 в т-ре «Ковент-Гарден» (Лондон).

МУХА́ММЕД (Мохаммед; в европ. лит-ре часто Магомет, Магомед) (ок. 570–632), основатель *ислама*, почитается как пророк. Выходец из рода Бану-хашим араб. племени курейшитов. Получив, по преданию, ок. 609 (или 610) откровение от Аллаха, выступил в Мекке с проповедью новой веры. В 622 вместе с приверженцами был вынужден переселиться (т.н. хиджра) в Медину (Ясриб). В 630–631 мусульмане под рук. М. подчинили Мекку и значит. часть Аравии; М. стал главой теократич. гос-ва.

МУХА́ММЕД АЛИ́ (1769–1849), паша Египта с 1805. Основатель династии, правившей до 1952 (юридически до 1953). Создал регулярную армию, реорганизовал адм. аппарат. Вёл завоеват. войны, фактически отделил Египет от Турции.

МУ́ХИ, двукрылые насекомые из неск. семейств. Дл. 2–15 мм. Личинки развиваются в разлагающихся органич. остатках, редко в живых тканях р-ний или ж-ных. Ряд видов –

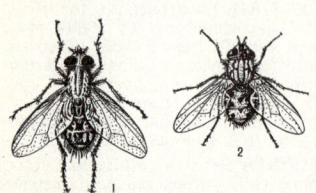

Мухи: 1 – комнатная; 2 – жигалка осенняя.

переносчики возбудителей инфекц. болезней человека и домашних ж-ных (напр., комнатная муха, М. цеце); есть вредители культурных р-ний.

МУ́ХИН Ефр. Осипович (1766–1850), хирург, анатом. Один из основоположников анат.-физиол. направления в рус. медицине, учения о ведущей роли головного мозга в физиол. и патол. процессах. Пропагандист и организатор оспопрививания в России. Создал школу врачей и анатомов.

МУ́ХИНА Вера Игн. (1889–1953), скульптор. Ранние произв. романтически приподняты, лаконичны, обобщены по формам («Пламя революции», 1922–23), в 30-х гг. – символич. (символы нового строя в СССР) произв. («Рабочий и колхозница», 1935–37), в годы Вел. Отеч. войны – сурово-правдивые образы воинов («Б.А. Юсупов», 1942). Оформляла выставки и театральные спектак-

В.И. Мухина. «Крестьянка». Бронза. 1927. Третьяковская галерея.

ли, проекты одежды и рисунки для тканей, изделий из фарфора и стекла.

МУХОЛО́ВКИ, неск. родов птиц (сем. мухоловковые); иногда их назв. М. Старого Света. Дл. 11–15 см. Клюв широкий, плоский, с щетинками. 156 видов, гл. обр. в Евразии и Африке, чаще обитают в разреженных лесах, а также в садах и парках. Одиночные птицы; гнёзда в дуплах. Насекомых ловят в воздухе.

Мухоловки. Малая мухоловка (самец) у гнезда с птенцами.

МУХОМО́РЫ, род пластинчатых грибов (сем. аманитовые). Плодовое тело молодых М. заключено в т.н. покрывало, к-рое разрывается и остаётся в виде плёнки или чешуек на поверхности шляпки. Ок. 100 видов, распространены широко, в России св. 30 видов. Многие М. ядовиты, особенно *бледная поганка* и М. красный. М. Виттадини, М. серо-розовый, толстый и цезарский гриб съедобны даже в сыром виде, но т.к. они трудно отличимы от ядовитых

Мухомор красный.

видов, в пищу практически не употребляются.

МУ́ЧЕНИКИ, лица, претерпевшие смерть за веру, причисленные в христ-ве к лику святых. Первомучеником христ. церкви признаётся архидьякон Стефан (1 в.). Первые М. на Руси – варяги Феодор и сын его Иоанн, погибшие в Киеве (983) от рук язычников. Пострадавшие от гонений на Руси. православ. церковь в годы сов. власти наз. «новомучениками российскими».

МУШКЕТЁРЫ, вид пехоты в европ. армиях 16 – нач. 18 вв., вооружённой мушкетами. В 1622–1775 часть франц. гв. кавалерии (т.н. королев. М.). В России, Пруссии и др. странах в 18 – нач. 19 вв. назв. большей части пехоты.

Мушкетёры (Россия): 1 – рядовой Мушкетёрского полка, 1786–96; 2 – рядовой Белозерского мушкетёрского полка, 1797–1801.

МУЭЗЗИ́Н (муэдзин) (араб.), служитель мечети, с минарета призывающий мусульман к молитве.

МХАТ имени А.П. Чехова, образован при разделении труппы Моск. Худ. академич. т-ра в 1987 (сцена в Камергерском переулке; с 1989 – имени Чехова). Худ. рук. (с 1970) О.Н. Ефремов. Спектакли: «Московский хор» Л.С. Петрушевской (1988), «Олень и шалашовка» А.И. Солженицына (1991), «Возможная встреча» П. Барца (1992) и др. Актёры: Е.А. Евстигнеев, И.М. Смоктуновский, С.С. Пилявская, И.П. Мирошниченко, А.А. Калягин, В.М. Невинный, И.С. Саввина, О.П. Табаков и др.

МХАТ имени М. Горького, образован при разделении труппы Моск. Худ. академич. т-ра в 1987 (сохранил его назв.; сцена на Тверском бульваре). Худ. рук. Т.В. Доронина. Спектакли: «Вишнёвый сад» А.П. Чехова (1988), «Макбет» У. Шекспира (1990) и др. Актёры: Л.И. Губанов, Г.И. Калиновская, В.Н. Расцветаев, К.И. Ростовцева, Г.Л. Шевцов и др.

МХИ, отдел высших р-ний. Преим. многолетние р-ния, характеризующиеся групповыми формами роста (дерновины, куртины, подушки). Ок. 20 тыс. видов, по всему земному шару. Нередко способствуют заболачиванию почв, ухудшению качества лугов. Составляют осн. массу торфа.

МЦХЕ́ТА, г. в Грузии, при впадении р. Арагви в р. Кура, на Воен.-Груз. дороге. 9,6 т.ж. Ж.-д. ст. З-д «Промсвязь», трикот. ф-ка. Краеведч. музей. Осн. во 2-й пол. 1-го тыс. до н.э. До кон. 5 в. н.э. столица Картлийского царства. Остатки укреплённых резиденций, гор. кварталов, могильники, датируемые от энеолита до средневековья (в т.ч. Самтаврский могильник). Мцхетский музей-заповедник. Комплекс мон. Самтавро (гл. храм 11 в.), кафедральный собор *Светицховели*. Близ М. – храм Джвари.

Мцхета. Собор Светицховели.

МША́ТТА, неоконченный замок *Омейядов* (8 в., по мнению нек-рых исследователей, 3–4 вв.) в Иордании, к Ю.-В. от Аммана. Известен резным кам. фризом (растит. узоры с фигурами ж-ных) фасада с полуоктогональными башнями.

МЫЛА́, соли высш. карбоновых к-т. Получают из животных и растит. жиров, канифоли, таллового масла. Растворимые в воде М. (обычно натриевые и калиевые) обладают моющим действием и составляют основу туалетного, хоз. и техн. мыла. Применяют М. в произ-ве моющих средств, для стабилизации эмульсий, синтетич. латексов и пен, в качестве смазок, ингибиторов коррозии.

МЫС, участок побережья, вдающийся в море, озеро или реку, то же – рог, нос. Сложен коренными породами или наносами. Англ. аналог «кейп») служит иногда составной частью геогр. названий (напр., г. Кейптаун).

МЫ́СЛИВЕЧЕК (Myslivecek) Йозеф (1737–81), чеш. композитор. В оперном творчестве – черты итал. *оперы-сериа* и традиции чеш. музыки. Ок. 30 опер (ставились в Италии), оратории на библейские сюжеты, концерты, ансамбли.

МЫ́ШИ (мышиные), семейство грызунов. Длина тела от 5 до 48 см. Ок.

430 видов, гл. обр. в Вост. полушарии; наиб. число видов в Ю.-В. Азии; домовая мышь и крысы вместе с человеком распространились повсеместно. Наземные или полуподземные ж-ные. Живут 1–3 года. Наносят значит. ущерб сельскому, лесному и складскому х-вам. Природные носители возбудителей более 20 инфекций, в т.ч. чумы. М.— классич. лаб. ж-ные.

МЫШЛЕ́НИЕ, высш. ступень человеческого познания, процесс постижения действительности. Позволяет получать знание о таких объектах, свойствах и отношениях реального мира, к-рые не могут быть непосредственно восприняты на чувственной ступени познания. Формы и законы М. изучаются философией (теорией познания) и логикой, механизмы его протекания – психологией и нейрофизиологией.

МЫ́ШЦЫ (мускулы), органы тела ж-ных и человека, состоящие из мышечной ткани, способной сокращаться под влиянием нерв. импульсов. На М. обычно приходится 40% массы тела человека; среди них (всего 659 М.) самая крупная – ягодичная, идущая от бедра.

МЫШЬЯ́К (Arsenium), As, хим. элемент V гр. периодич. системы, ат. н. 33, ат. м. 74,9216; неметалл серого, жёлтого или чёрного цвета, $t_{пл}$ 817 °C, возгоняется при 615 °C. М. используют для получения полупроводн. материалов (арсенид галлия и др.), лекарств. средств. В старину соед. М. распространённые яды. Хим. элементом М. признан А. Лавуазье в 1789.

МЫШЬЯКО́ВЫЕ РУ́ДЫ, содержат As 2–10%. Гл. минералы: арсенопирит, лёллингит, реальгар, аурипигмент. Встречаются гл. обр. в комплексе с рудами цв. и благородных металлов. Гл. добывающие страны: США, Мексика и др.

МЬЯ́НМА (Республиканский Союз Мьянма), гос-во в Юго-Вост. Азии, в сев.-зап. части п-ова Индокитай, омывается на З. Бенгальским зал. и Ю. Андаманским м. Пл. 677 т. км². Нас. 44,6 млн. ч.; мьянма – ок. 70%, остальные – карены, шаны и др. Офиц. яз. – бирманский (мьянма). Большинство верующих – буддисты. М.– федерация в составе 7 областей и 7 адм. областей. Столица – Янгон (Рангун). Ден. единица – кьят.

Преим. горн. страна; в центр. части – понижение по Иравади. Климат тропич. муссонный. Ср. темп-ры марта–апр. (наиб. жарких месяцев) 30–32°C, янв. 13°C на С., 20–25°C на Ю.; осадков от 500 мм в год на равнине до 3500 мм в горах. Тропич. и муссонные леса.

В 11–13 вв. существовало кр. гос-во мьянма Паган; утвердился буддизм. В сер. 18 в. мьянма, разгромив гос-ва монов, объединили страну, создав одно из крупнейших гос-в Юго-Вост. Азии. В результате войн с Великобританией 1824–26, 1852, 1885 М. в 1886–1937 включена в состав Брит. Индии, затем отд. колония. В дек. 1941–45 оккупирована япон. войсками. С 1948 независимое гос-во Бирма. Пр-во премьер-мин. У Ну (1948–56; 1957–58, 1960–62) предприняло попытку построения социалистич. об-ва на основе буддизма (в 1961 буддизм был объявлен гос. религией). В 1962 У Ну был свергнут, власть перешла к ген. Не Вину, к-рый, опираясь на партию Бирм. социалистич. программы (осн. в 1962, с 1988 Партия нац. единства) и армию, преследовал оппозицию. Выборы в парламент в 1990 принесли успех оппозиц. партии Нац. лига за демократию (осн. в 1988), к-рая образовала контрпр-во (при существующем воен. пр-ве). В 1989 введена бирм. транскрипция назв. гос-ва – Мьянма.

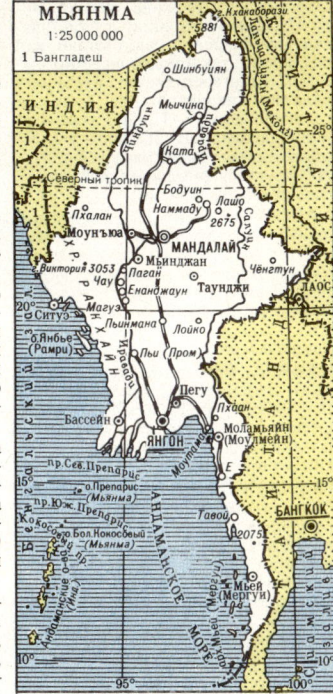

М.— агр. страна. ВНП на д. нас. 400 долл. в год. Гл. прод. и экспортная культура – рис; возделывают также пшеницу, кукурузу; из технических – масличные, хлопчатник, джут, сах. тростник, табак, каучуконосы и др. Разводят свиней, а также буйволов, овец и коз. Заготовка древесины ценных пород (на экспорт). Рыб-во. Добыча нефти, руд цв. металлов (свинца, цинка, олова, вольфрама), серебра, драгоценных камней (на экспорт). Произ-во шёлковых и хл.-бум. тканей, джутовых изделий. Куст. промыслы.

МЭ́ЙО (Мейо) (Mayo) Элтон (1880–1949), амер. социолог, один из основателей индустриальной социологии, выдвинул доктрину «человеческих отношений» в совр. произ-ве; в улучшении личных отношений между предпринимателями и рабочими видел путь к установлению «мира в промышленности».

МЭ́МФОРД (Мамфорд) (Mumford) Льюис (1895–1990), амер. философ. Выступал против науч.-техн. прогресса, за возрождение ценностей средневековья («Техника и цивилизация», 1934; «Миф о машине», т. 1–2, 1967–70). Работы М. по градостроительству и архитектуре оказали значит. влияние на урбанистику в США.

МЭН, залив Атлантич. ок., у вост. берегов Сев. Америки. Пл. 95 т. км². Глуб. до 227 м. В сев.-вост. части М., в зал. Фанди, выс. приливов до 18 м (наибольшие в Мировом ок.). Кр. порты: Бостон, Портленд (США), Сент-Джон (Канада).

МЭР (франц. maire), в ряде гос-в лицо, возглавляющее орган местного управления (самоуправления). Избирается населением или самим выборным органом. В России в 1991 должность М. установлена в Москве и С.-Петербурге.

МЭ́ТЬЮЗ (Matthews) Стэнли (р. 1915), англ. футболист – нападающий; 35 сезонов в командах «Сток Сити» (1932–47, 1961–65) и «Блэкпул» (1947–61). Лучший футболист Англии (1948 и 1963) и Европы (1956). За спорт. заслуги удостоен королев. титула «сэр».

МЮ́ЗИКЛ (англ. musical), муз. сценич. жанр, сочетающий элементы драм., хореогр. и оперного иск-ва. Формировался в США в кон. 19 – нач. 20 вв. на основе объединения разл. самостоят. типов зрелищ (ревю, шоу, оперетты, мелодрамы и др.). Период расцвета М.– сер. 20 в. («Моя прекрасная леди» Ф. Лоу, 1956; «Вестсайдская история» Л. Бернстайна, 1957; «Скрипач на крыше» Дж. Бока, 1964). Широко известны также экранизации М.

МЮНХГА́УЗЕН барон, образ хвастуна и враля, рассказывающего о своих баснословных приключениях, фантастич. путешествиях и легендарных подвигах. Непомерное хвастовство М. лишено эгоистич. расчёта, по-своему бескорыстно: это игра жизненных сил, не находящих применения в реальности. М.– сниженный коррелят высокого типа идеального героя (ср. Вечные образы). Герой мн. произв. нем. лит-ры (анонимного сб-ка 18 в., Г.А. Бюргера, К.Л. Иммермана), ставший нарицательным после издания книги Р.Э. Распе (1737–94) о приключениях барона Мюнхгаузена (1786). Вызвал многочисл. подражания и переработки в лит-ре, и лубочной лит-ре.

МЮ́НХЕН, г. в Германии, на р. Изар. 1,2 млн. ж. Междунар. аэропорт. Метрополитен. Автостроение; эл.-техн. и радиоэлектронная, полиграф., хим., лёгкая пром-сть. Центр пивоварения. Банковский и торг. центр (ежегод. ярмарки). Туризм. Ун-т имени Максимилиана (осн. в 1472; в М. с 1826), Гос. высшая муз. школа; консерватория. Баварский нац. музей. Глиптотека, Старая и новая пинакотеки и др. Резиденцтеатр (1753), Нац. т-р (1818), Принцрегентентеатр (1901), Баварская гос. опера (1919), Каммершпиле. Изв. с 8 в., город с 1158. С 13 в. до 1918 и с 1919 столица Баварии. Совр. облик М. во многом определяется соседством зданий разных стилей с постройками из бетона и стекла. Позднеготич. и барочные церкви, старая ратуша (1470), дворец Нимфенбург (1663–1798), комплекс сооружений для XX летних Олимп. игр (1968–72).

МЮ́НХЕНСКОЕ СОГЛАШЕ́НИЕ 1938, заключено в Мюнхене 29–30.9.1938 премьер-мин. Великобритании Н. Чемберленом, премьер-мин. Франции Э. Даладье, фаш. диктатором Германии А. Гитлером и фаш. диктатором Италии Б. Муссолини. Предусматривало отторжение от Чехословакии и передачу Германии Судетской обл., а также удовлетворение терр. притязаний к Чехословакии со стороны пр-в Венгрии и Польши. Способствовало развязыванию 2-й мир. войны.

МЮ́НЦЕР (Munzer, Müntzer) Томас (ок. 1490–1525), вождь и идеолог крест.-плебейских масс в Реформации и Крест. войне 1524–26 в Германии. Первоначально был сторонником, затем стал противником Лютера. В религ. форме проповедовал идеи насильств. ниспровержения господ и угнетателей, передачи власти трудовому народу и установления об-ва, в к-ром всё будет общим. Пытался создать в тюринго-саксонском р-не единый центр Крест. войны, но 15 мая 1525 его отряд был разгромлен у г. Франкенхаузен, а М. пленён и казнён (обезглавлен).

МЮНШ (Münch) Шарль (1891–1968), франц. дирижёр. Дирижировал орк. Об-ва Парижской конс. (1938–46), на основе к-рого организовал Парижский орк. (1967), в 1949–62 – Бостонским орк. Славился исполнением франц. музыки, в т.ч. композиторов 20 в. Дирижёрское иск-во М. отличали высокий интеллект, безупречный вкус, скупой, отточенный жест.

МЮРИ́Д (мурид) (араб.– тот, кто хочет, послушник), в странах мусульм. Востока последователь суфизма, member суфийского братства.

МЮССЕ́ (Musset) Альфред де (1810–57), франц. поэт-романтик. Меланхолически-скорбными мыслями проникнут цикл поэм «Ночи» (1835–37), драмы; ром. «Исповедь сына века» (1836) – образец аналитич. психологизма.

МЯГКО́В Анд. Вас. (р. 1938), актёр. С 1965 в моск. т-ре «Современник», с 1977 во МХАТе (с 1989 имени А.П. Чехова). Создал образы тонкой психол. разработки, окрашенные мягким, сочувственным юмором и иронией: Барон («На дне» М. Горького, 1968), Войницкий («Дядя Ваня» Чехова, 1980) и др. Снимался в ф.: «Братья Карамазовы» (1969), «Послесловие» (1984), т/ф «Ирония судьбы, или С лёгким паром» (1976) и др.

МЯКИ́НА (полова), семенные плёнки, части колосьев, листьев, стеблей, неполноценные зёрна, получаемые в качестве отхода при обмолоте и очистке зерна злаков и бобовых

458 МЯСИ

р-ний. Скармливают с.-х. ж-ным, добавляя в сочные корма.

МЯСИ́ЩЕВ Вл. Мих. (1902–78), авиаконструктор. Руководил бригадой эксперим. самолётов в КБ А.Н. Туполева. В 1938–40 репрессирован, находился в заключении, где работал над опытным бомбардировщиком ДВБ-102. В 50-х гг. под рук. М. созданы строившиеся серийно реактивные стратегич. бомбардировщики М-4 и 3М.

МЯСКО́ВСКИЙ Ник. Як. (1881–1950), рос. композитор и педагог. 27 симф., в к-рых отразил самобытное претворение классич. традиций, с точки зрения содержания – трудный поиск духовного идеала в эпоху, насыщенную трагич. событиями. Кантаты, 3 симфониетты, симф. поэмы, концерты с орк. и скрипки, для виолончели; 13 струн. квартетов, 9 фп. сонат, 2 сонаты для виолончели с фп., пьесы для фп., хоры, романсы и др.

Н.Я. Мясковский.

МЯ́ТА, род многолетних трав (сем. губоцветные). 20–25 видов, гл. обр. в умеренном поясе Сев. полушария. Все виды М. содержат эфирное масло (осн. компонент – ментол) с сильным приятным ароматом. М. перечную культивируют как эфирно-масличное и лекарств. (успокаивающее, против тошноты и др.) р-ние. М.– хороший медонос.

МЯ́ТЛИКОВЫЕ, см. *Злаки*.

Н

Н, н [эн], пятнадцатая буква рус. алфавита; восходит к букве *кириллицы* **Н**(«наш»); (поперечная черта к-рой изменила направление).

«НАБИ́» (набиды) (франц. nabis – пророки), группа художников (М. Дени, П. Боннар и др.) в Париже (ок. 1890–1905), создавших под влиянием П. Гогена своеобразный вариант стиля «модерн», для к-рого характерны близость к лит. *символизму*, декор. обобщённость форм, музыкальность ритмов, плоскостность, главенство цветового пятна.

НАБЛЮДА́ТЕЛИ, в междунар. праве представители гос-в или междунар. орг-ций, направленные для участия в работе междунар. орг-ций, конференций, др. междунар. органов. Н. обычно не имеют права голоса, подписания док-тов. Особое положение занимают воен. Н. ООН: по решению Совета Безопасности они направляются в конфликтные регионы для наблюдения за выполнением условий перемирия, прекращения огня и т.п. в рамках акций ООН по поддержанию мира.

НАБО́ЙКА (набивка), вид декор.-прикладного иск-ва; печатание вручную на ткани цветного узора при помощи рельефных форм (дерев. досок, медных пластин); ткань с таким же узором.

Набойка. Россия. 17 в. Исторический музей. Москва.

НАБО́КОВ Вл. Вл. (1899–1977), рус. и англоязычный (с 1940) писатель. В 1919 эмигрировал из России; жил в Кембридже, Берлине (1922–1937), Париже, с 1940 в США, с 1960 в Швейцарии; с 1945 гражданин США. В ром. «Защита Лужина» (1929–30), «Дар» (1937), «Приглашение на казнь» (антиутопия; 1935–1936), «Пнин» (1957) – безысходно-трагич. коллизия духовно одарённого одиночки с тоскливо-примитивным «среднечеловеческим» миром – «мещанской цивилизацией», или миром «пошлости», где властвуют мнимости, иллюзии, фикции. Сенсационный бестселлер «Лолита» (1955) – опыт соединения эротики и социально-критич. нравоописания, творимый рафинированным европейцем. Лирика с мотивами ностальгии; мемуары («Память, говори», 1966). Эссеистика («Николай Гоголь», 1944). Переводы на англ. яз. («Евгений Онегин» А.С. Пушкина, «Слово о полку Игореве»). Поэтику стилистически изысканной прозы слагают как реалистич., так и модернистич. элементы (лингвостилистич. игра, всеохватное пародирование, мнимые галлюцинации). Принципиальный индивидуалист, Н. ироничен в восприятии любых видов массовой психологии и любых идеологий (особенно – марксизма, фрейдизма).

НАБО́Р (полиграф.), 1) литеры и пробельный материал. 2) Процесс подготовки текстовой части издания для изготовления *печатной формы*. Различают Н. ручной (из литер и пробельного материала), механизир. (на т.н. наборных и наборно-пишущих машинах), электронный.

НАВА́ГА, мор. рыба (сем. тресковые). Дл. до 47 см, масса до 700 г. Встречается от Кольского зал. до Обской губы, заходит в устья рек. Близкий вид на Д. Востоке – вахня. Объект промысла.

НАВАРИ́НСКОЕ СРАЖЕ́НИЕ 8(20).10.1827. Рус.-англо-франц. соединённая эскадра разгромила в Наваринской бухте (Юж. Греция) тур.-егип. флот, что способствовало усилению Греч. рев-ции 1821–29 и подготовке России к рус.-тур. войне 1828–29.

НАВИГА́ЦИЯ (лат. navigatio, от navigo – плыву на судне), 1) наука о методах и средствах вождения судов, летательных (возд. Н., аэронавигация) и космич. (космич. Н.) аппаратов. Задачи Н.: нахождение оптимального маршрута (траектории), определение параметров движения объекта. Используются разл. навигац. оборудование, приборы, астр. средства и радионавигац. системы, а также методы геодезии, картографии, океанологии и др. 2) Период, когда по местным климатич. условиям возможно судоходство.

НАВО́З, органич. удобрение из твёрдых и частично жидких экскрементов ж-ных, обычно в смеси с подстилочным (солома, торф) материалом. Применяют на разных почвах, под разл. с.-х. культуры. Используется также как биотопливо для сооружений *защищённого грунта*.

НАВО́ЗНИКИ, название группы жуков (сем. пластинчатоусые. Дл. от 3 мм до 7 см. Св. 6000 видов; распространены широко. Жуки (напр., *скарабеи*, калоеды) и их личинки питаются гл. обр. помётом ж-ных. Полезны как «санитары» и почвообразователи; нек-рые – промежуточные хозяева *гельминтов*.

НАВО́И (Алишер Навои) Низамаддин Мир Алишер (1441–1501), узб. поэт, мыслитель и гос. деятель. Писал на тюрки и на перс. яз. Жил в Герате. Был визирем султана Хусейна Байкары, покровительствовал учёным и деятелям иск-в. В 1498–99 составил из своих лирич. стихов 4 сборника – *дивана*. Вершина творчества – «Пятерица» («Хамсе», 1483–85), состоящая из поэм «Смятение праведных», «Лейли и Меджнун», «Фархад и Ширин», «Семь планет», «Искандерова стена». В соч. «Собрания утончённых» Н. дал характеристики поэтам своего времени; в кн. «Прение двух языков» (1499) взял под защиту тюрки как лит. язык.

НАВРАТИ́ЛОВА (Navratilova) Мартина (р. 1956), теннисистка. До 1975 жила в Чехословакии, затем в США. Чемпионка мира (1979, 1982–1986), Уимблдонского турнира (1978–79, 1982–87), Франции (1982, 1984), США (1983–84, 1986–87) и Австралии (1981, 1983, 1984), победительница ок. 150 др. проф. турниров (1974–94) в одиночном разряде. Н.– в числе сильнейших мастеров парной игры.

НАВРУ́З, см. *Науруз*.

НАВУХОДОНО́СОР II, царь Вавилонии в 605–562 до н.э. В 605 захватил терр. Сирии и Палестины, в 598 совершил поход в Сев. Аравию. В 597, затем в 587 (по др. данным, 586) разрушил восставший Иерусалим, ликвидировал Иудейское царство и увёл в плен большое число жителей Иудеи. При нём велось крупное стр-во, в т.ч. сооружены т.н. Вавилонская башня и висячие сады.

НАВЯ́ЗЧИВЫЕ СОСТОЯ́НИЯ (навязчивости, обсессии), непроизвольные мысли, воспоминания, сомнения, фобии, стремления, движения и действия, сопровождающиеся сознанием их болезненности и тягостным чувством непреодолимости.

НАГАРДЖУ́НА, др.-инд. философ (ок. 2 в.), основатель будд. школы мадхьямики. Называл свою философию «срединным путём» истинного буддизма. Гл. соч.– «Мадхьямика-карика», или «Мадхьямика-сутра».

НАГАСА́КИ, г. и порт в Японии, на о. Кюсю. 442 т.ж. Крупнейший центр судостроения. Маш.; металлургич., нефтехим., лесопил. пром-сть. Воен.-мор. арсенал. Рыболовная база. Ун-т. Гор. музей, Торг.-пром. музей и др. Город вырос на месте рыбачьего посёлка, изв. с кон. 12 в. На Н. 9 авг. 1945 была сброшена амер. атомная бомба, разрушившая треть города, было убито и ранено ок. 75 т.ж. Город отстроен. Синтоистское святилище Сува (16 в.), будд. храмовые ансамбли Софукудзи, Кофукудзи (оба 17 в.).

НАГИ́БИН Юр. Маркович (1920–1994), рус. писатель. Нравств. проблематика в лирич. рассказах о повестях о совр. жизни: сб. «Перед праздником» (1960), «Переулки моего детства» (1971), «Река Гераклита» (1984), «Бунтарский остров» (1994). В пов. «Встань и иди» (1987) – путь человека, пытающегося логике тоталитарного гос-ва противопоставить преданность и любовь к репрессированному отцу. Сценарии фильмов. «Председатель» (1964). Рассказы о деятелях рус. и мировой культуры.

НАГО́РНЫЙ КАРАБА́Х, ист. область в Закавказье. В 1923 на территории Н.К. была образована Нагорно-Карабахская АО в составе Азербайджана. Пл. 4,4 т.км². Нас. 193,3 т.ч., гор. 52,7%; армяне (76,9%), азербайджанцы (21,5%),

Навои. Миниатюра Мухаммада Музаххиба.

В.В. Набоков.

вание, относится к щелочам. Применяют для очистки нефти, масел, в произ-ве бумаги, мыла, искусств. волокон, как осушающий агент для газов и органич. жидкостей, водные растворы как электролиты. Вызывает тяжёлые ожоги кожи и слизистых оболочек.

НА́ТРИЯ НИТРА́Т, $NaNO_3$, кристаллы, $t_{пл}$ 306,6 °C. Встречается в природе в виде минерала (натриевая, или чилийская, селитра). Применяют Н.н. как удобрение, в металлообр. пром-сти, произ-ве стекла, как окислитель в ракетных топливах, ВВ, пиротехн. составах, как консервант пищ. продуктов и др.

НА́ТРИЯ ТИОСУЛЬФА́Т, $Na_2S_2O_3$, кристаллы; разлагается на воздухе выше 80 °C. Применяют как фиксаж в фотографии под назв. гипосульфит, при отбеливании тканей, в аналитич. химии, как противоядие при отравлении соед. ртути, противовоспалит. средство и др.

НА́ТРИЯ ХЛОРИ́Д (поваренная соль), NaCl, кристаллы, $t_{пл}$ 801 °C. В природе распространён в виде минерала (каменная соль, галит), содержится в мор. воде, рапе соляных озёр и подземных рассолах. Н.х.— пищ. продукт, консервирующее средство, сырьё для получения соды, хлора, гидроксида и др. соед. натрия. Его используют более чем в 1500 пром. процессах.

НАТУ́РА (лат. natura – природа), 1) (устар.) природа. 2) Характер, нрав, темперамент человека. 3) Товары, продукты как платёжное средство взамен денег. 4) Реальные объекты действительности (человек, предметы, ландшафт и т.п.), к-рые художник непосредственно наблюдает при их изображении; природная, естеств. обстановка, где производится киносъёмка.

НАТУРАЛИЗА́ЦИЯ, в праве принятие лица по его ходатайству в *гражданство* данного гос-ва.

НАТУРАЛИ́ЗМ (франц. naturalisme, от лат. naturalis – природный, естественный) в философии, взгляд на мир, согласно к-рому природа выступает как единый и универсальный принцип объяснения всего сущего, исключающий всё неприродное, «сверхъестественное». Свойствен нек-рым разновидностям материализма, а также течениям, наделяющим природу имманентно присущей ей одушевлённостью (*панпсихизм*) и одухотворённостью (*пантеизм*). В социологии присущ теориям, объясняющим развитие общества разл. природными факторами – климатич. условиями, геогр. средой, биол. и расовыми особенностями людей и т.д. Был одним из ведущих принципов европ. просветит. мысли 17–18 вв. (концепции «естеств. человека», «естеств. общества, естеств. морали, естеств. права и т.п.»).

НАТУРАЛИ́ЗМ, 1) направление в европ. и амер. лит-ре и иск-ве посл. трети 19 в. (теоретик и глава направления – Э. Золя; бр. Э. и Ж. Гонкур, А. Хольц, Г. Гауптман, С. Крейн, Ф. Норрис, К. Лемонье – в лит-ре; А. Антуан, О. Брам – в т-ре). Под воздействием позитивистских идей стремилось к «объективному», бесстрастному воспроизведению реальности, уподобляло худ. познание научному; исходило из представления о полной предопределённости судьбы, воли, духовного мира человека социальной средой, бытом, наследственностью, физиологией. Совершен-

ствуя социальную и биопсихическую мотивировки, натуралистич. «метод» одновременно склонял художников к умалению непреходящих идеально-духовных начал (нравств., эстетич., религ.) в борьбе человека с судьбой. 2) В нестрогом значении – копирование отталкивающих (нередко низменных) сторон жизни, повышенный интерес к физиол., преим. сексуальным, проявлениям человеческой природы.

НАТУРА́ЛЬНОЕ ХОЗЯ́ЙСТВО, тип х-ва, при к-ром продукты труда производятся для удовлетворения потребностей самих производителей, а не для продажи. С появлением и углублением обществ. разделения труда вытесняется товарным произ-вом.

НАТУРА́ЛЬНОЕ ЧИСЛО́, целое положит. число: 1, 2, 3... Понятие Н.ч. возникло в результате счёта предметов.

НАТУРФИЛОСО́ФИЯ (нем. Naturphilosophie), философия природы, умозрительное истолкование природы, рассматриваемой в её целостности. Ранняя др.-греч. Н. (*милетская школа* и др.) явилась по существу первой ист. формой философии вообще. Интерес к природе в эпоху Возрождения вызвал новый расцвет Н. (Дж. Бруно, Б. Телезио, Т. Кампанелла). В нем. классич. философии Н. получила особенное развитие у Ф.В. Шеллинга и его последователей. Развитие эксперим. естествознания в новое время привело к вытеснению Н. теориями, базирующимися на естеств. науч. данных.

НАТЮРМО́РТ (франц. nature morte, букв.– мёртвая природа), жанр изобр. иск-ва (гл. обр. станковой живописи), посв. изображению неодушевлённых предметов (утварь, плоды, цветы и т.д.).

НАУ́КА, сфера человеческой деятельности, функция к-рой – выработка и теоретич. систематизация знаний о действительности; включает как деятельность по получению нового знания, так и её результат – сумму знаний, лежащих в основе науч. картины мира; обозначение отд. отраслей науч. знания. Непосредств. цели – описание, объяснение и предсказание процессов и явлений действительности на основе открываемых Н. законов. Система Н. условно делится на естеств., обществ., гуманитарные и техн. Н. Зародившись в древнем мире, начала складываться с 16–17 вв. и в ходе ист. развития превратилась в важнейший социальный институт, оказывающий значит. влияние на все сферы общества и культуры в целом. Объём науч. деятельности с 17 в. удваивается примерно каждые 10–15 лет (рост числа открытий, науч. информации, числа науч. работников). В развитии Н. чередуются экстенсивные и рев. периоды – науч. рев-ции, приводящие к изменению её структуры, методов познания, а также форм её орг-ции; для Н. характерно сочетание процессов её дифференциации и интеграции, развития фундам. и прикладных Н. См. *Научно-техническая революция*.

НАУКОВЕ́ДЕНИЕ, изучает закономерности функционирования и развития науки, структуру и динамику науч. деятельности, взаимодействие науки с др. сферами материальной и духовной жизни общества. Зародилось в 30-х гг. 20 в.; в 60-х гг. оформилось в самостоят. отрасль исследований.

НА́УМБУРГ, г. в Германии, на р. Заале. 32 т.ж. Маш-ние, лёгкая, пищ. пром-сть. Готич. собор (1-я пол. 13 в.) с шедеврами готич. скульптуры в зап. хоре.

НАУ́МОВ Вл. Наумович (р. 1927), рос. кинорежиссёр. Работал с А.А. Аловым. Поставил самостоятельно ф.: «Выбор» (1988), «Закон» (1990), «Десять лет без права переписки» (1991).

НАУ́РУ (Республика Науру), гос-во в Океании, в юго-зап. части Тихого ок., на о. Науру. Пл. 21 км². Нас. 10 т.ч., в т.ч. ок. 60% – науру, остальные – китайцы, европейцы и выходцы с др. о-вов Тихого ок. Офиц. языки – науру и английский. Верующие в осн. христиане-протестанты. Входит в *Содружество*. Столица – Ярен. Ден. единица – австрал. доллар.

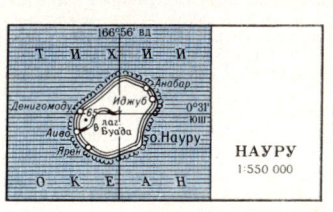

Остров окаймлён кольцевым валом коралловых рифов; поверхность – плато из фосфоритизированных известняков выс. до 65 м. Из-за добычи фосфоритов св. 1/3 поверхности превращено в карьер. Климат экв. муссонный. Темп-ра в течение года постоянна (ок. 28 °C). Водотоки отсутствуют; питьевую воду ввозят. Светлые жестколиственные леса, редколесья и кустарники.

В 1888 о-в Науру стал частью герм. протектората Н. Гвинея. С 1920 под управлением Великобритании, Австралии и Н. Зеландии. С 1968 независимое гос-во.

Основа экономики – добыча и экспорт фосфоритов (ок. 2 млн. т в год; одни из лучших в мире, фосфата св. 80%). ВНП на д. нас. ок. 10 тыс. долл. в год. Возделывают кокосовую пальму. Рыб-во.

НАУРУ́З (навруз), новый год у персов, таджиков и др. народов Передней и Ср. Азии. Восходит к доисламским верованиям Ирана. Празднуется в дни весеннего равноденствия.

НАУ́ЧНАЯ ФАНТА́СТИКА, вид худ. *фантастики*, отрасль худ. лит-ры, а также кино, т-ра, живописи, посвящённая гл. обр. худ. прогнозированию будущего. Осн. приём – мысленный эксперимент. Расцвет Н.ф. в 20 в. связан с возросшим влиянием науки и техники на развитие общества. Условно выделяются жанры социальной *утопии* и *антиутопии*, филос., бытовой, юмористич., техн. Н.ф. Видные представители: Ж. Верн, Г. Уэллс, К. Чапек, С. Лем, Р. Брэдбери, А. Азимов, А. Кларк, Р. Шекли; в России – Е.И. Замятин, А.Н. Толстой, А.Р. Беляев, И.А. Ефремов, бр. А.Н. и Б.Н. Стругацкие.

НАУ́ЧНО-ТЕХНИ́ЧЕСКАЯ РЕВОЛЮ́ЦИЯ (НТР), коренное качеств. преобразование производит. сил на основе превращения науки в ведущий фактор развития обществ. произ-ва. Началась с сер. 20 в. Резко ускоряет науч.-техн. прогресс, оказывает воздействие на все стороны жизни общества. В ходе НТР возни-

кают проблемы ликвидации и ограничения нек-рых её отрицат. последствий. Предъявляет возрастающие требования к уровню образования, квалификации, культуры, организованности, ответственности работников. Гл. направления НТР: комплексная автоматизация произ-ва, контроля и управления на основе широкого применения ЭВМ; открытие и использование новых видов энергии; развитие биотехнологии; создание и применение новых видов конструкц. материалов.

НАУ́ЧНО-ТЕХНИ́ЧЕСКИЙ ПРОГРЕ́СС, единое, взаимообусловленное, поступат. развитие науки и техники. Науч. и техн. прогресс впервые начали сближаться в 16–18 вв., когда мануфактурное произ-во, нужды торговли, мореплавания потребовали теоретич. и практич. решения практич. задач; второй этап связан с развитием машинного произ-ва с кон. 18 в.; совр. этап определяется науч.-техн. рев-цией, охватывающей наряду с пром-стью с. х-во, транспорт, связь, медицину, науч. общества.

НАУ́ЧНЫЕ О́БЩЕСТВА, добровольные объединения учёных и др. лиц, ведущих исследоват. работу. Возникли в древности. В 15–16 вв. существовали как проф. объединения учёных (часто под назв. академий), позже – как более широкие по составу. В 17 в. возникли специализир. Н.о. (геогр. науки, с.-х. и др.). Универсальные Н.о. в 18–19 вв. становились общенац. науч. центрами (напр., Лондонского королев. об-ва). Цель Н.о. – координация исследований, обмен информацией, издание трудов.

Научные общества. Эмблема Лондонского королевского общества.

НАФТАЛИ́Н, бесцв. кристаллы, $t_{пл}$ 80,3 °C. Содержится в кам.-уг. смоле и продуктах пиролиза нефти. Применяется для синтеза мн. производных Н., органич. красителей, пластификаторов, лекарств. средств; инсектицид.

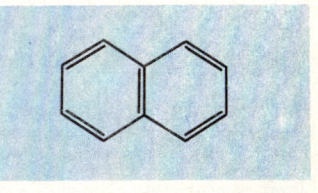

Нафталин.

НАХАПЕ́ТОВ Родион (Родин) Рафаилович (р. 1944), рос. киноактёр, режиссёр. Для его игры характерно внутр. эмоц. напряжение при внеш. сдержанности: ф. «Нежность» (1967), «Влюблённые» (1969), «Раба любви» (1976), «Валентина» и «Перед закрытой дверью» (1981),

«Торпедоносцы» (1983). Пост. ф.: «С тобой и без тебя» (1974), «На край света» (1976), «Не стреляйте в белых лебедей» (т/ф, 1980). С кон. 80-х гг. живёт в США.

НАХИ́МОВ Пав. Степ. (1802–55), рос. флотоводец, адмирал (1855). В Крымскую войну 1853–56, командуя эскадрой, разгромил тур. флот в Синопском сражении (1853); с февр. 1855 ком. Севастопольского порта, воен. губернатор и пом. нач. гарнизона города, один из рук. обороны Севастополя (1854–55). Смертельно ранен на Малаховом кургане.

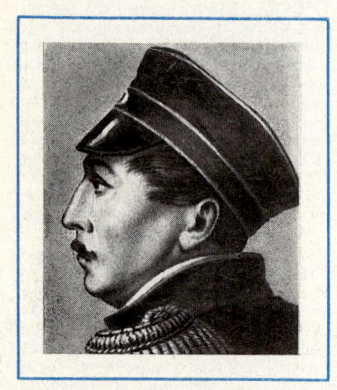

П.С. Нахимов.

НАХИЧЕВА́НСКАЯ АВТОНО́МНАЯ РЕСПУ́БЛИКА, в Азербайджане. 5,5 т. км². Нас. 306 т.ч., гор. 30%; азербайджанцы (95,9%), русские и др. Столица – Нахичевань. 6 р-нов, 4 города, 6 пос. гор. типа. Расположена на Ю.-В. Закавказского нагорья, ок. 75% терр. – на выс. св. 1000 м. На Ю. – равнина, на В. – Зангезурский хр. Климат резко континентальный, засушливый; ср. темп-ры янв. от –3 °C на равнине до –14 °C в горах; июля соотв. 28 °C и 25 °C (на вершинах до 5 °C); осадков в год от 200 мм на равнине до 600 мм в горах. Гл. река – Аракс. Многочисл. минер. источники.
Осн. отрасли пром-сти: горнодоб. (полиметаллич. руды, кам. соль), лёгкая (шелкомотальная, хл.-очист.), пищевкус. (плодоовощеконс., розлив мин. вод и др.); пр-тия маш.-строит. и металлообр. пром-сти. На р. Аракс – ГЭС. Табаководство, виногр-во, плод-во и шелк-во. Жив-во (кр. рог. скот, овцы).

НАХИЧЕВА́НЬ, г., столица Нахичеванской Авт. Респ. на р. Нахичеванчай. 61,7 т.ж. Ж.-д. ст. Пищевкус., лёгкая пром-сть; произ-во эл.- и радиотехн. изделий, мебели. Добыча кам. соли. Ун-т. Науч. центр АН Азербайджана. 2 музея, картинная гал. Муз.-драм. т-р. Осн. ок. 6 в. до н.э.

НАЦИОНАЛИЗА́ЦИЯ, переход в собственность гос-ва земли, пром. пр-тий, банков, транспорта и т.д. Может осуществляться через безвозмездную экспроприацию, полный или частичный выкуп.

НАЦИОНАЛИ́ЗМ, идеология и политика в нац. вопросе, основа к-рых – трактовка нации как высш. формы общности. В 19–20 вв. Н. выступал как мощная объединяющая сила в борьбе за нац. освобождение в Европе, а затем в Африке, Азии и Лат. Америке. Н., сопровождаемый идеей нац. превосходства и нац. ис-

ключительности, часто принимает крайние формы (*шовинизм*), сближается с расизмом и ведёт к острым внутр. или межгос. конфликтам.

НАЦИОНА́ЛЬНАЯ БАСКЕТБО́ЛЬНАЯ АССОЦИА́ЦИЯ (НБА) (National Basketball Accociation, N.B.A.), проф. спорт. орг-ция в США (осн. в 1946), объединяющая 27 команд (1994). Наиб. известные команды: «Бостон Селтикс», «Лос-Анджелес Лейкерс», «Филадельфия'76», «Чикаго Буллс», «Нью-Йорк Никс», «Хьюстон Рокетс».

НАЦИОНА́ЛЬНАЯ ГАЛЕРЕ́Я в Лондоне, одно из лучших в мире собраний зап.-европ., в т.ч. англ. живописи. Осн. в 1824 (здание построено в 1832–38, арх. У. Уилкинс).

НАЦИОНА́ЛЬНАЯ ГАЛЕРЕ́Я в Праге, образована в 1949 на базе собр. Об-ва патриотич. друзей иск-ва (осн. в 1796) и др. коллекций. Чеш. и зап.-европ. иск-во 14–20 вв., дальневост. иск-во.

НАЦИОНА́ЛЬНАЯ ГАЛЕРЕ́Я ИСКУ́ССТВА в Вашингтоне, одна из богатейших худ. собраний США. Осн. в 1937, открыта в 1941. Произв. амер. и европ. живописи, скульптуры, гравюры, рисунка, в т.ч. одна из лучших в мире коллекций живописи итал. Возрождения.

НАЦИОНА́ЛЬНАЯ ХОККЕ́ЙНАЯ ЛИ́ГА (НХЛ) (National Hockey League, N. H. L.), проф. спорт. орг-ция в Канаде (осн. в 1917), объединяющая 23 команды (1994) из США и Канады. Гл. приз – Кубок Стэнли (учреждён в 1893 генерал-губернатором Канады лордом Стэнли). Наиб. популярные клубы: «Бостон Брюинс», «Буффало Сейбрс», «Монреаль Канадиенс», «Нью-Йорк Рейнджерс», «Питтсбург Пингвинз», «Филадельфия Флайерс», «Эдмонтон Ойлерз».

НАЦИОНА́ЛЬНОЕ БОГА́ТСТВО, важнейший показатель экон. состояния страны, характеризующий экономический потенциал общества. В составе Н.б. выделяются 2 осн. части: обществ. (созданное трудом) и естественное (природные и интеллектуальные ресурсы) богатство. Н.б. включает: производств. мощности общества; товарные запасы, в т.ч. гос. резервы; природные богатства; интеллектуальный фонд общества (накопленный производств. опыт людей, их образоват. потенциал, достижения науч.-техн. мысли, информац. ресурсы); социальную инфраструктуру; личное имущество граждан.

НАЦИОНА́ЛЬНОЕ УПРАВЛЕ́НИЕ ПО АЭРОНА́ВТИКЕ И ИССЛЕ́ДОВАНИЯМ КОСМИ́ЧЕСКОГО ПРОСТРА́НСТВА (НАСА) (National Aeronautics and Space Administration, NASA), правительств. орг-ция США. Созд. в 1958. Осуществляет большинство программ по использованию космоса в гражд. целях, активно участвует в космич. разработках Мин-ва обороны, занимается перспективными разработками в области авиации. Включает ряд н.-и. центров, в т.ч. имени Джонсона (Хьюстон, шт. Техас), имени Кеннеди (мыс Канаверал, шт. Флорида), имени Маршалла (Хантсвилл, шт. Алабама).

НАЦИОНА́ЛЬНЫЕ СЧЕТА́ (национальное счетоводство), система макроэкон. показателей, применяемая в экон. статистике стран, междунар. орг-ций; описывает наиб. важные и общие аспекты экон. развития (произ-во, распределение, перераспреде-

ление и использование конечного продукта, дохода, формирование нац. богатства. Термин введён голл. экономистом Эд. ван Клиффом в нач. 1940-х гг.; в нач. 50-х гг. ООН принята стандартная система Н.с.

НАЦИОНА́ЛЬНЫЙ ДОХО́Д, обобщающий показатель экон. развития страны. В отеч. статистике подсчитывается как стоимость всего совокупного *общественного продукта*, получаемая за вычетом всех материальных затрат на его произ-во. В системе национальных счетов – общий доход, полученный производителями товаров и услуг за вклад в *валовой национальный продукт*.

НАЦИОНА́ЛЬНЫЙ МУЗЕ́Й в Варшаве, крупнейший музей в Польше. Осн. в 1862 (до 1916 Музей изящных иск-в). Произв. др.-егип., античн. и визант. иск-ва, европ. живописи и скульптуры, польск. изобр. иск-ва и др. Здание построено в 1926–38 (арх. Т. Толвиньский).

НАЦИОНА́ЛЬНЫЙ МУЗЕ́Й в Дамаске, крупнейшее в Сирии хранилище пам. худ. и материальной культуры Др. Востока и античности, ср.-век. арабского и совр. сирийского иск-ва. Осн. в 1919.

НАЦИОНА́ЛЬНЫЙ НАРО́ДНЫЙ ТЕА́ТР (ТНП) (Théâtre National Populaire, TNP), франц. драм. театр. Осн. в 1920 в Париже. В 1951–63 т-р возглавлял Ж. Вилар. В репертуаре гл. обр. произв. классич. драматургии. В труппе т-ра были Ж. Филип, М. Казарес. В 1972 т-р закрылся. В 1973 статус этого т-ра получил «Т-р де ла сите» (в Виллербане), рук. – Р. Планшон, П. Шеро, Р. Жильбер.

НАЦИОНА́ЛЬНЫЙ ОЛИМПИ́ЙСКИЙ КОМИТЕ́Т (НОК), орг-ция, представляющая страну в междунар. олимп. движении. Без признания НОК Междунар. олимп. к-том (МОК) нац. команды к Олимп. играм. Рос. олимп. к-т созд. в 1911 и воссоздан в 1991 (в 1951–91 функционировал НОК СССР).

НАЦИОНА́ЛЬНЫЙ ПАРК, терр. (акватория), на к-рой охраняются ландшафты и уникальные объекты природы. В отличие от заповедника, в Н.п. допускаются посетители. Первый в мире Йеллоустонский Н.п. осн. в 1872 в США. К 1992 в мире создано св. 1200 Н.п. и др. близких к ним по организации охраняемых терр. пл. св. 2,7 млн. км². В России (1993) 23 Н.п. пл. 40 т. км², в т.ч. Валдайский, Лосиный Остров, Прибайкальский, Сочинский.

НАЦИОНА́ЛЬНЫЙ РЕЖИ́М, в междунар. праве режим, в силу к-рого иностр. граждане и юрид. лица пользуются на терр. данного гос-ва такими же правами, как и собств. граждане и юрид. лица. Н.р. может быть оговорен в двусторонних договорах гос-в, в нац. законодательстве (с указанием определ. изъятий из Н.р.).

НАЦИОНА́ЛЬНЫЙ ЦЕНТР ИСКУ́ССТВА И КУЛЬТУ́РЫ имени Ж. Помпиду́, в Париже. Включает: Нац. музей совр. иск-ва, Центр пром. творчества, Ин-т исследования и координации акустики и музыки, Публичную б-ку информации. Осн. в 1975. Здание в ультрасовр. стиле построено в 1977 (арх. Р. Пиано, Р. Роджерс и др.).

НА́ЦИЯ (от лат. natio – племя, народ), ист. общность людей, складывающаяся в процессе формирования общности их терр., экон. связей, язы-

ка, этнич. особенностей культуры и характера. В совр. лит-ре ряд учёных связывает Н. с определ. народом и включает в число её сущностных принципов общность самосознания и социальной структуры; другие предлагают рассматривать Н. как общность по принадлежности к определ. гос-ву. См. также *Этнос*.

НА́ЦУМЭ Сосэки (1867–1916), япон. писатель. Нац. проблематика сквозь призму европ. романтич. иронии в ром. о совр. интеллигенции «Ваш покорный слуга кот» (1906). Трагедия раздвоения интеллигенции между традиц. мировосприятием и зап.-европ. цивилизацией в автобиогр. трил. «Сансиро» (1908), «Затем» (1909), «Врата» (1910).

НАЧЁТЧИК, 1) в христ-ве – мирянин, допущенный к чтению религ. текстов в церкви или на дому верующих. 2) В старообрядчестве – богослов, знаток старопечатной (дониконовской) религ. (особенно богословской) лит-ры и др. 3) Человек, много читавший, но знакомый со всем поверхностно; лицо, догматически проповедующее к.-л. учение.

НАШАТЫ́РНЫЙ СПИРТ, см. *Аммиак*.

НАШАТЫ́РЬ, хлорид аммония, NH_4Cl, кристаллы, возгоняется при 337,6 °C. Применяют Н. при изготовлении гальванич. элементов, сухих батарей, при пайке металлов, как дымообразователь, лекарств. средство, азотное удобрение.

НАЯ́ДЫ, в греч. мифологии нимфы источников, ручьёв и родников.

НГУЕ́Н ЗУ (Nguyễn Du) (1765–1820), вьетн. поэт. Повествоват. и одновременно лирич. поэма «Стенания истерзанной души» – вершина вьетн. ср.-век. лит-ры. В сб. стихов «Всё живое» – осмысление конфликтов эпохи в свете буддизма.

НГУЕ́Н ЧАЙ (Nguyễn Trãi) (1380–1442), нац. герой Вьетнама, поэт. В 1418–27 вместе с Ле Лои возглавил нар. вооруж. борьбу против кит. войск, оккупировавших страну в 1407. Казнён. Основоположник поэзии на разг. вьетн. языке.

НДЖАМЕ́НА, столица (с 1960) Чада, на р. Шари. 688 т.ж. Междунар. аэропорт. Лёгкая пром-сть. Ун-т. Музей. Нац. ансамбль танца. Осн. в 1900 французами как воен. опорный пункт Форт-Лами (совр. назв. с 1973). До 1958 адм. ц. франц. колонии Чад, в 1958–60 столица авт. Респ. Чад.

НЕАНДЕРТА́ЛЬЦЫ (от назв. долины Неандерталь, Neandertal, в Германии), ископаемые древние люди (*палеоантропы*) эпохи ср. палеолита; рассматриваются как самостоят. вид (*Homo neandertalensis*) или подвид человека разумного (*Homo sapiens neandertalensis*). Скелетные остатки Н. открыты преим. в Европе, а также в Азии и Африке. Время существования 200–35 тыс. лет назад.

Неандерталец (фас и профиль). Реконструкция М.М. Герасимова. 1948.

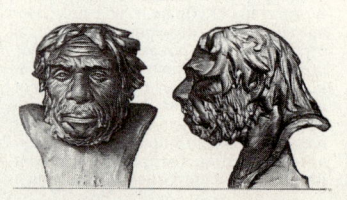

Нджамена. Въезд в город.

НЕАПОЛИТА́НСКАЯ ШКО́ЛА, оперная школа и стилевое направление кон. 17–18 вв. Основоположник – А. Скарлатти. В Н.ш. сложились аристократич. жанр *оперы-сериа* и в её недрах демокр. жанр *оперы-буффа* (Дж. Перголези и др.), а также виртуозно-колоратурный вок. стиль *бельканто*. Стиль Н.ш. играл ведущую роль в оперном иск-ве 18 в. и оказал влияние на европ. музыку в целом.

НЕА́ПОЛЬ, г. в Италии, у подножия Везувия. 1,2 млн.ж. Порт в Неаполитанском зал. Тирренского м. (грузооборот ок. 15 млн. т в год); междунар. аэропорт. Нефтеперераб. и нефтехим. пром-сть, маш-ние (судостроение, эл.-техн.), пр-тия лёгкой, меб., пищ. (гл. макаронные фабрики) пром-сти. Ун-т (с 1224), консерватория (1806). Крупнейший в Европе археол. музей, Нац. музей и галереи Каподимонте. Оперный т-р «Сан-Карло» (1737). Мор. аквариум. К Ю.-В. от Н. – руины древнего г. Помпеи. Центр междунар. туризма. В древности греч. колония. Во 2-й пол. 13 в. столица Сицилийского кор-ва. В 1282–1442, 1501–04, 1806–15 – Неаполитанского кор-ва, в 1815–60 – Кор-ва обеих Сицилий. Н. расположен амфитеатром на прибрежных холмах. В городе – раннехрист. катакомбы, замки (12–15 вв.), многочисл. церкви и дворцы в стилях готики, ренессанса и барокко.

НЕБОСКРЁБ, высотное здание в неск. десятков этажей (деловое, адм., жилое, отель и т.д.). Начали строиться в 1880-е гг. в США, что было вызвано увеличением плотности городской застройки и подорожанием земельных участков. В 20 в. строятся во мн. странах. Один из самых высоких Н.– «Сирс и Робак» в Чикаго (1970–74; 109 этажей, выс. 442 м).

Небоскрёбы в Нью-Йорке.

НЕВА́, река в Ленинградской обл. Дл. 74 км. Вытекает из Ладожского оз., впадает в Финский зал. Часты катастрофич. наводнения в результате нагона воды из Финского зал. Судох-во. На 42 о-вах дельты Н. расположен г. Санкт-Петербург.

НЕВЕСО́МОСТЬ, состояние, при к-ром действующие на тело внеш. силы не вызывают взаимных давлений его частиц друг на друга. Н. имеет место при свободном движении тела в поле тяготения (напр., при вертик. падении, движении по орбите искусств. спутника, в полёте космич. корабля. В Н. изменяется ряд жизненных функций организма: обмен в-в, кровообращение, иногда наблюдаются расстройства вестибулярного аппарата и др., что может быть компенсировано созданием искусств. тяжести (напр., за счёт вращения кабины космонавта вокруг центр. части космич. корабля).

НЕВИ́ННЫЙ Вяч. Мих. (р. 1934), актёр. С 1959 во МХАТе (с 1989 МХАТ имени А.П. Чехова). Преим. комедийный актёр, создающий полнокровные, колоритные характеры: Хлестаков («Ревизор» Н.В. Гоголя, 1967), Пётр Себейкин («Старый Новый год» М.М. Рощина, 1973), Кругель («Игроки XXI» по Гоголю, 1992, МХАТ имени Чехова и Моск. т-р «АРТель АРТистов») и др. Снимался в ф.: «Гараж» (1980), т/ф «Мёртвые души» (1984) и др.

НЕ́ВМЫ (греч. néuma – знак головой или глазами), знаки ср.-век. *нотного письма*; фиксировали контур (направление движения) мелодии без точной высоты звуков. Аналогичный принцип записи использовался в музыке Др. Руси (крюковое, или знаменное, письмо).

Невмы. Образец северофранцузского невменного письма.

НЕВО́ЛЬНИЧИЙ БЕ́РЕГ, устар. название низменного побережья Гвинейского зал. в Африке, между устьями рр. Нигер и Вольта. В 16–18 вв. один из гл. р-нов работорговли в Африке (отсюда назв.).

НЕВР..., НЕВРО..., то же, что *нейро...*

НЕВРАЛГИ́Я [от *нейро...* (*невро...*) и греч. álgos – боль], приступы острых болей по ходу и в зоне иннервации к.-л. нерва (чаще корешков спинного мозга – вертеброгенная Н., межрёберных нервов – межрёберная Н., тройничного нерва и др.).

НЕВРАСТЕНИ́Я [от *нейро...* (*невро...*) и *астения*], заболевание из группы неврозов, при к-ром повышенная возбудимость сочетается с раздражит. слабостью, быстрой утомляемостью, снижением работоспособности, неустойчивым настроением. Сопровождается расстройствами сна и функций вегетативной нерв. системы.

НЕВРИ́Т (от греч. néuron – нерв), воспаление периферич. нервов вследствие инфекц. заболеваний, травм, нарушения кровообращения и др. Проявляется болями и расстройствами чувствительности, параличами и парезами.

НЕВРО́З НАВЯ́ЗЧИВЫХ СОСТОЯ́НИЙ, см. в ст. *Психастения, Навязчивые состояния*.

НЕВРО́ЗЫ, группа функциональных, т.н. пограничных, психич. заболеваний (неврастения, истерия, психастения), развивающихся в результате длит. воздействия психотравмирующих факторов, эмоц. или умств. перенапряжения, нередко – под влиянием инфекций и др. заболеваний.

НЕВРОЛО́ГИЯ [от *нейро...* (*невро...*) и ...*логия*], мед.-биол. наука о строении и функциях нерв. системы в норме и патологии, закономерностях её *филогенеза* и *онтогенеза*. Разделы Н.– анатомия, гистология, эмбриология нервной системы, нейрофизиология, невропатология и др.

НЕВРОПА́ТИЯ [от *нейро...* (*невро...*) и ...*патия*], 1) конституциональные особенности нервной системы (повышенная возбудимость в сочетании с истощаемостью); наблюдается у детей. 2) Общее название поражений периферич. нервов вследствие интоксикации, витаминной недостаточности, аутоиммунных процессов и др. (напр., при алкоголизме, сах. диабете).

НЕВРОПАТОЛО́ГИЯ [от *нейро...* (*невро...*), греч. páthos – болезнь и ...*логия*] (нервные болезни), клинич. раздел неврологии, изучающий причины, проявления, течение нервных болезней, разрабатывающий методы их диагностики, лечения и профилактики.

НЕ́ВСКАЯ БИ́ТВА, 15.7.1240, на р. Нева. Рус. войско во главе с новгородским князем Ал-дром Ярославичем разгромило войско ярля (правителя) Швеции Биргера. За победу в Н.б. Ал-др Ярославич был прозван Невским.

НЕГАТИ́В (от лат. negativus – отрицательный) (негативное изображение), 1) чёрно-белый Н.– фотогр. изображение, в к-ром относит. распределение яркостей разл. участков (при рассматривании в проходящем свете) обратно их распределению в объекте съёмки. 2) Цветной Н.– фотогр. изображение, в к-ром цвет любого элемента является дополнительным к цвету соотв. элемента объекта съёмки (жёлтый – к синему, пурпурный – к зелёному, голубой – к красному).

НЕГЛА́СНЫЙ КОМИТЕ́Т, неофиц. совещат. орган при имп. Александре I в 1801–03. Состоял из его ближайших сподвижников (П.А. Строганов, А.А. Чарторыйский, В.П. Кочубей, Н.Н. Новосильцев). Подготовил проекты учреждения мин-в, реформы Сената и др.

НЕ́ГОШИ (Негуши, Петровичи-Негоши), династия правителей в Черногории в 1697–1918 (с 1852 – княжеская, с 1910 – королевская). Назв. от племени негушей, из к-рого происходил основатель династии митрополит Данило Петрович Н. (1697–1735). Гл. представители: Пётр I Петрович Н. (1781–1830), Пётр II Петрович Н. (1830–51), Данило Петрович Н. (1851–60), Никола Петрович Н. (1860–1918).

НЕГРИ́ЛЛЬСКАЯ РА́СА (центральноафриканская раса), входит в большую *экваториальную (негро-австралоидную) расу*. Характерны очень низкий рост, сильное развитие волосяного покрова на теле, относительно выступающий нос и тонкие губы. Распространена в тропич. лесах Экв. Африки.

НЕГРИТО́СЫ (исп. negritos, мн. ч. от negrito, уменьшит. от negro – негр) (азиатские пигмеи), название низкорослых негроидных этнич. групп Юго-Вост. Азии (андаманцы, семанги, аэта).

НЕГРО́ИДНАЯ РА́СА (негрская раса), входит в большую экваториальную (*негро-австралоидную) расу*. Характерны тёмная кожа, курчавые волосы, широкий нос, толстые губы, сильно выступающая лицевая часть черепа (прогнатизм). Распространена в Африке, к Ю. от Сахары. Термин «Н.р.» иногда употребляется как синоним экв. расы.

НЕДВИ́ЖИМОСТЬ, в гражд. праве земельные и др. естеств. угодья, *вещные права* на землю, а также всякое

466 НЕДЖ

иное имущество, прикреплённое к земле и прочно связанное с ней (здания, сооружения и т.д.). Противопоставляется *движимости*.

НЕДЖЕ́Ф (Эн-Неджеф), г. в Ираке, в долине р. Евфрат. 134 т.ж. Торг.-трансп. центр на пути в Мекку и Медину (Саудовская Аравия). Осн. в 8 в. Один из священных городов мусульман-шиитов, место паломничества к гробнице халифа и первого имама шиитов Али. Ср.-век. мечеть, мавзолей Али.

НЕДОБРОСО́ВЕСТНАЯ КОНКУРЕ́НЦИЯ, совершение недобросовестных действий, направленных на ущемление законных интересов лица, ведущего аналогичную предпринимательскую деятельность, и потребителей, в частности, путём введения потребителей в заблуждение относительно изготовителя, назначения, способа и места изготовления, качества и иных свойств товара другого предпринимателя, путём некорректного сравнивания товаров в рекламной и иной информации, копирования внеш. оформления чужого товара и иными способами. Законодательство большинства гос-в (в т.ч. Рос. Федерации) запрещает Н.к. и предусматривает меры борьбы с ней.

НЕДОНО́ШЕННЫЙ РЕБЁНОК, новорождённый ребёнок, родившийся при сроке беременности от 28 до 39 нед. Масса 1000—2500 г, дл. 37—46 см. Выхаживание Н.р. требует спец. условий (содержание в т.н. мед. инкубаторе – кувезе).

НЕДОТРО́ГА (бальзамин), род гл. обр. травянистых р-ний (сем. бальзаминовые). Плоды Н. активно разбрасывают семена, с треском раскрываясь от малейшего прикосновения (отсюда назв.). Ок. 450 видов, преим. в Тропич. Азии и Африке, а также на Ю. Европы и в Ср. Азии. Нек-рые Н.– декор. р-ния.

НЕЁЛОВА Марина Мстиславовна (р. 1947), актриса. С 1974 в Моск. т-ре «Современник». Блестящая ис-

М.М. Неёлова (слева) и М.Б. Терехова в фильме «Монолог».

полнительница характеров ещё неустойчивых, полудетских, на переломе юности. Игре свойственны непосредственность и страстность, нервная порывистость при тщательной психол. проработке роли: Вероника («Вечно живые» В.С. Розова, 1974), Люба («Фантазии Фарятьева» А.Н. Соколовой, 1977), Оля («Спешите делать добро» М.М. Рощина, 1980), Евгения Семёновна («Крутой маршрут» по Е.С. Гинзбург, 1989), Анфиса («Анфиса» Л.Н. Андреева, 1991). Снималась в ф.: «Монолог» (1973), «Слово для защиты» (1977), «Осенний марафон» (1979) и др.

А.В. Нежданова.

НЕЖДА́НОВА Ант. Вас. (1873–1950), певица (лирико-колоратурное сопрано). С 1902 в Большом т-ре (выступала св. 30 лет). Обладала кристально чистым, нежным тембром голоса. Создала на оп.-сцен. ч. образы, исполненные благородной простоты и искренности: Антонида («Иван Сусанин» М.И. Глинки), Марфа, Волхова («Царская невеста», «Садко» Н.А. Римского-Корсакова), Виолетта («Травиата» Дж. Верди), Эльза («Лоэнгрин» Р. Вагнера). Много концертировала; выступала в дуэте с Л.В. Собиновым.

НЕЗАБУ́ДКА, род многолетних трав (сем. бурачниковые). Ок. 80 видов, в умеренном поясе Евразии, в горах Юж. Африки, Н. Гвинее, Н. Зеландии, Австралии, неск-ко в Америке. Часто растут на сырых лугах, болотах, в лесах. Сорняки; нек-рые виды – декор. садовые р-ния.

НЕ́ЗВАЛ (Nezval) Витезслав (1900–58), чеш. поэт. В стихах и поэмах «Удивительный кудесник» (лирико-фантастич., 1922), «Эдисон» (лирич., 1928), «Сигнал времени» (антифаш., 1931), «Пруссаки» (сатирич., 1939, изд. 1945), «Историческое полотно» (лироэпич., 1939), «Песнь мира» (1950) — жизнь в противоборстве добра и зла, гимн творч. труду, красоте мира; точность описаний, вкус к конкретной реалистич. детали.

НЕИЗВЕ́СТНЫЙ Эрнст Иос. (р. 1925), рос. скульптор и график. С 1976 в эмиграции. Экспрессивные, пластически мощные, часто полные трагич. напряжения станковые и мемор. произв. (надгробный пам. Н.С. Хрущёву на Новодевичьем кладбище в Москве, 1974), многочисл. эскизы и модели гл. монументальной работы Н.– «Дерево жизни».

НЕЙГА́УЗ Генрих Густавович (1888–1964), пианист, педагог. Концертировал с 9 лет. В репертуаре гл. обр. произв. композиторов-романтиков, Л. Бетховена. Создатель крупнейшей в СССР пианистич. школы (С.Т. Рихтер, Э.Г. Гилельс, Я.И. Зак, С.Г. Нейгауз и др.). Редактор произв. Ф. Шопена.

НЕЙГА́УЗ Стан. Генрихович (1927–80), пианист. Выступал как солист и ансамблист, в т.ч. в фп. дуэте с отцом — Г.Г. Нейгаузом. В репертуаре выделялись произв. Ф. Шопена, А.Н. Скрябина.

НЕ́ЙМАН (Neumann) Джон (Янош) фон (1903–57), амер. математик и физик. Осн. тр. по функцион. анализу, теории игр и теории автоматов.

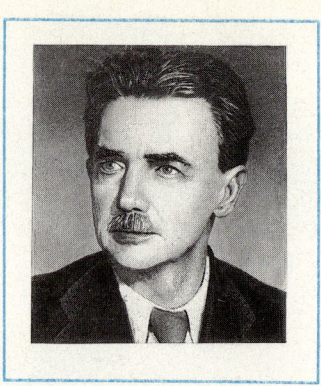

Г.Г. Нейгауз.

Один из основоположников вычислит. техники.

НЕЙРО... (невро...) (от греч. néuron — жила, нерв), часть сложных слов, указывающая на отношение к нерв. системе (напр., нейрохирургия).

НЕЙРО́Н (от греч. néuron — нерв), нервная клетка, состоящая из тела и отходящих от него отростков – дендритов и аксона. Н. проводит нерв. импульсы от рецепторов в центр. нерв. систему, от центр. нерв. системы к исполнит. органам (мышцы, железы), соединяет между собой неск. др. нерв. клеток. Взаимодействуют Н. между собой и с клетками исполнит. органов через зону контакта – синапс. У человека более 10^{10} Н.

НЕЙРОХИРУРГИ́Я, пограничный раздел хирургии и неврологии, разрабатывающий методы диагностики и оперативного лечения болезней и повреждений нерв. системы.

НЕЙТРАЛИТЕ́Т, в междунар. праве особый статус гос-ва. Выражается в неучастии в войне; в мирное время — в отказе от участия в воен. блоках, воен. конфликте, а также в отказе предоставлять свою терр. для воен. баз иностр. гос-в (т.н. постоянный Н., к-рый официально имеют Швейцария, Австрия, Мальта).

НЕЙТРИ́НО (v), лёгкая (возможно, безмассовая) нейтральная элементарная частица. Представление о Н. введено в 1930 швейц. физиком В. Паули. Назв. предложил в 1932 Э. Ферми для уменьшительного от нейтрон. Различают 3 типа Н. Испускается Н. при превращениях атомных ядер и распадах элементарных частиц в недрах Земли и её атмосфере, внутри Солнца, в звёздах и др. Лабораторные источники Н.— *ядерные реакторы* и *ускорители заряженных частиц.* Н. чрезвычайно слабо взаимодействуют с в-вом. Поэтому отличаются уникально высокой проникающей способностью; напр., Н. от реакторов могут свободно без поглощения проходить сквозь Землю. Распространяются в пустоте со скоростью света (при нулевой массе).

НЕЙТРО́Н (n), нейтральная элементарная частица с массой, незначительно превышающей массу *протона.* Открыта и названа англ. физиком Дж. Чедвиком в 1932. Н. устойчивы только в составе ядер. Масса Н. равна $1{,}7 \cdot 10^{-24}$ г. Свободный Н. нестабилен, распадается на протон и электрон за время 15,3 мин. Источниками Н. являются *ядерные реакторы, ядерные взрывы, ускорители заряженных частиц,* термоядерные установки и др. В отличие от заря-

женных частиц, Н. легко проникают в ядра и захватываются ими. Н. вызывают деление тяжёлых ядер (U и др.; см. *Деление атомных ядер*).

НЕЙТРО́ННЫЕ ЗВЁЗДЫ, компактные звёзды с массами порядка солнечной, радиусами ~ 10 км, состоящие в осн. из нейтронов; конечный этап эволюции звёзд промежуточных масс (~ 10 масс Солнца). Существование Н.з. было предсказано в 30-х гг. 20 в., открыты в 1967 по импульсному радиоизлучению (*пульсары*). Ср. плотность ок. 200 млн. т/см³.

НЕКРА́СОВ Викт. Платонович (1911–87), рус. писатель. С 1974 жил в Париже. Пов. «В окопах Сталинграда» (1946; сценарий ф. «Солдаты», 1957) — дневник офицера, раскрывшего правду войны Вел. Отеч. войны. Рассказы и повести (в т.ч. «Кира Георгиевна», 1962; «Маленькая печальная повесть», 1986). Мемуарно-ностальгич. проза («Записки зеваки», 1976; «По обе стороны стены», 1980, и др.).

НЕКРА́СОВ Ник. Ал. (1821–1877/78), рус. поэт. В 1847–66 ред.-изд. ж. «Современник»; с 1868 ред. (совм. с М.Е. Салтыковым) ж. «Отечественные записки». В изображении повседневного быта гор. ни-

Н.А. Некрасов.

зов, крест. будней, жен. доли, мира детства «муза мести и печали» поэта особенно чутка к несправедливости, к человеческой боли. Поэмы «Коробейники» (1861), «Мороз, Красный нос» (1864), «Русские женщины» (1871–72), «Кому на Руси жить хорошо» (1866–76) рисуют многообразную картину совр. поэту рус. жизни, прежде всего крест-ва, с его мечтами о всеобщем нар. счастье. Сатира (поэма «Современники», 1875–76). Трагич. мотивы в цикле стихов «Последние песни» (1877). Проза. Критика.

НЕКРО́З (от греч. nékrosis — омертвение), омертвение ткани под влиянием нарушения кровообращения (см. *Инфаркт*), хим. или термич. воздействия (ожог, отморожение), травмы и др. Зона Н., окружённая т.н. демаркационной линией, отторгается или подвергается гнойному расплавлению; на месте дефекта ткани образуется рубец.

НЕКРО́ШЮС (Nekrošius) Эймунтас (р. 1952), литов. режиссёр. С 1979 в Молодёжном т-ре Литвы. Среди пост.: «Квадрат» в В. Елисеевой (1980), «Пиросмани, Пиросмани» В.Н. Коростылёва, «И дольше века длится день» по Ч. Айтматову (1983), «Дядя Ваня» А.П. Чехова

(1986) и др. Для его спектаклей характерен мифологизм худ. мышления; фантастичность изображения восходит к переживанию мира как загадки, заданной человеку.

НЕКСЁ М.А., см. *Андерсен-Нексё* М.

НЕКТА́Р (греч. néktar), в греч. мифологии напиток олимп. богов, вместе с амброзией даёт им бессмертие и вечную юность. Перен.– напиток превосходного вкуса и аромата.

НЕКТА́Р, сахаристый сок, выделяемый нектарниками р-ний и привлекающий к цветкам опылителей – насекомых, нек-рых птиц. Осн. углеводный корм пчёл. Пройдя ряд превращений под действием ферментов сначала в медовом зобике пчелы, а затем в ячейках сотов и теряя часть воды, Н. превращается в мёд.

НЕЛИНЕ́ЙНАЯ О́ПТИКА, раздел *оптики,* в к-ром исследуются изменения оптич. свойств среды и появление новых явлений (напр., удвоение частоты, *самофокусировка* света) под воздействием высокоинтенсивных пучков света. Возникла в 50-х гг. 20 в. и получила развитие в 60-х гг. в связи с созданием *лазеров,* особенно в трудах физиков Р.В. Хохлова и С.А. Ахманова (СССР) и Н. Бломбергена (США). На основе Н.о. созданы параметрич. генераторы света с перестраиваемой частотой, разрабатываются оптич. компьютеры и т.д.

НЕ́ЛЬМА, промысловая рыба, подвид *белорыбицы.* Дл. до 1,3 м, макс. масса до 40 кг. Обитает в басс. Сев. Ледовитого ок.– от р. Поной на Кольском п-ове до р. Макензи на Аляске. Объект разведения.

НЕ́ЛЬСОН (Nelson) Горацио (1758–1805), англ. флотоводец, вице-адм. (1801), виконт (1801). С 1798 команд. эскадрой в Средиземном м., одержал ряд побед над франц. флотом, в т.ч. при Абукире (1798), а в 1805 над франко-исп. флотом в Трафальгарском сражении, в к-ром был смертельно ранен.

НЕ́МАН (литов. Нямунас), р. в Белоруссии и Литве. Дл. 937 км. Берёт начало к Ю. от Минской возв.; впадает в Куршский зал. Балт. м. Осн. притоки: Нярис (Вилия), Щара, Шяшупе. Соединена каналами с Днепром и Вислой. Судох. на 782 км от устья с перерывом у Каунасской ГЭС. На Н.– гг. Гродно (Белоруссия), Друскининкай, Каунас (Литва) и др.

НЕМАТО́ДЫ (круглые черви), класс червей. Дл. от 80 мкм до 8 м. Ок. 20 тыс. видов. Св. 7 тыс. видов – паразиты р-ний, ж-ных и человека (напр., аскариды, риштa). Свободноживущие Н. обитают в морях, пресных водоёмах и почве. Вызывают болезни р-ний, у ж-ных и человека – нематодозы.

Нелинейная оптика. Удвоение частоты в кристалле ниобата бария. Инфракрасный мощный луч лазера (на фото – красный слева) возбуждает в кристалле излучение удвоенной частоты (зелёный луч справа).

Немесида. Римская мраморная копия с греческого оригинала Агоракрита (ок. 430 до н.э.). Ватиканские музеи.

НЕМЕСИ́ДА (Немезида), в греч. мифологии богиня возмездия, карает за нарушение закона.

НЕМЕ́ЦКАЯ ГОСУДА́РСТВЕННАЯ О́ПЕРА (офиц. назв. Государственная опера, Staatsoper), оперный т-р в Берлине (до 1918 Королев. опера). Неофиц. назв. «Театр на Унтер-ден-Линден» – по назв. улицы, на к-рой находится здание т-ра (осн. в 1742). Среди дирижёров т-ра – О. Клемперер, В. Фуртвенглер, Г. Караян. В репертуаре – оперы В.А. Моцарта, К.М. Вебера, Р. Вагнера, Р. Штрауса, П.И. Чайковского, С.С. Прокофьева, А. Берга, К. Орфа и др.

НЕМЕ́ЦКИЙ О́РДЕН, см. *Тевтонский орден.*

НЕМЕ́ЦКИЙ ЯЗЫ́К, относится к герм. группе индоевроп. семьи языков. Офиц. яз. Германии, Австрии, один из офиц. яз. Швейцарии, Люксембурга и Бельгии. Общее число говорящих ок. 100 млн. ч. (1990). Письменность на основе лат. алфавита.

НЕМИРО́ВИЧ-ДА́НЧЕНКО Вл. Ив. (1858–1943), режиссёр, педагог, театральный критик, писатель, драматург. Один из реформаторов рус. т-ра. В 1898 основал с К.С. Станиславским Моск. Худ. т-р; совместно с ним осуществлял творч. и организац. руководство труппой. Как «зав. репертуаром» привлёк к сотрудничеству с т-ром А.П. Чехова, М. Горького и др. Как режиссёр осн. внимание

В.И. Немирович-Данченко. Сцена из спектакля «Воскресение».

уделял работе с актёрами, от к-рых требовал углублённого понимания драм. произв., «вживания» в роль. Добивался силы и остроты актёрского переживания при сдержанности, простоте и строгости постановки: «Братья Карамазовы» по Ф.М. Достоевскому (1910), «Воскресение» (1930) и «Анна Каренина» (1937) по Л.Н. Толстому, «Враги» М. Горького (1935), «Три сестры» Чехова (1940). В 20–30-х гг. проводил осторожную, гибкую адм. и репертуарную политику, стремясь сохранить лицо т-ра, его традиции и высокий уровень мастерства. В 1919 осн. Муз. студию (с 1941 Муз. т-р имени Станиславского и Немировича-Данченко). Пьесы («Новое дело», пост. 1890; «Золото», пост. 1895), романы («На литературных хлебах», 1891; «Старый дом», 1895; «Драма за сценой», 1896), повести («Губернская ревизия», 1896).

НЕМОЛЯ́ЕВА Свет. Вл. (р. 1937), актриса. С 1958 в Моск. т-ре имени Вл. Маяковского. Играет лирико-драм. и комедийные, остроxaрактерные роли. Наделяет своих героинь нервной порывистостью, подвижностью, изменчивостью эмоц. реакций: Бланш Дюбуа («Трамвай "Желание"» Т. Уильямса, 1970), Серафима Корзухина («Бег» М.А. Булгакова, 1978), Анна Павловна Звездинцева («Плоды просвещения» Л.Н. Толстого, 1984) и др. Снималась в ф.: «Служебный роман» (1977), «Гараж» (1980) и др.

НЕМОТА́, утрата способности говорить, обусловленная гл. обр. врождённой или возникшей в раннем детстве глухотой. При сохранном слухе связана с поражением речевого аппарата или центр. нерв. системы.

НЕ́МЦЕВ ПОВО́ЛЖЬЯ АВТОНО́МНАЯ СОВЕ́ТСКАЯ СОЦИАЛИСТИ́ЧЕСКАЯ РЕСПУ́БЛИКА, образована 19.12.1924 в составе РСФСР. Пл. 28,8 т.км^2. Нас. 605 т.ч. (1939). Столица – Энгельс. 28.8.1941 автономия немцев ликвидирована, население насильственно выселено в отдалённые р-ны Сибири, Казахстана и Ср. Азии, терр. включена в Саратовскую обл.

НЕМЧИ́НОВ Вас. Сер. (1894–1964), рос. экономист и статистик. Осн. тр. по статистике, методологии изучения производительности труда, разработке моделей планового х-ва.

НЕ́НЕЦКИЙ АВТОНО́МНЫЙ О́КРУГ, в России. Включает о-ва Колгуев и Вайгач. Пл. 176,7 т.км^2. Нас. 54 т.ч., гор. 63%; ненцы (11,9%), коми, русские (65,8%) и др. Ц.– Нарьян-Мар. 1 город, 2 пос. гор. типа.

Поверхность в осн. равнинная, на С.-В.– хр. Пай-Хой. Омывается Белым, Баренцевым и Карским морями. Климат суровый. Ср. темп-ры янв. от –12 до –22 °C, июля 6–13 °C; осадков ок. 350 мм в год. Многолетняя мерзлота. Гл. река – Печора (судоходна). На С.– тундра, на Ю.– лесотундра.

Осн. отрасли х-ва: оленеводство, рыб-во, охота и мор. зверобойный промысел. Клеточное звероводство. Пищ. (в т.ч. рыбная) пром-сть; лесопиление. Газопровод Василково – Нарьян-Мар. Мор. порты и аэропорты: Нарьян-Мар, Амдерма.

НЕО... (от греч. néos – новый), часть сложных слов, означающая: «новый», «ново...» (напр., неореализм).

НЕОА́НТРОПЫ (от *нео...* и греч. ánthrōpos – человек), собирательное название людей совр. типа (*Homo sapiens*) – от ископаемых (*кроманьонцы*) до ныне живущих. Н. полностью сменили *палеоантропов* 40–30 тыс. лет назад. Отдельные представители Н. появились значительно раньше (до 200–100 тыс. лет назад).

НЕОБРАТИ́МЫЕ ПРОЦЕ́ССЫ, диффузия, теплопроводность, вязкое течение жидкости (газа) и др. физ. процессы, к-рые могут самопроизвольно протекать в системе только в направлении, приводящем к равномерному распределению в ней плотности, температуры и др. её параметров. При Н.п. в замкнутых системах *энтропия* возрастает. Простейший пример Н.п.– растворение сахара в стакане чая.

НЕОБРУТАЛИ́ЗМ, см. в ст. *Брутализм.*

НЕОБХОДИ́МАЯ ОБОРО́НА, в уголов. праве правомерная защита от нападения. Закон устанавливает, что не является преступлением действие, совершённое в состоянии Н.о. (т.е. при защите личности или прав обороняющегося или др. лица, интересов общества или гос-ва от общественно опасного посягательства) и причинившее вред посягающему, если при этом не было допущено превышения пределов Н.о. (т.е. если защита соответствует характеру и опасности посягательства).

НЕОБХОДИ́МОСТЬ И СЛУЧА́ЙНОСТЬ, филос. категории, выражающие объективные связи реального мира; необходимость – тип связи явлений, определяемый их внутр. основой – структурой и закономерностями; случайность – тип связи, определяемый внешними для данного явления причинами.

НЕОГЕГЕЛЬЯНСТВО, разнородное течение в философии кон. 19 – 1-й трети 20 вв., для к-рого характерно стремление к созданию целостного мировоззрения на основе возрождения учения Г.В.Ф. Гегеля. В центре Н.– проблемы философии истории и культуры, гос-ва, права. Диалектич. метод истолковывался как синтез различий, «примирение» противоположностей. Осн. представители: Ф.Г. Брэдли, Б. Бозанкет, Р. Дж. Коллингвуд (Великобритания), Б. Кроче (Италия), В. Дильтей (Германия), И.А. Ильин (Россия). Как самостоят. течение распалось в сер. 1930-х гг.

НЕОГЕ́Н [неогеновая система (период)] (от *нео...* и греч. génos – рождение, возраст), 2-е подразделение *кайнозоя*, обозначающее комплекс пород и период геол. истории, в течение к-рого они сформировались. Начало 23,5 млн. лет назад, продолжительность ок. 22 млн. лет. Делится на 2 отдела: миоцен и плиоцен (см. *Геохронология*). Названа австр. геологом М. Гёрнесом в 1853.

НЕОГО́ТИКА (от *нео...* и *готика*), см. *Псевдоготика*.

НЕОДИ́М (Neodimium), Nd, хим. элемент III гр. периодич. системы, ат.н. 60, ат.м. 144,24; относится к *редкоземельным элементам*; металл. Н. впервые получил австр. химик К. Ауэр фон Вельсбах в 1885.

НЕОИМПРЕССИОНИ́ЗМ (от *нео...* и *импрессионизм*), течение в живописи, возникшее во Франции ок. 1885 (Ж. Сёра, П. Синьяк). Используя опыты науч. цветоведения, придал метод. характер введённому импрессионизмом разложению сложных тонов на чистые цвета. Плоскостно-декор. картины систематически заполнялись мазками правильной формы (см. *Дивизионизм*, *Пуантилизм*).

НЕОКАНТИА́НСТВО, течение в философии 2-й пол. 19 – нач. 20 вв., возникшее в Германии; пыталось возродить философию И. Канта. Общие посылки Н.: преодоление кантовского дуализма, утверждение об априорном (внеопытном) характере познания. Осн. школы Н.– марбургская (Г. Коген, П. Наторп, Э. Кассирер) и баденская (В. Виндельбанд, Г. Риккерт). В основе этики Н.– противопоставление бытия и долженствования; социализм трактуется как недостижимый идеал, что послужило основанием «этич. социализма».

НЕОКЛАССИЦИ́ЗМ (от *нео...* и *классицизм*), общее название худ. течений 2-й пол. 20 вв., основывающихся на классич. традициях иск-ва античности, Возрождения и классицизма. В архитектуре Н. первоначально, в 1910–20-х гг., противопоставлял избыточной декоративности *эклектизма* и *модерна* лаконизм и логичность классич. формы; затем развивался как «официальный», отмеченный парадной монументальностью стиль. В изобр. иск-ве Н. в разных странах, у разных мастеров и в разл. видах иск-ва получил разл. интерпретацию: «неоидеалисты» 1870–80-х гг. (Х. Маре, А. Хильдебранд) стремились к выработке «вечных» эстетич. норм; течение «новой вещественности» (как и «метафизическая живопись» в Италии) выразило отчуждение мира от человека; *регионализм* в США выступил с апологетикой обыденной действительности. Иногда «Н.» наз. также классицизм 18–19 вв., в отличие от классицизма 17 в. Для Н. в музыке свойственно обращение к др. обр. к худ. принципам и стилистике *барокко* и *венской классической школы* как противопоставление романтич. субъективности *экспрессионизма* и *веризма*. Воссоздание старинных жанров при сочетается с обновлением муз. языка (И.Ф. Стравинский, П. Хиндемит, Э. Тамберг).

НЕОКЛАССИ́ЧЕСКОЕ НАПРАВЛЕ́НИЕ политэкономии, возникло в 70-х гг. 19 в. Представители: К. Менгер, Ф. Визер, Э. Бём-Баверк (*австрийская школа*), У. Джевонс и Л. Вальрас (*математическая школа*), Дж. Б. Кларк (амер. школа), А. Маршалл и А. Пигу (*кембриджская школа*). Н.н. исследует поведение т.н. экон. человека (потребителя, предпринимателя, наёмного работника), к-рый стремится максимизировать доход и минимизировать затраты. Осн. категории анализа – предельные величины (см. *Маржинализм*). Экономисты Н.н. разработали *предельной полезности теорию* и теорию предельной производительности, теорию общего экон. равновесия, согласно к-рой механизм свободной конкуренции и рыночного ценообразования обеспечивает справедливое распределение доходов и полное использование экон. ресурсов, экон. теорию благосостояния, принципы к-рой положены в основу совр. теории гос. финансов (П. Сэмюэлсон). Среди совр. неоклассич. теорий – *монетаризм* (М. Фридмен) и др.

НЕОЛИ́Т (от *нео...* и *...лит*), новый каменный век, ист. период ок. 8–3-го тыс. до н.э.) перехода от присваивающего х-ва (собирательство, охота) к производящему (земледелие, скот-во). В эпоху Н. орудия из камня шлифовались, сверлились, появились глиняная посуда, прядение, ткачество.

НЕО́Н (Neon), Ne, хим. элемент VIII гр. периодич. системы, ат.н. 10, ат.м. 20,179; относится к *благородным газам*, $t_{кип}$ –246,08 °C. Н. и его смесь с гелием используют как рабочую среду в газовых лазерах, для наполнения газоразрядных источников света, сигнальных ламп ЭВМ и др. Н. открыт англ. учёными У. Рамзаем и М. Траверсом в 1898.

НЕО́НОВАЯ ЛА́МПА, газоразрядный источник света, в к-ром оптич. излучение возникает при электрич. разряде (напр., тлеющем) в неоногелиевой смеси. Имеет оранжево-красное свечение. Широко используется в качестве световых индикаторов напряжения и тока в системах сигнализации, контрольно-измерит. аппаратуре, а также для освещения.

НЕО́НЫ, неск. родов выс-ся светящейся окраской тела. Обитают в лесных водоёмах Юж. Америки. Содержатся в аквариумах.

НЕОПАЛИ́МАЯ КУПИНА́, см. *Купина неопалимая*.

НЕОПЛАСТИЦИ́ЗМ (голл. neoplasticism), течение в голл. иск-ве (1917–28). Выдвинуло идею «универсальной гармонии», воплощённой в «чистой» геометризов. форме, пропагандировавшейся группой «Стиль»: чёткие прямоуг. формы в архитектуре (П. Ауд и др.), вариант абстрактной живописи – комбинации крупных прямоуг. плоскостей, окрашенных в осн. цвета спектра (П. Мондриан).

НЕОПЛАТОНИ́ЗМ, направление антич. философии 3–6 вв., систематизировавшее учение Платона в соединении с идеями Аристотеля, неопифагореизма и др. Основатель Н.– Плотин. В центре Н.– учение о сверхсущем едином и иерархич. строении бытия, разработанное Плотином и завершённое Проклом. Осн. школы: римская (3 в., Плотин, Порфирий), сирийская (4 в., Ямвлих), пергамская (4 в., имп. Юлиан), афинская (5–6 вв., Прокл), александрийская (5 – нач. 7 вв.). Лат. неоплатоники – Марий Викторин, Марциан Капелла, Боэций. Оказал широкое влияние на европ. и вост. философию.

НЕОПОЗИТИВИ́ЗМ, одно из осн. направлений философии 20 в., форма *позитивизма*. Осн. идеи восходят к эмпиризму и феноменализму (Дж. Беркли, Д. Юм). Гл. задача Н.– разработка методов логич. и лингв. анализа знания (или языка – научного, философского, обыденного). Идеи Н. получили выражение в деятельности Венского кружка, на основе к-рого сложился логич. позитивизм. Осн. представители: Р. Карнап, О. Нейрат, Ф. Франк, Х. Рейхенбах (все – США). Н. сыграл значит. роль в развитии совр. логики, семиотики и философии науки. См. также *Аналитическая философия*.

НЕОПО́ЗНАННЫЕ ЛЕТА́ЮЩИЕ ОБЪЕ́КТЫ (НЛО), часто наблюдаемые в атмосфере тела круглой или эллипсоидной формы, в ряде случаев установлено, что являются следствием оптич. атм. эффектов. Распространённое мнение о том, что НЛО – космич. корабли внеземных цивилизаций, науч. подтверждений не получило. См. также *Уфология*.

НЕОПРЕДЕЛЁННОСТИ ПРИ́НЦИП, фундам. положение квантовой теории, утверждающее, что характеризующие физ. систему т.н. дополнит. физ. величины (напр., координата и импульс) не могут одноврем. принимать точные значения; отражает *корпускулярно-волновой дуализм*. Неточности при одноврем. определении дополнит. величин связаны соотношением неопределённостей, к-рое для неопределённостей Δx и Δp_x в определении координаты x и проекции на неё импульса p имеет вид $\Delta p_x \Delta x > \hbar$, где $\hbar$ – Планка постоянная. Н.п. сформулирован В. Гейзенбергом в 1927.

НЕОРГАНИ́ЧЕСКАЯ ХИ́МИЯ, изучает хим. элементы и образуемые ими простые и сложные в-ва (кроме органич. соед., изучаемых органич. химией). История развития Н.х. тесно связана с общей историей химии. Н.х.– науч. база осн. хим. пром-сти, металлургии, произ-ва полупроводников, сверхпроводников, мн. стройматериалов, ракетных топлив и др.

НЕОРЕАЛИ́ЗМ, направление в итал. кино, возникшее на исходе 2-й мир. войны. Фильмы 1945–52 (реж. Р. Росселлини, В. Де Сика, П. Джерми, Дж. Де Сантис, Л. Висконти и др.) запечатлевали жизнь Италии последних воен. и первых послевоен. лет. Эстетика жизненной правды, сдержанность и лаконичность стиля, сосредоточенность на жизни простых людей, участие непроф. исполнителей являются то отличает черты итал. Н., оказало влияние также на кино др. стран.

НЕОСХОЛА́СТИКА, собират. понятие, объединяющее разл. течения католич. философии, стремящиеся к реставрации ср.-век. *схоластики*. Возникла в нач. 19 в., получила особое развитие с кон. 19 в., когда гл. течением Н. стал *неотомизм*. В Испании (с сер. 20 в. и в Германии) развивался суаресизм (см. *Суарес Ф.*).

НЕОТОМИ́ЗМ, наиболее влиятельная католич. филос. школа. Исходит из учения *Фомы Аквинского*, провозглашённого в 1879 в энциклике папы Льва XIII единств. истинной философией; совр. форма *томизма*. Распространён в Италии, Испании, Франции, Бельгии, ФРГ, США, странах Лат. Америки. Представители: Э. Жильсон, Ж. Маритен (Франция) и др.

НЕОФИ́Т (от греч. neóphytos – новообращённый, букв.– молодая поросль), 1) новый приверженец к.-л. религии. 2) Новый сторонник к.-л. учения и обществ. движения; новичок в чём-либо.

НЕПА́Л (Королевство Непал), гос-во в Юж. Азии. Пл. 147,2 т.км². Нас. 19,3 млн.ч., св. ½ нас.– непали. Офиц. яз.– непали. Гос. религия – индуизм. Н.– конституц. монархия во главе с королём. Законодат. орган – двухпалатный парламент (Нац. совет и Палата представителей). Столица – Катманду. Адм.-терр. деление: 14 зон (анчол). Ден. единица – непальская рупия.

Н. расположен на юж. склонах центр. части Гималаев; на границе Н. и Китая высочайшая вершина Земли – г. Эверест (Джомолунгма) выс. 8848 м. Между осевыми и передовыми хребтами – густонаселённые продольные долины (Катманду и др.), на Ю.– полоса Индо-Гангской равнины. Климат субэкв. муссонный, горный, со значит. понижением темп-ры с высотой (от 15–30 °C до постоянных морозов). Осадков св. 2000 мм в год. На Ю.– тропич. леса, в среднем поясе гор – листопадные и хвойные леса, в долине Катманду – заросли кактусов (привезены сюда во время 2-й мир. войны), выше 4500 м – луга, скалы, вечные снега и ледники.

В древности и в ср. века на терр. Н.– многочисл. гос-ва, находившиеся под сильным влиянием соседней Индии. Во 2-й пол. 18 в. княжество Горкха объединило Н. в централизов. гос-во во главе с королём. В 1846–1951 у власти род Рана, наследственной привилегией к-рого были разл. гос. посты. В 1951 в Н. провозглашена конституц. монархия, положен конец власти Рана. В 1961–90 король запретил деятельность всех полит. партий. Конституция 1990, провозглашённая королём, гарантирует многопарт. систему правления.

Н.– агр. страна. ВНП на д. нас. 180 долл. в год. Осн. с.-х. культуры: рис, пшеница, кукуруза, картофель, горох, сах. тростник, джут, чай, табак, горчица, масличные. Овощ-во и плод-во. Жив-во в сев. части страны. Поголовье: кр. рог. скот, в т.ч. буйволы, яки, цзо (гибрид яка и коровы); зебу; овцы и козы, свиньи. Куст. добыча угля, жел. руды, слюды, селитры, меди. Полукуст. переработка с.-х. сырья, металлообработка.

Непал. Террасные поля.

Ремёсла (предметы домашнего обихода, прикладного иск-ва, худ. изделия). Иностр. туризм и альпинизм.

НЕПАРНОКОПЫТНЫЕ, отряд млекопитающих. Конечности несут 1 или 3 пальца. К Н. относят *лошадей, тапиров* и *носорогов*, всего 16 видов.

«НЕПОБЕДИМАЯ АРМАДА», исп. воен. флот, созданный в 1586–88 для завоевания Англии; понёс в 1588 огромные потери в результате столкновений с англ. флотом в Ла-Манше и сильного шторма. В Испанию вернулась лишь половина «Н.а.».

НЕПРЕМЕННЫЙ СОВЕТ, высш. совещ. орган при имп. Александре I в 1801–10. Подготовил ряд реформ, в т.ч. указ о *«вольных хлебопашцах»*.

НЕПРЕОДОЛИМАЯ СИЛА (форс-мажор), в праве чрезвычайное и непредотвратимое при данных условиях событие (напр., наводнение, шторм и др. стихийные бедствия), освобождающее, как правило, от имуществ. ответственности за неисполнение договора или причинение вреда, а также приостанавливающее течение срока исковой *давности*.

«НЕПРИКАСАЕМЫЕ», лица, принадлежащие к кастам, занимающим низшее положение в сословно-кастовой системе в Индии.

НЕПРИКОСНОВЕННОСТЬ ЛИЧНОСТИ, см. в ст. *Гражданские права и свободы*.

НЕПРОИЗВОДСТВЕННАЯ СФЕРА, усл. обозначение совокупности отраслей экономики, оказывающих услуги; социальная инфраструктура общества. К Н.с. относятся: жилищно-коммунальное и бытовое обслуживание населения; пасс. транспорт; связь (по обслуживанию орг-ций и непроизводств. деятельности населения); здравоохранение, физич. культура и социальное обеспечение; просвещение, иск-во; наука и науч. обслуживание; управление; общ-ств. орг-ции.

НЕПТУН, в рим. мифологии бог воды, моря. Отождествлялся с *Посейдоном*.

НЕПТУН (астр. знак ♆), планета, ср. расстояние от Солнца 30,1 а.е. (4497 млн.км), ср. диам. ок. 50000 км, масса $1,02 \cdot 10^{26}$ кг (17,2 массы Земли). В целом подобен Урану, не отличается бурными процессами в атмосфере. Период обращения вокруг Солнца 164,8 года, период вращения вокруг своей оси 16 ч 6 мин. Открыт в 1846 нем. астрономом И. Галле по теоретич. предсказаниям франц. астронома У.Ж. Леверье и англ. астронома Дж. К. Адамса. Открыты 8 спутни-

Нептун. Солонка короля Франциска I работы Б. Челлини «Нептун и богиня моря Амфитрита». 1540–43. Музей истории искусств. Вена.

ков Н. (крупнейший – Тритон, диам. ок. 3200 км) и кольца.

НЕПТУНИЗМ, геол. концепция кон. 18 – нач. 19 вв., основанная на представлениях о происхождении всех горн. пород из вод первичного Мирового ок., покрывавшего всю Землю, и из вод «всемирного потопа». Основатель Н.– нем. геолог А.Г. Вернер.

НЕПТУНИЙ (Neptunium), Np, искусств. радиоактивный хим. элемент III гр. периодич. системы, ат.н. 93; относится к *актиноидам*; металл, $t_{пл}$ 639 °C. Впервые получен амер. физиками Э. Макмилланом и Ф. Эйблсоном в 1940.

НЕРАЗЛУЧНИКИ, род мелких попугаев. Дл. 13–17 см. Оперение преим. зелёное. 6 видов, в тропич. горн. р-нах Африки, на Мадагаскаре и прилежащих о-вах. Держатся парами. Н. часто содержат в клетках. Илл. см. при ст. *Попугаи*.

НЕРАЗРУШАЮЩИЙ КОНТРОЛЬ, определение показателей качества изделий и материалов без изменения присущих им свойств, параметров, характеристик с целью исключить (выбраковать) на стадии изготовления потенциально ненадёжные изделия (некачеств. материалы) со «скрытыми» дефектами. Осуществляется посредством воздействия на исследуемый объект разл. излучений (напр., эл.-магн., ИК-, рентгеновского), полей (напр., ультразвукового, магн., эл.-статич.) или в-в (напр., лакмуса).

НЕРВАЛЬ (Nerval) Жерар де (наст. фам. Лабрюни) (1808–55), франц. писатель. Темы романтич. двоемирия, демонстративной антибуржуазности (сб. «Маленькие оды», 1830–35) сменяются в поздней лирике Н. крайними формами ухода от реальности в мир поэтич. потусторонних видений и галлюцинаций, причудливых мифол. ассоциаций (сб. сонетов «Химеры», 1854; трагич. автобиогр. новелла «Аврелия, или Мечта и жизнь», 1855), приобретающих космич. масштаб. Сб. повестей «Дочери огня» (1854); сб. очерков «Ясновидцы» (1852) включает ром. «Исповедь Никола» – скрупулёзный анализ безотчётного движения чувства. Статьи о т-ре и лит-ре (1835–51). Интерес к вост. мифологии в кн. «Путешествие на Восток» (1851). Страдал тяжким душевным расстройством; по широко распространённой версии, покончил с собой.

НЕРВИ (Nervi) Пьер Луиджи (1891–1979), итал. инженер и архитектор. Изобретатель армоцемента (мелкозернистый бетон, армированный ткаными или сварными сетками из мелкой проволоки); эксперим. исследования строит. материалов и конструкций связывал с поисками новых средств худ. выразительности (здание ЮНЕСКО в Париже, 1957, с соавторами; Дворец труда в Турине, 1961).

НЕРВНАЯ СИСТЕМА, совокупность отд. нейронов и др. структур нерв. ткани (мозг, ганглии, нерв. волокна) у ж-ных и человека; обеспечивает восприятие действующих на организм раздражителей, анализ и переработку поступающей информации и ответную реакцию в виде возбуждения отд. органов, их систем, а также поведенческих актов. Регулирует и координирует все функции организма в его постоянном взаимодействии с внеш. средой.

НЕРВНЫЕ БОЛЕЗНИ, 1) болезни центральной и периферической нерв. системы. 2) То же, что *невропатология*.

НЕРВЫ (лат. nervus, от греч. néuron – жила, нерв), тяжи нерв. ткани, образованные гл. обр. нерв. волокнами (отростками *нейронов*). Н. связывают мозг и нерв. узлы с др. органами и тканями тела. Совокупность Н. формирует периферич. нерв. систему. У человека от головного мозга отходит 12 пар Н., от спинного мозга – 31 пара; особую группу составляют Н., берущие начало от узлов, стволов и сплетений вегетативной нерв. системы.

НЕРВЮРА (франц. nervure), арка из тёсаных клинчатых камней, укрепляющая рёбра свода. Система Н. (гл. обр. в готике) образует каркас, облегчающий кладку свода.

НЕРЕИДЫ, в греч. мифологии мор. нимфы, 50 дочерей мор. старца Нерея. Имена Н. указывают на изменчивость, глубину и стремительность моря.

НЕРИС (Nėris) Саломея (наст. фам. Бачинскайте-Бучене) (1904–45), литов. поэтесса. Романтич. приподнятость, благородство эмоций, песенность, близость фольклорным традициям в сб. стихов «Ранним утром» (1927), «Демядисом зацвету» (1938), «Пой, сердце, жизнь!» (1943).

НЕРКА, проходная (иногда пресноводная) рыба (сем. *лососи*). Дл. до 65 см, масса до 3,5 кг. Мясо интенсивно-красного цвета. Обитает в басс. сев.-зап. части Тихого ок.; нерест в озёрах и ключевых водах Сев. Америки, Камчатки, Курильских о-вов и о. Хоккайдо. Ценный объект промысла. Нуждается в охране.

НЕРНСТ (Nernst) Вальтер (1864–1941), нем. физикохимик, один из основоположников физ. химии. Сформулировал (1906) 3-е начало термодинамики (т.н. тепловая теорема Н.). Тр. по теории р-ров (закон распределения Н.), электрохимии, кинетике и катализу; разработал (1904) диффузионную теорию гетерогенных хим. реакций. Ноб. пр. (1920).

НЕРОН (Nero) (37–68), рим. император с 54, из династии Юлиев-Клавдиев. Жестокий, самовлюблённый, развратный. В 59 он повелел умертвить свою мать, в 62 – жену Октавию. В 64 сильнейший пожар уничтожил бо́льшую часть Рима, и чтобы отвести от себя подозрения, Н. начал преследовать христиан Рима. Репрессиями и конфискациями восстановил против себя разные слои рим. общества. Опасаясь восстаний, бежал из Рима и покончил жизнь самоубийством.

НЕРПЫ, род водных млекопитающих (сем. настоящие тюлени). Длина тела до 150 см, масса до 90–100 кг. 3 вида, в сев. приполярных широтах Мирового ок., в Каспийском и Балтийском морях, в озёрах Байкал, Сайма и Ладожском. Окраска спины обычно тёмная, пятнистая, брюхо светлое (только у байкальской Н. тело серебристо-серое без пятен). Питаются преим. рыбой. Живут ок. 40 лет. Промысел (гл. обр. из-за шкур) ограничен.

НЕРСЕСЯН Рачия Нерсесович (1895–1961), актёр. На сцене с 1915.

Нереиды. Фрагмент росписи краснофигурного килика Дуриса. Ок. 480 до н.э. Музей античного искусства. Мюнхен.

470 НЕРУ

С 1923 в Арм. т-ре имени Г.М. Сундукяна (Ереван). Игра Н. отличалась импровизац. лёгкостью, в ней присутствовало влияние франц. т-ра, а также зап.-европ. трагедийной школы: Кипар («Багдасар ахпар» А.О. Пароняна, 1928), Дикой («Гроза» А.Н. Островского, 1935), Отелло («Отелло», 1940) и Лир («Король Лир», 1953) У. Шекспира. Снималась в ф.: «Пэпо» (1935), «Из-за чести» (1956) и др.

НЕ́РУ Джавахарлал (1889–1964), премьер-мин. и мин. ин. дел Индии с 1947. Сподвижник М.К. Ганди в борьбе за нац. освобождение, строитель новой Индии». Один из лидеров партии Инд. нац. конгресс (осн. в 1885). Тр.: «Открытие Индии» (М., 1955), «Автобиография» (М., 1955).

Дж. Неру.

НЕРУ́ДА (Neruda) Пабло (псевд.; наст. имя Нефтали Рикардо Рейес Басоальто) (1904–73), чил. поэт. В 1949–52 в эмиграции. В ранней лирике (сб. «Местожительство – земля», ч. 1–2, 1933–35, и др.) – трагич. неприятие мира, мотивы тоски и одиночества. Антифаш., гражд. и социальные стихи: сб. «Испания в сердце» (1937), две «Песни любви Сталинграду» (1942–43) лироэпич. поэма о судьбе Лат. Америки «Всеобщая песнь» (1950); лирико-филос. «Оды изначальным вещам» (1954–57), поэтич. автобиография «Мемориал Чёрного острова» (т. 1–5, 1964). Драма «Звезда и смерть Хоакина Мурьеты» (1967). Чл. ЦК КП Чили с 1958. Ноб. пр. (1971).

НЕСИМИ́ (Насими) (наст. имя Сеид Имадеддин) (ок. 1369–1417), азерб. поэт. Писал также на араб. и перс. языках. В филос. газелях воспевал земные радости, разум человека. По приговору духовного суда казнён как еретик.

НЕСМЕНЯ́ЕМОСТЬ СУДЕ́Й, см. в ст. *Судья*.

НЕСМЕЯ́НОВ Ал-др Ник. (1899–1980), химик-органик, основатель науч. школы по химии элементоорганич. соединений. През. (1951–61) АН СССР. Организатор и директор (с 1954) Ин-та элементоорганич. соединений АН. Тр. по химии металлоорганич. соединений. Иссл. механизмы органич. реакций, «сэндвичевые» соединения и др.

НЕСОВЕРШЕННОЛЕ́ТНИЕ, лица, не достигшие возраста, с к-рым закон связывает наступление дееспособности. По рос. праву Н. – лица, не достигшие 18 лет. Законные интересы Н. (полностью или частично) осуществляют их родители, иные закон-

ные представители, опекуны, попечители. Закон предусматривает ряд мер по охране трудовых, гражд., алиментных и др. прав Н. В уголов. процессе установлен особый порядок рассмотрения дел о Н., обеспечивающий наиб. тщательное их расследование и рассмотрение. См. также *Опека*, *Попечительство*.

НЕСОСТОЯ́ТЕЛЬНОСТЬ, удостоверенная судом абс. неспособность лица погасить свои долговые обязательства. См. также *Банкротство*.

НЕСТЕРЕ́НКО Евг. Евг. (р. 1938), певец (бас). С 1963 пел на оперных сценах Ленинграда. С 1971 в Большом т-ре. Среди партий: Мефистофель («Фауст» Ш. Гуно), Борис Годунов, Досифей («Борис Годунов», «Хованщина» М.П. Мусоргского). Первый исполнитель ряда камерных вок. соч. Д.Д. Шостаковича, Г.В. Свиридова. 1-я пр. на Междунар. конкурсе имени П.И. Чайковского в Москве (1970).

НЕ́СТЕРОВ Мих. Вас. (1862–1942), рос. живописец. С кон. 1880-х гг. в поисках духовно-религ. и этич. идеала обратился к воплощению просветлённой и чистой душевной красоты людей, пренебрёгших мирской суетой («Пустынник», 1886–89; «Видение отроку Варфоломею», 1889–90). В 20–30-х гг. создал галерею портретов деятелей науки и иск-ва, в осн. глубоко верующих людей («П.Д. и А.Д. Корины», 1930).

НЕ́СТЕРОВ Пётр Ник. (1887–1914), рос. воен. лётчик, один из основоположников высш. пилотажа. 27.8 (9.9). 1913 впервые выполнил «мёртвую петлю», названную впоследствии петлёй Н. Погиб в нач. 1-й мир. войны, совершив первый в мире возд. таран. В 1960 Междунар. авиац. федерация учредила переходящий Кубок Н. за победу в командном зачёте на чемпионате мира по высш. пилотажу.

НЕ́СТОР, др.-рус. писатель, летописец 11 – нач. 12 вв., монах Киево-Печерского мон. Автор житий кн. Бориса и Глеба, Феодосия Печерского. Традиционно считается одним из крупнейших историков средневековья – автором первой редакции «Повести временных лет».

М.В. Нестеров. Портрет А.Н. Северцова. 1934. Третьяковская галерея.

П.Н. Нестеров.

НЕСТОРИА́НСТВО, течение в христ-ве, основанное в Византии и систематизированное Несторием, константинопольским патриархом в 428–431, утверждавшим, что Иисус Христос, будучи рождён человеком, лишь впоследствии воспринял божеств. природу. Осуждено как ересь на Эфесском соборе 431. Пользовалось влиянием ряда церквей, в т. ч. в Иране и от Ср. Азии до Китая. Несториане ныне имеются в Иране, Ираке, Сирии.

НЕСТЯЖА́ТЕЛИ, религ.-полит. течение в Рус. гос-ве в кон. 15 – нач. 16 вв. Нил Сорский, Вассиан Косой и др. Н. проповедовали аскетизм, уход от мира, призывали к отказу церкви от зем. собственности. Противники *иосифлян*. Осуждены на церк. соборах 1503, 1531.

НЕСУДЕ́БНЫЕ О́РГАНЫ, неконститут. репрессивные формирования, осуществляющие внесудебное рассмотрение уголов. дел. Существовали в РСФСР, а затем в СССР в 1918–53. Впервые правом внесудебного рассмотрения определ. категории дел и вынесения приговоров вплоть до высш. меры наказания была наделена ВЧК. Н.о. получили широкое распространение в период массовых репрессий 30–40-х гг. и нач. 50-х гг. Н.о. (коллегия ОГПУ, особые совещания, тройки, двойки и др.) рассматривали дела в упрощённом

порядке: без участия защиты, а нередко в отсутствие обвиняемого; приговоры не подлежали обжалованию и приводились в исполнение немедленно.

НЕСУ́ЩИЕ КОНСТРУ́КЦИИ, конструктивные элементы (дерев., кам., стальные, бетонные и т.п.), воспринимающие осн. нагрузки зданий и сооружений и обеспечивающие их прочность, жёсткость и устойчивость. Н.к. делятся на вертикальные (стены, столбы, колонны) и горизонтальные (балки, фермы и др.).

НЕТКА́НЫЕ МАТЕРИА́ЛЫ, текст. материалы из волокон и нитей, изготовленные без применения процессов ткачества. Изделия из Н.м.: ковры, одеяла, утепляющие прокладки для одежды, обуви, сукна для бумагоделат. машин, фильтров и т.п.

НЕТРУДОСПОСО́БНОСТЬ, временная или стойкая (инвалидность) утрата трудоспособности вследствие болезни, несчастного случая и др. причин. Осн. условие для назначения соотв. пенсии, пособия и предоставления нек-рых льгот.

НЕ́ТТО (итал. netto, букв. – чистый), масса (чистый вес), сумма ден. средств после исключения потерь, расходов и т.п.

НЕУСТО́ЙКА (штраф, пеня), в гражд. праве определённая законом (законная Н.) или договором (договорная Н.) ден. сумма, к-рую должник обязан уплатить кредитору в случае неисполнения или ненадлежащего исполнения обязательства.

НЕФ (франц. nef, от лат. navis – корабль), вытянутое помещение, часть интерьера (обычно в зданиях типа *базилики*), ограниченная с одной или с обеих продольных сторон рядом колонн или столбов.

НЕФЕРТИ́ТИ (др.-егип. – Красавица грядёт), егип. царица нач. 14 в. до н.э., супруга Аменхотепа IV. Поэтичные, тонкие скульпт. портреты Н. созданы мастером Тутмесом.

НЕФРИ́Т (греч. nephrítēs, от nephrós – почка: на сходстве гальки Н. с почкой основана вера в целебное действие Н. при почечных коликах), *поделочный камень*, минерал, сложный силикат. Плотные вязкие белые и зелёные полупрозрачные массы. Лучшие Н. известны в Китае, Н. Зеландии, России (Вост. Сибирь).

Нефертити. Портрет скульптора Тутмеса. Раскрашенный известняк. 1-я четв. 14 в. до н.э. Государственный музей. Берлин.

Нефрит.

НЕФРИ́Т (от греч. nephrós – почка), воспалит. заболевание почек, обычно двустороннее; поражается преим. клубочковый аппарат (гломерулонефрит), а также межуточная ткань и канальцы (интерстициальный Н.). Осн. проявления – гематурия (выделение крови с мочой), гипертония, отёки и др. См. также *пиелонефрит*.

НЕФРОЛО́ГИЯ (от греч. nephrós – почка и ...*логия*), раздел медицины, изучающий строение и функции почек, причины возникновения и механизмы развития их заболеваний и разрабатывающий методы лечения и профилактики этих болезней.

НЕФТЕПЕРЕРАБО́ТКА, крупнотоннажное произ-во, основанное на превращениях нефти, её фракций и нефт. газов в товарные нефтепродукты и сырьё для нефтехимии, основного органич. синтеза и микробиол. синтеза. Впервые Н. в пром. масштабе осуществлена в России на з-де, построенном на р. Ухта (1745).

НЕФТЕПРОВО́Д, комплекс сооружений для транспортировки нефти или нефтепродуктов. Первый магистральный Н. в России (Баку – Батуми) сооружён в 1897–1907. Общая протяжённость мировой сети магистральных Н. ок. 300 т.км.

НЕФТЕХРАНИ́ЛИЩЕ, резервуар или система резервуаров для хранения нефти или продуктов её переработки; сооружаются наземные, полуподземные и подземные. Наиб. распространены Н. наземные стальные (ёмкость до 50 т.м³) и полуподземные железобетонные (ёмкость до 30 т.м³).

НЕФТЬ (тур. neft, от перс. нефт), горючая маслянистая жидкость, распространённая в осадочной оболочке Земли; важнейшее полезное ископаемое. Сложная смесь углеводородов с примесью кислородных, сернистых и азотистых соединений. Н. сортируют в осн. по плотности и содержанию серы. Используют с 6-го тыс. до н.э. При перегонке Н. получают бензин, керосин, смазочные масла, разл. виды топлива. Нефтепродукты являются сырьём для хим. пром-сти, используются в маш-нии, металлургии, радиотехнике, медицине, с. х-ве, фармацевтике, парфюмерии и др. отраслях х-ва. Мировые запасы Н. св. 130 млрд. т. Наиб. запасы Н. в Саудовской Аравии, Кувейте, России, Объединённых Араб. Эмиратах, Ираке, Иране.

НЕФТЯНЫ́Е МАСЛА́ (минеральные масла), получают дистилляцией нефти или удалением нежелательных компонентов из гудронов; смеси углеводородов, выкипающие при 300–600 °C. Применяют как белые (напр., вазелиновое и парфюмерное), консервационные, смазочные, технол. и изоляц. масла. На основе Н.м. производят пластичные и технол. смазки, смазочно-охлаждающие и гидравлич. жидкости.

НЕЧА́ЕВ Сер. Ген. (1847–82), участник рос. рев. движения. Организатор тайного об-ва «Народная расправа» в Москве (1869). Применял методы мистификации и провокации. В 1869 организовал в Москве убийство студента И.И. Иванова (по подозрению в предательстве) и скрылся за границу. В 1872 выдан швейц. властями России, приговорён к 20 годам каторги (1873). Умер в Алексеевском равелине Петропавловской крепости. Методы Н. («нечаевщина») вызвали резко негативную реакцию рус. общества. Ф.М. Достоевский использовал материалы дела Н. в ром. «Бесы».

НЕЯ́СЫТИ, род сов. Дл. 33–84 см. Голова относительно большая, перьевых «ушек» нет. 12 видов, в т.ч. серая, бородатая, длиннохвостая Н. в Евразии, Сев. Африке, Америке. Обитают гл. обр. в лесах; охотно селятся в культурном ландшафте, в т.ч. в гор. парках.

НИАГА́РСКИЙ ВОДОПА́Д, в Сев. Америке (граница США и Канады), на р. Ниагара. Выс. 51 м. Крупная ГЭС. Туризм.

НИАМЕ́Й, столица (с 1960) Нигера. 392 т.ж. Пристань на лев. берегу р. Нигер; международ. аэропорт. Лёгкая пром-сть. Ремёсла (выделка кож, зол. и серебр. изделия). Ун-т. В 1926–60 адм. ц. франц. владения Нигер.

Неясыти. Серая неясыть.

НИБЕЛУ́НГИ (Нифлунги), в мифах германцев и скандинавов обладатели чудесного золотого клада, история борьбы за к-рый составляет сюжет эпосов Эдды Старшей, «Песни о Нибелунгах» и др.

НИ́БУР (Niebuhr) Рейнхольд (1892–1971), амер. протестантский теолог, близкий кругу идей *диалектической теологии*. С нач. 30-х гг. выступил с критикой либер. протестантизма 19 – нач. 20 вв., считая иллюзорными его социальный оптимизм и веру в прогресс.

Нефтепровод.

Нефть. Добыча нефти в Эмбинском районе (Казахстан).

НИГЕ́Р, р. в Зап. Африке (Гвинея, Мали, Нигер, Нигерия). Дл. 4160 км. Берёт начало (под назв. Джолиба) на Леоно-Либерийской возв. Впадает в Гвинейский зал. Атлантич. ок. Кр. приток – р. Бенуэ. Порожиста. Судоходна на отд. участках. На Н. – гг. Бамако, Томбукту, Ниамей, Онича и др., в дельте – Порт-Харкорт.

НИГЕ́Р (Республика Нигер), гос-во в Зап. Африке. Пл. 1267 т.км². Нас. 8,5 млн. ч., гл. обр. хауса (52%), а также денди, фульбе, сангай, туареги. Офиц. яз.– французский. Б.ч. верующих – мусульмане. Глава гос-ва – президент. Временный законодат. орган – Верховный совет республики. Столица – Ниамей. Адм.-терр. деление: 7 департаментов. Ден. единица – франк КФА.

Большая часть Н. расположена в пустыне Сахара. Поверхность – плато (выс. 200–500 м) с массивами 2022 м (г. Идукальн-Тагес). Климат тропич. пустынный на С. (осадков менее 100 мм в год), субэкв. на Ю. (до 800 мм осадков в год). Ср.-мес. темп-ры 20–34 °C. Гл. река – Нигер. Растительность – опустыненная саванна, полупустыня и пустыня.

С 1922 отд. колония в составе Франц. Зап. Африки. С 1960 независимое гос-во.

Н.– агр. страна с развивающейся ураноfoundation пром-стью (одно из ведущих мест в мире по произ-ву урановых концентратов – ок. 3 тыс. т концентратов в год). ВНП на д. нас. 310 долл. в год. Обрабатывается

Нигер. Форт в г. Агадес.

Нигер. Колодец на плато Аир.

Нигерия. Насосная станция нефтепровода.

Нигерия. Арахис, сложенный пирамидой.

менее 3% терр. Осн. экспортные с.-х. культуры: арахис, хлопчатник; возделывают сах. тростник, просо, сорго, маниок. Кочевое жив-во. Ремёсла: выделка тканей, кожевенное, гончарное произ-ва.

НИГЕ́РИЯ (Федеративная Республика Нигерия), гос-во в Зап. Африке, омывается Атлантич. ок. Пл. 924 т.км². Нас. 91,6 млн. ч., в осн. хауса, фульбе, йоруба, игбо, канури и др. Офиц. яз. – английский. Ок. ½ верующих – мусульмане, ⅓ – христиане. Входит в Содружество. Глава гос-ва – президент. Временно у власти Руководящий совет вооруж. сил. Столица – Абуджа (с 1991). Федерация в составе 30 штатов и Федеральной столичной терр. Ден. ед. – найра.

Преобладают равнины и плато (наиб. выс. 2042 м – пик Фогель). Климат на б.ч. страны экв.-муссонный. Ср. темп-ры июля до 33 °С, янв. до 26 °С; осадков в год от 500 мм на С.-В. до 4000 мм на Ю. Гл. река – Нигер. На Ю. – тропич. леса, на С. – саванны.

С 1914 англ. «колония и протекторат Н.». С 1960 независимое гос-во. В 1967–70 федеральное пр-во вело войну с т.н. Респ. Биафра, провозглашённой на терр. Вост. Нигерии полит. деятелями из народа игбо. Война носила ожесточённый характер: погибло св. 1 млн. ч., сотни тысяч были искалечены. С 1960 в стране произошло 4 воен. переворота. В 1989 провозглашена конституция, к-рая вступает в силу поэтапно, по мере перехода к гражд. форме правления.

Н. – агр. страна с развитой нефтедоб. пром-стью. ВНП на д. нас. 320 долл. в год. С 1970 Н. входит в десятку крупнейших стран – экспортёров нефти, занимает 1-е место среди афр. гос-в по её добыче (70–80 млн. т в год). Добыча руд олова, колумбита. Произ-во эл.-энергии (экспорт в Нигер). Пищевкус., текст. пром-сть. Осн. экспортные с.-х. культуры: какао, масличная пальма, арахис, хлопчатник, каучуконосы, сах. тростник. Жив-во.

НИГИЛИ́ЗМ (от лат. nihil – ничто), отрицание общепринятых ценностей, идеалов, моральных норм, культурных традиций и т.п. Получает особое распространение в кризисные эпохи обществ.-ист. развития. В России термин «Н.» получил распространение после появления романа И.С. Тургенева «Отцы и дети» (1862). Во 2-й пол. 19 в. нигилистами называли представителей радикального течения разночинцев-шестидесятников, отрицавших крепостнич. устои и религию.

НИГИЛИ́ЗМ ПРАВОВО́Й, негативное, скептич. отношение к праву, неверие в возможность обеспечить с помощью правовых средств реализацию интересов общества и гражданина. Н.п. находит своё выражение на уровне массового обыденного сознания (соединение юрид. неосведомлённости со стойкими предубеждениями и стереотипами), а также в управленческой деятельности (чиновничья иерархия ставит престиж своей власти, ведомственные интересы выше права и закона). Как правило, Н.п. присущ обществам авторитарного типа, где не развиты демокр. и правовые институты, отсутствует традиц. уважение к праву и закону.

НИДЕРЛА́НДСКАЯ ШКО́ЛА (бургундская, фламандская, франко-фламандская школа), направление в музыке 15–16 вв., сложившееся на терр. исторических Нидерландов. Гл. представители: Г. Дюфаи, Й. Окегем, Я. Обрехт, Жоскен Депре, О. Лассо. С Н.ш. связан расцвет *полифонии* т.н. строгого стиля. Осн. жанры: *месса, мотет,* полифонич. *шансон, мадригал, фроттола*.

НИДЕРЛА́НДЫ (Королевство Нидерландов) (неофиц. назв. – Голландия), гос-во в Зап. Европе, на С. и З. омывается Северным м. Пл. 41,5 т.км². Нас. 15,3 млн. ч., в т.ч. 95% – голландцы. Офиц. яз. – нидерландский. Ок. 50% верующих – католики, ок. 40% – протестанты. Н. – конституц. монархия во главе с королём (королевой). Законодат. орган – двухпалатный парламент – Генеральные штаты (первая и вторая палаты). Столица – Амстердам (резиденция пр-ва – Гаага). Адм.-терр. деление: 12 провинций. Ден. единица – голландский гульден.

Большая часть терр. – низменная равнина (40% терр. ниже ур. м.; отделена от моря плотинами и дамбами, превращена в польдеры). На Ю.-В. – отроги Арденн (выс. до 321 м). Климат умеренно морской. Ср. темп-ры янв. 1–3 °С, июля 16–17 °С; осадков 650–750 мм в год. Густая речная сеть (дельты рр. Рейн, Маас, Шельда), озеро-залив Эйсселмер. Ок. 70% терр. Н. – культурные ландшафты;

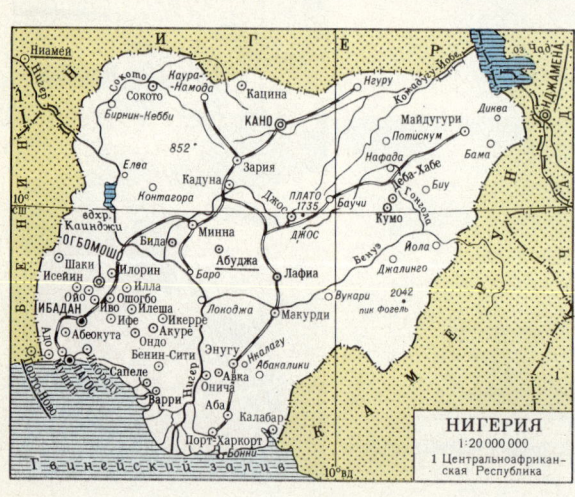

Нидерланды. Амстердам. Канал Опенхавен-Фронт.

под лесами (широколиств., сосновые) – ок. 9% терр.

В ср. века нидерл. земли (Голландия, Зеландия, Фрисландия и др.) были в составе обширной терр. Нидерландов исторических (терр. Бельгии, Н., Люксембурга и сев.-вост. Франции). В результате Нидерл. рев-ции 16 в. на терр. Н., освободившейся от исп. господства, образовалась Респ. Соединённых провинций. В 17 в. Н.– одна из наиб. передовых европ. держав с развитыми торговлей и мореплаванием – приступили к широким колон. захватам, гл. обр. в Юго-Вост. Азии («Нидерл. Индия» – Индонезия), Америке (Гвиана, Малые Антильские о-ва и др.), Африке (Капская колония). В 1810–13 Н. в составе Франции. В 1815 Н. объединены с Бельгией в Нидерл. кор-во (до 1830), в к-ром Н. занимали господствующее положение. После 2-й мир. войны начался распад нидерл. колон. империи. С 1989 у власти коалиц. пр-во Христ.-демокр. партии (осн. в 1976) и Партии труда (осн. в 1946).

Н.– индустр. страна с высокопродуктивным с. х-вом экспортной направленности. Важное место в экономике занимает вывоз капитала, внеш. торговля, мор. транспорт. ВНП на д. нас. 18560 долл. в год. Добыча природного газа (ок. 90 млрд. м³), нефти. Ведущие отрасли пром-сти: нефтеперераб. (произ-во продуктов органич. химии) и нефтехим.; маш-ние (в т.ч. эл.-техническое (Н.– один из крупнейших в мире поставщиков аудио- и видеоаппаратуры, судо- и авиастроение, произ-во оборудования для газ. и хим. пром-сти; хим. (удобрения, синтетич. волокна, бытовая химия, лакокрасочные изделия), включая фармацевтическую (антибиотики, гормональные препараты, инсулин и др.), металлургия и металлообработка, пищевкусовая. Традиционно развиты гранение алмазов и обработка драгоценных камней. В с. х-ве преобладает молочно-мясное жив-во. В земледелии – выращивание парниковых овощей и фруктов (по площади теплиц – одно из первых мест в мире), цветов и цветочных луковиц (св. 2 млрд. луковиц тюльпанов в год), шампиньонов; осн. культуры – пшеница, картофель, сах. свёкла. Рыб-во. Осн. статьи экспорта: продукция маш-ния, хим.-фарм. товары, нефтепродукты и природный газ. Н.– один из крупнейших в мире экспортёров молока и молочных продуктов ($1/5$ мирового экспорта сливочного масла, $1/2$ – сгущённого и $1/4$ – сухого молока, $1/4$ – сыра; Н.– родина маргарина), свинины, птицы, яиц, а также табака, ликёров, пива. Иностр. туризм.

НИЕ́ЛЛО, то же, что *чернь.*

НИЖЕГОРО́ДСКАЯ Я́РМАРКА, в Ниж. Новгороде, действовала ежегодно с 1817 в июле – авг. (ранее *Макарьевская ярмарка*). Кроме русских участвовали вост. и зап.-европ. купцы; товары – ткани, металлы, краски, хлопок, шёлк и др. Первая по товарообороту в России в 1922–30 действовала первая сов. Н.я. В 1990 открыта вновь.

НИЖЕГОРО́ДСКОЕ КНЯ́ЖЕСТВО, образовалось в 1341, когда ордынский хан Узбек передал князю суздальскому Константину Васильевичу Ниж. Новгород и Городец. Столица – Ниж. Новгород. В 1392 вел. князь московский Василий I присоединил Н.к. к Моск. вел. кн-ву. Правители Н.к. с помощью монг.-тат. ханов восстанавливали независимость кн-ва в 1399, 1410–14, 1445–46.

НИЖИ́НСКИЙ Вацлав Фомич (1889–1950), артист балета, балетмейстер. В 1907–11 в Мариинском т-ре (Белый раб – «Павильон Армиды» К.Н. Черепнина, 1907; Юноша – «Шопениана», 1908), в 1909–13 участник «Русских сезонов», в 1916–17 в труппе «Рус. балет С.П. Дягилева (гл. партии в балетах, пост. М.М. Фокиным, лучшая – Петрушка в «Петрушке» И.Ф. Стравинского, 1911). Жил и выступал за рубежом. Пост. балеты: «Послеполуденный отдых фавна» (1912) и «Игры» (1913) К. Дебюсси, «Весна священная» Стравинского (1913). Возродил иск-во муж. танца, сочетая высокую технику прыжка и пируэта с пластикой и пантомимой. Расширил хореогр. лексику, обогатил её образность. Психич. заболевание заставило рано покинуть сцену.

НИ́ЖНИЙ НО́ВГОРОД (в 1932–91 Горький), г., центр Нижегородской обл., в России, у впадения Оки в Волгу. 1438 т.ж. Кр. речной порт; ж.-д. уз.; аэропорт. Метрополитен. Машние (автомобили, самолёты, суда, станки, инстр-ты, приборы, телевизоры и др.), передельная чёрная и цв. металлургия; хим. и нефтехим., лёгкая пром-сть. С 1990 возобновлена Нижегородская ярмарка. 11 вузов (в т.ч. ун-та). Консерватория (1946). Музеи: худ., нар. худ. промыслов, речного флота, М. Горького, Н.А. Добролюбова и др. Ист.-архит. музей-заповедник (включает кремль и др. сооружения). Т-ры: оперы и балета, драмы, комедии, юного зрителя, кукол. Осн. в 1221.

НИ́ЖНЯЯ ТУНГУ́СКА, р. в России (Иркутская обл. и Эвенкия), прав. приток Енисея. Дл. 2989 км. Протекает в пределах Среднесибирского плоскогорья. Осн. притоки: Кочечум, Непа, Таймура. Судоходна в половодье от пос. Тура. В устье – пристань Туруханск.

НИЗАМИ́ ГЯНДЖЕВИ́ Абу Мухаммед Ильяс ибн Юсуф (ок. 1141–ок. 1209), азерб. поэт и мыслитель. Осн. соч.– «Пятерица» («Хамсе»), собрание 5 поэм: филос.-дидактич. «Сокровищница тайн» (между 1173 и 1180), любовно-романтич. «Хосров и Ширин» (1181), «Лейли и Меджнун» (1188), «Семь красавиц» (1197) и «Искандер-наме» (ок. 1203), к-рой автор придавал особое значение, воплотив в образе гл. героя свой идеал мудрого и справедливого правителя и высказав суждения о наилучшем устройстве общества. Сохранилась часть лирич. *дивана.*

НИ́ЗМЕННОСТЬ, участок суши с абс. высотой не более 200 м над ур. м., обычно с равнинной, иногда холмистой поверхностью. Крупнейшие Н.– Амазонская (Юж. Америка), Западно-Сибирская (Россия).

Низами Гянджеви.

Миниатюра «Ширин с портретом Хосрова» из «Хамсе». 1431.

НИ́ЗШИЕ РАСТЕ́НИЯ, подцарство р-ний. Тело Н.р. (таллом, или слоевище) не расчленено на корень, стебель и лист. Включают только *водоросли.* Ранее (до сер. 20 в.) к Н.р. относили бактерий, актиномицетов, слизевиков, грибы, водоросли, лишайники.

НИ́КА (Нике), в греч. мифологии крылатая богиня, персонификация победы, вестница Зевса и Афины. Также эпитет Афины как богини победы (крылатая Н.– атрибут Афины, к-рая изображалась с фигуркой Н. на руках).

НИКАРА́ГУА (Республика Никарагуа), гос-во в Центр. Америке, омывается на Ю.-З. Тихим ок., на В. Карибским м. Пл. 130 т.км². Нас. 4,27 млн. ч., в осн. никарагуанцы (преим. испано-индейские метисы – 77%). Офиц. яз.– испанский. Верующие гл. обр. католики. Глава гос-ва и пр-ва – президент. Законодат. орган – парламент (Нац. собрание). Столица – Манагуа. Адм.-терр. деление: 16 департаментов. Ден. единица – кордоба.

У берегов – низменности, на С. и в центре – нагорье (выс. до 2438 м). Вулканизм. Климат на С.-В. тропич. пассатный, на Ю.-З. субэкв., жаркий. Ср.-мес. темп-ры 25–28 °С; осадков от 1000 до 6500 мм в год. Влажные тропич. леса, саванны, кустарники.

В нач. 16 в. открыта испанцами, превратившими её в свою колонию. В 1821 в ходе Войны за независимость исп. колоний в Америке провозглашена независимость Н. В 1823–38 входила в состав Соединённых пров. Центр. Америки, с 1838 самостоят. гос-во. В 1911–12 Н.

Никарагуа. Вулкан Момотомбо.

Никарагуа. Озеро Никарагуа.

оказалась в полной зависимости от США. В 1912-33 Н. оккупировали войска США, к-рые были выведены из страны в результате освободит. борьбы народа под рук. А. Сандино. С 1936 в Н. установлен диктаторский режим семейства Сомоса (пал в 1979). Решающую роль в падении режима сыграл Сандинистский фронт нац. освобождения (созд. в 1961), к-рый фактически находился у власти до 1990, когда в Н. были проведены свободные демокр. выборы, в результате к-рых пр-во сформировал Оппозиционный нац. союз.

Н.— агр. страна. ВНП на д. нас. 340 долл. в год. Гл. товарные культуры – кофе, хлопчатник, бананы, сах. тростник, кунжут. Пастбищное скот-во. Заготовки ценной тропич. древесины. Добыча руд золота, серебра, меди. Пр-тия пищевкус., нефтеперераб., текст. пром-сти. Экспорт: кофе (св. 1/5 стоимости), мяса (ок. 1/5 стоимости), хлопка, сахара, бананов.

НИ́КЕЛЕВЫЕ РУ́ДЫ, содержат Ni 0,25-4,5%. Гл. минералы: пирротин, пентландит, халькопирит, магнетит, никелин, гарниерит. Мировые запасы ок. 100 млн. т. Гл. добывающие страны: Канада, Австралия, Н. Каледония, Индонезия, Филиппины, ЮАР.

НИ́КЕЛЬ (Nickel), Ni, хим. элемент VIII гр. периодич. системы, ат. н. 28, ат. м. 58,69; металл, $t_{пл}$ 1455 °C. Н.— компонент легированных сталей, жаростойких, коррозионностойких, сверхтвёрдых, магнитных и др. сплавов, конструкционный материал для ядерных реакторов, хим. аппаратуры, электродов, материал покрытий на стали, чугуне, алюминии и др. Н. впервые получен швед. учёным А. Кронстедтом в 1751. Сплав Н. с медью и цинком применяли в Др. Китае.

НИКИ́ТА ХОНИА́Т (сер. 12 в.-1213), византы. писатель, автор «Хроники» - труда, посв. ист. событиям периода 1118-1206, к-рый содержит личные наблюдения и мемуарные подробности, анализ психологии ист. деятелей, критику визант. деспотизма с позиций феод. аристократии; включает сведения о рус. истории.

НИКИ́ТИН Афанасий (? – 1474/75), тверской купец, совершивший путешествие в Персию и Индию (1468-74); на обратном пути посетил афр. берег (Сомали), Маскат, Турцию. Путевые заметки Н. «Хождение за три моря» (Каспийское, Аравийское и Чёрное) – ценный худ. и ист. памятник (первое в рус. лит-ре описание ср.-век. Индии); отмечен многосторонностью наблюдений, а также необычной для ср. веков веротерпимостью в сочетании с преданностью христ. вере и родной земле. Записки Н. дополнялись и уточнялись инд. хроники о событиях 1471-74.

НИКИ́ТИН Ив. Саввич (1824-61), рус. поэт. Рассказы в стихах о горькой доле бедняков; гражд. и пейзажная лирика («Русь», «Утро»). Поэмы («Кулак», 3-я ред., 1858). Прозаич. «Дневник семинариста» (1860).

НИКИ́ТИН Ник. Вас. (1907-73), рос. учёный в области строит. конструкций. Участник создания МГУ на Ленинских горах, Дворца науки и культуры в Варшаве и др. Автор проекта и гл. конструктор Останкинской телевизионной башни в Москве (1967).

НИКИ́ТИНЫ, семья цирковых артистов и предпринимателей. Братья Дм. Ал-др. (1835-1918), Аким Ал-др. (1843-1917) и Пётр Ал-др. (1846-1921), первые рус. деятели цирка, создавшие своё стационарное пр-тие - «Рус. цирк бр. Никитиных» в Пензе (1873). Построили цирки в Саратове, Киеве, Казани, Москве и др. городах. Стремились к демократизации циркового иск-ва, приданию ему нац. своеобразия. Ник. Акимович (1887-1963) и его сын Ник. Ник. (1912-43), наездники, жонглёры.

НИ́КИШ (Nikisch) Артур (1855-1922), венг. дирижёр. Руководитель оперных т-ров в Лейпциге (1882-89), Будапеште (1893-95), Бостонского симф. оркестра, орк. *Гевандхауза* (Лейпциг, 1895-1922), Берлинского и Гамбургского филармонич. орк. Гастролировал (с 1899 в России). Представитель романтич. направления в исполнит. иск-ве. Пропагандировал музыку П.И. Чайковского в Европе и Америке.

НИКОЛА́ЕВ, г. (с 1789), обл. ц. на Украине, на берегу Бугского лимана Чёрного м., при слиянии рр. Юж. Буг и Ингул. 512 т.ж. Мор. и речной порт; ж.-д. уз. Маш-ние (в т.ч. судостроение, с.-х. машины, подъёмно-трансп. оборудование и др.), пищевкус. (в т.ч. парфюмерно-косметич.) пром-сть; произ-во глинозёма. 2 вуза. Музеи: краеведч. и художественный. Т-ры: укр. муз.-драм., рус. драм., кукол. Осн. в 1788.

НИКОЛА́ЕВА (Николаева-Тарасевич) Тат. Петр. (1924-93), рос. пианистка, педагог. 1-я пр. на Междунар. конкурсе на лучшее исполнение произв. И.С. Баха в Лейпциге (1950). Автор муз. произведений.

НИКОЛА́Й I (1796-1855), рос. император (с 1825), третий сын имп. Павла I. Вступил на престол после внезапной смерти имп. Александра I и отречения своего старшего брата Константина. Подавил восстание декабристов. При Н.I составлены Свод законов Рос. империи и Полное собрание законов, введены новые цензурные уставы (1826, 1828). Получила распространение теория офиц. народности (в основе к-рой лежала формула: «Православие, самодержавие, народность»). Начал ж.-д. стр-во. Были подавлены Польск. восстание 1830-31, Рев-ция в Венгрии 1848-49. Важная сторона внеш. политики Н.I – возврат к принципам *Священного союза*. В период царствования Н.I Россия участвовала в войнах: Кавк. 1817-64, рус.-перс. 1826-28, рус.-тур. 1828-29, Крымской 1853-56.

НИКОЛА́Й II (1868-1918), последний рос. император (1894-1917), старший сын имп. Александра III. Царствование Н.II совпало с быстрым соц.-экон. развитием России. При Н.II Рос. империя потерпела поражение в рус.-япон. войне 1904-05, что явилось одной. из причин Рев-ции 1905-07, в ходе к-рой был принят *Манифест 17 октября 1905* и начала осуществляться столыпинская агр. реформа. В 1907 Россия стала членом Антанты, в составе к-рой вступила в 1-ю мир. войну. С авг. 1915 Н.II занимал пост верх. главнокомандующего. Во время Февр. рев-ции 1917 2(15) марта отрёкся от престола. После Окт. революции расстрелян вместе с семьёй в Екатеринбурге.

НИКОЛА́Й КУЗА́НСКИЙ (Nicolaus Cusanus) (Николай Кребс) (1401-64), философ, теолог, учёный, церк.-полит. деятель. Ближайший советник папы Пия II, кардинал (1448). Развил учение об абсолюте как совпадении противоположностей (тождество бесконечного «максимума» и бесконечного «минимума»). Человеческое знание («учёное незнание»), будучи бесконечным приближением к истине, заключённой в абсолюте, осуществляется с помощью «догадок» или «предположений». Автор матем. трактатов, один из предшественников космологии Коперника (Земля, как и любое др. тело, не может быть центром Вселенной) и опытного естествознания.

НИКОЛА́Й МИХА́ЙЛОВИЧ Романов (1859-1919), вел. князь, внук имп. Николая I, историк, ген. от инфантерии (1913). Монографии по истории России 1-й четв. 19 в. В 1909-17 пред. Рус. ист. об-ва. После Окт. рев-ции арестован, с 1918 в Петропавловской крепости. Расстрелян.

НИКОЛА́Й НИКОЛА́ЕВИЧ (Младший) Романов (1856-1929), вел. князь, сын Николая Николаевича (Старшего), рос. гос. и воен. деятель, ген. от кавалерии (1901). В 1895-1905 ген.-инспектор кавалерии, с 1905 главнокоманд. войсками гвардии и Петерб. ВО, одноврем., в 1905-08, пред. Совета гос. обороны. В 1-ю мир. войну верх. главнокоманд. (1914-15), главнокоманд. Кавк. армией и наместник на Кавказе (1915-17). С 1919 в эмиграции, жил в Италии и Франции. С 1924 высш. рук. Рус. общевоинского союза (РОВС).

НИКОЛА́Й НИКОЛА́ЕВИЧ (Старший) Романов (1831-91), вел. князь, третий сын имп. Николая I, рос. военачальник, ген.-фельдм. (1878).

В 1864-80 главнокоманд. войсками гвардии и Петерб. ВО, одноврем., в 1864-91, ген.-инспектор кавалерии. В рус.-тур. войну 1877-78 главнокоманд. Дунайской армией.

НИКОЛА́Й ЧУДОТВО́РЕЦ (предположительно 260-343), святитель, прославившийся многочисл. чудесами при жизни и после смерти; архиепископ г. Миры Ликийские (М. Азия). Один из наиб. почитаемых святых на Руси: заступник «сирых и убогих», покровитель плава-

Николай I. Портрет работы Ботмана. 1851.

Николай II.

Николай Чудотворец. Новгородская икона сер. 13 в. «Николай». Русский музей.

НИ́КОЛСОН (Nicholson) Джек (р. 1937), амер. киноактёр, сценарист, режиссёр. С нач. 70-х гг. неудовлетворённые жизнью, ироничные, бунтующие, неврастеничные герои Н. стали особенно созвучны обществ. настроениям и сделали его одним из ведущих актёров амер. кино («Пять лёгких пьес», 1970; «Последний наряд», 1974; «Профессия: репортёр» и «Кто-то пролетел над гнездом кукушки» — 1975; «Сияние», 1980). Пост. ф.: «Поезжай, сказал он» (1971), «Отправляясь на юг» (1977), «Два Джейка» (1990).

НИКО́ЛЬ (Nicolle) Шарль (1866–1936), франц. микробиолог и паразитолог. Установил (1909), что переносчик сыпного тифа — платяная вошь. Ноб. пр. (1928).

НИ́КОН (в миру — Никита Минин, Минов) (1605–81), патриарх Московский и всея Руси (1652–66). В 1649–52 митрополит Новгородский. В 1653–55 провёл церк.-обрядовую реформу (введение поясных поклонов, троеперстия; исправление икон и богослужебных книг по греч. образцам), что привело к расколу Рус. правосл. церкви. В 1655 потребовал совм. с царём управления гос-вом, позднее доказывал, что «священство пребола царства есть», что было отвергнуто царём Алексеем Михайловичем. Поссорившись с царём, в 1658 удалился в Новоиерусалимский (Воскресенский) мон. В 1666 низложен Поместным собором, сослан. Инициатор церк. стр-ва, покровитель печатного дела, осн. Патриаршую б-ку; автор лит.-ист. и полемич. сочинений.

НИКОСИ́Я (Лефкосия), столица (с 1960) Респ. Кипр, в центр. части о. Кипр. 167 т. ж. Междунар. аэропорт. Пищевкус. и лёгкая пром-сть. Гончарные ремёсла. Музеи, в т.ч. Кипра, нар. иск-ва, икон. Туризм. Изв. с 7 в. до н.э. (назв. Ледра, затем Левкотеон; совр. назв. примерно с 13 в. н.э.). Старый город сохранил нерегулярную планировку 16 в., окружён венецианской крепостной стеной. Готич. собор Св. Софии (ныне мечеть Селимие, 13–14 вв.), церкви Богоматери и августинцев (ныне мечеть Омерие; обе постройки ок. 1330).

НИКОТИ́Н, алкалоид, содержащийся в табаке (до 2%) и нек-рых др. р-ниях. При курении всасывается в организм. Сильный яд; в малых дозах действует возбуждающе на нервную систему, в больших — вызывает её угнетение. При тяжёлых отравлениях Н. возможны коматозное состояние, судороги, остановка дыхания. Многократное поглощение Н. небольшими дозами при курении вызывает хронич. отравление — никотинизм. Сульфат Н. применяют для борьбы с вредителями с.-х. р-ний.

НИКУ́ЛИН Юр. Вл. (р. 1921), артист цирка, киноактёр. В цирке выступал в клоунском дуэте с Мих. Ив. Шуйдиным (1922–82). С 1982 гл. реж. и дир. Моск. цирка на Цветном бульваре. В кино снимается с 1958. Популярный комик, широко известный прежде всего по фильмам реж. Л.И. Гайдая («Кавказская пленница», 1967; «Бриллиантовая рука», 1969, и др.). Н. сыграл также ряд драм. ролей в ф.: «Когда деревья были большими» (1962), «Двадцать дней без войны» (1977), «Чучело» (1984) и др. Постоянный образ-маска Н. (Балбес) в ранних фильмах Гайдая близок к клоунскому персонажу, созданному артистом в цирке.

Ю.В. Никулин (справа) в фильме «Операция "Ы" и другие приключения Шурика» (1965).

НИЛ (совр. егип. назв. Эль-Бахр), р. в Африке (Руанда, Танзания, Уганда, Судан, Египет), самая длинная в мире (6671 км). Исток — р. Рукарара, в системе р. Кагера. В пределах Вост.-Африканского плоскогорья протекает через озёра Виктория (по выходе из к-рого наз. Виктория-Нил), Кьога, Мобуту-Сесе-Секо. На границе плоскогорья образует многочисл. пороги и водопады. Ниже впадения р. Эль-Газаль наз. Белый Нил. У г. Хартум принимает свой самый кр. приток Голубой Нил и далее именуется собственно Н. Впадает в Средиземное м., образуя дельту (пл. 24 т. км²). Гл. притоки: Собат, Голубой Нил, Атбара, Эль-Газаль. До постройки регулирующих сооружений в долине Н. наблюдались сильные наводнения. Твёрдый сток у г. Асуан составляет 62 млн. м³ в год (из к-рых 6 ч. в виде плодородного ила осаждается на полях, в оросит. каналах, водохранилищах). ГЭС (в т.ч. Асуанская). Общая длина судох. путей 3,2 т. км. На Н. — кр. гг. Каир, Хартум, Асуан, в дельте — Александрия.

НИЛ СО́РСКИЙ (Майков Николай) (ок. 1433–1508), основатель и глава нестяжателей в России. Развивал идеи нравств. самоусовершенствования и аскетизма. Противник церк. землевладения, выступал за реформу монастырей на началах скитской жизни и личного труда монахов.

НИ́ЛИН Пав. Фил. (1908–81), рус. писатель. Острая постановка нравств. и социальных проблем, жёсткие психол. коллизии в пов. «Жестокость», «Испытательный срок» (обе 1956), «Через кладбище» (1962), рассказах («Дурь», 1973; «Впервые замужем», 1978). Сценарий ф. «Большая жизнь» (1-я сер., 1940, 2-я сер., 1958).

НИ́ЛЬСБО́РИЙ (Nielsborium), Ns, искусств. радиоактивный хим. элемент V гр. периодич. системы, ат. н. 105; металл. Впервые Н. получили группы Г.Н. Флёрова (СССР) и А. Гиорсо (США) в 1970. В США Н. «ганий» (Hahnium, Ha).

НИ́ЛЬСОН (Nilsion) Биргит (р. 1918), швед. певица (драм. сопрано). До 1986 выступала в крупнейших т-рах мира (в составе труппы «Ла Скала» в Москве в 1964). Лучшие партии — в операх Р. Вагнера и Р. Штрауса.

НИМБ (от лат. nimbus, букв. — облако), стилизованное изображение сияния вокруг головы (символ святости или божественности), характерное для христ. и будд. иск-ва.

НИМЕ́ЙЕР (Нимейер Суарис Филью) (Niemeyer Soares Filho) Оскар (р. 1907), один из основателей браз. школы совр. архитектуры. Новаторски разрабатывает жел.-бетон. конструкции, стремится к их эстетич. выразительности, к экспрессии и пластич. богатству форм (застройка г. Бразилия, с 1957).

НИ́МФЫ, в греч. мифологии жен. божества природы, живущие в горах, лесах, морях, источниках (нереиды, наяды, дриады). Считались дочерьми Зевса, спутницами Артемиды или Диониса.

НИНЕВИ́Я, город в Ассирии (совр. холмы Куюнджик и Тель-Неби-Юнус, Ирак). С сер. 5-го тыс. до н.э. поселение. В кон. 8 – 7 вв. до н.э. столица Ассирии. В 7 в. до н.э. в Н. создана царская б-ка-хранилище (св. 30 тыс. клинописных табличек). В 612 до н.э. разрушена войсками вавилонян и мидян. Археол. раскопками вскрыты дворцы 8 – 7 вв. до н.э., статуи, предметы быта и др.

НИО́БИЙ (Niobium), Nb, хим. элемент V гр. периодич. системы, ат. н. 41, ат. м. 92,9064; металл, $t_{пл}$ 2477 °C. Н. используют для легирования сталей, получения жаропрочных, твёрдых и др. сплавов. Н. открыт англ. химиком Ч. Хатчетом в 1801.

НИППУ́Р (совр. Ниффер, или Нуффар, Ирак), г. в Шумере, центр культа верх. бога шумеров Энлиля. Археол. раскопками обнаружены постройки 3-го и 1-го тыс. до н.э., предметы быта, клинописные таблички и др.

НИРВА́НА (санскр. — угасание), центр. понятие буддизма и джайинизма, означающее высш. состояние, цель человеческих устремлений. В буддизме — психол. состояние полноты внутр. бытия, отсутствие желаний, абсолютной удовлетворённости и самодостаточности, абс. отрешённости от внеш. мира. В джайинизме — совершенное состояние души, освобождаемой от оков материи, бесконечной игры рождений и смертей (сансары).

НИТЕВИ́ДНЫЕ КРИСТА́ЛЛЫ, монокристаллы в виде игл и волокон диаметром от неск. нм до сотен мкм; обладают высокой механич. прочностью из-за отсутствия в них дефектов. Н.к. используются для создания высокопрочных композиционных материалов.

НИТРА́ТЫ, соли азотной к-ты HNO₃. Н. применяют как удобрения, компоненты ракетных топлив, пиротехн. составов, при крашении тканей, для травления и закаливания металлов и др. Токсичны. ПДК Н. (мг/кг): в почве 130, картофеле 250, капусте ранней 900, моркови ранней 400, огурцах и помидорах 150, луке репчатом 80, луке перо 600, в арбузах, винограде, яблоках и грушах 60; в воде водоисточников 45 мг/л.

НИТРИ́ЛЫ, карбоновых к-т, органич. соед., содержащие одну или неск. цианогрупп —C≡N. Применяют в произ-ве хим. волокон, пластмасс и синтетич. каучуков, как растворители.

НИТРИ́ТЫ, соли азотистой к-ты HNO₂. Применяют в произ-ве красителей, в резин., текст., металлообр. пром-сти, в низких концентрациях для консервации пищ. продуктов. Токсичны; ПДК нитрита натрия в атм. воздухе 0,005 мг/м³.

НИТРИФИКА́ЦИЯ (от греч. nítron, первонач. — природная сода, затем — селитра и лат. facio — делаю), процесс, осуществляемый преимущественно т.н. нитрифицирующими почвенными бактериями, в результате к-рого аммонийные соли, освобождающиеся в ходе минерализации органич. в-в, окисляются до нитратов, легко усваиваемых р-ниями. Интенсивность Н. служит показателем плодородия почв. Н. играет первостепенную роль в круговороте азота в биосфере.

НИТРОЛА́КИ, лаки на основе нитрата целлюлозы (коллоксилина). Образуют быстросыхающие горючие покрытия, устойчивые к бензину и минер. маслам. Применяют для получения покрытий по дереву, металлу, а также как полуфабрикат в произ-ве нитроэмалей.

НИТРОСОЕДИНЕ́НИЯ, органич. соед., содержащие одну или неск. нитрогрупп NO₂. Промежуточные продукты в произ-ве красителей, лекарственных в-в, ускорителей вулканизации; применяются как ВВ (напр., тринитротолуол), растворители, окислители, душистые в-ва.

НИТРОЭМА́ЛИ, краски на основе нитролаков. Образуют декор. покрытия, напр. «трескающиеся» и «молотковые», с зеркальным блеском. Применяются для окраски металла (автомобили, станки, приборы), дерева (кухонная и мед. мебель, игрушки), тканей, кожи.

НИФЛУ́НГИ, см. Нибелунги.

НИФО́НТОВА Руфина Дм. (1931–1994), актриса. На сцене с 1955. С 1957 в Малом т-ре. Исполняла в

Нитевидные кристаллы. AlN (электронно-микроскопическое изображение, увеличено в 3000 раз).

осн. лирико-драм. и трагич. роли. Игру отличает искренность переживания при внеш. сдержанности, мягкости. Женственные, обаятельные героини Н. наделены внутр. силой и стойкостью: Илона («Каменное гнездо» X. Вуолийоки, 1957), Комиссар («Оптимистическая трагедия» В.В. Вишневского, 1967), Любовь Яровая («Любовь Яровая» К.А. Тренёва, 1977), Федра («Федра» Ж. Расина, 1985) и др. Снималась в ф.: «Хождение по мукам» (1957–59) и др.

НИЦЦА, один из наиб. известных климатич. курортов во Франции, на Средиземном м., на Лазурном берегу (франц. Ривьере). 346 т. ж. Междунар. центр туризма. В Н.– один из крупнейших пляжей на Средиземном м. Междунар. аэропорт. Ун-т. Оперный т-р (1885). Казино. Цветоводство. Ежегодные карнавалы с парадом кукол, фестивали цветов, книг.

НИЦШЕ (Nietzsche) Фридрих (1844–1900), нем. философ, представитель *философии жизни*. Испытал влияние А. Шопенгауэра и Р. Вагнера. Творч. деятельность Н. оборва-

Ф. Ницше.

лась в 1889 в связи с душевной болезнью. В «Рождении трагедии из духа музыки» (1872) противопоставил два начала бытия – «дионисическое» (жизненно-оргиастическое) и «аполлоновское» (созерцат.-упорядочивающее). В соч., написанных в жанре филос.-худ. прозы, выступал с анархич. критикой бурж. культуры, проповедовал эстетич. имморализм («По ту сторону добра и зла», 1886). В мифе о «сверхчеловеке» индивидуалистич. культ сильной личности («Так говорил Заратустра», 1883–84; «Воля к власти», изд. 1889–1901) сочетался у Н. с романтич. идеалом «человека будущего».

НИЧТО́, категория ряда филос. систем, означающая отсутствие, небытие конкретного сущего или же отсутствие бытия вообще.

НИ́ЩЕНСТВУЮЩИЕ ОРДЕНА́, католич. монашеские ордена, члены к-рых дают обет бедности. Б.ч. их образована в 13 в. Наиб. значительные: францисканцы, доминиканцы, августинцы.

НИЯЗИ́ (наст. фам. и имя Таги-заде-Гаджибеков Ниязи Зульфугарович) (1912–84), азерб. композитор. С 1937 дирижёр, в 1951–65 (с перерывом) гл. дирижёр Азерб. т-ра оперы и балета, худ. рук. Азерб.

симф. орк. (с 1938, с перерывами). Репертуар включал гл. обр. произв. азерб. и рус. композиторов. Автор оп. «Хосров и Ширин» (1942), бал. «Читра» (1960), симф. *мугама* «Раст» (1949) и др.

НИЯ́ЗОВ Сапармурад Атаевич (р. 1940), президент Туркменистана с 1990. С 1970 в аппарате ЦК КП Туркменистана, с 1980 1-й секр. Ашхабадского горкома. С 1984 в аппарате ЦК КПСС. С марта 1985 пред. СМ Туркм. ССР. С дек. 1985 1-й секр. ЦК КП Туркменистана, одноврем. пред. ВС Туркм. ССР. Чл. Политбюро ЦК КПСС в 1990–91.

НКРУ́МА (Nkrumah) Кваме (1909–1972), первый президент (1960–66) Респ. Гана. В 1949 основал Нар. партию конвента, возглавлявшую борьбу против англ. колонизаторов и выдвигавшую программу некапиталистич. развития страны. В 1952–57 возглавлял афр. пр-во Золотого Берега, в 1957–60 премьер-мин. Смещён в результате воен. переворота.

НЛО, см. *Неопознанные летающие объекты*.

НО́БЕЛЕВСКИЕ ПРЕ́МИИ, междунар. премии, названные в честь их учредителя швед. инженера-химика А.Б. Нобеля. Присуждаются ежегодно (с 1901) за выдающиеся работы в области физики, химии, медицины и физиологии, экономики (с 1969), лит-ры, за деятельность по укреплению мира. Присуждение Н.п. поручено Королев. АН в Стокгольме (по физике, химии, экономике), Королев. Каролинскому медико-хирургич. ин-ту в Стокгольме (по физиологии и медицине) и Швед. академии в Стокгольме (по лит-ре). Нобелевский к-т парламента Норвегии присуждает Н.п. мира. См. табл. лауреатов Н.п. в приложении.

НО́БЕЛИ (Nobel), швед. изобретатели и промышленники, долго жившие в России; отец, сыновья и внук. Эммануэль (1801–72), изобретатель подводных мин. Основал в С.-Петербурге механич. з-д. Альфред Бернхард (1833–96), учредитель Нобелевских премий. В 1867 изобрёл динамит, в 1888 – баллистит. Организатор и совладелец мн. пр-тий по произ-ву ВВ. Людвиг (1831–88), конструктор станков. Превратил основанный отцом з-д в крупный маш.-строит. з-д «Людвиг Н.» (ныне «Рус. дизель»). Совм. с братьями основал нефтепром. пр-тие в Баку (с 1879 «Т-во бр. Н.»). Эммануэль (1859–1932), сын Людвига. В 1888–1917 возглавлял пр-тия семьи Н. в России. С 1918 в Швеции.

НОБЕ́ЛИЙ (Nobelium), No, искусств. радиоактивный хим. элемент III гр. периодич. системы, ат. н. 102; относится к *актиноидам*; металл. Изотопы Н. получены в СССР физиком Г.Н. Флёровым с сотрудниками в 1963–65.

НОБИЛИТЕ́Т (от лат. nobilitas – знать), в Др. Риме замкнутый круг патрицианских и знатных плебейских семейств, имевших доступ к высш. гос. должностям. В широком значении Н.– «знать» в противоположность *народу*, *черни*.

НОВА́ЛИС (Novalis) (наст. имя и фам. Фридрих фон Харденберг) (1772–1801), нем. писатель-романтик и философ. Входил в кружок *йенских романтиков*. Понимал мир как символич. всеединство («магический идеализм») духа, Бога и природы, существующих в полярности и взаимоотражении. Постичь вечную сущ-

ность бытия призвано (с помощью интуиции) творч. сознание художника, чья миссия – преодолеть различение духа и материи, высшего и низшего рядов бытия и т.о. идеально преобразовать мир (филос. «Фрагменты», пов. «Ученики в Саисе», 1800). Мифологический, с многозначной зашифрованной символикой ром. о нем средневековье «Генрих фон Офтердинген» (изд. 1802; не закончен). Трагич. надломленность, религ.-мистич. мотивы в цикле «Гимны к ночи» (1800) и др., в т.ч. духовных стихах.

НОВА́ЦИЯ (от лат. novatio – обновление, изменение), что-либо новое, только что вошедшее в обиход, новшество.

НО́ВАЯ ВЕ́НСКАЯ ШКО́ЛА, творч. содружество, объединявшее австр. композиторов А. Шёнберга, А. Берга и А. Веберна. Сложилось в 1900-х гг. В произв.– радикальное обновление муз. стиля и языка, связанное с переходом к *атональности* и *додекафонии*. Оказала сильное влияние на муз. иск-во 20 в. (см. *Авангардизм*).

«НО́ВАЯ ВЕЩЕ́СТВЕННОСТЬ» (нем. Neue Sachlichkeit) (магический

«Новая вещественность». А. Канольдт. «Олевано I». 1924. Частное собрание. Лондон.

реализм), течение в нем. живописи 1920-х гг., вариант *неоклассицизма*. Представители «Н.в.» создавали образы застывшего, кристаллически ясного мира, отчуждённого от человека (А. Канольдт, Г. Шримпф); О. Дикс, Ж. Грос создали гротескные социально-критич. образы.

«НО́ВАЯ ВОЛНА́», направление во франц. кино кон. 50-х – 1-й пол. 60-х гг., связанное с появлением большого числа молодых режиссёров, сценаристов, актёров, стремившихся отказаться от дорогостоящих постановок, устаревших приёмов и штампов традиц. кино, сделать киноязык более гибким, свободным, соответствующим задачам личного самовыражения. Наиб. видные представители «Н.в.»: Ж.Л. Годар, Ф. Трюффо, К. Шаброль, А. Варда, Э. Ромер, Ж. Ривет и др.

НО́ВАЯ ГВИНЕ́Я (Ириан), о-в в З. Тихого ок., второй по величине (после Гренландии) на земном шаре. Пл. 829 т. км² (по др. данным, 771,9 т. км²). Зап. часть – терр. Индонезии, вост.– терр. гос-ва Папуа – Н. Гвинея. Вдоль всего о-ва протягиваются горы выс. до 5029 м (г. Джая); действующие вулканы. На Ю.– об-

ширная низменность. Влажные тропич. леса с большим разнообразием флоры и фауны. Добыча нефти. Порты: Соронг, Порт-Морсби, Маданг. Н.Г. открыта в 1-й пол. 16 в. португ. мореплавателями. Значит. роль в её исследовании принадлежит Н.Н. Миклухо-Маклаю.

НО́ВАЯ ГРАНА́ДА, с 1538 название исп. колонии в Юж. Америке, осн. ядром к-рой являлась Колумбия. В разное время включала терр. Венесуэлы, Панамы, Эквадора. После провозглашения независимости от Испании (1819) до 1863 – название совр. терр. Колумбии и Панамы.

НО́ВАЯ ЗЕЛА́НДИЯ, гос-во в юго-зап. части Тихого ок., на о-вах Северный и Южный, разделённых прол. Кука, и близлежащих о-вах. Пл. 268,7 т. км². Нас. 3,52 млн. ч., в т.ч. ок. 74% – новозеландцы (или европейские новозеландцы), 9,6% – маори (коренное нас.), 3,6% – полинезийцы. Офиц. языки – английский, маори. Большинство верующих – христиане. Н.З. входит в *Содружество*. Признаёт главой гос-ва англ. королеву. Законодат. орган – парламент (Палата представителей). Столица – Веллингтон. Адм.-терр. деление: 17 региональных советов. Н.З. принадлежат о-ва Кука, Ниуэ и Токелау в центр. части Тихого ок. Ден. единица – новозеландский доллар.

Св. ¾ терр. Н.З.– горы (г. Кука на Южном о-ве, выс. до 3764 м), возвышенности и холмы; Северный о-в менее гористый, в центре – Вулканич. плато (действующие вулканы, гейзеры, горячие минер. источники; частые землетрясения). Климат субтропич. морской. Ср. мес. темп-ры июля 5–12 °C, янв. 14–19 °C; осадков от 400 до 5000 мм (в горах) в год. Реки полноводны, много озёр в осн. вулканич. происхождения. Горн. леса, кустарники и луга.

Заселение Н.З. маори относится к 10–14 вв. Открыта европейцами в 17 в. В 19 в. началась англ. колонизация Н.З. (объявлена колонией в 1840), встретившая сопротивление маори (маорийские войны 1843–72). В 1907 Н.З. получила статус *доминиона*. С 1930-х гг. у власти находятся попеременно Нац. партия (осн. в 1936) и лейбористы (оформились в партию в 1916).

Н.З.– индустр.-агр. страна. ВНП на д. нас. 12000 долл. в год. Основа экономики – высокоразвитое с. х-во (при ведущей роли жив-ва) и базирующаяся на нём обрабат. пром-сть. Н.З. занимает одно из первых мест в мире по произ-ву шерсти и поголовью овец, является одним из ведущих экспортёров баранины, молочных продуктов, шерсти. В жив-ве – разведение полутонкорунных мясошёрстных овец и кр. рог. скота. Св. 80% обрабат. земель занято многолетними сеяными травами. Развиты сад-во (экспорт яблок и груш) и овощ-во. Ведущие отрасли пром-сти – маш-ние (в т.ч. автосборочные пр-тия, произ-во с.-х. техники), текст., деревообр. и целл.-бум. пром-сть, пищ. (гл. обр. мясоконс., мясохладоб.), кож.-обув. (экспорт выделанных кож), цв. металлургия. Экспорт: продовольствие и живой скот (ок. 50% стоимости), хим. товары (10% стоимости), целл.-бум. продукция.

НО́ВАЯ ЗЕМЛЯ́, крупнейший в России (пл. ок. 83 т. км²) архипелаг из 2 больших о-вов (Северный и Южный) в Сев. Ледовитом ок. Выс. до 1547 м (Северный о-в). Ок. ¼ терр.

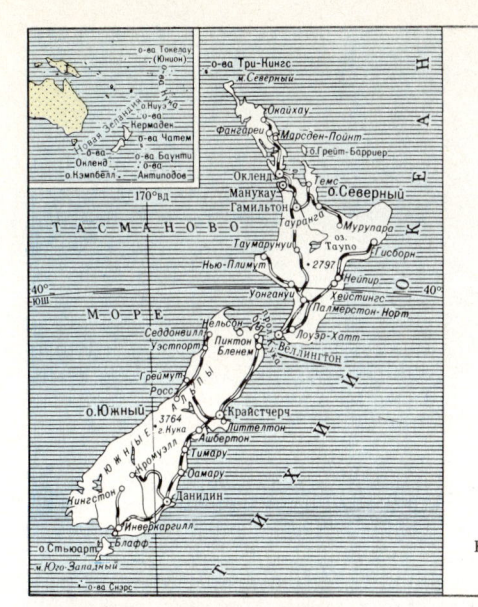

НОВИ 477

Новгород. Памятник «Тысячелетие России».

Новгородская школа. Церковь Святого Георгия в Старой Ладоге. 12 в.

Новая Зеландия
1:25 000 000

Новая Зеландия. Маорийский правитель. Ритуальная постройка народа маори.

покрыто многочисл. (св. 680) мощными ледниками. Полярные станции. Радиационное загрязнение, связанное с проводимыми на Н.З. ядерными испытаниями.

НО́ВАЯ ЭКОНОМИ́ЧЕСКАЯ ПОЛИ́ТИКА (нэп), принята весной 1921 10-м съездом РКП(б); сменила политику «военного коммунизма». Была рассчитана на восстановление нар. х-ва и последующий переход к социализму. Гл. содержание: замена продразвёрстки продналогом в деревне; использование рынка, разл. форм собственности. Привлекался иностр. капитал (концессии), проведена ден. реформа (1922–24), в результате к-рой рубль был превращён в конвертируемую валюту. Быстро привела к восстановлению разрушенного войной нар. х-ва. К сер. 20-х гг. начались первые попытки свёртывания нэпа. Ликвидировались синдикаты в пром-сти, из к-рой административно вытеснялся частный капитал, создавалась жёсткая централизованная система управления экономикой (хоз. наркоматы). И.В. Сталин и его окружение взяли курс на принудит. изъятие хлеба и насильств. «коллективизацию» деревни. Проводились репрессии против управленч. кадров (Шахтинское дело, процесс Промпартии и др.). К нач. 30-х гг. нэп фактически свёрнут.

НО́ВГОРОД, г., центр Новгородской обл., в России. 235,2 т.ж. Пристань на р. Волхов (в 6 км от оз. Ильмень); ж.-д. уз.; аэропорт. Маш-ние (в т.ч. радиоэлектроника) и металлообработка, хим., деревообр., пищ., лёгкая пром-сть; произ-во стройматериалов. 3 вуза. Ист.-архит. музей-заповедник (открыт в 1925). Т-р драмы, филармония. Изв. с 859, в 1136–1478 столица *Новгородской республики*. Н. живописно расположен на берегах Волхова. На лев. берегу – Софийская сторона с кремлём с *Софийским собором*, звонницей (15–17 вв.), Епископским двором с Грановитой палатой (1433), пам. «Тысячелетие России» (1862). На прав. берегу – Торг. сторона с торгом и Ярославовым дворищем, где собиралось вече. Многочисл. церкви (*Фёдора Стратилата церковь, Спаса на Ильине церковь, Спаса на Нередице церковь*), Антониев и Юрьев мон. (оба с 12 в.). Кремль внесён в список *Всемирного наследия*. Археол. раскопками открыты остатки многочисл. древних построек, дерев. мостовые, предметы материальной культуры, *берестяные грамоты*.

НОВГОРО́ДКА, назв. моск. серебр. деньги, чеканившейся с кон. 15 в., равной по массе новгородской деньге. По реформе 1534 назв. «Н.» получила новая серебр. монета *копейка*. Постепенно назв. «копейка» вытеснило назв. «Н.».

НОВГОРО́ДСКАЯ РЕСПУ́БЛИКА, гос-во на С.-З. и С. Руси в 1136–1478. Столица – Новгород. Органы управления – совет бояр, вече, избиравшее епископа (затем архиепископа), посадника, тысяцкого. Князья приглашались по договору с вечем и были гл. обр. военачальниками. В 13–15 вв. отражала нападения швед. войск и Ливонского ордена. Присоединена к Рус. гос-ву Иваном III.

НОВГОРО́ДСКАЯ ШКО́ЛА, одна из школ др.-рус. иск-ва (2-я треть 12 – нач. 16 вв.). Архитектуре (*Софийский собор*, храмы в *Новгороде*) свойственны монументальная простота форм, компактность объёмов. Росписям храмов присущи драм. напряжённость образов (*Спаса на Нередице церковь, Спаса на Ильине церковь*), иконописи – мажорная красочность и лаконизм силуэтов.

НОВЕ́ЛЛА (итал. novella), повествоват. жанр, разновидность *рассказа*, отмеченная строгостью сюжета и композиции, отсутствием описательности и психол. рефлексии, необыденностью события, элементами символики («Пиковая дама» А.С. Пушкина; «Лёгкое дыхание» И.А. Бунина).

НОВИКО́В Ник. Ив. (1744–1818), рос. просветитель, журналист, издатель. Издавал сатирич. ж. «Трутень», «Живописец», «Кошелёк», выступал против крепостного права.

Н.И. Новиков. Портрет работы Д.Г. Левицкого. Фрагмент. Ок. 1797. Третьяковская галерея.

Новгород. Общий вид Софийской стороны.

478 НОВО

Новодевичий монастырь. Общий вид.

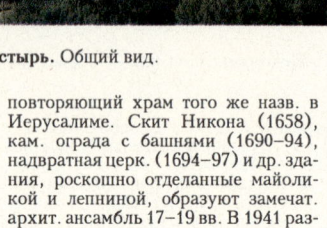

Новоиерусалимский монастырь. Общий вид в сер. 19 в.

В 1770-х гг. вступив в масонскую ложу и став влиятельным представителем этого движения, развернул просветительскую деятельность. Организатор типографий, библиотек, школ в Москве, книжных магазинов в 16 городах. Издавал книги по всем отраслям знаний. По приказу имп. Екатерины II заключён в Шлиссельбургскую крепость (1792–96) по обвинению в «гнусном расколе» и распространении запрещённых книг.

НОВОВВЕДЕ́НИЕ (инновация), создание, использование и распространение нового средства, продукта, процесса (техн., экон., организационного, культурного и др.). Различают радикальные Н. и Н., совершенствующие способы и средства деятельности, продукты. Н. встречают разл. обществ. реакцию – от одобрения и поддержки до противодействия и сопротивления.

НОВОДЕ́ВИЧИЙ МОНАСТЫ́РЬ, женский, в Москве. Осн. в 1524 вел. кн. Василием III в честь взятия Смоленска. В монастырь поступали женщины из царской фамилии и знатных боярских родов (И.Ф. Годунова, царевна Софья Алексеевна, Е.А. Лопухина и др.). В 1598 в Н.м. «призван на царство» Борис Годунов. В 1922 Н.м. упразднён. На его терр. музей (с 1934 филиал Гос. ист. музея), Моск. епархиальное управление. Построен как крепость в излучине р. Москвы. Терр. окружена кирпичными стенами (кон. 17 в.) с 12 башнями. Осн. здания – Смоленский собор (1524–25), трапезная (1685–87), колокольня (1689–90) – поставлены в одну линию и образуют живописную панораму, открывающуюся при входе в монастырь. На терр. Н.м. похоронены мн. деятели России. У стен - Новодевичье кладбище.

НОВОЖИ́ЛОВ Викт. Вал. (1892–1970), рос. экономист. Осн. тр. в области статистики, экономики пром-сти, оптимального планирования и использования экон.-матем. методов для соизмерения затрат и результатов в нар. х-ве.

НОВОИЕРУСАЛИ́МСКИЙ МОНАСТЫ́РЬ (Воскресенский), мужской, в г. Истра. Осн. в 1656 патриархом Никоном. В 17 в. крупный культурный центр: имел книжное собрание, здесь существовала своеобразная поэтич. школа (крупнейшие представители Герман и Никанор). Упразднён в 1919, в его зданиях - Краевед. музей Моск. обл. Гл. храм Н.м. - Воскресенский собор (1656-1685), в плане и нек-рых элементах повторяющий храм того же назв. в Иерусалиме. Скит Никона (1658), кам. ограда с башнями (1690-94), надвратная церк. (1694-97) и др. здания, роскошно отделанные майоликой и лепниной, образуют замечат. архит. ансамбль 17-19 вв. В 1941 разрушен нем.-фаш. захватчиками. Реставрируется.

НОВОРОССИ́ЙСК, г. в России, в Краснодарском крае. 188,7 т.ж. Порт на Чёрном м.; ж.-д. станция. Цем., металлообр. и др. пром-сть. Гос. мор. академия. Ф-т Краснодарского политехн. ин-та. Ист. музей-заповедник, Лит.-мемор. музей Н.А. Островского и др. Осн. в 1838.

НОВОСИБИ́РСК (в 1903-25 Новониколаевск), г. (с 1903), центр Новосибирской обл., в России. 1441,9 т.ж. Порт на р. Обь; ж.-д. уз.; аэропорт. Метрополитен. Маш-ние и металлообработка (станки, приборы, с.-х., эл.-техн., энергетич. и др. машины), чёрная и цв. металлургия, хим. и хим.-фарм., лёгкая пром-сть. ГЭС. СО РАН. 14 вузов (в т.ч. 4 ун-та), консерватория (с 1956). Цирк, филармония. Картинная гал. Музеи: краевед., геол. и зоол., истории и культуры народов Сибири. Т-ры: *Новосибирский театр оперы и балета*, муз. комедии, драм., юного зрителя, молодёжный драм., кукол. Возник в 1893.

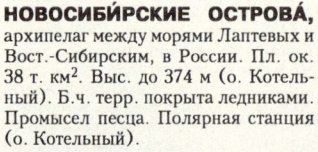

НОВОСИБИ́РСКИЕ ОСТРОВА́, архипелаг между морями Лаптевых и Вост.-Сибирским, в России. Пл. ок. 38 т. км². Выс. до 374 м (о. Котельный). Б.ч. терр. покрыта ледниками. Промысел песца. Полярная станция (о. Котельный).

НОВОСИБИ́РСКИЙ ТЕА́ТР О́ПЕРЫ И БАЛЕ́ТА, крупнейший муз. т-р Сибири. Открыт в 1945; с 1963 академический. Ставятся произв. зап.-европ. и отеч. классики. Балетные спектакли ставили балетм. Ю.Н. Григорович, П.А. Гусев, В.И. Вайнонен, О.М. Виноградов, К.М. Сергеев, Н.Д. Касаткина и В.Ю. Василёв.

«НО́ВЫЕ ЛЕ́ВЫЕ», совокупность разнородных леворадикальных идейных течений и полит. движений кон. 50-70-х гг. 20 в. в зап. странах (Франция, США, Италия, Германия) гл. обр. среди интеллигенции и студенчества. В основе концепций «Н.л.» – идеи Г. Маркузе, анархизма и троцкизма. Ультралевые группы «Н.л.», опираясь на нац. меньшинства и люмпенов, стремились с помощью провокаций и террора «обострить» противоречия зап. общества, пробудить «спящие массы» и создать рев. ситуацию.

Новоиерусалимский монастырь. Воскресенский собор до разрушения.

НО́ВЫЙ ЗАВЕ́Т, см. в ст. *Библия*.

«НО́ВЫЙ РОМА́Н» («антироман»), разновидность франц. модернистской прозы 50-60-х гг. 20 в. Возникнув в противовес «угасшему» стилю традиц. романа, культивировал «новые» приёмы писательской технологии: бесфабульность, дробность (монтажность) повествования, размытость характера, смещение временны́х пластов; использовал форму *потока сознания*; обращался преим. к описанию (подчёркнуто безоценочному) зыбких, бессознат. или стёртых срезов жизни. Представители Н.р.: Н. Саррот, А. Роб-Грийе (кн. *Резинка*, 1953, *В лабиринте*, 1959), М. Бютор (ром. *Миланский поезд*, 1954, *Изменение*, 1957), К. Симон (ром. *Дороги Фландрии*, 1960, *Фарсальская битва*, 1969; Ноб. пр., 1985).

НО́ВЫЙ СВЕТ, общее название части света, включающей Сев. и Юж. Америку.

НОГА́ЙСКАЯ ОРДА́, гос-во кочевников (ногайцев) к С. от Каспийского

Новороссийск. Цемесская бухта.

Новосибирский театр оперы и балета.

Ной. Фрагмент мозаики кон. 12 – нач. 13 вв.: Ной выпускает голубя из ковчега. Собор Сан-Марко. Венеция.

и Аральского морей, от Волги до Иртыша. Выделилось из *Золотой Орды* в кон. 14 – нач. 15 вв. Центр – г. Сарайчик. Делилась на улусы, номинально подчинённые верх. правителю Н.о. Во 2-й пол. 16 в. распалась на Ногаи Большие, Ногаи Малые, Алтыульскую Орду.

НОГА́ТА (от араб. накд – полноценная, отборная монета), одна из единиц ден. системы Др. Руси. Возникла в 10 в. Наим. «Н.» для обозначения денег сохранялось до кон. 15 в.

НОГОТКИ́, см. *Календула*.

НО́ЕВ КОВЧЕ́Г, см. в ст. *Всемирный потоп*.

НОЗОЛО́ГИЯ (от греч. nósos – болезнь и ...*логия*), учение о болезнях (т.н. нозологич. формах), их классификации и номенклатуре.

НОЙ, в Библии праведник, строитель ковчега во время *Всемирного потопа*, спаситель живого мира зверей и птиц. От сыновей Н. (*Сим, Хам, Иафет*) «населилась вся земля».

НОК, см. *Национальный олимпийский комитет*.

НОКА́УТ (англ. knock-out), потеря боксёром способности (св. 10 с) продолжать бой в результате полученного удара.

НОКДА́УН (англ. knock-down), состояние боксёра, при к-ром он временно (не более 9 с) не может продолжать бой в результате полученного удара.

НОКТЮ́РН (франц. nocturne, от лат. nocturnus – ночной), в 18 – нач. 19 вв. инстр. произведение, близкое *кассации*, *серенаде*, исполнявшееся на открытом воздухе в вечернее или ночное время (Й. Гайдн, В.А. Моцарт). В 19–20 вв. лирич. фп. пьеса (впервые – у Дж. Филда, классич. образцы – у Ф. Шопена).

НО́ЛЬДЕ (Nolde) (наст. фам. Хансен) Эмиль (1867–1956), нем. живописец и график. Представитель *экспрессионизма*. Мистически-экзальтированное драм. творчество Н. построено на резкой деформации, контрастах насыщенного цвета («Жизнь Христа», 1911–12).

НОМЕНКЛАТУ́РА (лат. nomenclatura – перечень, роспись имён), 1) перечень названий, система терминов, категорий, употребляемых в к.-л. отрасли науки, техники и пр. (напр., Н. товаров). 2) Номенклатурные кадры – перечень руководящих должностей, назначение на к-рые утверждалось (в СССР и нек-рых др. странах)

парт. органами; сформировавшийся господствующий социальный слой руководителей во всех сферах жизни общества.

НОМИНА́Л (от лат. nominalis – именной), нарицат. стоимость ценных бумаг, бум. денег, банкнот, монет.

НОМИНАЛИ́ЗМ, направление ср.-век. схоластич. философии, к-рое, в противоположность *реализму*, отрицало существование общих понятий (*универсалий*), считая их лишь именами (лат. nomen – имя, nominalis – именной, отсюда назв.), словесными обозначениями, относящимися ко множеству сходных единичных вещей (крайний, или строгий, Н.– И. Росцелин и др.), или чисто мыслит. образованиями, существующими в уме человека (концепты, отсюда назв. этого «умеренного Н.» – концептуализм; осн. П. Абеляром). Возник в 11–12 вв., получил развитие в 14–15 вв. (У. Оккам и его школа).

НОМИНА́ЛЬНАЯ ЗА́РАБОТНАЯ ПЛА́ТА, см. в ст. *Заработная плата*.

...НО́МИЯ (от греч. nómos – закон), часть сложных слов, означающих: наука, система взглядов или правил (напр., астрономия).

НОМОГРА́ММА (от греч. nómos – закон и *грамма*), графич. представление функции от неск. переменных, позволяющее с помощью простых геом. операций (напр., прикладывание линейки) исследовать функциональные зависимости без вычислений. Напр., решать квадратное уравнение без применения формул.

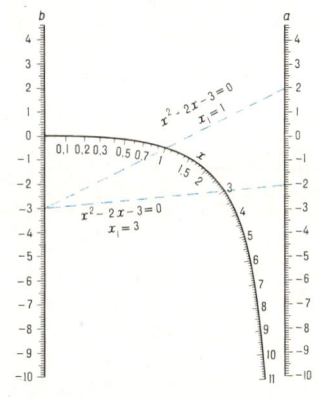

Номограмма. Графическое решение квадратного уравнения $x^2 + ax + b = 0$. Прямая, соединяющая точки -3 (на оси b) и 2 (на оси a), пересекает кривую в точке 1, к-рая даёт значение корня $x_1 = 1$ уравнения $x^2 + 2x - 3 = 0$; аналогичное объяснение для другой прямой и уравнения $x^2 - 2x - 3 = 0$.

НО́НО (Nono) Луиджи (1924–90), итал. композитор. Участник Дв. Сопротивления. В творчестве Н. отразились пацифистские идеи, антифаш. направленность. Представитель *авангардизма*. Использовал серийную технику, *алеаторику*; создавал *электронную музыку*. Кантаты «Победа Герники» (1954), «На мосту Хиросимы» (1962), оп. «Нетерпимость» (1960), «Под яростным солнцем любви» (1975), «Прометей» (1984), балет, инстр. сочинения.

НО́НСЕНС (англ. nonsense, от лат. non – нет и sensus – смысл), бессмыслица, нелепость, несообразность.

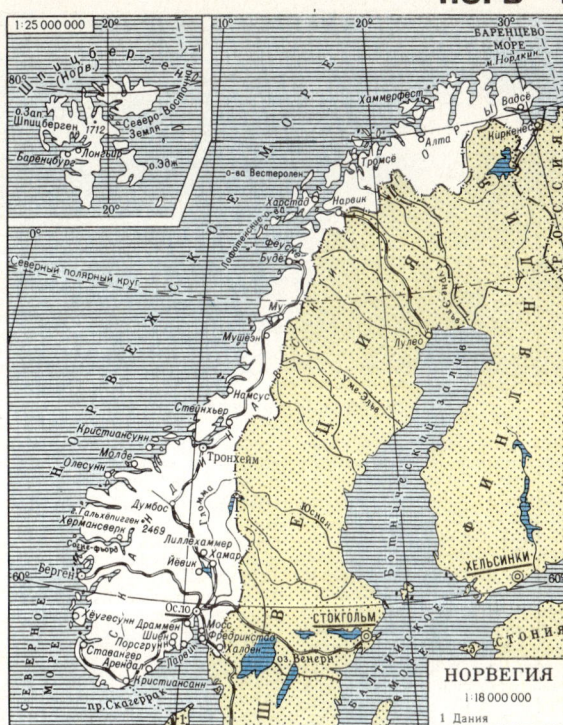

НООСФЕ́РА (от греч. nóos – разум и *сфера*), новое эволюц. состояние биосферы, при к-ром разумная деятельность человека становится решающим фактором её развития. Понятие «Н.» введено франц. учёными Э. Леруа и П. Тейяром де Шарденом (1927). В.И. Вернадский развил представление о Н. как качественно новой форме организованности, возникающей при взаимодействии природы и общества в результате преобразующей мир творческой деятельности человека, опирающейся на науч. мысль.

НОРАДРЕНАЛИ́Н, соединение из группы катехоламинов, нейрогормон. Образуется в нерв. системе, где служит медиатором (передатчиком) проведения нерв. импульса, и в надпочечниках. В качестве гормона оказывает сильное сосудосуживающее действие, в связи с чем секреция Н. играет ключевую роль в механизмах регуляции кровотока.

НОРВЕ́ГИЯ (Королевство Норвегия), гос-во в Сев. Европе, занимает зап. и сев. часть Скандинавского п-ова, арх. Шпицберген, о. Медвежий в Сев. Ледовитом ок. и о. Ян-Майен в сев. части Атлантич. ок. Пл. 387 т. км² (в т.ч. о-вов св. 62 т. км²). Нас. 4,3 млн. ч., в т.ч. 96% – норвежцы. Офиц. яз. – норвежский. 88% верующих – лютеране. Н.– конституц. монархия. Глава гос-ва – король. Законодат. орган – парламент (Стортинг). Столица – Осло. Адм.-терр. деление: 19 фюльке. Ден. единица – норвежская крона.

Б.ч. занимают Скандинавские горы (выс. до 2469 м, г. Гальхёпигген). Берега Северного и Норвежского морей расчленены фьордами. Климат умеренный морской. Моря не замерзают. Ср. темп-ры янв. от 2 до –12 °C, июля от 6 до 15 °C; осадков от 300 мм (на В.) до 3000 мм в год (на зап. склонах гор). Ледники (ок. 3 т. км²). Порожистые реки (Гломма и др.). Под лесом – 27% терр. На С. и на вершинах – горн. тундра и лесотундра.

В кон. 8 – сер. 11 вв. норвежцы участвовали в походах викингов. На рубеже 9–10 вв. под властью конунга

Норвегия. Город Хаммерфест.

Норвегия. Город Тронхейм.

Харальда I Хорфагера началось полит. объединение Н. (завершено в 13 в.). В 1262–64 норв. владением стала Исландия. С 14 в. Н.— под дат. господством (с 1397 чл. Кальмарской унии 3 сканд. гос-в; с 1537 дат. провинция). По одному из Кильских мирных дог. 1814 Дания передала Н. Швеции, к-рая навязала Н. шведско-норв. унию (расторгнута в 1905). С 1935 пр-ва Н. почти неизменно возглавляли лидеры Норвежской рабочей партии (осн. в 1887). В 1920 Н. получила суверенитет над арх. Шпицберген. В 1957–91 глава гос-ва король Улаф V, с 1991 — король Харальд V.

Н.— индустр. страна, с экспортной направленностью экономики. ВНП на д. нас. 24160 долл. в год. Добыча нефти и газа (норв. сектор Северного м.), жел. и титановой руд (Н.— кр. экспортёр железного и ильменитового концентрата), руд молибдена, меди, цинка, а также пиритов. По произ-ву эл.-энергии на д. нас. Н. занимает одно из ведущих мест в мире. Наиб. развиты электрометаллургия (произ-во алюминия, никеля, магния, ферросплавов), лесная пром-сть (Н.— кр. производитель и экспортёр древесной массы, бумаги, картона, целлюлозы), маш-ние (вкл. судостроение, произ-во нефтебуровых платформ, оборудование для рыбной пром-сти и др.), хим. (кр. произ-во аммиака и др.) пром-сть. Важную роль играют мор. судоходство (в осн. обслуживание иностр. перевозок) и рыб-во. По улову и экспорту рыбы и рыбопродуктов Н. занимает одно из ведущих мест в мире. В с. х-ве преобладает молочно-мясное жив-во и мясо-шёрстное овцеводство. Растениеводство ориентировано на произ-во кормов. Экспорт нефти и газа, цв. металлов и их концентратов, пром. оборудования.

НОРВЕ́ЖСКОЕ МО́РЕ, Сев. Ледовитого ок., у берегов Скандинавского п-ова. Пл. 1340 т. км². Глуб. до 3970 м. Не замерзает благодаря тёплому Норвежскому течению. Рыб-во (треска, сельдь). Кр. порты: Тронхейм, Нарвик, Тромсё (Норвегия).

НО́РВИД (Norwid) Циприан Камиль (1821–83), польск. писатель, художник, скульптор. Предварившая поэтику 20 в. интеллектуально-ассоциативная лирика. Цикл «Vade mecum» («Иди за мной») (изд. 1947). Поэма о Вергилии, приглашающем Данте в путешествие по аду; 1865–66, частично изд. 1901), филос.-эпич. поэмы («Ассунта», 1870, изд. 1908), трагедии («Клеопатра», 1870–78, изд. 1901). С 1849 жил в Париже. Не признанный современниками, одинокий, Н. последние годы жизни провёл в приюте для бедных.

НО́РДЕНШЕЛЬД (Nordenskiöld) Нильс Адольф Эрик (1832–1901), швед. исследователь Арктики. Исследовал Шпицберген, Гренландию, в 1878–79 на «Веге» впервые прошёл из Атлантич. ок. через Сев.-Вост. проход в Тихий ок. (с зимовкой).

НОРЕ́ЙКА (Noreika) Виргилиюс (р. 1935), литов. певец (тенор). С 1957 солист Литовской оперы. Выступает в литов., рус., заруб. операх, в концертах с разл. оркестрами. Снимался в фильмах. Обладает гибким, интонационно богатым голосом широкого диапазона. Гастролировал в странах Европы, Америки, Азии.

НО́РКИ, два вида хищных млекопитающих (сем. куньи). Длина тела европейской Н. до 45 см, хвоста до 20 см. В России распространена в Европ. части и на Ю.-З. Сибири; всюду редка; акклиматизирована на Курильских о-вах. Американская Н.— в Сев. Америке; длина тела до 54 см. Н. хорошо плавает и ныряет. Ценный объект пушного промысла: мех густой, блестящий, тёмно-бурый, более рыжеватый у европ. вида, прочный. Американская Н. расселена в Европе и Сев. Азии (в России с 1933); объект звероводства (выведены породы Н. разнообразной окраски и крупных размеров). Получены искусств. гибриды европейской Н. и хорька (хонорики).

НО́РМА (от лат. norma — руководящее начало, правило, образец), 1) узаконенное установление, признанный обязательный порядок чего-нибудь, правило (напр., Н. поведения). 2) Установленная мера, размер чего-нибудь (напр., Н. выработки).

НО́РМА ЯЗЫКОВА́Я, совокупность общеупотребительных, наиболее устойчивых языковых средств и правила их отбора и использования в *литературном языке*, признаваемые обществом наиболее пригодными в конкретный ист. период.

НО́РМАН (Norman) Джесси (р. 1945), амер. певица (сопрано). С 1969 поёт в крупнейших оперных т-рах мира и в концертах. Обладает голосом тёплого «тёмного» тембра, ровным во всём диапазоне. Лучшие заглавные партии — в оп. «Дидона и Эней» Г. Пёрселла, «Альцеста» К.В. Глюка, «Тристан и Изольда» Р. Вагнера.

НОРМА́НДСКОЕ ЗАВОЕВА́НИЕ А́НГЛИИ 1066, вторжение в Англию норманнов во главе с герцогом Нормандии Вильгельмом, к-рый после победы при Гастингсе стал королём Англии (Вильгельм I Завоеватель).

НОРМА́ННЫ («северные люди»), см. *Викинги*.

НОРМАТИВИ́ЗМ, позитивистское направление в правовой науке 20 в. Крупнейший представитель – Х. Кельзен. Нормативисты считали задачей юрид. науки формально-догматич. изучение действующих норм права без учёта экон., ист. и социальных условий их развития и существования, в «чистом виде» (отсюда Н. иногда наз. «чистой теорией права».

НОРМАТИ́ВНЫЙ АКТ, акт компетентного органа гос. власти, к-рый устанавливает, изменяет или отменяет нормы права.

НО́РРИС (Norris) Фрэнк (1870–1902), амер. писатель. Пионер амер. социального реализма. Сочетающая реалистич. и натуралистич. черты незаконченная трилогия «Эпос пшеницы» (ром. «Спрут», 1901, «Омут», 1903) — своеобразная «деловая эпопея» с острым социальным конфликтом между фермерами и монополиями. Повседневные тревоги, обиды и утраты в столкновении с сильными мира сего «людей простых и естественных», водоворотом социальных и индивидуальных противоборств, неизбежно порождающих одновременно и созидат. и разрушит. энергию.

НОРТ (North) Дуглас Сесил (р. 1920), амер. экономист. Считал, что рыночная экономика тесно связана с социальными и полит. ин-тами, т.е. изучение изменений последних по времени должно быть неотъемлемой частью экон. теории. Первым в 1960-х гг. привлёк внимание к клиометрике — новому направлению в изучении экон. истории, осн. на статистич. анализе объективных данных. Применял экон. теорию и количеств. методы к изучению ист. событий. Ноб. пр. (1993).

НОРШТЕ́ЙН Юр. Бор. (р. 1941), рос. кинорежиссёр-мультипликатор. Выявил в этом жанре новые худ. возможности (филос. и поэтич. характер, метафоричность, ассоциативность, живописность), не уступающие игровому кино. Ф.: «Лиса и заяц» (1973), «Цапля и журавль» (1974), «Ёжик в тумане» (1975), «Сказка сказок» (1979, при участии Л.С. Петрушевской), «Шинель» (не закончен).

НОСИ́ТЕЛИ ЗАРЯ́ДА, заряженные частицы, обусловливающие прохождение электрич. тока через данное в-во. В ионизированных газах Н.з.— электроны и ионы; в тв. телах — электроны проводимости и дырки; в *электролитах* — ионы.

НО́СОВ Ник. Ник. (1908–76), рус. писатель. Пов. для детей «Витя Малеев в школе и дома» (1951), сказка «Приключения Незнайки и его друзей» (1954) и её продолжения.

НОСОРО́ГИ, семейство млекопитающих. Высота в холке 1–2 м, длина тела ок. 2,5 м, масса ок. 3,6 т. На переносице 1 или 2 рога дл. ок. 1 м. 5 видов: 3 — в Юж. и Юго-Вост. Азии, 2 — в Африке. Живут в тропич. лесах, саваннах, прибрежных зарослях, болотах. Численность резко сокращается, гл. обр. из-за браконьерства (ради рогов, препаратам из к-рых в вост. странах приписывают стимулирующее действие). В неволе размножаются плохо.

Носорог.

НОСТАЛЬГИ́Я (от греч. nóstos — возвращение и álgos — боль), тоска по родине; тоска по чему-нибудь утраченному, ушедшему.

НОСТРАДА́МУС (Мишель Нотрдам) (латинизир. Nostrudamus, Michel de Notredame) (1503–66), франц. врач и астролог, лейб-медик Карла IX. Получил известность как автор «Столетий» (1-е изд. 1555; написаны рифмованными четверостишиями — катренами), содержавших

Ю.Б. Норштейн. Кадр из фильма «Цапля и журавль».

НО́ТА (от лат. nota – знак, замечание), в праве офиц. дипл. документ, к-рым оформляются разл. вопросы отношений между гос-вами (заявление протеста, уведомление и т.п.). Обмен Н.– форма заключения междунар. договора. См. также *Вербальная нота*.

НО́ТА (муз.), знак совр. системы *нотного письма*; овал (чёрный или незаштрихованный; с особыми обозначениями *длительности*), помещаемый на, над или под линиями нотного стана. Слоговые назв. Н. мажорного диатонич. (см. *Диатоника*) *звукоряда*: до, ре, ми, фа, соль, ля, си (соответствующие лат. букв. обозначения – c, d, e, f, g, a, h). Для обозначения хроматич. (см. *Хроматика*) звуков к лат. буквам прибавляют слоги is – *диез*, es – *бемоль*, напр. до диез-cis (кроме звука си бемоль – лат. b).

НОТАБЕ́НА, НОТАБЕ́НЕ (лат. nota bene – заметь хорошо), буквы N.B. или знак NB на полях книги, рукописи и т.п., обращающие внимание на данное место в тексте.

НОТА́БЛИ (франц. notables, от лат. notabilis – значительный), во Франции 14–18 вв. члены собрания, созывавшегося королём для обсуждения гос. (гл. обр. финанс. и адм.) вопросов. Назначались королём из числа представителей высш. дворянства, духовенства, гор. верхушки.

НОТАРИА́Т (от лат. notarius – писец, секретарь), спец. органы или частные лица, в функции к-рых входит совершение нотариальных действий – удостоверение сделок, оформление завещаний и наследств. прав и т.д. В соответствии с Основами законодательства РФ о нотариате 1993 нотариальные действия в Рос. Федерации совершают нотариусы, работающие в гос. нотариальных конторах или занимающиеся частной практикой. В случае отсутствия в населённом пункте нотариуса нотариальные действия совершают должностные лица органов исполнит. власти, уполномоченные на совершение этих действий. Для ряда сделок закон предусматривает обязат. нотариальную форму (напр., для завещания).

НО́ТНОЕ ПИСЬМО́ (нотация), письменная фиксация музыки (звуковысотного и ритмич. аспекта звучания). Ранние формы Н.п. известны уже в Др. Египте и Месопотамии. Ист. виды нотации: иероглифич., буквенная, слоговая, цифровая (в частности, *генерал-бас*), невменная (см. *Невмы*), в т.ч. др.-рус. крюковая (см. в ст. *Знаменный распев*), и др. Основы совр. (европ.) системы Н.п. заложены Гвидо д'Ареццо; сложилась к 17 в.: на нотном стане, или нотоносце (5 горизонтальных параллельных линий), помещаются ноты и паузы определ. *длительности*. Высокие и низкие ноты записываются при помощи добавочных линеек (не более 5), параллельных нотному стану. Звуковысотное значение нот определяет ключ в начале нотного стана. При ключе – ключевые знаки (*диезы* или *бемоли*), соответствующие тональности, фиксируют точную высоту определ. ступени тонального *звукоряда*, затем цифрами выписывается *размер* ($\frac{2}{4}, \frac{3}{4}, \frac{4}{4}$ и т.д.). Завершение такта обозначается вертикальной (тактовой) чертой, всей композиции – 2 параллельными чертами. Существуют и др. знаки Н.п. для обозначения разл. приёмов исполнения и т.д.

НОТОТЕ́НИИ, семейство мор. рыб (отр. окунеобразные). Дл. до 90 см, масса до 9 кг. Св. 50 видов, в антарктич. и субантарктич. водах. Объект промысла.

НОУ́МЕН (от греч. noúmenon – умопостигаемое), умопостигаемое в противоположность *феномену*, т.е. постигаемому чувствами; термин впервые употреблён Платоном.

«НО́У-ХА́У» (от англ. know-how, букв.– знаю как), совокупность техн., технол. и иных сведений, необходимых для произ-ва или освоения того или иного вида технологии, системы, линии и др. Передаётся, как правило, на основе лицензионного соглашения и включает участие лица, предоставляющего лицензию, в запуске технологии, обучении персонала и освоении произ-ва. Нередко договор о «Н.-х.» сопровождается контрактом о передаче подлежащего освоению оборудования.

НОЧНИ́ЦЫ, то же, что *совки*.

НОЧНО́ГО ВИ́ДЕНИЯ ПРИБО́РЫ, служат для обнаружения и наблюдения объектов в темноте по их собств. или отражённому от них тепловому (ИК) излучению. Наиб. распространены Н.в.п. на основе электронно-оптических преобразователей, к-рые не видимые невооружённым глазом изображения объектов в ИК-лучах преобразуют в видимые (ночные бинокли, прицелы и т.п.).

НОЯ́БРЬ (лат. November, от novem – девять), одиннадцатый месяц календарного года (30 сут); до реформы календаря при Юлии Цезаре был девятым месяцем (отсюда назв.).

НТР, см. *Научно-техническая революция*.

НУАКШО́Т, столица (с 1961) Мавритании. 393 т.ж. Порт на Атлантич. ок.; международ. аэропорт. Пищ., деревообр. пром-сть. Ун-т. Осн. в нач. 20 в. В 1957–61 адм. ц. Мавритании.

Нуакшот. Центральный госпиталь.

НУАРЕ́ (Noiret) Филипп (р. 1930), франц. актёр. Работает в т-ре, на эстраде, на ТВ. В кино играет разнообразные роли от гротескно-комедийных («Зази в метро», 1960) до тонкопсихологических («Старая дева», 1971; «Три брата», 1981) и остродраматических («Старое ружьё», 1975; «Судья и убийца», 1975). Чаще всего герой Н.– мнимый флегматик и добряк, «взрывающийся» неожиданными эмоциями и непредсказуемыми поступками.

НУВОРИ́Ш (от франц. nouveau riche, букв.– новый богач), человек, быстро разбогатевший (как правило, во время социальных перемен), пробившийся в высшие слои общества; богач-выскочка.

НУКЛЕИ́НОВЫЕ КИСЛО́ТЫ (полинуклеотиды), высокомол. органич. соединения, образованные остатками нуклеотидов. В зависимости от того, какой углевод входит в состав Н.к.– дезоксирибоза или рибоза, различают дезоксирибонуклеиновую (ДНК) и рибонуклеиновую (РНК) к-ты. Последовательность нуклеотидов в Н. определяет их первичную структуру. Н.к. присутствуют в клетках всех живых организмов, участвуют в хранении, передаче и реализации генетич. информации.

НУКЛЕОТИ́ДЫ, органич. соединения, состоящие из азотистого основания (аденина, гуанина, цитозина, тимина, урацила), углевода (рибозы или дезоксирибозы) и одного или неск. остатков фосфорной к-ты. Н.– составная часть нуклеиновых к-т, коферментов и др. биологически активных соединений.

НУКЛИ́Д, любое атомное ядро с заданным числом протонов Z и нуклонов A (массовое число). Обозначается символом хим. элемента с индексами: A – слева наверху, Z – слева внизу, число нейтронов $N = A - Z$ – справа внизу; напр., $^4_2He_2$. Н. с одинаковыми Z наз. *изотопами*. Н., испытывающие радиоактивный распад, наз. радионуклидами.

НУКЛО́НЫ, общее название протонов и нейтронов, входящих в состав атомных ядер.

НУКУАЛО́ФА, столица (с 1970) гос-ва Тонга, на о. Тонгатапу. 21 т.ж. Порт на Тихом ок. (вывоз копры и бананов).

НУ́КУС, г. (с 1932), столица (с 1939) Каракалпакии, у начала дельты Амударьи. 169 т.ж. Ж.-д. ст. Хим., металлообр., лёгкая пром-сть. Нар. промыслы: ковроделие, резьба и роспись по ганчу. Каракалп. филиал АН Узбекистана. Ун-т. Музеи: ист.-краеведч., иск-в Каракалпакии. Т-ры: муз. драмы и комедии, юного зрителя.

НУЛЛИФИКА́ЦИЯ (от лат. nullus – никакой и ...*фикация*), аннулирование гос-вом обесценившихся бум. денег. Иногда Н. фактически совпадает с *девальвацией*.

НУЛЬ (от лат. nullus – никакой), число, обладающее тем свойством, что любое число при сложении с ним не меняется. Н. обозначается символом 0. Произведение любого числа на Н. равно 0. Деление на Н. невозможно.

НУМИЗМА́ТИКА (от numisma, лат. формы греч. nómisma, род. падеж nómismatos – монета), вспомогат. ист. дисциплина, изучающая историю монетной чеканки и ден. обращения; коллекционирование монет. К объектам Н. часто относят бум. деньги (их изучает *бонистика*), медали, памятные жетоны и т.п. Как собирательство появилось в 14 в. Возникновение науч. Н. относится ко 2-й пол. 18 в. (австр. учёный Й. Эккель); метрологич. и обращение монет изучаются со 2-й пол. 19 в. Известны (с 18 в.) крупные собрания монет – минцкабинеты в Вене и Берлине, кабинет медалей в Париже, коллекции Британского музея в Лондоне и Эрмитажа в Петербурге, Ист. музея и Музея изобр. иск-в в Москве и др.

Нумизматика: 1 – античная монета. Афины. Тетрадрахма 5 в. до н.э. Серебро; 2 – Россия. Рубль Петра I, 1718. Серебро.

НУРЕ́ЕВ Рудольф Хаметович (1938–93), артист балета, балетмейстер, дирижёр. В 1958–61 в Ленингр. т-ре оперы и балета им. С.М. Кирова. Партии: Альберт – «Жизель» А. Адана; Базиль – «Дон Кихот» Л. Минкуса и др. С 1961 жил за рубежом, выступал в Королев. балете Великобритании и др. балетных труппах. Виртуозно владел как классич., так и разл. стилями свободного танца. Для Н. ставили балеты крупнейшие балетм. Ф. Аштон, Р. Пети, М. Бежар. Пост.: акт «Тени» из «Баядерки» Минкуса (1968), «Буря» на музыку П.И. Чайковского (1982) и др. В 1985–89 худ. директор балетной труппы Парижской оперы. С 1991 выступал как дирижёр.

НУ́РМИ (Nurmi) Пааво (1897–1973), фин. спортсмен. Чемпион Олимп. игр (9 зол. медалей – 1920, 1924, 1928) в беге на длинные дистанции. Рекордсмен мира (1922–31).

НУС (греч. nús – ум, мысль, разум), одно из центр. понятий др.-греч. философии, дух, разум, смысл, мысль. Лат. пер. термина «Н.» – интеллект.

НУТА́ЦИЯ (от лат. nutatio – колебание), движение тв. тела, происходящее одновременно с *прецессией*, при к-ром изменяется угол между осью собств. вращения тв. тела и осью, вокруг к-рой происходит прецессия. Благодаря силам трения Н. (напр., для гироскопа) довольно быстро затухает, после чего гироскоп совершает чисто прецессионное движение.

НУ́ТРИЯ, крупный грызун (сем. нутриевые). Длина тела до 60 см,

Нутрия.

хвоста до 45 см, масса до 8 кг. Мех густой, коричневый, с длинной грубой остью. Н. хорошо плавает и ныряет, детёныши способны сосать молоко под водой. Обитает в тропиках и субтропиках Юж. Америки, по берегам рек и на болотах. Акклиматизирована в Европе, Закавказье, Ср. Азии. Объект пушного разведения; выведены мутантные формы Н. разнообразной окраски. Из бракованных шкурок выделывают лучшие сорта фетра. Мясо по вкусу напоминает кроличье.

НУ́ШИЧ Бранислав (1864–1938), серб. драматург. В многочисл. остросоциальных комедиях, в т.ч. «Народный депутат» (1883), «Подозрительная личность» (1887), «Протекция» (1888), «Госпожа министерша» (1929), «Мистер Доллар» (1932), «Покойник» (1937), — мастерство импровизации комич. ситуаций.

НХЛ (N.H.L.), см. *Национальная хоккейная лига*.

НЬЕПС (Niepce) Жозеф Нисефор (1765–1833), франц. изобретатель, один из создателей фотографии. Впервые получил (1826) устойчивый к воздействию света фотоснимок на металлич. пластинке, покрытой слоем асфальтового лака («гелиография»). С 1829 исследования в области фотографии продолжал совм. с франц. художником и изобретателем Л. Ж. Дагером.

НЬЮ-ЙОРК, г. в США. Св. 7 млн. ж., с пригородами 16,2 млн. ж. Гл. порт страны в устье р. Гудзон (грузооборот ок. 180 млн. т в год). Междунар. аэропорт. Метрополитен. Гл. отрасли пром-сти — швейная и полиграфическая; развиты металлообработка и маш-ние, хим., нефтеперераб. пром-сть. Кр. междунар. финанс. центр. Ун-ты. Музеи: совр. иск-ва, Соломона Р. Гуггенхейма (1956–59; иск-во 20 в.), Линкольновский центр иск-в (1960-е гг.), *Метрополитен-музей* и др. Т-ры и концертные залы, в т. ч. *Метрополитен-опера*, «Карнеги-холл».

Осн. голландцами в 1626 под назв. «Н. Амстердам». В 1664 захвачен англичанами (окончательно в 1674) и переим. в Н.-Й. В 1785–90 врем. столица США. Отд. р-ны Н.-Й. имеют прямоуг. планировку с мелкими кварталами, над рядовой застройкой к-рых возвышаются многочисл. небоскрёбы («Эмпайр стейт билдинг» и др.).

Нью-Йорк. Статуя Свободы. Вид сверху.

Нью-Йорк. Портовая часть города.

1930–31; Рокфеллеровский центр, 1931–40; штаб-квартира ООН, 1947–52). Статуя Свободы (1886).

НЬЮ-ЙОРКСКИЙ МУЗЕЙ СОВРЕМЕННОГО ИСКУССТВА, крупнейшее в США собрание живописи, скульптуры, графики, декор. иск-ва, архит. проектов, худ. фотографий, фильмов кон. 19 – нач. 20 вв. Осн. в 1929.

НЬЮМЕН (Newman) Пол (р. 1925), амер. киноактёр, режиссёр. Привлекательная внешность, мужественность и бескомпромиссность героев Н., бросающих вызов истеблишменту, раскрылись в психол. драмах: «Кошка на раскалённой крыше» (1958), «Вердикт» (1982), «Мистер и миссис Бридж» (1991); криминальных лентах и вестернах: «Буч Кэссиди и Сандес Кид» (1969), «Афера» (1973) и др. Пост. неск. ф., в т.ч. «Влияние гамма-лучей на лунные маргаритки» (1973), «Стеклянный зверинец» (1987).

НЬЮТОН (Newton) Исаак (1643–1727), англ. учёный, заложивший основы классич. физики. Сформулировал осн. законы классич. механики (*Ньютона законы*), в т.ч. открыл *всемирного тяготения закон*, для чего матем. обоснование, для чего разработал (независимо от Г. Лейбница) дифференциальное и интегральное исчисления. Заложил основы небесной механики, построил зеркальный телескоп. Открыл и исследовал мн. оптич. явления и сделал попытку объяснить их с единой точки зрения. Работы Н. намного опередили общий науч. уровень того времени и были малопонятны современникам. Был директором Монетного двора, наладил монетное дело в Англии. Известный алхимик, занимался хронологией древних царств. Ряд теологич. трудов посвятил толкованию библейских пророчеств (6.ч. не опубл.).

НЬЮТОНА БИНОМ, формула, выражающая целую положит. степень суммы двух слагаемых (бинома) через степени этих слагаемых: $(x+y)^n =$
$= x^n + \frac{n}{1} x^{n-1} y + \frac{n(n-1)}{1 \cdot 2} x^{n-2} y^2 + \frac{n(n-1)(n-2)}{1 \cdot 2 \cdot 3} \times$
$\times x^{n-3} y^3 + ... + y^n$. Частные случаи Н.б.: квадрат ($n = 2$) и куб ($n = 3$) суммы двух слагаемых.

НЬЮТОНА ЗАКОН ТЯГОТЕНИЯ, то же, что *всемирного тяготения закон*.

НЬЮТОНА ЗАКОНЫ механики, три закона, лежащие в основе т.н. классич. механики. Сформулированы И. Ньютоном (1687). Первый закон: «Всякое тело продолжает удерживаться в своём состоянии покоя или равномерного и прямолинейного

И. Ньютон.

движения, пока и поскольку оно не понуждается приложенными силами изменить это состояние». Второй закон: «Изменение количества движения пропорционально приложенной движущей силе и происходит по направлению той прямой, по которой эта сила действует». Третий закон: «Действию всегда есть равное и противоположное противодействие, иначе, взаимодействия двух тел друг на друга между собой равны и направлены в противоположные стороны».

Н.з. появились как результат обобщения многочисл. наблюдений, опытов и теоретич. исследований Г. Галилея, Х. Гюйгенса, самого Ньютона и др. Н.з. перестают быть справедливыми для движения объектов очень малых размеров (элементарные частицы) и при движениях со скоростями, близкими к скорости света. См. *Квантовая механика*, *Относительности теория*.

НЬЮФАУНДЛЕНД, порода служебных собак из группы догообразных. Крупные (рост до 80 см), сильные, добродушные, бесстрашные; прекрасно плавают и даже ныряют (в прошлом использовались для спасения утопающих). Родина – о. Ньюфаундленд (отсюда назв.). Разводят (в осн. как сторожевых и декор.) в США, Зап. Европе; в России немногочисленны. На основе Н. создана отеч. порода – водолаз.

НЬЮФАУНДЛЕНД, остров в Атлантич. ок., у вост. берегов Сев. Америки (Канада). Пл. 111 т. км². Волнистая равнина с останцовыми кряжами, выс. до 814 м. Много озёр и болот. Хвойные леса и тундра. М-ния жел., медных руд и др. Гл. г. – Сент-Джонс. В 11 в. побережье Н. посещали норманны. Открыт в 1497 англ. экспедицией Дж. Кабота.

НЬЯЯ (санскр.), одна из шести ортодоксальных (принимающих авто-

Ньюфаундленд.

ритет *вед*) систем инд. философии. Основана Готамой; важнейший комментарий к его «Н.-сутре» – «Н.-бхашья» Ватсьяяны (4–5 вв.). Осн. соч. «новой Н.» (12 в.) – соч. Гангеши Упадхьяи «Таттва-Чинтамани».

НЭЛЕПП Георг. Мих. (1904–57), певец (драм. тенор). В 1929–44 в Ленингр. т-ре оперы и балета, с 1944 в Большом т-ре. Артист большой сценич. культуры, создал образы, отмеченные глубиной мысли, строгостью и благородством: Герман («Пиковая дама» П. И. Чайковского), Собинин («Иван Сусанин» М. И. Глинки), Садко («Садко» Н. А. Римского-Корсакова), Самозванец («Борис Годунов» М. П. Мусоргского), Еник («Проданная невеста» Б. Сметаны), Хозе («Кармен» Ж. Бизе).

НЭЦКЕ, произведения япон. миниатюрной пластики из дерева, слоновой кости, металла: фигурки со сквозными отверстиями для шнура, с помощью к-рого к поясу кимоно прикрепляются трубка, кисет и др. Наиб. распространены в иск-ве кон. 17–19 вв.

НЮ (франц. nu – нагой, раздетый), изображение нагого жен. тела; жанр изобр. иск-ва, раскрывающий в изображении обнажённого тела представления о красоте, ценности земного чувственного бытия.

НЮАНС (франц. nuance), оттенок, тонкое различие, едва заметный переход (в цвете, мысли, звуке и т.п.).

НЮРНБЕРГ, г. в Германии, на р. Пегниц. 497 т.ж. Трансп. уз.; порт на канале Майн – Дунай. Метрополитен. Маш-ние, цв. металлургия, полиграф., деревообр., лёгкая пром-сть; произ-во карандашей и игрушек. Консерватория (1821). Музеи: германский нац., ремесла, игрушки, гор. худ. собрание, Дом-му-

Нюрнберг. «Дом Дюрера». После 1400.

зей А. Дюрера (уроженца Н.). Оперный т-р (1905). Впервые упоминается в 1050. В ср. века (с 1219) вольный имперский город. В центре Н. с узкими кривыми улицами – замок (с 11 в.), позднеготич. церкви 13–15 вв., жилые дома 15–17 вв.

НЮРНБЕРГСКИЙ ПРОЦЕСС, суд. процесс над гл. фаш. *военными преступниками*. Состоялся в г. Нюрнберг (Германия) 20 нояб. 1945 – 1 окт. 1946. К ответственности были привлечены высшие воен. и гос. деятели нем.-фаш. режима. На Н.п. были признаны преступными: руководящий состав Нац.-социалистической партии и её охранные отряды (СС), служба безопасности (СД), гос. тайная полиция (гестапо). 12 чел. (Г. Геринг, Э. Кальтенбруннер, А. Йодль и др.) были приговорены к смертной казни, 7 — к разл. срокам заключения (в т.ч. пожизненно). На Н.п. впервые в истории агрессии была признана тягчайшим преступлением против человечества. Процесс осуществлял Междунар. воен. трибунал, созданный союзниками.

О

О, о [о], шестнадцатая буква рус. алфавита; восходит к букве *кириллицы* О («он»).

ОА́ЗИСЫ (позднелат. oasis, от греч. óasis — первоначально — назв. нескольких насел. мест в Ливийской пустыне), 1) участки пустыни и полупустыни с обильным естеств. или искусств. увлажнением, обусловленным близостью рек и грунтовых вод; богатая растительность. Обычно густо населены. 2) Свободные ото льда участки Антарктиды.

ОБВИНЕ́НИЕ, 1) содержание обвинит. тезиса в постановлении о привлечении в качестве обвиняемого и в обвинит. заключении, определении о предании суду, обвинит. приговоре. 2) В уголов. процессе деятельность гос. и обществ. обвинителя, а также потерпевшего (его представителя) по доказыванию вины подсудимого.

ОБВИНИ́ТЕЛЬНОЕ ЗАКЛЮЧЕ́НИЕ, мотивир. решение следователя (или лица, производившего *дознание*) о формулировке обвинения лиц, привлечённых к уголов. ответственности, и о направлении дела прокурору, к-рый (утвердив О.з. или составив новое О.з.) направляет дело в суд.

ОБЕЗБО́ЛИВАНИЕ, см. в ст. *Анестезия, Наркоз*.

ОБЕЗЬЯ́НЫ, высш. приматы. Разделяются на широконосых, или американских, О. и узконосых О., или О. Старого Света. Длина тела от 15 см (нек-рые игрунки) до 2 м (гориллы). У большинства передние и задние конечности почти равные; хвост разл. длины, у нек-рых хватательный. Св. 150 видов. Мн. виды (особенно среди узконосых О.) размножаются в неволе. Нек-рые виды О. — эксперим. ж-ные. Численность мн. видов сокращается.

ОБЕЛИ́СК (греч. obelískos, букв. — небольшой вертел), возникшее в Др. Египте мемор. сооружение в виде гранёного (обычно квадратного в сечении), сужающегося кверху кам. столба с заострённой пирамидальной верхушкой.

ОБЕ́Р (Auber) Франсуа (1782–1871), франц. композитор. Создал новый тип *опера-комик* с остросюжетным, авантюрно-приключенч. сюжетами, стремит. действием, изящной, остроумной музыкой: «Фра-Дьяволо» (1830), «Бронзовый конь» (1835), «Чёрное домино» (1837). Автор первой *большой оперы* на сюжет: «Немая из Портичи» (также под назв. «Фенелла», 1828).

Обелиск. Румянцевский обелиск в Санкт-Петербурге. 1798–99. Архитектор В. Ф. Бренна.

О́БЕРТ (Oberth) Герман (р. 1894), один из основоположников ракетной техники и космонавтики. Род. в Трансильвании. Работал во мн. странах, в т.ч. в Румынии, Австрии, Германии (в Пенемюнде), Италии, США (участник создания первого амер. ИСЗ). Автор первого в Зап. Европе фундам. труда по проблемам космонавтики. Тр. по теории полёта ракет и космич. исследований др.

ОБЕРТО́НЫ, призвуки (частичные тоны), имеющиеся в спектре муз. звука. Звучат выше и слабее осн. тона, слитно с ним и на слух почти не распознаются. О. — важный тембро-образующий (см. *Тембр*) фактор. Звук-О., производимый на струнных муз. инстр-тах, наз. *флажолет*.

ОБЕ́Т, в христ-ве клятвенное обещание исполнить к.-л. богоугодное дело. Различаются О. личные (соблюдение поста, воздержание, посещение святых мест, денежное пожертвование) и общественные (устанавливаются верующими в случае спасения от к.-л. бедствий и др.). Особое значение имеют монашеские О. (см. *Монах*). Нарушение О. рассматривается церковью как тяжкий грех перед Богом.

ОБЛАКА́, скопления взвешенных в атмосфере водяных капель и ледяных кристаллов. Образуются гл. обр. в тропосфере. Различаются по высоте: О. верх. яруса (выше 6 км) — перистые, перисто-слоистые, перисто-кучевые, состоят из ледяных кристаллов; О. ср. яруса (2–6 км) — высоко-слоистые и высоко-кучевые, состоят из мельчайших капель и кристаллов льда; О. ниж. яруса (ниже 2 км) — слоистые, слоисто-кучевые и слоисто-дождевые, состоят преим. из капель. Возникают в результате конденсации водяного пара, содержащегося в воздухе. Кол-во жидкой воды в О. — доли грамма или неск. граммов на 1 м³. При укрупнении части капель и кристаллов они выпадают из О. в виде атм. осадков. В стратосфере наблюдаются также перламутровые, а в мезосфере — серебристые О.

ОБЛЕПИ́ХА, род двудомных кустарников или деревьев (сем. лохо-

Облепиха. Ветвь с плодами.

вые). 3 вида, в умеренном поясе Евразии, в России — О. крушиновая, крупные массивы — в Сибири (на Алтае, в Бурятии и Туве), на Сев. Кавказе. Небольшое дерево или кустарник выс. 4–5, редко до 8 м. Цветки светло-желтоватые, густо облепляют веточки (отсюда назв.). Плоды сочные, обычно оранжевые, кисло-сладкие, с привкусом ананаса, богаты витаминами и каротином, к-рого в них больше, чем в моркови и тыкве; употребляют в свежем и переработанном виде. Из семян получают облепиховое масло, обладающее ранозаживляющим и болеутоляющим действием. Культивируют как плодовое и декор. р-ние.

ОБЛИГА́ЦИЯ (от лат. obligatio — обязательство), ценная бумага, представляющая собой долговое обязательство гос-ва, корпорации, банка и т.д., дающее владельцу право на получение годового дохода в виде процента или выигрыша в спец. тираже. По истечении срока займа О. выкупается заёмщиком. О. обращаются на фондовых *биржах* и во внебиржевом обороте.

ОБЛО́МЫ архитектурные, протяжённые архит.-пластич. детали, различающиеся по профилю (поперечному сечению) на прямолинейные (полка) и криволинейные (вал, гусёк, каблучок и др.).

ОБМЕ́Н ВЕЩЕ́СТВ (метаболизм), совокупность хим. превращений в организмах, обеспечивающих их рост, жизнедеятельность и воспроизведение. Основу О.в. составляют взаимосвязанные процессы синтеза (анаболизма) и распада (катаболизма), направленные на непрерывное обновление живого материала и обеспечение его необходимой энергией и осуществляемые путём последоват. хим. реакций с участием ферментов. Интенсивность и направленность О.в. в клетках обеспечиваются регуляцией синтеза и активностью ферментов, изменением проницаемости биол. мембран. В организме человека и ж-ных О.в. регулируется также эндокринной и нервной системами.

О́БМОРОК, кратковрем. падение сосудистого тонуса, сопровождающееся малокровием головного мозга; проявляется внезапной слабостью, дурнотой, головокружением, потерей (на неск. с или мин) сознания. Наблюдается при нек-рых сердечно-сосудистых заболеваниях, кровопотере, острой боли, сильном волнении и т.д. Первая помощь: больного укладывают с приподнятыми ногами, освобождают от стесняющей одежды, обрызгивают лицо холодной водой, дают понюхать нашатырный спирт, уксус, одеколон.

ОБНОВЛЕ́НЦЫ, движение в Рус. правосл. церкви, оформившееся после Окт. рев-ции. Выступали за «обновление церкви», модернизацию религ. культа. Боролись против руководства офиц. Рус. правосл. церкви, заявляли о поддержке сов. власти и лояльном отношении к ней. В 1943–1946 самоликвидировались, влившись в состав Рус. правосл. церкви.

ОБО́И, рулонный материал для внутр. отделки помещений. Бум. О. — традиц. отделочный материал в странах Вост. Азии (Япония, Китай); в Европе до 18 в. применялись тканевые (штофные) О., к-рыми обивали (отсюда назв. «О.») стены и потолки помещений. Различают обычные (преим. бумажные), влагостойкие, или моющиеся (полимерные), звукопоглощающие (ворсовые) и фотообои.

ОБОНЯ́НИЕ, восприятие запахов. У человека и высш. ж-ных осуществляется посредством хеморецепторов, расположенных в слизистой оболочке носовой полости, сигнал от к-рых поступает в обонят. центры головного мозга. Ж-ным служит для поиска пищи, полового партнёра, выслеживания добычи и др.

ОБО́РИН Лев Ник. (1907–74), пианист, педагог. Игра О. отличалась ясностью замысла, чёткостью выяв-

Л.Н. Оборин.

Обломы архитектурные. Классические греческие архитектурные обломы: 1 — полка (иначе — полочка, плинт, плита); 2 — валик, или вал (торус), и четвертной вал (до пунктира); 3 — дорический «ястребиный клюв» (слёзник) и этапы его развития; 4 — дорическая кима (киматий), или гусёк (а — прямой, б — обратный); 5 — ионический «лесбийский киматий», или каблучок (а — прямой, б — обратный); 6 — выкружка; 7 — скоция; 8 — астрагал.

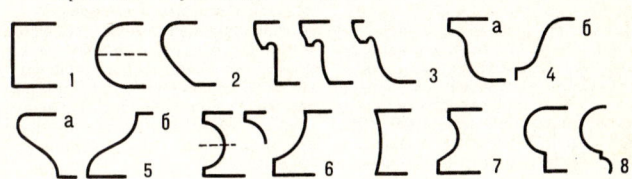

ления формы, искренностью и теплотой чувств, светлым колоритом. В обширном репертуаре произв. Ф. Шопена, Р. Шумана, Ф. Листа, П.И. Чайковского, С.В. Рахманинова. Участник трио с Д.Ф. Ойстрахом и С.Н. Кнушевицким. 1-я пр. на Междунар. конкурсе пианистов имени Ф. Шопена в Варшаве (1927). Автор муз. произведений. Создатель пианистич. школы в СССР.

О́БОРОТЕНЬ, в верованиях мн. народов человек, способный превращаться в зверя, предмет и т.д.

ОБРАБА́ТЫВАЮЩИЙ ЦЕНТР, металлорежущий станок для комплексной обработки поверхностей заготовок разл. способами – точением, фрезерованием и др. О.ц. имеет *числовое программное управление*, оснащён многоинстр. магазином и устройством для автоматич. смены инстр-та.

О́БРАЗ, 1) в психологии – субъективная картина мира, включающая самого субъекта, других людей, пространств. окружение и временну́ю последовательность событий. 2) О. художественный – категория эстетики, средство и форма освоения жизни иск-вом; способ бытия худ. произведения.

ОБРАЗОВА́НИЕ, целенаправленный процесс обучения и воспитания в интересах личности, об-ва и гос-ва. Ведёт к овладению ценностями культуры и нравств.-эмоц. отношения к миру, опытом проф. и творч. деятельности, сохраняющими и развивающими духовные и материальные достижения человечества. О. в соответствии с интересами и способностями личности относится к фундам. правам человека. По характеру усваиваемых знаний и навыков О. подразделяется на общее и профессиональное; по сложности образоват. программ – на уровни: начальное, базовое, полное. Общее О. включает дошкольное и школьное (начальное, неполное среднее и основное, полное среднее). Школьное О. в течение 8–10 лет (основное) в большинстве стран законодательно установлено как обязательное. Проф. О. рассматривается как по преим. направленности (гуманитарное, естеств.-науч., техн. и др.), так и по приобретаемой квалификации: начальное (проф.-техн.), среднее (среднее специальное), высшее, последипломное. Для удовлетворения образоват. потребностей действуют системы образования – совокупность преемств. образоват. программ и офиц. стандартов общего и проф. О., реализующих их гос. и частных образоват. учреждений, а также соотв. органы управления. О. может быть получено также путём самообразования.

ОБРАЗЦО́В Вас. Парменович (1851–1920), рос. терапевт, основатель науч. школы. Дал классич. описание клиники инфаркта миокарда (1910, совм. с Н.Д. Стражеско). Разработал пальпаторный метод исслед. брюшной полости.

ОБРАЗЦО́В Сер. Вл. (1901–92), режиссёр и актёр кукольного т-ра. С 1920 выступал на эстраде, исполняя пародийные «романсы с куклами». С 1931 рук. моск. Центр. т-ра кукол, разработал теорию и методику этого т-ра. Ставил спектакли для детей («По щучьему веленью» Тараховской, 1936, и др.) и взрослых («Необыкновенный концерт», 1946, 1952, 1968, и др.). Добивался от куклы психол. выразительности и типичности,

С.В. Образцов с куклой.

«узнаваемости» поведения при лаконизме формы. Работал в кино как сценарист и режиссёр. Пост. ф.: «Кому он нужен, этот Васька» (1973) и др.

ОБРАЗЦО́ВА Ел. Вас. (р. 1939), певица (меццо-сопрано). С 1964 в Большом т-ре. Обладает сильным голосом и отточенным вок. мастерством. Партии: Марфа («Хованщина» М.П. Мусоргского), Любаша («Царская невеста» Н.А. Римского-Корсакова), Графиня («Пиковая дама» П.И. Чайковского), Кармен («Кармен» Ж. Бизе), Эболи, Азучена («Дон Карлос», «Трубадур» Дж. Верди) и др. Выступает в концертах. 1-я пр. на Междунар. конкурсе имени П.И. Чайковского в Москве (1970).

ОБРАТИ́МОСТЬ ВАЛЮ́Т, см. *Конвертируемость валют*.

ОБРА́ТНАЯ СВЯЗЬ, воздействие результатов функционирования к.-л. системы (объекта) на характер этого функционирования. Если О.с. усиливает результаты функционирования, то она наз. положительной, если ослабляет – отрицательной. О.с. действует во всех живых организмах, регулируя их жизнедеятельность. Применяется в устройствах автоматики, радиотехники, вычислит. техники и др.; положит. О.с. обычно нарушает устойчивую работу устройств, отрицательная – стабилизирует её, делает устойчивой.

ОБРА́ТНАЯ СИ́ЛА ЗАКО́НА, в праве принцип, согласно к-рому закон может быть применён к отношениям, возникшим до его принятия, только если об этом прямо указано в этом законе (т.е. закон обратной силы не имеет). Как правило, обратную силу имеет уголов. закон, устраняющий наказуемость деяния или смягчающий меру наказания.

ОБРАЩЕ́НИЕ ВЗЫСКА́НИЯ на имущество, один из способов принудит. исполнения суд. решений, касающихся имуществ. ответственности. Осуществляется только на основании *исполнительных документов* и *судебным исполнителем*. Закон устанавливает виды имущества, на к-рые взыскание не может быть обращено (необходимые продукты питания, предметы домашней обстановки, одежда и т.п.).

ОБРЕЗА́НИЕ, обряд удаления крайней плоти муж. члена во время *инициации*. Сохранился в религ. ритуале иудаизма и ислама.

ОБРЕ́НОВИЧИ, в 1815–42, 1858–1882 княжеская, в 1882–1903 королев. династия в Сербии. Основатель – рук. Второго восст. 1815 Милош О. (1815–39, 1858–60). Крупные представители: Михаил О. III (1839–42, 1860–68), Милан О. (1868–89). Последний из О. – Александр (1889–1903) убит сторонниками династии Карагеоргиевичей.

ОБРО́К, натуральная и денежная рента, взимаемая с крестьян землевладельцами с кон. 12 в. В 12–15 вв. на Руси преобладал натуральный О. В кон. 15–17 вв. в ходе закрепощения крест-ва сочетался с *барщиной*. Продуктовый О. отменён Положениями 19 февр. 1861 (см. *Крестьянская реформа 1861*), денежный – сохранялся для временнообязанных крестьян до 1883.

ОБРУ́ЧЕВ Вл. Аф. (1863–1956), рос. геолог и географ. Исследователь Сибири, Центр. и Ср. Азии. Осн. тр. по геол. строению Сибири и её полезным ископаемым, тектонике, неотектонике, мерзлотоведению. Автор науч.-фантастич. романов, в т.ч. «Плутония» (1924), «Земля Санникова» (1926).

В.А. Обручев.

ОБРУЧЕ́НИЕ, старинный обряд (христ. церковный и бытовой), взаимное обещание вступить в брак; жених и невеста обмениваются кольцами. Совр. О. совершается непосредственно перед венчанием.

О́БРЫ, см. *Авары*.

ОБРЯ́ДОВАЯ ПОЭ́ЗИЯ, песни, плачи, причитания, приговоры, заговоры, прислoвия, загадки, связанные с обрядами. Соответственно 2 группам обрядов делится на 2 разряда: календарную и семейную. Среди календарных поэтич. богатством выделяются циклы, сопровождающие праздники Рождества, Пасхи и Масленицы. Среди семейных – цикл, сопровождавший свадьбу.

ОБСЕРВА́ЦИЯ (от лат. observatio – наблюдение), мед. наблюдение в течение определ. срока за изолированными в спец. помещении здоровыми людьми, к-рые могли иметь контакт с больными т.н. карантинными болезнями. О. применяется к лицам, приехавшим или выезжающим с терр., на к-рую наложен *карантин*.

ОБСЕ́ССИИ, то же, что *навязчивые состояния*.

ОБСКУРАНТИ́ЗМ (от лат. obscurans – затемняющий), крайне враждебное отношение к просвещению и науке; мракобесие.

ОБСЛУ́ЖИВАНИЯ СФЕ́РА, см. *Услуг сфера*.

ОБСТРУ́КЦИЯ (от лат. obstructio – преграда, помеха), намеренный срыв (какого-либо заседания, собрания) как вид протеста, приём борьбы, гл. обр. парламентской; действия, демонстративно направленные на срыв чего-либо.

ОБУ́ХОВА Над. Анд. (1886–1961), певица (меццо-сопрано). В 1916–48 в Большом т-ре. Её голос редкой красоты имел исключительно широкий диапазон. Среди партий: Марфа («Хованщина» М.П. Мусоргского), Любаша («Царская невеста» Н.А. Римского-Корсакова), Кармен («Кармен» Ж. Бизе). В конц. репертуаре (с 1912) – рус. нар. песни, романсы, вок. соч. рус. и заруб. композиторов (часто – на языке оригинала).

О́БЩАЯ СО́БСТВЕННОСТЬ, собственность на одно и то же имущество двух или более лиц – участников О.с. (собственников). Различается О.с. с определением долей (долевая собственность), напр. жилой дом, принадлежащий неск. гражданам; без определения долей (совместная собственность), напр. имущество супругов.

ОБЩЕ́СТВЕННАЯ ОПА́СНОСТЬ, один из обязат. признаков, характеризующих деяние как *преступление*. Степень О.о. влияет на меру наказания за преступление.

ОБЩЕ́СТВЕННОЕ МНЕ́НИЕ, состояние массового сознания, заключающее в себе отношение (скрытое или явное) к обществ. событиям, к деятельности разл. групп, орг-ций, отд. личностей; выражает позицию одобрения или осуждения по тем или иным обществ. проблемам, регулирует поведение индивидов, социальных групп и ин-тов, насаждает определ. нормы обществ. отношений. Действует как в рамках об-ва в целом, так и в рамках разл. социальных групп. О.м. находит выражение в голосовании на выборах органов власти, в средствах массовой коммуникации, опросах населения и др.

ОБЩЕ́СТВЕННЫЕ НАСЕКО́МЫЕ, живущие семьями или группами неск. семей (колониями) *пчёлы, муравьи, термиты, осы*. Обязанности в семье распределены между морфологически различающимися группами особей (кастами): матка («царица») – самка-основательница, откладывает яйца, самцы (у пчёл они наз. трутнями) выполняют только функцию оплодотворения; рабочие (бесплодные) – собирают корм, устраивают гнездо, ухаживают за потомством и т.д., солдаты – защищают гнездо. После брачного полёта каждая молодая оплодотворённая самка основывает новую семью. Жизнь и взаимодействие особей в семье у О.н. регулируется с помощью хим. сигналов, сложного поведения («танец пчёл») и др.

ОБЩЕ́СТВЕННЫЕ ОТНОШЕ́НИЯ, многообразные связи между социальными группами, нациями, а также внутри них в процессе экон., социальной, полит. и культурной деятельности. Определяют существ. стороны личных отношений людей, связанных непосредств. контактами.

ОБЩЕ́СТВЕННЫЙ ДОГОВО́Р, теория происхождения гос-ва, выдвинутая голл. учёным Г. Гроцием и разрабатывавшаяся Т. Гоббсом,

Д. Дидро, Ж.Ж. Руссо и др. Сторонники О.д. считали, что гос-во возникло в результате договора между людьми, в к-ром предусматривался добровольный отказ отд. лиц от части их естеств. прав в пользу гос. власти. Впервые трактовка гос-ва как результата договора между людьми была выдвинута Эпикуром.

ОБЩЕ́СТВЕННЫЙ ПРОДУ́КТ (совокупный общественный продукт), производится в нар. х-ве за определ. период (как правило, за год). По натурально-веществ. форме состоит из средств произ-ва и предметов потребления; стоимостной состав включает материальные затраты (*фонд возмещения*) и вновь созданную стоимость (*национальный доход*), направляемую на потребление населения и нужды произ-ва.

О́БЩЕСТВО, в широком смысле — совокупность исторически сложившихся форм совместной деятельности людей; в узком смысле — определ. тип социальной системы (напр., индустриальное О.); определ. форма социальных отношений.

О́БЩЕСТВО МОСКО́ВСКИХ ХУДО́ЖНИКОВ (ОМХ), в 1928–1931 группа моск. живописцев (С.В. Герасимов, И.Э. Грабарь, Н.П. Крымов, Р.Р. Фальк и др.), разрабатывавших совр. тематику, стремившихся к пластич. единству цвета и формы. В 1931 ряд членов ОМХ перешёл в АХР и об-во распалось.

О́БЩЕСТВО ПООЩРЕ́НИЯ ХУДО́ЖЕСТВ (1821–1929; до 1875 Об-во поощрения художников), осн. в С.-Петербурге дворянами-меценатами. Организовывало выставки, конкурсы, посылало художников за границу для продолжения образования, награждало их медалями, выкупало из крепостной зависимости. С 1857 содержало в С.-Петербурге Рисовальную школу.

О́БЩЕСТВО РУ́ССКИХ СКУ́ЛЬПТОРОВ (ОРС), существовало в Москве в 1926–32. Члены об-ва (Н.А. Андреев, А.С. Голубкина, С.Д. Лебедева, И.Д. Шадр и др.) ставили своей задачей консолидацию скульпторов для развития совр. иск-ва.

О́БЩЕСТВО СОЕДИНЁННЫХ СЛАВЯ́Н (Славянский союз, Славянское об-во), тайная рев. орг-ция на Ю. России. Созд. в 1823 в Новоград-Волынском бр. А.И. и П.И. Борисовыми и Ю.К. Люблинским на основе тайного Об-ва друзей природы (1818–23). Св. 50 членов (гл. обр. молодые офицеры). Программа: освобождение крестьян, создание федеративной республики всех слав. народов. В сент. 1825 объединилось с Юж. об-вом декабристов, образовав его Слав. управу. Нек-рые члены об-ва участвовали в восстании Черниговского полка (29.12.1825–3.1.1826). После его подавления об-во разгромлено, мн. члены осуждены по делу декабристов.

О́БЩЕСТВО ХУДО́ЖНИКОВ-СТАНКОВИ́СТОВ (ОСТ), 1925–1931, осн. в Москве выпускниками *Вхутемаса* во главе с Д.П. Штеренбергом. Члены (А.А. Дейнека, Ю.И. Пименов, А.Г. Тышлер и др.) утверждали станковые формы иск-ва, стремились к отражению типич. явлений совр. действительности, к лаконизму и динамике форм.

О́БЩИЙ РЫ́НОК, см. *Европейское экономическое сообщество*.

ОБЩИ́НА, форма социальной организации. Первобытная (родовая) О. характеризуется общим владением средствами произ-ва, коллективным трудом и потреблением, более поздняя форма — соседская (терр., сельская) О. сочетает индивидуальное и общинное владение, характерна для докапиталистич. общества. О. обладает полным или частичным самоуправлением. В России до 1917 О. была замкнутой сословной единицей, используемой властями как аппарат для сбора податей (после крест. реформы 1861 — собственником земли). В ходе *Столыпинской аграрной реформы* общинное землевладение заменялось частным крестьянским. О. наз. также др. ист. общности: гор. коммуна, религ., проф., земляческая О.

ОБЩИ́ННО-РОДОВО́Й СТРОЙ, см. *Первобытно-общинный строй*.

ОБЪЕДИНЕ́НИЕ АРХИТЕ́КТОРОВ-УРБАНИ́СТОВ (АРУ), существовало в Москве в 1928–31. Члены АРУ (Н.А. Ладовский и др.) призывали к созданию единой пространств. системы города, к функцион. зонированию гор. терр., рассматривали здание как часть гор. застройки. Идеи АРУ нашли отражение в градостр-ве 1960–80-х гг.

ОБЪЕДИНЕ́НИЕ СОВРЕМЕ́ННЫХ АРХИТЕ́КТОРОВ (ОСА), в 1925–31 всесоюз. об-во (А.А. Веснин, М.Я. Гинзбург, Г.М. Орлов, И.А. Голосов и др.), выступавшее под лозунгами *конструктивизма* и *функционализма*, пропагандировало использование новейших конструкций и материалов, типизацию и индустриализацию стр-ва.

ОБЪЕДИНЁННЫЕ АРА́БСКИЕ ЭМИРА́ТЫ (ОАЭ), гос-во в Зап. Азии, на С.-В. Аравийского п-ова, у берегов Персидского и Оманского заливов. Пл. 83,6 т.км² (сухопутные границы ОАЭ проходят по пустыням и чётко не определены). Нас. 1,99 млн. ч., в осн. арабы ОАЭ. Офиц. яз. — арабский. Гос. религия ислам. ОАЭ — федерация в составе 7 княжеств (эмиратов): Абу-Даби, Дубай, Шарджа, Аджман, Рас-эль-Хайма, Умм-эль-Кайвайн и Эль-Фуджайра. Каждое княжество — монархия. На уровне федерации высш. консультативный орган — Федеральный нац. совет в составе правителей эмиратов. Совет избирает одного из эмиров президентом на 5 лет. Столица — Абу-Даби. Ден. единица — дирхам ОАЭ.

Преобладают низменные равнины, на В. — горы (выс. до 1127 м). Ср.-мес. темп-ры 20–35 °C (макс. — до 50 °C); осадков 100–400 мм в год. Песчаные пустыни, солончаки. Редкие оазисы с финиковой пальмой, акацией, тамариском.

До 19 в. терр. ОАЭ составляла часть Омана. С 19 в. под брит. протекторатом (с 1853 наз. Оман Договорный). С 1971 независимое гос-во ОАЭ.

Основа экономики — нефтегазовая пром-сть. ВНП на д.нас. 19870 долл. в год. Добыча нефти и газа в осн. на экспорт, выплавка алюминия. Традиц. занятия нас. — рыб-во, добыча жемчуга, оазисное земледелие (томаты, огурцы, лук и др.) и кочевое скот-во. В связи с отсутствием природных источников необходимую для с. х-ва, пром-сти и бытовых нужд

ОБЪЕДИНЕННЫЕ АРАБСКИЕ ЭМИРАТЫ
1:15 000 000

пресную воду вырабатывают 22 пр-тия по опреснению воды.

ОБЪЕДИНЁННЫЕ НА́ЦИИ, термин, к-рым было принято называть гос-ва, входившие во время 2-й мир. войны в антигитлеровскую коалицию и создавшие в 1945 Организацию Объединённых Наций (ООН).

ОБЪЕ́КТ (от лат. objectum — предмет), филос. категория, выражающая то, что противостоит субъекту в его практич. и познает. деятельности и выступает для познающего индивида в формах его деятельности, языка и знаний.

ОБЪЕКТИ́В (от лат. objectivus — относящийся к *объекту*), обращённая к объекту часть оптич. системы, образующая перевёрнутое действит. изображение объекта, к-рое в *микроскопе* и *зрительной трубе* рассматривается далее через окуляр. В фотогр. О. обычно используется система линз, к-рые позволяют исправить *аберрации* и обеспечить резкое и плоское изображение без искажений.

ОБЪЕКТИ́ВНОЕ, то, что принадлежит самому объекту, не зависит от субъекта, существует вне и независимо от сознания человека.

ОБЪЁМ, мера части пространства, занимаемого телом. Единицей измерения служит О. единичного куба.

ОБЫ́ЧАЙ, стереотипный способ поведения, к-рый воспроизводится в определ. об-ве или социальной группе и является привычным для их членов. О. — одна из наиб. распространённых форм права на ранних стадиях его развития. О., санкционированный гос-вом и судом при рассмотрении суд. дел, становится источником права (правовой О.). Наиб. значение О. и его применения сохранили в сфере междунар. торговли и мор. права.

ОБЫ́ЧНОЕ ПРА́ВО, система норм (правил поведения), основанных на обычае и регулирующих обществ. отношения в к.-л. конкретной области (семейное право, на определ. терр., в социальной группе). Историческое развитие О.п. складывалось в процессе записи обычаев отд. племён (напр., варварские правды, «Русская правда»). В совр. период О.п. применяется, если его нормы не противоречат действующему законодательству.

ОБЬ, крупнейшая река в Зап. Сибири. Дл. 3650 км (от истока Иртыша 5410 км). Образуется слиянием Катуни и Бии, на Алтае; впадает в Обскую губу Карского м., образуя дельту (св. 4 т.км²). Гл. притоки: Васюган, *Иртыш, Томь, Чулым* и др. ГЭС. Рыб-во. Судох-во. На О. — гг. Барнаул, Новосибирск, Нижневартовск, Сургут, Салехард.

ОБЭРИУ (Объединение реального искусства), лит. группа в Ленинграде (1927 — нач. 1930-х гг.). Входили К.К. Вагинов, Н.А. Заболоцкий, А.И. Введенский, Д.И. Хармс, Ю.Д. Владимиров и др., провозгласившие себя «создателями нового ощущения жизни и её предметов», к-рое в лит-ре передаётся через «столкновение словесных смыслов». Свойственные обэриутам алогизм, абсурд, гротеск и пр. не были чисто формальными приёмами, а выражали и нек-рую конфликтность мироуклада. К О. близки художники К.С. Малевич и П.Н. Филонов.

ОБЯЗА́ТЕЛЬНАЯ ДО́ЛЯ, при наследовании часть наследств. имущества, к-рая переходит к наследникам по закону независимо от содержания имеющегося *завещания*. По рос. законодательству право на О.д. имеют несовершеннолетние или нетрудоспособные дети, нетрудоспособный супруг, родители и иждивенцы умершего.

ОБЯЗА́ТЕЛЬСТВЕННОЕ ПРА́ВО, совокупность гражд.-правовых норм, регулирующих возникновение, исполнение и прекращение обязательств, отдельные их виды (договоры купли-продажи, мены, дарения, подряда и др.) и ответственность за нарушение обязательств.

ОБЯЗА́ТЕЛЬСТВО (юрид.), гражд. правоотношение, в силу к-рого одна сторона (должник) обязана совершить в пользу др. стороны (кредитора) определ. действие (передать имущество, выполнить работу и т.п.) либо воздержаться от него, а кредитор имеет право требовать от должника исполнения этой обязанности.

ОВЁС, род одно- и многолетних травянистых р-ний (сем. злаки). Ок. 25 видов, в Евразии и Сев. Африке.

Овёс посевной. Метёлка.

Возделывают неск. видов; О. посевной (в культуре со 2-го тыс. до н.э.) — преим. в странах Сев. полушария с умеренным климатом, в т.ч. в России. Даёт кормовое и прод. зерно (используется в диетич. и дет. питании), при возделывании с бобовыми — зелёный корм, силос. Один из видов О. — овсюг, или О. пустой, — злостный сорняк (преим. яровых культур).

ОВИ́ДИЙ (Ovidius) (Публий Овидий Назон) (43 до н.э. — ок. 18 н.э.), рим. поэт. Ок. 10 лет провёл (и умер) в изгнании. Любовные элегии, послания, иронически обыгрываемая эротика, бытовые картины рим. светской жизни в дидактич. поэмах «Наука любви», «Лекарство от любви». Мифол. эпос «Метаморфозы» (о «превращениях» людей и богов в живо-

486 ОВОД

Овидий. «Метаморфозы». Илл. П. Пикассо. 1930.

тных, созвездия, растения, камни и пр.). В конце жизни написал «Скорбные элегии» и «Послания с Понта».

ОВОДА́, 3 семейства двукрылых насекомых. Дл. 9–22 мм. Ок. 100 видов, распространены широко. Взрослые О. не питаются (их ротовые органы недоразвиты) и живут (как правило, неск. дней) за счёт запасов, накопленных личинками. Личинки мн. видов – паразиты млекопитающих ж-ных, редко человека, гл. обр. детей (под кожей, в кишечнике и т.д.); вызывают заболевания.

ОВСЮ́Г, см. в ст. *Овёс*.

ОВСЯ́НИКО-КУЛИКО́ВСКИЙ Дм. Ник. (1853–1920), рос. филолог. В работах о рус. лит-ре 19 в. исследовал проблемы теории и психологии творчества; на материале лит-ры рассматривал смену «обществ.-психол. типов». Работы по яз-знанию (в т.ч. по лексикологии, синтаксису рус. яз.).

ОВСЯ́НКИ, род птиц (отр. воробьиные). Дл. 12,5–18 см. Окраска рыжеватая с пестринами. Ок. 40 видов, в т.ч. просянка, рыжая, скалистая, капская О.; распространены в Евразии и Африке. Гнёзда на земле, обычно в зарослях кустарников. Многие хорошо поют.

ОВЦА́, домашнее парнокопытное ж-ное (сем. полорогие). Произошла от диких горн. баранов (муфлон, архар), одомашненных св. 8 тыс. лет

Овца. Романовская порода.

назад. Разводят (алтайскую, романовскую, асканийскую и др. породы) ради шерсти (настриг 6 кг), мяса (живая масса 35–180 кг), молока (50–100 кг в год), шкур (смушки, овчины). Плодовитость 1–5 ягнят. Живёт 12–15 лет, хоз. использование до 6–8 лет.

ОВЦЕБЫ́К (мускусный бык), парнокопытное млекопитающее. Высота в плечах до 1,45 м, длина тела до 2,5 м, масса до 300 кг, волосяной покров густой и длинный (до 90 см). Обитает на С. Канады, в Гренландии. Малочислен, находится под охраной. Акклиматизирован на Аляске, Шпицбергене, п-ове Таймыр, о. Врангеля. Одомашненных О. разводят на фермах (Канада, США, Норвегия). Живёт 20–23 года.

О́ВЦЫН Дм. Леон. (1704–57), рос. воен. моряк, гидрограф. В 1734–38 руководил отрядом Вел. Сев. эксп.; произвёл первую гидрографич. опись побережья Сибири между устьями рр. Обь и Енисей. В 1741 плавал с В. Берингом к Сев. Америке.

ОВЧА́РКИ, группа пород служебных собак. Используются для пастушьей, караульной, розыскной и др. служб. Выносливые и неприхотливые ж-ные, обладают хорошей памятью. Агрессивны в осн. лишь при прямой угрозе владельцу, имуществу или охраняемой терр. Породы О.: кавказская (самая крупная, рост до 75 см), среднеазиатская, южнорусская, шотландская (колли), немецкая (на её основе в России создан тип восточноевропейской О.) и др. Разводят (чаще немецкую О.) повсеместно.

Овчарки. Немецкая овчарка.

ОГАРЁВ Ник. Платонович (1813–1877), рус. поэт, публицист. Друг и соратник А.И. Герцена. В 1831 один из организаторов студенч. кружка в Моск. ун-те; в 1835–39 в ссылке. С 1856 эмигрант, один из рук. Вольной рус. типографии в Лондоне, инициатор издания и соредактор газ. «Колокол». Разрабатывал соц.-экон. программу крест. рев-ции в России в духе «крест. социализма». Участник создания рев. об-ва «Земля и воля» (1861–62), в агитац.-пропагандистской кампании С.Г. Нечаева (1869–70). Романтич. лирика, поэмы, в т.ч. «Юмор» (ч. 1–3, опубл. в 1857–69), в к-рой исповедальные мотивы сочетаются с полит. сатирой. Умер в Гринвиче, близ Лондона, в 1966 прах перевезён в Москву на Новодевичье кладбище.

О. ГЕ́НРИ (O. Henry) (наст. имя Уильям Сидни Портер) (1862–1910), амер. писатель. Тщательно выписанные юмористич. новеллы, проникнутые любовью к «маленькому американцу», отличаются занимательным сюжетом, парадоксальной развязкой, богатством худ. речи (причудливой, ассоциативной, насыщенной пародиями, аллюзиями, каламбурами). Сатирич. притча «Короли и капуста» (1904). Юмору О.Г. присущи разл. эмоц. тона (трогательный, грустный, насмешливый, эксцентричный и др.).

ОГИ́НЬСКИЙ (Oginski) Михаил Клеофас (1765–1833), граф, польск. полит. деятель, композитор. Участник восстания (1794) под рук. Т. Костюшко, эмигрировал в Италию; в 1802–15 жил в С.-Петербурге (с 1810 сенатор). Автор полонезов (в т.ч. «Прощание с Родиной», 1794) и др. фп. пьес, романсов.

ОГЛАШЁННЫЕ (от огласить, сделать гласным), в христ. церкви лица, готовящиеся к принятию *крещения* и наставляемые в вере.

О́ГНЕННАЯ ЗЕМЛЯ́, архипелаг у юж. оконечности Юж. Америки. Отделён от материка Магеллановым прол. Пл. 72 т.км². Зап. часть принадлежит Чили, вост.– Аргентине. Кр. о-в – Огненная Земля, или Исла-Гранде (48 т.км²). На З. и Ю.– горы (выс. до 2469 м), ледники, фьорды, на С. и В.– холмистые равнины, со степями и лугами, торфяные болота. М-ния нефти и газа. Гл. города: Ушуая, Порвенир. Открыт Магелланом в 1520 и назван им по обилию огней (по одним объяснениям, костров, по другим – огней, зажжённых на лодках) «Землёй огней».

ОГНЕСТРЕ́ЛЬНОЕ ОРУ́ЖИЕ, оружие, в к-ром для выбрасывания из канала ствола снаряда (мины, пули) используется сила давления газов, образуемых при сгорании заряда (пороха или др.). Появилось после изобретения пороха, в 12 в. у арабов, в 14 в. в Зап. Европе и на Руси. Подразделяется на артиллерийское (гаубицы, пушки, миномёты) и стрелковое (автоматы, винтовки, пистолеты), а также гранатомёты.

ОГНЕТУШИ́ТЕЛЬ, переносная (до 20 кг) или передвижная ёмкость с огнетушащим составом (углекислота, пена, хим. или возд.-механич. пена, порошок, хладон и др.) и вытесняющим агентом, снабжённая запорным клапаном и спец. устройством (насадком) для образования струи состава.

ОГНЕУПО́РЫ, материалы и изделия, изготовляемые в осн. на основе минер. сырья, обладающие огнеупорностью (способностью противостоять, не расплавляясь, действию высокой темп-ры – не ниже 1580 °C; по стандартам ряда стран – не ниже 1500 °C). Применяются для кладки пром. печей, топок и др. теплотехн. агрегатов.

ОГОРА́ЖИВАНИЯ, насильственный сгон крестьян феодалами с земли (к-рую затем огораживали изгородями, канавами и т.д.); в Англии кон.

Огнестрельное оружие: 1 – фитильный мушкет 16–17 вв.; 2 – русский кавалерийский пистолет образца 1810; 3 – охотничье курковое ружьё нач. 20 в.; 4 – трёхлинейная магазинная винтовка системы Мосина образца 1891; 5 – револьвер системы Нагана образца 1895; 6 – станковый пулемёт системы Максима образца 1910.

15 – нач. 19 вв. О. были основой т.н. первонач. накопления капитала.

ОГРАНИЧЕ́НИЕ СВОБО́ДЫ, в рос. уголов. праве вид *наказания*; состоит в содержании осуждённого под надзором с обязат. привлечением к труду в местах, определяемых органами, ведающими исполнением приговора. Устанавливается на срок не св. 4 лет.

ОГУРЕ́Ц, род одно- и многолетних травянистых р-ний (сем. тыквенные). Ок. 30 видов, в осн. в Африке. О. посевной, окультуренный в Индии неск. тыс. лет назад,– популярная овощная культура, выращивается на всех континентах, особенно широко в умеренном поясе, в России – повсеместно (севернее 62–65° с.ш.– в теплицах). Плоды (до 400 ц с 1 га, в теплицах 20–35 кг с 1 м²) богаты минер. солями, широко используются для засолки и консервирования. Огуречный сок – старинное космет. средство. К роду О. относят *дыню*.

Огурец. Плодоносящее растение.

ОГУРЕ́ЧНАЯ ТРАВА́ (бораго), род одно- или многолетних травянистых р-ний (сем. бурачниковые). 2–3 вида, в осн. в умеренном поясе Европы и Азии. Возделывают гл. обр. в странах Зап. Европы, в России ограниченно. В пищу употребляют (в салатах) листья с огуречным запахом.

ÓДА Нобунага (1534–82), япон. полководец. Низложив в 1573 последнего сёгуна из дома Асикага, объединил под своей властью около трети страны.

ÓДА (позднелат. ode или oda, от аттич. формы ōidē, греч. слова aoidē — песня), жанр лирич. поэзии и музыки; торжеств., патетич., прославляющее произв. Как хоровая песня возникла в античности (Пиндар); в 16–18 вв. жанр высокой лирики (Вольтер, Г.Р. Державин). С 17 в. также вок.-инстр. муз. произв., написанное по поводу определ. события, прославляющее к.-л. идею или личность; в 19–20 вв. создаются и чисто инстр. О.

ÓДЕН (Auden) Уистен Хью (1907–1973), англо-амер. поэт (в США с 1939). С кон. 20-х гг. романтик, радикал, тотально отрицавший бурж. цивилизацию как торжествующую пошлость. В исходе исп. гражд. войны (участие в ней запечатлел в поэме «Испания», 1937) и в начавшейся 2-й мир. войне увидел крах европ. гуманистич. традиции. В стихах, исполненных внутр. смятения (особенно в сб. «Век тревоги», 1948), выражает раздвоенность природы человека, бессильной перед конкретным злом и не смиряющейся в поисках абсолюта («Щит Ахилла», 1955; «В честь Клио», 1960), приходит к христ-ву (неортодоксальному протестантизму). Для лирики О. (изобретательной по строфике и метафорике) характерны драм. формы, обыгрывание разл. манер, иронич. отстранение, стилизация. Эссе о лит-ре и религии, переводы, либретто опер.

ÓДЕНСЕ, г. в Дании, на о. Фюн. 141 т.ж. Порт на р. Оденсе. Судостроение, эл.-техн., текст. пром-сть. Ун-т. Дом-музей Х.К. Андерсена (уроженца О.). Собор Св. Кнуда (ок. 1300, достроен в 15 в.), церк. Богоматери (12 в.), Иоанна (15 в.).

ОДЕ́ССА, центр Одесской обл., на Украине. 1096 т.ж. Порт на Чёрном м.; ж.-д. уз. Маш-ние (станкостроение, произ-во подъёмно-трансп., холодильного, мед., торг., полиграф. и др. оборудования, почвообрабат. агрегатов, вычислит. машин и др.); хим., нефтеперераб., мед.-фарм., пищевкус., лёгкая пром-сть. Сталепрокатное ПО. 14 вузов (в т.ч. ун-т). Юж. науч. центр АН Украины.

Консерватория (1939). Музеи: археол., худ., зап. и вост. иск-ва, мор. флота, ист.-краеведч., лит.-мемор. А.С. Пушкина. Т-ры: оперы и балета (1810), укр. драм., рус. драм., юного зрителя, муниц. т-р «Ришелье». Осн. в 1793 как крепость на месте тур. крепости Хаджибей (изв. с 15 в.), с 1794 город, с 1795 совр. назв. Имеет регулярную планировку. В центре — анс. классицистич. зданий с Потёмкинской лестницей (1826–41). Пам. герцогу (дюку) А.Э. Ришелье (1823–28).

ОДЗА́ВА Сэйдзи (р. 1935), япон. дирижёр. Совершенствовался у Г. фон Караяна. С 60-х гг. работал с крупнейшими симф. оркестрами США и Канады. В 1970–76 гл. дирижёр симф. орк. Сан-Франциско, в 1973–75 — Бостонского симф. орк. Гастролирует.

ÓДЗУ Ясудзиро (1903–63), япон. кинорежиссёр. Певец повседневной жизни, простых человеческих чувств, ставил фильмы грустные и лирические, окрашенные мягким юмором: «Токийский хор» (1931), «Брат и сестра Тода» (1941), «Токийская повесть» (1953), «Цветы Хиган» (1958) и др.

Одиссей. Фрагмент скульптурной группы. Мрамор. Кон. 2 в. до н.э. Археологический музей. Сперлонга.

Я. Одзу. Кадр из фильма «Вкус сайры» (1962).

ÓДИН (Водан, Вотан), у древних германцев и скандинавов верховный бог. Бог-колдун (шаман), бог войны и воен. дружины, покровитель героев, хозяин *вальхаллы*.

ОДИО́ЗНЫЙ (от лат. odiosus — ненавистный, противный), известный своими отрицат. качествами, вызывающий резко неприязненное отношение.

ОДИССЕ́Й (греч., лат. Улисс), в греч. мифологии царь Итаки, участник осады Трои. Славился умом, хитростью, изворотливостью и отвагой. Странствия и возвращение к супруге Пенелопе составляют «Одиссею».

«ОДИССЕ́Я», др.-греч. эпич. поэма о странствиях Одиссея, приписываемая *Гомеру*; памятник мирового значения. Создана несколько позже «*Илиады*», написана гекзаметром (ок. 12100 стихов). В основе «О.» — всемирно известный фольклорный сюжет: муж после долгих скитаний возвращается неузнаваемым к своей верной жене. В образе Одиссея героич. черты (преодоление сверхъестеств. препятствий и соблазнов) отступают на задний план перед качествами ума, хитрой изобретательностью и расчётливостью. «О.» содержит больше бытовых картин и сказочного материала, чем «Илиада». Классич. рус. перевод «Одиссеи» — В.А. Жуковского (1849).

ОДНОДО́ЛЬНЫЕ, класс покрытосеменных р-ний с одной семядолей в зародыше. В отличие от двудольных лишены образоват. ткани (камбия) и поэтому стебель и корень, как правило, в толщину не растут; листья обычно с параллельным или дугообразным жилкованием; цветок б.ч. трёхчленного типа. К О. относятся злаки, пальмы, орхидеи и др., всего ок. 80 сем. и ок. 60 тыс. видов.

ОДНОДО́МНЫЕ РАСТЕ́НИЯ, растения, у к-рых однополые жен. (пестичные) и муж. (тычиночные) цветки находятся на одной и той же особи, напр. лещина, кукуруза. Ср. *Двудомные растения*, *Многодомные растения*.

ОДНОКЛЕ́ТОЧНЫЕ, растит. и животные организмы, тело к-рых состоит из одной клетки. По уровню организации О. относятся к прокариотам (бактерии) и эукариотам (нек-рые водоросли, простейшие). Могут образовывать колонии.

ОДНОЧЛЕ́Н, произведение числовых и буквенных множителей.

ОДО́ЕВСКИЙ Ал-др Ив. (1802–1839), князь, рус. поэт. Участник восстания 14 дек. 1825; приговорён к 8 годам каторги. Поэзия характерна для гражд. течения рус. *романтизма*: элегии, ист. поэма «Василько» (1829–30), стихотв. отклик на «Послание в Сибирь» А.С. Пушкина, содержащий крылатую строку «Из искры возгорится пламя».

ОДО́ЕВСКИЙ Вл. Фёд. (1803 или 1804? – 1869), князь, рус. писатель, муз. критик, один из основоположников рус. классич. музыковедения. Пред. «Об-ва любомудрия». Сб. новелл и филос. бесед «Русские ночи» (1844). Повести из светской жизни («Княжна Зизи», 1839), а также романтич. и филос.-фантастические. Работы по эстетике.

ОДОМА́ШНИВАНИЕ, приручение диких ж-ных и превращение их в домашних, специально разводимых человеком. Подавляющее большинство ж-ных одомашнено ок. 10–5 тыс. лет назад, одним из первых (вероятно, 15–10 тыс. лет назад) – собака. Наиб. хоз. значение из домашних ж-ных имеют кр. рог. скот, овцы, свиньи, куры, утки и др. О. др. видов ж-ных – антилоп, лосей, норок, нутрий, серебристо-чёрных лисиц, соболей и др.– продолжается. По отношению к р-ниям применяется термин «окультуривание».

ОДУВА́НЧИК, род многолетних трав (сем. *сложноцветные*). Св. 1000 видов, в холодных и умеренных поясах. О. лекарственный растёт вдоль дорог, у жилья, засоряет газоны, сады, огороды и т.п. Отвар из его

«Одиссея». Илл. П.А. Шиллинговского к изд. 1935, Москва – Ленинград.

Одесса. Театр оперы и балета.

Одесса. Памятник дюку Ришелье.

С.И. Ожегов.

корней – возбуждающее аппетит, желчегонное и слабит. средство. Нек-рые виды О., напр. кок-сагыз и крым-сагыз, – каучуконосы. Молодые листья употребляют в салат, поджаренные корни – суррогат кофе.

ОЖЕГОВ Сер. Ив. (1900–64), языковед, лексиколог, лексикограф. Создал «Словарь русского языка» (1949; 23-е изд., 1991); его продолжением является дополненный и переработанный «Толковый словарь русского языка» С.И. Ожегова, Н.Ю. Шведовой (1992; 2-е изд., 1994).

ОЖИРЕНИЕ, избыточное отложение жира в подкожной клетчатке, сальнике и др. тканях организма при переедании, неподвижном образе жизни, эндокринных заболеваниях и т.д. Борьба с О. – диета (ограничение потребления жиров и углеводов), повышение мышечной активности; при эндокринных нарушениях – спец. лечение.

ОЖОГ, повреждение тканей организма, вызванное действием высокой темп-ры или нек-рых хим. в-в (щелочей, к-т, солей тяж. металлов и др.). Различают 4 степени О.: покраснение кожи, образование пузырей, омертвление всей толщи кожи, обугливание тканей. Особая форма – лучевые О. (солнечные, рентгеновские и др.).

ОЗЁРА, природные водоёмы в углублениях суши (котловинах), заполненные в пределах озёрной чаши (озёрного ложа) разнородными вод. массами и не имеющие односторонного уклона. Котловины О. по происхождению делятся на тектонические, ледниковые, речные (старицы), приморские (лагуны и лиманы), провальные (карстовые, термокарстовые), вулканические (в кратерах потухших вулканов), завально-запрудные, искусственные (водохранилища, пруды); по вод. балансу – на сточные и бессточные; по хим. составу воды – на пресные и минеральные. Общая площадь О. земного шара ок. 2,7 млн. км² (ок. 1,8% площади суши). Крупнейшие О. мира – *Каспийское море, Великие озёра, Виктория, Аральское море, Танганьика, Байкал.*

ОЗЕРОВ Ник. Ник. (р. 1922), неоднократный чемпион СССР по теннису (1939–58) в разл. разрядах; популярный спорт. комментатор Всес. радио и Центр. телевидения (1950–88), Радио России (с 1992). В 1945–70 актёр МХАТ.

ОЗИМЫЕ КУЛЬТУРЫ, с.-х. растения, нормально развивающиеся при осеннем посеве и дающие урожай на следующий год. О.к. выращивают в р-нах с относительно мягкими зимами и устойчивым снежным покровом. Наиб. распространена озимая пшеница.

ОЗОН, O_3, аллотропная форма кислорода; синий газ, $t_{кип}$ –111,95 °С. О. обеспечивает сохранение жизни на Земле, т.к. озоновый слой атмосферы задерживает часть УФ-радиации Солнца и поглощает ИК-излучение Земли, препятствуя её охлаждению (преим. ночному, см. также *Озоновая дыра*). О. используют для обеззараживания питьевой воды, обезвреживания пром. сточных вод, для получения камфоры, ванилина и др. соед., для отбеливания тканей, минер. масел и др. Открыт нем. химиком Х. Шёнбейном в 1840.

ОЗОНОВАЯ ДЫРА, разрыв в озоновом слое *атмосферы Земли* (диам. св. 1000 км), возникший над Антарктидой и перемещающийся к насел. р-ны Австралии. О.д. возникла, предположительно, в результате антропогенных воздействий, в т.ч. широкого использования в пром-сти и быту хлорсодержащих хладонов (фреонов), разрушающих озоновый слой. О.д. представляет опасность для живых организмов, поскольку озоновый слой защищает поверхность Земли от чрезмерных доз УФ-излучения Солнца. В 1985 принята Венская конвенция об охране озонового слоя, в 1987 – Монреальский протокол. О.д. была обнаружена англ. исследователем Дж. Фарманом в 1985. В 1992 О.д. обнаружена также над Арктикой.

ОЙКУМЕНА (греч. oikuméne), населённая человеком часть Земли. Впервые описание О. встречается у греч. географа 6 – нач. 5 вв. до н.э. Гекатея Милетского.

ОЙСТРАХ Дав. Фёд. (1908–74), скрипач, педагог. Игра О. отличалась пластичностью, классической

Д.Ф. Ойстрах.

ясностью и точностью выражения, сочетала лирич. задушевность с мужеств., волевым началом. Обширный репертуар включал классич. и совр. произв. отеч. и заруб. композиторов. Первый исполнитель посвящённых ему соч. Д.Д. Шостаковича, С.С. Прокофьева, Н.Я. Мясковского, А.И. Хачатуряна и др. Выступал также в трио с Л.Н. Обориным и С.Н. Кнушевицким, в скрипичном дуэте с сыном – И.Д. Ойстрахом, как симф. дирижёр.

ОКА, р. в Европ. части России, самый крупный прав. приток Волги. Дл. 1500 км. Истоки в центр. части Среднерусской возв.; впадает в Волгу у г. Ниж. Новгород. Осн. притоки: Угра, Москва, Клязьма, Мокша. Регулярное судох-во от устья р. Москва. На О. – гг. Орёл, Калуга, Серпухов, Коломна, Рязань, Муром.

ОКАРИНА (от итал. ocarina – гусёнок), свистковая флейта. Название сконструированного в 1860 Дж. Донати (Италия) муз. инстр-та стало употребляться как обозначение древнего типа флейт без выдувного отверстия (преим. глиняных), широко распространённых у мн. народов мира.

ОКЕАН, в греч. мифологии миролюбивый титан, сын Урана, божество реки, омывающей свет.

ОКЕАН (греч. ōkeanós) (Мировой океан), непрерывная вод. оболочка Земли, окружающая материки и о-ва и обладающая общностью солевого состава. Занимает пл. 361,26 млн. км² (объём 1340,74 млн. км³) – ок. 70,8% земной поверхности (в Сев. полушарии 61% поверхности, в Южном – 81%). О. делится материками на 4 части: Тихий, Атлантический, Индийский и Сев. Ледовитый. Ср. глуб. ок. 3711 м, наиб. – 11022 м (Марианский жёлоб в Тихом ок.). По геоморфол. и геол. особенностям в строении дна О. выделяют: шельф, материковый склон и материковое подножие, ложе О. и срединно-океанические хребты. Дно О. образует земная кора океанич. типа с малой мощностью (до 8–10 км) и отсутствием гранитно-метаморфич. слоя. Ложе О. сложено базальтами; на них залегает чехол глубоковод. осадков (наиб. древние – юрского возраста), мощность и возраст к-рых уменьшаются по направлению к срединно-океанич. хребтам. Ср.-год. темп-ра поверхностных вод О. равна 17,5 °C; в открытом О. наиб. темп-ра у экватора (до 28 °C), по мере приближения к полюсам она понижается (до –1,9 °C); сезонные колебания темп-ры наблюдаются до глуб. 100–150 м. На больших глубинах распределение темп-ры определяется глубинной циркуляцией, переносящей воды, пришедшие с поверхности (в придонном слое темп-ра 1,4–1,8 °C, в полярных областях – ниже 0 °C). Ср. солёность воды до 34,7‰, макс. – до 38–42‰ (в тропич. морях). Циркуляция вод в слое 150–200 м определяется преим. господствующими над О. ветрами, ниже – существующей в толще воды разностью плотности (см. *Морские течения*). Осн. элементы циркуляции вод: антициклональные круговороты в субтропич. широтах и циклональные – в высоких широтах. Вся толща воды О. подвержена влиянию приливообразующих сил Луны и Солнца (см. *Приливы*). О. обладает кр. биол. (рыба, моллюски, ракообразные, вод. р-ния), энергетич. (использование энергии приливов) и минер. (хим. элементы, растворённые в воде, полезные ископаемые) ресурсами.

ОКЕАНАРИУМ (океанарий), бассейн с мор. водой для содержания мор. ж-ных. О., в к-ром содержат дельфинов, наз. дельфинарием. Первый в мире О. открыт в 1928 в шт. Флорида (США). Крупнейший в мире О. по числу содержащихся ж-ных (6500 представителей 525 видов флоры и фауны) действует с 1984 в шт. Калифорния (США).

ОКЕАНИЧЕСКИЕ ТЕЧЕНИЯ, см. *Морские течения.*

ОКЕАНИЯ, крупнейшее скопление о-вов (ок. 10 тыс.) в центр. и юго-зап. частях Тихого ок., между Австралией и Малайским арх. на З. и широкими океанич. пространствами, почти лишёнными о-вов, на С., В. и Ю. Подразделяется на *Меланезию, Микронезию* и *Полинезию,* из к-рой иногда выделяют Н. Зеландию. Пл. о-вов 1,26 млн. км². По происхождению о-ва преим. вулканич. (возвышенные) и коралловые (низменные). Наиб. выс. 5029 м (г. Джая на о. Н. Гвинея). Климат океанич., преим. субэкв. и экваториальный, на Ю. – субтропич. и умеренный. Осадков в осн. ок. 1000 мм в год, на наветренных склонах кр. о-вов до 10 т.мм. Влажные тропич. леса, саванны, луга. Для фауны характерны малое кол-во млекопитающих и обилие птиц, много эндемиков. В О. расположены 12 гос-в, владения Великобритании, Франции, США, Австралии, Н. Зеландии. При разделении суши на части света О. обычно объединяют с Австралией, иногда её выделяют в особую часть света.

ОКЕАНОЛОГИЯ (от *океан...* и *...логия*), наука о природных процессах в Мировом ок. – целостном планетарном объекте, возникающих при его взаимодействии с атмосферой, литосферой, материковым стоком. Выделяют физику, химию, биологию и геологию океана. Употребляется также термин *океанография.*

О'КЕЙСИ (O'Casey) Шон (1880–1964), ирл. писатель, обществ. деятель. Реалистич. драм. трил. «Тень стрелка» (1925), «Юнона и павлин» (1925) и «Плуг и звёзды» (1926), героич. драма «Звезда становится красной» (1940) проникнуты идеями нац.-освобод. борьбы, социальной критики. Автобиогр. эпопея «Зеркало в моём доме» (1954).

ОКИСЛИТЕЛЬНО-ВОССТАНОВИТЕЛЬНЫЕ РЕАКЦИИ, хим. реакции, сопровождающиеся переходом электронов от одного в-ва (восстановителя) к другому (окислителю). Присоединение электронов наз. восстановлением, отдача – окислением. О.-в. р. протекают, напр., при брожении, дыхании, в доменном процессе.

ОККАМ (Ockham, Occam) Уильям (ок. 1285–1349), англ. философ-схоласт, логик и церк.-полит. писатель, гл. представитель *номинализма* 14 в., францисканец. Согласно принципу «бритвы О.», понятия, несводимые к интуитивному и опытному знанию, должны быть удалены из науки. С 1328 жил в Мюнхене, выступал как идеолог имп. власти против притязаний папы на светскую власть.

ОККУЛЬТИЗМ (от лат. occultus – тайный, сокровенный), общее название учений, признающих существование скрытых сил в человеке и космосе, доступных лишь для «посвящённых», прошедших спец. психич. тренировку. Учения О. о всеобщих скрытых связях явлений и о человеке как микрокосме повлияло на становление эксперим. методов в науке (итал. натурфилософия эпохи Возрождения и др.).

ОКЛАД, декор. покрытие иконы или книжного переплёта из золота, серебра, золочёной или посеребрённой меди и украшенный чеканкой, чернью, эмалями, жемчугом, драгоценными камнями и т.д. Илл. см. на стр. 490.

ОКЛЕНД, г. в Н. Зеландии, на перешейке Тамаки, соединяющем п-ов Окленд с остр. терр. Северного о-ва. 317 т.ж. Порт в зал. Хаураки Тихого ок. (грузооборот св. 15 млн. т в год); междунар. аэропорт. Маш-ние, ме-

ОКЕАНИЯ

ПОЛИТИЧЕСКОЕ ДЕЛЕНИЕ ОКЕАНИИ

Государства и территории	Их состав
Вануату	о-ва Новые Гебриды
Западное Самоа	зап. часть архипелага Самоа: о-ва Уполу, Савайи и др.
Кирибати	о-ва Гилберта, Феникс, Лайн (исключая о.Джарвис, атолл Пальмира и риф Кингмен) и о. Банаба
Маршалловы Острова	Маршалловы о-ва, в том числе атолл Таонги
Науру	о.Науру
Новая Зеландия	о.Северный, о.Южный, о.Стьюарт, о-ва Чатем и др.
Папуа—Новая Гвинея	вост. часть о. Новая Гвинея с близлежащими о-вами, архипелаг Бисмарка, сев. часть Соломоновых о-вов и др.
Соломоновы Острова	Соломоновы о-ва (исключая их сев. часть), о-ва Санта-Крус и др.
Тонга	о-ва Тонга

Владения и опека	Их состав
Великобритании	
Питкэрн	о-ва Питкэрн, Хендерсон, Дюси и Оэно
Австралии	
Норфолк	о.Норфолк
Новой Зеландии	
Острова Кука	о-ва Кука
Ниуэ	о.Ниуэ
Токелау (Юнион)	о-ва Токелау (Юнион)
США	
Восточное Самоа	вост. часть архипелага Самоа: о-ва Тутуила, Ауну, Мануа, Суэйнс и атолл Роз
Гуам	о.Гуам
Атолл Джонстон	атолл Джонстон
Мидуэй	о-ва Мидуэй
Остров Уэйк	о.Уэйк
Северные Марианские Острова	Марианские о-ва (исключая о.Гуам)
Франции	
Французская Полинезия	о-ва Общества, Маркизские, Туамоту, Тубуаи и др.
Новая Каледония	о-ва Новая Каледония, Луайоте, Пен, Белеп, Уоллис, Иоп и др.
Острова Уоллис и Футуна	о-ва Уоллис и Футуна (Хорн)
ООН	
Палау	о-ва Палау, о.Сонсорол, о.Фана, о.Пуло-Анна, о.Мерир, о.Тоби, атолл Хелен

Государства и территории	Их состав
Тувалу	о-ва Тувалу
Федеративные Штаты Микронезии	Каролинские о-ва (исключая о-ва Палау, о.Сонсорол, о.Фана, о.Пуло-Анна, о.Мерир, о.Тоби, атолл Хелен) и атолл Калинингамаранги
Фиджи	о-ва Фиджи
Гавайи (штат США)	Гавайские о-ва (исключая о-ва Мидуэй)
Ириан-Джая (провинция Индонезии)	зап. часть о. Новая Гвинея

1 : 60 000 000

490 ОКОЛ

Оклад.

таллообработка; хим., текст., пищ. пром-сть. Ун-т (осн. в 1883). Музей маорийского иск-ва (осн. в 1852), Галерея иск-в.

ОКО́ЛЬНИЧИЙ, придворный чин и должность в Рус. гос-ве 13–нач. 18 вв. Возглавлял *приказы*, полки. С сер. 16 в. 2-й думный чин *Боярской думы*.

О'КО́ННОР (O'Connor) Фланнери (1925–64), амер. писательница. В новеллах (сб. «Хорошего человека найти нелегко», 1955) и романах («Голос крови», 1952; «Царство небесное силой берётся», 1960) – о трагич. искупительных «странствиях» к духовному прозрению – сатира, гротеск, рационалистич. жестокость сосуществуют с лирикой. Противопоставление эмоции рассудку, недоверие науке как спутнику разрушит. материального прогресса; ревностный католицизм.

ОКРУЖА́ЮЩАЯ СРЕДА́, среда обитания и деятельности человека. Включает природную и искусств. (техногенную) среду, т.е. совокупность созданных человеком сооружений, трансп. средств и т.п. (т.н. вторая природа). Обществ. произ-во изменяет О.с., воздействуя прямо или косвенно на все её элементы. Как правило, это приводит к негативным последствиям, ухудшающим экологич. обстановку на Земле и снижающим качество жизни человека, особенно в совр. эпоху, когда масштабы человеческой деятельности приобрели глобальный характер.

Часто термин «О.с.» понимается только как окружающая природная среда и в таком значении иногда используется в междунар. док-тах (напр., Программа ООН по О.с. – ЮНЕП). Сохранение О.с. в пригодном для жизни состоянии – одна из важнейших проблем, стоящих перед человечеством. Вопросы охраны О.с. регулируются также законодательством отд. стран. См. также *Охрана природы*.

ОКРУ́ЖНОСТЬ, замкнутая плоская кривая, все точки к-рой одинаково удалены от данной точки (центра). Отрезок R, соединяющий центр О. с какой-либо её точкой (а также длина этого отрезка), наз. радиусом; отрезок, соединяющий две точки О., – хордой, наибольшая из хорд – диаметром. Отношение длины О. к диаметру одинаково для всех О. и равно $\pi = 3{,}14\ldots$ (см. *ПИ*). Длина О. равна $2\pi R$.

ОКСИ́ДЫ, соединения хим. элементов (кроме фтора) с кислородом. При взаимодействии с водой образуют основания (основные О.) или кислоты (кислые О.), многие О. амфотерны. Большинство О. при обычных условиях – твёрдые в-ва, нек-рые – жидкости и газы. О. широко распространены в природе; к ним относятся вода, кремнезём SiO_2 и мн. минералы.

ОКСИ́МОРОН (оксюморон) (греч. oxýmōron, букв. – остроумно-глупое), *стилистическая фигура*, сочетание противоположных по значению слов, сжатая и оттого парадоксально звучащая *антитеза* («живой труп» – Л.Н. Толстой; «жар холодных числ» – А.А. Блок).

О́КСФОРД, г. в Великобритании, на р. Темза, 120 т.ж. Старинный университетский центр (с 12 в.). Музей Ашмола (археол. и худ. коллекция). Прямоуг. дворы колледжей, готич. и классицистич. застройка окружены зелёными насаждениями. (в осн. 12 в.), комплекс ун-та, т-р Шелдона (17 в.), б-ка Радклиффа (18 в.).

ОКТА́ВА (муз., см. в ст. *Интервал*).

ОКТА́ВА, строфа из 8 стихов с рифмовкой ababcc (см. *Рифма*); в поэзии Ренессанса употреблялась в итал., исп., португ. эпосах (Т. Тассо, Л. Камоэнс), в 19 в. – в лирич. и иронич. поэзии («Дон Жуан» Дж. Байрона; «Осень» А.С. Пушкина).

ОКТА́НОВОЕ ЧИСЛО́, условная количеств. характеристика стойкости к детонации моторных топлив, применяемых в карбюраторных двигателях внутр. сгорания. О.ч. численно равно содержанию (в % по объёму) изооктана (О.ч. к-рого принято за 100) в его смеси с *н*-гептаном (О.ч. равно 0), при к-рой эта смесь эквивалентна по детонац. стойкости исследуемому топливу при стандартных условиях испытания. Чем больше О.ч., тем выше детонац. стойкость топлива. О.ч. наиб. распространённых отеч. марок автобензинов 76–93 (определены разл. методами), авиабензинов 91–95.

ОКТА́ЭДР (от греч. oktṓ – восемь и hédra – сиденье, плоскость, грань), один из пяти типов правильных многогранников; имеет 8 граней (треугольных), 12 рёбер, 6 вершин (в каждой сходятся 4 ребра). Илл. см. при ст. *Многогранник*.

ОКТЕ́Т (франц. octette, от лат. octo – восемь), см. в ст. *Ансамбль*.

ОКТЯ́БРЬ (лат. October, от octo – восемь), десятый месяц календарного года (31 сут); до реформы календаря (при Юлии Цезаре) был восьмым месяцем (отсюда назв.).

ОКТЯ́БРЬСКАЯ РЕВОЛЮ́ЦИЯ 1917 в России, вооруж. свержение Врем. пр-ва и приход к власти партии большевиков, провозгласивший установление сов. власти, начало ликвидации капитализма и перехода к социализму. Медлительность и непоследовательность действий Врем. пр-ва после Февр. рев-ции в решении рабочего, агр., нац. вопросов, продолжавшееся участие России в войне и кризиса и создали предпосылки для усиления крайне левых партий в центре и национа-листич. партий на окраинах страны. Наиб. энергично действовали большевики, провозгласившие курс на социалистич. рев-цию в России, к-рую они считали началом мировой рев-ции. Они выдвинули популярные лозунги: «Мир – народам», «Земля – крестьянам», «Фабрики – рабочим», к кон. августа – нач. сентября завоевали большинство в Советах Петрограда и Москвы и приступили к подготовке вооруж. восстания, приуроченного к открытию II Всерос. съезда Советов. В ночь с 24 на 25 окт. (6–7 нояб.) вооруж. рабочими, солдатами петрогр. гарнизона и матросами Балт. флота был захвачен Зимний дворец и арестовано Врем. пр-во. Съезд, на к-ром большевикам вместе с левыми эсерами принадлежало большинство, одобрил свержение Врем. пр-ва, принял Декреты о мире и о земле, сформировал пр-во – Совет Народных Комиссаров во главе с В.И. Лениным. Подавив в Петрограде и Москве сопротивление сил, верных Врем. пр-ву, большевикам удалось быстро установить господство в осн. пром. городах России. Гл. противник – партия кадетов была объявлена вне закона, арестован ряд их лидеров, запрещена оппозиц. печать. Несмотря на это на выборах в Учредительное собрание [12(24) нояб. 1917] большевики получили лишь ок. 25% голосов избирателей. Учредительное собрание [Петроград, 5(18) янв. 1918], отказавшееся принять ряд ультимативных требований большевиков, было ими разогнано. Это способствовало дальнейшему расколу страны, обострению *Гражданской войны 1917–22*. К марту 1918 сов. власть была установлена на значит. терр. России, национализированы банки, началась национализация пр-тий, заключено перемирие с Германией. Попытки стран Антанты помешать выходу России из войны и утверждению власти Советов привели к интервенции иностр. держав. Переход к политике «военного коммунизма», создание карательных органов для борьбы с контрев-цией и саботажем – ВЧК (дек. 1917), орг-ция массовой Кр. армии обусловили победу большевиков в Гражд. войне и утверждение их однопарт. диктатуры. О.р. 1917 оказала громадное влияние на развитие России и всего мира в 20 в. Существует широкий спектр оценок О.р.: от признания её нац. катастрофой, приведшей к значит. жертвам и установлению тоталитарной системы, до апологетич. утверждений о том, что рев-ция была попыткой создания социализма как демокр. строя социальной справедливости.

Октябрьская революция 1917. «Штурм Кремля в 1917 году». Картина К.Ф. Юона. 1947. Третьяковская галерея.

ОКУДЖА́ВА Булат Шалвович (р. 1924), рус. поэт. В стихах (сб. «Март великодушный», 1967, «Арбат, мой Арбат», 1976, «Посвящается вам», 1988, «Милости судьбы», 1993) и прозе (пов. «Будь здоров, школяр!», 1961; ист. ром. «Бедный Авросимов», 1969, о П.И. Пестеле, в последующих изд.— «Глоток свободы», «Путешествие дилетантов», 1976—78; «Свидание с Бонапартом», 1983) — частная человеческая жизнь в её сложных взаимосвязях с течением истории. В авторских песнях О., звучавших нравств. камертоном в эпоху застоя, сквозь романтически преображённые картины будничной жизни, мягкую доверительную интонацию и тонкий лиризм проступает твёрдость этич. ориентиров, безупречная верность высокому духовному выбору.

ОКУЛЯ́Р (от лат. oculus — глаз), часть оптич. системы, обращённой к глазу наблюдателя (в *микроскопе*, *зрительной трубе*) и увеличивающая действит. изображение, даваемое *объективом*. По своему действию О. сходен с *лупой*, но отличается от неё значительно меньшей *апертурой*.

О́КУНЬ, промысловая рыба (сем. окунёвые). Дл. до 50 см, масса до 2 кг. Обитает в пресных водах Евразии (нет в Италии, на Пиренейском п-ове, в сев. части Скандинавии и восточнее Колымы). Илл. см. при ст. *Рыбы*.

О́ЛБИ (Albee) Эдуард (р. 1928), амер. драматург. В пьесах «Кто боится Вирджинии Вулф» (1962), «Шаткое равновесие» (1966), «Всё кончено» (1971) — острое переживание кризиса традиц. моральных ценностей и фатальной разобщённости людей. Жестокость повседневности, трагич. забвение семейной любви и понимания в дилогии «Слушая» (1976) и «Дама из Дубьюка» (1980), фантастич. мотивы гибели цивилизации в «Морском пейзаже» (1975). Одни пьесы тяготеют к социально-психол. драме, другие — к европ. экзистенциалистского «антитеатру».

«ОЛД ВИК» (Old Vic Theatre), англ. драм. т-р. Открыт в Лондоне в 1818 под назв. «Кобург тиэтр», после посещения принцессой Викторией в 1833 получил назв. «О.В.». На сцене т-ра выступали Дж. Гилгуд, Л. Оливье, Т. Ричардсон. Ставились пьесы У. Шекспира, совр. драматургов.

О́ЛДИНГТОН (Aldington) Ричард (1892—1962), англ. писатель. Сб. стихов «Образы древние и новые» (1915), «Образы войны» (1919). В ром. «Смерть героя» (1929) и «Все люди — враги» (1933) — судьба пережившего безумие 1-й мир. войны «*потерянного поколения*» в трагически неустроенном и враждебном послевоен. мире, утрата иллюзий, страстный протест против лицемерия и лжи. Биогр. романы о герцоге А. Веллингтоне, писателях О. Бальзаке, Р.Л. Стивенсоне, Д.Г. Лоренсе; рассказы.

ОЛЕА́НДР, род вечнозелёных кустарников (сем. кутровые). 3 вида, в Средиземноморье и субтропиках Азии. Все части р-ния ядовиты. Препараты из листьев О. обыкновенного — сердечно-сосудистое средство. Благодаря красивым тёмно- или сизо-зелёным листьям, а также цветкам (белым, кремовым, розовым, красным) с приятным запахом О. выращивают как декор. р-ние.

ОЛЕ́Г (?—912), др.-рус. князь. По летописи, родственник Рюрика. Правил с 879 в Новгороде, с 882 в Киеве, к-рый провозгласил столицей *Древнерусского государства*. Покорил ряд вост.-слав. племён и обложил их данью. В 907 совершил удачный поход на Византию и заключил с ней выгодные торг. договоры (907 и 911).

ОЛЕ́НИ, семейство жвачных млекопитающих. У большинства О. самцы имеют рога (обычно ветвистые), ежегодно сбрасываемые и весной отрастающие вновь. Ок. 40 видов, в т.ч. благородный О., пятнистый О., лань, косули, кабарги, лось, северный О. Распространены в Евразии, Америке, Сев. Африке. Объект промысла (ради мяса, шкуры, рогов). Численность ряда видов сокращается.

Олени. Пятнистый олень.

ОЛЕ́УМ, раствор триоксида серы SO_3 (см. *Серы оксиды*) в безводной *серной кислоте*; дымящее жидкое или твёрдое в-во. Применяют О. в произ-ве серной к-ты, красителей, в органич. синтезе. Вызывает тяжёлые ожоги кожи и слизистых оболочек.

ОЛЕФИ́НЫ, ненасыщенные ациклич. углеводороды, содержащие в молекуле одну двойную связь C=C. Первый член ряда О.— этилен. Содержатся в продуктах переработки нефти и природных газов. Используются для синтеза полимеров и др. пром. продуктов.

ОЛЕ́ША Юр. Карлович (1899—1960), рус. писатель. Роман-сказка «Три толстяка» (1924), ром. «Зависть» (1927), рассказы, пьесы отражают психол. и моральные проблемы личности в послереев. эпоху; «зрелищность» прозы (стремление к предельной точности языка, «сочные» метафоры). Книга прозаич. миниатюр «Ни дня без строчки» (опубл. 1961).

ОЛИВЬЕ́ (Olivier) Лоренс Керр (1907—89), лорд, англ. актёр, режиссёр. В 1963—73 рук. Нац. т-ра (Лондон). Один из лучших исполнителей шекспировских ролей в т-ре и кино (в т.ч. Ромео, Гамлет, Ричард III). Пост.: «Ромео и Джульетта» (1940) и «Король Лир» (1946) У. Шекспира, «Антигона» А. Ануя (1949) и др. Снимался в ф.: «Леди Гамильтон» (1941), «Комедиант» (1960), «Битва титанов» (1981) и др. Пост. ф.: «Три сестры» (по А.П. Чехову, 1970) и др.

Л.К. Оливье в роли Ричарда III.

ОЛИГА́РХИЯ (греч. oligarhía — немногочисленный и arché — власть), режим, при к-ром (полит., экон. и др.) принадлежит узкой группе лиц (напр., финанс. О.).

ОЛИ́ГО... (от греч. olígos — немногий, незначительный), часть сложных слов, указывающая на малое кол-во чего-либо, на отклонение от нормы в сторону уменьшения (напр., олигофрения).

ОЛИГОПО́ЛИЯ (от олиго... и греч. pōléō — продаю, торгую), тип рыночной структуры х-ва, при к-ром несколько кр. фирм, компаний обеспечивают подавляющую долю отраслевого произ-ва и сбыта продукции.

ОЛИГОФРЕНИ́Я (от олиго... и греч. phrēn — ум) (малоумие), врождённое или приобретённое в младенческом возрасте недоразвитие психики с преобладанием интеллектуального дефекта. Различают три степени О.: *дебильность*, *имбецильность* и *идиотию*.

ОЛИ́МП, горн. массив в Европе, самый высокий в Греции (2917 м). В греч. мифологии О.— священная гора, место пребывания богов во главе с Зевсом. О.— также собрание, сонм олимп. богов.

ОЛИМПИА́ДА (греч. Olympias, род. п. Olympiados), 1) промежуток времени в 4 года между двумя *Олимпийскими играми* (др.-греч.); единица летосчисления в Др. Греции (до 394 н.э.). Годом 1-й О. считается 776 до н.э. 2) Крупнейшие международные комплексные спорт. игры. 3) Соревнования, смотр, конкурс (напр., матем. О. школьников).

ОЛИМПИ́ЙСКИЕ И́ГРЫ (греч. Olýmpia), 1) в Др. Греции общегреч. празднества и состязания (езда на колесницах, пятиборье, кулачный бой, конкурс иск-в). Устраивались в честь бога Зевса с 776 до н.э. в Олимпии 1 раз в 4 года. Продолжались 5 дней. Отменены в 394 н.э. 2) Всемирные спорт. соревнования, прообразом к-рых явились др.-греч. О. и. В программу О.и. включаются наиб. распространённые виды спорта (принятые не менее чем в 20—25 странах 2-3 континентов, летние виды у мужчин — не менее чем в 40 странах 3 континентов). Проводятся с 1896: I — 1896 (Афины), II — 1900 (Париж), III — 1904 (Сент-Луис, США) IV и XIV — 1908 и 1948 (Лондон), V — 1912 (Стокгольм), VII — 1920 (Антверпен), VIII — 1924 (Париж), IX — 1928 (Лос-Анджелес), XI — 1936 (Берлин), XV — 1952 (Хельсинки), XVI — 1956 (Мельбурн), XVII — 1960 (Рим), XVIII — 1964 (Токио), XIX — 1968 (Мехико), XX — 1972 (Мюнхен), XXI — 1976 (Монреаль), XXII — 1980 (Москва), XXIV — 1988 (Сеул), XXV — 1992 (Барселона) (VI — в 1916, XII — в 1940, XIII — в 1944 не проводились). В 1924—92 Междунар. олимп. к-том в год О.и. проводились зимние О.и.: I — 1924 (Шамони, Франция), II и V — 1928 и 1948 (Санкт-Мориц, Швейцария), III и XIII — 1932 и 1980 (Лейк-Плэсид, США), IV — 1936 (Гармиш-Партенкирхен, Германия), VI — 1952 (Осло), VII — 1956 (Кортина-д'Ампеццо, Италия), VIII — 1960 (Скво-Вэлли, США), IX и XII — 1964 и 1976 (Инсбрук, Австрия), X — 1968 (Гренобль, Франция), XI — 1972 (Саппоро, Япония), XIV — 1984 (Сараево), XV — 1988 (Калгари, Канада), XVI — 1992 (Альбервиль, Франция) (V — в 1940 и VI — в 1944 не проводились). Последние зимние О.и. проведены в 1994 (Лиллехаммер, Норвегия). В 1913 П. де Кубертен предложил эскиз олимп. эмблемы — 5 переплетённых колец голубого, чёрного, красного (верх. ряд), жёлтого и зелёного (нижний) цветов — символ 5 объединённых в Олимп. движение континентов. С 1920 в олимп. эмблему входит их девиз — «Быстрее, выше, сильнее» (лат. «Citius, altius, fortius»). Каждые О.и. имеют также свою эмблему: олимп. символ (кольца) и символ города — организатора игр, год, место проведения и т.д.

ОЛИМПИ́ЙЦЫ, в греч. мифологии боги, обитающие на Олимпе. Одно из отличий О. от смертных — их безучастное отношение к страданиям и волнениям людей. Отсюда перен. значение слова «О.» — человек, сохраняющий невозмутимое («олимпийское») спокойствие и внеш. величавость.

ОЛИ́МПИЯ, др.-греч. город в Элиде (сев.-зап. часть Пелопоннеса), место культа Зевса (священная роща Альтис), вокруг к-рого располагались сооружения для проведения Олимп. игр (стадион и др.). В О. находилась мастерская *Фидия*. Архит. ансамбль О. сложился в 7—4 вв. до н.э. В 426 н.э. сожжена по приказу рим. имп. Феодосия II, ранее запретившего культ Зевса и Олимп. игры как языческие. Раскопками открыты остатки святилища Пелопса, храмов, в т.ч. Геры, Зевса, Матери богов, 12 сокровищниц, более 130 статуй, ок. 13 тыс. бронз. предметов, ок. 10 тыс. надписей и др. О. включена в список Всемирного наследия.

ОЛИ́ФЫ (от греч. a'leipha — мазь, масло), плёнкообразующие в-ва на основе растит. масел (натуральные О.) или алкидных смол (глифталевые, пентафталевые О.). Применяются для приготовления и разбавления масляных красок, а также для пропитки древесины перед окрашиванием.

О́ЛОВО (Stannum), Sn, хим. элемент IV гр. периодич. системы, ат.н. 50, ат.м. 118,710; металл, $t_{пл}$ 231,9 °C. О.— компонент бронзы, латуни, баббита и др. сплавов, материал защитных покрытий на металлах, из него изготовляют посуду, худ. изделия и др. Известно с древнейших времён.

ОЛОНХО́, якут. героич. эпос. Цикл из мн. сказаний (10—15 тыс. стихотв. строк каждое), называемых обычно по имени гл. героя: «Нюргун Боотур», «Мэлдью Сильный» и т.д. Исполняется сказителями-олонхосутами без муз. сопровождения; речи персонажей поются для каждого в особой тональности, остальной текст сказывается говорком. Записи О. неоднократно издавались начиная с 1907 на якут. яз., ряд эпизодов в переводе на рус. яз. впервые издан в кн. «Якутский фольклор» (1936).

ОЛТМЕН (Altmen) Роберт (р. 1925), амер. кинорежиссёр. Переосмысливал жанры и легенды амер. кино, иронизировал над разными сторонами жизни 70-х гг.: «M.A.S.H.», «Долгое прощание», «Калифорнийский покер», «Нэшвилл», «Три женщины». Утратив ведущее положение в 80-е гг., вновь добился успеха пост. ф. «Игрок» (1992). Осн. черты режиссёрского почерка О.: сочетание трагич. и комического, внешне хаотичное построение фильмов, включающее разнородные сюжетные линии.

ОЛЬБРЫХСКИЙ (Olbrychski) Даниель (р. 1945), польск. киноактёр. Исполнению О. свойственны яркие романтич. краски, тщательная реалистич. проработка характеров. Наиб. значит. роли сыграл в фильмах А. Вайды: «Пепел» (1965), «Всё на продажу» (1969), «Пейзаж после битвы» (1970), «Березняк» (1971), «Барышня из Вилько» (1980).

ОЛЬВИЯ (Борисфен), античный город (6 в. до н.э. – 4 в. н.э.) на берегу Днепро-Бугского лимана; остатки у с. Парутино, к Ю. от г. Николаев. Укрепление, гор. кварталы, агора, храмы, мастерские, надписи, погребения и др.

Ольвия. Раскопки в Верхнем городе.

ОЛЬГА (?–969), княгиня, жена киевского князя Игоря. Правила в малолетство сына Святослава и во время его походов. Подавила восстание древлян. В 945–947 упорядочила сбор дани, установила адм. центры – погосты. В 955 (или 957) посетила Константинополь; приняла христ-во. Покровительствовала христианам в Киеве. Канонизирована Рус. православ. церковью.

ОЛЬГЕРД (Альгирдас), вел. князь литовский (1345–77), сын Гедимина. Боролся за расширение Вел. кн-ва Литовского, одержал победы над Тевтонским орденом (1348, 1370), Золотой Ордой (1363), присоединил часть зап.-рус. земель. Поддерживал Тверское кн-во и в 1368, 1370, 1372 совершал неудачные походы на Москву.

ОЛЬХА́, род деревьев и кустарников (сем. берёзовые). Св. 40 видов, в Сев. полушарии. Выс. 6–35 м; живут 50–100 лет. Древесину используют в произ-ве мебели, фанеры, тары, как строит. материал. Кора богата дубильными в-вами. Настой из шишек О. серой и О. клейкой – лекарств. (вяжущее) средство.

...ОМА (греч. – ōта), часть сложного слова, обозначающая опухоль (напр., аденома).

О́МА ЗАКО́Н, устанавливает связь между силой тока в проводнике и разностью потенциалов (напряжением) на его концах. Для участка электрич. цепи (проводника), не содержащего источников эдс: сила тока прямо пропорциональна напряжению и обратно пропорциональна сопротивлению проводника. О.з. для замкнутой неразветвлённой цепи: сила тока прямо пропорциональна эдс и обратно пропорциональна полному сопротивлению цепи. О.з. справедлив для постоянных и квазистационарных токов. Открыт нем. физиком Г.С. Омом в 1826.

ОМА́Н (Султанат Оман), гос-во в Азии, на В. Аравийского п-ова, омывается Персидским и Оманским заливами и Аравийским м. Пл. 306 т.км² (границы на З. проходят по пустыням и чётко не определены). Нас. 1,7 млн. ч., гл. обр. оманцы (арабы О.). Офиц. яз.– арабский. Гос. религия – ислам. Абс. монархия. Глава гос-ва и пр-ва – султан. Столица – Маскат. Адм.-терр. деление: 7 районов. Ден. единица – риал Омана.

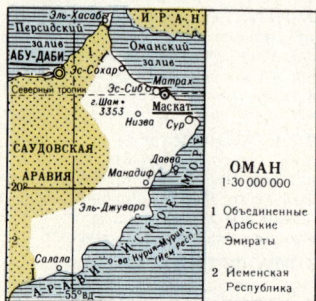

Б.ч. поверхности гористая (выс. до 3353 м). Климат тропич., жаркий. Ср. темп-ры янв. 21 °С, июля 32 °С; осадков 125–500 мм в год. Полупустынная и пустынная растительность.

В сер. 7 в. терр. О. вошла в Араб. халифат. С сер. 8 в. до кон. 18 в. (с перерывами) независимый имамат. К нач. 19 в. терр. О. была расчленена на имамат Оман, султанат Маскат (в 1891–1958 брит. протекторат) и Оман Договорный (с 1971 Объединённые Арабские Эмираты). В 1950-х гг. б.ч. имамата О. была оккупирована Маскатом при поддержке брит. войск. В 1970 султан Маската объявил о создании султаната О. в составе султаната Маскат и имамата Оман.

О.– агр. страна с развивающейся нефте- и газодоб. пром-стью (на экспорт). ВНП на д. нас. 6327 долл. в год. Гл. культуры – финиковая пальма и табак. Выращивают также зерновые, овощи, фрукты. Рыб-во (80% рыбы идёт на экспорт). Кочевое скот-во (овцы, козы, верблюды). Куст.-ремесл. произ-во, в т.ч. холодного оружия, кож, тканей.

ОМА́НСКИЙ ЗАЛИ́В, на С.-З. Аравийского м. Соединяется Ормузским прол. с Персидским зал. Пл. 112 т.км². Глуб. до 3694 м. Порт – Маскат (Оман).

ОМА́Р I (ок. 591 или 581–644), второй халиф (с 634) в Араб. халифате. Один из ближайших сподвижников Мухаммеда. При О. I араб. войска одержали значит. победы над византийцами и Сасанидами и завоевали многочисл. территории в Азии и Африке. Объявил началом мусульм. летосчисления год хиджры. Убит рабом-персом.

ОМА́Р ХАЙЯ́М (наст. имя Гиясаддин Абу-ль-Фатх Омар ибн Ибрахим) (1048–1122), перс. поэт, философ, учёный. Писал также на араб. яз. Автор не утративших и в 20 в. значения матем. трактатов, филос. трактата «О всеобщности бытия» и др. Возглавлял в 1074–92 астр. обсерваторию в Исфахане, в 1079 ввёл календарь, более точный, чем современный григорианский. Непреходящую мировую славу принесли ему стихи – филос., гедонич. и вольнодумные рубаи, вызывавшие ожесточённые нападки духовенства.

ОМА́РЫ, семейство мор. беспозвоночных отр. десятиногих раков. Внешне похожи на речных раков. 36 видов, в т.ч. европейский О.– дл. до 65 см, масса до 11 кг, американский – соотв. 63 см и 15 кг, норвежский – 32 см и 7 кг. О. считаются деликатесом; объект промысла и разведения. Живут до 50 лет.

ОМЕ́ГА, Ω, ω, последняя буква греч. алфавита. Перен.: «альфа и омега» – начало и конец.

ОМЕЙЯ́ДОВ МЕЧЕ́ТЬ в Дамаске (705–715), памятник ср.-век. араб. архитектуры. Перестроена из церк. Иоанна Крестителя (ранее антич. храм). Одно из первых зданий, определивших тип колонной мечети с многостолпным молитв. залом и обширным прямоуг. двором с галереями. Мозаики 8 в.

Омейядов мечеть. Двор.

ОМЕЙЯ́ДЫ, династия араб. халифов в 661–750, происходившая из рода омейя араб. мекканского племени курейш. Основатель – Муавия I. При О. арабы завоевали Сев. Африку, б.ч. Пиренейского п-ова, Ср. Азию и др. терр. Столица О.– Дамаск.

ОМЕ́ЛА, род вечнозелёных полупаразитных кустарников или трав (сем. омеловые). Ок. 100 видов, гл. обр. в тропиках и субтропиках Евразии, в Африке и Сев. Австралии. Паразитируют на лиственных и хвойных деревьях, иногда причиняя им значит. вред. Препараты из молодых листьев широко используются в нар. медицине.

С древности у мн. народов О. («золотая ветвь») – символ жизни, обладающий магич. силой.

ОМЕ́Р СЕЙФЕДДИ́Н (Ömer Seyfettin) (1884–1920), тур. писатель, зачинатель совр. реалистич. новеллы. Рассказы, в основе к-рых совр. события, нар. легенды и сказки, написаны лаконичным, близким к разговорному языком: сб. «Высокие каблуки» (1923), «Первые седины», «Белый тюльпан» (1938) и др.

ОММЕ́ТР, прибор для непосредств. измерения электрич. активных сопротивлений в омах (от мкОм до МОм). Для измерения больших сопротивлений обычно применяют мегомметры и тераомметры.

ОМО́НИМЫ (от греч. homós – одинаковый и ónyma – имя), разные по значению, но одинаково звучащие и пишущиеся единицы языка (слова, морфемы и др.), напр. «рысь» – бег и «рысь» – животное.

ОМОФО́Р (греч. ōmophórion, букв. – носимое на плечах), часть облачения православ. архиерея в виде широкой длинной ленты (в древности из белой шерстяной ткани, позднее из парчи, шёлка и др. тканей разл. цветов) с изображением крестов и особой отделкой; вешается через левое плечо и концы спускаются до подола саккоса. О. бывает большой (носится с начала литургии и до чтения Апостола) и малый (надевается после чтения Евангелия; короче большого).

ОМСК, г. (с 1782), ц. Омской обл., в России. 1168,6 т.ж. Порт на Иртыше, в месте впадения р. Омь; ж.-д. уз.; аэропорт. Маш-ние (с.-х. машины, эл.-приборы и др.); нефтеперераб. и нефтехим. (произ-во шин, резинотехн. изделий, пластмасс и др.), лёгкая, деревообр. пром-сть. 15 вузов (в т.ч. ун-т). Картинная гал. Музеи: краеведч., лит. и др. Т-ры: муз., драмы, юного зрителя, кукол и др. Осн. в 1716, до 1782 – Омский острог.

О́МУЛЬ, проходная рыба (сем. сиги). Дл. до 64 см, масса до 3 кг. Обитает в басс. Сев. Ледовитого ок. Эндемик оз. Байкал – байкальский О. (масса до 7 кг). Ценный объект промысла и разведения. Численность сократилась.

ОМХ, см. *Общество московских художников*.

ОНАНИ́ЗМ (от имени библейского персонажа Онана) (мастурбация), искусственное (вне полового акта) раздражение половых органов для достижения оргазма. Традиц. представления о вреде О. для здоровья необоснованы. Чаще наблюдается у подростков в период полового созревания. У взрослых нередко выступает как суррогатная (заместительная) форма полового акта, напр. среди заключённых. В ряде случаев злоупотребление О.– проявление психич. нарушений. У детей до наступления *пубертатного периода* О.– распространённая дурная привычка.

ОНДА́ТРА (мускусная крыса), млекопитающее (сем. хомяки). Длина тела до 35 см, хвоста до 28 см. Мех густой, блестящий, бурого цвета. Обитает по берегам рек и озёр, в норах или хатках с выходами под воду. Хорошо плавает и ныряет. Родина – Сев. Америка; акклиматизирована в ряде стран, в т.ч. в России, где во мн. местах осн. объект пушного промысла. Может быть переносчиком возбудителей туляремии и паратифа.

ОНЕГГЕ́Р (Honegger) Артюр (1892–1955), франц. композитор. По происхождению швейцарец. Участник *«Шестёрки»*. Синтезируя элементы разл. иск-в, создал новые смешанные сценич. жанры: оратории-мистерии («Жанна д'Арк на костре», 1935), оперы-оратории («Юдифь», 1925, и др.). В творчест-

А. Онеггер.

чают собственно О. (агатовый О.) – белые и чёрные слои; карнеол-О. (сердоликовый О.) – красные и белые слои; сардоникс – бурые и белые слои; халцедон-О.– белые и серые слои. Лучшие О. известны в м-ниях Индии, Уругвая, Бразилии, Армении.

О'НИЛ (O'Neile) Юджин (1888–1953), амер. драматург. Обнажение трагич. коллизий и бездн человеческой жизни определяет пафос пьес, сочетающих экспрессивность и жёсткую конкретику, символику и гротеск, миф и «поток сознания», социальные характеристики и фрейдистское понимание личности. Осн. проблемы: трагич. несовместимость прекрасной мечты и повседневности («За горизонтом», 1920); разрушение личности, захваченной преуспеванием («Душа поэта», 1957); межличностный «поединок» супругов, обострённый расовым различием («У всех детей Господа Бога есть крылья», 1924); губительность собственничества («Страсти под вязами», 1924); безысходное противостояние поколений («Долгий день уходит в ночь», пост. 1956). Монументальные мифол. и аллегорич. трагедии (в т.ч. «Разносчик льда грядёт», пост. 1946). Ноб. пр. (1936).

Ю. О'Нил.

ве О., пронизанном высокими этич. идеалами, соприкасающемся с *экспрессионизмом* и *неоклассицизмом*, индивидуально преломлены тенденции совр. иск-ва. Симф. произв.: «Пасифик 231» (1923), «Регби» (1928) и др.

ОНЕ́ГИНСКАЯ СТРОФА́, 14-стишие 4-стопного ямба с рифмовкой adab ccdd effe gg (см. *Рифма*); созд. А.С. Пушкиным («Евгений Онегин», 1823–31); у др. поэтов – как сознат. подражание.

ОНЕ́ЖСКОЕ О́ЗЕРО (Онего), в Карелии, Ленинградской и Вологодской обл. Пл. 9,7 т.км² (без о-вов), глуб. до 127 м. С созданием Верхнесвирской ГЭС стало водохранилищем (пл. 9950 км²). Мн. о-вов, из них крупнейшие – Б. Климецкий, Б. Леликовский и др. Впадают реки Вытегра, Суна и др.; вытекает р. Свирь. Беломорско-Балтийским каналом соединено с Белым и Балтийским морями, Волго-Балтийским вод. путём – с басс. Волги. Рыб-во. Судох-во. На берегах – гг. Петрозаводск, Кондопога, Медвежьегорск, Повенец. О.о. и его побережье – популярный р-н туризма и отдыха, особенно о. *Кижи*.

О́НИКС, ювелирно-поделочный камень, разновидность *агата*, с характерным чередованием плоскопараллельных слоёв разл. окраски. Различают экспериментальную, теоретич. и клинич. О.

ОНКОЛО́ГИЯ (от греч. óncos – опухоль и ...*логия*), медико-биол. наука, изучающая причины возникновения, механизмы развития и проявления опухолей и разрабатывающая методы их диагностики, лечения и профилактики. Различают экспериментальную, теоретич. и клинич. О.

ОНОМА́СТИКА (от греч. onomastikós – относящийся к наименованию), 1) собств. имена разл. типов – антропонимы, топонимы и др. (см. *Антропонимика*, *Топонимика*). 2) Раздел лексикологии, изучающий собств. имена.

ОНТА́РИО, оз. в Сев. Америке (США, Канада), в системе Великих озёр. Пл. 19,5 т.км², глуб. до 236 м. Впадает р. Ниагара, вытекает р. Св. Лаврентия. Каналами связано с оз. Эри и р. Гудзон. Кр. порт – Торонто (Канада).

ОНТОГЕНЕ́З (от греч. ón, род. п. óntos – сущее и ...*генез*) (индивидуальное развитие организма), совокупность преобразований, претерпеваемых организмом от зарождения до конца жизни.

ОНТОЛО́ГИЯ (от греч. ón, род. п. óntos – сущее и ...*логия*), раздел философии, учение о бытии (в отличие от гносеологии – учения о познании), в к-ром исследуются всеобщие осно-

Оникс. Ваза.

вы, принципы бытия, его структура и закономерности.

ООН, см. *Организация Объединённых Наций*.

ОПА́Л (лат. opalus, греч. opállios, от санскрит. «упала» – драгоценный камень), минерал, состоящий из аморфного и микрокристаллич. гидроксида кремния. Тв. 5–6,5, плотн. 1,9–2,3 г/см³. Благородный О. (с радужной игрой цвета) – ювелирный или ювелирно-поделочный камень. Среди О.: джиразоль – с переливами голубых и розовых тонов, арлекин – с мозаичной игрой цвета, огненный О.– оранжевый с красными искрами, чёрный (наиб. редкий и ценный) – с фиолетовыми, синими и зелёными переливами, кахолонг – белый О. с перламутровым блеском (поделочный камень). Наиб. крупный благородный О. (ок. 7 тыс. кар) хранится в Музее естеств. истории Вены (Австрия). Гл. м-ния драгоценного О.: в Австралии, Мексике, Словакии, США. Состоящие из О. горн. породы (диатомит, трепел, опока) – сырьё для строит., хим. и др. отраслей пром-сти.

ОПА́ЛУБКА, форма, в к-рую укладывают арматуру и бетонную смесь при возведении бетонных и жел.-бетон. конструкций. Наиб. распространены щитовые (дерев., стальные или комбинир.), разборно-переставные и скользящие (подвижные) О. Применяются также несъёмные О. (напр., из жел.-бетон. или керамич. плит).

ОП-А́РТ (англ. op-art, сокр. от optical art – оптич. иск-во), неоавангардистский вариант *абстрактного искусства* в европ. и амер. живописи и графике 1940–90-х гг. (основатель – В. Вазарелли во Франции). Ритмич. комбинации однородных геом. фигур, линий и цвета создают иллюзию движения, декор. эффекты используются в прикладном и оформит. иск-ве, пром. графике, плакате.

Оп-арт. В. Вазарелли. «Лейре». 1956–62.

ОПЕ́КА, форма правовой защиты прав и интересов недееспособных граждан. В Рос. Федерации О. устанавливается над: малолетними детьми (т.е. над несовершеннолетними, не достигшими 14 лет); гражданами, признанными судом недееспособными вследствие психического расстройства. О. назначается органами О. и *попечительства* (органами местного самоуправления), как правило, по месту жительства лица, подлежащего О.

ОПЕ́КА МЕЖДУНАРО́ДНАЯ, созданная ООН система управления

6. мандатными терр. Лиги Наций, терр., отторгнутыми от Германии, Италии после 2-й мир. войны, и др. Был создан спец. Совет по опеке ООН. К 1992 все подопечные терр. ООН получили независимость.

ОПЕКУ́ШИН Ал-др Мих. (1838–1923), рос. скульптор. Пам. А.С. Пушкину в Москве (1880), отмеченный ист. конкретностью и поэтичностью образа, М.Ю. Лермонтову в Пятигорске (1889) и др.

ОПЯ́ТА, название ряда грибов порядка агариковых (из разл. семейств), растущих группами на пнях, поваленных стволах, корнях деревьев; вызывают корневые гнили. Опёнок настоящий (осенний), летний,

Опята. Осенний опёнок.

луговой (негниючник), зимний (зимний гриб) съедобны. В нек-рых странах Азии зимний опёнок культивируют. Ложный опёнок (жёлто-зелёные пластинки, горький) ядовит.

О́ПЕРА (итал. opera, букв.– сочинение), вид муз.-театрального иск-ва; произв., основанное на синтезе музыки, слова и сценич. действия. Возникла в Италии на рубеже 16–17 вв. (см. *Флорентийская камерата*). Состоит из выработанных в ходе развития оперных форм: арий, речитативов, ансамблей, хоров, орк. антрактов, увертюр, балетных номеров и др. Нек-рые виды О. связаны с определ. нац. культурой и эпохой: итал. *опера-сериа* и *опера-буффа* (см. *Неополитанская школа*), франц. *большая опера*, *лирическая опера*, *опера-комик*, нем. и австр. *зингшпиль*. Высш. расцвета достигла в Италии (с 17 в.), Франции, Австрии, Германии (с 18 в.), России (с 19 в.). См. также статьи *Венецианская школа*, *Музыкальная драма*.

«О́ПЕРА СПАСЕ́НИЯ», франц. оперный жанр, возникший в период Франц. рев-ции кон. 18 в. Характерны идея борьбы с тиранией, героич. сюжеты с драм. коллизиями и благополучной развязкой – «спасением» (отсюда назв.). Гл. представитель – Л. Керубини. В традициях «О.с.» – «Фиделио» Л. Бетховена (1805).

О́ПЕРА-БУ́ФФА (итал. opera buffa – комич. опера), итал. комич. опера 18–19 вв. Характерны бытовые сюжеты, живость действия, наличие быстрых, т.н. буффонных, *речитативов*.

ОПЕРА́-КОМИ́К (франц. opéra-comique), франц. разновидность *комической оперы*. Типичная черта – наличие разг. диалогов.

«ОПЕРА́-КОМИ́К» (франц. Théâtre de l'Opéra-Comique), муз. т-р в Париже. Осн. в 1715 как ярмарочный т-р

494 ОПЕР

(с 1801 совр. назв.). С 1806 государственный. С 1973 Парижская оперная студия, с 1980-х гг. вновь функционирует как т-р. Комич. оперы ставятся с 1753, с 1870 оперы разных жанров, с нач. 20 в. также балеты.

О́ПЕРА-СЕ́РИА (итал. opera seria — серьёзная опера), итал. оперный жанр, сложившийся у композиторов *неаполитанской школы* и господствовавший на европ. сцене 18 в. Характерны «высокие» мифол. и легендарно-ист. сюжеты. Муз. основа — виртуозное культовое пение, *бельканто* (гл. обр. в *ариях*).

ОПЕРАТИ́ВНАЯ ПА́МЯТЬ, память ЭВМ для записи, хранения и выдачи информации, непосредственно используемой при выполнении арифметич., логич. и иных операций в ходе реализации программы. Ёмкость О.п. достигает неск. Мбайт; быстродействие, как правило, соизмеримо с быстродействием гл. *процессора* (время обращения — десятки нс).

ОПЕРАТИ́ВНАЯ ПОЛИГРАФИ́Я, усл. название полиграф. техники быстрого и технически несложного размножения информац. материалов, док-тов и т.п. в относительно небольших тиражах. Первый печатный прибор О.п. — гектограф (изобретён в России, 1869). В кон. 20 в. в О.п. наиб. распространены ксерография и офсетная печать на малоформатных машинах.

ОПЕРА́ТОР, 1) в вычислит. технике — предписание в *языке программирования*, задающее нек-рое завершённое действие в процессе переработки информации на ЭВМ. 2) Специалист, управляющий с пульта работой сложного устройства, напр. прокатным станом, ЭВМ, буровой установкой. 3) В кино — кинооператор, один из создателей фильма, обеспечивающий его изобр. решение, осуществляющий киносъёмку.

ОПЕРАЦИОНАЛИ́ЗМ, направление в методологии и философии науки 1920—40-х гг., сводящее теоретич. знание к эмпирич. процедурам измерения. Основатель — П.У. Бриджмен (США), к-рый выдвинул принцип понятий в терминах операций опыта (т.н. операциональное определение понятий).

ОПЕРАЦИО́ННАЯ СИСТЕ́МА ЭВМ, комплекс программ в составе *программного обеспечения ЭВМ* для планирования и организации процессов обработки информации, её ввода и вывода, распределения ресурсов, подготовки и отладки программ, взаимодействия ЭВМ с пользователями и оперативного контроля исправности устройств вычислит. системы.

ОПЕРА́ЦИЯ (от лат. operatio — действие), 1) хирургич. вмешательство, предпринимаемое с лечебной (иногда диагностич.) целью. 2) Совокупность согласованных и взаимосвязанных боевых действий, проводимых по единому плану. 3) Законченное действие или ряд действий, направленных на решение определ. задачи, напр. финансовой, торговой. 4) Отд. часть технол. процесса на к.-л. произ-ве; выполнение вычислит. машиной к.-л. действия над одной из команд программы.

ОПЕРЕ́ТТА (итал. operetta, букв. — небольшая опера), 1) до сер. 19 в. небольшая *комическая опера*. 2) Муз.-театральный жанр, сложившийся в сер. 19 в. во Франции. Представление комедийного характера, в к-ром вок. номера (арии песенного характера, песни, дуэты, хоры) чередуются с танцами и разг. диалогами. Разновидности: сатирич. франц. О. (представитель — Ж. Оффенбах); пронизанная стихией вальса венская О. [И. Штраус(сын), Ф. Зуппе]; обогащённая венг. ритмами в стиле *вербункош* новая венская О. (Ф. Легар, И. Кальман). Представители отеч. О. — И.О. Дунаевский, В.П. Соловьёв-Седой.

ОПИ́ЗА, груз. ср.-век. монастырь (на терр. Турции), один из культурных центров Грузии. Постройки 8—9 вв., крестово-купольный храм, трапезная с 3-нефным залом.

О́ПИЙ (от греч. ópion — маковый сок) (опиум), высохший на воздухе млечный сок мака опийного; вытекает из надрезов, сделанных на недозрелых головках. Содержит ок. 20 алкалоидов, в т.ч. морфин, кодеин, папаверин. В медицине используется преим. как болеутоляющее средство. Сильный наркотик.

ОПЛОДОТВОРЕ́НИЕ, слияние мужской (*сперматозоид*) и женской (яйцо, *яйцеклетка*) половых клеток у р-ний, ж-ных и человека, в результате чего образуется *зигота*. О. лежит в основе полового размножения и обеспечивает передачу наследств. признаков от родителей потомкам.

ОПО́ССУМЫ, семейство сумчатых млекопитающих. Длина тела 7—50 см, хвост у большинства хватательный, дл. 4—55 см. Ок. 80 видов, в лесах, степях, горах Америки. Объект охоты (ради мяса, меха). Живут 5—8 лет.

Опоссумы. Северный опоссум.

ОПОЯ́З (Общество изучения поэтического языка), рус. ветвь «формального метода» в лит-ведении (сер. 1910-х — сер. 1920-х гг.). Ориентируясь на лингвистику, культивировала «точное» изучение формальных приёмов и средств, растворяя анализ содержания в «поэтике форм». Представители: Е.Д. Поливанов, Ю.Н. Тынянов, В.Б. Шкловский (идеолог О.), Б.М. Эйхенбаум, Р.О. Якобсон, Л.П. Якубинский.

ОПОЯ́СЫВАЮЩИЙ ЛИША́Й (опоясывающий герпес), острое вирусное заболевание: недомогание, кожные высыпания (пузырьки и др.) по ходу периферич. нервов, чаще межрёберных и тройничного, невралгич. боли.

ОППОЗИ́ЦИЯ (от лат. oppositio — противопоставление), 1) противодействие, сопротивление (к.-л. политике, чьим-либо действиям, взглядам). 2) Партия или группа, выступающая вразрез с мнением большинства или господствующим мнением, ведущая политику противодействия (напр., парламентская О., внутрипарт. О.).

ОППОНЕ́НТ (от лат. opponens, род. п. opponentis — возражающий), 1) противник в споре. 2) Лицо, к-рому поручена оценка диссертации или доклада.

ОППОРТУНИ́ЗМ (от лат. opportunus — удобный, выгодный), приспособленчество, соглашательство, беспринципность.

ОПРЕДЕЛЕ́НИЕ СУДЕ́БНОЕ, в рос. праве всякое, помимо приговора и решения, постановление суда 1-й инстанции, а также постановление кассационной или надзорной (кроме постановления президиума или пленума) инстанции. Определение суда, обращающее внимание соотв. органов или должностных лиц на установленные факты нарушения закона, причины и условия, способствовавшие совершению правонарушения, наз. частным определением.

ОПРИ́ЧНИНА, 1) в 14—15 вв. особое удельное владение женщин из великокняж. семьи. 2) Название удела Ивана IV Грозного в 1565—72 с особой терр., войском и гос. аппаратом. 3) Террористич. диктатура Ивана IV Грозного, установленная для укрепления самодержавия и борьбы с предполагаемой изменой княж. аристократии, дворянства, духовенства и др. (массовые репрессии, казни, зем. конфискации и т.п.). Завершилась соц.-экон. и полит. кризисом.

ОПТА́ЦИЯ (лат. optatio — желание), в междунар. праве выбор лицом *гражданства* той или иной страны в случае передачи к.-л. терр. от одного гос-ва другому (напр., по мирному договору 1920 между Россией и Финляндией), при двойном гражданстве и др.

О́ПТИКА, раздел физики, в к-ром исследуются процессы излучения света, распространения его в разл. средах и взаимодействия его с в-вом. О. изучает видимую часть спектра эл.-магн. волн и примыкающие к ней ультрафиолетовую (включая мягкий рентген) и инфракрасную (вплоть до миллиметровых радиоволн) области. О. — древнейшая наука: прямолинейность распространения света была известна ещё в Месопотамии и Др. Египте и использовалась при строит. работах. Изучением возникновения изображений от зеркал занимались Аристотель, Платон, Евклид (3 в. до н.э.). Законы преломления и отражения света (*геометрическая оптика*) были открыты в ср. века (Снелль, Декарт, Галилей). Волновые свойства света исследованы Х. Гюйгенсом, О. Френелем, И. Ньютоном, Т. Юнгом. Эл.-магн. теория света, разработанная Дж. Максвеллом, стала отправным пунктом при создании А. Эйнштейном *относительности теории*. Работы М. Планка и Эйнштейна по тепловому излучению заложили основы квантовой О. Создание оптич. генераторов вынужденного излучения — *лазеров* — привело к развитию *нелинейной оптики*.

ОПТИМА́ЛЬНЫЙ (от лат. optimus — наилучший), наилучший, наиб. соответствующий определ. условиям и задачам.

ОПТИМИЗА́ЦИЯ, нахождение наилучшего (из множества возможных) варианта решения задачи при заданных требованиях, ограничениях. Так, О. управления к.-л. процессом состоит в определении пути достижения цели управления при наилучших (обычно миним. или макс. значениях показателей, характеризующих этот процесс, напр. за миним. промежуток времени, с наиб. экон. эффектом, с макс. точностью).

ОПТИМИ́ЗМ (от лат. optimus — наилучший), представление о том, что в мире господствует положит. начало, добро. Первоначально термин использовался для характеристики учения Г.В. Лейбница о существующем мире как наилучшем из возможных. Противоположность О. — пессимизм.

ОПТИМИСТИ́ЧЕСКАЯ ПЕЩЕ́РА, карстовая гипсовая пещера на З. Подольской возв., на Украине; одна из самых длинных (ок. 157 км) в мире. Памятник природы. Туризм.

О́ПТИНА ПУ́СТЫНЬ (Козельская Введенская), муж. монастырь на р. Жиздра у г. Козельск. Осн., по преданию, в 14 в. «раскаявшимся разбойником» Оптой. К нач. 18 в. запустел, возрождён в 1725. В 19 в. приобрёл известность благодаря традиции *старчества*. Монастырь посещали Н.В. Гоголь, Ф.М. Достоевский, Л.Н. Толстой и др. В 1839 начал издат. деятельность И.В. и П.В. Киреевские, К.Н. Леонтьев, С.П. Шевырёв и др.). В 1923 упразднён, мн. постройки разрушены. В 1987 возвращён Рус. правосл. церкви. Реставрац. работы. Сохранились Введенский собор (1750—67), ц. Марии Египетской (перестроена в 1858), кельи (нач. 19 в.) и др. Близ О.п. — Иоанно-Предтеченский скит (осн. в 1821).

ОПТИ́ЧЕСКАЯ АКТИ́ВНОСТЬ, способность среды вызывать вращение плоскости поляризации проходящего через неё света. Впервые обнаружена франц. учёным Д. Араго в кварце в 1811; в 1815 франц. физик Ж.Б. Био открыл О.а. в чистой жидкости (скипидаре), а затем в р-рах и парах. Нек-рые в-ва проявляют О.а. в кристаллич. состоянии (кварц, киноварь); др. в-ва (сахар, камфора) — вне агрегатного состоянии. Кроме естеств. О.а. бывает и наведённая, при помещении оптически неактивного в-ва в магн. поле.

ОПТИ́ЧЕСКАЯ ЗА́ПИСЬ, способ записи информации (звука, изображения и т.п.), при к-ром с помощью (напр., лазерный луч), модулированного сигналами записываемой информации, воздействуют на оптич. носитель (оптич. диск, фотоплёнка, фотохромный материал и др.), создавая в нём устойчивые локальные изменения физ. свойств (коэф. отражения, поглощения, цвета и т.д.), соответствующие записываемому сигналу. Зарождение фотогр. систем О.з. (к фото- и киноплёнке) относится к нач. 20 в. и связано с именами Ю. Лоста (США), рос. учёных П.А. Полякова, П.Г. Тагера, А.Ф. Шорина и др.; лазерные системы О.з. (на оптич. диск) разработаны в нач. 80-х гг. в Японии и Нидерландах.

ОПТИ́ЧЕСКАЯ СИ́ЛА, величина, характеризующая преломляющую способность *линз*; измеряется в диоптриях и обратна фокусному расстоянию в метрах. Для собирающих линз О.с. положительна, для рассеивающих — отрицательна. Понятием О.с. широко пользуются в очковой оптике. Очки имеют О.с. от 0,5 до 10—12 диоптрий.

Оптина пустынь. Общий вид.

ОПТИ́ЧЕСКАЯ СИСТЕ́МА, совокупность оптич. элементов (*линз, призм, пластинок, зеркал* и т.п.), скомбинированных определённым образом для получения оптич. изображения или для преобразования светового потока. О.с. является обязательной частью оптич. приборов, куда могут входить также механич. или электрич. части.

ОПТИ́ЧЕСКИЙ ДИСК, пластмассовый диск, на металлизир. поверхности к-рого (с одной или двух сторон) методом *оптической записи* сформированы микроскопич. углубления (питы), образующие в совокупности спиральные или кольцевые дорожки с записью звука (*компакт-диск*), изображения (оптич. *видеодиск*), текстовой документации и т.д. Существуют О.д. с пост. сигналограммой, предназначенные только для воспроизведения, и реверсивные О.д., допускающие многократные запись и воспроизведение. Для О.д. характерны высокая поверхностная плотность записи (до 10^8 бит/см^2), малое время доступа к информации (~ 0,1 с), возможность многоканальной параллельной обработки информации со скоростями до неск. сотен Мбит/с.

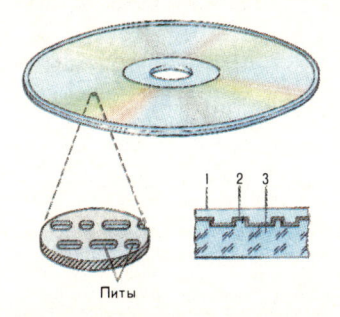

Оптический диск. Схема конструкции оптического видеодиска: 1 – наружный слой из прозрачной пластмассы; 2 – металлизированная отражающая дорожка записи; 3 – твёрдая непрозрачная пластиковая основа.

ОПТИ́ЧЕСКИЙ КВА́НТОВЫЙ ГЕНЕРА́ТОР, то же, что *лазер*.

ОПТИ́ЧЕСКИЙ ТЕЛЕГРА́Ф, система визуальной передачи сообщений с использованием семафорной азбуки. Изобретён в 1793 франц. инж. К. Шаппом. Передающее устройство О.т. – совокупность подвижных реек, установленных на башне. Линия О.т. состояла из цепочки башен, отстоящих друг от друга на расстоянии прямой видимости. С сер. 19 в. после изобретения электрич. телеграфа О.т. утратил своё значение.

ОПТИ́ЧЕСКОЕ ИЗЛУЧЕ́НИЕ, эл.-магн. волны с длиной волны от единиц нм до десятых долей мм. К О.и., помимо видимого света, воспринимаемого глазом (см. *Свет*), относятся ИК- и УФ-излучения.

ОПТО́ВАЯ ТОРГО́ВЛЯ, часть внутр. торговли, охватывающая продажу кр. партий товаров пр-тиями-производителями пр-тиям розничной торговли, а средств произ-ва – пр-тиям-потребителям этой продукции. Вид О.т. – сделки по продаже товаров массового спроса с определ. стандартами качества на товарных *биржах* (зерно, нефть и т.д.).

ОПТОЭЛЕКТРО́НИКА, раздел электроники, охватывающий использование эффектов взаимодействия оптич. излучения с электронами в в-ве (гл. обр. в твёрдых телах), а также методы создания оптоэлектронных приборов и устройств, осуществляющих передачу, хранение и отображение информации. Сформировалась в 60-х гг. 20 в.

ОПУ́НЦИЯ, род многолетних р-ний (сем. кактусовые). Стебли выс. до 6 м, круглые или плоские, сочные, ветвистые, состоящие из члеников разной величины и формы, покрытых волосками и пучками колючек; могут иметь кустарниковидную и древовидную формы. Цветки колокольчатые, белые, жёлтые, красные. Св. 200 видов, в Америке и на о-вах Галапагос, в пустынях и полупустынях. Плоды мн. видов О. (напр., т.н. индейской смоквы) съедобны. Нек-рые виды распространились и прижились в странах Средиземноморья, в Индии, Австралии. Разводят как декоративные р-ния.

О́ПУХОЛЬ, патол. разрастание тканей, состоящее из качественно изменившихся клеток организма. Различают доброкачеств. (не врастают в окружающие ткани, не образуют метастазов) и злокачеств. О. Развитию О. способствуют ионизир. излучения, канцерогенные в-ва, онкогенные вирусы. Изучением О. занимается *онкология*.

ОПЦИО́Н (от лат. optio, род. п. optionis – выбор, желание, усмотрение), 1) в гражд. праве – возможность выбора (обычно должником) способа выполнения альтернативного обязательства (предусматривающего право стороны на выбор одного из неск. предметов исполнения), а также предварит. соглашение о заключении договора в будущем (в сроки, обусловленные сторонами). В *авторском праве* О. применяется при заключении договоров об издании произведений авторов одного гос-ва в другом. 2) В биржевой практике – усл. сделка на срок с указанием определ. цены. О. страхует продавца (покупателя) от изменения цен на рынке.

ОПЫЛЕ́НИЕ, перенос пыльцы из пыльников на рыльце пестика у цветковых р-ний или на семязачаток у голосеменных. Осуществляется гл. обр. с помощью ветра, насекомых, иногда птиц (колибри), летучих мышей, воды. Предшествует оплодотворению. О. в пределах одного цветка или одного р-ния наз. самоопылением.

О́ПЫТ, чувственно-эмпирич. познание действительности; единство знаний и умений.

ОРА́КУЛ (лат. oraculum, от oro – говорю, прошу), у древних греков, римлян и народов Востока предсказание, передаваемое через жрецов вопрошавшим, а также определ. место, где оглашалось предсказание. В Греции наиб. известностью пользовались О. в Дельфах и Додоне. Перен. – человек, все суждения к-рого признаются непреложной истиной, откровением.

ОРАНГУТА́Н (малайск. orang-utan, букв. – лесной человек), крупная человекообразная обезьяна. Рост до

Орангутан.

150 см, масса до 150 кг (иногда до 300 кг), самки значительно меньше. Задние конечности короткие, передние – длинные (до 3 м в размахе). Сильно развита мускулатура. Обитает в болотистых лесах на о-вах Калимантан и Суматра. Образ жизни древесный; на ночь строит гнездо, на землю спускается редко. Держатся чаще поодиночке. Малочислен; находится под угрозой исчезновения. В неволе размножается; живёт до 30 лет.

ОРАНЖЕРЕ́Я (франц. orangerie, от orange – апельсин), застеклённое помещение для выращивания и содержания р-ний, не выдерживающих климата данной местности при посадке в открытый грунт. В О. создаются определ. условия темп-ры, влажности и освещения. В отличие от теплицы, О. не всегда имеют отопление.

ОРА́РЬ (греч. hōrárion), часть облачения христ. духовенства в виде длинной ленты, к-рая вешается через левое плечо и спускается до подола. О. символизирует крыло ангела; с его помощью даётся знак к началу богослужения.

ОРАТО́РИЯ (итал. oratorio, от лат. oro – говорю, молю), многочастное произв. для солистов, хора и оркестра; жанр вок.-инстр. музыки. В отличие от *кантаты* О. имеет развёрнутую сюжетную основу, бóльшие размеры и эпически монументальный характер. Возникла на рубеже 16–17 вв. как жанр духовной музыки, позднее появились светские О. Классич. вид – в творчестве Г.Ф. Генделя («Мессия», «Самсон», всего 32 О.), в 20 в. у И.Ф. Стравинского (опера-О. «Царь Эдип»), А. Онеггера (сценич. О.-мистерия «Жанна д'Арк на костре»).

ОРБЕЛИА́НИ Сулхан (в монашестве – Саба) (1658–1725), груз. писатель, учёный, полит. деятель. В 1698 постригся в монахи, в 1703 вернулся к полит. деятельности. Кн. басен и притч «Мудрость вымысла», в к-рой выражены просветит. идеи. Кн. «Путешествие в Европу» – о дипл. миссии 1713–16. Толковый словарь груз. языка; религ. сочинения.

ОРБИ́ТА (от лат. orbita – колея, путь), 1) путь, по к-рому одно небесное тело (планета, её спутник, космич. летательный аппарат) движется в пространстве относительно к.-л. другого небесного тела. 2) Перен. – круг, сфера действия, распространения.

ОРБИТА́ЛЬНАЯ СТА́НЦИЯ, пилотируемый или автоматич. космич. аппарат, длительное время функционирующий на орбите вокруг Земли, другой планеты или Луны и предназначенный для их иссл., а также изучения космич. пространства, медико-биол., техн. экспериментов и др. работ. Запущены 7 О.с. «Салют» (1971–83, СССР), О.с. «Скайлэб» (1973, США), «Мир» (1986, СССР).

ОРГА́ЗМ (греч. orgasmós, от orgáō – пылаю страстью), высш. степень сладострастного ощущения в момент завершения полового акта.

О́РГАН (от греч. órganon – орудие, инструмент), 1) часть животного или растит. организма, выполняющая определ. функцию (напр., сердце, печень у ж-ных; корень, стебель у р-ний). 2) Учреждение, выполняющее определ. задачи в той или иной области обществ. жизни (напр., О. здравоохранения, О. нар. образования). 3) Периодич. издание. 4) Перен. – орудие, средство.

ОРГА́Н, клавишно-духовой муз. инстр-т. Изв. вид с 16 в. Состоит из воздухонагнетат. механизма (до сер. 19 в. ручной, затем электрический), набора дерев. и металлич. труб разных размеров и клавиатур – ручных (мануалы) и ножной (педаль), помещённых в спец. кафедре. Посредством рычагов, кнопок и т.п. органист может менять тембр (регистр). С 7 в. О. используется в храмах католич. музыке. Илл. см. на стр. 496.

ОРГАНИЗАЦИО́ННО-ПРОИЗВО́ДСТВЕННАЯ ШКО́ЛА, направление агр.-экон. мысли в России в нач. 20 в., изучавшее проблемы экон. природы, структуры и орг. основ трудового крест. х-ва, перспективы его развития в связи с развитием с.-х. кооперации. Гл. пред-

Орган. 1958–60. Фирма «Сыновья Менцеля». Гросмюнстер. Цюрих.

ставители: А.В. Чаянов, А.Н. Челинцев, Н.П. Макаров, А.А. Рыбников, А.Н. Минин. В кон. 20-х гг. офиц. критика О.-п.ш. приобрела характер полит. шельмования и травли. В 30-е гг. экономисты О.-п.ш. были репрессированы.

ОРГАНИЗАЦИЯ АМЕРИКАНСКИХ ГОСУДАРСТВ (ОАГ; Organización de los estados americanos, Organization of American States), осн. в 1948 на 9-й Межамер. конф. в Боготе. В составе ОАГ 35 членов: лат.-амер. гос-ва, США и Канада (1994). Осн. цели — поддержание мира на континенте, содействие социальному, культурному и экон. развитию гос-в. Высш. орган ОАГ — ежегодная Ген. ассамблея мин. ин. дел, исполнит. орган — Постоянный совет ОАГ (в Вашингтоне).

ОРГАНИЗАЦИЯ АФРИКАНСКОГО ЕДИНСТВА (ОАЕ; Organization of African Unity, Organisation de l'unite africaine), объединение афр. гос-в, осн. в мае 1963 на конф. в Аддис-Абебе. В составе ОАЕ 53 гос-ва (1994). Осн. цели ОАЕ — укрепление единства, защита суверенитета афр. гос-в. Гл. органы — Ассамблея глав гос-в и пр-в и Совет министров. Штаб-квартира — в Аддис-Абебе.

ОРГАНИЗАЦИЯ ОБЪЕДИНЁННЫХ НАЦИЙ (ООН; United Nations Organization – UNO), междунар. орг-ция гос-в, созданная в целях поддержания и укрепления мира, безопасности и развития междунар. сотрудничества. Устав ООН подписан 26 июня 1945 гос-вами — участниками учредительной Сан-Францисской конф. 1945 и вступил в силу 24 окт. 1945. В составе ООН 184 гос-ва (март 1994). Гл. органы: *Генеральная Ассамблея ООН*, *Совет Безопасности ООН*, Экон. и Социальный совет, Совет по опеке ООН, Междунар. суд и *Секретариат ООН* во главе с *генеральным секретарём ООН*. Офиц. языки ООН и её органов — английский, арабский, испанский, китайский, русский и французский. Штаб-квартира — в Нью-Йорке. См. также *Вооружённые силы ООН*, *Специализированные учреждения ООН*.

ОРГАНИЗАЦИЯ СЕВЕРОАТЛАНТИЧЕСКОГО ДОГОВОРА (НАТО; англ. North Atlantic Treaty Organization – NATO), воен.-полит. союз, созданный по инициативе США на основе Североатлантич. дог., подписанного 4 апр. 1949 в Вашингтоне США, Великобританией, Францией, Бельгией, Нидерландами, Люксембургом, Канадой, Италией, Португалией, Норвегией, Данией, Исландией. В 1952 к НАТО присоединились Греция и Турция, в 1955 — ФРГ, в 1982 — Испания. В 1966 из воен. орг-ции НАТО вышла Франция (в 1974 — Греция (в 1980 вернулась в орг-цию); в воен. орг-цию не входит Испания. Высш. орган — сессия Совета НАТО. Штаб-квартира — в Брюсселе.

ОРГАНИЗАЦИЯ СТРАН — ЭКСПОРТЁРОВ НЕФТИ (ОПЕК; Organization of Petroleum Exporting Countries, OPEC), осн. в 1960, включает Алжир, Венесуэлу, Габон, Индонезию, Ирак, Иран, Катар, Кувейт, Ливию, Нигерию, Объединённые Арабские Эмираты, Саудовскую Аравию и Эквадор. На её долю приходится 1/3 мировой добычи нефти; устанавливает единые продажные цены на нефть. Штаб-квартира — в Вене.

ОРГАНИЗАЦИЯ УКРАИНСКИХ НАЦИОНАЛИСТОВ (ОУН), националистич. объединение в Зап. Украине в нач. 1950-х гг.; преемница Украинской Войсковой орг-ции (УВО). Организовала воен. формирования — Укр. повстанческую армию, боровшуюся против Сов. Армии в Вел. Отеч. войну. После 1945 остатки ОУН действовали подпольно, к нач. 1950-х гг. окончательно ликвидированы.

ОРГАНИЗАЦИЯ ЭКОНОМИЧЕСКОГО СОТРУДНИЧЕСТВА И РАЗВИТИЯ (ОЭСР; Organization for Economic Cooperation and Development – OECD), межгос. орг-ция экономически развитых стран, созданная в 1961 для координации экон. политики и программ помощи развивающимся странам. Включает 25 стран (нач. 1995). Штаб-квартира — в Париже.

ОРГАНИЗМ, биол. система, обладающая разл. уровнями организации (молекулярный, клеточный, тканевый и т.д.) и функционирующая как единое целое; живое существо, обладающее совокупностью свойств (обмен в-в, рост, развитие, размноже-

ние, наследственность и др.), отличающих его от неживой материи.

ОРГАНИЧЕСКАЯ АРХИТЕКТУРА, направление в архитектуре 20 в. (основатель и теоретик Ф.Л. Райт), провозгласившее осн. принципами индивид. характер архит. произв. (преим. виллы, особняки, загородные отели), обусловленный конкретной функцией и природной средой, отказ от методов *урбанизма*, стр-во из естеств. материалов, создание единого перетекающего пространства, связь с окружающей природой.

ОРГАНИЧЕСКАЯ ХИМИЯ, изучает органич. соед. и законы их превращений. К органич. соед. (к 90-м гг. 20 в. их число превысило 10 млн.) относятся соед. углерода с др. хим. элементами (за исключением, напр., оксидов углерода, угольной к-ты и её солей, изучаемых неорганич. химией). Термин «О.х.» предложил в 1827 Й. Берцелиус. Как самостоят. область химии сформировалась в сер. 19 в. Существ. вклад в её развитие внесли Ф. Вёлер, Ж. Гей-Люссак, Ж. Дюма, А. Купер, В.В. Марковников, Я. Вант-Гофф, Л. Полинг, Р. Вудворд и др. Методы О.х. используют при изучении белков, нуклеиновых к-т, др. природных соединений. О.х. — науч. основа пром-сти синтетич. красителей, полимеров, лекарств. средств, нефтехим. произв-в и др.

ОРГАНИЧЕСКОЕ ВЕЩЕСТВО, 1) в химии — то же, что органич. соед. (соед. углерода с др. элементами). 2) В геологии — сложная смесь природных органич. соед., являющаяся обязательным компонентом атмосферы, поверхностных и подземных вод, почв, осадочных горн. пород. Первоисточник О. — растит. и животный мир. Различают гумусовое, сапропелевое и смешанное О.в. Составляет осн. массу углей и горючих сланцев, является осн. источником образования нефти и горючих газов.

ОРГАНИЧЕСКОЕ СТЕКЛО, прозрачный твёрдый материал на основе органич. полимеров, гл. обр. листового полиметилметакрилата. Обладает незначит. плотностью, малой хрупкостью, высокой прозрачностью, низкой термостойкостью. Путём склеи-

Органическая архитектура. Ф.Л. Райт. Дом Уиллитса в Хайленд-парке (шт. Иллинойс, США). 1902.

вания листов между собой получают более прочное многослойное О.с., напр. триплекс. Применяется как конструкц. материал в авиа-, автомобиле- и судостроении, для остекления (напр., куполов), в произ-ве линз и др.

ОРГАНЫ ЧУВСТВ, служат для восприятия окружающего мира и внутр. состояния организма. Различные О.ч. (напр., глаз, ухо, кожа, язык, нос) воспринимают разные раздражения, преобразуя их в ощущения (соотв. *зрение, слух, осязание, вкус, обоняние*). Осн. элементами, определяющими особенности того или иного О.ч., служат рецепторы, воспринимающие раздражитель и передающие по нервам соотв. информацию в центр. нерв. систему.

ОРГИЯ (греч. órgia), *мистерии*, связанные с культами ряда вост., греч. и рим. богов и принимающие разнузданный характер. Перен. — разгульное пиршество.

ОРГТЕХНИКА (организационная техника), комплекс техн. средств для механизации и автоматизации управленч. и инж.-техн. работ. К О.т. относятся: средства составления и копирования док-тов (напр., пишущие машины, светокопировальные и эл.-фотогр. аппараты), хранения и автоматич. поиска (напр., картотеки, поисковые системы), для чертёжных работ (напр., чертёжный прибор, штриховальный прибор и др.), счётных операций (электронные микрокалькуляторы, микроЭВМ), для внутриучрежденч. связи и др.

ОРДЕН (нем. Orden, от лат. ordo — ряд, разряд), 1) знак отличия, почётная награда за воен. и гражд. заслуги. 2) Католич. централизов. монашеские объединения (включающие и духовно-рыцарские), деятельность к-рых (с 6 в.) регламентируется особыми уставами, утверждаемыми папством. 3) Название нек-рых тайных об-в, напр. масонский О. (см. *Масонство*).

ОРДЕР (нем. Order, франц. ordre, от лат. ordo — ряд, порядок), 1) офиц. док-т на определ. приказ, предписание, распоряжение (напр., на вселение в жилое помещение, на обыск). 2) В бухгалтерии — док-т на совершение операций с ден. средствами или материальными ценностями.

ОРДЕР архитектурный, определ. соотношение несущих (колонна с *капителью*, *базой*, иногда с пьедесталом) и несомых (*архитрав*, *фриз* и *карниз*, вместе составляющие *антаблемент*) частей стоечно-балочной конструкции, их структура и худ. обработка. Классич. система О. сложилась в Др. Греции. Осн. О. получили своё назв. от греч. племён и областей: *дорический ордер*, *ионический ордер*, *коринфский ордер*. Разновидность дорич. О. — *тосканский ордер*, коринфского и ионического — *композитный* (в коринфский капитель включены ионич. волюты).

ОРДЖОНИКИДЗЕ Григ. Конст. (Серго) (1886–1937), председатель ВСНХ (с 1930), чл. Политбюро ЦК ВКП(б) (с 1930, канд. с 1926). Участник Рев-ции 1905–07 на Кавказе. В 1912 избран чл. ЦК и Рус. бюро ЦК РСДРП. П. С 1920 пред. Кавк. бюро ЦК РКП(б). В 1922–26 1-й секр. Закавк. и Сев.-Кавк. крайкомов партии. С 1926 пред. ЦКК ВКП(б) и наркомом РКИ, одновремено зам. пред. СНК и СТО СССР. В обстановке массовых

ОРДО 497

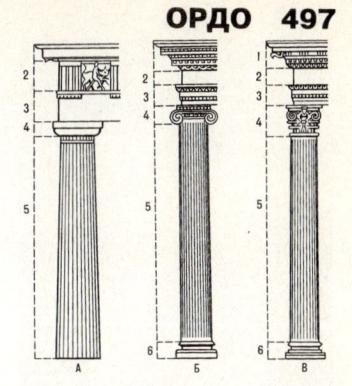

Ордера архитектурные: А – дорический; Б – ионический; В – коринфский; 1 – карниз; 2 – фриз; 3 – архитрав; 4 – капитель; 5 – ствол колонны; 6 – база.

перемирие 1667. В 1672 постригся в монахи.

ОРДО́ВИК [ордовикская система (период)] (от лат. Ordovices – ордовики, кельтские древние племена, населявшие Уэльс), второе подразделение *палеозоя*, обозначающее комплекс пород и период геол. истории, в течение к-рого они сформировались (см. *Геохронология*). Подразделяется преим. на три отдела. Нач. ок. 490 млн. лет назад, продолжительность ок. 65 млн. лет. Установлен англ. геологом Ч. Лапвортом в 1879 на терр. Великобритании.

Ордена (Россия до 1917): 1 – звезда (а) и знак (б) ордена Св. апостола Андрея Первозванного, 1696 или 1698; 2 – знак ордена Св. Екатерины, 1714; 3 – звезда (а) и знак (б) ордена Св. Георгия (большой крест), 1769; 4 – знак ордена Белого Орла, 1815; 5 – знак ордена Св. Владимира с мечами (большой крест), 1782; 6 – знак ордена Св. Анны 4-й степени; 7 – знак ордена Св. Александра Невского с мечами, 1725; 8 – знак ордена Св. Станислава, 1815; 9 – знак ордена Св. Анны 3-й степени с мечами, 1797.

Ордена (Российская Федерация, 1995): 1 – звезда, лента и знак ордена «За заслуги перед Отечеством» I степени; 2 – орден Мужества; 3 – орден «За военные заслуги»; 4 – орден Дружбы.

Ордена (СССР): 1 – орден «Победа», 1943; 2 – орден Красного Знамени, 1924; 3 – орден Славы 1-й степени, 1943; 4 – орден Суворова 1-й степени, 1942; 5 – орден Отечественной войны 1-й степени, 1942; 6 – орден Красной Звезды, 1930.

репрессий покончил жизнь самоубийством.

ОРДИНА́Р (от лат. ordinarius – обычный), среднее (за много лет) положение уровня воды в водоёмах и водотоках. Колебания уровня отсчитываются выше и ниже нуля в метрах и сантиметрах при помощи приборов, простейшим из к-рых является футшток (рейка с делениями).

ОРДИ́Н-НАЩО́КИН Аф. Лавр. (ок. 1605–1680), дипломат, боярин, воевода. Руководил рос. внеш. политикой в 1667–71, Посольским и др. приказами. Заключил Андрусовское

498 ОРЁЛ

Оренбург. Караван-сарай.

ОРЁЛ, г. (с 1566), центр Орловской обл., в России, на р. Ока. 346,6 т. ж. Ж.-д. уз. Маш-ние и металлообработка (приборы, вычислит. техника, часы, автопогрузчики, насосы и др.), лёгкая и пищ. пром-сть. 6 вузов. Картинная гал. Музеи: И.С. Тургенева (уроженца О.), Н.С. Лескова, Музей писателей-орловцев, историка Т.Н. Грановского, композитора В.С. Калинникова, краеведч. и др.; Музей-диорама «Орловская наступательная операция». Т-ры: драм. имени Тургенева, юного зрителя, кукол. Осн. в 1566.

ОРЁЛ-МОГИ́ЛЬНИК, то же, что *могильник*.

ОРЕНБУ́РГ (в 1938–57 Чкалов), г., центр Оренбургской обл., в России, на р. Урал. 556,5 т. ж. Ж.-д. уз.; аэропорт. Маш-ние и металлообработка (горн., металлургич. оборудование, станки, эл.-двигатели, инстр-ты, пылесосы и др.); газоперераб., хим., лёгкая (традиц. произ-во пуховых платков) пром-сть. 9 вузов. Музеи: краеведч., изобр. иск-в. Т-ры: муз. комедии, драм., кукол. Осн. в 1735 (в р-не совр. г. Орск); с 1743 на совр. месте.

ОРЕО́Л (франц. auréole, от лат. corona aureola – золотой венец), 1) в религ. изобр. иск-ве – сияние вокруг головы Бога или святого как символ святости; ср. *Нимб*. 2) В оптике – светлый круг, сияние вокруг источника света и его изображения (в фотографии); иногда наблюдается вокруг Солнца, Луны (*гало*, венцы). 3) Перен.– блеск, сияние («О. славы»).

ОРЕ́СТ, в греч. мифологии сын Агамемнона и Клитемнестры. Мстя за отца, он убил мать и её возлюбленного Эгисфа.

ОРЕ́Х (род деревьев (сем. ореховые). 14–15 (по др. данным, до 40) видов, преим. в горах Юж. Европы, Азии и Америки. Наиб. хоз. значение имеет *грецкий орех*; О. маньчжурский и О. айлантолистный встречаются на Д. Востоке. Многие виды разводят ради съедобных плодов и древесины. Декоративны. О. айлантолистный охраняется.

ОРЕ́Х, односемянный невскрывающийся плод р-ний с тв. одревесневшим околоплодником (скорлупой), напр. у лещины. В быту О. часто наз. деревянистую косточку плодов-костянок, напр. грецкий О., миндальный О.

ОРЕ́ХОВКА, то же, что *кедровка*.

ОРЕ́ШНИК, то же, что *лещина*.

ОРИГЕ́Н (ок. 185–253/254), христ. теолог, философ, филолог, представитель ранней *патристики*. Жил в Александрии. Оказал большое влияние на формирование христ. догматики и мистики. Соединяя *платонизм* с христ. учением, отклонялся от ортодоксального церк. предания, что привело впоследствии (543) к осуждению О. как еретика.

ОРИЕНТА́ЦИЯ (франц. orientation, букв.– направление на восток, от лат. oriens – восток), 1) то же, что *ориентирование*. 2) Умение разобраться в окружающей обстановке, осведомлённость в чём-либо. 3) Направленность деятельности, определяемая интересами кого-либо, чего-либо (напр., О. на массового читателя).

ОРИЕНТИ́РОВАНИЕ, 1) определение на местности наблюдателем своего местоположения (точки стояния) относительно сторон горизонта, ориентиров, выделяющихся на общем фоне предметов и элементов рельефа, а также направления движения. Проводится по компасу или карты, аэрофотоснимка, приближённого по предметам к местности, Солнцу, Луне, звёздам, а также по световым радио- и звуковым сигналам. 2) Спорт. соревнования с применением крупномасштабной карты и компаса. Зародилось в Норвегии в кон. 19 в., в СССР с нач. 1960-х гг. Включает бег с О., лыжные гонки с О., а также О. с использованием разл. средств передвижения (напр., лодок, мотоциклов). В 1961 осн. Междунар. федерация спорт. О. (ИОФ); объединяет ок. 50 стран. Чемпионаты Европы с 1962, мира с 1966.

ОРИ́К (Auric) Жорж (1899–1983), франц. композитор. Участник «*Шестёрки*». Одним из первых использовал приёмы *джаза*, жанровые особенности мюзик-холла. Сотрудничал с труппой «Рус. балет С.П. Дягилева». Бал. «Федра» (1949), др., музыка к ф. «Красавица и чудовище», «Орфей» и др. В мелодически насыщенной музыке часто проявляется склонность О. к иронии, шутке. В 1962–68 генеральный дир. Нац. оперных т-ров Франции.

О́РИКСЫ, крупные антилопы (сем. полорогие). Длина тела 1,6–2,4 м, хвоста 45–90 см, высота в холке 90–140 см, масса 100–120 кг. Длинные (иногда более 1 м) рога развиты у обоих полов. 3 вида, в Африке и Передней Азии, в степях, пустынях и полупустынях. Легко приручаются и приспосабливаются к новым условиям. Находятся под охраной.

Ориксы. Стадо ориксов в пустыне Калахари.

ОРКЕ́СТР (от греч. orchestra), коллектив музыкантов (12 человек и более), играющих на разл. инстр-тах и совместно исполняющих муз. произв. Термин «О.» в 17–18 вв. заменил распространённый в странах Европы термин *капелла*. По составу различаются О. струнный, нар. инстр-тов, духовой, симфонический и др., по жанровому признаку – эстрадный, джазовый (см. *Биг-бэнд*), военный. Камерный О. отличается небольшим количеством исполнителей.

ОРЛА́НЫ, род крупных хищных птиц (сем. ястребиные). Длина тела 0,7–1 м. 8 видов, в т.ч. О.-крикун, пальмовый гриф, белоплечий О. Распространены широко, исключая Юж. Америку. Селятся по берегам морей, кр. рек и озёр. Гнёзда чаще на деревьях. Питаются преим. рыбой. Белоголовый О.– нац. эмблема США. В пределах России 3 вида: О.-долгохвост находится под угрозой исчезновения, О.-белохвост и белоплечий О. (эндемик, встречается по побережьям Берингова и Охотского морей) редки, численность сокращается.

ОРЛЕА́НСКАЯ ДЕ́ВА, см. *Жанна д'Арк*.

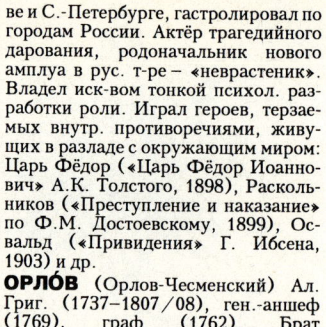

ОРЛЁНЕВ Пав. Ник. (1869–1932), актёр. На сцене с 1886, играл в Москве и С.-Петербурге, гастролировал по городам России. Актёр трагедийного дарования, родоначальник нового амплуа в рус. т-ре – «неврастеник». Владел иск-вом тонкой психол. разработки роли. Играл героев, терзаемых внутр. противоречиями, живущих в разладе с окружающим миром: Царь Фёдор («Царь Фёдор Иоаннович» А.К. Толстого, 1898), Раскольников («Преступление и наказание» по Ф.М. Достоевскому, 1899), Освальд («Привидения» Г. Ибсена, 1903) и др.

ОРЛО́В (Орлов-Чесменский) Ал. Григ. (1737–1807/08), ген.-аншеф (1769), граф (1762). Брат Г.Г. Орлова. Гл. организатор дворцового переворота 1762, возведшего на престол имп. Екатерину II. В 1769–75 командовал рус. эскадрами в Средиземном м. За победу в Чесменском сражении (1770) получил звание «Чесменский». Вывел новую породу упряжных лошадей – орловских рысаков.

ОРЛО́В Ал. Фёд. (1786–1861), гос. деятель, ген. от кавалерии (1833), князь (1856). Брат М.Ф. Орлова. Участник подавления восстания декабристов. В 1844–56 шеф жандармов. В 1856 первый уполномоченный России на Парижском конгр., подписал Парижский мир 1856. В 1856–60 пред. Гос. совета и К-та министров.

ОРЛО́В Григ. Григ. (1734–83), граф (1762), фаворит имп. Екатерины II. Брат А.Г. Орлова. Один из организаторов дворцового переворота 1762, ген.-фельдцейхмейстер рус. армии (1765–75). Первый през. (1765) Вольного экон. об-ва.

ОРЛО́В Мих. Фёд. (1788–1842), декабрист, ген.-майор (1814). Брат А.Ф. Орлова. Участник Отеч. войны 1812 и загран. походов рус. армии 1813–15; принимал капитуляцию Парижа (1814). В 1814 организовал тайное об-во «Орден рус. рыцарей». В 1826 уволен со службы, сослан в Калужскую губ., с 1831 в Москве. Гл. тр.– «О гос. кредите» (1833). Восп.: «Капитуляция Парижа» (изд. 1963).

ОРЛО́ВА Люб. Петр. (1902–75), актриса. В 1926–33 в Муз. т-ре имени Вл.И. Немировича-Данченко. С 1955 в Т-ре имени Моссовета. Благодаря внеш. данным, незаурядному муз. и драм. таланту О. стала одной из ведущих актрис 30–40-х гг. (фильмы реж. Г.В. Александрова, мужа О.: «Весёлые ребята», 1934, «Цирк», 1936, «Волга-Волга», 1938, «Светлый путь», 1940, «Весна», 1947). Сыграла роль Патрик Кэмпбелл в

Орланы. Орлан-белохвост.

Орлы. Степной орёл.

спектакле «Милый лжец» Дж. Килти (1963).

ОРЛЫ́, род хищных птиц (сем. ястребиные). Дл. до 1 м, крылья в размахе до 2,4 м. 9 видов (беркут, могильник, подорлик и др.), в Евразии, Африке и Сев. Америке. Гнездятся на деревьях, в скалах, реже на земле. Питаются гл. обр. грызунами и птицами. О. также наз. представителей и др. родов хищных птиц. Стилизованные изображения О., прежде всего беркута, как олицетворение силы и могущества издавна использовались в геральдике и гос. символике (напр., рос. двуглавый орёл).

О́РМАНДИ (Ormandi) (наст. фам. Блау) Юджин (1899–1985), амер. дирижёр, скрипач. По происхождению венгр. Рук. симф. оркестров в Миннеаполисе (1931–36), Филадельфии (1938–80). Дирижёр романтич. стиля, О. с наиб. успехом исполнял соч. Л. Бетховена, Р. Шумана, С.В. Рахманинова.

ОРНА́МЕНТ (от лат. ornamentum — украшение), узор, состоящий из ритмически упорядоченных элементов для украшения к.-л. предметов и архит. сооружений. Зачатки О.— в иск-ве палеолита, большого разнообразия форм О. достиг в культуре неолита. В дальнейшем каждая эпоха, стиль, культура вырабатывали свою систему О., поэтому он является надёжным признаком принадлежности произв. к данному времени и данной стране. По мотивам, используемым в О., его делят на геометрический (точки, прямые, ломаные линии, круги, ромбы, звёзды и т.п.), растительный (стилизов. листья, плоды и т.д.), зооморфный (стилизов. фигуры или части фигур животных (реальных или фантастич.). В качестве мотивов О. используются также человеческие фигуры, архит. фрагменты, оружие, разл. знаки и эмблемы (гербы).

ОРНАМЕ́НТИКА (муз.), способы украшения осн. мелодии муз. произв.— от мелодич. формул определ. структуры до кратких украшений отд. звуков (мелизмов, трелей).

ОРНИТОЛО́ГИЯ (от греч. órnis, род. п. órnitos — птица и ...логия), раздел зоологии, изучающий птиц. Ведёт начало от Аристотеля, описавшего анатомию и образ жизни 170 видов птиц.

ОРО́СКО (Orozco) Хосе Клементе (1883–1949), мекс. живописец. Один из основателей нац. школы монументальной живописи. Участник Мекс. рев-ции 1910–17. Росписи О. (в Мехико, Гвадалахаре, США) проникнуты рев. пафосом, отличаются резкой экспрессией, гротескной остротой образов.

ОРОШЕ́НИЕ (ирригация), подвод воды на поля, испытывающие недостаток влаги, для создания с.-х. культурам оптим. водного режима; вид мелиорации. Для О. строят оросит. системы. О.— непременное условие развития хлопководства, рисоводства и др.

ОРР (Orr) Роберт (Бобби) (р. 1948), канад. спортсмен (хоккей с шайбой). Один из результативнейших защитников в НХЛ (ок. 300 голов); выступал в «Бостон Брюинс» (1966–76) и «Чикаго Блэк Хоукс» (1976–78). Обладатель Кубка Стэнли (1970, 1972) и Кубка Канады (1976).

ОРС, см. *Общество русских скульпторов*.

ОРТЕ́ГА-И-ГАСЕ́Т (Ortega y Gasset) Хосе (1883–1955), исп. философ и публицист, представитель философии жизни и филос. антропологии. Подлинную реальность, дающую смысл человеческому бытию, усматривал в истории, истолковывая её в духе *экзистенциализма* как духовный опыт непосредств. переживания. Один из гл. представителей концепций «массового общества», «массовой культуры» («Восстание масс», 1929–30) и теории элиты. В эстетике выступил как теоретик модернизма («Дегуманизация искусства», 1925).

ОРТОДО́КСИЯ (от греч. orthós — прямой, правильный и dóxa — мнение), «правильная» доктрина, фиксированная авторитетными инстанциями религ. общины (напр., церкви в христ-ве) и обязательная для всех членов этой общины; противоположность О.— *ересь*.

ОРТОПЕ́ДИЯ (от греч. orthós — прямой, правильный и paidéia — воспитание, тренировка), раздел клинич. медицины, изучающий врождённые и приобретённые деформации и нарушения функций опорно-двигат. аппарата и разрабатывающий методы их профилактики и лечения. Вместе с травматологией составляет единую врачебную специальность.

ОРТОФО́СФОРНАЯ КИСЛОТА́, то же, что *фосфорная кислота*.

ОРУЖЕ́ЙНАЯ ПАЛА́ТА в Моск. Кремле, 1) центр. гос. учреждение в России, в 16 – нач. 18 вв. место изготовления, закупки и хранения оружия, драгоценностей. 2) Старейший рус. музей, осн. в 1806 (здание — 1844–51, арх. К.А. Тон), с 1960 в составе музеев Моск. Кремля; собр. декор. иск-ва России, Зап. Европы и ряда вост. стран.

ОРУ́ЖИЕ. Различают О. массового поражения (ядерное, хим., бактериологич.) и обычное О.; стратегич., оперативно-тактич. и тактич. В большинстве стран законодательством регулируются ношение, хранение, изготовление, приобретение и сбыт огнестрельного О. В РФ закон об оружии принят в 1993. Вопросы, связанные с О. массового поражения, регламентируются междунар. конвенциями и соглашениями. О. появилось в первобытном обществе (дубина, дерев. копьё, лук и др.). Затем были созданы бронз. и жел. мечи, копья (т.н. холодное О.). С открытием пороха возникло огнестрельное О.— в 12 в. у арабов, с 14 в. в Зап. Европе и позднее на Руси. В 16 в. созданы первые образцы нарезного О. (пищаль, штуцер и др.). В сер. 19 в. на вооружение армий и флотов приняты мины и торпеды. Во 2-й пол. 19 в. появилось скорострельное, а в дальнейшем — автоматич. О. (пушка, пулемёт и др.) и миномёты. В 1-й мир. войне использовались танки, самолёты, зенитные орудия, а также авиац., глубинные бомбы и др. В ходе войны герм. войска применили хим. О. (хлор, иприт и др.). Во 2-й мир. войне получили распространение самоходные установки, реактивные установки («Катюши») и др. В 1944 нем. войска начали использовать управляемые самолёты-снаряды Фау-1 и баллистич. ракеты Фау-2, а в авг. 1945 США применили ядерное О.

Оружие автоматическое: 1 – самозарядная снайперская винтовка системы Драгунова образца 1963 (СВД); 2 – единый пулемёт системы Калашникова образца 1961 (ПКМ); 3 – самозарядный пистолет системы Макарова образца 1951 (ПМ); 4 – автомат системы Калашникова образца 1974 (АКС-74).

Орфей. Мозаика. 3 в. Национальный музей. Палермо.

О́РУЭЛЛ (Orwell) Джордж (наст. имя Эрик Блэр) (1903–50), англ. писатель и публицист. Участник исп. войны 1936–39 (кн. «Памяти Каталонии», 1938). В сатире «Скотный двор» (1945) показал перерождение общества, возникшего на основе рев. принципов и программ, в тоталитарный режим. В романе-антиутопии «1984» (1949), опираясь на реальный опыт фашизма и социализма, изобразил будущее мировое общество как тоталитарный иерархич. строй, основанный на изощрённом физич. и духовном порабощении масс, пронизанный всеобщим страхом и ненавистью.

ОРФ (Orff) Карл (1895–1982), нем. композитор, педагог. В муз.-сценич. произв. (ок. 15) — черты *неоклассицизма*, мелодич. и гармонич. простота, связь с совр. театральной драматургией и старинными европ. театральными формами. Сценич. кантаты «Кармина Бурана» (1937), «Катулли Кармина» (1943), зингшпили «Луна» (1939), «Умница» (1943), «античные трагедии», *мистерии*.

ОРФЕ́Й, в греч. мифологии фракийский певец и музыкант, сын музы Каллиопы. Пением очаровывал богов и людей, укрощал дикие силы природы, уговорил подземных богов отпу-

500 ОРФИ

стить из Аида его жену *Евридику*. За непочитание Диониса был растерзан *менадами*.

ОРФИ́ЗМ (франц. orphisme, от Orphée – Орфей), течение в зап.-европ. живописи 1910-х гг., близкое к *кубизму* и *футуризму*. «Орфисты» (Р. Делоне, Ф. Купка) стремились выразить динамику и музыкальность ритма пересечением плоскостей, окрашенных в яркие чистые тона.

ОРФОГРА́ФИЯ (от греч. orthós – правильный и gráphō – пишу), 1) правописание – система правил, определяющих единообразие способов передачи речи (слов, их форм и значимых частей) на письме. 2) Раздел яз-знания, изучающий и разрабатывающий систему таких правил.

ОРФОЭ́ПИЯ (от греч. orthós – правильный и épos – речь), 1) совокупность произносительных норм нац. языка, обеспечивающих единообразие его звукового воплощения всеми носителями языка. 2) Раздел яз-знания, изучающий нормативное лит. произношение.

ОРХЕ́СТРА (греч. orchḗstra, букв. – площадка для танцев, от orchéomai – танцую), древнейшая часть др.-греч. т-ра: окаймлённая амфитеатром круглая площадка диам. 20 м и более, на к-рой выступали хор и актёры. В центре О. находился жертвенник Дионису. В эллинистич. эпоху, когда осн. действие спектакля было перенесено на проскений, на О. осталися хор. В др.-рим. т-ре О. уменьшена, стала полукруглой, в период империи использовалась для боёв *гладиаторов*.

ОРХИДЕ́И, крупнейшее семейство однодольных растений. Св. 20 тыс. видов (по др. данным, до 35 тыс.); распространены широко, но большинство в тропиках, особенно Америки и Юго-Вост. Азии. В России

Орхидея лелия обоюдоострая.

ок. 140 видов, в т.ч. венерин башмачок, любка, ятрышник и др. Отличаются разнообразной, часто причудливой формой и окраской цветков; широко выращиваются во мн. странах мира (в культуре О. введены в Китае более 1000 лет назад, в Европе появились на рубеже 16–17 вв.). Плоды одной из О. (ванили) используются в пищ. пром-сти, высушенные клубни ятрышника и нек-рых др. видов – в медицине. Мн. виды О. охраняются.

ОРХИ́Т (от греч. órchis – яичко), воспаление яичка при инфекц. заболеваниях, травмах (острая боль в яичке, увеличение его, повышение темп-ры).

О́РХУС, г. в Дании, на п-ове Ютландия. 204 т.ж. Порт в зал. Орхус-Бугт. Маш-ние; хим., текст. пром-сть.

Ун-т. Консерватория. Изв. с 10 в. «Старый город» – архит. музей под открытым небом старинные жилые дома из разл. городов Дании.

ОСА́, см. *Объединение современных архитекторов*.

ОСА́ДКИ атмосферные, вода в жидком или тв. состоянии, выпадающая из облаков (дождь, снег, крупа, град) или осаждающаяся на земной поверхности и предметах (роса, изморозь, иней) в результате конденсации водяного пара воздуха. О. измеряются толщиной слоя выпавшей воды в миллиметрах. В ср. на земном шаре выпадает ок. 1000 мм осадков в год, а в пустынях и высоких широтах – менее 250 мм в год. Самое дождливое место на Земле – насел. пункт Черапунджи в Индии (ср.-год. кол-во осадков ок. 12 000 мм).

О́САКА, г. в Японии, на о. Хонсю. 2,6 млн. ж. Порт (грузооборот до 84 млн. т в год); междунар. аэропорт. Метрополитен. Чёрная и цв. металлургия, маш-ние; хим. и др. пром-сть. Торг.-финанс. центр: акц. об-ва, фондовая рисовая, хлопковая биржи, банки. Ун-ты. Т-ры (в т.ч. традиц. кукольный т-р Асахи-дза, или Бунраку-дза). Междунар. муз. фестиваль (с 1958). Музеи: города О., худ., япон. худ. ремёсел. Храмы: будд. Си-тэннодзи (6 в.), синтоитский Тэммангу (10 в.); замок Осака (16 в.; музей).

Осака. Одна из центральных улиц города.

О́СБОРН (Osborne) Джон (1929–1994), англ. драматург. В пьесе «Оглянись во гневе» (1957) – умонастроения «рассерженных молодых людей», восставших против конформизма, власти денег, ханжества и не свободных от нигилизма. В ист. пьесе «Лютер» (1961) – образ человека, находящегося в разладе с современниками и с самим собой. Критика социальных отношений и обществ. морали Великобритании в пьесах «К западу от Суэца» (1969), «Чувство отрешённости» (1972). Автобиогр. кн. «Человек высшего разряда» (1981; одноим. телесценарий, 1985).

ОСВЕЩЁННОСТЬ, величина *светового потока*, падающего на единицу поверхности; измеряется в люксах (1 люмен/м²). Миним. уровень О. для чтения без напряжения глаз ~ 1–3 лк. При кропотливой работе (хирургич. операции, реставрация картин) рекомендуется О. ~ 50–100 лк. Яркий лунный свет даёт О. ~ 0,001 лк, полный солнечный свет летом ~ 1000 лк. О. на расстоянии r от источника уменьшается как $1/r^2$.

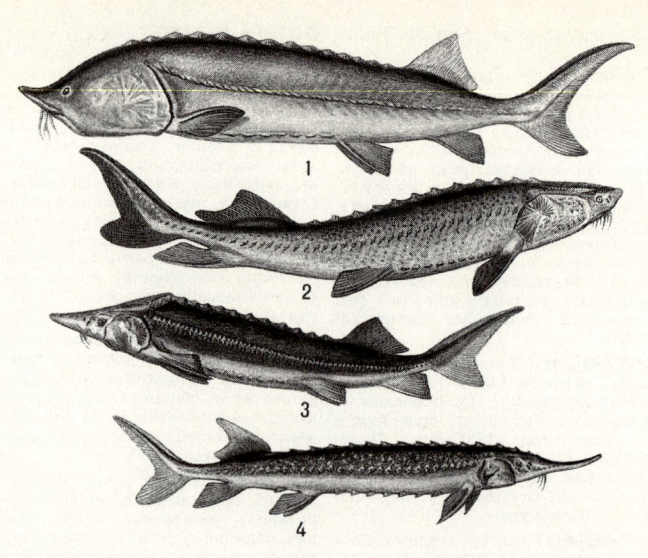

Осетровые: 1 – белуга; 2 – сибирский осётр; 3 – шип; 4 – севрюга.

ОСВОБОДИ́ТЕЛЬНАЯ ВОЙНА́ УКРАИ́НСКОГО НАРО́ДА 1648–54, вооруж. борьба против пр-ва Речи Посполитой. Повстанцы под рук. Б.М. Хмельницкого в сражениях у Жёлтых Вод, под Корсунем, Пилявцами (1648) и Зборовом (1649) разбили польск. войска, но затем потерпели ряд поражений. Земский собор 1653 в Москве по просьбе укр. пр-ва принял Левобережную Украину под власть рус. царя, что было подтверждено Переяславской радой (1654).

«ОСВОБОЖДЕ́НИЕ ТРУДА́», группа, первая рос. с.-д. орг-ция. Осн. в 1883 в Женеве (Г.В. Плеханов, П.Б. Аксельрод, Л.Г. Дейч, В.И. Засулич, В.Н. Игнатов, с 1888 – С.М. Ингерман). Участвовала в создании газ. «Искра» и ж. «Заря», подготовке 2-го съезда РСДРП, на к-ром самораспустилась (1903).

О́СЕБЕРГ, курган эпохи викингов (9 в.) на Ю. Норвегии, жен. погребение в корабле с богатым инвентарём, дерев. предметами, покрытыми резьбой в *зверином стиле*.

ОСЁЛ дикий, ж-ное рода лошадей. Выс. в холке 1–1,2 м. Обитает в полупустынях Африки (гл. обр. в Сомали, Эфиопии и Судане). Под угрозой исчезновения, всюду охраняется. Родоначальник домашнего О.

ОСЕТРО́ВЫЕ, семейство ценных промысловых рыб. Дл. до 9 м, масса до 1,5 т. 24 вида, в т.ч. *стерлядь*, *севрюга*, русский и сибирский осетры, *белуги*. Проходные и пресноводные рыбы Сев. полушария. Солёная икра О. («чёрная») – деликатес. Численность сокращается.

ОСИ́МА Нагиса (р. 1932), япон. кинорежиссёр. Бунт против моральных догм, развенчание окостеневших ритуалов, ревизия нац. мифов и обогащение совр. традиции мотивами европ. культуры характерны для ф.: «Церемония» (1971), «Коррида любви» (в прокате – «Империя чувств», 1976), «Призраки любви» («Империя страсти», 1978), «Счастливое рождество на фронте» («Счастливое рождество, мистер Лоренс», 1982).

ОСИ́НА, дерево рода *тополь*. Распространена на С. Евразии, в хвойных и широколиств. лесах; в степях образует осиновые колки. Растёт быстро. Живёт 80–90 (редко до 150) лет. Применяют в защитных насаждениях. Древесина устойчива к гниению во влажной среде, идёт на постройку домов, используется как кровельный материал (в рус. дерев. зодчестве дощечками из О. покрывали купола церкви), при произ-ве фанеры, целлюлозы, спичек, тары и пр.

ОСИПЕ́НКО Алла Евг. (р. 1932), артистка балета. В 1950–71 в Т-ре оперы и балета имени С.М. Кирова, затем в труппе «Хореографические миниатюры» и др. Лучшие роли О. создала в совр. репертуаре, где раскрылась трагедийная природа дарования балерины: Хозяйка Медной горы («Каменный цветок» С.С. Прокофьева, 1957), Любимая («Берег надежды» А.П. Петрова, 1959) и др. Исполняла также классич. роли. С 1988 преподаёт за рубежом. Снималась в ф.: «Скорбное бесчувствие» (1986) и др.

ОСИ́ПОВ Юр. Сер. (р. 1936), математик и механик, през. РАН (с 1991). Осн. тр. по теории управления, теории дифференц. ур-ний, матем. моделированию и их приложениям.

ОСИ́РИС (Озирис), в егип. мифологии бог умирающей и воскресающей природы, брат и супруг Исиды, отец Гора; царь загробного мира.

«О́СКАР», 1) ежегодная премия, присуждаемая с 1929 *Американской академией кинематографических искусств и наук*. Представляет собой позолоченную статуэтку мужчины. 2) Шахматный приз, присуждаемый Междунар. ассоциацией шахматной прессы лучшим шахматистам года: мужчинам – с 1968, женщинам – с 1982. Представляет собой серебряную статуэтку, изображающую первоначально (1968–72) всадника на лошади, в 1973 – медвежонка, взбирающегося на дерево (герб Мадрида), с 1974 – девушку с зонтиком (герб Барселоны).

«ОСЛИ́НЫЙ ХВОСТ», группировка молодых рус. художников (М.Ф. Ларионов, Н.С. Гончарова, К.С. Малевич, В.Е. Татлин и др.), организовавших в 1912 две одноим. выставки. Анархич. бунтарство, отрицание традиций классич. иск-ва, провозглашение свободы формальных экспериментов «О.х.» сочетал с обращением к *примитивизму*, к традициям рус. иконы и лубка.

ÓСЛО (в 1624–1924 Кристиания), столица (с 1814) Норвегии. 473 т.ж. Порт в зал. Осло-фьорд; междунар. аэропорт. Метрополитен. Маш-ние (в т.ч. судостроение, эл.-техн.); хим., полиграф., швейная пром-сть. Ун-т (1811; архит. комплекс сер. 19 в.). Консерватория (1883). Музеи, в т.ч. Университетский музей нац. древностей, Нац. гал., «Фрам», «Кон-Тики», Музей Э. Мунка. Т-ры: оперный (1958), нац., норв. и др. Осн. ок. 1048. В кон. 13 в.– 1380, а затем с 1814 резиденция норв. королей. Крепость Акерсхус (14–16 вв.), собор (кон. 17 в.), королев. дворец (нач. 19 в.). Многочисл. парки, в т.ч. Фрогнер-парк с гигантским скульпт. анс. Г. Вигеланна (1900–43).

ОСЛЯ́БЯ Родион (? – после 1398), герой Куликовской битвы, монах Троице-Сергиева мон. В 1398 ездил с моск. посольством в Византию.

ОСМА́Н (? – 656), третий халиф (с 644) в Араб. халифате; из рода Омейядов. Один из сподвижников и зять Мухаммеда. При О. терр. халифата значительно расширилась. По поручению О. была составлена офиц. редакция Корана.

ОСМА́НСКАЯ ИМПЕ́РИЯ (европ.) — Оттоманская империя, название султанской Турции.

ОСМЁРКИН Ал-др Ал-др. (1892–1953), рос. живописец. Чл. *«Бубнового валета»*, АХРР, ОМХ. Тонкие по тональной разработке произв. 20-х гг. в духе *фовизма* и *кубизма*; красочные работы 30–50-х гг. («Новая Голландия», 1948).

ÓСМИЙ (Osmium), Os, хим. элемент VIII гр. периодич. системы, ат.н. 76, ат.м. 190,2; относится к *платиновым металлам*. Самый тяжёлый металл, плотн. 22590 кг/м³. От-

Осина: 1 – весенний побег; 2 – лист.

Осирис. Рис. из «Книги мёртвых» Ани. «Гор ведёт умершего к трону Осириса». Перед Осирисом – лотос с четырьмя сыновьями Гора, за ним – Исида и Нефтида. Ок. 1450 до н.э. Британский музей. Лондон.

крыт англ. химиком С. Теннантом в 1804.

ОСМОГЛА́СИЕ, в визант. и др.-рус. церк. музыке система восьми т.н. гласов — восьми ладово-мелодич. структур, выведенных на основе ряда общих ладозвукорядных параметров и ряда конкретных мелодич. элементов (и формул) песнопений. Как правило, поэтич. текст песнопения распевался в соответствии с одним из гласов (нек-рые тексты – во всех восьми). О. родственно системе ср.-век. (т.н. церковных) *ладов* лат. *монодии*.

ÓСМОС (от греч. ōsmós – толчок, давление), самопроизвольный переход растворителя через полупроницаемую мембрану, не пропускающую растворённое в-во. Для того чтобы сохранить первоначальный состав р-ра, необходимо приложить к р-ру дополнит. давление, наз. осмотическим. Посредством О. в клетки всех растит. и животных организмов поступает вода. В тканях р-ний осмотич. давление 0,5–2 МПа (у р-ний в пустынях более 10 МПа) – это гл. причина подъёма воды от корней до вершин. В крови человека при 37 °C осмотич. давление равно 0,78 МПа (7,7 атм). Чувство жажды обусловлено потребностью организма в воде для восстановления нормального осмотич. давления в клетках после того, как оно было повышено, напр., употреблением солёной пищи.

ОСНОВА́НИЯ, хим. соединения, обычно характеризующиеся диссоциацией в вод. р-ре с образованием ионов OH⁻. Хорошо растворимые в воде неорганич. О. наз. щелочами.

ОСНОВНЫ́Е ЦВЕТА́, три независимых цвета, смешением к-рых в разных пропорциях можно получить любой цвет. Число возможных систем О.ц. очень велико, однако в *колориметрии* пользуются системой О.ц., состоящей из красного, зелёного и синего цветов.

ОСО́БОЕ МНЕ́НИЕ, в рос. суд. процессе изложенное письменно и приобщённое к делу мнение судьи или нар. заседателя, не согласного с решением или приговором, вынесенным большинством голосов. В зале суд. заседания не оглашается. М.б. учтено при пересмотре решения в порядке *кассации* или надзора. О.м. заявляется также судьёй Конституционного суда.

ОСО́БОЕ ПРОИЗВО́ДСТВО, в рос. гражд. процессе рассмотрение дел, в к-рых нет спора о праве. В порядке О.п. суд устанавливает факты, имеющие юрид. значение (напр., наличие фактич. брачных отношений, признание гражданина безвестно отсутствующим или объявление его умершим и т.п.). Признание судом указанных фактов порождает определ. юрид. последствия: вступают в силу права наследования, родительские права и др.

ОСО́КА, род многолетних корневищных трав (сем. осоковые). Ок. 1500 (по др. данным, до 2500) видов, преим. в умеренном и холодном поясах. Растут повсеместно по сырым местам, болотам, нек-рые виды на песках. Многие О.– кормовые, лекарств., декор. р-ния.

ОСО́РГИН (наст. фам. Ильин) Мих. Анд. (1878–1942), рус. писатель. В 1922 выслан из России, жил в Париже. Романы, тяготеющие к рус. классич. традиции, в т.ч. «Свидетель истории» (1932) о деятельности эсеров-террористов после Рев-ции 1905–07, «Сивцев Вражек» (1928) о жизни предрев. и послерев. Москвы. Воспоминания; автобиогр. повествование «Времена» (опубл. в 1955).

ОСО́Т, род одно-, дву- или многолетних трав и полукустарников (сем. сложноцветные). Ок. 70 видов, в Евразии, Африке. О. полевой (жёлтый) – злостный многолетний корнеотпрысковый сорняк, засоряющий посевы с.-х. культур, в России – во всех земледельч. р-нах.

ÓСПА НАТУРА́ЛЬНАЯ, карантинное вирусное заболевание человека. Характеризуется лихорадкой и сыпью, оставляющей рубцы. Передаётся от больного через воздух и предметы. В 1980 на сессии ВОЗ было официально объявлено о ликвидации О.н. на Земле.

ОССИА́Н (Ойсин, Ойзин), легендарный воин и бард кельтов, живший, по преданию, в 3 в. Нек-рые из его сказаний записаны не позднее 12 в. Шотл. писатель Дж. Макферсон издал под именем О. свои обработки кельт. фольклора («Сочинения Оссиана, сына Фингала», т. 1–2, 1765), к-рые были восприняты современниками как подлинные. Искусно переданный ср.-век. колорит и сентиментально-меланхолич. тон определили роль сборника как классич. образца лит-ры предромантизма.

ОССУА́РИЙ (от лат. os, род. п. ossis – кость), сосуд из глины, камня или алебастра для хранения костей умершего у зороастрийцев Ср. Азии и Ирана 5–8 вв. Бывают фигурными, украшенными рельефами и росписью. Илл. см. на стр. 502.

ОСТ, см. *Общество художников-станковистов*.

ОСТА́НКИНО, архит.-худ. ансамбль кон. 18 в. (б. подмосковная резиденция графов Шереметевых, с кон. 19 в. в черте Москвы; с 1918 Дворец-музей творчества крепостных). Комплекс находящихся на одной оси, соединённых друг с другом дерев. построек (1791–98). В интерьерах – коллекции живописи, мебели и др. Церк. Троицы (17 в.). Илл. см. на стр. 502.

Оссуарий, увенчанный фигурой сидящей женщины. Керамика. Хорезм.

Останцы.

Осташков. Троицкий собор.

Остия. Капитолий и часть форума.

Останкино. Дворец.

ОСТА́НЦЫ, изолир. (островные) возвышенности, участки некогда более высокой поверхности, сохранившиеся от эрозии. Различают О. выветривания, О. обтекания (в долинах рек).

ОСТА́ШКОВ, г. (с 1770) в Тверской обл. России. 26,8 т.ж. Пристань на оз. Селигер. Ж.-д. ст. Кож., пищ. пром-сть. Краеведч. музей. Изв. с 16 в. Воскресенская церк. (1689), Троицкий собор (1697), постройки кон. 18–19 вв. в стиле классицизма. Центр туризма зоны отдыха на оз. Селигер.

О́СТВАЛЬД (Ostwald) Вильгельм Фридрих (1853–1932), нем. физикохимик и философ. Тр. по теории р-ров электролитов, хим. кинетике и катализу. Положил начало (1889) изд. сер. «Классики точных наук». Работы О. способствовали становлению науковедения. Ноб. пр. (1909).

ОСТГО́ТЫ, герм. племя, вост. ветвь готов. В 488 вторглись в Италию, основав при Теодорихе в 493 кор-во (в сер. 6 в. завоёвано Византией).

ОСТЕО... (от греч. ostéon – кость), часть сложных слов, указывающая на их отношение к костям, костной ткани (напр., остеохондроз).

ОСТЕОМИЕЛИ́Т (от остео... и греч. myelós – мозг), воспаление костного мозга, обычно с распространением на костную ткань и надкостницу. Развивается вследствие инфицирования (через кровь, при переломах и др.).

ОСТЕОХОНДРО́З (от остео... и греч. chóndros – хрящ), дистрофич. процесс в костной и хрящевой ткани, преим. межпозвоночных дисков. Проявляется болями и др. симптомами, зависящими от локализации процесса в шейном, грудном или поясничном отделах позвоночника.

ОСТЕРМА́Н Анд. Ив. (1686–1747), гос. деятель, дипломат, граф (1730). Род. в Вестфалии, с 1703 на рус. службе. Чл. Верх. тайного совета. Фактич. руководитель внеш. политики России при имп. Анне Ивановне. С 1741 сослан имп. Елизаветой Петровной в Берёзов.

О́СТИН (Austen) Джейн (1775–1817), англ. писательница. «Нортенгерское аббатство» (1797–1798, опубл. 1818) – пародия на готический роман. В ром. «Разум и чувствительность» (1811) и «Гордость и предубеждение» (1813) – психологически точное изображение быта и нравов англ. провинции.

ОСТ-И́НДСКАЯ КОМПА́НИЯ английская, компания (1600–1858) англ. купцов в осн. для торговли с Ост-Индией (назв. терр. Индии и нек-рых др. стран Юж. и Юго-Вост. Азии); постепенно превратилась в гос. орг-цию по управлению англ. владениями в Индии. Имела армию и аппарат колон. управления.

ОСТ-И́НДСКАЯ КОМПА́НИЯ нидерландская, торг. компания (1602–1798). Имела монопольное право торговли, мореплавания, размещения факторий и т.д. в басс. Индийского и Тихого океанов. Захватила значит. терр. в Юго-Вост. Азии (на о. Ява и др.) и на Ю. Африки.

О́СТИЯ, воен. порт и торг. гавань Др. Рима в устье р. Тибр. Остатки многоэтажных домов, торг. и производств. помещений, храмов, форума, т-ра и др.

ОСТРАКИ́ЗМ (греч. ostrakismós, от óstrakon – черепок), в Афинах и др. городах Греции в 6–5 вв. до н.э. изгнание отд. граждан, опасных для народа и гос-ва, решавшееся путём тайного голосования в нар. собрании посредством черепков, на к-рых писались имена изгоняемых. Перен. – изгнание, гонение.

О́СТРОВ, участок суши, окружённый со всех сторон водами океанов, морей, озёр, рек. От материков отличаются относительно небольшими размерами. Крупнейшие О. – Гренландия, Н. Гвинея, Калимантан, Мадагаскар.

ОСТРОВНЫ́Е ДУ́ГИ, линейно ориентированные горн. сооружения, выступающие над поверхностью океанов и морей в виде о-вов и отделяющие котловины окраинных морей от глубоководных желобов (напр., Курильские, Алеутские, Японские о-ва). О. д. свойственны высокие вулканизм и сейсмичность.

ОСТРО́ВСКИЙ Ал-др Ник. (1823–86), рус. драматург. Творчество О. заложило основы нац. репертуара рус. театра. В комедиях и социально-психол. драмах О. вывел галерею типов – от охваченных страстью к «деланию денег» своевластных, жестоких купцов, чиновников, помещиков до многочисл. слуг, приживалок, богомольных странников («Свои люди – сочтёмся!», 1850; «Бедность не порок», 1854; «Доходное место», 1857; «Гроза», 1859; «Горячее сердце», 1868; «Бешеные деньги», 1870; «Волки и овцы», 1875), показал трагедию одарённых, тонко чувствующих женщин («Бесприданница», 1878), судьбы людей из актёрской среды («Лес», 1871; «Таланты и по-

ОТКР 503

А.Н. Островский.

А.П. Остроумова-Лебедева. «Александровский дворец в Детском селе». Акварель. 1934.

клонники», 1881; «Без вины виноватые», 1884), водевильные похождения скромного чиновника (трил. о Бальзаминове, 1857–61). Пьесы в стихах – поэтич. «весенняя сказка» «Снегурочка» (1873; опера Н.А. Римского-Корсакова), ист. хроники. В творчестве О. отражён нравств. идеал народа, запечатлён колорит рус. жизни в многообразии типов и судеб, бытовых и психол. оттенков, в смене обществ. условий и приверженности нац. укладу, в контрастах и самобытности нац. характера.

ОСТРО́ВСКИЙ Арк. (Авраам) Ил. (1914–67), композитор. Автор популярных сов. гражданственных, лирич. и дет. песен: «Комсомольцы-беспокойные сердца» (1948), «Мальчишки», цикл «А у нас во дворе» (все 1962), «Песня остаётся с человеком» (1964), «Голос Земли», «Спят усталые игрушки» (обе 1965) и др.

ОСТРО́ВСКИЙ Ник. Ал. (1904–1936), рус. писатель. Участник Гражд. войны; был тяжело ранен. Слепой, прикованный к постели, создал ром. «Как закалялась сталь» (1932–34; нек-рые главы не были пропущены цензурой) о становлении сов. власти и героич. жизни комсомольца Павла Корчагина (автобиогр. образ, в значит. мере определивший тип положит. героя лит-ры социалистич. реализма). Ром. «Рождённые бурей» (1936, не окончен) – о Гражд. войне в Зап. Украине.

ОСТРО́Г, 1) дерев. укрепление в пограничной полосе др.-рус. княжеств; изв. с 12 в. В 14–17 вв. распространены на юж. рубежах рус. гос-ва, с кон. 16 – нач. 17 вв. – в Сибири. 2) В 18–19 вв. тюрьма, обнесённая стеной.

ОСТРОМИ́РОВО ЕВА́НГЕЛИЕ, древнейший датированный памятник старослав. письменности рус. редакции (1056–57); содержит недельные чтения. Названо по имени заказчика – новгородского княж. посадника Остромира. Ценный источник для изучения юж.-слав. и вост.-слав. языков, образец книжного иск-ва Киевской Руси (3 миниатюры).

ОСТРОУ́МОВ Ал. Ал-др. (1844/45–1908), рос. терапевт, основатель клинич. школы. Тр. по физиологии и патологии кровообращения. Клинич. лекции О. (1884–85) оказали значит. влияние на формирование взглядов отеч. врачей.

ОСТРОУ́МОВА-ЛЕ́БЕДЕВА Анна Петр. (1871–1955), график. Чл. «Мира искусства». Мастер тоновой и цв. ксилографии. Поэтич. пейзажи С.-Петербурга и его окрестностей.

ОСТУ́ЖЕВ (наст. фам. Пожаров) Ал-др Ал. (1874–1953), актёр. На сцене с 1895, с 1898 в Малом т-ре. Страстный пафос, романтич. приподнятость сочетались в игре О. с глубокой искренностью в передаче чувств: Незнамов («Без вины виноватые» А.Н. Островского, 1908), Отелло («Отелло» У. Шекспира, 1935), Уриэль Акоста («Уриэль Акоста» К. Гуцкова, 1940).

ОСУШЕ́НИЕ (с.-х.), удаление лишней влаги из корнеобитаемого слоя почвы; вид мелиорации. Для О. строят осушительные и осушительно-увлажнительные системы.

ОСЦИЛЛЯ́ТОР (от лат. oscillo – качаюсь), физ. система, совершающая колебания. Термином «О.» пользуются для любой системы, если описывающие её величины периодически меняются со временем. Понятие О. играет важную роль в теории тв. тела, эл.-магн. излучения, колебат. спектров молекул. Примеры простейших

А.А. Остужев в роли Отелло.

О.– маятник и *колебательный контур.*

О́СЫ, группа жалящих перепончатокрылых насекомых. Дл. до 40 мм. Ок. 23 тыс. видов, распространены широко. Взрослые О. питаются нектаром, реже животной пищей. Опы-

Осы. Обыкновенная оса.

лители р-ний. Обычно строят гнёзда с ячейками, в к-рых выкармливают личинок убитыми насекомыми или их личинками. Почти все одиночные О. (к ним относится большинство видов О.) для гнезда роют норки в земле. Общественные О. (напр., *шершни*) живут семьями (как все *общественные насекомые*) и строят пергаментные гнёзда из волокон древесины, смоченных слюной. Личинки нек-рых О.– паразиты др. насекомых.

ОСЬМИНО́ГИ, отряд мор. головоногих моллюсков. На голове 8 длинных щупалец – «рук» (ранее но-гами). Длина тела от 1 до 60 см, с «руками» до 6 м. Ок. 200 видов, распространены широко, донные ж-ные, нек-рые живут в постоянных норах. У многих О. развиты сложные формы поведения, память, чувство дома. Есть ядовитые виды, опасные для человека. Объект промысла. Численность О. сокращается из-за перелова. Илл. см. при ст. *Моллюски.*

ОСЯЗА́НИЕ, восприятие ж-ными и человеком прикосновения, давления, растяжения. В основе О. лежит раздражение рецепторов кожи, мышц, суставов, нек-рых слизистых оболочек (на губах, языке и др.), от к-рых в коре головного мозга преобразуются в соотв. вид чувствительности. У людей, лишённых зрения и слуха, О.– осн. источник информации о внеш. мире.

ОТВЕ́ТСТВЕННОСТЬ ГРАЖДА́НСКАЯ (гражданско-правовая), один из видов юрид. ответственности. Заключается в применении к правонарушителю установленных законом или договором мер воздействия, влекущих для него экономически невыгодные последствия имуществ. характера: возмещение *убытков,* уплата *неустойки* (штрафа, пени), возмещение вреда.

ОТВЕ́ТЧИК, сторона спора, рассматриваемого судом или арбитражным судом, к к-рой предъявлено требование *истца.*

ОТЁК, скопление избыточного кол-ва жидкости в тканях. Может быть общим (при заболеваниях почек, сердечно-сосудистой системы, нарушениях обмена в-в, питания – «голодные» О. и т.д.) и местным (напр., при воспалении).

ОТЕ́ЧЕСТВЕННАЯ ВОЙНА́ 1812, освободит. война России против армии Наполеона I. Вызвана обострением рус.-франц. экон. и полит. противоречий, отказом России от участия в Континентальной блокаде Великобритании. Осн. события О.в.: 12(24) июня – нач. вторжения франц. армии; со 2(14) июля 1-я и 2-я рус. армии (ген. М.Б. Барклай-де-Толли, П.И. Багратион) стали отходить в глубь страны; 18–20 июля (30 июля – 1 авг.) в сражении под Клястицами остановлено продвижение франц. войск на С.-Петербург; 22 июля (3 авг.) – соединение 1-й и 2-й рус. армий под Смоленском; 4–6 (16–18) авг.– Смоленское сражение; 8(20) авг.– назначение М.И. Кутузова главнокоманд.; 26 авг. (7 сент.) – *Бородинское сражение;* 1(13) сент.– воен. совет в Филях, решение оставить Москву; вступление франц. войск в Москву; 5–21 сент. (17 сент. – 3 окт.) – Тарутинский марш-манёвр; 7(19) окт.– уход Наполеона из Москвы; окт.– нояб.– отступление франц. армии по Старой Смоленской дороге, развёртывание партиз. войны; 14–17(26–29) нояб.– сражение на р. Березина; 14(26) дек.– изгнание остатков франц. армии из России. Илл. см. на стр. 504.

ОТИ́Т (от греч.ús, род. п. ōtos – ухо), воспаление уха. Наружный О. проявляется воспалением кожи ушной раковины или наружного слухового прохода. Воспаление ср. уха (средний О.) возникает обычно как осложнение инфекц. болезней (гриппа, кори, ангины и др.); проявления – боль в ухе, понижение слуха. Средний О. может перейти в хронич. форму. Внутренний О.– см. *Лабиринтит.*

ОТКРОВЕ́НИЕ, в монотеистич. религиях непосредств. волеизъявление Бога или исходящее от него знание как абс. ценность и норма человеческого поведения и познания. Выражается в текстах Священного Писания (в иудаизме и христ-ве – Библия, в исламе – Коран) и Священного Предания (в иудаизме – Талмуд, в христ-ве – соч. отцов церкви, в исламе – Сунна).

ОТКРЫ́ТОЕ МО́РЕ, в междунар. праве часть мор. пространства за пределами *территориальных вод.* Находится в общем свободном пользовании всех гос-в («свобода О.м.»).

ОТКРЫ́ТЫЕ СИСТЕ́МЫ, системы, к-рые могут обмениваться с окружающей средой в-вом (а также энергией и импульсом). К О.с. относятся,

Отечественная война 1812. А.Д. Кившенко. «Военный совет в Филях». 1880.

Отечественная война 1812. И.М. Прянишников. «В 1812 году». 1874.

напр., хим. и биол. системы (в т.ч. живые организмы), в к-рых непрерывно протекают хим. реакции за счёт поступающих извне в-в, а продукты реакции отводятся. О.с. могут находиться в стационарных состояниях, далёких от равновесных.

ОТКРЫТЫЙ ГО́РОД, в междунар. праве город, к-рый одно из воюющих гос-в объявляет незащищённым и к-рый поэтому не может быть театром воен. действий (напр., во время 2-й мир. войны – Париж и Рим).

О́ТКУП, исключит. право, предоставлявшееся гос-вом за определ. плату частным лицам (откупщикам), на сбор к.-л. налогов, продажу определ. видов товаров (соль, вино и др.). О. отменены в России в 1863.

ОТЛУЧЕ́НИЕ ОТ ЦЕ́РКВИ, исключение из состава членов данной церкви; практикуется во мн. религиях, в т.ч. в христ-ве, иудаизме. В Рус. правосл. церкви по «Духовному регламенту» О. от ц. подразделялось на великое, или анафему (налагалось на еретиков и отступников), и малое, или запрещение (налагалось епископом за нарушение церк. правил и заповедей и влекло за собой временное лишение отлучённого права на причащение, благословение и др.).

ОТМОРОЖЕ́НИЕ, повреждение тканей организма, вызванное действием низкой темп-ры. Проявления зависят от степени О.: отёчность, синюшность, болезненность кожи; образование пузырей (заживление без последствий); омертвение мягких тканей и даже кости.

ОТНОСИ́ТЕЛЬНОСТИ ПРИ́НЦИП, согласно к-рому во всех инерциальных *системах отсчёта* физ. явления протекают одинаково; впервые высказан А. Пуанкаре в 1895, окончательно сформулирован А. Эйнштейном в 1905.

ОТНОСИ́ТЕЛЬНОСТИ ТЕО́РИЯ, физ. теория, рассматривающая пространственно-временны́е свойства физ. процессов. Так как закономерности, устанавливаемые О.т., общие для всех физ. процессов, то обычно о них говорят просто как о свойствах пространства-времени (п.-в.). Теория, описывающая свойства п.-в. в приближении, когда *тяготением* можно пренебречь, наз. специальной (частной) О.т., или просто О.т. (созд. А. Эйнштейном в 1905). Свойства п.-в. при наличии полей тяготения исследуются в общей О.т., называемой также теорией тяготения (Эйнштейн, 1915–16).

В основе О.т. лежат 2 положения: *относительности принцип* и независимость скорости света от движения системы отсчёта [во всех инерциальных системах отсчёта (ИСО) скорость света постоянна и равна c]. Эти два постулата определяют ф-лы перехода от одной ИСО к другой ИСО – преобразования Лоренца, при к-рых изменяются не только пространств. координаты, но и моменты времени (относительность времени). Из преобразований Лоренца вытекают осн. физ. следствия (наз. иногда релятивистскими эффектами): существование предельной скорости передачи любых взаимодействий; относительность одновременности (события, одновременные в одной ИСО, в общем случае неодновременны в другой); замедление течения времени в быстродвижущемся теле [при наблюдении из нек-рой ИСО физ. процессы в теле, движущемся со скоростью v относительно этой ИСО, протекают в $1/\sqrt{1-(v/c)^2}$ раз медленнее, чем в теле, неподвижном в данной ИСО] и сокращение продольных – в направлении движения – размеров тел (во столько же раз). Согласно О.т., не только кинематич. (длина, время), но и динамич. физ. величины (*импульс, энергия* и др.) зависят от состояния движения тела (а следовательно, и от ИСО). О.т. выявила ограниченность представлений классич. физики об «абсолютных» пространстве и времени; она даёт более точное, по сравнению с классич. механикой, отображение реальных процессов. О.т. получила надёжное эксперим. подтверждение, в частности, в опытах по измерению времени жизни нестабильных *элементарных частиц*, а также при работе с пучками заряженных частиц в ускорителях, электронно-лучевых трубках, электронных микроскопах и др.

ОТНОСИ́ТЕЛЬНЫЙ, устанавливаемый в сравнении, в сопоставлении с чем-либо другим (напр., О. влажность); ср. *Абсолютный*.

О́ТО... (от греч. ús, род. п. ōtós – ухо), часть сложных слов, указывающая на отношение к уху, болезням уха (напр., отосклероз).

ОТОРИНОЛАРИНГОЛО́ГИЯ (от *ото...*, греч. rhís, род. п. rhinós – нос, *ларинго...* и *...логия*), область клинич. медицины, изучающая болезни уха, носа, горла (глотки, гортани, трахеи) и пограничных анат. областей и разрабатывающая методы распознавания, лечения и профилактики этих заболеваний.

ОТОСКЛЕРО́З (от *ото...* и *склероз*), заболевание, связанное с разрастанием костной ткани в ср. и внутр. ухе. Ведёт к прогрессирующему снижению слуха.

ОТРАЖЕ́НИЕ ВОЛН, частичное или полное возвращение волн (звуковых, эл.-магн.), достигающих границы раздела двух сред (препятствия), в ту среду, из к-рой они подходят к этой границе. Угол между направлением движения отражённой волны и нормалью к границе раздела сред наз. углом отражения; он равен углу падения, но расположен по др. сторону от нормали. Одновременно с О.в. на границе раздела сред, как правило, происходит *преломление волн* (за исключением случаев *полного внутреннего отражения*).

ОТРАЖЕ́НИЕ СВЕ́ТА, возвращение части светового пучка, падающего на границу раздела двух сред, «обратно» в первую среду. Различают зеркальное О.с. (размеры l неровностей на поверхности раздела меньше длины световой волны λ) и диффузное ($l \geqslant \lambda$). Несамосветящиеся тела становятся видимыми вследствие О.с. ими (напр., Луна видна вследствие отражения ею солнечного света). При этом за счёт поглощения и рассеяния света меняется спектральный состав отражённого света, а именно отражённым светом обусловлен цвет тел.

ОТРЕ́ПЬЕВ Григ. Богд., по утверждению пр-ва Бориса Годунова, беглый дьякон московского Чудова мон., выдававший себя за царевича Дмитрия Ивановича (см. *Лжедмитрий I*).

ОТС (Ots) Георг (1920–75), певец (лирич. баритон). С 1945 солист т-ра оперы и балета «Эстония» в Таллине. Выступал в опере, оперетте, как камерный и концертный певец. Обладал голосом красивого, бархатистого тембра, артистизмом, тонким чувством стиля. Снимался в ф.: «Кола Брюньон» (1974) и др.

О́ТТАВА, столица (с 1867) Канады, на р. Оттава. 921 т.ж. Междунар. аэропорт. Целл.-бум., полиграф. пром-сть; маш-ние. 2 ун-та (англ. и франц.). Королев. науч.-об-во Канады, Нац. н.-и. совет и др. Нац. музеи, Нац. гал. Здание парламента (1927), Нац. центр иск-в (1970). Осн. в 1827 под назв. Байтаун.

ОТТОМА́НСКАЯ ИМПЕ́РИЯ, европ. назв. *Османской империи*.

ОТТО́Н I (Otto) (912–973), с 936 герм. король, с 962 император «Священной Рим. империи», из Саксонской династии. Основал империю, завоевав Сев. и Ср. Италию. Укрепил королев. власть, подчиняя герцогов и опираясь на епископов и аббатов. Победа над венграми при Лехе (955) приостановила их наступление на запад.

ОТЦО́ВСТВО, в рос. праве факт происхождения ребёнка от данного мужчины, удостоверенный записью органов загса о рождении. Если брак не зарегистрирован, О. может быть установлено по совм. заявлению отца и матери ребёнка, а в отношении ребёнка, родившегося после 1.10.1968,— и в суд. порядке.

ОТЦЫ́ ЦЕ́РКВИ («святые отцы»), традиц. название деятелей христ. церкви 2–8 вв., создавших её догматику и организацию. Главные О.ц. в католицизме — Амвросий Медиоланский, Августин, Иероним, Григорий I Великий, в православии — Афанасий Александрийский, Василий Великий, Григорий Богослов, Иоанн Златоуст.

ОТЧУЖДЕ́НИЕ, обозначение социального процесса, в к-ром деятельность человека и её результаты превращаются в самостоят. силу, господствующую над ним и враждебную ему. Выражается в отсутствии контроля над условиями, средствами и продуктом труда, в превращении личности в объект манипулирования со стороны господств. социальных групп. О. получает определ. отражение и в сознании индивида (восприятие социальных норм как чуждых и враждебных, чувство одиночества, апатия и т.п.). Концепции О. восходят к Т. Гоббсу, Ж.Ж. Руссо, они получили развитие у Г.В.Ф. Гегеля, К. Маркса. В философии, социологии и социальной психологии 20 в. исследуются разл. аспекты О.

ОТЧУЖДЕ́НИЕ, в гражд. праве передача имущества в собственность др. лица; один из способов осуществления собственником правомочия распоряжения своим имуществом. Различаются О. возмездное (купля-продажа) и безвозмездное (дарение).

ОТШЕ́ЛЬНИЧЕСТВО, аскетич. отречение от мирской жизни с макс. ограничением внеш. связей. Существует в буддизме, индуизме. В христ-ве известно с 3 в., постепенно оно превращается в один из важнейших церк. институтов — монашество. В православии О.— форма монашеского, «скитского» или «пустынного» жития, уединения, связанного с добровольным принятием дополнит. аскетич. обетов (усиленной молитвы, строгого постничества, молчальничества).

ОТЯГЧА́ЮЩИЕ ОТВЕ́ТСТВЕННОСТЬ ОБСТОЯ́ТЕЛЬСТВА, в уголов. праве обстоятельства, усиливающие ответственность виновного. Рос. закон относит к О.о.о.: совершение преступления лицом, ранее совершившим к.-л. преступление, организов. группой, из корыстных или иных низменных побуждений, в отношении малолетнего или престарелого, с особой жестокостью и др.

ОУН, см. *Организация украинских националистов*.

О́УТС (Oates) Джойс Кэрол (р. 1938), амер. писательница. Социально-психол. рассказы и романы («Сад радостей земных», 1967; «Их жизни», 1969; «Делай со мной, что захочешь», 1973; «Ангел света», 1981) об актуальных проблемах Америки: контрасте бедности и богатства, семейном и обществ. насилии, студенч. и феминистском движениях, духовных и религ. поисках молодёжи. Семейная хроника в традициях «готич. романа», с потаёнными глубинами психологии — «Бельфлёр» (1980); эксперим. ром. «Тайны Уинтертонна» (1984). Стихи. Критика.

О́УЭН (Owen) Роберт (1771–1858), англ. социалист-утопист. В нач. 1810-х гг. разработал филантропич. план улучшения условий жизни рабочих и пытался осуществить его на прядильной ф-ке в Нью-Ланарке (Шотландия), управляющим к-рой он был с 1800. В 1817 выдвинул программу радикальной перестройки общества путём создания самоуправляющихся «посёлков общности и сотрудничества», лишённых частной собственности, классов, эксплуатации; подчёркивал доминирующую роль воспитания и просвещения в решении социальных проблем. Основанные О. опытные коммунистич. колонии в США («Н. Гармония» и др.) и Великобритании потерпели неудачу.

О́УЭНС (Owens) Джесси (1913–80), амер. спортсмен. 4-кратный чемпион Олимп. игр (1936 — бег 100 м, 200 м, эстафета 4 × 100 м; прыжки в длину). Первым в истории лёгкой атлетики прыгнул за 8 м (8 м 13 см — Мичиган, 1935).

ОФЕ́РТА (от лат. offero – предлагаю), предложение заключить гражданско-правовой договор, достаточно определённо выражающее намерение лица, т.е. содержащее все существ. условия договора или порядок их определения.

О́ФИС (англ. office), контора, канцелярия, служба.

ОФИЦЕ́Р (нем. Offizier, от ср.-век. лат. officiarius — должностное лицо), лицо командного (начальствующего) состава в вооруж. силах, полиции и жандармерии. Звание О. употреблялось в кон. 16 в. во Франции, затем в др. европ. гос-вах. В России в 30-х гг. 17 в. в кон. 1917 офицерские чины упразднены; в Сов. Армии введены в 1943, при создании Рос. армии (1991) сохранены.

ОФОРМИ́ТЕЛЬСКОЕ ИСКУ́ССТВО, область декоративного иск-ва: праздничное оформление улиц, площадей, производств. территорий, демонстраций, гуляний и т.д., а также оформление экспозиций, витрин, стендов и др.

ОФО́РТ (франц. eau-forte — азотная кислота), вид *гравюры*: рисунок процарапывается гравировальной иглой

Офорт. Рембрандт. «Слепой Товий». 1651.

в слое кислотоупорного лака, покрывающего металлич. пластину, процарапанные места протравливаются к-той, и полученное углублённое изображение заполняется краской и оттискивается на бумагу.

ОФСЕ́ТНАЯ ПЕЧА́ТЬ (англ. offset), разновидность плоской печати, при к-рой краска с печатной формы передаётся на резиновое полотно, а с него переносится на бумагу (или др. материал); это позволяет печатать тонкими слоями красок на шероховатых бумагах и др. материалах с большой производительностью. О.п. предложена в 1905 в США. Используется для печатания всех видов изданий (в т.ч. многокрасочных), в оперативной полиграфии. В частности, этот словарь напечатан способом О.п.

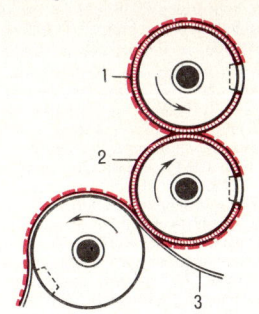

Офсетная печать (схема): 1 — печатная форма; 2 — резиновое полотно; 3 — бумага.

ОФТАЛЬМО... (от греч. ophtalmós — глаз), часть сложных слов, указывающая на их отношение к глазам, глазным болезням.

ОФТАЛЬМОЛО́ГИЯ (от *офтальмо...* и *...логия*), область медицины, изучающая анатомию и физиологию органа зрения, болезни глаза и разрабатывающая методы их диагностики, лечения и профилактики.

ОФФЕНБА́Х (Offenbach) Жак (наст. имя и фам. Якоб Эбершт) (1819–80), композитор, основоположник франц. *оперетты*. Род. в Германии, с 1833 в Париже. В 1855–62 рук. созданного им т-ра «Буфф-Паризьен». Оперетты О. (св. 100) отличаются изящной, игриво-пикантной музыкой, разнообразными сюжетами: «Орфей в аду» (1858), «Прекрасная Елена» (1864), «Перикола» (1868). Лирич. дарование проявилось в оп. «Сказки Гофмана» (1880).

О́ФФШОР (англ. offshore — находящийся на расстоянии от берега, вне территории страны), территории, предоставляющие льготный режим (снижение налогов, освобождение от валютного контроля и т.п.) для финансово-кредитных операций с иностр. участниками и в иностр. валюте.

О'ХА́РА (O'Hara) Джон (1905–70), амер. писатель, эссеист. Бытоописательские ром. «Свидания в Самарре» (1934), «Жажда жить» (1949), «Дело Локвудов» (1965), «Инструмент» (1967) — гротескно-натуралистич. панорама высшего класса Америки с центр. коллизией: несовместимости карьеристских амбиций и убогого гедонизма с нравств. нормами. Жестокие и ироничные новеллы.

ОХЛОКРА́ТИЯ (от греч. óchlos — толпа, чернь и ...*кратия*), в учениях о гос-ве (Платон, Аристотель) господство «толпы».

ОХЛО́ПКОВ Ник. Пав. (1900–67), режиссёр, актёр. На сцене с 1918, с 1923 в Т-ре имени Вс. Мейерхольда. В 1930–37 возглавлял Реалистич. т., в 1943–66 гл. реж. Моск. т-ра имени Вл. Маяковского. Развивал принципы поэтич., трагедийного и героико-патетич. т-ра монументального стиля, для режиссуры характерны стремительность развёртывания действия, открытая театральность приёмов, сложность муз. и светового партитуры спектаклей, зримое воплощение их осн. идей в сценич. метафорах, пластич. образах-символах: «Аристократы» Н.Ф. Погодина (1935), «Молодая гвардия» по А.А. Фадееву (1947), «Гамлет» У. Шекспира (1954), «Иркутская история» А.Н. Арбузова (1960), «Медея» Еврипида (1961) и др. Снимался в ф.: «Ленин в Октябре» (1937), «Ленин в 1918 году» (1939), «Александр Невский» (1938) и др.

ОХО́ТА, добывание диких зверей и птиц ради пушнины, мяса и др. продукции, а также ловля их для расселения, использования в зоопарках, цирке и т.п. Различают О.: ружейную, самоловную (ловушками), псовую, конную с гончими (парфорсную), с ловчими птицами (соколиную), в зависимости от целей — промысловую и любительскую. Во мн. странах, в т.ч. в России, О. регулируется законодательством и контролируется гос. органами.

ОХО́ТНИЧЬИ СОБА́КИ, породы собак, используемых для добычи зверей и птиц,— борзые, гончие, лайки, легавые, норные собаки, спаниели.

ОХОТОВЕ́ДЕНИЕ, наука об охоте и охотничьем х-ве, охране, обогащении и рациональном использовании охотничьих фауны; изучает охотничьи угодья, биологию промысловых зверей и птиц, разрабатывает методы их учёта, занимается охотничьим товароведением и др. В России О. как самостоят. наука сформировалась в нач. 20 в. Её основоположниками были А.А. Силантьев, Д.К. Соловьёв, Л.П. Сабанеев, П.А. Мантейфель и др.

ОХО́ТСКОЕ МО́РЕ, Тихого ок. у берегов Евразии. Отделено от океана п-овом Камчатка, Курильскими о-вами, о. Хоккайдо. Пл. 1603 т. км². Глуб. до 3521 м. Шантарские о-ва. Кр. зал.— Шелихова, Сахалинский, Терпения, Анива. Впадает р. Амур. С окт. по июнь покрыто льдом. Рыб-во (лососёвые, сельдь, минтай), промысел тюленя. Кр. порты: Магадан, Петропавловск-Камчатский, на о. Сахалин — Корсаков (Россия).

ОХРА́НА ПРИРО́ДЫ, комплекс мер по сохранению, рациональному использованию и восстановлению природных ресурсов Земли, в т.ч. видового разнообразия флоры и фауны, богатств недр, чистоты вод и атмосферы. Опасность необратимых изменений природной среды в отд. регионах Земли стала реальной из-за возросших масштабов хоз. деятельности человека. С кон. 16 в. до нач. 70-х гг. 20 в. исчезло св. 250 видов и подвидов позвоночных ж-ных. С нач. 80-х гг. в среднем 1 вид (или подвид) ж-ных исчезал ежедневно, а 1 вид р-ний — еженедельно (под угрозой исчезновения находятся св. 20 тыс. видов). Ок. 1000 видов птиц и млекопитающих (в осн. обитатели тропич. лесов, к-рые вырубают со скоростью неск. десятков га в мин) находятся под угрозой вымирания. Ежегодно сжигается ок. млрд. т условного топлива, выбрасываются в атмосферу сотни млн. т оксидов азота, серы, углерода (часть из них выпадает в виде *кислотных дождей*), сажи, золы и пыли. Почвы и воды загрязняются пром. и бытовыми стоками (сотни млрд. т в год), нефтепродуктами (неск. млн. т), минер. удобрениями (ок. сотни млн. т) и пестицидами, тяжёлыми металлами (ртуть, свинец и др.), радиоактивными отходами и т.д. Появилась опасность нарушения озонового экрана Земли (см. *Озоновая*

506 ОХРА

дыра). Способность биосферы к самоочищению близка к пределу. Неконтролируемое изменение *окружающей среды* создаёт угрозу существованию живых организмов, что потребовало решительных мер по О.п., правового регулирования использования природных ресурсов. К ним относятся использование безотходных технологий, очистных сооружений, упорядочение применения пестицидов, способных накапливаться в организме, прекращение произ-ва ядохимикатов, рекультивация земель и пр., а также создание охраняемых территорий (*заповедники, национальные парки* и др.), центров по разведению редких и исчезающих ж-ных и р-ний (в т.ч. для сохранения генофонда Земли), составление мировой и национальных *Красных книг*. Природоохранит. меры предусмотрены в земельном, лесном и т.п. законодательстве отд. стран. В ряде стран реализация специальных природоохранных программ способствовала улучшила качество окружающей среды (напр., в США в результате многолетней и дорогостоящей программы восстановлены чистота и качество воды в *Великих озёрах*).

В междунар. масштабе созданы междунар. орг-ции по отд. проблемам О.п.; действует Программа ООН по окружающей среде. См. также *Биосфера*, «*Гринпис*», *Международный союз охраны природы и природных ресурсов*.

ОХРА́ННЫЕ ОТДЕЛЕ́НИЯ («охранка»), местные органы Деп. полиции Мин-ва внутр. дел в России. Ведали полит. сыском, имели для наружного наблюдения филёров и секретных агентов в полит. и обществ. Первые О.о. созданы в С.-Петербурге (1866) и Москве (1880), к 1907 – в 27 крупнейших городах; упразднены после Февр. рев-ции 1917.

ОЧКИ́, простейший оптич. прибор для коррекции дефектов *зрения* и для защиты глаз. Первые О. появились в 13 в. в Нидерландах. Для чёткого видения предмета лучи от него должны фокусироваться на сетчатке глаза. Если они фокусируются перед сетчаткой, то глаз наз. близоруким, за сетчаткой – дальнозорким. Близорукость корректируется рассеивающими линзами (отрицательными), дальнозоркость – собирающими (положительными), астигматизм – цилиндрич. и сфероцилиндрическими. Разновидностью О. являются контактные линзы, к-рые надеваются непосредственно на роговицу глаза. Изготовляются контактные линзы из прозрачных полимерных плёнок и оптич. силикатных стёкол.

ОЧКО́ВАЯ ЗМЕЯ́ (индийская кобра), одна из наиб. ядовитых змей, обитающая в Юж. и Юго-Вост. Азии. Дл. 1,6–2 м. На расширяющейся в момент опасности спинной стороне шеи – светлый рисунок в виде очков (отсюда назв.). В Индии О.з. – почитаемое ж-ное, с к-рым связано мн. легенд и сказаний; заклинатели змей используют её в своих представлениях.

О́ЧНАЯ СТА́ВКА, следственное действие. Заключается в одноврем. допросе двух лиц, в показаниях к-рых имеются существ. противоречия.

ОШ, г., обл. ц. в Киргизии, на р. Ак-Буура. 213 т.ж. Ж.-д. ст. Лёгкая (хл.-очист., хл.-бум., шёлковая и др.), пищ. (мясная, молочная, винодельч.), маш.-строит. и металлообр. пром-сть. Пед. ин-т. Ист.-краеведч. музей-заповедник. Музей хлопководства. 2 т-ра. Изв. с 9 в. Нач. пункт Вост.-Памирского тракта.

ОШИ́БКИ ИЗМЕРЕ́НИЙ, то же, что *погрешности измерений*.

О́ШКИ, груз. ср.-век. монастырь (на терр. Турции). Грандиозный собор (окончен между 958 и 961) с рельефным декором и росписью (1036).

ОШКУ́Й, то же, что *белый медведь*.

ОЭ Кэндзабуро (р. 1935), япон. писатель. В ром. «Опоздавшая молодёжь» (1962), «Личный опыт» (1964), «Футбол 1860» (1967), «Объяли меня воды до души моей» (т. 1–2, 1973), «Записки пинчраннера» (1976), «Игры сверстников» (1979) – смещение временны́х пластов, острота (подчас парадоксальная) нравств. метаний послевоен. поколения, страх перед ядерным апокалипсисом. Автобиогр. ром. «Письма к милому прошлому» (1987). Ноб. пр. (1994).

П

П, п [пэ], семнадцатая буква рус. алфавита; восходит к букве *кириллицы* П («покой»).

ПА (франц. pas, букв. – шаг), танц. форма: 1) отдельное движение классич. танца; 2) танец в балете; 3) многочастная форма классич. балета – па-де-де, па-де-труа и др.

ПАВА́НА (исп. и итал. pavana), 1) в Юж. Европе 16 в. танец-шествие (4-дольный). 2) Во 2-й пол. 16–17 вв. пьеса для клавесина. В кон. 19–20 вв. инстр. пьеса-стилизация (Г. Форе, М. Равель).

ПАВАРО́ТТИ (Pavarotti) Лучано (р. 1935), итал. певец (тенор). С 1961 на оперной сцене. Обладает голосом бархатного «баритонального» тембра, выступает в разнохарактерных партиях преим. в итал. классич. операх (В. Беллини, Г. Доницетти, Дж. Верди).

Л. Паваротти в роли Неморино (опера «Любовный напиток» Г. Доницетти).

ПАВЕ́ЗЕ (Pavese) Чезаре (1908–1950), итал. писатель-неореалист. Ром. «Товарищ» (1947) о молодом итальянце, становящемся антифашистом и революционером. В исповедальном драм. повествовании о возвращении в мир детства (ром. «Луна и костры», 1950), в поэзии (сб. «У смерти твои глаза», опубл. 1951) – свидетельства душевного кризиса, приведшего автора к самоубийству. Дневник «Ремесло жить» (опубл. 1952).

ПА́ВЕЛ (евр. Саул, Савл), в Новом Завете один из апостолов. Род. в малоазийском г. Тарс (в Киликии) в евр. фарисейской семье. Первонач. ревностный гонитель христиан, П., испытавший чудесное видение на пути в Дамаск, принимает крещение и становится истовым проповедником христ-ва среди язычников («апостол язычников»). По наущению иудеев в Иерусалиме П. был пленён римлянами и отправлен в Рим, где, согласно преданию, казнён ок. 65 (время гонений Нерона на христиан) вместе с апостолом Петром. За чрезвычайные миссионерско-богословские заслуги перед христианством в становлении его как мировой религии П., не входивший в число *двенадцати апостолов*, почитается как первопрестольный апостол. Церковь приписывает ему 14 посланий.

Павел. Фрагмент росписи катакомбы Домициллы: апостол Павел. Ок. 375. Рим.

ПА́ВЕЛ I (1754–1801), рос. император (с 1796). Сын имп. Петра III и имп. Екатерины II. Ограничил привилегии дворянства, уменьшив эксплуатацию крестьян. Выступал против рев. Франции, но в 1800 заключил союз с Наполеоном Бонапартом, занимал антиангл. позицию. Отличался неуравновешенным характером. Убит заговорщиками.

Павел I.

ПА́ВЕЛИЧ (Pavelić) Анте (1889–1959), с 1929 глава хорв. орг-ции усташей, в 1941–45 – марионеточного «Независимого государства Хорватия». В 1945 бежал из страны; был заочно приговорён югосл. нар. судом к смертной казни.

ПАВИА́НЫ, род обезьян (сем. мартышкообразные). Длина тела самцов ок. 100 см, хвоста 5–70 см; самки вдвое мельче. Морда удлинённая, похожа на собачью. 7 видов (гамадрил, мандрил, бабуин и др.), в саванновых лесах и саваннах Африки. Образ жизни наземный. Всеядны. Держатся большими стадами (до неск. сотен особей). Живут до 20 лет, в неволе – св. 40.

ПАВИЛЬО́Н (франц. pavillon, от лат. papilio – шатёр), 1) небольшая, лёгкая, отдельно стоящая постройка открытого характера, связанная с природой (мн. храмы и дворцы Востока, европ. парковые П.). 2) Часть дворцового здания, имеющая составную крышу. 3) Постройка для выставочной экспозиции или торговли. 4) Киносъёмочный П. – здание, в к-ром производят киносъёмки с применением декораций и искусств. освещения. 5) В театре – декорация, изображающая *интерьер*. Состоит из стенок-рам, затянутых расписанным холстом, перекрывается потолком, чаще всего применяется к колосникам. Впервые использован нем. реж. и актёром Ф.Л. Шредером в 1794 в Гамбурге.

ПА́ВИЧ Милорад (р. 1929), серб. писатель, историк лит-ры. Ист.-пародийные (параисторические) ром. «Хазарский словарь. Роман-лексикон на 100 000 слов» (1984) и «Внутренняя сторона ветра, или Роман о Геро и Леандре» (1991), иронич. ром.-притча «Пейзаж, нарисованный чаем. Роман для любителей кроссвордов» (1988); пьеса «Вечность и ещё один день» (Театральное меню)» (1993). Эстетизация старинного быта, мастерское использование мифол. сюжетов, христ. и языч. легенд, балканского фольклора в переплетении с мифами совр. постиндустр. об-ва. Рассказы. Тр. по истории серб. лит-ры и культуры.

ПА́ВИЯ, г. в Италии. 83 т.ж. Маш-ние; нефтеперераб., хим., меб. пром-сть. Ун-т (1361). П. сохранила ср.-век. облик и планировку, многочисл. романские и готич. постройки. Базилика Сан-Микеле (12 в.), замок Висконти (14 в.). Ренессансный собор (15–19 вв.). Близ П. – мон. Чертоза (с 1396; ныне музей).

ПАВЛИ́НЫ, род птиц (сем. фазановые). Распускаемые огромным веером длинные (1,2–1,3 м) кроющие перья хвоста и блестящее оперение создали П. славу самой красивой птицы среди куриных. 2 вида, в джунглях Юж. Азии. С древности содержатся как декор. птицы. Обыкновенный П. в Индии полуодомашнен. Синекрылый П. (на голове высокий хохол из золотисто-зелёных перьев) охраняется.

ПА́ВЛОВ Ив. Петр. (1849–1936), рос. физиолог, создатель учения о высш. нерв. деятельности, крупнейшей физиол. школы. Классич. тр. по физиологии кровообращения и пищеварения. Ввёл в практику хронич. эксперимент (длительное изучение жизнедеятельности практически здорового или специально подготовленного к исследованию организма). С помощью разработанного им метода условных рефлексов установил, что в основе психич. деятельности лежат физиол. процессы, проис-

И. П. Павлов.

Павловск. Дворец.

Павловск. «Колоннада Аполлона» в парке.

А. П. Павлова. Партия Пахиты (балет «Пахита» Э. М. Дельдевеза и Л. Ф. Минкуса). 1900-е гг.

Н. Паганини.

ходящие в коре головного мозга. Иссл. П. оказали большое влияние на развитие физиологии, медицины, психологии и др. В 20–30-х гг. неоднократно выступал (на лекциях и в письмах к руководству страны) против произвола, насилия и подавления свободы мысли. Ноб. пр. (1904).

ПА́ВЛОВА Анна Пав. (Матв.) (1881–1931), артистка балета. С 1899 в Мариинском т-ре (Никия – «Баядерка» Л. Ф. Минкуса, 1902; Жизель – «Жизель» А. Адана, 1903; Бинт-Анта – «Дочь фараона» Ч. Пуньи, 1906, и др.; прославилась также в хореогр. этюде «Умирающий лебедь» на музыку К. Сен-Санса). В 1909 участвовала в *Русских сезонах*, с 1910 гастролировала с собств. труппой во мн. странах мира (1913–14 в России), утверждая традиции рус. танц. школы. Иск-во П. отличалось музыкальностью, эмоц. действенностью танца, широтой жанрового диапазона. Её артистич. деятельность возродила интерес к балетному иск-ву во всём мире.

ПА́ВЛОВА Над. Вас. (р. 1956), артистка балета. С 1974 в Пермском т-ре оперы и балета (Сванильда – «Коппелия» Л. Делиба, 1972). В 1975–92 в Большом т-ре. Балерина лирикодрам. плана. Для образов, созданных П., характерны одухотворённость и грациозность пластики, безупречная танц. техника: Маша («Щелкунчик» П. И. Чайковского, 1975), Китри («Дон Кихот» Л. Ф. Минкуса, 1976) и др.

ПА́ВЛОВ-СИЛЬВА́НСКИЙ Ник. Пав. (1869–1908), рос. историк. Доказывал наличие в рус. истории феод. периода, однотипного с зап.-европ. феодализмом («Феодализм в Древней Руси»). Иссл. по истории реформ Петра I, обществ. мысли 18–19 вв., крест. движений, историографии.

ПА́ВЛОВСК (в 1918–44 Слуцк), г. (с 1796) в Ленинградской обл., в России, на р. Славянка. 25,4 т. ж. Ж.-д. ст. Осн. в 1777. Загородная резиденция рос. императоров. В П. – архит.-парковый ансамбль кон. 18 – нач. 19 вв. в стиле *классицизма* (арх. Ч. Камерон, В. Ф. Бренна, П. Г. Гонзаго и др.); строгий и изящный дворец, парковые павильоны и сооружения, пейзажный парк (св. 600 га). С 1918 музей (с 1983 Дворцово-парковый музей-заповедник).

ПАВЛОДА́Р, г. (с 1861), обл. ц. в Казахстане. 331 т. ж. Порт на р. Иртыш; ж.-д. ст. Маш-ние и металлообработка (тракторы, речные суда, инстр-ты и др.), произ-во алюминия; нефтеперераб., лёгкая, пищ. пром-сть. ГРЭС. 2 вуза, 2 музея (изобр. иск-ва, краеведч.). Драм. т-р имени А. П. Чехова. Осн. в 1720. Близ П. – канал Иртыш – Караганда.

ПАГА́Н, г. в Мьянме, на р. Иравади. Будд. религ. центр. Осн. в 850. Многочисл. культовые сооружения, в т. ч. ступа Швезигон, храм Ананды (оба 11 в.).

ПАГАНИ́НИ (Paganini) Никколо (1782–1840), итал. скрипач, композитор, гитарист. Фантастич. виртуозность, демонич. облик, вулканич. темперамент породили легенды вокруг его имени. Заложил основы совр. скрипичной исполнит. техники. Каприсы, концерты и др. соч. для скрипки.

ПАГО́ДА (португ. pagoda, от санскр. бхагават – священный), будд. мемор. сооружение и хранилище реликвий. Имеет вид павильона или башни (часто многоярусной). Возникли в нач. н. э. в Китае, известны в Корее, Японии, Вьетнаме.

ПА́ГУОШСКОЕ ДВИЖЕ́НИЕ, обществ. движение учёных за мир, разоружение, междунар. безопасность и науч. сотрудничество. Среди инициаторов (1955): А. Эйнштейн, Ф. Жолио-Кюри, Б. Рассел. 1-я конф. сторонников П. д. состоялась в Пагуоше (Канада) в 1957 (конференции, как правило, проводятся ежегодно).

ПА-ДЕ-ДЕ (франц. pas de deux, букв. – танец вдвоём), муз.-танц. форма. Окончательная структура сложилась во 2-й пол. 19 в.: выход двух танцовщиков (антре), адажио (дуэт, исполняемый в медленном темпе), мужской и женский сольный танец (вариации) и совместная кода (заключение).

ПАДЕ́Ж, граммат. категория имени, выражающая его синтаксич. отношения к другим словам предложения, а также всякая отд. форма этой категории (конкретный П.). В разл. языках разное число П.: от 2 (совр. англ., хинди) до 46 (табасаранский). В рус. яз. 6 падежей.

ПА-ДЕ-КАЛЕ́ (Дуврский пролив), пролив между материком Евразия (побережье Франции) и о. Великобритания. Вместе с прол. Ла-Манш соединяет Северное м. с Атлантич. ок. Дл. 37 км, наим. шир. 32 км, наим. глуб. 21 м. Кр. порт – Дюнкерк (Франция). Через П.-де-К.– ж.-д. паром.

ПА-ДЕ-ТРУА́ (франц. pas de trois, букв. – танец втроём), муз.-танц. форма в балете. Повторяет построение *па-де-де* с вариацией третьего танцовщика.

ПАДИША́Х (перс. – властитель, господин), титул монарха в нек-рых странах Бл. и Ср. Востока.

ПА́ДУЯ, г. в Италии. 218 т. ж. Трансп. уз., судох. каналом связан с Адриатич. м. Маш-ние, металлургия; хим., полиграф., лёгкая пром-сть. Консерватория (1878, до 1973 Муз. ин-т). Гор. музей. Т-р Верди (1884). Ботан. сад (1545, старейший в Европе). Ежегодная междунар. ярмарка. Изв. с 4 в. до н. э. В 15–17 вв. П.– кр. культурный центр, славилась её ун-т (осн. в 1222); там преподавали Помпонацци, Везалий, Галилей. В П. сохранились остатки др.-рим. построек. Церк. Сант-Антонио (начата в 13 в.), Капелла дель Арена (нач. 14 в.; фрески Джотто), оратория Сан-Джорджо (14 в.).

ПАДЬ, сладкая густая жидкость, выделяемая листоблошками, тлями, червецами и нек-рыми др. насекомыми, живущими на р-ниях и питающимися их соком. Пчёлы охотно собирают П. с листьев и перерабатывают в падевый мёд.

ПАЗОЛИ́НИ (Pasolini) Пьер Паоло (1922–75), итал. писатель, поэт, сценарист, кинорежиссёр, теоретик иск-ва. Социальный протест в ром. о деклассированных низах общества («Лихие парни», 1955, «Жестокая жизнь», 1959); в ром. «Теорема» (1968) социальная критика «общества потребления» и конформизма сопровождается пессимистич. мотивами. Отталкиваясь от мотивов и стилистики *неореализма*, обращался в кино к форме притчи и социального иносказания («Птицы большие и малые», 1966), к мифам («Царь Эдип», 1967; «Медея», 1969), к лит. классике, переосмысленной в духе фрейдизма («Декамерон», 1970; «Кентербе-

508 ПАЗЫ

рийские рассказы», 1971; «Цветок тысячи и одной ночи», 1973). Как архетипич. сюжет в духе бунтарства 60-х гг. было трактовано «Евангелие от Матфея» (1964). В 1975 пост. ф. «Сало, или 120 дней Содома» – экранизация романа де Сада, действие к-рого перенесено в последние дни режима Муссолини. Режиссёрской манере наряду с высокой изобразит. культурой, пластич. изысканностью, чувством ист. стиля свойственны элементы жестокости и натурализма. Убит при невыясненных обстоятельствах.

ПАЗЫРЫ́КСКИЕ КУРГА́НЫ, жел. века (5–3 вв. до н.э.), в долине Пазырык на Алтае. Погребения, в к-рых благодаря многолетней мерзлоте сохранились изделия из дерева, кожи, ткани, меха, металла, трупы людей и коней.

ПАИЗИЕ́ЛЛО (Паэзиелло) (Paisiello, Paesiello) Джованни (1740–1816), итал. композитор, представитель оперной *неаполитанской школы*. В 1776–84 придворный композитор в С.-Петербурге («Служанка-госпожа», 1781; «Севильский цирюльник», 1782). Из 100 опер особенно популярны *оперы-буффа* с их изящными мелодиями и остроумными характеристиками (оказали влияние на В.А. Моцарта и Дж. Россини). Оп. «Мельничиха» (1788), «Нина, или Безумная от любви» (1789) – образцы ранней лирико-бытовой драмы.

ПА́ЙКА, процесс получения неразъёмного соединения изделий из стали, чугуна, стекла, графита, керамики и др., находящихся в тв. состоянии, путём заполнения зазора между ними расплавленным припоем. Применялась уже в глубокой древности для изготовления ювелирных изделий из золота, серебра, бронзы, орудий труда, предметов быта и др.

ПАКИСТА́Н (Исламская Республика Пакистан), гос-во в Юж. Азии, омывается на Ю. водами Аравийского м. Пл. 796 т. км². Нас. 128 млн. ч.; панджабцы, синдхи, пуштуны, белуджи и др. Офиц. яз. – урду. Осн. религия – ислам. Глава гос-ва – президент. Законодат. орган – двухпалатный парламент (Сенат и Нац. собрание). Столица – Исламабад. П. – федерация в составе 4 провинций, Федеральной столичной территории и находящейся в федеральном управлении Территории Племён. Ден. ед. – пакистанская рупия.

На Ю.-В. – равнина в басс. р. Инд, на С., С.-В. и С.-З. – отроги Гималаев и горн. цепи Гиндукуша (выс. до 7690 м), на Ю. и Ю.-З. – горы Сулеймановы, Макран и нагорье Белуджистан. Ср. темп-ры янв. на равнине 4–15 °C, июля 30–39 °C, осадков до 400 мм в год, в горах холоднее, осадков в предгорьях Гималаев св. 1000 мм в год. Значит. часть стока реки расходуется на орошение. Растительность преим. степная и полупустынная.

В 19 в. терр. П. включена в Брит. Индию. В 1947 образовалось гос-во П., в к-рое вошли сев.-вост. (Вост. Бенгалия) и сев.-зап. (Синд, Пенджаб, Белуджистан, Сев.-Зап. Пограничная пров. и др.) р-ны Индостана с мусульм. большинством населения. В 1965 и 1971 П. находился в состоянии вооруж. конфликта с Индией. В 1971 на терр. Вост. П. образовалось гос-во *Бангладеш*. Установившийся в 1977 воен. режим проводил политику исламизации, осуществлял модернизацию армии. В 1988 к власти пришло

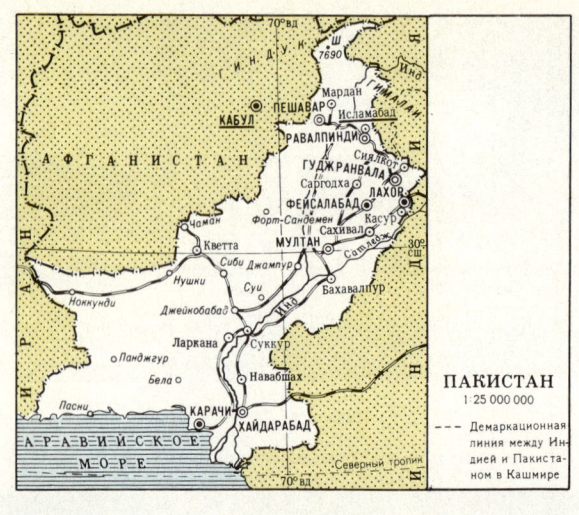

Карта: ПАКИСТАН 1:25 000 000. ---- Демаркационная линия между Индией и Пакистаном в Кашмире

пр-во во главе с лидером Пакистанской нар. партии (образована в 1967) Б. Бхутто. В 1990 президент П. сместил пр-во Бхутто и распустил парламент (за время существования независимого П. были распущены 7 составов парламента). В окт. 1993 Б. Бхутто вновь возглавила пр-во.

П. – агр. страна. ВНП на д. нас. 400 долл. в год. Обрабатывается 25% терр., из них ¾ орошается. В ряде р-нов получают 2–3 урожая в год. Осн. с.-х. культуры: рис, кукуруза, сах. тростник, просяные, хлопчатник; бобовые, плодоовощные. Кожевенная и мясо-молочная пром-сть. Рыб-во и лов креветок. В горнодоб. пром-сти преобладает добыча газа. Гл. отрасль обрабат. пром-сти – текстильная (произ-во хл.-бум. пряжи, тканей из хлопка, искусств. волокон и шерсти, ковров, швейных, трикот. изделий). Металлообр., хим., цем., нефтеперераб., воен. (произ-во лёгкого пехотного оборудования и боеприпасов) пром-сть. Экспорт: хл.-бум. пряжа и ткани, хлопок, кожсырьё.

ПА́КТЫ О ПРАВА́Х ЧЕЛОВЕ́КА, два междунар. договора в области защиты прав человека, одобренных Ген. Ассамблеей ООН в 1966: Пакт об экон., социальных и культурных правах и Пакт о гражд. и полит. правах. Россия является участником обоих пактов.

ПАЛ (от нач. букв англ. слов Phase Alternation Line – перемена фазы по строкам), название системы цветного *телевидения*, совместимой (как и др. стандартные системы, напр. *СЕКАМ*) с чёрно-белой системой. В системе ПАЛ фаза колебаний поднесущей частоты одного из двух цветоразностных сигналов изменяется от строки к строке на 180° с целью уменьшения чувствительности её к фазовым искажениям. Принята в ФРГ, Великобритании, Нидерландах и др. странах Зап. Европы, а также в Австралии.

ПАЛА́ТА (лат. palatium – чертог, дворец), в рус. ср.-век. архитектуре зал, обычно бесстолпный или с одним поддерживающим своды столпом (Грановитая П. в Моск. Кремле); помещение для спец. цели (Оружейная палата).

ПАЛА́ТЫ, в рус. ср.-век. архитектуре жилое кам. или дерев. здание, обычно в 2 и более этажей, со мн. помещениями.

ПАЛА́У (Palau), гос-во в зап. части Тихого ок., в Микронезии, в арх. Каролинские о-ва. Пл. 497 км² (в т.ч. кр. о-в – Бабелтуап – 367 км²). Нас. 14,0 т.ч. (1987), преим. белау (палау). Офиц. языки – белау (палау) и английский. Верующие – католики и протестанты. Глава гос-ва – президент. Законодат. орган – двухпалатный Нац. конгресс (Сенат и Палата делегатов). Столица – Корор. Ден. единица – доллар США.

Кр. о-ва – вулканич. происхождения, окружены коралловыми рифами, мелкие – коралловые. Климат экваториальный. Ср.-мес. темп-ры 24–28 °C; осадков св. 3000 мм в год. Вечнозелёные тропич. леса.

С 1899 П. в составе Марианских о-вов принадлежал Германии, с 1914 П., к-рая получила в 1920 от Лиги Наций мандат на управление. С 1947 П. в составе *Микронезии* под управлением США в качестве подопечной территории. В нояб. 1993 референдум П. одобрил статус П. как «свободно ассоциированного» с США государства. 1 окт. 1994 провозглашена независимость П. (опека США прекращена).

Основа экономики – земледелие и рыб-во. Выращивают кокосовую пальму, кассаву, батат. Иностр. туризм.

ПАЛА́ЦКИЙ (Palacký) Франтишек (1798–1876), деятель чеш. нац. движения (Чешского возрождения), историк, философ. Чл. группы «будителей», организатор (1831) культ.-просвет. об-ва Матица чешская. В 1848–49 развил программу австрославизма – федеративного переустройства Австр. империи. Тр. эстетико-философские (по истории, лит-ре Чехии).

ПАЛА́ЦЦО (итал. palazzo) от лат. palatium – дворец, чертог), итал. гор. особняк 15–18 вв., имевший величеств. уличный фасад и приветливый внутр. дворик.

ПА́ЛЕО... (от греч. palaiós – древний), часть сложных слов, указывающая на связь с древностью (напр., палеография).

ПАЛЕОА́НТРОПЫ (от *палео...* и греч. ánthrōpos – человек), собирательное назв. древних людей Африки, Европы и Азии, живших 300–30 тыс. лет назад. Представлены гл. обр. *неандертальцами*.

ПАЛЕОГЕ́Н [палеогеновая система (период)] (от *палео...* и греч. génos – рождение, возраст), первое подразделение *кайнозоя*, обозначающее комплекс пород и период геол. истории, в течение к-рого они сформировались. Начало П. 67 млн. лет назад, продолжительность ок. 40 млн. лет. Делится на 3 отдела (палеоцен, эоцен и олигоцен) (см. *Геохронология*). Назв. предложено нем. геологом К. Науманом в 1866.

ПАЛЕОГЕОГРА́ФИЯ (от *палео...* и *география*), наука о физико-геогр. условиях геол. прошлого Земли, восстанавливающая картину распределений морей и континентов, рельефа суши и дна морей, климата и др., их изменения во времени. Возникла в сер. 19 в. Основоположники П. – Ч. Лайель, А.П. Карпинский, А.Д. Архангельский, Н.М. Страхов.

ПАЛЕОГРА́ФИЯ (от *палео...* и *...графия*), ист.-филол. дисциплина, изучающая памятники древней письменности с целью установления места и времени их создания. П. определяет материалы и орудия письма, прослеживает изменения графич. формы письменных знаков, изучает системы сокращений и тайнописи, украшения и оформление рукописей и книг. П. музыкальная изучает древние формы и системы *нотного письма*.

ПАЛЕОЗО́Й [палеозойская эратема (эра)] (от *палео...* и греч. zōē – жизнь), начальное крупное подразделение *фанерозоя*. Начало ок. 570 млн. лет назад, продолжительность ок. 330 млн. лет. Делится на *кембрий*, *ордовик*, *силур*, *девон*, *карбон* и *пермь* (см. *Геохронология*). В П. наметилась климатич. зональность с выделением 6 климатич. зон. В П. зародилось большинство типов совр. фауны. Начало П. отмечено массовым образованием скелетных организмов. Впервые появляются позвоночные: рыбы, земноводные, низшие пресмыкающиеся. Растит. мир раннего П. представлен в осн. водорослями, в среднем П. развивается континентальная флора, в позднем П. распространяются древовидные р-ния, послужившие осн. материалом для образования кам. угля. В течение П. земная кора претерпела значит. преобразования, выразившиеся в изменении конфигурации мор. басс. и суши, в появлении и исчезновении наземных и подводных горн. хребтов, в изменении положения полюсов. В пределах сформировавшихся к кембрию платформ и складчатых поясов происходили дальнейшая дифференциация тектонич. режимов, осадконакопления и усложнение структуры земной коры. В результате процессов горообразования к кон. перми все сев. платформы были спаяны в единый континент – *Лавразию*; в южн. полушарии с карбона существовал единый материк – *Гондвана*. С отложениями П. связаны крупнейшие м-ния угля, нефти, минер. солей, фосфоритов, руд меди, золота и др.

ПАЛЕОЛИ́Т (от *палео...* и *...лит*), древний кам. век, первый период кам. века: от возникновения человека (ок. 2 млн. лет назад) примерно до 10-го тыс. до н.э. Делится на древний (нижний) П. – время существования древнейших людей, и поздний (верхний) П. – время возникновения человека совр. типа, к-рый пользовался обитыми кам., дерев., костяными орудиями, занимался охотой и собирательством.

ПАЛЕОЛО́ГИ, династия визант. императоров в 1261–1453, осн. Михаилом VIII. Последний император – Константин XI, племянница к-рого Зоя (Софья) была замужем за Иваном III Васильевичем.

ПАЛЕ́РМО, г. в Италии, на о. Сицилия. 734 т.ж. Порт в Тирренском м.; междунар. аэропорт. Маш-ние (включая судостроение); хим., деревообр., полиграф., лёгкая пром-сть. Ун-т (1777). Консерватория В. Беллини. Музеи: археол., нац., Нац. гал. Сицилии и др. Т-ры: оперный (т-р Массимо, 1897), драматический. Обсерватория, ботан. сад. Ежегодные средиземноморские ярмарки. Туризм. Осн. финикийцами в 8 в. до н.э. В 12–13 вв. резиденция королей Сицилийского кор-ва. Восстанием в П. (12.12.1848) началась Рев-ция 1848–1849 в Италии. В старой части П.- церкви Сан-Джованни дельи Эремити (ок. 1132) и Марторана (1143), Палаццо Реале (Нормандский дворец; 11–18 вв.), собор (12–15 вв.).

ПАЛЕСТИ́НА (от др.-евр. пелиштим – филистимляне), ист. обл. в Зап. Азии. В 3-м тыс. до н.э. здесь осели племена ханаанеев. В 12 в. по побережье П. завоёвано филистимлянами; на остальной терр. в 11 в. др.-евр. племена основали Израильско-Иудейское царство, распавшееся ок. 928 на два: Израильское (существовало до 722) и Иудейское (до 586). Впоследствии П. входила в состав гос-в Ахеменидов (после 539), Птолемеев и Селевкидов (в 3–2 вв.), Рима (с 63 до н.э.), Византии (с 395 н.э.). В 7 в. П. завоевали арабы, в 11 в.- крестоносцы, в 12 в.- егип. султаны, с 1516 в составе Османской империи. В 1917 оккупирована англ. войсками, в 1920–47 мандатная терр. Великобритании.

29 нояб. 1947 Ген. Ассамблея ООН приняла резолюцию о создании на терр. П. двух независимых гос-в – еврейского и арабского. В итоге войны 1948–49 между гос-вом Израиль и соседними араб. гос-вами б.ч. терр. П., к-рая предназначалась для араб. гос-ва, присоединил Израиль, др. часть – Иордания, р-н Газы отошёл под контроль Египта. В июне 1967 Израиль оккупировал всю терр. б. подмандатной П. В 1988 на сессии Нац. совета П.- высш. органа Орг-ции освобождения П. (ООП) провозглашено создание независимого гос-ва П. В сент. 1993 между Израилем и ООП подписана Декларация о принципах урегулирования, на основе к-рой в секторе Газа и в зоне г. Иерихон (зап. берег р. Иордан) в мае 1994 создана Врем. палестинская автономия; установлен переходный период (до 5 лет) для урегулирования палест. проблемы. В сент. 1993 сформировано Врем. переходное пр-во во главе с пред. Исполкома ООП Я. Арафатом.

ПАЛЕСТРИ́НА (Palestrina) Джованни Пьерлуиджи да (1525 или 1526–94), итал. композитор. Светским духом эпохи Возрождения пронизаны его мессы (св. 100), мотеты (цикл «Песнь песней»). *Мадригалы* П.- вершина *полифонии* т.н. строгого стиля, сочетающейся с чертами *гомофонии*.

ПА́ЛЕХСКАЯ МИНИАТЮ́РА, вид нар. рус. миниатюрной живописи темперой на лаковых изделиях из папье-маше (коробки, шкатулки, портсигары). Возникла в 1923 в пос. Палех Ивановской обл. на основе иконописного промысла. Для П.м. характерны бытовые, лит., фольклорные, ист. сюжеты, яркие локальные краски на чёрном фоне, тонкий плавный рисунок, обилие золота, изящные удлинённые фигуры.

Палехская миниатюра. А.В. Борунов. «Конёк-Горбунок». Шкатулка. 1971. Папье-маше. Темпера, золото, лак.

ПАЛИАШВИ́ЛИ Захарий Петр. (1871–1933), композитор, один из основоположников груз. композиторской школы. Создал нац. муз. стиль, используя карталино-кахетинский фольклор и достижения мировой (особенно рус.) композиторской музыки. Оп. «Абесалом и Этери» (1918), «Даиси» (1923) и др.

З.П. Палиашвили.

ПА́ЛИЙ, в христ-ве одеяние монахов, представляющее длинную без рукавов накидку с застёжкой на вороте, спускающуюся до земли и покрывающую подрясник и рясу.

ПАЛИСА́НДРОВОЕ ДЕ́РЕВО, красиво окрашенная древесина нек-рых юж.-амер. видов деревьев рода жакаранда (сем. бигнониевые). Идёт на дорогую мебель, муз. инстр-ты и т.п. Иногда П.д. наз. древесину нек-рых др. деревьев (напр., далбергии).

Палладианство. У. Кент. Усадебный дом (южный фасад) Холкем-холл в Норфолке (Англия). 1734.

ПАЛИ́ТРА (от франц. palette), тонкая дерев. дощечка или металлич., фарфоровая или фаянсовая пластинка, служащая художнику для смешивания красок в процессе работы; также подбор цветов, характерный для живописной манеры данного художника.

ПАЛЛА́ДА (Pallas), эпитет *Афины*.

ПАЛЛАДИА́НСТВО, направление в европ. архитектуре 17–18 вв., развивавшее в рамках классицизма принципы, заложенные в творчестве А. Палладио (типы гор. дворца, виллы, церкви): строгую упорядоченность планировки, гибкость декорац. и композиц. приёмов.

ПАЛЛА́ДИЙ (Palladium), Pd, хим. элемент VIII гр. периодич. системы, ат. н. 46, ат. м. 106,42; относится к *платиновым металлам*, $t_{пл}$ 1554 °C. Из П. и его сплавов изготовляют мед. инстр-ты, зубные протезы, тигли для варки стекла, детали интегральных схем в электронике, электрич. контакты и др. П.- катализатор в органич. синтезе, сплавы П. с платиной – катализаторы дожигания выхлопных газов автомобилей. П. открыт англ. химиком У. Волластоном в 1803.

ПАЛЛА́ДИО (Palladio) (наст. фам. ди Пьетро) Андреа (1508–80), итал. архитектор. Представитель Позднего *Возрождения*. На основе антич. и ренессансных традиций разработал типы гор. дворца (палаццо Кьерикати, 1550, в Виченце), загородной виллы («Ротонда» близ Виченцы, 1551–67), церк. здания (Иль Реденторе в Венеции, оконч. в 1592), т-ра. Творчески осмыслил ордерную систему, добивался связи здания с гор. или природной средой. Творчество П. и его трактат «Четыре книги об архитектуре» (1570) способствовали развитию *палладианства*.

ПАЛЛА́С (Pallas) Пётр Симон (1741–1811), натуралист, географ, путешественник. По происхождению

А. Палладио. Вилла «Ротонда» близ Виченцы.

немец, с 1767 в России. В 1768–74 руководил экспедицией Петерб. АН; иссл. вост. часть Вост.-Европ. равнины, Урал, Прикаспийскую низм., Юж. Сибирь; провёл границу между Европой и Азией по Уральским горам, правильно указал древние границы Б. Каспия, соединявшегося с Аральским и Чёрным морями; заложил фундамент геол. знаний о Вост. Европе. Открыл и описал мн. новых видов ж-ных и р-ний, иссл. остатки мамонта и др. ископаемых ж-ных. Автор кн. «Путешествие по различным провинциям Российского государства» (т. 1–3, 1773–88).

ПАЛЛИАТИ́В (франц. palliatif, от позднелат. pallio – прикрываю, защищаю), мера, не обеспечивающая полного, коренного решения поставленной задачи; полумера.

ПАЛО́МНИЧЕСТВО (от лат. palma – пальма), странствие верующих к «святым местам» (у христиан – в Иерусалим, Рим, у мусульман – в Мекку и др.) для поклонения. Названо по обычаю христ. паломников привозить из Палестины пальмовую ветвь.

ПА́ЛТУСЫ, общее название 5 видов рыб (отр. камбалообразные). Дл. от 1 до 4,7 м, масса от 7 до 300 кг и более. Обитает в сев. части Тихого и Атлантич. океанов. Ценный объект промысла.

ПАЛЬМ (Palm) Мати (р. 1942), эст. певец (бас-баритон). С 1969 солист т-ра оперы и балета «Эстония» в Таллине. Гастролирует во мн. странах мира. Выступает в ораториях, кантатах, с камерными концертами. Среди оперных партий (св. 40): Голландец («Летучий голландец» Р. Вагнера), Филипп II («Дон Карлос» Дж. Верди).

ПА́ЛЬМА (Пальма-де-Мальорка), приморский климатич. курорт в Испании, на о. Мальорка (Балеарские о-ва). Один из крупнейших в Европе центров туризма. 297 т.ж. Междунар. аэропорт. Лёгкая пром-сть; судостроение. Ун-т.

ПА́ЛЬМЕРСТОН (Palmerston) Генри Джон Темпл (1784–1865), виконт, премьер-мин. Великобритании в 1855–58 и с 1859, лидер *вигов*. В 1830–34, 1835–41, 1846–51 мин. ин. дел. Противился проведению внутр. реформ. Во внеш. политике сторонник «равновесия сил». Пр-во П. участвовало в подавлении Инд. восст. 1857–59 и Тайпинского восст. в Китае, в организации Крымской войны 1853–56.

ПАЛЬМИ́РА, древний г. на С.-В. Сирии (близ совр. г. Тадмор), центр караванной торговли. Расцвет в 1–3 вв. Остатки антич. города (1–4 вв.), с правильной планировкой и обрамлёнными колоннадами центр. улицами; 3-пролётная арка, святилище Бела с храмом (1 в.), агора, т-р, храм

Пальмира. «Большая колоннада» с трёхпролётной аркой. 2–3 вв.

Баалшамина (2 в.), скульптуры, мозаики, росписи. Вне города – некрополь.

ПА́ЛЬМЫ, семейство однодольных древовидных р-ний, б.ч. с неветвящимся стволом и кроной из листьев на вершине. Гл. обр. деревья, иногда лианы. Ок. 3400 видов, преим. в тропиках. Играют важную роль в экономике тропич. стран (введены в культуре кокосовая, финиковая, масличная, саговая и др. П.). Мн. виды декоративны (напр., королевская П.).

Пальмы. Королевская пальма (Куба).

ПАМИ́Р, горн. система на Ю. Ср. Азии, гл. обр. в Таджикистане (Горно-Бадахшанский АО), а также в Китае и Афганистане. Высш. точка – пик Коммунизма (7495 м). По типу рельефа выделяют Вост. П., характеризующийся древним ср.-горн. рельефом с остатками поверхностей выравнивания, и высокогорн., глубоко расчленённый Зап. Памир. П.– значит. центр совр. оледенения (крупнейший – *Федченко ледник*). Гл. река – Пяндж. Крупнейшие озёра – Каракуль, Шоркуль, Сарезское и др. На Вост. П. преобладают высокогорн. пустыни, на Зап. П.– степи. М-ния горн. хрусталя, руд редких металлов, ртути и др. П.– популярный р-н альпинизма.

ПА́МПА (пампасы) (исп. pampa, мн. ч. pampas), луговые степи Юж. Америки (в осн. в Аргентине). В растительном покрове преобладают злаки (буйволова трава, ковыль, аристиды, бородачи), разнотравье составляют паслёны, вербена, портулак. В П. были многочисленны пампасный олень,

броненосцы, нутрия и др. Природная растительность и животный мир П. сильно изменены, местами почти не сохранились, гл. обр. в результате бессистемного выпаса скота.

ПАМФЛЕ́Т (англ. pamphlet), злободневное публицистич. произв., цель и пафос к-рого – конкретное граждан., преим. социально-полит., обличение («Соединённые Линчующие Штаты» М. Твена; «Дюжина ножей в спину революции» А.Т. Аверченко). Публицистичность нередко сочетается с худ. сатирой. Памфлетность может проникать в разл. худ. жанры (роман-П.; пьеса-П. «Карьера Артуро Уи» Б. Брехта). Ср. *Пасквиль*.

ПА́МЯТНИК, 1) объект, составляющий часть культурного достояния страны, народа, человечества (П. археологии, истории, иск-ва, письменности и т.п.), обычно охраняемые спец. законами). 2) Произв. иск-ва, созд. для увековечения людей или ист. событий (скульпт. группа, статуя, колонна, обелиск и т.д.).

ПА́МЯТЬ, запечатление и воспроизведение прошлого опыта, одно из свойств нерв. системы, выражающееся в способности накапливать и хранить информацию о событиях внеш. мира и реакциях организма и многократно вводить её в сферу сознания и поведения. Различают кратковременную (оперативную) и долговременную П., а по характеру проявления – образную, эмоциональную и словесно-логическую (только у человека). Физиол. и биохим. основы П. пока не ясны.

ПА́МЯТЬ ЭВМ, часть ЭВМ, предназначенная для приёма, хранения и выдачи информации (данных), образуется из одного или неск. *запоминающих устройств* (ЗУ). Обычно разделяется на оперативную память, содержащую исполняемые в данный момент программы и необходимые для этого данные, и внешнюю память – для длит. хранения больших массивов информации. Макс. кол-во информации, к-рое может одновременно храниться в П. ЭВМ, определяется суммарной ёмкостью входящих в неё ЗУ; быстродействие П. ЭВМ зависит от быстродействия составляющих её ЗУ и от способов обмена информацией с др. устройствами.

ПАН, в греч. мифологии бог стад, лесов и природы, покровитель пастухов, сын Гермеса, спутник Диониса. П. покрыт шерстью, бородат, козлоног, любит вино и веселье.

ПАН... (от греч. pán – всё), часть сложных слов, означающая: относя-

Памир. Памирский тракт.

щийся ко всему, охватывающий всё (напр., пандемия).

ПАНА́МА (Республика Панама), гос-во в Центр. Америке, на Панамском перешейке, омывается Карибским м. и Тихим ок. Пл. 77,1 т. км². Нас. 2,6 млн. ч., преим. панамцы (в т.ч. метисы – 60%, негры и мулаты). Офиц. яз.– испанский. Большая часть верующих – католики. Глава гос-ва и пр-ва – президент. Законодат. орган – Законодат. собрание. Столица – Панама. Адм.-терр. деление: 9 провинций и спец. территория. Ден. единица – бальбоа.

Ок. ½ терр.– низменные равнины, остальная – горы (выс. до 3475 м, действующий вулкан Бару). Вулканизм. Климат жаркий, субэкв. Ср.-мес. темп-ры 25–28 °C; осадков до 3500 мм в год. Вечнозелёные леса; на Ю.-З.– саванна и листопадные леса.

В нач. 16 в. завоёвана исп. конкистадорами. В результате Войны за независимость исп. колоний в Америке 1810–26 П. в 1821 освободилась от колон. гнёта и вошла в Великую Колумбию, с 1831 в составе Н. Гранады (с 1886 Колумбия). В 1903 П. отделилась от Колумбии, провозгласила себя независимой республикой. В 1903 П. подписала с США договор об уступке США части своей терр. для стр-ва и эксплуатации канала. В 1977 подписаны договоры с США, по к-рым П. устанавливает суверенитет над каналом с 1 янв. 2000.

П.– аграрная страна. ВНП на д. нас. 2180 долл. в год. Гл. экспортные культуры: бананы (сбор св. 1 млн. т в год; одно из ведущих мест в мире по экспорту), сах. тростник, кофе, цитрусовые. Рыб-во (экспорт креветок). Пр-тия по произ-ву одежды, нефтепродуктов, хим. товаров и таб. изделий, рыбной муки, напитков, бумаги. П.– кр. междунар. торг.-финанс. центр. Под панамским флагом плавает св. 5 тыс. судов (в осн. принадлежат иностр. владельцам).

ПАНА́МА, столица (с 1903) Панамы. 413 т.ж. Порт в глубине Панам-

Панама. Лагуна Альмиранте на севере страны.

ского зал., у входа в Панамский канал со стороны Тихого ок.; через П. проходит Панамериканское шоссе; междунар. аэропорт. Пищевкус., лёгкая, меб. пром-сть; обслуживание судов-ва по каналу. Ун-т. Музеи, в т.ч. Нац. музей Панамы. Т-ры, в т.ч. оперный, нац. и др. Осн. в 1519. Центр. часть имеет прямоуг. сетку улиц. Руины собора (16–17 вв., сожжён пиратами в 1671), Новый собор (17–18 вв.), многочисл. церкви.

ПАНАМЕРИКА́НСКИЕ И́ГРЫ, крупнейшие комплексные спорт. соревнования на Амер. континенте. Проводятся с 1951 один раз в 4 года по большинству видов спорта, входящих в программу Олимп. игр. В 1940 осн. Панамериканская спорт. орг-ция (ПаСО), объединяет ок. 40 стран. В 1951–91 состоялось 11 П.и.

ПАНА́МСКИЙ КАНА́Л, проложен через Панамский перешеек в его наиб. низкой части, на терр. Панамы; соединяет Тихий ок. у гг. Бальбоа и Панама с Атлантич. ок. у гг. Кристобаль и Колон. Первое судно прошло в 1914. Офиц. открытие в 1920. Дл. 81,6 км (в т.ч. 65,2 км по суше и 16,4 км по дну бухты Лимон Карибского м. и Панамского зал.), гарантийная глубина на шлюзах 12,5 м, шир. 150–305 м; 12 шлюзов.

ПАНАРИ́ЦИЙ (от лат. panaricium – ногтоеда), гнойное воспаление пальца в результате мелких повреждений (заноза, укол и т.п.). Различают П. ногтевой, кожный, подкожный, сухожильный и костный.

ПАНАЦЕ́Я [лат. panacea, от имени др.-греч. богини Панакии (Pan-ákeia – всеисцеляющая)], средство, к-рое может помочь во всех случаях жизни, при решении всех проблем (первонач.– лекарство от всех болезней, к-рое пытались изобрести алхимики).

ПАНГЕ́Я (от греч. pán – все и gé, gáia – земля), гипотетич. суперконтинент, объединявший в палеозое и нач. мезозоя все совр. материки.

ПАНГОЛИ́НЫ, то же, что *ящеры*.

ПАНДАТИ́ВЫ, см. *Паруса* в архитектуре.

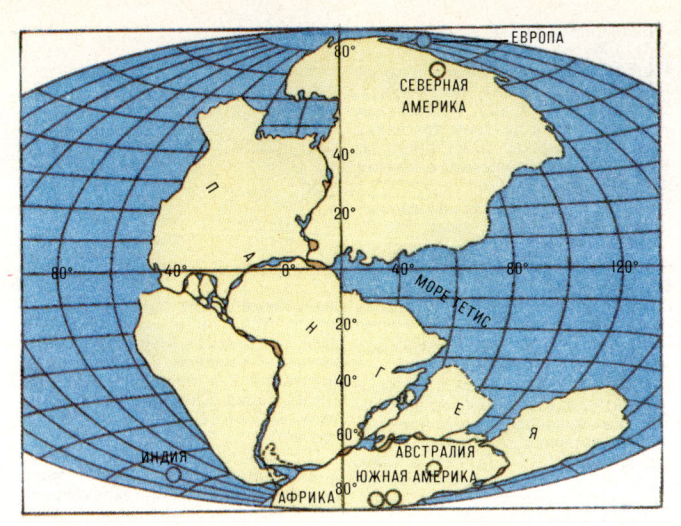

Пангея (200 млн. лет назад); кружками показано положение палеомагнитных полюсов, по которым определялось положение материков, составлявших Пангею.

ПАНДЕМИ́Я (от греч. pandēmía – весь народ), эпидемия, охватывающая значит. часть населения страны, группы стран, континента. П. характерны для *карантинных болезней*, *гриппа*.

ПАНДО́РА (греч. Pandora, букв. – «всем одарённая»), в греч. мифологии женщина, созданная Гефестом по воле Зевса в наказание людям за похищение Прометеем огня у богов; пленила красотой Прометеева брата Эпиметея и стала его женой. Увидев в доме мужа сосуд, наполненный бедствиями, П., вопреки запрету, открыла его, и все бедствия и пороки людей распространились по земле. Перен. – «сосуд П.» – источник всяких бедствий.

ПА́НДЫ, два вида млекопитающих. Большая П. относится к сем. медведей. Длина тела 120–180 см, хвоста ок. 12 см. Окраска меха – сочетание белого и чёрного. Питается преим. проростками и корнями бамбука. Сохранилась в горн. лесах Китая (пров. Сычуань), где объявлена нац. сокровищем. Малая П. (сем. енотовые) похожа на кошку. Длина тела 51–64 см, хвоста 28–48 см. Мех одноцветный – от рыжеватого до тёмно-бурого, на морде местами белый. Обитает в горн. бамбуковых лесах Китая, Бирмы, Индии и Непала. Питается как р-ниями, так и ж-ными.

ПАНЕГИ́РИК (от греч. panēgyrikós lógos – похвальная публичная речь), 1) лит. жанр: хвалебная речь (с античности до 18 в.); поэтич. восхваление божества или власти на Востоке в древности или средневековье (придворная касыда или суфийская газель). 2) Всякое восхваление в лит. произв. (напр., в оде) или выступлении. С 19 в. неоправданное восхваление.

ПАНЕ́ЛЬ (нем. Paneel), 1) крупноразмерный плоский элемент строит. конструкции заводского изготовления (напр., стеновая П.). 2) Декор. покрытие (дерев., пластиковое и др.) поверхности стен (обычно нижней их части). 3) Нагреват. элемент панельного отопления. 4) Часть электрич. щита, пульта управления, радиотехн. устройства и т.п., на к-рой размещены сигнальная, контрольная, измерит. и др. аппаратура. 5) То же, что тротуар.

ПА́НИКА (от греч. panikón – безотчётный ужас), психол. состояние, вызванное угрожающим воздействием внеш. условий и выраженное в чувстве острого страха, охватывающего человека или мн. людей, неудержимого неконтролируемого стремления избежать опасной ситуации.

ПАНИКАДИ́ЛО (от греч. polý – много и kandéla – свеча), в правосл. храме центр. люстра со множеством свечей или лампад. В 20 в. свечи П. часто заменяются электрич. лампочками.

ПА́НИН Никита Ив. (1718–83), граф, рос. гос. деятель, дипломат. С 1747 посланник в Дании, Швеции. Участник дворцового переворота 1762. Воспитатель будущего имп. Павла I. В 1763–81 руководил Коллегией иностр. дел. Автор конституц. проектов.

ПА́НИНА Варв. Вас. (1872–1911), рос. эстрадная певица (контральто), исполнительница гор. и *цыганских романсов*. Густой грудной тембр придавал её пению особую романтич. приподнятость, страстность.

ПА́НИНИ, др.-инд. лингвист 5–4 вв. до н.э. Создал первую в Индии нормативную грамматику *санскрита* и частично ведийского яз. – образец системного описания языка.

ПА́НИН-КОЛО́МЕНКИН (наст. фам. Коломенкин) Ник. Ал-др. (1871/72–1956), спортсмен. Единственный в дорев. России обладатель зол. медали Олимп. игр (1908) и 5-кратный чемпион России (1902–1907) по фигурному катанию. Неоднократный чемпион страны (1906–1917) и победитель Всес. спартакиады (1928) в стрельбе (пистолет и боевой револьвер).

ПАНИХИ́ДА (ср.-греч. pannychída, букв. – всенощная), 1) христ. церк. служба, совершаемая над телом умершего, а также в годовщину его смерти или рождения. 2) П. гражданская – траурный митинг.

ПАНКРЕАТИ́Т (от греч. pánkreas, род. п. pankréatos – поджелудочная железа), воспаление поджелудочной железы. При остром П. – резкая опоясывающая боль в верх. половине живота, рвота, падение артериального давления; необходима срочная госпитализация.

ПАННО́ (франц. panneau), 1) часть стены или потолка, выделенная обрамлением (лентой орнамента и т.п.) и заполненная к.-л. изображением. 2) Картина (реже рельеф), предназначенная для определ. участка стены.

ПАНО́ВА Вера Фёд. (1905–73), рус. писательница. В пов. «Спутники» (1946) – будни сан. поезда на дорогах Вел. Отеч. войны. Социально-нравств. коллизии, психол. анализ в ром. «Кружилиха» (1947), «Времена года» (1953), пов. «Серёжа» (1955). «Сентиментальный роман» (1958) – выразит. портрет современного автору поколения. Ист. повести, рассказы, пьесы, сценарии. Худ. биография «Жизнь Мухаммеда» (совм. с Ю.Б. Вахтиным, опубл. 1990). Автобиогр. пов. «О моей жизни, книгах и читателях» (1989).

ПАНО́ПТИКУМ (от *пан...* и греч. optikós – зрительный), собрание разнообразных необычайных предметов (напр., восковых фигур), причудливых живых существ и т.п. Перен. – что-либо напоминающее такое собрание.

ПАНОРА́МА (от *пан...* и греч. hórama – вид), вид иск-ва: живописная картина, охватывающая весь круг горизонта, совмещённая с объёмными макетами переднего «предметного» плана. Располагается в круглом зале с центр. обзорной площадкой и создаёт иллюзию реального окружающего пространства. Наиб. распространены батальные П. («Оборона Севастополя», открыта в 1905 и в 1954 в Севастополе, «Бородинская битва», открыта в 1912 и 1962 в Москве, – обе работы Ф.А. Рубо).

ПАНОРА́МНОЕ КИНО́, обеспечивает показ фильмов на изогнутом экране (с углом охвата по горизонтали 150–170°), что создаёт у зрителя эффект присутствия при действиях, происходящих на экране. Первая система П.к. создана в 1927 франц. реж. А. Гансом (ф. «Наполеон»). В 1957 в России разработана система П.к. – «Кинопанорама» (ф. «Широка страна моя...», 1958); в 60-х гг. вытеснено широкоформатным кино.

ПАНО́ФСКИЙ (Panofsky) Эрвин (1892–1968), нем. и амер. историк иск-ва. Один из основателей *иконологии*.

ПАНПСИХИ́ЗМ (от *пан...* и греч. psychē – душа), представление о всеобщей одушевлённости природы. Ист. формы П. – от *анимизма* первобытных верований и *гилозоизма* др.-греч. философии до развитых учений о душе и психич. реальности как подлинной сущности мира (концепция монады у Г.В. Лейбница, идеи Г.Т. Фехнера, К.Г. Юнга и др.).

ПАНТЕИ́ЗМ (от *пан...* и греч. theós – бог), религ. и филос. учения, отождествляющие Бога и мировое целое. Пантеистич. тенденции проявляются в еретич. мистике ср. веков. Характерен для натурфилософии Возрождения и Б. Спинозы (отождествившего понятия «Бог» и «природа»), а также И.Г. Гердера, И.В. Гёте и классич. нем. философии.

ПАНТЕЛЕ́ЕВ Л. (наст. имя и фам. Ал. Ив. Еремеев) (1908–87), рус. писатель. Кн. «Республика ШКИД» (1927, совм. с Г. Белых) и пов. «Часы» (1928) о перевоспитании беспризорников; рассказы для детей. Автобиогр. кн. «Лёнька Пантелеев» (1939; новый вариант 1952), дневниковые записки «Верую...» (опубл. в 1991), лит. воспоминания.

ПАНТЕО́Н (лат. Pantheon, от греч. Pánthúon – место, посвящённое всем богам), 1) в Др. Риме «храм всех богов» (ок. 125 н.э.) – величеств. ротонда, перекрытая полусферич., кессонированным куполом (диам. ок. 9 м), с портиком из 16 гладких коринфских колонн. 2) Усыпальница выдающихся людей (П. в Париже, б. церк. Сент-Женевьев, 1755–89, арх. Ж.Ж. Суфло, и др.). 3) В широком смысле – наименование гл. богов в к.-л. религии (напр., П. богов-олимпийцев у др. греков). Илл. см. на стр. 512.

ПАНТЕ́РА, см. в ст. *Леопард*.

ПАНТИКАПЕ́Й, антич. город (6 в. до н.э. – 4 в. н.э.) в Крыму (совр. Керчь), столица Боспорского гос-ва. Остатки оборонит. сооружений, домов, построек, обществ. зданий, погребальные склепы и др.

ПАНТОМИ́МА (от греч. pantómimos, букв. – всё воспроизводящий подражанием), вид сценич. иск-ва, в к-ром осн. средства создания худ. образа – пластика, жест, мимика. Возникла в Др. Греции и Риме. Крупнейшие актёры (*мимы*) – Ж.Б. Дебюро и М. Марсо (Франция), Л. Фиалка (Чехия), А.А. Елизарьев и В.И. Полунин (Россия).

ПА́НТЫ, неокостеневшие, покрытые кожей с шерстью рога оленей – благородного (марал, изюбрь) и пятнистого. Используются для приготовления стимулирующего лекарства. средства пантокрина. В осн. получение П. оленей разводят в спец. х-вах.

ПАНТЮ́ХИНА ПЕЩЕ́РА, карстовая известняковая пещера в Бзыбском хр. Б. Кавказа в Абхазии; одна из самых глубоких (до 1505 м) в мире.

ПАНФИ́ЛОВ Глеб Анат. (р. 1934), рос. кинорежиссёр. Фильмы П. отличаются жанровым многообразием, парадоксальностью режиссёрского мышления, интересом к незаурядным характерам, оригинальностью интерпретации известных произведений («В огне брода нет», 1968; «Начало», 1970; «Прошу слова», 1976; «Тема», 1979, вып. 1987; «Валентина», 1981; «Васса», 1983; «Мать», 1990). Пост.

Пандора. Фрагмент росписи краснофигурного кратера: Пандора и Эпиметей. 450–440 до н.э. Музей Ашмола. Оксфорд.

Пантеон. Интерьер Пантеона в Риме.

спектакли: «Гамлет» У. Шекспира (1986), «Sorry» А.М. Галина (1992) – Моск. т-р «Ленком».

Г.А. Панфилов. Кадр из фильма «В огне брода нет».

«ПАНЧАТА́НТРА» (санскр.– пятикнижие), памятник санскр. повествоват. лит-ры (ок. 3–4 вв.). Составляющие «П.» книги басен, сказок, притч и новелл нравоучит. характера, построенные по типу т.н. обрамлённой повести, отражают жизнь Индии, сатирически рисуют социальные отношения. Св. 200 переводов и переложений в лит-рах Азии и Европы.

ПА́НЧЕН-ЛА́МА (от пан, сокр. санскр. пандита — учёный, тибет. чен — великий и лама), титул второго (после далай-ламы) иерарха в тибето-монг. буддизме.

ПА́ПА РИ́МСКИЙ (папа) (лат. papa, от греч. páppas — отец), глава католич. церкви и гос-ва Ватикан. Избирается пожизненно (с 1389 всегда из кардиналов) коллегией кардиналов.

ПАПАЗЯН Ваграм Камерович (1888–1968), арм. актёр. На сцене с 1907 (Стамбул). В 1922–53 гастролировал с арм. и рус. труппами в СССР и за рубежом. С 1954 в т-ре имени Г.М. Сундукяна (Ереван). Выступал гл. обр. в пьесах У. Шекспира (Ромео – «Ромео и Джульетта», 1908; Гамлет – «Гамлет», 1912; Лир – «Король Лир», 1914; прославился исполнением роли Отелло – «Отелло», 1932). Унаследовал традиции европ. актёрского иск-ва 19 в. и развивал традиционный арм. трагедийный т-р.

ПАПА́ЙЯ (дынное дерево), тропич. древовидное р-ние (сем. кариковые). Ствол выс. 4–6 м увенчан кроной из 5–7 больших лопастных листьев. Родина – Центр. Америка. Выращивают в тропиках с древности ради съедобных плодов, по форме напоминающих дыню. Из млечного сока незрелых плодов и листьев получают фермент папаин, используемый для мягчения мяса, обработки кож, осветления напитков.

ПАПА́НОВ Анат. Дм. (1922–87), актёр. На сцене с 1947. С 1949 в Моск. т-ре сатиры. Блестящий комедийный характерный актёр, использовал приёмы буффонады, гротеска. Диапазон – от тонкой психол. игры, мягкого юмора до трагич. сатиры: Тёркин («Тёркин на том свете» А.Т. Твардовского, 1966), Юсов («Доходное место» А.Н. Островского, 1967), Фамусов («Горе от ума» А.С. Грибоедова, 1976) и др. Снимался в ф.: «Живые и мёртвые» (1964), «Белорусский вокзал» (1971), «Холодное лето пятьдесят третьего...» (1988) и др. Озвучивал

Папайя.

мультфильмы (Волк – «Ну, погоди!», 1969–81, и др.).

ПАПАТАНАСИ́У Аспасия (по мужу Мавромати) (р. 1923), греч. актриса. На сцене с 1941. С 1957 в Пирейском т-ре. Роли П. в др.-греч. трагедиях исполнены пафоса, гражд. протеста. В сер. 70-х гг. организовала в Афинах передвижной т-р.

ПА́ПЕРТЬ, галерея или крыльцо перед входом в христ. храм. На П. обычно собирались нищие в ожидании подаяния.

ПАПИЛЛО́МА (от лат. papilla — сосок и ...ома), доброкачеств. опухоль кожи или слизистой оболочки у человека и ж-ных; имеет вид сосочка или «цветной капусты».

ПАПИ́РУС, в древности и ср. века писчий материал из стеблей папируса; также рукопись на этом материале. Был материал для письма П. был изобретён в Др. Египте в нач. 3-го тыс. до н.э., с сер. 1-го тыс. до н.э. получил распространение в др. гос-вах Средиземноморья.

ПА́ПОРОТНИКИ, отдел высш. бессемянных р-ний. Травянистые или древовидные наземные и водные р-ния. Ок. 12 тыс. видов, распространены широко. Многие декоративны, нек-рые съедобны (напр., молодые побеги кочедыжника, орляка), другие лекарственные (напр., папоротник мужской); нек-рые ядовиты. Совр. П. известны с карбона.

ПАПП (Papp) (наст. фам. Папировски) Джозеф (1921–92), амер. реж., режиссёр. В 1953 организовал шекспировскую мастерскую, затем ряд шекспировских фестивалей. Созданные им труппы выступали в разл. т-рах, в т.ч. в Центр. парке Нью-Йорка, где с 1960 П. на бесплатных спектаклях показал почти все пьесы У. Шекспира. В 1965 создал «Паблик тиэтр» с 6 сценич. площадками, работающими одновременно.

ПАПП (Papp) Ласло (р. 1926), венг. боксёр (ср. вес) и тренер. Чемпион Европы среди любителей (1949, 1951) и среди профессионалов (1962–66), чемпион Олимп. игр (1948, 1952, 1956).

ПА́ПСКАЯ О́БЛАСТЬ (Церковная область), теократич. гос-во в 736–1870 в Ср. Италии, возглавлявшееся рим. папой. Начало П.о. положил франкский король Пипин Короткий, подаривший папе терр. б. Равеннского экзархата. В 1861–70 терр. П.о. вошла в состав Итал. кор-ва.

ПА́ПУА – НО́ВАЯ ГВИНЕ́Я, гос-во в Океании, в юго-зап. части Тихого ок.; занимает вост. часть о. Новая Гвинея с близлежащими о-вами, арх. Бисмарка, сев. часть Соломоновых о-вов (о-ва Бугенвиль, Бука), о-ва Д'Антркасто и др. Пл. 461,8 т. км². Нас. 3,92 млн. ч., в осн. папуасы – 84%, меланезийцы. Офиц. яз. – английский. Б.ч. верующих – христиане; остальные придерживаются традиц. верований. Входит в Содружество. Признаёт главой гос-ва королеву Великобритании. Законодат. орган – Нац. парламент. Столица – Порт-Морсби. Адм.-терр. деление: 20 провинций (включая Нац. столичный округ). Ден. единица – кина.

О природе см. в ст. *Новая Гвинея*.

Ко времени европ. колонизации терр. П.– Н.Г. была населена папуасами и меланезийцами. В 1884 юго-вост. часть о-ва Н. Гвинея (Папуа) находилась под господством Великобритании, к-рая в нач. 20 в. передала её Австралии. Сев.-вост. часть с при-

ПАПУА-НОВАЯ ГВИНЕЯ 1:46 000 000

легающими о-вами (арх. Бисмарка и др.; за этой терр. позже закрепилось назв. Н. Гвинея) в 1880-х гг. была захвачена Германией, в 1920 передана Австралии как подмандатная терр. Лиги Наций (позднее подопечная терр. ООН). С 1975 независимое гос-во.

П.– Н.Г. – агр. страна. ВНП на д. нас. 950 долл. в год. Осн. культура – кокосовая пальма (занимает одно из ведущих мест в мире по произ-ву копры; св. 110 тыс. т в год), возделывают также каучуконосы, какао, кофе, бананы. Добыча серебра, золота и медной руды. Рыб-во. Лесоразработки. Пищ., лёгкая, деревообр. пром-сть. Произ-во и экспорт медного концентрата.

ПАР, вещество в газообразном состоянии в условиях, когда оно находится в одной системе с конденсированной (жидкой, твёрдой) фазой того же в-ва. Фазовый переход 1-го рода, при к-ром в-во из конденсир. состояния переходит в газообразное, наз. парообразованием, причём парообразование с поверхности жидкости наз. испарением, а с поверхности тв. тела – сублимацией. Насыщенным наз. П. при термодинамич. равновесии его с конденсир. фазой. Водяной П.– рабочее тело паровых турбин и машин.

ПАР (с.-х.), поле севооборота, не занимаемое посевами и содержащееся в рыхлом и чистом от сорняков состоянии; средство повышения плодородия почвы и накопления в ней влаги.

ПАРА... (от греч. pará – возле, мимо, вне), часть сложных слов, означающая: находящийся рядом, а также отклоняющийся от чего-нибудь, нарушающий что-либо (напр., парапсихология).

ПАРА́БОЛА (от греч. parabolé), плоская кривая, расстояния любой

Парабола.

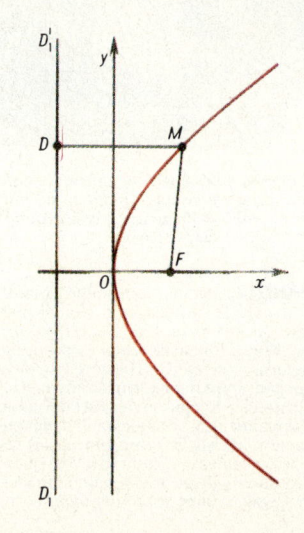

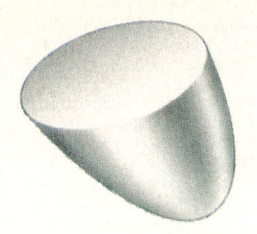

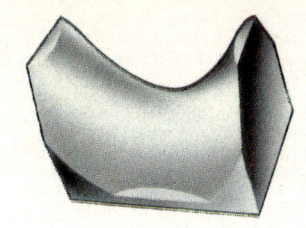

Параболоиды: эллиптический (слева), гиперболический.

точки *M* к-рой до данной точки *F* (фокуса) и до данной прямой D'_1D_1 (директрисы) равны ($MD = MF$).

ПАРАБОЛО́ИД, поверхность, получаемая при движении параболы, вершина к-рой скользит по другой, неподвижной параболе (с осью симметрии, параллельной оси движущейся параболы), тогда как её плоскость, смещаясь параллельно самой себе, остаётся перпендикулярной плоскости неподвижной параболы. Если обе параболы обращены вогнутостью в одну сторону, то получается эллиптический П., в разные стороны – гиперболич. П.

ПАРАГВА́Й (Республика Парагвай), гос-во в центр. части Юж. Америки. Пл. 406,8 т. км². Нас. 4,6 млн. ч., в осн. парагвайцы (преим. испано-индейские метисы – гуарани – 91%). Офиц. языки – испанский, гуарани. Верующие в осн. католики. Глава гос-ва – президент. Законодат. орган – двухпалатный парламент (Сенат и Палата депутатов). Столица – Асунсьон. Адм.-терр. деление: 2 области, включающие 18 департаментов. Ден. единица – гуарани.

Поверхность равнинная. Климат тропич. Ср. темп-ры июля 17–19 °C, янв. 27–29 °C; осадков от 700 мм на З. до 2000 мм на В. в год. Гл. река – Парагвай. Листопадно-вечнозелёные леса и сухие редколесья.

В 16 в. П. был завоёван Испанией и превращён в колонию. В 17–18 вв. существовало Иезуитское гос-во в П. В 1811 в ходе Войны за независимость исп. колоний в Америке 1810–1826 П. стал независимым гос-вом. В 1954–89 в стране существовала воен.-полицейская диктатура А. Стресснера (през. в 1954–89).

П.– агр. страна. ВНП на д. нас. 1210 долл. в год. Осн. отрасль с. х-ва – пастбищное мясное жив-во. Выращивают хлопчатник, сою, кофе, тунговый орех, чай-мате, табак. Виногр-во и виноделие. Лесозаготовки. В пром-сти наиб. развиты пищевкус. (гл. обр. произ-во мясных консервов, мороженого мяса, чая), текст., деревообр., кож. отрасли. Экспорт: хлопок-волокно (св. ⅓ стоимости), соя-бобы, мясные продукты, лесоматериалы, ароматич. масла, дубильный экстракт, кофе.

ПАРАГРИ́ПП (от *пара...* и *грипп*), острое вирусное респираторное заболевание. Передаётся воздушно-капельным путём. Во время эпидемий гриппа П. часто является сопутствующим заболеванием; вне эпидемий гриппа – одна из наиб. распространённых вирусных болезней.

ПАРА́Д (франц. parade, от лат. paro, букв.– готовлю), 1) торжеств. прохождение войск, спорт. и др. коллективов по случаю офиц. празднеств. 2) В ярмарочных т-рах 17–18 вв. и с сер. 18 в. в балаганах – выступления артистов перед началом осн. программы для привлечения зрителей. 3) В цирке – торжеств. выход на арену всех участников представления.

ПАРАДЖА́НОВ Сер. Иос. (1924–1990), кинорежиссёр. Работал на Украине, в Грузии, Армении. Яркость и экспрессивность режиссёрского видения, богатство изобр. фантазии, свободное использование разл. нац.-этнич. традиций (гуцульских, арм., груз., перс.) проявились в ф.: «Тени забытых предков» (1965), «Цвет граната» (1969), «Легенда о Сурамской крепости» (1984), «Ашик-Кериб» (1989) – два последних поставлены совм. с Д.И. Абашидзе. Автор оригинальных рисунков, коллажей и пластич. композиций, сценограф. Неоднократно подвергался гонениям со стороны властей, дважды был в заключении.

ПАРАДИ́ГМА (от греч. parádeigma – пример, образец), исходная концептуальная схема, модель постановки проблем и их решения, методов исследования, господствующих в течение определ. ист. периода в науч. сообществе.

ПАРАДО́КС (от греч. parádoxos – неожиданный, странный), 1) неожиданное, непривычное, расходящееся с традицией утверждение, рассуждение или вывод. 2) В логике – противоречие, полученное в результате внешне логически правильного рассуждения, приводящее к взаимно противоречащим заключениям. (Классич. пример – П. «Брадобрей»: парикмахер бреет только тех жит. своей деревни, к-рые не бреются сами; должен ли он брить самого себя?)

ПАРАЗИТА́РНЫЕ БОЛЕ́ЗНИ, то же, что *инвазионные болезни*.

ПАРАЗИ́ТЫ (от греч. parásitos – нахлебник, тунеядец), организмы, живущие или питающиеся за счёт др. организмов (наз. хозяевами) и б.ч. наносящие им вред. Нек-рые П. живут на теле хозяина (напр., вши, блохи), другие – внутри хозяина (напр., глисты, возбудители малярии). П. разделяют на временных, нападающих только для питания (напр., нек-рые клещи), и стационарных, связанных с хозяевами б.ч. жизни (напр., аскариды). Часто жизненный цикл П. чрезвычайно сложен и связан с неск. разл. хозяевами. Паразитизм известен на всех уровнях организации живого, начиная с бактерий и кончая высш. р-ниями и многоклеточными ж-ными; внутриклеточными паразитами являются вирусы.

ПАРАЛИ́Ч (от греч. parálysis – расслабление) (плегия), утрата способности к произвольным движениям вследствие органич. или функциональных поражений нервной системы. В зависимости от уровня поражения выделяют центральные и периферич. П., по изменению тонуса мышц – спастические и вялые, по распространённости – моноплегии (П. одной конечности), *параплегии*, гемиплегии, триплегии и тетраплегии (П. 3 и 4 конечностей).

ПАРАЛЛЕЛЕПИ́ПЕД (от греч. parállelos – параллельный и epípedon – плоскость), *призма*, основание к-рой – *параллелограмм*.

ПАРАЛЛЕЛИ́ЗМ в поэтике, тождественное или сходное расположение элементов речи в смежных частях текста, к-рые, соотносясь, создают единый поэтич. образ. Наряду со словесно-образным, или синтаксич., П. («В синем море волны плещут./ В синем небе звёзды блещут» – А.С. Пушкин; см. также *Антитеза*) говорят о ритмич., словесно-звуковом и композиц. П.

ПАРАЛЛЕЛОГРА́ММ (от греч. parállelos – параллельный и gram-

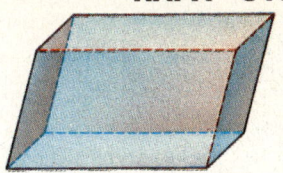

Параллелепипед.

mé – линия), четырёхугольник с попарно параллельными сторонами (основаниями). Площадь П. равна произведению основания на высоту (расстояние между основаниями).

ПАРАЛЛЕЛОГРА́ММ СИЛ, геом. построение, выражающее закон сложения сил. П.с. строится для определения величины и направления равнодействующей (результирующей) двух сил F_1 и F_2, приложенных к телу в одной точке *О*. Равнодействующая *F* направлена по диагонали параллелограмма, построенного на заданных силах, и численно равна длине диагонали.

ПАРАЛЛЕ́ЛЬ ЗЕМНА́Я (от греч. parállelos, букв.– идущий рядом), линия сечения поверхности земного шара плоскостью, параллельной плоскости экватора. Все точки, лежащие на одной П.з., имеют одинаковую геогр. широту.

ПАРАЛЛЕ́ЛЬНЫЕ ПРЯМЫ́Е, непересекающиеся прямые, лежащие в одной плоскости.

ПАРАМА́РИБО, столица (с 1975) Суринама. 192 т.ж. (с пригородами). Мор. порт на р. Суринам, при её впадении в Атлантич. ок.; междунар. аэропорт. Пр-тия пищевкус. и деревообр. пром-сти. Ун-т. Музей. Осн. французами ок. 1640; в 1650–1815 попеременно находился во владении англичан и голландцев, затем адм. ц. голл. владения Суринам.

ПАРАНДЖА́ (от араб. фараджийя – верх. свободная одежда), верх. жен. одежда у мусульм. народов Бл. Востока и Ср. Азии, халат с ложными рукавами, покрывающий женщину с головой; носится с чачваном – чёрной густой сеткой из конского волоса, закрывающей лицо. Обязат. ношение П. соответствует нормам ислама.

ПАРАНО́ЙЯ (греч. paranóia – умопомешательство), общее название психич. расстройств, характеризующихся стойким систематизир. *бредом* (преследования, ревности, изобретательства и др.).

ПАРАПЛЕГИ́Я (от *пара...* и греч. plēgē – удар), паралич обеих рук или ног.

ПАРАПСИХОЛО́ГИЯ, область исследований т.н. паранормальных психофизич. явлений: экстрасенсорного восприятия, происходящего без участия органов чувств (телепатия, ясновидение, лозоискательство, парадиагностика и т.п.), воздействия человека на внеш. физич. процессы без посредства мышечных усилий (телекинез, парамедицина и т.д.) и др. Возникла в кон. 19 в. Явления, изучаемые П., не получили до наст. времени удовлетворит. науч. объяснения и вызывают острые дискуссии.

Параллелограммы: а – общего вида, б – прямоугольный, в – квадрат, г – ромб.

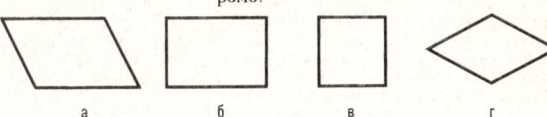

а   б   в   г

Парагвай. Редколесья на севере равнины Гран-Чако.

514 ПАРА

ПАРАСКЕ́ВА (от греч. paraskeyē, букв.— «приготовление», канун субботы, т.е. пятница), христианская святая, великомученица, пострадавшая во время гонений на христиан при рим. имп. Диоклетиане (304—305). Олицетворяет Страстную пятницу, отсюда и изображена с орудиями Страстей Господних. В нар. поверьях — покровительница мн. жен. ремёсел.

ПАРАТИ́Ф (от *пара*... и *тиф*), группа близких к *брюшному тифу* острых инфекц. заболеваний человека, вызываемых *сальмонеллами*.

ПАРАФИ́Н, воскоподобное в-во, смесь предельных углеводородов, $t_{пл}$ 40—65 °C. Применяют для изготовления свечей, пропитки бумаги, для аппретирования тканей, парафинолечения и др.

ПАРАФИ́НЫ, насыщенные ациклич. углеводороды (напр., метан, этан, пропан). Содержатся гл. обр. в нефти и природном газе. Применяются в составе моторных и реактивных топлив, как сырьё для хим. и нефтехим. пром-сти.

ПАРАФИ́РОВАНИЕ (франц. paraphe — росчерк), предварит. визирование междунар. договора представителями договаривающихся сторон. Означает согласие с подготовленным текстом. Практикуется также П. проектов нац. законов.

ПАРАФРА́ЗА (греч. paráphrasis, от глагола paraphrázō — говорить то же самое, но другими словами), инстр. конц. пьеса б.ч. для фп., основанная на темах популярных песен и оперных арий. Распространена в 19 в. в репертуаре пианистов-виртуозов (Ф. Лист).

ПАРАЦЕ́ЛЬС (Paracelsus) (наст. имя Филипп Ауреол Теофраст Бомбаст фон Гогенгейм) (1493—1541), врач, естествоиспытатель и философ эпохи Возрождения. Один из основателей *ятрохимии*. Подверг критич. пересмотру идеи и ср. медицины, отвергал культ Галена. Способствовал внедрением хим. препаратов в медицину. В центре филос. учения П.— понятие природы как живого целого, проникнутого единой мировой душой. Человек способен магически воздействовать на природу с помощью тайных средств. Писал и преподавал не на латинском, а на нем. языке.

ПАРАШЮ́Т (франц. parachute, от греч. pará — против и франц. chute — падение), устройство для торможения объекта за счёт сопротивления атм. среды. Идея П. предложена Леонардо да Винчи. Включает ранец, вытяжное устройство, матерчатый купол, стропы и т.д. Применяются при аварийном покидании экипажем летат. аппаратов, для сброса с них десантников и грузов или прыжков в спорт. целях, спуска космич. аппаратов на Землю и др. планеты, уменьшения пробега при посадке самолётов и т.д.

ПАРАШЮ́ТНЫЙ СПОРТ, вид авиац. спорта, прыжки с парашютом с летат. аппаратов (самолёта, аэростата и др.) на точность приземления; затяжные (с задержкой раскрытия парашюта); с выполнением комплекса акробатич. фигур, комбинированные и др. Первые прыжки — с шаром в 1783 (Ленорман, Германия); с воздушного шара в 1797 (Гарнерен, Германия). В России культивируется с 1920-х гг. В 1950 осн. парашютная комиссия (КИП), входящая в Междунар. авиац. федерацию; объединяет св. 50 стран. Чемпионаты Европы с 1975, мира с 1951.

ПАРЕ́ (Paré) Амбруаз [1517 (по др. данным, 1509 или 1510) — 1590], франц. хирург. Разработал методы лечения огнестрельных ранений, ввёл мазевую повязку вместо прижигания ран раскалённым железом и др., предложил ряд ортопедич. аппаратов. Сыграл значит. роль в превращении хирургии из ремесла в науч. мед. дисциплину.

ПАРЕ́З (от греч. páresis — ослабление), ослабление произвольных движений; неполный *паралич*.

ПАРЕСТЕЗИ́Я (от *пара*... и греч. áisthēsis — ощущение), ощущение онемения кожи, «ползания мурашек» и др. при заболеваниях нерв. системы, периферич. сосудов.

ПАРЕ́ТО (Pareto) Вильфредо (1848—1923), итал. экономист и социолог, представитель матем. школы в политэкономии. Пытался математически обосновать взаимозависимость экон. факторов, включая цену. П. рассматривал об-во как пирамиду, наверху к-рой находятся немногие высокоодарённые люди, составляющие элиту. История, по П.,— арена постоянной борьбы элит за власть, в ходе к-рой осуществляется их смена («циркуляция элит»).

ПАРИ́Ж, столица (с кон. 10 в.) Франции. 2,2 млн. ж. Расположен на р. Сена, при впадении в неё рр. Марна и Уаза. Междунар. аэропорты. Метрополитен (с 1900). Междунар. финанс. центр. Маш-ние (авто- и авиастроение, эл.-техн.), хим., полиграф., пищ. пром-сть. Изготовление модных швейных и галантерейных изделий, сувениров. Местонахождение многочисл. междунар. орг-ций, в т.ч. ЮНЕСКО. Ун-ты (в т.ч. Сорбонна, осн. в 13 в.), старейшая в Европе светская консерв. (1795). Нац. центр иск-ва и культуры имени Ж. Помпиду. Музеи: *Лувр*, Гиме, Клюни и др. Т-ры: Парижская опера («Гранд-Опера»), «Опера-Комик», «Шатле», «Одеон», «Комеди Франсез» и др. Один из центров мирового туризма. Ист. центр П.— о. Сите, где в 1 в. до н.э. находилось поселение галльского племени паризиев (Лютеция). С 3—4 вв. н.э. наз. Паризии (позднее франц. Paris). Архит. облик П. складывался на протяжении мн. веков, сочетая в себе черты разных стилей, но сохраняя худ. единство. Гл. анс.: на о. Сите (ист. центр П.) с собором Парижской Богоматери (Нотр-Дам; 1163—1257); на лев. берегу Сены с Домом инвалидов (с 1671) и собором Дома инвалидов (1671—1708), Марсовым полем, Эйфелевой башней, Пантеоном (1755—89); на прав. берегу Сены с пл. Согласия, Лувром, Елисейскими полями (17 в.) и пл. де Голля с триумфальной аркой (1806—37). Многочисл. благоустроенные набережные, бульвары, проспекты. Среди градостроит. ансамблей 20 в.— общественно-деловой центр квартала Дефанс с многочисл. небоскрёбами.

ПАРИ́ЖСКАЯ О́ПЕРА [также под назв. «Гранд-Опера» (франц., букв.— Большая опера), офиц. название — Нац. академия музыки и танца], франц. оперно-балетный т-р. Осн. в 1669. До 19 в. под разл. названиями. С 1875 в здании, построенном арх. Ш. Гарнье; с 1990 балетная сцена; в здании на пл. Бастилии оперная сцена. Роскошные, эффектные пост. классич. и совр. опер и балетов.

ПАРИ́ЖСКАЯ ШКО́ЛА, усл. название интернац. круга художников, сложившегося в осн. в 1910—20-х гг. в Париже. В узком смысле — группа художников, выходцев из разных стран (А. Модильяни из Италии, М.З. Шагал из России, Х. Сутин из Литвы и др.). В широком смысле — художники (французы и иностранцы), жившие преим. в парижском р-не артистич. богемы Монпарнас.

Париж. Собор Парижской Богоматери. Западный фасад.

Париж. Квартал Дефанс. Большая арка.

ПАРИ́С, в греч. мифологии сын Приама; в споре между Герой, Афиной и Афродитой («суд Париса») присудил «яблоко раздора» Афродите.

ПА́РИЯ (тамильск.), представитель одной из «неприкасаемых» каст в Юж. Индии; иносказательно (в европ. языках) — отверженный, бесправный человек.

ПА́РКЕР (Parker) Чарли (1920—55), америкак. джазовый саксофонист, композитор, руководитель ансамблей. С 1935 выступал и гастролировал с разл. джазовыми коллективами. Ведущий саксофонист-импровизатор и виртуоз своего времени (наряду с Дж. Колтрейном). В 1940-е гг. совм. с Д. Гиллеспи стал родоначальником одного из стилей *джаза* — боп (или бибоп).

ПА́РКЕР (род. 1944), англо-амер. кинорежиссёр. В 1976 дебютировал в кино муз.-пародийной фантазии «Багси Мелоун» на темы гангстерских лент. Интерес к музыке и миру популярных исполнителей выразился в картинах «Слава» (1980) и «Пинк-Флойд-Стена» (1982). Тема насилия и власти, беззащитности человека перед системой подавления или неведомым роком воплощена в ф. «Полуночный экспресс» (1978), «Сердце Ангела» (1987). Ставил также социально-психол. драмы («Миссисипи в огне», 1988; «Приди и рай узришь», 1990).

ПАРКЕ́Т (франц. parquet), небольшие древесные строганые планки (клёпки) для покрытия пола; само покрытие (лицевой слой) такого пола. П. изготовляют преим. из твёрдых пород дерева (дуб, бук и др.). Осн. виды П.: штучный (собирается из отд. клёпок), наборный (листы из клёпки, подобранной по рисунку и наклеенной обычно на бумагу), щитовой и паркетная доска (клёпку наклеивают на основание в виде дощатых щитов или отд. досок). Наборные орнаментальные композиции из П. были широко распространены в дворцах и усадьбах 16—18 вв.

Парашют спортивный.

Парашютный спорт. Выполнение акробатических фигур.

Парижская опера. Дагеротип 19 в.

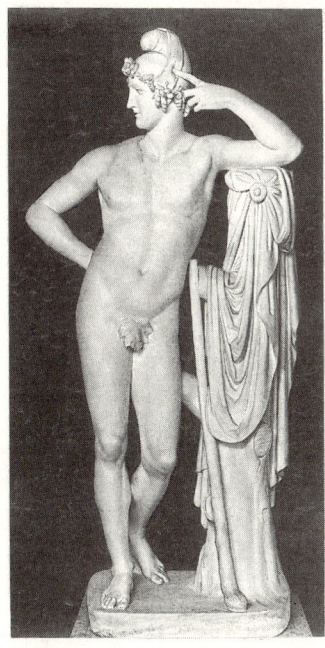

«Парис». Скульптура А. Кановы. 1810–16. Новая пинакотека. Мюнхен.

ПА́РКИ, в рим. мифологии три богини судьбы. Соответствуют греч. *мойрам*.

ПАРКИНСОНИ́ЗМ, клинич. синдром, обусловленный поражением подкорковых ядер головного мозга при атеросклерозе, энцефалите, травмах и др. Проявляется неподвижностью, скованностью, амимией (отсутствием мимики), дрожанием рук и ног, нарушением походки и речи и т.д. Описан англ. врачом Дж. Паркинсоном в 1817.

ПАРЛА́МЕНТ (англ. parliament, от франц. parler – говорить), высш. представит. орган власти. Во многих странах П. имеет спец. название (напр., конгресс США, Федеральное собрание в России, норв. стортинг). Впервые был образован в Англии в 13 в. как орган сословного представительства. Как правило, П. избирается населением по установленной конституцией системе и выполняет законодат. функции.

ПАРЛАМЕНТАРИ́ЗМ, система полит. организации гос-ва, при к-рой чётко разграничены функции законодат. и исполнит. власти при привилегир. положении парламента. Сложился в эпоху рев-ций 16–18 вв. С усложнением структуры обществ. связей происходит процесс усиления полномочий исполнит. власти (президента, пр-ва).

ПАРЛАМЕНТЁР (франц. parlementaire), офиц. представитель одной из воюющих сторон, направленный для переговоров с другой стороной. Пользуется неприкосновенностью. Отличит. знак П. – белый флаг.

ПА́РМА, г. в Италии. 174 т. ж. Трансп. уз. Маш-ние, хим., фарм., парфюмерная, пищ. пром-сть, пр-во стройматериалов. Ун-т (1056). Консерватория. Нац. гал., Музей нац. древностей. Т-р Реджио (1829). Барочный т-р Фарнезе (1628). Ежегод. междунар. выставки консервов. В древности этрусское, затем галльское поселение. В 1545–1860 (с перерывами) центр герцогства Пармы и Пьяченцы. Романский собор (11–12 вв.), баптистерий (кон. 12 – нач. 14 вв.), церкви, дворцы.

ПАРМЕНИ́Д из Элеи (акмэ 504–501 до н.э.), др.-греч. философ, основатель *элейской школы*. Первым ввёл различие между умопостигаемым неизменным и вечным («единым») бытием (сфера истинного знания) и чувственно воспринимаемой изменчивостью и преходящей текучестью всех вещей (сфера «мнения»); сформулировал идею тождества бытия и мышления.

ПАРНА́С, горн. массив (выс. 2457 м) в Греции, к С. от Коринфского зал. Нац. парк. У подножия П. – г. *Дельфы*. В греч. мифологии считался местообитанием Аполлона и муз. Перен. – содружество поэтов.

«ПАРНА́С», группа франц. поэтов в 1850–60-е гг.: Ш. Леконт де Лиль, Ж.М. Эредиа, Сюлли-Прюдом и др.; выпускала сб-ки стихов «Современный Парнас»; декларировала *искусство для искусства*, «бесстрастную» поэзию прекрасных форм, изысканность поэтич. языка.

ПАРНИ́ (Parny) Эварист (1753–1814), франц. поэт. Один из зачинателей «лёгкой поэзии». В сб. «Эротические стихотворения» (1778), «Поэтические безделки» (1779), оставаясь верным классицистич. стилю, одушевил свою поэзию искренностью чувств, элегичностью. Поэма «Битва старых и новых богов» (1799) – в традициях вольтеровского вольнодумства.

ПАРНИ́К, см. в ст. *Защищённый грунт*.

ПАРНИКО́ВЫЙ ЭФФЕ́КТ в атмосферах планет, нагрев внутр. слоёв атмосферы (Земли, Венеры и др. планет с плотными атмосферами), обусловленный прозрачностью атмосферы для осн. части излучения Солнца (в оптич. диапазоне) и поглощением атмосферой осн. (ИК) части теплового излучения поверхности планеты, нагретой Солнцем. П.э. может повышать ср. темп-ру поверхности и атмосферы планеты, смягчает различия между дневными и ночными темп-рами. В результате антропогенных воздействий содержание CO_2 (и др. газов, поглощающих излучение в ИК-диапазоне) в атмосфере Земли постепенно возрастает, что может привести к глобальным изменениям климата Земли.

ПАРНОКОПЫ́ТНЫЕ, отряд млекопитающих. У большинства на конечностях по 4 пальца, у немногих видов конечности имеют по 2 пальца. К П. относят свиней, бегемотов, оленей, жирафов, быков, козлов, баранов и др., всего более 180 видов.

ПАРОВА́Я МАШИ́НА, тепловой поршневой двигатель для преобразования энергии сжатого горячего вод. пара в механич. работу. Пар, поступая в цилиндр П.м., перемещает поршень и охлаждается. Проект П.м. непрерывного действия разработан в России механиком И.И. Ползуновым (1763); построена и работала после его смерти. Как универсальный двигатель созд. англ. изобретателем Дж. Уаттом в 1774–84 и сыграла огромную роль в переходе к машинному произ-ву. Низкий кпд (до 20%), ограниченные быстроходность (до 1000 об/мин) и агрегатная мощность (до 0,02 МВт) привели к прекращению выпуска П.м. в сер. 20 в.

ПАРОВА́Я ТУРБИ́НА, преобразует тепловую энергию вод. пара при его расширении в механич. работу. Различают стационарные (напр., на теплоэлектростанциях) и трансп. (судовые) П.т., одно- и многокорпусные (обычно не более 4), одновальные (валы всех корпусов соосны) и с параллельным расположением в 2–3 валов. Мощность отеч. П.т. до 1200 МВт и более. Промышленно пригодные П.т. созданы в 1884 Ч.А. Парсонсом (Великобритания), в 1889 К.Г. Лавалем (Швеция) независимо друг от друга.

ПАРОВО́З, локомотив с самостоят. паросиловой установкой (котлом и паровой машиной), размещённой на раме с колёсными парами (экипажная часть). Первые образцы П. созданы в Великобритании в 1803 и 1804 Р. Тревитиком; там же в 1825 Дж. Стефенсон построил первый П., имевший практич. значение, эксплуатировавшийся на Стоктон-Дарлингтонской жел. дороге. Первый П. в России построен Е.А. и М.Е. Черепа-

Парнас. Картина А.Р. Менгса. 1761. Эрмитаж.

516 ПАРО

Паровоз. Модель первого российского паровоза, построенного механиками отцом и сыном Е.А. и М.Е. Черепановыми в 1833.

Один из основных типов товарных паровозов (серия Ов) в России в 1892–1906.

Мощный грузовой паровоз (серия Л), построенный в СССР в 1945 по проекту Л.С. Лебедянского.

новыми в 1833. До сер. 20 в. П. был единственным на жел. дороге локомотивом, затем постепенно вытеснялся более экономичными электровозом и тепловозом. С сер. 70-х гг. разрабатываются новые локомотивы с применением паровой тяги, соответствующие совр. уровню развития техники.

ПАРОВОЙ КОТЁЛ, устройство для получения пара с давлением выше атмосферного за счёт теплоты, выделяющейся в топке при сжигании топлива. Рабочее тело большинства П.к. — вода. Кпд простого цилиндрич. П.к. ок. 30%, паропроизводительность 0,4 т/ч, рабочее давление пара до 1 МПа.

ПАРОДИЯ (греч. parodía), 1) жанр в лит-ре, т-ре, музыке, на эстраде, сознательная имитация в сатирич., иронич. и юмористич. целях индивид. манеры, стиля, направления, жанра или стереотипов речи, поведения (см., напр., *Козьма Прутков*). 2) Подражание, неосознанно искажающее образец; смешное, искажённое подобие чего-либо.

ПАРОКСИ́ЗМ (от греч. paroxysmós — раздражение, возбуждение), 1) приступ или внезапное обострение болезни. 2) Бурная эмоция (напр., П. гнева, смеха).

ПАРОСИЛОВА́Я УСТАНО́ВКА, энергетич. установка, обычно состоящая из *паровых котлов* (парогенераторов) и *паровых машин* или паровых турбин) для пароходов, паровозов, паровых автомобилей или электрич. генераторов (тепловых и атомных электростанций).

ПАРОТИ́Т ЭПИДЕМИ́ЧЕСКИЙ (от *пара*... и греч. ús, род. п. ōtós — ухо) (свинка), острое вирусное заболевание, гл. обр. детей. Поражаются околоушные железы. Заражение от больного через воздух с капельками слюны.

ПАРОХО́Д, судно, приводимое в движение паровой машиной или турбиной (турбинные П. наз. турбоходами). Первый П. «Клермонт» построен в 1807 в США Р. Фултоном. В России один из первых П. «Елизавета» сооружён в 1815 для рейсов между Петербургом и Кронштадтом. С сер. 20 в. паровые машины на судах практически не применяются из-за низкого кпд, больших массы и размеров.

ПАРСЕ́К (сокр. от параллакс и секунда), единица длины, применяемая в астрономии. Равна расстоянию, на к-ром параллакс (в данном случае угол, под к-рым виден отрезок длиной в 1 *астрономическую единицу*) составляет 1″. 1 пк = 206265 а. е. = 3,263 *светового года* = 3,086·10¹³ км.

ПА́РСОНС (Parsons) Толкотт (1902–79), амер. социолог-теоретик. Разработал теорию человеческого действия как самоорганизующейся системы, специфика к-рой состоит в символичности (символич. механизмы регуляции — язык, ценности), нормативности (зависимость от общепринятых ценностей и норм) и волюнтаристичности (субъективность и определ. иррациональность человеческого действия). Осн. соч.: «Структура социального действия» (1937), «Социальная система» (1952).

ПАРСУ́НА (искажение слова «персона»), усл. наименование произведений рус., белорус. и укр. портретной живописи кон. 16–17 вв., сочетающих приёмы *иконописи* с правдивой передачей индивид. особенностей модели, объёмностью форм.

ПАРТЕНОГЕНЕ́З (от греч. parthénos — девственница и ...*генез*) (девственное размножение), форма полового размножения, развитие яйцеклетки без оплодотворения. Свойствен мн. беспозвоночным ж-ным (дафнии, тли, пчёлы и др.) и мн. р-ниям. Вызываемый экспериментально П. (напр., у тутового шелкопряда) используют для получения особей желаемого пола и ускорения селекции.

ПАРТЕ́Р (франц. parterre: par — по, terre — земля), 1) в театре — плоскость пола зрительного зала с местами для зрителей, обычно ниже уровня *сцены*. П., окружённый ярусами лож, впервые появился в Англии и Италии в нач. 17 в. Первоначально предназначался для непривилегированной публики, мест для сидения не имел: зрители стояли. 2) Открытая часть сада или парка (в регулярном парке — участки правильной формы, в пейзажном — в виде лужаек) с газонами, цветниками, водоёмами, бордюрами из кустарника, иногда со скульптурами и фонтанами.

ПАРТЕ́СНОЕ ПЕ́НИЕ (от позднелат. partes — партии, голоса), стиль др.-рус. церк. многоголосного пения 17 – 1-й пол. 18 вв. Аккордовое многоголосие нередко основано на обработках знаменного и др. распевов. Осн. жанр — партесный концерт (В.П. Титов, Н.П. Дилецкий).

ПАРТИ́ТА (итал. partita), в 17–18 вв. то же, что *сюита* (напр., у И.С. Баха).

ПАРТИТУ́РА, нотная запись многоголосного (оркестрового, хорового) муз. произв., в к-рой все *партии* выписаны синхронно одна над другой в определ. порядке.

Парсуна. «Г.П. Годунов». 1686. Исторический музей. Москва.

Партитура.

ПА́РТИЯ (от лат. partio – делю, разделяю), 1) группа людей, объединённая общностью идей, интересов и целей (напр., политическая П.), а также выделенная для выполнения к.-л. работы (напр., поисковая П.). 2) Определ. (обычно значит.) кол-во каких-либо предметов, товаров и т.п. 3) Игра до определ. результата (напр., П. в шахматы); состав игроков в ряде игр.

ПА́РТИЯ (муз.), одно из слагаемых фактуры многоголосного (оркестрового, камерного, вокального и др.) муз. произведения; исполняется отд. музыкантом или однородной тембровой группой (напр., П. скрипки в струнном *квартете*, П. струнных в оркестре, П. хора в опере).

ПАРУСА́ (пандативы), в архитектуре элементы купольной конструкции, обеспечивающие переход от квадратного в плане подкупольного пространства к окружности купола или его барабана. Имеют форму сферич. треугольников с обращёнными вниз вершинами и заполняют пространство между арками по сторонам квадрата и куполом.

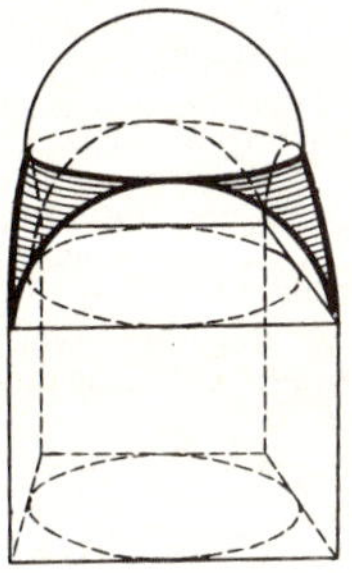

Паруса.

ПА́РУСНОЕ СУ́ДНО, судно, приводимое в движение энергией ветра с помощью парусов. П.с. различают по числу мачт (от 1 до 7) и по типу парусного вооружения, к-рое определяется формой парусов (прямое, косое, смешанное), элементами рангоута и парусов (рейковое, шпринтовое, гафельное и др.), типом судна (напр., шхуны), районом распространения (бермудское, португальское и др.). История П.с. насчитывает св. 5 тыс. лет. Паруса как вспомогат. источник движущей силы на гребных воен. и трансп. судах применялись в Др. Египте, Др. Греции, Др. Риме и др. Наивысш. развития парусный флот достиг к сер. 19 в. В совр. флоте используются в качестве спортивных, прогулочных, уч. судов. Ужесточение требований, связанное с охраной окружающей среды, привело к разработке и постройке ряда коммерч. П.с.

ПА́РУСНЫЙ СПОРТ, гонки парусных судов, в т.ч. крейсерских яхт (на разл. расстояния по заданному маршруту). Победитель определяется по сумме всех гонок. Возник предположительно в 18 в. в Великобритании; в России с 1930-х гг. В 1907 осн. Междунар. союз П.с. (ИЯРУ); объединяет ок. 100 стран. Чемпионаты Европы с 1932, мира с 1922; в программе Олимп. игр с 1900. В разл. годы в программе Олимп. игр проводились состязания на швербботах класса «Финн», «Летучий голландец» и «470», килевых яхтах «Звёздный», «Соллинг», катамаране «Торнадо».

ПАРФЕНО́Н, храм Афины Парфенос на Акрополе в Афинах, пам. др.-греч. высокой классики. Мраморный дорический *периптер* с ионич. скульптурным фризом (447–438 до н.э., арх. Иктин и Калликрат) замечателен величием, красотой форм и пропорций. Статуи *фронтонов*, рельефы *метоп* и *фриза* (окончены в 432 до н.э.) созданы под рук. Фидия. Разрушен в 1687; частично восстановлен.

ПАРФЮМЕ́РИЯ (франц. parfumerie, от parfum – приятный запах, духи), 1) изделия для ароматизации кожи, волос, одежды, а также гигиенич. освежающие средства; представляют собой б.ч. спиртовые или водно-спиртовые р-ры смесей душистых в-в (духи, одеколон, туалетная вода). Пром-сть выпускает также твёрдые парфюмерные композиции (т.н. сухие духи). 2) Отрасль пром-сти, охватывающая изготовление парфюмерных изделий. Пром. произ-во парфюмерных изделий началось в кон. 17 в. во Франции, затем в Италии, Великобритании и др. странах (в России с сер. 19 в.).

ПАРФЯ́НСКОЕ ЦА́РСТВО, гос-во в 250 до н.э. – 224 н.э. к Ю.-В. от Каспийского м. Терр. в период расцвета (сер. 1 в. до н.э.) – от Двуречья до р. Инд. Соперник Рима на Востоке. С 224 его терр. входила в гос-во *Сасанидов*.

ПАРЦЕЛЛЯ́РНОЕ ХОЗЯ́ЙСТВО, семейно-индивид. крест. х-во. Осн. форма ведения натурально-потребит. произ-ва в доиндустр. обществе. С развитием товарно-ден. отношений П.х. превращается в мелкое товарное х-во.

ПАРША́ (фавус), болезнь волосистой части головы, реже гладкой кожи и ногтей, преим. у детей, вызываемая патогенными грибами (дерматомицетами). Заражение от больных или через инфициров. предметы. Проявления: корочкоподобные жёлтые наслоения (скутулы) и очаги облысения.

ПАС (Paz) Октавио (р. 1914), мекс. писатель. В лирике, насыщенной архаич. символами мекс. и индуистской мифологий (сб. «Свобода под честное слово», 1949, «Восточный склон», 1969, «Поворот», 1976), – влияние т.н. колон. барокко и европ. сюрреализма; антифаш. мотивы (сб. «Они не пройдут», 1936). В эссеистике – поиски культурной идентичности Мексики, неприятие тоталитаризма (сб. «Лабиринт одиночества», 1950, «Постскриптум», 1970, «Людоед-человеколюб», 1979), осмысление места поэзии в совр. цивилизации (сб. «Переменный ток», 1967, «Люди своего века», 1984). Ноб. пр. (1990).

ПАСКА́ЛЬ (Pascal) Блез (1623–62), франц. математик, физик, религ. философ и писатель. Работы по арифметике, теории чисел, алгебре, проективной геометрии, теории вероятностей. Сконструировал (1641, по др. сведениям, 1642) суммирующую машину. Один из основоположников гидростатики, установил один из её осн. законов (опубл. в 1663). Сблизившись с представителями янсенизма, с 1655 вёл полумонашеский образ жизни. Полемика с иезуитами отразилась в «Письмах к провинциалу» (1656–57) – шедевре франц. сатирич. прозы. В «Мыслях» (опубл. в 1669) П. развивает представление о трагичности и хрупкости человека, находящегося между двумя безднами – бесконечностью и ничтожеством (человек – «мыслящий тростник»).

Б. Паскаль.

Путь постижения тайн бытия и спасения человека от отчаяния видел в христ-ве.

ПАСКА́ЛЬ, язык *программирования*, ориентированный гл. обр. на обучение программированию, состав-

Парфенон. Общий вид.

Парусное судно. Паруса: 1 – бом-кливер; 2 – кливер; 3 – второй, или средний, кливер; 4 – фор-стеньги-стаксель; 5 – фор-бом-брамсель; 6 – верхний фор-брамсель; 7 – нижний фор-брамсель; 8 – верхний фор-марсель; 9 – нижний фор-марсель; 10 – фок; 11 – грот-бом-стаксель; 12 – грот-брам-стаксель; 13 – грот-стеньги-стаксель; 14 – грот-трюмсель; 15 – грот-бом-брамсель; 16 – верхний грот-брамсель; 17 – нижний грот-брамсель; 18 – верхний грот-марсель; 19 – нижний грот-марсель; 20 – грот; 21 – крюс-брам-стаксель; 22 – крюйс-стень-стаксель; 23 – крюйс-бом-брамсель; 24 – крюйс-брамсель; 25 – верхний крюйс-марсель; 25 – нижний крюйс-марсель; 27 – бизань; 28 – контр-бизань.

Парусные суда (основные силуэты): 1 – со шпринтовым парусным вооружением; 2 – с рейковым вооружением; 3 – с бермудским вооружением; 4 – с латинским вооружением; 5 – с гафельным вооружением; 6 – куттер; 7 – люгер; 8 и 9 – двухмачтовые шхуны; 10 – бригантина; 11 – бриг; 12 и 13 – трёхмачтовые шхуны; 14 – баркентина; 15 – барк; 16 – корабль.

ление трансляторов и др. программ. Разработан в 70-х гг. (Швейцария) на основе языка программирования алгол-60. С 1980 широко используется как язык *персональных ЭВМ*.

ПА́СКВИЛЬ (нем. Pasquill, от имени итал. башмачника 15 в. Pasquino-Пасквино, клеймившего высокопоставленных лиц), оскорбит., клеветнич. произведение в публицистич. или беллетристич. форме (близкой памфлету).

ПАСКЕ́ВИЧ Ив. Фёд. (1782–1856), гос. и воен. деятель, ген.-фельдм. (1829), граф Эриванский (1828), светлейший князь Варшавский (1831). В Отеч. войну 1812 и в загран. походах рус. армии 1813–14 командовал дивизией. Был чл. Верх. суда по делу декабристов. С 1826 команд. войсками в Закавказье. В 1827–30 наместник и главнокоманд. на Кавказе во время Кавк., рус.-перс. (1826–28) и рус.-тур. (1828–29) войн. Главнокоманд. армией при подавлении Польск. восст. 1830–31 и Венг. рев-ции 1848–49. В Крымскую войну главнокоманд. войсками на зап. границах и на Дунае (1853–54).

ПАСЛЁН, род трав, кустарников и полукустарников, редко деревьев (сем. паслёновые). Ок. 1700 видов, в тропич., субтропич. и умеренных поясах, большинство в Юж. Америке. К роду П. относятся картофель и баклажан. Нек-рые П. ядовиты (содержат алкалоиды соланины).

ПА́СПОРТ (франц. passeport), в нек-рых гос-вах офиц. документ, удостоверяющий личность гражданина. При выезде за границу в большинстве стран выдаётся заграничный П. В Рос. Федерации П. выдаётся гражданину, достигшему 16 лет, в нём делается отметка о прописке по месту жительства, заключении брака, о детях, о выдаче загран. П. и др.

ПАССА́Ж (франц. passage, букв.- проход, переход), 1) (устар.) отдельное место в тексте книги, статьи, речи. 2) В музыке — последовательность звуков в быстром движении (часто трудное для исполнения). 3) Тип торг. или делового здания, в к-ром магазины или конторские помещения расположены ярусами по сторонам широкого прохода с застеклённым покрытием. Строились преим. в Европе во 2-й пол. 19 – нач. 20 вв. 4) Один из видов верховой езды – высокая ритмичная рысь. 5) Перен.- неожиданное происшествие, странный оборот дела.

ПАССАКА́ЛЬЯ (исп. passacale, итал. passacaglia), 1) песня, с кон. 16 в. танец П. исп. происхождения (3-дольный). 2) Инстр. пьеса в форме *вариаций* на *бассо-остинато* («П.» для органа И.С. Баха).

ПАССА́ТЫ (нем. ед. ч. Passat), устойчивые на протяжении года возд. течения в тропич. широтах над океанами. В Сев. полушарии направление П. преим. сев.-вост., в Южном – юго-восточное. Между П. Сев. и Юж. полушарий – внутритропич. зона конвергенции; над П. в противоположном П. направлении дуют антипассаты.

ПАССИ́В (от лат. passivus – недеятельный, страдательный), одна из двух сторон *баланса бухгалтерского*; показывает источники образования средств пр-тия или учреждения, их состав и целевое назначение.

ПАССИ́ВНОЕ ИЗБИРА́ТЕЛЬНОЕ ПРА́ВО, право граждан быть избранными в представит. органы. Обычно для П.и.п. установлен более высокий возрастной ценз, чем для *активного избирательного права*.

ПАССИФЛО́РА, то же, что *страстоцвет*.

ПА́СТА (Pasta) Джудитта (1797–1865), итал. певица (сопрано). С 1815 до 1840-х гг. пела на оперной сцене и в концертах. Прозвана «музой Беллини», приобрела всемирную славу в созданных для неё лирико-патетич. партиях: Дездемона, Эрминия («Отелло», «Танкред» Дж. Россини), Норма, Амина («Норма», «Сомнамбула» В. Беллини), Анна Болейн (одноим. опера Г. Доницетти).

Дж. Паста в роли Танкреда (опера «Танкред»).

ПАСТЕ́ЛЬ (франц. pastel), цв. карандаши без оправы, сформованные из красочного порошка, а также рисунок или живопись, выполненные П. (отличаются мягкостью тонов, бархатистой поверхностью).

ПАСТЕ́Р (Pasteur) Луи (1822–95), франц. учёный, основоположник совр. микробиологии и иммунологии. Работы П. по оптич. асимметрии молекул легли в основу стереохимии. Открыл природу брожения. Опроверг теорию самозарождения микроорганизмов. На осн. трудов П. в хирургию были введены методы антисептики и асептики. Разработал метод профилактич. вакцинации против куриной холеры (1879), сибирской язвы (1881), бешенства (1885) и др. В 1888 создал в Париже н.-и. ин-т микробиологии (Пастеровский ин-т).

Л. Пастер.

Б.Л. Пастернак.

ПАСТЕРИЗА́ЦИЯ, способ уничтожения микроорганизмов в жидкостях и пищ. продуктах однократным нагреванием (обычно при 60–70 °С в течение 15–30 мин). Предложен Л. Пастером. Применяется для консервирования молока, вина, пива и др.

ПАСТЕРНА́К Бор. Леон. (1890–1960), рус. поэт. В поэзии (сб. «Сестра моя – жизнь», 1922, «Второе рождение», 1932, «На ранних поездах», 1943; цикл «Когда разгуляется», 1956–59) – постижение мира человека и мира природы в их многосложном единстве, ассоциативность, метафоричность, соединение экспрессивно-напряжённого лиризма и классич. поэтики. Поэмы (в т.ч. «Девятьсот пятый год», 1925–26). Ром. в стихах «Спекторский» (1924–30). Повести. В судьбе рус. интеллигента – героя ром. «Доктор Живаго» (опубл. за рубежом, 1957, в России – 1988; Ноб. пр., 1958, от к-рой П. под угрозой выдворения из СССР отказался; диплом вручён сыну П. в 1990) – обнажены трагич. коллизии рев-ции и Гражд. войны; стихи героя романа – лирич. дневник, в к-ром человеческая история осмысляется в свете христ. идеала. Автобиогр. проза. Переводы произв. У. Шекспира, И.В. Гёте, П. Верлена, груз. поэтов.

ПАСТЕРНА́К, род дву- и многолетних травянистых р-ний (сем. зонтичные). 15 видов, в Евразии. В культуре П. посевной, издавна возделываемый в Европе, Азии, Америке, Австралии (в России – в Европ. части). Корнеплоды (300–400 ц с 1 га).

Пастернак. Корнеплод, лист и соцветие.

содержат сахара́, витамин С, эфирное масло. Используются как приправа, для приготовления овощных консервов, на корм скоту.

ПАСТИ́ЧЧО (итал. pasticcio, букв.- паштет; перен.- смесь), опера, музыка к-рой составлена из отрывков созданных ранее разных опер или специально написана неск. композиторами.

ПА́СТОР (нем. Pastor, от лат. pastor – пастух, пастырь), священник протестантской церкви.

ПАСТОРА́ЛЬ (франц. pastorale, от лат. pastoralis – пастушеский), 1) усл. обозначение лит. жанров 14–18 вв. (эклога, поэма, стихотв. драма), связанных с идиллич. мировосприятием (см. также *Буколика, Идиллия*). 2) Опера, балет, вок. или инстр. пьеса, содержание к-рой связано с идиллич. изображением природы, сел. жизни.

ПАСТУ́ШЬЯ СУ́МКА, род трав (сем. крестоцветные). 5–7 видов, в умеренном и субтропич. поясах. П.с. обыкновенная – лекарств. р-ние (настой и жидкий экстракт из травы – маточное кровоостанавливающее средство); сорняк.

ПА́СТЫРЬ, 1) старослав.- пастух. 2) Священнослужитель, наставник верующих (паствы).

ПА́СХА (греч. pásha, от др.-евр. песах, букв.- происхождение), иудейский и христ. праздники. В иудаизме отмечается в честь «исхода» евреев из Египта, в празднование П. привносится идея ожидания Мессии. В христ-ве праздник в честь воскресения Иисуса Христа (осн. праздник в православии). Отмечается в первое воскресенье после весеннего равноденствия и полнолуния. Для вычисления дат празднования составляются таблицы (пасхалии). У православ. церкви П. приходится на период с 22 марта по 23 апр. по юлианскому календарю (т.н. ст. стиль); у зап. христиан – с 26 марта по 23 апр. по григорианскому календарю.

ПА́СХИ О́СТРОВ (Рапануи), вулканич. о-в в вост. части Тихого ок. (терр. Чили). Пл. 165,5 км². Имеет форму треугольника; вулканы (выс. до 539 м), в центр. части – холмистая равнина. Преим. травянистая растительность. Адм. ц.- Ханга-Роа. Остатки исчезнувшей культуры полинезийцев (кам. статуи выс. до 8 м, дощечки, покрытые письменностью). Открыт голл. мореплавателем Я. Роггевеном в 1722 в день Пасхи.

ПАТАГО́НИЯ, природная область на Ю.-В. Юж. Америки, в Аргентине. Ступенчатые плато, повышающиеся от берегов Атлантич. ок. на З. до 2200 м. Злаково-кустарниковая полупустыня, в предгорьях Анд – степи. Добыча нефти и природного газа.

ПАТЕ́НТ (от ср.-век. лат. litterae patentes – грамота; лат. patens – открытый), 1) документ, удостоверяющий гос. признание техн. решения изобретением и закрепляющий за лицом, к-рому он выдан, исключит. право на изобретение. 2) Документ на право заниматься опредл. деятельностью – торговлей, промыслом и т.д.

ПАТЕРИ́К (от греч. patér – отец), в православии сборник жизнеописаний отцов-монахов с повествованиями о подвижнической жизни. П. появились в Византии в 4 в. Из рус. П. наиб. известны Киево-Печерский и Соловецкий.

ПАТЕФО́Н (от назв. франц. фирмы «Pathe» и *...фон*), портативный *грам-*

Патефон: рупорный граммофон модели 1902 года; патефон выпуска 1955 г. (справа).

мофон с звукопроводом внутри ящика. Созд. в нач. 20 в. во Франции. С сер. 20 в. вытеснен *электрофонами*.

ПАТИССО́Н, разновидность *тыквы* твердокорой, овощная культура. Возделывают на всех континентах, в России в осн. на Ю. и в ср. полосе. Плоды (до 250 ц с 1 га) используют в пищу недозрелыми (4–8-суточные завязи), в осн. для консервирования.

Патиссон. Плодоносящее растение.

...ПА́ТИЯ (от греч. páthos – страдание, болезнь), часть сложных слов, означающая заболевание, страдание (напр., нефропатия).

ПАТОГЕНЕ́З (от греч. páthos – страдание, болезнь и *...генез*), механизмы развития заболеваний и болезненных процессов (напр., воспаления).

ПАТОЛОГИ́ЧЕСКАЯ АНАТО́МИЯ, область медицины, изучающая причины и механизмы развития болезней и болезненных процессов в осн. путём исследования характерных для них морфол. изменений органов, тканей (напр., при вскрытии трупа). Как науч. дисциплина сформировалась в 19 в. после трудов Дж.Б. Морганьи (2-я пол. 18 в.), франц. анатома и физиолога М.Ф.К. Биша, австр. патологоанатома К. Рокитанского, Р. Вирхова.

ПАТОЛОГИ́ЧЕСКАЯ ФИЗИОЛО́ГИЯ, область медицины, изучающая закономерности возникновения, течения и исхода болезненных процессов и компенсаторно-приспособит. реакций в больном организме. Метод П.ф.– эксперимент на ж-ных в сочетании с клинич. наблюдением. Как науч. дисциплина возникла в 19 в. в связи с трудами Ф. Мажанди, К. Бернара (Франция), а также А.М. Филомафитского, В.В. Пашутина (Россия) и др.

ПАТОЛО́ГИЯ (от греч. páthos – страдание, болезнь и *...логия*), область теоретич. и клинич. медицины, изучающая общие для разл. болезней процессы, напр. воспаление, дистрофия, регенерация (общая П.), и отд. заболевания (частная П.). Сформировалась к сер. 19 в. Выделяют ряд разделов и направлений в П.: экспериментальная (патол. физиология), возрастная, молекулярная, геогр. П. и т.д. П. наз. также любое отклонение от нормы.

ПАТО́Н Евг. Оскарович (1870–1953), учёный в области мостостроения и сварки. Под рук. П. в СССР создан метод автоматич. сварки под флюсом, построен в Киеве цельносварной мост через Днепр (ныне имени П.). Автор фундам. тр. по электросварке.

ПАТРИА́РХ (греч. patriárchēs, от patḗr – отец и árchō – управлять), в церк. иерархии высш. звание. В христ. церкви принадлежало рим., константинопольскому, александрийскому, антиохийскому, иерусалимскому епископам. В совр. православии высш. духовный сан, глава автокефальной церкви. Избирается церк. собором. В Рус. правосл. церкви в 1589–1700, восстановлен 5(18) нояб. 1917.

ПАТРИАРХА́Т (от греч. patḗr – отец и arché – начало, власть), форма социальной организации, характеризующаяся преобладающей ролью мужчин в х-ве, об-ве и семье. Возник в эпоху разложения первобытно-общинного строя.

ПАТРИА́РХИ (праотцы), в Ветхом Завете прародители всего человечества (от Адама до Ноя), народов, родственных по языку или по месту обитания (потомки сыновей Ноя), евреев (Авраам, Исаак, Иаков, праматери Сарра, Ревекка, Рахиль, Лия, 12 сыновей Иакова). П. приписывают изобретение важнейших видов деятельности людей (торговли, наук и др.). Они отличаются необычным долголетием (дольше всех жил Мафусаил – 969 лет). Считается, что Адам и Ева, Авраам и Сарра, Исаак и Ревекка, Иаков и Лия похоронены в пещере Махпела (близ Хеврона, Израиль).

ПАТРИОТИ́ЗМ (от греч. patriṓtēs – соотечественник, patrís – родина), любовь к родине, привязанность к родной земле, языку, культуре, традициям.

ПАТРИ́СТИКА (от греч. patḗr, лат. pater – отец), термин, обозначающий совокупность теологич., филос. и политико-социологич. доктрин христ. мыслителей 2–8 вв.– *отцов церкви*. Периоды: 2–3 вв.– полемич. философствование «апологетов» (Тертуллиан, Климент Александрийский и особенно Ориген); 4–5 вв.– систематизация церк. доктрины (каппадокийский кружок: Василий Великий, Григорий Богослов, Григорий Нисский, Августин); 6 в.– стабилизация догмы и кодификация наук под эгидой теологии (Леонтий Византийский, Боэций), получившие завершение в трудах Иоанна Дамаскина, в к-рых заложены основы *схоластики*.

ПАТРИ́ЦИИ (лат. patricii, от pater – отец), в Др. Риме первонач. всё коренное население, входившее в родовую общину, составлявшее рим. народ и противостоявшее *плебеям*; затем родовая аристократия.

ПАТРО́КЛ, в греч. мифологии друг и соратник Ахилла в Троянской войне. Убит Гектором.

ПАТРОЛО́ГИЯ (от греч. patḗr, лат. pater – отец и *...логия*), богословская дисциплина, освещающая жизнь и деятельность *отцов церкви*.

ПАТРОНА́Ж (от франц. patronage – покровительство) (мед.), проведение мед. работниками на дому профилактич., оздоровит. и сан.-просвет. мероприятий; применяется в работе жен. и дет. консультаций, туберкулёзных, психоневрологич. диспансеров и др. учреждений.

ПАТРОНИ́МИЯ (от греч. patḗr – отец и ónyma – имя), группа родственных семей, возводящих себя к общему муж. предку и называющаяся по его имени. Характерна для патриархально-родовых отношений.

ПА́ТТИ (Patti) Аделина (1843–1919), итал. певица (колоратурное

Патрокл. Фреска гробницы Франсуа в Вульчи: Ахилл приносит в жертву троянских пленников при погребении Патрокла. 2–1 вв. до н.э.

А. Патти.

сопрано). Наиб. известная представительница семьи певцов, выступала с 7 лет; в 1859–98 совершила триумфальные турне по т-рам мира, до 1914 участвовала в концертах. Выступала в разнохарактерных партиях: Розина («Севильский цирюльник» Дж. Россини), Виолетта («Травиата» Дж. Верди).

ПАУКИ́, отряд ж-ных типа членистоногих. Дл. 0,7 мм – 11 см. Ок. 27 тыс. видов, распространены широко. Хищники (питаются насекомыми и

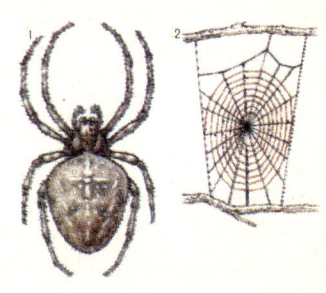

Пауки. Самка паука крестовика обыкновенного (1) и его ловчая сеть (2).

др. беспозвоночными), нек-рые (*каракурт, тарантул* и др.) ядовиты. Из выделений брюшных желёз П. образуется паутина, к-рую они используют для построения убежищ, ловчих сетей, яйцевого кокона; молодым П. она служит парашютом при расселении ветром. Дольше всех живут крупные тропич. пауки-птицееды – 7–8 лет (в неволе до 28).

ПА́УЛИ (Pauli) Вольфганг (1900–1958), швейц. физик-теоретик, один из создателей квантовой механики и квантовой теории поля. Сформулировал один из фундам. законов природы – *Паули принцип*. Предсказал существование нейтрино. Тр. по теории относительности, теории ядерных сил и т.д. Ноб. пр. (1945).

ПА́УЛИ ПРИ́НЦИП, принцип запрета, фундам. положение *квантовой механики*, согласно к-рому в данной квантовой системе две (или более) тождественные частицы с полуцелым спином (фермионы, в т. ч. электроны и протоны) не могут одноврем. находиться в одном и том же *квантовом состоянии*. Сформулирован В. Паули в 1925.

ПА́УЛС (Pauls) Раймондс (р. 1936), латв. композитор, эстрадный пианист. С 1964 худ. рук. ряда эстрадных оркестров и ансамблей Балтии. Автор *мюзиклов* (в т.ч. «Сестра Керри», 1979), эстрадной музыки, джазовых композиций, отличающихся претворением интонаций латв. фольклора, музыки к кинофильмам, обработок нар. песен.

ПА́УНД (Pound) Роско (1870–1964), амер. юрист, представитель социол. юриспруденции, глава Гарвардской школы права. Для П. характерны филос. прагматизм и инструментализм в подходе к праву («социальная инженерия»), что выразилось в стремлении к расширению судейского усмотрения и ослаблении роли закона («Правосудие без права»).

ПА́УНД Эзра Лумис (1885–1972), амер. поэт. Основоположник и теоретик амер. модернизма. В 1924–45 жил в Италии, сотрудничал с Муссолини; как воен. преступник выдан в США; будучи признан «невменяемым», определён в психиатрич. больницу; с 1958 жил в Италии. Насыщенные имитациями и стилизациями поэтов античности, европ. Средневековья, древних Китая, Японии, а также реминисценциями, цитатами и фразами из полит., эстетич. и филос. деклараций, программ и учений поэзия (сб. «Маски», 1912, «Хью Селвин-Моберли», 1920, «Песни», 1917–68) отражает бунт против «ростовщической» бурж. цивилизации (с её идеалами «гуманизма и индивидуализма») и тягу к возрождению доренессансной духовной культуры. Цикл «Пизанские песни» (1948) – плач радикала-нигилиста, переживающего крах собственных идеалов.

ПАУПЕРИ́ЗМ (от лат. pauper – бедный), нищета групп населения, отд. людей, обусловленная кризисным состоянием общества, социальными бедствиями и др.

ПАУСТО́ВСКИЙ Конст. Георг. (1892–1968), рус. писатель. Мастер лирич. прозы. Пов. «Кара-Бугаз» (1932), «Колхида» (1934), обращённые к этич. проблемам преобразования окружающей среды, пов. «Мещёрская сторона» (1939) и рассказы (сб. «Летние дни», 1937), рисующие непритязательную красоту среднерус. природы и «неторопливое счастье» человека, созерцающего её, ист. повести («Северная повесть», 1938), книги о творчестве, иск-ва (в т. ч. «Золотая роза», 1955) отмечены романтич. настроенностью, вниманием к высоким человеческим чувствам, поэтичностью языка. В автобиогр. эпопее «Повесть о жизни» (ч. 1–6, 1945–63) – путь личности, сохраняющей человеческое достоинство и верность нравств. ориентирам в водовороте событий и потрясений первых десятилетий 20 в., идущей своей дорогой, не совпадающей с пафосом сов. эпохи.

ПАУША́ЛЬНЫЙ ПЛАТЁЖ (нем. Pauschall – взятый в целом, целиком), вид *лицензионного вознаграждения*; твёрдо зафиксированная в соглашении сумма, подлежащая выплате продавцу *лицензии*. Устанавливается исходя из возможного экон. эффекта и ожидаемых прибылей от её использования. Может выплачиваться единовременно или в рассрочку.

ПА́ФОС (от греч. páthos – страдание, страсть, возбуждение, воодушевление), в антич. эстетике страсть, душевное переживание, связанное со страданием. П. обычно противопоставляется *этосу*.

ПА́ХМУТОВА Ал-дра Ник. (р. 1929), рос. композитор. Широко популярны песни, отличающиеся искренностью выражения, разнообразием тематики: «Песня о тревожной молодости» (1958), «Геологи» (1959), «Орлята учатся летать» (1965), «Обнимая небо», «Нежность» (обе 1966), «Мелодия» (1973), «Беловежская Пуща» (1975), «Как молоды мы были» (1976) и др. Музыка к кинофильмам, в т. ч. «Девчата» (1962), «Три тополя на Плющихе» (1968).

ПАХО́МОВА Люд. Ал. (1946–86), многократная чемпионка СССР (1964–75), Европы и мира (1970–76) и Олимп. игр (1976) в спорт. танцах на льду (с В. И. Рыжкиным в 1964–66, с А. Г. Горшковым с 1967).

ПАЧИ́НО (Pacino) Аль (наст. имя Альберто) (р. 1940), амер. актёр. Играл в пьесах У. Шекспира, А. П. Чехова, Л. Пиранделло, с особым успехом – в спектакле «Артуро Уи» по Б. Брехту. Создал галерею образов из изгоев общества, терпящих крушение неудачников (ф. «Серпико» и «Пугало» – 1973) до сильных героев, вступающих в борьбу за справедливость (ф. «Правосудие для всех», 1979). Глубоко трагич. образ Майкла Корлеоне в кинотрил. «Крёстный отец» (1972, 1974, 1990). В 1992 сыграл в ф. «Аромат женщины».

ПАША́ (тур. paşa), почётный титул высш. должностных лиц в Османской империи.

ПАШЁННАЯ Вера Ник. (1887–1962), актриса, педагог. С 1907 в Малом т-ре. Игре свойственны романтич. приподнятость, сила и яркость эмоций при психол.-бытовой достоверности, колоритности создаваемых образов. С наиб. успехом исполняла роли решительных, властных женщин: Любовь Яровая («Любовь Яровая» К. А. Тренёва, 1926), Мурзавецкая («Волки и овцы» А. Н. Островского, 1935, 1943), Васса («Васса Железнова» М. Горького, 1952), Старая хозяйка Нискавуори («Каменное гнездо» Х. Вуолийоки, 1957) и др.

В. Н. Пашенная в роли Вассы Железновой.

ПАШКЕ́ВИЧ Вас. Ал. (ок. 1742–1797), композитор, скрипач, дирижёр. Один из создателей рус. ком. оперы: «Несчастье от кареты» (1779), «Скупой» (ок. 1782), «Санкт-Петербургский гостиный двор» (сохранилась 2-я ред., 1792).

ПАШКО́ВЫ, актрисы, сёстры. Гал. Ал. (р. 1916), с 1935 в Т-ре имени Евг. Вахтангова. Ей присущи сценич. обаяние, яркий темперамент, склонность к выразит., острому рисунку, в комедийных ролях – лёгкость, изящество, органич. жизнерадостность: мадемуазель Нитуш («Мадемуазель Нитуш» Ф. Эрве, 1944), Шурка («Егор Булычов и другие» М. Горького, 1951), Халима («Тринадцатый председатель» А. А. Абдуллина, 1979) и др. Лар. Ал. (1921–87), актриса, педагог. С 1942 в Т-ре имени Евг. Вахтангова.

ПАШУКА́НИС Евг. Брониславович (1891–1937), юрист. Тр. по общей теории права, гос. и междунар. праву. С 1936 зам. наркома юстиции СССР. Репрессирован; расстрелян.

ПЕВЦО́В Мих. Вас. (1843–1902), рос. путешественник. В 1876–90 с перерывами руководил 3 экспедициями по Центр. Азии, выявил гл. черты орографии и гидрографии её сев.-зап. части. Автор способа определения геогр. широты по звёздам, названного его именем, и формулы для определения высоты местности.

ПЕГА́С, в греч. мифологии крылатый конь, родившийся из капель крови убитой Персеем горгоны Медузы. Ударом копыта П. выбил на горе Геликон источник Ипокрена, из к-рого черпали вдохновение поэты. Образ П. – символ поэтич. вдохновения («оседлать П.»).

ПЕДАГО́ГИКА (греч. paidagōgikē), наука о воспитании и обучении человека. Раскрывает закономерности формирования личности в процессе образования. Пед. учения появились на Др. Востоке (6–5 вв. до н.э.) и в Др. Греции (5–4 вв. до н.э.) как часть филос. систем. В 17–19 вв. специфика П. была выявлена в теориях Я. А. Коменского, Ж. Ж. Руссо, И. Г. Песталоцци, И. Ф. Гербарта, А. Дистервега и др. Важное значение в развитии отеч. П. имели труды К. Д. Ушинского, Н. И. Пирогова, Л. Н. Толстого, В. П. Вахтерова, П. Ф. Каптерева и др. Проблемы образования решаются в совр. П. на основе филос. концепций человека, социально-психол. и психофизиол. исследований.

ПЕДА́НТ (франц. pédant, от итал. pedante, первонач. – учитель, педагог), человек, отличающийся чрезмерной аккуратностью, точностью, формализмом.

ПЕДЕРА́СТИЯ (от греч. páis, род. п. paidós – мальчик и eráō – люблю), мужская *гомосексуальность*.

ПЕДИАТРИ́Я (от греч. páis, род. п. paidós – дитя и iatréia – лечение), область медицины, изучающая анатомо-физиол. особенности дет. возраста, причины и механизмы развития дет. болезней и разрабатывающая методы их распознавания, лечения и профилактики. Науч. П. сформировалась в 19 в.

ПЕДИКУЛЁЗ (от лат. pediculus – вошь) (вшивость), паразитирование на человеке *вшей* – головной, платяной и лобковой).

ПЕДОЛО́ГИЯ (от греч. páis, род. п. paidós – дитя и ...логия, букв. – наука о детях), направление в психологии и педагогике, ставившее целью объединить биол., социол., психол. и др. подходы к развитию ребёнка. Возникла в кон. 19 в. Распространение П. в России в 1920–30-е гг. сопровождалось острыми дискуссиями о её предмете, задачах и методах. Мн. работы, выполненные в русле П., содержали ценный материал по проблемам детства. Офиц. запрет П. в СССР (1936) затормозил становление комплексной науки о детстве.

ПЕДОЦЕНТРИ́ЗМ (от греч. páis, род. п. paidós – дитя и лат. centrum – центр), принцип ряда пед. систем (Ж. Ж. Руссо, свободного воспитания и др.), требующий организации обучения и воспитания без опоры на уч. планы и программы, а лишь на основе непосредств. побуждений ребёнка.

ПЕЙЗА́Ж (франц. paysage, от pays – местность), вид, изображение к.-л. местности; жанр изобр. иск-ва, в к-ром осн. предмет изображения – природа, в т.ч. виды городов (архит. П., ведута), моря (марина).

ПЕК (Peck) Грегори (р. 1916), амер. актёр. Мужественные и обаятельные герои П. – своеобразное воплощение «стопроцентного американца». Ф.: «Римские каникулы» (1953), «Банковский билет в миллион фунтов стерлингов» (1954), «На последнем берегу» (1959), «Убить пересмешника» (1962), «Золото Мак-Кенны» (1968), «Морские волки» (1980).

ПЕКИ́Н, столица (с 1949) Китая. 11,4 млн. ж. (с пригородами). Кр. трансп. узел у начала Великого канала, в 160 км от зал. Бохайвань Жёлтого м.; междунар. аэропорт. Метрополитен. В П. и пригородах – металлургия, нефтехимия, маш-ние, текст., хим., воен., радиоэлектронная, полиграф., лёгкий. пром-сть; произ-во стройматериалов; худ. ремёсла. АН КНР. Ун-т. Консерватория. АН кит. нар. музыки, симф. орк. Музеи, в т. ч. Гугун (худ. собрание). Т-ры. В 1-м тыс. до н.э. упоминается как

Пегас. Терракотовые статуи с фронтона храма в Тарквиниях: «Крылатые Пегасы». Ок. 300 до н.э. Археологический музей. Тарквинии (Италия).

Пекин. «Запретный город». Общий вид.

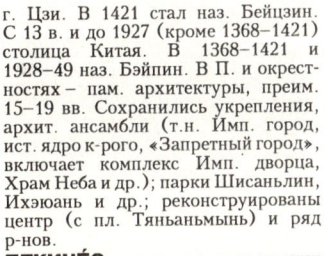

Пенаты. Фрагмент рельефа «Алтаря мира»: Эней приносит жертвы в святилище пенатов. 13–9 до н.э. Рим.

г. Цзи. В 1421 стал наз. Бейцзин. С 13 в. и до 1927 (кроме 1368–1421) столица Китая. В 1368–1421 и 1928–49 наз. Бэйпин. В П. и окрестностях – пам. архитектуры, преим. 15–19 вв. Сохранились укрепления, архит. ансамбли (т.н. Имп. город, ист. ядро к-рого, «Запретный город», включает комплекс Имп. дворца, Храм Неба и др.); парки Шисаньлин, Ихэюань и др.; реконструированы центр (с пл. Тяньаньмынь) и ряд р-нов.

ПЕКИНЕ́С, древняя порода мелких (рост до 25 см) декор. собак. Отличаются причудливой внешностью, уравновешенным нравом, смелостью, преданностью хозяину. Родина – Китай. Разводят в Европе; в России малочисленны.

Пекинес.

ПЕКТИ́НОВЫЕ ВЕЩЕСТВА́ (от греч. pēktós – свернувшийся, замёрзший), полисахариды, присутствующие во всех наземных р-ниях (особенно много П. в плодах) и в нек-рых водорослях. Способствуют поддержанию в тканях тургора, повышению засухоустойчивости р-ний, сохранности овощей и плодов. Используемые в пищ. и фарм. пром-сти П.в. получают из яблочных выжимок, жома сах. свёклы и др.

ПЕЛАГИА́НСТВО, учение христ. аскета Пелагия (ок. 360 – после 418), распространившееся в странах Средиземноморья в нач. 5 в. В противовес учению Августина о божеств. благодати и предопределении П. ставило «спасение» человека в зависимость только от его собств. нравств.-аскетич. усилий, отрицая наследств. передачу «первородного» греха. Осуждено как ересь на Карфагенском соборе (418), затем на 3-м Вселенском соборе (431).

ПЕЛАРГО́НИЯ, род трав и полукустарников (сем. гераниевые). Ок. 250 видов, гл. обр. в Юж. Африке. П. розовую и др. виды культивируют ради эфирного (гераниевого) масла, содержащегося гл. обр. в листьях и используемого в парфюмерии, а также как декор. р-ния (часто под назв. *герань*).

Пеле.

ПЕЛЕ́ (Pelé) (наст. имя Эдсон Арантис ду Насименту) (р. 1940), браз. футболист. 3-кратный чемпион мира (1958, 1962, 1970). В 1957–77 забил ок. 1300 голов – рекордный результат в истории футбола. Один из наиб. популярных спортсменов мира: в разл. странах ему посв. св. 90 песен. Автор кн. «Моя жизнь и прекрасная игра» (1977).

ПЕЛЕНГА́ЦИЯ (от голл. peiling – определение уровня), определение направления на к.-л. объект – его угловых координат. Осуществляется оптич., радиотехн., акустич. и др. методами. Применяется в навигации, локации, метеорологии и др. В судовождении наз. пеленгованием.

ПЕЛИКА́НЫ, семейство крупных водоплавающих птиц. Дл. 1,3–1,8 м, крылья в размахе до 2,7 м. Длинным клювом с большим ярко окрашенным горловым мешком, как сачком, птица подхватывает рыбу. 7 видов, преим. в тропиках и субтропиках, на мелководьях больших озёр, в дельтах рек, на мор. побережьях. Из-за хим. и нефт. загрязнения среды, снижения запасов рыбы в водоёмах численность всех видов сократилась. Кудрявый и розовый П. охраняются.

ПЕЛЛА́ГРА (от итал. pelle agra – шершавая кожа), заболевание, обусловленное недостатком в организме никотиновой к-ты и нек-рых др. витаминов группы B; проявляется поражением кожи и слизистых оболочек, поносами, нервно-психич. расстройствами.

ПЕЛОПОННЕ́С, п-ов и ист.-геогр. область на Ю. Греции; соединён с осн. частью Балканского п-ова Коринфским перешейком. Пл. 21,4 т. км². Преобладают горы (выс. до 2404 м, г. Айос-Илиас), в центр. части – карстовое Аркадское плоскогорье. Средиземноморские кустарники, участки лесов. На П. – гг. Спарта, Коринф, Патры, развалины Микен, Олимпии.

ПЕЛОПОННЕ́ССКАЯ ВОЙНА́ (431–404 до н.э.), крупнейшая в истории Др. Греции война между союзами греч. полисов: Делосским (во главе с Афинами) и Пелопоннесским (во главе со Спартой); охватила Грецию и греч. города Юж. Италии и Сицилии. В 404 Афины, осаждённые с суши и моря, капитулировали. По условиям мира Делосский союз распускался, Афины передавали Спарте флот (кроме 12 сторожевых кораблей), признавалась гегемония Спарты в греч. мире.

ПЕ́ЛЬТЦЕР Тат. Ив. (1904–92), актриса. На сцене с 1920, с 1947 в Моск. т-ре сатиры, с 1977 в Моск. т-ре имени Ленинского комсомола. Роли: тётя Тони («Проснись и пой» М. Дьярфаша, 1970), Кураж («Мамаша Кураж и её дети» Б. Брехта, 1972), Фёдоровна («Три девушки в голубом» Л.С. Петрушевской, 1985) и др. Игре П. – актрисе ярко выраженного комедийного дарования – были свойственны лёгкость, непосредственность, острая характерность. Снималась в ф.: «Свадьба с приданым» (1953), «Солдат Иван Бровкин» (1955), «Вам и не снилось» (1981), «Карантин» (1983) и др.

ПЕ́ЛЯДЬ (сырок), озёрно-речная рыба (сем. *сиги*). Дл. до 55 см, масса до 3 кг. В реках и озёрах басс. Сев. Ледовитого ок., от Мезени до Колымы. Акклиматизирована в озёрах Вост. Европы. Объект промысла и рыбоводства.

ПЕ́МЗА, пористая, лёгкая (не тонет в воде) вулканич. горн. порода, образующаяся в результате вспучивания и быстрого застывания кислой лавы. Пористость св. 60%. Применяют как абразивный материал, заполнитель бетонов, добавку к цементу.

ПЕНА́ЛЬТИ (англ. penalty – наказание), наказание в спорт. играх за нарушение правил в штрафной площадке. Введён в 1891 в футболе (удар пробивается по воротам провинившейся команды с 11 м). Применяют также в гандболе (с 7 м), в водном поло (с 4 м). Хоккейный П. (буллит) исполняется выходом игрока с центра поля один на один с вратарём.

ПЕНА́ТЫ, в рим. мифологии боги-хранители, покровители домашнего очага, семьи, затем – всего рим. народа. Перен. – домашний очаг, родной дом («вернуться к своим пенатам»).

ПЕНДЕРЕ́ЦКИЙ (Penderecki) Кшиштоф (р. 1933), польск. композитор, дирижёр. Экспериментировал в области новых средств выразительности, в т.ч. *сонорики*. В соч. кон. 1970–80-х гг. близок неоромантизму. Оп. «Черти из Людена» (1968), «Потерянный рай» (1978); соч. «Страсти по Луке» (1965); 2 симфонии, концерты, ансамбли, хоры.

ПЕНДЖА́Б, Панджаб (Пятиречье), ист.-геогр. область в Юж. Азии (Индия, Пакистан). Пл. св. 250 т. км². Орошается системой рек Джелам, Чинаб, Рави, Биас и Сатледж (басс. Инда). Один из древнейших центров цивилизации, возникший на базе орошаемого земледелия. Густо населён; кр. города – Лахор, Амритсар, Чандигарх.

ПЕНЕЛО́ПА, в греч. мифологии жена *Одиссея*; ждала возвращения мужа из-под Трои в течение 20 лет, отвергая домогательства многочисл. женихов. П. – символ супружеской верности.

Пенелопа. Фрагмент росписи краснофигурного скифоса: Пенелопа и её сын Телемах. Ок. 440 до н.э. Археологический музей. Кьюси (Италия).

ПЕ́НЗА, г. (с 1719), ц. Пензенской обл., в России, на р. Сура. 552,3 т.ж. Ж.-д. уз.; аэропорт. Маш-ние (хим., текст., компрессорное оборудование, дизели, приборы, ЭВМ, часы, велосипеды и др.), деревообр., бум. пром-сть. 6 вузов. Картинная гал. имени К.А. Савицкого. Музеи: краеведч., нар. творчества, Н.Н. Бурденко, сценич. иск-ва имени В.Э. Мейерхольда, И.Н. Ульянова, одной картины. Т-ры: драм., кукол, цирк. Осн. в 1663.

ПЕНИТЕНЦИА́РНАЯ СИСТЕ́МА (от лат. poenitentia), установленные в гос-ве порядок и режим отбывания уголов. наказания в виде лишения свободы. В П.с. входят, напр., тюрьмы, исправит. лагеря с разными режимами, колонии для несовершеннолетних.

ПЕНИЦИЛЛИ́НЫ, антибиотики, образуемые мн. видами плесневых грибов пенициллов или получаемые полусинтетически. Открыты в 1929 А. Флемингом. В мед. практику вошли в 1943–44. Обладают широким спектром антимикробного действия; могут вызывать аллергич. реакции.

ПЕНН (Penn) Артур (р. 1922), амер. режиссёр. С 1953 в т-ре и на ТВ поставил пьесы совр. амер. авторов, в т.ч. «Сотворившая чудо» У. Гибсона (киновариант – 1962). Среди фильмов наиб. значительные: гангстерская баллада «Бонни и Клайд» (1967); «Маленький Большой человек» (1970), в к-ром П. ревизует традиц. мифологию *вестерна*; «Погоня» (1965) и «Четверо друзей» (1981), где появился резко критич. взгляд режиссёра на амер. провинцию.

ПЕ́ННИ (пенс) (англ. penny, мн. ч. – pence), 1) старинная серебр. англ. монета. С кон. 17 в. чеканилась из меди, с 1860 – из бронзы. 2) Разменная монета Великобритании. 1 П. = 1/100 фунта стерлингов. 3) Разменная монета Финляндии, равная 1/100 фин. марки.

ПЕНОПЛА́СТЫ, пластмассы, содержащие в качестве наполнителя газ. Отличаются малой плотностью, тепло-, звуко- и электроизоляц. свойствами. Применяются для заполнения многослойных конструкций, теплоизоляции холодильных установок, электроизоляции кабелей, изготовления плавучих средств, в произ-ве мебели и др. Наиб. широко используются П. на основе *полиуретанов, полистирола, поливинилхлорида*.

ПЕ́НОЧКИ, род мелких птиц (сем. славковые). Дл. 9–12 см. Ок. 40 видов, в т.ч. весничка, теньковка, таловка. Обитают в Евразии и Сев.-Зап. Африке. Держатся в зарослях, гнёзда шаровидные, с боковым входом. Гнездовой участок «обозначают» громкими мелодичными посвистами, трелями и пр.

ПЕНС (англ. pence, мн. ч. от penny), см. *Пенни*.

ПЕ́НСИЯ (от лат. pensio – платёж), денежное обеспечение, получаемое гражданами из пенсионных, страховых и иных фондов по окончании трудовой деятельности при достижении установленного законом определ. возраста (обычно 60–65 лет) и по др. основаниям. В Рос. Федерации выплата пост. П. осуществляется из Пенсионного фонда России. Трудовые П. по старости (по возрасту) назначаются мужчинам, достигшим 60 лет, при стаже работы не менее 25 лет и женщинам, достигшим 55 лет, при стаже работы не менее 20 лет. Нек-рым категориям трудящихся (напр., шахтёрам, лётчикам, лицам, работавшим на Крайнем Севере) П. (за выслугу лет) назначаются при меньшем возрасте или стаже. Назначаются также П. по инвалидности, по случаю потери кормильца. Социальные П. выплачиваются нетрудоспособным при отсутствии права на трудовую П.

ПЕНТАТО́НИКА (от греч. pénte – пять и tónos – тон), музыкально-звуковая система, содержащая 5 звуков в пределах октавы (см. *Интервал*). Осн. тип – бесполутоновая П. (ангемитоновая, в старой лит-ре т. н. шотл. гамма) с расстоянием между соседними звуками в 1 или 1½ тона. Гл. тоном в пентатонном *ладу* может быть любой из 5 звуков (ступеней). Распространена в фольклорной и традиц. музыке мн. народов мира. Др. типы П. – полутоновая (гемитонная) и смешанная.

ПЕНТО́Д [от греч. pénte – пять и (электр)од], электронная лампа с 5 электродами: катодом, анодом и 3 сетками – управляющей, экранирующей и защитной. Маломощные П. (до неск. Вт) – наиб. распространённые приёмно-усилит. лампы; мощные П. (неск. десятков Вт и более) используются гл. обр. как генераторные лампы в радиопередающих и др. устройствах.

ПЕ́НЫ, скопления пузырьков газа, разделённых тонкими прослойками жидкости. Образование П. используют при обогащении полезных ископаемых (флотации), пожаротушении, в произ-ве тепло- и звукоизоляц. материалов, пищ. продуктов.

ПЕНЬКА́, грубое лубяное волокно, полученное из стеблей *конопли* культурной. Из П. делают канаты, верёвки, шпагат и т.п.

ПЕ́НЯ, см. *Неустойка*.

ПЕПТИ́ДЫ, органич. в-ва, состоящие из остатков аминокислот, соединённых пептидной связью. Различают ди-, три- и т.д. П., а также полипептиды. В живых клетках П. синтезируются из аминокислот либо образуются в ходе распада белков. Мн. природные биологически активные П. (гормоны, антибиотики и др.) получают хим. синтезом.

ПЕ́РВАЯ МИРОВА́Я ВОЙНА́ 1914–18, война между двумя коалициями держав: Центральными державами (Германия, Австро-Венгрия, Турция, Болгария) и Антантой (Россия, Франция, Великобритания, Сербия, позднее Япония, Италия, Румыния, США и др.; всего 38 гос-в). Поводом к войне послужило убийство в Сараево членом террористич. орг-ции «Молодая Босния» наследника австро-венг. престола эрцгерцога Франца Фердинанда. 15(28).7.1914 Австро-Венгрия объявила войну Сербии, 19.7(1.8) Германия – России, 21.7(3.8) – Франции, 22.7(4.8) Великобритания – Германии. Создав перевес в войсках на Зап. фронте, Германия в 1914 оккупировала Люксембург и Бельгию и, быстро продвигаясь на С. Франции к Парижу. Однако уже в 1914 герм. план быстрого разгрома Франции потерпел крах; этому способствовало наступление рус. войск в Вост. Пруссии, вынудившее Германию снять часть войск с Зап. фронта. В авг.-сент. 1914 рус. войска нанесли поражение австро-венг. войскам в Галиции, в кон. 1914 – нач. 1915 – тур. войскам в Закавказье. В 1915 силы Центральных держав, ведя стратегич. оборону на Зап. фронте, вынудили рус. войска оставить Галицию, Польшу, часть Прибалтики, нанесли поражение Сербии. В 1916 после неудачной попытки герм. войск прорвать оборону союзников в р-не Вердена (Франция) стратегич. инициатива перешла к Антанте. Кроме того, тяжёлое поражение, нанесённое австро-герм. войскам в мае – июле 1916 в Галиции, фактически предопределило развал гл. союзника Германии – Австро-Венгрии. В авг. 1916 под влиянием успехов Антанты на её стороне в войну вступила Румыния, однако её войска действовали неудачно и в кон. 1916 были разгромлены. В то же время на Кавказском театре инициатива продолжала сохраняться за рус. армией, занявшей в 1916 Эрзурум и Трапезунд. Начавшийся после Февр. рев-ции 1917 развал рус. армии позволил Германии и её союзникам активизировать свои действия на др. фронтах, что, однако, не изменило ситуации в целом. После заключения сепаратного *Брестского мира* с Россией (3.3.1918) герм. командование предприняло массированное наступление на Зап. фронте. Войска Антанты, ликвидировав результаты герм. прорыва, перешли в наступление, завершившееся разгромом Центральных держав. 29.9.1918 капитулировала Болгария, 30.10 – Турция, 3.11 – Австро-Венгрия, 11.11 – Германия. В ходе П.м.в. было мобилизовано ок. 74 млн. ч., общие потери составили ок. 10 млн. убитых и св. 20 млн. раненых.

ПЕРВИ́ЧНЫЙ МЕТА́ЛЛ, металл, выплавленный из руды или продукта её переработки, напр. концентратов, полученных при обогащении руды или агломерата (в отличие от вторичного металла, полученного из лома и отходов). К П.м. относят также сталь, выплавленную из чугуна в конвертерах и мартеновском произ-вах.

ПЕРВОБЫ́ТНОЕ ИСКУ́ССТВО. Возникло в позднем палеолите ок. 33-го тыс. до н.э. Первобытные охотники строили примитивные жилища, создавали полные жизни и движения пещерные изображения животных, жен. статуэтки. У земледельцев и скотоводов неолита и энеолита появились общинные поселения, *мегалиты*, свайные постройки, развилось иск-во орнамента. В эпохи неолита, энеолита, бронз. века в Египте, Индии, Передней и М. Азии, Китае, Юж. и Юго-Вост. Европе сложилось иск-во, связанное с земледельч. мифологией. На рубеже бронз. и жел. веков степные племена Вост. Европы и Азии создали т.н. *звериный стиль*.

ПЕРВОБЫ́ТНО-ОБЩИ́ННЫЙ СТРОЙ (общинно-родовой строй, родовой строй), тип соц.-экон. устройства, предшествующий гос.-организованному об-ву. Характеризуется родо-племенной организацией и господством родовой общины, к-рую сменила при патриархате отцовская большесемейная, а затем соседская или сельская *община*.

ПЕРВОБЫ́ТНЫЙ БЫК, то же, что *тур*.

ПЕРВОЦВЕ́Т (примула), род многолетних трав (сем. первоцветные). Ок. 500 видов, по всему земному шару. Цветки разл. окраски собраны в зонтик на безлистном цветоносе. Медоносы. Декор. и лекарств. р-ния (настой корней – отхаркивающее средство).

Первоцвет весенний.

ПЕРГА́М, древний город в М. Азии. Осн. в 12 в. до н.э., столица гос-ва Пергам в 3–2 вв. до н.э., торг. и культурный центр, знаменит б-кой, мед. школой. Сохранились руины театра (2 в. до н.э.), фундаменты Большого алтаря Зевса (ок. 181–159 до н.э.; реконструкция и антич. скульптура – в Антич. собрании, Берлин).

ПЕРГА́МЕНТ (от назв. древнего г. Пергам, где во 2 в. до н.э. начали изготовлять П., служивший материалом для письма). Различают П.: животный – недублёная кожа, выделанная из шкур кр. рог. скота и из свиных, используется для произ-ва техн. деталей (напр., гонков ткацких станков) и муз. инстр-тов (напр., барабанов); растительный – бумага, обработанная серной к-той, жиро- и водонепроницаемая, полупрозрачная, применяется для упаковки, техн. и мед. целей.

ПЕРГОЛЕ́ЗИ (Перголезе) (Pergolesi, Pergolese) Джованни Баттиста (1710–36), итал. композитор, представитель *неаполитанской школы*. «Служанка-госпожа» (1733) – первый известный образец *оперы-буффа*; послужила поводом для т.н. войны буффонов (полемика между сторонниками и противниками оперы-буффа) в Париже в 1752.

«ПЕРЕВА́Л», лит. группа (1923–1932). Возникла при ж. «Красная новь» (А.К. Воронский, Д.А. Горбов, А.З. Лежнев и др.). Выпускала сб. «Перевал» № 1–6, 1924–28). В эстетике – утверждение реализма, внимание к худ. интуиции и самовыражению писателя. В разные годы в «П.» входили М.А. Светлов, М.М. Пришвин, Э.Г. Багрицкий, А. Весёлый и др.

ПЕРЕГНО́Й, 1) то же, что *гумус*. 2) Перепревший навоз, органич. удобрение.

ПЕРЕГО́НКА, то же, что *дистилляция*.

ПЕРЕДА́ТОЧНАЯ НА́ДПИСЬ, см. *Индоссамент*.

ПЕРЕДА́ЧА ДА́ННЫХ, пересылка кодированной информации (данных) по линиям проводной, оптической или радиосвязи между неск. взаимодействующими ЭВМ либо между ЭВМ и пользователями в автоматич. и автоматизир. системах управления, *информационных сетях*. В отличие от телеф. и телегр. связи, информация в системах П.д. передаётся автоматически спец. аппаратурой (АПД) со скоростью неск. тыс. бит/с. Первые системы П.д. созданы в США в 50-х гг. 20 в.

ПЕРЕДАЮ́ЩАЯ ТЕЛЕВИЗИО́ННАЯ ТРУ́БКА (передающий электронно-лучевой прибор), электронно-лучевой прибор, служащий для преобразования светового изображения в электрич. сигналы (видеосигналы); действие основано на внеш. или внутр. *фотоэффекте*. Является гл. узлом передающей телевизионной камеры. Наиб. распространённые П.т.т.– *видиконы* и *суперортиконы*. Первая П.т.т., давшая начало совр. телевизионному вещанию,– иконоскоп, изобретённый В.К. Зворыкиным в 1931 (США).

ПЕРЕДВИ́ЖНИКИ, художники, входившие в рос. худ. объединение – Т-во передвижных худ. выставок, образованное в 1870. Обратились к изображению повседневной жизни и истории народов России, её природы, социальных конфликтов, обличению обществ. пороков. Идейными вождями П. стали И.Н. Крамской и В.В. Стасов. Осн. представители – И.Е. Репин, В.И. Суриков, В.Г. Перов, В.М. Васнецов, И.И. Левитан, И.И. Шишкин; в числе П. были также художники Украины, Литвы, Армении. В 1923–24 часть П. вошла в АХРР.

ПЕРЕКАТИ́-ПО́ЛЕ, 1) травянистые р-ния степей и пустынь, приобретающие во время цветения шарообразную кустистую форму. Наземная часть после созревания плодов отламывается от корня и, гонимая ветром, катится в виде клубка, рассеивая семена. 2) Перен.– человек, не имеющий домашнего очага, постоянно переезжающий с места на место.

ПЕ́РЕКИСИ, устар. название *пероксидных соединений*.

ПЕ́РЕКИСЬ ВОДОРО́ДА, то же, что *водорода пероксид*.

ПЕРЕЛИВА́НИЕ КРО́ВИ, леч. метод введения крови или её компонентов (лейкоцитной или эритроцитной массы и др.), а также кровезаменителей при больших кровопотерях, заболеваниях крови и др. болезнях. Широко применяется после открытия *групп крови*. П.к. может быть прямым (непосредственно от донора реципиенту) или непрямым (используется консервир. кровь). Обычно производится в локтевую вену.

ПЕРЕЛО́М, нарушение целости кости. Различают П. закрытые (без повреждения кожи) и открытые, травматич. и патол. (в результате нек-рых заболеваний) и т.д. Лечение: вправление отломков и фиксирование их (при помощи шин, скелетного вытяжения, гипсовой повязки, операции остеосинтеза) до образования костной мозоли.

ПЕРЕМЕ́ННЫЕ ЗВЁЗДЫ, звёзды с заметно изменяющимися характеристиками излучения (светимостью, наблюдаемым потоком излучения, спектром и т.п.). Осн. типы П.з.: затменные, пульсирующие, взрывные (новые звёзды – тесные *двойные звёзды*, за неск. суток увеличивающие светимость в сотни тысяч раз, и *сверхновые звёзды*).

ПЕРЕМЕЩЁННЫЕ ЛИ́ЦА, лица, насильственно вывезенные в ходе 2-й мир. войны Германией и её союзниками с оккупированных ими территорий для использования в качестве рабочей силы.

ПЕРЕНО́С (анжанбеман) (франц. enjambement, букв.– перешагивание), крайний случай несовпадения членения на *стихи* (т.е. стихотворные строки) с естеств. синтаксич. членением речи, когда синтаксич. пауза внутри стиха (или полустишия) сильнее, чем в конце его:

«Выходит Пётр. Его глаза
Сияют. Лик его ужасен»
(А.С. Пушкин).

Может служить средством повышения эмоц. напряжённости или, напротив, создания небрежной разговорной интонации.

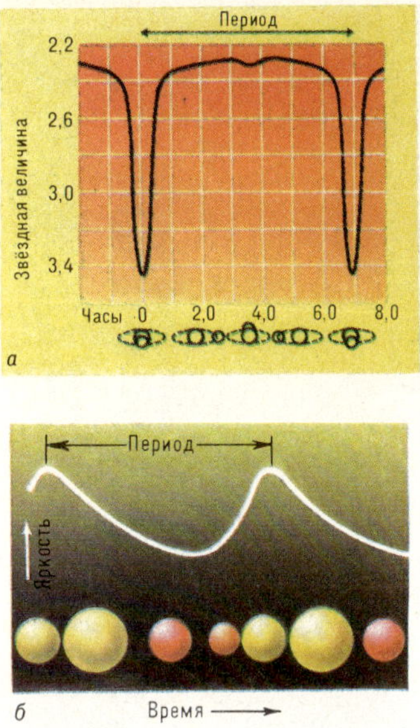

Переменные звёзды: *а* – изменение звёздной величины Алголя – затменной переменной звезды; обусловлено взаимным положением компонентов (внизу; минимум наблюдается, когда более тёмная звезда затмевает более яркую); *б* – изменение яркости (светимости) δ Цефея – типичной пульсирующей переменной звезды; изменения обусловлены пульсациями (изменениями радиуса) звезды (внизу).

ПЕ́РЕПЕЛ, птица (сем. фазановые). Дл. 16–20 см. Распространён в Евразии и Африке. Объект охоты. В Ср. Азии П. держат в клетках ради пения и как бойцовую птицу. Близкий вид (немой П.) разводят на фермах (мясо, яйца).

ПЕРЕПЕЛЯ́ТНИК, хищная птица (сем. ястребиные). Дл. до 40 см. Обитает в Евразии и Сев.-Зап. Африке. В Закавказье и Ср. Азии П. использовали для охоты на перепелов.

ПЕ́РЕПИСЬ, специально организованный периодич. или единоврем. процесс сбора статистич. информации. Могут быть сплошными, выборочными или сочетать принципы обоих методов. Различают П.: населения (получение демографич., экон., социальных сведений о жителях страны или отд. терр.), пром-сти, с.-х., торговую и др.

ПЕ́РЕС ГАЛЬДО́С (Pérez Galdós) Бенито (1843–1920), исп. писатель. Реалистич. ист. эпопея «Национальные эпизоды» (1873–1912, в т.ч. ром. «Сарагоса», «Хуан Мартин эль Эмпесинадо», оба 1874). Социальный ром. «Донья Перфекта» (1876). В цикле «Современные романы» (1881–1915) – панорама исп. действительности на рубеже 19–20 вв.

ПЕРЕСВЕ́Т Александр (?–1380), герой *Куликовской битвы*, монах Троице-Сергиева мон. Его поединок с тат. богатырём Темир-мурзой, в к-ром оба погибли, стал началом сражения.

ПЕРЕСВЕ́ТОВ Ив. Сем., рус. писатель-публицист, идеолог дворянства. Служил в Литве; ок. 1539 выехал в Россию. Выступал за укрепление самодержавия, воен. реформу, присоединение Казанского ханства.

ПЕРЕСЛА́ВЛЬ-ЗАЛЕ́ССКИЙ (до 15 в. Переяславль), г. в Ярославской обл., в России, на берегу оз. Плещеево, в устье р. Трубеж. 43,4 т.ж. Железнодорожная станция. Произ-во магн. ленты, фотобумаги и др.; пр-тия лёгкой, пищ. пром-сти. Ист.-художественный музей с картинной гал., краеведч. музеем, усадьбой «Ботик» и др. Осн. в 1152, в 1175–1302 центр Переяславль-Залесского кн-ва. В 1688–93 на Плещеевом оз., близ П.-З., построил учебную флотилию Пётр I. Белокаменный Спасо-Преображенский собор (1152–60), Троице-Данилов (16–18 вв.) и др. монастыри. Илл. см. на стр. 524.

ПЕРЕСТРО́ЙКА, термин, вошедший в широкое употребление с сер. 80-х гг. 20 в. и обозначавший курс на реформирование тоталитарной системы в СССР. Политика П., начатая частью руководства КПСС во главе с М.С. Горбачёвым, привела к значит. переменам в жизни страны и мира в целом (гласность, полит. плюрализм, окончание «холодной войны» и др.). К кон. 80-х – нач. 90-х гг. в результате противоречивости и непоследовательности в осуществлении П. произошло обострение кризиса во всех сферах жизни общества.

ПЕРЕХО́ДНЫЕ ЭЛЕМЕ́НТЫ, хим. элементы, расположенные в побочных подгруппах больших периодов периодич. системы; металлы. Из 109 элементов 65 – переходные. П.э., кроме железа, мало распространены в природе.

ПЕ́РЕЦ, 1) род кустарников и лиан, реже небольших деревьев и трав (сем. перцевые). Ок. 700 (по др. данным, ок. 2000) видов, в тропиках обоих по-

Передвижники. И.Е. Репин. «Крестный ход в Курской губернии». 1880–83. Третьяковская галерея.

Переславль-Залесский. Вид части города.

лушарий. В культуре 9 видов. Наиб. значение имеет П. чёрный, высушенные плоды к-рого – известная пряность. Издавна выращивают в Индии и Индонезии, с 20 в.– в Африке и Америке. Мн. виды – лекарств. и ароматич. р-ния. 2) Род кустарников, полукустарников и многолетних (в культуре – однолетних) трав (сем. паслёновые). Ок. 20 (по др. данным, до 50) видов, гл. обр. в Центр. и Юж. Америке. В культуре – неск. видов, из к-рых наиб. широко выращивают П. овощной, или паприку (в Америке с древних времён, в Европе с 15 в., в России с 17 в.). Стручки (200–300 ц с 1 га) сладкие и острые (горькие), богаты витамином С, содержат калий, натрий, эфирное масло. Сладкий П. используют в салатах и др. блюдах, маринуют. Острый П. – пряность, идёт также на изготовление перцового пластыря, настоек; потогонное средство. Реже возделывают П. перуанский, П. опушённый и др.

Перец. Плодоносящее растение перца овощного.

ПЕРЕШЕЕК, узкая полоса суши, соединяющая более значит. массивы суши, напр. два материка (Панамский П., Суэцкий П.), материк с п-овом (Перекопский П.), и разделяющая два водоёма.

ПЕРЕЯСЛАВСКАЯ РАДА (8.1.1654, Переяслав, ныне Переяслав-Хмельницкий), собрание представителей укр. народа, созванное гетманом Б.М. Хмельницким и принявшее решение о воссоединении Левобережной Украины с Россией.

ПЕРИГЕЙ (от пери... и греч. gē – Земля), ближайшая к Земле точка орбиты Луны или ИСЗ.

ПЕРИКЛ (ок. 490–429 до н.э.), афинский стратег (главнокомандующий) в 444/443–429 (кроме 430), вождь демокр. группировки, с именем к-рого связан период расцвета афинской демократии и культуры

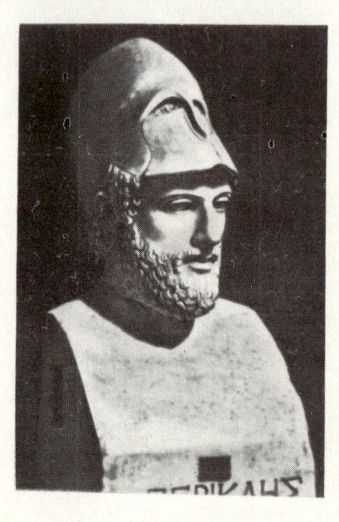

Перикл. Мраморная копия с бронзового бюста Кресилая. 2-я пол. 5 в. до н.э. Британский музей.

(стр-во Парфенона, Пропилеев, Одеона и др.). Рук. ряда воен. кампаний во время Пелопоннесской войны. Умер от чумы.

ПЕРИМЕТР (от греч. perimetréō – измеряю), длина замкнутого контура, напр. сумма длин всех сторон многоугольника.

ПЕРИОД (от греч. períodos – обход, круговращение, определ. круг времени), 1) промежуток времени, охватывающий к.-л. законченный процесс. 2) Этап обществ. развития, обществ. движения.

ПЕРИОД колебаний, наим. промежуток времени, через к-рый совершающая *колебания* система возвращается в то же состояние, в к-ром она находилась в нач. момент, выбранный произвольно. П. – величина, обратная частоте колебаний. Понятие «П.» применимо, напр., в случае *гармонических колебаний*, однако часто применяется и для слабо *затухающих колебаний*.

ПЕРИОДИЧЕСКАЯ СИСТЕМА ХИМИЧЕСКИХ ЭЛЕМЕНТОВ, естеств. классификация хим. элементов, являющаяся табличным выражением *периодического закона* (наиб. распространённый вариант таблицы приведён на стр. 525). Совр. П.с.х.э. включает 109 элементов [имеются сведения о синтезе в 1988 элемента с $Z=110$; Z – атомный (порядковый)

номер элемента в системе, или заряд атомного ядра]. Из них в природных объектах обнаружены 89; все элементы, следующие за U, или трансурановые элементы ($Z=93$–109), а также Тс ($Z=43$), Pm ($Z=61$) и At ($Z=85$) получены искусственно в ядерных реакциях. Элементы с $Z=106$–109 пока не получили названий.

Совр. П.с.х.э. состоит из 7 периодов (горизонтальные ряды) и 8 групп (вертикальные столбцы). В периодах и группах элементы расположены по возрастанию Z; в группы, кроме того, объединяются элементы, сходные по свойствам [каждая группа подразделяется также на главную (а) и побочную (б) подгруппы]. Элементы с $Z=58$–71 и с $Z=90$–103, особенно сходные по свойствам, образуют 2 семейства – соотв. лантаноиды и актиноиды. Периодичность свойств элементов в периодах и группах обусловлена периодич. повторением конфигурации внеш. электронных оболочек атомов.

Полное науч. объяснение П.с.х.э. получила на основе квантовой механики. Играет важную роль в изучении всего многообразия хим. в-в и в синтезе новых элементов.

ПЕРИОДИЧЕСКИЙ ЗАКОН, открыт Д.И. Менделеевым в процессе работы над учебником «Основы химии» (1868–71). Совр. формулировка закона: свойства элементов и образуемых ими простых и сложных в-в находятся в периодич. зависимости от заряда атомного ядра Z. П.з. лежит в основе совр. учения о строении в-ва. Наглядное отражение П.з. – *периодическая система химических элементов*.

ПЕРИОСТИТ (от *пери...* и греч. ostéon – кость), воспаление надкостницы (периоста) в результате травмы или инфекц. процесса [напр., гнойный П. верх. челюсти (т.н. флюс) при остром *кариесе* зуба].

ПЕРИПАТЕТИЧЕСКАЯ ШКОЛА (от греч. perípatos – крытая галерея), или Ликей (по назв. гимнасия на окраине Афин), филос. школа, основанная Аристотелем. После Аристотеля ок. 34 лет возглавлялась Теофрастом. В 4–2 вв. до н.э. П.ш. была своего рода академией наук (систематич. разработка всех областей знания на основе метода Аристотеля) и высшей школой для афинской молодёжи. С 1 в. до н.э. перипатетики занимались гл. обр. истолкованием и комментированием Аристотеля.

ПЕРИПТЕР (от греч. perípteros – окружённый колоннами), осн. тип др.-греч. храма периодов *архаики* и *классики*: прямоугольное в плане здание, окружённое с 4 сторон крытой колоннадой. Внутри состоял из полуоткрытой части (пронаоса), гл. помещения (наоса) и отделённого от него глухой стеной помещения – описто́дома.

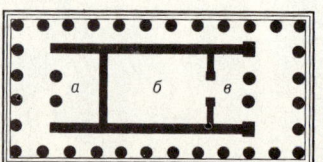

Периптер. План: *а* – опистодом; *б* – наос; *в* – пронаос.

ПЕРИСТАЛЬТИКА (от греч. peristaltikós – обхватывающий и сжима-

ющий), волнообразное сокращение стенок полых трубчатых органов (кишок, желудка, мочеточников и др.), способствующее продвижению их содержимого к выходным отверстиям.

ПЕРИСТИЛЬ (от греч. perístylos – окружённый столбами), прямоуг. двор, сад, площадь, окружённая с 4 сторон крытой колоннадой. Перистильный двор – составная часть мн. антич. жилых и обществ. домов.

ПЕРИТОНИТ (от греч. peritónaion – брюшина), воспаление брюшины. Развивается преим. как осложнение аппендицита и нек-рых др. острых заболеваний, а также при повреждениях органов брюшной полости. Различают общий (разлитой) и ограниченный (местный) П.

ПЕРИФЕРИЯ (от греч. periphéreia – окружность), 1) местность (часть страны, области и т.п.), отдалённая от центра; окраина. 2) Внешняя, удалённая от центра часть чего-либо. 3) Термин, иногда употребляемый специалистами по ЭВМ применительно к совокупности внешних (периферийных) устройств (напр., ввода-вывода данных, внеш. памяти).

ПЕРИФРАЗ (перифраза) (от греч. períphrasis – иносказание), вид *тропа*, замена прямого названия описат. выражением, в к-ром указаны признаки не названного прямо предмета: «царь зверей» – вместо «лев».

ПЕРКИНС (Perkins) Антони (р. 1932), амер. актёр. Темперамент, непосредственность молодости принесли ему успех в ф. «Дружеское увещевание» (1956), «Жестяная звезда» (1957), «Любовь под вязами» (1958) и др. С 60-х гг. в героях П. начинает преобладать повышенная нервная возбудимость, доходящая до психопатологии («Психоз», 1960; «Процесс», 1962; «Психоз II», 1983; «Преступление по страсти», 1984).

ПЕРЛАМУТР (нем. Perlmutter, от Perle – жемчужина и Mutter – мать), внутр. слой раковины двустворчатых и брюхоногих моллюсков, состоящий гл. обр. из кристаллов арагонита (кристаллич. форма $CaCO_3$). Обладает радужным блеском. Используется для изготовления пуговиц, украшений и т.д. При отложении П. на инородных частицах, попавших внутрь раковины, образуется *жемчуг*.

ПЕРЛЮСТРАЦИЯ (от лат. perlustro – обозреваю), тайное вскрытие гос. и иными органами, лицами пересылаемой по почте корреспонденции.

ПЕРМАНЕНТНЫЙ (франц. permanent, от лат. permaneo – остаюсь, продолжаюсь), непрерывно продолжающийся, постоянный.

ПЕРМСКИЙ ТЕАТР ОПЕРЫ И БАЛЕТА имени П.И. Чайковского, открыт в 1920 на основе антреприз, существовавших в этом здании с 1878. Совр. назв. с 1965. В репертуаре – все оперы и балеты П.И. Чайковского и др. оперная и балетная классика, произв. С.С. Прокофьева, Б. Бартока, И.Ф. Стравинского, А.И. Хачатуряна. Балетная труппа (существует с 1926) имеет мировую известность.

ПЕРМЬ [пермская система (период)] (по названию б. Пермской губ.), последнее подразделение *палеозоя*, обозначающее относит. возраст комплекса пород и период геол. истории, в течение к-рого они сформировались (см. *Геохронология*). Делится на 2 отдела. Начало ок. 280 млн. лет назад,

ПЕРИОДИЧЕСКАЯ СИСТЕМА ЭЛЕМЕНТОВ Д.И.МЕНДЕЛЕЕВА

ПЕРИОДЫ	а I б	а II б	а III б	а IV б	а V б	а VI б	а VII б	VIII а	VIII б		
1	(H)						H 1 1,00794±7 ВОДОРОД $1s^1$ 1	He 2 4,002602±2 ГЕЛИЙ $1s^2$ 2			
2	Li 3 6,941±2 ЛИТИЙ $2s^1$ 1 2	Be 4 9,01218±1 БЕРИЛЛИЙ $2s^2$ 2 2	B 5 10,811±5 БОР $2s^22p^1$ 3 2	C 6 12,011±1 УГЛЕРОД $2s^22p^2$ 4 2	N 7 14,0067±1 АЗОТ $2s^22p^3$ 5 2	O 8 15,9994±3 КИСЛОРОД $2s^22p^4$ 6 2	F 9 18,998403±1 ФТОР $2s^22p^5$ 7 2	Ne 10 20,179±1 НЕОН $2s^22p^6$ 8 2			
3	Na 11 22,98977±1 НАТРИЙ $3s^1$ 1 8 2	Mg 12 24,305±1 МАГНИЙ $3s^2$ 2 8 2	Al 13 26,98154±1 АЛЮМИНИЙ $3s^23p^1$ 3 8 2	Si 14 28,0855±3 КРЕМНИЙ $3s^23p^2$ 4 8 2	P 15 30,97376±1 ФОСФОР $3s^23p^3$ 5 8 2	S 16 32,066±6 СЕРА $3s^23p^4$ 6 8 2	Cl 17 35,453±1 ХЛОР $3s^23p^5$ 7 8 2	Ar 18 39,948±1 АРГОН $3s^23p^6$ 8 8 2			
4	K 19 39,0983±1 КАЛИЙ $4s^1$ 1 8 8 2	Ca 20 40,078±4 КАЛЬЦИЙ $4s^2$ 2 8 8 2	Sc 21 44,95591±1 СКАНДИЙ $3d^14s^2$ 2 9 8 2	Ti 22 47,88±3 ТИТАН $3d^24s^2$ 2 10 8 2	V 23 50,9415±1 ВАНАДИЙ $3d^34s^2$ 2 11 8 2	Cr 24 51,9961±6 ХРОМ $3d^54s^1$ 1 13 8 2	Mn 25 54,9380±1 МАРГАНЕЦ $3d^54s^2$ 2 13 8 2		Fe 26 55,847±3 ЖЕЛЕЗО $3d^64s^2$ 2 14 8 2	Co 27 58,9332±1 КОБАЛЬТ $3d^74s^2$ 2 15 8 2	Ni 28 58,69±1 НИКЕЛЬ $3d^84s^2$ 2 16 8 2
	Cu 29 63,546±3 МЕДЬ $3d^{10}4s^1$ 1 18 8 2	Zn 30 65,39±2 ЦИНК $3d^{10}4s^2$ 2 18 8 2	Ga 31 69,723±4 ГАЛЛИЙ $4s^24p^1$ 3 18 8 2	Ge 32 72,59±3 ГЕРМАНИЙ $4s^24p^2$ 4 18 8 2	As 33 74,9216±1 МЫШЬЯК $4s^24p^3$ 5 18 8 2	Se 34 78,96±3 СЕЛЕН $4s^24p^4$ 6 18 8 2	Br 35 79,904±1 БРОМ $4s^24p^5$ 7 18 8 2	Kr 36 83,80±1 КРИПТОН $4s^24p^6$ 8 18 8 2			
5	Rb 37 85,4678±3 РУБИДИЙ $5s^1$ 1 8 18 8 2	Sr 38 87,62±1 СТРОНЦИЙ $5s^2$ 2 8 18 8 2	Y 39 88,9059±1 ИТТРИЙ $4d^15s^2$ 2 9 18 8 2	Zr 40 91,224±2 ЦИРКОНИЙ $4d^25s^2$ 2 10 18 8 2	Nb 41 92,9064±1 НИОБИЙ $4d^45s^1$ 1 12 18 8 2	Mo 42 95,94±1 МОЛИБДЕН $4d^55s^1$ 1 13 18 8 2	Tc 43 97,9072 ТЕХНЕЦИЙ $4d^55s^2$ 2 13 18 8 2		Ru 44 101,07±2 РУТЕНИЙ $4d^75s^1$ 1 15 18 8 2	Rh 45 102,9055±1 РОДИЙ $4d^85s^1$ 1 16 18 8 2	Pd 46 106,42±1 ПАЛЛАДИЙ $4d^{10}5s^0$ 0 18 18 8 2
	Ag 47 107,8682±3 СЕРЕБРО $4d^{10}5s^1$ 1 18 18 8 2	Cd 48 112,41±1 КАДМИЙ $4d^{10}5s^2$ 2 18 18 8 2	In 49 114,82±1 ИНДИЙ $5s^25p^1$ 3 18 18 8 2	Sn 50 118,710±7 ОЛОВО $5s^25p^2$ 4 18 18 8 2	Sb 51 121,75±3 СУРЬМА $5s^25p^3$ 5 18 18 8 2	Te 52 127,60±3 ТЕЛЛУР $5s^25p^4$ 6 18 18 8 2	I 53 126,9045±1 ИОД $5s^25p^5$ 7 18 18 8 2	Xe 54 131,29±3 КСЕНОН $5s^25p^6$ 8 18 18 8 2			
6	Cs 55 132,9054±1 ЦЕЗИЙ $6s^1$ 1 8 18 18 8 2	Ba 56 137,33±1 БАРИЙ $6s^2$ 2 8 18 18 8 2	La★ 57 138,9055±3 ЛАНТАН $5d^16s^2$ 2 9 18 18 8 2	Hf 72 178,49±3 ГАФНИЙ $5d^26s^2$ 2 10 32 18 8 2	Ta 73 180,9479±1 ТАНТАЛ $5d^36s^2$ 2 11 32 18 8 2	W 74 183,85±3 ВОЛЬФРАМ $5d^46s^2$ 2 12 32 18 8 2	Re 75 186,207±1 РЕНИЙ $5d^56s^2$ 2 13 32 18 8 2		Os 76 190,2±1 ОСМИЙ $5d^66s^2$ 2 14 32 18 8 2	Ir 77 192,22±3 ИРИДИЙ $5d^76s^2$ 2 15 32 18 8 2	Pt 78 195,08±3 ПЛАТИНА $5d^96s^1$ 1 17 32 18 8 2
	Au 79 196,9665±1 ЗОЛОТО $5d^{10}6s^1$ 1 18 32 18 8 2	Hg 80 200,59±3 РТУТЬ $5d^{10}6s^2$ 2 18 32 18 8 2	Tl 81 204,383±1 ТАЛЛИЙ $6s^26p^1$ 3 18 32 18 8 2	Pb 82 207,2±1 СВИНЕЦ $6s^26p^2$ 4 18 32 18 8 2	Bi 83 208,9804±1 ВИСМУТ $6s^26p^3$ 5 18 32 18 8 2	Po 84 208,9824 ПОЛОНИЙ $6s^26p^4$ 6 18 32 18 8 2	At 85 209,9871 АСТАТ $6s^26p^5$ 7 18 32 18 8 2	Rn 86 222,0176 РАДОН $6s^26p^6$ 8 18 32 18 8 2			
7	Fr 87 223,0197 ФРАНЦИЙ $7s^1$ 1 8 18 32 18 8 2	Ra 88 226,0254 РАДИЙ $7s^2$ 2 8 18 32 18 8 2	Ac★★ 89 227,0278 АКТИНИЙ $6d^17s^2$ 2 9 18 32 18 8 2	Ku 104 [261] КУРЧАТОВИЙ $6d^27s^2$ 2 10 32 32 18 8 2	Ns 105 [262] НИЛЬСБОРИЙ $6d^37s^2$ 2 11 32 32 18 8 2	106 [263] $6d^47s^2$ 2 12 32 32 18 8 2	107 [262] $6d^57s^2$ 2 13 32 32 18 8 2		108 [265] $6d^67s^2$ 2 14 32 32 18 8 2	109 [ ] $6d^77s^2$ 2 15 32 32 18 8 2	

Атомная масса — Атомный номер
U 92 — 238,0289±1 — $5f^36d^17s^2$ — УРАН — 2 9 21 32 18 8 2
Распределение электронов по застраивающимся и ближайшим подоболочкам
Распределение электронов по оболочкам

★ лантаноиды

Ce 58 140,12±1 $4f^15d^16s^2$ ЦЕРИЙ 2 9 19 18 8 2	Pr 59 140,9077±1 $4f^36s^2$ ПРАЗЕОДИМ 2 8 21 18 8 2	Nd 60 144,24±3 $4f^46s^2$ НЕОДИМ 2 8 22 18 8 2	Pm 61 144,9128 $4f^56s^2$ ПРОМЕТИЙ 2 8 23 18 8 2	Sm 62 150,36±3 $4f^66s^2$ САМАРИЙ 2 8 24 18 8 2	Eu 63 151,96±1 $4f^76s^2$ ЕВРОПИЙ 2 8 25 18 8 2	Gd 64 157,25±3 $4f^75d^16s^2$ ГАДОЛИНИЙ 2 9 25 18 8 2
Tb 65 158,9254±1 $4f^96s^2$ ТЕРБИЙ 2 8 27 18 8 2	Dy 66 162,50±3 $4f^{10}6s^2$ ДИСПРОЗИЙ 2 8 28 18 8 2	Ho 67 164,9304±1 $4f^{11}6s^2$ ГОЛЬМИЙ 2 8 29 18 8 2	Er 68 167,26±3 $4f^{12}6s^2$ ЭРБИЙ 2 8 30 18 8 2	Tm 69 168,9342±1 $4f^{13}6s^2$ ТУЛИЙ 2 8 31 18 8 2	Yb 70 173,04±3 $4f^{14}6s^2$ ИТТЕРБИЙ 2 8 32 18 8 2	Lu 71 174,967±1 $4f^{14}5d^16s^2$ ЛЮТЕЦИЙ 2 9 32 18 8 2

★★ актиноиды

Th 90 232,0381±1 $6d^27s^2$ ТОРИЙ 2 10 18 32 18 8 2	Pa 91 231,0359 $5f^26d^17s^2$ ПРОТАКТИНИЙ 2 9 20 32 18 8 2	U 92 238,0289±1 $5f^36d^17s^2$ УРАН 2 9 21 32 18 8 2	Np 93 237,0482 $5f^46d^17s^2$ НЕПТУНИЙ 2 9 22 32 18 8 2	Pu 94 244,0642 $5f^67s^2$ ПЛУТОНИЙ 2 8 24 32 18 8 2	Am 95 243,0614 $5f^77s^2$ АМЕРИЦИЙ 2 8 25 32 18 8 2	Cm 96 247,0703 $5f^76d^17s^2$ КЮРИЙ 2 9 25 32 18 8 2
Bk 97 247,0703 $5f^86d^17s^2$ БЕРКЛИЙ 2 9 26 32 18 8 2	Cf 98 251,0796 $5f^{10}7s^2$ КАЛИФОРНИЙ 2 8 28 32 18 8 2	Es 99 252,0828 $5f^{11}7s^2$ ЭЙНШТЕЙНИЙ 2 8 29 32 18 8 2	Fm 100 257,0951 $5f^{12}7s^2$ ФЕРМИЙ 2 8 30 32 18 8 2	Md 101 258,0986 $5f^{13}7s^2$ МЕНДЕЛЕВИЙ 2 8 31 32 18 8 2	No 102 259,1009 $5f^{14}7s^2$ (НОБЕЛИЙ) 2 8 32 32 18 8 2	Lr 103 260,1054 $5f^{14}6d^17s^2$ (ЛОУРЕНСИЙ) 2 9 32 32 18 8 2

Относительные атомные массы приведены по Международной таблице 1983 года (точность указана для последней значащей цифры). Для элементов 104–109 рекомендованы следующие названия и символы: 104– дубний Db, 105– жолиотий Jl, 106– резерфордий Rf, 107– борий Bh, 108– ганий Hn, 109– мейтнерий Mt.

— s-элементы — p-элементы — d-элементы — f-элементы

В.Г. Перов. Портрет Ф.М. Достоевского. 1872. Третьяковская галерея.

продолжительность ок. 45 млн. лет. Выделена на терр. России в 1841 англ. геологом Р.И. Мурчисоном.

ПЕРМЬ (в 1940–57 Молотов), г. (с 1781), ц. Пермской обл., в России. 1098,6 т.ж. Ж.-д. уз.; порт на Каме; аэропорт. Маш-ние (моторы, турбогенераторы, горно-шахтное оборудование, эл.-техн. изделия; судостроение и др.), хим. (калийные удобрения, красители и др.), нефтехим., нефтеперераб. пром-сть, чёрная и цв. металлургия, деревообр., полиграф. пром-сть. Камская и Воткинская ГЭС. 7 вузов (в т.ч. 2 ун-та), хореогр. уч-ще. Худ. гал., краеведч. музей. Т-ры: *Пермский театр оперы и балета*, драм., юного зрителя, кукол. Изв. с 17 в., с 1723 заводской посёлок.

ПЕРО́В Вас. Григ. (1833/34–1882), живописец, один из организаторов Т-ва передвижников. Жанровые картины, обличающие крепостнич. Россию («Сельский крестный ход на Пасхе», 1861), проникнутые сочувствием к народу («Тройка», 1866), психол. портреты («А.Н. Островский», 1871).

ПЕРОКСИ́ДНЫЕ СОЕДИНЕ́НИЯ, хим. соед., содержащие группу –О–О–. П.с. – окислители, отбеливатели, источники и переносчики кислорода («кислородные батареи»).

ПЕРПЕНДИКУЛЯ́Р (от лат. perpendicularis – отвесный), прямая (или её отрезок), пересекающая данную прямую (плоскость) под прямым углом. В этом случае обе прямые (соотв. прямая и плоскость) наз. взаимно перпендикулярными.

ПЕРПЕ́ТУУМ МО́БИЛЕ, то же, что *вечный двигатель*.

ПЕРРО́ (Perrault) Шарль (1628–1703), франц. писатель. Всемирно известны сказки «Кот в сапогах», «Золушка», «Синяя Борода» (вошли в сб. «Сказки моей матушки Гусыни...», 1697), в к-рых поэтичность, лёгкая ирония, сюжетная занимательность органично сплавлены с поучительностью, моральными ценностями; оказали влияние на развитие мировой сказочной традиции (бр. Гримм, Х.К. Андерсен); на их сюжеты написан ряд опер (в т.ч. «Спящая красавица» П.И. Чайковского).

ПЕРРУ́ (Perroux) Франсуа (1903–1987), франц. экономист, основатель социологич. школы в политэкономии, разрабатывал проблемы региональной экономики, экон. географии. Считал целью экон. роста достижение социальной гармонии («всеобщая экономика»).

ПЕРС СЕН-ЖОН, см. *Сен-Жон Перс*.

ПЕРСЕ́Й, в греч. мифологии герой, сын *Зевса* и *Данаи*. Серповидным мечом, подаренным *Гермесом*, П. с помощью шапки-невидимки и крылатых сандалий (подарки нимф) отрубил голову горгоны Медузы.

ПЁРСЕЛЛ (Purcell) Генри (ок. 1659–1695), англ. композитор. Претворил муз. традиции англ. *Возрождения*, нац. фольклора, франц. и итал. оперы. Создал первую англ. оп. «Дидона и Эней» (1689). Соч. для хора, клавесина, органа.

ПЕРСЕ́ПОЛЬ (греч. Persépolis, др.-перс. Парса), др.-иран. город, к С.-В. от Шираза. Осн. в кон. 6 в. до н.э. Одна из столиц *Ахеменидов*. В 330 до н.э. захвачен Александром Македонским, сожжён и заброшен. Остатки дворца, храмы, скальные гробницы, рельефы, надписи ахеменидских царей, глиняные таблички на эламском яз. и др.

ПЕРСЕФО́НА (Кора), в греч. мифологии богиня плодородия и царства мёртвых. Дочь Деметры и Зевса, супруга похитившего её Аида. Ей соответствует рим. Прозерпина.

ПЕРСИ́ДСКИЙ ЗАЛИ́В, Индийского ок., у берегов Юго-Зап. Азии. На В. через Ормузский прол. и Оманский зал. соединяется с Аравийским м. Пл. 240 т. км². Глуб. до 115 м. У берегов много островов, в юж. части – коралловых рифов. Впадает р. Шатт-эль-Араб. На шельфе П.з. – кр. м-ния нефти. Рыб-во. Добыча жемчуга. Кр. порты: Абу-Даби (Объединённые Арабские Эмираты), Умм-Саид (Катар), Манама (Бахрейн), Рас-Таннура (Саудовская Аравия), Эль-Кувейт (Кувейт), Фао, Басра (Ирак), Абадан, Бендер-Махшехр (Иран).

Персей. Скульптура Б. Челлини. Бронза. 1545–54. Лоджия деи Ланци. Флоренция.

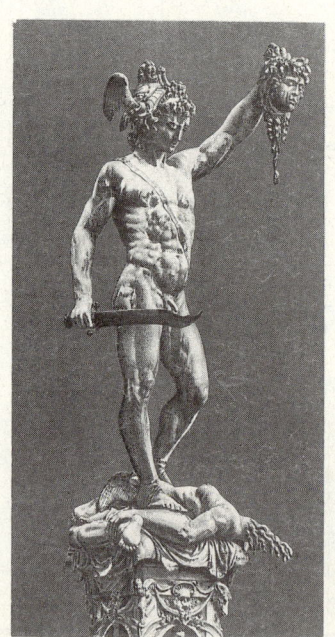

Персефона. Римская мраморная копия с греческого оригинала сер. 6 в. до н.э.: Кора (т.н. Кора Альбани). Вилла Альбани. Рим.

ПЕ́РСИК, род древесных р-ний (сем. розоцветные). 6 видов, в Китае. В культуре (ок. 5 тыс. лет) П. обыкновенный, к-рый выращивают также на Ю. Европы, в США, Японии, Турции, Закавказье, Ср. Азии и др. Дерево выс. 3–5 м, живёт до 25 лет, плодоносит с 2–3 лет. Св. 500 сортов. Плоды (50–100 кг с дерева) богаты витамином С, каротином, солями калия. В семенах – масло. Древесина идёт на поделки.

Персик. Плод и побег с цветками.

ПЕ́РСИЯ, офиц. название Ирана до 1935.

ПЕРСО́НА ГРА́ТА (лат. persona grata – желательное лицо), в дипл. практике глава дипл. представительства, получивший *агреман*, а также любой дипломат, к-рому разрешён въезд в данное гос-во.

ПЕРСО́НА НОН ГРА́ТА (лат. persona non grata – нежелательное лицо), в дипл. практике глава дипл. представительства, к-рому отказано в *агремане*. П.н.г. может быть объявлен любой дипломат – как ожидающий согласия на въезд в данное гос-во, так и уже работающий там. В последнем случае дипломату надлежит покинуть гос-во, где он работает.

ПЕРСОНАЛИ́ЗМ (от лат. persona – личность), филос. направление, признающее личность первичной творческой реальностью, а весь мир – проявлением творческой активности «верховной личности» – Бога. Сложился в нач. 20 в. в России (Н.А. Бердяев, Л. Шестов) и США (Б. Боун, Дж. Ройс и их последователи – Э. Брайтмен, Р.Т. Флюэллинг); получил развитие в 1930-х гг. во Франции (Э. Мунье, Ж. Лакруа, М.Г. Недонсель, П. Рикёр).

ПЕРСОНА́ЛЬНАЯ ЭВМ, ЭВМ индивидуального пользования. Различают проф. и бытовые П. ЭВМ. Проф. П. ЭВМ по функциональным возможностям и матем. обеспечению идентичны обычным ЭВМ ср. производительности; имеют внеш. память на дискетах; используются преим. в составе автоматизир. рабочих мест. В бытовых П. ЭВМ (бытовых компьютерах, БК) в качестве внеш. памяти нередко используют обычный магнитофон, в качестве дисплея – телевизор; их матем. обеспечение включает средства обучения (в т.ч. самообучения) пользователя.

Персональная ЭВМ.

ПЕРТУРБА́ЦИЯ (от лат. perturbatio – расстройство, смятение), внезапное нарушение обычного, нормального хода чего-либо.

ПЕРУ́ (Республика Перу), гос-во на З. Юж. Америки. Пл. 1285,2 т. км². Нас. 22,9 млн. ч., преим. перуанцы (в т.ч. ок. ½ – индейцы кечуа и аймара, ок. ⅓ – метисы). Офиц. языки – испанский, кечуа. Б.ч. верующих – католики. Глава гос-ва и пр-ва – президент. Законодательный орган – парламент (конгресс). Столица – Лима. Адм.-терр. деление: 11 районов, 24 департамента и конституционная провинция. Ден. единица – соль.

На З., вдоль берега Тихого ок., – узкая полоса пустынных береговых равнин, в центре – горный пояс Анд (г. Уаскаран, 6768 м), на В. – Амазонская низм. и предгорная равнина, на Ю. – плоскогорье Пуна. Ср.-мес. темп-ры на побережье 15–25 °C, в Андах и на плоскогорьях от 5 до 16 °C, на равнине 24–27 °C; осадков 700–3000 мм в год. На плоскогорьях, плато и склонах хребтов – степи или по-

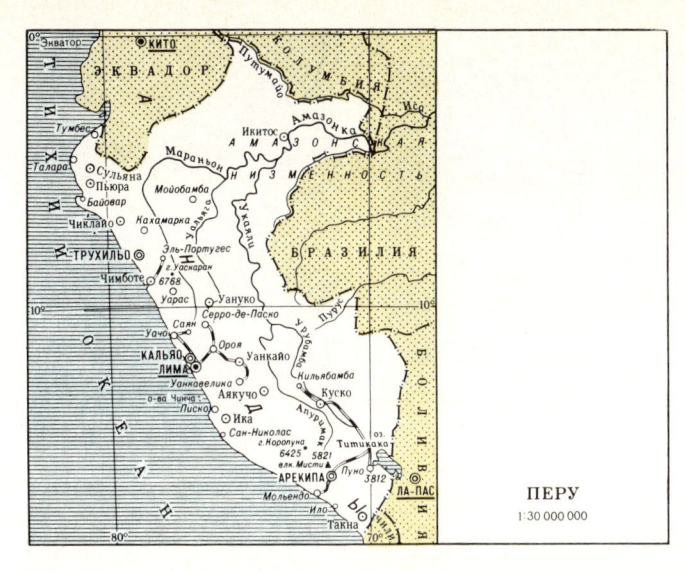

ПЕРУ

Перу. Глинобитная стена с ковровым рельефом в Чан-Чане. 10–15 вв.

Перу. Возделанные склоны Западной Кордильеры Анд в районе г. Уанкавелика.

золота, свинца; ок. ½ стоимости экспорта), нефти и нефтепродуктов, текстиля, обуви и др.

ПЕРУ́Н, бог грозы в индоевроп. и слав.-рус. мифологии. В 9–10 вв. на Руси – покровитель князя и дружины, глава языч. пантеона.

ПЕРФОКА́РТА, прямоуг. карточка из картона или пластмассы для записи и кодир. информации пробивкой отверстий (перфораций) по определ. системе; до 1960-х гг. использовалась как носитель данных в табуляторах и ЭВМ. Впервые применены франц. изобретателем Ж.М. Жаккаром в ткацком станке (1800–08).

ПЕРФО́РМАНС (англ. performance – спектакль, представление), направление в неоавангардистском иск-ве 1970–80-х гг.: система действий исполнителя или исполнителей, рассчитанная на публ. демонстрацию (напр., создание худ. произв. или др. акции обычно абсурдистского толка). В отличие от хепенинга, П. отказывается от непосредств. вовлечения в действие зрителей, от скандально-шокирующих элементов.

ПЕРЦЕ́ПЦИЯ (от лат. perceptio – представление, восприятие), то же, что *восприятие*.

ПЕСЕ́Ц, хищное млекопитающее (сем. волчьи). Длина тела до 75 см, хвоста до 50 см. Мех зимой белый или дымчатый (т.н. голубой П.), летом – грязно-бурый. Обитает в тундре и лесотундре Евразии и Сев. Америки. Осн. пища – лемминги, от колебаний

Песец.

численности к-рых зависит и численность П. Объект пушного промысла и звероводства (особенно голубой П.).

ПЕСКА́РИ́, речные рыбы (сем. карповые). Дл. 5–30 см. 7 видов, широко распространены в водоёмах Евразии. Обыкновенный П.– пища мн. хищных промысловых рыб. Илл. см. при ст. *Рыбы*.

«ПЕСНЬ О МОЁМ СИ́ДЕ» («El cantar de Mio Cid»), исп. эпич. поэма 12 в. Воспевает нац. героя Родриго Диаса де Бивара (между 1026 и 1043–1099), рыцаря, прозванного Кампеадором (ратоборцем) и Сидом (араб. «сеид» – господин), описывает его доблестные сражения с маврами и столкновения со спесивой исп. аристократией.

«ПЕСНЬ О НИБЕЛУ́НГАХ», нем. героич. эпос. Возник ок. 1200, изд. в 1757. В мифол. образах (богатырь Зигфрид, его жена Кримхильда), трагич. сюжетах, волшебных мотивах отразил ист. предания об уничтожении гуннами гос-ва бургундцев

«Песнь о нибелунгах». «Кольцо нибелунга». Илл. А. Рекем к изданию 1911 (Лондон).

(нибелунгов) в 436, образ жизни и представления рыцарства. Стала основой мифол. концепции муз. драм Р. Вагнера (тетралогия «Кольцо нибелунга»).

«ПЕСНЬ О РОЛА́НДЕ», ср.-век. франц. эпич. поэма (наиб. ранняя

«Песнь о Роланде». Илл. И. Архипова к изданию 1958 (Москва).

и совершенная редакция – Оксфордская, ок. 1170); ист. основу составляют легенды о походах Карла Великого. Роланд, гл. герой поэмы,– воплощение рыцарственности и патриотизма. Наиб. известны лит. переработки «П. о Р.» Л. Ариосто, продолжившего поэму М. Боярдо «Влюблённый Роланд» (1495).

«ПЕСНЬ ПЕ́СНЕЙ», раздел Ветхого Завета Библии: собрание отличающихся яркой образностью лирич. песен (на яз. иврит) о страстной, преодолевающей все преграды любви. Предположительно относятся к 3 в. до н.э., авторство долгое время приписывалось царю Соломону. «П. п.» оказала влияние на развитие лирич. поэзии мн. народов мира; по её мотивам А.И. Куприн написал пов. «Суламифь» (1908).

ПЕ́СНЯ, род словесно-муз. иск-ва; жанр вок. музыки (народной и композиторской). Муз. и поэтич. форма П.— обычно куплетная или строфическая. Классификация П.: по содержанию — лирич., патриотич., сатирич. и т.п.; по социальной функции — обрядовые, бытовые, воен.-строевые и т.п.; по исполнит. составу — сольные, хоровые, с инстр. сопровождением и без него. В рус. и франц. музыке 19 в. авторскую песню обычно называли *романсом*. В кон. 19 — нач. 20 вв. произошло выделение т.н. популярной П. (в т.ч. авторской, эстрадной, массовой и др.). П. иногда наз. инстр. произведение певучего характера.

ПЕСО́А (Pessoa) Фернанду (1888–1935), португ. писатель. Сб. «Антиной и 35 сонетов» (на англ. яз., 1918), «Английские стихотворения» (ч. 1–3, 1921), полит. манифест «Междуцарствие» (1928). В поэме «Послание» (1933) — истолкование португ. истории, мессианские мотивы. В лирич. циклах, пьесах, филос. и эстетич. трудах (большинство опубл. посмертно: «Стихи Алваро де Кампоса», 1944; «Стихи Алберто Каэйро», 1946; прозаич. «Книга неуспокоенности», 1965, и др.) — своего рода диалог между двойниками автора, каждый из к-рых наделён собств. именем, биографией, мировоззрением, стилем.

ПЕСО́К, рыхлая осадочная горн. порода, состоящая из зёрен кварца, полевых шпатов и др. минералов и обломков горн. пород размером 0,1–1 мм. Применяют в стр-ве и стек. пром-сти.

ПЕССИМИ́ЗМ (от лат. pessimus — наихудший), представление о том, что в мире преобладают негативное начало (хаос и зло), настроения безысходности, неверия в будущее и т.п. Впервые назвал П. своё учение А. Шопенгауэр. Противоположность П.— *оптимизм*.

ПЕСТАЛО́ЦЦИ (Pestalozzi) Иоганн Генрих (1746–1827), швейц. педагог, основоположник теории нач. обучения. Воспитание, по П., призвано развивать присущие человеческой природе духовные и физич. способности. Сторонник соединения учения и трудовой активности. Автор лит. произв. «Лингард и Гертруда» (1781–87), «Как Гертруда учит своих детей» (1801) и др.

ПЕ́СТЕЛЬ Пав. Ив. (1793–1826), декабрист, полковник (1821). Участник Отеч. войны 1812 и загран. походов рус. армии 1813–14. Чл. «Союза спасения» и «Союза благоденствия», основатель (1821) и директор Юж. об-ва декабристов, организатор его Тульчинской управы. Республиканец, автор программного док-та Юж. об-ва «Русская правда». Повешен 13 июля в С.-Петербурге.

ПЕСТИЦИ́ДЫ (от лат. pestis — зараза и caedo — убиваю), хим. препараты для борьбы с насекомыми-вредителями (инсектициды), клещами (акарициды), нежелательной растительностью (гербициды), грибами (фунгициды), бактериями (бактерициды), улитками и слизнями (моллюскоциды), с нематодными паразитами ж-ных (нематоциды), с вредителями из числа позвоночных (зооциды). К П. относят также дефолианты и десиканты. Большинство П.— синтетич. органич. в-ва. Систематич. применение П., особенно в завышенных дозах, приводит к загрязнению окружающей среды, уничтожению полезных насекомых, птиц, рыб, зверей, к накоплению П. в продуктах питания и отравлению людей. Использование П. строго регламентировано.

И.Г. Песталоцци.

ПЕ́СТУМ (греч.— Посейдония), древний город (6 в. до н.э.— 9 в. н.э.), в Юж. Италии, на побережье, к Ю.-В. от г. Салерно. Остатки дорич. храмов 6–5 вв. до н.э., оборонит. стен, т-ра, форума.

Пестум. Храм Посейдона.

ПЕСЧА́НИК, осадочная горн. порода, состоящая из песка, сцементированного глиной, известью и др. в-вами. Применяют в стр-ве.

ПЕТЁФИ (Petőfi) Шандор (1823–1849), венг. поэт. Возглавил восстание в Пеште во время Рев-ции 1848–49. Призыв к нац.-освободит. борьбе — в сб. «Стихи» (1844). Фольклорно-сказочная поэма «Витязь Янош» (1844), драма «Тигрица и гиена» (1845), ром. «Верёвка палача» (1846), поэма «Апостол» (1848), лирика, публицистика.

ПЕТИПА́ Мариус Ив. (1818–1910), артист балета, балетмейстер, педагог. По происхождению француз. С 1847 в России. Выступал до 1869 (Люсьен д'Эрвильи «Пахита» Л. Минкуса и др.). В 1869–1903 гл. балетм. петерб. балетной труппы. Поставил св. 60 балетов. Создал свод правил балетного академизма. Постановки отличались мастерством композиции, стройностью хореогр. ансамбля, виртуозной разработкой сольных партий. Мн. балеты сохраняются в совр. репертуаре как выдающиеся образцы хореогр. наследия 19 в. («Спящая красавица» П.И. Чайковского, 1890; «Раймонда» А.К. Глазунова, 1898; пост. с Л.И. Ивановым «Лебединое озеро» Чайковского, 1895).

ПЕТИ́ЦИЯ (от лат. petitio — просьба), ходатайство (гл. обр. коллективное), подаваемое гражданами главе гос-ва или высш. органам власти.

Ш. Петёфи.

ПЕТЛЮ́РА Симон Вас. (1879–1926), полит. и воен. деятель. Член Укр. с.-д. рабочей партии; был в числе организаторов Центр. рады (1917) и Директории (1918) Укр. нар. республики, глава её с февр. 1919. В сов.-польск. войне выступил на стороне Польши. В 1920 эмигрировал. Убит в Париже.

ПЕТЛЯКО́В Вл. Мих. (1891–1942), авиаконструктор. В КБ А.Н. Туполева руководил, в частности, разработкой бомбардировщика ТБ-7 (Пе-8). В 1937–40 репрессирован; в заключении создал пикирующий бомбардировщик Пе-2 (построено св. 11 тыс. машин), применявшийся в Вел. Отеч. войне.

ПЁТР, в Новом Завете один из *двенадцати апостолов*. Первонач. имя Симон. Призванный Иисусом Христом в апостолы вместе с братом Андреем и наречённый Кифой (арамейское «камень», в греч. пер. petros), П. получает предназначение стать «основанием» церкви Христа, ему вручаются ключи небесного царства. Преданный Христу, П. занимается проповеднической деятельностью. В Риме он схвачен и казнён вместе с *Павлом* (ок. 65). Церк. предание наз. П. первым рим. епископом.

ПЁТР (?–1326), митрополит всея Руси (с 1308). Поддерживал моск. князей в их борьбе за вел. княжение владимирское. В 1324 перенёс свою резиденцию из Владимира в Москву, где в Кремле основал Успенский собор. Автор поучений, посланий; занимал-

М. Петипа. Портрет работы Ж. Годешарля.

Пётр. Миниатюра «Книги евангельских чтений императора Генриха II»: «Иисус Христос вручает апостолу Петру ключи от рая». 1007–14. Государственная библиотека. Мюнхен.

ся иконописью. Канонизирован Рус. правосл. церковью.

ПЁТР I ВЕЛИ́КИЙ (1672–1725), рос. царь с 1682 (правил с 1689), первый рос. император (с 1721). Мл. сын Алексея Михайловича. Провёл реформы гос. управления (созданы Сенат, коллегии, органы высш. гос. контроля и полит. сыска; церковь подчинена гос-ву, проведено деление страны на губернии, построена новая столица — С.-Петербург). Использовал опыт зап.-европ. стран в развитии пром-сти, торговли, культуры. Проводил политику *меркантилизма* (создание мануфактур, металлург., горн. и др. з-дов, верфей, пристаней, каналов). Возглавлял армию в Азовских походах 1695–96, Сев. войне 1700–21, Прутском походе 1711, Персидском походе 1722–23 и др. Руководил постройкой флота и созданием регулярной армии. По инициативе П. I В. открыты мн. уч. заведения, Академия наук, принята гражд. азбука и т.д. Реформы П. I В. проводились жестокими средствами, путём крайнего напряжения материальных и людских сил (подушная подать и др.), что вызвало Астраханское 1705–06, Булавинское 1707 — нач. 1709 восстания и др. При П. I В. Россия приобрела значение вел. державы.

Пётр I Великий. Портрет работы И.Н. Никитина. Псковский историко-художественный музей-заповедник.

ПЁТР II (1715–30), рос. император с 1727. Сын царевича Алексея Петровича. Фактически при нём правили гос-вом А.Д. Меншиков, затем кн. Долгоруковы, старавшиеся забавами и увеселениями отвлечь П. II от занятия гос. делами.

ПЁТР III Фёдорович (1728–62), рос. император с 1761, нем. принц Карл Пётр Ульрих, сын герцога голштейн-готторпского Карла Фридриха и дочери Петра I Анны Петровны. С 1742 в России. В 1761 заключил мир с Пруссией, что свело на нет результаты побед рус. войск в *Семилетней войне* 1756–63. Свергнут в результате гос. переворота, организованного его женой Екатериной II. Убит.

ПЕТРА́ ВЕЛИ́КОГО ЗАЛИ́В, в Японском м., у берегов Азии. Дл. 80 км, шир. на Ю. ок. 200 км, глуб. менее 200 м. Порты: Владивосток, Находка (Россия). Мор. заповедник Дальневосточный (с 1978).

ПЕТРАЖИ́ЦКИЙ Лев Иос. (1867–1931), рос. юрист. Эмигрировал (1918) в Польшу. Один из основателей и наиб. ярких представителей психол. школы права, оказавшей большое влияние на развитие правовой науки 1-й пол. 20 в. Её представители рассматривали право как продукт психол. установок (эмоций) отд. личностей или социальных групп.

ПЕТРА́РКА (Petrarca) Франческо (1304–74), итал. поэт. «Канцоньере» («Книга песен») – сонеты, канцоны, секстины, баллады, мадригалы на жизнь и смерть Лауры, образец лирич. самовыражения, проникнутого противоречием между аскетич. ср.-век. и новым гуманистич. мироощущением, пониманием любви как реального земного чувства, неотъемлемой ценности человеческой жизни. Поэмы: «Африка» (1339–42, на лат. яз.) о 2-й Пунич. войне, «Буколики» (1346–57). Автобиогр. проза («Моя тайна, или Книга бесед о презрении к миру», 1342–43; «Письмо к потомкам», 1374).

ПЕТРАШЕ́ВСКИЙ (Буташевич-Петрашевский) Мих. Вас. (1821–1866), рос. обществ. деятель, социа-

Ф. Петрарка. Миниатюра. Ок. 1400.

лист. Рук. об-ва петрашевцев. Выступал за демократизацию обществ. строя России, освобождение крестьян с землёй. Ред. и автор «Карманного словаря иностранных слов» (в. 2, 1846). Вынашивал планы создания тайного об-ва. В 1849 приговорён к вечной каторге (отбывал в Забайкалье, с 1856 на поселении в Иркутской губ., сотрудничал в сиб. периодич. печати.

ПЕТРАШЕ́ВЦЫ, название в ист. и мемуарной лит-ре лиц, посещавших «пятницы» М.В. Петрашевского (кон. 1844 – нач. 1849), на к-рых обсуждались проблемы внутр. положения России, теории зап.-европ. социалистов (Ш. Фурье и др.). В кружках бр. И.М. и К.М. Дебу, Н.С. Кашкина, С.Ф. Дурова, Н.А. Момбелли и др. рассматривались планы создания тайного об-ва, нелег. типографии, агитац. лит-ры для народа и др. Все П. арестованы по доносу провокатора 23.4.1849 (под следствием 123 чел.). 22 чел. преданы воен. суду, 21 (в их числе Ф.М. Достоевский) приговорён к расстрелу (заменён каторгой или арестантскими ротами). В 1856 все П. амнистированы.

ПЕТРЕ́НКО Ал. Вас. (р. 1938), актёр. Играл в Ленингр. т-ре имени Ленсовета, во МХАТе (1978–83) и др. моск. т-рах. Наделён мощным темпераментом, воплощает в своей игре сложные движения человеческой души, яркие, объёмные характеры: Дима («Утиная охота» А.В. Вампилова, 1979), Джако («Обвал» М. Джавахишвили, 1983), Кока («Серсо» В.И. Славкина, 1985, Малая сцена Моск. т-ра на Таганке, затем Моск. т-р «Школа драм. иск-ва»), Степан («А чой-то ты во фраке?» Д.А. Сухарева, 1991, Моск. т-р «Школа совр. пьесы») и др. Выступает как гастролирующий актёр в разл. городах России (среди ролей – Сатин, «На дне» М. Горького). Снимался в ф.: «Двадцать дней без войны» (1977), «Агония» (1981) и др.

ПЕ́ТРИ (Petri) Эгон (1881–1962), нем. пианист, педагог. С 1938 в США. Интерпретация произв. И.С. Баха, Ф. Листа отличается глубиной и цельностью замысла, тонким чувством полифонич. фактуры.

ПЕТРО́В Ал-др Дм. (1794–1867), первый и сильнейший в 1820–50-х гг. в России шахматный мастер, теоретик, литератор. Основатель Шахматного клуба в С.-Петербурге (1837). Автор первого рус. учебника шахматной игры (1824).

ПЕТРО́В Анд. Пав. (р. 1930), рос. композитор. В творчестве тяготеет к муз. т-ру (триптих: оп. «Пётр I», 1974; вок.-хореогр. симф. «Пушкин», 1979; опера-феерия «Маяковский начинается», 1983) и к песне («Я шагаю по Москве», «Голубые города», обе 1962, и др.). Бал. «Берег надежды» (1958), «Сотворение мира» (1968), «Мастер и Маргарита» (пост. 1987); музыка к к.-ф. (св. 40) в т.ч. «Берегись автомобиля» (1966), «Служебный роман» (1977), «Жестокий романс» (1985).

ПЕТРО́В Вл. Вл. (р. 1947), спортсмен (хоккей с шайбой). Нападающий команды ЦСКА; многократный чемпион СССР (1968–81). Неоднократный чемпион Европы, мира (1969–81) и Олимп. игр (1972, 1976). Один из результативнейших игроков отеч. хоккея (св. 400 голов).

ПЕТРО́В (наст. фам. Краузе) Ив. Ив. (р. 1920), певец (бас). В 1943–70

О.А. Петров. Портрет работы С.К. Зарянко.

в Большом т-ре. Среди партий: Борис Годунов, Досифей («Борис Годунов», «Хованщина» М.П. Мусоргского). Выступал в концертах.

ПЕТРО́В Ник. Арнольдович (р. 1943), рос. пианист. Исполнитель-виртуоз, включает в конц. программы наряду с классическими редко исполняемые соч. рус. и зап.-европ. композиторов.

ПЕТРО́В Осип Аф. (1807–78), певец (бас), один из создателей рус. вок.-сценич. школы. С 1830 на петерб. оперной сцене (с 1860 в Мариинском т-ре). Первый исполнитель партий Сусанина и Руслана («Жизнь за царя» и «Руслан и Людмила» М.И. Глинки), Мельника («Русалка» А.С. Даргомыжского), Варлаама («Борис Годунов» М.П. Мусоргского).

ПЕТРО́В КРЕСТ, род бесхлорофилльных трав (сем. норичниковые). 5–7 видов, преим. в лесах умеренного пояса Евразии. Первые 10–15 лет развивается под землёй в виде крестообразного корневища, к-рое питается от корней растений-хозяина (лещина, тополь, ольха и др.), внедряя в них корни-присоски.

К.С. Петров-Водкин. «Купание красного коня». 1912. Третьяковская галерея.

Затем выносит над землёй побеги (выс. до 30 см) с розово-пурпурными цветками в кистевидном соцветии и бледными листьями, способными улавливать и переваривать мелких насекомых.

ПЕТРО́ВА Анна Як. (1817–1901), певица (контральто). Жена О.А. Петрова. В 1835–46 на петерб. оперной сцене. Первая исполнительница партии Вани («Жизнь за царя» М.И. Глинки). Обладала голосом бархатистого тембра, широкого диапазона, ярким сценич. темпераментом.

ПЕТРО́В-ВО́ДКИН Куз. Сер. (1878–1939), рос. живописец. С нач. 1910-х гг. перешёл от аллегорических к целостным монументально-декор. произведениям с ритмизир. компактной композицией, контрастами открытых и ярких цветов («Играющие мальчики», 1911). Разработал т.н. сферич. перспективу, создал драм. тематич. картины («1918 год в Петрограде», 1920), аналитически строгие портреты («А.А. Ахматова», 1922), натюрморты, выявляющие конструктивность предметного мира («Черёмуха в стакане», 1932). Работал как график и театральный художник.

ПЕТРО́ВИЧИ-НЕ́ГОШИ, см. *Негоши*.

ПЕТРОДВОРЕ́Ц (до 1944 Петергоф), г. в Ленинградской обл., в России. 83,8 т. ж. Пристань на берегу Финского зал.; ж.-д. ст. (Новый Петергоф). Часовой з-д. Осн. Петром I в 1709; загородная резиденция рос. императоров. Дворцово-парковый анс. 18–19 вв.: Большой дворец (18 в.), Верхний сад и Нижний парк (оба 1714–25) с системой фонтанов и вод. каскадов; комплекс пейзажных парков – Английский (18 в.), Александрия и Александровский (оба 1-я пол. 19 в.). Сильно разрушен в 1941–44 фаш. захватчиками, ныне восстановлен. Дворцово-парковый музей-заповедник. Илл. см. на стр. 530.

ПЕТРОЗАВО́ДСК, г. (с 1777), столица (с 1923) Карелии. 279,5 т. ж. Порт на Онежском оз. Маш-ние (обо-

Петродворец. Общий вид Большого дворца с водяным каскадом.

Петродворец. Часть Большого каскада.

рудование для лесной и деревообр. пром-сти, тракторы, суда и др.); деревообр., рыбоперераб. пром-сть. Карел. филиал РАН. 2 вуза (в т.ч. ун-т). Консерватория. 2 музея (краеведч. и изобр. иск-в). 4 т-ра (карельский муз., рус. и фин. драм., кукол). Осн. в 1703.

Петрозаводск. Панорама города.

ропавловский собор (1712—33, арх. Трезини) с усыпальницей императоров, комплекс С.-Петерб. монетного двора (1796—1805, арх. А. Порто) и др. Со 2-й пол. 18 в. в Алексеевском равелине — полит. тюрьма с особо строгим режимом (до 1884), в 1872—1917 в Трубецком бастионе — следств. полит. одиночная тюрьма. Ныне в составе Музея истории С.-Петербурга. С Нарышкина бастиона П.к. ежедневно производится полуденный выстрел сигнальной пушки.

ПЕТРОПАВЛОВСК - КАМЧАТСКИЙ, г. (в 1822—1924 Петропавловский порт), ц. Камчатской обл., в России. 272,6 т. ж. Порт на Тихом ок.; аэропорт. База рыболовного флота. Судостроит. верфь; судорем., рыбоконс. з-ды и др. Пед. ин-т, Высшее инж.-морское уч-ще, Ин-т междунар. бизнеса. Ин-т вулканологии Дальневост. науч. центра РАН. Краеведч. музей. Т-ры: драм., кукол. Осн. в 1740.

ПЕТРОСЯН Тигран Вартанович (1929—84), 9-й чемпион мира (1963—1969), 4-кратный чемпион СССР (1959—75) по шахматам. Шахматный теоретик и журналист.

ПЕТРУШЕВСКАЯ Люд. Стефановна (р. 1938), рус. писательница. В пьесах («Любовь», пост. 1975; «Чинзано», «День рождения Смирновой», обе пост. 1977; «Уроки музыки», пост. 1979), повестях и рассказах («Свой круг», 1988; «Песни восточных славян», 1990; «Время ночь», 1992) — одиночество совр. человека, в суете бытовых неурядиц утрачивающего нравств. ориентиры; жёсткость психол. анализа и стиля. Небольшие «сказки» для взрослых и детей.

ПЕТРУШКА, род одно- и двулетних травянистых р-ний (сем. зонтичные). 4 вида, в осн. в Средиземноморье. П. огородную возделывают в Евразии, Америке, Австралии, в России — повсеместно. В корнеплодах (270—300 ц с 1 га) и листьях сахара, витамины С и В, большое кол-во минер. солей, эфирное масло; используют как приправу, в нар. медицине — как мочегонное и потогонное средство; свежие листья прикладывают к местам укусов комаров, пчёл, ос.

Петропавловская крепость. Общий вид.

ПЕТРОПАВЛОВСКАЯ КРЕПОСТЬ (офиц. назв. С.-Петербургская, в 1914—17 — Петроградская крепость), в С.-Петербурге, на Заячьем о-ве. Ист. ядро города, заложена 16.5.1703 по плану Петра I: 6 бастионов, соединённых куртинами, 2 равелина, кронверк, первонач. деревоземляные, в 30—40-х и 80-х гг. 18 в. одеты камнем. Петровские (1717—18, арх. Д. Трезини) и Невские (1784—1787, арх. Н.А. Львов) ворота, Пет-

Петрушка. Листья.

ПЕТРУШКА, гл. персонаж рус. нар. кукольных представлений на ярмарках, базарах, площадях, во дворах и т.д., непобедимый, неунывающий весельчак в красной рубахе и колпачке с кисточкой. Известны с 1-й пол. 17 в., широко распространены в 19 — нач. 20 вв. У др. народов популярные герои т-ра кукол: Пульчинелла (итал.), Полишинель (франц.) и др.

ПЕТТЕНКОФЕР (Pettenkofer) Макс (1818—1901), нем. гигиенист, основоположник эксперим. гигиены. Основатель (1879) и руководитель первого гигиенич. ин-та (Мюнхен). Тр. по гигиене воздуха, воды, питания, одежды и др., по эпидемиологии холеры.

ПЕТТИ (Petty) Уильям (1623—87), англ. экономист, родоначальник классич. политэкономии. Основоположник трудовой теории стоимости. Обладал разносторонними способностями: в 1649 получил степень д-ра физики, в 1651 — проф. анатомии и проф. музыки; изобрёл копировальную машину.

У. Петти.

ПЕТУНИЯ, род одно- и многолетних трав (сем. паслёновые). Ок. 15 видов, в Америке. Многочисл. сорта П. гибридной с крупными белыми, пурпурными и красными цветками культивируют как декоративные.

ПЕТУШКОВА Ел. Вл. (р. 1940), рос. спортсменка. Чемпионка СССР (1967—75), мира (1970), Олимп. игр (1972) по кон. спорту.

ПЕХОТА, старейший род сухопут. войск. П. зародилась в глубокой древности, большое развитие получила в Др. Греции и особенно в Др. Риме, где делилась на лёгкую, среднюю и тяжёлую. В др.-рус. гос-ве войска почти исключительно состояли из П. (лишь в 15 в. важное значение приобрела конница). В большинстве гос-в П. делилась на тяжёлую и лёгкую (егеря, вольтижёры и др.). С появлением новых родов войск удельный вес П. снизился (к кон. 1-й мир. войны) до 40–50%. В кон. 20 в. остаётся самым многочисл. родом войск. В ряде гос-в имеется П. моторизированная, возд.-десантная, морская и др.

ПЕЦИ́ЛИИ, род рыб (сем. пецилиевые). Дл. 6–12 см. 6 видов, в пресных и солоноватых водах Америки. Разнообразные аквариумные формы (моллинезии, гуппи). Живородящи. Илл. см. при ст. *Аквариумные рыбы.*

ПЕЧА́ТНАЯ МАШИ́НА (полиграф.), служит для печатания книг, газет и др. продукции с печатных форм. Осн. узлы – печатный и красочный аппараты, устройства подачи бумаги и вывода готовой продукции. Различают по виду печати (напр., для глубокой печати). Выделяют тигельные П.м. – к плоской печатной форме бумага прижимается плоскостью т.н. тигля; плоскопечатные – к плоской форме бумага прижимается цилиндром, ротационные – форма и прижимающая поверхность цилиндрические. Бумага подаётся полистно или с рулона. Наиб. производительны рулонные ротац. П.м. Первая П.м. (плоскопечатная) создана нем. изобретателем Ф. Кёнигом (патент в 1811).

ПЕЧА́ТНАЯ ПЛА́ТА, пластинка из электроизоляц. материала (напр., гетинакса, текстолита), на поверхности к-рой нанесены т.н. печатные проводники – тонкие электропроводящие полоски, выполняющие роль монтажных проводов, с контактными площадками для присоединения навесных электро- и радиоэлементов (диодов, резисторов и др.). Такой способ монтажа (наз. печатным монтажом) позволяет уменьшить габа-

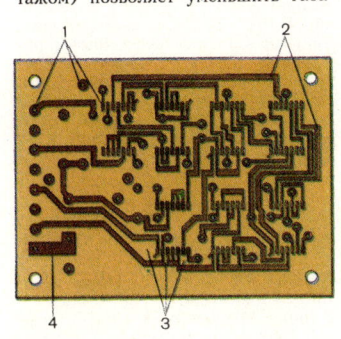

Печатная плата: 1 – контактные площадки; 2 – печатные проводники; 3 – электроизоляционные промежутки; 4 – контактные площадки для соединения с внешними электрическими цепями.

ритные размеры радиоэлектронной аппаратуры, повысить её надёжность.

ПЕЧА́ТНАЯ ФО́РМА, скомплектованный типографский набор, стереотип, пластина, цилиндр и т.п., поверхность к-рых состоит из печатающих (дающих оттиск на бумаге) и пробельных (непечатающих) элементов. Различают П.ф. для высокой, плоской и глубокой печати.

ПЕЧЕНЕ́ГИ, объединение тюркских и др. племён в 8–9 вв. в заволжских степях; в 9 в. в юж.-рус. степях; кочевники-скотоводы. Совершали набеги на Русь. В 1036 разбиты кн. Ярославом Мудрым. Часть П. переселилась в Венгрию.

ПЕ́ЧЕНЬ, крупная железа в брюшной полости. Участвует в обмене бел-

ков (синтезирует мн. белки крови), липидов, углеводов (регулирует уровень сахара в крови), в водном и солевом обмене, в синтезе витаминов А и B$_{12}$, в детоксикации продуктов обмена и чужеродных в-в, в пищеварении (вырабатывает желчь). П.– депо крови (может задерживать до 20% всей крови тела). Распространённые заболевания П.– *гепатит, цирроз.*

ПЕЧЕ́РИН Вл. Сер. (1807–85), рус. поэт, философ. Утопич. социалист в духе К.А. Сен-Симона. С 1836 эмигрант, в 1840 принял католичество, стал монахом-иезуитом. Жил в англ. монастырях. Драм. поэма «Торжество смерти» (1833), восп. «Замогильные записки» (1860–70-е гг., отд. изд.– 1932). Переписка с А.И. Герценом.

ПЕЧО́РА, р. на С.-В. Европ. части России. Дл. 1809 км. Истоки на Сев. Урале, впадает в Печорскую губу Баренцева м. Осн. притоки: Уса, Ижма. Регулярное судох-во от Троицко-Печорска, мор. суда поднимаются до Нарьян-Мара. На П.– гг. Печора, Нарьян-Мар.

ПЕЧЬ бытовая. Различают 3 осн. типа П.: русскую, шведскую, голландскую. Рус. П. служит гл. обр. для отопления, приготовления пищи, выпечки хлеба; пища готовится в открытой топке на огне или раскалённых углях; в России издавна сооружаются в сел. домах. Швед. П. («шведка») используется так же, как русская, но пища готовится на чугунной плите над топкой. Голл. П. («голландка») предназначена только для отопления помещений, в осн. в домах гор. типа.

ПЕШТА́К (пиштак), портал в ср.-век. обществ. и культовых зданиях Бл. и Ср. Востока. Высокий прямоуг. П. имел арочную нишу с входом, украшался богатым декором из майоликовых и терракотовых плит.

Пештак. Медресе Шир-Дор в Самарканде. 1619–1635/36.

ПЕЩЕ́РЫ, подземные полости, открывающиеся на земной поверхности одним или неск. отверстиями. Образуются преим. выщелачиванием и размывом водой растворимых горн. пород; встречаются также ледяные П. Карстовые П.– сложные системы проходов и залов (см. *Карст*) с натёчно-капельными образованиями (*сталактиты, сталагмиты*). Крупнейшая в мире по протяжённости система П.– Флинт-Мамонтова (США), суммарная длина к-рой ок. 560 км, самая глубокая П.– Жан-Бернар (Франция) – 1602 м.

ПИ (от греч. periphéreia – окружность), число, равное отношению длины *окружности* к её диаметру. Обозначается букв. греч. алф. π. Выражается бесконечной непериодич. десятичной дробью: π = 3,14159...

ПИАЖЕ́ (Piaget) Жан (1896–1980), швейц. психолог, основатель Женевской школы генетич. психологии. Осн. тр. посв. происхождению и развитию интеллекта и мировоззрения. На основе анализа умств. операций у детей создал периодизацию развития мышления (т.н. операциональная концепция интеллекта).

ПИАНИ́НО (итал. pianino, букв.– маленькое фортепьяно), разновидность *фортепьяно.* Струны, дека и механика расположены в вертикальной плоскости. Совр. конструкция – с сер. 19 в.

Пианино.

ПИА́Ф (Piaf) (наст. фам. Гасьон) Эдит (1915–63), франц. певица (шансонье). Выступала в мюзик-холле, драм. т-ре, снималась в кино (в т.ч. в ф. «Безымянная звезда», «Париж продолжает петь»). П. отличали богатый красками голос, экспрессия и одноврем. простота испол-

Э. Пиаф.

нит. манеры, артистизм. Создала шедевры лирич. песни-исповеди (автор текстов и музыки нек-рых из них).

ПИ́ВО, слабоалкогольный (от 1,5 до 6 объёмных % спирта) пенистый напиток, изготовленный спиртовым брожением сусла из солода, хмеля, воды, иногда с добавлением сахара, риса, ячменя и др.

ПИГМАЛИО́Н, в греч. мифологии царь Кипра, скульптор, влюбившийся в созданную им статую *Галатеи.* Афродита по просьбе П. оживила статую, и Галатея стала его женой. Перен.– человек, влюблённый в своё творение.

Пигмалион. Скульптурная группа Э.М. Фальконе «Пигмалион и Галатея». 1763. Лувр.

ПИГМЕ́И (греч. pygmáios, букв.– размером с кулак), группа народов, относящихся к *негрилльской расе*, коренное население Тропич. Африки.

ПИГМЕ́НТЫ (от лат. pigmentum – краска), красящие вещества. Природные органич. П. обусловливают окраску организмов; у р-ний участвуют в фотосинтезе (хлорофиллы, каротиноиды), у ж-ных – в тканевом дыхании (гемоглобины), в зрительных процессах (зрительный пурпур), защищают организм от вредного действия УФ-лучей (у р-ний – каротиноиды, флавоноиды, у ж-ных – гл. обр. меланины). В быту и пром-сти П.– природные или синтетич. порошки, практически нерастворимые в воде и органич. растворителях, белого (белила), чёрного (сажа) и др. цветов. Применяют для изготовления красок, грунтовок и др., для крашения.

ПИ́ДЖИНЫ (от искажённого англ. business – дело), тип языков, не имеющих коллектива исконных носителей и развившихся на основе одного языка (при существ. упрощении его структуры) или смешивания европ. и местных языков. Используются как средство межэтнич. общения в среде разноязычного населения, гл. обр. в Юго-Вост. Азии, Океании, Африке. Насчитывается ок. 50 П. и пиджинизир. форм языков.

ПИЕЛОНЕФРИ́Т (от греч. pýelos – лоханка и nephrós – почка), воспалит. заболевание почек, острое или хроническое, одно- или двустороннее; проявляется пиурией (наличие гноя в моче), повышенной темп-ры, болями в поясничной области. Осложнения: гипертония, почечная недостаточность.

ПИ́ЖМА, род многолетних трав (сем. сложноцветные). Св. 50 видов, в Сев. полушарии. Растёт как сорняк вдоль дорог, на открытых солнечных местах. П. обыкновенная, или дикая рябинка,– инсектицид, лекарств. (желчегонное) р-ние; цветки и листья используют как пряность; ядовита для кр. рог. скота.

Пижма.

ПИ́ЗА, г. в Италии, на р. Арно. 102 т. ж. Междунар. аэропорт. Соединён судоx. каналом с портом Ливорно. Маш-ние; хим., фарм., стек.-керамич., лёгкая пром-сть. Туризм. Ун-т (1345), в к-ром учился Галилей. Высш. муз. школа (1906). Нац. музей Сан-Маттео (коллекция тосканской живописи и скульптуры 12–15 вв.). Т-р Верди (1867). Анс. соборной площади («Площадь чудес») с собором (11–12 вв.), баптистерием (начат в 12 в.), Кампосанто (гор. кладбище, с 13 в.) и кампанилой («Падающая башня», 1174–1372) включён в список *Всемирного наследия*.

ПИЗА́НО (Pisano), прозвище ряда итал. скульпторов и архитекторов 13–14 вв. Наиб. известны: Никколо (ок. 1220 – между 1278–1284), один из основоположников *Проторенессанса*, создатель пластически-осязаемых, полных могучей силы образов (кафедра баптистерия в Пизе, 1260). Джованни (ок. 1245 – после 1314), сын Никколо. Сочетал страстную эмоц. напряжённость образов, готич. изломанность линий с традициями Проторенессанса (кафедра в церкви

Пиза. Кампанила.

Сант-Андреа в Пистое, окончена в 1301).

ПИК (франц. pic), 1) остроконечная горн. вершина обычно пирамидальной или конусовидной формы. В более широком смысле – высш. точка горн. хребта, массива или вершины независимо от формы. 2) Высш. точка; резкое кратковрем. увеличение объёма работы, нагрузки пр-тия, средств транспорта в определ. часы суток («часы П.»).

ПИКА́ССО (Picasso) (собств. Руис) Пабло (1881–1973), франц. живописец. По происхождению испанец. В 1900-х гг. («голубой» и «розовый» периоды) создал обострённо-выразит. произв., посвящённые обездоленным людям («Девочка на шаре», 1905). С 1907 основоположник *кубизма*, с сер. 1910-х гг. создавал произв. в духе *неоклассицизма*, в ряде работ близок *сюрреализму*. Произв. П. иногда полны боли и протеста,

П. Пикассо. «Девочка на шаре». 1905. Музей изобразительных искусств имени А.С. Пушкина.

имеют большое обществ. значение («Герника», 1937; рис. «Голубь мира», 1947). Много работал как график, скульптор, керамист.

ПИКИНЁРЫ, в европ. армиях 16 – нач. 18 вв. пешие и кон. воины, вооружённые пиками. В рус. армии наз. копейщиками. В 1764–83 в рус. армии были кон. пикинёрные полки.

ПИККОЛИ́ (Piccoli) Мишель (р. 1925), франц. киноактёр. Добился успеха в ролях внешне самоуверенных, но слабых и закомплексованных героев («Девушки из Рошфора», 1966; «Дневная красавица», 1967; «Млечный путь», 1968; «Мелочи жизни», 1969; «Атлантик-Сити», 1980; «Доктор Тейран», 1980, ТВ). Великолепная актёрская техника и внутр. пластичность позволяют П. органически вписываться в фильмы самых разнообразных жанров и режиссёрских стилей.

ПИ́ККОЛО (от итал. piccolo – маленький), название наименьшего по размерам и наиб. высокого по звучанию муз. инстр-та к.-л. семейства. П. обычно наз. флейту-пикколо.

«ПИ́ККОЛО-ТЕА́ТРО», итал. драм. т-р. Осн. в 1947 в Милане (рук. Дж. Стрелер). Деятельность т-ра отличается высокой режиссёрской и актёрской культурой, демокр. направленностью, просветит. работой среди зрителей.

ПИ́КО ДЕ́ЛЛА МИРА́НДОЛА (Pico della Mirandola) Джованни (1463–94), итал. мыслитель эпохи Возрождения, представитель раннего гуманизма. «900 тезисов» (1489) П. делла М. (введение к ним – «Речь о достоинстве человека»), в к-рых он стремится к всеобщему «примирению философов» (все религ. и филос. школы – частные проявления единой истины), были осуждены папской курией. С 1488 во Флоренции, вошёл в кружок Лоренцо Медичи и флорентийских неоплатоников.

ПИКТОГРАФИ́ЧЕСКОЕ ПИСЬМО́ (от лат. pictus – нарисованный и греч. gráphō – пишу) (рисуночное письмо, пиктография), этап развития *письма* – отображение содержания сообщения в виде рисунка или последовательности рисунков. П.п. не является средством фиксации к.-л. языка, т.е. письмом в собств. смысле. Известно с времён неолита. Широко распространено у индейцев Америки, жителей Тропич. Африки, аборигенов Австралии, некоторых народов Сибири и др. вплоть до 20 в.

ПИ́КУЛИ, мелкие овощи (огурцы, цветная капуста, зелёный горошек и др.), маринованные в уксусе с пряностями. Приправа к рыбным и мясным блюдам.

ПИ́КУЛЬ Вал. Саввич (1928–90), рус. писатель. Остросюжетные рома-

ны на ист. темы: «Пером и шпагой» (1972), «Слово и дело» (1974–75), «Фаворит» (т. 1–2, 1984), «Честь имею!» (кн. 1–2, 1988–89). Ром. «Океанский патруль» (1954) о Вел. Отеч. войне.

ПИ́КФОРД (Pickford) Мэри (наст. имя и фам. Глэдис Смит) (1893–1979), амер. актриса. Завоевала огромную популярность в образе добродетельной девушки, совр. варианте Золушки, в фильмах 1910-х гг.: «Бедная маленькая богачка», «Длинноногий папочка» и др. В 20-х гг. снималась в ф.: «Розита», «Поцелуй Мэри Пикфорд» (в СССР), «Кокетка». Выступала как продюсер, в 30–40-х гг. играла в т-ре.

ПИЛА́Д в греч. мифологии верный друг *Ореста*, символ преданной дружбы.

ПИЛО́Н (греч. pýlon – ворота, вход), 1) массивные столбы, служащие опорой перекрытий, арок либо стоящие по сторонам входов, въездов. 2) Башнеобразные сооружения с трапециевидными фасадами по сторонам входов др.-егип. храмов.

ПИЛОРЫ́ЛЫ, то же, что *пилы-рыбы*.

ПИ́ЛОС, др.-греч. город 16–13 вв. до н.э. на Пелопоннесе, ныне городище к С. от совр. г. Пилос. Остатки дворца с росписями, гробницы, глиняные таблички с текстами (линейное письмо).

ПИЛСУ́ДСКИЙ (Piłsudski) Юзеф (1867–1935), польск. гос. деятель, маршал (1920). Один из лидеров Польск. социалистич. партии. Во время 1-й мир. войны командовал польск. легионом, сражавшимся на стороне Австро-Венгрии против России. В 1919–22 глава гос-ва («начальник» гос-ва). После осуществлённого им в мае 1926 гос. переворота установил в стране авторитарный режим, действуя в качестве воен. министра (иногда и премьер-министра).

ПИ́ЛЫ-РЫ́БЫ (пилорылы), род пилорылых скатов. Рыло в виде двусторонней пилы (им разрыхляют грунт при добывании пищи). Дл. до 6 м, масса до 2,4 т. 7 видов, в тропич. и субтропич. морях, иногда в опреснённых водах.

ПИЛЬНЯ́К (наст. фам. Вогау) Бор. Анд. (1894–1938), рус. писатель. В ром. «Голый год» (1921), пов. «Красное дерево» (опубл. за рубежом в 1929, в России в 1989), рассказах (сб. «Расплёснутое время», 1927) – изображение (подчас натуралистическое) быта рев. эпохи. В психол. «Повести непогашенной луны» (1926) – аллюзия на таинств. обстоятельства гибели М.В. Фрунзе. Проза отмечена поисками новых форм (т.н. орнаментальный стиль; фрагментарно-мозаичная композиция,

Пиктографическое письмо. Прошение индейских племён конгрессу Соединённых Штатов.

ритмич. и синтаксич. повторы и пр.). Репрессирован и расстрелян.

ПИЛЯ́СТРА (пилястр) (итал. pilastro, от лат. pila – колонна, столб), плоский вертикальный выступ прямоуг. сечения на поверхности стены или столба. Имеет те же части, что и колонна, служит для членения плоскости стены.

ПИ́МЕН (Извеков Сер. Мих.) (1910–90), патриарх Московский и всея Руси с 1971. Пострижен в монахи в 1927. Архимандрит с 1950, епископ с 1957, архиепископ с 1960, митрополит с 1961. Управляющий делами Моск. патриархии в 1960–61, пост. член Священного синода с 1961. Местоблюститель Моск. патриаршего престола в 1970.

ПИ́МЕНОВ Юр. Ив. (1903–77), рос. живописец, график, театральный художник. Член-учредитель ОСТ. Поэтич. изображение трудовых будней в жанровых сценах, пейзажах, портретах («Новая Москва», 1937; серия «Новые кварталы», 1963–67).

Ю.И. Пименов. «Новая Москва». Третьяковская галерея.

ПИНА́КЛЬ (франц. pinacle), декор. башенки, столбики на *контрфорсах* (реже на др. частях) позднероманских и готич. церквей.

ПИНАКОТЕ́КА (греч. pinakothēke, от pínax – доска, картина и thēkē – хранилище), название хранилища произв. живописи, картинной галереи в Европе (напр., Старая П. в Мюнхене).

ПИНГВИ́НЫ, отряд плавающих птиц. Дл. от 40 см до 1,2 м (императорский П.). Крылья похожи на ласты. Не летают, но хорошо плавают и ныряют (на глуб. до 175 м). 16 видов, в т.ч. хохлатый и королевский П., П. Адели; распространены гл. обр. в Антарктике и Субантарктике. В период размножения образуют пары; гнездятся колониями на низких каменистых берегах; яйца обычно насиживают оба родителя. Во внегнездовое время стаями уплывают в море, иногда на сотни км от берега. Места гнездования галапагосского П. находятся под охраной.

Пингвины. Королевский пингвин.

ПИНГ-ПОНГ, см. *Настольный теннис.*

ПИ́НДАР (ок. 518–442 или 438 до н.э.), др.-греч. поэт-лирик. Хоровые песнопения, культовые гимны, похвальные песни в честь победителей на Олимпийских, Дельфийских и др. спорт. играх. Поэзия П. отличается сложностью строфич. структуры, торжеств. величавостью языка и прихотливостью ассоциативных переходов.

ПИНЕ́ЛЬ (Pinel) Филипп (1745–1826), франц. врач-гуманист, один из основоположников науч. психиатрии. Добился освобождения душевнобольных от цепей и наручников, введения для них больничного режима, врачебных обходов, леч. процедур и др.

ПИ́НИЯ (сосна итальянская), дерево (сем. сосновые). По берегам Средиземного м. Характерный элемент средиземноморского ландшафта; культивируется ради съедобных семян (т.н. орешков пиниоли) и как декор. р-ние.

ПИ́НЧЕРЫ, группа пород собак, используемых для розыскной и охранной службы (*доберман*), ловли крыс, хорьков, ласок (немецкий П.), а также в декор. целях (карликовый П.). Родина П.– Германия. Разводят во мн. странах, в т.ч. в России (немецкий П. немногочислен).

Пинчеры. Немецкий пинчер.

ПИО́Н, род многолетних травянистых р-ний, реже кустарников и полукустарников (сем. пионовые). Ок. 40 видов, в осн. в умеренном поясе Евразии. Мн. виды (П. китайский и др.) разводят как декор. р-ния. Светолюбивы. Размножение гл. обр. делением куста. Новые р-ния зацветают на 2–3-й год. Цветение в мае-июне. Цветки крупные, чаще махровые, розовые, красные, кремовые и белые, ароматные.

ПИОНЕ́Р (от франц. pionnier – первопроходец, зачинатель), 1) человек, первым проникший в неисследованную область, прокладывающий новые пути в к.-л. сфере деятельности. 2) Член пионерской орг-ции.

ПИОНЕ́РЫ, название личного состава инж. частей в рус. (2-я пол. 18 – 1-я пол. 19 вв.) и в нек-рых совр. иностр. армиях.

Пион.

ПИРАМИ́ДА (от греч. pyramís), многогранник, одна из граней к-рого (основание П.) – многоугольник, а остальные грани – треугольники, имеющие общую вершину (вершина П.); их стороны наз. рёбрами П. Объём пирамиды $V = Sh/3$, где S – площадь основания, h – высота.

ПИРАМИ́ДА, монументальное сооружение, имеющее геом. форму пирамиды (иногда ступенчатую или башнеобразную). П. наз. гробницы др.-егип. фараонов 3–2-го тыс. до н.э. (Хеопса в Гизе, 28 в. до н.э., выс. 146,6 м), а также постаменты храмов в Центр. и Юж. Америке, связанные с космологич. культом.

ПИРАНДЕ́ЛЛО (Pirandello) Луиджи (1867–1936), итал. писатель, драматург. В новеллах (сб. «Новеллы на год», т. 1–5, 1901–19, новое изд. 1922; назван критиками «итал. Чеховым»), романах (в т.ч. «Покойный Маттиа Паскаль», 1904), филос.-психол. трагикомедиях, отражающих иронич. отношение автора к действительности («Шесть персонажей в поисках автора», 1921; «Генрих IV», 1922, и др.),– иллюзорность человеческих идеалов, одиночество, неустойчивость и несовершенство обществ. отношений, игра случая в судьбах людей. Ноб. пр. (1934).

ПИРАНЕ́ЗИ (Piranesi) Джованни Баттиста (1720–78), итал. гравёр. Графич. «архитектурные фантазии» поражают грандиозностью пространств. построений, драм. светотеневыми эффектами (цикл «Виды Рима», изд. в 1748–88).

ПИРА́НЬИ, семейство рыб. Св. 50 видов, в пресных водах Юж. Америки. Стайные, хищные рыбы. Обладают мощными челюстями с

Пионеры: 1 – пионер, 1786–96; 2 – рядовой 1-го Пионерского полка, 1812. Россия.

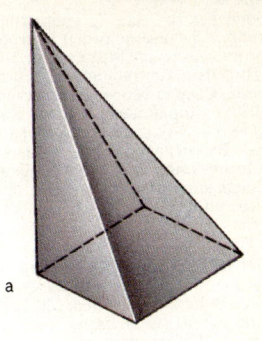

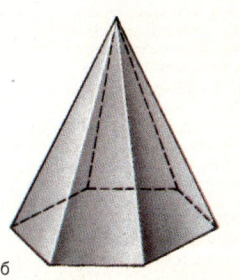

Пирамиды: а – наклонная, б – прямая.

Пиранья.

острыми зубами, нападают на рыб и др. ж-ных, опасны для человека. Стая П. за неск. мин уничтожает ж-ное массой ок. 50 кг. Нек-рые виды содержат в аквариумах.

ПИРЕНЕ́И, горн. система на Ю.-З. Европы (Испания, Франция, Андорра), между Бискайским зал. и Средиземным м. Дл. 450 км. Выс. до 3404 м (пик Ането). Сочетание средневысотных плосковершинных массивов и прямолинейно вытянутых хребтов. Ледники (пл. ок. 40 км²); карст. В П.– истоки рек Гаронна, Адур, лев. притоков Эбро; озёра. В ниж. частях склонов – заросли средиземноморских кустарников, до 1800–2100 м преобладают леса, выше – кустарники и луга. М-ния бокситов, жел. руд. Альпинизм, туризм, зимние виды спорта.

ПИРЕНЕ́ЙСКИЙ ПОЛУО́СТРОВ, на Ю.-З. Европы (Испания, Португалия, Андорра, Гибралтар). Пл. 582 т. км². Омывается Атлантич. ок. (его

534 ПИРИ

Бискайским зал., Гибралтарским прол., Средиземным м.). Преобладают плоскогорья (Месета и др.) и горы (Пиренеи, Кантабрийские, Каталонские, Сьерра-Морена, Андалусские, Центр. Кордильера). Выс. до 3478 м (г. Муласен, хр. Сьерра-Невада). Вдоль побережий – низменности (Португальская, Андалусская и др.). Средиземноморские кустарники, участки степей, лесов. М-ния кам. угля, руд железа, вольфрама, ртути и др.

ПИ́РИ (Peary) Роберт Эдвин (1856–1920), амер. арктич. путешественник. В 1892 и 1895 пересёк Гренландию, открыл её с., названный его именем. В 1900 окончательно доказал островной характер Гренландии, обнаружив её сев. мыс – самую сев. точку земной суши (83°40′ с. ш.). 6 апр. 1909 на собачьих упряжках достиг р-на Сев. полюса.

ПИРИДИ́Н, бесцв. горючая жидкость с неприятным запахом, $t_{кип}$ 115,4 °C. Содержится в кам.-уг. смоле. Применяется в синтезе лекарств. средств, гербицидов, для денатурирования этилового спирта, как растворитель. Токсичен. Многие производные П.– биологически важные соединения, напр. никотин, никотиновая к-та, нек-рые алкалоиды.

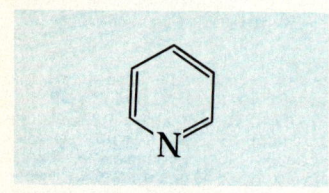

Пиридин.

ПИРИ́Т (серный колчедан, железный колчедан) (от греч. pyrítēs líthos – огненный камень, т.к. искрит при ударе), минерал, сульфид железа, компонент серных руд. Образует латунно-жёлтые кубич. кристаллы с металлич. блеском и штриховкой на гранях, сплошные зернистые массы, иногда конкреции. Тв. 6–6,5; плотн. 5,0 г/см³. Нередко содержит примеси Au, Co, к-рые извлекаются попутно.

ПИРОГО́В Ник. Ив. (1810–81), врач, естествоиспытатель, педагог, основоположник воен.-полевой хирургии в России и анатомо-эксперим. направления в хирургии. Участник

Н.И. Пирогов. Памятник в Москве. Скульптор В.О. Шервуд. 1897.

Севастопольской обороны (1854–55), франко-прус. (1870–71) и рус.-тур. (1877–78) войн. Впервые произвёл операции под наркозом на поле боя (1847), ввёл неподвижную гипсовую повязку, предложил ряд хирургич. операций. Вёл борьбу с сословными предрассудками в области образования, выступал за автономию ун-тов, всеобщее нач. образование. Мировую известность получил атлас П. «Топографическая анатомия» (т. 1–4, 1851–54).

ПИРОГО́ВЫ, певцы (басы), братья. 1) Григ. Степ. (1885–1931). В 1910–21 в Большом т-ре. Среди партий: Борис Годунов, Досифей («Борис Годунов», «Хованщина» М.П. Мусоргского), Руслан («Руслан и Людмила» М.И. Глинки), Дон Базилио («Севильский цирюльник» Дж. Россини). 2) Ал-др Степ. (1899–1964). В 1924–54 в Большом т-ре. Обладатель сильного голоса бархатистого тембра, большого сценич. таланта, артист создал галерею разнохарактерных образов: Борис Годунов; Мельник («Русалка» А.С. Даргомыжского), Галицкий («Князь Игорь» А.П. Бородина), Мефистофель («Фауст» Ш. Гуно» и др.

ПИРОМА́НИЯ (от греч. рýr – огонь и мания), неодолимое, импульсивно возникающее болезненное влечение к поджогам.

ПИРОМЕТАЛЛУ́РГИЯ (от греч. рýr – огонь и металлургия), общее наименование металлургич. процессов, протекающих при высоких темп-рах (обжиг, плавка, рафинирование и др.). Основа произ-ва чугуна и стали, свинца, меди, цинка и др. металлов.

ПИРО́МЕТРЫ (от греч. рýr – огонь и ...метр), оптич. приборы для измерения относительно высоких темп-р тел по спектру их теплового излучения. Действие П. основано на законах излучения абсолютно чёрного тела. П. применяют в пром-сти для контроля высокотемпературных режимов технол. процессов (напр., в плавке).

ПИРО́П, минерал группы гранатов. Кристаллы густого красного цвета. Спутник алмаза. Прозрачные кристаллы П.– драгоценные камни. Применяется также как абразивный материал. Лучшие П. известны в Чехии, ЮАР.

ПИРОСМАНАШВИ́ЛИ (Пиросмани) Нико (1862?–1918), груз. живописец-примитивист. Самоучка. Обладая непосредств. наивно-поэтич. видением мира, создал произв., отличающиеся статичностью чётко построенной композиции, строгостью колорита («Дворник»).

Н. Пиросманашвили. «Кутёж трёх князей». Музей искусств Грузии. Тбилиси.

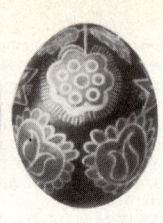

ПИРОЭЛЕ́КТРИКИ (от греч. рýr – огонь), кристаллы, на поверхности к-рых при изменении темп-ры появляются электрич. заряды. Все П.– пьезоэлектрики (обратное неверно), нек-рые П. обладают сегнетоэлектрич. свойствами (см. Сегнетоэлектрики). Типичный П. – турмалин.

ПИРРО́Н из Элиды (ок. 360 – ок. 270 до н.э.), др.-греч. философ, основатель скептицизма (пирронизма): человеческие суждения о вещах произвольны, следует воздерживаться от к.-л. суждений вообще и пребывать в состоянии атараксии и апатии.

ПИРС (Pears) Питер (1910–86), англ. певец (тенор). В 1943–48 в т-рах «Сэдлерс-Уэллс», «Ковент-Гарден», с 1947 в Англ. оперной труппе. Первый исполнитель мн. совр. сочинений, в т.ч. гл. партий в операх Б. Бриттена, с к-рым гастролировал и как камерный певец.

ПИРС (Pierce) Чарлз Сандерс (1839–1914), амер. философ, логик, математик и естествоиспытатель. Родоначальник прагматизма. Выдвинул принцип, согласно к-рому содержание понятия целиком определяется представлением о его возможных последствиях. Основатель семиотики. Работы по матем. логике.

ПИРС (от англ. pier – столб, мол, пристань), причальное сооружение, выступающее в акваторию порта и служащее для швартовки судов с двух сторон. Часто П. располагают группами, образующими вдоль берега т.н. гребёнку.

ПИ́САНКА, расписное яйцо. Восходит к языч. времени, позднее перешла в обряд празднования христ. Пасхи. Роспись П.– преим. геом. или растит. орнамент, распространена у мн. народов (славянских и др.).

ПИ́САРЕВ Дм. Ив. (1840–68), рос. публицист, лит. критик. С нач. 1860-х гг. ведущий сотрудник ж. «Русское слово». В 1862–66 заключён в Петропавловскую крепость за антиправительств. памфлет. В нач. 60-х гг. выдвинул идею достижения социализма через индустр. развитие страны («теория реализма»). Пропагандировал развитие естествознания, к-рое считал средством просвещения и производит. силой. Высоко оценивал роман Н.Г. Чернышевского «Что делать?», творчество И.С. Тургенева, Л.Н. Толстого, Ф.М. Достоевского. С нигилистич. позиций отрицал значение творчества А.С. Пушкина для современности. Гл. тр.: «Очерки из истории труда», «Базаров», «Реалисты», «Разрушение эстетики», «Генрих Гейне».

ПИСА́РРО (Pizarro) Франсиско (между 1470 и 1475–1541), исп. конкистадор. Участвовал в завоевании Панамы и Перу, разгромил и уничтожил гос-во инков – Тауантинсуйу, основал г. Лима. Погиб в борьбе с др. конкистадорами.

ПИ́СЕМСКИЙ Ал. Феофилактович (1821–81), рус. писатель. Ром. «Ты-

Писанки: 1–2 – гуцульские; 3 – румынская; 4 – чешская.

сяча душ» (1858) – картина рус. жизни предреформенной поры; драма из крест. жизни «Горькая судьбина» (1859). В ром. «Люди сороковых годов» (1869) – осмысление духовной жизни современников.

ПИСИСТРА́Т, афинский тиран (правитель) в 560–527 до н.э. (с перерывами). Провёл реформы в интересах земледельцев и торг.-ремесл. слоёв. Создал наёмное войско, организовал обществ. строительство (рынок, водопровод, гавань Пирей, храмы и др.).

ПИСКА́ТОР (Piscator) Эрвин (1893–1966), нем. режиссёр. Организатор и руководитель т-ра в Берлине (1927–32). С 1933 жил в СССР, Франции, США. С 1947 работал в Мангейме, Мюнхене и др. Ставил антифаш. драматургию. С 1962 рук. т-ра «Фрайе фольксбюне» (Берлин).

ПИССАРРО́ (Pissarro) Камиль (1830–1903), франц. живописец. Представитель импрессионизма. Светлые, чистые по цвету пейзажи («Вспаханная земля», 1874).

ПИСТО́ЛЬ (франц. pistole, исп. pistola), старинная исп. монета 16–18 вв. В 17 в. обращалась во Франции, Италии, Германии и нек-рых др. странах.

«ПИ́СЬМА ТЁМНЫХ ЛЮДЕ́Й», см. в ст. Гуттен У.

ПИСЬМО́, знаковая система фиксации речи с помощью графич. элементов. П. позволяет закрепить речь во времени и передавать её в пространстве. Существуют 4 осн. типа П.: идеографическое письмо; словесно-слоговой тип П. (знак-рисунок, иероглиф обозначает определ. слово или его часть) – др.-егип., шумерское, китайское П. и др.; силлабический тип П. (знак передаёт к.-л. последовательность звуков, а не слово) – деванагари, системы П. в Индии и Юго-Вост. Азии, восходящие к брахми; алфавитные (буквенные) системы П. (буква передаёт, как правило, один звук) – финикийское П., греч., лат. и др. зап. и вост. алфавиты. Одним из видов П. считается стенография. П. известно с кон. 4-го – нач. 3-го тыс. до н.э. (Египет, Месопотамия). Ему предшествовали др. средства для запоминания и передачи устных сообщений – вампумы, пиктографическое письмо и т.п.

ПИТА́НИЕ, поступление в организм и усвоение им в-в, необходимых для роста, жизнедеятельности и воспроизводства. Посредством П. как составной части обмена в-в осуществляется связь организма со средой. По типу П. все организмы делят на автотрофов и гетеротрофов. У большинства р-ний воздушное (фотосинтез) и почвенное (минеральное) П.

От качества и режима П. человека зависят его здоровье, работоспособность и продолжительность жизни. В ср. суточная потребность в осн. пищ. в-вах для мужчины: белки ок. 90 г, жиры 80–100 г, углеводы св.

350 г. У женщин соотв. показатели на 15% ниже. Недостаточное или избыточное П. приводит к нарушениям обмена в-в, *алиментарным заболеваниям* человека. Основы рационального П. разрабатывают гигиена питания и диетология.

ПИТЕ́АС (Пифей) (4 в. до н.э.), др.-греч. мореход, первый полярный мореплаватель, астроном, математик и географ. Между 350 и 320 до н.э. совершил плавание вдоль части сев. и зап. берегов Европы. Открыл о-ва Зеландия, Великобритания, Ирландия, Шетлендские и Оркнейские, п-ова Бретань и Скандинавский, моря Северное, Ирландское и Балтийское, прол. Каттегат и Бискайский зал. П. вычислил наклон плоскости эклиптики к плоскости небесного экватора, первым указал на связь между движением Луны и приливно-отливными явлениями океана.

ПИТЕКА́НТРОПЫ (от греч. pithēkos – обезьяна и ánthrōpos – человек), древнейшие представители людей (*архантропов*), ископаемые остатки к-рых были обнаружены в Индонезии. Древность большинства находок ок. 800–500 тыс. лет. Иногда термин «П.» употребляется в более широком значении как синоним архантропов.

ПИТО́ЕВ (Pitoëff) Жорж (1884–1939), франц. актёр, режиссёр. В 1908–12 в Передвижном т-ре П.П. Гайдебурова и Н.Ф. Скарской в С.-Петербурге. Руководил театральными труппами в Швейцарии (1915–1922), затем во Франции, где в 1926 был одним из организаторов театрального союза «Картель». Стремился создать т-р, проникнутый поэзией, знакомящий зрителя с лучшими произв. мировой драматургии, в т.ч. русской.

ПИТО́НЫ, змеи (сем. *удавы*). Дл. от 1,5 до 10 м. 22 вида, в тропиках и субтропиках Вост. полушария. Обитают преим. в лесах, нек-рые только на деревьях. Крупные П. могут целиком заглатывать шакалов, дикобразов, молодых леопардов и др. На человека нападают редко. Мясо и жир съедобны, кожа используется для поделок. В неволе живут до 25 лет.

ПИ́ТТИ, худ. музей во Флоренции, открыт в 1828 в Палаццо Питти (ср. часть – с 1440, арх. Ф. Брунеллески; двор – 1538–70, арх. Б. Амманати). В картинной гал. (т.н. Палатинской) произв. итал. и флам. живописи 15–17 вв.

ПИФАГО́Р (ок. 570 – ок. 500 до н.э.), др.-греч. философ, религ. и полит. деятель, математик. Основатель *пифагореизма*. П. покинул свой род-

Пифагор.

ной о. Самос в знак протеста против тирании правителя. В математике П. приписывают систематич. введение доказательств, создание учения о подобии, доказательство теоремы о соотношении длин сторон прямоугольного треугольника (теорема П.), учение о пропорциях. П. считал Землю шаром, движущимся вокруг Солнца (поэтому учение Коперника долго наз. пифагорейским).

ПИФАГОРЕ́ИЗМ, религ.-филос. учение в Др. Греции 6–4 вв. до н.э., осн. Пифагором и исходившее из представления о числе как основе всего существующего. Числовые соотношения – источник гармонии космоса. Пифагорейцы учили о переселении душ (см. *Метемпсихоза*) и разработали сложную систему культовых запретов («пифагорейский образ жизни»).

ПИФЕ́Й, см. *Питеас*.

ПИ́ФИЯ, в Др. Греции жрица-прорицательница в храме Аполлона в Дельфах.

ПИФО́Н, в греч. мифологии чудовищный змей, порождение Геи, обитал в Дельфах. Аполлон, убив П., основал там храм и учредил Пифийские игры.

ПИ́ХТА, род хвойных вечнозелёных деревьев (сем. сосновые). Ок. 40 видов, преим. в горах Сев. полушария. В России ок. 20 дикорастущих видов. Выс. П. 30–60 (иногда до 100) м, живёт 500–700 лет. Одна из осн. пород темнохвойной тайги. Древесину используют для произ-ва целлюлозы, изготовления муз. инстр-тов и др. в стр-ве; из коры получают пихтовый бальзам, из хвои и веток – пихтовое масло.

ПИЦЦЕ́ТТИ (Pizzetti) Ильдебрандо (1880–1968), итал. композитор, музыковед, педагог. Обращался к символистско-декадансным мотивам Г.Д'Аннунцио (музыка к его драмам «Корабль», «Пизанелла»; оп. «Федра», 1915, «Дочь Йорио», 1954), библейским и антич. темам (оп. «Дебора и Иаиль», 1922, «Клитемнестра», 1964), воплощая их в традициях *неоклассицизма* с сугубо нац. муз. ориентацией. Орк., вок., инстр. сочинения, книги и статьи.

ПИЦЦИКА́ТО (итал. pizzicato), приём звукоизвлечения на смычковых инстр-тах щипком (задевая струну пальцем правой, реже левой руки); даёт отрывистый звук, более тихий, чем при игре смычком.

ПИЧЧИ́ННИ (Piccinni) Никколо́ (1728–1800), итал. композитор, представитель неаполитанской школы. Св. 120 *опер-сериа* и *опер-буффа*. С 1776 в Париже, где невольно соперничал с К.В. Глюком («война глюкистов и пиччиннистов»). Его «Чеккина, или Добрая дочка» (1760) обозначила лирико-сентиментальное направление в опере-буффа.

ПИ́ШУЩАЯ МАШИ́НА, устройство для записи текстов путём последоват. печатания букв, цифр и др. знаков с клавиатуры печатающего механизма. Имеет ручной или электрич. привод. Различают П.м. канцелярские (стандартные), портативные, дорожные, наборно-пишущие и специальные (для печатания нот, стилизованных шрифтов и пр.). Патент на П.м. был выдан англ. изобретателю Г. Миллу в 1714. Первая действующая П.м. изготовлена в 1808 в Италии, серийное произ-во с 1873 (США).

ПИЩЕВАРЕ́НИЕ, процесс механич. и хим. обработки пищи, в результате к-рого происходит её расщепление (гл. обр. с участием ферментов слюны, желудочного, панкреатич. и кишечного соков, жёлчи), всасывание и усвоение питат. в-в и выведение непереваренных остатков из организма.

ПИЩЕВА́Я ЦЕПЬ (цепь питания, трофическая цепь), взаимоотношения между организмами, при к-рых группы особей (бактерии, грибы, р-ния, ж-ные) связаны друг с другом отношениями: пища – потребитель. П.ц. включает обычно от 2 до 5 звеньев: фото- и хемосинтезирующие организмы (продуценты), создающие первичную продукцию (органич. в-во); растительноядные ж-ные (фитофаги) – первичные консументы; плотоядные ж-ные (хищники) – вторичные консументы; разрушители мёртвого органич. в-ва – редуценты (грибы, одноклеточные организмы).

ПИЩЕВО́Д, отдел пищеварит. системы ж-ных и человека; расположен между глоткой и желудком. У человека П. – мышечная трубка длиной ок. 25 см. Сокращаясь рефлекторно, стенки П. проталкивают пищевой ком в желудок. У птиц образует зоб.

ПИЩЕВЫ́Е ОТРАВЛЕ́НИЯ, заболевания, возникающие в результате употребления с пищей ядовитых в-в (ядовитые р-ния, грибы, бактериальные яды, хим. соединения). Бактериальные П.о. называют пищевыми токсикоинфекциями.

ПИЯ́ВКИ, класс червей. Дл. 0,5–20 см. Тело обычно уплощённое, с 2 присосками. Ок. 400 видов, обитают в пресных и мор. водоёмах. Большинство П. – кровососы, слюнные железы к-рых выделяют белковое в-во гирудин, препятствующее свёртыванию крови. Мед. П. используются для леч. кровопускания (напр., при острой сердечной недостаточности), лаб. ж-ное.

ПЛА́ВАНИЕ спортивное. Различают П. на спорт. дистанции способами кроль (вольный стиль), брасс, бат-

Плавание спортивное.

терфляй, на спине, а также прикладное, подводное, синхронное (худ.) П. Первые соревнования на скорость проведены в Великобритании (1877). В 1908 осн. Междунар. любительская федерация П. (ФИНА); объединяет ок. 130 стран. Чемпионаты Европы с 1926, мира с 1973; в программе Олимп. игр с 1896.

ПЛА́ВАНИЕ ТЕЛ, способность тел удерживаться на поверхности жидкости или на определ. уровне внутри жидкости или газа. П.т. объясняется *Архимеда законом*. Тело плавает в том случае, если его ср. плотность меньше плотности жидкости (или га-

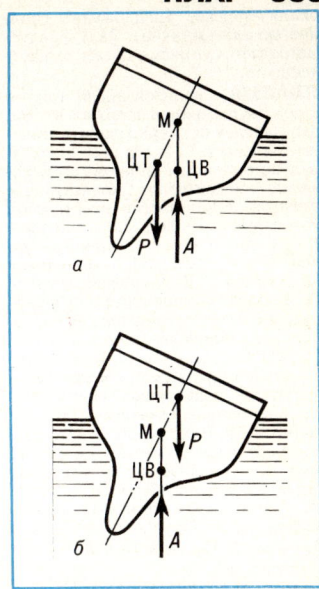

Плавание тел. Положение метацентра М при устойчивом (*а*) и неустойчивом (*б*) равновесии плавающего тела: ЦТ – центр тяжести плавающего тела; ЦВ – центр водоизмещения; Р – сила тяжести, действующая на плавающее тело; А – подъёмная (выталкивающая) сила.

за); доля объёма плавающего тела, находящаяся под поверхностью жидкости, равна отношению плотностей тела и жидкости. Если плотность тела равна плотности жидкости (газа), то оно может находиться в состоянии равновесия на любой глубине (высоте) жидкости (в газе).

ПЛА́ВИКОВАЯ КИСЛОТА́, водный р-р фтористого водорода HF. Применяют для получения разл. фторидов, при переработке металлич. концентратов, как компонент р-ров для травления и полировки металлов, стекла, полупроводников. Вызывает ожоги кожи и слизистых оболочек, разрушает стекло.

ПЛА́ВИКОВЫЙ ШПАТ, см. *Флюорит*.

ПЛА́ВКА, процесс переработки материалов с получением конечного продукта в жидком виде: извлечение металла из руд (напр., доменная П.), приготовление сплавов, расплавление металлич. шихты для получения слитков, фасонных отливок.

ПЛАВЛЕ́НИЕ, переход в-ва из тв. кристаллич. состояния в жидкое. П. – *фазовый переход* 1-го рода. При пост. внеш. давлении П. чистого в-ва происходит при пост. темп-ре, называемой темп-рой плавления. Темп-ра П. при атм. давлении наз. точкой П. в-ва.

ПЛАВТ (Plautus) Тит Макций (сер. 3 в.– ок. 184 до н.э.), рим. поэт-комедиограф. Был актёром. Перерабатывая др.-греч. комедию в стиле карикатуры и буффонады; создал исполненные нар. комизма характеры-маски в комедиях «Амфитрион», «Горшок», «Хвастливый воин» и др.

ПЛАГИА́Т (от лат. plagio – похищаю), умышленное присвоение авторства на чужое произв. лит-ры, науки, иск-ва, изобретение или рационализаторское предложение (полностью или частично). За П. предусматривается уголов. и гражд. ответственность.

ПЛА́ЗМА, ионизованный газ, в к-ром концентрации положит. и отрицат. зарядов примерно равны (квазинейтральность). В отличие от нейтрального газа для П. кроме столкновений характерно коллективное взаимодействие частиц посредством колебаний и волн. П. с темп-рой $T \sim 10^3 – 10^5$ К наз. низкотемпературной; П. с $T \sim 10^6 – 10^7$ К – высокотемпературной. Высокотемпературная П. из смеси дейтерия и трития используется с целью осуществления *управляемого термоядерного синтеза*. Низкотемпературная П. используется в газоразрядных приборах, плазмотронах, плазменных двигателях, *магнитогидродинамических генераторах* и т.д. В состоянии П. находится подавляющая часть Вселенной: звёзды, туманности, межзвёздная среда, радиац. пояса Земли, ионосфера. Понятие «П.» применяют и в физике тв. тел: совокупность электронов и дырок называют П. тв. тел.

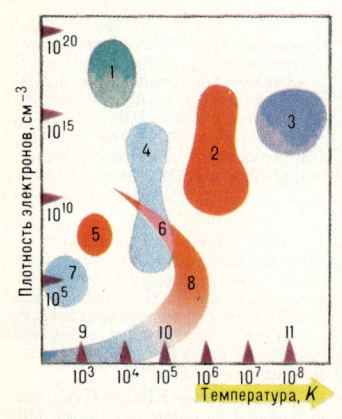

Плазма. Некоторые состояния плазмы: 1 – разряд при высоком давлении; 2 – эксперименты по синтезу ядер; 3 – термоядерные реакторы; 4 – разряд при низком давлении; 5 – пламя; 6 – тлеющий разряд; 7 – ионосфера; 8 – солнечная корона; 9 – межзвёздное пространство; 10 – межпланетное пространство; 11 – центр Солнца.

ПЛА́ЗМЕННАЯ МЕТАЛЛУ́РГИ́Я, металлургич. процессы и обработка металлов и сплавов с использованием плазменного нагрева. Плазменно-дуговые печи для выплавки сталей и сплавов имеют инертную атмосферу, что позволяет получить из обычной шихты более чистый металл, чем при дуговой плавке. П.м. возникла в нач. 60-х гг. 20 в.

ПЛАЗМОТРО́Н (от *плазма* и *...трон*) (плазматрон), газоразрядное высокочастотное или дуговое устройство для получения плазмы с темп-рой $10^3 – 10^4$ К. В высокочастотном П. плазмообразующее в-во нагревается обычно вихревыми токами, в дуговом – проходя через сжатую электрич. дугу. Используются, напр., в плазменной металлургии, плазменной обработке, плазмохимии. Первые П. разработаны в 50-х гг. 20 в. в России и США.

ПЛАКА́Т (нем. Plakat), вид графики, броское изображение на крупном листе с кратким поясн. текстом, вы-

Плакат. И.М. Тоидзе. «Родина-мать зовёт!». 1941.

полняемое в агитац., рекламных, учебных и др. целях.

ПЛАН в экономике, программа деятельности хозяйствующих субъектов, отд. звеньев системы управления. Различают: внутрипроизводств. (внутрифирменный) П., нар.-хоз. (общегос.) П., региональные и отраслевые П.; текущие (до 1 года) и перспективные П. См. также *Планирование*.

ПЛАНЁР (франц. planeur, от planer – парить), безмоторный летат. аппарат с крылом, к-рое позволяет аппарату планировать (спускаться по наклонной траектории), а в восходящих потоках воздуха – совершать горизонтальный полёт и даже набирать высоту. Запускаются П. с помощью резинового амортизатора, лебёдки, самолёта-буксировщика. Применяются в осн. в спорт. целях. Первые опыты с П. проводил в 1799–1811 Дж. Кейли (Великобритания).

ПЛАНЁРНЫЙ СПОРТ, вид авиац. спорта, полёты на планёрах – скоростные по треугольным маршрутам, с достижением цели и возвращением на старт, с посадкой в конце маршрута, на дальность и др. Зародился в кон. 19 – нач. 20 вв. (Германия, Франция, Россия, США). В 1950 осн. Междунар. планёрная комиссия (КИВВ); объединяет св. 30 стран. Чемпионаты мира с 1948.

ПЛАНЕТА́РНАЯ ПЕРЕДА́ЧА, зубчатая *передача*, имеющая колёса (сателлиты) с осями, перемещающимися вокруг центр. колеса, вращающегося вокруг неподвижной оси.

Механизмы с П.п. имеют малые габариты, используются в счётно-решающих устройствах, грузоподъёмных машинах, станках и т.п.

ПЛАНЕ́ТЫ, наиб. массивные тела Солнечной системы, движущиеся по эллиптич. орбитам вокруг Солнца (см. *Кеплера законы*). Известно 9 П. Так называемые П. земной группы (Меркурий, Венера, Земля, Марс) имеют тв. поверхности, П.-гиганты (Юпитер, Сатурн, Уран, Нептун) – газожидкие тела с небольшими скальными ядрами; Плутон по свойствам, по-видимому, ближе к планетам земной группы.

ПЛАНИ́РОВАНИЕ, разработка *планов* экон. и социального развития, а также комплекса практич. мер по их выполнению. На микроэкон. уровне выступает как внутрипроизводств. (внутрифирменное) П. На макроэкон. уровне – важный элемент системы управления эк-кой и средство осуществления соц.-экон. политики гос-ва. Охватывает собственно разработку плана, организацию и контроль за его выполнением. Различают директивное и *индикативное* П. (см. *Программирование экономическое*). В первом случае П. – центр. звено гос. руководства нар. х-вом, во втором – один из элементов гос. регулирования экономики. Ист. опыт осуществления директивного, централизов. П. в СССР («пятилетки») и др. социалистич. странах показал, что жёсткая система заказов, разнарядок, фондирования ресурсов и др. лишает производителя самостоятельности, инициативы, стимулов к развитию, ведёт, в конечном счёте, к диспропорциям в нар. х-ве и замедлению темпов экон. роста.

ПЛАНК (Planck) Макс (1858–1947), нем. физик, основоположник квантовой теории. Впервые, вопреки представлениям классич. физики, предположил, что энергия излучения испускается не непрерывно, а порциями – квантами и на основе этой гипотезы вывел закон теплового излучения (закон П.). Ввёл (1900) фундам. физ. постоянную – постоянную П. ($h = 6,626 \cdot 10^{-34}$ Дж·с), без к-рой невозможно описание свойств атома, молекулы и др. квантовых систем. Ноб. пр. (1918).

ПЛАНКТО́Н (от греч. planktós – блуждающий), совокупность организмов, обитающих в толще воды и не способных активно противостоять переносу течением («парят в воде»). В состав П. входят бактерии, простейшие, микроскопич. водоросли (фитопланктон), нек-рые ж-ные (зоопланктон) – моллюски, ракообразные, разл. личинки и др. Креветки,

М. Планк.

мизиды, криль – объекты промысла. Фитопланктон – осн. источник кислорода и органич. в-ва в водоёмах, за счёт к-рого существуют др. водные организмы. Его суммарная *биомасса* в Мировом ок. (ок. 1,5 млрд. т) гораздо меньше биомассы зоопланктона (ок. 20 млрд. т), но из-за быстрого размножения продуктивность фитопланктона (кол-во органич. в-ва, произведённого за определ. время) почти в 10 раз превышает суммарную продуктивность зоопланктона.

ПЛАНТАГЕНЕ́ТЫ (Plantagenets) (Анжуйская династия), королев. династия в Англии в 1154–1399. Представители: Генрих II, Ричард I Львиное Сердце, Иоанн Безземельный, Генрих III, Эдуард I, Эдуард II, Эдуард III, Ричард II. Боковые ветви П. – Ланкастеры и Йорки.

ПЛАНТА́ЦИЯ (от лат. plantatio – посадка растений), 1) крупное земледельч. х-во, специализирующееся на выращивании прод. и техн. культур (преим. тропических и субтропических). 2) Большой участок земли, занятый спец. с.-х. культурой (напр., свекловичная П., чайная П. и т.д.).

ПЛАНШО́Н (Planchon) Роже (р. 1931), франц. режиссёр, драматург. Основал «Театр де ла комеди» (1952, Лион). В 1957–72 во главе «Театра де ла сите» в пригороде Лиона Виёрбане, с 1972 – Нац. т-ра в Лионе, где продолжает традиции Ж. Вилара. Пост.: «Три мушкетёра» по А. Дюма (1958), «Мёртвые души» по Н.В. Гоголю (1959), «Тартюф» Мольера (1962). Постановки П. зрелищны, режиссёрски изобретательны, их отличают интеллектуальность, совр. прочтение произв. драматургии. Автор пьес «Каретный сарай» (1962), «Синие, белые, красные» (1966).

Планеты.

Расстояния от Солнца в млн. км
Юпитер 780
Марс 228,6   Сатурн 1431   Уран 2877   Нептун 4509   Плутон 5916
Земля 150
Венера 108,5
Меркурий 58

Диаметры в км
Меркурий 4878
Венера 12103
Земля 12756
Марс 6788
Юпитер 143000
Сатурн 120500
Уран 51000
Нептун 49500
Плутон 2300

ПЛА́СТИКА, то же, что *скульптура*.

ПЛА́СТИКИ, то же, что *пластические массы*.

ПЛАСТИ́ЧЕСКАЯ ХИРУРГИ́Я, раздел хирургии, разрабатывающий методы восстановления органов или частей тела с частично или полностью утраченными (вследствие травмы, операции или пороков развития) формой и функцией или обезображенной поверхностью (после ожога, заболевания).

ПЛАСТИ́ЧЕСКИЕ ИСКУ́ССТВА, виды иск-ва, произведения к-рых существуют в пространстве, не изменяясь и не развиваясь во времени, и воспринимаются зрением. Делятся на изобразительные (живопись, скульптура, графика и др.) и неизобразительные (архитектура, декор. иск-во, дизайн) иск-ва.

ПЛАСТИ́ЧЕСКИЕ МА́ССЫ (пластмассы, пластики), материалы на основе полимеров, к-рые при формовании изделий находятся в вязкотекучем состоянии, а при эксплуатации — в твёрдом. Подразделяются на термопласты и реактопласты. Термопласты, напр. полиэтилен, поливинилхлорид, способны обратимо размягчаться и формоваться в изделия при нагревании или под давлением. Реактопласты — неплавкие и нерастворимые П.м., необратимо образующиеся из смол синтетических в результате хим. реакции (отверждение). Помимо полимера П.м. могут содержать твёрдые или газообразные наполнители, пластификаторы, стабилизаторы, пигменты и др. Эксплуатац. свойства П.м. меняются в очень широких пределах. П.м. применяются в качестве конструкц. и строит. материалов, для изготовления посуды, декор. изделий и др. Во мн. случаях заменяют металлы, дерево и др. материалы. Мировое произ-во ок. 75 млн. т в год.

ПЛАСТИ́ЧНОСТЬ (от греч. plastikós — годный для лепки, податливый), свойство тв. тела сохранять т.н. остаточную *деформацию* частично (упругопластич. состояние) или полностью (пластич. состояние) после снятия внеш. механич. напряжений, к-рые вызвали деформацию. П. возникает при достижении внеш. механич. напряжением т.н. предела текучести, выше к-рого связь между напряжением и деформацией становится нелинейной и неоднозначной. При достижении предела прочности деформация резко возрастает и тело разрушается. П. определяет возможность обработки материалов давлением (ковка, прокат и др.).

ПЛАСТМА́ССЫ, то же, что *пластические массы*.

ПЛА́СТОВ Арк. Ал-др. (1893—1972), рос. живописец. Пленэрножанровые (см. *Пленэр*) картины и пейзажи, портреты, проникнуты поэтич. восприятием рус. природы, людей деревни («Сенокос», 1945; «Ужин трактористов», 1951).

ПЛАСТУНЫ́, личный состав пеших команд и частей Черноморского и Кубанского казачьих войск в 19 — нач. 20 вв. В 17—19 вв. казаки, к-рые несли разведыват. и сторожевую службу на Кубани.

ПЛА́СТЫРЬ (от греч. émplastron — мазь), лекарств. форма для наружного применения — пластич. масса, края размягчается при темп-ре тела и прилипает к коже. Состоит из свинцовых солей жирных к-т в смеси с воском, канифолью, лекарств. и др. в-вами. Липкий П. (лейкопластырь) используют для фиксации небинтовых повязок.

ПЛАТА́Н, род крупных листопадных деревьев (сем. платановые). Ок. 10 видов, в Сев. Америке и от Вост. Средиземноморья до Индокитая. П. восточный (или чинар, чинара) с античности широко культивируется в странах Бл. и Ср. Востока и Балканского п-ова. Выс. до 50 м, окружность ствола до 18 м. Крона густая, широкая. Живёт св. 2 тыс. лет (в старости часто становится дуплистым и разделяется на неск. стволов).

А.А. Пластов. «Мама». 1964. Третьяковская галерея.

Платан.

ПЛАТЁЖЕСПОСО́БНЫЙ СПРОС населения, реальный спрос на товары и услуги, определяемый наличием ден. средств у покупателей.

ПЛАТИ́НА (Platinum), Pt, хим. элемент VIII гр. периодич. системы, ат. н. 78, ат. м. 195,08; относится к *платиновым металлам*, $t_{пл}$ 1769 °C. Сплав П. и палладия — катализатор дожигания выхлопных газов автомобилей, П. и её сплавы — материалы электрич. контактов, катализаторы при получении азотной и серной к-т и др., используются также в ювелирном деле. П. известна с древности; в чистом виде получена англ. химиком У. Волластоном в 1803.

ПЛАТИНИ́ (Platini) Мишель (р. 1956), франц. футболист и тренер. Один из самых техничных и универсальных игроков в истории мирового футбола. Чемпион Франции (1981), Италии (1983—85) и Европы (1984). В составе команды «Ювентус» (Турин) обладатель Кубка европ. чемпионов (1986) и Кубка кубков (1984). Тренер сборной команды Франции (1989—92).

ПЛАТИ́НОВЫЕ МЕТА́ЛЛЫ, хим. элементы VIII гр. периодич. системы хим. элементов: рутений Ru, родий Rh, палладий Pd, осмий Os, иридий Ir и платина Pt. Серебристо-белые металлы с разл. оттенками. Благодаря высокой хим. стойкости, тугоплавкости и красивому внеш. виду П.м. наряду с серебром и золотом: наз. благородными металлами. Для земной коры характерно самородное состояние П.м.

ПЛАТИ́НОВЫЕ РУ́ДЫ, содержат платиновые металлы в коренных м-ниях от десятых долей г/т до единиц кг/т; в россыпях от десятков мг/м³ до сотен г/м³. Гл. минералы: самородная платина, поликсен, ферроплатина, платинистый иридий. Мировые запасы св. 50 тыс. т. Гл. добывающие страны: ЮАР, Россия, Канада, США.

ПЛАТО́ (франц. plateau, от plat — плоский), 1) на суше — возвышенная равнина, ограниченная обрывами или уступами (напр., Лёссовое П. в Китае, Устюрт в Ср. Азии); часто входят в состав *плоскогорий* и *нагорий*. П.— поднятия мор. дна с выровненной поверхностью, ограниченные крутыми склонами.

Плато. Хунзахское плато в Дагестане.

ПЛАТО́Н (428 или 427 до н.э.— 348 или 347), др.-греч. философ, родоначальник платонизма. Ученик Сократа, ок. 387 основал в Афинах школу (см. *Академия платоновская*). По П., идеи (высшая среди них — идея блага) — вечные и неизменные умопостигаемые прообразы вещей, всего преходящего и изменчивого бытия; вещи — подобие и отражение идей. Познание есть анамнесис — воспоминание души об идеях, к-рые она созерцала до её соединения с телом. Любовь к идее (эрос) — побудит. причина духовного восхождения. Идеальное гос-во — иерархия трёх сословий: правители-мудрецы, воины и чиновники, крестьяне и ремесленники. П. разрабатывал диалектику понятий и наметил схему осн. ступеней бытия, развитую *неоплатонизмом*. В истории философии восприятие П. менялось: «божеств. учитель» (античность); предтеча христ. мировоззрения (средние века); философ идеальной любви и полит. утопист (эпоха Возрождения). Соч. П.— высокохуд. диалоги, важнейшие из них: «Апология Сократа», «Федон», «Пир», «Федр», «Государство», «Теэтет», «Парменид», «Софист», «Тимей».

Платон.

ПЛАТОНИ́ЗМ, в широком смысле — течения в философии, находящиеся под влиянием Платона (прежде всего его учения об идеях); в более узком — направление в др.-греч. философии.

ПЛАТОНИ́ЧЕСКИЙ (от имени Платон), 1) чисто духовный, не связанный с чувственностью (напр., П. любовь). 2) Перен.— не преследующий практич. целей, отвлечённый.

ПЛАТО́НОВ Анд. Платонович (1899—1951), рус. писатель. В прозе П. мир предстаёт как противоречивая, часто трагическая цельность человеческого и природного бытия: пов. «Епифанские шлюзы» (1927),

А.П. Платонов.

«Город Градов» (1928), «Река Потудань» (1937). В ром. «Чевенгур» (опубл. в 1972, в России — в 1988), «Счастливая Москва» (не окончен, опубл. в 1991), пов. «Котлован» (опубл. в 1969), «Ювенильное море» (опубл. в 1979; в России обе — в 1987), «Джан» (опубл. в 1964) — неприятие навязываемых форм социалистич. переустройства жизни. Своеобразие стиля П. определяют «косноязычие», «шероховатость» языка, сопрягающиеся в ткани повествования с отвлечёнными понятиями и метафорич. образами.

ПЛАТО́НОВ Сер. Фёд. (1860—1933), историк. Пред. Археографич. комиссии (1918—29); дир. Пушкинского Дома (1925—29) и Б-ки АН СССР (1925—28). Осн. соч.: «Очерки по истории смуты в Московском госу-

538 ПЛАТ

дарстве XVI–XVII вв.» (1899), курс лекций по рус. истории (1917), «издания рус. публицистики кон. 16 – нач. 17 вв.; биографии Ивана IV Грозного, Бориса Годунова.

ПЛАТФО́РМА (франц. plate-forme, от plat – плоский и forme – форма), 1) возвышенная площадка, помост. 2) Небольшая ж.-д. станция, полустанок или площадка (перрон) у ж.-д. пути на станции для посадки пассажиров. 3) Грузовой вагон открытого типа с небольшими бортами. 4) Позиция, система взглядов, принципов (напр., П. какой-либо партии).

ПЛАТФО́РМА (геол.), крупная структура земной коры, обладающая малой подвижностью, равнинным или платообразным рельефом. Строение двухъярусное: в основании залегает интенсивно деформированный, кристаллич. фундамент, перекрываемый осадочными толщами. В пределах П. выделяются щиты – фундамент, выступающий на поверхность, и плиты, в к-рых фундамент перекрыт осадочным чехлом. П. разделяются на древние с фундаментом докембрийского возраста (напр., Вост.-Европейская, Сев.-Американская) и молодые с фундаментом палеозойского и мезозойского возраста (напр., Зап.-Сибирская, Зап.-Европейская).

ПЛАУ́Н (ликоподиум), род вечнозелёных травянистых р-ний (сем. плауновые). Ок. 10 видов, преим. в лесной зоне Сев. полушария. Споры П.– ликоподий – используют в фарм. пром-сти и литейном произ-ве (в качестве формовочной смеси при фасонном литье).

ПЛАФО́Н (от франц. plafond – потолок), 1) потолок, украшенный живописным или лепным изображением либо архит.-декор. мотивами; произв. монументально-декор. живописи, украшающее перекрытие к.-л. помещения. Широкое распространение получили в 17 – нач. 19 вв. 2) Арматура электрич. светильника, устанавливаемая на потолке (реже стене) помещения.

ПЛАЦЕ́НТА (лат. placenta, от греч. plakús – лепёшка), 1) орган (детское место), осуществляющий связь и обмен в между организмом матери и зародышем в период внутриутробного развития. Выполняет также гормональную и защитную функции. После рождения плода П. вместе с оболочками и пуповиной выделяется из матки. 2) У цветковых р-ний – место заложения и прикрепления семяпочек в завязи.

ПЛАЧ в фольклоре, см. *Причитания*.

ПЛА́ЧИДО (Placido) Микеле (р. 1947), итал. киноактёр. Лучшие роли сыграл в ф.: «Народный роман» (1974), «Триумфальный марш» (1976), «Три брата» (1981). Получил широкую популярность в телесериале «Спрут» (1983–88). Снялся в СССР в ф. «Афганский излом» (1991).

ПЛАЩАНИ́ЦА, полотнище с изображением тела Иисуса Христа после снятия его с креста. В православии в Великий пяток (пятницу перед Пасхой) П. торжественно выносится из алтаря на середину храма для поклонения верующих и остаётся там до пасхальной полуночи, после чего возвращается в алтарь.

ПЛЕБЕ́И (плебс) (лат. plebeii, plebs), в Риме первонач. свободное население, не входившее в родовую общину. В результате упорной борьбы с патрициями (нач. 5 – нач. 3 вв. до н.э.) добились включения в состав рим. народа, уравнения в правах с патрициями. Перен.– простолюдины.

ПЛЕБИСЦИ́Т (лат. plēbiscītum), один из видов нар. голосования. В междунар. практике П. проводится при опросе населения о выборе гражданства (*оптации*) при передаче территории одного гос-ва другому.

ПЛЕВА́КО Фёд. Никиф. (1842–1908/09), рос. адвокат. Выдающийся суд. оратор. Выступал защитником на крупных процессах, в т.ч. политических. Сторонник демокр. принципов судопроиз-ва.

ПЛЕ́ВЕ Вяч. Конст. (1846–1904), рос. гос. деятель. С 1884 сенатор, с 1899 мин. статс-секр. по делам Финляндии. С 1902 мин. внутр. дел и шеф отд. корпуса жандармов. Проводил политику разложения рев. движения изнутри («полицейский социализм»), подавления стачек и крест. восстаний. Один из активных сторонников рус.-япон. войны 1904–05. Убит эсером Е.С. Сазоновым.

ПЛЕ́ВЕЛ, 1) род трав (сем. *злаки*). Ок. 10 видов, преим. в умеренном поясе Евразии и в Сев. Африке. Среди них – ценные кормовые р-ния. Нек-рые виды – сорняки разл. культур. В плодах (зерновках) П. опьяняющего, засоряющего посевы хлебных злаков, развивается гриб, вырабатывающий ядовитый алкалоид (примесь его в муке даёт т.н. пьяный хлеб, вызывающий отравление). 2) Перен.– что-либо вредное, губительное, ненужное.

ПЛЕВИ́ЦКАЯ Над. Вас. (1884–1940), эстрадная певица (меццо-сопрано). Исполняла рус. нар. песни, гл. обр. городские. С 1920 за рубежом. Одну из записанных с её голоса песен С.В. Рахманинов ввёл в хоровой цикл «Три русские песни» (1926).

ПЛЕ́ВРА (от греч. pleurá – бок, стенка), у млекопитающих и человека тонкая оболочка, плотно покрывающая лёгкие и выстилающая изнутри грудную полость. Воспаление П.– плеврит.

ПЛЕВРИ́Т, воспаление плевры при туберкулёзе, воспалении лёгких, ревматизме и др. заболеваниях; без выпота (сухой П.) или с выпотом в плевральную полость (экссудативный П.). Признаки: боль в грудной клетке, связанная с дыханием, кашель, повышение темп-ры, одышка и др.

ПЛЕ́ЙЕР (англ. player) (плеер), портативный кассетный магнитофон, предназначенный только для воспроизведения звука с магнитофильмов.

ПЛЕКСИГЛА́С, торг. название *органического стекла* (листового *полиметилметакрилата*) в США, ФРГ, Франции.

ПЛЕКТР (греч. plēktron) (медиатор), приспособление для извлечения звуков на нек-рых струн. щипковых муз. инстр-тах (*лютне, цитре, мандолине*); костяная, пластмассовая, металлич. пластинка, гусиное перо или кольцо с коготком, надеваемое на палец.

ПЛЕ́МЯ, тип социальной организации. Первонач.– объединение 2 экзогамных родов, затем – фратрий. Для П. характерны территориальная, языковая и культурная общность, эндогамия, на позднем этапе – развитая полит. и воен. организация, тенден-

ция к созданию союзов П. и предгос. образований.

ПЛЕНЭ́Р (франц. plein air, букв.– открытый воздух) в живописи воспроизведение изменений возд. среды, обусловленных солнечным светом и состоянием атмосферы.

ПЛЕОНА́ЗМ (от греч. pleonasmós – излишество), употребление слов, излишних для смысловой полноты высказывания, а иногда и для стилистич. выразительности, напр. «своя автобиография» (в слове «автобиография» уже содержится понятие «своя»).

ПЛЕОХРОИ́ЗМ (от греч. pléon – более многочисленный и chróa – поверхность тела), изменение окраски в-ва в проходящем свете в зависимости от направления распространения и поляризации света. Частный случай П.– *дихроизм*.

ПЛЕ́СЕНИ, налёты на поверхности органич. субстратов (пищ. продуктах, бумаге, коже, текстиле). Образуются т.н. плесневыми грибами (аспергилл, пеницилл, мукор и др.), широко распространённых в почве. Нек-рые вызывают болезни р-ний, ж-ных и человека, другие используются в сыроварении и фарм. пром-сти.

ПЛЕТНЁВ Мих. Вас. (р. 1957), пианист, дирижёр. Игра П. отличается гармоничностью, ясностью исполнит. замысла. Выделяются интерпретации произв. П.И. Чайковского. Автор муз. произв., транскрипций. 1-я пр. на Междунар. конкурсе имени П.И. Чайковского в Москве (1978). Основатель (1990), худ. руководитель и гл. дирижёр Рос. нац. симф. оркестра.

ПЛЕХА́НОВ Георг. Вал. (1856–1918), деятель рос. и междунар. с.-д. движения. С 1875 народник, один из руководителей «Земли и воли», «Чёрного передела». С 1880 в эмиграции, основатель марксистской группы *«Освобождение труда»*. Труды П., направленные против народничества, способствовали распространению марксизма в России. Один из основателей РСДРП, газ. «Искра». После 2-го съезда РСДРП один из лидеров меньшевиков. В Рев-цию 1905–07 выступал против вооруж. борьбы с царизмом. В 1-ю мир. войну один из руководителей меньшевистской группы «Единство», поддерживавшей лозунг «Война до победного конца». В 1917 вернулся в Россию, сторонник Временного пр-ва. К Окт. рев-ции отнёсся отрицательно (считал, что по уровню соц.-экон. разви-

Г.В. Плеханов.

тия Россия не готова к социалистич. рев-ции), но против сов. власти не выступал. Фундам. работы по философии, социологии, эстетике, этике, истории рус. обществ. мысли.

«ПЛЕЯ́ДА», франц. поэтич. школа эпохи *Возрождения*. Сложилась к 1549 (назв. получила в 1556, в одном из стих. П. Ронсара). Поэты «П.» (Ронсар, Ж. Дю Белле, Ж.А. де Баиф и др.) углубили гуманистич. содержание поэзии, обогатили её новыми формами, способствовали формированию нац. лит. языка.

ПЛЕЯ́ДЫ, в греч. мифологии 7 дочерей Атланта, превращённых Зевсом в созвездие. Перен.– «созвездие» талантливых поэтов, полит. деятелей и др. (александрийская плеяда, 3 в. до н.э.; пушкинская плеяда, 19 в.).

Плеяды. Миниатюра кодекса. 9 в. Университетская библиотека. Лейден.

ПЛИ́НИЙ Старший (Plinius Maior) (23/24–79), рим. писатель, учёный. Единственный сохранившийся тр. «Естественная история» (в 37 книгах) – энциклопедия естеств.-науч. знаний античности, содержит также сведения по истории иск-ва, истории и быту Рима.

ПЛИ́НИЙ Младший (Plinius Junior) (61/62 – ок. 114), рим. писатель, гос. деятель. Племянник и приёмный сын П. Старшего. Из сочинений сохранились сб-ки писем (10 книг) и похвальная речь «Панегирик» имп. Траяну.

ПЛИСЕ́ЦКАЯ Майя Мих. (р. 1925), артистка балета, балетмейстер. В 1943–88 в Большом т-ре. Партии: Одетта-Одиллия («Лебединое озеро» П.И. Чайковского, 1947), Китри («Дон Кихот» Л.Ф. Минкуса, 1951), Кармен («Кармен-сюита» Ж. Бизе – Р.К. Щедрина, 1967), гл. партия в «Болеро» на музыку М. Равеля (1975). Танец отличается гармоний, экспрессивностью и мятежной окраской. Традиции рус. хореогр. школы сочетаются в творчестве П. с новаторскими устремлениями совр. балетного иск-ва. Пост.: «Анна Каренина» (1972, совм. с Н.И. Рыженко и В.В. Смирновым-Головановым), «Чайка» (1980) (музыка Р.К. Щедрина), в гл. партиях – П. В 1988–90 худ. рук. исполнит. балетной труппы «Театро лирико националь» (Мадрид), где выступала как солистка. Снималась в ф.: «Война и мир» (1966), т/ф «Фантазия» (1976).

ПЛО́ВДИВ, г. в Болгарии, на р. Марица. 379 т. ж. Пищевкус., лёгкая пром-сть, цветная металлургия,

М.М. Плисецкая в партии Кармен в балете «Кармен-сюита».

Пловдив. Вид города.

маш-ние. Ежегод. междунар. ярмарки. Музеи, в т.ч. археол., Гос. худ. галерея. Муз. т-р. Осн. в 342–341 до н.э. Филиппом II Македонским под назв. Филиппополь.

ПЛОД, 1) орган покрытосеменных р-ний, образующийся из завязи и служащий для формирования, защиты и распространения заключённых в нём семян. Сухие П.– листовка, боб, стручок, коробочка, орех, семянка, зерновка и др.; сочные П.– ягода, яблоко, тыквина, костянка и др. Многие П.– ценные продукты питания, сырьё для получения лекарственных, красящих в-в и т.п. 2) Зародыш млекопитающих (кроме яйцекладущих – ехидн и утконоса) в период внутриутробного развития после закладки осн. органов и систем. У человека П. наз. зародыш с кон. 2-го месяца до рождения.

ПЛОДОВИ́ТОСТЬ, способность самок ж-ных приносить определ. число потомков. У млекопитающих колеблется от 1–2 детёнышей (часто не каждый год, напр. у китов, слонов) до 10–15 (обычно неск. раз в год, напр. у хомяков, кроликов); нек-рые насекомые откладывают до неск. сотен тысяч яиц; луна-рыба вымётывает до 300 млн. икринок. В жив-ве применяются разл. способы повышения П. с.-х. ж-ных.

ПЛОДО́ВЫЙ СА́ХАР, см. *Фруктоза.*

ПЛО́СКАЯ ПЕЧА́ТЬ, вид типографской печати, при к-ром печатающие и пробельные элементы на печатной форме находятся практически в одной плоскости. Образование печатной формы обусловлено спец. физ.-хим. обработкой, в результате к-рой печатающие элементы воспринимают краску, а пробельные – нет. Осн. разновидность П.п.– *офсетная печать.* Предшественница типографской П.п.– литография – изобретена в Германии в 1798.

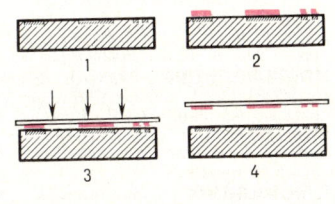

Плоская печать: 1 – вид формы; 2 – форма с накатанной краской; 3 – контакт бумаги с формой; 4 – печатная форма и полученный оттиск.

ПЛОСКОГО́РЬЕ, обширные участки горн. рельефа выс. до 1000 м над ур. м. и более с преобладанием плоских или слабоволнистых водораздельных поверхностей. Наиб. крупные П.– Среднесибирское (Россия), Анатолийское (Турция).

ПЛОСКОСТО́ПИЕ, опущение (уплощение) сводов стопы. Вызывает быструю утомляемость и боль при длит. ходьбе и стоянии. Лечение: массаж, спец. гимнастика, ношение особых вкладок в обувь (супинаторов) или ортопедич. обуви, в тяжёлых случаях – операция.

ПЛО́СКОСТЬ, простейшая поверхность – такая, что любая прямая, проходящая через 2 её точки, принадлежит ей.

ПЛОТВА́, род рыб (сем. *карповые*). Дл. до 72 см, масса от 200 г до 8 кг. Ок. 10 видов, в пресных и солоноватых водах Евразии и Сев. Америки. Обыкновенная П. (с подвидами вобла и тарань) обитает в Европе и Сибири. Объект промысла и спортивного лова. Илл. см. при ст. *Рыбы.*

ПЛОТИ́Н (ок. 204/205–269/270), греч. философ, основатель *неоплатонизма.* С 244/245 жил в Риме, преподавал философию; после 10 лет устных бесед П. начал записывать своё учение. 54 соч. П. изданы его учеником Порфирием, разделившим их по 9 соч. (отсюда назв. «Эннеады» – «Девятерицы»). В системе П. из неистощимой полноты *единого* (первоначала всего сущего), отождествляемого с благом, в процессе его эманации проистекают три главные субстанции бытия: ум (*нус*), *мировая душа* (заключающая в себе все индивидуальные души), космос (телесный мир). Путь человеческой души – восхождение от чувственного мира к слиянию в экстазе с единым, к-рое вечно сияет в своей сверхпрекрасной благости.

ПЛОТИ́НА, гидротехн. сооружение, перегораживающее реку (или др. водоток) для подъёма уровня воды в ней, сосредоточения напора в месте расположения сооружения, создания водохранилища. П. могут быть глухие и водосбросные; по осн. материалу делятся на земляные, деревянные, каменные, бетонные и железобетонные. На 1994 самая высокая П. (выс. 310 м) сооружена на р. Вахш (Таджикистан), самая длинная (протяжённость 69,6 км) – на р. Парана (на парагвайско-аргентинской границе). Илл. см. на стр. 540.

ПЛО́ТНОСТЬ (ρ), масса единицы объёма в-ва. В СИ единица П. 1 кг/м³. Отношение П. двух в-в наз. относительной П. В-ва определяют относительно П. дистиллированной воды. Малой П. обладают газы (напр., П. водорода 0,0899 кг/м³), высокой – нек-рые металлы (напр., П. золота $19{,}32 \cdot 10^3$ кг/м³).

ПЛО́ЩАДЬ, мера части поверхности, занимаемой фигурой. Единицей измерения служит П. единичного квадрата. Измерение П. приближённо осуществляется заполнением фигуры единичными квадратами.

ПЛО́ЩАДЬ, открытое, архитектурно организованное, обрамлённое к.-л. зданиями, сооружениями или зелёными насаждениями пространство, входящее в систему др. гор. пространств. Может иметь прямоуг., трапециевидную, круглую, овальную и др. формы, замкнутый или открытый характер. В совр. градостроительстве различают П. транспортные (привокзальные и др.) и пешеходные, часто служащие парадным и представит. центром города (Красная площадь в Москве, Дворцовая площадь в С.-Петербурге, площадь Шарля де Голля в Париже). Одна из крупней-

Плод. Типы плодов: семянка (одуванчик – 1); крылатка (ильм – 2, ясень – 3, клён – 10); однокостянка (вишня – 4, миндаль: 19 – косточка, 20 – невскрывшийся плод); боб (корагана – 5, гледичия – 15, аморфа – 16); однолистовка (живокость – 6); многолистовка (магнолия – 7); многоорешек (земляника – 8, шиповник – 9); стручок (дикая редька – 11); орех (лещина – 12); жёлудь (дуб – 13); коробочка (конский каштан, плод и семя – 14); яблоко (рябина – 17, яблоня – 18); многокостянка (малина – 21); ягода (ландыш – 22).

540 ПЛУД

Плотина Братской ГЭС.

Площадь Шарля де Голля в Париже.

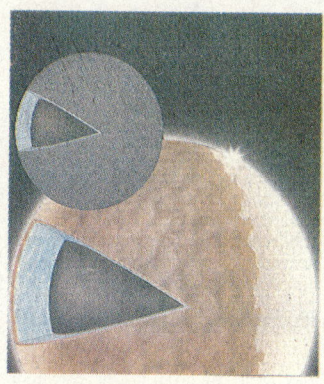

ших П.— Тяньаньмынь в Пекине (пл. 396 000 м²).

ПЛУ́ДОНИС (Pludonis) Вилис (1874–1940), латыш. поэт. Баллады, поэмы («Сын вдовы», 1900; «В солнечную даль», 1912), лирика (в т.ч. стих. «Реквием», 1899), стихи для детей.

ПЛУ́ЖНИК Евген (Евг. Пав.) (1898–1936), укр. поэт. В поэзии — трагич. восприятие современности, острое переживание братоубийственной Гражд. войны: сб. «Дни» (1926), «Ранняя осень» (1927), «Равновесие» (1933, опубл. в 1966). Ром. «Недуг» (1928), пьесы. В 1934 репрессирован.

ПЛУТА́РХ (ок. 45 — ок. 127), греч. писатель. Гл. соч.— «Сравнительные жизнеописания» выдающихся греков и римлян (50 биографий). Остальные дошедшие до нас многочисленные соч. объединяются под условным назв. «Моралии».

ПЛУТОВСКО́Й РОМА́Н, одна из ранних форм европ. романа (16–18 вв.), зародившаяся в Испании (анонимная пов. «Ласарильо с Тормеса», 1554; «Хромой бес» Велеса де Гевары, 1641; «История Жиль Блаза из Сантильяны» А.Р. Лесажа, 1715–35). Повествует о похождениях ловкого пройдохи, авантюриста, обычно выходца из низов или декласированного дворянина.

ПЛУТОКРА́ТИЯ (греч. plutokratía, от plútos — богатство и krátos — сила, власть), гос. строй, при к-ром власть формально и фактически принадлежит богатой верхушке об-ва; отсюда — плутократы.

ПЛУТО́Н, см. Аид.

ПЛУТО́Н (астр. знак ♇), самая удалённая от Солнца планета Солнечной системы, ср. расстояние от Солнца 39,44 а. е. (5,9·10¹² км), диам. ок. 2300 км, масса 1,2·10²² кг (0,02 массы Земли). Период обращения вокруг Солнца 248,6 года, период вращения вокруг своей оси 6,4 сут. П. имеет спутник — Харон, сопоставимый по размерам с планетой (диам. ок. 1100 км).

ПЛУТОНИ́ЗМ, геол. концепция кон. 18 — нач. 19 вв. о ведущей роли в геол. прошлом внутр. сил Земли, вызывающих вулканизм, землетрясения, тектонич. движения. Наиб. полно представлен в сочинении шотл. геолога Дж. Геттона «Теория Земли» (1795).

ПЛУТО́НИЙ (Plutonium), Pu, искусств. радиоактивный хим. элемент III гр. периодич. системы, ат. н. 94, ат. м. 244,0642; относится к *актиноидам*; металл, $t_{пл}$ 640 °C. Изотоп ^{239}Pu получают облучением урана ^{238}U нейтронами в ядерных реакторах. Изотоп ^{239}Pu — ядерное топливо в реакторах, его используют для изготовления ядерного оружия. ^{238}Pu применяют в малогабаритных ядер-

ных источниках электрич. тока. П. впервые получили амер. физики Г. Сиборг, Э. Макмиллан, Дж. Кеннеди и А. Валь в 1940. Высокотоксичен.

ПЛУ́ТОС, в греч. мифологии бог богатства. Сын Деметры; отождествлялся с Плутоном (Аидом) как обладателем огромных подземных богатств.

ПЛУ́ЧЕК Вал. Ник. (р. 1909), режиссёр, актёр. С 1929 в Т-ре имени Вс. Мейерхольда. С 1950 реж., с 1957 гл. реж. Моск. т-ра сатиры. Для П. характерно стремление к чёткости, выразительности сценич. формы, лёгкости и динамичности рисунка спектакля. В постановках публицистич. пьес, остросатирич. комедий («Баня», 1953, совм. с Н.В. Петровым, и 1967, «Клоп», 1955, совм. с С.И. Юткевичем, и 1974, обе — В.В. Маяковского, и др.) широко использовал приёмы гротеска, гиперболы. Во мн. спектаклях проявился интерес режиссёра к изображению бытовой среды, к театральной стилизации: «Безумный день, или Женитьба Фигаро» П.О. Бомарше (1969), «Ревизор» Н.В. Гоголя (1972), «Самоубийца» Н.Р. Эрдмана (1981), «Вишнёвый сад» А.П. Чехова (1983) и др.

ПЛЫВУ́Н, насыщенная водой рыхлая горн. порода, способная течь под действием собств. массы или небольших нагрузок. Представляет серьёзную опасность при подземных горн. работах. Меры защиты: спец. щиты, кессоны, замораживание и т.п.

ПЛЬЗЕНЬ, г. в Чехии, на р. Бероунка. 173 т. ж. Кр. центр тяж. маш-ния (комб-т Шкода). Произ-во пива. Центр нац. чешской культуры. Готич. собор Св. Бартоломея (13–15 вв.), ренессансная ратуша (16 в.). Худ. галерея. Осн. ок. 1292 Вацлавом II.

ПЛЮКФЕ́ЛЬДЕР Рудольф Вл. (р. 1928), рос. спортсмен. Неоднократный чемпион СССР, Европы, мира (1958–64) и Олимп. игр (1964) в ср. весе по тяжёлой атлетике. С нач. 1970-х гг. тренер.

ПЛЮРАЛИ́ЗМ (от лат. pluralis — множественный), 1) филос. учение, согласно к-рому существует неск. (или множество) независимых друг от друга начал бытия или оснований знания. Термин «П.» введён Х. Вольфом (1712). Разновидность П.— *дуализм* (утверждает существование двух начал — материального и идеального); противоположность П.— *монизм* (признаёт единую основу всего существующего). 2) Характеристика демокр. полит. системы общества, при к-рой социальные группы имеют орг. (институциональные) возможности для выражения своих интересов через своих представителей (полит. партии, профсоюзы, церковные и др. орг-ции).

ПЛЮЩ, род вечнозелёных лиан (сем. аралиевые). 15 видов, в Евразии, в т.ч. 5 видов на Кавказе, в Молдавии, на Украине. Декор. р-ния. Осенние медоносы.

ПЛЯТТ Рост. Янович (Иванович) (1908–89), актёр. На сцене с 1927. С 1943 в Моск. т-ре имени Моссовета. Мягкая ирония П., его человечность и «узнаваемость» в любых ролях вызывали у зрителей особое, доверительное отношение к нему: Бернард Шоу («Милый лжец» Дж. Килти, 1964), Мистер Купер («Дальше — тишина» В. Дельмар, 1969), Фёдор Павлович Карамазов («Братья Кара-

мазовы» по Ф.М. Достоевскому, 1979) и др. Снимался в ф.: «Подкидыш» (1940), «Мечта» (1943), т/ф «Семнадцать мгновений весны» (1973) и др.

ПНЕ́ВМА (греч. pnéuma — дыхание, дуновение, дух), термин др.-греч. медицины и философии, обозначавший: «воздух»; жизненное дыхание, движущееся вместе с кровью. В стоицизме жизненная сила, отождествляемая с логосом-первоогнём, космич. «дыханием», дух; в христиан-стве «Святой Дух», третье лицо *Троицы*.

ПНЕВМАТИ́ЧЕСКАЯ ПО́ЧТА (пневмопочта), система трубопроводов, в к-рых потоком воздуха перемещаются разл. документы, обычно вложенные в жёсткие патроны (капсулы). Применяется гл. обр. на крупных почтамтах, вокзалах, а также на крупных пром. пр-тиях, в городах (напр., в Париже; протяжённость 600 км). Первая действующая П.п. протяжённостью 100 м была построена на Лондонском телеграфе в 1853.

ПНЕВМАТИ́ЧЕСКИЕ КОНСТРУ́КЦИИ (строит.), оболочки из тканей или плёнок с герметизир. покрытием (обычно из полимеров и каучуков), устойчивость к-рых обеспечивается внутр. давлением воздуха. Используются как складские помещения, укрытия для строящихся объектов, гаражи, ремонтные мастерские и пр.

ПНЕВМАТИ́ЧЕСКИЙ ТРА́НСПОРТ, способ транспортирования грузов (сыпучих, штучных, пластично-вязких) по системе трубопроводов под воздействием сжатого воздуха. П.т.— один из видов пром. транспорта (в т.ч. пневмопочта); перспективно создание систем П.т. для транспортирования грузов в контейнерах, а также перевозки пассажиров в капсулах.

ПНЕВМОКОНИО́З (от греч. pnéumōn — лёгкие и konía — пыль), группа хронич. проф. заболеваний лёгких, обусловленных длительным вдыханием производственной пыли: кварцевой — силикоз, угольной — антракоз, оксида железа — сидероз и др.

ПНЕВМОНИ́Я (от греч. pnéumōn — лёгкие), то же, что *воспаление лёгких*.

ПНОМПЕ́НЬ, столица Камбоджи. 800 т. ж. Порт на р. Тонлесап (у впадения её в р. Меконг), доступный для мор. судов; междунар. аэропорт. Деревообр., текст., пищ., металлообр. пром-сть, автосборка, судоремонт. Ун-ты. Школа изящных иск-в. Нац.

Пномпень. Памятник Независимости.

музей. Нац. т-р. Королев. балет. Возник в 14 в.; с 15 в. неоднократно столица страны (окончательно с 1866); с того же года адм. ц. франц. протектората Камбоджа). В 1953 из П. выведены франц. администрация и войска. Монастырь Пном со *ступой* (15 в.), комплекс Королев. дворца (музей; 2-я пол. 19—20 вв.), «Серебряная пагода».

ПО (Рое) Эдгар Аллан (1809—49), амер. писатель-романтик. Классик строгой сюжетной новеллы, преим. трагической, «страшной», «двойнической», фантастико-приключенческой (в т.ч. науч.-фантастической) — сб. «Гротески и арабески» (1840). Родоначальник детективной лит-ры (новелла «Убийство на улице Морг», 1841, пов. «Золотой жук», 1843). В эссеистич. рассказах (в т.ч. «Разговор с мумией», 1845) сатира на философию, мораль и оптимистич. идею социального прогресса об-ва. «Высокая», надчувственная лирика, орга-

Э. По. Портрет работы Х. Стайнера-Прага в книге «Собрание поэм» (Нью-Йорк, 1943).

нично сливая мелодику стиха и символич. образы, воплощает тему трагич. поисков красоты и её смысла («Ворон и другие стихотворения», 1845). Филос. «поэма в прозе» «Эврика» (1848), предвосхитившая нек-рые космологич. идеи сер. 20 в. Предтеча символизма.

ПОБЕ́Г (ботан.), стебель с расположенными на нём листьями и почками; один из осн. органов высш. р-ний. У однолетних р-ний П. живёт 1 сезон, у многолетних — неск. лет. Многолетние подземные П. нередко видоизменены в корневища, клубни, луковицы, надземные — в усики, колючки.

ПОБЕДОНО́СЦЕВ Конст. Петр. (1827—1907), рос. гос. деятель, учёный-правовед. Преподавал законоведение и право наследникам престола (будущие имп. Александр III и Николай II). В 1880—1905 обер-прокурор Синода. Играл значит. роль в определении правительственной политики в области просвещения, в нац. вопросе и др. Один из инициаторов политики контрреформ. Ист.-юрид. труды.

ПОБЕ́ДЫ ПИК, самая высокая (7439 м) вершина в Тянь-Шане. На склонах — мощные ледники.

ПОБЕРЕ́ЖЬЕ, пограничная полоса между сушей и морем, характеризующаяся распространением совр. и древних береговых форм рельефа. Состоит из приморья (зона суши с древними мор. террасами), береговой зоны (совр. береговые формы) и взморья (с затопленными древними береговыми формами).

ПОВА́РЕННАЯ СОЛЬ, то же, что *натрия хлорид*.

ПОВЕ́РЕННЫЙ, сторона договора *поручения*, полномочия к-рой удостоверяются *доверенностью*.

ПОВЕ́РЕННЫЙ В ДЕЛА́Х, см. в ст. *Дипломатические классы*.

ПОВЕ́РХНОСТНО-АКТИ́ВНЫЕ ВЕЩЕСТВА́ (ПАВ), хим. соединения, способные понижать поверхностное натяжение воды. Обладают моющим действием, регулируют смачивание, облегчают диспергирование, повышают или понижают устойчивость суспензий, эмульсий, пен. Используются в качестве моющих средств (см., напр., *Мыла*), во *флотации*, как ингибиторы *коррозии*, коагулянты, компоненты пожаротушащих составов и косметич. средств.

ПОВЕ́РХНОСТНОЕ НАТЯЖЕ́НИЕ, сила, испытываемая молекулами жидкости на поверхности (сильнее всего на границе газ — жидкость) и направленная в глубину объёма жидкости. Из-за П.н. жидкость всегда принимает форму, соответствующую миним. поверхности, в частности капля имеет сферич. форму.

ПОВЕ́РХНОСТНЫЕ ЯВЛЕ́НИЯ, обусловлены особыми физ. и хим. свойствами тонких слоёв в-ва на границе тел (сред, фаз). Важнейшее П.я. — *адсорбция*. Определяют прочность и долговечность материалов. С П.я. связано образование коллоидных систем, слияние капель и пузырьков в эмульсиях, пенах, тумане. П.я. играют большую роль в трении, сварке, пайке, окраске, моющем действии мыла и т.д.

ПОВЕ́РХНОСТЬ, матем. понятие, возникшее как абстракция понятия деформированного куска плоскости. П. обычно бывает границей двух смежных областей пространства. Поверхности могут быть гладкими (сфера, цилиндр), многогранными, с самопересечениями и др.

ПО́ВЕСТЬ, прозаич. жанр неустойчивого объёма (преим. среднего между романом и рассказом),тяготеющий к хроникальному сюжету, воспроизводящему естеств. течение жизни. Лишённый интриги сюжет сосредоточен вокруг гл. героя, личность и судьба к-рого раскрываются в пределах немногих событий — эпизодов («Вешние воды» И.С. Тургенева, «Один день Ивана Денисовича» А.И. Солженицына, «Старик и море» Э. Хемингуэя).

«ПО́ВЕСТЬ ВРЕМЕННЫ́Х ЛЕТ», общерус. летописный свод, составленный в Киеве во 2-м десятилетии 12 в. Нестором. Редактировалась Сильвестром и др. Текст включает летописные своды 11 в. и др. источники. История Руси в «П.в.л.» связана со всемирной историей и историей славянства. Положена в основу большинства сохранившихся летописных сводов.

«ПО́ВЕСТЬ О ГО́РЕ-ЗЛОЧА́СТИИ» (17 в.), рус. лиро-эпич. повесть в стихах о добром, склонном к «кроткому пьянству» молодце, неотвязно преследуемом Горем-Злочастием — «двойником» его слабости и не-

добрых мыслей, от к-рого он спасается уходом в монастырь. Судьба безымянного молодца определяется не только заветами рода, «домостроевскими» уставами и промыслом Божиим, но и личной свободной волей, что характерно для эпохи перестройки ср.-век. рус. культуры в 17 в., как и необычное для прежней лит-ры тёплое сочувствие автора к падшему молодцу. Повесть полуфольклорна и полукнижная: в традициях нар. песен о Горе и «покаянных стихов» (см. о них в ст. *Духовные стихи*).

«ПО́ВЕСТЬ О ПЕТРЕ́ И ФЕВРО́НИИ», др.-рус. повесть о реальном муромском князе (13 в.) и его жене-крестьянке, причисленных к лику святых в 1547 (первонач. новеллистич. сюжет, вероятно, 2-я пол. 15 в.; окончат. оформление рус. писателя Ермолая-Еразма, сер. 16 в.). Рассказывает о необоримой любви, верности и семейном благочестии, «спасении в миру» — князя и крест. девушки, мудрая доброта к-рой одолевает все социальные препоны, злые наветы и искушения. В 1951 издана в «пересказе» А.М. Ремизова.

«ПО́ВЕСТЬ О РАЗОРЕ́НИИ РЯЗА́НИ БАТЫ́ЕМ» (не позже сер. 14 в., окончат. текст — на грани 14—15 вв.), яркий образец др.-рус. воинской повести; о трагич. эпизодах монг.-тат. нашествия в 13 в., в т.ч. о принятии смерти кн. Фёдором за честь жены и доблестной гибели отряда «исполина» Евпатия Коловрата. Сочетает нар. устно-эпич. эпизоды и мотивы и лит.-словесное мастерство высокой книжной культуры.

«ПО́ВЕСТЬ О ТВЕРСКО́М О́ТРОЧЕ МОНАСТЫРЕ́» (2-я пол. 17 в.), легендарный рассказ об основании Отроча монастыря княжеским отроком Григорием, к-рого в день свадьбы отвергла невеста, чтобы выйти замуж по взаимной любви за князя. Потрясённый отрок становится отшельником, строит монастырь и умирает. В повести нет противостояния злых и добрых персонажей; впервые в др.-рус. лит-ре конфликт перенесён непосредственно в сферу чувства, источник счастья и страдания — любовь. Драматическая по ситуации (извечный «треугольник») повесть исполнена и в стиле и в развязке лирич. умиротворения: «Слава в вышних Богу и на земле мир, в человецех благоволение».

ПОВИЛИ́КА, род р-ний-паразитов (сем. повиликовые). Не имеют корней и зелёных листьев, обвивают стебель растения-хозяина и прикрепляются к нему присосками, нередко вызывая гибель. Ок. 170 видов, от тропиков до умеренных широт. Паразитируют на льне, клевере, картофеле и др. р-ниях. Карантинные сорняки.

ПОВОРО́ТНЫЙ КРУГ сцены, вращающаяся часть игровой площадки. Позволяет осуществлять быструю смену *декораций*. Изобретён в Японии (в 1758 стационарный П.к. был оборудован т-р кабуки). В Европе — с 1896 (пост. оперы В.А. Моцарта «Дон Жуан» в «Резиденц-театре», Мюнхен). Часто вращение П.к. определяет ритм спектакля, приобретает метафорич. значение (трагич. сцена пустого П.к. в финале пост. Б. Брехта «Мамаша Кураж и её дети», т-р «Берлинер ансамбль», 1949).

ПОГА́НКИ, отряд водоплавающих птиц. Дл. от 23 до 60 см. 20 видов, в т.ч. чомга и др. Распространены ши-

роко, кроме полярных областей. Обитают на пресных водоёмах. Мясо в пищу непригодно (отсюда назв.). Являются биоиндикаторами степени загрязнения водоёмов пестицидами и тяж. металлами.

ПОГА́НКИ, бытовое название несъедобных грибов.

ПОГЛОЩЕ́НИЕ СВЕ́ТА, уменьшение интенсивности света, проходящего через среду, вследствие взаимодействия его с частицами среды. Сопровождается нагреванием в-ва, возбуждением или ионизацией атомов или молекул, фотохим. процессами и т.д. Поглощённая в-вом энергия может быть переизлучена и др. частотой, что влияет на окраску тела.

ПОГОВО́РКА, образное выражение, оборот речи, метко определяющий, отражающий к.-л. явление жизни. В отличие от пословицы лишена обобщающего поучительного смысла («Семь пятниц на неделе», «Положить зубы на полку»).

ПОГО́ДА, состояние атмосферы в к.-л. момент или за ограниченный промежуток времени (сутки, неделя, месяц) в данной местности. Характеризуется метеорол. элементами (темп-ра и влажность воздуха, ветер, облачность, осадки и др.) и их изменением. Многолетний режим П. наз. климатом.

ПОГРЕ́ШНОСТИ ИЗМЕРЕ́НИЙ (ошибки измерений), разность между результатами измерений и истинным значением измеряемой величины (абс. П.и.). Относительной П.и. наз. отношение абс. П.и. к истинному значению. Систематич. П.и. обусловлены гл. обр. погрешностями средств измерений (измерит. приборов) и несовершенством методов измерений, случайные — изменениями условий измерений и т.д.

ПОДА́ГРА (греч. podágra, букв. — капкан для ног), хронич. заболевание человека и ж-ных, характеризующееся повышенным содержанием мочевой к-ты в крови и отложением её солей гл. обр. в суставах, почках. У человека проявляется острыми приступами *артрита*, деформацией суставов с нарушением их функции, почечной коликой. Причины: нарушение обмена в-в, наследственность, переедание (гл. обр. мяса), злоупотребление алкоголем.

ПОДА́ТНЫЕ СОСЛО́ВИЯ, в Рос. империи в 18 — 1-й пол. 19 вв. группы населения (крестьяне и *мещане*), платившие подушную подать, выполнявшие рекрутскую и др. натуральные повинности. Были ограничены в свободе передвижения.

ПОДБЕРЁЗОВИК, съедобный гриб (сем. болетовые). Шляпка от белой до почти чёрной, снизу губчатая, серовато-бурая. Ножка тонкая, шероховатая. Растёт гл. обр. в берёзовых лесах. Илл. см. на стр. 542.

ПОДВЕ́ДОМСТВЕННОСТЬ (юрид.), разграничение компетенции между разл. органами. Означает, что гос. учреждения (напр., суд, арбитражный суд, адм. органы) вправе решать только вопросы, отнесённые законом к их ведению.

ПОДВО́ДНЫЙ АППАРА́Т, обитаемое или необитаемое сооружение для подвод. наблюдений, исследований, поисковых работ и т.п. Различают П.а.: автономного плавания, в т.ч. самоходные (напр., *батискафы*, спорт.-туристские, водолазные) или дрейфующие; привязные к судну-но-

542 ПОДВ

Подберёзовик.

сителю с помощью троса, в т.ч. буксируемые (батипланы) или опускаемые (гидростаты, батисферы). В 1960 в Марианской впадине на батискафе «Триест» была достигнута рекордная глуб. 10 919 м.

ПОДВО́ДНЫЙ СПОРТ, скоростное плавание на разл. дистанции, ныряние, ориентирование, туризм и охота под водой с применением спец. снаряжения (акваланг, маска, ласты). В 1959 осн. Всемирная конфедерация подвод. деятельности (КМАС); объединяет св. 70 стран. Чемпионаты Европы и мира по разл. видам П.с. проводятся с 1957.

ПОДГРУ́ЗДКИ, группа съедобных грибов (сем. сыроежковые). Внешне похожи на грузди, но не имеют млечного сока. Растут преим. в хвойных лесах. П. чёрный и нек-рые др. виды П. наз. чернушками.

Подгруздки. Подгруздок чёрный, или чернушка.

ПОДДУ́БНЫЙ Ив. Макс. (1871-1949), чемпион мира по классич. борьбе среди профессионалов (1905-1908). За 40 лет выступлений в России и на междунар. арене не проиграл ни одного соревнования. С 1962 проводятся мемориалы П.

ПОДДУБОВИ́К, то же, что *дубовик*.

ПОДЕ́ЛОЧНЫЕ КА́МНИ, декоративные минеральные агрегаты и горн. породы, обладающие красивым цветом или рисунком и применяемые для произ-ва разл. худ. изделий, сувениров, украшений. Наиб. редкие и эффектные камни (малахит, нефрит, чароит, родонит и др.) иногда выделяются в особую группу ювелирно-поделочных камней.

ПОДЁНКИ, отряд насекомых с нежными прозрачными крыльями и тонкими длинными хвостовыми нитями. Дл. 0,2–4 см. Св. 2000 видов, распространены широко. Встречаются вблизи пресных водоёмов (личинки вод-

Поделочные камни: 1 – Чаша с крышкой. Зернистый гипс. Северное Причерноморье. 6 в. до н.э. 2 – Образок с камеей «Святой Николай Чудотворец». Оникс. Византия. 11–12 вв. 3 – нагрудная иконка (панагия). Гелиотроп, альмандин, изумруд, агат, золото. Византия. 10 в. 4 – Кубок с крышкой. Яшма. Венеция. 13 в.

ные). Массовый лёт П. сопровождается роением, напоминающим снежную метель. Взрослые П. живут от неск. часов до неск. суток, нек-рые виды – 1 день (отсюда назв.).

ПОДЖЕЛУ́ДОЧНАЯ ЖЕЛЕЗА́, орган внеш. и внутр. секреции, выделяющий поджелудочный (панкреатич.) сок и гормоны инсулин и глюкагон, поступающие непосредственно в кровь и регулирующие углеводный и жировой обмен. Воспаление П.ж.– *панкреатит*.

ПОДЗАКО́ННЫЙ АКТ, правовой акт гос. органа, изданный в пределах его компетенции, на основе закона и в его исполнение.

ПОДЗЕ́МНАЯ ГАЗИФИКА́ЦИЯ, способ разработки м-ний полезных ископаемых, основанный на их физ.-хим. превращениях в пластовых условиях в газообразные и жидкие продукты с помощью воздуха, водяного пара, кислорода или их смесей при высокой темп-ре. Не получила широкого распространения из-за технол. сложности и экологич. опасности этого способа.

ПОДЗЕ́МНЫЕ ВО́ДЫ, находятся в толщах горн. пород верх. части *земной коры* (до глуб. 12 км) в жид-

ком, твёрдом и парообразном состоянии. Объём П.в. оценивается в 1,4 млн. км³.

ПОДЗО́РНАЯ ТРУБА́, см. *Зрительная труба*.

ПО́ДНИЕКС (Podnieks) Юрис (1950-92), лат. кинорежиссёр, оператор. Док. ф.«Легко ли быть молодым?» (1987), «Мы» (1988-91), «Крёстный путь» (1991) – свидетельства катаклизмов кризисного времени и одновременно исповедь художника.

ПОДО́БИЕ, понятие, характеризующее наличие у геом. фигур одинаковой формы, независимо от их размеров.

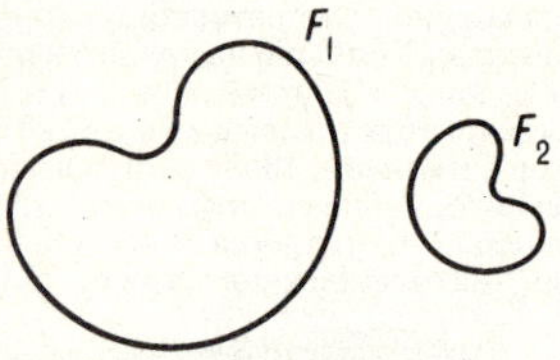

Подобие. Подобные фигуры F_1 и F_2.

ПОДОРО́ЖНИК, род одно- и многолетних трав, реже полукустарников (сем. подорожниковые). Ок. 250 видов, в умеренных и субтропич. поясах (редко в тропиках). Встречаются вдоль дорог, на сорных местах, пустырях, в степях, на лугах, песках. Настой и сок из листьев нек-рых П. применяют в медицине (отхаркивающее, заживляющее раны, желудочно-кишечное средство).

ПОДОСИ́НОВИК, съедобный гриб (сем. болетовые). Шляпка красная, оранжевая, гладкая или бархатистая, снизу губчатая, белая или серовато-бурая. Ножка белая, с белыми или чёрными чешуйками. Мякоть на изломе синеет. Растёт гл. обр. в лиственных и смешанных лесах Сев. полушария.

ПОДОХО́ДНЫЙ НАЛО́Г, осн. вид прямых налогов, взимаемых гос-вом с доходов физич. (П.н. с населения) и юрид. (налог на прибыль) лиц по прогрессивным ставкам. Базой П.н. с населения выступает совокупный доход налогоплательщика: зарплата,

Подземная газификация: 1 – серный пласт; 2 – зона расплавленной серы; 3 – зона горения; 4 – выгоревшая зона; 5 – кровля залежи; 6 – подошва залежи; 7 – дутьевая скважина; 8 – газоотводная скважина.

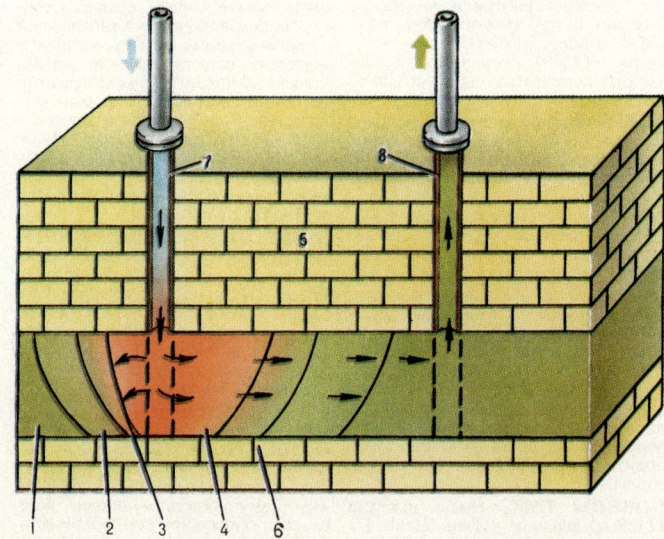

Подосиновик красный.

доходы от предпринимат. деятельности, *дивиденды*, доходы от недвижимости и т.д. Один из источников доходной части гос. бюджета.

ПОДПИ́СКА О НЕВЫ́ЕЗДЕ, см. в ст. *Меры пресечения*.

ПОДПИ́СКА О Я́ВКЕ, см. в ст. *Меры пресечения*.

ПОДРАЖА́НИЕ, 1) филос.-эстетич. понятие, восходящее к античн. учениям о *мимесисе* и характеризующее способ и сущность худ. воспроизведения мира (П. природе как реализация изначально данных форм, *эйдосов* и т.п.). Получило особое распространение в эстетике Возрождения и классицизма 17–18 вв. 2) В психологии и социологии копирование чужих движений, действий, способ усвоения новых форм поведения и деятельности.

ПОДРЯ́Д, в гражд. праве договор, по к-рому одна сторона (подрядчик) обязуется за свой риск выполнить определ. работу по заданию др. стороны (заказчика) из её или своих материалов, а заказчик обязуется принять и оплатить выполненную работу. Разновидностью П. является договор бытового заказа (на пошив одежды, изготовление мебели и т.д.).

ПОДСНЕ́ЖНИК, род многолетних трав (сем. амариллисовые). 18 видов, в М. Азии, Центр. и Юж. Европе, на Кавказе (12 видов). Невысокие луковичные р-ния с одиночными поникающими белыми цветками. Культивируют как декоративные. П. наз. также *пролеску*, *анемону* и ряд др. р-ний, цветущих ранней весной. Нек-рые виды редки, охраняются.

ПОДСО́ЛНЕЧНИК, род одно- и многолетних травянистых и полукустарников (сем. сложноцветные). Ок. 50 видов, преим. в Сев. и Юж. Америке. Завезён в Европу испанцами (1510), где вначале выращивался как декор. р-ние. В России, куда П. попал в 18 в. из Нидерландов, в 1829 крепостным крестьянином Д.С. Бокаревым (Воронежская губ.) впервые получено масло из семян П. В семенах (12–20 ц с 1 га) до 60% масла. Жмых и шрот, обмолоченные корзинки и силос – корм для скота.

ПОДСУ́ДНОСТЬ, разграничение компетенции между судами по рассмотрению дел по первой инстанции. Различают П.: предметную (родовую) – по виду преступления или предмета и характера гражд. дела; территориальную – по месту совершения преступления или по месту жительства ответчика; по связи дел – отнесение к ведению одного суда взаимосвязанных дел (напр., *встречный иск* рассматривается тем же судом, что и первоначальный), а в уголов. процессе, кроме этого, персональную П. (напр., дела о преступлениях военнослужащих подсудны воен. трибуналам). Аналогично П. разграничивается компетенция следств. органов (т.н. подследственность).

ПОДТЕ́КСТ, в лит-ре (преим. художественной) скрытый, отличный от прямого значения высказывания смысл, к-рый восстанавливается на основе контекста с учётом ситуации. В театре П. раскрывается актёром посредством интонации, паузы, мимики, жеста.

ПОДШИ́ПНИК, опора для цапфы (шипа) вала или вращающейся оси, деталь мн. машин, приборов, механизмов. Нагрузки в П. воспринимаются телами качения (шариковые, роликовые, игольчатые П.) или поверхностью скольжения (напр., вкладышем, находящимся в корпусе машины). Упорный П., воспринимающий осевые нагрузки, наз. подпятником.

ПОДЪЁМНАЯ СИ́ЛА, составляющая полной силы давления жидкой или газообразной среды на движущееся в ней тело; направлена перпендикулярно скорости движения тела (как правило, вверх). П.с. возникает вследствие различия скоростей обтекания несимметричного тела средой (напр., при обтекании потоком воздуха крыла самолёта) и обусловленной этим различия давлений (чем выше скорость обтекания, тем ниже давление).

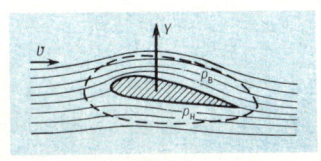

Подъёмная сила. Обтекание профиля крыла самолёта. Y – подъёмная сила; v – скорость потока воздуха; давление под крылом $p_н$ больше давления над крылом $p_в$.

ПОДЪЁМНО - ТРА́НСПОРТНЫЕ МАШИ́НЫ, обобщающее название машин для перемещения людей и грузов на сравнительно небольшие расстояния. К П.-т.м. непрерывного действия относятся *конвейеры*, нории, элеваторы, эскалаторы, устройства пневмо- и гидротранспорта; к П.-т.м. периодич. (циклич.) действия – грузоподъёмные краны, тали, домкраты, *лебёдки*, подъёмники (шахтные, скиповые, строит. и др.), погрузчики. Нек-рые П.-т.м. (*лифты*, *фуникулёры*, канатные дороги) могут быть как непрерывного, так и периодич. действия.

ПОДЪЁМНЫЙ КРАН, см. *Грузоподъёмный кран*.

ПОЖА́РНО - ПРИКЛАДНО́Й СПОРТ, соревнования в выполнении комплексов навыков и приёмов, необходимых при тушении пожаров (преодоление препятствий, умение пользоваться пожарно-техн. вооружением и др.). Зародился в СССР в 1930-е гг. Междунар. соревнования с 1968.

ПОЖА́РСКИЙ Дм. Мих. (1578–1642), князь, боярин (с 1613), соратник К.М. Минина. Участник 1-го земского ополчения 1611 и восстания против польск.-литов. интервентов в Москве (19–20.3.1611), в ходе к-рого был ранен. Один из руководителей 2-го земского ополчения и врем. земского пр-ва. Руководил воен. действиями против польск.-литов. интервентов (освобождение Москвы в 1612, отражение вторжений 1615 и 1618). Служил воеводой в Новгороде (1628–30), возглавлял Ямской, Разбойный приказы (1617–40) и др.

ПОЗВОНО́ЧНИК (позвоночный столб), часть скелета позвоночных ж-ных и человека. Состоит из позвонков (у человека 32–33), соединённых между собой хрящами, суставами и связками (иногда сросшихся); служит органом опоры, защищает находящийся в позвоночном канале спинной мозг. В П. человека 5 отделов: шейный (7 позвонков), грудной (12), поясничный (5), крестцовый (5, срастаются), копчиковый (3–4, срастаются).

ПОЗВОНО́ЧНЫЕ, ж-ные, у к-рых первичный осевой скелет – хорда – заменён позвоночником (отсюда назв.). К П. относятся: круглоротые (миноги и миксины), рыбы, земноводные, пресмыкающиеся, птицы, млекопитающие. Древнейшие П. известны из отложений *ордовика*; в силуре – девоне найдены уже остатки пресноводных рыбообразных ж-ных – остракодерм. По числу видов (40–45 тыс.) П. значительно уступают беспозвоночным, но они более высоко организованы и обладают совершенными и разнообразными механизмами приспособления к условиям окружающей среды.

ПОЗИТИВИ́ЗМ (франц. positivisme, от лат. positivus – положительный), филос. направление, исходящее из того, что всё подлинное (позитивное) знание – совокупный результат спец. наук; наука, согласно П., не нуждается в к.-л. стоящей над ней философии. Осн. в 30-х гг. 19 в. О. Контом (ввёл самый термин). П. оказал влияние на методологию естеств. и обществ. наук (особенно 2-й пол. 19 в.). Совр. форма П.– неопозитивизм (см. *Аналитическая философия*).

ПОЗИТРО́Н (e^+), элементарная частица, входящая в класс лептонов; античастица по отношению к электрону – массы их равны, а заряды равны и противоположны по знаку. Свободный П. стабилен, но в в-ве существует короткое время (в свинце $5 \cdot 10^{-11}$ с) из-за аннигиляции с электронами. Обнаружен амер. физиком К.Д. Андерсоном (1931) в *космических лучах*. П. образуется при распаде элементарных частиц, при *бета-распаде* радионуклидов, в процессе рождения электрон-позитронной пары γ-квантами.

ПОЗИ́ЦИЯ (от лат. positio – положение), 1) положение, расположение кого-либо или чего-либо (напр.: П. фигур на шахматной доске; определ. положение рук и ног в классич. танце, обусловливающее единое исполнение балетных *pa* и т.п.). 2) Место расположения войск в бою (напр., П. передовая, запасная). 3) Точка зрения, отношение к чему-либо, действия, обусловленные этим отношением.

ПОЗНА́НИЯ ТЕО́РИЯ, см. *Теория познания*.

ПО́ЗНАНЬ, г. в Польше, на р. Варта. 590 т. ж. Кр. трансп. уз.; междунар. аэропорт. Маш-ние, резин., парфюмерная, стек., швейная, полиграф. пром-сть. Ун-т, мед. академия. Консерватория (1920). Музеи: нац. археол., этногр., муз. инстр-тов и др. Т-ры (в т.ч. оперный, 1919). Ежегод. междунар. и нац. ярмарки. В 10–11 вв. резиденция польск. князей. С 1815 центр Познанского вел. кн-ва. После Познанского восст. в 1918–19 в составе воссозданного Польск. гос-ва. Многочисленные готич. костёлы (в т.ч. собор, 13–15 вв.), барочные монастыри и церкви, ратуша в стиле ренессанса (13–16 вв.), дома 16–19 вв.

ПОИМУ́ЩЕСТВЕННЫЙ НАЛО́Г, вид прямых налогов на движимое и недвижимое имущество (земли, леса, строения, пром. и торг. пр-тия, ценные бумаги, транспорт и др.). П.н. может выступать в форме налога с наследства и дарений, платы за землю, платы в дорожный фонд и др.

ПО́ЙМА, часть дна речной долины, затопляемая только в половодье или во время паводков.

ПО́ЙНТЕР (англ. pointer, от point – делать стойку), порода довольно крупных (рост до 65 см) короткошёрстных *легавых* собак. Обладают острым чутьём, ярким темпераментом, горделивыми манерами; ласковы и послушны. Родина – Англия. Разводят во мн. странах, в т.ч. в России.

Пойнтер.

ПОКАЗА́ТЕЛЬ ПРЕЛОМЛЕ́НИЯ, величина, характеризующая среду и равная отношению скорости света в вакууме к скорости света в среде (абс. П.п.). П.п. n зависит от диэлектрич. ε и магн. μ проницаемостей среды ($n^2 = \varepsilon\mu$) и длины волны света, чем объясняется дисперсия при *преломлении света*.

ПОКОЛЕ́НИЕ (генерация) (биол.), 1) различающиеся по строению, образу жизни, способу размножения и т.п. формы одного организма, сменяющиеся в процессе его жизненного цикла. 2) Группа особей, одинаково

544 ПОКР

отдалённых в родств. отношении от общих предков. Напр., у человека: родители, дети, внуки – 3 последовательных П.; промежуток времени между рождением отца и сына, матери и дочери наз. длиной П. (ок. 30 лет). 3) (Демогр.) люди, родившиеся на протяжении, как правило, года; сосуществование и взаимодействие П. образуют возрастную структуру населения. 4) В ист.-культурных иссл. понятие П. чаще имеет символич. смысл, характеризуя участников или современников важных ист. событий, людей с общими ориентациями или настроениями (напр., *«потерянное поколение»*).

ПОКРА́СС Дм. Як. (1899–1978), композитор. Один из первых авторов сов. массовых песен. Песни П. отличаются ярким мелодизмом, ясным и броским муз. языком: «Марш Будённого» (1920), «Москва майская» (1937), «Прощание» («Дан приказ...»), «Если завтра война» (обе 1938). Многие песни созданы в соавторстве с братом – Дан.Я. Покрассом (1905–54).

ПОКРО́В ПРЕСВЯТО́Й БОГОРО́ДИЦЫ, христ. праздник в память явления ок. 910 во Влахернском храме в Константинополе Богородицы, простирающей свой покров над всеми верующими. Отмечается 1(14) окт.

ПОКРОВА́ НА НЕ́РЛИ ЦЕ́РКОВЬ, во Владимирской обл., близ *Боголюбова*, при впадении р. Нерль в р. Клязьма, памятник архитектуры *владимиро-суздальской школы* (1165). Белокам. одноглавый 4-столпный храм крестово-купольного типа отличается исключит. гармонией пропорций, изяществом форм, тонкостью обработки. Включена в список *Всемирного наследия*.

Покрова на Нерли церковь.

ПОКРО́ВСКИЙ Бор. Ал-др. (р. 1912), оперный режиссёр. В 1943–82 реж. (с 1967 г.л. реж.) Большого т-ра. Основатель (1972), худ. рук. и реж. Моск. камерного муз. т-ра. Постановкам П. свойственны подчёркнутая театральность решений, смелый режиссёрский поиск. Среди спектаклей: «Садко» Н.А. Римского-Корсакова (1949); «Война и мир» (1946), «Семён Котко» (1970), «Игрок» (1974), «Огненный ангел» (1981, Прага) – С.С. Прокофьева; «Нос» Д.Д. Шостаковича (1974). Автор книг об опере и режиссуре.

ПОКРО́ВСКИЙ МОНАСТЫ́РЬ (Покровский Суздальский), женский, в Суздале, осн. в 1364 суздальским кн. Андреем Константиновичем. Место заточения рус. цариц: с 1526 Соломонии Юрьевны (первая жена Василия III), в 1698–1718 Евдокии Фёдоровны (первая жена Петра I). Пам. архитектуры 16–18 вв.: собор (1510–18), шатровая колокольня (16 в.), надвратная Благовещенская церк. (ок. 1518), Зачатьевская церк. (1551), кам. ограда (18 в.) со «Святыми воротами». Музей.

ПОКРЫТОСЕ́МЕННЫ́Е, то же, что цветковые растения.

ПОЛ, совокупность генетич. и морфофизиол. признаков, отличающих муж. особи от женских и обеспечивающих половое размножение организмов. Муж. или жен. П. организма детерминирован генетически спец. половыми *хромосомами*.

ПОЛА́НСКИ (Polanski) Роман (р. 1933), кинорежиссёр, сценарист, актёр. Начинал в Польше, затем в США, Великобритании, Франции. Снял психопатол. драмы («Отвращение» и «Тупик» – 1965), мистич. «фильмы ужасов» («Бесстрашные убийцы вампиров», 1967; «Ребёнок Розмари», 1968), гангстерские и приключенч. фильмы («Чайнатаун», 1974; «Пираты», 1986), внеся в них дух иронии и пародии. В 1992 пост. ф. «Горькая Луна».

ПО́ЛБА, виды пшеницы с ломким колосом и невымолачиваемым из плёнок зерном.

ПО́ЛГАР (Polgar), сёстры, венг. шахматистки, чемпионки мира. Всемирных шахматных олимпиад (1988, 1990), победительницы и призёры ряда кр. муж. междунар. турниров (1984–1994). Жужа (р. 1969), междунар. гроссмейстер среди женщин (1987) и мужчин (1991). София (р. 1974), междунар. гроссмейстер среди женщин (1989) и мужчин, мастер среди мужчин (1989). Юдит (р. 1976), междунар. гроссмейстер среди женщин (1988) и мужчин (1992), лауреат шахматного приза «Оскар» (1988–90), чемпионка Венгрии среди мужчин (1991).

ПОЛЁВКИ, неск. родов грызунов (сем. хомяки). Длина тела в ср. 10–12 см (до 25 см), хвоста примерно ½ длины тела. Ок. 100 видов, преим. в Сев. полушарии. Повреждают с.-х. культуры; природные носители возбудителей туляремии и др. заболеваний.

ПОЛЕЖА́ЕВ Ал-др Ив. (1804–38), рус. поэт. В 1826 за сатирич. поэму «Сашка» (1825), содержавшую выпады против университетских порядков самодержавия, отдан в солдаты. Лирика исполнена настроениями обречённости, гнева и протеста, скорбными жалобами и сочувствием к страданиям людей. Нек-рые стихи навеяны нар. песнями.

ПОЛЕ́ЗНЫЕ ИСКОПА́ЕМЫЕ, природные минеральные образования земной коры, к-рые могут быть использованы в сфере произ-ва. Формируются в ходе геол. истории Земли. Различают П.и. твёрдые (угли, руды, нерудные П.и.), жидкие (нефть, мин. воды), газообразные (природные горючие и инертные газы). Образуют м-ния, при больших площадях распространения – районы, провинции, бассейны.

ПОЛЕ́МИКА (от греч. polemikós – воинственный), спор, дискуссия, столкновение мнений по к.-л. вопросу.

ПОЛЕ́НОВ Вас. Дм. (1844–1927), живописец, передвижник. Автор пленэрных (см. *Пленэр*) пейзажей, передающих тихую поэзию и красоту рус. природы («Заросший пруд», 1879), нерудных П.и., ист. («Христос и грешница», 1886–87) картин. Театральный художник, организатор нар. т-ра.

В.Д. Поленов. «Московский дворик». 1878. Третьяковская галерея.

ПОЛЗУНО́В Ив. Ив. (1728–66), рос. теплотехник, один из изобретателей теплового двигателя. В 1763 разработал проект парового двигателя – первого в мире двухцилиндрового непрерывного действия. В 1765 построил по его проекту первую в России действовавшую паросиловую установку.

ПОЛЗУ́ЧЕСТЬ, медленная непрерывная пластич. деформация (металла или сплава) под действием постоянной механич. нагрузки. П. подвержены все тв. тела в широком интервале темп-р. Физ. механизм П. такой же, как и *пластичности*.

ПОЛИ... (от греч. polýs – многий, многочисленный, обширный), часть сложных слов, указывающая на множество, всесторонний охват или разнообразный состав чего-либо (напр., полиартрит, поливитамины).

ПОЛИАКРИЛОНИТРИ́ЛЬНОЕ ВОЛОКНО́ (акриловое волокно), синтетич. волокно, формуемое из р-ров полиакрилонитрила $[-CH_2CH(CN)-]_n$ или его производных. По мн. свойствам близко к шерсти. Из П.в. изготовляют верхний и бельевой трикотаж, ковры, ткани. Мировое произ-во ок. 2 млн. т в год.

ПОЛИАМИ́ДНОЕ ВОЛОКНО́, синтетич. волокно, формуемое из расплавов или р-ров *полиамидов*. Прочно, эластично, устойчиво к истиранию, многократному изгибу, действию мн. хим. реагентов. Применяют в произ-ве тканей, ковров, трикотажа, шинного корда, рыболовных сетей, канатов, искусств. щетины, фильтровальных материалов и др. Наиб. значение имеют *капрон* и *найлон*. Мировое произ-во ок. 3,5 млн. т в год.

ПОЛИАМИ́ДЫ, синтетич. полимеры, молекулы к-рых содержат группы –NHC(O)–. Из П. изготовляют полиамидные волокна, пластмассы, плёнки и др. По хим. строению к П. относятся белки и пептиды.

ПОЛИАРТРИ́Т (от *поли...* и греч. árthron – сустав), одноврем. или последоват. воспаление мн. суставов при ревматизме, подагре и др. заболеваниях.

ПОЛИ́БИЙ (Polýbios) (ок. 200 – ок. 120 до н.э.), др.-греч. историк. Более 16 лет прожил в Риме, попав туда в числе 1000 знатных заложников после поражения греков в 168 в битве против римлян при Пидне. Автор «Истории», охватывающей историю Греции, Македонии, М. Азии, Рима и стран с 220 до 146 (из 40 книг сохранились первые 5, остальные – во фрагментах). «История» П. – первая попытка в греч. историографии дать «всемирную» историю в синхронной последовательности всех событий. Совершенством рим. респ. строя объяснял П. быстрое завоевание Римом почти всего Средиземноморья.

ПОЛИВИНИЛАЦЕТА́Т, $[-CH_2CH(OCOCH_3)-]_n$, синтетич. полимер. Светостоек, обладает высокой адгезией к разл. поверхностям. Применяют в произ-ве эмульсионных красок, клеёв, материалов для бесшовных покрытий полов. Мировое произ-во более 2,5 млн. т в год.

ПОЛИВИНИЛХЛОРИ́Д, $[-CH_2CHCl-]_n$, синтетич. полимер. Отличается хорошими механич. и электроизоляц. свойствами, сравнительно невысокой термо- и светостойкостью, трудногорюч. На основе П. получают жёсткие (винипласт) и мягкие (пластикат) пластмассы, плёнки, применяемое для изготовления негорючих драпировочных тканей, фильтровальных материалов, спецодежды, теплоизоляц. леч. белья. Мировое произ-во более 12 млн. т в год.

ПОЛИГА́МИЯ (от *поли...* и греч. gámos – брак), многобрачие в форме как многожёнства, так и многомужества.

ПОЛИГНО́Т (Polýgnōtos), др.-греч. живописец и скульптор 2-й четв. 5 в. до н.э. Росписи Пинакотеки в Афинах, картины в технике энкаустики (не сохранились).

ПОЛИГРА́ФИЯ (от *поли...* и греч. gráphō – писать; перен. – печатать; букв. – многопечатание), отрасль техники, совокупность техн. средств для произ-ва печатной продукции (книг, газет и т.п.), а также отрасли пром-сти, объединяющая пром. пр-тия, производящие печатную продукцию.

ПОЛИДЕ́ВК, см. в ст. *Диоскуры*.

ПОЛИКА́ДРОВОЕ КИНО́, обеспечивает показ на экране одним кинопроектором одновременно неск. сюжетов, зафиксированных на одном кадре (поликадре) фильмокопии. Поликадры использованы, напр., в фильмах 1960–70-х гг. «Айболит-66», «Суд сумасшедших» (СССР); «Лисы Аляски» (США); «Большой приз» (Франция–США).

ПОЛИКА́РПОВ Ник. Ник. (1892–1944), авиаконструктор. В 20-х гг. в СССР под рук. П. созданы самолёты-разведчики Р-1, Р-5, уч. самолёт У-2. В 1929–31 репрессирован, в заключении разработал (совм. с Д.П. Григоровичем) истребитель И-5. В 30-х гг. основу истребит. авиации в стране составляли самолёты П.– И-15, И-16, И-153 («Чайка»). В Вел. Отеч. войне использовался в качестве ночного бомбардировщика уч. самолёт По-2 (вариант У-2).

ПОЛИКЛЕ́Т (Polýkleitos) из Аргоса, др.-греч. скульптор, теоретик иск-ва 2-й пол. 5 в. до н.э. Представитель высокой классики. Бронз. статуи П. («Дорифор», «Диадумен», «Раненая амазонка») известны по копиям. В сохранившихся фрагментах соч. «Канон» П. вывел цифровой закон идеальных пропорциональных соотношений человеческого тела.

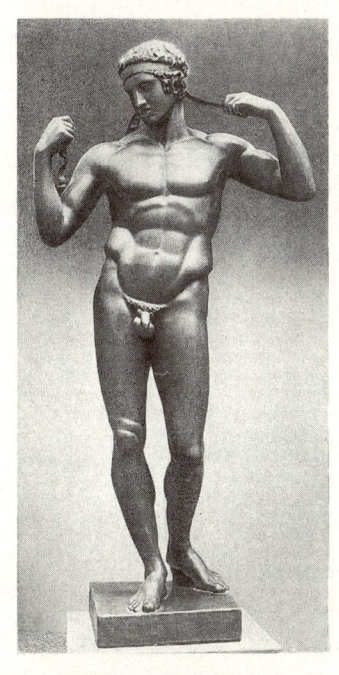

Поликлет. «Диадумен». Ок. 420–410 до н.э. Римская копия. Национальный археологический музей. Афины.

ПОЛИКРИСТА́ЛЛЫ (от *поли*... и греч. krýstallos – лёд, горный хрусталь), агрегаты из большого числа маленьких монокристаллов (кристаллитов), ориентированных друг относительно друга хаотически. Большинство тв. материалов, используемых в технике, являются поликристаллическими.

ПОЛИМЕ́РЫ (от *поли*... и греч. méros – доля, часть) (высокомолекулярные соединения), в-ва, молекулы к-рых (макромолекулы) состоят из большого числа повторяющихся звеньев; мол. масса П. может изменяться от неск. тысяч до мн. миллионов. Различают природные (напр., натуральный каучук, биополимеры – белки, нуклеиновые к-ты, полисахариды) и синтетические (полиэтилен, эпоксидные смолы и др.) П., получаемые хим. методами из мономеров. П.– основа пластич. масс, волокон, резины, лакокрасочных материалов, клеёв и др. Без биополимеров невозможна жизнь.

ПОЛИМЕТАЛЛИ́ЧЕСКИЕ РУ́ДЫ, комплексные руды, в к-рых гл. ценные компоненты – свинец и цинк, попутные – медь, золото, серебро, кадмий, иногда висмут, олово, индий, галлий и др. Гл. минералы: галенит, *сфалерит*, часто *пирит, халькопирит*. Содержание осн. компонентов от нескольких до 10% и более. См. также *Свинцово-цинковые руды*.

ПОЛИМЕТИЛМЕТАКРИЛА́Т, $[-CH_2C(CH_3)(COOCH_3)-]_n$, синтетич. полимер. Обладает хорошими оптич., механич. и электроизоляц. свойствами. Выпускается гл. обр. в виде *органического стекла*. Объём произ-ва в Зап. Европе ок. 250 тыс. т в год.

ПОЛИМОРФИ́ЗМ (от греч. morphos – многообразный), способность нек-рых в-в одного и того же хим. состава иметь разл. кристаллич. структуры (полиморфные модификации). Различие в структуре обусловливает различие свойств, напр.: углерод существует в виде *алмаза* и *графита*; белое олово – пластичный *металл*, серое олово – хрупкий *полупроводник*. Открыт нем. учёным Э. Мичерлихом в 1822.

ПО́ЛИНГ (Паулинг) (Pauling) Лайнус Карл (1901–94), амер. физик и химик, обществ. деятель. Одним из первых применил квантовую механику к изучению хим. связи. Тр. по структуре белков, иммунохимии, эволюционной биологии и др. Один из инициаторов Пагуошского движения. Ноб. пр. по химии (1954), Ноб. пр. мира (1962).

ПОЛИНЕВРИ́Т (от *поли*... и греч. néuron – нерв), множеств. поражение нервов: боли, расстройства чувствительности, *парезы*, трофич. нарушения.

ПОЛИНЕ́ЗИЯ, одна из осн. островных групп в Океании, в центр. части Тихого ок. Протягивается с С. на Ю. от Гавайских о-вов до Н. Зеландии (к-рую иногда включают в П.). Пл. ок. 26 т. км² (без Н. Зеландии). Осн. группы о-вов: Гавайские, Туамоту, Самоа, Лайн, Общества о-ва. По происхождению вулканические или коралловые; много атоллов. Выс. до 4205 м (вулкан Мауна-Кеа на Гавайских о-вах). Вечнозелёные тропич. леса и саванны. Добыча жемчуга. Междунар. туризм.

ПОЛИНУКЛЕОТИ́ДЫ, то же, что *нуклеиновые кислоты*.

ПОЛИОМИЕЛИ́Т (от греч. poliós – серый и myelós – спинной мозг), острое вирусное заболевание преим. детей. Заражение от больного или носителя через пищу, воду, грязные руки и через воздух при кашле, разговоре. Характерно поражение нерв. системы, часто с развитием *параличей*. Профилактика – иммунизация.

Л.К. Полинг.

ПОЛИПЛОИДИ́Я (от греч. polýploos – многократный и éidos – вид), наследств. изменение, заключающееся в кратном увеличении числа наборов *хромосом* в клетках организма. Распространена у р-ний (большинство культурных р-ний – полиплоиды), среди раздельнополых ж-ных встречается редко. Может быть вызвана искусственно (напр., алкалоидом колхицином). На основе П. созданы высокоурожайные сорта с.-х. р-ний (напр., сах. свёклы).

ПОЛИПРОПИЛЕ́Н, $[-CH_2CH(CH_3)-]_n$, синтетич. полимер. Отличается высокой прочностью при ударе и многократном изгибе, износостойкостью, низкой паро- и газопроницаемостью; хороший диэлектрик. Применяют в произ-ве деталей машин, труб, плёнок, а также полипропиленового волокна, используемого для изготовления ковров, канатов, обивочных и фильтровальных тканей. Мировое произ-во более 8 млн. т в год.

ПОЛИ́ПТИХ (от *поли*... и греч. ptyché – складка, дощечка), 1) многостворчатый *складень*. 2) Неск. картин, связанных единым замыслом.

ПОЛИ́ПЫ (от греч. polýpus, букв.– многоногий), сидячие (прикреплённые) особи нек-рых кишечнополостных ж-ных; одиночные (*гидры, актинии*) или колониальные (коралловые П.).

ПОЛИ́ПЫ, доброкачеств. образования из эпителия слизистых оболочек (полости носа, матки, желудка и др.). Могут изъязвляться и давать кровотечения; нек-рые формы П. рассматриваются как состояние предрака; подлежат удалению.

ПО́ЛИС (греч. pólis, лат. civitas), город-гос-во в Др. Греции и Др. Италии. Полноправными гражданами П. являлись члены общины, каждый из к-рых имел право на зем. собственность и полит. права. Часть населения города не имела гражд. прав (метеки, периэки, вольноотпущенники, рабы). П. различались по форме организации полит. власти (олигархич., демократические).

ПО́ЛИС СТРАХОВО́Й (франц. police, от итал. polizza – расписка, квитанция), документ (как правило, именной), удостоверяющий заключение договора личного или имуществ. *страхования* и его условия.

ПОЛИСАХАРИ́ДЫ, высокомол. углеводы, образованные остатками моносахаридов (*глюкозы, фруктозы* и др.) или их производных (напр., аминосахаров). Присутствуют во всех организмах, выполняя функции запасных (*крахмал, гликоген*), опорных (*клетчатка, хитин*), защитных (*камеди, слизи*) в-в. Участвуют в иммунных реакциях, обеспечивают сцепление клеток в тканях р-ний и ж-ных. Составляют осн. массу органич. в-ва в биосфере.

ПОЛИСПА́СТ (греч. polýspastos, от polý – много и spáō – тяну), грузоподъёмное устройство в виде неск. подвижных и неподвижных блоков, огибаемых канатом или цепью. Даёт выигрыш в силе за счёт распределения веса груза на неск. ветвей каната, при этом уменьшается скорость подъёма груза. Используется как составная часть подъёмно-трансп. машины (тали, лебёдки и др.) или самостоятельно.

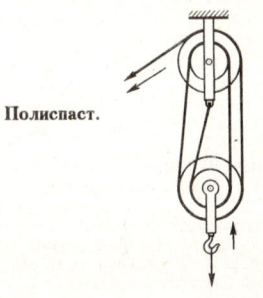

Полиспаст.

ПОЛИСТИРО́Л, $[-CH_2CH(C_6H_5)-]_n$, синтетич. полимер. Хороший диэлектрик, устойчив к действию мн. хим. реагентов, имеет невысокую теплостойкость, нек-рые разновидности ударопрочны. Применяют в произ-ве пенопластов, корпусов радио- и телеаппаратуры, деталей автомобилей, освет. арматуры, посуды, авторучек и др. Мировое произ-во ок. 5 млн. т в год.

ПОЛИТБЮРО́ ЦК КПСС (Политическое бюро ЦК КПСС), избиралось Центр. к-том для решения полит. и орг. вопросов в период между пленумами ЦК. Впервые образовано 10(23).10.1917 для полит. руководства вооруж. восстанием. Как постоянно действующий орган функционировало в 1919–91 (в 1952–66 существовал Президиум ЦК КПСС); фактически являлось высш. властью в СССР.

ПОЛИТЕИ́ЗМ (от *поли*... и греч. theós – бог), многобожие, вера во многих богов.

ПОЛИ́ТИКА (греч. politiká – гос. или обществ. дела, от pólis – гос-во), сфера деятельности, связанная с отношениями между классами, нациями и др. социальными группами, ядром к-рой является проблема завоевания, удержания и использования гос. власти; участие в делах гос-ва, определение форм, задач, содержания деятельности. П. обладает большой степенью самостоятельности и оказывает сильное влияние на экономику и др. сферы об-ва. Внутр. П. охватывает осн. направления деятельности гос-ва, партий (экон., социальная, культурная, техн. П. и др.). Внеш. П. относится к сфере отношений между гос-вами.

ПОЛИТИ́ЧЕСКАЯ СИСТЕ́МА О́БЩЕСТВА, система социальных институтов гос.-организованного общества, осуществляющих определ. полит. функции. Включает гос-во, партии, профсоюзы, церковь, а также

546 ПОЛИ

орг-ции и движения, преследующие полит. цели.

ПОЛИТИ́ЧЕСКАЯ ЭКОНО́МИЯ, наука, изучающая основы обществ. произ-ва, законы его функционирования и развития, проблемы произ-ва, распределения, обмена, потребления материальных благ на разл. ступенях развития общества. Термин «П.э.» введён А. де Монкретьеном (1615). Как самостоят. наука сформировалась в период становления капитализма и получила развитие в трудах представителей классич. школы (У. Петти, Ф. Кенэ, А. Смит, Д. Рикардо и др.). В сер. 19 в. возникла марксистская П.э. Во 2-й пол. 19 – нач. 20 вв. сложились австр., кембриджская, матем. и др. школы П.э. Осн. течения совр. экон. мысли: *кейнсианство, неоклассическое направление, институционализм.*

ПОЛИТОНА́ЛЬНОСТЬ (от *поли...* и тональность) (муз.), одноврем. звучание неск. (часто двух) *тональностей* или их аккордов (гл. обр. в музыке 20 в.).

ПОЛИУРЕТА́НЫ, синтетич. полимеры, содержащие в молекуле группы $-NHC(O)O-$. Из П. изготовляют полиуретановое волокно, поролон, искусств. кожи, клеи, лаки. Эластичные П. (уретановые каучуки) – основа износостойкой резины (в т.ч. для подошвы обуви), ударопрочных пластиков, вибро- и шумозащитных материалов. Мировое произ-во ок. 3,5 млн. т в год.

ПОЛИФОНИ́Я (от *поли...* и греч. phōnē – звук, голос), вид многоголосия, основанный на одноврем. сочетании 2 и более самостоят. мелодий (в противоположность *гомофонии*). Различают П. имитационную (см. *Имитация*), контрастную (контрапунктирование разных мелодий), подголосочную (соединение мелодии и её вариантов-подголосков, характерное для нек-рых жанров рус. нар. песни).

ПОЛИ́ЦИЯ (нем. Polizei, от греч. politéia – управление делами гос-ва), во мн. гос-вах особые органы по охране обществ. порядка, расследованию нек-рых видов правонарушений и т.д. Входит обычно в систему Мин-ва внутр. дел. В США федеральная П. возглавляется Федеральным бюро расследований (ФБР), входящим в состав Мин-ва юстиции. В ряде стран (напр., в России, др. гос-вах СНГ) органом, аналогичным по своим функциям П., является *милиция.*

ПОЛИЭКРА́ННОЕ КИНО́, обеспечивает показ одновременно неск. кинопроекторами на разных экранах (полиэкране) ряда сюжетно связанных кинокадров. Первый фильм П.к. «Наполеон» (Франция, 1927). Использовалось гл. обр. как киноаттракцион на выставках, напр. на «Экспо-67» (Канада), «Экспо-70» (Япония).

ПОЛИЭТИЛЕ́Н, $[-CH_2CH_2-]_n$, синтетич. полимер. Прочен, эластичен, хороший диэлектрик, устойчив к действию мн. хим. реагентов и радиоактивного излучения. Применяют в произ-ве плёнок, труб, ёмкостей, деталей автомашин, предметов домашнего обихода, техн. волокон, для изоляции кабелей и др. Мировое произ-во более 30 млн. т в год.

ПОЛИЭФИ́РНОЕ ВОЛОКНО́, синтетич. волокно, формуемое из расплава полиэтилентерефталата $[-CH_2CH_2OC(O)C_6H_4OC(O)-]_n$ или его производных. Отличается незначит. сминаемостью, свето- и атмосферостойкостью, высокой прочностью, стойкостью к истиранию и действию органич. растворителей; жёсткость П.в. устраняют хим. модифицированием. Осн. торг. названия: *лавсан,* терилен, дакрон, тетерон, элана, тергаль, тесил.

ПО́ЛЛАК (Pollack) Сидни (р. 1934), амер. режиссёр. Работы в т-ре и на ТВ. Получил известность после ф. «Загнанных лошадей пристреливают, не правда ли?» (1969). Пост. ф.: «Такими мы были» (1973), «Три дня Кондора» (1975), «Без злого умысла» (1981), «Тутси» (1982) и др. Для режиссуры П. характерны напряжённое действие, реалистич. изображение среды, социальная направленность.

ПОЛЛИ́НИ (Pollini) Маурицио (р. 1942), итал. пианист. Совершенствовался у А. Бенедетти Микеланджели. Манеру П. определяют одухотворённость, гибкая чувствительность, тонкое чувство стиля. В репертуаре доминирует совр. музыка.

ПОЛЛИНО́З (от лат. pollen, род. п. pollinis – пыльца), то же, что *сенная лихорадка.*

ПО́ЛЛОК (Pollock) Джексон (1912-1956), амер. живописец. В 40-х гг. выступил как глава «абстрактного экспрессионизма», пропагандировавшего интуитивное, не контролируемое разумом творчество: большие полотна покрывал узором из красочных пятен.

Дж. Поллок. «Номер пятнадцатый». Частное собрание. Италия.

ПОЛЛЮ́ЦИЯ (от позднелат. pollutio – марание, пачканье), непроизвольное извержение семени у мужчин, б.ч. во сне, причём по половом воздержании. Первые П. – одно из проявлений полового созревания.

ПО́ЛНОГО ХОЗЯ́ЙСТВЕННОГО ВЕДЕ́НИЯ ПРА́ВО, в рос. законодательстве право пр-тия – юрид. лица, имущество к-рого принадлежит другому лицу или гос-ву и закреплено собственником за этим пр-тием для самостоят. предпринимат. деятельности, осуществлять права и обязанности собственника в отношении этого имущества. Собственник имеет право на часть прибыли от использования имущества для нужд пр-тия.

ПО́ЛНОЕ ВНУ́ТРЕННЕЕ ОТРАЖЕ́НИЕ эл.-магн. волн, происходит при прохождении их из среды

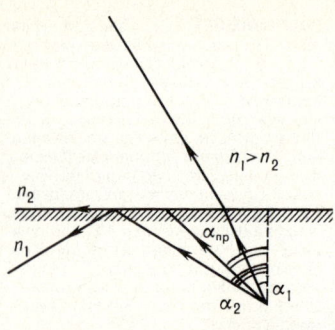

Полное внутреннее отражение. При прохождении света из среды с $n_1 > n_2$ происходит полное внутреннее отражение, если угол падения $α_2 > α_{пр}$; при угле падения $α_1 < α_{пр}$ происходит преломление света.

с бо́льшим *показателем преломления* n_1 в среду с меньшим показателем преломления n_2 под углом падения, превышающим предельный угол $α_{пр}$, определяемый соотношением $\sin α_{пр} = n_2/n_1$. П.в.о. объясняется блеск капелек росы, бриллиантов, распространение света по *световодам*. Впервые П.в.о. описано в 17 в. И. Кеплером как прямое следствие закона *преломления света.*

ПО́ЛНОЕ ТОВА́РИЩЕСТВО, вид юридического лица, участники к-рого (полные товарищи) в соответствии с заключённым между ними договором занимаются предпринимательской деятельностью от имени товарищества и несут ответственность по его обязательствам всем принадлежащим им имуществом.

ПО́ЛО (англ. polo), 1) командная спорт. игра на поле ($274 × 182$ м) с деревянным мячом (диам. 8 см, масса 120-135 г) и клюшками, верхом на лошадях, обычно невысоких, специально выезженных,– т.н. поло-пони. Зародилась издавна у кочевых народов Центр. Азии. В совр. виде возрождена англ. военнослужащими в Индии (ок. 1850). Распространена в Великобритании, США, Италии, Аргентине, Мексике. В программе Олимп. игр в 1900, 1908, 1920, 1924, 1936. 2) См. *Водное поло.*

ПОЛО́ВА, то же, что *мякина.*

ПОЛОВО́Е РАЗМНОЖЕ́НИЕ, см. *Размножение.*

ПО́ЛОВЦЫ (кипчаки), тюркоязычный народ, в 11 в. – в юж.-рус. степях. Кочевое скот-во, ремёсла. Совершали набеги на Русь в 1055 – нач. 13 в. Разгромлены и покорены монголо-татарами в 13 в. (часть перешла в Венгрию).

ПОЛОВЫ́Е ГОРМО́НЫ ж-ных и человека, регулируют развитие и функции половых органов, развитие вторичных половых признаков, половое влечение и поведение. Вырабатываются гл. обр. половыми железами – семенниками и яичниками. Как муж. П.г. (андрогены), так и женские (эстрогены и прогестероны) образуются у особей обоих полов, но в разл. соотношениях. По хим. природе – *стероиды* или *пептиды.* Основной муж. П.г.– тестостерон, женский – эстрадиол. Используются в медицине.

ПОЛОВЫ́Е ЖЕ́ЛЕЗЫ (гонады), органы, образующие половые клетки (яйца и сперматозоиды) у ж-ных и человека, а также вырабатывающие половые гормоны. Муж. П.ж.– се-

менники, женские – яичники; смешанные П.ж.– гермафродитные (у нек-рых червей, моллюсков и др.).

ПОЛОВЫ́Е О́РГАНЫ, органы полового размножения у ж-ных и человека. Представлены половыми железами (семенники и яичники), половыми протоками (семяпроводы и яйцеводы), т.н. дополнительными (семяприёмники, семенные сумки и др.) *и копулятивными органами.* У живородящих ж-ных к П.о. относят также приспособления для вынашивания детёнышей, напр. выводковая сумка у сумчатых. П.о. р-ний наз. *генеративными органами.*

ПОЛОВЫ́Е ХРОМОСО́МЫ, хромосомы раздельнополых организмов, в к-рых расположены гены, определяющие пол и сцепленные с полом признаки организма. В хромосомном наборе клеток млекопитающих и человека особи жен. пола имеют две одинаковые (тип XX), а муж. – неодинаковые (тип XY; X-хромосома более крупная) П.х. У бабочек, птиц, нек-рых пресмыкающихся и земноводных обратное определение пола (тип XY определяет женский пол, а XX – мужской).

ПО́ЛОЗЫ, род змей (сем. ужи). Дл. до 2,4 м. 37 видов, в Юж. Европе, Азии, Сев. и Вост. Африке, Сев. Америке. П. наз. представителей и др. родов семейства ужей (напр., большеглазый и леопардовый П.). К роду лазающих П. относится эскулапова змея (считается, что именно она изображалась на жезле др.-рим. бога врачевания Эскулапа). Укус П. для человека не опасен, но болезнен.

ПОЛОНЕ́З (от франц. dance polonaise – польск. танец), 1) польск. танец-шествие. В 18-19 вв. популярный в Европе 3-дольный бальный танец. 2) Инстр. пьеса (И.С. Бах, Ф. Шопен, М.К. Огиньский); использован М.И. Глинкой, М.П. Мусоргским, П.И. Чайковским.

ПОЛО́НИЙ (Polonium), Po, радиоактивный хим. элемент VI гр. периодич. системы, ат. н. 84, ат. м. 208,9824; металл. Впервые выделен франц. физиками П. Кюри и М. Склодовской-Кюри в 1898.

ПОЛО́НСКИЙ Як. Петр. (1819-98), рус. поэт. Лирич. стихи (многие из них положены на музыку и стали нар. песнями: «Песня цыганки», «Затворница» и др.), поэмы (в т.ч. шуточная поэма-сказка «Кузнечик-музыкант», 1859), повести, романы.

ПОЛОРО́ГИЕ, семейство парнокопытных ж-ных. Рога полые, растут, не сменяясь, в течение всей жизни ж-ного. К П. относятся быки, козлы, бараны, антилопы, буйволы, зубры и др. 117 видов.

ПОЛОСА́ТИКИ, семейство усатых китов. На брюхе продольные полосы – складки. Дл. от 6,7 м (малый П.) до 33 м (синий кит). 6 видов (горбач, синий кит, финвал, сейвал и др.). Обитают во всех открытых морях и океанах. Питаются планктонными ракообразными и мелкой рыбой. В результате интенсивного промысла ряд видов оказался под угрозой исчезновения.

ПОЛОТЕ́БНОВ Ал. Гер. (1838-1907/08), врач, один из основоположников дерматологии в России. Рассматривал кожные болезни как заболевания организма в целом. Разрабатывал принципы патогенетич. терапии дерматозов.

ПО́ЛОЦК, г. в Витебской обл., в Белоруссии, на р. Зап. Двина, при впадении р. Полота. 76,8 т. ж. Ж.-д. уз. ПО «Стекловолокно», з-ды: литейно-механич., автоарм. и др., пищ., лёгкая пром-сть. Краеведч. музей. Картинная гал. Ист.-археол. заповедник. Изв. с 861. С 13 в. в Литве и Польше, с 1772 в России. Пам. архитектуры: Софийский собор (2-я пол. 11 в.), собор Спасо-Евфросиниевского мон. (12 в.), иезуитский коллегиум (18 в.).

ПОЛТА́ВА, г., обл. ц. на Украине, на р. Ворскла. 320 т. ж. Ж.-д. уз. Маш-ние (эл.-техн. изделия, хим. оборудование и др.); лёгкая (хл.-бум., трикот., обув. и др.), пищ. пром-сть; произ-во мед. стекла, фарфора, муз. инстр-тов и др. 5 вузов. 6 музеев (в т.ч. музей-заповедник «Поле Полтавской битвы», худ., краеведч., лит.-мемор. В.Г. Короленко, И.П. Котляревского). Т-ры: муз.-драм., кукол. Изв. с 1174.

ПОЛТА́ВСКОЕ СРАЖЕ́НИЕ, 27.6(8.7).1709, у г. Полтава во время *Северной войны 1700–21*. Рус. армия во главе с Петром I разгромила швед. армию короля Карла XII (бежал в Турцию). Илл. см. на стр. 548.

ПОЛТИ́ННИК, рус. монета в 50 коп. Назв. от др.-рус. счётно-ден. единицы «полтина» (от полъ — половина и тинъ — рубль). Впервые выпущен в 1654 из меди. В 1699–1915 чеканились серебр. П., в 1756, 1777–78 и золотые. В 1726 выпускались медные. В СССР П. чеканился в 1921–27 из серебра, в 1961–92 из разл. сплавов меди и никеля.

ПОЛУМЕТА́ЛЛЫ, в-ва (Bi, As, Sb, Te и др.), близкие по свойствам

Полтава. Колонна Славы.

Полорогие: 1 — кустарниковый дукер; 2 — карликовая антилопа; 3 — сомалийский дикдик; 4 — антилопа-прыгун; 5 — четырёхрогая антилопа; 6 — нильгау; 7 — большой куду; 8 — бонго; 9 — канна; 10 — орикс; 11 — личи; 12 — голубой гну; 13 — гарна; 14 — джейран; 15 — геренук; 16 — сайгак; 17 — снежная коза; 18 — такин; 19 — овцебык; 20 — сибирский козёл; 21 — гривистый баран; 22 — винторогий козёл; 23 — бородатый козёл; 24 — горный баран (архар); 25 — африканский буйвол; 26 — гаур; 27 — як; 28 — зубр; 29 — бизон.

к *металлам*, но обладающие в 10^2–10^5 раз меньшей *электропроводностью*. Свойства П. зависят от внеш. воздействий (темп-ры, магн. поля и др.), что используется при их применении (в магнитометрах, для термоэлектрич. и термомагн. охлаждения).

ПОЛУОБЕЗЬЯ́НЫ, низшие приматы. Длина тела до 13 см (карликовый лемур) до 1 м (индри). Задние конечности обычно длиннее передних. Св. 50 видов, в тропиках Африки (лори), на о. Мадагаскар (лемуры, индри), в Юж. и Юго-Вост. Азии (тупайи, долгопяты). Гл. обр. ночные и сумеречные ж-ные. Живут чаще небольшими группами. Лемуры и лори размножаются в неволе. 31 вид под угрозой исчезновения.

ПОЛУО́СТРОВ, участок суши, далеко вдающийся в море, озеро или реку и с трёх сторон окружённый водой. Крупнейшие П.— Аравийский, Индостан, Индокитай.

ПОЛУПРОВОДНИКИ́, в-ва, электропроводность к-рых при комнатной темп-ре имеет промежуточное значение между электропроводностью *металлов* (10^6–10^4 Ом$^{-1}$ см$^{-1}$) и *диэлектриков* (10^{-8}–10^{-12} Ом$^{-1}$). Характерная особенность П.— возрастание электропроводности с ростом темп-ры; при низких темп-рах электропроводность П. мала; на неё влияют свет, сильное электрич. поле, потоки быстрых частиц и т.д. Высокая чувствительность электропроводности к содержанию примесей и дефектов в кристаллах также характерна для П. К П. относится большая группа в-в (Ge, Si и др.). Носителями заряда в П. являются электроны проводимости и дырки. В идеальных кристаллах они появляются всегда парами, так что их концентрации равны. В реальных кристаллах, содержащих примеси и дефекты структуры, равенство концентраций электронов и дырок может нарушаться и проводимость осуществляется практически только одним типом носителей (см. также *Зонная теория*, *Твёрдое тело*). Особенности П. определяют их применение (см. *Полупроводниковые приборы*).

ПОЛУПРОВОДНИКО́ВЫЕ ПРИБО́РЫ, электронные приборы, действие к-рых основано на электрич. процессах в *полупроводниках*. К П.п., предназначенные для генерирования, усиления и преобразования электрич. колебаний, относятся полупроводн. *диод, транзистор* и *тиристор*. Кроме того, П.п. применяются для преобразования световых сигналов в электрические и наоборот (напр., фоторезистор, светодиод), одних видов энергии в другие (напр., термоэлемент, полупроводн. фотоэлемент), а также для восприятия и преобразования изображения, измерения электрич. и механич. величин. Особый класс П.п. представляют полупроводн. *интегральные схемы*. Малые габаритные размеры и масса, низкая потребляемая мощность, высокая надёжность П.п. способствовали их быстрому проникновению в 1960–80 в разные области науки и техники, быт и т.д. К нач. 90-х гг. разработано св. 100 тыс. типов П.п. разл. назначения.

ПОЛУПРОВОДНИКО́ВЫЙ ДЕТЕ́КТОР, полупроводн. прибор для регистрации частиц и измерения их энергии. Представляет собой электронно-дырочный переход на основе

Полтавское сражение. Гравюра П. Пикара. «Полтавская битва 1709 г.».

кристаллов Ge или Si. Величина сигнала в П.д. может быть значительно больше, чем в *ионизационной камере*. Высокая подвижность электронов и дырок обеспечивает малую (неск. нс) длительность сигнала.

ПОЛУТО́Н, наименьшее расстояние между звуками в музыке равномерно-темперированного *строя*; единица измерения интервалов наряду с *тоном*). П. равен 1/12 части октавы (100 центов).

ПОЛУ́ШКА, мелкая разменная рус. монета; чеканилась с 15 в. из серебра. 1 П. равнялась 1/2 московской или 1/4 новгородской деньги. С 1534 П.— самая мелкая монета Моск. гос-ва, равная 1/4 коп., с 1700 — наименьший номинал рус. монетной системы, чеканилась из меди (до 1916).

ПОЛЫ́НЬ, род трав и полукустарников (сем. сложноцветные). Ок. 400 видов, гл. обр. в Сев. полушарии. Растут на пустырях, сорных местах, в степях, полупустынях. Содержат эфирные масла, алкалоид сантонин, используемый в медицине (глистогонное средство). Кормовые (для овец, коз, лошадей и верблюдов), лекарств. (особенно П. цитварная — редкий вид, охраняется), пряные (эстрагон) р-ния; закрепители песков, нек-рые — сорняки.

ПО́ЛЬЗОВАНИЕ (юрид.), одно из осн. правомочий собственника. Заключается в праве потребления вещи с учётом её назначения: эксплуатация имущества, получение от него плодов (напр., от сада) и доходов и т.п. Запрещается П. имуществом в ущерб интересам др. лиц (т.н. злоупотребление правом).

ПО́ЛЬКА (чеш. polka), 1) нар. и бальный танец чеш. происхождения (2-дольный), популярный в Европе с сер. 19 в. 2) Инстр. пьеса (А. Дворжак, Б. Сметана, П.И. Чайковский, С.В. Рахманинов).

ПО́ЛЬША (Республика Польша), гос-во в Европе, на С. омывается Балтийским м. Пл. 312,7 т. км². Нас. 38,5 млн. ч., св. 98% — поляки. Офиц. яз.— польский. Верующие (95%) — католики. Глава гос-ва — президент. Законодат. орган — двухпалатный сейм (Сенат и нижняя палата). Столица — Варшава. Адм.-терр. деление: 49 воеводств. Ден. единица — злотый.

Ок. 2/3 терр. на С. и в центре страны занимает Польская низм. На С.— Балтийская гряда, на Ю. и Ю.-В.— Малопольская и Люблинская возвышенности, вдоль юж. границы — Карпаты (высш. точка 2499 м, г. Рысы в Татрах) и Судеты. Климат умеренный, переходный от морского к континентальному. Ср. темп-ры янв. от −1 до −5°C (в горах до −8°C), июля 17—19°C (в горах до 10°); осадков 500—800 мм на равнинах; в горах местами св. 1000 мм в год. Кр. реки — Висла, Одра; густая речная сеть. Озёра преим. на С. Под лесом — 28% терр.

Польша. Одно из сёл в центре страны.

В 10 в. возникло Польск. гос-во, принято христ-во, с 1025 П.— кор-во. По Люблинской унии 1569 образовала с Вел. кн-вом Литовским гос-во Речь Посполиту. Петерб. конвенциями 1770—90-х гг. терр. Речи Посполитой была разделена (3 раздела — 1772, 1793, 1795) между Пруссией, Австрией и Россией. В 1807 Наполеон I создал из части польск. земель Варшавское кн-во. Венский конгр. 1814—15 произвёл передел П.: из б.ч. Варшавского кн-ва было образовано Кор-во Польское (передано России); Познанщина отошла к Пруссии, сохранившей Силезию и Поморье; нек-рые терр. переданы Австрии. Польск. нац.-освободит. восстания 1794 (под рук. Т. Костюшко), 1830—1831, 1846, 1848, 1863—64 были подавлены. В 1915—18 Кор-во Польское оккупировано войсками Германии и Австро-Венгрии. В 1918 восстановлена независимость П. В результате сов.-польск. войны по Рижскому мирному дог. 1921 зап. часть укр. и белорус. земель отошла к П. В 1926 в П. установлен т.н. санационный режим во главе с Ю. Пилсудским. В сент. 1939 Германия захватила значит. часть терр. П. Зап. Украину и Зап. Белоруссию присоединил СССР. Дв. Сопр. в 40-х гг. было организовано Армией Крайовой (действовала под руководством пр-ва П. в эмиграции, организовала Варшавское восст. 1944) и Гвардией (с 1944 Армией) Людовой (воен. орг-ция КП). В 1945 терр. П. полностью освобождена Сов. Армией и частями Войска Польского. К власти пришла польск. КП. Берлинская конф. 1945 установила зап. границу П. по рекам Одра и Ныса-Лужицка. В нач. 80-х гг. в П. разразился глубокий соц.-экон. и полит. кризис. В дек. 1981 в П. было введено воен. положение (до июля 1983). В 1989 к власти пришли в осн. представители проф. объединения «Солидарность», находившегося под запретом в 1981—89. После парламентских выборов 1993 сформировано коалиц. пр-во Союза демокр. левых сил, польск. крест. партии и др.

П.— индустр.-агр. страна. ВНП на д. нас. 1960 долл. в год. Добыча кам. и бурого угля, природного газа, серы (ок. 5 млн. т в год, одно из первых мест в мире), поваренной соли, руд меди, цинка, свинца. Ведущие отрасли обрабат. пром-сти — маш-ние (П. занимает из ведущих мест в мире по произ-ву рыболовных судов, товарных и пасс. вагонов, дорожных и строит. машин, тепловозов и электровозов, пром. оборудования и др.), чёрная и цветная (кр. произ-во цинка), хим. (серная к-та, удобрения, фарм., парфюмерно-космет. товары, фототовары), текст. (хл.-бум., льняная, шерстяная), швейная, цементная. Произ-во фарфора и фаянса, спорт. товаров (байдарки, яхты, палатки и др.). В с. х-ве преобладает растениеводство. Гл. зерновые культуры — рожь, пшеница, ячмень, овёс. П.— кр. производитель св. свёклы (св. 14 млн. т в год), картофеля, капусты. Важное значение имеет экспорт яблок, клубники, малины, смородины, лука. Ведущая отрасль жив-ва — свин-во; молочно-мясное скот-во, птиц-во (П.— один из крупнейших в Европе поставщиков яиц); пчеловодство. Мор. рыб-во. Лесозаготовки. Экспорт: машины и оборудование (ок. 40% стоимости), хим. продукция (св. 10%), металлы, топливо, продукты питания, текстиль, одежда.

ПО́ЛЮС (лат. polus, от греч. pólos, букв.– ось), предел, граница, крайняя точка чего-либо, нечто, диаметрально противоположное другому, напр. полюсы географические.

ПО́ЛЮСЫ ГЕОГРАФИ́ЧЕСКИЕ (Северный и Южный), точки пересечения оси вращения Земли с земной поверхностью. На П.г. нет сторон света, нет деления на дни и ночи.

ПОЛЯ́ ФИЗИ́ЧЕСКИЕ, особая форма материи, создаваемая т.н. источниками П.ф., напр.: электрич. и магн. поле создаётся заряженными частицами, а гравитационное – любыми частицами, обладающими массой. П.ф. обладает энергией и импульсом (как и в-во). Согласно концепции П.ф., частицы, участвующие во *взаимодействиях фундаментальных*, создают в каждой точке окружающего их пространства особое состояние – поле сил, проявляющееся в силовом воздействии на др. частицы, помещаемые в к.-л. точку этого пространства. Понятие П.ф. (на примере *электромагнитного поля*) ввёл М. Фарадей в 30-х гг. 19 в.

ПОЛЯ́КИН Мирон Бор. (1895–1941), скрипач, представитель т.н. петерб. школы Л.С. Ауэра. Игра П. сочетала романтич. взволнованность чувств с тонким изяществом и виртуозностью, способствовала утверждению мировой славы рус. скрипичного иск-ва.

ПОЛЯ́НЕ, объединение вост.-слав. племён гл. обр. по берегам Днепра и низовьям его притоков, от устья Припяти до Роси. Наряду с ильменскими *словенами* и др. племенами сыграли значит. роль в образовании Др.-рус. гос-ва (9 в.).

ПОЛЯНИ́КА, то же, что *княженика*.

ПОЛЯРИЗА́ЦИЯ СВЕ́ТА, упорядоченность в ориентации вектора напряжённости электрич. *E* и магнитного *H* полей световой волны в плоскости, перпендикулярной распространению света. Различают линейную П.с., когда *E* сохраняет пост. направления (плоскость, в к-рой лежит *E* и световой луч, наз. плоскостью поляризации), эллиптическую, при к-рой конец *E* описывает эллипс, и круговую (конец *E* описывает круг). Обычный (естественный) свет не поляризован. П.с. возникает при отражении, преломлении света, прохождении через анизотропную среду. Первые указания на поперечную анизотропию светового луча получены Х. Гюйгенсом в 1690; понятие «П.с.» было введено И. Ньютоном в 1705, а объяснение П.с. эл.-магн. теорией света Дж.К. Максвелла. Поляризованный свет широко используется во мн. областях техники (напр., для плавной регулировки света, при исследовании упругих напряжений и т.д.). Человеческий глаз не различает П.с., а глаза нек-рых насекомых, напр. пчёл, воспринимают её.

ПОЛЯ́РНОЕ СИЯ́НИЕ, быстро меняющееся свечение отд. участков ночного неба, наблюдаемое временами преим. в высоких широтах (зоны П.с. располагаются на ~23° от полюсов). Происходят в результате свечения разреженных слоёв воздуха на высотах 90–1000 км под действием протонов и электронов, проникающих в атмосферу из космоса.

ПОЛЯ́РНЫЕ КРУГИ́ (Северный и Южный), параллели в Сев. и Юж. полушариях с широтами 66°33'. В Сев. полушарии в день зимнего солнцестояния (21–22 дек.) к С. от П.к. Солнце не восходит, а в день летнего солнцестояния (21–22 июня) не заходит (аналогичные явления – в Юж. полушарии).

ПОЛЯРО́ИДЫ, прозрачные плёнки (полимерные, монокристаллич. и др.), преобразующие неполяризованный свет в линейно поляризованный, т.к. пропускают свет только одного направления поляризации. Это свойство широко используется для ослабления интенсивности света в солнцезащитных очках переменной плотности, в автомоб. фарах, в фотографии для устранения бликов и т.п. П. изобретены амер. учёным Э. Лэндом в 1932.

ПОМА́ЗАННИК, лицо, над к-рым совершён обряд помазания елеем. В иудаизме и христ-ве П.– первосвященники, монархи и пророки. П. помазание символизирует акт избрания. В Новом Завете П. наз. Иисус Христос. См. в ст. *Мессия*.

ПОМЕРА́НЕЦ, вечнозелёное многолетнее р-ние из рода цитрус. Известен только в культуре (Средиземноморье, Бл. Восток, Черномор. побережье Кавказа, Азербайджан) как эфирно-масличное р-ние (померанцевое, бергамотное масло). Из засахаренных околоплодников готовят освежит. напиток (оранжад), мармелады. Свежие плоды несъедобны. Эфирное масло применяют в парфюмерии и ликёроводочной пром-сти. Используют как подвой для цитрусовых и как декор. р-ние.

ПОМЕ́СТНЫЕ СОБО́РЫ, съезды епископов (иногда также представителей священников и мирян) автокефальных (самостоятельных) христ. церквей для решения вопросов вероучения, обрядности, церк. управления и т.п.

ПОМЕ́СТЬЕ, условное зем. владение в России в кон. 15 – нач. 18 вв., предоставлялось гос-вом за несение воен.-адм. службы. Не подлежало продаже, обмену и наследованию. В 17 – нач. 18 вв. постепенно становилось наследственным владением (вотчиной), что признано указом 1714; в 18–20 вв. земельное имение.

ПОМЕ́ЩИКИ, в России дворяне-землевладельцы.

ПОМИДО́Р, то же, что *томат*.

ПОМИ́ЛОВАНИЕ, освобождение конкретного лица от уголов. наказания (полностью или частично), смягчение ему наказания или снятие *судимости*, если он ранее отбывал наказание. Обычно право П. принадлежит главе гос-ва. См. также *Амнистия*.

ПОМИНА́НИЕ, 1) в православии тетрадь с именами лиц (живых и умерших), к-рых священник должен упомянуть во время богослужения. 2) Церк. ритуал поминовения усопших на 3-й, 9-й, 40-й день после их кончины, а также в годовщину смерти и в день ангела. Поминовение совершается также на каждой литургии, когда священник перечисляет внесённые в список, или синодик, имена. В правосл. церкви имеются и особые дни общего поминовения усопших.

ПОМОЛО́ГИЯ (от лат. pomum – плод и ...логия), наука о сортах плод. р-ний. Основоположник П.– А.Т. Болотов. Значит. вклад в развитие П. внёс И.В. Мичурин.

ПОМПАДУ́Р (Pompadour) Жанна Антуанетта Пуассон, маркиза де (1721–64), фаворитка франц. короля Людовика XV. Оказывала влияние на гос. дела.

ПОМПЕ́И, г. в Италии, на берегу Неаполитанского зал., у подножия вулкана Везувий. 23 в. ж. Геофиз. обсерватория. Туризм. Раскопками (с 1748) открыта часть антич. города, засыпанного пеплом при извержении Везувия в 79 н.э.: остатки гор. стен (5–4 вв. до н.э.), форумов (6 и 2 вв. до н.э.), храмов, палестр (залов для занятий гимнастикой), т-ров, рынков, жилых домов и вилл (3 в. до н.э. – 1 в. н.э.) с мозаиками и фресками.

Помпеи.

ПОМПЕ́Й Великий (Pompeius Magnus) Гней (106–48 до н.э.), рим. полководец, победитель царя Понта Митридата VI (63). В 60 вместе с Цезарем и Крассом входил в 1-й *триумвират*, с 53 воевал против Цезаря и был разбит им при Фарсале.

ПОМПЕ́Й (Pompeius) Секст (ок. 75–35 до н.э.), полководец. Сын Гнея Помпея. Воевал против Цезаря в 48–44. В 36 разбит Октавианом (Августом).

ПОМЯЛО́ВСКИЙ Ник. Гер. (1835–1863), рус. писатель. В пов. «Мещанское счастье» и «Молотов» (обе 1861) создал реалистич. образы разночинцев. В «Очерках бурсы» (1862–63) показал дикие нравы и быт бурсы.

ПО́НТИЙ ПИЛА́Т (Pontius Pilatus), рим. прокуратор (наместник) Иудеи в 26–36, при к-ром был распят Иисус Христос.

ПОНТИ́ЙСКОЕ ЦА́РСТВО (Понт), гос-во в М. Азии в 302 (или 301) – 64 до н.э., на юж. берегу Чёрного м. При Митридате VI (132–63) в кон. 2 в. территория П.ц. охватывала всё побережье Чёрного м., но затем была завоёвана Римом.

ПОНТИ́ФИКИ (лат. pontifices, ед. ч. pontifex), в Др. Риме члены (от 3 до 15) одной из гл. жреческих коллегий. Ведали общегос. религ. обрядами, составлением календаря и пр. Возглавлялись великим П.

ПОНТОППИДА́Н (Pontoppidan) Хенрик (1857–1943), дат. писатель. Социально-критич. психол. трил. «Обетованная земля» (1891–95), филос. ром. «Счастливчик Пер» (1898–1904), «Царство мёртвых» (1912–1916), в к-рых показаны панорама дат. жизни 2-й пол. 19 – нач. 20 вв., пессимистич. настроения, вызванные приближением 1-й мир. войны. Автобиогр. кн. «На пути к самому себе» (1943). Ноб. пр. (1917).

ПОНЯ́ТИЕ, 1) (филос.) форма мышления, отражающая существенные свойства, связи, отношения предметов и явлений. Осн. логич. функция П.– выделение общего, к-рое достигается посредством отвлечения от всех особенностей отд. предметов данного класса. 2) В логике – мысль, в к-рой обобщаются и выделяются предметы нек-рого класса по определ. общим и в совокупности специфическим для них признакам.

ПОНЯТО́Й (юрид.), лицо, не заинтересованное в данном деле, к-рое по приглашению следователя или лица, производящего дознание, присутствует при производстве следств. действия (осмотра, обыска и др.). Обычно приглашаются не менее двух П.

ПОП-АРТ (англ. pop art, сокр. от popular art – общедоступное иск-во), худ. течение, возникшее во 2-й пол. 1950-х гг. в США и Великобритании.

Поп-арт. Дж. Розенквист. «Направляющее». 1964. Галерея Кастелли. Нью-Йорк.

550 ПОПЕ

Культивирует нарочито случайное, часто парадоксальное сочетание готовых бытовых предметов, механич. копий (фотография, муляж, репродукция), отрывков массовых печатных изданий (реклама, пром. графика, комиксы и т.д.).

ПОПЕ́НЧЕНКО Валер. Вл. (1937–1975), чемпион СССР (1959, 1961–1965), Европы (1963, 1965), Олимп. игр (1964) по боксу (2-й ср. вес).

ПОПЕРЕ́ЧНАЯ ВОЛНА́, распространяется в направлении, перпендикулярном плоскости, в к-рой происходят колебания частиц среды (в случае упругих волн) или в к-рой лежат векторы электрич. и магн. поля (в случае эл.-магн. волны).

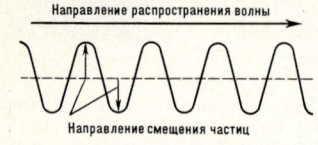

Поперечная волна.

ПОПЕЧИ́ТЕЛЬСТВО, форма правовой защиты личных и имуществ. интересов граждан. В РФ устанавливается: над несовершеннолетними от 14 до 18 лет; над лицами, ограниченными судом в дееспособности вследствие злоупотребления спирт. напитками, наркотиками. Устанавливается в том же порядке, что и *опека*. Разновидность П.- патронаж, устанавливается над совершеннолетним дееспособным лицом, не могущим по состоянию здоровья самостоятельно осуществлять свои права и исполнять обязанности.

ПОПКО́В Викт. Еф. (1932–74), рос. живописец. Сурово-возвышенные по эмоц. строю картины, утверждающие «вечные» нравств. идеалы человека, осмысливающие сущность его бытия («Хороший человек была бабка Анисья», 1973).

В.Е. Попков. «Осенние дожди» («Пушкин»). 1974. Не окончена. Третьяковская галерея.

ПОПЛА́ВСКИЙ Бор. Юлианович (1903–35), рус. поэт. Эмигрант (с 1921). В лирике (сб. «Флаги», 1931, «Снежный час», опубл. в 1936, «В венке из воска», опубл. в 1938) – черты сюрреализма, сочетание мистич. и христ. мотивов с конкретикой эмигрантского опыта. В автобиогр. романах «Аполлон Безобразов» и «Домой с небес» (оба полностью опубл. в 1993) – жизнь «рус.» Парижа 1920–30-х гг.

ПОП-МУ́ЗЫКА (англ. pop music, сокр. от popular music по аналогии с понятием *поп-арт*), совокупность течений массовой муз. культуры (с 1950-х гг.). Включает стили разнородного происхождения: «фолк» и *кантри* (от традиций сел. фольклора белых США), «соул» (соединение элементов *ритм-энд-блюза* и религ. песнопений *госпел* и *спиричуэл*), «фанк» (соединение *госпел* и танц. музыки афр. происхождения), «регги» или «реггей», с элементами традиц. музыки народов Карибского басс., «диско» (или «евродиско», танц. музыка европ. дискотек) и др., смешанные стили (*джаз-рок* и др.), а также *рок-музыку* (согласно др. трактовке, последняя представляет собой самостоят. муз. направление).

ПОПО́В Ал-др Степ. (1859–1905/06), рос. физик и электротехник, один из пионеров применения эл.-магн. волн в практич. целях. В нач. 1895 создал совершенный по тому времени вариант приёмника, с помощью к-рого показал возможность беспроводной передачи электрич. сигналов (радиосвязи). На базе этого приёмника сконструировал

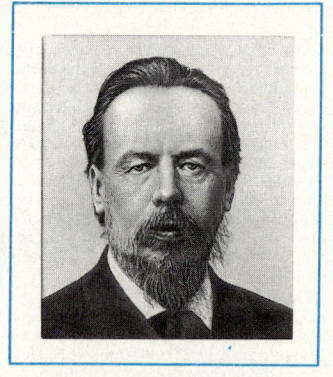

А.С. Попов.

(1895) прибор для регистрации грозовых разрядов (грозоотметчик) – первое практич. радиотехн. устройство.

ПОПО́В Ал. Дм. (1892–1961), режиссёр, теоретик т-ра, педагог. В т-ре с 1912 (в МХТ, 1-й Студии МХТ, Т-ре имени Евг. Вахтангова). В 1930–35 худ. рук. Т-ра Революции, в 1935–35 гл. реж. ЦТКА (с 1951 ЦТСА). В спектаклях П. на совр. и ист.-рев. темы («Разлом» Б.А. Лавренёва, 1927; «Мой друг» Н.Ф. Погодина, 1932, и др.) жизненная конкретность образов сочеталась с обобщённостью сценич. формы. Утверждал программу «т-ра социальной мысли», придавал постановкам мажорное звучание. В интерпретациях классич. пьес («Ромео и Джульетта», 1935, «Укрощение строптивой», 1937, У. Шекспира) стремился к созданию ярких, полнокровных характеров, эмоц. насыщенности действия.

ПОПО́В Анд. Ал. (1918–83), актёр, режиссёр, педагог. Сын и ученик А.Д. Попова. С 1939 в ЦТКА (с 1951 ЦТСА), в 1963–73 гл. реж. С 1974 во МХАТе. В 1977–78 гл. реж. Моск. драм. т-ра имени К.С. Станиславского (один творч. обновления т-ра, пригласив в него своих учеников – режиссёров А.А. Васильева, Б.А. Морозова, И.Л. Райхельгауза). Игра П. была окрашена обаянием интеллигентности, внутр. культуры, богат-

О.К. Попов.

вом психол. оттенков. Создавал многоплановые образы: Иоанн («Смерть Иоанна Грозного» А.К. Толстого, 1966), Лебедев («Иванов» А.П. Чехова, 1976), в нек-рых ролях тяготел к острой характерности, гротеску (Петруччо – «Укрощение строптивой» У. Шекспира, 1956, и др.). Снимался в ф.: «Палата», «Учитель пения» (1973), «Несколько дней из жизни И.И. Обломова» (1980) и др.

ПОПО́В Валер. Георг. (р. 1939), рус. писатель. В повестях и рассказах о жизни совр. горожанина (сб. «Все мы не красавцы», 1970, «Нормативный ход», 1976, «Две поездки в Москву», 1985, «Новая Шехерезада», 1988) – алогизм и сюрреалистич. комичность обыденного, иронич. интонация, шутливые гиперболы, обыгрывание лит. оборотов, речевых штампов.

ПОПО́В Евг. Анат. (р. 1946), рус. писатель. В рассказах (сб. «Жду любви не вероломной», 1988, «Прекрасность жизни», 1990), пов. «Душа патриота, или Различные послания к Ферфичкину» (1989), «Ресторан "Берёзка". Поэма и рассказы о коммунистах» (1991) – саркастич. взгляд на совр. жизнь, сказовая манера повествования, использование, подчас эпатирующее, внелитературных (паралитературных) текстов.

ПОПО́В Ив. Сем. (1888–1964), рос. зоотехник. Разработал кормовые нормы и таблицы, предложил способы хим. подготовки кормов, использования витаминов, минер. и др. кормовых добавок, обосновал методику оценки питательности кормов. Автор учебника по кормлению с.-х. ж-ных.

ПОПО́В Олег Конст. (р. 1930), рос. артист цирка, клоун. Начинал как эквилибрист-эксцентрик на проволоке, вводил в номера элементы акробатики, жонглирования, муз. эксцентрики, исполнял комич. и сатирич. номера на злободневные темы, лирико-комедийные миниатюры. Постоянный образ-маска П.- неунывающий паренёк, мастер на все руки, наделённый чертами сказочного Иванушки-дурачка. П. наз. «солнечным клоуном».

ПОПОКАТЕ́ПЕТЛЬ (Popocatépetl), действующий вулкан в Сев. Америке (Мексика). В Поперечной Вулканич. Сьерре. Выс. 5452 м. Частые извержения наблюдались в 16–17 вв.

ПО́ПОЛЗНИ, семейство птиц (отр. воробьиные). Дл. 9,5–19 см. Короткие лапы с цепкими когтями позволяют П. легко передвигаться по стволам деревьев и скалам вверх и вниз.

Поползень обыкновенный.

25 видов, в Евразии, Сев. Америке, Африке. Вход в гнездо заделывают глиняной крышкой с небольшим летком.

ПО́ППЕР (Popper) Карл Раймунд (1902–94), философ, логик и социолог. Род. в Австрии. Примыкал к *Венскому кружку*. С 1945 в Великобритании. Свою филос. концепцию – критич. рационализм, теорию роста науч. знания – построил как антитезу *неопозитивизму*. Выдвинул принцип фальсифицируемости (опровержимости), служащий критерием демаркации – отделения науч. знания от ненаучного. Теория «трёх миров» П. утверждает существование физ. и ментального миров», а также мира объективного знания. Осн. соч.: «Логика науч. исследования» (1934), «Открытое общество и его враги» (1945), «Предположения и опровержения» (1963).

ПОПУГА́И, отряд птиц. Дл. от 9,5 см (дятловые П.) до 1 м (гиацинтовый П.), самки мельче самцов. Клюв высокий, крючковатый. В экзотич. оперении П. преобладают разл. сочетания ярких цветов. Св. 300 видов, гл. обр. в тропиках. Обитают в лесах; держатся стайками, в период размножения парами. Для многих П. характерны хорошая память, способность к звукоподражанию. Неразлучников, волнистых П., жако, какаду и др. часто содержат в неволе. Живут долго, в клетках продолжительность жизни мелких видов 15–20 лет, крупных – до 70–100 лет. Св. 70 видов охраняются.

ПОПУЛИ́ЗМ (от лат. populus – народ), обществ. течения и движения с кон. 19 в., апеллирующие к широким массам и отражающие противоречивость массового сознания («левый» П., «правый» П. и т.д.). Осн. идеи П.: прямое участие народа в управлении («прямая демократия»), авторитетный лидер, недоверие к представит. гос. ин-там, критика бюрократии, коррупции. В чертах, свойственных П.,- вера в возможность простейшего решения социальных проблем (воплощения социальной и нац. справедливости, эгалитаризма), антиинтеллектуализм, почвенничество и др.- заложена возможность разных тенденций: демокр., консервативных, реакционных и др. В политологии существует широкий спектр оценок П.- от апологетики в качестве модели «непосредственной» демократии до резкой критики и отождествления с демагогией.

ПОПУЛИ́СТЫ, члены фермерской партии в США в 90-е гг. 19 в. Требовали наделения поселенцев землёй за счёт корпораций, снижения налогов, неограниченной чеканки монет (т.н. дешёвых денег).

ПОПУЛЯ́ЦИЯ (ср.-век. лат. populatio, от лат. populus – народ, население) (биол.), совокупность особей одного вида, длительно занимающая определ. пространство и воспроизводящая себя в течение большого числа поколений. В совр. биологии П. рассматривается как элементарная единица процесса эволюции, способная реагировать на изменения среды перестройкой своего *генофонда*. Термин «П.» употребляют также по отношению к к.-л. группам клеток и в антропологии.

ПОПУРРИ́ (франц. pot-pourri, букв. – смешанное блюдо), муз. инстр. пьеса, составленная из популярных мотивов опер, оперетт, маршей и др. сочинений.

ПОРНОГРА́ФИЯ (от греч. pórnos – развратник и ...*графия*), вульгарно-натуралистич. непристойное изображение половой жизни в лит-ре, изобр. иск-ве, театре, кино и пр. В Рос. Федерации установлена ответственность за изготовление, распространение, рекламирование, торговлю порнографич. сочинениями, печатными изданиями и др.

ПОРО́Г СЛЫ́ШИМОСТИ, см. в ст. *Звук*.

ПОРОДООБРАЗУ́ЮЩИЕ МИНЕ́РАЛЫ, минералы, входящие в качестве постоянных компонентов в состав горн. пород: *кварц*, полевые шпаты, *слюды*, амфиболы, пироксены, оливин и др.

Попугаи: 1 – масковые неразлучники; 2 – желтохохлый какаду; 3 – красный ара; 4 – пёстрый лори; 5 – волнистый попугай; 6 – жако; 7 – дамский, или черноголовый, лори; 8 – кеа.

ПОРО́КИ РАЗВИ́ТИЯ (врождённые пороки), врождённые аномалии, влекущие за собой выраженные изменения строения и функций органов или тканей. Причинами П. р. являются изменения наследств. структур (хромосом или генов), алкоголизм родителей, нек-рые болезни матери в период беременности и др. Проявляются б.ч. у новорождённых (напр., врождённые пороки сердца, т.н. заячья губа и волчья пасть – расщелины верх. губы и верх. нёба, косолапость). Возможны множеств. П. р. Изучаются *тератологией*.

ПОРО́КИ СЕ́РДЦА, стойкие изменения в строении сердца или отходящих от него крупных сосудов, создающие препятствия нормальному току крови. Различают врождённые (возникают как пороки развития) и приобретённые (гл. обр. вследствие ревматизма, встречаются в 10 раз чаще врождённых) П.с. Часто приводят к сердечной недостаточности. Радикальное лечение – хирургич. операция.

ПОРОЛО́Н, торг. название эластичного пенопласта на основе *полиуретана*.

ПОРОХА́, взрывчатые в-ва или их смеси, осн. формой взрывчатого превращения к-рых является послойное горение. Различают П. на основе индивид. ВВ, напр. нитратов целлюлозы (бездымные П.), и смесевые П., состоящие из окислителя и горючего. К последним относятся дымный («чёрный») П. и тв. ракетные топлива. Применяются в огнестрельном оружии, ракетных двигателях и др. Известны с 7 в. н.э. в Китае.

ПОРОШКО́ВАЯ МЕТАЛЛУ́РГИЯ, произ-во металлич. порошков и изделий из них, их смесей и композиций с неметаллами, а также изделий с разл. степенью пористости. Изделия получают прессованием с последующей или одновременной термич. обработкой без расплавления осн. компонентов. С помощью П.м. производят тугоплавкие и тв. материалы и сплавы, в т.ч. металлокерамические, используемые при изготовлении металлорежущего инстр-та, пористые, фрикционные и др. материалы и изделия из них, произ-во к-рых иным способом часто невозможно.

ПО́РПОРА (Porpora) Никола (1686–1768), итал. композитор, педагог, гл. представитель *неаполитанской школы* 18 в. Св. 50 опер-сериа – классич. образцы жанра и виртуозного *бельканто*. Оратории и др. сочинения. В Вене обучал Й. Гайдна.

ПОРТ (франц. port, от лат. portus – гавань, пристань), участок берега моря, озера или реки с прилегающим вод. р-ном (акваторией) и комплексом сооружений и устройств для стоянки, погрузки-разгрузки судов и полного их обслуживания (снабжение топливом и пр., ремонт и оказание др. услуг). Грузооборот крупных П. достигает 270 и более млн. т в год. Впервые П. появились в Средиземном м. в течение 4-м тыс. до н.э.; в России при Петре I были построены С.-Петербургский и Ревельский (Таллинский) П. на Балтике, затем – Азовский и Таганрогский.

ПО́РТА (франц. Porte, итал. Porta, букв. – дверь, врата) (Оттоманская Порта, Высокая Порта, Блистательная Порта), принятое в Европе в ср. века и новое время название пр-ва Османской империи.

ПОРТА́Л (нем. Portal, от лат. porta – вход, ворота), архитектурно оформленный вход в здание.

ПОРТ-АРТУ́РА ОБОРО́НА, 27.1(9.2.)–20.12.1904 (2.1.1905), во время рус.-япон. войны 1904–05. Рус. гарнизон под рук. ген. Р.И. Кондратенко [погиб 2(15).12.1904] мужественно оборонял воен.-мор. крепость Порт-Артур (ныне Люйшунь) против 3-й япон. армии и выдержал 4 штурма. Крепость была сдана начальником Квантунского укреплённого р-на ген.-лейт. А.М. Стесселем.

ПОРТАТИ́ВНЫЙ (франц. portatif, от лат. porto – ношу), небольших раз-

Портик.

меров, удобный для ношения при себе, для переноски с одного места на другое.

ПОРТ-ВИ́ЛА, см. *Вила*.

ПО́РТЕР (Porter) Кэтрин Анн (1890–1980), амер. писательница. В повестях («Гисиенда», 1934), сб-ках рассказов об амер. Юге («Цветущий багряник», 1930; «Конь блед и всадник на нём», 1939), повествуя о простом и будничном, затрагивает «вечные» темы, отдавая предпочтение традиц.-патриархальной нравственности. Филос.-аллегорич. ром. «Корабль дураков» (1962) – об этич. корнях фашизма.

ПО́РТИК (от лат. porticus), часть здания, открытая на 1 или 3 стороны и образуемая колоннами (реже столбами) или арками, несущими перекрытие, завершается *фронтоном* или *аттиком*. Были широко распространены в антич. эпоху, в европ. зодчестве 18 – 1-й пол. 19 вв.

ПОРТЛАНДЦЕМЕ́НТ (от англ. Portland – назв. полуострова на Ю. Великобритании, где, по-видимому, в 1824 созд. портландцемент), гидравлич. *вяжущее вещество*, применяемое в совр. стр-ве. Получают совместным тонким измельчением *клинкера*, небольшого кол-ва *гипса* (до 3%) и минер. добавок (до 10%). Характеризуется нарастанием прочности при твердении, высокой водо- и морозостойкостью. Различают П. обычный, гидрофобный, сульфатостойкий, пластифицированный и др.

ПОРТ-ЛУИ́, столица (с 1968) гос-ва Маврикий. 142 т.ж. Порт на Индийском ок. З-ды: нефтеперераб., по произ-ву удобрений. Пищевкус. (сах., маслоб., таб.) пр-тия. Ун-т. Музеи: гор., ист., худ. галерея. Т-р. Осн. в 1736.

ПОРТ-МО́РСБИ, столица (с 1975) гос-ва Папуа–Н. Гвинея, на Ю. о-ва Н. Гвинея. 193 т.ж. Порт в зал. Папуа. Торг. центр. Пищевкус. пр-тия. Ун-т.

ПО́РТО-НО́ВО, столица (с 1960) Бенина. 220 т.ж. Порт в Гвинейском зал. Пищевкус. пром-сть. Ремёсла. Рыб-во. Этногр. музей. Первые сведения о П.-Н. относятся к 17 в. С 1894 адм. ц. франц. колонии Дагомея.

ПОРТ-О-ПРЕ́НС, столица (с 1804) Гаити. 752 т.ж. Порт в зал. Гонаив Карибского м.; междунар. аэропорт. Произ-во сахара, рома, таб. и текст. изделий. Ун-ты. Консерватория. Музеи, в т.ч. гаитянского народа, худ. центр, национальный. Туризм (близ П.-о-П. – горноклиматич. курорты). Осн. французами в 1749; с 1770 гл.

город франц. колонии Сан-Доминго. Застройка гл. обр. одноэтажная. Развалины дворца Сан-Суси и крепости Ли Ферьер (обе постройки между 1808–16).

ПОРТ-ОФ-СПЕЙН, столица (с 1962) гос-ва Тринидад и Тобаго, на о. Тринидад. 51 т.ж. Порт в зал. Пария Атлантич. ок.; 3 междунар. аэропорта. Нефтеперераб., пищевкус., металлообр., текст. пром-сть; судоверфь. Ун-т. Нац. музей, худ. галерея. Осн. испанцами на месте индейского поселения. В 1783–97 гл. город исп. колонии на о. Тринидад, с 1797 перешёл к Великобритании. Центр города имеет регулярный план. На гл. площади Вудфорд-сквер — англиканский собор Холи Тринити (1818) и «Красный дом» (Верх. суд; нач. 20 в.).

ПОРТРЕ́Т (франц. portrait), изображение (образ) к.-л. человека либо группы людей (групповой П.), существовавших или существующих в действительности. Один из гл. жанров изобр. иск-ва. Вместе с внеш. сходством П. запечатлевает духовный мир изображаемого человека (модели). См. также *Автопортрет*.

ПО́РТУ, г. в Португалии. 350 т.ж. Порт на Атлантич. ок., в устье р. Дору; междунар. аэропорт. Маш-ние (судостроение, эл.-техн.), текст., пищевкус. (в т.ч. виноделие, кр. рыбоконс. произ-во), хим., пробковая, швейная пром-сть. Ун-т. Осн. в 1 в. до н.э. на месте рим. поселения Портус-Кале. В кон. 11–1-й пол. 12 вв. резиденция португ. графов. Город П. дал назв. вину портвейн.

ПОРТУГА́ЛИЯ (Португальская Республика), гос-во на крайнем Ю.-З. Европы; занимает ч. Пиренейского п-ова, о-ва Азорские и Мадейра в Атлантич. ок. Пл. 92 т. км². Нас. 10,4 млн. ч., 99% — португальцы. Офиц. яз.— португальский. 95% верующих — католики. Глава гос-ва — президент. Законодат. орган — Собрание Республики. Столица — Лиссабон. Адм.-терр. деление: 18 округов и 2 авт. области. Ден. единица — эскудо.

В сев. части П.— горы (хр. Серра-да-Эштрела, выс. до 1991 м); южн. и центр. части — Португальская низм. Климат субтропич. средиземноморский. Ср. темп-ры янв. 5–10 °C, июля 20–27 °C; осадков на равнинах от 400 до 800 мм, в горах от 1000 до 2500 мм в год. В П.— низовья рек Дору (Дуэро), Тежу (Тахо), Гвадиана. Кустарники и луга, под лесом — ок. 5% тер.

В 713–718 терр. П. завоевали арабы. В ходе Реконкисты созд. в 1095 графство П., в 1139 (официально в 1143) ставшее независимым кор-вом. С 15 в. началась колон. экспансия П.; наивысш. расцвета португ. колон. империя достигла в 1-й пол. 16 в. В 1581–1640 была подвластна Испании. 19 в. отмечен рев-циями (Португ. рев-ция 1820, Сент. рев-ция 1836), гражд. войнами (Мигелистские войны и др.). В результате рев-ции 1910 П. стала республикой. В 1926 установлена воен. диктатура. В 1932 власть захватил А. Салазар, завершивший создание в стране фаш. режима. В апр. 1974 восставшие войска под руководством Движения вооруж. сил свергли пр-во Салазара. Последним португ. колониям в Африке была предоставлена независимость. В 1976–78 у власти находилось пр-во, сформированное Португ. социалистич. партией (осн. в 1973), с 1981 — правоцентристское коалиц. пр-во (в 1983–85 коалиция социалистич. партии и с.-д. партии), с 1987 — коалиция с.-д. партии и независимых партий, с 1991 — пр-во с.-д. партии.

П.— индустр.-агр. страна. ВНП на д. нас. 7670 долл. в год. Развиты судостроение и судоремонт, произ-во электрооборудования, серной к-ты, удобрений; текст., швейная, кож.-обув. и пищевкус. отрасли. П. известна виноделием (портвейн, мадера), произ-вом оливкового масла, рыбных консервов (сардин и др.), заготовкой и обработкой пробковой коры. Добыча известняка, пиритов, вольфрамовой, оловянной, урановой руд.

В с. х-ве преобладает земледелие. Осн. культуры — виноград, олива, цитрусовые, пшеница, кукуруза. Экспорт: продукция текст. и швейной пром-сти, электрооборудование, вина, пробка (ведущее место в мире), рыба и рыбопродукты, неметаллич. сырьё, хим. продукция.

ПОРУЧЕ́НИЕ, в гражд. праве договор, по к-рому одна сторона (поверенный) обязуется совершить от имени и за счёт др. стороны (доверителя) определ. юрид. действия (как правило, приобрести имущество, произвести платежи). См. также *Доверенность*.

ПОРУЧИ́ТЕЛЬСТВО, в гражд. праве — один из способов обеспечения исполнения обязательств. Поручитель принимает на себя обязательство перед кредитором за исполнение должником своего обязательства (полностью или в части). 2) В уголов. процессе — одна из *мер пресечения* (личное или обществ. П.). Состоит в принятии на себя заслуживающими доверия лицами или орг-циями ручательства за надлежащее поведение и явку подозреваемого (обвиняемого) по вызовам в суд, к следователю, в прокуратуру.

ПОРФИ́РИЙ (ок. 233 – ок. 304), греч. философ, представитель *неоплатонизма*, ученик Плотина; комментатор Платона и Аристотеля. Автор соч. «Против христиан». В логике «древо Порфирия» иллюстрирует ступенчатую субординацию родовых и видовых понятий.

ПО́РШЕНЬ, подвижная деталь машины (поршневой машины), прибора, механизма, плотно перекрывающая цилиндр в поперечном сечении и совершающая возвратно-поступат. движение вдоль его оси. Служит для преобразования одного вида энергии в другой (в двигателях, компрессорах, насосах, паровых машинах).

ПОСА́ДНИКИ, 1) наместники др.-рус. князей (упоминаются в источниках с 997). Одним из наиб. известных П. был новгородский воевода Остромир, заказчик *Остромирова евангелия*, сват вел. князя киевского Изяслава Ярославича. 2) Высш. гос. должность в Новгороде в 12–15 вв. и Пскове в 14 – нач. 16 вв. Избирались из знатных бояр на вече.

ПОСА́ДСКИЕ ЛЮ́ДИ, в Рос. гос-ве торг.-пром. гор. население. Несли гос. тягло (налоги, торг. пошлины, натуральные повинности и пр.). В 1775 разделены на купечество и мещан.

ПОСЕЙДО́Н, в греч. мифологии один из богов-олимпийцев, сын Кроноса и Реи, брат Зевса и Аида, с к-рыми он поделил господство над миром. П. получил в удел море. Атрибут П.— трезубец; П. сопровождают нереиды и тритоны. Ему соответствует рим. Нептун.

ПОСИДО́НИЙ (ок. 135–51 до н.э.), др.-греч. философ-стоик, глава школы; учитель Цицерона. Соединил стоицизм с платонизмом. Соч. П.— завершающая форма антич. натурфилософии.

ПОСЛА́НИЕ, поэтич. или публицистич. произв. в форме письма к реальному или фиктивному лицу. Стихотв. П. как жанр существовали от античности («Наука поэзии» Горация) до сер. 19 в. («Послание Цензору» А.С. Пушкина); позднее лишь единичные стихотворения. Прозаич. П.

Портрет. Х. Хольбейн Младший. Портрет Георга Гисце. 1532. Картинная галерея. Берлин-Далем.

Португалия. Город Обидуш.

дидактич. содержания – характерный жанр ср.-век. лит-ры (П. отцов церкви).

ПОСЛА́ННИК, см. в ст. *Дипломатические классы.*

ПОСЛЕ́ДОВАТЕЛЬНОСТЬ, совокупность чисел (матем. выражений и т.п.; говорят: элементов любой природы), занумерованных *натуральными числами*. П. записывается в виде $x_1, x_2, ..., x_n, ...$ или коротко $\{x_i\}$.

ПОСЛО́ВИЦА, афористически сжатое, образное, грамматически и логически законченное изречение с поучит. смыслом, обычно в ритмически организованной форме («Что посеешь, то и пожнёшь»).

ПОСЛУ́ШНИК, в христ-ве лицо, готовящееся к пострижению в монахи. П. живёт в монастыре, подчиняется игумену и в соответствии с монастырским уставом исполняет разл. послушания.

ПОСО́БИЕ, одна из форм социального обеспечения в Рос. Федерации. Назначаются органами социального обеспечения в случае врем. нетрудоспособности (при болезни, увечье, при уходе за больным членом семьи, карантине и в нек-рых др. случаях); по беременности и родам (всем женщинам в размере полного заработка); многодетным и одиноким матерям; на детей в малообеспеченных семьях, на детей военнослужащих срочной службы и т.д. При *безработице* выплачивается П. по безработице.

ПОСО́Л, см. в ст. *Дипломатические классы.*

ПОСОШКО́В Ив. Тих. (1652–1726), рос. экономист и публицист. Сторонник преобразований Петра I, выступал за развитие пром-сти и торговли, более активное исследование м-ний полезных ископаемых. Осн. тр. – «Книга о скудости и богатстве» (1724, изд. в 1842).

ПОСТА́ВКА, в гражд. праве договор, по к-рому одна сторона – поставщик, являющийся предпринимателем, – обязуется в обусловленные сроки (срок) передавать в собственность другой стороне – покупателю – товар, предназначенный для предпринимат. деятельности или иных целей, не связанных с личным (семейным, домашним) потреблением, а покупатель обязуется принимать товар и платить за него в определ. цене. Договору П. применяются правила о договоре *купли-продажи*, если иное не предусмотрено законодат. актами или договором.

ПОСТИМПРЕССИОНИ́ЗМ (от лат. post – после и *импрессионизм*), общее название течений в живописи кон. 19 – нач. 20 вв., возникших во Франции как реакция на метод импрессионизма и противопоставивших ему поиски постоянных начал бытия и обобщающих синтетич. живописных методов, склонность к декор.-стилизующим и формальным приёмам. К постимпрессионистам относят представителей *неоимпрессионизма* и группы *«Наби»,* П. Сезанна, В. ван Гога, А. де Тулуз-Лотрека, П. Гогена.

ПОСТИНДУСТРИА́ЛЬНОЕ О́БЩЕСТВО, обозначение новой стадии обществ. развития, складывающейся со 2-й пол. 20 в. в развитых странах [термин получил распространение с 70-х гг. после выхода одноим. книги Д. Белла]. В др. концепциях – технотронное общество (З. Бжезинский), информац. общество, посткапиталистич. общество]. В П.о. выдвигается на первый план сфера услуг, в к-рой центр. место занимают наука и образование (ун-ты); в социальной структуре ведущая роль переходит к учёным и проф. специалистам; теоретич. знание служит источником нововведений и формирования политики; произ-во, распределение и потребление информации становится преобладающей сферой деятельности общества.

ПОСТПОЗИТИВИ́ЗМ, термин, обозначающий ряд совр. филос. концепций, возникших в 1950–70-х гг. в процессе критики *неопозитивизма*. К осн. течениям П. относят критич. рационализм К. Поппера, «науч. материализм» (Д. Армстронг, США), прагматич. анализ (У. Куайн, США), концепции П. Фейерабенда и Р. Рорти (США), разл. варианты совр. филос. *реализма*. П. нередко отождествляют с *аналитической философией*.

ПОСТРИЖЕ́НИЕ, христ. обряд, совершаемый после крещения, при посвящении в чтеца, принятии монашества. Состоит в крестообразном выстрижении священником (в монастыре – игуменом) волос на голове проходящего обряд.

ПОСТСКРИ́ПТУМ (от лат. post scriptum – после написанного), приписка к оконченному и подписанному письму, обозначаемая обычно лат. буквами P.S.

ПОСТУЛА́Т (от лат. postulatum – требование), утверждение (суждение), принимаемое в рамках к.-л. науч. теории за истинное, хотя и недоказуемое её средствами, и поэтому играющее в ней роль *аксиомы.*

ПОСТУПА́ТЕЛЬНОЕ ДВИЖЕ́НИЕ, перемещение тела, при к-ром любая прямая, проведённая в теле, перемещается параллельно самой себе. При П.д. все точки тела описывают одинаковые траектории и имеют в каждый момент времени одинаковые скорости и ускорения. Поэтому изучение П.д. тела сводится к задаче *кинематики* точки.

ПОСТФА́КТУМ (от лат. post factum – после сделанного), после того, как что-либо уже сделано, совершилось.

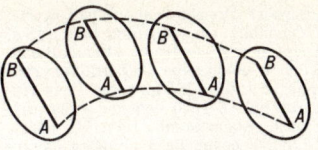

Поступательное движение. Перемещение отрезка прямой AB происходит параллельно самому себе.

ПОСТЫ́, религ. запреты или ограничения на употребление пищи вообще или нек-рых продуктов (на определ. срок), а также более общие правила воздержания. П. существуют в иудаизме (Пасха, Судный день), в исламе (Рамадан). В православии П. занимают 200 дней в году, среди них 4 многодневных: предшествующий Пасхе Великий П. – 7 нед; Петров П. – от 8 до 42 дней; Успенский П. – 2 нед [с 1(14) по 14(27) авг.]; Рождественский, или Филипповский, П. с 15(28) нояб. до Рождества Христова. Также существуют однодневные П. – среды и пятницы. В католицизме П. меньшей продолжительности, но к однодневным П. прибавлена и суббота; днями строгого П. для мирян остаются «пепельная» среда (1-й день Великого П.) и Страстная пятница. В протестантизме нет регламентации П., но в нек-рых конфессиях он допускается как личное дело верующего.

ПОТА́Ш, то же, что *калия карбонат*.

ПОТЕБНЯ́ Ал-др Аф. (1835–91), филолог-славист. Тр. по теории словесности, фольклору, этнографии, общему яз-знанию, слав. языкам. Один из осн. теоретиков харьковской лингвистич. школы.

А.А. Потебня.

ПОТЁМКИН Григ. Ал-др. (1739–1791), рос. гос. и воен. деятель, ген.-фельдмаршал (1784). Один из участников дворцового переворота 1762, фаворит и ближайший помощник имп. Екатерины II. Способствовал освоению Сев. Причерноморья, руководил стр-вом Черномор. флота. После присоединения Крыма получил титул светлейшего кн. Таврического (1783). Главнокоманд. рус. армией в рус.-тур. войну 1787–91.

ПОТЕНЦИА́Л (от лат. potentia – сила), источники, возможности, средства, запасы, к-рые могут быть использованы для решения к.-л. задачи, достижения определ. цели; возможности отд. лица, общества, гос-ва в определ. области (напр., экон. П.).

ПОТЕНЦИА́ЛЬНАЯ ЭНЕ́РГИЯ, часть общей механич. энергии системы, зависящая от взаимного расположения её частиц и от их положения во внеш. силовом (напр., гравитац.) поле. В сумме с *кинетической энергией* П. составляет полную механич. энергию системы, к-рая сохраняется, если в системе отсутствует *диссипация*. В процессе движения возможны взаимные переходы между разл. видами П.э. и кинетич. энергией.

ПОТЕНЦИА́ЛЬНЫЙ БАРЬЕ́Р, ограниченная в пространстве область высокой потенциальной энергии частицы в силовом поле, по обе стороны от к-рой энергия более или менее резко спадает. П.б. соответствует силам отталкивания. В отличие от классич. механики, где П.б. – непреодолимая преграда для частицы с энергией E, меньшей высоты П.б. U_0, в квантовой механике благодаря *туннельному эффекту* такая частица может «пройти» через П.б., а частица с большей энергией – отразиться от него.

ПОТЕНЦИО́МЕТР (от лат. potentia – сила и ...*метр*), 1) электроизмерит. прибор для определения разности потенциалов (напряжения) компенсац. методом (напр., с использованием мостовой цепи). В совокупности с *измерительным преобразователем* применяется для измерений неэлектрич. величин (темп-ры, давления и др.). 2) Переменный *резистор*, включённый по схеме делителя напряжения.

ПОТЕ́НЦИЯ (от лат. potentia – сила), скрытая возможность, способность, сила, могущая проявиться при известных условиях.

«ПОТЕ́РЯННОЕ ПОКОЛЕ́НИЕ» (англ. lost generation), определение, применяемое к группе заруб. писателей, выступивших в 1920-е гг. с произведениями, в к-рых отразились разочарование в совр. цивилизации и утрата просветительских идеалов (веры в благую силу науч. прогресса, в социальную справедливость, в крепость «разумных» норм морали и гуманности), обострённые трагич. опытом 1-й мир. войны. Выражение приписывается амер. писательнице Г. Стайн. Тема «П.п.» проникнута пафосом стоич. пессимизма у Э. Хемингуэя, Р. Олдингтона, Э.М. Ремарка.

ПОТИ́Р (греч. potḗr – чаша, кубок), литургич. сосуд для освящения вина или принятия причастия – чаша на высокой ножке, часто из драгоценных металлов и поделочных камней. Илл. см. на стр. 554.

ПОТНИ́ЦА, кожное заболевание (обильная мелкая пузырьковая сыпь), гл. обр. грудных детей, связанная с перегреванием и усиленным потоотделением.

«ПОТО́К СОЗНА́НИЯ» (англ. stream of consciousness), творч. принцип, определившийся в зап.-европ. лит-ре в нач. 20 в. Термин заимствован из кн. «Научные основы психологии» (1890) У. Джемса. Как изобр. лит. приём – прямое воспроизведение процессов душевной жизни, предельная форма «внутр. монолога», как бы «самоотчёт ощущений», без видимого вмешательства автора (напр., поток внутр. речи Анны Карениной перед самоубийством в одноим. романе Л.Н. Толстого). Для ряда писателей 1-й трети 20 в. «П.с.» становится тотальной техникой письма, самодоста-

Потир боярыни А.И. Морозовой. Золото, драгоценные камни, эмаль. 1664. Государственные музеи Московского Кремля.

точным творч. методом (М. Пруст, В. Вулф, Дж. Джойс).

ПОТРЕБИТЕЛЬСКАЯ КОРЗИНА, см. *Бюджетный набор*.

ПОТРЕБЛЕ́НИЕ (экон.), использование продукта в процессе удовлетворения экон. потребностей. Конечная цель всякого произ-ва, в то же время – стимул его развития. Объём и структура П. населением товаров и услуг – индикатор соц.-экон. уровня страны.

ПОТРЕ́БНОСТИ, нужда в чём-либо необходимом для поддержания жизнедеятельности и развития организма, человеческой личности, социальной группы, общества в целом; внутр. побудитель активности. Различают П. биол., свойственные ж-ным и человеку, и социальные, к-рые носят ист. характер, зависят от уровня экономики и культуры. Осознанные обществом, социальными группами, общностями и индивидами П. выступают как их *интересы*. В психологии П.– особое состояние психики индивида, ощущаемое или осознаваемое им «напряжение», «неудовлетворённость»,– отражение несоответствия между внутр. состоянием и внеш. условиями его деятельности; обнаруживается во влечениях и мотивах. У личности образуют как бы иерархию, в основе к-рой витальные (в пище и т.п.), а последующие её уровни – социальные П., высш. проявление к-рых – П. самореализации, самоутверждения, творч. деятельности.

ПО́ТСДАМ, г. в Германии. 139 т.ж. Трансп. узел; порт на р. Хафель. Маш-ние; хим.-фарм., полиграф., пищевкус. пром-сть. Высш. школа кинематографии и телевидения. Музей первобытной и древней истории. Обсерватория. Впервые упоминается в 10 в. С кон. 18 в. вторая резиденция прус. королей. В 1945 в П. проходила конф. глав пр-в СССР, США и Великобритании. Дворцово-парковый анс. Сан-Суси (1745–62), сочетающий черты позднего барокко, рококо и раннего классицизма; дворцы и парки 18–19 вв.

ПОТСДА́МСКАЯ КОНФЕРЕ́НЦИЯ 1945, см. *Берлинская конференция 1945*.

ПОЧА́ЕВСКАЯ УСПЕ́НСКАЯ ЛА́ВРА, действующий муж. монастырь в г. Почаев Тернопольской обл. (Украина). По преданию, осн. в 13 в. (первые док. сведения – 16 в.). В нач. 17 в. в монастыре открыта типография. В 1667–1795 на терр. Речи Посполитой (в 1720 передан униатам). После подавления польск. восст. 1830–31 возвращён правосл. духовенству. С 1833 *лавра*. Успенский собор (1771–91), трапезная (18 в.), Троицкий собор (1906), колокольня (1861).

ПО́ЧВА, поверхностный слой земной коры, несущий на себе растит. покров суши и обладающий плодородием. Формируется и непрерывно изменяется под воздействием воды, воздуха, живых организмов и др. факторов. Компонент *биогеоценозов*. Осн. средство произ-ва в с. х-ве. Наука о П.– почвоведение.

ПО́ЧВЕННИКИ, представители течения рус. обществ. мысли 1860-х гг., родственного славянофилам (Ф.М. Достоевский, А.А. Григорьев, Н.Н. Страхов). В ж. «Время», «Эпоха» проповедовали сближение образованного общества с народом («почвой») на религ.-этич. основе.

ПОЧВОВЕ́ДЕНИЕ, наука о почве. Изучает происхождение, развитие, строение, состав, свойства (в т.ч. плодородие), географию почв. П. как наука сформировалось в России (в кон. 19 в.) благодаря трудам В.В. Докучаева (с его именем связано становление генетич. П.), П.А. Костычева, Н.М. Сибирцева, В.Р. Вильямса, К.Д. Глинки и др. Особенно важное значение П. имеет для сел. и лесного х-ва (помогает решать вопросы повышения плодородия почв, применения удобрений, мелиорации земель и др.).

ПОЧЕСУ́ХА, группа заболеваний кожи (почесуха Гебры, детская, летняя, зимняя и др.), характеризующихся сильным зудом и узелковыми высыпаниями. Наблюдается при неврозах, нарушениях обмена в-в, непереносимости лекарств, резкой смене темп-ры и т.п.

ПОЧЁТНЫЕ ГРА́ЖДАНЕ, в Рос. империи с 1832 привилегированная категория сословия «гор. обывателей». Включала потомств. и личных П.г., к-рые освобождались от подушной подати, рекрутской повинности, телесных наказаний. Звание П.г. упразднено с ликвидацией сословий в 1917.

ПОЧЕЧНОКА́МЕННАЯ БОЛЕ́ЗНЬ (мочекаменная болезнь, нефролитиаз), связана с образованием в мочевых органах, преим. в почках, солевых «камней» – уратов, оксалатов, фосфатов. Следствие нарушения обмена в-в, инфекц. и др. заболеваний выделит. системы. Камни могут смещаться в мочеточник, вызывая приступы болей (почечная колика), появление в моче крови.

ПО́ЧКИ, парные органы выделит. системы позвоночных ж-ных и человека. Осн. структурно-функциональная единица П.– нефрон (у человека ок. 2 млн.), в к-ром происходят фильтрация плазмы крови и образование мочи. Выводят из организма конечные продукты обмена в-в, избыток солей, воды, чужеродные и токсичные соединения. Участвуют в регуляции состава крови и обеспечении постоянства внутр. среды организма. Воспаление П.– *нефрит*.

ПО́ШЛИНЫ, ден. сборы, взимаемые гос. органами с граждан, учреждений и орг-ций за определ. виды услуг. Наиб. распространены П. регистрационные, гербовые, почтовые, судебные, наследственные. С товаров, провозимых через границу гос-ва, взыскиваются таможенные П.

ПОЭ́ЗИЯ (греч. póiesis), 1) до сер. 19 в. вся *литература* художественная (в отличие от нехудожественной). 2) Стихотв. произведение в отличие от худ. *прозы* (напр., лирика, драма или роман в стихах, поэма, нар. эпос древности и средневековья). П. и проза – два осн. типа иск-ва слова, различающиеся способами орг-ции художественной речи, прежде всего ритмотворения. Ритм поэтич. речи создаётся отчётливым делением на *стихи*. В П. взаимодействие стиховой формы со словами (сопоставление слов в условиях ритма и рифм), отчётливое выявление звуковой стороны речи, взаимоотношение ритмич. и синтаксич. строения создаёт тончайшие оттенки и сдвиги худ. смысла, невоплотимые иным способом. П. преим. монологична: слово персонажа однотипно с авторским. Граница П. и прозы относительна; существуют промежуточно-переходные формы: ритмич. проза и *свободный стих*.

ПОЭ́МА (греч. póiema), 1) поэтич. жанр большого объёма, преим. лироэпический. В древности и в ср. века П. называли монументальный героич. *эпос* (эпопею) – «Илиаду», «Одиссею», «Песнь о Роланде», что указывает на эпич. природу жанра П. по её происхождению и объясняет ряд её «наследственных» черт (историчность и героичность содержания, легендарность, патетичность). Со времени романтизма специфически «поэмное» событие – само столкновение лирич. и эпич. начал как внеличными (ист., социальными или космич.) силами («Медный всадник» А.С. Пушкина). В совр. П. эпич. требование «зримой» событийности согласуется с открыто выраженным лирич. пафосом: автор – участник или вдохновенный комментатор события («Двенадцать» А.А. Блока, «Погорельщина» Н.А. Клюева). В 20 в. утверждается бессюжетно-лирич. П. («Поэма без Героя» А.А. Ахматовой). 2) В музыке в 19–20 вв. лирич. пьеса, близкая *рапсодии*, *фантазии* (А.Н. Скрябин, Э. Шоссон); крупное одночастное произв. для орк. (симф. поэмы Ф. Листа), иногда вокальное или хоровое сочинение. Отличается относит. свободой построения.

ПОЭ́ТИКА (от греч. poiētikē – поэтич. иск-во), раздел теории лит-ры (см. *Литературоведение*), изучающий систему средств выражения в лит. произв. Общая П. систематизирует репертуар этих средств – звуковых (см. *Стиховедение*), языковых (см. *Стилистика*), образных (т.н. топика). Частная П. изучает взаимодействие этих средств (их композицию) при создании «образа мира» и «образа автора» в отд. произв. или группе произв. (творчество писателя, лит. направление, эпоха). Ист. П. изучает эволюцию отд. приёмов и их систем, складывающихся в жанры и жанровые разновидности. В широком смысле П. совпадает с теорией лит-ры в целом, в узком – с исследованием языка худ. произведения.

ПОЯСА́ ФИ́ЗИКО-ГЕОГРАФИ́ЧЕСКИЕ (природные пояса), наиб. крупные подразделения *географической оболочки*. По режиму тепла и влаги, особенностям циркуляции возд. масс и океанич. течений, своеобразию геоморфол. и биогеохим. процессов, составу растительности и животного мира выделяют экв., сев. и юж. субэкв., тропич., субтропич., умеренные, а также субарктич. и арктич. (в Юж. полушарии – субантарктич. и антарктич.) пояса. По зональным и региональным особенностям П. ф.-г. подразделяются на геогр. зоны и секторы. Во мн. горн. системах в связи с уменьшением тепла и изменением увлажнения от подножий к вершинам выделяются высотные пояса.

ПОЯСНО́Е ВРЕ́МЯ, среднее солнечное *время*, определяемое для 24 осн. геогр. меридианов, отстоящих на 15° по долготе. Поверхность Земли разделена на 24 часовых пояса (с номерами от 0 до 23). В пределах каждого из к-рых П.в. совпадает со временем проходящего через них осн. меридиана. П.в. в смежных поясах различается на 1 ч. Счёт поясов ведётся с З. на В. Осн. меридианом нулевого пояса является Гринвичский меридиан (проходит вблизи Гринвича, Великобритания). П.в. нек-рых поясов имеет собств. назв. П. нулевого пояса наз. зап.-европейским (всемирным), 1-го пояса – ср.-европейским, 2-го пояса (за пределами СНГ) – вост.-европейским. Разность (в часах) между П.в. к.-л. пояса и всемирным временем равна номеру пояса. П.в. принято в большинстве гос-в, в России с 1919. В нек-рых странах на летний период к П.в. добавляется 1 ч (т.н. летнее время).

ПРА..., приставка, обозначающая: 1) отдалённую степень родства по прямой линии (напр., прадед); 2) изначальность, древность (напр., праязык).

ПРА́ВЕДНИК, в православии святой, к-рый прославился подвигами и святостью жизни в обычных мирских условиях. П.-цари или П.-князья наз. благоверными, П.-епископы – святителями, П.-монахи – преподобными.

ПРАВИ́ТЕЛЬСТВО, высш. орган исполнит. власти (кабинет министров, совет министров и т.д.). Обычно возглавляется премьер-министром (канцлером, пред. пр-ва или кабинета министров). В т.н. президентских республиках П. возглавляет президент.

ПРА́ВО, в узком значении – система общеобязательных социальных норм, установленных или санкционированных гос-вом; в более широком понимании охватывает также правовые отношения и осн. права гражданина, закрепляемые, гарантируемые и охраняемые гос-вом. П. возникает в гос.-организованном обществе и закрепляет отношения собственности, механизм хоз. связей, выступает как регулятор меры и форм распределения труда и его продуктов между членами общества (гражд. П., трудовое П.); регламентирует формирование, порядок, деятельность представит. органов, органов гос. управления (конституц. П., адм. П.), определяет процедуру решения конфликтов, меры борьбы с посягательствами на существующие обществ. отношения (уголов. П., процессуальное П.), воздействует на мн. формы межличностных отношений (семейное П.). Особой ролью и спецификой отличается *международное право*, создаваемое путём соглашений между гос-вами и регламентирующее отношения между ними.

ПРА́ВО ПО́ЛНОГО ХОЗЯ́ЙСТВЕННОГО ВЕДЕ́НИЯ, см. *Полного хозяйственного ведения право*.

ПРА́ВО СО́БСТВЕННОСТИ, важнейший институт любой системы права; совокупность правовых норм, закрепляющих и охраняющих принадлежность имущества отд. лицам или коллективам и основанные на этом правомочия собственника по владению, пользованию и распоряжению этим имуществом. См. *Частная собственность, Собственность гражданина, Собственность юридических лиц, Государственная собственность, Муниципальная собственность*.

ПРА́ВО УБЕ́ЖИЩА, предоставление гос-вом права въезда и проживания на его территории лицам, преследуемым на их родине (по полит. или др. мотивам). Лицам, обвиняемым в уголов. преступлениях или в совершении междунар. преступлений, убежище не предоставляется.

ПРАВОВА́Я КУЛЬТУ́РА, сумма выработанных в ходе ист. развития осн. правовых понятий и категорий, принципов права и правосудия, конституц. начал и др. понятий, необходимых для развитой правовой системы. В широком плане П.к. общества – степень развитости и роли в данном обществе права, правосудия, законности, отношения к праву гос. органов и обществ. сознания. Важное значение имеет П.к. личности, предполагающая круг необходимых юрид. знаний человека, следование требованиям права на основе внутр. убеждения. См. также *Правовое поведение*.

ПРАВОВО́Е ГОСУДА́РСТВО, в полит.-юрид. теории гос-во, важнейшими признаками к-рого являются: господство закона во всех сферах обществ. жизни; связанность законом гос-ва и его органов; суд. защита прав граждан и взаимная ответственность гос-ва и личности. П.г.– неотъемлемый элемент демократии. Идея П.г. выдвигалась ещё антич. мыслителями. Филос. основа теории П.г. сформулирована И. Кантом.

ПРАВОВО́Е ПОВЕДЕ́НИЕ, социально значимое поведение граждан и должностных лиц, предусмотренное нормами права и влекущее определ. юрид. последствия. П.п. может быть правомерным или противоправным (антиобщественным). Гос-во в нормах права гарантирует, поощряет и охраняет правомерное П.п., предусматривает профилактич. меры, а также наказание противоправного поведения (*правонарушений и преступлений*).

ПРАВОНАРУШЕ́НИЕ, противоправное деяние, совершённое вменяемым человеком, достигшим установленного законом возраста, при наличии *вины*. П. делятся на преступления и проступки (гражд., адм., дисциплинарные).

ПРАВООХРАНИ́ТЕЛЬНЫЕ О́РГАНЫ, гос. органы, осн. (спец.) функции к-рых – охрана законности, укрепление правопорядка, борьба с преступностью и иными правонарушениями. П.о. являются суд, прокуратура, органы внутр. дел, юстиции, арбитража.

ПРАВОПРЕЕ́МСТВО, переход прав и обязанностей от одного лица к другому (напр., при *наследовании, дарении*). Не допускается по отношению к правам, имеющим строго личный характер (напр., нельзя передать право на получение *алиментов*).

ПРАВОСЛА́ВИЕ, одно из осн. и старейших направлений в христ-ве. Возникло с разделением в 395 Рим. империи на Западную и Восточную. Богословские основы П. определились в Византии в 9–11 вв. Окончательно сложилось как самостоят. церковь в 1054 с разделением христ. церкви на католическую и православную. Причинами разделения стали учение о папе как верховном главе всех христиан и учение зап. церкви об исхождении Св. Духа от Отца и Сына (лат. Filioque – Филиокве); П. сохраняет учение об исхождении Св. Духа от Отца. П. состоит из неск. автокефальных (самостоятельных) церквей. На Руси с кон. 10 в., с 1448 – Рус. православная церковь. Вероисповедную основу П. составляют Священное Писание (Библия) и Священное Предание (решения первых 7 Вселенских соборов и труды отцов церкви 2–8 вв.). Важнейшими постулатами П. являются догматы: триединства Бога, боговоплощения, искупления, воскресения и вознесения Иисуса Христа. В Рос. Федерации православные составляют б.ч. верующих; П. распространено также в нек-рых странах СНГ, в Греции, Румынии, Болгарии, Югославии, на Кипре, небольшие общины есть в Сирии, Ливане, Израиле, Египте и др. странах. Общая численность православных до 150 млн. См. также *Христианство, Монофиситы, Монофелиты, Несторианство*.

ПРАВОСПОСО́БНОСТЬ, признанная гос-вом способность физич. лиц (граждан) и юрид. лиц иметь права и нести обязанности, предусмотренные и допускаемые законом. Возникает в момент рождения человека, для юрид. лица – с момента утверждения (регистрации) его устава или положения, в Рос. Федерации – с момента гос. регистрации. См. также *Дееспособность*.

ПРАВОСУ́ДИЕ, рассмотрение и разрешение судом уголов. и гражд. дел.

ПРА́ГА, столица (с 1993) Чехии, на р. Влтава. 1,2 млн. ж. Трансп. уз.; междунар. аэропорт. Метрополитен. Маш-ние (автомоб., авиац., эл.-техн. и др.); хим., текст., швейная, поли-

Прага. Вид части города.

Прага. Собор Св. Вита. Фрагмент.

граф. пром-сть. Ун-ты (в т.ч. Карлов, осн. в 1348), Академия наук, Академия изящных иск-в, Академия муз. иск-в. Музеи, в т.ч. Нац. музей, Нац. гал. Т-ры (св. 25): нац. (1881), Т-р на Виноградах, Т-р на Забраули, «Латерна магика» и др. Междунар. муз. фестиваль «Пражская весна» (с 1946). Терр. П. заселена с 4-го тыс. до н.э. Совр. город осн. на рубеже 8–9 вв. С 10 в. столица Чешского гос-ва, с 1918 – Чехосл. респ. В П. многочисл. парки и архит. пам. образуют выразит. пространств. композиции. Ист. ядро – Град с готич. собором Св. Вита (14–20 вв.) и королев. дворцом (12–18 вв.). Мн. дворцы, церкви и жилые дома в стилях готики, ренессанса, барокко и «модерн». Карлов мост с предмостной башней (1357–78).

ПРАГМАТИ́ЗМ (от греч. prágma, род. п. prágmatos – дело, действие), филос. учение, трактующее философию как общий метод решения проблем, к-рые встают перед людьми в разл. жизненных ситуациях. Объекты познания, с точки зрения П., не существуют независимо от сознания, а формируются познават. усилиями в процессе решения практич. задач; мышление – средство для приспособления организма к среде с целью успешного действия; понятия и теории – всего лишь инстр-ты, орудия; истина толкуется в П. как практич. полезность. Возник в 70-х гг. 19 в. в США, осн. идеи высказал Ч. Пирс, доктрину разрабатывали У. Джемс и Дж. Дьюи.

ПРА́ДО, худ. музей в Мадриде, одно из крупнейших собр. исп. иск-ва, картины итал., нидерл., флам. мастеров 15–19 вв. Осн. в 1819. Здание построено в 1785–1830.

ПРАЗЕОДИ́М (Praseodymium), Pr, хим. элемент III гр. периодич. системы, ат. н. 59, ат. м. 140,9077; относится к *редкоземельным элементам*; металл. Открыт австр. химиком К. Ауэр фон Вельсбахом в 1885.

ПРАЙС (Price) Леонтина (р. 1927), американская певица (сопрано). С 1951 выступала на оперных сценах крупнейших т-ров США и Европы (в Москве в 1964). Одна из лучших ис-

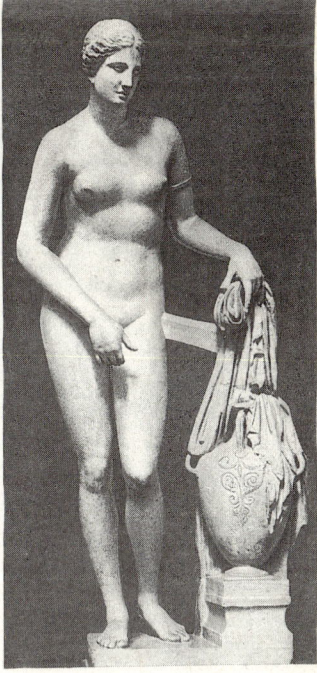

Пракситель. «Афродита Книдская». Мрамор. Ок. 350 до н.э. Римская копия.

полнительниц гл. партий в операх Дж. Верди, а также «Кармен» Ж. Бизе, «Порги и Бесс» Дж. Гершвина. С 1985 выступает как камерная певица.

ПРАКСИ́ТЕЛЬ (ок. 390 – ок. 330 до н.э.), др.-греч. скульптор. Представитель поздней классики. Мраморные статуи П. отличают чувственная красота, одухотворённость («Афродита Книдская», «Отдыхающий сатир»). Известны по копиям.

ПРА́КТИКА (от греч. praktikós – деятельный, активный), материальная, целеполагающая деятельность людей. Структура П. включает потребность, цель, мотив, целесообразную деятельность, предмет, средства, результат. Основа и движущая сила познания, П. даёт науке фактич. материал, подлежащий теоретич. осмыслению.

ПРАСА́Д Джайшанкар (1889–1937), инд. писатель. Писал на хинди. Один из основоположников романтич. направления в инд. лит-ре. Филос. поэма «Камаяни» (1935). Создал психол. драму, используя традиц. ист. сюжеты: «Скандагупта» (1928), «Чандрагупта» (1931).

ПРАТОЛИ́НИ (Pratolini) Васко (1913–91), итал. писатель. В романе-хронике «Повесть о бедных влюблённых» (1947), автобиогр. цикле «Улица Магадзини» (1941), «Квартал» (1945), «Семейная хроника» (1947), трил. «Итальянская история» (1955–66) – духовное становление «героя из народа», черты неореализма (сплав «лирич. документализма» с худ. вымыслом).

ПРА́Я, столица (с 1975) Кабо-Верде. 62 т.ж. Порт на Атлантич. ок.; узел мор. трансатлантич. сообщений. Пр-тия по переработке рыбы и морепродуктов. Осн. в кон. 15 в. португальцами.

ПРЕ́БИШ (Prebisch) Рауль (1901–1986), аргент. экономист. Осн. тр. по вопросам экон. развития стран Лат. Америки, иссл. совр. системы междунар. разделения труда.

ПРЕВАЛИ́РОВАТЬ (нем. prävalieren, от лат. praevaleo – преобладаю, превосхожу), преобладать, иметь перевес, преимущество.

ПРЕВЕНТИ́ВНЫЙ (франц. préventif, от лат. praevenio – опережаю, предупреждаю), предупреждающий, предохранительный (напр., П. прививка); опережающий действия противной стороны (напр., П. наступление).

ПРЕВЕ́Р (Prévert) Жак (1900–77), франц. поэт, сценарист. Сб. стих. «Слова» (1946), «Сказки» (1947), «Зрелище» (1951) отличают жизнелюбие, конкретная образность, шутливо-лирич. разговорная интонация. Мн. стихи стали популярными песнями. Сценарии к фильмам реж. М. Карне, в т.ч. «Набережная туманов», «Дети райка» – в духе «поэтич. реализма».

ПРЕВО́ д'Экзиль (Prévost d'Exiles) Антуан Франсуа (1697–1763), франц. писатель, аббат. В ром. «История кавалера де Грие и Манон Леско» (1731) – трагедия сильного, свободно развивающегося любовного чувства, враждебного сословной морали.

ПРЕГЛЬ (Pregl) Фриц (1869–1930), австр. химик. Заложил основы количеств. микроанализа органич. в-в. Ноб. пр. (1923).

ПРЕ́ДА (Preda) Марин (1922–80), рум. писатель. В социально-психол. романах показал драм. моменты ист. развития Румынии 20 в. («Морометы», т. 1–2, 1955–67, – о судьбах крест-ва; «Бред», 1975, – о периоде воен.-фаш. диктатуры), нравств. искания интеллигенции в условиях коммунистич. режима (трил. «Самый любимый среди людей», 1980).

ПРЕДА́НИЕ, в нар.-поэтич. творчестве вид *сказания*, содержащего сведения об ист. лицах, местностях, событиях прошлого. Вымысел в П. отличен от сказочной фантастики и легендарных «чудес».

ПРЕДА́НИЕ СУДУ́, стадия уголов. процесса, в к-рой проверяется достаточность фактич. данных и юрид. оснований для рассмотрения дела в суд. заседании. В Рос. Федерации осуществляется единолично судьёй или в *распорядительном заседании суда*.

ПРЕДВАРИ́ТЕЛЬНОЕ ЗАКЛЮЧЕ́НИЕ, содержание под стражей (арест) в качестве *меры пресечения*. Срок содержания под стражей установлен законом (засчитывается судом в срок отбывания наказания).

ПРЕДВАРИ́ТЕЛЬНОЕ СЛЕ́ДСТВИЕ, стадия уголов. процесса, в ходе к-рой осуществляется собирание и проверка следователем доказательств по всем обстоятельствам, имеющим значение для правильного разрешения дела. Предусмотрено для большинства уголов. дел.

ПРЕДЕ́Л, постоянное число, к к-рому неограниченно приближается переменная величина при нек-ром процессе её изменения. Простейшим является понятие П. числовой последовательности $a_1, a_2, ..., a_n, ...$ – число a, обладающее тем свойством, что все члены a_n с достаточно большим номером n разнятся от a как угодно мало (запись: $\lim_{n\to\infty} a_n = a$).

Напр., П. последовательности
$$\frac{1}{2}, \frac{1}{3}, \frac{1}{4}, \frac{1}{5}, ..., \frac{1}{n} ...$$
равен нулю $\left(\lim_{n\to\infty} \frac{1}{n} = 0\right)$.

ПРЕДЕ́ЛЬНО ДОПУСТИ́МАЯ ДО́ЗА (ПДД), *доза излучения*; гигиенич. норматив, регламентирующий наибольшее допустимое значение индивид. эквивалентной дозы во всём теле человека или отд. органах, к-рое не вызовет неблагоприятных изменений в состоянии здоровья лиц, работающих с источниками ионизирующего излучения. ПДД служит мерой *радиационной безопасности*, нормы к-рой устанавливаются законодательно. Зависит от облучения всего тела, тех или иных групп т.н. критич. органов, составляет от 5 до 30 бэр в год.

ПРЕДЕ́ЛЬНО ДОПУСТИ́МАЯ КОНЦЕНТРА́ЦИЯ (ПДК), макс. кол-во вредного в-ва в окружающей среде (в единице объёма или массы), к-рое при ежедневном воздействии в течение неограниченного времени не вызывает к.-л. болезненных изменений в организме человека. Является гигиенич. критерием при оценке сан. состояния окружающей среды (атм. воздуха, водоёмов, почвы и т.д.). Устанавливается законодательно для каждого вредного в-ва.

ПРЕДЕ́ЛЬНОЙ ПОЛЕ́ЗНОСТИ ТЕО́РИЯ, направление политэкономии, возникшее в последней трети 19 в. Разрабатывали представители *австрийской школы*: У. Джевонс, Л. Вальрас, К. Менгер, Э. Бём-Баверк и др. Согласно П.п.т., ценность товаров определяется их «предельной полезностью» на базе субъективных оценок человеческих потребностей. Предельная полезность к.-л. блага обозначает ту пользу, к-рую приносит последняя единица этого блага; причём последнее благо должно удовлетворять самые маловажные нужды. При этом редкость товара объявляется фактором стоимости. Субъективная стоимость – это личная оценка товара потребителем и продавцом; объективная же ценность – это меновые пропорции, цены, к-рые формируются в ходе конкуренции на рынке. По мере постепенного насыщения потребностей субъекта полезность вещи падает. П.п.т. пытается дать ответ, как наилучшим образом распределить средства для удовлетворения потребностей при ограниченности ресурсов. Совр. экономисты используют П.п.т., усиливая внимание к изучению закономерностей потребит. спроса, анализу предложения, исследованию рынков и ценообразования на микроэкон. уровне.

ПРЕДЛО́Г, часть речи – *служебное слово*, употребляемое для выражения разл. отношений между зависимыми и гл. членами словосочетания. Предшествует зависимому слову (напр., «войти в дом»). Не является членом предложения.

ПРЕДОПРЕДЕЛЕ́НИЕ, в религ. воззрениях исходящая от воли Бога предопределённость поведения человека и отсюда – его «спасения» или «осуждения» в вечности. См. также *Фатализм*.

ПРЕДПРИНИМА́ТЕЛЬСТВО (предпринимательская деятельность), инициативная самостоят. деятельность граждан и их объединений, направленная на получение прибыли.

ПРЕДПРИЯ́ТИЕ, самостоят. хозяйств. субъект, созданный в установленном законом порядке. Является, как правило, юридич. лицом – товарищество, акционерным обществом и т.п.
ГК Рос. Федерации предусматривает образование унитарных П. (только гос. и муниципальных) – коммерч. орг-ций, не наделённых правом собственности на имущество, закреплённое за ними его собственником. Имущество принадлежит такому П. на праве хозяйств. ведения или оперативного управления.

ПРЕДРАССУ́ДОК, букв.– мнение, предшествующее рассудку, усвоенное некритически, без размышления; иррациональные компоненты обществ. и индивид. сознания – суеверия, предубеждения; неблагоприятная социальная *установка* к к.-л. явлению. Не основанная на критически проверенном опыте, стереотипные и эмоционально окрашенные, П. весьма устойчивы. Особенно живучи нац. и расовые предубеждения.

ПРЕДСТАВИ́ТЕЛЬСТВО (в гражд. праве), 1) совершение *сделок* и иных юрид. действий одним лицом (представителем) от имени и в интересах др. лица, на основании полномочия, выраженного в *доверенности*, адм. акте или законодательстве либо явствующего из обстановки, в к-рой действует представитель. 2) П. юрид. лица – обособленное подразделение юрид. лица, расположенное вне места его нахождения и осуществляющее защиту и П. его интересов, совершающее от его имени сделки и иные правовые действия.

ПРЕДУСТАНО́ВЛЕННАЯ ГАРМО́НИЯ, филос. понятие. Ввёл Г.В. Лейбниц, у к-рого оно означает гармонич. взаимоотношение *монад*, изначально установленное Богом; благодаря П.г. существует мировой порядок, согласованное развитие всех вещей.

ПРЕЕ́МСТВЕННОСТЬ, связь между явлениями в процессе развития в природе, обществе, познании, когда новое, сменяя старое, сохраняет в себе его нек-рые элементы. В обществе означает передачу и усвоение социальных и культурных ценностей от поколения к поколению. Обозначает также всю совокупность действия традиций.

ПРЕЗЕНТА́ЦИЯ (от лат. praesentatio – представление), офиц. представление, открытие чего-либо созданного, организованного (напр., П. нового журнала).

ПРЕЗИДЕ́НТ (лат. praesidens), 1) в большинстве совр. гос-в выборный глава гос-ва. В Рос. Федерации П. избирается населением на всеобщих выборах. Как правило, П. обладает широкими полномочиями: ему принадлежит право *вето* в отношении законов, принятых парламентом, право принятия указов нормативного характера, право *помилования* и т.п. 2) В нек-рых науч. обществ. орг-циях, партиях, об-вах, союзах (в т.ч. и в междунар.) главa исполнит. органа.

ПРЕЗУ́МПЦИЯ НЕВИНО́ВНОСТИ (от лат. praesumptio – предположение), один из демокр. принципов судопроизводства, согласно к-рому обвиняемый считается невиновным до тех пор, пока его виновность не будет доказана в предусмотренном законом порядке и установлена вступившим в законную силу приговором суда.

ПРЕЙСКУРА́НТ (нем. Preiskurant), систематизир. сборник цен (тарифов) по группам и видам товаров и услуг.

ПРЕКРА́СНОЕ, центр. категория эстетики, характеризующая явления, обладающие высш. эстетич. ценностью. П. тесно связано с понятием эстетич. идеала.

ПРЕЛА́Т (от лат. praelatus, букв.– вынесенный вперёд), в католич. и нек-рых протестантских церквах звание, присваиваемое высокопоставленным духовным лицам.

ПРЕЛОМЛЕ́НИЕ ВОЛН, изменение направления распространения волн (звуковых, световых, радиоволн и др.) при переходе из одной среды в другую. П.в. возникает из-за различия скоростей распространения волн в этих средах и сопровождается частичным отражением волн от поверхности раздела сред. При постепенном изменении свойств среды происходит непрерывное П.в., приводящее к плавному искривлению пути их распространения,– т.н. рефракция, к-рую необходимо учитывать, напр., при астр. наблюдениях. П.в. при распространении коротких волн и ультракоротких волн в ионосфере и тропосфере играет важную роль в радиосвязи и др. (см. также *Преломление света*).

ПРЕЛОМЛЕ́НИЕ СВЕ́ТА, изменение направления распространения света при прохождении через границу раздела двух прозрачных сред. Угол падения φ и угол преломления χ связаны соотношением: $\sin\varphi/\sin\chi = n_2/n_1 = v_1/v_2$, где n_1 и n_2 – показатели преломления сред, v_1 и v_2 – скорости света в 1-й и 2-й средах. Закон установлен голл. учёным В. Снеллем в 1620. Явление П.с. лежит в основе принципа действия мн. оптич. приборов.

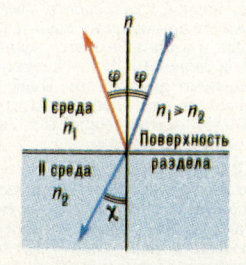

Преломление света. Ход лучей света при преломлении на плоской поверхности: φ – угол падения (и отражения); χ – угол преломления. χ > φ для сред с $n_1 > n_2$ (красная стрелка – отражённый луч).

ПРЕЛЮ́ДИЯ (прелюд) (ср.-век. лат. praeludium, от praeludo – играю вступление, делаю вступление) (муз.), небольшая инстр. пьеса – вступительная (к *фуге*, в сюите у И.С. Баха) либо самостоятельная (циклы Ф. Шопена, А.Н. Скрябина; прелюдии С.В. Рахманинова).

ПРЕ́МЧАНД (наст. имя Дханпатрай Шривастав) (1880–1936), инд. писатель. Писал на хинди и урду. Реалистич. ром. «Приют» (1918), «Обитель любви» (1922), «Арена» (1925), «Поле битвы» (1932), «Жертвенная корова» (1936), рассказы и публицистика отмечены антиколон. и антифеод. направленностью.

ПРЕМЬЕ́Р-МИНИ́СТР, в ряде гос-в глава правительства.

ПРЕНАТА́ЛЬНЫЙ (от лат. prae – перед и natalis – относящийся к рождению), предродовой. Обычно термин «П.» применяют к поздним стадиям эмбрионального развития млекопитающих. Распознавание до родов (П. диагностика) наследств. болезней в ряде случаев позволяет предупреждать развитие у детей тяжёлых осложнений.

ПРЕОБРАЖЕ́НИЕ, один из двунадесятых правосл. церк. праздников. Установлен в честь преображения Иисуса Христа, явившего ученикам незадолго до Голгофских страданий свою божеств. природу. Отмечается 6(19) августа.

ПРЕРАФАЭЛИ́ТЫ (от лат. prae – перед и *Рафаэль*), группа англ. художников и писателей 19 в., избравшая идеалом «наивное» иск-во ср. веков и Возрождения (до Рафаэля). Члены «Братства П.» (1848–53; Д.Г. Россетти, Х. Хант и др.) сочетали скрупулёзность передачи натуры с вычурной символикой. Поздние П. во главе с У. Моррисом стремились возродить ср.-век. ручное ремесло.

ПРЕ́РИИ (от франц. prairie – луг), луговые степи на чернозёмных почвах Сев. Америки (от Юж. Канады до Мексиканского нагорья). Преобладают виды бородача, пырея, бизоньей травы и др. злаки. Почти все П. распаханы под с.-х. культуры. Животный мир П. (вилорог, бизон, чернохвостый олень, луговая собачка) сохранился лишь в нац. парках.

ПРЕРОГАТИ́ВА (от лат. praerogativus – первым подающий голос), исключит. право, принадлежащее к.-л. гос. органу или должностному лицу (напр., П. Государственной думы, Федерального собрания принимать рос. законы).

ПРЕСВИ́ТЕР (греч. presbýteros, букв.– старейшина), в протестантизме избираемый из мирян руководитель общины, управляющий ею совм. с *пастором*.

ПРЕСВИТЕРИА́НСТВО (от *пресвитер*), разновидность *кальвинизма* в англоязычных странах.

ПРЕ́СЛИ (Presley) Элвис (1935–1977), амер. эстрадный певец, киноактёр. Выступая с 50-х гг., выдвинулся как лидер и один из первых представителей *рок-н-ролла*. Чувственный, эмоционально раскованный исполнит. стиль, экстравагантность поведения и одежды сделали П. кумиром молодёжи. Повлиял на последующие поколения музыкантов. С 1956 снимался в кино (ок. 30 фильмов).

ПРЕСМЫКА́ЮЩИЕСЯ (рептилии), класс позвоночных ж-ных. Древнейшие П. появились в ср. *карбоне*; достигнув расцвета и разнообразия (динозавры, ихтиозавры и др.), мн. группы к концу *мезозоя* вымерли; дали начало птицам и млекопитающим. Совр. П. св. 8000 видов, гл. обр. в жарких и тёплых поясах. Темп-ра тела у П. непостоянная, кожа обычно покрыта роговыми чешуями или щитками (защита от высыхания). Большинство П.– наземные, нек-рые водные. Преим. хищники. Мясо и яйца нек-рых П. употребляют в пищу. Кожа змей, ящериц и крокодилов идёт на разл. изделия. Численность мн. видов (особенно черепах, змей и крокодилов) сокращается. Изучает П. герпетология.

ПРЕСС, рос. спортсменки (лёгкая атлетика), сёстры. Там. Нат. (р. 1937), чемпионка СССР (1958–66) и Европы (1958, 1962) в толкании ядра и диска, Олимп. игр (1960, ядро; 1964, ядро и диск). Ир. Нат. (р. 1939), чемпионка СССР (1959–66) в барьерном беге и пятиборье, Олимп. игр (1960, в барьерном беге; 1964, в пятиборье).

ПРЕСС (франц. presse, от лат. presso – давлю, жму), машина статич. действия для обработки материалов давлением (прессованием). В металлообработке используют для ковки, штамповки, прессования, сборочных операций и т.д. Различают П. гидравлич., механич., гидромеханические. Крупные прессы для объёмной штамповки развивают усилие до 750 МН, для листовой – 1500 МН.

ПРЕССОВА́НИЕ, 1) способ обработки материалов давлением для их уплотнения, сопровождающегося изменением формы и объёма. 2) Способ обработки металлов давлением, заключающийся в выдавливании (экструдировании) металла через отверстие матрицы, форма и размеры к-рого определяют сечение прессуемого изделия. Выдавливание осуществляется жёстким инстр-том (напр., пуансоном) или с помощью жидкости высокого давления (гидроэкструзия). Заготовка и инстр-т иногда подогреваются.

ПРЕСТИ́Ж (франц. prestige, первонач.– обаяние, очарование), значимость, привлекательность, приписываемая в обществ. сознании разл. сторонам деятельности людей: социальному положению, профессии, действиям людей, их психол. качествам (инициативность, интеллектуализм), физич. достоинствам (красота), разл. благам, а также социальным группам, ин-там, орг-циям. Тесно переплетается с авторитетом, уважением, влиянием.

ПРЕ́СТО (итал. presto – быстро) (муз.), обозначение очень быстрого *темпа*.

ПРЕСТО́Л, 1) гл. принадлежность правосл. храма, четырёхугольный стол с мощами, закрытый покрывалом, стоящий посредине алтаря. На П. помещают *антиминс*, престольное Евангелие, один или неск. напрестольных крестов, дарохранительницу. На П. совершается евхаристия, возле П. стоит священник во время богослужения. В одном храме неск. П. в отд. *приделах*, освящённых в честь разных святых, но весь храм обычно наз. по главному, центральному П. 2) Трон монарха, символ его власти, напр.: вступить, взойти на П.– стать царствовать; свергнуть с П.– лишить монарха власти.

ПРЕСТО́ЛЬНЫЕ ПРА́ЗДНИКИ, правосл. церк. праздники, связанные с особым почитанием небесных покровителей местных престолов в храмах и их приделах, напр.: П.п. *Успения Богородицы* в приходах одноим. храмов, *Перенесения мощей Николая Чудотворца* в приходе Никольского собора. Торжественно отмечаются верующими. К П.п. часто приурочивались ярмарки.

ПРЕСТУПЛЕ́НИЕ, совершённое с умыслом или по неосторожности общественно опасное деяние (действие или бездействие), запрещённое уголов. законом под страхом наказания. Предусмотренный законом комплекс осн. признаков конкретного П. образует состав П. Подразделяются на П., не представляющие большой обществ. опасности (напр., оскорбление), менее тяжкие (халатность), тяжкие (вымогательство) и особо тяжкие (умышленное убийство при отягчающих обстоятельствах).

ПРЕТЕНДЕ́НТ (от позднелат. praetendens – заявляющий притязания, род. п. praetendentis), лицо, добивающееся получения к.-л. должности, звания, первенства в соревновании и т.д.

ПРЕТЕНЗИО́ННЫЙ ПОРЯ́ДОК, одна из форм урегулирования споров между кредитором и должником. При П.п. до передачи спора в суд, арбитражный суд кредитор обязан предъявить должнику обоснованную претензию и лишь в случае отказа от её удовлетворения либо неполучения ответа на неё в установленный срок вправе предъявить *иск*.

ПРЕТЕ́НЗИЯ (от ср.-век. лат. praetensio – притязание, требование), по определ. видам договоров (напр., *по поставке*) требование кредитора к должнику об уплате долга, возмещении убытков, уплате штрафа, устранении недостатков поставленной продукции, проданной вещи или выполненной работы. Без предъявления П. (т.е. без соблюдения П. претензионного порядка) суд не принимает споры к рассмотрению.

ПРЕТЕНЦИО́ЗНЫЙ (от франц. prétentieux – притязательный, требовательный), претендующий на значительность, оригинальность; вычурный, манерный.

ПРЕТОРИА́НЦЫ (лат. praetoriani), в Риме первонач. охрана полководцев, затем имп. гвардия; участвовали в дворцовых переворотах. Перен.– наёмные войска, служащие опорой власти, основанной на грубой силе.

ПРЕТО́РИУС (Pretorius) Андриес (1798–1853), в 1830–50-х гг. руководитель колонизации бурами земель к С. от р. Вааль в Юж. Африке. По Сандриверской конвенции 1852 добился от Великобритании признания независимости Трансвааля.

ПРЕТО́РИЯ, столица (с 1961) Южно-Афр. Республики, на р. Апис, на выс. 1738 м. Св. 1 млн. ж. Междунар. аэропорт. Чёрная металлургия, маш.-строит., текст., хим., цем., пищ. пром-сть. Ун-ты. Т-р. Осн. бурами в 1855. Назв. по имени А. Преториуса.

ПРЕФЕКТУ́РА (лат. praefectura), 1) адм. единица в Рим. империи. 2) Осн. адм.-терр. единица в Японии. 3) В Рос. Федерации в 1991 П. как исполнит. органы на местах введены в Москве, С.-Петербурге и ряде др. городов.

ПРЕФЕРЕ́НЦИИ (от ср.-век. лат. praeferentia – предпочтение), преимущества, льготы, напр. льготные таможенные пошлины, устанавливаемые гос-вом для всех или нек-рых товаров отд. стран, обычно на взаимной основе.

ПРЕЦЕДЕ́НТ (от лат. praecedens, род. п. praecedentis – предшествующий), 1) случай, имевший место ранее и служащий примером или оправданием для последующих случаев подобного рода. 2) П. судебный – решение, вынесенное судом по конкретному делу, обоснование к-рого считается правилом, обязательным для др. судов при решении аналогичных дел. Лежит в основе системы права в Великобритании, а также во мн. штатах США и в нек-рых др. странах (т.н. прецедентное право).

ПРЕЦЕ́ССИЯ (от позднелат. praecessio – движение впереди), движение оси вращения тв. тела (обычно *гироскопа*), при к-ром она периодически описывает круговую конич. поверхность и может сопровождаться *нутацией*. П. гироскопа возникает под действием пост. силы (напр., силы тяжести). В частности, П. с периодом ок. 26 тыс. лет испытывает Земля. П. устойчива лишь при достаточно больших значениях угловой скорости вращения тв. тела, поэтому действие сил трения, тормозящее это вращение, приводит к прекращению П. и падению тв. тела.

ПРЕШЕ́РН (Prešeren, Prešern) Франце (1800–49), словен. поэт, представитель романтизма. Заложил основы словен. лит. языка; ввёл но-

Прето́рия. Здание бывшего парламента.

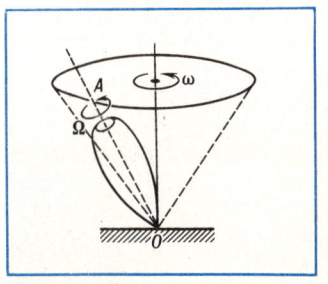

Прецессия. Прецессионное движение волчка (гироскопа) по круговому конусу: OA – ось собственного вращения волчка с частотой Ω, ω – угловая скорость прецессии.

вые для словен. поэзии жанры и лит. формы (элегии, баллады, сонеты, газели и др.). Отличающийся филигранным мастерством цикл «Венок сонетов» (1834), лироэпич. поэма «Крещение при Савице» (1836), сб. «Поэзия» (1847).

ПРЕЮДИЦИА́ЛЬНОСТЬ (от лат. praejudicialis – относящийся к предыдущему судебному решению), обязательность для всех судов, рассматривающих дело, принять без проверки и доказательств факты, ранее установленные вступившим в законную силу суд. решением или приговором по к.-л. др. делу.

ПРЖЕВА́ЛЬСКИЙ Ник. Мих. (1839–88), рос. географ, натуралист, путешественник. Руководитель эксп. в Уссурийский кр. (1867–69) и 4 эксп. в Центр. Азию (1870–85). Впервые описал природу этого региона, открыл неск. хребтов, котловин и озёр в Куньлуне, Наньшане и на Тибетском нагорье, верно установил его

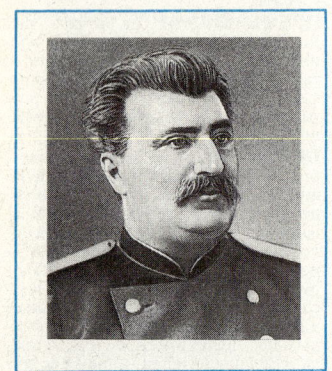

Н.М. Пржевальский.

сев. пределы. П. в корне изменил представления о рельефе и гидрографич. сети Центр. Азии, положил начало изучению её климата, внёс огромный вклад в иссл. её флоры и фауны; указал на существование самой сев. азиат. вершины 7-тысячника, позже назв. *Победы пиком*; впервые описал дикого верблюда, дикую лошадь (лошадь П.), медведя-пищухоеда и др.

ПРИА́М, в греч. мифологии последний царь Трои, муж Гекубы, отец Гек-

Приам. Фрагмент росписи краснофигурной амфоры Евфимида. Ок. 510 до н.э. Музей античного прикладного искусства. Мюнхен.

тора, Париса, Кассандры и др. многочисл. детей, убитых или пленённых при осаде Трои греками. Погиб у алтаря Зевса от меча Неоптолема в ночь взятия Трои.

ПРИ́БЫЛЬ, финанс. результат хоз. деятельности пр-тий, фирм, компаний и др., чистый доход (за вычетом материальных затрат и затрат на оплату труда) от реализации продукции, услуг. Характеризует масштабы и эффективность хоз. деятельности.

ПРИВАТИЗАЦИО́ННЫЙ ЧЕК, в РФ гос. *ценная бумага* целевого назначения, в процессе приватизации использовалась в 1992–94 для бесплатной передачи всем гражданам предприятий, имущества, *акций* и долей в *акционерных обществах* и товариществах, находящихся в федеральной собственности, собственности республик, краёв, областей, округов, Москвы и С.-Петербурга.

ПРИВАТИЗА́ЦИЯ (от лат. privatus – частный), передача гос. и муниципального имущества (зем. участков, пром. пр-тий, банков и др. финанс. учреждений, средств транспорта, связи, массовой информации, зданий, акций, культурных ценностей и т.п.) за плату или безвозмездно в собственность отд. лиц или коллективов. По своему содержанию П. близка к более широкому процессу разгосударствления, к-рый включает передачу гос. имущества в собственность органов местного самоуправления (т.е. муниципализацию имущества). Термин «разгосударствление» часто применяется для обозначения крупномасштабной П.

ПРИВА́ТНЫЙ (от лат. privatus – частный), частный, неофициальный.

ПРИВИЛЕ́ГИЯ (лат. privilegium, от privus – особый и lex – закон), исключит. право, преимущество, предоставленное кому-либо.

ПРИВО́Д (юрид.), принудит. препровождение органами милиции обвиняемого, подсудимого, подозреваемого, свидетеля и нек-рых др. лиц в суд, к следователю в случае их неявки по вызову без уважит. причины.

ПРИВО́Д, устройство для приведения в действие машин и механизмов. Состоит из источника энергии, передачи, аппаратуры управления. Различают П. ручной (от мускульной силы через механич. передачу), электрич., пневматич., гидравлический. Используется П. индивидуальный, многодвигательный и групповой (для неск. машин от одного двигателя).

ПРИВЫ́ЧКА, сложившийся способ поведения, осуществление к-рого в опредл. ситуации приобретает для индивида характер потребности. П. могут складываться стихийно, быть продуктом направленного воспитания, перерастать в устойчивые черты характера, приобретать черты автоматизма и т.п.

ПРИГОВО́Р, в уголов. процессе решение суда о виновности или невиновности подсудимого. Постановляется судом в совещат. комнате с соблюдением тайны совещания судей. П. суда может быть оправдательным или обвинительным. В случае виновности подсудимого выносится обвинит. приговор, определяющий меру наказания в соответствии с действующим уголов. законом (УК). П. провозглашается в зале суд. заседания. Может быть обжалован или опротестован в установленном законом порядке. О вынесении неправосудного П. см. в ст. *Несудебные органы*.

Придворные чины: фрейлина (нач. 20 в.) и камергер (2-я пол. 19 в.).

ПРИГО́ЖИН (Prigogine) Илья (Илья Романович) (р. 1917), белы. физик и физикохимик, один из создателей неравновесной термодинамики. Род. в Москве, вместе с родителями эмигрировал из России в 1920. В 1947 доказал, что в стационарном состоянии при неизменных внеш. условиях произ-во энтропии в термодинамич. системе минимально (теорема П.). П. принадлежат первые работы по статистич. термодинамике необратимых процессов и её применению в химии и биологии. Ноб. пр. (1977).

ПРИДВО́РНЫЕ ЧИНЫ́, в России в 18 – нач. 20 вв. личные звания, предусмотренные *табелью о рангах* для лиц, занимавших высокие должности при имп. дворе или дворах членов имп. фамилии (обер-камергер, обер-гофмаршал, обер-шталмейстер, обер-егермейстер, обер-церемониймейстер, обер-шенк, камергер и др.). Существовали также придворные почётные звания для дам и девиц (камер-фрейлина, фрейлина и др.).

ПРИДЕ́Л, в православ. храме небольшая бесстолпная пристройка с юж. или сев. стороны фасада либо специально выделенная часть осн. здания, имеющая дополнит. алтарь для отд. богослужений.

ПРИЁМНАЯ ТЕЛЕВИЗИО́ННАЯ ТРУ́БКА, то же, что *кинескоп*.

ПРИЖИГА́НИЕ, 1) каутеризация – способ лечения бородавок, мозолей, нек-рых опухолей (напр., полипов) и др. болезненных очагов при помощи П. раскалённым металлом (спец. аппараты с накаливанием наконечников пламенем или электрич. током – т.н. электрокоагуляция) или хим. в-вами (кислоты, щёлочи, минер. соли). 2) Игнипунктура – метод кит. нар. медицины: П. кожи в опредл. точках тлеющими палочками (сигаретами) из сухой полыни и др. (*рефлексотерапия*).

ПРИ́ЗМА (от греч. prisma – отпиленное), многогранник, две грани

к-рого (основания П.) – равные многоугольники, расположенные в параллельных плоскостях, остальные грани (боковые грани П.) – параллелограммы. П. наз. прямой, если её боковые грани перпендикулярны основаниям. Объём П. равен произведению площади основания на высоту (расстояние между основаниями).

ПРИ́ЗМА ОПТИ́ЧЕСКАЯ, призма из прозрачного в-ва (стекла, кварца, флюорита и т.п.). Различают П.о. дисперсионные (спектральные) для разложения света в спектр, отражательные для изменения направления света, поляризационные для получения поляризованного света.

ПРИКА́ЗЫ в России, 1) органы центр. управления 16 – нач. 18 вв. Важнейшие П.: Посольский (1549–1720), руководил внеш. политикой; Разрядный (16 в.–1720), ведал воен. делами; Поместный (сер. 16 в.–1720), ведал землевладением и землепользованием, и др. 2) Местные органы дворцового управления в 16–17 вв. 3) Название стрелецких полков в 16–17 вв.

ПРИКЛАДНА́Я ЛИНГВИ́СТИКА, направление в яз-знании, занимающееся разработкой методов решения практич. задач, связанных с использованием языка (преподавание, перевод, создание и совершенствование письменностей, транскрипции, транслитерации, систем стенографии, письма для слепых и т.п.).

ПРИКЛАДНО́Е ИСКУ́ССТВО, см. *Декоративное искусство*.

ПРИКЛЮЧЕ́НЧЕСКАЯ ЛИТЕРАТУ́РА, худ. проза, где осн. задачу повествования составляет занимат. сообщение о реальных или вымышленных происшествиях. Для неё характерны стремительность развития действия, переменчивость и острота фабульных (сюжетных) ситуаций, накал переживаний, мотивы похищения и преследования, тайны и загадки (романы А. Дюма-отца; «Остров сокровищ» Р. Стивенсона). Переплетается с детективной лит-рой, науч. фантастикой и путешествиям (как лит. жанром).

ПРИЛАГА́ТЕЛЬНОЕ, часть речи, обозначающая признак (качество, свойство) предмета, используемая как определение при существительном (синий шар), а также как сказуемое или его именная часть (англ. he is angry – он голоден); имеет особый набор словоизменит. грамматич. категорий (напр., в рус. яз.– род, число, падеж, степени сравнения).

ПРИЛИ́ВЫ, периодич. колебания уровня моря (мор. П.), обусловленные силами притяжения Луны и Солнца в соединении с центробежными силами, развивающимися при вращении систем Земля – Луна и Земля – Солнце. Под действием этих же сил происходит деформация тв. тела Земли (земные П.) и колебания атм. давления (атм. П.). Большая из этих сил – лунная – определяет осн. черты мор. П.; обычно прилив и отлив бывают 2 раза в сутки. Величина П. в от-

Призмы: а, б – шестигранные, в, г – четырёхгранные.

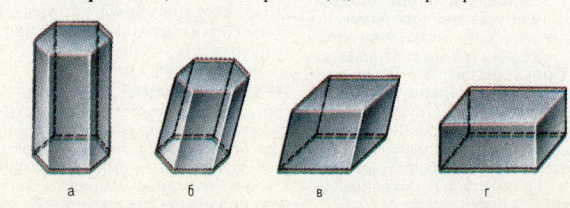

а   б   в   г

крытом океане ок. 1 м, у берегов до 18 м (зал. Фанди в Атлантич. ок.). В результате земных П. происходят вертикальные смещения земной поверхности до 50 см, изменения силы тяжести до $0,25 \cdot 10^{-5}$ м/с^2 (0,25 мгал) на экваторе и др. явления, изучение к-рых позволяет исследовать внутр. строение Земли и особенности строения земной коры. Атм. П. вызывают полусуточные изменения приземного атм. давления и играют большую роль в динамике верх. атмосферы.

ПРИ́МА (муз.), последоват. или одноврем. звучание двух одноимённых звуков (т.н. нулевой *интервал*).

ПРИ́МАС (от лат. primas – первенствующий), в католич. и англиканской церквах почётный титул главнейших епископов.

ПРИМА́Т (от лат. primatus – первое место, старшинство), первичность, главенство, преобладание.

ПРИМА́ТЫ, отряд млекопитающих. 2 подотряда: *полуобезьяны*, или низшие П., и *обезьяны*, или высшие П. Св. 200 видов – от лемуров до человека. Эволюц. линия, приведшая к появлению человека, отделилась от общего ствола П., по-видимому, 8–5 млн. лет назад; см. *Человек*). Возникли, вероятно, в Азии, откуда расселились по др. материкам. Совр. П. обитают в тропиках и субтропиках Азии, Африки, Америки, преим. в лесах. П. исходно древесные ж-ные. У большинства пятипалые стопоходящие и хватательные конечности, хорошо развиты слух и зрение, относительно большой мозг. Образ жизни преим. дневной. Чаще живут семейными группами или стадами с иерархич. системой доминирования-подчинения. Эмоц. состояние П. выражают богатым набором звуков и жестов. У полуобезьян размножение, по-видимому, сезонное, у обезьян – круглый год; у большинства П. рождается один детёныш, к-рый остаётся при матери неск. лет. В неволе живут от 2–12 (гл. обр. полуобезьяны) до 15–30, иногда до 50 (обезьяны) лет. Численность многих П. (св. 60 видов и подвидов) сокращается, гл. обр. из-за уничтожения местообитаний и бесконтрольного использования П. в исследоват. целях. Многие виды и подвиды охраняются.

ПРИМИРИ́ТЕЛЬНАЯ КОМИ́ССИЯ, в Рос. Федерации паритетный орган по рассмотрению коллективных трудовых споров (*трудовых конфликтов*). Создаётся сторонами для рассмотрения конкретного конфликта. Если соглашение в п.к. не достигнуто или принятое решение не исполнено, стороны вправе обратиться в *трудовой арбитраж*.

ПРИМИТИ́В (от лат. primitivus – первый, самый ранний), 1) нечто простое, неразвившееся (по сравнению с позднейшим, более совершенным). 2) (Устар.) название памятника иск-ва раннего периода развития культуры.

ПРИМИТИВИ́ЗМ, в иск-ве кон. 19 – нач. 20 вв. следование нормам иск-ва «примитивов» (первобытное иск-во, нар. творчество, традиц. творчество культурно отсталых народов). Среди примитивистов (как правило, самоучек) – известные мастера (Н. Пиросманашвили в Грузии, А. Руссо во Франции, И. Генералич в Хорватии).

ПРИ́МУЛА, то же, что *первоцвет*.

ПРИ́НТЕР (англ. printer), 1) в вычислит. технике – устройство, автоматически печатающее результаты обработки информации на ЭВМ в буквенно-цифровой форме на рулонной бумаге или листах (со скоростью до неск. тыс. знаков в 1 с). 2) В системах видеозаписи (видеопринтер) – устройство, преобразующее видеосигналы (напр., телевизионные) в соотв. изображение на листе бумаги.

ПРИ́НЦИП (от лат. principium – начало, основа), 1) осн. исходное положение к.-л. теории, учения, науки, мировоззрения, полит. орг-ции. 2) Внутр. убеждение человека, определяющее его отношение к действительности, нормы поведения и деятельности. 3) Основа устройства или действия к.-л. прибора, машины и т.п.

ПРИ́НЦИП ЗАПРЕ́ТА, то же, что *Паули принцип*.

ПРИОБРЕТА́ТЕЛЬНАЯ ДА́ВНОСТЬ, см. в ст. *Давность*.

ПРИО́Р (от лат. prior – первый, старший), 1) настоятель небольшого католич. монастыря. 2) Должностное лицо в духовно-рыцарских орденах, ступенью ниже магистра.

ПРИОРИТЕ́Т (от лат. prior – первый, старший), 1) первенство по времени в осуществлении к.-л. деятельности. 2) П. – необходимое условие выдачи *патента* на изобретение; определяется датой подачи заявки в патентное ведомство или датой первой публикации. 3) Преобладающее значение к.-л. нормативного акта (напр., П. конституции как осн. закона гос-ва).

ПРИРО́ДА, 1) в широком смысле – всё сущее, весь мир в многообразии его форм; употребляется в одном ряду с понятиями: универсум, Вселенная. 2) Объект естествознания. 3) Среда обитания человека и существования человеческого общества, к-рая включает материальную «вторую П.» – созданные человеком материальные условия его существования. См. также *Охрана природы*.

ПРИРО́ДНЫЕ ЗО́НЫ, см. *Зоны физико-географические*.

ПРИРО́ДНЫЕ ПОЯСА́, см. *Пояса физико-географические*.

ПРИРО́ДНЫЕ РЕСУ́РСЫ, компоненты природы, используемые человеком. Гл. виды П.р. можно классифицировать: на основе их генезиса – минеральные, биол. (растит. и животный мир), земельные, климатич., вод. ресурсы; по способу использования – в материальном произ-ве (в пром-сти, с. х-ве), в непроизводств. сфере; по исчерпаемости – исчерпаемые, в т.ч. возобновляемые (биол., земельные, водные и др.) и невозобновимые (минеральные), практически неисчерпаемые (солнечная энергия, внутриземное тепло, энергия текучей воды). Огромные объёмы П.р., вовлекаемых в совр. человеческую деятельность, обострили проблемы их рационального использования и охраны, к-рые приобрели глобальный характер.

ПРИСА́ДКИ, вещества, добавляемые (обычно в кол-вах 0,05–0,1%) к топливам, минеральным и синтетич. маслам для улучшения их эксплуатац. свойств. К П. относятся, напр., антидетонаторы, антиокислители, ингибиторы коррозии.

ПРИСТА́ВКИН Анат. Игн. (р. 1931), рус. писатель. В пов. «Ночевала тучка золотая» (1987), «Кукушата» (1989), обе – о воспитанниках детдома), автобиогр. ром. «Рязанка (Человек из предместья)» (1991) – общенар. трагедии (Вел. Отеч. война, сталинские репрессии, депортации, преломлённые через судьбы осиротевших детей. Очерковая проза.

ПРИ́СТАНЬ, специально оборудованное у берега место стоянки судов, предназначенное для грузовых операций, посадки и высадки пассажиров. Плавучую П. наз. дебаркадером. В 1960 в Персидском зал. (Саудовская Аравия) построена самая длинная П. в мире – 10,93 км.

ПРИ́СТЛИ (Priestley) Джозеф (1733–1804), англ. химик, философ, сторонник *деизма*. В 1794 эмигрировал в США. В соч. «Исследования о материи и духе» (1777) утверждал, что природа материальна, дух – свойство материи. Независимо от К. Шееле открыл кислород (1774), получил хлористый водород и аммиак (1772–74). Показал, что зелёные р-ния «исправляют» воздух, испорченный дыханием. Отстаивал теорию флогистона.

ПРИ́СТЛИ Джон Бойнтон (1894–1984), англ. писатель. Ром. «Добрые товарищи» (1929), «Улица ангела» (1930) – о трудностях послевоен. времени, обусловленных острыми социальными противоречиями англ. общества. Антифаш. ром. «Затемнение в Гретли» (1942). Нравы совр. англ. бюрократии и состоят. обывателей – осн. тема ром. «Сэр Майкл и сэр Джордж» (1964), «Лондонский тупик» (1969), остросюжетных пьес «Опасный поворот» (1932), «Время и семья Конвей» (1937), «Визит инспектора» (1947) и рассказов (сб. «Кризис в доме Карфей», 1975). Автобиогр. кн. «За высокой стеной» (1982). Эссеист, литературовед.

ПРИТВО́Р, зап. часть христ. храма, отделённая от средней его части стеной. Во время богослужения в П. могут находиться не только кающиеся и готовящиеся к принятию крещения (оглашённые), но и лица, не принадлежащие к христ. церкви.

ПРИ́ТЧА, малый дидактико-аллегорич. лит. жанр, заключающий в себе моральное или религ. поучение (глубинную премудрость). В ряде своих модификаций близка басне. Универсальное явление в мировом фольклоре и лит-ре (напр., притчи Евангелий, в т.ч. о блудном сыне).

ПРИХО́Д, низшая церк.-адм. единица в христ-ве, имеющая церковь с *причтом* и общину верующих (прихожане).

ПРИ́ЧАРД (Prichard) Катарина Сусанна (1883–1969), австрал. писательница. Реалистич. романы из жизни трудящихся «Погонщик волов» (1926), «Кунарду» (1929); эпич. трилогия о рабочем движении «Девяностые годы» (1946), «Золотые мили» (1948), «Крылатые семена» (1950).

ПРИЧА́СТИЕ, глагольная форма, совмещающая свойства глагола и прилагательного и обозначающая признак имени (лица, предмета), связанный с действием (напр., бегущий мальчик, сломанный велосипед).

ПРИЧАЩЕ́НИЕ (евхаристия), в христ-ве одно из гл. *таинств*. Согласно христ. вероучению, причащающиеся приобщаются к Христу, вкушая во время литургии хлеб и вино, в к-рых мистически претворяются тело и кровь.

ПРИЧИ́ННОСТЬ, генетич. связь между отд. состояниями объектов и систем. Возникновение любых объектов и систем и изменение их свойств во времени имеют свои основания в их предшествующих состояниях; эти основания наз. причинами, вызываемые ими изменения – следствиями. Сущность П.– порождение причиной следствия. На основе П. организуется практич. деятельность человека, вырабатываются науч. прогнозы.

ПРИЧИТА́НИЯ (плач), жанр фольклора разных народов. Традиц. скорбные импровизации, связанные преим. с похоронами, свадебными, рекрутскими и др. обрядами или с голодом, пожаром и т.п.

ПРИЧТ, священно- и церковнослужители одного храма (прихода) в христ-ве. В П. входят: настоятель, священник (иногда 2–3 и более), дьякон, пономарь, псаломщик, чтец и др.

ПРИ́ШВИН Мих. Мих. (1873–1954), рус. писатель. Филос.-лирич. проза, связанная преим. с темами природы, истории, с нар. бытом и фольклором. Дневники, очерки, поэма в прозе «Фацелия» (1940), пов. «Женьшень» (1933), роман-сказка «Осударева дорога» (опубл. в 1957), автобиогр. ром. «Кащеева цепь» (опубл. в 1960, начат в 1923). В дневниках запечатлены жизнь России с 1910-х гг., социально-нравств. трагедия народа в эпоху тоталитаризма, раскрестьянивание в годы коллективизации.

М.М. Пришвин.

ПРО́БА БЛАГОРО́ДНЫХ МЕТА́ЛЛОВ, содержание благородного металла в сплаве, используемом в ювелирном деле и для чеканки монет. Выражается числом частей металла в 1000 частей (по массе) сплава, чистому металлу соответствует 1000-я П.б.м. Для ювелирных изделий из золота установлены пробы 375, 500, 583, 750, 958, из серебра – 750, 800, 875, 916, 925, 960, из платины – 950, из палладия – 500 и 850.

ПРОБОДЕ́НИЕ (перфорация), образование сквозного отверстия в стенке полого органа вследствие его заболевания (напр., П. желудка при язве) или травмы.

ПРОВИДЕНЦИАЛИ́ЗМ (от лат. providentia – провидение), теологич. истолкование ист. процесса как осуществления замысла Бога. Присущ *теизму*, характерен для ср.-век. историографии (Августин и др.).

ПРОВИ́ЗОР (от лат. provisor, букв.– предусмотрительный), аптечный работник с высш. фармацевтическим образованием.

ПРОВОДНА́Я СВЯЗЬ, система электросвязи, в к-рой передача информации производится по кабелю связи. Охватывает телеф., телегр., факсимильную связь. Линии П.с. используются также для передачи программ звукового и телевиз. вещания.

ПРОВОКА́ЦИЯ (от лат. provocatio – вызов), подстрекательство, побуждение лиц, групп, орг-ций и т.д. к действиям, к-рые могут повлечь за собой тяжёлые последствия.

ПРО́ВОЛОЧНИКИ, личинки жуков *щелкунов*.

ПРОГНОЗИ́РОВАНИЕ (от греч. prógnōsis – предвидение, предсказание), разработка прогноза; первоначально предсказание хода болезни, затем всякое предсказание, суждение о состоянии к.-л. явления в будущем (П. погоды, исхода выборов и т.п.); в узком значении – спец. науч. исследование перспектив развития к.-л. явления. Существуют П.: краткосрочное до 1–2 лет, среднесрочное на 5–10 лет, долгосрочное на 15–20 лет, сверхдолгосрочное на 50–100 лет. Выделяют 3 класса методов П.: *экстраполяция*, моделирование, опрос экспертов.

ПРОГРА́ММА (от греч. prógramma – объявление, распоряжение), 1) содержание и план деятельности, работ. 2) Изложение осн. положений и целей деятельности полит. партии, орг-ции, отд. деятеля. 3) Краткое изложение содержания уч. предмета. 4) Перечень номеров, исполнителей, действующих лиц театрального, концертного и др. представлений.

ПРОГРА́ММА ЭВМ, описание *алгоритма* решения задачи на *языке программирования* (на машинный язык конкретной ЭВМ переводится при помощи транслятора). Процесс составления П. ЭВМ наз. программированием.

ПРОГРАММИ́РОВАНИЕ, 1) процесс подготовки *программы ЭВМ* (разработка программы в соответствии с *алгоритмом* решения задачи, её написание на *языке программирования* и отладка). Осуществляется программистом или автоматически самой ЭВМ. 2) Раздел *информатики*, изучающий теорию П., методы и приёмы построения, отладки и развития программ ЭВМ.

ПРОГРАММИ́РОВАНИЕ ЭКОНОМИ́ЧЕСКОЕ (индикативное планирование), система гос. регулирования и стимулирования экономики на основе комплексных общехоз. программ. Возникло после 2-й мир. войны в экономически развитых странах. Носит рекомендат. характер, программа содержит общие ориентиры; воздействие гос-ва на экономику является косвенным (преим. через финанс. и кредитно-ден. политику).

ПРОГРА́ММНАЯ МУ́ЗЫКА, род инстр. музыки, а также муз. произв., к-рое композитор сопровождает словесной программой, конкретизирующей его содержание (от краткого заголовка до развёрнутого комментария). Расцвет европ. П.м. в эпоху *романтизма* обусловлен стремлением к единению музыки и поэзии (сочинения Г. Берлиоза, Ф. Листа и др.).

ПРОГРА́ММНОЕ ОБЕСПЕЧЕ́НИЕ (математическое обеспечение ЭВМ), совокупность программ системы обработки данных и программных док-тов, необходимых для реализации программ на ЭВМ. Различают П.о. общее, включающее *операционную систему ЭВМ*, систему программирования, программы техн. обслуживания, программы, предназначенные для планирования и организации вычислит. процесса, и П.о. специальное, состоящее из пакетов прикладных программ, а также отд. программ для решения конкретных задач.

ПРОГРА́ММНОЕ УПРАВЛЕ́НИЕ, управление работой устройств, машины, системы по заданной программе. Осуществляется системой *автоматического управления* на основе микропроцессора или ЭВМ, к-рая вырабатывает сигналы, воздействующие на исполнит. органы управляемого объекта для целенаправленного изменения его режима работы или состояния.

ПРОГРЕ́СС (от лат. progressus – движение вперёд), направление развития, для к-рого характерен переход от низшего к высшему, от менее совершенного к более совершенному. О П. можно говорить применительно к системе в целом, её отд. элементам, структуре развивающегося объекта. Понятие П. противоположно понятию *регресса*.

«ПРОГРЕ́СС», автоматич. трансп. космич. аппараты, созданные в СССР на базе космич. корабля «Союз» для доставки грузов на орбитальные станции «Салют» и «Мир» и спуска с орбиты баллистич. возвращаемых капсул с материалами исследований. Первый запуск в 1978.

ПРОГРЕССИ́ВНЫЙ ПАРАЛИ́Ч, сифилитич. поражение головного мозга, возникающее через 5–15 лет после заражения *сифилисом*. Характеризуется нарастающим распадом психики вплоть до слабоумия, расстройствами речи, движений и др.

ПРОДОВО́ЛЬСТВЕННАЯ И СЕЛЬСКОХОЗЯ́ЙСТВЕННАЯ ОРГАНИЗА́ЦИЯ ООН (ФАО), см. *Специализированные учреждения ООН*.

ПРОДОЛЖИ́ТЕЛЬНОСТЬ ЖИ́ЗНИ, длительность существования особи, обусловленная генетически и зависящая от мн. факторов. Среди р-ний самая большая П.ж. у сосны остистой и баобаба – 4–5 тыс. лет, у секвойядендрона, тиса, кипариса – до 3 тыс. лет, у дуба, каштана, грецкого ореха – св. 2 тыс. лет. Среди ж-ных наибольшая П.ж. у черепах (св. 150 лет), нек-рых рыб (осетровые – до 100 лет), слонов (до 70 лет), ряда птиц (какаду – до 100, филин – до 70, кондор – до 60 лет). У человека на П.ж. знач. влияние оказывают социальные условия (быт, труд, отдых, питание). Средняя П.ж. (статистич. показатель, характеризующий П.ж. населения в целом) различна в разных странах и на 1993 составляла (соотв. для мужчин и для женщин) лет, в Японии 75,9 и 81,8 года, в США 72,0 и 78,9, в России 63,5 и 74,3, в Боливии 51,0 и 55,0, в Сьерра-Леоне 41,4 и 44,6. Предельная П.ж. человека большинством учёных оценивается в 110–120 лет.

ПРОДО́ЛЬНАЯ ВОЛНА́, волна, у к-рой направление характеризующей её величины (напр., смещение колеблющихся частиц среды) параллельно направлению распространения. К П.в. относятся, в частности, плоские (однородные) звуковые волны в газах и жидкостях.

ПРОДРАЗВЁРСТКА (продовольственная развёрстка), система заготовок с.-х. продуктов в Сов. гос-ве в 1919–21. Заключалась в обязат. сдаче крестьянами гос-ву хлеба и др. продуктов (формально – излишков сверх установленных норм на личные и хоз. нужды и по твёрдым ценам, фактически – полностью и безвозмездно); элемент политики «военного коммунизма». Сопровождалась насилием над крестьянами, вооруж. эксцессами. Проводилась органами Наркомпрода, продотрядами совм. с комбедами, местными Советами. Вызвала недовольство и восстания крестьян. С введением *нэпа* заменена продналогом.

ПРОДУЦЕ́НТЫ (от лат. producens, род. п. producentis – производящий, создающий), автотрофные организмы, создающие с помощью фото- или хемосинтеза органич. в-ва из неорганических; являются первым звеном в *пищевой цепи*. П. наз. также организмы, служащие источником получения каких-либо в-в (напр., микроорганизмы – П. антибиотиков, р-ния – П. эфирных масел).

ПРОЕ́КТОР (от лат. projicio – бросаю вперёд) (проекционный аппарат), оптико-механич. прибор для проецирования на экран изображений с оригиналов: прозрачных (кино- и диапроектор), непрозрачных (эпипроектор) либо тех и других (эпидиапроектор).

ПРОЕ́КЦИЯ (от лат. projectio, букв. – выбрасывание вперёд), изображение, для построения к-рого выбирают произвольную точку S пространства в качестве центра П. и плоскость П', не проходящую через точку S в качестве плоскости П. (картинной плоскости). Прямая, проходящая через точку S, изображая точ-

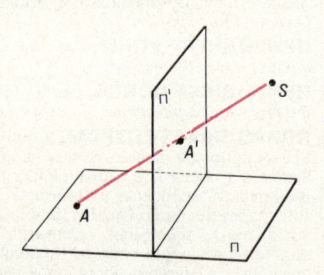

Продольная волна.

ку A плоскости П., высекает на плоскости П' образ A' точки A. Такую П. наз. центральной, в отличие от параллельной, когда точка S бесконечно удалена. Спец. виды П. используют в географии, астрономии, кристаллографии, топографии и т д.

ПРОЖЕ́КТОР (франц. projector, от лат. projictus – брошенный вперёд), световой прибор, в к-ром световой поток лампы концентрируется с помощью оптич. системы (зеркальной или зеркально-линзовой) в ограниченном пространстве, угле. Различают П.: дальнего действия; заливающего света (для освещения карьеров, стадионов, сцен и т.п.); сигнальные.

Проекция: S – центр проекции; П' – картинная плоскость; A' – образ точки A, лежащий в плоскости П.

ПРО́ЗА (лат. prosa), устная или письменная речь без деления на соизмеримые отрезки – *стихи*. В отличие от *поэзии* опирается на соотнесённость синтаксич. единиц (абзацев, периодов, предложений, колонов). Первонач. развились деловая, публицистич., религ.-проповеднич., науч., мемуарно-исповеднич. формы. Худ. П. (рассказ, повесть, новелла, роман) преим. эпична (см. *Эпос* в 1-м значении), в отличие от лирической и эмоц. поэзии «интеллектуальна» (но возможны лирич. проза и филос. лирика); возникла в антич. лит-ре.

ПРОЗЕ́КТОР (позднелат. prosector, букв. – тот, кто рассекает), врач, заведующий патолого-анатомич. отделением (прозектурой), производящий вскрытия трупов.

ПРОЗЕЛИ́Т (греч. prosélytos), 1) человек, принявший новое вероисповедание. 2) Новый горячий приверженец чего-нибудь.

ПРОИЗВО́ДНАЯ, одно из осн. понятий *дифференциального исчисления*.

ПРОИЗВО́ДСТВЕННЫЕ ОТНОШЕ́НИЯ, в широком смысле – отношения, складывающиеся между людьми в процессе обществ. произ-ва, обусловленные их функциями (собственники, предприниматели, управляющие, наёмные работники, служащие, крестьяне и др.). В марксизме П.о. рассматриваются как отношения, выражающие отношения собственности и определяемые уровнем развития производит. сил, как основание (базис) политики, идеологии, религии, морали и др.

ПРОКА́ЗА, то же, что лепра.

ПРОКАРИО́ТЫ, организмы, не обладающие в отличие от *эукариот* оформленным клеточным ядром. К П. относятся бактерии, в т.ч. цианобактерии (синезелёные водоросли). В системе органич. мира П. составляют надцарство.

ПРОКА́ТКА, способ обработки металла давлением – обжатие заготовки между вращающимися валками прокатных станов с целью получения полуфабрикатов, готовых изделий или улучшения их качества. По технол. схеме различают П. продольную, поперечную, поперечно-винтовую и др. По виду получаемых изделий различают листо-, сорто- (в т.ч. произ-во прокатных профилей), трубопрокатное и др. прокатное произ-ва. Прокатные станы появились в 15 в., имели ручной привод и использовались для П. мягких металлов (свинец и др.). В 1990-х гг. П. получают более 500 млн. т продукции в год.

ПРОКЛ (412–485), др.-греч. философ. Осуществил универсальную диалектич. разработку всей системы *неоплатонизма* на основе триадич. метода; ступени *триады*: пребывание в себе, выступление из себя (*эманация*), возвращение из инобытия обратно в себя. Осн. соч. – «Начала теологии».

ПРОКО́ПИЙ Кесарийский (ок. 500 – после 565), визант. писатель-историк. Советник Велисария, сопровождавший его в походах. Написал «Историю войн Юстиниана», льстивый трактат «О постройках Юстиниана», «Тайную историю», полную резких нападок на императорскую чету.

ПРОКО́ФЬЕВ Сер. Сер. (1891–1953), рос. композитор, пианист, дирижёр. В 1918–33 жил за рубежом.

С.С. Прокофьев.

В дерзко-новаторских фп. соч. 1908–1914 («Отчаяние», «Наваждение», токката, 1-й концерт с орк., «Сарказмы») сказалась антиромантич. эстетика раннего рус. авангарда. В более поздних соч.— проникновенный лиризм. мелос, строгая классичность структур при новизне *гармонии*. Оп. «Игрок» (1916), «Любовь к трём апельсинам» (1919), «Огненный ангел» (1927), «Семён Котко» (1939), «Обручение в монастыре» (1940), «Война и мир» (сем. 1943, 2-я ред.– 1952); бал. «Ромео и Джульетта» (1936), «Золушка» (1944), «Сказ о каменном цветке» (1950); кантата «Александр Невский» (1939); 7 симфоний (1917–52), симф. сказка «Петя и волк» (1936), инстр. концерты, 9 фп. сонат, вок. циклы, музыка к фильмам и др.

ПРОКРУ́СТОВО ЛО́ЖЕ, в греч. мифологии ложе, на к-рое великан-разбойник Прокруст насильно укладывал путников: у высоких обрубал не помещавшиеся части тела, у маленьких растягивал тела (отсюда имя Прокруст – «растягивающий»). Перен.– искусств. мерка, не соответствующая сущности явления.

ПРОКУРАТУ́РА, система органов гос-ва, специально предназначенная для публ. преследования по уголов. делам. В компетенцию органов П. входит возбуждение уголов. дел, поддержание обвинения в суде от имени гос-ва. Кроме того, П. осуществляет надзор за суд. деятельностью, исполнением приговоров суда, соблюдением законов в местах отбывания наказания.

ПРО́ЛЕЖЕНЬ, омертвение (некроз) кожи и др. мягких тканей в связи с нарушением их питания, напр. при недостаточном уходе за тяжелобольными, лежащими в одном положении.

ПРОЛЕ́СКА (сцилла), род многолетних трав (сем. лилейные). Ок. 60 видов (преим. в Средиземноморье, в т.ч. 16 видов в лесах и на субальп. лугах Кавказа, в Европ. части России, на Д. Востоке. Небольшие луковичные р-ния с голубыми, фиолетовыми или белыми цветками, собранными в кисть. Мн. виды П. декоративны и введены в культуру.

ПРОЛИ́В, относительно узкое вод. пространство, разделяющее к.-л. участки суши и соединяющее смежные вод. бассейны или их части. Наиб. длина П. 1760 км (Мозамбикский), наиб. ширина — 1120 км (Дрейка).

ПРОЛИ́ВЫ МЕЖДУНАРО́ДНЫЕ, в междунар. праве проливы, открытые для прохода судов всех гос-в на условиях равенства. Режим такого прохода не затрагивает ни статуса вод, образующих П.м., ни суверенитета (юрисдикции) прибрежных гос-в. Среди П.м.– Гибралтарский, Магелланов, Сингапурский.

ПРОЛО́Г (от греч. prólogos – вступление), вступит. часть лит. и театрального, в т.ч. муз.-сценич., произведения. В П. сообщается о событиях, предваряющих и мотивирующих осн. действие, или разъясняется худ. замысел, эстетич. кредо автора.

ПРОЛОНГА́ЦИЯ (позднелат. prolongatio, от prolongo – удлиняю), продление договора сверх предусмотренного при его заключении срока; продление срока погашения ссуд.

ПРОМЕТЕ́Й, в греч. мифологии титан, похитивший у богов с Олимпа огонь и передавший его людям. По приказу Зевса был прикован к скале и обречён на муки: прилетавший каждый день орёл расклёвывал его печень, отраставшую снова за ночь. Геракл освободил П., убив орла.

Прометей. Картина Пьеро ди Козимо. «Легенда о Прометее». Ок. 1500. Музей. Страсбур.

П.– один из *вечных образов*, символ мученика и страдальца, пожертвовавшего собой ради человеческого рода; наряду с героической (Эсхил, Гесиод) в античности бытовала трактовка П. как хитрого обманщика богов, не рассчитавшего возможных последствий своих благих намерений для человека (Гораций). Миф о П. получил широкое отражение в лит-ре (Вольтер, И.В. Гёте, Дж. Байрон, П.Б. Шелли, Л. Мештерхази), изобр. иск-ве, музыке (Л. Бетховен, А.Н. Скрябин).

ПРОМЕ́ТИЙ (Prometium), Pm, радиоактивный хим. элемент III гр. периодич. системы, ат. н. 61, ат. м. 144,0; относится к *редкоземельным элементам*; металл. Получен амер. учёными Дж. Маринским, Л. Гленденином, Ч. Кориелом в 1945.

ПРОМУЛЬГА́ЦИЯ (от лат. promulgatio – объявление, обнародование), офиц. провозглашение (обнародование) закона, принятого парламентом. Как правило, право П. принадлежит главе гос-ва.

ПРОМЫ́ШЛЕННАЯ СО́БСТВЕННОСТЬ (в праве), понятие, используемое для обозначения исключит. права на нематериальные ценности: *изобретение, товарный знак,* пром. образец и т.п. Регламентируется нац. законодательством, междунар. договорами и конвенциями (напр., Парижская конвенция об охране П.с. 1883). См. также *Патент*.

ПРОМЫ́ШЛЕННОЕ О́БЩЕСТВО, см. *Индустриальное общество*.

ПРОМЫ́ШЛЕННОСТЬ (индустрия), важнейшая отрасль материального произ-ва, к к-рой относится пром.-производств. деятельность пр-тий. Различают: П. добывающую и обрабатывающую; П. тяжёлую, лёгкую, пищевую и др., в свою очередь расчленяющиеся на отрасли и отд. виды произ-ва (напр., лёгкая П. подразделяется на текст., швейную, кож., меховую, обувную и др.).

ПРОМЫ́ШЛЕННЫЙ ПЕРЕВОРО́Т, переход от *мануфактуры* к *машинному производству*. В 60-х гг. 18 в. – 10–20-х гг. 19 в. первый П.п. произошёл в Великобритании. Затем до кон. 19 в. в разное время – в США, Франции, Германии, Италии, Японии. В России начало П.п. относится к 1-й пол. 19 в., завершение – к кон. 70-х – нач. 80-х гг. 19 в.

ПРОМЫ́ШЛЕННЫЙ РО́БОТ, устройство с программным управлением, в производств. процессах выполняет действия, подобные действиям человека, напр. закрепляет предметы труда, сменяет инстр-нт и оснастку, перемещает грузы. Рабочий орган П.р. – *манипулятор* – имеет 2–8 степеней подвижности. Появились в кон. 40-х гг. 20 в. Не имеет даже отдалённого сходства с человеком.

ПРОПА́Н, C_3H_8, бесцв. горючий газ, $t_{кип}$ –42,1 °С. Содержится в природных и нефт. газах, образуется при крекинге нефтепродуктов. В смеси с бутаном используется как бытовое и моторное топливо.

ПРОПЕЛЛЕ́НТЫ (от лат. propellens, род. п. propellentis – выгоняющий, толкающий), инертные хим. в-ва, с помощью к-рых в аэрозольных баллонах создаётся избыточное давление, обеспечивающее вытеснение из упаковки активного состава и его диспергирование в атмосфере. П. служат обычно смеси двух и более сжиженных компонентов (напр., хладоны, диметиловый эфир), а также нек-рые газы (N_2, CO_2 и др.).

ПРОПИЛЕ́И (от греч. propýlaion – преддверие, вход), парадный проход, проезд, образованный симметричными портиками и колоннадами, расположенными по оси движения. Наиб. известны П. в Афинах (437–432 до н.э., арх. Мнесикл) – парадный вход на *Акрополь*.

ПРО́ПОВЕДЬ, 1) дидактич. произв. ораторского типа, содержащее требования этич., преим. религ. характера. Вызвана в жизни духовными движениями 9–5 вв. до н.э. в Европе и Азии. Один из гл. жанров средневековья (в др.-рус. лит-ре – проповедь Кирилла Туровского). 2) Религ. поучение, произносимое священнослужителем в конце *литургии*.

ПРОПО́ЛИС (греч. propolis), клейкое смолистое в-во, вырабатываемое медоносными пчёлами для обмазывания стенок улья и заделки щелей. Обладает антибактериальным и анестезирующим действием. Применяется в медицине и ветеринарии.

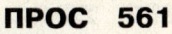

ПРОПОРЦИОНА́ЛЬНАЯ СИСТЕ́МА ПРЕДСТАВИ́ТЕЛЬСТВА, в ряде гос-в с многопарт. системой (Бельгия, Италия, Финляндия и др.) порядок определения результатов голосования на выборах в представит. органы власти, при к-ром распределение мандатов между партиями осуществляется в соответствии с кол-вом голосов, полученных их кандидатами. Устанавливается *квота избирательная*, т.е. кол-во голосов, необходимое для получения одного депутатского места (мандата).

ПРОПОРЦИОНА́ЛЬНОСТЬ (от лат. proportio – соотношение), простейший вид функциональной зависимости. Различают прямую П. $y = kx$ (напр., путь S, пройденный при равномерном движении со скоростью v, пропорционален времени t, т.е. $S = vt$) и обратную П. $y = k/x$ (напр., величина основания прямоугольника с заданной площадью a обратно пропорциональна высоте x, т.е. $y = a/x$).

ПРОСВЕЩЕ́НИЕ, идейное течение 18 – сер. 19 вв., основанное на убеждении в решающей роли разума и науки в познании «естеств. порядка», соответствующего подлинной природе человека и общества. Невежество, мракобесие, религ. фанатизм просветители считали причинами человеческих бедствий; выступали против феод.-абсолютистского режима, за полит. свободу, гражд. равенство. Гл. представители П. в Англии (где оно возникло) – Дж. Локк, Дж. А. Коллинз, Дж. Толанд, А.Э. Шефтсбери; во Франции (период наиб. распространения здесь П. между 1715 и 1789 назв. «веком П.») – Вольтер, Ш. Монтескьё, Ж.Ж. Руссо, Д. Дидро, К.А. Гельвеций, П.А. Гольбах; в Германии – Г.Э. Лессинг, И.Г. Гердер, И.В. Гёте; в США – Т. Джефферсон, Б. Франклин, Т. Пейн; в России – Н.И. Новиков, А.Н. Радищев. Идеи П. оказали значит. влияние на развитие обществ. мысли. Вместе с тем в 19–20 вв. идеология П. нередко подвергалась критике за идеализацию человеческой природы, оптимистич. толкование прогресса по неуклонному развитию общества на основе совершенствования разума. В широком смысле просветителями называли выдающихся распространителей науч. знаний.

ПРОСВИРА́, см. *Просфора*.

ПРОСВИ́РНИК, то же, что *мальва*.

ПРОСКРИ́ПЦИИ (от лат. proscriptio, букв.– письменное обнародование), в Риме списки лиц, объявленных вне закона (при Сулле, 82–79 до н.э.; при 2-м триумвирате, 43 до н.э.). Использовались в полит. борьбе, для сведения личных счётов, как средство обогащения (т.к. имущество заносимых в П. людей подвергалось конфискации).

ПРО́СО, род одно- и многолетних травянистых р-ний (сем. злаки). Ок. 500 видов, в Азии, Америке, Африке. В культуре (с 3-го тыс. до н.э.) в осн. П. обыкновенное, возделываемое во мн. земледельч. р-нах мира, в т.ч. в России (Центрально-чернозёмные области, Поволжье, Оренбургская обл., Д. Восток). Из зерна (8–15 ц с 1 га) получают крупу (пшено), муку, корма. Илл. см. на стр. 562.

ПРОСТА́К, актёрское *амплуа*, к к-рому относятся роли наивных, трогательно-простодушных или недалё-

Просо обыкновенное (метёлка).

ких людей в комедиях, водевилях, опереттах. Напр., Простаков в комедии Д.И. Фонвизина «Недоросль».

ПРОСТЕ́ЙШИЕ, одноклеточные ж-ные. Организм П. состоит из одной клетки или колонии клеток. Размеры от 2–4 мкм до 1 см. Размножение половое и бесполое. Свободноживущие (*радиолярии, солнечники*) и паразитич. (*лямблии, трипаносомы*, нек-рые *амёбы* и др.) формы. Св. 40 тыс. видов, распространены широко. Наука о П.– протозоология.

ПРОСТО́Е ТОВА́РИЩЕСТВО (совместная деятельность), объединение граждан и (или) юрид. лиц, к-рые обязуются соединить свои вклады и совместно действовать для достижения общей цели (без создания для этого нового юрид. лица). Ведение дел П.т. осуществляется с согласия всех его участников, каждый из них несёт ответственность по общим долгам соразмерно со своей долей участия.

ПРОСТО́Е ЧИСЛО́, натуральное число, бо́льшее чем единица, не имеющее др. делителей, кроме самого себя и единицы: 2, 3, 5, 7, 11, 13, 17,... Число П.ч. бесконечно.

ПРОСТОРЕ́ЧИЕ, отклоняющиеся от лит. нормы слова, выражения, грамматич. формы, ударение и произношение, имеющие оттенки стилистич. сниженности, фамильярности, иногда грубости (напр., «захочем» – лит. норма «захотим»; «проце́нт» – «про́цент»; «ложить» – «класть»).

ПРОСТРА́НСТВО И ВРЕ́МЯ, филос. категории. Пространство – форма существования материальных объектов и процессов (характеризует структурность и протяжённость материальных систем); время – форма последоват. смены состояний объектов и процессов (характеризует длительность их бытия). П. и в. имеют объективный характер, неразрывно связаны друг с другом, бесконечны. Универсальные свойства времени – длительность, неповторяемость, необратимость; всеобщие свойства пространства – протяжённость, единство прерывности и непрерывности.

ПРОСТРА́ЦИЯ (от позднелат. prostratio – угнетение, упадок), резкий упадок психич. тонуса в сочетании с предельной мышечной слабостью, расслабленностью, беспомощностью, снижением или отсутствием реакции на внеш. раздражители.

ПРОСФОРА́ (греч. prosphorá – приношение) (просвира), в христ-ве круглый хлебец из пшеничной муки особой выпечки, употребляемый для *причащения*.

ПРОТАГО́Р из Абдер (ок. 480–410 до н.э.), др.-греч. философ, виднейший из софистов. Утверждал субъективную обусловленность знания, выдвинул тезис: «Человек есть мера всех вещей». В Афинах обвинялся в безбожии.

ПРОТАЗА́НОВ Як. Ал-др. (1881–1945), рос. кинорежиссёр. В 1920–23 жил во Франции, Германии. Экранизации: «Пиковая дама» (1916, по А.С. Пушкину), «Отец Сергий» (1918, по Л.Н. Толстому), в звуковом кино – «Бесприданница» (1937, по А.Н. Островскому). Пост. комедии: «Закройщик из Торжка» (1925), «Процесс о трёх миллионах» (1926), «Праздник святого Йоргена» (1930), «Марионетки» (1934).

ПРОТАКТИ́НИЙ (Protactinium), Pa, радиоактивный хим. элемент III гр. периодич. системы, ат. н. 91, ат. м. 231,0359; относится к *актиноидам*; металл. П. открыт О. Ганом и Л. Майтнер (Германия) и Ф. Содди и Дж. Кранстоном (Великобритания) в 1918.

ПРОТЕЖЕ́ (франц. protégé, от лат. protegeve – прикрывать, защищать), лицо, находящееся под чьим-либо покровительством, пользующееся чьей-либо протекцией.

ПРОТЕКЦИОНИ́ЗМ, 1) экон. политика гос-ва, имеющая целью оградить нац. внутр. рынок от иностр. конкуренции путём введения высоких *пошлин* на ввозимые в страну товары, ограничения или полного запрещения ввоза опредл. товаров и др. мер. 2) Система *протекций*.

ПРОТЕ́КЦИЯ (от лат. protectio – защита, покровительство), влиятельная поддержка, оказываемая кому-либо в устройстве дел.

ПРОТЕО́ЛИЗ, процесс расщепления белков и пептидов в организме с участием спец. ферментов. Играет важную роль при усвоении белков пищи, в процессе свёртывания крови, мобилизации запасных белков семян при прорастании и др.

ПРОТЕРОЗО́Й [протерозойская эратема (эра)] (от греч. próteros – более ранний и zoḗ – жизнь), второе подразделение *докембрия*, обозначающее комплекс пород и эру геол. истории, в течение к-рой они сформировались. Длительность П. св. 2 млрд. лет (см. *Геохронология*). В разл. странах принято двух- и трёхчленное деление П. Выделен англ. геологом А. Седжвиком в 1887.

ПРОТЕ́СТ (от лат. protestor – публично заявляю, свидетельствую), в праве одно из осн. средств устранения нарушений закона, выявленных прокурором при осуществлении надзора, рассмотрении уголов. и гражд. дел в судах; заключается в мотивированном возражении прокурора против суд. или управленческого акта. Различают П.: в порядке общего надзора (на акт органа управления, противоречащий законодательству); кассационный (на приговор суда, не вступивший в законную силу); частный (на определение суда, не вступившее в законную силу). Предусматривается также П. в порядке надзора на приговор, решение, вступившие в законную силу.

ПРОТЕСТАНТИ́ЗМ (от лат. protestans, род. п. protestantis – публично доказывающий), одно из осн. направлений в христ-ве. Откололся от католицизма в ходе Реформации (16 в.). Объединяет множество самостоят. течений, церквей, сект (лютеранство, кальвинизм, англиканская церковь, методисты, баптисты, адвентисты и др.). Для П. характерны: отсутствие принципиального противопоставления духовенства мирянам, отказ от сложной церк. иерархии, упрощённый культ, отсутствие монашества и др.; в П. нет культа Богородицы, святых, ангелов, икон, число таинств сведено к двум (крещению и причащению). Осн. источник вероучения – Священное Писание. Протестантские церкви играют гл. роль в экуменич. движении за объединение всех церквей. П. распространён гл. обр. в США, Великобритании, Германии, сканд. странах и Финляндии, Нидерландах, Швейцарии, Австралии, Канаде, прибалт. странах (Эстонии, Латвии). Общее число приверженцев П. ок. 325 млн. чел.

ПРОТЕСТА́НТСКИЙ ХОРА́Л (нем. Choral, сокр. от Choralgesang, нем. перевода позднелат. cantus choralis – хоровое пение), песнопение протестантской церкви, исполняемое церк. хором или общиной на родном языке. П.х. возник в Германии в эпоху Реформации (16 в.), разрабатывался под рук. М. Лютера. С нач. 17 в. пение стало поддерживаться органом. Хоровые обработки П.х. включались в *оратории, кантаты*, «*Страсти*».

ПРОТИВОРЕ́ЧИЕ (в логике), наличие (в рассуждении, тексте, теории) двух высказываний, из к-рых одно – отрицание другого; в широком смысле – утверждение о тождестве заведомо разл. объектов. П. указывает либо на логич. порочность приводимого к нему рассуждения, либо на несовместимость посылок, положенных в основу рассуждения. Непротиворечивость – осн. требование к науч. теории.

ПРО́ТО... (от греч. prôtos – первый), часть сложных слов, указывающая на первичность, первооснову (напр., прототип), высш. степень (преим. в церк. званиях, напр. протоиерей).

ПРОТОДЬЯ́КОН (от *прото...* и *дьякон*), старший дьякон.

ПРОТОИЕРЕ́Й (от *прото...* и híeros – священный) (протопресвитер, протопоп), в православии старший священник, настоятель храма.

ПРОТО́Н (от греч. prôtos – первый) (p), стабильная положительно заряженная элементарная частица; ядро атома водорода ^{1}H. Масса 1,7·10^{-24} г; положит. заряд, равный заряду электрона е. Вместе с нейтронами П. образуют ядра всех элементов. Число П. в ядре Z определяет заряд ядра и его место (*порядковый номер*) в *периодической системе химических элементов*. Термин «П.» введён англ. физиком Э. Резерфордом в 1920-х гг. Возможная нестабильность П. оценивается временем его жизни ~ 10^{32} лет.

ПРОТОПЛА́ЗМА, см. *Цитоплазма*.

ПРОТОПЛА́СТ (от *прото...* и греч. plastós – вылепленный, образованный), содержимое растит. клетки; состоит из клеточной мембраны, цитоплазмы и ядра, но не включает внеш. клеточную оболочку. П. получают искусственно для клонирования и регенерации из него р-ний.

ПРОТОПО́ПОВ Олег Ал. (р. 1932), чемпион СССР (1965–68), Европы и мира (1965–68), Олимп. игр (1964, 1968) в парном катании с Л.Е. Белоусовой. С 1979 живёт в Швейцарии.

ПРОТОПРЕСВИ́ТЕР (от *прото...* и *пресвитер*), высш. сан белого духовенства. В Рос. империи глава придворного духовенства и духовник императора, глава воен. и мор. духовенства, а также настоятели Успенского и Архангельского соборов в Кремле.

ПРОТОРЕНЕССА́НС (от *прото...* и *Ренессанс*), период истории итал. культуры (13 – нач. 14 вв.), ознаменовавшийся ростом светских тенденций, обращением к антич. традиции (творчество Данте, Н. Пизано, Джотто).

ПРОФАНА́ЦИЯ (от позднелат. profanatio – осквернение святыни), искажение, извращение чего-нибудь (напр., идеи, учения, произв. иск-ва и т.д.); непочит. отношение к достойному, опошление.

ПРОФЕССИОНА́ЛЬНЫЕ БОЛЕ́ЗНИ, 1) раздел медицины, изучающий причины возникновения, механизмы развития, проявления заболеваний, возникающих при неблагоприятных условиях труда, а также разрабатывающий методы их распознавания, лечения, профилактики. 2) В праве используется термин «проф. заболевание». По рос. законодательству пенсии и пособия по гос. социальному страхованию при проф. заболевании назначаются на льготных условиях и в льготных размерах.

ПРОФЕССИОНА́ЛЬНЫЕ СОЮ́ЗЫ (профсоюзы), добровольные орг-ции, объединяющие трудящихся в производств. и внепроизводств. сферах для защиты соц.-экон. прав и интересов своих членов. Возникли в странах Зап. Европы и США в кон. 18 в. как об-ва взаимопомощи. В развитых странах были легализованы в 19 в. Призваны защищать интересы работников в области условий труда, заработной платы, быта, культуры и т.д. Крупнейшие междунар. профсоюзные центры: Всемирная федерация профсоюзов, Международная конфедерация свободных профсоюзов и Всемирная конфедерация труда. Правовое положение П.с. в Рос. Федерации определяется Конституцией, КЗоТом, др. законами (напр., о коллективных договорах), соглашениями о занятости населения. П.с. предоставлены права в решении конкретных вопросов труда, его оплаты и т.д. П.с. могут создавать терр. и отраслевые объединения, а также междунар. П.с. действуют в соответствии с принимаемыми ими уставами (не подлежат регистрации в гос. органах). Запрещается всякое вмешательство, способное ограничить права П.с. или воспрепятствовать осуществлению их прав, предусмотренных законом. В условиях перехода к рыночным отношениям П.с. из орг-ций, к-рые были составной частью тоталитарной системы, трансформируются в самостоят. обществ. структуры. Новые П.с. создаются чаще всего по проф. признаку (напр., Независимый профсоюз горняков, Независимый профсоюз авиадиспетчеров).

ПРОФЕ́ССИЯ (от лат. professio), род трудовой деятельности, занятий, требующий опредл. подготовки и являющийся обычно источником существования. П. порождены *разделением труда* и служат важным проявлением его дифференциации. К кон. 20 в. число П. достигло неск. тысяч.

ПРОФИЛА́КТИКА (от греч. prophylaktikós – предохранительный), 1) в медицине – система мер по предупреждению болезней, сохранению здоровья и продлению жизни человека. 2) (Техн.) предупредит. меры для поддержания техн. объекта в исправном и работоспособном состоянии (ремонт, чистка, смазка и т.п.).

ПРО́ФИЛИ архитектурные, см. *Обломы* архитектурные.

ПРО́ФИЛЬ (франц. profil, от итал. profilo — очертание), 1) вид лица или предмета сбоку. 2) Совокупность основных, типичных черт, характеризующих профессию, специальность, х-во, деятельность.

ПРО́ХОР С ГОРО́ДЦА, живописец нач. 15 в. В 1405 вместе с Феофаном Греком и Андреем Рублёвым расписал фресками старый Благовещенский собор (не сохранился) Моск. Кремля. Ему приписывается ряд икон.

ПРО́ХОРОВ Ал-др Мих. (р. 1916), рос. физик, один из основоположников *квантовой электроники*. Создал (совм. с Н.Г. Басовым, независимо от Ч. Таунса) первый квантовый генератор — *мазер*. Внёс значит. вклад в создание парамагн. мазеров, разл. типов лазеров (в т.ч. газодинамич., твердотельных), исследовал взаимодействия мощного лазерного излучения с в-вом. Работы по *нелинейной оптике*. Гл. редактор 3-го изд. БСЭ (1969–78). Ноб. пр. (1964).

А.М. Прохоров.

ПРО́ХОРОВЫ, рос. предприниматели. Вас. Ив., из крестьян, в 1799 основал текст. ф-ку — Трёхгорную мануфактуру, к-рая в 1874 преобразована в «Т-во Прохоровской Трёхгорной мануфактуры». С 1881 его возглавляли Сер. Ив. и Ник. Ив. К 1914 их фирма владела ситценабивной, машинно-ткацкой, прядильной ф-ками в Москве (ныне хл.-бум. комб-т «Трёхгорная мануфактура»).

ПРОЦЕДУ́РА (франц. procédure, от лат. procedo — продвигаюсь), 1) установленный порядок ведения, рассмотрения к.-л. дела (напр., суд. П.). 2) Леч. мероприятие, предписанное врачом (напр., ванны).

ПРОЦЕ́НТНАЯ СТА́ВКА, размер процента, взимаемого за пользование взятыми в ссуду деньгами и уплачиваемого заёмщиком кредитору. Исчисляется в расчёте на год. Различают П.с. центр. *банка*, ссудных операций банковских кредитов, ссудных операций кредитных институтов с небанковскими клиентами, доходности ценных бумаг (в осн. облигаций) и др.

ПРОЦЕ́СС (от лат. processus — продвижение), 1) последоват. смена явлений, состояний в развитии че-

го-либо. 2) Совокупность последоват. действий для достижения к.-л. результата (напр., производств. П.). 3) Порядок рассмотрения дел в суде, судопроизводство.

ПРОЦЕ́ССИЯ (от лат. processio — движение вперёд), торжественное, обычно многолюдное шествие.

ПРОЦЕ́ССОР, устройство (функциональная часть) ЭВМ (вычислит. системы), к-рое выполняет арифметич. и логич. операции, заданные программой преобразования информации, управляет работой др. устройств ЭВМ (системы). Рекордное быстродействие (1994) — неск. сотен млн. операций в 1 с. В вычислит. системах возможны неск. параллельно работающих П.; такие системы наз. многопроцессорными.

ПРО́ЧНОСТЬ, способность материала сопротивляться разрушению, а также необратимому изменению формы при действии внеш. нагрузок. Обусловлена силами межатомного и межионного взаимодействий и зависит не только от самого материала, но и от вида напряжённого состояния (сжатие, растяжение, изгиб и т.п.). Предел П. достигает долей процента от модуля *Юнга* (см. *Гука закон*) и может быть повышен за счёт соотв. обработки материала (см. *Пластичность*).

ПРОЯВИ́ТЕЛИ ФОТОГРАФИ́ЧЕСКИЕ, хим. составы (водные или водно-спиртовые р-ры, а также пасты), с помощью к-рых осуществляется проявление кино- и фотоматериалов. Осн. компонент — хим. восстановитель галогенида серебра — проявляющее в-во (напр., метол, гидрохинон, парафенилендиамин). Содержат также ускоряющее в-во (напр., карбонат натрия), в-во, сохраняющее активность проявителя (напр., сульфит натрия), противовуалирующее в-во (напр., бромид калия) и др.

ПРУ́ДКИН Марк Исаакович (1898–1994), актёр. С 1918 во 2-й Студии МХТ, с 1924 во МХАТе (с 1989 во МХАТе имени А.П. Чехова). Раскрывал сущность персонажа через острую внутр. и внеш. характерность, добиваясь в комедии виртуозной лёгкости игры, в драме подлинности переживания: Шервинский («Дни Турбиных» М.А. Булгакова, 1926), Фёдор Карамазов («Братья Карамазовы» по Ф.М. Достоевскому, 1961; эта роль и в одноим. фильме, 1969), Хмелик «Соло для часов с боем» О. Заградника, 1973) и др. Снимался в т/ф «Дядюшкин сон» (1981) и др.

ПРУДОВИ́КИ, семейство пресноводных брюхоногих моллюсков. Раковина высокая (0,5–7 см). Ок. 120 видов, в реках, озёрах, старицах и т.п. Почти все П. — промежуточные хозяева паразитич. червей, поражающих человека и ж-ных.

ПРУДО́Н (Proudhon) Пьер Жозеф (1809–65), франц. социалист, теоретик анархизма. Пропагандировал мирное переустройство общества путём реформы кредита и обращения, утопич. идею учреждения «нар. банка» с целью предоставления дарового кредита для организации эквивалентного обмена продуктов труда мелких товаропроизводителей. В период Рев-ции 1848 выдвигал проекты экон. сотрудничества классов и анархистскую теорию «ликвидации гос-ва».

ПРУС (Prus) Болеслав (наст. имя и фам. Александр Гловацкий) (1847–

П.Ж. Прудон.

1912), польск. писатель. Социально-психол. романы, в т.ч. «Кукла» (1887–89), «Эмансипированные женщины» (1891–93); ист.-филос. ром. «Фараон» (1895–96) — о перипетиях полит. борьбы за власть в Др. Египте.

ПРУСТ (Proust) Марсель (1871–1922), франц. писатель. Представитель *модернизма*. В цикле ром. «В поисках утраченного времени» (т. 1–16, 1913–27) внутр. жизнь героя показана как *«поток сознания»* через цепь прихотливых, разветвлённых ассоциаций, обнаруживая недостоверность и относительность его представлений о себе и о мире, данном, в свою очередь, в импрессионистич. преломлении. Расшатанной, непрочной, утратившей реальные контуры действительности П. противополагает свой, произвольно-свободный и самоценный, мир, созданный усилием творч. памяти. С 1906 из-за болезни (астма) вёл затворнический образ жизни (в герметич., обитой пробкой комнате).

ПРЯДЕ́НИЕ, процесс получения непрерывной нити (пряжи) из волокон сравнительно небольшой длины. Ручное П. известно с глубокой древности. Древнейшими материалами для П. были волокна шерсти, льна, конопли, в нек-рых местах — и крапивы, в Индии — хлопка. Машинное П. начало развиваться с сер. 18 в. В Великобритании в 1738 запатентована машина непрерывного П., в 1765 создана машина периодич. П., усовершенствованная С. Кромптоном (1779). В России первая прядильная ф-ка осн. в 1760.

ПРЯМА́Я ЛИ́НИЯ, простейшая линия в евклидовой геометрии (определяющая кратчайший путь между своими двумя точками).

ПРЯМОКРЫ́ЛЫЕ, отряд прыгающих или роющих насекомых с кожистыми узкими прямыми крыльями (отсюда назв.); нек-рые виды без крыльев. У многих П. (*кузнечики, саранча, сверчки*) развиты органы слуха и стрекотания. Св. 20 тыс. видов, распространены широко, особенно многочисленны в тропиках и субтропиках; характерны для открытых ландшафтов. Нек-рые (саранча, медведки) повреждают полевые и огородные культуры.

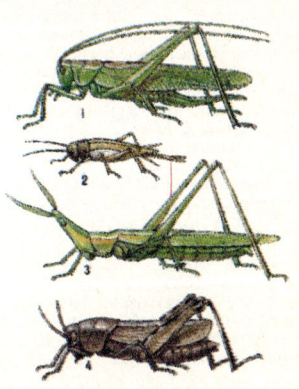

М. Пруст.

Прямокрылые: 1 — зелёный кузнечик; 2 — домовый сверчок; 3 — акрида обыкновенная; 4 — кобылка трескучая.

ПРЯМОУГО́ЛЬНИК, *параллелограмм*, все углы к-рого прямые.

ПРЯМЫ́Е ВЫ́БОРЫ, порядок проведения выборов, при к-ром избиратели непосредственно избирают главу гос-ва или депутатов в представит. органы. См. также *Выборщики*, *Многостепенные выборы*.

ПРЯ́НИШНИКОВ Дм. Ник. (1865–1948), основатель рус. агрохим. школы. Разработал теорию азотного питания р-ний (1916), систему применения фосфорных удобрений. Тр. по известкованию кислых почв, гипсованию солонцов, использованию органич. удобрений. Мировой известностью пользуется классич. труд «Агрохимия» (1940).

Д.Н. Прянишников.

ПРЯ́НОСТИ, разл. части нек-рых р-ний, добавляемые в небольшом кол-ве в пищу для придания ей специфич. вкуса и аромата: семена (горчица, мускатный орех и др.), плоды (перец, тмин и т.п.), цветы (напр., буто-

564 ПУЛЬ

ны гвоздики), листья (лавровый лист и др.), кора (корица) и корнеплоды (хрен, петрушка и т.п.). Повышают сохранность пищи, стимулируют пищеварение.

ПСАЛМО́ДИЯ (греч. psalmōidía, букв.– псалмопение), 1) пение *псалмов*, а также характерный для них тип речитативной мелодики. Для ранних форм П., восходящих к иудейскому богослужению, характерно *респонсорное пение*, позднее также *антифонное пение*. Типы П. разл. христ. культов имеют мелодич. сходство. Мелодич. структура П., скоординированная с синтаксическим, иногда и с акцентным строением стиха, в римско-католич. богослужении письменно фиксирована значительно ранее, чем в византийском. Традиция одноголосной П. существовала до сер. 2-го тыс. С кон. 15 в. появились многоголосные псалмовые композиции. 2) Музыка англ. и амер. протестантской церкви 17 – нач. 19 вв.

ПСАЛМЫ́ (греч. psalmói – хвалебная песнь), песнопения, составляющие *Псалтырь*; произв. религ. иудейской лирики. Восходят к царю Давиду (ок. 1000 до н.э.), в самостоят. книгу окончательно сложились к кон. 3 – нач. 4 вв. до н.э. Вместе с речитативной традицией исполнения (см. *Псалмодия*) перешли в христ. богослужение. Жанровые разновидности П.: хвала Богу, мольба, проникновенные жалобы и проклятия, обращение к истории народа, брачная песнь, филос. медитация. В совокупности П. присущи целостность жизневосприятия, общность тем и мотивов: обращённость человека (или народа) к Богу как личностной силе, неотступному наблюдателю и слушателю, испытывающему все глубины человеческого сердца. В мировой поэзии известны многочисл. переложения П. в музыке 16–20 вв. тексты П. легли в основу композиций разл. видов (у Палестрины, Г. Шютца, И.С. Баха, Ф. Шуберта, Ф. Листа, И. Брамса, И.Ф. Стравинского, К. Пендерецкого).

ПСАЛТЫ́РЬ, одна из книг Библии, содержащая 150 *псалмов*. Заняв важное место в христ. культе, оказала огромное влияние на ср.-век. письменность и фольклор, стала источником мн. пословиц. Самостоят. издания П. (где псалмы чередуются с молитвами) служили осн. уч. книгами для овладения грамотой вплоть до 19 в.

ПСЕ́ВДО... (от греч. pséudos – ложь), часть сложных слов, означающая: ложный, мнимый (напр., псевдонаука).

ПСЕВДОГО́ТИКА (ложная готика, неоготика), направление в архитектуре 18–19 вв., возрождавшее архит. формы и худ. мотивы готики (отд. постройки В.И. Баженова и М.Ф. Казакова в России, Э. Виолле-ле-Дюка во Франции и др.

ПСЕВДОНИ́М (от *псевдо...* и греч. ónyma – имя), условное имя автора или артиста, к-рое заменяет его настоящее имя или фамилию (либо и другое). Раскрытие П. без согласия автора не допускается, кроме случаев, когда П. используется в целях фальсификации авторства.

ПСЕВДОРУ́ССКИЙ СТИЛЬ, подражание др.-рус. или рус. образцам в архитектуре, худ. пром-сти 19 в. В 1830-х гг. возник офиц. «рус.-визант.» стиль (К.А. Тон). Идеями славянофильства навеян узорочный П.с. сер. 19 в. (А.М. Горностаев,

М.Д. Быковский). Вариант П.с. 1870-х гг. исходил из нар. дерев. зодчества и резьбы (И.П. Ропет, В.А. Гартман). Кр. здания П.с. 1880–1890-х гг. имели дробный эклектич. декор (А.Н. Померанцев, В.О. Шервуд).

ПСЕЛЛ Михаил, см. *Михаил Пселл*.

ПСИХАСТЕНИ́Я (от *психо...* и греч. astheneia – слабость), 1) *невроз*, характеризующийся навязчивыми состояниями; 2) Особый склад личности (форма психопатии): неуверенность в себе, пост. сомнения, тревожность, мнительность.

ПСИХЕ́Я, в греч. мифологии олицетворение человеческой души. Изображалась бабочкой, летящей птицей или девушкой. После долгих странствий и поисков П. находит своего возлюбленного Эрота (Амура). Любовь П. и Эрота – распространённый сюжет в лит-ре, изобр. иск-ве.

ПСИХИАТРИ́Я (от *психо...* и греч. iatréia – лечение), область клинич. медицины. Изучает проявления, причины, механизмы развития психич. болезней, разрабатывает методы их лечения, профилактики и организации помощи больным. Становление П. (с кон. 18 в.) связано с именами Ф. Пинеля и Ж. Эскироля (Франция), В. Гризингера (Германия) и др. В процессе развития П. выделились отд. специальности, в частности детская П., судебная П., наркология.

ПСИ́ХО... (от греч. psychḗ – душа), часть сложных слов, указывающая на отношение к психике (напр., психология).

ПСИХОАНА́ЛИЗ (от *психо...* и *анализ*), метод психотерапии и психол. учение, развитое З. Фрейдом в кон. 19 – нач. 20 вв. Ставит в центр внимания бессознат. психич. процессы и мотивации. *Вытеснение* из сознания неприемлемых для него влечений (преим. сексуальных) и травмирующих переживаний рассматривается в П. как гл. источник невротич. симптомов и разл. патол. явлений (забываний, ошибочных действий и т.п.). В основе психотерапии – анализ вытесненных комплексов с помощью свободных ассоциаций, толкования сновидений и т.п. Психич. структура личности в П.: бессознат. «Оно» (область влечений), сознат. «Я», сдерживающее импульсы «Оно» посредством защитных механизмов; «Сверх-Я» (область социальных норм и нравств. установок). П. оказал влияние на лит-ру и лит-ведение, иск-во и иск-ведение, др. гуманитарные науки и медицину.

ПСИХОГЕНИ́И (психогенные заболевания), группа психич. болезней, возникающих как реакция на психич. травму. К П. относят *неврозы*, реактивные состояния (депрессии, истерич. психозы и др.).

ПСИХОГИГИЕ́НА (от *психо...* и *гигиена*), раздел медицины, изучающий влияние внеш. среды на психику человека, разрабатывающий меры по сохранению и укреплению психич. здоровья, предупреждению психич. заболеваний.

ПСИХО́ЗЫ (от греч. psychḗ – душа), психич. болезни, обычно сопровождающиеся выраженными нарушениями функций отражения (галлюцинации, бред, помрачение сознания и др.), поведения и т.д. Острые П. обычно требуют неотложной психиатрич. помощи.

ПСИХОЛО́ГИЯ (от *психо...* и *...логия*), наука о закономерностях, механизмах и фактах психич. жизни человека и ж-ных. Осн. тема психол. мысли античности и ср. веков – проблема души («О душе» Аристотеля и др.). В 17–18 вв. на основе механистич. философии складывается детерминистский подход к психике. В сер. 19 в. на стыке с физиологией возникает эксперим. П. В 1870–1880-х гг. П. складывается как самостоят. дисциплина. Гл. течения П. 20 в.– *гештальтпсихология*, *бихевиоризм*, *психоанализ*. Отрасли П.: психофизиология, зоопсихология и сравнит. П., социальная П., дет. и пед. П., возрастная П., П. труда, творчества, мед. П., патопсихология, нейропсихология, инж. П., психолингвистика, этнопсихология и др.

ПСИХОПА́ТИЯ (от *психо...* и *...патия*), конституционально-генетически обусловленная дисгармония личности. Проявления многообразны и определяют выделение разл. форм П.

Псков. Вид кремля с Троицким собором.

(психастеники, истеричные, возбудимые, паранойяльные психопаты и т.д.). Чёткая грань между П. и вариантами «нормальных» характеров отсутствует.

ПСИХОСОМА́ТИКА (от *психо...* и греч. sṓma – тело), в широком смысле – подход к объяснению соматич. заболеваний, при к-ром особое внимание уделяется роли психич. факторов; в узком смысле – течение в современной, гл. обр. амер. и зап.-европ., медицине, возникшее на основе применения психоанализа к истолкованию и терапии вегетативных неврозов и др. телесных болезней.

ПСИХОТЕРАПИ́Я (от *психо...* и *терапия*), психич. воздействие (словом, поступками, обстановкой) на больного с леч. целью. Выделяют: рациональную П., или разъяснение; внушение (в состоянии бодрствования или гипноза); самовнушение (аутогенная тренировка) и др. формы П.

ПСКОВ, г., центр Псковской обл., в России. 208,5 т.ж. Ж.-д. уз.; аэропорт. Маш-ние и металлообработка; лёгкая, пищ. пром-сть. 2 вуза (в т.ч. ун-т). Музей художника-реставратора Ю.П. Спегальского. Т-ры: драм. имени А.С. Пушкина, кукол. Ист.-худ. музей-заповедник. Известен с 903. Живописно расположен на р. Великая, при слиянии её с р. Пскова. Облик во многом определяют постройки местной школы зодчества: кремль (14–15 вв.) с Троицким собором (17 в.); монастыри: Мирожский (12 в.), Ивановский (13 в.), Снетогорский (14 в.); многочисл. приходские церкви.

ПСКО́ВО-ПЕЧО́РСКИЙ МОНАСТЫ́РЬ (Успенский), действующий, мужской, в г. Печоры. Осн. сер. 15 в. в пещерах («печерах»; отсюда назв.) долины ручья Каменец. В кон. 15 в. разорён рыцарями Ливонского ордена, возобновлён в 1519. В 16–17 вв. один из центров обороны зап. границы Рус. гос-ва. В ансамбле: Михайловский собор (1827), церкви – Благовещения (1541), пещерная Успенская (1473), надвратная Никольская (1565), звонница (16–17 вв.), пещеры (протяжённость ок. 200 м; монастырский некрополь). Крепостная стена с 9 башнями (1553–65).

ПСКО́ВСКАЯ РЕСПУ́БЛИКА, гос-во по рекам Великая, Нарова, озёрам Чудское и Псковское. Находясь в составе Новгородской респ., П.р. к сер. 13 в. стала фактически самостоятельной, юридически – в 1348. Столица – Псков. П.р. отразила нападения Ливонского ордена в 13–15 вв. С 1510 терр. вошла в Рус. гос-во.

Психея. Эрот и Психея. Римская мраморная копия с греческого оригинала 1-й пол. 2 в. до н.э. Капитолийские музеи. Рим.

Псковская школа. Церковь Богоявления с Запсковья в Пскове. Кон. 14 – нач. 15 вв.

ПСКО́ВСКАЯ ШКО́ЛА, одна из местных школ др.-рус. иск-ва (13–16 вв.). Специфич. особенности архитектуры П.ш.– пластичность простых геом. объёмов, живописные ансамбли церквей с многочисл. приделами, притворами и своеобразными многопролётными *звонницами*. Для иконописи и стенных росписей характерны экспрессивность образов, приглушённый колорит.

ПСОРИА́З (от греч. psōriasis – зуд, чесотка) (чешуйчатый лишай), хронич. рецидивирующее заболевание кожи неясной этиологии. Проявления: розово-красные узелки с тенденцией к слиянию в бляшки, покрытые серебристо-белыми, легко отслаивающимися чешуйками; локализация преим. на локтях, коленях, пояснице.

ПТЕРОДА́КТИЛИ, группа вымерших *летающих ящеров*. Жили 150–65 млн. лет назад почти на всех континентах.

ПТЕРОЗА́ВРЫ, то же, что *летающие ящеры*.

ПТИ́ЦЫ, класс позвоночных ж-ных. Самая молодая (первые находки – из *юры*) и многочисл. группа среди наземных ж-ных. Размер от 5–6 см (колибри) до 2,4 м (страус). Передние конечности преобразованы в крылья, кожа покрыта перьями. Острое зрение и слух – важные средства для внутри- и межвидового общении. Многие П. способны издавать разл., часто мелодичные звуки (пение П.). Размножаются откладывая яйца (от 1 до 20–25). Ок. 9 тыс. видов. Распространены всесветно, большинство (ок. 80%) в тропиках. Для многих П. характерны сезонные кочёвки и дальние миграции (перелёты). Издавна многие П.– объект промысла и охоты, нек-рые – одомашнены (гуси, куры, утки, цесарки, индейки и др.). Численность мн. видов сокращается, ряд – под угрозой исчезновения. Наука о П.– орнитология.

ПТИ́ЦЫ-ЛИ́РЫ, то же, что *лирохвосты*.

ПТИ́ЧЬИ БАЗА́РЫ, массовые гнездовья мор. птиц (чаек, чистиков, бакланов и др.), обычно на крутых прибрежных скалах. Могут занимать десятки км, насчитывать сотни тысяч птиц. На П.б. издавна собирают яйца (в осн. кайр), разрабатывают залежи *гуано*. Нек-рые П.б. охраняются (напр., на о-вах Баренцева м.).

ПТОЛЕМЕ́И (Лагиды), царская династия в Египте в 305–30 до н.э. Основана Птолемеем I (сыном Лага) – полководцем Александра Македонского, диадохом. При последней представительнице династии – Клеопатре VII гос-во П. было завоёвано Римом.

ПТОЛЕМЕ́Й Клавдий (ок. 90 – ок. 160), др.-греч. учёный. Разработал теорию движения планет вокруг неподвижной Земли, позволяющую предвычислять их положение на небе; совм. с теорией движения Солнца и Луны она составила т.н. птолемееву (геоцентрич.) систему мира. Система П., а также сведения по прямолинейной и сферич. тригонометрии изложены в его гл. тр. «Альмагест». В тр. «География» П. дал сводку геогр. сведений антич. мира.

ПУАНКАРЕ́ (Poincaré) Жюль Анри (1854–1912), франц. математик, физик, философ. Тр. по дифференц. ур-ниям, теории аналитич. функций, топологии, небесной механике, матем. физике, по философии и методологии науки. В тр. «О динамике электрона» (1905, опубл. в 1906) независимо от А. Эйнштейна развил матем. следствия «постулата относительности».

ПУАНСО́Н (франц. poinçon), 1) одна из осн. деталей штампов для штамповки и прессования. При штамповке П. непосредственно давит на заготовку, находящуюся в матрице; при прессовании П. передаёт давление через пресс-шайбу на заготовку, выдавливаемую через матрицу. 2) В полиграфии – стальной брусок с рельефным изображением буквы или знака, служит для выдавливания изображения при изготовлении шрифтовых матриц.

ПУАНТИЛИ́ЗМ (от франц. pointiller – писать точками), 1) в живописи – манера письма раздельными мазками правильной, точечной или прямоуг. формы (см. также *Дивизионизм*, *Неоимпрессионизм*). 2) В музыке – один из методов композиции 20 в., при к-ром муз. ткань создаётся из отд. звуков («точек»), разделённых паузами и (или) скачками. Родоначальник – А. Веберн. Наиб. распространение П. получил в 1950–1960-х гг.

ПУА́НТЫ (франц. pointe – остриё, кончик), обувь, используемая при исполнении жен. классич. танца, имеет твёрдый носок. Танец на П. – танец на кончиках пальцев при вытянутом подъёме ноги. Впервые применила М. Тальони.

ПУАТЬЕ́, г. во Франции, на р. Клен (басс. Луары). 82 т.ж. Маш-ние; текст., хим., кож. пром-сть. Ун-т. Консерватория. Музей изящных иск-в. Муниципальный т-р. П.– гл. город ист. обл. Пуату. Около П. в 507 король франков Хлодвиг разбил вестготов, что обеспечило захват франками Юго-Зап. Галлии. В 732 при П. франкская тяжёлая конница Карла Мартелла разгромила араб. войско, заставив арабов отойти к Пиренеям. В 1356 во время *Столетней войны* около П. войска Эдуарда, принца Уэльсского («Чёрного принца»), разгромили франц. рыцарское войско Иоанна II Доброго. В П. сохранились фрагменты гор. укреплений (12 и 16 вв.), баптистерий Сен-Жан (4 в., достройки 9 и 11 вв.), романский собор Сен-Пьер (в осн. 12–13 вв.).

ПУБЕРТА́ТНЫЙ ПЕРИ́ОД (лат. pubertas – возмужалость, половая зрелость), возраст с 12 до 16 лет у девочек и с 13 до 17–18 лет у мальчиков; соответствует периоду полового созревания.

ПУБЛИЦИ́СТИКА (от лат. publicus – общественный), род произв., посвящённых актуальным проблемам и явлениям текущей жизни общества. Существует в словесной (письменной и устной), графически изобразительной (плакат, карикатура и др.), фото- и кинематографической (док. кино, ТВ), театрально-драм., словесно-муз. формах. Нередко используется в худ. и науч. произведениях.

ПУБЛИ́ЧНОЕ ПРА́ВО, комплекс отраслей права, регулирующих правоотношения в сфере гос. публ. власти (отсюда назв.), отношения между гражданами и гос-вом, его органами. К П.п. относятся конституц. право, адм. право, уголов. право и ряд др. отраслей. Деление права на П.п. и *частное право* заимствовано из *римского права*.

ПУБЛИ́ЧНОСТЬ СУДОПРОИЗВО́ДСТВА (юрид.), демокр. принцип судопроизводства, согласно к-рому возбуждение уголов. дел, их расследование и разрешение осуществляются соотв. публичными (гос.) органами (дознания, следствия, прокуратуры, суда) независимо от усмотрения заинтересованных лиц, а гражд. судопроизводство направлено на охрану не только прав и законных интересов граждан, но и гос. и обществ. интересов.

ПУГАЧЁВ Ем. Ив. (1740 или 1742–1775), предводитель Крест. войны 1773–75, донской казак, участник Семилетней 1756–63 и рус.-тур. 1768–74 войн, хорунжий. Под именем имп. Петра III поднял восст. яицких казаков в авг. 1773. В сент. 1774 заговорщиками выдан властям. Казнён.

Е.И. Пугачёв.

ПУГАЧЁВА Алла Бор. (р. 1949), эстрадная певица. С 1971 солистка эстрадного орк. под упр. О.Л. Лундстрема, с 1978 – Росконцерта. С 1988 худ. рук. театра-студии «Театр песни». Автор песен. Исполнение отличают энергетич. насыщенность, драматургич. выстроенность и режиссёрская продуманность композиций. Снималась в кино.

ПУ́ДЕЛЬ, порода преим. декор. собак. Различают П.: больших, или королевских (рост 50–65 см); малых (рост 35–45 см); миниатюрных, или карликовых (рост до 35 см). П. ловки, сообразительны, хорошо поддаются дрессировке, в т.ч. цирковой. Большой П. может использоваться для охраны квартиры. Разводят повсеместно (одна из наиб. распространённых пород).

ПУДО́ВКИН Вс. Илларионович (1893–1953), кинорежиссёр, теоретик кино. Один из основоположников сов. кинематографа. В ф. «Мать» (1926), «Конец Санкт-Петербурга»

Пудель. Той-пудель (слева) и карликовый пудель.

(1927), «Потомок Чингисхана» (1928) метафорич. поэтика сочеталась с реалистич. и психол. исследованиями характеров. Ист.-биогр. ф.: «Минин и Пожарский» (1939), «Суворов» (1941; оба с М.И. Доллером), «Адмирал Нахимов» (1947).

ПУЗЫРЬКО́ВАЯ КА́МЕРА, детектор частиц, действие к-рого основано на вскипании перегретой жидкости вблизи траектории (трека) частицы. Служит для регистрации актов взаимодействия *элементарных частиц* высоких энергий с ядрами жидкости или распада частиц. Обычно используется жидкий водород, фреон, Хе и др. Изобретена амер. физиком Д. Глейзером в 1952.

ПУЛ (англ. pool, букв.– общий котёл), одна из форм экон. соглашений, при к-рой прибыль поступает в общий фонд и распределяется согласно *квотам*, заранее установленным участниками П.

ПУЛА́ТОВ Тимур Исхакович (р. 1939), узб. писатель; пишет на рус. яз. История личности в 20 в. в её связях с историей народа и с современностью – в центре пов. «Не ходи по обочине» (1964), «Второе путешествие Каипа» (1969), «Владения» (1975), «Последний собеседник» (1985), ром. «Черепаха Тарази» (1985).

ПУЛЕ́НК (Poulenc) Франсис (1899–1963), франц. композитор. Участник «*Шестёрки*». Композитор-лирик, П. особое внимание уделял мелодии (П. называли «франц. Шубертом»). Высшие достижения связаны с оперой: буффонная «Груди Тирезия» (1944), трагедийная «Диалоги кармелиток» (1956), лирико-психол. моноопера «Человеческий голос»

В.И. Пудовкин. Кадр из фильма «Потомок Чингисхана».

ПУЛЬМОНОЛО́ГИЯ (от лат. pulmo, род. п. pulmonis – лёгкое и ...логия), раздел клинич. медицины, изучающий болезни лёгких, бронхов, плевры и разрабатывающий методы их диагностики, лечения, профилактики. Туберкулёз органов дыхания – предмет изучения фтизиатрии.

ПУЛЬС (от лат. pulsus – удар, толчок), периодич. толчкообразные колебания стенок артерий, соответствующие сокращениям сердечной мышцы; определяется на ощупь (пальпация). П. взрослого человека в покое 60–80 ударов в 1 мин.

ПУЛЬСА́РЫ (англ. pulsar – пульсирующий, бьющий, от лат. pulsus – пульсирование, биение), космич. источники импульсного эл.-магн. излучения. Т.н. радио-П. представляют собой быстровращающиеся *нейтронные звёзды* с сильным магн. полем, излучение к-рых (в осн. радиоизлучение) подобно излучению вращающегося прожектора. Период следования импульсов равен периоду вращения нейтронной звезды (от тысячных долей секунды до неск. секунд). Энергия излучения черпается из энергии вращения П. Открыты группой англ. учёных под рук. Э. Хьюиша в 1967. Обнаружены также т.н. рентгеновские П. (1971) – нейтронные звёзды (возможно, нек-рые из них *чёрные дыры*), входящие в состав тесных двойных звёзд и излучающие (в рентгеновском и гамма-диапазонах) за счёт энергии падающего на них в-ва соседней звезды. Периоды следования импульсов от нескольких до сотен секунд.

ПУ́МА, крупная дикая кошка. Длина тела до 197 см, хвоста до 82 см, масса до 105 кг. Окраска однотонная, желтовато-коричневая. Обитает в Америке, гл. обр. в горн. лесах. Хорошо лазает по деревьям, плавает. Нек-рые подвиды под угрозой исчезновения.

ПУ́МПУРС (Pumpurs) Андрейс (1841–1902), латыш. поэт. В поэме «Лачплесис, латышский народный герой» (1888), носящей отпечаток романтич. идеологии нац. возрождения, синтезированы латыш. ист. предания, мифол. и сказочные мотивы, поэтич. вымысел автора; отличается богатством мелодико-ритмич. структуры. Сб. стихов «На родине и на чужбине» (1890), сатирич. стихи, путевые очерки.

А. Пумпурс. «Лачплесис». Илл. Г. Вилкса к изданию 1948 (Рига).

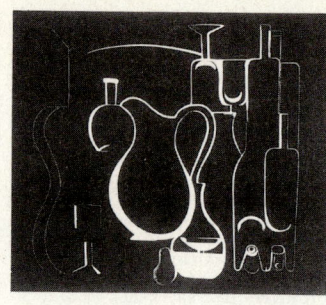

Пуризм. А. Озанфан. «Графика на чёрном фоне». 1928. Музей изобразительных искусств имени А.С. Пушкина.

ПУНИ́ЧЕСКИЕ ВО́ЙНЫ, между Римом и Карфагеном за господство в Средиземноморье (1-я П.в. – 264–241; 2-я – 218–201; 3-я – 149–146 до н.э.). Завершились победой Рима.

ПУНКТУА́ЦИЯ (позднелат. punctuatio, от лат. punctum – точка), система знаков препинания в письменности к.-л. языка, правила их употребления, их расстановка в тексте; наряду с графикой и орфографией – осн. компонент письменной речи.

ПУ́НКЦИЯ (от лат. punctio – укол), прокол стенки к.-л. полости тела (напр., плевральной), сустава, сосуда, органа, нормальной или патол. ткани в леч. или диагностич. целях.

ПУРА́НЫ (от санскр. пурана, букв. – древний), памятники др.-инд. лит-ры, священные книги индуизма, близкие эпосу. Сохранившиеся П. относятся ко 2-й пол. 1-го тыс. Каждая П. посвящена одному из богов – Вишну, Шиве, Брахме. Содержат легенды и мифы, частично повторяющие сюжеты «*Махабхараты*» и «*Рамаяны*». Этич. идеалы и мифы П. повлияли на писателей и философов инд. средневековья, инд. поэтов (в т.ч. на Калидасу).

ПУРИ́ЗМ (франц. purisme, от лат. purus – чистый), 1) стремление к очищению языка от всех иноязычных элементов, неологизмов и вульгаризмов. 2) Стремление к чистоте и строгости нравов, иногда показное.

ПУРИ́ЗМ, течение во франц. живописи кон. 1910-х – нач. 1920-х гг. Пуристы (А. Озанфан, Ле Корбюзье), изображая упрощённые силуэты обычных вещей (б.ч. домашней утвари), как бы «очищали» их от деталей, сводя к изображению «первичных» элементов. Для их произв. характерны плоскостность, плавная ритмика лёгких силуэтов и контуров.

ПУ́РИМ (от др.-евр. пур – жребий), в иудаизме праздник в память избавления евреев Эсфирью, женой перс. царя Артаксеркса (Ксеркса), от истребления. Сопровождается играми и представлениями (пуримшпили).

ПУРИТА́НЕ (англ. Puritans, от позднелат. puritas – чистота), последователи кальвинизма в Англии в 16–17 вв., выступавшие за углубление Реформации, против абсолютизма. Пуританизм был идеологич. знаменем Англ. рев-ции 17 в.

ПУРИШКЕ́ВИЧ Вл. Митр. (1870–1920), крупный политик, один из основателей и руководителей «Союза рус. народа» (1905) и «Союза Михаила Архангела» (1908), один из лидеров крайне правых во 2–4-й Гос. думах. В 1916 участник убийства Г.Е. Распутина. После Февр. рев-ции 1917 выступал против Врем. пр-ва, после Окт. рев-ции пытался организовать вооруж. выступление в Петрограде, покушения на руководителей большевистской партии. В 1918 бежал на Ю. России, сотрудничал с белогвардейцами.

ПУ́РПУР (от лат. purpura – пурпурная улитка, пурпурный цвет), красновато-фиолетовый краситель. Содержится в пурпурных железах нек-рых мор. брюхоногих моллюсков. С древности использовался для окраски тканей, а также в живописи, косметике и др. В Др. Риме окрашенная П. одежда служила отличит. знаком высш. должностей.

ПУССЕ́Н (Poussin) Никола́ (1594–1665), франц. живописец. Представитель *классицизма*. Возвышенные по образному строю, глубокие по филос. замыслу, ясные по композиции и рисунку картины на ист., мифол., религ. темы, утверждающие силу разума («Аркадские пастухи», 1630-е гг.), величеств. героич. пейзажи (серия «Времена года», 1660–64).

ПУСТЕЛЬГА́, хищная птица сем. соколов. Дл. ок. 35 см. Оперение рыжее, самец ярче самки. Распространена в Евразии и Африке. Быстро привыкает к человеку; охотно селится в садах, парках, на гор. зданиях. Попытка использовать на Руси П. как ловчую птицу оказалась «пустой» (отсюда назв.).

ПУСТОВО́ЙТ Вас. Степ. (1886–1972), рос. селекционер. Разработал систему селекции и семеноводства подсолнечника, создал и передал в произ-во 20 высокомасличных, устойчивых к опасному заболеванию – заразихе сортов этой культуры (ВНИИМК 1646, Передовик, Салют и др.), возделываемых на значит. площадях.

ПУ́СТЫНЬ, небольшой правосл. монастырь, основанный в глухой местности.

ПУСТЫ́НЯ, природная зона с засушливым климатом и сильно разрежённой, обеднённой растительностью. Занимают обширные пространства (ок. 20% поверхности суши Земли) гл. обр. в Северной, где находится самая большая П. мира – Сахара, и Юго-Зап. Африке, в Центр. и Юго-Зап. Азии, Австралии, на зап. побережье Юж. Америки. Различают П. каменистые, песчаные, глинистые, солончаковые и др. Характерные р-ния: эфедра, саксаул,

Пустельга (самец) с добычей.

солянка, кактусы, много эфемеров и эфемероидов – короткоживущих р-ний. Животный мир: антилопы, кулан, тушканчики, суслики, песчанки, ящерицы, многочисленные насекомые.

ПУСТЫ́РНИК, род многолетних травянистых трав (сем. губоцветные). Ок. 15 видов, в умеренном поясе Евразии. Растут на огородах, пустырях. Медоносы. П. пятилопастный и П. сердечный – лекарств. р-ния (успокаивающее действие).

ПУТЕПРОВО́Д, *мост* (преим. из сборного железобетона), сооружаемый на пересечении двух и более дорог для обеспечения беспрепятств. движения по ним в разных уровнях. Наиб. часто П. возводят на пересечении автомоб. и жел. дорог, гор. улиц с интенсивным движением транспорта и пешеходов. Совр. П. имеют обычно 2–4 пролёта (длина одного 10–30 м). П. с числом пролётов более 4–5 наз. *эстакадами*.

ПУТИ́ЛОВ Ал. Ив. (1866–1929), рос. предприниматель. Из дворян. Служил в Мин-ве финансов (до 1906). Член правлений и пред. ок. 50 акц. компаний, в т.ч. об-ва Путиловских з-дов (с 1913); имел самое большое в стране число т.н. личных уний. С кон. 1917 в эмиграции, возглавлял парижское отделение Рус.-Азиат. банка.

ПУТИ́ЛОВ Ник. Ив. (1820–80), рос. предприниматель. Из дворян. В 1868 купил казённый железоделат. и сталеплавильный з-д в С.-Петербурге (впоследствии назван по его имени – Путиловским з-дом). В 1873 один из

Н. Пуссен «Танкред и Эрминия». 1630-е гг. Эрмитаж.

Пустыня.

Путепровод над автомобильной магистралью.

учредителей и гл. акционер об-ва Путиловских з-дов. В 1869–80 участвовал в сооружении коммерч. порта в С.-Петербурге, мор. канала от Кронштадта до С.-Петербурга, Путиловской ж.д., соединившей порт с Николаевской ж.д. Разорился.

ПУТЧ (нем. Putsch), гос. переворот, совершённый группой заговорщиков; попытка подобного переворота.

ПУТЬ «ИЗ ВАРЯ́Г В ГРЕ́КИ», древний вод. путь из Балтийского в Чёрное м., по к-рому в 9–12 вв. шла торговля Руси и стран Сев. Европы с Византией. Шёл от Балтийского м. по р. Нева, Ладожскому оз., р. Волхов, оз. Ильмень, р. Ловать; волоком до р. Зап. Двина; волоком до р. Днепр и далее в Чёрное м. На пути находились гг. Новгород Великий, Киев и др.

ПУЧЧИ́НИ (Puccini) Джакомо (1858–1924), итал. композитор. Оп. «Манон Леско» (1892), «Богема» (1895), «Тоска» (1899), «Мадам Баттерфляй» (в России – «Чио-Чио-сан», 1903), «Девушка с Запада» (1910), «Турандот» (завершена Ф. Альфано, 1925) выходят за рамки *веризма* благодаря психологически тонкой разработке образов, безыскусности обворожительных мелодий.

ПУ́ШБОЛ (англ. pushball, от push – толкать и ball – мяч), спорт. командная игра с большим тяжёлым мячом (диам. ок. 1,8 м, масса 20–30 кг) на травяном поле, с воротами. Существует также конный П.

ПУ́ШКИН Ал-др Сер. (1799–1837), рус. поэт, родоначальник новой рус. лит-ры, создатель совр. рус. лит. языка. В юношеских стихах – поэт лицейского братства, «поклонник дружеской свободы, веселья, граций и ума»; в ранних поэмах – певец ярких и вольных страстей: «Руслан и Людмила» (1820), романтич. «южные» поэмы «Кавказский пленник» (1820–21), «Бахчисарайский фонтан» (1821–23) и др. Вольнолюбивые и антитиранич. мотивы ранней лирики, независимость личного поведения послужили причиной ссылок: южной (1820–24, Екатеринослав, Кавказ, Крым, Кишинёв, Одесса) и в с. Михайловское (1824–26). Эстетич. освоение контекстов рус. жизни (интеллектуального, социально-ист., бытового) соединялось у П. с живым восприятием разнородных европ. влияний, даром проникновения в другие культуры и эпохи. Многообразие разработанных жанров и стилей (в т.ч. «неукрашенная» проза «Повестей Белкина», 1830, пов. «Пиковая дама», 1833, и др. произв., предвосхитившие развитие реалистич. письма), лёгкость, изящество и точность стиха, рельефность и сила характеров (в крупных формах) «просвещённый гуманизм», универсальность поэтич. мышления и самой личности П. предопределили его первостепенное значение в отеч. словесности; П. поднял её на уровень мировой. Роман в стихах «Евгений Онегин» (1823–31) воссоздаёт образ жизни и духовный состав «типического», преодолевающего байронизм героя и эволюцию близкого ему автора, уклад столичного и провинц. дворянства; в романе и во многих др. соч. П. обращается к проблемам индивидуализма, границ свободы, поставленным ещё в «Цыганах» (1824). Им были впервые определены (в поэмах, драматургии, прозе) мн. ведущие проблемы рус. лит-ры 19 в., нередко в их трагич. неразрешимости – народ и власть, государство и личность, роль личности и народа в истории: трагедия «Борис Годунов» (1824–25, опубл. в 1831), поэмы «Полтава» (1828), «Медный всадник» (1833, опубл. в 1837), ром. «Капитанская дочка» (1836). В филос. лирике 30-х гг., «маленьких трагедиях», созданных в 1830 («Моцарт и Сальери», «Каменный гость», опубл. в 1839, «Скупой рыцарь», опубл. в 1836, и др.), постоянные для пушкинской поэзии темы «дружества», любви, поэзии жизни, творческого призвания и воспоминаний дополняются обострённой постановкой коренных вопросов: смысла и оправдания бытия, смерти и бессмертия, душевного спасения, нравств. очищения и «милости». Умер от раны, получен-

А.С. Пушкин. «Евгений Онегин». Рис. Н.В. Кузьмина.

А.С. Пушкин. Портрет работы О.А. Кипренского. 1827. Третьяковская галерея.

Дж. Пуччини.

ной на дуэли с Ж. Дантесом, франц. подданным на русской военной службе.

ПУ́ШКИН (до 1918 Царское Село, до 1937 Детское Село), г. (с 1808) в Ленинградской обл., в России. 95,1 т.ж. Ж.-д. ст. (Детское Село). Произ-во эл.-бытовых приборов, игрушек и др. Аграрный ун-т. Осн. в 1708, в 18 – нач. 20 вв. загородная резиденция рос. императоров. Дворцово-парковый анс. 18–19 вв. Большой Екатерининский дворец (начат в 1717–23, перестроен в 1752–1757, арх. В.В. Растрелли) с «Агатовыми комнатами», «Холодными банями» и «Камероновой галереей» (1780–1790-е гг., арх. Ч. Камерон). Дворцово-парковый музей-заповедник.

ПУ́ШКИНСКИЕ ГО́РЫ, пос. гор. типа в Псковской обл., в 112 км от Пскова. 7,1 т.ж. Льнообр., маслод. з-ды. Музей-заповедник А.С. Пушкина, к-рый включает Святогорский мон. (могила поэта) и др. Ежегод. праздник поэзии.

ПУ́ШКИНЫ, дворянский род 14–20 вв. Родоначальник – герой Невской битвы 1240, дружинник Александра Невского – Гаврила Олексич. Возвысились в кон. 16 в. Наиб. известны: Гаврила Григ. (? – после 1626), думный дворянин; Григ. Гаврилович (?–1656), боярин, оружничий, дипломат, воен. деятель. Из рода П. – А.С. Пушкин.

ПУШНЫ́Е ЗВЕ́РИ, дикие и разводимые в неволе млекопитающие, шкурки к-рых (пушнина) используют на меховые изделия. Распространены широко, в России ок. 100 видов. Наиб. ценную пушнину дают соболь, куница, выдра, бобр и др., менее ценную – горностай, белка, крот, лисица и др. На редкие виды П.з. (белый медведь, леопард, выхухоль и др.) охота запрещена. В неволе (клеточное содержание) разводят соболя, американскую норку, лисицу, песца, нутрию.

ПУЭ́РТО-РИ́КО (Puerto Rico), глубоководный жёлоб в Атлантич. ок., к С. от о. Пуэрто-Рико. Дл. 1070 км, глуб. до 8742 м.

ПУЭ́РТО-РИ́КО (Содружество Пуэрто-Рико), владение США в Вест-Индии, на о-ве и близлежащих малых о-вах. Пл. 8,9 т. км². Нас. 3,6 млн. ч., в осн. пуэрториканцы (преим. креолы и мулаты). Офиц. яз.– испанский. Верующие в осн. католики. С 1952 имеет статус свободно ассоциированного с США гос-ва. Исполнит. власть осуществляет выборный губернатор. Законодат. орган – Законодат. собрание. Столица – Сан-Хуан. Адм.-терр. деление: 8 округов. Ден. единица – доллар США.

Пушкин. Большой Екатерининский дворец.

Пуэрто-Рико. Ландшафт внутренних районов.

Пуэрто-Рико. Город Сан-Хуан. На переднем плане — крепость Сан-Херонимо де Бокерон (16–17 вв.), вдали — новый район Эль-Кондадо.

С З. на В. простирается хр. Кордильера-Сентраль (выс. до 1338 м). Климат тропич. пассатный. Ср.-мес. темп-ры 24–28 °C; осадков 900–2500 мм в год. Часты ураганы. Вечнозелёные и смешанные леса, кустарники и редколесья.

В 15 в. П.-Р. захватили исп. конкистадоры. В результате исп.-амер. войны 1898 он перешёл во владение США.

Основа экономики — обрабат. пром-сть и с. х-во экспортного направления. ВНП на д. нас. 6626 долл. в год. Развита хим.-фарм., нефтеперераб., электронная (сборка компьютеров, науч. приборов), текст., пищевкус. пром-сть. В с. х-ве преобладает жив-во (ок. 70% стоимости продукции; разведение кр. рог. скота, свиней). Гл. товарные культуры — сах. тростник, ананасы, табак, кофе, бананы. Экспорт: хим. продукция (св. 40% стоимости), продовольствие, электрооборудование, компьютеры.

ПХЕНЬЯН, столица КНДР, на р. Тэдонган. 2,4 млн. ж. Аванпорт Нампхо; международ. аэропорт. Метрополитен. Чёрная и цв. металлургия, маш-ние; текст., пищ., хим. пром-сть. Академия наук. Ун-т. Музеи (в т.ч. кор. рев-ции, кор. изобр. иск-ва). Т-ры: Большой, пхеньянский худ., и др. Кор. филармония. П. — один из древнейших городов Кореи. Крепостные ворота Тэдонмун (3 в., перестроены в 17 в.), Потхонмун (10 в., перестроены в 15 в.), дозорная башня Ыльмильдэ (3 в., перестроена в 14 в.).

ПЧЁЛЫ, группа семейств жалящих перепончатокрылых насекомых. Дл. от 1,5 мм до 5 см (обычно 1–1,5 см). Ок. 30 тыс. видов. Распространены

Пчёлы. Домашняя, или медоносная, пчела.

всюду, где есть цветковые р-ния, с к-рыми П. тесно связаны. Большинство видов П. — одиночные, нек-рые селятся колониями; *общественные П.,* как и др. *общественные насекомые,* живут семьями. Все П. строят гнёзда (в природе — в дуплах деревьев, расщелинах скал или открыто) с восковыми ячейками (сотами), в к-рых выкармливают личинок. Медоносная П. одомашнена, разводится ради мёда, воска, прополиса и др. ценных продуктов, а также опыления р-ний. Как объект пчеловодства известна ок. 6 тыс. лет. Домашние П. живут семьями, состоящими из одной матки (откладывает яйца, из к-рых выводятся молодые П.), множества рабочих П. (собирают нектар и пыльцу, строят соты, чистят гнездо, выполняют др. работы) и трутней (оплодотворяют самок — будущих маток — во время брачного вылета, после чего гибнут). Продолжитель-

Пхеньян. Мост через р. Тэдонган.

Пшеница (колоски).

ность жизни матки 4–5 лет (хоз. использование 2 года), рабочих П. — 35–40 сут (зимующих до 200 сут). Каждая семья (50–80 тыс. особей) за сезон заготовляет до 150–300 кг мёда.

ПШЕНИ́ЦА, род одно- и многолетних травянистых р-ний (сем. злаки). Ок. 30 видов, в осн. в Передней Азии, Закавказье. Возделывают (во мн. странах мира, в т.ч. в России) в осн. П. мягкую, или обыкновенную, и П. твёрдую (озимые и яровые формы, св. 4000 сортов). В культуре с 7–6-го тыс. до н.э. (Передняя Азия, Туркмения, Юж. Европа), на Сев. Кавказе с 1-го тыс. до н.э. Урожайность: озимой П. до 80 ц с 1 га, яровой — до 30 ц с 1 га. Из зерна производят муку, крупу, макароны, крахмал и др. Зерно мягкой П., стекловидное на изломе, с высоким (30–45%) содержанием клейковины (сильная П.), способно улучшать хлебопекарные качества зерна др. сортов П. Зелёная масса, сено, солома, зерно, отруби — корм для скота.

ПШИБЫШЕ́ВСКИЙ (Przybyszewski) Станислав (1868–1927), польск. писатель (писал также на нем. яз.). Декадентские ром. «Заупокойная месса» (1893), «Дети сатаны» (1897), «Homo sapiens» (1895–98), драмы «Гости», «Золотое руно» (обе 1901). Лит.-критич. эссе «К психологии индивидуума» (т. 1 — «Шопен и Ницше», т. 2 — «О. Хансон», 1892).

ПЫЖИК, телёнок северного оленя в возрасте до 1 мес. Из шкурок (мех также наз. П.) в осн. шьют головные уборы.

ПЫЛЬЦА́, совокупность пыльцевых зёрен (пылинок), образующихся в пыльниках семенных р-ний. Каждое пыльцевое зерно содержит т.н. вегетативную клетку и 2 спермия, к-рые при попадании П. на рыльце пестика проникают в зародышевый мешок (в завязи) и оплодотворяют яйцеклетку.

ПЫРЕ́Й, род многолетних трав (сем. злаки). Ок. 30 видов, в Сев. полушарии. Растут б.ч. в степях, на лугах, каменистых склонах и скалах. Многие П. — кормовые р-ния; П. ползучий — злостный сорняк в посевах. При скрещивании нек-рых видов П. с пшеницей получены устойчивые к болезням и вредителям пшенично-пырейные гибриды.

ПЫ́РЬЕВ Ив. Ал-др. (1901–68), кинорежиссёр. Признание получили муз. комедии-сказки о жизни в СССР: «Богатая невеста» (1938), «Трактористы» (1939), «Свинарка и пастух» (1941), «В шесть часов вечера после войны» (1944), «Сказание о земле Сибирской» (1948), «Кубанские казаки» (1950), для к-рых характерны красочность, мягкая нарядность, приподнятость, оптимизм. Экранизировал произв. Ф.М. Достоевского («Идиот» (1958), «Белые ночи» (1960), «Братья Карамазовы» (1969, 3-я серия закончена К.Ю. Лавровым и М.А. Ульяновым).

ПЬЕЗОЭЛЕ́КТРИКИ, кристаллич. в-ва, в к-рых при сжатии или растяжении возникает электрич. поляризация даже в отсутствии внеш. электрич. поля (прямой пьезоэффект). Под действием электрич. поля в П. появляется механич. деформация (обратный пьезоэффект). Свойствами П. обладают более чем 1500 в-в. Типичный П. — кварц. Являются все *сегнетоэлектрики.* Применяются в технике, электронике, медицине и др.

ПЬЕ́РО ДЕ́ЛЛА ФРАНЧЕ́СКА (Piero della Francesca) (ок. 1420–1492), итал. живописец. Представитель Раннего *Возрождения.* Произведения отличают величавая торжественность, благородство и гармония образов, обобщённость форм, глубокая продуманность пропорций, ясность перспективных построений, исполненная света, мягкая нарядная красочность (фрески в церк. Сан-Франческо в Ареццо, 1452–66). Автор трактатов «О перспективе в живописи», «Книжица о пяти правильных телах».

Пьеро делла Франческа. Портрет Федериго да Монтефельтро. Ок. 1465. Уффици. Флоренция.

П. Пюви де Шаванн. «Зима». Музей Пти-Пале. Париж.

ПЬЕХА Эдита Стан. (р. 1937), эстрадная певица. С 1955 в Ленконцерте (с 1994 – Петербург-концерт). Первая исполнительница многих песен В. П. Соловьёва-Седого, О. Б. Фельцмана и др., в репертуаре также франц., польск. песни. П. выделяют благородство и нежность исполнит. манеры.

ПЬЕЦУХ Вяч. Ал. (р. 1946), рус. писатель. В ром. «История города Глупова в новые и новейшие времена» (1989), пов. «Новая московская философия» (1989), рассказах (сб. «Алфавит», 1983, «Весёлые времена», 1988), соединяющих иронию и гротеск, социальную сатиру и психол. драматизм, исследуются нравств. изъяны совр. общества. Ист. ром. «Роммат» (1989). Гл. ред. ж-ла «Дружба народов» (с 1992).

ПЭН Александр (1906–72), евр. поэт (Израиль); писал на иврите. Смелая метафоричность, новаторская ритмика, дерзость полит. сатиры, эмоциональность любовной лирики, ощущение бесценности бытия (сб. «Против», 1935, «Длина пути», 1958).

ПЭР (франц. pair, англ. peer), звание представителей высш. аристократии во Франции и Великобритании; во Франции ликвидировано в 1789 (восстановлено в 1814, вновь упразднено в 1848). В Великобритании звание П. даёт право быть членом палаты лордов англ. парламента.

ПЮВИ ДЕ ШАВАНН (Puvis de Chavannes) Пьер (1824–98), франц. живописец. Представитель *символизма*. Отвлечённо-идиллич. панно отмечены плоскостностью, условностью, приглушённой цветовой гаммой.

ПЯРТ (Pärt) Арво (р. 1935), эст. композитор. С 1980 в эмиграции. В произв.– черты *авангардизма*, с сер. 1970-х гг.– подчёркнуто благозвучный стиль, культивирующий *трезвучие* как интонац. и конструктивную основу музыки. «Страсти по Иоанну» (1983), Те Деум (1984), симфонии и др. произв. для оркестра, концерты, ансамбли.

ПЯТИБОРЬЕ легкоатлетическое: бег, прыжки, метания (наиб. распространено жен. П.: барьерный бег на 100 м, толкание ядра, прыжок в высоту, прыжок в длину, бег на 800 м). Места участников соревнований определяются по сумме очков, начисляемых по спец. таблицам. Жен. П. в программе Олимп. игр с 1964. См. также *Современное пятиборье*.

Р

Р, р [эр], восемнадцатая буква рус. алфавита; восходит к букве *кириллицы* Р («рцы»).

РА (Ре), в егип. мифологии бог солнца, царь и отец богов. Почитался в образе сокола.

РАБАТ, столица (с 1956) Марокко, на побережье Атлантич. ок., в устье р. Бу-Регрег. 519 т.ж. Трансп. уз.; междунар. аэропорт. Лёгкая, хим., металлообр., деревообр. пром-сть. Ремёсла: ковроделие, чеканка, керамика и др. Ун-т. Консерватория. Музеи: марокканского иск-ва (в цитадели Удайя), местных нар. ремёсел, древностей. Нац. т-р. Р. осн. в 12 в. Альмохадами. В 1912–56 адм. ц. франц. зоны протектората.

РАБЛЕ (Rabelais) Франсуа (1494–1553), франц. писатель-гуманист, врач. Ром. «Гаргантюа и Пантагрюэль» (кн. 1–4, 1533–52, кн. 5 опубл. в 1564) – худ. энциклопедия франц. культуры эпохи Возрождения. Отвергая ср.-век. аскетизм, разл. рода предрассудки и ограничения духовной свободы, Р. раскрывает в гротескных (с использованием площадного комизма), навеянных фольклором образах героев (великаны Гаргантюа, Пантагрюэль, правдоискатель Панург) жизнеутверждающие идеалы своего времени, стихию адогматич., свободного приятия жизни, утопич. культ всестороннего, телесного и духовного, удовлетворения потребностей. Смех Р., порою беспощадный,

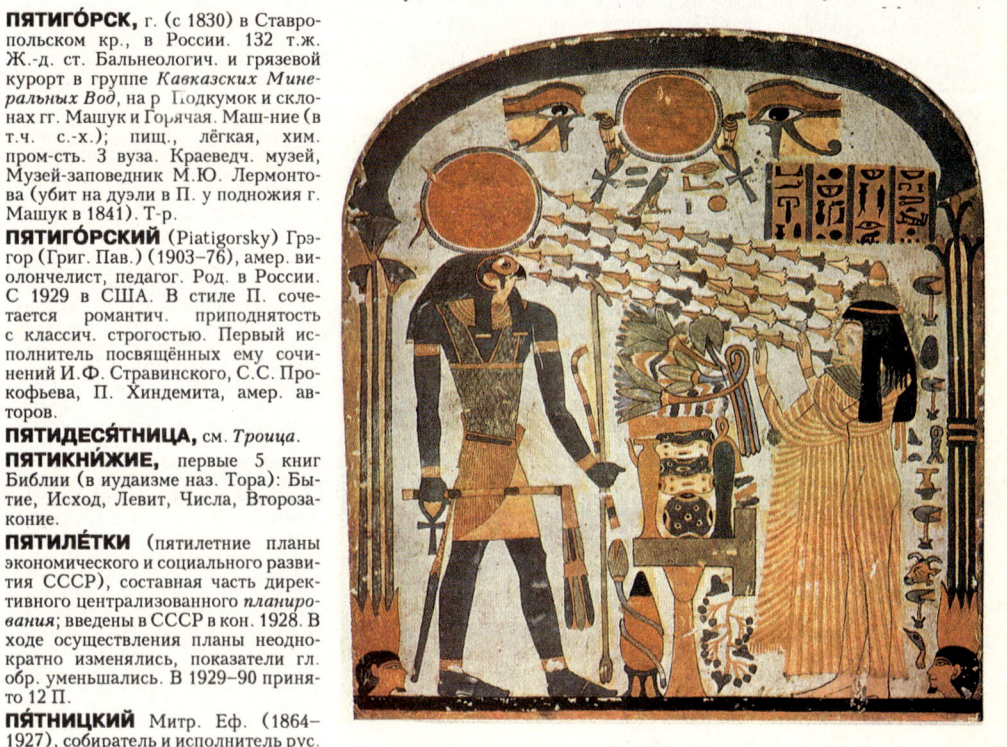

ПЯТИГОРСК, г. (с 1830) в Ставропольском кр., в России. 132 т.ж. Ж.-д. ст. Бальнеологич. и грязевой курорт в группе *Кавказских Минеральных Вод*, на р. Подкумок и склонах гг. Машук и Горячая. Маш-ние (в т.ч. с.-х.); пищ., лёгкая, хим. пром-сть. 3 вуза. Краеведч. музей, Музей-заповедник М. Ю. Лермонтова (убит на дуэли в П. у подножия г. Машук в 1841). Т-р.

ПЯТИГОРСКИЙ (Piatigorsky) Грэгор (Григ. Пав.) (1903–76), амер. виолончелист, педагог. Род. в России. С 1929 в США. В стиле П. сочетается романтич. приподнятость с классич. строгостью. Первый исполнитель посвящённых ему сочинений И. Ф. Стравинского, С. С. Прокофьева, П. Хиндемита, амер. авторов.

ПЯТИДЕСЯТНИЦА, см. *Троица*.

ПЯТИКНИЖИЕ, первые 5 книг Библии (в иудаизме наз. Тора): Бытие, Исход, Левит, Числа, Второзаконие.

ПЯТИЛЕТКИ (пятилетние планы экономического и социального развития СССР), составная часть директивного централизованного *планирования*; введены в СССР в кон. 1928. В ходе осуществления планы неоднократно изменялись, показатели гл. обр. уменьшались. В 1929–90 принято 12 П.

ПЯТНИЦКИЙ Митр. Еф. (1864–1927), собиратель и исполнитель рус. нар. песен. Основатель и худ. руководитель Рус. нар. хора (1910, с 1927 – имени Пятницкого).

Пятигорск. Грот Лермонтова.

Ра. «Поклонение Ра-Гарахути». Раскрашенная стела. Ок. 1100 до н.э. Лувр.

Рабат. Ворота цитадели Удайя.

Ф. Рабле.

Ф. Рабле. «Гаргантюа и Пантагрюэль». Гравюра Ш. Дюмонтье. 2-я пол. 18 в.

глумящийся над пороками, далёк от сатирич. осмеяния, лишён страха перед злом и окрашен в карнавально праздничные тона.

РАБО́ТА (в термодинамике), 1) одна из форм обмена энергией (наряду с теплотой) термодинамич. системы (физ. тела) с окружающими телами; 2) количеств. характеристика преобразования энергии в физ. процессах; зависит от вида процесса. Р. системы положительна, если она отдаёт энергию, и отрицательна, если получает. Примером может служить Р. при расширении или сжатии на величину объёма ΔV нек-рой массы газа, находящегося под давлением p; тогда Р. равна $p \cdot \Delta V$.

РАБО́ТА силы, мера действия силы, зависящая от величины и направления силы F и от перемещения s точки её приложения. Если сила F постоянна, а перемещение прямолинейно, то Р. равна $F \cdot s \cos\alpha$, где α — угол между направлениями силы и перемещения; в частности, при $\alpha = \pi/2$ Р. не совершается.

РАБО́ТНЫЕ ЛЮ́ДИ, в России 17 — 1-й пол. 19 вв. общее название рабочих на промыслах и в пром-сти: крепостные крестьяне-отходники, посессионные (от лат. possessio — владение) крестьяне, вольные наёмные работники.

РАБО́ЧИЙ КЛАСС, пролетариат, социальная группа индустр. общества, включающая занятых наёмным, преим. физич. трудом. С сер. 19 в. в Европе возник пром. пролетариат, сформировались профсоюзы и полит. партии Р. (см. *Марксизм*, *Социализм*). Со 2-й пол. 20 в. в развитых индустр. странах в связи с науч.-техн. прогрессом, ростом сферы услуг и др. относительно уменьшилась доля Р.к. (менее 50% активного нас.), исчезли чёткие границы Р.к. с др. социальными группа-

ми по жизненному уровню, культурному развитию и др.; изменился состав самого Р.к., включающего разл. социально-проф. слои. В СССР и др. бывших социалистич. странах Р.к. был провозглашён гегемоном — руководящей силой общества (диктатура пролетариата), но в условиях тоталитарной системы он был лишён реальной возможности выражения и отстаивания своих интересов. С кон. 1980-х гг. в этих странах возрождается рабочее движение.

РА́БСТВО, исторически первая форма эксплуатации, при к-рой раб наряду с орудиями произ-ва является собственностью хозяина — рабовладельца («говорящее орудие»). Древнейшие гос-ва, основу к-рых составляло Р., образовались на рубеже 4-го и 3-го тыс. до н.э. (Месопотамия, Египет). Высш. развития Р. достигло в Греции (5–4 вв. до н.э.) и Риме (2 в. до н.э. – 2 в. н.э.). С 17 в. труд рабов, завозимых из Африки, широко использовался в колониях на Амер. континенте; Р. было ликвидировано в США в результате Гражд. войны 1861–65.

РАВВИ́Н (от др.-евр. рабби — мой учитель), в иудаизме руководитель общины верующих, служитель культа.

РАВЕ́ЛЬ (Ravel) Морис (1875–1937), франц. композитор. Развил достижения К. Дебюсси в области импрессионистич. звукописи, колористич. гармонии и оркестровки.

М. Равель.

Изысканность письма сочетается с мелодич. ясностью, ритмич. определённостью. В ряде произв. — тенденции *неоклассицизма*. Муз. язык связан с исп. культурой: оп. «Испанский час» (1907), «Испанская рапсодия» (1907), а также «Болеро» (1928) для орк. — одна из вершин франц. симфонизма 20 в. Оп.-бал. «Дитя и волшебство» (1925), бал. «Дафнис и Хлоя» (1912), конц. рапсодия для скрипки и фп. «Цыганка» (1924), фп. пьесы «Игра воды», 1901; цикл «Отражения», 1905; сюита «Гробница Куперена», 1917). Оркестровал фп. цикл «Картинки с выставки» М.П. Мусоргского (1922).

РАВЕ́НСКИХ Бор. Ив. (1914–80), режиссёр. В 1960–70 гл. реж. Моск. т-ра имени А.С. Пушкина, в 1970–1976 — Малого т-ра. Среди пост.: «Свадьба с приданым» Н.М. Дьяконова 1950, Моск. т-р сатиры; «Власть тьмы» Л.Н. Толстого (1956), «Царь Фёдор Иоаннович» А.К. Толстого (1973) и «Возвраще-

ние на круги своя» И. Друцэ (1978) — в Малом т-ре. Лучшие работы Р. — спектакли «большого стиля», к-рым свойственны и возвышенная поэтичность, и жизненная достоверность.

РА́ВЕНСТВО социальное, характеристика определ. обществ. состояния, составная часть мн. социальных идеалов. Требования полит. и социального Р. играли активную, часто рев. роль в ист. процессе. Стоицизм выработал понятие Р. всех людей, коренящегося в их общей разумной природе. Теоретики естеств. права утверждали Р. как равноценность и равноправие всех людей, в т.ч. Р. всех перед законом. У Ж.Ж. Руссо равенство (в т.ч. Р. воспитания) выступает необходимой предпосылкой свободы; в противоположность этому А. Токвиль считал, что установка на Р. социальных условий жизни ведёт к деспотич. эгалитаризму и утрате личной свободы. Требование имуществ. экон. Р. характерно для разл. течений социалистич. мысли 19–20 вв. В совр. обществ. мысли подвергаются критике принципы уравнит. распределения и установления полного Р.; наиб. распространение получили концепции, в к-рых обосновывается необходимость обеспечения равных условий старта для вступающих в жизнь поколений.

РАВНИ́НЫ, участки поверхности суши, дна океанов и морей, характеризующиеся малыми уклонами и незначит. колебаниями высот. На суше различают Р., лежащие ниже ур. м., низменные (выс. до 200 м), возвышенные (200–500 м) и нагорные (св. 500 м). Р. занимают б.ч. поверхности Земли. Крупнейшая Р. мира — Амазонская (пл. св. 5 млн. км²).

РАВНОВЕ́СИЕ механической системы, состояние механич. системы, находящейся под действием сил, при к-ром все её точки покоятся по отношению к рассматриваемой системе отсчёта. Р. имеет место, когда все действующие на тело силы взаимно уравновешены. Р. тела может быть устойчивым, неустойчивым и безразличным. Устойчивым наз. такое Р., когда после малого отклонения от положения Р. тело опять в него возвращается, точнее, совершает около положения Р. малое колебание; неустойчивым — когда все более и более удаляется от положения Р.; безразличным — когда тело продолжает оставаться в Р. в новом положении (шар на горизонтальной плоскости).

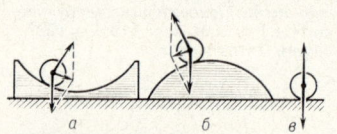

Равновесие механической системы: *а* — устойчивое; *б* — неустойчивое; *в* — безразличное.

РАВНОДЕ́НСТВИЕ, момент времени, в к-рый центр солнечного диска при своём видимом годичном движении переходит из одного полушария небесной сферы в другое. Точка, в к-рой центр Солнца переходит из Юж. полушария небесной сферы в Северное, наз. точкой весеннего Р. (соответствующий момент времени наз. весенним Р.); наступает 20–21 марта), противоположная — точка осеннего Р. (соотв. осеннее Р.; наступает 23 сент.). В период времени, близкий к Р., продолжительность

дня на всей Земле (исключая близкие к полюсам области) почти равна продолжительности ночи.

РА́ГА (санскр. — цвет, оттенок, страсть и др.), осн. понятие инд. классич. традиц. музыки, выражающее взаимосвязь природных, эмоц.-психол. и муз. законов, а также название практики инд. канонич. монодийного музицирования (инстр. или вок.-инстр.). См. также *Монодия*, *Макам*.

РАД, см. в ст. *Доза излучения*.

РАДА́Р, то же, что *радиолокационная станция*.

РАДЖА́ (санскр. — царь), княжеский титул в Индии.

РАДЗИ́НСКИЙ Эдвард Стан. (р. 1936), рус. драматург. Острые нравств. и обществ. конфликты, сочетание драматизма с юмором и гротеском в пьесах на совр. («104 страницы про любовь», 1964; «Спортивные сцены 1981 года», 1986; «Убьём мужчину?», 1987) и ист. («Беседы с Сократом», 1976; «Театр времён Нерона и Сенеки», 1982) темы, в цикле новелл «Наш Декамерон» (1990). Док.-биогр. произведение «Господи... спаси и усмири Россию». Николай II: жизнь и смерть» (1993).

РАДИА́ЛЬНЫЙ (от лат. radius — луч, радиус), направленный, расположенный по радиусу, лучевой.

РАДИА́Н (от лат. radius — спица колеса), угол, соответствующий дуге, длина к-рой равна радиусу окружности. Р. принимается за единицу измерения углов. Обозначается рад. 1 рад ≈ 57°17′44,8″. Полная окружность соответствует углу 2π рад.

РАДИА́ТОР (от лат. radio — излучаю), 1) устройство в двигателях внутр. сгорания для отвода тепла от охлаждающей жидкости, циркулирующей по системе каналов (трубок), за счёт излучения тепла с внеш. стенок Р. и теплообмена с окружающей средой. 2) Нагреват. прибор в системе отопления (часто в быту наз. *батареей*). Состоит из отдельных секций, по внутр. каналам к-рых циркулирует теплоноситель (вода, пар). 3) Устройство (напр., в виде пластины с рёбрами) для охлаждения нагревающихся при работе радиотехн. и др. элементов (резисторов, электронных приборов и т.д.).

РАДИАЦИО́ННАЯ БЕЗОПА́СНОСТЬ, комплекс мер по обеспечению защиты от воздействия ионизирующего излучения. Включает разработку критериев оценки опасности излучения для отд. групп людей, популяции в целом и природных объектов; способы и методы оценки радиац. обстановки; техн., медико-сан. и орг. меры, обеспечивающие безопасность использования излучения. С учётом облучения извне и изнутри приняты нормы Р.б., т.е. допустимые для человека и ж-ных *дозы излучения*. Установлены 3 группы органов человека и ж-ных, для к-рых существуют разные предельные эквивалентные дозы: 1) всё тело, половые органы, красный костный мозг — 0,5 бэр/г; 2) мышцы, щитовидная железа, жировая ткань, печень, почки, хрусталик глаза — 1,5 бэр/г; 3) кожный покров, костная ткань и др. — 3 бэр/г. Предельные дозы не включают дозу, обусловленную естеств. фоном.

РАДИАЦИО́ННЫЕ ПОЯСА́ планет, внутр. области планетных *магнитосфер*, в к-рых собств. магн. поле планеты удерживает заряженные частицы (протоны, электроны), обладающие большой кинетич. энергией. Р.п. Земли открыты в 1958 группами амер. и сов. учёных при помощи приборов, установленных на ИСЗ. В Р.п. частицы под действием магн. поля движутся по сложным траекториям из Сев. полушария в Южное и обратно. У Земли обычно выделяют внутр. и внеш. Р.п. Внутр. Р.п. Земли имеет макс. плотность частиц (преим. протонов) над экватором на выс. 3–4 т. км, внеш. Р.п. — на выс. ок. 22 т. км. Р.п. — источник радиац. опасности при космич. полётах. Мощными Р.п. обладают Юпитер и Сатурн.

РАДИА́ЦИЯ, все виды *ионизирующих излучений* (потоки заряженных и нейтральных частиц, γ-квантов), а также эл.-магн. излучение всех остальных диапазонов.

РА́ДИЙ (Radium), Ra, радиоактивный хим. элемент II гр. периодич. системы, ат. н. 88, ат. м. 226,0254; относится к *щёлочноземельным металлам*. Р. открыт франц. физиками П. Кюри и М. Склодовской-Кюри в 1898. Открытие Р. и изучение его радиоактивных свойств сыграли огромную роль в понимании строения атомного ядра и явления радиоактивности.

РАДИКА́Л (от лат. radix – корень), сторонник коренных, решительных мер, действий, программ.

РАДИКА́Л, матем. знак √ (изменённое лат. *r*), к-рым обозначают действие извлечения корня, а также результат извлечения корня, т.е. число вида $\sqrt[n]{a}$.

РАДИКА́ЛЫ СВОБО́ДНЫЕ, хим. частицы с одним или неск. неспаренными электронами. Парамагнитны; как правило, реакционноспособны. Промежуточно образуются во мн. хим. реакциях (горение, полимеризация, радиолиз, ферментативное окисление и др.). Нек-рые выделены в индивид. состоянии.

РАДИКУЛИ́Т (от лат. radicula – корешок), воспаление корешков спинномозговых нервов, гл. обр. при остеохондрозе межпозвоночных дисков. Характерны боли, расстройства движений, чувствительности и т.д. В зависимости от уровня поражения различают пояснично-крестцовый, шейный и др. Р.

РАДИ́МИЧИ, объединение вост.-слав. племён в междуречье верх. Днепра и Десны. Ок. 885 в составе Др.-рус. гос-ва. В 12 в. большая часть терр. в Черниговском, сев. часть – в Смоленском кн-вах.

РА́ДИО (от лат. radio – излучаю, radius – луч), 1) способ передачи на расстояние сообщений посредством излучения эл.-магн. волн в диапазоне частот до 3000 ГГц. Изобретение Р. относится к 1886–95. У истоков Р. стояли нем. учёный Г. Герц, рос. учёный А.С. Попов, англ. учёный У. Крукс, итал. изобретатель Г. Маркони и др. 2) Область науки и техники, связанная с изучением физических явлений, лежащих в основе такого способа передачи. 3) Термин, используемый в обиходе применительно к радиовещанию. Регулярные передачи по Р. звуковых программ начались в 1920 в США, в России – в 1924. Широкое распространение в ряде стран получило многопрограммное проводное вещание (в России – трёхпрограммное).

РА́ДИО..., часть сложных слов, указывающая на их отношение к радио (напр., радиоволны) или к радию, радиации, радиоактивности (напр., радиобиология).

РАДИОАКТИ́ВНОСТЬ (от *радио*... и лат. activus – деятельный), свойство атомных ядер самопроизвольно (спонтанно) изменять свой состав (заряд ядра Z, число нуклонов A) путём испускания *элементарных частиц*, γ-квантов или ядерных фрагментов. Нек-рые из существующих в природе ядер радиоактивны (U, Th и др.; естеств. Р.), но большинство радиоактивных ядер получено искусственно. Естеств. Р. открыта в 1896 франц. учёным А. Беккерелем (U), исследована англ. учёным Э. Резерфордом и франц. учёными П. и М. Кюри, установившими испускание α-частиц (*альфа-распад*), электронов (*бета-распад*, e⁻-распад), *гамма-излучения*. В 1934 франц. учёные И. и Ф. Жолио-Кюри обнаружили искусств. Р. с вылетом позитронов (β⁺-распад). В 1940 Г.Н. Флёров и К.А. Петржак (СССР) открыли ещё один вид Р. – спонтанное деление урана. Протонная Р. (с испусканием протонов) обнаружена в 1982 нем. физиком С. Хофманом. В 1984 англ. физики X. Роуз и Г. Джонс открыли т.н. *f*-Р. с вылетом тяжёлых ядерных фрагментов (ядер ^{14}C, ^{24}Ne, ^{28}Mg).

РАДИОАКТИ́ВНЫЕ ГОРЯ́ЧИЕ ЧАСТИ́ЦЫ, твёрдые высокоактивные частицы, образующиеся при ядерных взрывах, ядерных авариях с разрушением активной зоны реактора. Их ср. размер составляет ок. 1 мкм. Р.г.ч. длительное время пребывают в атмосфере (на выс. до 35 км, в течение 10 лет) и могут переноситься на значит. расстояния. После попадания на поверхность Земли с осадками Р.г.ч. вновь могут подниматься в воздух (ветровая миграция). Биол. действие Р.г.ч. изучено недостаточно.

РАДИОАКТИ́ВНЫЕ ОТХО́ДЫ, разл. материалы и изделия, биол. объекты и т.п., к-рые содержат радионуклиды в высокой концентрации и не подлежат дальнейшему использованию. Наиб. опасные Р.о. – отработанное ядерное топливо – перед переработкой выдерживают во временных хранилищах (как правило, с принудит. охлаждением) от неск. суток до десятков лет с целью уменьшения активности. Нарушение режима хранения может иметь катастрофич. последствия [при взрыве близ г. Кыштым в Челябинской обл. 29 сент. 1957 выброшена в атмосферу смесь радионуклидов общей активностью ок. 7,4·10¹⁶ Бк, площадь загрязнения составила (15–23)·10³ км²]. Газообразные и жидкие Р.о., очищенные от высокоактивных примесей, сбрасывают в атмосферу или водоёмы. Высокоактивные жидкие Р.о. хранят в виде солевых концентратов в спец. резервуарах в поверхностных слоях земли, выше уровня грунтовых вод. Твёрдые Р.о. цементируют, битумируют, остекловывают и т.п. и захоранивают в контейнерах из нержавеющей стали: на десятки лет – в траншеях и др. неглубоких инж. сооружениях, на сотни лет – в подземных выработках, соляных пластах, на дне океанов. Для Р.о. надёжных, абсолютно безопасных способов захоронения до наст. времени нет из-за коррозионного разрушения контейнеров.

РАДИОАКТИ́ВНЫЕ РУ́ДЫ, содержат минералы радиоактивных элементов. Наиб. значение имеют *урановые руды*.

РАДИОБИОЛО́ГИЯ (от *радио*... и *биология*), наука о действии излучений (гл. обр. ионизирующих) на макромолекулы, живые организмы, их сообщества, биосферу в целом. Достижения Р. позволяют разрабатывать средства защиты организма от излучений, стимулировать процессы восстановления в облучённом организме, использовать ионизирующие излучения в медицине, с. х-ве, пищ. и микробиол. пром-сти. Сформировалась в 1-й пол. 20 в.

РАДИОВИ́ДЕНИЕ, см. в ст. *Интроскопия*.

РАДИО́ЛА, комбинир. установка из объединённых в общем футляре радиовещат. приёмника и электрич. проигрывателя грампластинок.

РАДИОЛО́ГИЯ медицинская, комплексная дисциплина, изучающая разл. аспекты использования гл. обр. ионизирующих излучений в медицине. Включает клинич. радиобиологию, лучевую терапию, радионуклидную диагностику, рентгенодиагностику, радиац. гигиену.

РАДИОЛОКАЦИО́ННАЯ СТА́НЦИЯ (РЛС; радиолокатор, радар), устройство для обнаружения и определения местоположения объектов методами *радиолокации*. Первая Р.с. создана в Великобритании в 1936. Применяются в воен. деле, на речном, мор., возд. транспорте, в астрономии, космонавтике и др. областях науки и техники.

Радиолокационная станция.

РАДИОЛОКА́ЦИЯ (от *радио*... и лат. locatio – расположение), область науки и техники, предмет к-рой – наблюдение разл. объектов (целей) радиотехн. методами: их обнаружение, определение местоположения (координат), скорости и др.; сам процесс радиолокац. наблюдения, осуществляемый *радиолокационными станциями*. Осн. методы Р.: активные, основанные на облучении объекта радиоволнами и приём от него (рассеянный им) радиоволн; пассивные, основанные на приёме радиоволн, излучаемых самим объектом. Идея Р. возникла вместе с изобретением *радио*, широкое техн. развитие она получила лишь в кон. 30-х гг. 20 в. Совр. Р. применяется в воен. деле, мор., возд., космич. навигации, метеорологии и астрономии.

РАДИОЛЯ́РИИ, одноклеточные ж-ные (подцарство простейшие). Разнообразны по форме (многие шарообразные), размеры от 40 мкм до 1 мм и более. Имеют внутренний, часто геометрически правильный скелет. Морские планктонные, преим. тепловодные организмы. Св. 7 тыс. совр. и ископаемых видов. Образуют радиоляриевый ил, входят в состав осадочных пород.

РАДИОНУКЛИ́Д, см. в ст. *Нуклид*.

РАДИОПЕРЕДА́ТЧИК, в сочетании с антенной служит для передачи радиосигналов в системах радиосвязи, радиовещания и т.д. Осн. элементы: генератор электрич. ВЧ-колебаний, *модулятор* для управления их параметрами.

РАДИОПРИЁМНИК, в сочетании с антенной (наружной или встроенной) служит для приёма радиосигналов. Осн. элементы: частотно-селективные цепи (колебат. контуры, электрич. фильтры и т.п.) для настройки

Радиоприёмник. Переносные радиоприёмники.

Р. на нужную передающую станцию; усилители электрич. колебаний высокой, промежуточной, низкой частоты; *детектор*; средства воспроизведения информации (напр., громкоговоритель). Примеры Р.: радиовещат. приёмник, телевизор, радиолокац. Р.

РАДИОРЕЗИСТЕ́НТНОСТЬ (от *радио*... и лат. resisto – противостою, сопротивляюсь), устойчивость живых организмов к действию ионизирующих излучений. В радиобиологии чаще используется противоположное понятие – *радиочувствительность*.

РАДИОСВЯ́ЗЬ, электросвязь, осуществляемая посредством радиоволн. Передача сообщений ведётся *радиопередатчиком*, приём – *радиоприёмником*. Линии Р. используют для передачи телеф. сообщений, телеграмм, звуковых и телевиз. программ и т.п. Зародилась в 1886–95 вместе с изобретением *радио*.

РАДИОСПО́РТ, техн. вид спорта. Комплексные соревнования по установлению любительской радиосвязи на КВ и УКВ, по скоростному приёму и передаче радиограмм, «охоте на лис» (поиск при помощи приёмников-пеленгаторов замаскированных передатчиков – «лис») и др. Междунар. радиолюбительский союз (ИАРУ; осн. в 1925) объединяет св. 130 стран. Чемпионаты мира с 1925.

РАДИОСТА́НЦИЯ, комплекс устройств для передачи информации посредством радиоволн (передающая Р.), её приёма (приёмная Р.) или передачи и приёма (приёмопередающая Р.).

РАДИОТЕЛЕФО́Н, телефон, работающий по радио, без кабеля, соединяющего абонентов. Существует неск. вариантов Р. 1) Собственно Р. – простейшие переносные приёмопередающие устройства («игрушки») с дальностью действия до 150–200 м и до 2–10 км (т.н. уоки-токи); сравнительно мощные автомоб. и стационарные системы радиотелефонной связи с дальностью до 40–50 км и др. 2) «Бесшнуровой» Р. – телефонная трубка связана радиоканалом с осн. телефонным аппаратом, от к-рого абонент может удаляться на расстоя-

А.Н. Радищев.

Разводной мост. Дворцовый мост в Санкт-Петербурге.

С.Т. Разин.

ние до неск. сотен метров. 3) «Радиоудлинители» — содержат 2 приёмопередатчика (один у абонента, другой на автоматич. телефонной станции), работающие на выделенной именно данному абоненту радиочастоте, либо приёмопередающее оборудование, связывающее абонента с его стационарным телефонным аппаратом. 4) Оконечные устройства т.н. сотовых сетей; позволяют абоненту осуществлять связь по всей терр., охваченной сетью коллективных приёмопередатчиков. Последние как бы «передают» абонента друг другу при его передвижении.

РАДИОФИЗИКА, область физики, в к-рой изучаются процессы, связанные с эл.-магн. колебаниями и волнами радиодиапазона: их возбуждение, распространение, приём и преобразование частоты, а также возникающие при этом взаимодействия электрич. и магн. полей с зарядами в вакууме и в-ве. Радиофиз. методы исследования применяются и за пределами Р., напр. в оптике. Нек-рые разделы Р. выделяются в самостоят. области (радиоастрономия, радиоспектроскопия, квантовая электроника и т.д.).

РАДИОЧУВСТВИ́ТЕЛЬНОСТЬ, восприимчивость живых организмов к действию ионизирующих излучений. Мерой Р. служит обычно доза излучения, вызывающая гибель 50% особей (ЛД₅₀). Живые организмы сильно различаются по Р., напр.: ЛД₅₀ для собак составляет 2,5 грэй (Гр), для мышей — 6–15 Гр, для птиц и рыб — 8–20 Гр, для змей — 80–100 Гр, для насекомых — 10–100 Гр, для р-ний — 10–1500 Гр.

РАДИОЭКОЛО́ГИЯ, раздел экологии, изучающий накопление и миграцию в биосфере радиоактивных *нуклидов*. Р. сформировалась к сер. 50-х гг. 20 в. в связи с загрязнением окружающей среды радиоактивными в-вами в результате ядерных испытаний, отходов атомной пром-сти, аварий на АЭС и ядерных установках.

РАДИ́ЩЕВ Ал-др Ник. (1749–1802), рус. мыслитель, писатель. Ода «Вольность» (1783), пов. «Житие Ф.В. Ушакова» (1789), филос. сочинения. В гл. произв. Р. — «Путешествие из Петербурга в Москву» (1790) — широкий круг идей рус. Просвещения, правдивое, исполненное сочувствия изображение жизни народа, резкое обличение самодержавия и крепостничества. Книга была конфискована и до 1905 распространялась в списках; в 1790 Р. был сослан в Сибирь. По возвращении (1797) в своих проектах юрид. ре-

форм (1801–02) Р. вновь выступил за отмену крепостного права; угроза новых репрессий привела его к самоубийству.

РА́ДКЛИФ (Radcliffe) (урожд. Уорд) Анна (1764–1823), англ. писательница. В *готических* романах «Удольфские тайны» (1794), «Итальянец» (1797), где таинственному даётся реальное объяснение, сохраняется связь с просветит. лит-рой. Романтики заимствовали у Р. тип «героя-злодея», обладателя сильной воли и безудержных страстей.

РАДО́ЕВ Иван (р. 1927), болг. писатель. Сб-ки интимной и медитативной лирики «Весенний рассвет» (1953), «Один белый лист» (1975). Док. пьеса «Красное и коричневое» (1972) — о Лейпцигском процессе 1933; сатирич. («Людоедка», пост. 1978) и камерные («Шаровая молния», пост. 1985) пьесы.

РАДО́Н (Radon), Rn, радиоактивный хим. элемент VIII гр. периодич. системы, ат. н. 86, ат.м. 222,0176; относится к *благородным газам*. Вносит осн. вклад в естеств. радиоактивность атм. воздуха и окружающей среды. В помещениях Р. в 4–6 раз больше, чем в атм. воздухе, в результате выделения из строит. материалов. В микродозах Р. используют в медицине (радоновые ванны). Р. открыт англ. физиками Э. Резерфордом и Р. Оуэнсом в 1899.

РА́ДУГА, одна или неск. разноцветных дуг, наблюдаемых при освещении Солнцем (под определённым углом) капель воды (дождь, брызги). Объясняется дисперсией света в водяных каплях.

РАЁК, 1) вид ярмарочного зрелища гл. обр. в 18–19 вв., распространённый в ряде европ. стран, в т.ч. в России: ящик с 2 отверстиями (с увеличит. стёклами) для демонстрации зрителям разл. картинок. Показ сопровождался пояснениями раёшника (как правило, стихотворными). 2) (Устар.) верх. ярус зрительного зала (то же, что *галерея, галёрка*).

РАЗВИ́ТИЕ, направленное, закономерное изменение в природе и об-ве. В результате Р. возникает новое качество, состояние объекта — его состава или структуры. Различают две формы Р.: эволюционную, связанную с постепенными количеств. изменениями объекта (см. *Эволюция*); революционную, характеризующуюся качеств. изменениями в структуре объекта (см. *Революция*). Выделяют восходящую линию Р. (см. *Прогресс*) и нисходящую (см. *Регресс*). В совр. науке разрабатываются спец.-науч. теории Р., в к-рых, в отличие от классич. естествознания, рассматриваемого гл. обр. обратимые процессы, описываются нелинейные, скачкообразные преобразования.

РАЗВОДИ́МОСТЬ в демографии, процесс распадения супружеских пар вследствие расторжения брака (развода). Измеряется числом разводов в год на 1 тыс. жит. или на 1 тыс. существующих супружеских пар. По числу разводов (на 1 тыс. жит.) Рос. Федерация (в 1991 – 4,0‰) на протяжении длительного времени превосходит все бывшие республики СССР, кроме Латвии, опережает европ. страны и уступает лишь США, где в 1990-е гг. этот показатель колебался ок. 5‰.

РАЗВОДНО́Й МОСТ, мост с подвижным (разводным) пролётным строением (вертикально-подъёмным, поворотным, раскрывающимся). Со-

оружается, как правило, для пропуска судов, когда по экон. или архит. соображениям делать высоким весь мост нецелесообразно.

РАЗГОВО́РНЫЙ СТИХ, см. в ст. *Мелодика стиха*.

РАЗДЕЛЕ́НИЕ ВЛАСТЕ́Й, в конституц. праве принцип, согласно к-рому власть в гос-ве осуществляют три независимые ветви власти: исполнительная, законодательная и судебная), уравновешивающие друг друга (т.н. система сдержек и противовесов). Теория Р.в. впервые выдвинута Дж. Локком, развита Ш. Монтескьё. Сыграла значит. роль в борьбе против абсолютизма. По принципу Р.в. впервые была построена конституция США. Р.в. — один из важных элементов *правового государства* и демократии.

РАЗДЕЛЕ́НИЕ ТРУДА́, дифференциация, специализация трудовой деятельности, сосуществование разл. её видов. Обществ. Р.т. — дифференциация в обществе разл. социальных функций, выполняемых определ. группами людей, и выделение в связи с этим разл. сфер общества (пром-сть, с. х-во, наука, иск-во, армия и др.). Техн. Р.т. — расчленение труда на ряд частичных функций, операций в пределах пр-тия, орг-ции. Обществ. и техн. Р.т. находит выражение в проф. Р.т. Специализация произ-ва в пределах страны и между странами называют терр. и междунар. Р.т. Первонач. Р.т. — половое и возрастное. В дальнейшем Р.т. в совокупности с др. факторами (имуществ. неравенство и др.) приводит к возникновению разл. социальных групп. В эпоху растёт международное. Р.т., к-рое способствует развитию мировых интеграц. процессов.

РАЗИ́ (ар-Рази) (латинизир. Разес) Абу Бакр Мухаммед бен Закария (865–925 или 934), иран. учёный-энциклопедист, врач, философ; рационалист и вольнодумец. Автор ок. 184 сочинений (сохранилось 61). Дал классич. описание оспы и кори, применял оспопрививание. Филос. концепция основана на принципах популярного неоплатонизма (учение о пяти вечных началах). Антиклерикальный трактат Р. стал, по-видимому, основой известного в ср. века памфлета «О трёх обманщиках».

РА́ЗИН Степ. Тим. (ок. 1630–1671), предводитель восстания 1670–71, донской казак. В 1662–63 донской атаман, воевал с крымскими татарами и турками. В 1667 с отрядами казацкой голытьбы совершил походы на Волгу и Яик, в 1668–69 — по Каспийскому м. в Иран. Весной 1670 возглавил восстание, в ходе к-рого проявил себя опытным организатором и военачальником. Выдан казацкой старши́ной царскому пр-ву. Казнён. В нар. песнях, сказаниях отражены отвага, удаль, бескорыстие Р.

РАЗМЕ́Р (муз.), количественная характеристика тактового *метра*. В *нотном письме* обозначается дробью без черты, где числитель выражает число ритм. единиц (долей) в *такте*, а знаменатель — их длительность (напр., $\frac{2}{4}$, $\frac{3}{8}$ и т.п.); иногда Р. $\frac{4}{4}$ обозначается особым знаком — С.

РАЗМЕ́Р СТИХОТВО́РНЫЙ, способ организации звукового состава отд. стихов. произведения. В силлабич. стихосложении определяется числом слогов в стихе (строке); в тоническом — числом ударений; в метрическом и силлабо-тоническом — *метром* и числом *стоп*, и здесь обычно сливаются понятия метр (напр., ямб), Р.с. (напр., 4-стопный ямб) и разновидности Р.с. (напр., 4-стопный ямб со сплошными муж. окончаниями — ударными последними слогами).

РАЗМЕ́РНОСТЬ физической величины, выражение, показывающее связь данной физ. величины с величинами, положенными в основу системы единиц. Записывается в виде символов с определ. показателями степеней. Напр., Р. ускорения $[a] = LT^{-2}$, где L — символ длины, T — времени, −2 — показатель Р. времени.

РАЗМНОЖЕ́НИЕ (репродукция) (биол.), присущее всем организмам свойство воспроизведения себе подобных, обеспечивающее непрерывность и преемственность жизни. Различают бесполое (в т.ч. вегетативное) и половое Р. Бесполое Р. происходит без участия половых клеток, в результате деления (простейшие) или с помощью спец. образований — спор и др. (грибы, водоросли). Отделение от материнского организма его части (почки, корневища, луковицы и др.) обычно наз. вегетативным Р. При половом Р., характерном для всех *эукариот*, новая особь развивается из *зиготы* (исключение — *партеногенез*), к-рая образуется в результате слияния жен. и муж. половых клеток (оплодотворения). У нек-рых групп организмов в жизненном цикле происходит чередование бесполого и полового Р.

РА́ЗНОСТЬ ПОТЕНЦИА́ЛОВ электрическая (для потенциального электрич. поля то же, что *напряжение* электрическое) между двумя точками пространства (цепи); равна работе электрич. поля по перемещению единичного положит. заряда из одной точки поля в другую. В СИ измеряется в вольтах. Р.п. *электрического поля* Земли между двумя уровнями, стоящими друг от друга на величину роста человека, ≈ 200 В. Однако человек не чувствует этой Р.п. и его не поражает током, поскольку он является хорошим проводником и как любой проводник искажает электрич. поле так, что все точки его поверхности находятся под одинаковым потенциалом.

РАЗНОЧИ́НЦЫ («люди разного чина и звания»), в России в кон. 18–19 вв. межсословная, юридически не оформленная категория населения, выходцы из разных сословий (духовенства, купечества, мещанства, чиновничества и т.п.), в осн. занимавшиеся умственным трудом.

РАЗРЕША́ЮЩАЯ СПОСО́БНОСТЬ оптических приборов, характеризует их способность давать раздельные изображения двух близко расположенных точек. Из-за дифракции света изображение точки представляет собой не строго точку, а кружок (светлое пятно, окружённое кольцами). Наим. угловое или линейное расстояние между двумя точками, при к-ром система даёт их раздельное изображение, наз. пределом разрешения и характеризует границы применимости геом. оптики. Обратная величина есть Р.с., к-рая прямо пропорциональна *апертуре* прибора; поэтому для повышения Р.с. оптич. *телескопы* имеют наи́большей диаметр объектива. Р.с. зависит от длины волны, на к-рой работает прибор, поэтому Р.с. *электронного микроскопа* в 10^3 раз больше Р.с. оптич. *микроскопа*.

РА́ЗУМ, ум, способность понимания и осмысления. В ряде филос. течений — высш. начало и сущность (панлогизм), основа познания и поведения людей (рационализм). Своеобразный культ Р. характерен для эпохи Просвещения. См. также *Логос, Нус, Интеллект, Рассудок и разум*.

РАЗУМО́ВСКИЕ, рос. гос. деятели, братья; из укр. реестровых казаков, с 1744 графы. Ал. Григ. (1709–71), ген.-фельдм. (1756); участник переворота 1741, возведшего на престол имп. Елизавету Петровну; с 1742 её морганатич. супруг. Кир. Григ. (1728–1803), последний гетман Украины (1750–64), ген.-фельдм. (1764); през. Петерб. АН (1746–98).

РАЙ Раммохан (1772 или 1774–1833), инд. просветитель. Разработал религ.-филос. систему, утверждавшую равенство людей. Осн. средством прогресса считал просвещение народа.

РАЙ (парадиз) (от parádeisos, употреблялось в греч. яз. для наименования парков и садов перс. царей и знати), в христ. представлениях место вечного блаженства, обещанное праведникам в будущей жизни. Из «земного Р.» – Эдема – была изгнана первая человеческая пара (Адам и Ева) после совершённого ими *грехопадения*. В разл. культурных традициях Р. осмысливается как сад, город, небеса (ср.: мусульм. Джанна, др.-инд. Брахмалока, сканд. Вальхалла, будд. Абхирати и др.).

РА́ЙЗМАН Юл. Як. (1903–94), рос. кинорежиссёр. Гражд. пафос, умение обрисовывать характеры в их неразрывной связи с духом времени, реальной средой действия проявились в ф.: «Лётчики» (1935), «Последняя ночь» (1937), «Машенька» (1942), «Коммунист» (1958), «А если это любовь?» (1962), «Твой современник» (1968), «Частная жизнь» (1982).

РА́ЙКИН Арк. Исаакович (1911–1987), актёр. На сцене с 1935. Работал в Ленингр. ТРАМе, Т-ре имени Ленинского комсомола, выступал на эстраде. С 1939 актёр, с 1942 худ. рук. Ленингр. т-ра миниатюр (с 1982 Гос. т-р миниатюр в Москве, с 1987 Моск. т-р «Сатирикон»). Конферансье, исполнитель монологов, фельетонов, скетчей, пользовавшийся исключит. популярностью. Сотрудничал с писателями-сатириками В.С. Поляковым, В.З. Массом, М.А. Червинским, М.М. Жванецким и др. Мастер мгновенного перевоплощения. Игру Р. отличали изящество, свобода, лёгкость. В спектаклях «На чашку чая» (1940), «Светофор» (1967), «Его величество театр» (1981) создал галерею сатирич. и лирич. портретов.

РА́ЙКИН Конст. Арк. (р. 1950), актёр. Сын А.И. Райкина. В 1971–81 в Моск. т-ре «Современник», с 1982 в Гос. т-ре миниатюр (с 1987 Моск. т-р «Сатирикон», с 1988 худ. рук.). Наделён пластичностью, музыкальностью, в комедийных ролях склонен к эксцентрике; драм. игре свойственны импульсивность, нерв. порывистость: Валентин («Валентин и Валентина» М.М. Рощина, 1971), Соланж («Служанки» Ж. Жене, 1988) и др. Автор сценария и исполнитель моноспектакля «Давай, артист!» (1983). Снимался в т/ф: «Труффальдино из Бергамо» (1976) и др.

РА́ЙНИС (Rainis) (наст. фам. Плиекшанс) Янис (1865–1929), латыш. поэт, драматург. За полит. деятельность подвергался заключению и ссылке (1897–1903). В 1905–20 в эмиграции. Бунтарские настроения, вера в победу сил добра и красоты выражены в образной метафорич. форме, исполненной глубокой филос. символики и лиризма, с использованием фольклорных мотивов, – в поэтич. сб. «Далёкие отзвуки синим вечером» (1903), «Посев бури» (1905), «Конец и начало» (1912), «Домой» (1920). В стихотв. пьесах «Полуидеалист» (1904), «Вей, ветерок» (1913), трагедиях «Иосиф и его братья» (1919), «Илья Муромец» (1922).

РАЙО́Н, 1) территория (акватория), выделенная по совокупности к.-л. взаимосвязанных признаков или явлений; таксономич. единица в к.-л. системе терр. членения. 2) В России и мн. заруб. гос-вах – адм.-терр. единица. В России Р. входит в состав области, края, авт. республики, авт. округа. Р. имеются также в кр. городах.

РА́ЙСКИЕ ПТИ́ЦЫ, семейство птиц (отр. воробьиные). Дл. от 14 см до 1 м. Оперение самцов яркое, с металлич. блеском, характерны украшающие перья (хохлы, воротники и пр.). 42 вида, преим. в горн. лесах Н. Гвинеи, а также в Австралии. Многие полигамы. Шкурки и перья использовались как украшения. Численность сокращается из-за браконьерства.

Райские птицы (сверху вниз): большая райская птица; райская мухоловка; райская вдовушка.

РАЙТ (Wright), амер. пионеры авиации, братья: Орвилл (1871–1948) и Уилбер (1867–1912). Первыми в мире 17 дек. 1903 совершили поочерёдно 4 устойчивых и управляемых полёта продолжительностью от 12 до 59 с (на расстояние от 36,5 до 260 м) на самолёте «Флайер I» собств. конструкции с двигателем внутр. сгорания.

РАЙТ Ричард (1908–60), амер. писатель. Ром. «Сын Америки» (1940) – о судьбе чернокожего, обречённого трущобной жизнью на преступление и вместе с тем восходящего от духовного одичания к личностному самоопределению; экзистенциалистски окрашенные повести («Человек, который жил под землёй», 1943) и романы («Посторонний», 1953; «Долгий сон», 1958) – о жестоких социальных нравах, власти биол. начала, духовном отчуждении, растлевающем влиянии расовых предрассудков как на белых, так и на чёрных.

РАЙТ Фрэнк Ллойд (1869–1959), амер. архитектор и теоретик архитектуры. Основоположник *органической архитектуры*. Рассматривал здание как организм с единым свободно развивающимся пространством, связанный с природной средой. Постройкам Р. (Музей Гуггенхейма в Нью-Йорке, 1956–59) присущи индивидуальность и пластичность облика.

Ф.Л. Райт. Дом Кауфмана («Дом над водопадом») в Бер-Ране (США). 1936.

РАК, злокачеств. опухоль из клеток эпителия кожи, слизистых оболочек желудка, кишечника, дыхат. путей, разл. желёз и т.д. В связи с морфол. особенностями выделяют разл. формы Р.: плоскоклеточный Р. (развивается преим. на коже и слизистых оболочках, покрытых плоским эпителием), аденокарциному (из эпителия железистых органов, напр. молочной железы) и др. Характерны *метастазы*.

РАКЕ́ТА, летат. аппарат, движущийся под действием реактивной силы, возникающей при отбрасывании массы сгорающего ракетного топлива. Различают Р. неуправляемые и управляемые, одно- и многоступенчатые. Стартовая масса от неск. кг до неск. тыс. т. Используются в авиации, космонавтике и др. Первое упоминание о Р. датируется 1232 (Китай).

РАКЕ́ТА-НОСИ́ТЕЛЬ, многоступенчатая ракета для выведения в космос ИСЗ, космич. кораблей, автоматич. межпланетных станций и др. полезного груза. До 90% массы Р.-н. составляет топливо. Макс. масса выводимого на околоземную орбиту полезного груза ок. 140 т (Р.-н. «Сатурн-5», США, 1967).

Рай. Фрагмент росписи алтаря «Страшный суд» работы Дж. ди Паоло. 1460–65. Пинакотека. Сиена.

Ракетное оружие: 1 – реактивная система БМ-13 («Катюша») образца 1939; 2–4 – ракетные установки различного назначения.

РАКЕ́ТНОЕ ОРУ́ЖИЕ, оружие, в к-ром средства поражения доставляются к цели с помощью ракет. В зависимости от места пуска и нахождения цели Р. о. делится на классы: «земля – земля», «земля – воздух», «земля – корабль», «воздух – земля», «воздух – воздух», «воздух – корабль», «корабль – земля», «корабль – воздух», «корабль – корабль». По характеру выполняемых задач различают Р. о. стратегич., оперативно-тактич., тактическое. Р. о. получило распространение с 50–70-х гг. 20 в.

РАКЕ́ТНОЕ ТО́ПЛИВО, источник энергии и рабочее тело для создания движущей силы в ракетных двигателях. Применяют преим. жидкое и твёрдое Р. т. В жидком Р. т. горючим служит жидкий водород, керосин или диметилгидразин (гептил), окислителем – жидкий кислород или N_2O_4. В состав твёрдого Р. т. входят гл. обр. пороха на основе нитроцеллюлозы (горючее) и перхлорат аммония (окислитель).

РАКЕ́ТНЫЙ ДВИ́ГАТЕЛЬ, реактивный двигатель, не использующий для работы окружающую среду (атм. воздух, воду). Осн. двигатель ракет и ракет-носителей. Применяется в авиации, на космич. аппаратах (для их стабилизации и ориентации) и др.

РА́КИ (ракообразные), класс беспозвоночных ж-ных типа членистоногих. Длина от долей мм до 80 см. Ок.

Раки. Речной рак.

30 тыс. видов, распространены широко, большинство водные, немногие приспособились к жизни на суше, есть паразиты. Р., особенно мелкие формы, составляют ок. 80% (по массе) мор. планктона. Многие Р. – объект промысла, нек-рые (*омары, лангусты, креветки* и др.) – и разведения.

РА́КИ-ОТШЕ́ЛЬНИКИ, семейство мор. десятиногих раков. Дл. до 17 см. Поселяются в пустых раковинах брюхоногих моллюсков, к-рые носят с собой и при опасности в них прячутся (отсюда назв.). Ок. 450 видов, распространены широко. Нек-рые живут в *симбиозе* с актиниями и др. коралловыми полипами.

РАКИ́ТА, нар. название нек-рых видов деревьев и кустарников рода *ива*.

РА́КОВИНА, защитное скелетное образование, покрывающее тело многих простейших, моллюсков, ракообразных и др. Обычно неплотно прилегает к телу и имеет отверстие для выталкивания наружу мягких частей тела. Длина наиб. крупной Р. мор. моллюска тридакны достигает 1,4 м (масса 250 кг). Из Р. нек-рых моллюсков получают *перламутр*. Из скоплений Р. образованы мн. осадочные горн. породы.

РА́КША, то же, что *сизоворонка*.

РА́ЛЛИ (англ. rally, букв. – слёт, сбор), спорт. соревнования на специально подготовленных автомобилях или мотоциклах на точность соблюдения заданного графика движения по определ. маршруту. Одно из первых известных Р. – Монте-Карло-ралли (1911). Одно из самых протяжённых – Лондон – Мехико (1970). Среди наиб. популярных Р. кон. 1980-х – нач. 1990-х гг.: Париж – Кейптаун; Париж – Москва – Пекин.

РАМАЗА́Н (рамадан), 9-й месяц мусульм. лунного года хиджры, в к-ром Мухаммеду было ниспослано первое откровение. В Р. мусульмане должны соблюдать пост (уразу).

РАМАКРИ́ШНА (наст. имя Гададхар Чаттерджи) (1836–86), инд. рел. проповедник, обществ. деятель. Духовный наставник Вивекананды. Стремился объединить *адвайта-веданту* Шанкары с учением Рамануджи. Считая, что для возрождения Индии и всего человечества необходима единая религия, проповедовал духовное родство всех религий. По Р., гл. требование рел. этики – не отречение от мира, а выполнение своих обязанностей. Оказал большое влияние на идеологию инд. нац. движения.

РАМАНУ́ДЖА (11–12 вв.), ср.-век. инд. религ. философ, основатель вишишта-адвайты – разновидности *веданты*. В отличие от *адвайта-веданты* в ней признаётся наряду с существованием брахмана реальность эмпирич. мира и индивид. душ.

«РАМАЯ́НА», др.-инд. эпич. поэма на санскрите. Приписывается Вальмики. Совр. вид приобрела ко 2 в. Посвящена подвигам Рамы, являющегося (наряду с Кришной) объектом культа в *вишнуизме*. Источник сюжетов и образов мн. лит. произведений в Индии и за её пределами.

РАМЗА́Й (Рэмзи) (Ramsay) Уильям (1852–1916), англ. химик и физик. Открыл аргон (1894, совм. с англ. физиком Дж. Рэлеем), криптон, ксенон и неон (1898, совм. с англ. учёным М. Траверсом), выделил гелий (1895). Ноб. пр. (1904).

РАМО́ (Rameau) Жан Филипп (1683–1764), франц. композитор, муз. теоретик. Опираясь на достижения франц. и итал. музыки, внёс новации в жанр *лирической трагедии* (в традиц. легендарно-мифол. сюжетах усилил нравств. мотивы, лирич. начало), предвосхитил стиль К.В. Глюка. Лирич. трагедии «Иппо-

«Рамаяна». Илл. К.М. Раджванши к изданию 1964 (Дели).

Ж.Ф. Рамо.

лит и Арисия» (1733), «Кастор и Поллукс» (1737), оп.-бал. «Галантная Индия» (1735), пьесы для клавесина, в т.ч. «Тамбурин», «Курица». Заложил основы совр. учения о *гармонии*.

РА́МПА (франц. rampe, от ramper – подниматься отлого, быть покатым), 1) наклонная площадка между двумя разными уровнями, служащая для перемещения трансп. средств (напр., в складах, на ж.-д. платформах, в магазинах). 2) Осветит. аппаратура, установленная на полу сцены по её переднему краю, скрытая от публики бортом. 3) Перен. – сцена, театр.

РАМСЕ́С II, егип. фараон в 1290–24 до н.э., восстановил власть Египта в Палестине, утраченную в нач. 13 в., воевал с хеттами. Вёл большое храмовое стр-во.

РА́НА, механич. повреждение ткани тела с нарушением целости кожи или слизистой оболочки. Различают Р. огнестрельные, резаные, колотые, рваные и др. Чистые Р. (не осложнённые инфекцией) заживают благодаря сокращению, срастанию их краёв. При большом дефекте тканей, а также инфиц. (гнойные) Р. заживают благодаря развитию соединит. (грануляционной) ткани с последующим рубцеванием.

РАНЕ́ВСКАЯ Фаина Григ. (1896–1984), актриса. На сцене с 1915. В 1949–55 и с 1963 в Моск. т-ре имени Моссовета. Блестящая характерная актриса, склонная к эксцентрике и гротеску; беспощадная трезвость её взгляда на жизнь смягчалась мудрой иронией, образы обретали даже трагедийную глубину: Берди («Лисички» Л. Хелман, 1945), Спекулянтка («Шторм» В.Н. Билль-Белоцерковски, 1951), Люси Купер («Дальше – тишина» В. Дельмар, 1969), Фелицата («Правда – хорошо, а счастье лучше» А.Н. Островского, 1980) и др. Снималась в ф.: «Подкидыш» (1940), «Мечта» (1943), «Свадьба» (1944) и др.

РА́НКЕ (Ranke) Леопольд фон (1795–1886), нем. историк. С 1841 историограф прус. гос-ва. Занимался преим. полит. историей Зап. Европы 16–17 вв. Наиб. значит. представитель новой нем. ист. науки, в основе к-рой лежала строгая критика источников. Для Р. характерны объективное описание истории, выявление «общей идеи», определяющей ход событий, наряду с пристальным вниманием к частностям.

РАНТЬЕ́ (франц. rentier, от rente – рента), лица, живущие на проценты с

Рапс: часть растения с цветками.

Ж. Расин.

Б. Рассел.

отдаваемого в ссуду капитала или *ценных бумаг*.

РАПС, однолетнее травянистое р-ние (род капуста). Озимый и яровой (кольза). В культуре с 4-го тыс. до н.э., в России – с 19 в. Выращивают во мн. странах для получения пищ. и техн. масла, на корм с.-х. ж-ным.

РАПСО́ДИЯ (от греч. rhapsōidía, букв. – сшивание песен) в 19–20 вв. инстр. произв., близкое фантазии, поэме (Ф. Лист, М. Равель, Дж. Гершвин).

РАПСО́ДЫ, др.-греч. декламаторы, речитативом, без муз. сопровождения исполнявшие на праздниках, пирах и состязаниях эпич. поэмы (преим. Гомера). В отличие от аэдов (к-рых они сменили) Р. не импровизировали, но комбинировали отрывки разучиваемых по записи текстов.

РАПХ, см. *Российская ассоциация пролетарских художников*.

РАРИТЕ́Т (нем. Rarität, от лат. raritas – редкость), редкая, ценная вещь, диковина.

РАСИ́ЗМ, совокупность концепций, основу к-рых составляют положения о физич. и психич. неравноценности человеческих рас и решающем влиянии расовых различий на историю и культуру общества, об исконном разделении людей на высшие и низшие расы. При этом первые признаются единств. создателями цивилизации, призванными к господству, вторые – не способными к созданию и даже усвоению высокой культуры и обречёнными на эксплуатацию. Выдвинув в сер. 19 в. первую расистскую концепцию, француз Ж.А. Гобино объявил арийцев «высш. расой»; в дальнейшем Р. переплетается с социальным дарвинизмом, мальтузианством, евгеникой (Д. Хайкрафт и Б. Кидд в Великобритании; Ж. Лапуж во Франции; Л. Вольтман, Х. Чемберлен и О. Аммон в Германии). Стал офиц. идеологией фашизма; использовался для оправдания расовой дискриминации, сегрегации, апартеида. Р. осуждён междунар. сообществом.

РАСИ́Н (Racine) Жан (1639–99), франц. драматург, представитель *классицизма*. С 1677 королев. историограф. В трагедиях «Андромаха» (1668), «Британник» (1670), «Береника» (1671), «Федра» (1677) – конфликт между монархич. деспотизмом и его жертвами, нравств. долгом и разруш. страстями, противоборство к-рых в человеческой душе с наиб. силой показал в изображении страдающей, отвергнутой любви. В конце жизни отошёл от лит-ры, вновь сблизился с янсенистами (см. *Янсенизм*), в среде к-рых получил религ. воспитание.

РАСКО́Л (схизма), церк. разделение. В России наиб. значение имело отделение от Рус. православ. церкви части верующих, не признавших церк. реформы Никона 1653–58 (см. *Старообрядчество*).

РАСПОРЯДИ́ТЕЛЬНОЕ ЗАСЕДА́НИЕ СУДА́, в рос. уголов. процессе спец. заседание суда для решения вопроса о *предании суду*. Проводится по делам о преступлениях несовершеннолетних, о преступлениях, за к-рые может быть назначена смертная казнь, а также в случаях несогласия судьи с выводами *обвинительного заключения* или при необходимости изменить меру пресечения обвиняемому.

РАСПУ́ТИН Вал. Григ. (р. 1937), рус. писатель. Драматизм и острота этич. проблем, поиски опоры в мире нар. крест. нравственности в повестях и рассказах о совр. жизни: «Деньги для Марии» (1967), «Последний срок» (1970), «Живи и помни» (1974), «Прощание с Матёрой» (1976), «Век живи – век люби» (1982), «Пожар» (1985). Публицистика.

РАСПУ́ТИН (Новых) Григ. Еф. [1864 или 1865 (по др. данным, 1872)–1916], крестьянин Тобольской губ., получивший известность «прорицаниями» и «исцелениями». Оказывая помощь больному гемофилией наследнику престола, Р. приобрёл неограниченное доверие имп. Александры Фёдоровны и имп. Николая II. В обществ. кругах было распространено мнение о решающей и

Г.Е. Распутин.

отрицат. роли Р. в проведении правительств. политики. Убит заговорщиками-монархистами, считавшими влияние Р. гибельным для монархии.

РА́ССЕЛ (Russell) Бертран (1872–1970), англ. философ, логик, математик, обществ. деятель. Основоположник англ. неореализма и неопозитивизма. Автор (совм. с А. Уайтхедом) фундам. тр. по матем. логике – «Основания математики» (т. 1–3, 1910–13), в к-ром предпринята попытка логич. обоснования математики. Один из инициаторов *Пагуошского движения*. Ноб. пр. по лит-ре (1950).

РАССЕ́ЯНИЕ СВЕ́ТА, отклонение распространяющегося в среде светового пучка во всевозможных направлениях. Свет рассеивается на неоднородностях среды, на частицах и молекулах, при этом меняется пространственное распределение интенсивности, частотный спектр, поляризация света. Р.с. зависит от частоты света, размера рассеивающих частиц. Рассеянием солнечного света на молекулах воздуха объясняется голубой цвет неба, а рассеянием на частицах пыли и водяных парах – яркие зори при восходе и заходе Солнца.

РАССЕ́ЯННЫЙ СКЛЕРО́З, хронич. прогрессирующее заболевание нерв. системы, вероятно вирусной природы, при к-ром в спинном и головном мозге образуются множеств. очаги поражения нерв. ткани с разрастанием нейроглии (клеток, заполняющих пространство между *нейронами* и окружающими их капиллярами). Проявляется *парезами*, нарушениями координации движений, функции мочевого пузыря и др.

РАССКА́З, малая форма эпич. прозы, соотносимая с повестью как более развёрнутой формой повествования. Восходит к фольклорным жанрам (сказке, притче); как жанр обособился в письменной лит-ре; часто неотличим от новеллы, а с 18 в. – и очерка. Иногда новеллу и очерк рассматривают как полярные разновидности Р.

РАССУ́ДОК И РА́ЗУМ, соотносит. понятия философии. У И. Канта рассудок – способность образования понятий, суждений, правил; разум – способность образования метафизич. идей. Диалектика Р. и р. развита Г.В.Ф. Гегелем; рассудок как низшая способность к абстрактно-аналитич. расчленению является предварит. условием высшего, «разумного», конкретно-диалектич. понимания. Рассудок нередко понимают как способность оперировать готовым знанием, разум – как творчество нового знания.

РАСТВО́Р строительный, смесь *вяжущего вещества*, песка и воды, приобретающая с течением времени камневидное состояние. Различают Р.: цементные, известковые, гипсовые, смешанные; для кам. (гл. обр. кирпичной) кладки, отделочные (в т.ч. штукатурные), специальные (гидроизоляционные и др.).

РАСТВОРИ́ТЕЛИ, неорганич. (гл. обр. вода) или органич. (бензол, хлороформ, ацетон, спирты и др.) соединения, а также смеси (напр., бензин), способные растворять разл. в-ва. Осн. требования: миним. токсичность и пожароопасность, хим. инертность по отношению к растворяемому в-ву, доступность и дешевизна.

РАСТВО́РЫ, однородные системы (гл. обр. жидкости), состоящие из двух или более в-в (компонентов). Обычно преобладающий по концентрации компонент наз. растворителем, остальные – растворёнными в-вами. Р., в к-ром концентрация в-в по данному компоненту максимальна при данных условиях, наз. насыщенным Р. по данному компоненту. Все компоненты Р. равномерно распределены в его объёме в виде молекул и ионов. Важное свойство Р. – способность сохраняться как однородная смесь в-в в определ. пределах изменения состава. Существуют твёрдые Р.: стали, бронзы, латуни и др. сплавы. По существу все в-ва, считающиеся чистыми, представляют собой Р., так как содержат примеси. Р. широко распространены в природе и используются практически во всех областях техники. Исключительна роль водных Р. во всех биол. процессах.

РАСТЕНИЕВО́ДСТВО, 1) возделывание с.-х. р-ний для произ-ва зерна, овощей, фруктов, кормов для жив-ва, др. растит. продукции; отрасль с. х-ва. Включает полеводство, овощ-во, плод-во, виногр-во, луговодство, лесоводство, цветоводство. Тесно связано с животноводством. 2) Раздел агрономии. Изучает культурные р-ния, разрабатывает технологии их возделывания, обеспечивающие высокие устойчивые урожаи.

РАСТЕ́НИЯ, одно из царств органич. мира. Важнейшее отличие Р. от др. живых организмов – способность к автотрофному питанию, т.е. синтезу всех необходимых органич. в-в из неорганических. При этом зелёные Р. используют энергию солнечных лучей, т.е. осуществляют фотосинтез – процесс, в результате к-рого создаётся осн. масса органич. в-ва биосферы и поддерживается газ. состав атмосферы. Таким образом, Р. – осн. первичный источник пищи и энергии для всех др. форм жизни на Земле. Известно ок. 350 тыс. видов ныне живущих Р. Первые водоросли появились в *протерозое*. Первые наземные высшие Р. известны со 2-й пол. *силура*. С сер. 20 в. из царства Р. выделяют самостоят. царства – грибы и дробянки, к-рые ранее относили к низшим Р. Из огромного разнообразия царства Р. особое значение для человека имеют семенные, гл. обр. цветковые, р-ния, дающие пищу, одежду, топливо, строит. материал, лекарств. средства и т.п. В результате хоз. деятельности человека мн. виды р-ний находятся под угрозой исчезновения. Изучает Р. ботаника.

РАСТИ́ТЕЛЬНОСТЬ, совокупность растит. сообществ (фитоценозов) Земли или её отд. регионов. Распределение Р. определяется в осн.

576 РАСТ

общеклиматич. условиями и подчиняется законам зональности и поясности. От Р. отличают флору – совокупность видов, родов, семейств на данной терр. В результате деятельности человека (посевы, посадки р-ний, выпас скота, вырубки лесов, осушение болот) естеств. сообщества р-ний в значит. степени заменены т.н. антропогенной Р. (почти исчезли прерии в Сев. Америке, существует угроза уничтожения тропич. лесов и т.д.).

РАСТИ́ТЕЛЬНЫЕ МАСЛА́ жирные, растит. жиры, получаемые из семян или плодов р-ний отжимом и экстрагированием. Различают Р.м.: твёрдые и (чаще) жидкие; высыхающие (льняное Р.м., конопляное), полувысыхающие (подсолнечное, хлопковое), невысыхающие (касторовое, кокосовое). Многие Р.м. – важные пищ. продукты. Питат. ценность Р.м. определяется содержанием в них жиров (в подсолнечном до 40–60%), фосфатидов, стеринов, витаминов. Используют для произ-ва маргарина, мыла, олифы, лаков и др.

РАСТОРЖЕ́НИЕ БРА́КА (развод), прекращение брака при жизни супругов. В России осуществляется по заявлению одного из супругов в суд. порядке, а при взаимном согласии супругов, не имеющих несовершеннолетних детей, – в органах загса.

РАСТР, решётка из однотипных элементов (линз, отверстий, призм и т.п.) для структурного преобразования направленного пучка света. Различают Р. прозрачные и отражательные. Р. способны изображение, разлагать на большое число элементарных частей, воссоздавать целостное изображение. Р. используется в полиграфии для печатания чёрно-белых и цв. изображений, получения стереоскопич. изображений (напр., цв. объёмных открыток), в кино- и видеотехнике и т.п.

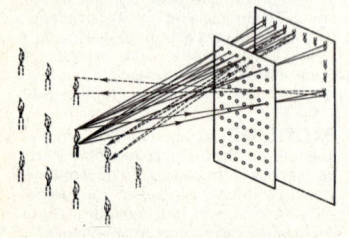

Растр. Схема, поясняющая множащее свойство растра.

РАСТРЕ́ЛЛИ Варфоломей Варфоломеевич (1700–71), архитектор. По происхождению итальянец, с 1716 в России. Гл. представитель рус. *барокко* сер. 18 в. Творчески переосмыслил традиции европ. барокко под влиянием рус. худ. культуры. Постройки отличают пространственный размах, чёткость объёмов, прямолинейные планы, пластичность форм, богатое скульпт. убранство, прихотливая орнаментика (Смольный мон., 1748–54, и Зимний дворец, 1754–62, оба в С-Петербурге; дворцы в Петергофе, 1747–52, и Царском Селе, 1752–57).

РАСЧЁТНЫЙ СЧЁТ, в Рос. Федерации открывается банками юрид. лицам. Предназначен для хранения ден. средств, осуществления расчётов.

РАС-ША́МРА, холм близ г. Латакия (Сирия). Остатки многослойных поселений (7–1-го тыс. до н.э.), в т.ч. г. Угарита: оборонит. стены, дома,

В.В. Растрелли. Воронцовский дворец в Санкт-Петербурге. 1749–57.

дворец, храмы, клинописные архивы и др.

РА́СЫ (франц., ед. ч. race), подразделения вида человек разумный (Homo sapiens). Каждая Р. характеризуется общими физич. особенностями, связанными с единством происхождения (синогенизм), и опредeл. областью распространения. Выделяются три осн. группы Р., или большие Р.: негроидная, европеоидная, монголоидная.

РАТИФИКА́ЦИЯ (от лат. ratus – утверждённый и ...фикация), утверждение уполномоченным органом гос. власти междунар. договора, заключённого соответствующим представителем гос-ва. В РФ Р. отнесена к компетенции Федерального собрания; ратификац. грамота подписывается президентом.

РА́ТУША (польск. ratusz, от нем. Rathaus – дом совета), 1) орган самоуправления в городах ср.-век. Европы; в России 18 – нач. 19 вв. также сословный суд. орган в небольших городах. 2) Здание гор. самоуправления в ряде европ. стран: обычно 2-этажное, с залом совещаний на 2-м этаже, балконом, многоярусной часовой башней.

РА́УНД (англ. round), в боксе 3-минутный период в поединке. В любительском боксе – 3 Р., в профессиональном – до 15.

РАФАЭ́ЛЬ СА́НТИ (Raffaello Santi) (1483–1520), итал. живописец, архитектор. Представитель Высокого *Возрождения*. С классич. ясностью и возвышенной одухотворённостью воплотил жизнеутверждающие идеалы Возрождения. Ранние произв. проникнуты изяществом, мягким лиризмом. В зрелый период в росписях станц (комнат) Ватикана (1509–17) прославил земное бытие человека, гармонию его духовных и физич. сил, достигнув безупречного чувства меры, благозвучия колорита, единства фигур и архит. фонов. Многочисл. изображения Богоматери («Сикстинская мадонна», 1515–19), росписи виллы Фарнезина (1514–18) и лоджий Ватикана (1519, с учениками). В портретах создал идеальный об-

Ратуша в г. Мальборк (Польша). 1365–80.

раз человека Возрождения («Б. Кастильоне», 1515–16). Проектировал собор Св. Петра в Риме, палаццо, церкви.

РАФИНИ́РОВАНИЕ (нем. Raffinieren, от франц. raffiner – очищать), 1) очистка от посторонних примесей к.-л. техн. продукта (спирта, металла и др.). 2) Превращение сах. песка путём особой обработки в рафинад.

РАХИ́Т (от греч. rháchis – хребет, позвоночник), заболевание преим. раннего дет. возраста, характеризуется нарушением фосфорно-кальциевого обмена вследствие недостатка в организме витамина D. Проявления: нарушения функций нерв. системы, костеобразования и др. Для лечения и профилактики применяют витамин D, рыбий жир, УФ-облучение, массаж, леч. ванны. Р. наблюдается и у ж-ных.

РА́ХЛИН Нат. Григ. (1905/06–1979), дирижёр. Возглавлял Гос. симф. оркестры УССР (1937–62), СССР (1941–45), с 1966 – основанный им симф. орк. Тат. АССР. Дирижёрское мастерство, артистизм, темперамент Р. проявились в исполнении произв. И.С. Баха, Л. Бетховена, Г. Берлиоза, П.И. Чайковского. Первый исполнитель 11-й симф. Д.Д. Шостаковича.

РАХМА́НИНОВ Сер. Вас. (1873–1943), композитор, пианист, дирижёр. Наследник и продолжатель традиций рус. муз. классики. В России – до кон. 1917. С 1918 в США. Обострённо-лирич. ощущение грандиозных социальных потрясений связано у Р. с образом родины. Ярчайший мелодист, широта и свобода «дыхания» (идущие от рус. нар. песенности и особенностей *знаменного распева*) органически сочетаются в его музыке с энергичной ритмикой; своеобразие гармонии музыки Р. в многообразных претворениях колокольных звучностей. Среди произв. разл. жанров центр. место принадлежит фп. сочинениям. Р. – один из ве-

Рафаэль Санти. «Мадонна Конестабиле». Ок. 1502–03. Эрмитаж.

С.В. Рахманинов. Портрет работы К.А. Сомова. 1925. Русский музей.

...чайших пианистов мира. Произведения для фп. с орк.— 4 концерта (1891–1926), Рапсодия на тему Паганини (1934); для фп.— прелюдии, этюды-картины и др.; для орк.— 3 симф. (1895–1936), Симфонические танцы (1940); кантата «Весна» (1902), поэма «Колокола» для хора и орк. (1913). 3 оперы (в т.ч. «Алеко», 1892), Литургия Иоанна Златоуста (1910), Всенощное бдение (1915), камерно-инстр. ансамбли, романсы.

РАХМОНОВ Имомали Шарифович (р. 1952), през. Таджикистана с 1994. С 1982 на хоз. работе, дир. совхоза. С 1992 председатель Кулябского облисполкома. С 1993 председатель ВС Респ. Таджикистан.

РАЦИОНАЛИЗАЦИЯ (от лат. rationalis – разумный, ratio – разум), усовершенствование, введение более целесообразной организации чего-либо (напр., Р. произ-ва).

РАЦИОНАЛИЗМ, филос. направление, признающее разум основой познания и поведения людей. Противостоит как *иррационализму*, так и *сенсуализму*. Выступив против ср.-век. схоластики и религ. догматизма, классич. Р. 17–18 вв. (Р. Декарт, Б. Спиноза, Н. Мальбранш, Г. Лейбниц) исходил из идеи естеств. порядка – бесконечной причинной цепи, пронизывающей весь мир. Науч. (т.е. объективное, всеобщее, необходимое) знание, согласно Р., достижимо только посредством разума – одновременно источника знания и критерия его истинности. Р.— один из филос. источников идеологии *Просвещения*.

РАЦИОНАЛИЗМ, движение в архитектуре 20 в., выдвинувшее требование единства архит. формы, конструкции и функционально обусловленной пространственной структуры. Принципы Р. осуществляли Ле Корбюзье во Франции, *Баухауз* в Германии, группа «Стиль» в Нидерландах, Аснова в России.

РАЦИЯ [сокр. от ра(диостан)ция], переносная коротковолновая приёмно-передающая *радиостанция*.

РАШЕЛЬ (Rachel) (наст. имя и фам. Элиза Рашель Феликс) (1821–1858), франц. актриса. С 1838 в т-ре «Комеди Франсез». Возродила на сцене классицистскую трагедию. Игра Р. отличалась пластич. завершённостью формы, эмоциональностью, близким иск-ву школы *романтизма*: Камилла («Гораций» П. Корнеля), Федра («Федра» Ж. Расина) и др. С сер. 1840-х гг. гастролировала в Европе и Сев. Америке.

РЕ... (лат. re...), приставка, указывающая: 1) на повторное, возобновляемое действие (напр., реконструкция); 2) на противоположное, обратное действие, противодействие (напр., реэвакуация).

РЕАБИЛИТАЦИЯ (от позднелат. rehabilitatio – восстановление), 1) восстановление в правах. В рос. праве Р. считается вынесение оправдат. приговора при пересмотре дела, постановление (определение) о прекращении уголов. дела за отсутствием события преступления или состава преступления или за недоказанностью участия в совершении преступления, а также постановление о прекращении дела об адм. правонарушении. 2) (Мед.) комплекс мер, направленных на восстановление (или компенсацию) нарушенных функций организма и трудоспособности больных и инвалидов.

РЕАКТИВНЫЙ ДВИГАТЕЛЬ, двигатель, тяга к-рого создаётся прямой реакцией (отдачей) истекающего из него рабочего тела (напр., продуктов сгорания хим. топлива). Подразделяются на ракетные двигатели (если запасы рабочего тела размещаются на движущемся объекте) и воздушно-реактивные двигатели (один из компонентов рабочего тела – окружающий атм. воздух).

РЕАКЦИЯ (от *ре...* и лат. actio – действие), действие, состояние, процесс, возникающие в ответ на к.-л. воздействие.

РЕАЛ (исп. и португ. real, букв.— королевский), старинная серебр. монета, обращалась в странах Лат. Америки, Италии, Португалии и др. с 15 в. до 70-х гг. 19 в.

РЕАЛИЗАЦИЯ (от ср.-век. лат. realis – вещественный, действительный), 1) осуществление, проведение в жизнь к.-л. плана, идеи и т.п. 2) (Экон.) продажа товаров или имущества.

РЕАЛИЗМ (от ср.-век. лат. realis – вещественный, действительный) в философии, направление, признающее лежащую в основе сознания реальность, к-рая истолковывается либо как бытие идеальных объектов (Платон, ср.-век. схоластика), либо как объект познания, независимый от субъекта, познават. процесса и опыта (филос. Р. 20 в.). Для ср.-век. Р. утверждал, что *универсалии* (общие понятия) существуют реально и независимо от сознания. См. *Номинализм*.

РЕАЛИЗМ в искусстве, 1) понятие, характеризующее познават. функцию иск-ва: правда жизни, воплощённая специфич. средствами иск-ва, мера его проникновения в реальность, глубина и полнота её худ. познания. Так широко понимаемый Р.— осн. тенденция ист. развития иск-ва, присущая разл. его видам, стилям, эпохам (говорят о Р. в древнем и ср.-век. фольклоре, в иск-ве античности и Просвещения, в творчестве Дж. Байрона и А.С. Пушкина). 2) Исторически конкретная форма худ. сознания нового времени, начало к-рой ведут либо от *Возрождения* («ренессансный Р.»), либо от *Просвещения* («просветительский Р.»), либо с 30-х гг. 19 в. («собственно Р.»). Ведущие принципы Р. 19–20 вв.: объективное отображение существенных сторон жизни в сочетании с высотой авторского идеала; воспроизведение типичных характеров, конфликтов, ситуаций при полноте их худ. индивидуализации (т.е. конкретизации как нац., ист., социальных примет, так и физич., интеллектуальных и духовных особенностей); предпочтение в способах изображения «форм самой жизни», но наряду с использованием, особенно в 20 в., условных форм (мифа, символа, притчи, гротеска); преобладающий интерес к проблеме «личность и общество» (особенно – к противостоянию социальных закономерностей и нравств. идеала, личностного и массового, мифологизированного, сознания). Среди крупнейших представителей Р. в разл. видах иск-ва 19–20 вв.— Стендаль, О. Бальзак, Ч. Диккенс, Г. Флобер, Л.Н. Толстой, Ф.М. Достоевский, М. Твен, А.П. Чехов, Т. Манн, У. Фолкнер, А.И. Солженицын, О. Домье, Г. Курбе, И.Е. Репин, В.И. Суриков, М.П. Мусоргский, М.С. Щепкин, К.С. Станиславский.

РЕАЛИСТИЧЕСКАЯ ШКОЛА ПРАВА, одно из направлений амер. правовой науки, возникшее в 20-х гг. 20 в. Сторонники Р.ш.п. (Д. Грей, О. Холмс и др.) рассматривали право как результат деятельности судьи, отрицая роль стабильного закона, ведущего, по их мнению, к ликвидации творч. характера права.

РЕАЛЬНОЕ ОБРАЗОВАНИЕ, тип общего образования с практич. направленностью, основу к-рого составляли предметы естеств.-матем. цикла; изучались новые языки. Возникло в 18 в. В России появилось во 2-й пол. 19 в. (реальные уч-ща, коммерч. уч-ща, воен. гимназии). Выпускники допускались в отраслевые вузы, с нач. 20 в.— в ун-ты.

РЕАНИМАЦИЯ (от *ре...* и лат. animatio – оживление), восстановление резко нарушенных или утраченных жизненно важных функций организма. Проводится при *терминальных состояниях*, в т.ч. при клинич. смерти (в первые 4–6 мин с момента прекращения дыхания и кровообращения; позже появляются необратимые изменения в центр. нерв. системе и наступает биол. смерть). Р. включает массаж сердца, искусств. дыхание, нагнетание крови в артерии и др. меры.

РЕБИНДЕР Пётр Ал-др. (1898–1972), рос. физикохимик. Тр. по физ.-хим. механике, поверхностным явлениям, дисперсным системам. Развил представления о мол. механизме действия поверхностно-активных в-в, разработал основы их применения в технол. процессах.

РЕВАЛЬВАЦИЯ (от *ре...* и лат. valeo – имею значение, стою), разовое повышение курса валюты по отношению к валютам др. стран, международ. счётным ден. единицам («*специальные права заимствования*», ЭКЮ). Противоположное понятие – *девальвация*.

РЕВАНШ (франц. revanche – отплата, возмездие), отплата за поражение, за проигрыш; повторная борьба, предпринятая с целью взять верх над побеждённым противником.

РЕВЕНЬ, род многолетних травянистых р-ний (сем. горчичные). Ок. 50 видов, в осн. в Азии; Р. волнистый, или огородный, Р. компактный и др. широко возделывают (в России с 18 в.) как овощные, лекарств. и дубильные р-ния. Урожайность 250–300 ц с 1 га. Черешки листьев содержат сахара, органич. к-ты, минер. соли; употребляются свежими, в компотах, киселях и др. Препараты из корней и корневищ Р.— слабит. средства.

РЕВЕРБЕРАЦИЯ (от ср.-век. reverberatio – отражение), послезвучание, сохраняющееся после выключения источника звука и обусловленное неодноврем. приходом в данную точку отражённых или рассеянных звуковых волн. Р. оказывает значит. влияние на качество звучания речи и музыки в помещении.

РЕВИЗИОНИЗМ (от лат. revisio – пересмотр), обозначение идейно-полит. и науч. течений, подвергающих пересмотру принципы и положения к.-л. теории, концепции, учения.

РЕВМАТИЗМ (лат. rheumatismus, от греч. rheumatismós, букв.– истечение), инфекц.-аллергич. заболевание с распространённым поражением соединит. ткани, гл. обр. сердечно-сосудистой системы и суставов. Чаще развивается после ангины и др. стрептококковых заболеваний. Проявления многообразны. При ревматич. полиартрите – повышение темп-ры, припухание суставов с резкой болезненностью. Ревмокардит может привести к образованию порока сердца. Р. мозга обычно проявляется *хореей*. Течение заболевания б.ч. хроническое, с обострениями («атаками»).

РЕВОЛЬВЕРНЫЙ СТАНОК, металлореж. станок (токарный, карусельный), оснащённый револьверной головкой – спец. барабаном (диском) для закрепления неск. реж. инстр-тов, используемых при обработке деталей сложной конфигурации.

РЕВОЛЮЦИЯ (от позднелат. revolutio – поворот, переворот), глубокое изменение в развитии к.-л. явлений природы, общества или познания (напр., геол., пром., науч.-техн., культурная Р., Р. в физике, в философии и т.д.). Наиб. широко понятие Р. применяется для характеристики обществ. развития (социальная Р.).

РЕВОЛЮЦИЯ 1905–07 в России. Кризисная социально-полит. ситуация в стране обострилась в результате рус.-япон. войны 1904–05. Толчком к началу рев-ции послужил расстрел мирной рабочей демонстрации в С.-Петербурге 9 янв. 1905 (т.н. Кровавое воскресенье); ширились крест. волнения, брожение охватило рабочих, армию и флот (восст. на броненосце «Потёмкин», владивостокское восст. и др.). С требованиями реформ выступила буржуазия. Возникли проф. и проф.-полит. союзы, Советы рабочих депутатов, укреплялись социал-демокр. и партия социалистов-революционеров, были созданы конституционно-демокр. партия, «Союз 17 октября», «Союз Михаила Архангела» и др. Окт. всерос. полит. стачка 1905, резкая критика самодержавия либералами заставили имп. Николая II выпустить Манифест 17 окт. 1905. Обещание полит. свобод, созыва законодат. Гос. думы позволило пр-ву нейтрализовать либералов; были разгромлены Дек. вооруж. восстания в Москве, Ростове-на-Дону, Новороссийске, Екатеринославе и др. Однако и в 1906 наряду с продолжением забастовочной борьбы рабочих росла активность крест-ва (особенно летом 1906), армии и флота (восст. на крейсере «Память Азова», свеаборгское и кронштадтское), населения нац. регионов («лесные братья» в Латвии, «красные сотни» в Грузии и др.). Разгон

2-й Гос. думы (т.н. Третьеиюньский гос. переворот 1907) означал конец рев-ции. Самодержавие пошло на создание парламентского представительства и начало реформы (см. *Столыпинская аграрная реформа*).

«РЕВОЛЮ́ЦИЯ ЦЕН», резкое повышение цен на товары в связи с ростом добычи золота и др. благородных металлов и снижением их стоимости. В истории мировой экономики отмечены два случая «Р.ц.»: в странах Европы в 16 в. после открытия Америки; в сер. 19 в. после открытия м-ний золота в Калифорнии и Австралии.

РЕВУНЫ́, род обезьян. Тело дл. 40–70 см, хвост длиннее. Благодаря хорошо развитым горловым мешкам издают громкие звуки (отсюда назв.). 6 видов, в тропич. влажных и горн. лесах Центр. и Юж. Америки, гл. обр. по берегам рек. Обитают в кронах высокоствольных деревьев. За детёнышем, кроме матери, ухаживают также бездетные самки и молодые ж-ные (т.н. тёткино поведение). В неволе живут 3–5 лет. Колумбийский Р. под угрозой исчезновения.

«РЕВУ́ЩИЕ СОРОКОВЫ́Е», название 40-х (и 50-х) широт Юж. полушария, где над океаном дуют сильные устойчивые зап. ветры, вызывающие частые штормы.

РЕГА́ТА (итал. regata, от riga – ряд, линия), спорт. соревнования в серии гонок на гребных, парусных и моторных судах. Одна из наиб. популярных в мире парусных Р.– Кубок Америки (с 1870).

РЕ́ГБИ (англ. rugby), спорт. командная игра с мячом овальной формы на площадке (95–100 м × 65–68 м) с Н-образными воротами. Цель игры – передавая мяч друг другу руками (назад) или ногами (в любом направлении), приземлить его в зачётном поле соперников за линией ворот или забить ногой в ворота так, чтобы он пролетел над перекладиной. Игры-предшественницы Р. были распространены в Др. Китае и Др. Риме. Матч по совр. Р. впервые состоялся в англ. городке Регби (1823; отсюда назв.); в России с нач. 1920-х гг. В 1934 осн. Междунар. любительская федерация Р. (ФИРА); объединяет ок. 50 стран. Кубок ФИРА (неофиц. чемпионат мира) – с 1960; в программе Олимп. игр 1900, 1908, 1920, 1924.

РЕ́ГГИ (реггей) (англ. reggae), один из стилей *поп-музыки*.

РЕ́ГЕНТ (от лат. regens, род. п. regentis – правящий), 1) в монархиях – врем. правитель гос-ва в случае несовершеннолетия, болезни или отсутствия монарха, а также вакантности престола. 2) Руководитель хора в правосл. церкви.

РЕ́ГЕР (Reger) Макс (1873–1916), нем. композитор, органист. В камерных, оркестровых, фп. произв. – черты позднего *романтизма*, в органных, хоровых – черты *неоклассицизма* (использовал старинные полифонич. жанры и формы).

РЕГИО́Н (от лат. regio, род. п. regionis – область), 1) то же, что *район* (в 1-м значении). 2) Территория (акватория), часто очень значительная по размерам, не обязательно являющаяся таксономич. единицей в к.-л. системе терр. членения.

РЕГИОНАЛИ́ЗМ (риджионализм) (от лат. regionalis, англ. regional – местный), течение в амер. живописи (с

Регби.

Регионализм. Г. Вуд. «Американская готика». 1930. Художественный институт Чикаго.

1930-х гг.). Мастера Р. (Г. Вуд, Т.Х. Бентон и др.) писали типично амер. ландшафты, бытовые и ист. сцены, соединяя натуралистич. приёмы с элементами *примитивизма* и экспрессии, а наигранный оптимизм с нотами иронии.

РЕГИОНА́ЛЬНЫЙ (от лат. regionalis – местный, областной), относящийся к к.-л. определ. терр.– району (региону), области, стране, группе стран; построенный по терр. признакам.

РЕГИСТА́Н (иран., букв.– место, покрытое песком), название парадных площадей в городах Ср. Азии. Наиб. известен Р. в Самарканде (15–17 вв.).

РЕГИ́СТР (позднелат. registrum – список, перечень), 1) участок диапазона певч. голоса или муз. инстр-та, характеризующийся единым *тембром*. У певч. голоса различают грудной, головной, смешанный Р.; у муж. голосов бывает т.н. фальцетный Р. (см. *Фальцет*). 2) Группа труб (в органе), струн (на клавесине), язычков (в аккордеоне и фисгармонии) одинакового тембра. 3) Орган регистрации, надзора, классификации мор. судов. Р. России находится в С.-Петербурге. Наиб. известен Р. «Ллойда» (Великобритания).

РЕГЛА́МЕНТ (франц. règlement, от règle – правило), 1) совокупность правил, определяющих порядок деятельности гос. органа, учреждения, орг-ции (напр., Р. Государственной думы). 2) Порядок ведения заседаний, конференций, съездов. 3) Название нек-рых актов междунар. конгресса и конференций (напр., Венский Р. 1815).

РЕГРЕ́СС (от лат. regressus – обратное движение), тип развития, для к-рого характерны переход от высшего к низшему, процессы деградации, понижения уровня организации, утраты способности к выполнению тех или иных функций. Включает также моменты застоя, возврата к изжившим себя формам и структурам. Противоположен *прогрессу*.

РЕГРЕ́ССНЫЙ ИСК (обратное требование), в гражд. праве и процессе требование гражданина или орг-ции, исполнивших обязательство за должника либо из-за него, о возмещении уплаченной ден. суммы. Напр., по рос. праву орг-ция или гражданин, ответственные за причинённый вред, обязаны по Р.и. органа социального страхования возместить выплаченные пострадавшему суммы пенсий или пособий.

РЕ́ГТАЙМ (англ. ragtime, сокр. от ragged time, в муз. жаргоне – синкопированный ритм), стиль фп. игры и связанный с ним жанр танц. пьесы, распространившийся в США в нач. 20 в. (среди ведущих исполнителей – С. Джоплин). Основан на сочетании остросинкопированной (см. *Синкопа*), полуимпровизац. темы и ритмически чёткого аккомпанемента. Повлиял на стиль раннего *джаза* и танц. культуру 1910–20-х гг. (к Р. восходят *тустеп*, *уанстеп*, *фокстрот* и др.).

РЕДИ́С, одно- или двулетнее растение рода *редька*, разновидность редьки посевной. Выращивают во мн. странах, в т.ч. в России, в открытом и защищённом грунте. Корнеплоды (300–400 ц с 1 га) от округлой до удлинённой формы, содержат витамин С, минер. соли, эфирные масла.

РЕДИ́Ф (араб., букв.– сидящий позади всадника), термин поэтики лит-р Бл. и Ср. Востока. Одно слово (краткий Р.) или неск. слов (развёрнутый Р.), повторяющиеся в конце стихотв. строки после рифмы. Напр., в газели Хафиза (пер. К. Липскерова): «День отрадных встреч с друзьями – вспоминай!/
Всё, что было теми днями – вспоминай!/
Нынче верных не встречается друзей –/

Редис. Корнеплоды.

Прежних с верными сердцами – вспоминай!»

РЕ́ДКИЕ МЕТА́ЛЛЫ, группа металлов (более 50), используемых в небольших кол-вах или относительно новых в технике. К Р.м. относят, напр., щелочные металлы (кроме натрия и калия), редкоземельные и актиноиды, титан, молибден, вольфрам. Произ-во нек-рых из них постепенно увеличивается.

РЕДКОЗЕМЕ́ЛЬНЫЕ ЭЛЕМЕ́НТЫ (РЗЭ), семейство из 17 хим. элементов III гр. периодич. системы: *скандий* Sc, *иттрий* Y, *лантан* La и лантаноиды – *церий* Ce, *празеодим* Pr, *неодим* Nd, *прометий* Pm, *самарий* Sm, *европий* Eu, *гадолиний* Gd, *тербий* Tb, *диспрозий* Dy, *гольмий* Ho, *эрбий* Er, *тулий* Tm, *иттербий* Yb, *лютеций* Lu; металлы. РЗЭ имеют близкие хим. свойства; встречаются в природе редко, в рассеянном состоянии. Элементы с чётным атомным номером распространены заметно чаще, чем с нечётным. Дают тугоплавкие, нерастворимые в воде оксиды (по старинной терминологии – земли; отсюда назв.).

РЕДО́Н (Redon) Одилон (1840–1916), франц. график, живописец. Представитель *символизма*. В произв. Р. конкретные впечатления от реальности причудливо сочетаются с болезненно-мистич. фантазией (серия литографий «Эдгару По», 1882).

О. Редон. «Глаз как шар». Уголь. Ок. 1890.

РЕДУ́КТОР (от лат. reductor – отводящий назад, приводящий обратно), 1) зубчатая (в т.ч. червячная) или гидравлич. передача, предназначенная для уменьшения угловых ско-

Регистан в Самарканде. Медресе Шир-Дор. 1619–1635/36.

стей и соотв. увеличения вращающих моментов. Используется в приводах станков, трансп. машин и т.п. 2) Прибор для снижения и поддержания постоянным давления (редуцирования) жидкостей и газов при выходе из к.-л. ёмкости, в к-рой они находились под давлением. Применяют в сварочных аппаратах, газовых трубопроводах, технол. линиях и т.п.

РЕДУ́КЦИЯ (от лат. reductio – возвращение, приведение обратно), упрощение, сведение сложного к более простому, обозримому, понимаемому, более доступному для анализа или решения; уменьшение, ослабление чего-либо.

РЕ́ДФОРД (Redford) Роберт (р. 1937), амер. киноактёр, режиссёр. Героям Р. свойственно лирич. обаяние в сочетании с бунтарским пафосом и дерзким самоутверждением. Наиб. значит. роли в ф.: «Погоня» (1965), «Буч Кэссиди и Сандес Кид» (1969), «Кандидат» (1972), «Афера» (1973), а также в фильмах реж. С. Поллака: «Такими мы были» (1973), «Из Африки» (1985), «Гавана» (1990). Поставил 3 фильма, в т.ч. семейную драму «Обыкновенные люди» (1980).

РЕ́ДЬКА, род травянистых р-ний (сем. крестоцветные). 6–8 видов, в Азии. В культуре (в Средиземноморье и Китае неск. тыс. лет) Р. посевная, к-рую выращивают во мн. странах Сев. полушария, в т.ч. в России. Корнеплоды (200–300 ц с 1 га) содержат клетчатку, пектины, витамин С, минеральные соли, эфирные масла; употребляются сырыми. Сок Р. используют в нар. медицине как желчегонное, отхаркивающее и укрепляющее волосы средство. Разновидность Р. посевной – *редис*.

РЕ́ЕСТРОВЫЕ КАЗАКИ́, часть укр. казаков, в 16 – 1-й пол. 17 вв. принятая на службу польск. пр-вом и внесённая в особый список – реестр.

РЕЖИ́М (франц. régime, от лат. regimen – управление), 1) гос. строй; метод правления. 2) Установленный распорядок жизни (работы, питания, отдыха, сна). 3) Совокупность правил, мероприятий, норм для достижения к.-л. цели (напр., Р. безопасности).

РЕЗА́ АББАСИ́ (ок. 1575–1635), иран. миниатюрист, основоположник исфаханской школы миниатюры, мастер виртуозного рисунка. Поэтически умиротворённые, тонкие по живописи композиции («Девушка в меховой шапке», 1602–03), островыразит. портреты («Старик», 1614).

РЕЗЕДА́, род трав (сем. резедовые). Ок. 60 видов (гл. обр. в Средиземноморье), в т.ч. ок. 10 видов в Ср. Азии и на Кавказе. Нек-рые – сорняки. Р. душистая – декор. р-ние.

РЕЗЕ́КЦИЯ (от лат. resectio – отсечение), хирургич. операция – удаление (обычно частичное) больного органа (напр., желудка, сустава).

РЕЗЕ́РВ (франц. réserve, от лат. reservo – сберегаю), 1) запас чего-либо

Реза Аббаси. «Девушка в меховой шапке». Эрмитаж.

на случай надобности. 2) Источник, откуда черпаются новые средства, силы.

РЕЗЕ́РВНАЯ ВАЛЮ́ТА, иностр. валюта, накапливаемая центр. банком страны для междунар. расчётов. Обычно в роли Р.в. выступает конвертируемая валюта (см. *Конвертируемость валют*). В 1990-х гг. в качестве Р.в. используются доллар США, нем. марка, япон. иена, англ. фунт стерлингов, швейц. франк, канад. доллар.

РЕЗЕРПИ́Н, алкалоид, содержащийся в разл. видах тропич. р-ния раувольфия. Оказывает успокаивающее действие на центр. нерв. систему, снижает повышенное артериальное кровяное давление.

РЕ́ЗЕРФОРД (Rutherford) Эрнест (1871–1937), англ. физик, один из создателей учения о радиоактивности и строении атома. Открыл альфа- и бета-лучи и установил их природу. Предложил планетарную модель атома. Осуществил первую искусств. ядерную реакцию и предсказал существование нейтрона. Директор Кавендишской лаб. в Кембридже (с 1919), где основал науч. школу. Ноб. пр. (1908).

РЕЗИДЕ́НТ (от лат. residens, род. п. residentis – сидящий, остающийся на месте), 1) представитель государства-метрополии в протекторате. 2) Разведчик одной страны в др. гос-ве, направляющий работу агентурной сети. 3) В ср. века иностр. дипл. представитель, постоянно находившийся в данной стране.

РЕЗИДЕ́НЦИЯ (позднелат. residentia), место постоянного пребывания главы гос-ва, пр-ва, крупного адм. лица.

РЕЗИ́НА (от лат. resina – смола), эластичный материал, образующийся в результате *вулканизации* каучуков. Содержит также наполнители, пластификаторы, стабилизаторы и др. компоненты. Осн. масса Р. используется в произ-ве шин (ок. 50%) и резинотехн. изделий (ок. 22%); пористая Р. применяется в качестве звуко- и теплоизоляц. материала, способного гасить вибрации, в произ-ве прокладок, сидений для автомобилей, подошв обуви и др. Мировое произ-во более 20 млн. т в год.

РЕЗИ́СТОР (от лат. resisto – сопротивляюсь), устройство на основе проводника с нормированным постоянным (пост. Р.) или регулируемым (перем. Р.) активным сопротивлением, используемое в электрич. цепях для обеспечения требуемого распределения токов и напряжений между участками цепи. Значения сопротивлений совр. Р. от единиц до 10^{12} Ом, номинальная мощность рассеяния от сотых долей Вт до неск. сотен Вт.

РЕЗО́Н (франц. raison, от лат. ratio – разум), довод, разумное основание, причина, смысл.

РЕЗОНА́НС (франц. résonance, от лат. resono – откликаюсь), резкое возрастание амплитуды *вынужденных колебаний* в к.-л. колебат. системе, возникающее при определ. частотах внеш. воздействия. В простейшем случае Р. наступает при совпадении частоты внеш. воздействия с частотой *собственных колебаний* системы. Характер возрастания амплитуды определяется *добротностью* системы. В нек-рых случаях Р.– положительное явление, напр. в радиотехнике служит для выделения сигналов нужной передающей радиостанции на фоне сигналов др. станций. Явление Р. может стать и вредным, напр. переменная нагрузка на конструкцию (мост, здание, станок и т.п.) в случае Р. может вызвать её разрушение.

Э. Резерфорд.

Резонанс: *а* – резонансные кривые линейных осцилляторов при различной добротности Q ($Q_3 > Q_2 > Q_1$), x_0^2 – интенсивность колебаний; *б* – зависимость фазы (φ) от частоты (ω) при резонансе.

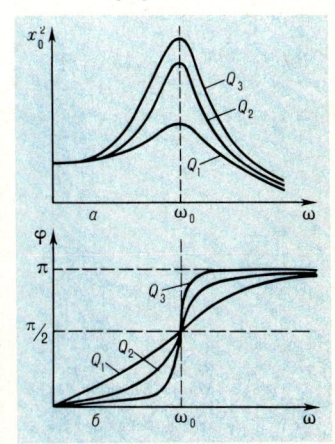

580 РЕЗО

РЕЗОНЁР (франц. raisonneur, от raisonner – рассуждать), актёрское *амплуа*. Традиц. персонаж зап.-европ. комедии и мещанской драмы 17–18 вв. Рассудит. человек, склонный к назидат. сентенциям, от лица автора дающий моральные оценки поступкам др. действующих лиц, поучающий их (напр., Стародум в комедии Д.И. Фонвизина «Недоросль»).

РЕЗУС (бенгальский макак), обезьяна рода макаков. Длина тела ок. 80 см, хвоста 25–30 см. Обитают в лесах Юж. и Юго-Вост. Азии. Много времени проводят на земле, легко ходят на двух ногах, плавают, ныряют. Возбудимы и драчливы. Издавна используются как лаб. ж-ные. В Индии считаются священными ж-ными.

РЕЗУС-ФАКТОР, антиген, содержащийся в эритроцитах макака-резуса (отсюда назв.) и людей. Открыт К. Ландштейнером и амер. учёным А.С. Винером в 1940. По наличию или отсутствию Р.-ф. выделяют резус-положительные (ок. 85% людей) и резус-отрицательные (ок. 15%) организмы. У резус-положит. плода при беременности женщины с резус-отрицат. кровью возможны иммунные осложнения (гемолитич. болезнь новорождённых и др.). Для предупреждения осложнений вводят антирезус-гамма-глобулин. Учёт Р.-ф., как и группы крови, обязателен при *переливании крови*.

РЕЗЮМЕ (франц. résumé, от résumer – излагать вкратце), краткое изложение речи, статьи, краткий вывод.

РЕЙ Сатьяджит (1921–92), инд. кинорежиссёр. Картины деревенской и гор. жизни, прошлого и настоящего в ф. «Непокорённый» (1956), «Мир Апу» (1959), «Чарулота» (1964), «Противник» (1970), «Дом и мир» (1983), лишённых сентиментальности, так и натурализма, характерных для многих инд. фильмов.

РЕЙД (от голл. reede), 1) место якорной стоянки или перегрузки судов в порту или вблизи берега. Внутр. Р.– часть ограждённой акватории порта; внеш. Р.– вод. пространство на подходах к порту. 2) Набег в тыл противника.

РЕЙЗЕН Марк Осипович (1895–1992), певец (бас). В 1930-54 в Большом т-ре. В репертуаре артиста яркого драм. дарования, обладавшего голосом, редким по богатству и красоте звуковых оттенков, были партии: Борис Годунов, Досифей («Борис Годунов», «Хованщина» М.П. Мусоргского), Сусанин («Жизнь за царя» М.И. Глинки), Мефистофель («Фауст» Ш. Гуно) и др.

РЕЙКЬЯВИК, столица (с 1944) Исландии, самая сев. столица в мире. 101 т. ж. Порт на юж. берегу зал. Фахсафлоуи Атлантич. ок.; междунар. аэропорт. Рыбообработка, судостроение, текст. пром-сть. Близ Р.– горячие источники (воды используются для отопления домов, теплиц и др. сооружений города). Ун-т. Музеи. Нац. т-р, драм. труппа. Р. возник ок. 874 как хутор первых норв. поселенцев. В регулярной гор. застройке преобладают 2–3-этажные здания. Собор (кон. 18 в., перестроен в 19 в.). Нац. б-ка (1908).

РЕЙМОНТ (Reymont) Владислав (1867–1925), польск. писатель. Социальные романы «Комедиантка» (1896), «Обетованная земля» (т. 1-2, 1899). В романе-эпопее «Мужики» (т. 1–4, 1904-09) показал обществ. и психол. конфликты польск. села, в ист. трил. «1794 год» (1913-18) – жизнь Польши кон. 18 в., образы участников движения Т. Костюшко. Ноб. пр. (1924).

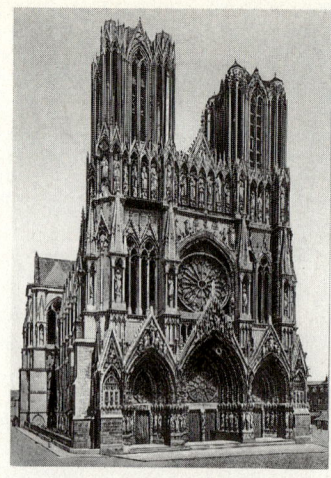

Реймс. Собор Нотр-Дам. Западный фасад.

РЕЙМС, г. во Франции. 185 т. ж. Трансп. уз.; каналами связан с рр. Марна и Эна. Центр шерст. пром-сти, произ-ва шампанских вин; маш-ние. Ун-т. Нац. школа музыки Р. (1913, до 1951 – муниципальная). Музеи: изящных иск-в, старого Р. До 1825 в Р. короновались франц. короли. Знаменитый собор Нотр-Дам (1211-1311) с богатейшим скульпт. убранством.

РЕЙН, одна из самых больших рек в Европе, на терр. Швейцарии, Лихтенштейна, Австрии, Франции, Германии, Нидерландов. Дл. 1320 км. Истоки в Альпах, протекает через Боденское оз. и Верхнерейнскую низм., пересекает Рейнские Сланцевые горы, затем течёт по Среднеевроп. равнине. Впадает в Сев. м. Осн. притоки: Ааре, Мозель, Маас, Неккар, Майн, Рур. Р.– важная незамерзающая трансп. магистраль. Общая длина судох. путей в басс. Р. ок. 3000 км. Соединён каналами с Роной, Марной, Везером, Эльбой, Эмсом. На Р.– гг. Базель (Швейцария), Страсбур (Франция), Мангейм, Майнц, Бонн, Кёльн, Дюссельдорф, Дуйсбург (Германия), Роттердам (Нидерланды).

«РЕЙНЕКЕ-ЛИС», см. *«Роман о Лисе»*.

РЕЙНОЛДС (Reynolds) Джошуа (1723–92), англ. живописец, теоретик иск-ва. Организатор и первый президент лондонской АХ. Писал виртуозные по технике исполнения мифол. и ист. сцены, парадные портреты знати («Дж. О. Хитфилд», 1787-88).

РЕЙНХАРДТ (Reinhardt) (наст. фам. Гольдман) Макс (1873–1943), нем. режиссёр, актёр. На сцене с 1894. В 1905-33 (с перерывами) возглавлял Нем. т-р. Ставил в античн. классику, пьесы У. Шекспира, М. Горького. В созданных им т-рах и студиях (Берлин, Вена) экспериментировал в области театральной формы, новых выразит. средств. В 1933 эмигрировал в США.

РЕЙС (Рейш, Рюйш) (Ruysch) Фредерик (1638–1731), нидерл. анатом. Предложил методы бальзамирования трупов и изготовления анат. препаратов. Создал анат. музей, коллекция к-рого была куплена (1717) Петром I.

РЕЙСДАЛ (Ruysdael) Якоб ван (1628 или 1629–1682), голл. живописец, офортист, мастер нац. реалистич. пейзажа. Поэтически раскрывал величие природы, создавая полные драматизма и эпич. широты пейзажи («Еврейское кладбище», ок. 1650-55).

РЕЙТАРЫ (от нем. Reiter – всадник), вид тяжёлой кавалерии в европ. армиях 16-17 вв. (в России в 17 в.). Вооружение: шпаги, пистолеты, ружья (карабины), нагрудные латы, шлемы.

РЕЙТИНГ (англ. rating), 1) индивидуальный числовой показатель (коэф.) достижений шахматиста (шашиста), меняющийся в зависимости от его результатов в соревнованиях. Идея применения принадлежит рос. шахматисту С. Зефирову (1939). В 1970 Междунар. шахматная федерация за основу подсчёта Р. приняла систему амер. шахматиста А. Эло (отсюда назв. «коэф. Эло»), используя её при решении о присвоении междунар. званий, напр. гроссмейстера (минимальный Р. у мужчин – 2300, у мужчин – 2450). Наиб. высокого Р. достиг Г. Каспаров – 2812 (1991). 2) Степень популярности известного деятеля (в области политики, культуры и т.п.), определяемая в результате изучения обществ. мнения.

РЕЙХЛИН (Reuchlin) Иоганн (1455–1522), нем. гуманист, филолог. Его произв. содействовали развитию критич. изучения Библии. Борьба Р. с католич. богословами в защиту свободы науч. исследования (т.н. рейхлиновский спор) была поддержана мн. гуманистами («Письма тёмных людей» и др.).

Рейтары (Россия).

РЕКВИЕМ (requiem, вин. п. от лат. requies – покой, отдых; нач. слово текста «Requiem aeternam dona eis, Domine» – «Вечный покой даруй им, Господи»), траурная заупокойная месса. В музыке 18-20 вв. близок *оратории* (реквиемы В.А. Моцарта, О.А. Козловского, Г. Берлиоза, Г. Форе, Дж. Верди, И.Ф. Стравинского, А.Г. Шнитке, «Немецкий реквием» И. Брамса, «Военный реквием» Б. Бриттена на неканонич. текст.)

РЕКВИЗИТЫ (от лат. requisitum – требуемое, необходимое) (юрид.), данные, к-рые должны содержаться в акте или ином док-те (напр., чеке, векселе) для признания его действительным (напр., название док-та; сумма, подлежащая оплате; наименование плательщика).

РЕКВИЗИЦИЯ (от лат. requisitio – требование), принудит. возмездное

Дж. Рейнолдс. «Амур развязывает пояс Венеры». 1788. Эрмитаж.

изъятие имущества в собственность или во врем. пользование гос-ва.

РÉКИ, вод. потоки в естеств. руслах, питающиеся за счёт поверхностного и подземного стока с их бассейнов. Р. со своими притоками образует речную систему. Горные Р. характеризуются быстрым течением и обычно узкими долинами; равнинные Р. имеют более медленное течение и широкие террасированные долины. Наиб. кр. реки: Нил, Миссисипи, Амазонка, Янцзы, Обь, Амур, Лена, Енисей, Волга. Суммарный годовой сток Р. в Мировой ок. 42 тыс. км³. Р.– важнейший элемент природной среды: источник питьевой и пром. воды, естеств. вод. путь, постоянно возобновляемый источник гидроэнергии, местообитание рыб и др. Воды многих Р. сильно загрязнены. Предпринимаются законодат., техн. и сан.-гигиенич. меры, направленные на ограничение и прекращение сброса в Р. неочищенных сточных вод.

РÉКИ МЕЖДУНАРÓДНЫЕ, реки и искусств. вод. соединения (каналы) между ними, протекающие по территории неск. гос-в и открытые для торг. междунар. судох-ва (напр., Дунай, Рейн, Амазонка, Конго, Нил, Меконг). Режим Р.м. устанавливается, как правило, соглашениями между гос-вами, по территории к-рых они протекают. Иногда для регулирования судох-ва по Р.м. создаются спец. органы (напр., Дунайская комиссия).

РЕКЛÁМА (франц. réclame, от лат. reclamo – выкрикиваю), информация о потребит. свойствах товаров и видах услуг с целью оповещения потребителей, создания спроса на эти товары; популяризация произв. лит-ры, иск-ва и др.

РЕКЛАМÁЦИЯ (от лат. reclamatio – криком выражаемый протест), в гражд. праве *претензия* покупателя (заказчика) к продавцу (поставщику, подрядчику) по поводу ненадлежащего качества вещи, требование об устранении недостатков, снижении цены, возмещении убытков.

РЕКОМБИНÁЦИЯ (от *ре...* и позднелат. combinatio – соединение) (генетич.), появление новых сочетаний генов, ведущих к новым сочетаниям признаков у потомства. У высш. организмов Р. осуществляется при независимом расхождении хромосом в *мейозе*, при обмене участками гомологичных (парных) хромосом – кроссинговере; у мн. микроорганизмов – в результате обмена участками молекул нуклеиновых к-т. Целенаправленное получение рекомбинантных (гибридных) ДНК (РНК) лежит в основе *генетической инженерии*.

РЕКОМБИНÁЦИЯ, процесс, обратный *ионизации*, т.е. образование нейтральных частиц из заряженных. Р. ионов и электронов в газах и плазме – образование нейтральных атомов и молекул из свободных электронов и положит. ионов. Рекомбинировать могут разноимённо заряженные свободные радикалы в электролитах, электроны и дырки в полупроводниках и т.д. Р. сопровождается выделением энергии.

РЕКОНКИ́СТА (исп. Reconquista, от reconquistar – отвоёвывать), отвоевание коренным населением Пиренейского п-ова в 8–15 вв. территорий, захваченных арабами (точнее, маврами). К сер. 13 в. в руках арабов остался лишь Гранадский эмират (пал в 1492).

РЕКОНСТРУ́КЦИЯ (от *ре...* и лат. constructio – построение), 1) коренное переустройство, перестройка чего-либо с целью улучшения, усовершенствования (напр., Р. пр-тий, Р. города). 2) Восстановление первонач. вида, облика чего-либо по остаткам или письм. источникам (напр., Р. памятника архитектуры).

РЕКТИФИКÁЦИЯ (от лат. rectus – прямой, простой и *...фикация*), разделение многокомпонентных жидких смесей на отд. компоненты. Основана на многократной *дистилляции*. В пром-сти осуществляют в ректификац. колоннах.

РЕКУПЕРÁТОР (от лат. recuperator – получающий обратно, возвращающий), теплообменник, в к-ром теплота от горячего тела непрерывно передаётся холодному через разделяющую их стенку. Служат для утилизации теплоты отходящих газов.

РЕЛАКСÁЦИЯ (от лат. relaxatio – расслабление, разрядка, отдых), 1) расслабление или резкое снижение тонуса скелетной мускулатуры. Искусств. Р., достигаемую применением препаратов миорелаксантов, используют при хирургич. вмешательствах. 2) Снятие психич. напряжения.

РЕЛАКСÁЦИЯ, процесс установления термодинамич. равновесия в макроскопич. физ. системе, состоящей из большого числа частиц. Характеристика процесса – время Р. Напр.: для системы электронов в металле время Р. τ ~ 10⁻¹³ с; для кристаллич. структур в земной коре Р. длится геол. эпохи.

РЕЛÉ (франц. relais, от relayer – сменять, заменять), устройство для автоматич. скачкообразной коммутации электрич. цепей по сигналу извне. Используются в системах автоматики, энергетики, в аппаратуре связи, измерит., вычислит. технике и т.д.

РЕЛИ́ГИЯ (от лат. religio – набожность, святыня, предмет культа), мировоззрение и мироощущение, а также соотв. поведение и специфич. действия (культ), основанные на вере в существование Бога или богов, сверхъестественного. Ист. формы развития Р.: племенные, нац.-гос. (этнические), мировые (*буддизм, христианство, ислам*).

РЕЛИ́КТ (от лат. relictum – остаток), организм, вещь или явление, сохранившиеся как пережиток минувших эпох, как остаток далёкого прошлого.

РЕЛИ́КТОВОЕ ИЗЛУЧÉНИЕ, заполняющее *Вселенную* космич. излучение, спектр к-рого близок к спектру абсолютно чёрного тела с темп-рой ок. 3 К. Наблюдается на волнах от неск. мм до десятков см, практически изотропно. Происхождение Р.и. *космология* связывает с эволюцией Вселенной, к-рая в прошлом имела очень высокую темп-ру и плотность излучения.

РЕЛЬÉФ (франц. relief, от лат. relevo – поднимаю), совокупность форм земной поверхности, различающихся по очертаниям, размерам, происхождению, истории развития. Р. образуется гл. обр. в результате длительного одноврем. воздействия на земную поверхность тектонич., вулканич. и др. процессов, деятельности воды, ветра, солнца, ледников и др. Развитие и формирование Р. изучает *геоморфология*.

РЕЛЬÉФ, вид скульптуры, в к-ром изображение является выпуклым или углублённым по отношению к плоскости фона. Осн. виды: *барельеф, горельеф*.

РÉЛЬСЫ (англ. rails, мн. ч. от rail – рельс, от лат. regula – прямая палка), полосы с характерным профилем (скруглённая головка или жёлоб), один из осн. элементов ж.-д. пути. Выпускаются Р. из легир. стали стандартной длины. Первые чугунные Р. были изготовлены в Великобритании в 1767. В России чугунные Р. для заводских путей отлиты впервые в 1788 на Александровском з-де в Петрозаводске.

РЕЛЯТИВИ́ЗМ (от лат. relativus – относительный), признание относительности, условности и субъективности познания, отрицание абс. этич. норм и правил. В познании Р. нередко ведёт к *агностицизму*.

РЕЛЯТИВИ́СТСКИЙ, термин, употребляемый в физике для явлений, обусловленных движением со скоростями, близкими к скорости света, либо сильными полями тяготения. Такие явления описываются *относительности теорией*.

РЕМÁРК (Remarque, Remark) Эрих Мария (1898–1970), нем. писатель. Участник 1-й мир. войны 1914–18, бесчеловечность к-рой показал в ром. «На Западном фронте без перемен» (1929). Трагедия обожжённой войной «потерянного поколения», мужественное противостояние жестокости бытия, сила фронтового товарищества, любви, нарастание антифаш. и антимилитаристских мотивов – в полных грустной иронии романах о послевоен. Европе «Три товарища» (1938), «Триумфальная арка» (1946), сатирич. ром. «Чёрный обелиск» (1956); в ром. «Время жить и время умирать» (1954) – повторение трагического опыта «прозрения» новым поколением в годы 2-й мир. войны на вост. фронте.

РЕМБÓ (Rimbaud) Артюр (1854–91), франц. поэт. Один из ранних представителей символизма (баллада «Пьяный корабль», 1871). Посвятил Парижской Коммуне 1871 полные эмоц. одушевления стихи «Париж заселяется вновь», «Руки Жанны Мари» (оба 1871). В книгах стихов и прозы «Сквозь ад» (1873), «Озарения» (изд. 1886) – «разорванность» мысли, нарочитая алогичность и антисимволистская, заострённо-прозаич. конкретность образов в сочетании с демонстративной антибуржуазностью и пророческим пафосом. Вскоре отошёл от лит-ры, в 1880 стал торг. агентом в Эфиопии.

РÉМБРАНДТ Харменс ван Рейн (Rembrandt Harmensz van Rijn) (1606–69), голл. живописец, график. Сочетая глубокую психол. характеристику с исключит. мастерством живописи, основанной на эффектах светотени, писал портреты, в т.ч. групповые («Ночной дозор», 1642), религ. («Святое семейство», 1645) и мифол. («Даная», 1636) сцены. В поздний период творчества создал сложные по психол. структуре религ. («Давид и Урия», 1665) и ист. («Заговор Юлия Цивилиса», 1661) композиции, портреты («Синдики», 1662), в к-рых широкая свободная

Рембрандт. «Возвращение блудного сына». Ок. 1668–69. Эрмитаж.

РЕ́МИЗОВ Ал. Мих. (1877–1957), рус. писатель, художник, каллиграф. С 1921 в эмиграции, с 1923 в Париже. Обработки сказок, апокрифов, преданий: «Посолонь» (1907), «Докука и балагурье» (1914). В ром. «Пруд» (1905), пов. «Неуёмный бубен», «Крестовые сёстры» (обе 1910), «Пятая язва» (1912), сб. рассказов и легенд «Среди мурья» (1917), ром. «Плачужная канава» (1923–25), в «летописной» пов. «Взвихренная Русь» (1927) — образ рос. провинции и С.-Петербурга, темы уродливости жизни, жестокосердия, мучительной душевной дисгармонии, безвинности человеческих страданий. «Слово о погибели Русской земли» (1918) — лироэпич. «историософия» России, осмысление событий войны и Февр. рев-ции. Автобиогр. кн. «Подстриженными глазами» (1951), «Иверень» (опубл. в 1986) и др. Кн. «Огонь вещей. Сны и предсонье. Гоголь. Пушкин. Лермонтов. Тургенев. Достоевский» (1954). Для Р. характерны архаичная стилистика, ориентация на лит-ру и устное слово допетровской Руси, причудливое смешение реальности, преданий и фантазии («снов»).

живопись приобретает особую эмоц. выразительность, светотень выступает как средство раскрытия психол. коллизий.

РЕМИНИСЦЕ́НЦИЯ (от позднелат. reminiscentia — воспоминание), 1) смутное воспоминание, отголосок. 2) В поэтич. и муз. произведениях — черты, наводящие на воспоминание о другом произведении; нередко — воспроизведение (в совр. иск-ве — сознательное) автором чужого образа, мотива, стилистич. приёма, интонационно-ритмич. хода.

РЕМИ́ССИЯ (от лат. remissio — ослабление), ослабление (неполная Р.) или врем. исчезновение (полная Р.) проявлений болезни.

РЕНА́Н (Renan) Жозеф Эрнест (1823–92), франц. писатель, историк религии. В «Жизни Иисуса» (кн. 1–8, 1863–83; пользовалась популярностью 1-я книга — «История происхождения христианства») изображал Иисуса Христа исторически существовавшим проповедником, пытался рационально объяснить всё сверхъестественное, что вызвало резкий отпор офиц. церк. кругов. Тр. по востоковедению; филос. драмы (1880-е гг.).

РЕНЕ́ (Resnais) Ален (р. 1922), франц. кинорежиссёр. Получил известность в док. кино («Ван Гог», 1948; «Ночь и туман», 1956). Для стиля Р. характерны поэтич. преображение реальности, новаторство киноязыка. Осн. темы — власть памяти, соотношение настоящего и прошедшего, реального и воображаемого — получили развитие в ф.: «Хиросима, любовь моя» (1959), «В прошлом году в Мариенбаде» (1961), «Война окончена» (1966), «Я хочу домой» (1989).

РЕНЕГА́ДОС (исп. renegados), в араб. гос-вах Пиренейского п-ова в 8–15 вв. христиане, принявшие ислам; христ. церковью считались «отступниками» (ренегаты).

РЕНЕГА́Т (позднелат. renegatus, от renego — отрекаюсь), человек, изменивший своим убеждениям, перешедший в лагерь противников; изменник, отступник.

РЕНЕССА́НС, см. *Возрождение*.

РЕ́НИЙ (Rhenium), Re, хим. элемент VII гр. периодич. системы, ат. н. 75, ат. м. 186,207; металл. Открыт нем. учёными В. Ноддаком и И. Таке в 1925.

РЕНОМЕ́ (франц. renommée), мнение, установившееся о ком-либо, репутация.

РЕ́НТА (нем. Rente, от лат. reddita — возвращённая), регулярно получаемый доход с капитала, имущества или земли, не требующий от получателя предпринимат. деятельности.

РЕНТА́БЕЛЬНОСТЬ (от нем. rentabel — доходный, прибыльный), показатель экон. эффективности произ-ва на пр-тиях, в отраслях и нар. х-ве в целом. Рассчитывается как отношение прибыли к сумме производств. осн. фондов и оборотных средств либо к себестоимости продукции.

РЕНТГЕ́Н (Рёнтген) (Röntgen) Вильгельм Конрад (1845–1923), нем. физик. Открыл (1895) новый вид излучения, к-рое он назвал икс-лучами (позднее названо *рентгеновским излучением*), и исследовал осн. их свойства. Рентгеновские лучи быстро нашли применение для диагностики заболеваний. Ноб. пр. (1901).

РЕНТГЕ́Н, см. в ст. *Доза излучения*.

РЕНТГЕ́НОВСКАЯ ТРУ́БКА, электровакуумный прибор для получения *рентгеновского излучения* посредством резкого торможения пучка ускоренных электронов. Осн. элементы Р.т. — катод (источник электронов) и анод (источник рентгеновских лучей), называемый антикатодом.

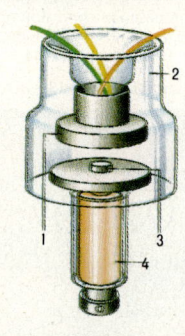

Рентгеновская трубка диагностическая с вращающимся анодом: 1 — катод; 2 — стеклянный баллон; 3 — анод; 4 — ротор двигателя.

РЕНТГЕ́НОВСКИЙ СТРУКТУ́РНЫЙ АНА́ЛИЗ, исследование атомной структуры образца в-ва по картине дифракции на нём рентгеновского излучения. Позволяет установить распределение электронной плотности в-ва, по к-рому определяют род атомов и их взаимное расположение. С помощью Р.с.а. исследуют структуру кристаллов, жидкостей, белковых молекул и др. Основы Р.с.а. заложены в работах нем. физика М. Лауэ в 1912, англ. физиков У. Л. и У. Г. Брэггов и рос. учёного Г.В. Вульфа в 1913.

РЕНТГЕ́НОВСКОЕ ИЗЛУЧЕ́НИЕ, не видимое глазом эл.-магн. излучение с длиной волны 10^{-5}–10^2 нм. Открыто В.К. Рентгеном в 1895. Испускается при торможении быстрых электронов в в-ве (тормозной спектр) и при переходах электронов в атоме с внеш. электронных оболочек на внутренние (характеристич. спектр). Источники — *рентгеновская трубка*, *ускорители* электронов. Приёмники — фотоплёнка, рентгеновский экран и др. Проникает через нек-рые непрозрачные материалы. Применяется в медицине, дефектоскопии, спектральном и структурном анализе.

РЕНТГЕНОЛО́ГИЯ, область медицины, изучающая применение рентгеновского излучения для иссл. строения и функций органов и систем и диагностики заболеваний.

РЕНУА́Р (Renoir) Жан (1894–1979), франц. кинорежиссёр. Сын О. Ренуара. Пройдя в 20-х гг. через увлечение авангардизмом, обратился в 30-х гг. к реалистич. изображению социальных конфликтов: ф. «Тони» (1935), «Великая иллюзия» (1937), «Правила игры» (1939). Поздним фильмам свойственны пантеистич. мироощущение, поиски пластич. гармонии, иронически-ностальгич. стилизация прошлого («Золотая карета», 1953; «Французский канкан», 1954; «Завтрак на траве», 1959).

РЕНУА́Р Огюст (1841–1919), франц. живописец. Представитель *импрессионизма*. Создал светлые, прозрачные по живописи пейзажи, бытовые сцены, портреты, воспевающие чувственную красоту, радость бытия («Мулен де ла Галет», 1876; «Ж. Самари», 1877).

РЕОМЮ́РА ШКАЛА́, температурная шкала, один градус к-рой равен $\frac{1}{80}$ разности темп-р кипения воды и таяния льда при атм. давлении, т.е. 1°R = $\frac{5}{4}$ °С. Предложена во Франции Р. Реомюром в 1730. Практически вышла из употребления.

Репа. Корнеплоды.

РЕ́ПА, двулетнее р-ние (род капуста), овощная культура. Родина — Передняя Азия и, возможно, Ср. Европа, где Р. возделывали задолго до н.э. Выращивают (на незначит. площадях) во мн. странах Европы, Азии, Сев. Америки; в России известна с 11 в., наиб. распространена в Нечерноземье. В корнеплодах (до 350 ц с 1 га) сахара, белки, витамины, минеральные соли, горчичное масло; употребляются сырыми, парёными, варёными, жареными. Кормовая Р. — турнепс.

РЕПАРА́ЦИИ (от лат. reparatio — восстановление), в междунар. праве форма материально-правовой ответственности гос-ва за междунар. правонарушение. Заключаются в возмещении гос-вом ущерба, причинённого им др. гос-ву, в ден. или иной материальной форме. Выплата Р. обычно предусматривается мирным договором.

РЕПАРА́ЦИЯ, свойственный клеткам всех организмов механизм исправления повреждений в молекуле ДНК, возникающих в ходе её биосинтеза или под влиянием внеш. хим. или физ. факторов (напр., ионизирующих излучений); осуществляется

О. Ренуар. «Нагая женщина, сидящая на кушетке». 1876. Музей изобразительных искусств имени А.С. Пушкина.

спец. ферментами клетки. Обеспечивает поддержание стабильности генетич. материала в ряду поколений. Ряд наследств. болезней (напр., пигментная ксеродерма) связан с нарушениями систем Р.

РЕПАТРИАЦИЯ (от ср.-век. лат. repatriatio – возвращение на родину), возвращение на родину военнопленных и гражд. лиц, оказавшихся за её пределами вследствие войны, а также эмигрантов.

РЕПЕЙНИК, то же, что *лопух*.

РЕПЕЛЛЕНТЫ (от лат. repellens – отталкивающий, отвращающий), природные и синтетич. в-ва, отпугивающие насекомых, клещей, грызунов, птиц. Наиб. часто применяют Р. против кровососущих насекомых (комаров, слепней, мошек и др.). Используют в виде лосьонов, кремов, аэрозоля.

РЕПИН Ил. Еф. (1844–1930), рос. живописец, *передвижник*. Вскрывал противоречия действительности («Крестный ход в Курской губернии», 1880–83), работал над темой рев. движения («Арест пропагандиста», 1880–92; «Не ждали», 1884–88). В ист. полотнах раскрывал трагич. конфликты («Иван Грозный и сын его Иван», 1885, создал яркие вольнолюбивые образы («Запорожцы пишут письмо турецкому султану», 1878–91). В портретах современников раскрывал личность в психол. и социальном плане («М.П. Мусоргский», 1881).

И.Е. Репин. «Царевна Софья». 1879. Третьяковская галерея.

РЕПЛИКАЦИЯ (от позднелат. replicatio – повторение) (редупликация), удвоение молекул ДНК (у нек-рых вирусов РНК) при участии ферментов. Обеспечивает точное копирование генетич. информации, заключённой в молекулах ДНК, и передачу её от поколения к поколению.

РЕПОЛОВ, то же, что *коноплянка*.

РЕПОРТ (франц. report), биржевая сделка на срок, заключаемая в расчёте на повышение курса ценных бумаг с целью получения курсовой разницы. Сделка, противоположная Р.,– *депорт*.

РЕПРЕЗЕНТАТИВНОСТЬ (от франц. représentatif – представляющий), в статистике методы определения параметров выборочной совокупности (частей объекта, множества), изучение к-рой позволяет с достаточной обоснованностью представить состояние генеральной совокупности (объекта в целом). Напр., изучение определ. числа семейных бюджетов, опрос избирателей и т.п.

РЕПРЕССИЯ (от позднелат. repressio – подавление), карательная мера, наказание, применяемое гос. органами.

РЕПРИВАТИЗАЦИЯ, см. *Денационализация*.

РЕПРИЗА (франц. reprise – повторение), 1) точное или изменённое повторение нач. раздела муз. формы в качестве завершающего её раздела. Типична для разл. 3-частных форм, *сонатной формы*. 2) В цирке и на эстраде – словесный или пантомимич. комич. номер (иногда шутка, анекдот).

РЕПРОГРАФИЯ (от *ре*..., лат. produco – произвожу и ...*графия*), обобщённое название способов копирования и размножения док-тов неполиграф. методами. К Р. относят фотографирование, светокопирование, *микрофильмирование*, термокопирование, *электрофотографию* и др.

РЕПРОДУКЦИЯ (от *ре*... и лат. produco – произвожу), 1) воспроизведение полиграф. или др. средствами произведений изобр. иск-ва (картина, рисунок, фотоснимок и т.п.), а также само произведение иск-ва, полученное таким способом. 2) (Психол.) воспроизведение удержанного в памяти. 3) (Биол.) воспроизведение организмами себе подобных; то же, что *размножение*.

РЕПТИЛИИ, то же, что *пресмыкающиеся*.

РЕПУТАЦИЯ (франц. réputation), создающееся общее мнение о достоинствах и недостатках кого-либо, чего-либо.

РЁРИХ (Рерих) Ник. Конст. (1874–1947), рос. живописец, театральный художник, археолог, путешественник, писатель. Отец востоковеда Ю.Н. Рериха (1902–60) и худ. С.Н. Рериха (1904–91). Чл. «*Мира искусства*». С 20-х гг. жил в Индии. Эмоц., красочно-декор. композиции, навеянные историей и легендами Др. Руси («Гонец», 1897), инд. и тибет. природой и мифологией («Помни», 1945). Р. рассматривал историю и природу как процесс единой «космич. эволюции». В 1924–28 (совм. с Ю.Н. Рерихом) и в 1934–35 совершил экспедиции в Индию, Китай, Монголию и др. страны Центр. и Вост. Азии (кн. «Сердце Азии», 1929, «Врата в будущее», 1936). Инициатор движения в защиту памятников культуры (в 1954 заключён Междунар. пакт Р. по охране культурных ценностей); основал Ин-т гималайских иссл. в Нагаре – «Урусвати» (1929–42; совм. с Ю.Н. Рерихом). Лит. наследие Р. (сб. стихов «Цветы Мории», 1921; прозаич. книги эссеистского и дневникового характера: «Пути Благословения», 1924, «Твердыня Пламенная», 1932, «Нерушимое», 1936, «Алтай – Гималаи», на рус. яз.– 1974, и др.) – своеобразная «проповедь» духовного преображения жизни, «очищения» мышления («чувствознание»), в к-ром спасит. мессианская роль отводится культуре; близкие Р. традиции буддизма и индуизма вводил в контекст совр. европ. сознания. В Москве создан Меж-

Н.К. Рерих. «Дозор». 1905. Русский музей.

дунар. центр Рерихов (1991; преобразован из Сов. фонда Рерихов).

РЕСИФИ, г. в Бразилии. 1,3 млн. ж. Порт на Атлантич. ок.; междунар. аэропорт. Пищевкус., маш.-строит., текст., цем., хим. пром-сть. Ун-ты. Музей штата. Мор. курорт. Туризм. Осн. в 1548.

РЕСПИГИ (Respighi) Отторино (1879–1936), итал. композитор. Восприняв традиции *импрессионизма*, симф. *программной музыки* Р. Штрауса, Н.А. Римского-Корсакова (у к-рого Р. брал уроки), выработал красочный орк. стиль (симф. трил. «Фонтаны Рима», 1916, «Пинии Рима», 1924, «Римские празднества», 1928). Черты *неоклассицизма* – в Григорианском концерте для скрипки с орк. (1921), Дорийском квартете и др. Оперы, балеты; редакционные и орк. версии итал. музыки 17–19 вв. Гастролировал по мн. странам как пианист и дирижёр (с исполнением собств. сочинений).

РЕСПИРАТОР (от лат. respiro – дышу), приспособление (напр., повязка из фильтрующей ткани) для индивид. защиты органов дыхания человека от пыли и вредных в-в.

РЕСПОНСОРНОЕ ПЕНИЕ (позднелат. responsorium, от лат. responsum – ответ), поочерёдное пение солиста и хора. Восходит к др.-евр. псалмодии, характерно для христ. церк. музыки. Распространено в фольклорной музыке мн. народов мира. Назв. этого типа пения произошло от термина «респонсорий» (песнопение католич. обихода). См. также *Антифонное пение*.

РЕСПУБЛИКА (лат. respublica, букв.– обществ. дело), форма правления, при к-рой глава гос-ва (напр., президент) избирается населением или спец. избират. коллегией. Законодат. власть принадлежит выборному представит. органу (парламенту). Большинство совр. гос-в являются Р.

РЕССОРА (франц. ressort, букв.– упругость, от старофранц. ressortir – отскакивать), упругий элемент подвески трансп. машин, смягчающий удары от неровностей дороги и выдерживающий рабочую нагрузку без остаточной деформации. Различают Р. листовые, винтовые, торсионные, а также пневматические и гидравлические.

РЕСТАВРАЦИЯ (от позднелат. restauratio – восстановление), восстановление чего-либо в первонач. (или близком к первонач.) виде (напр., архит. памятников, произв. иск-ва).

РЕСТИТУЦИЯ (от лат. restitutio – восстановление), 1) в гражд. праве – возвращение одной стороной договора др. стороне полученного по договору в случае признания его недействительным. 2) В междунар. праве – возвращение имущества, неправомерно захваченного и вывезенного воюющим гос-вом с терр. противника.

РЕСТРИКЦИЯ (от позднелат. restrictio – ограничение), ограничение произ-ва, продажи и экспорта товаров, с целью повышения цен; ограничение банками и гос-вом размеров кредита в целях сдерживания *инфляции*.

РЕСУРС (от франц. ressource – вспомогат. средство) технический, наработка изделия от начала его эксплуатации (или после ремонта) до достижения состояния, при к-ром дальнейшая эксплуатация невозможна или нежелательна, напр. из-за малой эффективности.

РЕСУ́РСЫ, средства, запасы, возможности, источники средств, доходов (напр., природные Р., экон. Р.).

РЕТРАНСЛЯ́ТОР (от *ре...* и лат. translator, букв.— переносчик), устройство, искусств. среда или небесное тело, используемые как промежуточный пункт линии радиосвязи (радиорелейной, космич. и т.д.).

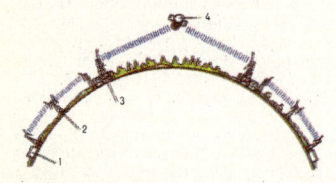

Ретранслятор. Схема линии радиорелейной связи, образованной цепочкой различных ретрансляторов: 1 — оконечный пункт линии; 2 — промежуточная приёмопередающая (ретрансляционная) радиостанция; 3 — наземная станция радиосвязи; 4 — искусственный спутник Земли с активным ретранслятором.

РЕТРОГРА́Д (от лат. retrogradus — идущий назад), противник прогресса, человек с отсталыми взглядами.

РЕТРОСПЕ́КЦИЯ (от лат. retro — назад и spectio — наблюдение), обращение к прошлому, обзор прошедших событий.

РЕФЕРЕ́НДУМ (от лат. referendum — то, что должно быть сообщено), форма принятия законов и решения важнейших вопросов гос. значения путём всеобщего голосования.

РЕ́ФЕРИ (англ. referee, от лат. refero — сообщаю), одно из традиц. междунар. названий спорт. судьи на поле, площадке (футбол, баскетбол и т.п.), ринге (бокс), ковре (борьба), вышке (волейбол) и др.

РЕФЛЕ́КСИЯ (от позднелат. reflexio — обращение назад), 1) размышление, самонаблюдение, самопознание. 2) (Филос.) форма познания, теоретич. деятельность человека, направленная на осмысление своих собственных действий и их оснований.

РЕФЛЕКСОТЕРАПИ́Я (от *рефлексы* и *терапия*), общее название леч. приёмов и методов, основанных на раздражении (механическом, термическом и др.) определ. зон поверхности тела (т.н. биологически активных точек), богатых нерв. окончаниями. Включает *акупунктуру,* электроакупунктуру и др.

РЕФЛЕ́КСЫ (от лат. reflexus — повёрнутый назад, отражённый), реакции организма, осуществляемые при участии нерв. системы в ответ на действие внеш. и внутр. раздражителей. В 1863 И.М. Сеченов высказал мысль, что «все акты сознательной и бессознательной жизни по способу происхождения суть рефлексы». Это положение развито И.П. Павловым в его учении о высш. нерв. деятельности. Врождённые Р. наз. безусловными, Р., вырабатываемые в течение жизни,— условными.

РЕФО́РМА (франц. réforme, от лат. reformo — преобразовываю), преобразование, изменение, переустройство к.-л. стороны обществ. жизни (экономики), порядков (ин-тов, учреждений); формально — нововведение любого содержания, однако Р. обычно наз. прогрессивное преобразование.

РЕФОРМА́ЦИЯ (от лат. reformatio — преобразование), обществ. движение в Зап. и Центр. Европе в 16 в. Носило в осн. антифеод. характер, приняло форму борьбы против католич. церкви. Начало Р. положило выступление в 1517 в Германии М. Лютера. Идеологи Р. выдвинули тезисы, к-рыми фактически отрицались необходимость католич. церкви с её иерархией и духовенства вообще, отвергалось католич. Священное Предание, отрицались права церкви на зем. богатства и др. Осн. направления Р.: бюргерское (Лютер, Ж. Кальвин, У. Цвингли); народное, соединявшее требование упразднения католич. церкви с борьбой за установление равенства (Т. Мюнцер, анабаптисты); королевско-княжеское, отражавшее интересы светской власти, стремившейся укрепить власть, захватить зем. владения церкви. Под идейным знаменем Р. проходили Крест. война 1524—26 в Германии, Нидерл. и Англ. рев-ции. Р. положила начало протестантизму (в узком смысле Р.— проведение религ. преобразований в его духе).

РЕФОРМИ́ЗМ (от лат. reformare — преобразовывать) в рабочем движении, полит. течение, стремящееся с помощью реформирования капитализма создать основу для продвижения к *социализму.* Возник в посл. четв. 19 в. (Э. Бернштейн, Г. Фольмар, А. Мильеран и др.), получил распространение среди с.-д. партий, входивших во 2-й Интернационал. После Окт. рев-ции и 1-й мир. войны превратился в организационно оформленное полит. течение, к-рое провозгласило принципы демокр. социализма и противостояло коммунистич. партиям.

РЕФО́РМЫ 1860—70-х гг. в России: *крестьянская реформа 1861,* земская реформа 1864, суд. реформа 1864, цензурная реформа 1865, гор. реформа 1870, воен. реформы 1860—70-х гг., мор. реформы 1850—60-х гг., финанс. реформы 1860-х гг., университетская реформа 1863. Способствовали ускорению соц.-экон. развития России. В кон. 1880-х — нач. 1890-х гг. значительно ослаблены *контрреформами.*

РЕФРА́КЦИЯ ВОЛН, см. *Преломление волн.*

РЕФРЕ́Н (франц. refrain — припев), 1) в поэзии — повторяющаяся часть куплета песни, обычно её последняя строка; употребителен в фольклоре и в выросших из него жанрах. На Р. построен ряд стихотв. форм (триолет, рондо). 2) (Муз.) в *рондо* и рондо-сонате раздел, излагающий осн. тему и повторяющийся наподобие припева.

РЕЦЕ́ПТОРЫ (от лат. receptor — принимающий) (физиол.), оконч. чувствит. нерв. волокон или специализир. клетки (сетчатки глаза, внутр. уха и др.), преобразующие раздражения, к-рые воспринимаются извне или из внутр. среды организма, в нерв. возбуждение, передаваемое в центр. нерв. систему. Р. наз. также молекулы или мол. структуры мембран, способные распознавать определ. молекулы или клетки и реагировать на них.

РЕЦЕССИ́ВНОСТЬ (от лат. recessus — отступление), форма взаимоотношений двух аллельных генов, при к-рой один из них (рецессивный) оказывает менее сильное влияние на со- отв. признак, чем другой (доминантный). Пример рецессивного признака у человека — голубоглазость. Ср. *Доминантность.*

РЕЦИДИ́В (от лат. recidivus — возвращающийся), возврат, повторение к.-л. явления после кажущегося его исчезновения. Напр., в медицине возврат болезни после *ремиссии.*

РЕЦИДИВИ́СТ (лат. recidivus — возвращающийся), лицо, имеющее *судимость* и совершившее преступление повторно. Р. несут более строгую уголов. ответственность. Рос. право предусматривает спец. порядок ответственности особо опасных Р. (признать лицо таковым может только суд).

РЕЦИПИЕ́НТ (от лат. recipiens, род. п. recipientis — получающий, принимающий), человек или ж-ное, к-рому пересаживают к.-л. орган, ткань или клетки др. организма (донора) с леч. целью (переливание крови, пересадка сердца и др.), для эксперим. исследований функций органов и клеток, иногда в косметич. целях.

РЕЧИТАТИ́В (итал. recitativo, от recitare — декламировать), 1) в *опере, кантате,* оратории кон. 17—19 вв. раздел, предваряющий *арию* (А. Скарлатти, И.С. Бах, В.А. Моцарт). 2) Вок. стиль, приближающийся к естеств. речи, но сохраняющий муз. строй и регулярный ритм.

РЕЧЬ, конкретное говорение, протекающее во времени и облекающееся в звуковую (включая внутр. проговаривание) или письменную форму. Под Р. понимают не только процесс говорения (речевую деятельность), но и его результат (фиксируемые памятью или письмом речевые произведения).

РЕЧЬ ПОСПОЛИ́ТА (польск. Rzeczpospolita — республика), офиц. название объединённого польск.-литов. гос-ва в 1569—1795.

Реюньон. Водопад «Питон».

РЕШЕ́НИЕ СУДЕ́БНОЕ, постановление суда первой инстанции, к-рым гражд. дело разрешается по существу.

РЕЭ́КСПОРТ (от *ре...* и *экспорт*), перепродажа товаров (обычно сырья), ранее импортированных из др. стран, как правило, без обработки.

РЕЮНЬО́Н, о-в в Инд. ок., в группе Маскаренских о-вов, заморский деп. Франции (с 1946). Пл. 2,5 т. км². Нас. 602 т. ч. Вулканич. происхождения. Выс. до 3069 м. На Ю.— действующий вулкан Фурнез (2631 м). Климат тропич. пассатный. Саванны и тропич. леса. Р. открыт португальцами в 16 в. В 17 в. стал франц. владением. До 1793 (фактически до 1848) наз. о. Бурбон. С 18 в. на Р. плантац. х-во (сах. тростник, кофе, ваниль) с использованием до сер. 19 в. труда рабов. ВНП на д. нас. 3140 дол. в год. Адм. ц.— Сен-Дени, гл. мор. порт — г. Ле Пор.

РЕ́Я, в греч. мифологии титанида, дочь Урана и Геи, жена Кроноса, мать Деметры, Геры, Аида, Зевса, Посейдона; позднее отождествлялась с *Кибелой.*

РИБЕ́РА (Ribera) Хусепе (1591—1632), исп. живописец. Создал монументализир. образы людей из народа («Хромоножка», 1642), глубоко человеческие образы святых («Святая Инесса», 1641).

РИБОНУКЛЕИ́НОВЫЕ КИСЛО́ТЫ (РНК), нуклеиновые к-ты, состоящие из остатков углевода рибозы, фосфорной к-ты и азотистых оснований: аденина, гуанина, цитозина, урацила. Участвуют в реализации генетич. информации в клетках всех организмов. Осн. виды: матричные (мРНК), транспортные (тРНК), рибосомные (рРНК). У мн. вирусов (т.н. РНК-содержащих) — в-во наследственности. Нек-рые РНК (т.н. рибозимы) обладают ферментативной активностью.

РИБОСО́МЫ, внутриклеточные частицы, состоящие из рибосомной РНК и белков. Связываясь с молекулой матричной РНК (мРНК), осуществляют её *трансляцию* (биосинтез белка). С одной молекулой мРНК обычно связывается неск. Р., образуя полирибосому (полисому). Р. присутствуют в цитоплазме клеток всех живых организмов.

РИБОФЛАВИ́Н (витамин В₂), водорастворимый витамин. Входит в состав окислит.-восстановит. ферментов, участвующих в процессах превращения энергии, и в состав зрительного пурпура. Синтезируется микроорганизмами и р-ниями. Ж-ные и человек получают Р. с пищей. Наиб. богаты Р. дрожжи, печень, почки, сердце, рыбные продукты. Недостаток Р. приводит к поражениям кожи, нарушению зрения, хронич. гастритам и колитам.

РИВЕ́РА (Rivera) Диего (1886—1957), мекс. живописец, обществ. деятель. Один из создателей нац. школы монументальной живописи, циклы росписей в Мехико и др., в к-рых обобщённые картины рев-ции и труда, прошлого народов Мексики перемежаются с публицистич. олицетворениями полит. идей, ист.-филос. символами.

РИВЬЕ́РА (итал. rivièra — берег большого озера или моря, от лат. riparia — находящееся на берегу), полоса побережья Средиземного м., во

Франции, Италии, Монако. Дл. ок. 350 км. Делится на Франц. Р.— Лазурный берег, и Итал. Р.— Ривьера-Лигуре. Кустарники, участки лесов. Зона отдыха и туризма междунар. значения. Кр. курорты: Канн, Ницца (Франция), Сан-Ремо (Италия), Монте-Карло (Монако).

РИ́ГА, г., столица Латвии, на р. Даугава, при впадении её в Рижский зал. Балт. м. 897 т. ж. Ж.-д. уз.; мор. порт. Маш-ние и металлообработка, хим. и хим.-фарм., деревообр., лёгкая, парфюм.-косметич. пром-сть. Латв. АН. 7 вузов (в т.ч. 2 ун-та). Консерватория. 26 музеев: худ., истории Латвии, истории города и мореходства, лит-ры и иск-ва, заруб. иск-ва, этнографический под открытым небом и др. 9 т-ров: Нац. опера Латвии, драмы, худ., рус. драмы, юного зрителя и др. Р. изв. с 1198. В 1621 завоёвана шведами. С 1710 в Рос. империи. С 1919 столица Латв. респ.; с 1940 столица Латв. ССР, с 1991 – Латв. Респ. На прав. берегу Даугавы – Старый город с узкими улицами и Новый город, отделённый от Старого садово-парковым полукольцом. Церкви: Домская (13 в.; величественный орган), Екаба (13 в.), Петера (13 – нач. 15 вв.). Б. Орденский замок (14–19 вв.). Вблизи Р.– курорт Юрмала.

РИГВЕ́ДА, «Книга гимнов», собрание преим. религ. гимнов, первый известный памятник инд. лит-ры на санскрите. Оформился к 10 в. до н.э.

Рига. Панорама города со стороны р. Даугава.

Самая древняя и значительная из вед, ценный источник по др.-инд. истории и мифологии.

РИГОДО́Н (франц. rigaudon, от Rigand – имени создателя танца), 1) старинный франц. нар. танец (двудольный). В 18 в. бальный. 2) Часть инстр. сюиты.

РИГОРИ́ЗМ (франц. rigorisme, от лат. rigor – твёрдость, строгость), строгое проведение к.-л. принципа в действии, поведении и мысли, исключающее к.-л. компромиссы, учёт др. принципов, отличных от исходного, и т.п.

РИД (Reid) Томас Майн (1818–83), англ. писатель. Авантюрно-приключенч. романы о борьбе и страданиях амер. индейцев, их мужестве и свободолюбии («Белый вождь», 1855; «Квартеронка», 1856; «Оцеола, вождь семинолов», 1858); реалистич. зарисовки быта и нравов Техаса – в ром. «Всадник без головы» (1866). Во мн. романах воспроизведены картины животного и растит. мира Азии и Африки (юж.-афр. трил. «Дети лесов», 1856, «Приключения молодых боеров», 1857, «Охотники за жирафами», т.1–3, 1867).

РИ́ЖСКИЙ ЗАЛИ́В, Балтийского м., у берегов Эстонии и Латвии. Дл. 174 км. Глуб. до 67 м. Замерзает с декабря по апрель. Порт – Рига (Латвия).

РИ́ЗА (фелонь), часть облачения христ. духовенства: накидка с разрезом для головы, к-рая укрывает грудь и спину священника, доходя до колен.

РИ́ЗНИЦА, в христ. храмах помещение для хранения облачения священников, церк. утвари. Обычно находится внутри храма, иногда пристройка или (в монастырях) отд. здание.

РИКА́РДО (Ricardo) Давид (1772–1823), англ. экономист, один из крупнейших представителей классич. политэкономии. Сторонник трудовой теории стоимости; исходил из того, что стоимость товаров, единств. источником к-рой является труд рабочего, лежит в основе доходов разл. классов общества. Сформулировал закон обратно пропорциональной зависимости между заработной платой рабочего и прибылью капиталистов.

Х. Рибера. «Святой Иероним, внимающий звуку трубы». 1626. Эрмитаж.

Д. Рикардо.

РИ́ККЕРТ (Rickert) Генрих (1863–1936), нем. философ, один из основателей баденской школы неокантианства. Устраняя кантовскую «вещь в себе», сводил бытие к человеческому сознанию. Понимал философию как учение о ценностях. Противопоставлял метод естествознания, направленный на общее (закон), методу ист. наук, выясняющему лишь единичные, неповторимые явления и события.

РИККЕТСИО́ЗЫ, группа инфекц. заболеваний людей и ж-ных (сыпной тиф, ку-лихорадка и др.), вызываемых анаэробными бактериями (риккетсиями).

РИ́КСДАГ (riksdag), название парламента Швеции.

РИ́ЛЬКЕ (Rilke) Райнер Мария (1875–1926), австр. поэт. Жил в Париже, Берлине, Швейцарии (с 1919). Прошёл сложный путь от импрессионизма (сб. «Часослов», 1905) и филос. символики («Новые стихотворения», ч. 1–2, 1907–08) к «новой вещности», стилю т.н. предметной образности («Дуинезские элегии», 1923). Гл. тема – попытка преодолеть трагич. одиночество через любовь и единение с людьми и природой. Роман-дневник Р. «Записки Мальте Лауридса Бригге» (1910) предвосхитил экзистенциалистскую прозу.

Р.М. Рильке.

РИМ Древний, древнее гос-во. Согласно преданию, город Р. основан бр. Ромулом и Ремом ок. 754/753 до н.э. В преданиях упоминаются 7 правивших в 8–6 вв. царей. После изгнания последнего царя Тарквиния Гордого была установлена республика (510/509 до н.э.). К сер. 3 в. до н.э., подчинив всю терр. Италии, Р. превратился в крупное гос-во, добивавшееся гегемонии во всём Средиземноморье, что привело к столкновению с Карфагеном. После трёх Пунических войн, одержав победу над Карфагеном в 146 до н.э., Р. становится крупнейшей средиземномор. державой. Усилившееся в связи с ростом кр. землевладения и рабовладения разорение крестьян вызвало широкое движение сел. плебса, рабов (восст. Спартака) и первые вспышки гражд. войны на улицах г. Рим. В социально-полит. жизни Р. 1 в. до н.э. всё большую роль стали играть армия и

Рим Древний. Виртус (Мужество) и Гонор (Почесть). Монета эпохи Римской республики. Национальный музей. Рим.

Рим Древний. Капитолийская волчица, кормящая Ромула и Рема. Бронза. Нач. 5 в. до н.э. Капитолийские музеи. Рим.

Рим Древний. Бона Деа (Добрая богиня). Статуэтка из Альбано. 1–2 вв.

Н. А. Римский-Корсаков.

Рис посевной (метёлка).

и разделу империи на Восточную и Западную (395). В 476 вождём герм. наёмников Одоакром был низложен последний император Зап. Римской империи Ромул Августул. Вост. Римская империя под назв. Византия просуществовала ещё ок. 1000 лет. См. также *Античность*.

РИМ, столица (с 1871) Италии. Расположен на р. Тибр, в 27 км от его впадения в Тирренское м. 2,8 млн. ж. Междунар. аэропорты. Метрополитен. Маш-ние (эл.-техн., радиоэлектронное и др.); хим., фарм., полиграф., швейная, пищевкус., меб. пром-сть. Р.- известный центр кинопром-сти. Ремесл. произ-во изделий из керамики, серебра. Местонахождение междунар. орг-ций (штаб-квартира ФАО и др.). Ун-т (с 1303). Консерватория «Санта-Чечилия» (1876). Ватиканские музеи и галерея, Нац. рим. музей, Капитолийские музеи, Нац. галерея совр. иск-ва и др. Римская опера (1880), «Театро ди Рома», «Театро пикколи ди подрекки» и др. Р.- один из крупнейших центров мирового туризма. По преданию, Р. основан на 7 холмах ок. 754/3 до н.э. (см. *Рим Древний*). В 6–8 вв. под властью Византии. В 756–1870 (с перерывами) столица Папской обл. В результате *Рисорджименто* в 1870 воссоединён с Италией. В пределах Р.- город-государство *Ватикан*. Неповторимый облик Р. формировался почти 3 тыс. лет: живописное расположение на холмах, обилие античн. руин, парадных дворцов, храмов и архит. ансамблей разл. эпох, многообразие площадей с фонтанами, монументами и декор. скульптурой. Руины рим. имп. форумов с триумфальными арками, *Колизей*, *Пантеон*, термы Каракаллы, Аппиева дорога. Раннехрист. базилики, катакомбы. Ренессансные и барочные дворцы и виллы (Фарнезе, Фарнезина), ансамбль пл. Капитолия (с 1546). Собор Св. Петра (1506–1614). Олимп. город с Малым дворцом спорта (1957). Ист. центр Р. включён в список *Всемирного наследия*.

РИ́МАН (Riemann) Бернхард (1826–66), нем. математик. Положил начало геом. направлению в теории аналитич. функций. Работы по алгебр. функциям, аналитич. теории дифференц. ур-ний, теории чисел, тригонометрич. рядам и теории интеграла.

РИ́МСКИЕ ЦИ́ФРЫ, знаки для обозначения чисел:

I	V	X	L	C	D	M
1	5	10	50	100	500	1000

При записи числа значение большей цифры складывается со значением последующей меньшей или равной ей, а из значения большей цифры вычитается значение предыдущей меньшей. Так,
MCMXIII = 1000 + (−100 + 1000) + + (−1 + 10) + (1 + 1 + 1) = 1993.
Р.ц. появились ок. 500 до н.э. у этрусков.

РИ́МСКИЙ КЛУБ, междунар. обществ. орг-ция. Осн. в 1968 с целью исследования развития человечества в эпоху науч.-техн. рев-ции. Сыграл важную роль в привлечении внимания мирового сообщества к *глобальным проблемам*.

РИ́МСКИЙ-КО́РСАКОВ Ник. Анд. (1844–1908), композитор. Создатель композиторской школы в России. Чл. *«Могучей кучки»*. В произв., связанных с миром сказки, нар. быта, картинами природы, раскрываются живописно-изобр. дар Р.-К.,

её вожди (Л.К. Сулла, Г. Марий, Г. Помпей и др.). В ходе гражд. войны 49–45 неогранич. правителем гос-ва стал Цезарь; в 44 в результате заговора сторонников республики Цезарь был убит. Новый период гражд. войн завершился победой Октавиана, получившего от сената в 27 до н.э. титул Августа. Со времени правления Августа Р. стал империей. При Траяне во 2 в. н.э. империя достигла макс. границ. Восстания местного населения в завоёванных землях в сочетании с вторжениями варваров привели к отпадению ряда провинций

мастерское владение орк. и гармонич. средствами. В операх нач. 20 в. акцентирована нравств.-филос. и социальная проблематика. 15 опер, в т.ч. «Псковитянка» (1872), «Майская ночь» (1879), «Снегурочка» (1881), «Садко» (1896), «Царская невеста» (1898), «Сказание о невидимом граде Китеже...» (1904), «Золотой петушок» (1907); орк. сочинения, в т.ч. «Испанское каприччио» (1887), «Шехеразада» (1888); романсы и др. Важное просветит. значение имела его дирижёрская деятельность. Среди учеников – А.К. Глазунов, А.К. Лядов, И.Ф. Стравинский.

РИ́МСКОЕ ПРА́ВО, система права Др. Рима. Включало *частное право* и *публичное право*. Частное Р.п. содержало стройную, разработанную систему норм, регулировавших разл. виды имуществ. отношений, вещных прав. Р.п. явилось классич. правом общества, основанного на *частной собственности*, и было заимствовано (рецепировано) мн. странами.

РИНА́ЛЬДИ (Rinaldi) Антонио (ок. 1710–94), архитектор. По происхождению итальянец. С 1751 работал в России. В постройках Р. отразился переход от *барокко* к *рококо*: постройки в Ораниенбауме (ныне *Ломоносов*), дворец в Гатчине (1766–81).

РИНГ (англ. ring), квадратная площадка (6 м × 6 м) для бокса. Стороны ограничены канатами в защитной оболочке, натянутыми между угловыми столбами. Настил мягкий, нескользкий. Помост выс. 75–125 см.

РИНГ, кратковрем. соглашение предпринимателей о скупке определ. товара на рынке и его задержании на складах с целью взвинчивания цен и получения прибыли.

РИНИ́Т (от греч. rhís, род. п. rhinós – нос), насморк, воспаление слизистой оболочки носа в результате охлаждения, инфекции, аллергии.

РИНК-ХОККЕ́Й (англ. rink hockey), хоккей с мячом на роликовых коньках. Зародился в 19 в. в Великобритании. Распространён в Нидерландах, Испании, Италии, Португалии, Германии. Междунар. комиссия по Р.-х. (КИРХ) входит в

Междунар. федерацию катания на роликах (см. в ст. *Роликобежный спорт*). Чемпионаты Европы с 1925, мира с 1936.

РИ́О-ДЕ-ЖАНЕ́ЙРО, г. (бывшая столица) в Бразилии. 5,5 млн. ж. (с пригородами 9,6 млн. ж.). Порт на берегу бухты Гуанабара Атлантич. ок. (один из крупнейших в Юж. Америке; грузооборот св. 15 млн. т в год); междунар. аэропорт. Метрополитен. Чёрная металлургия, маш-ние; хим., текст., пищ. пром-сть. Ун-ты. Музеи: нац., ист., индейский и др. Т-ры, в т.ч. муниципальный. Ботан. сад (1808). Туризм. Стадион Маракана – один из крупнейших в мире (220 тыс. зрителей). Набережная Копакабана вдоль песчаного пляжа (дл. ок. 5 км). Известен с 1502. До сер. 18 в. важнейший порт и центр работорговли в Юж. Америке. С 1763 столица португ. вице-королевства Бразилия, в 1822–89 – Браз. империи, в 1889–1960 – Респ. Соединённых Штатов Бразилии. Осн. гор. р-ны разделены холмами, мысами и круто падающими к морю береговыми выступами. В сев.-вост. части – барочные монастыри и церкви. В 20 в. построены многочисл. высотные здания.

РИПИ́ДА (от греч. rhipís, род. п. rhipídos – опахало, веер), в христ. лучистый круг из золота, серебра или позолоченной бронзы с изображением шестикрылого серафима, укреплённый на длинном древке. Применяют при архиерейском богослужении и во время крестного хода с участием епископа.

РИПСИМЭ́ (Рипсиме), крестово-купольная церковь (окончена в 618) в *Эчмиадзине* в Армении. Отличается величест. лаконизмом силуэта, динамизмом пространств. композиции интерьера.

РИС, род одно- и многолетних травянистых р-ний (сем. злаки). Ок. 20 видов, в тропиках и субтропиках Азии, Африки, Америки, Австралии. Выращивают (чаще при орошении) в осн. Р. посевной – одно из древнейших прод. р-ний Земли. В Юго-Вост. Азии Р. возделывают уже неск. тысячелетий н.э. Ок. 2,5 тыс. лет, в Ср. Азии – с 8 в. н.э., в Европе – с 8 в. н.э., в Америке – с 15–16 вв. Осн. посевы в Индии, Китае, США, странах Юго-Вост. Азии, культивируют также в Италии, Испании, Португалии, на Ю. Украины и Казахстана, в Азербайджане, гос-вах Ср. Азии, в России – на Сев. Кавказе, в Ниж. Поволжье, Приморском кр. Из зерна (40–50 ц и более с 1 га) производят крупу, крахмал, спирт, масло, из соломы – бумагу, картон, плетёные изделия.

РИСА́ЛЬ (Rizal) Хосе (1861–96), филиппин. писатель, публицист, учёный. В получивших мировую из-

Рио-де-Жанейро. Общий вид города.

вестность в романах (на исп. яз.) «Не прикасайся ко мне» (1887) и «Флибустьеры» (1891) – Филиппины накануне освободит. рев-ции 1896–98. Казнён исп. колон. властями.

РИСОРДЖИМЕ́НТО (итал. Risorgimento, букв. – возрождение), нац.-освободит. движение итал. народа против иноземного господства, за объединение раздробленной Италии, а также период, когда это движение происходило (кон. 18 в. – 1861); Р. завершилось в 1870 присоединением к Итал. кор-ву Рима. За руководство Р. боролись респ.-демокр. (лидеры Дж. Мадзини, Дж. Гарибальди и др.) и либер. (лидеры К. Кавур и др.) течения. Последнее одержало верх, и Италия была объединена в форме конституц. монархии.

РИ́СТИКИВИ (Ristikivi) Карл (1912–77), эст. писатель. В 1943 эмигрировал в Финляндию, с 1944 – в Швеции. Трил. «Огонь и железо» (1938), «В чужом доме» (1940), «Плодовый сад» (1942) – о жизни разных социальных слоёв эст. общества. В ром. «Души в ночи» (1953) – мотивы ностальгии, скепсиса. Цикл романов на темы средневековья в Зап. Европе, в т.ч. «Последний город» (1962), «Римский дневник» (1976). Сб. лирич. стихов «Путь человека» (1972).

Рисунок. А. Матисс. «Женский портрет». Тушь, перо. 1944. Музей изобразительных искусств имени А.С. Пушкина.

РИСУ́НОК, изображение, начертание на плоскости; осн. вид *графики*. Выполняется карандашом, мелом, пером, углем и т.д. с помощью контурных линий, штрихов, светотеневых пятен в одном или неск. цветах, преим. на бумаге. Гл. виды худ. Р.: станковый, *эскиз*, *этюд*, зарисовка с натуры, набросок.

РИТМ (греч. rhythmós, от rhéō – теку), 1) чередование к.-л. элементов (звуковых, речевых и т.п.), происходящее с определ. последовательностью, частотой; скорость протекания, совершения чего-либо. 2) В музыке временна́я организация муз. звуков и их сочетаний. С 17 в. в муз. иск-ве утвердился тактовый, акцентный Р., основанный на чередовании сильных и слабых ударений. Системой организации Р. служит *метр*. 3) В стихе: а) общая упорядоченность звукового строения стихотв. речи; частным случаем Р. в этом значении является *метр*; б) реальное звуковое строение конкретного стихотв. строки в противоположность отвлечённой метрич. схеме; в этом значении, наоборот, Р. является частным случаем («ритмич. формой», «вариацией», «модуляцией») метра и *размера стихотворного*.

РИ́ТМИКА, 1) совокупность особенностей *ритма* музыки определ. стиля (эпохи, направления, композитора, отд. произв.). 2) Раздел *стиховедения*.

РИТМИ́ЧЕСКАЯ ГИМНА́СТИКА (аэробика), комплекс физич. упражнений (ходьба, бег, прыжки и др.), выполняемых под музыку. Используется в оздоровит. целях. Зародилась в США в 1960-е гг., в России – с сер. 1970-х гг.

РИТМ-ЭНД-БЛЮЗ (англ. rhythm and blues), стиль негритянской популярной музыки кон. 1940–50-х гг., соединивший традиции *блюза* (в т.ч. *буги-вуги*), *джаза* и инстр.-танц. музыки. Подготовив *рок-н-ролл*, уступил ему в популярности; с 1960-х гг. существует в рамках *поп-музыки* (в частности, стиля *соул*, соединяющего Р.-э.-б. с традициями религ. песнопений – госпел и *спиричуэл*).

РИТО́Н (греч. rhytón), древний сосуд для питья в виде рога животного. Часто завершался скульптурой и украшался рельефами.

Ритоны.

РИТО́РИКА (греч. rhētorikḗ), 1) наука об ораторском иск-ве и шире – о худ. прозе вообще. Состояла из 5 частей: нахождение материала, расположение, словесное выражение (учение о 3 стилях – высоком, среднем, низком и о 3 средствах возвышения стиля – отборе слов, сочетании слов, *стилистических фигурах*), запоминание, произнесение. Р. разработана в античности (Цицерон, Квинтилиан), развивалась в ср. века и в новое время (в России – М.В. Ломоносов). В 19 в. учение о словесном выражении влилось в поэтику, стало частью теории лит-ры под назв. *стилистика*. В сер. 20 в. возрождается широкое (общелит., лингв. и филос.) значение термина: Р. – наука об условиях и формах эффективной речевой коммуникации. 2) В европ. муз. иск-ве 17 – сер. 18 вв. система приёмов, разработанная исходя из взгляда на музыку как на прямую аналогию ораторской речи.

РИТУА́Л (от лат. ritualis – обрядовый), вид обряда; исторически сложившаяся форма сложного символич. поведения, упорядоченная система действий (в т.ч. речевых). Выражает определ. социальные и культурные взаимоотношения, ценности. В древних религиях служил гл. выражением культовых отношений. Р. играет важную роль в истории общества как традиционно выработанный метод социального воспитания. В совр. обществе сохраняется гл. обр. в области церемониальных форм офиц. поведения и бытовых отношений (гражд. обрядность, этикет, дипл. протокол и т.п.).

РИТУРНЕ́ЛЬ (франц. ritournelle, итал. ritornello, от ritorno – возвращение), в песне, арии, танц. музыке инстр. раздел, служащий вступлением и заключением (отыгрыш), иногда повторяющийся как *рефрен*.

РИ́ФМА (от греч. rhythmós – складность, соразмерность), созвучие концов *стихов* (или полустиший, т.н. внутр. Р.), отмечающее их границы и связывающее их между собой. Р. различают: по объёму – 1-сложные, 2-сложные и т.д.; по месту ударения (на 1-, 2-, 3-, 4-м, ... слоге от конца) – муж., жен., дактилич., гипердактилические; по точности созвучия – точные («белый – смелый»), приблизительные («белым – смелом»), неточные («я – меня», «пламя – память», «неведомо – следом»). По совпадению предударных звуков выделяются Р. богатые; по лексич. и граммагич. признакам – однородные (напр., глагольные) и разнородные, омонимич., тавтологич., составные и пр.; по взаимному расположению рифмующихся строк – смежные (aabb), одинаковые буквы условно обозначают рифмующиеся строки-стихи), перекрёстные (abab), охватные (abba), смешанные (напр., тернарные, aabccb), двойные, тройные и т.д.

РИФО́РМИНГ (англ. reforming, от reform – переделывать, улучшать), переработка бензиновых и лигроиновых фракций нефти с целью получения автомоб. бензинов, ароматич. углеводородов и водородсодержащего газа. Различают Р. термический (практически не применяется) и в присутствии катализатора (490–540 °C, 0,7–3,5 МПа) в атмосфере водорода.

РИФТ (англ. rift), линейно вытянутая щелевидная или ровообразная структура растяжения *земной коры* (длина неск. сотен и тысяч км, ширина от неск. десятков до неск. сотен км) с многочисл. разломами и вертикальным смещением блоков до неск. км. Очень крупные Р. наз. рифтовыми поясами, зонами или системами (напр., Байкальская система рифтов). Илл. см. на стр. 588.

РИ́ФЫ (голл., ед. ч. rif), резкие надвод. и подвод. возвышения мор. дна на мелководьях, препятствующие судох-ву (см. *Коралловый риф*).

РИ́ХТЕР И.П., см. *Жан Поль*.

РИ́ХТЕР Свят. Теофилович (р. 1915), рос. пианист. Исполнению присущи глубина и масштабность концепций, исключит. сила волевого и эмоц. воздействия на слушателей. В репертуаре выделяются «Хорошо темперированный клавир» И.С. Баха, сонаты и концерты Й. Гайдна, В.А. Моцарта, Л. ван Бетховена, Ф. Шуберта, С.С. Прокофьева. Выступает с сольными концертами и в ансамблях с инструменталистами (Ю.А. Башмет, ранее – Д.Ф. Ойстрах, М.Л. Ростропович) и вокалистами (в т.ч. с женой – Н.Л. Дорлиак), с Квартетом имени А.П. Бородина. Портрет см. на стр. 588.

РИ́ХТЕРА ШКАЛА́, сейсмич. шкала, основанная на оценке энергии

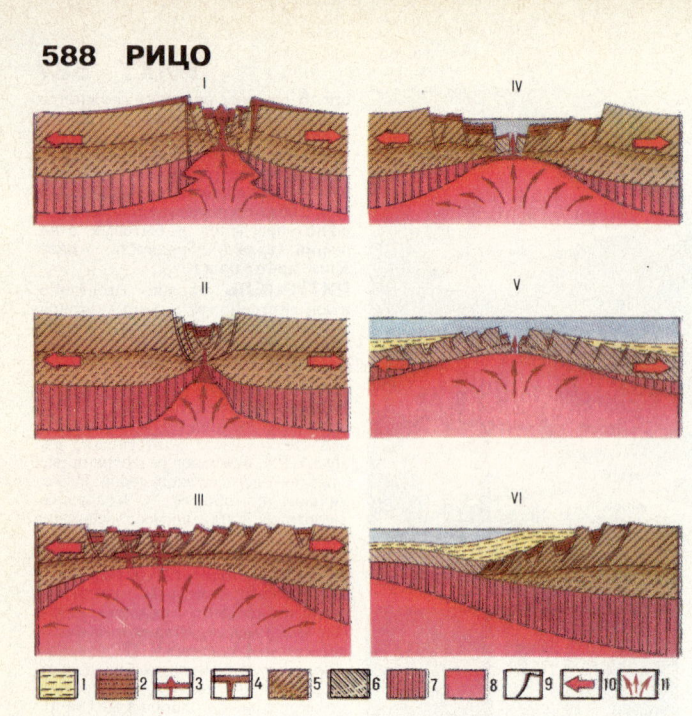

Рифт. Глубинное строение разных типов рифта: I, II, III – внутриконтинентальные рифты; IV – межконтинентальный рифт; V – внутриокеанический рифт; VI – периконтинентальный рифт; 1, 2 – отложения верхней части земной коры; 3, 4 – вулканические и магматические образования; 5 – континентальная кора (верхняя хрупкая и нижняя, более пластичная часть); 6 – океаническая кора (верхняя хрупкая и нижняя, более пластичная часть); 7, 8 – верхняя мантия; 9 – глубокие разломы; 10 – направления растяжения; 11 – направления перемещения вещества в мантии.

С.Т. Рихтер.

(магнитуды) сейсмич. волн, возникающих при землетрясениях. Макс. значение магнитуды ок. 9 (напр., у разрушительного Камчатского землетрясения 1952 она составила 8,5). За год на Земле происходит 1 землетрясение с магнитудой 8,0, 10 – с магнитудой 7,0–7,9, 100 – с магнитудой 6–6,9, 1000 – с магнитудой 5,0–5,9. Р.ш. предложена в 1935 амер. сейсмологом Ч. Рихтером.

РИ́ЦОС Яннис (1909–90), греч. поэт. Стихи, поэмы («Песнь моей сестре», 1937; «Греция», 1947; «Становление», 1977) проникнуты гуманистич. (в т.ч. антифаш.) идеями, верой в братскую солидарность людей труда. Сб-ки филос. лирики «Свидетельства» (1963–66), «Далёкое» (1977). Кн. «Эссе» (1974). Переводы рус. лирики.

РИ́ЧАРД I (Richard) Львиное Сердце (франц. Coeur de Lion, англ. Lion-Hearted) (1157–99), англ. король с 1189, из династии Плантагенетов. Б.ч. жизни провёл вне Англии. Во время 3-го крестового похода 1189–92 захватил о. Кипр и крепость Акру в Палестине. Убит во время войны с Францией.

РИ́ЧАРД III (1452–85), англ. король с 1483, последний из династии Йорков. Брат Эдуарда IV. Занял престол, отстранив малолетнего Эдуарда V. В междоусобной борьбе (битва при Босворте, 1485) потерпел поражение и был убит.

РИ́ЧАРДС (Richards) Дикинсон (1895–1973), амер. хирург. Один из авторов метода катетеризации сердца. Ноб. пр. (1956).

РИ́ЧАРДСОН (Richardson) Сэмюэл (1689–1761), англ. писатель. Создатель европ. жанра семейно-бытового романа в эпистолярной форме. Ром. «Памела, или Вознаграждённая добродетель» (1740) рисует идеализир. путь возвышения человека из «низов». Власть денег – тема психол. ром. «Кларисса Гарлоу» (т. 1–7, 1747–48); в образе Ловеласа типизированы черты вольнодумной, но циничной и развратной прослойки англ. аристократии 18 в. В «Истории сэра Чарльза Грандисона» (т. 1–7, 1754) – попытка создать образ безупречного героя. Связанное с просветит. реализмом творчество Р. вместе с тем близко сентиментализму.

РИ́ЧАРДСОН Тони (наст. имя Сесил Антонио) (1928–91), англ. режиссёр. Поставил спектакль «Оглянись во гневе» (1956) по Дж. Осборну (экранизировал в 1959). Эта работа, как и ф. «Вкус мёда» (1961), «Одиночество бегуна на длинную дистанцию» (1962) отражали взгляды «рассерженных» в англ. иск-ве. Позже отошёл от социальной тематики, обращался к классич. лит-ре (ф. «Том Джонс», 1963, «Гамлет», 1970, т/ф «Призрак оперы», 1990).

РИЧЕРКА́Р (от итал. ricercare – искать, изысканно выражаться), в 16–18 вв. инстр. (реже хоровая) полифонич. пьеса, основанная на *имитации*. Многотемный Р. близок *мотету*. У композиторов Я.П. Свелинка, И.Я. Фробергера, также у Дж. Фрескобальди, И. Пахельбеля, И.С. Баха близок *фуге*.

РИША́Р (Richard) Пьер (наст. фам. Дефей) (р. 1934), франц. актёр, режиссёр. Выступал в кабаре, мюзик-холлах. Один из самых популярных совр. комиков, создавший образ рассеянного, невезучего, чудаковатого героя в ф. «Высокий блондин в чёрном ботинке» (1972), «Возвращение высокого блондина» (1974), «Игрушка» (1977), «Приманка» (1981; в прокате – «Невезучие»), «Беглецы» (1986). Поставил неск. комедий со своим участием.

РИШЕЛЬЕ́ (Richelieu) Арман Жан дю Плесси (1585–1642), кардинал (с 1622), с 1624 глава королев. совета, фактич. правитель Франции. Способствовал укреплению абсолютизма. Лишил гугенотов полит. прав; провёл адм., финанс., воен. реформы; подавлял феод. мятежи, нар. восстания. Вовлёк Францию в *Тридцатилетнюю войну 1618–48*.

РНК, то же, что *рибонуклеиновые кислоты*.

РОБАКИ́ДЗЕ Григол Титович (1884–1962), груз. писатель; писал на груз., рус. и нем. языках. Создатель груз. символистской лит. группы «Голубые роги». В 1931 эмигрировал

Ришелье. Портрет работы Ф. де Шампеня (фрагмент). 1622. Лувр.

С. Ричардсон.

в Германию. Филос. осмысление современности через обращение к библейской символике, груз. мифологии и традициям в ром. «Змеиная кожа» (1926; в Грузии опубл. в 1988, на груз. яз.), «Убиенная душа» (1933; в России частично опубл. в 1988, в рус. пер.). В ром. «Хранители Грааля» (1937, в России опубл. в 1990, в рус. пер.) анализ ист. причин зарождения сталинизма. Сб. эссе «Демон и миф» (1935), лит.-критич. статьи, пьесы.

РО́ББИНС (Robbins) Фредерик Чапмен (р. 1916), амер. вирусолог. Разработал (совм. с Дж. Эндерсом и Т. Уэллером) технику культивирования вируса полиомиелита, что способствовало созданию вакцины против полиомиелита. Ноб. пр. (1954).

РОБЕСПЬЕ́Р (Robespierre) Максимильен (1758–94), деятель Франц. рев-ции кон. 18 в., один из руководителей якобинцев. Фактически возглавив в 1793 рев. пр-во, способствовал казни Людовика XVI, созданию рев. трибунала, казни лидеров *жирондистов*. В его руках сосредоточилась практически неограниченная власть. Казнён термидорианцами.

М. Робеспьер. Портрет работы Ж. Боз. Музей Версаля.

РО́БИНСОН (Robinson) Джоан (1903–83), англ. экономист, представитель посткейнсианства. Соч. по проблемам экон. роста, накопления капитала, монополии и конкуренции.

РО́БОТ (чеш. robot), термин, употреблённый впервые (1920) К. Чапеком в пьесе «R.U.R.», к-рым часто обозначают машины, выполняющие свойственные человеку действия; иногда им придают внеш. сходство с человеком. Такие Р., как правило, – экспонаты техн. выставок. В пром. произ-ве и науч. исследованиях применяют т.н. *промышленные роботы*.

РО́БСОН (Robeson) Поль (1898–1976), амер. певец (бас), актёр, обществ. деятель. Выступал как певец (в частности, исполнитель *спиричуэлов*) с 1925. Гастролировал (в СССР с 1934). Прославился как борец за мир, исполнитель антифаш. и антивоен. песен.

РОГ, один из древнейших духовых муз. инстр-тов. Изготовлялся из рога животного, а также из древесины, кости, металла. Предшественник мн. мундштучных инстр-тов. В 18 в. в России существовали роговые оркестры, состоявшие из усовершенствованных охотничьих Р.

РОГ ИЗОБИ́ЛИЯ, в греч. мифологии рог козы Амалфеи, вскормившей своим молоком Зевса. Обладал свойством давать всё, что пожелает его владелец. Перен.— источник изобилия, богатства.

РОГИ́Р ВАН ДЕР ВЕ́ЙДЕН (Rogier van der Weyden) (ок. 1400–64), нидерл. живописец. Ясность уравновешенных композиций, лаконизм изысканных цветовых сочетаний, тонкий линейный ритм иногда сочетал с напряжённым драматизмом образов («Снятие со креста»).

РО́ГОВЦЕВА Ада Ник. (р. 1937), укр. актриса. С 1959 в Киевском рус. драм. т-ре имени Леси Украинки. Лирико-драм. актриса, обладающая сценич. обаянием, музыкальностью, искренностью: Долорес («Каменный властелин» Л. Украинки, 1971), Лариса («Бесприданница» А.Н. Островского, 1973), Саша («Иванов» А.П. Чехова, 1985) и др. Выступает и в комедийных ролях. Снималась в ф.: «Салют, Мария!» (1971), «Укрощение огня» (1972).

РОГУ́ЛЬНИК, то же, что *водяной орех.*

РОД (биол.), осн. надвидовая таксономич. категория (ранг) в биол. систематике. Объединяет близкие по происхождению виды. Напр., разные виды кошек (дикая, камышовая, бенгальская и др.) составляют Р. кошек; виды сосен (обыкновенная, сибирская и др.) – Р. сосен. Близкие Р. объединяют в семейство.

РОД, экзогамный коллектив кровных родственников, возводящих себя к общему предку. Счёт родства ведётся по материнской (материнский Р.) или отцовской (отцовский Р.) линии. Р. объединялись в племена. Родо-племенная организация характерна для первобытного общества, в качестве пережитков сохраняется у ряда кочевых и горских народов (туарегов Сахары, курдов и др.).

РОД грамматический, категория, свойственная разным частям речи, в соответствии с к-рой слова или формы распределяются по 2 или 3 классам, традиционно соотносимым с признаками пола или их отсутствием — мужской, женский, средний Р. Промежуточный класс слов относится к общему Р. («сирота», «неряха»).

РОД ЛИТЕРАТУ́РНЫЙ, одна из трёх групп произведений худ. литературы — эпос, лирика, драма. Традиция родового членения лит-ры была заложена Аристотелем. Несмотря на зыбкость границ между родами и обилие промежуточных форм (лироэпич. поэма, лирич. драма), в каждом произв., как правило, можно выделить родовую доминанту: повествование о событии (эпос), субъективно-эмоциональное размышление (лирика), диалогич. изображение событий (драма). Разделение лит-ры на роды — предпосылка дальнейшего членения её на виды и жанры.

РОДА́РИ (Rodari) Джанни (1920–1980), итал. писатель. Участник Дв. Сопр. Стихи (сб. «Поезд стихов», 1952) и сказки («Приключения Чиполлино», 1951; «Джельсомино в стране лжецов», 1959; и др.) для детей.

РОДБЕ́РТУС-Я́ГЕЦОВ (Rodbertus-Jagetzow) Карл Иоганн (1805–1875), нем. экономист. Соч. по вопросам земельной ренты и прибыли. Выступил с идеей прус. «гос. социализма».

РОДЕ́Н (Rodin) Огюст (1840–1917), франц. скульптор. Смелость исканий, жизненность образов, энергичную живописную лепку, текучесть формы сочетал с драматизмом замысла, стремлением к филос. обобщениям («Граждане Кале», 1884–88; работы для «Врат ада» с 1880).

РОДЗЯ́НКО Мих. Вл. (1859–1924), рос. полит. деятель, крупный помещик. В 1906–07 член Гос. совета. С 1906 один из лидеров партии октябристов. В 1907–17 депутат (с 1911 председатель) 3-й и 4-й Гос. дум. Поддерживал курс политики, проводимой П.А. Столыпиным, боролся с влиянием Г.Е. Распутина. В 1917 возглавлял Врем. к-т членов Гос. думы. В 1920 эмигрировал. Восп.: «Крушение империи» (2-е изд., 1929).

РО́ДИЙ (новолат. Rhodium, от греч. rhódios – розовый), Rh, хим. элемент VIII гр. периодич. системы, ат. н. 45, ат. м. 102,9055; относится к *платиновым металлам.* Открыт англ. химиком У. Волластоном в 1804.

РОДИ́МОЕ ПЯТНО́, врождённый порок развития кожи – избыточное разрастание её определ. клеток. Различают сосудистые (ангиомы), пигментные, бородавчатые я.п.

РО́ДИНА, 1) место, страна, где человек родился; где впервые сложился, возник *этнос.* 2) Место возникновения, открытия или изобретения чего-либо.

РОДИО́ЛА, род многолетних трав (сем. толстянковые). Ок. 50 видов, в умеренном поясе Сев. полушария. Р. розовая, или золотой корень,– лекарств. р-ние (общеукрепляющее действие); нек-рые виды декоративные.

РОДИ́ТЕЛЬСКИЕ ПРАВА́ И ОБЯ́ЗАННОСТИ, личные и имуществ. права и обязанности родителей по надлежащему воспитанию и материальному содержанию детей, а также по охране и защите их прав и интересов. По рос. праву родители (или один из них) в суд. порядке могут быть лишены родительских прав, если они уклоняются от выполнения своих обязанностей по воспитанию детей или злоупотребляют своими правами либо оказывают на детей вредное влияние.

РОДНИНА́ Ир. Конст. (р. 1949), рос. спортсменка. Многократная чемпионка СССР, Европы, мира (1969–80) и 3-кратная (рекордный результат в парном катании) Олимп. игр (1972, 1976, 1980) в парном катании с А.Н. Улановым (1968–72) и А.Г. Зайцевым (с 1973). С 1990 тренер в Междунар. центре фигурного катания (Лейк-Эрроу, близ Лос-Анджелеса, США).

РОДОВО́Й СТРОЙ, см. *Первобытно-общинный строй.*

РОДОДЕ́НДРОН, род кустарников или небольших деревьев (сем. ве-

О. Роден. «Мыслитель». Бронза. 1888. Музей Родена. Париж.

Рогир ван дер Вейден. «Святой Лука, рисующий Мадонну». Эрмитаж.

Рододендрон.

рескоеые). Св. 600 видов, гл. обр. в умеренном поясе Сев. полушария (преим. в горах Вост. Азии и Сев. Америки), в т.ч. 18 видов на Д. Востоке, в Сибири, на Кавказе. Цветки одиночные или в соцветиях, от чисто-белого, жёлтого, розового до интенсивно красного и фиолетового цвета. Многие виды Р. распространены в садовой, оранжерейной и комнатной культуре, нек-рые известны под назв. азалеи; Р. даурский иногда наз. *багульником.*

РОДОНИ́Т (от греч. rhódon – роза), минерал, силикат марганца, поделочный камень. Образует зернистые или плотные массы разл. оттенков розового цвета, иногда лучистые агрегаты. Тв. 5,0–6,5; плотн. 3,4–3,7 г/см³. Наиб. ценятся полупрозрачный Р. яркой малиново-красной окраски и Р.-содержащая порода «орлец» с неповторимым сочетанием разл. оттенков розового цвета, пронизанная ветвящимися прожилками чёрных оксидов марганца. Компонент *марганцевых руд.* Гл. м-ния – в России, Австралии, США.

РОДОСЛО́ВНАЯ (родословие), перечень поколений одного рода, устанавливающий происхождение и степени родства. См. также *Генеалогия.*

РОДС (Rhodes) Сесил Джон (1853–1902), организатор захвата Великобританией (на рубеже 1880–1890-х гг.) территорий в Юж. и Центр. Африке, часть к-рых составила колонию Родезию. В 1890–96 премьер-мин. Капской колонии, один из гл. инициаторов англо-бурской войны 1899–1902.

РО́ДЧЕНКО Ал-др Мих. (1891–1956), дизайнер, график, мастер фотоиск-ва, художник т-ра и кино. Член объединения ЛЕФ. Представитель *конструктивизма* и «производств. иск-ва», оформитель книги, один из зачинателей сов. рекламы, фотомонтажа.

РО́ДЫ, физиол. акт изгнания плода и последа из полости матки. У человека нормальные Р. наступают в ср. после 10 акушерских месяцев (40 нед) *беременности.* В начале Р. появляются регулярные сокращения матки – схватки, затем к ним присоединяются потуги (сокращения мускулатуры матки с одноврем. сокращением мышц брюшного пресса и диафрагмы). В процессе Р. женщину наз. роженицей, после родов – родильницей.

РО́ЖА (от польск. róża, букв.– роза), инфекц. заболевание, вызываемое стрептококком. Проявляется прогрессирующим воспалением преим. кожи (резко отграниченная крас-

590 РОЖД

нота, припухлость, болезненность), чаще на лице, голове или конечностях, повышением темп-ры тела.

РОЖДА́ЕМОСТЬ, демографич. процесс, характеризующийся частотой рождений в определ. группе населения: число живорождённых детей на 1 тыс. населения за 1 год. Уровень Р. во всём мире в 1985–90 составил 27,1‰; самый высокий уровень Р., по оценкам ООН, наблюдался в Кении – 53,9‰, самый низкий в Сан-Марино – 9,3‰ (1985). В России в 1990 – 13,4‰. Наряду со *смертностью*, младенческой смертностью и продолжительностью жизни – важный показатель естеств. движения населения.

РОЖДЕ́СТВЕНСКИЙ Ген. Ник. (р. 1931), дирижёр. В 1961–74 гл. дирижёр и худ. рук. Большого симф. оркестра Центр. ТВ и радиовещания. В 1965–70 гл. дирижёр Большого т-ра, в 1974–85 – Моск. камерного муз. т-ра, с 1982 – симф. оркестра Мин-ва культуры СССР (с 1991 Гос. симф. капелла). С 1974 гл. дирижёр ряда заруб. оркестров. В репертуаре – классич. и современные, в т.ч. редко исполняемые, произведения. Первый исполнитель мн. произведений совр. рос. и заруб. авторов.

РОЖДЕ́СТВЕНСКИЙ Роберт Ив. (1932–94), рус. поэт. Гражданственность, патетическая интонация, острая публицистич. направленность лирики: сб. «Ровеснику» (1962), «Голос города» (1977), «Это время» (1983), «Возраст» (1988); поэмы «Реквием» (1961), «Письмо в тридцатый век» (1963), «210 шагов» (1978); популярные песни.

РОЖДЕСТВО́ Христово, один из гл. христ. праздников, установлен в честь рождения Иисуса Христа. Отмечается 25 дек. Временное несовпадение празднования Р. Х. разл. церквами связано с тем, что ряд церквей (рус., болг., серб. и др. правосл. церкви) пользуется юлианским календарём, 25 дек. к-рого соответствует 7 янв. григорианского календаря. В правосл. традиции относится к двунадесятым праздникам.

РОЖДЕСТВО́ БОГОРО́ДИЦЫ, один из двунадесятых правосл. церк. праздников. Установлен в честь рождения Девы Марии – матери Иисуса Христа. Отмечается верующими 8(21) сентября.

РОЖКО́ВОЕ ДЕ́РЕВО, вечнозелёное дерево (сем. *бобовые*). Растёт в Средиземноморье. Возделывается (в т.ч. в Грузии и Азербайджане) ради бобов (цареградский стручок, сладкий «рожок»), содержащих семена (поджаренные – суррогат кофе) и сочную мякоть. Используются в пищу и на корм скоту. Семена отличаются постоянной массой (ок. 200 мг) и в древности использовались как единица веса (карат) в ювелирном деле.

РОЖО́К, 1) часть названий разл. духовых муз. инстр-тов (напр., *английский рожок*). 2) Рус. духовой мундштучный муз. инстр-т, род пастушьего Р. С кон. 19 в. семействе Р. используется в ансамблях («хорах»).

РОЖЬ, род одно- и многолетних травянистых р-ний (сем. злаки). 6–8 видов, преим. в Азии. В культуре со 2–1-го тыс. до н.э. Возделывают (преим. в странах Сев. полушария) Р. посевную – озимые и яровые формы. Самая зимостойкая хлебная культура. Родина – Закавказье, в России с нач. 1-го тыс. н.э. (Нечерноземье, Поволжье, Урал, Сибирь). Из зерна (до 20 ц с 1 га) получают муку, крахмал и др.; зелёная масса, сено, солома, зерно, отруби – корм для скота.

Рожь посевная (колос).

«Рождество». Картина Робера Кампена. Ок. 1425. Музей изящных искусств. Дижон (Франция).

РО́ЗА, род листопадных и вечнозелёных кустарников (сем. розоцветные). 250–300 видов, в умеренном и субтропич. поясах Сев. полушария. Многочисленные (св. 25 000) сорта используют в декор. сад-ве. Тепло- и светолюбивые р-ния, лучшие почвы – чернозёмы. Размножают окулировкой на шиповнике, черенками, отводами. Цветут с середины лета до глубокой осени. Цветки душистые, разл. размеров, формы и окраски. Р. дамасская, французская и др. – эфирно-масличные р-ния (в цветках розовое масло).

Роза чайно-гибридная.

РО́ЗА ВЕТРО́В, векторная диаграмма, характеризующая направление ветра в данном месте по многолетним наблюдениям. Длины лучей, расходящихся от центра диаграммы в разных направлениях, пропорциональны повторяемости ветров этих направлений. Р.в. учитывают при планировке населённых мест, целесообразной ориентации зданий.

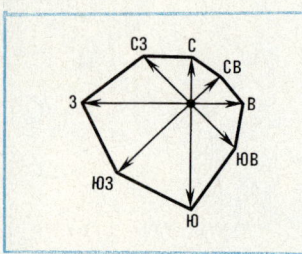

Роза ветров.

РО́ЗАНОВ Вас. Вас. (1856–1919), рус. писатель, публицист, мыслитель. Начав с филос. трактата «О понимании» (1886), перешёл к свободному, сугубо личностному стилю философствования: статьи и рецензии (в осн. в газ. «Новое время»), собранные в кн. «Лит. очерки» (1899), «Среди художников» (1914)

В.В. Розанов.

и др. Религ. философия Р. – своеобразный рус. вариант «философии жизни», с культом земных радостей, пола, семьи и «бытового» человека, с критикой аскетич. тенденций христ. морали («Семейный вопрос в России», т. 1–2, 1903; «Темный лик», 1911). Филос. критика, в т.ч. «Легенда о Великом инквизиторе» (1891), статьи об А.С. Пушкине, Н.В. Гоголе и др. В дневниковой прозе («Уединенное», 1912; «Опавшие листья», 1913–15) бытовое переплетено с метафизическим, интимное с социальным. Кн. «Апокалипсис нашего времени» (1917–18) – трагич. «дневник писателя» о крахе рос. державы.

РОЗЕ́ТТСКИЙ КА́МЕНЬ, базальтовая плита с параллельным текстом 196 до н.э. на греч. и др.-егип. (демо-

Розеттский камень.

тич. и иероглифич. письмом) языках. Найден близ г. Розетта (ныне г. Рашид, Египет) в 1799. Дешифровка Ф. Шампольоном иероглифич. текста Р.к. положила начало чтению др.-егип. иероглифов.

РО́ЗИ (Rosi) Франческо (р. 1922), итал. кинорежиссёр. Приверженность к филос. и полит. тематике особенно проявилась в ф. «Сальваторе Джулиано» (1961), «Руки над городом» (1963), «Дело Маттеи» (1972), «Сиятельные трупы» (1976), «Три брата» (1981). Поставил также фильм-оперу «Кармен» (1983).

РО́ЗИНГ Бор. Львович (1869–1933), рос. учёный в области телевидения. Автор системы телевидения с электронно-лучевой трубкой (1907), осуществил (1911) первую в мире передачу по этой системе.

РО́ЗНЕР (Rosner) Эдди (Игнатьевич) (наст. имя Адольф) (1910–76), джазовый трубач, аранжировщик, композитор. В 1933 бежал из Германии в Польшу, затем в СССР. С 1940 рук. Гос. джаза БССР. В 1946 арестован в Москве и сослан на Колыму. Освобождён в 1953. При Мосэстраде создал в 1953 Эстрадный оркестр. В 1973 эмигрировал в Германию. Блестящий импровизатор, был прозван «белым Армстронгом». Автор джазовых композиций («1001 такт в ритме»), танго («Зачем смеяться»), песен («Может быть он некрасивый»), вальса «Прощай, любовь», а также многочисл. джазовых *аранжировок* («Сказки венского леса», музыка И. Штрауса; «Сент-Луис-блюз», «Очи чёрные»).

РОЗО́, столица (с 1978) гос-ва Доминика, на о. Доминика. 16 т. ж. Порт на Карибском м.; междунар. аэропорт. Пр-тия пищевкус., швейной пром-сти. Осн. французами в 17 в.

РО́ЗОВ Викт. Сер. (р. 1913), рус. драматург. Остроконфликтные пьесы, преим. о молодёжи: «В добрый час!» (1954), «В поисках радости» (1957), «Традиционный сбор» (пост. 1967), «Гнездо глухаря» (1978), «Кабанчик» (1987). В пьесе «Вечно живые» (ф. «Летят журавли»; оба 1957) – тема гражд. долга, человеческой верности, высоких традиций рус. интеллигенции. Автобиогр. проза.

РОЗО́ВСКИЙ Марк Григорьевич (р. 1937), режиссёр, драматург, сценарист. С 1960-х гг. – один из лидеров отеч. студийного движения; строит спектакли на условных, игровых приёмах. В 1958–70 рук. эстрадной студии МГУ «Наш дом». В 1975 в Ленингр. Большом драм. т-ре Р. совм. с Г.А. Товстоноговым пост. свою пьесу «История лошади» по «Холстомеру» Л.Н. Толстого. С 1983 худ. рук. т-ра «У Никитских ворот». Пост.: «Бедная Лиза» по Н.М. Карамзину (1983), «Триумфальная площадь» (1994) – обе пьесы Р. Автор сценария т/ф «Д'Артаньян и три мушкетёра» (1979), либретто оперы «Пятое путешествие Колумба» (комп. А.П. Смелков; Санкт-Петербургская камерная опера, 1994).

РОЗОЦВЕ́ТНЫЕ (розовые), семейство двудольных р-ний. Деревья, кустарники и травы. Св. 3000 видов, преим. в умеренном и субтропич. поясах Сев. полушария. Среди Р. – плодовые (яблоня, груша, айва, вишня, абрикос и др.), ягодные (малина, земляника, ежевика, морошка и др.), декор. (спирея, боярышник и др.), эфирно-масличные (роза и др.), лекарств. (шиповник, кровохлёбка и др.) р-ния.

РО́ЗЫСК, установление места нахождения обвиняемого, подсудимого, осуждённого, уклоняющегося от явки в судебные или следственные органы или от исполнения приговора, а также лиц, бежавших из мест лишения свободы, пропавших без вести и т.д. Р. ведётся органами внутр. дел. В междунар. масштабе Р. преступников осуществляет Интерпол (см. *Международная организация уголовной полиции*).

РОКА́ЙЛЬ (франц. rocaille, букв. – мелкий дроблёный камень, раковины), 1) мотив орнамента в виде стилизованной раковины. 2) Термин,

Рокайль. Характерный мотив.

иногда применяющийся для обозначения стиля *рококо*.

РОКИРО́ВКА (франц. roquer – рокировать, от rос – шахматная ладья), в шахматах одноврем. передвижение (перестановка) короля и ладьи с их начальных положений (король – через одно поле влево или вправо, ладья – на поле, через к-рое передвинут король). Термин «Р.» употребляется также в значении перемены, перестановки (напр., Р. в политике).

РОК-МУ́ЗЫКА (англ. rock music, сокр. от rock'n'roll), направление в амер. и европ. популярной музыке (с 1950-х гг.), родившееся на волне социальных «нонконформистских» движений молодёжи (см. *«Контркультура»*). Зародившись в США в форме рок-н-ролла, завоёвывает широкую популярность с 60-х гг., благодаря гл. обр. рок-группам Великобритании – «*Битлз*», «Роллинг Стоунз» и др. (до 80-х гг. обе страны занимали ведущие позиции в мировой Р.-м.). Усвоение рок-музыкантами композ. и ладо-гармонич. особенностей *блюза* сыграло решающую роль в формировании стиля Р.-м. Её существ. чертами являются особая ритмич. пульсация в басу (бит), использование преим. эл.-муз. инструментария, обусловливающего повышенный динамич. тонус музыки, превалирование ритмич. и гармонич. начал над мелодическим. В дальнейшем, развиваясь во взаимодействии с *поп-музыкой* и в связи с расширением средств шоу-бизнеса (особенно ТВ), Р.-м. прошла значит. стилевую эволюцию. Ныне представляет собой развётвлённую культуру, складывающуюся из множества муз. течений со своими особенностями в разл. странах (напр., для отеч. Р.-м. наиболее существ. роль играет текст).

РОК-Н-РО́ЛЛ (англ. rock'n'roll, сокр. от rock and roll), наиб. ранний стиль *рок-музыки*, возникший в 1950-х гг. в США в результате взаимодействия традиций *кантри* и *ритм-энд-блюза*. Характеризуется моторно-танц. метроритмом, использованием эл.-муз. инстр-тов и отсюда – повышенной динамикой, специфич. вок.-исполнит. манерой, восходящей к древним негритянским традициям (экстатич. возгласы, вопли, стон, завывание и др.). Ведущий представитель – Э. Пресли. С 70-х гг. постоянно возрождается разл. группами.

РОКОКО́ (франц. rococo, от *рокайль*), стилевое направление в европ. иск-ве 1-й пол. 18 в. Для Р. характерны гедонистич. настроения, мир театрализов. игры и пасторальных сюжетов, манерно-утончённый, изящный и усложнённый декор, при-

хотливый ритм, господствующие в убранстве интерьера, скульптуре, живописи и декор. иск-ве.

РОКОССО́ВСКИЙ Конст. Конст. (1896–1968), Маршал Сов. Союза (1944). С 1930 ком. кав. дивизии, с 1936 – кав. корпуса. В 1937 арестован по ложному обвинению в шпионаже в пользу Польши и Японии. С 1940 на командных должностях. В Вел. Отеч. войну командовал корпусом, армией и рядом фронтов. В 1949–1956 мин. нац. обороны и зам. пред. СМ Польши, Маршал Польши. В 1956–57 и 1958–62 зам. мин. обороны СССР. Восп.: «Солдатский долг» (1968).

РО́КОТОВ Фёд. Степ. (1735?–1808), рос. живописец. Тонкие по живописи, интимные, глубоко поэтичные портреты проникнуты сознанием духовной и физич. красоты человека («Неизвестная в розовом платье», 1770-е гг.).

РОЛИКОБЕ́ЖНЫЙ СПОРТ (англ. roller-skating, от roller – ролик и skating – катание), включает *ринк-хоккей*, фигурное катание и скоростной бег (на дистанциях от 100 до 20 000 м у мужчин и от 500 до 5000 м у женщин) на роликовых коньках. Распространён с нач. 20 в. В 1924 осн. Междунар. федерация р.с. (ФИРС); объединяет св. 50 стран. Чемпионаты мира с 1910 (скоростной бег) и с 1947 (фигурное катание).

РОЛЛА́Н (Rolland) Ромен (1866–1944), франц. писатель. В 1922–38 жил в Швейцарии. В романе-эпопее «Жан Кристоф» (1904–12) духовные искания и метания гениального музыканта на фоне картины упадка культуры Европы накануне 1-й мир. войны. В центре пов. «Кола Брюньон» (1914, опубл. в 1918) – образ вольнолюбивого, никогда не унывающего нар. умельца эпохи франц. Ренессанса. Антивоен. публицистика (сб. «Над схваткой», 1915). Сочувствовал социалистич. идеям, выступал в защиту СССР (при том, что отвергал все формы рев. насилия), в к-ром длительное время видел «оплот социальной справедливости». Ром. «Очарованная душа» (1922–33), в центре к-рого сложный внутр. мир героини, посвящён нравств. поискам интелли-

Ф.С. Рокотов. Портрет В.И. Майкова. Ок. 1765. Третьяковская галерея.

Р. Роллан.

генции, попыткам найти своё место в обществ. движении масс. Худ.-мемуарные книги о Б. Микеланджело (1907), Л.Н. Толстом (1911), М. Ганди (1923), цикл музыковедч. тр. о

Рококо. Н. Ланкре. «Танцовщица Камарго». Эрмитаж.

592 РОЛЬ

Л. Бетховене (1928—45). Трагедия «Робеспьер» (1939). Ноб. пр. (1915).

РОЛЬГА́НГ (нем. Rollgang, от Rolle — ролик, каток и Gang — ход), устар. название роликового *конвейера*.

РОМА́Н (франц. roman), лит. жанр: эпич. произв. большой формы, в к-ром повествование сосредоточено на судьбах отд. личности в её отношении к окружающему миру, на становлении, развитии её характера и самосознания. Р.— эпос нового времени; в отличие от *эпоса*, где индивид. и нар. душа неразделимы, в Р. жизнь личности и общества. жизнь предстают как относительно самостоятельные; но «частная», внутр. жизнь индивида раскрывается в нём «эпопейно», т.е. с выявлением её общезначимого и обществ. смысла. Типичная романная ситуация — столкновение в герое нравственного и личностного с природной и социальной необходимостью. Поскольку Р. развивается в новое время, когда конкретно-ист. характер осн. романной ситуации постоянно меняется, постольку его форма по существу является «открытой» для разл. жанровых модификаций. Исторически первой формой считают *плутовской роман*. В 18 в. развиваются 2 осн. разновидности: социально-бытовой Р. (Г. Филдинг, Т. Смоллетт) и психологический (Ж.Ж. Руссо, Л. Стерн, И.В. Гёте). Романтики создают историч. Р. (В. Скотт). В 1830-х гг. начинается классич. эпоха реалистич. социально-психол. Р. 19 в. (Стендаль, О. Бальзак, Ч. Диккенс, Г. Флобер, Л.Н. Толстой, Ф.М. Достоевский). «Ускоренное», остроконфликтное, подчас катастрофич. движение истории в 20 в. предопределили многообразие новых модификаций Р.: Р. Роллан и Т. Манн, М. Пруст и Дж. Джойс, Ф. Кафка и В. Набоков, У. Фолкнер и Гарсия Маркес, М.А. Шолохов, М.А. Булгаков и А.И. Солженицын.

«РОМА́Н О ЛИ́СЕ», памятник франц. лит-ры сер. 13 в. Рассказывает (в стихах) о борьбе хитрого Лиса-Ренара с жадным и глупым Волком-Изегримом. Содержит элементы сатиры на знать и духовенство. Известны обработки романа на осн. зап.-европ. языках, в т.ч. поэма И.В. Гёте «Рейнеке-Лис».

«РОМА́Н О РО́ЗЕ», памятник франц. лит-ры 13 в.; аллегорическая, с чертами религ. символики, поэма о любви поэта к Розе, олицетворяющей идеальную женственность.

РОМА́Н СЛАДКОПЕ́ВЕЦ (кон. 5 в.— ок. 560), визант. церк. поэт-гимнограф. Уроженец Сирии. Монах. Довёл до совершенства форму стихотв. проповеди со строфич. членением и рефреном, часто с элементами драматизации. Автор религ.-этич. поучений — гимнов (св. 1000; известно ок. 85), к-рые облекал в форму *кондаков* (знаменитый рождественский кондак «Дева днесь»). Поэзия Р. С. тесно связана с сирийской духовной песенностью.

РОМАНИ́ЗМ (от лат. romanus, букв. — римский), направление в нидерл. иск-ве 16 в. (Я. Госсарт, Б. ван Орлей, Я. ван Скорел), эклектически соединявшее новые для темы (антич. мифология, обнажённая натура) и отд. достижения (науч. перспектива, анатомия) итал. Возрождения со старой нидерл. живописной традицией.

Романизм. Я. Госсарт. «Нептун и Амфитрита». 1516. Картинная галерея. Берлин.

РОМА́НОВ Пант. Сер. (1884—1938), рус. писатель. В лирико-психол. и сатирич. рассказах (сб. «Без черёмухи», 1927, «Чёрные лепёшки», 1928), романах об интеллигенции «Товарищ Кисляков» (1930), «Собственность» (1933) — дух послерев. эпохи с её новой «моралью», подробностями быта, обличение приспособленчества, воинствующего хамства, бюрократич. неразберихи; мастерство диалога. В ром. «Русь» (ч. 1—5, 1922—36), автобиогр. пов. «Детство» (1926) — картины усадебной России.

РОМА́НОВЫ, боярский род, царская (с 1613), императорская (1721—1917) фамилия. Первым известным предком Р. был Анд. Ив. Кобыла (ум. до 1350—51), моск. боярин, от 5-го сына к-рого Фёдора Кошки (ум. не ранее 1393) происходили Кошкины. Внук Фёдора — Захарий Ив. Кошкин, приближённый вел. князя моск. Василия II, родоначальник Захарьиных-Кошкиных. Возвышение семьи связано с женитьбой в 1547 царя Ивана IV на правнучке Захария — Анаст. Ром. Захарьиной-Юрьевой. Брат Анастасии Никита Ром. (ум. в 1586) — родоначальник Р. Сын Никиты — Фёдор Р., пострижен по приказу Бориса Годунова в монахи под именем Филарета. На Земском соборе 1613 Мих. Фёд. Р. избран рус. царём. В 1721 царь Пётр I провозглашён имп. Всероссийским. По указу о престолонаследии (1722) император назначал себе преемника из числа лиц имп. фамилии (подтверждён в 1731 и 1761). Династия Р. пресеклась в прямом муж. поколении со смертью имп. Петра II, в прямой жен. линии со смертью имп. Елизаветы Петровны. Фамилию Р. носили имп. Пётр III, сын герцога Голштейн-Готторпского Фридриха Карла и Анны, дочери Петра I; жена Петра III имп. Екатерина II, урождённая принцесса Анхальт-Цербстская, их сын имп. Павел I и его потомки (по назв. династии в лит-ре Голштейн-Готторп-Р.). В 1797 принято Учреждение об имп. фамилии. В ходе Февр. рев-ции 2 марта 1917 имп. Николай II подписал отречение от престола. Ник. Ал-др. Р. и его семья по распоряжению сов. властей были расстреляны в Екатеринбурге в ночь на 18 июля 1918; расстреляны или убиты и др. члены семьи (1918—19). Многие Р. эмигрировали. Потомки Р. живут ныне в осн. в Зап. Европе.

РОМА́НС (испан. romance), произв. для голоса с инстр. (гл. обр. фп. и гитарным) сопровождением. Осн. жанр камерной вок. музыки. Популярен в России (назв.— с нач. 19 в.), в т.ч. *цыганский романс*, в др. европ. странах — под разл. названиями.

РОМА́НСКИЙ СТИЛЬ, худ. стиль ср.-век. зап.-европ. иск-ва 10—12 вв. (в нек-рых странах также 13 в.). Гл. распространители — монастырские ордена. Для архитектуры (церкви, монастыри, замки) характерны простые стереометрич. объёмы (куб, цилиндр, параллелепипед, призма), толстые мощные стены, суровый крепостной облик; для скульптуры и живописи (преим. стенные росписи и миниатюры) — обобщённость форм, преувеличенно экспрессивные жесты, напряжённая духовная выразительность.

РОМАНТИ́ЗМ (франц. romantisme), идейное и худ. направление в европ. и амер. духовной культуре сформировавшееся в кон. 18 — 1-й пол. 19 вв. Отразив разочарование в итогах Франц. рев-ции кон. 18 в., в идеологии Просвещения и прогрессе общества, Р. противопоставил утилитаризму и нивелированию личности устремлённость к безграничной свободе и «бесконечному», жажду совершенства и обновления, пафос личной и гражд. независимости. Напряжённый и мучительный разлад идеала и социальной действительности — основа романтич. мировосприятия и иск-ва. Утверждение самоценности духовно-творч. жизни личности, изображение сильных страстей, одухотворённой и целительной природы, у мн. романтиков — героики протеста или нац.-освободит. (в т.ч. революционной) борьбы соседствуют с мотивами «мировой скорби», «мирового зла», «ночной» стороны души, облекающимися в формы иронии, гротеска или трагического. Интерес к национальному прошлому (нередко его идеализация), традициям фольклора и культуры своего и др. народов, стремление создать универсальную картину мира (прежде всего истории и лит-ры), идея синтеза иск-в нашли выражение в идеологии и практике Р. Гл. представители Р. в лит-ре — Новалис, Жан Поль, Э.Т.А. Гофман, У. Вордсворт, В. Скотт, Дж. Байрон, В. Гюго, А. Ламартин, А. Мицкевич,

Романский стиль. Церковь монастыря Мария Лах (Германия). 1093—1156.

Романский стиль. «Пятидесятница». Тимпан церкви Ла Мадлен в Везле (Франция). Ок. 1130.

Э. По, Г. Мелвилл, М.Ю. Лермонтов, Ф.И. Тютчев; в изобр. иск-ве — живописцы Э. Делакруа, Т. Жерико, Ф.О. Рунге, К.Д. Фридрих, Дж. Констебл, У. Тернер, О.А. Кипренский и др. В музыке Р. охватил весь 19 в. и занял ведущее положение в этом направлении культуры. Представители Р. — Ф. Шуберт, К.М. Вебер, Р. Шуман, Ф. Шопен, И. Брамс, А. Брукнер, Ф. Лист, Р. Вагнер, Х. Вольф, Г. Малер, Э. Григ, Я. Сибелиус.

РОМА́ШИН Анат. Вл. (р. 1931), актёр. В 1960–92 в Моск. т-ре имени Вл. Маяковского. Психол. глубина, драм. напряжённость сочетаются в игре Р. с внеш. сдержанностью, скупостью выразит. средств, чёткостью, порой даже резкостью сценич. рисунка: Князь («Дядюшкин сон» по Ф.М. Достоевскому, 1972), Расположенский [«Банкрот» («Свои люди — сочтёмся»] А.Н. Островского, 1974], Самгин («Жизнь Клима Самгина» по М. Горькому, 1981) и др. Снимался в ф.: «Агония» (1981) и др.

РОМА́ШКА (настоящая ромашка), род однолетних трав (сем. *сложноцветные*). Ок. 50 видов, в Евразии и Африке. Р. аптечная — лекарств. р-ние (антисептич., успокаивающее и вяжущее средство). Р. наз. виды пиретрума, пупавки, нивяника и др. р-ния, внешне сходные с Р. (белые «лепестки» и жёлтая «серёдка»). Выведено много декор. сортов.

РОМБ (от греч. rhómbos — веретено), равносторонний *параллелограмм*.

РОММ Мих. Ил. (1901–71), кинорежиссёр, педагог. Работал в Москве. Пост. ф.: «Ленин в Октябре» и «Ленин в 1918 году» (1937–39), приключенческие «Тринадцать» (1937) и «Секретная миссия» (1950), публицистический «Человек № 217» (1945). В ф. «Пышка» (1934) и «Мечта» (1943) раскрылся как мастер точных социальных характеристик, тонкого анализа психологии героев. В поздних работах «Девять дней одного года» (1962), «Обыкновенный фашизм» (1966), «И всё-таки я верю» (1976, закончен М.М. Хуциевым, Э.Г. Климовым, Г.Н. Лавровым) Р. выступил как художник-мыслитель и гражданин.

М.И. Ромм. Кадр из фильма «Девять дней одного года».

РО́НДО (итал. rondo, франц. rondeau, от rond — круг), муз. произведение, основанное на чередовании *рефрена* (раздела с осн. темой) и эпизодов. Одна из древнейших европ. муз. форм песенно-танц. происхождения. Встречается в составе *сюит*, в виде самостоят. пьес, финалов *сонат*, *концертов*. Родств. форма — Р.-соната, объединяющая признаки обеих форм.

РОНСА́Р (Ronsard) Пьер де (1524–85), франц. поэт, глава «Плеяды». В сб. «Оды» (1550–52), «Гимны» (1555–56), циклах «Продолжение любовных стихов» (1555) выразил гуманистич. идеалы *Возрождения* — жизнерадостное прославление жизни, любви, природы — в лирически проникновенных и красочных образах.

РО́ОМ Абр. Матв. (1894–1976), кинорежиссёр. Работал в Москве. Бурный резонанс в обществе вызвали ф. «Третья Мещанская» (1927) и «Строгий юноша» (1936), ставившие проблемы новой морали. Экранизировал рус. классику: «Гранатовый браслет» (1965), «Цветы запоздалые» (1970) и др.

РО́СЛАВЕЦ Ник. Анд. (1880/81–1944), композитор. Создал оригинальную систему звуковой организации, родственную *додекафонии*. Автор первых в России атональных (см. *Атональность*) сочинений (соната для скрипки и фп., 1913). Балет-пантомима «Хлопок» (1933), вок.-симф. произв., камерно-инстр. ансамбли, хоры, романсы и др.

РОСОМА́ХА, хищное млекопитающее (сем. куньи). Длина тела до 105 см, хвоста до 23 см. Мех густой, длинный, тёмно-бурый. Обитает в тайге и лесотундре Евразии и Сев. Америки. Относительно малочисленна. Промысловое значение невелико. Вредит охотничьему х-ву, похищая добычу и приманки из капканов.

РОСС (Ross) Джеймс Кларк (1800–62), англ. воен. моряк, полярный исследователь. Участник 6 арктич. эксп. по отысканию Сев.-Зап. прохода (1818–33). В 1829–30 открыл 2 пролива, 3 о-ва и п-ов; в 1831 установил положение магн. полюса в Сев. полушарии. В 1840–43 совершил 3 плавания в Антарктику, открыл море и ледяной барьер, назв. его именем, Землю Виктории, вулканы Эребус и Террор; достиг 78°41′ ю.ш. — рекорд для свободно плававшего в юж. широтах парусного судна.

РОСС Роналд (1857–1932), англ. паразитолог и врач. Установил роль комаров рода анофелес в передаче малярии. Ноб. пр. (1902).

РОССЕЛЛИ́НИ (Rossellini) Роберто (1906–77), итал. кинорежиссёр. Трагич. патетика в сочетании с документализмом характерны для неореалистич. ф. «Рим — открытый город» (1945), «Пайза» (1946), «Германия, год нулевой» (1948). Нравственно-религ. искания — в ф. «Франциск, менестрель Божий» и «Стромболи, земля Божья» (оба 1950), «Европа, 51» (1952). Возвратился к неореалист. традициям на новом этапе в ф. «Генерал Делла Ровере» (1959) и «В Риме была ночь» (1960). В 60–70-х гг. обращался к истории, работая в осн. на ТВ.

Р. Росселлини. Кадр из фильма «Пайза».

РО́ССИ Карл Ив. (1775–1849), рос. архитектор. Создал ряд монументальных ампирных ансамблей в С.-Петербурге, активно формирующих архит. облик города: Дворцовая пл. с зданиями и аркой быв. Гл. штаба (1819–29), площадь Искусств с Михайловским дворцом (1819–25; ныне Русский музей), ансамбль (1816–34) Т-ра драмы с пл. Островского, ул. Зодчего Росси и пл. Ломоносова.

К.И. Росси. Михайловский дворец в Санкт-Петербурге.

РОССИ́ЙСКАЯ АКАДЕ́МИЯ НАУК (РАН), ведёт историю от Петерб. АН, учреждённой Петром I в 1724 (офиц. назв. менялось; в 1725 насчитывала 17 действит. чл., в 1917 — 49 действит. чл.; объединяла ок. 30 науч. подразделений с 109 науч. сотрудниками). С мая 1917 Рос. АН, в 1925–91 АН СССР (высш. науч. учреждение страны). Реорганизована в 1991. Самоуправляемая науч. орг-ция. Президиум в Москве (с 1934). В 1994 св. 440 действит. чл., св. 600 чл.-к., св. 120 иностр. ч. Объединяет 18 отделений по отраслям и направлениям науки, региональные отделения и науч. центры; всего св. 440 науч. учреждений (ок. 60 тыс. науч. сотрудников), св. 200 советов. Имеет н.-и. флот. Илл. см. на стр. 594.

РОССИ́ЙСКАЯ АССОЦИА́ЦИЯ ПРОЛЕТА́РСКИХ ПИСА́ТЕЛЕЙ (РАПП, 1925–32). Используя лозунг партийности лит-ры, рапповцы стремились к адм. руководству всем лит. процессом; для рапповской критики характерны вульгарный социологизм, «проработочный» стиль.

РОССИ́ЙСКАЯ АССОЦИА́ЦИЯ ПРОЛЕТА́РСКИХ ХУДО́ЖНИКОВ (РАПХ, 1931–32). Исходя из вульгарно-социол. понимания природы худ. творчества, развернула борьбу за т.н. чистоту пролетарского иск-ва. Разделяя художников на «пролетарских» и «буржуазных», насаждала групповщину и методы грубого администрирования в иск-ве.

РОССИ́ЙСКАЯ ИМПЕ́РИЯ, сложилась на основе Рос. гос-ва, к-рое в 1721 Пётр I объявил империей. Территория Р.и. к кон. 19 в. — 22,4 млн. км². По переписи 1897, население составляло 128,2 млн. ч. (в т.ч. население Европ. России 93,4 млн. ч.). Проживало св. 100 народов; русские составляли 43% населения. В состав Р.и. входили Прибалтика, Украина, Белоруссия, часть Польши, Бессарабия, Сев. Кавказ, с 19 в., кроме того, Финляндия, Закавказье, Казахстан, Ср. Азия и др. Территория Р.и. делилась в 1914 на 81 губернию и 20 областей, насчитывала 931 город. Часть губерний и областей была объединена в ген.-губернаторства. Офиц. вассалами Р.и. были Бухарское и Хивинское ханства, в 1914 под протекторат принят Урянхайский край. Р.и. была наследств. монархией во главе с обладавшим самодержавной властью императором (из династии Романовых). Господствующая церковь — православная, управлялась императором через Синод. Подданные Р.и. делились на 4 сословия («состояния»): дворянство, духовенство, гор. и сел. обыватели. Местное население Казахстана, Сибири и ряда др. р-нов выделялось в самостоят. «состояние» (инородцы). Герб Р.и. — двуглавый орёл, гос. гимн — «Боже, царя храни». Общегос. яз. — русский. Февр. рев-ция 1917 свергла монархию: 1(14) сент. 1917 Врем. пр-во объявило Россию республикой.

РОССИ́ЙСКАЯ РЕСПУ́БЛИКА, провозглашена Врем. пр-вом 1(14) сент. 1917. 20 сент. (3 окт.) был образован Врем. совет Рос. республики. Ликвидирована в ходе Окт. рев-ции 1917, утвердившей в стране новую форму гос. устройства — Рос. Сов. Республику, с янв. 1918 — Рос. Социалистич. Федеративная Сов. Республика.

РОССИ́ЙСКИЙ АКАДЕМИ́ЧЕСКИЙ ТЕА́ТР ДРА́МЫ имени А.С. Пушкина, созд. в С.-Петербурге в 1756. С 1832 (новое здание арх. К.И. Росси) Александринский т-р; с 1920 Петрогр. (с 1924 Ленингр.) ака-

594 РОСС

Российская академия наук. Здание Президиума академии в Москве.

демич. т-р драмы, с 1937 имени Пушкина, с 1991 совр. назв. Вошёл в историю как т-р прославленных мастеров сцены. Впервые поставлены: «Горе от ума» А.С. Грибоедова (1831), «Ревизор» Н.В. Гоголя (1836), «Чайка» А.П. Чехова (1896). Период 1908–17 связан с реж. В.Э. Мейерхольдом («Маскарад» М.Ю. Лермонтова, 1917). Актёры разных поколений: Ф.Г. Волков, И.А. Дмитревский, Е.С. Семёнова, В.А. Каратыгин, В.Н. Асенкова, А.Е. Мартынов, П.А. Стрепетова, В.Н. Давыдов, К.А. Варламов, М.Г. Савина, Ю.М. Юрьев, Е.П. Корчагина-Александровская, Н.К. Симонов, Н.К. Черкасов, В.В. Меркурьев, Ю.В. Толубеев, В.Ф. Борисов и др. Худ. рук.— Н.В. Петров (1928–33), Л.С. Вивьен (1938–66), И.О. Горбачёв (1975–91).

РОССИ́ЙСКИЙ МОЛОДЁЖНЫЙ ТЕАТР, осн. в 1921 как Моск. т-р для детей, с 1938 Центр. дет. т-р, с 1992 совр. назв., с 1987 академич. Директор – К.Я. Шах-Азизов (1945–74). Гл. реж.– М.О. Кнебель (1955–60, 1966–68), А.В. Бородин (с 1980). Спектакли: «В добрый час!» (1954), «В поисках радости» (1957) В.С. Розова, «Сомбреро» С.В. Михалкова (1957), «Отверженные» по В. Гюго (1983), «Береника» Ж. Расина (1993) и др. Артисты (в разные годы): О.Н. Ефремов, В.Я. Заливин, Е.В. Перов, В.А. Сперантова, Л.С. Чернышёва, И.Д. Воронов, Г.М. Печников и др.

РОССИ́ЙСКО-АМЕРИКА́НСКАЯ КОМПА́НИЯ, торговое объединение для освоения *Русской Америки* в 1799–1868. Один из учредителей и первый директор – Н.П. Резанов. При поддержке рос. пр-ва основала мн. поселения, организовала 25 экспедиций (15 кругосветных). Распущена в связи с продажей США рос. владений в Сев. Америке.

РОССИ́НИ (Rossini) Джоаккино (1792–1868), итал. композитор. Обобщив достижения итал. оперы, обозначил её романтич. этап. Опера «Севильский цирюльник» (1816) – кульминац. завершение истории жанра *оперы-буффа* – поражает искромётными мелодиями, юмором, меткостью характеристик, сатирич. остротой сценич. положений.

Дж. Россини.

«Золушка» и «Сорока-воровка» (обе 1817) – лирич. драма-комедия и социально-бытовая мелодрама. Оп. «Вильгельм Телль» (1829) – героико-патриотич. ист. драма.

РОССИ́Я, назв. возникло в кон. 15 в. и до нач. 18 в. употреблялось наряду с назв. Русь, Рус. земля, Моск. гос-во, Рус. гос-во. С 16 в. синоним назв. Рос. царство, в 1721 – 1917 Рос. империя; в узком смысле – только европ. часть страны без Царства Польского, Финляндии и Прибалтийского края (Великороссия, Малороссия, Новороссия, Западный кр.). После Окт. рев-ции название Российской Федерации.

РОССИ́Я (Российская Федерация), гос-во в вост. части Европы и в сев. части Азии, омывается морями Атлантич., Сев. Ледовитого и Тихого океанов. Пл. 17,075 млн. км². Нас. 148,7 млн. ч., св. 4/5 всего нас. сосредоточено в Европ. части (включая Урал), гор. 73%; русские составляют 81,5%; проживает св. 100 народов. Офиц. яз.– русский. Большинство верующих – православные, а также мусульмане и др.

Глава гос-ва – Президент РФ, к-рый является также Верховным Главнокомандующим Вооруж. Силами (избирается на 4 г.).

Представит. и законодат. орган РФ – двухпалатное Федеральное Собрание (Совет Федерации и Гос. Дума). В Совет Федерации входят по два представителя от каждого субъекта Федерации, избираемых в ходе всеобщих парламентских выборов. Гос. Дума состоит из 450 депутатов, половина к-рых избирается по одномандатным округам, вторая половина – по парт. спискам на основе пропорциональной системы представительства. Депутаты Федерального Собрания избираются на 4 г.; по переходным положениям Конституции 1993 срок полномочий депутатов обеих палат первого созыва (1993) – 2 г. Исполнит. власть осуществляет Правительство РФ. Председатель Пр-ва назначается Президентом с согласия Гос. Думы.

Р.– государство с федеративным устройством; в составе Российской Федерации 89 равноправных субъектов (членов), в т.ч.: республики (Адыгея, Алтай, Башкирия, Бурятия, Дагестан, Ингушетия, Кабардино-Балкария, Калмыкия, Карачаево-Черкесия, Карелия, Коми, Марийская, Мордовия, Северная Осетия, Татария, Тува, Удмуртия, Хакасия, Чечня, Чувашия, Якутия); 6 краёв, 49 областей; города федерального значения – Москва, Санкт-Петербург; Еврейский АО; авт. округа: Агинский Бурятский, Коми-Пермяцкий, Корякский, Ненецкий, Таймырский (Долгано-Ненецкий), Усть-Ордынский Бурятский, Ханты-Мансийский, Чукотский, Эвенкийский, Ямало-Ненецкий. Столица – Москва. 1064 города, 2094 пос. гор. типа. Ден. единица – рубль.

Бо́льшая часть Европ. терр. Р. расположена в пределах Вост.-Европ. равнины; на Ю.– сев. склоны Кавказа, на С.-З.– горы Хибины. К В. от Урала – Зап.-Сиб. равнина, окаймлённая на Ю. горами Юж. Сибири (Алтай, Саяны, горы Прибайкалья и Забайкалья и др.). Между реками Енисей и Лена – Среднесиб. плоскогорье, между Леной и Тихим ок.– хребты и нагорья Сев.-Вост. Азии. Климат изменяется от морского на крайнем С.-З. до резко континентального в Сибири и муссонного на Д. Востоке. Ср. темп-ры янв. от 0 до –50 °C, июля от 1 до 25 °C; осадков от 150 до 2000 мм в год. Многолетняя мерзлота (р-ны Сибири и Д. Востока). Кр. реки – Волга, Сев. Двина, Дон, Печора, Обь, Иртыш, Енисей, Ангара, Лена, Амур; кр. озёра – Каспийское (море), Байкал, Ладожское, Онежское. Леса занимают св. 1/2 терр. 25 нац. парков и 84 заповедника.

На части терр. Р. в 1-м тыс. до н.э. существовали: Боспорское гос-во, Скифское гос-во. В 552–745 части терр. Р. занимало гос-во племенного союза тюрков – Тюркский каганат. В сер. 7–10 вв. в Нижн. Поволжье, на Сев. Кавказе, в Приазовье располагалось гос-во Хазарский каганат. В нач. 8 в.– 926 на Д. Востоке существовало гос-во Бохай. В 10–14 вв. в Ср. Поволжье и Прикамье находилась Болгария Волжско-Камская. В 9 в. образовалось *Древнерусское государство.* Ок. 988 принято христ-во. В 12–14 вв. существовали Новгородская респ., Владимиро-Суздальское, Галицко-Волынское и др. кн-ва. В 13 в. рус. кн-ва, Волжско-Камская Болгария и др. под-верглись монг.-тат. нашествию (1237–42), швед. и нем. агрессии (Невская битва, 1240; Ледовое побоище, 1242). Почти 250-летнее монг.-тат. иго закончилось изгнанием захватчиков объединёнными силами рус. земель (Куликовская битва, 1380; «Стояние на Угре», 1480). В 14–16 вв. вокруг Москвы сложилось Рус. централизов. гос-во, включившее в себя все земли Сев.-Вост. и Сев.-Зап. Руси, образовалось ядро великорус. народности. В кон. 16 – сер. 17 вв. оформилось крепостное право. В нач. 17 в. Россия отразила польск.-литов. и швед. интервенции. В сер. 17 в. Украина вошла в состав Рос. гос-ва. Петровские реформы (кон. 17 – 1-я четв. 18 вв.) оказали значит. влияние на соц.-экон. и культурное развитие страны. Победа в Сев. войне 1700–21 дала выход России к Балт. м. В результате присоединения в 16–19 вв. терр. Севера, Поволжья, Урала, Сибири, Д. Востока, вхождения в состав России ряда народов образовалось многонац. гос-во (см. *Российская империя*). Россия отразила наполеоновское нашествие в Отеч. войне 1812. Крест. реформа 1861, к-рая отменила крепостное право, и др. реформы ускорили развитие капитализма. В кон. 19 – нач. 20 вв. возникли полит. партии, профсоюзы; учреждена Гос. дума. Русско-японская война 1904–05 способствовала Революции 1905–07. Россия приняла участие в 1-й мир. войне 1914–18. В ходе *Февральской революции 1917* было свергнуто самодержавие. 25.10(7.11). 1917 произошла *Октябрьская революция 1917*. Провозглашена власть Советов рабочих, солдатских и крест. депутатов. В стране была установлена монопольная полит. власть Коммунистич. партии, постепенно слившейся с централизованным гос. аппаратом. Развернувшаяся *Гражданская война 1917–22* способствовала утверждению воен.-коммунистич. принципов организации об-ва, системы произ-ва и распределения (см. «*Военный коммунизм*»). В янв. 1918 образована Рос. Сов. Федеративная Социалистич. Республика (РСФСР). В 1921 была принята *новая экономическая политика* (нэп). 30 декабря 1922 РСФСР вместе с Украиной (УССР), Белоруссией (БССР) и республиками Закавказья (ЗСФСР) образовали *Союз Советских Социалистических Республик* (СССР). Дальнейшее развитие республики неразрывно связано с СССР. 12 июня 1990 Съезд нар. депутатов республики принял Декларацию о гос. суверенитете Рос. Федерации. В 1991 учреждён пост президента. В сент. 1993 Указом президента ликвидирована система советов; в дек. 1993 принята Конституция Рос. Федерации. В Р. осуществляется переход от коммунистич. тоталитаризма к демократии и рыночной экономике.

Р.– индустр.-агр. страна. ВНП на д. нас. 3220 долл. в год. Добываются все виды минер. сырья: нефть и природный газ (Зап. Сибирь – гл. база страны), уголь, жел. руда (Курская магн. аномалия, м-ния Урала, Зап. Сибири и др.), апатиты, калийные соли, фосфориты, алмазы и др. На терр. Р. функционируют объединённые энергетич. системы Центра, Северо-Запада, Поволжья, Сев. Кавказа, Урала, Сибири и Д. Востока. Эл.-энергию производят на тепловых, атомных и гидроэлектростанциях. Ведущие отрасли пром-сти: маш-ние (тяжёлое, общее, среднее, а также произ-во приборов, инстр-тов, станков и др.), чёрная (гл. обр. Урал и др.) и цветная (Урал, Сибирь, Д. Восток и др.) металлургия. Развита хим. и нефтехим. (Центр и Сев.-Зап. регион, Поволжье, Урал), лесная (в сев. и вост. р-нах страны),

Россия. Русская равнина. Река Пра в Мещёре.

Россия. Переславль-Залесский. Спасо-Преображенский собор (1152—60).

лёгкая (гл. обр. текст.) и пищ. пром-сть. Земледелие даёт ок. 40% валовой продукции с. х-ва, жив-во — св. 60%. Св. 4/5 пашни приходится на Центр, Поволжье, Сев. Кавказ, Урал и Зап. Сибирь. Осн. с.-х. культуры: зерновые, сах. свёкла, подсолнечник, картофель, лён. Мясо-молочное и мясо-шёрстное жив-во. Кр. сеть трубопроводов. Водные системы: Беломорско-Балтийский канал, канал имени Москвы, Волго-Донской канал, Волго-Балтийский водный путь. Мор. транспорт; кр. порты: С.-Петербург, Калининград, Мурманск, Архангельск, Новороссийск, Владивосток, Находка. В Р. св. 100 курортов: курорты на Черномор. побережье Кавказа (Сочи и др.), группа курортов *Кавказских Минеральных Вод* и др. Экспорт топлива и горюче-смазочных материалов, машин и оборудования, сырьевых материалов, текстиля, химикатов, изделий обрабат. пром-сти и др.

РОСТА́Н (Rostand) Эдмон (1868—1918), франц. поэт и драматург. В пьесе «Сирано де Бержерак» (пост. 1897, изд. 1898) создал романтизированный образ человека (восходящий к легендарной личности франц. писателя Сирано де Бержерака, 1619—55), восставшего против окружающего мира подлости и пошлости.

РОСТО́В, г. в Ярославской обл., в России, на берегу оз. Неро. 36,4 т.ж. Ж.-д. ст. Льнопрядильная ф-ка, произ-во цикория, патоки (развиваются с 19 в.), ф-ка миниатюрной живописи по эмали (см. *Ростовская финифть*). Изв. с 862, в 12—17 вв. Ростов Великий, с 10 в. центр Ростово-Суздальского, в 1207—1474 — Ростовского кн-в. Ансамбль кремля с массивными стенами и башнями (17 в.). Успенский собор (16 в.), церкви 16—19 вв., торг. ряды (19 в.), комплексы Авраамиева (16—19 вв.) и Яковлевского (17—19 вв.) мон. Музей-заповедник.

РОСТО́В-НА-ДОНУ́, г. (с 1796), ц. Ростовской обл., в России. 1027 т.ж. Порт на р. Дон; железнодорожный уз.; аэропорт. Машиностроение; химическая, лёгкая, пищевкусовая, деревообр. пром-сть. 16 вузов (в т.ч. 3 ун-та). Консерватория (1992). Музеи: краеведч., изобр. иск-в. Т-ры: муз. комедии, драмы, юного зрителя, кукол; цирк. Осн. в 1749. В 1761 заложена крепость, назв. Ростовской в честь митрополита Дмитрия Ростовского. Илл. см. на стр. 598.

РОСТО́ВСКАЯ ФИНИ́ФТЬ, рус. нар. худ. промысел. Существует с 18 в. в г. Ростов (Ярославская обл.). Миниатюрные изображения выполняются прозрачными огнеупорными красками на медных изделиях, покрытых эмалью (портреты, пейзажи,

Россия. Природа Забайкалья.

Ростов. Кремль.

Россия. Приморский край. Залив Петра Великого.

РОССИЙСКАЯ ФЕДЕРАЦИЯ

Цифрами на карте обозначены:

1. Ленинградская обл.
2. Коми-Пермяцкий авт. округ
3. Мордовия
4. Чувашия
5. Марийская Республика
6. Удмуртия
7. Татария
8. Свердловская обл.
9. Адыгея
10. Ставропольский край
11. Карачаево-Черкесия
12. Кабардино-Балкария
13. Сев. Осетия
14. Ингушская Республика
15. Чеченская Республика
16. Дагестан
17. Алтай
18. Усть-Ордынский Бурятский авт. округ
19. Агинский Бурятский авт. округ
20. Еврейская АО

I. Молдавия
II. Грузия
III. Армения
IV. Азербайджан

Примечания. 1. Границы между бывшими республиками СССР в качестве государственных в договорном порядке не подтверждены. Постановлением Верховного Совета Российской Федерации от 4 ноября 1992 г. границе России с Латвией, Литвой и Эстонией придан правовой статус государственной границы. Положение границ на карте показано в соответствии с существовавшим республиканским делением СССР.

2. Большинство областей, одноимённые с их центрами, на карте не подписаны.

3. Граница между Ингушской Республикой и Чеченской Республикой на карте не показана. В соответствии с законом Российской Федерации „Об образовании Ингушской Республики в составе Российской Федерации" от 4 июня 1992 г. для подготовки правовых и организационных мероприятий по государственно-территориальному разграничению установлен переходный период.

Административно-территориальное деление Российской Федерации дано на 1 января 1993 г.

Масштаб 1:22 500 000

ЧУКОТСКОЕ МОРЕ
ОКЕАН
МОРЕ ЛАПТЕВЫХ
ВОСТОЧНО-СИБИРСКОЕ МОРЕ
БЕРИНГОВО МОРЕ
ОХОТСКОЕ МОРЕ
ЯПОНСКОЕ МОРЕ
США
о.Врангеля
Новосибирские о-ва
Ляховские о-ва
Таймыр
Северная Земля
м.Челюскин
м.Дежнева
Берингов пролив
Чукотский п-ов
ЧУКОТСКИЙ АВТ. ОКРУГ
КОРЯКСКИЙ АВТ. ОКРУГ
п-ов Камчатка
Петропавловск-Камчатский
Магадан
Охотск
Лена
Тикси
Верхоянск
ВЕРХОЯНСКИЙ ХРЕБЕТ
Якутск
Алдан
Олёкминск
Ленск
Мирный
Вилюй
Тура
Нижняя Тунгуска
Подкаменная Тунгуска
Ангара
Братск
Тайшет
Усть-Илимск
Усть-Кут
Киренск
Бодайбо
Нижнеангарск
ИРКУТСК
Улан-Удэ
Кяхта
Чита
Сретенск
Тында
Нерюнгри
Беркакит
АЛДАНСКОЕ НАГОРЬЕ
СТАНОВОЕ НАГОРЬЕ
Зея
Благовещенск
Белогорск
Биробиджан
ХАБАРОВСК
Комсомольск-на-Амуре
Николаевск-на-Амуре
Амур
Советская Гавань
Ванино
о.Сахалин
Южно-Сахалинск
Холмск
Корсаков
ПРИМОРСКИЙ КРАЙ
Уссурийск
ВЛАДИВОСТОК
Находка
о.Хоккайдо
о.Хонсю
Улан-Батор
Селенга
Хатанга
Оленёк
Жиганск
Колыма
Индигирка
Яна
Черский
Зырянка
Оймякон
Усть-Нера
Анадырь
Певек
Билибино

598 РОСТ

Ростов-на-Дону. Речной вокзал.

сувенирные изделия с изображениями цветов, образки.

РОСТО́ВЦЕВ Як. Ив. (1803/04–1860), граф, рос. гос. деятель, ген. от инфантерии (1859). С 1835 руководил воен. образованием в России. Один из рук. подготовки крест. реформы 1861, пред. редакционных комиссий (1859–60); программа отмены крепостного права Р. легла в основу Положений 19 февр. 1861.

РОСТОВЩИ́ЧЕСТВО, предоставление ден. ссуд под высокие проценты.

РОСТО́ЦКИЙ Стан. Иос. (р. 1922), рос. кинорежиссёр. Режиссёрскому почерку Р. присущи лиризм, стремление к постижению внутр. мира героев через бытовые коллизии: ф. «Дело было в Пенькове» (1958), «Доживём до понедельника» (1968), «Белый Бим Чёрное ухо» (1977). Значит. место в творчестве Р. занимает тема Вел. Отеч. войны: ф. «Майские звёзды» (1959), «А зори здесь тихие...» (1972).

РОСТРА́ЛЬНАЯ КОЛО́ННА, отдельно стоящая колонна, ствол к-рой украшен изображениями носовой части корабля. Воздвигались в Др. Риме и в период *ампира* в честь мор. побед или как символ мор. могущества страны.

РОСТРОПО́ВИЧ Мст. Леопольдович (р. 1927), рос. виолончелист, дирижёр. Ярко образный исполнит. стиль Р. сочетает эмоц. приподнятость с интеллектуальностью, исключительно развитым чувством формы. Глубоко содержательны интерпретации произв. С.С. Прокофьева и Д.Д. Шостаковича, посвятивших Р. ряд своих виолончельных сочинений, И.С. Баха, Л. Бетховена, П.И. Чайковского и др. Как камерный музыкант выступал в ансамбле с С.Т. Рихтером, в трио с Э.Г. Гилельсом и Л.Б. Коганом, в качестве пианиста в ансамбле с женой – певицей Г.П. Вишневской. С 1974 живёт в США, в 1977–94 возглавлял Вашингтонский нац. симф. оркестр. В 1978 за правозащитную деятельность Р. и Вишневская были лишены гражданства СССР. В 1990 гражданство восстановлено.

РОСЯ́НКА, род многолетних насекомоядных трав (сем. росянковые). Железистые волоски листьев выделяют липкую жидкость для улавливания и переваривания насекомых. Ок. 100 видов, в тропич. и умеренных поясах обоих полушарий, в т.ч. 4 вида в сев. и центр. р-нах России, на торфяных болотах.

Ростральная колонна у здания Биржи в Санкт-Петербурге. 1806. Архитектор Ж. Тома де Томон.

М.Л. Ростропович.

Росянка круглолистная.

др.), Л. Висконти («Рокко и его братья», «Леопард»), Ф. Дзеффирелли («Ромео и Джульетта»), Ф.Ф. Копполы («Крёстный отец»). Оперы, балеты, симфонии, вок., инстр. сочинения.

РОТА́РУ (Евдокименко-Ротару) София Мих. (р. 1947), эстрадная певица. С 1977 солистка Крымской филармонии. В репертуаре – песни совр. композиторов, нар. укр. и молд. песни. Обладает звонким летящим голосом. Творчество Р.– пример введения нац. элемента в эстрадную музыку.

РОТА́ЦИЯ (от лат. rotatio – круговращение), последовательное, постепенное перемещение, замена элементов к.-л. структуры (напр., состава выборного органа).

РОТВЕ́ЙЛЕР, порода крупных (рост до 68 см) служебных собак. Отличаются уравновешенностью и смелостью, хорошие сторожа и бесстрашные *телохранители* владельца. Родина – Германия. Во мн. странах широко используются как полицейские собаки; в России немногочисленны.

Ротвейлер.

РОТО́НДА (итал. rotonde), центрич. сооружение, круглая в плане постройка, обычно увенчанная куполом.

РО́ТТЕРДАМ, г. в Нидерландах. 590 т.ж. Расположен на сев. рукаве дельты Рейна, каналом соединён с Северным м. Один из крупнейших портов мира (грузооборот св. 250 млн. т в год); междунар. аэропорт. Метрополитен. Гл. экон. центр страны, европ. торг.-финанс. центр. Кр. нефтеперераб. и нефтехим. пром-сть, маш-ние (судостроение), хим., лёгкая, пищ. пром-сть. Ун-т имени Эразма. Музеи: этнологии, морской, Бойманса-ван Бёнингена (худ. собрание) и др. Изв. с 1282. Монумент «Разрушенный город» (1953, скульптор О. Цадкин).

РО́УЛИНСОН (Rawlinson) Генри Кресвик (1810–95), англ. востоковед, один из основоположников ассириологии. Прочитал *Бехистунскую надпись.*

РО́УС (Раус) (Rous) Фрэнсис (1879–1970), амер. патолог и онколог. Открыл (1911) первый онкогенный вирус (назв. его именем), вызывающий саркому кур. Исследовал роль вирусов и канцерогенных в-в в развитии опухолей. Ноб. пр. (1966).

РО́ШЕР (Roscher) Вильгельм Георг Фридрих (1817–94), нем. экономист, основоположник *исторической школы* политэкономии. Считал политэкономию нац. наукой, задачи к-рой сводятся к сбору фактов, описанию наблюдаемых хоз. явлений и экон. институтов страны и объяснению их путём поиска ист. аналогий.

РОЭ, реакция оседания эритроцитов; правильнее – *скорость оседания эритроцитов* (СОЭ).

РО́ЯЛТИ (англ. royalty, от ср.-век. франц. roialté, от лат. regalis – царский, королевский, государственный), вид лицензионного вознаграждения; периодические процентные отчисления (текущие отчисления) продавцу *лицензии*, устанавливаемые в виде фиксир. ставок исходя из фактич. экон. результата её использования. Выплачиваются через определ. согласованные промежутки времени.

РОЯ́ЛЬ (от франц. royal – королевский, царственный), разновидность *фортепьяно.* Струны, дека и механика расположены горизонтально.

Рояль.

РТУ́ТНАЯ ЛА́МПА, газоразрядный источник света, в к-ром оптич. излучение (гл. обр. в УФ- и видимой областях спектра) возникает при электрич. разряде в парах ртути. К Р.л. относятся *люминесцентные лампы, бактерицидные лампы* и др. Применяются для освещения, мед. целей, а также в светокопировальных аппаратах, прожекторах и т.д.

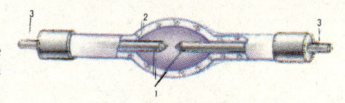

Ртутная лампа (дуговая): 1 – электроды; 2 – оболочка; 3 – токопроводы.

РТУ́ТНЫЕ РУ́ДЫ, содержат от 0,12% (бедные руды) до 10% (богатые) ртути. Гл. минерал – киноварь. Мировые запасы ок. 180 тыс. т. Гл. добывающие страны: Испания, Алжир, США, Мексика.

РТУТЬ (Hydrargyrum), Hg, хим. элемент II гр. периодич. системы, ат. н. 80, ат. м. 200,59; единственный из металлов жидкий при комнатной т-ре, $t_{пл}$ −38,87 °C, $t_{кип}$ 356,58 °C, очень летуча. Р. используют для изго-

Руанда. Ландшафт в районе действующих вулканов Ньямлагире – Ньянгоре.

товления катодов при получении едких щелочей и хлора, в вакуумных насосах, термометрах, барометрах и др. Известны с древности. Пары Р. ядовиты.

РУА́Н, г. во Франции. 105 т.ж. Трансп. уз.; мор. порт в 100 км от устья Сены. Текст., хим. и нефтеперераб. пром-сть; металлургия и маш-ние. Ун-т. Консерватория (1945). Музеи: изящных иск-в и керамики, древностей. Т-р. В 10 – нач. 13 вв. столица герцогства Нормандия. Старый город во многом сохранил ср.-век. облик. Готич. собор (в осн. 13 – нач. 16 вв.), церк. Сен-Маклу (15 в.).

РУА́НДА (Руандийская Республика), гос-во в Вост. Африке. Пл. 26,4 т. км². Нас. 7,6 млн. ч., гл. обр. народы руанда и рунди. Офиц. языки – руанда и французский. Большинство верующих – католики (65%) и придерживающиеся местных традиц. верований (17%). Глава государства – президент. Законодат. орган – Нац. совет развития. Столица – Кигали. Адм.-терр. деление: 10 префектур. Ден. единица – руандийский франк.

Расположена в зап. части Вост.-Афр. плоскогорья, преобладающие высоты 1500–2000 м. Высш. точка 4507 м (г. Карисимби). Климат субэкваториальный. Ср.-мес. темп-ры 17–21°C; осадков 1000–1500 мм в

РУАНДА
1:10 000 000

год. Гл. река – Кагера (исток Нила). Оз. Киву (судох-во).

В кон. 19 в. Р., захваченная Германией, была включена (в составе терр. Руанда-Урунди) в колонию Герм. Вост. Африка. С 1962 независимое гос-во.

Р.– агр. страна. ВНП на д. нас. 250 долл. в год. Добыча касситерита, руд вольфрама, танталита, бериллия, золота. Осн. с.-х. культуры: экспортные – кофе, чай, пиретрум, хлопчатник, хинное дерево; потребительские – батат, маниок, сорго, кукуруза, картофель и др. Пастбищное жив-во. Лесозаготовки. Ок. 80% стоимости экспорта даёт продукция с. х-ва.

Отсюда выражение «перейти Р.», означающее принятие бесповоротного решения.

РУБИ́Н (ср.-век. лат. rubinus, от лат. rubeus – красный), прозрачная красная разновидность корунда, драгоценный камень. Призматич. кристаллы Р. флюоресцируют в солнечном и УФ-свете, что делает их окраску наиб. сочной. Бездефектные крупные кристаллы Р. массой св. 5 кар цвета «голубиной крови» встречаются редко и ценятся выше *алмаза* и *изумруда*. Подобно *сапфиру* известны

РУБА́Й (араб., букв.– учетверённый), один из самых распространённых жанров лирич. поэзии Бл. и Ср. Востока, Ср. и Юго-Вост. Азии; четверостишие-мононим, иногда остаётся незарифмованной третья строка. Народная по происхождению форма, Р. не укладывается полностью в систему *аруза*; допускает 24 варианта метра. В письменной лит-ре появляется уже в 10 в. и служит для выражения лирич. темы, философски осмысленной. Всемирно признанный мастер Р.– Омар Хайям.

РУБА́КИН Ник. Ал-др. (1862–1946), рос. книговед, библиограф, писатель. С 1907 жил в Швейцарии. Разрабатывал проблемы пропаганды книги, руководства чтением. Создатель теории библиопсихологии (изучение автора, произведения и читателя как звеньев процесса общения). Осн. тр.– «Среди книг» (т. 1–3, М., 1911–15). Захоронен в Москве.

РУ́БЕНС (Rubens) Питер Пауэл (1577–1640), флам. живописец. Характерные для барокко приподнятость, патетика, бурное движение, декор. блеск колорита неотделимы в иск-ве Р. от чувственной красоты образов, точных наблюдений действительности. Картины на религ. и мифол. сюжеты («Снятие со креста», ок. 1611–14), ист.-аллегорич. полотна (цикл «История Марии Медичи», ок. 1622–25), проникнутые ощущением могучих природных сил пейзажи и сцены крест. жизни («Возчики камней», ок. 1620), полные живого обаяния портреты («Камеристка», ок. 1625). Живописи Р. присущи уверенная свободная манера, выразит. пластич. лепка, тонкость красочных градаций. В мастерской Р. работали А. ван Дейк, Я. Йорданс, Ф. Снейдерс.

РУБЕРО́ИД, рулонный кровельный и гидроизоляц. материал, изготовляемый пропиткой кровельного картона легкоплавкими нефт. битумами с последующим покрытием его с обеих сторон слоем тугоплавкого битума и посыпкой (для защиты от солнечных лучей) асбестом, тальком и т. п.

РУБИ́ДИЙ (Rubidium), Rb, хим. элемент I гр. периодич. системы, ат. н. 37, ат. м. 85,4678; относится к *щелочным металлам*. Открыт нем. учёными Р. Бунзеном и Г. Кирхгофом в 1861.

РУБИКО́Н, р. на Апеннинском п-ове, к-рую в 49 до н.э. Цезарь, вопреки запрещению сената, перешёл вместе с войском, воскликнув: «Жребий брошен», и начал гражд. войну.

РУБИ 599

звездчатые Р. Крупнейший (из сохранившихся) необработанный кристалл Р. «Эдвардс» массой в 167 кар, найденный в Мьянме, хранится в Британском музее естеств. истории. Осн. м-ния: в Мьянме, Афганистане, Индии. Синтетич. Р. используется в недорогих ювелирных украшениях, в ядерной технике и часовой пром-сти.

РУБИ́НИ (Rubini) Джованни Баттиста (1794–1854), итал. певец (тенор). В 1814–45 на оперной сцене. Прозван «королём теноров», мастер *бельканто*. Для Р. созданы героико-патетич.

П. П. Рубенс. «Персей и Андромеда». Нач. 1620-х гг. Эрмитаж.

П. П. Рубенс. «Союз Земли и Воды». Ок. 1618. Эрмитаж.

А.Г. Рубинштейн. Портрет работы И.Е. Репина. 1881. Третьяковская галерея.

партии В. Беллини (Гуальтьеро – «Пират»; Эльвино – «Сомнамбула»; Артур – «Пуритане»), а также Дж. Россини (Отелло – «Отелло») и Г. Доницетти (Эдгар – «Лючия ди Ламмермур»).

РУБИНШТЕЙН Ант. Григ. (1829–1894), пианист, композитор, муз.-обществ. деятель. Брат Н.Г. Рубинштейна. Основатель Рус. муз. об-ва (1859) и первой рус. консерватории (1862, С.-Петербург); её проф. и дир.). Один из крупнейших пианистов 2-й пол. 19 в., игра к-рого отличалась драм. силой, импровизац. свободой. Оп. «Демон» (1871) и др., фп., орк. произведения; концерты для фп. с орк. (лучший – 4-й), «Персидские песни» (1854).

РУБИНШТЕЙН (Rubinstein) Артур (1887–1982), польск. пианист. Концертировал с 1898 как солист и ансамблист. С 1937 в США, с 1954 во Франции. Продолжатель традиций романтич. пианизма, один из лучших исполнителей соч. Ф. Шопена и И. Брамса. Неоднократно выступал в России.

РУБИНШТЕЙН Ник. Григ. (1835–1881), пианист, дирижёр, муз.-обществ. деятель. Брат А.Г. Рубинштейна. Основатель Моск. отделения Рус. муз. об-ва (1860) и Моск. конс. (1866). Пропагандировал соч. рус. композиторов, гл. обр. П.И. Чайковского.

РУБЛЁВ Андрей, см. *Андрей Рублёв*.

РУБЛЬ, ден. единица Рос. империи, СССР, Рос. Федерации (равная 100 копейкам). Понятие «Р.» возникло в 13 в. в Новгороде как назв. половины гривны (слиток серебра массой ок. 200 г). С 1704 началась регулярная чеканка серебр. Р. массой 28 г; в 1769 – 1849 сосуществовал счёт на Р. серебром и Р. *ассигнациями*. В 1897 осн. ден. единицей становится *золотой рубль*. Первый сов. Р. выпущен в 1919 в виде кредитного билета. В 90-х гг. в Рос. Федерации выпускаются банковские билеты и металлич. монеты разл. достоинства.

РУБО Франц Ал. (1856–1928), рос. живописец. Батальные панорамы «Оборона Севастополя» (1902–04), «Бородинская битва» (1911).

РУБЦОВ Ник. Мих. (1936–71), рус. поэт. Жгучая, «смертная связь» с рус. деревней и природой – «малой родиной», овеянной сказкой и болью мн. крест. поколений и ощущаемой «матерью России целой». Окрашенные далью времени в светлую печаль «образы утрат» – ушедшие детство, молодость, любовь, беспечность; неизбывные мотивы, чаще грустные, путей-дорог, расставания, прощания навсегда, нарастающего разлада с самим собой. Проникновенный лиризм, разнозвучные напевные интонации, предельно простая стилистика: сб. «Душа хранит» (1969), «Сосен шум» (1970), «Подорожники» (1976). Погиб при трагич. обстоятельствах.

РУДА́, природное минер. образование, содержащее один или неск. металлов в концентрациях, при к-рых экономически целесообразно и технически возможно их извлечение. Термин «Р.» иногда применяется и к неметаллич. *полезным ископаемым* (напр., *серные руды*). Оценка запасов Р. производится по массе (товарная Р.), в пересчёте на содержание металла или его оксида.

РУДАКИ́ Абу Абдаллах Джафар (ок. 860–941), тадж. и перс. поэт. Родоначальник поэзии на фарси. Св. 40 лет находился при дворе правителей Бухары, затем был изгнан и умер в нищете. Из лит. наследия сохранилась тысяча *бейтов*, в т.ч. *касыда* «Мать вина» (933), автобиогр. «Ода на старость», ок. 40 *рубаи*, фрагменты поэм, лирики.

РУДБЕ́КИЯ, род травянистых р-ний (сем. *сложноцветные*). Ок. 30 видов, в Сев. Америке. Виды с крупными цветками (жёлтыми, оранжевыми или коричневыми) разводят как декоративные.

РУДЕ́НКО Бэла Анд. (р. 1933), певица (колоратурное сопрано). С 1956 в Укр. т-ре оперы и балета, в 1973–88 в Большом т-ре. Свежий, чистый голос тёплого тембра, артистизм способствовали созданию ярких образов гл. героинь в операх «Руслан и Людмила» М.И. Глинки, «Царская невеста» Н.А. Римского-Корсакова, «Война и мир» С.С. Прокофьева.

РУДИМЕНТА́РНЫЕ О́РГАНЫ (от лат. rudimentum – зачаток, первооснова) (рудименты), органы, утратившие в процессе эволюции своё осн. значение (напр., глаза у крота, хвостовые позвонки и аппендикс у человека).

РУ́ДНЕВ Мих. Матв. (1837–78), врач, основоположник эксперим. направления патол. анатомии в России, основатель науч. школы. Тр. по морфологии опухолей, инфекц. патологии, регенерации тканей.

РУ́ЗВЕЛЬТ (Roosevelt) Франклин Делано (1882–1945), 32-й президент США (с 1933), от Демокр. партии (4 раза избирался на этот пост). Провёл меры по усилению гос. регулирования в экономике, а также ряд реформ в социальной области (т.н. новый курс). В 1933 пр-во Р. установило дипл. отношения с СССР. С нач. 2-й мир. войны выступил за поддержку Великобритании, Франции и СССР (с июня 1941) в их борьбе с фаш. Германией. Внёс значит. вклад в создание антигитлеровской коалиции. Придавал большое значение созданию ООН и послевоен. междунар. сотрудничеству, в т.ч. между США и СССР.

Ф.Д. Рузвельт.

РУЗИМА́ТОВ Фарух Садуллаевич (р. 1963), артист балета. В 1981–90 в Т-ре оперы и балета имени С.М. Кирова; с 1991 работает в разных коллективах. Классич. танцовщик лирико-драм. плана, владеет виртуозной техникой и артистизмом. Партии: Юноша («Асият» М. Кажлаева, 1984), Тариэл («Витязь в тигровой шкуре» А.Д. Мачавариани, 1985), Джеймс («Сильфида» Х. Левеншельд, 1986), Солист («Тема с вариациями» на музыку П.И. Чайковского, 1989) и др.

РУКОВОДЯ́ЩИЕ ИСКОПА́ЕМЫЕ, остатки или отпечатки вымерших организмов (окаменелости), наиб. типичных для отложений земной коры определ. геол. возраста. Напр., чёртовы пальцы – раковины белемнитов (вымерших головоногих моллюсков) – находят только в отложениях юры и мела. Р.и. используют для определения возраста разл. геол. отложений (отсюда назв.).

РУКОКРЫ́ЛЫЕ, единств. группа (отряд) млекопитающих, способных к длительному активному полёту. В крылья превращены передние конечности. К Р. относятся *летучие мыши* и *крыланы*.

РУКОПОЛОЖЕ́НИЕ (хиротония) (греч. – простирание рук; назначение), христ. таинство священства; обряд возведения в священный сан: дьякона, священника и епископа.

РУЛЕ́ТКА (от франц. roulette, букв. – колёсико), 1) инстр-т со штриховой гибкой шкалой (лентой), наматываемой на валик; служит для измерения линейных размеров. 2) Азартная игра, в к-рой шарик бросается на вращающийся круг с нумерованными гнёздами, в одно из к-рых он должен попасть.

РУЛЬ (от голл. roer), устройство или элемент системы для поддержания или изменения направления движения безрельсовых колёсных машин, судов, летательных аппаратов.

РУЛЬЕ́ Карл Францевич (1814–58), рос. биолог, один из основоположников палеоэкологии и эволюц. палеонтологии, создатель первой науч. школы зоологов-эволюционистов. Тр. по совр. и ископаемой фауне России. Доказал причинную зависимость эволюции живых форм от изменения среды их обитания.

РУ́МБА, песенно-танц. жанр. Возник на Кубе, с 1920-х гг. распространился в США и Европе как эстрадный танец быстрого темпа, с повторяющейся специфич. 8-дольной ритмич. группировкой (типа 3+3+2).

РУМЕ́ЛИЯ (тур. Rumeli), общее название завоёванных в 14–16 вв. турками-османами балканских стран. Совр. название европ. части Турции, кроме Стамбула.

РУМИ́ Джалаледдин ибн Бахаиддин (1207–73), перс. поэт-суфий. Жил в Конье (М. Азия), готовился стать учёным, но в 1244 под влиянием суфия Шамсиддина Табризи предался дервишским радениям. Бесследное исчезновение наставника обратило Р. к поэзии: создал «Диван Шамса Табризи» – собрание экстатич. экспромтов, в к-рых духовно перевоплотился в погибшего друга. В духе мистицир. диалектики написана 6-томная «Поэма о сути всего сущего» («Месневийе манави») – версифицир. собрание притч, руководство для членов основанного Р. суфийского ордена-моулави.

РУ́МСКИЙ СУЛТАНА́Т, см. *Конийский султанат*.

РУМЫ́НИЯ, гос-во на Ю. Европы, в басс. ниж. Дуная, на В. омывается Чёрным м. Пл. 237,5 т. км². Нас. 22,8 млн. ч., в т.ч. румыны (89%), венгры (7%). Офиц. яз. – румынский. Верующие преим. православные. Р. – республика. Глава гос-ва – президент. Законодат. орган – двухпалатный парламент (Сенат и Собрание депутатов). Адм.-терр. деление: 40 жудецов (уездов). Столица – Бухарест (выделена в самостоят. адм. единицу). Денежная единица – румынский лей.

В центр. и сев. части – горы Вост. и Юж. Карпат (выс. до 2544 м, г. Молдовяну) и Трансильванское плато, на З. – Зап. Румынские горы, на Ю. – Нижнедунайская равнина, на Ю.-В. – плато Добруджа. Климат умеренно континентальный. Ср. темп-ры янв. на равнинах от 0 до –5°C (в горах до –10°C, местами ниже), июля 20–23°C (в горах 8–16°C); осадков 300–700 мм в год (в горах до 1500 мм). Гл. река – Дунай. 28% терр. – леса (преим. хвойные и широколиств. в горах).

В 1 в. до н.э. – 3 в. н.э. населявшие терр. совр. Р. гето-дакийские племена вели борьбу с Римом. В нач. 2 в. н.э. область расселения даков была превращена в рим. пров. Дакию. После ухода римлян (271) на терр. Р. оседали племена готов, гепидов, авар, в 6–7 вв. поселились славяне. В 9 в. было принято христ-во. В 14 в. образовались кн-ва Валахия и Молдавия, попавшие в 16 в. под османское иго. Добившись в 1829 с помощью России автономии, они объединились в 1862 в Рум. кн-во (находилось в вассальной зависимости от Османской империи). В ходе войны 1877–78 России с Турцией Р. стала независимой (с 1881 королевство). Р. участвовала во 2-й Балканской войне (1913), в 1916 на стороне Антанты вступила в 1-ю мир. войну. В 1918 Р. присоединила Бессарабию и Сев. Буковину (воссоединены с СССР в 1940). В 1940 установлена воен.-фаш. диктатура. Р. присоединилась к Берлинскому пакту 1940 фаш. держав и 22.6.1941 вместе с фаш. Германией вступила в войну против СССР. В обстановке начавшегося наступления Сов. Армии в 1944 воен.-фаш. диктатура была свергнута. 24.8.1944 Р. выступила против фаш. Германии. Парижским мирным дог. 1947 установлены совр. границы Р. В 1947 ликвидирована монархия. До дек. 1989 у власти находилась Рум. КП (ген. секр. с 1965 Н. Чаушеску). В ходе нар. восстания в Р. в дек. 1989 Чаушеску был свергнут и расстрелян. Власть перешла к Совету Фронта нац. спасения (сформирован в дек. 1989). В дек. 1991 всенародным референдумом одобрена конституция 1991.

Р. – индустр.-агр. страна. ВНП на д. нас. 1620 долл. в год. Добыча нефти и природного газа (одно из первых мест в Европе), кам. и бурого угля, поваренной соли. Ведущие отрасли

РУМЫНИЯ

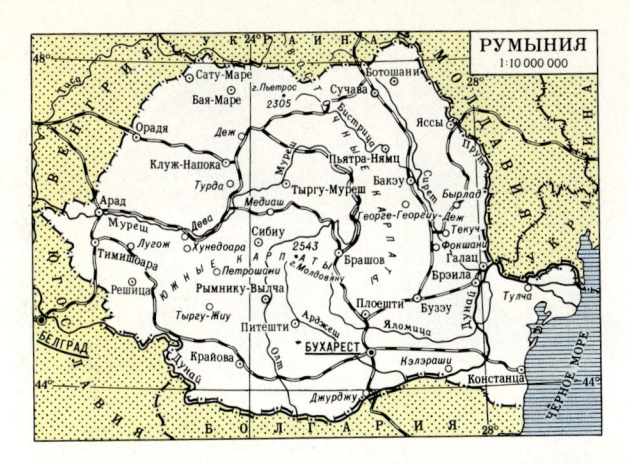

Румыния. Плато Добруджа.

Румыния. Нефтяной промысел (Циклени, жудец Долж).

обрабат. пром-сти – маш-ние (про-из-во нефтебурового оборудования, товарных вагонов, тракторов, электромоторов, станков), хим. и нефтехим. (синтетич. каучук, изделия из резины, минер. удобрения, преим. азотные, и др.), чёрная металлургия, деревообр., лёгкая (произ-во тканей, швейных и трикот. изделий, обуви), пищевкус. (овощные и мясные консервы, вина). Ведущая отрасль с. х-ва – растениеводство. Преобладает зерновое х-во; гл. культуры – кукуруза, пшеница, ячмень. Возделывают подсолнечник, сах. свёклу, лён-долгунец. Развиты виногр-во (преим. винные сорта), сад-во (гл. обр. сливы, яблоки), овощ-во. В жив-ве – овцеводство и разведение кр. рог. скота. Экспорт: машины и оборудование (ок. 3/5 стоимости), топливо (ок. 1/10), химикаты, продукция лёгкой пром-сти, продовольствие.

РУМЯНЦЕВ Ник. Петр. (1754–1826), граф, рос. гос. деятель, дипломат. Сын П.А. Румянцева. В 1807–14 мин. ин. дел, в 1810–12 пред. Гос. совета. Собрал коллекцию книг и рукописей (т.н. Румянцевский музей).

РУМЯНЦЕВ (Румянцев-Задунайский) Пётр Ал-др. (1725–96), граф, рос. полководец, ген.-фельдм. (1770). В Семилетнюю войну 1756–1763 командовал бригадой, дивизией, корпусом, овладел крепостью Кольберг (1761). В 1764–96 през. Малорос. коллегии, ген.-губернатор Малороссии. В рус.-тур. войну 1768–1774 главнокоманд. армией, одержал победы при Рябой Могиле, Ларге и Кагуле (1770), получил звание «Задунайский» (1775). В рус.-тур. войну 1787–91 командовал вспомогат. Укр. армией (1787–89). Сыграл значит. роль в развитии рус. воен. иск-ва.

РУНГЕ (Runge) Филипп Отто (1777–1810), нем. живописец и график, теоретик иск-ва. Представитель раннего *романтизма*. Острохарактерные портреты («Мы втроём», 1805), аллегорич. композиции («Утро», 1808).

РУНИЧЕСКОЕ ПИСЬМО, 1) алфавит, применявшийся у германцев со 2–3 вв. до позднего средневековья. Вышел из употребления с распространением *латинского письма*. Знаки Р.п. (руны) вырезались преим. на металле, камне и дереве. Применялось гл. обр. для культовых и памятных надписей. 2) Древнетюркское Р.п. – письменность части древних тюркских племён (8–10 вв.), знаки к-рой напоминают по форме герм. руны.

РУНО́, шёрстный покров овцы, остриженный сплошным пластом.

РУ́НЫ (рунические песни) (фин., ед. ч. runo), древние эпич. песни карелов и финнов, а также песни разных жанров у народов прибалт.-фин. языковой группы. Бытуют у карелов и эстонцев. Сюжеты генетически связаны с архаичными космогонич. мифами. Для безрифменных стихов Р. типичны сочетание квантитативной (количественной) и акцентной ритмики, аллитерации, параллелизмы, гиперболы. В Р. речитативного склада напевы б.ч. одноголосны; исполняются одним или поочерёдно двумя рунопевцами (или запевалой и хором). Закреплённых мелодий не имеют. Из Р. состоит карело-фин. эпос «Калевала».

РУО́ (Rouault) Жорж (1871–1958), франц. живописец и график. Представитель *фовизма*. Автор гротескно-драм., контрастных по цвету произв. на религ. и социальные темы (серии «Судьи», «Клоуны»).

РУСА́К, см. в ст. *Зайцы*.

РУСА́ЛКИ, в верованиях вост. славян духи воды и растительности, близкие юж.-слав. вилам, зап.-европ. ундинам и др. Представлялись в виде девушек с распущенными волосами, считались наиб. опасными для людей в неделю после Троицы («русальная неделя»), когда они выходят из воды и устраивают игры.

РУСЛА́НОВА Лид. Анд. (1900–73), эстрадная певица. Гл. место в репертуаре занимали рус. нар. песни, к-рые она исполняла распевно, с ши-

Русалка. Деревянная резьба. Поволжье. 19 в.

рокой удалью или проникновенной сердечностью, юмором. Автор знаменитой песни «Валенки». В кон. 1940-х гг. была репрессирована.

РУСЛА́НОВА Нина Ив. (р. 1945), актриса. С 1969 в Т-ре имени Евг. Вахтангова, с 1985 в Т-ре имени Вл. Маяковского. Органичность, жизненная узнаваемость, острая характерность проявились в ф.: «Короткие встречи» (1968), «Не стреляйте в белых лебедей» (т/ф), «Познавая белый свет» (оба 1980), «Киноальманах "Молодость" № 3» (новелла «Встреча», 1981), «Мой друг Иван Лапшин» (1985), «Завтра была война» (1988), «Мигранты» (1992).

РУССЕ́ЛЬ (Roussel) Альберт (1869–1937), франц. композитор, муз.-обществ. деятель. Ранние произв. в традициях *импрессионизма* (бал. «Пир паука», 1913). Один из ярких представителей франц. *неоклассицизма* (бал. «Вакх и Ариадна», 1930; 2-я и 4-я симф., 1921 и 1934). Одним из первых использовал в европ. музыке кит., инд. и т.п. лады (опера-балет «Падмавати», 1918).

РУ́ССКАЯ АМЕ́РИКА, название рос. владений в 18–19 вв. в Сев. Америке (Аляска, часть Сев. Калифорнии, Алеутские о-ва). Открыта и исследована рус. путешественниками. Рус. поселения с 1784. Адм. ц. – Новоархангельск (1808–67). В 1799–1861 в аренде Рос.-амер. компании. В 1867 рос. владения в Америке проданы США за 7,2 млн. долл. Сохранилась рус. топонимика.

«РУ́ССКАЯ ПРА́ВДА», свод др.-рус. права. Включает отд. нормы *Закона Русского*, Правду Ярослава Мудрого, Правду Ярославичей, Устав Владимира Мономаха и др. Нормы «Р.п.» посвящены защите жизни и имущества княжеских дружинников и слуг, свободных сел. общинников и горожан; отд. вопросам обязательственного и наследств. права и т.д. 3 редакции: Краткая, Пространная, Сокращённая. Списки 13–18 вв.

РУ́ССКАЯ ПРАВОСЛА́ВНАЯ ЦЕ́РКОВЬ, самая крупная из автокефальных правосл. церквей. Осн. в кон. 10 в. Во главе митрополиты, подчинявшиеся Константинопольскому патриарху; пребывали в Киеве, с кон. 13 в. – во Владимире, с 1328 – в Москве. С 1448 автокефальная. Патриаршество учреждено в 1589, упразднено в 1721, восстановлено в 1917. Реформа Никона в 1653–56 стала поводом для раскола, появления старообрядчества и сектантства. По Духовному регламенту 1721 подчинена гос-ву, управлялась Синодом. После Окт. рев-ции в 1918 отделена от гос-ва и испытывала противоправные вмешательства со стороны гос-ва; духовенство подвергалось репрессиям. Управляется патриархом с участием

Святейшего синода. Верх. власть принадлежит Поместному собору. Духовно-адм. центр – в Москве. Административно разделяется (нач. 1991) на 93 епархии (в т.ч. 10 за рубежом), 1 экзархат, 17 викариатств (в т.ч. заруб.). Имеет 2 духовные академии, 7 семинарий, 13 духовных уч-щ, 80 монастырей. Издаёт «Журнал Московской патриархии», «Московский церковный вестник», «Богословские труды».

РУ́ССКИЕ МЕ́РЫ, офиц. система мер и весов на терр. России, в осн. сложившаяся к кон. 17 в. Упорядочение Р.м. и создание эталонов проводилось в 18–19 вв. По закону 1797 создана науч. система мер, утверждённая в 1835. Закон 1899 о мерах и весах определил точные отношения Р.м. к мерам метрич. системы. После Окт. рев-ции заменена метрич. системой мер. См. табл. в Приложении.

«РУ́ССКИЕ СЕЗО́НЫ», гастрольные выступления рус. оперных и балетных трупп (1908–14), организованные С.П. Дягилевым. Проходили гл. обр. в Париже и Лондоне. Фактич. начало «Р.с.» – «Исторические русские концерты» (1907, Париж). «Р.с.» сыграли большую роль в распространении рус. иск-ва за рубежом и в обновлении европ. балета.

РУ́ССКИЙ АЛФАВИ́Т, последоват. ряд букв, передающих звуковой состав рус. речи и создающих письменную и печатную форму нац. рус. языка. Р.а. восходит к *кириллице*, в совр. виде существует с 1918. Содержит 33 буквы, 20 из них передают согласные звуки, 10 – гласные звуки (а, э, о, ы, и, у) или (в определ. позициях) сочетания j + гласный (я, е, ё, ю); буква «й» передаёт j неслоговое или j; «ъ» и «ь» не обозначают отд. звуков. Большинство букв в письменной форме графически отличается от печатной. Р.а. служит основой для алфавитов нек-рых др. языков (напр., чукотского, корякского, нивхского).

РУ́ССКИЙ МУЗЕ́Й в С.-Петербурге (до 1917 – Русский музей имп. Александра III), крупнейший в России (наряду с Третьяковской гал. в Москве) музей рус. иск-ва. Учреждён в 1895, открыт в 1898 в Михайловском дворце (1819–25, арх. К.И. Росси; зап. корпус – 1914–16, арх. Л.Н. Бенуа). Богатейшие коллекции др.-рус. и рус. иск-ва 18–20 вв.

РУ́ССКИЙ ЯЗЫ́К, относится к вост. группе слав. языков, входящих в индоевропейскую семью языков. Офиц. язык Рос. Федерации. Один из офиц. и рабочих языков ООН. Используется как язык межнац. общения в странах, входивших в СССР. Общее число говорящих св. 250 млн. ч. (1990). Письменность на основе *русского алфавита*.

РУ́ССКОЕ МУЗЫКА́ЛЬНОЕ О́БЩЕСТВО (РМО), существовало в 1859–1917. Организовано по инициативе А.Г. Рубинштейна. Осн. цель – развитие муз. образования в России и поддержка отеч. музыкантов. Отделения в Москве, С.-Петербурге, Киеве и др. городах.

РУ́ССКОЕ ТЕХНИ́ЧЕСКОЕ О́БЩЕСТВО (РТО), ведущее науч.-техн. об-во России в 1866–1917. Осн. в С.-Петербурге для содействия развитию отеч. техники и пром-сти. Один из организаторов и первый председатель РТО (1866–70) – инж. А.И. Дельвиг. В об-ве работали Д.И. Менделеев, В.В. Марковников, С.О. Макаров, А.Н. Крылов, А.С. Попов, П.Н. Яблочков, Н.Е. Жуковский и др. РТО вело науч. исследования, организовывало лекции, курсы, выставки и т.п. К нач. 1917 насчитывало св. 10 тыс. чл., св. 40 терр. отделений, 16 отраслевых отделов, на базе к-рых в дальнейшем были созданы разл. науч.-техн. об-ва (НТО).

РУ́ССКО-ЯПО́НСКАЯ ВОЙНА́ 1904–05, возникла в обстановке усиливавшейся борьбы между Японией и Россией за раздел Китая и Кореи. Япония, разбив Китай в войне 1894–95, начала проникновение в Корею и отторгла у Китая о. Тайвань, от к-рого была принуждена отказаться в результате ультиматума России, Франции и Германии. Рос. пр-во в 1900-х гг. проводило политику установления своего господства в Маньчжурии, не предпринимая при этом шагов к предотвращению воен. конфликта с Японией, что привело к обострению рус.-япон. отношений. Воен. действия начаты Японией (при поддержке Великобритании и США) без объявления войны. В ходе войны рус. войска понесли поражение в сражениях на р. Шахэ, у Ляояна, под Мукденом, вынуждены были оставить Порт-Артур; рус. флот был разгромлен в *Цусимском сражении*. Завершилась Портсмутским миром 1905, по к-рому Россия признала Корею сферой влияния Японии, уступила ей Юж. Сахалин и права на Ляодунский п-ов.

РУССО́ (Rousseau) (прозвище Таможенник) Анри (1844–1910), франц. живописец. Самоучка. Представитель *примитивизма*. Фантастич. пейзажи, жанровые сцены, портреты, отмеченные наивностью мировосприятия, условностью общего решения, буквальной точностью деталей, плоскостностью форм, ярким и пёстрым колоритом.

РУССО́ Жан Жак (1712–78), франц. писатель и философ. Представитель *сентиментализма*. С позиций *деизма* осуждал офиц. церковь и религ. нетерпимость. В соч. «Рассуждение о начале и основаниях неравенства...» (1755), «Об общественном договоре» (1762) и др. Р. выступал против социального неравенства, деспотизма королев. власти. Р. идеализировал «естеств. состояние» всеобщего равенства и свободы людей, разрушенное введением частной собственности. Гос-во, по Р., может возникнуть только в результате договора свободных людей (см. *Общественный договор*). Эстетич. и пед. взгляды Р. выражены в романе-трактате «Эмиль, или О воспитании» (1762). Роман в письмах «Юлия, или Новая Элоиза» (1761), а также «Исповедь» (изд. 1782–89), ставящие в центр повествования «частную», душевную жизнь, способствовали становлению психологизма в европ. лит-ре. «Пигмалион» (изд. 1771) – ранний образец *мелодрамы*. Идеи Р. (культ природы и естественности, критика гор. культуры и цивилизации, искажающих изначально непорочного человека, предпочтение сердца разуму) оказали влияние на обществ. мысль и лит-ру мн. стран.

РУССО́ Теодор (1812–67), франц. живописец. Глава *барбизонской школы*. Изображения сел. местности Франции («В лесу Фонтенбло») отличаются плотностью и материальностью тональной живописи, интересом к проблемам передачи световоздушной среды.

РУСТАВЕ́ЛИ Шота, груз. поэт 12 в. Был гос. казначеем царицы Тамары.

Ж.Ж. Руссо.

Ш. Руставели. Портрет работы А. Райнишвили. 1875. Фрагмент.

Автор поэмы «Витязь в тигровой шкуре», вошедшей в сокровищницу мировой лит-ры. Предвосхитил гуманистич. идеи Раннего Возрождения. Провозглашал свободу личности, воспел возвышенную любовь, товарищество, патриотизм, поэзию как «отрасль мудрости». Родоначальник нового груз. лит. языка.

Ш. Руставели. «Витязь в тигровой шкуре». Илл. И. Тоидзе к изданию 1937. Москва.

РУСЬ (Русская земля), первонач. название гос. образования вост. славян 9 в. До нач. 12 в. название терр. *Древнерусского государства*. В 12–13 вв. Р.– название др.-рус. земель и кн-в. С 13 в. возникают названия: Белая Р., Малая Р. и др. Термин «Р.» закрепляется за землями сев.-вост. территории быв. Др.-рус. гос-ва и становится основой понятия «русские».

РУ́ТА, род многолетних трав и кустарников (сем. рутовые). 7 видов, гл. обр. в Средиземноморье. Р. душистая культивируется во мн. странах, в Европе – со средневековья; в Прибалтику завезена христ. миссионерами. Используется как пряное и лекарств. (в гомеопатии) р-ние. Ядовита.

РУТЕ́НИЙ (Ruthenium), Ru, хим. элемент VIII гр. периодич. системы, ат. н. 44, ат. м. 101,07; относится к *платиновым металлам*. Открыт рус. химиком К.К. Клаусом в 1884.

РУТИ́НА (франц. routine, от route – дорога), привычные приёмы, методы работы, монотонная, неинтересная работа; пристрастие к шаблону, боязнь перемен, застой, косность.

А. Руссо. «В тропическом лесу. Битва тигра и быка». 1908. Эрмитаж.

РУЧЕ́ЙНИКИ, отряд насекомых, внешне напоминающих бабочек. Дл. 0,5–3 см, крылья в размахе до 7 см, опушены волосками. Св. 3000 видов, распространены широко. Личинки (мн. строят передвижные трубчатые домики) и куколки обычно живут на дне водоёмов (пища рыб), взрослые особи – на суше у воды (отсюда назв.).

РУЧНО́Й МЯЧ, см. *Гандбол*.

РЫБАКО́В Анат. Наумович (р. 1911), рус. писатель. Повести для детей «Кортик» (1948), «Приключения Кроша» (1960). В ром. «Тяжёлый песок» (1978) – жизнь евр. семьи в 1910–40-х гг. в одном из укр. городков с многонац. населением, история возвышенной любви и человеческого достоинства, не сломленных трагедией уничтожения евреев в период нем. оккупации. В ром. «Дети Арбата» (1987), «Тридцать пятый и другие годы» (кн. 1, 1988; кн. 2 – «Страх», 1990; кн. 3 – «Прах и пепел», 1994) время тоталитарного режима воссоздано через судьбы поколения 30-х гг.; худ. анализ «феномена Сталина».

РЫ́БИЙ ЖИР, жидкое масло, получаемое из печени рыб (гл. обр. тресковых). Прозрачная маслянистая жидкость со специфич. запахом и вкусом; содержит витамины A и D. Применяют для профилактики и лечения гипо- и авитаминоза A, рахита.

РЫ́БНИКОВ Ал. Львович (р. 1945), рос. композитор. Для исполнения в драм. т-ре написал рок-оперу «Звезда и смерть Хоакина Мурьеты» (1976) и оп. "Юнона" и "Авось" (1981), сочетающую традиц. вок. жанры (в т.ч. рус. романс) с звучанием бит-групп. Мюзикл «Приключения Буратино» (1975), музыка к фильмам и др.

РЫ́БНИКОВ Ник. Ник. (1930–90), рос. киноактёр. Создал лирически окрашенные образы молодых рабочих, простых и искренних, в ф.: «Весна на Заречной улице», «Чужая родня» (оба 1956), «Высота» (1957), «Девчата» (1962). Сыграл острохарактерные роли в ф.: «Дядюшкин сон» (1967), «Уходя – уходи» (1980), «Выйти замуж за капитана» (1985).

РЫБОПРОМЫСЛО́ВЫЕ СУДА́, предназначены для добычи и обработки рыбы. В зависимости от способа добычи различают Р.с.: дрифтеры, траулеры, сейнеры и др. Лов рыбы с дрифтеров осуществляется во время дрейфа плавными, т.н. дрифтерными, сетями, обладающими свойством захватывать за жабры и плавники пытающихся пройти сквозь сеть рыб. Траулеры служат для лова рыбы *тралом*; имеют траловую лебёдку, морозильное, рыбообрабатывающее, поисковое и др. оборудование. Сейнеры – для лова рыбы кошельковым (иногда донным) неводом, ставными сетями и ярусами; снабжены промысловыми и грузоподъёмными машинами; наиб. крупные несут вертолёт для поиска рыбы.

РЫ́БЫ, водные позвоночные ж-ные. Известны с *девона*. Дышат жабрами, конечности в виде плавников, служащих для регулирования положения тела, осн. орган движения – хвост. У многих Р. есть плавательный пузырь, к-рый обеспечивает плавучесть, служит для дыхания (у т.н. двоякодышащих Р.), улавливания и усиления издаваемых звуков. Кожа Р. покрыта чешуёй, реже – голая; дл.

тела от 1 см (филиппинские бычки) до 20 м (гигантская акула). Св. 20 тыс. видов. Распространены в Мировом ок. и пресных водах; существуют также проходные формы, обитающие в морях, но нерестящиеся в реках (*лососи, осетровые* и др.). Многие Р. – объект промысла и разведения; декор. формы разводят в аквариумах (барбусы, данио и др.). Численность мн. промысловых Р. сокращается. Св. 200 видов и подвидов редки, охраняются. Наука о Р. – ихтиология.

Рыбы пресных вод России: 1 – голавль; 2 – ёрш; 3 – жерех; 4 – карась; 5 – карп; 6 – краснопёрка; 7 – лещ; 8 – линь; 9 – налим; 10 – окунь; 11 – пескарь; 12 – плотва; 13 – сазан; 14 – сиг; 15 – сом; 16 – судак; 17 – таймень; 18 – форель; 19 – хариус; 20 – щука; 21 – язь.

РЫ́ЖИК, съедобный гриб из рода млечник. Шляпка и ножка рыжеватых оттенков. Мякоть оранжевая (позднее зеленеет). При надломе выделяется жёлтый млечный сок. Растёт обычно группами в хвойных лесах. Лучший гриб для засола.

Рыжики: сосновый и еловый.

РЫЖО́ВА Варв. Ник. (1871–1963), актриса. Представительница старой актёрской семьи Бороздиных-Музилей. С 1893 в Малом т-ре. Исполняла в осн. комедийные характерные и бытовые роли в рус. классич. репертуаре. Игре свойственна непосредственность; непринуждённая, естеств. речь отличалась чисто рус. напевностью, богатством интонаций: Лиза («Горе от ума» А.С. Грибоедова, 1902), Фелицата («Правда – хорошо, а счастье лучше» А.Н. Островского, 1925, 1941) и др.

РЫ́КОВ Ал. Ив. (1881–1938), пред. СНК СССР в 1924–30, одноврем. в 1924–29 пред. СНК РСФСР, пред. Совета труда и обороны (СТО) в 1926–30, чл. Политбюро ЦК партии в 1922–30. Нарком внутр. дел (нояб. 1917) в первом сов. пр-ве. В 1918–21 и 1923–24 пред. ВСНХ, одноврем. с 1921 зам. пред. СНК и СТО. В кон. 20-х гг. выступил против применения чрезвычайных мер при проведении коллективизации и индустриализации, что было объявлено «правым уклоном в ВКП(б)». В 1931–36 нарком почт и телеграфов, нарком связи СССР. Репрессирован, расстрелян.

РЫЛЕ́ЕВ Конд. Фёд. (1795–1826), рус. поэт, декабрист. Чл. Сев. об-ва, один из руководителей восстания 14 дек. 1825. Казнён. Создатель, вместе с А.А. Бестужевым (Марлинским), альм. «Полярная звезда» (1823–25). Лирика, ист. «Думы», поэмы «Войнаровский», «Наливайко» (все три 1825) насыщены полит. ассоциациями, характерными для рус. гражд. романтизма.

РЫ́ЛОВ Арк. Ал-др. (1870–1939), рос. живописец. Эпико-романтич., мажорные по образному строю пейзажи-картины («Зелёный шум», 1904, «В голубом просторе», 1918).

РЫ́ЛЬСКИЙ Макс. Фад. (1895–1964), укр. поэт, обществ. деятель. В 1930–31 подвергся аресту. Филос., любовная, пейзажная лирика (сб. «Звук и отзвук», 1929, «Розы и виноград», 1957, «Далёкие небосклоны», 1959) отмечена глубиной размышлений о духовной сущности человека, его связи с природой, разнообразием эмоц. оттенков, синтезом поэтич. образности, антич. и европ. поэтики.

РЫ́НОК, сфера товарного обмена; спрос и предложение товаров, услуг, финанс. ресурсов, ценных бумаг, золота, драгоценностей, произведений иск-ва, инвестиций, труда и др. в масштабе мирового х-ва (мировой, внеш. Р.), страны (нац., внутр. Р.) и её отд. р-на (местный Р.). Р. также наз. определ. место, где происходит торговля.

РЫ́НОЧНАЯ ЭКОНО́МИКА, соц.-экон. система, развивающаяся на основе частной собственности и товарно-ден. отношений. Р.э. опирается на принципы свободы предпринимательства и выбора. Распределение ресурсов, произ-во, обмен и потребление товаров и услуг опосредуются спросом и предложением. Р.э. предлагает практически универсальный экон. механизм, в к-ром определено: что производить – товары и услуги, приносящие прибыль; как производить – в результате конкуренции на рынках факторов произ-ва (земли, труда, капитала, «ноу-хау» и др.). Система рынков и цен, конкуренция являются координирующим и орг. механизмом Р.э., в значит. мере обеспечивают её саморегулируемый характер. В то же время в экон. системах развитых стран осуществляется определ. степень гос. вмешательства (обеспечение общих условий функционирования Р.э., осуществление мер социальной защиты и др.).

РЫСЬ, дикая кошка. Длина тела до 109 см, хвоста до 24 см. Обитает в лесах и горах Евразии и Сев. Америки. Мех мягкий, пушистый, от палево-дымчатой до ржавой окраски, на концах ушей кисточки. Питается зайцами, птицами, иногда нападает на копытных. Живёт до 25 лет. Промысловое значение невелико, т.к. Р. малочисленна. В ряде стран охраняется.

Рысь.

РЫ́ЦАРСКИЙ РОМА́Н, эпич. жанр ср.-век. куртуазной лит-ры, сменивший героич. эпос (12–14 вв.). В центре индивидуализир. образ героя-рыцаря, его подвиги во имя собств. славы, любви, религ.-нравств. совершенства (ром. «Тристан и Изольда»).

РЫ́ЦАРСТВО (от нем. Ritter, первонач.– всадник, рыцарь), привилегир. социальный слой в странах Зап. и Центр. Европы в ср. века: в широком смысле – все светские феодалы, в узком – только мелкие светские феодалы. Взаимоотношения внутри Р. строились на основе вассалитета. Гл. обязанностью вассала-рыцаря было несение за свой счёт воен. службы в войске своего сеньора. Рыцарь должен был приобрести боевого коня, дорогое тяжёлое вооружение (меч, щит, латы), он получал особое рыцарское воспитание, участвовал в турнирах. Расцвет Р.– 12–14 вв. Рыцарь (в перен. смысле) – благородный, самоотверженный человек.

РЭ́КЕТ (англ. racket), шантаж, вымогательство, осуществляемые путём угроз и насилия.

РЭ́ЛЕЙ (Рейли) (Rayleigh) Джон Уильям, барон (до получения титула – Стретт) (1842–1919), англ. физик. Один из основоположников теории колебаний. Фундам. тр. по акустике, мол. рассеянию света, магнетизму, тепловому излучению. Открыл аргон (1894, совм. с учёным У. Рамзаем). Ноб. пр. (1904).

РЭНДЗЮ́, спорт.-логич. игра, в к-рой соперники поочерёдно выставляют шашки на доску (15×15 полей) до тех пор, пока одному из них не удастся построить по горизонтали, вертикали или диагонали непрерывный ряд из 5 своих шашек. Возникла св. 4 тыс. лет назад в Центр. Азии. Распространена в Нидерландах, России, Швеции, Японии. Чемпионаты мира по переписке с 1980, очные – с 1986.

РЭП (англ. жарг. гар – стрекотать, болтать), специфич. вок.-исполнит. стиль *поп-музыки* и *рок-музыки*, возникший в 1970-х гг. в США. Ведёт происхождение от разговорных вставок в негритянской вок. музыке и скороговорки диск-жокеев. Представляет собой сольную или групповую ритмизованную речитацию (интонируемую или неинтонируемую) или проговаривание текстов песен (или их отд. строф).

РЮ́РИК, согласно «Повести временных лет», начальник варяжского воен. отряда, призванный ильменскими славянами вместе с братьями Синеусом и Трувором княжить в Новгород (862). Основатель династии Рюриковичей. Ряд исследователей отождествляет Р. с предводителем викингов Рёриком Ютландским (сер. 9 в.), мн. исследователи считают Р. и его братьев легендарными персонажами.

РЮ́РИКОВИЧИ, князья, по летописным известиям, потомки предводителя варягов Рюрика, правившего во 2-й пол. 9 в. в Новгороде. Возглавляли Др.-рус. гос-во; вел. и удельные кн-ва (князья киевские, владимирские, рязанские, смоленские, черниговские и др.). Вел. князья московские, рус. цари были потомками владимирских Р. Последний царь из рода Р.– Фёдор Иванович. Многие Р. занимали руководящие должности в адм., суд. и воен. управлении Рос. гос-ва. Потомки Р. (Волконские, Кропоткины, Шаховские и др.) живут в России и за рубежом.

РЯБИ́НА, род древесных р-ний (сем. розоцветные). Ок. 100 видов, в умеренном поясе Сев. полушария. В России ок. 20 видов, в Европ. части широко распространена Р. обыкновенная, в Сибири – Р. сибирская. Благодаря стройности, красивой листве и ярким оранжево-красным плодам (по содержанию витамина С превосходят лимоны) мн. виды Р. разводят как декоративные и плодовые р-ния. Плоды Р. входят в состав витаминных сборов. Из древесины делают муз. инстр-ты и др.

РЯБУШИ́НСКИЕ, семья рос. предпринимателей. Мих. Як. (1786–1858), из крестьян, с 1802 купец, в 1846 основал шерсто- и бумагопрядильную мануфактуру в Москве. Пав. Мих. (1820–99), приобрёл в 1869 хл.-бум. ф-ку в Тверской губ. Сер. Пав. (1872–1936), Вл. Пав. (1873–1955), Степ. Пав. (1874–1943), Мих. Пав. (1880–1962), основали Моск. банк, Рус. акц. льнопром. об-во, Т-во Моск. автомоб. з-да (АМО) и др. Дм. Пав. (1882–1962), основал в 1904 в имении Кучино под Москвой Аэродинамич. ин-т. После Окт. рев-ции все представители в эмиграции. Из семьи Р. также П.П. Рябушинский.

РЯБУШИ́НСКИЙ Пав. Пав. (1871–1924), рос. предприниматель, полит. и обществ. деятель. Чл. партий «Союз 17 Октября», «Мирного обновления», «прогрессистов». Один из лидеров движения старообрядцев-поповцев. Участвовал в издании газ. «Утро России». Чл. Моск. биржевого к-та, совета Съездов представителей пром-сти и торговли и др. Оказывал финанс. поддержку выступлению ген. Л.Г. Корнилова; затем в эмиграции.

РЯБУ́ШКИН Анд. Петр. (1861–1904), рос. живописец. Красочные жанровые и жанрово-ист. картины, воссоздающие быт Москвы 17 в. («Едут», 1901).

РЯ́БЧИК, птица (сем. тетеревиные). Дл. 35–37 см, масса 300–500 г. Распространён в хвойных и смешанных лесах Европы и Сев. Азии (кроме Камчатки). Селится отд. парами, чаще по долинам рек. Ценная промысловая птица.

РЯЗА́НОВ Эльдар Ал-др. (р. 1927), рос. кинорежиссёр. Создал комедии широкого стилевого спектра от остросатирических («Карнавальная ночь», 1956; «Гараж», 1980; «Небеса обетованные», 1991) до лирических (т/ф «Ирония судьбы, или С лёгким паром», 1976, и др.), отличающиеся социальной и гуманистич. направленностью, психол. разработкой характеров. Пост. ф.: «Берегись автомобиля» (1966), «Служебный роман» (1977), «Вокзал для двоих» (1983), «Жестокий романс» (1984), «Забытая мелодия для флейты» (1988), «Предсказание» (1993). Автор сценариев, повестей, пьес (б.ч. совм. с Э.В. Брагинским), книг автобиогр. характера («Неподведённые итоги», 1986).

Э.А. Рязанов. Кадр из фильма «Берегись автомобиля».

РЯЗА́НСКОЕ КНЯ́ЖЕСТВО, др.-русское, по ср. Оке, с кон. 11 в. удел Черниговского кн-ва, самостоятельное с 1129. Опустошено монголо-татарами в 1237. Во 2-й пол. 14 в. вступило в борьбу с Моск. вел. кн-вом. Попало в зависимость от него в 15 в. С 1521 в Рус. гос-ве.

РЯЗА́НЬ, г. (до 1778 Переяславль-Рязанский), ц. Рязанской обл., в России. 528,5 т. ж. Ж.-д. уз.; пристань на р. Ока при впадении р. Трубеж. Маш-ние (станки, гидравлич. прессы, с.-х. машины, автомоб. агрегаты, электронные приборы и др.), нефтеперераб., хим., лёгкая (в т.ч. вышивка, кружевоплетение, пищ. и др. пром-сть. 6 вузов. Ист.-арх. музей-заповедник, Худ. музей, Дом-музей И.П. Павлова (уроженца Р.). Т-ры: драмы, юного зрителя, кукол. Цирк. Впервые упом. в 1301. Кремль с Христорождественским (15 в., перестроен в 1826), Архан-

Рябина.

Рязань. Кремль.

А.П. Рябушкин. «Свадебный поезд в Москве (XVII столетие)». 1901. Третьяковская галерея.

гельским (16 в.) и Успенским (17 в.) соборами, Архиепископские палаты (т.н. Дворец Олега), Спасский мон. (оба 17 в.).

РЯЗА́НЬ СТА́РАЯ, городище в 50 км к Ю.-В. от совр. г. Рязань, остатки столицы Рязанского кн-ва 12–13 вв., сожжённой монголо-татарами в 1237. Остатки укреплений, жилищ, мастерских, церквей, клады и др.

РЯ́СА (от греч. rason – вытертая, поношенная одежда), повседневная верх. одежда правосл. духовенства и монашества: длинное до пят, с наглухо застёгнутым воротом одеяние с длинными рукавами, чёрного или др. цветов. С 17 в. обязат. одеяние духовенства Рус. правосл. церкви.

РЯ́СКА, род многолетних водных трав (сем. рясковые). Ок. 10 видов, по всему земному шару. Растения в виде мелких зелёных пластинок с одним корешком, плавающие на поверхности воды. Пища водоплавающих птиц.

Саванна. Африканская саванна с зонтиковидными акациями.

С

С, с [эс], девятнадцатая буква рус. алфавита; восходит к букве *кириллицы* C («слово»).

СААДИ́ (наст. имя Муслихиддин Абу Мухаммед Абдаллах) (между 1203 и 1210–1292), перс. писатель и мыслитель. Св. 20 лет странствовал в одежде дервиша. В лирике, посланиях-поучениях, притчах поднимал сложные филос., этич. и религ. вопросы. Всемирно известны его *газели*, этико-дидактич. поэма «Бустан» (1256–57) и книга притчей в прозе и стихах «Гулистан» (1258).

СА́АРИНЕН (Saarinen) Эро (1910–1961), амер. архитектор. Грандиозный, строго регулярный комплекс Техн. центра «Дженерал Моторс» в Уоррене (шт. Мичиган, 1951–55) с постройками геом. форм из металла и стекла; в жел.-бетон. зданиях свободных пластичных форм стремился к символич. образности (аэровокзал аэропорта имени Дж. Кеннеди в Нью-Йорке, 1956–62).

СА́БА (Сабейское царство), гос-во в Юж. Аравии в 1-м тыс. до н.э.– 1-й пол. 1-го тыс. н.э. В сер. 1-го тыс. н.э. (с перерывами) подчиняло всю терр. Юж. Аравии.

САБАНЕ́ЕВ Леон. Пав. (1844–98), рос. зоолог, натуралист. Работы по биологии гл. обр. охотничьих и промысловых ж-ных. Классич. кн. «Рыбы России. Жизнь и ловля (уженье) наших пресноводных рыб» (т. 1–2, 1875, 1892; новое изд., М., 1984).

САБИ́РОВА Малика Абдурахимовна (1942–82), артистка балета. В 1962–82 в Тадж. т-ре оперы и балета имени С. Айни (Душанбе). Танец С. отличался пластичностью и лёгкостью исполнения, поэтич. чистотой рисунка. Сюимбике («Шурале» Ф.З. Яруллина, 1962), Жизель («Жизель» А. Адана, 1962) и др.

СА́БЛЯ, см. в ст. *Холодное оружие*.

САБЛЯНИ́ЦА, рус. серебр. монета, чеканившаяся в сер. 15 – кон. 16 вв. Назв. происходит от изображения на монете всадника с саблей. Из гривенки серебра (ок. 204 г) чеканилось 260, а с возникновением единой монетной системы Рус. гос-ва (1534) – 600 монет; вместо С. стали употреблять назв. «деньга».

СА́БО (Szabó) Иштван (р. 1938), венг. кинорежиссёр. Искания молодого человека и иносказательно-зашифрованный анализ прошлого в центре ф. «Отец» (1966), «Любовный фильм» (1970), «Доверие» (1979). Трилогию о личности и власти, роли индивидуума в истории составили ф. «Мефистофель» (1981), «Полковник Редль» (1985), «Хануссен» (1988).

САВА́ННА (исп. sabana), зональный тип растительности, распространённый между тропич. лесами и пустынями. В Африке занимает ок. 40% площади. Аналоги афр. С. – в Юж. Америке (кампос, льянос), на С.-В. Австралии и в Юж. Азии. Для С. характерно сочетание травяного покрова (слоновая трава, бородачи) с одиночными деревьями и кустарниками (баобаб, зонтиковидные акации и др.). В афр. С. обитают кр. травоядные (антилопы, жирафы, бегемоты, слоны и др.) и хищные (лев, гепард и др.) ж-ные. Сильно изменена человеком.

САВАО́Ф, одно из имён *Яхве*.

СА́ВВА (серб. Сава, до пострижения – Растко) (ок. 1174–1235), основатель автокефальной серб. церкви, первый архиепископ Сербии (1219). Сын Стефана Немани. В 1219 короновал своего брата Стефана Первовенчанного по правосл. обряду. С.-

Саваоф. Деталь фрески Микеланджело «Сотворение Адама» плафона Сикстинской капеллы. 1508–12. Ватиканские музеи.

основатель (вместе с отцом) Хиландарского мон., создатель Серб. кормчей книги, жития Стефана Немани и др. церк. сочинений. Канонизирован в сер. 13 в.

СА́ВВИНА Ия Сер. (р. 1936), актриса. Играла в Студенч. т-ре МГУ; с 1960 в Моск. т-ре имени Моссовета, с 1978 во МХАТе (с 1989 МХАТ имени А.П. Чехова). Известна как актриса лирико-драм. плана, наделяющая своих героинь душевной чистотой и цельностью, мягким обаянием; играет также остросатирические, комедийные роли: Соня («Петербургские сновидения», по Ф.М. Достоевскому, 1969), Полина Андреевна («Чайка» А.П. Чехова, 1980), Лика («Московский хор» Л.С. Петрушевской, 1988) и др. Снималась в ф.: «Дама с собачкой» (1960), «История Аси Клячиной...» (1967, вып. 1989), «Гараж» (1980) и др.

И.С. Саввина и *А.В. Баталов* в фильме «Дама с собачкой».

СА́ВВИНО-СТОРОЖЕ́ВСКИЙ МОНАСТЫ́РЬ (Рождество-Богородицкий), мужской, около Звенигорода, при впадении р. Сторожка в р. Москва. Осн. ок. 1398 монахом Саввой (ученик Сергия Радонежского) при покровительстве кн. Юрия Дмитриевича. Разорён франц. войсками в 1812. Упразднён в 1918; на его терр. – Ист.-архит. и худ. музей. Белокаменный Рождественский собор (1405), стены и башни, дворцы царя и царицы и др. постройки 17 в.

СА́ВИНА Мария Гавриловна (1854–1915), актриса, театральный деятель. На провинц. сцене с 1869. С 1874 в Александринском т-ре (С.-Петербург). В совершенстве владела иск-вом сжатой, исчерпывающей характеристики персонажа. Игре свойственны простота, психол. тонкость и изящество: Верочка и Наталья Петровна («Месяц в деревне» И.С. Тур-

М.Г. Савина в роли Марьи Антоновны.

генева, 1879 и 1903), Марья Антоновна («Ревизор» Н.В. Гоголя, 1881), Акулина («Власть тьмы» Л.Н. Толстого, 1895) и др. В изысканной манере исполняла роли светских львиц и авантюристок в салонных комедиях. Была в числе организаторов и председателей Рус. театрального об-ва (1883–84). В 1896 основала в С.-Петербурге убежище для престарелых артистов (ныне Дом ветеранов сцены имени С.).

СА́ВИНКОВ Бор. Викт. (1879–1925), рос. полит. деятель, публицист, писатель (псевд. В. Ропшин). В 1903 – окт. 1917 эсер, один из руководителей «Боевой орг-ции», организатор мн. террористич. актов. Во Врем. пр-ве 2-го и 3-го составов управляющий воен. мин-вом. Руководитель заговоров и вооруж. выступлений против сов. власти. Эмигрант. Арестован в 1924 при переходе сов. границы, осуждён. По офиц. источникам, покончил жизнь самоубийством. Автор «Воспоминаний террориста» (1909), пов. «Конь бледный» (1909), ром. «То, чего не было» (1912), вскрывающий психол. мотивы полит. терроризма; очерков, стихов.

САВИНЬИ́ (Savigny) Фридрих Карл (1779–1861), нем. юрист, глава *исторической школы права*.

САВОНАРО́ЛА (Savonarola) Джироламо (1452–98), настоятель монастыря доминиканцев во Флоренции. Выступал против тирании Медичи, обличал папство, призывал церковь к аскетизму, осуждал гуманистич. культуру (организовывал сожжение произв. иск-ва). После изгнания Медичи из Флоренции в 1494 способствовал установлению респ. строя. В 1497 отлучён от церкви, по приговору синьории казнён (сожжён на костре).

САВРА́СОВ Ал. Кондр. (1830–97), живописец, передвижник, один из родоначальников рус. реалистич. пейзажа. Передал поэтич. красоту и значительность обыденных гор. и сел. мотивов («Просёлок», 1873). Илл. см. на стр. 606.

САГА́Н (Sagan) Франсуаза (р. 1935), франц. писательница. Многочисл. романы, в т.ч. «Здравст-

А.К. Саврасов. «Грачи прилетели». 1871. Третьяковская галерея.

вуй, грусть» (1954), «Любите ли вы Брамса?» (1959), «Немного солнца в холодной воде» (1969), «Потерянный профиль» (1974), «Нарисованная леди» (1981), «Уставшая от войны» (1985), о любви, одиночестве, общей неудовлетворённости жизнью — отличают ясность повествоват. манеры, точность психол. рисунка. Последние романы содержат черты *массовой культуры*. Пьесы, мемуары.

СА́ГИ, древнеисл. прозаич. повествования (сохранились только в записях 2-й пол. 12–14 вв.). В т.ч. родовых (или исландских) С., авторство к-рых не установлено,— ист. и бытовой реализм, психологизм (в живом диалоге и поступках), эпич. простота. Др. группа — «С. о королях Норвегии» (напр., «Хеймскрингла» Снорри Стурлусона). 3-я группа — С. о епископах и вождях Исландии.

САД (Sade) Донасьен Альфонс Франсуа (1740–1814), маркиз де, франц. писатель. В 1772 заключён в тюрьму по обвинению в разврате. Освобождённый в 1790, во время Франц. рев-ции кон. 18 в., напечатал написанные в тюрьме ром. «Жюстина, или Злоключения добродетели» (1791, 1794), «Новая Жюстина...» (1797), кн. «Философия в будуаре» (1795) (все в 1801 конфискованы); кн. «Сто двадцать дней Содома» (опубл. в 1931–35). В произв. С. патол. эротика, инцест неотделимы от насилия и жестокости (отсюда *садизм*); соч. С. переполнены описаниями пыток, убийств, богохульств. Созданные в стиле жизненного правдоподобия, романы С. по существу абсолютно фантастичны, носят черты утопии. Снимая все моральные, культурные, социальные нормы и запреты, С. превращает человека в чисто «природное» существо, в биол. механизм. С 1803 пожизненно в лечебнице для душевнобольных.

САДА́Т Анвар (1918–81), президент Египта с 1970. Осуществлял мероприятия по либерализации экон. и полит. жизни. Подписал мирный договор с Израилем (1979). Убит исламскими экстремистами. Ноб. пр. мира (1978).

САДДУКЕ́И, обществ. религ. группировка в Иудее во 2 в. до н.э.— 1 в. н.э. Объединяла высш. жречество, землевладельческую и служилую знать.

САДИ́ЗМ, 1) половое извращение, при к-ром для достижения полового удовлетворения необходимо причинение партнёру боли, страдания. Назван по имени А. де Сада, описавшего это извращение. 2) Перен.— стремление к жестокости, наслаждение чужими страданиями.

САДО́ВО-ПА́РКОВОЕ ИСКУ́ССТВО, иск-во создания садов, парков и др. озеленяемых территорий. Включает их разбивку и планировку, подбор р-ний для разл. климатов и почв, размещение и группировку р-ний в сочетании с архитектурой (см. также *Ландшафтная архитектура*), дорогами, водоёмами, скульптурой и т.п.

САДО́ВСКИЕ, семья актёров. Пров Мих. (наст. фам. Ермилов) (1818–1872), с 1832 на провинц. сцене, с 1839 в Малом т-ре; основываясь на глубоком знании рос. быта и нравов, создал галерею образов в спектаклях по произв. Н.В. Гоголя, А.В. Сухово-Кобылина, А.Н. Островского (участвовал в первых постановках всех его пьес). Мих. Прович (1847–1910), сын Прова Мих., его ученик и последователь, с 1869 в Малом т-ре; осн. направление творчества — сценич. интерпретация драматургии Островского. Ольга Осиповна (1849–1919), жена Мих. Провича, с 1879 в Малом т-ре; исполняла в осн. роли старух в рус. бытовом репертуаре (Островский, Л.Н. Толстой); особое обаяние её игре сообщала чистота, напевность и выразительность рус. речи. Елиз. Мих. (1872–1934), дочь Мих. Провича и Ольги Осиповны; с 1894 в Малом т-ре; исполняла лирико-драм. и комедийные роли. Пров Мих. (1874–1947), сын Мих. Провича и Ольги Осиповны, с 1895 в Малом т-ре; с успехом играл волевых, сильных людей, создал также ряд сатирич. образов. В т-ре работали и др. представители семьи С.

СА́ЖА, чёрный дисперсный продукт неполного сгорания или термич. разложения углеродистых в-в. В технике получают из углеводородов (отсюда др. назв. С.— техн. углерод). Используют в произ-ве резины, пластмасс, пигмент для лакокрасочных материалов и др.

САЗА́Н, ценная промысловая рыба (сем. карповые). Дл. до 1 м, масса св. 16 кг. Обитает в пресных водах Евразии. Одомашненная форма С.— *карп*. Илл. см. при ст. *Рыбы*.

СА́ЗЕРЛЕНД (Sutherland) Джоан (р. 1926), австрал. певица (лирико-колоратурное сопрано). С 1950 на оперной сцене крупнейших театров мира. С 1960 живёт в Швейцарии. Лучшие партии — в итал. операх, а также в операх В.А. Моцарта.

П.М. Садовский в роли Любима Торцова («Бедность не порок» А.Н. Островского). 1854.

САЗО́НОВА Нина Аф. (р. 1917), актриса. С 1938 в ЦТКА (с 1992 Т-р Рос. Армии). Играла женщин из народа, тружениц, добиваясь жизненной достоверности облика своих героинь. Создала ряд глубоких драм. образов, исполненных внутр. силы: Васса («Васса Железнова» М. Горького, 1976) и др. Снималась в ф.: «Живёт такой парень» (1964), «Женщины» (1966) и др.

САЙГА́К, млекопитающее (сем. *полорогие*). Длина тела 110–140 см, хвоста 8–12 см, масса до 40 кг. Рога у самцов лировидной формы (дл. до 40 см). Бег со скоростью до 70–80 км/ч. Обитает в степях и полупустынях Ср. Азии, Казахстана, Ниж. Поволжья, Монголии и Зап. Китая. В 20-х гг. 20 в. в результате хищнического истребления поголовье С. резко сократилось; запрещение охоты способствовало восстановлению численности. Илл. см. при ст. *Полорогие*.

САЙГО́Н, до 1976 название г. *Хошимин*.

СА́ЙМОН (Simon) Герберт (р. 1916), амер. экономист и социолог. Тр. в области теории управления, моделирования социальных процессов, исследования структур и процессов принятия решений в экон. орг-циях. Ноб. пр. (1978).

СА́ЙРА, промысловая рыба (сем. макрелещуковые). Дл. до 36 см, масса до 200 г. Обитает в субтропич. и умеренных водах Тихого ок., в т.ч. у Курильских о-вов, в Япон. м. и юж. части Охотского м.

СА́ККОС (греч. sáccos — шерстяная материя), часть облачения христ. духовенства в виде большого прямого куска материи с вырезом для головы в середине и небольшими широкими рукавами. С 15 в. появляется в Рус. правосл. церкви как одеяние митрополитов, с 1589 и патриархов. В С. награждаются нек-рые архиепископы. С 1702 жалуется за заслуги епископам, а с 1705 носится всеми архиереями. С. украшены изображениями крестов.

СА́КЛЯ (от груз. сахли — дом), каменное, глинобитное или саманное жилище горцев Кавказа.

САКРА́ЛЬНЫЙ (от лат. sacralis — священный), обозначение сферы явлений, предметов, людей, относящихся к божественному, религиозному, связанных с ними, в отличие от светского, мирского, профанного. В ходе истории процессу освящения, сакрализации противостоит десакрализация, секуляризация разл. сторон человеческого существования.

САКС (Sachs) Ганс (1494–1576), нем. *мейстерзингер*. Башмачник, затем ткач. В песнопениях (св. 6 тыс.), назидат. и весёлых фарсах на сюжеты из повседневной жизни и уличных анекдотов («Школяр в раю», 1550), не чуждых площадного комизма, утверждал нормы бюргерской морали (трудолюбие, честность, семейное согласие).

САКСАУ́Л, род древесных или кустарниковых р-ний (сем. маревые). Выс. до 12 м. 10 видов, в полупустынях и пустынях Азии. Живёт до 60 (иногда 100) лет. Древесина идёт на топливо; зелёные веточки — корм для верблюдов и овец. Хороший закрепитель песков.

САКСО́Н ГРАММА́ТИК (Saxo Grammaticus) (1140 — ок. 1208), дат. хронист. В труде «Деяния данов» (на лат. яз., опубл. в 1514) изложил древнейшие *саги*, описал ист. события до

Саксаул чёрный.

1185; легенду о Гамлете использовал У. Шекспир.

САКСОФО́Н, духовой язычковый муз. инстр-т. Назван по имени изобретателя – бельг. мастера А. Сакса (патент 1846). Наиб. распространённые разновидности С.– альт и тенор. Используется преим. в эстрадных и духовых оркестрах, в т.ч. как солирующий инстр-т.

Саксофон-альт.

САЛА́КА, промысловая рыба (сем. *сельдёвые*). Дл. до 20 см, масса до 75 г. Обитает в Балт. м. и пресных водах озёр Швеции.

САЛА́М (Salam) Абдус (р. 1926), пакист. физик-теоретик, один из авторов объединённой теории эл.-магн. и слабого взаимодействий. Организовал и длительное время возглавлял Междунар. центр теоретич. физики в Триесте. Тр. по теории поля, гравитации, элементарным частицам. Ноб. пр. (1979).

САЛАМА́НДРЫ, семейство хвостатых земноводных. 45 видов, з Евразии и Сев. Америке. Обитают по берегам водоёмов. Наиб. известна огненная С. (дл. до 70 см), выделения кожных желёз к-рой ядовиты. К С. относятся также *тритоны*.

Саламандра пятнистая.

САЛА́Т, однолетнее овощное р-ние рода латук. Введён в культуру в Средиземноморье, выращивается на всех континентах. Неск. групп сортов (листовой, кочанный, ромэн и др.). В пищу употребляют листья, богатые витаминами С, В, РР, каротином. Урожайность 300–500 ц с 1 га.

Салат кочанный.

САЛА́Т (салят) (араб.– молитва; синоним перс.-тур. намаз), один из гл. обрядов ислама – ежедневное пятикратное моление.

САЛА́Х-АД-ДИ́Н (Саладин) (1138–93), егип. султан с 1175. Основатель династии Айюбидов. Возглавлял борьбу мусульман против крестоносцев.

САЛА́ХОВ Таир Теймур оглы (р. 1928), азерб. живописец. Графически чёткие, напряжённые по цвету картины на темы сурового труда бакинских нефтяников, индустр. пейзажи, натюрморты, портреты («Ремонтники», 1961).

САЛЕХА́РД (до 1933 Обдорск), г. (с 1938), ц. (с 1930) Ямало-Ненецкого авт. окр. 30,6 т.ж. Порт на р. Обь, у впадения в неё р. Полуй; на противоположном берегу р. Обь – ж.-д. ст. Лабытнанги. Рыбная, деревообр. пром-сть. Краеведч. музей. Осн. в 1595.

САЛИЦИ́ЛОВАЯ КИСЛОТА́, HOC_6H_4COOH, бесцв. кристаллы, $t_{пл}$ 159 °C. Применяют в произ-ве красителей, лекарств. и душистых в-в, в пищ. пром-сти (при консервировании), медицине (как наружное средство преим. антисептич. действия), как реагент в аналитич. химии.

СА́ЛЛИВЕН (Sullivan) Луис (1856–1924), амер. архитектор. Дал худ. осмысление высотного делового здания, введя композиц. членения и орнамент (универмаг в Чикаго, 1899–1900). Выдвинул теоретич. принципы функционализма и органич. архитектуры.

СА́ЛЛИНЕН (Sallinen) Аулис (р. 1935), фин. композитор. Оп. «Всадник» (1974), «Красная черта» (1978), «Король отправляется во Францию» (1983), «Куллерво» (1988) отличаются ясностью муз. языка в духе неоромантизма и одноврем. захватывающей эмоциональностью. Поставлены в крупнейших т-рах мира.

САЛЛЮ́СТИЙ (Sallustius) (86 – ок. 35 до н.э.), рим. историк. Участвовал в гражд. войнах 49–45 до н.э. на стороне Цезаря. После 44 посвятил себя лит. деятельности. Из сочинений дошли письма Цезарю (содержащие предложения по реформе гос-ва), 2 небольших тр.: «О заговоре Катилины» и «Югуртинская война», а также фрагменты «Истории» (5 кн.), охватывающей события 78–66 гг. в Риме. Дал яркую картину упадка рим. общества, нравств. разложения нобилитета в 1 в. до н.э.

САЛО́Н (франц. salon), 1) гостиная, комната для приёмов. 2) (Устар.) лит.-худ. или полит. кружок избранных лиц, собирающийся в частном доме. 3) Помещение для выставок, а также магазин худ. изделий. 4) Внутр. помещение автобуса, самолёта и т.п. для пассажиров. 5) Ателье, парикмахерская и т.п. пр-тия, чаще – высокого разряда.

САЛОНИ́КИ (Фессалоники), г. в Греции. 378 т. ж. Порт в зал. Термаикос Эгейского м.; междунар. аэропорт. Нефтеперераб., металлообр. пром-сть; судостроение. Ун-т. Консерватория (1914). Археол. музей. Ежегод. междунар. ярмарки. Туризм. Осн. в 315 до н.э. В Византии С. был вторым по значению городом после Константинополя. В 13 в. столица Фессалоникского кор-ва (в Латинской империи), Эпирского гос-ва (Фессалоникской империи). Римская арка Галерия (ок. 300 н.э.), церк.: Св. Георгия (ок. 500), Св. Димитрия (5 в.), Богоматери (1028).

САЛО́ННОЕ ИСКУ́ССТВО (от Салонов – офиц. худ. выставок в «Квадратном салоне» парижского *Лувра* в 1737–1848), иск-во 19–20 вв., приспособляющее к обывательским вкусам академич. доктрины (см. *Академизм*) и любые входящие в моду течения.

САЛТЫКО́В (Салтыков-Щедрин) Мих. Евграфович (наст. фам. Салтыков; псевд. Н. Щедрин) (1826–89), рус. писатель, публицист. В 1868–84 ред. ж. «Отечественные записки» (до 1878 совм. с Н.А. Некрасовым). В творчестве С. с позиций демократа-просветителя создан сатирич. об-

Т. Салахов. «У Каспия». 1967.

М.Е. Салтыков-Щедрин.

раз рос. бюрократии как порождения самодержавно-крепостнич. строя («Губернские очерки», 1856–57; «Помпадуры и помпадурши», 1863–1874; «Пошехонская старина», 1887–1889; «Сказки», преим. 1882–86); в «Истории одного города» (1869–1870), пародируя офиц. историографию, создал галерею гротескных образов градоправителей. В социально-психол. ром. «Господа Головлёвы» (1875–80) изобразил духовную и физич. деградацию дворянства. В кн. очерков «За рубежом» (1880–81) высмеял полит. строй и обществ. нравы бурж. Европы.

САЛТЫКО́В Пётр Сем. (1698–1772/73), полководец, ген.-фельдм. (1759), граф (1733). В Семилетнюю войну 1756–63 главнокоманд. рос. армией (1759–60 и с 1762), одержал победы при Пальциге и в Кунерсдорфском сражении (1759). В 1764–71 главнокоманд. в Москве, руководил борьбой с эпидемией чумы (1770–71).

САЛЬВАДО́Р (Республика Эль-Сальвадор), гос-во в Центр. Америке, на Ю. омывается Тихим ок. Пл. 21,4 т. км². Нас. 5,5 млн. ч., в осн. сальвадорцы (преим. испано-индейские метисы). Офиц. яз.– испанский. Большинство верующих – католики. Глава гос-ва и пр-ва – президент. Законодат. орган – Законодательное собрание. Столица – Сан-Сальвадор. Адм.-терр. деление: 14 департаментов. Ден. единица – колон.

Большая часть терр.– вулканич. нагорье выс. до 2381 м (вулкан Санта-Ана). Часты землетрясения. Климат тропический. Ср.-мес. темп-ры 21–22 °C; осадков от 600 до 2500 мм в год. Кр. река – Лемпа. Под лесом – 5% терр. (сохранились дубовые и сосновые леса на склонах вулканов).

В 16 в. завоёван исп. конкистадорами. В результате Войны за независимость исп. колоний в Америке 1810–26 С. получил независимость (1821). В 1823–39 в составе федера-

608 САЛЬ

ции Соединённых провинций Центр. Америки, с 1841 самостоят. гос-во. Во 2-й пол. 19 в. происходили многочисл. воен. перевороты, а также войны С. с центр.-амер. странами. В 1931 проведены первые свободные выборы, однако после гос. переворота к власти пришла воен. хунта, к-рая в 1932 подавила кр. нар. восстание во главе с А. Фарабундо Марти. Рост социальных противоречий привёл к 12-летней гражд. войне (1980–92), результат к-рой – 75 тыс. убитых и ок. 1 млн. беженцев. В 1990 начались переговоры между Фронтом нац. освобождения имени Фарабундо Марти (созд. в 1980), к-рый возглавил партиз. группировки (поддерживались из Кубы и Никарагуа), и пр-вом С.; в дек. 1991 было достигнуто перемирие.
С.– агр. страна. ВНП на д. нас. 1000 долл. в год. Гл. товарные культуры – кофе, хлопок, сах. тростник, хенекен, кунжут. Экстенсивное жив-во. Лов креветок на экспорт. Наиб. развиты пищевая, лёгкая, хим.-фарм., цем., нефтепереб. пром-сть. Экспорт: кофе (ок. 40% стоимости), сахар-сырец, медикаменты, хлопок-волокно.

САЛЬВИ́НИ (Salvini) Томмазо (1820–1915), итал. актёр. Играл в пьесах У. Шекспира. Постоянно гастролировал в разл. странах (в 1880-х гг. в России). В 1848 участвовал в нац.-освободит. борьбе итал. народа, был арестован. Творчество С., проникнутое романтич. приподнятостью, героич. пафосом, было вершиной сценич. иск-ва 19 в.

СА́ЛЬДО (итал. saldo – расчёт, остаток), 1) в *бухгалтерском учёте* разность между итогами записей по *дебету* и *кредиту* счетов. 2) В двусторонних внешнеторг. отношениях С.– разность между стоимостью экспорта и импорта (С. торг. баланса). С. подводится за определ. период, обусловленный соотношением сторон и общей суммой поступлений и платежей (С. платёжного баланса).

САЛЬЕ́РИ (Salieri) Антонио (1750–1825), итал. композитор, дирижёр, педагог. С 1766 в Вене. Оперы С. (св. 40), в т.ч. «Венецианская ярмарка» (1772), «Школа ревнивых» (1778), «Данаиды» (1784), ставились почти во всех т-рах Европы. Авторитетный педагог по композиции (среди учеников – Л. Бетховен, Ф. Шуберт), пению. Поборник итал. стиля в музыке, был одним из влиятельнейших музыкантов австр. двора. Существует легенда об отравлении им В.А. Моцарта.

САЛЬМОНЕЛЛЁЗЫ, острые кишечные инфекции ж-ных и человека, вызываемые сальмонеллами. Признаки С. у человека: повышение темп-ры, рвота, понос (у ж-ных, кроме того, выкидыш). Заражение через мясо, яйца больных с.-х. птиц и т.д.

САЛЬМОНЕ́ЛЛЫ, кишечные палочковидные бактерии. Дл. до 3 мкм. Обычно подвижны; факультативные анаэробы. Многие патогенны: возбудители сальмонеллёзов у ж-ных и человека, брюшного тифа и паратифа у человека.

СА́ЛЬНИКОВ Вл. Валер. (р. 1960), рос. спортсмен. Чемпион СССР (1978–87), Европы (1977, 1981, 1983), мира (1978, 1982), Олимп. игр (1980 – 3 зол. медали; 1988) в плавании вольным стилем на разл. дистанциях.

«САЛЮ́Т», пилотируемая орбитальная станция для полётов по околоземной орбите, созданная в СССР. Макс. масса ок. 18,9 т, объём жилых отсеков ок. 100 м³. Для возвращения на Землю не предназначена; доставка и смена экипажа производились космич. кораблями «Союз» и «Союз Т», а доставка горючего, оборудования и др.– грузовыми кораблями «Прогресс». В 1971–83 запущено 7 «С.». На смену «С.» пришла орбитальная станция «Мир» (первый запуск в 1986).

САМА́РА (в 1935–91 Куйбышев), г. (с 1688), ц. Самарской обл., в России. 1239,2 т. ж. Порт на Волге, при впадении р. Самара; ж.-д. уз.; аэропорт. Метрополитен (1987). Маш-ние и металлообработка, нефтеперераб., металлургич., лёгкая пром-сть. 13 вузов (в т.ч. 4 ун-та). 5 музеев (краеведч., худ. и др.). Т-ры: оперы и балета (1931), драмы имени М. Горького, юного зрителя, кукол. Филармония. Цирк. Осн. в 1586.

САМАРА́НЧ (Samaranch) Хуан Антонио (р. 1920), деятель междунар. спорт. движения, исп. дипломат и промышленник. С 1966 член, в 1974–78 вице-президент, с 1980 през. Междунар. олимп. к-та (МОК). Посол Испании в СССР (1977–80).

САМА́РИЙ (Samarium), Sm, хим. элемент III гр. периодич. системы, ат. н. 62, ат. м. 150,36; относится к *редкоземельным элементам*; металл. Сое. $SmCo_5$ – материал для постоянных магнитов. Выделен франц. химиком П. Лекоком де Буабодраном в 1879.

САМА́РИН Ив. Вас. (1817–85), актёр, педагог, драматург. С 1837 в Малом т-ре; зачислен в труппу на амплуа «первого любовника», игре свойственны благородное изящество, патетичность. Позднее перешёл от героико-романтических к характерным возрастным ролям: Чацкий (1839) и Фамусов (1864) – «Горе от ума» А.С. Грибоедова, и др. Со студентами Моск. конс. осуществил на сцене Малого т-ра первую постановку оперы П.И. Чайковского «Евгений Онегин» (1879).

САМАРКА́НД, г., центр Самаркандской обл., в долине р. Зеравшан, в Узбекистане. 370,5 т. ж. Ж.-д. уз. Маш-ние; лёгкая (хл.-чист., шелкоткацкая), пищевкус., хим. и др. пром-сть. 6 вузов (в т.ч. ун-т). Музеи истории культуры и иск-ва Узбекистана, основания города, Улугбека, Дом-музей С. Айни. 4 т-ра (в т.ч. оперы и балета, драмы). Изв. с 329 до н.э. под назв. Мараканда, в кон. 14–15 вв. столица гос-ва Тимуридов, с 1868 в России, в 1924–30 столица Узб. ССР. Старинный центр худ. ремёсел. Терр. домонгольского С.– городище Афрасиаб (с сер. 1-го тыс. до н.э.). Архит. анс.: *Регистан*, *Биби-Ханым*, *Гур-Эмир*, *Шахи-Зинда*.

Самарканд. Мемориальный ансамбль Шахи-Зинда. Вид на Мавзолей Эмир-Заде.

САМА́РСКИЙ ДРАМАТИ́ЧЕСКИЙ ТЕА́ТР имени М. Горького, ведёт начало от т-ра, осн. в 1851 в Самаре. Постоянная труппа сложилась в 1930-х гг. С 1977 академич. Гл. реж. (1959–65 и с 1967) – П.Л. Монастырский. Спектакли: «Усвятские шлемоносцы» (по Е.И. Носову, 1980), «Дачники» (М. Горького, 1983), «Братья Карамазовы» (по Ф.М. Достоевскому, 1986), «Яма» (по А.И. Куприну, 1989) и др.

СА́МБА, лат.-амер. (браз.) парный танец афр. происхождения, в быстром темпе, 2-дольном размере. Существует много местных разновидностей С.

СА́МБО (самозащита без оружия), вид спорт. борьбы, в основе к-рого наиб. эффективные приёмы, применяемые в разл. нац. видах борьбы. Возник в СССР в 1930-х гг. В 1985 осн. Междунар. любительская федерация С. (ФИАС); объединяет ок. 70 стран. Чемпионаты Европы с 1972, мира с 1973; в программе Олимп. игр с 1980.

САМО́ЙЛОВ Вас. Вас. (1813–87), актёр. В 1835–75 в Александринском т-ре. Виртуозно владел иск-вом внеш. перевоплощения, добивался бытовой и ист. достоверности обликов, большое внимание уделял пластике, гриму. Играл в спектаклях разл. жанров: от водевилей с переодеванием («Свадьба Кречинского») А.В. Сухово-Кобылина,1856), Лир («Король Лир» У. Шекспира, 1858), Ришелье («Ришелье» Э. Бульвер-Литтона, 1866), Грозный («Смерть Иоанна Грозного» А.К. Толстого, 1867) и др. В т-ре выступали также отец, мать и сёстры С. и двое её сыновей.

САМО́ЙЛОВ Дав. Сам. (1920–90), рус. поэт. В стихах (сб. «Второй перевал», 1963, «Дни», 1970, «Волна и камень», 1974, «Залив», 1981, «Голоса за холмами», 1985) – темы войны, памяти, вины, любви, уходящей жизни, ответственности перед «словом». Стихи на ист. сюжеты, отмеченные изяществом воспроизведения аромата эпохи. Переводы. Мемуары «Памятные записки» (фрагменты опубл. в 1994).

САМО́ЙЛОВА Тат. Евг. (р. 1934), киноактриса. Исполнение С. роли в ф. «Летят журавли» (1957) повлияло на исполнительскую стилистику 60-х гг. Неординарность, сложность внутр. мира её героини угадывались в странно-притягательном облике, непредсказуемости реакций, долгих лирич. паузах. Снималась в ф.: «Неотправленное письмо», «Леон Гаррос ищет друга» (оба 1960), «Альба Регия» (1961, Венгрия), «Анна Каренина» (1968; главная роль).

САМОЙЛО́ВИЧ (Сущинский) Данило Самойлович (1744–1805), врач, один из основоположников эпидемиологии в России. Организатор и участник борьбы с эпидемиями чумы.

САМОЛЁТ, летат. аппарат, использующий для полётов в атмосфере тягу силовой установки и аэродинамич. подъёмную силу крыла. Различают воен. (истребители, бомбардировщики и др.) и гражд. (пасс., грузовые, с.-х., спортивные и др.); *монопланы* и *бипланы*; с возд. винтами и реактивные; с до- и сверхзвуковой скоростью; вертикального, короткого и обычного взлёта и посадки и т.д. Осн. части С.: крыло, фюзеляж, оперение, шасси, силовая установка (с поршневыми, турбовинтовыми, турбореактивными двигателями, ракетными и др. оборудование и (для воен. С.) вооружение (пулемётно-пушечное, ракетное, бомбардировочное). Первые полёты на С. осуществили братья О. и У. Райт (США) в 1903. К кон. 80-х гг. созданы С. с макс. скоростью св. 3000 км/ч, потолком до 24–27 км, дальностью полёта св. 10 000 км, грузоподъёмностью до 250 т, пассажировместимостью до 550 чел.

САМОЛЁТНЫЙ СПОРТ, установление на самолётах разл. весовых категорий и с разными типами двигателей рекордов скорости, высоты, дальности, продолжительности полётов, скоро- и грузоподъёмности; на спорт. самолётах – соревнования по пилотажу. В 1905 осн. Междунар. авиац. федерация (ФАИ). Объединяет ок. 80 стран. Чемпионаты мира с 1960 (только по высш. пилотажу).

САМООРГАНИЗА́ЦИЯ, естественный, спонтанный процесс, в ходе к-рого создаётся, воспроизводится или совершенствуется организация сложной динамич. системы. Свойства С. обнаруживают объекты разной природы: клетка, организм, биол. популяция, биогеоценоз, человеческий коллектив. Термин «самоорганизующаяся система» ввёл англ. кибернетик У.Р. Эшби в 1947.

САМОПРИСПОСА́БЛИВАЮЩАЯСЯ СИСТЕ́МА (адаптивная система), система *автоматического управления*, сохраняющая работоспособность при непредвиденных изменениях свойств управляемого объекта, цели управления или состояния окружающей среды путём смены *алгоритма* функционирования, изменения структуры системы управления или за счёт оптимальной настройки. Примеры С.с.: самонастраивающиеся автопилоты, устройство установки экспозиции в автоматич. фотоаппаратах.

САМО́РИ (Samory) Type (ок. 1840–1900), основатель гос-ва народа малинке – Уасулу в басс. Верх. Нигера в 70–90-х гг. 19 в., полководец. Пытался объединить народы Зап. Африки в борьбе против европ. колонизаторов. В 1898 взят в плен франц. войсками; сослан в Габон.

САМОРО́ДОК, относительно крупное природное обособление самородного металла (золота, серебра, платины и др.) в коренных и россыпных м-ниях массой преим. св. 1 г. Наиб. крупный С. золота (т.н. Плита Холтермана, 93,5 кг) найден в 1872 в Австралии.

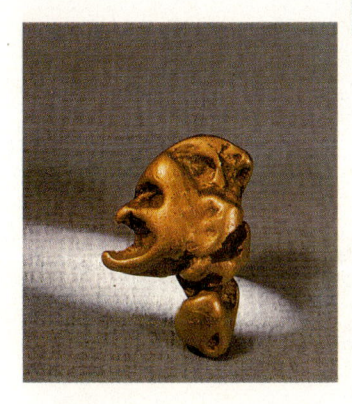

Самородок. Золотой самородок «Мефистофель» массой 20,25 г, найденный в Сибири. Алмазный фонд. Москва.

САМОСВА́Л, разновидность грузового автомобиля с гидравлич. подъёмником для опрокидывания (назад, вбок или вбок и назад) разгружаемой платформы. Грузоподъёмность С. до 180 т; иногда 300 т и более (1991).

САМОСОЗНА́НИЕ, осознание и оценка человеком самого себя как субъекта практич. и познават. деятельности, как личности – своего нравств. облика и интересов, ценностей, идеалов и мотивов поведения.

САМОСУ́Д Сам. Абр. (1884–1964), дирижёр. С 1918 гл. дирижёр и худ. руководитель Ленингр. Малого оперного т-ра, с 1936 – Большого т-ра СССР, в 1943–50 худ. рук. Моск. муз. т-ра имени К.С. Станиславского и В.И. Немировича-Данченко. Организатор (1957) и худ. руководитель оперно-симф. орк. Всес. радио. Первым дирижировал оп. «Нос» и «Леди Макбет Мценского уезда», 7-й симф. Д.Д. Шостаковича.

САМОУПРАВЛЕ́НИЕ, самостоятельность к.-л. организованной социальной общности в управлении собств. делами. С. адм.-терр. единиц – местное С. Осуществляется через разл. формы прямого волеизъявления (напр., референдумы, сходы), а также через выборные органы местного С., решающие самостоятельно вопросы, не отнесённые к компетенции гос-ва.

САМОУПРА́ВСТВО, в уголов. праве самовольное, с нарушением установленного законом порядка осуществление своего действительного или предполагаемого права, причинившее существенный вред.

САМОФОКУСИРО́ВКА, самопроизвольная фокусировка мощного лазерного луча при распространении

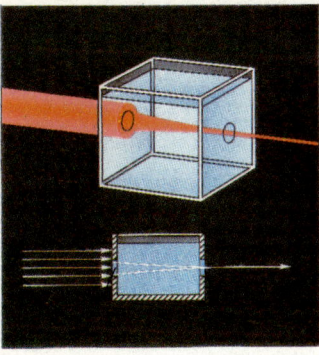

Самофокусировка. Луч рубинового лазера в нитробензоле, претерпевающий самофокусировку при больших мощностях. Внизу – схематический ход лучей.

в к.-л. среде вследствие нелинейной зависимости показателя преломления среды от напряжённости электрич. поля световой волны. В нек-рых средах возможен обратный эффект – самодефокусировка. В результате С. могут возникать мощные световые поля; С. приводит к оптич. пробою.

САМСО́Н, в Библии др.-евр. богатырь, обладавший необыкновенной физич. силой, таившейся в его длинных волосах. Его возлюбленная филистимлянка Далила остригла у спящего С. волосы и позвала филистимлянских воинов, к-рые ослепили его и заковали в цепи. В плену волосы у С. отросли; почувствовав былую силу, он разрушил храм, под развалинами к-рого погибли филистимляне и С.

САМТАВИ́СИ, крестово-купольный храм (1030, арх. Илларион Самтавнели), памятник ср.-век. груз. архитектуры, в 30 км от Гори. Прямоугольный в плане, с 4 подкупольными устоями, с аркатурой и большим орнаментальным крестом на вост. фасаде.

САМУРА́И (япон.), в широком смысле – светские феодалы, в узком – воен. сословие в Японии.

САМШИ́Т, род вечнозелёных кустарников и деревьев (сем. самшитовые). Ок. 50 видов, в приокеанич. областях Европы, Вест-Индии, на о-вах Сокотра и Мадагаскар, в Африке; 2 реликтовых вида в Закавказье. В культуре с антич. времён. Используется в садово-парковом стр-ве; жёлтая твёрдая древесина С. идёт на токарные изделия.

САНА́, столица (с 1990) Йемена. 427 т. ж. Междунар. аэропорт. Текст., оружейные, меб., таб., конс., обувь пр-тия. Кр. ремесл. произ-во золотых, серебряных, медных изделий и др. Ун-т. Изв. с 1 в. В 10 в. – 1962 резиденция зейдитских имамов. В 1918–62 столица Йеменского кор-ва, с 1962 – Йеменской Араб. Респ. Мечети аль-Джама аль-Кебир (7–12 вв.), Бакилидже (17 в.), ср.-век.

Самсон. Гравюра А. Дюрера «Самсон убивает льва». 1496–97. Музей изобразительных искусств имени А.С. Пушкина.

Сана.

4–5-этажные башенные дома, бани, караван-сарай, цитадель.

САНАИ́Н, монастырский комплекс 10–13 вв. в Армении. Один из гл. культурных центров ср.-век. Сев. Армении. Отличается единством и гармоничностью: 2 церкви типа крестово-купольного зала (10 в.), б-ка (11 в.), 2 придела-гавита (12 и 13 вв.), колокольня (13 в.) и др.

Санаин. Общий вид монастыря.

САНА́ЦИЯ (от лат. sanatio – лечение, оздоровление), 1) система мер (субсидии, льготные кредиты и налогообложение, полная или частичная национализация и др.), проводимых гос-вом для оздоровления экономики. 2) В медицине целенаправленные леч.-профилактич. меры по оздоровлению организма (напр., С. полости рта).

САНГВИ́НИК (от лат. sanguis, род. п. sanguinis – кровь, жизненная сила), восходящее к Гиппократу обозначение одного из 4 темпераментов, характеризующегося живостью, быстрой возбудимостью и лёгкой сменяемостью эмоций.

САНГИ́НА (франц. sanguine), 1) карандаши без оправы, красно-коричневых тонов (из каолина и окислов железа). 2) Техника рисунка с помощью С.; отличается живописностью, разнообразным по толщине и плотности штрихом. Известна с эпохи Возрождения.

САНД (Sand) Жорж (наст. имя Аврора Дюпен) (1804–76), франц. писательница. Поборница утопич. социализма, приняла участие в Рев-ции 1848. В многочисленных романах и повестях идеи освобождения личности (жен. эмансипация, критич. пафос, сочувствие нравственно и социально унижённым) сочетаются с психологически убедительным воссозданием идеальных, возвышенных характеров, любовных коллизий: «Индиана» (1832), «Орас» (1841–1842). Бунтарский романтизм, пафос нац.-освободит. борьбы – в лучшем

610 САНД

ром. «Консуэло» (1842–43). В 40-х гг. пользовалась особой популярностью в России.

САНДА́ЛОВОЕ ДЕ́РЕВО (сандаловое дерево), вечнозелёное дерево (сем. санталовые). Выс. ок. 10 м. Часто паразитирует на корнях сах. тростника, бамбука, пальм и др. Растёт в Индии, на п-ове Малакка и о-вах Малайского арх. В Индии выращивают ради сандалового масла, применяемого в парфюмерии и медицине, и ценной душистой древесины, идущей на изготовление худ. изделий.

САНДИ́НО (Sandino) Аугусто Сесар (1895–1934), нац. герой Никарагуа. С 1926 возглавлял нац.-освободит. борьбу народа против США (оккупировавших Никарагуа в 1912), приведшую к освобождению страны (1933). Вероломно убит.

САНДРЕ́ЛЛИ (Sandrelli) Стефания (р. 1946), итал. актриса. Прекрасные внеш. данные, обаяние молодости принесли ей успех в ф. «Развод по-итальянски» (1961), «Соблазнённая и покинутая» (1964). Откровенная эротичность её героинь нередко сочетается с интеллектуально-изощрённой манерой исполнения («Аморальный», 1967; «Конформист», 1970; «Двадцатый век», 1976, и др.). В 80–90-х гг. снималась в осн. в мелодрамах, детективах и т.п.

САНДУНО́ВА Елиз. Сем. (1772 или 1777–1826), певица (сопрано). В 1790–1823 выступала на петерб. и моск. оперных сценах. Славилась исполнением в концертах рус. нар. песен и произв. рус. авторов. Написала неск. песен.

САНЕ́ЕВ Викт. Дан. (р. 1945), неоднократный чемпион СССР (1968–1978), Европы (1969, 1974), Олимп. игр (1968, 1972, 1976), серебр. призёр Олимп. игр (1980) в тройном прыжке.

САНИТА́РНЫЙ НАДЗО́Р, система пост. наблюдения за выполнением пр-тиями, учреждениями и отд. лицами сан. и противоэпидемич. норм и правил. Осуществляется органами и учреждениями сан.-эпидемиологич. службы.

САНКО́ВСКАЯ Ек. Ал-др. (1816–1878), артистка балета. Представительница рус. романтич. балетного т-ра 30–40-х гг. В 1836–54 в Большом т-ре (Сильфида – «Сильфида» Ж. Шнейцхоффера, 1837). В романтич. партиях раскрывала живые человеческие чувства, исполнение отличалось психол. глубиной.

Е.А. Санковская. Портрет работы Н. Фёдорова.

САНКТ-ПЕТЕРБУ́РГ (в 1914–24 Петроград, в 1924–91 Ленинград), г. федерального значения, субъект Рос. Федерации, важнейший после Москвы пром., науч. и культурный центр России, центр Ленингр. обл. Расположен при впадении р. Нева в Финский зал. и на о-вах дельты Невы. В черте города св. 45 рек, рукавов, протоков и ок. 40 искусств. каналов (Обводный, Грибоедова и др.). 4436,7 т. ж. (5003,8 т. ж., включая насел. пункты, подчинённые мэрии). Кр. трансп. узел (жел. и шос. дороги); мор. (в Финском зал. Балт. м.) и речной (в дельте р. Нева) порты; конечный пункт Волго-Балт. вод. пути; аэропорт (Пулково). Метрополитен (с 1955). Кр. центр маш-ния, в т.ч. энергомаш-ния, станко-, судо-, приборостроения; чёрная и цв. металлургия (произ-во алюм. сплавов), хим., лёгкая, полиграф. пром-сть. В С.-П.: науч. центр РАН; многочисл. НИИ, св. 43 вузов (в т.ч. 3 ун-та, консерватория); св. 120 музеев и их филиалов: *Эрмитаж, Русский музей,* Центр. воен.-морской, н.-и. АХ России, гор. скульптуры, истории С.-П., антропологии и этнографии имени Петра Великого и др.; 18 т-ров (в т.ч. *Мариинский театр,* оперы и балета имени М.П. Мусоргского, драмы имени А.С. Пушкина, Большой драм. имени Г.А. Товстоногова, комедии имени Н.П. Акимова, Малый драм., Открытый, «Балтийский дом», имени В.Ф. Комиссаржевской); крупнейшие б-ки (имени М.Е. Салтыкова-Щедрина, РАН и др.). Осн. в 1703 Петром I. В 1712–1918 столица России. В С.-П. начались Рев-ция 1905–07, Февр. рев-ция 1917, Окт. рев-ция 1917. В годы Вел. Отеч. войны город выдержал 29-мес. осаду нем.-фаш. войск. Величественный облик С.-П. определяют архит. ансамбли, строгие прямые улицы, просторные площади, сады и парки, реки и многочисл. каналы, набережные, мосты, узорчатые ограды, монументальные и декор. скульптуры. Архит. ансамбли 18–19 вв.: *Петропавловская крепость, Александро-Невская лавра, Смольный ин-т, Дворцовая площадь с Зимним дворцом,* Невский проспект, стрелка Васильевского о-ва со зданием *Биржи,* пл. Декабристов с пам. Петру I (открыт в 1782), ул. Зодчего Росси и пл. Островского, *Искусств площадь*. В 1950–80-х гг. построены новые жилые р-ны, адм. и обществ. здания, создан мемор. комплекс на Пискарёвском кладбище (1960). Ист. центр С.-П. включён в список *Всемирного наследия*.

САНКТ-ПЕТЕРБУ́РГСКИЙ БОЛЬШО́Й ДРАМАТИ́ЧЕСКИЙ ТЕА́ТР имени Г.А. Товстоногова, осн. в Петрограде при участии М. Горького (в 1932–92 носил его имя), М.Ф. Андреевой, А.А. Блока как т-р героич. репертуара, классич. трагедии и высокой комедии. Наивысш. достижения совр. периода связаны с именем Товстоногова (гл. реж. в 1956–89), создавшего спектакли (гл. обр. по рус. классике), в к-рых совр. прочтение соединено с уважительно-традиц. отношением к миру автора. Он воспитал ансамбль выдающихся мастеров: О.В. Басилашвили, Т.В. Дорониной, В.П. Ковель, Е.З. Копеляна, К.Ю. Лаврова, Е.А. Лебедева, П.Б. Луспекаева, Л.М. Макарова, И.М. Смоктуновский, В.И. Стржельчик, З.М. Шарко, С.Ю. Юрский и др. В труппе также: В.М. Ивченко, А.Б. Фрейндлих и др. С 1989 худ. рук. Лавров. Спектакли: «Идиот» по Ф.М. Достоевскому (1957), «Горе от ума» А.С. Грибоедова (1962), «Мещане» Горького (1966), «История лошади» по Л.Н. Толстому (1975), «Коварство и любовь» Ф. Шиллера (1990) и др.

САНКТ-ПЕТЕРБУ́РГСКИЙ МА́ЛЫЙ ДРАМАТИ́ЧЕСКИЙ ТЕА́ТР, созд. в 1944 в осаждённом Ленинграде как передвижной, с 1956 стационарный. Гл. реж. – Е.М. Падве (1973–83), Л.А. Додин (с 1983). В спектаклях прозаич. произведения прочитываются с эпич. неторопливостью, но на основе предельной актёрской самоотдачи; элементы психологического, даже натуралистич. т-ра сочетаются с поэтич. страстностью сценич. метафор. Спектакли: «Дом» (1980) и «Братья и сёстры» (1985) по Ф.А. Абрамову, «Бесы» по Ф.М. Достоевскому (1991), «Клаустрофобия» (1994) и др.

САНКТ-ПЕТЕРБУ́РГСКИЙ ОТКРЫ́ТЫЙ ТЕА́ТР, драматический,

Санкт-Петербург. Дворцовая площадь. Александрийская колонна и здание Главного штаба.

Санкт-Петербург. Вид на Неву и Петропавловскую крепость в белые ночи.

Санкт-Петербург. Исаакиевский собор.

открыт в 1933. До 1953 наз. Новым т-ром, с 1953 – Т-р имени Ленсовета, с 1992 совр. назв., с 1981 академич. Гл. реж.– И.П. Владимиров (с 1961). Наиб. значит. период – 1960–70-е гг., когда в центре спектаклей (гл. обр. драм. плана и мюзиклов) была А.Б. Фрейндлих, а позднее и М.С. Боярский. Спектакли: «Таня» А.Н. Арбузова (1963), «Варшавская мелодия» Л.Г. Зорина (1967), «Укрощение строптивой» У. Шекспира (1970), «Дульсинея Тобосская» А.М. Володина (1973) и др.

САНКТ-ПЕТЕРБУ́РГСКИЙ ТЕА́ТР имени В.Ф. Комиссаржевской, драматический, открыт в 1942 (до 1959 наз. Гос. драм. т-р). Гл. реж.– Р.С. Агамирзян (1966–91), с кон. 1991 худ. рук.– В.А. Новиков. Т-р ориентируется на постоянных авторов и постоянных зрителей, приверженных традиционным, устойчивым формам сценич. иск-ва. Спектакли: «Царь Фёдор Иоаннович» (1972), «Смерть Иоанна Грозного» (1976) и «Царь Борис» (1979) – А.К. Толстого и др.

САНКТ-ПЕТЕРБУ́РГСКИЙ ТЕА́ТР «БАЛТИ́ЙСКИЙ ДОМ» (до 1991 Театр имени Ленинского комсомола), драматический, организован в 1936 в результате слияния ленингр. ТРАМа (осн. в 1925) и Красного т-ра (осн. в 1924). Гл. реж.– Г.М. Опорков (1971–83), В.А. Гвоздков (с 1989). Спектакли: «С любимыми не расставайтесь» А.М. Володина (1971), «Чайка» А.П. Чехова (1982) и др.

САНКТ-ПЕТЕРБУ́РГСКИЙ ТЕА́ТР КОМЕ́ДИИ имени Н.П. Акимова, организован в 1929 под назв. Ленингр. т-р сатиры, с 1933 Ленингр. т-р комедии, с 1992 совр. назв. (в 1989 присвоено имя Акимова), с 1967 академич. В 1935–49 и 1955–68 гл. реж.– Акимов («Двенадцатая ночь» У. Шекспира, 1938; «Тень» Е.Л. Шварца, 1940; «Дело» А.В. Сухово-Кобылина, 1964); с 1991 – Д.Х. Астрахан.

САНКТ-ПЕТЕРБУ́РГСКИЙ ТЕА́ТР О́ПЕРЫ И БАЛЕ́ТА имени М.П. Мусоргского. Открыт в 1918 как филиал *Мариинского театра* в помещении б. Михайловского т-ра на *Искусств площади*, с 1919 академич. С 1931 имеет собств. оперную, с 1933 – балетную труппы. С 1926 Малый оперный т-р (МАЛЕГОТ), с 1964 Малый т-р оперы и балета, с 1989 имени Мусоргского, с 1991 совр. назв. Первонач. ставились короткие (одноактные) оперы, классич. оперетты, с сер. 20-х гг. многие сов. оперы, с 40-х гг.– сов., рус. и заруб. классика. В т-ре работали дир. С.А. Самосуд, Э.П. Грикуров, балетм. Ф.В. Лопухов, Л.М. Лавровский, И.Д. Бельский, О.М. Виноградов, Н.Н. Боярчиков.

САНКТ-ПЕТЕРБУ́РГСКИЙ ЦИРК, до Окт. рев-ции цирк Чинизелли. Открыт в 1877 на набережной р. Фонтанка на месте первого петерб. стационарного цирка Ж. Турниера (построен в 1827, в 1828 переоборудован в «Новый т-р», в к-ром до 1842 иногда выступали иностр. цирковые труппы). Рук.– Г. Чинизелли (1877–1881), затем другие представители семьи. Пр-тие до кон. 19 в. оставалось для России образцовым. В помещении цирка неск. раз устраивались театральные зрелища (в 1918 – спектакли «Т-ра трагедии», организованные Ю.М. Юрьевым). В 1920–30-х гг. с цирком сотрудничали реж. Г.М. Козинцев, худ. Н.П. Акимов,

В.М. Ходасевич и др. Среди пост.: пантомимы «Люди морского дна» (1935), «Шамиль» (1936), «Тайга в огне» (1938). Худ. руководители: В. Труцци (1924–25), Е.М. Кузнецов (1933–36, 1944–46), Г.С. Венецианов (1946–65), А.А. Сонин (с 1968). Участники представлений – клоун Карандаш, дрессировщик В.И. Филатов, муз.-эксцентрич. ансамбль лилипутов и др. При цирке работали «Эстрадно-цирковая эксперим. мастерская» (1930), студии конного жанра и муз. эксцентрики (1946–49); в 1928 создан Музей циркового иск-ва.

СА́НКХЬЯ (санскр.), одна из 6 ортодоксальных (принимающих авторитет *вед*) систем инд. философии. Основана Капилой (ок. 7 в. до н.э.). Время расцвета (т.н. классич. С.) с 3–4 до 8–9 вв. В основе дуалистич. концепции С.– противопоставление двух вечных начал: пракрити (первоматерии) как основы всего существующего и пуруши (духа), выводящего пракрити из первонач. бездеятельного равновесия и тем побуждающего её к созданию всего психич. и материального мира. Цель бытия – разъединение пуруши и пракрити, «освобождение» пуруши (в форме индивид. духовных начал).

СА́НКЦИЯ (от лат. sanctio – строжайшее постановление), 1) мера воздействия, важнейшее средство социального контроля. Различают негативные С., направленные против отступлений от социальных норм, и позитивные С., стимулирующие одобряемое обществом или группой отклонение от норм. 2) Гос. мера, применяемая к нарушителю установленных норм и правил. 3) Часть правовой нормы, содержащая указание на меры гос. воздействия в отношении нарушителя данной нормы. 4) В междунар. праве меры воздействия, применяемые к гос-ву при нарушении им своих междунар. обязательств или норм междунар. права. 5) Утверждение чего-либо высш. инстанцией, разрешение.

САНКЮЛО́ТЫ (от франц. sans – без и culotte – короткие штаны), термин времён Франц. рев-ции кон. 18 в. Аристократы назв. С. представителей гор. бедноты, носивших в отличие от дворян не короткие, а длинные штаны. В годы якобинской диктатуры «С.» – самоназв. революционеров.

САН-МАРИ́НО (Республика Сан-Марино, гос-во в Юж. Европе, на Апеннинском п-ове, в 13 км от Адриатич. м. Окружено терр. Италии (*анклав*). Пл. 61 км², Нас. 24,1 т. ч.; сан-маринцы (80%), итальянцы (ок. 18%). Офиц. яз.– итальянский. Верующие преим. католики. Законодат. орган – выборный Большой ген. совет. Исполнит. власть возглавляют 2 капитана-регента, назначаемых Большим советом на 6 мес. Столица – Сан-Марино. Адм.-терр. деление 9 округов (замков). Ден. единица – итальянская лира.

Расположено на склонах возв. Титано (выс. до 738 м). Климат субтро-

пич. средиземноморский; осадков 800–900 мм в год. Субтропич. растительность.

Возникновение гос-ва С.-М. относят к 301. С 1862 между С.-М. и Италией действует Договор о дружбе и добрососедстве.

Основа экономики – иностр. туризм (св. 3 млн. ч. в год). ВНП на д. нас. 8590 долл. в год. Важные статьи дохода – выпуск коллекционных почтовых марок и монет для нумизматов. Осн. с.-х. культуры – виноград, пшеница, маслины. Произ-во стройматериалов, станков, пищ. продуктов.

САН-МАРИ́НО, столица (с 4 в.) гос-ва Сан-Марино. 2,4 т. ж. Произ-во сувениров, в т.ч. керамич. посуды, изделий из драгоценных металлов, поделок из дерева. Выпуск почтовых марок. Музеи, в т.ч. Палаццо Валлони (худ. собрание, старинного оружия. Т-р. Туризм. Город сохранил ср.-век. облик. Остатки трёх концентрич. колец гор. стен с башнями (13–16 вв.), цитадели Ла Рокка (11–17 вв.) и Ла Честа (15 в.).

САН-МАРТИ́Н (San Martin) Хосе де (1778–1850), один из руководителей Войны за независимость исп. колоний в Америке 1810–26, нац. герой Аргентины, генерал. Главнокоманд. Андской армией; освободил от исп. господства Аргентины, Чили и Перу; возглавлял первое пр-во Перу (1821–22).

СА́ННИКОВА ПРОЛИ́В, между о-вами Котельный и М. Ляховский (Новосибирские о-ва), соединяет моря Лаптевых и Вост.-Сибирское. Дл. 238 км. Шир. до 55 км. Наим. глуб. 14 м. Весь год покрыт льдами. Назван по имени русского промышленника Я. Санникова.

СА́ННЫЙ СПОРТ, скоростной спуск на 1- и 2-местных гоночных санях (гибких, подвижных, с натяжными ремнями) по спец. искусств. (ледяным) или естеств. трассам с 15–20 виражами. Зародился в кон. 19 в. в Швейцарии; в СССР с 1960-х гг. В 1957 осн. Междунар. федерация С.с. (ФИЛ); объединяет ок. 40 стран. Чемпионаты Европы с 1914, мира с 1955; в программе Олимп. игр с 1964.

САН-ПА́УЛУ, крупнейший город и гл. экон. центр Бразилии, в 70 км от Атлантич. ок. 9,4 млн. ж. Порт С.-П.– Сантус (связан с ним ж.д.); междунар. аэропорт. Метрополитен. Металлургия и металлообработка, разнообразное маш-ние; кр. пищевкус. пр-тия; лёгкая, стек., парфюмерная и фарм. пром-сть. Рынок кофе. Ун-ты. Консерватория драмы и музы-

Сан-Паулу. Одна из центральных улиц города – Руа да Консоласан.

ки. Музеи: пинакотека штата Сан-Паулу, совр. иск-ва и др. Т-ры: «Эйс» и др.; спорт. сооружения. Осн. иезуитами 25 янв. 1554, в день Св. Павла. В 16–18 вв. центр кофейных плантаций.

САН-РЕ́МО, климатич. курорт (преим. зимний) в Италии (Итал. Ривьера), на Лигурийском м. 62 т. ж. Междунар. центр туризма. Ежегод. междунар. фестиваль итал. песни (с 1951). Крупнейший в Европе рынок цветов (ярмарки); произ-во цветочных эссенций.

САН-САЛЬВАДО́Р, столица (с 1841) Сальвадора. 423 т. ж. Расположен на Панамериканском шоссе; междунар. аэропорт. Пищевкус., текст., металлообр., деревообр., кож.-обув. пром-сть; куст. произ-во мешков из хенекена. Ун-ты, консерватория. Музеи, в т.ч. Давида X. Гусмана. Т-ры: «Театро насьональ» и др. Осн. испанцами в 1525; в 1528 перенесён на совр. место. В 16 – нач. 19 вв. адм. центр терр. Сальвадора исп. генерал-капитанства Гватемала. В 1834–39 столица федерации Соединённых провинций Центр. Америки. Церкви Эль Сеньор Сан-Хосе (1783), Хесукристо (1785).

САНСА́РА (санскр.), одно из осн. понятий инд. религии и религ. философии, перевоплощение души (в ортодоксальных брахмаистско-индуистских системах) или личности (в буддизме) в цепи новых рождений (в образе человека, Бога, ж-ного); осуществляется по закону *кармы*. См. также *Метемпсихоза*.

САН-СЕБАСТЬЯ́Н, г. в Испании. 170 т. ж. Порт в Бискайском зал.

Сан-Сальвадор. Пласа де Либертад.

612 САНС

Климатич. курорт, междунар. центр туризма. Летняя резиденция королев. семьи. Ежегод. междунар. кинофестивали (с 1953). Традиц. парусные регаты; бои быков. Музеи: этнографический, океанографический (с аквариумом). Маш-ние, хим., текст. пром-сть.

САНСКРИТ (от санскр. сам-скрта, букв.— со-ставленный), один из основных др.-инд. языков индоевроп. языковой семьи. Известны памятники 1 в. до н.э. Сложился на основе др.-инд. диалектов. Отличался строго нормализов. и унифицир. грамматикой. Выполнял функции лит. языка, пользовался особым престижем. На С. написаны произв. худ., религ., филос., юрид. и науч. лит-ры, оказавшие влияние на культуру Юго-Вост., Центр. Азии и Европы. В Индии используется как язык гуманитарных наук и культа; в узком кругу учёных брахманов — как разг. язык. Для записи текстов на С. употребляют разные типы алфавитов, восходящих к *брахми*.

САНТА-КРУС, г. в Боливии, на р. Пирай. 695 т. ж. Междунар. аэропорт. Нефтеперераб., пищевкус., кож. пром-сть. Ун-т (1880). Осн. в 1560.

САНТАНДЕР (Santander) Франсиско де Паула (1792—1840), один из руководителей Войны за независимость исп. колоний в Америке 1810—26; нац. герой Колумбии (б. Н. Гранада), генерал. В 1819—28 вице-през. Великой Колумбии; в 1832—37 през. Респ. Н. Гранада.

САНТАЯНА (Santayana) Джордж (1863—1952), амер. философ и писатель. По происхождению испанец. В 1872—1912 жил в США. Создал учение о «царстве бытия», в центре к-рого — концепция «идеальных сущностей». Наиб. важными ценностями признавал поэзию и религию («великолепная ошибка» — миф, выражающий внутр. мечту человека). Ром. «Последний пуританин» (1935).

САНТО-ДОМИНГО (в 1936—61 Сьюдад-Трухильо), столица (с 1844) Доминиканской Респ., на о. Гаити. 2,2 млн. ж. Порт на Карибском м.; междунар. аэропорт. Пищевкус., текст., кож.-обув., деревообр. пром-сть. Ун-т (1511). Муз. академия, Нац. консерватория. Музеи: нац., Нац. худ. галерея и др. Курорт. Осн. в 1496 Б. Колумбом, братом X. Колумба, под назв. Н. Изабелла. Башня Торре дель Оменахе (1503—1507), остатки гор. стен (1543—1702), замок-дворец Каса дель Альмиранте (1510—14), собор (1-я пол. 16 в.; с гробницей X. Колумба). Колониальный центр включён в список *Всемирного наследия*.

САН-ТОМЕ́, столица (с 1975) гос-ва Сан-Томе и Принсипи. 43,4 т. ж. Порт на Гвинейском зал. Пр-тия по переработке с.-х. сырья.

САН-ТОМЕ́ И ПРИ́НСИПИ (Демократическая Республика Сан-Томе и Принсипи), гос-во на о-вах Сан-Томе, Принсипи и др. Атлантич. ок., у зап. побережья Африки. Пл. 964 т. км². Нас. 125 т. ч., сантомейцы (гл. обр. потомки африканцев, португальцы). Офиц. яз.— португальский. Ок. 90% нас.— христиане (преим. католики). Глава гос-ва — президент. Законодат. орган — Нац. нар. собрание. Столица — Сан-Томе. Адм.-терр. деление — 7 округов. Ден. единица — добра.

О-ва Сан-Томе и Принсипи образованы вулканич. конусами (выс. до 2024 м на о. Сан-Томе и 821 м на о. Принсипи). На о. Принсипи климат экв., постоянно влажный, на о. Сан-Томе — переходный к тропич., с дождливым и сухим сезонами. Ср.-мес. темп-ры 23—27 °C; осадков до 2000—3000 мм в год. Густые экв. леса, мангры.

С 15 в. португ. колония. С 1975 независимое гос-во.

Основа экономики — с. х-во. ВНП на д. нас. 350 долл. в год. Осн. экспортные с.-х. культуры: какао (90% стоимости экспорта), кофе, кокосовая и масличная пальмы, бананы, хинное дерево. Жив-во. Пр-тия по переработке с.-х. сырья.

САНТЬЯГО, столица (с 1818) Чили, на р. Мапочо. 5,3 млн. ж. (с пригородами). Междунар. аэропорт. Метрополитен. Маш-ние (в т.ч. эл.-техн.); металлообр., текст., кож.-обув., хим., полиграф. пром-сть. Ун-ты. Св. 10 музеев, в т.ч. нац. изящных иск-в, амер. нар. иск-ва. Т-ры. 2 обсерватории. Осн. испанцами в 1541. На центр. пл. Пласа де Армас — собор (16—18 вв.), ратуша (18 — нач. 19 вв.), Президентский дворец Ла Монеда (1780—1805).

САН-ФРАНЦИ́СКО, г. в США. 3,7 млн. ж. (с пригородами). Гл. порт США на Тихоокеанском побережье (грузооборот до 45 млн. т в год); междунар. аэропорт. Метрополитен. Кр. торг.-финанс. центр. Маш-ние; пищ., хим., нефтеперераб. пром-сть. 3 ун-та. Сан-Францисский музей иск-ва, Центр иск-ва и культуры Азии, Калифорнийский дворец Почётного легиона (Музей изящных иск-в) и др. Т-ры: Опера, «Спринг-опера» и др. Осн. в 1776. Рост города связан с «золотой лихорадкой» (1848) в Калифорнии. В 1945 в С-Ф. была основана ООН. Висячие мосты — Окленд (дл. ок. 13 км, 1936) и «Золотые Ворота» (длина пролёта 1281 м, 1937).

САН-ХОСЕ́, столица (с 1823) Коста-Рики. 303 т. ж. Расположен близ действующих вулканов Ирасу и Поас. Междунар. аэропорт. Центр р-на кофейных плантаций. Пищевкус., кож.-обув., текст., металлич. пром-сть. Ун-т. Нац. нац., туземный. Гал. Нац. т-ра, Гал. Школы изящных иск-в. Осн. в 1737—38; во 2-й пол. 18 в. центр произ-ва табака. Нац. дворец (1855), Нац. т-р (1897).

САН-ХУА́Н, адм. ц. Пуэрто-Рико, на С. о-ва Пуэрто-Рико. 427 т. ж. Порт на Атлантич. ок.; междунар. аэропорт. Пищевкус., кож.-обув., текст., нефтеперераб., хим. пром-сть. Ун-ты. Музеи (в т.ч. изящных иск-в, ун-та Пуэрто-Рико), Ист. парк в руинах Капарры. Осн. в 1508 испанцами под назв. Капарра. В 1521 перенесён на др. место и назван Пуэрто-Рико; позднее это назв. перешло к о-ву, а город получил назв. С.-Х. Замок Сан-Фелипе дель Морро (16—18 вв.), собор (16—17 вв.).

САПА́ТА (Zapata) Эмилиано (1879—1919), руководитель крест. движения в Мекс. рев-ции 1910—17. Один из авторов программы ликвидации кр. зем. собственности за выкуп и наделения крестьян землёй. Вероломно убит.

САПРОПЕ́ЛЬ, иловые отложения гл. обр. пресных водоёмов, состоящие в осн. из органич. в-в и остатков вод. организмов. Используется как органич. удобрение и для грязелечения.

САПСА́Н, хищная птица рода соколов. Дл. до 50 см. Распространён широко (исключая Юж. Америку и Антарктику). Везде редок. На добычу (птиц) пикирует со скоростью до 350 км/ч. В пределах гнездового участка не охотится. В России (в тундре, лесной зоне) численность сокращается.

САПУНО́В Ник. Ник. (1880—1912), рос. живописец. Чл. «*Голубой розы*». Пейзажи, натюрморты, театральные работы («Балаганчик» А.А. Блока, 1906) отмечены яркостью фантазии, напряжённостью эмоц. колорита.

САПФИ́Р (греч. sáppheiros, букв.— любимый Сатурном), голубая или синяя разновидность корунда, *драгоценный камень*. В ювелирном деле С. наз. все окрашенные прозрачные корунды, кроме красных. По цвету различают: С.— голубой, лейкосапфир — бесцветный, падпараджа —

Сан-Томе и Принсипи. Тропические леса на о. Сан-Томе.

Сан-Томе. Центр города.

Сантьяго. Вид города.

Сапсан.

Н.Н. Сапунов. «Натюрморт. Вазы и цветы». Темпера. 1910. Третьяковская галерея.

Сараево. Старая часть города.

оранжевый и др. Известен звездчатый С.— с включениями игольчатого рутила, создающими оптич. эффект шестилучевой звезды. Наиб. крупный необработанный кристалл С. массой ок. 19 кг найден в Шри-Ланке. Наиб. ценные — С. густо-василькового цвета. Гл. м-ния: в Мьянме, Шри-Ланке, Индии, Таиланде. Синтетич. бесцв. С. используются в микроэлектронике, ИК-технике и др. областях.

Сапфир. Кристалл со Среднего Урала и сапфировая галька с о. Шри-Ланка.

САПФО́ (Сафо) (7–6 вв. до н.э.), др.-греч. поэтесса. Жила на о. Лесбос (М. Азия). Стояла во главе кружка знатных девушек, к-рых обучала музыке, слаганию песен и пляскам. В центре её лирики — темы любви, нежного общения подруг, девичьей красоты (С. приписывают воспевание лесбийской любви); стих отличается метрич. разнообразием, выделяется строфа, по имени С. названная «сапфической».

САРАБА́НДА (исп. zarabanda), 1) старинный исп. нар. танец (3-дольный). С 17 в. придворный танец в странах Европы. 2) Часть инстр. сюиты.

САРАГО́СА, г. в Испании, на р. Эбро. 586 т. ж. Маш-ние; кр. пищевкус., хим., текст., деревообр., пробковая пром-сть. Ежегод. пром. ярмарки. Ун-т (1533). Провинц. музей изящных иск-в. Осн. в 27 до н.э. римлянами, в 12–15 вв. столица кор-ва Арагон. Собор (12–17 вв.), биржа (1551).

САРА́ЕВО, столица (с 1992) Боснии и Герцеговины. 416 т. ж. Трансп. уз.; междунар. аэропорт. Маш-ние; кож.-обув., хим., текст., деревообр. пром-сть; ковроткачество. Ун-т. Академия музыки (1955). Картинная гал. Нац. т-р (1921). Изв. с 1244 под назв. Врхбосна (с 1507 — С.). Убийст-

во в С. в 1914 наследника австро-венг. престола Франца Фердинанда и его жены было использовано Австро-Венгрией как повод для развязывания 1-й мир. войны. С 1918 С. в составе Кор-ва сербов, хорватов, словенцев (с 1929 Югославия), в 1946–92 столица Респ. Босния и Герцеговина в составе СФРЮ. Тур. мечети и медресе (16 в.).

САРА́НСК, г. (с 1651), столица Мордовии, на р. Инсар. 322 т. ж. Ж.-д. ст. Маш-ние и металлообработка; хим.-фарм. и хим., лёгкая пром-сть. 2 вуза (в т.ч. ун-т). 2 музея (в т.ч. скульптора С.Д. Эрьзи), картинная гал. Т-ры: муз. комедии, драм., кукол. Осн. в 1641.

САРАНЧА́ (настоящие саранчовые), семейство насекомых (отр. *прямокрылые*). Задние ноги прыгательные. Ок. 7 тыс. видов, распространены широко. Издают громкие стрекочу-

Саранча (саранчовые): 1 – перелётная; 2 – пустынная; 3 – итальянский прус.

щие звуки трением задних ног о надкрылья. Стадные виды (напр., перелётная С.) при массовом размножении образуют гигантские стаи, к-рые кочуют на многие сотни км, уничтожая на своём пути р-ния, в т.ч. с.-х. культуры.

САРАСА́ТЕ (Sarasate) Пабло де (1844–1908), исп. скрипач, композитор. С 1859 гастролировал в Европе, Азии, Америке. Выступал в основанном им в Париже квартете (в России с 1869). С наиб. успехом исполнял собств. виртуозные произв. («Арагонская хота», *фантазии* на темы из классич. опер для скрипки и фп.), к-рые отличаются красочностью и эмоциональностью.

САРА́ТОВ, г. (с 1780), обл. ц. в России. 909,3 т. ж. Порт на Волге; ж.-д. уз.; аэропорт. Маш-ние; нефтеперераб., хим., деревообр., лёгкая и др. пром-сть. 12 вузов, в т.ч. 2 ун-та, консерватория. Музеи: краеведч., худ. имени А.Н. Радищева, Н.Г. Чернышевского, К.А. Федина, Музей-квартира семьи Ульяновых. Т-ры: оперы и балета (1933), драм., юного зрителя, кукол. Филармония. Цирк. Основан в 1590. Троицкий собор (17 в.), гражд. и жилые здания 1-й пол. 19 в.

САРГА́ССОВО МО́РЕ, в центр. части Атлантич. ок., представляет собой застойный центр замкнутой антициклонич. циркуляции между течениями Гольфстрим, Канарским, Северо-Атлантич. и Сев. Пассатным. Пл. 6–7 млн. км², (границы неустойчивы из-за сезонных изменений течений). Глуб. до 7110 м. Назв. по скоплениям плавающих на его поверхности саргассовых водорослей. Место нереста европейского речного угря. В С.м.— Бермудские о-ва.

Саратов. Вид на город с Волги.

САРГА́ССОВЫЕ ВО́ДОРОСЛИ, группа мор. бурых водорослей. Многолетние, крупные (дл. до 1 м), кустистые, напоминают высш. р-ния. Наиб. распространены С. рода саргассум (ок. 100 видов). Большие скопления в Саргассовом м., 5 видов в дальневост. морях.

САРГО́Н Древний (Великий, Аккадский) (правил 2316–2261 до н.э.), царь Аккада, полководец, создатель первой в истории пост. армии, объединивший под своей властью всю Месопотамию. Одержал победы в 34 сражениях, проник в М. Азию и горн. области на Ю.-З. Ирана. Ввёл единый календарь, единую систему мер и весов, создал сеть дорог.

САРГО́Н II, царь Ассирии в 722–705 до н.э. Разгромил Израильское царство (722), нанёс поражение Урарту (714). Построил *Дур-Шаррукин*.

САРДИ́НИЯ, о-в в Средиземном м., к З. от Апеннинского п-ова, в составе Италии. Пл. 24 т. км². Горист, выс. до 1834 м (г. Ла-Мармора). Ксерофитные кустарники, дубовые рощи. М-ния свинцово-цинковых, жел. руд, кам. угля и др. Гл. город и порт – Кальяри.

САРДИ́НЫ, рыбы (сем. *сельдёвые*). Дл. до 30–35 см (обычно до 15–20 см). Обитают в умеренных тёплых и субтропич. прибрежных водах обоих полушарий, кроме вост. побережий Сев. и Юж. Америки. Объект промысла.

САРКА́ЗМ (греч. sarkasmós, от sarkázō, букв.– рву мясо), язвит. насмешка, высш. степень *иронии*, основанная не только на усиленном контрасте подразумеваемого и выражаемого, но и на немедленном намеренном обнажении подразумеваемого: «Пожалел волк кобылу, оставил хвост да гриву».

САРКО́МА (от греч. sárx, род. п. sarcós — мясо и ...*ома*), злокачеств. опухоль из разл. типов соединит. ткани: эмбриональной (мезенхимома), костной (остеосаркома), мышечной (миосаркома) и др.

САРКОФА́Г (греч. sarkophágos, букв.– пожиратель мяса), гроб, не-

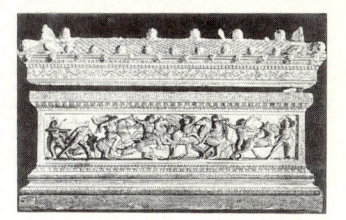

Саркофаг. Так называемый саркофаг Александра из Сидона. Мрамор. Ок. 325–310 до н.э. Археологический музей. Стамбул.

614 САРМ

большая гробница из камня, дерева и др. материалов, нередко украшенные росписью, скульптурой. Наиб. известны др.-егип., этрусские, эллинистич. и раннехрист. С. с рельефами и архит. декором.

САРМА́ТЫ, объединение кочевых скотоводч. племён (аланы, роксоланы, савроматы, языги и др.). В 6–4 вв. до н.э. жили на терр. от р. Тобол до Волги. В 3 в. до н.э. вытеснили из Сев. Причерноморья *скифов*. Вели войны с гос-вами Закавказья и Римом. В 4 в. н.э. разгромлены *гуннами*.

САРОЯ́Н (Saroyan) Уильям (1908–1981), амер. писатель. Из семьи арм. иммигрантов. Сб-ки рассказов «Отважный молодой человек на летающей трапеции» (1934), «Меня зовут Арам» (1940; автобиографический; о значении нац. памяти в формировании личности); драмы («Путь вашей жизни», 1939); романы; мемуарно-очерковые книги (автобиография «Велосипедист из Беверли-Хиллз», 1952). Поэтич. изображение наивных и эксцентричных героев, часто попадающих в трагич. ситуации, проникнуто добрым юмором, подчас граничащим с сентиментальностью.

СА́РРА, в Библии (Ветхий Завет) жена *Авраама*, мать *Исаака*, к-рого она родила почти в 90 лет после долгих лет бесплодия в супружестве. После смерти погребена Авраамом в пещере Махпела (близ Хеврона).

САРРО́Т (Sarraute) Натали (р. 1900), франц. писательница. Представительница *«нового романа»*, на языке к-рого (размытость характеров, фиксирование бессознат. реакции психики, «вибрации» душевных движений) выражаются традиц. коллизии человеческого существования, в т.ч. драматизм разобщённости людей: ром. «Золотые плоды» (1963), «Между жизнью и смертью» (1968), «Вы слышите их?» (1972) и др.

САРСУЭ́ЛА (исп. zarzuela), исп. муз.-сценич. жанр, близкий *оперетте* (17–20 вв.). Хоровые и сольные номера чередуются с разг. диалогами и танцами. Среди авторов – поэты Л.Ф. де Вега Карпьо, П. Кальдерон де ла Барка, композиторы И. Альбенис, М. де Фалья.

СА́РТИ (Sarti) Джузеппе (1729–1802), итал. композитор, педагог. Св. 70 опер, гл. обр. в жанре *оперы-сериа*, в неаполитанских традициях. С 1784 служил в С.-Петербурге при дворе Екатерины II (музыка к её пьесе «Начальное управление Олега», 1790, совм. с др.) и у кн. Г.А. Потёмкина. Автор произв. для хора «Тебе Бога хвалим» (по случаю взятия Очакова, 1789), духовных концертов, кантат. Учитель Л. Керубини, ряда рус. композиторов.

САРТР (Sartre) Жан Поль (1905–1980), франц. писатель, философ и публицист, глава франц. экзистенциализма. Участник Дв. Сопр. Под влиянием Э. Гуссерля и М. Хайдеггера построил «феноменологич. онтологию» – противопоставление объективности и субъективности, свободы и необходимости («Бытие и ничто», 1943); пытался дополнить марксизм экзистенциальной антропологией («Критика диалектического разума», 1960). Осн. темы худ. произв.: одиночество, поиск абс. свободы, двусмысленность бытия. Незавершённая тетралогия «Дороги свободы» (1945–1949), пьесы-притчи

«Мухи» (1943), «Дьявол и Господь Бог» (1951) и др. В 1964 С. присуждена Ноб. пр. по лит-ре, от к-рой он отказался.

СА́РЫЧЕВ Гавриил Анд. (1763–1831), гидрограф, географ, путешественник, основоположник полярной археологии; гос. деятель, адмирал (1829); первый рус. прозаик-маринист. В 1785–94 совм. с И.И. Биллингсом иссл. берега Сев.-Вост. Сибири и Алеутские о-ва. Первым иссл. Верхоянский хр., Яно-Оймяконское нагорье, открыл Момский хр. и ряд др. хребтов в системе цепей Черского. С 1808 руководил гидрографич. иссл. в России, занимал ряд гос. постов, в т.ч. нач. мор. штаба, мор. министра.

СА́РЫЧИ (канюки), род хищных птиц (сем. ястребиные). Дл. 38–66 см. Самки заметно крупнее самцов. 25 видов, в т.ч. зимняк, курганник, мохноногий С., в Евразии, Африке и Америке. Истребляют грызунов. Ястребиный С. (леса Приморья) – редкий малочисленный вид, находится под охраной.

САРЬЯ́Н Мартирос Сер. (1880–1972), арм. живописец. Мастер жизнеутверждающего эмоц. пейзажа, яркого и декор.-обобщённого по манере («Армения», 1923), строгого по характеристике портрета («Р.Н. Симонов», 1939), праздничного по колориту натюрморта, декор. панно, книжной иллюстрации, театрально-декорац. живописи.

М.С. Сарьян. «Горы». 1923. Третьяковская галерея.

САСАНИ́ДЫ, династия иран. шахов в 224–651. Основатель – Ардашир I (224–239 или 241). Важнейшие представители: Ардашир I, Шапур I (239 или 241–272), Шапур II (309–379), Кавад I (488–496 и 499–531), Хосров I Ануширван (531–579), Хосров II Парвиз (591–628). Гос-во С. завоёвано арабами.

«САСУНЦИ́ ДАВИ́Д» («Давид Сасунский»), арм. эпос о борьбе сасунских богатырей за освобождение народа от иноземных захватчиков.

«Сасунци Давид». Илл. М. Сосояна к изданию 1966 (Ереван).

Складывался в 7–10 вв. По мотивам эпоса созданы одноим. поэмы О.Т. Туманяна, А.С. Исаакяна.

САТАНА́, то же, что *дьявол*.

САТАНИ́НСКИЙ ГРИБ, гриб сем. болетовых. Шляпка диам. до 20 см, сверху светло-серая, губчатый слой оливково-жёлтый с красными порами, мякоть беловато-жёлтая, на изломе местами краснеющая или синеющая. Распространён в Зап. Европе, Сев. Америке, на Кавказе, преим. в листв. лесах. В России считается ядовитым, однако в ряде стран Зап. Европы употребляется в пищу после отваривания.

Сатанинский гриб.

САТИ́ (Satie) Эрик (1866–1925), франц. композитор. Оказал существ. влияние на эстетич. принципы *«Шестёрки»*, но отошёл от этой группы, создав в 1920-х гг. т.н. Аркейскую школу (объединение молодых музыкантов). Лучшее соч. – драма с пением «Сократ» (1917). Многие произв. нарочито экстравагантны: бал. «Парад» (1917), орк. пьеса «В лошадиной шкуре» (1911).

САТИ́РА (лат. satira), 1) способ проявления *комического* в иск-ве: уничтожающее осмеяние явлений, к-рые представляются автору порочными. Сила С. зависит от социальности, значимости позиции сатирика, от тональности комич. средств (ирония, сарказм, гипербола, гротеск, алогизм, пародия и др.). С. возникает в нар. «смеховой» культуре, а затем проникает в театр и лит-ру (комедия, «мениппова сатира»), публицистику (памфлет, фельетон), изобр. иск-во (карикатура, шарж), эстраду, кино, телевидение и др. Сатирическими могут быть и целое произведение, и отд. образы, ситуации, эпизоды. Классики С.: Мольер, Дж. Свифт, М.Е. Салтыков-Щедрин, Ф. Гойя, О. Домье. 2) В др.-рим. лит-ре и связанных с ней традициях особый жанр лирики, осмеивающий полит., обществ. и лит. нравы (*Ювенал*).

САТИ́РЫ, в греч. мифологии демоны плодородия в свите Диониса. С. похотливы, падки на вино, вместе с нимфами бродят по лесам; тело их покрыто шерстью; иногда с хвостом и копытами. Перен. – похотливый, сладострастный человек.

СА́ТТОН-ХУ, курган, сооружённый в честь короля англосаксов в сер. 7 в. в юж. Англии (Суффолк). Остатки погребальной ладьи с богатым набором серебр. посуды, украшений, оружия.

САТУ́РН, у древних италиков бог посевов, покровитель земледелия. Соответствует греч. *Кроносу*.

Сатиры. Римская мраморная копия с греческого оригинала 220–210 до н.э.: «Спящий сатир» (т.н. Фавн Барберини). Музей античного прикладного искусства. Мюнхен.

САТУ́РН (астр. знак ♄), планета, ср. расстояние от Солнца 9,54 а.е. (1,427 млрд. км), ср. экв. диаметр ок. 120 500 км, полярный – ок. 107 500 км, масса $5,68 \cdot 10^{26}$ кг (95,1 массы Земли). Ср. плотность С. меньше плотности воды (ок. 0,7 г/см³) – наименьшая для планет Солнечной системы. По строению и хим. составу в осн. похож на *Юпитер*. Период обращения вокруг Солнца 29,5 года, период вращения вокруг своей оси ок. 10,7 ч (экв. области вращаются на 5% быстрее полярных). Открыто 18 спутников С. (крупнейший – Титан, диам. ок. 5200 км). В систему С. входят также знаменитые кольца толщ. ок. 1 км.

САТУРНА́ЛИИ (лат. Saturnalia), в Др. Риме ежегод. празднества в декабре в честь бога Сатурна. Сопровождались карнавалом, во время

Сатурн: а – общий вид; б – кольца Сатурна, состоящие из сотен тонких колечек, образованных вращающимися вокруг планеты частицами (в основном льда) размером от 1 см до 5 м.

к-рого не соблюдались сословные различия, пиршествами; бедным гражданам раздавали деньги, друг другу делали подарки.

САУ́ДОВСКАЯ АРА́ВИЯ (Королевство Саудовская Аравия), гос-во на Ю.-З. Азии, занимает ²⁄₃ Аравийского п-ова и ряд прибрежных о-вов в Красном м. и Персидском зал. Пл. 2,15 млн. км² (границы С.А. на Ю. и Ю.-В. проходят по пустыням и чётко не определены). Нас. 17,4 млн. ч., в осн. саудовцы (арабы С.А.). Офиц. яз.— арабский. Гос. религия — ислам. Монархия во главе с эмиром. Столица — Эр-Рияд. Адм.-терр. деление: 13 адм. р-нов. Ден. единица — риал Саудовской Аравии.

Большая часть поверхности — пустынные плато. Климат тропич., на С. субтропич. Ср. темп-ры июля св. 30°С, янв. 10–20°С; осадков 100 мм (в горах до 400 мм) в год. Постоянных рек нет.

В 7 в. в зап. части терр. С.А.— Хиджазе возник ислам и образовалось мусульм. теократич. гос-во — Халифат. К нач. 19 в. б.ч. Аравии была объединена приверженцами религ.-полит. учения в суннизме — ваххабизма в гос-во Саудидов, существовавшее до нач. 20 в. (с перерывами). В 1927 Ибн Сауд создал гос-во Хиджаз, Неджд и присоединённые области, с 1932 — С.А. Внутриполит. и экон. курс обеспечивает стабильность режима королев. власти. Во внешнеполит. области характерна ориентация на страны Запада, прежде всего США.

Основа экономики — нефт. и газ. пром-сть. ВНП на д. нас. 7940 долл. в год. По разведанным запасам (ок. 230 млн.т) нефти и её добыче С.А. занимает одно из первых мест в мире. Св. 99% экспорта — нефть, нефтепродукты, удобрения. Кр. м-ния золота. Нефтепереработка, нефтехим., металлургич., машиностроит., бум., текст., пищ. пром-сть; произ-во стройматериалов. Куст.-ремесл. произ-во (ювелирное, кож., гончарное, ткацкое). Пригодные для с. х-ва земли гл. обр. в оазисах. С.А. обеспечивает себя овощами, фруктами, бройлерами, яйцами, молоком, пшеницей (часть зерна экспортируется). Кочевое скот-во (овцы, козы, верблюды, кр. рог. скот — в земледельч. р-нах). Рыб-во и мор. промысел (добыча жемчуга, кораллов). Обслуживание паломников в Мекку и Медину (ок. 2 млн. ч. в год).

САУ́Л, основатель Израильско-Иудейского царства (11 в. до н.э.).

СА́УНА, то же, что фин. *баня*.

СА́УРА (Saura) Карлос (р. 1932), исп. кинорежиссёр. Скрытая антифранкистская направленность, метафорич. образность характеризуют ф. «Анна и волки» (1972), «Кузина Анхелика» (1973), «Выкорми ворона» (1975). Иск-во балета и кино сливаются в поэтич. стилистике трил. «Кровавая свадьба» (1981), «Кармен» (1983), «Колдовская любовь» (1986).

САФО́, см. *Сапфо*.

САФО́НОВ Вас. Ил. (1852–1918), пианист и дирижёр, педагог. Руководил симф. оркестрами в Москве (1889–1905), Нью-Йорке (1906–09). Пропагандировал соч. рус. композиторов, в т.ч. современных. Создал пианистич. школу (среди учеников — А.Н. Скрябин, Н.К. Метнер).

САФЬЯ́Н (от перс. сахтийан), тонкая, мягкая, обычно ярко окрашенная кожа раститражает. *дубления*, выделанная из шкур коз и овец. Используется для обивки мебели, изготовления обуви, галантерейных изделий и т.п.

САХАЛИ́Н, о-в у берегов Д. Востока, в России. Омывается Охотским и Японским морями. Пл. 76,4 т. км². Выс. до 1609 м (г. Лопатина). Гл. реки — Тымь и Поронай. Много озёр и болот. Кр. м-ния нефти и газа (Оха). Лежбища мор. зверя (сивуч, мор. котик). По рус.-япон. договорам С. был признан общим владением в 1855 и собственностью России в 1875. После рус.-япон. войны 1904–05 по Портсмутскому дог. отошёл к Японии. В 1945 Юж. С. был освобождён сов. войсками и в соответствии с решением Крымской и Потсдамской конф. 1945 возвращён СССР.

САХАРА́, низкомол. углеводы — моносахариды и олигосахариды. Хорошо растворяются в воде, способны кристаллизоваться. С. называют также все *углеводы*.

САХА́РА, пустыня в Африке (Марокко, Тунис, Алжир, Ливия, Египет, Мавритания, Мали, Нигер, Чад, Тунис), крупнейшая в мире. Пл. св. 7 млн. км². Ок. 80% поверхности С.— равнины выс. 200–500 м. На С.-В.— бессточные впадины: Файюм, Каттара (до −133 м) и др. В центр. части — вулканич. массивы: Ахаггар, Тибести (г. Эми-Куси, 3415 м, высш. точка С.). Ландшафты С. разнообразны, каменистые и щебнистые (хамады), галечниковые (реги), глинистые (сериры), песчаные (в т.ч. эрги), горн. пустыни. Осадков на б.ч. терр. менее 50 мм в год. Ср. темп-ры янв. не ниже 10°С, июля до 37°С, абс. максимум 57,8°С. Суточные амплитуды темп-р воздуха более 30°С, почвы до 70°С. Пост. водотоки (кроме транзитных участков Нила и Нигера) отсутствуют. Растит. покров крайне разрежён (засухоустойчивые злаки, кустарники). Кочевое, полукочевое скот-во; земледелие в оазисах. М-ния нефти, природного газа, жел. руды, фосфоритов.

САХАРИ́Н, бесцв. кристаллы сладкого вкуса (слаще сахара в 400–500 раз). Применяют для подслащивания, напр., зубных паст. Заменитель сахара для больных сахарным диабетом. Организмом не усваивается (выводится с мочой). Из-за побочного вредного действия С. вытесняют др. синтетич. заменители сахара — аспартам, ксилит и др.

СА́ХАРНАЯ СВЁКЛА, группа разновидностей *свёклы* обыкновенной корнеплодной; техн. культура, из корней к-рой получают сахар (его содержание до 19,5%). Выращивают (с 18–19 вв.) в осн. на Украине, Ю. России, в США и ряде др. стран с тёплым климатом. Урожайность до 500 ц с 1 га. Используется для произ-ва сахара, отходы (меласса, жом) — корм для скота и удобрение (дефекат).

СА́ХАРОВ Анд. Дм. (1921–89), физик-теоретик, обществ. деятель. Один из создателей водородной бомбы (1953) в СССР. Тр. по магн. гидродинамике, физике плазмы, управляемому термоядерному синтезу, элементарным частицам, астрофизике, гравитации. Предложил (совм. с И.Е. Таммом) идею магн. удержания высокотемпературной плазмы. С кон. 50-х гг. активно выступал за прекращение испытаний ядерного оружия. С кон. 60-х — нач. 70-х гг. один из лидеров правозащитного движения (см. *Диссиденты*). В работе «Размышления о прогрессе, мирном сосуществовании и интеллектуальной свободе» (1968) С. рассмотрел угрозы человечеству, связанные с его разобщённостью, противостоянием социалистич. и капиталистич. систем: ядерная война, голод, экологич. и демографич. катастрофы, дегуманизация общества, расизм, национализм, диктаторские террористич. режимы. В демократизации и демилитаризации общества, утверждении интеллектуальной свободы, социальном и науч.-техн. прогрессе, ведущих к сближению двух систем, С. видел альтернативу гибели человечества. Публикация этой работы на Западе послужила поводом для отстранения С. от секретных работ; после протеста против ввода сов. войск в Афганистан С. в янв. 1980 был лишён всех гос. наград [Героя Соц. Труда (1954, 1956, 1962), Гос. пр. (1953), Лен. пр. (1956)] и сослан в г. Горький, где продолжал правозащитную деятельность. Возвращён из ссылки в 1986; в 1989 избран нар. депутатом СССР; предложил проект новой Конституции страны. «Воспоминания» (1990). Ноб. пр. мира (1975).

САХАРО́ЗА (тростниковый или свекловичный сахар), дисахарид, образованный остатками глюкозы и

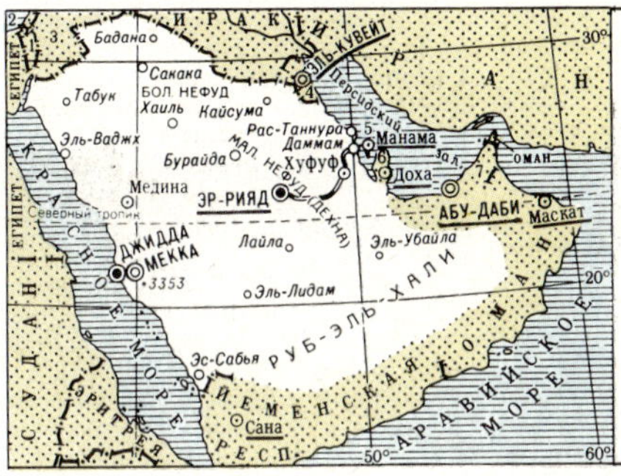

Саудовская Аравия. Мекка. Паломники у храма Каабы.

Сахара. Акация в оазисе.

А.Д. Сахаров.

616 САХЕ

фруктозы. Важная трансп. форма углеводов в р-ниях (особенно много С. в сах. тростнике, сах. свёкле и др. сахароносных р-ниях). Используется в пищ. и микробиол. пром-сти. Бытовое назв.– сахар.

САХЕ́ЛЬ, природная область в Африке, переходная зона (шир. до 400 км) от пустынь Сахары к саваннам приэкв. областей. Преобладают полупустыни и опустыненные саванны.

САЦ Нат. Ил. (1903–93), режиссёр, театральный деятель. В 1921–37 дир. и худ. рук. Моск. т-ра для детей (ныне Центр. дет. т-р). В 1937–41 была репрессирована. Организатор (1964) и худ. рук. первого в мире Дет. муз. т-ра в Москве. Ставила также оперы: «Фальстаф» Дж. Верди (Берлин), «Свадьба Фигаро» В.А. Моцарта, «Кольцо нибелунга» Р. Вагнера (Буэнос-Айрес, все 1931). Автор пьес, либретто дет. опер, балетов и др.

САЯ́НЫ, горн. страна на Ю. Сибири. Различают Зап. Саян (дл. 600 км, выс. до 3121 м, г. Кызыл-Тайга), состоящий из выровненных и островерхих хребтов, разделённых межгорн. котловинами, и Вост. Саян (дл. ок. 1000 км, выс. до 3491 м, г. Мунку-Сардык) с типичными среднегорн. хребтами, несущими совр. ледники. Реки – басс. Енисея. На склонах преобладает горн. тайга, переходящая в горн. тундру. В отрогах Вост. Саяна, близ г. Красноярск, – памятник природы Столбы: сиенитовые скалы (выс. до 100 м) причудливых форм; в составе заповедника Столбы. М-ния золота, жел. и полиметаллич. руд, бокситов, асбеста и др.

САЯ́Т-НОВА́ (наст. имя и фам. Арутюн Саядян) (1712–95), арм. поэт. Слагал песни на арм., груз. и азерб. языках, мастер любовной лирики. Изгнанный за столкновение со знатью от двора Ираклия II, принял сан священника, а в 1768 ушёл в Ахпатскую обитель. Убит во время иран. нашествия в Грузию. О С.-Н. фильм С.И. Параджанова «Цвет граната» (1969).

СБЕРЕГА́ТЕЛЬНЫЕ БА́НКИ, см. в ст. *Банки.*

СБЕРЕГА́ТЕЛЬНЫЕ КА́ССЫ, кредитные учреждения, выполняющие функции, аналогичные сберегат. банкам. В СССР первая С.к. открыта в 1923 в Петрограде. С 1991 функции С.к. выполняют Сберегательный банк Рос. Федерации и его филиалы на местах.

СБРУ́Я, см. *Упряжь.*

СВА́ЗИЛЕНД (Королевство Свазиленд), гос-во на Ю. Африки. Пл. 17,4 т. км². Нас. 814 т.ч., гл. обр. свази. Офиц. языки – английский и свази. Большинство верующих – христиане, ок. 40% придерживается местных традиц. верований. Входит в *Содружество.* Глава гос-ва – король, пр-во возглавляет назначаемый им премьер-министр. Законодат. орган – двухпалатный парламент (Сенат и Палата собрания). Столица – Мбабане (резиденция короля и парламента – Лобамба). Адм.-терр. деление: 4 округа. Ден. единица – лилангени.

Поверхность – плато Велд (выс. до 1445 м), уступами снижающееся с З. на В. Климат переходный от субтропич. к тропич., засушливый. Ср.-мес. темп-ры летом 20–24 °С, зимой 12–15 °С; осадков от 500 до 1400 мм в год. Саванна.

В 1903–68 С.– протекторат Великобритании. С 1968 независимое гос-во.

С.– агр. страна. ВНП на д. нас. 1080 долл. в год. Осн. с.-х. культуры: сах. тростник (св. 40% стоимости экспорта), кукуруза, цитрусовые, ананасы, хлопок. Отгонно-пастбищное жив-во. Добыча асбеста, кам. угля, жел. руды. На месте сведённых коренных лесов созданы искусств. лесонасаждения. Лесозаготовки; пр-во пиломатериалов и древесной массы на экспорт.

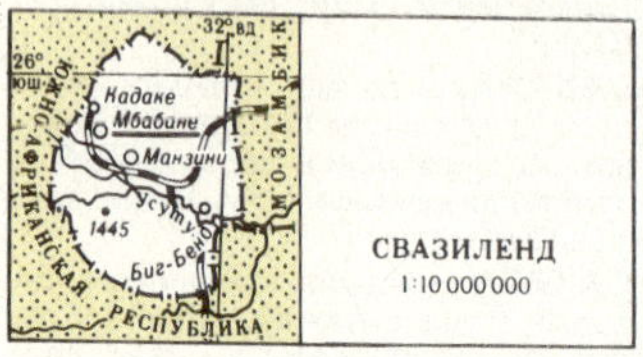

СВА́РКА, процесс получения неразъёмного соединения деталей из металлов, керамики, пластмасс, стекла и др. материалов или их сочетаний (напр., стекла с металлом) чаще всего путём местного или общего нагрева свариваемых частей, реже путём пластич. деформирования в холодном состоянии или совместно с нагревом. Существует св. 60 способов С.

СВАРО́Г, в слав.-рус. мифологии бог неба, небесного огня, отец *Дажбога* и *Сварожича.*

СВАРО́ЖИЧ, в слав.-рус. мифологии бог земного огня, сын *Сварога.*

СВЕ́ВО (Svevo) Итало (наст. имя и фам. Этторе Шмиц) (1861–1928), итал. писатель. Автобиогр. мотивы в ром. «Одна жизнь» (1892) и «Дряхлость» (1898) – о людях, непригодных к «нормальной» жизни в хищническом обществе. Сходный герой ром. «Самопознание Дзено» (1923) исследуется автором при помощи углублённого психоанализа, в формах, близких лит-ре *«потока сознания».*

СВЁКЛА, род одно-, дву- и многолетних травянистых р-ний (сем. маревые). Ок. 15 видов, в Зап. Европе, Средиземноморье, Зап. Азии, Индии. В культуре двулетние виды: листовая С., или *мангольд,* и С. обыкновенная корнеплодная (столовая, кормовая и *сахарная свёкла*). Столовую С. издавна выращивают на всех континентах. Корнеплоды (300–400 ц с 1 га) богаты сахарами, содержат минер. соли, используются (как и молодая ботва, богатая витаминами) в пищу; С. кормовая идёт на корм скоту.

СВЁРТЫВАНИЕ КРО́ВИ, превращение жидкой крови в эластичный сгусток в результате перехода растворённого в плазме крови белка фибриногена в нерастворимый фибрин; защитная реакция организма, препятствующая потере крови при повреждении сосудов. Время С.к. у разных организмов сильно варьирует (у человека 5–12 мин). Нарушение механизмов системы С.к. приводит к ряду заболеваний (тромбоз, гемофилия и др.).

СВЕРХНО́ВЫЕ ЗВЁЗДЫ, звёзды, внезапно (в течение неск. суток) увеличивающие свою *светимость* в сотни миллионов раз. Такая вспышка происходит за счёт сжатия центр. областей звезды под действием сил тяготения и сброса (со скоростями ок. 2 тыс. км/с) внеш. частей звезды на конечном этапе её эволюции. В результате на месте С.з. остаётся *нейтронная звезда* (либо *чёрная дыра*) и расширяющаяся *туманность.* Наиб. изученная С.з., наблюдавшаяся в нашей Галактике в 1987.

СВЕРХПРОВОДИ́МОСТЬ, физ. явление, наблюдаемое в нек-рых металлах и сплавах при охлаждении их ниже критич. темп-ры $T_{кр}$ и состоящее в исчезновении электрич. сопротивления пост. току и в выталкивании магн. поля из объёма образца (*Мейснера эффект*). Открыта голл. физиком Х. Камерлинг-Оннесом в 1911; теория создана в 1967. При переходе в сверхпроводящее состояние в образце образуются связанные пары электронов (эффект Купера). У классич. сверхпроводников (Pb, Al, Tl, Nb) $T_{кр}$ < 24 К. С. используется для создания сильных магн. полей (сверхпроводящий магнит), в ускорителях заряженных частиц и др. С. перспективна для создания силовых кабелей и трансформаторов повышенной мощности и др. целей электроэнергетики.

СВЕРХТЕКУ́ЧЕСТЬ, свойство квантовых жидкостей ^{4}Не и ^{3}Не протекать без внутр. трения (вязкости) через узкие щели, капилляры и т.п. С. ^{4}Не при T < 2,17 К открыта П.Л. Капицей в 1938. С. ^{3}Не (при T < 2,6·10^{-3} К) открыта группой амер. физиков в 1972–74. При С. часть атомов жидкости переходит в состояние с нулевым импульсом и образует сверхтекучую компоненту, лишённую вязкости.

СВЕРЧКИ́, семейство прыгающих насекомых (отр. *прямокрылые*). Св. 2300 видов, гл. обр. в тропиках и субтропиках. Нек-рые (стеблевые С.) повреждают с.-х. культуры. Домовый С. обычен в отапливаемых помещениях и широко известен благодаря способности издавать серии трелей при трении надкрыльев друг о друга. Илл. см. при ст. *Прямокрылые.*

СВЕТ, в узком смысле – эл.-магн. волны в интервале частот, воспринимаемых человеческим глазом (4,0·10^{14} – 7,5·10^{14} Гц). Волны разл. длины воспринимаются как разные *цвета*: от 760 нм (красный) до 380 нм (фиолетовый). В широком смысле С.– весь диапазон эл.-магн. излучения, рассматриваемый в *оптике*: ИК-, видимое и УФ-излучение (см. *Оптическое излучение*).

СВЕТИ́МОСТЬ, 1) в астрономии – полное кол-во энергии, испускаемой космич. объектом в единицу времени. Иногда говорят о С. в нек-ром диапазоне длин волн, напр. радиосветимость. Обычно измеряется в эрг/с,

Свазиленд. Свази в традиционных одеждах воинов.

Саяны. В отрогах Западного Саяна.

Свёкла. Корнеплоды столовой свёклы.

Вт или в единицах С. Солнца $L_\odot = 3,86 \cdot 10^{26}$ Вт. 2) В оптике — величина полного *светового потока*, испускаемого единицей поверхности источника света. Измеряется в лм/м²; для больших источников света прямо пропорциональна их *яркости*.

СВЕТИЦХОВЕ́ЛИ, собор в г. Мцхета в Грузии (1010–29, арх. Арсукидзе). Крестово-купольное, вытянутое по продольной оси здание; фасады отделаны декор. арками, резьбой.

СВЕТЛА́НОВ Евг. Фёд. (р. 1928), дирижёр, композитор, пианист. С 1963 гл. дирижёр Большого т-ра, с 1965 – Гос. симф. орк. Исполнит. стиль отмечен стремлением к макс. певучести орк. игры. Среди оперных пост.: «Царская невеста», «Сказание о невидимом граде Китеже...», «Золотой петушок» Н.А. Римского-Корсакова, «Чародейка» П.И. Чайковского, «Не только любовь» Р.К. Щедрина, «Отелло» Дж. Верди. Создал уникальную «Антологию русской симфонической музыки в грамзаписи». Автор симфоний, камерных сочинений и др.

СВЕТЛО́В Мих. Арк. (1903–64), рус. поэт. Стихи сер. 20–30-х гг. отмечены романтич. восприятием событий Гражд. войны и комсомольской юности («Гренада», «Песня о Каховке»). Лирич. пьесы «Двадцать лет спустя», 1940). В поздней лирике (сб. «Горизонт», 1959, «Охотничий домик», 1964) – интонации раздумья, дружеской беседы. Остроумные поэтич. экспромты.

СВЕТЛЯКИ́, род жуков. Дл. 1–2 см. У самок на конце брюшка орган свечения; слабее светятся яйца и личинки. Св. 30 видов, распространены широко; обыкновенный С. («иванов червячок») нуждается в охране.

СВЕТОВО́Д, устройство для направленной передачи световой энергии. Первый С. представлял собой оптико-механич. устройство (набор зеркал, линз, закрытых в трубы). Позже стали использовать волоконные и интегральные С. Волоконный С. – пучок тонких стеклянных нитей, у к-рых сердцевина имеет показатель преломления больший, чем оболочка. Интегрально-оптич. С. – тонкая (толщиной порядка длины световой волны), прозрачная световедущая плёнка, нанесённая на диэлектрич. подложку; показатель преломления плёнки также больший, чем у подложки. Свет в С. распространяется на основе *полного внутреннего отражения* от границ раздела. О применении С. см. в ст. *Волоконная оптика*.

Световод. Поперечное сечение волоконного световода: a_1, a_2 – радиусы; n_1, n_2 – показатели преломления; $n_1 > n_2$.

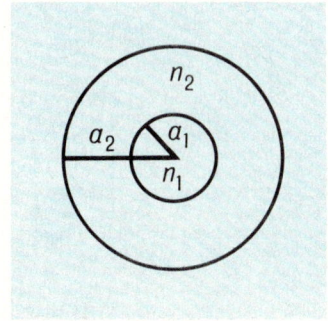

СВЕТОВО́Й ГОД, единица длины, применяемая в астрономии: путь, проходимый светом за 1 год, т.е. $9,46 \cdot 10^{12}$ км. Расстояние до ближайшей звезды (Проксима Кентавра) прибл. 4,3 св. года. Наиб. удалённые звёзды Галактики находятся на расстоянии ок. 100 световых лет.

СВЕТОВО́Й КАРАНДА́Ш, устройство в составе *дисплея* (внешне напоминает карандаш), позволяющее прямо на экране «дорисовывать» или «стирать» элементы высвечиваемых изображений схем, чертежей, текста и т.д. Применяется для оперативного ввода графич. информации в ЭВМ и её корректирования.

СВЕТОВО́Й ПОТО́К, мощность лучистой энергии, оцениваемая по производимому ею зрительному ощущению или действию на селективный приёмник света и пропорциональная потоку излучения с учётом относит. спектральной световой эффективности. В СИ измеряется в люменах. Т.к. человеческий глаз имеет разную чувствительность к длинам волн λ, то и величина С.п. зависит от λ. С.п. от типовых источников света следующий: лампа накаливания – 10–23 лм/Вт, импульсная лампа – $1,2 \cdot 10^6$ лм/Вт, люминесцентная лампа – 30–80 лм/Вт.

СВЕТОМУ́ЗЫКА (цветомузыка), разл. виды синтеза музыки и света (цвета, изображения, пространственно организованного света). Первые худ. эксперименты по С.: «Прометей» для орк. А.Н. Скрябина (1910), оп. «Счастливая рука» А. Шёнберга (1913); 2-я волна – с 1950-х гг. (Я. Ксенакис и др.). Эффекты С. используются в рок-музыке.

СВЕТО́НИЙ (Suetonius) Гай Транквилл (ок. 70 – ок. 140), рим. историк и писатель. Автор соч. энциклопедич. характера, сохранившихся лишь частично. В своём гл. соч. «О жизни двенадцати цезарей» (в 8 кн.) с равной обстоятельностью и бесстрастностью излагает ист. события и привычки цезарей (от Юлия Цезаря до Домициана).

СВЕТОСИ́ЛА объектива, безразмерная величина, характеризующая яркость оптич. изображения, даваемого оптич. системой: отношение освещённости изображения к яркости изображаемого предмета. С. пропорциональна квадрату т.н. относит. отверстия оптич. системы $(D/f)^2$, где D – диаметр входного окна системы, f – фокусное расстояние, и коэффициенте пропускания τ. На оправе объектива фотоаппарата указываются числа, обратные относит. отверстию (напр., 1; 1,4; 2; 2,8; 4; 5,6 и т.д.); при переходе от одного числа (меньшего) к другому (большему) освещённость, а следовательно, и С. увеличиваются в 2 раза.

СВЕТОФИ́ЛЬТРЫ, устройства, меняющие спектральный состав оптич. излучения или ослабляющие его. Действие С. основано на разл. оптич. явлениях: поглощении, отражении, интерференции, поляризации света. Напр., С., основанные на поглощении света, пропускают только один к.-л. цвет, а остальные поглощают (цв. стёкла, окрашенные р-ры и др.); поляризац. С. имеют разл. коэф. отражения для разных длин волн; их изготовляют нанесением металлич. покрытий на кварцевую или стеклянную подложку. Поляризац. С. обычно не ослабляют всё излучение в целом, но пропускают только одну к.-л. поляриз.-зац. составляющую. С. применяются в эксперим. физике, фотографии, светотехнике, в защитных очках, в освещении театральных постановок и т.п.

СВЕТОФО́Р (от *свет* и греч. *phorós* – несущий), устройство с ручной или автоматич. подачей световых сигналов о разрешении или запрещении движения в определ. направлениях либо ограничении скорости трансп. средств на жел. дорогах, улицах и автодорогах. Первое устройство светофорного типа было установлено в 1868 на улицах Лондона, электрич. трёхцветный С. появился в 1918 в Нью-Йорке, в 1930 в Москве; на жел. дорогах применяется с нач. 20 в. (в осн. вытеснил семафор).

СВЕТОЧУВСТВИ́ТЕЛЬНОСТЬ фотогр. материала, способность С. реагировать на свет; количеств. мера указанной способности, служащая для определения экспозиции при кино- и фотосъёмке, фотопечати. Количественно выражается числом в единицах ГОСТа (Россия), ASA (США), DIN (Германия). Напр., С. 50 единиц ГОСТа соответствует 50 ASA, 18 DIN; 100 единиц ГОСТа – 100 ASA, 21 DIN.

СВЕТЯ́ЩИЕСЯ ОРГАНИ́ЗМЫ, способные излучать свет нек-рые бактерии, грибы, раки, насекомые, рыбы и др. Свет могут испускать вся поверхность тела или спец. органы свечения. Свечение может служить для нахождения особей др. пола, защиты от врагов, привлечения добычи. Большие скопления С.о. вызывают т.н. свечение моря.

СВЕ́ШНИКОВ Ал-др Вас. (1890–1980), хоровой дирижёр. В 1928–37 и 1941 худ. рук. основанного им Гос. рус. хора СССР (до 1936 вок. ансамбль Всес. радио). Исполнение отличалось тонким пониманием вок. природы рус. мелоса, вниманием к поэтич. слову. Организатор (1944) и директор Моск. хорового уч-ща, ректор (1948–74) Моск. консерватории.

«СВИДЕ́ТЕЛИ ИЕГО́ВЫ» (точнее «Общество свидетелей Иеговы»), христ. секта. Чаще в лит-ре наз. *иеговистами*.

СВИДЕ́ТЕЛЬ, лицо, располагающее сведениями об обстоятельствах, имеющих значение для конкретного гражд. или уголов. дела, и вызванное в суд, к следователю для дачи показаний.

СВИНГ (англ. swing – качание, колебание), 1) особое выразит. средство в *джазе*, тип метроритмич. пульсации, основанный на постоянных отклонениях (опережающих или запаздывающих) от опорных метрич. долей. Создаёт эффект неустойчивого равновесия. 2) Стиль джаза в исполнении биг-бэнда, где свободная импровизация уступает регламентированным аранжировкам. Гл. представители – Б. Гудмен, Г. Миллер, У. Бейси.

СВИНЕ́Ц (Plumbum), Pb, хим. элемент IV гр. периодич. системы, ат. н. 82, ат. м. 207,2; мягкий, пластичный синевато-серый металл, $t_{пл}$ 327,5 °C, летуч. Из С. изготовляют электроды аккумуляторов, провода, кабели, трубы и аппаратуру в хим. пром-сти и др., а также антидетонац. добавку к бензину, С. – компонент антифрикц., типографских и др. сплавов, мат. экранов для защиты от радиации. С. токсичен.

СВИ́НКА, то же, что *паротит эпидемический*.

СВИНУ́ШКА (свинуха), род грибов (сем. свинушковые). Ок. 15 видов, в Евразии и Сев. Америке. В России 5 видов, наиб. распространена С. тонкая. Шляпка чаще охристо-буроватая, тонкоопушённая, сухая. Ножка короткая, цвета шляпки. Растёт группами, преим. в берёзовых лесах. Употребляется в солёном и жареном виде (после отваривания). Как и многие др. грибы, растущие в местах, загрязнённых пром. отходами, С. способны накапливать соли тяжёлых металлов и вызывать отравления.

Свинушка тонкая.

СВИНЦО́ВО-ЦИ́НКОВЫЕ РУ́ДЫ (полиметаллич. руды), суммарное содержание Pb и Zn в них от 2–4% (бедные руды) до св. 7% (богатые). С.-ц.р. часто содержат попутные компоненты: Cu, Au, Ag, Cd, Wi, Sb, Hg, Se и др. Мировые запасы ок. 800 млн. т. Гл. добывающие страны: Канада, США, Австралия, Мексика, Перу, Казахстан, Россия.

СВИ́НЬИ, семейство млекопитающих. 7 видов, в т.ч. кабаны (4 вида), бабирусса, бородавочник. В отличие от др. копытных всеядны. Объект охоты (ради мяса, кожи). Местами сильно вредят посевам. Живут 10–12 лет. Домашняя С. произошла от дикого кабана (одомашнена в 5–4 вв. до н.э.). Разводят крупную белую, латвийскую белую, северокавказскую и др. породы ради мяса (живая масса до 100 кг), сала, кожи. Плодовитость 6–12 поросят (в год можно получить 20–22 поросёнка).

Свиньи. Домашняя свинья.

СВИРИ́ДОВ Георг. (Юр.) Вас. (р. 1915), композитор. Самобытно претворяет многовековые традиции рус. певческой культуры, органично сочетая их с совр. стилистикой. Тема России, её судеб – в эпич. произв.: вок.-симф. «Поэме памяти Сергея Есенина» (1956), «Патетической оратории» (1959), «Курских песнях» (1964), «Пушкинский венок» для хора с орк. (1979), сюита «Время, вперёд!» (1965), «Метель» (муз. иллюстрации к повести А.С. Пушкина, 1974) для орк., музыка к спектаклям (в т.ч. «Царь Фёдор Иоаннович» А.К. Толстого, 1973) и фильмам. Илл. см. на стр. 618.

СВИРИСТЕ́ЛИ, род птиц (отр. воробьиные). Дл. 15–20 см. На голове хохол. 3 вида, в лесах на С. Евразии

Г.В. Свиридов.

(обыкновенный и японский С.) и в Сев. Америке (кедровый С.). В гнездовой период держатся скрытно. Во время кочёвок группы С. привлекают внимание звенящей, как колокольчик, песней – «свиририсвирири».

Свиристель.

СВИФТ (Swift) Джонатан (1667–1745), англ. писатель, полит. деятель. В памфлете «Сказка бочки» (1704) борьба католич., англиканской и пуританской церквей изображена в духе пародийного «жития». Памфлеты «Письма суконщика» (1723–24) и «Скромное предложение» (1729) осуждают угнетение ирл. народа. В ром. «Путешествие Гулливера» (т. 1–2, 1726) – гротескное осмеяние обществ. строя. Гуманистич. пафос сатиры С. питался идеями Просвещения.

Дж. Свифт.

СВИЩ, патол. канал, соединяющий очаг заболевания (гнойник, опухоль) с поверхностью или к.-л. полостью тела, а также полые органы между собой (напр., желудочно-кишечный С.). Может быть врождённым.

СВОБОДА, способность человека действовать в соответствии со своими интересами и целями, осуществлять выбор. Люди не вольны в выборе объективных условий своей деятельности, однако они обладают конкретной и относительной С., когда сохраняют возможность в выборе санкционируемых нормами и ценностями данного общества целей или средств их достижения. Ист. развитие общества в целом сопровождается расширением рамок С. личности.

СВОБОДА ВОЛИ, категория, обозначающая филос.-этич. проблему – самоопределяем или детерминирован человек в своих действиях, т.е. вопрос об обусловленности человеческой воли, в решении к-рого выявились две осн. позиции: *детерминизм* и *индетерминизм*.

СВОБОДНОЕ ВОСПИТАНИЕ, направление в педагогике 2-й пол. 19 – нач. 20 вв., отрицавшее необходимость систематич. воспитания и обучения детей и отстаивавшее ничем не ограниченное саморазвитие ребёнка. Сторонники С.в. – Э. Кей (Швеция), Л. Гурлитт (Германия), М. Монтессори (Италия), К.Н. Вентцель, Л.Н. Толстой, С.Т. Шацкий (Россия) и др. – стремились разработать пед. принципы, ориентированные на гуманизацию дошкольного и школьного образования.

СВОБОДНЫЕ КОЛЕБАНИЯ, то же, что *собственные колебания*.

СВОБОДНЫЕ ХЛЕБОПАШЦЫ, см. *«Вольные хлебопашцы»*.

СВОБОДНЫЙ СТИХ (верлибр) (франц. vers libre), нерифмов. стихи, расчленённые на стихотв. строки, но не обладающие пост. признаками их соизмеримости; ближе всего к безрифменному акцентному стиху, но иногда и к более чётким ритмам (разностопный дольник и пр.). Пример:

«Она пришла с мороза,
Раскрасневшаяся,
Наполнила комнату
Ароматом воздуха и духов…»

(А.А. Блок).

СВЯЗЬ, 1) передача и приём информации с помощью разл. техн. средств (почтовая С., электросвязь и др.). 2) Отрасль нар. х-ва, обеспечивающая передачу и приём почтовых, телеф., телегр., телексных, радио- и др. сообщений.

СВЯТЕЙШИЙ, церк.-юрид. термин, первая часть титула предстоятелей следующих церквей: патриарха Константинопольского, патриарха Московского и всея Руси, католикоса-патриарха всей Грузии, патриарха Сербского, патриарха Болгарского, папы Римского, верховного патриарха-католикоса всех армян, папы Александрийского и патриарха престола Св. Марка во всей Африке и на Бл. Востоке, абуна и патриарха Эфиопской церкви, патриарха Антиохийского и всего Востока.

СВЯТКИ (святые, праздничные дни), 12 дней между Рождеством и Крещением – с 25 дек. (7 янв.) по 6 (19) янв. По нар. традиции, С., совпадавшие с праздникованием Нового года, сопровождались гаданием, пением, переодеванием и др.

СВЯТОГОРСКИЙ МОНАСТЫРЬ (Успенский), мужской, в пос. Пушкинские Горы Псковской обл., осн. в 1566. В 16–17 вв. пограничная крепость. Упразднён в 1918. Пам. архитектуры 16–19 вв. На терр. С. – могила А.С. Пушкина. В составе Музея-заповедника Пушкина.

СВЯТОЕ СЕМЕЙСТВО, в христ. традиции семья, в к-рой родился Иисус Христос, ближайшее окружение Иисуса в детстве: его мать Дева Мария и её муж Иосиф. Иконография С.с. включает дополнит. персонажи (Св. Анна, Св. Екатерина и др.) и связана с сюжетами Рождества, Сретения, бегства в Египет.

СВЯТОЙ ЕЛЕНЫ ОСТРОВ, владение Великобритании, в юж. части Атлантич. ок. Включает о-ва Св. Елены, а также административно подчинённые терр. – о. Вознесения и о-ва Тристан-да-Кунья. Общая пл. 411 км². Нас. ок. 7 т.ч. Выс. до 818 м. Гл. город и порт – Джеймстаун. В 1815 сюда был сослан Наполеон I, где и умер в 1821.

СВЯТОСЛАВ I Игоревич (ок. 942–972), вел. князь киевский. Сын кн. Игоря. Почти всю жизнь провёл в походах: на Оку (964), в Поволжье, на Сев. Кавказ, освободил вятичей (964–966) от власти хазар, воевал с Волжской Болгарией, разгромил (964–965) Хазарский каганат и, пройдя всё Предкавказье, закрепился на Таманском и Керченском п-овах. В 967 С. вторгся в Болгарию и обосновался в устье Дуная. В 970–971 в союзе с венграми, болгарами и др. осуществил воен. кампанию против Византии. Убит печенегами.

СВЯТОСТЬ, одно из центр. понятий религии; в теистических религиях – сущностная характеристика Бога и косвенно – также людей, установлений и предметов, запечатлевающих в себе присутствие Божества. Противоположность С. – грех. В христианстве святые – люди, стяжавшие благодать Святого Духа, реализовавшие в себе «подобие» Бога.

СВЯТОТАТСТВО, поругание церк. святыни, кощунство, богохульство. Перен. – оскорбление чего-либо глубоко чтимого.

СВЯТЦЫ (Месяцеслов), перечень праздников святых, чтимых правосл. церковью, составленный по порядку месяцев и дней их чествования.

СВЯТЫЕ, см. в ст. *Святость*. В католич. и православной церквах акт причисления к лику святых наз. канонизацией.

СВЯТЫЕ ДАРЫ, в православии хлеб квасной из пшеничной муки, замешанный на воде (см. *Просфора*), и вино (красное виноградное), ритуально подготовленные священником в алтаре для причащения верующих. Освящаются после литургии и хранятся в дарохранительнице на престоле в алтаре, а переносятся в дароносицах.

«СВЯЩЕННАЯ РИМСКАЯ ИМПЕРИЯ» 962–1806 (с кон. 15 в. «Священная Римская империя герм. нации»), основана герм. королём Оттоном I, подчинившим Сев. и Ср. Италию (с Римом). Включала также Чехию, Бургундию (Арелат), Нидерланды, швейц. земли и др. Императоры вели агрессивную политику, гл. обр. на Ю. (Италия) и В. Постепенно власть императоров стала номинальной. Италия утеряна уже в сер. 13 в.; Германия (занимавшая господствующее положение в империи) распалась на отд. кн-ва. Вестфальский мир 1648 закрепил превращение империи в конгломерат независимых гос-в.

СВЯЩЕННИК, священнослужитель, совершающий все *таинства*, кроме рукоположения; офиц. обращение – Ваше преподобие, бытовое (разг.) – отец, батюшка. Старший С. наз. протоиереем. См. также *Иерей*, *Пресвитер*.

СВЯЩЕННОЕ ПИСАНИЕ, канонич. книги, составляющие Библию. В иудаизме С.П. считается Ветхий Завет, в христ-ве – Ветхий Завет и Новый Завет. В исламе роль, аналогичную С.П., играет Коран.

СВЯЩЕННОЕ ПРЕДАНИЕ, в теистич. религиях (иудаизм, христианство, ислам) – совокупность форм (устная традиция, тексты, богослужение, в к-рых передаётся содержание веры, имеющее своим источником Откровение; важнейшая часть С.П. – *Священное писание*.

СВЯЩЕННЫЕ ОДЕЖДЫ, облачения священнослужителей во время богослужения. В православии С.о.: *стихарь, риза (фелонь), саккос, орарь, епитрахиль, омофор, митра, пояс, набедренник, палица* и др.

СВЯЩЕННЫЕ СОСУДЫ, название предметов церк. утвари, применяемых в богослужении. В православии к С.с. относятся: *дискос, потир, дарохранительница* и др., к к-рым не позволяется прикасаться мирянам и низшим чинам клира. С.с. хранятся в особых помещениях храма.

СВЯЩЕННЫЙ СОЮЗ, союз Австрии, Пруссии и России, заключённый в Париже 26.9.1815, после падения Наполеона I. Целями С.с. являлись обеспечение незыблемости решений *Венского конгресса 1814–15*. В 1815 к С.с. присоединились Франция и ряд др. европ. гос-в.

СГС СИСТЕМА ЕДИНИЦ (SGS), система единиц физ. величин с осн. единицами: см – г (массы) – с. В электродинамике использовались две СГС с.е. – эл.-магн. (СГСМ) и эл.-статич. (СГСЭ), а также совмещённая (т.н. система единиц Гаусса), в к-рой магн. величины равны единицам СГСМ (максвелл, гаусс, эрстед и т.д.), а электрические – единицам СГСЭ (собств. названий не имеют); электрич. и магн. постоянные в ней равны 1. СГС с.е. была создана К.Ф. Гауссом в 1832 и ныне используется в науч. исследованиях.

СДЕЛКА, действие, направленное на установление, изменение или прекращение гражд. прав и обязанностей. Наиб. распространённый вид С. – договор (т.е. двусторонняя или многосторонняя С.). Возможны односторонние С., выражающие волю одного лица (напр., *завещание*).

СЕБАСТЬЯН (Sebastian), христ. святой, мученик. Будучи офицером имп. гвардии в Риме, обратился в христ-во. Имп. Диоклетианом приговорён к расстрелу, тяжело ранен лучниками, вылечен вдовой Св. Ириной, но позже забит дубинками. Над предполагаемой могилой Св. С. в рим. катакомбах возведена одна из 7 раннехрист. рим. паломнических церквей. Считается исцелителем от чумы, патроном стрелковых гильдий.

СЕБЕСТОИМОСТЬ ПРОДУКЦИИ, экон. показатель, включающий затраты на потреблённые средства произ-ва и на оплату труда. Т.н. полная С.п. включает текущие затраты не только на произ-во, но и на реализацию продукции. Экон. аналог

С.п.— издержки произ-ва. Отношение чистого дохода (прибыли) к С.п. выражает рентабельность произ-ва. Исчисляется себестоимость всей продукции, а также единицы изделия.

СЕВА́Н (Гокча), самое большое озеро на Кавказе (на выс. 1900 м), в Армении. Пл. 1240 км². Глуб. до 83 м. Впадает 28 небольших рек; сток из р. Раздан, воды к-рой используются каскадом ГЭС. Для повышения уровня воды в озере построен тоннель (49 км), по к-рому в С. перебрасываются воды р. Арпа. На берегу — г. Севан. Природный нац. парк. Туризм.

СЕВАСТО́ПОЛЬ, г. в Респ. Крым, на Украине. 366 т.ж. Порт на Чёрном м.; ж.-д. ст. Судостроение и судоремонт; пищевкус., лёгкая, деревообр. пром-сть. Приборостроит. ин-т. Аквариум Ин-та биологии юж. морей. Музеи: героич. обороны и освобождения С., Краснознамённого Черномор. флота, худ., лейтенанта П.П. Шмидта. Т-ры: рус. драм., Черномор. флота, юного зрителя. В р-не

Севастополь. Памятник «Затопленным кораблям».

С.— антич. г. Херсонес (сохранились развалины). Осн. в 1783 как воен.-мор. порт и крепость после включения Крыма в состав России на месте тат. поселения Ахтиар. В 1784 назван С., в 1797–1801 наз. Ахтиар. Прославился героич. обороной в 1854–55 в ходе Крымской войны 1853–56 и в 1941–42 в период Вел. Отеч. войны. Петропавловский собор (1843–48) и Графская пристань (1846) в стиле *классицизма*. Панорама «Оборона Севастополя 1854–55 гг.».

СЕВЕРГИ́Н Вас. Мих. (1765–1826), минералог и химик, один из основателей рус. минералогич. школы. Автор обширных сводок по минералогии и полезным ископаемым России. Тр. по технологии (произ-во селитры и др.). Разрабатывал рус. науч. терминологию по химии, ботанике и минералогии.

В.М. Севергин.

СЕ́ВЕРНАЯ АМЕ́РИКА, материк в Зап. полушарии. На Ю. соединяется с Юж. Америкой, границу с к-рой проводят по Дарьенскому перешейку, иногда по Панамскому перешейку. К С.А. относят Центр. Америку и Вест-Индию. Пл. 20,36 млн. км² (вместе с о-вами 24,25 млн. км²). Нас. 442,1 млн. ч. На З. материк омывается Тихим ок. с Беринговым м., зал. Аляска и Калифорнийским, на В.— Атлантич. ок. с морями Лабрадор, Карибским, зал. Св. Лаврентия и Мексиканским, на С.— Сев. Ледовитым ок. с морями Бофорта, Баффина, Гренландским и Гудзоновым зал. Кр. о-ва: Гренландия, Алеутские, арх. Александра. Зап. часть материка занимает горн. система Кордильеры (г. Мак-Кинли, 6193 м, высш. точка С.А.), восточнее — обширные равнины, плато, средневысотные горы. На северо-востоке С.А.— Лаврентийская возв. Внутр. р-ны — Великие равнины (высокие) и Центр. равнины (низкие). Вост. край материка окаймлён горн. поднятиями Канад. Арктич. арх., Лабрадора, Аппалачей. Вдоль юго-вост. побережья расположены береговые низменности — Приатлантическая и Примексиканская.

Климат от арктич. на крайнем С. до тропич. в Центр. Америке и Вест-Индии, в прибрежных р-нах океанич., во внутренних — континентальный. Ср. темп-ры янв. возрастают от −36°C (на С. Канад. Арктич. арх.) до 20°C (на Ю. Флориды и Мекс. нагорья), июля — от 4°C на С. Канад. Арктич. арх. до 32°C на Ю.-З. США. Наиб. кол-во осадков выпадает на Тихоокеанском побережье Аляски и Канады и на С.-З. США (2000–3000 мм в год); в юго-вост. р-нах материка — 1000–1500 мм, Центр. равнинах — 400–1200 мм, межгорн. долинах субтропич. и тропич. р-нов Кордильер — 100–200 мм в год. К С. от 40–44° с.ш. зимой формируется устойчивый снежный покров. Самая кр. речная система Миссисипи – Миссури (дл. 6420 км); др. значит. реки: Св. Лаврентия, Макензи, Юкон, Колумбия, Колорадо. Сев. часть материка, подвергавшаяся оледенению, богата озёрами (Великие озёра, Виннипег, Б. Невольничье, Б. Медвежье и др.). Общая площадь совр. оледенения св. 2 млн. км². Почвенно-растит. покров на В. материка представлен серией широтных зон от арктич. пустынь на С. до тропич. вечнозелёных лесов на Ю. (в Кордильерах — разнообразными спектрами высотных поясов). К Ю. от 47° с.ш. зоны вытянуты преим. в меридиональном направлении. Леса занимают ок. 1/3 терр.; они представлены типичной тайгой в центр. р-нах Канады, высокоствольными хвойными лесами на Тихоокеанском побережье Аляски, Канады и США, смешанными и широколиств. лесами в басс. Великих озёр, вечнозелёными хвойными и смешанными лесами на Ю.-В. материка и в юж. части Кордильер. Во внутр. части материка преобладает степная и полупустынная растительность. Во внутр. поясе Кордильер местами развиты пустыни. Почвенно-растит. покров С.А. сильно изменён человеком (особенно на терр. США). Животный мир включает ряд эндемичных, типично сев.-амер. видов (мускусный бык, би-

зон, дикобраз, ондатра, скунс, медведь гризли и др.). В С.А. расположены 23 гос-ва, а также владения Дании, Великобритании, Нидерландов, Франции, США.

СЕ́ВЕРНАЯ ВОЙНА́ 1700–21, России со Швецией за выход к Балт. м. После поражения в Нарвском сражении Пётр I реорганизовал армию, создал Балт. флот. В 1701–04 рус. войска закрепились на побережье Фин. зал., взяли Дерпт, Нарву и др. крепости, выдвинулись к Неману. В 1707–09 швед. армия короля Карла XII вторглась в пределы России. В 1709 гл. силы шведов были разгромлены в Полтавском сражении. В 1710–18 рус. войска овладели Ригой, Ревелем и др. городами Прибалтики, вытеснили шведов из Финляндии, рус. флот одержал победу при Гангуте. В 1719–21 Россия утвердилась на берегах Балт. м. Завершилась Ништадтским миром 1721.

СЕ́ВЕРНАЯ ДВИНА́, р. в Европ. части России. Дл. 744 км. Образуется слиянием рек Сухона и Юг (у г. Великий Устюг), впадает в Двинскую губу Белого м., образуя дельту (пл. ок. 900 км²). Осн. притоки: Вычегда, Пинега, Вага. Соединена через р. Сухона, оз. Кубенское и др. с Волго-Балт. водным путём (Сев.-Двинская водная система), через р. Пинега с р. Кулой. Судоходна. На С.Д.— гг. Котлас, Новодвинск, Архангельск (в устье).

СЕ́ВЕРНАЯ ЗЕМЛЯ́, архипелаг из 4 крупных о-вов между Карским м. и морем Лаптевых, в России. Пл. 37,6 т. км². Ок. ½ терр. покрыто ледниковыми щитами и куполами (выс. до 965 м). Лежбища мор. зверя (нерпа, тюлень, морж, белуха). Птичьи базары.

СЕ́ВЕРНАЯ ОСЕ́ТИЯ (Республика Северная Осетия), в России. Пл. 8 т. км². Нас. 695 т.ч., гор. 69%; осетины (53%), русские (29,9%), ингуши, армяне и др. Столица — Владикавказ. 8 р-нов, 6 городов, 7 пос. гор. типа.

Расположена в сев. предгорьях и на сев. склонах Б. Кавказа. В центр. части — Осетинская равнина. Климат умеренно континентальный. Ср. темп-ры янв. −4°C, июля 20–24°C; осадков 400–800 мм в год. Гл. река — Терек. Широколиств. леса (бук, дуб, граб) сменяются субальп. и альп. лугами; в котловинах — леса из сосны и берёзы. Северо-Осетинский заповедник.

В нач. 1-го тыс. н.э. жили племена скифов, сарматов, аланов. В 13–14 вв. подвергалась набегам монголо-татар. В 1774 по Кючук-Кайнарджийскому миру отошла к России. В янв. 1921 образован Владикавказский (Осетинский) округ в составе Горской АССР. С 1924 авт. область, в 1936–90 авт. республика в составе РСФСР. В 1990 ВС Сев.-Осетинской АССР принял Декларацию о гос. суверенитете. Пост президента учреждён в 1991.

Осн. отрасли пром-сти: цв. металлургия, маш-ние, хим., пищ., лёгкая, деревообр., стекольная. Нар. прикладное иск-во: худ. обработка металла, резьба по дереву и камню, золотое шитьё. Каскад ГЭС на р. Терек. Посевы зерновых, подсолнечника, конопли, выращивают картофель, овощи. Плод-во и виногр-во. Оро-

Северная Америка. Великие равнины (США).

Северная Америка. Скалистые горы (Канада).

620 СЕВЕ

Северная Осетия. «Город мёртвых» в с. Даргавс.

Северные письма. «Чудо о Флоре и Лавре». 16 в. Частное собрание. Москва.

шаемые земли. Молочно-мясное скот-во, овц-во, свин-во, птиц-во. В С.О. начинаются Военно-Груз. и Военно-Осет. дороги. Курорты: Кармадон, Тамиск.

СЕ́ВЕРНАЯ ПАЛЬМИ́РА, в рус. лит-ре с кон. 18 в. название С.-Петербурга, к-рый сравнивался по богатству и красоте с древним г. Пальмира в Сирии.

СЕ́ВЕРНОЕ МО́РЕ, Атлантич. ок., у берегов Сев. и Ср. Европы. Соединяется с Балт. м. Датским прол., с Атлантич. ок. – прол. Па-де-Кале и Ла-Манш. Пл. 565 т. км², глуб. до 725 м. Впадают реки: Эльба, Везер, Рейн, Темза. У берегов зимой замерзает. ок. 28 °C. Осадков ок. 725 м. Рыб-во (сельдь, треска). Добыча нефти и газа. Кр. порты: Роттердам, Амстердам (Нидерланды), Антверпен (Бельгия), Лондон (Великобритания), Гамбург (Германия), Осло, Берген (Норвегия).

СЕ́ВЕРНОЕ СИЯ́НИЕ, *полярное сияние* вблизи Сев. полюса Земли.

СЕ́ВЕРНЫЕ МАРИА́НСКИЕ ОСТРОВА́ (Содружество Северных Марианских Островов), гос-во в зап. части Тихого ок., в Микронезии. Пл. 475 км². Нас. 45,4 тыс. чел., преим. каролинцы и чаморро. Большинство верующих – католики. Офиц. язык – английский. Глава исполнит. власти – губернатор, избираемый населением. Законодат. орган – из двух палат (Сенат и Палата представителей). Столица – Капитолийский Холм на о. Сайпан. Ден. единица – доллар США.

О-ва преим. вулканич. происхождения, выс. до 465 м (о. Сайпан). Климат субэкватор. Ср.-мес. темп-ры ок. 28 °С. Осадков св. 2000 мм в год. Область зарождения тайфунов. Вечнозелёные тропич. леса.

С 1947 терр. находилась под управлением США; с марта 1976 получила статус «свободно присоединившегося» к США гос-ва (официально этот статус вступил в силу в 1986). В 1993 прекращена опека США.

Основа экономики – с. х-во. ВНП на д. нас. 12360 долл. в 1991. Выращивают кокос. пальму, сах. тростник, хлебное дерево, кофе, томаты, дыни. Лов и переработка рыбы (преим. тунец). Произ-во копры, одежды. Туризм.

СЕ́ВЕРНЫЕ ПИ́СЬМА, группа произв. *иконописи*, созданных живописцами рус. Севера в 15–18 вв. Иконам присущи грубоватая простота и наивность образов, скупые живописные приёмы.

СЕ́ВЕРНЫЙ ЛЕДОВИ́ТЫЙ ОКЕА́Н, наименьший на Земле. Пл. 14,75 млн. км², объём 18 млн. м³, ср. глуб. 1220 м, наибольшая – 5527 м.

Моря: Гренландское, Норвежское, Баренцево, Белое, Карское, Лаптевых, Вост.-Сибирское, Чукотское, Бофорта, Баффина; Гудзонов залив. Шельфовая область – крупнейшая среди океанов (50,3% площади дна). Подводные хребты: Гаккеля, Ломоносова, Менделеева. Осн. тёплые поверхностные течения: Норвежское и его ветви – Шпицбергенское и Нордкапское. Зимой ⁹/₁₀ акватории С.Л.о. покрыто дрейфующими льдами. Темп-ра поверхностных вод ок. 1 °C зимой и от 0 до 5 °C летом. Солёность поверхностных вод понижена (ок. 32‰) под влиянием мощного речного стока. Рыб-во, промысел тюленей. Кр. порты: Мурманск, Беломорск, Архангельск, Тикси, Диксон, Певек (Россия), Тромсё, Тронхейм (Норвегия), Черчилл (Канада), Валдиз (США).

СЕ́ВЕРНЫЙ МОРСКО́Й ПУТЬ (СМП) (до нач. 20 в. наз. Сев.-Вост. проход), гл. судох. магистраль России в Арктике. Проходит по морям Сев. Ледовитого ок., соединяет европ. и дальневост. порты. Длина (от Карских Ворот до Бухты Провидения) 5600 км. Осн. порты: Игарка, Дудинка, Диксон, Тикси, Певек, Провидения. Продолжительность навигации 2–4 мес (на отд. участках дольше, с помощью ледоколов). СМП впервые был пройден с З. на В. (с одной зимовкой в пути) в 1878–79 швед. эксп. Н.А.Э. Норденшельда. Впервые за одну навигацию (1932) СМП пройден сов. эксп. О.Ю. Шмидта на судне «Сибиряков».

СЕ́ВЕРНЫЙ ОЛЕ́НЬ, млекопитающее (сем. *олени*). Длина тела до 2,2 м, высота в холке до 1,5 м, масса до 220 кг. Рога большие, у самцов и самок. Копыта плоские, приспособленные к передвижению по снегу. Обитает на полярных о-вах, в тундре и тайге Евразии, в т.ч. на Ю. Сибири (Алтай, Саяны), и Сев. Америки. Совершает сезонные миграции многочисл. стадами. Объект промысла и разведения (ради мяса, шкуры). Родоначальник домашнего С.о. (одомашнен ок. 2 тыс. лет назад).

СЕ́ВЕРНЫЙ ПО́ЛЮС, точка пересечения воображаемой оси вращения Земли с её поверхностью в Сев. полушарии. Находится в центре Сев. Ледовитого ок. Первыми достигли р-на С.п. американцы Ф. Кук в 1908 и Р. Пири в 1909. В 1962 сов. атомная подводная лодка «Ленинский комсомол» совершила поход к С.п. 17.8.1977 сов. атомный ледокол «Арктика» в первые в истории мореплавания достиг С.п.

«СЕ́ВЕРНЫЙ ПО́ЛЮС» («СП»), науч. обсерватории на дрейфующих льдинах Сев. Ледовитого ок. Результаты наблюдений станций «СП» используются для прогнозирования погоды и ледовых условий плавания по Сев. мор. пути. «СП-1» была организована в мае 1937 в р-не Сев. полюса под рук. И.Д. Папанина. Работали: «СП-22» (1973–82), «СП-23» (1975–1978), «СП-24» (1978–80), «СП-25» (1981–84), «СП-26» (1983–86), «СП-27» (1984–87), «СП-28» (1986–1988), «СП-29» (1987–88), «СП-30» (1987–91), «СП-31» (1988–91). Работы временно прекращены.

СЕВЕРЯ́НЕ (север, севера), объединение вост.-слав. племён в басс. рек Десна, Сейм и Сула. В 8–10 вв. платили дань хазарам. Ок. 884 в составе Др.-рус. гос-ва. Назв. «севера», «Северские города», «Северская земля» сохранялись в источниках до кон. 17 в., а также в назв. «Новгород-Северский», «Северский Донец».

СЕВЕРЯ́НИН Игорь (наст. имя и фам. Иг. Вас. Лотарев) (1887–1941), рус. поэт. Эстетизация салонно-городских мотивов, игра в романтич. индивидуализм в сб-ках «Громокипящий кубок» (1913), «Ананасы в шампанском» (1915). С 1918 жил в Эстонии. Автобиогр. ром. в стихах «Колокола собора чувств» (1925) и сб-к сонетов «Медальоны» (1934) проникнуты любовью к родине, посталгич. переживанием отторгнутости от неё.

И. Северянин.

СЕВИ́ЛЬЯ, г. в Испании, на р. Гвадалквивир. 659 т.ж. Порт (доступен для мор. судов); междунар. аэропорт. Маш-ние, пищевкус., текст., хим. и нефтехим. пром-сть. Ун-т (1502). Музеи: археол., изящных иск-в, Дом-музей Б.Э. Мурильо (уроженца С.). С 15 в. кр. центр судостроения, торговли (до 17 в. превосходила по обороту все кр. европ. торг. центры) и мореплавания. В 1492 из гавани С. вышла 1-я экспедиция Х. Колумба. В старой части С. узкие извилистые улицы, рядом – регулярная застройка. Руины замка Алькасар (12–16 вв.), одноэтажный собор (15–16 вв.), башня «Торре дель Оро» (1220).

СЕВООБОРО́Т, научно обоснованное чередование с.-х. культур (пара) по участкам (полям) и во времени. Обеспечивает восстановление и улучшение плодородия почвы, снижает вероятность появления вредителей и развития болезней р-ний.

СЕ́ВРСКИЙ ФАРФО́Р, худ. изделия фарфорового з-да (осн. в 1756) в

Севрский фарфор. Э.М. Фальконе. «Охота». 1758. Эрмитаж.

Севре, близ Парижа. Посуда с яркой, сочной росписью, скульптура (обычно *бисквит*) в стиле *рококо*, с 1770-х гг. в стиле *классицизма* (по моделям Э.М. Фальконе и др.). В 20 в. г. Севр остаётся центром произ-ва франц. фарфора.

СЕВРЮ́ГА, проходная рыба (сем. *осетровые*). Дл. до 2,2 м, масса до 80 кг. Обитает в басс. Чёрного, Азовского и Каспийского морей. Нерест в реках. Объект промысла и разведения. Численность сокращается в результате зарегулирования стока рек (осн. нерестилища и добыча – в р. Урал). Илл. см. при ст. *Осетровые*.

СЕГИДИ́ЛЬЯ (исп. seguidilla), исп. нар. песня-танец кастильского происхождения (15–16 вв.); 3-дольный. Использована М.И. Глинкой, Ж. Бизе, М. де Фальей.

СЕГНЕТОЭЛЕ́КТРИКИ, кристаллы, обладающие в определ. интервале темп-р самопроизвольной поляризацией, сильно зависящей от внеш. воздействий. К С. относятся титанат бария, сегнетова соль и др. С. обладают высокой *диэлектрической проницаемостью*. При нагревании при определ. темп-ре (*точка Кюри*) поляризация исчезает, происходит *фазовый переход* С. в неполярное состояние. Все С. – сильные *пьезоэлектрики*, они используются как пьезоэлектрич. материалы.

СЕГО́ВИЯ (Segovia) Андрес (1893–1987), исп. гитарист. Возродил междунар. интерес к гитаре как сольному инстр-ту. Гастролировал. Исполнил в т.ч. собственный концерт для гитары с орк. «Тонадилью» и др. пьесы, *транскрипции* соч. И.С. Баха.

СЕГРЕГА́ЦИЯ (от позднелат. segregatio – отделение), одна из форм расовой дискриминации. Отделение «цветного» населения от белых; поселение его в специально отведённых р-нах; запрещение «цветным» обучаться в одних школах и ун-тах с белыми, пользоваться одними больницами, транспортом и т.д.

СЁГУ́Н, титул правителей Японии в 1192–1867, при к-рых имп. династия была лишена реальной власти. Династии С.: Минамото (1192–1333), Асикага (1335 [1338]–1573), Токугава (1603–1867).

СЕЗА́НН (Cézanne) Поль (1839–1906), франц. живописец. Представитель *постимпрессионизма*. В натюрмортах, пейзажах, портретах выявлял с помощью градаций чистого цвета, устойчивых композиц. построений неизменные качества предметного мира, его пластич. богатство, логику структуры, величие природы и органич. единство её форм («Берега Марны», 1888; «Персики и груши», 1888–90).

СЕЙД (сейид) (араб. – господин), почётный титул мусульман, возводящих свою родословную к Мухаммеду. Часто употребляется в значении «господин».

СЕЙ (Say) Жан Батист (1767–1832), франц. экономист, сторонник свободной торговли и невмешательства гос-ва в экон. жизнь. Один из авторов теории факторов произ-ва; сформулировал закон рынка, полагая, что обмен продукта на продукт автоматически ведёт к равновесию между куплей и продажей.

СЕЙМ (польск. sejm), 1) сословно-представит. органы в Польше, Литве, Чехии и нек-рых др. гос-вах Вост. Европы. 2) Название высш. законодат. органа в Польше, Литве (1922–40, с 1992) и Латвии (1922–34).

СЕ́ЙНЕР, см. в ст. *Рыбопромысловые суда*.

СЕЙСМИ́ЧЕСКАЯ ШКАЛА́, шкала для оценки проявления интенсивности *землетрясений* (в баллах) на поверхности Земли. В России и европ. странах используют 12-балльную, в Лат. Америке – 10-балльную, в Японии – 7-балльную С.ш. Для сравнения землетрясений по их энергии существует *Рихтера шкала*.

СЕЙСМО... (от греч. seismós – колебание, землетрясение), часть сложных слов, означающая: относящийся к колебаниям в земной коре, землетрясениям (напр., сейсмограф).

СЕЙСМОЛО́ГИЯ (от *сейсмо...* и *...логия*), раздел *геофизики*, изучающий землетрясения, их связь с тектонич. процессами и возможности предсказания. Данные С. используются для исследования внутр. строения Земли и решения задач по сейсмич. районированию. Как самостоят. наука существует со 2-й пол. 19 в. Значит. вклад в С. внесли: Э. Вихерт, Б. Гутенберг (Германия), Дж. Милн, Х. Джеффрис (Великобритания), К. Буллен (Австралия), Ф. Омори, А. Имамура, К. Вадати (Япония), А. Мохоровичич (Югославия), Б.Б. Голицын, И.В. Мушкетов (Россия).

СЕЙСМОСТО́ЙКОЕ СТРОИ́ТЕЛЬСТВО, возведение зданий и сооружений с учётом возможного разруш. воздействия на них сейсмич. сил. Напр., опасными для зданий считаются землетрясения, интенсивность к-рых достигает 6 баллов и более по 12-балльной сейсмич. шкале.

СЕ́ЙФЕРТ (Seifert) Ярослав (1901–1986), чеш. поэт. Антифаш. стихи. Жизнь природы и жизнь души, автобиогр. мотивы – в сб. «Яблоко из лона» (1933), «Руки Венеры» (1936), «Маменька» (1954), «Мальчик и звёзды» (1956), «Концерт на острове» (1965) и др. Сб. «Чумной столб» (1981) отразил трагич. мироощущение поэта. Ноб. пр. (1984).

СЕЙШЕ́ЛЬСКИЕ ОСТРОВА́ (Республика Сейшельские Острова), гос-во на Сейшельских и Амирантских о-вах, о-вах Альдабра, Фаркуар и др. в Индийском ок. Пл. 405 км². Нас. 71,3 т.ч., сейшельцы (креолы С.О.), африканцы-банту, индийцы и др. Офиц. языки – креольский, английский и французский. Большинство нас. – католики. Входит в *Содружество*. Глава гос-ва и пр-ва – президент. Законодат. орган – Нац. собрание. Столица – Виктория. Ден. единица – сейшельская рупия.

Наиб. крупные о-ва – Маэ, Силуэт, Праслен, Ла-Диг – сложены кристаллич. породами; мелкие о-ва преим. коралловые. Выс. до 915 м. Климат субэкв. морской. Ср.-мес. темп-ры 26–28 °C; осадков до 4000 мм в год. Тропич. леса.

С 1903 колония Великобритании. С 1976 С.О. – независимое гос-во.

С.О. – агр. страна; важное значение имеют рыб-во и иностр. туризм. ВНП на д. нас. 5450 долл. в год. Осн. экспортные с.-х. культуры: кокосовая пальма, эфирно-масличные пачули (используются в парфюмерии), циннамон (корица). Жив-во.

П. Сезанн. «Натюрморт с драпировкой». Ок. 1899. Эрмитаж.

Сейшельские Острова. Порт г. Виктория.

СЕКА́М (от нач. букв франц. слов Système en Couleur avec Mémoire – цветная система с запоминанием), название системы цв. *телевидения*, совместимой с чёрно-белой системой и отличающейся поочерёдной (последовательной) передачей двух цветоразностных сигналов при непрерывной передаче сигнала яркости. Принята во Франции, России, нек-рых др. странах Европы и Африки.

СЕКА́Ч, взрослый самец морских котиков и кабана.

СЕКВЕ́НЦИЯ (ср.-век. лат. sequentia – последовательность) (муз.), 1) повторение небольшого мелодич. или гармонич. построения на др. высоте сразу за его первым проведением. 2) Жанр ср.-век. католической гимнографии. С. *Стабат матер* и др. использованы позднее в разл. жанрах церк. и светской музыки.

СЕКВО́ЙЯ, род хвойных деревьев (сем. таксодиевые). Единств. вид – С. вечнозелёная, выс. св. 100 м, диам. 6–11 м. Растёт в горах вдоль зап. побережья США (Калифорния, Юж. Орегон). Живёт от 2000 до 4000 и более лет. Древесину используют для подводных сооружений и т.п. В культуре как декор. дерево редка, встречается в Зап. Закавказье и на Юж. берегу Крыма.

СЕКВОЙЯДЕ́НДРОН, род хвойных деревьев (сем. таксодиевые). Единств. вид – С. гигантский (веллингтония, мамонтово дерево), выс. до 100 м. Живёт 3–4 тыс. лет. Небольшие рощи С. только в Калифорнии (зап. склон Сьерра-Невады), заповедные. Выращивают как декор. монументальное дерево в парках и садах Европы, в т.ч. на Юж. берегу Крыма, Черномор. побережье Кавказа.

СЕКРЕТАРИА́Т ООН, постоянно действующий орган ООН, один из её гл. органов. Состоит из *Генерального секретаря ООН* и назначаемого им персонала. Осн. функции секретариата – орг.-адм. обслуживание органов ООН, её к-тов, конференций и др. Осуществляет регистрацию и публикацию междунар. соглашений, издание док-тов ООН. Находится в Нью-Йорке.

СЕКРЕ́ЦИЯ (от лат. secretio – отделение), образование и выделение клетками желёз особых продуктов (секретов), необходимых для жизнедеятельности организма. С. свойственна также нек-рым нейронам, вырабатывающим нейрогормоны, и обычным нерв. клеткам, выделяющим специфич. в-ва (медиаторы), осуществляющие контактные межклеточные взаимодействия.

СЕКС (франц. sexe, от лат. sexus – пол), пол; сексуальность, совокупность психич. и физиол. реакций, переживаний и поступков, связанных с проявлением и удовлетворением полового влечения.

СЕКСОЛО́ГИЯ (от секс и *...логия*), область науч. исследований и знаний о половой жизни. Зачатки знаний по С. содержатся в древнейших мифол. системах и медицине древности. Объективное изучение пола началось в эпоху Возрождения. Совр. С., сложившаяся в сер. 1940-х гг., – комплекс разнородных иссл., охватывающих биол.-мед., социально-ист. и психол. аспекты.

СЕКСОПАТОЛО́ГИЯ (от секс и *патология*), раздел клинич. медицины, изучающий болезненные отклонения в половой жизни человека, их происхождение, методы распознавания, лечения и профилактики.

СЕКСТ ЭМПИ́РИК (Sextus Empiricus) (кон. 2 – нач. 3 вв.), др.-греч. философ и учёный, представитель *скептицизма*. Собрал и систематизировал высказывания др.-греч. скептиков от Пиррона до Энесидема; один из первых историков логики. Осн. тр.: «Пирроновы основоположения», «Против учёных».

СЕ́КСТА, см. в ст. *Интервал*.

СЕКСТЕ́Т, см. в ст. *Ансамбль*.

СЕКТА́НТСТВО религиозное, термин, первонач. применявшийся церк. деятелями, а затем широко вошедший в употребление для обозначения религ. объединений, возникавших в осн. как оппозиц. течения по отношению к доминирующим религ. направлениям. В истории форму С. нередко имели социальные, нац.-освободит. движения. Известны: *адвентисты*, *баптисты* (см. *Баптизм*), *духоборы*, *молокане*, *пятидесятники*, *хлысты* и др.

СЕКУЛЯРИЗА́ЦИЯ (от позднелат. saecularis – мирской, светский), 1) обращение гос-вом церк. собственности (преим. земли) в светскую. С. широко проводилась во время Реформации. 2) В Зап. Европе – переход лица из духовного состояния в светское с разрешения церкви. 3) С кон. 19 в. обозначение всякой формы эмансипации от религии и церк. институтов.

СЕКУ́НДА (с, s) (от лат. secunda divisio – второе деление), 1) единица времени, осн. единица СИ, СГС и др. систем единиц. Определение С. неоднократно менялось. В 1967 принято совр. определение – интервал времени, в к-рый укладывается 919 263 770 периодов излучения определ. длины волны атома цезия (^{133}Cs). Цезиевый эталон С.- самый точный из всех эталонов осн. единиц СИ, его относит. погрешность $2 \cdot 10^{-13}$, т.е. ошибка в 1 с может накопиться за 600 тыс. лет. 2) Единица плоского угла, равная 1/3600 углового градуса или $4{,}848 \cdot 10^{-6}$ радиан. 3) (Муз.), см. *Интервал*.

СЕ́ЛА (Cela) Камило Хосе (р. 1916), исп. писатель. В ром. «Семья Паскуаля Дуарте» (1942), «Улей» (1951) – мотивы безысходности, абсурдности жизни. В путевых очерках («Путешествие в Алькаррию», 1948) – беспристрастность док. свидетельства о нар. жизни. Рассказы, в т.ч. острогротескные («Испанские истории. Слепые и дурачки», 1957). Ноб. пр. (1989).

СЕЛЕВКИ́ДЫ, царская династия, правившая в 312–64 до н.э. на Бл. и Ср. Востоке (осн. терр.- Сирия). Основана Селевком I – полководцем Александра Македонского, диадохом. Наивысш. расцвета гос-во С. достигло в 3 в. при Антиохе III; в 64 завоёвано Римом.

СЕЛЕЗЁНКА, непарный орган позвоночных ж-ных и человека, расположенный в брюшной полости. Один из осн. резервуаров («депо») крови; участвует в кроветворении, обмене в-в, вырабатывает антитела, задерживает и обезвреживает бактерии и токсины, разрушает отжившие клетки крови.

СЕЛЕ́КЦИЯ (от лат. selectio – выбор, отбор), выведение сортов и гибридов с.-х. р-ний, пород ж-ных с нужными признаками; наука, разрабатывающая методы этой работы. Теоретич. основа С.- *генетика*.

СЕЛЕ́Н (Selenium), Se, хим. элемент VI гр. периодич. системы, ат.н. 34, ат.м. 78,96; относится к *халькогенам*; неметалл серого или красного цвета, $t_{пл}$ 221 °C; полупроводник. С. используется в фотоэлементах, ксерографии и др. Открыт швед. учёным Й. Берцелиусом в 1817.

«СЕЛЕСТИ́НА», исп. роман-драма. Написан Ф. де Рохасом ок. 1492–97. В назидат. повествовании о любви, приводившей героев к гибели, традиции морально-дидактич. ср.-век. лит-ры сочетаются с идеями итал. гуманизма и ярким реалистич. изображением действительности, сатирич. зарисовками нравов. Оказал влияние на *плутовский роман* и исп. драму периода её расцвета.

СЕ́ЛЕШ (Seles) Моника (р. 1973), хорв. теннисистка. Чемпионка мира (1991). Победительница открытых чемпионатов Австралии (1991–92), Франции (1990–92), США (1991–1992) и св. 20 др. проф. турниров в одиночном разряде.

СЕЛИГЕ́Р, оз. на Валдайской возв., в Тверской и Новгородской областях. Пл. 212 км², Глуб. до 24 м. Состоит из неск. обособленных плёсов, соединённых протоками. Ок. 160 о-вов. Впадает 110 рек; вытекает р. Селижаровка. Рыб-во. На С.- г. Осташков. Популярный р-н туризма и отдыха.

СЕЛИ́М I Грозный (Явуз) (Selim I Yavuz) (1467/68 или 1470–1520), тур. султан с 1512. В ходе завоеват. войн подчинил Вост. Анатолию, Армению, Курдистан, Сев. Ирак, Сирию, Палестину, Египет, Хиджаз.

СЕЛИМО́ВИЧ (Selimović) Мехмед Меша (1910–82), серб. писатель. Антифаш. рассказы (сб. «Первая рота», 1950), романы («Тишина», 1961). В ист. романах-притчах «Дервиш и смерть» (1966), «Крепость» (1970) на материале боснийской истории 17–18 вв.- проблемы взаимоотношений человека и общества, тема трагич. противостояния человека тоталитарной власти.

СЕЛИ́Н (Céline) (псевд.; наст. фам. Детуш) Луи Фердинанд (1894–1961), франц. писатель. Страх и ужас совр. «сумеречного» существования в ром. «Путешествие на край ночи» (1932), «Смерть в кредит» (1936) – в форме конкретно-описат. *«потока сознания»*. Проповедь нацизма, культа силы, антисемитизма в памфлетах 1936–41, в т.ч. антикоммунистич. «Mea culpa» (лат.- «Моя вина»). Откровенное до цинизма («лиризм гнусности») выражение ненависти к совр. человеку, жалкому и страдающему хуже животного («включая и себя как субъекта изображения»), озабоченному лишь «скотским» самовоспроизведением, восприятие жизни как изначальной агонии в ром. «Марионетки» (1944), «Феерия для иного случая» (1952), «Север» (1954, опубл. в 1960); автобиогр. хроника «Из замка в замок» (1957).

СЕЛИ́ТРЫ (от лат. sal – соль и nitrum – природная сода, щёлочь), нитраты аммония, натрия, калия, кальция и бария. Добывают из природных залежей или получают хим. путём. Применяют как удобрения, для приготовления пиротехн. составов, в произ-ве ВВ.

СЕЛЬ (от араб. сайль – бурный поток), грязевой или грязекаменный поток, внезапно возникающий в горных районах вследствие ливней, бурного снеготаяния и др. причин. С. могут производить большие разрушения. При катастрофич. С., сформировавшемся в р-не р. М. Алматинка (Казахстан) в 1912, объём вынесенного водно-грязевого материала составил 10 млн. м³ (в т.ч. 3 млн.м³ грязекаменного). Борьба с С. ведётся путём закрепления почвенного и растит. покрова, стр-ва спец. гидротехн. сооружений (напр., плотин).

СЕЛЬВИ́НСКИЙ Илья (Карл) Львович (1899–1968), рус. поэт. Ранние произв. отличаются экспериментаторством в области поэтич. формы и языка (в духе *конструктивизма*). В поэме «Улялаевщина» (1927; в новом варианте – 1956; центр. фигура – В.И. Ленин), трагедии «Командарм 2» (1928), ром. в стихах «Пушторг» (1928) – темы Гражд. войны (в т.ч. «кулацкого» восстания), нэпа, трагич. судьбы интеллигента. Ист. трагедии в стихах, в т.ч. трил. «Россия» (1944–57; из которой Ивана Грозного, Петра I и Октябрьской рев-ции, возглавляемой Лениным). Лирика (сб. «О времени, о судьбах, о любви», 1962). Кн. «Студия стиха» (1962).

СЕЛЬДЁВЫЕ, семейство рыб. Длина обычно до 35–50 см. Св. 60 родов (в т.ч. сельди, *сардины*, сардинеллы, *шпроты, тюльки*), ок. 230 видов, в морских, солоноватых и пресных водах, гл. обр. умеренных и тропических. Важный объект промысла.

СЕЛЬДЕРЕ́ЕВЫЕ, то же, что *зонтичные*.

СЕЛЬДЕРЕ́Й, род двулетних травянистых р-ний (сем. зонтичные). Ок. 20 видов. С. пахучий (дикорастущие формы в Евразии, Африке, Америке, Австралии) – овощная культура. Выращивается повсеместно. В корнях и листьях (200–300 ц с 1 га) сахара́, белки, минер. соли, витамин С, эфирное масло. Сок С. полезен при болезнях почек, подагре, аллергич. крапивнице, дерматитах.

СЕЛЬДЖУ́КИ, ветвь племён тюрок-огузов, обитавших в Центр. и Ср. Азии, названных по имени их предводителя Сельджука, а также одно из назв. династии Сельджукидов (11 – нач. 14 вв.). Основатель гос-ва С.- Тогрул-бек (1038–63). В 40-х – нач. 80-х гг. 11 в. завоевали часть Ср. Азии, б.ч. Ирана, Азербайджана, Курдиста́на, Ирак, Армению, М. Азию, Грузию и нек-рые др. территории. Наиб. полит. могущество при Алп-Арслане (1063–1072 или 1073) и Мелик-шахе (1072 или 1073–1092). С кон. 11 в. гос-во С. стало распадаться.

СЕЛЬЕ́ (Selye) Ганс (1907–82), канад. патолог. Род. в Вене, с 1932 в Канаде. Сформулировал концепцию *стресса*, ввёл понятия адаптац. синдрома, болезней адаптации.

СЕ́ЛЬСКОЕ О́БЩЕСТВО, низшая обществ.-адм. единица в России 2-й пол. 19 – нач. 20 вв. Состояла из одного или неск. сёл, владевших общинными с.-х. угодьями (см. *Община*). Управлялась сел. сходом.

СЕ́ЛЬСКОЕ ХОЗЯ́ЙСТВО, возделывание с.-х. р-ний и разведение с.-х. ж-ных для получения продукции растениеводства (зерно, картофель, овощи, фрукты и др.) и жив-ва (молоко, мясо, яйца, шерсть и др.). С.х. зародилось в конце кам. века, когда человек начал обрабатывать почву простейшими орудиями и одомашнивать нек-рых ж-ных. Совр. С.х.- крупная, технически оснащённая отрасль материального произ-ва. В С.х. мира занято св. 50% населения. Площадь с.-х. угодий ок. 4500 млн. га (почти 34% суши). Мировое произ-во в ср. ок. 1400 млн.т, мяса ок. 110 млн.т, молока св. 400 млн.т.

СЕМА́НТИКА (от греч. sēmantikós – обозначающий), 1) значения единиц языка. 2) То же, что семасиология, раздел яз-знания, изучающий значение единиц языка, прежде всего слов и словосочетаний. 3) Один из осн. разделов *семиотики*.

СЕМАФО́Р (от греч. séma – знак, сигнал и phorós – несущий), устройство для подачи разрешающих и запрещающих движение сигналов поездам, не оборудованных автоматич. блокировкой движения, в виде мачты с подвижными крыльями, определ. взаимное расположение к-рых несёт сигнал) или судам (мачта с реей). С. наз. также сигналы (семафорная азбука), передаваемые с помощью условного положения (или движения) рук с флажками.

СЁМГА (благородный лосось), проходная рыба (сем. *лососи*). Дл. до 150 см, масса до 39 кг. Обитает в сев. части Атлантического и зап. части Сев. Ледовитого океанов. Нерест в реках Европы и Сев. Америки. Ценный объект промысла и разведения. Илл. см. при ст. *Лососи*.

СЕМЕ́ЙНОЕ ПРА́ВО, отрасль права, регулирующая личные и имуществ. отношения супругов, детей и др. членов семьи.

СЕМЕ́ЙСТВО (биол.), таксономич. категория (ранг) в биол. систематике. В С. (иногда сначала в подсемейства) объединяют близкие роды. Напр., С. беличьих включает роды: белки, сурки, суслики и др., С. сосновых образуют роды: сосна, ель, пихта и др.

СЕМЕННИ́К, муж. половая железа (обычно парная) у ж-ных и человека, в к-рой образуются половые клетки (*сперматозоиды*) и половые гормоны. У человека С. обычно наз. яичками.

СЕМЁНОВ Григ. Мих. (1890–1946), один из руководителей белого движения, ген.-лейт. (1919). В 1918 установил в Забайкалье режим воен. диктатуры, в нач. 1919 (при поддержке япон. интервентов) объявил себя атаманом Забайкальского казачьего войска. В янв. 1920 А.В. Колчак передал С. всю полноту власти на терр. «Рос. вост. окраины». С сент. 1921 эмигрант, руководил деятельностью эмигрантских орг-ций на Д. Востоке. В сент. 1945 захвачен сов. войсками в Маньчжурии и по приговору суда казнён.

СЕМЁНОВ Ник. Ник. (1896–1986), один из основоположников хим. физики, основатель науч. школы. Основатель и дир. (с 1931) Ин-та хим. физики РАН. Создал количеств. теорию цепных реакций (1934). Разработал теорию теплового взрыва газ. смесей. Ноб. пр. (1956).

СЕМЁНОВ Юлиан Сем. (1931–93), рус. писатель. Остросюжетные полит. детективы: пов. «Семнадцать мгновений весны» (1969; одноим. телесериал, 1973), «ТАСС уполномочен заявить» (1979); хроника в 4 кн. «Альтернатива» (1975); ром. «Пресс-центр» (1984), «Экспансия» (кн. 1–3, 1985–87).

СЕМЁНОВА Ек. Сем. (1786–1849), актриса. В 1803 дебютировала на пе-

Н.Н. Семёнов.

терб. сцене, в 1805 зачислена в имп. труппу Выступала в классич. и преромантич. репертуаре (гл. роли в трагедиях В.А. Озерова, Ж. Расина, Вольтера и др.). Игру отличали искренность, сила воодушевления, благородная величественность пластики. Иск-во С. высоко ценил А.С. Пушкин. Ушла из т-ра в 1826, выйдя замуж за князя И.А. Гагарина, изредка участвовала в любительских спектаклях.

СЕМЁНОВА Марина Тим. (р. 1908), артистка балета, педагог. В 1925–30 в Ленингр. т-ре оперы и балета имени С.М. Кирова (Одетта-Одиллия – «Лебединое озеро» П.И. Чайковского, Никия – «Баядерка» Л.Ф. Минкуса). В 1930–52 в Большом т-ре (с 1953 балетмейстер-репетитор). Прославилась как исполнительница ведущих партий в балетах рус. классич. репертуара. Выступала и в первых пост. совр. балетов (Мирейль де Пуатье – «Пламя Парижа» Б.В. Асафьева, 1933). Танец олицетворял гармонию чистоты, изящества, женственности, красоты движения. У С. совершенствовались Н.И. Бессмертнова, Н.В. Павлова, М.Т. Тимофеева и др.

СЕМЁНОВ-ТЯН-ША́НСКИЙ (до 1906 Семёнов) Пётр Петр. (1827–1914), географ, статистик, обществ.

П.П. Семёнов-Тян-Шанский.

деятель. Руководитель Рус. геогр. об-ва (с 1873) и Рус. энтомологич. об-ва (с 1889). В 1856–57 иссл. Тянь-Шань, составил первую схему его орографии и высотной зональности. Инициатор ряда эксп. в Центр. Азию. Организатор первой переписи населения России 1897. Руководил изд. многотомных сводок по географии России: «Географическо-статистический словарь Российской империи» (т. 1–5, 1863–85); «Россия. Полное географическое описание нашего отечества» (соавт. с В.И. Ламанским) (1899–1914).

СЕМЕНЯ́КА Люд. Ив. (р. 1952), артистка балета. В 1972–90 в Большом т-ре. Танцовщица лирико-драм. плана; танец отличается обострённой эмоциональностью, виртуозной техникой: Одетта-Одиллия («Лебединое озеро» П.И. Чайковского, 1972), Аврора («Спящая красавица» Чайковского, 1973), Жизель («Жизель» А. Адана, 1974), Фригия («Спартак» А.И. Хачатуряна, 1975), Джульетта («Ромео и Джульетта» С.С. Прокофьева, 1984) и др. Исполняет партии как классич., так и совр. репертуара. В 1992 танцевала в труппе «Нац. балет Англии».

СЕМИЗО́РОВА Нина Львовна (р. 1956), артистка балета. С 1978 в Большом т-ре. Исполнение отличается красотой и завершённостью линий, тонким чувством танц. стиля: Одетта-Одиллия («Лебединое озеро» П.И. Чайковского, 1979), леди Макбет («Макбет» К.В. Молчанова, 1980), Мехмене Бану («Легенда о любви» А.Д. Меликова, 1989) и др.

СЕМИЛЕ́ТНЯЯ ВОЙНА́ 1756–63, между Австрией, Францией, Россией, Испанией, Саксонией, Швецией, с одной стороны, и Пруссией, Великобританией (в унии с Ганновером) и Португалией – с другой. Вызвана обострением англо-франц. борьбы за колонии и столкновением агрессивной политики Пруссии с интересами Австрии, Франции и России. Победы прус. армии Фридриха II в 1757 у Росбаха и Лейтена были сведены на нет победой рус.-австр. войск в Кунерсдорфском сражении (1759). В 1761 Пруссия была на грани катастрофы, но новый рус. царь Пётр III заключил с ней в 1762 союз (Екатерина II расторгла его, но война не возобновилась). Ожесточённая борьба шла также в колониях и на море. По Губертусбургскому миру 1763 с Австрией и Саксонией Пруссия закрепила за собой Силезию. По Парижскому мирному дог. 1763 перешли к Великобритании от Франции Канада, Вост. Луизиана, б.ч. Франц. владений в Индии. Гл. итог С-в.– победа Великобритании над Францией в борьбе за колон. и торг. первенство.

СЕМИНА́РИЯ (от лат. seminarium – рассадник, перен.– школа), тип проф. уч. заведения для подготовки христ. священнослужителей и учителей нач. и неполных ср. школ. Назв. «С.» закрепилось за христ. духовными уч. заведениями Зап. Европы во 2-й пол. 16 в. Первые учительские С. созданы в Германии пиетистами в 17 в. В России духовные С. появились в 18 в. Первая рос. учительская С. открыта в 1779 при Моск. ун-те (готовила учителей для гимназий и пансионов). В 19 в. учительские С. создавались с Мин-вом просвещения, а с 60-х гг.– земствами. В 1918–19 С. реорганизованы в пед. курсы и техникумы. В Рос. Федерации действуют С. Рус. православ. церкви, евангельских христиан-баптистов.

СЕМИО́ТИКА (от греч. sēmeion – знак, признак), наука, исследующая способы передачи информации, свойства знаков и знаковых систем в человеческом обществе (гл. обр. естеств. и искусств. языки, а также нек-рые явления культуры – системы мифа, ритуала; см. также *Структурализм*), природе (коммуникация в мире ж-ных) и в самом человеке (зрительное и слуховое восприятие и др.).

СЕМИПАЛА́ТИНСК, г. (с 1782), обл. ц. в Казахстане. 344,7 т.ж. Порт на р. Иртыш; ж.-д. уз. Пищ. (в т.ч. мясоконс.), лёгкая пром-сть; маш-ние и металлообработка (судостроение, произ-во кабеля, газ. аппаратуры и др.). 4 вуза. 3 музея (в т.ч. краеведческий). Рус. и казах. драм. т-ры. Осн. в 1718. В р-не С. находился полигон подземных испытаний ядерного оружия.

СЕМИРАМИ́ДА (ассирийск. Шаммурамат), царица Ассирии в кон. 9 в. до н.э., вела завоеват. войны (гл. обр. в Мидии). С именем С. традиция ошибочно связывает сооружение т.н. висячих садов – одного из *семи чудес света* (эти т.н. террасные сады были

созданы при Навуходоносоре II в 6 в. до н.э.).

СЕМИРЕ́ЧЬЕ (Джетысу), один из древнейших центров цивилизации Ср. Азии. Назв. «С.» происходит от 7 гл. рек этого р-на: Или, Каратал, Биен, Аксу, Лепсы, Баскан, Сарканд. В 6–13 вв. входило в состав Тюрк. каганата, гос-в тюргешей, карлуков, караханидов, каракитаев. В 13 в. завоёвано монголами. С 16 в. терр. казахов *Старшего жуза*. С сер. 19 в. в составе России. В ист. лит-ре С.– территория, включавшая также долину р. Чу.

«СЕМЬ МУДРЕЦО́В», др.-греч. авторы кратких изречений («гном») на темы житейской мудрости (напр., «познай самого себя» Фалеса, «ничего слишком» Солона, «что возмущает тебя в ближнем – того не делай сам» Питтака, «наслаждения смертны, добродетели бессмертны» Периандра и т.п.). Состав «С.м.» в разл. источниках варьируется (всего 17 имён в разных комбинациях).

«СЕМЬ СВОБО́ДНЫХ ИСКУ́ССТВ», система уч. предметов в европ. ср.-век. школе. Включала 1-й цикл – тривиум (грамматика, риторика, диалектика) и следовавший за ним повышенный 2-й цикл – квадривиум (арифметика, геометрия, астрономия, музыка). С эпохи Возрождения «С.с.и.» стали сменяться классич. образованием.

СЕМЬ ЧУДЕ́С СВЕ́ТА, в представлении антич. общества наиб. прославленные достопримечательности: др.-егип. *пирамиды*; террасные, т.н. висячие, сады Семирамиды в Вавилоне, 6 в. до н.э.; храм Артемиды в Эфесе, ок. 550 до н.э.; Мавзолей в Галикарнасе, сер. 4 в. до н.э.; статуи Зевса в Олимпии, ок. 430 до н.э., Гелиоса в Родосе (т.н. Колосс родосский), ок. 292–280 до н.э.; маяк в Александрии, ок. 280 до н.э. Из С.ч.с. сохранились лишь др.-егип. пирамиды.

СЕМЬЯ́, основанная на браке или кровном родстве малая группа, члены к-рой связаны общностью быта, взаимной помощью, моральной и правовой ответственностью. Как устойчивое объединение возникает с разложением родового строя. Осн. ист. формы С.: парная (при неустойчивых связях между мужем и женой и раздельном имуществе), большая (включающая неск. поколений родственников), полигамная и моногамная (см. *Моногамия*, *Полигамия*). Большинство совр. С. состоит из супругов и их детей (нуклеарная С.).

СЕ́МЯ (ботан.), орган воспроизведения и расселения у семенных р-ний. Развивается из семяпочки, обычно после оплодотворения. У покрытосеменных р-ний С. заключено в плоде, у голосеменных формируется открыто на семенных чешуях и мегастробилах (шишках). Масса С. от 0,002 мг (у нек-рых орхидей) до 9 кг (у нек-рых пальм). С. многих р-ний – сырьё для изготовления продуктов питания, техн. масел, красок, лекарств.

СЕ́НА, р. в Европе, на терр. Франции. Дл. 776 км. Протекает по всхолмлённой равнине (Парижский басс.), впадает в прол. Ла-Манш, образуя *эстуарий*. Осн. притоки: Марна, Уаза. Соединена каналами с Шельдой, Маасом, Рейном, Соной, Луарой. Судох. ниже г. Труа (частично по обводным каналам). На С.– гг. Париж, Руан; в эстуарии – порт Гавр.

СЕНЕ 623

СЕНА́Ж, трава, провяленная до влажности 50–55% и законсервированная в герметич. ёмкостях. Используется для кормления кр. рог. скота и овец.

СЕНА́Т (лат. senatus), 1) в Др. Риме респ. периода – верх. орган власти. 2) В России в 1711–1917 Правительствующий С.– высш. орган по делам законодательства и гос. управления. С 1-й пол. 19 в. высш. суд. орган, с 1864 также высш. кассац. инстанция. Возглавлялся ген.-прокурором (он же с 1802 мин. юстиции). Сенаторы назначались императором. 3) Название верх. палаты парламента в ряде гос-в (Италия, Франция, США и др.). Как правило, избирается в ином порядке, чем ниж. палата. В *федерациях* (напр., в США) избираются по 2 сенатора от каждого штата: как правило, 1/3 сенаторов ротируется каждые 2–3 года. Иногда С. имеет определ. суд. полномочия (см., напр., в ст. *Импичмент*).

СЕНБЕРНА́Р, порода служебных и декор. собак. Отличаются кр. размерами (рост до 90 см), прекрасным чутьём, большой силой, хорошо ориентируются на местности. На родине (Швейц. Альпы) использовались для спасения путников, занесённых пургой на горн. перевалах. Добродушны, ласковы, любят детей. Разводят в странах Евразии, в России немногочисленны.

Сенбернар.

СЕН-ВИКТО́РСКАЯ ШКО́ЛА ср.-век. философии (12 в.), существовала при аббатстве каноников-августинцев Сен-Виктор в Париже. Основатель – Гильом из Шампо, сторонник крайнего *реализма*, противник Абеляра. Виднейшие предст.– Гуго и Ришар Сен-Викторские – стремились к сочетанию мистики и рационализма в духе августиновского платонизма.

СЕНЕГА́Л (Республика Сенегал), гос-во в Зап. Африке, на З. омывается Атлантич. ок. Пл. 196,2 т.км^2. Нас. 7,9 млн.ч., гл. обр. волоф, фульбе, серер, тукулер, диола и др. Офиц. яз.– французский. Большинство нас.– мусульмане. Глава гос-ва – президент. Законодат. орган – Нац. собрание. Столица – Дакар. Адм.-терр. деление: 10 областей. Ден. единица – франк КФА.

Большая часть терр. С.– низменная равнина. Климат субэкв. Ср.-мес. темп-ры от 23 до 28 °C; осадков от 250 мм в год на С. до 1500 мм на Ю. Гл. река – Сенегал. Саванны.

С.– первая франц. колония в Зап. Африке, захвачена Францией в 80-х – сер. 90-х гг. 19 в. В 1895–1958 в составе Франц. Зап. Африки. С 1960 независимое гос-во.

С.– агр. страна. ВНП на д. нас. 780 долл. в год. С.-х. продукция даёт ок. 50% стоимости экспорта. Основа экономики – произ-во арахиса и его пе-

624 СЕНЕ

Сенегал.
1:15 000 000

Сенегал. Деревня.

К. Сен-Санс.

(1887–1975), франц. поэт, дипломат. Один из вдохновителей Дв. Сопр. (циклы стихов «Изгнание», 1942, «Ветры», 1946). Воспевал мир природы, нац. традиций Востока (поэма «Анабасис», 1924,— об исчерпанности зап. цивилизации, разлагающейся подобно рим. империи Нерона). В поэмах («Ориентиры», 1957; «Птицы», 1963) — утверждение активной граж. позиции, поиски пути к восстановлению нац. величия Франции. Ноб. пр. (1960).

реработка на экспорт (сбор ок. 800 тыс.т в год; одно из ведущих мест в мире). Осн. прод. культуры — просо и сорго. Овощ-во. Жив-во. Рыб-во. На экспорт ориентированы конс. пром-сть (консервирование морс- и с.-х. продуктов) и добыча фосфоритов. Нефтеперераб. пром-сть, пром-во мин. удобрений и стройматериалов, с.-х. инвентаря, трансп. средств.

СЕ́НЕКА (Seneca) (Младший) Луций Анней (ок. 4 до н.э.— 65 н.э.), рим. философ-стоик, писатель, полит. деятель. Воспитатель и советник Нерона; обвинённый в заговоре, по его приказу покончил жизнь самоубийством. Уход от мира, презрение к смерти и судьбе, проповедь свободы от страстей, морального равенства людей — в филос. «Письмах к Луцилию», трактатах «О благодеяниях», «О милосердии», «О спокойствии духа»), в исполненных патетич. пафоса стихотв. трагедиях.

СЕН-ЖОН ПЕРС (Saint-John Perse) (псевд., составлен из имени апостола Иоанна и др.-рим. поэта-сатирика Персия; наст. имя Алекси Леже)

Сенека.

СЕНКЕ́ВИЧ (Sienkiewicz) Генрик (1846–1916), польск. писатель. Ист. трил. «Огнём и мечом» (1883–84), «Потоп» (1884–86), «Пан Володыёвский» (1887–88) и ром. «Камо грядеши» (1894–96), «Крестоносцы» (1897–1900) отмечены нац.-патриотич. настроениями, стилизацией в духе изображаемой эпохи, иск-вом пластич. лепки образов. Психол. романы (в т.ч. «Без догмата», 1889–90). Ноб. пр. (1905).

СЕННА́Я ЛИХОРА́ДКА (поллиноз), аллергич. заболевание, обусловленное вдыханием пыльцы р-ний. Проявляется насморком, конъюнктивитом, астматич. приступами.

СЕННА́Я ПА́ЛОЧКА, подвижная спорообразующая палочковидная бактерия. Широко распространена в почве, на растит. остатках. Разлагает органич. в-ва, нередко вызывает порчу пищ. продуктов.

СЕ́ННЕТТ (Sennett) Мак (наст. имя и фам. Майкл Синнотт) (1880–1960), амер. режиссёр, актёр. Создал школу амер. комедийного фильма, продолжающую традиции цирковой клоунады и мюзик-холльной эксцентрики. Фильмы основаны на погонях, потасовках, всевозможных трюках, стремит. ритме. Расцвет активности С. приходится на 1910-е гг., когда под его руководством были сняты сотни короткометражных фильмов. Затем уступил лидерство многим ему обязанным Ч. Чаплину, Б. Китону, Г. Ллойду.

СЕ́НО, трава, скошенная и высушенная до влажности 15–17% и ниже; один из осн. кормов для жвачных ж-ных в стойловый период.

СЕН-СА́НС (Saint-Saëns) Камиль (1835–1921), франц. композитор, пианист, органист, дирижёр, муз. критик. Лучшие соч. С.-С.— инструментальные, концертно-виртуозного характера: симфония с органом (1886), симф. поэма «Пляски смерти» (1874), «Интродукция и рондо-каприччиозо» для скрипки с орк. (1863), 2-й фп. концерт (1868), «Карнавал животных» для инстр. ансамбля (1886). В музыке господствуют светлая лирика, благородная патетика, радостные настроения. Из 12 опер популярна «Самсон и Далила» (1876).

СЕНСА́ЦИЯ (франц. sensation), сильное, ошеломляющее впечатление от к.-н. события, сообщения или само событие, сообщение, производящие такое впечатление.

СЕН-СИМО́Н (Saint-Simon) Клод Анри де Рувруа (1760–1825), граф, франц. мыслитель, социалист-утопист. Движущими силами ист. развития считал прогресс науч. знаний, морали и религии. Осн. черты будущей «пром. системы» С.-С.: обязат. труд, единство науки и пром-сти, науч. планирование х-ва, распределение по способностям и т.д. В будущем обществе, по С.-С., пролетариат и буржуазия образуют единый класс «индустриалов». В соч. «Новое христианство» (1825) объявлял освобождение рабочего класса целью своих стремлений, путь решения этой задачи видел в утверждении «новой» религии «все люди — братья».

СЕ́НСОРНЫЙ ПЕРЕКЛЮЧА́ТЕЛЬ, переключатель на основе полупроводниковых, оптоэлектронных и др. приборов, срабатывающий при касании пальцем спец. светочувствит. (сенсорной) площадки. Действие простейшего С.п. основано на способности человеческой кожи проводить электрич. ток. С.п. применяют в устройствах ввода информации, радиоэлектронной и др. аппаратуре.

СЕНСУАЛИ́ЗМ (от лат. sensus — восприятие, чувство), направление в теории познания, согласно к-рому ощущения и восприятия — основа и гл. форма достоверного познания. Противостоит *рационализму*. Осн. принцип С.— «нет ничего в разуме, чего не было бы в чувствах» — разделяли П. Гассенди, Т. Гоббс, Дж. Локк, К. Гельвеций, Д. Дидро, П. Гольбах, а также Дж. Беркли и Д. Юм.

СЕНТ-ВИ́НСЕНТ И ГРЕНАДИ́НЫ, гос-во в Вест-Индии, на о. Сент-Винсент и в сев. части группы о-вов Гренадины, в Карибском м. Пл. 389 км². Нас. 109 т.ч., преим. сентвинсентцы (66% — негры, 19% — мулаты). Офиц. яз.— английский. Верующие преим. протестанты. Входит в *Содружество*. Признаёт главой гос-ва королеву Великобритании. Законодат. орган — парламент (Палата собрания). Столица — Кингстаун. Адм.-терр. деление: 13 избирательных округов. Ден. единица — вост.-карибский доллар.

О-в Сент-Винсент вулканич. происхождения (выс. до 1234 м, действующий вулкан Суфриер); о-ва Гренадины окаймлены коралловыми рифами (прекрасные пляжи). Климат тропич. пассатный, влажный. Ср.-мес. темп-ры 18–32 °C; осадков 1500–3700 мм в год. Часты ураганы. Преим. кустарниковая растительность.

О-в Сент-Винсент открыт Х. Колумбом в 1498. До 17 в. владение Испании. В 1783–1969 С.-В. и Г.— колония Великобритании. С 1979 независимое гос-во.

Основа экономики — с. х-во и обслуживание иностр. туристов. ВНП на д. нас. 1730 долл. в год. Гл. экспортные культуры — бананы (св. 50% стоимости), кокосовая пальма, имбирь, цитрусовые. Произ-во и вывоз арроурута (крахмальной муки), теннисных ракеток, электронных компонентов.

Сент-Винсент и Гренадины.
1:3 000 000

СЕНТ-ДЖО́НС, столица (с 1981) гос-ва Антигуа и Барбуда, на С.-З. о-ва Антигуа. 36 т.ж. Порт; междунар. аэропорт. Произ-во и вывоз сахара, рома; очистка хлопка. Приморский курорт.

СЕНТ-ДЖО́РДЖЕС, столица (с 1974) гос-ва Гренада, на о. Гренада. 4,4 т.ж. Порт на Карибском м. (вывоз какао, мускатного ореха, бананов); междунар. аэропорт. Пищевкус. пром-сть. Приморский курорт. Туризм.

СЕНТИМЕНТАЛИ́ЗМ (от франц. sentiment — чувство), течение в европ. и амер. лит-ре и иск-ве 2-й пол. 18 — нач. 19 вв. Отталкиваясь от просветит. рационализма (см. *Просвещение*), объявил доминантой «человеческой природы» не разум, а чувство, и путь к идеально-нормативной личности искал в высвобождении и совершенствовании «естественных» чувств; отсюда больший демократизм С. и открытие им духовного мира простолюдина. Гл. представители: С. Ричардсон, Л. Стерн, О. Голдсмит, Т. Смоллетт (поздние произв.), Ж.Ж. Руссо и писатели «Бури и натиска» (наиб. радикальное выражение демокр. тенденций С.). Вершина С. в России — пов. «Бедная Лиза» Н.М. Карамзина.

СЕНТИМЕНТА́ЛЬНОСТЬ, чувствительность или чрезмерная нежность в выражении чувств; слезливая растроганность, разнеженность.

СЕНТ-КИТС И НЕ́ВИС (Федерация Сент-Китс и Невис), гос-во в Вест-Индии, в арх. М. Антильские о-ва, в вост. части Карибского м. Пл. 261,6 км². Нас. 41,8 т.ч., преим. сенткитцы (86% — негры). Офиц. яз.— английский. Верующие в осн.

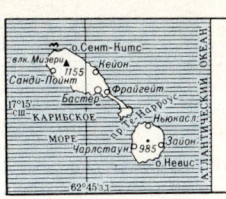

протестанты. Входит в *Содружество*. Признаёт главой гос-ва королеву Великобритании. Законодат. орган – Нац. собрание. Столица – Бастер. Ден. единица – вост.-карибский доллар.

О-ва вулканич. происхождения, гористы (выс. до 1155 м; о. Сент-Китс). Климат тропич. пассатный. Ср.-мес. темп-ры 18–24 °C; осадков 700–1200 мм в год. Ниж. части склонов заняты плантациями сах. тростника и хлопчатника, выше – горн. тропич. леса.

О-ва открыты Х. Колумбом в 1493. С 1628 началась англ. колонизация. С 1983 С.-К. и Н.– независимое го-во.

Основа экономики – с. х-во и обслуживание иностр. туристов. ВНП на д. нас. 4670 долл. в год. Гл. экспортные культуры – сах. тростник, кокосовая пальма, арахис, фрукты. Жив-во. Произ-во и вывоз сахара-сырца и мелассы, пива и прохладит. напитков, одежды, электронных компонентов, пластмасс.

СЕНТ-ЛЮСИЯ, гос-во в Вест-Индии, на о. Сент-Люсия, в юго-вост. части арх. М. Антильские о-ва, в Карибском м. Пл. 616 км². Нас. 136 т.ч., в осн. сентлюсийцы (87% – негры). Офиц. яз.– английский. Верующие гл. обр. католики. Входит в *Содружество*. Признаёт главой гос-ва королеву Великобритании. Законодат. орган – двухпалатный парламент (Сенат и Палата собрания). Столица – Кастри. Адм.-терр. деление: 8 р-нов. Ден. единица – вост.-карибский доллар.

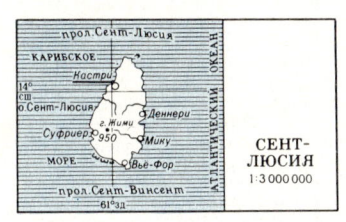

О-в Сент-Люсия вулканич. происхождения. Рельеф горный (выс. до 950 м; г. Жими); термальные источники. Климат тропич. пассатный. Ср.-мес. темп-ры 18–26 °C; осадков 1500–1700 мм в год на Ю., 2500–3500 мм на склонах г. Жими. Часты ураганы. Вечнозелёные тропич. леса.

О-в открыт Х. Колумбом в 1502. С 1814 владение Великобритании. С 1979 независимое гос-во.

Основа экономики – с. х-во и обслуживание иностр. туристов. ВНП на д. нас. 2910 долл. в год. Гл. экспортные культуры – бананы (св. 50% стоимости), кокосовая пальма, манго, цитрусовые, какао. Лесозаготовки. Произ-во копры и кокосового масла, одежды, бумаги и картона, мыла, рома, пива.

СЕНТ-ЭКЗЮПЕРИ (Saint Exupéry) Антуан де (1900–44), франц. писатель. Филос.-лирич. сказку «Маленький принц» (1943), ром. «Пла-

А. де Сент-Экзюпери.

нета людей» (1939), пов. «Военный лётчик» (1942) отличают гуманистич. пафос, вера в возможность взаимной ответственности, понимания и единения людей. Участник 2-й мир. войны, лётчик; не вернулся из развед. полёта.

СЕНТЯБРЬ (лат. September, от septem – семь), девятый месяц календарного года (30 сут); в Др. Риме первонач. седьмой месяц (отсюда назв.).

СЕНЬ, шатёр, навес на столбах или колоннах, возводящийся над алтарём, троном, колодцем или завершающий башню (см. также *Балдахин, Киворий*).

СЕНЬОР (от лат. senior – старший), в Зап. Европе в ср. века: 1) феодал, зем. собственник (собственник сеньории), в зависимости от к-рого находились крестьяне (а часто и горожане); 2) феодал, в личной зависимости от к-рого находились более мелкие феодалы – вассалы (см. в ст. *Вассалитет*).

СЕНЯВИН Дм. Ник. (1763–1831), рос. флотоводец, адм. (1826). В рус.-тур. войну 1806–12 команд. эскадрой в Адриатич. и Эгейском морях (1806–07), одержал победы в Дарданелльском и Афонском сражениях (1807). С 1825 команд. Балт. флотом.

СЕПИЯ (от греч. sēpía – каракатица), светло-коричневое красящее в-во, приготовляющееся из чернильного мешка мор. моллюска (сепии). В 20 в. получается искусств. путём. Также вид графич. техники, распространённый в европ. иск-ве 18 в.

СЕПСИС (от греч. sēpsis – гниение), заболевание, развивающееся вследствие заражения крови микробами, преим. гноеродными (стафилококки, стрептококки). Выражается тяжёлым общим состоянием, лихорадкой, помрачением сознания, образованием гнойников в органах (септикопиемия) и др. Наблюдается и у ж-ных.

СЕПТАККОРД (муз.), аккорд из 4 звуков. При расположении звуков С. по терциям крайние звуки отстоят друг от друга на септиму (отсюда назв.). Если в басу помещается не осн. тон С., а другой его звук, возникают обращения С.: квинтсекстаккорд, терцквартаккорд, секундаккорд (назв. по *интервалам*, образуемым к ниж. звуком).

СЕПТЕТ, см. в ст. *Ансамбль*.

СЕПТИМА, см. в ст. *Интервал*.

СЁРА (Seurat) Жорж (1859–91), франц. живописец. Основоположник *неоимпрессионизма*. Жанрово-пейзажные композиции, исполненные мелкими мозаичными мазками в технике *пуантилизма*, сочетают обобщённость форм с тонкостью наблюдений реального мира («Цирк», 1890–91).

СЕРА (Sulfur), S, хим. элемент VI гр. периодич. системы; ат. н. 16, ат.м. 32,066; относится к *халькогенам*; неметалл жёлтого цвета; $t_{пл}$ 110,2 °C (α-S) и 115,21 °C (β-S). Используется в произ-ве серной к-ты, сульфитов, красителей и др., для борьбы с вредителями с.-х. культур, как вулканизующий агент в резин. пром-сти, компонент состава головок спичек, мазей в медицине. С. известна с древнейших времён.

СЕРАЛЬ (франц. sérail, от перс. serai, тур. saray – дворец), европ. название султанского дворца и его внутр. покоев (гарема) в Османской империи.

«СЕРАПИОНОВЫ БРАТЬЯ» (по назв. кружка друзей в одноим. произв. Э.Т.А. Гофмана), лит. группа в Петрограде (1921–29), в к-рую входили Вс. Иванов, М.М. Зощенко, Л.Н. Лунц, В.А. Каверин, К.А. Федин, Н.С. Тихонов, М.Л. Слонимский и др. Поиски новых приёмов реалистич. письма, неприятие примитивизма и плакатности в лит-ре, отрицание «всякой тенденциозности» (особенно социально-политической).

СЕРАПИС (Сарапис), божество в эллинистич. мире, покровитель столицы Египта Александрии. Культ С. был введён в кон. 4 – нач. 3 вв. до н.э., в его образе соединены боги Осирис и Апис.

Серапис. Музей греко-римских древностей. Александрия.

СЕРАФИМ САРОВСКИЙ (в миру – Прохор Мошнин) [1754 (по др. данным – 1759)–1833], один из наиболее почитаемых в Рус. правосл. церкви святых. Приняв в юношеском возрасте постриг, провёл жизнь в Саровской пустыни (Тамбовская губ.; ныне Нижегородская обл.). Отличался подвигами благочестия, даром прорицания.

СЕРАФИМОВИЧ (наст. фам. Попов) Ал-др Сераф. (1863–1949), рус. писатель. В ром. «Пески» (1908), ром. «Город в степи» (1912) – нравств. проблемы, связанные с развитием капитализма в городе и деревне. В ром. «Железный поток»

(1924) – обобщённо-романтич. изображение рев. нар. массы в Гражд. войне. Рассказы.

СЕРАФИМЫ, один из чинов *ангелов*.

СЕРАЯ СОВА (Grey Owl) (наст. имя Джордж Снэнсфелд Белани) (1888–1938), канад. писатель, естествоиспытатель; большую часть жизни провёл среди индейцев; писал на англ. яз. Книги о природе и ж-ных: «Саджо и её бобры» (1935), «Дерево» (1937). Книга об индейцах-ирокезах «Люди с последней границы» (1931).

СЕРБИЯ (Республика Сербия), в составе *Югославии*, в басс. Дуная. Включает авт. края – Воеводина, Косово и Метохия. Пл. 88,4 т.км². Нас. 5,8 млн. ч., в т.ч. сербы (71%). Столица – Белград. Терр. заселена славянами в 6–7 вв. В 9 в. принято христ-во. В 12 в. создано кор. го-во (с 1217 кор-во), в 14 в. – сербо-греч. царство. В результате поражения серб.-боснийского войска в битве 1389 на Косовом Поле в С. установилось османское иго. Первое (1804–13) и Второе (1815) серб. восстания привели при поддержке России к воссозданию серб. гос-ва. С. получила в 1830–33 статут кн-ва, решением Берлинского конгр. 1878 – полную независимость и значительно расширила свою терр. (с 1882 С.– кор-во). С.– участник Балканских войн 1912–13. В 1915–18 оккупирована австро-венг. войсками. В 1918 б.ч. югослав. земель б. Австро-Венгрии объединилась с С. в Кор-во сербов, хорватов и словенцев (с 1929 Югославия). В 1941 С. захвачена Германией; в Белграде было образовано марионеточное «серб. пр-во». В окт. 1944 С. освобождена войсками Нар.-освободит. армии Югославии и Сов. Армии. С 1945 С.– республика в составе Югославии, у власти находилась югосл. КП. В 1992 С. и Черногория образовали Союзную Респ. Югославию.

СЕРВАНТЕС Сааведра (Cervantes Saavedra) Мигель де (1547–1616), исп. писатель. Пасторальный ром. «Галатея» (1585), патриотич. трагедия «Нумансия» (ок. 1588), «Назидательные новеллы» (1613), «Новые восемь комедий и интермедий» (1615), любовно-приключенч. ром. «Странствия Персилеса и Сихисмунды» (опубл. 1617). Гл. произв.– ром. «Хитроумный идальго Дон Кихот Ламанчский» («Дон Кихот», ч. 1, 1605, ч. 2, 1615), в к-ром органически сочетаются реализм, героика и ро-

М. де Сервантес. Портрет работы Х. де Хауреги. 1600.

мантика,— одно из выдающихся соч. эпохи Возрождения, оказавшее большое влияние на мировую культуру. Пародируя *рыцарский роман*, С. создал всеохватывающую панораму исп. общества на исходе его классич. периода, а в образах странствующего рыцаря Дон Кихота и его оруженосца Санчо Пансы юмористически (трагикомически) воплотил мир оторванного от реальности высокого духа и бездуховного прагматизма («донкихотскую ситуацию»), выявив не только внутр. противоречивость ренессансной концепции личности, но и трагич. неустранимость конфликта человека, верящего в своё достойное назначение, с действительностью – основу позднейшего осмысления *Дон Кихота* как вечного образа.

СЕРВЕ́Т (Servet) Мигель (1509 или 1511-1553), исп. мыслитель, врач. Высказал идею о существовании малого круга кровообращения. За критику христ. догматов подвергался преследованиям и католиков, и кальвинистов. Обвинён в ереси и сожжён в Женеве.

СЕРВИЛИ́ЗМ (от лат. servilis – рабский), рабская психология, раболепие, прислужничество, угодливость.

СЕРГЕ́ЕВ Конст. Мих. (1910–92), артист балета, балетмейстер. С 1930 в Ленингр. т-ре оперы и балета имени С.М. Кирова. Партии: Ромео («Ромео и Джульетта» С.С. Прокофьева, 1940), Евгений («Медный всадник» Р.М. Глиэра, 1949) и др. Лирико-романтич. танцовщик, был партнёром Г.С. Улановой, Н.М. Дудинской. В 1951–55 и 1960–70 гл. балетмейстер т-ра. Пост.: «Золушка» Прокофьева (1946), «Раймонда» А.К. Глазунова (1948), «Спящая красавица» П.И. Чайковского (1952, новая ред. 1989), «Корсар» А. Адана (1992, Большой т-р). С 1973 худ. рук. Ленингр. хореогр. уч-ща, после преобразования к-рого в 1991 през. Санкт-Петерб. академии рус. балета имени А.Я. Вагановой. В 1993 учреждён Фонд имени С.

СЕ́РГИЙ (Страгородский Ив. Ник.) (1867–1944), патриарх Московский и всея Руси с 1943. С 1917 митрополит, с 1925 заместитель и с 1937 патриарший местоблюститель, одноврем. с 1934 митрополит Московский и Коломенский. В Вел. Отеч. войну руководил деятельностью церкви по сбору средств в Фонд обороны.

СЕ́РГИЙ РА́ДОНЕЖСКИЙ (в миру – Варфоломей) (ок. 1321–1391), преподобный, чудотворец. Из семьи ростовских бояр, переселившихся в г. Радонеж (Моск. вел. кн-во). Основатель и игумен Троице-Сергиева мон. (см. *Троице-Сергиева лавра*). Отличался подвижничеством, необычайным духовным воздействием на окружающих; мирил враждующих. Положил начало введению общежитийного устава в рус. монастырях. Поддерживал объединит. и нац.-освободит. политику кн. Дмитрия Донского, к к-рому был близок. Канонизирован Рус. правосл. церковью.

СЕРДЕ́ЧНАЯ НЕДОСТА́ТОЧНОСТЬ (декомпенсация сердца), ослабление сократит. способности миокарда при его переутомлении (напр., при пороках сердца, гипертонии), нарушении кровоснабжения (инфаркт миокарда) и др. Сопровождается застоем крови в лёгких и в большом

Сергий Радонежский. Икона «Преподобный Сергий Радонежский». 18 в.

круге кровообращения, одышкой, отёками, увеличением печени, асцитом. Различают острую (астма сердечная) и хроническую С.н., на поздних стадиях к-рой возникают необратимые нарушения обмена в-в и морфол. изменения в разл. органах.

СЕРДОЛИ́К (от рус.– «радующий или напоминающий сердце»), оранжево-красная полупрозрачная разновидность *халцедона*, ювелирно-поделочный камень. Встречается в виде сплошных плотных масс, заполняющих прожилки и миндалины в породах, или в виде галек в россыпях. Гл. м-ния: в России, Индии, Бразилии, Уругвае. Используется также как технич. камень в приборостроении и др.

СЕ́РДЦЕ, центр. орган кровеносной системы ж-ных и человека, нагнетающий кровь в артерии и обеспечивающий её возврат по венам. С. у некоторых пресмыкающихся (крокодилы), птиц, млекопитающих и человека – полый мышечный орган, разделённый на 4 камеры: правое и левое предсердия, правый и левый желудочки. У человека С. заключено в околосердечную сумку (перикард) и расположено в средостении. У взрослых длина С. 12–15 см, поперечный размер 8–11 см, масса (без крови и камерами) в ср. у женщин ок. 240 г,

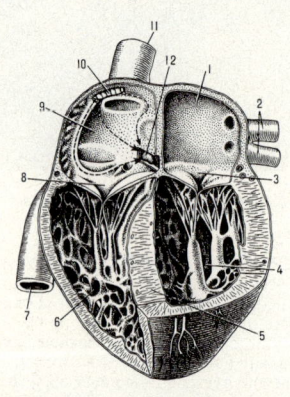

Сердце человека (разрез): 1 – левое предсердие; 2 – лёгочные вены; 3 – митральный клапан; 4 – левый желудочек; 5 – межжелудочковая перегородка; 6 – правый желудочек; 7 – нижняя полая вена; 8 – трёхстворчатый клапан; 9 – правое предсердие; 10 – синусно-предсердный узел; 11 – верхняя полая вена; 12 – предсердно-желудочковый узел.

у мужчин ок. 330 г. Функция С. осуществляется посредством попеременного сокращения (систола) и расслабления (диастола) мышц предсердий и желудочков. С. взрослого человека (в покое) сокращается 55–80 раз в 1 мин, прогоняя 4,5–5 л крови; за одно сокращение выбрасывается 60–90 мл крови. Деятельность С. регулируется нервной и гуморальной (с помощью биол. активных в-в, выделяемых клетками и тканями в кровь и лимфу) системами.

СЕРЕ́БРЕНИКИ (сребреники), первые рус. монеты, чеканившиеся в кон. 10 – нач. 11 вв. Чеканка началась при Владимире I Святославиче. На С. имеются изображения князей, слав. подпись («Владимир на столе, а се его серебро») и родовой знак Рюриковичей. Клады с С. и находки отд. монет редки; наиб. известны Нежинский (1852; ок. 200 С.) и Митьковский (1955; 13 С.) клады.

СЕРЕБРО́ (Argentum), Ag, хим. элемент I гр. периодич. системы, ат.н. 47, ат.м. 107,8682; *благородный металл*, $t_{пл}$ 961,93 °C. Используется в произ-ве кино- и фотоматериалов. С. и его сплавы применяют в электротехнике и электронике, в ювелирном деле, для изготовления монет, посуды и т.д., для пломбирования и протезирования зубов, серебрения зеркал и др. Известно с древнейших времён. В силу своих природных свойств (однородность, делимость, сохраняемость, портативность) С. наряду с *золотом* играло роль всеобщего эквивалента, т.е. денег. В Др. Риме монеты из С. чеканились с 3 в. до н.э. С 16 до кон. 19 вв. преобладало в ден. обращении европ. стран (серебр. монометаллизм и *биметаллизм*). С кон. 19 в. большинство стран перешло к зол. монометаллизму. Серебр. валюта сохранялась до 30-х гг. 20 в. в Китае, Иране, Афганистане.

СЕРЕ́БРЯНЫЕ РУ́ДЫ, содержат Ag от 60 г/т (бедные руды) до 500 г/т (богатые). Гл. минералы: аргентит, пираргирит, прустит, стефанит. Мировые запасы ок. 1 млн.т. Ок. 80% добываемого в мире Ag извлекается из комплексных *свинцово-цинковых руд*, из собственно С.р.– св. 20%. Гл. добывающие страны: Мексика, США, Перу, Канада, Австралия.

СЕРЕНА́ДА [франц. sérenade, от итал. serenata (от лат. serenus – ясный, безмятежный, радостный), переосмысленного под влиянием итал. sera – вечер], 1) в 16 в. в Италии, Испании – вечерняя песня, исполняв-

Серенада. А. Ватто. «Меценет». 1719. Метрополитен-музей. Нью-Йорк.

шаяся под окном возлюбленной. В опере, камерно-вок. музыке – у В.А. Моцарта, Ф. Шуберта, М.И. Глинки. 2) В 17–20 вв. одна из *циклических форм* инстр. музыки (Й. Гайдн, В.А. Моцарт, П.И. Чайковский).

СЕРИ́ЙНАЯ ТЕ́ХНИКА, метод муз. композиции 20 в., совокупность способов оперирования звуковой серией (см. в ст. *Додекафония*) при создании муз. произв. В 1950-60-х гг. получила распространение сериальность – вид С.т., при к-ром сериализации подвергается не только звуковысотность, но и ритмич. или динамич. параметры звучания (напр., в соч. К. Штокхаузена, П. Булеза).

СЕ́РНА, млекопитающее (сем. *полорогие*). Длина тела до 135 см, хвоста 5–8 см, масса до 50 кг. Рога у самцов и самок небольшие. Обитает в горах Европы, М. Азии, на Кавказе. Легко передвигается по скалам. Объект спорт. охоты и разведения; в ряде мест численность сокращается. Хорошо размножается в неволе.

СЕ́РНАЯ КИСЛОТА́, H_2SO_4, тяжёлая маслянистая жидкость, $t_{кип}$ 296,2 °C. Применяется в произ-ве минер. удобрений, для получения разл. хим. в-в, хим. волокон, дымообразующих и взрывчатых в-в, красителей, в орган. синтезе, в металлургии, текст., кож. пром-сти и др. С.к. образуется в атмосфере в результате пром. выбросов оксидов серы, что приводит к *кислотным дождям*. С.к. – наиб. широко используемый хим. продукт. Мировое произ-во 139 млн. т / год. При попадании на кожу и слизистые оболочки вызывает тяжёлые ожоги. При смешении с водой сильно разогревается. При разбавлении С.к. водой её следует добавлять в воду небольшими порциями, а не наоборот.

СЕ́РНЫЕ РУ́ДЫ, содержат S от 5% (бедные руды) до 18% и более (богатые). Гл. минерал – сера самородная. Мировые запасы ок. 1,2 млрд. т. Гл. добывающие страны: США, Мексика, Ирак.

СЕ́РНЫЙ ЭФИ́Р, то же, что *этиловый эфир*.

СЕРО́В Ал-др Ник. (1820–71), муз. критик и композитор. Отец В.А. Серова. Один из основоположников рус. муз. критики. Яркую публицистичность сочетал с мастерством эстетич. анализа. Труды о М.И. Глинке, А.С. Даргомыжском, Л. Бетховене, Р. Вагнере, рус. и укр. песне. Ист. оп. «Юдифь» (1862) и «Рогнеда» (1865), бытовая драма из нар. жизни «Вражья сила» (1871).

СЕРО́В Вал. Ал-др. (1865–1911), живописец и график. Сын А.Н. Серова. Передвижник. Чл. «*Мира искусства*». Жизненной свежестью, богатством пленэрного колорита (см. *Пленэр*) отличаются ранние произв. («Девочка с персиками», 1887). Портретам зрелого периода присущи отточенная выразительность характеристики и лаконизм худ. средств («М.Н. Ермолова», 1905). Создавал произв. на сел. темы («Октябрь», 1895), ист. композиции («Пётр I», 1907). Отд. поздние работы близки стилю «*модерн*» («Ида Рубинштейн», 1910). Мастер рисунка («Басни Крылова», 1895–1911).

СЕРО́ВА Вал. Вас. (1917–75), актриса. Играла в Моск. т-ре имени Ленинского комсомола, Малом т-ре, Т-ре имени Моссовета. Лирич. и комедийные героини С. отличаются женственностью, обаянием и вместе с тем решительностью, внутр. силой (ф. «Девушка с характером», 1939, «Сердца четырёх», 1941, вып. 1945, «Жди меня», 1943).

СЕРОВОДОРО́Д, H_2S, горючий газ с резким запахом тухлых яиц, $t_{кип}$ 60,35 °C. Водный р-р – сероводородная кислота. С. встречается в природе в м-ниях нефти и газа, в водах минер. источников, он растворён в глубоких слоях (ниже 150–200 м) Чёрного м. Применяют С. в произ-ве серы и серной к-ты, разл. хим. в-в, тяжёлой воды, для приготовления леч. ванн, в аналитич. химии. Токсичен.

СЕРОДИАГНО́СТИКА (от лат. serum – сыворотка и diagnōstikós – способный распознавать), распознавание гл. обр. инфекц. заболеваний с помощью реакций, позволяющих обнаружить в сыворотке крови больного специфич. антитела к определ. антигену (напр., реакция Вассермана при сифилисе).

СЕРОТЕРАПИ́Я (от лат. serum – сыворотка и терапия), лечение человека или ж-ных иммунными сыворотками, гамма-глобулинами (напр., при дифтерии, роже свиней).

СЕРОУГЛЕРО́Д, CS_2, горючая летучая жидкость с отвратительным запахом (из-за примесей), $t_{кип}$ 46,24 °C. Применяется в произ-ве вискозы, четырёххлористого углерода, как растворитель, вулканизующий агент для каучука и др. Токсичен.

СЕРПЕНТА́РИЙ, см. Террариум.

СЕРСО́ (франц. cerceau, букв. – обруч), игра спорт. характера. Участники поочерёдно ловят на палку бросаемые соперниками обручи.

СЕРТИФИКА́Т (франц. sertificat, от ср.-век. лат. certifico – удостоверяю), 1) заёмное финанс. обязательство гос. органов. 2) С. страховой –

В.А. Серов. «Девочка с персиками». 1887. Третьяковская галерея.

док-т, содержащий условия договора страхования; заменяет полис страховой. 3) С. сберегательный – письменное свидетельство банка о вкладе ден. средств, удостоверяющее право вкладчика на получение по истечении установленного срока суммы вклада и процентов по ней в любом учреждении данного банка. 4) Док-т, удостоверяющий качество товара.

СЁРФИНГ (англ. surfing), вид вод. спорта, соревнования на скорость, дальность передвижения по большим прибойным волнам, стоя, без креплений, на спец. пробковой или пенопластовой доске (масса 10–12,5 кг, дл. 2,5–2,8 м). Распространён в Австралии, Н. Зеландии, США и др. Гонки на доске под парусом наз. виндсёрфингом.

СЕ́РЫ ОКСИ́ДЫ: диоксид SO_2 – газ с резким запахом, $t_{кип}$ –10,06 °C; триоксид SO_3 – жидкость, $t_{кип}$ 44,7 °C. С.о. используют в произ-ве серной к-ты и олеума, разл. хим. в-в, SO_2 – также для отбеливания шерсти, соломы, шёлка и др., для консервирования вина, фруктов и ягод, в аналитич. химии и др. Пром. выбросы С.о. в атмосферу (150 млн. т/год) вызывают образование кислотных дождей. SO_2 – один из осн. загрязнителей атмосферы.

СЕСТЕ́РЦИЙ (лат. sestertius), др.-рим. серебряная, затем из сплава цв. металлов монета, чеканилась с 3 в. до н.э.

СЕ́ТОН-ТО́МПСОН (Seton Thompson) Эрнест (1860–1946), канад. писатель, художник-анималист; писал на англ. яз. Рассказы (кн. «Жизнь диких животных», т. 1–8, 1925–27, «Жизнь тех, на кого охотятся», 1901, «Книга о лесе», 1912), в к-рых науч. точность сочетается с занимательностью изложения. Иллюстратор своих произведений.

Сеттеры. Ирландский сеттер.

СЕ́ТТЕРЫ (англ. setter, от set – делать стойку), группа пород длинношёрстных легавых собак. Обладают сильно развитым чутьём, выносливы, хорошо поддаются дрессировке. Родина – Англия. Разводят (английских, шотландских, ирландских С.) во мн. странах, в России в осн. английских и ирландских С.

СЕУ́Л, столица (с 1948) Респ. Корея, на р. Ханган, в 90 км от зал. Канхваман Жёлтого м. Ок. 11 млн. ж. Мор. порт С.– Инчхон, с к-рым образует осн. экон. р-н страны (ок. ½ пром. произ-ва); междунар. аэропорт. Метрополитен. Текст., лёгкая, хим., цем., бум., полиграф., резин., кож., керамич. пром-сть; металлургия, маш-ние. Ун-ты. Нац. академия иск-в, Нац. ин-т классич. музыки, консерватория. Музей изобр. иск-в. Т-ры (в т.ч. оперы, народный, Востока), симф. оркестры. С. возник в раннее средневековье. В 1392–1910 столица Кореи. После аннексии Кореи Японией местопребывание япон. ген.-губернатора (1910–45). Облик С. определяется сочетанием традиц. застройки с совр. высотными зданиями и комплексами. Огромный анс. дворца Кёнбоккун (14 в., 19 в.), пагоды 11 и 14 вв.

СЕФЕВИ́ДЫ, династия шахов Ирана в 1502–1736. Основатель – Исмаил I, потомок основателя суфийского ордена Сефевие, по имени к-рого названа династия. В период наиб. расширения гос-во С. включало терр. совр. Ирана, Азербайджана, части Армении, Афганистана, Ирака и др. Важнейшие представители: Исмаил I (1487–1524), Тахмасп I (1524–1576), Аббас I (1587–1629).

СЕФЕ́РИС (наст. имя Сефериадис) Георгос (1900–71), греч. поэт, дипломат. В лирике (сб. «Поворот», 1931, «Книга опытов», 1940, сб-ки под назв. «Вахтенный журнал», 1940, 1944, 1955) – драм. размышления о судьбах Греции, пафос нац.-освободит. борьбы, утверждения демократии; современность представлена в образах греч. мифологии. Ноб. пр. (1963).

СЕЦЕССИО́Н (нем. Sezession, от лат. secessio – уход), название объединений художников в Мюнхене (1892), Вене (1897), Берлине (1899), отвергавших доктрины академизма и выступавших провозвестниками стиля «модерн». Среди мастеров С.– арх. П. Беренс, О. Вагнер, живописцы Г. Климт, М. Либерман, Л. Коринт и др.

СЕ ЦЗЮНЬ (р. 1970), 7-я чемпионка мира по шахматам (с 1991). Чемпионка Китая (1989).

СЕ́ЧЕНОВ Ив. Мих. (1829–1905), рос. естествоиспытатель, создатель физиол. школы. В классич. тр. «Рефлексы головного мозга» (1866)

обосновал рефлекторную природу сознательной и бессознательной деятельности, показал, что в основе психич. явлений лежат физиол. процессы, к-рые могут быть изучены объективными методами. Создатель объективной психологии поведения, заложил основы физиологии труда, возрастной, сравнит. и эволюц. физиологии. Тр. С. оказали большое влияние на развитие естествознания и теории познания.

И.М. Сеченов.

СЖИЖЕ́НИЕ ГА́ЗОВ, переход в-ва из газообразного состояния в жидкое при охлаждении его ниже темп-ры насыщения (критич. темп-ры при данном давлении). Для С.г. с низкой критич. темп-рой (126,2 К у азота; 154,2 К у кислорода; 33 К у водорода; 5,3 К у гелия) применяют криогенную технику.

СИ (англ. C), универсальный язык программирования, используемый преим. проф. программистами. Разработан в США (1972), первоначально для переноса программного обеспечения ЭВМ с одной ЭВМ на другую. Отличается выразительностью, высокой гибкостью. Совр. версии Си+, Си++, Турбо Си ориентированы на решение разнообразных задач повышенной сложности.

СИ (система интернациональная), сокращённое название Международной системы единиц.

СИА́М, офиц. название Таиланда до 1939 и в 1945–48.

СИА́МСКИЕ БЛИЗНЕЦЫ́, братья Чанг и Энг (1811–74), родившиеся в Сиаме сращёнными в области мечевидного отростка грудины (т.н. ксифопаги). Демонстрировали себя за деньги в Европе и Америке. С 1829 жили в США, на ферме в шт. Сев. Каролина. Были женаты, имели многочисленное потомство.

СИА́НЬ (до 14 в. Чанъань), г. в Китае, в долине р. Вэйхэ. Ок. 2 млн. ж. Чёрная металлургия, маш-ние; лакокрасочная, текст., фарм. пром-сть. Ун-т. Музей пров. Шэньси. Столица империи Ранняя Хань (206 до н.э. – 25 н.э.). С. имеет строго регулярную планировку. В городе – 3-ярусные башни 14 в., в окрестностях – пагоды 8 в.

СИБЕ́ЛИУС (Sibelius) Ян. (1865–1957), фин. композитор. Романтические по духу с преобладающим элегич. настроением произв., многие из них – по мотивам эпоса «Калевала». 7 симфоний, программные симф. произв., в т.ч. орк. сюита «Лемминкяйнен» (4 легенды, 1893–96, наиб.

известная – «Туонельский лебедь»), «Тапиола» (1926); концерт для скрипки с орк. (1903), «Грустный вальс» для орк., камерно-инстр. музыка, песни.

СИБИ́РСКОЕ ХА́НСТВО, гос-во в Зап. Сибири, образовавшееся в кон. 15 в. в результате распада Золотой Орды. Центр – Чинги-Тура (ныне Тюмень), позднее – Кашлык. В 1555 хан Едигер признал вассальную зависимость от Москвы; разорвана в 1572 ханом Кучумом. В 1582 Ермак положил начало присоединению С. х. к России, к-рое завершилось в кон. 16 в.

СИБИ́РЬ, часть азиатской терр. (пл. ок. 10 млн. км²) России от Урала на З. до горн. хребтов тихоокеанского водораздела на В. и от берегов Сев. Ледовитого ок. на С. до степей Казахстана и границы с Монголией на Ю.

СИБИРЯКО́В Ал-др Мих. (1849–1933), рос. золотопромышленник, меценат, исследователь Сибири. Финансировал полярные эксп. Н.А.Э. Норденшельда (1876–79), А.В. Григорьева (1879–80), а также издание трудов по истории Сибири. Именем С. назван о-в в Карском м.

СИВА́Ш (Гнилое море), система мелких заливов у зап. берега Азовского м., в Крыму. Отделена от моря песчаной косой Арабатская стрелка. Пл. 2560 км². Вода сильно минерализована.

СИВИ́ЛЛЫ (сибиллы), у древних греков и римлян прорицательницы, в экстазе предрекающие будущее (обычно бедствия). Наиб. известны: дельфийская С., кумская С. и римская С.

Сивиллы. Фреска Микеланджело на плафоне Сикстинской капеллы: дельфийская сивилла. 1508–12. Ватикан.

СИВУ́Ч, мор. млекопитающее (сем. ушастые тюлени). Дл. до 385 см, масса до 800 кг. Окраска зимой бурая, летом рыжевато-жёлтая. Распространён гл. обр. у скалистых берегов субарктич. вод Тихого ок. Питается рыбой и головоногими моллюсками. Численность мала; охраняется.

СИВУ́ШНОЕ МА́СЛО, ядовитая маслянистая жидкость с неприятным запахом; смесь одноатомных спиртов, альдегидов, карбоновых к-т и др. Образуется как примесь при произ-ве этилового спирта методом брожения.

СИ́ГА Наоя (1883–1971), япон. писатель. Под влиянием христ-ва и толстовства – сочувствие к обездоленным, интерес к подсознательному, тайнам человеческой души, путь нравств. усовершенствования; строгость и сдержанность стиля (пов. «Примирение», 1917; ром. «Путь в ночном мраке», 1921–22; рассказы, в т.ч. «Пепельная луна», 1946).

СИГА́ЛОВА Алла Мих. (р. 1959), рос. балетмейстер. Основатель (1989) и худ. руководитель «Независимой труппы Аллы Сигаловой» (Москва). Пост.: «Игра в прятки с одиночеством» на музыку О. Мессиана, Г. Малера, Дж. Гершвина (1989); «Отелло» на музыку Дж. Верди (1990); «Пиковая дама» А.Г. Шнитке и «Саломея» на музыку К. Шимановского, Э. Шоссона (обе 1991) и др.; в драм. т-ре поставила совм. с Р.Г. Виктюком «Служанки» Ж. Жене (1988, т-р «Сатирикон», Москва). Спектакли С. отличаются импровизац. характером, динамичностью, эмоц. насыщенностью танца.

СИ́ГЕР (Seeger) Пит (Питер) (р. 1919), амер. *фолксингер*. С кон. 1930-х гг. выступал и гастролировал с собств. группами. Выделялся исполнением нар. песен и баллад США (преим. в традициях *кантри*) и др. стран, а также антивоен., социально-критич. и песен протеста. Снимался в кино.

СИГИ́, семейство рыб. Дл. 8–150 см, масса от 4 г до 40 кг. Ок. 30 видов, в басс. Сев. Ледовитого ок. и сев. частей Атлантич. и Тихого океанов. Проходные, речные и озёрные формы, в т.ч. белорыбица, муксун, омуль, чир, ряпушка. Объект промысла и разведения. Илл. см. при ст. *Рыбы*.

СИГНА́Л (от лат. signum – знак), знак, физ. процесс (или явление), несущий сообщение (информацию) о к.-л. событии, состоянии объекта наблюдения либо передающий команды управления, оповещения и т.д.

СИ́ГУРД (др.-исл.), Зигфрид (нем.), у германцев и скандинавов герой, подвиги к-рого воспеты в Эдде (Старшей и Младшей), «Песне о Нибелунгах» и др.

СИД КАМПЕАДО́Р (Cid Campeador) (между 1026 и 1043–1099), исп. рыцарь, прославившийся подвигами в *Реконкисте*. Воспет в «Песне о моём Сиде» (12 в.), в трагедии П. Корнеля «Сид».

СИ́ДЕНХЕМ (Sydenham) Томас (1624–89), англ. врач, один из основоположников клинич. медицины. Рассматривал болезнь как процесс, лечение как помощь целительным силам организма больного. Дал классич. описания скарлатины, хореи, подагры и др. заболеваний. С. называли «англ. Гиппократом».

СИ́ДНЕЙ, г. в Австралии. 3,5 млн. ж. Порт в зал. Порт-Джэксон Тихого ок. (грузооборот св. 30 млн. т в год); междунар. аэропорт. Метрополитен. Гл. экон. центр страны. Маш-ние, металлургия; нефтеперераб., хим., текст., полиграф. пром-сть. Ежегод. аукционы шерсти. Ун-т (1850), консерватории (1914, 1977). Музеи, худ. галерея. Т-ры: опера и балета «Независимый театр», «Ансамбль» и др. Арочный мост через зал. Порт-Джэксон (дл. 2 км). Осн. в 1788 (первое европ. поселение в Австралии).

СИДО́Н, город-гос-во в Финикии (совр. Сайда в Ливане). Осн. в 4-м тыс. до н.э. В 2-м тыс. до н.э. кр. центр торговли; боролся с Тиром за гегемонию в Финикии.

СИДУ́Р Вад. Абр. (1924–86), рос. скульптор. Выразительные по пластике (б.ч. из сварного железа) памятники, в т.ч. «Погибшим от насилия» в Касселе (1974), «Взывающий» в Дюссельдорфе (1985), надгробия (академикам Е.С. Варге и И.Е. Тамму на Новодевичьем кладбище в Москве, 1960–70-е гг.). Отмеченные чертами поэтики авангардизма стихи (сб. «Самая счастливая осень», опубл. в 1990) и автобиогр. проза («Памятник современному состоянию», опубл. в 1992).

СИЕ́НА, г. в Италии. 60 т.ж. Маш-ние, хим., деревообр. пром-сть; обработка мрамора. Ун-т (13 в.). Муз. академия Киджана (1932). Музеи: археол., нац., *пинакотека*, Музей собора. Т-р Ринновати (реконструирован в 1950). Туризм. Осн. римлянами в 1 в. до н.э. В 13–14 вв. один из крупнейших в Европе банковско-ростовщич. и ремесл. центров. С. – город-музей, сохранил ср.-век. облик. Готич. собор (13–14 вв.), Палаццо Публико (кон. 13 – нач. 14 вв.), церкви и дворцы 13–15 вв.

СИЕ́НСКАЯ ШКО́ЛА живописи, в Италии 13–14 вв. с центром в Сиене. Для мастеров С.ш. (Дуччо ди Буонинсенья, С. Мартини, А. и П. Лоренцетти) характерны изысканный, плавный и певучий линейный ритм, «эмалевый» блеск красок, хрупкость и изящество образов.

Сиенская школа. Симоне Мартини. «Мадонна» из сцены «Благовещение». 2-я пол. 1330-х гг. Эрмитаж.

СИЗА́ЛЬ (сисаль), грубое прочное волокно, получаемое из листьев *агавы*. Используют для изготовления канатов, верёвок, рыболовных сетей и т.п. Иногда С. наз. и само р-ние.

СИЗИ́Ф, см. *Сисиф*.

СИЗОВОРО́НКА (ракша), птица (отр. ракшеобразные). Дл. ок. 34 см. Клюв как у ворон, оперение зеленовато-голубого цвета в сочетании с рыжим. Распространена в Евразии (в России – на восток до Алтая), в Сев.-Зап. Африке. Обитает в лесостепи, часто в садах; гнёзда в дуплах и норах. Токовой полёт с громкими криками.

СИКЕ́ЙРОС (Альфаро Сикейрос) (Alfaro Siqueiros) Давид (1896–1974), живописец. Один из создателей мекс. школы монументальной живописи. Для выражения пафоса борьбы за свободу и мир использовал яркие контрасты цвета, динамичные экспрессивные формы. Разрабатывал новые изобр. средства и технологии живописи. Создал грандиозные росписи в Мехико (Дворец изящных иск-в, 1945, 1950–51; «Полифорум», 1971).

СИКОМО́Р (библейская смоковница), дерево из рода *фикус*. Растёт в Вост. Африке. Древесина твёрдая, прочная (в Др. Египте использовалась на саркофаги). С древности культивируется ради съедобных плодов.

СИКО́РСКИЙ Иг. Ив. (1889–1972), авиаконструктор и промышленник. Род. в России. Построил ряд самолётов, в т.ч. первые в мире 4-моторные самолёты «Русский витязь» и «Илья Муромец». В 1918 эмигрировал. В 1923 основал в США фирму, выпускавшую самолёты и вертолёты его конструкции.

И.И. Сикорский.

СИКОФА́НТ (греч. sykophántes, от sýkon – фига и phaínō – доношу), в Др. Греции, по-видимому, лицо, сообщавшее о запрещённом вывозе смоквы из Аттики. Уже со 2-й пол. 5 в. до н.э. С. называли проф. доносчиков, клеветников, шантажистов.

Сизоворонка, кормящая птенца.

СИКСТИ́НСКАЯ КАПЕ́ЛЛА в Риме, б. домовая церк. в Ватикане (1473–81, арх. Дж. де Дольчи), ныне музей, пам. архитектуры и иск-ва Возрождения. Прямоугольное в плане помещение с росписями С. Боттичелли, Пинтуриккьо и др. (стены С.к., 1481–83), Микеланджело (своды с люнетами и распалубками, 1508–12; «Страшный суд» на алтарной стене, 1536–41).

СИКХИ́ЗМ, секта в индуизме в 16–17 вв., превратившаяся в самостоят. религию, получившую распространение гл. обр. в Пенджабе. Основой С. является единобожие, отрицание идолопоклонства, аскетизма, каст, проповедь равенства сикхов перед Богом и священной войны с иноверцами.

СИ́ЛА (в механике), мера действия на данное материальное тело со стороны др. тел или *полей физических*. Вызывает изменение скорости тела (см. *Ньютона законы*) или его деформацию (см. *Гука закон*, *Упругость*) и может иметь место при непосредств. контакте взаимодействующих тел, так и на расстоянии через посредство создаваемых ими полей (поле тяготения, электромагн. поле). С.— величина векторная и в каждый момент времени характеризуется численным значением, направлением в пространстве и точкой приложения; измеряется в ньютонах (1 Н = 1 кг·м/с²).

СИ́ЛА ИНЕ́РЦИИ, векторная величина, численно равная произведению массы m материальной точки на её ускорение u и направленная противоположно ускорению. Возникает вследствие неинерциальности *системы отсчёта* (вращения или прямолинейного движения с ускорением). Измеряется в ньютонах.

СИ́ЛА СВЕ́ТА, световой поток, распространяющийся внутри телесного угла, равного 1 стерадиану. Единица измерения С.с.— кандела (кд), равная силе света источника, испускающего в заданном направлении монохроматич. излучение с частотой $540 \cdot 10^{12}$ Гц.

СИ́ЛА ТО́КА, равна электрич. заряду, проходящему через поперечное сечение проводника в 1 с. В СИ измеряется в амперах. Максимально безопасная С.т., проходящего через тело человека, ≈1мА, С.т., проходящего через бытовую осветит. электрич. лампочку, ≈ 0,5 А, электроплитку 3–5 А, аппарат контактной сварки ~ 10 000 А.

СИ́ЛА ТЯ́ЖЕСТИ, сила P, действующая на любое тело, находящееся вблизи земной поверхности, и определяемая как геом. сумма силы притяжения Земли F и центробежной *силы инерции* Q, учитывающей эффект суточного вращения Земли. Направление С.т.— вертикаль в данной точке земной поверхности. Аналогично определяется С.т. на любом небесном теле. Значение С.т. зависит от геогр. широты положения тела; напр., на Земле С.т. на полюсе и на экваторе отличаются на 0,5% (на Луне значение С.т. примерно в 6 раз меньше, чем на Земле; см. *Ускорение свободного падения*).

СИЛИКАГЕ́ЛЬ, аморфный, гидратированный *кремния диоксид*. Катализатор, сорбент, осушающий агент, наполнитель резин, компонент смазок, косметич. препаратов и др.

СИЛИКА́ТНЫЙ БЕТО́Н, *бетон*, получаемый термообработкой в автоклаве (при темп-ре 175–200 °C) смеси известково-кремнезёмистого вяжущего в-ва, неорганич. заполнителей (обычно песка) и воды. По свойствам близок к бетону на *портландцементе*. Широко используется для изготовления жел.-бетон. конструкций (стеновых блоков и панелей, покрытий, лестничных маршей и т.д.).

СИЛИКА́ТНЫЙ КИРПИ́Ч, см. в ст. *Кирпич*.

СИЛИКА́ТЫ, соли к-т кремния. Наиб. широко распространены в земной коре (80% по массе); известно более 500 минералов, среди них — драгоценные камни, напр. *изумруд*, *берилл*, *аквамарин*. С.— основа цементов, керамики, эмалей, силикатного стекла; сырьё в произ-ве мн. металлов, клеёв, красок и др.; материалы радиоэлектроники и т.д.

СИЛЛАБИ́ЧЕСКОЕ СТИХОСЛОЖЕ́НИЕ, система стихосложения, основанная на упорядоченности числа слогов в стихе. Преим. в языках с постоянным (нефонологич.) ударением — многих тюрк., романских (франц., исп., итал.), слав. (сербскохорв., польск., чеш.) и др. В рус. поэзии употреблялось в 17 — нач. 18 вв.; осн. размеры 13-, 11-, 8-сложный стих.

СИЛЛА́БО-ТОНИ́ЧЕСКОЕ СТИХОСЛОЖЕ́НИЕ, разновидность тонич. стихосложения, основанная на упорядоченном расположении ударных и безударных слогов в стихе. На сильных местах *метра* располагаются (исключительно или преимущественно) фонологически ударные, на слабых — безударные слоги. Осн. метры С.-т.с.— *ямб*, *хорей*, *дактиль*, *амфибрахий*, *анапест*.

СИ́ЛЛАНПЯ (Sillanpää) (псевд.— Э. Сювяри и Сарви) Франс Эмиль (1888–1964), фин. писатель. Психол. ром. «Праведная бедность» (1919), «Усопшая в юности» (1931), новеллы из сел. жизни, автобиогр. книги. Ноб. пр. (1939).

СИЛЛОГИ́ЗМ, рассуждение, в к-ром две посылки, связывающие субъекты (подлежащие) и предикаты (сказуемые), объединены общим (средним) термином, обеспечивающим «замыкание» понятий (терминов) в заключении С. Напр.: «Все металлы электропроводны, медь — металл, значит, медь электропроводна». Правила С. рассматриваются в логике.

СИЛОВА́Я ПЕРЕДА́ЧА, механизм, предназначенный для передачи энергии от двигателя к её потребителю с увеличением сил (вращающих моментов) за счёт уменьшения скорости (частоты вращения). Иногда используется для изменения характера движения. С.п. применяются в тракторах, автомобилях, технол. установках и т.п. Устар. назв. С.п.— трансмиссия.

СИ́ЛОС, законсервированная (заквашенная) в спец. хранилищах (башни, траншеи, ямы), измельчённая зелёная масса кукурузы, подсолнечника и др. Сочный корм для с.-х. ж-ных.

СИЛУ́Р [силурийская система (период)] (от лат. Silures — силуры, название древнего кельт. племени, населявшего Уэльс), третье подразделение *палеозоя*, обозначающее общим периодом геол. истории, в течение к-рого они сформировались; следует за *ордовиком*. Длительность 35 млн. лет (см. *Геохронология*). Подразделяется на 2 отдела. Выделен англ. геологом Р. Мурчисоном в 1835.

СИЛУЭ́Т (франц. silhouette), очертание предмета, подобное его тени; вид графич. техники, плоскостное однотонное изображение фигур и предметов (рисунок тушью или белилами, а также вырезанный из бумаги и наклеенный на фон).

СИЛЬВЕ́СТР (? — ок. 1566), священник моск. Благовещенского собора с кон. 1540-х гг. Был близок к царю Ивану IV (с 1547). Чл. *Избранной рады*. Автор особой редакции «Домостроя» и мн. посланий. С 1560 в опале, постригся в монахи.

СИ́ЛЬВИУС (Sylvius) Якобус (латинизир. имя Жака Дюбуа) (1478–1555), франц. анатом. Одним из первых начал анат. иссл. на человеческих трупах; изучил строение полых вен, брюшины и др. Опираясь на авторитет Галена, отвергал открытия своего ученика А. Везалия.

СИ́ЛЬНОЕ ВЗАИМОДЕ́ЙСТВИЕ, см. *Взаимодействия фундаментальные*.

СИ́ЛЬНОЕ МЕ́СТО И СЛА́БОЕ МЕ́СТО в стихосложении, чередующиеся слоговые позиции в стихе, образующие его *метр*.

СИМ, ХАМ, ИАФЕ́Т, в Библии сыновья Ноя, от к-рых после Всемирного потопа «населилась вся земля». Хам был проклят Ноем за то, что насмеялся над наготой отца, и обречён на рабство. Сим и Иафет, к-рые проявили сыновнюю почтительность и прикрыли отца одеждой, были благословлены Ноем. В библейском родословии С., Х., И., их сыновья и внуки представлены родоначальниками — эпонимами больших групп народов: семитских (от эпонима «Сим»; народов Элама, Двуречья, Сирии, евреев и др.), хамитских (от «Хам»; народов Африки и др.) и яфетических (от «Иафет»; «яфетидов»), отождествляемых с индоевроп. народами).

СИМБИО́З (от греч. symbíōsis — совместная жизнь), форма совм. существования двух организмов разных видов, включая паразитизм (антагонистич. С.). Часто С. взаимовыгоден для обоих симбионтов, напр. С. между раком-отшельником и актинией, между ж-ными (человеком) и микроорганизмами, образующими нормальную кишечную флору.

СИ́МВОЛ (от греч. sýmbolon — знак, опознават. примета), 1) в науке (логике, математике и др.) то же, что *знак*. 2) В иск-ве характеристика худ. образа с точки зрения его осмысленности, выражения им некой худ. идеи. В отличие от *аллегории*, смысл С. неотделим от его образной структуры и отличается неисчерпаемой многозначностью своего содержания.

СИ́МВОЛ ВЕ́РЫ, в христ. церквах текст, выражающий осн. догматы веры. Иногда наз. Credo (лат.— «верую»), по его начальному слову. В православии и католицизме принят т.н. Никейский с.в., сформулированный 1-м (325) Никейским и дополненный 2-м (381) Константинопольским вселенскими соборами.

СИМВОЛИ́ЗМ, направление в европ. иск-ве 1870-1910-х гг.; сосредоточено преим. на выражении посредством *символа* интуитивно постигаемых сущностей и идей, смутных, часто изощрённых чувств и видений. Филос.-эстетич. принципы С. восходят к соч. А. Шопенгауэра, Э. Гартмана, Ф. Ницше, творчеству Р. Вагнера. Стремясь проникнуть в тайны бытия и сознания, узреть сквозь видимую реальность сверхвременную идеальную сущность мира («от реального к реальнейшему») и его «нетленную» или трансцендентную Красоту, символисты выразили неприятие буржуазности и позитивизма, тоску по духовной свободе, трагич. предчувствие мировых социально-ист. потрясений. В России С. нередко мыслился как «жизнетворчество» — сакральное действо, выходящее за пределы иск-ва. Осн. представители С. в лит-ре — П. Верлен, П. Валери, А. Рембо, С. Малларме, М. Метерлинк, А.А. Блок, А. Белый, Вяч. И. Иванов, Ф.К. Сологуб; в изобр. иск-ве — Э. Мунк, Г. Моро, М.К. Чюрлёнис, М.А. Врубель, В.Э. Борисов-Мусатов; близко к С. творчество П. Гогена и мастеров группы «Наби», графика О. Бёрдсли, работы мн. мастеров стиля «модерн».

СИМЕНО́Н (Simenon) Жорж (1903–89), франц. писатель. В серии всемирно известных детективно-психол. романов о полицейском комиссаре Мегрэ (первый — «Питер-латыш», 1931) — достоверное изображение атмосферы франц. жизни, критика обществ. нравов, сочувствие социально униженным. Автобиогр. книги («Я диктую», т. 1–21, 1975–81), социально-психол. романы.

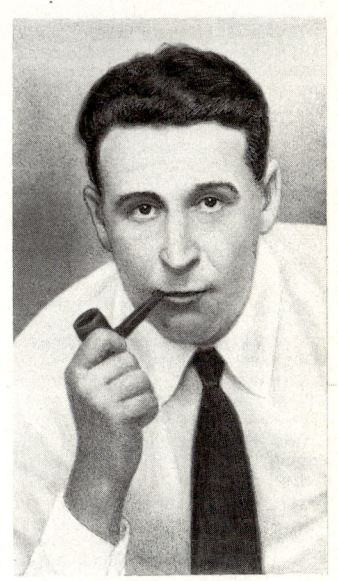

Ж. Сименон.

СИ́МЕНС (Siemens) Эрнст Вернер (1816–92), нем. электротехник и промышленник. Создал эл.-машинный генератор с самовозбуждением (1867). Основатель и гл. владелец эл.-техн. концернов «С. и Гальске», «С. и Шуккерт» и др.

СИМЕО́Н (864?–927), болг. князь (с 893), царь (с 919). В правление С. Первое Болг. царство достигло наиб. терр. расширения (в войнах с Византией) и могущества.

СИМЕО́Н НО́ВЫЙ БОГОСЛО́В (949–1022), визант. религ. писатель, поэт, философ-мистик. Развивал тему самоуглубления и просветления личности; приближал поэтич. язык к живым речевым формам.

СИМЕО́Н ПО́ЛОЦКИЙ (в миру — Сам. Ем. Петровский-Ситнианович) (1629–80), белорус. и рус. церк. и об-

630 СИММ

ществ. деятель, писатель, проповедник; организатор типографии в Кремле. Полемизировал с расколом (богословский трактат «Жезл правления», 1667). Один из зачинателей рус. силлабич. поэзии (в широком смысле «Вертоград многоцветный», написан в 1678) и драматургии. Проповеди (сб. «Обед душевный», 1681, «Вечеря душевная», 1683).

СИММЕТРИ́Я (от греч. symmetría – соразмерность), в широком смысле – инвариантность (неизменность) структуры, свойств, формы (напр., в геометрии, кристаллографии) материального объекта относительно его преобразований (т.е. изменений ряда физ. условий). С. лежит в основе сохранения законов.

СИ́МОНОВ Евг. Рубенович (1925–1994), режиссёр, педагог. Сын Р.Н. Симонова. С 1947 реж., в 1968–1987 гл. реж. Т-ра имени Евг. Вахтангова. В 1962–68 гл. реж. Малого т-ра. С 1987 гл. реж. Т-ра Дружбы народов (ныне Т-р Наций). Продолжал традиции вахтанговской школы; стремился к сочетанию психологизма с яркой театральностью («Иркутская история» А.Н. Арбузова (1959), «Антоний и Клеопатра» У. Шекспира (1971) и др. В 1989 организовал Моск. т-р-студию имени Р.Н. Симонова.

СИ́МОНОВ Конст. (Кир.) Мих. (1915–79), рус. писатель, обществ. деятель. Поэмы, интимная и гражд. лирика (стих. «Ты помнишь, Алёша, дороги Смоленщины...» и «Жди меня», 1941; сб. «С тобой и без тебя», 1942). Эпич. изображение Вел. Отеч. войны, социально-нравств. конфликты в пов. «Дни и ночи» (1943–44), романе-трил. «Живые и мёртвые» (1959–71), цикле пов. «Из записок Лопатина» (1957–78). Дневники военных лет. В «Размышлениях о Сталине» – «Глазами человека моего поколения» (опубл. в 1988) – попытка оправдать своё активное участие в идеологической жизни 1940–50-х гг. (канд. в чл. ЦК КПСС, 1952–56; гл. ред. «Лит. газеты» и ж. «Новый мир»). Пьесы, в т.ч. «Четвёртый» (1961). Публицистика.

СИ́МОНОВ Ник. Конст. (1901–73), актёр. С 1924 в Ленингр. т-ре драмы имени А.С. Пушкина. Был наделён мощным трагедийным темпераментом, создал масштабные, монументальные героико-романтич. и др. образы: Протасов («Живой труп» Л.Н. Толстого, 1950), Сатин («На дне» М. Горького, 1956), Сальери («Маленькие трагедии» А.С. Пушкина, 1962), Маттиас Клаузен («Перед заходом солнца» Г. Гауптмана, 1963) и др. Снимался в ф.: Пётр I (1937, 1939) и др.

СИ́МОНОВ Рубен Ник. (1899–1968), актёр, режиссёр, педагог. С 1920 в 3-й студии МХАТа (с 1926 Т-р имени Евг. Вахтангова). С 1924 реж., с 1939 гл. реж. этого т-ра. В 1928–37 (одноврем. с работой в т-ре) возглавлял Т-р-студию. Стремился к развитию творч. идей Е.Б. Вахтангова. Режиссёрским работам присущи острота, лёгкость, изящество и выразительность сценич. формы, своеобразный элегич. юмор. Пост.: «Соломенная шляпка» Э. Лабиша (1939), «Мадемуазель Нитуш» Эрве (1944), «Живой труп» Л.Н. Толстого (1962), «Варшавская мелодия» Л.Г. Зорина (1967) и др. Наделённый сценич. обаянием, даром импровизации, музыкальностью,

С. исполнял роли в осн. лирико-комедийного и романтич. плана: Бенедикт («Много шума из ничего» У. Шекспира, 1936), Сирано («Сирано де Бержерак» Э. Ростана, 1942), Доменико Сориано («Филумена Мартурано» Э. Де Филиппо, 1956) и др.

СИ́МОНОВ Сер. Гаврилович (1894–1986), конструктор стрелкового оружия. Создал в СССР автоматич. винтовку (на вооружении с 1936), противотанковое самозарядное ружьё (1941), самозарядный карабин (1945).

СИ́МОНОВ МОНАСТЫ́РЬ, мужской, осн. ок. 1370 на Ю.-В. Москвы, ок. 1379 перенесён на новое место; пользовался покровительством моск. вел. князей. В 16 в. в нём жили Вассиан Патрикеев, Максим Грек и др. Во время эпидемии чумы 1771 запустел, в 1788 превращён в госпиталь. Восстановлен в 1812. Упразднён после Окт. рев-ции. В 1930-х гг. значит. часть построек уничтожена; сохранились часть кам. стены, башни, трапезная (все 17 в.).

СИ́МОНОВА Евг. Пав. (р. 1955), актриса. С 1976 в Моск. т-ре имени Вл. Маяковского. Лирико-драм. дарование С. раскрылось в ролях Нины Заречной («Чайка» А.П. Чехова, 1978), Королевы («Двуглавый орёл» Ж. Кокто, 1991, малая сцена Центр. т-ра Сов. Армии), Элизабет («Круг» С. Моэма, 1988) и др. Наделяет своих героинь душевной чистотой, поэтич. трепетностью чувств, внутр. цельностью, стойкостью. Снималась в ф.: «Афоня» (1975), «Двадцать шесть дней из жизни Достоевского» (1981), т/ф «Обыкновенное чудо» (1978) и др.

СИМПТО́М (от греч. sýmptōma – совпадение, признак), проявление к.-л. болезни. Различают С. субъективные (основаны на описании больным своих ощущений, напр. боли) и т.н. объективные (получены при обследовании больного, напр. рентгенологич. признак «ниши» при язве желудка).

СИМУЛЯ́ЦИЯ (от лат. simulatio – притворство) (мед.), изображение болезни или отд. её симптомов человеком, не страдающим данным заболеванием. Умышленная С. обычно преследует корыстные цели (уклонение от воен. службы, получение материальных льгот и др.).

СИМФЕРО́ПОЛЬ, столица Респ. Крым, на р. Салгир. 353 т.ж. Ж.-д. ст. Пром-сть: пищевкус. (в т.ч. парфюмерно-косметич., конс., винодельч., таб.), лёгкая (трикот., кож.-обув. и др.), маш.-строит., хим. 3 вуза (в т.ч. ун-т). Музеи: худ. и краеведч. Т-ры: укр. муз.-драм., рус. драм., кукол. Осн. в 1784.

СИМФОНИЕ́ТТА, небольшая *симфония*.

СИМФОНИ́ЧЕСКАЯ МУ́ЗЫКА, музыка, предназначенная для исполнения симф. *оркестром*. Ведёт происхождение с сер. 18 в. Жанры С.м.: симфония, симфониетта, симф. поэма, сюита, фантазия, увертюра, концерт и др.

СИМФО́НИЯ (лат. symphonia, от греч. symphōnía – созвучие, согласие), произв. для симф. *оркестра*; один из осн. жанров инстр. музыки. С. классич. типа сложилась у композиторов *венской классической школы* – Й. Гайдна, В.А. Моцарта, Л. Бетховена; представляет собой 4-частный сонатно-симф. цикл (см. *Циклические формы*, *Сонатная форма*). Образцы С. разл. видов

у Ф. Шуберта, И. Брамса (лирич. С.); Г. Малера, Я. Сибелиуса, П.И. Чайковского (драм. С.); А. Брукнера, А.П. Бородина, А.К. Глазунова (эпич. С.), С.В. Рахманинова, А.Н. Скрябина, Н.Я. Мясковского, С.С. Прокофьева, Д.Д. Шостаковича.

СИНАГО́ГА (от греч. synagōgḗ – собрание), в иудаизме молитвенный дом, а также община верующих.

СИНАНТРО́ПНЫЕ ОРГАНИ́ЗМЫ (от греч. sýn – вместе и ántrōpos – человек), ж-ные, существование к-рых тесно связано с человеком и с насел. пунктами. Это паразиты человека и домашних ж-ных, а также ж-ные, поедающие продукты питания и отходы х-ва. Нек-рые С.о. (домовая мышь, серая и чёрная крысы, постельный клоп, рыжий и чёрный тараканы) лишь изредка встречаются за пределами поселений. С.о. могут быть возбудителями и переносчиками опасных болезней человека и ж-ных. Многие С.о. наносят большой материальный ущерб. Р-ния, обитающие вблизи жилья человека, принято наз. рудеральными.

СИНА́НТРОПЫ (от позднелат. Sina – Китай и греч. ántrōpos – человек), ископаемые люди, представители *архантропов*. Останки С. впервые найдены в 1927–37 в Китае (отсюда назв.). Возраст большинства находок 460–230 тыс. лет. По морфол. особенностям близки к *питекантропам*.

СИНГАПУ́Р (Республика Сингапур), гос-во в Юго-Вост. Азии, на о. Сингапур и прилегающих мелких о-вах, у юж. оконечности п-ова Малакка. Пл. 639 км², Нас. 2,9 млн. ч., в т.ч. 77% китайцы, 15% малайцы. Офиц. языки – малайский, китайский, английский и тамильский. Верующие – приверженцы буддизма, конфуцианства, ислама, индуизма, христ-ва. Глава гос-ва – президент. Законодат. орган – парламент. Столица – Сингапур. Ден. единица – сингапурский доллар.

О-в Сингапур отделён от п-ова Малакка прол. Джохор (через к-рый проложена дамба), от о-вов Индонезии – Сингапурским прол. Рельеф равнинный (выс. до 176 м). Климат экв. муссонный. Темп-ра в течение всего года 26–28°C; осадков ок. 2400 мм в год. Небольшие болота, остатки тропич. лесов, у берегов – мангровые заросли.

До 1819 принадлежал малайскому султанату Джохор. С 1826 С.– брит. колония. В 1942–45 под япон. оккупацией. В 1959 С. добился самоуправления. В 1963–65 в составе Малайзии. С 1965 независимое гос-во.

Основа экономики – внешнеторг. операции (гл. обр. реэкспорт нефти, каучука и нефтепродуктов). ВНП на д. н. 12 890 долл. в С. действуют отделения важнейших банковских компаний мира. Пром. пр-тия (продукция к-рых идёт на экспорт) преим. капиталоёмких отраслей, использующих квалифиц. труд: по переработке нефти и каучука, электронной, эл.-техн., оптико-механич., судостроит., швейной и др. С.– один из самых крупных совр. мор. портов в мире (грузооборот св. 140 млн. т в год). Междунар. аэропортом Чанги пользуются св. 30 иностр. авиакомпаний. Возделывают кокосовую пальму, пряности, табак, овощи, фрукты (ананасы). Свин-во, птиц-во. Рыб-во и мор. промысел. Иностр. туризм (до 5 млн. туристов в год).

СИНДИКА́Т (ср.-век. лат. syndicatus, от позднелат. syndicus – поверенный, представитель), одна из форм объединения пр-тий, осуществляющих общую коммерч. деятельность (определение цен, закупка сырья, сбыт продукции и т.п.) при сохранении их производств. и юрид. самостоятельности.

СИНДРО́М (от греч. syndromḗ – скопление), закономерное сочетание симптомов, обусловленных единым *патогенезом*. Рассматривается как самостоят. заболевание (напр., синдром Меньера) или как стадия (форма) к.-л. заболеваний (напр., *уремия* при хронич. нефрите).

«СИ́НИЙ ВСА́ДНИК» (нем. Blauer Reiter), объединение художников, представителей *экспрессионизма*, в Мюнхене (1911–14). Члены «С.в.» (Ф. Марк, В.В. Кандинский, П. Клее и др.) разрабатывали живописно-декор. и колористич. проблемы, тяготели к абстрактным композициям.

СИ́НИЙ КИТ (голубой кит), мор. млекопитающее (сем. полосатики). Самое крупное ж-ное из когда-либо живших на Земле: дл. до 33 м, масса до 150 т. Тело серого, с голубоватым

Сингапур. Китайский квартал.

оттенком цвета со светлыми пятнами. Обитает почти во всех открытых морях и океанах, совершая регулярные дальние миграции со скоростью до 40 км/ч. Обычно держатся поодиночке или парами. Питаются гл. обр. планктонными рачками. Почти истреблён, промысел запрещён.

СИНИ́ЛЬНАЯ КИСЛОТА́, жидкость, $t_{кип}$ 26,7 °С. С. к. содержится в нек-рых растениях, коксовом газе, таб. дыме, выделяется при термич. разложении нейлона, полиуретанов. С. к. используют для пром. получения разл. в-в. Токсична.

СИНИ́ЦЫ, род мелких птиц (сем. синицевые). Дл. 10–20 см. Клюв тонкий, с щетинками у основания. Для многих характерны чёрные «шапочки» и хохолок, белое пятно по бокам головы. 45 видов, в т. ч. лазоревка, московка, гаичка, большая и хохлатая С. Распространены широко, преим. лесные птицы. Гнёзда чаще в дуплах. Осёдлые, нек-рые кочуют. Многие выдерживают суровые зимы, особенно те С., к-рые делают запасы семян. Песня звонкая, однообразная.

Синицы. Большая синица.

СИ́НКЛЕР (Sinclair) Эптон Билл (1878–1968), амер. писатель, публицист. Приверженец идеи ненасильств. социализма. В «социол. романах», отмеченных чертами документальности и публицистичности, натурализма и обличительства («Джунгли», 1905; «Король Уголь», 1917; «Джимми Хиггинс», 1919; «Нефть!», 1927) – социальная критика «большого бизнеса», трагич. судьба пролетариев, рост их классового самосознания. Усиление либерально-консервативных тенденций в произв. 30–40-х гг. («Между двух миров», 1941; «Зубы дракона», 1942).

СИНКО́ПА (позднелат. syncopa, от греч. synkopé – прерывание), в муз. *ритмике* смещение ударения с метрически опорного момента (см. *Метр*) на более слабый. С. придаёт *ритму* остроту, иногда создаёт эффект противоречия.

СИНКРЕТИ́ЗМ (от греч. synkrētismós – соединение), 1) нерасчленённость, характеризующая неразвитое состояние к.-л. явления (напр., иск-ва в первонач. стадиях человеческой культуры, когда музыка, пение, поэзия, танец не были отделены друг от друга). 2) Смешение, неорганич. слияние разнородных элементов (напр., разл. культов и религ. систем в поздней античности – религ. С. периода эллинизма).

СИНО́Д (от греч. sýnodos – собрание) (Святейший Правительствующий синод), один из высш. гос. органов в России в 1721–1917. Ведал делами правосл. церкви. Состоял из членов, к-рые назначались императором из числа церк. иерархов, а также обер-прокурора. Во главе С. в нач. 20 в. стоял первенствующий. После 1917 Священный С.– совещат. орган при патриархе Московском и всея Руси.

СИНО́НИМЫ (от греч. synónymos – одноимённый), слова, различные по звучанию, но тождественные или близкие по смыслу, а также синтаксич. и граммати́ч. конструкции, совпадающие по значению. С. бывают полные («языкознание» – «языковедение») и частичные («дорога» – «путь»).

СИНТА́КСИС (от греч. sýntaxis – построение, порядок), 1) способы соединения слов (и их форм) в словосочетания и предложения, соединение предложений в сложные предложения, способы порождения высказываний как части текста; типы, значения словосочетаний, предложений, высказываний. 2) Раздел грамматики, изучающий эту часть языковой системы.

СИ́НТЕЗ (от греч. sýnthesis – соединение), соединение (мысленное или реальное) разл. элементов объекта в единое целое (систему). С. неразрывно связан с анализом (расчленением объекта на элементы).

СИ́НТЕЗ-ГА́З, смесь газов, гл. компонентами к-рой являются СО и H_2. Получают при переработке природного газа, нефтепродуктов, древесины, а также газификацией углей. Сырьё в произ-ве водорода, углеводородов, метилового спирта и др. В азотной пром-сти С.-г. называют смесь N_2 и H_2, используемую в синтезе аммиака.

СИНТОИ́ЗМ [от япон. синто, букв.– путь (учение богов)], религия, распространённая в Японии. В основе С. лежит культ божеств природы и предков. С. подвергся сильному влиянию буддизма и отчасти даосизма. Высш. божество – *Аматэрасу*; восшествие на престол её потомка – имп. Дзимму официально считается началом япон. гос-ва. В 1868–1945 гос. религия, пользовалась покровительством императора.

СИНУСИ́ТЫ (от лат. sinus – пазуха), воспаление слизистой оболочки, а иногда и костных стенок придаточных пазух носа: верхнечелюстной (гайморит), лобной (фронтит), основной (сфеноидит), решётчатой (этмоидит). Общие признаки С.: головная боль, обильные выделения из носа, нарушение носового дыхания.

СИНХРОНИ́Я (от греч. sýnchronos – одновременный), сосуществование, совпадение во времени элементов к.-л. системы; метод исследования отношений между элементами в лингвистике, др. гуманитарных и социальных науках (противопоставляется *диахронии*).

СИНЬОРЕ́ (Signoret) (наст. фам. Каминкер) Симона (1921–85), французская киноактриса. Жена И. Монтана. Сильный драм. темперамент С. при внеш. сдержанности, лиризм, психол. насыщенности характеризуют лучшие работы в ф.: «Золотая каска» (1952), «Тереза Ракен» (1953), «Место наверху» (1958, в прокате «Путь в высшее общество»), «Корабль глупцов» (1965), «Вся жизнь впереди» (1977).

СИНЬЯ́К (Signac) Поль (1863–1935), франц. живописец. Представитель и теоретик *неоимпрессиониз*ма. Пейзажам, исполненным мелкими мозаичными мазками, присущи плоскостность и орнаментальность («Песчаный берег моря», 1890).

СИНЯ́ВСКАЯ Там. Ил. (р. 1943), певица (меццо-сопрано). Жена М. М. Магомаева. С 1964 в Большом т-ре. Голос редкой красоты, насыщенности звучания позволяет исполнять разнообразные партии: Ваня, Ратмир («Жизнь за царя», «Руслан и Людмила» М. И. Глинки), Любаша («Царская невеста» Н. А. Римского-Корсакова), Кармен («Кармен» Ж. Бизе). Выступает в концертах. 1-я пр. на Междунар. конкурсе имени П. И. Чайковского в Москве (1970).

СИНЯ́ВСКИЙ Анд. Донатович (р. 1925), рус. писатель. За публикацию на Западе своих произв. (в т. ч. гротескно-сатирич. повестей о социальных и психол. феноменах тоталитарного гос-ва «Суд идёт», 1959, «Любимов», 1963, обе под псевд. Абрам Терц; в России опубл. в 1989) в 1966 был осуждён (вместе с Ю. М. Даниэлем) в Париже. Мемуарная кн. «Голос из хора» (1973), осмысляющая лагерный опыт С. Автобиогр. ром. «Спокойной ночи» (1984). Работы о сов. лит-ре. Кн.-эссе «Прогулки с Пушкиным» (1975). Ред. ж. «Синтаксис» (с 1978, Париж).

СИНЯ́ВСКИЙ Вад. Свят. (1906–1972), журналист, комментатор Всес. радио с 1924; основоположник отеч. школы спорт. радиорепортажа.

СИ́НЯЯ ПТИ́ЦА, подвижная певчая птица (сем. дроздовые). Дл. ок. 33 см. Оперение чёрно-синее, перья на концах блестящие, клюв жёлтый. Распространена в горах (до 2200 м над ур. м.) Юж. и Ср. Азии. Гнёзда в трещинах скал, всегда у воды. Пение – звучный флейтовый посвист.

СИО́Н, холм в Иерусалиме, где, согласно Библии, была резиденция царя Давида, а также храм Яхве.

СИО́Н (от назв. холма в Иерусалиме), 1) вид правосл. церк. утвари, хранилище просфор (освящённого хлеба). С. (обычно серебр.) повторяли в миниатюре архит. формы христ. храма. 2) Название ряда груз. ср.-век. церквей.

СИОНИ́ЗМ (от назв. холма Сион в Иерусалиме), идеология, направленная на возрождение евр. самосознания через поощрение иммиграции евреев в Палестину и создание там евр. гос-ва. Возникла в кон. 19 в. После образования в 1948 гос-ва Израиль ориентирована на его всемирную поддержку.

СИРАКУ́ЗЫ, др.-греч. полис на Ю.-В. Сицилии (на месте С.– совр. г. Сиракуза), центр мор. торговли. Осн. ок. 734 до н. э. В кон. 5–4 вв. при правителях Дионисии I и Агафокле С. подчинили себе почти всю Сицилию. В 211 до н. э. завоёваны римлянами.

СИРЕ́НЫ, в греч. мифологии полуптицы-полуженщины, завлекавшие моряков своим пением и губившие их. Перен.– соблазнительные красавицы, чарующие своим голосом.

СИРЕ́НЫ, отряд водных млекопитающих. Тело веретеновидное, тёмно-бурого цвета. Длина до 5,8 м, масса до 650 кг. Питаются гл. обр. водными р-ниями. 3 семейства: ламантины (3 вида), дюгони (1 вид) и *морские коровы*. Обитают в тропич. водах Индийского, Атлантич. и Тихого океанов, в бассейнах кр. рек Юж. Америки и Зап. Африки. Численность сокращается, охраняются.

Сирены. Фрагмент росписи краснофигурного стамноса: корабль Одиссея и сирены. Ок. 475 до н. э. Британский музей. Лондон.

СИРЕ́НЬ, род кустарников и небольших деревьев (сем. маслиновые). Ок. 30 видов, в Евразии. С. обыкновенную, С. венгерскую, С. персидскую и др. используют в декор. сад-ве для групповых и одиночных посадок, живых изгородей, создания сиреневых садов – сирингариев. Свето- и влаголюбивые р-ния, требуют плодородных почв. Размножение прививкой, отводками, порослью, зелёными черенками. Цветение весной. Соцветия с ароматными цветками разнообразной окраски (сиреневые, белые, розовые, красные) и формы. Эфирное масло из цветков применяют в парфюмерии.

Сирень.

СИ́РИН, сказочная (райская) птица с человеческим лицом, изображавшаяся на старинных лубочных рус. картинках. Часто упоминается и изображается вместе с *алконостом*. Образ восходит к др.-греч. *сиренам*.

СИ́РИЯ (Сирийская Арабская Республика), гос-во в Зап. Азии, на Бл. Востоке, на З. омывается Средиземным м. Пл. 185,2 т. км². Нас. 13,4 млн. ч., гл. обр. сирийцы (арабы С.)– 90%. Офиц. яз.– арабский. Большинство верующих – мусульмане. Глава гос-ва и пр-ва – президент. Законодат. орган – Нар. совет. Столица – Дамаск. Адм.-терр. деление: 14 мухафаз (губернаторств). Ден. единица – сирийский фунт.

Поверхность преим. равнинная. В зап. части С.– горн. хребты Антиливан (выс. до 2629 м) и его юж. продолжение – массив Эш-Шейх (Хермон) с высш. точкой страны г. Эш-Шейх (2814 м). На Ю.-В.– часть Сирийской пустыни. Климат субтропич. средиземноморский, во внутр. р-нах континентальный, сухой. Ср. темп-ры янв. 4–12 °С, июля 26–33 °С; осадков 100–300 мм, в го-

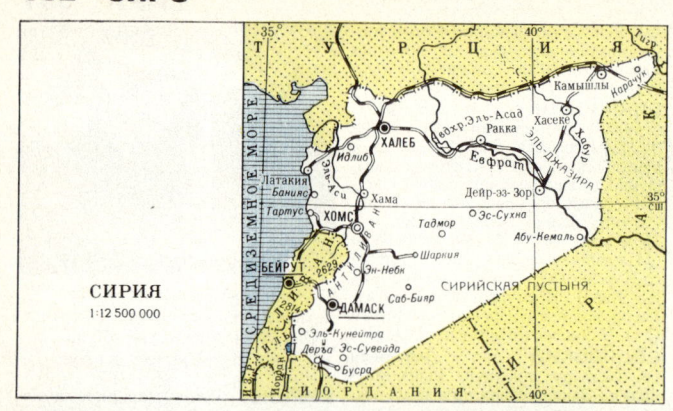

СИРИЯ 1:12 500 000

Сирия. Пейзаж в районе Латакия.

рах до 1000 мм в год. Кр. река – Евфрат. Преобладают пустыни и полупустыни.

С сер. 2-го тыс. до н.э. С. входила в состав разл. гос-в Бл. Востока, Римской и Визант. империй. В 30-х гг. 7 в. включена в Араб. халифат; в 661–750 полит. и культурный центр халифата *Омейядов*. В 10 – нач. 16 вв. терр. С. под властью араб., егип., тюркских династий, крестоносцев. В 1516–1918 в составе Османской империи. В 1920–43 С. под франц. мандатом. В 1958 С. объединилась с Египтом в Объединённую Араб. Респ. (ОАР). В 1961 вышла из ОАР и провозгласила себя Сирийской Араб. Респ. С 1963 у власти Партия араб. социалистич. возрождения (осн. в 1947). В июне 1967 Израиль захватил нек-рые терр. С., включая Голанские высоты (часть терр. освобождена после воен. действий в окт. 1973). С. с 70-х гг. сохраняет значительное воен. присутствие в Ливане. Принимает участие в урегулировании ближневост. конфликта.

С. – агр.-индустр. страна. ВНП на д. нас. 1020 долл. в год. Осн. с.-х. культуры: хлопчатник, пшеница, ячмень, чечевица, табак. Плод-во, овощ-во, виногр-во, бахчеводство; оливковые рощи. Экстенсивное жив-во. Рыб-во. Добыча нефти, фосфатов, соли. Нефтеперераб., хим., текст., швейная, кож., пищевкус. пром-сть. Куст. промыслы. Экспорт: нефть и нефтепродукты (ок. 40% стоимости), текст. и кожаные изделия (ок. 30%), хим. продукты (св. 10%).

СИРО́ККО, см. в ст. *Суховей.*

СИ СИНХА́Й (1905–45), кит. композитор. Совершенствовался у В. д'Энди и П. Дюка. С 1940 жил в Москве. Автор кантат (наиб. известна «Река Хуанхэ»), программных симфоний, св. 100 песен.

СИСИ́Ф (Сизиф), в греч. мифологии хитрый и корыстолюбивый царь Коринфа. Обманув богов, дважды избежал смерти и был обречён за это вечно вкатывать в подземном мире на гору камень, к-рый, достигнув вершины, скатывается обратно. «Сизифов труд» – тяжёлая бесплодная работа.

СИСЛЕ́Й (Sisley) Альфред (1839–1899), франц. живописец. По происхождению англичанин. Представитель *импрессионизма*. Лирические, наполненные светом и воздухом пейзажи («Деревня на берегу Сены», 1872).

СИСМОНДИ́ (Sismondi) (Симонд де) Жан Шарль Леонар (1773–1842), швейц. экономист и историк. Идеальной экон. системой считал мелкое товарное х-во; выступал за активное вмешательство гос-ва в экономику в целях торможения прогресса (поскольку рабочие вытесняются машинами).

СИСТЕ́МА (от греч. sýstēma – целое, составленное из частей; соединение), множество элементов, находящихся в отношениях и связях друг с другом, образующих опредёл. целостность, единство. Выделяют материальные и абстрактные С. Первые разделяются на С. неорганич. природы (физ., геол., хим., техн. и др.) и живые С. (биол. С. – клетки, ткани, организмы, популяции, виды, экосистемы); особый класс С. – социальные С. (от простейших социальных объединений до социальной структуры общества). Абстрактные С. – понятия, гипотезы, теории, науч. знания о С., лингв. (языковые), формализов., логич. С. и др. В совр. науке исследование С. разного рода проводится в рамках *системного подхода*, общей теории С., разл. спец. теорий С., в кибернетике, системотехнике, *системном анализе* и т.д. С сер. 20 в. С. становится одним из ключевых филос.-методол. и спец.-науч. понятий.

СИСТЕ́МА ЕДИНИ́Ц, совокупность осн. (независимых) и производных единиц физ. величин, отражающая взаимосвязи этих величин. С 1981 применяется Междунар. система единиц (СИ); в физике и астрономии иногда используют СГС систему единиц и нек-рые внесистемные единицы (напр., единицы длины – ангстрем, ферми, световой год, парсек; единицы энергии – электронвольт, единицы массы – атомная единица массы, масса и заряд электрона и др.).

СИСТЕ́МА ОТСЧЁТА в физике, совокупность тел отсчёта и связанных с ними часов, по отношению к к-рым изучаются физ. явления и процессы, а также производятся измерения физ. величин. В большинстве случаев преимуществ. роль играют инерциальные С.о., в к-рых выполняется первый *Ньютона закон* (закон инерции). В качестве тел отсчёта для С.о. могут служить любые тела (кроме фотона); выбор С.о. и системы координат в ней определяются простотой и удобством описания физ. явлений. Примером наиб. широко используемой С.о. является система, связанная с Землёй как телом отсчёта. При решении мн. вопросов астрономии в качестве С.о. используется связанная с неподвижными звёздами система, к-рую можно считать инерциальной.

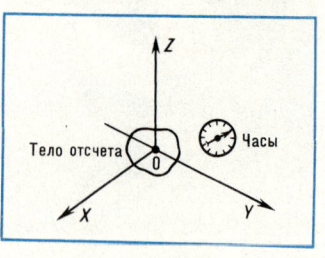

Ж. Сисмонди.

Система отсчёта.

СИСТЕ́МА УЧА́СТИЯ, скупка головной компанией контрольного пакета акций др. компании, в т.ч. «дочернего» общества, к-рое, в свою очередь, приобретает акции др. акц. об-в. В результате С.у. создаётся многоступенчатая зависимость пр-тий от головной компании, что во многих гос-вах запрещено или строго ограни-

Сисиф. Фрагмент росписи краснофигурной амфоры «художника Сисифа». Ок. 420 до н.э. Музей античного прикладного искусства. Мюнхен.

А. Сислей. «Городок Вильнёв-ла-Гарен на берегу Сены». 1872. Эрмитаж.

чено *антимонопольным законодательством*.

СИСТЕМА́ТИКА (биол.), наука о разнообразии всех существующих и вымерших организмов, о взаимоотношениях и родственных связях между их разл. группами (таксонами) — популяциями, видами, родами, семействами и т.д. Стремясь к созданию полной системы (классификации) органич. мира и определяя место тех или иных организмов в ней, С. опирается на эволюц. принцип и данные всех биол. дисциплин. С. позволяет ориентироваться в огромном разнообразии живых существ. Её основы заложены трудами англ. биолога Дж. Рея (1693) и К. Линнея (1735).

СИСТЕ́МНЫЙ АНА́ЛИЗ, совокупность методол. средств, используемых для подготовки и обоснования решений по сложным проблемам полит., воен., социального, экон., науч. и техн. характера. Опирается на *системный подход*, а также на ряд матем. методов и совр. методов управления. Осн. процедура — построение обобщённой модели, отображающей взаимосвязи реальной ситуации. Термин «С.а.» иногда употребляется как синоним системного подхода.

СИСТЕ́МНЫЙ ПОДХО́Д, направление методологии науч. познания и социальной практики, в основе к-рого лежит рассмотрение объектов как *систем*; ориентирует иссл. на раскрытие целостности объекта, на выявление многообразных типов связей в нём и сведение их в единую теоретич. картину. Принципы С.п. нашли применение в биологии, экологии, психологии, кибернетике, технике, экономике, управлении и др.

СИ́СТОЛА (от греч. systolé — сокращение), сокращение предсердий и желудочков сердца, при к-ром кровь нагнетается в артерии. С. вместе с *диастолой* составляет цикл сердечной деятельности.

СИТА́Р, инд. струн. щипковый муз. инстр-т типа *лютни*. Мировую попу-

Ситар.

лярность приобрёл благодаря деятельности Р. Шанкара. С 1960-х гг. используется в *рок-музыке*.

СИФ (англ. cif, от нач. букв слов cost — цена, insurance — страхование, freight — фрахт), во внеш. торговле вид договора купли-продажи, связанного с доставкой товара мор. путём. Цена товара включает его стоимость, расходы по страхованию и перевозке от порта отправления до порта назначения.

СИ́ФИЛИС (люэс), хронич. инфекц. заболевание, передающееся преим. половым путём. Возможно бытовое (через общую посуду и т.п.) и внутриутробное (врождённый С.) заражение. Возбудитель С.— бледная трепонема. Инкубац. период в ср. 32 сут. Выделяют С.: первичный [появление в месте внедрения трепонемы эрозии и язвы (твёрдого шанкра), лимфаденит (сифилитич. бубон)], вторичный [сыпи на коже и слизистых оболочках; как правило, положительные серологич. реакции (Вассермана и др.) и т.д.], третичный (гуммы, поражения внутр. органов, нерв. системы и др.). Своеврем. лечение обеспечивает выздоровление.

СИХОТЭ́-АЛИ́НЬ, горн. страна на Д. Востоке, в Хабаровском и При-

Сихотэ-Алинь. Центральная часть.

морском краях. Дл. 1200 км. Высш. точка — г. Тордоки-Яни (до 2077 м). Преобладает рельеф среднегорья со следами древнего оледенения. На С.— горн. тайга из ели аянской и пихты белокорой, в центре и на Ю.— смешанные леса с маньчжурскими видами. М-ния золота, оловянных, полиметаллич. руд и бурого угля. В 1947 в отрогах С.-А. упал крупнейший метеорит (ок. 70 т), на месте падения к-рого было обнаружено св. 100 кратеров и множество обломков. Заповедник.

СИЦИЛИА́НА (итал. siciliana, букв.— сицилийская), вок. или инстр. пьеса (размеры $\frac{6}{8}$, $\frac{12}{8}$). С 16 в.— в опере, оратории (*ария*-С.), в инстр. сонатах, концертах.

СИЦИ́ЛИЯ, самый большой о-в в Средиземном м., в составе Италии; отделён от Апеннинского п-ова Мессинским прол. Площадь (с близлежащими о-вами) 25,7 т.км². Преобладают холмы и горы (выс. до 3340 м, вулкан Этна). Часты землетрясения и вулканич. извержения. Ксерофитные кустарники, леса из дуба, бука, каштаны. М-ния нефти, серы и др. Адм. ц.— Палермо.

СКАЗ, 1) фольклорная форма (в т.ч. устный нар. рассказ), стоящая на грани бытовой речи и худ. творчества. Лит. сказы (Н.С. Лесков, П.П. Бажов) генетически связаны с фольклором. 2) Принцип повествования, основанный на имитации речевой манеры обособленного от автора персонажа — рассказчика; лексически, синтаксически, интонационно ориентирован на устную речь (рассказы М.М. Зощенко).

СКАЗА́НИЕ, в фольклоре общее название повествоват. произведений ист. и легендарного характера, сочетающих ретроспективность изложения с поэтич. трансформацией прошлого: предания, легенды, бывальщины. Существует и как лит. жанр, воспринявший образно-стилистич. свойства народно-поэтического творчества.

СКАЗИ́ТЕЛИ, рус. непроф. певцы, в осн. из крестьян, исполнители былин, ист. песен, баллад. У др. народов — барды, жирши и др.

СКА́ЗКА, один из жанров фольклора: эпич., преим. прозаич. произведение о животных или волшебного, авантюрного или бытового характера. Отличается от др. видов худ. эпоса и от *мифа* тем, что и сказочник, и слушатели воспринимают его прежде всего как вымысел, игру фантазии; у С. обычно счастливый конец. Лучшие сб-ки С. (араб.— «Тысяча и одна ночь», инд.— «Панчатантра», нем.— собранные бр. В. и Я. Гримм, рус.— А.Н. Афанасьевым) наряду с классич. лит. сказками Х.К. Андерсена, В. Хауфа, Ш. Перро вошли в сокровищницу мировой культуры.

СКА́ЛИГЕР (Scaliger) Жозеф Жюст (1540—1609), франц. гуманист. Гугенот, участвовал в Религ. войнах во Франции. Комментатор антич. текстов (Варрон, Вергилий и др.). Заложил основы науч. хронологии, разработал систему унификации летосчисления.

СКАЛИ́СТЫЕ ГО́РЫ, горы в системе Кордильер Сев. Америки (Канада, США). Дл. 3200 км. Выс. до 4399 м (г. Элберт). Гейзеры, термальные источники; часты землетрясения. Образуют водораздел между басс. Тихого и Атлантич. океанов. В С.г.— истоки рек Миссури, Рио-Гранде, Колумбия, Колорадо и др.; озёра, в т.ч. Йеллоустон. На С.— горн. таёжные леса и редколесья, горн. тундра; на Ю.— степи, сосновые леса, альп. луга. М-ния фосфоритов, руд меди, молибдена, золота и серебра, нефти, кам. угля.

СКА́ЛЬДЫ, норв. и исл. поэты 9—13 вв. Писали хвалебные песни (о норв. и др. воен. вождях), хулительные стихи. Их сочинения, сохранившиеся в виде фрагментов в памят-

никах 13 в. («Эдда Младшая» Снорри Стурлусона и *саги*),— надёжный ист. источник. Самый знаменитый С.— исландец Эгиль Скаллагримссон (10 в.).

СКАЛЬПИ́РОВАНИЕ, воен. обычай, по к-рому в качестве трофея снимали кожу с волосами (скальп) с головы убитого (реже живого) врага. Существовал у галлов и скифов, в 17—19 вв. у индейцев Сев. Америки и др.

СКАЛЯ́Р (от лат. scalaris — ступенчатый) (скалярная величина), величина, каждое значение к-рой (в отличие от *вектора*) может быть выражено одним (действительным) числом, вследствие чего совокупность значений С. можно изобразить на линейной шкале (скале — отсюда назв.). Длина, площадь, время, темп-ра и т.д.— скалярные величины.

СКАНДЕРБЕ́Г (Skanderbeg) (наст. имя Георг Кастриоти) (ок. 1405—68), нац. герой Албании. Возглавив (1443) нар. восстание, освободил от османского господства часть терр. страны.

СКА́НДИЙ (Scandium), Sc, хим. элемент III гр. периодич. системы, ат. н. 21, ат. м. 44,95591, относится к *редкоземельным элементам*; металл, $t_{пл}$ 1541°С. Открыт швед. химиком Л. Нильсоном в 1879.

СКАНДИНА́ВСКИЙ ПОЛУО́СТРОВ, самый большой в Европе (Швеция, Норвегия, сев.-зап. часть Финляндии). Пл. ок. 800 т. км². Омывается Баренцевым, Норвежским, Сев. и Балт. морями, и заливами и проливами. Берега Норвежского и Сев. морей изрезаны фьордами. Б.ч. п-ова занимают Скандинавские горы (выс. до 2469 м, г. Гальхёпигген), на В.— плоскогорье Норланд, Среднешведская низм., на Ю.— возв. Смоланд. На С.— тундра, таёжные леса, на Ю.— смешанные и широколиств. леса, на З.— верещатники. М-ния жел., медно-никелевых руд, пирита и др.

СКАНИ́РОВАНИЕ (от англ. scan — поле зрения), управляемое пространств. перемещение (по определ. закону) светового луча, пучка электронов, максимума излучения (приёма) антенны, подвижных детекторов излучения (сканеров) и т.п., при к-ром последовательно «просматривается» заданная зона пространства или поверхность наблюдаемого объекта. Применяется в электронно-лучевых, оптоэлектронных приборах, радиолокац. станциях, установках мед. радиоизотопной диагностики и др.

СКАНЬ (от др.-рус. скать — свивать) (филигрань), вид ювелирной техники: ажурный или напаянный на металлич. фон узор из тонкой зол. или серебр. проволоки, гладкой или свитой в «верёвочки».

СКАРАБЕ́И, род жуков *навозников*. Тело широкое, чёрное, дл. 2—4 см.

Скарабей священный.

Обитают на Ю. Европы, в Передней и Ср. Азии и Сев. Африке. Скатывают шары из навоза, к-рым питаются. Для выведения потомства самки С.

634 СКАР

зарывают в норки грушевидные комки навоза с отложенными в них яйцами. В Др. Египте С. священный почитался как один из форм солнечного божества. Его изображения служили амулетами и украшениями.

СКАРЛАТИ́НА (итал. scarlattina от ср.-век. лат. scarlattina – ярко-красный), инфекц. заболевание, преим. детей. Возбудитель – гемолитич. *стрептококк*. Характерны лихорадка, ангина, сыпь с последующим шелушением кожи. Заражение от больных и бактерионосителей через воздух (при кашле, разговоре) и др.

СКАРЛА́ТТИ (Scarlatti) Алессандро (1660–1725), итал. композитор, родоначальник *неаполитанской школы*. В операх (св. 100) сложились типовые черты *оперы-сериа*. Кантаты, оратории, инстр. сочинения.

СКАРЛА́ТТИ Доменико (1685–1757), итал. композитор, клавесинист-виртуоз. Сын А. Скарлатти. Его ярко мелодичные и темпераментные 1-частные клавирные «экзерсисы» (св. 550; ныне наз. *сонаты*) подготовили классич. фп. *сонату*, фп. стиль и исполнит. технику, а также *сонатную форму*. Оперы, кантаты, инстр. сочинения.

СКА́ТЫ, гл. обр. морские придонные рыбы. Тело уплощённое, ромбовидное. Дл. от 30 см до 6 м, масса до 1,5 т. Ок. 350 видов, распространены широко, в т.ч. в Чёрном, Баренцевом, Белом, Балтийском и дальневост. морях. Объект промысла. Нек-рые, напр. электрич. С., морские коты (скаты-хвостоколы) опасны для человека.

СКА́УТЫ (от англ. scout – разведчик), члены дет. и юношеских орг-ций бойскаутов (мальчиков) и гёрлскаутов (девочек) 7–21 года в системе внешкольного воспитания молодых граждан через познание природы, ремесла и игру. Осн. в нач. 20 в. в Великобритании полк. Р. Баден-Поуэллом (1857–1941). В России С. появились в 1909; об-во «Русский скаут» осн. в 1914. Во Всемирную орг-цию скаутского движения (осн. в 1920; Женева) в нач. 90-х гг. входили ок. 16 млн. ч. из более чем 150 стран. С нач. 90-х гг. орг-ции С. возрождаются в Рос. Федерации.

СКАФА́НДР (от греч. skáphē – лодка и anér, род. п. andrós – человек), индивидуальное герметическое снаряжение (костюм), обеспечивающее жизнедеятельность и работоспособность человека в условиях, отличающихся от нормальных (под водой, в космосе и т.д.). В С. в заданных пределах поддерживается давление, темп-ра, влажность и газ. состав.

СКА́ЧКИ, испытания племенных лошадей верховых пород, вид кон. спорта. Зародились в Англии в 17 в., в России – с 1930-х гг. Различают С. гладкие (по ровной местности), барьерные, с препятствиями.

СКВА́ЖИНА БУРОВА́Я, цилиндрич. горн. выработка диам. 75–1000 мм. Различают исследоват., эксплуатац. (добыча нефти, газа и др.), горнотехн. и строит. скважины. Самая глубокая (12 км) С.б. пробурена в России на Кольском п-ове.

СКВАЙР, см. Эсквайр.

СКВА́ТТЕРСТВО (от англ. squat – селиться самовольно на чужой земле), захват фермерами свободных земель. С. распространилось в 17–19 вв. на С.-З. совр. США, а также в Австралии.

Скворцы. Обыкновенный скворец.

СКВОРЦЫ́, семейство птиц (отр. воробьиные). Дл. 18–43 см. Оперение часто с металлич. блеском, у нек-рых на голове хохолок. Ок. 110 видов, гл. обр. в тропиках и субтропиках Вост. полушария (в Сев. Америку завезён обыкновенный С.). Преим. лесные птицы, охотно селятся в культурном ландшафте. Гнёзда в дуплах, скворечниках. Самцы хорошо поют, у нек-рых развито звукоподражание.

СКЕЛЕ́Т (от греч. skeletós, букв. – высохший), совокупность твёрдых тканей в организме ж-ных и человека, дающих телу опору и защищающих внутр. органы от механич. повреждений. У мн. беспозвоночных С. наружный, обычно в виде раковины или кутикулы; внутр. С. – у нек-рых беспозвоночных (спикулы) и позвоночных (хрящ, позвоночник, С. конечностей). С. человека насчитывает более 200 костей.

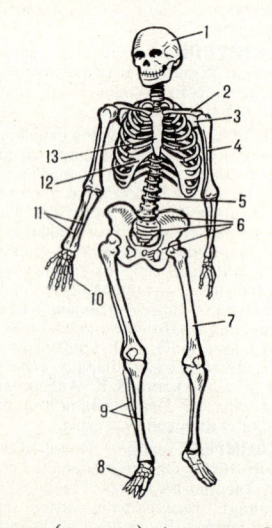

Скелет (человека): 1 – череп; 2 – ключица; 3 – лопатка; 4 – плечо; 5 – позвоночник; 6 – кости таза; 7 – бедро; 8 – стопа; 9 – берцовые кости; 10 – кисть; 11 – локтевая и лучевая кости; 12 – рёбра; 13 – грудина.

СКЕЛЕТО́Н (англ. skeleton, букв. – скелет, каркас), скоростной спуск с гор на спец. санях без рулевого управления, также называемых С. (сконструированы в нач. 19 в., в Швейцарии). Спортсмен, лёжа лицом вниз, управляет С. с помощью шипов на носках ботинок. В программе Олимп. игр в 1928 и 1948.

СКЕПТИЦИ́ЗМ (от греч. skeptikós – разглядывающий, расследующий), филос. позиция, характеризующаяся сомнением в существовании к.-л. надёжного критерия истины. Крайняя форма С. – *агностицизм*. Направление др.-греч. философии: ранний С. (Пиррон), С. Академии платоновской (Аркесилай, Карнеад), поздний С. (Энесидем, Секст-Эмпирик и др.). В новое время (16–18 вв.) синонимом свободомыслия, критики религ. и филос. догм (М. Монтень, П. Бейль и др.).

СКЕ́РЦО (итал. scherzo, букв. – шутка) (муз.), инстр. пьеса в быстром темпе, 3-дольная, часто с юмористич. оттенком. С кон. 18 в. 3-я часть *симфонии* (Л. Бетховен, П.И. Чайковский). В 19–20 вв. также и самостоятельная, б.ч. фп., пьеса (Ф. Шопен).

СКИБО́Б (англ. skibob, от ski – лыжи и bob – управляемые сани), скоростной спуск с гор по спец. трассам на санях, также называемых С. (рама типа велосипедной с закреплёнными на ней лыжами и рулём). Зародился в Австрии на рубеже 19–20 вв. В 1961 осн. Междунар. федерация С. (ФИСБ); объединяет ок. 30 стран. Чемпионаты мира с 1967.

СКИ́ННЕР (Skinner) Беррес Фредерик (1904–90), амер. психолог, лидер совр. *бихевиоризма*. Выдвинул концепцию «оперантного», подкрепляемого научения, предложил ряд методик экспериментального исследования поведения ж-ных. Выступал с утопич. проектами переустройства общества.

СКИПИДА́Р, бесцв. или желтоватая жидкость с запахом хвои; сложная смесь углеводородов, преим. терпенов. Получают гл. обр. из живицы (т.н. живичный С.), или терпентинное масло). Растворитель лаков, красок и эмалей, сырьё для произ-ва камфоры, терпинеола и др.

СКИТ (от греч. asketés – аскет, подвижник), в христ-ве жилище отшельника, самостоятельное или выделенное в монастыре уединённое жилище. С. обычно закрыт для посещения посторонних. В старообрядчестве С. наз. любой монастырь и поселение монастырского типа.

СКИ́ФЫ, древние народы в Сев. Причерноморье (7 в. до н.э. – 3 в. н.э.). Геродот разделял их на царских С., кочевников, земледельцев, пахарей. Х-во: земледелие, скот-во, обработка металлов, торговля с античн. городами Сев. Причерноморья. В 4 в. до н.э. создано Скифское гос-во. После его разгрома готами (2-я пол. 3 в. н.э.) растворились среди др. племён. От С. остались многочисл. памятники (курганы, городища).

СКЛА́ДЕНЬ, складная икона из двух (*диптих*), трёх (*триптих*) или неск. (*полиптих*) частей.

СКЛЕРО... (от греч. sklerós – твёрдый, жёсткий), часть сложных слов, означающая: затвердение, уплотнение.

СКЛЕРО́З (от лат. sclērōsis – затвердевание), уплотнение ткани или органа, вызванное гибелью элементов паренхимы – гл. функциональной ткани печени, селезёнки и др. органов (на почве воспаления, расстройства кровообращения, нарушений обмена в-в, возрастных изменений) и заменой их соединит. тканью, иногда с последующим её сморщиванием (см. *Цирроз*).

СКЛИФОСО́ВСКИЙ Ник. Вас. (1836–1904), хирург. Предложил ряд операций (носят его имя). Способствовал внедрению в рус. хирургию принципов антисептики и асептики.

СКЛОДО́ВСКАЯ-КЮРИ́ (Skłodowska-Curie) Мария (1867–1934), физик и химик, один из создателей учения о радиоактивности. По происхождению полька; с 1881 во Франции. Обнаружила радиоактивность тория (1898). Совм. с мужем – П. Кюри открыла (1898) полоний и радий. Ввела термин «радиоактивность». Получила (1910, совм. с франц. химиком А. Дебьерном) металлич. радий, исследовала его свойства. Разработала методы измерений радиоактивности. Впервые применила радиоактивное излучение в медицине. Ноб. пр. по физике (1903) и химии (1911).

М. Склодовская-Кюри.

СКЛОНЕ́НИЕ, изменение имени или именных форм глагола (напр., причастий) по падежам (в единств. и во множеств. числе); тип такого изменения, имеющий определ. набор окончаний и др. признаков (1-е С. существительных, С. на мягкий согласный и т.п.).

СКО́БЕЛЕВ Мих. Дм. (1843–82), генерал от инфантерии (1881). В рус.-тур. войну 1877–78 командовал казачьей бригадой, отрядом, пех. дивизией. Пользовался огромной популярностью в России и Болгарии. В 1880–81 руководил 2-й Ахалтекинской экспедицией, завершившей завоевание Туркмении.

СКО́БЛИКОВА Лид. Пав. (р. 1939), рос. спортсменка. Неоднократная чемпионка СССР и мира (1960–69). Олимп. игр (1960 – 2 зол. медали, 1964 – 4 зол. медали) на разл. дистанциях в скоростном беге на коньках.

СКОВОРОДА́ Григ. Саввич (1722–1794), укр. философ, поэт, музыкант, педагог. С 70-х гг. вёл жизнь странствующего нищего-философа; соч. распространялись в рукописях. В филос. диалогах и трактатах библейская проблематика переплетается с идеями платонизма и стоицизма. Смысл человеческого существования – подвиг самопознания. Автор стихотворений, басен в прозе, песен, кантов, псалмов.

СКО́ЛА (Scola) Этторе (р. 1931), итал. кинорежиссёр, сценарист. Ставил комедии, постепенно усиливая трагифарсовое начало («Разрешите представиться, Рокко Папалео», 1971; «Отвратительные, грязные, злые», 1976; «Который час?», 1989).

Драм. ноты звучат в ф. «Мы так любили друг друга» (1975), «Терраса» (1979). Своеобразна по стилю лента «Бал» (1983), повествующая об ист. событиях в поэтическо-аллегорич. форме.

СКОЛИО́З (от греч. skoliōsis — искривление), боковое искривление позвоночника. Причины: *рахит*, неправильная осанка, повреждение позвоночника, нек-рые заболевания нерв. системы. Развивается в дет. возрасте. Профилактика: гимнастика, рациональная мебель, подвижные игры.

СКОЛОПЕ́НДРЫ, беспозвоночные ж-ные из группы многоножек. Обитают в осн. в тропиках и субтропиках. Питаются мелкими беспозвоночными, крупные С. нападают на жаб, ящериц, птиц. Укусы С. болезненны для человека, а яд крупных тропич. С. может быть смертельным.

СКОМОРО́ХИ, рус. ср.-век. актёры (как правило, странствующие), выступавшие как певцы, танцоры, острословы, исполнители комич. и сатирич. сценок (часто собств. сочинения), акробаты, дрессировщики и др. Использовали в выступлениях маски (в т.ч. звериные). Представления С. предполагали импровизацию, непосредств. общение со зрителями, вовлекавшимися в игру. Изв. с 11 в. (первое летописное упоминание 1068). Были особенно популярны в 15–16 вв. В 16–17 вв. иногда объединялись в бродячие труппы — ватаги. Преследовались гражд. и церк. властями. Традиции С., в творчестве к-рых нашла отражение «смеховая культура» Др. Руси, оказали влияние на представления балаганного т-ра 18–19 вв. Сохранился жанр муз.-поэтич. фольклора С. — скоморошина.

...СКОП (от греч. skopéō — смотрю), часть сложных слов, означающих назв. приборов или приспособлений для наблюдения (напр., микроскоп).

СКОПА́, хищная птица из группы настоящих грифов. Почти космополитич. вид (нет в Тропич. Африке и Юж. Америке), везде редка. Селится у крупных водоёмов с прозрачной водой. На мн. языках мира С. наз. «рыболовом», т.к. питается преим. живой рыбой. Во мн. странах охраняется.

Скопа.

СКО́ПАС, др.-греч. скульптор и архитектор (4 в. до н.э.). Иск-во С. отличают драм. пафос борьбы, страстность, выразительность поз и жестов. Сохранился фриз мавзолея в Галикарнасе с изображением битвы греков с амазонками (мрамор, ок. 350 до н.э., совм. с Бриаксисом, Тимофеем и Леохаром).

СКОПИ́НСКАЯ КЕРА́МИКА, гончарные изделия (гл. обр. кувшины,

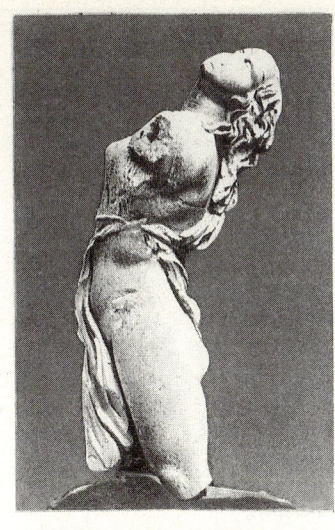

Скопас. «Менада». Мрамор. Римская копия. Скульптурное собрание. Дрезден.

подсвечники, мелкая декор. скульптура), вырабатываемые в г. Скопин (Рязанская обл.) — давнем центре нар. гончарного ремесла. Формировалась на ручном станке из мн. частей, украшалась рельефным и вдавленным орнаментом, цветными потёчными глазурями. В 1934 осн. артель, в 1976 — Скопинская ф-ка худ. изделий.

Скопинская керамика. Кувшин. Последняя четв. 19 в. Исторический музей. Москва.

СКОПИ́Н-ШУ́ЙСКИЙ Мих. Вас. (1586–1610), князь, боярин, полководец. Нанёс поражения армии И.И. Болотникова. В 1610 во главе рус.-швед. армии освободил Москву от осады отрядов Лжедмитрия II.

...СКОПИЯ (от греч. skopéō — смотрю), часть сложных слов, означающая: наблюдение, изучение, первонач. визуальное (напр., спектроскопия).

СКО́ПЬЕ, столица (с 1992) Македонии, на р. Вардар. 563 т.ж. Трансп. уз.; междунар. аэропорт. Металлургия, маш-ние; хим., фарм., стек., пищевкус. (таб., конс.) пром-сть. Ков-

роткачество. Ун-т. Высш. муз. школа (1966). Худ. галерея. Музеи: этногр., археологический. Нац. т-р. Как город известен со времён Юстиниана. В кон. 7 в. заселён славянами. С 9 в. в составе Первого Болг. царства, затем — Зап. Болг. царства, с 1282 в сербском гос-ве. При Стефане Душане столица сербско-греч. царства. В 1392–1912 под властью Турции. С 1913 в составе Сербии, с 1918 — югосл. гос-ва (в 1946–92 столица Респ. Македония в составе СФРЮ). Ранневизантийская крепость, тур. мечети и др. постройки 15–20 вв. (разрушены землетрясением 1963; архит. памятники восстанавливаются с 1960-х гг.). Близ С. — руины антич. г. Скупи.

СКО́РБУТ, то же, что *цинга*.

СКОРИ́НА Франциск (ок. 1486 — не позднее 1551), белорус. просветитель и первопечатник. В 1517–19 выпустил в Праге напечатанные *кириллицей* 20 отд. изданий Библии, отличавшихся высоким типографским иск-вом. В нач. 20-х гг. 16 в. основал типографию в Вильне. Вступит. статьи и примечания, написанные С. к своим изданиям, — образцы просветит. лит-ры.

СКОРОПА́ДСКИЙ Пав. Петр. (1873–1945), ген.-лейт. (1916), один из лидеров укр. националистич. движения. В 1-ю мир. войну командовал дивизией и корпусом. С окт. 1917 возглавлял воен. формирования укр. Центр. рады. В кон. апр. 1918 при поддержке австро-герм. войск избран на съезде хлеборобов в Киеве гетманом Украины, провозгласил создание Украинской державы. В связи с наступлением войск С.В. Петлюры в дек. 1918 бежал в Германию.

СКО́РОСТЬ, характеристика поступат. движения точки (тела), численно равная при равномерном движении отношению пройденного пути s к промежуточному времени t, то есть $v = s/t$. При вращат. движения тела пользуются понятием угловой скорости. Вектор линейной С. направлен по касательной к траектории тела, а угловой — по оси вращения. Термин «С.» применяется также для характеристики изменения во времени разл. процессов, напр. хим. реакций, С. рекомбинации, релаксации.

СКО́РОСТЬ ОСЕДА́НИЯ ЭРИТРОЦИ́ТОВ (СОЭ), показатель соотношения белковых фракций и др. компонентов крови, меняющийся при воспалит. и опухолевых процессах, очагах некроза, анемии и т.д. Определяется скоростью самопроизвольного оседания эритроцитов в предохранённой от свёртывания крови.

СКО́РОСТЬ СВЕ́ТА, скорость распространения эл.-магн. волн. В вакууме С.с. $c \approx 299{,}79 \cdot 10^6$ м/с; это предельная скорость распространения физ. воздействий. В среде С.с. меньше, чем, напр., в стекле в 3 раза, в воде в 9 раз. С.с. впервые измерил в 1675 дат. астроном О.К. Рёмер по измерению промежутков времени между затмениями спутников Юпитера; в 1849 франц. физик А. Физо измерил С.с. на Земле по времени прохождения известного расстояния; в 1972 С.с. с большой точностью установлена по квантовому стандарту частоты (по измерению длины волны λ и частоты ν; С.с.) = λν).

СКОРПИО́НЫ, отряд членистоногих ж-ных (класс паукообразные). Дл. 1–20 см. На конце брюшка ядовитое крючкообразное жало. Ок. 750 видов, в тропиках и субтропиках.

СКОТ 635

Скорпионы. Жёлтый скорпион.

Ночные хищники. Яд крупных С. опасен для ж-ных и человека. С. — древнейшие наземные членистоногие.

СКОРСЕ́ЗЕ (Scorsese) Мартин (р. 1942), амер. кинорежиссёр. Быт и нравы Нью-Йорка (в т.ч. родных для С. итал. кварталов) в разных по стилю ф.: «Злые улицы» (1973), «Таксист» (1976), «Нью-Йорк, Нью-Йорк» (1977), «Бешеный бык» (1980). В 1988 поставил «Последнее искушение Христа». Характерные черты лучших работ С. — точная обрисовка среды действия, преим. внимание к психологии персонажей.

СКОТТ (Scott) Вальтер (1771–1832), англ. писатель. Сборник нар. баллад «Песни шотландской границы» (т. 1–3, 1802–03). Романтич. поэмы С. на сюжеты из средневековья, сочетавшие мотивы таинственного и иррационального с красочными пейзажами и лирич. песнями, сделали популярным в европ. поэзии жанр лиро-эпич. поэмы: «Песнь последнего менестреля» (1805), «Мармион» (1808), «Дева озера» (1810).

В. Скотт.

Ист. романы на материале европ. истории (в т.ч. шотландской) в её переломные моменты («Уэверли», 1814, «Пуритане», 1816, «Роб Рой», 1818, «Айвенго», 1820, «Квентин Дорвард», 1823) положили начало англ. реалистич. роману. Ром. «Ламмермурская невеста» (1819) — о противостоянии старого дворянства и новой аристократии. Роман из совр. жизни «Сент-Ронанские воды» (1824). Кн. «Жизнеописания романистов» (т. 1–4, 1821–24) — о творч. связях с писателями 18 в., в т.ч. Г. Филдингом.

СКОТТ Роберт Фолкон (1868–1912), англ. воен. моряк, исследователь Антарктиды. В 1901–04 руководил эксп., открывшей п-ов Эдуарда VII, часть Трансантарктич. гор, неск. горн. ледников, оазис и шельфовый ледник Росса, иссл. Землю Виктории; первым поднялся в небо Антарктики на аэростате (1902). Во главе отряда достиг 18 янв. 1912 Юж.

полюса – на 33 дня позже Р. Амундсена. Погиб на обратном пути.

СКО́ТТО (Scotto) Рената (р. 1934), итал. певица (сопрано). На оперной сцене с 1953, пела в крупнейших т-рах мира. Гастролировала (в Москве в 1964 в труппе *«Ла Скала»*). Великолепные вок. данные и техника исполнения, а также актёрский талант послужили признанию С. одной из лучших итал. певиц своего времени. Работает как оперный режиссёр («Мадам Баттерфлай», 1987).

СКО́ФИЛД (Scofield) Пол (р. 1922), англ. актёр. С 1942 в т-рах Бирмингема, Стратфорда-он-Эйвон, Лондона. Работал с реж. П. Бруком. Роли: Меркуцио («Ромео и Джульетта» У. Шекспира), Треплев («Чайка» А.П. Чехова) и др. Прославился в ролях Гамлета («Гамлет») и Лира («Король Лир») Шекспира. Через все созданные образы актёр проносит тему личности, противостоящей миру лжи и несправедливости. Снимался в ф.: «Поезд» (1966), «Человек на все времена» (1966) и др.

СКРЕ́БНИ, класс червей. Дл. 1–65 см. Св. 500 видов. Паразитируют в кишечнике позвоночных, могут вызывать гибель рыб, птиц и млекопитающих. Известны случаи заражения человека.

СКРЕ́ПЕР (англ. scraper), землеройно-трансп. машина для послойного срезания и перемещения грунта, рабочим органом к-рой служит ковш вместимостью 3–50 м³. Бывают самоходными и прицепными (к трактору, тягачу).

СКРИЖА́ЛИ, в Библии каменные доски с «10 заповедями», вручённые Моисею Богом на горе Синай (см. *Декалог*). Перен. – «то, что хранит» (куда заносятся памятные события, даты, имена, идеи).

СКРИ́ПКА, 4-струн. смычковый муз. инстр-т. Самый высокий по звучанию в скрипичном семействе,

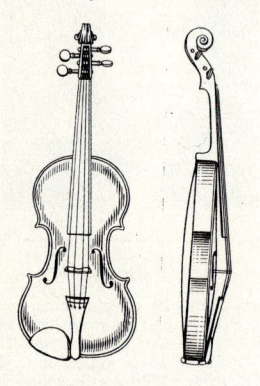

Скрипка.

включающем также *альт* и *виолончель*. Классич. тип создали сев.-итал. скрипичные мастера 16–18 вв. брешианской (Гаспаро да Сало, Дж. Маджини) и кремонской (А. и Н. Амати, Дж. Гварнери, А. Страдивари) школ.

СКРОФУЛЁЗ, см. *Золотуха*.

СКРЯ́БИН Ал-др Ник. (1871/72–1915), рос. композитор, пианист. В творчестве С. воплощены идеи экстатич. устремлённости к неведомым «космическим» сферам, идея преобразующей силы иск-ва. Его музыке присущи напряжённость тонуса, диапазон образов от одухотворённо-идеальных, утончённых до экспрессив-

А.Н. Скрябин.

но-героических. Яркий новатор муз. выразит. средств, гл. обр. *гармонии*; развивая идею *светомузыки*, впервые в муз. практике ввёл в симф. поэму «Прометей» (1910) партию света. «Божественная поэма» (3-я симф., 1904), «Поэма экстаза» (1907) для орк.; 10 сонат, поэмы, прелюдии для фп. и др.

СКРЯ́БИН Конст. Ив. (1878–1972), рос. гельминтолог, основатель отеч. гельминтологич. школы. Фундам. тр. по морфологии, систематике, экологии *гельминтов* с.-х. ж-ных и человека. Описал св. 200 новых видов гельминтов. Разработал теоретич. основы борьбы с гельминтозами (болезни, вызываемые гельминтами).

СКУЛЬПТУ́РА (лат. sculptura, от sculpo – вырезаю, высекаю), ваяние, пластика, вид изобр. иск-ва, произв. к-рого имеют объёмную, трёхмерную форму и выполняются (высеканием, вырезанием, лепкой, ковкой, литьём и др.) из тв. или пластич. материалов (камень, металл, дерево, глина и др.). Худ.-выразит. средства С.: построение объёмной формы, пластич. моделировка (лепка), разработка силуэта, фактуры, иногда цвета. Виды С. – круглая (статуя, группа, бюст) и плоская (рельеф), монументальная (памятники, монументы) и монументально-декор. (архит. декор, садово-парковая), станковая (т.е. выполняемая на спец. станке).

СКУМБРИ́ЕВЫЕ, семейство ценных промысловых рыб. Длина обычно 40–60 см (макрели до 1,5 м, тунцы до 3 м), масса от 1,5 кг (макрели) до 680 кг (тунцы). Более 50 видов, в морях тропич., субтропич. и отчасти умеренных широт (в т.ч. в Чёрном, Азовском, Баренцевом, Японском морях).

СКУНС, млекопитающее (сем. куньи). Длина тела до 38 см, хвоста до 44 см. Обитает в Сев. Америке. Защищаясь, выбрызгивает из анальных желёз выделения с отвратит. запахом. Разводят на фермах (ради ценного меха), удалив анальные железы.

СКУ́ПЩИНА, название парламента в Югославии и нек-рых др. гос-вах.

СКУРА́ТОВ-БЕ́ЛЬСКИЙ Григ. Лукьянович (Малюта) (? – 1573), думный дворянин, приближённый Ивана IV, глава опричного террора. Участник убийств кн. Владимира Старицкого, митрополита Филиппа и др. В 1570 руководил казнями в новгородском походе. Погиб в бою в Ливонии.

СКУ́ТЕР (англ. scooter, от scoot – мчаться), одноместный спорт. *глиссер* с подвесным двигателем.

СКУ́ФЬЯ (ср.-греч. skúphia, непрямое заимствование из др.-греч. skýphos – чашка), островерхая шапочка, часть облачения правосл. духовенства.

СКЭТ [англ. scat (singing)], техника «инстр.» пения со слоговой (часто звукоподражательной) подтекстовкой мелодии, восходящая к традициям африканской нар. музыки. Нашла широкое применение в *джазе* (где голос трактуется как муз. инстр-т), *блюзе*, отчасти в религ. песнопениях (госпел, *спиричуэл*). Среди ведущих мастеров – Э. Фитцджеральд. От слогов С. происходят названия фп. стиля *буги-вуги*, джазового стиля боп (от С. – «би-боп», «ри-боп»), стиля амер. популярной музыки ду-вап. С. используется также в разл. стилях *поп-музыки* и *рок-музыки* (в т.ч. в *рэпе*).

СЛА́БОЕ ВЗАИМОДЕ́ЙСТВИЕ, см. *Взаимодействия фундаментальные*.

СЛАБОУ́МИЕ, глубокий малообратимый дефект психики, проявляющийся слабостью интеллекта, утратой ранее приобретённых знаний и (или) затруднением в приобретении новых, бедностью психики в целом, изменением поведения. Различают С. врождённое (олигофрения) и приобретённое (деменция) – результат итогов С. происходят при разл. заболеваниях (атеросклероз сосудов мозга, эпилепсия и др.).

СЛА́ВИНА Зин. Анат. (р. 1941), актриса. С 1964 в Моск. т-ре на Таганке. Наделена сильным, открытым темпераментом, смело использует приёмы

Скутера.

театрального гротеска: Шен Те – Шуи Та («Добрый человек из Сезуана» Б. Брехта, 1964), Пелагея («Деревянные кони» по Ф.А. Абрамову, 1974), Азазелло («Мастер и Маргарита» по М.А. Булгакову, 1977), Катерина Ивановна («Преступление и наказание» по Ф.М. Достоевскому, 1979) и др.

СЛА́ВКИ, род птиц (сем. славковые). Дл. 12–15 см. 17 видов, в Европе и Сев. Африке; по опушкам лесов, в садах, на лугах. Песня у ряда видов красивая, мелодичная (флейтовые звуки), иногда включает «строфы» из песен др. птиц, в т.ч. соловья.

СЛАВЯ́НОВ Ник. Гаврилович (1854–97), рос. электротехник, один из создателей дуговой электросварки. Разработал сварку металлич. электродом с предварит. подогревом изделия (1888). Впервые применил для электросварки электрич. генератор.

СЛАВЯ́НО-ГРЕ́КО-ЛАТИ́НСКАЯ АКАДЕ́МИЯ, первое высш. уч. заведение в Москве. Осн. в 1687. Выпускники становились правосл. священниками, гос. служащими, преподавателями. В 18 в. крупный центр рос. науки и культуры. В 1814 преобразована в Моск. духовную академию.

СЛАВЯНОФИ́ЛЫ, представители одного из направлений рус. обществ. мысли 40–50-х гг. 19 в. Выступали с обоснованием особого, отличного от зап.-европ. пути ист. развития России, усматривая её самобытность в отсутствии борьбы социальных групп, в крест. общине, православии как единственно истинном христ-ве; противостояли *западникам*. Выступали за отмену крепостного права, смерт-

Славки. Ястребиная славка, кормящая птенцов.

ной казни, за свободу печати и др. Гл. представители: бр. К.С. и И.С. Аксаковы, И.В. и П.В. Киреевские, А.И. Кошелев, Ю.Ф. Самарин, А.С. Хомяков, В.А. Черкасский. К С. идейно близки В.И. Даль, А.А. Григорьев, А.Н. Островский, Ф.И. Тютчев. В процессе подготовки крест. реформы 1861 многие С. сблизились с западниками на почве либерализма. Нек-рые идеи С. получили развитие в идеологии почвенничества (Н.Н. Страхов), панславизма (Н.Я. Данилевский), а также «охранит.» направления рус. обществ. мысли.

СЛАЙД, то же, что *диапозитив*.

СЛА́ЛОМ (норв. slalåm, букв.– спускающийся след), 1) горнолыжный С.– спуск с горы по спец. трассе с серией обозначенных флажками проходов – ворот; дистанция 500–700 м и ок. 2000 м (гигантский С.). 2) Гребной С.– на байдарках и каноэ по рекам или на спец. каналах с быстрым течением, естеств. или искусств. препятствиями. 3) С. на вод. лыжах – прохождение спец. трассы с пост. скоростью и определ. длиной буксировочного троса.

СЛЕ́ДСТВИЕ, в уголов. процессе собирание и проверка доказательств по уголов. делу. Для проведения С. (предварит. и судебного) предусматривают следств. действия, оговорённые уголовным законом: допрос, очная ставка, обыск и др. Порядок осуществления С. как одной из стадий уголов. процесса регулируется процесс. законодат. актом (напр., в Рос. Федерации – Уголовно-процессуальным кодексом). В России С. начинается возбуждением уголов. дела и заканчивается направлением дела прокурору с обвинит. заключением (для предъявления обвинения) или с предложением о прекращении дела. С. судебное осуществляется в суд. заседании. См. также *Предварительное следствие*.

СЛЕНГ (англ. slang), 1) то же, что жаргон, преим. в англоязычных странах. 2) Слой разг. лексики, отражающий грубовато-фамильярное, иногда юмористич. отношение к предмету речи и не совпадающий с нормой лит. языка («блат», «мура»).

СЛЕПНИ́, семейство кровососущих двукрылых насекомых, входящих в состав *гнуса*. Дл. 7–30 мм. Ок. 3000 видов, распространены широко. Переносчики возбудителей ряда болезней (туляремии, сиб. язвы и др.).

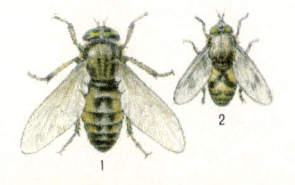

Слепни: 1 – бычий; 2 – златоглазик.

СЛИ́ВА, род древесных р-ний (сем. розоцветные). Ок. 30 видов, в умеренном поясе Евразии и Сев. Америки. Возделывают св. 3 тыс. лет, в осн. С. домашнюю (естеств. гибрид тёрна с алычой, возникший, видимо, на Кавказе). Дерево выс. 6–12 м или куст-ник, живёт до 50 лет, плодоносит с 2–3 лет. Св. 2 тыс. сортов, объединённых в группы (венгерки, ренклоды, мирабели, яичные С.). Плоды (до 80–100 кг с р-ния) богаты витаминами, органич. к-тами, сахарами, све-

Слива (венгерка). Плоды.

жие и сушёные (чернослив) оказывают слабит. действие. Древесина идёт на поделки. Подвой для персика, абрикоса, миндаля.

СЛИ́ЗИСТАЯ ОБОЛО́ЧКА, у человека и ж-ных выстилает внутр. поверхность пищеварит. и дыхат. органов, мочеполовых путей, полостей носа, выводных протоков желёз. Толщина 0,5–4 мм. Находящиеся в С.о. железы выделяют слизь, к-рая выполняет защитную функцию (в т.ч. предохраняет клетки от высыхания, обладает бактерицидными свойствами).

СЛИЗНИ́, группа наземных брюхоногих моллюсков, не имеющих наружной раковины. Длина тела ползущего ж-ного от 1,5 до 20 см. В коже многочисл. слизистые железы. Более 250 видов, распространены широко. Нек-рые – вредители лесных пород и с.-х. р-ний.

СЛИЧЕ́НКО Ник. Ал. (р. 1934), певец, актёр, режиссёр, театральный деятель. С 1951 в *Московском театре «Ромэн»* (с 1977 гл. реж.). В спектаклях добивается слияния цыганской нар. традиции исполнит. иск-ва с совр. приёмами режиссуры и актёрской игры. Пост.: «Грушенька» И.В. Штока (по Н.С. Лескову, 1973, сыграл Молодого цыгана, Князя, Голована), «Мы – цыгане» И.И. Ром-Лебедева и С. (1976, новая ред. 1986); «Живой труп» Л.Н. Толстого – этапный спектакль в биографии С. (1984, сыграл Протасова) и др. Ведёт большую конц. деятельность (в репертуаре цыганские и эстрадные песни, старинные романсы; баритональный тенор). Творчество С. получило междунар. признание после гастролей в Париже (сер. 60-х гг.).

СЛОВА́КИЯ (Словацкая Республика), гос-во в Центр. Европе. Пл. 49 т.км². Нас. 5,33 млн. ч., преим. словаки. Офиц. яз. – словацкий. Верующие в осн. католики. Глава гос-ва – президент. Законодат. орган – Национальный Совет. Столица – Братислава. Административно-территориальное деление – 46 районов. Ден. единица – словацкая крона.

Бо́льшая часть терр. расположена в пределах Зап. Карпат (выс. до 2655 м, г. Герлаховски-Штит), на С.– Высокие Татры со скалистыми вершинами, на Ю.-З. и Ю.-В.– Подунайская и Потисская низменности. Климат умеренно континентальный. На равнинах ср. темп-ры янв. –1–3°C, июля 19–21°C, в Высоких Татрах зимой –12°C, летом 8°C; осадков 500–700 мм, в горах до 1000 мм в год. Гл. реки – Ваг, Нитра, Грон. На

Словакия. Памятник природы (базальтовая отдельность) – Златы Врх (г. Лисец).

склонах гор – хвойные и широколиств. леса.

С сер. 1-го тыс. н.э. на терр. С. преобладали слав. племена. В 11 в. С. включена в Венг. кор-во. В сер. 16 в. Юж. С. захвачена Османской империей, остальная часть вошла в состав империи Габсбургов (к кон. 17 в.– вся С.). В кон. 18 – нач. 19 вв. зародилось нац. движение. В 1867 С. включена в венг. часть (Транслейтания) Австро-Венгрии. С распадом в 1918 Австро-Венгрии С. в составе Чехосл. респ. Осенью 1938 юж. р-ны С. присоединены к хортистской Венгрии. В марте 1939 С. провозглашена самостоят. гос-вом (под охраной) фаш. Германии. Кульминацией Дв. Сопр. явилось Словацкое нац. восст. 1944. К маю 1945 С. освобождена Сов. Армией. Словацкие и чеш. земли воссоединились в рамках Чехословакии. До дек. 1989 у власти находилась чехосл. КП. В июле 1992 принята Декларация о суверенитете Словацкой Респ. С 1993 С.– суверенное гос-во.

С.– индустр.-агр. страна. ВНП на д. нас. 1930 долл. в год. Наиб. развиты металлоёмкое маш-ние (тепло- и электровозы, пром. оборудование и др.), чёрная и цветная (алюминий) металлургия, нефтеперераб., хим., деревообр., целл.-бум. пром-сть. Добыча жел. руды, магнезита. В с. х-ве преобладает растениеводство (кукуруза, пшеница, ячмень, сах. свёкла), развиты виногр-во и сад-во (сливы, абрикосы). Свин-во.

СЛОВА́РЬ, 1) лексика, словарный состав языка, диалекта к.-л. социальной группы, отд. писателя и т.д. 2) Справочная книга, содержащая собрание слов, словосочетаний, идиом и т.п., дающая сведения об их значениях, употреблении, переводе на др. язык и др. Существуют лингвистич. и энциклопедич. С.

СЛОВА́ЦКИЙ (Słowacki) Юлиуш (1809–49), польск. поэт-романтик. Идеи нац.-освободит. движения в филос.-полит. драме «Кордиан» (1834), поэме «Ангелли» (1838), апеллирующей к дантовской традиции, в патриотич. лирике. Сказочно-фанта- стич. драмы («Балладина», 1834). Ист.-филос. поэма «Бенёвский» (1841; не окончена) отмечена виртуозным стихотв. мастерством. Эпопея «Король-Дух» (не окончена) – синтез филос.-ист. взглядов С., сочетающих мистич. концепцию с рев. направленностью.

СЛОВЕ́НЕ ильменские, вост.-слав. племена на побережье оз. Ильмень, в басс. рек Волхов, Ловать, Мста и в верховьях р. Молога. В 1-й пол. 9 в. образовали с частью *кривичей* и *чуди* одно из древнейших на Руси раннегос. объединений – Славия (упоминается в трудах араб. и др. географов).

СЛОВЕ́НИЯ (Республика Словения), гос-во на Ю. Европы, на Ю.-З. омывается Адриатич. м. Пл. 20,3 т. км². Нас. 2 млн. ч., 88% – словенцы.

Офиц. яз. – словенский. Верующие преим. христиане. Глава гос-ва – президент. Законодат. орган – двухпалатный парламент (Гос. совет и Гос. собрание). Столица – Любляна. Адм.-терр. деление – 62 р-на. Ден. единица – словенский толар.

Рельеф преим. горный. На С.-З. и С. расположены хребты Вост. Альп – Юлийские Альпы (высш. точка – г. Триглав, 2863 м). На Ю.– сев. окраина Динарского нагорья, в т.ч. известняковое плато Карст (Крас). На З., у побережья Адриатич. м., и на В.– низменности. Климат на б.ч. умеренно континентальный. В межгорн. долинах ср. темп-ры янв. 0–2°C, июля 18–19°C; осадков 800–1200 мм в год (в горах местами св. 2000 мм). На побережье климат субтропич. средиземноморский. Кр. реки – Сава и Драва. Горные ледниковые и карстовые озёра. Леса (ок. 50% терр.), преим. в горах.

Терр. С. заселена славянами с 6 в. В 7 в. образовалось гос-во Карантания, с 8 в. распространяется христ-во. В 11–13 вв. на терр. С. ряд кн-в (Каринтия, Штирия, Крайна и др.), входивших в состав «Священной Римской империи». С нач. 16 в.

638 СЛОВ

почти вся терр. С. под властью Австрии (с перерывом в 1809–13, когда б.ч. С. входила в Иллирийские пров.). В 19 в., особенно в ходе Рев-ции 1848–49 в Австрии и после неё, в С. развивается нац. движение (центр – Крайна). С 1918 б.ч. словен. земель в Кор-ве сербов, хорватов и словенцев (с 1929 – Югославия), часть осталась в составе Австрии, часть отошла к Италии. В 1941 С. оккупирована Германией, Италией и Венгрией. В ходе Нар.-освободит. войны в Югославии 1941–45 С. освобождена (май 1945). По мирному договору с Италией (1947) б.ч. населённой словенцами терр., входившей в 1918 в состав Италии, была воссоединена со С. С 1945 С. – республика в составе Югославии, у власти находилась югосл. КП. С 1991 независимое гос-во.

С.– индустр. страна. ВНП на д. нас. 7150 долл. в год. Добыча свинцово-цинковых, урановых и ртутных руд. Ведущие отрасли пром-сти: маш-ние (произ-во мотоциклов, автобусов, эл.-техн. изделий, станков, с.-х. и полиграф. машин и др.), цветная (выплавка алюминия, свинца) и чёрная металлургия, текст. и лесная (лесопильные пр-тия, произ-во фанеры), целл.-бум. Осн. отрасль с. х-ва – жив-во (молочно-мясное скот-во и свин-во). В растениеводстве преобладают посевы картофеля и кормовых трав; развиты хмелеводство, сад-во (в осн. яблоки), виногр-во (винные сорта).

«СЛО́ВО О ПОЛКУ́ И́ГОРЕВЕ» (кон. 12 в.), др.-рус. лироэпич. произведение (в ритмизованной прозе). Повествуя и размышляя о трагич. Половецком походе Игоря Святославича 1185, автор-современник, скорбя о погибших и полонённых, осуждая междоусобицы и «честь» лишь для себя и славя ратные подвиги во имя отчизны, страстно ратует за согласие и единение всех князей и всех людей Рус. земли. Гос.-ист., нац.-патриотич. пафосу «Слова» сопутствуют лирич. стихия простых чувств – сострадания, любви (братской, материнской, супружеской) и особенно жалости. Героически-христ. мировосприятие автора не аскетично и не чуждается опоэтизир. мотивов и образов язычества; поэтика «слова» («песни», «сказания») свободно сплавляет книжную (преим. ораторскую и летописную) стилистику, жанровые особенности фольклорного «плача» и «славы» и языковое многообразие устной речи (торжественной, деловой, застольной). Стиль монументального историзма, в т.ч. панорамность ист. и геогр. видения, человек – соучастник вселенского бытия, церемониальность поведения героев, лаконизм и афористичность слога) сочетается с эпич. началом (плач Ярославны, одушевление природы, фантастич. образы). Породило десятки поэтич. переложений (в т.ч. В.А. Жуковского, А.Н. Майкова, Н.А. Заболоцкого, И.И. Шкляревского), изобразительных (В.М. Васнецов, В.А. Фаворский) и муз. (А.П. Бородин) интерпретаций.

СЛОВООБРАЗОВА́НИЕ, 1) образование слова по существующим моделям и законам языка. 2) Раздел грамматики, изучающий все аспекты образования слов в языке.

СЛОВОСОЧЕТА́НИЕ, соединение двух или более знаменательных слов для обозначения предмета, явления, процесса, качества («читать книгу», «весело шагать», «зелёная лампа», «очень далеко»). В отличие от предложения С. является называющей единицей языка, а не сообщающей что-либо.

СЛОЖЕ́НИЕ СИЛ, нахождение геом. суммы (т.н. главного вектора) данной системы сил путём последоват. применения правила параллелограмма сил или построения силового многоугольника. Для сил, приложенных в одной точке, при С.с. определяется равнодействующая.

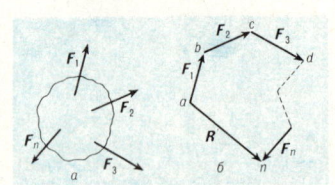

Сложение сил: а – силы $F_1, F_2, F_3 \ldots, F_n$, приложение к телу; *б* – сложение сил по правилу многоугольника, *a b c d … n* – силовой многоугольник; R – равнодействующая сил.

СЛОЖНОЦВЕ́ТНЫЕ (астровые), семейство двудольных р-ний; травы, полукустарники, кустарники (в умеренных поясах) и деревья (в тропиках). Ок. 25 тыс. видов, по всему земному шару. Среди С.– масличные (подсолнечник), овощные (салат), лекарств. (ромашка, пижма, календула), декор. (астра, хризантема), кормовые (топинамбур), сорные (осот, василёк, лопух) р-ния.

СЛОНИ́МСКИЙ Сер. Мих. (р. 1932), рос. композитор. Тяготеет к совр. выразит. средствам, своеобразно преломляет рус. муз. фольклор. Оп.: «Виринея» (1967), «Мастер и Маргарита» (1972), «Мария Стюарт» (1981); бал. «Икар» (1971); 8 симф. (1958–85), инстр. концерты, музыка к спектаклям и фильмам.

СЛОНО́ВАЯ КОСТЬ, зубное в-во бивней афр. и инд. слонов и мамонта. Прочная, хорошо поддаётся обработке. Экспортируется из Африки и Индии. В России много бивней мамонта находят на С.-В. Сибири. Из-за браконьерской охоты ради бивней резко сократилась численность афр. слонов. В 1989 введён междунар. мораторий (запрет) на торговлю С.к.

СЛОНО́ВОСТЬ (элефантиаз), заболевание человека и нек-рых видов ж-ных: значит. увеличение отд. частей тела (чаще ног) из-за резкого утолщения кожи и подкожной клетчатки в связи с хронич. воспалением лимфатич. путей и застоем лимфы.

СЛОНЫ́, семейство млекопитающих. Самые крупные наземные ж-ные (дл. до 7,5 м, выс. до 4–4,5 м, масса до 5 т, иногда до 7,5 т). Нос и верх. губа образуют *хобот*. 2 вида – в лесах и саваннах Тропич. Африки (африканский С.), Юж. и Юго-Вост. Азии (индийский С.). Питаются растит. пищей. Совершают кормовые миграции, хорошо плавают. Продолжительность жизни 50–70 лет. Численность С. сокращается (ок. 800 тыс. в нач. 1990-х гг.) из-за разрушения местообитаний и браконьерской охоты ради бивней (*слоновая кость*). Индийский С. меньше по размерам, легко приручается и используется для разл. тяжёлых работ, охоты. Охраняются в заповедниках и нац. парках.

СЛУЖЕ́БНИК (Литургиарий), богослужебная книга, содержащая молитвословия, произносимые священником и дьяконом во время богослужения. В состав С. входят чины литургий: Иоанна Златоуста, Василия Великого, Григория Двоеслова, постоянные молитвословия вечерни и утрени, а также «Устав священнослужения».

СЛУЖЕ́БНЫЕ СЛОВА́, слова, не способные выступать самостоятельно как *члены предложения* и служащие для связи знаменательных слов во фразе (напр., союзы, предлоги) или для их граммат. (синтаксич.) характеристики (напр., артикли).

СЛУЖИ́ЛЫЕ ЛЮ́ДИ, в Рус. гос-ве 14 – нач. 18 вв. лица, находившиеся на гос. службе. С сер. 16 в. делились на С.л. «по отечеству» (бояре, дворяне, дети боярские), владевших землёй с крестьянами, занимавших руководящие должности в армии и гос.

Словения. Юлийские Альпы.

Слоны. Африканский слон со слонёнком.

управлении, и С.л. «по прибору» (стрельцы, пушкари, городовые казаки и т.п.), набиравшихся из крестьян и посадских людей. Получали ден. и хлебное жалованье и освобождались от гос. налогов и повинностей.

СЛУХ, восприятие звуковых колебаний органами слуха. У млекопитающих и человека звуки, улавливаемые ушной раковиной (наружное ухо), вызывают вибрацию барабанной перепонки и затем через систему слуховых косточек (среднее ухо) передаются во внутреннее ухо, где вызывают возбуждение рецепторных клеток. Человек воспринимает колебания частотой от 10–20 Гц до 20 кГц, дельфины – 100 Гц – 200 кГц, рыбы – 50 Гц – 5 кГц, насекомые – 0,2–500 кГц.

СЛУЦКИЙ Бор. Абр. (1919–86), рус. поэт. В стихах (сб. «Память», 1957, «Работа», 1964, «Доброта дня», 1973, «Неоконченные споры», 1978, «Вопросы к себе», опубл. в 1988), отмеченных мужественной гражданственностью, разговорностью интонаций, демонстративной прозаичностью языка, – трагизм воен. будней, протест против идеологич. диктата, размышления о призвании поэта, о жизни и смерти.

СЛУЧАЙ, в гражд. праве обстоятельство, наступившее без вины должника и кредитора и отрицательно отразившееся на исполнении обязательства. С. освобождает должника от имуществ. ответственности.

СЛУЧАЙНОСТЬ, см. *Необходимость и случайность*.

СЛУЧЕВСКИЙ Конст. Конст. (1837–1904), рус. поэт. Поэмы и драм. сцены («В снегах», 1879; «Без имени», 1881; «Элоа», 1883), лирич. стихи (сб. «Песни из "Уголка"», 1902, и др.) исполнены трагич. и религ.-мистич. мотивов. Роман, повести, рассказы, путевые очерки, переводы. Статьи против идеологии рев. демократов (1866–67).

СЛЮДЫ, группа породообразующих минералов (слоистые алюмосиликаты) сложного и непостоянного состава: *флогопит*, биотит и др. Образуют таблитчатые кристаллы, чешуйчатые массы. Бесцветные, зеленовато-бурые, чёрные. Расщепляются на отд. листочки. Термостойкие диэлектрики. Тв. 2,5–3. Плотн. 2,0–3,3 г/см^3. Гл. м-ния: в США, Канаде, Чехии, Словакии, Германии, России.

СЛЮТЕР (Sluter) Клаус (между 1340 и 1350–1406), бургундский скульптор. Создал пластически мощные, полные сурового реализма произв. (т.н. Колодец пророков в Дижоне, 1394–1406).

СЛЯБИНГ (англ. slabbing), стан для прокатки из стальных слитков массой до 45 т заготовкой прямоуг. сечения (с отношением ширины к высоте до 15) для последующей прокатки листов, плит. Первые С. так же, как и блюминги, были трёхвалковыми. В кон. 19 в. разработаны реверсивные двухвалковые С. Диаметр валков иногда превышает 1300 мм. Макс. производительность С. 7 млн. т в год.

СМАЛЬТА (нем. Smalte), цветное стекло в виде небольших (1–2 см^3) кубиков или пластинок, применяемое для изготовления мозаик. Используется с антич. времён.

СМАЧИВАНИЕ, поверхностное явление, возникающее при соприкосновении жидкости с тв. телом в присутствии третьей фазы, гл. обр. газа (пара). Проявляется в растекании жидкости по тв. поверхностям, пропитывании пористых тел и порошков. Хорошо смачиваются водой (гидрофильны) оксиды металлов, силикаты. Плохо смачиваются (гидрофобны) мн. металлы, жиры, нек-рые полимеры.

К. Слютер. «Моисей». Фрагмент т.н. Колодца пророков в Дижоне. Камень.

СМЕЛЯКОВ Яр. Вас. (1912/13–72), рус. поэт. Романтика комсомольской юности, темы труда, преемственности поколений; сочетание лирич. патетики с разг. интонациями и юмором (сб. «Работа и любовь», 1932, «Разговор о главном», 1959, «День России», 1967, «Товарищ Комсомол», 1968, повесть в стихах «Строгая любовь», 1956). Суровый жизненный опыт С. как жертвы сталинских репрессий (в 1934–37 – в заключении) отразился в стихах-воспоминаниях (опубл. в 1987).

СМЕНОВЕХОВСТВО, обществ.-полит. течение в среде рус. интеллигенции (гл. обр. эмигрантской) в 20-х гг. 20 в. Возникло с введением новой экон. политики в России. Идеологи С. (Н.В. Устрялов и др.) призывали интеллигенцию к объединению с новой буржуазией и сотрудничеству с сов. властью. Печатный орган – ж. «Смена вех» (Париж, 1921–22).

СМЕРТНАЯ КАЗНЬ, исключит. мера наказания. В Рос. Федерации допускается применение С.к. за нек-рые особо тяжкие преступления (напр., умышленное убийство при отягчающих обстоятельствах, терроризм). Не применяется к несовершеннолетним и беременным женщинам. С.к. предусмотрена законодательством большинства заруб. гос-в, хотя в нек-рых из них фактически не применяется (напр., в Бельгии). В ряде гос-в С.к. отменена (Дания, Норвегия, Швейцария, Швеция, нек-рые гос-ва Центр. и Юж. Америки).

СМЕРТНОСТЬ, убыль населения вследствие смерти. Характеризуется показателем С., равным числу смертей на 1 тыс. населения за 1 год. С. во всём мире в 1985–90 составила 9,9‰; самый высокий уровень С. наблюдался в Эфиопии (оценочная цифра) – 23,6‰, самый низкий – в Кувейте (2,8‰); в России в 1990 – 11,2‰. Понятие «С.» нельзя отождествлять с понятием «смертельность» (см. *Летальность*).

СМЕРТЬ, прекращение жизнедеятельности организма. Различают 2 осн. этапа С. теплокровных ж-ных и человека: клиническую, наступающую после прекращения сердечной деятельности, и следующую за ней биологическую, или истинную, – необратимое прекращение физиол. процессов в клетках и тканях. Проблемы С. изучает танатология.

СМЕРЧ, атм. вихрь, возникающий в грозовом облаке и распространяющийся вниз, часто до самой поверхности Земли. Имеет вид столба (диаметр от десятков до сотен м) с воронкообразными расширениями сверху и снизу. Существует недолго, перемещаясь вместе с облаком; может причинить большие разрушения. С. над сушей наз. также тромбом (в США – торнадо).

СМЕТАНА (Smetana) Бедржих (1824–84), чеш. композитор, дирижёр, пианист. Гастролировал как пианист; в 1853 вёл симф., с 1866 оперный дирижёр (до 1874, когда полностью потерял слух). Создатель чеш. нац. оперы: ист. «Бранденбуржцы в Чехии» (1863), комич. «Проданная невеста» (1866), трагич. «Далибор» (1867) и др. Цикл из 6 поэм «Моя Родина» (1874–79) – классика чеш. симф. музыки. Ансамбли, фп. сочинения, хоры.

Б. Сметана.

СМЕТАНИНА Раиса Петр. (р. 1952), рос. спортсменка. Многократная чемпионка СССР и мира (1974–91), Олимп. игр (1976 – 2 зол. медали, 1980, 1992) в разл. видах лыжных гонок.

СМЕШАННОЕ ТОВАРИЩЕСТВО, в гражд. праве объединение неск. граждан и(или) юрид. лиц для совместной хоз. деятельности. Включает действит. членов (несут полную *солидарную ответственность* по обязательствам т-ва всем своим имуществом) и членов-вкладчиков (несут ответственность в пределах своего вклада). С.т. является юрид. лицом; юрид. лица – участники С.т. сохраняют права юрид. лица.

СМИРДИН Ал-др Фил. (1795–1857), рос. издатель и книгопродавец. С 1823 издавал произв. А.С. Пушкина, Н.В. Гоголя, В.А. Жуковского и др., книжную серию «Полное собрание сочинений русских авторов», ж. «Библиотека для чтения». В 20-х гг. 19 в. ввёл постоянный авторский гонорар.

СМИРНОВ Анд. Сер. (р. 1941), рос. кинорежиссёр. В ряде работ – новелла «Ангел» в ф. «Начало неведомо-

го века» (1967, вып. 1987), «Белорусский вокзал» (1971), «Осень» (1975) – стремился к воссозданию психол. атмосферы действия, социальным мотивировкам конфликтов. Выступает как сценарист, драматург («Родненькие мои», Моск. т-р сатиры, 1985), актёр (роль Чернова в ф. «Чернов», 1990).

СМИТ (Smith) Адам (1723–90), шотл. экономист и философ, один из крупнейших представителей классич. политэкономии. В «Исследовании о природе и причинах богатства народов» (1776) обобщил столетнее развитие этого направления экон. мысли, рассмотрел теорию стоимости и распределения доходов, капитал и его накопление, экон. историю Зап. Европы, взгляды на экон. политику, финансы гос-ва. Подходил к экономике как к системе, в к-рой действуют объективные законы, поддающиеся познанию. При жизни С. книга выдержала 5 англ. и неск. заруб. изданий и переводов.

СМИТ Бесси (1894–1937), амер. певица, одна из лучших исполнительниц *блюза*. Выступала с 1912. Сотрудничала с Л. Армстронгом, Б. Гудменом и др. Её называли императрицей блюза. Снялась в ф. «Сант Луис Блюз» (1930). Погибла в автомоб. катастрофе.

СМИТ Уильям (1769–1839), англ. геодезист и геолог, один из основоположников биостратиграфии. С. установил, что слои осадочных горн. пород могут сопоставляться по заключённым в них остаткам ископаемых организмов. Составил первую (1813–15) геол. карту Англии с разделением горн. пород по возрасту.

У. Смит.

СМОГ, аэрозоль, возникающий в атмосфере пром. городов из частиц производств. и строит. пыли, выбросов тепловых электростанций, автотранспорта и т.п. Во влажной атмосфере на тв. частицах оседают капельки влаги, испарения кислот, сточных вод и т.п. В безветренную погоду С. существует по неск. часов до неск. дней. С. – причина повышенной заболеваемости населения.

СМОКОВНИЦА, то же, что *инжир*.

СМОКТУНОВСКИЙ Инн. Мих. (1925–1994), актёр. На сцене с 1946. В 1957–60 в Ленингр. Большом драм. т-ре. В 1971–76 в Малом т-ре. С 1976 во МХАТе, с 1989 во МХАТе имени А.П. Чехова. Артист интеллектуального склада, для его иск-ва были характерны масштабность худ. обобщений, оригинальность и глубина трактовки сценич. произв., сложность

640 СМОЛ

И.М. Смоктуновский в фильме «Гамлет».

психол. рисунка ролей: Князь Мышкин («Идиот» по Ф.М. Достоевскому, 1957), Царь Фёдор («Царь Фёдор Иоаннович» А.К. Толстого, 1973), Иванов («Иванов» А.П. Чехова, 1976), Порфирий Головлёв («Господа Головлёвы» по М.Е. Салтыкову-Щедрину, 1984) и др. Снимался в ф.: «Девять дней одного года» (1962), «Гамлет» (1964), «Берегись автомобиля» (1966), «В четверг и больше никогда» (1978) и др.

СМОЛЕ́НСК, г., центр Смоленской обл., в России. 351,6 т.ж. Пристань на р. Днепр; ж.-д. уз. Маш-ние; лёгкая (в т.ч. льняные ткани) и пищ. пром-сть. 4 вуза. Худ. гал. Ист. и архит.-худ. музей-заповедник. Музеи: скульптуры имени С.Т. Конёнкова, Вел. Отеч. войны 1941–45, смоленского льна. Т-ры: драмы, кукол; филармония.

Изв. с 862–865, с кон. 9 в. в составе Киевской Руси, с 12 в. центр Смоленского кн-ва, в 1404–1514 в составе Вел. кн-ва Литовского, в 1611–67 — Речи Посполитой, затем возвращён России по Андрусовскому перемирию 1667. Во время *Отечественной войны 1812* в районе С. произошло сражение, сковавшее гл. силы армии Наполеона I и позволившее рус. войскам продолжить организованный отход в глубь страны. В ходе Смоленского сражения 1941 сов. войска сорвали план нем. наступления на Москву. На лев. берегу Днепра — крепость с мощными стенами и башнями (1595–1602, зодчий Фёдор Конь). На Соборной горе — Успенский собор (17–18 вв.). В городе радиально-кольцевая планировка. Церкви: Петра и Павла на Городянке (12 в.), Михаила Архангела (Свирская, 1192–94) и др., обществ. здания и дома в стиле *классицизма*.

СМОЛЕ́НСКИЙ Степ. Вас. (1848–1909), музыковед, палеограф, хоровой дирижёр. Исследователь др.-рус. церк. пения. Опубликовал мн. ценные памятники рус. муз. культуры. В 1889–1901 рук. Синодального хора в Москве, в 1901–03 управляющий Придворной певч. капеллой в С.-Петербурге.

СМОЛЕ́НСКОЕ КНЯ́ЖЕСТВО, др.-русское, по верх. течению Днепра, с 30-х гг. 12 в. Во 2-й пол. 14 в. вело борьбу с Вел. кн-вом Литовским, к к-рому было присоединено в 1404. Смоленск и территория бывшего С.к. окончательно перешли к России по Андрусовскому перемирию 1667.

СМО́ЛЛЕТТ (Smollett) Тобайас Джордж (1721–71), англ. писатель, журналист. В сатирических с элементами гротеска ром. «Приключения Родрика Рэндома» (1748, первый рус. пер. 1788 вышел под именем Г. Филдинга) и «Приключения Перигрина Пикля» (1751) выразил критич. отношение к просветит. оптимизму, заострив внимание на «тёмных» (жестокость, плутовство, эгоизм) и едва ли не универсальных свойствах человеческой натуры. Кн. «Приключения графа Фердинанда Фэтома» (1753) предвосхищает *готический роман*. Эпистолярный ром. «Хамфри Клинкер» (1771) близок лит-ре сентиментализма.

СМО́ЛЫ СИНТЕТИ́ЧЕСКИЕ, вязкие полимеры небольшой мол. массы (олигомеры). Способны при взаимодействии с хим. реагентами превращаться в неплавкие и нерастворимые продукты (отверждаться). Используются в произ-ве пластмасс, лаков, клеёв, герметиков, для отделки тканей, бумаги и др. К С.с. относятся *алкидные смолы, фенолоформальдегидные смолы, эпоксидные смолы* и др. Пром. произ-во начато в 1909 в США (фенолоформальдегидная смола — бакелит). Мировое произ-во св. 5 млн. т в год.

СМО́ЛЬНЫЙ МОНАСТЫ́РЬ (б. Воскресенский Смольный монастырь), памятник архитектуры в С.-Петербурге. В ансамбль входят собственно монастырь, построенный в стиле барокко (1748–64, арх. В.В. Растрелли; интерьер собора и корпуса келий — 1832–35, арх. В.П. Стасов), и Смольный ин-т благородных девиц, первое в России жен. ср. общеобразоват. уч. заведение (1764–1917). Принимались гл.

Смольный монастырь. Собор.

обр. дочери дворян (6–18 лет). С 1765 имело мещанское отделение. В 1806–08 для ин-та построено здание (арх. Дж. Кваренги) в стиле классицизма. В 1917 здесь находились Петрогр. совет и Петрогр. ВРК. В Актовом зале 25–27.10(7–9.11). 1917 проходил 2-й Всерос. съезд Советов.

СМОРО́ДИНА, род древесных р-ний (сем. крыжовниковые). Ок. 150 видов. Возделывают (в осн. С. чёрную и С. красную гл. обр. в Европе и Сев. Америке; в России — в центр. р-нах Европ. части, Поволжье, на Урале и др. Кустарники выс. в осн. 1–2 м, живут 40–50 лет, плодоносят с 2–3 лет. В ягодах витамин С (особенно в чёрной С.), пектины (особенно в красной С.), сахара и др. Урожайность чёрной С. до 10 кг, красной до 17 кг с куста. Листья чёрной С. — специи в солениях и заменитель чая. Выращивают также С. белую, С. золотистую и др.

СМОРЧКИ́, род съедобных грибов (сем. сморчковые). Шляпка коричневатая, ячеисто-ребристая, с приросшими к ножке краями. В России 5 видов, в лиственных, хвойных и смешанных лесах. Растут часто на местах лесных пожаров, гарях, кострищах, появляются ранней весной. Все С. съедобны (после отваривания).

Сморчки: 1 – конический; 2 – настоящий.

«СМУ́ТНОЕ ВРЕ́МЯ» («смута»), термин, обозначающий события кон. 16 – нач. 17 вв. в России. Эпоха кризиса государственности в России, трактуемая рядом историков как гражд. война. Сопровождалось народными выступлениями и мятежами; правлениями самозванцев (см. *Лжедмитрий I, Лжедмитрий II*), польск. и швед. интервенциями, разрушением гос. власти и разорением страны. Термин введён рус. писателями 17 в.

СМУ́УЛ (Smuul) Юхан (1922–71), эст. писатель. В стихах, поэмах («Морские песни. Сын бури», 1961) – романтика трудных профессий, маринистская лирика. Док. лирико-публицистич. проза: «Ледовая книга» (1958), «Японское море, декабрь» (1963). Гротескно-сатирич. комедии, в т.ч. «Йыннс с острова Кихну – дикий капитан» (1965), «Вдова полковника» (1965), «Жизнь пингвинов» (1969). В прозаич. цикле «Монологи» (1965–67) – меткость нар. юмора, колорит диалекта эст. островитян.

СМУ́ШКА, шкурка ягнёнка (в расте до 3 сут), имеющая завитки шерсти, разнообразные по размерам,

Смородина красная и чёрная.

Смоленск. Успенский собор.

блеску и рисунку. Наиб. ценны С. от ягнят каракульской породы.

СМЫСЛ, идеальное содержание, идея, сущность, предназначение, конечная цель (ценность) чего-либо (С. жизни, С. истории и т.д.); целостное содержание к.-л. высказывания, несводимое к значениям составляющих его частей и элементов, но само определяющее эти значения (напр., С. худ. произведения); в логике, в ряде случаев в яз-знании — то же, что *значение*.

СМЫСЛОВ Вас. Вас. (р. 1921), 7-й чемпион мира по шахматам (1957–1958); шахматный теоретик. Чемпион СССР (1949). Автор кн. «В поисках гармонии» (1979), «Теория ладейных окончаний» (1986).

СМЯГЧАЮЩИЕ ОТВЕТСТВЕННОСТЬ ОБСТОЯТЕЛЬСТВА, в уголов. праве обстоятельства, понижающие ответственность виновного. Закон Рос. Федерации относит к С.о.о.: совершение преступления вследствие стечения тяжёлых личных или семейных обстоятельств; под влиянием угрозы, принуждения, сильного душевного волнения и т.п. С.о.о. являются также чистосердечное раскаяние, явка с повинной, предотвращение виновным вредных последствий или добровольное возмещение нанесённого ущерба, способствование раскрытию преступления.

СНЕГИРЁВ Вл. Фёд. (1847–1916/17), врач, один из основоположников науч. гинекологии в России. Автор первого отеч. руководства по гинекологии «Маточные кровотечения» (1884).

В.Ф. Снегирёв. Памятник в Москве. Скульпторы С.Т. Конёнков и А.Д. Казачок. 1973.

СНЕГИРЬ, птица (сем. *вьюрки*). Длина ок. 18 см. Обитает в хвойных лесах Евразии. Повсюду, особенно на снегу, заметная птица — крылья чёрные, брюшко красное. Зимой кочует, часто появляясь близ жилья. Как красивую певчую птицу С. содержат в клетках.

СНЕГУР (Snegur) Мирча (р. 1940), президент Молдавии (с 1990). С 1981 на парт. работе. С 1985 секр. ЦК КП Молдавии. С 1989 пред. Президиума ВС, с апр. 1990 пред. ВС Молдавии.

СНЕЖНЫЙ БАРС, дикая кошка. Длина тела до 130 см, хвоста до 105 см, масса 23–41 кг. Похож на *леопарда*, но окраска дымчато-серая с

Снегирь (самец).

тёмными пятнами. Мех густой, пушистый, мягкий Обитает в горах Центр. и Ср. Азии, Юж. Сибири, часто у границы вечных снегов. Питается гл. обр. горн. козлами и др. копытными. Малочислен. Илл. см. при ст. *Кошки*.

СНЕТОГОРСКИЙ МОНАСТЫРЬ, мужской, около Пскова, на берегу р. Великая, осн. в 13 в. Отражал нападения ливонских рыцарей, польск., швед. отрядов и др. С 1804 архиерейский дом. Упразднён после Окт. рев-ции. Архит. пам. 14–19 вв., в т.ч. собор Рождества Богородицы (1310, фрески – 1313).

СНОБ (англ. snob), человек аристократич. круга, тщательно следующий вкусам, манерам высш. света и пренебрежительно относящийся ко всему, что выходит за пределы его правил; человек, претендующий на изысканно-утончённый вкус, на исключит. круг занятий, интересов. Снобизм — поведение, взгляды, манеры и у С.

СНОРРИ СТУРЛУСОН (Snorri Sturluson) (1178–1241), исл. поэт-скальд. Трактат о др.-сканд. мифологии и поэзии «Эдда Младшая» («Снорриева Эдда», после 1222); в качестве иллюстраций приведены отрывки из мифов и стихи мн. скальдов, а также поэма самого автора. Королев. сага «Хеймскрингла» (или «Круг земной», ок. 1225–30) — история Норвегии до 1177.

СНОУ (Snow) Чарлз Перси (1905–1980), англ. писатель. Цикл реалистич. ром. «Чужие и братья», в т.ч. «Возвращение домой» (1956), «Коридоры власти» (1964); ром. «Хранители мудрости» (1974) ставит морально-этич. проблемы на материале жизни англ. науч. интеллигенции и чиновничьей прослойки в 1914–1960-х гг. Детективные ром. «Смерть под парусом» (1932), «Лакировка» (1979); публицистика (сб. статей «Две культуры», 1971, о противоречиях гуманитарной и естеств.-науч. культур). Биогр. кн. «Троллоп» (1975).

СОБАКА домашняя, млекопитающее рода волков. Одно из древнейших домашних ж-ных (одомашнена, очевидно, 15–10 тыс. лет назад). Ок. 400 пород, к-рые делятся на 4 группы: охотничьи (*лайки, сеттеры* и др.), служебные (*овчарки, эрдельтерьеры* и др.), спортивно-служебные (*доберман, доги* и др.), декоративные, или комнатные (*болонки, пекинес* и др.). С., особенно охотничьи, обладают острым зрением и тонким обонянием (чутьём). Половой зрелости достигают к 8–9 мес. Оптим. возраст для вязки 2 года. Беременность длится в ср. 9 нед. В помёте 4–6, иногда 10–12 щенков. С. очень привязаны к человеку, как правило, послушны и легко поддаются дрессировке. Живут 10–12 лет, редко дольше. Наука о С. — *кинология*.

СОБЕСКИЙ (Sobieski) Ян (1629–1696), король (под именем Ян III) Речи Посполитой с 1674, полководец. В 1683 разгромил тур. армию, осаждавшую Вену.

СОБИНОВ Леон. Вит. (1872–1934), певец (лирич. тенор). В 1897–1933 в Большом т-ре (в 1917–18 первый выборный директор). В совершенстве владел иск-вом *бельканто*. Пленительный голос, актёрская одарённость, благородная внешность способствовали созданию неповторимых сценич. образов: Ленский («Евгений Онегин» П.И. Чайковского), Берендей, Левко («Снегурочка», «Майская ночь» Н.А. Римского-Корсакова), Лоэнгрин («Лоэнгрин» Р. Вагнера), Альфред, Герцог («Травиата», «Риголетто» Дж. Верди). Тонкий интерпретатор романсов рус. композиторов.

СОБОЛЬ, хищное млекопитающее (сем. куньи). Тело вытянутое, гибкое, длина до 58 см, хвост до 19 см. Обитает в таёжных лесах (гл. обр. кедровых и елово-пихтовых) от Урала до Тихого ок. Зимний мех густой, пышный, шелковистый, красивого чёрно-бурого цвета, особенно у баргузинских, якутских и камчатских С. Составляет основу пушного богатства России. Охраняется в заказниках и заповедниках; разводится в зверосовхозах (создана порода ценных чёрных С.).

СОБОР, 1) собрания христ. церк. иерархов для решения вопросов вероучения и церк. дисциплины (Вселенский С., Поместный С.). 2) Собрание светских и духовных чинов для совета и решения важнейших дел в России 16–17 вв. (Земский С.). 3) Гл. храм города или монастыря, где совершает богослужение высш. духовное лицо (патриарх, архиепископ и др.). Архитектура С. обычно отличается монументальностью форм, отражает осн. тенденции гос-

Л.В. Собинов.

подствующего архит. стиля (напр., Софийские соборы в Киеве и Новгороде).

СОБОРНОЕ УЛОЖЕНИЕ (Уложение Алексея Михайловича), свод законов Рус. гос-ва. Принято Земским собором 1648–49. В статьях по уголов. праву уточнено понятие гос. преступления, за к-рое устанавливалась смертная казнь. Окончательно оформлено *крепостное право*. Пополняясь «новоуказными статьями», С.у. было осн. правовым кодексом России 17–18 вв.

СОБСТВЕННОСТЬ ГОСУДАРСТВЕННАЯ, см. *Государственная собственность*.

СОБСТВЕННОСТЬ ГРАЖДАНИНА в Рос. Федерации, в С.г. может находиться любое имущество за исключением отд. видов имущества, к-рое в соответствии с законом не может принадлежать гражданам. Гражданин имеет право владеть, пользоваться и распоряжаться собств. имуществом. Право *наследования* имущества гражданина признается и охраняется законом.

СОБСТВЕННОСТЬ ЧАСТНАЯ, см. *Частная собственность*.

СОБСТВЕННОСТЬ ЮРИДИЧЕСКИХ ЛИЦ, в Рос. Федерации любое имущество может находиться в С.ю.л. за исключением отд. видов имущества, к-рое в соответствии с законом не может принадлежать юридическим лицам. Коммерческие и некоммерческие организации, кроме гос. и муницип. предприятий, являются собственниками имущества, переданного им в качестве вкладов (взносов) их учредителями (участниками, членами), а также имущества, приобретенного ими по иным основаниям.

СОБСТВЕННЫЕ КОЛЕБАНИЯ (свободные колебания), *колебания*, к-рые совершаются за счёт энергии, сообщённой системе в начале колебательного движения (напр., в механич. системе через начальное смещение тела или придание ему начальной скорости, а в электрич. системе — колебательном контуре — через создание начального заряда на обкладках конденсатора. Амплитуда С.к. в отличие от *вынужденных колебаний* определяется только этой энергией, а их частота — свойствами самой системы. Вследствие рассеяния энергии С.к. всегда являются *затухающими колебаниями*. Пример С.к. — звучание колокола, гонга, струны рояля и т.п.

СОВЕРЕН (англ. sovereign), англ. зол. монета. Чеканится с 1489; с 1816 С. = 1 фунту стерлингов. С 1917 С. выпускается только для продажи на междунар. рынках золота.

СОВЕРШЕННОЛЕТИЕ (в праве), установленный законом возраст, с достижением к-рого гражданин становится полностью дееспособным (см. *Дееспособность*). В Рос. Федерации возраст С.– 18 лет.

СОВЕСТЬ, понятие морального сознания; внутр. убеждённость в том, что является добром и злом, сознание нравств. ответственности за своё поведение. С.– выражение способности личности осуществлять нравств. самоконтроль, самостоятельно формулировать для себя нравств. обязанности, требовать от себя их выполнения и производить самооценку совершаемых поступков.

СОВЕ́Т БЕЗОПА́СНОСТИ ООН, один из гл. органов ООН, действует постоянно. По Уставу ООН на С.Б. возлагается гл. ответственность за поддержание междунар. мира и безопасности. Это единств. орган ООН, определяющий наличие любой угрозы миру, нарушения мира или акта агрессии. Уполномочен принимать меры по поддержанию мира и безопасности или их восстановлению. Состоит из 15 стран-членов, в т.ч. 5 пост. членов С.Б. ООН, иногда наз. Великими державами (Китай, Франция, Россия, Соединённое королевство Великобритании и Сев. Ирландии и США). 10 членов избираются Ген. Ассамблеей ООН на 2 года. Решения С.Б. по непроцедурным вопросам принимаются на основе принципа единогласия пост. членов и обязательны для всех гос-в-членов ООН. См. также *Вето*, *Вооружённые силы ООН*.

СОВЕ́Т ЕВРО́ПЫ (СЕ), консультативная орг-ция, созданная в 1949 для содействия интеграц. процессам в области прав человека. Способствует унификации законодательства разл. стран в этой области. При вступлении к.-л. страны в СЕ проводится экспертиза уровня защиты прав личности в её законодательстве и на практике. Органы СЕ находятся в Страсбуре (Франция).

СОВЕ́Т МИНИ́СТРОВ, 1) название пр-ва во многих гос-вах. 2) В России в 1857–82 совещат. орган по общегос. делам под председательством императора; в 1905–17 высш. гос. орган, объединял и направлял деятельность разл. ведомств, во главе председатель (назначался императором). 3) В СССР в 1946–91 высш. исполнит. орган гос. власти (до 1946 Совнарком). 4) В Рос. Федерации с 1993 С.М.– пр-во Рос. Федерации.

СОВЕ́Т НАРО́ДНОГО ХОЗЯ́ЙСТВА (Совнархоз, СНХ), 1) в 1917–1932 в СССР орган управления пром-стью и стр-вом в губерниях, краях, областях и округах, местный орган ВСНХ. 2) В 1957–65 местный орган управления пром-стью (до 1962 и стр-вом) в экон. адм. р-нах СССР.

СОВЕ́Т НАРО́ДНЫХ КОМИССА́РОВ (Совнарком, СНК), в 1917–46 название пр-в в СССР, союзных и авт. республиках. В марте 1946 преобразованы в Советы Министров.

СОВЕ́Т ПО ОПЕ́КЕ ООН, см. в ст. *Опека международная*.

СОВЕ́Т ФЕДЕРА́ЦИИ, согласно Конституции Рос. Федерации 1993 одна из двух палат *Федерального собрания*.

СОВЕ́Т ЭКОНОМИ́ЧЕСКОЙ ВЗАИМОПО́МОЩИ (СЭВ), в 1949–91 межправительств. экон. орг-ция, в к-рую входили Албания (прекратила участие в работе СЭВ в 1961), Болгария, Венгрия, Вьетнам, ГДР (до 1990), Куба, Монголия, Польша, Румыния, СССР, Чехословакия. Местопребывание Секретариата – Москва.

СОВЕ́ТОВ Ал-др Вас. (1826–1901), рос. агроном. Тр. по травосеянию, системам земледелия, почвоведению и др.

СОВЕ́ТСКАЯ А́РМИЯ, в 1946–91 офиц. наименование осн. части Воо-руж. Сил СССР.

СОВЕ́ТСКО-ГЕРМА́НСКИЕ ДОГОВО́РЫ 1939, 1) 23 авг. о ненападении («Молотова – Риббентропа пакт»); секретный протокол к договору устанавливал разграничение «сфер интересов» сторон (СССР – Прибалтика, Вост. Польша, Финляндия, Бессарабия и Сев. Буковина). Договор означал резкую переориентацию во внеш. политике СССР на сближение с Германией; вслед за заключением договора Германия напала на Польшу, развязав 2-ю мировую войну, а СССР присоединил территории, обозначенные в его «сфере интересов». 2) 28 сент., «О дружбе и границе», провёл размежевание между СССР и Германией примерно по «линии Керзона», закрепил ликвидацию польск. гос-ва.

СОВЕЩА́ТЕЛЬНЫЙ ГО́ЛОС (юрид.), право участвовать в работе выборных органов и междунар. орг-ций без права голосования.

СО́ВКИ (ночницы), семейство бабочек. Крылья в размахах обычно 2,5–3,5 см (у тизании до 30 см). Окрашены гл. обр. в серые, бурые и др. тёмные тона. Св. 25 тыс. видов, распространены широко. Мн. С.– вредители с.-х. и садовых культур, леса.

Совки. Ленточница голубая.

СОВМЕ́СТНАЯ ДЕ́ЯТЕЛЬНОСТЬ, см. в ст. *Простое товарищество*.

СОВМЕ́СТНАЯ СО́БСТВЕННОСТЬ, см. в ст. *Общая собственность*.

СОВМЕ́СТНЫЕ ПРЕДПРИЯ́ТИЯ, пр-тия, созданные на основе вложения капитала отеч. и иностр. партнёров и совместно осуществляющие хоз. деятельность, управление и распределение прибыли.

СОВРЕМЕ́ННОЕ ПЯТИБО́РЬЕ, спорт. многоборье, включающее верховую езду с преодолением препятствий, фехтование на шпагах, стрельбу из пистолета, плавание и легкоатлетич. кросс. Зародилось во 2-й пол. 19 в. в Швеции, в СССР – с сер. 20 в. Совр. название с 1948. В 1948 осн. Междунар. союз С.п. и биатлона (УИПМБ); объединяет св. 60 стран. Чемпионаты мира с 1949; в программе Олимп. игр с 1912.

СО́ВЫ, отряд хищных птиц. Оперение вокруг глаз образует «лицевой» диск. Дл. от 12 см (крошечный сыч) до 84 см (неясыти). 133 вида, в т.ч. сипухи, *филины*. Распространены широко. Хорошо видят и днём, и в густых сумерках. Гнёзда чаще в дуплах. В брачный период кричат по ночам (свист, гуканье, «хохот»). Охраняются во мн. странах мира.

СОГД (Согдиана), ист. обл. в Ср. Азии, в басс. рек Зеравшан и Кашкадарья, один из древних центров цивилизации. В сер. 1-го тыс. до н.э. С– территория одноимённого гос-ва. Гл. г.– Мараканда (совр. *Самарканд*).

СОГЕ́ (Sauguet) Анри (1901–89), франц. композитор. Творчество развивает традиции К. Дебюсси, а также Ф. Пуленка, А. Онеггера. Оп. «Контрабас» (по А.П. Чехову, 1930), «Пармская обитель» (по Стендалю, 1939), дет. опера «Тисту Зелёные пальцы» (1981), балеты, в т.ч. «Дама с камелиями» (1957), музыка к ф. «Скандал в Клошмерле» (1947) и др.

СОГЛА́СНЫЕ, звуки речи, противопоставленные *гласным* и состоящие из голоса и шума ([м], [р]) или только шума ([б], [г]), к-рый образуется в полости рта, где струя воздуха встречает разл. преграды.

СО́ДА, кальцинированная С. (карбонат натрия) Na_2CO_3 (кристаллы, $t_{пл}$ 858 °C) и питьевая, или пищевая, С. (гидрокарбонат натрия) $NaHCO_3$. Кальцинированная С. встречается в природе в виде минералов, содержится в подземных рассолах, в воде соляных озёр. Её применяют в произ-ве стекла, мыла и др. моющих средств, при варке целлюлозы, для обработки бокситов при получении алюминия, для очистки нефтепродуктов и др. Питьевую С. используют при выпечке хлеба и кондитерских изделий, в произ-ве безалкогольных напитков, искусств. мин. вод, огнетушащих составов, как лекарств. средство.

СО́ДДИ (Soddy) Фредерик (1877–1956), англ. радиохимик. Разработал основы теории радиоактивного распада (1903, совм. с Э. Резерфордом). Ввёл (1913) понятие об изотопах. Сформулировал закон радиоактивных превращений (1913, одновременно с амер. физикохимиком К. Фаянсом). Доказал образование радия из урана. Ноб. пр. (1921).

СОДЕРЖА́НИЕ И ФО́РМА, филос. категории. Содержание – определяющая сторона целого, совокупность его частей; форма – способ существования и выражения содержания. Воспроизводимые сознанием всеобщие связи и отношения действительности при определ. условиях приобретают специфически логич. функции, выступают в качестве форм мышления (понятия, суждения, умозаключения). В произведениях иск-ва содержание (художественно отражённые явления жизни в их оценочном осмыслении; синонимы: идейно-темaтич. основа, худ. смысл, идея) и форма (комплекс выразит. средств) составляют нерасторжимое единство.

СОДО́М И ГОМО́РРА, в Библии два города у устья р. Иордан или на зап. побережье Мёртвого м., жители к-рых погрязли в распутстве и за это были испепелены огнём, посланным с небес. Перен.– беспорядок, хаос, разврат.

«Содом и Гоморра». Картина К. де Кейнинка. Кон. 16 в. Эрмитаж. Санкт-Петербург.

СОДРУ́ЖЕСТВО (англ. Commonwealth) (до 1947 Брит. Содружество наций), объединение, в к-рое входит Великобритания и многие её б. *доминионы* и колонии. Нек-рые страны признают главой гос-ва королеву Великобритании (её представляет генерал-губернатор). Правовой статус С. определён Вестминстерским статутом 1931 (уточнён в 1947). Существует Секретариат С., проводятся ежегод. конференции стран (в Великобритании в составе пр-ва имеется министр по делам С.

СОДРУ́ЖЕСТВО НЕЗАВИ́СИМЫХ ГОСУДА́РСТВ (СНГ), межгос. объединение, образованное Белоруссией, Россией и Украиной; в Соглашении о создании СНГ, подписанном 8 дек. 1991 в Минске, эти гос-ва констатировали, что СССР в условиях глубокого кризиса и распада прекращает своё существование, заявили о стремлении развивать сотрудничество в полит., экон., гуманитарной, культурной и др. областях. 21 дек. 1991 к Соглашению присоединились Азербайджан, Армения, Казахстан, Киргизия, Молдавия, Таджикистан, Туркмения, Узбекистан, подписавшие совм. с Белоруссией, Россией и Украиной в Алма-Ате Декларацию о целях и принципах СНГ. В 1993 принят Устав СНГ, к-рый предусматривает сферы совместной деятельности гос-в: обеспечение прав и свобод человека, координация внешнеполит. деятельности, сотрудничество в формировании общего экон. пространства, в развитии систем транспорта и связи, охрана здоровья населения и окружающей среды, вопросы социальной и иммиграционной политики, борьба с организованной преступностью, сотрудничество в оборонной политике и охране внешних границ.

Наряду с действит. членами в СНГ могут быть ассоциированные члены, участвующие в отд. видах деятельности СНГ. Нек-рые гос-ва представлены на заседаниях глав гос-в СНГ как наблюдатели.

Созданы органы СНГ: Совет глав гос-в, Совет глав пр-в, Совет министров иностр. дел, Межгос. экон. совет, Межпарламентская ассамблея с центром в г. Санкт-Петербурге и др. Постоянно действующий орган СНГ – Координационно-консультативный комитет в г. Минске.

СОЕД 643

СОЕДИНЁННЫЕ ШТАТЫ АМЕ́РИКИ (США), гос-во в Сев. Америке, на В. омывается Атлантич. ок., на З.— Тихим ок. Пл. 9363,2 т. км². Нас. 258,2 млн. ч.; гл. обр. американцы США (83,1%). Офиц. яз.— английский. Верующие: 53% — протестанты, 26% — католики. Глава гос-ва и пр-ва — президент. Законодат. орган — двухпалатный Конгресс (Сенат и Палата представителей). Столица — Вашингтон. США — федеративная республика в составе 50 штатов и федерального (столичного) округа Колумбия. Владения США: Виргинские о-ва в Вест-Индии, Вост. Самоа, Гуам и ряд о-вов в Океании. Ден. единица — доллар США.

Ок. ½ терр.— горн. хребты, плоскогорья и плато Кордильер; вост. окраину пояса Кордильер образуют хребты Скалистых гор выс. более 4000 м. Наивысш. точка страны — г. МакКинли (6193 м) на Аляске. На В.— Аппалачские горы (2037 м). Между Кордильерами и Аппалачами — обширные внутр. равнины (Центральные, Великие) и Примексиканская низм. Климат б.ч. умеренный и субтропич. континентальный. Ср. темп-ры янв. от −25 °C на Аляске до 20 °C на п-ове Флорида, июля 14—22 °C на зап. побережье, 16—26 °C на восточном; осадков от 100 мм на внутр. плоскогорьях и плато до 4000 мм в год в примор. полосе. Гл. реки: Миссисипи с притоками Миссури, Огайо; Колумбия, Колорадо, Юкон. На С.-В.— система Великих озёр. На Аляске — тундра и редкостойные леса, на С.-В.— хвойные и смешанные, на Ю.— широколиственные и субтропич. смешанные леса. На внутр. плато Кордильер — полупустыни.

В 16 в. началась европ. колонизация Сев. Америки, в ходе к-рой коренное население вытеснялось и истреблялось; для работы на плантациях ввозились рабы из Африки. В ходе *Войны за независимость в Северной Америке 1775—83* было образовано независимое гос-во — США (1776). В 1803 США купили у Франции Зап. Луизиану, в 1819 вынудили Испанию уступить им Флориду, в 1840—50-х гг. захватили св. ½ территории Мексики, в 1867 купили у России Аляску и Алеутские о-ва. В 20—50-х гг. 19 в. оформились Демокр. и Респ. партии. Борьба между бурж. Севером и рабовладельч. Югом вылилась в *Гражданскую войну в США 1861—65*. Победа Севера в войне привела к уничтожению рабства и расчистила путь для быстрого развития капитализма. В результате исп.-амер. войны 1898 США захватили Филиппины, Пуэрто-Рико, Гуам, превратили Кубу фактически в свою колонию. В 1917—18 США участвовали на стороне Антанты в 1-й мир. войне, после окончания к-рой заняли ведущее положение среди держав мира. В дек. 1941, после нападения Японии на амер. базы в Тихом ок., США вступили во 2-ю мир. войну; вместе с СССР и Великобританией были гл. участниками антигитлеровской коалиции. После войны усилилось противостояние США как ведущей державы зап. мира Сов. Союзу и его союзникам. В условиях т.н. холодной войны сов.-амер. отношения носили сложный характер: от смягчения напряжённости (как, напр., после окончания войны США в Корее) до новых вспышек конфронтации (из-за Берлина в 1958, Карибский кризис 1962).

В 1960-х гг. администрация през. Дж. Кеннеди начала проведение программы (политика «новых рубежей») развития техн. прогресса, образования, а также борьбы с бедностью. Во 2-й пол. 60-х гг. осуществлялась соц.-экон. программа создания «великого общества» (финансирование увеличения занятости, помощи престарелым, пенсионных пособий, общественных нач. и ср. школ, высш. уч. заведений, леч. центров и др.). Несмотря на принятый в 1965 закон об избират. правах афроамериканцев, в эти годы резко обострились расовые проблемы. В городах проходило широкое негритянское движение за гражд. права. С 1965 США взяли на себя непосредственное ведение войны во Вьетнаме (Парижское соглашение о прекращении войны подписано в 1973). В нач. 1970-х гг. США пошли на ряд шагов в направлении нормализации и развитии отношений со странами Вост. Европы. Были подписаны сов.-амер. соглашения, направленные на предотвращение опасности ядерной войны, ограничение стратегич. вооружений. С 1985 в результате конструктивной позиции СССР и США определился новый этап в сов.-амер. отношениях. С 1991 позитивно развиваются отношения России и США. Подписан ряд договоров

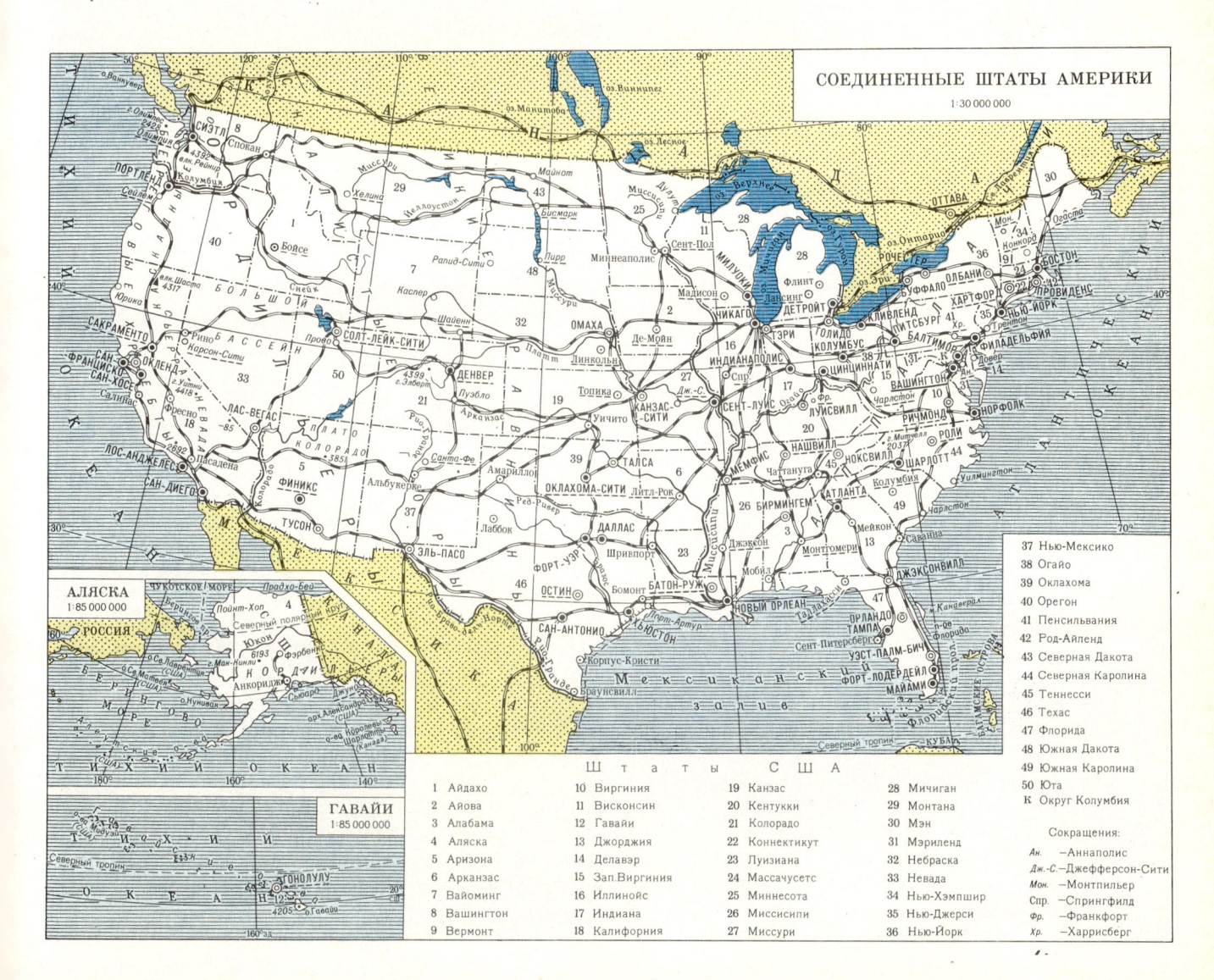

СОЕДИНЕННЫЕ ШТАТЫ АМЕРИКИ
1 : 30 000 000

АЛЯСКА 1 : 85 000 000

ГАВАЙИ 1 : 85 000 000

Штаты США

№	Штат	№	Штат	№	Штат	№	Штат	№	Штат
1	Айдахо	10	Виргиния	19	Канзас	28	Мичиган	37	Нью-Мексико
2	Айова	11	Висконсин	20	Кентукки	29	Монтана	38	Огайо
3	Алабама	12	Гавайи	21	Колорадо	30	Мэн	39	Оклахома
4	Аляска	13	Джорджия	22	Коннектикут	31	Мэриленд	40	Орегон
5	Аризона	14	Делавэр	23	Луизиана	32	Небраска	41	Пенсильвания
6	Арканзас	15	Зап.Виргиния	24	Массачусетс	33	Невада	42	Род-Айленд
7	Вайоминг	16	Иллинойс	25	Миннесота	34	Нью-Хэмпшир	43	Северная Дакота
8	Вашингтон	17	Индиана	26	Миссисипи	35	Нью-Джерси	44	Северная Каролина
9	Вермонт	18	Калифорния	27	Миссури	36	Нью-Йорк	45	Теннесси
								46	Техас
								47	Флорида
								48	Южная Дакота
								49	Южная Каролина
								50	Юта
								к	Округ Колумбия

Сокращения:
Ан. — Аннаполис
Дж.-С. — Джефферсон-Сити
Мон. — Монтпильер
Спр. — Спрингфилд
Фр. — Франкфорт
Хр. — Харрисберг

644 СОЕД

о сокращении ядерного стратегич. и обычного вооружения, заключены торг.-экон. соглашения.

США – высокоразвитая индустр.-агр. страна. ВНП на д. нас. 23150 долл. в год. На долю США приходится ок. 18% мирового пром. произ-ва. Ведущие отрасли пром-сти: маш-ние, хим., нефтеперераб., пищевкус., лёгкая. Особенно быстро растут наукоёмкие отрасли: радиоэлектронная, приборостроит., авиац., ракетно-космич. пром-сть, произ-во станков с программным управлением, гибких автоматизир. систем, пром. роботов, энергетич. оборудования, новых конструкц. материалов. США занимают одно из первых мест в мире по добыче нефти, кам. угля, природного газа, золота, урановых концентратов, произ-ву эл.-энергии, чугуна, стали, меди, алюминия, свинца, цинка, автомашин (2-е место в мире после Японии), самолётов, пластмасс, синтетич. каучука, хим. волокон, серной к-ты, каустич. соды, минер. фосфорных удобрений, цемента, тканей. В высокомеханизир. интенсивном с. х-ве осн. часть продукции дают кр. фермы индустр. типа. Ок. 49% товарной продукции с. х-ва составляет растениеводство, св. 51% – жив-во. США занимают одно из первых мест в мире по произ-ву кукурузы и сои (осн. фуражные культуры), пшеницы, хлопка, табака, мяса, молока. Выращивание кормовых трав, плод-во (в т.ч. цитрусовые), овощ-во. В жив-ве преобладает разведение кр. рог. скота, свиней, овец. Развито птиц-во, в т.ч. произ-во бройлеров. Рыб-во. Иностр. туризм. Экспорт:

Соединённые Штаты Америки. Детройт, комплекс «Ренессис».

пром. оборудование, самолёты, автомобили, электронное оборудование, воен. техника, химикаты, кам. уголь, кукуруза, соевые бобы.

СОЕДИНИ́ТЕЛЬНАЯ ТКАНЬ, состоит из клеток (гл. обр. фибробластов), волокон и основного в-ва. Выполняет опорную, трофич. (питательную) и защитную функции. Различают собственно С.т. (подкожная клетчатка, сухожилия, связки), костную и хрящевую, ретикулярную,

Соединённые Штаты Америки. Река Колорадо – Большой Каньон.

жировую. К С.т. относят также кровь и лимфу.

СОЗВУ́ЧИЕ (муз.), одноврем. звучание тонов разл. высоты. Один из видов С. – *аккорд*.

СОЗНА́НИЕ, одно из осн. понятий философии, социологии и психологии, обозначающее человеческую способность идеального воспроизведения действительности в мышлении. С. – высш. форма психич. отражения, свойственная общественно развитому человеку и связанная с речью, идеальная сторона целеполагающей деятельности. Выступает в двух формах: индивидуальной (личной) и общественной.

СО́ЙКА, красивая любопытная птица (сем. вороновые). Дл. ок. 34 см.

Соединённые Штаты Америки. Сиэтл.

На крыле голубое «зеркальце», на голове хохол. Распространена в лесах Евразии и Сев.-Зап. Африки. Делая на зиму запасы желудей, способствует расселению дуба. Иногда разоряет гнёзда мелких птиц.

СО́ЙКИН Пётр Петр. (1862–1938), рос. издатель. Основал в 1885 в С.-Петербурге изд-во (существовало до 1930). Выпускал собр. сочинений рус. и заруб. писателей, ж. «Природа и люди», «Научное обозрение», «Сельский хозяин», «Мир приключений» и др.

СОКОЛО́В Вл. Ник. (р. 1928), рус. поэт. В лирике (сб. «Разные годы», 1966, «Вторая молодость», 1971, «Спасибо, музыка», 1978, «Сюжет», 1980, «Новые времена», 1986, «Посе-

Соединённые Штаты Америки. Хребет Блэк-Хилс в Скалистых горах.

щение», в т.ч. цикл «Я устал от двадцатого века», 1992), проникнутой светлой и печальной тональностью, — «воспитание души» современника, стремление преодолеть прозу жизни через поэтизацию обычного, темы любви, природы; следование классич. традиции.

СОКОЛО́В Дм. Ив. (1788–1852), геолог. Обосновал выделение красноцветных пород Заволжья в геол. систему (названную позже пермской). Тр. «Руководство к минералогии» (ч. 1–2, 1832) и первый рус. учебник «Курс геогнозии» (ч. 1–3, 1839). Принимал участие в составлении Словаря церк.-славянского и русского языка (1847).

Д.И. Соколов.

СО́КОЛЫ, род хищных птиц (сем. соколиные). Дл. 21–66 см. 36 видов, в т.ч. *кречет, сапсан, балобан, пустельга, кобчики*. Распространены широко (исключая Антарктику). Гнездятся на земле, скалах, на деревьях, занимают гнёзда др. птиц. Крупные С. издавна используются как ловчие птицы. Приручённых С. держат на аэродромах, в садах и виноградниках для отпугивания др. птиц.

СОКРА́Т (ок. 470–399 до н.э.), др.-греч. философ. Один из родоначальников диалектики как метода отыскания истины путём постановки наводящих вопросов — т.н. сократич. метода. Был обвинён в «поклонении новым божествам» и «развращении молодёжи» и приговорён к смерти (принял яд). Излагал своё учение устно; гл. источник — сочинения его учеников Ксенофонта и Платона. Цель философии — самопознание как путь к постижению истинного блага; добродетель есть знание, или мудрость. Для последующих эпох С. стал воплощением идеала мудреца.

Сократ.

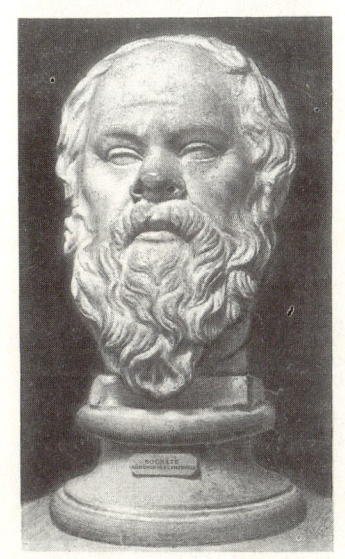

«СОКРОВЕ́ННОЕ СКАЗА́НИЕ» («Тайная исповедь монголов»), первый из известных ист. и лит. монг. памятников. Возник не ранее 1240; автор неизвестен. Включает генеалогию рода Борджигат, биографию происходившего из этого рода Чингисхана, сведения о правлении Угедей-хана. Содержит фрагменты древних мифов, былинного эпоса, нар. легенды и предания. Примерно треть написана стихами.

СОКУ́РОВ Ал-др Ник. (р. 1951), рос. кинорежиссёр. Дар документалиста-аналитика проявился в ф.: «Элегия» (1986), «И ничего больше», «Жертва вечерняя» (оба 1987), «Советская элегия» (1989) и др. Работает в области метафорически-пластического, интеллектуального кино: «Одинокий голос человека» (1978, вып. 1987), «Скорбное бесчувствие» (1985, вып. 1987), «Дни затмения» (1988), «Круг второй» (1991), «Камень» (1992) и др.

СОЛДА́Т (нем. Soldat, от итал. soldato, от soldare — нанимать, платить жалованье; soldo — монета), первичное воинское звание или категория военнослужащих в вооруж. силах разл. гос-в. Назв. «С.» появилось в Италии в 15 в.; в России в 30-х гг. 17 в. (в полках «иноземного строя») и существовало до кон. 1917. В Вооруж. Силах СССР звание «С.» введено в июле 1946; сохранено в Вооруж. Силах России.

СОЛДАТЁНКОВ Козьма Тер. (1818–1901), рос. предприниматель, издатель, владелец худ. галереи. Из купцов-старообрядцев. Имел текст. пр-тия. В 1856 основал изд-во в Москве, выпустил первое собр. соч. В.Г. Белинского, стихотворения Н.А. Некрасова, А.А. Фета и др., произв. И.С. Тургенева, ист. соч. Т.Н. Грановского, В.О. Ключевского и др., переводы заруб. науч. лит-ры. Картинную гал. и б-ку завещал Румянцевскому музею. На средства С. в Москве построены ремесленное уч-ще и бесплатная больница (ныне Моск. гор. клинич. больница имени С.П. Боткина).

СОЛЖЕНИ́ЦЫН Ал-др Исаевич (р. 1918), рус. писатель. Сохранение

А.И. Солженицын.

человеческой души в условиях тоталитаризма и внутр. противостояние ему — сквозная тема рассказов «Один день Ивана Денисовича» (1962), «Матрёнин двор» (1963; оба опубл. А.Т. Твардовским в ж. «Новый мир»), пов. «В круге первом», «Раковый корпус» (1968; опубл. за рубежом), вбирающих собств. опыт С.: участие в Вел. Отеч. войне, арест, лагеря (1945–53), ссылку (1953–56). «Архипелаг ГУЛАГ» (1973; в СССР распространялся нелегально) — «опыт худож. исследования» гос. системы уничтожения людей в СССР; получил междунар. резонанс, повлиял на изменение обществ. сознания, в т.ч. на Западе. В творчестве С., продолжающего традиции рус. классики 19 в., трагич. судьбы героев осмысливаются автором в свете нравств. христ. идеала. В «Красном колесе» (в 10 тт.; 1971–91) на огромном фактич. материале рассматриваются причины революции (слабость власти, упадок религии, обществ. радикализм) и её ход, анализируются политич. и идеологич. платформы различных партий и групп, обосновывается возможность альтернативного ист. развития России. В статьях «Раскаяние и самоограничение как категории национальной жизни», «Жить не по лжи» и др., «Письме вождям Советского Союза» (все — 1973) С. предрекал крах социализма, вскрывал его нравств. и экон. несостоятельность, отстаивал религ., нац. и классич. либеральные ценности. Эти темы, как и критика совр. зап. общества, призыв к личностной и обществ. ответственности развиты в публицистике С. периода изгнания из СССР (с 1974 — в ФРГ, с 1976 — в США, штат Вермонт; вернулся в Россию в 1994), в т.ч. — новейшей («Как нам обустроить Россию», 1990, "Русский вопрос" к концу XX в.», 1994). Автобиогр. кн. «Бодался телёнок с дубом» (1975; дополн. 1991) воссоздаёт обществ. и лит. борьбу 1960 — нач. 70-х гг. в связи с публ. его соч. в СССР. Ноб. пр. (1970).

СО́ЛИ, продукты замещения атомов водорода кислоты на металл или др. катион либо НО-групп оснований на кислотный остаток или др. анион. По растворимости в воде различают растворимые, мало растворимые и практически нерастворимые С. Сырьём для пром. получения ряда С. — хлоридов, сульфатов, карбонатов, боратов натрия, калия, кальция, магния — служат мор. вода, природные рассолы, тв. залежи С. Широко используются С. в пищ. (напр., поваренная), хим., металлургич., текст. пром-сти, в с. х-ве (удобрения), медицине (напр., английская С.— сульфат магния) и др.

СОЛИДА́РНАЯ ОТВЕ́ТСТВЕННОСТЬ, разновидность гражданско-правовой ответственности при множественности (т.е. нескольких) должников в обязательстве. В отличие от *долевой ответственности* С.о. возникает, если это предусмотрено договором или установлено законом, в частности при неделимости предмета обязательства. При С.о. кредитор вправе предъявить требование об исполнении как ко всем должникам совместно, так и к любому из них в отдельности, причём как полностью, так и в части долга.

СОЛИПСИ́ЗМ (от лат. solus — единственный и ipse — сам), 1) филос. учение, признающее несомненной реальностью только сознающего субъекта и объявляющее всё остальное существующим лишь в его сознании (тенденция к С. характерна для Дж. Беркли, имманентной философии, эмпириокритицизма). 2) В этич. смысле — крайний эгоизм, эгоцентризм.

СОЛИТЁРЫ, то же, что *цепни*.

СОЛЛЕРТИ́НСКИЙ Ив. Ив. (1902–44), музыковед, литературовед и театровед. Исследователь и пропагандист рус. и заруб. муз. и театрального иск-ва. С 1929 лектор, с 1940 худ. рук. Ленингр. филармонии. Блестящий критик, оратор, полемист, ярко и образно выступал, предваряя филармонич. концерты.

СО́ЛНЕЧНАЯ АКТИ́ВНОСТЬ, совокупность нестационарных явлений в атмосфере *Солнца*: солнечных пятен, факелов, вспышек, протуберанцев и др. Области, где наблюдаются эти явления, наз. центрами С.а. В С.а. (росте и спаде числа центров С.а., а также их мощности) существует прибл. 11-летняя периодичность (цикл С.а.). С.а. влияет на состояние верх. слоёв атмосферы Земли, а отсюда и на мн. земные процессы (напр., магнитные бури), на урожаи с.-х. культур, частоту возникновения эпидемий и т.п.

Активность, подобная С.а., присуща и нек-рым др. звёздам.

СО́ЛНЕЧНАЯ БАТАРЕ́Я, источник тока на основе полупроводн. фотоэлементов; непосредственно преобразует энергию солнечной радиации в электрическую. Кпд до 22% (при освещении в земных условиях). Применяются на космич. летат. аппаратах, в устройствах автоматики, переносных радиостанциях и радиоприёмниках, системах электроснабжения небольших жилых домов и др. Илл. см. на стр. 646.

СО́ЛНЕЧНАЯ ВСПЫ́ШКА, самое мощное проявление *солнечной активности*. Внезапное местное выделение энергии магн. полей в короне и хромосфере Солнца (до 10^{25} Дж при наиб. сильных С.в.). При С.в. наблюдаются: увеличение яркости хромосферы (8–10 мин), ускорение электронов, протонов и тяжёлых ионов (с частичным выбросом их в межпланетное пространство), рентгеновское и радиоизлучение. Вспышки характерны также и для нек-рых др. звёзд.

СО́ЛНЕЧНАЯ СИСТЕ́МА, состоит из *Солнца, планет, спутников планет, астероидов и их осколков, комет и межпланетной среды*. Внеш. граница, по-видимому, находится на расстоянии ок. 200 тыс. а.е. от Солнца. Возраст С.с. ок. 5 млрд. лет. Расположена вблизи плоскости *Галактики* на расстоянии ок. 26 тыс. световых лет (ок. 250 тыс. млрд. км) от галактич. центра и вращается вокруг с линейной скоростью ок. 220 км/с.

СО́ЛНЕЧНАЯ ЭЛЕКТРОСТА́НЦИЯ, использует солнечную радиацию для выработки эл. энергии. Различают термодинамич. С.э., в к-рых солнечная энергия последовательно преобразуется в тепловую, а затем в электрическую, и фотоэлектрич. станции, непосредственно преобразующие солнечную энергию в электрическую (с помощью фотоэлектрич. генератора). С.э. перспективны как экологически чистые источники энергии. Разработки по С.э. ведутся с 80-х гг. 20 в. в России, США и др. странах.

СО́ЛНЕЧНОЕ СПЛЕТЕ́НИЕ, в организме позвоночных ж-ных сово-

646 СОЛН

Солнечная батарея. Гелиоустановка с полупроводниковыми солнечными батареями в системе электроснабжения жилого дома.

Соловецкий монастырь. Общий вид.

купность нерв. узлов, расположенных у основания брюшной аорты. Нервы от С.с. радиально (отсюда назв.) расходятся к органам брюшной полости.

СО́ЛНЕЧНЫЙ ВЕ́ТЕР, поток плазмы солнечной короны, заполняющий Солнечную систему до расстояния ≈ 100 а.е. от Солнца, где давление межзвёздной среды уравновешивает динамич. давление потока. Осн. состав – протоны, электроны, ядра гелия. Концентрация частиц и скорость вблизи орбиты Земли соотв. ≈ 6 млн. в 1 м³ и 400 км/с. С.в. уносит в межпланетную среду магн. поле солнечной короны, формируя межпланетное магн. поле (напряжённость вблизи орбиты Земли ≈ 5·10⁻⁵ Э). Истечение в-ва, подобное С.в., наблюдается и у нек-рых др. звёзд.

СО́ЛНЕЧНЫЙ УДА́Р, см. *Тепловой удар.*

СО́ЛНЦЕ, типичная звезда Галактики, центр. тело Солнечной системы. Масса $M_\odot = 2·10^{30}$ кг, радиус $R_\odot = 696$ т. км, светимость (мощность излучения) $L_\odot = 3,86·10^{23}$ кВт, эффективная темп-ра поверхности (фотосферы)

ок. 6000 К. Период вращения изменяется от 27 сут на экваторе до 32 сут у полюсов. Хим. состав верх. слоёв: водород ок. 90%, гелий 10%, остальные элементы менее 0,1% (по числу атомов). Источник солнечной энергии – ядерные превращения водорода в гелий в центр. области С., где темп-ра ≈ 15 млн. К. С. светит практически неизменно в течение ≈ 4,5 млрд. лет, запасов водорода хватит ещё на ≈ 5 млрд. лет. Энергия из недр переносится излучением (зона лучистого переноса), а затем во внеш. слое толщиной ок. 0,2R⊙ конвекцией (конвективная зона). Из-за многократного рассеяния и переизлучения излучение из недр С. достигает его поверхности за ≈ 1 млн. лет (расстояние от С. до Земли оно преодолевает за ≈ 8 мин). Земля получает ок. 2·10¹⁷ Вт солнечной энергии (в осн. в виде излучения). С. – осн. источник энергии всех процессов на Земле. В частности, биосфера возникла и существует только за счёт энергии С. Поверхность С. обладает ячеистой структурой (фотосферная грануляция). Это связано с наличием конвек-

Солнце (справа – разрез).

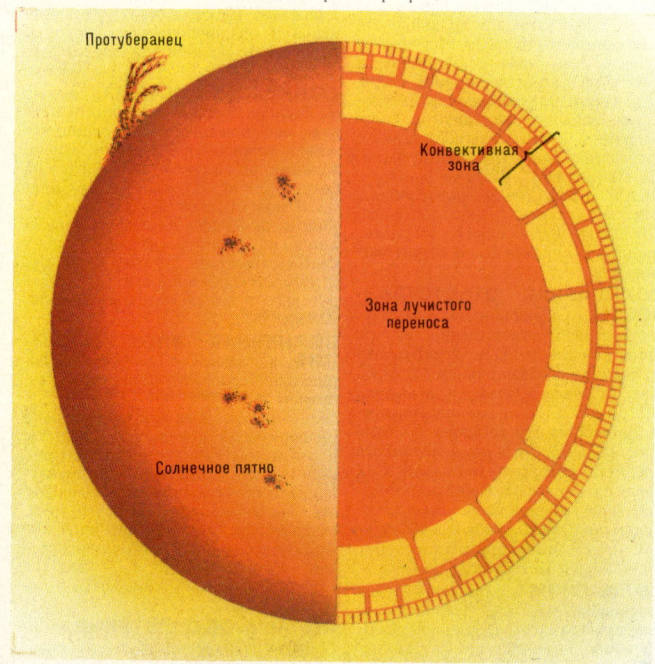

Протуберанец
Конвективная зона
Зона лучистого переноса
Солнечное пятно

тивной зоны. Атмосфера С. (хромосфера и корона) очень динамична, в ней наблюдаются *солнечные вспышки*, относительно холодные и плотные образования – протуберанцы, происходит постоянное истечение вещества в межпланетное пространство (*солнечный ветер*). Интенсивность этих и др. нестационарных процессов на С. (*солнечной активности*) периодически изменяется (т.н. 11-летний цикл). Все проявления солнечной активности связаны с магн. полями. Напр., в местах выхода на поверхность сильных магн. полей конвективный поток энергии из недр несколько ослабевает и образуются солнечные пятна – участки фотосферы с пониженной темп-рой. Солнечная активность влияет на многие физ. и биол. процессы на Земле.

СО́ЛО (итал. solo, от лат. solus – один), эпизод, часть, партия в муз. произв., исполняемые одним музыкантом (солистом). См. *Ария, Концерт, Каденция.*

СОЛОВЕ́Й Ел. Як. (р. 1947), киноактриса. Играла в Т-ре имени Ленсовета (1983–91). Тонкое чувство стиля позволило С. создать образы женщин разл. эпох в ф.: «Король-олень» (1970), «Раба любви» (1976), «Неоконченная пьеса для механического пианино» (1977), «Несколько дней из жизни И.И. Обломова» (1980) и др. С нач. 90-х гг. живёт за рубежом.

СОЛОВЕ́ЦКИЕ ОСТРОВА́, архипелаг из 6 холмистых о-вов при входе в Онежскую губу Белого м., в России. Пл. 347 км². Выс. до 107 м (г. Голгофа на о. Анзерский). На Б. Соловецком о. известно ок. 500 озёр, часть к-рых соединена разветвлёнными каналами и протоками. Сохранился анс. Соловецкого мон. с разбросанными по о-вам культовыми, жилыми и хоз. постройками. С 1974 Ист.-архит. и природный музей-заповедник. Туризм.

СОЛОВЕ́ЦКИЙ МОНАСТЫ́РЬ (Преображенский), мужской, на Б. Соловецком о-ве в Белом м., осн. в 30-х гг. 15 в. Играл значит. роль в хоз. освоении Поморья. В 60–70-х гг. 17 в. один из центров *раскола*. С 16 в. место ссылки. Упразднён после Окт. рев-ции. В 1923–39 на его терр. – Соловецкий лагерь особого назначения, Соловецкая тюрьма особого назначения (гл. обр. для политзаключённых). С 1967 музей-заповедник. В 1991 возвращён Рус. правосл. церкви. Терр. С.м. окружена мощными стенами (выс. 8–11 м, толщ. 4–6 м) с 7 воротами и 8 башнями (кон. 16 в.), сложенными в осн. из огром-

ных необработанных камней-валунов (дл. до 5 м). Культовые здания поставлены по одной оси и окружены многочисл. хоз. и жилыми постройками: трапезная с Успенским собором, Преображенский собор (все 16 в.), церк. Благовещения (кон. 16 – нач. 17 вв.), кам. палаты (17 в.).

СОЛОВЕ́ЦКОЕ ВОССТА́НИЕ («Соловецкое сидение»), восстание в Соловецком мон. в 1668–76. Участники: монахи, не принявшие церк. реформы Никона, крестьяне, посадские люди, беглые стрельцы и солдаты, а также сподвижники С.Т. Разина. Правительств. войско овладело монастырём после почти 8-летней осады.

СОЛОВЬЁВ Вл. Сер. (1853–1900), рос. религ. философ, поэт, публицист. Сын С.М. Соловьёва. В учении С. об универсуме как «всеединстве» христ. платонизм переплетается с идеями новоевроп. идеализма, осо-

В.С. Соловьёв.

бенно Ф.В. Шеллинга, естеств.-науч. эволюционизмом и неортодоксальной мистикой (учение о мировой душе и др.). Проповедовал утопич. идеал всемирной теократии, крах к-рого привёл к усилению эсхатологич. (см. *Эсхатология*) настроений С. Оказал большое влияние на рус. религ. философию и поэзию рус. символистов (особенно стихи С. «софийного цикла»).

СОЛОВЬЁВ Сер. Ал. (р. 1944), рос. кинорежиссёр. Ф.: «Станционный смотритель» (1972), «Сто дней после детства» (1975), «Спасатель» (1980), «Наследница по прямой» (1982), «Асса» (1988), «Чёрная роза – эмблема печали, красная роза –

эмблема любви» (1990), «Дом под звёздным небом» (1991) и др. Следуя традициям высокой изобр. культуры, С. поэтически переосмысливает действительность, прибегая нередко к неожиданным, экстравагантным приёмам. В 1993 пост. пьесы А.П. Чехова «Дядя Ваня» (Малый т-р) и «Чайка» (Т-р на Таганке).

СОЛОВЬЁВ Сер. Мих. (1820–79), рос. историк гос. школы. Ректор Моск. ун-та (1871–1877). Защищал университетскую автономию. Тр. по истории Новгорода, эпох Петра I и Александра I, внеш. политики России, историографии. Осн. соч., обобщившее в единую систему огромный фактич. материал,– «История России с древнейших времён» (1851–79; т. 1–29).

С.М. Соловьёв.

СОЛОВЬЁВ-СЕДОЙ (наст. фам. Соловьёв) Вас. Пав. (1907–79), рос. композитор. Песням С.-С. свойственны опора на традиции рус. нар. и бытовой музыки, глубокий лиризм: «Вечер на рейде» (1941), «На солнечной поляночке» (1943), «Соловьи» (1944), «Где же вы теперь, друзья-однополчане» (1947), «Подмосковные вечера» (1956), «Баллада о солдате» (1961) и др.

СОЛОВЬИ́, род певчих птиц (сем. дроздовые). 2 вида, распространены широко. Наиб. известен обыкновенный, или восточный, С. (дл. ок. 17 см). Селятся по опушкам леса, в садах, парках, густых зарослях, предпочитая влажные места; гнёзда

Соловьи. Восточный соловей.

на земле или пеньках. Самцы поют гл. обр. в сумерках и ночью; сложная (до 24 колен) и красивая песня состоит из свистовых, щёлкающих и рокочущих звуков; обычно учатся пению у опытных старых самцов, но, в отличие от др. певчих птиц, не заимствуют песни из репертуара др. видов, оставаясь непревзойдёнными импровизаторами.

СОЛОВЬЯ́НЕНКО Анат. Бор. (р. 1932), певец (лирико-драм. тенор). С 1965 в Укр. т-ре оперы и балета. Исполнит. манере С. присущи эмоциональность, искренность и непосредственность. Среди лучших партий: Владимир Игоревич («Князь Игорь» А.П. Бородина), Ленский («Евгений Онегин» П.И. Чайковского), Альфред («Травиата» Дж. Верди).

СОЛОГУ́Б (наст. фам. Тетерников) Фёд. Куз. (1863–1927), рус. писатель. Символист «старшего» поколения. В поэзии (сб. «Пламенный круг», 1908) и прозе (сб-ки рассказов «Жало смерти», 1904, «Истлевающие личины», 1907, «Книга очарований», 1909), в ром. «Мелкий бес», 1905, в центре к-рого гротескно-мистич. изображение провинции,– восприятие мира как косного, пошлого и иррационального порождает декадентские темы распада и тлена, влечения к смерти, интерес к двойничеству (ликам и «личинам» бытия), проблеме зла – как всепроникающей и загадочной силе. В центре стилистически разнородного (фантастика, реализм, полит. злободневность) ро-

Ф. Сологуб.

мана-трилогии «Творимая легенда» (в 1-м изд. «Навьи чары», 1907–13) – обожествление и трагичность эротич. чувства, вера в индивидуальный творческий дух и преобразующую силу «мечты»; роман содержит также утопич. проекты планетарного переустройства жизни.

СО́ЛОДОВЫЙ СА́ХАР, то же, что *мальтоза*.

СОЛО́МА, сухие стебли в осн. зерновых культур, остающиеся после обмолота. Используется для кормления с.-х. ж-ных, чаще кр. рог. скота, обычно в качестве добавки к сочным кормам, на подстилку; материал для плетения.

СОЛО́МИН Вит. Мефодьевич (р. 1941), актёр. Брат Ю.М. Соломина. В 1963–85 и с 1988 в Малом т-ре. Работал также в моск. т-рах имени Моссовета, «Детектив». Исполнитель комедийные, характерные и драм. роли, наделял мн. своих героев обаят. простодушием, непосредственностью.

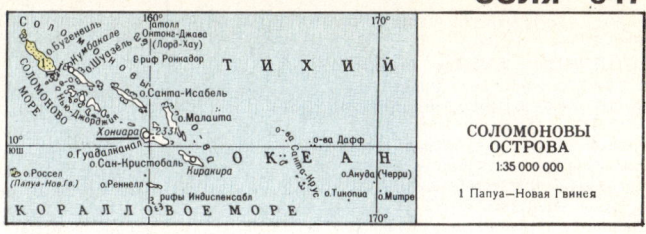

Чацкий («Горе от ума» А.С. Грибоедова, 1975), Фиеско («Заговор Фиеско в Генуе» Ф. Шиллера, 1977), Хлестаков («Ревизор» Н.В. Гоголя, 1982) и др. Снимался в ф.: «Приключения Шерлока Холмса и доктора Ватсона» (1979–83) и др.

СОЛО́МИН Юр. Мефодьевич (р. 1935), актёр, педагог, деятель культуры. С 1957 в Малом т-ре (с 1988 худ. рук.). Игру отличает углублённый драматизм при благородной сдержанности, мягкости, лиричности: Кисельников («Пучина» А.Н. Островского, 1973), Протасов («Живой труп» Л.Н. Толстого, 1984), Николай II («... И Аз воздам!» С. Кузнецова, 1990) и др. Занимается режиссурой. Снимался в т/ф «Адъютант его превосходительства» (1970, вып. 1972) и др. В 1990–91 мин. культуры РСФСР.

СОЛОМО́Н, царь Израильско-Иудейского царства в 965–928 до н.э. Сын *Давида*. Согласно библейской традиции, величайший мудрец всех времён; ему приписывается авторство нек-рых книг Библии (в т.ч. Екклесиаста, Песни Песней).

СОЛОМО́НОВЫ ОСТРОВА́, гос-во в Океании, в юго-зап. части Тихого ок.; занимает юго-вост. часть Соломоновых о-вов и близлежащие о-ва – Санта-Крус и др. Пл. 29 т. км². Нас. 349 тыс. ч., в т.ч. 94% – меланезийцы. Офиц. яз. – английский. Верующие в осн. христиане. Входят в *Содружество*. Главой гос-ва признаётся королева Великобритании. Столица – Хониара (о. Гуадалканал). Адм.-терр. деление: 7 провинций и столичная территория. Ден. единица – доллар Соломоновых островов.

О-ва преим. вулканич. происхождения, гористы (выс. до 2331 м, о. Гуадалканал). Климат субэкв., влажный; часты ураганы. Ср.-год. темп-ры 26–28°C; осадков св. 2300 мм в год. Много порожистых горн. рек, водопадов. Вечнозелёные леса (пальмы, фикусы и др.), в наиб. сухих местах – саванны, по берегам – мангровая растительность.

О-ва открыты европейцами в 16 в. С 90-х гг. 19 в. владение Великобритании. С июля 1978 независимое гос-во.

С.О. – агр. страна. ВНП на д. нас. 710 долл. в год. Осн. с.-х. товарные культуры – кокосовая пальма, какао. Лов и переработка рыбы. Лесоразработки. Добыча золота. Вывоз рыбы, древесины, копры, пальмового масла, какао, золота.

СОЛО́Н (между 640 и 635 – ок. 559 до н.э.), афинский полит. деятель, реформатор. Отменил долговую кабалу (рабство), установил предельные размеры землевладения, ввёл наследование земли. Установил имуществ. ценз для занятия гос. должностей. Высш. органом власти стало афинское нар. собрание. Реформы С. создали предпосылки ликвидации родового строя. Антич. традиция причисляет С. к 7 греч. мудрецам.

СОЛЯ 647

СОЛОМОНОВЫ ОСТРОВА
1:35 000 000
1 Папуа–Новая Гвинея

СОЛОНИ́ЦЫН Анат. (Отто) Ал. (1934–82), киноактёр. Лучшие роли созданы в фильмах реж. А.А. Тарковского: «Андрей Рублёв» (1971), «Солярис» (1973), «Зеркало» (1975), «Сталкер» (1980), а также в ф.: «В огне брода нет» (1968), «Восхождение» (1977), «26 дней из жизни Достоевского» (1981), «Остановился поезд» (1982). Сыграл гл. роль в спектакле «Гамлет» У. Шекспира (Моск. т-р имени Ленинского комсомола, 1976). Характерная черта иск-ва С.– сосредоточенность на внутр. мире героя.

СО́ЛОУ (Solow) Роберт (р. 1924), амер. экономист. Иссл. в области эконометрии, теории экон. роста. Ноб. пр. (1987).

СОЛОУ́ХИН Вл. Ал. (р. 1924), рус. писатель. Лирич. проза: путевой дневник «Владимирские просёлки» (1957) и пов. «Капля росы» (1960) – о совр. рус. деревне. Стихи (сб. «Аргумент», 1972). В кн. эссе «Письма из Русского музея» (1966), «Слово живое и мёртвое» (1976), «Камешки на ладони» (1977–84), «Время собирать камни» (1980) выступает против разрушения нац.-ист. основ рус. культуры. Пов. «Смех за левым плечом» (1989). В публицистич. кн. «Читая Ленина» (1989), «При свете дня» (1992) интерпретирует роль В.И. Ленина как губительную для России.

СОЛО́ХА, скифский курган 4 в. до н.э. близ с. Б. Знаменка Запорожской обл. (Украина). Погребение с золотой гривной, гребнем со скульпт. изображением скифов, посуда и др.

СО́ЛЬДО (итал. soldo), 1) старинная серебр. монета Португалии. 2) Итал. разменная медная монета, равная $1/20$ лиры, чеканилась с кон. 12 в.; находилась в обращении до 1947.

СОЛЬМИЗА́ЦИЯ (от названия нот соль и ми) (муз.), см. в ст. *Сольфеджио*.

СОЛЬФАТА́РЫ (итал. solfo – сера), выходы горячих (90–300°C) вулканич. газов (преим. сернистого и сероводородного) из трещин и каналов в кратере вулкана или на его склонах (назв., по-видимому, от вулкана Сольфатара в Италии).

СОЛЬФЕ́ДЖИО (сольфеджо) (итал. solfeggio), 1) пение мелодий с произнесением названий звуков (сольмизация); один из приёмов муз. обучения. Развивает слух и навыки чтения нот. 2) Уч. дисциплина, предназначенная для развития муз. слуха и муз. памяти. 3) Спец. вок. упражнения для развития голоса (см. также *Вокализ*).

СОЛЯ́НАЯ КИСЛОТА́, вод. р-р хлористого водорода HCl; дымящая на воздухе жидкость с резким запахом. Применяют С.к. для получения разл. хлоридов, травления металлов, обработки руд, в произ-ве хлора, соды, каучуков и др. Вызывает ожоги

«СОЛЯНО́Й БУНТ», принятое в лит-ре название восстания низших и ср. слоёв жителей Москвы 1–11.6.1648. Вызвано введением соляного налога и ростом цен. Возмущение народа заставило пр-во отменить налог, при этом были взысканы прежние недоимки, что обострило обстановку в городе. Восставшие подожгли Белый город и Китай-город; разгромили дворы знати, дьяков и купцов; убили главу Земского приказа Л.С. Плещеева, думного дьяка Н. Чистого (инициатор налога) и др. Подавлен пр-вом.

СО́МА (от греч. sôma – тело) (соматические клетки), все клетки ж-ного или р-ния за исключением половых.

СОМАЛИ́ (Сомалийская Демократическая Республика), гос-во на С.-В. Африки, на В. омывается Индийским ок. Пл. 638 т. км². Нас. св. 9 млн. ч., гл. обр. сомалийцы. Офиц. языки – сомали и арабский. Верующие – в осн. мусульмане. Глава гос-ва – президент. Законодат. орган – Нар. собрание. Столица – Могадишо. Адм.-терр. деление: 16 областей. Ден. единица – сомалийский шиллинг.

Рельеф С. – плато, окаймлённое на Ю.-В. и С. прибрежными низменностями. Климат. субэкв. муссонный, на С. тропич. пустынный и полупустынный. Ср.-мес. темп-ры от 25 до 32 °C; осадков от 100 мм на С. и В. до 600 мм на Ю. и З. в год. Реки – Джубба, Веби-Шебеле. Б.ч. территории – пустыня.

В кон. 19 в. территория п-ова Сомали была поделена между Великобританией, Италией и Францией. В 1960 получили независимость Брит. Сомалиленд и Итал. С., к-рые создали единое гос-во С. После воен. переворота 1969 власть в С. захватила воен. хунта во главе с М.С. Барре. В 1991 в результате вооруж. столкновений между правительств. войсками и оппозиц. группировками Барре был свергнут и к власти пришёл Объединённый сомалийский конгресс. Начались столкновения противоборствующих группировок. В 1993 с гуманит. и миротворч. миссией в С. был введён контингент многонац. сил ООН.

С. – агр. страна. ВНП на д. нас. 150 долл. в год. Гл. отрасль х-ва – кочевое скот-во (верблюды, козы, овцы, кр. рог. скот). Выращивают: бананы, сорго, кукурузу, сах. тростник, грейпфруты. Сбор ароматич. смол (ладан, камедь, мирра, ок. ⅔ мирового сбора). Рыб-во. Экспорт: живой скот (св. 50% стоимости), бананы (св. 25%).

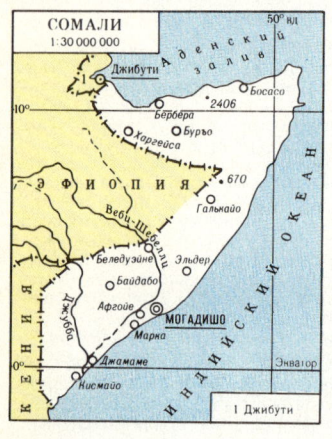

СОМНАМБУЛИ́ЗМ (от лат. somnus – сон и ambulo – хожу) (лунатизм), расстройство сознания, при к-ром автоматически во сне (отсюда назв.– сноходение) совершаются привычные действия (напр., ходьба, перекладывание вещей).

Сомали. Реликтовые сетчатые жирафы в саванне

СО́МОВ Конст. Анд. (1869–1939), рос. живописец и график. Чл. «Мира искусства». С 1923 в эмиграции. Иронически стилизованные сценки дворянского быта 18 в. («Вечер», 1900–02), островыразит. портреты-«маски» («А.А. Блок», 1907), пейзажи, иллюстрации («Книга маркизы», Ф. Блей и Сомов, 1907–08).

СО́МОВ Мих. Мих. (1908–73), географ, океанолог, полярный исследователь. Руководил подвижными науч. группами по изучению с воздуха зап. части Центр. Арктики (1948–1949), один из первооткрывателей (1948) подводного хр. Ломоносова. Начальник дрейфующей ст. «Сев. полюс-2» (1950–51), выявил сложность рельефа дна Арктич. басс., обнаружил факт проникновения туда тихоокеанских вод. Руководил 1-й, 8-й и 9-й сов. антарктич. эксп. (1955–57, 1962–64), открыл 3 кр. бухты, п-ов и озеро, иссл. 2 шельфовых ледника, закартировал Берег Правды. Тр. по ледовому режиму полярных морей и ледовым прогнозам.

СОМЫ́, семейство пресноводных рыб. Тело голое, вокруг рта неск. пар усов. Ок. 20 видов, в Евразии. В реках и озёрах Европы – С. обыкновенный, дл. до 5 м, масса до 300 кг. Хищник (питается рыбой, лягушками, иногда нападает на водоплавающих птиц). Самка откладывает икру в гнездо, к-рое охраняет самец. Объект спорт. лова. Илл. см. при ст. *Рыбы*.

СОНА́Р [от лат. so(und) na(vigation) and r(anging) – звуковая навигация и определение дальности], термин, встречающийся в переводной на-

К.А. Сомов. «Арлекин и дама». 1912. Третьяковская галерея.

уч.-техн. лит-ре для обозначения *гидролокаторов*.

СОНА́ТА (итал. sonata, от sonare – звучать), камерно-инстр. произведение; один из осн. жанров инстр. музыки. Классич. С. для одного или двух инстр-тов (фп.; скрипки и фп.; и др.), представляющая собой 3-частный цикл (см. *Циклические формы, Сонатная форма*), сложилась у композиторов *венской классической школы* – Й. Гайдна, В.А. Моцарта, Л. Бетховена. Образцы разл. видов – у Д. Скарлатти (1-частная С.), Ф. Шуберта, Ф. Шопена, Ф. Листа (программная С.), И. Брамса, А.Н. Скрябина, Н.К. Метнера, П. Хиндемита, С.С. Прокофьева.

СОНАТИ́НА (итал. sonatina, уменьшит. от sonata), жанр инстр. музыки (гл. обр. для фп.), преим. учебно-инструктивного назначения (М. Клементи и др.). Производна от *сонаты*. Созданы и высокохуд. образцы С. (М. Равель и др.).

СОНА́ТНАЯ ФО́РМА (муз.), форма одночастного или части циклич. произведения. Наиболее сложная среди гомофонных форм (см. *Гомофония*). Типична для первых частей сонат, концертов, симфоний, квартетов. Основана на противопоставлении тем в *экспозиции*, дальнейшей их разработке, тональном объединении в *репризе*.

СОНДЕ́ЦКИС (Sondeckis) Саулюс (р. 1928), литов. дирижёр, педагог. Рук. созданного им (1960) Литов. камерного орк., гастролирует с ним. Основа репертуара – камерная музыка

И.С. Баха и В.А. Моцарта. Под упр. С. оркестр впервые исполнил ряд камерных произв. А.Г. Шнитке, С.М. Слонимского, Э.В. Денисова, литов. композиторов.

СОНЕ́Т (итал. sonetto), *твёрдая форма*: стихотворение из 14 строк, образующих 2 четверостишия – катрена (на 2 рифмы) и 2 трёхстишия – терцета (на 2 или 3 рифмы), чаще всего во «франц.» последовательности – abba abba ccd eed (или ccd ede) или в «итальянской» – abab abab cdc dcd (или cde cde) (см. *Рифма*); условно к С. относят «англ.» рифмовку – abab cdcd efef gg (у У. Шекспира). Возник в 13 в. в Италии; особенно популярен в поэзии Возрождения, барокко, романтизма, отчасти символизма и модернизма. Образец – «Поэту» А.С. Пушкина. Цикл (поэма) из 15 архитектонически связанных С. наз. «венком сонетов».

СО́НИ, семейство грызунов. Длина тела 9–20 см, хвоста до 16 см. 15 видов, гл. обр. в лесах Евразии (исключая север) и Африки. Большинство проводит зиму в спячке (отсюда назв.).

Сони. Лесная соня.

СО́ННАЯ БОЛЕ́ЗНЬ, паразитарное заболевание в тропич. р-нах Африки (лихорадка, сонливость и др.). Вызывается *трипаносомой*, передаётся при укусах мухи *цеце*.

СОНО́РИКА (от лат. sonorus – звонкий, звучный, шумный), метод совр. композиторской техники. Специфика С. – в выдвижении на первый план фонической, красочной стороны звучания. Использует, в частности, темброкрасочные звуковые комплексы (без опред. высоты), к-рые воспринимаются как целостные, неделимые на тоновые части блоки.

СООБЩА́ЮЩИЕСЯ СОСУ́ДЫ, соединены между собой в ниж. части. Однородная жидкость устанавливается на одном уровне независимо от формы сосудов (если можно пренебречь капиллярными давлениями). На свойстве С.с. основано устройство жидкостных манометров, водомер-

Сообщающиеся сосуды, в которые налиты несмешивающиеся жидкости. ных стёкол паровых котлов и т.д. Если в С.с. налиты несмешивающиеся жидкости с разл. плотностями p_1 и p_2, то они устанавливаются на уровнях, высоты к-рых h_1 и h_2 обратно пропорциональны плотностям.

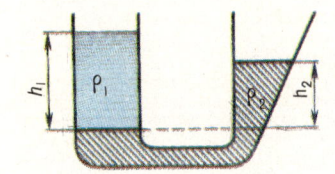

СО́ПКА, общее назв. холмов и гор с округлой вершиной в Забайкалье и на Д. Востоке, а также вулканов на Камчатке и Курильских о-вах, грязевых вулканов в Крыму и на Кавказе.

СОПЛО́, профилированный закрытый канал для разгона жидкости или

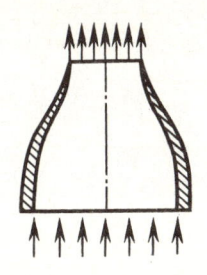

Сопло. Схема дозвукового сопла.

газа и придания потоку заданного направления. Используется в турбинах, ракетных и возд.-реактивных двигателях, газодинамич. лазерах и в др. случаях. Позволяют получать высокие, в т.ч. сверхзвуковые, скорости истечения потока.

СОПОЛИМЕ́РЫ, полимеры, молекулы к-рых содержат звенья мономеров разл. хим. состава. Для многих синтетич. С. (напр., бутадиен-стирольных каучуков) характерно случайное расположение звеньев. В молекулах нуклеиновых к-т и большинства белков содержат опред. последовательности мономеров (нуклеотиды, аминокислоты), что и обусловливает биол. специфичность этих С.

СО́ПОР (от лат. sopor – оцепенение, вялость), глубокое угнетение сознания с утратой произвольной и сохранностью рефлекторной деятельности (при тяжёлых интоксикациях, черепно-мозговой травме и др.). Дальнейшее угнетение сознания приводит к коме.

СОПОСТАВИ́МЫЕ ЦЕ́НЫ, в статистике цены к.-л. опред. года или на опред. дату, условно принимаемые за базу при сопоставлении (в т.ч. в выражении экон. показателей за разные периоды (напр., объёмов произведённой продукции, товарооборота). Дают возможность понять динамику развития экономики страны, отрасли.

СОПРА́НО (итал. soprano, от sopra – над, сверх), 1) самый высокий певческий (гл. обр. женский или детский) голос. Различают С. драм., лирич., колоратурное, а также лирико-драм. и др. разновидности. 2) Верх. партия в смешанном хоре. 3) Высокие по звучанию разновидности инстр-тов.

СО́РГО, род одно- и многолетних травянистых р-ний (сем. злаки). Ок. 50 видов, в тропич., субтропич. и отчасти умеренных поясах. Многие в культуре (с 3-го тыс. до н.э.). Возделывают как зерновые и кормовые р-ния в Евразии, Африке, Америке; в России – на незначит. площадях в Поволжье и на Д. Востоке. Урожайность (с 1 га): зерна 25–30 ц, зелёной массы 300–400 ц.

СО́РДИ (Sordi) Альберто (р. 1919), итал. киноактёр, режиссёр. Постоянный мотив комич. и трагикомич. ролей С. – бессмысленность стремлений героя, сочетающего в своём характере экспансивность с вялостью. Среди ф.: «Белый шейх» (1952), «Все по домам» (1960), «Трудная жизнь» (1961, в прокате – «Журналист из Рима» (1963). Поставил неск. фильмов и сыграл в них гл. роли, в т.ч. «Таксист» (1983), «Всех за решётку» (1984).

СОРЕ́ЛЬ (Sorel) Жорж (1847–1922), франц. философ. Вначале представитель «новой школы» марксизма, затем выступил с учением о мифол. характере мировосприятия любых социальных групп и восхвалением насилия как движущей силы истории. Социалистич. рев-цию рассматривал как спонтанный иррациональный порыв народа. Идеи С. оказали влияние на формирование фашизма, на совр. идеологов левацких и правых экстремистских групп на Западе.

СОРО́КА, длиннохвостая птица (сем. вороновые). Дл. 45–47 см. Опе-

Сорока.

рение чёрно-белое, блестящее. Распространена в Евразии, Сев.-Зап. Африке, на С.-З. Сев. Америки. Гнездится в мелколесье. Зимой кочует небольшими стайками. Может разорять птичьи гнёзда. Осторожная сообразительная птица. Голос – резкое, громкое стрекотание. Птенцы легко приручаются.

СОРО́КИН Питирим Ал-др. (1889–1968), социолог. Лидер прав. эсеров. В 1922 выслан из России, жил в США. Ист. процесс рассматривал как циклич. смену осн. типов культуры, в основе к-рых интегрированная сфера ценностей, символов. Утверждая, что совр. культура переживает общий кризис, С. связывал его с развитием материализма и науки и выход видел в религ. «идеалистич.» культуры. Один из родоначальников теорий *социальной стратификации* и *социальной мобильности*. Осн. тр.: «Система социологии» (т. 1–2, 1920), «Социальная мобильность» (1927), «Социальная и культурная динамика» (т. 1–4, 1962).

СОРО́КИНА Нина Ив. (р. 1942), артистка балета. В 1961–88 в Большом т-ре. Исполнение С. отличается грациозностью, лёгким, технически совершенным танцем: Маша («Щелкунчик» П.И. Чайковского, 1966), Фригия («Спартак» А.И. Хачатуряна, 1971), Кити («Анна Каренина» Р.К. Щедрина, 1972) и др. С 1989

педагог-репетитор гастрольно-конц. труппы «Звёзды Большого балета».

СОРОРА́Т (от лат. soror – сестра), обычай, по к-рому мужчина вступает в брак одновременно или последовательно с неск. родными или двоюродными сёстрами. Существовал у мн. народов Америки, Азии, Океании и Африки. Совр. С. – женитьба вдовца на сестре умершей жены (в Индии, Африке и др.).

СОСЛО́ВИЕ, социальная группа многих докапиталистич. обществ, обладающая закреплёнными в обычае или законе и передаваемыми по наследству правами и обязанностями. Для сословной организации общества, обычно включающей неск. С., характерна иерархия, выраженная в неравенстве их положений и привилегий. Классич. образец сословной организации – Франция, где с 14–15 вв. общество делилось на высш. С. (дворянство и духовенство) и непривилегир. третье С. (ремесленники, купцы, крестьяне). В России со 2-й пол. 18 в. утвердилось сословное деление на дворянство, духовенство, крестьянство, купечество, мещанство.

СОСНА́, род хвойных вечнозелёных деревьев и (реже) стелющихся кустарников (сем. сосновые). Ок. 100 видов, гл. обр. в умеренном поясе Сев. полушария. В России 8 видов. Выс. до 50 (75) м, живут 150–500 лет. Одна из гл. лесообразующих пород. Источник строевой древесины и мн. хим. продуктов (скипидар, канифоль, дёготь, витамин С – из молодой хвои и др.). Семена С. кедровой, С. итальянской (пинии) съедобны. Илл. см. на стр. 650.

СОСНА́ ИТАЛЬЯ́НСКАЯ, то же, что пиния.

СОСНИ́ЦКИЙ Ив. Ив. (1794–1872), актёр, педагог. На сцене с 1807, с 1812 в Петерб. имп. труппе (с 1832 Александринский т-р). Виртуозно владел мастерством внеш. перевоплощения, стремился к реалистич. обрисовке характеров. Играл в осн. в водевилях и комедиях. Первый исполнитель роли Городничего («Ревизор» Н.В. Гоголя, 1836). Начиная с 1840 имел стойкий успех в ролях стариков-аристократов.

СОСНО́РА Викт. Ал-др. (р. 1936), рус. писатель. В лирике (сб. «Январский ливень», 1962, «Триптих», 1965, «Песнь лунная», 1982, «Возвращение к морю», 1989), в экспериментальной по форме, ассоциативной и фрагментарной прозе (ром. «Дом дней», 1990, «Книга пустот», 1992, «Башня», 1993) – мир творч. личности в совр. реальности, осмысляемой через образы и мотивы мировой рус. культуры. В повестях (сб. «Властители и судьбы», 1986) – худ. версии событий рус. истории.

СОССЮ́Р (Saussure) Фердинанд де (1857–1913), швейц. языковед. Тр. по индоевропейским языкам, общему яз-знанию. Оказал значит. влияние на развитие яз-знания, нек-рых направлений семиотики, лит-ведения, эстетики. Основоположник структурной лингвистики в Европе. Осн. труд – «Курс общей лингвистики» (1916).

СОСТА́В ПРЕСТУПЛЕ́НИЯ, в уголов. праве совокупность установленных законом признаков, характеризующих деяние как преступление. Совпадение признаков конкретного деяния с признаками конкретного

Сосна (обыкновенная): 1 – раскрывшаяся шишка; 2 – ветвь с зимующей шишечкой (*а*) и сформировавшейся шишкой (*б*); 3 – семя с крылышком.

С. п. – единств. основание привлечения к уголов. ответственности.

СОСУ́ДЫ (анат.), 1) у человека и ж-ных полые трубки, по к-рым движется кровь (кровеносные С.) и лимфа (лимфатич. С.). 2) С. у р-ний – проводящие элементы ксилемы в виде длинных полых трубок, образованных одним рядом клеток со сквозными отверстиями между ними; проводят воду и минер. в-ва от корней к наземным органам.

«СО́ТБИС» («Сотби и К°», «Sotheby and C°»), крупнейшее и одно из старейших в мире аукционное пр-тие по продаже произв. иск-ва, антиквариата, мемор. предметов и коллекций. Осн. в 1744 в Лондоне С. Беккером, до 1917 функционировало исключительно как книжный аукцион. С 1930-х гг. открыты филиалы в Амстердаме, Флоренции, Милане, Мадриде, Париже, Нью-Йорке, Лос-Анджелесе и др. городах. Абсолютные рекорды цен на произв. иск-ва зафиксированы на аукционах «С.» в 1987 («Ирисы» В. Ван Гога, 53 млн. долларов) и 1990 («Мулен-де-ла-Галлет» О. Ренуара, 78 млн. долларов).

СОТКИЛА́ВА Зураб Лаврт. (р. 1937), груз. певец (лирико-драм. тенор). С 1965 в Груз. т-ре оперы и балета и с 1974 в Большом т-ре. Исполнение С. отличается темпераментом и задушевностью. Лучшие партии – Отелло («Отелло» Дж. Верди), Хозе («Кармен» Ж. Бизе), Арзакан («Похищение Луны» О.В. Тактакишвили) и др.

СО́ТНИ, в Рус. гос-ве до нач. 18 в. корпорации купцов (гостиная С., суконная С.) и объединения посадских людей, превратившиеся в гор. адм.-терр. единицы.

СОТРЯСЕ́НИЕ МО́ЗГА, закрытое механич. повреждение головного мозга. Проявления: бледность, головокружение, тошнота, рвота; потеря сознания; слабый пульс, неровное дыхание. Первая помощь: лёд на голову, полный покой.

СО́УЛ (от англ. soul music, букв. – музыка души, сердца), один из стилей амер. *поп-музыки,* основанный на муз.-танц. традициях негритянского фольклора.

СОУЧА́СТИЕ, в уголов. праве умышленное совместное участие двух или более лиц в совершении одного и того же преступления. Закон в зависимости от роли каждого соучастника различает исполнителей, организаторов, подстрекателей и пособников. Степень участия каждого учитывается судом при назначении наказания.

СОФИ́И ХРАМ (храм Св. Софии, Айя-София) в Стамбуле (Константинополе), памятник визант. зодчества. Сооружён в 532–537 Анфимием из Тралл и Исидором из Милета. 3-нефная базилика с куполом (диам. 31,5 м) на парусах. Сложная система полукуполов придаёт грандиозному интерьеру храма стройное единство. Мозаики 6–12 вв.

СОФИ́ЙСКАЯ НАРО́ДНАЯ О́ПЕРА, крупнейший муз. т-р Болгарии. Открыт в 1908, с 1921 совр. назв., с 1953 в новом здании. Балетная труппа с 1927. Традиционно ставятся произв. зап.-европ. и рус. классики, сочинения болг. композиторов. Мн. певцы мирового уровня – выходцы из С. н. о. (Н. Гяуров и др.).

СОФИ́ЙСКИЙ СОБО́Р в Киеве, памятник др.-рус. зодчества, гл. церк. и обществ. здание Киевской Руси. Заложен в 1037, перестроен в кон. 17 – нач. 18 вв. 3-нефный 13-купольный кирпично-кам. храм, в 11 в. украшен величеств. мозаиками и фресками. С 1934 музей-заповедник.

СОФИ́ЙСКИЙ СОБО́Р в Новгороде, памятник др.-рус. зодчества. Построен в 1045–50. 5-нефный 5-главый крестово-купольный храм сурового монументального облика с башней, завершённой главой. Сложен в осн. из камня. Фрагменты росписей 11–16 вв.

СОФИ́СТИКА (греч. sophistiké), 1) рассуждение, основанное на преднамеренном нарушении законов логики (употребление софизмов). 2) Учение др.-греч. софистов 5–4 вв. до н.э.

СОФИ́СТЫ (от греч. sophistés – искусник, мудрец, лжемудрец), в Др. Греции люди, сведущие в к.-н. области: 1) проф. учителя философии и красноречия 2-й пол. 5–1 пол. 4 вв. до н.э. (Протагор, Горгий, Гиппий,

Софийский собор в Киеве.

Софийский собор в Новгороде.

Софии храм в Стамбуле.

Продик, Антифонт, Критий и др.). Для С. характерно перемещение интересов от поисков абс. истины о космосе и бытии к выработке прагматич. рецептов поведения человека «без предрассудков» в обществе (критика традиц. морали, скептич. теория познания, риторич., логич. и лингвистич. теория «убедительной речи»). С критикой С. выступили Сократ и Платон. 2) Проф. ораторы 2–5 вв. н.э., культивировавшие классич. образцы др.-греч. риторики.

СОФИ́Я (греч. sophía – мастерство, знание, мудрость), понятие-мифологема антич. и ср.-век. философии, связанное с представлением о смысловой наполненности и устроенности вещей. В дофилософском употреблении (Гомер) – разумное умение, реализующее себя в целесообразном творчестве; знание «о сущности», о «причинах и источниках» (Аристотель). В иудаизме и христ-ве – олицетворённая мудрость Бога. Представление о С. как «Премудрости Божией» получило особое развитие в Византии и на Руси (гл. храм Византии в Константинополе, 6 в.; 3 гл. рус. церкви 11 в. посвящены С.– в Киеве, Новгороде и Полоцке); изображалась в виде ангела. В рус. религ. философии 19–20 вв. учение о С. развивали В.С. Соловьёв, С.Н. Булгаков, П.А. Флоренский.

СОФИ́Я, столица (с 1879) Болгарии. 1,1 млн. ж. Междунар. аэропорт. Маш-ние, металлургия; хим., резин., целл.-бум., полиграф., лёгкая пром-сть. Ун-т (1888). Консерватория (1954). Музеи, в т.ч. археол., этногр., Нац. худ. гал. *Софийская народная опера* (1948), народный имени И. Вазова и др. Осн. в 1 в. под назв. Сердика (сначала в составе Римской, затем Визант. империи). С 809 в составе Первого Болг. царства под назв. Средец. С кон. 14 в. тур. С. (по церкви Св. Софии). В 1382 – нач. 1878 под властью Османской империи. С. сочетает радиально-кольцевую (в центре) и прямоуг. планировку. Церк. Св. Софии (6 в.), тур. мечеть (16 в.), храм-пам. Александра Невского (1904–12).

София. Храм-памятник Александра Невского.

СОФО́КЛ (ок. 496–406 до н.э.), др.-греч. поэт-драматург; один из трёх великих представителей антич. трагедии, занимающий по времени жизни и характеру творчества место между *Эсхилом* и *Еврипидом*. Мировоззрение и мастерство С. отмечены стремлением к равновесию нового и старого; славя мощь свободного человека, предостерегал против нарушения «божеских законов», т.е. традиц. религ. и гражд. норм жизни; усложняя психол. характеристики, сохранял общую монументальность образов и композиции. Трагедии С. («Эдип-царь», «Антигона», «Электра») – классич. образцы жанра.

Софокл.

СОФРОНИ́ЦКИЙ Вл. Вл. (1901–1961), рос. пианист, педагог. Игра С. отличалась романтич. возвышенностью, одухотворённостью, образной силой и блистательной техникой. Прославился интерпретацией произв. А.Н. Скрябина, композиторов-романтиков.

В.В. Софроницкий.

СО́ФЬЯ АЛЕКСЕ́ЕВНА (в монашестве – Сусанна) (1657–1704), рус. царевна. Дочь царя Алексея Михайловича от 1-го брака с М.И. Милославской. Правительница в 1682–89 при молодых царях Иване V и Петре I. Ученица Симеона Полоцкого. Была образованным человеком; отличалась властолюбием, волей. Заключила «Вечный мир» (1686) с Речью Посполитой, закрепивший в составе России Левобережную Украину и Киев. Предприняла Крымские походы (1687, 1689). Подготавливая венчание на царство, искала союзников среди дворянства и стрельцов. Отстранена от власти Петром I (1689), заточена в Новодевичий мон. В Москве. После Стрелецкого восст. (1698) пострижена в монахини.

СО́ФЬЯ ПАЛЕОЛО́Г (Зоя Палеолог) (?–1503), племянница последнего визант. имп. Константина XI, жена (с 1472) вел. кн. московского Ивана III; брак его с С. П. способствовал провозглашению Рус. гос-ва преемником Византии (см. *Москва – третий Рим*).

СОХРАНЕ́НИЯ ЗАКО́НЫ, наиболее общие физ. законы, согласно к-рым численные значения нек-рых физ. величин, характеризующих физ. систему, при определ. условиях не изменяются с течением времени при разл. процессах в этой системе. Важнейшие С.з. – законы сохранения *энергии*, *импульса*, момента количества движения, *электрического заряда*. Существование С.з., как правило, связано с наличием в этой системе той или иной симметрии; напр., однородность времени приводит к С.з. энергии, а однородность пространства приводит к С.з. импульса.

СОЦ-АРТ (ироническое совмещение понятия *социалистического реализма* и терминов типа *поп-арт* и *оп-арт*), движение в «неофиц.» изобр. иск-ве и лит-ре, сложившееся в нач. 1970-х гг. в СССР как реакция на идеологич. и формальные клише иск-ва социалистич. реализма. Представители С.-а. – В. Комар и А. Меламид (авторы термина), И. Кабаков, Д. Пригов и др., – используя приёмы поп-арта, в подчёркнуто гротескной, часто эпатирующей форме, «цитируя» расхожие штампы официозного иск-ва, сталкивая общечеловеческие и «социалистич.» системы ценностей, демифологизируют устои тоталитарной культуры.

СОЦВЕ́ТИЕ (ботан.), часть годичного побега р-ния, несущая цветки и видоизменённые прицветные листья. Различают С. простые (кисть, колос, зонтик, головка и др.) и сложные (сложный колос, метёлка и др.). Число цветков С. может быть от 1–3 (у гороха) до неск. десятков тыс. (у нек-рых агав, пальм); длина С. от неск. см до неск. м в длину (напр., у пальмы из рода каламус – до 12 м).

СОЦИАЛИЗА́ЦИЯ (от лат. socialis – общественный), процесс усвоения человеком определ. системы знаний, норм и ценностей, позволяющих ему функционировать в качестве полноправного члена общества. С. включает как социально контролируемые процессы целенаправленного воздействия на личность (воспитание), так и стихийные, спонтанные процессы, влияющие на её формирование. Несмотря на широкое употребление, термин «С.» не имеет однозначного толкования, сближаясь в одних случаях с воспитанием, в других – с формированием личности.

СОЦИАЛИ́ЗМ, обозначение учений, в к-рых в качестве цели и идеала выдвигается осуществление принципов социальной справедливости, свободы и равенства, а также создание строя, воплощающего эти принципы. Термин «С.» появился во 2-й пол. 19 в. (П. Леру), однако представления о строе социальной справедливости восходят к древним идеям о «золотом веке», они развиваются в разл. религиях, а затем во мн. разновидностях *утопического социализма*. Т.н. теория науч. социализма, разработанная К. Марксом и Ф. Энгельсом, рассматривала С. как низш. фазу (ступень) коммунизма, приходящего на смену капитализму в результате пролетарской рев-ции и установления диктатуры пролетариата. После Окт. рев-ции С. развивался в двух руслах, на к-рые раскололось междунар. социалистич. движение, – коммунистическом и социал-демократическом. В с.-д. течении утверждалась ориентация на реформирование капитализма, опиравшаяся на идеи Э. Бернштейна (см. *Реформизм*). Претерпев значит. эволюцию, отказавшись от *марксизма* как единств. идейной основы, социал-демократия выработала совр. концепцию демокр. С., по к-рой С. может быть осуществлён в длительном процессе реформирования капитализма, утверждения полит., экон. и социальной демократии и ценностей свободы, справедливости, солидарности и равенства.

В коммунистич. движении получили распространение представления о С., связанные с утверждением с кон. 1920-х – нач. 30-х гг. тоталитарного строя в СССР, а после 2-й мир. войны и в др. странах (мировая социалистич. система). Характерные черты такого строя, к-рый был объявлен социалистическим (реальный С., зрелый, развитой С.), – монополия гос. собственности, директивное централиз. планирование, диктатура верх. парт.-гос. слоя, опирающегося на аппарат насилия и массовые репрессии, насаждающего произвол, беззаконие, нетерпимость к инакомыслию. Господство тоталитарной системы привело к экон., полит. и духовному кризису, значит. отставанию от развитых стран мира, изоляции от мировой культуры.

СОЦИАЛИСТИ́ЧЕСКИЙ РЕАЛИ́ЗМ, термин, употреблявшийся в сов. лит-ведении и иск-ведении с нач. 30-х гг. для обозначения «осн. метода» лит-ры, иск-ва и критики, к-рый «требует от художника правдивого, исторически конкретного изображения действительности в её рев. развитии», сочетающегося «с задачей воспитания трудящихся в духе социализма» (Устав Союза писателей СССР, 1934). Соединяя эстетич. понятие «реализм» с определением «социалистический», С.р. сужал многообразие форм, течений и направлений в иск-ве и побуждал художников к полит. тенденциозности, вскоре теоретически оформленной как принцип «партийности иск-ва», или «социалистич. идейности». Установки С.р. (в т.ч. культ социального оптимизма и прогресса, умаление биол., интуитивного или религиозного в мотивации человеческих поступков) привели к устранению из духовной жизни страны талантливых произв. (А.А. Ахматовой, М.А. Булгакова, Д.Д. Шостаковича, С.М. Эйзенштейна, П.Н. Филонова и др.) и стимулировали создание конформистских произв., отмеченных стандартной психологией, вульгарной социологией, псевдоисторизмом. Попытки расширить «теоретич. базу» С.р. идеями «народности» (в кон. 30-х гг.), «социалистич. гуманизма» (с кон. 50-х гг.) или принципом эстетически «открытой системы» (в 70-х гг.) не изменили офиц. статус и идеологич. природу понятия. К кон. 80-х гг. становится ист.-лит. термином.

СОЦИАЛИ́СТОВ-РЕВОЛЮЦИОНЕ́РОВ ПА́РТИЯ (социалисты-революционеры, эсеры), крупнейшая полит. партия в России в 1901–23. Осн. требования: ликвидация самодержавия; демокр. республика, права и свободы; 8-час. рабочий день; социализация земли и др. Использовала разл. методы борьбы – от легальных до вооруж. восстания, в тактике значит. место отводила террору. 50 тыс. чл. Лидеры: В.М. Чер-

652 СОЦИ

нов, А.Р. Гоц, Н.Д. Авксентьев и др. Печатные органы – ж. «Вестник революции», газ. «Революционная Россия», «Знамя труда» и др. В период Рев-ции 1905–07 эсеры участвовали в ряде вооруж. выступлений. В 1906 от партии отделились максималисты; партия переживала идейный и орг. кризис. После Февр. рев-ции вместе с меньшевиками эсеры преобладали в Советах, входили в состав Врем. пр-ва, получили большинство на выборах в Учредит. собрание. Лев. крыло создало самост. партию лев. эсеров. После Окт. рев-ции участвовали в антибольшевистских выступлениях и пр-вах (К-т членов Учредит. собрания и др.). В 1922 были арестованы 47 руководителей партии, на состоявшемся в июне суд. процессе 14 подсудимых приговорены к смертной казни (исполнение приговора было отложено); впоследствии большинство эсеров репрессировано и уничтожено.

СОЦИА́ЛЬНАЯ МОБИ́ЛЬНОСТЬ, изменение индивидом или группой места, занимаемого в социальной структуре, перемещение из одного социального слоя (класса, группы) в другой (вертикальная мобильность) или в пределах одного и того же социального слоя (горизонтальная мобильность). Резко ограниченная в кастовом и сословном обществе, С.м. значительно возрастает в условиях индустриального общества.

СОЦИА́ЛЬНАЯ ПСИХОЛО́ГИЯ, изучает закономерности поведения и деятельности людей, обусловленные фактом их принадлежности к социальным группам, а также психол. характеристики этих групп. Как самостоят. дисциплина возникла в нач. 20 в. (работы У. Мак-Дугалла и Э.О. Росса, США).

СОЦИА́ЛЬНАЯ СТРАТИФИКА́ЦИЯ, социол. понятие, обозначающее структуру общества и его слоёв, систему признаков социальной дифференциации (образование, бытовые условия, занятие, доходы, психология, религия и т.п.), на основе к-рых общество делится на классы и страты (чаще всего на «высшие», «средние» и «низшие»).

СОЦИА́ЛЬНОЕ ОБЕСПЕ́ЧЕНИЕ, система обеспечения и обслуживания престарелых и нетрудоспособных граждан, а также семей, где есть дети. В Рос. Федерации система С.о. включает: пенсии, пособия работающим (по врем. нетрудоспособности, по беременности и родам и т.д.), многодетным и одиноким матерям и малообеспеченным семьям, в к-рых есть дети; содержание и обслуживание престарелых и инвалидов в спец. учреждениях (домах-интернатах для престарелых и инвалидов, детей-инвалидов), протезирование; проф. обучение и трудоустройство инвалидов и т.д.

СОЦИА́ЛЬНОЕ СТРАХОВА́НИЕ, в Рос. Федерации гос. система материального обеспечения граждан при наступлении нетрудоспособности, старости и в иных предусмотренных законом случаях (напр., санаторно-курортное лечение, организация отдыха, леч. питания).

СОЦИА́ЛЬНО-ЭКОНОМИ́ЧЕСКАЯ ГЕОГРА́ФИЯ, наука о терр. организации общества в разл. странах, р-нах, местностях. Подразделяется на экон. географию, социальную географию и географию населения. Сформировалась к сер. 20 в.

СОЦИА́ЛЬНЫЕ ГРУ́ППЫ, относительно устойчивые совокупности людей, имеющих общие интересы, ценности и нормы поведения, складывающиеся в рамках исторически определ. общества, важный элемент его социальной структуры. Различают большие С.г. – обществ. классы, социальные слои, проф. группы, этнич. общности (нация, народность, племя); малые группы, специфич. признак к-рых – непосредств. контакты её членов (напр., семья, школьный класс).

СОЦИА́ЛЬНЫЙ ДАРВИНИ́ЗМ, течение в обществоведении 2-й пол. 19 – нач. 20 вв., к-рое рассматривает биол. принципы естеств. отбора, борьбы за существование и выживания наиб. приспособленных как определяющие факторы обществ. жизни (Г. Спенсер, Л. Гумплович, А.В. Смолл и др.).

СОЦИОБИОЛО́ГИЯ, междисциплинарное науч. направление. Изучает биол. основы социального поведения ж-ных и человека, используя данные этологии, генетики, экологии, эволюц. теории, социальной психологии, этнографии и др. Сложилось в 70-х гг. 20 в. (гл. обр. в США – Э.О. Уилсон, Д. Бэрэш, Ч. Ламсден и др.). С. исходит из возможности обнаружения в ж-ных предпосылок поведенческих форм, свойственных человеку. Исследуя альтруистич., эгоистич., агрессивное, половое и др. поведение, С. стремится установить его общие типы у ж-ных и человека. С. ставит проблему взаимосвязи биол. и культурного развития (концепция т.н. генно-культурной эволюции), синтеза биол. и социогуманитарного знания.

СОЦИОЛИНГВИ́СТИКА, науч. дисциплина, развивающаяся на стыке яз-знания, социальной психологии и этнографии, исследующая проблемы, связанные с социальной природой языка, его обществ. функциями и воздействием социальных факторов на язык.

СОЦИОЛО́ГИЯ (от лат. societas – общество и ...логия), наука об обществе как целостной системе и об отд. социальных институтах, процессах, социальных группах и общностях, отношениях личности и общества, закономерностях массового поведения людей. Попытки объяснения обществ. жизни возникли в античности (Платон, Аристотель и др.), продолжались в философии истории. Создать «позитивную науку» об обществе в сер. 19 в. пытался О. Конт (ввёл и сам термин «С.»). В 19 – нач. 20 вв. в С. выделились геогр. школа, демографич. школа, биол. направление и др. Концепции крупнейших социологов (Ф. Тённиса, Г. Зиммеля, Э. Дюркгейма, В. Парето, М. Вебера, Т. Веблена), опиравшиеся на философию позитивизма, неокантианство, философию жизни и др., внесли существ. вклад в развитие С. С 20-х гг. в С. получили развитие мн. методы, техника и процедуры эмпирич. исследований, происходит специализация С. (С. семьи, города, права и др. – ок. 40 отраслей).

СОЧЕ́ЛЬНИК (сочевник), день накануне Рождества Иисуса Христа. Назв. от «сочиво» – зёрна пшеницы, ржи, овса со сладостями, к-рыми, согласно церк. Уставу, должны питаться в этот день верующие.

СО́ЧИ, г. в Краснодарском кр., в России. Кр. бальнеогрязевой (Мацеста) и климатич. курорт (с нач. 20 в.). 344,2 т. ж. Порт на Чёрном м.; ж.-д. ст.; аэропорт (Адлер). Ин-т курортологии и физиотерапии. Один вуз. 6 музеев (в т.ч. лит.-мемор. Н.А. Островского, истории города-курорта). Дендрарий. Заповедная тиссо-самшитовая роща. Осн. в 1838. Большой С. (в границах 1961) протянулся вдоль мор. побережья почти на 150 км (от р. Шепси до р. Псоу).

СОЮ́З, часть речи – служебное слово, употребляемое для соединения слов, предложений и их частей и указывающее на характер отношений между ними, напр. соединительный («и»), противительный («но»), разделительный («или») С.

«СОЮ́З», 1) многоместные космич. корабли для полётов по околоземной орбите, созданные в СССР. Макс. масса ок. 7 т, объём жилых отсеков 9 м³. В 1961–81 на орбиты выведены 40 «С.», в т.ч. 2 беспилотных. На базе «С.» разработаны космич. корабли «Союз Т» и «Союз ТМ», предназначенные в осн. для доставки экипажей соотв. на орбитальные станции «Салют» и «Мир» и возвращения космонавтов на Землю. В 1979–86 запущено 15 кораблей «Союз Т», из них 1 беспилотный, в 1986–94 – 19 кораблей «Союз ТМ», из них 1 беспилотный. 2) 3-ступенчатая ракета-носитель, созданная в СССР. Стартовая масса ок. 310 т, макс. масса полезного груза ок. 7 т. С её помощью с 1966 выводились на орбиту нек-рые ИСЗ серии «Космос», космич. корабли «С.», космич. аппарат «Прогресс» и др.

«СОЮ́З ОСВОБОЖДЕ́НИЯ», нелегальная полит. орг-ция в России в 1904–05. Объединяла радикально настроенных земцев, бывших «легальных» марксистов, экономистов, бывших членов партии «Народного права» и демокр. интеллигенцию, сплотившуюся вокруг ж. «Освобождение». «Союз» выступал с требованием введения конституции, полит. свобод и др. В 1904 организатор «банкетной кампании» (на банкетах выдвигались требования полит. реформ). Совместно с «Союзом земцев-конституционалистов» инициатор организации конституционно-демократической партии.

СОЮ́З РУ́ССКИХ ХУДО́ЖНИКОВ, объединение художников (1903–23), гл. обр. бывших передвижников и членов «Мира искусства». Для творчества осн. ядра С.р.х. (А.Е. Архипов, К.А. Коровин, С.В. Малютин, К.Ф. Юон) характерны интерес к родной природе и самобытным чертам нац. жизни, декор. живописность, обращение к пленэру.

«СОЮ́З 17 ОКТЯБРЯ́» (октябристы), полит. партия в России. Сформировалась к 1906. Назв. – от Манифеста 17 окт. 1905. Выступала с требованием нар. представительства, демокр. свобод, гражд. равенства и др. Численность вместе с примкнувшими группировками ок. 80 тыс. чл. Лидеры: А.И. Гучков, П.Л. Корф, М.В. Родзянко, Н.А. Хомяков, Д.Н. Шипов и др. Печатные органы – газ. «Слово», «Голос Москвы» и др., всего св. 50. Самая многочисленная фракция в 3-й Гос. думе, попеременно блокировалась с умеренно-правыми и кадетами. К 1915 прекратила существование.

СОЮ́З СОВЕ́ТСКИХ СОЦИАЛИСТИ́ЧЕСКИХ РЕСПУ́БЛИК (СССР, Советский Союз), гос-во, существовавшее в 1922–91 на большей части территории б. Рос. империи. В его состав вошли: по Договору об образовании СССР (дек. 1922) – Белоруссия (БССР), Россия (РСФСР), республики Закавказья (ЗСФСР); с 1936 союзные республики – Азербайджан (Азерб. ССР), Армения (Арм. ССР), Грузия (Груз. ССР)] и Украина (УССР). В дальнейшем – в 1925 – Узбекистан (Узб. ССР), Туркмения (Туркм. ССР), в 1929 – Таджикистан (Тадж. ССР), в 1936 – Казахстан (Казах. ССР), Киргизия (Кирг. ССР), в 1940 – Молдавия (Молд. ССР), Латвия (Латв. ССР), Литва (Литов. ССР) и Эстония (Эст. ССР).

С нач. 20-х гг., и особенно после смерти В.И. Ленина, в руководстве страны развернулась острая полит. борьба за власть. Утвердились авторитарные методы руководства, использовавшиеся И.В. Сталиным для установления режима единоличной власти. С сер. 20-х гг. началось свёртывание новой экон. политики (НЭП), а затем – проведение форсированной индустриализации и насильств. коллективизации. Коммунистич. партия полностью подчинила гос. структуры. В стране была создана тоталитарная строго централизованная и милитаризованная обществ. система, целью к-рой была быстрая модернизация страны и поддержка рев. движения в др. странах. Массовые репрессии, особенно после 1934, затронули все слои общества; беспрецедентный масштабы принял принудит. труд в системе ГУЛАГа. В кон. 30-х гг. произошли резкие изменения внеш. политики страны, отход от курса коллективной безопасности. Заключены советско-германские договоры 1939, в соответствии с к-рыми позднее в состав СССР были включены Зап. Украина и Зап. Белоруссия. В 1940 – страны Прибалтики, Бессарабия и Сев. Буковина. В результате начатой СССР сов.-финл. войны (30.11.1939–12.3.1940), к-рая нанесла сильный удар по междунар. авторитету страны (исключена из Лиги Наций), к СССР отошёл Карельский перешеек и др.

Сочи. Санаторий «Кавказская Ривьера».

В 1941 Германия, нарушив договоры, напала на Сов. Союз (см. *Великая Отечественная война 1941–45*). В период войны проводилась насильств. депортация целых народов — балкарцев, чеченцев, калмыков, крымских татар, карачаевцев, греков, турок-месхетинцев, немцев и др. После окончания войны, из к-рой СССР вышел победителем, терр. страны была расширена за счёт присоединения Юж. Сахалина и Курильских о-вов, р-нов Петсамо (Печенга), Клайпеды, Кёнигсберга (Калининград), Закарпатской Украины и др. В послевоен. период продолжались репрессии (борьба с *космополитизмом*, «дело врачей», «ленинградское дело» и др.); были разорваны союзнические отношения со странами Запада, началась «холодная война» двух систем, гонка вооружений. 20-й съезд КПСС (1956) по инициативе Н.С. Хрущёва выступил с критикой т.н. культа личности Сталина. Началась реабилитация жертв репрессий; больше внимания уделялось повышению уровня жизни народа, развитию с. х-ва, жилищного стр-ва, лёгкой пром-сти. Концентрация науч. и производств. сил, материальных средств на отд. направлениях науки и техники привела к значит. достижениям: создана первая в мире атомная электростанция (1954), запущены первый спутник Земли (1957), первый космич. корабль с лётчиком-космонавтом (1961); расширились междунар. связи СССР, уменьшилась угроза ядерной войны (Договор о запрещении ядерного оружия, 1963, и др.). Однако попытки обновления страны осуществлялись непоследовательно в рамках сохранявшейся тоталитарной системы и потерпели неудачу – к власти пришли консервативные силы. Партию и гос-во возглавил Л.И. Брежнев. Реформы, предпринятые по инициативе А.Н. Косыгина, были свёрнуты, экономика продолжала развиваться по экстенсивному пути, в значит. мере за счёт экспорта нефти и газа, хищнич. использования природных ресурсов, что позволило поддерживать усиленную милитаризацию страны. Ослабление междунар. напряжённости чередовалось с вооруж. подавлением попыток реформ в Венгрии (1956), Чехословакии (1968) и вводом войск в Афганистан (1979), к-рые приводили к обострению конфронтации двух систем, усилению гонки вооружений. С 1985 М.С. Горбачёв и его сторонники начали политику *перестройки*, резко выросла полит. активность народа, сформировались массовые, в т.ч. национальные, движения и орг-ции. Попытки реформирования сов. системы привели к углублению кризиса в стране, была предпринята попытка гос. переворота (авг. 1991), потерпевшая крах.

В дек. 1991 Белоруссия, Россия и Украина констатировали прекращение существования СССР и подписали Соглашение о создании *Содружества Независимых Государств* (СНГ) (8 дек. 1991, Минск). Азербайджан, Армения, Белоруссия, Казахстан, Киргизия, Молдавия, Россия, Узбекистан, Таджикистан, Туркмения, Украина в Декларации (21 дек. 1991, Алма-Ата) заявили о приверженности целям и принципам Соглашения о создании СНГ.

СОЮЗ СОЦИАЛИ́СТОВ-РЕВО-ЛЮЦИОНЕ́РОВ - МАКСИМА-ЛИ́СТОВ (максималисты), полит. партия в России. Откололась от партии эсеров, оформилась в 1906. Лидеры: М.И. Соколов, В.В. Мазурин, Г.А. Нестроев и др. Печатные органы – газ. «Вольный дискуссионный листок», «Трудовая республика» и др. Программа: социализация земли, ф-к и з-дов, установление «трудовой республики»; тактика – террор. К 1911 прекратила существование. Возродилась после Февр. рев-ции. Максималисты участвовали в Окт. вооруж. восстании, в 1920 часть максималистов вступила в РКП(б), другая – объединилась с быв. лев. эсерами.

СОЮ́ЗНЫЙ ДОГОВО́Р, в междунар. праве договор между двумя или неск. гос-вами, участники к-рого обязуются действовать сообща или оказывать помощь друг другу в предусмотренных договором случаях (напр., в случаях агрессии к.-л. гос-ва против одного из участников договора). До 2-й мир. войны СССР были заключены С.д. с Францией (1935), Францией и Чехословакией (1935).

СО́Я, род преим. однолетних травянистых р-ний (сем. бобовые). 10 видов, во влажных тропиках и субтропиках Африки и Юго-Вост. Азии. С. обыкновенную возделывают с 5-го тыс. до н.э., во мн. земледельч. р-нах мира; в России – на Д. Востоке, в Краснодарском кр. Бобы (до 13 ц с 1 га) богаты белками (близки по составу к животному) и маслом, используются для получения синтетич. пищ. продуктов.

СПАЗМ (греч. spasmós, от spáō – тяну), судорожное сокращение мышц конечностей или мышечных волокон стенки кровеносного сосуда, мышечных оболочек пищевода, кишечника и др. полых органов (с временным сужением их просвета).

СПАЗМОФИЛИ́Я (от *спазм* и *...филия*), заболевание детей преим. первых двух лет жизни, обусловленное нарушением обмена в-в (гипокальциемия, алкалоз), повышенной возбудимостью нерв. системы. Проявляется судорогами, спазмами голосовой щели, бронхов.

СПАНИЕ́ЛИ, группа пород (св. 20) собак, предназначенных для охоты на пернатую дичь. Найдя в зарослях травы или кустарника птицу, С. выгоняют её под выстрел охотника, разыскивают и подают битую дичь. Нек-рые породы С. (напр., американский коккер-спаниель), утратив первонач. назначение, стали декоративными. С. подвижны, обладают весёлым нравом, добродушны, ласковы и понятливы. Родина – Испания или М. Азия, откуда они попали в Европу. Разводят во мн. странах, в т.ч. в России.

Спаниели. Спрингер-спаниель.

СПА́РЖА, род многолетних трав, полукустарников и лиан (сем. спаржевые). Ок. 150 видов. С. лекарственную издавна возделывают (на всех континентах) как лекарственное и овощное р-ние. Используют (варят, консервируют) сочные молодые побеги, ещё не вышедшие из-под земли, содержащие белки, сахара, витамины. Урожайность 30–35 ц с 1 га. Как декор. р-ния известны под назв. аспарагус.

СПАРК (Spark) Мюриэл Сара (р. 1918), англ. писательница. Роман о печальном и неизбежном угасании человеческой жизни «Memento mori» (1959) и одновременно – иронич. гротескный портрет поколения, поражённого эгоизмом, безнравственностью, паразитизмом. В ром. «Мисс Джин Броди в расцвете лет» (1961) и «Умышленная задержка» (1981) – о попытках моделирования сознания и преступном манипулировании им – исследует глубинные корни фашизма. Ром. «Аббатиса Круская» (1974) – злая сатира на совр. католицизм. Изображая ср. обр. средний класс, С. акцентирует крайние, контрастные черты человеческой натуры, осуждает мнимые ценности. Повести (в т.ч. «На публику», 1968), стихи, лит. критика.

СПА́РРИНГ (англ. sparring), в боксе тренировочный бой. С.-партнёром наз. соперника в разл. тренировочных состязаниях.

СПА́РТА (Лакедемон), город-государство (полис) в Пелопоннесе, классич. образец олигархич. правления. Победив в Пелопоннесской войне 431–404 до н.э. Афины, С. утвердила свою гегемонию над Грецией. После поражения в войне с Фивами в 371 при Левктрах и в 362 при Мантинее С. превратилась во второстепенное гос-во. В 146 до н.э. подчинена Римом.

СПАРТА́К (Spartacus) (?–71 до н.э.), гладиатор, вождь восстания рабов 73 (или 74) – 71 до н.э. в Др. Риме. Погиб в бою.

СПАРТАКИА́ДА, традиц. комплексные массовые спорт. соревнования, названные в честь Спартака. Первые С. проведены в нач. 20-х гг. 20 в. рабочими орг-циями в СССР, Германии, Чехословакии. В 1956–90 проводились С. народов СССР.

СПА́СА НА ИЛЬИНЕ́ ЦЕ́РКОВЬ (Спаса Преображения на Ильине улице) в Новгороде, памятник др.-рус. архитектуры (1374; фрески 1378, Феофан Грек). Прямоугольный в плане, 4-столпный, 1-апсидный, 1-главый храм с 8-скатным (первонач. с полопастным) покрытием. Отличается эффектным сочетанием величавой строгости форм с затейливостью нарядного декора.

СПА́СА НА НЕРЕ́ДИЦЕ ЦЕ́Р-КОВЬ (Спас-Нередица), церковь Спаса (1198) на р. Нередица в Новгороде, памятник новгородской школы др.-рус. зодчества. Крестово-купольный храм простых лаконичных форм расписан в 1199 фресками. Разрушен во время Вел. Отеч. войны; восстановлен.

СПА́СО-ЕВФИ́МИЕВ МОНАСТЫ́РЬ, мужской, в Суздале, осн. ок. 1325. В 1766–1905 на его территории – тюрьма для церк. и полит. преступников. Упразднён в 1919. В 1920–1930-х гг. в зданиях монастыря – суздальский политизолятор. В ансамбле монастыря: Преображенский собор, звонница, надвратная Благовещен-

Спаса на Ильине церковь.

ская и трапезная Успенская церкви, стены с 12 башнями (16–17 вв.); музей (с 1922).

СПА́СО-ПРЕОБРАЖЕ́НСКИЙ МОНАСТЫ́РЬ, мужской, в Новгороде-Северском, на берегу р. Десна. Осн. в 11 в. Разрушен монголо-татарами в 1239, в 1662 сожжён крымскими татарами; восстановлен. В 17 в. значит. культурный центр. Упразднён после Окт. рев-ции. Кам. стены с надвратной колокольней, Петропавловская церк., здания бурсы и келий (все 17 в.), Ильинская церк. (18 в.), Спасский собор (1791–96, по проекту Дж. Кваренги).

СПА́ССКИЙ Бор. Вас. (р. 1937), 10-й чемпион мира по шахматам (1969–72). Чемпион СССР (1961 и 1973). С 1976 живёт во Франции.

СПА́ССКОЕ - ЛУТОВИ́НОВО, усадьба матери И.С. Тургенева, в С. от Мценска Орловской обл., где прошло детство писателя. Эти места вдохновили его на «Записки охотника» и описаны во мн. его произв. (пов. «Фауст», ром. «Новь» и др.) С 1921 заповедник.

«СПЕЙС ШАТТЛ» (англ. Space Shuttle – космич. челнок), трансп. космич. комплекс многоразового использования (США). Стартовая мас-

Спаса на Нередице церковь.

654 СПЕК

са до 2000 т. Первая ступень – 2 твердотопливных двигателя; вторая (орбитальная; имеет собств. назв.) – крылатая, пилотируемая, способная совершать посадку в «самолётном» режиме, снабжена 3 тяговыми жидкостными ракетными двигателями и подвесным топливным баком. В 1981–94 осуществлялись полёты орбитальных ступеней «Колумбия» (первый полёт с космонавтами в апр. 1981), «Челленджер» (апр. 1983, утрачена в катастрофе при 10-м полёте 28.1.1986; погиб экипаж из 7 чел.), «Дискавери» (авг. 1984), «Атлантис» (окт. 1985), «Эндевер» (май 1992). Стартовая масса орбитальных ступеней до 111 т, дл. 37,3 м, выс. 17,3 м, размах крыла 23,8 м. Нек-рую аналогию со «С.Ш.» имеет рос. система, включающая «Буран» и «Энергию».

СПЕКТР (spectrum – представление, образ) в физике, совокупность всех значений к.-л. физ. величины, характеризующей систему или процесс. Чаще всего пользуются понятиями частотного С. колебаний. Наиб. подробно изучены спектры эл.-магн. колебаний, особенно в оптич. диапазоне (длины волн 10^3–10^{-3} мкм). Оптич. С. применяются, напр., в хим. анализе, атомной и мол. физике и др. Различают оптич. С. испускания (от светящихся объектов), поглощения (получающиеся при прохождении света через в-во), рассеяния и отражения. Понятие С. относят также к характерным значениям энергии, импульсов, масс частиц.

СПЕКТРА́ЛЬНЫЕ ПРИБО́РЫ, приборы для исследования спектрального состава оптич. излучения, нахождения характеристик излучателей и образцов, взаимодействовавших с излучением, а также для спектрального анализа. Простейший С.п. состоит из источника излучения, диспергирующего элемента (призмы, дифракционной решётки и пр.), пространственно разделяющего излучение разл. длин волн, и приёмника излучения (напр., фотоплёнки).

СПЕКТРОСКОПИ́Я, раздел физики, посвящённый изучению спектров эл.-магн. излучения. Различают радиоспектроскопию, С. ИК-, видимого и УФ-излучений, атома-С., С. атомов, молекул, кристаллов, лазерную С., фурье-С. и т.д. С. – основа спектрального анализа. Первые работы по С. появились в 1-й пол. 19 в. (открытие в 1814 нем. физиком Й. Фраунгофером линий поглощения в спектре Солнца), теоретич. обоснование и широкое развитие она получила после создания квантовой механики.

СПЕНДИА́РОВ (Спендиарян) Ал-др Аф. (1871–1928), арм. композитор и дирижёр. Его произв. отличаются мелодич. и ритмич. богатством, гармонич. красочностью. Оп. «Алмаст» (1928), симф. картина «Три пальмы» (1905) и др. Сыграл значит. роль в становлении нац. композиторской школы.

СПЕ́НСЕР (Spencer) Герберт (1820–1903), англ. философ и социолог, один из родоначальников *позитивизма*, основатель органич. школы в социологии; идеолог либерализма. Развил механистич. учение о всеобщей эволюции; в этике – сторонник *утилитаризма*. Внёс значит. вклад в изучение первобытной культуры. Осн. соч. – «Система синтетической философии» (1862–96).

СПЕРА́НСКИЙ Мих. Мих. (1772–1839), рос. гос. деятель, граф (1839).

А.А. Спендиаров.

С 1808 ближайший советник имп. Александра I, автор плана либер. преобразований, инициатор создания Гос. совета (1810). В 1812–16 в результате интриг противников находился в ссылке. В 1819–21 ген.-губернатор Сибири, составил план адм. реформ Сибири. С 1826 возглавлял 2-е отделение Собственной е.и.в. канцелярии, руководил кодификацией законов Рос. империи (1832). Под его руководством составлено первое Полное собрание законов Рос. империи в 45 тт. (1830).

СПЕРА́НТОВА Вал. Ал-др. (1904–1978), актриса. С 1925 в 1-м Гос. пед. т-ре, с 1944 в Центр. дет. т-ре. Выступала в амплуа травести, преим. смелых, честных мальчишек, «новых социальных героев» в пьесах А.А. Крона, В.П. Катаева, С.В. Михалкова. Перейдя в т-ре на «возрастные» и характерные роли (Клавдия Васильевна – «В поисках радости» В.С. Розова, 1957, и др.), продолжала играть подростков по радио (в инсценировках произв. А. Гайдара, «Клубе знаменитых капитанов» и др.), озвучивала мультфильмы Снималась в ф.: «Шумный день» (1961) и др.

СПЕ́РМА (от греч. spérma – семя), жидкость, вырабатываемая муж. половыми железами, содержащая сперматозоиды. Оплодотворяющая способность С. зависит от числа и качества сперматозоидов. Кол-во их в С. разл. ж-ных неодинаково (напр., у барана ок. 30% массы С., у хряка и жеребца 7–8%) и может варьировать в зависимости от условий жизни. С. рыб наз. *молоками*. Разработаны методы консервации С. с.-х. ж-ных и человека, используемой для искусств. оплодотворения.

СПЕРМАТОЗО́ИД (от греч. spérma, род. п. spérmatos – семя, zóon – живое существо и éidos – вид) (спермий), муж. половая клетка человека, ж-ных и многих р-ний, содержащая одинарный набор хромосом. Как правило, состоит из головки, шейки и хвоста (жгутика), с помощью к-рого передвигается. У р-ний С. лишён жгутика. Длина С. ж-ных от десятков до сотен мкм. У человека за день вырабатывается до 10^8 С., у лошади и свиньи – св. 10^{10}.

СПЕ́РМИЙ, то же, что *сперматозоид*.

СПЕСИ́ВЦЕВА Ольга Ал-др. (1895–1991), актриса балета. В 1913–1924 в Мариинском т-ре (Эсмеральда – «Эсмеральда» Ч. Пуньи, Никия – «Баядерка» Л.Ф. Минкуса, Жизель – «Жизель» А. Адана). В 1913–24 периодически выступала в «Русском балете Дягилева». В 1924–32 солистка Парижской оперы. В 1916–37 гастролировала в Европе, Юж. Америке, Австралии. С.– одна из последних романтич. танцовщиц и предвестница экспрессионистского стиля в балетном иск-ве. В 1937 оставила сцену из-за душевной болезни. С 1967, после выздоровления, жила в пансионате Толстовского фонда (под Нью-Йорком).

СПЕЦИАЛИЗИ́РОВАННЫЕ УЧ-РЕЖДЕ́НИЯ ООН, междунар. межправительств. орг-ции по экон., социальным и гуманитарным вопросам, связанные с ООН (через Экономический и социальный совет ООН) междунар. соглашениями. Большинство членов ООН – участники С.у. ООН. Близким по статусу к С.у. ООН является *Международное агентство по атомной энергии* (МАГАТЭ).

С.у.ООН: Всемирный почтовый союз (ВПС; Universal Postal Union), Междунар. орг-ция труда (МОТ; International Labour Organisation), Междунар. союз электросвязи (МСЭ; International Telecommunication Union), Междунар. орг-ция гражд. авиации (ИКАО; International Civil Aviation Organisation), Орг-ция Объединённых Наций по вопросам просвещения, науки и культуры (ЮНЕСКО; United Nations Educational, Scientific and Cultural Organisation), Всемирная орг-ция здравоохранения (ВОЗ; World Health Organisation), Всемирная метеорологич. орг-ция (ВМО; World Meteorological Organisation), Междунар. мор. орг-ция (ИМО; International Maritime Organisation), Всемирная орг-ция интеллектуальной собственности (ВОИС; World Intellectual Property Organisation), Орг-ция Объединённых Наций по пром. развитию (ЮНИДО; United Nations Industrial Development Organisation), Продовольственная и с.-х. орг-ция (ФАО; Food and Agricultural Organisation), Всемирный банк (World Bank), Междунар. банк реконструкции и развития (МБРР; International Bank for Reconstruction and Development), Междунар. ассоциация развития (МАР; International Development Association), Междунар. финанс. корпорация (МФК; International Finance Corporation), Междунар. валютный фонд (МВФ; International Monetary Fund), Междунар. фонд с.-х. развития (ИФАД; International Fund for Agricultural Development).

«СПЕЦИА́ЛЬНЫЕ ПРАВА́ ЗАЙМСТВОВАНИЯ» (СДР; Special Drawing Rights – SDR), эмитируемые *Международным валютным фондом* (МВФ) междунар. резервные и платёжные средства, предназначенные для регулирования *сальдо* платёжных балансов, соизмерения стоимости нац. валют и др. Выпуск СДР осуществляется в виде кредитных записей на счетах в МВФ.

СПЕЦИ́ФИКА (от позднелат. specificus – особый, особенный), отличительные, характерные особенности, присущие только данному предмету, явлению.

СПИВАКО́В Вл. Теодорович (р. 1944), скрипач. Создатель (1979), худ. руководитель и дирижёр камерного орк. «Виртуозы Москвы». В скрипичном репертуаре – произв. зап.-европ. классики, совр. рос. композиторов. С нач. 1990-х гг. работает в Испании.

СПИД (синдром приобретённого иммунного дефицита) (AIDS – Acquired Immunity Deficit Syndrome), ослабление защитных сил организма в результате поражения иммунной системы. Наиб. характерен для *ВИЧ-инфекции*. В Рос. Федерации установлена уголов. ответственность (лишение свободы) за заражение ВИЧ-инфекцией, а также за заведомое поставление другого лица в опасность заражения.

СПИ́ДВЕЙ (англ. speedway), вид мотоциклетного спорта, мотогонки на треках (гаревых и др.), а также по ледяной дорожке стадиона. Зародился в Великобритании в нач. 1920-х гг., в России – с 50-х гг. Чемпионаты Европы с 1959, мира с 1936.

СПИДО́МЕТР (от англ. speed – скорость и ...*метр*), прибор, указывающий скорость движения трансп. машин. Бывают магнитоиндукционными, реже механическими, привод механический и электрический от силовой передачи либо от колеса.

СПИ́ЛБЕРГ (Spielberg) Стивен (р. 1947), амер. кинорежиссёр, продюсер. Наряду с лаконичными по выразит. средствам ф. «Дуэль» (1971), «Шугарлэнд-экспресс» (1974), «Цвет лиловый» (1985), снимал суперзрелищные, насыщенные аттракционами ленты, со сложными трюковыми съёмками и макетами: «Челюсти» (1975), «Близкие контакты третьего вида» (1977), «Инопланетянин» (1982), «Искатели потерянного ковчега» (1981), «Индиана Джонс и храм рока» (1984), «Индиана Джонс и последний крестовый поход» (1989). В 1993 снял ф. «Парк юрского периода» и «Список Шиндлера».

СПИН (англ. spin, букв. – вращение), собств. момент кол-ва движения микрочастиц, имеющий квантовую природу и не связанный с движением частицы как целого. Измеряется в единицах Планка постоянной $\hbar$ и может быть целым (0, 1, 2, ...) или полуцелым ($1/2$, $3/2$, ...). Элементарные частицы, обладающие целым С., наз. бозонами, полуцелым – фермионами. Понятие «С.» введено в физику в 1925 амер. физиками С. Гаудсмитом и Дж. Уленбеком.

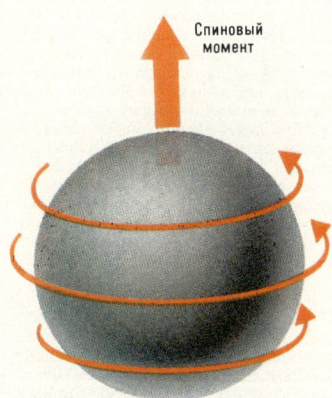

Спин. Спиновый момент, присущий, например, протону, можно наглядно представить, связав его с вращательным движением частицы.

СПИННА́Я СУХО́ТКА (сухотка спинного мозга), хронич. заболевание нерв. системы – позднее проявление сифилиса. Вследствие поражения спинного мозга возникают расстройства суставно-мышечной чувствительности, походки (атаксия), стреляющие боли, нарушения питания тканей и т.д.

СПИННО́Й МОЗГ, отдел центр. нерв. системы позвоночных ж-ных и человека, расположенный в позвоночном канале; участвует в осуществлении большинства рефлексов. У человека состоит из 31–33 сегментов, каждый из к-рых соответствует одному из позвонков и имеет 2 пары нерв. корешков: передние – т.н. двигательные, по к-рым импульсы из С.м. передаются к мышцам и внутр. органам, и задние – т.н. чувствительные, по к-рым импульсы от рецепторов кожи, мышц, внутр. органов передаются в С.м. Передний и задний корешки с каждой стороны С.м., соединяясь между собой, образуют смешанные спинномозговые нервы.

СПИНО́ЗА (Spinoza, d'Espinosa) Бенедикт (Барух) (1632–77), нидерл. философ. Мир, по С.,– законо-

Б. Спиноза.

мерная система, к-рая до конца может быть познана геом. методом. Природа, пантеистически (см. *Пантеизм*) отождествляемая с Богом,– единая, вечная и бесконечная субстанция, причина самой себя; мышление и протяжение – атрибуты (неотъемлемые свойства) субстанции; отд. вещи и идеи – её модусы (единичные проявления). Человек – часть природы, душа его – модус мышления, тело – модус протяжения. Воля совпадает с разумом, все действия человека включены в цепь универсальной мировой детерминации. Соч.: «Богословско-политический трактат» (1670), «Этика» (1677).

СПИРА́ЛЬ (от греч. speíra – виток), плоская кривая, к-рая обходит вокруг точки, приближаясь к ней и удаляясь от неё. Таковы, напр., архимедова С. (расстояние OA_1 и A_1A_2 между соседними витками постоянно), логарифмическая С. (пересекает лучи из вершины под постоянным углом μ). С. может завиваться вокруг двух точек (как, напр., спираль Корню) или иметь две ветви (жезл).

СПИРИДОВ Григ. Анд. (1713–90), рос. флотоводец, адм. (1769). В рус.-тур. войну 1768–74 командовал (с 1769) эскадрой в Средиземном м. В Чесменском сражении (1770) эскадра под фактич. командованием С. одержала победу над тур. флотом. В 1771–73 команд. эскадрой в Греч. архипелаге.

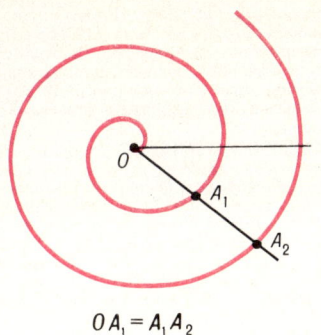

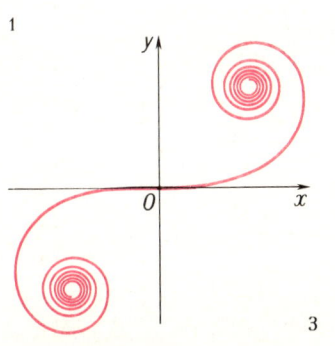

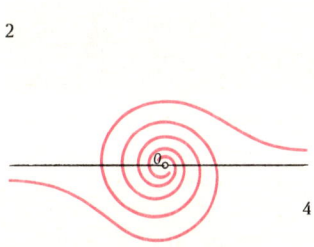

$OA_1 = A_1A_2$

Спирали: 1 – архимедова спираль; 2 – логарифмическая спираль; 3 – спираль Корню; 4 – жезл.

СПИРИДО́НОВА Мария Ал-др. (1884–1941), рос. полит. деятель, эсер. В 1906 убила усмирителя крест. восстаний в Тамбовской губ. Г.Н. Луженовского, приговорена к вечной каторге (Акатуй). В 1917–18 чл. ВЦИК и его Президиума; один из лидеров партии лев. эсеров, противник Брестского мира. В июле 1918 идейный руководитель левоэсеровского вооруж. выступления, после к-рого арестована, амнистирована ВЦИК. С 1920 находилась в ссылке и тюрьмах, расстреляна близ Орла.

СПИРИТИ́ЗМ (от лат. spiritus – душа, дух), мистич. течение, связанное с верой в загробное существование душ умерших и характеризующееся особой практикой «общения» с ними (приёмами т.н. физ. медиумизма – «столоверчением» и т.п.). Возник в сер. 19 в. в США; последователи – в разл. странах Европы и Америки.

СПИРИТУАЛИ́ЗМ (от лат. spiritualis – духовный), филос. воззрение, рассматривающее дух в качестве первоосновы действительности, как особую бестелесную субстанцию, существующую независимо от материи.

СПИ́РИЧУЭЛ (от англ. библейского – spiritual songs), амер. духовные песнопения, распространённые со 2-й пол. 18 в. до 1870-х гг. За пределами США под С. обычно понимаются только негритянские песнопения, ассимилировавшие традиции европейских (гл. обр. британских). С 1930-х гг. возрождены на конц. эстраде – среди ведущих исполнителей – П. Робсон, М. Джексон, М. Андерсон), с 60-х гг.– также в рамках *поп-музыки* (в частности, стиля соул, соединяющего С. с традициями религ. песнопений госпел и *ритм-энд-блюзом*).

СПИРОХЕ́ТЫ (от греч. speíra – виток и cháitē – волосы), подвижные бактерии, имеющие форму тонких извитых нитей. Обитают в почве, стоячих и сточных водах. Патогенные С.– возбудители спирохетозов (сифилиса, возвратного тифа, лептоспироза и др.).

СПИРТЫ́, органич. соединения, содержащие гидроксильную группу ОН у насыщенного атома углерода. Различают С. одноатомные (напр., метиловый и этиловый спирты), двухатомные (гликоли), трёхатомные (глицерины) и многоатомные. Сырьё в произ-ве красителей, синтетич. смол, моющих и лекарств. в-в; растворители.

СПЛА́ВЫ металлические, макроскопич. однородные системы, состоящие из двух (напр., латунь) или более металлов (реже металлов и неметаллов, напр. сталь) с характерными металлич. свойствами. В широком смысле С.– любые однородные системы, получающиеся сплавлением металлов, неметаллов, оксидов, органич. в-в и т.д. (напр., базальт, стекло).

СПЛИТ, г. в Хорватии. 189 т. ж. Порт на Адриатическом м.; междунар. аэропорт. Судостроение; цем.,

Сплит. Вид на перистиль дворца Диоклетиана, собор и колокольню.

хим., таб. пром-сть. Климатич. курорт. В центре С., на набережной,– комплекс б. дворца имп. Диоклетиана (ок. 300) с 8-гранным мавзолеем (с 7 в. собор), храмом Юпитера (с 7 в. крещальня), подвальными хоз. помещениями с мощными сводами. Худ. галерея, Музей хорв. древностей, Галерея Мештровича. Ист. центр С. включён в список *Всемирного наследия*.

СПОНДИЛИ́Т, воспалит. заболевание позвоночника. У человека преим. туберкулёзной природы, гл. обр. у детей. Разрушение позвонков при туберкулёзном С. сопровождается стойким местным ограничением подвижности позвоночника, образованием горба, натёчников, свищей, спинномозговыми расстройствами. Гнойный С. наз. *остеомиелитом* позвоночника.

СПО́НСОР (англ. sponsor, от лат. spondeo – ручаюсь, гарантирую) (экон.), 1) поручитель, гарант (напр., гарант займа). 2) Лицо или орг-ция, финансирующие проведение к.-л. мероприятия, сооружение объекта и т.п. Проекты, требующие значит. капиталовложений, как правило, финансируются неск. С. 3) Заказчик, организатор, устроитель.

СПОНТА́ННОЕ ИЗЛУЧЕ́НИЕ, самопроизвольное (в отличие от *вынужденного излучения*) испускание эл.-магн. волн атомом и др. атомными системами, находящимися на возбуждённых уровнях энергии (см. *Квантовые переходы*).

СПОРАДИ́ЧЕСКИЙ (от греч. sporadikós – единичный), единичный, проявляющийся от случая к случаю (напр., С. заболевания – в противоположность массовым, эпидемич. заболеваниям).

СПОРТИ́ВНАЯ АКРОБА́ТИКА, выполнение комплексов спец. физич. упражнений (прыжковых, силовых и др.), связанных с сохранением равновесия (балансирование) и вращением тела с опорой и без опоры. Как вид спорта сформировался в СССР в кон. 1930-х гг. В 1973 осн. Междунар. федерация С.а. (МФСА); объединяет ок. 30 стран. Чемпионаты Европы с 1978, мира с 1974.

СПОРТИ́ВНАЯ ГИМНА́СТИКА, один из осн. видов спорта. Включает вольные упражнения, опорные прыжки и упражнения на снарядах (перекладина, параллельные брусья, кольца, конь – у мужчин; разновысокие брусья, бревно – у женщин). Основы совр. С.г. заложены в нач. 19 в. нем. специалистом Ф.Л. Яном. В России первые соревнования проводились в 1885. В 1881 осн. Междунар. федерация С.г. (ФИЖ); объединяет ок. 100 стран. Чемпионаты Европы с 1955, мира с 1903; в программе Олимп. игр с 1896. Илл. см. на стр. 656.

СПОРТИ́ВНАЯ МЕДИЦИ́НА, раздел медицины, изучающий проблемы здоровья и физич. развития физкультурников и спортсменов, диагностики, лечения, профилактики заболеваний и повреждений, связанных с занятиями спортом. В 1928 осн. Междунар. федерация С.м. (ФИМС); объединяет ок. 100 стран.

СПОРТИ́ВНАЯ ХОДЬБА́, вид лёгкой атлетики. От обычной ходьбы отличается обязательным выпрямлением опорной ноги в суставе при вертикальном положении, от бега – отсутствием безопорной фазы движения. Соревнования по С.х. проводят-

656 СПОР

Спортивная гимнастика.

ся со 2-й пол. 19 в. (Великобритания), в России – с 1892. В программе Олимп. игр с 1908.

СПОРТИ́ВНЫЕ ФЕДЕРА́ЦИИ, междунар. (всемирные и региональные) и нац. неправительств. орг-ции в области физич. культуры, физич. воспитания и спорта. Первая междунар. федерация созд. в 1881 – по гимнастике; самая крупная С.ф. – по футболу, объединяет ок. 200 нац. федераций. В 1994 св. 200 междунар. С.ф.

СПОРТИ́ВНЫЙ КЛУБ, общественная или частная орг-ция, объединяющая спортсменов и любителей спорта. Существуют С.к. общего типа и специализированные (по видам спорта). Первые С.к. возникли в 17–18 вв. в Великобритании, в России – в сер. 19 в.

СПОРТИ́ВНЫЙ ТУРИ́ЗМ, вид спорта соревнования по разл. видам туризма (лыжный, водный, горный, спелеотуризм и др.). Зародился в СССР в кон. 1940-х гг.

СПО́РЫ (от греч. sporá – посев, семя), репродуктивные образования, состоящие из одной или неск. клеток, покрытых, как правило, плотной, устойчивой к внеш. воздействиям оболочкой. У грибов, водорослей, лишайников, мхов, папоротников и др. р-ний, а также у бактерий и паразитических простейших (споровиков) служат для бесполого размножения и сохранения организмов в неблагоприятных условиях. Живут от неск. минут (зооспоры) до 25 лет (головнёвые грибы).

СПОРЫНЬЯ́, род сумчатых грибов. Паразиты р-ний; вызывают болезнь злаков (чаще ржи). Развиваются в завязи растения-хозяина. Ок. 30 видов. Наиб. распространена С. пурпурная, образующая на месте зёрен склероции (чёрно-фиолетовые рожки), содержащие эрготамин и др. алкалоиды. Примесь их в муке или корме вызывает тяжёлое заболевание – эрготизм («ведьмины корчи», «антонов огонь»). Культивируются для получения алкалоидов, используемых в медицине.

СПОСО́БНОСТИ, индивид. особенности личности, являющиеся субъективными условиями успешного осуществления определ. рода деятельности. Не сводятся к знаниям, умениям и навыкам; обнаруживаются в быстроте, глубине и прочности овладения способами и приёмами деятельности. Диагностика нек-рых

сложившихся С. проводится с помощью *тестов*. Высокий уровень развития С. выражается понятиями таланта и гениальности.

СПРАВЕДЛИ́ВОСТЬ, категория морально-правового и социально-полит. сознания, понятие о должном, связанное с исторически меняющимися представлениями о неотъемлемых правах человека. Содержит требования соответствия между реальной значимостью разл. индивидов (социальных групп) и их социальным положением, между их правами и обязанностями, между деянием и воздаянием, трудом и вознаграждением, преступлением и наказанием и т.п. Несоответствие в этих соотношениях оценивается как несправедливость.

СПРИ́НТЕР (англ. sprinter), спортсмен, специализирующийся в преодолении коротких дистанций.

СПРОС И ПРЕДЛОЖЕ́НИЕ, категории *рыночной экономики*. Спрос – обществ. потребность в товарах и услугах, обеспеченная платёжными средствами; его размеры зависят прежде всего от уровня ден. доходов населения и объёма средств, выделяемых производителями на инвестирование в произ-во. Под предложением обычно понимается совокупность товаров и услуг, к-рые могут быть реализованы на рынке. Соотношение С. и п. – один из ценообразующих факторов: превышение спроса над предложением способствует повышению цен, и наоборот, превышение предложения над спросом действует в сторону понижения цен.

СПРУ́ТЫ, обиходное название крупных осьминогов, иногда и гигантских кальмаров.

СПРЯЖЕ́НИЕ, изменение глагола по лицам, числам, временам, родам (в прошедшем времени и сослагательном наклонении), наклонениям и др. грамматич. категориям, а также тип такого изменения, имеющий определ. набор окончаний и др. признаков (напр., 1-е С. глаголов, разноспрягаемые глаголы).

СПУРТ (англ. spurt – рывок), резкое усиление темпа движения в состязаниях по скоростным видам спорта (бег, гребля, велогонка и др.), обычно – тактич. приём.

СПУ́ТНИК СВЯ́ЗИ, космич. станция связи, оборудованная активным или служащая пассивным *ретранслятором*. На основе С.с. «Молния», «Экран», «Радуга», «Горизонт» и др. в России действуют системы космич.

радиосвязи «Орбита» (1965), «Экран» (1976), «Москва» (1979), используемые для передачи программ телевизионного вещания, а также для телеф. связи, приёма программ радиовещания и изображений газетных полос.

СПУ́ТНИКИ ПЛАНЕ́Т, относительно массивные тела естеств. или искусств. происхождения, обращающиеся вокруг планет. 7 из девяти планет Солнечной системы обладает естеств. спутниками: Земля (1), Марс (2), Юпитер (16), Сатурн (18), Уран (15), Нептун (8), Плутон (1). Самый крупный из С.п. – Ганимед (спутник Юпитера, диам. ок. 5260 км).

СПЯ́ЧКА, состояние пониженной жизнедеятельности, в к-ром периодически пребывают нек-рые ж-ные (грызуны, летучие мыши и др.). Обычно С. наступает в неблагоприятный для ж-ных период (напр., сезонная С.– зимняя или летняя). Во время С. замедляется обмен в-в, дыхание, происходит торможение нервных реакций, снижается частота сокращений сердца и др. В продолжит. С. (до 8 мес) погружаются полупустынные ж-ные (сурки, ящерицы).

СРЕДИЗЕ́МНОЕ МО́РЕ, Атлантич. ок., между Евразией и Африкой. Гибралтарским прол. соединяется с Атлантич. ок., прол. Дарданеллы, Мраморным м. и прол. Босфор – с Чёрным м., Суэцким каналом – с Красным м. Пл. 2,5 млн. км². Глуб. до 5121 м. Крупные о-ва: Балеарские, Корсика, Сардиния, Сицилия, Крит, Кипр. О-вами и п-овами делится на моря: Альборан, Балеарское, Лигурийское, Тирренское, Адриатическое, Ионическое, Эгейское и Кипрское. В басс. С.м. включают Мраморное, Чёрное и Азовское моря. Впадают реки Эбро, Рона, По, Нил. Рыб-во (сардины, тунец, скумбрия и др.). Добыча нефти и газа. Кр. порты: Барселона (Испания), Марсель (Франция), Генуя, Неаполь, Венеция, Триест (Италия), Бейрут (Ливан), Александрия, Порт-Саид (Египет), Триполи (Ливия). Курорты: Лазурного берега (Ривьера) во Франции, Италии и Монако; Левантийского побережья, Балеарских о-вов в Испании и др.

СРЕДИ́ННО - АТЛАНТИ́ЧЕСКИЙ ХРЕБЕ́Т, крупнейшая горн. система на дне Атлантич. ок., в составе срединно-океанич. хребтов. Дл. св. 18 т. км. Отд. участки С.-А.х. имеют собств. назв.: в Норвежско-Гренландском басс.– хр. Книповича (от 81 до 73° с.ш.), южнее – хр. Мона, далее – Исландско-Янмайенский хр., южнее Исландии – хр. Рейкьянес (до 52° с.ш.) и Северо-Атлантич. хр., южнее экватора – Юж.-Атлантич. хр.

СРЕДИ́ННО - ОКЕАНИ́ЧЕСКИЕ ХРЕБТЫ́, горн. сооружения, образующие на дне Мирового ок. единую систему, опоясывающую весь земной шар. Общая дл. св. 60 т. км, шир. до 2000 км, относит. выс. до 4 км. отд. вершины поднимаются над уровнем океана в виде вулканич. о-вов. Склоны и гребни С.-о.х. сильно расчленены, вдоль оси хребтов простираются глубокие рифтовые впадины (см. *Рифт*), характерны многочисл. поперечные разломы. Крупнейший из С.-о.х. – Срединно-Атлантический.

СРЕ́ДНЕЕ (среднее значение), числовая характеристика группы чисел $x_1, x_2, ..., x_n$. Наиб. употребительными являются:
С. арифметическое
$$\bar{x} = \frac{x_1 + x_2 + ... + x_n}{n};$$
С. геометрическое
$$g = \sqrt[n]{x_1 \cdot x_2 \cdot ... \cdot x_n};$$
в частности, при $n = 2$ – С. пропорциональное
$$g = \sqrt{x_1 x_2};$$
С. квадратичное
$$s = \sqrt{(x_1^2 + x_2^2 + ... + x_n^2)/n}.$$
Средние значения применяются при решении мн. задач алгебры, геометрии, матем. анализа, теории вероятностей, статистики (откуда, в частности, пришло С. квадратичное), экономики, при обработке результатов измерений в физике, химии, биологии и др.

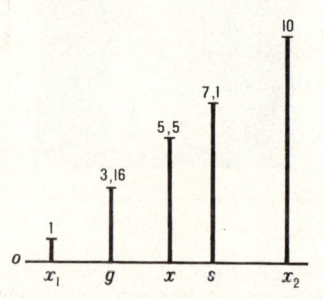

Среднее: x – арифметическое среднее; g – геометрическое среднее; s – квадратичное среднее от величин $x_1=1$ и $x_2=10$.

СРЕДНЕРУ́ССКАЯ ВОЗВЫ́ШЕННОСТЬ, на Вост.-Европ. равнине, от широтного участка долины р. Ока на С. до Донецкого кряжа на Ю. Выс. до 293 м. Преобладает овражно-балочный рельеф; местами развит карст. Кр. реки – Дон, Ока, Десна, Сейм, Псёл. Гл. обр. широколиств. леса; степи б. ч. распаханы. 2 заповедника.

Спутник связи. Система спутниковой связи «Экран».

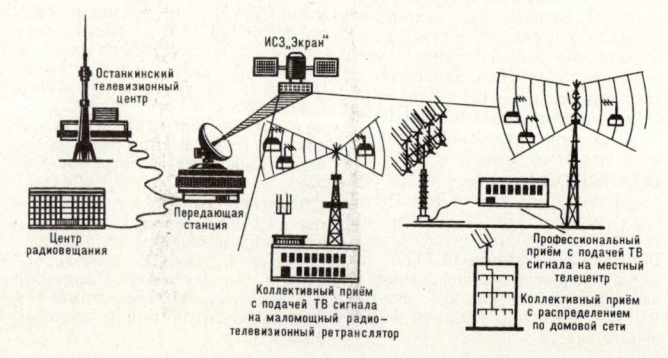

СРЕДНЕСИБИ́РСКОЕ ПЛОСКОГО́РЬЕ, в Вост. Сибири. Пл. ок.3,5 млн. км². Характерны плоские междуречья (выс. 500–700 м), чередующиеся с широкими плато и кряжами (Енисейский кряж, Вилюйское плато, плато Путорана – наиб. выс. до 1701 м). Многолетнемёрзлые породы. Кр. реки – Лена (с Вилюем), Ангара, Нижняя и Подкаменная Тунгуски и др. Преобладают лиственничные леса. Ок. 10 заповедников. М-ния кам. угля (Тунгусский, Иркутский басс.), жел., медных и никелевых руд (р-н Норильска), золота, алмазов, газа и др.

СРЕ́ДНИЙ ЖУЗ (Орта жуз), группа казах. племенных объединений (кипчаки, аргыны и др.) в Центр. и Сев.-Вост. Казахстане (с 16 в.). В 40-х гг. 18 в. вошёл в состав России.

СРЕ́ДНЯЯ А́ЗИЯ, территория, занимаемая Узбекистаном, Киргизией, Таджикистаном и Туркменией, где расположены крупнейшие пустыни Кызылкум и Каракумы, а также высочайшие горн. системы Тянь-Шань и Памир.

СРЕДОСТЕ́НИЕ (анат.), часть грудной полости у млекопитающих и человека, в к-рой расположены сердце, трахея и пищевод. У человека С. ограничено с боков плевральными мешками (в них заключены лёгкие), снизу диафрагмой, спереди грудиной, сзади позвоночником.

СРЕ́ДСТВА ПРОИЗВО́ДСТВА, совокупность средств и предметов труда, используемых в процессе произ-ва материальных благ. Средства труда – машины и оборудование, инстр-ты и приспособления, произ-водств. здания и сооружения, средства перемещения грузов, средства связи. Предметы труда – всё то, что подвергается обработке, на что направлен труд человека; они даны природой (напр., уголь, руда, нефть) или являются продуктами труда – сырым материалом (металл, хлопок, древесина и т.д.).

СРЕ́ТЕНИЕ, один из двунадесятых правосл. церк. праздников. Установлен в честь встречи (сретенья) праведником Симеоном Мессии – младенца Иисуса Христа, к-рого родители несли в храм для посвящения Богу. Отмечается на 40-й день после Рождества 2(15) февраля. Католич. назв. праздника – Очищение или Представление во храм.

СРУО́ГА (Sruoga) Балис (1896–1947), литов. писатель. В сб-ках стихов «Солнце и песок» (1920), «Тропами богов» (1923) – мотивы и поэтика символизма. Ист. драмы, в т.ч. «В тени исполина» (1932). Фаш. концлагерь изображён в мемуарной кн. «Лес богов» (1945, опубл. в 1957) и пьесе «Приморский курорт» (1947).

ССУ́ДА, 1) в гражд. праве синоним *займа*. 2) С. банковская – ден. средства банка, предоставленные в кредит. Различают краткосрочные, долгосрочные С., а также по видам: платёжные, *учёт векселей*, под товарные док-ты, ценные бумаги и др.

СТА́БАТ МА́ТЕР (лат.; от первых слов текста «Stabat mater dolorosa» – «Стояла мать скорбящая»), ср.-век. *секвенция*, гимн католич. обихода. Известны полифонич. композиции С.м. (Палестрина, О. Лассо), сочинения типа *кантаты* (Дж. Б. Перголези), нелитургич. конц. произведения (Дж. Россини, К. Пендерецкий).

СТАБИЛИЗА́ЦИЯ (от лат. stabilis – устойчивый), упрочение, приведение в постоянное устойчивое состояние или поддержание этого состояния, а также само состояние устойчивости, постоянства.

СТАВРИ́ДЫ, род мор. промысловых рыб (отр. окунеобразные). Дл. обычно 30–50 см (до 70 см), масса до 3 кг. 15 видов, в умеренных и тропич. водах, в т.ч. в Японском и Чёрном морях.

СТАВРОПИГИА́ЛЬНЫЕ МОНАСТЫРИ́ (от греч. staurós – крест и pégnymi – вбивать, устанавливать, утверждать; это указывало, что в С.м. крест водружался патриархами собственноручно), в России непосредственно подчинялись патриархату, затем Синоду [Соловецкий, Симонов, Спасо-Яковлевский, Донской, Новоспасский, Новоиерусалимский (Воскресенский), Заиконоспасский].

СТА́ВРОПОЛЬ (в 1935–43 Ворошиловск), г. (с 1785), ц. Ставропольского кр., в России. 331,8 т. ж. Ж.-д. ст. Маш-ние и металлообработка; лёгкая, пищ., меб. пром-сть. 4 вуза. Музеи: краеведч., изобр. иск-в и др. Т-ры: драм., кукол. Осн. в 1777 как крепость.

СТАГНА́ЦИЯ (от лат. stagno – делаю неподвижным), депрессия в экономике, застой в произ-ве, торговле и т.д. Выражается в нулевых или незначит. темпах роста, неизменной структуре экономики, её невосприимчивости к нововведениям, науч.-техн. прогрессу. Состояние С. было характерно для экономики США в 1930-х гг., для эк. Японии в сер. 1970-х – кон. 80-х гг.

СТАГФЛЯ́ЦИЯ (от лат. stagno – делаю неподвижным и inflatio – вздутие), состояние экономики, при к-ром застой (*стагнация*) сочетается с развитием *инфляции*.

СТАДИО́Н (греч. stádion – место для состязаний), комплексное спорт. сооружение, включающее спорт. ядро (футбольное поле, беговые дорожки, места для прыжков и метаний), окружённое трибунами для зрителей, площадки для спорт. игр и гимнастики. С. возникли в Др. Греции. Самый крупный открытый С. в мире Страговский (построен в 1934 в Праге, Чехия) вмещает 240 тыс. зрителей.

СТАЖ ТРУДОВО́Й, продолжительность трудовой деятельности. В рос. праве различают общий С.т. (суммарная продолжительность трудовой и иной общественно полезной деятельности) и спец. С.т. (суммарная продолжительность работы на определ. должностях, видах работ или в определ. условиях). Наличие С.т. – основание возникновения права на пенсию, на очередной и дополнительный отпуск, на льготы работающим в р-нах Крайнего Севера, на пенсию за выслугу лет, на вознаграждение по итогам годовой работы и т.д.

СТА́ЙЕР (англ. stayer, букв. – выносливый человек), спортсмен, специализирующийся в преодолении длинных дистанций. Ср. *Спринтер*.

СТА́ЙРОН (Styron) Уильям (р. 1925), амер. писатель. Пов. «Долгий марш» (1952) – об отчуждённости и несвободе личности (на сюжет из армейской жизни). Ром. «Подожги этот дом» (1960) – о нравств. деградации людей, поражённых индивидуализмом, установкой и приманками гедонизма, несущих в себе возможности оправдания моральной вседозволенности. В ром. «Признание Ната Тёрнера» (1967) – худ.-филос. истолкование расовой проблемы на ист. материале. Антифашистский нравств.-филос. ром. «Софи делает выбор» (1979) сочетает лирико-автобиогр. повествование и социально-психол. анатомию преступления, жертвенности и страдания в Освенциме.

СТАЛАГМИ́ТЫ (от греч. stálagma – капля), натёчные минер. образования (б.ч. известковые, реже гипсовые, соляные), растущие в виде конусов, столбов со дна пещер и др. подземных карстовых полостей навстречу *сталактитам* и нередко сливающиеся с ними. Наиб. высокий (32 м) С. обнаружен в пещере Красногорска (Чехия).

Сталагмиты. Деменовская пещера (Словакия).

СТАЛАКТИ́ТЫ (от греч. stalaktós – натёкший по капле), натёчные минер. образования (б.ч. известковые, реже гипсовые, соляные и др.), свешивающиеся в виде сосулек, бахромы и т.п. с потолка и верх. части стен пещер и др. подземных карстовых полостей. Наиб. длинный С. (59 м) обнаружен в пещере Де-Нерья (Испания).

Сталактиты. Добшинская пещера (Словакия).

СТАЛАКТИ́ТЫ, в архитектуре Бл. и Ср. Востока декор. выступы призматич. формы, расположенные нависающими друг над другом рядами на сводах ниш, *тромпах*, карнизах и т.п. Др. назв. – мукарнас.

СТА́ЛИН (Джугашвили) Иос. Виссарионович (псевд.– Коба и др.)

СТАЛ 657

И.В. Сталин.

(1878–1953), полит. деятель. Из семьи сапожника. После окончания Горийского духовного уч-ща (1894) учился в Тифлисской духовной семинарии (в 1899 исключён). В 1898 вступил в груз. с.-д. орг-цию «Месаме-даси». В 1902–13 шесть раз подвергался арестам, ссылкам, четыре раза бежал из мест ссылок. До 1903 примкнул к большевикам. В 1906–07 руководил проведением экспроприаций в Закавказье. В 1907 один из организаторов и руководителей Бакинского к-та РСДРП. Ревностный сторонник В.И. Ленина, по инициативе к-рого в 1912 кооптирован в ЦК и Рус. бюро ЦК РСДРП. В 1917 чл. редколлегии газ. «Правда», чл. ЦК, Политбюро ЦК большевиков, Воен.-рев. центра. В 1917–22 нарком по делам национальностей. В 1922–53 ген. секр. ЦК партии. В 20-х гг. в ходе борьбы за лидерство в партии и гос-ве, используя парт. аппарат и полит. интриги, возглавил партию и установил в стране тоталитарный режим. Проводил форсированную индустриализацию страны и насильств. коллективизацию. В кон. 20 – 30-х гг. С. уничтожил реальных и предполагаемых соперников, инициатор массового террора. С кон. 30-х гг. проводил политику сближения с фаш. Германией (см. *Советско-германские договоры 1939*), что привело к трагедии народа в Вел. Отеч. войне. С 1941 пред. (СМ) СССР, в годы войны пред. ГКО, нарком обороны, Верх. главнокомандующий. В годы войны пошёл на создание антигитлеровской коалиции; после окончания войны способствовал возникновению «холодной войны». На 20-м съезде КПСС (1956) Н.С. Хрущёв подверг резкой критике культ личности С.

СТАЛИНГРА́ДСКАЯ БИ́ТВА, 17.7.1942–2.2.1943, во время Вел. Отеч. войны. Сов. войска Сталинградского, Юго-Восточного и Донского фронтов в оборонит. боях (до 18 нояб.) в р-не Сталинграда (ныне Волгоград) и в самом городе остановили наступление герм. 6-й полевой и 4-й танк. армий. 19–20 нояб. сов. войска Юго-Западного, Сталинградского и Донского фронтов перешли в наступление и окружили в р-не Сталинграда 22 дивизии (330 т.ч.). Отразив в декабре попытку противника освободить окружённую группировку, сов. войска разгромили её 31 янв. – 2 февр.; остатки 6-й армии (91 т.ч.) во главе с ген.-фельдм. Ф. Паулюсом сдались в плен. Победа в С.б. позволила сов. войскам захватить стратегич. инициативу в войне, создала бла-

Сталинградская битва. Фрагмент панорамы «Сталинградская битва». 1981. Н.Я. Бут, В.К. Дмитриевский и др.

гоприятные условия для развёртывания наступления всех фронтов на юго-зап. направлении.

СТАЛЛО́НЕ (Stallone) Сильвестр (р. 1946), амер. киноактёр, режиссёр, сценарист. Получил мировую известность в мелодрамах-боевиках о боксёре «Рокки» (1976—90; в 1-й серии С.— актёр и сценарист, во 2-й, 3-й и 4-й — режиссёр), в 3 лентах о супермене Рэмбо (1982—88). С успехом играл драм. («F.I.S.T.», 1978) и комедийные («Оскар», 1991) роли; поставил муз. ф. «Оставаясь живым» (1983).

СТАЛЬ (Staël) Анна Луиза Жермена де (1766—1817), франц. писательница, теоретик лит-ры. В ром. «Дельфина» (1802) и «Коринна, или Италия» (1807) — романтич. героини, проповедующие свободу чувств и свободу личности. Кн. «О литературе, рассматриваемой в связи с общественными установлениями» (1800) положила начало ист.-культурному изучению лит-ры. Оппозиционные настроения салона С., центра лит. и полит. жизни Парижа, послужили причиной её изгнания (1803—13). Кн. «О Германии» (1810) — о нем. философии, религии, лит-ре — повлияла на франц. романтиков. В незаконченных мемуарах «Десятилетие изгнания» (опубл. в 1821) описала, в частности, свои впечатления о России в 1812.

СТАЛЬ (от нем. Stahl), ковкий сплав железа с углеродом (до 2%) и др. элементами. Получают гл. обр. из смеси чугуна со стальным ломом в кислородных конвертерах, мартеновских печах и электропечах. По хим. составу различают С. углеродистые и легированные, по назначению — конструкционные, инструментальные, С. с особыми физ. и хим. свойствами (нержавеющая, жаропрочная, эл.-техн. и др.). Мировое произ-во св. 700 млн. т в год.

СТАМБУ́Л (Истанбул), г. в Турции (до 1923 столица). Ок. 7 млн. ж. Расположен на обоих берегах пролива Босфор. Связь между европ. и азиат. частями осуществляется с помощью паромов и мостов. Осн. порт страны на Средиземном м.; междунар. аэропорт. Маш.-строит., цем., текст., пищевкус., лёгкая пром-сть. Ун-ты. Гос. консерватория (1973). Академия экономики и торговли, изящных иск-в. Музеи: исламского и тур. иск-ва, археол., живописи и скульптуры и др. Т-ры (в т.ч. гос. оперы и балета, городской), гос. симф. оркестр. Междунар. муз. фестиваль (с 1972). Осн. ок. 660 до н. э. как Византий. С 330 н. э. по имени рим. императора Константина I Константинополем (в ср.-век. рус. лит. текстах Царьград). До 395 столица Рим. империи, в 395—1453 — Византии (в 1204—61 был центром *Латинской империи*). В 1453 захвачен турками и переименован в С. В 1453—1918 столица Османской империи. Облик С. определяют постройки визант. (в т. ч. *Софии храм*) и тур. (крепости, мечети) эпох и постройки 20 в. (высотные отели, банки). Ист. центр С. включён в список *Всемирного наследия*.

СТАНДА́РТ (от англ. standard), 1) образец, эталон, модель (веса, длины, времени, качества, уровня жизни и т. п.), с к-рым сопоставляются, сравниваются подобные объекты, процессы. 2) Нормативно-техн. док-т, устанавливающий комплекс норм, правил в разл. областях: единицы величин, термины и их определе-

Стамбул. Панорама города.

ления, требования к продукции и производств. процессу, безопасности людей и др. 3) Перен.— шаблон, трафарет, не содержащий ничего оригинального.

СТАНИСЛА́ВСКИЙ (наст. фам. Алексеев) Конст. Сер. (1863—1938), режиссёр, актёр, педагог, теоретик т-ра. Деятельность С. оказала значит. влияние на рус. и мировой т-р 20 в. С 1877 на любительской сцене (Алексеевский кружок, Об-во иск-ва и лит-ры). В 1898 с Вл.И. Немировичем-Данченко основал Моск. Худ. т-р (см. *Московский Художественный академический театр*). Впервые утвердил на рус. сцене принципы режиссёрского т-ра (единство т-ра. замысла, подчиняющего себе все элементы спектакля; целостность актёрского ансамбля; психол. обусловленность мизансцен). Добивался создания поэтич. атмосферы спектакля, передачи «настроения» каждого эпизода, жизненной достоверности образов, подлинности актёрского переживания. Поставил пьесы: А.П. Чехова, где сыграл роли: Тригорин («Чайка», 1898), Вершинин («Три сестры», 1901), Гаев («Вишнёвый сад», 1904); М. Горького — Сатин («На дне», 1902), И.С. Тургенева — Ракитин («Месяц в деревне», 1909) и др. Фантазия С. ярко проявилась в постановках: «Синяя птица» М. Метерлинка (1908, с Л.А. Сулержицким и И.М. Москвиным), «Хозяйка гостиницы» К. Гольдони (1914), «Горячее сердце» А.Н. Островского (1926) и др. Разработал методологию актёрского творчества, технику органического перевоплощения в образ («система Станиславского»). Играл во мн. спектаклях т-ра. С 1918 возглавлял Оперную студию Большого т-ра (впоследствии Оперный т-р имени С.).

СТАНИ́ЦЫН (наст. фам. Гёзе) Викт. Як. (1897—1976), актёр, режиссёр. С 1918 во 2-й Студии МХТ, с 1924 во МХАТе. В иск-ве С. соединялись лирическое и комедийное начала. Игра окрашена мягким юмором, обаянием. Герои С.— часто безвольные, легкомысленные люди: Курослепов («Горячее сердце» А.Н. Островского, 1931), Губернатор («Мёртвые души» Н.В. Гоголя, 1932), Стива Облонский («Анна Каренина» по Л.Н. Толстому, 1937), Андрей («Три сестры» А.П. Чехова, 1940), Звездинцев («Плоды просвещения» Л.Н. Толстого, 1951), Инспектор Мич («Соло для часов с боем» О. Заградника, 1973) и др.

К.С. Станиславский в роли Вершинина.

Поставил «Пиквикский клуб» по Ч. Диккенсу (1934), «Мария Стюарт» Ф. Шиллера (1957) и др.

СТАНКЕ́ВИЧ Ник. Вл. (1813—40), обществ. деятель, философ, поэт. Гл. силу ист. прогресса видел в просвещении, осн. задачей рус. интеллигенции считал пропаганду идей гуманизма. В 1831 создал в Москве лит.-филос. кружок (К.С. Аксаков, М.А. Бакунин, В.Г. Белинский, Т.Н. Грановский, М.Н. Катков, Ю.Ф. Самарин и др.), в к-ром изучались труды нем. философов И. Канта, И. Фихте, Ф. Шеллинга, Г. Гегеля. В 1840-х гг. члены кружка играли ведущую роль как среди *западников*, так и среди *славянофилов*. С 1837 жил за границей.

СТАНКО́ВОЕ ИСКУ́ССТВО, род изобр. иск-в, произведения к-рых носят самостоят. характер и не имеют прямого утилитарного или декор. назначения (картины, статуи, эстампы, рисунки). Назв. происходит от станка (мольберт и пр.), на к-ром создаются произведения С. и.

СТА́ПЕЛЬ (голл. stapel), место стоянки строящегося или ремонтируемого судна — наклонная или горизонтальная площадка, имеющая подъёмно-трансп. оборудование, инж. сети для подачи электроэнергии, газа, воды и пр.

СТА́РАЯ РЯЗА́НЬ, см. *Рязань Старая*.

СТАРЕ́НИЕ (биол.), процесс возрастных изменений организма, снижающий его адаптационные возможности. В ходе С. происходят структурные и функциональные перестройки в органах и тканях, меняется внеш. вид, поведение, психич. особенности (у человека и др. В основе С. лежат изменения в генетич. аппарате организма.

СТАРЕ́НИЕ НАСЕЛЕ́НИЯ, увеличение в населении доли лиц старше трудоспособного возраста. Если она меньше 8%, население считается молодым, больше 12% — старым. Различают «старение снизу» (из-за снижения уровня рождаемости) и «старение сверху» (из-за сокращения смертности в старческих возрастах). С.н. может способствовать также миграция населения или массовая гибель молодёжи на войне. Впервые (к 1870) порог демографич. старости переступила Франция, ок. 1901 — Шве-

И.Е. Старов. Троицкий собор (1776–90) Александро-Невской лавры в Санкт-Петербурге.

ция, в 1931 – Великобритания, в 1937 – Германия. Наиб. интенсивен процесс С.н. в странах Зап. Европы и в США.

СТАРО́В Ив. Ег. (1745–1808), архитектор, один из основоположников рус. *классицизма*. Усадебные ансамбли близ С.-Петербурга (в Пелле, 1785–89), Таврический дворец в С.-Петербурге (1783–89).

СТАРООБРЯ́ДЧЕСТВО, совокупность религ. групп и церквей в России, не принявших церк. реформ 17 в. (см. *Раскол*) и ставших оппозиционными или враждебными офиц. правосл. церкви. Сторонники С. до 1906 преследовались царским пр-вом. С. делится на ряд течений (поповцы и беспоповцы), толков и согласий. Имеет в своём составе 2 церкви: Белокриницкую митрополию (центр – на Рогожском кладбище в Москве) и Древнеправославную архиепископию (центр – в Новозыбкове Брянской обл.). До 1917 в России было 20 млн. старообрядцев.

СТАРОСЛАВЯ́НСКИЙ ЯЗЫ́К, древнейший письменно-лит. язык славян (9–11 вв.). Относится к юж.-слав. группе слав. языков. Сложился на основе переводов *Кириллом* и *Мефодием* богослужебных книг с греч. яз. на юж.-слав. солунский диалект. Памятники С.я. писаны *глаголицей* и *кириллицей* (древнейшие, дошедшие до нас, – 10–11 вв.). Употреблялся как междунар. язык в среде зап. славян, затем юж. славян и с 10 в. вост. славян. Оказал влияние на формирование мн. слав. лит. языков. Продолжением С.я. как языка литературного был *церковно-славянский язык*.

СТА́РОСТИНЫ, спортсмены и обществ. деятели, братья: Ник. Петр. (р. 1902), начальник команды «Спартак» (Москва) (1956–64, с 1967); Ал-др Петр. (1903–81), Анд. Петр. (1906–87), Пётр Петр. (1909–1991). Участвовали в организации об-ва «Спартак», становлении отеч. школы футбола в 1920–30-х гг., неоднократные чемпионы СССР.

СТАРР Р., см. в ст. «*Битлз*».

СТА́РТЕР (англ. starter, от start – начинать, пускать в ход) (стартёр), устройство для пуска двигателя внутр. сгорания. Могут быть электрическими, пневматическими, механическими.

СТА́РЧЕСТВО, монашеский институт, основанный на духовном руководстве старца (монаха-наставника) аскетич. практикой послушникам. Возникло в нач. 4 в. среди христ. монахов Египта. В 18–19 вв. получило распространение в России в связи с деятельностью Паисия Величковского. Особенно известны старцы Оптиной пустыни.

СТА́РШИЙ ЖУЗ (Улу жуз), группа казах. племенных объединений (канглы, дулаты и др.) в р-не Семиречья. Сложился к 16 в. В 40–60-х гг. 19 в. вошёл в состав России.

СТАРШИ́НОВ Вяч. Ив. (р. 1940), рос. спортсмен. Нападающий команды «Спартак» (Москва), чемпион СССР (1962, 1967, 1969), неоднократный чемпион Европы, мира (1963–71) и Олимп. игр (1964, 1968) по хоккею с шайбой. Один из результативнейших игроков отеч. хоккея (ок. 500 голов). Тренер «Спартака» (Москва, 1972–1974).

СТА́РЫЙ СВЕТ, общее название трёх «известных древним» частей света – Европы, Азии и Африки.

СТА́СОВ Вас. Петр. (1769–1848), архитектор, представитель рус. *ампира*. Торжественные, строгие сооружения: Преображенский (1827–29) и Троицкий (1828–35) соборы, Нарвские (1827–34) и Московские (1834–1838) ворота в С.-Петербурге, Провиантские склады (1821–35) в Москве.

В.П. Стасов. Павловские казармы в Санкт-Петербурге. 1817–20. Центральная часть ансамбля.

СТА́СОВ Вл. Вас. (1824–1906), муз. и худ. критик, историк иск-ва. Сын В.П. Стасова. Идеолог и активный участник творч. деятельности «*Могучей кучки*» (это назв. принадлежит С.) и *передвижников*; выступал против академизма, за нац. характер иск-ва, реализм. Монографии и статьи о рус. композиторах, исполнителях и художниках, критич. обзоры худ. выставок. Тр. по археологии, истории, филологии, фольклористике.

...СТАТ (от греч. statós – стоящий, неподвижный), часть слова, указывающая на неизменность состояния, постоянство чего-либо (напр., термостат).

СТАТИ́СТИКА (нем. Statistik, от итал. stato – государство), 1) собирание, обработка, анализ и публикация количеств. информации о разл. сферах жизни общества (экономика, культура, мораль и др.). 2) Отрасль знаний, в к-рой излагаются общие вопросы сбора, измерения и анализа массовых количеств. данных. С. разрабатывает спец. методологию исследования и обработки материалов: массовые статистич. наблюдения, метод группировок, средних величин, индексов, балансовый метод, метод графич. изображений, статистич. моделирование. При обработке данных для измерения ошибок выборки, анализе связи между факторами, оценке надёжности результатов (корреляц. анализ, дисперсионный анализ) используются методы теории вероятностей и матем. статистики. С. включает разделы: общая теория С., экон. С., отраслевые С., социальная С. и др. Истоки С. как науки находятся в т.н. полит. арифметике [кон. 17 в.; У. Петти и Дж. Граунт (Великобритания)] и в государствоведении [кон. 17 в.; Г. Конринг (Германия)].

СТАТИСТИ́ЧЕСКАЯ ФИ́ЗИКА (статистическая механика), раздел физики, изучающий свойства макроскопич. тел (газов, жидкостей, тв. тел) как систем из очень большого (порядка числа Авогадро, т.е. ~10^{23} моль$^{-1}$) числа частиц (молекул, атомов, электронов). В С.ф. применяют статистич. методы, основанные на теории вероятностей. С.ф. разделяется на статистич. термодинамику, исследующую системы в состояниях термодинамич. равновесия, и физ. кинетику, изучающую неравновесные процессы. Системы частиц, движение к-рых описывается законами квантовой механики, изучает квантовая С.ф. С.ф. как раздел теоретич. физики начала развиваться в сер. 19 в. в трудах Дж.К. Максвелла, Р.Ю.Э. Клаузиуса, Л. Больцмана; построение классич. С.ф. завершено к 1902 в работах Дж.У. Гиббса.

СТА́ТУС (от лат. status – положение, состояние), 1) правовое положение (совокупность прав и обязанностей) гражданина или юрид. лица. 2) С. социальный – положение (позиция) индивида или группы в социальной системе, определяемое по ряду экон., проф., этнич. и др. специфических для данной системы признаков (пол, образование, профессия, доход и др.). Различают «предписанный» (наследуемый) и «достигаемый» (благодаря собств. усилиям человека) С. социальный. Каждый С. социальный обладает опредёл. престижем.

СТАТУ́Т (от лат. statuo – постановляю), 1) устав, собрание правил, определяющих полномочия и порядок деятельности к.-л. орг-ции. 2) С. ордена – описание ордена, порядок награждения орденом и его ношения. 3) В нек-рых странах (США, Великобритания и др.) название законодат. актов общенормативного характера (стату́тное право).

СТА́ТУЯ (лат. statua), один из осн. видов скульптуры; свободно стоящее (обычно на постаменте) трёхмерное изображение человеческой фигуры или животного. Небольшая С. наз. статуэткой.

СТАФИЛОКО́ККИ (от греч. staphylé – гроздь и kókkos – зерно), шаровидные неподвижные бактерии, образующие при размножении скопления, похожие на грозди. Встречаются на коже ж-ных и человека, в воздухе, воде, почве. Вызывают стафилококковую инфекцию у человека и стафилококкозы у ж-ных.

СТАФФ (Staff) Леопольд (1878–1957), польск. поэт. Природа у С.- вечная, осветляющая сила, олицетворяющая устойчивость, значимость и красоту бытия,– умеряет боль душевных прозрений: метафизич. бесприютность, тяжесть или гибельность счастья, угасание памяти о прошлом, несовместимость жизни и «жития» (сб. «Сны о могуществе», 1901, «Цветущая ветвь», 1908, «Пером совы», 1921, «Высокие деревья», 1932, «Мёртвая погода», 1946, и др.). Стих. С. отличаются прозрачностью, разнообразием ритмич. и мелодич. рисунка.

СТАФФА́Ж (нем. Staffage), в пейзажной живописи небольшие фигурки людей и животных, служащие для оживления вида.

СТА́ШИЦ (Staszic) Станислав (1755–1826), польск. обществ. деятель, идеолог Просвещения, публицист, геолог и географ. В 1779 принял духовный сан. Исследователь Центр. и Вост. Европы. В 1789–1805 С. выполнил первое иссл. Карпат, Зап. Румынских гор, Среднедунайской равнины, части Балтийской гряды, Малопольской, Волынской и Подольской возвышенностей, Полесья и зап. участка Причерноморской низм.; преодолев пешком ок. 40 т. км, С. создал в 1815 карту обширной (пл. ок. 1,1 млн. км^2) территории. В 1816 С. отдал крестьянам своё имение в вечное общее пользование. Осн. филос. соч. С. поэма «Род человеческий» (1819–20) – энциклопедия польск. Просвещения.

СТВОШ (Стош) В., см. *Штос Ф.*

СТЕАРИ́Н, полупрозрачная масса белого или желтоватого цвета, жирная на ощупь, $t_{пл}$ 53–65 °C. Состоит в осн. из карбоновых к-т — стеариновой и пальмитиновой. Используют в резин. пром-сти, в произ-ве свечей (в смеси с парафином).

СТЕ́БЕЛЬ, орган высш. р-ний, несущий листья, почки и цветки. С. бывают надземные и подземные, травянистые и деревянистые. Дл. от 1–1,5 мм (пресноводная вольфия) до 300 м (тропич. пальмы ротанги), диам. от долей мм (мхи) до 11 м (баобаб, секвойя).

СТЕ́БУТ Ив. Ал-др. (1833–1923), рос. агроном. Тр. по агротехнике полевых культур, известкованию почв и др. Один из основателей (1904) высш. с.-х. жен. курсов (Стебутовские курсы).

И.А. Стебут.

СТЕ́ЙНБЕК (Steinbeck) Джон Эрнст (1902–68), амер. писатель. Сочетая публ. объективность, грубый юмор диалогов, лиризм, правду факта и яростную библейскую риторику, С., «поэт обездоленных», претворяет трагич. судьбу обезземеленной фермерской семьи в эпопею об амер. народе, воспевая его стойкость, дух солидарности и решимость отстаивать попранные идеалы справедливости, — ром. «Гроздья гнева» (1939). Пов. «Жемчужина» (1947) — притча о проклятии богатства. Нравственное развенчание идеологии и ценностей «потребительства» и погружение в глубинные, подчас подсознательные переживания души — в иронич. ром. «Зима тревоги нашей» (1961). Ноб. пр. (1962).

СТЕ́ЙНИЦ (Steinitz) Вильгельм (1836–1900), первый чемпион мира по шахматам (1886–94). Шахматный теоретик и журналист. Сформулировал принципы и законы позиц. игры. В междунар. соревнованиях представлял Австрию (до 1863), Великобританию (до 1884), США. С 1885 издавал в Нью-Йорке «Международный шахматный журнал». Автор «Современного шахматного руководства» (1889–95).

СТЕКЛО́, прозрачный (бесцветный или окрашенный) хрупкий материал. Наиб. распространено силикатное С., осн. компонент к-рого — оксид кремния. Получают его гл. обр. при остывании расплава, содержащего кремнезём и часто оксиды магния, кальция, бора, свинца и др. Обработкой кремнезёмистого сырья едкими щелочами получают растворимое С., вод. р-р к-рого — жидкое С. Произ-во С. возникло в Др. Египте ок. 4000 до н.э.

В. Стейниц.

Изделия из С. изготовляют выдуванием, прессованием и отливкой. С. широко применяется в разл. отраслях техники, стр-ва, пром-сти, в декор. иск-ве, быту (напр., оконное, кварцевое С.). Жидкое С.— компонент спец. цементов, силикатных красок, глазурей, мыла; используется при флотации, для склеивания бумаги, картона, стекла, дерева (силикатный клей).

СТЕКЛОПЛА́СТИКИ, пластмассы, содержащие в качестве упрочняющего наполнителя стеклянное волокно (в виде рубленого волокна, нитей, жгутов, матов, тканей). Осн. виды — стеклотекстолит и стекловолокнит (см. *Волокниты, Текстолиты*).

СТЕ́ЛА (от греч. stélē — мемориальный столб, плита), вертикально стоящая кам. плита с надписью или рельефным изображением. В древности служили межевыми камнями, позже — надгробными памятниками, воздвигались в честь к.-л. события (С. со сводом законов вавилонского царя Хаммурапи, 18 в. до н.э.).

Стела. Мрамор. 5 в. до н.э. Античное собрание. Берлин.

СТЕ́ЛЛЕРОВА КОРО́ВА, то же, что *морская корова*.

СТЕМАЛИ́Т, листовой строит. материал из закалённого стекла (толщ. 6–12 мм), покрытого с одной стороны непрозрачной (глухой) керамич. краской. Применяется гл. обр. для внутр. и наруж. облицовки зданий. Декор. качества С. сочетаются с высокой устойчивостью к атм. воздействиям и механич. прочностью.

СТЕ́НБЕРГИ, братья: Вл. Августович (1899–1982) и Георг. Августович (1900–33), рос. графики, дизайнеры, мастера оформительского иск-ва и киноплаката, театральные художники. Представители *конструктивизма* и «производств. иск-ва», стремились сделать иск-во действенным средством агитации и эстетич. воспитания.

СТЕНДА́ЛЬ (Stendhal) (наст. имя Анри Мари Бейль) (1783–1842), франц. писатель. Кн. «Расин и Шекспир» (1823–25) — первый манифест реалистич. школы. Психол. мастерством, трезво-реалистич. изображением обществ. противоречий отмечены романы: «Красное и чёрное» (1831) — о трагич. карьере талантливого «плебея», стремящегося занять «высокое» место в отторгающем его обществе (конфликт честолюбия и чести); «Пармская обитель» (1839; об Италии времён карбонариев) — поэтизация свободного чувства; «Люсьен Левен» (1834–36, опубл. 1855), где доминирует обличение полит. реакции периода Июльской монархии. С. отличает тщательность интеллектуального анализа любовной страсти, эгоистич. помыслов; кризис возвышенных идеалов героев обусловлен как «железными законами» реального мира, так и их собств. неспособностью отрешиться от его норм. Книги «Жизнь Гайдна, Моцарта и Метастазио» (1817) и об иск-ве Италии; психол. трактат «О любви» (1822). Дневники.

Стендаль.

СТЕНОГРА́ФИЯ (от греч. stenós — узкий, тесный и ...графия), скоростное письмо, основанное на применении спец. систем знаков, сокращений слов и словосочетаний, позволяющих вести синхронную запись устной речи. Была известна в 4 в. до н.э. в Афинах, в 1 в. до н.э. в Риме. Термин «С.» введён в 1602 в Англии. Существует несколько разл. систем С., напр. курсивные и геометральные.

СТЕНО́З (от греч. sténōsis — сужение), врождённое или приобретённое (рубцевание, опухоль) стойкое сужение просвета к.-л. полого органа (пищевода, кишечника, мочеточника, кровеносного сосуда и др.) или отверстия между полостями (напр., при пороках сердца). Затрудняет продвижение пищи, мочи, крови и т.д. Ср. *Спазм*.

СТЕНОКАРДИ́Я (от греч. stenós — узкий, тесный и kardía — сердце) (грудная жаба), форма *ишемической болезни сердца*. Проявляется приступами сжимающих (давящих) болей в центре или в лев. половине грудной клетки с распространением их в лев. руку, чувством страха, слабостью. Приступы возникают при физич. нагрузке, волнении, реже в покое; длятся обычно неск. минут. Первая помощь — валидол, нитроглицерин под язык, горчичники на грудину.

СТЕПАНАКЕ́РТ (до 1923 с. Ханкенды), г., столица Нагорного Карабаха, на р. Каркарчай. 56,7 т.ж. Ж.-д. ст. Лёгкая, пищ. пром-сть; произ-во эл.-техн. изделий, с.-х. машин, мебели. Пед. ин-т. Ист.-краеведч. музей. Драм. т-р. Назван по имени Степана Шаумяна.

СТЕПА́НОВА Ангелина Иосифовна (Осиповна) (р. 1905), актриса. С 1924 во МХАТе, с 1989 во МХАТе имени А.П. Чехова. Глубина раскрытия образа сочетается у С. со смелостью и чёткостью рисунка, иногда с гротескной остротой внеш. сценич. рисунка. Играла лирич., драм. и характерные роли: Ирина («Три сестры» А.П. Чехова, 1940), Бетси Тверская («Анна Каренина» по Л.Н. Толстому, 1937), Елизавета («Мария Стюарт» Ф. Шиллера, 1957) и др. Чувство формы и стиля, утончённость психол. анализа, своеобразный юмор и скрытый лиризм ярко проявились в роли Патрик Кемпбелл («Милый лжец» Дж. Килти, 1962). Снималась в кино.

СТЕПУ́Н Фёд. Августович (1884–1965), философ, писатель, лит. критик. В 1922 выслан из России, жил в Германии. В филос.-эстетич. трудах, близких *философии жизни*,— исследование природы «переживания», конфликта жизни и творчества, проблемы совр. безрелигиозного сознания, духовно-опустошённой «техно-

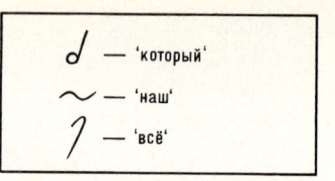

а — 'который'
~ — 'наш'
1 — 'всё'

а

Снова стало Бородино символом стойкости, мужества и героизма нашего народа

б

Стенография: а — курсивные стенографические знаки; б — текст, записанный курсивными стенографическими знаками.

А.И. Степанова в роли Ирины.

логической» культуры 20 в. (сб. «Жизнь и творчество», 1923). Худ.-автобиогр. кн. «Из писем прапорщика-артиллериста» (1919) и «Николай Переслегин» (1929). Путь духовного самоопределения, осмысление ист.-рев. опыта России, роли интеллигенции в ней, живая атмосфера эпохи в филос.-худ. мемуарах «Бывшее и несбывшееся» (на нем. яз.– 1947–50; на рус. яз.– 1956). Статьи о Ф. Шлегеле, Р.М. Рильке (1910–12), О. Шпенглере (1922), очерки о Ф.М. Достоевском, Л.Н. Толстом, А.А. Блоке и др. (сб. «Встречи», 1962).

СТЕПЬ, природная зона умеренных и субтропич. поясов Сев. и Юж. полушарий. С. занимают обширные площади в Евразии, Сев. Америке (прерии), Юж. Америке (пампасы) и Н. Зеландии (туссоки). В сомкнутом травостое С. преобладают ковыль, костёр, житняк, тонконог и разнотравье. В фауне – гл. обр. грызуны и стадные копытные, много хищников. С. почти полностью освоены человеком.

СТЕРВЯ́ТНИК, хищная птица из группы настоящих грифов. Дл. ок. 65 см. Клюв, в отличие от др. грифов, тонкий и длинный; на затылке хохол из удлинённых перьев. Распространён в предгорьях и горах Юж. Европы, в Африке, Ср. и Зап. Азии, а также в Индии. Питается падалью, отбросами, известен как одна из немногих птиц мира, использующих «орудия» при добывании пищи – может брать в лапы камень и бросать его, напр., на яйцо страуса или панцирь черепахи. На сев. склонах Б. Кавказа – редкий исчезающий вид.

СТЕРЕО... (от греч. stereós – телесный, твёрдый, объёмный, пространственный), часть сложных слов, указывающая на: объёмность или наличие пространств. распределения (напр., стереокино, стереометрия); твёрдость, постоянство (напр., стереотип).

СТЕРЕОПА́РА, два расположенных рядом изображения (диапозитива, кинокадра) одного и того же предмета, полученных съёмкой с двух равноудалённых от него точек, обычно отстоящих друг от друга на 65–75 мм. При раздельном рассматривании этих изображений соответственно левым и правым глазом у зрителя создаётся иллюзия объёмности картины (стереоскопич. эффект).

СТЕРЕОСКОПИ́ЧЕСКИЙ ФОТОАППАРА́Т, *фотографический аппарат* с двумя идентичными съёмочными объективами для получения *стереопары*. В 1854 рос. изобретатель И.В. Александровский получил патент на С.ф. В 1950–70-х гг. отеч. пром-стью выпускался С.ф. «Спутник».

СТЕРЕОСКОПИ́ЧЕСКИЙ ЭФФЕ́КТ, зрительное восприятие окружающих предметов объёмными, возникающее вследствие наблюдения объектов под разными ракурсами правым и левым глазом. Стереоскопич. изображение получают на фотоплёнке по крайней мере с двух ракурсов (стереопара) и рассматривают в стереоскоп. Многоракурсные стереоскопич. изображения (напр., объёмные цветные открытки) получают с помощью *растров*.

СТЕРЕОСКОПИ́ЧЕСКОЕ КИНО́, обеспечивает показ на одном экране двух совмещённых изображений кинокадров, составляющих *стереопару*. Первые системы С.к. создали бельг. инженер Э. Нойман (1928) и рос. учёный С.П. Иванов (1935); первый стереофильм, снятый и показанный по системе Иванова,– «Концерт» (1940). Распространения не получило гл. обр. из-за технич. сложностей показа стереофильмов.

СТЕРЕОТИ́П (от *стерео...* и греч. týpos – отпечаток), копия печатной формы *высокой печати*. Применяется в осн. при печатании больших тиражей. Имеет форму пластины или части цилиндра. Изготовляют с матриц литьём, прессованием или гальванич. способом.

СТЕРЕОТИ́П СОЦИА́ЛЬНЫЙ, схематический, стандартизир. образ или представление о социальном явлении или объекте, обычно эмоционально окрашенный и обладающий большой устойчивостью. Выражает привычное отношение человека к к.-л. явлению, сложившееся под влиянием социальных условий и предшествующего опыта; составная часть *установки*. Нередко синоним устаревших и предвзятых представлений, связанных с предрассудками.

СТЕРЕОТИ́ПНЫЙ, относящийся к *стереотипу*, отпечатанный со стереотипа. Перен.– повторяющийся без изменений, шаблонный (напр., С. фраза).

СТЕРЕОФОНИ́ЧЕСКАЯ ЗА́ПИСЬ (от *стерео...* и греч. phōnē – звук), вид *звукозаписи*, при к-рой фонограмма содержит информацию о пространств. расположении источников звука. При С.з. электрич. сигналы от разных микрофонов записывают раздельно, по неск. каналам; воспроизведение также раздельное с помощью пространственно разнесённых громкоговорителей, что создаёт у слушателя впечатление объёмного звучания. Наиб. распространена 2-канальная С.з. Первые стереофонич. грампластинки были выпущены в 1957–58 в США и затем в др. странах; с 70-х гг. находит применение квадрафонич. запись – 4-канальная С.з. звука.

СТЕРИ́ЛЬНОСТЬ (от лат. sterilis – бесплодный, 1) неспособность организма образовывать половые клетки или достаточное их кол-во. В норме С. наблюдается на определ. стадиях индивид. развития организма. У человека и ж-ных С. чаще наз. *бесплодием*. Иногда С. вызывают искусственно (путём половой стерилизации). Ср. *Фертильность*. 2) Отсутствие в организме или к.-л. материале жизнеспособных клеток или спор микроорганизмов.

СТЕ́РЛЯДЬ, рыба (сем. *осетровые*). Дл. 40–60 см (до 125 см), масса до 16 кг (как исключение). Обитает в реках бассейнов Чёрного, Каспийского, Белого и Карского морей. Ценный объект промысла, разведения и акклиматизации. Зарегулирование стока рек и их загрязнение привели к сокращению численности. Гибрид С. и *белуги* – бестер.

СТЕРН (Stern) Исаак (р. 1920), амер. скрипач. С 1935 концертирует как солист и в ансамблях. Характерны простота и благородство исполнения, тонкое чувство стиля. Прославился трактовкой соч. И.С. Баха, Л. Бетховена, И. Брамса, Б. Бартока. Снимался в муз. фильмах.

СТЕРН (Sterne) Лоренс (1713–68), англ. писатель-сентименталист. В гротескном ром. «Жизнь и мнения Тристрама Шенди, джентльмена» (1760–67) и ром. «Сентиментальное путешествие по Франции и Италии» (1768) полемизировал с просветит. рационалистич. истолкованием мыслей и поступков человека, но одновременно высказал сомнение в непогрешимости сердца – осн. категории сентименталистской этики. Мастерство лит. пародии, эксперименты с лит. формой, острая наблюдательность и психологизм определили притягательность С. в глазах писателей разных идейно-худ. установок (Э.Т.А. Гофман, Л.Н. Толстой, Дж. Джойс). Формально-экспериментаторские черты поэтики С. предвосхитили «поток сознания».

СТЕРНЯ́ (жнивьё), ниж. часть стеблей зерновых культур, оставшаяся на корню после уборки урожая.

СТЕРО́ИДЫ (от греч. stereós – твёрдый и éidos – вид, форма), класс органич. соединений. Широко распространены в живой природе. К С. относятся холестерин, жёлчные к-ты, витамины гр. D, половые гормоны, гормоны надпочечников (кортикостероиды). Входят в состав нек-рых гликозидов (в т.ч. сердечных). Многие С., используемые в медицине и ветеринарии, получают хим. и микробиол. синтезом.

СТЕРХ, редкая малочисл. птица рода журавлей. Выс. до 1,4 м. Эндемик России, обитает в низовьях Оби (неск. десятков особей) и в междуречье Яны и Колымы (ок. 2000 особей); популяции зимуют соотв. в Индии и Китае. С сер. 1970-х гг. под эгидой Междунар. фонда охраны журавлей проводится рус.-амер. программа по разведению С. в неволе.

СТЕТОКЛИ́П, микротелефон с эластичным наконечником, к-рый вставляют в ухо при индивид. прослушивании синхронного перевода речей, радиопередач, диктофонных записей и т.п.

СТЕТОСКО́П (от греч. stēthós – грудь и ...*скоп*), трубка для аускультации (выслушивания) лёгких, сердца, сосудов (напр., при измерении артериального давления) и др. органов. В совр. мед. практике чаще применяется фонендоскоп, состоящий из воронки с усиливающей мембраной и двух резин. трубок, концы к-рых вставляют в уши.

СТЕФА́Н III ВЕЛИ́КИЙ (?–1504), господарь Молдавии с 1457, проводил политику централизации. Выиграл войны с Венгрией (1467) и Польшей (1497), разгромил в 1475 тур. армию, однако в 1476 потерпел поражение и в 1487 признал зависимость от Турции. Заключил воен.-полит. союз с Россией, скреплённый браком его дочери Елены с сыном Ивана III Иваном Молодым.

СТЕ́ФАН ДУ́ШАН (ок. 1308–1355), король Сербии с 1331, царь сербо-греч. царства с кон. 1345. Из династии Неманичей. В кон. 1345 провозгласил серб. архиепископию патриархией. В 1349 издал законник.

СТЕ́ФАН НЕМА́НЯ (1113 или 1114–1200), основатель Серб. гос-ва и династии Неманичей. Добился признания независимости Серб. гос-ва Византией (1190).

СТЕФА́Н ПЕ́РМСКИЙ (ок. 1345–1396), миссионер-просветитель, первый епископ новой Пермской епархии (зима 1383/84). Составил азбуку языка коми и перевёл на древний коми язык ряд церк. сочинений. Автор антиеретич. произведений. Канонизирован Рус. правосл. церковью.

СТЕ́ФЕНСОН (Стивенсон) (Stephenson) Джордж (1781–1848), англ. изобретатель, положивший начало паровому ж.-д. транспорту. С 1814 строил паровозы, создал первые практически пригодные образцы: «Передвижение» (1825) для ж.д. Дарлингтон – Стоктон и «Ракету» (1829) для ж.д. Манчестер – Ливерпул.

СТИ́ВЕНС (Stevens) Уоллес (1879–1955), амер. поэт. Осн. тема – творчество, бесконечного перехода от реального факта к худ. образу (символу), сложность поэтич. метафоры как выражение диалектичности и противоречивости сознания (сб. «Гармония», 1923). В сб. «Идеи порядка» (1935), в поэме-трактате «Заметки к созданию высшей формы Вымысла» (1942) философствует о поэтич. творчестве (к-рому придавал сакральное значение, утраченное религией) и воображении как единств. способе преодолеть видимый хаос бытия. В сб. «Осенние зори» (1950) изощрённая символика выражает трансцендентное значение обыденных явлений природы и повседневности, сохраняя всё богатство их оттенков.

СТИ́ВЕНСОН Дж., см. *Стефенсон* Дж.

СТИ́ВЕНСОН (Stevenson) Роберт Луис (1850–94), англ. писатель-неоромантик. В ром. «Остров сокровищ» (1883; классич. образец *приключенческой литературы*), «Похищенный» (1886), «Владетель Баллантрэ» (1889), «Катриона» (1893) – увлекательный, часто авантюрный сюжет, психологически достоверные образы, внимание к проблеме добра и зла. Ист. роман из эпохи Ричарда III «Чёрная стрела» (1888). Две «двойничества» в филос.-психол. ром. «Странная история д-ра Джекиля и м-ра Хайда» (1886).

СТИ́ВЕНСОН Теофило (р. 1952), кубин. боксёр. Чемпион мира (1974, 1978, 1986), Олимп. игр (1972, 1976, 1980) в тяж. весе.

СТИ́ГЛЕР (Stigler) Джордж (1911–1991), амер. экономист. Иссл. в области теории цен, занятости, пром. организации, гос. регулирования экономики. Ноб. пр. (1982).

СТИЛИЗА́ЦИЯ, 1) намеренная имитация худ. стиля, характерного для к.-л. автора, жанра, течения, для

662 СТИЛ

иск-ва и культуры определ. социальной среды, народности, эпохи. Нередко связана с переосмыслением худ. содержания, составляющего основу имитируемого стиля. 2) В изобр. иск-ве и преимущественно в декор. иск-ве, *дизайне* — обобщение изображаемых фигур и предметов с помощью условных приёмов; особенно характерна для орнамента, где С. превращает объект изображения в мотив узора.

СТИЛИСТИКА, 1) раздел яз-знания, изучающий систему стилей языка, языковые нормы и способы употребления лит. яз. в разл. условиях языкового общения, в разных видах и жанрах письменности. 2) В лит-ведении — раздел теоретич. поэтики, изучающий худ. речь.

СТИЛИСТИЧЕСКИЕ ФИГУРЫ, особые зафиксированные стилистикой обороты речи, применяемые для усиления экспрессивности (выразительности) или колоритности высказывания (напр., анафора, эпифора, эллипс, амплификация, антитеза, оксиморон, параллелизм, инверсия, бессоюзие, многосоюзие и др.). Иногда к С.ф. относят *тропы*, а также необычные словосочетания, обороты речи, выходящие за рамки языковой нормы (т.н. солецизмы; напр.: «Горьким смехом моим посмеюся», из Библии).

СТИЛЬ (от греч. stýlos — остроконечная палочка для письма по воску, манера письма), общность образной системы, средств худ. выразительности, творч. приёмов, обусловленная единством идейно-худ. содержания. Можно говорить о С. отд. произв. или жанра (напр., о С. рус. романа сер. 19 в.), об индивидуальном С. (творч. манере) отд. автора, а также о С. целых эпох и крупных худ. направлений (таковы, напр., в пластич. и др. иск-вах романский С., готика, барокко, рококо, классицизм). Особенности лит. С. ярко проявляются в худ. речи (*поэзии* и *прозе*).

СТИЛЬ языка, 1) разновидность языка, используемая в к.-л. типичной социальной ситуации (в быту, офиц.-деловой, науч. сфере и т.д.) и отличающейся от др. разновидностей того же языка разл. чертами лексики, грамматики, фонетики (офиц.-деловой, публицистич., разговорный, науч. и др. С.). 2) Общепринятая манера, обычный способ исполнения к.-л. речевых актов: ораторская речь, передовая статья в газете, дружеское письмо и т.д. 3) Индивид. особенности чьей-либо речи.

«СТИЛЬ» («Де Стейл») (голл. De Stijl), авангардистское объединение голл. художников (1917–31). Мастера «С.» выдвинули теорию *неопластицизма* — геом. разновидности абстрактного иск-ва (П. Мондриан), в архитектуре создали строгие и аскетичные по облику постройки (Т. ван Дусбург, Я.Й.П. Ауд, Г. Ритвелд).

СТИМУЛ (от лат. stimulus, букв.— остроконечная палка, к-рой погоняли ж-ных, стрекало), побуждение к действию, побудительная причина поведения.

СТИПЛ-ЧЕЙЗ (англ. steeplechase), в кон. спорте скачки для лошадей от 4 лет на дистанциях 4000–7000 м со сложными препятствиями (до 30); в лёгкой атлетике бег по дорожке стадиона на 3000 м с барьерами (в т.ч. один — перед ямой с водой).

СТИХ (от греч. stíchos — ряд, строка), худ. речь, фонически расчленённая на относительно короткие отрезки, к-рые воспринимаются как сопоставимые и соизмеримые (противоположность — проза); каждый из таких отрезков обычно графически выделяется в отд. строку, к-рая также наз. С. Являет собою определяющий признак *поэзии* в её соотнесённости с *прозой*.

СТИХАРЬ (греч. sticharion), часть облачения христ. духовенства в виде длинной прямой одежды с широкими рукавами.

СТИХИЙНЫЕ БЕДСТВИЯ, катастрофич. природные явления и процессы (землетрясения, извержения вулканов, наводнения, засухи, ураганы, цунами, сели и пр.), к-рые могут вызывать человеческие жертвы и наносить материальный ущерб. С.б. часто непредсказуемы по месту, времени и интенсивности проявления. В гражд. праве С.б. рассматриваются как *непреодолимая сила* (форс-мажор).

СТИХИЯ (от греч. stoichéion — первоначало, принцип, элемент), 1) в древней натурфилософии — одно из первовеществ, осн. элементов природы (напр., вода, огонь, дерево, металл, земля — в др.-кит. философии; земля, вода, воздух, огонь, позже эфир — в др.-греч. философии). 2) Явление природы, проявляющееся как могущественн., разрушит. сила.

СТИХОВЕДЕНИЕ, отрасль теории лит-ры, изучающая звуковую форму стихов. худ. речи. Разделы С.— *фоника*, *метрика* (см. *Метр*) и ритмика, строфика (о сочетаниях стихов в *строфы*).

СТИХОСЛОЖЕНИЕ, способ организации стихотв. речи, противопоставляющий её прозе. В основе всякого С. лежит заданное членение речи на соотносимые и соизмеримые между собой стихи с характерной стихотворной *интонацией*. С. бывает 3 степеней сложности. 1) Тексты, не имеющие иной организации, кроме членения на стихи,— *свободный стих*. 2) Обычно эта организация существенно дополняется: строки стихов уравниваются друг с другом (точно или приблизительно, подряд или периодически) по наличию тех или иных звуковых элементов; в силлабическом стихосложении основной соизмеримости строк служит общее кол-во слогов; в др. системах С.— кол-во слогов определ. высоты (мелодич. С.), долготы (*метрическое стихосложение*) или силы (*тоническое стихосложение*). 3) Системы С., основанные на неск. признаках: чаще всего одноврем. упорядочивается общее кол-во слогов и расположение слогов определ. высоты, долготы или силы на определ. позициях слогового ряда (силлабо-мелодич., силлабо-метрич., силлабо-тонич. С.); это упорядоченное расположение неоднородных («сильных» и «слабых») позиций (мест) в стихе наз. *метром*. Т.о., С. есть система упорядоченности отвлечённых звуковых признаков текста; обычно она подкрепляется также системой повторений конкретных звуковых единиц текста — звуков (аллитерация), слогов (рифма), слов (рефрен), грамматич. конструкций (параллелизм) и пр. В разных языках системы С. варьируются в зависимости от фонетич. строя языка [так, в рус. стихе невозможны мелодич. и долготный С., т.к. высота и долгота звуков в рус. яз. не смыслоразличительны, или не фонологичны (см. *Фонология*)] и от культурно-ист. традиций и влияний (так, рус. народное и раннее лит. С. было тоническое; в 17 в. усвоено силлабическое, с 18 в.— силлабо-тонич. С., в 20 в. рядом с ним возрождается чисто-тоническое).

СТИХОТВОРЕНИЕ, написанное стихами лит. произв. небольшого объёма (ср. с *поэмой*); в 19–20 вв. преимущественная форма лирики.

СТИХОТВОРЕНИЕ В ПРОЗЕ, лирич. произведение в прозаич. форме; небольшой объём, повышенная эмоциональность, обычно бессюжетная композиция, установка на выражение субъективного переживания сближают С. в п. с лирич. поэзией, но метрич. признаков стиха в нём нет («Стихотворения в прозе» И.С. Тургенева).

«СТО ДНЕЙ», время вторичного правления имп. Наполеона I во Франции (20 марта — 22 июня 1815) после его бегства с о. Эльба. Против наполеоновской империи выступила коалиция мн. европ. стран. Армия Наполеона была разгромлена 18 июня при *Ватерлоо*; 22 июня Наполеон вторично отрёкся от престола.

СТОГЛАВЫЙ СОБОР, церк.-земский собор в Москве, в янв.— мае 1551. Отверг секуляризац. планы пр-ва царя Ивана IV, но ограничил церк. владения в городах и финанс. привилегии духовенства. Принял «Стоглав» (судебник, состоящий из 100 глав).

СТОИМОСТИ ЗАКОН, экон. закон, сформулированный представителями *классической школы политэкономии* А. Смитом и Д. Рикардо; на него опирался К. Маркс в анализе капиталистич. системы. В С.з. утверждается, что товары на рынке обмениваются в соответствии с кол-вом и качеством труда, вложенного в их произ-во. Подвергся критике со стороны представителей др. экон. школ за односторонность, игнорирование др. факторов, влияющих на обмен товаров на рынке.

СТОИЦИЗМ [от греч. stoá — портик (галерея с колоннами в Афинах, где учил философ Зенон, основатель стоицизма)], направление антич. философии. Древняя Стоя (3–2 вв. до н.э.) — Зенон из Китиона, Клеанф, Хрисипп; Средняя Стоя (2–1 вв. до н.э.) — Панеций и Посидоний (стоич. платонизм); Поздняя Стоя (1–2 вв.) — римский С.— Сенека, Эпиктет, Марк Аврелий. С. возродил учение Гераклита об огне-логосе: мир — живой организм, пронизанный творч. первоогнём, пневмой, создающий космич. «симпатию» всех вещей; всё существующее — телесно и различается степенью грубости или тонкости материи; вещи и события повторяются после каждого периодич. воспламенения и очищения космоса. В этике стоики близки к киникам, не разделяли их презрит. отношения к культуре; мудрец должен следовать бесстрастию природы (апатия) и любить свой «рок». Все люди — граждане космоса как мирового гос-ва; стоич. космополитизм уравнивал (в теории) перед лицом мирового закона все людей — свободных и рабов, греков и варваров, мужчин и женщин.

СТОЙЧЕСКИЙ, мужественный, терпеливый, стойкий в жизненных испытаниях.

СТОКГОЛЬМ, столица (с 1523) Швеции. 685 т.ж. Порт на Балтийском м.; междунар. аэропорт. Метрополитен. Маш-ние (эл.-техн., радиоэлектронное) и металлообработка; полиграф., хим., фарм., лёгкая пром-сть. Ун-т. Консерватория (кон. 19 в.). Музеи: нац., этногр., на открытом воздухе, северный, «Миллесгорден» («Сад Миллеса»). Муз. швед. королев. опера, «Оскар-театр», Королев. драм. т-р и др. Осн. в 1252; с кон. 13 в. королев. резиденция. Ист. ядро С.— Гамла стан на о. Стаден, соединённый с др. частями центра многочисл. мостами. Романско-готич. церкви (13 в.), барочный Королев. дворец (кон. 17–18 вв.), неоготич. ратуша (1911–23).

СТОКОВСКИЙ (Stokowski) Леопольд (1882–1977), амер. дирижёр. Рук. Филадельфийского симф. орк. (1912–36) и др. крупнейших оркестров США. Пропагандист современной, гл. обр. амер. и рус., музыки. Иск-во С. отличали яркость, сме-

Стокгольм. Ратуша.

Стокгольм. Вид города.

лость и продуманность интерпретаций. Снимался в кино.

СТОЛБНЯ́К, острое инфекц. заболевание человека и ж-ных. Возбудитель – бацилла С., к-рая попадает в почву из кишечника ж-ных и человека и может длительно сохраняться в виде спор; проникает в организм гл. обр. через повреждённую кожу или слизистые оболочки. Проявления: мучительные общие судороги, возможны судороги дыхательных мышц, смерть от удушья. Применяют профилактич. и экстренные (после повреждения наруж. покровов) прививки; при первых признаках заболевания – немедленная госпитализация.

СТОЛЕ́ТНЯЯ ВОЙНА́ (1337–1453), между Англией и Францией за Гиень (на Ю.-З. Франции, с 12 в. англ. владение), Нормандию, Анжу (утраченные англичанами в 13 в.), Фландрию. Повод – притязания англ. короля Эдуарда III (внука франц. короля Филиппа IV) на франц. престол после смерти франц. короля Карла IV (не оставившего сыновей). Англия выиграла битвы при Слейсе (1340), Креси (1346), Пуатье (1356). Договор в Бретиньи 1360 закрепил за Англией значит. часть франц. территории. В 70-х гг. 14 в. англичане почти полностью были изгнаны из Франции. Однако после победы при Азенкуре (1415) англичане в союзе с бургундцами захватили север Франции (с Парижем). Нар. сопротивление в 1428 г. возглавила Жанна д'Арк. В 1429 франц. войска во главе с нею сняли осаду Орлеана. С.в. завершилась капитуляцией англичан в Бордо (1453). Англия удержала на терр. Франции лишь Кале (до 1558).

СТОЛЕ́ТОВ Ал-др Григ. (1839–96), рос. физик, исследовавший внеш. *фотоэффект* и открывший первый закон фотоэффекта. Тр. по магнетизму, газ. разряду, критич. состояниям в-ва.

СТОЛИ́ЦА, гл. город гос-ва, в к-ром, как правило, находятся высш. органы власти и управления: резиденция главы гос-ва (монарха, президента), парламент, центр. мин-ва и ведомства, Верх. суд страны. Иногда С. выделяется по статусу в самостоят. адм. или федеративную единицу

П.А. Столыпин.

(напр., по конституции Австрии Вена имеет статус земли).

СТОЛЫ́ПИН Пётр Аркадьевич (1862–1911), министр внутр. дел и пред. Совета министров Рос. империи (с 1906). В 1903–06 саратовский губернатор, где руководил подавлением крест. волнений в ходе Рев-ции 1905–07. В 1907–11 определял правительств. политику. В 1906 провозгласил курс социально-полит. реформ. Начал проведение *столыпинской аграрной реформы*. Под рук. С. разработан ряд крупных законопроектов, в т.ч. по реформе местного самоуправления, введению всеобщего нач. образования, о веротерпимости. Инициатор создания воен.-полевых судов. В 1907 добился роспуска 2-й Гос. думы и провёл новый избирательный закон, существенно усиливший позиции в Думе представителей правых партий. Смертельно ранен эсером Д.Г. Богровым.

СТОЛЫ́ПИНСКАЯ АГРА́РНАЯ РЕФО́РМА, реформа крест. надельного землевладения в России. Названа по имени её инициатора П.А. Столыпина. Разрешение выхода из крест. общины на хутора и отруба (закон от 9.11.1906), укрепление Крест. банка, принудит. землеустройство (законы от 14.6.1910 и 29.5.1911) и усиление переселенч. политики (перемещение сел. населения центр. р-нов России на постоянное жительство в малонаселённые окраинные местности – Сибирь, Д. Восток как средство внутр. колонизации) были направлены на ликвидацию крест. малоземелья, интенсификацию хоз. деятельности крест-ва на основе частной собственности на землю, увеличение товарности крест. х-ва.

СТОЛЯ́РНО-ПЛО́ТНИЧНЫЙ ИНСТРУМЕ́НТ, совокупность режущего, измерительно-разметочного и вспомогат. инстр-тов, применяемых в столярно-плотничных работах. Режущий С.-п.и.: ручной – топоры, пилы, рубанки, долота, стамески, свёрла; механизированный – дисковые электропилы, электрорубанки, электрофрезы, электрошлифов. машины и др. Измерительно-разметочный С.-п.и.: метр, линейка, угольник, кронциркуль и т.п. Вспомогат. С.-п.и.: молотки, отвёртки, кусачки, клещи и т.д.

СТОЛЯ́РОВ Сер. Дм. (1911–69), киноактёр. Героев С. в сов. фильмах отличали мужеств. обаяние, жизнерадостность и простота («Цирк», 1936); сказочные и былинные герои в ф.: «Руслан и Людмила» (1939), «Василиса Прекрасная» (1940), «Кащей Бессмертный» (1945), «Садко» (1953), «Илья Муромец» (1956).

СТОЛЯ́РСКИЙ Пётр Сол. (1871–1944), скрипач-педагог. Преподавал в Одессе. Разработал метод проф. обучения детей игре на скрипке. Среди учеников – Д.Ф. Ойстрах.

СТОМАТОЛО́ГИЯ (от греч. stóma, род. п. stómatos – рот и ...*логия*), область клинич. медицины, изучающая болезни зубов, полости рта, челюстей и пограничных областей лица и шеи. Включает терапевтич., хирургич., ортопедич. С. и С. дет. возраста.

СТО́НХЕНДЖ, мегалитич. комплекс 2-го тыс. до н.э. в Великобритании, близ г. Солсбери. Земляные валы, огромные кам. плиты и столбы образуют концентрич. круги. Нек-рые учёные считают С. древней обсерваторией. С. включён в список *Всемирного наследия*.

Стонхендж.

СТОПА́ (лит.), повторяющееся сочетание сильного и слабого места в стихотв. *метре*, служащее единицей длины стиха (напр., 2-, 3-, 4-стопные стихотворные размеры).

СТО́РТИНГ (storting), название парламента Норвегии. С. избирает 1/4 своих членов в лагтинг, к-рый образует верх. палату С.

СТО́УН (Stone) Ирвинг (1903–89), амер. писатель. Романизир. биографии В. Ван Гога («Жажда жизни», 1934), Дж. Лондона («Моряк в седле», 1938), Микеланджело («Муки и радости», 1961), Ч. Дарвина («Происхождение», 1980) отличаются ист. и психол. достоверностью. Эссе о биогр. жанре (1965).

СТО́УН Ричард (р. 1913), англ. экономист. Иссл. в области *эконометрии*, моделирования экон. роста, разработки систем *национальных счетов* и демографич. учёта, принятых ООН. Ноб. пр. (1984).

СТО́Я (стоа) (греч. stoiá, stoá), в антич. архитектуре длинная галерея-портик (иногда 2-ярусная) для отдыха, прогулок, бесед. Нередко украшалась статуями, живописью.

Стоя Аттала II на агоре в Афинах. 153–138 до н.э. Реконструкция.

«СТОЯ́НИЕ НА УГРЕ́», воен. действия в 1480 между ханом Большой Орды Ахматом и вел. кн. московским Иваном III в связи с его отказом (1476) платить Орде ежегод. дань. После неудачной попытки Ахмата форсировать р. Угра (приток Оки) ордынцы в окт. – нояб. не отважились на решит. действия и отступили. Положило конец монг.-тат. игу.

СТОЯ́ЧАЯ ВОЛНА́, волна, в разных участках к-рой колебания проис-

Стоячая волна. Распределение давлений и скоростей в стоячей звуковой волне при открытом и закрытом концах трубы.

ходят в одной и той же фазе, но с разл. амплитудой. В С.в. имеются места наиб. амплитуд – пучности – и места, где колебания отсутствуют, – узлы. Примеры С.в. – звуковая волна в органной трубе, эл.-магн. волны в волноводе.

СТРАБО́Н (64/63 до н.э. – 23/24 н.э.), греч. географ. Много путешествовал. Автор «Географии» (17 кн.) – свода геогр. знаний античности – и «Исторических записок» (до нас не дошли).

СТРАВИ́НСКИЙ Иг. Фёд. (1882–1971), композитор и дирижёр. В России – до 1914, с 1945 гражданин США. Творчество С. отличается, с одной стороны, образным и стили-

И.Ф. Стравинский.

стич. многообразием (от языч. архаики до антич. мифов; от рус. совр. муз. фольклора до европ. муз. стилей 17–18 вв. или православ. литургич. песнопений и т.п.), с другой – единством, обусловленным органич. связью с традициями рус. муз. культуры. В разные периоды С. обращался к разл. муз. направлениям (от неофольклоризма к *неоклассицизму* и старинной *полифонии*, к технике *новой венской школы* – *додекафонии*). Один из новаторов в области메торитмики, оркестровки, *гармонии*, С. оказал значит. воздействие на развитие музыки 20 в. Автор оп. «Соловей» (1914), «Мавра» (1922), оперы-оратории «Царь Эдип» (1927, 2-я ред. 1948), «Похождения повесы» (1951); бал. «Жар-птица» (1910), «Петрушка» (1911), «Весна священная» (1913), «Байка про Лису, Петуха, Кота да Барана» (1916), «История солдата» (1918), «Пульчинелла» (1920, на основе тем соч. Дж. Б. Перголези), «Свадебка» (1923), «Аполлон Мусагет» (1928), «Поцелуй феи» (1928), «Агон» (1957) и др.; кантат «Симфонии псалмов» для хора и орк. (1930), симфоний, концертов для орк. и для инстр-тов с орк., камерно-инстр. и вок. сочинений.

СТРАДИВА́РИ (Страдивариус) (Stradivari) Антонио (1644–1737), итал. мастер смычковых инстр-тов (глава семьи мастеров), представитель кремонской школы. Первонач. подражал своему учителю Н. Амати; впоследствии создал собств. модели скрипки, альта, виолончели, к-рые ценятся наиб. высоко (наряду с инструментами Гварнери дель Джезу).

СТРАЖЕ́СКО Ник. Дм. (1876–1952), терапевт. Тр. по патологии кровообращения и пищеварения, ревматизму и др. В Киеве совм. с В.П. Образцовым дал классич. описание клиники инфаркта миокарда (1910).

СТРАНА́, крупная терр., выделяемая по геогр. положению и природным условиям (напр., равнинная С. – Зап.-Сибирская равнина, горн. С. – Кавказ и т.п.); в полит.-геогр. отношении – терр., имеющая определ. границы, обладающая гос. суверенитетом.

«СТРА́СТИ» (пассионы) (от лат. passio – страдание), храмовое действо, основанное на евангельском тексте о страданиях и смерти Иисуса Христа (страстях Христовых). В церк. обиходе с 4 в. В 17–18 вв. распространения тип «С.», близкий *оратории* («Страсти по Иоанну», «Страсти по Матфею» И.С. Баха), встречающийся также в музыке 19–20 вв. (соч. Л. Бетховена, Ф. Листа, «Страсти по Луке» К. Пендерецкого).

СТРАСТНА́Я НЕДЕ́ЛЯ, последняя перед Пасхой неделя Великого поста, когда богослужения посвящены воспоминанию о страданиях Христа.

СТРАСТОЦВЕ́Т (пассифлора), род травянистых и деревянистых лиан (сем. страстоцветные). Св. 400 видов, гл. обр. в тропиках и субтропиках Америки, нек-рые в тропич. р-нах Азии, Австралии и Полинезии. Культивируют ради ароматных, с сочной кисловато-сладкой мякотью съедобных плодов (дл. 9–30 см, масса до 2,5 кг) и лекарств. корней (успокаивающее действие). С. голубой, или кавалерская звезда, с крупными звездообразными цветками зеленоватого или сиреневого оттенка – декор. р-ние.

СТРАТЕ́Г (греч. stratēgós, от stratós – войско и ágō – веду), в греч. полисах военачальник, облечённый широкими воен. и полит. полномочиями. В совр. значении – полководец, руководитель кр. воен. операций.

СТРАТИГРА́ФИЯ (от лат. stratum – слой и ...*графия*), наука, изучающая хронологич. последовательность формирования горн. пород, их первичные пространственные соотношения. Включает общую и региональную С. Во 2-й пол. 19 в. выделены осн. стратиграфич. подразделения (геол. системы) и намечена их последовательность. Позже составлена общая сводная стратиграфич. шкала со строгой иерархией подразделений (см. *Геохронология*).

СТРАТИФИКА́ЦИЯ СОЦИА́ЛЬНАЯ, см. *Социальная стратификация*.

СТРАТОСТА́Т, свободный *аэростат* для подъёма на большие (стратосферные) высоты. Отличается большим объёмом оболочки (до 1 млн. м³ и более) и герметичной гондолой экипажа. Применяется с нач. 1930-х гг.) в науч. и спорт. целях. На С. с экипажем достигнута выс. св. 34 км (1961, США).

СТРА́УС, самая крупная из ныне живущих птиц. Выс. до 2,7 м, масса до 136 кг. Ноги двупалые. Обитают на безлесных пространствах Африки. Держатся группами. Полигам; 3–6 самок откладывают яйца (масса до 2 кг, дл. до 15 см; самые крупные птичьи яйца) в общее гнездо. Ранее С. разводили на фермах (ради перьев).

СТРАХ, отрицательная эмоция в ситуации реальной или воображаемой опасности. Как филос. понятие введено С. Кьеркегором, различавшим эмпирич. С.-боязнь перед конкретной опасностью и безотчётный метафизич. С.-тоску, специфичный для человека.

СТРА́ХОВ Ник. Ник. (1828–96), рос. философ, публицист, критик. В кн. «Мир как целое» (1872), «О вечных истинах» (1887), «Философские очерки» (1895), полагая высш. формой познания религию, критиковал совр. материализм, а также спиритизм; в публицистике развивал идеи почвенничества (см. *Почвенники*). Статьи о Л.Н. Толстом (в т.ч. о ром. «Война и мир»). Первый биограф Ф.М. Достоевского.

СТРАХОВА́НИЕ, система мероприятий по созданию ден. (страхового) фонда за счёт взносов его участников, из средств к-рого возмещается ущерб, причинённый физич. и юридич. лицам стихийными бедствиями, несчастными случаями, а также выплачиваются соответствующие ден. суммы в связи с наступлением определ. событий (С. на дожитие, к совершеннолетию и др.). В Рос. Федерации осуществляется в форме добровольного С. (юрид. лицами, имеющими лицензию), а в установленных законодат. актами случаях – в форме обязательного гос. С. (гос. страховыми орг-циями). В большинстве заруб. гос-в С. осуществляется на основе договора. См. также *Социальное страхование*.

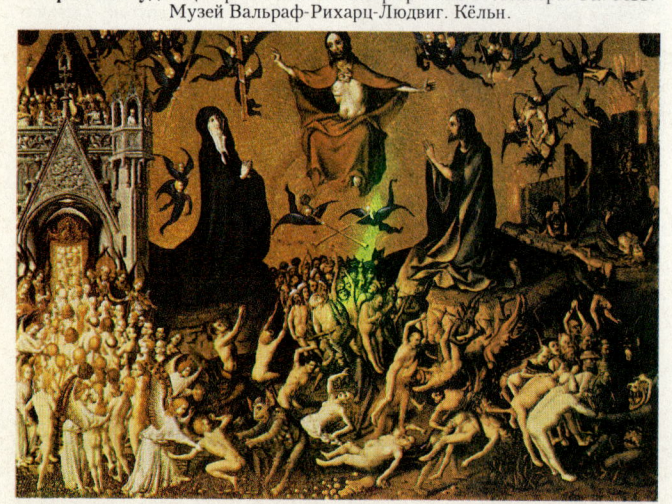

СТРА́ШНЫЙ СУД, в монотеистич. религиях (иудаизм, христ-во, ислам) последнее судилище, к-рое должно определить судьбы грешников и праведников. С идеей С.с. связаны эсхатологич. учения.

СТРЕЙЗА́НД (Streisand) Барбра (р. 1942), амер. киноактриса, эстрадная певица. Продемонстрировала выдающиеся вокальные данные и яркое комедийное дарование в муз. спектакле «Смешная девчонка» (перенесён на экран в 1968). Снималась в мюзиклах («Хэлло, Долли!», 1969; «Смешная женщина», 1974), комедиях («Что нового, доктор?», 1972; «Чокнутая», 1987), драм. фильмах («Такими мы были», 1973). Пост. ф.: «Йентл» (1983), «Принц приливов» (1991). Автор песен.

Б. Стрейзанд и Р. Редфорд в фильме «Такими мы были».

СТРЕКО́ЗЫ, отряд насекомых с перепончатыми крыльями. Длина тела 1,4–12 см, крыла 1–9 см. Ок. 4500 видов, распространены широко, особенно обильны в тропиках. Личинки – водные хищники, могут нападать на мальков рыб. Вблизи водоёмов в Европ. части России обычны красотки, изящные стрелки и крупные, быстро летающие *коромысла*. Взрослые С. живут 1–3 мес.

Стрекозы: 1 – красотка блестящая; 2 – стрекоза жёлтая; 3 – стрекоза плоская.

СТРЕ́ЛЕР (Strehler) Джорджо (р. 1921), итал. режиссёр, театральный деятель. Один из основателей и руководитель первого в Италии стационарного «Пикколо-театро» (1947, Милан). С 1983 одноврем. возглавляет «Театр Европы» (Париж). Ощущая себя продолжателем европ. театральных традиций, возрождает в своём творчестве формы *комедии дель арте* («Слуга двух господ» К. Гольдони, 1947, и др.), развивает идеи Б. Брехта, Л. Пиранделло и др. Программный демократизм спектаклей С. сочетается с психол. утончённостью, изысканностью мизансценич. рисунка: «Вишнёвый сад» А.П. Чехова (1955), «Трёхгрошовая опера» Брехта – К. Вейля (1956), «Великая магия» Э. Де Филиппо (1985) и др.

СТРЕЛКО́ВЫЙ СПОРТ, включает стрельбу из огнестрельного и пневматич. оружия – нарезного (пулевая) и гладкоствольного (стендовая), а также из лука; в спорт. терминологии, как правило, С.с. называют пулевую стрельбу.

СТРЕЛОВО́Й САМОХО́ДНЫЙ КРАН, самый распространённый *грузоподъёмный кран*. Имеет полноповоротную стрелу с грузоподъёмным механизмом, смонтированную на автомобиле, гусеничном и колёсном шасси. Грузоподъёмность отеч. автомоб. кранов до 20 т, гусеничных – до 100 т, кранов на спец. пневмоколёсном шасси до 250 т.

Стрельба из лука.

СТРЕЛЬБА́ ИЗ ЛУ́КА, спорт. соревнования – поражение круглых мишеней диам. 80–122 см на 4 дистанциях (от 30 до 90 м) 36 стрелами. Первые состязания состоялись в Швейцарии в 15 в. Совр. правила сложились в кон. 19 в. В СССР с сер. 1950-х гг. В 1931 осн. Междунар. федерация С. из л. (ФИТА); объединяет св. 70 стран. Чемпионаты Европы с 1968, мира с 1931; в программе Олимп. игр в 1900–08, 1920 и с 1972.

«Страшный суд». Центральная часть алтаря работы С. Лохнера. Ок. 1435. Музей Вальраф-Рихарц-Людвиг. Кёльн.

СТРЕ́ЛЬНА, комплекс дворцово-парковых ансамблей 18 – 1-й пол. 19 вв. близ С.-Петербурга. В 1961 в адм. отношении присоединена к *Петродворцу*. Петровский дерев. дворец (18–19 вв.), Большой дворец (1720-1802) с регулярным Ниж. парком и многочисл. каналами.

СТРЕ́ЛЬСКАЯ Варв. Вас. (1838–1915), актриса. С 1857 в Александринском т-ре. Выступала в водевилях, с 1870-х гг. популярная исполнительница ролей «комич. старух» в пьесах классич. рус. репертуара («тётя Варя»). Игра отличалась органичностью, была проникнута обаятельно-наивным благодушием. Участвовала во всех постановках комедий А.Н. Островского: Зыбкина («Правда – хорошо, а счастье лучше», 1876), Домна Пантелеевна («Таланты и поклонники», 1882) и др.

СТРЕЛЬЦО́В Эд. Анат. (1937–90), футболист, нападающий моск. команды «Торпедо» (1953–58, 1965-1970). Чемпион СССР (1965), Олимп. игр (1956). Один из лучших игроков в истории сов. футбола.

СТРЕЛЬЦЫ́, в Рус. гос-ве 16 – нач. 18 вв. служилые люди; пехота, вооружённая огнестрельным оружием. Изначально набирались из свободного сел. и гор. населения, затем их служба стала пожизненной и наследственной. Получали жалованье деньгами, хлебом, иногда землёй. Жили слободами, имели семьи, занимались также ремёслами и торговлей. С. были активными участниками Моск. восст. 1682 и Стрелецкого восст. 1698. Стрелецкое войско упразднено Петром I с созданием регулярной рус. армии.

СТРЕ́ПЕТ, степная птица (сем. дрофиные). Дл. ок. 40 см, масса до 1 кг. Летает неохотно. У самца в брачный период оперение шеи чёрное. Встречается в Европе, Юго-Зап. Азии, Сев.-Зап. Африке, в степях с разреженным травостоем и участками открытой земли. Везде охраняется.

СТРЕ́ПЕТОВА Пол. (Пел.) Антипьевна (1850–1903), актриса. С 1865 на провинц. сцене, в 1881–90 в Александринском т-ре. Дарование С. ярко проявилось в рус. репертуаре: играя крестьянок и мещанок, поднимала бытовую драму до уровня трагедии. С редкой искренностью и эмоц. силой передавала стихийные порывы стра-

Стрельцы: 1 – стрелец; 2 – стрелецкий сотник (2-я пол. 17 в.).

сти, страдания мятущейся женской души: Лизавета («Горькая судьбина» А.Ф. Писемского), Катерина («Гроза» А.Н. Островского) – обе роли 1870-е гг., и др.

СТРЕПТОКО́ККИ (от греч. streptós – цепочка и kókkos – зерно), шаровидные, неподвижные бактерии. Встречаются в почве, на р-ниях, коже ж-ных и человека. Патогенные С. – возбудители болезней у человека (тонзиллит, скарлатина, рожа, стрептодерма и др.) и ж-ных (стрептококкозы). Нек-рые виды используют для получения кисломолочных продуктов.

СТРЕСС (от англ. stress – напряжение), состояние напряжения, возникающее у человека и ж-ного под влиянием сильных воздействий; неспецифическая (общая) защитная физиол. реакция организма. Причинами С. могут быть сильные физич. и нервно-психич. нагрузки, охлаждение и перегревание организма, эмоциональное воздействие, боль и др. факторы (стрессоры). Изменения, происходящие в организме при С., наз. *адаптационным синдромом*. Определ. уровень С. не только не вреден, но и необходим для организма, т.к. мобилизует его возможности, повышает сопротивляемость болезням; чрезмерная интенсивность С. может привести к патол. изменениям. Концепция С. предложена канад. биологом Г. Селье в 1936. Термин «С.» применяют и по отношению к низшим ж-ным, не имеющим нервной системы, и даже р-ниям, когда речь идёт об экстремальных воздействиях.

СТРЕ́ТТА (итал. stretta, букв. – сжатие) (муз.), 1) род *имитации* (1), в к-рой имитирующий голос вступает до окончания темы в предыдущем голосе. Типична для *фуги*. 2) Постепенное ускорение темпа к концу *финала*, преим. в *опере-буффа*.

СТРЖЕ́ЛЬЧИК Влад. Игн. (р. 1921), актёр. С 1940 в Ленингр. Большом драм. т-ре (с 1992 Санкт-Петерб. Большой драм. т-р имени Г.А. Товстоногова). Игру С. отличают лаконизм и ёмкость характеристики персонажа, выразительность точно найденных бытовых деталей – лёгкость, пластичность, изящество: Цыганов («Варвары» М. Горького, 1959), Грегори Соломон («Цена» А. Миллера, 1968), Князь («Ханума» А.А. Цагарели, 1973), Сальери («Амадеус» П. Шеффера, 1983) и др. Снимался в ф.: «Война и мир» (1966–67), т/ф «Адъютант его превосходительства» (1970) и др.

СТРИБО́Г, в слав.-рус. мифологии бог возд. стихий (ветра, бурь и т.д.).

СТРИГУ́ЩИЙ ЛИША́Й, грибковое заболевание кожи (дерматомикоз) – поражение кожи, ногтей и волос человека и ж-ных. Заражение человека – от больных ж-ных (гл. обр. кошек и собак) или человека (в т.ч. через предметы ухода и т.п.). На волосистой части головы или гладкой коже появляются розово-красные шелушащиеся пятна, на к-рых часть волос обламывается; поражённые ногти тусклые, утолщённые, ломкие.

СТРИЖЁНОВ Олег Ал-др. (р. 1929), рос. киноактёр. Романтичность и возвышенность образов в фильмах 50-х гг. («Овод», «Сорок первый», «Хождение за три моря», «Белые ночи») принесли С. популярность. Психол. сложность характерна для ролей в ф. «Неподсуден» (1969), «Звезда пленительного сча-

стья» (1975), т/ф «Юность Петра» (1981).

СТРИЖИ́, семейство длиннокрылых птиц. Дл. 10–24 см, масса 20–140 г. Полёт стремительный, у нек-рых до 300 км/ч. По земле практически не ходят. Всё время проводят в воздухе: на лету кормятся, пьют, спариваются, нек-рые даже ночуют (летают широкими кругами на выс. 1–3 км). Ок. 80 видов, распространены всесветно; в России 5 видов, в т.ч. иглохвостый С. (юг Сибири, Курильские о-ва) и чёрный С. (от зап. границ до Забайкалья). Обитают в лесах, среди скал, в городах. Нередко образуют гнездовые колонии. Гнёзда скрепляют или полностью строят из собственной клейкой слюны.

СТРИ́НДБЕРГ (Strindberg) Юхан Август (1849–1912), швед. писатель. Ист. драмы «Мёстер Улоф» (1872; стихотв. ред. 1877), «Густав Ваза», «Эрик XIV» (обе о народоправстве, 1899); в русле реализма – социально-критич. ром. «Красная комната» (1879), сб. рассказов «Браки» (т. 1–2, 1884–86), а также новеллы «Утопии в действительности» (1885), отразившие его мечты об обществе социальной справедливости в духе идей К.А. Сен-Симона, Ш. Фурье, Н.Г. Чернышевского. В «натуралистич.» драмах с элементами импрессионизма «Отец» (1887), «Фрёкен Жюли» (1888) – проблемы

Ю.А. Стриндберг. Портрет работы Р. Берга. 1906. Фрагмент.

семьи и воспитания. Лирико-филос., по стилю символико-экспрессионистские драмы «Путь в Дамаск» (трилогия, 1898–1904), «Пляска смерти» (ч. 1–2, 1901), «Соната призраков» (1907) – о кризисе индивидуализма. Психол. ром. «На шхерах» (1890), развенчивающий ницшеанский культ сильной личности, и «Чёрные знамёна» (1905). В автобиогр. романах «Ад» (1897) и «Легенды» (1898) заметно влияние мистики.

СТРИП (Streep) Мерил (наст. имя Мэри Луиз) (р. 1949), амер. киноактриса. Психол. глубина, естественность и убедительность актёрского перевоплощения, искренность чувств и внутр. одухотворённость актёрны для ролей С. в ф. «Охотник на оленей» (1978), «Крамер против Крамера» (1979), «Женщина французского лейтенанта» (1981), «Выбор Софи» (1982), «Открытки с края бездны» (1990).

СТРИПТИ́З (strip-tease, от англ. to strip – раздевать, раздеваться, to tease – дразнить), демонстрируемый в кабаре, ночных ресторанах, варьете номер (или представление, составленное из номеров), по ходу к-рого исполнительница, танцуя, медленно раздевается и в финале предстаёт перед зрителями обнажённой. Показывался в Париже с кон. 19 в.

СТРИХНИ́Н, алкалоид, содержащийся в семенах тропич. р-ний рода стрихнос (чилибуха). Оказывает возбуждающее действие на центр. нерв. систему, при больших дозах вызывает судороги. В медицине применяют гл. обр. как тонизирующее средство.

СТРОБОСКОПИ́ЧЕСКИЙ ЭФФЕ́КТ (от греч. stróbos – кружение, вращение и ...скопия), одна из *иллюзий оптических*, возникающая при наблюдении к.-л. предмета не непрерывно, а в течение малых (но периодически следующих друг за другом) промежутков времени. Напр., быстро движущийся предмет (вращающееся колесо со спицами) может казаться движущимся замедленно или неподвижным. Другое проявление С.э. состоит в том, что быстрая смена статич. изображений разл. фаз движения (напр., 24 кадра в секунду в кинематографе) воспринимается глазом человека как непрерывное движение.

СТРО́ГАНОВ Сер. Григ. (1794–1882), граф, рос. гос. деятель. В 1835–47 попечитель Моск. уч. округа, с 1856 чл. Гос. совета, в 1859–60 моск. ген.-губернатор. Археолог, пред. Моск. об-ва истории и древностей российских (1837–74), основатель худ. Строгановского уч-ща (1825), Археол. комиссии.

СТРО́ГАНОВСКАЯ ШКО́ЛА, стилистич. направление в др.-рус. *иконописи* кон. 16 – нач. 17 вв., получившее назв. от фамилии купцов Строгановых, для к-рых были написаны мн. иконы. Мастера С.ш. (Прокопий Чирин, Истома, Никифор и Назарий Савины и др.) предпочитали миниатюрную манеру письма, тонкие цветосочетания, изящные позы и жесты фигур. Илл. см. на стр. 666.

СТРО́ГАНОВЫ (Строгоновы), крупнейшие рос. предприниматели. Из поморских крестьян. Известны: Аникей Фёд. (1497–1570); его наследники – сын Сем. Аникеевич (?–1609) и внуки Макс. Як. (? – 20-е гг. 17 в.), Никита Григ. (?–1620) – организаторы похода Ермака; Григ. Дм. (1656–1715), объединивший владения С., его сыновья Александр, Николай и Сергей – бароны с 1722;

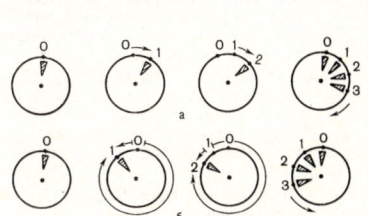

Стробоскопический эффект. Вращающееся колесо наблюдается в моменты вспышек. Если частота вспышек f совпадает с частотой вращения спицы колеса f_1, то колесо кажется неподвижным. Если $f_1 < f$, вращение колеса кажется замедленным (а); если $f_1 < f$, кажется, что колесо вращается в обратную сторону (б).

Строгановская школа. Прокопий Чирин. «Никита Воин». Кон. 16 – нач. 17 вв. Третьяковская галерея.

Ал-др Сер. (1733–1811), граф, президент Академии художеств, чл. Гос. совета. К роду С. принадлежал ген. С.Г. Строганов.

СТРОЙ в музыке, система высотных отношений тонов ладового *звукоряда*. Различия муз. С. обусловлены региональным и ист. своеобразием муз. культур. С. может быть выражен математически как числовое соотношение частот колебаний.

СТРОК Оскар Давыдович (1892/93–1975), композитор. До 1923 жил в России, затем в Латвии. С кон. 1920-х гг. был популярен как автор *романсов* (их исполняли Н.В. Плевицкая, И.Д. Юрьева). С. надолго стал законодателем мод в области эстрадной музыки. Его знаменитые сентиментально-романтические *танго* («Чёрные глаза», «Голубые глаза», «Моё последнее танго», «Скажите, почему...») получили междунар. признание. Прозван «королём танго».

СТРО́НЦИЙ (Strontium), Sr, хим. элемент II гр. периодич. системы, ат.н. 38, ат.м. 87,62; мягкий *щёлочноземельный металл*. В результате ядерных испытаний, аварий на АЭС и с радиоактивными отходами в окружающую среду попадает радиоактивный изотоп ⁹⁰Sr (период полураспада 29,12 года). Он накапливается в скелете человека и ж-ных; у детей в первые месяцы жизни отложение радиоактивных изотопов С. на 1–2 порядка выше, чем у взрослого человека. Открыт англ. химиком А. Крофордом в 1790, впервые получен англ. учёным Г. Дэви в 1808.

СТРОФА́ (от греч. strophé, букв. – поворот), группа *стихов* (стихотв. строк), объединённых к.-л. формальным признаком, повторяющимся периодически, напр. устойчивым чередованием разл. метров (в антич. поэзии), разл. клаузул (стиховых окончаний) и рифм (четверостишие, октава, онегинская С.). Обычно тяготеют к синтаксич. законченности и разделяются на письме увеличенными интервалами.

СТРО́ЧКИ, род грибов кл. аскомицетов. Шляпка бурая, коричневая, мозговидно-извилистая, с частично приросшими к ножке краями, неправильной формы. 3 вида, в лесах умеренного пояса Сев. полушария. В России 2 вида. В сыром виде С. смертельно ядовиты (содержат токсин, к-рый по характеру действия напоминает токсин бледной поганки). После отваривания в течение 30 мин и удаления отвара – деликатесные грибы.

Строчок.

СТРУВЕ́ Пётр Бернгардович (1870–1944), экономист, философ, историк, публицист. Теоретик «легального марксизма», участвовал в составлении «Манифеста Российской социал-демократической рабочей партии» (1898). Один из лидеров кадетов, ред. ж. «Освобождение», «Русская мысль». Один из авторов сб. «Вехи» (1909), «Из глубины» (1918). В годы Гражд. войны член «Особого совещания» при А.И. Деникина, министр в пр-ве П.Н. Врангеля. С 1920 за границей.

СТРУГА́ЦКИЕ, рус. писатели, братья, соавторы: Арк. Нат. (1925–1991) и Бор. Нат. (р. 1933). Науч.-фантастич. рассказы и повести. Социально-филос. фантастика, с элементами гротеска, о путях развития цивилизации, о роли личности в обществе в пов. «Трудно быть богом» (1964), «Понедельник начинается в субботу» (1965), «Пикник на обочине» (1972; сценарий фильма А.А. Тарковского «Сталкер», 1980), пов. «Хромая судьба» (1986), ром. «Град обречённый» (1988–89).

СТРУКТУ́РА (от лат. structura – строение, расположение, порядок), совокупность устойчивых связей и отношений объекта, обеспечивающих его целостность и тождественность самому себе, т.е. сохранение осн. свойств при разл. внеш. и внутр. изменениях.

СТРУКТУРАЛИ́ЗМ, направление в гуманитарном знании (лингвистика, лит-ведение, этнография, история и др.), сформировавшееся в 1920-х гг. и связанное с использованием структурного метода. В его основе – выявление структуры как относительно устойчивой совокупности отношений и частичное отвлечение от развития объектов (примат *синхронии* над *диахронией*). С. исследует культуру как совокупность знаковых систем. Получил наиб. распространение в 60-х гг. во Франции (К. Леви-Строс, М. Фуко, Р. Барт, Ж. Деррида).

СТРУМИ́ЛИН (Струмилло-Петрашкевич) Стан. Густавович (1877–1974), рос. экономист и статистик. Осн. тр. по вопросам статистики, управления нар. х-вом, демографич. прогнозирования, политэкономии социализма, экон. истории. Под рук. С. разработана первая в мире система материальных балансов.

СТРУ́ННЫЙ КВАРТЕ́Т, жанр европ. классич. музыки (сложился в творчестве Й. Гайдна) и название соответствующего ансамбля стабильного состава: 2 скрипки, альт, виолончель.

СТРУ́ННЫЙ КВИНТЕ́Т, см. в ст. *Квинтет*.

СТРУП, корка, покрывающая ссадину, ожоговую поверхность, рану. После отделения С. образуется язва или поверхностный рубец.

СТРУЧКО́ВА Раиса Степ. (р. 1925), артистка балета, педагог. В 1944–78 в Большом т-ре. Иск-во С. отмечено совершенной танц. техникой, непринуждённой грацией, драм. дарованием: Аврора («Спящая красавица» П.И. Чайковского, 1951), Джульетта («Ромео и Джульетта» С.С. Прокофьева, 1954) и др. С 1981 гл. ред. ж. «Советский балет» (с 1992 «Балет»).

СТУ́ККО (итал. stucco) (стук, штук), искусств. мрамор из полированного гипса с добавками. Применяется для декор. отделки стен и архит. деталей.

СТУ́ПА (санскр., букв. – куча земли, камней), в инд. и непальской архитектуре будд. символическое и мемориальное сооружение, хранилище реликвий. С первых веков до н.э. известны полусферич. С., позже башнеобразные.

СТУ́ПКА Богдан Сильвестрович (р. 1941), укр. актёр. С 1978 в Укр. т-ре имени И. Франко (Киев). Игра отличается психол. и эмоц. напряжённостью при строгом внеш. рисунке роли; мастер перевоплощения. Дон Жуан («Каменный властелин» Леси Украинки, 1972), Микола Задорожный («Украденное счастье» Франко, 1977), Маляр («Дикий Ангел» А.Ф. Коломийца, 1978), Войницкий («Дядя Ваня» А.П. Чехова, 1980), Тевье («Тевье-Тевль» по Шолом-Алейхему, 1989) и др. Снимался в ф.: «Белая птица с чёрной отметиной» (1971) и др.

СТУ́ПОР (от лат. stupor – оцепенение), состояние обездвиженности, отсутствие реакций на внеш. раздражители, снижение всех видов чувствительности (в т.ч. болевой), мутизм (отказ от речевого общения). Развивается при тяжёлых психич. расстройствах.

СТУ́РУА Роберт Робертович (р. 1938), груз. режиссёр. С 1961 реж., с 1979 гл. реж. Т-ра имени Шота Руставели (Тбилиси). Для постановок С. характерны синтез груз. и европ. театральных культур, стремление к социальным и филос. обобщениям. Особое внимание уделяет решению сценич. пространства, мизансценировке, муз. оформлению спектакля. Пост.: «Кавказский меловой круг» Брехта (1975), «Ричард III» (1979) и «Король Лир» (1986) У. Шекспира и др.

СТЮ́АРТЫ (Stuart, Stewart), королев. династия в Шотландии (1371–1714) и Англии (1603–49, 1660–1714). Наиб. известны: Мария Стюарт, Яков I (в Шотландии – Яков VI), Карл I, Карл II, Яков II.

СУ (франц. sou), франц. монета (сначала золотая, затем серебряная и медная), равная 1/20 ливра. Чеканилась до 1793. С переходом на десятичную систему (1799) заменена монетой в 5 сантимов (1/20 франка), в 1947 изъята из обращения.

СУА́РЕС (Suárez) Франсиско (1548–1617), исп. теолог, философ, представитель поздней (т.н. второй) схоластики, иезуит. Родоначальник получившего распространение течения суаресизма, противостоявшего *томизму*. С. во многом видоизменил учение Фомы Аквинского, сближаясь с Дунсом Скотом. По полит. взглядам – тираноборец: правитель, ставший тираном, достоин смерти.

СУБ... (от лат. sub – под), часть сложных слов, означающая: 1) находящийся внизу, под чем-либо, около чего-либо (напр., субтропики, субмарина); 2) подчинённый, подначальный (напр., субинспектор); 3) не основной, не главный, меньший (напр., субподрядчик, субаренда, субкультура).

СУБЛИМА́ЦИЯ (от лат. sublimo – возношу), возгонка, переход вещества из твёрдого в газообразное состояние, минуя стадию жидкости. С. – *фазовый переход* 1-го рода. Процесс С. идёт с поглощением энергии, называемой теплотой С. Обратный переход наз. десублимацией или *конденсацией*.

СУБЛИМА́ЦИЯ (психол.), психич. процесс преобразования и переключения энергии аффективных влечений на цели социальной деятельности и культурного творчества. Понятие введено З. Фрейдом (1900), рассматривавшим С. как один из видов трансформации влечений (*либидо*), противоположного *вытеснению*.

СУБОРБИТА́ЛЬНЫЙ ПОЛЁТ (от лат. sub – под, около и *орбита*), полёт космич. аппарата по баллистич. траектории со скоростью меньшей 1-й космической, т.е. без выхода на орбиту ИСЗ.

СУБРЕ́ТКА (франц. soubrette, итал. servetta – служанка), актёрское *амплуа*. Традиционный комедийный персонаж, бойкая, остроумная, находчивая служанка, помогающая господам в их любовных интригах (напр., Сюзанна в комедии П.О. Бомарше «Безумный день, или Женитьба Фигаро»).

Ступа № 1 в Санчи (Индия). 3–2 вв. до н.э.

Субурган. Монастырь Гандан в Улан-Баторе. 1911–13.

ро»; как С. действует Лиза в комедии А.С. Грибоедова «Горе от ума»).

СУБСИДИАРНАЯ ОТВЕТСТВЕННОСТЬ, разновидность гражданско-правовой ответственности. Дополнительная ответственность лиц, к-рые наряду с должником отвечают перед кредитором за надлежащее исполнение обязательства в случаях, установленных законом (напр., С-о. родителей за вред, причинённый несовершеннолетними в возрасте от 15 до 18 лет) или договором (напр., ответственность организации-гаранта по договору банковской ссуды).

СУБСТÁНЦИЯ (лат. substantia – сущность; то, что лежит в основе), нечто относительно устойчивое, постоянное, существующее самостоятельно. В разл. филос. учениях могли выделяться одна С. (монизм), две С. (дуализм), множество С. (плюрализм).

СУБСТРÁТ (от ср.-век. лат. substratum – подстилка, основа), 1) в биологии – основа (предмет или вещество), к к-рой прикреплены растительные или животные организмы, а также среды обитания и развития организмов, напр. питат. среда для микроорганизмов; хим. в-во, подвергающееся превращению под действием ферментов. 2) В философии – общая основа всех процессов и явлений 3) В языкознании – язык населения, первоначально обитавшего на данной территории.

СУБУРГÁН, в монг. архитектуре мемор. сооружение, гробница лам, хранилище реликвий. Состоит из пьедестала, дарохранилища и шпиля.

СУБЪÉКТ (от лат. subjectus – лежащий внизу, находящийся в основе), носитель предметно-практич. деятельности и познания (индивид или социальная группа), источник активности, направленной на объект.

СУБЪÉКТ ПРÁВА, 1) физич. или юридич. лицо, наделённое по закону способностью иметь права и принимать на себя юрид. обязанности. См. также *Правоспособность, Дееспособность.* 2) В конституц. праве член *федерации* (субъект федерации).

СУБЪЕКТИ́ВНОЕ, то, что свойственно *субъекту* или производно от его деятельности; характеристика знания, выражающая те моменты, в к-рых знание не вполне точно и всесторонне воспроизводит познаваемый объект.

СУБЪЕКТИВНОЕ ПРАВО, личное право гражданина на конкретное имущество, его *авторское право* на собств. произведение, на получение вознаграждения за изобретение и т.п.

СУ́ВА, столица (с 1970) гос-ва Фиджи, на юго-вост. берегу о. Вити-Леву. 70 т.ж. Порт на Тихом ок. Пищевкус. пром-сть. Юж.-Тихоокеанский ун-т. Туризм.

СУВЕНИ́Р (франц. souvenir), худ. изделие, к.-л. предмет как память, напр. о посещении страны.

СУВЕРЕНИТÉТ (франц. souveraineté – верх. власть), в праве независимость гос-ва во внешних и верховенство во внутр. делах. Уважение С.– осн. принцип совр. междунар. права, закреплённый в Уставе ООН и др. междунар. актах.

СУВЕРÉННЫЙ (от франц. souverain – высший, верховный), 1) осуществляющий верх. власть. 2) Обладающий *суверенитетом,* независимый, самостоятельный.

СУВО́РИН Ал. Сер. (1834–1912), журналист. Издавал в С.-Петербурге газ. «Новое время» (с 1876), ж. «Исторический вестник» (с 1880), сочинения рус. и иностр. писателей, науч. лит-ру, а также адресные книги и др. До 1875 придерживался либерально-демокр. взглядов, затем перешёл на консервативные позиции.

СУВО́РОВ Ал-др Вас. (1730–1800), полководец, генералиссимус (1799), граф Рымникский (1789), князь Италийский (1799). В рус.-тур. войнах 1768–74 и 1787–91, командуя отрядом и корпусом, одержал победы при Козлудже (1774), Кинбурне (1787), Фокшанах (1789), Рымнике (1789), взял штурмом Измаил (1790). На последнем этапе восстания Е.И. Пугачёва (с авг. 1774, руководил войсками, направленными для его подавления. Командовал войсками при подавлении Польск. восстания 1794. В 1799 главнокоманд. рус.-австр. армией, провёл Итал. и Швейц. походы, разгромил франц. войска на реках Адда и Треббия и при Нови, перешёл Альпы. Не проиграл ни одного сражения. Автор работ «Полковое учреждение» (1764–65), «Наука побеждать» (предположительно, 1795–1797). Был сторонником наступат. стратегии. Сыграл большую роль в развитии рус. воен. иск-ва. Создал школу военачальников, среди к-рых М.И. Кутузов, П.И. Багратион.

А.В. Суворов.

СУГГЕСТИ́ВНОСТЬ (от лат. suggestio – внушение, намёк) в поэзии, активное воздействие на воображение, эмоции, подсознание читателя посредством «пленительной неясности» – логически неуловимых, зыбких, намекающих тематич., образных, ритмич., звуковых ассоциаций. Образцы суггестивной лирики – «Певица» А.А. Фета, «Можжевеловый куст» Н.А. Заболоцкого; её поэтич. – стих. «Есть речи – значенье...» М.Ю. Лермонтова.

СУГГÉСТИЯ, то же, что *внушение.*

СУД, орган гос-ва, рассматривающий гражд., уголов. и др. дела на основании действующего законодательства и в соответствии с установленными процессуальными правилами. В Рос. Федерации все суды избираются, рассмотрение дел осуществляется коллегиально с участием нар. заседателей, присяжных заседателей или неск. членов С.; участникам процесса обеспечивается защита их прав и законных интересов (см. *Защита судебная, Суд присяжных*).

СУД ПРИСЯ́ЖНЫХ, суд, в состав к-рого кроме постоянных (коронных) судей входят присяжные заседатели (судьи-непрофессионалы). Судьи решают вопросы права (квалификация преступления, мера наказания), присяжные – факта (виновен ли подсудимый, обоснован ли иск). На основании вердикта присяжных судьи выносят приговор. В Рос. Федерации С.п. в составе судьи и 12 присяжных заседателей рассматривает по ходатайству обвиняемого дела о нек-рых преступлениях (напр., разглашение гос. тайны, умышленное убийство при отягчающих обстоятельствах и пр.). Присяжные решают вопрос о факте преступления, о совершении его подсудимым, а также о виновности подсудимого.

СУДÁК, ценная промысловая рыба (отр. окунеобразные). Длина обычно 60–70 см (до 1,3 м), масса 2–4 кг (иногда до 20 кг). Обитает в пресных и солоноватых водах бассейнов Балтийского, Чёрного, Каспийского и Аральского морей. Акклиматизирован в Сибири. Объект разведения. Илл. см. при ст. *Рыбы.*

СУДÁН (Республика Судан), гос-во в Сев.-Вост. Африке. 2,5 млн. км². Нас. 26,7 млн. ч., гл. обр. суданцы (арабы С.), а также динка, нубийцы и др. народы. Офиц. яз.– арабский. Большинство верующих – мусульмане. Глава гос-ва и пр-ва – президент. Законодат. орган – переходный Нац. совет. Столица – Хартум. Адм.-терр. деление: 9 штатов. Ден. единица – суданский динар.

Бо́льшая часть С.– плато выс. до 300–1500 м; на З. и Ю.– выс. св. 3000 м. Высш. точка – Киньети (3187 м). Климат переходный от экв. муссонного на Ю. к тропическому пустынному на С. Ср. темп-ры от 15 до 35 °C; осадки на С. незначительны, на Ю. 1000–1400 мм в год. Растительность – полупустыня и пустыня, на Ю.– саванны и тропич. леса. Осн. река – Нил с притоками Собат и Голубой Нил.

С 60-х гг. 19 в. началось проникновение в С. Великобритании. В ходе антиколон. восстания махдистов во главе с Махди Суданским (1881–98) возникло теократич. независимое гос-во. В 1899–1955 С.– англ. колония (до 1951 англо-егип. кондоминиум). С 1956 независимое гос-во. В 1958–64 был установлен диктаторский режим. В результате переворота 1969 к власти пришли военные во главе с Дж. Нимейри. В 1972 подписано соглашение о предоставлении юж. провинциям С. авт. статуса, что положило конец 17-летней гражд. войне. С нач. 1980-х гг., особенно после рас-

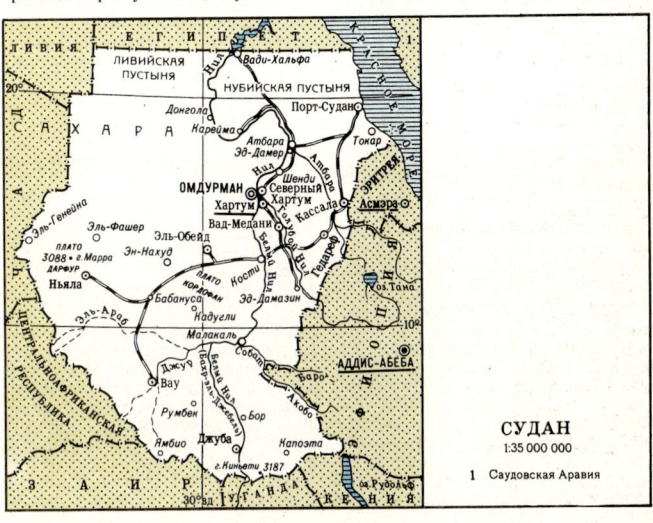

СУДАН
1:35 000 000

1 Саудовская Аравия

Судан. Саванна в районе Джубы.

пространения исламского законодательства на всю страну (1983), гражд. война возобновилась. В 1985 режим Нимейри пал. В 1986 сформировано коалиц. пр-во во главе с С. аль-Махди (внук Махди Суданского), лидером крупнейшей полит. партии Умма (осн. в 1945). В 1989 произошёл воен. переворот, приостановлено действие врем. конституции 1985, распущены парламент, пр-во, партии и профсоюзы. Высш. законодат. и исполнит. органом стал Совет командования рев-ции нац. спасения (СКРНС). В 1992 создан переходный нац. совет, к-рый постепенно должен провести меры по построению С. новой полит. системы. В 1993 СКРНС назначил президента и объявил о самороспуске.

С.— агр. страна. ВНП на д. нас. 400 долл. в год. С.-х. продукция даёт ок. 95% экспортных поступлений. Экспортные культуры: хлопчатник (преим. на орошаемых землях; одно из ведущих мест в Африке по сбору), кунжут, арахис. Возделывают просо, сорго, финиковую пальму. Сбор гуммиарабика (1-е место в мире). Пастбищное жив-во экспортного направления. Разводят кр. рог. скот, овец, коз, верблюдов. Добыча гипса, хромитов, золота, асбеста, поваренной соли (из мор. воды). Сах. з-д — один из крупнейших в Африке. Металлообр., нефтеперераб., цем. и др. пр-тия.

СУДЕ́БНАЯ ВЛАСТЬ, в соответствии с теорией *разделения властей* система суд. органов гос-ва, осуществляющих *правосудие* на основе независимости от законодат. и исполнит. власти.

СУДЕ́БНАЯ КОЛЛЕ́ГИЯ, 1) состав суда, рассматривающий конкретное дело. 2) Структурное подразделение Верх. суда в Рос. Федерации (напр., С.к. уголовная, гражданская). Каждая С.к. рассматривает определ. категории дел.

СУДЕ́БНАЯ МЕДИЦИ́НА, раздел медицины, изучающий мед. и биол. проблемы, возникающие в следственной и суд. практике.

СУДЕ́БНИКИ РУ́ССКИЕ, наиб. распространённая форма юрид. актов в период становления Рус. централиз. гос-ва. Основой С.р. являлись как положения сборников обычаев др.-рус. права (*«Русская правда»*, Псковская судная грамота и др.), так и новые нормы права. Известны: Судебник 1497 (содержал нормы уголов. права и процесса, гражд. права, установил единый день для перехода крестьян от одного владельца к другому; см. в ст. *Юрьев день*); Судебник 1550 («Царский судебник»; памятник сословного суда и права); Судебник 1589 — сборник правовых обычаев Сев. Поморья (составлен с учётом норм «Царского судебника») и др.

СУДЕ́БНО-МЕДИЦИ́НСКАЯ ЭКСПЕРТИ́ЗА, освидетельствование граждан по решению суд. или следственных органов, а также исследование трупов, разл. биол. объектов (пятен крови, спермы) специально назначенными врачами для установления причины смерти, характера и тяжести телесных повреждений, состояния потерпевшего, правонарушителя и т. д.

СУДЕ́БНЫЙ ИСПОЛНИ́ТЕЛЬ, должностное лицо, осуществляющее принудит. исполнение суд. постановлений, решений арбитражного суда и ряда др. актов.

СУДЕ́ЙКИН Сер. Юр. (1882—1946), живописец, график, театральный художник. До 1920 жил в России, затем во Франции, с 1923 — в США. Сочетал изысканные мотивы рококо с лубочностью и яркой декоративностью нар. иск-ва.

СУДИ́МОСТЬ (в праве), юрид. последствия, связанные с вынесением обвинит. приговора и наступающие после отбытия виновным наказания. Напр., С. рассматривается как отягчающее обстоятельство при совершении нового преступления; в нек-рых случаях она влечёт признание особо опасным *рецидивистом* (по указанным в законе основаниям) и др. Сроки снятия С. установлены законом с учётом тяжести совершённого преступления и срока наказания.

СУДОМОДЕ́ЛЬНЫЙ СПОРТ, проектирование и постройка самоходных, радиоуправляемых и др. моделей судов разл. классов для спорт. целей (стендовые соревнования, манёвренность и др.). Всемирная орг-ция судомоделизма и С.с. (НАВИГА) осн. в 1959; объединяет ок. 30 стран. Чемпионаты мира с 1978.

СУДОПРОИЗВО́ДСТВО, установленный законом порядок возбуждения, расследования, суд. рассмотрения и разрешения уголов. дел; подготовки суд. рассмотрения и разрешения гражд. дел. С. законодательство устанавливает осн. принципы С.: *презумпция невиновности*, равенство всех граждан перед законом, публичность С., его гласность, обеспечение гражданам права на защиту, нац. язык С. (для лиц, не владеющих этим языком, обеспечивается переводчик и право выступать в суде на родном языке). См. также *Гласность судопроизводства*, *Защита судебная*, *Публичность судопроизводства*.

СУ́ДОРОГИ, непроизвольные сокращения мышц. Проявляются быстрой сменой сокращения и расслабления (клонич. С.) или длительным напряжением (тонич. С.). Возникают при *эпилепсии*, травмах головного мозга, *спазмофилии*, инфекц. и др. заболеваниях; могут быть также связаны с систематич. переутомлением мышц — т.н. профессиональные С. (писчий спазм мышц кисти, С. мышц ног у бегунов и футболистов и т.д.), при купании в холодной воде и т.д. Разновидность С.— конвульсии.

СУДЬБА́, в мифологии, в филос. системах, в обыденном сознании — неразумная и непостижимая предопределённость событий и поступков. В античности выступала как слепая, безличная справедливость (др.-греч. Мойра), как удача и случайность (др.-греч. Тюхе), как всеохватывающая непреложная предопределённость (фатум). Вера в С. часто связывалась с астрологией. Христ-во противопоставило идее С. веру в божественное провидение. В кон. 19 в. понятие С. получило распространение в *философии жизни*. В обыденной речи часто означает: участь, доля, жизненный путь, стечение обстоятельств.

СУДЬЯ́, должностное лицо в суд. системе, назначенное или избранное в состав суд. органа. В большинстве стран С. назначаются главой гос-ва и сохраняют свою должность пожизненно или до достижения определ. возраста (т.н. принцип несменяемости С.).

В Рос. Федерации С. несменяемы, они независимы и подчиняются только Конституции и федеральному закону. С. неприкосновенны: они не могут быть привлечены к уголов. ответственности иначе как в порядке, установленном федеральным законом. С. Конституц. суда, Верх. суда и Высшего Арбитражного суда назначаются Советом Федерации по представлению Президента. С. других федеральных судов назначаются Президентом в порядке, установл. федеральным законом.

СУЕВЕ́РИЕ (букв.— суетное, тщетное, т.е. ложное), верование, к-рому противопоставляется истинная вера, формулируемая в вероучениях развитых религий. С рационалистич. точки зрения — всякая вера в сверхъестественные явления.

СУ́ЗДАЛЬ, г. во Владимирской обл., в России, на р. Каменка, в 35 км от Владимира. 12,1 т.ж. Изв. с 1024, в 12 в. столица Ростово-Суздальского, в 13 — нач. 14 вв.— Суздальского кн-ва. Крупный центр туризма. С. имеет регулярную планировку кон. 18 в., мн. ансамбли и отд. архит. памятники, входящие во Владимиро-Суздальский ист.-худ. и архит. музей-заповедник. На терр. кремля — собор Рождества Богородицы (1222—1225, перестроен), архиерейские палаты (15—18 вв.). В городе — анс. Покровского (16—18 вв.), Спасо-Евфимиевского (16—17 вв.), Ризоположенского (16—19 вв.) монастырей, многочисленные кам. приходские церкви 17—18 вв., придающие С. неповторимый живописный облик. В 1970-х гг. выстроен туристский комплекс.

СУ́ЗЫ, г. (4-е тыс. до н.э.— 10 в. н.э.) в Иране, во 2-й пол. 3-го — 1-й трети 1-го тыс. до н.э. столица Элама, затем резиденция Ахеменидов. Укрепления, дворцы, гробницы, рельефы, стелы с надписями и др.

СУК Вяч. Ив. (1861—1933), дирижёр, композитор. По происхождению чех. С 1880 в России. В 1906—33 дирижёр Большого т-ра, с 1927 также гл. дирижёр Оперного т-ра имени К.С. Станиславского; выступал и как симф. дирижёр. В интерпретации опер (в т.ч. «Садко», «Сказание о невидимом граде Китеже», «Золотой петушок», «Майская ночь» Н.А. Римского-Корсакова) проявил глубокое понимание законов муз. драматургии. Оп. «Лесной царь» (пост. 1900) и др.

СУКА́РНО (Sukarno) (1901—70), первый президент Индонезии (1945—

Суздаль. Воскресенская церковь. 18 в.

Суздаль. Покровский монастырь.

1967). Один из лидеров нац.-освободит. движения. В 1963 назначен пожизненным президентом. В 1960-х гг. при С. произошло сближение с КНР и СССР. После подавления попытки коммунистич. путча в 1965 армией во главе с ген. Сухарто С. оставался лишь номинальным президентом. В 1966 отменено решение о назначении С. пожизненным президентом. В 1967 С. передал президентские полномочия Сухарто.

СУКРЕ (Sucre) Антонио Хосе (1795–1830), один из руководителей войны за независимость исп. колоний в Америке 1810–26, маршал (1824). В 1824 одержал решающую победу над исп. колонизаторами при Аякучо (Перу). Президент Респ. Боливия (1826–28).

СУЛЕЙМАН I КАНУНИ (Süleyman I Kanunı) (в европ. лит-ре С. Великолепный) (1495–1566), тур. султан в 1520–66. При нём Османская империя достигла высш. полит. могущества. Завоевал часть Венг. кор-ва, Закавказья, Месопотамию, Аравию, территории Триполи и Алжира.

СУЛЕЙМЕНОВ Олжас Омарович (р. 1936), казах. писатель; пишет на рус. яз. В поэзии – раздумья «о времени», эмоц. напряжённость, ритмич. поиски: сб. стихов и поэм «Солнечные ночи» (1962), «Глиняная книга» (1969), «Повторяя в полдень» (1973), «Определение берега» (1976), «Трансформация огня» (1983), «Свиток» (1989). Книга ист.-филол. эссе о проблемах взаимовозникновения тюрк. и слав. культур «Аз и Я» (1975).

СУЛЕМА (дихлорид ртути), HgCl₂, кристаллы, $t_{пл}$ 280 °C. Применяют С. как антисептик, для протравы семян, дубления кож и др. Токсична.

СУЛЕРЖИЦКИЙ Леопольд Ант. (1872–1916), рос. обществ. и театральный деятель, режиссёр и педагог. Выстраивая свою жизнь в соответствии с нравств. учением Л.Н. Толстого, занимался физич. трудом (работал матросом, маляром, типографским наборщиком и др.), отказался от воинской службы (за что в 1896 арестован и сослан); в 1898 организовал переселение подвергавшихся в России преследованиям духоборов в Канаду. Увлёкся театром, сблизившись с Моск. Худ. т-ром (МХТ) через М. Горького и А.П. Чехова. С 1906 режиссёр МХТ и помощник К.С. Станиславского, участвовал в постановках «Жизнь человека» Л.Н. Андреева (1907), «Синяя птица» М. Метерлинка (1911) и др. Один из организаторов и руководителей 1-й Студии МХТ (1912, открыта в 1913). Среди учеников С.-Е.Б. Вахтангов, М.А. Чехов.

СУЛЛА (Sulla) (138–78 до н.э.), рим. полководец, консул 88. В 84 одержал победу над понтийским царём Митридатом VI. Победив Г. Мария в гражд. войне, стал в 82 диктатором, проводил массовые репрессии (см. *Проскрипции*). В 79 сложил полномочия.

СУЛТАН (араб.-тур.), титул мусульм. светского правителя.

СУЛТАН ВЕЛЕД (Sultan Velet) Мухаммед Бехаэддин (1226–1312), тур. поэт-суфий (см. *Суфизм*). Сын Дж. Руми. Писал на фарси. Всё творчество посвящено жизни, деятельности и учению отца. Диван (сб-к) стихов. Филос. поэма «Книга Веледа»; включает фрагменты на тюрк. диалекте – первые точно датированные (1301) тур. стихи.

СУЛТАНА САНДЖАРА МАВЗОЛЕЙ в Мерве, в Туркмении, памятник архитектуры Ср. Азии (1140-е гг.), центр.-купольный, с остатками богатого декор. убранства.

СУЛЬФАТЫ, соли и эфиры серной к-ты H₂SO₄. Соли – средние (напр., K₂SO₄) и кислые, или гидросульфаты (KHSO₄), кристаллы. Средние соли распространены в природе (напр., гипс). Эфиры применяют в органич. синтезе, как растворители.

СУЛЬФИДЫ, неорганич. С.– соединения серы с металлами и нек-рыми неметаллами. Входят в состав сульфидных руд; используются как люминофоры (напр., CdS, ZnS). С. молибдена, титана – твёрдые смазочные материалы. С. фосфора применяют в произ-ве флотац. реагентов, фосфорорганич. инсектицидов. Органич. С. (тиоэфиры) содержатся в нефти; используются как антиоксиданты и стабилизаторы (моторные топлив, смазочных масел), растворители.

СУЛЬФОКИСЛОТЫ, органич. соединения, содержащие сульфогруппу SO₂OH, связанную с органич. радикалом. С.– важные промежуточные продукты в произ-ве моющих средств, красителей, ионообменных смол, лекарств. в-в (напр., сульфаниламидов).

СУМАРОКОВ Ал-др Петр. (1717–1777), рус. писатель, представитель классицизма. В трагедиях «Хорев» (1747), «Синав и Трувор» (1750), «Димитрий Самозванец» (1771) соединил любовные темы с обществ. и филос. проблематикой, ставил проблемы гражд. долга. Обличительно-бытовые комедии («Рогоносец по воображению», 1772), басни, лирич. песни. Издавал первый рус. лит. ж. «Трудолюбивая пчела» (1759).

СУМБАТОВ-ЮЖИН А.И., см. *Южин А.И.*

СУМЕРЕЧНОЕ СОСТОЯНИЕ, вид помрачения сознания (от неск. минут до многих часов), характеризующийся внезапным началом и окончанием, нарушением ориентировки в окружающем, отрешённостью больного, поведением, обусловленным аффектом страха, злобы, галлюцинациями, бредом; в последующем – амнезия. Наиб. характерно для эпилепсии.

СУМЕРКИ, оптич. явление, наблюдаемое в атмосфере перед восходом и после заката солнца; плавный переход от дневного света к ночной тьме (вечерние С.) и наоборот (утренние С.). Продолжительность С. зависит от склонения Солнца и геогр. широты места наблюдения: чем ближе к экватору, тем они короче. В высоких широтах в период летнего солнцестояния (июнь в Сев. полушарии, декабрь в Южном) вечерние С. смыкаются с утренними и наблюдаются *белые ночи*. Различают: гражд. (кончаются, когда центр Солнца погружается под горизонт на 6°), навигац. (на 12°) и астр. (на 18°) С.

СУМЧАТЫЙ МЕДВЕДЬ, то же, что *коала*.

СУМЫ, г., обл. ц. на Украине, на р. Псёл. 301 т.ж. Ж.-д. уз. Маш.-ние, хим., пищевкус., лёгкая и др. пром-сть. 3 вуза. Музеи: краеведч., худ. с отделом декор.-прикладного иск-ва, Дом-музей А.П. Чехова. Т-ры: муз.-драм. имени М.С. Щепкина и для детей и юношества. Осн. в 1652.

СУННА, мусульм. Священное Предание, состоящее из *хадисов*. Сложилось в кон. 7–9 вв.

СУННИЗМ, одно из двух (наряду с шиизмом) осн. направлений ислама. Наряду с Кораном признаёт Сунну. В отличие от шиизма, не признаёт возможности посредничества между Аллахом и людьми после смерти Мухаммеда и особого права Алидов (потомков Али) на *имамат*. Большинство мусульман – сунниты.

СУНЬ ЯТСЕН (др. имена: Сунь Чжуншань, Сунь Вэнь) (1866–1925), кит. полит. деятель. Создал в 1894 рев. орг-цию Синчжунхой, в 1905 более массовую орг-цию Тунмэнхой. Вождь Синьхайской рев-ции 1911–13, первый (временный) през. Кит. респ. (1 янв. – 1 апр. 1912). В 1912 основал партию гоминьдан.

СУРД 669

СУПЕР... (от лат. super – сверху, над), часть сложных слов, означающая: 1) расположение сверху, над чем-либо (напр., суперобложка); 2) высш. степень качества чего-либо (напр., суперЭВМ); 3) главенство (напр., суперарбитр).

СУПЕРОБЪЕДИНЕНИЕ, см. *Взаимодействия фундаментальные*.

СУПЕРОРТИКОН (от *супер...* и греч. orthós – прямой, eikón – изображение), высокочувствительная *передающая телевизионная трубка*, действие к-рой основано на преобразовании фотокатодом светового изображения в распределение плотностей фототоков (т.н. электронное изображение), переносе этого изображения на мишень, где оно преобразуется в выходной электрич. сигнал (видеосигнал), и последующем усилении видеосигнала. Одна из наиб. распространённых передающих трубок в телевиз. камерах для внестудийного и студийного вещания.

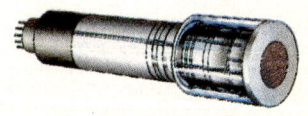

Суперортикон.

СУПЕРПОЗИЦИИ ПРИНЦИП, 1) в классич. физике: результирующий эффект от нескольких независимых воздействий; представляет собой сумму эффектов, вызываемых каждым воздействием в отдельности. Справедлив для систем или полей, описываемых линейными ур-ниями, в т.ч. в механике, теории колебаний и волн, теории физ. полей. 2) В квантовой механике С.п. относится к *волновым функциям*: если физ. система может находиться в состояниях, описываемых двумя (или несколькими) волновыми функциями, то она может также находиться в состоянии, описываемом линейной комбинацией этих функций.

СУППОРТ (от позднелат. supporto – поддерживаю), осн. узел металлорежущего станка для закрепления режущих инстр-тов или заготовки и перемещения их.

СУПРЕМАТИЗМ (от лат. supremus – наивысший), разновидность абстрактного иск-ва, созданная в 1913 К.С. Малевичем в России: сочетание окрашенных простейших геом. фигур (квадрат, круг, треугольник), позже «архитектоны» – наложенные на плоскость объёмные формы.

СУПРУГИ (правовое положение), лица, состоящие в надлежаще оформленном браке. По рос. праву С. полностью равноправны. При регистрации брака С. могут сохранить добрачные фамилии либо избрать общую – по фамилии одного из них; имеют равные права на имущество, нажитое во время брака. С. обязаны материально поддерживать друг друга, в ряде случаев и после расторжения брака (см. также *Алименты*).

СУРА (араб.), глава *Корана*.

СУРБАРАН (Zurbarán) Франсиско (1598–1664), исп. живописец. Представитель севильской школы. Строгий монументализм композиций сочетал с тщательной передачей предметной фактуры, светотеневой моделировкой фигур, тёплой цветовой гаммой (цикл картин из жизни Св. Бонавентуры, 1629). Илл. см. на стр. 670.

СУРДИНА (сурдинка) (франц. sourdine, итал. sordina, от лат. sur-

670 СУРЕ

Ф. Сурбаран. «Святой Лаврентий». 1636. Эрмитаж.

dus – глухой, глухо звучащий), приспособление для приглушения звука и изменения тембра муз. инстр-тов. У струнных смычковых это «трезубец», надеваемый поверх струн на подставку (место опоры струн на деке), у медных духовых – втулка, вводимая в раструб.

СУРЕ́ПКА, род двулетних или многолетних трав (сем. крестоцветные). Ок. 20 видов, в умеренном поясе Сев. полушария. Сорняки. С. весеннюю, или зимний кресс, культивируют в Зап. Европе как салатное р-ние.

СУ́РИКОВ Вас. Ив. (1848–1916), рос. живописец. Передвижник. В монументальных полотнах, посвящённых переломным моментам, напряжённым конфликтам рус. истории, гл. героем показал нар. массы, выделяя вместе с тем яркие, сильные личности. Глубокие по пониманию противоречий ист. процесса произв. («Утро стрелецкой казни», 1881; «Меншиков в Берёзове», 1883; «Покорение Сибири Ермаком», 1895) отличаются широтой и полифоничностью композиции, яркостью и насыщенностью колорита.

СУРИНА́М (Республика Суринам), гос-во на С.-В. Юж. Америки, на С. омывается Атлантич. ок. Пл. 163,3 т. км². Нас. 405 т.ч., гл. обр. суринамцы (суринамцы-креолы) и суринамо-индо-пакистанцы. Офиц. яз.– нидерландский. Верующие – индуисты, католики, мусульмане. Глава гос-ва и пр-ва – президент. Законодат. орган – парламент (Нац. собрание). Столица – Парамарибо. Адм.-терр. деление: 9 округов. Ден. единица – суринамский гульден.

Расположен б.ч. на С.-В. Гвианского плоскогорья (выс. до 1280 м), на С.– низменность. Климат субэкв., жаркий и влажный. Ср.-мес. темп-ры 26–28°C; осадков 2300–3000 мм в год. Гл. реки: Корантейн, Марони, Суринам. Ок. 95% терр.– вечнозелёные леса.

С 17 в. колония Нидерландов (Нидерл. Гвиана). С 1975 независимое гос-во.

Основа экономики – добыча бокситов (св. 3 млн. т в год), произ-во (1,5 млн. т в год) и экспорт глинозёма (ок. ¾ стоимости). ВНП на д. нас. 3690 долл. в год. Пищевкус. пром-сть (произ-во сахара, рома, таб. изделий, пальмового масла). Лов и переработка креветок (в т.ч. на экспорт). Гл. экспортные культуры: рис, бананы, сах. тростник, кокосовая пальма, цитрусовые.

СУРКИ́, род грызунов (сем. беличьи). Длина тела до 60 см, хвост менее ½ длины тела. 14 видов, в Сев. полушарии, от тундр до юж. степей. Мех густой, чаще рыжеватого цвета. Убежищем служат глубокие (до 3 м) норы с длинными ходами. На зиму впадают в спячку. Объект промысла (мех, жир, мясо). Могут быть носителями возбудителя чумы.

СУРРОГА́Т (от лат. surrogatus – избранный взамен), 1) продукт (или предмет), заменяющий к.-л. другой продукт (или предмет), с к-рым он имеет нек-рые общие свойства, но не обладает его качествами (напр., С. зёрен кофе – ячмень, жёлуди). 2) Подделка; подделанный, фальсифицированный продукт.

СУРЬМА́ (Stibium), Sb, хим. элемент V гр. периодич. системы, ат. н. 51, ат. м. 121,75; металл. С. используют для получения полупроводн. материалов, как компонент сплавов. В старину из соединений С. готовили косметич. средства – румяна и чёрную краску для бровей (сурьмяные брови, насурьмлённая красавица).

СУРЬМЯ́НЫЕ РУ́ДЫ, содержат Sb 1–2% (бедные руды), 6–50% (богатые). Гл. минерал – антимонит. Мировые запасы св. 2 млн. т. Гл. добывающие страны: Боливия, ЮАР, Канада, Мексика.

СУСА́НИН Ив. Осипович (?–1613), крестьянин Костромского уезда. Зимой 1613 завёл отряд польск.-литов. интервентов, разыскивавших царя Мих. Фёд. Романова, в непроходимые лесные дебри, за что был замучен.

СУ́СЛИКИ, род грызунов (сем. беличьи). Длина тела до 40 см, хвост ок. ½ тела. 36 видов, на открытых ландшафтах Сев. полушария. Живут в норах. Зиму проводят в спячке. Питаясь стеблями и семенами р-ний, повреждают зерновые культуры. Могут быть носителями возбудителей ряда болезней ж-ных и человека (туляремии, чумы и др.). Нек-рые – второстепенный объект промысла (мех).

СУСПЕ́НЗИИ, дисперсные системы, в к-рых твёрдые частицы дисперсной фазы находятся во взвешенном состоянии в жидкой среде (другой часто употребляемый термин «взвеси»). В С. частицы сравнительно быстро выпадают в осадок (или всплывают). С образованием С. имеют дело в произ-ве цемента, бумаги, керамики, при выделке кожи, получении разл. покрытий.

СУСТА́В, у позвоночных подвижное соединение костей, позволяющее им перемещаться относительно друг друга. Заболевания С.– артриты и артрозы.

СУТА́НА, часть облачения католич. священника в виде длинной чёрной одежды со стоячим воротником; у епископа С. фиолетового, у кардинала – пурпурного, у папы – белого цвета.

СУТАРТИ́НЕ (литов. sutartinė, от sutari – ладить), древние литов. многоголосные песни полифонич. склада. Запев и припев поются одновременно; характерно движение параллельными секундами (см. Интервал).

СУ́ТРА (санскр., букв.– нить), в др.-инд. лит-ре лаконичное и отрывочное высказывание, позднее – своды таких высказываний. В С. излагались разл. отрасли знания, почти все религ.-филос. учения Др. Индии. Язык С. характеризуется образностью и афористичностью.

СУФИ́ЗМ (от араб. суф – грубая шерстяная ткань, отсюда – власяница как атрибут аскета), мистич. течение в исламе. Возникло в 8–9 вв., окончательно оформилось в 10–12 вв. Для С. характерно сочетание метафизики с аскетич. практикой, учение о постепенном приближении через мистич. любовь к познанию Бога (в интуитивных экстатич. актах) и слиянию с ним. Оказал большое влияние на араб. и особенно перс. поэзию (Санаи, Аттар, Джалаледдин Руми).

СУФРАЖИ́СТКИ (от англ. suffrage – избират. право), участницы движения за предоставление женщинам избират. прав. Движение распространилось во 2-й пол. 19 – нач. 20 вв. в Великобритании, США и др.

СУ́ХАРЕВА БА́ШНЯ, сооружена в Москве в 1692–95 (арх. М.И. Чоглоков) по инициативе Петра I близ слободы стрелецкого полка Л.П. Сухарева (отсюда назв.) как ворота Земляного города. В 1700–15 в С.б.– Школа матем. и навигацких наук, затем астр. обсерватория Я.В. Брюса, в 1925–34 Моск. коммунальный музей. Снесена в 1934 при реконструкции Б. и М. Колхозных площадей.

СУХАРЕ́ВСКАЯ Лид. Пав. (1909–1991), актриса. На сцене с 1931. В 1933–44 в Ленингр. т-ре комедии, в 1947–52 и с 1974 в Моск. т-ре имени Вл. Маяковского (до 1954 Моск. т-р драмы). Работала также в Моск. т-ре на Малой Бронной и др. Игру отличали тонкость психол. нюансировки, напряжённый драматизм при склонности к острому сценич. рисунку, эксцентрике: Клер Цеханассьян («Визит дамы» Ф. Дюрренматта, 1966). Она («Старомодная комедия» А.Н. Арбузова, 1976) и др. Снималась в кино.

СУХОВЕ́Й, ветер с высокой темп-рой и низкой относит. влажностью воздуха в степях и полупустынях (Прикаспийская низм., Казахстан). Подобные сухие ветры – хамсин, сирокко и др. Во время С. усиливается испарение, что при недостатке влаги в почве часто приводит к увяданию и гибели с.-х. культур.

СУХОВО-КОБЫ́ЛИН Ал-др Вас. (1817–1903), рус. драматург. В драм. трилогии «Свадьба Кречинского» (пост. 1855), «Дело» (написано в 1861; запрещалось цензурой более 20 лет) и «Смерть Тарелкина» (написана в 1869; запрещалась более

В.И. Суриков. «Боярыня Морозова». 1887. Третьяковская галерея.

30 лет) с нарастающим сатирич. обличением (комедия – сатирич. драма с трагич. финалом – трагикомич. фарс) показал дворянскую «расплюевщину» (естественность цинизма, «благодушие зла»), произвол и бюрократизм суд. чиновников, полиции, полную беспомощность человека любого сословия перед властью.

СУХОЖИ́ЛИЕ, плотная соединительнотканная часть мышцы, посредством к-рой она прикрепляется к костям.

«СУХО́Й ЛЁД», см. *Углерода диоксид*.

СУХО́Й Пав. Осипович (1895–1975), авиаконструктор. Возглавлял разработку в СССР нек-рых самолётов в КБ А.Н. Туполева, в т.ч. АНТ-25, на к-ром в 1937 экипажи В.П. Чкалова и М.М. Громова совершили беспосадочные перелёты из Москвы через Сев. полюс в США. В организованном С. КБ под его руководством создан ряд эксперим. и серийных реактивных самолётов, в т.ч. эксперим. самолёт Су-22И – первый отеч. самолёт с изменяемой в полёте стреловидностью крыла, первый отеч. серийный истребитель Су-7, вдвое превысивший скорость звука, сверхзвуковой фронтовой бомбардировщик Су-24 с крылом изменяемой в полёте стреловидности. На самолётах С. установлено по 2 мировых рекорда высоты и скорости полёта.

«СУХО́Й СПИРТ», тв. бездымное горючее. Получают прессованием нек-рых порошкообразных органич. соединений. Наиб. применение в быту находит «С.с.» на основе гексаметилентетрамина (уротропина).

СУХОМЛИ́НСКИЙ Вас. Ал-др. (1918–70), педагог, директор сел. Павлышской ср. школы (Кировогр. обл., Украина). В трудах по теории и методике воспитания «Сердце отдаю детям» (1969), «Рождение гражданина» (1970), «О воспитании» (1973) выразил стремление к гуманизации шк. образования в СССР, отстаивал право на пед. творчество.

СУХУ́МИ, г. (с 1848), столица Абхазии, порт на Чёрном м., приморский климатобальнеологич. курорт. 120 т.ж. Ж.-д. ст. Пром-сть: пищевкус., лёгкая, маш-ние и металлообработка. 2 вуза (в т.ч. ун-т). 3 музея, картинная гал. 3 т-ра (в т.ч. драм. имени С.Я. Чанбы). Ин-т эксперим. патологии и терапии (с обезьяньим питомником); ботан. сад. Туризм. Изв. с 736 в груз. летописях под назв. Цхум, с 12 в. генуэзская фактория, в 1724–1810 тур. крепость Сухум-Кале.

Сухуми. Ботанический сад.

СУЩЕСТВИ́ТЕЛЬНОЕ, часть речи, обозначающая предметы (вещи, в-ва, людей, ж-ных), свойства, отвлечённые от их носителя («доброта»), действия и состояния в отвлечении от их субъекта («пение»). В разных языках имеет разл. грамматич. категории, из к-рых наиболее типичны род, число, падеж. Осн. синтаксич. функция С. в предложении – быть подлежащим или дополнением.

СУ́ЩНОСТЬ И ЯВЛЕ́НИЕ, филос. категории: сущность – внутр. содержание предмета, выражающееся в единстве всех его многообразных свойств и отношений; явление – то или иное обнаружение предмета, внеш. формы его существования.

СУЭ́ЦКИЙ КАНА́Л, в Египте, проложен через Суэцкий перешеек, соединяет Красное м. у г. Суэц со Средиземным м. у г. Порт-Саид. Открыт в 1869. Дл. 161 км, глуб. 16,2 м, шир. 120–318 м, без шлюзов.

СФА́ГНУМ (сфагн), единств. род листостебельных сфагновых мхов. Стебель прямостоячий, с пучковидно расположенными ветвями. 320 видов, в холодном и умеренном поясах. Растут на болотах, в тайге, тундре, влажных лесах; из нижних отмерших частей образуется торф. Обладает бактерицидными свойствами (содержат противогнилостное в-во сфагнол).

СФАЛЕРИ́Т (от греч. sphalerós – обманчивый) (цинковая обманка), минерал, сульфид цинка. Гл. руда цинка; попутно извлекают примеси С – кадмий, индий, гафний. Образует кристаллы, зернистые агрегаты от бесцветных до чёрного цвета. Тв. 3,5–4; плотн. 3,9–4,1 г/см³. Обладает пироэлектрич. свойствами. Гл. м-ния: в Канаде, Австралии, США, России.

Сфалерит. Дальнегорское месторождение (Россия).

СФЕ́РА (от греч. sphaíra – мяч, шар), замкнутая поверхность, все точки к-рой одинаково удалены от данной точки (центра С.) на расстояние R (радиус С.). Площадь поверхности С. $S = 4\pi R^2$, $\pi = 3,14$... Тело, ограниченное С., наз. *шаром*.

СФЕ́РА (от греч. sphaíra – шар), 1) область действия, пределы распространения чего-либо (напр., С. влияния). 2) Обществ. окружение, среда, обстановка.

СФИНКС (Сфинга), 1) в греч. мифологии – крылатая полуженщина, полульвица, обитавшая на скале близ Фив; задавала прохожим неразрешимую загадку и, не получив ответа, пожирала их. Загадку С. («кто утром ходит на четырёх ногах, в полдень на

Сфинкс. Фреска из этрусской гробницы. Ок. 570 до н.э. Британский музей. Лондон.

двух, вечером на трёх) разгадал Эдип («человек – в детстве, зрелости и старости»), после чего С. бросилась со скалы. 2) В Др. Египте – статуя фантастич. существа с телом льва и головой человека, реже животного.

СФО́РЦА ФРАНЧЕ́СКО, см. *Франческо Сфорца*.

СФРАГИ́СТИКА (от греч. sphragís – печать), вспомогат. ист. дисциплина, изучающая печати. Зародилась в 18 в. как часть дипломатики. С кон. 19 в. развивалась как дисциплина, изучающая на основе классификации печатей историю гос. институтов (труды Г. Шлюмберже, Н.П. Лихачёва и др.).

СФУМА́ТО (итал. sfumato, букв. – исчезнувший как дым), в живописи смягчение очертаний предметов, позволяющее передать окутывающий их воздух. Приём С. разработан Леонардо да Винчи.

СХЕ́МА (от греч. schéma – наружный вид, форма) 1) чертёж, на к-ром условными графич. обозначениями изображены устройство, взаимоположение и связь частей чего-либо. 2) Описание, изложение чего-либо в общих, гл. чертах.

СХИ́МА (греч. schéma), высш. степень правосл. монашества.

СХОЛА́СТИКА (от греч. scholastikós – школьный, учёный), тип религ. философии, характеризующийся соединением теолого-догматич. предпосылок с рационалистич. методикой и интересом к формально-логич. проблемам. Получила наиб. развитие в Зап. Европе в ср. века. Ранняя С. (11–12 вв.) находится под влиянием августиновского платонизма (Ансельм Кентерберийский и др.). В споре об *универсалиях* схоластич. реализму (Гильом из Шампо) противостоят номинализм (Росцелин), а также концептуализм (Абеляр). Зрелая С. (12–13 вв.) – христ. аристотелизм Альберта Великого и Фомы Аквинского, аверроизм (Сигер Брабантский и др.), её гл. центр – Парижский ун-т, осн. жанр – «сумма» (энциклопедич. свод ответов на вопросы). Поздняя С. (13–14 вв.) – Иоанн Дунс Скот, У. Оккам. Против С. выступили гуманисты Возрождения. С Контрреформацией связано новое

оживление С., особенно в Испании (т.н. вторая С., 16–17 вв., Ф. Суарес, М. Молина). См. также *Неосхоластика*. Перен. – оторванное от жизни умствование.

СЦЕ́ВОЛА (Scaevola, букв. – левша) Гай Муций, по антич. преданию, рим. герой – юноша, пробравшийся в лагерь неприятеля, чтобы убить этрусского царя Порсену. Был схвачен и, желая показать презрение к боли и смерти, сам опустил правую руку в огонь.

СЦЕ́НА (лат. scaena, от греч. skēnē), 1) площадка, на к-рой происходит представление (театральное, эстрадное, концертное и др.). Древнейший вид С. – др.-греч. *орхестра*. Тип театральной сценич. площадки, близкий совр. глубинной С.-коробке, возник в Италии в 16 в. и утвердился в 17 в. 2) В пьесе, спектакле часть действия, акта.

СЦИЕНТИ́ЗМ (от лат. scientia – наука), абсолютизация роли науки в системе культуры, в духовной жизни общества, в качестве образца берутся естеств. науки, математика.

СЦИПИО́Н АФРИКА́НСКИЙ Старший (Scipio Africanus Major) Публий Корнелий (ок. 235 – ок. 183 до н.э.), рим. гос. деятель, полководец. Во 2-й Пунич. войне (218–201) нанёс поражение карфагенским войскам в Испании, разгромил армию Ганнибала при Заме (202). С 199 цензор и принцепс сената, консул (194), играл видную роль в полит. жизни Рима.

СЫ́ВОРОТКА КРО́ВИ, прозрачная желтоватая жидкость, отделяемая от кровяного сгустка после свёртывания крови вне организма. Из С.к. ж-ных и людей, иммунизированных опредл. *антигенами*, получают иммунные сыворотки, применяемые для диагностики, лечения и профилактики разл. заболеваний. Введение С.к., содержащей чужеродные для организма белки, может вызывать проявления аллергии – боли в суставах, лихорадку, сыпь, зуд (т.н. сывороточная болезнь).

СЫКТЫВКА́Р (до 1930 Усть-Сысольск), г. (с 1780), столица (с 1921) Коми, пристань на р. Сысола. 225,8 т.ж. Ж.-д. ст. Крупный лесопром. комплекс (целл.-бум. и картонное произ-во, гидролизно-дрожжевой з-д). Деревообр., меб., пищ., лёгкая пром-сть. Судостроение и судоремонт. Произ-во худ. изделий из дерева, кости, рога, металла, кожи и др. Коми филиал РАН. 3 вуза (в т.ч. ун-т). 4 музея (в т.ч. худ. и историко-краеведческий). Т-ры: муз. и драматический. Филармония. Изв. с 1586.

СЫМА́ ЦЯНЬ (145 или 135 до н.э. – ок. 86 до н.э.), др.-кит. историк. Автор тр. по истории Китая «Ши цзи» («Исторические записки»). Рассматривал развитие общества в виде круговорота.

СЫПНО́Й ТИФ, острое инфекц. заболевание человека: лихорадка, поражение сосудов, центр. нерв. системы, сыпь. Вызывается бактериями (риккетсиями); передаётся вшами.

СЫПЬ, общее название очаговых патол. изменений кожи и слизистых оболочек в виде пятен, пузырьков, гнойничков, узелков и т.п. при воздействии на организм разл. внешних (физич., хим. и др.) или внутренних (напр., при инфекц. заболевании, нарушении обмена в-в) факторов.

СЫРДАРЬЯ́ (древнее – Яксарт), р. в Узбекистане, Таджикистане, Ка-

672 СЫРО

захстане. Образуется слиянием рек Нарын и Карадарья. Дл. 2212 км (от истока Нарына 3019 км). В недавние времена впадала в Аральское м., ныне воды С. полностью разбираются на хоз. нужды. Наиб. водность в ср. течении. На С.— Кайраккумская, Фархадская, Чардаринская ГЭС, Кзыл-Ординская плотина; гг. Худжанд, Кзыл-Орда и др.

СЫРОЕ́ЖКИ, род съедобных грибов (сем. сыроежковые). Шляпка обычно ярко окрашена, ломкая. Ок. 275 видов (в т.ч подгруздки, валуи), в Евразии, Америке, Австралии. В России ок. 60 видов, в лесах разл. типов. Наиб. часто встречающиеся грибы (ок. 30% от массы всех грибов). Нек-рые виды можно есть сырыми, откуда, возможно, и название. Едкий вкус исчезает при вымачивании.

Сыроежки: 1 — сереющая; 2 — жёлтая; 3 — синяя.

СЫРО́К, то же, что *пелядь*.

СЫРЬЁ, материалы, подлежащие дальнейшей переработке в процессе произ-ва. Различают первичное (добытая руда, уголь, хлопок-сырец и др.) и вторичное (металлолом, макулатура и др.) С.

СЫ́ТИН Ив. Дм. (1851–1934), рос. издатель-просветитель. В 1883 основал в Москве издат. товарищество, позже — 2 самые крупные типогра-

И.Д. Сытин.

фии там же, 16 книжных магазинов в разл. городах страны, школу техн. рисования и литографич. дела. С. издавал большими тиражами дешёвые книги для народа, учебники, дет. лит-ру, календари, собрания сочинений рус. классиков, «Детскую энциклопедию» в 10 тт., «Народную энциклопедию научных и прикладных знаний» в 14 тт., 18 томов «Военной энциклопедии», газ. «Русское слово», ж. «Нива», «Вокруг света», «Хирургия» и др. Всего к 1914 — четверть книжной продукции страны. В

1917 типографии были национализированы.

Сычи́. Мохноногий сыч.

СЫЧИ́, мелкие и ср. величины совы. Дл. от 12–14 см (сычик-эльф) до 25–28 см (домовый С.). Глаза относительно большие, жёлтые. 25 видов, в т.ч. мохноногий, воробьиный, пещерный С., в Евразии, Америке, Африке. Обитают в лесах, степях, полупустынях. Часто гнездятся в норах, на обрывах, в постройках.

СЬЕ́РРА-ЛЕО́НЕ (Республика Сьерра-Леоне), гос-во в Зап. Африке, на З. и Ю.-З. омывается Атлантич. ок. Пл. 72,3 т. км². Нас. 4,5 млн. ч., народы темне, менде, лимба, фульбе и др. Офиц. яз.— английский. Верующие — мусульмане, христиане, приверженцы местных традиционных верований. Входит в Содружество. Глава гос-ва — президент. Законодат. функции осуществляет Врем. нац. правящий совет. Столица — Фритаун. Адм.-терр. деление: 3 про-

Сьерра-Леоне. Плантация пальм.

винции и Зап. область (столица и её пригороды). Ден. единица — леоне.
Б.ч. страны — Леоно-Либерийская возв., на С.— отроги Фута-Джаллон, на З. и Ю.— низменность. Климат экваториальный. Ср.-мес. темп-ры 24–27 °C; осадков 2000–2500 мм в год. Гл. реки: Каба, Рокел, Джонг, Сева, Моа. Преобладает саванна.
В 1808 прибрежная часть С.-Л. стала англ. колонией, в 1896 внутр. р-ны — протекторатом. С 1961 независимое гос-во.
С.-Л. агр. страна с относительно развитой горнодоб. пром-стью. ВНП на д. нас. 200 долл. Осн. с.-х. культуры: экспортные — кофе, какао; продовольственные — рис; а также маниок, просо, сорго, овощи, масличная пальма. Лесозаготовки. Рыб-во. Добыча алмазов (ок. 35% стоимости экспорта), рутила (ок. 18% стоимости экспорта), бокситов, золота.

СЭЙ СЁНАГО́Н, япон. писательница 10 в.; придворная дама. «Записки у изголовья» — дневниковые миниатюры (св. 300; в т.ч. анекдоты, новеллы, стихи, психол. этюды, картины природы, полные непосредственного чувства, живых описаний (нередко с юмором) частной жизни, тонких наблюдений и метких характеристик; приводится много нар. преданий и легенд; положили начало жанру япон. эссе — дзуйхицу (букв.— «вслед за кистью» — орудие письма у японцев).

СЭ́ЛИНДЖЕР (Salinger) Джером Дейвид (р. 1919), амер. писатель. В пов. «Над пропастью во ржи» (1951) восприимчивый к красоте мечтательный подросток противостоит, подчас вовлекаясь в «ситуации бунта», практицизму, притворству, конформизму и «потребительству» взрослых. Цикл повестей о семье как духовно исцеляющем «микросоциуме» (в т.ч. «Фрэнни» и «Зуи», обе 1961). Лиричная, с элементами музыкальности и философичности проза С. отмечена влиянием дзэн-буддизма (см. *Дзэн*). После 1965 ведёт затворническую жизнь и не публикуется.

СЭ́МЮЭЛСОН (Самуэльсон) (Samuelson) Пол (р. 1915), амер. экономист. Тр. по проблемам моделирования экон. цикла, экон.-матем. методам измерения полезности и др. Автор учебника («Экономика. Вводный курс», 1951; рус. пер., 1964, тт. 1–2, 1992). Ноб. пр. (1970).

СЭ́НДБЕРГ (Sandburg) Карл (1878–1967), амер. поэт. Наследуя У. Уитмену и амер. фольклору, стал мастером *свободного стиха*. В сб. «Стихи о Чикаго» (1916), «Дым и сталь» (1920), «Доброе утро, Америка» (1928) — урбанистич. пейзаж, контрасты и драмы будней большого города, запечатлённые с точностью репортажа. В сб. «Камни сожжённого солнцем Запада» (1922) — прерия, олицетворяющая силу земли и народа, естеств. жизнь, сопротивляющуюся насилию, чинимому совр. цивилизацией. Оба начала лирики сливаются в поэме «Народ — да!» (1936) — панораме амер. действительности периода острых классовых противоборств. Биография «Авраам Линкольн» (т. 1–6, 1926–39).

СЮ (Sue) Эжен (наст. имя Мари Жозеф) (1804–57), франц. писатель. В социальных, с авантюрным сюжетом ром. «Парижские тайны» (1842–1843) и «Вечный жид» (1844–45) ри-

совал бедствия народа, людей парижского «дна»; в сентиментально-мещанском духе трактовал социальные идеи Ш. Фурье.

СЮ́ДОВ (Sydow) Макс фон (наст. имя Карл Адольф) (р. 1929), швед. актёр. Играл в разл. т-рах, в т. ч. в постановках реж. И. Бергмана, с к-рым связаны его крупные удачи в ф. «Седьмая печать» (1957), «Лицо» (1958), «Девичий источник» (1960), «Стыд» (1968), «Прикосновение» (1971). Актёрская манера характеризуется скупостью выразит. средств при большой психол. глубине и эмоц. насыщенности.

СЮЖЕ́Т (франц. sujet, букв.— предмет), в эпосе, драме, поэме, сценарии, фильме способ развёртывания *фабулы*, последовательность и мотивировка подачи изображаемых событий. Иногда понятия С. и фабулы определяют наоборот; иногда их отождествляют. В традиц. словоупотреблении — ход событий в лит. произв., пространств.-временная динамика изображаемого.

СЮ́ИТА (франц. suite, букв.— последование, ряд), 1) разновидность *циклических форм*; её части основаны на танц. и песенных жанрах, а их кол-во, порядок и характер относительно свободны. С. разного вида существуют с 16 в., в т.ч. под назв. *партита, серенада, дивертисмент*. 2) Ряд пьес из музыки к балету, драм. спектаклю, кинофильму. 3) Муз.-хореогр. композиция из неск. характерных танцев (также дивертисмент).

СЮЙ БЭЙХУ́Н (псевд. Жю Пэон) (1895–1953), кит. живописец и график. Соединял нац. традиции с достижениями европ. реалистич. живописи. Произведения, посвящённые нар. жизни, природе и людям Китая, проникнуты поэзией, нередко героич. пафосом.

Сюй Бэйхун. «Кошки». 1930-е гг. Музей Востока. Москва.

СЮЛЛИ́-ПРЮДО́М (Sully-Prudhomme) (наст. имя Рене Франсуа Арман Прюдом) (1839–1907), франц. поэт. Чл. группы «*Парнас*». Утончённая лирика, исполненная скрытого и смягчённого трагизма (сб. «Стан-

Сюрреализм. С. Дали. «Искушение Святого Антония». 1946. Королевский музей изящных искусств. Брюссель.

сы и поэмы», 1865, «Тщетная нежность», 1875). В филос. поэмах «Судьбы» (1872), «Справедливость» (1878), «Счастье» (1888) сомнение во всеобщем (природном и человеческом) оправдательном смысле бытия побеждается верой в разумный прогресс и нравств. совершенствование человека. С.-П. присуждена первая Ноб. пр. по лит-ре (1901).

СЮРРЕАЛИ́ЗМ (франц. surréalisme, букв. — сверхреализм), направление в иск-ве 20 в., провозгласившее источником худ. творчества сферу подсознательного (инстинкты, сновидения, галлюцинации), а творч. методом — разрыв логич. связей, заменённых свободными ассоциациями. Сложился в 1920-х гг., развив ряд худ. принципов *дадаизма* (писатели А. Бретон, Ф. Супо, Т. Тцара, художники М. Эрнст, Ж. Арп, Ж. Миро). С 30-х гг. гл. чертой С. стала парадоксальная алогичность предметов и явлений, к-рым с виртуозным мастерством придаётся видимая предметно-пластич. достоверность (художники С. Дали, И. Танги и др.).

СЯНГА́Н (англ. назв. Гонконг), территория в Вост. Азии, на Ю.-В. Китая. Состоит из 2 частей: о. Сянган и небольшого участка на п-ове Цзюлун, отторгнутых Великобританией у Китая (1842), а также арендованной Великобританией у Китая (1898) большей части п-ова Цзюлун с прилегающими о-вами (т.н. Новой территории). Согласно кит.-англ. декларации (1984), в С. в 1997 будет восстановлен суверенитет Китая. Пл. 1 т. км². Нас. 5,9 млн. ч., св. 98% — китайцы. Офиц. языки — английский и китайский. Адм. ц.— Сянган. Ден. единица — гонконгский доллар.

Основа экономики — внешнеторг. (в т.ч. реэкспортные) и валютно-финанс. операции. ВНП на д. нас. 16500 долл. в год. Кр. обрабат. пром-сть, работающая на экспорт. Произ-во пластмассовых изделий (гл. обр. игрушек), электронных компонентов, теле-, радиоаппаратуры, часов, готовой одежды и др. Посевы риса; овощ-во, цветоводство. Разводят свиней, птицу. Рыб-во.

Т, т [тэ], двадцатая буква рус. алфавита; восходит к букве *кириллицы* Т («твердо»).

ТАБА́К, род одно- и многолетних трав и кустарников (сем. паслёновые). 66 видов. Выращивают Т. настоящий (курительный) в азиат. странах, США, Болгарии и др.— в России — в Краснодарском кр. (небольшие площади). В сухих листьях — *никотин*, эфирное масло, смолы. Культивируют также махорку. Нек-рые виды декоративные. Родиной Т. считают Америку, откуда он был завезён в кон. 15 в. в Европу и использовался сначала как декор. и лекарств. р-ние. Как наркотич. средство (первонач. для нюхания и жевания, затем для курения) распространился с кон. 16 в. (в России с 17 в.). Табакокурение — одна из наиб. распространённых вредных привычек, отрицательно влияющих на здоровье (способствует развитию болезней сосудов, желудка, лёгких и др.); в таб. дыме содержатся канцерогенные в-ва.

ТАБАКО́В Олег Пав. (р. 1935), актёр, педагог, театральный деятель. С 1957 в Моск. т-ре «Современник». С 1983 во МХАТе, с 1989 во МХАТе имени А.П. Чехова. Обаятельные ранние лирич. герои Т.— бескомпромиссные идеалисты, рвущиеся в бой с мещанством. Со вкусом играет их антиподов — наглых «хозяев жизни». Владеет всеми оттенками комедийной игры, иногда прибегает к шаржу: Олег («В поисках радости» В.С. Розова, 1957), Александр Адуев («Обыкновенная история» по И.А. Гончарову, 1966), Балалайкин («Балалайкин и Ко» по М.Е. Салтыкову-Щедрину, 1973), Он («Скамейка» А.И. Гельмана, 1984) и др. Снимался в ф.: «Несколько дней из жизни И.И. Обломова» (1980) и др. В 1974 организовал в Москве театральную студию (с 1992 Моск. т-р под рук. О. Табакова).

ТА́БЕЛЬ О РА́НГАХ, в России законодат. акт, определявший порядок прохождения службы чиновниками и военными. Издан Петром I в 1722. Устанавливал 14 рангов (1-й — высший) по трём видам: военные (армейские и морские), гражданский и придворные (см. ст. *Чин*). Потерял силу после Окт. рев-ции.

ТАБЕРНА́КЛЬ (от лат. tabernaculum — шатёр), 1) в готич. архитектуре декоративно оформленная ниша со статуей святого. 2) В католич. храмах богато украшенное сооружение для хранения предметов религ. культа.

ТАБИ́ДЗЕ Галактион Вас. (1892–1959), груз. поэт. В лирике (стих. «Луна Мтацминды», 1915, «Поэзия — прежде всего», 1920) — сочетание традиций груз. поэзии с поиском нового, философски осмысленного поэтич. слова. Сб. «Артистические стихи» (1919), «Родина. Жизнь моя» (1943), «Полвека» (1959). Поэмы о поворотных событиях 20 в. («Джон Рид», 1924; «Революционная Грузия», 1931). В послевоен. годы — интимная и филос. лирика. Покончил жизнь самоубийством.

ТАБИ́ДЗЕ Тициан Юстинович (1895–1937), груз. поэт. Один из лидеров груз. символизма. В творчестве нац. мотивы сочетались с образами европ. и рус. культуры, изысканность стиха — с лирич. темпераментом, до сер. 1920-х гг. преобладали трагич. ноты, позднее — общественно значимая проблематика, вера в созидательное значение перемен в послерев. Грузии (поэма «Рион-порт», 1928; лирич. цикл «Всем сердцем», сб. «Стихи», 1933). Репрессирован.

ТАБУ́ (полинезийск.), в первобытном обществе система запретов на совершение определ. действий (употребление к.-л. предметов, произнесение слов, личные контакты и т.п.), давших начало многим позднейшим социальным и религ. нормам.

ТАВЕРНЬЕ́ (Tavernier) Бертран (р. 1941), франц. кинорежиссёр. В русле бытового и психол. реализма ф. «Часовщик из Сен-Поля» (1973), «Неделя отпуска» (1980); приёмы поэтич. стилистики в ф. «Воскресенье за городом» (1984). Проявил мастерство в реставрации минувших ист. эпох («Судья и убийца», 1976) и в следовании традициям амер. кино («Прямой репортаж о смерти», 1979, в прокате — «Преступный репортаж»; «Вокруг полуночи», 1986).

ТАВИА́НИ (Taviani), итал. кинорежиссёры, братья: Паоло (р. 1931) и Витторио (р. 1929). Для работ Т. характерно сочетание интереса к полит. и социальным проблемам с поэтич. преображением реальности («Под знаком Скорпиона», 1969; «Аллонзанфан», 1974; «Отец-хозяин», 1977; «Хаос», 1984; «И свет во тьме светит», 1990).

ТАВРИ́ЧЕСКИЕ ГО́РЫ, см. *Крымские горы.*

ТАВРО́ (тюрк.), клеймо, выжигаемое на коже или рогах при клеймении ж-ных.

ТА́ВРЫ, древнейшее население юж. части Крыма (Таврики) в 9 в. до н.э.— 4 в. н.э. Х-во: скот-во, охота, рыб-во; знали ткачество и бронз. литьё. Племена Т. жили в укреплённых поселениях. Боролись против Херсонеса, Боспорского гос-ва. С 1 в. н.э. смешались с соседними народами (тавроскифы и др.).

ТАВТОЛО́ГИЯ (от греч. tautó — то же самое и lógos — слово), содержательная избыточность высказывания, проявляющаяся в сочетании или повторении одних и тех же или близких по смыслу слов («истинная правда», «целиком и полностью»); может усиливать эмоц. воздействие речи, что традиционно для фольклора («грусть-тоска»).

ТА́ГЕТЕС, то же, что *бархатцы.*

ТАГО́Р (Тхакур) Рабиндранат (1861–1941), индийский писатель и обществ. деятель; писал на бенг. яз. Лирич. стихи, отмеченные пантеистич. мотивами («Вечерние песни», 1882), филос. раздумьями («Маноши», 1890; «Золотая ладья», 1893), патриотизмом, романтич. гражданственностью; кн. стихов «Жертвенные песни» (или «Гитанджали», 1912, авторский пер. на англ. яз.). Сформулировал гуманистич. концепцию «джибандебота» («божество жизни»). Романы («Гора», 1907–10; «Дом и мир», 1915–16), повести, рассказы, пьесы, публицистика направлены против расовой дискриминации, религ. нетерпимости, кастовой системы и бесправия женщины, проникнуты нац.-освободит. идеями, размышлениями о правомерности насильств. и ненасильств. средств социальной борьбы. Книги по проблемам языка, лит-ры, философии, религии. Текст Нац. гимна Респ. Индия; песня «Моя золотая Бенгалия» стала гимном Нар. Респ. Бангладеш. Ноб. пр., 1913.

Р. Тагор.

ТАДЖИКИСТА́Н (Республика Таджикистан), гос-во на Ю.-В. Ср. Азии. Пл. 143,1 т. км². Нас. 5705 т.ч., гор. 30,9%; таджики (62,3%), узбеки (23,5%), русские (7,6%) и др. Офиц. яз.— таджикский. Большинство верующих — мусульмане-сунниты. Глава гос-ва — президент. Законодат. орган — меджлис. Столица — Душанбе. Адм. деление: 3 области, 45 р-нов, 19 городов, 48 пос. гор. типа. В составе Т.— Горно-Бадахшанская АО. Ден. единица — тадж. рубль.

Св. 90% терр. занимают горы, относящиеся к системам Памира (выс. до 7495 м; пик Коммунизма), Гиссаро-Алая и Тянь-Шаня, разделённые межгорн. котловинами и долинами (Ферганская, Зеравшанская, Гиссарская и др.). Климат резко континентальный. В долинах и на равнинах (до выс. 500 м) ср. темп-ры янв. от −1°C на С. до 3°C на Ю., июля от 27°C на С. до 30°C на Ю.; осадков 150–300 мм в год. На выс. 500–1500 м ср. темп-ры янв. −20°C, июля 10–12°C; осадков 1200–2000 мм в год.

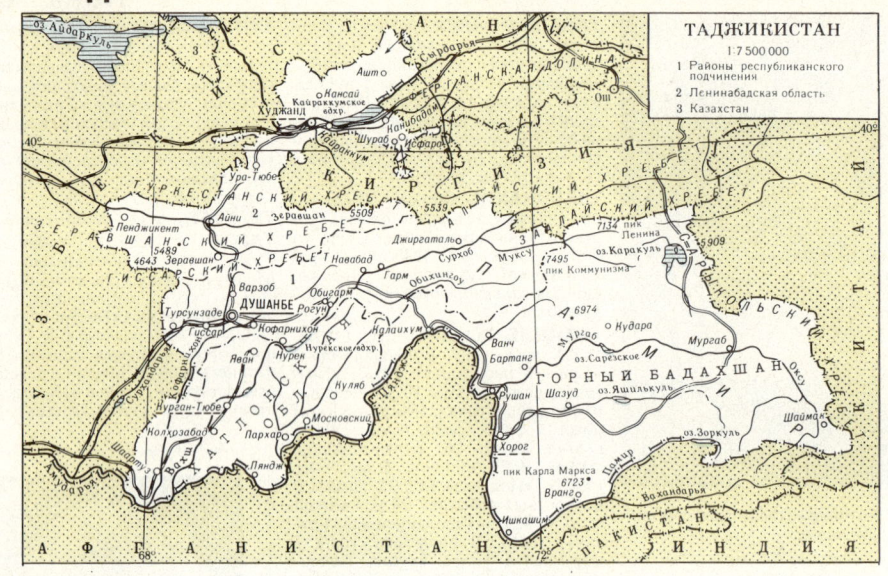

АССР. В 1920 провозглашена Бухарская НСР. В 1924 образована Тадж. АССР в составе Узб. ССР. В 1929 преобразована в Тадж. ССР и вошла в состав СССР. В сент. 1991 ВС республики принял Декларацию о гос. независимости. В 1994 введён пост президента.

Т.— агр.-индустр. страна. ВНП на д. нас. 480 долл. в год. Произ-во эл.-энергии, гл. обр. на ГЭС. Ведущие отрасли пром-сти: горнодоб. (бурый уголь, нефть, газ, руды цв. металлов и др.), цв. металлургия (произ-во алюминия и др.), хим. (минер. удобрения, пластмассы и др.), маш-ние и металлообработка, лёгкая (хл.-очист., хл.-бум., шёлковая, короткацкая), пищ. (плодоовощеконс., маслоб.-жировая и др.). Осн. отрасль с. х-ва — хлопководство (гл. обр. произ-во тонковолокнистого хлопка); развиты плод-во, виногр-во. Посевы технических (хлопчатник, лён-кудряш, кунжут, герань, табак), зерновых (пшеница, ячмень), кормовых культур. Гл. отрасли жив-ва: овц-во, мясо-молочное скот-во; разводят лошадей, яков. Шелк-во. Курорты: Обигарм, Ходжа-Обигарм, Шаамбары.

Кр. ледники — Федченко, Зеравшанский и др. Гл. реки — Сырдарья, Амударья, Зеравшан; кр. озеро — Каракуль; кр. оросит. каналы — Гиссарский, Дальверзинский, тадж. часть Б. Ферганского и Сев. Ферганского. Растительность пустынная, степная, высокогорно-луговая. Заповедники: Тигровая Балка, Ромит и Даштиджумский.

На терр. Т. в 1-й пол. 1-го тыс. до н.э. возникло гос-во Бактрия, в 6–4 вв.— под властью иранских Ахеменидов, Александра Македонского. С 3 в. до н.э. в Греко-Бактрийском, Кушанском царствах; подвергался нашествиям эфталитов, тюрков. В 10–13 вв. в гос-вах Газневидов, Караханидов, в Хорезме. В 13–16 вв. монголо-тат. нашествие. С 16 в. в Бухарском ханстве и ряде мелких владений. В 1868 сев. часть Т. присоединена к России (часть Ферганской и Самаркандской областей), юж. часть (Бухарское ханство) в вассальной зависимости от России. В нояб. 1917 — февр. 1918 установлена сов. власть в Сев. Т., терр. вошла в Туркм.

ТАДЖ-МАХА́Л, памятник индийской архитектуры, мавзолей султана Шах-Джахана и его жены Мумтаз-Махал (ок. 1630–52, архитектор, вероятно, Устад Иса и др.), в 2 км от г. *Агра*. 5-купольное сооружение (выс. 74 м) из белого мрамора с мозаикой из цветных камней. К Т.-М. примыкают 4 минарета и сад.

ТАИЛА́НД (Королевство Таиланд) (до 1939 и в 1945–48 Сиам), гос-во в Юго-Вост. Азии, на п-овах Индокитай и Малакка, омывается Андаманским м. и Сиамским зал. Южно-Кит. моря. Пл. 514 т. км². Нас. 57,8 млн. ч., в осн. сиамцы, лао, а также китайцы, малайцы и др. Офиц. яз.— тайский. Гос. религия — буддизм. Т.— конституц. монархия. Глава гос-ва — король. Законодат. орган — двухпалатная Нац. ассамблея (Сенат и Палата представителей). Столица — Бангкок. Адм.-терр. деление: 7 областей, включающих 73 чангвата (провинции). Ден. единица — тайский бат.

Св. ½ терр.— низменные равнины (в т.ч. Менамская в басс. р. Менам-Чао-Прая), на С. и З.— горы (выс. до 2576 м), на В.— плато Корат. Климат тропич. муссонный. Ср. темп-ры на равнинах 22–29°C; осадков 1000–2000 мм (в горах до 5000 мм) в год. Тропич. леса (ок. 25% терр.), саванны.

Первые гос-ва монов на терр. Т. возникли в 1–2 вв. В 13 в. проникшие с С. тайские племена заселили страну и слились с монами. Тайское гос-во Сукотаи (13–15 вв.) сменило кор-во Аютия (Сиам). Сиамская монархия окончательно оформилась в 15 в. В 16 и 18 вв. Сиам вёл войны с мьянма (Бирма) и нек-рое время был под бирм. оккупацией. В сер. 19 в. Сиаму были навязаны неравноправные договоры с Великобританией, Францией, США. В 1932 после гос. переворота Сиам был провозглашён конституц. монархией. Во 2-й мир. войне Т. участвовал на стороне Японии. С 1947 (с перерывами) в Т. фактически режим воен. диктатуры. В 1991 в Т. произошёл 17-й (после 1932) воен. переворот. В соответствии с принятой в 1991 врем. конституцией высш. власть в стране передана Нац. совету

Таджикистан. Варзобское ущелье.

Таджикистан. Гиссарская историко-архитектурная крепость-музей.

Тадж-Махал.

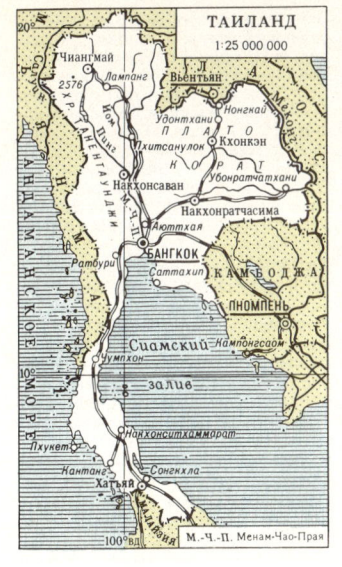

по поддержанию обществ. порядка, на к-рый возложены функции контроля за действиями переходного парламента и переходного пр-ва.

Т.— агр. страна с интенсивно развивающейся пром-стью. ВНП на д. нас. 1750 долл. в год. Добыча руд вольфрама (одно из ведущих мест в мире), олова, сурьмы, свинца и цинка, а также флюорита, драгоценных камней. Произ-во эл.-энергии 20 млрд. кВт·ч. Осн. товарные с.-х. культуры: рис, кукуруза, каучуконосы, чай, тростник, тапиока. Плод-во (ананасы, бананы), овощ-во. Выращивают также джут, хлопчатник и др. Жив-во. Лов и переработка рыбы (в т.ч. на экспорт). Произ-во (гл. обр. на экспорт) эл.-оборудования, электронных компонентов, продукции текст., швейной, кож.-обув., пище-вкус. пром-сти, ювелирных изделий. Развиваются пр-тия маш-ния, хим., цем., нефтеперераб. пром-сти. Ремёсла (произ-во предметов домашнего обихода, худ. изделий). Иностр. туризм.

ТА́ИНСТВА, в христ-ве священные действия, через к-рые тайным образом действует на человека благодать или спасительная сила Божья. Католич. и правосл. церкви признают 7 Т.: крещение, миропомазание, причащение, исповедь, церк. брак, елеосвящение, священство (посвящение в священнослужители). Лютеране признают крещение и причащение, англиканская церковь — крещение, причащение, церк. брак.

ТАИ́РОВ Ал-др Як. (1885—1950), режиссёр. Основатель (1914) и худ. руководитель моск. Камерного т-ра. Один из реформаторов рус. сцены. Стремился к созданию «синтетич. т-ра», воспитанию актёра-виртуоза, владеющего приёмами муз. и пантомимич. иск-ва, преобразованию сценич. пространства, пластич. совершенству мизансцен. Т. привлекали полярные жанры — мистерия-трагедия и комедия-арлекинада. Высокую мелодраму режиссёр поднимал до уровня трагедии. Среди пост.: «Фамира-кифаред» И.Ф. Анненского (1916), «Саломея» О. Уайльда (1917), «Принцесса Брамбилла» по Э.Т.А. Гофману (1920), «Федра» Ж. Расина и «Жирофле-Жирофля» Ш. Лекока (текст А.М. Арго и Н.А. Адуева, 1922), «Любовь под вязами» Ю.О'Нила (1926), «Оптимистическая трагедия» В.В. Вишневского (1933), «Мадам Бовари» по Г. Флоберу (1940). В 1949 после многочисл. «проработок» и критики Т. был отстранён от руководства т-ром, в 1950 Камерный т-р был расформирован.

ТАЙБЭ́Й, гл. г. Тайваня (с 1956), на о. Тайвань. 2,7 млн. ж. Мор. аванпорт Цзилун; междунар. аэропорты. Металлургия, маш-ние; цем., хим., деревообр. пром-сть. В р-не Т.— добыча угля.

ТАЙВА́НЬ, терр. на Ю.-В. Китая, на о. Тайвань (Формоза) и прилегающих к нему о-вах (Пэнхуледао и др.) у юго-вост. побережья Азии. Пл. 36 т. км². Нас. 21 млн. ч., в осн. китайцы (97%). Офиц. яз.— китайский. Среди верующих преобладают приверженцы конфуцианства, буддизма и даосизма. Глава администрации Т.— президент. Представит. органы — Нац. собрание и Законодат. юань (совет). Столица — Тайбэй. Адм.-терр. деление: 16 графств (уездов) и 7 гор. муниципалитетов. Ден. единица — тайваньский доллар.

Т. отделён от материка Тайваньским прол. Вдоль оси Т. протягивается хр. Юйшань (выс. до 3950 м); на З.— низменная равнина. Климат на С. субтропич., на Ю. тропич. муссонный. Ср. темп-ры янв. 15—20 °C, июля 27—28 °C; осадков 1500—5000 мм в год, часты тайфуны. Влажные тропич. леса.

В 13 в. Т. включён в состав Китая. В кон. 16 в. на Т. проникли португальцы, давшие название гл. о-ву — Формоза («Прекрасный»). В 1624 Т. заняли голландцы, к-рые были изгнаны китайцами. Т. был вновь включён в состав Китая. В 1895—1945 Т. под властью Японии. В 1945, после поражения Японии во 2-й мир. войне, Т. возвращён Китаю. В 1949 после провозглашения КНР на Т. бежали сторонники свергнутого пр-ва гоминьдана. Тайбэй был объявлен врем. столицей «Кит. Респ.», в к-рую переместился аппарат пр-ва. В 1949—71 представитель Тайваня занимал место Китая в ООН. В нач. 1980-х гг. Китай, к-рый считает Т. одной из своих провинций, провозгласил курс на мирное объединение Т. с КНР на основе принципа «одно гос-во — две системы». В 1991 тайваньскими властями была выдвинута собств. программа объединения страны в три этапа.

ВНП на д. нас. 10196 долл. в год. Развитая обрабат. пром-сть экспортного направления: радиоэлектроника, приборостроение; судостроение; хим., текст., кож.-обув., швейная и др. отрасли. На прибрежных равнинах возделывание риса (осн. с.-х. культура), сах. тростника, чая, камфарного дерева; плод-во, рыб-во. Развиты свин-во, птиц-во.

ТАЙГА́, хвойные леса в умеренном поясе Сев. полушария. Занимает ок. 10% суши Земли. В таёжном древостое Евразии гл. обр. ель, пихта (темнохвойная Т.), сосна, лиственница (светлохвойная Т.); подлесок беден, травянисто-кустарничковый ярус однообразный (черника, брусника, кислица, зелёные мхи). Для Т. Сев. Америки характерны ели и туя. В фауне Т. из млекопитающих — медведь, рысь, соболь, бурундук и др., из птиц — глухарь, клёст, дятлы, совы и др. В Т. сосредоточены значит. ресурсы пром. древесины, пищ. и лекарств. сырья, промысловых ж-ных.

ТА́ЙЛЕР (Tyler) Анн (р. 1941), амер. писательница. В лиричных и ироничных психол. ром. «Благая земля» (1977), «Обед в ресторане "Тоска по дому"» (1982), «Нежданный турист» (1985) — печально-забавная картина будничной жизни «среднего американца», не порывающего под давлением социально-материальных искушений с традиц. нравств. ориентирами.

ТАЙМЕ́НИ, род рыб (сем. лососи). Дл. до 1,5 м, масса до 60 кг. 4 вида, в реках и озёрах Евразии (от басс. Дуная до Сахалина и Кореи). Местный объект промысла и спорт. лова. Илл. см. при ст. *Рыбы*.

ТА́ЙМЕР (англ. timer, от time — назначать время), прибор, к-рый через заданный промежуток времени автоматически включает (выключает) машину, прибор производственного или бытового назначения либо подаёт сигнал на их включение (выключение).

ТАЙМ-ЧА́РТЕР, см. в ст. *Чартер*.

ТАЙМЫ́Р (Таймырский полуостров), в России, самый сев. п-ов в Евразии, между Енисейским зал. Карского м. и Хатангским зал. моря Лаптевых. Пл. ок. 400 т. км². Оканчивается мысом Челюскина (77°43' с.ш. и 104°18' в.д.) — самой сев. точкой России и Евразии. В центре — параллельные цепи гор Бырранга (выс. до 1146 м), на склонах к-рых расположено Таймырское оз. (пл. 4,6 т. км², глуб. до 25,2 м). Кр. реки: Пясина, Верх. и Ниж. Таймыра, Хатанга. Повсеместно многолетнемёрзлые породы. Тундровая растительность. Самая крупная в России популяция северного оленя.

ТАЙМЫ́РСКИЙ (ДОЛГА́НО-НЕ́НЕЦКИЙ) АВТОНО́МНЫЙ О́КРУГ, в Красноярском крае, в России. Пл. 862,1 т.км². Нас. 53 т.ч., гор. 67%; русские (67,1%), долганы (8,9%), ненцы (4,4%), нганасаны и др. Ц.— Дудинка. Адм. деление: 3 р-на, 1 город, 1 пос. гор. типа.

Расположен на п-ове Таймыр и прилегающей части материка, за Сев. Полярным кругом. Климат арктический. Ср. темп-ры янв. —30 °C, июля 2—13 °C; осадков ок. 250 мм в год. Многолетняя мерзлота. Гл. реки: Енисей, Пясина, Хатанга. Тундра; на Ю.— лесотундра. Путоранский заповедник.

Осн. отрасли х-ва — рыбная, горнодоб. (полиметаллич. руды, кам. уголь, газ) пром-сть. Усть-Хантайская ГЭС. Оленеводство, звероводство, пушной промысел. Молочное скот-во. Судох-во по рекам Енисей, Хатанга и по Сев. мор. пути; гл. порты: Дудинка, Диксон, Хатанга. Ж.д. Дудинка — Норильск — Талнах. Газопровод Мессояха — Норильск.

ТА́ЙНАЯ ВЕ́ЧЕРЯ (последняя вечеря), согласно христ. представлениям, последняя совместная трапеза (ужин) *Иисуса Христа* и *двенадцати апостолов* в канун дня (Страстной пятницы) крестной смерти Христа. Во время Т.в. Христос предрекает, что его предаст Иуда Искариот, и учреждает таинство евхаристии (при-

Тайга. Северная Карелия.

676 ТАЙФ

Таксы: жесткошёрстная (слева), гладкошёрстные и длинношёрстная.

...щения), дав ученикам вкусить хлеба и испить из чаши с вином.

ТАЙФУ́Н (от кит. тай фын — большой ветер), местное название тропич. циклонов штормовой и ураганной силы в Юго-Вост. Азии и на Д. Востоке. Наиб. часты с июля по октябрь.

ТАЙЮА́НЬ, г. в Китае, на р. Фыньхэ. 1,5 млн. ж. Чёрная металлургия, тяжёлое маш-ние, хим., лёгкая пром-сть. В р-не Т. добыча угля, жел. руды, известняка. Один из древнейших городов Китая. В старинном парке — храм Цзиньцы (первые здания — 6 в., к 17 в. выстроено ок. 300 храмов, павильонов, залов, беседок, мостов); в центре — дерев. храм Шэньмудян (1023–31).

ТАКИДЗА́ВА Бакин (1767–1848), япон. писатель. Более 300 фантастико-приключенч. романов на ист., лит. и легендарные сюжеты преим. назидат. характера, в т.ч. «История восьми псов» (1814; более 3 тыс. страниц), где символизируются конфуцианские добродетели.

ТАКСОФО́Н, *телефонный аппарат*, в к-ром соединение с вызываемым абонентом устанавливается после опускания в Т. одной или неск. монет определ. достоинства либо спец. жетона. Отличит. особенность Т.— наличие монетоконтрольного устройства. Другое общепринятое название Т.— телефон-автомат.

ТА́КСЫ, группа пород охотничьих норных собак. Часто используются как декоративные. У Т. короткие ноги и удлинённый корпус, свободные движения, горделивая осанка, звучный голос. Родина — Германия. Разводят (жесткошёрстных, гладкошёрстных и длинношёрстных Т.) во мн. странах, в т.ч. в России.

ТАКТ (франц. tact, от лат. tactus — прикосновение, чувство, осязание), чувство меры, подсказывающее правильное отношение, подход к кому-либо, чему-либо; умение держать себя подобающим образом.

ТАКТ, единица муз. *метра*. Структура Т. отражается в *размере*. 1-я доля Т.— сильная; в сложных Т. (состоящих из 2 и более простых, т.е. 2- или 3-дольных Т.) выделяют и т.н. относительно сильную долю. Границы Т. в *нотном письме* обозначаются вертикальными линиями (тактовыми чертами).

ТАКТАКИШВИ́ЛИ Отар Вас. (1924–89), груз. композитор. В оп. «Миндия» (1960) — поэтич. раскрытие образов груз. природы; в оп. «Три жизни» (триптих, 1967), «Похищение Луны» (1976) — повествование о прошлом груз. народа. Лиризм и добродушный юмор — в оп. «Ухажёр» (1978), «Чудаки» («Первая любовь», 1979). Оратории «По следам Руставели» (1963), «Николоз Бараташвили» (1970), симфонии, фп. концерты и др.

ТАКТОВИ́К, см. *Тоническое стихосложение*.

ТАЛА́НТ (греч. tálanton, букв.— вес, весы), выдающиеся способности, высокая степень одарённости в к.-л. области.

ТАЛА́НТ, самая крупная весовая (массы) и ден.-счётная единица Др. Греции, Египта, Вавилона, Персии и ряда др. областей М. Азии.

ТАЛА́ШКИНО, село близ Смоленска, бывшее имение кн. М.К. Тенишевой, организовавшей здесь мастерские декор. керамики и резьбы по дереву, школу художественных вышивок и кружевоплетения. На хуторе Флёново — дерев. домик «Теремок» (1901), церк. Св. Духа (1902–03), Спасская церк.-усыпальница. В Т. работали худ. С.В. Малютин, М.А. Врубель, Н.К. Рерих и др.

ТАЛЕЙРА́Н-Перигор (Talleyrand-Périgord) Шарль Морис (1754–1838), франц. дипломат, мин. ин. дел в 1797–1815. Глава франц. делегации на Венском конгрессе 1814–15, где ему удалось укрепить позиции Франции в Европе. В 1830–34 посол в Лондоне. При разл. формах правления (Директория, Наполеон I, период Реставрации) Т. постоянно стремился к сохранению позиций Франции в качестве вел. державы. Один из самых выдающихся дипломатов, мастер тонкой дипл. интриги.

Ш. Талейран. Портрет работы П.П. Прюдона.

ТА́ЛЕР (нем. Taler), зол. и серебр. монета; впервые отчеканена в 1518 в Богемии из серебра (28 г). С 1555 ден. единица сев. герм. гос-в, а затем Пруссии и Саксонии. В Германии 1 Т. = 3 зол. маркам (1871), изъят из обращения в 1907. Название «Т.» применялось с нек-рыми изменениями к крупным серебр. монетам Италии (таллеро), Нидерландов (даалдер), Испании (далеро), США (доллар).

ТАЛИСМА́Н (от позднегреч. télesma — посвящение, чары), предмет, к-рый, по суеверным представлениям, оберегает владельца от несчастья, приносит удачу.

ТА́ЛЛИЙ (Tallium), Tl, хим. элемент III гр. периодич. системы, ат. н. 81, ат. м. 204,283; металл. Открыт в 1861 У. Круксом (Великобритания), получен тогда же К. Лами (Франция).

ТА́ЛЛИН, г., столица Эстонии. 471,6 т.ж. Порт на Балт. м. и ж.-д. узел. Маш-ние и металлообработка; хим. и хим.-фарм., деревообр. и целл.-бум., полиграф., лёгкая (хл.-бум., трикот. и др.), пищ. (в т.ч. рыбная, кондитерская) пром-сть. АН Эстонии. 4 вуза; 2 ун-та. 19 музеев: худ., ист., морской, природы и др. Т-ры: оперы и балета «Эстония», эст. драм., рус. драм., юного зрителя, кукол. В р-не Пириты — Олимп. центр парусного спорта. Изв. с 1154 (в рус. летописях) под назв. Колывань, в ливонских хрониках — Линданисе. В 1219–1917 офиц. назв. Ревель. В 13–16 вв. под властью Дании, затем Швеции, в 1710 присоединён к России. В 1918–40 столица Эстонии, с 1940 — Эст. ССР, с 1991 — Эст. Респ. Центр. место в планировочной структуре Т. занимает Ст. город, разделённый на Вышгород с замком (13–16 вв.) и Домской церковью (13–15 вв.) и Ниж. город с ратушей (14–15 вв.), зданием Большой гильдии (15 в.), церк. Олая (15 — нач. 16 вв.), Николая (13–15 вв.), Св. Духа (14 в.), гор. укреплениями (14–16 вв.). За пределами Старого города — монастырь Св. Бригитты (Пирита; 15 в.), барочный дворец Кадриорг (18 в.).

ТАЛМУ́Д (др.-евр., букв.— изучение, собрание догматич., религ.-этич. и правовых положений иудаизма, сложившихся в 4 в. до н.э. — 5 в. н.э. Включает Мишну — толкования Торы и Гемару — толкования Мишны. Правовые положения составляют Галаху, сопутствующие Галахе мифы, легенды, притчи, рассказы, сказки — Аггаду (Агаду).

ТАЛЫ́ЗИНА Вал. Илларионовна (р. 1935), актриса. С 1958 в Моск. т-ре имени Моссовета. Игре Т. присущи эмоц. насыщенность; зачастую используя трагифарсовые краски, воплощает при сцене сильные, яркие характеры; достигает особой достоверности в ролях современниц: Катерина Ивановна («Петербургские сновидения» по Ф.М. Достоевскому, 1969), Юлия Тугина («Последняя жертва» А.Н. Островского, 1973), Граня («Уроки музыки» Л.С. Петрушевской, 1979, моск. т-р-студия «Москворечье»). Снималась в ф.: «Зигзаг удачи» (1968), «Афоня» (1975) и др.

Таллин. Старый город. Башня «Толстая Маргарита» (закончена в 1529) и церковь Олевисте (основное строительство — 14–15 вв.).

Таллин. В Старом городе.

ТАЛЬ Мих. Нехемьевич (1936–92), 8-й чемпион мира (1960–61), 6-кратный чемпион СССР (1957–78) по шахматам; журналист.

ТАЛЬ (голл. talie), грузоподъёмный механизм в виде лебёдки с ручным, электрич. или пневматич. приводом, подвешенной к неподвижной конструкции или к тележке, перемещаемой по одно- или двухрельсовому пути.

ТАЛЬМА́ (Talma) Франсуа Жозеф (1763–1826), франц. актёр. Во время Франц. рев-ции участвовал в создании и работе «Т-ра Республики» (1791–99). Выступал в трагедиях У. Шекспира; создавал образы мятущихся, раздираемых внутр. противоречиями людей, гибнущих в мире зла и корысти. Реформатор костюма и грима.

Ф.Ж. Тальма в роли Гамлета. 1809.

ТАЛЬО́НИ (Taglioni) Мария (1804–1884), итал. артистка балета, балетмейстер, педагог. В 1827–35 в Парижской опере. В 1837–42 ежегодно выступала в С-Петербурге. Обладала большим прыжком, необычной лёгкостью танца. В прославившей её партии Сильфиды («Сильфида» Ж. Шнейцхоффера, 1832) впервые применила танец на пуантах, достигнув впечатления хрупкости, ирреальности; обновила костюм (совм. с худ. Э. Лами), использовав полупрозрачную белую ткань (тюник), подчёркивающую воздушный характер танца. Преподавала в Париже, Лондоне. Т.

М. Тальони в партии Флоры в балете «Зефир и Флора» К. Кавоса.

посвятили свои произв. В. Гюго, А. де Мюссе, Т. Готье. Её облик запечатлён в многочисл. рисунках и гравюрах.

ТАМА́ЙО (Tamayo) Руфино (1899–1991), мекс. живописец. По происхождению индеец-сапотек. Нац. школе монументальной живописи противопоставил худ. систему, основанную на принципах декоративизма и ритмич. экспрессии (роспись в здании ЮНЕСКО в Париже, 1958).

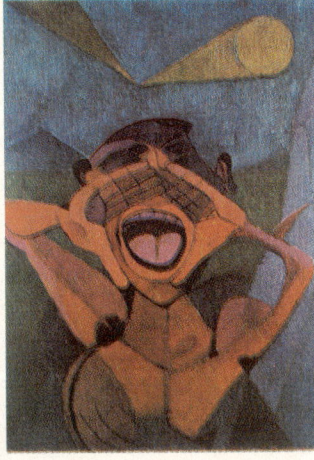

Р. Тамайо. «Крик». 1953. Национальная галерея современного искусства. Рим.

ТАМА́РА (Тамар) (ок. сер. 60-х гг. 12 в. – 1207), царица Грузии в 1184–1207. Её правление связано с расцветом Груз. гос-ва. Образ Т. овеян поэтич. ореолом и нар. почитанием. Ей посвящена поэма Ш. Руставели «Витязь в тигровой шкуре». Канонизирована Груз. и Рус. правосл. церквами.

ТА́МБЕРГ (Tamberg) Эйно (р. 1930), эст. композитор, педагог. В произведениях — этич. проблематика, традиции европ. музыки 19–20 вв., в т.ч. *неоклассицизма*, с 80-х гг. – тенденция к «прояснению» стиля. Оп. «Железный дом» (1964), «Сирано де Бержерак» (1974), «Парение» (1983); балеты, в т.ч. «Иоанна тентата» («Одержимая Иоанна», 1971), «Лунная оратория» (1962), инстр. произведения, музыка к спектаклям, кинофильмам.

ТАМБО́В, г., центр Тамбовской обл., в России. 310,6 т.ж. Пристань на р. Цна; ж.-д. уз.; аэропорт. Маш-ние; хим., лёгкая пром-сть. 3 вуза. Краеведч. музей, картинная гал., усадьба-музей Чичериных. Т-ры: драм., кукол. Филармония. Осн. в 1636.

ТАМБУРИ́Н (франц. tambourin), 1) большой цилиндрич. 2-сторонний барабан. Появился в Провансе в 11 в. (отсюда др. назв.– провансальский барабан). Исполнитель на Т. одновременно играл на маленькой флейте. «Т.» иногда называют *бубен*. 2) Прованс. танец с сопровождением Т.

ТАММ Иг. Евг. (1895–1971), физик, основатель науч. школы. Один из авторов теории Черенкова – Вавилова излучения. Вместе с А.Д. Сахаровым создал теоретич. основу для осуществления управляемой термоядерной реакции и создания в СССР водородной бомбы. Тр. по квантовой теории, физике тв. тела, ядерной физике, физике элементарных частиц. Ноб. пр. (1958).

И.Е. Тамм.

ТА́ММСААРЕ (Tammsaare) (наст. фам. Хансен) Антон (1878–1940), эст. писатель. Эпопея «Правда и справедливость» (т. 1–5, 1926–33) – картина жизни Эстонии с 70-х гг. 19 в. до 30-х гг. 20 в. Филос.-сатирич. ром. «Новый Нечистый из Пекла» (1939). Психол. драма на библейский сюжет «Юдифь» (1921), антифаш. пьеса-памфлет «Королю холодно» (1936).

ТАММУ́З (Думузи), у народов Передней Азии умирающий и воскресающий бог плодородия, скот-ва, возлюбленный Иштар (Инанны).

ТАМО́ЖЕННЫЕ ПО́ШЛИНЫ, ден. сбор с товаров, имущества и ценностей, пропускаемых через границу под контролем таможни; вид косвенного налога. Делятся на вывозные, ввозные и транзитные. Взимаются по ставкам, установленным таможенным тарифом на единицу товара или цену.

ТАМО́ЖЕННЫЙ СОЮ́З, соглашение двух или неск. гос-в об упразднении таможенных границ между ними и образовании территории с единым таможенным тарифом. Товары каждого гос-ва, входящего в Т.с., ввозятся на территории других членов Т.с. беспошлинно.

ТАМО́ЖНЯ (от тюрк. тамга – печать, подать, пошлина), гос. учреждение, контролирующее провоз грузов (в т.ч. багажа и почтовых отправлений) через границы и взимающее пошлины и др. сборы с провозимых грузов. Т. располагаются обычно в мор. и речных портах, в междунар. аэропортах, на пограничных пунктах и ж.-д. станциях, в кр. центрах страны.

ТА́МПЕРЕ, г. в Финляндии. 175 т.ж. Маш-ние; текст., целл.-бум., пищ. пром-сть. Ун-ты. Музеи. Впервые упоминается в 1405. К сер. 19 в. кр. текст. центр («финский Манчестер»).

ТАМПЛИЕ́РЫ (франц. templiers, от temple – храм) (храмовники), члены католич. духовно-рыцарского ордена, осн. в Иерусалиме ок. 1118 или 1119. Назв. получили по местонахождению гроссмейстера ордена (в б. храме Соломона в Иерусалиме). Занимались торговлей, ростовщичеством (в 13 в. крупнейшие в Зап. Европе банкиры). В 1312 орден был упразднён папой.

ТАМТА́М (назв. основано на звукоподражании), муз. инстр-т, род *гонга*, со звуком неопределённой высоты. В симф. оркестре с кон. 18 в.

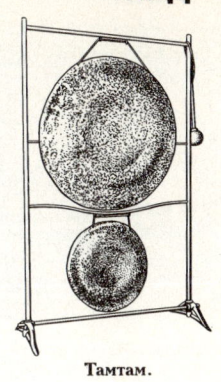

Тамтам.

ТАНАИ́С, антич. город (3 в. до н.э. – 5 в. н.э.) в устье р. Дон. В первые века н.э. входил в Боспорское гос-во. Жилые кварталы, оборонит. стены, башни, ворота, надписи, погребения и пр.

Танаис. Раскопки жилого квартала.

ТАНАНАРИ́ВЕ, см. *Антананариву*.
ТАНАТОЛО́ГИЯ (от греч. thánatos – смерть и ...*логия*), раздел медицины, изучающий динамику и механизмы процесса умирания, причины и признаки *смерти*, проблемы облегчения предсмертных страданий больного. Развивается с 20 в. В широком смысле Т. охватывает религ., филос. и психол. аспекты смерти.

ТАНГАНЬИ́КА, оз. в Африке (Заир, Танзания, Замбия, Бурунди). Пл. 34 т. км^2, глуб. до 1470 м (второе по глубине после Байкала). Сток по р. Лукуга в р. Луалаба. Рыб-во. Порты: Кигома (Танзания), Бужумбура (Бурунди), Калима (Заир).

ТА́НГО, бальный танец 2–4-дольного размера, умеренного темпа, с характерной пунктирной или синкопированной ритмоформулой (см. *Синкопа*). В Европу попал из Аргентины («аргентинское Т.») в 1910-х гг., остаётся одним из самых популярных танцев. В Лат. Америке Т. не только танец, но и развитая вок.-инстр. форма.

ТА́НГЭ КЭ́НДЗО (р. 1913), япон. архитектор. Впервые органично соединил япон. традицию с приёмами европ. зодчества 20 в. (анс. Парка Мира в Хиросиме, 1951–52). Илл. см. на стр. 678.

ТАНДЕ́М (англ. tandem – расположение цугом, гуськом), 1) спорт. двухместный двухколёсный велосипед с двойной сблокированной передачей. Гонки на Т. входили в программу Олимп. соревнований 1908–1972. Наиб. популярен во Франции и Великобритании; в России – с нач. 1960-х гг. 2) Перен. – о двух спортсменах, следующих на дистанции или по результатам друг за другом, а также о двух лицах, объединённых об-

Тангэ Кэндзо. Малый спортивный павильон Олимпийского спортивного комплекса Йойоги в Токио. 1961–64.

щим делом, действующих сообща (напр., творческий Т.).

ТАНЕ́ЕВ Сер. Ив. (1856–1915), рос. композитор, пианист, педагог, муз. теоретик. Творчеству Т. присущи этико-филос. направленность, сдержанность высказывания, полифонич. мастерство. Оп. «Орестея» (трилогия, 1894), кантаты «Иоанн Дамаскин» (1884), «По прочтении псалма» (1915), симфонии, камерно-инстр. сочинения, хоры а капелла (св. 40), романсы. Труды по полифонии.

С.И. Танеев.

Танзания. Традиционное жилище.

ТАНЗА́НИЯ (Объединённая Республика Танзания), гос-во в Вост. Африке, на В. омывается Индийским ок. Пл. 945,1 т. км². Нас. ок. 26,5 млн. ч., в осн. ньямвези, суахили, хехе, маконде и др. Офиц. языки – английский и суахили. Б.ч. населения придерживается местных традиционных верований. Входит в *Содружество*. Глава гос-ва и пр-ва – президент. Законодат. орган – Нац. собрание. Столица – Додома. В адм. терр. деление: 25 областей. Ден. единица – танзанийский шиллинг.

Бо́льшая часть терр. Т. – Вост.-Африканское плоскогорье (выс. св. 1000 м). Высшая точка – вулкан Килиманджаро (5895 м). Климат в осн. экваториальный муссонный. Ср.-мес. темп-ры самого тёплого месяца от 25 до 27 °С, самого холодного от 12 до 15 °С; осадков 500–1000 мм в год. Кр. реки: Руфиджи, Рувума, Ва́ми, Пангани. По границе – озёра Виктория, Танганьика, Ньяса (Малави). Преобладают саванны и редколесья. Нац. парки – Серенгети, Килиманджаро и др. См. также Занзибар.

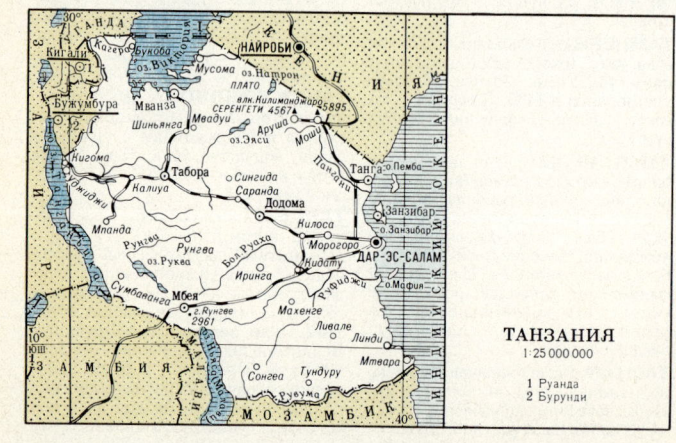

Материковая часть терр. Т. в 1884 была захвачена Германией (стала основой колонии Герм. Вост. Африка), после 1-й мир. войны – мандатная, с 1946 – подопечная терр. под управлением Великобритании (под назв. Танганьика); над Занзибаром в 1890 был установлен брит. протекторат. В 1964 независимые Танганьика (с 1961) и Занзибар (с 1963) образовали Объединённую Респ. Танзанию.

Т. – агр. страна. ВНП на д. нас. 110 долл. в год. С.-х. продукция даёт до 85% экспортных поступлений. Осн. экспортные с.-х. культуры: кофе, хлопчатник, сизаль, табак, орехи кешью, гвоздика, чай. Жив-во. Заготовки ценной древесины. Добыча алмазов, золота, фосфоритов и др. Текст., пищ. пром-сть.

ТАНИДЗА́КИ Дзюнъитиро (1886–1965), япон. писатель. Утончённый психологизм, эротика, эстетизм в пов. «Любовь глупца» (1925), пов. «История Сюнкин» (1933), рассказах («Татуировка», 1910). Жизнь и быт патриархальной япон. семьи в классически приглушённых тонах в ром. «Мелкий снег» (1943–48), «Мать Сигэмоти» (1950).

ТАНК (англ. tank – цистерна, бак), боевая гусеничная машина. Впервые применены англ. войсками в 1916 во время 1-й мир. войны. Типы: лёгкий, средний, тяжёлый. С 60-х гг. 20 в. в разных странах вместо средних и тяжёлых Т. стали выпускать один осн. Т. для решения разл. боевых задач. В ряде стран выпускаются лёгкие авиатранспортабельные плавающие Т. Осн. оружие – пушка, вспомогательное – пулемёты. Экипаж 3–4 чел., скорость 41–70 км/ч, масса 36–55 т.

ТА́НКА (короткая песня), древнейший жанр япон. поэзии (первые записи – 8 в.), нерифмованные пятистишия из 31 слога (5+7+5+7+7), посвящённые любовным переживаниям, странствиям, природе. Выражает мимолётное настроение, полна лиризма, недосказанности, выдержана в пастельных тонах, отличается поэтич. изяществом, зачастую – сложной ассоциативностью, словесной игрой.

ТА́НКЕР (англ. tanker, от *танк*), судно для перевозки в осн. сырой нефти и нефтепродуктов. Грузовая (танковая) часть новых Т. имеет двойные борта и дно для защиты моря от загрязнения при повреждении корпуса. Т. водоизмещением св. 100 тыс. т наз. супертанкерами, их грузоподъёмность св. 500 тыс. т.

ТАНТА́Л, в др.-греч. мифологии лидийский или фригийский царь, обречённый богами на вечные муки («танталовы муки»); стоя по горло в воде и видя свисающие с дерева плоды, Т. не мог утолить жажду и голод, т.к. вода уходила от его губ, а ветвь с плодами отстранялась.

ТАНТА́Л (Tantalum), Та, хим. элемент V гр. периодич. системы, ат. н. 73, ат. м. 180,9479; металл, $t_{пл}$ 3014 °С. Используют в хим. маш-нии, медицине для костного протезирования (биосовместимый материал) и др. Т. открыт швед. химиком А. Экебергом в 1802.

ТАНТА́ЛОВЫЕ РУ́ДЫ, содержат Ta_2O_5 от 0,012% (бедные руды) до 0,03% (богатые). Гл. минералы – танталит, колумбит-танталит, воджинит, микролит. Мировые запасы св. 200 тыс. т. Гл. добывающие страны: Бразилия, Австралия, Канада, Таиланд.

ТАНТРИ́ЗМ, направление в буддизме и индуизме. Возникло в первые века н.э., имеет тексты-тантры. Восприняло методы *йоги* и разработало практич. систему. В основе религ.-филос. концепции – идея человека-микрокосма и представление о некоем половом (женском или мужском) энергетич. начале. Помимо Индии, где приверженцами Т. являются представители неарийских племён, получил распространение в Японии, Непале, Китае, особенно в Тибете.

ТАНТЬЕ́МА (франц. tantième – часть), вознаграждение, выплачиваемое в виде процента от прибыли директорам и высш. служащим акц. об-в, банков, страховых компаний.

ТА́О ЮАНЬМИ́Н (другое имя – Тао Цянь) (365–427), кит. поэт. Покинув чиновничью службу, трудился в поле. В его стихах – ясные и нравственно бескомпромиссные раздумья о смысле жизни, призвании человека, прославление крест. труда (циклы «За вином», «Разные стихи» и др.). Филос. автобиогр. проза («Жизнь учёного "пяти ив"», утопич. фантазия в стихах («Персиковый источник»).

ТАПИ́РЫ, семейство непарнокопытных млекопитающих. Длина тела до 2 м, масса до 300 кг. Нос и верх. губа образуют небольшой хобот. 4 вида, в лесах Юго-Вост. Азии, Центр. и Юж. Америки. Продолжительность жизни до 30 лет. Легко приручаются. 3 вида под угрозой исчезновения.

ТАРАКА́НЫ, отряд насекомых. Дл. от 4 мм до 9,7 см. Ок. 3600 видов, преим. в тропиках и субтропиках. Живут в растит. подстилке, под камнями и т.п. Нек-рые (рыжий Т., или прусак, чёрный Т.) обитают в жилище человека. Всеядны. Могут повреждать пищ. продукты, кожаные изделия, переплёты книг, комнатные и тепличные р-ния; нек-рые – переносчики возбудителей инфекц. заболеваний (напр., дизентерии) и яиц гельминтов.

ТАРАНТЕ́ЛЛА (итал. tarantella, от назв. г. Таранто), юж.-итал. быстрый нар. танец (размеры 3/8, 6/8, 12/8). Известен с позднего средневековья. Использован Дж. Россини, Н. Паганини, Ф. Листом, М.И. Глинкой.

ТАРА́НТУЛЫ, неск. видов ядовитых пауков. Распространены широко, обитают в норках. Укус болезнен, но для человека не опасен. Южнорусский Т. (дл. до 3,5 см) встречается в пустынях, полупустынях и степях. В Юго-Зап. Европе известен апулийский Т. (дл. до 6 см). По одной из легенд, с его укусом в ср. века связывали заболевание «тарантизм» (безумие), единств. средством излечения от к-рого считался быстрый танец тарантелла (оба назв. – от назв. итал. г. Таранто).

ТАРА́НЬ, полупроходная стайная рыба (подвид *плотвы*). Наиб. длина до 50 см, масса до 1 кг. Обитает в опреснённых частях Азовского и Чёрного морей, нерест в реках. Объект промысла.

ТАРА́СОВ Анат. Вл. (1918–95), рос. спортсмен и тренер, один из основоположников отеч. школы хоккея с шайбой. Нападающий ряда армейских команд (1946–53), в т.ч. ЦДКА (1947–53); 3-кратный чемпион СССР (1948–50). Тренер ЦСКА (1954–75) и сборной команды СССР (1948–72, с перерывом).

ТАНЗАНИЯ
1 : 25 000 000

1 Руанда
2 Бурунди

Танк: 1 – лёгкий танк БТ-7 (1935); 2 – средний танк Т-34-85 (1944); 3 – танк Т-80 (1976).

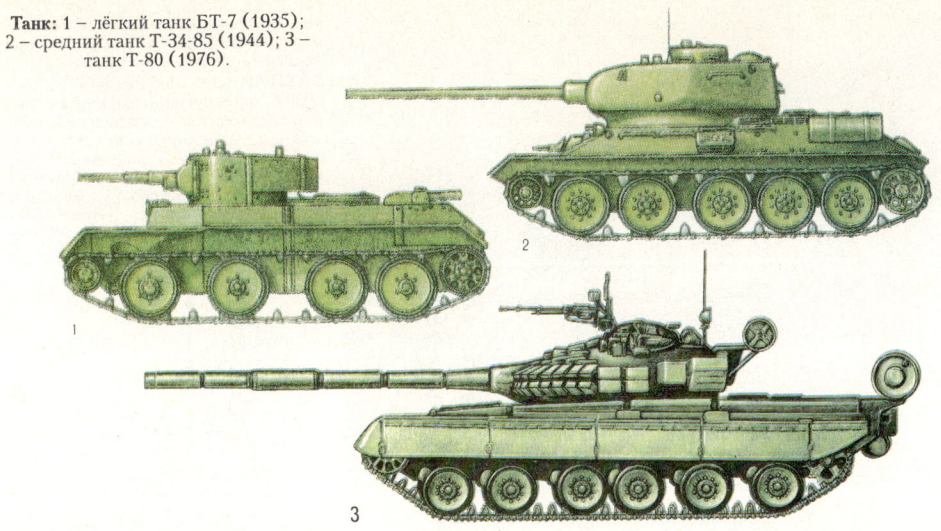

ТАРА́СОВА Алла Конст. (1898–1973), актриса, педагог. С 1916 во 2-й Студии МХТ (Финочка – «Зелёное кольцо» З.Н. Гиппиус, 1916). С 1924 во МХАТе. Актриса, наделённая огромным сценич. обаянием. Игре были свойственны щедрая эмоциональность, лирич. воодушевление. Страстные, жизнелюбивые героини Т. воплощали в себе представление об идеальном женском типе 30–40-х гг.: Негина («Таланты и поклонники» А.Н. Островского, 1933), Татьяна («Враги» М. Горького, 1935), Анна («Анна Каренина» по Л.Н. Толстому, 1937), Маша («Три сестры» А.П. Чехова, 1940). Снималась в ф.: «Гроза» (1934), «Пётр I» (1937), «Без вины виноватые» (1946) и др.

ТАРАТО́РКИН Георг. Георг. (р. 1945), актёр. С 1966 в Ленингр. ТЮЗе, с 1974 в Т-ре имени Моссовета. Актёр интеллектуального плана; игру отличают тонкий психологизм и нервная экспрессия: Александр Блок («Версия» А.П. Штейна, 1977), Иван («Братья Карамазовы» по Ф.М. Достоевскому, 1980), Ставрогин («Бесы» по Достоевскому, 1988, Моск. т-р имени А.С. Пушкина) и др. Снимался в ф.: «Преступление и наказание» (1970), «Рассказ неизвестного человека» (1981), т/ф «Маленькие трагедии» (1979) и др.

А.К. Тарасова в роли Анны Карениной.

ТАРД (Tarde) Габриель (1843–1904), франц. социолог и криминалист. Считал осн. социальными процессами конфликты, приспособление и подражание, с помощью к-рого индивид осваивает нормы, ценности и нововведения. Работы по социальной психологии и философии права.

ТАРЕ́ЛКИ, ударный муз. инстр-т; 2 металлич. диска, ударяемые друг о друга (иногда играют, ударяя палочкой по подвешенной Т.). Известен с древности. В симф. оркестре – с кон. 18 в.

ТАРИВЕРДИ́ЕВ Микаэл Леонович (р. 1931), рос. композитор. В творчестве тяготеет к муз. т-ру и киномузыке. Оп. «Граф Калиостро» (1983), «Ожидание» (1985), бал. «Девушка и смерть» (пост. 1987), симфония для органа «Чернобыль» (1988), вок. циклы, песни к кино- и телефильмам (св. 80, в т.ч. «Семнадцать мгновений весны», 1973, «Ирония судьбы, или С лёгким паром!», 1976).

ТАРИ́ФЫ (франц. tarif, от араб. та'риф – объяснение, определение), система ставок, определяющая размер платы за разл. услуги (цена услуг). Наиб. распространены: транспортные, связи, коммунальные и таможенные Т.

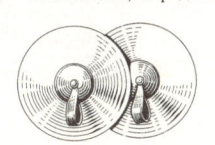

Тарелки.

ТАРКО́ВСКИЙ Анд. Арсеньевич (1932–86), кинорежиссёр. Сын Арс. Тарковского. До 1982 – в СССР, затем жил за рубежом. Уже в ранней ленте «Иваново детство» (1962) проявились характерные черты режиссуры Т.: одухотворённость худ. атмосферы фильма, эмоциональность, своеобразная документальность и поэтичность. В 1966 Т. создаёт не разрешённый к показу ф. «Страсти по Андрею» (вышел в 1971 под назв. «Андрей Рублёв»), где рассматривался человек в единстве с его временем и историей. В «Зеркале» (1975) с его отражением настоящем в прошлом, зеркальным совпадением судеб и времён Т. продолжил поиски в области кинопоэтики. В ф. «Солярис» (1972), «Сталкер» (1980), «Ностальгия» (1983, Италия), «Жертвоприношение» (1986, Швеция) жизненная достоверность, почти натуральность изображения сливалась с условностью, придавая остроту теме поиска человеком истины и смысла жизни – постоянным филос. мотивам творчества Т.

ТАРКО́ВСКИЙ Арсений Ал-др. (1907–89), рус. поэт, переводчик. Отец Анд. Тарковского. В филос.-медитативной лирике (сб. «Перед снегом», 1962, «Вестник», 1969, «Волшебные горы», 1978, «Зимний день», 1980, «От юности до старости», 1987) – восприятие мироздания в его духовной целостности, утверждение органич. единства природного бытия и пространства культуры, сопряжение мотивов скоротечности жизни и бессмертия духа; тяготение к строгому классич. стилю.

ТАРПА́Н, дикая лошадь. Высота в холке до 130 см. Обитал в степной и лесостепной зонах Европы. Исчез в 19 в., гл. обр. в результате разрушения мест обитания (распашка степей, вырубка лесов). Родоначальник домашней лошади.

ТА́РТАР, в греч. мифологии бездна в недрах земли, ниже *аида*, куда были низринуты титаны, Сисиф, Тантал и др.

ТАРТИ́НИ (Tartini) Джузеппе (1692–1770), итал. композитор, скрипач. Автор многочисл. трио-сонат, скрипичных концертов и сонат (в т.ч. «Дьявольские трели», «Покинутая Дидона»). Вариации «Искусство смычка» – полный свод современных ему исполнит. приёмов и техники. Пед. и муз.-теоретич. трактаты.

ТА́РТУ, г. в Эстонии. 113,4 т.ж. Порт на р. Эмайыги; ж.-д. уз. Маш-ние и металлообработка; хим., пищ., лёгкая, деревообр., полиграф. пром-сть. Ун-т (1632), с.-х. академия. Музеи: худ., классич. древностей, лит. и др. Муз.-драм. т-р «Ванемуйне» (1870). Изв. с 1030 под назв. Юрьев. С 1224 офиц. назв. Дерпт. В 1625 перешёл к Швеции, в 1721 – к России. С 1893 – Юрьев, с 1919 – Т. С 1919 в составе Эстонии. В 18 в. застроен многочисл. зданиями в стиле классицизма, в т.ч. ратуша (1789), комплекс ун-та (нач. 19 в.). Руины собора (13–15 вв.).

Тарту. Ратуша.

ТАРХА́НОВ (Москвин) Мих. Мих. (1877–1948), актёр, педагог. Брат И.М. Москвина. С 1898 выступал в провинции, с 1922 во МХАТе. Игра Т. отличалась сатирич. силой, сочным, ярким комизмом, смелой выразительностью актёрских приёмов при тонком проникновении в сущность образа: Градобоев («Горячее сердце» А.Н. Островского, 1926), Собакевич («Мёртвые души» по Н.В. Гоголю, 1932), булочник Семёнов («В людях» по М. Горькому, 1933), Фурначёв («Смерть Пазухина» М.Е. Салтыкова-Щедрина, 1939) и др. Снимался в кино.

М.М. Тарханов в роли Луки («На дне» М. Горького).

ТАРХА́НЫ (с 1917 Лермонтово), село в Пензенской обл. Музей-заповедник М.Ю. Лермонтова «Тарханы» в бывшем поместье Е.А. Арсеньевой,

680 ТАРХ

бабушки поэта. Могила Лермонтова (его прах был перевезён из Пятигорска в 1842).

ТАРХУ́Н, то же, что *эстрагон*.

ТА́СМАН (Tasman) Абел Янсзон (1603–59), голл. мореплаватель, исследователь Океании и Австралии. В 1638–41, командуя судном, обнаружил о. Бонин (1639). Руководил 2 эксп.: в 1642–43 открыл для европейцев о-в, позднее получивший его имя (Тасмания), часть зап. берега Н. Зеландии, о-ва Тонга, вост. группу о-вов Фиджи, первым плавал в море, также названном его именем; в 1644 завершил обследование зал. Карпентария, закартировал ок. 5500 км побережья Австралии и доказал, что это единый массив суши.

ТАССИЛИ́Н-АДЖЕ́Р, плато в Центр. Сахаре (Алжир) с наскальными изображениями (8-е тыс. до н.э. – нач. н.э.).

ТА́ССО (Tasso) Торквато (1544–95), итал. поэт. В пасторальной драме «Аминта» (1573) – идея торжества земной любви. Героич. поэма в октавах «Освобождённый Иерусалим» (полностью опубл. в 1580, подвергнута суду инквизиции; 2-я ред. под назв. «Завоёванный Иерусалим» в ортодоксальном католич. духе, 1593) – с ист. сюжетом, основанным на хрониках и традиц. лит. мотивах; в нравств. конфликте (борьба страсти и христ. благочестия, земного чувства и религ. долга) отразились мучительные противоречия между идеалами *Возрождения* и аскетич. идеологией *католицизма*.

ТАТА́РИЯ (Республика Татарстан), в России. Пл. 68 т. км². Нас. 3696 т. ч., гор. 73%; татары (48,5%), русские (43,3%), чуваши и др. Столица – Казань. 43 р-на, 19 городов, 22 пос. гор. типа.

Расположена на В. Вост.-Европ. равнины; на правобережье Волги – Приволжская возв. Климат умеренно континентальный. Ср. темп-ры янв. от –13 до –18 °C, июля 19–20 °C; осадков до 500 мм в год. Гл. реки – Волга и Кама. Св. 16% терр. покрыто лесами. Волжско-Камский заповедник.

В 10 в. на терр. Т. сложилось гос-во Болгария Волжско-Камская, захваченное в 13 в. монголо-татарами. После распада Золотой Орды на терр. Т. образовалось Казанское ханство (1438), присоединённое к России в 1552. В нояб. 1917 установлена сов. власть. В 1920–90 автономная республика в составе РСФСР. В 1990 ВС республики провозгласил гос. суверенитет, в 1991 учреждён пост президента.

Осн. отрасли пром-сти: нефтегазодоб., хим. и нефтехим. (произ-во синтетич. каучука, кинофотоплёнки, минер. удобрений и др.), хим.-фарм., маш-ние и металлообработка (произ-во большегрузных автомобилей, самолётов и вертолётов, оборудования для нефтегазодоб. и нефтепераб. пром-сти, станков, ЭВМ, мед. инстр-тов и др.), лёгкая (меховая и др.), пищевая. Заинская ГРЭС, Нижнекамская ГЭС. Посевы зерновых (пшеница, рожь и др.) и кормовых культур. Выращивают картофель и овощи. Плод-во. Звероводство. Пчеловодство. Судох-во по рр. Волга, Кама, Вятка, Белая. Начало нефтепровода «Дружба». Курорты: Бакирово, Ижевские Минеральные Воды и др.

ТАТА́РКА (Tatarka) Доминик (1913–89), словац. писатель. Антифаш. ром. «Республика попов» (1948). Нравств.-гражд. проблематика в сб-ке рассказов «Разговоры без конца» (1959), пов. «Плетёные кресла» (1963). В публицистике, а также в опубликованных за границей дневниковых сочинениях («Один против ночи», 1984; «Записи с голоса», 1989) писал о разлагающем влиянии тоталитаризма на обществ. сознание, культуру и психологию людей.

ТАТА́РСКИЙ ПРОЛИ́В, между материковой частью Евразии и о. Сахалин. Дл. 663 км. Наим. шир. 7,3 км. Наим. глуб. 8 м. Зимой замерзает.

Татария. Кремль в Казани.

Татевский монастырь. Общий вид.

ТАТЕ́ВСКИЙ МОНАСТЫ́РЬ, мужской, в с. Татев (Армения). Осн. в 9 в. Резиденция Сюникского митрополита. Культурный центр с ун-том, скрипторием, б-кой. Расположен над глубоким ущельем. Церкви Григория (9 в.), Погоса и Петроса (10 в.), крепостные стены, жилые и хоз. постройки (17–18 вв.), культовый монумент – качающийся столб (904).

ТАТИ́ (Tati) (наст. фам. Татищев) Жак (1908–82), франц. кинорежиссёр, актёр. Выступал на эстраде с эксцентрич. пантомимами. Образ нескладного и наивного чудака воплощён Т. в его комедиях «Школа почтальонов» (1947), «Праздничный день» (1949), «Каникулы господина Юло» (1953). Лирич. юмор приобретает сатирич. окраску в ф. «Мой дядя» (1958), «Время развлечений» (1967), «Автодвижение» (1970).

ТАТИ́ЩЕВ Вас. Никитич (1686–1750), рос. историк, гос. деятель. В 1720–22 и 1734–37 управлял казёнными з-дами на Урале. В 1741–45 астраханский губернатор. Тр. по этнографии, истории, географии. Осн. соч. – «История Российская с самых древнейших времён» (кн. 1–5, 1768–1848). Пытался найти закономерности в развитии человеческого общества, обосновать с рационалистич. позиций причины возникновения гос. власти. Дал впервые в рос. историографии общую периодизацию исто-

Ж. Тати в фильме «Мой дядя».

рии России: господство (862–1132), нарушение (1132–1462) и восстановление единовластия (с 1462).

ТА́ТЛИН Вл. Евграфович (1885–1953), живописец, график, художник-конструктор, театральный художник. Был близок к *кубизму* и *футуризму* («Натурщица», 1913), затем к *конструктивизму*. Один из основоположников сов. худ. конструирования (орнитоптер «Летатлин», 1930–31), проектировал также бытовые вещи.

В.Е. Татлин. Проект памятника-башни 3-го Интернационала. Тушь. 1920. Третьяковская галерея.

ТАТУИРО́ВКА (франц. tatouer, от англ. tattoo, заимствованно из полинезийского), нанесение на тело рисунков накалыванием и втиранием под кожу красящих в-в. У первобытных народов производилась во время *инициаций*, рисунок носил символич. и магич. (защитный) характер. В Европу занесена моряками из Юго-Вост. Азии.

ТАУАНТИНСУ́ЙУ, гос-во инков в 1438–1536, на терр. совр. Перу, Боливии, Эквадора, на С. Чили и С.-З. Аргентины. Столица – г. Куско. Теократич. деспотия. Первый (мифич.) правитель – Манко Капак, последний – Атауальпа. В 1532–36 завоёвано испанцами.

Тауантинсуйу. Улица в г. Куско (Перу). В основании зданий колониального периода – кладка эпохи инков.

ТА́УНС (Townes) Чарлз Хард (р. 1915), амер. физик, один из основателей квантовой электроники. В 1954 независимо от Н.Г. Басова и

А.М. Прохорова создал *мазер*. Обосновал (совм. с амер. физиком А. Шавловым) возможность создания *лазера*. Ноб. пр. (1964).

ТА́УЭР (Тоуэр) (англ. tower – башня), замок-крепость в Лондоне, на берегу р. Темза. Древнейшая часть Т. – романская «Белая башня» (ок. 1078–85). До 17 в. одна из королев. резиденций и одноврем. (официально до 1820) гл. англ. тюрьма. С 1820 арсенал (функционирует как музей).

Тауэр.

ТАХИКАРДИ́Я (от греч. tachýs – быстрый и kardía – сердце), увеличение частоты сердечных сокращений до 100–180 в 1 мин. Возникает при физич. и нервн. напряжениях, заболеваниях сердечно-сосудистой и нервн. систем, болезнях желёз внутр. секреции и др. Ср. *Брадикардия*.

ТАХО́МЕТР (от греч. táchos – скорость и ...*метр*), прибор для измерений частоты вращения валов машин. Применяются Т. механич., магн., электрич., электронные и др. с показаниями измерений на шкале или цифровом указателе. Т. с автоматич. записью показаний наз. тахографом.

ТА́ЦИТ (Tacitus) (ок. 58 – ок. 117), рим. историк. Гл. труды посв. истории Рима в 14–68 («Анналы») и в 69–96 («История» в 14 кн., из к-рых дошли до нашего времени 1–4-я и начало 5-й), а также обществ. устройству и быту германцев (очерк «Германия»).

ТАШИ́ЗМ (от франц. tache – пятно), франц. название *абстрактного экспрессионизма*.

ТАШКЕ́НТ, столица Узбекистана, обл. ц., в предгорьях Зап. Тянь-Шаня. 2120 т. ж. Ж.-д. уз. Метрополитен (1977). Маш-ние и металлообработка (с.-х. и текст. машины, экскаваторы, самолёты, эл.-техн. аппаратура и др.); лёгкая (хл.-бум., трикот., обув. и др.), хим., нефтехим. и хим.-фарм., пищевкус. пром-сть. АН Узбекистана. 21 вуз (в т.ч. ун-т, консерватория). 22 музея (иск-ва Узбекистана, истории народов Узбекистана, лит-ры имени А. Навои и др.). 11 т-ров (в т.ч. оперы и балета имени А. Навои, узб. драмы имени Хамзы, узб. муз., оперетты, узб. драм. «Еш гвардии», рус. драмы имени М. Горького, юного зрителя). Изв. с 4–5 вв. н.э.; с 11 в. назван Т., с 1865 в составе России. В 1918–24 столица Туркестанской АССР, с 1930 – Узб. ССР, с 1991 – Респ. Узбекистан. В 1966 сильно пострадал от землетрясения. Восстановлен во 2-й пол. 1960-х – нач. 70-х гг.

ТБИЛИ́СИ (до 1936 Тифлис), столица Грузии, на р. Кура. 1283 т. ж.

Ж.-д. уз. Метрополитен (1966). Маш-ние (станки, электровозы, приборы, с.-х. машины, эл.-техн. аппаратура и др.), лёгкая (текст., кож.-обув. и др.), пищевкус. (в т.ч. винодельч., таб. и др.), деревообр., стек. и фарфоро-фаянсовая, хим.-фарм., полиграф. пром-сть. АН Грузии. 11 вузов (в т.ч. 3 ун-та, консерватория). Св. 20 музеев (в т.ч. Музей Грузии имени С. Джанашиа, иск-в Грузии), картинная гал. 14 т-ров (оперы и балета, груз. драм. имени Шота Руставели, рус. драм. и др.). Ботан. сад. Изв. с 4 в. н.э.; столица Грузии с 12 в., с 1801 в составе России, с 1921 – Груз. ССР, с 1991 – Респ. Грузия. Т. – центр Тбилисской группы бальнеологич. курортов. Т. вытянут узкой полосой в долине р. Кура и по прилегающим склонам гор. В юго-вост. части – Старый город с узкими улицами, с 2–3-этажными кирпичными домами, развалины цитадели Нарикала, храм Метехи (13 в.), кафедральный собор Сиони (6–7 вв., перестроен), бани царя Ростома (17 в.).

ТВАРДО́ВСКИЙ Ал-др Триф. (1910–71), рус. поэт. В поэме «Василий Тёркин» (1941–45) – подлинно нар. герой, воплотивший нац. характер и общенар. чувства эпохи Вел. Отеч. войны. В поэме «За далью – даль» (1953–60), в лирике – раздумья о движении времени, долге художника, переоценка ряда официозных догм (сб. «Из лирики этих

Ташкент. Дворец искусств. 1962–64. Арх. В.В. Березин и др.

Тбилиси. Набережная р. Кура с храмом Метехи.

лет. 1959–67», 1967). В поэме «Тёркин на том свете» (1963) – сатирич. образ бюрократич. омертвления жизни. В итоговой поэме-исповеди «По праву памяти» (опубл. в 1987) – пафос бескомпромиссной правды о сталинизме, о трагич. противоречивости духовного мира человека этого времени. Поэмы «Страна Муравия» (1936), «Дом у дороги» (1946). Поэтич. речь Т. сплавляет простой, без стилистич. прикрас нар. слог с языковой культурой рус. классики и совр. лексикой. Проза, критич. статьи. Гл. ред. ж. «Новый мир»

А.Т. Твардовский.

(1950–54, 1958–70), вокруг к-рого группировались лит. силы, противостоявшие господствующей идеологии, духу официозной лит-ры.

ТВЕН (Twain) Марк (наст. имя Сэмюэл Ленгхорн Клеменс) (1835–1910), амер. писатель. В рассказах 1860–70-х гг. об амер. провинции и вольном *фронтире* (в т.ч. «Знаменитая скачущая лягушка из Калавераса», 1865, и одноим. сб-к, 1867) и в книге путевых очерков «Простаки за границей» (1869) изобличает нар. смех, буйно-весёлый, исполненный шутовства и вместе с тем подспудного доверия к природной доброте и разумности человека. Дух просветительского оптимизма в автобиогр. ром. «Приключения Тома Сойера»

М. Твен.

(1876), где синтез романтики, юмора, лиризма передаёт благотворность мирочувствия «простака», верного законам природы и велениям сердца, а не выкладкам рассудка; в лирико-биогр. кн. «Жизнь на Миссисипи» (1883) и особенно в ром. «Приключения Гекльберри Финна» (1884) зреет социальный критицизм и открывается двуликая Америка, где поэтическое (жизнестойкий, дерзкий юмор, душевная отзывчивость) соседствует с бесчеловечным утилитаризмом. Цикл ист. романов-притч (включая «Янки из Коннектикута при дворе короля Артура», 1889) обнажает нравств. несостоятельность любой социальной иерархии, утверждающейся путём попрания естеств. норм и традиц. нар. ценностей. Поздние произв. (в т.ч. «Американский претендент», 1892; «Таинственный незнакомец», опубл. в 1916) – трагифарсовый гротеск о падших в искушении властью или богатством.

ТВЁРДОЕ ТЕ́ЛО, агрегатное состояние в-ва, отличающееся стабильностью формы и характером теплового движения составляющих их атомов, к-рые совершают малые колебания около положений равновесия. Различают кристаллич. и аморфные Т.т. В первых существует пространств. периодичность в расположении атомов (см. *Кристаллы*), в аморфных в-вах строгой упорядоченности атомов нет (см. *Аморфное состояние*). Все в-ва в природе (кроме гелия) затвердевают при определ. условиях (газы – при низких темп-рах) и могут существовать в кристаллич. состоянии. Свойства Т.т. зависят от типа хим. связи между его атомами и характера движения в нём атомов, атомных ядер, электронов. По электрич. свойствам Т.т. делятся на *диэлектрики*, *полу-*

Тверь. Памятник А.С. Пушкину. Скульптор О.К. Комов. 1974.

проводники, *металлы* (см. *Зонная теория*), по магнитным — на диамагнетики, парамагнетики, тела с упорядоченной магн. структурой (см. *Магнетизм*). Иссл. Т.т. объединились в большую область — физику твёрдого тела.

ТВЁРДОСТЬ, сопротивление тв. тела вдавливанию или царапанию. При вдавливании Т. равна нагрузке, отнесённой к поверхности отпечатка. Вдавливается стальной шарик (метод Бринелля) или алмазная пирамидка (методы Роквелла и Виккерса). Метод царапания применяется для оценки Т. минералов с использованием шкалы Мооса, в к-рой Т. алмаза — 10, Т. талька — 1.

ТВЁРДЫЕ ФО́РМЫ, стихотв. формы, заранее определяющие объём, метр, рифмовку, строфику целого небольшого стихотворения (отчасти — и образный строй, композицию и пр.). В европ. поэзии — *сонет*, триолет, рондо и др.; в восточной — *газель*, *рубаи*, *танка*.

ТВЕРСКО́Е КНЯ́ЖЕСТВО, в Верх. Поволжье, удел Переяславль-Залесского кн-ва с 1-й пол. 13 в., самостоятельно с 1247. Столица — Тверь. Т.к. — гл. соперник Моск. вел. кн-ва в борьбе за господство в Сев.-Вост. Руси. В Рус. гос-ве с 1485.

ТВЕРЬ (в 1931–90 Калинин), г., обл. ц. в России. 455,6 т. ж. Порт на Волге, при впадении в неё р. Тверцы; ж.-д. ст. Маш-ние и металлообработка (пасс. вагоны, экскаваторы, эл.-аппаратура и др.; судоремонт), лёгкая (текст.), хим., полиграф., пищ. пром-сть. 4 вуза (в т.ч. ун-т). 4 музея (ист.-архит. и литературный, М.Е. Салтыкова-Щедрина и др.), картинная гал. Т-ры: драм., юного зрителя, кукол. Филармония. Возник в 12 в. С 1247 центр Тверского кн-ва, в 1485 присоединён к Моск. кн-ву. Центр Т. имеет 3-лучевую композицию с 4 площадями на гл. магистрали, застроен зданиями в стиле *классицизма*. Путевой дворец Екатерины II (1763–67), церк. Вознесения (нач. 19 в.), Дворянское собрание (19 в.) и др.

ТВИСТ (англ. twist, букв. — кручение), амер. танец 2-дольного размера, быстрого темпа, в стиле *рок-н-ролла*. Был популярен в 1960-х — нач. 70-х гг.

ТВО́РЧЕСТВО, деятельность, порождающая нечто качественно новое и отличающаяся неповторимостью, обществ.-ист. уникальностью. Т. специфично для человека, т.к. всегда предполагает творца — субъекта творч. деятельности.

ТЕА́ТР (от греч. théatron — место для зрелищ, зрелище), род иск-ва, специфич. средством выражения к-рого является сценич. действие, возникающее в процессе игры актёра перед публикой. Произведение совр. театрального иск-ва — спектакль — создаётся на основе драм. или муз.-сценич. произведения в соответствии с замыслом режиссёра (в *балете* — балетмейстера и дирижёра, в *опере*, *оперетте* — режиссёра и дирижёра) и под его руководством совм. усилиями актёров, а также художника и др. Истоки Т. — в древних игрищах, массовых обрядах. Разнообразные формы зрелищ со сценич. техникой существовали в Др. Греции, Индии, Китае, Японии и др. В ср. века носителями театрального творчества были бродячие актёры. С древнейших времён известен также Т. кукол. Первый проф. европ. Т. эпохи Возрождения — итал. комедия масок (*комедия дель арте*, 16–17 вв.). С эпохи Возрождения Т. становится литературным, тяготеет к оседлому существованию в гор. культурных центрах, его стимулирует творчество великих драматургов (У. Шекспир, Л.Ф. де Вега Карпьо, Кальдерон де ла Барка, П. Корнель, Мольер, Ж. Расин, Г. Лессинг, П.О. Бомарше, Ф. Шиллер, А.Н. Островский и др.). В 18 и 19 вв. в Т. играли выдающиеся актёры: Д. Гаррик, Э. Терри, Г. Ирвинг (Великобритания), Ф.Ж. Тальма, С. Бернар (Франция), Э. Дузе, Т. Сальвини, Э. Росси (Италия), П.С. Мочалов, М.С. Щепкин, Садовские, А.Е. Мартынов, М.Н. Ермолова (Россия) и др. На рубеже 19–20 вв. появляется «новая драма» (Г. Ибсен, А. Стриндберг, Г. Гауптман, М. Метерлинк, А.П. Чехов), возникает режиссёрский театр. К.С. Станиславский и Вл.И. Немирович-Данченко осуществили имевшую мировое значение театральную реформу (постановка пьесы «Чайка» Чехова, *Московский Художественный театр*, 1898). В 1-й пол. 20 в. наиб. значит. театральные искания связаны с творчеством В.Э. Мейерхольда, Е.Б. Вахтангова, А.Я. Таирова (Россия), М. Рейнхардта, Э. Пискатора (Германия), Э.Г. Крэга (Великобритания) и др., во 2-й пол. 20 в. — Ж. Вилара, Ж.Л. Барро (Франция), П. Брука (Великобритания), Э.Де Филиппо, Дж. Стрелера (Италия), Г.А. Товстоногова, А.В. Эфроса, О.Н. Ефремова, Ю.П. Любимова, М.А. Захарова (Россия), а также с произв. т.н. Т. абсурда (С. Беккет, Э. Ионеско). Театральное иск-во 20 в. испытало также воздействие Б. Шоу и Б. Брехта. Совр. Т., сохраняя традиц. виды и жанры — драм., муз. (балет, опера, оперетта), пластич. (*пантомима*), Т. кукол (особой отраслью является муз. и драм. Т. для детей), пополнился мюзиклом, рок-оперой, разл. видами экспериментального Т. (Т.-лаборатория, Т. улиц, *хеппенинга*).

ТЕА́ТР ЗВЕРЕ́Й И́МЕНИ В.Л. ДУ́РОВА, осн. в Москве в 1912 В.Л. Дуровым для популяризации разработанных им (при участии рус. учёных) науч. методов дрессировки. В 1919–82 наз. Уголок имени Дурова. В 1934–78 рук. А.В. Дурова, с 1978 — Н.Ю. Дурова. С 1938 показывает представления для детей; имеет св. 200 ж-ных.

ТЕА́ТР И́МЕНИ ЕВГ. ВАХТА́НГОВА, создан в 1921 как 3-я Студия МХТ на основе Студенческой драм. студии, организованной Е.Б. Вахтанговым в 1913. С 1926 Т-р имени Вахтангова, с 1956 академич. В худ. традициях, заложенных Вахтанговым, — яркая зрелищность (включающая приёмы гротеска, гиперболизацию и т.п.), отточенность внеш. формы, психол. наполненность действия. В 1939–68 гл. реж. Р.Н. Симонов, в 1968–87 — Е.Р. Симонов, с 1987 худ. рук. М.А. Ульянов. Актёры (в разные годы): М.Ф. Астангов, А.Л. Абрикосов, Н.О. Гриценко, Ц.Л. Мансурова, Б.В. Щукин; Ю.К. Борисова, И.П. Купченко, В.С. Лановой, В.А. Этуш, Ю.В. Яковлев и др. Спектакли: «Принцесса Турандот» К. Гоцци (1922), «Егор Булычов и другие» М. Горького (1932), «Много шума из ничего» У. Шекспира (1936), «Сирано де Бержерак» Э. Ростана (1942), «Филумена Мартурано» Э.Де Филиппо (1956), «Иркутская история» А.Н. Арбузова (1959), «Ричард III» У. Шекспира (1976), «Без вины виноватые» А.Н. Островского (1993) и др. При т-ре действует Высшее театральное уч-ще имени Б.В. Щукина.

ТЕА́ТР «САТИРИКО́Н» имени А.И. Райкина, драматический, организован в Москве в 1983 как Гос. т-р миниатюр под рук. А.И. Райкина (на основе Ленингр. т-ра миниатюр), с 1987 с назв. «Сатирикон», с 1992 совр. назв. С 1988 худ. рук. — К.А. Райкин. Яркая зрелищность, гармоничное сочетание драматического и эстрадного начал присущи спектаклям: «Служанки» Ж. Жене (1988), «Сирано де Бержерак» Э. Ростана (1992), «Такие свободные бабочки» Л. Герша (1993), «Великолепный рогоносец» Ф. Кроммелинка (1994) и др.

ТЕАТРА́ЛЬНО-ДЕКОРАЦИО́ННОЕ ИСКУ́ССТВО (сценография), создание зрительного образа спектакля средствами живописи, скульптуры, архитектуры, декор. иск-ва, декораций, костюмов, освещения, постановочной техники и др.

ТЕАТРА́ЛЬНЫЙ МУЗЕ́Й имени А.А. Бахрушина, старейший и крупнейший в России. Осн. Бахрушиным в Москве как частное собрание. Открыт для посетителей в 1894, в 1913 передан в ведение Академии наук. С 1918 получил статус государственного. Включает: коллекции музеев Т-ра имени Вс. Мейерхольда, Камерного т-ра, Гос. евр. т-ра; богатый рукописный фонд и редкие издания пьес кон. 18 – нач. 19 вв.; коллекции театральных эскизов 18–20 вв., предметов театрального быта (бинокли, бенефисных подношений и т.д.); личные вещи и театральные костюмы Ф.И. Шаляпина, В.Ф. Комиссаржевской и др. Расположен в б. доме Бахрушина (построен в 1896 по проекту Ф.О. Шехтеля и К. Гиппиуса). Имеются филиалы — дома-музеи М.Н. Ермоловой, А.Н. Островского, М.С. Щепкина.

ТЕАТРОВЕ́ДЕНИЕ, наука, изучающая теорию и историю театрального иск-ва, в т.ч. драматургию, актёрское мастерство, режиссуру, декорац. иск-во, театральную архитектуру. С Т. непосредственно связана театральная критика, анализирующая текущую жизнь т-ра. Особые разделы Т. — балетоведение, к-рое изучает теорию и историю хореографии, а также связанная с ним балетная критика. Основополагающим трудом, оказавшим влияние на развитие театроведческой мысли, стала «Поэтика» Аристотеля. Спец. лит-ра о т-ре появляется в Европе с 16 в.; в России — с кон. 18 в.

ТЕБА́ЛЬДИ (Tebaldi) Рената (р. 1922), итал. певица (сопрано). В 1944–76 на оперной сцене, выступала в концертах. Прозвана «божественной Ренатой» за высокую вок. культуру лирико-драм. партий в операх Дж. Верди (Виолетта — «Травиата», Дездемона — «Отелло»), Дж. Пуччини (Мими — «Богема»; Тоска — «Тоска»).

ТЕБРИ́ЗСКАЯ ШКО́ЛА миниатюры, в Тебризе (Иран), кон. 13 – нач. 16 вв. Для произведений ведущих мастеров (К. Бехзад, Султан Мухаммед) характерны изысканный ритм линий, звучный цвет, жизненность образов.

ТЕВТО́НСКИЙ О́РДЕН (Немецкий орден), католический духовно-рыцарский орден, осн. в кон. 12 в. в Палестине во время *крестовых походов*. В 13 в. – 1525 в Прибалтике на землях, захваченных орденом у пруссов, литовцев, поляков, существовало гос-во Т.о. В Грюнвальдской битве 1410 Т.о. разгромлен. С 1466 вассал Польши. В 1525 его владения в Прибалтике превращены в светское герцогство Пруссию.

ТЕВТО́НЫ, одно из герм. племён. Т. наз. также всех германцев.

ТЕГЕРА́Н, столица (с кон. 18 в.) Ирана, в юж. предгорьях Эльбурса, на выс. 1100–1300 м. Ок. 7 млн. ж. Междунар. аэропорт. В Т. производится св. ⅓ пром. продукции Ирана. Маш-ние, нефтеперераб., хим., пищевкус. пром-сть. Ремёсла (мозаика, резьба, чеканка). Ун-ты. Нац. консерватория (1949). Музеи (в т.ч. археол.). Т-р оперы и балета (1967), «Театр шахр» и др. Симф. оркестры. Осн., возможно, в 9 в. как небольшое поселение близ г. Рей. Первое упоминание о Т. как городе относится к 12 в. Старый город реконструирован в 19 в. Базар (осн. в 16 в.), дворец Голестан (ныне Худ. музей, кон. 18–19 вв.), в нач. 19 в. Совр. город застроен регулярными кварталами с площадями, скверами, высотными адм. и обществ. зданиями.

ТЕГНЕ́Р (Tegnér) Эсайас (1782–1846), швед. поэт-романтик. Епископ. Гражд., патриотич., филос., любовная лирика. Поэма «Сага о Фритьофе» (1825), основанная на др.-исл. саге и проникнутая патриотич. и гуманистич. идеями, стала центр. произведением швед. романтизма и своего рода нац. эпосом.

Тегеран. Панорама города.

Тейшебаини. Кармир-Блур.

ТЕГУСИГА́ЛЬПА, столица (с 1880) Гондураса. 608 т. ж. (с пригородами). Расположена в долине р. Чолутека. Междунар. аэропорт. Пищевкус., лёгкая, деревообр., меб., керамич. пром-сть. Ун-т (1847). Нац. музей. Осн. испанцами во 2-й пол. 16 в. в связи с открытием залежей серебра. Собор Сан-Мигель (18 в.), церк. Лос Долорес (1732–1815), дворец президента (20 в.).

ТЕ ДЕ́УМ (лат. Te Deum laudamus), христ. богослужебное гимнич. песнопение для праздничных или торжеств. дней. В эпоху *Реформации* текст переведён на англ. и нем. (М. Лютером) языки. Известны Т.Д.– О. Лассо, Г. Пёрселла, Г.Ф. Генделя, Г. Шютца, В.А. Моцарта, Ф. Листа, А. Брукнера, композиции на рус. текст «Тебе Бога хвалим».

ТЕДИАШВИ́ЛИ Леван Китоевич (р. 1948), груз. спортсмен. Чемпион СССР, Европы и мира (1971–78) Олимп. игр (1972, 1976) по вольной борьбе в разл. весовых категориях. Чемпион мира (1973) по борьбе самбо.

ТЕЗАВРА́ЦИЯ ЗО́ЛОТА (от греч. thesaurós – сокровище), накопление золота (слитков и монет) в качестве сокровища. Обычно относится к частному накоплению. В широком смысле включает также создание зол. запаса центр. банками, казначействами, спец. фондами.

ТЕЗА́УРУС (от греч. thēsaurós – сокровище), 1) словарь, в к-ром максимально полно представлены слова языка с примерами их употребления в тексте (в полном объёме осуществим лишь для мёртвых языков). 2) Словарь, в к-ром слова, относящиеся к к.-л. области знания, расположены по тематич. принципу и показаны их семантич. отношения (родо-видовые, синонимические и др.) между лексич. единицами. В информационно-поисковых Т. лексич. единицы текста заменяются дескрипторами.

ТЕ́ЗИС (греч. thésis – положение, утверждение). 1) в широком смысле – любое утверждение в споре или изложении нек-рой теории; в узком смысле – основополагающее утверждение, принцип. 2) В логике – утверждение, требующее доказательства.

ТЕИ́ЗМ (от греч. theós – бог), религ. мировоззрение, исходящее из понимания Бога как абс. личности, пребывающей вне мира, свободно создавшей его и действующей в нём. Признание потусторонности Бога отличает Т. от *пантеизма*, признание непрерывной активности Бога – от *деизма*. Наиб. характерен для генетически связанных между собой религий – иудаизма, христ-ва, ислама.

ТЕ́ЙЛЕР (Theiler) Макс (1899–1972), врач и микробиолог. Родился и жил в ЮАР, с 1922 в США. Тр. по этиологии инфекц. заболеваний. Открыл возбудителя жёлтой лихорадки и создал вакцины против неё. Ноб. пр. (1951).

ТЕ́ЙЛОР (Taylor) Элизабет (р. 1932), амер. киноактриса. Известность получила в ролях, эксплуатирующих её внеш. привлекательность («Рапсодия», 1954, и др.); затем раскрылась как актриса психол. и драм. склада («Баттерфилд, 8», 1960; «Кто боится Вирджинии Вулф?», 1966; «Зеркало треснуло», 1980). Снималась в боевике «Клеопатра» (1963). Выступает на ТВ.

Э. Тейлор и П. Ньюмен в фильме «Кошка на раскалённой крыше» (1958).

ТЕЙЛОРИ́ЗМ, система организации труда, основанная на глубокой специализации и рационализации трудовых операций, направленная на интенсификацию труда. Разработана в нач. 20 в. амер. инж. Ф.У. Тейлором.

ТЕЙТ ГАЛЕРЕ́Я в Лондоне, нац. галерея живописи Великобритании. Осн. в 1897. Богатые собр. брит. изобр. иск-ва 16–20 вв., зап.-европ. живописи и скульптуры кон. 19–20 вв.

ТЕЙШЕБАИНИ́, город урартов 7–6 вв. до н. э. на холме Кармир-Блур на окраине г. Ереван. Остатки укреплений, кладовых, мастерских, жилых кварталов, оружие, керамика, украшения.

ТЕЙЯ́Р ДЕ ШАРДЕ́Н (Teilhard de Chardin) Пьер (1881–1955), франц. палеонтолог, философ, теолог. Один из первооткрывателей ископаемого человека – синантропа. Развил концепцию «христ. эволюционизма», сближающуюся с пантеизмом. Оказал влияние на обновление доктрины католицизма.

...ТЕ́КА (от греч. thēkē – хранилище, вместилище, ящик), часть сложных слов, означающая: собрание чего-либо, помещение для хранения этого собрания (напр., библиотека, картотека, фильмотека).

ТЕ́ККЕРЕЙ (Thackeray) Уильям Мейкпис (1811–63), англ. писатель. В сатирич. ром. «Ярмарка тщеславия» (1848) социально-типич. пороки совр. общества рассматриваются как зло, свойственное всему человеческому роду. Социальный пессимизм крепнет в автобиогр. ром. «Пенденнис» (1850). Ослабление обличит. пафоса – в семейной хронике «Ньюкомы» (1855), в к-рой представлен образ идеального героя. Ист. романы, обогащённые психологизмом: «История Генри Эсмонда» (1852), «Виргинцы» (1857), где личность и случай выступают как вершители истории. Сб-к сатирич. эссе «Книга снобов» (1847); цикл пародий «Романы прославленных сочинителей» (1847), очерки «Английские юмористы XVIII века» (1853). Иллюстратор собств. сочинений.

ТЕКСТИ́ЛЬ (лат. textile – ткань, от texo –тку), изделия, выработанные из волокон и нитей (ткани, трикотаж, нетканые материалы, валяльно-войлочные изделия, вата, сети, текст. галантерея, кручёные изделия – швейные нитки, канты и т.п.). Был известен в Др. Китае, Индии, Египте за много веков до н.э.

ТЕКСТОЛИ́ТЫ (от лат. textus – ткань и греч. líthos – камень), слоистые пластики на основе ткани (хл.-бум., стеклянной, асбестовой, из синтетич. волокон), пропитанной синтетич. смолой. Отличаются высокой прочностью, мало зависящей от темп-ры. Из Т. изготовляют, напр., корпуса судов, вкладыши подшипников, эл.-техн. детали и др. Т. на основе асбестовых тканей используются как фрикционные материалы и для теплозащиты ракет. Мировое произ-во ок. 500 тыс. т в год.

ТЕКСТОЛО́ГИЯ (от лат. textus – ткань, в т. ч. словесная, и ...логия), отрасль филологии; литературоведч. дисциплина, изучающая произведения письменности, лит-ры, фольклора в целях критич. проверки, установления и организации их текстов для дальнейшего исследования и публикации. Важнейшее прикладное применение Т.– издание текста произведения (эдиция).

ТЕКСТУ́РА (от лат. textura – ткань, строение), преимущественная ориентация составных частей (напр., зёрен – Т. горн. пород), кристаллов в поликристаллах или молекул в монокристаллах, в аморфных тв. в-вах (полимерах, жидких кристаллах и др.). Т. широко распространена в тканях р-ний и ж-ных. Часто определяет анизотропию механич., магн., оптич. и др. физ. свойств в-в.

ТЕКСТУ́РА ДРЕВЕСИ́НЫ, рисунок, образующийся на поверхности древесины из-за перерезания анатомич. элементов. Зависит от направления разреза и породы, определяет декор. ценность древесины, служит для распознавания пород. Лесоматериалы с красивой текстурой используются для изготовления мебели, худ. изделий, отделки помещений и т.д.

ТЕКТО́НИКА [от греч. tektonikē – строительное (искусство)] (геотектоника), наука о строении, движении, деформации *земной коры*; раздел геологии. Выделяется Т. ист., общую и региональную. Оформилась как самостоят. наука в 20 в.

ТЕКТО́НИКА в архитектуре, то же, что *архитектоника*.

ТЕЛЕ... (от греч. tēle – вдаль, далеко), часть сложных слов: 1) обозначает дальность, действие на большом расстоянии (напр., телевидение, телеграф); 2) соответствует по значению слову «телевизионный» (напр., телецентр).

ТЕЛЕВИ́ДЕНИЕ (от *теле...* и слова «*видение*»), область науки, техники, культуры, связанная с передачей на расстояние изображений объектов и звукового сопровождения (речи, музыки) при помощи радиосигналов (эфирное ТВ) или электрич. сигналов, передаваемых по проводам (кабельное ТВ). Принцип Т. состоит в последоват. преобразовании во времени элементов изображения в электрич. сигналы, передаче этих сигналов по каналам связи в пункт приёма и обратном их преобразовании в видимое изображение (синтез изображения). Зарождение Т. относится к нач. 20 в. Однако практич. освоение Т. началось в нач. 1930-х гг. после изобретения *передающей телевизионной трубки* и *кинескопа*. Исторически Т. развивалось начиная с передачи только яркостной характеристики каждого элемента изображения (чёрно-белое Т.). К

684 ТЕЛЕ

нач. 50-х гг. в США, России и затем в др. странах были разработаны системы цветного Т. электронного типа. В совр. стандартных системах цветного Т. (напр., СЕКАМ, ПАЛ), совместимых с чёрно-белыми, передаются одноврем. 2 вида сигналов: сигнал яркости, несущий информацию о яркости передаваемой сцены; сигнал цветности (образован двумя цветоразностными сигналами), несущий информацию о её цвете. В России телевизионное вещание осуществляется в диапазоне метровых (12 телевизионных каналов) и дециметровых (св. 40 телевизионных каналов) волн; телевизионные программы практически полностью передаются в цветном изображении. В кон. 80-х гг. разработаны системы Т. высокой чёткости (св. 1000 строк вместо обычных 625); ведутся разработки систем цифрового Т., в к-рых передаваемый телевизионный сигнал представляет собой последовательность кодовых (цифровых) комбинаций электрич. импульсов.

ТЕЛЕВИЗИО́ННАЯ ПЕРЕДА́ЮЩАЯ КА́МЕРА (телекамера), устройство для преобразования оптич. изображения объекта в видеосигнал, поступающий либо в устройство *видеозаписи*, либо в *канал связи* (для передачи). Осн. узлы: объектив, передающая телевизионная трубка, генератор развёрток, видеоусилитель.

ТЕЛЕВИЗИО́ННОЕ ВЕЩА́НИЕ, формирование телевизионных программ и передача их в эфир посредством *телевидения*; одно из средств массовой коммуникации. Регулярное Т.в. началось в 1936 в Великобритании и Германии, в 1939 в России (Москва, Ленинград), в 1941 в США. Сеть Т.в. включает телевизионные центры (в России св. 70), станции и линии связи, имеющие каналы изображения и звукового сопровождения, – линии радиорелейной, космич. (спутниковой) связи (системы «Орбита», «Москва», «Экран» и др.) и кабельной. В систему рос. Т.в. входят телерадиокомпании федерального уровня – «Останкино», «Всероссийская», региональные «Москва», «С.-Петербург», НТВ и «ТВ-6. Москва», локальные (в городах и р-ных центрах).

ТЕЛЕВИ́ЗОР (телевизионный приёмник), радиоэлектронное устройство для преобразования радиосигналов изображения и звукового сопровождения программ телевизионного вещания в изображение и звук. Выделяют Т. цветного и чёрно-белого изображения, стационарные и переносные. В нач. 90-х гг. на 1000 чел. населения в эксплуатации находилось Т.: в США св. 800; Японии ок. 600; Германии 500; России 330; Эфиопии 2; Заире менее 1.

Телевизор. Переносной телевизор цветного изображения.

ТЕЛЕГРА́ФНАЯ СВЯЗЬ, передача на расстояние буквенно-цифровых сообщений – телеграмм – с обязат. записью их в пункте приёма; вид электросвязи. Телегр. сообщения передаются при помощи телегр. аппаратов по *каналам связи* – проводным (проводная Т.с.) или радио (радиотелегр. связь) – в виде кодовых комбинаций электрич. импульсов. Основы Т.с. заложены в 1832–44 работами П.Л. Шиллинга, Б.С. Якоби, С. Морзе.

ТЕЛЕГРА́ФНЫЙ АППАРА́Т, служит для передачи и (или) приёма электрич. телегр. сигналов в процессе телегр. связи. Обычно состоит из телегр. передатчика и (или) телегр. приёмника. Наиб. распространён буквопечатающий Т.а.

ТЕЛЕ́ЗИО (Telesio) Бернардино (1509–88), итал. натурфилософ эпохи Возрождения. Основал в Неаполе академию для опытного изучения природы. В соч. «О природе вещей согласно её собственным законам» возрождал традиции ранней греч. натурфилософии.

ТЕЛЕИЗМЕРЕ́НИЯ, то же, что *телеметрия*.

ТЕЛЕКА́МЕРА, то же, что *телевизионная передающая камера*.

ТЕЛЕКИНЕ́З (от *теле...* и греч. kínēsis – движение), перемещение человеком физич. объектов без посредства мышечных усилия. Попытки объяснения феномена Т. предпринимаются в *парапсихологии*.

ТЕ́ЛЕКС [от англ. tele(graph) – телеграф и ex(change) – коммутатор], междунар. сеть абонентского телеграфирования. Оборудована автоматич. телегр. станциями; у каждого абонента установлены рулонный стартстопный телегр. аппарат с автоответчиком и вызывной прибор. Объединяет (нач. 1990-х гг.) нац. сети ок. 150 стран (в т.ч. России).

ТЕ́ЛЕМАН (Telemann) Георг Филипп (1681–1767), нем. композитор, капельмейстер, муз. теоретик. Одним из первых перешёл от *полифонии* к гомофонно-гармонич. стилю композиции (см. *Гомофония*). Основа творчества – инстр. музыка: орк. сюиты, в т.ч. программные «Дон Кихот» и др.), концерты, *кончерто гроссо*, пьесы. Св. 40 опер, «Страсти», духовные и светские кантаты, св. 700 песен.

ТЕЛЕМЕ́ТРИЯ (от *теле...* и *...метрия*) (телеизмерения), измерение на расстоянии физ. величин, характеризующих технол. процесс, явление природы, состояние живого организма. Осуществляется с помощью датчиков, результаты измерений автоматически передаются по каналам связи на приёмное устройство для последующей обработки и регистрации.

ТЕЛЕОЛО́ГИЯ (от греч. télos, род. п. téleos – цель и *...логия*), филос. учение, приписывающее процессам и явлениям природы цели (целесообразность или способность к целеполаганию), к-рые или устанавливаются Богом (Х. Вольф), или являются внутр. причинами природы (Аристотель, Г.В. Лейбниц).

ТЕЛЕПА́ТИЯ (от *теле...* и греч. páthos – чувство), термин, употребляемый для обозначения передачи мыслей и чувств на расстоянии без посредства органов чувств. См. *Парапсихология*.

Телескоп. Рефлектор с диаметром главного зеркала 6 м (Специальная астрофизическая обсерватория Российской АН, Северный Кавказ).

ТЕЛЕСКО́П (от *теле...* и *...скоп*), астр. инстр-т для изучения космич. объектов по их излучению. В зависимости от вида принимаемого излучения Т. выделяют гамма-Т., рентгеновские, оптические, радиотелескопы и др. Существуют 3 осн. типа оптич. Т.: рефракторы (линзовые), рефлекторы (зеркальные), комбинир. зеркально-линзовые системы. Первые астр. наблюдения при помощи Т. (оптич. рефрактора) проведены в 1609 Г. Галилеем.

ТЕЛЕСКО́ПЫ, см. *Золотая рыбка*.

ТЕЛЕ́СНЫЕ НАКАЗА́НИЯ, особый вид уголов. наказания, сложившийся в древности и существовавший в ряде стран до 20 в. Т.н. заключались в публичном причинении осуждённому физич. мучений, напр.: битьё палками (батогами, шпицрутенами), кнутом и плетью, отсечение конечностей, клеймение и др. В Зап. Европе Т.н. были закреплены в законодат. актах с 13 в. (напр., т.н. Кровавое законодательство в Англии кон. 15–16 вв., нем. уголов. кодекс «Каролина»). В России с 18 в. от Т.н. полностью были освобождены *дворяне*, *почётные граждане* и нек-рые др. Частично были отменены в 1863, окончательно – как мера уголов. наказания – в 1904.

ТЕЛЕТА́ЙП (англ. teletype, от греч. téle – далеко и англ. type – писать на машине), приёмопередающий буквопечатающий стартстопный телегр. аппарат с клавиатурой, как у пишущей машины. Используется также в качестве *терминала* в устройствах вычислит. техники.

ТЕЛЕУПРАВЛЕ́НИЕ, управление на расстоянии посредством передачи электрич. или радиосигналов на объект управления (машину, прибор, систему). Применяется на электростанциях, в энергосистемах, на нефте- и газопроводах, на ж.-д. транспорте, при управлении ИСЗ и автоматич. космич. станциями.

ТЕЛЕФА́КС (от *теле...* и лат. facsimile – делай подобное) (факс), передача изображений текстов, таблиц, рисунков и т.п. по каналам телеф. сети общего пользования; разновидность *факсимильной связи*. Т. также

наз. аппарат для передачи и приёма таких изображений.

ТЕЛЕФО́Н (от *теле...* и *...фон*), 1) электроакустич. прибор для преобразования электрич. колебаний в звуковые. По принципу преобразования различают Т. эл.-магн., эл.-динамич., пьезоэлектрические и др. Наиб. применение находят в устройствах телеф. связи. 2) Общепринятое сокращённое название телеф. связи и телеф. аппарата.

ТЕЛЕФО́Н-АВТОМА́Т, то же, что *таксофон*.

ТЕЛЕФО́ННАЯ СВЯЗЬ, передача на расстояние речевой информации, осуществляемая электрич. сигналами по *каналам связи* – проводным и радио (радиотелеф. связь); вид электросвязи. Обеспечивает ведение устных переговоров между абонентами. Начало Т.с. было положено изобретением телеф. аппарата (1876) и созданием первой телеф. станции (1878, США). В России первые гор. телеф. станции начали действовать в 1882.

ТЕЛЕФО́ННЫЙ АППАРА́Т (телефон), абонентское устройство телеф. сети. Служит для передачи и приёма речевой информации. Изобретён в 1876 А.Г. Беллом. Обычно состоит из 2 осн. частей: коммутационно-вызывной (содержит номеронабиратель, звонок, переключатель и др.) и разговорной (микрофон, телефон, трансформатор). Многие совр. Т.а. снабжены электронной памятью (хранит до 32 номеров), определителем номера вызывающего абонента и др. устройствами. Получают распространение приёмопередающие радиотелеф. аппараты (см. ст. *Радиотелефон*).

Телефонный аппарат.

ТЕЛЕ́ЦКОЕ О́ЗЕРО (Алтынколь, букв. – золотое озеро), горное оз. с прозрачной водой на С.-В. Алтая (на выс. 436 м), в Респ. Алтай. Пл. 223 км^2. Глуб. до 325 м, впадает до 70 рек, вытекает р. Бия. На берегах – с. Артыбаш, посёлки Иогач, Яйлю с центр. усадьбой Алтайского заповедника. Популярный р-н туризма и отдыха.

ТЕ́ЛЛЕР (Teller) Эдвард (р. 1908), амер. физик, один из создателей амер. атомной и водородной бомб. Род. в Венгрии, в США с 1935. Тр. по ядерной физике, термоядерным реакциям, астрофизике.

ТЕЛЛУ́Р (Tellurium), Te, хим. элемент VI гр. периодич. системы, ат. н. 52, ат. м. 127,60; относится к *халькогенам*; неметалл. Выделен венг. учёным Ф. Мюллером фон Райхенштейном в 1782.

ТЕЛЛЬ (Tell) Вильгельм, герой швейц. нар. легенды, отразившей борьбу швейцарцев против *Габсбургов* в 14 в. Т., меткий стрелок из лука, был принуждён У. Геслером (габсбургским должностным лицом) сбить стрелой яблоко с головы своего маленького сына. Выполнив это, Т. убил Геслера, что послужило сигналом к нар. восстанию. Легенда о Т. положена в основу драмы Ф. Шиллера «Вильгельм Телль».

ТЕ́ЛОС (греч. télos — конец, цель), в др.-греч. философии конечная цель чего-либо; один из четырёх осн. принципов бытия в философии Аристотеля.

ТЕЛЬ-АВИ́В, г. в Израиле. 353 т. ж. Порт на Средиземном м.; междунар. аэропорт. Св. ½ всех пром. пр-тий страны. Маш-ние; металлообр., хим.-фарм., текст. и др. пром-сть. Обработка алмазов. Ун-ты. «Суламифь-консерватив» (1950). Музеи (в т.ч. тель-авивский археол., Гаарец-музей). Проводится Междунар. фестиваль музыки и драмы (с 1961). Осн. в 1909 близ Яффы, с к-рой в 1949 слился.

ТЕ́ЛЬФЕР (англ. telpher, от греч. tēle — далеко и phéro — несу), устройство с электрич. приводом для подъёма и перемещения грузов или деталей (*таль*). Назв. «Т.» широко распространено на произ-ве, хотя стандартом не рекомендуется.

ТЕЛЬ-ЭЛЬ-АМА́РНА, остатки др.-егип. города, столицы при фараоне Эхнатоне (14 в. до н.э.). Дворцы, храмы, жилые кварталы; архив клинописных табличек дипл. переписки 2-й пол. 15 – нач. 14 вв. егип. фараонов XVIII династии с правителями стран Передней Азии (найден в 1887); скульптура (в т.ч. голова царицы Нефертити).

ТЕ́МА [от греч. théma, букв. — то, что положено (в основу)], 1) предмет описания, исследования, разговора и т.д. 2) В иск-ве (лит-ре, т-ре кино, живописи) — объект худ. изображения, круг жизненных явлений, запечатлённых в произведении и скреплённых воедино авторским замыслом-проблемой. 3) В музыке — относительно завершённое муз. построение, выражающее одну самостоят. муз. мысль, напр. Т. в *фуге*, мелодия с сопровождением в гомофонных (см. *Гомофония*) формах, или являющееся носителем одного муз. образа, напр. *лейтмотив*, Т. *бассо-остинато*.

ТЕМБР, окраска муз. звука (инструментального или вокального), определяемая совокупностью факторов: материалом и формой звучащей части инстр-та или спецификой голосового аппарата, резонатора, акустикой помещения и др. Одно из важных средств муз. выразительности.

ТЕМБРОБЛО́К, то же, что *эквалайзер*.

ТЕ́МЗА, самая большая река Великобритании. Дл. 334 км. Протекает по Лондонскому басс., впадает в Северное м., образует эстуарий. На Т. — гг. Лондон (начало мор. судох-ва), Оксфорд.

ТЕМИРКА́НОВ Юр. Хатуевич (р. 1938), дирижёр. С 1976 гл. дирижёр Ленингр. т-ра оперы и балета имени С.М. Кирова, с 1988 — Ленингр. (С.-Петерб.) академич. симф. оркестра. С 1978 работал с рядом заруб. оркестров. Исполнение Т. характеризуют темпераментность, волевая устремлённость. Дирижировал премьерами оп. «Пётр I» А.П. Петрова, «Мёртвые души» Р.К. Щедрина. Как режиссёр и муз. руководитель поставил оп. «Евгений Онегин» и «Пиковая дама» П.И. Чайковского.

ТЕМП (итал. tempo, от лат. tempus — время, единица времени) (муз.), скорость движения в музыке, определяемая числом метрич. долей (или *длительностей*) в единицу времени. Осн. Т. (в порядке возрастания): ларго, ленто, адажио (медленные Т.); анданте, модерато (умеренные Т.); аллегро, виво, престо (быстрые Т.). Нек-рые жанры (марш, вальс) характеризуются определ. Т. Для точной фиксации Т. служит *метроном*.

ТЕ́МПЕРА (итал. témpera), живопись красками, связующим в-вом к-рых служат эмульсии — натуральные (цельное яйцо, желток, соки р-ний) или искусственные (вод. р-р клея с маслом и т.д.).

ТЕМПЕРА́МЕНТ (от лат. temperamentum — надлежащее соотношение частей), характеристика индивида со стороны динамич. особенностей его психич. деятельности (темпа, ритма, интенсивности психич. процессов и состояний). Осн. компоненты: общая активность индивида, его моторика (двигат. проявления), эмоциональность. Теории: гуморальная, связывающие Т. со свойствами тех или иных жидких сред организма (восходящее к Гиппократу и систематизированное И. Кантом учение о четырёх осн. типах — *сангвинике*, *холерике*, *меланхолике*, *флегматике*); морфологические (зависимость Т. от конституц. типов телосложения — у Э. Кречмера) и др.

ТЕМПЕРАТУ́РА (от лат. temperatura — надлежащее смешение, физ. величина, характеризующая состояние термодинамич. равновесия системы. Т. всех частей изолир. системы, находящейся в равновесии, одинакова. Если система не находится в равновесии, то между её частями, имеющими разл. Т., происходит *теплообмен*. В равновесных условиях Т. пропорциональна ср. кинетич. энергии составляющих систему частиц (молекул, ионов, атомов и т.п.). Измеряют Т. *термометрами* на основе зависимости к.-л. свойства тела (объёма, электрич. сопротивления и т.п.) от Т.; единица Т. в СИ — кельвин (К). Для каждого вещества при нормальном давлении существуют характерные значения Т. (точки кипения, плавления и др.), при к-рых в нём происходят *фазовые переходы*.

ТЕМПЕРАТУ́РА ТЕ́ЛА, показатель теплового состояния организма человека и ж-ных; отражает соотношение процессов теплопродукции организма и его теплообмена с окружающей средой. У холоднокровных ж-ных Т.т. непостоянна и близка к темп-ре окружающей среды; у теплокровных (в т.ч. человека) практически постоянна для каждого вида. Среди теплокровных ж-ных наиб. высокая Т.т. у птиц (40–41°C), наименьшая — у ехидны (30–31°C); у высш. млекопитающих от 32 до 39°C (у человека 36–37°C).

ТЕМПЕРАТУ́РНЫЕ ШКА́ЛЫ, системы сопоставимых числовых значений темп-ры. Существуют абс. термодинамич. Т.ш., в основе к-рых лежит к.-л. свойство в-ва, зависящее от темп-ры (тепловое расширение, температурная зависимость электрич. сопротивления и др.); к ним относится шкала Кельвина (абс. термодинамич. Т.ш., единица — К), к-рая принята за Междунар. практич. Т.ш. Другие Т.ш. различаются точками отсчёта и размером единицы темп-ры: °C (*Цельсия шкала*), °R (*Реомюра шкала*), °F (*Фаренгейта шкала*). 1 °R = 5/4 °C, 1 °F = 5/9 °C, 1 K = 1 °C. В шкалах Цельсия и Реомюра за 0 принята темп-ра плавления льда, к-рая в шкале Фаренгейта равна + 32 °F.

ТЕМПЕРА́ЦИЯ (от лат. temperatio — правильное соотношение, соразмерность), вычисленное и фиксированное интервальное соотношение тонов муз. *строя*, называемого в этом случае темперированным. Равномерная Т. (замкнутый строй в результате деления октавы на 12 равных частей — *полутонов*) созд. в Китае в 16 в., в Европе — в 17 в.

ТЕНДРЯКО́В Вл. Фёд. (1923–84), рус. писатель. Нравств. проблемы в остроконфликтных пов. «Не ко двору» (1954), «Подёнка – век короткий» (1965), «Три мешка сорной пшеницы» (1973), «Расплата» (1979). Осмысление трагич. страниц сов. истории (раскулачивание крестьян, «показушный» героизм на войне, кампания борьбы с т.н. космополитизмом) — в рассказах «Пара гнедых», «Донна Анна», «Охота» и др. (все опубл. в 1988). Очерки.

ТЕНЕВА́Я ЭКОНО́МИКА, термин, обозначающий все виды экон. деятельности, не учитываемые офиц. статистикой и не включаемые в ВНП.

ТЕ́НИН Бор. Мих. (1905–90), актёр. На сцене с 1922 (в моск. Т-ре обозрений Дома печати, мюзик-холле, «Синей блузе» и др.). В 1937–46 в Ленингр. т-ре комедии, затем в Москве. С 1974 в Моск. т-ре имени Вл. Маяковского. Начинал как острохарактерный, комедийный актёр, склонный к импровизации, буффонаде, впоследствии перешёл к бытовой драме и лирич. комедии: Илл («Визит дамы» Ф. Дюрренматта, 1966), Родион Николаевич («Старомодная комедия» А.Н. Арбузова, 1976) и др. Снимался в ф.: «Человек с ружьём» (1938) и др.

ТЕ́ННИС (лаун-теннис) (англ. lawn — лужайка и tennis, возможно, от франц. tenez — вот вам, берите), спорт. игра с мячом и ракетками на площадке — корте с сеткой (выс. 91 см) посредине. Известен с сер. 15 в.; совр. Т. зародился в Великобритании в 19 в., в России — в кон. 1870-х гг. В 1913 осн. Междунар. федерация Т. (ИТФ); объединяет ок. 150 стран. Чемпионаты Европы в 1969–83, мира с 1978; в программе Олимп. игр в 1896–1924 и с 1988. Среди др. крупнейших междунар. соревнований: личные – *Уимблдонский турнир* (с 1877), командные – *Кубок Дэвиса* (с 1900).

ТЕ́ННИСОН (Tennyson) Альфред (1809–92), англ. поэт. Доминирующие настроения лирики – грусть и меланхолия; сентиментальную поэзию Т. отличают мелодичность и живописность. Цикл поэм «Королевские идиллии» (1859–85) – на темы Артуровских легенд. Драмы «Королева Мария» (1875), «Бекет» (1879). В воен.-патриотич. стихах («Ода на смерть герцога Веллингтона», 1852; поэма «Мод», 1855) стремился воплотить нравственные и социальные идеалы «викторианской» Англии.

ТЕ́НОР (итал. tenore, от лат. teneo – держу, направляю), 1) высокий мужской певческий голос. Различают Т. лирич., драм., лирико-драматический. 2) Духовой муз. инстр-т, входящий в состав духового оркестра. 3) Составная часть в названиях нек-рых муз. инстр-тов одного семейства, обычно ср. регистра (саксофон-Т. и др.).

ТЕНОЧТИТЛА́Н, г. (14–16 вв.), столица гос-ва ацтеков (на месте совр. Мехико). Разрушен испанцами в 1521.

ТЕНЯКО́ВА Нат. Макс. (р. 1944), актриса. С 1965 в Ленингр. Большом драм. т-ре, с 1978 в Моск. т-ре имени Моссовета, с 1989 во МХАТе имени А.П. Чехова. Игру отличают импульсивность, подчёркнутая страстность, острота и выразительность пластич. рисунка. Выступает в спектаклях разл. жанров — от психол. драмы до комедии-лубка: Вера («Три мешка сорной пшеницы» по В.Ф. Тендряко-

Теннис.

Теночтитлан. Реконструкция центральной площади.

ву, 1973), Фрося («Печка на колесе» Н.А. Семёновой), Гедда («Гедда Габлер» Г. Ибсена; обе роли 1983) и др.

ТЕОДИЦЕ́Я (франц. théodicée – оправдание Бога, от греч. theós – Бог и díkē – справедливость), общее обозначение религ.-филос. доктрин, стремящихся согласовать идею благого и всемогущего Бога с наличием мирового зла, «оправдать» Бога как творца и правителя мира вопреки существованию тёмных сторон бытия.

ТЕОДОЛИ́Т, геод. инстр-т для измерения на местности горизонтальных и вертикальных углов. Применяется при геол., астр., инж. работах.

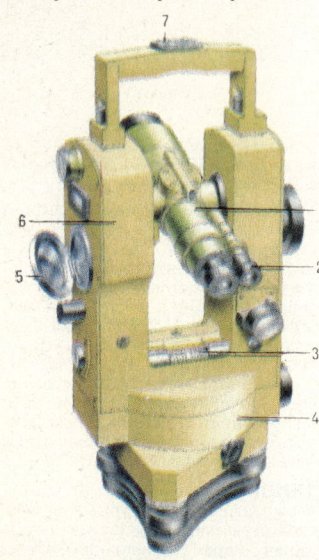

Теодолит: 1 – зрительная труба; 2 – микроскоп отсчётной системы; 3 – цилиндрический уровень; 4 – горизонтальный угломерный круг; 5 – зеркало; 6 – вертикальный круг; 7 – центрировочный шпиль.

ТЕОДО́РИХ (Theodorich) (ок. 454–526), король остготов с 493. Завоевал Италию и основал кор-во.

ТЕОКРА́ТИЯ (от греч. theós – бог и ...кратия), форма правления, при к-рой глава гос-ва является одноврем. его религ. главой.

ТЕОЛО́ГИЯ (от греч. theós – бог и ...логия) (богословие), совокупность религ. доктрин о сущности и действии Бога. Предполагает концепцию личного абс. Бога, сообщающего человеку знание о себе в откровении. В строгом смысле о Т. принято говорить применительно к иудаизму, христ-ву, исламу.

ТЕОРЕ́МА (от греч. theōréō – рассматриваю), предложение (утверждение), устанавливаемое при помощи доказательства (в противоположность аксиоме).

ТЕО́РИЯ (от греч. theōría – рассмотрение, исследование), система осн. идей в той или иной отрасли знания; форма науч. знания, дающая целостное представление о закономерностях и существенных связях действительности.

ТЕО́РИЯ ПОЗНА́НИЯ (гносеология, эпистемология), раздел философии, в к-ром изучаются закономерности и возможности познания, отношения знания к объективной реальности, исследуются ступени и формы процесса познания, условия и критерии его достоверности и истинности. Обобщает методы и приёмы, используемые совр. наукой (эксперимент, моделирование, анализ, синтез и т.д.). Т.п. выступает в качестве её филос.-методол. основы.

ТЕОСО́ФИЯ (от греч. theós – Бог и sophía – мудрость), 1) в широком смысле – всякое мистич. учение, претендующее на раскрытие особых «божеств. тайн». 2) Мистич. доктрина Е.П. Блаватской и её последователей – соединение мистики буддизма и др. вост. учений с элементами оккультизма и неортодоксального христ-ва.

ТЕОТИУАКА́Н, г. (2 в. до н.э.– 7 в. н.э.) в долине Мехико (Мексика). Сохранились руины «Пирамиды Луны» (выс. 42 м), комплекса храмовых зданий, дворцов, «Пирамиды Солнца» (выс. 64,5 м), остатки росписей, скульптура. Т. включён в список Всемирного наследия.

ТЕОФРА́СТ (Феофраст) (наст. имя Тиртам) (372–287 до н.э.), др.-греч. естествоиспытатель, философ, один из первых ботаников древности. Ученик и друг Аристотеля, после его смерти глава перипатетич. школы. Автор св. 200 трудов по естествознанию (физике, минералогии, физиологии и др.), философии, психологии. Создал классификацию р-ний, систематизировал накопленные наблюдения по морфологии, географии, мед. использованию р-ний.

ТЕПЕ́, холм из остатков древних, гл. обр. глинобитных строений и напластований культурного слоя в Ср. Азии, на Кавказе (тапа), Бл. Востоке (тель), в Индии и на Балканах. Т. возникали в течение тысячелетий; выс. до 40 м.

ТЕПЛИ́ЦА, см. в ст. Защищённый грунт.

ТЕПЛОВА́Я МАШИ́НА, устройство, в к-ром осуществляется преобразование теплоты в работу (тепловой двигатель) или наоборот – работы в теплоту (холодильник). В основе действия Т.м. лежит цикл термодинамический, совершаемый рабочим телом (газом, водяным паром и др.). Для идеальной Т.м. рабочее тело совершает работу, равную разности кол-в подведённой и отведённой теплоты. Эффективность Т.м. характеризуется коэффициентом полезного действия.

ТЕПЛОВА́Я ЭЛЕКТРОСТА́НЦИЯ (ТЭС), вырабатывает эл-энергию в результате преобразования тепловой энергии, выделяемой при сжигании органич. топлива (твёрдого, жидкого, газообразного). Осн. виды ТЭС: паротурбинные (преобладают), газотурбинные, дизельные. Первые ТЭС появились в кон. 19 в. (в 1882 в США, в 1883 в России, в 1884 в Германии). Доля вырабатываемой ТЭС эл.-энергии (1992) в мире ок. 76% (в России и США ок. 80%). Установленная мощность действующих в России ТЭС достигает 2,4–4 ГВт. Иногда к ТЭС условно относят атомные электростанции, геотермальные электростанции.

ТЕПЛОВИ́ДЕНИЕ, см. в ст. Интроскопия.

ТЕПЛОВИ́ЗОР, оптико-электронная система для получения видимого изображения объектов, испускающих невидимое тепловое (инфракрасное) излучение. Первые Т. созданы в 30-х гг. 20 в. Принцип действия Т. основан на преобразовании ИК-излучения в электрич. сигнал, к-рый усиливается и воспроизводится на экране индикатора. В 70-х гг. созданы Т., в к-рых тепловое изображение переводится в видимое непосредственно на экране, покрытом светочувствит. в-вом (люминофоры, жидкие кристаллы, полупроводниковые плёнки). Т. используются для определения местоположения и формы объектов, находящихся в темноте или в оптически непрозрачных средах. Применяются в дефектоскопии, навигации, а также в медицине.

ТЕПЛОВО́Е ДВИЖЕ́НИЕ, хаотич. движение микрочастиц, из к-рых состоят все тела. Кинетич. энергия Т.д. растёт с абс. темп-рой в-ва. Частицы газов беспорядочно движутся по всему объёму газа, часто испытывая соударения друг с другом и со стенками сосуда. Частицы жидкостей колеблются около равновесного положения, изредка перескакивая из одного такого положения в другое. В тв. телах Т.д.– колебания частиц около своих положений равновесия.

ТЕПЛОВО́Е ИЗЛУЧЕ́НИЕ, эл.-магн. излучение, испускаемое в-вом за счёт его внутр. энергии. Определяется темп-рой в-ва. Попытка найти закон распределения энергии в спектре равновесного Т.и. привела М. Планка к идее квантования энергии излучения (1905), из к-рой в дальнейшем возникла квантовая механика.

ТЕПЛОВО́Е РАСШИРЕ́НИЕ, изменение размеров и формы тела при изменении его темп-ры. Характеризуется коэффициентами объёмного (для тв. тел и линейного) Т.р., т.е. изменением объёма (линейных размеров) тела при изменении его темп-ры на 1 К. Для изотропных тв. тел коэф. объёмного Т.р. равен утроенному коэф. линейного Т.р.

ТЕПЛОВО́З, локомотив с двигателем внутр. сгорания (дизелем), энергия к-рого через силовую передачу (электрич., гидравлич., механич.) передаётся колёсным парам. Первый Т. испытан в Германии в 1912. В России Т. (проект Я.М. Гаккеля) эксплуатируется с 1924.

Тепловоз грузовой.

ТЕПЛОВО́Й УДА́Р, острое болезненное состояние человека и ж-ных, обусловленное нарушением теплорегуляции при длительном воздействии на организм высокой темп-ры внеш. среды или непосредств. воздействии солнечных лучей (солнечный удар). У человека проявляется головной болью, рвотой, обмороком и др. Первая помощь: уложить пострадавшего в затенённое место, освободить от одежды, смачивать лицо холодной водой, тело охлаждать мокрым полотенцем; показано обильное питьё (холодные соки, чай, кофе и др.).

ТЕПЛОЁМКОСТЬ, кол-во теплоты, к-рое необходимо подвести к телу, чтобы повысить его темп-ру на 1 К. Существенно зависит от способа нагревания (вида процесса); напр., Т. при пост. давлении всегда превышает Т. при пост. объёме, т.к. в первом случае теплота расходуется не только на нагревание, но и на совершение работы по расширению тела. Т. зависит также от темп-ры, давления, хим. природы в-ва. Т. единицы массы наз. удельной Т., при атм. давлении и комнатной темп-ре она составляет для воздуха 29,2 Дж/(моль·К), дерева 1,3 Дж/(кг·К), воды 4,18 Дж/(кг·К), железа 0,45 Дж/(кг·К).

ТЕПЛООБМЕ́Н, наряду с работой в термодинамике один из видов обмена энергией термодинамич. системы (физ. тела) с окружающими телами, происходящий с помощью теплопроводности, конвекции или излучения и не сопровождающийся изменением параметров системы (напр., объёма). Т. определяет или сопровождает мн. процессы в приро-

Теотиуакан. Общий вид.

де (напр., эволюцию звёзд и планет, метеорол. процессы в атмосфере и гидросфере Земли и т.п.); Т. между Солнцем и Землёй определяет возможность существования биосферы Земли (см. *Фотосинтез*).

ТЕПЛОПРОВО́ДНОСТЬ, процесс переноса энергии от более нагретых участков тела к менее нагретым в результате теплового движения и взаимодействия составляющих его частиц. Приводит к выравниванию темп-ры тела. Плотность теплового потока, обусловленного Т., пропорциональна градиенту темп-ры; коэф. пропорциональности наз. коэф. Т. [измеряется в Дж/(К·м)]. Высоким коэф. Т. обладают металлы, низким – газы (что используется в теплоизолирующих целях, напр. в двойных оконных рамах).

ТЕПЛОТА́ (количество теплоты), характеристика процесса *теплообмена*. Определяется кол-вом энергии, к-рое получает (отдаёт) тело в процессе теплообмена. В СИ измеряется в Дж (устар. единица – калория, 1 кал = 4,18 Дж).

ТЕПЛОТА́ СГОРА́НИЯ (теплота горения, калорийность), кол-во теплоты, выделяющейся при полном сгорании топлива. Различают Т.с. удельную, объёмную и др. Напр., удельная Т.с. кам. угля 28–34 МДж/кг, бензина ок. 44 МДж/кг, объёмная Т.с. природного газа 31–38 МДж/м³.

ТЕПЛОХО́Д, судно, приводимое в движение двигателем внутр. сгорания (дизелем) или газ. турбиной (в этом случае Т. часто наз. газотурбоходом). В России первые Т. появились в нач. 20 в. Наиб. распространённый тип совр. самоходного судна (более 90% всего мор. и речного судов).

ТЕПЛОЭЛЕКТРОЦЕНТРА́ЛЬ (ТЭЦ), паротурбинная *тепловая электростанция*, вырабатывающая и отпускающая потребителям одновременно 2 вида энергии: электрическую и тепловую (в виде горячей воды, пара). В России мощность отд. ТЭЦ достигает 1,5–1,6 ГВт при часовом отпуске тепла до 16–20 ТДж.

ТЕПЛОЭНЕРГЕ́ТИКА, отрасль теплотехники, занимающаяся преобразованием теплоты в др. виды энергии, гл. обр. в механическую (напр., с помощью паровых машин, двигателей внутр. сгорания) и электрическую (с помощью термоэлектрич. генераторов, термоэмиссионных преобразователей и др.).

ТЕРАПИ́Я (от греч. therapéia – лечение) (клиника внутренних болезней), область медицины, изучающая внутр. болезни; одна из древнейших и осн. врачебных специальностей. Науч. Т. развивается с 19 в. (Ж. Корвизар, Р. Лаэннек – Франция; Р. Брайт – Великобритания; И.Л. Шёнлейн, Й. Шкода, Л. Траубе – Германия и Австрия; С.П. Боткин, Г.А. Захарьин – Россия). В 20 в. усилился процесс дифференциации Т. с выделением самостоят. разделов (гастроэнтерология, нефрология и др.). Т. также консервативные (в отличие от хирургии) методы лечения.

ТЕРАТОЛО́ГИЯ (от греч. téras, род. п. tératos – урод и ...*логия*), наука, изучающая уродства и пороки развития у р-ний, ж-ных и человека.

ТЕ́РБИЙ (Terbium), Tb, хим. элемент III гр. периодич. системы, ат. н. 65, ат. м. 158,9254; относится к *редкоземельным элементам*; металл. Открыт швед. химиком К. Мосандером в 1843.

ТЕ́РЕМ (от греч. téremnon – жилище), в Др. Руси верх. жилой ярус богатых хором, палат; были и отд. Т. (над воротами, на высоком подклете).

ТЕРЕ́НЦИЙ (Terentius) (Публий Теренций Афр) (ок. 195–159 до н.э.), рим. поэт-комедиограф. Вольноотпущенник, родом из Сев. Африки. Используя сюжеты и маски др.-греч. комедии, выходил за рамки традиц. комедийных схем, вводя этич. и гуманистич. мотивы и создавая психологически очерченные типы (комедии «Самоистязатель», «Свекровь», «Формион»). Оказал влияние на европ. драматургов.

ТЕ́РЕХОВА Марг. Бор. (р. 1942), актриса. В 1964–83 и с 1987 в Моск. т-ре имени Моссовета. Игре свойственны нервная порывистость и искренность, сдержанный лиризм, тонкость психол. нюансировки: Клеопатра («Цезарь и Клеопатра» Б. Шоу, 1964), Мари («Глазами клоуна» по Г. Бёллю, 1968), Соня («Преступление и наказание» по Ф.М. Достоевскому, 1971), Елизавета («Царская охота» Л.Г. Зорина, 1977), Любовь Сергеевна («Тема с вариациями» С.И. Алёшина, 1979) и др. Снималась в ф.: «Здравствуй, я!» (1966), «Монолог» (1973), «Зеркало» (1975), т/ф «Собака на сене» (1977) и др. Занимается режиссурой.

ТЕРЕ́ЩЕНКО Мих. Ив. (1886–1956), рос. предприниматель, сахарозаводчик. Был близок к партии прогрессистов. В 1917 мин. финансов, затем мин. ин. дел Врем. пр-ва. После Окт. рев-ции в эмиграции.

ТЕРИОЛО́ГИЯ (от греч. therion – зверь и ...*логия*), раздел зоологии, изучающий млекопитающих.

ТЕРМА́ЛЬНЫЕ ВО́ДЫ (термы) (от греч. thérme – жара, жар), подземные воды с темп-рой св. 20°С. Термы с темп-рой 150–250°С используются для выработки эл.-энергии (напр., крупнейшее в мире м-ние Т.в. – Большие Гейзеры, США, может обеспечить работу электростанций мощн. св. 1000 МВт), с темп-рой 70–150°С – для теплоснабжения. Т.в. применяются также в леч. целях: курорты – Кавказские Минеральные Воды (Россия), Виши (Франция), Карловы-Вары (Чехия).

ТЕРМЕ́З, г. (с 1929), обл. ц., в Узбекистане. 83 т. ж. Порт на Амударье, при впадении р. Сурхандарья; мост через Амударью соединяет Т. с портом Хайратон (Афганистан); ж.-д. ст. Пром-сть: хл.-очист., пищ. и др. Пед. ин-т. Т-р. Краеведч. музей. Муз.-драм. т-р. Возник в сер. 19 в. Близ Т. – городище древнего Т. Архит. памятники 1–3 вв. (буддийский культовый пещерно-наземный комплекс Кара-Тепе), 9–12 вв. (остатки города), мазар Хакима ат-Термези, 11–15 вв.; анс. мавзолеев в Султан-Саадат, 11–17 вв.).

ТЕРМЕНВО́КС, первый в России электромуз. инстр-т. Сконструирован рос. физиком-акустиком Л.С. Терменом. Впервые продемонстрирован в 1920. Т. – одноголосый инстр-т. Регулирование высоты звука осуществляется изменением расстояния между прав. рукой исполнителя и одной из антенн; громкость – между лев. рукой и др. антенной.

ТЕ́РМИН (от лат. terminus – граница, предел), слово или сочетание слов, обозначающее спец. понятие, употребляемое в науке, технике, иск-ве.

ТЕРМИНА́Л, устройство в составе вычислит. системы для обмена данными между пользователями и ЭВМ (в т.ч. удалённой) по каналам связи. Т. для передачи данных без к.-л. преобразования наз. пассивными (напр., телетайп, дисплей), а обеспечивающие предварит. обработку, напр. с помощью микропроцессора или микроЭВМ, – активными или «интеллектуальными».

ТЕРМИНА́ЛЬНОЕ СОСТОЯ́НИЕ (лат. terminalis – пограничный, предельный, конечный), конечные стадии жизни – преагония, агония и клинич. смерть; пограничное состояние между жизнью и смертью.

ТЕРМИ́ТЫ, отряд *общественных насекомых*. Внешне напоминают крупных муравьёв. Общины, разделённые на касты, состоят из крылатых (самки и самцы) и бескрылых («рабочие» и «солдаты») особей. Дл. до 20 мм, «царицы» (самки) – до 140 мм. Строят гнёзда и надземные (выс. до 15 м) гнёзда (термитники). Ок. 2600 видов, гл. обр. в тропиках. Многоядны. Разрушают древесину, портят бумагу, кожу, с.-х. продукцию и др.

ТЕРМИ́ЧЕСКАЯ ОБРАБО́ТКА, тепловая обработка в осн. металлов и сплавов для изменения их структуры и свойств. Осн. виды: закалка (быстрое охлаждение с повышением темп-ры для увеличения прочности), отжиг (нагрев до высокой темп-ры, выдержка при ней и медленное охлаждение для повышения пластичности), отпуск (нагрев после закалки и последующее охлаждение для снижения хрупкости и повышения пластичности). Может сочетаться с хим., механич. и магн. обработками.

ТЕ́РМО... (от греч. thérme – жара, жар), составная часть сложных слов, означающая: 1) относящийся к теплоте, темп-ре (напр., термодинамика); 2) обрабатываемый, получаемый при помощи теплоты, высоких темп-р (напр., термокопирование); 3) основанный на использовании тепла (напр., термоэлемент).

ТЕРМОДИНА́МИКА (от *термо...* и *динамика*), наука о наиб. общих свойствах макроскопич. систем, находящихся в состоянии термодинамич. равновесия, а также о процессах перехода между этими состояниями (т.н. начала), описывающие поведение *энергии* и *энтропии* при любых возможных процессах в системе. Методами Т. изучаются сложные системы в физике, химии, биологии и др., соотв. различают техн., хим., биол. и др. Т. Микроскопич. обоснование законов Т., учитывающее атомно-мол. строение в-ва, даётся в *статистической физике*. Т. зародилась в 1-й пол. 19 в. в связи с развитием теории тепловых машин (С. Карно, Ю.Р. Майер и англ. физика Дж. Джоуля, а также теоретич. работах нем. физиков Г. Гельмгольца, Р. Клаузиуса, англ. физика У. Томсона, амер. физика Дж.У. Гиббса и нем. физика В. Нернста. В 20 в. была развита Т. необратимых процессов (Л. Онсагер, США; И. Пригожин, Бельгия).

ТЕРМО́МЕТР (от *термо...* и греч. metréo – измеряю), прибор для измерения *температуры* посредством его контакта с исследуемой средой. Первые Т. появились в кон. 16 – нач. 17 вв. (термоскоп Г. Галилея, 1597, и др.); термин появился в 1636. Действие Т. основано на зависимости к.-л. характеристики в-ва от темп-ры: коэф. теплового расширения, электрич. сопротивления, магн. восприимчивости и т.д. Наиб. распространены жидкостные Т. (ртутные, спиртовые), в к-рых используется зависимость от темп-ры теплового расширения к.-л. жидкости. Для измерения низких темп-р применяют газ., акустич., магн. и др. виды Т. Для измерения высоких темп-р, когда контакт с Т. невозможен, используют оптич. *пирометры*, основанные на зависимости распределения энергии в спектре излучения *абсолютно чёрного тела* от темп-ры.

ТЕРМОПА́РА, см. в ст. *Термоэлемент*.

ТЕРМО́ПСИС, род многолетних трав (сем. *бобовые*). Ок. 30 видов, на Ю.-В. Европы, в умеренном поясе Азии и на Ю. Сев. Америки. Т. ланцетный – лекарств. (отхаркивающее средство) р-ние; ядовит; сорняк в посевах пшеницы и др. культур.

ТЕРМОСТА́Т (от *термо...* и греч. státes – останавливающий, задерживающий), прибор, к-рый поддерживает темп-ру постоянной. Простейший Т. – термос – представляет собой сосуд с полыми вакуумированными отражающими стенками (сосуд Дьюара). В пром-сти и эксперим. исследованиях применяют жидкостные, водяные, спиртовые, масляные, солевые и др. Т.

ТЕРМОЭЛЕКТРИ́ЧЕСКИЕ ЯВЛЕ́НИЯ, явления, обусловленные взаимосвязью между электрич. и тепловыми процессами в проводниках. К Т.я. относят, напр., возникновение т.н. термоэдс, т.е. электродвижущей силы, обусловленной разностью темп-р.

ТЕРМОЭЛЕКТРИ́ЧЕСКИЙ ГЕНЕРА́ТОР (термоэлектрогенератор), устройство для прямого преобразования тепловой энергии в электрическую с использованием *термоэлементов*. Мощн. до неск. десятков Вт; кпд до 20%. Служит источником эл.-энергии на станциях антикоррозийной защиты газо- и нефтепроводов, космич. аппаратах, навигац. буях, маяках и т.д.

ТЕРМОЭЛЕМЕ́НТ, устройство (электрич. цепь), содержащее спай двух разнородных металлов или полупроводников. Служит для преоб-

Термометр: 1 – резервуар с ртутью; 2 – шкала; 3 – капилляр, по положению ртути в котором отсчитывают показания.

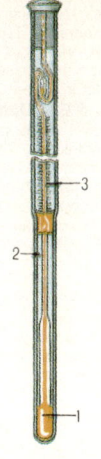

разования тепловой энергии в электрическую (или наоборот) на основе *термоэлектрических явлений*. Применяется в измерит. технике (где он наз. термопара), термогенераторах, холодильных установках и т.д.

ТЕРМОЯ́ДЕРНЫЕ РЕА́КЦИИ, реакции слияния лёгких атомных ядер в более тяжёлые (синтез), протекающие при очень высоких темп-рах (св. 10^8 К) и сопровождающиеся выделением энергии. Т.р. — осн. источник энергии звёзд, напр. в недрах Солнца происходит превращение 4 ядер водорода (протонов) в ядро гелия. В земных условиях Т.р. на смеси ядер дейтерия и трития осуществлены лишь в форме испытательных взрывов т.н. водородной бомб. Активно исследуется проблема *управляемого термоядерного синтеза*.

ТЕ́РМЫ, см. *Термальные воды*.

ТЕ́РМЫ (лат. thermae, от греч. thérmē — жара, жар), в Др. Риме общественные бани, включающие кроме горячей (кальдарий) и холодной (фригидарий) бань также парильни, залы для занятий спортом, библиотеки и т.д.

ТЁРНЕР (Turner) Уильям (1775–1851), англ. живописец и график. Представитель *романтизма*. Смелые по колорит. и световозд. исканиям пейзажи, отличающиеся пристрастием к необычным эффектам, красочной фантасмагории («Дождь, пар и скорость», 1844).

ТЕРНО́ВЫЙ ВЕНЕ́Ц, многолучевая *морская звезда*. Обитает на коралловых рифах Тихого и Индийского океанов. Тело (диам. до 50 см) покрыто многочисл. иглами дл. до 3 см (отсюда назв.), уколы к-рых болезненны для человека и могут вызывать сильное отравление. Питается коралловыми полипами, при массовых вспышках численности разрушает *коралловые рифы* на больших акваториях.

ТЕРНО́ПОЛЬ (до 1944 Тарнополь), г., обл. ц. на Украине, на р. Серет. 218 т. ж. Ж.-д. уз. Пищевкус. (мясная, сах. и др.), лёгкая пром-сть, с.-х. маш-ние; произ-во аппаратов, фарфора, мебели. 3 вуза. Краеведч. музей (с картинной гал.). 2 т-ра (в т.ч. Муз.-драм. т-р имени Т.Г. Шевченко). Филармония. Изв. с 1540.

У. Тёрнер. «Пожар парламента». 1835. Музей искусств. Кливленд.

Терпсихора. Римская мраморная копия с греческого оригинала 3–2 вв. до н.э. Эрмитаж.

ТЕРНОСЛИ́ВА, дерево или кустарник рода слива (сем. розоцветные). Выращивают ради терпких плодов (до 10 кг с куста), используемых для переработки.

ТЕРПЕ́НЫ, природные (гл. обр. растительные) углеводороды (камфора, цитраль, ментол и др.). Особенно богаты Т. и их производными (терпеноидами) эфирные масла. Сырьё в парфюмерии, произ-ве лекарств, смазочных масел и др.

ТЕР-ПЕТРОСЯ́Н Левон Акопович (р. 1945), президент Армении с 1991. С 1972 на науч. работе в Ин-те лит-ры АН Арм. ССР, с 1978 — в Ин-те древних рукописей имени Месропа Маштоца «Матенадаран». С 1989 пред. правления Арм. общенац. движения. С 1990 пред. ВС Армении.

ТЕРПСИХО́РА, в греч. мифологии одна из 9 муз, покровительница танцев.

ТЕ́РПУГИ, семейство мор. рыб (отр. скорпенообразные). Дл. до 1 м, масса до 18 кг. Нек-рые ярко окрашены. 14 видов, в сев. части Тихого ок. Объект промысла.

ТЕРРА́РИУМ (террарий) (от лат. terra — земля), помещение для содержания небольших наземных ж-ных, гл. обр. земноводных и пресмыкающихся. Т., в к-рых содержат змей для получения от них яда, наз. серпентарием (от лат. serpentes — змеи).

ТЕРРЕНКУ́Р (от франц. terrain — местность и нем. Kur — лечение), дозированная по расстоянию, времени и углу подъёма ходьба; метод тренировки, а также лечения больных нек-рыми формами сердечно-сосудистых и др. заболеваний.

ТЕ́РРИ (Terry) Эллен Алис (1847–1928), англ. актриса, режиссёр. Выступала в лондонском т-ре «Принсесс», гл. обр. в шекспировских ролях. В 1878–1902 работала в лондонском т-ре «Лицеум», до 1898 руководила им вместе с Г. Ирвингом. С 1902 руководила т-ром «Империал» — вместе с сыном — Г. Крэгом («Много шума из ничего» У. Шекспира, 1903). Снималась в кино.

ТЕРРИТОРИА́ЛЬНЫЕ ВО́ДЫ, в междунар. праве мор. воды, примыкающие к сухопутной терр. или *внутренним водам* гос-ва. Входят в состав терр. гос-ва и находятся под суверенитетом (осуществляет в Т.в. исключит. юрисдикцию). Режим Т.в. регулируется междунар. конвенциями и нац. законодательством.

ТЕРРО́Р (терроризм) (лат. terror — страх, ужас), насильств. действия (преследования, разрушения, захват заложников, убийства и др.) с целью устрашения, подавления полит. противников, конкурентов, навязывания определ. линии поведения. Различают индивидуальный и групповой Т. (напр., действия экстремистских полит. группировок) и гос. Т. (репрессии диктаторских и тоталитарных режимов). В 70–90-х гг. 20 в. получил распространение междунар. Т. (убийства и похищения глав иностр. гос-в и пр-в, их дипл. представителей, взрывы помещений посольств, миссий, междунар. орг-ций, взрывы в аэропортах и вокзалах, угон возд. судов). В связи с этим приняты многосторонние конвенции и законодат. акты во мн. странах по усилению борьбы с междунар. Т.

В уголов. праве Рос. Федерации к Т. относится совершение взрыва, поджога или иных действий, создающих опасность гибели людей, причинения значит. имуществ. ущерба и др. При отягчающих обстоятельствах к террористам может применяться смертная казнь.

ТЕРТЕРЯ́Н Авет (Альфред) Рубенович (р. 1929), арм. композитор. Осмысление жизни, её подлинных ценностей и вечных истоков — в 8 симфониях (1969–89). Оперы, балеты и др. сочинения, преломляющие традиции арм. *монодии*.

ТЕРТУЛЛИА́Н (Tertullianus) Квинт Септимий Флоренс (ок. 160 — после 200), христ. теолог и писатель. Жил в осн. в Карфагене. Подчёркивая пропасть между библейским откровением и греч. философией, Т. утверждал веру именно в силу её несоизмеримости с разумом. В конце жизни порвал с церковью, к-рую упрекал в непоследовательном проведении принципов аскетизма и мученичества.

ТЕРЦЕ́Т, вок. ансамбль из 3 исполнителей. В отличие от трио (самост. *ансамбль* или сочинения), Т. наз. номер в *опере*, *оратории*, *кантате*.

ТЕ́РЦИЯ, см. в ст. *Интервал*.

ТЕРЬЕ́РЫ, группа пород собак, используемых как норные охотничьи (*фокстерьеры*, вельштерьер, ягдтерьер), служебные (*эрдельтерьер*, чёрный Т.) и декоративные (тойтерьер и др.). Разводят во мн. странах, в т.ч. в России.

ТЕСЕ́Й (Тезей), афинский царь (ок. 13 в. до н.э.). Согласно преданиям, Т. совершил много подвигов (в т.ч. победил великана-разбойника Прокруста, *Минотавра*, участвовал в войне с амазонками).

Тесей. Фреска из Помпей: Тесей, одержавший победу над Минотавром. Ок. 70 н.э. Национальный музей. Неаполь.

ТЕ́СЛА (Tesla) Никола (1856–1943), изобретатель в области элек-

Терьеры: вельштерьер (слева) и фокстерьеры.

Тетерева. Токующий косач.

Тетеревятник.

тро- и радиотехники. По происхождению серб; с 1884 в США. Разработал многофазные электрич. машины (1888), пионер ВЧ-техники (генераторы, трансформаторы и др.; 1889—91). Исследовал возможности передачи сигналов и энергии без проводов.

ТЕСНИНА, см. Ущелье.

ТЕССИТУ́РА (итал. tessitura, букв.— ткань), преобладающий высотный уровень муз. *партии* в соответствии с диапазоном голоса или муз. инстр-та.

ТЕСТ (англ. test), проба, испытание, исследование. Напр., в психологии и педагогике стандартизир. задания, по результатам выполнения к-рых судят о психофизиол. и личностных характеристиках, а также знаниях, умениях и навыках испытуемого.

ТЕ́СТЕР, 1) устройство, система или программа, при помощи к-рых контролируют правильность функционирования исследуемого объекта, измеряют его параметры, определяют принадлежность к известному классу (типу) объектов и т.д. 2) Комбинир. электроизмерит. прибор для определения параметров, проверки работоспособности и наладки электротехн. и радиоэлектронной аппаратуры.

ТЕТ-А-ТЕТ (франц. tête-à-tête, букв.— голова в голову), разговор наедине, с глазу на глаз.

ТЕТЕРЕВА́, род птиц (сем. тетеревиные). 2 вида. У обыкновенного Т. (дл. 53—57 см, масса до 1,8 кг) самцы (косачи) чёрные с лировидным хвостом, тётёрки пёстрые. Распространён в умеренном поясе Евразии, в лесах с полянами и вырубками. Зимой на ночёвку зарывается в снег. Токуют группами. Объект охоты. Кавказский Т., численность к-рого сокращается из-за интенсивного выпаса скота в местах гнездования (альп. пояс), находится под охраной.

ТЕТЕРЕВЯ́ТНИК, хищная птица (сем. ястребиные). Дл. до 70 см. Встречается в лесах Евразии, Сев. Америки, на С.-З. Африки. Редок. Использовался как ловчая птица.

ТЕ́ТИС [по имени греч. богини моря Фетиды (Thétis)], древний океан, разделявший в мезозое — нач. кайнозоя суперконтиненты *Лавразию* и *Гондвану*. В неогене на месте Т. образовался Альпийско-Гималайский горн. пояс; остатками Т. являются Средиземное, Чёрное, Каспийское моря, Персидский зал. и моря Малайского арх.

ТЕТРА..., ТЕТР... (греч. tetra...), часть сложных слов, означающая четыре (напр., тетраэдр).

ТЕТРАКО́НХ (от *тетра*... и *конха*), в раннехрист. архитектуре, в ср.-век. зодчестве Грузии, Армении и др. стран тип центрич. храма с 4-лепестковым планом; к квадратному внутри. помещению примыкают 4 *апсиды*.

ТЕТРАЦИКЛИ́НЫ, группа близких по хим. природе антибиотиков, образуемых микроорганизмами из группы *актиномицетов*. Обладают широким спектром антимикробного действия. Используются как лекарств. препараты (для лечения пневмонии, дизентерии и др.).

ТЕТРА́ЭДР (от *тетра* и греч. hédra — грань), один из 5 типов правильных многогранников; правильная треугольная пирамида. Имеет 4 треугольные грани, 6 рёбер, 4 вершины, в каждой сходятся 3 ребра. Илл. см. при ст. *Многогранник*.

ТЕТРАЭТИЛСВИНЕ́Ц (ТЭС), $Pb(C_2H_5)_4$, бесцв. тяжёлая маслянистая жидкость, $t_{кип}$ 200 °C, легко воспламеняется. Антидетонатор моторных топлив. Токсичен.

ТЕФЛО́Н, торг. название (США) политетрафторэтилена $[-CF_2CF_2-]_n$. Хороший диэлектрик, устойчив к действию разл. хим. агентов, термически устойчив до 300 °C. Применяется в произ-ве радио- и электротехн. деталей, коррозионностойких лаб. посуды, лакокрасочных материалов, антифрикц. и противопригарных покрытий. Отеч. аналог — фторопласт. Мировое произ-во 3 млн. т в год.

ТЕХНЕ́ЦИЙ (Technetium), Tc, искусственный радиоактивный элемент VII гр. периодич. системы, ат. н. 43; металл. Получен итал. учёными К. Перрье и Э. Сегре в 1937.

ТЕХНОКРА́ТИЯ (от греч. téchne — искусство, ремесло, мастерство и ...кратия), 1) направление в обществ. мысли, утверждающее, что об-во может целиком регулироваться принципами науч.-техн. рациональности; её действительными субъектами являются техн. специалисты, инженеры и учёные (технократы), к к-рым от предпринимателей и политиков должна перейти власть на пр-тиях и в об-ве в целом. Технократич. концепции отразили возросшее значение науки и специалистов для совр. обществ. произ-ва. Характерная черта всех видов Т.— ориентация на управление социальными процессами на основе техн. и др. узкоспец. критериев, игнорирование ценностно-этич. измерения политики. 2) Обозначение слоя специалистов — высш. функционеров произ-ва и гос. аппарата.

ТЕХНОЛО́ГИЯ (от греч. téchne — искусство, мастерство, умение и ...*логия*), совокупность методов, способов и приёмов получения, обработки или переработки сырья и полуфабрикатов с целью изготовления продукции; науч. дисциплина, изучающая механич., физ., хим. и др. связи и закономерности, действующие в технол. процессах. Т. наз. также операции добычи, обработки, транспортировки, хранения, контроля, являющиеся частью общего производств. процесса.

ТЁЧКА (эструс), период половой активности у самок млекопитающих, к моменту к-рого в половых органах созревают яйцеклетки и организм готов к оплодотворению. У большинства ж-ных Т. наступает 1 раз в год, у собак и кошек — 2—3 раза, у крыс и мышей — каждые 5 дней.

ТИБЕ́ТСКАЯ МЕДИЦИ́НА, система врачевания, сложившаяся под влиянием др.-инд. и др.-кит. медицины и распространившаяся на терр. Тибета в 5—7 вв. Широко применяются лекарства растительного и животного происхождения (ок. 1000 наименований), диетика. В совр. мед. науке оценки Т.м. неоднозначны.

Ж. Тибо.

ТИГР 689

ТИБЕ́ТСКОЕ НАГО́РЬЕ, в Центр. Азии (Китай). Одно из самых больших (пл. ок. 2 млн. км²) и высоких на земном шаре. Ограничено Гималаями, Каракорумом, Куньлунем, Сино-Тибетскими горами. Сочетание плоских или слабохолмлённых равнин выс. 4000—5000 м и хребтов выс. 6000—7000 м. На хр. Тангла, Кайлас и др.— ледники. На Т.н.— истоки рек Инд, Брахмапутра, Салуин, Меконг, Янцзы, Хуанхэ; много озёр (Намцо, Селлинг и др.). Преобладают щебнистые высокогорн. (холодные) пустыни и полупустыни, по долинам рек — участки тугайных лесов. М-ния золота, полиметаллич. руд, кам. угля и др.

ТИБО́ (Thibaud) Жак (1880—1953), франц. скрипач, педагог. Концертировал во мн. странах, в т.ч. в трио с А. Корто, П. Касальсом. Организовал совм. с М. Лонг конкурс пианистов и скрипачей (1943; с 1946 — Международный конкурс имени М. Лонг — Ж. Тибо).

ТИ́ВЕРЦЫ, союз вост.-слав. племён в междуречье Днестра и Дуная. Участвовали в походах Олега (907) и Игоря (944) на Царьград. В составе Др.-рус. гос-ва около сер. 10 в. В кон. 11 — нач. 12 вв. большая часть Т. под натиском кочевников отошла к северу, где смешалась с др. вост.-слав. племенами.

ТИГР, самая крупная кошка. Длина тела до 3 м, хвоста 1,1 м, масса до 390 кг. Окраска рыжая с узкими чёрными поперечными полосами. Обладает огромной силой: нападая, перекусывает и ломает позвоночник даже крупным ж-ным (напр., буйволу). Обитает в Передней и Юго-Вост. Азии, на п-ове Индостан; самый северный — амурский Т. (Приморье России). Сохранился гл. обр. в нац. парках и заповедниках, всюду охраняется. В Индии благодаря принятым мерам численность увеличивается. Хорошо размножается в неволе. Живёт до 40—50 лет. Т.-людоеды крайне редки (преим. больные или старые ж-ные).

Тигр. Амурский тигр.

ТИГР, р. в Азии (Турция, Сирия, Ирак). Дл. 1850 км. Истоки на Армянском нагорье, пересекает плато Джезире и Месопотамскую низм. Сливаясь с р. Евфрат, образует р. Шатт-эль-Араб, впадающую в Персидский зал. Осн. притоки: Б. и М.Заб, Дияла, Керхе. Используется для орошения. Судох. от Багдада, в половодье – от Мосула. Междуречье Т. и Евфрата – один из древнейших центров цивилизации (см. *Ассирия*, *Вавилония*, *Шумер*).

ТИК (Tieck) Людвиг (1773–1853), нем. писатель-романтик. Входил в кружок *йенских романтиков*. Показывая ограниченность просветит. рационализма, воссоздавал смутные, «непоследовательные» движения души, находил загадочное в повседневном, отвергал фальшь филистерской морали: роман в письмах «История господина Вильяма Ловелля» (1795–1796), «роман воспитания» «Странствования Франца Штернбальда» (1798); иронич. поэтич. пьесы-сказки «Кот в сапогах» и «Синяя борода» (обе 1797), пов. «Белокурый Экберт» (1797). Ист. повести, в т.ч. из жизни Л. Камоэнса, У. Шекспира, М. Сервантеса.

ТИК (франц. tic), быстрые непроизвольные ритмичные сокращения определ. мышц, напр. лица; вид гиперкинеза. Возникает при нарушениях деятельности нерв. системы.

ТИМИРЯ́ЗЕВ Клим. Арк. (1843–1920), естествоиспытатель, один из основоположников рус. школы физиологов р-ний. Раскрыл закономерности фотосинтеза как процесса использования света для образования органич. в-в в р-нии. Тр. по биол. основам агрономии, истории науки. Один из первых пропагандистов дарвинизма и материализма в России; популяризатор и публицист («Жизнь растения», 1878; «Наука и демократия», 1920).

ТИМИШОА́РА, г. в Румынии. 334 т.ж. Междунар. аэропорт. Маш-ние; нефтехим., лёгкая пром-сть. Ун-т. Т-ры. Музей Баната. Изв. с 13 в.

ТИМОФЕ́ЕВА Нина Вл. (р. 1935), артистка балета. В 1956–88 в Большом т-ре. Партии: Одетта-Одиллия («Лебединое озеро» П.И. Чайковского, 1956), Мехменэ Бану («Легенда о любви» А.Д. Меликова, 1965), Леди Макбет («Макбет» К.В. Молчанова, 1980) и др. Наиболее значит. роли в совр. репертуаре. Тяготела к партиям трагедийного плана, к психологически сложным характерам. Снималась в телебалетах, кинофильме-балете «Спартак» (1976) и др. С 1991 работает в Израиле.

ТИМОФЕ́ЕВКА, род одно- и многолетних трав (сем. злаки). Ок. 20 видов, гл. обр. в Средиземноморье. Как кормовое р-ние выращивают (в смеси с бобовыми травами) многолетнюю Т. луговую. Даёт высокие урожаи (до 65 ц с 1 га сена, до 250 ц с 1 га зелёной массы) в течение 4–5 лет, на низинных лугах и поймах – 10–15 лет.

ТИМОФЕ́ЕВ-РЕСО́ВСКИЙ Ник. Вл. (1900–81), биолог, генетик, один из основоположников популяционной и радиац. генетики. В русле идей В.И. Вернадского и В.Н. Сукачёва разрабатывал биосферно-экологические проблемы. Исследования Т.-Р. 30-х гг. дали толчок формированию мол. биологии. В кон. 60–70-х гг. науч.-просветит. деятельность Т.-Р. сыграла большую роль в возрождении генетики в СССР. В 1925 был командирован Совнаркомом на работу в Германию, где возглавил отдел в Ин-те мозга. В 1937 отказался вернуться в СССР. В 1946–54 осуждён

как невозвращенец. В 1992 реабилитирован. Герой романа Д.А. Гранина «Зубр».

ТИМОШЕ́НКО Сем. Конст. (1895–1970), Маршал Сов. Союза (1940). Участник Гражд. войны, ком. дивизии в 1-й Кон. армии. В сов.-финл. войну 1939–40 командовал войсками Сев.-Зап. фронта, прорвавшего «линию Маннергейма» с большими жертвами. В 1940–41 (до июля) нарком обороны СССР. В Вел. Отеч. войну пред. Ставки Гл. командования (до июля 1941), главнокоманд. войсками Зап. и Юго-Зап. направлений и ряда фронтов. В 1945–60 командовал войсками ряда ВО.

ТИМПА́Н (греч.) в музыке, 1) ударный инстр-т типа одностороннего *барабана*. Был распространён в антич. Греции, у шумеров, иудеев и др. народов древнего мира. В антич. и ср.-век. Риме двухсторонний барабан. 2) В Европе с 16–17 вв. преим. *литавра* (итал. timpano).

ТИМУ́Р (Тамерлан) (1336–1405), полководец, эмир (с 1370). Создатель гос-ва со столицей в Самарканде. Разгромил Золотую Орду. Совершал завоевательные походы в Иран, Закавказье, Индию, М. Азию и др., сопровождавшиеся разорением мн. городов, уничтожением и уводом в плен населения.

ТИ́МУС, то же, что *вилочковая железа*.

ТИ́НБЕРГЕН (Tinbergen) Николас (1907–88), нидерл. этолог и зоопсихолог. Брат Я. Тинбергена. С 1949 в Великобритании. Исследовал поведение птиц, в т.ч. стайное и родительское. Разработал (совм. с К. Лоренцем) учение об инстинктивном поведении ж-ных. Ноб. пр. (1973).

ТИ́НБЕРГЕН Ян (1903–94), нидерл. экономист. Тр. по теории экон. политики, проблемам экон. цикла, моделирования экон. развития. Автор теории «оптимального строя» – одного из вариантов теории конвергенции. Ноб. пр. (1969).

ТИНТОРЕ́ТТО (Tintoretto) (наст. фам. Робусти) Якопо (1518–94), итал. живописец венецианской школы Позднего *Возрождения*. Драм. монументальные полотна, насыщенные динамикой, контрастами света и тени, повышенной взволнованностью и одухотворённостью образов (цикл панно в Скуола ди Сан-Рокко в Венеции, 1565–88).

ТИО́ЛЫ (меркаптаны), органич. соединения, содержащие сульфгидрильную группу SH. Ароматич. Т. наз. тиофенолами. Многие Т. имеют крайне неприятный запах. Используются в синтезе лекарств. препаратов, инсектицидов, для ингибирования радикальных реакций, для одоризации (придания характерного запаха) бытового газа и др.

ТИП (от греч. týpos – отпечаток, форма, образец), 1) форма, вид чего-либо, обладающие существ. качеств. признаками; образец, модель для чего-либо. 2) Единица расчленения изучаемой реальности в *типологии*. 3) Человек, наделённый к.-л. характерными свойствами, яркий представитель к.-л. группы людей, нации, эпохи. 4) В лит-ре и иск-ве – худ. характер, образ человеческой индивидуальности, наиболее вероятной, «нормальной», репрезентативной, «образцовой» сферы для определённой обществ. сферы («лишний человек» у А.С. Пушкина, М.Ю. Лермонтова,

И.С. Тургенева); обобщённый или заострённый образ человека, наиб. ярко выражающий особенности определ. социального слоя, нац. менталитета, общечеловеческой страсти или порока, специфич. умонастроения (персонажи «Мёртвых душ» Н.В. Гоголя).

ТИП (биол.), одна из высш. таксономич. категорий (ранг) в систематике ж-ных. Т. объединяет близкие по происхождению классы. Все представители одного Т. имеют единый план строения. Разные учёные выделяют от 13 до 23 и более Т. (губки, кишечнополостные и др.). Все Т. ж-ных составляют царство ж-ных. В систематике р-ний типу соответствует отдел.

ТИПОГРА́ФИЯ (от греч. týpos – отпечаток и ...*графия*), полиграф. пр-тие, выпускающее печатную продукцию (газеты, книги и т.п.). Если на пр-тии преобладает офсетная или глубокая печать, его часто наз. ф-кой (напр., картографич. ф-ка). Крупные Т. наз. полиграф. комбинатами.

ТИПОЛО́ГИЯ (от *тип* и ...*логия*), науч. метод, основа к-рого – расчленение систем объектов и их группировка с помощью обобщённой модели или *типа*. Используется в целях сравнит. изучения существ. признаков, связей, функций, отношений, уровней организации объектов. Осн. логич. формы, применяемые в Т.: тип, классификация, систематика, таксономия.

ТИПОМЕТРИ́Я (от *тип* и ...*метрия*), полиграф. система измерения элементов шрифта и наборных форм, за основу в к-рой принят франц. (в нек-рых странах англ.) дюйм. Осн. единицы Т.: пункт, равный 1/72 дюйма (0,3759 мм), и квадрат, равный 48 пунктам (18,04 мм).

ТИР, город-гос-во в Финикии (совр. Сур в Ливане). Осн. в нач. 3-го тыс. до н.э. Наивысш. подъём в нач. 1-го тыс. до н.э. Археол. музей. Сохранились остатки улицы эллинистич. времени с фрагментами колонн, фундаментом форума, базилики и здания гор. совета. Включён в список *Всемирного наследия*.

ТИРА́ДА (франц. tirade, от итал. tirata, букв. – вытягивание), длинная фраза, отд. пространная реплика, произносимые обычно в приподнятом тоне.

ТИРАДЕ́НТИС (Tiradentes) (наст. имя и фам. Жоакин Жозе да Силва Шавьер) (1748–92), руководитель

Я. Тинторетто. «Рождение Иоанна Крестителя». Ок. 1550. Эрмитаж.

движения за независимость в Бразилии в 80-х гг. 18 в., известного под назв. «заговор в Минас-Жерайсе». По доносу заговор был раскрыт в 1789; Т. и многие др. участники казнены.

ТИРА́Ж (франц. tirage, от tirer – тянуть), 1) общее число экземпляров издания. 2) Розыгрыш, производимый по займу или лотерее для установления выигравших, а также подлежащих погашению номеров и серий облигаций или лотерейных билетов.

ТИРА́НА, столица (с 1920) Албании, в 40 км от Адриатического м. 243 т. ж. Междунар. аэропорт. Текст., пищевкусовая, металлообр. пром-сть; маш-ние. Т.– центр худ. обработки дерева, серебра, керамики. Ун-т. Т-р оперы и балета (1956), Нар. т-р. Осн. в 17 в. на месте поселения, изв. с 15 в. Старые кварталы сохранили кривые улицы и дома в глубине дворов, в новых р-нах – радиально-кольцевая планировка. Адм. центр Т.– ансамбль пл. Скандербега (1920–1930-е гг.).

ТИРАНИ́Я (греч. tyránnís), 1) в греч. полисах форма гос. власти, установленная насильств. путём и основанная на единоличном правлении (напр., тиран Писистрат в Афинах). Возникла в 7–6 вв. до н.э. в процессе борьбы между родовой знатью и массами свободных граждан и крестьян. Реформы тиранов были направлены на улучшение положения народа, развитие ремесла и торговли, способствовали формированию гос-ва и переходу к демократии. 2) Т., или синьория,– форма полит. устройства ряда ср.-век. городов-государств Сев. и Ср. Италии, характеризовавшаяся сосредоточением полноты гражд. и воен. власти в руках единоличного правителя – синьора. 3) Перен. – правление, основанное на деспотизме.

ТИРЕОТОКСИКО́З [от новолат. (glandula) thyreoidea – щитовидная железа и *токсикоз*], повышение осн. обмена, нарушения функций нерв. и сердечно-сосудистой систем, обусловленные повышением выработки гормонов щитовидной железы.

ТИ́РСО ДЕ МОЛИ́НА (Tirso de Molina) (наст. имя Габриель Тельес) (1571 или ок. 1583–1648), исп. драматург. Эстетич. принципы ренессансной драмы сочетал с духом барокко. Пьесы на ист. («Мудрость женщины», 1634), библейские, житийные сюжеты; религ.-филос. драмы («Осуждённый за недостаток веры», 1634); комедии «Дон Хиль Зелёные штаны», 1635). Драма «Севильский озорник, или Каменный гость» (1630) – первая драматургич. обработка легенды о *Дон Жуане*.

ТИС (тисс), род вечнозелёных хвойных деревьев и кустарников (сем. тисовые). Ок. 10 видов, в Евразии, Сев. Америке. В России 2 вида. Т. ягодный встречается на Северо-Западном Кавказе и в Калининградской обл., Т. дальневосточный – на Д. Востоке. Живут до 2-4 тыс. лет. Все части р-ния содержат алкалоид, ядовитый для человека и ж-ных. Декоративны. Культивируются во мн. ботан. садах и парках. Красноватая древесина ценится в меб. произ-ве. Оба вида редки, охраняются.

ТИ́СО (Tiso) Йозеф (1887–1947), глава фаш. пр-ва Словакии в 1938–39, президент Словакии в 1939–45. Депортировал в концлагеря десятки тысяч словац. евреев. Казнён по приговору Нар. суда.

ТИТА́Н (Titanium), Ti, хим. элемент IV гр. периодич. системы, ат. н. 22, ат. м. 47,88; металл, $t_{пл}$ 1671 °C. Т. - компонент лёгких прочных сплавов, присадка к спец. сталям, материал деталей в электровакуумной технике, покрытий на стальных изделиях. Открыт англ. минералогом У. Грегором в 1790.

«ТИТА́НИК» («Titanic»), крупнейшее пасс. судно нач. 20 в. (Великобритания). Построен в 1911. Во время первого плавания из г. Саутхемптон (Великобритания) в Нью-Йорк (США) в апр. 1912 затонул, столкнувшись с айсбергом. Число погибших, по разл. данным, от 1400 до 1517 чел. (всего на борту прибл. 2200 чел.). Гибель «Т.» – одна из величайших мор. катастроф 20 в. В 1985 совм. амер.-франц. экспедиция обнаружила затонувшее судно прибл. в 800 км к Ю.-В. от о. Ньюфаундленд.

ТИТА́НОВЫЕ РУ́ДЫ, содержат TiO_2 от 0,5% (бедные руды) до 35% (богатые). Гл. минералы: ильменит, перовскит, рутил, анатаз. Мировые запасы ок. 400 млн. т (б.ч. в россыпях). Гл. добывающие страны: Австралия, Канада, ЮАР, Норвегия.

Титаны. Фрагмент восточного фриза Пергамского алтаря: битва Зевса с титанами (справа – их предводитель Порфирион). Мрамор. 180-160 до н.э. Государственные музеи. Берлин.

ТИТА́НЫ, в греч. мифологии сыновья Урана и Геи, боги, побеждённые Зевсом и низвергнутые им в *тартар*.

ТИ́ТО (Броз Тито) (Broz Tito) Иосип (1892–1980), президент Югославии с 1953, маршал (1943). С 1937 возглавлял Югосл. КП [с 1940 ген. секр. партии, в 1952–66 ген. секр. ЦК Союза коммунистов Югославии (СКЮ), с 1966 пред. СКЮ]. После нападения на Югославию Германии и её союзников в 1941 Т.- во главе Верх. штаба нар.-освободит. партиз. отрядов, а затем верх. главнокомандующий Нар.-освободит. армии Югославии. В 1945 возглавил пр-во Югославии. После разрыва в 1948 по вине руководства СССР межгос. и межпарт. связей с Югославией Т. противостоял идеологич. и полит. давлению СССР и выдвинул собств. модель социалистич. общества. Выступал поборником внеблоковой политики, был одним из лидеров *Движения неприсоединения*.

ТИТО́В Пётр Акиндинович (1843–1894), рос. кораблестроитель-самоучка. В 1873–91 под рук. Т. построены крупные воен. корабли, в т.ч. фрегат, крейсеры, броненосцы. Разработал ряд прогрессивных технол. процессов в судостроении (обработка судостроит. стали, клёпка, ремонт подводной части судна в кессоне и др.).

ТИТРОВА́НИЕ, определение содержания к.-л. в-ва путём постепенного смешения анализируемого р-ра (напр., к-ты) с контролируемым кол-вом реагента (напр., щёлочи). Конечная точка Т. (завершение хим. реакции) устанавливается по изменению окраски индикатора.

ТИ́ТТА РУ́ФФО (Titta Ruffo) (1877–1953), итал. певец (баритон). В 1898–1931 на оперной сцене. Обладатель исключительного по силе и тембровому разнообразию голоса: от бархатно-мягкого до металлически-звонкого. Выступал в разнохарактерных ролях (ок. 60); прославился в драм. партиях: Дон Жуан и Риголетто (в одноим. операх В.А. Моцарта и Дж. Верди), Скарпиа («Тоска» Дж. Пуччини). Любимый образ – Гамлет («Гамлет» А. Тома).

ТИ́ТУЛ (от лат. titulus – надпись, почётное звание), 1) в ряде гос-в (напр., в Великобритании, Фран-

ции) почётное владетельное, родовое или пожалованное звание (напр., князь, граф). 2) В гражд. праве основание к.-л. права (напр., Т. собственности).

ТИФ (от греч. týphos – дым; помрачение сознания), общее название нек-рых острых инфекций, сопровождающихся лихорадкой и расстройствами сознания (напр., *брюшной тиф*, *сыпной тиф*).

Тифон. Терракота. Ок. 500 до н.э. Музей виллы Джулия. Рим.

ТИФЛОПЕДАГО́ГИКА (от греч. typhlós – слепой и *педагогика*), отрасль дефектологии, разрабатывающая проблемы обучения и воспитания слепых и слабовидящих.

ТИФО́Н, в греч. мифологии чудовищный змей. Зевс, победив Т., навалил на него громаду горы Этна, из вершины к-рой дыхание Т. извергается потоком огня, камней и дыма.

ТИ́ХИЙ ОКЕА́Н (Великий океан), самый большой на Земле. Площадь с морями 178,6 млн. км², объём 710 млн. км³, ср. глуб. 3980 м. Моря: Берингово, Охотское, Японское, Вост.-Китайское, Жёлтое, Юж.-Китайское, Яванское, Сулавеси, Сулу, Филиппинское, Коралловое, Фиджи, Тасманово, Амундсена, Беллинсгаузена, Росса и др. Много п-овов: в сев. части – Алеутские; в западной – Курильские, Сахалин, Японские, Филиппинские, Б. и М. Зондские, Н. Гвинея, Н. Зеландия, Тасмания; в центр. и южной – многочисл. мелкие о-ва. Рельеф дна разнообразен. На В.- Вост.-Тихоокеанское поднятие, в центр. части много котловин (Сев.-Восточная, Сев.-Западная, Центральная, Восточная, Южная и др.), глубоководные желоба: на С.- Алеутский, Курило-Камчатский, Идзу-Бонинский; на З.- Марианский (с макс. глубиной Мирового ок.- 11022 м), Филиппинский и др.; на В.- Центрально-Американский, Перуанский и др. Осн. поверхностные течения: в сев. части Т.о.- тёплые Куросио, Сев.-Тихоокеанское и Аляскинское и холодные Калифорнийское и Курильское; в южной части - тёплые Юж. Пассатное и Вост.-Австралийское и холодные Зап. Ветров и Перуанское. Темп-ра воды на поверхности у экватора до 26 до 29 °C, в приполярных областях до -0,5 °C. Солёность 30–36,5‰. На Т.о. приходится около ½ мирового улова рыбы (минтай, сельдь, лосось, треска, мор. окунь и др.). Добыча крабов, креветок, устриц. Кр. порты: Владивосток, Находка (Россия), Шанхай (Китай),

Сингапур (Сингапур), Сидней (Австралия), Ванкувер (Канада), Сан-Франциско (США), Вальпараисо, Уаско (Чили).

ТИХОМИ́РОВ Мих. Ник. (1893–1965), историк. Тр. по истории России с древнейших времён до 19 в., истории слав. стран и Византии, источниковедению, вспомогательным и спец. ист. дисциплинам. Соч. «Россия в XVI столетии» (1962) – фундам. тр. по ист. географии. Исследовал и опубликовал «Русскую Правду», летописи, акты, «Соборное уложение 1649 г.» и др.

ТИ́ХОН (Белавин Вас. Ив.) (1865–1925), патриарх Московский и всея Руси (с 1917). Избран Поместным собором Рус. правосл. церкви. В годы Гражд. войны призывал к прекращению кровопролития. Выступал против декретов об отделении церкви от гос-ва и об изъятии церк. ценностей. В 1922 по обвинению в антисов. деятельности арестован. В 1923 выступил с заявлением, в к-ром призвал духовенство и верующих встать на позиции лояльного отношения к сов. власти; выпущен из тюрьмы и находился под домашним арестом. Канонизирован Рус. правосл. церковью (1988).

ТИ́ХОНОВ Ал-др Ив. (р. 1947), рос. спортсмен. Многократный чемпион СССР и мира (1969–78), Олимп. игр (1968, 1972, 1976, 1980) по биатлону.

ТИ́ХОНОВ Вяч. Вас. (р. 1928), рос. киноактёр. Острая обрисовка характера, лирич. непосредственность, обаяние свойственны Т. в ф.: «Дело было в Пенькове» (1958), «Чрезвычайное происшествие» (1959), «Мичман Панин» (1960). Внутр. силы и лаконизм исполнения проявились в ф.: «Война и мир» (1966–67), «Доживём до понедельника» (1968), т/ф «Семнадцать мгновений весны» (1973), «Белый Бим Чёрное ухо»

Тихон, патриарх Московский и всея Руси.

692 ТИХО

(1977), «Любовь с привилегиями» (1991).

ТИ́ХОНОВ Ник. Сем. (1896–1979), рус. писатель. Поэмы: «Сами» (1920) – о В.И. Ленине, «Киров с нами» (1941) – о защитниках Ленинграда. В лирике – романтика рев. долга (сб. «Орда» и «Брага», оба 1922), темы дружбы народов, борьбы за мир. Очерки, рассказы, повести (в т.ч. кн. «Шесть колонн», 1968).

ТИЦИА́Н (Тициано Вечеллио) (Tiziano Vecellio) (ок. 1476/77 или 1489/90–1576), итал. живописец. Глава венецианской школы Высокого и Позднего *Возрождения*. Ранним произв. присущи жизнерадостность колорита, многогранность восприятия жизни. Безмятежная ясность («Любовь земная и небесная», ок. 1515–16), пафос и динамика монументальных композиций («Ассунта», 1516–18) сменяются напряжённым драматизмом («Се человек», ок. 1543), психол. остротой образов («И. Риминальди», ок. 1548), их беспощадной правдивостью («Павел III с Алессандро и Оттавио Фарнезе», 1545–46). Создавал образы как полные чувственной красоты («Венера и Адонис», 1554), так и исполненные глубокого трагизма («Святой Себастьян», ок. 1570). Для произв. Т. характерны тончайший красочный хроматизм, свободное письмо открытым мазком, мощное звучание цвета.

Тициан. «Кающаяся Святая Магдалина». 1560-е гг. Эрмитаж.

ТИ́ЩЕНКО Бор. Ив. (р. 1939), рос. композитор. Образы др.-рус. истории и фольклора, нар.-архаич. колорит в бал. «Ярославна» (1974), 3 симфонии (1966). Драм. напряжённость, трагич. гротеск в 4-й и 5-й симфониях (1974–76), камерно-инстр. сочинениях.

ТКА́НЕВАЯ НЕСОВМЕСТИ́МОСТЬ, явление, обусловленное генетич. своеобразием (уникальностью) каждой особи и заключающееся в отторжении органа или ткани, пересаженных от одного организма другому. Определяется различием в антигенном составе клеток донора и реципиента. Преодоление Т.н. лежит в основе успешной пересадки органов и тканей. См. *Трансплантация*.

ТКА́НЕВАЯ ТЕРАПИ́Я, введение в организм (впрыскивание или подсадка) с леч. целью консервированных животных или растит. тканей, препаратов из них. Предложена В.П. Филатовым в 1933.

ТКА́НИ (биол.), системы клеток, сходных по происхождению, строению и функциям. В состав Т. входят также межклеточные структуры и продукты жизнедеятельности клеток. Т. человека и ж-ных – эпителиальная, все виды соединительной, мышечная и нервная; Т. р-ний – образовательная, основная, защитная и проводящая.

ТКАНЬ ТЕКСТИ́ЛЬНАЯ, изделие, образованное на ткацком станке переплетением продольных (основа) и поперечных (уто́к) нитей. Иногда применяются дополнит. системы нитей, служащие для образования ворса, узоров и т.п. Ткань имеет толщину 0,1–5 мм, ширину обычно до 1,5 м (иногда до 12 м), разл. длину. Различают Т.т. однородные (хл.-бум., шерстяные, шёлковые, льняные, из волокон), неоднородные (напр., с хл.-бум. основой и шерстяным утко́м) и смешанные (из нитей, выработанных из смеси разл. волокон). Выпускаются Т.т. белёные, гладкокрашеные и набивные. Выработка Т.т. (ткачество, ткацкое произ-во) осуществляется на ткацких станках. Ручной ткацкий станок известен примерно за 5–6 тыс. лет до н.э. В 1785 англ. изобретатель Э. Картрайт создал механич. ткацкий станок с ножным приводом.

ТКАЧЁВ Пётр Никитич (1844–1885/86), публицист, лит. критик, социолог, один из идеологов рев. народничества. Участник рев. движения 1860-х гг. Сотр. ж. «Русское слово», с 1866 один из ведущих сотр. ж. «Дело». С 1873 в эмиграции, лидер т.н. рус. якобинцев, сторонник заговорщических методов борьбы, проповедовал идею создания строго законспирированной тайной рев. орг-ции с целью захвата власти. В 1875–81 издавал ж. «Набат».

ТКЕМА́ЛИ, то же, что *алыча*.

ТЛИ, подотряд насекомых (отр. равнокрылые). Ок. 3 тыс. видов, гл. обр. в умеренном поясе Сев. полушария. Тело вздутое, дл. 0,5–6 мм, покровы мягкие, часто с восковым налётом. Образуют большие скопления на молодых побегах р-ний, питаясь их соком; опасные вредители, переносчики вирусных заболеваний р-ний. Сахаристые выделения Т. (падь) привлекают муравьёв, пчёлы перерабатывают их в т.н. падевый мёд.

ТМИН, род дву- и многолетних трав (сем. *зонтичные*). Ок. 30 видов, в Евразии. Т. обыкновенный в культуре в странах умеренного пояса как эфирно-масличное и пряное р-ние. Медонос.

ТО́БИН (Tobin) Джеймс (р. 1918), амер. экономист. Иссл. в области эконометрии, экон. политики, связей финанс. рынков с потреблением, занятостью, произ-вом и ценами. Ноб. пр. (1981).

ТОБОГГА́Н, бесполозые сани из досок (дл. 3–4 м, шир. 30–40 см), скреплённых неск. поперечинами и ремнями из оленьей кожи, распространённые среди индейцев Канады. Офиц. соревнования по спуску с гор на Т. проводятся с нач. 20 в. В 1923 осн. Междунар. федерация бобслея и Т. (ИБТФ); объединяет ок. 40 стран. Чемпионаты мира с 1955; в программе Олимп. игр с 1964.

ТОБО́Л, р. в Казахстане и России, лев. приток Иртыша. Дл. 1591 км. В верховьях протекает по Тургайскому плато, далее – по Зап.-Сибирской равнине. Осн. притоки: Исеть, Тура, Тавда. Регулярное судох-во – в верховьях (105 км) и от устья Туры (255 км). На Т.– водохранилища (для водоснабжения и орошения); гг.– Рудный, Кустанай, Курган и др.

ТОБО́ЛЬСК, г. в Тюменской обл., в России. 97,6 т. ж. Порт на р. Иртыш, близ впадения в него р. Тобол, в 14 км от ж.-д. ст. Тобольск. Нефтехим., иодовый комб-ты; судоверфь, судорем. з-д; деревообр., лёгкая, пищ. пром-сть. Ф-ка худ. резьбы по кости. Пед. ин-т, филиал Казанского технол. ун-та. Ист.-архит. музей-заповедник. Драм. т-р (осн. в 1705). Т. осн. в 1587, с 1610 на совр. месте. Т. сохранил черты регулярной планировки 17 в. В нагорной части – первый в Сибири кам. кремль (кон. 17 – нач. 18 вв.) с Софийско-Успенским собором (17 в.), гостиным двором (нач. 18 в.), архиерейским домом (18 в.). Над крутым взвозом в кремль – «Шведская палата» (нач. 18 в.).

Тобольск. Кремль.

ТОБО́ЛЬСКАЯ РЕЗНА́Я КОСТЬ, изделия рус. нар. худ. промысла в г. Тобольск. Известна с нач. 18 в. Промысел развивается со 2-й пол. 19 в. В 1933 осн. артель «Коопэкспортсбыт» (с 1960 ф-ка). Скульпт. миниатюры (гл. обр. сцены из жизни народов Севера) отличаются обобщенностью форм, умелым использованием природных свойств материала.

Тобольская резная кость. Г.Г. Кривошеин. «Ненец с арканом». Зуб кашалота. 1961. Музей народного искусства. Москва.

ТОВА́Р, продукт труда, произведённый для обмена (продажи). Обмен продуктов как Т. возникает на основе обществ. разделения труда. Удовлетворение обществ. потребностей происходит путём купли-продажи этих продуктов на рынке.

ТОВА́РИЩЕСТВО ПЕРЕДВИЖНЫ́Х ХУДО́ЖЕСТВЕННЫХ ВЫ́СТАВОК, см. *Передвижники*.

ТОВА́РИЩЕСТВО С ОГРАНИ́ЧЕННОЙ ОТВЕ́ТСТВЕННОСТЬЮ (акционерное общество закрытого типа), объединение граждан и (или) юрид. лиц для совместной хоз. деятельности. Уставный капитал такого т-ва образуется только за счёт вкладов (акций) учредителей. Все участники т-ва отвечают по своим обязательствам в пределах своих вкладов.

ТОВА́РНОЕ ХОЗЯ́ЙСТВО, тип х-ва, в к-ром произ-во ориентируется на рынок, а связь производителей и потребителей продуктов осуществляется через куплю-продажу товаров.

ТОВА́РНЫЙ ЗНАК (знак обслуживания), обозначение, позволяющее соотв. отличить товары и услуги одних юрид. лиц или граждан от однородных товаров и услуг других. Подлежит спец. регистрации. Т.з.– один из объектов *промышленной собственности*.

ТОВАРООБОРО́Т, 1) процесс обращения товаров. 2) Экон. показатель, отражающий совокупную стоимость продаж средств произ-ва и предметов потребления. Различают оптовый и розничный Т.

ТОВАРОРАСПОРЯДИ́ТЕЛЬНЫЙ ДОКУМЕ́НТ, даёт право его владельцу распоряжаться указанным в нём товаром (грузом). Т.д. являются *коносамент*, *варрант*, дубликат ж.-д. накладной, выданной на предъявителя (ордерной). Путём передачи Т.д. без перемещения товаров и грузов могут осуществляться операции *купли-продажи* или *залога* значащегося в док-те товара (груза).

ТОВСТОНО́ГОВ Георг. Ал-др. (1913–89), режиссёр, педагог. Сценич. деятельность с 1931; работал в Тбилиси в ТЮЗе и Рус. т-ре. С 1949 в Ленинграде: реж. (с 1950 гл. реж.) Т-ра имени Ленинского комсомола; с 1956 гл. реж. Большого драм. т-ра (в 1992 т-ру присвоено имя Т.). Один из мастеров, определивших пути развития рус. т-ра 2-й пол. 20 в. В спектаклях Т. историзм режиссёрского видения соединялся с современностью трактовки драм. произв., углублённый психологизм – с открытой театральностью. Огромное внимание уделял творч. воспитанию труппы, формированию сильного и цельного актёрского ансамбля. Пост.: «Оптимистическая трагедия» В.В. Вишневского (1955, 1981), «Идиот» по Ф.М. Достоевскому (1957, 1966), «Варвары» (1959) и «Мещане» (1966) М. Горького, «Пять вечеров» (1959) и «Моя старшая сестра» (1961) А.М. Володина, «Горе от ума»

А.С. Грибоедова (1962), «Три сестры» (1965) и «Дядя Ваня» (1982) А.П. Чехова, «Три мешка сорной пшеницы» по В.Ф. Тендрякову (1974), «История лошади» по Л.Н. Толстому (1975, совм. с М.Г. Розовским) и др.

ТО́ГО (Тоголезская Республика), гос-во в Зап. Африке, на Ю. омывается Атлантич. ок. Пл. 56,6 т. км². Нас. 3,8 млн. ч.: эве, кабре, гурма и др. Офиц. яз. — французский. Св. половины верующих придерживается местных традиц. верований, остальные — христиане, мусульмане. Глава гос-ва — президент. Врем. законодат. орган — Высш. совет республики. Столица — Ломе. Адм.-терр. деление: 5 областей. Ден. единица — франк КФА.

Большая часть терр. Т. — равнины и плато, на Ю. — примор. низменность. Климат субэкв. Ср.-мес. темп-ры от 20 до 32 °C; осадков от 750 до 1500 мм в год. Кр. реки: Моно и Оти. Саванна.

В кон. 19 — нач. 20 вв. терр. Т. (вместе с частью терр. совр. Ганы) стала колонией Германии, после 1-й мир. войны Великобритания получила мандат на управление зап. частью Т. (Брит. Того), а Франция — восточной (Франц. Того). С 1960 Т. — независимое гос-во. В 1967 был осуществлён воен. переворот, к-рый возглавил нач. генштаба Г. Эйадема; он стал главой пр-ва и в 1969 создал обществ.-полит. орг-цию Объединение тоголезского народа (правящая и единственная в Т. партия до 1991, когда она была распущена). В 1991 на нац. конференции обществ. сил Т. часть полномочий президента (с 1972 — Эйадема) передана избранному премьер-мин. — главе Врем. пр-ва,

Того. Атлантическое побережье.

сформирован Высш. совет республики, определено проведение в течение переходного периода всеобщих выборов на многопарт. основе.

Т. — агр. страна. ВНП на д. нас. 390 долл. в год. Осн. с.-х. культуры: хлопчатник, какао, кофе, масличная пальма, арахис, карите, клещевина. Пастбищное жив-во. Рыб-во. Сбор дикорастущих плодов и охота. Добыча фосфоритов (42% стоимости экспорта), мрамора, поваренной соли. Большая часть эл.-энергии закупается у Ганы.

ТОДОРО́ВСКИЙ Пётр Еф. (р. 1925), рос. кинорежиссёр, оператор. Сотрудничал с М.М. Хуциевым в ф.: «Весна на Заречной улице» (1956), «Два Фёдора» (1959). Пост. ф.: «Верность» (1965), «Фокусник» (1968), «Городской романс» (1971), «Любимая женщина механика Гаврилова» (1982), «Военно-полевой роман» (1984), «Интердевочка» (1989), «Анкор, ещё анкор!» (1993) и др. Лирич. или мелодраматич. линии развития действия или характера в фильмах Т. нередко заканчиваются драмой, душевным кризисом героя.

ТО́ЙНБИ (Toynbee) Арнолд Джозеф (1889–1975), англ. историк и социолог. Выдвинул теорию круговорота сменяющих друг друга локальных цивилизаций, каждая из к-рых проходит аналогичные стадии возникновения, роста, надлома и разложения; движущая сила их развития — «творч. элита», увлекающая за собой «инертное большинство»; прогресс человечества — в духовном совершенствовании, эволюции от примитивных анимистич. верований через универсальные религии к единой религии будущего. Выход из противоречий и конфликтов общества видел в духовном обновлении. Осн. тр. — «Постижение истории» (т. 1–12, 1934–61).

ТОКАМА́К (сокр. от «тороидальная камера с магнитными катушками»), квазистационарная система для иссл. проблемы *управляемого термоядерного синтеза*. Необходимое для удержания и термоизоляции плазмы магн. поле создаётся тороидальным соленоидом и полем тока, текущего по плазме внутри тора (см. также *Магнитные ловушки*).

ТО́КАРЕВ Фёд. Вас. (1871–1968), конструктор стрелкового оружия. Создал первый в СССР пистолет-пулемёт (на вооружении с 1930), самозарядный пистолет ТТ (1930) и др.

ТОКА́РНЫЙ СТАНО́К, станок для обработки резанием (точением) изде-

лий (деталей) типа тел вращения: цилиндрич. и конич. поверхностей, отверстий, торцов, резьбы и т.п. Применяются разл. типы Т.с.: центровые, токарно-револьверные, токарно-винторезные, многорезцовые, одно- и многошпиндельные автоматы и полуавтоматы, карусельные и др.

ТОКВИ́ЛЬ (Tocqueville) Алексис (Алекси) (1805–59), франц. историк, социолог и полит. деятель, лидер консервативной Партии порядка, мин. ин. дел (1849). В соч. «О демократии в Америке» (1835), «Старый порядок и революция» (1856) анализировал противоречия «демокр. рев-ции», отмечая несовместимость свободы с тенденциями к социальному равенству и нивелированию индивид. различий; утверждал, что и без рев-ции была возможна ликвидация старого режима во Франции.

ТО́КИО, столица (с 1869) Японии, на Ю.-В. о. Хонсю, на равнине Канто, у Токийского зал. Св. 8 млн.ж. Один из крупнейших городов мира. В т.н. столичный р-н (Сютокен) входят города и насел. пункты 4 префектур (28 млн.ж.). Мор. порт (грузооборот 65 млн.т); междунар. аэропорты. Метрополитен. Междунар. финанс. центр. В Т. создаётся 30% ВНП страны. Маш-ние; лёгкая, текст., полиграф., хим. и др. пром-сть. Ун-ты (в т.ч. Токийский ун-т изящных иск-в и музыки). Япон. АН, Япон. академия иск-в. Музеи (япон. иск-ва, национальный совр. иск-ва, каллиграфии и др.). Т-ры (в т.ч. нац. т-р «Кокурицу гэкидзё»). Основание Т. (первоначально наз. Эдо) относится к сер. 15 в. При сёгунах Токугава (1603–1867) Эдо был их резиденцией. В 1869 в Эдо была перенесена из Киото резиденция императора. Центр Т. — урбанизированная терр.,

Токио. Панорама города с высотным зданием «Касумигасэки». 1968.

плотно застроенная в центр. части и неравномерно по окраинам. В Старом и Новом городах — имп. дворец (до 1869 — замок Эдо, осн. в 15 в., новый имп. дворец — 1960), будд. храмы 17–19 вв., синтоистское святилище Ясукуни (1919), Центр иск-в в Согэцу (1960), Олимп. комплекс Йойоги (1961–64).

ТОККА́ТА (итал. toccata, букв. — прикосновение, удар) (муз.), виртуозная пьеса для к.-л. клавишного инстр-та. В 16–18 вв. Т. — вступительная пьеса типа *прелюдии* (И.С. Бах), в 19–20 вв. — типа *этюда* (Р. Шуман, К. Дебюсси, М. Равель, С.С. Прокофьев).

ТОКСИКО́З (от греч. toxikón — яд) (интоксикация), болезненное состояние, обусловленное действием на организм экзогенных токсинов (напр., микробных) или вредных в-в эндогенного происхождения (напр., при токсикозах беременных, *тиреотоксикозе*).

ТОКСИКО́ЗЫ БЕРЕ́МЕННЫХ, заболевания, связанные с развитием в жен. организме плодного яйца. Возникают во время беременности или родов (реже) и, как правило, проходят после её окончания. Различают ранние (рвота, слюнотечение) и поздние (водянка беременных, нефропатия беременных, преэклампсия, эклампсия) Т.б. При чрезмерной — до 20 раз в сутки (неукротимой) — рвоте с резкой потерей массы и обезвоживанием, как и при поздних Т.б., необходима срочная госпитализация.

ТОКСИКОЛО́ГИЯ (от греч. toxikón — яд и ...*логия*), наука, изучающая свойства токсич. в-в, механизмы их действия на живые организмы, признаки отравлений, изыскивающая средства их профилактики и лечения, а также формы полезного использования токсич. действия ядов. Выделяют мед., суд., пром. и др. разделы Т.

ТОКСИКОМА́НИЯ (от греч. toxikón – яд и мания), общее название болезней, характеризующихся влечением к приёму определ. в-в, вызывающих опьянение, кратковрем. эйфорию. Включает злоупотребление наркотиками (наркомания), алкоголем (алкоголизм), галлюциногенами, средствами бытовой химии и др. Проявляется многообразными психич. и соматич. расстройствами, нарушением поведения, социальной деградацией. Лечение Т. проводят в специализир. наркологич. стационарах.

ТОКСИ́НЫ, соединения, выделяемые микроорганизмами, р-ниями или ж-ными, к-рые при попадании в др. организм могут вызывать его заболевание или гибель. Содержатся в ядах змей, пауков, скорпионов и др. Бактериальные Т. вызывают столбняк, ботулизм и многие др. болезни. Т. используют для получения профилактич. и леч. препаратов.

ТОКСИ́ЧНОСТЬ (ядовитость), способность хим. соединений и в-в биол. природы оказывать вредное действие на организм человека, ж-ных и р-ний.

ТОКСОПЛАЗМО́З, заболевание человека и ж-ных, вызываемое простейшими из группы кокцидий (токсоплазмами). При Т. поражаются лимфатич. узлы, глаза, головной мозг и др. Человек заражается чаще всего от собак и кошек. Возможно внутриутробное заражение. Нередко протекает в скрытой форме.

ТОКУГА́ВА Иэясу (1542–1616), основатель япон. династии Токугава. Завершил объединение страны, начатое Ода и Тоётоми.

ТО́ЛБОТ (Тальбот) (Talbot) Уильям Генри Фокс (1800–77), англ. физик, химик и мастер фотоиск-ва, занимался также математикой, астрономией и археологией. Один из изобретателей фотографии; в 1835 разработал негативно-позитивный способ получения фотоснимков, названный им калотипией (патент выдан в 1841).

ТОЛБУ́ХИН Фёд. Ив. (1894–1949), Маршал Сов. Союза (1944). В Вел. Отеч. войну нач. штаба и команд. ряда фронтов. С сент. 1944 пред. Союзной контрольной комиссии в Болгарии. С 1945 главнокоманд. группой войск, с 1947 команд. войсками ВО.

ТОЛЕ́ДО, г. в Испании, на р. Тахо. 60 т.ж. Старинный ремесл. центр. Произ-во металлоизделий, в т.ч. атрибутов корриды (клинки, бандерильи и др.), керамич., шёлковых, шерстяных изделий. Музеи: Дом-музей Эль Греко, археол. провинциальный, Лерма (худ. собр.). Туризм. В древности Т.– поселение иберийского племени карпетанов, завоёванное во 2 в. до н.э. римлянами. В 6–8 вв. столица гос-ва вестготов, в 11 в. центр эмирата, с 1085 столица кор-ва Кастилии и Леона, в 1479–1561 – объединённой Испании. В 20 в. Т. объявлен нац. заповедником старинного зодчества (город сохраняет ср.-век. облик, совр. стр-во почти не ведётся). Остатки рим. цирка, акведука, ср.-век. укреплений. Ворота (9–12 вв.), собор (13–15 вв.), замок Алькасар (13–18 вв.).

ТО́ЛКИН (Толкиен) (Tolkien) Джон Роналд Рейел (1892–1973), англ. писатель, филолог. Волшебная сказка «Хоббит, или Туда и обратно» (1937). В сказочно-рыцарской эпич. трил. «Властелин колец» (ром. «Братство кольца», «Две башни», оба 1954, «Возвращение короля», 1955; переработанное изд. – 1966) – пессимистич. концепция об определяющем влиянии зла на ист. развитие; худ. уникальность – слияние легендарно-героического и сказочно-бытового; фантастическое изображается средствами реалистич. письма во всей достоверности вещного мира. Монографии о Дж. Чосере (1934) и «Беовульфе» (1937), словарь среднеангл. языка.

ТОЛОКНЯ́НКА, род вечнозелёных кустарников, реже небольших деревьев (сем. вересковые). Св. 30 видов, в Сев. полушарии; в России 1 вид – Т. обыкновенная, или медвежье ушко. Дубильное, красильное и лекарств. (мочегонное и дезинфицирующее) р-ние.

ТОЛСТА́Я Тат. Никитична (р. 1951), рус. писательница. Внучка А.Н. Толстого. В рассказах (сб. «На золотом крыльце сидели…», 1987), отмеченных наблюдательностью и изысканностью стиля, – душевная смута совр. человека, переживающего разлад с действительностью, утрату нравств. ориентиров. Публицистика.

ТО́ЛСТАЯ МОГИ́ЛА, скифский курган 4 в. до н.э. у г. Орджоникидзе Днепропетровской обл. (Украина). Погребения с конями, золотые пектораль, обкладка ножен меча, украшения и др.

ТОЛСТО́Й Ал. Конст. (1817–75), граф, рус. писатель. Фантастич. повести в стиле готического романа («Упырь», 1841). Баллады, ист. ром.

«Князь Серебряный» (опубл. в 1863); в драм. трил. «Смерть Иоанна Грозного» (1866), «Царь Фёдор Иоаннович» (1868) и «Царь Борис» (1870) – проблема праведной и неправедной власти и ист. судеб России в эпоху «смуты». Проникновенная лирика, с ярко выраженным муз. началом, психол. новеллы в стихах («Средь шумного бала, случайно…», «То было раннею весной…»). Сатирич. стихи («История государства Российского от Гостомысла до Тимашева», опубл. в 1883); совм. с бр. Жемчужниковыми создал пародийный образ Козьмы Пруткова.

ТОЛСТО́Й Ал. Ник. (1882/83–1945), граф, рус. писатель. В 1918–23 в эмиграции. Повести и рассказы из жизни скудеющего усадебного дворянства (цикл «Заволжье», 1909–11). Сатирич. ром. «Похождение Невзорова, или Ибикус» (1924). В трил. «Хождение по мукам» (1922–41) стремится представить большевизм имеющим нац. и нар. почву, а Рев-цию 1917 как высш. правду, постигаемую рус. интеллигенцией; в ист. ром. «Пётр I» (кн. 1–3, 1929–45; не окончен) – апология сильной и жестокой реформаторской власти. Науч.-фантастич. ром. («Гиперболоид инженера Гарина», 1925–27, и др.), рассказы, пьесы.

ТОЛСТО́Й Дм. Анд. (1823–89), граф, гос. деятель и историк, през. (с 1882) Петерб. АН. В 1864–80 обер-прокурор Синода, в 1865–80 мин. нар. просвещения, сторонник классич. системы и сословных начал обучения. С 1882 мин. внутр. дел. Один из инициаторов политики контрреформ. Тр. по истории России 18 в.

А.К. Толстой.

А.Н. Толстой.

Толедо. Панорама города.

ТОЛСТО́Й Лев Ник. (1828–1910), граф, рус. писатель. Начиная с автобиогр. трил. «Детство» (1852), «Отрочество» (1852–54), «Юность» (1855–57) исследование «текучести» внутр. мира, моральных основ личности стало гл. темой произведений Т. Мучительные поиски смысла жизни, нравств. идеала, скрытых общих закономерностей бытия, духовный и социальный критицизм, вскрывающий «неправду» сословных отношений, проходят через всё его творчество. В пов. «Казаки» (1863) герой, молодой дворянин, ищет выход в приобщении к природе, к естеств. и цельной жизни простого человека. Эпопея «Война и мир» (1863–69) воссоздаёт жизнь разл. слоёв рус. общества в Отеч. войну 1812, патриотич. порыв народа, объединивший все сословия и обусловивший победу в войне с Наполеоном. Ист. события и личные интересы, пути духовного становления рефлексирующей личности и стихия рус. нар. жизни с её «роевым» сознанием показаны как равноценные слагаемые природно-ист. бытия. В ром. «Анна Каренина» (1873–77) – о трагедии женщины во власти порока «преступной» страсти – Т. обнажает ложные основы светского общества, показывает распад патриархального уклада, разрушение семейных устоев. Восприятию мира индивидуалистич. и рационалистическим сознанием он противопоставляет самоценность жизни как таковой в её бесконечности и вещной конкретности («тайновидец плоти» – Д.С. Мережковский). С кон. 1870-х гг. переживавший духовный кризис, позднее захваченный идеей нравств. усовершенствования и «опрощения» (породившей движение «толстовства»), Т. приходит ко всё более непримиримой критике обществ. устройства – совр. бюрократич. институтов, гос-ва, церкви (в 1901 отлучён от правосл. церкви), цивилизации и культуры, всего жизненного уклада «образованных классов»: ром. «Воскресение» (1889–99), пов. «Крейцерова соната» (1887–89), драмы «Живой труп» (1900, опубл. в 1911) и «Власть тьмы» (1887). Одновременно возрастает внимание к темам смерти, греха, покаяния и нравств. возрождения (пов. «Смерть Ивана Ильича», 1884–86, «Отец Сергий», 1890–98, опубл. в 1912, «Хаджи-Мурат», 1896–1904, опубл. в 1912). Публицистич. сочинения морализаторского характера, в т.ч. «Исповедь» (1879–82), «В чём моя вера?» (1884), где христ. учение о

Л.Н. Толстой.

любви и всепрощении трансформируется в проповедь непротивления злу насилием. Стремление согласовать образ мысли и жизни приводит к уходу Т. из Ясной Поляны; умер на станции Астапово.

ТОЛСТОЛО́БИКИ, род рыб (сем. *карповые*). Дл. до 1 м, масса до 25–35 кг. 2 вида, в реках Вост. и Юго-Вост. Азии. Объект промысла и разведения.

ТОЛУБЕ́ЕВ Юр. Вл. (1906–79), актёр. На сцене с 1926. С 1942 в Ленингр. т-ре драмы имени А.С. Пушкина. Т. присущи мастерство реалистич. обрисовки характеров, пластич. выразительность, сочный юмор. Добивался глубины худ. обобщения при

Ю.В. Толубеев в роли Вожака («Оптимистическая трагедия»).

простоте и органичности игры: Вожак («Оптимистическая трагедия» В.В. Вишневского, 1955), Бубнов («На дне» М. Горького, 1956), Вилли Ломен («Смерть коммивояжёра» А. Миллера, 1959) и др. Снимался в ф.: «Ревизор» (1952), «Дон Кихот» (1957), «Гамлет» (1964) и др.

ТОЛУО́Л, $C_6H_5CH_3$, бесцв. горючая жидкость, $t_{кип}$ 110,6 °C. Содержится в большом кол-ве в кам.-уг. смоле и продуктах нефтепереработки. Применяется для получения ВВ (тринитротолуол), красителей, фарм. препаратов, для синтеза разл. соединений и как растворитель.

ТОЛЬ (франц. tôle), обычно рулонный кровельный и гидроизоляц. материал, получаемый обработкой кровельного картона дёгтевыми продуктами. Широко применяется для гидро- и пароизоляции строит. конструкций, а также для устройства кровель вспом. сооружений.

ТО́ЛЬСКИЙ Ник. Ал. (1832–91), врач, один из основоположников педиатрии в России, основатель науч. школы. По инициативе Т. создана (1866) первая дет. клиника при Моск. ун-те.

ТОМА́ (Thomas) Амбруаз (1811–1896), франц. композитор. Вслед за Ш. Гуно разрабатывал жанр *лирической оперы*. Задушевная мелодика, яркая театральность отличают его оп.: «Миньон» (1866), «Гамлет» (1868), «Франческа да Римини» (1882).

ТОМА́ ДЕ ТОМО́Н (Thomas de Thomon) Жан (1760–1813), архитектор. По происхождению француз; с 1799 работал в России. В монументальных формах рус. *ампира* выстроил Биржу (1805–10) и ростральные колонны (1806) в С.-Петербурге, «Мавзолей» в Павловске (1805–08).

ТО́МАС (Thomas) Эдуард Донналл (р. 1920), амер. гематолог, онколог. Тр. по проблемам трансплантации костного мозга при нарушениях кро-

Томат. Плоды.

ветворения; предложил методы подавления иммунитета (т.н. программы иммунодепрессии) реципиента для предотвращения реакции отторжения трансплантата. В 1956 впервые осуществил пересадку костного мозга человеку. Ноб. пр. (1990).

ТОМА́Т (помидор), род одно- и многолетних травянистых р-ний (сем. паслёновые). 3 вида, в Юж. Америке. Т. обыкновенный возделывают на всех континентах (в Европе с 16 в., в России с 18 в.), на Крайнем Севере – в защищённом грунте. Плоды (200–400 ц с 1 га, в теплицах – 5–15 кг с 1 м²) богаты каротином, минер. солями и органич. к-тами. Используются свежими, солёными, консервированными (сок, паста, соусы и др.), обладают ценными диетич. свойствами.

ТОМАШЕ́ВСКИЙ Бор. Викт. (1890–1957), рос. литературовед, текстолог. Иссл. жизни и творчества А.С. Пушкина, редактор и комментатор его собраний сочинений. Работы по стиховедению.

ТОМИ́ЗМ, учение Фомы Аквинского и основанное им направление католич. философии и теологии, соединившее христ. догматы с методом Аристотеля (см. также *Аристотелизм*). В 13 в. занял господствующее положение в схоластике, оттеснив августиновский *платонизм* и противостоя *аверроизму*. См. также *Неотомизм*.

ТОМОГРА́ФИЯ (от греч. tómos – ломать слой и gráphō – пишу), метод неразрушающего послойного исследования внутр. структуры объекта посредством многократного его просвечивания в разл. пересекающихся направлениях, число к-рых достигает 10–10⁶ (т.н. сканирующее просвечивание). По виду просвечивающего излучения различают электронную Т. [напр., рентгеновскую, гамма-Т. и магнитную, или ядерно-магнитно-резонансную (ЯМР) Т.], пучковую Т. (напр., протонную), а также ультразвуковую и др. С помощью Т. получают изображения слоёв толщиной до 2 мм. Обработка сигналов осуществляется на ЭВМ (см. *Компьютерный томограф*). Наиб. разработана рентгеновская Т., появившаяся в кон. 1960-х гг. (остальные виды позднее). Т. используется в мед. диагностике, геофизике, пром. интроскопии и т.д. В медицине благодаря высокой точности и относит. безвредности получила применение также ЯМР-Т., использующая диапазон СВЧ.

ТОМСК, г., центр Томской обл., в России. 504,7 т.ж. Ж.-д. ст.; порт на р. Томь; аэропорт. Маш-ние и металлообработка (приборостроение, эл.-техника, произ-во подшипников и др.); хим., деревообр., пищ. пром-сть. Науч. центр Сиб. отделения РАН. 6 вузов, в т.ч. 3 ун-та. Музеи: краеведч., худ., Томского ун-та. Т-ры: драм., юного зрителя, кукол. Осн. в 1604.

ТО́МСОН (Thomson), англ. физики, отец и сын. Джозеф Джон (1856–1940), один из создателей электронной теории металлов, открывший электрон и измеривший его заряд, основатель науч. школы. Ноб. пр. (1906). Джордж Паджет (1892–1975), открыл (независимо от амер. физиков К. Дэвиссона и Л. Джермера) дифракцию электронов. Ноб. пр. (1937).

Дж.Дж. Томсон.

ТО́МСОН Уильям (в 1892 за науч. заслуги получил титул барона Кельвина, Kelvin) (1824–1907), англ. физик, один из основоположников термодинамики. Сформулировал второе начало *термодинамики*, предложил абс. шкалу темп-р (шкала Кельвина). Тр. по электричеству и магнетизму. Изобрёл мн. электроизмерит. приборы и мореходные инстр-ты. Участник осуществления телеграфной связи по трансатлантич. кабелю.

ТО́МСОН Чарлз Уайвилл (1830–82), шотл. океанограф и биолог. В 1868–70 иссл. мор. глубины, в т.ч. фауну, у зап. берегов Европы. В 1872–76 руководил кругосветной океанографич. эксп. на «Челленджере», в ходе к-рой был сделан ряд открытий в рельефе дна Мирового ок. и в юж. околополюсном регионе подтверждено существование суши значит. размеров. Тр. по глубоководной мор. фауне.

ТОН (от греч. tónos – напряжение, повышение голоса, ударение), 1) физ. характеристика звука, определяемая частотой колебаний голосовых связок. 2) В нек-рых языках тоновое (муз.) ударение, основанное на изменении Т. (в 1-м значении) во время произнесения к.-л. слога и играющее смыслоразличит. роль. 3) В музыке звук, обладающий определ. высотой. Целый Т. – расстояние между звуками, равное 1/6 октавы (см. *Интервал*); полутон – наим. расстояние между звуками в совр. 12-тоновой равномерно-темперированной муз. системе (см. *Темперация*).

ТОН цветовой, 1) качество цвета, благодаря к-рому данный цвет отличается от др. цветов (напр., красный от синего). 2) Общий Т., светотеневой или цветовой строй произведения.

ТОНА́ЛЬНОСТЬ (муз.), в европ. классич. музыке высотное положение *лада* (ладотональность). В обозначе-

нии Т. указывается высота осн. тона (тоники) и лад, помещённый на эту высоту (напр., до мажор, ля минор).

ТО́НГА (Королевство Тонга), гос-во в Океании, в юго-зап. части Тихого ок., на о-вах Тонга, состоящих из 3 групп о-вов – Вавау, Хаапай, Тонгатапу, и отдельных о-вах (ок. 150). Пл. 699 км². Нас. 99,1 т.ч., 96% – тонга (тонганцы). Офиц. языки – тонга (тонганский) и английский. Верующие гл. обр. протестанты. Входит в *Содружество*. Т. – конституц. монархия. Глава гос-ва – король. Законодат. орган – Законодат. собрание. Столица – Нукуалофа (о. Тонгатапу). Адм.-терр. деление: 5 округов. Ден. единица – паанга.

Цепь о-вов Тонга вытянута с Ю. на С. В зап. части – гористые вулканич. о-ва (выс. до 1031 м; о. Кao), в восточной – преим. атоллы и коралловые о-ва (выс. до 200 м). Климат тропич. океанич. Ср.-мес. темп-ры 20–26 °C; осадков ок. 2000 мм в год. Густые влажные тропич. леса (в осн. на вулканич. о-вах).

С 1900 Т. – англ. протекторат. С 1970 независимое гос-во.

Т. – агр. страна. ВНП на д. нас. 1350 долл. в год. Осн. с.-х. культуры – кокосовая пальма и бананы. Лов и переработка рыбы. Лесоразработки. Вывоз кокосового масла и сушёных кокосовых орехов, бананов, ванили.

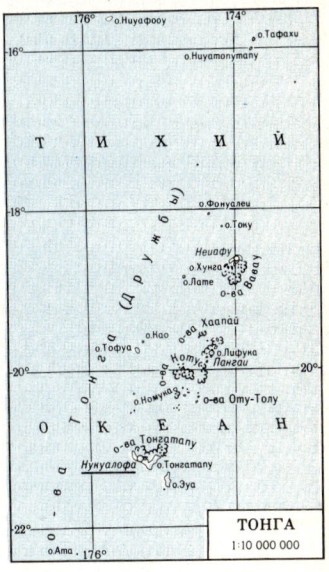

ТО́НГА ЖЁЛОБ, в Тихом ок., вдоль подножия вост. склона одноим. подводного хребта от о-вов Самоа до жёлоба Кермадек. Дл. 860 км. Глуб. до 10 882 м (наиб. глуб. Мирового ок. в Юж. полушарии).

ТОНЗИЛЛИ́Т (от лат. tonsillae – миндалевидные железы), воспаление нёбных миндалин. Острый Т. – осн. проявление ангины. Хронич. Т. развивается обычно в результате повторных ангин; может приводить к заболеванию суставов, сердца, почек и др.

ТОНЗУ́РА (от лат. tonsura – стрижка), выбритое место на макушке, знак принадлежности к католич. духовенству.

ТО́НИКА (муз.), см. в ст. *Тональность*.

696 ТОНИ

ТОНИ́ЧЕСКОЕ СТИХОСЛОЖЕ́НИЕ, система стихосложения, основанная на упорядоченности появления ударных слогов в стихе. Употребительно преим. в языках с сильным динамич. ударением и ослаблением безударных гласных – рус., нем., англ. и др. Внутри Т.с. различаются «чисто-тонич.» стихосложение и *силлабо-тоническое стихосложение*; в 1-м учитывается только число, во 2-м также и расположение ударений в стихе; промежуточное положение занимают дольник и тактовик, у к-рых объём слабых промежутков между сильными (ударными) колеблется соотв. в пределах 1–2 и 1–3 слогов.

ТОНЛЕСА́П (Сап), оз. в Азии, крупнейшее на п-ове Индокитай, в Камбодже. Площадь меняется от 2,5–3 т.км² (зимой) до 10 т.км² (летом), глубина соотв. от 1–2 м до 10–14 м. Соединено р. Тонлесап с Меконгом и частично регулирует его сток. Богато рыбой. Воды Т. используют для орошения рисовых полей. Близ Т. – *Ангкор*.

ТОННЕ́ЛЬ (туннель), подземное (подводное) сооружение для движения транспорта, перемещения воды, прокладки коммуникаций и т.д. Первый известный трансп. Т. (пешеходный) был проложен по р. Евфрат в 3-м тыс. до н.э. Первый судох. Т. (ок. 160 м) построен во Франции в кон. 17 в., первый ж.-д. Т. (ок. 1,19 км) – в Великобритании в 1826–30. Самый длинный Т. «Сэйкан» (Япония) проложен в 1988 под прол. Цугару (общая дл. 53,85 км, подводной части – 23,3 км).

ТО́НУС (лат. tonus, от греч. tónos – напряжение), длительное, не сопровождающееся утомлением возбуждение нерв. центров в коре больших полушарий головного мозга (напр., центра блуждающего нерва, регулирующего деятельность сердца) и мышц (напр., длительное сокращение гладких мышц, поддерживающее давление во внутр. органах и сосудах).

ТОНЬЯ́ЦЦИ (Tognazzi) Уго (1922–1990), итал. киноактёр, режиссёр. Один из лучших актёров «комедий по-итальянски» во всех их разновидностях – от эксцентрики до полит. сатиры: «Поход на Рим» (1962), «Большая жратва», «Хотим полковников» (оба 1973) и др. Играл мелодрам. и трагикомич. роли («Мои друзья», 1975; «Трагедия смешного человека», 1981).

ТОПА́З (от назв. одноим. о-ва, ныне Сент-Джон, в Красном м.), минерал, силикат. Образует призматич. кристаллы винно-жёлтого, голубого, розового и др. цветов, иногда бесцветные или многоцветные (полихромные). Наиб. крупный кристалл (св. 5 т) найден в 1986 в Бразилии. Тв. 8; плотн. 3,5 г/см³. Прозрачные Т. – *драгоценные камни*. Наиб. ценные – розовые Т. Гл. месторождения: в Бразилии, Шри-Ланке, Мьянме, России, на Украине.

ТОПИНА́МБУР (земляная груша), многолетнее р-ние рода подсолнечник. Произрастает в Сев. Америке, там же окультурен. Возделывают в Европе (с 17 в.), Малой и Юго-Вост. Азии, Африке; в России (с 18 в.) гл. обр. в Нечерноземье. Клубни (200–250 ц с 1 га) используют в пищу, на корм скоту, для получения инулина (заменитель крахмала и сахара при сахарном диабете); зелёную массу – на силос.

ТО́ПЛИВНО - ЭНЕРГЕТИ́ЧЕСКИЕ РЕСУ́РСЫ (первичные), совокупность разл. видов топлива и энергии (продукция нефтедоб., газ., угольной, торфяной и сланцевой пром-сти, эл. энергия атомных и гидроэлектростанций, а также местные виды топлива), к-рыми располагает страна для обеспечения производств., бытовых потребностей и экспорта.

ТОПОГРАФИ́ЧЕСКАЯ АНАТО́МИЯ, мед. дисциплина, изучающая взаиморасположение органов и их отношение к кровеносным сосудам и нервам. Имеет прикладное (для хирургии) значение. Выдающуюся роль в развитии Т.а. сыграл Н.И. Пирогов.

ТОПОГРА́ФИЯ (от греч. tópos – место и ...*графия*), геогр. и геом. изучение местности путём проведения съёмочных работ (наземных, с воздуха, из космоса) и создания на их основе топографич. карт. Визуальная съёмка проводилась с 17 в., инстр. методы – с 18 в.

ТО́ПОЛЬ, род листопадных деревьев (сем. ивовые). Св. 100 (по др. данным, ок. 30) видов, в Сев. полушарии. В России ок. 20 видов, включая осину. Выс. 30–45 м, недолговечны (лишь нек-рые доживают до 150–200 лет). Быстрорастущая неприхотливая порода. Широко используется для озеленения (гл. обр. муж. особи, т.к. тополиный «пух» (мелкие семена с волосками) жен. особей засоряет улицы и вызывает у многих аллергию. Древесина мягкая, используется в бум., спичечном пр-ве и др. Настой коры и почек Т. чёрного применяется в нар. медицине (противовоспалительное и жаропонижающее действие).

ТОПОНИ́МИКА (от греч. tópos – место и ónyma – имя, название), раздел *ономастики*, изучающий геогр. названия (топонимы), их происхождение, функционирование, смысловое значение, изменение написания, произношения и т.д.

ТОПОНИ́МИЯ, совокупность геогр. названий (топонимов) к.-л. территории.

ТОПОРКО́В Вас. Осипович (1889–1970), актёр. На сцене с 1909, играл в Т-ре Лит. худ. об-ва в С.-Петербурге, б. Т-ре Корша в Москве. С 1927 во МХАТе. Владел мастерством перевоплощения, стремился к остроте, выразительности сценич. рисунка. Герои Т. – часто люди, одержимые к.-л. идеей, со страстью отдающиеся своему увлечению: Чичиков («Мёртвые души» по Н.В. Гоголю, 1932), Оргон («Тартюф» Мольера, 1939), Морис («Глубокая разведка» А.А. Крона, 1943), Круглосветлов («Плоды просвещения» Л.Н. Толстого, 1951) и др. Занимался режиссурой. Снимался в кино.

ТОПРА́К-КАЛА́, резиденция царей Хорезма 3–6 вв. в Каракалпакии. Развалины укреплений, жилых и хоз. помещений, дворца с фресками и скульптурой, док-ты на коже и дереве и др.

ТОПРАККАЛЕ́, развалины крепости Русахинили (8–6 вв. до н.э.) – резиденции царей Урарту у г. Ван (Турция). Дворцы и храмы, произв. иск-ва и др.

ТОР (До́нар), у германцев и скандинавов бог грома, бури и плодородия, богатырь. Его оружие – молот.

ТО́РА, Священное Писание в иудаизме; то же, что *Пятикнижие*.

ТО́РВАЛЬДСЕН (Thorvaldsen) Бертель (1768 или 1770–1844), дат.

Тополь чёрный: 1 – побег с мужской серёжкой; 2 – побег с женской серёжкой; 3 – лист.

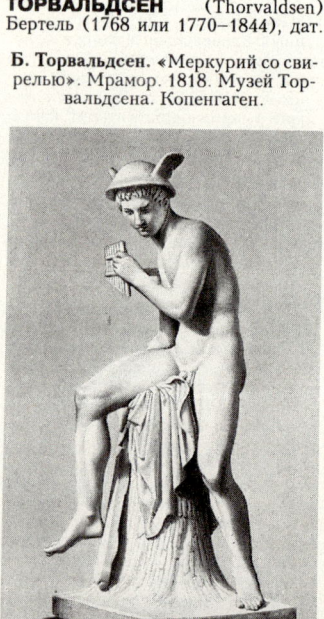

Топаз. Бразилия.

Топаз. Россия (Урал).

Тор. Бронзовая статуэтка, найденная в Исландии. Ок. 1000.

Б. Торвальдсен. «Меркурий со свирелью». Мрамор. 1818. Музей Торвальдсена. Копенгаген.

скульптор. Представитель позднего *классицизма*. Строго гармоничные по композиции, пластически завершённые, виртуозные по обработке мрамора произв. отличаются холодной идеализацией образов («Ясон», 1802–03).

ТОРГИ́, способ покупки товара или сдачи подряда, при к-ром предпочтение отдаётся продавцу или подрядчику, предложившим наиб. выгодные условия. Т., в т.ч. междунар. (тендеры), бывают двух видов: открытые, или публичные (объявления о них публикуются в печати), в к-рых могут принимать участие все желающие фирмы, и закрытые, к участию в к-рых приглашается ограниченный круг фирм в индивид. порядке.

ТОРГО́ВАЯ ПАЛА́ТА, обществ. орг-ция, содействующая развитию внешнеторг. отношений между разл. странами. Существуют нац. и смешанные Т.п. В 1920 осн. Междунар. Т.п. (Париж). Функции Т.п. в Рос. Федерации: организация торг.-пром. выставок за границей и международных в стране; патентование за границей рос. изобретений и регистрация товарных знаков; экспертиза товаров; внешнеторг. арбитраж и др.

ТОРГО́ВЛЯ, отрасль х-ва, реализующая товары путём купли-продажи. Возникла с появлением обществ. разделения труда. Включает внутр. (оптовую и розничную) и внеш. (экспорт и импорт) Т.

ТОРГО́ВОЕ ПРА́ВО, в ряде гос-в (во Франции, Германии, Японии и др.) самостоят. часть гражд. права, регулирующая отношения в сфере торг. оборота (т.н. дуализм гражд. права). Исторически сложилось в ср.-век. Италии.

ТОРГО́ВОЕ ПРЕДСТАВИ́ТЕЛЬСТВО (торгпредство), орган гос-ва, представляющий за границей его интересы в сфере экон. отношений. Во мн. странах эти функции возложены на торг. атташе посольств.

ТОРГО́ВЫЕ РЯДЫ́, 1) в др.-рус. городах на терр. торга размещение продавцов по видам товара (мясные, калашные и т.д.). 2) Протяжённая постройка с аркадами или колонными *галереями* для торговли. В Зап. Европе строились с 13–15 вв., в России – в 17–19 вв. Т.р. назывались также нек-рые *пассажи* (Верхние Т.р. в Москве, ныне ГУМ).

ТОРГО́ВЫЙ ОБЫ́ЧАЙ, см. в ст. *Обычай*.

ТОРЕ́ВТИКА (от греч. toréuō – вырезаю, чеканю), иск-во ручной худ. обработки металла – тиснения, чеканки и т.д.

ТОРЖО́КСКОЕ ЗОЛОТО́Е ШИТЬЁ, рус. нар. худ. промысел, известный в г. Торжок с 13 в. Характерен растит. орнамент, выполненный зол. и серебр. нитями по сафьяну (обувь), бархату, сукну (костюм, церк. облачение). В 1928 образована артель (с 1960 ф-ка имени 8 Марта), вышивавшая армейские знаки различия, эмблемы, сувениры.

ТО́РИ (tory), англ. полит. партия. Возникла в кон. 70 – нач. 80-х гг. 17 в. Выражала интересы зем. аристократии и высш. духовенства англиканской церкви. В сер. 19 в. на её основе сложилась Консервативная партия.

ТО́РИЙ (Thorium), Th, радиоактивный хим. элемент III гр. периодич. системы, ат.н. 90, ат.м. 232,0381; от-

Торговые ряды. Кострома. 1820-е гг.

носится к *актиноидам*; металл. Выделен Й. Берцелиусом в 1828.

ТОРКВЕМА́ДА (Torquemada) Томас (ок. 1420–98), с 80-х гг. глава исп. инквизиции (великий инквизитор). Инициатор изгнания евреев из Испании (1492).

ТО́РМИС (Tormis) Вельо (р. 1930), эст. композитор. Стиль произв. (в осн. хоровых) соединяет элементы фольклора (гл. обр. прибалт.-фин. народов) с совр. средствами письма (в т.ч. *алеаторикой*). Оп. «Лебединый полёт» (1965); кантата-балет «Эстонские баллады» (1980); для хора *а капелла*: «Песни Гамлета», «Картинки природы», «Заклятие железа», «Эстонские календарные песни».

ТОРМОЖЕ́НИЕ (физиол.), активный нерв. процесс, вызываемый возбуждением и проявляющийся в угнетении или предупреждении др. волны возбуждения. Обеспечивает (вместе с возбуждением) деятельность всех органов и организма в целом. Защищает нерв. систему от перевозбуждения (в первую очередь нерв. клетки коры головного мозга).

ТО́РО (Thoreau) Генри Дейвид (1817–62), амер. писатель, мыслитель. Представитель *трансцендентализма*. Прозрачная по стилю, рождённая личным опытом «отшельничества» филос. проза «Уолден, или Жизнь в лесу» (1854) – романтич. робинзонада о жизни человека в мире природы и по законам собств. «естества» как возможности спасения личности от совр. цивилизации. Памфлет «Гражданское неповиновение» (1849) – о необходимости ненасильств. индивидуального сопротивления обществ. злу.

ТОРО́НТО, г. в Канаде. 3,893 млн.ж. (с пригородами). Порт на оз. Онтарио; междунар. аэропорт. Метрополитен. Торг.-пром. и финанс. центр. Маш.-строит., нефтепераб., хим., полиграф. и др. пром-сть. Ун-ты. Королев. музей Онтарио. Худ. галерея. Осн. в 1749 как франц. торг. крепость. Остатки форта Йорк (1796).

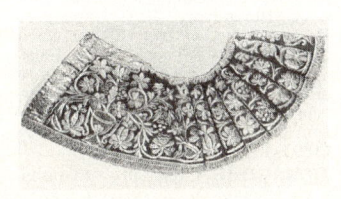

Торжокское золотое шитьё. Ворот кофты – шугая. Вышивка золотыми нитями. 19 в. Музей народного искусства. Москва.

здания 19 – нач. 20 вв., небоскрёбы 20 в. Близ Т. – АЭС «Пикеринг».

ТОРО́С РОСЛИ́Н, арм. художник-миниатюрист 2-й пол. 13 в. Гл. представитель киликийской школы в М. Азии. Иллюстрации к рукописям (т.н. Малатийское евангелие, 1268) отличаются красочностью, образной эмоциональностью.

ТОРРИЧЕ́ЛЛИ (Torricelli) Эванджелиста (1608–47), итал. физик и математик, открывший атм. давление. Опустив запаянную трубку с жидкостью открытым концом в жидкость, обнаружил, что жидкость в трубке удерживается на определ. высоте (опыт Т.); объяснил этот эффект существованием атм. давления. В опыте Т. над жидкостью в трубке был впервые получен *вакуум* («торричеллиева пустота»).

ТОРРИЧЕ́ЛЛИ ФО́РМУЛА, скорость жидкости, вытекающей из отверстия в стенке сосуда: $V = \sqrt{2gh}$, где h – расстояние от оси отверстия до поверхности жидкости; g – ускорение свободного падения. Выведена Э. Торричелли в 1641. Устанавливает, что скорость истечения жидкости одинакова для всех жидкостей и зависит лишь от высоты, с к-рой жидкость опустилась. В действительности скорость истечения неск. отличается от скорости, определяемой Т.ф.: она зависит от формы и размера отверстия, от вязкости жидкости и от величины её расхода, что имеет значение при расчёте и проектировании гидравлич. устройств.

ТО́РУНЬ, г. в Польше. 202 т.ж. Трансп. уз.; порт на р. Висла. Хим., маш.-строит., шерст., швейная, полиграф. пром-сть. Ун-т (1945) имени Н. Коперника, родившегося в Т. (Дом-музей). Музей города Т. Осн. в 13 в. Руины замков 13–15 вв., остатки гор. укреплений, ратуша (13 – нач. 17 вв.), готич. костёлы 13–15 вв., дома в стилях готики, ренессанса и барокко.

ТОРФ (нем. Torf), осадочная порода; продукт неполного разложения р-ний в условиях болот. Кроме растит. остатков содержит тёмное аморфное органич. в-во (гумус), минер. примеси и воду. В естеств. состоянии однородная по составу и окраске плотная масса чёрного или коричневого цвета. Используется как удобрение, теплоизолянт, материал для строительства, реже как топливо. Мировые запасы Т. ок. 500 млрд. т, в т.ч. св. 186 млрд. т в России. Гл. добывающие страны: Россия, Индонезия, Финляндия, США, Канада.

ТОСКАНИ́НИ (Toscanini) Артуро (1867–1957), итал. дирижёр. Рук. т-ров «Ла Скала» (1898–1929, с перерывами), «Метрополитен-опера» (1908–15), оркестров Нью-Йоркско-

А. Тосканини.

го филармонического (с 1928), Нац. радио США (1937–54) и др. Выступал и репетировал с оркестрами без нот (наизусть). При необъятном репертуаре и разнообразных муз. симпатиях Т. ему наиб. близок Дж. Верди.

ТОСКА́НСКИЙ О́РДЕР, упрощённый вариант *дорического ордера*. Возник в Др. Риме на рубеже новой эры. Имеет колонну с *базой*, но без желобков-*каннелюр* и гладкий *фриз*.

ТОТ, в егип. мифологии бог луны, мудрости, письма и счёта. Почитался в обликах павиана и ибиса.

Тот. Роспись деревянного ящика для статуэток ушебти: Анубис и Тот на суде Осириса взвешивают сердце умершего. 2-е тыс. до н.э. Лувр.

ТОТАЛИТАРИ́ЗМ (от ср.-век. лат. totalis – весь, целый, полный), 1) одна из форм авторитарного гос-ва, характеризующаяся его полным (тотальным) контролем над всеми сферами жизни общества, фактич. ликвидацией конституц. прав и свобод, репрессиями в отношении оппозиции и инакомыслящих (напр., разл. формы Т. в фаш. Италии, Германии, коммунистич. режим в СССР, франкизм в Испании и др. – с кон. 20-х гг. 20 в.). 2) Направление полит. мысли, оправдывающее высш. роль гос-ва (этатизм), авторитаризм. С 20-х гг. 20 в. Т. стал офиц. идеологией фаш. Италии, Германии.

ТОТА́ЛЬНЫЙ, всеобщий, всеобъемлющий, целостный, всеохватывающий, полный.

ТОТЕМИ́ЗМ, комплекс верований в первобытном обществе, связанный с представлением о родстве между группой людей (обычно родом) и тотемом (на яз. оджибве ототем – его род) – явлением живой и неодушевлённой природы, обычно видом ж-ного или р-ния.

ТОТО́ (Totò) (наст. имя и фам. Антонио Де Куртис Гальярди) (1898–1967), итал. актёр. Выступал в варьете, ревю, пантомиме. В лучших киноролях Т., сочетающих яркую условность с точностью жизненных наблюдений и социальных характеристик, проявились традиции *комедии дель арте* («Неаполь-миллионер», 1950, в прокате – «Неаполь – город миллионеров»; «Полицейские и воры», 1951; «Золото Неаполя», 1954; «Закон есть закон», 1958; «Операция "Святой Януарий"», 1967).

Тото (справа) в фильме «Неаполь – город миллионеров».

ТО́ЧКА, простейший объект геометрии, характеризуемый только его положением.

ТРАВЕРТИ́Н, см. *Туф известковый.*

ТРАВЕСТИ́ (франц. travestie, от итал. travestire – переодеваться), актёрское *амплуа.* К нему относятся: в драм. т-ре роли девушек, к-рым по ходу действия приходится выдавать себя за мужчин, переодеваться в муж. платье (напр., Беатриче в комедии К. Гольдони «Слуга двух господ»; Габриэль в водевиле Ф.А. Кони «Девушка-гусар»), и роли детей и подростков, исполняемые взрослыми актрисами (напр., Герда и Кай в пьесе-сказке Е.Л. Шварца «Снежная королева»); в опере партии юношей, исполняемые женщинами (меццо-сопрано, контральто) (напр., Зибель – «Фауст» Ш. Гуно, Лель – «Снегурочка» Н.А. Римского-Корсакова).

ТРАВЕСТИ́Я, ироикомический (героикомический) лит. жанр, однородный с *бурлеском.* Основан на пародировании известного «высокого» образца; использует приёмы перенесения действия в сниженную, бытовую сферу, подмены героич. персонажей низменными и простонародными («Елисей, или Раздражённый Вакх» В.И. Майкова).

ТРА́ВМА (от греч. tráuma – рана), повреждение тканей организма человека или ж-ного с нарушениями их целостности и функций, вызванное внеш. (гл. обр. механич., термич.) воздействием. Психич. Т. – сильное эмоц. воздействие, к-рое может вызвать психич. расстройство – *психогению.*

ТРАВМАТИ́ЗМ, совокупность вновь возникших травм в определ. группах населения (исчисляется кол-вом травм на 100, 1000 чел. за 1 мес, год). Различают производственный (пром. и с.-х.), бытовой, трансп. и спорт. Т.

ТРАВМАТОЛО́ГИЯ (от *травма* и *...логия*), раздел клинич. медицины, изучающий травмы: их причины, виды, течение, методы профилактики и лечения. Вместе с *ортопедией* Т. составляет единую врачебную специальность. Как самостоят. раздел хирургии выделилась в нач. 20 в.

ТРАГЕ́ДИЯ, вид драмы, проникнутый пафосом *трагического,* противоположен комедии. Основу Т. составляют столкновения личности с роком, миром, обществом, выраженные в напряжённой форме борьбы сильных характеров и страстей. Трагич. коллизия обычно разрешается гибелью гл. героя. Классиком жанра стала Т. Др. Греции (Эсхил, Софокл, Еврипид), Возрождения и барокко (У. Шекспир, П. Кальдерон), классицизма (П. Корнель, Ж. Расин). Начиная с 18 в. и особенно в драматургии реализма жанр утрачивает строгость; Т. сближается с драмой (как видом); возникают промежуточные жанры, напр.: «мещанская трагедия» (Ф. Шиллер), трагич. драма (В. Гюго, Г. Ибсен), ист. драма (А.С. Пушкин, А.К. Толстой); с кон. 19 в. становится актуальной *трагикомедия.*

ТРАГИКОМЕ́ДИЯ, драм. произведение, обладающее признаками как комедии, так и трагедии. В основе Т. лежит ощущение относительности существующих критериев жизни; одно и то же явление драматург видит и в комическом, и в трагич. освещении. Трагикомич. эффект основан на несоответствии героя и ситуации, внутр. нерешённости конфликта (сюжет как бы предполагает продолжение действия); сочувствие одному персонажу часто противоречит сочувствию другому, позиция автора при этом не декларируется. Характерна для драматургии 20 в. («Шесть персонажей в поисках автора» Л. Пиранделло).

ТРАГИ́ЧЕСКОЕ, филос.-эстетич. категория, характеризующая неразрешимый обществ.-ист. конфликт, развёртывающийся в процессе свободного действия человека и сопровождающийся его страданием, гибелью. Т. неотделимо от идеи достоинства и величия человека, проявляющихся в самом его страдании. Предмет специфич. вида драмы – трагедии.

ТРАДИЦИО́ННАЯ МЕДИЦИ́НА, см. в ст. *Народная медицина.*

ТРАДИ́ЦИЯ (от лат. traditio – передача), элементы социального и культурного наследия, передающиеся от поколения к поколению и сохраняющиеся в определ. обществах и социальных группах в течение длительного времени. В качестве Т. выступают определ. обществ. установления, нормы поведения, ценности, идеи, обычаи, обряды и т.д. Те или иные Т. действуют в любом обществе и во всех областях обществ. жизни.

ТРАЕКТО́РИЯ (от ср.-век. лат. trajectorius – относящийся к перемещению), линия, к-рую описывает *материальная точка* (или центр инерции тв. тела) при своём движении. Если Т. – прямая линия, то движение наз. прямолинейным, в противном случае – криволинейным (напр., планет по эллиптич. Т., движение тел, брошенных под углом к горизонту, и т.п.).

ТРАЙБАЛИ́ЗМ (трибализм) (англ. tribalism, от лат. tribus – племя), приверженность к культурно-бытовой, культовой и обществ.-полит. племенной обособленности. Проявляется в межплеменной вражде, гл. обр. в Африке.

Тракай. Замок на острове оз. Гальве.

ТРАКА́Й (до 1917 офиц. назв. Троки), г. в Литве, расположен среди Тракайских озёр. 7,2 т.ж. Ж.-д. ст. Ист. музей. Ландшафтно-ист. заказник. Туризм. Осн. в 1341. В 14–15 вв. резиденция вел. князей литовских. Оборонит. комплекс, в т.ч. замок на о-ве оз. Гальве (2-я пол. 14 – нач. 15 вв.).

ТРАКЛЬ (Trakl) Георг (1887–1914), австр. поэт. В мелодичной, насыщенной метафорами лирике Т. – трагизм и тоска существования в хаосе бытия (сб. «Стихотворения», 1913). Покончил с собой, потрясённый ужасами 1-й мир. войны. Оказал влияние на европ. поэтов 2-й пол. 20 в., тяготеющих к импрессионистским и экспрессионистским поискам.

ТРАКТА́Т (от лат. tractatus – рассмотрение), 1) науч. сочинение, в к-ром рассматривается отд. вопрос или проблема; рассуждение на спец. тему. 2) Одна из форм междунар. договоров (напр., Берлинский трактат 1878).

ТРА́КТОР (новолат. tractor, от лат. traho – тащу), самоходная машина на гусеничном или колёсном ходу для приведения в действие прицепленных к ней или установленных на ней машин-орудий (с.-х., строит., дорожных и т.п.), для привода стационарных машин, буксировки прицепов. Первые колёсные Т. с паровыми машинами появились в Великобритании и Франции в 1830. Мощность совр. Т. обычно до 250 кВт (иногда значительно выше).

ТРАЛ (от англ. trawl), 1) Т. рыболовный – конусообразный сетчатый мешок с отверстием, предназначенный для лова рыбы. Буксируется мор. судами при помощи стальных тросов (ваеров). 2) Т. в воен. деле – противоминное средство кораблей, танков, вертолётов, применяемое для обнаружения и уничтожения мин.

ТРАМВА́Й (англ. tramway, от tram – вагон, тележка и way – путь), вид гор. рельсового транспорта с электрич. тягой, получающий питание от контактной сети через токоприёмник. Электрич. вагон – прототип совр. Т. – испытан в России в 1880 в С.-Петербурге Ф.А. Пироцким. Первая линия электрич. Т. проложена в 1881 близ Берлина. В Зап. Европе и США Т. эксплуатируется с нач. 80-х гг. 19 в. В 1890-х гг. Т. был пущен в Киеве, Казани, Риге, С.-Петербурге, Ниж. Новгороде, Москве (1895) и др. городах России.

ТРАМПЛИ́Н (франц. tremplin, итал. trampolino, от trampolo – ходуля), спорт. сооружение (устройство) для увеличения пути полёта спортсмена при прыжках на лыжах, в воду и в гимнастике. Наиб. мощные Т. для лыжных соревнований: в Планице (Словения), Оберстдорфе (Германия), Кульме (Австрия) – дл. 120 м; Красноярске (Россия) – дл. св. 100 м.

ТРАНЗИ́СТОР [от англ. transfer – переносить и (*ре*)*зистор*], трёхэлектродный *полупроводниковый прибор* для усиления, генерирования и преобразования электрич. колебаний, выполненный на основе монокристаллич. полупроводника (напр., кремния). Осн. элемент совр. устройств микроэлектроники. Изобретён амер. учёными Дж. Бардином, У. Браттейном и У. Шокли в 1948. По физ. структуре и механизму управления током Т. делятся на 2 больших класса: биполярные (чаще наз. просто Т.) и униполярные (чаще наз.

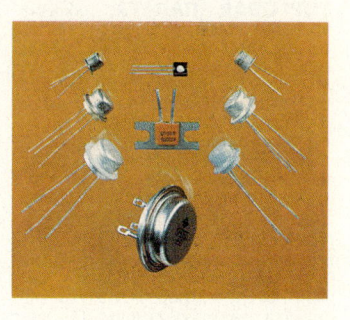

Транзисторы.

полевыми Т.). Нередко Т. наз. также портативные транзисторные радиовещат. приёмники.

ТРАНЗИ́Т (от лат. transitus – прохождение), перевозки пассажиров и грузов из одного пункта в другой через промежуточные пункты.

ТРАНКВИЛИЗА́ТОРЫ (от лат. tranquillo – успокаиваю), психотропные средства, уменьшающие чувство напряжения, тревоги, страха.

ТРАНС (франц. transe), вид сумеречного помрачения сознания (см. *Сумеречное состояние*), а также состояния отрешённости и созерцательности.

ТРАНС... (от лат. trans – сквозь, через, за), первая часть сложных слов, означающая: 1) движение через к.-л. пространство, пересечение его (напр., трансатлантический); 2) следование за чем-либо, расположение по ту сторону чего-либо (напр., трансальпийский); 3) обозначение или передача через посредство чего-либо (напр., транслитерация).

ТРАНСЕ́ПТ (позднелат. transeptum), в европ. церк. архитектуре поперечный неф или неск. нефов, пересекающих продольный объём в крестообразных в плане зданиях.

ТРАНСКРИ́ПЦИЯ фонетическая (от лат. transcriptio – переписывание), 1) способ письменной фиксации устной речи с помощью спец. знаков с целью возможно более точной передачи звучания. 2) Система знаков для Т. (в 1-м значении).

ТРАНСКРИ́ПЦИЯ (биол.), биосинтез молекул РНК на участках ДНК; первый этап реализации генетич. информации, в процессе к-рого последовательность нуклеотидов ДНК «переписывается» в нуклеотидную последовательность РНК.

ТРАНСКРИ́ПЦИЯ (муз.), переложение муз. произв. для какого-либо инстр-та. Напр., Т. для фп. песен

Ф. Шуберта, фрагментов из опер Дж. Верди, В.А. Моцарта, принадлежащие Ф. Листу (ок. 500).

ТРАНСЛИТЕРА́ЦИЯ [от *транс*... и лат. lit(t)era – буква], побуквенная передача текста, написанного с помощью к.-л. алфавита, средствами другого алфавита.

ТРАНСЛЯ́ТОР в информатике (компилятор), *программа ЭВМ*, предназначенная для автоматич. перевода описания алгоритма с одного языка программирования на другой, в частности на *машинный язык*. Является частью базового *программного обеспечения ЭВМ*, одно из средств автоматизации программирования.

ТРАНСЛЯ́ЦИЯ (от лат. translatio – передача), 1) проведение внестудийных радио- и телепередач (с места событий) из театров, со стадионов и т.п.), а также передача местной радиостанцией или телевизионной станцией программ, поступающих из др. городов по линиям междугородной связи. 2) Процесс приёма электрич. сигналов и последующей их передачи в направлении от источника к приёмнику, осуществляемый в промежуточных пунктах тракта связи. 3) Обиходное (устар.) название проводного вещания. 4) Перевод описания программы ЭВМ с одного языка программирования на другой, в частности на машинный язык. 5) Перенос физич. или матем. объекта в пространстве на нек-рое расстояние параллельно самому себе вдоль прямой, называемой осью Т.

ТРАНСЛЯ́ЦИЯ (биол.), процесс биосинтеза белка на рибосомах; 2-й этап (после *транскрипции*) реализации генетич. информации, в ходе к-рого последовательность нуклеотидов матричной РНК в соответствии с *генетическим кодом* «переводится» в последовательность аминокислот белковой молекулы.

ТРАНСМИ́ССИЯ, устар. название *силовой передачи*.

ТРАНСНАЦИОНА́ЛЬНЫЕ КОРПОРА́ЦИИ (ТНК), нац. тресты и концерны, имеющие многочисленные заруб. отделения и филиалы, что делает их по существу междунар. компаниями. Получили широкое распространение после 2-й мир. войны. ТНК, и прежде всего американские, контролируют мн. отрасли произ-ва и сферы экономики как в масштабе отд. стран, так и мирового х-ва. В 1980-х гг. на долю ТНК приходилось св. 1/3 мирового пром. произ-ва, св. 1/2 внеш. торговли, ок. 80% патентов на новую технику и технологию.

ТРАНСПЛАНТА́ЦИЯ (от ср.-век. лат. transplantatio – пересаживаю), пересадка органов и тканей человека и ж-ных. Как хирургич. метод известна с глубокой древности. Используется Т. кожи, мышц, нервов, роговицы глаза, жировой и костной ткани, костного мозга, сердца, почек и др. Особый вид Т. – переливание крови. При экспериментах на ж-ных и в клинич. медицине применяют ауто- (Т. собств. тканей), гомо- (Т. от донора того же вида) и гетеротрансплантацию (Т. от донора др. вида, напр. собаке от кролика). Проблемы Т. изучает трансплантология, развивающаяся как науч. основе с 19 в. Первую успешную пересадку трупной почки в клинике осуществил рус. хирург Ю.Ю. Вороной (1933). Первые клинич. пересадки печени, лёгких, поджелудочной железы были осуществлены амер. хирургами Т. Старзлом (1963), Д. Харди (1963), Т. Келли (1966), сердца – К. Барнардом (ЮАР, 1967).

ТРАНСПОЗИ́ЦИЯ, в музыке перенос всех звуков муз. произв. или его части на определ. *интервал* вверх или вниз. Применяется гл. обр. для исполнения произв. голосом или инстр-том др. диапазона.

ТРА́НСПОРТ (от лат. transporto – перемещаю), отрасль экономики, осуществляющая перевозки людей (пасс. Т.) и грузов (грузовой Т.); включает и произ-во средств Т. Виды Т.: наземный (ж.-д., автомоб., трубопроводный), водный (мор., речной), воздушный (авиационный). Т. охватывает все сферы материального произ-ва (в т.ч., напр., внутризаводской Т.) и личное потребление (автомобили, мотоциклы, велосипеды, катера и т.п.).

ТРАНСУРА́НОВЫЕ ЭЛЕМЕ́НТЫ, хим. радиоактивные элементы, расположенные в периодич. системе после урана, т.е. с ат.н. 93 и выше. Известно 17 Т.э., все они получены искусственно, в природе обнаружены только следовые кол-ва нептуния и плутония.

ТРАНСФОРМА́ТОР (от лат. transformo – преобразую) электрический, устройство для преобразования перем. напряжения по величине. Состоит из одной первичной обмотки и одной или неск. вторичных и ферромагн. сердечника (магнитопровода). Осн. типы Т.: силовые (повышающие или понижающие сетевое напряжение), используемые в электрич. сетях, радиотехн. устройствах, системах автоматики и др.; измерительные, предназначенные гл. обр. для определения больших напряжений и токов. Мощность от долей В·А до сотен МВ·А, преобразуемые напряжения от долей В до сотен кВ. Впервые Т. применил П.Н. Яблочков в 1876 в цепях электрич. освещения; трёхфазный Т. разработал М.О. Доливо-Добровольский в 1890.

ТРАНСЦЕНДЕНТАЛИ́ЗМ (от лат. transcendens, род. п. transcendentis – выходящий за пределы), филос. течение в США в 1830–60-х гг. (манифест – эссе Р.У. Эмерсона «Природа»; Г. Торо, Э.Б. Олкотт, М. Фуллер, Т. Паркер, отчасти Н. Хоторн). С позиций романтизма и лев. радикализма критиковало совр. цивилизацию. Осн. идеи: социальное равенство «равных перед Богом» людей, духовное самоусовершенствование, близость к нетронутой Природе, интуитивное переживание к-рой ведёт к Абсолюту («сверхдуше») и нравств. очищению (прежде всего от «вульгарно-материальных» интересов).

ТРАНСЦЕНДЕНТА́ЛЬНЫЙ, 1) в схоластике – предельно общие понятия (вещь, сущее, истина, добро, единое). 2) В философии Канта – априорные (см. *Априори*) формы познания, организующие опытные данные.

ТРАНСЦЕНДЕ́НТНЫЙ, запредельный по отношению к к.-л. определ. сфере, к миру в целом; противоположность *имманентного*. Одно из центр. понятий ряда филос. течений, характеристика абсолюта, превосходящего всякое бытие (единое в неоплатонизме) или в теологии – синоним потусторонности Бога. В философии Канта – выходящее за пределы возможного опыта («мира явлений») и недоступное теоретич. познанию (напр., идея Бога, души, бессмертия).

ТРА́ПЕЗНАЯ (от греч. trápeza – стол, кушанье), в христ. монастырях столовая с церковью при ней. Рус. Т. 16–17 вв. – большие залы (иногда со сводами на столбах) с открытыми террасами и лестницами. Т. наз. также зап. пристройка к церкви (характерна для рус. церквей 17–18 вв.), в к-рой в зимний период совершалось богослужение.

Трапезная Новодевичьего монастыря в Москве. 1685–87.

ТРАПЕ́ЦИЯ (от греч. trapézion, букв. – столик), выпуклый четырёхугольник, в к-ром две стороны параллельны (основания Т.). Площадь Т. равна произведению полусуммы оснований (средней линии) на высоту.

Трапеция.

ТРАСОЛО́ГИЯ (от франц. trace – след и греч. lógos – слово, учение; букв. – учение о следах), раздел *криминалистики*, занимающийся фиксацией и изучением следов, оставляемых на месте преступления человеком, трансп. средством, орудием преступления и т.д., в целях *идентификации*.

ТРА́УБЕРГ Леон. Зах. (1902–90), кинорежиссёр. В 1921 совм. с Г.М. Козинцевым организовал в Москве Фабрику эксцентрич. актёра (ФЭКС); поставил (с ним же): «Шинель» (по Н.В. Гоголю, 1926), «Новый Вавилон» (1929), трилогию, посв. рев. эпохе («Юность Максима», 1935; «Возвращение Максима», 1937; «Выборгская сторона», 1939). Снял также ф.: «Актриса» (1943), «Шли солдаты» (1959), т/ф «Мёртвые души» (1960). От экспериментов в области формы в 20-х гг. эволюционировал к созданию характеров на широком социальном фоне.

ТРА́УЛЕР, см. *Рыбопромысловые суда*.

ТРАФАЛЬГА́РСКОЕ СРАЖЕ́НИЕ, 21.10.1805, у мыса Трафальгар, близ г. Кадис (Испания), во время войны Франции против 3-й антифранц. коалиции (Австрия, Великобритания, Кор-во обеих Сицилий, Россия, Швеция). Брит. эскадра (вице-адм. Г. Нельсон) разгромила франко-исп. эскадру, что обеспечило господство Великобритании на море.

ТРАХЕ́Я (от греч. tráchеia – дыхательное горло), часть дыхательных путей позвоночных ж-ных и человека; расположена между гортанью и бронхами. У человека дл. 10–13 см, диам. 15–18 мм. Состоит из хрящевых полуколец, соединённых связками. Т. наз. также органы дыхания наземных членистоногих. Воспаление слизистой оболочки Т. – трахеит.

ТРАХО́МА (греч. tráchōma, от trachýs – шероховатый), хронич. вирусное заболевание глаз: конъюнктива краснеет, утолщается, образуются сероватые зёрна (фолликулы), последовательно распадающиеся и рубцующиеся. При отсутствии лечения ведёт к паннусу – воспалению роговицы, её изъязвлению, завороту век, образованию бельма, слепоте. Заражение через полотенца, платки, подушки и т.п.

ТРАЭ́ТТА (Traetta) Томмазо (1727–1779), итал. композитор. Представитель неаполитанской оперной школы. В 1768–75 в С.-Петербурге, где создал свою лучшую *оперу-сериа* «Антигона» (1772), находящуюся в русле реформаторских поисков К.В. Глюка. Ок. 50 опер, церк.-хоровые и орк. сочинения.

ТРАЯ́Н (Traianus) (53–117), рим. император с 98, из династии Антонинов. При Т. велись завоевания терр. Дакии (106), Аравии (106), Вел. Армении (114), Месопотамии (115) империя достигла макс. границ.

ТРЕ́ВИТИК (Trevithick) Ричард (1771–1833), англ. изобретатель. Создал безрельсовую паровую повозку (1801), первый паровоз для рельсового пути (1803).

ТРЕДИАКО́ВСКИЙ Вас. Кир. (1703–68), рус. поэт, филолог. В работе «Новый и краткий способ к сложению российских стихов» (1735) сформулировал принципы рус. силлабо-тонич. стихосложения. Поэма «Тилемахида» (1766).

ТРЕД-ЮНИО́НЫ (англ. trade-unions), название профсоюзов в Великобритании и ряде др. англоязычных стран.

ТРЕЗВО́Н, осн. вид колокольного звона правосл. церкви; звон во все колокола (в отличие от *благовеста*). Различают: собственно Т. (удары трижды с небольшими перерывами); двузвон; перезвон (поочерёдные удары в каждый колокол, начиная с самого большого); перебор (медленные поочерёдные удары, начиная с самого малого колокола; завершается ударом во все колокола вместе).

ТРЕЗВУ́ЧИЕ (муз.), аккорд из трёх звуков, к-рые могут быть расположены по *терциям*. Октавная перестановка басового тона вверх образует обращения Т.: секстаккорд и квартсекстаккорд (названы по *интервалам*, образуемым с ниж. звуком).

ТРЕ́ЙЛЕР (англ. trailer, от trail – тащить), многоосный прицеп с низкой рамой, предназначенный для перевозки тяжеловесных неделимых грузов. На одной оси 6–8 колёс малого диаметра. Грузоподъёмность 20–60 т, иногда до 100 т и выше.

ТРЕК (англ. track – след, путь), спорт. сооружение для тренировок и соревнований по вело- и мотоспорту. Дорожка Т. (из дерева, бетона, асфальта, дл. 250–500 м, шир. 6–8 м) состоит из двух прямых отрезков, соединённых наклонными поворотами – виражами. Наиб. известны олимп. велотреки в Токио, Мехико, Мюнхене, Монреале, Москве (Крылатское).

ТРЕЛЬ, см. *Орнаментика*.

ТРЕМБИ́ТА, духовой муз. инстр-т, бытующий у укр. и др. слав. народов. Большая дерев. труба (до 3 м) без пальцевых отверстий, с конич. раструбом.

ТРЕ́МОЛО (итал. tremolo, букв.– дрожащий), приём игры на муз. инстр-тах: многократное быстрое повторение одного звука; быстрое чередование 2 несоседних звуков или 2 созвучий (интервалов, аккордов), отд. звука и созвучия.

ТРЕ́МОР (лат. tremor – дрожание), ритмич. колебат. движения конечностей, головы, языка и т.д. при поражении нерв. системы. Может быть наследственным.

ТРЕНЁВ Конст. Анд. (1876–1945), рус. писатель. В драме о Гражд. войне «Любовь Яровая» (1926) высш. нравств. ценности приносятся в жертву рев. идее. Рассказы. Пьесы.

ТРЕ́НИЕ внешнее, механич. сопротивление, возникающее при относительном перемещении двух соприкасающихся тел в плоскости их касания. Сила сопротивления направлена противоположно относительному перемещению тел и наз. силой трения. Т. сопровождается выделением тепла, электризацией тел, их разрушением и др. Различают Т. скольжения и качения, каждое из к-рых характеризуют соотв. коэффициентом. Сила Т. качения обычно значительно меньше силы Т. скольжения. Внеш. условия (нагрузка, скорость, шероховатость, темп-ра, смазка) влияют на величину Т. не меньше, чем природа трущихся тел, меняя его в неск. раз. Благодаря Т. происходит движение паровоза, автомобиля и т.д., но оно же вызывает нагревание и износ разл. частей механизмов и машин. Вредное влияние Т. уменьшают смазкой, применяют шариковые и роликовые подшипники, заменяя Т. скольжения Т. качения.

ТРЕНТИНЬЯ́Н (Trintignant) Жан Луи (р. 1930), франц. киноактёр. Снимался в ф.: «Мужчина и женщина» (1966), «Конформист» (1970), «Покушение» (1972, в прокате – «Похищение в Париже»), «Поезд» (1973), «Терраса» (1980). В галерее образов, созданных Т., преобладают персонажи с закрытым душевным миром, с непредсказуемыми реакциями. Выступает также как режиссёр.

Ж.Л. Трентиньян и А. Эме в фильме «Мужчина и женщина».

ТРЕПА́К, рус. муж. пляска – одиночная или т.н. перепляс.

ТРЕПАНА́ЦИЯ (от франц. trépan – бурав), операция вскрытия к.-л. костной полости (напр., черепа).

ТРЕПА́НГИ, мор. беспозвоночные ж-ные кл. голотурий. Мясистая стенка тела Т. используется в пищу (гл. обр. в странах Юго-Вост. Азии). Объект промысла и разведения. Дальневосточный Т. (дл. до 40 см) обитает в прибрежных водах Приморья.

ТРЕСКО́ВЫЕ, семейство мор. рыб. Дл. от 15 см до 1,8 м (треска – дл. 40–80 см, масса до 40 кг). Ок. 50 видов (в т.ч. сайда, путассу, *навага*, *минтай*, пикша, мерланг), в умеренных и холодных водах преим. Сев. полушария (налим – в пресных водах). Важный объект промысла.

ТРЕСТ (англ. trust, букв.– доверие), 1) одна из первых форм объединений в пром-сти. Возникли в нач. 20 в., объединяли крупные пром. пр-тия, к-рые утрачивали свою самостоятельность. 2) В СССР – в 1921–30 хозрасчётные объединения пр-тий одной отрасли; до 1991 организац.-производств. единица в нек-рых отраслях экономики (напр., строит.-монтажные Т.).

ТРЕТЕ́ЙСКИЙ СУД, избирается спорящими сторонами. По праву Рос. Федерации хоз. спор, подведомственный *арбитражному суду*, может быть передан по соглашению сторон на разрешение Т.с. При уклонении одной из сторон от исполнения решения Т.с. другая сторона вправе обратиться в арбитражный суд за подтверждением решения Т.с. В Рос. Федерации на принципах Т.с. действуют Арбитражный суд и Мор. арбитражная комиссия при Торг.-пром. палате.

ТРЕТИ́РОВАТЬ (от франц. traiter – обходиться, обращаться), обращаться свысока, не считаться с кем-либо.

ТРЕТИ́ЧНАЯ СИСТЕ́МА (ПЕРИ́ОД), устар. название, объединявшее до 1959 *палеоген* и *неоген*.

ТРЕ́ТЬЕ СОСЛО́ВИЕ, податное население Франции 15–18 вв.– купцы, ремесленники, крестьяне, с 16 в. также буржуазия и рабочие (первые два других сословия – духовенство и дворянство).

ТРЕТЬЯ́К Влад. Ал-др. (р. 1952), рос. хоккеист. Вратарь команды ЦСКА, многократный чемпион СССР (1970–84), неоднократный чемпион Европы, мира (1970–83), Олимп. игр (1972, 1976, 1984), обладатель Кубка Канады (1981) по хоккею с шайбой.

ТРЕТЬЯКО́В Викт. Викт. (р. 1946), рос. скрипач. Музыкант-виртуоз, исполнение к-рого отличают безупречный вкус, артистизм, одухотворённость. 1-я пр. на Междунар. конкурсе имени П.И. Чайковского (Москва, 1966).

ТРЕТЬЯКО́ВСКАЯ ГАЛЕРЕ́Я в Москве, крупнейший (наряду с Рус. музеем) музей рус. иск-ва. Осн. в 1856 П.М. Третьяковым как частное собрание, в 1892 передана им вместе с коллекцией С.М. Третьякова в дар Москве. Богатейшие собрания др.-рус. иконописи, рус. живописи, скульптуры, графики 18–20 вв. Расположена в б. доме Третьяковых (гл. фасад – 1902, по проекту худ. В.М. Васнецова). В 1985–95 комплекс Т.г. реконструирован. С 1991 Всерос. (в 1926–91 Всесоюзное) музейное объединение «Гос. Третьяковская галерея».

ТРЕТЬЯКО́ВЫ, рос. предприниматели, выходцы из г. Малоярославца. Родоначальник – Елисей Мартынович (в Москве с 1774). Его внук Мих. Зах. (1801–50), купец, вёл торговлю полотном из собств. лавок. Наиб. известны его дети: Пав. Мих. (1832–98), один из учредителей Моск. купеч. банка, Моск. торг.-пром. т-ва и др. Действит. чл. АХ (1893). Почётный гражданин Москвы (1897). Собиратель произведений рус. иск-ва; в 1892 передал свою коллекцию нац. живописи в дар Москве (Третьяковская гал.). Оказывал материальную помощь художникам и Моск. уч-щу живописи, ваяния и зодчества. Сер. Мих. (1834–92), собиратель зап.-европ. живописи, своё собрание завещал Москве (ныне в Музее изобр. иск-в имени А.С. Пушкина – Москва, Эрмитаже – С.-Петербург), в 1877–81 моск. гор. голова.

ТРЕУГО́ЛЬНИК, многоугольник с 3 сторонами. Иногда под Т. понимают и часть плоскости, ограниченную сторонами Т. Если по к.-л. соображениям выделяют одну из сторон Т., то она наз. основанием. Сумма всех углов Т. равна 180°, площадь Т. равна полупроизведению основания на высоту.

ТРЕУГО́ЛЬНИК, ударный муз. инстр-т – стальной прут, согнутый в виде треугольника, по к-рому ударяют палочкой. Известен с 16 в., в оркестре с 18 в.

ТРЕЧЕ́НТО (итал. trecento, букв.– триста), принятое в итал. яз. наименование 14 в. В филологии и искусствознании термином «Т.» обозначают рус. иск-ва 14 в.

В.А. Третьяк.

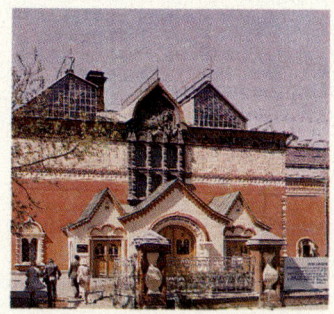

Третьяковская галерея. Главный фасад.

П.М. Третьяков.

Треугольники: 1 – остроугольный, прямоугольный и тупоугольный; 2 – правильный (равносторонний) и равнобедренный; 3 – биссектрисы; 4 – медианы и центр тяжести; 5 – высоты; 6 – ортоцентр; 7 – средняя линия.

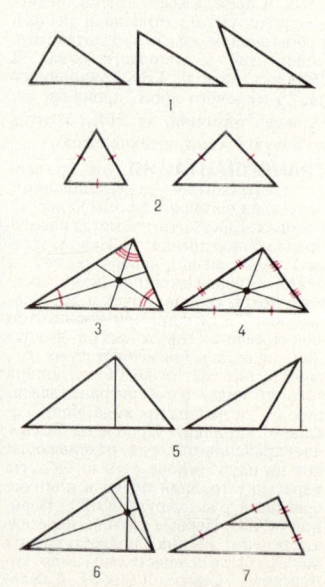

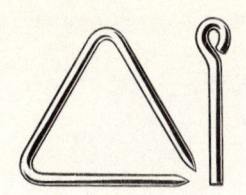

Треугольник.

итал. культуру 14 в., подготовившую *Возрождение*.

ТРЕШНИКОВ Ал. Фёд. (1914–91), океанолог, полярный исследователь. Руководитель ряда сов. полярных экспедиций, в т.ч. «СП-3» (1954–55), 2-й и 13-й антарктических (1956–58, 1967–69). Один из первооткрывателей подводных хр. Ломоносова и антарктич. придонного Циркумполярного противотечения. Тр. по Арктике и Антарктике, участник создания «Атласа Антарктики» (т. 1–2, 1966–69).

ТРИА́ДА (от греч. triás, род. п. triádos – троица), филос. термин, означающий тройственный ритм движения бытия и мышления. Разрабатывалась Платоном и неоплатонизмом, в осн. Проклом. В нем. классич. философии (особенно у Г.В.Ф. Гегеля) становится осн. диалектич. развития: тезис (исходный момент); антитезис (переход в противоположность, отрицание); синтез (снятие противоположностей в новом единстве (снятие, отрицание отрицания).

ТРИА́С [триасовая система (период)] (от греч. triás – троица), первое (наиб. древнее) подразделение *мезозоя*, обозначающее комплекс пород и период геол. истории. В течение к-рого они сформировались (см. *Геохронология*). Длительность 5 млн. лет. Подразделяется на 3 отдела. Выделен нем. учёным Ф. Альберти в 1834.

ТРИАТЛО́Н (от греч. tri – три и áthlon – состязание, борьба), вид непрерывного спорт. троеборья: плавание (в открытом водоёме), велогонка, легкоатлетич. кросс. Различают 3 вида Т.: большой (3,8 км, 180 км, 42 км); средний (2,5 км, 80 км, 20 км); короткий (1,5 км, 40 км, 10 км). Зародился в США в 1970-х гг., в России – с нач. 1980-х гг. В 1987 осн. Междунар. федерация Т. (ИТФ); объединяет св. 30 стран. Чемпионаты Европы с 1985, мира с 1988.

ТРИБАЛИ́ЗМ, см. *Трайбализм*.

ТРИГОНОМЕТРИ́ЧЕСКИЕ ФУ́НКЦИИ (от греч. trígōnon – треугольник и *функция*), функции угла. Таковы, напр., синус (sin α), косинус (cos α), тангенс (tg α), котангенс (ctg α). Они выражают отношения длин сторон прямоугольного треугольника. Напр., sin α – отношение длины одного из катетов треугольника к длине его гипотенузы.

ТРИГОНОМЕ́ТРИЯ (от греч. trígonon – треугольник и ...*метрия*), раздел математики, в к-ром изучаются тригонометрич. функции и их приложения к геометрии. Отд. задачи Т. решались астрономами Др. Греции (3 в. до н.э.); систематич. развитие Т. в ср. века осуществлено гл. ср.-азиат. учёными. Совр. вид Т. получила у Л. Эйлера (18 в.).

ТРИДЦАТИЛЕ́ТНЯЯ ВОЙНА́, 1618–48, между габсбургским блоком (исп. и австр. Габсбурги, католич. князья Германии, поддержанные папством и Речью Посполитой) и антигабсбургской коалицией (герм. протестантские князья, Франция, Швеция, Дания, поддержанные Англией, Голландией и Россией). Габсбургский блок выступал под знаменем католицизма, антигабсбургская коалиция (особенно вначале) – протестантизма. С вступлением в войну Франции определилось явное превосходство антигабсбургской коалиции. В результате потерпели крах планы Габсбургов на создание мировой империи. Окончилась Вестфальским миром 1648, по к-рому Швеция получила устья почти всех судоходных рек Сев. Германии, Франция – часть Эльзаса.

ТРИДЦАТЬ СЕРЕ́БРЕНИКОВ (сребреников), согласно Евангелию, плата, за к-рую Иуда Искариот предал Иисуса Христа. Выражение «Т.с.» означает плату за предательство.

ТРИЕ́СТ, г. в Италии. 231 т.ж. Порт в Триестском зал. Адриатич. м. Судостроение, нефтеперераб., хим., цем. пром-сть. Ун-т. Музеи: ист., морской, естеств. истории. В древности рим. колония. В ср. века значит. торг. центр. С 14 в. в осн. был владением Австрии; после 1919 отошёл к Италии. В 1947–54 составлял свободную территорию под управлением англо-амер. властей.

ТРИ́ЗНА, часть погребального обряда у древних славян до и после похорон (поминки). Сопровождалась песнями, плясками, воен. играми, жертвоприношениями, пирами.

ТРИКОТА́Ж (франц. tricotage, от tricoter – вязать), текст. изделия, полученные из одной или многих нитей образованием петель и их взаимным переплетением, т.е. вязанием – ручным (крючком или спицами) и машинным (на трикотажных машинах). Первые трикотажные машины созданы в Англии (ручная – в 1589, механическая – в 1769). Из Т. изготовляют одежду, сети, бинты, протезы внутр. органов и т.п.

ТРИ́ЛЛЕР (от англ. thrill – нервная дрожь, волнение), особый тип приключенч. фильмов, лит. произведений, в к-рых специфич. средства должны вызвать у зрителей или читателей тревожное ожидание, беспокойство, страх. Элементы Т. могут применяться в детективе (в т.ч. детективной лит-ре), гангстерских и «чёрных фильмах» (криминальных фильмах, проникнутых ощущением безысходности, иррациональности мира).

ТРИЛОБИ́ТЫ, вымершие мор. членистоногие. Св. 10 тыс. видов; жили в кембрии – середине перми; *руководящие ископаемые*. В окаменелостях сохраняется известково-хитиновый панцирь, покрывавший спинную поверхность Т. (дл. от 1 до 80 см, обычно 3–10 см).

ТРИМАРА́Н, судно с 3 соединёнными в верх. части параллельно расположенными корпусами. Т. наз. также парусные суда с 2 дополнит. корпусами-поплавками, к-рые широко используются как крейсерские и гоночные яхты (первым построил такое судно в 1945 и назвал его «Т.» В. Чечет, американец рус. происхождения).

ТРИНИДА́Д И ТОБА́ГО (Республика Тринидад и Тобаго), гос-во в Вест-Индии, на о-вах Тринидад и Тобаго. Пл. 5,1 т. км². Нас. 1,25 млн. ч., гл. обр. тринидадцы-индо-пакистанцы и тринидадцы-креолы. Офиц. яз. – английский. 70% верующих – христиане, 23% – индуисты. Входит в *Содружество*. Глава гос-ва – президент. Законодат. орган – двухпалатный парламент (Сенат и Палата представителей). Столица – Порт-оф-Спейн. Адм.-терр. деление: 7 графств, 2 города на правах графств. Ден. единица – доллар Тринидада и Тобаго.

Большая часть о-вов преим. низменные равнины, горы на С. о. Тринидад (выс. до 940 м) и на С.-В. о. Тобаго (выс. до 579 м). Климат субэкв. Ср.-мес. темп-ры 25–27 °С; осадков от 1200 до 3800 мм в год. Вечнозелёные леса (43% терр.).

Вкон. 15 в. о-ва были открыты испанцами, к-рые превратили их в свои колонии. В 1797–1950 колония Великобритании. С 1962 независимое гос-во.

Т. и Т. – индустр.-агр. страна. ВНП на д. нас. 3620 долл. в год. Основа экономики – нефтедоб. (ок. 8 млн. т в год) и нефтеперераб. пром-сть (экспортная переработка нефти из Венесуэлы, Саудовской Аравии и др. стран) и обслуживание иностр. туристов. Развиты нефтехим., пищ. (произ-во сахара-сырца), лёгкая, полиграф. пром-сть. Добыча газа, природного асфальта (уникальное м-ние Ла-Бреа). Осн. экспортные с.-х. культуры – сах. тростник; выращивают кофе, какао, бананы, цитрусовые.

ТРИ́О (итал. trio от tre – три), 1) ансамбль из 3 исполнителей (ср. *Терцет*). 2) Муз. произведение для 3 инстр-тов или голосов; с сер. 18 в. в европ. классич. музыке гл. обр. фортепианное Т. (скрипка, виолончель, фп.).

ТРИО́Д [от греч. tri – три и (*электр*)*од*], *электронная лампа* с 3 электродами: катодом (прямого или косвенного накала), анодом, управляющей сеткой. Используется в радиотехн. аппаратуре как приёмно-усилительная либо генераторная лампа малой, средней и большой мощности. Изобретён Л. де Форестом в 1906.

ТРИПАНОСО́МЫ, род жгутиковых простейших. Тело веретеновидное, дл. 15–100 мкм. Неск. десятков видов. Паразиты крови и тканей человека и позвоночных ж-ных; вызывают трипаносомозы (напр., у человека – сонную болезнь, у ж-ных – нагану кр. рог. скота). Переносчики – кровососущие насекомые (муха цеце, слепни и др.).

«ТРИПИ́ТАКА» [санскр. «Три корзины (закона)»; палийское – «Типитака»], канонич. собрание текстов буддизма. Т. на языке пали – канонич. сочинение *хинаяны*; ряд её положений изложен на 1-м будд. соборе в Раджагрихе (5 в. до н.э.), окончат. редакция – на 3-м соборе в Паталипутре (3 в. до н.э.); записана в 80 до н.э. Т. на санскрите – канонич. сочинение *махаяны*; сохранилась не полностью; отд. её части дошли до нас в переводе на кит. и др. языки Вост. Азии.

ТРИ́ПОЛИ, столица (с 1951) Ливии. 591 т.ж. Порт на Средиземном м.; междунар. аэропорт. Гл. торг.-пром. и финанс. центр страны. Текст., кож., нефтеперераб., пищ. пром-сть. Куст. промыслы. Рыб-во. Ун-т. Археол. музей в ср.-век. дворце «Кастелло». Основан финикийцами в 7–10 тыс. до н.э. под назв. Эа. В 105 до н.э. завоёван римлянами, в 5 в. – вандалами, в 6–7 вв. – Византии, с 7 в. в Араб. халифате. В 16 в. – 1911 в составе Османской империи, затем до 1943 – колонии Ливии. Архит. памятники римского (триумфальная арка Марка Аврелия), визант. времени, 17–18 вв.

ТРИ́ППЕР, то же, что *гонорея*.

ТРИ́ПТИХ (от греч. tríptychos – сложенный втрое), три произведения иск-ва, объединённые общим замыслом.

«ТРИСТА́Н И ИЗО́ЛЬДА», франц. *рыцарский роман* о трагич. любви рыцаря Тристана, вассала корнуэльского короля, и его жены Изольды, о конфликте между чувством и долгом. Имеет множество параллелей в лит-рах античности и Востока. Известен с 12 в. в многочисл. вариантах на основных зап.-европ. языках; на сюжет «Т. и И.» Р. Вагнером написана одноим. муз. драма (1857–59).

«Тристан и Изольда». Тристан умерщвляет дракона. Миниатюра рукописи 13 в.

ТРИ́ТИЙ, Т, радиоактивный тяжёлый изотоп водорода с массовым числом 3, период полураспада 12,35 года; газ, $t_{кип}$ –250,23 °С. Т. используют

Тринидад и Тобаго. Нефтеперерабатывающий завод в г. Сан-Фернандо.

в термоядерном синтезе, как изотопный индикатор и др.; входит в состав термоядерного заряда. Открыт англ. физиками Э. Резерфордом, М. Олифантом и П. Хартеком в 1934.

ТРИТО́Н, общее название *интервалов* увеличенной кварты и уменьшенной квинты, содержащих по три *тона*.

ТРИТО́НЫ, хвостатые земноводные (сем. саламандры). Дл. до 18 см. 12 видов, в Европе и прилежащих частях Азии. В период размножения живут в воде.

Тритоны. Малоазиатский тритон: самец и самка (внизу).

ТРИУМВИРА́Т (от лат. tres – три и vir – муж), в Риме в период гражд. войн 1-в. до н.э. союз влиятельных полит. деятелей и полководцев с целью захвата гос. власти. 1-й Т. в 60 (или 59) – 53 до н.э. между Ю. Цезарем, Г. Помпеем и М. Крассом; 2-й – в 43–36 (формально до 31) до н.э. между Октавианом (Августом), М. Антонием и М. Лепидом.

ТРИУ́МФ (лат. triumphus), в Др. Риме торжеств. вступление в столицу победителя с войском (от Марсова поля на Капитолий). Устраивался по решению сената и являлся высш. наградой полководцу. Перен. – блестящий успех, выдающаяся победа.

ТРИ́ФОНОВ Юр. Вал. (1925–81), рус. писатель. Проблема нравств. выбора интеллигентного героя в атмосфере конформизма 1960–70-х гг., осмысление драм. событий прошлого (рев-ция, Гражд. война, сталинские репрессии) как истоков совр. обществ. аномалий в пов. «Обмен» (1969), «Другая жизнь» (1975), «Дом на набережной» (1976), «Старик» (1978), док.-мемуарной кн. «Отблеск костра» (1965), в центре к-рой – образ отца. В ром. «Время и место» (1981) – тема творчества, истории, постигаемой как судьба писателя. Ист. ром. «Нетерпение» (1973) – о народовольцах.

ТРИФО́РИЙ (позднелат. triforium), 1) 3-частный арочный проём с 3-лопастным завершением. 2) Аркада во 2-м ярусе центр. *нефа* романских и готич. *базилик*, состоящая из ряда Т. Служит для облегчения стены, имеет декор. значение. 3) Узкая галерея за аркадой или парапетом над сводами и под скатом крыши боковых нефов, а иногда в обходе *хора* готич. храма.

ТРИХИ́НЫ, паразитич. черви класса *нематод*. Длина самцов 0,6–1,6 мм, самок 1,2–4,4 мм. 2–3 вида. Паразитируют в просвете тонкого кишечника хищных и всеядных млекопитающих и человека. Вызывают заболевание – трихинеллёз. Человек заражается, употребляя недостаточно проваренное или прожаренное мясо.

ТРИХОМОНА́ДЫ, род жгутиковых простейших. Дл. 5–40 мкм. Паразитируют в пищеварит. тракте и мочеполовых путях насекомых, позвоночных ж-ных и человека. Вызывают трихомоноз.

ТРИХОМОНО́З (трихомониаз), инфекц. заболевание человека и ж-ных, преим. кр. рог. скота. Вызывается трихомонадами. Заражение человека преим. половым путём. Проявляется воспалением слизистых оболочек мочеполовых путей (жжение, зуд, пенистые или гнойные выделения), у ж-ных, кроме того, выкидышами.

ТРИХОФИТИ́Я, то же, что *стригущий лишай*.

ТРОГЛОДИ́Т (от греч. trōglodýtēs – живущий в норе или пещере), первобытный пещерный человек. Перен. – некультурный человек, невежда.

ТРО́ИЦА, один из осн. догматов христ-ва, согласно к-рому Бог един по своей сущности, но существует в трёх «лицах» («ипостасях»): Бог-Отец, Бог-Сын, Св. Дух. Термин появился в кон. 2 в., учение о Т. развито в 3 в. (Ориген), вызвало острую дискуссию в христ. церкви (т.н. тринитарные споры), догмат о Т. закреплён на 1-м (325) и 2-м (381) Вселенских соборах; с рационалистич. позиций его отрицали мн. секты.

ТРО́ИЦА (Пятидесятница), один из двунадесятых правосл. церк. праздников. Установлен в честь сошествия Св. Духа на апостолов на 50-й день после Пасхи.

ТРО́ИЦЕ-СЕ́РГИЕВА ЛА́ВРА, муж. монастырь (*лавра* с 1744) в г. Сергиев Посад. Осн. в 40-х гг. 14 в. Сергием Радонежским. В 1608–10 монастырь выдержал 16-мес. осаду польско-литов. войска. Был закрыт в 1918; вновь открыт после 1944. На терр. Т.-С.л. – Моск. духовная академия и духовная семинария. Музей (с 1920; с 1940-х гг. музей-заповедник). В 16 в. были возведены кам. стены с 12 башнями (укреплены в 17 в.). В 15–18 вв. сложился живописный ансамбль разновременных построек, насчитывающий св. 50 сооружений, в т.ч.: Троицкий собор (1422–23), где находится рака с мощами Сергия Радонежского, Духовская церк. (1476), Успенский собор (1559–85), больничные палаты с шатровой церк. Зосимы и Савватия (1635–38), трапезная (1686–92), царские чертоги (кон. 17 в.). Т.-С.л. включена в список *Всемирного наследия*.

ТРОЙНА́Я ТО́ЧКА, состояние равновесного сосуществования трёх фаз в-ва, обычно твёрдой, жидкой и газообразной. Темп-ра Т.т. воды (точки сосуществования льда, воды и пара) 0,01 °C (273,16 K) при давлении 6,1 гПа (4,58 мм рт. ст.). Принята за начало отсчёта *Цельсия шкалы* темп-р.

ТРОЛЛЕ́ЙБУС (англ. trolleybus, от trolley – контактный провод, роликовый токоприёмник и bus – автобус), вид гор. безрельсового транспорта. Постоянный ток для тяговых двигателей (мощн. до 120 кВт) поступает через подвесные (троллейные) провода. Скорость до 70 км/ч. Первый Т.

Троица. Новгородская икона нач. 15 в. Троица новозаветная («Отечество»). Третьяковская галерея.

Трифорий готического храма.

Троице-Сергиева лавра. Троицкий собор.

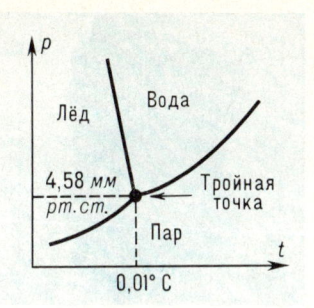

Тройная точка воды; *p* — давление; *t* — температура.

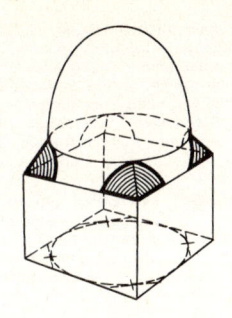

Тромпы (показаны штриховкой).

создан в 1882 в Германии; в России — с 1933.

ТРО́ЛЛИ, в сканд. нар. поверьях уродливые, глупые и вредоносные великаны, обитающие внутри гор.

ТРО́ЛЛОП (Trollope) Антони (1815–82), англ. прозаик. Бытописатель англ. провинции. Цикл реалистич. романов «Барсетширские хроники» (1855–67) — иронич. картина соперничества и интриг английского духовенства в борьбе за власть в епархии. Романы о парламентских нравах (в т.ч. «Финиас Финн, ирландский член парламента», 1868, «Премьер-министр», 1876); путевые очерки о Сев. Америке, Австралии, Юж. Африке, Н. Зеландии; кн. «Теккерей» (1879).

ТРОМБ (от греч. thrómbos — ком, сгусток), сгусток крови (лимфы) в кровеносном (лимфатич.) сосуде.

ТРОМБО́З, прижизненное свёртывание крови с образованием внутрисосудистых сгустков (тромбов), связанных с внутр. поверхностью сосуда и препятствующих току крови. Осн. причины возникновения Т.: повреждения стенок сосудов, изменения свёртывающей системы крови, нарушение тока крови в сосуде. Т. артерий с нарушением их проходимости опасен ишемией и инфарктами кровоснабжаемых органов (напр., инфаркт миокарда), Т. в полостях сердца и венах — тромбоэмболиями. См. также *Тромбофлебит*.

ТРОМБО́Н (итал. trombone, увеличит. от tromba — труба), духовой муз. инстр-т. Высота звука, как правило, регулируется с помощью кулисой. Известен с 16 в. С 1860-х гг. применяются лишь Т.-тенор и тенорово-басовый Т. с т.н. квартвентилем.

Тромбон.

ТРОМБОФЛЕБИ́Т (от *тромб* и *флебит*), воспаление стенки вены с образованием тромба, закупоривающего её просвет. Может возникнуть при варикозном расширении вен, как осложнение после родов, операций, инфекц. болезней (тиф и др.).

ТРО́МПЫ (франц. trompe), треугольные нишеобразные своды, применяемые в качестве переходных конструкций от квадратного помещения нижн. к круглому или многоугольному в плане верх. помещению, к куполу или его барабану.

ТРОН (греч. thrónos), богато украшенное кресло на спец. возвышении — место монарха во время офиц. приёмов, торжеств. церемоний; символ монархич. власти.

...ТРО́Н (сокращение слова *электрон*), традиционное окончание названий нек-рых эл.-вакуумных приборов и др. устройств (напр., магнетрон).

ТРО́НХЕЙМ, г. в Норвегии. 141 т.ж. Порт в Тронхеймс-фьорде, в устье р. Нид-Эльв. Маш-ние, лесо- и рыбопереработка, пищ. пром-сть. Ун-т. Музеи (в т.ч. прикладного иск-ва), Худ. гал. Осн. в 997; древняя столица Норвегии (Нидарос). Собор (с 12 в., неоднократно перестраивался).

ТРОПА́РЬ (позднегреч. tropárion), песнопение правосл. церкви в честь к.-л. святого или праздника. На Руси с 11 в.

ТРОПИ́НИН Вас. Анд. (1776–1857), рос. живописец. В портретах стремился к живой непосредств. характеристике человека (портрет сына, 1818; «А.С. Пушкин», 1827); создал тип жанрового, несколько идеализированного изображения человека из народа («Кружевница», 1823).

В.А. Тропинин. Портрет Булахова. 1823. Третьяковская галерея.

...ТРО́ПИЯ (от греч. trópos — поворот, направление), часть сложных слов, означающая: поворот, направленность (напр., анизотропия).

ТРО́ПЫ (от греч. trópos — поворот, оборот речи), 1) в стилистике и поэтике употребление слова в образном смысле, при к-ром происходит сдвиг в семантике слова от его прямого значения к переносному. На соотношении прямого и переносного значений слова строятся три вида Т.: соотношение по сходству (метафора), по контрасту (оксиморон), по смежности (метонимия). Разл. способы словопреобразований (от слова к образу) являются важным элементом худ. мышления. Наряду с гл. видами Т. выделяют также их разновидности (ирония, синекдоха, гипербола, литота, эпитет и др.). 2) (Муз.) в *григорианском хорале* вставка (или серия вставок) в канонич. песнопение — текстовая или бестекстовая.

ТРОСТНИ́К, род крупных многолетних трав (сем. *злаки*). 5 видов, преим. в тропиках. Т. обыкновенный — почти космополит, растёт по берегам водоёмов, по болотам. Используется как строит. материал, для плетения циновок, изготовления грубых сортов бумаги, для закрепления песков.

ТРОФИ́ЧЕСКАЯ ЦЕПЬ, то же, что *пищевая цепь*.

ТРОФИ́ЧЕСКАЯ Я́ЗВА, длительно не заживающий дефект тканей, возникающий преим. при расстройствах крово- и лимфообращения, при повреждении крупных нервов или спинного мозга, при нек-рых его заболеваниях.

ТРО́ЦКИЙ (наст. фам. Бронштейн) Лев Дав. (1879–1940), полит. деятель. В с.-д. движении с 1896, с 1904 выступал за объединение фракций большевиков и меньшевиков. В 1905 в осн. разработал теорию «перманентной» (непрерывной) рев-ции: по мнению Т., пролетариат России, осуществив буржуазный, начнёт социалистич. этап рев-ции, к-рая победит лишь при помощи мирового пролетариата. В ходе Рев-ции 1905–07 проявил себя незаурядным организатором, оратором, публицистом; фактич. лидер Петерб. совета рабочих депутатов, ред. его «Известий». Принадлежал к наиб. радикальному крылу в РСДРП. В 1908–12 ред. газ. «Правда». В 1917 пред. Петрогр. совета рабочих и солдатских депутатов, один из рук. Окт. вооруж. восстания; принят в партию большевиков, чл. её ЦК (1917–27) и Политбюро (1917, 1919–26). В 1917–18 нарком по иностр. делам; в 1918–25 нарком по воен. делам, пред. Реввоенсовета Республики; один из создателей Кр. Армии, лично руководил её действиями на мн. фронтах Гражд. войны, широко использовал методы репрессии. Острая борьба Т. с И.В. Сталиным за лидерство закончилась поражением Т. — в 1924 взгляды Т. (т.н. троцкизм) объявлены «мелкобурж. уклоном» в РКП(б). В 1927 исключён из партии, выслан в Алма-Ату, в 1929 — за границу. Выступал с резкой критикой сталинского режима как бюрократич. перерождения пролет. власти. Инициатор создания 4-го Интернационала (1938). Убит в Мексике агентом НКВД испанцем Р. Меркадером. Автор работ по истории рев. движения в России, лит.-критич. статей, восп. «Моя жизнь» (Берлин, 1930).

Л.Д. Троцкий.

ТРО́Я (Илион), древний город на С.-З. М. Азии. Известная по греч. эпосу, Т. была обнаружена в 1870-х гг. при раскопках Г. Шлиманом холма Гиссарлык. Систематич. раскопки с кон. 19 в. открыли разные слои Т., начиная с эпохи ранней бронзы (нач. 3-го тыс. до н.э.).

ТРОЯ́НСКАЯ ВОЙНА́, согласно «Илиаде» и «Одиссее», 10-летняя война коалиции ахейских царей во главе с Агамемноном — царём Микен против Трои. Завершилась взятием Трои ахейцами. Раскопки Трои подтвердили, что ок. 1260 до н.э. город испытал длит. осаду и был разрушен.

ТРОЯ́НСКИЙ КОНЬ, по греч. преданию, огромный дерев. конь, в к-ром спрятались ахейские воины, осаждавшие Трою. Троянцы, не подозревая хитрости, ввезли его в город. Ночью ахейцы вышли из коня и впустили в Трою остальное войско. Выражение «Т.к.» стало нарицательным (дар врагу с целью его погубить). Илл. см. на стр. 704.

ТРУБА́, духовой муз. инстр-т. Известен с древности как сигнальный инстр-т. Совр. тип вентильной Т. сложился к сер. 19 в.

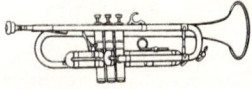

Труба.

ТРУБАДУ́РЫ (от прованс. trobador, от trobar — находить, слагать стихи), прованс. ср.-век. поэты-певцы (11–13 вв.) при дворах знати. Изысканная лирика Т. воспевала культ «прекрасной дамы», рыцарскую куртуазную любовь, радости жизни (Бертран де Борн и др.; см. *Куртуазная литература*), оказала влияние на поэзию труверов, *миннезингеров*, итал. поэтов, через Данте и Ф. Петрарку — на любовную лирику Возрождения.

ТРУБЕЦКО́Й Евг. Ник. (1863–1920), князь, рос. религ. философ, правовед. Брат С.Н. Трубецкого. Стремился согласовать учение В.С. Соловьёва о «всеединстве» с ортодоксальной правосл. доктриной. Тр. о Соловьёве, по теории познания, о смысле жизни.

ТРУБЕЦКО́Й Пав. (Паоло) Петр. (1866–1938), князь, рос. скульптор. Импрессионистические, живописные по лепке статуэтки («Лев Толстой на лошади», 1900), конный памятник Александру III в С.-Петербурге (открыт в 1909). С 1906 жил во Франции, США, Италии. Илл. см. на стр. 704.

ТРУБЕЦКО́Й Сер. Ник. (1862–1905), князь, рос. религ. философ, публицист, обществ. деятель. Брат Е.Н. Трубецкого. Профессор и в 1905 первый выборный ректор Моск. ун-та. Последователь В.С. Соловьёва, в своей системе «конкретного идеализма» претендовал на преодоление «односторонностей» рационализма, эмпиризма, мистицизма. Тр. по истории др.-греч. философии.

ТРУБЕЦКО́Й Сер. Петр. (1790–1860), князь, декабрист, полковник

Троянский конь. Дж.Б. Тьеполо. «Сооружение троянского коня». 1757–62. Национальная галерея. Лондон.

П.П. Трубецкой. «М.Н. Гагарина». Гипс. 1898. Третьяковская галерея.

(1822). Участник Отеч. войны 1812 и загран. походов рус. армии 1813–15. Один из организаторов «Союза спасения», «Союза благоденствия» и Сев. об-ва декабристов. Избран диктатором восстания, но 14 дек. 1825 на Сенатскую пл. не явился. Приговорён к вечной каторге. С 1826 в Нерчинских рудниках. В 1839–56 на поселении в Иркутской губ., с 1859 в Москве. Автор «Записок» (1906).

ТРУБОПРОВО́ДНЫЙ ТРА́НСПОРТ, вид транспорта, осуществляющий перемещение на расстояние жидкостей, газа, тв. продуктов по трубопроводам. Различают газо-, нефте-, водо-, пульпопроводы и др. виды Т.т., а также пром. транспорт для перемещения готовой продукции, сырья, контейнеров и т.п., внутриучрежденческий Т.т. для передачи док-тов, почты и пр. (см. *Пневматический транспорт*).

ТРУД, целесообразная деятельность человека, направленная на сохранение, видоизменение, приспособление среды обитания для удовлетворения своих потребностей, на произ-во товаров и услуг. Т. как процесс ист. адаптации человека к внеш. среде характеризуется развитием и совершенствованием разделения Т., его орудий и средств. Выделяют следующие прикладные дисциплины, изучающие Т.: физиологию Т., психологию Т., организацию Т., охрану Т. и пр.

ТРУДОВА́Я НАРО́ДНО-СОЦИАЛИСТИ́ЧЕСКАЯ ПА́РТИЯ (народные социалисты, энесы), полит. партия в России в 1906–18. Лидеры: Н.Ф. Анненский, В.Г. Богораз, В.А. Мякотин, А.В. Пешехонов и др. Печатные органы: газ. «Общественное дело», сб. «Народно-социалистическое обозрение», ж. «Русское богатство». Программа: национализация помещичьих земель путём выкупа их гос-вом, созыв Учредит. собрания, принятие конституции и др. После третьеиюньского гос. переворота 1907 прекратила свою деятельность, возобновила её в июне 1917, объединившись с *трудовиками*. Распалась после окт. 1917.

ТРУДОВИКИ́ («Трудовая группа»), в России фракция депутатов-крестьян и интеллигенции в 1–4-й Гос. думах (1906–17). Программа Т. предусматривала введение в стране демокр. прав и свобод, национализацию земли, кроме крест. наделов, и др. Печатный орган – газ. «Трудовой народ». В июне 1917 слилась с Трудовой нар.-социалистич. партией.

ТРУДОВО́Е ПРА́ВО, отрасль права, регулирующая трудовые отношения наёмных работников и нек-рые др. вопросы, связанные с этим. Определяет порядок приёма на работу, перевода и увольнения работников, продолжительность рабочего времени, формы оплаты труда, поощрения за успехи в работе, меры взыскания и т.д. В Рос. Федерации нормы Т.п. содержатся в Кодексе законов о труде (КЗоТ).

ТРУДОВО́Й АРБИТРА́Ж, в Рос. Федерации вторая после *примирительной комиссии* обязательная инстанция по рассмотрению коллективных трудовых споров (конфликтов). Создаётся сторонами спора. Если примирительная комиссия и т.а. не урегулировали конфликт, трудовой коллектив или профсоюз вправе использовать для разрешения конфликта все иные предусмотренные закон. средства вплоть до *забастовки*.

ТРУДОВО́Й ДОГОВО́Р (контракт), соглашение между работником и пр-тием (учреждением, орг-цией), заключаемое в устной или письменной форме. В Рос. Федерации заключается на неопредел. срок, на определ. срок (не более 5 лет), на время выполнения к.-л. конкретной работы.

ТРУДОВЫ́Е КОНФЛИ́КТЫ, споры между трудовыми коллективами (или профсоюзом) и администрацией по вопросам установления новых или изменения существующих условий труда и быта, заключения и исполнения коллективного договора и иных соглашений. Порядок разрешения Т.к. устанавливается законодательством. Как правило, предусматривается создание спец. органов (напр., *примирительные комиссии*, *трудовые арбитражи*). Крайней формой разрешения Т.к. является *забастовка*.

ТРУДОВЫ́Е СПО́РЫ индивидуальные, разногласия, возникающие между работником с одной стороны и администрацией – с другой, по вопросам, связанным с применением законодательства о труде, коллективных и трудовых договоров, правил, положений, инструкций, а также по поводу установления или изменения условий труда. В Рос. Федерации рассматриваются комиссиями по трудовым спорам, нар. судами.

ТРУДОСПОСО́БНЫЙ ВО́ЗРАСТ, рабочий возраст; условная возрастная градация с учётом способности человека к трудовой деятельности. Как правило, Т.в. для мужчин 16–59 лет, для женщин 16–54 года. Используется для определения уровня экономически активного населения.

«ТРУ́ПНЫЙ ЯД», гипотетич. в-во, действию к-рого приписывали смертельные заболевания лиц, вскрывающих трупы; по совр. представлениям, причина этих заболеваний – заражение патогенными микроорганизмами.

ТРУСКАВЕ́Ц, г. (с 1948) на Украине, в Львовской обл., в предгорьях Карпат. 32,8 т.ж. Ж.-д. ст. Бальнеологич. курорт. Розлив мин. вод («Нафтуся», «Трускавецкая»). Изв. с 1462.

ТРУ́ТОВЫЕ ГРИБЫ́, группа грибов порядка афиллофоровых, обитающих на древесине. Плодовые тела мясистые, кожистые или деревянистые, часто копытообразной формы (напр., чаги). Ок. 600 видов, распространены широко. Поселяются на деревьях, вызывая иногда их гибель.

ТРУ́ЦЦИ, семья цирковых артистов и предпринимателей. По происхождению итальянцы, в России с 1880. В кон. 19 – нач. 20 вв. держали собственный передвижной цирк, один из крупнейших в стране. Наиб. известным в 1920-х гг. был Вильямс Жижеттович (1889–1931), наездник, дрессировщик лошадей, режиссёр. Новаторски соединял разл. цирковые жанры, использовал приёмы театра и мюзик-холла в пост. пантомим «Чёрный пират» (1928), «Махновщина» (1929) и др.

ТРЮИ́ЗМ (англ. truism), общеизвестная, избитая истина, банальность.

Трутовые грибы. Трутовик настоящий.

ТРЮ́ФЕЛИ, грибы с подземными клубневидными мясистыми плодовыми телами. Ок. 100 видов, в умеренном поясе обоих полушарий. Растут гл. обр. в лесах, образуют микоризу с корнями дуба, бука, берёзы, орешника и др. Нек-рые съедобны (напр., знаменитый французский чёрный Т., отличающийся неповторимым ароматом, и белый Т., произрастающий в Зап. Европе, а также в Европ. части России).

Трюфель чёрный.

ТРЮФФО́ (Truffaut) Франсуа (1932–84), франц. кинорежиссёр. Сняв в 1959 ф. «400 ударов», периодически возвращался к своему герою Антуану Дуанелю, создав серию фильмов, посв. психол. и моральным проблемам молодого француза («Украденные поцелуи», 1968; «Сбежавшая любовь», 1979, и др.). Тема одиноких, ранимых людей, живущих в разладе с окружающей действительностью, пронизывает ф. «Жюль и Джим» (1962), «Нежная кожа» (1964), «История Адели Г.» (1975). Работы Т. отличаются тонким лиризмом, глубиной психол. анализа, сдержанностью и изяществом режиссёрского стиля.

Трускавец.

Ф. Трюффо. Кадр из фильма «400 ударов».

ТРЯСОГУ́ЗКИ, семейство птиц (отр. воробьиные). Дл. 12–22 см, масса 20–30 г, длинный хвост постоянно покачивается сверху вниз (отсюда назв.). 54 вида, распространены всесветно, в России – 16 видов (коньки, древесные Т. и др.). Обитают в открытых ландшафтах, держатся на травянистых участках. Часто соседствуют с человеком. Песня – набор щебечущих и свистовых звуков.

Трясогузки. Белая трясогузка.

ТУ́БА (лат. tuba – труба), духовой муз. инстр-т басового звучания. Сконструирован в 1835 в Германии.

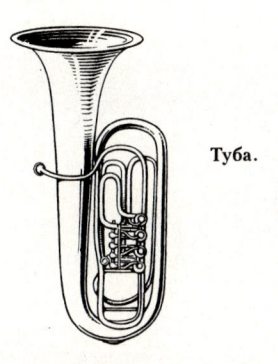

Туба.

ТУБЕРКУЛЁЗ (от лат. tuberculum – бугорок), инфекц. заболевание человека и ж-ных (чаще кр. рог. скота, свиней, кур), вызываемое неск. разновидностями туберкулёзной микобактерии (устар. назв. – палочка Коха; по имени Р. Коха, открывшего возбудителя в 1882). В поражённых органах (лёгкие, лимфатич. узлы, кожа, кости, почки, кишечник и др.) образуются мелкие бугорки со склонностью к распаду. Осн. источник заражения человека (обычно в дет. возрасте) – больной Т. лёгких, выделяющий мокроту с микобактериями Т. Лечение (противотуберкулёзные препараты в сочетании с гигиенич. режимом, при необходимости – с операцией) длительное, иногда в течение многих лет, в спец. противотуберкулёзных диспансерах, больницах, санаториях. Ж-ных, больных Т., выявляют путём систематич. исследования – туберкулинизации; лечение

с.-х. ж-ных экономически нецелесообразно.

ТУВА́ (Республика Тува), в России. Пл. 170,5 т. км². Нас. 306 т.ч., гор. 47%; тувинцы (64,3%), русские (32%) и др. Столица – Кызыл. 16 р-нов, 5 городов, 3 пос. гор. типа. Расположена в горах Юж. Сибири, в верховьях Енисея, на границе с Монголией. На З. и в центре – Тувинская котловина, на Ю.– хр. Танну-Ола. Климат резко континентальный. Ср. темп-ры янв. от –28 до –35 °С, июля 15–20 °С; осадков 200–1000 мм в год. Реки басс. Енисея; озёра. Ок. 50 источников мин. вод. Ок. ½ терр. занимают леса (кедр, лиственница, сосна).

Тува. Каменные идолы в районе пос. Бижиктиг-Хая.

До сер. 9 в. терр. Т. входила в состав Тюркского и Уйгурского каганатов; в нач. 13 в. завоёвана монголо-татарами, в 18 в.– маньчжурами. После свержения в 1912 маньчжурского ига Т. (Урянхайский кр.) принята под протекторат России (1914). В 1921 провозглашена нар. республикой. В 1944 вошла в СССР (на правах АО в составе РСФСР). В 1961 преобразована в авт. республику. С нояб. 1991 – Респ. Тува в составе РФ. В 1992 учреждён пост президента.
Осн. отрасли пром-сти – горнодоб. (асбест, кобальт, кам. уголь и др.), лесная и деревообр., лёгкая, пищевая. Жив-во (овцы, кр. рог. скот). В Тувинской котловине – посевы зерновых и кормовых культур. В горах – пушной промысел. Судох-во по р. Верх. Енисей (Улуг-Хем) и в ниж. течении рек Б. Енисей (Бий-Хем) и М. Енисей (Ка-Хем). Курорты: Уш-Бельдир, Чедер.

ТУВА́ЛУ, гос-во в Океании, в юго-зап. части Тихого ок., в Полинезии. Занимает о-ва Тувалу (до 1975 Эллис) – 9 низменных коралловых атоллов, вытянутых с С.-З. на Ю.-В. на 600 км. Пл. 25,9 км². Нас. 9,5 т.ч., в осн. тувалу (полинезийцы). Офиц. яз.– английский. Верующие преим. протестанты. Входит в *Содружест-* *во*. Глава гос-ва – королева Великобритании. Законодат. орган – парламент. Столица – Фунафути (на атолле Фунафути). Ден. единица – доллар Тувалу.
Климат субэкв., жаркий и влажный. Часты ураганы. Источников пресной воды нет. Кустарниковая растительность.
В 1892–1978 владение Великобритании. С 1978 Т.– независимое гос-во.
Т.– агр. страна. ВНП на д. нас. 967 долл. в год. Осн. с.-х. культура – кокосовая пальма. Рыб-во. Пр-тия лёгкой пром-сти. Вывоз одежды и чулочно-носочных изделий, копры, фруктов и овощей.

ТУВИ́М (Tuwim) Юлиан (1894–1953), польск. поэт, переводчик. В стихах – «дионисийские» и элегич. мотивы (сб. «Пляшущий Сократ», 1920), рефлективное начало, демокр. симпатии, едкая критика мещанства (сб. «Чернолесье», 1929, «Пылающая сущность», 1936). В поэме-гротеске «Бал в опере» (1936, изд. 1946) – резкая критика полит. режима в Польше в 1926–39; лироэпич. поэма «Цветы Польши» (1949; не закончена).

ТУГА́Н-БАРАНО́ВСКИЙ Мих. Ив. (1865–1919), рос. экономист, историк, один из представителей «легального марксизма». Тр. по проблемам политэкономии, истории пром-сти и кооперативному движению в России.

ТУГОПЛА́ВКИЕ МЕТА́ЛЛЫ, имеют темп-ру плавления выше темп-ры плавления железа (1539 °С). К Т. м. относят титан, цирконий, гафний, ванадий, ниобий, тантал, хром, молибден, вольфрам, рений, а также платиновые металлы (рутений, родий, осмий, иридий, платина).

ТУКА́Й (Тукаев) Габдулла Мухаметгарифович (1886–1913), тат. писатель. Зачинатель совр. гражд. лирики и реалистич. критики в тат. лит-ре. Лирика, баллады-сказки («Шурале», 1907). Сатирич. антибурж. поэма «Сенной базар, или Новый Кисекбаш» (1908); статьи.

ТУ́КИ, то же, что *удобрения*.

ТУ́ЛА, г., центр Тульской обл., в России, на р. Упа. 541,1 т.ж. Ж.-д. уз. Маш-ние и металлообработка (пром. оборудование, с.-х. и ж.-д. машины, мотороллеры, самовары и др.); оружейный з-д; чёрная металлургия, хим., лёгкая, пищ. пром-сть; произ-во стройматериалов и муз.

инстр-тов. 4 вуза (в т.ч. 2 ун-та). Музеи: краеведч., худ., оружия (1724) и др. Т-ры: драм., юного зрителя, кукол. Изв. с 1146. С 17 в. центр железоделательной пром-сти и оружейного произ-ва. Кремль (1514–21) – прямоугольный в плане, с кирпичными стенами.

ТУЛА́ЙКОВ Ник. Макс. (1875–1938), рос. агроном. Известен работами в области почвоведения, земледелия (приёмы борьбы с засухой), организации с.-х. пр-тий и др. Репрессирован в 1937.

ТУ́ЛИЙ (Tulium), Tm, хим. элемент III гр. периодич. системы, ат. н. 69, ат. м. 168,9342; относится к *редкоземельным элементам*; металл. Открыт швед. химиком П. Клеве в 1879.

ТУ́ЛИН (Thulin) Ингрид (р. 1929), швед. актриса. Играла в т-ре. Одна из постоянных актрис реж. И. Бергмана, снималась в его ф.: «Земляничная поляна» (1957), «Лицо» (1958), «Молчание» (1963), «Шёпоты и крик» (1972) и др. Играла также в ф.: «Война окончена» (1966), «Гибель богов» (1969), «Дом улыбок» (1990). Героиням Т. свойственна мучительная борьба страстей, подавляемых волей и разумом.

ТУЛУ́ЗА, г. во Франции. 366 т.ж. Порт на р. Гаронна. Авиац., ракетно-космич., хим. пром-сть. Нац. центр космич. исследований. Ун-т (13 в.). Музеи: живописи и скульптуры, Старой Т. В 419–508 столица кор-ва вестготов, в 9–13 вв.– одном. графства; с 11 в. значит. торг.-ремесл. центр. Выдающийся памятник романского зодчества – базилика Сен-Сернен (осн. стр-во – 1096-1250); романско-готич. собор (12–16 вв.), многочисл. ренессансные церкви и дворцы, барочные комплексы и здания.

ТУЛУ́З-ЛОТРЕ́К (Toulouse-Lautrec) Анри де (1864–1901), франц. график, живописец. Мастер острых, порой язвительных характеристик, гибкого энергичного рисунка (плакаты, композиции на темы жизни парижской богемы). Илл. см. на стр. 706.

ТУМА́Н, скопление мелких водяных капель или ледяных кристаллов в приземном слое атмосферы, понижающее горизонтальную видимость воздуха до 1 км и менее.

Тула. Кремль. Одоевские ворота.

706 ТУМА

А. де Тулуа-Лотрек. «Певица Ивет Гильбер». 1894. Музей изобразительных искусств имени А.С. Пушкина.

ТУМА́Н (томан), зол. монета Персии, чеканилась с 18 в. В 1930–32 заменена риалом.

ТУМАНИШВИ́ЛИ Мих. Ив. (р. 1921), груз. режиссёр, педагог. С 1949 в Т-ре имени Ш. Руставели, с 1971 гл. режиссёр груз. ТВ, с 1975 худ. рук. Т-ра киноактёра киностудии «Грузия-фильм». Пост.: «Такая любовь» П. Когоута (1959), «Хозяйка гостиницы» К. Гольдони (1962), «Дон Жуан» Мольера (1981) и др. Разным по жанру и стилю работам Т. присущи простота худ. лексики, психол. точность, тончайшая нюансировка в разработке человеческих характеров.

ТУМА́ННОСТИ, облака разреженных газов и пыли, наблюдаемые в нашей и др. *галактиках*.

ТУМАНЯ́Н Ованес Тадевосович (1869–1923), арм. писатель, обществ. деятель. Жизнь, традиции, природа, трагич. страницы истории Армении — в поэмах «Лореци Сако» (1890), «Ануш» (1892), «Давид Сасунский» (1903, на сюжет героич. эпоса), в основанных на арм. и вост. преданиях балладах и поэме «Взятие крепости Тмук» (1905; на её сюжет А. Спендиаровым написана оп. «Алмаст»). Афористически выразительные лирич. филос. миниатюры «Четверостишия» (1890–1919).

ТУ́НДРА (от фин. tunturi — безлесная, голая возвышенность), природная зона субарктич. пояса Земли. Простирается гл. обр. вдоль побережий Евразии (пл. св. 3 млн. км²) и Сев. Америки. Характерные черты Т. — безлесье и низкорослая (не выше 40 см) растительность. Различают кустарниковые (ива полярная, берёза карликовая, кедровый стланик и др.), кочковатые (осоки), моховые и лишайниковые Т. В небогатой фауне — северный олень, заяц-беляк, лемминги, песец, водоплавающие птицы, из насекомых — многочисл. двукрылые. Природные сообщества Т. малоустойчивы и легко нарушаются в результате деятельности человека.

ТУНЕЯ́ДСТВО, жизнь на чужой счёт, чужим трудом, паразитизм, безделье.

ТУНИ́С (Тунисская Республика), гос-во в Сев. Африке, на С. и В. омывается Средиземным м. Пл. 163,6 т. км². Нас. 8,3 млн. ч., в осн. тунисцы (арабы Т.). Офиц. яз. — арабский. Гос. религия — ислам. Глава гос-ва — президент. Законодат. орган — Палата депутатов. Столица — Тунис. Адм.-терр. деление: 23 вилайета (губернаторства). Ден. единица — тунисский динар.

Т. занимает приморские равнины, вост. часть гор Атласа и сев. часть пустыни Сахара. Климат субтропич. средиземноморский, на Ю. — тропич. пустынный. Ср. темп-ры янв. на С. 10 °C, на Ю. 21 °C, июля соотв. 26 и 33 °C; осадков в год от 100 мм на Ю. до 1500 мм на межгорных плато. Река — Меджерда. В горах — леса, в т.ч. из пробкового дуба.

Ок. 12 в. до н.э. на терр. Т. основаны финикийские колонии, главная из к-рых — Карфаген. Во 2 в. до н.э.

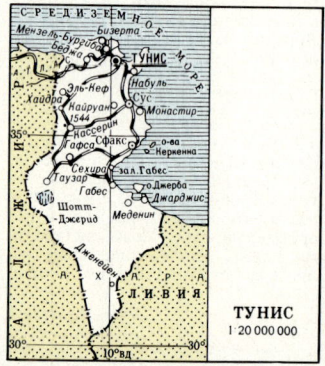

Тундра.

Тунис. Крепость в окрестностях г. Монастир.

ТУНИС 1 : 20 000 000

Туманности: *а* — туманность в созвездии Ориона — облако ионизованного водорода, светящееся за счёт переработки излучения четырёх звёзд (эти звёзды не видны из-за большой яркости центральной части туманности); *б* — туманность Конская голова — часть тёмного пылевого облака; *в* — планетарная туманность Улитка — внешние слои звезды, сброшенные 10 тысяч лет назад (звезда расположена в центре туманности).

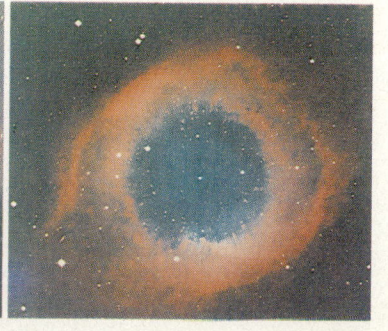

а *б* *в*

римляне захватили терр. Сев.-Вост. Т., к сер. 1 в. н.э. – весь Т. с 5 в. под властью вандалов, затем Византии. С нач. 8 в. в составе Араб. халифата. С 800 в Т. правила династия Аглабидов. В 909 в Т. основано гос-во Фатимидов. В 1160–1229 в гос-ве Альмохадов. В 1229–1574 в Т. правили Хафсиды. В 1574–1881 в составе Османской империи; с 1705 страной управляли беи из династии Хусейнидов. В 1881–1956 франц. протекторат. С 1956 Т. – независимое гос-во, с 1957 республика. С 1957 президентом (с 1975 пожизненный) был Х. Бургиба, пред. правящей Социалистич. дустуровской партии (осн. в 1934, с 1988 Демокр. конституц. объединение, ДКО). Полит. кризис в правящей верхушке Т. привёл к отстранению в 1987 Бургибы с поста президента. В 1983 и 1987 легализован ряд полит. партий. В 1988 принята новая конституция, из к-рой исключено положение о пожизненном президенте. На очередном съезде ДКО разработаны меры по демократизации Т. Руководителями всех осн. полит. партий подписан Нац. пакт о согласии с осн. направлениями развития Т. Однако его реализация осложняется действиями фундаменталистских группировок.

Т. – агр. страна с относительно развитой горнодоб. (добыча нефти, фосфоритов и др.) и обрабат. пром-стью. ВНП на д. нас. 1450 долл. в год. Хим. пром-сть, чёрная металлургия, маш-ние, текст., пищевкус. пром-сть. Осн. с.-х. культуры: зерновые, оливковое дерево, цитрусовые, виноград. Сбор травы альфа. Рыб-во. Экспорт: нефти и нефтепродуктов, изделий текст. и швейной пром-сти, фосфоритов, вин, оливкового масла, коры пробкового дуба и др.

ТУНИ́С, столица (с 1956) Туниса. 620 т.ж. Порт на Средиземном м.; междунар. аэропорт. Пром-сть: текст., хим., цем., пищ., металлообрабатывающая. Ун-т. Нац. консерватория музыки, танца и нар.иск-ва (осн. в нач. 1960-х г.). Нац. музей Бардо, Музей исламского иск-ва. Муниципальный т-р. Акц. об-во по произ-ву и прокату фильмов. Известен за неск. веков до н.э. как пригород Карфагена. В кон. 7 в. завоёван арабами. В 13–16 вв. вторая вост. магрибского гос-ва Хафсидов. В 1881–1956 адм. ц. франц. протектората. Сохранились ворота (13 в.); остатки стен цитадели; многочисл. мечети, медресе, культовые комплексы, дворцы 8–19 вв.

ТУННЕ́ЛЬ, см. *Тоннель*.

ТУННЕ́ЛЬНЫЙ РА́СТРОВЫЙ МИКРОСКО́П, прибор, основанный на возникновении т.н. туннельного тока между поверхностью проводника и металлич. остриём, удалённым от неё на расстояние z ок. 0,1 нм (при разности потенциалов между ними порядка 1 В). При перемещении остриня вдоль поверхности (сканировании) и поддержании тока постоянным за счёт изменения z можно получить рельеф поверхности проводника с точностью до размеров атомов и молекул, т.е. исследовать атомное строение поверхности, структуру отд. молекул, адсорбцию, поверхностные хим. процессы и др. За создание Т.р. м. в 1986 Э. Руске, Г. Биннингу (ФРГ) и Г. Рореру (Швейцария) присуждена Ноб. пр.

ТУННЕ́ЛЬНЫЙ ЭФФЕ́КТ, прохождение через *потенциальный барьер* микрочастицы, энергия к-рой меньше высоты барьера; квантовый эффект, наглядно объясняемый разбросом импульсов (и энергий) частицы в области барьера (вследствие *неопределённости принципа*). В результате Т.э. происходят *альфа-распад*, автоэлектронная эмиссия (см. *Электронная эмиссия*), Джозефсона эффект и т.д. Вероятность Т.э. тем больше, чем уже потенциальный барьер и чем ближе энергия частицы к высоте барьера.

ТУНЦЫ́, род рыб (сем. *скумбриевые*).

ТУ́ПАК АМА́РУ (Túpac Amaru), руководители борьбы против исп. завоевателей в Перу: Т.А. (1544–72), возглавлял борьбу индейцев с целью восстановления гос-ва инков; Х.Г. Кондорканки (ок. 1740–81), принял имя Т.А., глава крупнейшего восстания индейцев Перу (1780–83).

ТУ́ПОЛЕВ Анд. Ник. (1888–1972), авиаконструктор. Основоположник стр-ва цельнометаллич. самолётов в СССР. С 1924 под рук. Т. было спроектировано св. 100 типов самолётов

А.Н. Туполев.

(гражданских и военных), 70 из них строились серийно. Т. был репрессирован; находясь в заключении (1937–41), создал один из лучших фронтовых бомбардировщиков 2-й мир. войны – Ту-2. Позднее под рук. Т. были созданы реактивные самолёты, в т.ч. сверхзвуковые, нек-рые из них были первыми в своём классе. На этих самолётах установлено 78 мировых рекордов, выполнено 28 уникальных перелётов, в т.ч. через Сев. полюс в США (1937).

ТУР (первобытный бык), вымершее ж-ное (сем. полорогие), предок европ. кр. рог. скота. Жил со 2-й пол. *антропогена* в лесостепях и степях Евразии. Выс. до 2 м, масса до 800 кг. Истреблён к нач. 17 в.

ТУРА́Ч, птица (сем. фазановые). Дл. ок. 35 см. Распространён от о. Кипр до Индостана, встречается также в Закавказье и Туркмении (охраняется). Обитатель густых зарослей в долинах рек. Моногам. Численность может резко сокращаться, особенно после суровых зим, но за 3–4 года она обычно восстанавливается.

ТУРБИ́НА (франц. turbine, от лат. turbo – вихрь, вращение с большой скоростью), первичный двигатель с вращат. движением рабочего органа – ротора с лопатками, преобразующий в механич. работу кинетич. энергию струй подводимого рабочего тела – пара, газа, воды. Паровые и газовые Т. бывают стационарными (привод электрогенераторов, компрессоров и пр.) и транспортными, гидравлич. Т. – только стационарными (привод гидрогенераторов гидроэлектростанций).

ТУРБОВИНТОВО́Й ДВИ́ГАТЕЛЬ (ТВД), авиац. газотурбинный двигатель, в к-ром тяга в осн. создаётся возд. винтом, приводимым во вращение газ. турбиной, и частично (до 8–12%) прямой реакцией газов, истекающих из реактивного сопла. ТВД появились в нач. 1950-х гг., их мощность достигает 11 тыс. кВт. В 1990-х гг. ТВД устанавливаются в осн. на гражд. самолётах, предназначенных для коротких (местных) авиалиний.

ТУРБОРЕАКТИ́ВНЫЙ ДВИ́ГАТЕЛЬ (ТРД), тепловой двигатель, в к-ром используется *газовая турбина*, а реактивная тяга образуется при истечении продуктов сгорания из реактивного сопла. Часть работы турбины расходуется на сжатие и нагревание воздуха (в компрессоре). Наиб. применение ТРД нашли в авиации; после 2-й мир. войны на самолётах с ТРД был преодолён звуковой барьер. С 1990-х гг. ТРД устанавливаются на всех гражд. самолётах, предназначенных для дальних полётов, а также на воен. самолётах (как на бомбардировщиках, так и на истребителях).

ТУРБУЛЕ́НТНОЕ ТЕЧЕ́НИЕ (от лат. turbulentus – бурный, беспорядочный), течение жидкости или газа, при к-ром частицы жидкости совершают неупорядоченные, хаотич. движения по сложным траекториям, а скорость, темп-ра, давление и плотность среды испытывают хаотич. флуктуации. Отличается от *ламинарного течения* интенсивным перемешиванием, теплообменом, большими значениями коэф. трения и пр. В природе и технике большинство течений жидкостей и газов – Т.т.

ТУРГЕ́НЕВ Ал-др Ив. (1784–1845), обществ. деятель, писатель, историк. Брат Н.И. Тургенева. Чл. лит. кружка «Арзамас». В 1810–24 директор департамента Мин-ва духовных дел и нар. просвещения. С 1825 за границей. Собирал док-ты по истории России в заруб. архивах («Акты исторические...», т. 1–2, 1841–42). Автор писем о европ. жизни 1827–45 («Хроника русского») и дневников (1825–26).

ТУРГЕ́НЕВ Ив. Сер. (1818–83), рус. писатель. В цикле рассказов «Записки охотника» (1847–52) показал высокие духовные качества и одарённость рус. крестьянина, поэзию природы. В социально-психол. ром. «Рудин» (1856), «Дворянское гнездо» (1859), «Накануне» (1860), «Отцы и дети» (1862), пов. «Ася» (1858), «Вешние воды» (1872) запечатлены красота и ущербность уходящей дворянской культуры, образы новых героев эпохи – разночинцев и демократов, пленительный тип самоотверженных рус. женщин; в ром. «Дым» (1867) и «Новь» (1877) – жизнь рус. ских за границей, кризис народнич. движения в России. В лирико-филос. «Стихотворениях в прозе» (1882) – исповедальность интонации и значительность обобщений. Мастер языка, психол. анализа.

ТУРГЕ́НЕВ Ник. Ив. (1789–1871), декабрист. Брат А.И. Тургенева. В 1816–24 пом. статс-секр. Гос. совета. Экономист, один из основоположников финанс. науки в России («Опыт теории налогов», 1818). Чл. тайного об-ва «Орден рус. рыцарей», «Союза благоденствия», Сев. об-ва декабри-

ТУРК 707

И.С. Тургенев. Портрет работы А.А. Харламова. 1875. Фрагмент. Русский музей.

стов (один из учредителей и руководителей). С 1824 за границей. Заочно приговорён к вечной каторге. С 1826 политэмигрант. Амнистирован в 1856. Гл. соч. – «Россия и русские» (1847).

ТУ́РГОР (от позднелат. turgor – вздутие, наполнение), напряжённое состояние клеток, обусловленное внутриклеточным гидростатич. давлением. Снижением Т. сопровождаются процессы увядания, старения и разрушения клеток.

ТУРИ́ЗМ (франц. tourisme, от tour – прогулка, поездка), путешествие (поездка, поход) в свободное время, один из видов активного отдыха. Распространён в большинстве стран мира. Осуществляется, как правило, туристскими орг-циями по туристским маршрутам. Виды и формы Т.: внутренний и международный; самодеятельный и организованный; ближний и дальний, познавательный, водный, горный, автомоб., пешеходный, спортивный и т.д. В 1975 осн. Всемирная туристская орг-ция (ВТО); объединяет ок. 120 стран.

ТУРИ́Н, г. в Италии. 992 т. ж. Кр. трансп. узел на подступах к альп. перевалам. Маш-ние (концерн «ФИАТ», автомобили – ок. 90% общеитал. произ-ва; тракторы, самолёты и др.), металлургия; хим., фарм., полиграф., текст., швейная, пищевкус. (шоколад, вина, ликёры) пром-сть. Центр итал. моды. Междунар. автомоб. салон. Н.-и. центр ФИАТ. Междунар. салон техники. Ун-т. Консерватория. Музеи: египетский, гор. старинного иск-ва и др.; картинные галереи Альбертина, Сабауда. Оперные т-ры – «Театро Реджо» (1973), «Театро Россини» (1928). Осн. в 29–28 до н.э. как рим. воен. колония. С 1563 столица Савойского герцогства, с 1720 (с перерывами) – Сардинского кор-ва, в 1861–65 – Итальянского кор-ва. Т. имеет прямоуг. планировку. Др.-рим. т-р и Порта Палатина. Ренессансный собор (с 1490), многочисл. площади и проспекты 17–20 вв., барочные церкви и дворцы.

ТУРИ́ЩЕВА Людм. Ив. (р. 1952), абс. чемпионка СССР (1972, 1974), Европы (1971, 1973), мира (1970, 1974) по спорт. гимнастике. Неоднократная чемпионка Олимп. игр (1968, 1972, 1976) в отд. видах многоборья. С 1978 на тренерской работе в Киеве.

ТУРКМЕ́НИЯ (Республика Туркменистан), гос-во на Ю.-З. Ср. Азии, на

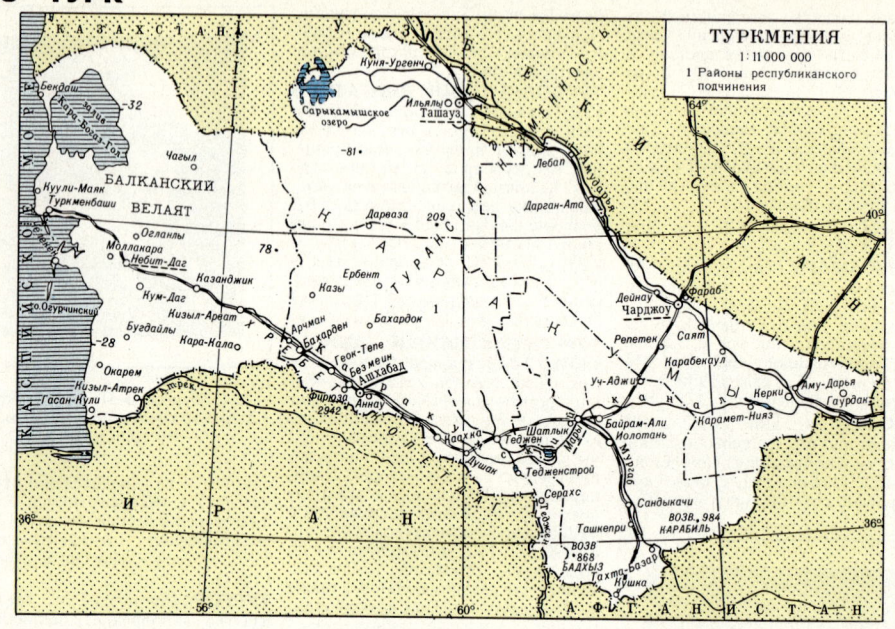

З. омывается Каспийским м. Пл. 488,1 т. км². Нас. 4294 т.ч., гор. 45%; туркмены (72%), русские (9,5%), узбеки (9,0%) и др. Офиц. яз.— туркменский. Большинство верующих — мусульмане-сунниты. Глава гос-ва — президент. Законодат. орган — меджлис. Столица — Ашхабад. 5 велаетов (областей), 37 этрапов (р-нов), 16 городов, 74 пос. гор. типа. Ден. единица — манат.

Большая часть поверхности занята пустыней Каракумы; на Ю. и Ю.-З.— горы Копетдаг (выс. до 2942 м; г. Ризе) и сев. предгорья Паропамиза. Климат резко континентальный, засушливый. Ср. темп-ры янв. –4 °C (в долине Атрека 4 °C), июля 28 °C; осадков от 80 мм в год на С.-В. до 400 мм в горах. Растительность преим. пустынная. Гл. реки: Амударья, Теджен и Мургаб. Заповедники: Бадхызский, Красноводский, Репетекский и др.

В 1-м тыс. до н.э. на терр. Т. существовали гос-ва Маргиана, Парфия, Мидия. В 6–4 вв. до н.э. под властью иран. Ахеменидов, Александра Македонского. С 3 в. до н.э. в Парфянском царстве, гос-ве Сасанидов. В 5–8 вв. подвергалась нашествиям эфталитов, тюрков, арабов. В 9–10 вв. в гос-вах Тахиридов, Саманидов. К 11 в. терр. Т. завоёвана огузами. В 11–13 вв. в Сельджукском гос-ве, Хорезме. В 13–15 вв. под властью монголо-татар; затем в гос-ве Тимуридов. В 16–17 вв. в Хивинском и Бухарском ханствах. В кон. 60 — сер. 80-х гг. 19 в. присоединена к Рос. империи (Закаспийская обл.). В нояб.– дек. 1917 установлена сов. власть, осн. часть терр. вошла в Туркестанскую АССР. В 1924 образована Туркм. ССР. В 1991 ВС республики принял Декларацию о независимости, в 1991 учреждён пост президента. В 1992 принята новая конституция.

Т.— агр.-индустр. страна. ВНП на д. нас. 1270 долл. в год. Произ-во эл.-энергии гл. обр. на ТЭС. Ведущие отрасли пром-сти: нефтегазодобывающая, хим. (добыча мирабилита — Кара-Богаз-Гол, серы, брома, иода, сульфата натрия и др.) и нефтеперерабатывающая. Маш-ние и металлообработка; лёгкая (первичная обработка хлопка, шерсти, каракулевых шкурок, шелковичных коконов), пищевкус. (произ-во хлопкового масла) пром-сть; произ-во стройматериалов (цем., стек. и др. пр-тия). Худ. ковроткачество. Осн. отрасль с. х-ва — хлопководство. Посевы кормовых и зерновых (пшеница, ячмень, рис, джугара) культур. Виногр-во, плод-во, бахчеводство. Кр. рог. скот, разводят кр. рог. скот, лошадей, верблюдов. Шелк-во. Гл. мор. порт — Туркменбаши (б. Красноводск); ж.-д. паромные переправы Туркменбаши — Баку, Бекдаш — Баку. Судох-во по Амударье и Каракумскому каналу. Сеть газопроводов. Курорты: Арчман, Байрам-Али, Моллакара, Фирюза.

ТУ́РКУ (швед. Åbo), г. в Финляндии. 160 т.ж. Порт в Ботнич. зал. Балтийского м. Маш-ние (судостроение); текст., нефтеперераб. пром-сть. Ун-т. Музеи Я. Сибелиуса, В. Аалтонена и др. Возник на месте фин. торг. пос. Коройнен, в сер. 12 в. завоёванного шведами; до 1809 центр швед. администрации.

ТУРМАЛИ́Н (от сингальск. турмали — притягивающий пепел; назван так за электризацию кристаллов при нагревании), минерал, боросиликат.

Турмалин: 1 — голубой (Африка); 2 — полихромный (США).

Образует столбчатые кристаллы, радиально-лучистые агрегаты. Различают: шерл — чёрный, дравит — бурый, рубеллит — красный и розовый, индиголит — голубой и синий, верделит — зелёный, ахроит — бесцветный и др., встречаются зонально окрашенные (полихромные) Т. Тв. 7,5; плотн. 3–3,4 г/см³. Пьезо- и пироэлектрик, поляризует свет. Прозрачные кристаллы Т.— *драгоценные камни*. Особенно ценятся розовые Т. Наиб. крупный кристалл Т. (дл. 145 см, шир. 30 см) найден в Бразилии. Гл. м-ния ювелирного Т.: в Шри-Ланке, на Мадагаскаре, в Бразилии, Мозамбике, Мьянме, США. Бездефектные кристаллы Т., в т.ч. синтетические,— пьезооптич. сырьё.

ТУРНЕ́ПС (кормовая репа), двулетнее р-ние рода капуста. Возделывают гл. обр. в Европе, США; в России — в Нечерноземье. Корнеплоды (до 500 ц с 1 га) и ботву используют на корм скоту.

ТУРНИ́Р (нем. Turnier), 1) воен. состязания рыцарей в ср.-век. Зап. Европе. В большинстве стран прекратились в 16 в. 2) Форма проведения личных или командных соревнований (напр., межзональный Т. по шахматам или чемпионат мира по футбо-

Туркмения. Развалины древнего г. Ниса.

Туркмения. Бадхызский заповедник.

лу) при числе участников свыше двух. Осн. системы: круговая (каждый встречается один или неск. раз со всеми) и олимпийская, или кубковая (с выбыванием проигравших в очередном туре).

ТУ́РЦИЯ (Турецкая Республика), гос-во в Зап. Азии и частично в Ю. Европы, омывается на Ю. Средиземным, на З. Эгейским и на С. Чёрным морями. Азиат. и европ. части разделены Мраморным м. и проливами Босфор и Дарданеллы. Пл. 780,6 т. км². Нас. 60 млн. ч. (1993), в осн. турки, а также курды, арабы, черкесы и др. Офиц. яз.— турецкий. Большинство верующих — мусульмане-сунниты. Глава гос-ва — президент. Законодат. орган — Великое нац. собрание. Столица — Анкара. Адм.-терр. деление: 8 геогр. областей, включающих 73 провинции. Ден. единица — турецкая лира.

Большая часть терр. Т. занята Малоазиатским и Арм. нагорьями (выс. до 5165 м; г. Б. Арарат), на Ю.— Понтийские горы (выс. до 3937 м), на Ю.— хребты Тавра (выс. до 3726 м). Климат субтропич., на внутр. нагорьях континентальный. Ср. темп-ры янв. от 5 до −15°С, июля от 15 до 32°С; осадков до 500 мм в год. Преобладают степи. Внеш. склоны прибрежных хребтов, где осадков больше (от 1000 до 3000 мм), покрыты лесами и кустарниками (ок. 25% терр. Т.). Осн. реки: Евфрат, Тигр, Кызыл-Ирмак, Сакарья. Кр. озёра: Ван и Туз (солёные).

Тур. гос-во возникло в М. Азии в кон. 13 — нач. 14 вв. В результате завоеват. войн 14—16 вв. сложилась Османская империя, включавшая Балканский п-ов, значит. терр. на С. Африки, Месопотамию и др. Нац.-освободит. борьба покорённых народов, а также рус.-тур. войны 19 в. привели к освобождению балканских гос-в. К кон. 19 — нач. 20 вв. Т. была превращена в полуколонию европ. держав. В результате рев-ции 1908 был установлен конституц. строй. После поражения Т. в 1-й мир. войне Османская империя распалась. В 1918—23 в Т. развернулась нац.-освободит. (т.н. кемалистская) рев-ция под рук. М. Кемаля (*Ататюрка*), завершившаяся провозглашением (1923) тур. республики. Во 2-й мир. войне Т. объявила нейтралитет, но оказывала помощь фаш. Германии. В 1980—83 у власти находилась воен. администрация, к-рая запретила деятельность всех полит. партий, а затем и распустила их. В 1982 на нац. референдуме одобрена новая конституция. В 1983 после утверждения закона о выборах, полит. партиях и профсоюзах состоялись парламентские выборы, в конце года осуществлён переход к гражд. правлению. С 1993 у власти пр-во, сформированное Партией верного пути и Социал-демокр. нар. партией.

Т.— индустр.-агр. страна. ВНП на д. нас. 1820 долл. в год. Добыча угля, нефти, хромовой (одно из первых мест в мире), жел., марганц., медной, борной и др. руд. Пищевкус., текст., хим. пром-сть; произ-во стройматериалов. Чёрная и цв. металлургия, нефтепереработка, маш-ние. Гл. отрасль с. х-ва — земледелие. Осн. с.-х. культуры: зерновые, хлопчатник, табак (одно из первых мест в мире по произ-ву и экспорту), сах. свёкла, масличные, чай. Виногр-во, плод-во. Плантации оливкового дерева, инжира, орехов. Жив-во (гл. обр. овцы, козы). Т.— кр. мировой поставщик ангорской шерсти. Разведение тутового шелкопряда. Рыб-во. Лесозаготовки. Экспорт: продукции с. х-ва, обрабат. и добывающей пром-сти. Иностр. туризм (ок. 1,5 млн. ч. в год).

Турция. Поселение на Черноморском побережье.

ТУРЧАНИ́НОВА Евд. Дм. (1870—1963), актриса. С 1891 в Малом т-ре. В характерных и комедийных ролях добивалась непосредственности, эмоц. насыщенности. Находила особую мелодику, ритм и темп речи для каждого персонажа: Таня («Плоды просвещения» Л.Н. Толстого, 1891), Барабошева («Правда — хорошо, а счастье лучше», 1918, 1941) и Галчиха («Без вины виноватые», 1916,

Туры. Дагестанский тур.

1940, 1951) А.Н. Островского, Госпожа Гранде («Евгения Гранде» по О. Бальзаку, 1939) и др.

ТУ́РЫ, 2 вида горн. козлов: дагестанский Т. и кубанский Т. Длина тела 130—170 см, выс. в холке 80—110 см. Рога (у самцов и самок) длинные, сильно расходящиеся в стороны. Обитают в горах Кавказа, хорошо приспособлены к передвижению по крутым скалам.

ТУССЕ́Н-ЛУВЕРТЮ́Р (Toussaint-Louverture) Франсуа Доминик (1743—1803), с 1791 один из руководителей освободит. борьбы гаитянского народа, генерал. Сын раба. С 1801 пожизненный правитель о-ва. Отменил рабство. В 1802 арестован французами, вывезен во Францию, где и умер.

ТУСТЕ́П (англ. two-step, букв.— двойной шаг), амер. бытовой танец 2-дольного размера, быстрого темпа. Предшественник *уанстепа* и *фокстрота*. В нач. 20 в. получил распространение в Европе.

ТУТАНХАМО́Н, егип. фараон в 1351—1342 до н.э. из XVIII династии. При нём отменены религ. реформы Аменхотепа IV — Эхнатона. Гробница Т., раскопанная Х. Картером в 1922, содержит ценные памятники др.-егип. культуры.

ТУТМО́С III, егип. фараон в 1490—1436 до н.э. Вёл войны, в результате к-рых восстановил господство Египта в Сирии и Палестине.

ТУ́ТОВОЕ ДЕ́РЕВО, то же, что *шелковица*.

ТУФ ВУЛКАНИ́ЧЕСКИЙ (от итал. tufo), плотная сцементир. горн. порода, образовавшаяся из тв. продуктов вулканич. извержений (пепла, песка, бомб и др.) с примесью обломков невулканич. пород. Обладает хорошими декор. качествами, малой объёмной массой и высокой прочностью. Используется в стр-ве. Гл. м-ния: в Армении, Италии, Исландии.

ТУФ ИЗВЕСТКО́ВЫЙ (травертин), пористая горн. порода, образовавшаяся в результате осаждения карбоната кальция из горячих и холодных источников. Часто содержит отпечатки р-ний и разл. органич. остатки. Обладает малой объёмной массой, высокими декор. качествами. Используется как флюс, облицовочный камень, а также для произ-ва цемента и др. Гл. м-ния: в Армении, Азербайджане, Италии. Светло-жёлтый травертин использовался при стр-ве Колизея и собора Св. Петра в Риме.

ТУФА́Н Хасан Фахриевич (1900—1981), тат. поэт. Поэмы («Бибиевы», 1927, и др.) положили начало рабочей теме в тат. лит-ре. В 1938—58 репрессирован. Филос. и публицистич. лирика (сб. «Песни, стихи», 1958, «Лирика бурных лет», 1970, «Лирика», 1980).

ТУХАЧЕ́ВСКИЙ Мих. Ник. (1893—1937), Маршал Сов. Союза (1935). В Гражд. войну команд. рядом армий и фронтов. Участвовал в подавлении восстаний в Кронштадте и Тамбовской губ. В 1925—28 нач. Штаба РККА, с 1928 команд. войсками Ленингр. ВО. С 1931 зам. наркомвоенмора и пред. РВС СССР, с 1934 зам. наркома обороны СССР, в 1937 команд. войсками Приволжского ВО. Сыграл значит. роль в техн. переоснащении и строительстве Кр. Армии. Тр. по вопросам воен. иск-ва и воен. строительства. Арестован и расстрелян по делу о т. н. «Антисоветской троцкистской военной организации» в Кр. Армии.

ТУХМА́НОВ Давид Фёд. (р. 1940), рос. композитор. Обращается к разл. сферам массовой муз. культуры (от бытового романса до жанров *рок-музыки*). Песни «Я люблю тебя, Россия» (1966), «Как прекрасен этот мир» (1973), «День Победы» (1975), «Родина моя» (1976); киномузыка и др. С нач. 1990-х гг. работает в Германии.

ТУШ (нем. Tusch), в нем. и рус. музыке 18—20 вв. короткое муз. построение фанфарного склада, исполняемое, как правило, духовым оркестром в знак приветствия на торжеств. церемониях.

ТУШКА́НЧИКИ, семейство грызунов. Длина тела 4—26 см, хвост длиннее тела, с кисточкой на конце. Задние ноги удлинены, передние укорочены (при быстром движении передвигаются на двух ногах). 30 видов, в открытых ландшафтах Сев. полушария (кроме С.). Повреждают р-ния, укрепляющие пески; носители возбудителей чумы, туляремии, лейшманиоза и ряда др. инфекций ж-ных и человека.

ТУ́Я, род вечнозелёных хвойных деревьев и кустарников (сем. кипарисовые). 5 видов, в Вост. Азии и Сев. Америке. В России в культуре Т. западная и Т. гигантская — пирамидальные деревья выс. от 30 до 60 м (редко 75); живут св. 100 лет. Эфирное масло (из листьев) обладает бактерицидным действием, используется в медицине, парфюмерии. Т. восточная,

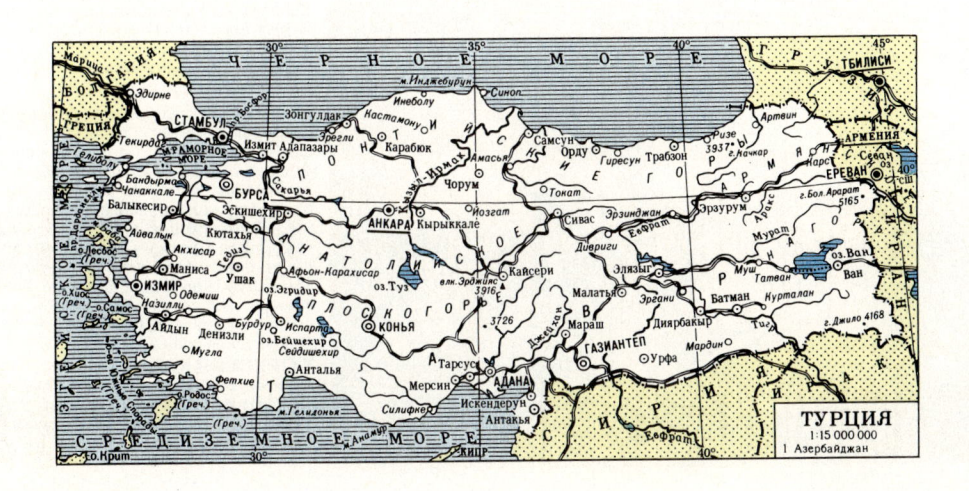

710 ТХИМ

растущая в Ср. Азии,— редкий охраняемый вид.

ТХИМПХУ́, столица (с 1949) Бутана, в межгорной долине Вост. Гималаев. 20 т. ж. Торг.-ремесл. пункт. Гл. религ. центр страны.

ТЫ́КВА, род одно- и многолетних травянистых р-ний (сем. тыквенные). Ок. 20 видов, в Америке. В культуре (не менее 5 тыс. лет) неск. видов: Т. твердокорая (в т. ч. её разновидности — кабачок, патиссон, декор. Т.), Т. крупноплодная, Т. мускатная и др. Возделываются на всех континентах как овощные, кормовые, масличные (масло в семенах) и декор. р-ния. Плоды (300–500 ц, при поливе до 1000 ц с 1 га) богаты каротином, сахарами, пектинами, ценный диетич. продукт; семена — глистогонное средство.

Тыква крупноплодная.

ТЫНЯ́НОВ Юр. Ник. (1894–1943), рус. писатель, литературовед. Входил в *ОПОЯЗ*. Исследовал историю рус. лит-ры 19 — нач. 20 вв., вопросы поэтики, в т.ч. семантику стихотв. языка (кн. «Архаисты и новаторы», 1929). Статьи о кино. Мастер ист. романа: «Кюхля» (1925) — о В.К. Кюхельбекере, «Смерть Вазир-Мухтара» (1927–28) — о А.С. Грибоедове, «Пушкин» (ч. 1–3, 1935–43, не окончена).

ТЫ́РСА Ник. Анд. (1887–1942), рос. график. Иллюстрации в манере беглого наброска («Пиковая дама» А.С. Пушкина, 1936), декор. красочные натюрморты и пейзажи.

ТЫ́СЯЦКИЙ, воен. предводитель гор. ополчения («тысячи») на Руси до сер. 15 в. В Новгороде избирался из бояр на вече и был ближайшим помощником посадника.

«ТЫ́СЯЧА И ОДНА́ НОЧЬ», памятник ср.-век. араб. лит-ры. Сб-к сказок, переведённый ок. 9 в. с оригинала (не сохранился) на среднеперс. яз. (пехлеви); сложился к 15 в. Большинство рукописей 17–19 вв. Переведён на мн. языки мира, оказал влияние на фольклор и письменные лит-ры мн. стран. Сюжеты «Т. и он.» (сказки о Синдбаде-мореходе, Али-Бабе, Аладине, история рассказчицы сказок Шахразады) использовались в театре, музыке, живописи, кино.

ТЫСЯЧЕЛИ́СТНИК, род многолетних трав (сем. сложноцветные). Св. 100 видов, преим. в умеренных поясах Сев. полушария. Настой и экстракт Т.— кровоостанавливающее и противовоспалит. средство.

ТЫЧИ́НА Пав. Григ. (1891–1967), укр. поэт. В лирике (сб. «Солнечные кларнеты», 1918, «Плуг», 1920) — музыкальность, разнообразие поэтич. приёмов, близость фольклорным традициям. В последующих сб-ках («Партия ведёт», 1934, «Коммунизма дали видны», 1961) преобладает настроение парадного оптимизма.

ТЫШКЕ́ВИЧ (Tyszkiewicz) Беата (р. 1938), польск. киноактриса. Наиб. значит. роли в фильмах реж. А. Вайды: «Самсон» (1964), «Пепел» (1965), «Всё на продажу» (1968). Артистизм, чуткость к стилевым особенностям произведения обеспечили Т. успех в фильмах на ист. тематику («Рукопись, найденная в Сарагосе», 1965; «Марыся и Наполеон», 1966; «Великая любовь Бальзака», 1972), в экранизациях («Кукла», 1968; «Дворянское гнездо», 1969, в СССР).

ТЫ́ШЛЕР Ал-др Григ. (1898–1980), театральный художник, живописец и график. Чл. Об-ва художников-станковистов (ОСТ). Работам свойственны романтич. приподнятость образов, декоративность и экспрессия цвета («Мистерия-Буфф» В.В. Маяковского в Моск. т-ре сатиры).

ТЬЕ́ПОЛО (Tiepolo) Джованни Баттиста (1696–1770), итал. живописец и график венецианской школы. Автор динамичных, свободных по живописи, наполненных светом и воздухом праздничных декор. росписей, религ. и жанровых картин, портретов, виртуозных по технике исполнения рисунков и офортов.

ТЬЕР (Thiers) Адольф (1797–1877), глава исполнит. власти с февр. 1871, в сент. 1871–73 президент Франции; историк. С исключит. жестокостью подавил Парижскую Коммуну. Т.— один из создателей теории классовой борьбы. Автор опубликованной в 1820-х гг. «Истории Французской революции».

ТЬЮ́РИНГ (Turing) Алан Матисон (1912–54), англ. математик. В 1936–1937 ввёл матем. понятие абстрактного эквивалента алгоритма, или вычислимой функции, получившее затем назв. *машина Т.*

ТЭН (Taine) Ипполит (1828–93), франц. философ, социолог иск-ва, историк. Родоначальник культурно-ист. школы. Рассматривал иск-во как выражение «господствующих типов» разных ист. эпох. Расцвет и упадок иск-в, становление жанров и стилей объяснял влиянием «расы» (нац. характера), «среды» и «ист. момента»: кн. «Критические опыты» (1858), «Философия искусства» (1865–69), «История английской литературы» (т. 1–4, 1863–64). Ист. труд «Происхождение современной Франции» (т. 1–6, 1876–94) направлен против франц. рев-ции и якобинской диктатуры.

ТЭ́ФФИ (наст. фам. Лохвицкая) Над. Ал-др. (1872–1952), рус. писательница. С 1920 жила за границей. Сб-ки юмористич. и сатирич. стихов, фельетонов, рассказов, миниатюр — «Юмористические рассказы» (т. 1–2, 1910), «Дым без огня» (1914), «Неживой зверь» (1916) отмечены меткостью бытовых и психол. наблюдений, разнообразием сюжетных ситуаций. «Воспоминания» (1931).

ТЮДО́РЫ (Tudor), королев. династия в Англии в 1485–1603. Представители: Генрих VII, Генрих VIII, Эдуард VI, Мария I, Елизавета I.

ТЮЛЕ́НИ, водные млекопитающие (отр. *ластоногие*). 2 сем.: настоящие Т. — 19 видов (гренландский Т., каспийский Т., ларга, морские слоны, нерпы и др.) и ушастые Т. (морские львы, морские котики, сивучи). Тело стройное, дл. от 125 см (кольчатая нерпа) до 650 см (морские слоны); масса соотв. от 90 кг до 3,5 т. Питаются рыбой, головоногими моллюсками и ракообразными. Обитают преим. в приполярных широтах. В России — 9 видов настоящих Т. Объект промысла (ради мяса, кожи, жира). Численность ряда видов сокращается.

ТЮ́ЛЬКИ, род рыб (сем. *сельдёвые*). Дл. до 15 см, масса 8–10 г. 4 вида, в Чёрном, Азовском и Каспийском (где наз. *килькой*) морях. Объект промысла.

ТЮЛЬПА́Н, род многолетних травянистых р-ний (сем. лилейные). Ок. 100 видов, дикорастущие — гл. обр. на Ю. Европы, в Азии. Возделывался с 16 в., впервые в Турции; с нач. 17 в. — в Нидерландах, где Т.— одна из осн. культур пром. цветоводства. В России известны с 1702, массовое разведение с кон. 19 в. Используют Т. для зимней выгонки, в декор. сад-ве. Многочисл. (св. 4000) сорта Т. обычно объединяют в сборный вид — Т. гибридный. Размножают дочерними луковицами, осенью. Цветение в мае-июне. Цветки крупные, разл. окраски (красные, жёлтые и др.) и формы.

Тюльпаны.

ТЮЛЬПА́ННОЕ ДЕ́РЕВО (лириодендрон), род деревьев (сем. магнолиевые). 2 вида: один — на Ю.-В. Сев. Америки, другой — в Китае. Цветки похожи на тюльпаны. Древесина идёт на мебель. Разводят в Зап. Европе, Крыму, на Кавказе как декор. р-ния.

ТЮМЕ́НЬ, г., центр Тюменской обл., в России. 496 т. ж. Порт на р. Туре; ж.-д. уз.; аэропорт. Маш-ние (суда, приборы, станки, моторы, мед. оборудование и инстр-ты и др.) и металлообработка, деревообр., хим., лёгкая, пищ. пром-сть. Через Т. проходят линии нефтепроводов. 6 вузов (в т.ч. ун-т). Музеи: краеведч., нефти и газа. Картинная гал. Т-ры: драм., кукол. Филармония. Т.— первый рус. город в Сибири, осн. в 1586 на месте тат. г. Чинги-Тура (изв. с 14 в.), взятого Ермаком в 1581.

ТЮ́НЕР (англ. tuner, от tune — настраивать), радиоприёмное устройство, обеспечивающее высокоточную настройку на нужную радиостанцию. Применяются в бытовых звукотехн. комплексах для записи и прослушивания стерео- и монофонич. радиопрограмм.

ТЮРГО́ (Turgot) Анн Робер Жак (1727–81), франц. гос. деятель, философ-просветитель и экономист. На посту ген. контролёра (министра) финансов (1774–76) провёл ряд реформ в духе учения *физиократов*. В 1776 уволен в отставку; его реформы отменены. Сочетал материалистич. и сенсуалистич. взгляды с признанием Бога-творца первоисточником бытия. Выдвинул один из первых вариантов рационалистич. теории прогресса — общество проходит религ., спекулятивную и науч. стадии.

ТЮРЕ́НН (Turenne) Анри де Ла Тур д'Овернь, виконт де (1611–75), франц. полководец, маршал-генерал Франции (1660). В *Тридцатилетнюю войну* 1618–48, командуя армией, одержал ряд побед над войсками габсбургской коалиции. В 1652 разбил под Парижем войска «Фронды принцев» (см. *Фронда*) под команд. Луи II де Конде. Успешно действовал во время Деволюционной войны с Испанией (1667–68) и Нидерландской войны (1672–78).

ТЮ́РКСКИЙ КАГАНА́Т, гос-во племенного союза тюрок в 552–745 на терр. Центр. Азии, Сев. Китая, значит. части Ср. Азии (по р. Амударья). В нач. 7 в. распалось на Зап. Т.к. (ср.-азиат.; до 740) и Вост. Т.к.

Дж.Б. Тьеполо. «Меценат представляет Августу свободные искусства». Ок. 1745. Эрмитаж.

Тюмень. Краеведческий музей.

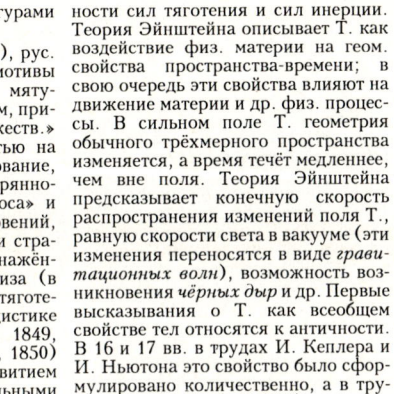

Тянь-Шань. Еловые леса.

(центр.-азиат.; разгромлен уйгурами в 745).

ТЮ́ТЧЕВ Фёд. Ив. (1803–73), рус. поэт. В филос. лирике Т.— мотивы трагич. раздвоенности души, мятущейся между верой и безверием, приобщённости к высшим, «божеств.» сферам бытия и обречённости на земное («дольнее») существование, одиночества в социуме и потерянности в мироздании; темы «хаоса» и «бездны», пророческих откровений, бесследности жизни, памяти и страдания. В стихах о любви – обнажённая беспощадность самоанализа (в т.ч. «Денисьевский цикл»). В тяготеющей к панславизму публицистике (ст. «Россия и революция», 1849, «Папство и римский вопрос», 1850) усматривал связь между развитием индивидуализма и разрушительными рев. процессами в Европе.

Ф.И. Тютчев.

ТЯ́ГЛО, в Рус. гос-ве 15 – нач. 18 вв. ден. и натуральные гос. повинности крестьян и посадских людей. В 18–19 вв. единица обложения крестьян повинностями в пользу помещиков.

ТЯГОТЕ́НИЕ (гравитация), универсальное взаимодействие между любыми видами физ. материи (обычными в-вом, любыми физ. полями). Если это взаимодействие относительно невелико и тела движутся медленно по сравнению со скоростью света в вакууме (c), то их движения описываются всемирного тяготения законом. В случае сильных полей и скоростей, сравнимых со скоростью света (c), пользуются созданной А. Эйнштейном общей теорией относительности (ОТО), являющейся обобщением ньютоновской теории Т. В основе ОТО лежит т.н. принцип эквивалентности сил тяготения и сил инерции. Теория Эйнштейна описывает Т. как воздействие физ. материи на геом. свойства пространства-времени; в свою очередь эти свойства влияют на движение материи и др. физ. процессы. В сильном поле Т. геометрия обычного трёхмерного пространства изменяется, а время течёт медленнее, чем вне поля. Теория Эйнштейна предсказывает конечную скорость распространения изменений поля Т., равную скорости света в вакууме (эти изменения переносятся в виде *гравитационных волн*), возможность возникновения *чёрных дыр* и др. Первые высказывания о Т. как всеобщем свойстве тел относятся к античности. В 16 и 17 вв. в трудах И. Кеплера и И. Ньютона это свойство было сформулировано количественно, а в трудах Эйнштейна (1915–16) получило завершённое описание.

ТЯЖЁЛАЯ АТЛЕ́ТИКА, вид спорта; соревнования в поднятии тяжестей (штанга, гиря) в разл. весовых категориях. Упражнения с тяжестями известны с древних времён; офиц. соревнования проводятся с 1860-х гг. (впервые в США); в России первый кружок любителей Т.а. создан в 1885 (С.-Петербург). Совр. офиц. программа: рывок и толчок штанги (до 1973 и жим). В 1920 осн. Междунар. федерация Т.а. (ИВФ); объединяет ок. 150 стран. Чемпионаты мира и в программе Олимп. игр с 1896, чемпионаты Европы с 1947.

ТЯЖЁЛАЯ ВОДА́, оксид дейтерия D_2O; $t_{кип}$ 101,44 °C, $t_{пл}$ 3,813 °C. Содержится в природной воде, соотношение H : D = 6900 : 1. Т.в.– замедлитель нейтронов и теплоноситель в ядерных реакторах, источник ядер дейтерия в ускорителях частиц, изотопный индикатор и др.

ТЯЖЁЛЫЙ ВОДОРО́Д, то же, что *дейтерий*.

ТЯНЬ-ША́НЬ, горн. система в Ср. и Центр. Азии, в Киргизии и Китае. Высш. точки – пик Победы (7439 м) и Хан-Тенгри (6995 м). Преобладает высокогорн. рельеф с ледниковыми формами; на склонах – осыпи. Кр. межгорные (Ферганская, Иссык-Кульская, Нарынская) и окраинные (Чуйская, Таласская) долины. Т.-Ш.– значит. центр совр. оледенения; крупнейшие ледники: Северный (38,2 км) и Южный (59,5 км) Энгильчек. Гл. реки: Нарын, Сары-Джаз, Чу, Или. Крупнейшие озёра: *Иссык-Куль,* Сонг-Кёль, Чатыр-Кёль. Характерны горн. степи и полупустыни. Заповедники (Иссык-Кульский, Чаткальский и др.)

М-ния руд ртути, сурьмы, свинца, цинка, серебра, олова, вольфрама; во впадинах – нефти, кам. и бурого угля.

У

У, у [у], двадцать первая буква рус. алфавита; восходит по начертанию к греч. букве Υ «ипсилон»; в *кириллице* соотв. звук обозначался буквосочетанием ОУ, позднее – Ȣ («ук») и У (из ОУ).

УАГАДУ́ГУ, столица (с 1960) Буркина-Фасо, в междуречье Чёрной и Белой Вольты. 442 т. ж. Международ. аэропорт. Торг.-трансп. центр. Хл.-очист., пищевкус., кож. и др. пр-тия. Ковроткачество. Ун-т. Нац. т-р. Кинокомплекс (ИНАФРИК). Проводятся Всеафриканские кинофестивали. Техн. центр тропич. леса. Осн. в 15 в.

УА́ЙЛДЕР (Wilder) Билли (р. 1906), амер. кинорежиссёр, сценарист, продюсер. Наиб. успех имели триллер «Двойная страховка» (1944), психол. драмы «Потерянный уик-энд» (1945) и «Сансет бульвар» (1950), а также изящные комедии, отмеченные высоким уровнем актёрского исполнения: «Некоторые любят погорячее» (1969, в прокате – «В джазе только девушки»), «Квартира» (1960), «Приятель» (1982).

УА́ЙЛДЕР Торнтон (1897–1975), амер. писатель. Пов. «Мост короля Людовика Святого» (1927), «Мартовские иды» (1948; о Цезаре), относящиеся к ист. жанру, раскрывают извечные драм. проблемы жизни (в т.ч. филос. оправдание произвола перед ликом смерти, множественность толкований ист. события). Сострадание к человеку, тщетно противостоящему судьбе,– в ром. «К небу наш путь» (1934) и пьесе «На волоске от гибели» (1942). В хронике-эпопее «День Восьмой» (1967) – идея принципиальной возможности более совершенной цивилизации, чем Америка 20 в. Освобождение героя от глобальных филос. проблем ради конкретной «истины нравственного поступка», утверждение веры и добра наперекор скептицизму и отчаянию – в полуавтобиогр. ром. «Теофил Норт» (1973).

УА́ЙЛЕР (Wyler) Уильям (1902–1981), амер. кинорежиссёр. Получил известность благодаря фильмам, критически изображающим амер. действительность: «Иезавель» (1938), «Лисички» (1941), «Лучшие годы нашей жизни» (1946). Среди др. фильмов: совр. сказка «Римские каникулы» (1953), вестерны «Человек Запада» (1940), «Дружеское увещевание» (1956), ист. «суперколосс» «Бен Гур» (1959), мюзикл «Смешная девчонка» (1968). Илл. см. на стр. 712.

УА́ЙЛЬД (Wilde) Оскар (1854–1900), англ. писатель. В изысканно-орнаментованных стихах близок франц. символистам. Возвышенные по стилю и содержанию лирич. сказки (в т.ч. «Счастливый принц»), остросюжетные и иронич. новеллы («Кентервильское привидение», 1887). В интеллектуальном ром.

Т. Уайлдер.

О. Уайльд.

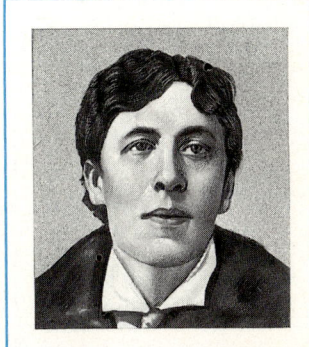

У. Уайлер. Кадр из фильма «Бен Гур».

«Портрет Дориана Грея» (1891), отвергая во имя самовыражения и наслаждения ханжеские условности, выступил судьёй героя, преступившего границы морали. Социально-критич. тенденции – в «светских» пьесах «Веер леди Уиндермир» (1892), «Идеальный муж» (1895), «Как важно быть серьёзным» (1899), полных изящества и остроумных парадоксов; в них показана шаткость нравств. устоев англ. общества. Трагедии, в т.ч. «Герцогиня Падуанская» (1883), «Саломея» (1893). Автобиогр. поэма «Баллада Редингской тюрьмы» (1898) и посмертно опубликованное эссе-исповедь «De Profundis» (1905) отразили душевный кризис У.

УАЙТ (White) Патрик Виктор Мартиндейл (1912–90), австрал. писатель. Психол. семейная драма (с элементами лит-ры *потока сознания*) – в ром. «Счастливая долина» (1939). В ром. «Древо человеческое» (1955) воспет труд, дающий героям чувства благодати и человеческой достоинства. Гл. тема – отчуждение и страдания человека, его мужество и смирение: ром. «Фосс» (1957), «Вивисектор» (1970), «Повязка из листьев» (1977), «Казус с Туайнборнами» (1979), пьесы в духе *абсурда драмы*. Стихотв. сб. «Бог в стропилах» (1978). Ноб. пр. (1973).

УАЙТХЕД (Whitehead) Алфред Норт (1861–1947), англо-амер. математик, логик и философ, представитель неореализма. С сер. 1920-х гг. развил «филос. космологию», родственную платонизму. Автор (совм. с Б. Расселом) основополагающего тр. по матем. логике «Основания математики» (т. 1–3, 1910–13).

УАНСТЕ́П (англ. one-step, букв.– один шаг), амер. танец 2-дольного размера, быстрого темпа. Близок *тустепу*. Распространился в 1910–1920-х гг.

УА́ТТ (Watt) Джеймс (1736–1819), англ. изобретатель, создатель паровой машины (1774–84), к-рая сыграла большую роль в переходе к машинному произ-ву.

Дж. Уатт.

УБЫ́ТКИ, в гражд. праве выраженный в ден. форме ущерб, причинённый одному лицу противоправными действиями другого. При определении размера У. учитывается как фактич. ущерб в имуществе (уменьшение наличного имущества кредитора), так и упущенная выгода (приращение имущества кредитора при отсутствии правонарушения).

УВЕРТЮ́РА (франц. ouverture, от лат. apertura – открытие, начало), оркестровое вступление к опере, балету (см. *Интродукция*), оперетте, драм. спектаклю, оратории. В 19–20 вв. также орк. пьеса, близкая симф. *поэме*.

УВЕ́ЧЬЕ ТРУДОВО́Е, по рос. трудовому праву повреждение здоровья работника в результате несчастного случая, имевшего место при выполнении трудовых обязанностей, в пути на работу или с работы, при выполнении гос. или обществ. обязанностей (заданий), а также при выполнении гражд. долга (по охране обществ. порядка, спасанию утопающего и т. д.). Пенсии и пособия по гос. социальному страхованию при У-т. назначают на льготных условиях и в повышенных размерах. Предприятия и учреждения несут материальную ответственность за ущерб, причинённый работнику в результате У.т.

УВЧ-ТЕРАПИ́Я, применение в леч. целях переменного эл.-магн. поля с частотой колебаний в диапазоне 30–300 МГц; метод электротерапии. Оказывает противовоспал., рассасывающее и болеутоляющее действие.

УГА́НДА (Республика Уганда), гос-во в Вост. Африке. Пл. 236 т. км². Нас. 17,7 млн. ч., гл. обр. народы ганда, сога, ньянколе, тесо и др. Офиц. яз.– английский, суахили. 65% верующих – католики и протестанты, 5–6% – мусульмане, остальные придерживаются местных традиц. верований. Входит в *Содружество*. Глава гос-ва и пр-ва – президент. Врем. законодат. орган – Нац. совет сопротивления. Столица – Кампала. Адм.-терр. деление: 4 области, включающие 38 округов. Ден. единица – угандийский шиллинг.

В рельефе преобладают возвышенные равнины выс. 1100–1500 м. На З.– горн. массив Рувензори (5109 м). Климат субэкв. Ср.-мес. темп-ры от 18 до 25 °C; осадков от 750 до 1500 мм в год. Кр. озёра: Мобуту-Сесе-Секо, Кьога и Виктория. Речная сеть относится к басс. р. Нил. Вторичные саванны. Небольшие массивы листопадно-вечнозелёных лесов. Нац. парки: Рувензори и Кабарега.

В ср. века на терр. У. существовали гос-во Китара, позже Уньоро, Нкоре, Торо. К сер. 19 в. усилилось образовавшееся в 14 в. гос-во Буганда. В 90-х гг. 19 – нач. 20 вв. над У. был установлен брит. протекторат. С 1962 независимое гос-во, в к-ром авт. права получили прежние кор-ва. Главой гос-ва стал кабака (наследственный правитель) Буганды Мутеса II. В 1967 принята респ. конституция, кор-во Буганда было упразднено, Мутеса II бежал, президентом У. стал М. Оботе, начавший проводить политику «африканизации» экономики. В 1971 совершил воен. переворот. Главой гос-ва стал И. Амин Дада, присвоивший диктаторские полномочия. Стремясь подавить оппозицию в условиях дезорганизации х-ва, режим Амина прибег к массовым репрессиям. Террору подверглись целые народы У. В 1979 с помощью танзанийских войск режим Амина был свергнут. После выборов 1980 президентом вновь стал Оботе. В 1985 после воен. переворота Оботе был смещён со своего поста. Высш. органом гос. власти стал Воен. совет. В 1986 к власти пришли силы Нац. армии сопротивления. В 1994 избрана Конституц. ассамблея для разработки проекта новой конституции.

У.– агр. страна. ВНП на д. нас. 170 долл. в год. Осн. с.-х. культуры: кофе (даёт 50–90% стоимости экспорта), хлопчатник, чай, табак, а также просо, сорго, кукуруза, батат, маниок, ямс. Экстенсивное жив-во. Озёрное рыб-во. Лесозаготовки. Добыча медной и вольфрамовой руд, известняка и фосфоритов. Переработка с.-х. сырья.

УГАРИ́Т, город-государство во 2-м тыс. до н.э. в Финикии. См. *Рас-Шамра*.

УГА́РНЫЙ ГАЗ, то же, что углерода оксид.

УГЕДЕ́Й (Угэдэй) (1186–1241), монг. вел. хан (с 1229), 3-й сын Чингисхана и его преемник. При У. было завершено завоевание монголами Сев. Китая, завоёваны Армения, Грузия и Азербайджан, предприняты походы Батыя в Вост. Европу.

УГЛЕВОДОРО́ДЫ, органич. соединения, молекулы к-рых построены только из атомов углерода и водорода. Различают ациклич. У., в молекулах к-рых атомы углерода образуют линейные или разветвлённые цепи (напр., этан, изобутан), и циклич. У.; последние подразделяют на алициклические (напр., циклогексан) и ароматические (напр., бензол). У.– важнейшие компоненты нефти, природного газа, продуктов их переработки, широко используются как сырьё для получения многих хим. продуктов, топливо и др.

УГЛЕВО́ДЫ, группа природных органич. соединений, хим. структура к-рых отвечает формуле $(C \cdot H_2O)_n$ (т.е. углерод + вода; отсюда назв.). Различают моно-, олиго- и полисахариды, а также сложные У.– гликопротеины, гликолипиды, гликозиды и др. У.– первичные продукты фотосинтеза и осн. исходные соединения для биосинтеза других в-в в р-ниях. Составляют существ. часть пищ. рациона человека и мн. ж-ных (осн. источники – фрукты и овощи). В результате распада У. в организмах образуется энергия, необходимая для их жизнедеятельности. Входят в состав клеточных оболочек и др. структур, участвуют в защитных реакциях организма (иммунитет). Применяются в пищ. (глюкоза, крахмал, пектиновые в-ва), текст. и бум. (цел-

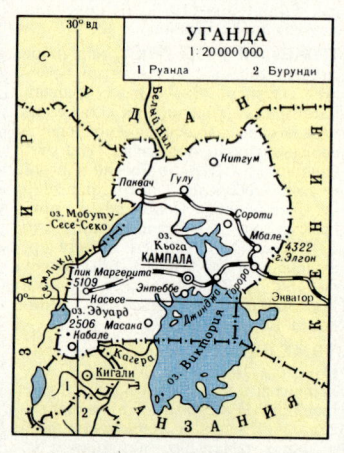

Уганда. Национальный парк Кабарега.

люлоза), микробиол. (получение спиртов, к-т и других в-в сбраживанием У.) и др. отраслях пром-сти. Используются в медицине (гепарин, сердечные гликозиды, глюкоза и др.).

УГЛЕКИ́СЛЫЙ ГАЗ, то же, что *углерода диоксид*.

УГЛЕРО́Д (Carboneum), С, хим. элемент IV гр. периодич. системы, ат. н. 6, ат. м. 12,011; неметалл. Содержание в земной коре $2,3 \cdot 10^{-2}$% по массе. Осн. кристаллич. формы У.— *алмаз* и *графит*. У.— гл. компонент кам. и бурых углей, антрацита, нефти, торфа, природного газа и др. горючих ископаемых, входит в состав углекислого газа атмосферы, природных карбонатов – известняка и доломита и др., основа органич. соединений. Играет особую роль в жизнедеятельности растительных и животных организмов. У. известен с глубокой древности, признан элементом А. Лавуазье в 1787.

УГЛЕРО́ДА ДИОКСИ́Д (углекислый газ), CO_2, газ, ниже $-78,5\,°C$ существует в тв. виде (т.н. сухой лёд). У. д. содержится в воздухе (0,03% по объёму), водах рек, морей и минер. источников. Образуется при гниении и горении органич. в-в, сжигании топлива, при дыхании живых организмов, он ассимилируется р-ниями и играет важную роль в фотосинтезе. У. д. используют в произ-ве сахара, пива, газированных вод и шипучих вин, мочевины, соды, для тушения пожаров и др.; сухой лёд – хладагент. При концентрациях 2,5–5% токсичен, поэтому возможны тяжёлые отравления У. д. при очистке бродильных чанов и винных бочек, в овощехранилищах и погребах с проросшими и гниющими овощами, в горн. выработках и др. У. д.— один из осн. загрязнителей атмосферы, выбросы составляют $\sim 2 \cdot 10^4$ млн. т в год. Увеличение содержания У. д. приводит к усилению *парникового эффекта*.

УГЛЕРО́ДА ОКСИ́Д (угарный газ), CO, $t_{кип}$ $-191,5\,°C$. Образуется при неполном сгорании топлива. У. о.— высококалорийное топливо, исходное в-во при получении спиртов, альдегидов и др. органич. в-в, восстановитель при выплавке чугуна, стали и др. металлов. Токсичен. У. о. попадает в атмосферу в осн. с выхлопными газами автотранспорта, в результате лесных и степных пожаров, с болотными и вулканич. газами и др. У. о.— один из осн. загрязнителей атмосферы, выбросы составляют ~ 200 млн. т в год.

У́ГЛИ ИСКОПА́ЕМЫЕ, твёрдые горючие полезные ископаемые; продукт преобразования р-ний. Осн. компоненты: углефицир. органич. в-во, минер. примеси и влага. Залегают обычно в виде пластов среди осадочных пород. Подразделяются на бурые, кам. угли и антрациты. У. и. используются в осн. в энергетике, для получения металлургич. кокса, в хим. пром-сти. Осн. технол. характеристики: зольность, содержание влаги, серы, выход летучих в-в. Мировые запасы ок. 3700 млрд. т. Гл. добывающие страны: США, Австралия, Россия, Украина, Германия.

У́ГЛИЧ, г. в Ярославской обл., в России. 39,8 т. ж. Пристань на Волге (Угличское вдхр.); ж.-д. ст. Произ-во часов, сыра. ГЭС. Историко-художественный музей с картинной гал. Изв. с 937, по др. данным – с 1148. Кремль с Тронной палатой княж. дворца («Дворец царевича Димитрия», 15 в.), церк. Димитрия «на крови» (1692), Успенская («Дивная», 17 в.), Воскресенский мон. (17 в.) и др.

УГЛОВА́Я СКО́РОСТЬ, величина, характеризующая быстроту вращения тв. тела. При равномерном вращении тела вокруг неподвижной оси абс. величина его У. с. $\omega = \Delta\varphi/\Delta t$, где $\Delta\varphi$ – приращение угла поворота за промежуток времени Δt.

УГЛОВА́Я ЧАСТОТА́ (круговая частота), число колебаний, совершаемое за 2π секунд. У. ч. $\omega = 2\pi\nu = 2\pi/T$, где ν – число колебаний в 1 с, T – период колебаний. У. ч. при *вращательном движении* – число оборотов, совершаемое вращающимся тв. телом за 1 с, при этом T – время, за к-рое совершается 1 оборот.

УГЛОВО́Е УСКОРЕ́НИЕ, величина, характеризующая быстроту изменения угловой скорости тв. тела. При вращении тела вокруг неподвижной оси, когда его угловая скорость ω растёт (или убывает) равномерно, абс. величина У. у. $\varepsilon = \Delta\omega/\Delta t$, где $\Delta\omega$ – приращение угловой скорости за промежуток времени Δt.

У́ГОЛ, геом. фигура, образованная 2 лучами из общей точки. Эти лучи наз. сторонами У., их общее начало – вершиной У. Иногда У. наз. часть плоскости, заключённая между сторонами У. За У. между кривыми принимают У. между касательными к кривым в точке их пересечения. У. между прямой и плоскостью наз. У. между прямой и её прямоуг. проекцией на плоскость. Под У. между двумя скрещивающимися прямыми в пространстве понимают плоский У., стороны к-рого параллельны скрещивающимся прямым.

УГОЛО́ВНОЕ ДЕ́ЛО, дело, возбуждаемое в установленном законом порядке в каждом случае обнаружения преступления. Рассматривается и разрешается судом по материалам дознания и предварительного следствия (в Рос. Федерации предусмотрена также протокольная форма досудебной подготовки материалов). Приговор по У. д. может быть обжалован или опротестован в порядке и в сроки, установленные законодательством.

УГОЛО́ВНОЕ ПРА́ВО, отрасль права, нормы к-рой устанавливают принципы уголов. ответственности, виды наказаний и принципы их применения, определяют конкретные составы преступлений и меры наказания.

УГОЛО́ВНЫЙ ПРОЦЕ́СС, процедура расследования и суд. разбирательства уголов. дел. Регламентируется уголовно-процессуальным законодательством. Включает порядок возбуждения, расследования, рассмотрения, разрешения дела о преступлениях и решения вопросов, возникающих при исполнении приговоров (определений, постановлений) суда. Отд. стадии производства по делу (стадии У. п.) также регламентируются нормами уголовно-процессуального законодательства. Нормы У. п. и установленный ими порядок обязательны по всем делам и для всех судов, органов прокуратуры, следствия.

У́ГОЛЬ, материал для рисования, из обожжённых тонких веток или обструганных палочек липы, ивы и др. деревьев (с 19 в. также из спрессованного угольного порошка с растит. клеем). Рисунки У., отличающиеся тональными и линейными эффектами, бархатистостью штриха, обычно покрываются защитным слоем (фиксативом).

У́ГОЛЬНАЯ КИСЛОТА́, H_2CO_3, образуется при растворении *углерода диоксида* в воде. Важнейшие производные – *карбонаты, мочевина* (карбамид).

УГРИ́ (пресноводные угри), сем. рыб. Ок. 20 видов, в реках и озёрах побережий сев. части Атлантич., Индийского и зап. части Тихого океанов. Европейский У., обитающий и в водах зап. части Европ. России, для размножения мигрирует в Саргассово м.; объект промысла и разведения в Белоруссии, странах Прибалтики и др. У. наз. также неск. семейств мор. рыб.

У́ГРИ, воспаление сальных желёз и волосяных фолликулов гл. обр. в области лба, крыльев носа, верх. части спины с образованием сальных пробок (чёрных точек) и узелков, иногда нагнаивающихся. Часто развиваются при эндокринных и нерв. расстройствах.

УДА́ВЫ, семейство змей. Дл. от 0,4 до 10 м. Св. 80 видов, в т. ч. собственно удавы, *питоны*, анаконды, большинство – в тропич. лесах. Неядовиты; питаются гл. обр. птицами и мелкими млекопитающими; добычу душат, обвивая её телом (отсюда назв.). В неволе У. живут ок. 10 лет (иногда до 23). Илл. см. на стр. 714.

Углы: 1 – общего вида; 2 – смежные; 3 – прилежащие; 4 – вертикальные; 5 – развёрнутый; 6 – прямой, острый и тупой; 7 – между кривыми; 8 – между прямой и плоскостью; 9 – между скрещивающимися (не лежащими в одной плоскости) прямыми.

Углич. Панорама города.

714 УДАР

Удавы. Обыкновенный удав (боа).

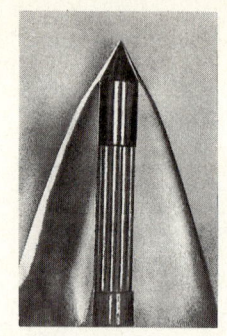

Ударная волна. Фотография ударной волны перед движущимся снарядом.

УДА́Р, совокупность явлений, возникающих при столкновении движущихся тв. тел, а также при нек-рых видах взаимодействия тв. тела с жидкостью или газом (У. струи о тело, У. тела о поверхность жидкости, действие взрыва или *ударной волны* на тв. тело и др.). Промежуток времени, в течение к-рого длится У., обычно очень мал (от неск. десятитысячных до миллионных долей секунды), а развивающиеся на площадках контакта соударяющихся тел силы очень велики. Следствиями У. могут быть остаточные *деформации*, звуковые колебания, нагревание тел, разрушение в месте У.

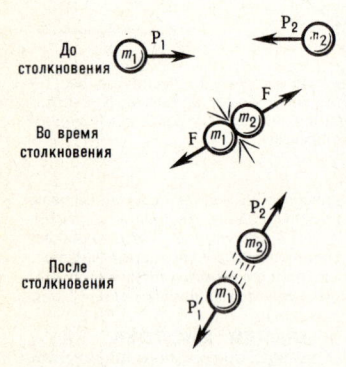

Удар. Упругое столкновение твёрдых тел: m_1, m_2 — массы тел; P_1, P_2 — импульсы тел до столкновения; P'_1, P'_2 — импульсы тел после столкновения; F — сила упругого взаимодействия.

УДАРЕ́НИЕ (акцент), 1) выделение единицы речи (слога, слова, словосочетания) с помощью фонетич. средств. Осуществляется разл. способами: силой выдоха (силовое, или экспираторное, У. в рус., англ., франц. и др. яз.); изменением высоты голосового тона (музыкальное У. в литов., серб., кит., япон. и др. языках); продлением звука (количественное У. в чистом виде не встречается). Во многих языках наблюдается комбинация этих средств. В рус. яз. силовое У. сопровождается продлением ударного слога. 2) Логическое У.— интонац. выделение того слова в предложении, к-рое несёт особую смысловую нагрузку («Ты **сегодня** приедешь к нам? А не завтра?»).

УДА́РНАЯ ВОЛНА́, распространяющаяся со сверхзвуковой скоростью тонкая переходная область пространства, в к-рой происходит резкое увеличение плотности, давления и темп-ры в-ва и др. К наиб. характерным случаям относятся У.в., возникающие при взрывах, полёте тел со сверхзвуковой скоростью, в фокусе лазерного луча и т.д.

УДЕ́ЛЫ (от «дел» — доля, часть), княж. владения на Руси 11–16 вв. Возникли в процессе дробления кр. кн-в в составе Др.-рус. гос-ва. Возникали мелкие удельные кн-ва по мере роста великокняж. семей. Удельные князья имели собств. войска, суд. учреждения, иногда чеканили монету. В ходе складывания Рус. централизов. гос-ва вел. князья московские ограничивали власть удельных князей и стремились к ликвидации удельной системы. Последнее удельное кн-во — Углическое принадлежало сыну царя Ивана IV Грозного Дмитрию Ивановичу.

УДМУ́РТИЯ (Удмуртская Республика), в России. Пл. 42,1 т. км². Нас. 1637 т. ч., гор. 70%; удмурты (30,9%), русские (58,9%), татары и др. Столица — Ижевск. 25 р-нов, 6 городов, 12 пос. гор. типа.

Поверхность равнинная, на С.-Верхнекамская возв. (выс. до 330 м). Климат умеренно континентальный. Ср. темп-ры янв. от −14 до −15°С, июля 17–19°С; осадков 400–600 мм в год. Кр. река — Кама (судоходна). Воткинское вдхр. Леса (ель, сосна, берёза и др.) занимают ок. ½ терр.

Начало формирования удм. племён — 3–4 вв. В 10–12 вв. удмурты находились под экон. и культурным влиянием Болгарии Волжско-Камской. В 13 в. терр. У. завоёвана монголо-татарами. В 14 в. началась рус. колонизация, образовалась Вятская земля, присоединённая в кон. 15 в. к Моск. вел. кн-ву. После падения Казанского ханства (1552) прикамские удмурты вошли в состав России. В 1920 образована Вотская АО в составе РСФСР, переименованная в 1932 в Удм. АО, в 1934 преобразована в Удм. АССР. В 1990 ВС республики принял Декларацию о суверенитете.

Осн. отрасли пром-сти: маш-ние и металлообработка (произ-во легковых автомобилей, разнообразного пром. оборудования, мотоциклов, станков, приборов и др.), чёрная металлургия, лесная, деревообр., нефтедоб., хим., стек., лёгкая, пищевая. Добыча торфа. Посевы зерновых (пшеница, рожь), льна-долгунца, кормовых культур; выращивают картофель, овощи. Молочно-мясное скот-во, свин-во, птиц-во. Пчеловодство. Курорт — Варзи-Ятчи.

УДОБРЕ́НИЯ (туки), органич. и минер. в-ва, содержащие элементы питания р-ний. Органич. У.— навоз, компост, перегной, птичий помёт, сапропель, торф; минеральные — азотные, фосфорные, калийные, комплексные, микроудобрения. Повышают урожайность с.-х. культур. Требуют правильной дозировки, т.к. при несоблюдении норм и определ. условий применения (особенно азотных У.) в органах р-ний накапливаются в-ва, вредные для человека и ж-ных. Избыточное применение У. приводит также к загрязнению окружающей среды, в частности водоёмов.

УДО́Д, пёстрая птица, единственный вид в сем. удодовых. Дл. ок. 30 см. На голове веерообразный хохол. Хорошо передвигается по земле. Распространён в Евразии и Африке, в степях и лесостепях. Гнёзда грязные, с резким запахом (отсюда одно из назв. У.— вонючий петушок). Характерен крик — глухое «уп-уп-уп».

Удод.

У́ЖВИЙ Нат. Мих. (1898–1986), актриса. На сцене с 1922. С 1936 в Укр. т-ре имени И.Я. Франко. Образы, созданные У., отличались глубокой эмоциональностью, одухотворённостью, филигранным мастерством: Анна («Украденное счастье» И.Я. Франко, 1940), Ковшик («Калиновая роща» А.Е. Корнейчука, 1949), Филумена Мартурано («Филумена Мартурано» Э. Де Филиппо, 1957) и др. Снималась в ф.: «Выборгская сторона» (1939), «Радуга» (1944).

У́ЖГОРОД, г., центр Закарпатской обл., на Украине, на р. Уж, у подножия Вост. Карпат. 123 т. ж. Ж.-д. ст. Деревообр., маш.-строит. (приборы, оборудование для газопроводов и др.), лёгкая (в т.ч. обувная), пищевкус. пром-сть; произ-во продукции бытовой химии и др. Ун-т. 5 музеев: худ., нар. архитектуры и быта, краеведч. и др. 2 т-ра (в т.ч. муз.-драм.). Филармония. Возник в 8–9 вв.

УЖИ́, семейство змей. Дл. от 10 см до 3,5 м. Ок. 1700 видов (св. 60% всех змей), ядовитые (бойга, стрела-змея) и неядовитые (*полозы*, *медянка* и др.). Распространены широко. Укус У. для человека не опасен.

УЗБЕКИСТА́Н (Республика Узбекистан), гос-во в центр. части Ср. Азии. Пл. 447,4 т. км². Нас. 21179 т. ч., гор. 41%; узбеки (71,4%), русские (8,3%), таджики (4,7%), казахи (4,1%), татары (2,4%), каракалпаки (2,1%) и др. Офиц. яз.— узбекский. Большинство верующих — мусульмане-сунниты. Глава гос-ва — президент. Законодат. орган — меджлис. Столица — Ташкент. 12 областей, 156 р-нов, 123 города, 104 пос. гор. типа. В составе У.— Респ. Каракалпакия. Ден. единица — сум.

Большая часть терр. У. занята Туранской низм., в пределах к-рой расположена пустыня Кызылкум. На С.-В. и Ю.— предгорья и отроги Тянь-Шаня и Гиссаро-Алая (выс. до 4643 м); между ними расположены межгорн. впадины: Ферганская, Зеравшанская, Чирчик-Ангренская и др. Климат резко континентальный. Ср. темп-ры июля от 26°С на С. до 32°С на Ю., янв. от −10°С на С.-З. до −3°С на Ю.-В.; осадков от 80 мм (на равнине) до 1000 мм (в горах) в год. Гл. реки: Амударья, Сырдарья; Аральское м. Много искусств. водохранилищ. На равнинах преобладает пустынная растительность, в горах — степи, леса, горные луга. Народный парк Узбекистана; заповедники, наиб. крупный — Чаткальский.

С 8 в. до н.э. на территории У. существовали государства Бактрия, Хорезм, Согд, Парфия. К 6–4 вв. до н.э. относятся нашествия иран. Ахеменидов, войск Александра Македонского. В 3–2 вв. до н.э. в гос-ве Селевкидов, Греко-Бактрийском царстве. Во 2 в. до н.э.— 8 в. н.э. в гос-ве Кангюй, Фергана, Тохаров, Эфталитов, Кушанское царство, Тюркский каганат и др. В 8 в. терр. завоёвана Араб. халифатом. В 9–13 вв. входила в гос-ва Саманидов, Караханидов, Хорезм. В 13–15 вв. под властью монголо-татар, в гос-ве Тимуридов. В 15 в. возникло узб. гос-во Шейбанидов. С 16 в. Бухарское и Хивинское, с 18 в. Кокандское ханства. В 60–70-х гг. 19 в. часть терр. У. присоединена к Рос. империи (Самаркандская и части Ферганской, Семиреченской и Сырдарьинской обл.). В нояб. 1917 — марте 1918 установлена сов. власть, осн. часть терр. вошла в состав Туркестанской АССР; в Бухаре и Хиве образованы Бухарская нар. сов. респ. и Хорезмская нар. сов. респ. В 1924 образована Узб. ССР; с 1925 в составе СССР как союзная республика. В 1991 ВС республики принял закон о гос. независимости, учреждён пост президента.

У.— агр.-индустр. страна. ВНП на д. нас. 860 долл. в год. Произ-во эл.-энергии гл. обр. на ТЭС. Ведущие отрасли пром-сти: маш-ние (с.-х., эл.-техн., строительное и дорожное, хим. и нефтяное; приборостроит., станкостроит. и металлообработка; горнодоб. (газ, нефть, уголь, сера и др.), хим. (произ-во минер. удобрений, хим. волокон, пластмасс), цв. и чёрная металлургия, лёгкая (хл.-очистит., хл.-бум., шёлковая и др.), пищевкусовая (в т.ч. плодоовощеконс., масложиро-вая). Нар. худ. промыслы. Основа с. х-ва — поливное земледелие. Посевы технических (в осн. хлопчатник, кенаф, масличные) и зерновых (рис, кукуруза, джугара и др.) культур. Плод-во, виногр-во, овощ-во, бахчеводство. Гл. отрасли жив-ва — овц-во (в т.ч. каракульское), молочно-мясное скот-во; разведение лошадей, верблюдов. Шелк-во. Судох-во по Амударье. Сеть трубопроводов. Курорты: Ташкентские Минеральные Воды, Чартак, Чимион, Шахимардан и др.

У́ЗЕЛ, 1) место соединения двух тросов или петля (схватка), стянутая на тросе. Разнообразны по выполнению и назначению. 2) Мера скорости, широко используемая в мор. флоте. 1 У. = 1,852 км/ч.

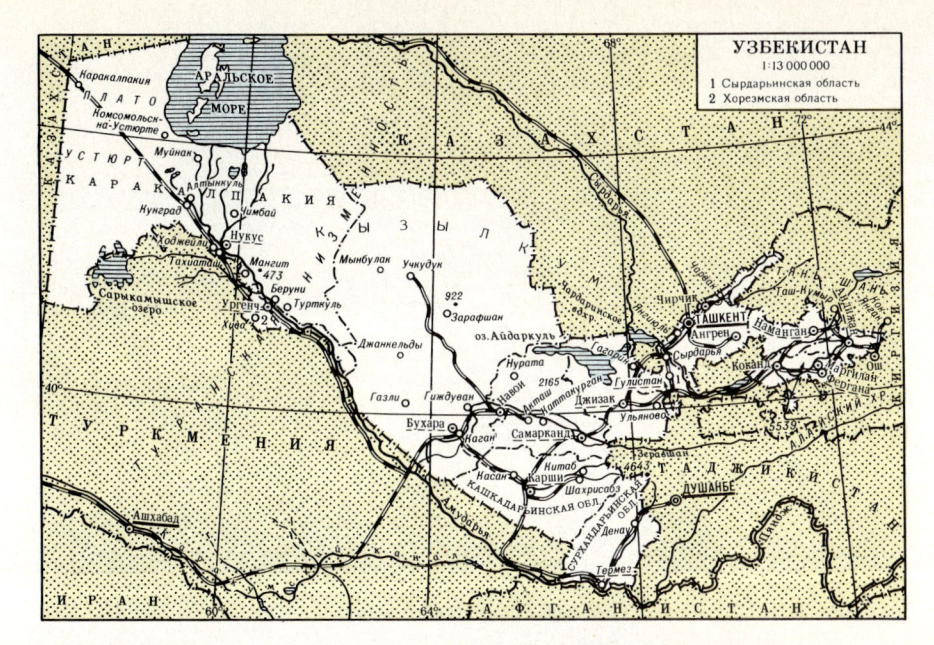

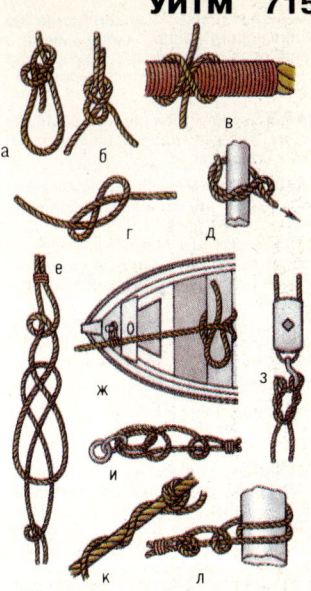

Узбекистан: Чарвакское водохранилище (вверху); пустыня Кызылкум.

Узел морской: а — беседочный; б — шкотовый; в — выбленочный; г — восьмёрка; д — удавка; е — плоский; ж — шлюпочный; з — кошачьи лапки; и — рыбацкий штык; к — стопорный; л — штык с двумя шлагами.

УЗУРПА́ЦИЯ (от лат. usurpatio — овладение), насильственный захват власти или присвоение чужих прав на что-либо, чужих полномочий.

УИ́ЛЬЯМС (Williams) Теннесси (наст. имя Томас Ланир) (1911–83), амер. драматург. Лиричные психол. пьесы «Стеклянный зверинец» (1945), «Трамвай "Желание"» (1947), «Орфей спускается в ад» (1955), «Кошка на раскалённой крыше» (1955), «Ночь игуаны» (1961), сб. «Драконова страна» (1970) — о страданиях одиноких, часто ущербных, но одухотворённых, поэтич. натур в чёрством, прагматичном и нетерпимом окружении. Экзистенциалистские и фрейдистские идеи, религиозная символика, биол. мотивировки. Проза (в т.ч. пов. «Римская весна миссис Стоун», 1950).

УИ́ЛЬЯМС Уильям Карлос (1883–1963), амер. поэт. Мастер *свободного стиха* в традиции У. Уитмена. Находя источник глубоких чувств и драматизма в конкретике бытия и заурядных людях, сочетает урбанистич. колорит и исповедальность, обыденную речь и точную метафору. Амер. реальность воспроизводит как динамично-противоречивое единство, создаваемое стремит. темпом жизни и разнородностью начал нац. характера (практицизм и духовная неискушённость, культ новизны и неколебимая приверженность демокр. установлениям). Утверждает уникальность социального опыта и культуры амер. народа (сб. «Собрание стихотворений», 1934, «Музыка пустыни», 1954; эпич. поэма «Патерсон», 1946–63). В сб. «Образы Брейгеля» (1962) — ощущение богатства каждого мгновения.

УИМБЛДО́НСКИЙ ТУРНИ́Р, ежегодный междунар. турнир (неофиц. первенство мира на травяных кортах) по теннису в Уимблдоне (входит в состав Б. Лондона); проводится как открытый чемпионат Великобритании с 1877.

УИПЛ (Whipple) Джордж Хойт (1878–1976), амер. врач и патолог, один из авторов т.н. печёночного метода лечения злокачественной (пернициозной) анемии. Ноб. пр. (1934).

УИ́СТЛЕР (Whistler) Джеймс (1834–1903), амер. живописец. Был близок к франц. импрессионистам. Портреты и пейзажи отличаются острой наблюдательностью, тонким колористич. мастерством, оригинальностью композиц. решений (портрет матери, 1871).

УИ́ТМЕН (Whitman) Уолт (1819–1892), амер. поэт, публицист. В сб-ках стихов «Листья травы» (1855–91) чувство родства со всеми людьми и всеми явлениями мира выражено посредством преображения

У. Уитмен.

лирич. героя в др. людей и неодушевлённые предметы. Любой человек и любая вещь — священны на фоне бесконечной во времени и пространстве Вселенной — гостеприимной, доверчиво открытой и соразмерной человеку. Воспевал «мировую демократию», всемирное братство людей труда, позитивные науки, любовь и товарищество, не знающие социальных границ. Романтич. пафос лирич. героя сочетается с «многоголосием» реалистич. свидетельств из хроники

716 УКАЗ

времени, подчас бескомпромиссно обличающих амер. социальные и нравств. контрасты. Реформатор амер. поэзии; новатор *свободного стиха*.

УКА́З, в ряде стран нормативный акт главы гос-ва (напр., президента). См. также *Закон*.

УКИЁ-Э (япон.– образы повседневного мира), школа япон. живописи и гравюры на дереве (17–19 вв.). Для У.-э характерны портреты актёров и красавиц из «весёлых кварталов», сюжеты из обыденной жизни, созвучные гор. лит-ре нач. 17 – 2-й пол. 19 вв. Наиб. успехов мастера У.-э (Моронобу, Утамаро, Хокусай и др.) достигли в цв. гравюре на дереве.

УКЛЕ́ЙКИ, род пресноводных рыб (сем. *карповые*). Дл. до 20 см, масса до 60 г. 7 видов, в басс. рек Евразии. Объект спорт. лова.

УКРАИ́НА, гос-во в Вост. Европе, на Ю. омывается Чёрным и Азовским морями. Пл. 603,7 т. км². Нас. 52344 т.ч., гор. 67%; украинцы (72,7%), русские (22,1%), евреи (0,9%), белорусы (0,9%), молдаване, поляки и др. Офиц. яз.– украинский. Большинство верующих – православные и католики. Глава гос-ва – президент. Законодат. орган – Верх. Совет. Столица – Киев. 24 области, 479 р-нов, 434 города, 927 пос. гор. типа. Терр. автономия – Респ. Крым. Ден. единица – карбованец.

Поверхность б.ч. равнинная и холмистая с отд. возвышенностями (Волынская, Подольская, Приднепровская – на З., Донецкий кряж и Приазовская – на Ю.-В.) и низменностями (Полесская – на С., Приднепровская – в ср. части, Причерноморская – на Ю.). На Ю.-З.– Украинские Карпаты (выс. до 2061 м, г. Говерла), на Ю.– Крымские горы (выс. до 1545 м). Климат умеренный, преим. континентальный, на Южном берегу Крыма субтропич. Ср. темп-ры янв. от –8°С на С.-В. до 4°С на Ю., июля от 18°С на С.-З. до 24°С на Ю.-В.; осадков от 300 мм в год на Ю.-В. до 1200–1600 мм в Карпатах. Гл. реки: Днепр, Юж. Буг, Северский Донец, Прут, Днестр, Дунай. Много озёр. На С.– смешанные леса; в центр. части и на Ю.– лесостепи и степи. Карпатский и Шацкий природные нац. парки; заповедники (наиб. крупные – Черноморский, Полесский).

В 1-м тыс. до н.э. на части терр. У. существовали Скифское царство, антич. города-гос-ва Сев. Причерноморья и др. В 9–12 вв. б.ч. терр. входила в состав др.-рус. гос-ва, ставшего основой формирования 3 вост.-слав. народов (русские, украинцы и

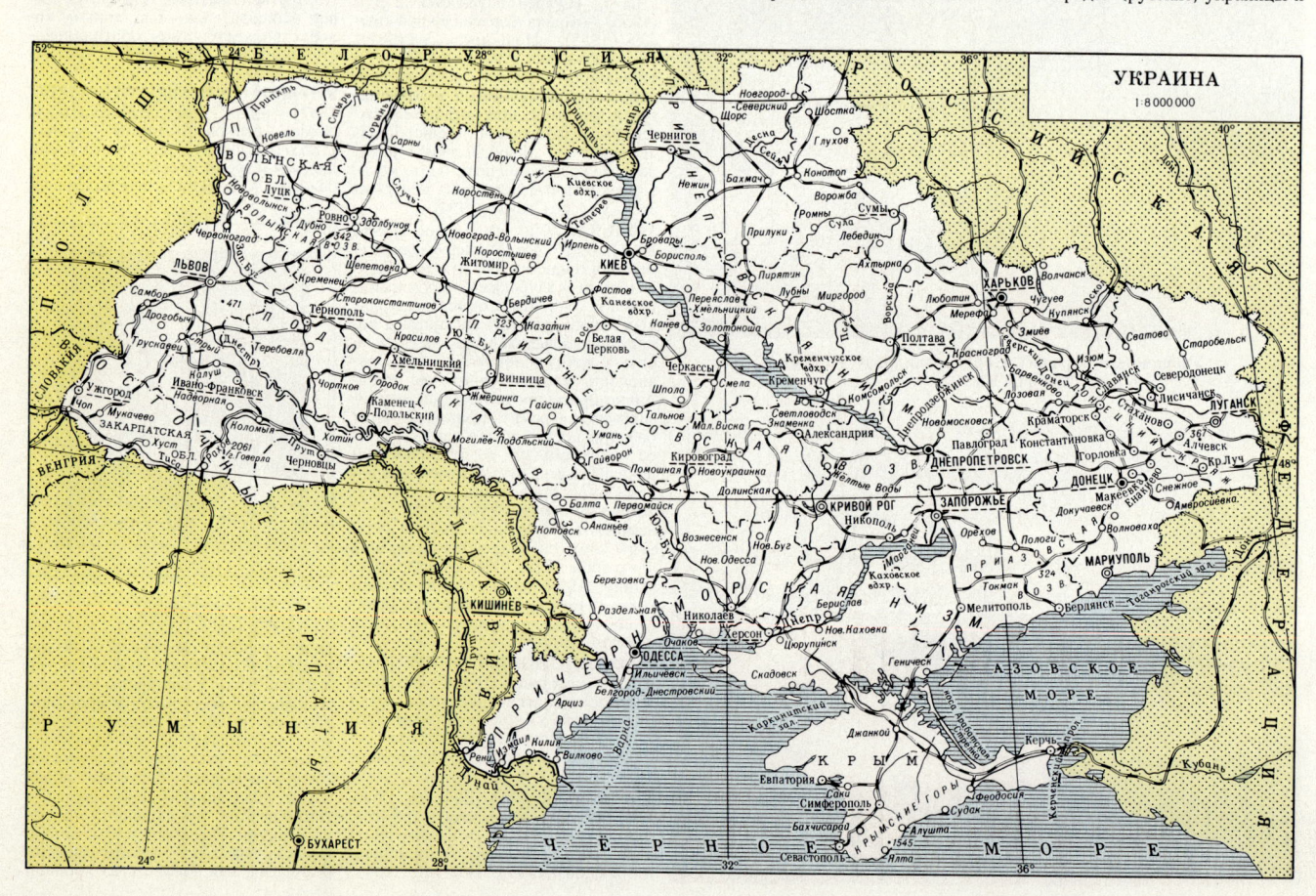

Украина. Река Днепр у г. Канев.

Украина. Добыча железных руд на Полтавском горно-обогатительном комбинате.

Г.С. Уланова. Партия Джульетты.

белорусы). В 12 в. на терр. Юго-Зап. Руси выделились Киевское, Черниговское, Галицкое, Владимиро-Волынское и др. самостоят. кн-ва, в кон. 12 в. образовалось Галицко-Волынское кн-во. В 13 в. они подверглись монг. завоеваниям, в 14 в. попали под власть Вел. кн-ва Литовского, Польши и др. В 16 в. образовалась Запорожская Сечь – центр укр. казачества. В результате освободит. войны 1648–54 под рук. Богдана Хмельницкого и воссоединения У. с Россией (Переяславская Рада) Левобережная У. получила автономию в составе России. В 1917–20 на терр. У. существовали Укр. нар. респ., Зап.-Укр. нар. респ., Укр. держава, с к-рыми УССР (образована в дек. 1917) находилась в состоянии гражд. войны. В результате сов.-польск. войны 1920 Зап. У. отошла к Польше. С 30.12.1922 УССР в составе СССР. В 1939 в результате раздела сфер влияния между СССР и Германией терр. Зап. У. вошла в состав УССР. В 1941–44 У. подверглась нем.-фаш. оккупации. В июне 1945 Закарпатская У. вошла в состав УССР. В 1954 из РСФСР в состав УССР была передана Крымская обл. В 1990 ВС республики принял Декларацию о гос. суверенитете. Учреждён пост президента (1991).

У. – индустр.-агр. страна. ВНП на д. нас. 1670 долл. в год. Произ-во эл.-энергии на ТЭС, ГЭС и АЭС. Ведущие отрасли пром-сти: маш-ние и металлообработка (произ-во машин и оборудования для горной и металлургич. пром-сти, энергетич., трансп. и с.-х. маш-ния, станко- и приборостроение, судостроение, эл.-техн. и радиоэлектронная пром-сть и др.), горнодоб. (уголь, жел. и марганц. руды, сера, калийные соли и др.), чёрная и цв. (алюминий, титан, магний) металлургия, хим., коксохим. и нефтехим. (минер. удобрения, серная к-та, сода и др.). Развиты пищевкус. (в т.ч. сах., маслобойно-жировая, мясо-молочная, конс., винодельч.), лёгкая (текст., швейная, трикот.), целл.-бум. пром-сть; произ-во стройматериалов. С. х-во специализируется на выращивании зерновых (в осн. пшеница, кукуруза, рис) и техн. (подсолнечник) культур и жив-ве (гл. отрасли – разведение кр. рог. скота и свин-во). Плод-во, бахчеводство, виногр-во. Гл. мор. порты: Одесса, Ильичёвск, Херсон, Измаил, Мариуполь, Керчь; действует мор. паромная переправа Ильичёвск – Варна (Болгария). Судох-во по Днепру, Десне, Припяти, Днестру, Дунаю. Сеть трубопроводов. Курорты и курортные зоны: Юж. берег Крыма, Евпатория, Одесская группа курортов, Трускавец, Миргород, Моршин и др.

УКРАИНКА Леся (наст. имя и фам. Лар. Петр. Косач-Квитка) (1871–1913), укр. писательница. В лирике (сб. «На крыльях песен», 1893, «Отзвуки», 1902; цикл «Песни про волю», 1905) – дух свободолюбия, мужественное противостояние житейским невзгодам. В символико-аллегорич. драм. поэмах («В катакомбах», 1905; «Вавилонский плен», 1908), стихотв. драмах на ист.-культурные и мифол. сюжеты – тема народа и тирании, трагич. бессилия пророков («Кассандра», 1908). Драм. феерия «Лесная песня» (1912) создана на основе волынского фольклора; совр. сюжеты – в драме «Осенняя сказка» (1905; опубл. в 1928). Повести, рассказы.

УКРОП, род одно-, редко двулетних травянистых р-ний (сем. зонтичные). 4 вида, в Зап. Азии, Индии и Сев. Африке. У. пахучий в культуре с 10 в. Возделывается в Евразии, Америке, Африке; в России – повсеместно. Урожайность до 150 ц с 1 га, в парниках и теплицах 2–3 кг с 1 м². У. используют как пряное и лекарств. р-ние: плоды У. аптечного, или фенхеля обыкновенного, применяют как ветрогонное (в виде т.н. укропной воды) и отхаркивающее средство.

УКСУСНАЯ КИСЛОТА, CH₃COOH, бесцв. горючая жидкость с резким запахом. Для безводной, «ледяной», кислоты $t_{пл}$ 16,75 °C, $t_{кип}$

Укроп пахучий. Цветущие растения.

118,1 °C. Получают окислением ацетальдегида и др. методами, пищевую У.к. уксуснокислым брожением этанола. Применяют для получения лекарств. и душистых в-в, как растворитель (напр., в произ-ве ацетата целлюлозы), в виде столового уксуса при изготовлении приправ, маринадов, консервов. У.к. участвует во мн. процессах обмена в-в в живых организмах. Соли и эфиры У.к. наз. ацетатами.

УЛАН-БАТОР (Улаанбаатар), столица (с 1924) Монголии, в долине р. Тола, на выс. 1300–1350 м. 536,6 т. ж. Междунар. аэропорт. Производит ок. ½ валовой пром. продукции страны. З-д автоприцепов, промкомб-т по

Улан-Батор. Один из павильонов дворцового ансамбля.

переработке животного сырья, мясокомб-т, металлообр., деревообр., домостроит., пищ. и др. пром-сть. АН, ун-т. Музеи: гос. центр изобр. иск-в, реконструкции У.-Б., истории религии и др. Т-ры: оперы и балета, драмы и др.; филармония. Осн. в 1639 под назв. Оргоо (Ставка), с 1706 наз. Их-хурээ, с 1911 – Нийслэн-хурээ (в России известен до 1924 как Урга). Со 2-й пол. 18 в. резиденция маньчжурского наместника и адм. ц. Внеш. Монголии. В У.-Б. и его окрестностях – монастыри Гандан (в осн. 18–19 вв.), Чойчжин-Ламайнсум (1904–08), дворцовый ансамбль Ногон-Орго (ныне музей; 1832).

УЛАНОВА Гал. Сер. (р. 1909/10), артистка балета. В 1928–44 в Ленингр. т-ре оперы и балета имени С.М. Кирова; в 1944–60 в Большом театре. Иск-во У. отличалось редкой гармонией всех выразит. средств танца, воплотило лучшие традиции отеч. балетной школы. Создала особый стиль исполнения, в к-ром соединялись чистота линий, трепетность чувств, лиризм и музыкальность: Одетта-Одиллия («Лебединое озеро», 1929) и Маша («Щелкунчик», 1934) П.И. Чайковского, Жизель («Жизель» А. Адана, 1932), Джульетта («Ромео и Джульетта», 1940) и Золушка («Золушка», 1945) С.С. Прокофьева, и др. С 1960 балетм.-репетитор Большого т-ра. В классе У. совершенствовались Е.С. Максимова, В.В. Васильев, М.А. Сабирова, А.А. Михальченко, Л.И. Семеняка, Н.Л. Семизорова и др.

УЛАН-УДЭ (до 1934 Верхнеудинск), г., столица (с 1923) Бурятии; пристань у впадения р. Уда в р. Селенга. 366 т. ж. Ж.-д. уз. Маш-ние и металлообработка (самолёты, приборы, с.-х. машины, деревообр. станки и др.), пищ., лёгкая, деревообр. пром-сть; кр. стекольный з-д. Бурят. филиал СО РАН, 4 вуза. 5 музеев (в т.ч. худ., вост. иск-в, этногр.). 4 т-ра (в т.ч. оперы и балета). Филармония. Осн. в 1666. Илл. см. на стр. 718.

УЛАНЫ (польск. ulan от тур. oğlan – юноша, молодец), вид лёгкой кавале-

Уланы: 1 – штаб-офицер Волынского уланского полка, 1833; 2 – рядовой 2-го лейб-уланского Курляндского полка, 1869.

718 УЛАР

Улан-Удэ. Этнографический музей.

рии в европ. армиях 16 – нач. 20 вв. (в России с кон. 18 в.; назв. У. с 1803). Впервые появились в 13–14 вв. в монг.-тат. войске. С 16 в. формировались в Польше и Литве из татар. Были вооружены пиками и саблями. Во 2-й пол. 19 в. утратили практич. различия с др. видами кавалерии (за исключением формы).

УЛА́РЫ (горные индейки), род птиц (сем. фазановые). Дл. ок. 60 см, масса до 3 кг. По облику и поведению похожи на домашних кур. 5 видов, в т.ч. кавказский, темнобрюхий, каспийский У. Распространены в горах Азии. Алтайский У.– редкий вид, охраняется.

УЛЕ́МЫ (араб. улама́ – учёные), сословие мусульм. богословов и законоведов. У. часто назв. также духовных наставников, тех, кто совершил паломничество в Мекку, а также образованных уважаемых мусульман.

УЛИ́Н (Ohlin) Бертиль (1899–1979), швед. экономист и полит. деятель. Сочинения по проблемам цен, ссудного капитала и процента, междунар. торговли. Пред. Нар. партии (1944–67). Ноб. пр. (1977).

У́ЛИЧИ, объединение вост.-слав. племён на берегах Ниж. Днепра, Буга, на побережье Чёрного м. С сер. 10 в. в составе Др.-рус. гос-ва.

УЛО́ЖЕННЫЕ КОМИ́ССИИ, временные коллегиальные органы в России в 18 в. Созывались для кодификации законов, вступивших в силу после Соборного уложения 1649. Всего было 7 У.к.; крупнейшая (собрание всерос. сословных представителей) созвана Екатериной II в 1767–69.

УЛУ́С, 1) родо-племенное объединение с определ. терр., подвластное хану или вождю у народов Центр. и Ср. Азии, Сибири. 2) В России адм.-терр. единица рус. волости у бурят, калмыков и якутов.

У́ЛЬМАН (Ullmann) Лив (р. 1938), норв. актриса. Играла в т-рах в Норвегии и на Бродвее. Прославилась в психологически сложных драм. ролях в фильмах И. Бергмана: «Персона» (1966), «Шёпоты и крик» (1972), «Змеиное яйцо» (1977), «Осенняя соната» (1978) и др. Поставила ф. «Софи» (1992).

У́ЛЬМАНИС (Улманис) (Ulmanis) Карлис (1877–1942), латв. полит. деятель. Лидер «Латыш. крестьянского союза». В 1918–34 неоднократно возглавлял пр-во Латв. респ. В 1934 осуществил гос. переворот, установил личную диктатуру. Премьер (1936–40), затем президент Латвии. Репрессирован органами НКВД; умер в тюрьме.

УЛЬТИМА́ТУМ (позднелат. ultimatum, букв.– доведённое до конца), 1) в междунар. праве категорическое и безусловное требование одного гос-ва к другому о совершении или несовершении к.-л. действий в указанный срок. Может сопровождаться угрозой санкций или иных действий (напр., разрыв дипл. отношений). 2) Во время воен. действий требование, заявленное противником о сложении оружия, сдаче позиций, капитуляции.

УЛЬТРА... (от лат. ultra – сверх, за пределами), часть сложных слов, означающая: находящийся за преде-

Ультразвук. Изображение человеческого плода (17 недель), полученное с помощью ультразвука частотой 5 МГц.

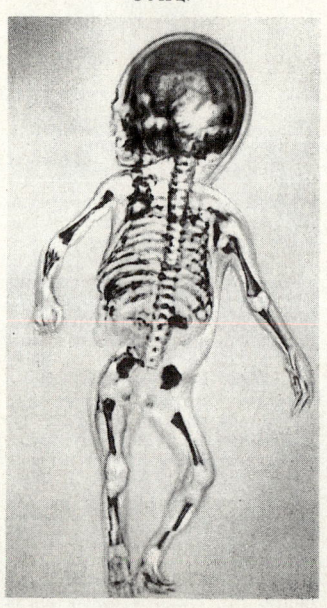

лами (по количеств. или качеств. признакам), крайний (соответствует рус. «сверх»), напр. ультрамодный, ультразвук.

УЛЬТРАЗВУ́К, не слышимые человеческим ухом упругие волны, частоты к-рых превышают 20 кГц. У. содержится в шуме ветра и моря, издаётся и воспринимается рядом ж-ных (летучие мыши, дельфины, рыбы, насекомые и др.), присутствует в шуме машин. Применяется в практике физ., физ.-хим. и биол. исследований, а также в технике для целей дефектоскопии, навигации, подвод. связи, для ускорения нек-рых хим.-технол. процессов, получения эмульсий, сушки, очистки, сварки и др. процессов, в медицине для диагностики заболеваний мозга (эхоэнцефалография), сердца (эхокардиография), исследования плода и др. Осн. устройства для генерации У.– пьезоэлектрические и магнитострикционные преобразователи.

УЛЬТРАФИОЛЕ́ТОВОЕ ИЗЛУЧЕ́НИЕ (УФ-излучение), не видимое глазом эл.-магн. излучение в пределах длин волн 400–10 нм. Различают ближнее (400–200 нм) и дальнее (200–10 нм) У.и. Источники – Солнце, звёзды, УФ-лазеры, плазма и др. Приёмники – спец. фотоплёнка, фотоэлектронные приёмники. С уменьшением длины волны все тела становятся менее прозрачными для У.и., дальнее У.и. полностью поглощается воздухом. У.и. вызывает изменения в живых клетках (нарушается их деление, возникают мутации и др.). Малые дозы У.и. оказывают благотворное действие на человека и ж-ных.

УЛЬЯ́НОВ Мих. Ал-др. (р. 1927), актёр, театральный деятель. С 1950 в Т-ре имени Евг. Вахтангова (с 1987 худ. рук.). Углублённый драматизм и страстность, строгий, мужеств. стиль игры, масштабность образов, часто открытый гражд. пафос в ролях: Рогожин («Идиот» по Ф.М. Достоевскому, 1957), Сергей («Иркутская история» А.Н. Арбузова, 1960), Виктор («Варшавская мелодия» Л.Г. Зорина, 1967), Антоний («Антоний и Клеопатра», 1971) и Ричард III («Ричард III», 1976) У. Шекспира, Цезарь («Мартовские иды» по Т. Уайлдеру, 1991) и др. Снимался в ф.: «Председатель» (1964), «Освобождение» (1970–72), «Блокада» (1975–78), «Тема» (1979, вып. 1986), «Частная жизнь» (1982) и др. С 1986 пред. правления Союза театральных деятелей России.

УЛЬЯ́НОВСК (до 1924 Симбирск), г., центр Ульяновской обл., в России. 656,4 т. ж. Порт на Волге (Куйбышевское вдхр.); ж.-д. уз.; аэропорт. Маш-ние и металлообработка (автомобили «УАЗ», самолёты, приборы, станки, моторы, гидроаппаратура и др.), пр-во стройматериалов, хим., лёгкая и пищ. пром-сть. 6 вузов. Музеи: худ., краеведч. (в числе филиалов – ист.-мем. музей И.А. Гончарова, лит. «Дом Языковых»), истории гражд. авиации. Ист.-мемор. заповедник «Родина Владимира Ильича Ленина». Т-ры: драм., кукол. Филармония. Осн. в 1648.

УМ, способность мышления и понимания. В истории философии понятию У. соответствует нус (лат.– интеллект).

Ульяновск. Дом писателя И.А. Гончарова.

УМБРИ́ЙСКАЯ ШКО́ЛА, итал. школа живописи 13–16 вв. с центром в г. Перуджа (обл. Умбрия). Для мастеров 14–15 вв. (Джентиле да Фабриано и др.) характерны изысканный декор. композиции в духе поздней готики, для художников 2-й пол. 15–нач. 16 вв.– лиричные поэтичные образы, мягкий колорит в стиле Раннего Возрождения (П. Перуджино, ранний Рафаэль, Пинтуриккьо).

Умбрийская школа. П. Перуджино. «Мадонна с младенцем». Музей изобразительных искусств имени А.С. Пушкина.

УМОЗРЕ́НИЕ, тип филос. мышления, характеризующийся абстрагированием от чувственного опыта. В истории философии выявились 2 типа У.: рационалистический (роль математики как образца У. в пифагореизме, платонизме, неоплатонизме) и интуитивистский – непосредств. созерцание идеи как эйдоса, т.е. некоего духовного образца.

У́МЫСЕЛ, в праве одна из форм *вины*. Заключается в том, что лицо, совершающее преступление, сознаёт общественно опасный характер своего действия (бездействия), предвидит его общественно опасные последствия и желает их (прямой У.) или сознательно допускает (косвенный У.).

УНАМУ́НО (Unamuno) Мигель де (1864–1936), исп. писатель, философ, представитель *экзистенциализ*-

ма. В центре религ.-филос. концепции У. (т.н. кихотизма) – образ Дон Кихота, выступающий как «душа Испании», воплощение трагич. чувства действительности. Осн. темы худ. произв.: любовь, смерть, одиночество, поиски Бога (ром. «Туман», 1914; пов. «Сан Мануэль Добрый, мученик», 1933; «Назидательные новеллы», 1920; драмы «Сфинкс», 1909, «Медея», 1933).

УНГАРЕ́ТТИ (Ungaretti) Джузеппе (1888–1970), итал. поэт, представитель *герметизма*. Формалистич. поиск (в т.ч. отказ от рифмы и синтаксич. связей) – в сб. «Весёлые кораблекрушений» (1919), «Чувство времени» (1933), «Страдание» (1947). Поворот к «непоэтич. реальности» в сб. «Жизнь человека» (1969).

У́НДЕР (Under) (наст. фам. Адсон) Марие (1883–1980), эст. поэтесса. В 1944 эмигрировала в Швецию. В лирике (сб. «Сонеты», 1917, «Предцветие», 1918, «Под небом пустым», 1930, «Искры в пепле», 1954, «На грани», 1963) – напряжённая эмоциональность, пластичная образность.

УНДИ́НЫ (от лат. unda – волна), в поверьях мн. европ. народов духи воды, *русалки*.

УНИА́ТСКИЕ ЦЕ́РКВИ, вост.-христ. общины, подчинившиеся папе римскому, но сохраняющие свои обряды, литургич. и каноннич. особенности своих церквей (греко-католики, мелхито-, халдео-, копто-, армяно-, сиро-, яковито-католики и др.). В истории Рус. правосл. церкви имела важное значение *Брестская уния* 1596. У.ц. ликвидированы в 1946 на Украине, а также в Словакии, Румынии, Польше; с кон. 1980-х гг. возрождаются.

УНИВЕРСА́ЛИИ (от лат. universalis – общий, всеобщий), общие понятия. Онтологич. статус У. в центр. проблем ср.-век. философии (спор об У. 10–14 вв.): существуют ли У. «до вещей» как их вечные идеальные прообразы (платонизм, крайний реализм), «в вещах» (аристотелизм, умеренный реализм), «после вещей» в человеческом мышлении (номинализм, концептуализм).

УНИВЕРСА́ЛЬНЫЙ, 1) разносторонний, всеобъемлющий (напр., У. энциклопедия). 2) Пригодный для мн. целей, выполняющий разнообразные функции (напр., У. станок).

УНИВЕРСИА́ДА, всемирные студенч. спорт. соревнования, учреждённые в 1924. В 1949 осн. Междунар. федерация университетского спорта (ФИСУ); объединяет св. 100 стран. С 1960 летние У. проводятся в нечётные годы, зимние – в чётные. Девиз У.: «Наука – Спорт – Дружба – Мир».

УНИВЕРСИТЕ́Т (от лат. universitas – совокупность, общность), высш. уч. заведение, в к-ром ведётся подготовка специалистов по фундам. и мн. прикладным наукам. Как правило, осуществляет и н.-и. работу. Многие совр. ун-ты действуют как уч.-науч.-практич. комплексы. Первые ун-ты появились в 11–13 вв. в Италии, Испании, Франции. Первые рус. ун-ты – Академический (1726–66; действовал как часть Петерб. АН) и Московский (осн. в 1755). В Рос. Федерации (нач. 90-х гг.) св. 40 гос. ун-тов; имеются также ун-ты, учреждённые разл. обществ. орг-циями и фондами и др.

УНИВЕ́РСУМ (лат. universum – всё, целое), филос. термин, обозначающий «мир как целое».

УНИСО́Н (итал. unisono, от лат. unus – один и sonus – звук), 1) однозвучие, образуемое неск. голосами. 2) Одновременное исполнение одной и той же мелодии неск. музыкантами.

УНИТА́РНОЕ ГОСУДА́РСТВО, форма гос. устройства, при к-ром управление осуществляется центр. властью. Терр. У.г. подразделяется на адм.-терр. единицы (области, края, департаменты) в отличие от *федерации*, к-рую образуют её субъекты. В У.г. – единая конституция, один представит. орган, одно пр-во. В адм.-терр. единицах многих совр. У.г. (напр., Италия, Франция) действует система местного самоуправления, однако обязательно имеется представитель центр. власти (префект, гос. комиссар и т.п.).

УНИФИКА́ЦИЯ (от лат. unus – один и ...фикация), приведение чего-либо к единой системе, форме, к единообразию. Напр., в правовых норм в целях единообразного регулирования определ. обществ. отношений (напр., семейных) проводится как в рамках одного гос-ва, так и в межгос. отношениях (У. законодательства в рамках Европ. Союза).

У́НИЯ (от лат. unio – единство, объединение), 1) форма объединения монархич. гос-в под короной одного суверена (напр., У. Великобритании и Ганновера в 1714–1837, У. Швеции и Норвегии в 1814–1905). Первые У. возникли в 13–14 вв. 2) У. церковная, см. *Униатская церковь*.

У́НСЕТ (Undset) Сигрид (1882–1949), норв. писательница. В социальных ром. «Фру Марта Эули» (1907), «Весна» (1914) – тема жен. равноправия. В психол. ист. роман-трилогии из эпохи викингов и рыцарского средневековья «Кристин, дочь Лавранса» (1920–22) и ром. «Улав, сын Аудуна» (т. 1–4, 1925–27) – поиски идеалов добра и справедливости. Новеллы, эссе «Этапы» (1929), кн. воспоминаний «Одиннадцать лет» (1934). Ноб. пр. (1928).

УО́ЛКОТТ (Walcott) Дерек (р. 1930), тринидадский поэт и драматург; пишет на англ. языке. В метафорич. насыщенной культурными символами и одновременно пластически-зримой поэзии (сб. стихов «Потерпевший кораблекрушение», 1965, «Гроздья моря», 1976, «Середина лета», 1984) герой, новый Адам, пытается заново (после 4 веков колон. рабства) обрести облик своей цивилизации (стих. «Руины Большого Дома»). Особенность поэтики У.– новое эпическое видение современности, различающее в ней напластования великих и ушедших культур (автобиогр. поэма «Другая жизнь», 1973; сб. «Счастливый путник», 1982). Сквозной «герой» У.– странствующий бард Гомер; синтезирующая многолетние поиски поэма «Новый Омир» (1990) – своего рода «лирич. обозрение цивилизации» – предполагает возможность новых горизонтов традиц. европ. гуманизма и целей. Ноб. пр. (1992).

УО́ЛПОЛ (Walpole) Хорас (1717–1797), англ. писатель. Родоначальник *готического романа* («Замок Отранто», 1765). В духе предромантизма написана трагедия У. «Таинственная мать» (1768). Эпистолярное наследие. Пропагандировал готич. стиль в архитектуре и садово-парковых композициях.

УО́РРЕН (Worren) Роберт Пенн (1905–89), амер. писатель, литературовед. Филос.-психол. ром. «Вся королевская рать» (1946) – об ответственности личности за судьбы истории на примере карьеры политика-демагога. Романы-метафоры – «Достанет времени и места» (ист.; 1951), «Пещера» (1959), «Приди в зелёный дол» (1971), «Пристанище» (1977) – создают гротескный образ совр. царства отчуждения (порождаемого стандартизацией, погоней за успехом, практицизмом, нравств. релятивизмом), сочетающийся с широкой панорамой амер. будней и богатством реалистич. характеров. Поэзия У.–

Р.П. Уоррен.

земная и «метафизическая», повествоват. и исповедальная – проникнута примиряющей с действительностью иронией и чётким традиционно-гуманистич. нравств. идеалом (сб. «Быть на земле. Стихи 1977–1980 гг.», 1980). Культурологич. кн. «Демократия и поэзия» (1975).

УО́ТА Та́ЙЛЕРА ВОССТА́НИЕ 1381, крупнейшее в ср.-век. Англии крест. восстание. Руководители – Уот Тайлер и Дж. Болл. Охватило большинство графств. В июне восставшие при поддержке гор. бедноты вошли в Лондон, где учинили расправу с королев. советниками, судьями и др. Во время переговоров с королём потребовали отмены крепостного права. Восстание было подавлено. Уот Тайлер был убит приближёнными короля во время переговоров.

УО́ТСОН (Watson) Джеймс Дьюи (р. 1928), амер. молекулярный биолог. В 1953 совм. с Ф. Криком создал модель пространств. структуры *дезоксирибонуклеиновой кислоты* (двойную спираль), что позволило объяснить многие её свойства и биол. функции. Ноб. пр. (1962).

УПАНИША́ДЫ (санскр. – сокровенное знание, заключ. часть *вед*, их окончание («веда-анта»); основа всех ортодоксальных (принимающих авторитет вед) религ.-филос. систем Индии, в т.ч. *веданты*. Время создания 7–3 вв. до н.э. – 14–15 вв. н.э.

УПРАВЛЕ́НИЕ, функция организов. систем разл. природы (биол., социальных, технических), обеспечивающая сохранение их определ. структуры, поддержание режима деятельности, реализацию их программ и целей.

«УПРАВЛЕ́НЧЕСКОЙ РЕВОЛЮ́ЦИИ» ТЕО́РИЯ, концепция, согласно к-рой господство акц. формы пр-тий приводит к отстранению собственников капитала от власти над корпорациями и банками и переходу её к менеджерам, технократам. Возникла в 30-х гг. 20 в. (работы А. Берли и Г. Минса). В 40-х гг. развивалась Дж. Бёрнхемом и в 60–70-х – Дж. Гэлбрейтом и др. «У.р.» т. отражает процесс возрастания роли проф. организаторов произв-ва – менеджеров, однако абсолютизирует его значение.

УПРАВЛЯ́ЕМЫЙ ТЕРМОЯ́ДЕРНЫЙ СИ́НТЕЗ (УТС), слияние лёгких атомных ядер (напр., дейтерия и трития) с выделением энергии, происходящее при весьма высоких темп-рах ($\geqslant 10^8$К) в управляемых условиях (в термоядерном реакторе). Возможность осуществления УТС теоретически рассчитана в неск. вариантах, однако ещё ни один не реализован. На сегодня наиб. перспективным решением проблемы УТС представляется создание термоядерного реактора (и электростанции на его основе) с использованием высокотемпературной плазмы, удерживаемой магн. полем. Однако не исключены и иные решения, напр. облучение твёрдой мишени (крупинки смеси дейтерия и трития) лазерным излучением. Разл. варианты УТС в последние десятилетия изучаются физиками во всех развитых странах мира (США, Россия, Япония, Франция, Германия и др.); при полной науч.-теоретич. ясности путей решения задачи остаётся ещё много нерешённых чисто техн. и технол. вопросов, требующих трудоёмких и дорогостоящих исследований. УТС – одна из наиб. фундам. науч.-техн. проблем кон. 20 в., её решение обеспечит человечество достаточно экологически чистым источником энергии практически на неограниченный срок. По наиб. оптимистич. прогнозам создание термоядерной энергетики возможно в 1-й четв. 21 в.

УПРУ́ГИЕ ВО́ЛНЫ, механич. возмущения, распространяющиеся в упругой (твёрдой, жидкой или газообразной) среде. Возникают при колебаниях тел (напр., струны), землетрясениях; звук также является У.в.

УПРУ́ГОСТЬ, свойство тел восстанавливать форму и объём (тв. тела) или только объём (жидкости и газа) после прекращения действия внеш. сил (см. *Деформация*). Количеств. характеристика упругих свойств материалов – модули упругости (напр., модуль Юнга; см. *Гука закон*). У. обусловлена взаимодействиями между атомами и молекулами и характером их теплового движения. В тв. телах У. существует вплоть до достижения предела текучести (см. *Пластичность*) и описывается при малых деформациях законом Гука.

УПРЯЖЬ (сбруя), приспособление для управления лошадьми и др. упряжными ж-ными при использовании их для верховой езды, с.-х., трансп. и др. работ. Одноконная дуговая У. состоит из хомута, дуги, седёлки с подпругой, черессидельника, подбрюшника, шлеи, узды и вожжей. Осн. часть сбруи верховой лошади – седло.

УПУ́ЩЕННАЯ ВЫ́ГОДА, см. в ст. *Убытки*.

УР (шумер. Урим, совр. Тель-Мукайяр), древний город (4-е тыс.– 4 в. до н.э.) в Месопотамии (Ирак). Поселение с 5-го тыс. до н.э. Расцвет в 21 в. до н.э. Оборонит. стены, дворцы, храмы, зиккурат, богатые гробницы, клинописный архив и др.

УРАВНЕ́НИЕ, два выражения, соединённые знаком равенства; в эти выражения входят одна или неск. переменных, наз. неизвестными. Решить У.— значит найти все значения неизвестных, при к-рых оно обращается в тождество, или установить, что таких значений нет. В зависимости от вида выражений, входящих в У., различают алгебр., логарифмич., тригонометрич. и др. У.

УРАГА́Н (франц. ouragan), ветер силой 12 баллов по *Бофорта шкале*, т.е. ок. 32,7 м/с.

УРА́Л, территория между Вост.-Европ. и Зап.-Сибирской равнинами, к к-рой относится Уральская горн. система (св. 2000 км). Высш. точка — г. Народная (1895 м). По рельефу и природным особенностям выделяют Полярный У., Приполярный У., Сев. У., Ср. У. и Юж. У. Преобладает среднегор. рельеф. Гл. реки: Печора, Кама, Чусовая, Белая, Урал. На склонах — хвойные и смешанные леса; на Ю.— лесостепи и степи, б.ч. распаханные. Заповедники. У. издавна славится богатством и разнообразием полезных ископаемых, в т.ч. м-ниями жел., медных, хромовых, никелевых руд, калийных солей, асбеста, драгоценных камней и др.

УРА́Л, р. в России и Казахстане. Дл. 2428 км. Истоки в хр. Уралтау, впадает в Каспийское м. Осн. притоки: Орь, Илек, Сакмара. На У.— Верхнеуральское, Магнитогорское, Ириклинское вдхр.; гг. Верхнеуральск, Магнитогорск, Орск, Новотроицк, Оренбург, Уральск (начало судох-ва), Атерау. Первонач. назв. У.-Яик. После подавления восстания Е.И. Пугачёва, в к-ром принимали участие яицкие казаки, Яик в 1775 указом имп. Екатерины II был переименован в У.

УРА́ЛЬСК, г., обл. ц. в Казахстане. 214 т.ж. Пристань в р. Урал; ж.-д. ст. Маш-ние и металлообработка (разл. арматура, приборы, суда и др.), пищ. (мясоконс., рыбная и др.), лёгкая (кож.-обув., меховая и др.) пром-сть. 2 вуза. Драм. т-р. Музеи: ист.-краеведч., литературный. Осн. в 1584; с 1613 на совр. месте; до 1775 Яицкий городок.

УРА́Н, в греч. мифологии бог неба, супруг Геи, отец титанов, киклопов и сторуких исполинов; был свергнут сыном Кроносом.

УРА́Н (астр. знак ♅), планета, ср. расстояние от Солнца 19,18 а.е. (2871 млн. км), диам. 50 540 км, масса $8,69 \cdot 10^{25}$ кг (14,54 массы Земли). По строению и хим. составу в осн. подобен Юпитеру, но содержит значительно больше метана и аммиака. Период обращения вокруг Солнца 84 года, период вращения вокруг своей оси ок. 17 ч 14 мин. Открыты 15 спутников У. (крупнейшие Титания, диам. ок. 1600 км, и Оберон, диам. ок. 1550 км) и кольца, подобные по строению кольцу Юпитера.

УРА́Н (Uranium), U, радиоактивный хим. элемент III гр. периодич. системы, ат. н. 92, ат. м. 238,0289; относится к *актиноидам*; металл, $t_{пл}$ 1135 °С. У.— главный элемент атомной энергетики (ядерное топливо), используется в ядерном оружии, сырьё для получения плутония. Открыт М. Клапротом (Германия) в 1789, металлич. У. получил Э. Пелиго (Франция) в 1841. Франц. физик А. Беккерель в 1896, изучая излучение У., открыл явление радиоактивности.

УРА́НОВЫЕ РУ́ДЫ, содержат U от 0,005% (бедные руды) до 0,31% (богатые). Гл. минералы: уранинит, урановые слюдки. Мировые запасы св. 2 млн. т. Гл. добывающие страны: Канада, США, ЮАР, Австралия.

УРА́РТУ, гос-во 9–6 вв. до н.э. на терр. Арм. нагорья (в т.ч. терр. совр. Армении). Столица — Тушпа. В 13–11 вв. до н.э. союз племён. Расцвет — кон. 9 – 1-я пол. 8 вв. до н.э. (цари: Менуа, Аргишти I, Сардури II). Вело длительные войны с Ассирией. В 6 в. до н.э. завоёвано мидянами.

УРБАНИЗА́ЦИЯ (от лат. urbanus — городской), процесс повышения роли городов в развитии общества. Предпосылки У.— рост в городах индустрии, развитие их культурных и полит. функций, углубление терр. разделения труда. Для У. характерны приток в города сел. населения и возрастающее маятниковое движение населения из сел. окружения и ближайших малых городов в крупные города (на работу, по культурно-бытовым надобностям и пр.). В нач. 19 в в городах мира проживало 20,3 млн. ч. (3% населения Земли), к 1900 — 224,4 млн. (13,6%), к 1950 — 729 млн. (28,8%), к 1990 — 2261 млн. (41,3%). Наивысш. доля гор. населения (1990, %): в России — ок. 74, в США — 77,5, Германии — 78,3, Великобритании — 89.

УРБАНИ́ЗМ, 1) в иск-ве и лит-ре изображение и описание больших городов, динамики их жизни. 2) Направление в градостроительстве 20 в., считающее неизбежным и необходимым создание городов-гигантов с крупными зданиями.

УРБА́НСКИЙ Евг. Як. (1932–65), актёр. В 1957–65 в Моск. драм. т-ре имени К.С. Станиславского. Героям У. свойственны мужественный романтизм, цельность натуры, нравственная чистота: Ричард («Ученик дьявола» Б. Шоу, 1958), Март Туйск («Блудный сын» Э. Раннета, 1959), Ян («Первый день свободы» Л. Кручковского, 1960) и др. Снимался в ф.: «Коммунист» (1958), «Баллада о солдате» (1959), «Неотправленное письмо» (1960), «Чистое небо» (1961), «Большая руда» (1964). Погиб на съёмках ф. «Директор».

У́РГАНТ Нина Ник. (р. 1929), актриса. В 1954–62 в Ленингр. т-ре имени Ленинского комсомола. С 1962 в Ленингр. т-ре драмы имени А.С. Пушкина. Актриса лирико-драм. дарования, наделяет своих героинь благородством и широтой души, чувством собств. достоинства. В характерные роли, остро очерченные социально, вносит краски теплоты и сочувствия: Инкен Петерс («Перед заходом солнца» Г. Гауптмана, 1963), Раневская («Вишнёвый сад» А.П. Чехова, 1972), Москалёва («Дядюшкин сон» по Ф.М. Достоевскому, 1987) и др. Снималась в ф.: «Белорусский вокзал» (1971) и др.

УРГЕ́НЧ (до 1929 Новоургенч), г. (с 1929), центр Хорезмской обл., в Узбекистане, в долине Амударьи, на канале Шават. 130 т. ж. Ж.-д. ст. Лёгкая (хл.-очист., шёлкомотальная и др.), пищ. пром-сть, маш-ние и металлообработка (с.-х. машины и др.); произ-во стройматериалов. Пед. ин-т. Картинная гал. Узб. т-р муз. драмы и комедии. Возник в сер. 17 в.

УРЕМИ́Я (от греч. úron — моча и háima — кровь), острое или хронич. самоотравление организма, обусловленное почечной недостаточностью: накопление в крови токсич. продуктов азотистого обмена (азотемия), нарушения кислотно-щелочного (ацидоз) и осмотич. равновесия. Проявления: вялость, головная боль, рвота, понос, кожный зуд, судороги, кома и др.

УРЕТРИ́Т (от греч. uréthra — мочеиспускательный канал), преим. инфекц. (гонорейное и др.) воспаление мочеиспускат. канала (уретры); боль, жжение при мочеиспускании, гнойные выделения.

УРО́... (от греч. úron — моча), часть сложных слов, указывающая на их отношение к моче, мочевыделит. или мочеполовым органам (напр., урология).

У́РОВЕНЬ ЖИ́ЗНИ, уровень потребления населением материальных и духовных благ и степень удовлетворения потребностей в них на определ. ступени развития общества. Включает объём реальных доходов на душу населения, уровень и структуру потребления прод., непрод. товаров и услуг, уровень и динамику цен на осн. предметы потребления, ставки квартирной платы, тарифы коммунальных и трансп. услуг, продолжительность рабочего дня и рабочей недели, жилищные условия, уровень образования, мед. обслуживания, ср. продолжительность жизни и др.

У́РОВНИ ЭНЕ́РГИИ, значения, к-рые может принимать энергия атома, молекулы и др. квантовых систем; совокупность У.э. образует энергетич. спектр системы. С одного У.э. на другой система переходит посредством *квантового перехода*, при этом система может испускать или поглощать эл.-магн. энергию.

УРОГРА́ФИЯ (от *уро*... и *графия*), метод рентгенологич. иссл. почек и мочевых путей после внутривенного введения рентгеноконтрастного в-ва.

Уровни энергии $\varepsilon_0, \varepsilon_1, \varepsilon_2...$ квантовой системы; стрелками показаны квантовые переходы между ними, $v_{10}, v_{20}...$ — частоты, соответствующие этим переходам.

Урал. Выходы яшмы на г. Полковник у г. Орск.

Урал. Красные камни.

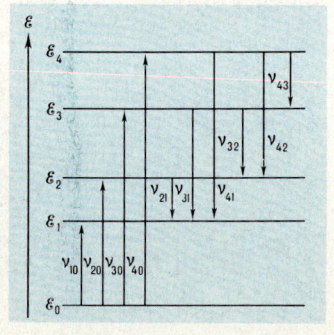

Уродства. Одноголовый телёнок с двойным туловищем и двумя парами задних конечностей.

УРО́ДСТВА, резкие отклонения от нормы в строении и функции органов, организмов, врождённые (наследственные) и травматич. (ненаследственные). У человека У. наз. тяжёлые *пороки развития*, обезображивающие внеш. облик и часто несовместимые с жизнью. Наука об У. — *тератология*.

УРОЛО́ГИЯ (от *уро...* и *...логия*), область клинич. медицины, изучающая заболевания органов мочевой системы, а у мужчин — и половых органов, и разрабатывающая методы их лечения и профилактики. Науч. У. сформировалась в 19 в.

УРУГВА́Й (Восточная Республика Уругвай), гос-во на Ю.-В. Юж. Америки, на Ю. омывается Атлантич. ок. Пл. 178 т. км². Нас. 3,15 млн. ч., гл. обр. уругвайцы (в т.ч. 86% белые — потомки испанских и итальянских переселенцев из Зап. Европы, 8% метисы). Офиц. яз. — испанский. Верующие в осн. католики. Глава гос-ва и пр-ва — президент. Законодат. орган — двухпалатный парламент (Сенат и Палата представителей). Столица — Монтевидео. Адм.-терр. деление: 19 департаментов. Ден. единица — уругвайское песо.

Поверхность холмисто-равнинная. Климат субтропич. Ср. темп-ры июля 10–12°С, янв. 22–24°С; осадков 1000–1200 мм в год. Гл. реки: Уругвай, Рио-Негро. Субтропич. лесостепь.

С нач. 17 в. под господством Испании (с 1617 терр. совр. У. составила пров. Вост. берег в исп. губернаторстве Ла-Плата). В 1811 в ходе Войны за независимость исп. колоний в Америке 1810–26 У. провозгласил независимость. С 1821 в составе Браз. империи, с 1825 — Аргентины. С 1828 независимая республика У. признана Бразилией и Аргентиной. В 1830 была принята первая конституция Вост. Респ. У. В 1838 началась продолжит. гражд. война между радикальными либералами («красные», партия «Колорадо») и консерваторами («белые», партия «Бланко»), в результате к-рой власть в стране сохраняли представители партии «Колорадо». Парламентские выборы 1958 принесли победу партии «Бланко», к-рая почти 100 лет находилась в оппозиции. В 1966 на всеобщих выборах победу вновь одержала партия «Колорадо». Рост влияния левых орг-ций, партий и группировок, вошедших в Широкий фронт, к-рый ставил своей целью проведение коренных соц.-экон. преобразований, вызвал активизацию воруж. сил. С их помощью в 1973 был совершён гос. переворот, приостановлено действие конституции. В 1985 осуществлён переход к конституц. форме правления.

У. — агр.-индуст. страна с развитым жив-вом (один из крупнейших в мире производителей и экспортёров шерсти, мяса и кож). ВНП на д. нас. 2860 долл. в год. Осн. отрасль с. х-ва — пастбищное жив-во, разводят в осн. мясные породы кр. рог. скота и шёрстных овец. Выращивают преим. пшеницу, рис, сорго, сах. тростник, подсолнечник; виногр-во, плод-во и овощ-во. Наиб. развиты пищ. (преим. мясохладобойная, консервная), текст. (гл. обр. шерстяная), кож.-обув. пром-сть. Нефтеперераб., хим., фарм., эл.-техн., металлургич. пром-сть; автосборочные пр-тия. Экспорт: шерстяной текстиль, мясные консервы, овощи, напитки, таб. изделия, пластмасса, резина.

Уругвай. Выпас крупного рогатого скота в субтропической саванне.

УРУ́К, древний город в Шумере (совр. Варка, Ирак), 4-е тыс. до н.э. — 3 в. н.э. В 3-м тыс. город-гос-во, объединивший Юж. Двуречье. В 24 в. до н.э. столица Шумера. Остатки храмов 4-го тыс. до н.э., скульптура, глиняные таблички с пиктографич. письменностью и др.

УРУКАГИ́НА (правильнее Уруинимгина), царь *Лагаша* во 2-й пол. 24 в. до н.э. От времени У. сохранился хоз. архив.

УСА́МА ИБН МУНКЫ́З (1095–1188), араб. писатель и полководец, родом из Сирии. «Мусульм. рыцарь», с 15 лет участвовал в сражениях против крестоносцев и провёл жизнь в воинских походах по Бл. Востоку и Египту. Мемуарная «Книга назидания» (рукопись обнаружена в 1880 в Эскуриале) написана живо, с блестящим юмором, и даёт богатую картину эпохи. Стихи; прозаич. «Книга стоянок и жилищ».

УСАЧИ́, семейство жуков. Стройные, дл. 3–150 мм, с длинными усиками, нек-рые ярко окрашены, часто с металлич. блеском. Ок. 25 тыс. видов, распространены широко, преобладают в тропиках. Повреждают лесные породы, техн. древесину, дерев. постройки, плодовые деревья, с.-х. культуры. Илл. см. при ст. *Жуки*.

УСИЛИ́ТЕЛЬ (техн.), устройство для повышения значения к.-л. физ. величины (электрич. напряжения, силы тока, мощности и т.п.) за счёт энергии постороннего источника. Используется в радиотехн., измерит. аппаратуре, приборах телемеханики и т.д.

УСКОРЕ́НИЕ, величина, характеризующая быстроту изменения вектора скорости точки по его численному значению и направлению. При прямолинейном движении ср. У. равно отношению приращения скорости Δv к промежутку времени Δt, за к-рый это приращение произошло: $w = \Delta v / \Delta t$. При криволинейном движении полное У. точки слагается из касательного и нормального ускорения. У. прямо пропорционально силе, действующей на точку, и обратно пропорционально массе точки. У. — вектор, направление к-рого совпадает с направлением вектора силы. Измеряется в м/с².

УСКОРЕ́НИЕ СВОБО́ДНОГО ПАДЕ́НИЯ, ускорение, к-рое имел бы центр тяжести любого тела при падении его на Землю с небольшой высоты в безвоздушном пространстве. Как и *сила тяжести*, У.с.п. зависит от широты места и высоты его над ур. моря (напр., на спутниковой орбите радиуса 300 км У.с.п. уменьшается почти на 5%). У.с.п. может быть определено с помощью оборотного маятника. На широте Москвы на ур. моря $g = 981{,}56$ см/с², на Луне характерное значение У.с.п. 1,6 м/с².

УСКОРИ́ТЕЛИ, устройства для получения заряженных частиц (протонов, электронов и др.) высоких энергий с помощью электрич. поля. Частицы движутся в вакуумной камере, их движением управляют обычно с помощью магн. поля. По характеру траектории частиц различают У. циклические и линейные, а по характеру ускоряющего поля — резонансные и нерезонансные. К циклич. У. относятся У. электронов — бетатрон и синхротрон и У. протонов — циклотрон, фазотрон, синхротрон протонный. Самую высокую энергию электронов дают линейные резонансные У. (ок. 20 ГэВ), а протонов — протонный синхротрон (~500 ГэВ). У. представляют собой очень большие (длина десятки км) установки.

УСЛО́ВНОЕ ТО́ПЛИВО, принятая при техн.-экон. расчётах единица, служащая для сопоставления тепловой ценности разл. видов органич. топлива. Теплота сгорания 1 кг твёрдого У.т. (или 1 м³ газообразного) 29,3 МДж (7000 ккал).

УСЛУГ СФЕ́РА, 1) совокупность отраслей экономики, продукция к-рых выступает в виде услуг, — *непроизводственная сфера*; 2) торговля, обществ. питание, услуги по произ-ву и ремонту разл. продукции нар. потребления (одежды, обуви, предметов хоз. назначения и т.д.). На нач.

Ускорители. Вид сверху территории, на которой расположен линейный ускоритель со встречными пучками (Станфорд, США). После ускорения пучки электронов и позитронов встречаются в подземной экспериментальной установке (проекция их траектории на поверхности помечена штрихом).

1990-х гг. доля занятых в странах ЕС в У.с. — 66%.

УСПЕ́НИЕ БОГОРО́ДИЦЫ, один из двунадесятых правосл. церк. праздников. Установлен в память смерти Девы Марии – матери Христа. Отмечается верующими 15(28) августа. Назв. у католиков – Взятие Марии на небо.

УСПЕ́НСКИЙ Глеб Ив. (1843–1902), рус. писатель. Реалистически показал жизнь гор. бедноты, социальные противоречия пореформенной деревни (циклы очерков «Нравы Растеряевой улицы», 1866, «Разорение», 1869, «Власть земли», 1883, и др.). Творчество проникнуто демокр., народнич. идеями.

УССУ́РИ, р. на Д. Востоке, прав. приток Амура, в Приморском и Хабаровском краях, частично по границе с Китаем. Дл. 897 км. Начинается на склонах хр. Сихотэ-Алинь. Часты катастрофич. паводки. Рыб-во. Судох-во от г. Лесозаводск.

УССУРИ́ЙСКИЙ ЕНО́Т, то же, что *енотовидная собака.*

УСТА́В, 1) свод правил, регулирующих деятельность политич. партий, юридич. лиц и др., их права и обязанности. В вооруж. силах действуют воинские У. 2) В РФ законодат. акт, определяющий статус краёв, областей, городов федерального значения, авт. области и авт. округов в качестве субъектов федерации.

УСТА́ЛОСТЬ материала, изменение механич. и физ. свойств материала (металлов, керамик, пластмасс и др.) в результате действия циклически изменяющихся во времени *напряжений* и *деформаций.* Сопротивление У. характеризуется пределом выносливости – наиб. напряжением, к-рое может выдержать материал без разрушения при заданном числе циклич. воздействий, и может быть повышено с помощью термич., механич. или хим. обработки материала. Разрушение материала при У. сопровождается сначала появлением микротрещин, а затем их ростом и появлением макротрещин. Учёт У. необходим при проектировании машин и строит. конструкций.

УСТАНО́ВКА, состояние предрасположенности субъекта к определ. активности в определ. ситуации. Явление открыто нем. психологом Л. Ланге в 1888. Общепсихол. теория У. на основе многочисл. эксперим. иссл. разработана груз. психологом Д.Н. Узнадзе и его школой. Наряду с неосознаваемыми простейшими У. выделяют более сложные социальные У., ценностные ориентации личности и т.п.

УСТА́ШИ, в 1929–45 орг-ция хорв. националистов. Основана за границей А. Павеличем. В 1934 У. убили югосл. короля Александра и франц. мин. ин. дел Л. Барту. После оккупации Югославии (1941) фаш. войска создали под эгидой оккупантов марионеточное «Независимое гос-во Хорватия».

УСТО́ЙЧИВОСТЬ ДВИЖЕ́НИЯ, способность движущейся под действием приложенных сил механич. системы почти не отклоняться от этого движения при к.-л. незначит. случайных воздействиях (лёгкие толчки, слабые порывы ветра и т.п.). У.д. должны обладать автомобиль, самолёт, снаряд, ракета и др. используемые в технике движущиеся объекты.

У́СТРИЦЫ, семейство мор. двустворчатых моллюсков. Размер раковины 6–8 см, у нек-рых до 45 см. Ок.

Л.О. Утёсов.

50 видов, распространены широко, наиб. разнообразны в тропич. морях. Часто на мелководьях образуют массовые поселения – устричные банки. С древности употребляются в пищу; объект промысла, аквакультуры (гл. обр. Япония, Франция, США). При определ. условиях (загрязнение морей пром. сбросами и пр.) способны концентрировать в теле тяжёлые металлы и др. токсич. в-ва.

УСТЬ-КАМЕНОГО́РСК, г. (с 1868), центр Вост.-Казахстанской обл., в Казахстане, в предгорьях Рудного Алтая. 333 т. ж. Пристань на р. Иртыш; ж.-д. уз. Пр-тия цв. металлургии, маш-ние и металлообработка (горн. оборудование, конденсаторы, приборы и др.), пищ., лёгкая пром-сть. 2 вуза. Музеи: ист.-краеведч. и этнографический. Театр. Возник в 1720. Близ У.-К. – Усть-Каменогорская ГЭС.

УСТЬ-ОРДЫ́НСКИЙ БУРЯ́ТСКИЙ АВТОНО́МНЫЙ О́КРУГ, в Иркутской обл., в России. Пл. 22,4 т. км², Нас. 140 т.ч., буряты (36,3%), русские (56,5%) и др. Ц. – посёлок Усть-Ордынский. 6 р-нов, 4 посёлка сельского типа. Расположен на Лено-Ангарском плато, к З. от оз. Байкал. Климат резко континентальный. Ср. темп-ры янв. –22°C, июля 17°C; осадков ок. 330 мм в год. Гл. река – Ангара (судоходна). Лесостепь. Лесная и пищ. (масло- и сыроделие) пром-сть. Гл. с.-х. р-н Прибайкалья. Посевы зерновых (гл. обр. пшеница) культур. Жив-во (кр. рог. скот, овцы). На Ю.-З. – Транссибирская магистраль.

УСЫНОВЛЕ́НИЕ (удочерение), принятие на воспитание детей, лишившихся попечения родителей, с установлением между усыновлённым и усыновителем правовых (личных и имущественных) отношений, существующих между родителями и детьми (присвоение фамилии, отчества, обязательства по содержанию усыновлённых детей и др.). По праву Рос. Федерации У. допускается только в отношении несовершеннолетних детей и в их интересах. Оформляется постановлением главы местной администрации и подлежит обязат. регистрации в органах загса. Тайна У. охраняется законом.

УТАМА́РО (Китагава Утамаро) (1753 или 1754–1806), япон. мастер цв. ксилографии и живописец. Представитель школы *укиё-э.* Портретные и жанровые изысканно-поэтич. образы.

УТЁСОВ Леон. Осипович (1895–1982), артист эстрады. Выступал с 1911, в т.ч. в Москве и Петрограде. Организатор (1929), руководитель и солист одного из первых сов. джазовых коллективов «Теа-джаза» (позднее Гос. эстрадный орк. РСФСР), с к-рым снялся в ф. «Весёлые ребята» (1934). Исполнение У. песен И.О. Дунаевского, В.П. Соловьёва-Седого, М.И. Блантера и др. отличалось задушевностью и простотой манеры.

УТИЛИЗА́ЦИЯ (от лат. utilis – полезный), употребление с пользой, напр. У. отходов.

УТИЛИТАРИ́ЗМ (от лат. utilitas – польза, выгода), 1) принцип оценки всех явлений только с точки зрения их полезности, возможности служить средством для достижения к.-л. цели. 2) В этике основанное И. Бентамом позитивистское направление, считающее пользу основой нравственности и критерием человеческих поступков; получило распространение в Великобритании в 19 в.

У́ТКИ, неск. родов водоплавающих птиц. Масса от 300 до 1700 г, у многих самцы крупнее и ярче окрашены. 116 видов, в т.ч. гоголи, пеганки, чирки, гаги, крохали и др. Распространены широко. Обитают на пресных и солёных водоёмах, часто держатся большими стаями. Характерен сложный брачный ритуал ухаживания. Многие – объект промысловой охоты (ради мяса, пера, пуха). Большинство домашних У. произошли от дикой У. – кряквы. Разводят (пекинских, московских белых, украинских серых и др.) ради мяса (живая масса до 4 кг) и яиц (до 250 в год). В пром. птиц-ве Франции, Италии, Дании до 5 кг), дающих нежное, тёмное нежирное мясо с привкусом дичи.

УТКОНО́С, яйцекладущее млекопитающее, единств. вид в семействе. Длина тела до 45 см, хвоста до 15 см. Голова заканчивается «утиным клювом» (отсюда назв.). Лапы с перепонками. Распространён в Вост. Австралии и Тасмании, по берегам рек и водоёмов. Питается мелкими водными ж-ными. Самки откладывают яйца в нору. Истреблялся ради ценного меха, малочислен, находится под охраной.

Утки: пекинская (слева) и мускусная.

Утконос.

УТОПИ́ЧЕСКИЙ СОЦИАЛИ́ЗМ, учения об идеальном обществе, основанном на общности имуществ, обязат. труде, справедливом распределении. Понятие «У.с.» восходит к соч. Т. Мора «Утопия» (1516). Крупнейшие представители: Т. Мюнцер, Т. Кампанелла, Дж. Уинстэнли, Ж. Мелье, Морелли, Г.Б. Мабли, Г. Бабёф, Т. Дезами, К.А. Сен-Симон, Ш. Фурье, Р. Оуэн, А.И. Герцен, Н.Г. Чернышевский.

УТО́ПИЯ (от греч. u – нет и tópos – место, т.е. место, к-рого нет; по др. версии, от éu – благо и tópos – место, т.е. благодатная страна), изображение идеального общества, лишённое науч. обоснования; жанр науч. фантастики; обозначение всех сочинений, содержащих нереальные планы социальных преобразований. Термин происходит от назв. книги Т. Мора (16 в.).

УТРИ́ЛЛО (Utrillo) Морис (1883–1955), франц. живописец. Мастер лирич. гор. пейзажа (парижские предместья, улочки Монмартра).

УФА́, г. (с 1586), столица (с 1919) Башкирии, пристань на р. Белая, при впадении в неё р. Уфа. 1097 т. ж. Ж.-д. ст. Пром-сть: нефтеперераб., хим. и нефтехим., маш-ние (нефтеаппаратура, хим. оборудование, станки, моторы, эл.-техника и др.) и металлообработка, деревообр., лёгкая, пищевая. 11 вузов (в т.ч. 3 ун-та). 4 музея: худ., архитектуры и этнографии и др. 4 т-ра (в т.ч. оперы и балета). Филармония. Осн. в 1574.

УФОЛО́ГИЯ [от англ. ufology – деятельность по изучению *неопознанных летающих объектов* (НЛО)], область исследований, включающая сбор, классификацию и интерпретацию сообщений очевидцев о наблюдениях НЛО. Важная проблема У. – определение степени достоверности, объективности подобных сообщений.

УФФИ́ЦИ, картинная галерея во Флоренции. Крупнейшее собрание итал. живописи и скульптуры эпохи Возрождения, зап.-европ. живописи и графики. Осн. в 16 в. Здание построено в 1560–85 (арх. Дж. Вазари и Б. Буонталенти).

УХА́НЬ, г. в Китае. 3,3 млн. ж. Порт при впадении р. Ханьшуй в Янцзы. Мост через Янцзы. Металлургич., маш.-строит., хим. Ун-т, муз. ин-т. Поселение на месте совр. У. изв. с 1-го тыс. до н.э. Гор. истор. начался в период Саньго (220–280). Пагода Баота (13 в.).

У́ХО, орган слуха и равновесия у позвоночных ж-ных и человека. У млекопитающих и человека состоит из наруж. и ср. У., проводящих звук, и внутр. У., воспринимающего его. Звуковые волны, улавливаемые ушной раковиной, вызывают вибрацию

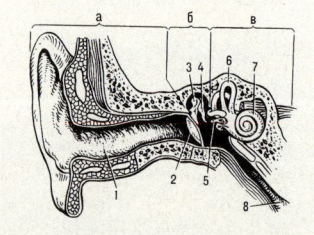

Ухо человека (схема): а – наружное, б – среднее, в – внутреннее; 1 – слуховой проход; 2 – барабанная перепонка; 3 – молоточек; 4 – наковальня; 5 – стремечко; 6 – полукружные каналы; 7 – улитка; 8 – евстахиева труба.

М. Утрилло. «Улица на Монмартре». 1930. Частное собрание.

П. Уччелло. «Битва Святого Георгия с драконом». 1450-е гг. Национальная галерея. Лондон.

барабанной перепонки и затем через систему слуховых косточек, жидкостей и др. образований передаются воспринимающим рецепторным клеткам.

У́ХТОМСКИЙ Ал. Ал. (1875–1942), рос. физиолог. Исследовал процессы возбуждения, торможения, механизм усвоения ритмов внеш. раздражений органами и др. Открыл один из осн. принципов деятельности нерв. системы (учение о доминанте).

УЧЁНАЯ СТЕ́ПЕНЬ, науч. квалификация в определ. отрасли знания. Как правило, присуждается после соотв. этапов обучения в вузе или по завершении образования в исследоват. (напр., аспирантском) подразделении вуза или науч. учреждении и публичной защиты спец. науч. работы. В ун-тах России единые правила присуждения У.с. магистра и доктора действовали в 1819–1917. В СССР с 1937 были установлены степени кандидата и доктора наук. С 1992 в Рос. Федерации вводится принятая во мн. странах система У.с.: бакалавр, магистр, доктор (ок. 20 отраслей).

УЧЁНОЕ ЗВА́НИЕ, присваивается преподавателям вузов и науч. работникам (как правило, с учёными степенями) в зависимости от науч. квалификации и сложности решаемых творч. задач. По У.з. называются также должности в образоват. и науч. учреждениях, занимаемые по конкурсу и по контракту. Система У.з.: профессор (ср.-век. магистр), доцент и др. утвердилась в зап.-европ. ун-тах в кон. 16 в. В России эти назв. стали употребляться в 18–19 вв. В Рос. Федерации приняты У.з. профессора, доцента, ст. науч. сотрудника и др. (система оформилась в СССР в 20–30-х гг.).

УЧЁТ ВЕКСЕЛЕ́Й, покупка банком векселей до наступления срока платежа по ним. При У.в. банк авансирует клиенту деньги, взимая за это учётный процент (*дисконт*).

УЧРЕДИ́ТЕЛЬНОЕ СОБРА́НИЕ в России, представит. учреждение. Избрано всеобщими выборами для установления формы правления в России и разработки конституции. В 1917 лозунг У.с. поддерживали большевики, меньшевики, кадеты, эсеры и др. партии. Созыв У.с. считался гл. задачей Врем. пр-ва, о чём оно заявило 2(15) марта. Выборы проходили с 12(25) нояб. 1917 до нач. 1918. За эсеров проголосовало ок. 59% избирателей, за большевиков – 25%, за кадетов – 5%, за меньшевиков – ок. 3%, избрано 715 депутатов. У.с. открылось 5(18) янв. 1918 в Таврич. дворце в Петрограде, явилось 410 депутатов, преобладали эсеры-центристы; большевиков и лев. эсеров 155 чел. (38,5%). Отказалось принять ультимативное требование большевиков о признании декретов съездов Советов и было разогнано в 5-м часу утра 6(19) янв. В ночь с 6 на 7(20) янв. ВЦИК принял декрет о роспуске У.с., что способствовало обострению гражд. противостояния в стране.

УЧРЕДИ́ТЕЛЬНЫЙ ДОГОВО́Р, договор между учредителями (сторонами) о создании пр-тия (полного товарищества, акц. об-ва и др.) в виде юрид. лица. В У.д. определяются порядок совместной деятельности по созданию пр-тия, имущество, передаваемое учредителями в собственность пр-тия, условия его передачи, форма участия в деятельности пр-тия. У.д. определяются также условия и порядок распределения прибыли и убытков, управления деятельностью юрид. лица, выхода из его состава и утверждается устав (если он необходим для юрид. лиц данного вида).

УЧРЕДИ́ТЕЛЬСКАЯ ПРИ́БЫЛЬ, прибыль, получаемая учредителями акц. об-в в виде разницы между доходом от реализации акций и вложенным капиталом.

УЧЧЕ́ЛЛО (Uccello) (наст. имя ди Доно) Паоло (1397–1475), итал. живописец Раннего *Возрождения*. Жизненность наблюдений, пытливый науч. интерес к перспективе сочетал со сказочностью, наивностью образов («Битва при Сан Романо», 1450-е гг.).

УШАКО́В Дм. Ник. (1873–1942), филолог. Тр. по рус. яз., общему яз-знанию. Редактор и составитель «Толкового словаря русского языка» (т. 1–4, 1935–40).

УШАКО́В Симон Фёд. (1626–86), живописец и гравёр. Произв. (росписи, иконы, парсуны, миниатюры), сочетающие традиц. приёмы иконописи с объёмной светотеневой лепкой формы, знаменуют обращение рус. религ. живописи к приёмам зап. светского иск-ва. Трактат о живописи.

Уфа. Памятник Салавату Юлаеву.

Д.Н. Ушаков.

УШАКО́В Фёд. Фёд. (1745–1817), флотоводец, адмирал (1799). Один из создателей Черномор. флота и с 1790 его командующий. Разработал новую манёвренную тактику, к-рую применил при разгроме тур. флота во время рус.-тур. войны 1787–91 в Керченском сражении (1790), у о. Тендра (1790) и мыса Калиакрия (1791). Успешно провёл Средиземноморский поход рус. флота во время войны против Франции (1798–1800), штурмом овладел крепостью Корфу (1799).

С.Ф. Ушаков. «Спас Великий архиерей». 1656–57. Исторический музей. Москва.

724 УШИБ

Ф.Ф. Ушаков.

Ущелье. Теснина Левчая. Азербайджан.

К.Д. Ушинский.

Проявил себя как искусный политик и дипломат.

УШИ́Б, повреждение тканей и органов тела тупым предметом без нарушения целости наружн. покровов (кожи, слизистых оболочек). Сопровождается разрывами мелких сосудов и кровоизлиянием, нарушением целости подкожной клетчатки, мышечных волокон, а иногда и внутр. органов (печени, селезёнки и др.).

УШИ́НСКИЙ Конст. Дм. (1824–1870/71), основоположник науч. педагогики в России. В основе пед. теории У. идея народности воспитания – признание творч. силы трудового народа в ист. процессе и его права на полноценное образование. Утвердил в рус. дидактике принцип единства обучения и воспитания. Пед. идеи воплотил в уч. пособиях для нач. школы «Детский мир» (1861), «Родное слово» (1864) и фундам. тр. «Человек как предмет воспитания. Опыт педагогической антропологии» (т. 1–2, 1868–69).

УЩЕ́ЛЬЕ, теснина, узкая крутосклонная долина (б.ч. горная), глубина к-рой обычно превышает ширину. В отличие от *каньона* дно У. шире русла прорезавшей его реки.

УЭ́ДЖВУД (Веджвуд) (Wedgwood) Джозайя (1730–95), англ. керамист. Изобрёл высококачественные фаянсовые массы (кремовую, «базальтовую», «яшмовую»). В 1769 основал мануфактуру, выпускавшую изделия с рельефами в антич. духе.

УЭ́ЙН (Wayne) Джон (наст. имя и фам. Мэрион Майкл Моррисон) (1907–79), амер. киноактёр. Приобрёл популярность благодаря мужественным героям *вестернов* и воен. ф.: «Дилижанс» (1939; в прокате – «Путешествие будет опасным»), «Рио-Гранде» (1950), «Человек, который пристрелил Либерти Бэланса» (1962), «Рио Браво» (1958), «Хатари!» (1962), «Настоящая выдержка» (1970).

УЭ́ЛЛС (Wells) Герберт Джордж (1866–1946), англ. писатель. Классик науч.-фантастич. лит-ры. В ром. «Машина времени» (1895), «Человек-невидимка» (1897), «Война миров» (1898) опирался на новейшие естеств.-науч. концепции; осмысливая историю развития цивилизации, акцентировал внимание на жестокости и неотвратимости науч.-техн. прогресса. В ром. «Когда спящий проснётся» (1899) и «В дни кометы» (1906) – социальные и нравств. прогнозы. Остросовр. звучание имели бытовые ром. «Киппс» (1905), «Тоно-Бенге» (1909), в к-рых – попытка в традициях О. Бальзака дать «поперечный» разрез англ. общества. В 1914, 1920 и 1934 посещал Россию (кн. «Россия во мгле», 1920; «Опыт автобиографии», 1934). Антифаш. ром. «Накануне» (1927), «Самодержавие мистера Паргема» (1930).

УЭ́ЛЛС (Welles) Орсон (1915–85), амер. режиссёр, актёр. Работал в т-ре, на радио; его радиопостановка «Война миров», поданная как док. репортаж о вторжении марсиан (1938), вызвала в стране панику. Новаторством в драматургии, монтаж-

Дж. Уэджвуд. «Портлендская ваза». Ок. 1780.

ном и изобр. решении был отмечен его кинодебют «Гражданин Кейн» (1941), к теме к-рого – трагедия крайнего индивидуализма – неоднократно возвращался («Леди из Шанхая», 1947; «Печать зла», 1958; «Процесс», 1962), часто на материале пьес У. Шекспира («Макбет», 1948; «Отелло», 1952; «Венецианский купец», 1984). В большинстве своих фильмов выступал также как исполнитель гл. роли.

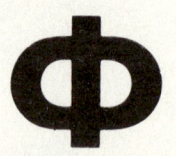

Ф

Ф, ф [эф], двадцать вторая буква рус. алфавита; восходит к букве *кириллицы* Ф («ферт»).

ФАБЕРЖЕ́, ювелирная фирма, работавшая в сер. 19 – нач. 20 вв. в России; также изделия этой фирмы. В 1842 Г. Фаберже в С.-Петербурге открыта ювелирная мастерская, с 1870 возглавленная его сыном П.К. Фаберже и преобразованная в фирму с филиалами в Москве (1887), Одессе (1890), Киеве (1905), Лондоне (1908). Прекратила свою деятельность в 1918. Выпускала часы (часто со скрытым механич. секретом), украшения, т.н. пасхальные яйца, сервизы оригинальных конструкторских решений с полихромией, золотом и драгоценными камнями.

ФАБР (Fabre) Жан Анри (1823–1915), франц. энтомолог, писатель. Проводил многолетние наблюдения над образом жизни ж-ных, гл. обр. насекомых, в естеств. обстановке; доказал врождённый характер и стереотипность их сложного поведения. Автор классич. науч.-популярного соч. «Энтомологические воспоминания» (т. 1–10, 1879–1907) и др. книг.

ФА́БУЛА (от лат. fabula – басня, рассказ), в худ. произведении цепь или схема событий, о к-рых подробно повествуется в сюжете, в их логической причинно-временнóй последовательности. В составе Ф. различают экспозицию, завязку, развитие действия, кульминацию, развязку. Иногда Ф. называют порядок, ход и мотивировку повествования о событиях. См. *Сюжет*.

ФАВН, в рим. мифологии бог полей, лесов, пастбищ, животных. Соответствует греч. *Пану*.

ФАВОРИ́Т (итал. favorito, от лат. favor – благосклонность), 1) лицо, пользующееся благосклонностью правителя, влиятельного лица, получающее от него разл. привилегии и в свою очередь оказывающее на него влияние. 2) На бегах и скачках – лошадь, на к-рую делает ставку большинство игроков.

ФАВО́РСКИЙ Ал. Евграфович (1860–1945), рос. химик-органик, создатель науч. школы. Основополагающие иссл. по химии производных ацетилена, циклич. углеводородов. Труды Ф. послужили теоретич. базой для разработки ряда важнейших произ-в, в т.ч. получения синтетич. каучука.

ФАВО́РСКИЙ Вл. Анд. (1886–1964), рос. график и живописец, монументалист, театральный художник. Для произведений характерны

Фавн с козлёнком. Скульптура Ж.Ф.Ж. Сали. Мрамор. 1750–51. Музей Коньяк. Париж.

филос. глубина и яркость образов, высокое мастерство использования выразит. возможностей ксилографии («Достоевский», 1929; иллюстрации к «Слову о полку Игореве», изд. 1954; иллюстрации к «Борису Годунову», изд. 1955, и «Маленьким трагедиям», изд. 1961, А.С. Пушкина).

...ФАГ (от греч. phágos – пожиратель), часть сложных слов, соответствующая по значению словам поедающий, поглощающий (напр., бактериофаг, фитофаг).

ФА́ГИ, то же, что *бактериофаги*.

ФАГО́Т (итал. fagotto, букв. – узел, связка), духовой язычковый муз. инстр-т (преим. оркестровый) басо-тенорового звучания. Появился в 1-й пол. 16 в. Басовая разновидность – контрафагот.

ФАГОЦИТО́З (от *фаг* и *цит*), активный захват и поглощение живых

В.А. Фаворский. Фронтиспис к «Книге Руфь». Ксилография. 1924.

клеток или каких-либо небольших частиц одноклеточными организмами либо особыми клетками – фагоцитами. Ф.– одна из защитных реакций организма, гл. обр. при воспалении. Открыт И.И. Мечниковым в 1882.

ФАДЕ́ЕВ Ал-др Ал-др. (1901–56), рус. писатель, обществ. деятель. В ром. «Разгром» (1927), отразившем личные впечатления Ф.– участника партиз. движения на Д. Востоке,– жизненная правда и попытка показать «изнутри» превращение стихийных бунтарей в сознательных борцов за рев. дело. Гражд. войне посвящён также ром. «Последний из удэге» (ч. 1–4, 1929–40; не окончен). Роман о подвиге комсомольцев-подпольщиков в годы Вел. Отеч. войны «Молодая гвардия» (1945; новая ред. 1951, концепция переработана в соответствии с идеологич. установками ЦК КПСС) создан на док. материале, претерпевшем в интерпретации Ф. искажения. Статьи по лит-ре. Один из рук. Российской ассоциации пролетарских писателей (1926–32). Ген. секр. СП СССР (1946–54). Чл. ЦК КПСС с 1939. Покончил жизнь самоубийством.

ФА́ЗА (от греч. phásis – появление), 1) определ. момент в ходе развития к.-л. процесса (обществ., геол., физ. и т.д.). В физике и технике особенно важна Ф. колебаний – состояние колебательного процесса в определ. момент времени (Ф. гармонич. колебания, Ф. перем. тока и т.д.). 2) Однородная по хим. составу и физ. свойствам часть термодинамич. системы. В прикладных задачах термин «Ф.» часто используется для обозначения агрегатного состояния в-ва.

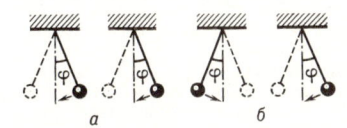

Фаза. Колебания маятников в одинаковой фазе (*а*) и противофазе (*б*); φ – угол отклонения маятника от положения равновесия.

ФАЗА́НЫ, род птиц (сем. фазановые). Дл. до 85 см. У самцов яркое оперение и длинный хвост, самки песочно-серого цвета. 2 вида: зелёный Ф. (в Японии) и обыкновенный Ф. (в Евразии). Обитают в лесных зарослях или в кустах по охотничьим полям. Обыкновенный Ф.– ценная охотничья птица; во мн. странах разводят в охотничьих х-вах.

Фазан (самец).

ФА́ЗОВЫЕ ПЕРЕХО́ДЫ (фазовые превращения), переходы в-ва из одной *фазы* в другую, происходящие при изменении темп-ры, давления или под действием к.-л. других внеш. факторов (напр., магн. или электрич. полей). Ф.п., сопровождающиеся скачкообразным изменением плотности и *энтропии* в-ва, назв. Ф.п. 1-го рода; к ним относятся испарение, плавление, конденсация, кристаллизация. В процессе таких Ф.п. выделяется или поглощается соотв. теплота Ф.п. При Ф.п. 2-го рода плотность и энтропия в-ва меняются непрерывно в точке перехода, а теплоёмкость, сжимаемость и др. подобные величины испытывают скачок. Как правило, при этом изменяется и соотв. симметрия фазы (напр., магнитная при Ф.п. из парамагнитного в ферромагн. состояние в точке Кюри).

ФАЙЛ (от англ. file – досье, картотека) (набор данных), совокупность упорядоченных и взаимосвязанных порций информации из однородных элементов (данных), имеющая описание для идентификации (распознавания) порций. Обычно размещается во внеш. памяти ЭВМ и в процессе пересылки и обработки рассматривается как единое целое.

ФАЙЮ́МСКИЕ ПОРТРЕ́ТЫ, др.-егип. заупокойные живописные портреты, выполненные в технике *энкаустики* и восковой темперы. Названы по месту 1-й находки в 1887 в оазисе Эль-Файюм. Наиб. распространены в 1–3 вв. Портретам, ориентированным на антич. традицию, свойственны жизненность, сочная пластика, на егип. традицию – условность образов, плоскостность.

ФАКС, общепринятое сокращённое название *телефакса*.

ФАКСИ́МИЛЕ (от лат. fac simile – сделай подобное), 1) точное воспроизведение графич. оригинала (док-та, рукописи, подписи) фотогр. или печатным способом. 2) Клише-печать, воспроизводящая собственноручную подпись.

ФАКСИ́МИЛЬНАЯ СВЯ́ЗЬ, электрич. способ передачи изображений неподвижных плоских объектов (текстов газет, рукописных текстов, таблиц, чертежей, фотографий и т.п.) по каналам электрич. связи. Осуществляется при помощи факсимильных аппаратов. Впервые передачу неподвижных изображений на расстояние осуществил в 1855 итал. физик Дж. Казелли с помощью разработанного им эл.-механич. аппарата. Совр. способы и техн. средства Ф.с. начали

Файюмский портрет. «Юноша в золотом венке». 2 в. Музей изобразительных искусств имени А.С. Пушкина.

развиваться с 1920-х гг. после открытия *фотоэффекта*, изобретения электронных приборов, усилителей электрич. колебаний. Разновидность Ф.с.– *телефакс*.

ФАКТ (от лат. factum – сделанное, совершившееся), 1) в обычном смысле – синоним понятий «истина», «событие», «результат». 2) Знание, достоверность к-рого доказана. 3) В логике и методологии науки – предложение, фиксирующее эмпирич. знание. 4) Юридический – обстоятельство, с к-рым связывается возникновение, изменение или прекращение правоотношений.

ФАКТИ́ЧЕСКИЙ БРАК, фактич. супружество, не оформленное в установленном законом порядке.

ФАКТОРИА́Л (от лат. factor – деятель, создатель, множитель), произведение натуральных чисел от единицы до к.-л. данного натурального числа n, т.е. $1 \cdot 2 \cdot \ldots \cdot n$; обозначается $n!$.

ФАЛЕРИ́СТИКА (лат. falerae, phalerae – металлич. украшения, служившие воинскими знаками отличия, от греч. phálara – металлич. бляхи, побрякушки), вспомогат. ист. дисциплина, изучающая историю орденов, медалей, знаков отличия, а также коллекционирование этих предметов, нагрудных значков, жетонов (сувенирных, юбилейных, служебных) и т.п. Получила развитие в 1-й пол. 20 в. Тесно связана с *нумизматикой*.

ФАЛЕ́С (640 – ок. 562 или 550 до н.э.), др.-греч. мыслитель, один из родоначальников антич. философии и науки, основатель *милетской школы*. Ф.– первый из «*семи мудрецов*». В своём учении полагал, что всё произошло из воды; «всё полно богов», или «душа-псюхе размешана во Вселенной». Письменных соч. Ф. не оставил.

ФА́ЛЛАДА (Fallada) Ханс (наст. имя и фам. Рудольф Дитцен) (1893–1947), нем. писатель. Реалистически обнажённо и остро показал безнадёжность борьбы «маленького человека» в мире прагматич. конкуренции («Что же дальше, маленький человек?», 1932; «Кто однажды отведал тюремной похлёбки», 1934; «Волк среди волков», т. 1–2, 1937) и драматизм попыток сопротивления тоталитарному режиму (ром. «Каждый умирает в одиночку», 1947).

ФА́ЛЛОС (греч. phállos), мужской половой орган. Изображение Ф. у народов мн. регионов (Др. Индия, Египет, Греция, М. Азия, Кавказ и др.) с эпохи позднего палеолита – символ оплодотворяющего или порождающего начала природы, иногда божества плодородия (Дионис в др.-греч. мифологии, Шива в др.-индийской).

ФАЛЬК Роберт Рафаилович (1886–1958), рос. живописец. Чл. «*Бубнового валета*». Натюрморты, портреты, пейзажи («Картошка», 1955; «Автопортрет в красной феске», 1957) отличаются тонко разработанной цветопластич. формой.

ФАЛЬКОНЕ́ (Falconet) Этьенн Морис (1716–91), франц. скульптор. В духе раннего *классицизма* выполнял изящные композиции («Пигмалион», 1763), модели для севрского фарфора. В 1766–78 работал в России, где создал пам. Петру I в С.-Петербурге («Медный всадник», установлен в 1782). Илл. см. на стр. 726.

ФАЛЬЦЕ́Т (итал. falsetto, от falso – ложный) (фистула), самый верхний регистр муж. голоса, располагающийся выше обычного певческого диапазона. Звучит несильно, мягко, беден обертонами.

ФАЛЬЦО́ВКА (фальцевание) (от нем. falzen – сгибать), 1) способ соединения элементов (деталей) из листовых материалов (напр., листов кровельной стали) посредством швов, получаемых отгибкой и совм. обжатием соединяемых краёв. 2) Последоват. сгибание отпечатанных листов книги, журнала и т.п. 1–4 раза для образования тетради.

ФА́ЛЬЯ (Falla) Мануэль де (1876–1946), исп. композитор, пианист. Один из ведущих деятелей Ренасименто – нац. возрождения Испании. Музыка Ф. отличается внутр. стихийной силой и страстностью, идущей от исп. фольклора (канте хондо, *канте фламенко*) и сочетающейся с импрессионистской красочностью гармонии и оркестровки. Оп. «Короткая жизнь» («Жизнь коротка»,

М. де Фалья. Портрет работы И. Сулоаги.

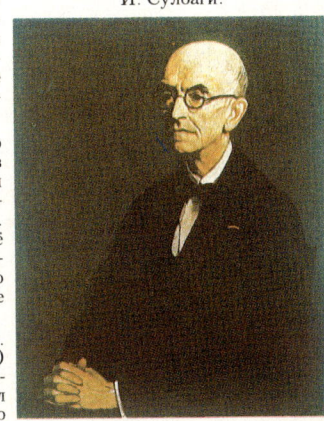

Э.М. Фальконе. Памятник Петру I («Медный всадник») в Санкт-Петербурге.

1905), бал. «Любовь-волшебница» (1915), сюита для фп. с орк. «Ночи в садах Испании» (1915) и др.

ФАМИ́ЛИЯ (лат. familia), 1) семья, род. 2) В Др. Риме семейная хоз.-юрид. единица, в состав к-рой помимо кровных родственников входили рабы. 3) Родовое наименование, приобретаемое при рождении, изменении первонач. Ф., усыновлении, заключении брака.

ФАМИЛЬЯ́РНОСТЬ (от лат. familiaris – семейный, близкий), бесцеремонность, развязность в обращении с кем-либо.

ФАНАТИ́ЗМ (от лат. fanaticus – исступлённый), 1) доведённая до крайней степени приверженность к к.-л. верованиям или воззрениям, нетерпимость к любым др. взглядам (напр., религ. Ф.). 2) Перен.– страстная преданность чему-либо.

ФАНДА́НГО (исп. fandango), исп. песня-танец (размеры ³⁄₄, ⁶⁄₈). Известен с 18 в. Один из осн. видов *канте фламенко*.

ФА́НДИ, зал. Атлантич. ок. у берегов Сев. Америки, вост. часть зал. Мэн. Дл. 300 км, шир. 90 км, глубина у входа до 208 м. Наибольшая для Мирового ок. высота приливов (до 18 м). Порт – Сент-Джон (Канада).

ФАНЕРОЗО́Й (фанерозойский эон) (от греч. phanerós – явный и zōḗ – жизнь), крупнейший этап геологической истории Земли длительностью 570 млн. лет. Охватывает *палеозой, мезозой* и *кайнозой* (см. *Геохронология*). Выделен в 1930 амер. геологом Дж. Чедвиком.

ФАНК (англ. funk), один из стилей *поп-музыки*.

ФАНТА́ЗИЯ, то же, что *воображение*.

ФАНТА́ЗИЯ, инстр. пьеса импровизационного характера. Жанр восходит к инстр. *импровизации* 16–17 вв. В 16–18 вв. близка *каприччо, ричеркару, фуге,* в 19–20 вв.– *рапсодии, поэме* (Ф. Шуберт, Р. Шуман, Ф. Шопен, Ф. Лист).

ФАНТАСМАГО́РИЯ (греч. phántasma – видение, призрак и agoreúō – говорю), нечто нереальное, причудливые видения, бредовые фантазии.

ФАНТА́СТИКА, форма отображения жизни, при к-рой на основе реальных представлений создаётся сверхъестественная, ирреальная, «чудесная» картина мира. Распространена в фольклоре, иск-ве, социальной *утопии*. В лит-ре, театре, кино, изобр. иск-ве фантастич. образность откровенно условна, явно нарушает реальные связи и закономерности, естеств. пропорции и формы изображаемых объектов; однако Ф. не просто прихотливая «игра воображения»: в *гротесках* или идеальных

образах, *символах,* невероятных сюжетных конструкциях она может выражать миросозерцание автора, характерное для целой эпохи («*менипповая сатира*», «Гаргантюа и Пантагрюэль» Ф. Рабле, «Властелин колец» Дж. Р. Толкина). В 19–20 вв. развивается *научная фантастика.*

ФАНТАСТИ́ЧЕСКИЙ ФИЛЬМ, приключенч. жанр, существующий с начала кинематографа. В зап. критике принято подразделять Ф.ф. на три вида: лёгкая, развлекательная, нередко комедийная фантастика (fantasy, «Инопланетянин», 1982, реж. С. Спилберг); науч. фантастика, в к-рой ставятся серьёзные, подчас филос. проблемы (science fiction; «2001: Космическая одиссея», 1968, реж. С. Кубрик); жуткая, сверхъестеств. фантастика, т.н. фильмы ужасов (weird fiction; «Изгоняющий дьявола», 1973, реж. У. Фридкин). Развитие совр. зрелищного кино сделало Ф.ф. одним из ведущих жанров.

ФАНТО́М (франц. fantôme, от греч. phántasma – призрак), 1) причудливое видение, призрак; создание воображения, вымысел. 2) Модель человеческого тела или его части в натуральную величину – наглядное пособие в уч. заведениях, музеях и т.п.

ФАНТО́МНЫЕ ОЩУЩЕ́НИЯ, восприятие человеком утраченной части тела (чаще – ампутированной конечности). Могут сопровождаться мучительной болью, в связи с чем возможно хирургич. лечение (иссечение рубцов и т.д.).

ФАНФА́РА (итал. fanfara) (муз.), 1) медный духовой сигнальный инстр-т. 2) Сигнал к.-л. медного духового инстр-та (инстр-тов) торжеств. или воинств. характера.

ФАО (Food and Agricultural Organization), продовольственная и с.-х. орг-ция ООН, *специализированное учреждение ООН.*

ФАРАБИ́ (аль-Фараби) Абу Наср ибн Мухаммед (870–950), философ, учёный-энциклопедист, один из гл. представителей вост. *аристотелизма,* переплетающегося с Ф. с *неоплатонизмом.* Имел прозвище «второй учитель» – т.е. после Аристотеля, к-рого Ф. комментировал. Жил в Багдаде, Алеппо, Дамаске. Осн. соч.: «Геммы премудрости», «Трактат о взглядах жителей добродетельного города», «Большая книга о музыке».

ФАРАДЕ́Й (Faraday) Майкл (1791–1867), англ. физик, основоположник учения об эл.-магн. поле. Открытое Ф. явление эл.-магн. индукции (1831) лежит в основе электротехники. Установил (1833–34) законы *электролиза.* Открыл пара- и диамагнетизм, вращение плоскости поляризации света в магн. поле. Ввёл

М. Фарадей.

понятия электрич. и магн. полей, предсказал существование эл.-магн. волн. Работы Ф. развил Дж. Максвелл.

ФАРАНДО́ЛА (франц. farandole), провансальский круговой нар. танец (размеры ⁶⁄₈, ²⁄₄). Использована в сочинениях Ж. Бизе.

ФАРАО́Н, традиц. обозначение др.-егип. царей; с 16 в. до н.э. титул царя.

ФАРВА́ТЕР (голл. vaarwater, от varen – плавать и water – вода) (судовой ход), безопасный в навигац. отношении путь для плавания судов среди надвод. и подвод. препятствий.

ФАРЕНГЕ́ЙТА ШКАЛА́, температурная шкала, 1 градус к-рой (1 °F) равен 1/180 разности темп-р кипения воды и таяния льда при атм. давлении, а точка таяния льда принимается равной + 32 °F. Числ. значения темп-ры по Ф.ш. $t_Ф$ связаны с числ. значением темп-ры по шкале Цельсия (t) соотношением $t = 5/9(t_Ф – 32)$, 1 °F = 5/9 °C. Предложена в Германии Г. Фаренгейтом в 1724. Применяется в США, Великобритании и др. странах.

ФАРИНГИ́Т (от греч. phárynx – глотка), воспаление слизистой оболочки глотки: ощущение сухости, царапания в горле, боль при глотании, кашель.

ФАРИСЕ́И (греч. pharisáioi, от др.-евр. перушим – отделившиеся), религ.-полит. течение в Иудее во 2 в. до н.э.– 2 в. н.э. Ф.– создатели Устного учения (закона), зафиксированного в Мишне (см. в ст. *Талмуд*), неоспоримость авторитета к-рого они утверждали. Из среды Ф. вышли законодатели Талмуда. В евангелиях Ф. наз. лицемерами. Отсюда перен. значение слова – лицемер, ханжа.

ФАРМАКОЛО́ГИЯ (от греч. phármakon – лекарство и *…логия*), наука, изучающая действие лекарств. в-в на организм человека и ж-ных. Систематизир. сведения о лекарствах содержатся ещё в др.-егип. папирусах, трудах др.-греч. врача Гиппократа, др.-рим. врача Диоскорида и др. Эксперим. Ф. развивалась с сер. 19 в. Направления совр. Ф.– учение о всасывании, распределении и превращении лекарств. в-в в организме, о биохим. механизмах их действия; изучение лекарств. препаратов в клинич. практике (клинич. Ф.). Важная задача вет. Ф.– изыскание средств для стимуляции роста и продуктивности ж-ных.

ФАРМАКОПЕ́Я (от греч. phármakon – лекарство и poiéō – делаю), сборник стандартов и положений, регламентирующих требования к качеству лекарств. средств. 1-я Ф. издана в 1498 во Флоренции. В России 1-я Ф. (на лат. яз.) вышла в 1778; в 1866 – на рус. яз., положила начало порядковой нумерации Ф. (11-е изд.– в 1987).

ФАРМА́ЦИЯ (от греч. pharmakeía – лекарство, применение лекарства), науч.-практич. отрасль, занимающаяся вопросами изыскания, хранения, изготовления и отпуска лекарственных средств. Вместе с фармакологией составляет науку о лекарствах.

ФАРС (франц. farce, от лат. farcio – начиняю: ср.-век. мистерии «начинялись» комедийными вставками), 1) вид ср.-век. нар. т-ра в Зап. Европе (преим. французского) и лит-ры бытового комедийно-сатирич. характера (14–16 вв.); насыщен буффонадой. Близок нем. нар. комедии «фастнахтшпиль», итал. *комедии дель арте* и др. 2) В т-ре 19–20 вв. комедия-водевиль лёгкого содержания с чисто внеш. комич. приёмами.

ФА́РТИНГ (англ. farthing, от др.-англ. feortha – четвёртый), самая мелкая разменная англ. монета, равная ¼ пенни. До 1821 чеканился из серебра; в 1821–60 – из меди, затем из бронзы. В 1968 изъят из обращения.

ФАРФО́Р (тур. farfur, faġfur, от перс. фегфур), плотный водо- и газонепроницаемый керамич. материал, обладающий высокими механич. прочностью, термич. и хим. стойкостью, электроизоляц. свойствами. Получают обычно спеканием фарфоровой массы (из огнеупорной пластичной глины, каолина, полевого шпата, кварца). Ф. появился в 4–6 вв. в Китае, в 7–13 вв. распространился в др. странах Азии. В Европе первый фарфоровый з-д построен в 1710 в Мейсене. В России Ф. известен со 2-й пол. 16 в., ок. 1747 Д.И. Виноградов разработал способ произ-ва Ф. из отеч. материалов (на фарфоровом з-де в С.-Петербурге). Различают Ф., покрытый *глазурью,* и Ф. неглазурованный (*бисквит*). Из Ф. изготовляют высококачеств. посуду, худ. изделия, электрич. изоляторы, сан.-техн. изделия и др.

ФАС (англ. fas, сокр. от free alongside ship – свободно вдоль борта судна), вид внешнеторг. договора купли-продажи, связанного с доставкой товара водным путём, когда в цену товара включается стоимость доставки к борту судна.

ФА́СБИНДЕР (Fassbinder) Райнер Вернер (1946–82), нем. режиссёр, актёр, драматург. В т-ре в 1967–75. Как режиссёр уже в ранних фильмах заметно стремился к социальному анализу разл. сторон жизни ФРГ. Судьбы Германии в её прошлом и настоящем становятся объектом пристального исследования Ф. во мн. фильмах, среди к-рых: «Страх съедает душу» (1974), «Отчаяние», «Замужество Марии Браун» (оба 1978), «Берлин, Александерплац» (1979, телесериал), «Лили Марлен», «Лола» (оба 1981), «Тоска Вероники Фосс» (1982).

ФАСО́ЛЬ, род одно- и многолетних травянистых р-ний (сем. бобовые). Св. 200 видов, преим. в тропиках Америки. Возделывают (во мн. странах) св. 20 видов. Ф. обыкновенная – одна из гл. культур древнего земледелия Перу и Мексики. В Европу завезена после открытия Америки, в Россию в ср. 16 – нач. 17 вв. В культуре кустовые, полувьющиеся и вьющиеся формы. Зерно, содержащее в ср. 25–27% белка оптим. аминокислотного состава, и недозрелые бобы («лопатки») – ценный пищ. и диетич. продукт. Выращивают также Ф. остролистную, Ф. лимскую, Ф. многоцветковую (турецкий боб), мелкосемянные азиатские (маш) и др. виды.

Фасоль обыкновенная (вьющаяся форма).

ФА́СЦИИ (фасцы) (лат. fasces), в Др. Риме атрибут власти царей, затем высш. магистратов: пучки прутьев, перевязанные ремнями, с воткнутыми в них топориками. Как элемент изображения Ф. использовались в декор. иск-ве и архитектуре 18–19 вв., в 20 в. были заимствованы итал. фашизмом в качестве эмблемы.

ФАСЦИОЛЁЗ, хронич. паразитарное заболевание человека и ж-ных (поражение печени и желчных протоков), вызываемое плоскими червями – фасциолами.

ФАТ (франц. fat, от лат. fatuus – глупый), актёрское амплуа (устар.) – роли пустых, самовлюблённых щёголей, «светских львов» и т.п. (напр., князь Ветринский в водевиле Д.Т. Ленского «Лев Гурыч Синичкин»). Перен. – самодовольный франт, любящий порисоваться человек.

ФАТАЛИ́ЗМ (от лат. fatalis – роковой, fatum – рок, судьба), представление о неотвратимой предопределённости событий в мире; вера в безличную судьбу (антич. стоицизм), в неизменное божеств. предопределение (особенно характерно для ислама) и т.п.

ФАТИМИ́ДЫ, династия халифов-шиитов (исмаилитов), правившая на Бл. Востоке в 909–1171. Вели своё происхождение от Фатимы (дочери Мухаммеда). К сер. 10 в. подчинили всю Сев. Африку и Сицилию, в 969 завоевали Египет, в кон. 10 – нач. 11 вв. – Сирию.

ФА́УЛС, Фаулз (Fowles) Джон (р. 1926), англ. писатель. Ром. «Коллекционер» (1963) – детективно-психол. притча о непреодолимом одиночестве людей в мире отчуждения. Филос. ром. «Волхв» (1966) – об эмоционально-психол. тупиках общества потребления и о вечных ценностях любви и иск-ва. Судьбе интеллигента на фоне кризисной истории, поиску художником собств. пространства в совр. жизни посвящены эпико-реалистич. ром. «Даниэл Мартин» (1977), пов. «Башня из чёрного дерева» (1974; также одноим. сб.), «Мантисса» (1982). В ром. «Женщина французского лейтенанта» (1969), написанном в традициях «викторианской» прозы, в ист. ром. «Каприз» (1985), выдержанном в стилистике англ. «романа дороги» 18 в., духовно опустошающей морали вседозволенности противопоставлены нравственно-этич. ценности прошлого.

ФА́УНА (от лат. Fauna – богиня лесов и полей, покровительница животных в рим. мифологии), исторически сложившаяся совокупность видов ж-ных, обитающих на определ. территории. Термин «Ф.» применяется и к совокупности ж-ных какой-либо систематич. категории (Ф. птиц – орнитофауна, рыб – ихтиофауна).

ФА́УСТ, герой нем. нар. легенд и произведений мировой лит-ры и иск-ва, один из *вечных образов*; символ неукротимого стремления человека к истине, ради к-рого он готов жертвовать не только всем достигнутым в земной жизни, но и душой. О союзе Ф. с *Мефистофелем* впервые рассказано в нем. нар. кн. «История о докторе Фаусте» (16 в.), к легенде о Ф. обращался К. Мальро (16 в.). Всемирно известны «Фауст» И.В. Гёте (одноим. опера Ш. Гуно), ром. «Доктор Фаустус» Т. Манна.

ФА́ХВЕРК (нем. Fachwerk, от Fach – панель, секция и Werk – сооружение), тип конструкции преим. малоэтажных зданий: каркас, образованный системой горизонтальных и вертикальных элементов и раскосов из дерев. бруса (в архитектуре 2-й пол. 19–20 вв. из металла или железобетона) с заполнением промежутков камнем, кирпичом и др. материалами. Имеет также декор. значение. Постройки типа Ф. были широко распространены в ср.-век. Зап. Европе.

ФАШИ́ЗМ (итал. fascismo – пучок, связка, объединение), социально-полит. движения, идеологии и гос. режимы тоталитарного типа. В узком смысле Ф. – феномен полит. жизни Италии и Германии 20–40-х гг. 20 в. В любых своих разновидностях Ф. противопоставляет институтам и ценностям демократии т.н. новый порядок и предельно жёсткие средства его утверждения. Ф. опирается на массовую тоталитарную полит. партию (приходя к власти, она становится гос.-монопольной орг-цией) и непререкаемый авторитет «вождя», «фюрера». Тотальный, в т.ч. идеологический, массовый террор, шовинизм, переходящий в геноцид *ксенофобия* по отношению к «чуждым» нац. и социальным группам, к враждебным ему ценностям цивилизации – непременные элементы идеологии и политики Ф. Режимы и движения фаш. типа широко используют демагогию, популизм, лозунги социализма, имперской державности, апологетику войны. Ф. находит опору преим. в социально обездоленных группах в условиях общенац. кризисов или катаклизмов модернизации.

Мн. черты Ф. присущи разл. социальным и нац. движениям правого и левого толка. При видимой противоположности идеологич. установок (напр., «класс» или «нация»), по способам полит. мобилизации общества, приёмам терроризма, господства и пропаганды к Ф. близки тоталитарные движения и режимы большевизма, сталинизма, маоизма, «красных кхмеров» и др. В условиях слабости демокр. институтов сохраняется возможность развития движений фаш. типа и превращения Ф. в серьёзную угрозу.

ФАЭТО́Н, в греч. мифологии сын бога солнца Гелиоса. Управляя колесницей отца, Ф. не смог сдержать огнедышащих коней, к-рые, приблизившись к земле, едва не спалили её; чтобы предотвратить катастрофу, Зевс поразил Ф. ударом молнии, и он, пылая, упал в реку.

Фаэтон. Фрагмент рельефа мраморного саркофага: «Падение Фаэтона». 190–220. Лувр.

ФАЯ́НС (франц. faïence, от назв. итал. города Фаэнца, где производился фаянс), обычно белый мелкопористый керамич. материал, покрытый прозрачной и непрозрачной *глазурью*. Получают из того же сырья, что и *фарфор* (изменяется лишь соотношение компонентов и технология обжига). С 4–5 вв. Ф. производили в Китае, с 11–13 вв. – в Корее и позднее в Японии. В Европе Ф. начали изготовлять во Франции (г. Сен-Поршер) ок. 1525–65. В России произ-во Ф. впервые было налажено в 1709, в 1809 изделия из Ф. выпускались в с. Домкино, с 1839 – в с. Кузнецово Тверской губ. (ныне Конаковский з-д). Из Ф. изготовляют хоз. посуду, худ.-декоративные и сан.-техн. изделия, облицовочные плитки (глазуры) и др.

ФЕБ (греч. – блистающий), второе имя бога *Аполлона*.

ФЕВР (Febvre) Люсьен (1878–1956), франц. историк. Тр. по проблемам эпохи Возрождения (преим. 16 в.), методологии истории, в к-рых ставил задачи изучения общества (цивилизации) как целостной системы, включая обществ. сознание и психологию, язык, социальный, экон. строй, ист. географию и т.д. Совм. с М. Блоком основал и возглавил ж. «Анналы...» (1929).

ФЕВРА́ЛЬ (от лат. Februarius, букв. – месяц очищения), 2-й месяц календарного года (28 сут; в високосном году 29 сут); назв. связано с обрядом очищения в Др. Риме.

ФЕВРА́ЛЬСКАЯ РЕВОЛЮ́ЦИЯ 1917, рев-ция в России, в итоге к-рой было ликвидировано самодержавие. Ф.р. – результат резкого обострения экон. и полит. кризиса в стране в связи с воен. поражениями и хоз. разрухой. 23 февр. в Петрограде стихийно начались антивоен. митинги, вызванные нехваткой продовольствия в столице, к-рые перешли в массовые стачки и демонстрации, стычки с казаками и полицией, а 24–25 февр. – во всеобщую забастовку. 26 февр. начались бои с войсками. 27 февр. всеобщая забастовка переросла в вооруж. восстание, начался массовый переход войск на сторону восставших, к-рыми были заняты важнейшие пункты города, правительственные здания. Николай II отрёкся от престола. Создан Врем. к-т Гос. думы (27 февр. 1917, пред. – октябрист М.В. Родзянко). Был избран Совет рабочих и солдатских депутатов. Врем. к-т сформировал пр-во. 1 марта новая власть установилась в Москве, в течение марта – по всей стране. Илл. см. на стр. 728.

ФЕДЕРА́ЛЬНОЕ СОБРА́НИЕ, согласно Конституции Рос. Федерации 1993 парламент – представит. и законодат. орган. Состоит из двух палат – *Совета Федерации* и *Государственной думы*.

ФЕДЕРА́ЦИЯ (от позднелат. foederatio – союз, объединение), (союзное, федеративное гос-во), 1) форма гос. устройства, при которой гос-во образуют федеральные единицы – члены, субъекты Ф. (напр., земли, штаты). В Ф. действуют единая конституция, единые союзные (федеральные) органы гос. власти, устанавливаются единое гражданство, ден. единица и т.д. Члены Ф. имеют, как правило, собств. конституции, законодат., исполнит. и суд. органы. Ф. являются США, Германия и др. 2) В Рос. Федерации субъектами Ф. кроме республик в составе России являются края, области, города федерального значения (Москва и С.-Петербург), авт. область и авт. округа. 3) Междунар. и нац. обществ. орг-ция (напр., Междунар. шахматная федерация).

ФЕ́ДИН Конст. Ал-др. (1892–1977), рус. писатель. Принадлежал к «*Серапионовым братьям*». В романах («Города и годы», 1924; «Братья», 1927–28; трил. «Первые радости», 1945, «Необыкновенное лето», 1947–48, «Костёр», кн. 1–2, 1961–65) – попытка осмыслить рев-цию как высшую правду, лишь в процессе приобщения к к-рой возможно нравств. и духовное возрождение рус. интеллигенции. Мемуарная кн. «Горький среди нас» (1941–68). 1-й секр. (1959–71), пред. (с 1971) правления СП СССР.

ФЁДОР АЛЕКСЕ́ЕВИЧ (1661–1682), рус. царь с 1676. Сын Алексея Михайловича от 1-го брака с М.И. Милославской. Ученик Симеона Полоцкого; знал др.-греч. и польск. языки; сочинял силлабич. стихи, песнопения. При молодом и болезненном царе усилилась борьба за власть придворных группировок

Февральская революция. Б.М. Кустодиев. «27 февраля 1917 г.». 1917. Третьяковская галерея.

(Милославские, Одоевские и др.). В 1679 введено подворное обложение, в 1680 проведена воен.-окружная реформа, в 1682 отменено *местничество*. Отражена тур. агрессия под Чигирином (1677–78). Заключён Бахчисарайский мирный договор (1681) с Турцией и Крымом, в к-ром признавалось воссоединение с Россией Левобережной Украины и Киева.

ФЁДОР БОРИ́СОВИЧ (1589–1605), рус. царь в апр.– мае 1605. Сын Бориса Годунова. При приближении к Москве Лжедмитрия I свергнут и убит.

ФЁДОР ИВА́НОВИЧ (Фёдор Иоаннович) (1557–98), рус. царь с 1584, последний из династии Рюриковичей. Сын Ивана IV. Неспособный к гос. деятельности, предоставил управление страной своему шурину Борису Годунову.

Фёдора Стратилата церковь.

ФЁДОРА СТРАТИЛА́ТА ЦЕ́РКОВЬ на Ручье в Новгороде, памятник др.-рус. зодчества (1360–61). 4-столпный 1-главый храм с апсидой, с 3-лопастным завершением фасадов и пышным архит. декором. Фрески 2-й пол. 14 в.

ФЁДОРОВ Иван (Иван Фёдорович Москвитин) (ок. 1510–83), основатель книгопечатания в России и на Украине. В 1564 в Москве совм. с П. Мстиславцем выпустил первую рус. датированную печатную кн. «Апостол», в 1574 во Львове – первую слав. «Азбуку» и новое изд. «Апостола», в 1580–81 в Остроге – первую полную слав. Библию («Острожская Библия»).

ФЁДОРОВ Ник. Фёд. (1828–1903), рос. религ. мыслитель-утопист. Высш. цель Ф.– воскрешение предков («отцов»), путь к к-рому лежит через регуляцию природы средствами науки и техники, переустройство человеческого организма, освоение космоса. Воскрешение, достижение бессмертия мыслится Ф. как «общее дело» человечества, ведущее к всеобщему братству и родству, к преодолению всякой «вражды». Утверждая культ предков как основу истинной религии, Ф. разошёлся с традиц. христ-вом. Избранные отрывки и статьи Ф. изданы посмертно («Философия общего дела», т. 1–2, 1906–13).

ФЁДОРОВ Сер. Петр. (1869–1936), хирург, создатель науч. школы, основоположник урологии в России. Тр. по хирургии желчных путей, нейрохирургии и др. Одним из первых в отеч. медицине применил эндоскопич. методы исследования.

ФЁДОРОВА Зоя Ал. (1909–81), киноактриса. Сыграла роли обаятельных и озорных современниц в сов. фильмах 30-х гг.: «Гармонь», «Подруги», «Музыкальная история», «Фронтовые подруги». Яркий комедийный талант Ф. проявился в ф. «Свадьба в Малиновке» (1967), «Шельменко-денщик» (1971), «Москва слезам не верит» (1980). В 40–50-х гг. была репрессирована. Была убита в собств. квартире при невыясненных обстоятельствах.

ФЕДОСЕ́ЕВ Вл. Ив. (р. 1932), дирижёр. С 1959 худ. рук. и гл. дирижёр Оркестра рус. нар. инстр-тов, с 1974 – Академич. симф. оркестра Гостелерадио (с 1994 Рос. гос. телерадиокомпании «Останкино»). В репертуаре – гл. обр. рус. классич. и совр. музыка.

ФЕДОСЕ́ЕВА-ШУКШИНА́ Лид. Ник. (р. 1938), киноактриса. Создала характеры рус. женщин, наделённых естеств. простотой и душевной щедростью, в фильмах В.М. Шукшина (мужа Ф.-Ш.) «Странные люди» (1970), «Печки-лавочки» (1972), «Калина красная» (1974). Как острохарактерная актриса раскрылась в ф.: «Ключ без права передачи» (1977), «Из жизни отдыхающих» (1981), «Любовь с привилегиями» (1991).

ФЕДО́СКИНСКАЯ МИНИАТЮ́РА, рус. миниатюрная живопись маслом на лаковых изделиях из папье-маше. Худ. промысел в с. Федоскино (Моск. обл.) существует с 1798, оригинальный характер приобрёл в кон. 19 в. в мастерской П.В. Лукутина; с 1910 – «Федоскинская кустарная артель» (позже – ф-ка). Мастера Ф.м. создают декор. композиции, пейзажи, натюрморты на чёрном лаковом фоне с лессировкой по перламутру или листочкам фольги.

Иван Фёдоров. Памятник в Москве. Установлен в 1909. Скульптор С.М. Волнухин.

Федоскинская миниатюра. «Чаепитие». Миниатюра на настольном прессе. Кон. 19 – нач. 20 вв.

ФЕДО́ТОВ Георг. Петр. (1886–1951), рос. религ. мыслитель, историк и публицист. С 1925 за рубежом. Один из основателей ж. «Новый град» (1931–39). В исследованиях и многочисл. эссе анализирует своеобразие рус. культуры и истории, место России между Востоком и Западом, осн. культурно-ист. типы рус. человека («Святые Древней Руси», 1931; «Русское религиозное сознание», т. 1–2, 1946–66; сб. ст. «Лицо России», изд. 1967, и др.).

ФЕДО́ТОВ Григ. Ив. (1916–57), нападающий команды ЦДКА (1938–1949), чемпион СССР (1946, 1947, 1948), обладатель Кубка СССР (1945, 1948). Первый футболист в СССР, забивший 100 голов в чемпионатах страны. В 1958 учреждён приз имени Ф. для самой результативной команды чемпионата СССР по футболу (с 1992 – чемпионата России).

ФЕДО́ТОВ Пав. Анд. (1815–52), рос. живописец и рисовальщик. Ввёл в бытовой жанр драм. сюжетную коллизию («Разборчивая невеста», 1847).

П.А. Федотов. «Свежий кавалер». 1846. Третьяковская галерея.

Изобличение социально-нравств. пороков сочетал с поэтич. восприятием обыденной жизни («Сватовство майора», 1848), в поздних работах – с острым чувством одиночества и обречённости человека («Анкор, ещё анкор!», 1851–52).

ФЕДО́ТОВА Гликерия Ник. (1846–1925), актриса, педагог. С 1863 в Малом т-ре. Игре свойственны органичность, эмоц. насыщенность и яркость, зачастую – эффектность сценич. рисунка: Катерина («Гроза» А.Н. Островского, 1863), Беатриче («Много шума из ничего» У. Шекспира, 1865), Елизавета («Мария Стюарт» Ф. Шиллера, 1886) и др. Островским для Ф. написаны роли Снегурочки («Снегурочка», 1873), Василисы Мелентьевой («Василиса Мелентьева», совм. с С.А. Гедеоновым, 1868).

Федра. Картина Ж.Ж. Лагрене. «Федра, обвиняющая Ипполита перед Тесеем». 1795. Эрмитаж.

ФЕДР (Phaedrus) (ок. 15 до н.э.– 70 н.э.), рим. поэт-баснописец. Вольноотпущенник. Переложения традиц. эзоповских басен (см. *Эзоп*) с сильной моралистич. окраской.

ФЕ́ДРА, в греч. мифологии дочь критского царя Миноса, жена Тесея, воспылавшая любовью к своему пасынку Ипполиту. Отвергнутая юношей, Ф. оклеветала его в предсмертной записке, обвинив в насилии, и затем покончила с собой.

ФЕ́ДЧЕНКО ЛЕДНИ́К, крупнейший горно-долинный ледник Памира (Таджикистан). Дл. 77 км, шир. 1700–3100 м. На выс. 4169 м – гидрометеорол. станция. Назван по имени рос. естествоиспытателя А.П. Федченко.

ФЕЙДТ (Вейдт) (Veidt) Конрад (1893–1943), нем. актёр. Его дарование, сочетавшееся с вырази́т. внешностью и пластикой, проявилось в фильмах нем. режиссёров-экспрессионистов («Кабинет доктора Калигари», 1919; «Сатана» 1920; «Кабинет восковых фигур», 1924, и др.), в к-рых Ф. создал образы призрачных, загадочных, зловещих героев. Снялся в ф.: «Под красной мантией» (1936), «Багдадский вор» (1940), «Касабланка» (1943) и др. Работал также как режиссёр.

ФЕ́ЙЕРБАХ (Feuerbach) Людвиг (1804–72), нем. философ-материалист. Первоначально последователь Г.В.Ф. Гегеля, затем (1839) подверг критике гегелевский идеализм. В центре философии Ф.– человек, трактуемый как биол. существо, абстрактный индивид. Религию истолковывал как отчуждение человеческого существа, источник к-рого – чувство зависимости человека от стихийных сил природы и общества. Основу нравственности усматривал в стремлении человека к счастью, достижимому посредством «религии любви» (человеческого единения, взаимосвязи Я и Ты). Осн. соч.: «К критике философии Гегеля» (1839), «Сущность христианства» (1841), «Основы философии будущего» (1843), «Сущность религии» 1851).

ФЕЙЕРВЕ́РК (нем. Feuerwerk), 1) цв. огни, получаемые при сжигании пороховых пиротехн. изделий (ракеты и др.) во время увеселений, торжеств и т.д. 2) Перен.– стремительный поток, обилие чего-либо (напр., Ф. слов).

ФЕ́ЙНМАН (Feynman) Ричард Филлипс (1918–88), амер. физик-теоретик, один из основателей квантовой электродинамики. Предложил метод т.н. диаграмм Ф. и др. Тр. по физике элементарных частиц, теории гравитации, сверхпроводимости, статистич. физике. Автор курса «Фейнмановские лекции по физике» (1963–64). Ноб. пр. (1965).

ФЕЙХОА́, род древесных р-ний (сем. миртовые). 2 вида, в субтропиках Юж. Америки. Ф. Селлова – плод. культура, издавна выращиваемая во мн. тропич. и субтропич. странах, а также на Черномор. побережье Кавказа и на Ю. Крыма. Вечнозелёное дерево выс. до 4 м, живёт до 70 лет, плодоносит с 4–6 лет. Плоды (до 20 кг с р-ния) кисло-сладкие, с ананасным запахом, богаты витаминами и иодом, ценный леч. продукт.

Фейхоа. Плод.

ФЕЙХТВА́НГЕР (Feuchtwanger) Лион (1884–1958), нем. писатель. После 1933 в антифаш. эмиграции. В увлекательных, но не свободных от рационалистич. тяжеловесности романах на исторические сюжеты, рассчитанных на аллюзионное восприятие («Безобразная герцогиня», 1923; «Еврей Зюсс», 1925; «Иудейская война», 1932; «Лисы в винограднике», 1947; «Гойя», 1952; «Мудрость чудака», 1952,– о Ж.Ж. Руссо), а также в романах, посвящённых современности [«Семья Оппенгейм» («Семья Опперман»), 1933, и др.],– личность, утверждающая себя в борьбе с «варварством» (фашизмом, нац. и полит. фанатизмом), вера в разум как двигатель прогресса и залог гуманного миропорядка. В кн. «Москва 1937» (1937, о посещении СССР, вскоре после издания запрещена), не принимая культ личности И.В. Сталина, оправдывал его «правотой» происходящих в СССР преобразований и энтузиазмом масс.

ФЕЛЛА́ХИ, в араб. странах оседлое население, занятое земледелием, крестьяне.

ФЕЛЛИ́НИ (Fellini) Федерико (1920–93), итал. кинорежиссёр. Используя традиции *неореализма*, создал собств. яркий кинематографич. стиль, поэтически преобразующий действительность и включающий в себя сплав трагикомич., карнавальных, феерич. элементов («Белый шейх», 1952; «Маменькины сынки», 1953; «Дорога», 1954; «Ночи Кабирии», 1957; «Сладкая жизнь», 1959). Новаторский ф. «Восемь с половиной» (1963) объединяет в едином потоке образы реального мира и субъективные ви́дения героя. Размышлениям об ист. судьбах Италии и нац. менталитета посвящены ф. «Рим» (1972), «Амаркорд» (1974), «Репетиция оркестра» (1979), «Интервью» (1987), «Голос луны» (1991).

Ф. Феллини. Кадр из фильма «Сатирикон». 1969.

ФЕ́ЛЬЗЕНШТЕ́ЙН (Felsenstein) Вальтер (1901–75), нем. оперный режиссёр. Основатель (1947), худ. рук. и режиссёр т-ра *«Комише опер»*. Работал в разных европ. городах (в 1969 в Москве; пост. «Кармен» Ж. Бизе). Реалистич. реформаторские принципы Ф. близки системе К.С. Станиславского.

ФЕМИ́ДА, в греч. мифологии богиня правосудия, дочь Урана и Геи. Изображалась с повязкой на глазах (символ беспристрастия), с рогом изобилия и весами в руках. Перен.: «весы Ф.» – правосудие, «жрец Ф.» – служитель закона.

ФЕМИНИ́ЗМ (новолат. feminismus, от лат. femina – женщина), в широком смысле – стремление к равноправию женщин с мужчинами во всех сферах общества; в узком смысле – жен. движение, целью к-рого является устранение дискриминации женщин и уравнение их прав с мужчинами (возникло в 18 в.).

ФЕМИСТО́КЛ (ок. 525 – ок. 460 до н.э.), афинский полководец, вождь демокр. группировки в период греко-перс. войн с 493/492. Сыграл решающую роль в превращении Афин в мор. державу и организации общегреч. союза.

ФЁН (нем. Föhn), сухой и тёплый (часто сильный) ветер, дующий с гор в долины. Эти свойства Ф. обусловлены адиабатич. нагревом воздуха (см. *Адиабатный процесс*) при его нисходящем движении.

Феникс. Фрагмент сицилийской мозаики.

ФЕ́НИКС (греч.), в фольклоре мн. народов волшебная птица, сжигающая себя в старости и возрождающаяся из пепла молодой и обновлённой; символ вечного возрождения.

ФЕНО́Л (карболовая кислота), C_6H_5OH, бесцв., розовеющие на воздухе кристаллы, $t_{пл}$ 43 °C. Выделяют из кам.-уг. смолы или получают синтетич. смол (напр., феноло-формальдегидных), капролактама, красителей, пестицидов, лекарств. средств, поверхностно-активных в-в; применяется также для дезинфекции. Токсичен, при попадании на кожу вызывает ожоги.

ФЕНО́ЛО-ФОРМАЛЬДЕГИ́ДНЫЕ СМО́ЛЫ, смолы *синтетические*, продукты реакции фенола с формальдегидом. Отверждённые в процессе переработки Ф.-ф.с. обладают хорошими электроизоляц. и механич. свойствами. Применяются в произ-ве пластмасс, лакокрасочных материалов, клеёв, герметиков, для отверждения эпоксидных смол. Первая Ф.-ф.с.– бакелит, получена в 1908 Л. Бакеландом (США).

ФЕНО́МЕН (от греч. phainómenon – являющееся), 1) необычный, исключительный факт, явление. 2) Филос. понятие, означающее явление, данное в опыте, чувственном познании (в противоположность *ноумену*, постигаемому разумом и составляющему основу, сущность Ф.).

ФЕНОМЕНОЛО́ГИЯ (греч., букв.– учение о *феноменах*), 1) филос. дисциплина, по-разному трактуемая в истории философии: как наука, выполняющая функцию критики чувственного познания (И.Г. Ламберт, И. Кант); как учение о становлении философии, ист. исследование форм сознания («Феноменология духа» Г.В.Ф. Гегеля); как часть психологии, описывающая психич. феномены (Ф. Брентано, А. Мейнонг). 2) Филос. направление, принципы к-рого в нач. 20 в. сформулировал Э. Гуссерль; задача Ф.– обнаружение изначального опыта сознания путём феноменологич. редукции (эпохé), состоящей в исключении к.-л. утверждений о бытии и достижении последнего неразложимого един-

ФЕНО

ства сознания – интенциональности (т.е. направленности на предмет). Ф. явилась одним из истоков экзистенциализма и др. течений совр. философии.

ФЕНОТИ́П (от греч. pháinō – являю и *тип*), совокупность всех признаков и свойств организма, сформировавшихся в процессе его индивид. развития. Складывается в результате взаимодействия наследств. свойств организма – *генотипа* и условий среды обитания.

ФЕОДА́Л, в ср. века в Зап. Европе зем. собственник (владелец *феода*), эксплуатирующий зависимых от него крестьян.

ФЕОДАЛИ́ЗМ. Термин «Ф.» возник перед Франц. рев-цией кон. 18 в. и обозначал «старый порядок» (абс. монархия, господство дворянства). В марксизме Ф. рассматривается как соц.-экон. формация, предшествующая капитализму.

В совр. ист. науке Ф. анализируется как социальная система, к-рая существовала только в Зап. и Центр. Европе в эпоху средневековья, хотя отд. черты Ф. можно обнаружить и в др. регионах мира, и в разные эпохи. В основе Ф. – межличностные отношения: вассала и сеньора, подданного и сюзерена, крестьянина и крупного земельного собственника. Ф. свойственны сословно-юрид. неравенство, закреплённое правом, и рыцарская воен. организация. Идеологич. и нравств. основой Ф. стало христ-во, к-рое определяло характер ср.-век. культуры. Формирование Ф. охватило 5–9 вв., после завоевания Рим. империи варварами. В период его расцвета (12–13 вв.) экономически и политически укрепляются города и гор. население, оформляются сословно-представит. собрания (англ. парламент, франц. Ген. штаты и т.д.); сословная монархия вынуждена считаться с интересами не только знати, но и др. сословий. Противостояние папства и мирской монархии создавало пространство для утверждения личной свободы индивида, к-рая постепенно подтачивала сословно-иерархич. строй Ф. Развитие гор. экономики подорвало натурально-хоз. основы господства аристократии, а рост свободомыслия привёл к перерастанию ересей в Реформацию 16 в. Протестантизм с его новой этикой и системой ценностей благоприятствовал развитию предпринимат. деятельности капиталистич. типа. Рев-ции 16–18 вв. ознаменовали в осн. завершение Ф.

ФЕОДО́СИЙ ПЕЧЕ́РСКИЙ (ок. 1036–1074), др.-рус. церковно-полит. деятель, игумен Киево-Печерского мон. (с 1062), один из его основателей и руководителей постройки; святой (канонизирован в 1102); писатель. Первым на Руси ввёл монастырский (Студитский) устав. Поучения («о терпении и о любви и о посте», «о ползе душевной»), послания, молитва «за все крестьяны». Его житие описал Нестор.

ФЕОКРИ́Т (кон. 4 в. – 1-я пол. 3 в. до н.э.), др.-греч. поэт. Основал жанр идиллии, в к-рой предметом любования становится простота и естественность невзыскательного быта. Идиллии Ф. положили начало европ. традиции «буколической» (см. *Буколика*) лит-ры.

ФЕОФА́Н ГРЕК (ок. 1340 – после 1405), живописец. Родом из Византии. Работал на Руси во 2-й пол. 14 – нач. 15 вв. Вместе с Андреем

Феофан Грек. «Троица». Фреска церкви Спаса на Ильине улице в Новгороде.

Рублёвым и Прохором с Городца в 1405 расписал Благовещенский собор в Моск. Кремле. Произведения (фрески церк. Спаса на Ильине улице в Новгороде, 1378, иконы) отличаются монументальностью, внутр. силой и драм. выразительностью образов, смелой и свободной живописной манерой.

ФЕРАПО́НТОВ МОНАСТЫ́РЬ (Рождественский), мужской, осн. ок. 1398 монахом моск. Симонова мон. Ферапонтом между Бородавским и Пасским озёрами (ныне с. Ферапонтово Вологодской обл.). В 16 в. значительный культурный центр. В 1798 упразднён, восстановлен в 1903 как жен. монастырь. После Окт. рев-ции упразднён. В составе ансамбля Ф. м. – собор Рождества Богородицы (1490) с росписями Дионисия и его сыновей (ок. 1502–03), трапезная палата с церк. Благовещения (1530–34) и др. С 1924 музей, ныне филиал-музей «Фрески Дионисия» Кирилло-Белозерского ист.-архит. и худ. музея-заповедника.

ФЕРГАНА́ (до 1910 Н. Маргелан, в 1910–24 Скобелев), г., обл. ц. в Узбекистане. 226,5 т. ж. Ж.-д. уз. Нефтеперераб., нефтехим., хим., лёгкая пром-сть. 2 вуза. 2 т-ра. Краеведч. музей. Осн. в 1876.

ФЕРДИНА́НД II (Ferdinand) Арагонский (1452–1516), король Араго-

на и Сицилии в 1479–1516, король Кастилии в 1479–1504, Неаполитанского кор-ва с 1504, первый король объединённой Испании (брак в 1469 с Изабеллой, королевой Кастилии с 1474, привёл к династич. унии Кастилии и Арагона). Ревностный католик.

ФЕРМА́ (Fermat) Пьер (1601–65), франц. математик, один из создателей аналитич. геометрии и теории чисел. Тр. по теории вероятностей, исчислению бесконечно малых и оптике (принцип Ф.).

ФЕ́РМА (от лат. firmus – прочный) (строит.), стержневая *несущая конструкция*, у к-рой соединения стержней в узлах при расчёте принимаются шарнирными. Металлич., жел.-бетон., дерев. и комбинир. Ф. применяют в покрытиях зданий, пролётных строениях мостов, гидротехн. сооружениях и др.

ФЕ́РМА, индивидуальное с.-х. пр-тие, ведущееся на собств. или арендов. земле с целью получения товарной с.-х. продукции и ден. дохода, связано, как правило, с поселением хуторского типа. В совр. условиях в развитых странах мн. фермерские х-ва втягиваются в систему межотраслевых связей, организуемых пром. пр-тиями и кооперативами на основе вертикальной интеграции, становясь при этом частями кр. агропром. объединений.

ФЕРМА́ ТЕОРЕ́МА, утверждение теории чисел, согласно к-рому ур-ние $x^n + y^n = z^n$ при $n > 2$ не имеет целых положит. решений. Справедливость Ф.т. доказана для ряда показателей n, но в общем виде остаётся недоказанной. П. Ферма, высказавший эту теорему, не оставил её доказательства.

ФЕРМА́ТА (итал. fermata – остановка), остановка муз. движения путём увеличения *длительности* звука или паузы вопреки метрич. счёту. В *нотном письме* обозначается знаком ⌒ или ⌣ над нотой либо под нотой, паузой, тактовой чертой.

ФЕРМЕ́НТЫ (от лат. fermentum – закваска), биол. катализаторы, присутствующие во всех живых клетках. Осуществляют превращения (обмен) в-в в организме. По хим. природе – белки. В многоклет. биохим. реакциях в клетке участвуют огромное число разл. Ф. в зависимости от типа хим. реакции, катализируемой Ф., их делят на 6 классов: оксидоредуктазы, трансферазы, гидролазы, лиазы, изо-

меразы, лигазы. Ферментные препараты применяют в медицине, пищ. и лёгкой пром-сти.

ФЕ́РМИ (Fermi) Энрико (1901–54), итал. физик, один из создателей ядерной физики, нейтронной физики, квантовой статистики, физики металлов и др.; участник амер. программы овладения ядерной энергией, основатель науч. школ в Италии и США. Открыл (с сотр.) искусств. радиоактивность, вызванную нейтронами, и замедление нейтронов в в-ве (1934). Создал теорию бета-распада. Построил (1942) первый ядерный реактор и осуществил в нём *ядерную цепную реакцию*. Ноб. пр. (1938).

ФЕ́РМИЙ (Fermium), Fm, искусств. радиоактивный хим. элемент III гр. периодич. системы, ат. н. 100; относится к *актиноидам*; металл. Впервые получен амер. физиками А. Гиорсо, С. Томпсоном и Г. Хиггинсом в 1952.

ФЕРМОПИ́ЛЫ, горн. проход к Ю. от Фессалийской равнины, на границе Ср. и Юж. Греции. В 480 до н.э., во время греко-перс. войн 500–449 до н.э., 300 спартанцев во главе с царём Леонидом героически обороняли Ф. от превосходящих сил перс. царя Ксеркса и все погибли в бою.

ФЕРНАНДЕ́ЛЬ (Fernandel) (наст. имя и фам. Фернан Контанден) (1903–71), франц. актёр. Выступал на эстраде, в ревю и оперетте. Его дар гротескного комизма, проявившийся в ф. «Казимир» (1950), «Али-Баба и сорок разбойников» (1954), полностью раскрылся в ролях, требующих перехода от фарса к драме («Закон есть закон», 1958; «Дьявол и десять заповедей», 1962), в серии фильмов о Дон Камилло, в мелодраме «Поездка отца» (1966).

Э. Ферми.

Ферапонтов монастырь. Общий вид.

Фернандель в фильме «Бальная записная книжка». 1937.

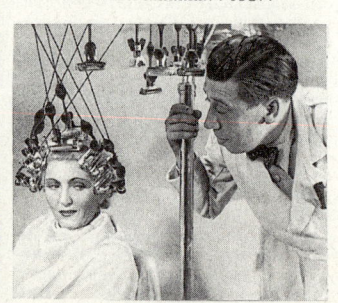

ФЕРРА́РА, г. в Италии. 141 т. ж. Нефтехим., маш.-строит., деревообр., стек. пром-сть. Ун-т (с 14 в.). Высш. муз. школа (1740), консерватория (1869). Музеи, в т.ч. нац., пинакотека, археол. нац., Музей-лапидарий. Т-р Комунале (1798). Изв. с 8 в. В 1471–1598 центр герцогства

Феррара. Замок д'Эсте.

Феррара. От планировки 2-й пол. 15–16 вв. сохранились широкие прямые улицы. В центре – романский собор (12–18 вв.), палаццо Комунале (13–15 вв.) и Скифаноя (14–15 вв.), замок д'Эсте (14–16 вв.).

ФЕРРА́РСКАЯ ШКО́ЛА, итал. школа живописи с центром в г. Феррара. Наиб. расцвета достигла во 2-й пол. 15 в. Для мастеров Ф.ш. (К. Тура, Ф. дель Косса и др.) характерны сочетание позднеготич. и ранненессансных тенденций, изысканной декоративности и эмоц. напряжённости образов, пластич. чёткость форм.

ФЕРРЕ́РИ (Ferreri) Марко (р. 1928), итал. кинорежиссёр. В ф. «Диллинджер мёртв» (1969), «Большая жратва» (1973), «Прощай, самец» («Мечта обезьяны», 1978), «Дом улыбок» (1990) критикует разл. стороны «общества потребления»; саркастич., трагифарсовая точка зрения в его произв. часто перерастает в тотальное неприятие действительности.

ФЕРРО... (от лат. ferrum – железо), часть сложных слов, означающая: железный, относящийся к железу (напр., ферросплавы).

ФЕ́РСМАН Ал-др Евг. (1883–1945), геохимик и минералог. Директор Минералогич. музея АН СССР (1919–1930). Фундам. тр. по геохимии и пегматитам. Блестящий популяризатор, автор науч.-популярных книг: «Занимательная минералогия», «Занимательная геохимия» (обе 1950).

А.Е. Ферсман.

«Воспоминание о камне» (1940) и др. Именем Ф. названы два минерала.

ФЕРТ, старое название буквы «ф» в рус. алфавите. Фертом (стоять, ходить и т.п.) – браво, самодовольно (первонач.– подбоченившись так, что похоже на букву «Ф»).

ФЕРТИ́ЛЬНОСТЬ (от лат. fertilis – плодородный), способность зрелого организма производить потомство. Ср. *Стерильность.*

ФЕТ (Шеншин) Аф. Аф. (1820–92), рус. поэт. Проникновенный лиризм в постижении природы, служение «чистой красоте», музыкальность – в неразделённой слиянности противоположных человеческих чувств, в мелодике стиха, цыганских мотивах (мн. стихи положены на музыку); мимолётные порывы души, трагич. просветлённость переживаний. Итоговая книга – «Вечерние огни» (сб. 1–4, 1883–91). Мемуары, в т.ч. «Мои воспоминания» (1890). Переводы (в частности, А. Шопенгауэра).

А.А. Фет.

ФЕТВА́ (араб.), в мусульм. странах решение высш. религ. авторитета (муфтия) о соответствии того или иного действия или явления нормам ислама.

ФЕТИШИ́ЗМ (от франц. fétiche – идол, талисман), культ неодушевлённых предметов – фетишей. Пережитки Ф. – вера в амулеты, обереги, талисманы. Сохранился в совр. религиях.

ФЕ́ТТИ (Fetti) Доменико (ок. 1588–1623), итал. живописец *венецианской школы*. Религ. сюжеты трактовал как сцены нар. жизни, использовал богатый светотеневыми переходами колорит («Исцеление Товита», 1620-е гг.).

ФЕХТОВА́НИЕ (нем. fechten – фехтовать, сражаться, бороться), 1) система приёмов владения холодным оружием в рукопашном бою. 2) Вид спорта; единоборство на спорт. рапире, шпаге, сабле. Осн. принципы спорт. Ф. сложились в кон. 17 в. во Франции; в России офиц. соревнования с 1860. В 1913 осн. Междунар. федерация Ф. (ФИЕ); объединяет ок. 100 стран. Чемпионаты Европы в 1906–36, мира с 1937; в программе Олимп. игр. с 1896.

ФЕШЕНЕ́БЕЛЬНЫЙ (англ. fashionable, от fashion – фасон, мода), отвечающий требованиям изощрённого вкуса, моды; элегантный, изысканный, роскошный.

ФЕ́Я (франц. fée, от лат. fatum – судьба), по поверьям кельтских и ро-

манских народов – фантастич. существо жен. пола (обычно делающее людям добро); волшебница.

ФИА́ЛКА, род многолетних (реже однолетних) трав и полукустарников (сем. фиалковые). Ок. 500 видов, по всему земному шару, но гл. обр. в умеренном поясе Сев. полушария. В культуре неск. видов как декор. и эфирно-масличные р-ния. Ф. трёхцветная и ещё 2 вида послужили исходным материалом для создания садовых анютиных глазок.

ФИАНИ́ТЫ, группа синтетич. *монокристаллов* на основе оксидов циркония и гафния. Созданы в 1972 в Физ. ин-те АН СССР (сокр. ФИАН, отсюда назв.). Используются в ювелирной пром-сти. Ф. – лучший имитант *алмаза*, обладают высокой темп-рой плавления и твёрдостью. Могут быть бесцветными или окрашенными (примесями) в разнообразные цвета.

ФИА́СКО (итал. fiasco), провал, полная неудача, неуспех.

ФИ́БРА (от лат. fibra – волокно), материал, изготовляемый пропиткой непроклеенной тряпичной бумаги концентрир. р-ром хлорида цинка и последующим прессованием. Для повышения водостойкости Ф. иногда пропитывают парафином или воском. Применяется как электро- и теплоизоляц. материал, а также как заменитель кожи.

ФИБРО́МА (от лат. fibra – волокно и ...ома), доброкачеств. опухоль из волокнистой соединит. ткани. Часто сочетается с разрастанием др. тканей – мышечной (фибромиома), сосудистой (ангиофиброма), железистой (фиброаденома). Возникает на коже, слизистых оболочках, в сухожилиях, молочной железе, матке.

ФИ́ВЫ, столица Египта в 22–7 вв. до н.э. (с перерывами). В 8–1 вв. до н.э. Ф. сохраняли значение религ. центра, разрушены в 88 до н.э. Археол. раскопки с 1-й пол. 19 в. (храмы в Луксоре, Карнаке и др.).

ФИ́ГНЕР (по мужу Филиппова) Вера Ник. (1852–1942), рос. революционерка, мемуаристка. В рев. движении с 1873, с 1876 примыкала к об-ву «Земля и воля», после его раскола (1879) чл. Исполнит. к-та партии «Народная воля», участвовала в подготовке покушений на имп. Александра II, в создании и деятельности Воен. орг-ции «Нар. воли». С 1882 единств. член Исполнит. к-та в России, пыталась воссоздать ослабленную арестами орг-цию. В 1884 приговорена к вечной каторге (20 лет провела в одиночном заключении

Фехтование.

в Шлиссельбургской крепости). В 1906–15 в эмиграции, близка к партии эсеров. После 1917 от участия в полит. жизни отошла. Восп. «Запечатлённый труд» (т. 1–2, 1964), статьи по истории рев. движения 1870–80-х гг. в России.

ФИ́ГНЕРЫ, семья певцов. Медея Ив. (1859–1952), драм. сопрано. По происхождению итальянка. Пела в Мариинском т-ре (1887–1912). С 1930 за рубежом. Её муж Ник. Ник. (1857–1918), лирико-драм. тенор. Брат В.Н. Фигнер. Пел в Мариинском т-ре (1887–1907), петерб. Нар. доме (дир. оперной труппы; 1910–15). Первые исполнители гл. партий во мн. рус. операх, в т.ч.

Фианиты: 1 – необработанные кристаллы; 2 – ювелирные.

ФИГО

П.И. Чайковского («Пиковая дама», «Иоланта»).

ФИ́ГОВОЕ ДЕ́РЕВО, то же, что инжир.

ФИГУРА́ЛЬНЫЙ, иносказательный, переносный, образный (напр., Ф. выражение).

ФИГУ́РНОЕ КАТА́НИЕ на коньках, вид конькобежного спорта; соревнование в выполнении на льду под музыку комбинаций шагов, вращений, прыжков и рисунков-фигур (в одиночном катании), поддержек (в парном) и др. Различают Ф.к. муж. и жен. одиночное, смешанных парное и спорт. танцы. Как вид спорта сформировался в 60-е гг. 19 в.; в России с кон. 19 в. Соревнования проводятся Междунар. союзом конькобежцев (см. *Конькобежный спорт*). Чемпионаты Европы с 1891, мира с 1896; в программе Олимп. игр с 1908.

Фигурное катание.

ФИГУ́РНЫЕ СТИХИ́, стихи, в к-рых графич. рисунок строк или выделенных в строках букв складывается в изображение к.-л. фигуры или предмета (монограмма, ромб и др.). Известны с 3 в. до н.э.; в рус. поэзии – у Симеона Полоцкого, В.Я. Брюсова, А.А. Вознесенского («Изотопы»).

ФИДЕ́ (FIDE, франц. Fédération Internationale des Échecs), междунар. шахматная федерация. Осн. в 1924 в Париже. Объединяет ок. 150 стран (1993); Россия – с 1992. Девиз – «Все мы одна семья» (лат. Gens una sumus). Организует ряд крупнейших междунар. соревнований, в т.ч. олимпиады шахматные мужские (с 1927) и женские (с 1957); чемпионаты мира личные (с 1948 мужские, с 1927 женские) и командные (с 1985 мужские).

ФИДЕИ́ЗМ (от лат. fides – вера), религ. мировоззрение, утверждающее примат веры над разумом. Характерен для теистич. религий (см. *Теизм*).

ФИ́ДЖИ (Суверенная Демократическая Республика Фиджи), гос-во в Океании, в юго-зап. части Тихого ок., на о-вах Фиджи. Пл. 18,3 т. км². Нас. 762 т.ч., в осн. фиджи-индийцы (ок. ½) и фиджийцы (ок. ½). Офиц. яз. – английский. Верующие – христиане (53%), индуисты (38%), мусульмане (8%). Глава гос-ва – президент. Законодат. орган – двухпалатный парламент (Сенат и Палата представителей). Столица – Сува (о. Вити-Леву). Адм.-терр. деление: 4 округа. Ден. единица – доллар Фиджи.

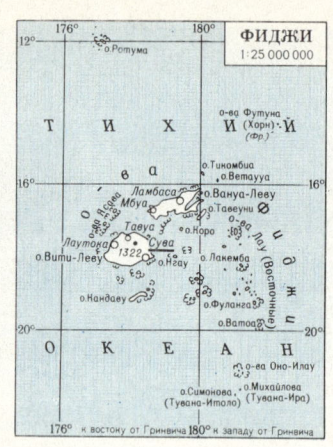

Архипелаг Ф. состоит из более чем 300 о-вов (обитаемы 150); два наиб. крупных – Вити-Леву и Вануа-Леву (занимают 80% терр.) – вулканич. происхождения, поверхность гориста (выс. до 1322 м), берега окаймлены коралловыми рифами. Климат тропич. океанический, влажный; часты ураганы. Ср.-мес. темп-ры 25–28 °C; осадков от 1700 до 3500 мм в год (на вост. наветренных склонах). Влажные тропич. леса, саванны.

С 1874 англ. колония. С 1970 независимое гос-во.

Ф. – агр. страна; самое экономически развитое гос-во в Океании. ВНП на д. нас. 2070 долл. в год. Осн. с.-х. культуры: сах. тростник, кокосовая пальма, рис, имбирь, табак. Лов и переработка рыбы. Жив-во. Добыча золота, серебра. Произ-во копры, кокосового масла, сахара, соков, одежды, обуви; судоремонт. Иностр. туризм (ок. 250 т. ч. в год). Экспорт: сахар, золото, рыба и рыбопродукты, древесина, имбирь.

ФИ́ДИЙ (нач. 5 в. до н.э.– ок. 432–431 до н.э.), др.-греч. скульптор. Гл. помощник Перикла при реконструкции Акрополя в Афинах. Грандиозные статуи – Афины Промахос на Акрополе (бронза, ок. 460 до н.э.), Зевса Олимпийского и Афины Парфенос (обе – золото, слоновая кость) – не сохранились. Под рук. Ф. исполнено скульпт. убранство *Парфенона*. Творчество Ф. – одно из высших достижений мирового иск-ва, его образы сочетают жизненность с возвышенной классич. гармонией и совершенной красотой.

Фидий. «Мойры». Фрагмент восточного фронтона Парфенона. Мрамор. 438–432 до н.э. Британский музей. Лондон.

ФИЗА́ЛИС, род одно- и многолетних травянистых р-ний (сем. паслёновые). Особенность Ф. – наличие яркой вздутой чашечки – «фонарика», внутри к-рой развивается плод. Ок. 100 видов, преим. в Америке, там же окультурен (задолго до н.э.). В Европ. части России как овощные и декор. р-ния выращивают Ф. клейкоплодный, или мексиканский, и Ф. земляничный. Плоды (200–300 г с 1 га) сладкие, с земляничным ароматом, богаты витамином С; в пищу используются недозрелыми, идут на произ-во консервов, варенья, солений и т.п.

ФИ́ЗИКА (от греч. phýsis – природа), наука, изучающая строение, наиб. общие свойства материи и законы её движения. В соответствии с изучаемым видом движения материальных объектов Ф. подразделяется на *механику, электродинамику, оптику, относительности теорию, квантовую механику, квантовую теорию поля, термодинамику и статистическую физику*; по характеру объектов различают Ф. элементарных частиц, Ф. ядер, атомов и молекул, Ф. газов, жидкостей и тв. тел, Ф. плазмы и т.п.

Зарождение Ф. восходит к ранней античности [Демокрит, Аристотель, Лукреций Кар, Архимед (5–1 вв. до н.э.)]. Ф. как наука начала складываться в 16–18 вв. в трудах создателей классич. механики Г. Галилея, И. Ньютона и др. В кон. 18 – сер. 19 вв. были изучены электрич. и магн. явления (М. Фарадей, Х. Эрстед, А. Ампер), что завершилось созданием классич. электродинамики (Дж. Максвелл) и на её основе – эл.-магн. теории света (Г. Герц). В сер. 19 в. в результате анализа действия тепловых машин (С. Карно) и др. тепловых явлений (Р. Майер, Дж. Джоуль, Г. Гельмгольц) были заложены основы термодинамики; в кон. 19 в. микроскопич. анализ физ. систем с большим числом частиц привёл к созданию статистич. Ф. (Л. Больцман, Дж. Гиббс). На рубеже 19 и 20 вв. был обнаружен ряд явлений (дискретность атомных спектров, *радиоактивность* и законы *теплового излучения*), необъяснимых в рамках т.н. классич. Ф. и положивших начало новому этапу в Ф. В нач. 20 в. были сформулированы осн. положения квантовой Ф. (М. Планк, Э. Резерфорд, Н. Бор). В 20-х гг. обнаружены волновые свойства микрочастиц и сформулированы основы квантовой механики (Л. де Бройль, Э. Шрёдингер, В. Гейзенберг), а также получила развитие теория гравитации на основе обобщения ранее созданной А. Эйнштейном (1905) теории относительности. К сер. 20 в. относится овладение ядерной энергией, достигнуты значит. успехи в области Ф. элементарных частиц и Ф. тв. тела – создан *транзистор* (Дж. Бардин) и установлена физ. природа явлений сверхтекучести (П.Л. Капица, Л.Д. Ландау) и сверхпроводимости; получила развитие *квантовая электроника* (в т.ч. созданы *лазеры*). К числу актуальных проблем совр. Ф. относятся, напр., завершение теорий *Великого объединения* и *Большого взрыва*, а в практич. области – разработка и применение высокотемпературных сверхпроводников. Ф. лежит в основе радио, ТВ, электроэнергетики, техники связи и вычислит. техники, металлургии, разведки полезных ископаемых, осуществления космич. полётов и др. Достижения Ф. оказывают существ. воздействие на развитие совр. цивилизации в целом, напр.: создание *ядерного оружия* поставило под угрозу само существование человечества, но овладение ядерной энергетикой, прежде всего решение проблемы *управляемого термоядерного синтеза*, ведёт к обеспечению человечества практически неограниченным источником энергии.

ФИЗИОГНО́МИКА (греч. physiognōmikḗ, physiognōmikē, от phýsis – природа и gnōmonikós – сведущий, знаток), учение о выражении характера человека в чертах лица и формах тела; в широком смысле – иск-во толкования внеш. облика наблюдаемых явлений, учение о выразит. формах к.-л. области действительности.

ФИЗИОКРА́ТЫ (франц. physiocrates, от греч. phýsis – природа и krátos – сила, власть, господство), представители *классической школы политэкономии* 2-й пол. 18 в. во Франции (Ф. Кенэ, А.Р. Тюрго и др.). Ф. исследовали сферу произ-ва, положили начало науч. анализу воспроиз-ва и распределения обществ. продукта. Гл. роль в экономике гос-ва отводили земледелию. Делили общество на классы. Выступали против *меркантилизма*; сторонники свободной торговли.

ФИЗИОЛО́ГИЯ (от греч. phýsis – природа и ...логия), наука о жизнедеятельности организма и отдельных его частей – клеток, органов, функциональных систем. Ф. изучает рост, размножение, дыхание и др. функции живого организма, их связь между собой, регуляцию и приспособление к внеш. среде, происхождение и становление в процессе эволюции и индивид. развития особи. Первоначально Ф. ж-ных и человека развивалась как часть анатомии и медицины. Рождение совр. Ф. связывают с работами У. Гарвея, создавшего учение о кровообращении (1628). Одна из задач Ф. ж-ных и человека – учение регулирующей и интегрирующей роли нерв. системы в организме. В решении этой проблемы участвовали крупнейшие физиологи, в т.ч. российские – И.М. Сеченов, Н.Е. Введенский, И.П. Павлов и др. Для Ф. р-ний, выделившейся из ботаники в 19 в., традиционно изучение минер. (корневого) и возд. (фотосинтез) питания, цветения, плодоношения и др. Она служит теоретич. основой растениеводства и агрономии. Основоположники отеч. Ф. р-ний – А.С. Фаминцын и К.А. Тимирязев.

ФИЗИОТЕРАПИ́Я (от греч. phýsis – природа и *терапия*), область медицины, изучающая физиол. действие естеств. (вода, воздух, солнечное тепло и свет) и искусств. (электрич. ток, магн. поле и др.) физ. факторов и разрабатывающая методы их леч. и профилактич. применения.

ФИЗИ́ЧЕСКАЯ ГЕОГРА́ФИЯ, наука о природной составляющей геогр. оболочки Земли и её природно-терр. комплексах (геосистемах). Осн. разделы – землеведение и ландшафтоведение; включает также палеогеографию и пограничные с другими науками геоморфологию, климатологию, гидрологию суши, океанологию, гляциологию, географию почв, географию. Основы Ф.г. как самостоят. науки заложил нем. географ А. Гумбольдт в 1-й пол. 19 в.

ФИЗИ́ЧЕСКАЯ ХИ́МИЯ, объясняет хим. явления и устанавливает их закономерности на основе общих принципов физики. Включает хим.

термодинамику, хим. кинетику, учение о катализе и др. Термин «Ф.х.» ввёл М.В. Ломоносов в 1753. В самостоят. область химии выделилась в кон. 19 в. Существ. вклад в развитие Ф.х. внесли В. Оствальд, Я. Вант-Гофф, В. Нернст, С. Аррениус, И. Пригожин и др.

ФИЗИ́ЧЕСКИЕ КОНСТА́НТЫ (физические постоянные), постоянные величины, входящие в матем. выражения физ. законов (напр., постоянная Авогадро). Ф.к., входящие в фундам. физ. законы (напр., *всемирного тяготения закон*) или являющиеся характеристиками частиц и процессов микромира, назв. фундаментальными, универсальными или мировыми. К Ф.к. относятся заряд и масса *электрона*, постоянная Планка, *скорость света* и др. Ф.к. определяют экспериментально.

ФИЗИ́ЧЕСКОЕ ЛИЦО́, см. *Лицо физическое*.

...ФИКА́ЦИЯ (от лат. facio – делаю), часть сложных слов, означающая: делание, устройство (напр., электрификация).

ФИКСА́Ж ФОТОГРАФИ́ЧЕСКИЙ (закрепитель фотографический), водный р-р (или паста), применяемый для фиксирования фотогр. изображения. Способствует получению светостойкого изображения, не изменяющегося при длительном хранении. Содержит комплексообразователь (напр., тиосульфат натрия), а иногда также дубитель (хромовые или алюмокалиевые квасцы), ускоритель фиксирования (напр., хлорид аммония) и в-во, нейтрализующее продукты окисления проявителя (органич. к-ту или кислую соль – т.н. кислый Ф.ф.).

ФИКСИ́ЗМ, геол. гипотеза, исходящая из представлений о фиксированности положений континентов на поверхности Земли и о решающей роли вертикально направленных тектонич. движений в развитии *земной коры*. Ф. противопоставляется *мобилизму*. Разрабатывается с 1933 Р.В. ван Беммеленом (Нидерланды), А.П. Карпинским, А.П. Павловым, В.В. Белоусовым (Россия) и др.

ФИ́КУС, род вечнозелёных деревьев, иногда лиан (сем. тутовые). Св. 800 видов, гл. обр. в тропич. лесах Юж. Азии. Нек-рые Ф. поселяются на др. деревьях, плотно оплетают их корнями, что часто ведёт к гибели дерева-хозяина (т.н. Ф.-удушитель). Другие развивают на ветвях придаточные корни, к-рые достигают земли, утолщаются подобно стволам, превращая дерево в рощу (баньян). Ряд видов со съедобными плодами (инжир, сикомор) культивируют; многие Ф. дают ценную древесину и латекс, из к-рого получают каучук. Декор. р-ния (в т.ч. комнатные).

ФИ́КЦИЯ (от лат. fictio – выдумка, вымысел), нечто несуществующее, мнимое, ложное. Фиктивный – мнимый, выдаваемый за действительное.

ФИЛ..., ФИЛО..., ...ФИЛ (от греч. philéō – люблю), часть сложных слов, означающая: любовь, любящий, друг (напр., библиофил).

ФИЛАДЕ́ЛЬФИЯ, г. на В. США. 1,6 млн. ж. Порт в низовьях р. Делавэр, в 160 км от Атлантич. ок. (грузооборот ок. 50 млн. т в год); междунар. аэропорт. Метрополитен. Маш-ние (в т.ч. судостроение), металлообработка, хим., нефтеперераб., швейная, полиграф., воен. и др. пром-сть. Ун-ты. Академия изящных иск-в.

Филадельфия. Индепенденс-холл.

Филадельфийский музей иск-ва, Университетский музей. Т-ры. Осн. в 1682. В Ф. в 1776 провозглашена независимость США. В 1790–1800 врем. столица страны. Центр Ф. сохранил прямоуг. план кон. 17 в. Дома и адм. здания 18 в. сочетаются с небоскрёбами делового центра 20 в.

ФИЛАНТРО́ПИЯ (от *фил...* и греч. ánthrōpos – человек), то же, что *благотворительность*.

ФИЛАРЕ́Т (в миру – Романов Фёд. Никитич; ок. 1554/55–1633), рус. патриарх (1608–10 и с 1619), боярин (с 1587). Отец царя Михаила Фёдоровича. Приближённый царя Фёдора Ивановича; при Борисе Годунове с 1600 в опале, пострижен в монахи. При Лжедмитрии I с 1605 ростовский митрополит, в 1608–10 в Тушинском лагере. В 1610 возглавлял «великое посольство» к Сигизмунду III, был в польск. плену (до 1619). С 1619 фактич. правитель страны.

ФИЛАТЕЛИ́Я (франц. philatélie, от греч. philéō – люблю и atéleia – освобождение от оплаты), коллекционирование и изучение знаков почтовой оплаты (марок, этикеток, штемпелей и т.п.), конвертов и открыток с этими знаками. Возникла в кон. 40-х гг. 19 в. Термин «Ф.» введён франц. коллекционером Г. Эрпеном в 1864. С 60-х гг. 19 в. издаются каталоги, журналы, с 70-х гг. создаются орг-ции для любителей Ф., почтовые музеи в ряде стран и др. В России гос. коллекция знаков почтовой оплаты хранится в Центр. музее связи в С.-Петербурге (осн. в 1877). Первое рос. об-во филателистов созд. в 1907 в С.-Петербурге. Союз филателистов России образован в 1992 (ведёт историю с 1966 от Всес. об-ва).

ФИЛА́ТОВ Вл. Петр. (1875–1956), рос. офтальмолог и хирург. Разработал методы кожной пластики т.н. кожным стеблем (1917), пересадки роговицы (1924), тканевой терапии (1933). Создал учение о биогенных стимуляторах.

ФИЛА́ТОВ Леон. Ал. (р. 1946), актёр. С 1969 в Моск. т-ре на Таганке. Актёрскую манеру Ф. определяет сочетание лирики и иронии. Играет разноплановые роли: Дмитриев («Обмен» по Ю.В. Трифонову, 1976), Мастер («Мастер и Маргарита» по М.А. Булгакову, 1977), Барон и Дон Карлос («Пир во время чумы» по «Маленьким трагедиям» А.С. Пушкина, 1989) и др. Популярен как исполнитель ролей современников в ф.: «Успех» (1985), «Забытая мелодия для флейты» (1988), «Город Зеро» (1990) и др. Выступает как поэт, драматург и кинорежиссёр, поставил ф. «Сукины дети» (1991).

ФИЛА́ТОВ Нил Фёд. (1847–1902), врач, один из основоположников педиатрии в России, создатель науч. школы. Описал скарлатинозную краснуху, инфекционный мононуклеоз, один из ранних признаков кори.

ФИЛА́ТОВЫ, семья рос. артистов цирка, дрессировщиков. Ив. Лаз. (1873–1956), укротитель львов, содержал балаганы и передвижные цирки. Основатель системы зооцирков в СССР. Его сын Вал. Ив. (1920–79), выступал с аттракционами «Медвежий цирк», «Цирк зверей», в к-рых дрессировка сочеталась с элементами почти всех ведущих цирковых жанров. Продолжают династию дочери Вал. Ив.– Люд. Вал. (р. 1942) и Тат. Вал. (р. 1949).

ФИЛД (Фильд) (Field) Джон (1782–1837), ирл. пианист, композитор. С 1802 в России. Один из первых пианистов-романтиков, представитель т.н. лондонской школы. У Ф. брал уроки М.И. Глинка. Фп. ноктюрны (ок. 20; первые образцы этого жанра), сонаты, концерты.

ФИ́ЛДИНГ (Fielding) Генри (1707–1754), англ. писатель, классик лит-ры Просвещения. Комедии, в т.ч. «Политик из кофейни» (1730), «Пасквин» (1736), «Исторический календарь за 1736 год» (1737). Аллегорич.

Н.Ф. Филатов. Памятник в Москве. Скульптор В.Е. Цигаль. 1960.

очерк нравов «Путешествие в загробный мир и прочее» (1743). В центре сатирических ром. «Джонатан Уайльд» (1743) – история жизни циничного авантюриста. Странствия героев на фоне реалистич. картины англ. жизни – в «комич. эпопее в прозе» «Джозеф Эндрюс» (1742) и «Истории Тома Джонса, найдёныша» (1749) – самом известном соч. Ф., конфликт к-рого (противопоставление холодного рассудка и доброго сердца) реализуется в психологически полнокровном образе «положительного героя». Нарастание социального пессимизма – в «Амелия» (1751), «Дневник путешествия в Лиссабон» (опубл. в 1755).

ФИЛДС (Fields) Джон Чарлз (1863–1932), канад. математик. Тр. по алгебр. функциям. Учредил фонд, из к-рого с 1932 Междунар. матем. союз присуждает раз в 4 года на Междунар. матем. конгрессе премии молодым (до 40 лет) математикам.

ФИЛЕМО́Н И БАВКИ́ДА, по греч. легенде, неразлучная и любящая чета, олицетворение радушия.

ФИЛИГРА́НЬ, см. *Скань*.

ФИЛИДО́Р (Philidor) Франсуа Андре (1726–95), франц. композитор и шахматист. Представитель династии музыкантов Ф.-Даникан. Ф. был одним из создателей жанра *опера-комик*. Оперы на сюжеты из жизни простых людей: «Блез-башмачник» (1759), «Садовник и его господин», «Кузнец» (обе 1761), «Дровосек» (1763). Сильнейший шахматист Европы 2-й пол. 18 в.; шахматный теоретик, основоположник позиционной школы игры; автор кн. «Анализ шахматной игры» (1790).

ФИ́ЛИНЫ, род крупных сов. Дл. 30–80 см. По бокам головы пучки перьев – «ушки». 12 видов, в Евразии, Сев. Африке и Америке. Наиб. типичен обыкновенный Ф., населяющий глухие места в лесах, степях, пустынях; голос – «уханье» и «хохот»; всюду редок. Осн. добыча – мышевидные грызуны и птицы. На Д. Востоке обитает представитель др. рода сов – рыбный Ф., питающийся преим. рыбой и земноводными; под угрозой исчезновения.

ФИЛИ́П (Philipe) Жерар (1922–1959), франц. актёр. Играл в т-ре, в т.ч. Национальном народном теат-

Филин.

734 ФИЛИ

Ж. Филип (справа) в фильме «Фанфан-Тюльпан».

ре под рук. Ж. Вилара. Роли в спектаклях «Сид» П. Корнеля (1951), «Капризы Марианны» (1958) и «Любовью не шутят» (1959) А.Ф. Мюссе сделали Ф. кумиром молодого поколения французов. Образ мечтат. героя-идеалиста воплощён актёром в ф. «Идиот» (1946), «Ночные красавицы» (1952). Деятельный романтизм присущ персонажам Ф. в ф.: «Пармская обитель» (1947), «Фанфан-Тюльпан» (1952), «Приключения Тиля Уленшпигеля» (1957, Ф.— реж. совм. с Й. Ивенсом). Психологически сложны и внутренне драматичны роли в ф. «Большие манёвры» (1955), «Монпарнас, 19» (1958).

ФИЛИ́ПП (в миру — Колычев Фёд. Степ.) (1507—69), рус. митрополит с 1566. С 1548 игумен Соловецкого мон., в к-ром руководил значит. строит. и хоз. работами. Публично выступил во время *опричнины* против казней. Низложен в 1568. Задушен по приказу царя Ивана IV Грозного. Канонизирован Рус. православной церковью.

ФИЛИ́ПП II (ок. 382 — 336 до н.э.), царь Македонии с 359. Отец Александра Македонского. В 359–336 завоевал Фессалию, часть Иллирии, Эпир, Фракию и др. К 338 (после битвы при Херонее) установил гегемонию Македонии над Грецией.

ФИЛИ́ПП II (Philippe) Август (1165–1223), франц. король с 1180, из династии Капетингов. Успешно проводил политику централизации гос-ва (значительно расширил королев. домен, преобразовал в нём управление; ограничил самостоятельность феод. знати). Отвоевал у Иоанна Безземельного подвластные ему франц. терр. (Нормандию и др.). В 1189–91 один из предводителей 3-го крестового похода.

ФИЛИ́ПП II (Felipe) (1527–98), исп. король с 1556, из династии Габсбургов. Его политика способствовала укреплению абсолютизма. Поддерживал инквизицию. Воевал с Англией и Францией. В 1581 присоединил Португалию.

ФИЛИ́ПП IV Красивый (1268–1314), франц. король с 1285, из династии Капетингов. Расширил терр. королев. домена. Захватил в 1300 Фландрию, но потерял её в 1302 в результате восст. фландрских городов. Поставил папство в зависимость от франц. королей. Создал первые Ген. штаты (1302).

ФИЛИ́ППИКИ (греч. philippikói), обличит. речи Демосфена против макед. царя Филиппа II. Перен.— гневные обличит. речи.

ФИЛИППИ́НСКИЙ ЖЁЛОБ, в Тихом ок., вдоль вост. подножия Филиппинских о-вов (от о. Лусон до о. Хальмахера). Дл. 1330 км, глуб. до 10 265 м.

ФИЛИППИ́НЫ (Республика Филиппины), гос-во в Юго-Вост. Азии, на Филиппинских о-вах в Тихом ок. Пл. ок. 300 т. км². Нас. 65 млн. ч., св. 80% — филиппинцы (тагалы, висайя, илоки и др.). Офиц. языки — пилипино (на базе тагальского) и английский. Большинство верующих — католики. Глава гос-ва и пр-ва — президент. Законодат. орган — двухпалатный парламент (Сенат и Палата представителей). Столица — Манила. Адм.-терр. деление: 13 областей и 2 автономные области. Ден. единица — филиппинское песо.

Осн. о-ва — Лусон, Минданао, Самар, Негрос, Палаван, Панай, Миндоро, Лейте. Преобладают горы (выс. до 2954 м, вулкан Апо на о. Минданао). Климат тропич. и субэкв. муссонный. Темп-ры на побережье 24–28 °C; осадков 1000–4000 мм в год. Тропич. леса (46% терр.), выше 1200 м — кустарники и луга.

Во 2-й пол. 16 в. испанцы захватили и подчинили себе осн. часть Ф., а затем и весь архипелаг. В 1898 была провозглашена независимая Филиппинская респ. В результате амер.-филиппинской войны 1899–1901 США превратили Ф. в амер. колонию. В 1934 США предоставили Ф. автономию. В дек. 1941–45 Ф. были оккупированы япон. войсками. С 1946 независимое гос-во. Период длительного правления режима Ф. Маркоса (президент с 1965), вводившего неоднократно чрезвычайное положение в стране, был прерван после свержения Маркоса в 1986 и прихода к власти демокр. оппозиции. В 1987 введена новая конституция, по к-рой 6-летний переходный период управления страной осуществлялось с помощью президентских декретов.

Ф.— агр.-индустр. страна с быстроразвивающейся обрабат. пром-стью. ВНП на д. нас. 700 долл. в год. Гл. экспортные с.-х. культуры — кокосовая пальма и агава (одно из первых мест в мире по произ-ву и экспорту копры и манильской пеньки), сах. тростник, табак, тропич. фрукты и цитрусовые. Возделывают зерновые, кофе, какао и др. Жив-во: кр. рог. скот (в т.ч. буйволы), свиноводство, птиц-во. Значит. лесозаготовки (ценная тропич. древесина на экспорт). Рыб-во. Добыча угля, жел., медной, марганц., никелевой и ртутных руд, хромитов, золота, серебра. Пищевкус., текст., швейная пром-сть. Развивается маш-ние (автосборка, радиоэлектроника, произ-во оборудования), хим., нефтеперераб., металлург. пром-сть экспортного направления.

ФИЛИ́СТЕР (нем. Philister), самодовольный, ограниченный, невежеств. человек, отличающийся лицемерным, ханжеским поведением.

ФИЛИСТИ́МЛЯНЕ (от др.-евр. пелиштим), народ, населявший с 12 в. до н.э. юго-вост. побережье Средиземного м., из числа «народов моря». Войны Ф. с иудеями отражены в ряде др.-вост. сказаний. В 8 в. до н.э. покорены Ассирией. От Ф. происходит назв. Палестина.

...ФИЛИЯ (от греч. philéō — люблю), часть сложных слов, означающая: любовь, наклонность к чему-либо.

ФИЛОГЕНЕ́З (от греч. phýlon — род, племя и ...*генез*), процесс ист. развития мира живых организмов как в целом, так и отд. групп — видов, родов, семейств, отрядов (порядков), классов, типов (отделов), царств. Ф. изучается в единстве и взаимообусловленности с индивид. развитием организмов — *онтогенезом*.

ФИЛОКАРТИ́Я (от *фил...* и греч. chártēs — бумага, лист), коллекционирование и изучение иллюстрир. по-

ФИЛИППИНЫ
1:20 000 000
1 Индонезия

чтовых открыток (с репродукциями произв. иск-ва и оригинальных — поздравительных, рекламных, фотоизображений и т.п.). Возникла в 70-х гг. 19 в. с началом массового выпуска открыток (первые иллюстрированные — в 1870 в Германии и Франции, в России — в 1895).

ФИЛОЛО́ГИЯ (от *фил...* и греч. lógos — слово, букв.— любовь к слову), область знания (яз-знание, лит-ведение, текстология, источниковедение, палеография и др.), изучающая письменные тексты и на основе их содержательного, языкового и стилистич. анализа — истории и сущность духовной культуры данного общества. Ф. возникла в Др. Индии и Греции. В 17–18 вв. сложилась как наука, изучающая древнюю культуру (язык, лит-ру, историю, философию, иск-во в их взаимосвязанности). С дифференциацией отд. наук Ф. стали понимать как совокупность наук о культуре народа, выраженной в языке, письменных памятниках и лит. творчестве.

ФИЛО́Н АЛЕКСАНДРИ́ЙСКИЙ (ок. 25 до н.э.— ок. 50 н.э.), иудейско-эллинистич. религ. философ. Соединял иудаизм с греч. философией, прежде всего — стоич. *платонизмом*. Разработанный Ф.А. аллегорич. метод истолкования Библии оказал влияние на *патристику* и ср.-век. культуру.

ФИЛО́НОВ Пав. Ник. (1883–1941), живописец и график. Чл.-учредитель созд. в 1909 об-ва художников «Союз молодёжи» в Петербурге. В символических, драматически напряжённых произв. стремился выразить общие закономерности хода мировой истории («Пир королей», 1913). С сер. 1910-х гг. отстаивал принципы «аналитич. иск-ва», основанного на создании сложнейших, способных к калейдоскопич. развёртыванию композиций («Формула петроградского пролетариата», кон. 1920-х гг.).

ФИЛОСО́ФИЯ (от *фил...* и греч. sophía — мудрость), мировоззрение, система идей, взглядов на мир и на место человека в нём. Исследует познават., социально-полит., ценностное, этич. и эстетич. отношение человека к миру. Основываясь на теоретич. и практич. отношении человека к действительности, Ф. выявляет взаимоотношения субъекта и объекта. Исторически сложившиеся осн. разделы Ф.: онтология (учение о бытии), гносеология (теория познания), логика, этика, эстетика. В решении разл. филос. проблем выделились такие противостоящие друг другу направления, как диалектика и метафизика, рационализм и эмпиризм (сенсуализм), материализм (реализм) и идеализм, натурализм и спиритуализм, детерминизм и индетерминизм и др. Ист. формы Ф.: филос. учения Др. Индии, Китая, Египта; др.-греч. и классич. форма Ф. (Парменид, Гераклит, Сократ, Демокрит, Эпикур, Платон, Аристотель); ср.-век. Ф.— патристика и выросшая из неё схоластика; Ф. эпохи Возрождения (Г. Галилей, Б. Телезио, Николай Кузанский, Дж. Бруно); Ф. нового времени (Ф. Бэкон, Р. Декарт, Т. Гоббс, Б. Спиноза, Дж. Локк, Дж. Беркли, Д. Юм, Г. Лейбниц); франц. материализм 18 в. (Ж. Ламетри, Д. Дидро, К. Гельвеций, П. Гольбах); нем. классич. философия (И. Кант, И.Г. Фихте, Ф.В. Шеллинг, Г.В.Ф. Гегель); Ф. марксизма

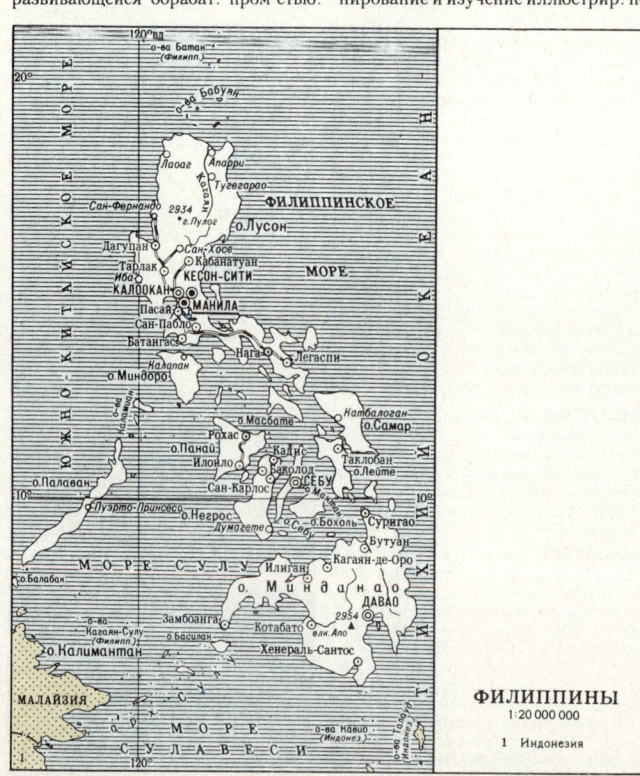

П.Н. Филонов. «Коровницы». 1914. Русский музей.

(К. Маркс, Ф. Энгельс, В.И. Ленин); рус. религ. Ф. 19–20 вв. (В.С. Соловьёв, С.Н. Булгаков, С.Л. Франк, П.А. Флоренский, Н.А. Бердяев, Л. Шестов, В.В. Розанов), Ф. рус. космизма (Н.Ф. Фёдоров, К.Э. Циолковский, В.И. Вернадский). Осн. направления Ф. 20 в.– неопозитивизм, прагматизм, экзистенциализм, персонализм, феноменология, неотомизм, аналитич. философия, филос. антропология, структурализм, филос. герменевтика. Осн. тенденции совр. Ф. связаны с осмыслением таких фундам. проблем, как мир и место в нём человека, природа человеческого познания, бытие и язык, судьбы совр. цивилизации, многообразие и единство культуры.

ФИЛОСОФИЯ ЖИЗНИ, филос. течение кон. 19 – нач. 20 вв., исходящее из понятия «жизни» как некоей интуитивно постигаемой органич. целостности и творч. динамики бытия. В разл. вариантах этого течения «жизнь» истолковывается как естеств.-органич. начало в противоположность механически-рассудочному (Ф. Ницше), как космич. сила, создающая новые формы («жизненный порыв» А. Бергсона), как ист. процесс, реализующийся в неповторимых индивид. образах культуры (В. Дильтей, Г. Зиммель), к-рая противопоставляется механич. «цивилизации» (О. Шпенглер).

ФИЛОСОФСКАЯ АНТРОПОЛОГИЯ, в широком смысле – учение о природе (сущности) человека; в узком – течение в зап.-европ. философии 20 в., преим. немецкой, основанное в 20-х гг. М. Шелером и Х. Плеснером. Исходила в значит. мере из идей философии жизни (В. Дильтей) и феноменологии Э. Гуссерля; в дальнейшем получили распространение идеи прагматизма, «культурантропологии» (Э. Ротхаккер, Германия, и др.), экзистенциализма, структурализма и др.

ФИЛОФОНИЯ (от *фил...* и греч. phōnē – звук), коллекционирование муз., лит. и др. звукозаписей (на граммпластинках, магн. ленте, лазерных дисках). Возникла в нач. 20 в., распространение получила с 40-х – нач. 50-х гг. с развитием индустрии грамзаписи.

ФИЛУМЕНИЯ (от *фил...* и лат. lumen – свет, светильник), коллекционирование и изучение спичечных этикеток (непосредственно с коробков и спец. бланковых, выпускаемых для филуменистов). Возникла в 1-й пол. 19 в. с развитием спичечной пром-сти.

ФИЛЬМОСКОП (от англ. film – плёнка и ...*скоп*), оптич. прибор для рассматривания на просвет кадров диафильма. Иногда Ф. называют простейшие *диапроекторы*.

ФИЛЬТР (франц. filtre, от ср.-век. лат. filtrum, букв.– войлок), 1) пористая перегородка, напр. металлич., войлочная, стеклянная (либо аппарат с такой перегородкой), пропускающая жидкость или газ, но задерживающая тв. частицы; предназначен для разделения суспензий или аэрозолей. 2) Устройство для разделения электрич. колебаний разл. частоты. Из совокупности сигналов произвольных частот, поступающих на вход Ф., на его выходе остаются сигналы, определяемые т.н. полосой пропускания; остальные поглощаются. Применяются в радиотехн. устройствах, выпрямителях, линиях телегр. и телеф. связи и т.д. 3) Оптич. Ф.– устройство для фильтрации частотного спектра (*светофильтр*) либо для устранения искажений волнового фронта дифракц. пучка оптич. излучения (пространств. Ф.). Пространств. Ф.– конструкция из двух собирающих линз, в общем фокусе к-рых установлена диафрагма; применяется, напр., в лазерных установках. 4) Аппарат для очистки пром. газов от взвешенных жидких или тв. частиц путём их ионизации и последующего осаждения на электродах.

ФИМИАМ (греч. thymíama, от thymiáō – жгу, курю), благовонное в-во, сжигаемое при богослужении. «Курить Ф.» – льстить, чрезмерно восхвалять кого-либо.

ФИНАЛ (итал. finale, от лат. finis – конец), 1) заключение, завершение, конец; заключит. встреча в спорт. соревнованиях, выявляющая победителей. 2) (Муз.) заключит. часть (сцена, раздел) оперы, оперетты, балета или их отд. актов, а также симфонии, концерта, сонаты, квартета.

ФИНЗЕН (Финсен) (Finsen) Нильс Рюберг (1860–1904), дат. физиотерапевт. Тр. по биол. действию УФ-излучения и его применению для лечения туберкулёза кожи. Разработал науч. основы светолечения. Ноб. пр. (1903).

ФИНИКИЙСКОЕ ПИСЬМО, квазиалфавитное линейное консонантное письмо (пользующееся письменными знаками только для изображения согласных), возникшее у финикиян не позднее сер. 2-го тыс. до н.э. К Ф.п. восходят все европ. системы письма – лат., греч., кириллица, коптская и вымершие алфавиты М. Азии, а также через арамейские системы – евр. квадратное письмо, араб. письмо, письменности Центр. Азии и Индии.

ФИНИКИЯ, древняя страна на вост. побережье Средиземного м. Города-гос-ва Ф. (Библ, Тир, Сидон и др., на терр. совр. Ливана и Сирии) вели активную мор. и сухопутную торговлю, основали ряд колоний в Средиземноморье, в т.ч. Карфаген. В 6 в. до н.э. Ф. завоёвана персами, в 332 до н.э.– Александром Македонским. Илл. см. на стр. 736.

ФИНИКОВАЯ ПАЛЬМА, род пальм. Св. 15 видов, в тропиках и субтропиках Африки и Азии. Культивируют (с 4-го тыс. до н.э.) ради съедобных плодов (фиников), особенно часто в оазисах Сахары и др. пустынь. Мн. виды разводят как декоративные, в т.ч. на Черномор. побережье Кавказа.

Финиковая пальма.

ФИНИФТЬ, др.-рус. название *эмали*.

ФИНЛЕЙ (Финлей-и-Баррес) (Finlay y Barrés) Карлос Хуан (1833–1915), кубин. врач. Открыл (1881) переносчика жёлтой лихорадки и разработал систему мероприятий по борьбе с ней.

ФИНЛЯНДИЯ (Финляндская Республика), гос-во в Сев. Европе, омывается на Ю. Финским и на З. Ботническим заливами Балтийского м. Пл. 337 т. км². Нас. 5,1 млн. ч., в т.ч. св. 93% – финны, 6% – шведы. Офиц. языки – финский и шведский. Большинство верующих – лютеране. Глава гос-ва – президент. Законодат. орган – парламент. Столица – Хельсинки. Адм.-терр. деление: 12 провинций (ляни). В составе Ф. – Аландские о-ва. Ден. единица – финляндская марка.

Берега Ботнического и Финского заливов Балтийского м. низкие, часто со шхерами. Преобладают холмисто-моренные равнины с многочисл. выходами скальных пород. Климат умеренно континентальный. Ср. темп-ры февр. от –3°C на Ю. до –14°C на С., в июле соотв. от 17 до 15°C; осадков 400–700 мм в год. Ок. 60 тыс. озёр (занимают 8% терр. страны; наиб. крупное – оз. Сайма);

ФИНИКИЙСКИЕ АЛФАВИТЫ

Транскрипция	Ахирам XIII в. до н.э.	Йехимилк XII в. до н.э.	Меша IX в. до н.э.	Средне-финикийский V–III вв. до н.э.	Пунический	Новопунический
'	↘	↘↘	↘	↘	∜	✕✕✕
b	⋈	⋈	⋈	⋈⋈	⋈⋈	⋈⋈⋈
g	1	1	1	∧	∧∧	∧⋏
d	▽	△	△	△	⋄	⋄▫
h	⫪	⫪	⫪	⫪	⫪⫪	⫪⫪⫪
w	YY	YY	Y	YYYY	YY	YYY
z	⫯	⫯	⫯	z	⋈⋈	⋈⋈⋈
ḥ	⊟	⊟	⊟	⊞⊟	⊞	⫯⫯⫯⫯
ṭ	⊕	⊕	⊗	⊙	⊙⊖	⊙⊙⊙
j	⋈	⋈	⋈	∼∼∼	⋈	⋈⋈⋈⋈
k	⋎	⋎	⋎	⋎⋎⋎⋎	⋎⋎	⋎⋎⋎
l	⌒	⌒	⌒	⌒⌒	⌒⌒	⌒⌒⌒
m	⋛	⋛	⋛	⋛⋛⋛⋛	⋛⋛	⋛⋎⋎
n	⋛	⋛	⋛	⋛	⋛⋛	⋛⋛⋛⋛
s	⊞	⊞	⊞	⊞⊞	⊞⊞	
'	O	O	O	OO	OO	O⋎
p	)	)	1	1	1	11
ṣ		⋈	⋈	⋈⋈⋈	⋈⋈⋈	⋈⋈⋈⋈
q		φφ	φ	φφ	φφ	φφφ
r	⊲	⊲	⊲	⊲⊲⊲	⊲⊲⊲	⊲⊲⊲⊲
š	W	W	W	⋃⋃⋃	⋎⋎⋎	⋎⋎⋎
t	+✕	✕	✕	⋔⋔	⋔⋔	⋔⋔⋔

736 ФИНС

Финикия. «Храм обелисков» в Библе. Ок. 1900 до н.э.

многоводные порожистые реки. 76% терр.— леса, преим. таёжные.

В сер. 12–14 вв. захвачена шведами. В 1809 в результате рус.-швед. войны (1808–09) присоединена к России (Вел. кн-во Финляндское). В дек. 1917 провозглашена независимость Ф., в июле 1919, после завершения граж. войны в Ф., Ф. стала республикой. В 1939 Ф. подверглась нападению со стороны СССР, что привело, несмотря на ожесточённое сопротивление финнов в «зимней войне» 1939–40, к утрате части территории. В 1941–44 Ф. вела войну с СССР на стороне фаш. Германии. В 1948 Ф. заключила договор с СССР о дружбе, сотрудничестве и взаимной помощи; неоднократно продлевался, утратил силу в янв. 1992 в связи с подписанием договора об основах отношений с Россией.

Ф.— индустр.-агр. страна. ВНП на д. нас. 24400 долл. в год. Ведущие отрасли пром-сти – маш-ние (кр. судостроение) и лесобумажная. Ф. поставляет на мировой рынок ледоколы, мор. буксиры и паромы, буровые платформы, оборудование для деревообр. и целл.-бум. пром-сти, силовое и подъёмное оборудование и является одним из крупнейших в мире производителей и экспортёров пиломатериалов, фанеры, бумаги, целлюлозы, мебели, спорт. лыж. Развиты металлургия (произ-во стального листа), хим. (хлор, удобрения), текст., пищ. (в осн. масло, сыр) пром-сть. Добыча руд железа, меди, цинка, свинца, хрома (одно из крупнейших в мире месторождений), кобальта. В с. х-ве преобладает молочное скот-во; произ-во кормового и прод. зерна (овёс, ячмень, пшеница).

Финляндия. Пейзаж в районе Иматры.

ФИ́НСКАЯ НАЦИОНА́ЛЬНАЯ О́ПЕРА, ведущий муз. т-р Финляндии, в Хельсинки. Открыт в 1955 на базе оперного т-ра, осн. в 1911 С 1993 в новом здании (арх. А. Аалто). С сер. 70-х гг. один из центров европ. оперной культуры. Ставятся оперы фин. композиторов (А. Саллинена и др.), сочинения В.А. Моцарта, Ж. Бизе, Дж. Пуччини, А. Берга, Л. Яначека, П.И. Чайковского, С.С. Прокофьева, Д.Д. Шостаковича. С 1957 Ф.н.о. проводит Междунар. оперный фестиваль.

ФИ́НСКИЙ ЗАЛИ́В, в вост. части Балтийского м., у берегов Эстонии, России и Финляндии. Дл. 390 км, шир. у входа 70 км, глуб. до 100 м. Много о-вов. Зимой замерзает. Сайменским каналом соединён с оз. Сайма. Кр. порты: С.-Петербург (Россия), Таллин (Эстония), Хельсинки (Финляндия).

ФИО́РДЫ, см. Фьорды.

ФИРДОУСИ́ Абулькасим (ок. 940–1020 или 1030), перс. поэт. Поэма «Шахнаме» (огромное по объёму произв., на к-рое Ф. потратил 35 лет жизни; композиционно делится на 50 т.н. царствований – «падишахов») вобрала в себя нар. эпос, ист. предания, древние иран. мифы и космогонию; гуманистическая по духу и проникнутая тираноборч. идеями (1-я ред., 994): в центре поэмы – борьба Добра и Зла (Ирана и Турана); представления об идеальном правителе Ф. воплотил в образах справедливых государей. Вторую редакцию поэмы Ф. в 1010 поднёс правителю Хорасана Махмуду Газневи, к-рый её не принял. После смерти поэта вокруг него и его произв. возникло множество легенд и лит. реминисценций не только на Востоке, но и в Европе.

ФИ́РМЕННОЕ НАИМЕНОВА́НИЕ (фирма), наименование юрид. лица, индивидуализирующее конкретное предприятие в экон. обороте. Ф.н. подлежит регистрации путём включения в гос. реестр юрид. лиц. Объект *промышленной собственности*.

ФИРН (нем. Firn), зернистый лёд, образующийся на ледниках и снежниках выше снеговой границы под действием давления вышележащих слоёв и многократного чередования процессов поверхностного таяния и вторичного замерзания воды, просочившейся в глубину.

ФИ́РСОВ Анат. Вас. (р. 1941), рос. спортсмен. Многократный чемпион

Фирдоуси. Резной камень с изображением Фирдоуси. Собрание Библиотеки Меджлиса. Тегеран.

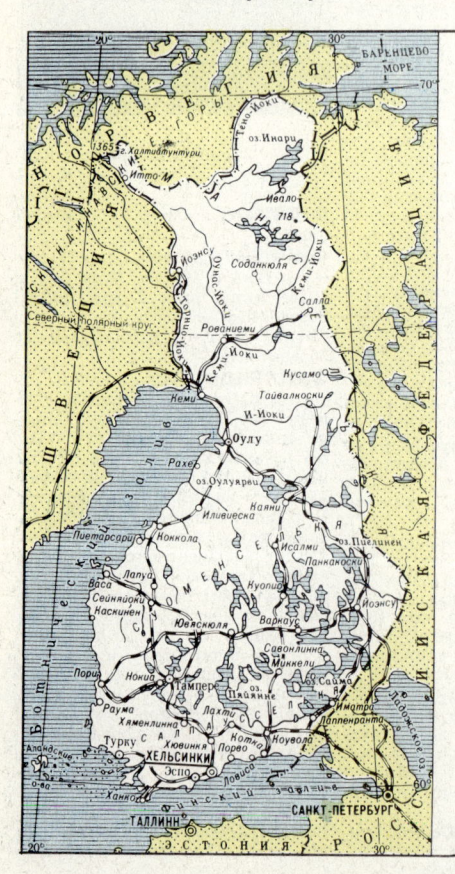

ФИНЛЯНДИЯ
1:12 000 000

СССР (1963–73; нападающий команды ЦСКА), неоднократный чемпион Европы, мира (1964–71) и Олимп. игр (1964, 1968, 1972) по хоккею с шайбой. Один из результативнейших игроков сов. хоккея (св. 400 голов).

ФИСГАРМО́НИЯ (нем. Fisharmonium, от греч. phýsa – мехи и harmonía – гармония), клавишный пневматич. муз. инстр-т с воздухонагнетающим педальным устройством. Известна с нач. 19 в. Звук производят проскакивающие металлич. язычки. По форме близок *пианино*. Др. название – гармониум.

Фисгармония.

ФИСТА́ШКА, род деревьев и кустарников (сем. сумаховые). Ок. 20 видов, гл. обр. в субтропиках, в т.ч. 2 вида в Ср. Азии, Закавказье, Крыму. В культуре (2 тыс. лет) Ф. настоящая. Дерево выс. 7 (реже 10) м, живёт более 100 лет, плодоносит с 7–10 лет. Т.н. фисташковые орехи (30–35 кг с р-ния) используют в пищу, смолу – в лакокрасочной пром-сти, листовые наросты (галлы) – как дубильные в-ва.

Фисташка настоящая. Гроздь спелых плодов.

ФИТО... (от греч. phytón – растение), часть сложных слов, указывающая на отношение их к р-ниям (напр., фитотерапия).

ФИТОГОРМО́НЫ (гормоны растений), хим. в-ва, вырабатываемые в р-ниях и регулирующие их рост и развитие. К Ф. обычно относят ауксины, гиббереллины и цитокинины, а иногда и ингибиторы роста, напр. абсцизовую к-ту. Образуются в ничтожно малых кол-вах в активно растущих тканях на верхушках корней и стеблей и транспортируются в др. органы, вызывая специфич. формообразовательные процессы. Получены синтетич. в-ва, обладающие таким же действием, как природные Ф.

ФИТОНЦИ́ДЫ (от греч. phytón – растение и лат. caedo – убиваю), образуемые р-ниями биологически активные в-ва, убивающие или подавляющие рост и развитие микроорганизмов. Играют важную роль в иммунитете р-ний и во взаимоотношениях организмов в биоценозах. Препараты лука, чеснока, хрена и др. р-ний, содержащих Ф., применяют в медицине.

ФИТОПАТОЛО́ГИЯ (от *фито...* и *патология*), наука о болезнях р-ний; разрабатывает методы и средства их профилактики и ликвидации.

ФИТОТЕРАПИ́Я (от *фито...* и *терапия*), лечение посредством лекарств. р-ний.

ФИ́ФА (FIFA, франц. Fédération Internationale de Football Association), междунар. федерация футбольных ассоциаций. Осн. в 1904 во Франции. Объединяет ок. 180 нац. футбольных ассоциаций; Россия – с 1992. Организует ряд междунар. соревнований, в т.ч. чемпионаты мира с 1930.

ФИ́ХТЕ (Fichte) Иоганн Готлиб (1762–1814), представитель нем. классич. философии. Проф. Йенского ун-та (1794–99), к-рый был вынужден оставить из-за обвинения в атеизме. В «Речах к немецкой нации»

И.Г. Фихте.

(1808) призывал нем. народ к моральному возрождению и объединению. Отверг кантовскую «вещь в себе»; центр. понятие «учения о науке» Ф. (цикл соч. «Наукоучение») – деятельность безличного всеобщего «самосознания», «Я», полагающего себя и свою противоположность – мир объектов, «не-Я». Философия Ф. была воспринята Ф.В. Шеллингом и Г.В.Ф. Гегелем.

ФИЦДЖЕ́РАЛД (Fitzgerald) Элла (р. 1918), амер. певица. С 1934 выступала с разл. группами. Одна из ведущих мастеров *блюза*, джазовой вок. импровизации, *скэта*.

ФИЦДЖЕ́РАЛЬД Фрэнсис Скотт (1896–1940), амер. писатель. В психол. ром. «Великий Гэтсби» (1925), где «доверие лишь голосу сердца» допускает оправдание собственного индивидуализма и стяжательских амбиций, нравственно развенчивается романтизация «амер. мечты» – идеи социального успеха. Ром. «Ночь нежна» (1934) – о загубленном таланте «природного идеалиста», не выдержавшего соблазнов богатства и богемы. В неоконченном социальном ром. «Последний магнат» (опубл. в 1941) – трагич. столкновение благородной иллюзии и горькой правды жизни. Автобиогр. кн. очерков «Крах» (опубл. в 1946).

ФИ́ШЕР (Fischer) Куно (1824–1907), нем. историк философии, последователь Г.В.Ф. Гегеля. Фундам. «История новой философии» (т. 1–8,

Р. Фишер.

1852–77, рус. пер., 1901–09) содержит биографии и изложение учений Ф. Бэкона, Р. Декарта, Б. Спинозы, Г.В. Лейбница, И. Канта, И.Г. Фихте, Ф.В. Шеллинга, Гегеля, А. Шопенгауэра.

ФИ́ШЕР Роберт Джеймс (р. 1943), амер. шахматист. 11-й чемпион мира (1972–75), 8-кратный чемпион США (1957–67). Лауреат шахматного приза «Оскар» (1970–72). Автор кн. «Мои 60 памятных партий» (1969).

ФИ́ШЕР Эмиль Герман (1852–1919), нем. химик-органик, создатель науч. школы, основоположник химии природных соединений. Исследовал строение и синтезировал ряд производных пурина: кофеин, гуанин, аденин и др. Ввёл номенклатуру, создал рациональную классификацию и осуществил синтез мн. углеводов. Открыл специфичность действия ферментов. Фундам. иссл. по белкам. Ноб. пр. (1902).

ФИ́ШЕР-ДИ́СКАУ (Fischer-Dieskau) Дитрих (р. 1925), нем. певец (баритон). С 1948 солист Гос. оперы в Берлине, выступает во мн. т-рах мира. Гастролирует. Среди партий – Дон Жуан, художник Матис, Воццек (в одноим. операх В.А. Моцарта, П. Хиндемита, А. Берга), Вольфрам («Тангейзер» Р. Вагнера). Исполнитель песен Ф. Шуберта, Р. Шумана, И. Брамса, Х. Вольфа. Обладает тонким чувством стиля, голосом благородного звучания.

ФЛАГ ГОСУДА́РСТВЕННЫЙ, офиц. символ гос. власти; олицетворяет суверенитет гос-ва. Описание

Флаг государственный Российской Федерации.

Ф.г., как правило, фиксируется в конституции. Ф.г. Рос. Федерации (с 1991) представляет собой прямоугольное полотнище из трёх равновеликих горизонтальных полос: верхняя – белого, средняя – синего и нижняя – красного цвета. Фактически воспроизводит существовавший в России с 1705 флаг торг. флота (с 1873 он считался гос. флагом наряду с чёрно-жёлто-белым династич. флагом Романовых). Ф.г. РФ поднимается на зданиях верх. органов гос. власти и управления, посольств, торгпредств, консульств Рос. Федерации за рубежом, судах, плавающих в открытом море и в терр. водах иностр. гос-в, и т.д.

ФЛА́ГСТАД (Flagstad) Кирстен (1895–1962), норв. певица (сопрано). Выступала в т-рах «Метрополитен-опера», «Ковент-Гарден», «Ла Скала». Певица с сильным голосом большого диапазона. Лучшие партии в операх Р. Вагнера: Изольда («Тристан и Изольда»), Брунгильда («Валькирия»), Сента («Летучий голландец»).

ФЛАЖОЛЕ́Т (франц. flageolet, уменьшит. от старофранц. flageol – флейта), 1) название старинных высоких по звучанию продольных *флейт*. 2) Звук-обертон, производимый на струн. смычковых и щипковых инстр-тах и напоминающий звучание флейты (отсюда назв.). Приёмы исполнения Ф. основаны на лёгком прижатии струны в точке деления её длины на 2, 3, 4 части.

ФЛАМЕ́НКО, то же, что *Канте фламенко*.

ФЛАМИ́НГО, отряд птиц. Крупные (выс. до 1,2 м), с длинными ногами и шеей. Оперение взрослых птиц розовое или красное. 6 видов, в тропиках и субтропиках (кроме Австралии). На С. ареала – перелётные птицы. Селятся колониями на мор. побережьях, солёных озёрах и пр. Обитающий на неск. озёрах Казахстана и на вост. побережье Каспия обыкновенный, или розовый, Ф.– под охраной.

Фламинго.

ФЛЕГМА́ТИК (от греч. phlégma – слизь), восходящее к Гиппократу обозначение одного из четырёх темпераментов, характеризующегося медлительностью, спокойствием, слабым проявлением чувств вовне.

ФЛЕГМО́НА (от греч. phlegmonē – жар, воспаление), гнойное воспаление клетчатки (подкожной, межмышечной и т.п.) без чётких границ. Выражается в болезненной припухлости, красноте кожи, отёке окружающих тканей, воспалении ближайших лимфатич. узлов.

ФЛЕ́ЙТА (нем. Flöte), духовой муз. инстр-т. Известна с древности. Распространившаяся в Европе 17 в. продольная Ф. (т.н. блокфлейта) была вытеснена в 18 в. поперечной (вдувное отверстие сбоку; держат почти горизонтально). Совр. тип поперечной Ф. (с клапанами) изобретён нем. мастером Т. Бёмом в 1-й пол. 19 в. Разновидности – Ф.-пикколо (малая), альтовая Ф.

738 ФЛЕЙ

ФЛЕ́ЙТА ПА́НА (по имени др.-греч. божества стад, лесов и полей), многоствольный духовой муз. инстр-т. Набор параллельно расположенных и скреплённых (реже – не скреплённых) между собой трубочек-флейт разной длины. Встречается с древности у разных народов.

Флейта Пана. Най – молдавская флейта Пана.

ФЛЕ́МИНГ (Fleming) Александер (1881–1955), англ. микробиолог. Тр. по иммунологии, общей бактериологии, химиотерапии. Открыл (1922) лизоцим; установил (1929), что один из видов плесневого гриба выделяет антибактериальное в-во – пенициллин. Ноб. пр. (1945).

ФЛЁРОВ Георг. Ник. (1913–90), физик, один из активных участников работ по ядерной энергетике. В 1940 открыл (совм. с К.А. Петржаком) спонтанное деление ядер урана. С 1953 возглавлял в СССР исследования по синтезу новых *трансурановых элементов*.

ФЛИА́КИ (греч. phlýax – шутка), 1) нар. театральные представления в Др. Греции, особенно распространённые в 4–3 вв. до н.э. в греч. колониях на юге Италии и на о-вах архипелага. Импровизац. комич. грубовато-жизнерадостные, часто непристойные сценки, в т.ч. пародии на трагедийные обработки мифов. Исполнялись актёрами в масках и особых костюмах, смехотворно деформировавших фигуру; декорациями служили переносные ширмы с занавесками. 2) Актёры, исполнители Ф.

ФЛИБУСТЬЕ́РЫ (франц. flibustier, от голл. vrijbuiter – пират), мор. разбойники 17 – нач. 18 вв.; привлекались Великобританией и Францией для борьбы с Испанией за колонии.

ФЛИЕ́Р Як. Вл. (1912–77), пианист, педагог. Стиль Ф. отличали яркая темпераментность, лиризм, виртуозность. Создал в Москве крупную пианистич. школу (среди учеников – Р.К. Щедрин, М.В. Плетнёв).

Э. Флинн в фильме «Капитан Блад».

ФЛИНН (Flynn) Эррол (1909–59), амер. киноактёр. Прославился в 30-х гг. в ролях романтич. героев в авантюрно-приключенч., «костюмных» ф.: «Капитан Блад» (в прокате – «Одиссея капитана Блада»), «Принц и нищий», «Приключения Робин Гуда», «Частная жизнь Елизаветы и Эссекса».

ФЛИНТ-МА́МОНТОВА ПЕЩЕ́РА, в Сев. Америке (США), в зап. предгорьях Аппалачей. Одна из крупнейших карстовых пещер мира. Суммарная длина полостей 500 км.

ФЛОБЕ́Р (Flaubert) Гюстав (1821–1880), франц. писатель. Блестящий стилист, мастер реалистич. письма. В ром. «Госпожа Бовари» (1857) и «Воспитание чувств» (1869) показал моральное ничтожество героев из среды провинциальной и парижской буржуазии, дал жёсткий анализ чувств; стремление к подлинной и глубокой страсти остаётся иллюзорным, недоступным для героев Ф., неспособных противостоять пошлости и жестокости мира. Ром. «Саламбо» (1862) – попытка воссоздать экзотич. цивилизацию Др. Карфагена, с её мощными страстями и кровавыми язычн. культами. Неоконченный ром. «Бувар и Пекюше» (опубл. в 1881) – история двух чудаков-самоучек, перерастающая в сатирич. «энциклопедию» совр. науки, иск-ва и религии.

Г. Флобер.

ФЛОГОПИ́Т (от греч. phlogōpós – огненный, яркий, из-за красноватого оттенка), минерал гр. *слюд*. Образует чешуйчатые, пластинчатые агрегаты бурого, зелёного, чёрного цвета. Окраска часто зональная, пятнистая. Бесцветный Ф. – «серебрянка». Тв. 2–3, плотн. 2,9 г/см³. Используется как электроизоляц. материал, наполнитель в произ-ве резины, бумаги, цемента, пластмасс.

ФЛОКС, род преим. многолетних травянистых р-ний и кустарников (сем. синюховых). Ок. 60 видов, в осн. в Сев. Америке. В декор. сад-ве многочисл. сорта 5 видов. Зимостойкие, свето- и влаголюбивые р-ния. Размножение – делением куста, черенками, семенами. Цветение с мая по октябрь (в зависимости от сорта). Цветки разнообразной окраски, душистые.

ФЛО́РА, в рим. мифологии богиня цветов, садов и весеннего цветения.

ФЛО́РА (лат. flora, по имени богини *Флоры*; от лат. flos, род. п. floris – цветок), исторически сложившаяся совокупность видов р-ний, произрастающих на данной терр. или произраставших на ней в прошедшие геол. эпохи. Различают Ф. Земли, отд. материков и их частей, о-вов, горн. систем и т.п., а также Ф. стран, адм. областей и др. Ср. *Растительность*.

ФЛОРЕ́НСКИЙ Пав. Ал-др. (1882–1937), рос. учёный, религ. философ, богослов. В соч. «Столп и утверждение истины. Опыт православной теодицеи» (1914) разрабатывал учение о Софии (Премудрости Божией) как основе осмысленности и целости мироздания. В работах 20-х гг. стремился к построению «конкретной метафизики» (иссл. в области лингвистики и семиотики, искусствознания, философии культа и иконы, математики, эксперим. и теоретич. физики и др.). С 1928 в ссылке и заключении. Расстрелян.

ФЛОРЕНТИ́ЙСКАЯ КАМЕРА́ТА (Camerata fiorentina), творч. содружество музыкантов, поэтов и любителей иск-ва, собиравшихся в салонах флорентийских меценатов в 1570 х – 1600-х гг. Через развитие *монодии* и т.п. изобразительного муз. стиля её представители пришли к созданию жанра оперы (1600).

ФЛОРЕНТИ́ЙСКАЯ ШКО́ЛА, одна из основных итал. худ. школ (основоположник – Джотто). В нач. 15 в. Ф.ш. – авангард гуманистич. иск-ва Раннего *Возрождения* (арх. Ф. Брунеллески, Л.Б. Альберти, скульпторы Донателло, Л. Гиберти, живописцы Мазаччо, Ф. Липпи и др.), к-рое в кон. 15 в. приобрело черты утончённого декоративизма и стилизации (С. Боттичелли). Идеи возвышенного героич. иск-ва, смелые искания в области худ. освоения действительности (а в позднем творчестве и кризисные черты Возрождения) выразились в иск-ве Леонардо да Винчи и Микеланджело. С зарождением и распространением *маньеризма* (с 1520-х гг.) Ф.ш. утрачивает ведущее место среди итал. худ. школ.

Флокс.

Флогопит. Слюдянское месторождение, Иркутская обл. (Россия).

«Флора». Картина Рембрандта. 1634. Эрмитаж.

П.А. Флоренский.

ФЛОРЕ́НЦИЯ, г. в Италии. 408 т. ж. Металлургия, разнообразное маш-ние; хим., нефтеперераб., текст., кож.-обув., деревообр., стек., полиграф., пищ. пром-сть. Произ-во ювелирных изделий; худ. ремёсла. Ун-т (с 1321). Консерватория. Старейший в Европе ботан. сад (с 1545). Известные картинные галереи (Уффици, Питти). Этрусско-рим. музей и др. Т-ры, в т.ч. оперный «Театро Комунале» (1862). Междунар. фестиваль «Флорентийский музыкальный май» (с 1933). Осн. в 1 в. до н.э. римлянами на месте поселения этрусков. С 9 в. значит. ремесленно-торговый центр (гл. обр. сукноделие); в 14 в. во Ф. впервые в мире создана мануфактура. Ф. живописно расположена в просторной межгорной долине р. Арно. Город-музей, сохранивший неповторимый ист. облик. Осн. застройка преим. в стилях готики и ренессанса сосредоточена на правом берегу Арно. Над строгими величеств. сооружениями (церкви, дворцы, здания цехов и гильдий) господствует ренессансный купол собора Санта-Мария дель Фьоре (собор с 13 в.; купол – 1-я пол. 15 в., арх. Ф. Брунеллески). В ист. центре – система связанных друг с другом площадей: на Соборной пл. – баптистерий (освящён в 1059; нарядные двери с бронз. рельефами) и кампанила собора (14 в.); на пл. Синьории – Палаццо Веккьо (с кон. 13 в.), Лоджия деи Ланци (14 в.); многочисл. церкви с фресками ренес-

Флоренция. Общий вид города.

санских мастеров, дворцы: Питти, Ручеллаи, Медичи-Риккарди и др. Церк. Сан-Лоренцо (15 в.) с капеллой Медичи (с 1520, Микеланджело), мосты (Понте Веккьо и др.). Ист. центр Ф. включён в список *Всемирного наследия*.

ФЛОРИ́ДА, п-ов на Ю.-В. Сев. Америки (США, шт. Флорида). Пл. 115 т. км². Омывается Атлантич. ок. на В. и Мексиканским зал. на З. Низменная заболоченная равнина (выс. до 99 м); развит карст. Тропич. и субтропич. леса. М-ния фосфоритов. На вост. побережье — приморские климатич. курорты Майами, Майами-Бич, Уэст-Палм-Бич и др. На мысе Канаверал и о. Мерритт — Вост. испытательный полигон с космич. центром имени Дж. Ф. Кеннеди.

ФЛОРИ́Н (от лат. flos, floris, франц. fleur — цветок), зол. монета Флоренции 13–16 вв. (3,5 г) с изображением лилии (наряду с золотыми чеканились серебр.).

ФЛОРО́ВСКИЙ Георг. Вас. (1893–1979), православ. богослов и историк. В нач. 20-х гг. эмигрировал из России. Тр. по патристич. и византий. богословию 4–8 вв., по истории рус. религ. сознания («Пути русского богословия», 1937).

ФЛОТА́ЦИЯ (франц. flottation, от flotter — плавать на поверхности воды), процесс разделения мелких тв. частиц (гл. обр. минералов), основанный на различиях в их смачиваемости водой. Применяется для обогащения полезных ископаемых.

ФЛОЭ́МА (от греч. phloiós — кора, лыко), ткань высших р-ний, осуществляющая транспортировку продуктов фотосинтеза от листьев к др. органам (зреющим плодам, семенам, корням).

ФЛУКТУА́ЦИИ (от лат. fluctuatio — колебания), случайные отклонения характеризующих систему физ. величин от их ср. значений. Обусловлены тепловым движением частиц системы. Ф. давления проявляются в *броуновском движении*. Ф. плотности можно наблюдать, напр., по рассеянию света. Ф. являются причиной т.н. электрич. шумов и определяют возможный теоретич. предел чувствительности приборов.

ФЛЮОРИ́Т (от лат. fluor — течение; за способность придавать текучесть шихте) (плавиковый шпат), минерал, фторид кальция. Образует кубич. кристаллы, зёрна и агрегаты фиолетовой, зелёной, жёлтой и др. окраски, иногда зональной, пятнистой, полосчатой. Чистый бесцветный Ф. — ценное оптич. сырьё. Применяют Ф. в металлургии (флюсы), хим. пром-сти (для получения плавиковой к-ты и её солей), цементном, стекольном и эмалевом произ-ве. Гл. м-ния: ЮАР, Мексика, Великобритания, Россия.

ФЛЮОРОГРА́ФИЯ, метод рентгенодиагностики, заключающийся в фотографировании теневого изображения с просвечивающего экрана на фотоплёнку относительно небольших размеров. Применяют для выявления заболеваний лёгких преим. при массовых обследованиях.

ФЛЮС (нем. Fluß, букв. — поток, течение), материалы, применяемые в металлургич. и литейном произ-вах, а также при сварке и пайке с целью регулирования состава шлака, предохранения расплавленных металлов от взаимодействия с внеш. средой, связывания оксидов и др.

ФЛЮС (мед.; устар.), острый гнойный периостит челюсти — поддесневой гнойник с отёком окружающей ткани.

ФО (Fo) Дарио (р. 1926), итал. драматург, актёр, режиссёр. В т-ре с кон. 50-х гг. В 1968 основал т-р «Нуова сцена», в 1970 — «Комуне», с к-рым выступал перед рабочей аудиторией. В сатирич. комедиях Ф. «Архангелы не играют во флиппер» (1959), «Мистерия-буфф» (1969) по Евангелию, «Случайная смерть анархиста» (1971) социальный гротеск доведён до карикатуры. Выступает с моноспектаклями, в к-рых импровизирует текст.

ФОБ (англ. fob, сокр. free on board, букв. — свободно на борту судна, франко-борт), вид внешнеторг. договора купли-продажи, связанного с доставкой товара мор. путём, когда в цену товара включаются транспортные и др. расходы до его доставки на борт судна (погрузка на судно и т.п.).

...ФОБ, **...ФОБИЯ** (от греч. phóbos — страх, боязнь), часть сложных слов, указывающая на страх перед чем-либо, боязнь чего-либо (напр., гидрофобия) или ненависть, враждебность, нетерпимость к кому-либо и чему-либо (напр., женофоб, ксенофобия).

ФО́БИИ, навязчивые страхи; разновидность навязчивых состояний (напр., агорафобия — страх открытых пространств).

ФОВИ́ЗМ (от франц. fauve — дикий), течение во франц. живописи в 1905–07. Фовистов (А. Матисс, А. Марке, Ж. Руо, А. Дерен, Р. Дюфи, М. Вламинк) объединяло общее стремление к эмоц. силе худ. выражения, к стихийной динамике письма, интенсивности открытого цвета и остроте ритма. Писали преим. натюрморты, пейзажи, сцены в интерьере, отличающиеся резким обобщением объёмов, пространства, рисунка.

ФОК Вл. Ал-др. (1898–1974), рос. физик-теоретик. Автор фундам. работ по квантовой механике, квантовой электродинамике, квантовой теории поля, общей теории относительности. Методы, предложенные Ф., позволили построить квантовую теорию атома и др. систем, состоящих из мн. частиц. Ф. принадлежат также иссл. по распространению радиоволн, математике, матем. физике, философии.

ФО́КИН Валер. Вл. (р. 1946), режиссёр. С 1971 в Моск. т-ре «Современник». С 1985 гл. реж. Моск. т-ра имени М.Н. Ермоловой, с 1990 — Моск. междунар. театрального центра имени М.Н. Ермоловой. Для Ф. характерны интерес к острым социально-психол. и ист.-социальным проблемам, тяготение к формам публицистич. спектакля. Среди пост.: «Валентин и Валентина» М.М. Рощина (1971), «Ревизор» Н.В. Гоголя (1983), «Говори» А.М. Буравского (по мотивам произв. В.В. Овечкина, 1985), «Спортивные сцены 1981 года» Э.С. Радзинского (1986).

ФО́КИН Мих. Мих. (1880–1942), артист балета, балетмейстер. С 1898 в Мариинском т-ре (Арлекин — «Арлекинада» Р. Дриго; Солор — «Баядерка» Л.Ф. Минкуса), в 1909–12, 1914 рук. балетной труппы «*Русских сезонов*». С 1918 работал в Швеции, США, Франции и др. Занимался пед. деятельностью. Реформатор балетного т-ра нач. 20 в. В постановках опирался на новейшие открытия т-ра и живописи, использовал симф. музыку, не предназначенную для балета (Н.А. Римский-Корсаков, П.И. Чайковский), стремился выразить в танце мироощущение совр. ему человека. Пост.: «Шопениана» на музыку Ф. Шопена (1908), «Петрушка» И.Ф. Стравинского (1911), «Синяя Борода» П.П. Шенка (1941) и др.

ФОКСТЕРЬЕ́РЫ, норные собаки из группы *терьеров*. Обладают острым чутьём, злобностью, смелостью, звонким голосом и молниеносной реакцией. Иногда используются так же, как *спаниели*. Родина Ф. — Англия. Разводят (гладкошёрстных и жесткошёрстных Ф.) повсеместно.

Фокстерьеры. Гладкошёрстный фокстерьер.

ФОКСТРО́Т (англ., от fox — лиса и trot — быстрый шаг), бальный танец амер. происхождения, 4-дольного размера с синкопированной ритмикой (см. *Синкопа*). Родствен *рэгтайму*, предшественник *чарльстона*. Распространён в Европе с 1910-х гг.

ФО́КУС (лат. focus — очаг, пламя) в оптике, точка, в к-рой собирается прошедший через оптич. систему параллельный пучок световых лучей. Если лучи параллельны оптич. оси, то фокус располагается на оптич. оси и наз. главным. Расстояние от центра оптич. системы до Ф. наз. фокусным расстоянием.

ФО́КУС (от нем. Hokuspokus), искусный трюк, основанный гл. обр. на быстроте и ловкости движений исполнителя, обмане зрения. Демонстрирующий Ф. артист наз. фокусником, а также манипулятором, иллюзионистом, престидижитатором. Перен. — уловка, хитроумный приём.

ФО́ЛИЯ (португ. folia, букв. — шумное веселье), в 15–16 вв. португ. нар. танец и песня. С кон. 16 в. в странах Европы танец 3-дольного размера, близкий *сарабанде*.

ФО́ЛКНЕР (Faulkner) Уильям (1897–1962), амер. писатель. Ром. «Сарторис», «Шум и ярость» (оба 1929), «Свет в августе» (1932), «Авессалом! Авессалом!» (1936), сб. рассказов «Сойди, Моисей» (1942) образуют повествоват. цикл — хронику неск. семейств из вымышленного юж. округа Йокнапатофа (шт. Миссисипи) на протяжении двух столетий. Поэтика Ф. предопределена претворением локального материала в филос. постижение «конфликта человека с собственным сердцем»: перестав ощущать себя органич. частью

Флорида. Уборка цитрусовых.

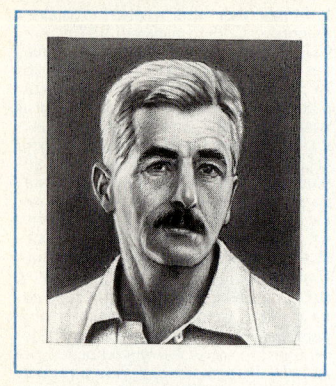

740 ФОЛК

с кон. 60-х гг.— рок-музыки (т.н. фолк-рок).

ФО́ЛЬКЕТИНГ (Folketing), название парламента Дании.

ФОЛЬКЛО́Р (англ. folklore), см. *Народное творчество*.

ФОЛЬКЛОРИ́СТИКА, наука о фольклоре, включающая собирание, публикацию и изучение произв. *народного творчества*.

ФОМА́, в христ. преданиях один из *двенадцати апостолов,* к-рый отказывается поверить в воскресение Иисуса Христа (Ф. не было с учениками, когда к ним приходил воскресший Иисус, пока сам не вложит перста в раны от гвоздей (отсюда – «Ф. неверующий»). Ф. приписываются «Евангелие от Фомы», «Книга Фомы Атлета» и «Деяния Фомы». По преданию, Ф. отправляется в Индию, где, несмотря на пытки, проявляет твёрдость в вере; его пронзают мечом, и христиане погребают его с почестями (индийские христиане называют себя «христианами апостола Ф.»).

ФОМА́ АКВИ́НСКИЙ (Thomas Aquinas) (1225 или 1226–1274), философ и теолог, систематизатор *схоластики* на базе христ. *аристотелизма*. Доминиканец. Сформулировал 5 доказательств бытия Бога, описываемого как первопричина, конечная цель сущего и т.п. Признавая относит. самостоятельность естеств. бытия и человеческого разума (концепция естеств. права и др.), утверждал, что природа завершается в благодати, разум – в вере, филос. познание и естеств. теология – в сверхъестеств. откровении. Осн. соч.: «Сумма теологии», «Сумма против язычников». Учение Ф.А. лежит в основе *томизма* и *неотомизма*.

ФОМЕ́НКО Пётр Наумович (р. 1932), режиссёр, педагог. Ставил спектакли в т.ч. в театр. т-рах Москвы. В 1972–75 в Ленингр. т-ре комедии, с 1977 гл. реж.; с 1982 в Моск. т-ре имени Вл. Маяковского, с 1989 в Т-ре имени Евг. Вахтангова. Для Ф. характерны щедрость фантазии, парадоксальность мышления и при этом худ. целостность создания. Среди пост.: «Лес» А.Н. Островского (1978), «Плоды просвещения» Л.Н. Толстого (1985), «Калигула» А. Камю 1990, Т-р имени Моссовета), «Без вины виноватые» А.Н. Островского (1993). Основатель (1993) и худ. руководитель моск. т-ра «Мастерская П. Фоменко», созданного на основе выпуска Рос. академии театрального иск-ва (ГИТИС).

ФОМИ́Н Евст. Ипатович (1761–1800), композитор. Один из создателей рус. оперы: «Ямщики на подставе» (1787; впервые воспроизведён многоголосый склад нар. песни), «Американцы» (1788); лучшее соч. – насыщенная симф. развитием мелодрама «Орфей и Эвридика» (1792).

...ФОН (от греч. phōnē – звук, голос), часть сложных слов, указывающая на отношение их к голосу, звуку (напр., телефон, диктофон).

ФОНА́РЬ (от греч. phanós – светоч, факел), 1) ручной осветительный или сигнальный прибор с автономным питанием. 2) Возвышающаяся часть покрытия здания с проёмами для вентиляции (аэрации) и освещения. Может иметь разл. конструкции (прямоугольные, пилообразные, зенитные и др.). 3) То же, что *эркер*.

ФОНАСТЕНИ́Я (от греч. phōnē – звук, голос и *астения*), слабость голоса, проявляющаяся в быстром его утомляемости, прерывания («осечках»). Развивается при неправильном пользовании голосовым аппаратом и чрезмерной голосовой нагрузке. Как проф. патология наблюдается у дикторов, певцов, педагогов.

ФОНВИ́ЗИН Артур Вл. (1882/83–1973), живописец. Акварельные театральные портреты деятелей рус. культуры («Д.В. Зеркалова», 1940), натюрморты, жанровые композиции отмечены богатством тональных оттенков.

ФОНВИ́ЗИН Денис Ив. (1744 или 1745–1792), рус. писатель. Создатель первых в России социальных комедий: «Бригадир» (пост. 1770) – сатирич. изображение нравов дворянского сословия; «Недоросль» (пост. 1782) – этапное произв., изобличающее крепостное право как корень всех бед страны, высмеивающее систему дворянского воспитания и образования. «Записки первого путешествия» (письма к П.И. Панину; опубл. в 1800-х гг.) сыграли существ. роль в становлении рус. прозы. Сатира «Всеобщая придворная грамматика» распространялась в списках. Публицистика.

Д.И. Фонвизин.

ФОНД БЛАГОТВОРИ́ТЕЛЬНЫЙ, орг-ция (как правило, неправительственная), создаваемая с целью финансирования разл. благотворит. программ за счёт средств фирм, банков, орг-ций и отд. граждан. Получили широкое распространение в разл. странах (напр., в США ок. 30 тыс. Ф.б.) с кон. 19 в. в связи с налоговыми и иными льготами, установленными для Ф.б. законодательством соответствующих гос-в. Ф.б. делятся на 2 осн. типа: фонды, осуществляющие финансирование разл. программ только за счёт собранных для них или завещанных им средств, и фонды, осуществляющие также и экон. деятельность. В Рос. Федерации разл. Ф.б. возникли в 80–90-х гг.

ФО́НДА (Fonda), семья амер. киноактёров. Генри (1905–82), выступал на Бродвее. Получил известность в кино, снимаясь в 30–40-х гг. в мелодрамах, комедиях, вестернах. Соблюдая точность социальной и бытовой характеристики, создавал образы благородных, добрых людей, всегда готовых бороться за справедливость («Юный мистер Линкольн», 1939; «Гроздья гнева», 1940; «Случай в Оксбоу», 1942; «Война и мир», 1956; «Двенадцать разгневанных мужчин», 1957; «На Золотом пруду», 1981). Его дочь Джейн (р. 1937); участие в фильмах социально-критич. плана («Погоня», 1965; «Загнанных лошадей пристреливают, не правда ли?», 1969; «Джулия», 1977; «Возвращение домой», 1978; «Стэнли и Айрис», 1990) и общественная, в т.ч. антивоенная, деятельность, принесли ей огромную популярность. Его сын Питер (р. 1939), на волне молодёжного движения приобрёл известность, играя юных бунтарей («Дикие ангелы», 1966; «Беспечный ездок», 1969). Выступает как режиссёр («Ванда Невада», 1979, и др.) и продюсер.

ФО́НДЫ (франц. fond, от лат. fundus – основание), 1) ресурсы, запасы, напр. Ф. нар. х-ва, земельный, семейный. 2) Материальные и ден. средства, используемые пр-тием, напр. осн. производства. Ф. 3) Источники средств, имеющие определ. порядок образования и использования, напр. уставный Ф., неделимый Ф. 4) Ценные бумаги, приносящие твёрдый доход.

ФОНЕНДОСКО́П, см. в ст. *Стетоскоп*.

ФОНЕ́ТИКА (от греч. phōnētikós – звуковой, голосовой), 1) акустич. и артикуляц. свойства звуков данного языка; звуковой строй языка. 2) Раздел яз-знания, изучающий акустич. и артикуляц. свойства звуков языка, его звуковой строй.

ФО́НИКА (от греч. phōnē – звук) (эвфония), 1) звуковая организация речи (преим. стихотворной), особенно в тех её элементах, правила повтора к-рых не канонизированы (как в случае *метра* или *рифмы*), а именно: *звуковые повторы, звукоподражание, паронимы, интонация* стихотворная. 2) Раздел стихосложения, изучающий Ф. в 1-м значении.

ФОНОГРА́ММА (от греч. phōnē – звук и ...*грамма*), носитель записи с записанными на нём звуковыми колебаниями. В зависимости от способа *звукозаписи* различают Ф.: механич. (на пластмассовом диске), магн. (на магн. ленте), оптич. (на оптич. диске, киноплёнке).

ФОНО́ГРАФ (от греч. phōnē – звук и ...*граф*), один из первых приборов для механич. записи звука и его воспроизведения. Изобретён Т.А. Эдисоном в 1877. Длительность записи (воспроизведения) – до 4 мин. На основе Ф. были созданы *граммофон* и затем *патефон*.

Фонограф Т. Эдисона.

ФОНОЛО́ГИЯ (от греч. phōnē – звук и ...*логия*), раздел яз-знания, изучающий структурные и функциональные закономерности звукового строя языка.

ФОНТЕНБЛО́, г. во Франции, к Ю. от Парижа. 13 т.ж. Произ-во фарфо-

У. Фолкнер.

Фома Аквинский.

Дж. Форд. Кадр из фильма «Как был завоёван Запад».

ровых изделий. Нац. музей Фонтенбло. В 1160–1870 загородная резиденция франц. королей. В Ф. Наполеон I в 1814 отрёкся от престола. Дворец (16–19 вв.) с мн. дворами, богатым декор. убранством, садами и парками с фонтанами и декор. скульптурой. Близ Ф. в деревне Барбизон – центр *барбизонской школы* живописи с домами-музеями К. Коро, Ж. Ф. Милле и др.

ФО́РА (от итал. fora – вперёд, наружу, вне), преимущество, льгота, предоставляемая более слабому или находящемуся в невыгодных условиях участнику соревнования, игры.

ФОРД (Ford) Генри (1863–1947), амер. изобретатель и промышленник, один из основателей автомоб. пром-сти США. В 1892–93 создал первый автомобиль с 4-тактным двигателем (марка «Форд»), в 1903 основал автомоб. компанию «Форд мотор», ставшую одной из крупнейших в мире. На своих з-дах широко внедрил систему поточно-массового произ-ва (*фордизм*).

ФОРД Джон (наст. имя и фам. Шон Алоизиус О'Фирна или О'Фини) (1895–1973), амер. кинорежиссёр. Стремился в своём творчестве к реалистич. отображению ист. событий, детальности психол. характеристик. Глубиной социального анализа отличались ф.: «Осведомитель» (1935), «Юный мистер Линкольн» (1939), «Гроздья гнева» (1940), «Табачная дорога» (1941), «Тихий человек» (1952). Работал в разных жанрах, предпочитая вестерн: «Дилижанс» (1939, в прокате – «Путешествие будет опасным»), «Рио-Гранде» (1950), «Человек, который пристрелил Либерти Вэланса» (1962).

ФОРД Харрисон (р. 1942), амер. киноактёр. Популярность и огромный коммерч. успех принесли ф.: «Звёздные войны» (1977), «Империя наносит ответный удар» (1980), «Искатели потерянного ковчега» (1981), «Индиана Джонс и храм Судьбы» (1984), «Индиана Джонс и последний крестовый поход» (1989). Герой Ф. – интеллигент-«недотёпа», волею обстоятельств вынужденный выступать в роли супермена.

ФОРДИ́ЗМ, система орг-ции поточно-массового произ-ва, основанная на применении стандартизации, типизации и конвейеризации произ-водств. процессов. Впервые введена на автозаводах Г. Форда в США в 1-й четв. 20 в. Методы Ф. позволяют предпринимателям повышать производительность труда путём его предельной интенсификации.

ФОРЕ́ (Fauré) Габриель (1845–1924), франц. композитор, дирижёр. Концертировал во мн. странах. Творчество, связанное с классич. и романтич. традициями, предвосхитило муз. *импрессионизм* (в частности, изысканность *гармонии*). Осн. жанр – инстр. и вок. лирич. миниатюра (ноктюрны, романсы). Оп. «Пенелопа» (1913).

ФОРЕ́ЛИ, рыбы (сем. *лососи*) (общее назв. пресноводных форм *кумжи* и стальноголового лосося). Обитают в горн. реках и озёрах Европы, Кавказа, М. и Ср. Азии, Африки, Сев. Америки, акклиматизированы в Австралии и Н. Зеландии. Длина ручьевых форм Ф. 25–35 см, масса 200–500 г (до 2 кг), озёрных – дл. до 70 см, масса ок. 10 кг. Ценный объект рыбоводства и спорт. лова. Севанскую Ф. назв. ишханом. Илл. см. при ст. *Рыбы*.

ФО́РЕСТ (Де Форест) (De Forest) Ли (1873–1961), амер. инженер. Автор мн. изобретений в области радиоэлектроники. Создал триод (1906), а также ламповый детектор и усилитель на его основе («аудион Ф.»). Разработал систему радиотелег. связи, принятую в нач. 20 в. в армии и на флоте США, систему звукозаписи под назв. «фонофильм» (1916) и др.

ФО́РЗАЦ (нем. Vorsatz), двойные листы плотной бумаги, расположенные в книге между блоком и переплётной крышкой. Соединяет блок с крышкой и защищает крайние страницы книги от загрязнения; одновременно является элементом оформления книги.

ФО́РМА И МАТЕ́РИЯ, категории философии Аристотеля, воспринятые *томизмом*. Форма (эйдос) – специфич. принцип вещи, её сущность, цель и движущая сила; материя – бесформенный и неопределённый субстрат изменений. Материя есть потенция (возможность) формы, а форма – актуализация материи.

ФОРМАЛИ́Н, водный р-р, содержащий 37–40% формальдегида и 6–15% метилового спирта (стабилизатор). При хранении мутнеет. Источник формальдегида, дезинфицирующее и дезодорирующее средство; жидкость для сохранения анат. препаратов и дубления кож.

ФОРМАЛЬДЕГИ́Д (муравьиный альдегид), НСНО, бесцв. газ с резким запахом, $t_{кип}$ –19,2 °C. Сырьё в произ-ве синтетич. смол, полиформальдегида и др. См. также *Формалин*.

ФО́РМАН (Forman) Милош (р. 1932), кинорежиссёр. Его чешские («Чёрный Пётр», 1964; «Любовные похождения блондинки», 1965; «Горит, моя барышня…», 1967) и американские («Полёт над гнездом кукушки», 1975; «Волосы», 1979; «Регтайм», 1981; «Амадей», 1984) фильмы при всех тематич. и стилевых различиях объединяют лёгкая, свободная режиссёрская манера, вера в человеческую личность и жизнеутверждающее отношение к миру, как бы ни был жесток.

ФОРМА́ЦИЯ ОБЩЕ́СТВЕННО-ЭКОНОМИ́ЧЕСКАЯ, согласно марксистской концепции ист. процесса, общество, находящееся на определ. ступени развития, исторически определ. тип общества. В основе каждой Ф. о.-э. лежит определ. способ произ-ва, а производств. отношения образуют её сущность; вместе с тем она охватывает соответствующую надстройку, тип семьи, быт и др. История общества рассматривается как процесс развития сменяющих друг друга первобытно-общинной, рабовладельч., феод., капиталистич. и коммунистич. формаций.

ФОРМО́ЗА, см. *Тайвань*.

ФОРС-МАЖО́Р, см. *Непреодолимая сила*.

ФОРСУ́НКА (от англ. force – нагнетать), устройство с одним или неск. отверстиями для распыления жидкости, поступающей в него под давлением. Обеспечивают равномерное и более полное сгорание топлива в котлах, камерах сгорания тепловых двигателей; используются также для распыления воды (напр., для увлажнения воздуха и почвы), ядов, удобрений и др.

ФОРТЕПЬЯ́НО (итал. fortepiano, от *forte* – громко и *piano* – тихо), общее название струн. клавишно-ударных муз. инстр-тов с молоточковой механикой (*рояль, пианино*). Изобретено в нач. 18 в. Совр. тип конц. Ф. (с т. н. двойной репетицией) – с 1820-х гг.

ФОРТРА́Н [от англ. For(mula) – формула и tran(slation) – переводить], один из первых наиб. распространённых языков программирования. Ориентирован на решение преим. науч.-техн. задач. Разработан в 1957 (США). Большинство совр. вариантов Ф. является расширением двух основных: Basic Fortran и Ф.-IV.

ФОРТУ́НА, в рим. мифологии богиня счастья, случая, удачи. Изображалась с рогом изобилия, иногда на шаре или колесе, также с повязкой на глазах. Перен.: «колесо Ф.» – слепой случай, удача.

ФОРТУНА́ТОВ Фил. Фёд. (1848–1914), языковед, основоположник моск. лингвистич. школы. Тр. по индоевропеистике, славистике, санскриту, ведийской филологии, общему яз-знанию.

ФО́РУМ (лат. forum), 1) в Др. Риме площадь, рынок, ставшие центром

Фортуна. Статуя из Остии. Мрамор. 2 в. Ватиканские музеи.

полит. жизни. На Ф. находились храмы гл. богов, *базилики* для суда и др. целей, здания для заседаний сената или гор. управления. Главный Ф. Рима – Ф. Романум – парадный гор. ансамбль (ныне в руинах). 2) Массовое представит. собрание, съезд.

ФОСС (Fosse) Боб (Роберт) (1927 или 1925–1987), амер. танцовщик, хореограф, режиссёр. С 1948 выступал на Бродвее, с 1953 – в кино, затем ставил мюзиклы. В 1968 дебютировал как кинорежиссёр и хореограф ф. «Милая Чарити», созданным по мотивам ленты «Ночи Кабирии» Ф. Феллини. Яркий темперамент и неистощимая изобретательность Ф. проявились в ф. «Вся эта суета» (1979). Мировой успех получил антифаш. мюзикл «Кабаре» (1972), блестяще соединивший гротеск и лирику, глубокое сопереживание героям и сатирич. направленность. Трагич. жизненным судьбам представителей шоу-бизнеса посвящены ф. «Ленни» (1975) и «Звезда 80» (1983).

ФОСФА́ТНЫЕ РУ́ДЫ, содержат P_2O_5 от 2% (бедные *руды*) до 34% (богатые). Представлены *фосфоритами* и в меньшей степени *апатитами*. Мировые запасы ок. 180 млрд. т. Гл.

Ф. Ф. Фортунатов.

ФОСФА́ТЫ, соли ортофосфорной к-ты H_3PO_4 (ортофосфаты) и полифосфорных к-т (полифосфаты). Ортофосфаты встречаются в природе в виде минеральных образований (известно ок. 190), важнейшие из них – *апатит* и *фосфорит*. Природные Ф. – сырьё для получения фосфорной к-ты. Ф. используют в произ-ве фосфорных удобрений, моющих средств, стёкол и др.

ФО́СФОР (Phosphorus), Р, хим. элемент V гр. периодич. системы, ат.н. 15, ат.м. 30,97376; неметалл белого (светится на воздухе, $t_{пл}$ 44,14 °C), красного ($t_{пл}$ 593 °C) или чёрного ($t_{пл}$ 1000 °C) цвета. Ф. используют в произ-ве фосфорной к-ты и фосфорных удобрений, полупроводн. материалов, как компонент покрытий стальных изделий и т.д. Белый Ф. применяют для изготовления трассирующих боеприпасов, как дымообразующее и зажигат. средство, красный Ф. – осн. компонент обмазки зажигат. поверхности спичечных коробков. Открыт нем. алхимиком X. Брандом в 1669.

ФОСФОРИ́ТЫ, осадочные горн. породы, насыщенные фосфором. Содержат 5–34% P_2O_5. По условиям образования различают мор. и континентальные Ф. Часто образуют пласты большой мощности. Входят в состав *фосфатных руд*. Применяются гл. обр. для произ-ва фосфорных удобрений.

ФО́СФОРНАЯ КИСЛОТА́ (ортофосфорная кислота), H_3PO_4, твёрдое в-во, $t_{пл}$ 42,35 °C. Применяют Ф.к. в произ-ве удобрений, разл. фосфатов, для обработки кормов для скота, нанесения антикоррозионных покрытий на металлы, осветления сахара, как добавку к безалкогольным напиткам и др.

ФО́ТИЙ (ок. 810 или ок. 820–890-е гг.), визант. писатель, патриарх Константинополя в 858–867, 877–886. Способствовал распространению влияния визант. церкви в слав. землях. Знаток антич. лит-ры, автор богословских сочинений.

ФО́ТО... (от греч. phōs, род. п. photós – свет), часть сложных слов: 1) соответствующая по значению слову «фотографический» (напр., фотовитрина); 2) указывающая на отношение к свету, действию света (напр., фотоэлемент).

ФОТОГЕНИ́ЧНОСТЬ (от *фото...* и *...ген*), наличие внешних данных, благоприятных для воспроизведения на киноэкране или телеэкране.

ФОТОГРАФИ́ЧЕСКИЙ АППАРА́Т (фотоаппарат), оптико-механич. устройство для получения изображения к.-л. объекта на фотоплёнке, фотопластинке или др. фотоматериале. Ф.а. бывают общего назначения (шкальные, дальномерные и зеркальные с форматом кадра 14×17, 24×36 и 60×60 мм и др., в т.ч. для особых съёмок, напр. панорамные, стереоскопич.) и специальные, применяемые в науч. или производств. целях (напр., репродукционные, для аэрофотосъёмки). Они имеют светонепроницаемую камеру, где размещается кассета с фотоплёнкой, *фотографический объектив*, видоискатель и затвор. Ф.а. может также иметь *экспонометрическое устройство*, автоспуск, синхроконтакт, гнездо фотовспышки и др. устройства для упрощения процесса съёмки. Первые Ф.а. – дерев. фотокамеры с объективом и громоздкими кассетами, внешне напоминавшие *камеру-обскуру*, – появились в кон. 30-х гг. 19 в. (Франция); в 1888 Дж. Истмен (США) создал Ф.а. для роликовой фотоплёнки («Кодак»); в 1924 нем. фирма «Лейтц» выпустила в мире компактный малоформатный Ф.а. («Лейка»); в 1948 амер. фирма «Полароид» начала выпуск Ф.а. для «моментальной» фотографии на основе диффузионного фотогр. процесса.

ФОТОГРАФИ́ЧЕСКИЙ ОБЪЕКТИ́В, объектив, применяемый в фотоаппаратах для создания на светочувствит. слое фотоплёнки оптич. изображения объекта съёмки. Осн. параметры Ф.о.: фокусное расстояние (2–2000 мм), относительное отверстие (от 1:1,2 до 1:22). Для ограничения размеров светового отверстия (напр., при чрезмерной яркости объекта съёмки) объектив снабжают диафрагмой. Различают Ф.о. нормальные (используют при любых видах съёмки), короткофокусные (для съёмки крупных протяжённых объектов с близкого расстояния), длиннофокусные, в т.ч. телеобъективы (для съёмки удалённых объектов с большим увеличением).

ФОТОГРАФИ́ЧЕСКИЙ УВЕЛИЧИ́ТЕЛЬ (фотоувеличитель), прибор для проецирования (с увеличением) изображения негатива на фотобумагу при фотопечати. Осн. узлы: проекц. головка (с осветителем, конденсором и проекц. объективом), стойка, экран (основание). Перемещая проекц. головку по стойке, изменяют размер изображения на фотобумаге.

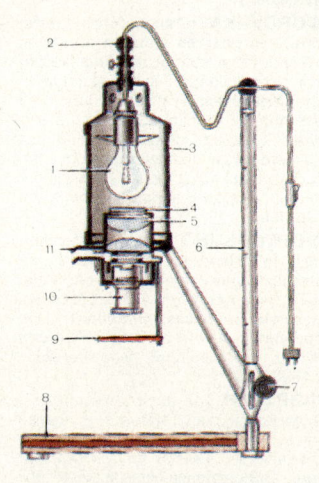

Фотографический увеличитель (схема устройства): 1 – источник света; 2 – регулятор положения источника света; 3 – кожух осветителя; 4 – матовое стекло; 5 – конденсор; 6 – стойка (штанга); 7 – винт крепления проекционной головки на штанге; 8 – стол; 9 – красный светофильтр; 10 – проекционный объектив; 11 – негативодержатель.

ФОТОГРА́ФИЯ (от *фото...* и *...графия*, букв. – светопись), теория и методы получения видимого изображения объектов на светочувствит. материалах (галогеносеребряных и бессеребряных). Различают Ф. цветную и чёрно-белую, худ., документальную и науч.-техн. (аэрофотография, микрофотография и др.). Датой изобретения Ф. принято считать 7 янв. 1839. Основоположники Ф. – Ж.Н. Ньепс, Л.Ж.М. Дагер, У.Г.Ф. Толбот; цв. фотоизображение впервые получил в 1868–69 Л. Дюко дю Орон (Франция). Обычно процесс получения фотоснимка предусматривает съёмку *фотографическим аппаратом*, хим.-фотогр. обработку экспонированного (подвергшегося воздействию света) фотоматериала (чаще всего фотоплёнки) и фотопечать (контактную или проекционную); при использовании т.н. обращаемых фотоматериалов фотопечать не нужна (напр., при изготовлении слайдов). В 1947 амер. изобретатель Э. Ленд разработал диффузионный фотогр. процесс, позволяющий получать готовые фотоснимки (в единств. числе), как чёрно-белые, так и цветные, сразу же после съёмки непосредственно в фотокамере (фотоаппараты «Полароид»). Методы и средства Ф. легли в основу кинематографии.

ФОТО́МЕТРЫ, приборы для измерения фотометрич. (в т.ч. световых) величин: *освещённости, силы света, яркости,* коэф. отражения и пропускания и т.п. Ф. бывают визуальные, фотоэлектрич., интегрирующие и т.д.

ФОТО́Н, квант эл.-магн. излучения (в узком смысле – света). В отличие от классич. физики, в к-рой эл.-магн. излучение – непрерывный волновой процесс, в квантовой физике излучение дискретно и состоит из неделимых квантов энергии – Ф., поглощаемых или испускаемых целиком. Ф. рассматривается как нейтральная безмассовая элементарная частица с энергией $\hbar\omega$, где $\hbar$ – Планка постоянная, ω – частота излучения (см. *Корпускулярно-волновой дуализм*). Ф. всегда движется со скоростью света, в вакууме равной c, а в среде – со скоростью c/n, где n – показатель преломления среды. Термин «Ф.» введён амер. физиком Г.Н. Льюисом в 1929.

ФОТОПЕРИОДИ́ЗМ (от *фото...* и *период*), реакция организмов на суточный ритм освещения, т.е. на соотношение светлого (длина дня) и тёмного (длина ночи) периодов суток. Проявляется в колебаниях интенсивности физиол. процессов. В наиб. степени Ф. свойствен зелёным р-ниям, жизнедеятельность к-рых непосредственно зависит от световой энергии Солнца. У ж-ных и человека Ф. выражается гл. обр. в колебаниях интенсивности обмена в-в и энергии. У ж-ных с Ф. связаны также сроки наступления и прекращения брачного периода, плодовитость, осенние и весенние линьки, переход к зимней спячке, миграции и др.

ФОТОПРОВОДИ́МОСТЬ (внутренний *фотоэффект*), увеличение электрич. проводимости тв. тел под действием света. Причина Ф. – увеличение концентрации свободных носителей заряда (электронов в зоне проводимости и дырок в валентной зоне). Ф. впервые наблюдалась амер. физиком У. Смитом в 1873. На явлении Ф. основана работа фотодиодов, фототранзисторов и др.

ФОТОСИ́НТЕЗ (от *фото...* и *синтез*), образование органич. в-в в зелёных р-ниях и фотосинтезирующими микроорганизмами при участии солнечной энергии. Происходит с помощью поглощающих свет пигментов (хлорофилл и др.). Обеспечивает доступной хим. энергией почти все земные организмы (кроме хемосинтезирующих). Ежегодно в результате Ф. на Земле образуется ок. 150 млрд. т органич., усваивается 300 млрд. т CO_2 и выделяется ок. 200 млрд. т свободного O_2. Благодаря фотосинтетич. деятельности первых зелёных организмов ок. 2 млрд. лет назад в первичной атмосфере Земли появился кислород, возник озоновый экран, создались условия для биол. эволюции.

ФОТОХРОМИ́ЗМ (от *фото...* и греч. chrōma – цвет, краска), способность в-ва обратимо менять окраску (спектр поглощения) под действием оптич. излучения. В-ва, обладающие Ф. (полимерные плёнки на основе нек-рых органич. соединений, силикатные стёкла, содержащие микрокристаллы галогенидов серебра, легированные кристаллы щёлочноземельных металлов и др.), используются для регистрации и записи изображений, в ЭВМ для регистрации сигналов, а также в защитных очках – светофильтрах. Фотохромные в-ва характеризуются высокой *разрешающей способностью*, быстродействием, возможностью многократного использования.

ФОТОЭЛЕКТРИ́ЧЕСКИЙ ЭКСПОНО́МЕТР (от лат. expono – показываю и *...метр*), прибор для измерения яркости или освещённости объектов съёмки с целью определения экспозиц. параметров – выдержки и диафрагменного числа при данной светочувствительности фото- или киноплёнки.

ФОТОЭЛЕМЕ́НТ, прибор, в к-ром в результате поглощения падающего на него света возникает эдс (фотоэдс) или генерируется электрич. ток (фототок). Действие основано на *фотоэффекте*. Различают электровакуумные (в т.ч. газонаполненные) и полупроводниковые Ф. Применяются гл. обр. в качестве приёмников излучения в автоматич. контрольной и измерит. аппаратуре.

ФОТОЭФФЕ́КТ, группа явлений, связанных с «освобождением» электронов тв. тела от внутриатомной связи под действием эл.-магн. излучения. Различают: 1) внеш. Ф., или фотоэлектронная эмиссия, – испускание электронов с поверхности тв. тела под действием света, γ-излучения и др. (открыт Г. Герцем в 1887, объяснён А. Эйнштейном); 2) внутр. Ф. – то же, что *фотопроводимость*; 3) вентильный Ф. – возбуждение светом эдс на границе между металлом и полупроводником или между разнородными полупроводниками.

ФО́УДЖЕЛ (Fogel) Роберт Уильям (р. 1926), амер. экономист. Небольшие нововведения, по Ф., в большей степени способствуют развитию пром-сти, чем крупные технологич. прорывы. Использовал экон. теорию и количеств. методы при изучении ист. событий. Ноб. пр. (1993).

ФО́ФАНОВ Конст. Мих. (1862–1911), рус. поэт. Уход от обыденной действительности в мир фантазии, возвышенных чувств (сб. «Тени и тайны», 1892, «Стихотворения», 1896, «Иллюзии», 1900, «Необыкновенный роман», 1910) сочетался с реалистич. мотивами (поэмы «Волки», 1889, «Весенняя поэма», 1892). Медитативная лирика.

ФОШ (Foch) Фердинанд (1851–1929), франц. воен. деятель и теоретик, маршал Франции (1918), брит.

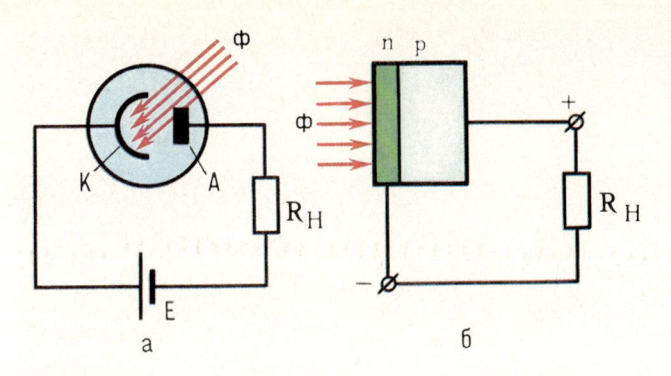

Фотоэлемент. Схема электровакуумного (а) и полупроводникового (б) фотоэлемента: К — фотокатод; А — анод; Ф — световой поток; n и p — области полупроводника с донорной и акцепторной примесями; Е — источник постоянного тока; $R_н$ — нагрузочный резистор.

фельдм. (1919), маршал Польши (1923). В 1-ю мир. войну командовал корпусом, армией, группой армий, в 1917–18 нач. генштаба, с апр. 1918 верх. главнокоманд. союзными войсками. Тр.: «О ведении войны» (1920; рус. пер., 1947), «Воспоминания» (1927; рус. пер., 1939).

ФРАГОНАР (Fragonard) Оноре (1732–1806), франц. живописец и график. Виртуозно исполненные галантные и бытовые сцены. В к-рых изящество рококо сочетается с верностью натуре, тонкостью световозд. эффектов («Качели», 1766).

ФРАЗЕОЛОГИЗМ (фразеологическая единица, идиома), устойчивое словосочетание, значение к-рого невыводимо из значений составляющих его компонентов, напр.: «собаку съесть» (в чём, на чём и т.п.) — быть знатоком в к.-л. деле, иметь большой навык, опыт в чём-либо.

ФРАЗЕОЛОГИЯ (от греч. phrásis — выражение и ...логия), 1) совокупность *фразеологизмов* данного языка. 2) Раздел яз-знания, изучающий фразеологич. состав языка.

ФРАЙБУРГ (Фрейбург), г. в Германии. 194 т.ж. Хим., маш.-строит., полиграф., текст., бум. пром-сть. Ун-т (с 1457). Высш. муз. школа (1946). Музей гор. собрания. Большой т-р (реконструирован, 1949). Осн. в 1120. Готич. собор (ок. 1200 – кон. 15 в.) с одной башней на зап. фасаде (выс. 115 м), ворота Мартинстор (13 в.) и Швабентор (13 в.).

ФРАКИЙЦЫ, группа индоевроп. племён (даки, одрисы, геты и др.), населявших в древности С.-В. Балканского п-ова и С.-З. М. Азии. В ходе Вел. переселения народов смешались с др. племенами, став одним из этнич. элементов при формировании болгар, румын и др.

ФРАКЦИЯ (от лат. fractio — разламывание), 1) (устар.) группа людей, объединённая проф., цеховыми интересами. 2) Часть полит. партии, выступающая с полит. программой, отличной от общей линии партии. 3) Группа депутатов парламента, как правило, принадлежащих к одной полит. партии, проводящих в парламенте единую линию. 4) Часть сыпучего или кускового материала (напр., песка, дроблёной породы) либо жидкой смеси (нефти и др.), выделенная по определ. признаку (по размеру частиц, плотности и др.).

ФРАНК Ил. Мих. (1908–90), рос. физик, один из авторов теории излучения Черенкова – Вавилова. Теоретич. и эксперим. исследования по физике нейтронов. Ноб. пр. (1958).

ФРАНК (франц. franc), 1) ден. единица Франции, равная 100 сантимам. В обращении с 1799 зол. Ф., с 1803 и серебр. Ф., с 1876 только зол. Ф., с 1936 только банкноты. В 1960 при деноминации введён новый Ф. Французский Ф.— ден. единица Андорры, Гвианы, Монако, Реюньона, Сен-Пьера. 2) Ден. единица Бельгии, Бурунди, Гваделупы, Гвинеи, Джибути, Люксембурга, Мадагаскара, Мартиники, Микелона, Руанды, Швейцарии. 3) Ф. КФА (африканский Ф.) — ден. единица стран Афр. финанс. сообщества (Communauté Financiére Africaine – CFA) — Буркина-Фасо, Кот-д'Ивуара, Мали, Нигера, Сенегала, Того и стран Финанс. объединения Центр. Африки (Coopération Financiére en Afrique Centrales) — Габона, Камеруна, Конго, Центральноафр. Республики, Чада, Экваториальной Гвинеи.

ФРАНКИ, герм. племена, жившие в 3 в. по ниж. и ср. Рейну. Делились на салических и рипуарских. При Хлодвиге I образовали Франкское гос-во.

ФРАНКЛИН (Franklin) Бенджамин (Вениамин) (1706–90), амер. просветитель, гос. деятель, учёный, один из авторов Декларации независимости США (1776) и Конституции 1787. Основал Пенсильванский ун-т (1740). Известен трудами по электричеству (в т.ч. по атмосферному), предложил молниеотвод.

ФРАНКЛИН Джон (1786–1847), англ. мореплаватель и арктич. путешественник. Участник плавания М. Флиндерса вокруг Австралии (1802–03) и битвы при Трафальгаре (1805). В 1819–21 и 1825–27 проследил 3300 км арктич. побережья Сев. Америки и 4 залива, положил начало исследованию хр. Брукс, первым плавал в м. Бофорта. В 1845–47 в Канадском Арктич. арх. обнаружил остров и 3 пролива.

ФРАНКО Ив. Як. (1856–1916), укр. писатель. Участник нац.-освободит. движения в Галиции. В стихах (сб. «С вершин и низин», 1887, «Из дней печали», 1900), поэмах («Смерть Каина», 1889; «Иван Вышенский», 1900; «Моисей», 1905) — мотивы социальной борьбы, обращение к нац. и библейским образам. В рассказах (сб. «Борислав», 1877), повестях, романах («Борислав смеётся», 1881–82), пьесах («Украденное счастье», 1894) — сочувствие крестьянству и рабочему движению, критика гос. и полит. институтов, моральных устоев власть имущих.

ФРАНКО (итал. franco, букв.— свободный), термин, обозначающий в сделках купли-продажи (поставки) товара распределение трансп. расходов между продавцом и покупателем до места, указанного в договоре (напр., Ф.-вагон, Ф.-склад покупателя).

ФРАНКО БААМОНДЕ (Franco Bahamonde) Франсиско (1892–1975), глава исп. гос-ва (каудильо) в 1939–1975 и вождь Исп. фаланги в 1937–1975. В 1936 возглавил воен.-фаш. мятеж против Испанской респ.

ФРАНКФУРТ-НА-МАЙНЕ, г. в Германии. 647 т.ж. Порт на р. Майн; междунар. аэропорт. Метрополитен. Крупнейший финанс., важный пром. и торг. центр страны. Маш-ние (эл.-техн., приборостроение); хим. и нефтехим., полиграф., лёгкая пром-сть; ювелирное дело. Междунар. ярмарки. Гос. высшая муз. школа (1936). Ун-т имени Гёте, Штеделевский худ. ин-т. Музеи: худ. ремесла, первобытной и древней истории, И.В. Гёте (уроженца Ф.-на-М.) и др. Т-ры, в т.ч. оперный (1880). Изв. с кон. 8 в. В 1372–1806 вольный имперский, в 1815–66 вольный город; с 1866 в составе Пруссии. Сохранились укрепления 15 в. с башнями, готич. собор (13–16 вв.), церкви, ратуша, резиденция Штауфенов – Зальхоф (12 в.).

ФРАНКФУРТСКАЯ ШКОЛА в нем. философии и социологии, в 30–70-х гг. 20 в.; центр — Ин-т социальных исследований во Франкфурте-на-Майне (с 1931). Гл. представители: М. Хоркхаймер, Т. Адорно, Г. Маркузе, Э. Фромм, Ю. Хабермас. В философско-социол. «критич. теории общества» почерпнутый у К. Маркса критич. подход к бурж. культуре сочетается с идеями гегелевской диалектики и психоанализа З. Фрейда.

ФРАНС (France) Анатоль (наст. имя и фам.— Анатоль Франсуа Тибо)

О. Фрагонар. «Выигранный поцелуй». Эрмитаж.

А. Франс.

744 ФРАН

(1844—1924), франц. писатель. В проникнутых иронией, пафосом релятивизма ром. «Преступление Сильвестра Боннара» (1881) и «Суждения господина Жерома Куаньяра» (1893) — неприятие бурж. практицизма; в ром. «Таис» (1890) — развенчание христ. фанатизма и аскетизма. Гротескно-фантастич. ром. «Остров пингвинов» (1908) и «Восстание ангелов» (1914) — остроумная антирелиг. и полит. сатира, в пародийной форме представляющая отд. моменты франц. истории. Скепсис и пессимизм относительно смысла истории, прогрессивной роли в ней рев-ции (ром. «Боги жаждут», 1912, о Франц. рев-ции кон. 18 в.; симпатии Ф. на стороне якобинцев) были поколеблены в 1917 рев. событиями в России (500 статей и речей 1918—24 в защиту Сов. республики). Ист. тр. «Жизнь Жанны д'Арк» (1908). Ноб. пр. (1921).

ФРАНЦ ФЕРДИНАНД (Franz Ferdinand) (1863—1914), австр. эрцгерцог, племянник имп. Франца Иосифа I, наследник престола. С 1898 зам. главнокомандующего, один из инициаторов аннексии Боснии и Герцеговины (1908). Убит в г. Сараево членами конспиративной группы «Молодая Босния», что послужило поводом для начала 1-й мир. войны.

ФРАНЦА-ИОСИФА ЗЕМЛЯ, архипелаг из 190 о-вов в Баренцевом м., в России. Пл. 16,1 т. км². Выс. до 620 м. Св. ¾ терр. покрыто ледниками. Св. 1000 озёр. Полярные станции. Геофиз. обсерватория.

ФРАНЦИЙ (Francium), Fr, радиоактивный хим. элемент I гр. периодич. системы, ат. н. 87; *щелочной металл*. Открыла Ф. франц. радиохимик М. Пере в 1939.

ФРАНЦИСК АССИЗСКИЙ (лат. Franciscus Assisiensis) (1181 или 1182—1226), итал. проповедник, основатель ордена францисканцев, автор религ. поэтич. произв. («Похвала добродетели», «Похвала Богу» и др.). С 1207 начал нищее житие, с 1209 подчинил свою жизнь служению духовному наследию Иисуса Христа, став проповедником. Вскоре у него появились последователи в Италии и почти во всех европ. странах, к-рые организовывались во францисканские братства. В 1228 канонизирован. Рассказы, легенды о нём собраны в анонимном сб. «Цветочки Св. Франциска Ассизского».

ФРАНЦИСКАНЦЫ, члены первого *нищенствующего ордена*, осн. в Италии в 1207—09 Франциском Ассизским. Наряду с доминиканцами ведали инквизицией.

ФРАНЦИЯ (Французская Республика), гос-во в Зап. Европе, на З. и С. омывается Атлантич. ок. (Бискайским зал. и прол. Ла-Манш), на Ю. — Средиземным м. (Лионским зал. и Лигурийским м.). Пл. 551 т. км². Нас. 57,7 млн. ч., св. 93% — французы. Офиц. яз. — французский. Верующие преим. католики (св. 76%). Глава гос-ва — президент. Законодат. орган — двухпалатный парламент: Сенат и Нац. собрание. Столица — Париж. Адм.-терр. деление: 22 р-на, включающих 96 департаментов. Ден. единица — франк.

Зап. и сев. р-ны Ф. — равнины (Парижский басс. и др.) и низкогорья; в центре и на В. — средневысотные горы (Центр. Франц. массив, Вогезы, Юра). На Ю.-З. — Пиренеи, на Ю.-В. — Альпы (высш. точка Ф. и Зап. Европы — г. Монблан, 4807 м). Климат морской умеренный, на В. переходный к континентальному, на побережье Средиземного м. субтропич. средиземноморский. Ср. темп-ры янв. 1—8 °C, июля 17—24 °C; осадков 600—1000 мм в год, в горах местами 2000 мм и более. Кр. реки: Сена, Рона, Луара, Гаронна, на В. — часть течения Рейна. Под лесом (преим. широколиственные, на Ю. — вечнозелёные леса) ок. 27% территории.

Франция: ландшафт Нормандии (вверху); замок Шантийи около Парижа.

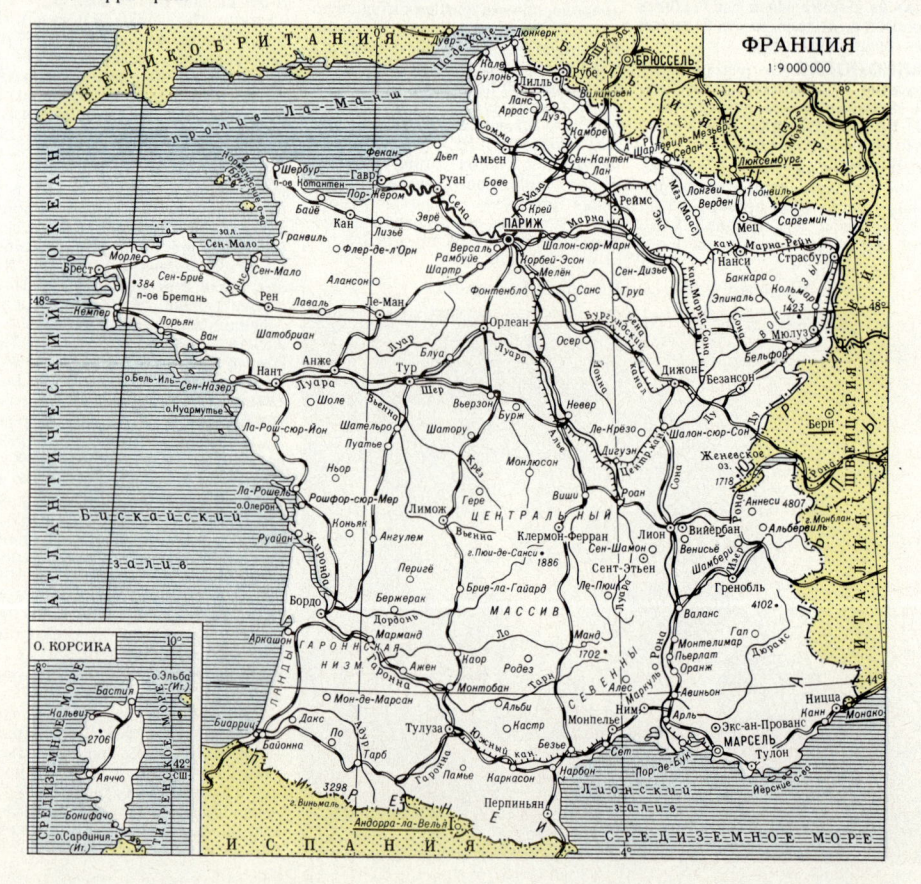

Франциск Ассизский. Портрет, написанный в 1228. Фрагмент. Монастырь Сакро Спеко в Субиако (Италия).

Франция. Замок Мон-Сен-Мишель на границе Бретани и Нормандии.

В древности терр. Ф. населяли галлы (кельты), отсюда её древнее назв. Галлия. К сер. 1 в. до н.э. завоёвана Римом; с кон. 5 в. н.э. — осн. часть Франкского гос-ва. Образованное по Верденскому договору 843 Зап.-Франкское кор-во занимало приблизительно терр. совр. Ф.; в 10 в. страна стала назв. Ф. До сер. 12 в. господствовала феод. раздробленность. В 1302 созваны первые Ген. штаты, сложилась сословная монархия. Абсолютизм укрепился после Религ. войн 16 в., достиг апогея при Людовике XIV. В 15–17 вв. франц. короли вели длительную борьбу с Габсбургами. Феод.-абсолютистскую систему ликвидировала Франц. рев-ция. В 1792 учреждена республика (1-я республика). После гос. переворота 18 брюмера (1799) установлена диктатура Наполеона (с 1804 провозглашён императором; 1-я империя). Период реставрации охватывал конституц. монархии Людовика XVIII (1814/15–24) и Карла X (1824–30). В результате рев-ции 1830 к власти пришла финанс. аристократия. Февр. рев-ция 1848 установила респ. строй (2-я республика), к-рый сменило правление Наполеона III (1852–1870). В период 3-й республики (1870–1940), провозглашённой после пленения Наполеона III под Седаном во франко-прусской войне 1870–71, в Париже 18 марта 1871 произошло мощное движение социального протеста, приведшее к установлению Парижской Коммуны (март–май 1871). В 1879–80 создана Рабочая партия. В нач. 20 в. образованы Социалистич. партия Франции (под рук. Ж. Геда, П. Лафарга и др.) и Франц. социалистич. партия (под рук. Ж. Жореса), к-рые объединились в 1905 (Франц. секция рабочего интернационала, СФИО). К кон. 19 в. в осн. завершилось образование франц. колон. империи. В янв. 1936 на основе единого фронта (Франц. КП, созд. в 1920, и СФИО, с 1934) создан Нар. фронт. Пр-ва Нар. фронта запретили фаш. орг-ции, приняли меры к улучшению положения трудящихся. В 1938 Нар. фронт распался. В период 2-й мир. войны Ф. была оккупирована герм. и итал. войсками. Организаторами Дв. Сопр. были Франц. КП и возглавляемое Ш. де Голлем движение «Свободная Франция» (с 1942 — «Сражающаяся Франция»). К кон. 1944 Ф. (в результате действий войск антигитлеровской коалиции и Дв. Сопр.) была освобождена. В 1958 принята конституция 5-й республики, расширившая права исполнит. власти. Президентом стал де Голль. К 1960 в обстановке распада колон. системы завоевала независимость б.ч. франц. колоний в Африке. Массовые волнения в 1968, вызванные обострением экон. и социальных противоречий, а также всеобщая забастовка привели к острому гос. кризису. Де Голль был вынужд.... уйти в отставку (1969). В 1981–95 президентом был Ф. Миттеран.

Ф. — высокоразвитая индустр.-агр. страна, занимает одно из ведущих мест в мире по объёму пром. произ-ва. ВНП на д. нас. 22320 долл. в год. Добыча железных и урановых руд, бокситов. Ведущие отрасли обрабат. пром-сти — маш-ние, в т.ч. автомобилестроение, эл.-техн. и электронное (телевизоры, стиральные машины и др.), авиац., судостроение (танкеры, мор. паромы) и станкостроение. Ф. — один из крупнейших в мире производителей хим. и нефтехим. продукции (в т.ч. каустич. соды, синтетич. каучука, пластмасс, минер. удобрений, фарм. товаров и др.), чёрных и цветных (алюминий, свинец и цинк) металлов. Большой известностью на мировом рынке пользуются франц. одежда, обувь, ювелирные изделия, парфюмерия и косметика, коньяки, сыры (производится ок. 400 сортов). Ф. — один из крупнейших в Европе производителей с.-х. продукции, занимает одно из ведущих мест в мире по поголовью кр. рог. скота, свиней, птицы и произ-ву молока, яиц, мяса. Гл. отрасль с. х-ва — жив-во мясо-молочного направления. В растениеводстве преобладает зерновое х-во; осн. культуры — пшеница, ячмень, кукуруза. Развиты виногр-во (ведущее место в мире по произ-ву вин), овощ-во и сад-во; цветоводство. Рыб-во и разведение устриц. Экспорт: маш.-строит. продукция, в т.ч. трансп. оборудование (ок. 14% стоимости), автомобили (7%), с.-х. и прод. товары (17%; один из ведущих европ. экспортёров), хим. товары и полуфабрикаты и др. Иностр. туризм.

ФРАНЦУ́ЗСКАЯ РЕВОЛЮ́ЦИЯ 1789–99. Король Людовик XVI созвал в мае 1789 Ген. штаты. Депутаты от 3-го сословия (купцы, ремесленники, буржуа, рабочие) объявили себя 17 июня 1789 Национальным, а 9 июля — Учредит. собранием. Попытка разгона собрания вызвала нар. восстание; штурм 14 июля 1789 Бастилии явился началом рев-ции. 26 авг. 1789 принята *Декларация прав человека и гражданина*. После низвержения монархии в результате восстания 10 авг. 1792, возглавленного Парижской Коммуной, полит. руководство перешло к жирондистам, к-рым противостояли якобинцы, стремившиеся к углублению рев-ции. 22 сент. 1792 учреждена респ. форма правления. В янв. 1793 по приговору Конвента (высш. законодат. и исполнит. орган) был казнён король Людовик XVI, обвинённый в гос. измене. Восстание 31 мая — 2 июня 1793 привело к установлению якобинской диктатуры. Пр-во якобинцев, мобилизовав народ, обеспечило победу над вторгшимися во Францию войсками европ. монархич. гос-в (Пруссии, Австрии и др.), радикально разрешило агр. вопрос. Однако ограничит. режим и террор якобинцев подорвали их социальную базу. Термидорианский (по назв. 11-го месяца франц. респ. календаря) переворот 1794 низверг якобинскую диктатуру. Власть сосредоточилась в руках кр. буржуазии. В 1795 установлен режим *Директории*. Гос. переворот восемнадцатого брюмера (1799) знаменовал окончание рев-ции.

ФРАНЦУ́ЗСКИЙ ЯЗЫ́К, относится к романской гр. индоевропейской семьи яз. Офиц. яз. Франции, Франц. Гвианы, Гаити, Монако, Бенина, Буркина-Фасо, Габона, Гвинеи, Заира, Конго, Кот-д'Ивуара, Мали, Нигера, Сенегала, Того, Центральноафриканской Респ., Чада; один из офиц. яз. Бельгии, Швейцарии, Канады, Люксембурга, Андорры, Бурунди, Руанды, распространён также в Австралии, Океании, Италии, США и др. странах. Один из офиц. и рабочих языков ООН. Общее число говорящих ок. 100 млн. чел. (1990). Письменность на основе лат. алфавита.

ФРАНЧЕ́СКО СФО́РЦА (Francesco Sforza) (1401–66), герцог Милана с 1450. До этого кондотьер на службе у Милана, Флоренции, Венеции. Завладел в 1450 Миланом, присоединил к нему б.ч. Ломбардии, Геную. Способствовал превращению Милана в значит. культурный центр.

ФРА́УНХОФЕР (Фрунгофер) (Fraunhofer) Йозеф (1787–1826), нем. физик. Изобрёл методы шлифования линз и точного определения их формы. Сконструировал спектрометр, ахроматич. микроскоп и др. оптич. приборы. Подробно описал линии поглощения в спектре Солнца (1814), названные его именем. Впервые использовал дифракц. решётки для спектральных исследований.

ФРАХТ (голл. vracht, нем. Fracht), 1) плата за перевозку грузов и пассажиров разл. видами транспорта, в осн. морским, воздушным, либо за использование судов на протяжении определ. времени. 2) В сделках внешнеторг. купли-продажи одна из разновидностей базисных условий поставки.

ФРЁ́БЕЛЬ (Фрёбель) (Fröbel) Фридрих (1782–1852), нем. педагог, создатель системы дошкольного воспитания. Основал воспитат. учреждение для детей мл. возраста, названное им «детским садом». Разработал методику и дидактич. материалы для развития движений, мышления, органов чувств.

ФРЕ́ГЕ (Frege) Готлоб (1848–1925), нем. логик, математик и философ. Построил первую систему формализов. арифметики. Один из основоположников логич. *семантики*.

ФРЕЙД (Фройд) (Freud) Зигмунд (1856–1939), австр. врач-психиатр и психолог, основатель *психоанализа*. С 1938 в Великобритании. Развил теорию психосексуального развития индивида; в формировании характера и его патологии гл. роль отводил переживаниям раннего детства. От разработанного совм. с Й. Брёйером «катартич.» метода (отреагирование с помощью гипноза забытых психич. травм) перешёл к методу свободных

З. Фрейд.

Французская революция 1789–99. Гравюра А. Жирарде. Выступление народа в Законодательном собрании 10 августа 1792 с требованием провозглашения республики.

ассоциаций как основе психоаналитич. терапии. Принципы психоанализа распространил на разл. области человеческой культуры — мифологию, фольклор, худ. творчество, религию и т.п. Осн. соч.: «Толкование сновидений» (1900), «Психопатология обыденной жизни» (1904), «Лекции по введению в психоанализ» (1910), «Тотем и табу» (1913), «Я и Оно» (1923).

ФРЕЙДИ́ЗМ, общее обозначение филос.-антрополог. и психол. концепции З. Фрейда и развившихся на её основе учений и школ. Ф. следует отличать от психоанализа как конкретного метода иссл. бессознательных психич. процессов, принципам к-рого Ф. придавал универс. значение. Исходя из учения Фрейда о бессознательном, Ф. придаёт большое значение в развитии культуры и социальной жизни проявлениям первичных влечений (полового влечения — у Фрейда, стремления к самоутверждению — у его ученика А. Адлера, и т.п.).

ФРЕ́ЙНДЛИХ, семья актёров, отец и дочь. Бруно Артурович (р. 1909), на сцене с 1931. С 1948 в Ленингр. т-ре драмы имени А.С. Пушкина. Мастер сценич. портрета; часто подчёркивал в роли интеллектуальное и лирич. начало: Гамлет («Гамлет» У. Шекспира, 1954), Барон («На дне» М. Горького, 1956), Балясников («Сказки старого Арбата» А.Н. Арбузова, 1971) и др. Снимался в ф.: «Дон Кихот» (1957), «Отцы и дети» (1959), «Чайковский» (1970) и др. Алиса Бруновна (р. 1934), на сцене с 1957. С 1961 в Ленингр. т-ре имени Ленсовета, с 1983 в Ленингр. (с 1992 Санкт-Петерб.) Большом драм. т-ре. Актриса лирико-драм. дарования, наделённая редкой музыкальностью и пластичностью. Игра отличается острым драматизмом и любовью к резкой характерности: Элиза Дулитл («Пигмалион» Б. Шоу, 1962), Лика «Мой бедный Марат» Арбузова, 1965), Уриэль Акоста, Мария-Антуанетта, Елизавета Английская (спектакль-концерт «Люди и страсти», 1974), леди Мильфорд («Коварство и любовь» Ф. Шиллера, 1990) и др. Снималась в ф.: «Служебный роман» (1977), «Сталкер» (1980) и др.

ФРЕНЕ́ЛЬ (Fresnel) Огюстен Жан (1788—1827), франц. физик, один из основоположников волновой оптики. Работал инженером по стр-ву и ремонту дорог, самостоятельно изучал физику. Создал теорию дифракции света, доказал поперечность световых волн, объяснил поляризацию света, построил мн. оптич. приборы.

ФРЕ́НИ (Freni) Мирелла (р. 1935), итал. певица (сопрано). С 1955 на оперной сцене. Обладает голосом тёплого, прозрачно-чистого тембра. Пела на сценах крупнейших оперных т-ров мира; прославилась в лирич. партиях: Виолетта («Травиата» Дж. Верди), Мими («Богема» Дж. Пуччини; обе также в киноверсии), Маргарита («Фауст» Ш. Гуно) и др.

ФРЕ́НКЕЛЬ Ян Абрамович (1920—1989), композитор. Популярные в СССР песни, близкие по интонац. строю гор. и крест. фольклору: «Текстильный городок» (1961), «Калина красная» (1963), «Русское поле» (1967), «Журавли» (1969); музыка к фильмам (ок. 60).

ФРЕО́НЫ, то же, что *хладоны*.
ФРЕ́СКА (от итал. fresco — свежий), живопись по сырой штукатурке красками, разведёнными на воде. Одна из гл. техник стенных росписей.

ФРЕСКОБА́ЛЬДИ (Frescobaldi) Джироламо (1583—1643), итал. композитор, органист, клавесинист, виртуоз-импровизатор. Органные и клавирные ричеркары, токкаты, фантазии, каприччо и др. (сб. «Музыкальные цветы», изд. 1635) подготовили оформление *фуги* и знаменовали переход к т.н. свободному стилю инстр. *полифонии*. 2 мессы, магнификат, мадригалы.

ФРИГИ́ДНОСТЬ (от лат. frigidus — холодный), половая холодность, снижение или отсутствие у женщины полового влечения, половой возбудимости, оргазма.

ФРИ-ДЖАЗ (англ. free-jazz — свободный джаз), стиль совр. *джаза*. Назв. «Ф.-д.» произошло от одноим. грампластинки О. Коулмена (1960), основоположника этого стиля (наряду с Дж. Колтрейном и др.). Характеризуется отходом от традиц. принципов джазового формообразования, использованием модальности и *алеаторики*. В 1970-е гг. оказал влияние на амер. популярную музыку.

ФРИ́ДМАН Ал-др Ал-др. (1888—1925), рос. математик и геофизик. В 1922—24 установил, что ур-ния тяготения Эйнштейна имеют нестационарные, изменяющиеся во времени решения, предсказал расширение Вселенной, заложил основы совр. космологии. Один из создателей теории турбулентности и отеч. школы динамич. метеорологии.

ФРИ́ДМЕН (Friedman) Милтон (р. 1912), амер. экономист, лидер *монетаризма* в политэкономии (см. *Чикагская школа*). Осн. тр. в области теории и практики ден. обращения. Выдвинул монетарную теорию нац. дохода и новый вариант количеств. теории денег. Ноб. пр. (1976).

ФРИ́ДРИХ (Friedrich) Каспар Давид (1774—1840), нем. живописец. Представитель романтизма. Глубоко одухотворённые, часто меланхолически-созерцательные пейзажи («Двое, созерцающие луну», 1819—20).

ФРИ́ДРИХ I Барбаросса (Friedrich I Barbarossa, букв. — краснобородый) (ок. 1125—1190), герм. король с 1152, император «Священной Рим. империи» с 1155, из династии Штауфенов. Пытался подчинить сев.-итал. города, но потерпел поражение от войск Ломбардской лиги в битве при Леньяно (1176).

ФРИ́ДРИХ II (1712—86), прус. король с 1740, из династии Гогенцоллернов, крупный полководец. В результате его завоеват. политики (Силезские войны 1740—42 и 1744—45, участие с Семилетней войне 1756—63, в 1-м разделе Польши 1772) терр. Пруссии почти удвоилась.

ФРИЗ (франц. frise), 1) в архит. ордерах — средняя часть *антаблемента*, между архитравом и карнизом; в *дорическом ордере* разделяется на триглифы и метопы, в *ионическом ордере* и в *коринфском ордере* заполняется сплошной лентой рельефов или оставляется пустым. 2) Сплошная полоса скульпт., живописных и др. изображений, окаймляющая верх стен, поле ковра и т.д.

Фриз (показан стрелкой).

ФРИСТА́ЙЛ (англ. free style, букв. — свободный, вольный стиль), вид горнолыжного спорта. Существуют 3 разновидности Ф.: могул — скоростной спуск на бугристой трассе; т.н. лыжный балет — спуск с гор с выполнением разл. фигур (шаги, вращения, повороты и т.д.); прыжки с 2-метрового трамплина с выполнением ряда акробатич. фигур (сальто, пируэты и т.д.). Сформировался в кон. 1950-х гг.

К.Д. Фридрих. «Горный пейзаж». Музей изобразительных искусств имени А.С. Пушкина.

в США; в России — с кон. 1980-х гг. В 1978 осн. К-т по Ф. при Междунар. федерации лыжного спорта; объединяет ок. 40 стран. Чемпионаты мира с 1986; в программе Олимп. игр с 1992.

ФРИТА́УН, столица (с 1961) Сьерра-Леоне. 470 т. ж. Порт на Атлантич. ок.; междунар. аэропорт. Судорем., пищ., лёгкая пром-сть. Ун-т. Музей. Театрально-конц. зал. Осн. англичанами в 1787. В 1808—1961 адм. ц. англ. колонии Сьерра-Леоне.

ФРИТРЕ́ДЕРСТВО (англ. free trade — свободная торговля), направление в экон. теории и экон. политике. В отличие от *протекционизма*, основано на принципах свободы торговли и невмешательства гос-ва в частнопредпринимат. деятельность. Возникло в Великобритании в последней трети 18 в. в связи с начавшимся *промышленным переворотом*.

ФРИШ (Frisch) Макс (1911—91), швейц. писатель; писал на нем. яз. Столкновение нравств. ценностей с прагматизмом и технократией — в ром. «Homo Faber» (1957), «Назову себя Гантенбайн» (1964), «Человек появляется в эпоху голоцена» (1979), антимилитаристская пов. «Швейцария без армии?» (1989). Сатирич. обличение конформизма — в пьесах «Бидерман и поджигатели» (пост. 1958) «Андорра» (1961). Лит. дневники.

ФРИШ Рагнар (1895—1973), норв. экономист. Тр. в области эконометрии, методологии экон.-матем. анализа, моделирования экон. цикла и экон. роста. Разработал принципы построения системы *национальных счетов* (используются в финансах и статистике). Ноб. пр. (1969).

ФРОЛО́В Козьма Дм. (1726—1800), рос. изобретатель и гидротехник. В 1780-х гг. создал на Змеиногорском руднике (Алтай) комплекс сооружений и гидросиловых установок, позволивших механизировать откачку воды из рудников, подъём и транспортировку руды и др. процессы. Сохранилась земляная плотина (выс. 18 м) на р. Змеёвка.

ФРОМАНТЕ́Н (Fromentin) Эжен (1820—76), франц. писатель, художник, историк иск-ва. Кн. «Старые мастера» (1876) — о голл. и флам. художниках 15—17 вв. Психол. роман «Доминик».

ФРОММ (Fromm) Эрих (1900—80), нем.-амер. философ, психолог и социолог, гл. представитель неофрейдизма. С 1933 в эмиграции в США. Опираясь на идеи психоанализа, экзистенциализма и марксизма, стремился разрешить осн. противоречия человеческого существования — между эгоизмом и альтруизмом, обладанием и бытием, негативной «свободой от» и позитивной «свободой для». Пути выхода из кризиса совр. цивилизации видел в создании «здорового общества», основанного на принципах и ценностях гуманистич. этики (среди к-рых высшая — любовь), восстановлении гармонии между индивидом и природой, личностью и обществом. Осн. соч.: «Бегство от свободы» (1941), «Психоанализ и религия» (1950), «Революция надежды» (1964).

ФРО́НДА (франц. fronde, букв.— праща), обществ. движение 1648—53 во Франции против абсолютизма.

ФРОНТ (франц. front, от лат. frons — лоб, передняя сторона), 1) оперативно-стратегич. объединение вооруж. сил, создаваемое обычно с началом войны. 2) Линия развёртывания передовых подразделений и их соприкосновения с противником на театре воен. действий. 3) Ф. атмосферный — переходная зона (ширина неск. десятков км) между возд. массами с разными физ. свойствами. Различают тёплый, холодный, а также арктич., полярный, тропич. и антарктич. Ф.

ФРОНТА́ЛЬНЫЙ (от франц. frontal — лобовой), 1) направленный в сторону фронта противника, лобовой (напр., Ф. атака). 2) В иск-ве — обращённый лицом к зрителю. 3) Общий, распространяющийся на всех, производимый одновременно (напр., Ф. опрос).

ФРОНТИ́Р (от англ. frontier, букв. — граница между освоенными и не освоенными поселенцами землями), в истории и лит-ведении понятие, обозначающее эпоху освоения свободных земель на Западе США (до 1890). В худ. лит-ре ему соответствуют мотивы «открытой дороги», «пионерства», героич. покорения природы, борьбы с индейцами.

ФРОНТО́Н (франц. fronton), завершение (обычно треугольное) фасада здания, портика, колоннады, ограниченное двумя скатами по бокам и карнизом у основания. На поле Ф. (тимпане) часто помещается скульптура. Декор. Ф. украшают двери и окна здания.

ФРОСТ (Frost) Роберт (1874–1963), амер. поэт. Стихи о ломке цельного сел. мира, о нравств. кризисе совр. механистич. цивилизации, трагич. утрате живого контакта человека с природой, и в поэзии обыденного бытия, обнажающего духовные возможности рядового человека, разум и нравств. силу народа (сб. «К северу от Бостона», 1914, «Нью-Гэмпшир», 1923, «Неоглядная даль», 1936, «Дерево-свидетель», 1942, «На вырубке», 1962). Глубоко нар. лирика в русле англоязычной классики и фольклора.

ФРУКТО́ЗА (плодовый сахар), моносахарид (гексоза). Содержится в р-ниях (гл. обр. в плодах, нектаре цветков), мёде; входит в состав сахарозы и мн. полисахаридов.

ФРУ́МКИН Ал-др Наумович (1895–1976), основатель науч. школы рос. электрохимиков. Тр. по кинетике и механизму электрохим. процессов.

Р. Фрост.

Развил представление о строении двойного электрич. слоя на границе металл – раствор.

ФРУНЗЕ Мих. Вас. (1885–1925), председатель РВС СССР и нарком по воен. и мор. делам (1925). В 1904–15 неоднократно был арестован и ссылался, дважды приговорён к смертной казни, заменённой затем пожизненной ссылкой за рев. деятельности. В Гражд. войну команд. армией и рядом фронтов. С 1920 команд. войсками Украины и Крыма. С 1924 зам. пред. РВС СССР, нарком по воен. и мор. делам; одноврем. нач. Штаба РККА и Воен. академии, чл. Совета труда и обороны, канд. в чл. Политбюро ЦК РКП(б). Провёл воен. реформы (сокращение численности Кр. Армии и построение её на основе смешанного кадрово-терр. принципа). Автор воен.-теоретич. трудов.

ФРУСТРА́ЦИЯ (от лат. frustratio — обман, неудача), психол. состояние. Возникает в ситуации разочарования, неосуществления к.-л. значимой для человека цели, потребности. Проявляется в гнетущем напряжении, тревожности, чувстве безысходности. Реакцией на Ф. может быть уход в мир грёз и фантазий, агрессивность в поведении и т.п.

ФТИЗИАТРИ́Я (от греч. phthísis — чахотка и iatréia – лечение), раздел клинич. медицины, изучающий причины возникновения и механизмы развития туберкулёза; разрабатывает

методы его распознавания, лечения и профилактики. Важную роль в формировании Ф. как самостоят. клинич. раздела сыграло открытие Р. Кохом возбудителя туберкулёза (1882).

ФТОР (Fluorum), F, хим. элемент VII гр. периодич. системы, ат. н. 9, ат. м. 18,9984; относится к галогенам; газ, $t_{кип}$ −188,2°C. Ф. используется в произ-ве урана, хладонов, мед. препаратов и др., а также в хим. лазерах. Открыт швед. химиком К. Шееле в 1771; свободный Ф. выделен франц. химиком А. Муассаном в 1886. Токсичен.

ФУ́ГА (лат., итал. fuga, букв. — бег, быстрое течение), муз. произведение, основанное на контрапункте и имитации; высш. полифонич. форма. Имитационные проведения темы во всех голосах перемежаются интермедиями. Ф. пишутся на 2–4 голоса (иногда больше), на 1, 2, реже 3 темы. Классич. образцы — у И.С. Баха. Раздел (эпизод) муз. произв., по строению близкий экспозиции Ф., наз. фугато.

ФУДЗИЯ́МА (Фудзи), действующий вулкан в Азии, на о. Хонсю, самая высокая вершина Японии (3776 м). «Священная гора» японцев, на к-рую ежегодно поднимаются десятки тыс. паломников, излюбленный сюжет япон. иск-ва.

ФУКЕ́ (Fouquet) Жан (ок. 1420 — между 1477 и 1481), франц. живописец. Представитель Раннего Возрождения. Строгие и точные по характеристике портреты («Карл VII», ок. 1444), миниатюры.

ФУКИДИ́Д (ок. 460–400 до н.э.), греч. историк. Автор «Истории» (в 8 кн.), посв. Пелопоннесской войне (до 411 до н.э.); это соч. считается вершиной античн. историографии

ФУКО́ ТО́КИ, то же, что вихревые токи.

ФУ́ЛТОН (Fulton) Роберт (1765–1815), амер. изобретатель. В 1807 построил первый практически пригодный колёсный пароход «Клермонт», в дальнейшем — первое в мире воен. паровое колёсное судно «Демологос».

ФУМИГА́ЦИЯ (от лат. fumigo — окуриваю, дымлю), уничтожение вредителей и возбудителей болезней с.-х. р-ний путём обработки ядовитыми парами, газами или аэрозолями. Применяют на складах, в теплицах, парниках, для обработки зерна, овощей, фруктов и т.п. Проводят спец. машинами — фумигаторами.

ФУНГИЦИ́ДЫ (от лат. fungus — гриб и caedo – убиваю), хим. препараты из группы пестицидов для уничтожения или предупреждения развития патогенных грибов и бактерий — возбудителей болезней с.-х. р-ний. Многие Ф. токсичны (см. Пестициды), и их применение строго регламентировано.

ФУНДА́МЕНТ (от лат. fundamentum — основание), подземная или подводн. часть здания (сооружения), воспринимающая нагрузки и передающая их на грунт — основание здания. Наиб. распространены Ф. мелкого заложения — ленточные, столбчатые и сплошные; монолитные и сборные. Осн. материал — бетон, железобетон, камень (бут), дерево. При слабых, просадочных и нек-рых др. грунтах сооружают Ф. глубокого заложения (напр., свайные).

ФУНДАМЕНТАЛИ́ЗМ, 1) обществ., идеологич., религ. движения, провозглашающие приверженность

исходным идеям, принципам, ценностям определ. учений, доктрин, выдвигающие требования преодоления появившихся в ходе их развития извращений, уклонов, ересей и восстановления первоначальной чистоты, «возвращения к истокам». Ф. близок к разл. типам ортодоксии. Он возникает в условиях кризиса к.-л. движения и, как правило, противостоит, в т.ч. насильств. средствами, процессу перемен, обновлению. 2) Часть приверженцев протестантизма в 1910-х гг. в США. Называли себя фундаменталистами.

ФУНДУ́К, название нек-рых видов и форм лещины, культивируемых на плантациях, а также их плодов (орехи).

ФУНИКУЛЁР (франц. funiculaire, от лат. funiculus – верёвка, канат), рельсовая дорога с канатной тягой для перевозки пассажиров или грузов в вагонах по крутым склонам (до 35°). Ф. строят в городах, расположенных в горн. местности, на курортах, иногда на пром. пр-тиях. Ф. впервые предложен в 1825, построен в 1854 в Генуе (Италия) и Зоммеринге (Австрия).

ФУНКЦИОНАЛИ́ЗМ, направление в архитектуре 20 в., требующее строгого соответствия форм и конструкций зданий и сооружений протекающим в них производств. и бытовым процессам (функциям). Возник во Франции (Ш.Э. Ле Корбюзье), Германии («Баухауз») и Нидерландах. С Ф. во многом сходны творч. установки рос. конструктивизма.

ФУ́НКЦИЯ (от лат. functio – исполнение, осуществление), 1) деятельность, обязанность, работа; внеш. проявление свойств к.-л. объекта в данной системе отношений (напр., Ф. органов чувств, Ф. денег). 2) Ф. в социологии – роль, к-рую выполняет в определ. социальный институт или процесс по отношению к целому (напр., Ф. гос-ва, семьи и т.д. в обществе). 3) Ф. в математике — соответствие между переменными величинами, в силу к-рого каждому значению одной величины x (независимого переменного, аргумента) соответствует определ. значение др. величины y (зависимого переменного, функции). Ф. могут быть заданы, напр., формулой, графиком, таблицей, правилом.

ФУНТ СТЕ́РЛИНГОВ (англ. pound sterling), ден. единица Великобритании (Англии с 10 в., Шотландии с 1707, Ирландии с 1825 по 1927), равная 100 пенсам. В обращении серебр. Ф.с. в 10–19 вв., зол. Ф.с. с 14 в., банкноты в Ф.с. с 1694, с 1931 только банкноты.

ФУ́РИИ, в рим. мифологии богини мщения, обитающие в подземном царстве; соответствуют греч. эриниям. Перен.— злая женщина.

ФУ́РМАНОВ Дм. Анд. (1891–1926), рус. писатель. В 1919 комиссар 25-й стрелк. див. (ком.— В.И. Чапаев). Романы о Гражд. войне: «Чапаев» (1923, одноим. фильм, 1934) и «Мятеж» (1925); пов. «Красный десант» (1922); очерки, дневники.

ФУРНИТУ́РА (франц. fourniture, от fournir — доставлять, снабжать), вспомогат. подсобный материал в к.-л. произ-ве, напр. при изготовлении обуви, одежды, мебели. В меб. произ-ве — ручки, петли и т.п.; при пошиве одежды — пуговицы, крючки и т.д.

Фронтон древнегреческого храма.

ФУРО́Р (от лат. furor – неистовство), шумный успех, сопровождающийся бурным проявлением восторга.

ФУ́РТВЕНГЛЕР (Furtwängler) Вильгельм (1886–1954), нем. дирижёр. Осн. деятельность – в Берлинском (1922–45, с 1947) и Венском (1928–30, 1939–45) филармонич. оркестрах. Выдающийся интерпретатор симф. произв. Л. Бетховена, И. Брамса, А. Брукнера, опер В.А. Моцарта, Р. Вагнера, соч. П. Хиндемита, И.Ф. Стравинского, С.С. Прокофьева. Ф. отличали высокая интеллектуальность исполнения, яркая индивидуальность.

ФУРУ́НКУЛ (лат. furunculus), гнойное воспаление волосяного мешочка и связанной с ним сальной железы. Вызывается обычно *стафилококком*. Несколько Ф., сливаясь, образуют карбункул.

ФУРЬЕ́ (Fourier) Шарль (1772–1837), франц. утопич. социалист. Подверг критике бурж. строй («цивилизация») и разработал план будущего общества – строя «гармонии», в к-ром должны развернуться все человеческие способности. Первичная ячейка нового общества – «фаланга», сочетающая пром. и с.-х. произ-во. В будущем обществе сохранятся частная собственность, классы, нетрудовой доход. Новое общество утвердится, по Ф., путём мирной пропаганды социалистич. идей. Соч.: «Теория четырёх движений и всеобщих судеб» (1808), «Теория всемирного единства» (1822), «Новый хозяйственный социетарный мир» (1829).

ФУТБО́Л (англ. football, от foot – нога и ball – мяч), командная спорт. игра с мячом на спец. площадке (поле 100–110 м × 64–75 м с воротами 7,32 × 2,44 м; в командах по 11 чел. на поле; цель игры – забить мяч ногами или любой другой частью тела (кроме рук) в ворота соперников. Совр. Ф. зародился в сер. 19 в. в Великобритании, в России – с кон. 19 в. В 1904 осн. Междунар. федерация Ф. (ФИФА); объединяет св. 160 стран. Чемпионаты Европы с 1960, мира с 1930; в программе Олимп. игр с 1900.

Футбол.

ФУТУРИ́ЗМ (от лат. futurum – будущее), авангардистское направление в европ. иск-ве 1910–20-х гг., преим. в Италии и России. Стремясь создать «иск-во будущего», декларировал (в манифестах и худож. практике итал. основоположника Ф.Т. Маринетти, рус. кубофутуристов из «Гилеи», участников «Ассоциации эгофутуристов», «Мезонина поэзии», «Центрифуги») отрицание традиц. культуры (наследия «прошлого»), культивировал эстетику урбанизма и машин. индустрии. Для живописи Ф. в Италии – У. Боччони, Дж. Севери-

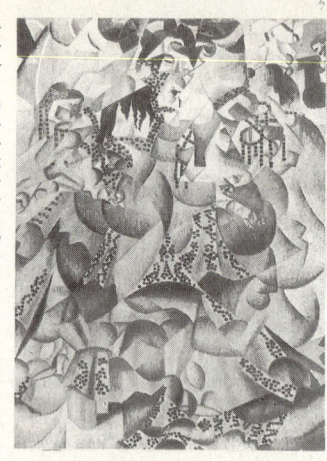

Футуризм. Дж. Северини. «Голубая танцовщица». 1912. Частное собрание. Милан.

ни) характерны сдвиги, наплывы форм, многократные повторения мотивов, как бы суммирующих впечатления, полученные в процессе стремит. движения, для лит-ры (В. Хлебников, В.В. Маяковский, А.Е. Кручёных, И. Северянин) – языковое экспериментирование («слова на свободе», или «заумь»).

ФУТУРОЛО́ГИЯ (от лат. futurum – будущее и ...логия), в широком значении – общая концепция будущего Земли и человечества, в узком – область науч. знаний, охватывающая перспективы социальных процессов, синоним прогнозирования и прогностики.

ФУЭ́НТЕС (Fuentes) Карлос (р. 1928), мекс. писатель. В ром. «Край безоблачной ясности» (1958), «Смерть Артемио Круса» (1962), «Старый гринго» (1985) – события Мекс. рев-ции 1910–17, критич. исследование противоречий послерев. и совр. мекс. действительности. В фантасмагорич. романе-эпопее «Terra nostra» (1975), филос. ром. «Далёкая семья» (1980), «Христофор нерождённый» (1987) – идеи временного круговорота: утрата самоценности настоящего, неуничтожимая актуальность прошлого, выступающего как интегрирующее начало ист. процесса. Эссе.

ФЬО́РДЫ (фиорды) (норв., ед. ч. fjord) узкие глубокие мор. заливы с высокими крутыми и скалистыми берегами. Результат обработки ледником речных долин и тектонич. впадин и последующего затопления их морем. Дл. до 200 км и более, глуб. св. 1 км. Развиты в Норвегии, Гренландии, Чили и др.

ФЬОРАВА́НТИ (Фиораванти) (Fioravanti) Аристотель (между 1415 и 1420 – ок. 1486), итал. архитектор и инженер. Построил Успенский собор в Моск. Кремле (1475–79), участвовал в походах на Новгород (1477–78), Казань (1482) и Тверь (1485) как начальник артиллерии и воен. инженер.

ФЭ́РБЕНКС (Fairbanks) (наст. фам. Ульман) Дуглас (1883–1939), амер. киноактёр, продюсер. Огромный успех принесло Ф. амплуа искателя приключений в фильмах 20-х гг. («Знак Зорро», «Три мушкетёра»,

«Багдадский вор», «Чёрный пират», «Железная маска»).

ФЮЗЕЛЯ́Ж (франц. fuselage, от fuseau – веретено), корпус летательного аппарата, к к-рому крепиться крыло, несущие винты, оперение, шасси и др. В Ф. кроме кабины экипажа могут размещаться пассажиры, грузы, оборудование, двигатели, топливо и т.д.

ФЮНЕ́С (Funès) Луи де (1914–83), франц. актёр. Работал в кабаре, на радио, ТВ, в т-ре. Комич. талант актёра, широко использовавшего приёмы буффонады и «форсированной» мимики, раскрылся в ф.: «Папа, мама, служанка и я» (1954), «Не пойман – не вор» (1958), «Разиня» (1965), «Большая прогулка» (1966), «Замороженный» (1969), «Скупой» (1980, Ф. – реж., совм. с Ж. Жиро), в сериале о Фантомасе (1964–66).

Л. де Фюнес (сверху) в фильме «Большая прогулка».

ФЮ́СЛИ (Фюсели) (Füssli) Иоганн Генрих (1741–1825), швейц. живописец, писатель, теоретик иск-ва. В 1765–70 и с 1779 жил в Великобритании. Картины и виртуозные по технике исполнения рисунки, сочетающие мрачную гротескную фантастику с идеализацией в духе классицизма (илл. к «Божественной комедии» Данте, 1777, «Илиаде» Гомера, 1795–1800).

X

X, x [ха], двадцать третья буква рус. алфавита; восходит к букве *кириллицы* Х «хер».

ХАБАНЕ́РА (исп. habanera, от La Habana – Гавана), кубин. песня и танец (2-дольный). Известна с кон. 18 в., во 2-й пол. 19 в. популярна в Лат. Америке. Использована Ж. Бизе, К. Дебюсси, М. Равелем.

ХАБА́РОВСК (до 1893 Хабаровка), г., ц. Хабаровского кр., в России. 614,6 т. ж. Порт на р. Амур; ж.-д. ст.; междунар. аэропорт. Маш-ние и металлообработка (мор. и речные суда, станки, дизели и др.); нефтеперераб., лёгкая, хим.-фарм. пром-сть. 11 вузов (в т.ч. ун-т). Музеи: краеведч., художественный. Т-ры: муз. комедии, драмы, юного зрителя. Филармония. Осн. в 1858.

ХА́ББЛ (Hubble) Эдвин Пауэлл (1889–1953), амер. астроном. Доказал звёздную природу *галактик*; оценил расстояние до нек-рых из них, разработал основы их структурной классификации; определил (1929) закономерность разлёта галактик: установил, что наблюдаемые в спектрах далёких галактик *красные смещения* пропорциональны расстояниям до них (т.н. закон Х.).

ХА́БЕР Ф., см. *Габер Ф.*

ХА́БЕРМАС (Habermas) Юрген (р. 1929), нем. философ и социолог. В 60-х гг. ведущий теоретик *франкфуртской школы*. Опираясь на идеи психоанализа, совр. социологии, аналитич. философии, исследует противоречия зап. общества – между социальными структурами, институтами общества и «жизненным миром» индивидов, их поведением и мотивацией. Разрабатывает теорию коммуникативного действия, в центре к-рой – проблемы общения людей и рационализации действий индивидов и разл. обществ. групп («Теория коммуникативного действия», т. 1–2, 1981).

ХА́ГГАРД (Haggard) Генри Райдер (1856–1925), англ. писатель. Приключенч. роман в духе предромантизма «Копи царя Соломона» (1885), ист. ром. «Клеопатра» (1889), «Дочь Монтесумы» (1893) и «Прекрасная Маргарет» (1907), в к-рых прагматизму противопоставлен мир экзотики, далёкого прошлого. В ром. «Дитя бури» (1913) поэтизировал «сильную личность», оправдывал колониализм.

ХАДЖЖ (араб.), паломничество мусульман в Мекку (к храму Кааба) для совершения жертвоприношения в праздник *Курбан-байрам*. Считается одной из осн. обязанностей мусульманина.

ХАДЖВ (хиджа) (араб. – хула), поэзия осмеяния и поношения в ср.-век. араб., перс., тур., азерб. лит-рах и в лит-рах Ср. Азии. Возникла в доисламской араб. поэзии как антитеза панегирику (мадх); чаще всего обращена к придворному поэту-сопернику.

ХАДИ́С (араб.), предание о поступках и изречениях Мухаммеда. Совокупность Х., признанных достоверными, составляет Сунну. Осн. часть Х. возникла в кон. 7 – нач. 8 вв.

ХАЗА́НОВ Ген. Викт. (р. 1945), артист эстрады. Выступает с 1969. Исполнитель сатирич. монологов. Наделён талантом пародиста и характерного актёра, иск-ву свойственные публицистич. острота и смелость, сочный комизм. Стремится к яркой обрисовке совр. социальных типов. Спектакли: «Мелочи жизни» (1980), «Очевидное и невероятное» (1983), «Масенькие трагедии» (1987) и др. С 1987 гл. реж. и артист конц.-эстрадного коллектива «Моно» (г. Москва). Исполнил роль Подколёсина в пост. «Игроки-XXI» по Н.В. Гоголю (1992, МХАТ имени А.П. Чехова и моск. т-р «АРТель АРТистов»).

ХАЗА́РСКИЙ КАГАНА́Т, гос-во в сер. 7 – кон. 10 вв. во главе с *каганом*. Столица – Семендер, с нач. 8 в. – Итиль. В нач. 8 в. включало Сев. Кавказа, Приазовья, б.ч. Крыма, степные и лесостепные терр. до Днепра. Торговля с народами Вост. Европы, Ср. Азии, Закавказья и др. Религия: иудаизм, мусульманство, христ-во. В 964–965 разгромлен кн. Святославом Игоревичем.

Хабаровск. Панорама города.

ХАЗА́РЫ, тюркоязычный народ, переселившийся из Зауралья в Вост. Европу после гуннского нашествия (4 в.) и кочевавший в Зап.-Прикаспийской степи. Образовали гос-во *Хазарский каганат*, после разгрома к-рого кн. Святославом Игоревичем (964—965) в осн. ассимилированы кочевниками.

ХА́ЙДЕГГЕР (Heidegger) Мартин (1889—1976), нем. философ, один из основоположников нем. *экзистенциализма*. Развил учение о бытии («фундам. онтология»), в основе к-рого — противопоставление подлинного существования (экзистенции) и мира повседневности, обыденности; постижение смысла бытия связано, по Х., с осознанием бренности человеческого существования («Бытие и время», 1927). Темы работ позднего Х.— происхождение «метафизич.» способа мышления, поиск путей к «истине бытия».

М. Хайдеггер.

ХАЙДУКИ́, см. *Гайдуки*.
ХА́ЙЕК (Hayek) Фридрих Август фон (1899—1992), экономист и философ, представитель экон. либерализма, развивавший традиции австр. школы. Род. в Австрии, работал в Великобритании, США, Германии и Австрии. Осн. направления науч. исследований: ден. теория, методол. проблемы экон. науки; полемизировал с *кейнсианством*. Подверг острой критике идеи и практику социализма. Автор кн. «Дорога к рабству» (1944), «Закон, законодательство и свобода» (тт. 1—3, 1973—79) и др. Один из вдохновителей (наряду с М. Фридменом) неоконсервативного поворота в экон. политике стран Запада. Ноб. пр. (1974).

ХА́ЙКУ, см. *Хокку*.
ХАКА́СИЯ (Республика Хакасия), в России. Пл. 61,9 т. км². Нас. 581 т. ч., гор. 73%; хакасы (11,1%), русские (79,5%), украинцы и др. Столица — Абакан. 8 р-нов, 5 городов, 18 пос. гор. типа.

Расположена на Ю. Вост. Сибири; выделяют горную (Кузнецкий Алатау, Зап. Саян) и равнинную (Минусинская, Чулымо-Енисейская котловины) части. Климат резко континентальный. Ср. темп-ры янв. от −15 до −21 °C, июля 17—20 °C; осадков 300—700 мм в год. Гл. реки — Енисей, Абакан (судоходна). Степи — в котловинах, на склонах гор — хвойные леса и горн. тундры.

Терр. совр. Х. заселялась в эпоху кам. века. В кон. 2-го тыс. до н.э. население вело полукочевой образ жизни, занималось охотой, рыб-вом, развивалось примитивное земледелие. В нач. 13 в. покорены Чингисханом. С 17 — нач. 18 вв. в составе Рос. гос-ва. Со 2-й пол. 19 в. место полит. ссылки; развивалась золотодобывающая, с нач. 20 в.— кам.-уг. пром-сть. В 1917 провозглашена сов. власть, утвердилась в 1923. В кон. 1923 образован Хакас. нац. уезд, с 1925 — округ, с 1930 — Хакас. АО в составе РСФСР. В 1992 провозглашена Республика Хакасия в составе Рос. Федерации.

Осн. отрасли пром-сти: горнодоб. (кам. уголь, жел. руда, руды цв. металлов, мрамор), лёгкая (шерстяная, трикот., кож.), маш-ние (произ-во вагонов, контейнеров, автокранов), цв. металлургия (алюминий, молибден), лесная, деревообр., пищевая. На Енисее — Саяно-Шушенская и Майнская ГЭС. Посевы зерновых (гл. обр. пшеница). Мясо-молочное скот-во, овц-во. От Абакана до Кызыла — Усинский тракт. Бальнеогрязевой курорт Шира.

ХА́КСЛИ (Гексли) (Huxley) Олдос (1894—1963), англ. писатель. Интеллектуальные ром. «Жёлтый Кром» (1921), «Шутовский хоровод» (1923) и «Контрапункт» (1928) — об идейном и духовном кризисе совр. цивилизации. Антиутопии «О дивный новый мир» (1932) и «Обезьяна и сущность» (1948) — сатира на тоталитаризм, стандартизованный образ жизни «общества потребления». Смятение и тревога за будущее человечества, неверие в социальный прогресс и духовный потенциал личности (ром. «Гений и богиня», 1955) привели Х. к мистицизму, исповедованию идей буддизма (ром. «Остров», 1962).

ХА́КСЛИ Т.Г., см. *Гексли* Т.Г.
ХАЛИ́Ф (араб.) (устар.— калиф), мусульм. титул верх. правителя, соединявшего духовную и светскую власть.
ХАЛИФА́Т, мусульм. теократия с халифом во главе (халифаты Аббасидов, Фатимидов, Х. в Османской империи и др.). С 10 в. в Зап. Европе Х. наз. также гос-во, образовавшееся в результате араб. завоеваний 7—9 вв. (Араб. Х.).
ХАЛЛ (Hull) Роберт (Бобби) (р. 1939), канад. спортсмен (хоккей с шайбой). Один из результативнейших нападающих в НХЛ (ок. 700 голов); выступал за команду «Чикаго Блэк Хоукс» (1957—72). Обладатель Кубка Стэнли (1961).
ХАЛС (Гальс) (Hals) Франс (между 1581 и 1585—1666), голл. живописец. Портреты, в т.ч. групповые, отличаются жизненностью и композиц. динамикой, выполнены в свободной виртуозной манере («Цыганка», ок. 1630).

Ф. Халс. Портрет молодого человека с перчаткой. 1642—50. Эрмитаж.

ХАЛЦЕДО́Н (греч. chalkedōn, лат. chalcedon, по назв. одноим. антич. города в М. Азии), поделочный камень, полупрозрачная разновидность *кварца*. Различают по цвету: собственно Х.— голубовато-серый, сердолик — оранжево-красный, хризопраз — яблочно-зелёный, гелиотроп — непрозрачный зелёный с красными крапинами, сардер — красновато-коричневый, сапфирин — голубой; по рисунку: *агат*, *оникс*. Тв. 6,5—7; плотн. ок. 2,6 г/см³. Образует желваки, *конкреции*, прослои, жилы. Наиб. чистые хризопразы — ювелирные камни. Недекоративный Х. используют как абразивный материал. Гл. м-ния: в Бразилии, Уругвае, Индии, России, Казахстане и др.

Халцедон. Урал.

ХАЛЬКОГЕ́НЫ, хим. элементы VI гр. периодич. системы: кислород, сера, селен, теллур. Соединения Х. с более электроположит. хим. элементами — халькогениды (оксиды, сульфиды, селениды, теллуриды).
ХАЛЬКОПИРИ́Т (от греч. chalkós — медь и pyrítes — огненный) (медный

Халькопирит. Карабашское месторождение. Южный Урал.

колчедан), самый распространённый медный минерал, сульфид меди и железа, *медная руда*. Образует латунно-жёлтые зернистые массы, реже кристаллы или почковидные агрегаты. Тв. 3,5—4; плотн. 4,2 г/см³. Гл. м-ния: в Германии, Канаде, Испании, США, Чили, России, Казахстане.
ХАМ, см. в ст. *Сим, Хам, Иафет*.
ХАМЕЛЕО́НЫ, семейство ящериц. Дл. до 60 см; туловище сильно сжато с боков; длинный и цепкий хвост служит для обхватывания ветвей. Могут быстро изменять окраску и рисунок тела в зависимости от освещения, темп-ры и т.п. (отсюда назв.— по имени мифич. существа, меняющего свой облик). Ок. 90 видов, гл. обр. в Африке, на о. Мадагаскар, а также в Юж. Европе, Зап. и Юж. Азии, преим. в лесах. Большинство Х. живёт на деревьях. Питаются насекомыми, к-рых захватывают длинным языком.

Хамелеон Оуэна.

ХАММУРА́ПИ, царь Вавилонии в 1792—50 до н.э. Подчинил Ассирию. Законы Х.— один из древнейших памятников др.-вост. обычного права.
ХАМСЕ́ (араб.; перс., букв.— пятерица), совокупность 5 больших поэм-месневи одного автора в персидской и ряде тюркоязычных лит-р. Впервые Х. создал Низами Гянджеви (12 — нач. 13 вв.). Х. («ответы») на поэмы Низами стали лит. традицией.

ХАМСИ́Н, см. в ст. *Суховей*.

ХАН (тюрк.), тюрк. и монг. титул (вождя племени, государя и др.) в ср. века и новое время.

ХАНА́КА (ханега) (от перс. хане – дом и га – место), в странах Бл. и Ср. Востока странноприимный дом с мечетью и кельями, обитель дервишей.

Ханака (реконструкция).

ХАНДО́ШКИН Ив. Евстафьевич (1747–1804), скрипач и композитор, один из основоположников рус. скрипичной школы. Многочисл. произведения для скрипки, в т.ч. вариации на рус. нар. песни, сонаты.

ХА́НЕГА, то же, что *ханака*.

ХА́НЖЕСТВО, лицемерие, показная набожность, притворная добродетельность.

ХАНЖО́НКОВ Ал-др Ал. (1877–1945), кинодеятель, предприниматель. Организатор и руководитель первого крупного рос. кинопредприятия, создал «Акц. об-во А. Ханжонков». Вместе с реж. В.М. Гончаровым поставил первый рус. полнометражный ф. «Оборона Севастополя» (1911). Автор ряда сценариев.

ХАНО́Й, столица (с 1945) Вьетнама. 2095 т. ж. Порт на р. Хонгха; междунар. аэропорт. Маш-ние и металлообработка, деревообр., кож., пище-вкус., хим. пром-сть. Ун-т. Консерватория. Мавзолей Хо Ши Мина. Музеи (в т.ч. ист., вьетн., худ.). Т-ры (в т.ч. оперы и балета, драм.), симф. оркестры. Ботан. сад. Осн. в 5 в. (по др. данным, в 8 в.). С 11 в. столица вьетн. гос-ва, с нач. 19 в. гл. город сев. части Вьетнама. В 1902–45 столица франц. Индокитая. Старый город Х. сконцентрирован в р-не оз. Возвращённого меча; к З. и Ю. от него – новый город с 2–3-этажными домами европ. типа, садами и парками. Пагода Мот-Кот (1049), Храм лит-ры, посв. Конфуцию (осн. в 11 в.).

ХА́НТЫ-МАНСИ́ЙСК (до 1940 Остяко-Вогульск), г. (1950), ц. Ханты-Мансийского авт. окр. 35 т. ж. Порт на р. Иртыш, в 15 км от его впа-

Ханой. Пагода Мот-Кот.

дения в р. Обь. Рыбная, лесная пром-сть. Краеведч. музей. Возник в 1931; в 1950 в черту Х.-М. включено с. Самарово (изв. с 16 в.).

ХА́НТЫ-МАНСИ́ЙСКИЙ АВТОНО́МНЫЙ О́КРУГ (до 1940 Остяко-Вогульский), в Тюменской обл., в России. Пл. 523,1 т. км^2. Нас. 1301 т. ч., гор. 92%; ханты (0,9%), манси (0,5%), русские (66,3%), татары и др. Ц. – Ханты-Мансийск. 9 р-нов, 15 городов, 25 пос. гор. типа.

Расположен на Зап.-Сиб. равнине, на З. – вост. склоны Сев. и Приполярного Урала. Климат континентальный с долгой суровой зимой. Ср. темп-ры янв. от –18 до –23°С, июля 16–19°С; осадков ок. 500 мм в год. Гл. реки – Обь и Иртыш (судоходны); много озёр и болот. Сосновые, еловые, кедровые леса. Заповедник Малая Сосьва.

Осн. отрасли х-ва: добыча нефти и газа, газоперераб., лесная, деревообр., рыбная пром-сть. Сургутская ГРЭС-1 и ГРЭС-2 и Нижневартовская ГРЭС. Гл. отрасль с. х-ва – жив-во (в т.ч. оленеводство). Звероводство, пушной промысел. Картофелеводство, овощ-во. Нефте- и газопроводы. Ж.-д., автомоб. и возд. транспорт.

ХА́НУКА, в иудаизме праздник, установленный Иудой Маккавеем в память освящения алтаря (очищения храма) после освобождения Иерусалима от Селевкидов в 164 до н.э.

ХАНЧЖО́У, г. в Китае. 1100 т. ж. Порт на Вост.-Китайском м., в устье р. Фучуньцзян и на Великом канале. Важный трансп. уз. Центр шёлковой пром-сти (произ-во шёлковых изделий на экспорт). Пищ. пром-сть; маш-ние. Ун-т. Осн. в 589. В 1129–1279 столица династии Юж. Сун. Гл. достопримечательность – оз. Сиху (созд. в 10 в.), в его сев. части – гора Гушань, на склонах к-рой – парково-архит. ансамбли (парк имени Сун Ятсена, бывший дворец императоров династии Цинь, книгохранилище Вэньланьгэ и др.). Климатич. курорт.

ХА́ОС (греч. cháos), в др.-греч. мифологии и философии – изначально беспорядочное и бесформенное состояние мира, из к-рого возникает Порядок, или Космос, во всём его многообразии.

В совр. физике понятие Х. введено Л. Больцманом в кон. 19 в. на примере т.н. мол. Х. в газе, позднее обобщено П. Эренфестом и Дж. У. Гиббсом (см. также *Тепловое движение*). В термодинамике Х. соответствует наиб. неупорядоченному состоянию замкнутой физ. системы, к к-рому она переходит в результате *необратимых процессов*; это состояние наз. тепловым равновесием и характеризуется макс. значением *энтропии*. В *открытых системах* в результате процессов самоорганизации возможны неравновесные состояния, соотв. Х. со сложной структурой (напр., *турбулентное течение*). В динамич. системах благодаря их нелинейным свойствам и нарушению *устойчивости движения* возможен переход к состоянию т.н. динамич. Х., для к-рого характерна практически полная непредсказуемость, случайность (т.н. стохастичность) движения системы (напр., в нек-рых задачах небесной механики). Состояния, подобные Х., возникают также при матем. описании ряда биол., социол. и экон. моделей. Перен. – беспорядок, неразбериха.

ХАРАКИ́РИ (от япон. хара – живот и кири – резать), в Японии самоубийство вспарыванием живота. Известно со времени средневековья. Принято в среде самураев, совершалось по приговору или по собств. решению.

ХАРА́КТЕР (от греч. charaktér – отличит. черта, признак) (психол.), индивид. склад личности человека, проявляющийся в особенностях поведения и отношения (установок) к окружающей действительности.

ХАРА́ППСКАЯ ЦИВИЛИЗА́ЦИЯ, археол. культура бронз. века (сер. 3-го – 1-я пол. 2-го тыс. до н.э.) в долине Инда в Индии и Пакистане. Руины городов (Хараппа, Мохенджо-Даро и др.), крепостей, мор. портов и др. Х-во: земледелие, скот-во, ремёсла.

ХАРА́РЕ (до 1982 Солсбери), столица (с 1980) Зимбабве, на выс. ок. 1500 м. 1184 т. ж. Междунар. аэропорт. Металлообр., лёгкая, пищ. пром-сть. Ун-т. Музеи: королевы Виктории, Нац. гал. Зимбабве и др. Нац. ботан. сад. Осн. в 1890. Близ Х. – добыча золота.

Хараре. Вид центра города.

ХА́РДИ (Гарди) (Hardy) Томас (1840–1928), англ. писатель. В реалистич. произв. из цикла «романы характеров и среды» «Тэсс из рода Д'Эрбервиллей» (1891) и «Джуд Незаметный» (1896) – мысль о роковой предопределённости в жизни, о трагизме человеческой судьбы. В эпич. драме «Династы» (1903–08) – Европа, сопротивляющаяся наполеоновским завоеваниям, высокая оценка патриотизма рус. народа. Цикл «Сатиры на случай. Лирика и мечты» (1914).

ХАРИ́ЗМА (греч. chárisma – милость, божественный дар), исключит. одарённость; харизматич. лидер – человек, наделённый в глазах его последователей авторитетом, основанным исключительно на качествах его личности – мудрости, героизме, святости.

ХАРИТО́Н Юл. Бор. (р. 1904), рос. физик, один из создателей ядерного оружия и ядерной энергетики в СССР. В 1939–41 совм. с Я.Б. Зельдовичем впервые осуществил расчёт цепной реакции деления ядер урана. Автор теоретич. работ по физике горения, детонации и взрыва.

ХА́РИУСЫ, семейство рыб. Длина обычно до 30 см. 4 вида, в пресных водах умеренных и высоких широт Сев. полушария. Объект спорт. лова и разведения. Илл. см. при ст. *Рыбы*.

ХАРЛА́МОВ Валер. Бор. (1948–1981), нападающий команды ЦСКА,

многократный чемпион СССР (1968–81) по хоккею с шайбой. Неоднократный чемпион Европы, мира (1969–79) и Олимп. игр (1972 и 1976). Один из результативнейших игроков сов. хоккея (ок. 400 голов).

ХА́РЛЕМ, г. в Нидерландах. 149 т. ж. Пристань на канале Спарне. Центр цветоводч. р-на (преим. тюльпаны). Маш-ние, хим., парфюмерная, текст. пром-сть. Музеи: Ф. Халса, Епископский и др. Дворец графов Голландских (ок. 1350, в 17 в. перестроен в ратушу), церк. Гроте-керк (15–16 вв.), мясные ряды (нач. 17 в.).

ХАРМС (наст. фам. Ювачев) Дан. Ив. (1905–42), рус. писатель. Входил в *ОБЭРИУ*. В поэзии, пьесах («Елизавета Бам», пост. 1927), пов. «Старуха» (1939, опубл. в 1991), гротескных рассказах (цикл «Случаи», 1933–39, опубл. посмертно) показывал абсурдность бытия, обезличивание человека, ощущение нарастающего кошмара. Комич. парадоксы, игровой принцип в стихах для детей («Иван Иваныч Самовар», «Игра»). Репрессирован (1941), симулировал сумасшествие, умер в психиатрич. б-це.

ХА́РРИСОН Дж., см. в ст. *Битлз*.

ХА́РРОД (Harrod) Рой (1900–78), англ. экономист, представитель *неокейнсианства*. Соч. по проблемам экон. роста, теории денег, междунар. торговли, валютной политики.

ХА́РТИЯ (от греч. chártes – бумага, грамота), 1) документ публично-правового и полит. характера в ср. века (Х. городов и коммун, *Великая хартия вольностей* и др.) и новое время (Нар. Х. 1838 в Великобритании, конституционные Х. и др.). 2) Старинная рукопись.

ХАРТУ́М, столица (с 1956) Судана, у слияния рек Белый и Голубой Нил. 476 т. ж. (с Омдурманом, Сев. Х. и пригородами – агломерация, нас. св. 2 млн. чел.). Междунар. аэропорт. Лёгкая, пищ. пром-сть. Ун-т, филиал Каирского (Египетского) ун-та. Ин-т музыки и драмы (1969). Музеи: нац., этногр., естеств.-историч. Нац. б-ка. Осн. в 1822 египтянами. В 1899–1955 адм. ц. англ. колонии Судан.

ХАРУ́Н АР-РАШИ́Д (Гарун аль-Рашид) (763 или 766–809), халиф из династии Аббасидов. Образ Х. ар-Р. идеализирован в сказках «Тысяча и одна ночь».

ХАРУНО́БУ (Судзуки Харунобу) (1717 или 1725–1770), япон. график, мастер цв. ксилографии. Создал лирич. грациозные образы женщин.

Харьков. Благовещенская церковь.

типы уличных торговцев, рассказчиков.

ХА́РЬКОВ, г., ц. Харьковской обл., на Украине. 1623 т. ж. Ж.-д. уз. Метрополитен (с 1975). Маш-ние, в т.ч. энергетич., эл.-техн., с.-х., трансп.; хим. и хим.-фарм., пищевкус., лёгкая пром-сть. 21 вуз (в т.ч. 3 ун-та). Ин-т искусств (1963). Музеи: худ., исторический. Т-ры: оперы и балета, укр. драм. имени Т.Г. Шевченко, рус. драм., юного зрителя, кукол. Филармония. Осн. в сер. 17 в. как крепость. В 1919–34 столица Украины. Покровский (17 в.) и Успенский (18 в.) соборы, Благовещенская церк. (кон. 19 в.), б. Екатерининский дворец (18 в.).

ХАСИДИ́ЗМ (от др.-евр. хасид – благочестивый), течение в иудаизме, возникшее в 1-й пол. 18 в. среди евр. населения Волыни, Подолии и Галиции. Начался как оппозиц. движение против офиц. иудаизма. Для X. характерны мистицизм, религ. экзальтация, почитание цадиков («праведников», «провидцев»).

ХАТШЕПСУ́Т, егип. царица в 1525–1503 до н.э. Вела большое храмовое стр-во, снарядила экспедицию в Пунт (страна в Вост. Африке).

ХАТЫ́НЬ, бывшая деревня в Логойском р-не Минской обл.; в Белоруссии, в 54 км к С.-В. от Минска. Сожжена нем.-фаш. захватчиками в 1943 вместе с жителями (149 чел., в т.ч. 75 детей). Мемор. архит.-скульпт. комплекс (1969) X.: «Хатынский набат», «Кладбище деревень», «Дымы Хатыни», «Площадь Памяти» с мемор. плитой и Вечным огнём, скульптура «Непокорённый человек».

ХА́УНСФИЛД (Hounsfield) Годфри Ньюболд (р. 1919), англ. инженер-физик. Создал (1969) компьютерный рентгеновский томограф для сканирования внутр. органов. Ноб. пр. (1979).

ХАУФ В., см. *Гауф* В.

ХАФИ́З Шамседдин Мухаммад (ок. 1325 – 1389 или 1390), перс. поэт-лирик. Мастер *газели*, жанра, к-рый был им доведён до высокого совершенства. Свободолюбие, протест против зла, пренебрежение общепринятой моралью вызывали немилость властей и гонения духовенства.

ХАФИ́З (перс.), нар. певец и сказитель у таджиков и афганцев. Репертуар X. включает нар.-поэтич. и лит. произведения.

ХА́ФРА, см. *Хефрен*.

ХАЧАТУРЯ́Н Арам Ил. (1903–78), композитор. Самобытный стиль X. синтезирует традиции европ. и вост., гл. обр. арм., музыки. Ему присущи яркость оркестровых и гармонич. красок, импульсивность ритма, открытая экспрессивность мелодики. Бал. «Гаянэ» (1942), «Спартак» (1954), инстр. концерты, симфонии, театральная музыка, в т.ч. к драме «Маскарад» М.Ю. Лермонтова.

ХАЧКА́РЫ (арм. хачкар – крест-камень), арм. ср.-век. памятники в виде вертикально поставленных кам. плит с изображением большого креста в сложной орнаментальной композиции. Распространены в 9–17 вв.

ХВО́ЙНЫЕ, класс голосеменных р-ний. Гл. обр. вечнозелёные деревья и кустарники, как правило, с игловидными или чешуйчатыми листьями (хвоя) и однополыми собраниями (шишками). Ок. 600 видов, гл. обр. в умеренных поясах обоих полушарий. К X. относятся кипарисовые, сосновые, тисовые и др. Многие X. (сосна, ель, лиственница и др.) – ценные лесообразующие породы.

ХВОЩ, род многолетних травянистых р-ний (сем. хвощовые). Ок. 30 видов, по всему земному шару (кроме Австралии). Растут в водоёмах, лесах, на лугах, полях. Нек-рые – пастбищные р-ния. X. полевой – злостный сорняк.

ХВЫЛЕВЫ́Й (наст. фам. Фитилёв) Микола (1893–1933), укр. писатель. В сб. стихов «Молодость» (1921), «Предрассветные симфонии» (1922) – романтич. восприятие рев-ции. В прозе – поиски новых средств выразительности, в сб. новелл «Синие этюды» (1922), в «Повести о санаторной зоне» (1933) – ирония и сарказм в изображении сов. мещанства; полемич. размышления о судьбах нац. культуры в ром. «Вальдшнепы» (ч. 1, 1927); в лит. публицистике (кн. «Мысли против течения», 1926) – идея самостоят. развития укр. лит-ры. В обстановке полит. репрессий покончил жизнь самоубийством.

ХЕ́ВИСАЙД (Heaviside) Оливер (1850–1925), англ. физик. Работал в телегр. компании, из-за потери слуха оставил работу и начал самостоят. исследования в области электродинамики, впервые решив многие её задачи. Указал на существование ионизованного слоя атмосферы, отражающего эл.-магн. волны (слой X.). Один из создателей операционного исчисления.

ХЕ́ДЕР, начальная конфессиональная иудаистская школа для евр. мальчиков. Возникла в ср. века в евр. общинах Европы и Юго-Зап. Азии как частное уч. заведение. Осн. предметы – изучение Торы, др.-евр. язык, религ. обычаи. На терр. России X. появились в кон. 18 в. В кон. 19 в. создавались т.н. образцовые X. с изучением рус. языка, счёта и др. Существовали до 1918.

ХЕ́ЙДЕНСТАМ (Heidenstam) Карл Густав Вернер фон (1859–1940), швед. писатель. Лит. манифест неоромантизма «Ренессанс» (1889). В сб. стихов «Паломничество и годы странствий» (1888), ром. «Ганс Алиенус» (1892) – эстетские тенденции. Рассказы ист.-патриотич. цикла «Воины Карла XII» (т. 1–2, 1897–98). Ноб. пр. (1916).

ХЕЙЕРДА́Л (Heyerdahl) Тур (р. 1914), норв. этнограф и археолог. Для подтверждения своей теории первонач. заселения о-вов Полинезии из Америки в 1947 проплыл с экипажем на плоту «Кон-Тики» от Перу до Полинезии; в 1969 и 1970 – на папирусных лодках «Ра» от Африки до о-вов Центр. Америки; в 1977–78 – на тростниковой лодке «Тигрис» по маршруту Эль-Курна (Ирак) – устье Инда – Джибути. Кн.: «Путешествие на "Кон-Тики"» (1949), «Аку-Аку» (1957), «Ра» (1970), «Фату-Хива» (1975) и др.

ХЕ́ЙЗЕ П., см. *Гейзе* П.

ХЕ́ЙЗИНГА (Huizinga) Йохан (1872–1945), нидерл. историк и философ культуры. Тр. по истории культуры ср. веков и Возрождения («Осень средневековья», 1919, и др.); основу культуры видел в «игре» как высш. проявлении человеческой сущности.

ХЕ́ЙЛИ (Hailey) Артур (р. 1920), амер. писатель. Серия «производств.» романов, ставших бестселлерами благодаря социальной злобо-дневности, динамичному сюжету и доскональному знанию жизни деловой Америки: «Отель» (1965), «Аэропорт» (1968), «Перегрузка» (1979), «Сильнодействующее средство» (1984). Остросюжетный роман об ист. телевидении и интернац. терроризме «Вечерние новости» (1990).

ХЕ́ЙФЕЦ Леон. Еф. (р. 1934), режиссёр, педагог. В 1963–70 в Центр. т-ре Сов. Армии, в 1988–94 гл. реж. (с 1993 Центр. т-р Рос. армии). В 1971–86 в Малом т-ре. Ставил спектакли и в др. т-рах. Осн. тема постановок X.– судьба человека в контексте истории; стремится к сочетанию достоверности ист. реалий с образно-метафорич. решением сценич. пространства: «Смерть Иоанна Грозного» А.К. Толстого (1966), «Заговор Фиеско в Генуе» Ф. Шиллера (1977), «Зыковы» М. Горького (1985), «Павел I» Д.С. Мережковского (1989) и др.

ХЕ́ЙФИЦ (Heifetz) Яша (Иосиф Робертович) (1901–87), амер. скрипач. Род. в России. С 1917 в США. Дебютировал в 6 лет. Наряду с классическими исполнял многие забытые произведения. Стиль X. отличался повышенной экспрессией, драматизацией образов, мощным певучим звуком.

ХЕ́ЙФИЦ Иос. Еф. (1905–95), рос. кинорежиссёр. В 1930–50 ставил фильмы с А.Г. Зархи. В самостоят. работах X. раскрылся как художник совр. темы («Большая семья», 1954; «Дело Румянцева», 1956; «Единственная», 1976; «Впервые замужем», 1980; «Бродячий автобус», 1990), интерпретатор классики, владеющий иск-вом выразит. детали, тонко и неожиданно использующий актёрскую индивидуальность («Дама с собакой», 1960; «Плохой хороший человек», 1973; «Ася», 1978, и др.).

ХЕ́КИ, то же, что *мерлузы*.

ХЕ́ЛЛЕР (Heller) Джозеф (р. 1923), амер. писатель. Гротескно-фантастич. ром. «Уловка-22» (1961) – о разрушении нравственности воен.-бюрократич. машиной. Иронич. психол. романы: «Что-то случилось» (1974) – о человеке, ставшем конформистом и покорившемся собств. вожделениям, неизбывном страхе перед жизнью и потере достоинства; «Чистое золото» (1979) – портрет-шарж нью-йоркской интеллектуальной элиты, мнящей себя независимой от официальных стандартов.

ХЕ́ЛЬСИНКИ (швед. Гельсингфорс), столица (с 1917) Финляндии. 502 т. ж. Порт на берегу Финского зал.; междунар. аэропорт. Метрополитен. Маш-ние (судостроение, эл.-техн. и др.), текст., хим., керамич. пром-сть. Ун-т (1828). Академия музыки имени Я. Сибелиуса (1882). Музей-крепость Суоменлинна (Свеаборг), Атенеум (худ. музей), Нац. музей этнографии. Т-ры: *Финская национальная опера*, фин. нац. нац. шведский. Осн. в 1550. С 1812 столица Вел. кн-ва Финляндского (в составе Рос. империи). С нач. 19 в. застраивался по регулярному плану, в облике города доминируют классицистич. постройки – Президентский дворец, здание б. Сената, собор Св. Николая (все 19 в.) и здания в духе нац. романтизма – Финский нац. т-р (нач. 20 в.). Дворец «Финляндия» (1967–71).

ХЕМИНГУЭ́Й (Hemingway) Эрнест Миллер (1899–1961), амер. писатель. Первые произв.– кн. рассказов «В наше время» (1925), ром. «И восходит солнце» (в англ. изд. «Фиеста», 1926), «Прощай, оружие!» (1929), отразившие 1-ю мир. войну как экзистенциальную катастрофу,– принадлежат лит-ре «*потерянного поколения*». Мир хаотичен и жесток, реальность заполнена самопроизвольным насилием, личность обречена на одинокое героич. сопротивление заведомо несправедливой судьбе.

Ритуал корриды («Фиеста») становится у X. метафорой человеческого существования в пост. близости к смерти. В произв. 30-х гг. нарастает предчувствие нового для X. краха; поражение республики в исп. гражд. войне (1936–39) осознано под знаком

752 ХЕНИ

трагич. иронии истории, во многом дискредитировавшей усилия противостоять обществ. злу (ром. «По ком звонит колокол», 1940). Повесть-притча «Старик и море» (1952) — о стоицизме как единстъ. духовной силе человека перед лицом неотвратимого жизненного поражения. Прозе X. присущи лаконизм и богатство подтекста. Ноб. пр. (1954). Покончил жизнь самоубийством.

ХЕ́НИ (Henie) Соня (1912—69), норв. спортсменка (фигурное катание). Многократная чемпионка Европы (1931—36), мира (1927—36) и 3-кратная (рекордный результат в одиночном катании) — Олимп. игр (1928, 1932, 1936).

ХЕ́НКИН Вл. Як. (1883—1953), актёр. На сцене с 1902, играл в т-рах миниатюр, участвовал в опереточных спектаклях. С 1929 в Моск. т-ре оперетты, с 1934 в Моск. т-ре сатиры (Синичкин, «Лев Гурыч Синичкин» Д.Т. Ленского, и др.). С 1911 выступал на эстраде как рассказчик, куплетист, пародист, чтец. С успехом исполнял произв. М.М. Зощенко, театрализуя их, создавая моментальные зарисовки всех персонажей. Блестяще владея иск-вом импровизации, легко находил тон общения со зрительным залом. В 30-х гг. подвергался нападкам критики за «мелкотравчатый» репертуар, в 1950 на год был отстранён от участия в концертах.

ХЕНОМЕ́ЛЕС, род древесных р-ний (сем. розоцветные). 4 вида. X. японский (родина), Европе, в России — в Европ. части и Зап. Сибири. Кустарник выс. до 2 м, живёт неск. десятков лет, плодоносит с 5—6 лет. Плоды (до 3 кг и более с р-ния) ароматны, богаты витамином С, используются преим. для переработки. Благодаря обилию красно-оранжевых цветков р-ния декоративно.

ХЕ́НЦЕ (Henze) Ханс Вернер (р. 1926), нем. композитор. С 1953 в Италии. Один из ведущих оперных композиторов 20 в., автор 16 муз.-сценич. произв. Творчество X. отличает исключит. разнообразие муз.-выразит. средств. Оп.: «Король-олень» (2-я ред., 1962), «Бассариды» (1965), «Преданное море» (1990).

ХЕНЧ (Hench) Филип Шоуолтер (1896—1965), амер. врач. Впервые применил гормоны коры надпочечников для лечения ревматич. заболеваний. Ноб. пр. (1950).

ХЕО́ПС (Хуфу), егип. фараон IV династии (27 в. до н.э.). Пирамида X. в Гизе — крупнейшая (выс. 146,6 м) в Египте.

ХЕПБЁРН (Hepburn) Кэтрин (р. 1909), амер. актриса. Играла на Бродвее в кон. 20-х и нач. 50-х гг., в т.ч. в ролях шекспировского репертуара. Независимость поведения её героинь, их женственность, тонкая ирония, острый ум принесли популярность в фильмах: «Африканская королева» (1952), «Лев зимой» (1968), «Угадай, кто придёт к обеду» (1967), «У Золотого озера» (1981).

ХЕПБЁРН Одри (наст. имя и фам. Эдда ван Хеемстра Хепбёрн-Растон) (1929—93), амер. актриса. Выступала как танцовщица, в т.ч. на Бродвее. Прославилась в комедийных ф. «Римские каникулы» (1953), «Сабрина» (1954), мюзиклах «Забавная мордашка» (1957), «Моя прекрасная

леди» (1964). Играла драм. роли в ф. «Война и мир» (1956), «Детский час» (1962). Позже снималась мало, в 1989 — в ф. «Всегда».

ХЕ́ПЕНИНГ (от англ. happening — случающееся, происходящее), направление в авангардистском иск-ве 1960—70-х гг. — иск-во своеобразных микроспектаклей, сочетающих элементы т-ра абсурда, музыки, живописи и вовлекающих в импровизир. действо зрителей.

ХЕРГИА́НИ Мих. Виссарионович (1935—69), неоднократный чемпион СССР (1952—68) по альпинизму и скалолазанию. Погиб при восхождении (Италия). В 1971 учреждён приз имени X.

ХЕРСО́Н, г. (с 1778), обл. ц. на Украине. 365 т. ж. Мор. и речной порт на р. Днепр, близ её впадения в Днепровский лиман Чёрного м. Ж.-д. уз. Маш-ние (судостроение и судоремонт; произ-во с.-х. машин, эл.-техн. оборудования и др.), нефтеперераб., лёгкая, пищ. пром-сть. 4 вуза. Музеи: краеведч. и художественный. Т-ры: укр. муз.-драм., кукол. Филармония. Осн. в 1778.

ХЕРУВИ́МЫ (от др.-евр. керубим), один из рангов *ангелов*.

ХЕ́РЦОГ (Herzog) Вернер (наст. фам. Стипетич) (р. 1942), нем. кинорежиссёр. Богатство зрительной фантазии, экспрессия режиссёрского стиля и сосредоточенность на филос. проблемах отличают ф.: «Агирре, гнев Божий» (1972), «Каждый за себя, и Бог против всех» (1974), «Носферату, призрак ночи» (1978), «Там, где мечтают зелёные муравьи» (1984), «Фицкарральдо» (1981), «Крик камня» (1991).

ХЕ́ССЕ Г., см. *Гессе* Г.

ХЕТАГУ́РОВ Коста (Конст.) Леванович (1859—1906), осет. поэт, художник, обществ. деятель. Основоположник осет. лит-ры. В поэзии (сб. «Осетинская лира», 1899), проникнутой протестом против социальной несправедливости, тревогой за судьбу народа, мн. мотивы связаны с

фольклором; эмоц. глубина и лиризм в стихах о любви. Сатирич. притчи и басни. Ист.-этногр. публицистика, стихи, поэмы, рассказы на рус. яз. Жанровые картины («Дети-каменщики», 1886—90), пейзажи, портреты.

ХЕ́ТТСКОЕ ЦА́РСТВО, гос-во в М. Азии в 18 — нач. 12 вв. до н.э. Основано хеттами в вост. *Анатолии*, в период расцвета (14—13 вв.) охватывало обширную терр. Соперник Египта в борьбе за господство в Передней Азии. Распалось.

ХЕФРЕ́Н (Хафра), егип. фараон IV династии (кон. 27 — нач. 26 вв. до н.э.). Пирамида X. в Гизе — вторая по величине (выс. 143,5 м) после пирамиды Хеопса.

ХИБИ́НЫ, горн. массив на Кольском п-ове, в Мурманской обл., в России. Высш. точка — г. Часначорр (1191 м). Вершины платообразные, на крутых склонах — ледники и снежники. М-ния апатитонефелиновых руд. Преобладают горн. тундры. На г. Вудъяврчорр — самый сев. в мире Полярно-альп. ботан. сад (с 1931). X. — популярный р-н горнолыжного спорта.

ХИВА́, г. в Хорезмской обл., в Узбекистане, в 32 км от ж.-д. станции Ургенч. 40 т. ж. Хлопкоочист., керамич. з-ды, ковровый комб-т, швейная и сувенирная ф-ки. Осн. ок. 9—10 вв. Цитадель Куня-Арк, архит. заповедник Ичан-Кала (дворец Таш-Хаули и др.), рабад Дишан-Кала (все в осн. 19— нач. 20 вв.). X.— город-музей архитектуры Хорезма (гл. обр. 19— нач. 20 вв.).

ХИВИ́НСКОЕ ХА́НСТВО, гос-во в Ср. Азии в 16 — нач. 20 вв. на терр. Др. Хорезма, Туркмении и России. В 1873 признало протекторат России, сохранив внутр. автономию. С 1920 Хорезмская нар. сов. респ., территория к-рой в 1924 вошла в состав Узбекистана и Туркмении.

ХИДЖА́, см. *Хаджв*.

ХИ́ДЖРА (араб.— переселение), переселение Мухаммеда и его приверженцев из Мекки в Медину в сент. 622. При халифе Омаре I год X. объявили началом мусульм. летосчисления. Исходным для него принято 1-е число 1-го месяца (мухаррама) 622 — 16 июля 622. См. также *Календарь*.

ХИКС (Hicks) Джон (1904—89), англ. экономист, представитель *неокейнсианства*. Соч. по проблемам моделирования экон. роста, теории спроса, цен. Ноб. пр. (1972).

ХИЛИА́ЗМ (от греч. chiliás — тысяча), вера в «тысячелетнее царство» Бога и праведников на земле, т.е. в осуществление мистически понятого идеала социальной справедливости ещё до конца мира. Термин обычно применялся к раннехрист. учениям, осуждённым церковью в 3 в., и возрождавшимся в ср.-век. ересях и позднейшем сектантстве. Нек-рые мотивы X. повлияли на развитие утопич. мышления.

ХИ́ЛЛАРИ (Hillary) Эдмунд (р. 1919), новозел. альпинист. В 1953 совм. с Н. Тенцингом первым достиг вершины Джомолунгмы. Возглавлял ряд экспедиций в Гималаи, Антарктиду, в т.ч. в 1957—58 совм. с англ. исследователем В. Фуксом.

ХИЛЬДЕБРА́НД (Гильдебранд) (Hildebrand) Адольф фон (1847—1921), нем. скульптор и теоретик иск-ва. В статуях и рельефах достигал отвлечённой, чисто пластич. выразительности формы («Адам», 1878). Кн. «Проблема формы в изобразительном искусстве» (1893).

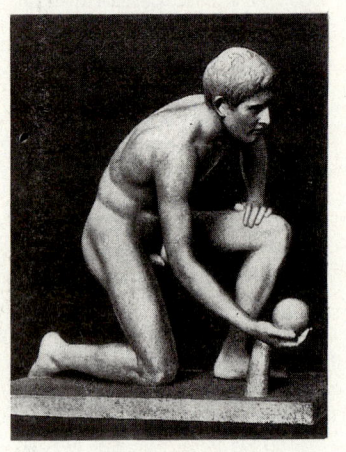

А. фон Хильдебранд. «Юноша». Мрамор. 1884. Национальная галерея. Берлин.

ХИ́ЛЬДЕСХАЙМ (Хильдесхейм), г. в Германии. 106 т. ж. Трансп. уз.; порт на ответвлении Среднегерманского канала. Цв. металлургия, эл.-

Хеттское царство. Керамический сосуд. Из Кюль-Тепе. 18 в. до н.э. Археологический музей. Анкара.

Хеттское царство. Так называемые Львиные ворота в Хаттусасе. 15—12 вв. до н.э.

Хива. Медресе Мухаммед Амин-хана. 1851—52.

техн., швейная пром-сть. Пелицеус-музей (др.-егип. и др.-рим. иск-во). Гор. т-р (восстановлен в 1949). Романский собор (9–11 вв., перестраивался) со знаменитыми бронз. дверями 11 в.

ХИМЕ́НЕС (Jiménez) Хуан Рамон (1881–1958), исп. поэт. С 1936 в эмиграции. В лирике – традиции фольклорных жанров, импрессионистич. живописность, утверждение единства всего сущего и созидат. ценности душевной гармонии (сб. «Пасторали», «Звонкое одиночество», оба 1911; «Вечные мгновения», 1918; «Единое время», 1946, и др.). Лирич. проза (кн. «Платеро и я», 1914). Ноб. пр. (1956).

ХИМЕ́РА, 1) в греч. мифологии – чудовище с головой и шеей льва, туловищем козы и хвостом дракона; порождение Тифона и Ехидны. 2) В ср.-век. европ. иск-ве – скульпт. изображение фантастич. чудовищ. 3) Перен. – фантазия, неосуществимая мечта.

ХИМЕ́РА (биол.), организм, состоящий из наследственно разл. клеток или тканей. Возникает в результате мутаций, рекомбинаций, нарушений клеточного деления. X. могут быть получены искусственно при пересадках тканей у ж-ных или при прививках у р-ний.

ХИМИ́ЧЕСКАЯ СВЯЗЬ, взаимодействие атомов, обусловливающее их соединение в молекулы и кристаллы. Действующие при образовании X.с. силы имеют в осн. электрич. природу. Образование X.с. сопровождается перестройкой электронной оболочек связывающихся атомов. Осн. типы X.с.: ковалентная, ионная, координационная, металлическая, водородная.

ХИМИ́ЧЕСКАЯ ФИ́ЗИКА, изучает электронную структуру молекул и тв. тел, элементарные акты хим. реакций, процессы горения и взрыва и др. с использованием методов теоретич. и эксперим. физики. Сформировалась в кон. 20-х – нач. 30-х гг. 20 в. Существенный вклад в её развитие внесли Н.Н. Семёнов (СССР), С. Хиншельвуд (Великобритания) и др. Термин «X.ф.» предложен нем. химиком А. Эйкеном в 1930.

ХИМИ́ЧЕСКИЕ РЕА́КЦИИ, превращение одних в-в (реагентов) в другие (продукты), отличные по хим. составу и (или) строению; сопровождаются разрывом одних и образованием других хим. связей. Протекают при смешении реагентов самопроизвольно, при участии катализаторов или при к.-л. энергетич. воздействии. Могут сопровождаться выделением тепла, испусканием света, изменением агрегатного состояния в-в и т.п. Изображаются с помощью ур-ний, к-рые определяют количественные соотношения между реагентами и продуктами (стехиометрию реакции) и выражают закон сохранения массы. Направление, скорость и возможности осуществления X.р. изучают методами хим. кинетики и хим. термодинамики. X.р. лежат в основе мн. природных и технол. процессов.

ХИМИ́ЧЕСКОЕ ОРУ́ЖИЕ, оружие массового поражения, действие к-рого основано на токсич. свойствах хим. в-в. Гл. компоненты – боевые отравляющие в-ва и средства их применения (авиабомбы, мины, ракеты, снаряды и др.). Применение X.о. запрещено Женевским протоколом (1925). Согласно Парижской конвенции (1993), X.о. подлежит уничтожению, к-рое должно осуществляться на спец. объектах, относящихся в связи с возможным вредным действием на природу и человека к особо опасным. На 1993 запасы X.о. в России составляли ок. 40 тыс. т, в США – 29 тыс. т. Трофейное нем. X.о. (ок. 300 тыс. т) уничтожалось гл. обр. затоплением в море.

ХИ́МИЯ, наука, изучающая строение в-в и их превращения, сопровождающиеся изменением состава и (или) строения. Включает аналитическую химию, неорганическую химию, органическую химию, физическую химию и др. Многие хим. процессы издавна использовались человеком. Важный период в развитии X. – алхимия. Как наука X. сформировалась во 2-й пол. 18 в. в результате работ Р. Бойля, М.В. Ломоносова, А. Лавуазье. Существенный вклад в развитие X. внесли Дж. Дальтон, Й. Берцелиус, А. Авогадро, Д.И. Менделеев и др. На стыке X. с др. науками возникли, напр., биохимия, геохимия, космохимия. X. – теоретич. основа хим. технологии, металлургии, мн. природоохранных технологий и др.

ХИНАСТЕ́РА (Ginastera) Альберто (1916–83), аргент. композитор. Основатель и директор консерватории в Ла-Плате (1948–58) и Лат.-амер. центра муз. исследований (Буэнос-Айрес, 1965). Синтезировал совр., в т.ч. серийную, технику с нац. элементами. Оп. «Дон Родриго» (1964), «Бомарсо» (1967), бал. «Панамби» (1940) и др., симф. сюита «Пампеана» (1954), концерты, фп. пьесы.

ХИНАЯ́НА (санскр., букв. – малая колесница), наряду с *махаяной* одно из двух осн. направлений буддизма; юж. буддизм. Утвердилась в Шри-Ланке, Мьянме, Лаосе, Таиланде и др. странах. Буддийский идеал «освобождения» принял в X. форму преим. личного совершенствования, независимого от к.-л. внеш. условий (т.н. идеал архата). Развила учение о *дхармах*.

ХИ́НДЕМИТ (Hindemith) Пауль (1895–1963), нем. композитор, альтист, дирижёр, муз. теоретик. Гастролировал в странах Европы, Америки, Азии (в 1927 в СССР). Музыка X. эмоционально уравновешенна, основа стиля – линеарная *полифония* с тональным центром; в произв. 20-х гг. – черты *неоклассицизма*. Оп. (ок. 10): «Художник Матис» (1938), «Гармония мира» (1957); симфонии, концерты с оркестром, в т.ч. для альта (1935), камерно-инстр. ансамбли, фп. и хоровые произведения, вок. цикл «Житие Марии» (2-я ред., 1948).

ХИНИ́Н, алкалоид, содержащийся в коре хинного дерева. Лекарств. препарат против малярии.

ХИ́ННОЕ ДЕ́РЕВО, род вечнозелёных деревьев (сем. мареновые). Ок. 40 видов, в Юж. Америке, во влажных лесах на вост. склонах Анд. В коре содержатся хинин, цинхонин и др. алкалоиды, применяемые в медицине. Культивируется в Индонезии и др. странах.

ХИРОМА́НТИЯ (от греч. chéir – рука и mantéia – гадание), гадание по линиям и бугоркам ладони, предсказание судьбы человека.

ХИРОПРА́КТИКА (от греч. chéir – рука и prâxis – действие) (мануальная терапия), метод лечения разл. заболеваний (радикулит и др.), обусловленных смещением (подвывихом) позвонков. Заключается во вправлении позвонков с помощью спец. ручных (мануальных) приёмов или поколачиванием особым дерев. молотком.

ХИРО́СИГЭ (Андо Хиросигэ) (1787 или 1797–1858), япон. график, мастер цв. ксилографии. Поэтич. пейзажи с жанровыми мотивами («53 станции дороги Токайдо», 1833–34), в к-рых применено европ. перспективное построение пространства.

ХИРОСИ́МА, г. и порт на о. Хонсю. 1097 т. ж. Маш.-строит., хим. и др. пром-сть. Ун-т. Мемор. музей Мира. Город вырос вокруг замка (16 в.). 6 авг. 1945 США сбросили на X. первую в истории войн атомную бомбу. Значит. часть X. была разрушена, убито и ранено св. 140 т.ч. заново отстроена в 50-х гг. Парк Мира (1951–52) – архит.-парковый символич. ансамбль с пам. жертвам X. на пл. Мира (в центре ансамбля).

ХИРУРГИ́Я (греч. cheirurgía, от chéir – рука и érgon – работа), отрасль медицины и ветеринарии, изучающая заболевания, осн. метод лечения к-рых – операции (кровавые, т.е. связанные с рассечением и иссечением тканей, и бескровные, напр. вправление вывиха). X. – одна из древнейших мед. специальностей. Основоположником науч. X. считается А. Паре (16 в., Франция), успехи X. в 19 в. связаны с деятельностью Т. Бильрота (Германия), Н.И. Пирогова (Россия) и др.; решающую роль в её развитии сыграло введение наркоза, антисептики, асептики. В 19–20 вв. нарастает дифференциация X. (возникли анестезиология, нейрохирургия, урология и др.).

ХИТРУ́К Фёд. Савельевич (р. 1917), рос. кинорежиссёр-мультипликатор. Создал популярные рисованные ф.: «Каникулы Бонифация» (1965), «Винни Пух» (серия мультфильмов, 1969–72); оригинальные, острые и лаконичные по форме ф.: «История одного преступления» (1962), «Человек в рамке» (1967), «Фильм, фильм, фильм...» (1968), «Остров» (1973), «Дарю тебе звезду» (1979).

ХИ́ЧКОК (Hitchcock) Алфред (1899–1980), англо-амер. кинорежиссёр. Работал преим. в жанре психол. детектива. Новаторские приёмы киновыразительности использовались X. для создания тревожной атмосферы в его фильмах, не лишённых порой «чёрного юмора»: «Человек, который слишком много знал» (1935), «39 шагов» (1936), «Леди исчезает» (1938), «Ребекка» (1940), «Заворожённый» (1945), «Верёвка» (1948), «Головокружение» (1958), «Психоз» (1960), «Птицы» (1963), «Исступление» (1971).

Ф.С. Хитрук. Кадр из фильма «Винни Пух идёт в гости».

Хиросима. Мемориальный музей Мира в парке Мира. 1951–52.

А. Хичкок. Кадр из фильма «Птицы».

ХИ́ЩНЫЕ, отряд млекопитающих. Длина тела от 13 см (ласка) до 3,1 м (тигр). Большинство X. питается мясом своих жертв. 7 сем., в т.ч. куницы, медведи, волки, гиены, кошки. Всего ок. 235 видов, распространены широко.

ХЛАДО́НЫ (фреоны), техн. название группы насыщенных фторсодержащих (могут также содержать хлор и бром) углеводородов, применяемых в качестве хладагентов; газы или летучие жидкости. Нетоксичны, не образуют взрывоопасных смесей с воздухом. Используются также как *пропелленты*, растворители и др. Нек-рые X., диффундируя в верх. слои атмосферы Земли, разрушают озоновый слой. В связи с этим, согласно Монреальскому протоколу (1987), произ-во X. должно быть сокращено.

ХЛЕ́БНИКОВ Велимир (Викт. Вл.) (1885–1922), рус. поэт и прозаик. Родоначальник рус. футуризма (группа «будетлян»). Создатель утопич. общества Председателей Земного Шара (1916). Реформатор поэтич. языка (эксперименты в области словотворчества, зауми, «звёздного языка»). Пацифистская поэма о 1-й

754 ХЛЕБ

мир. войне «Война в мышеловке» (1919), монументальные рев. поэмы (1920–22) — «Ладомир», «Ночной обыск», «Зангези», «Ночь перед Советами». Цикл ист.-матем. статей, посв. природе времени («Доски судьбы», 1922). Рассказы. Драмы. Оказал воздействие на рус. и европ. авангард, в т.ч. в области живописи и музыки.

ХЛЕ́БНОЕ ДЕ́РЕВО, виды деревьев рода артокарпус (сем. тутовые), культивируемые в тропиках ради крупных соплодий (диам. до 50 см, масса от 2–4 до 40 кг и более), из сброженной мякоти к-рых получают подобие хлеба. Наиб. значение имеют Х.д. обыкновенное (бредфрут) и Х.д. индийское (джекфрут); в культуре с древности в Юго-Вост. Азии, на о-вах Малайского арх. и Океании.

ХЛО́ДВИГ I (Chlodwig) (ок. 466–511), король салических франков с 481, из Меровингов. Завоевал почти всю Галлию, создал Франкское гос-во.

ХЛО́ПИН Вит. Григ. (1890–1950), радиохимик, основатель науч. школы. Брат Н.Г. Хлопина. Руководил созданием первого в России радиевого з-да, получил (1921, совм. с др.) первые отеч. препараты радия. Тр. по химии и геохимии радиоактивных элементов.

ХЛО́ПИН Ник. Григ. (1897–1961), гистолог. Брат В.Г. Хлопина. Один из основоположников эволюц. гистологии. Разработал генетич. классификацию тканей позвоночных. Создал ленинградскую науч. школу гистологов.

ХЛОПЧА́ТНИК, род в осн. травянистых многолетних р-ний (сем. мальвовые). 35 видов, в тропиках и субтропиках. В культуре с древности (в Индии с 3-го тыс. до н.э., в Ср. Азии с 6–5 вв. до н.э.). Для получения волокна на всех континентах выращивают (в осн. при орошении) Х. обыкновенный, Х. древовидный и Х. барбадосский. С 1 га получают 25–40 ц хлопка-сырца (выход волокна 30–

Хлопчатник обыкновенный. Раскрывшаяся коробочка.

40%). В семенах хлопковое масло, к-рое употребляют в пищу, для изготовления маргарина, глицерина, мыла и др.; жмых и шрот после спец. обработки скармливают скоту. Стебли пригодны для изготовления строит. плит. Из семян Х. получают также ксилит и сорбит, из стеблей — фурфурол, из листьев — лимонную к-ту.

ХЛОР (Chlorum), Cl, хим. элемент VII гр. периодич. системы, ат. н. 17, ат. м. 35,453; относится к галогенам; жёлто-зелёный газ, $t_{кип}$ –33,97 °C. Используется в произ-ве поливинилхлорида, хлоропренового каучука, растворителей, разл. хлоридов, окислит.-отбеливающих средств, пести-

цидов, для очистки воды и др. сан. нужд. Раствор Х. в вод. щёлочи (жавелевая вода) — отбеливающее средство. Х. открыл в 1774 швед. химик К. Шееле, элементную природу Х. установил в 1809 англ. учёный Г. Дэви. В 1-ю мир. войну Х. использовали как боевое отравляющее в-во.

ХЛОРЕ́ЛЛА, род одноклеточных зелёных водорослей. Ок. 20 видов, в пресных водоёмах и на почве. Накапливают большую биомассу, легко поддаются выращиванию в культуре. Используют в замкнутых экологич. системах жизнеобеспечения (напр., космич. кораблях), как модельный объект разл. исследований.

ХЛОРИ́ДЫ РТУ́ТИ, см. *Каломель, Сулема*.

ХЛО́РНАЯ И́ЗВЕСТЬ, продукт неполного хлорирования гашёной извести хлором; белый порошок с сильным запахом хлора. Применяют для отбеливания тканей, целлюлозы, бумаги, для очистки нефтепродуктов, дезинфекции сточных вод, в синтезе хлороформа.

ХЛОРОПЛА́СТЫ (от греч. chlorós — зелёный и plastós — вылепленный, образованный), внутриклеточные структуры растит. клетки, в к-рых осуществляется *фотосинтез*. Содержат пигмент хлорофилл, окрашивающий их в замкнутый цвет. В клетке высш. р-ний от 10 до 70 Х. Имеют собственный генетич. аппарат.

ХЛОРОФИ́ЛЛ (от греч. chlorós — зелёный и phýllon — лист), зелёный пигмент р-ний, содержащийся в хлоропластах. В процессе *фотосинтеза* поглощает световую энергию и превращает её в энергию хим. связей органич. соединений. По хим. структуре сложное циклич. соединение — порфирин, содержащий атом Mg. Существует неск. близких по структуре типов Х. Определяет зелёный цвет растит. покрова Земли.

ХЛОРОФО́РМ, CHCl₃, бесцв. тяжёлая жидкость, $t_{кип}$ 61,2 °C. Растворитель жиров, смол и др. исходное сырьё для получения *хладонов*. Входит в составы для растираний, используемые при мышечных и невралгич. болях. Специально очищенный Х. применялся для ингаляц. наркоза.

ХЛУ́ДОВЫ, рос. предприниматели. Ив. Ив. (?–1835), из крестьян, с 1824 купец. Его сыновья — Ал. Ив. (1818–82), Герасим Ив. (1821–85) — открыли в 1845 хлопкопрядильную ф-ку в Егорьевске, затем др. пр-тия (в 1860 — Норскую мануфактуру близ Ярославля, в 1874 — Ярцевскую мануфактуру в Смоленской губ.). Ал. Ив. был собирателем древнерукописей и книг. После смерти Г.И. Хлудова фирму унаследовали его дочери — П.Г. Прохорова, К.Г. Востряков, А.Г. Найдёнова, Л.Г. Лукушина.

ХМЕЛЁВ Ник. Пав. (1901–45), актёр, режиссёр, педагог. С 1919 во 2-й Студии МХТ. С 1924 во МХАТе (в 1943–45 худ. рук.). Мастер углублённого психол. анализа, создал сложные и цельные образы: Алексей Турбин («Дни Турбиных» М.А. Булгакова, 1926), Князь («Дядюшкин сон» по Ф.М. Достоевскому, 1929), Каренин («Анна Каренина» по Л.Н. Толстому, 1937) и др. Актёрскую манеру Х. отличали сдержанность и строгость, стремление к логич. ясности, завершённости сценич. формы. В 1932 организовал Театр-студию, к-рая влилась в Моск. т-р имени М.Н. Ермоловой; худ. рук.

Н.П. Хмелёв в роли Алексея Турбина.

этого т-ра в 1937–45. Снимался в кино.

ХМЕЛЬ, род одно- и многолетних лиан (сем. коноплёвые). 3 вида, в Евразии и Сев. Америке. В культуре Х. обыкновенный, к-рый выращивают во мн. странах; в России (с 10 в.) — в Центр.-чернозёмных обл., Поволжье, Алтайском кр. Жен. соцветия — шишки (10–20 ц с 1 га), используют в пивоварении, медицине, парфюмерии (содержат горькие, дубильные, ароматич. и др. в-ва).

ХМЕЛЬНИ́ЦКИЙ Богд. (Зиновий) Мих. (ок. 1595–1657), гетман Украины. Возглавлял освободит. войны укр. народа против польск.-шляхетской власти в 1648–54. 8 янв. 1654 на Переяславской раде провозгласил воссоединение Украины с Россией.

Б.М. Хмельницкий. Памятник в Киеве. Скульптор М.И. Микешин, архитектор В. Николаев. Открыт в 1888.

ХМЕЛЬНИ́ЦКИЙ (до 1954 Проскуров), г., обл. ц. на Украине, на р. Юж. Буг. 245 т.ж. Ж.-д. уз. Маш-ние, пищ. (маслосырод., сах., мясная), лёгкая (обув., швейная, трикот. и др.), хим. и др. пром-сть. Технол. ин-т. 2 музея (краеведч., Дом-музей Г.С. Верейского). Дендропарк. Т-ры: укр. муз.-драм., кукол. Филармония. Изв. с 1493. Совр. назв. — по имени Б. Хмельницкого.

ХНА (араб.), красно-жёлтая краска, получаемая из листьев кустарника или небольшого дерева лавсонии, произрастающей в странах тропич. пояса. Используют для крашения тканей и пищ. продуктов, в косметике.

ХО́ББИ (англ. hobby), к.-л. увлечение, любимое занятие на досуге.

ХО́БОТ, подвижный носовой придаток у нек-рых пресмыкающихся (мягкие черепахи) и млекопитающих (слоны, многие насекомоядные и др.). Выполняет дыхат., обонят. и осязат. функции (у слонов также и хватательную).

«ХОВА́НЩИНА», принятое в лит-ре название восстания гл. обр. стрельцов и солдат Москвы (1682), поддержанного частью посадских людей. Вызвано ростом налогов, злоупотреблениями гос. администрации и стрелецких полковников. Поддержано начальником Стрелецкого приказа кн. И.А. Хованским и использовано в своих интересах боярами Милославскими, сторонниками царевны Софьи Алексеевны. 15–17 мая стрельцы и солдаты заняли Кремль и убили бояр А.С. Матвеева, И.М. Языкова и др. По требованию стрельцов Иван V провозглашён первым царём, Пётр I — вторым, правительницей — их сестра Софья. Летом 1682 стрельцы и солдаты собирались истребить царскую фамилию и бояр и провозгласить царём Хованского. Подавлено в сент., казнены от стрельцов и кн. Хованский казнены.

ХО́ВЕЛЬМО (Haavelmo) Трюгве (р. 1911), норв. экономист. Иссл. в области эконометрики, теории произ-водств. функций и экон. теории благосостояния. Ноб. пр. (1989).

ХО́ГАРТ (Hogarth) Уильям (1697–1764), англ. живописец, график, теоретик иск-ва. Основоположник социально-критич. направления в европ. изобр. иск-ве. Мастер сатирич. бытового жанра (серии картин «Карьера проститутки», 1730–31, «Карьера мота», 1732–35, «Выборы», ок. 1754; все изданы в гравюрах). Жизнеутверждающие, свободные по живописной манере портреты («Девушка с креветками»).

ХОДАСЕ́ВИЧ Влад. Фелицианович (1886–1939), рус. поэт. С 1922 в эмиграции. В стихах (сб. «Путём зерна», 1920, «Тяжёлая лира», 1922; цикл «Европейская ночь», 1927), сочетающих традиции рус. классич. поэзии с трагич. мироощущением человека 20 в.,— конфликт свободной человеческой души и враждебного ей мира, стремление преодолеть разорванность сознания в гармонии творчества. Биографич. ром. «Державин».

В.Ф. Ходасевич.

вин» (1931), сб. статей «О Пушкине» (1937), многочисл. лит.-критич. статьи. В сб-ке мемуарных очерков «Некрополь» (1939) – яркие портреты представителей рус. символизма.

ХОДЖА́ (от перс. хаджё – господин), почётный титул мусульманина в странах Бл. и Ср. Востока.

ХО́ДЛЕР (Hodler) Фердинанд (1853–1918), швейц. живописец. Автор символич. картин («Ночь», 1890), фресок («Отступление при Мариньяно», 1896–1900), отмеченных экспрессией и стилизацией в духе стиля «модерн».

«ХОЖДЕ́НИЕ», жанр др.-рус. лит-ры: описание путешествия богомольцев (паломников) к святыням Византии и Палестины. Старшее из др.-рус. «Х.» – игумена Даниила, посетившего Палестину в нач. 12 в. Переосмысление жанра в соч. А. Никитина. Ценный лит. и археол. источник.

«ХОЖДЕ́НИЕ В НАРО́Д», массовое движение рев. и демокр. молодёжи в деревню. Началось весной 1873, наиб. размах – весна–лето 1874. Цели: изучение народа, пропаганда социалистич. идей, организация крест. восстаний. Центры: петерб. и моск. кружки «чайковцев», народнич. кружок «Киевская коммуна». Охватило 37 губ. Европ. России. Потерпело крах. К нояб. 1874 арестовано св. 4 тыс. участников (наиб. активные после 3–4 лет предварит. заключения осуждены в С.-Петербурге в окт. 1877 – янв. 1878 по «процессу 193-х»).

ХОККЕ́Й (англ. hockey, возможно, от старофранц. hoquet – пастуший посох с крюком), спорт. командная игра с клюшками и мячом (шайбой) на спец. площадке (поле) с воротами. Различают 4 осн. вида Х.: с шайбой или с мячом на льду, Х. на траве и ринк-хоккей.

ХОККЕ́Й НА ТРАВЕ́, спорт. командная игра на поле 91,4 м × 55 м. Возник в сер. 19 в. в Великобритании, в России – с сер. 1960-х гг. В 1924 осн. Междунар. федерация (ФИХ); объединяет св. 100 стран. Чемпионаты Европы с 1970, мира с 1971; в программе Олимп. игр с 1908.

ХОККЕ́Й С МЯЧО́М, спорт. командная игра на ледовой площадке (поле) 90–110 м × 50–70 м. Возник в сер. 19 в. в Великобритании, в России – с кон. 19 в. До сер. 1950-х гг. две разновидности: зап.-европ. хоккей – бенди и рус. Х. с м. В 1955 осн. Междунар. федерация (ИБФ); объединяет св. 10 стран. Чемпионаты мира с 1957.

Хоккей с шайбой.

ХОККЕ́Й С ША́ЙБОЙ, спорт. командная игра на ледовой площадке 51–61 м × 24–30 м с бортами. Возник в Канаде в 60-х гг. 19 в.; в России – с сер. 1940-х гг. В 1908 осн. Междунар. федерация (ИИХФ, до 1979 ЛИХГ); объединяет св. 40 стран. Чемпионаты Европы с 1910, мира с 1930; в программе Олимп. игр с 1920.

ХО́ККУ (хайку) (начальные стихи), жанр япон. поэзии (возник в 15 в.), нерифмованное трёхстишие из 17 слогов (5+7+5) на комические, любовные, пейзажные, ист. и др. сюжеты. Генетически связан с *танка*. Отличается простотой поэтич. языка, свободой изложения.

ХОКУСА́Й (Кацусика Хокусай) (1760–1849 или 1870), япон. живописец и рисовальщик, мастер цв. ксилографии. Представитель школы *укиё-э*. Произв. Х. отличаются реалистич. конкретностью, динамичным рисунком, чистым насыщенным цветом.

ХО́ЛДИНГОВАЯ КОМПА́НИЯ (англ. holding – владеющий), акц. об-во, владеющее *контрольным пакетом акций* компаний и т.о. имеющее возможность контролировать их деятельность. Может объединять пр-тия, банки, страховые компании и др. структуры.

ХОЛЕ́РА (греч. choléra), карантинное заболевание человека – понос, рвота, обезвоживание организма, судороги; возможен смертельный исход (менее 1% больных). Вызывается холерным вибрионом. Заражение от больного (вибриононосителя) через воду, пищу, грязные руки. Известны 7 пандемий Х. [первая началась в 1817, последняя распространилась в 1960–70-х гг. и была вызвана вибрионом Эль-Тор (по назв. карантинной станции в Египте)], унёсших десятки миллионов жизней.

Хоккей с мячом.

Хокусай. «Фудзи в ясную погоду». Из серии «36 видов горы Фудзи». Цветная ксилография. 1823–29.

ХОЛЕ́РИК (от греч. cholé – желчь), восходящее к Гиппократу обозначение одного из 4 темпераментов, характеризующегося быстрой реакции, сильными, быстро возникающими чувствами, ярко отражающимися в речи, жестах, мимике, действиях.

ХОЛЕСТЕРИ́Н, в-во из группы стероидов. В значит. кол-вах содержится в нервной и жировой тканях, печени и др. У позвоночных ж-ных и человека биохим. предшественник половых гормонов, кортикостероидов, жёлчных к-т, у насекомых – гормона линьки. Избыток Х. в организме человека приводит к образованию жёлчных камней, отложению Х. в стенках сосудов и др. нарушениям обмена в-в.

ХОЛЕЦИСТИ́Т (от греч. cholé – желчь и kýstis – пузырь), острое или хронич. воспаление жёлчного пузыря (приступы боли в правом подреберье, часто связанные с погрешностями в диете – употреблением жирной или острой пищи, алкоголя), обычно при желчнокаменной болезни.

ХО́ЛМИНОВ Ал-др Ник. (р. 1925), рос. композитор. 11 опер, в т.ч. психологически заострённые камерные оп. «Шинель», «Коляска» (обе 1975), «Ванька» (1984), оперы на ист. тематику «Оптимистическая трагедия» (1965), «Чапаев» (1974); Симфонии, камерно-инстр. сочинения.

ХОЛМОГО́РСКАЯ РЕЗНА́Я КОСТЬ, рус. нар. художественный промысел в с. Холмогоры и прилегающих деревнях Архангельской обл. Расцвет – 18 – 1-я пол. 19 вв. В 1932 в с. Ломоносово основана артель имени М.В. Ломоносова (с 1960 ф-ка). Изделия (преим. из моржовых клыков и обычной животной кости): гребни, ларцы, кубки, вазы, украшенные сюжетными композициями в технике низкого рельефа, тонким ажурным орнаментом.

ХОЛОДИ́ЛЬНИК, сооружение или аппарат для охлаждения, замораживания и хранения пищ. и др. скоропортящихся продуктов при темп-ре ниже темп-ры окружающей среды (от 4 до –40 °C). Наиб. распространённый тип холодильной машины. Различают производственные (вместимость до 10 тыс. т и более), торг., трансп. и домашние Х.

ХОЛО́ДНАЯ Вера Вас. (1893–1919), рос. киноактриса. Приобрела широкую известность в салонных драмах и мелодрамах 10-х гг., создавая лирич. образы красивых женщин, разочарованных и непонятых («Песнь торжествующей любви», 1915; «Жизнь за жизнь», 1916; «Позабудь про камин, в нём погасли огни», 1917; «Молчи, грусть, молчи», 1918).

ХОЛО́ДНОЕ ОРУ́ЖИЕ, оружие рукопашного боя (мечи, копья, сабли, шашки, тесаки, шпаги и др.). Появилось в глубокой древности и до 16 в. было гл. видом оружия. В совр. армиях сохранились штык, шашка, сабля, палаш, кортик, армейский нож. Нек-рые виды Х.о. (рапира, сабля, шпага) применяются в спорте. У ряда народов Х.о. является принадлежностью нац. костюма. Илл. см. на стр. 756.

ХОЛОКО́СТ (холокауст) (англ. Holocaust, от греч. holókaustos – сожжённый целиком), гибель значит. части евр. населения Европы (св. 6 млн, св. 60%) в ходе систематич. преследования и уничтожения его на-

Холмогорская резная кость. Н.Д. Буторян. Декоративная ваза «Весна». Моржовая кость. Ажурная резьба. 1969.

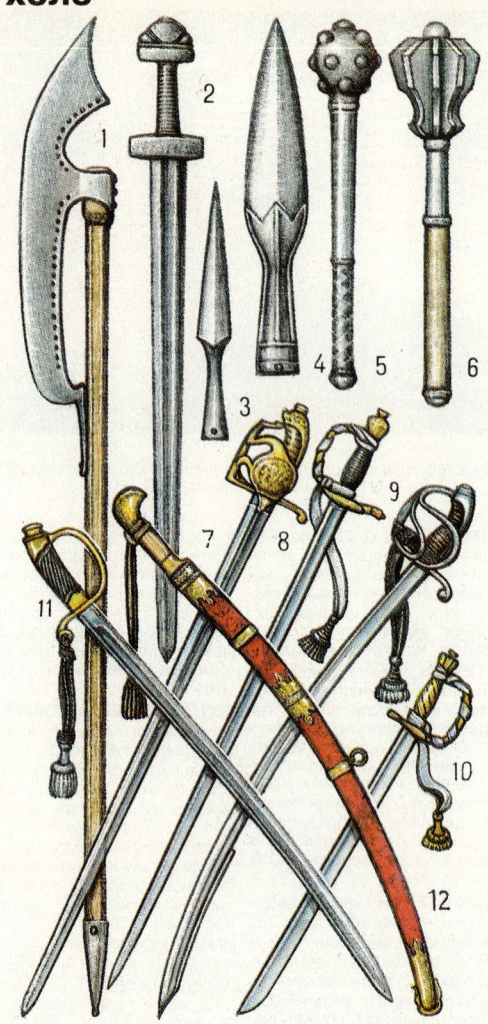

Холодное оружие: 1 – бердыш (17 в.); 2 – меч (11 в.); 3 – наконечник копья (14 в.); 4 – наконечник рогатины (13 в.); 5 – булава (16 в.); 6 – шестопёр (16 в.); 7 – палаш (18 в.); 8 – шпага пехотного образца 1798; 9 – сабля кавалерийская образца 1817; 10 – тесак образца 1807; 11 – шашка драгунская образца 1881; 12 – шашка казачья (сер. 19 в.).

1543), нем. живописец и график. Точным, чётким по характеристике портретам, картинам на религ. темы, гравюрам свойственны правдивость, ясность и величие иск-ва Ренессанса, монументальная цельность композиции («Мёртвый Христос», 1521; «Ш. де Моретт», ок. 1534–35).

ХОЛЬБЕРГ (Holberg) Людвиг (1684–1754), дат. драматург, историк, философ. Популяризировал филос. идеи франц. Просвещения. Комедии «Йеппе с горы» (1722), «Эразмус Монтанус» (1723), ироикомич. поэма «Педер Порс» (1719–20), сатира «Подземное странствие Николая Клима» (1741), басни.

ХОМЕЙНИ Рухолла Мусави [1900 (по др. данным, 1898 или 1903)–1989], руководитель Исламской Респ. Иран, аятолла (высш. духовное звание шиитов). В 1964 выслан из Ирана. В февр. 1979 возглавил рев-цию, приведшую к свержению шахского режима и установлению исламской республики.

ХОМЯКИ́, семейство грызунов. Длина тела от 5 см до 35–50 см, хвост обычно короче. Св. 580 видов, в т.ч. полёвки (ондатра, лемминги и др.), песчанки и др. Распространены широко; наиб. число видов в Америке. Живут поодиночке в норах. Активны в сумерках и ночью. Зимой впадают в спячку. Нек-рые Х.– лаб. ж-ные.

ХОМЯКО́В Ал. Степ. (1804–60), рос. религ. философ, поэт, публицист, один из основоположников славянофильства. Ориентация на вост. патристику (учение о «соборности» и др.) сочеталась у Х. с элементами филос. романтизма. Выступал с либер. позиций за отмену крепостного права, смертной казни, за введение свободы слова, печати. Стихотв. трагедии «Ермак» (1832) и «Дмитрий Самозванец» (1833), лирические стихотворения, проникнутые гражд. пафосом («России» и др.).

ХОНИА́РА, столица (с 1978) гос-ва Соломоновы Острова, на о. Гуадалканал. 35,3 т. ж. Порт на Соломоновом м. в Тихом ок.

ХОР, см. *Гор.*

ХОР (греч. chorós – хороводная пляска с пением), 1) в др.-греч. трагедии, в япон. драме ноо обязат. коллективный участник представления, собират. действующее лицо драмы. Комментирует происходящие события и даёт им оценку, рассказывает о переживаниях героя и т.п. 2) Певч. коллектив (от 12 до 100 чел. и более): однородный (жен., муж., Х. мальчиков) или смешанный; сводный Х. состоит из отд. хоровых коллективов. 3) *Партия* или отд. номер в опере и кантатно-ораториальных сочинениях.

ХОР, в раннехрист. церквах место перед *алтарём*, предназначенное для певчих и отделённое оградой от остальной части церкви; позже в архитектуре зап.-европ. стран – вся вост. (алтарная) часть храма.

ХОРА́ВА Акакий Ал. (1895–1972), актёр. С 1922 в Груз. т-ре имени Ш. Руставели (Тбилиси). Трагич. актёр героико-романтич. плана: Анзор («Анзор», 1928), Арсен («Арсен», 1936; обе – С. Шаншиашвили), Отелло («Отелло» У. Шекспира, 1937), Эдип («Царь Эдип» Софокла, 1956) и др. Занимался режиссурой, снимался в кино.

ХОРА́Л (от лат. cantus choralis, нем. Choral), 1) традиционное одноголосное песнопение римско-католической (*григорианский хорал*) и протестантской (*протестантский хорал*) церквей. 2) Многоголосная хоровая обработка одноголосного Х. 3) Инстр. пьеса в стиле многоголосного Х.

ХОРВА́ТИЯ (Республика Хорватия), гос-во на Ю. Европы, на З. омывается Адриатич. м. Пл. 56,5 т. км². Нас. 4,8 млн. ч., гл. обр. хорваты. Офиц. яз.– хорватскосербский. Верующие преим. католики (76%) и православные христиане (11%). Глава гос-ва – президент. Законодат. орган – Сабер – двухпалатный парламент (Палата представителей и Палата общин). Столица – Загреб. Адм.-терр. деление: 102 р-на. Ден. единица – куна.

Вост. часть Х.– холмистая равнина, пересечённая долинами рек Сава и Драва (юго-зап. окраина Среднедунайской равнины). Центр. и зап. части Х.– резко расчленённое Динарское нагорье выс. до 1831 м (в горах Динара). В Х. входит узкая полоса гористого побережья Адриатич. м. и о-ва Крк, Црес, Паг и др. Климат в вост. части Х. умеренно континентальный, на Динарском нагорье с продолжит. холодной зимой, на побережье субтропич. средиземноморский. На побережье ср. темп-ры янв. 7°C, июля 24°C; в г. Загребе соотв. 1°C и 22°C; осадков 600–700 мм в год, на

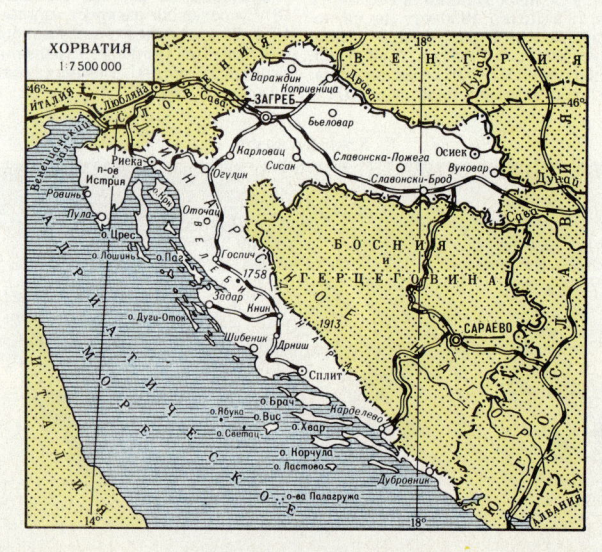

цистами и их пособниками в Германии и на захваченных ею терр. в 1933–45. Др. назв.– Катастрофа.

ХОЛО́ПЫ, в России в 10 – нач. 18 вв. категория зависимого населения, по правовому положению близкая к рабам. Изначально не имели собств. х-ва и исполняли разл. работы в х-ве феодалов. Х. становились в результате пленения, продажи за долги, брака с холопом или холопкой. С 17 в. Х. получали в пользование землю и облагались повинностями. С введением в 1722 подушной подати Х. превратились в крепостных крестьян.

ХО́ЛУЙСКАЯ МИНИАТЮ́РА, рус. нар. миниатюрная живопись темперой на лаковых изделиях из папье-маше. Возникла в 1932 в пос. Холуй (Ивановская обл.) на основе иконописного промысла (с 1934 артель, с 1960 ф-ка). Для Х.м. характерны фольклорные, бытовые, ист. и лит. сюжеты, декор. живописная манера.

ХО́ЛЬБЕЙН (Гольбейн) (Holbein) Ханс Младший (1497 или 1498–

Холуйская миниатюра. П.Н. Сотсков. «Метелица». 1965. Музей народного искусства. Москва.

Хорватия. Верхнее течение р. Зрманя на юге страны.

побережье до 1000 мм. Кр. реки – Сава, Драва. Под лесом 36% терр. Х.; на равнине – участки широколиств. лесов, в горах – широколиств. смешанные леса, вдоль побережья – средиземноморская растительность (маквис).

Заселена славянами с 7 в. В 9 в. сложилось гос-во, с 925 – кор-во, распространялось христ-во. С 1102 в составе Венг. кор-ва (при сохранении внутр. самоуправления). С 1526 под властью Габсбургов. В кон. 16 – нач. 18 вв. б.ч. терр. Х.– под османским игом, с кон. 18 в. – в зависимости от венг. властей. Хорв.-венг. согл. 1868 признало огранич. автономию хорв. земель. С 1918 Х. – в Кор-ве сербов, хорватов и словенцев (с 1929 Югославия). В 1941 большая часть Х. захвачена нем. оккупантами; на части терр. Х. было создано фаш. «Независимое гос-во Х.». Терр. Х. освобождена к маю 1945. С 1945 Х.– респ. в составе Югославии, у власти находилась югосл. КП. С 1991 независимое гос-во.

Х.– индустр.-агр. страна. ВНП на д. нас. 4399 долл. в год. Добыча нефти, бокситов. Ведущие отрасли пром-сти: маш-ние (произ-во станков, эл.-техн. изделий, мор. судов), нефтеперераб., хим. (фарм. товары, пластмассы, краски и др.), цем., лёгкая (текст., обув.), пищевкусовая (вина, рыбные консервы, оливковое масло). В с. х-ве преобладает земледелие. Гл. зерновые культуры – пшеница, кукуруза. Выращивают сах. свёклу, подсолнечник, лён. Сад-во (преим. яблоки, сливы) и виногр-во; на Адриатич. побережье – субтропич. плод-во (оливы, инжир, цитрусовые). Разведение кр. рог. скота, лошадей, свиней; в горн. р-нах – пастбищное овц-во, лесозаготовки. Рыб-во. Иностр. туризм (курорты Опатия, Дубровник, Сплит и др. на побережье Адриатич. м.).

ХОРЕЗМ, древнее гос-во в Ср. Азии с центром в низовьях Амударьи – область развитого иригац. земледелия, ремесла и торговли, высокой культуры. Возникло в 7–6 вв. до н.э. В 712 Х. завоёван Араб. халифатом. С 1220 в составе Монг. империи, затем в *Золотой Орде*. С 1388 в гос-ве Тимура и др. С 16 в. б.ч. терр. Х. была включена в Хивинское ханство.

ХОРЕЙ (греч. choréios, букв. – плясовой), трохей (греч. trocháios, букв. – бегущий), стихотв. метр с сильными местами на нечётных слогах стиха («Ве́тер по́ морю гуля́ет», А.С. Пушкин). Наиб. употребит. размеры рус. силлабо-тонич. Х. – 4-, 5-, 6-стопный.

ХОРЕОГРА́ФИЯ (от греч. choréia – пляска и gráphō – пишу), 1) первоначально запись танца. 2) С кон. 19 – нач. 20 вв. танц. иск-во в целом. В совр. Х. различается бытовой (народный и бальный) и сценический (эстрадный, нар.-сценический и балет) танец. 3) Иск-во сочинения танцев и балетов. Поэтому автора балета – балетмейстера иногда наз. хореографом (Ф. Тальони, М.И. Петипа).

ХОРЕ́Я (от греч. choréia – пляска) (виттова пляска), быстрые непроизвольные некоординир. движения, подёргивания конечностей и т.п.; вид гиперкинеза. Признак органич. поражения мозга при ревматизме (ревматич., или малая, Х.) либо самостоятельное наследств. заболевание.

ХОРОВО́Д, древний круговой танец или песня-танец, нередко с инстр. сопровождением. Распространён у мн. народов, особенно у славян (в т.ч. под назв. хоро, коло, карагод).

ХОРО́Г, г. (с 1932) в Таджикистане, ц. Горно-Бадахшанской АО, на Па-

Хорезм. Топрак-Кала. Фрагмент монументальной скульптуры из алебастра. 3 в.

мире (выс. 2200 м), близ впадения р. Гунт в Пяндж. 20,3 т. ж. Пром-сть: пищ. (в т.ч. мясо-молочная), лёгкая. Ист.-краеведч. музей. Т-р муз. комедии.

ХОРС, в слав.-рус. мифологии одно из названий бога солнца.

ХО́РТИ (Horthy) Миклош (1868–1957), фаш. диктатор Венгрии в 1920–44, контр-адм. (1918). В окт. 1944 передал власть Ф. Салаши и выехал за границу.

ХО́РЫ, верхняя (на уровне 2-го яруса) *галерея* в христ. церкви или парадном зале. Расположены обычно с зап. стороны. Предназначались для высш. слоёв ср.-век. общества, позднее для певчих, музыкантов, для размещения орга́на.

ХОРЬКИ́, хищные млекопитающие (сем. куньи). Длина тела до 48 см, хвоста до 16 см. 3 вида, в Евразии и Сев. Америке. В России 2 вида: лесной, или чёрный, Х. и степной, или светлый, Х. Объект пушного промысла. Получены гибриды Х. с норкой, колонком. Существует одомашненная альбинистическая форма чёрного Х.– фуро (изображён на знаменитой картине Леонардо да Винчи «Дама с горностаем»).

ХОСРО́В I АНУШИРВА́Н (?–579), царь Ирана с 531. Его правление – период наиб. могущества гос-ва *Сасанидов*.

ХОТОВИ́ЦКИЙ Степ. Фомич (1796 или 1794–1885), врач, один из основоположников педиатрии в России. Первое рус. руководство по дет. болезням (1847).

ХО́ТОРН (Готорн) (Hawthorne) Натаниел (1804–64), амер. писатель. Романтик, причастный к движению трансценденталистов. Мастер психол. и аллегорич. повестей и рассказов (сб. «Дважды рассказанные истории», 1837, 1842, «Легенды старой усадьбы», 1846) – о поисках красоты, амер. старине, трудностях духовного самопознания. Пуританские традиции повлияли на проблематику греха и искупления в ром. «Алая буква» (1850) и «Дом о семи шпилях» (1851). Ром. «Мраморный фавн» (1860) – о светлом и демоническом началах творчества.

ХОТЬКО́ВСКАЯ РЕЗНА́Я КОСТЬ, рус. нар. худ. промысел в г. Хотьково. Существует с 1947. На ф-ке резных худ. изделий преим. из цевки (кости крупного рогатого скота) изготовляют миниатюрные панно, скульптуру в технике объёмной, рельефной и ажурной резьбы.

Д. Хофман в фильме «Крамер против Крамера».

ХО́У (Howe) Гордон (Горди) (р. 1928), канад. спортсмен (хоккей с шайбой). Один из результативнейших нападающих в НХЛ (св. 800 голов); выступал за команды «Детройт Ред Уингс» (1946–71) и «Хартфорд Уэйлерс» (1979–80). Обладатель Кубка Стэнли (1950, 1952, 1954, 1955) и ряда др. престижных призов НХЛ.

ХО́ФМАН (Hoffman) Дастин (р. 1937), амер. актёр. Работал в т-ре в нач. 60-х и в 80-е гг. Соединяет драматизм и эксцентрику, способность к глубокому перевоплощению и яркой характерности, жизненную убедительность и эффектное лицедейство. Снимался в ф.: «Выпускник» (1967), «Полуночный ковбой» (1969), «Маленький Большой Человек» (1970), «Ленни» (1975), «Крамер против Крамера» (1979), «Тутси» (1982), «Человек дождя» (1988).

ХОХЛОМСКА́Я РО́СПИСЬ, рус. нар. худ. промысел. Возник в 17 в. Назв. происходит от с. Хохлома Нижегородской обл. Ныне ф-ка «Хохломской художник» (с. Сёмино) и производств. худ. объединение «Хохломская роспись» в г. Семёнов (Нижегородская обл.). Декор. роспись на дерев. изделиях (посуда, мебель) тонким растит. узором, выполненным красным и чёрным (реже зелёным) тонами и золотом по золотистому фону. Илл. см. на стр. 758.

ХО ШИ МИН (Hồ Chi Minh) (1890–1969), пред. ЦК Партии трудящихся Вьетнама (ПТВ) с 1951, през. ДРВ с 1946.

Хорьки. Лесной хорёк.

758 ХОШИ

Хохломская роспись. О.П. Лушина. Чашка. 1972.

ХОШИМИ́Н (до 1976 Сайгон), г. на Ю. Вьетнама. 3,2 млн. ж. Мор. порт на р. Сайгон, в 80 км от Юж.-Кит. м. Междунар. аэропорты. Лёгкая, пищ., деревообр., хим. пром-сть; маш-ние. Худ. ремёсла. Центр рыб-ва. Ун-т. Нац. музей. Регулярная планировка; каналы. Осн. в 1778. Буддистские пагоды Салой и Винь-Нгием и др. архит. пам. 18 в. Назван по имени Хо Ши Мина.

Хошимин. Базар.

ХРАМ, культовое здание для богослужения, выполнения религ. обрядов. Стр-во Х. началось в древности (др.-вост., антич.). Осн. типы – христ. церковь (в Польше, Прибалтике – католич. костёл; в протестантских германоязычных странах – кирха), мусульм. мечеть, будд. Х.

ХРЕН, род многолетних травянистых р-ний (сем. крестоцветные). 3

Храм. Священная утварь православного богослужения: 1 – кадило; 2 – крест священнический; 3 – панагия; 4 – купель; 5 – литийный сосуд; 6 – аналой; 7 – подсвечник, стоящий перед иконами; 8 – жертвенник с предметами для совершения проскомидии (первая часть христианской литургии).

вида, в Евразии. Х. обыкновенный возделывается (с 14–16 вв.) в европ. странах, Индии, Китае, США, а также в России. Корни Х. (до 300 ц с 1 га), измельчённые на тёрке, – острая приправа к блюдам (обладает фитонцидными свойствами). Листья – специи в соленьях.

ХРЕ́ННИКОВ Тих. Ник. (р. 1913), рос. композитор, педагог, обществ. деятель. Историко-рев. тематика в оп. «В бурю» (1939), «Мать» (1957); юмор и мягкий лиризм в оп. «Фрол Скобеев» (1950), бал. «Любовью за любовь» (1976), «Гусарская баллада» (1979), оперетты. Музыка к пьесам драм. т-ра, киномузыка (в т.ч. к ф. «Свинарка и пастух»). Инстр. концерты, симфонии. Пред. (ген., 1-й секр. правления) СК СССР (1948–91).

ХРЖАНО́ВСКИЙ Анд. Юр. (р. 1939), рос. кинорежиссёр-мультипликатор. После фильмов-притч «Жил-был Козявин» (1966), «Стек-

А. Хржановский. Кадр из фильма «Жил-был Козявин».

Хрен. Корень и лист.

лянная гармоника» (1968) обратился к переложению мотивов классич. лит-ры. Склонность к метафоричности, филос. мотивам проявилась в фильмах пушкинского цикла: «Я к Вам лечу воспоминаньем» (1977), «И с Вами снова я» (1981), «Осень» (1982), а также в ф. «Пейзаж с можжевельником» (1987), «Школы изящных искусств» (1990).

ХРИЗАНТЕ́МА, род одно- и многолетних травянистых р-ний (сем. сложноцветные). До 200 видов, в осн. в Евразии и Африке. Выращивают (в т.ч. в пром. цветоводстве) многочисл. сорта Х. мелкоцветковой и др. Для зимней выгонки в теплицах размножают черенками (цветут в окт.–дек.), в открытом грунте – семе-

Хризантема.

нами (цветут с июня до осени). Пышные махровые соцветия разл. формы и окраски.

ХРИСТА́ СПАСИ́ТЕЛЯ ХРАМ в Москве, построен в 1837–83 на месте б. Алексеевского мон. по проекту К.А. Тона (1832) как храм-памятник, посвящённый Отеч. войне 1812. Сооружённое в т.н. рус.-визант. стиле, грандиозное по масштабам (выс. 103,3 м) здание отличалось роскошью внеш. и внутр. убранства (скульптуры П.К. Клодта, Ф.П. Толстого и др., росписи В.В. Верещагина, В.И. Сурикова и др.). Разрушен в 1931 в связи с проектом стр-ва здесь грандиозного Дворца Советов; до 1993 на этом месте находился плават. бассейн «Москва». В 1994 началось восстановление храма.

ХРИСТИА́НСКИЙ СОЦИАЛИ́ЗМ, направление обществ. мысли, стремившееся соединить принципы католицизма с нек-рыми социалистич. идеями. Возник в 1-й пол. 19 в. В числе родоначальников – Ф. Ламенне (Франция), Ф.Д. Морис и Ч. Кингсли (Великобритания). Ряд принципов Х.с. включён в социальную доктрину совр. католицизма.

ХРИСТИА́НСТВО, одна из трёх т.н. мировых религий (наряду с *буддизмом* и *исламом*). В основе – вера в Иисуса Христа как Богочеловека, Спасителя, воплощение второго лица триединого божества (см. *Троица*). Приобщение верующих к Божественной благодати осуществляется через участие в *таинствах*. Источник вероучения Х. – *Священное предание*; гл. в нём является *Священное писание* (*Библия*, особенно Новый Завет); по значимости за ними следуют др. части Священного предания («Символ веры», решения вселенских и нек-рых поместных соборов, отд. творения *отцов церкви* и др.). Х. возникло в 1 в. н.э. среди евреев Палестины, сразу же распространилось у др. народов Средиземноморья. В 4 в. стало гос. религией Рим. империи. К 13 в. вся Европа была христианизирована. На Руси Х. распространилось под влиянием Византии с кон. 10 в. В результате схизмы (разделение церквей) Х. в 1054 раскололось на *православие* и *католицизм*. Из католицизма в ходе Реформации в 16 в. выделился *протестантизм*. Общее число приверженцев Х. превышает 1 млрд. ч.

ХРИ́СТОВ Борис (1914–93), болг. певец (бас). С 1942 в Италии. С 1946 солист т-ра «Ла Скала», выступал в разл. оперных т-рах мира. Среди лучших партий: Борис Годунов (в одноим. оп. М.П. Мусоргского), Филипп II («Дон Карлос» Дж. Верди). Исполнитель рус. песен и романсов, правосл. духовной музыки.

ХРИСТО́С, см. *Иисус Христос*.

ХРОМ (Chromium), Cr, хим. элемент VI гр. периодич. системы, ат. н. 24, ат. м. 51,996; металл, $t_{пл}$ 1890 °C. Компонент сталей, жаропрочных сплавов, материал покрытий на металлах. Используется в произ-ве огнеупоров, пигментов, дубителей кожи, магнитных материалов и др. Открыт в 1797 франц. химиком Л. Вокленом.

ХРОМА́ТИКА (от греч. chrôma, род. падеж chrômatos – цвет, краска) (муз.), система, содержащая звуки *диатоники* и их полутоновые повышения или понижения (альтерации). Образует т.н. хроматич. *полутоны* (напр., до – до *диез*, си – си *бемоль*). Возникнув как «расцвечивание» диатоники, Х. стала основой совр. 12-звучной системы (деление октавы на 12 равных полутонов).

ХРОМАТОГРА́ФИЯ (от греч. chrôma – цвет и ...*графия*), метод разделения и анализа смесей, основанный на избират. распределении их компонентов между неподвижной (твёрдой или жидкой) и подвижной (газ, жидкость) фазами. Используется для анализ. загрязнений, контроля произ-ва и др.

ХРОМИ́ТЫ, см. *Хромовые руды.*

ХРОМО́... (от греч. chrōma – цвет, краска), часть сложных слов, указывающая на отношение к цвету (напр., хромоскоп); на отношение к хрому (напр., хромомагнезит).

ХРО́МОВЫЕ РУ́ДЫ (хромиты), содержат Cr$_2$O$_3$ от 25% (бедные) до 62% (богатые). Гл. минералы: хромшпинелиды (магнохромит, алюмохромит, хромпикотит). Мировые запасы св. 4 млрд. т. Гл. добывающие страны: ЮАР, Турция, Финляндия, Индия, Зимбабве, Казахстан.

ХРОМОСО́МНЫЕ БОЛЕ́ЗНИ, наследственные заболевания, обусловленные изменениями числа или структуры хромосом, напр. отсутствием в кариотипе одной хромосомы из к.-л. пары гомологов (моносомия) или наличие добавочной 3-й хромосомы к паре гомологов (трисомия; напр., *Дауна болезнь*).

ХРОМОСО́МЫ (от *хромо...* и греч. sōma – тело), структурные элементы ядра клетки, содержащие ДНК, в к-рой заключена наследств. информация организма. В Х. в линейном порядке расположены *гены*. Самоудвоение и закономерное распределение Х. по дочерним клеткам при клеточном делении (*митозе и мейозе*) обеспечивает передачу наследств. свойств организма от поколения к поколению. В виде чётких структур Х. различимы (при микроскопии) только во время деления клеток. Каждая Х. имеет специфич. форму, размер. Совокупность числа Х. в ядре каждой клетки организма наз. хромосомным набором. У человека общее число Х. в половых клетках равно 23, а во всех остальных (соматических) – 46. Нередко Х. наз. также генетич. материал бактерий и вирусов.

ХРО́НИКА (греч. chroniká, от chrónos – время), 1) запись ист. событий в хронологич. последовательности, один из осн. видов ср.-век. ист. соч. (рус. *летописи*). 2) Лит. жанр – повествоват. или драм. произведение, излагающее исторически достопримеч. события в их временной последовательности, а также повести о частной жизни, использующие приёмы хроникального повествования («Семейная хроника» С.Т. Аксакова). 3) Газетно-журнальный и радиотелевиз. жанр – краткое сообщение о факте.

ХРО́НО... (от греч. chrónos – время), часть сложных слов, указывающая на их отношение ко времени (напр., хронология).

ХРОНОЛО́ГИЯ (от *хроно...* и *...логия*), последовательность событий во времени. Ист. Х.– специальная ист. дисциплина, изучает системы летосчисления и календари разных народов и гос-в, помогает устанавливать даты ист. событий и время создания ист. источников.

ХРОНО́МЕТР (от *хроно...* и *...метр*), особо точные переносные часы. Применяются в навигации, геодезии и др. для хранения времени нач. меридиана, что необходимо при определении геогр. долготы. Х. появились в 16–17 вв. в связи с развитием мореплавания. Первый практически пригодный мор. Х. создан англ. механиком Дж. Харрисом в сер. 18 в., усовершенствован в кон. 18 – нач. 19 вв. Электронные Х. появились в сер. 20 в. Ср. точность хода морского механич. Х. 0,15 с, электронно-механич.– 0,2 с, электронного – 0,01 с.

ХРУЩАКИ́, неск. видов жуков (сем. чернотелки). Обычны 2 вида: Х. мучной большой – дл. ок. 15 мм (личинка, т.н. мучной червь, дл. до 30 мм) и Х. мучной малый – дл. до 4 мм (личинка дл. до 7 мм). Повреждают муку, отруби, крупу.

ХРУЩЁВ Никита Сер. (1894–1971), полит. деятель. Из крестьян. С 1909 слесарь на з-дах и шахтах Донбасса. В 1928 зав. орг. отделом ЦК КП(б) Украины; в 1929 учился в Москве в Пром. академии. С 1931 на парт. работе в Москве, с 1935 1-й секр. МК и МГК ВКП(б), с 1938 по март 1947 и с дек. 1947 по 1949 1-й секр. ЦК КП(б) Украины. Играл одну из гл. ролей в организации массовых репрессий в Москве и на Украине. В Вел. Отеч. войну чл. Воен. советов ряда фронтов. С 1949 секр. ЦК и 1-й секр. МК ВКП(б), с 1953 секр., 1-й секр. ЦК КПСС, одноврем. в 1958–64 пред. СМ СССР. Один из инициаторов «оттепели» во внутр. и внеш. политике, реабилитации жертв репрессий; предпринял попытку модернизировать парт.-гос. систему, ограничить привилегии парт. и гос. аппарата, улучшить материальное положение и условия жизни населения, сделать общество более открытым. На 20-м (1956) и 22-м (1961) съездах партии выступил с резкой критикой т.н. культа личности и деятельности И.В. Сталина. Однако сохранение в стране тоталитарного режима – подавление инакомыслия, в обещания расстроить коммунизм к 1980) делали его политику непоследовательной. Недовольство гос. и парт. аппарата привело к смещению Х. со всех занимаемых постов в 1964. Автор восп. (Нью-Йорк, 1981).

ХРУЩИ́, группа растительноядных жуков (сем. пластинчатоусые) с массивным вальковатым телом. Дл. 4–60 мм. 5 тыс. видов, распространены широко. Многие Х. (майские жуки, мраморный Х. и др.) – вредители с.-х. культур и лесных пород. Илл. см. при ст. *Жуки.*

ХРЯЩ, разновидность соединительной ткани нек-рых беспозвоночных, всех позвоночных ж-ных и человека. Состоит из плотного межклеточного в-ва, в к-ром расположены клетки – хондробласты и хондроциты. Выполняет опорную функцию. У зародышей Х. составляет б.ч. скелета, у взрослых организмов (кроме хрящевых рыб) покрывает лишь суставные поверхности костей и образует Х. рёбер, гортани, трахеи, бронхов, ушной раковины, носа.

ХУАНХЭ́ (Жёлтая река; название связано с обилием наносов, придающих водам Х. жёлтый оттенок), р. в Азии, на В. Китая. Дл. 4845 км. Истоки на В. Тибетского нагорья, пересекает Ордос и Лёссовое плато, ниж. течение – на Великой Кит. равнине. Впадает в зал. Бохайвань Жёлтого м. Несёт до 35–40 кг/м^3 наносов (наиб. концентрация среди кр. рек мира). Осн. притоки: Удинхэ, Вэйхэ, Фыньхэ. Используется для орошения. ГЭС. Соединена Великим каналом с р. Хуайхэ. Судох. на отд. участках. На Х.– гг. Ланьчжоу, Баотоу, в долине – гг. Чжэнчжоу, Цзинань.

ХУБИЛА́Й (1215–94), 5-й монг. вел. хан с 1260. Внук Чингисхана. В 1279 завершил завоевание Китая. Предпринял неудачные завоеват. походы в Японию, Вьетнам, Мьянму, на Яву.

ХУВА́КШТРА, см. *Киаксар.*

ХУДЖА́НД (до 1936 Ходжент, в 1936–91 Ленинабад), г. в Таджикистане, ц. Худжандской обл., на р. Сырдарья. 164 т. ж. Ж.-д. ст. Лёгкая (шёлковая, хл.-очист., обув., трикот. и др.), пищевкус., маш.-строит. и металлообр. пром-сть. Пед. ун-т.4 музея (в т.ч. историко-краеведч., археологический). Т-р муз. комедии. Ботан. сад. Осн. в 5 в. до н.э.

ХУДО́ЖЕСТВЕННАЯ ГИМНА́СТИКА, вид спорта, соревнования женщин в выполнении под музыку комбинаций из гимнастич. и танц. упражнений с предметом (лента, мяч, обруч, скакалка, булава) и без него. Возникла в СССР в 1940-х гг., в 60-х гг. признана Междунар. федерацией гимнастики. Чемпионаты мира с 1963; в программе Олимп. игр с 1984.

Художественная гимнастика.

ХУДО́ЖЕСТВЕННОЕ КОНСТРУИ́РОВАНИЕ, см. *Дизайн.*

ХУЛАГУИ́ДЫ, монг. династия, правившая в 1256 – сер. 14 в. в гос-ве, включавшем Иран, б.ч. совр. терр. Афганистана, Туркмении, Закавказья, Ирака, вост. часть М. Азии. Основатель – внук Чингисхана Хулагу-хан (1256–65).

ХУ́ННУ, кочевой народ, сложившийся в древности в Центр. Азии. Часть Х. перекочевала на З., где, смешавшись с аборигенами, положила начало гуннам.

ХУ́НТА (исп. junta – коллегия, объединение), название объединений, союзов, комиссий, гос. органов, воен. пр-в в испаноязычных странах.

ХУРМА́, род древесных р-ний (сем. эбеновые). Ок. 500 видов, преим. в тропиках и субтропиках. Х. восточная – древняя культура Японии и Китая, выращиваемая также в Средиземноморье, Америке (США), Австралии, на Черномор. побережье Кавказа, в Закавказье (Азербайджан), Крыму, Ср. Азии. Дерево выс. 8–12 м, живёт св. 100 лет, плодоносит

Хурма́ восточная. Плод с листом.

с 3–4 лет. В плодах (до 200 кг с р-ния) сахара́, витамин С, железо. Разводят также Х. виргинскую (родина Сев. Америка), Х. обыкновенную, или кавказскую (реликтовый вид, охраняется), и др. Мн. тропич. виды Х. дают ценную чёрную древесину – эбеновое дерево (изготовление мебели, муз. инстр-тов и др.).

ХУСЕ́ЙН (626–680), сын халифа Али и Фатимы, дочери Мухаммеда, третий шиитский имам. Убит в бою с отрядом войск халифа Язида I при Кербеле. День его гибели отмечается шиитами как день траура (см. *Шахсей-вахсей*).

ХУ́ТОР, 1) однодворное сел. поселение. 2) На Украине, Кубани и Дону – поселения вне сёл и станиц, независимо от числа дворов.

ХУТЫ́НСКИЙ МОНАСТЫ́РЬ (Варлаамиев Спасо-Преображенский), мужской, на берегу р. Волхов, в 10 км к С. от Новгорода. Осн. в кон. 12 в. монахом Варлаамом в урочище Хутынь. Пользовался покровительством моск. вел. князей и царей. В 1611 разорён швед. отрядами. Упразднён после Окт. рев-ции. Сильно пострадал во время Вел. Отеч. войны. В 1991 возвращён Рус. православ. церкви. Архит. пам. 16–17 вв.: Спасо-Преображенский собор и др.

ХУФУ́, см. *Хеопс.*

ХУЦИ́ЕВ Марлен Мартынович (р. 1925), рос. кинорежиссёр. Поэтичность, воссоздание потока повседневности, тонкое ощущение духовной ситуации характерны для ф.: «Весна на Заречной улице» (1956, совм. с Ф.Е. Миронером), «Два Фёдора» (1959), «Застава Ильича» (1962, вып. 1988, др. вариант – «Мне

760 ХЬЮС

двадцать лет», 1965), «Июльский дождь» (1967), «Послесловие» (1983), «Бесконечность» (1992).

ХЬЮСТОН (Huston) Джон (1906–1987), амер. кинорежиссёр, сценарист, актёр. Ф. «Мальтийский сокол» (1941) стал классикой «чёрного» фильма (см. *Триллер*). В этом жанре Х. работал и дальше, иногда иронически его переосмысливая (ф. «Сокровище Сьерра Мадре», 1947, «Кей Ларго», 1948, «Честь семьи Прицци», 1985). В нек-рых работах Х. приключенч. сюжет скрывает филос. план: «Африканская королева» (1952), «Моби Дик» (1956), «Неприкаянные» (1960).

Царицыно. Мост.

Ц, ц [цэ], двадцать четвёртая буква рус. алфавита; восходит к букве *кириллицы* Ц («цы»).

ЦАДКИН (Zadkine) Осип (1890–1967), скульптор т.н. *парижской школы*. Выходец из России. Представитель *экспрессионизма*. Создал пронизанный острым драматизмом, антифашистский по направленности монумент «Разрушенный город» в Роттердаме (1953), памятник В. Ван Гогу в Овер-сюр-Уаз близ Парижа (1956).

ЦАМ, в тибето-монг. буддизме праздник; ламы в масках, изображающих будд, божеств, совершают пляски и символически сжигают «злого духа».

ЦАНДЕР (Zander) Густав (1835–1920), швед. физиотерапевт. Разработал методы и аппараты для механотерапии и массажа.

ЦАПЛИ, семейство птиц. Дл. 28–140 см. Шея длинная, тонкая, клюв прямой. 66 видов, в т.ч. выпи, волчки, кваква, белая и серая Ц. Распространены широко. Обитают по берегам водоёмов, часто гнездятся колониями. Желтоклювая Ц., численность к-рой резко сократилась из-за отстрела ради удлинённых плечевых перьев (эгреток), находится под охраной.

ЦАРЁВ Мих. Ив. (1903–87), актёр, педагог, театральный деятель. На сцене с 1920. В 1933–37 в Т-ре имени Вс. Мейерхольда, с 1937 в Малом т-ре (в 1950–67 и 1970–85 дир., с 1985 худ. рук.). Исполнял героико-романтич. и характерные (драм. и комич.) роли. Стремился к созданию цельных, обобщённых образов: Арман («Дама с камелиями» А. Дюма-сына, 1934), Чацкий (1923, 1926/27, 1932/33, 1935, 1938) и Фамусов (1963; 1975, пост. Ц. и В.Н. Иванова) – «Горе от ума» А.С. Грибоедова, Вожак («Оптимистическая трагедия» В.В. Вишневского, 1967), Веррина («Заговор Фиеско в Генуе» Ф. Шиллера, 1977) и др. Занимался режиссурой. Снимался в кино. В 1964–86 пред. правления Всерос. театрального об-ва.

ЦАРИЦЫНО, дворцово-парковый ансамбль (с 1960 в черте Москвы). Строился (1775–85) В.И. Баженовым в архит. формах, основанных на переработке мотивов др.-рус. зодчества и *готики* (Оперный дом, Хлебный дом, мосты, ворота). Гл. дворец в 1786 был снесён, заново построен М.Ф. Казаковым (не закончен). В пейзажном парке павильоны в формах классицизма; пруды.

ЦА́РСКАЯ ВО́ДКА, смесь концентрир. азотной и соляной к-т в соотношении по объёму 1:3; растворяет золото и платину; окислитель в аналитич. химии.

ЦА́РСКИЕ ВРАТА́, в правосл. храме двустворчатая дверь в центр. части иконостаса. На Ц.в. обычно изображается Благовещение, а также четыре евангелиста.

ЦА́РСТВО (биол.), высш. таксономич. категория (ранг). Со времён Аристотеля весь органич. мир подразделяли на два Ц.: р-ния и ж-ные. В совр. системе органич. мира чаще принимают четыре Ц.: бактерии (в т.ч. цианобактерии, или синезелёные водоросли), грибы, р-ния и ж-ные.

ЦАРЬ (от лат. caesar – цезарь), в нек-рых древних гос-вах, России, Болгарии офиц. титул главы гос-ва (монарха). В России царский титул принял Иван IV Грозный в 1547. С 1721 Пётр I Великий, а затем и др. рос. самодержцы именовались императорами, сохраняя в полной титулатуре царский титул.

ЦВЕЙГ (Zweig) Арнольд (1887–1968), нем. писатель. С 1933 в эмиграции; с 1948 жил в Берлине. Черты традиц. реализма и модернизма – в ром. «Новеллы о Клавдии» (1912), рассказах, повестях, драмах. Проблема «маленького человека» на войне (цикл из шести ром., охватывающий период с 1913 по 1918, – «Большая война белых людей», 1927–57, в т.ч. «Спор об унтере Грише», 1927, «Воспитание под Верденом», 1935) и в условиях фашизма («Вандсбекский топор», изд. на иврите в 1943, пер. с нем. рукописи).

ЦВЕЙГ Стефан (1881–1942), австр. писатель. С 1934 жил преим. в Лондоне, с 1941 – в Бразилии. Тончайшие движения души, аффектированные чувства – в многочисл. новеллах (сб. «Амок», 1922, «Смятение чувств», 1927), ром. «Нетерпение сердца» (1939). Лит.-психол. портреты Стендаля, Ч. Диккенса, Дж. Казановы, Л.Н. Толстого, Ф.М. Достоевского, Марии Стюарт, З. Фрейда, Ф. Ницше, Ф. Магеллана, Ж. Фуше и мн. др., пронизанные идеей вечного противостояния прогресса и реакции. Острое переживание экспансии фашизма привело Ц. к самоубийству.

ЦВЕТ, свойство света вызывать определ. зрительное ощущение в соответствии со спектральным составом отражаемого или испускаемого излу-

С. Цвейг.

чения. Свет разных длин волн возбуждает разл. цветовые ощущения. Однако имеются сложные Ц. (напр., пурпурный), к-рым нельзя однозначно поставить в соответствие определ. спектральный состав излучения. Ц. объекта при освещении его *белым светом* (содержащим все цвета) определяется тем цветом, к-рый отражается (см. *Отражение света*). Если высокоэффективно отражается свет всем спектральным составом, то получается белый цвет, если так же эффективно поглощается весь свет, то получается чёрный цвет. Измерением Ц. и его количеств. выражением занимается *колориметрия*.

ЦВЕТА́ЕВА Марина Ив. (1892–1941), рус. поэтесса. Романтич. максимализм, напряжённая эмоциональность, мотивы одиночества, трагич. обречённости, сознание собств. избранности (сб. «Вёрсты», 1921, «Ремесло», 1923, «После России», 1928; сатирич. поэма «Крысолов», 1925; «Поэма Горы», «Поэма Конца», обе 1926). Трагедии («Федра», 1928). Интонационно-ритмическая экспрессивность, парадоксальная метафоричность. Эссеистская проза («Мой Пушкин», 1937; воспоминания об А. Белом, В.Я. Брюсове, М.А. Волошине, Б.Л. Пастернаке и др.). В 1922–39 в эмиграции. Вернувшись на родину, в эвакуации покончила жизнь самоубийством.

ЦВЕТКО́ВЫЕ РАСТЕ́НИЯ (покрытосеменные), отдел высш. р-ний, имеющих цветок. Возникли в меловом периоде и эволюционно наиб. продвинуты. От голосеменных Ц.р. отличаются прежде всего тем, что их семязачатки погружены в ткани завязи, из к-рой после оплодотворения развивается плод с заключёнными в нём семенами (отсюда второе назв.). Ц.р.– самый большой отдел царства р-ний, объединяющий два класса – двудольные и однодольные (отличаются строением семени), более 390 семейств, ок. 13 тыс. родов и 250 тыс. видов. Произрастают во всех климатич. зонах, составляя осн. массу растит. покрова Земли. К Ц.р. от-

носятся все важнейшие культурные р-ния, в т.ч. хлебные злаки, почти все овощные и плодовые культуры.

ЦВЕТНЫ́Е МЕТА́ЛЛЫ, пром. название металлов за исключением чёрных металлов (железа и сплавов на его основе). Ц.м. разделяют на лёгкие, тяжёлые, тугоплавкие, благородные, редкие.

М.И. Цветаева.

ЦВЕТО́К, орган полового размножения цветковых р-ний. В Ц. различают цветоложе, околоцветник (чашечку и венчик), тычинки, один или неск. пестиков. В ниж. части пестика (завязи) развиваются семязачатки, из к-рых формируются семена; завязь превращается в плод. Ц. могут быть женскими (имеют только пестики), мужскими (только тычинки) или обоеполыми. Ц. часто имеют яркую окраску, аромат, что привлекает ж-ных-опылителей (птиц, насекомых), питающихся нектаром и пыльцой. Самые крупные Ц. у тропич. р-ния раффлезии (св. 1 м в диаметре и ок. 9 кг), самые мелкие – у ряски

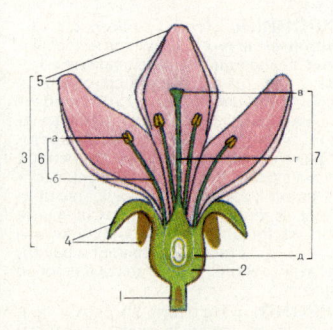

Цветок. Схема строения: 1 – цветоножка; 2 – цветоложе; 3 – околоцветник; 4 – чашелистики; 5 – лепестки; 6 – тычинки (а – пыльник, б – тычиночная нить); 7 – пестик (в – рыльце, г – столбик, д – завязь).

Цвет. Сплошной спектр видимого оптического излучения. Сверху даны длины волн в нанометрах.

400   500   600   700

Сплошной спектр

Цветок. Различные типы цветка. С двойным околоцветником: 1 – правильный (звездчатка), 2 – неправильный (2а – яснотка; 2б – валериана). С простым околоцветником: 3 – венчиковидный (пролеска); 4 – чашечковидный (ильм). Без околоцветника (ива): 5 – тычиночный; 6 – пестичный. С раздельнолепестным венчиком: 7 – магнолия; 8 – чистотел. Со спайнолепестным венчиком: 9 – первоцвет; 10 – цикорий; 11 – колокольчик. С мотыльковым венчиком: 12 – чина.

(до 0,5 мм). Р-ния с Ц. разнообразной окраски и красивой формы используют для декор. оформления помещений, садов, парков.

ЦВИ́НГЛИ (Zwingli) Ульрих (Хульдрейх) (1484–1531), деятель Реформации в Швейцарии. В 20-х гг. 16 в. провёл реформу церкви и полит. строя (в респ. духе) в Цюрихе; церковь подчинил гор. властям, запретил воен. наёмничество. Погиб в войне между католич. и протестантскими кантонами.

ЦЕ́ДРА (от итал. cedro – цитрон), наруж. окрашенный слой околоплодника цитрусовых (апельсина, лимона и др.). Содержит эфирные масла, обусловливающие запах плодов. Используют в пищ. пром-сти, кулинарии.

ЦЕ́ЗАРЬ (Caesar) Гай Юлий (102 или 100–44 до н.э.), рим. диктатор в 49, 48–46, 45, с 44 – пожизненно. Полководец. Начал полит. деятельность как сторонник демокр. группировки. В 60 вступил в союз с Г. Помпеем и Крассом (1-й триумвират). Консул с 59, затем наместник Галлии; в 58–51 подчинил Риму всю заальпийскую Галлию. В 49, опираясь на армию, начал борьбу за единовластие. Разгромив Помпея и его сторонников в 49–45 (Красс умер в 53), оказался во главе гос-ва. Сосредоточив в своих руках ряд важнейших респ. должностей (диктатора, консула и т.п.), стал фактически монархом. Убит в результате заговора республиканцев. Автор «Записок о галльской войне» и «Записок о гражданских войнах»; провёл реформу календаря (Юлианский календарь).

ЦЕ́ЗИЙ (Cesium), Cs, хим. элемент I гр. периодич. системы, ат. н. 55, ат. м. 132,9054; мягкий *щелочной металл*. Открыт нем. учёными Р. Бунзеном и Г. Кирхгофом в 1860; металлич. Ц. выделен швед. химиком К. Сеттербергом в 1882.

ЦЕЙТНО́Т (нем. Zeit – время и Not – нужда), в шахматной игре недостаток времени для обдумывания ходов, к-рое в офиц. соревнованиях регламентируется (напр., 2,5 ч на 40 ходов шахматной партии).

ЦЕЛИБА́Т (от лат. caelebs – неженатый), обязат. безбрачие католич. духовенства; узаконено папой Григорием VII (11 в.), практически утвердилось в 12 в.

ЦЕЛА́Н (Селан) (Celan) (наст. фам. Ангель) Пауль (Поль) (1920–70), австр. поэт. С 1948 жил в Париже. В стих. «Фуга смерти» (из сб. «Песок из урн», 1948) опыт *холокоста* и чувство вины уцелевшего перед миллионами уничтоженных претворены в восходящий к библейским псалмам реквием. Для книг «Мак и память» (1952), «От порога к порогу» (1955), «Роза – никому» (1963), «Солнце нити» (1968) характерна усложнённая образность, редкая суггестивная сила (поэтич. внушения), через всё творчество проходят символы соскальзывания в небытие («остаточность», пепел и тлен жизни»). Покончил жизнь самоубийством.

ЦЕЛИКО́ВСКАЯ Люд. Вас. (1919–92), актриса. С 1941 в Т-ре имени Евг. Вахтангова. Создала образы жизнерадостных и обаятельных героинь в фильмах 40-х гг.: «Антон Иванович сердится», «Сердца четырёх», «Близнецы», «Беспокойное хозяйство». Играла также драм., тонкопсихол. и острохарактерные роли в ф.: «Иван Грозный» (1945), «Попрыгунья» (1955), «Лес» (1980, вып. 1987) и др.

ЦЕЛИНА́, земли, покрытые естеств. растительностью, к-рые веками не распахивались. Ср. *Залежь*.

ЦЕЛИНОГРА́Д, название г. Акмолинск в 1961–92.

ЦЕЛКО́В Олег Ник. (р. 1934), живописец. В 1977 уехал из СССР, живёт в Париже. Автор остроэкспрессивных картин гротескно-сюрреалистич. характера, с интенсивно светящимся колоритом («Групповой портрет с медалью», 1968; «Автопортрет с Рембрандтом в день рождения 15 июля», 1971).

ЦЕ́ЛЛЕР (Zeller) Карл (1842–98), австр. композитор. Представитель жанра венской *оперетты*. Среди произв. этого жанра: «Продавец птиц» (1891), «Старший штейгер» (1894; на рус. сцене – «Мартин-рудокоп»).

ЦЕЛЛОФА́Н, прозрачная плёнка из *вискозы*; упаковочный материал.

ЦЕЛЛУЛО́ИД, пластмасса на основе пластифицированного нитрата целлюлозы (коллоксилина). Применяется, напр., для остекления приборов, изготовления канцелярских и галантерейных товаров, игрушек и др. Из-за горючести заменяется др. пластмассами. Впервые произ-во Ц. начато в Великобритании в 1868.

ЦЕЛЛЮЛО́ЗА, то же, что *клетчатка*.

ЦЕЛЬ, предвосхищение в мышлении результата деятельности и пути его достижения с помощью определ. средств. В качестве непосредств. мотива Ц. направляет и регулирует созн. человеческую деятельность, придавая ей последовательность или системность. Аристотель толковал Ц. как конечную причину бытия (causa finalis). В *телеологии* история и природа трактуются как осуществляющие Ц. В совр. науке понятие «Ц.» в условном смысле используется в кибернетике, теории систем, физиологии активности.

ЦЕЛЬС (Celsus) (Авл Корнелий Цельс) (1 в. до н.э.), др.-рим. автор энциклопедич. тр. «Искусства», из к-рого сохранился трактат «О медицине» (8 книг) – важнейший источник знаний об антич. медицине.

ЦЕ́ЛЬСИЯ ШКАЛА́, *температурная шкала*, в к-рой 1 градус (1°С) равен 1/100 разности темп-р кипения воды (100 °С) и таяния льда (~ 0°С) при атм. давлении. Предложена в Швеции А. Цельсием (1742). 1°С = 1 К.

ЦЕМЕ́НТ (нем. Zement), собират. название порошкообразных *вяжущих веществ*, способных при смешивании с водой образовывать пластичную массу, приобретающую затем камневидное состояние. Применяется гл. обр. для изготовления бетонов, жел.-бетон., строит. р-ров. Ц. получают обжигом измельчённых сырьевых материалов – известняков, глин, бокситов и др. Осн. виды: *портландцемент*, шлаковый, пуццолановый, глинозёмистый и специальный (напр., кислотоупорный) Ц. Качество Ц. характеризуется маркой (чем выше марка, тем лучше Ц.); наиб. распространены Ц. марки 300, 400, 500 и 600. Пром. произ-во с 1-й пол. 19 в.

ЦЕНА́, ден. выражение стоимости товара. При рыночной экономике конкретные Ц. складываются под воздействием спроса и предложения, а также др. факторов *конъюнктуры*. Осн. виды Ц.: оптовые, розничные.

ЦЕ́НЗЫ ИЗБИРА́ТЕЛЬНЫЕ, установленные законом условия предоставления избирательных прав. Наиб. распространены Ц.и.: возрастной, имущественный, оседлости, грамотности.

ЦЕ́ННОСТЬ, филос. термин, указывающий на человеческое, социальное и культурное значение определ. явлений действительности, к-рые оцениваются в плане добра и зла, истины и неистины, красоты и безобразия, допустимого и запретного, справедливого и несправедливого и т.п.; способы и критерии, на основании к-рых оцениваются соотв. явления (установки, оценки, запреты, цели или проекты).

ЦЕ́ННЫЕ БУМА́ГИ, док-ты, удостоверяющие к.-л. имуществ. право, реализация к-рого возможна только при условии их предъявления (акции, облигации, векселя и др.). Ц.б. могут быть предъявительскими (передаётся другому лицу путём вручения), ордерными (передаётся путём совершения надписи, удостоверяющей передачу), именными (передаётся в порядке, установленном для уступки требования, если законодательством не предусмотрено иное). Как правило, покупка и продажа Ц.б. производятся на фондовой бирже.

ЦЕНТР МАСС (центр инерции) тела (системы материальных точек), точка, характеризующая распределение масс в теле или механич. системе. При движении тела его Ц.м. движется как материальная точка с массой, равной массе всего тела, к к-рой приложены все силы, действующие на это тело.

ЦЕНТР ТЯ́ЖЕСТИ, точка, через к-рую проходит равнодействующая сил тяжести, действующих на частицы тела при любом положении тела в пространстве. У однородного тела, имеющего центр симметрии (круг, шар, куб и т.д.), Ц.т. находится в центре симметрии тела. Положение Ц.т. тв. тела совпадает с положением его центра масс.

ЦЕНТРА́ЛЬНАЯ АМЕ́РИКА, название крайней юж. части Сев. Америки, расположенной на стыке с Юж. Америкой, от впадины Бальсас у юж. края Мекс. нагорья (ок. 18° с.ш.) до Дарьенского перешейка (8–9° с.ш.). Иногда границы проводят по Теуантепекскому и Панамскому перешейкам. Преобладают средневысотные горы и вулканич. хребты. Действующие вулканы (Тахумулько, 4217 м, и др.); высокая сейсмичность. Климат тропич.; осадков до 5000 мм в год. Влажные тропич. леса на С.-В., листопадные леса и кустарниковая растительность на Ю.-З. и С. На терр. Ц.А. полностью или частично расположены 8 гос-в.

ЦЕНТРАЛЬНОАФРИКА́НСКАЯ РА́СА, см. *Негрилльская раса*.

ЦЕНТРАЛЬНОАФРИКА́НСКАЯ РЕСПУ́БЛИКА (ЦАР), гос-во в Центр. Африке. Пл. 623 т. км². Нас. 3,0 млн. ч., гл. обр. банда, гбайя, нгбанди, азанде. Офиц. яз. – французский, санго. Верующие – протестанты, католики, часть придерживается местных традиц. верований. Глава гос-ва – президент. Законодат. орган – двухпалатный Конгресс (Экон. и региональный совет и Нац. собрание). Столица – Банги. Адм.-терр. деление: 16 префектур. Ден. единица – франк КФА.

Б.ч. терр. занимает плоскогорье Азанде выс. до 600–900 м. Климат субэкв. Ср.-мес. темп-ры 21–31°С; осадков 1000–1600 мм в год. Гл. реки – Убанги, Санга (судох.). Саванны.

Терр. ЦАР составляла франц. колонию Убанги-Шари в 1897–1958

762 ЦЕНТ

(исключая 1904–14, когда она входила в колонию Убанги-Шари – Чад). В 1960 провозглашена независимая ЦАР. В 1962 была введена однопартийная система. В 1966 произошёл гос. переворот, президентом страны и пред. партии МЕСАН (осн. в 1949) стал Ж.Б. Бокасса, к-рый в 1976 был провозглашён императором (Бокасса I) Центральноафр. империи. В 1979 с воен. помощью Франции произошёл гос. переворот, восстановлена республика. После нового воен. переворота в 1981 было сформировано гос. руководство и созданы единств. партия – Центральноафр. демокр. объединение. В 1991 в стране введена многопарт. система.

Основа экономики – с. х-во, специализирующееся на произ-ве экспортных культур: хлопчатника, кофе, табака. ВНП на д. нас. 410 долл. в год. Возделывают также маниок, просо, сорго, рис, арахис. Сбор плодов дикорастущей масличной пальмы и сока гевеи. Заготовка ценной древесины (на экспорт). Жив-во. Речное рыб-во. Добыча алмазов (ок. 50% стоимости экспорта), золота.

ЦЕНТРА́ЛЬНЫЙ БАНК, см. в ст. *Банки.*

ЦЕНТРА́ЛЬНЫЙ ИСПОЛНИ́ТЕЛЬНЫЙ КОМИТЕ́Т (ЦИК), 1) ЦИК СССР – высш. орган гос. власти в 1922–36. Состоял из Союзного Совета и Совета Национальностей. 2) В СССР высш. орган гос. власти союзных и автономных республик в 1917–38.

ЦЕНТРА́ЛЬНЫЙ ТЕА́ТР КУ́КОЛ имени С.В. Образцова, организован в 1931 в Москве, с 1981 академич., с 1992 имени Образцова, основателя и худ. руководителя т-ра. Репертуар (эстрадно-концертной, героико-романтич., сказочно-лирич., сатирич. направленности) рассчитан как на взрослую, так и на дет. аудиторию. Спектакли: «Обыкновенный концерт» А.М. Бонди, З.Е. Гердта (1946, 1952), новая ред. – «Необыкновенный концерт» С.В. Образцова, Бонди, З.С. Паперного, Гердта, В.А. Кусова (1968), «Чёртова мельница» И.В. Штока, Я. Дрды (1953, 1991), «Божественная комедия» Штока (1961), «Маугли» по Р. Киплингу (1987), «Дон Жуан-82» В.Б. Ливанова, Гердта, Г. Бардина (1982) и др. Артисты (в разные годы): Е.В. Сперанский, С.С. Самосуд, Е.Е. Синельникова, Гердт, гл. художник в 1936–69 Б.Д. Тузлуков. С 1993 худ. рук. – Р.Д. Габриадзе.

ЦЕНТРА́ЛЬНЫЙ ТЕА́ТР РОССИ́ЙСКОЙ А́РМИИ, драматический, организован в 1929 как Центр. т-р Красной Армии, с 1951 Центр. т-р Сов. Армии, с 1993 совр. назв., с 1975 академич. Гл. реж. в 1935–58 А.Д. Попов, в 1963–73 – А.А. Попов, в 1981–87 – Ю.И. Ерёмин, в 1988–94 – Л.Е. Хейфец. Спектакли: «Давным-давно» А.А. Гладко-

ва (1942), «Учитель танцев» Л. де Веги (1946), «Фабричная девчонка» А.М. Володина (1957), «Смерть Иоанна Грозного» А.К. Толстого (1966), «Счастье моё...» А.М. Червинского (1983), «Идиот» по Ф.М. Достоевскому (1986), «Павел I» Д.С. Мережковского (1989) и др. Актёры (в разные годы): Л.И. Добржанская, В.М. Зельдин, Н.А. Сазонова, Л.И. Касаткина, Л.И. Голубкина, Н.И. Пастухов и др.

ЦЕНТРИФУ́ГА, аппарат для разделения смесей (суспензий, эмульсий, жёсткой в-в и др.) под действием центробежных сил, создаваемых вращающимся ротором. В т.н. ультрацентрифугах (изобретены швед. учёным Т. Сведбергом в 1923) эти силы более чем в 10^6 раз превышают силу земного тяготения. Применяют в науч. исследованиях, хим., пищ. и др. отраслях пром-сти.

ЦЕОЛИ́ТЫ (от греч. zéō – киплю и líthos – камень; при сильном и быстром нагревании вспучиваются с образованием пузырчатого стекла), природные и синтетич. алюмосиликаты, кристаллич. структура к-рых пронизана микропорами. Белые, иногда бесцветные и прозрачные, реже окрашенные в жёлтые, розовые и зелёные тона кристаллы. Плотн. 1,9–2,8 г/см³, тв. 3–5. Ц. способны избирательно поглощать в-ва, размер молекул к-рых менее размера микропор. Их используют для очистки воды, очистки и разделения газов, как адсорбенты, катализаторы, иониты. Гл. м-ния: в США, России, Японии, Болгарии, на Кубе.

ЦЕ́ПНИ (солитёры), семейство червей, паразитирующих в органах и тканях преим. птиц и млекопитающих, а также человека. Дл. до 10 м. Ок. 100 видов. Возбудители мн. гельминтозов (цистицеркоз и др.). Широко распространены свиной Ц., бычий Ц., эхинококк. Человек заражается, поедая плохо проваренное или прожаренное мясо.

ЦЕПНЫ́Е РЕА́КЦИИ, сложные хим. реакции, в к-рых происходит образование активных частиц (атомов, свободных радикалов), вызывающих цепь превращений исходных в-в. Разветвлённые Ц.р. могут стремительно самоускоряться (т.н. цепной взрыв); по такому механизму взрываются, напр., водородно-кислородная смеси. См. также *Ядерные цепные реакции.*

ЦЕППЕЛИ́Н (Zeppelin) Фердинанд (1838–1917), граф, нем. конструктор *дирижаблей,* один из зачинателей их

Центральноафриканская Республика. Высокотравная саванна в районе национального парка Баминги-Бангоран.

пром. произ-ва. Его дирижабли жёсткой (с каркасом) конструкции, получившие назв. «цеппелин», широко применялись в 1-й мир. войне.

ЦЕПЬ ПИТА́НИЯ, то же, что *пищевая цепь.*

ЦЕ́РБЕР (Кербер), в греч. мифологии чудовищный трёхглавый пёс со змеиным хвостом, охраняющий вход в подземное царство. Перен. – свирепый страж.

Цербер. «Геракл, Кербер и Эврисфей». Роспись гидрии из Цере, Италия. Ок. 525 до н.э. Лувр.

ЦЕРЕ́РА, в рим. мифологии богиня земледелия и плодородия. Соответствует греч. Деметре.

Церера. Мрамор. 2–1 вв. до н.э. Национальный музей. Рим.

ЦЕРЕТЕ́ЛИ Акакий Ростомович (1840–1915), груз. поэт и обществ.

деятель. Вместе с И.Г. Чавчавадзе возглавлял груз. нац.-освободит. движение 1860-х гг.; лит. кредо – стих. «Сокровенное послание» (1860). Ист. поэмы «Баграт Великий» (1875), «Рассказ Кикола» (1889) и др., лирика (стих. «Светлячок», «Сулико» стали популярными песнями).

ЦЕ́РИЙ (Cerium), Ce, хим. элемент III гр. периодич. системы, ат. н. 58, ат. м. 140,12; относится к *редкоземельным элементам;* металл. Открыт в 1803 Й. Берцелиусом и В. Хизингером (Швеция) и независимо от них – М. Клапротом (Германия).

ЦЕРКО́ВНО-СЛАВЯ́НСКИЙ ЯЗЫ́К, др.-слав. лит. язык, возникший как продолжение *старославянского языка,* подвергшегося влиянию живых слав. языков. Различают местные разновидности (изводы, редакции) Ц.-с.я.: вост.-слав., болг., макед., серб., хорв. глаголическую, чеш., румынскую. Рус. разновидность существовала в церковной, а также науч. лит-ре, влияла на рус. лит. язык до 18 в. Сохраняется как культовый яз. правосл. церкви в ряде стран.

ЦЕРКОВНОСЛУЖИ́ТЕЛЬ, в православии низший служитель церкви, не возведённый в духовный сан, помогающий священнослужителю в совершении церк. служб и обрядов: псаломщик, пономарь (алтарник), причетник, также иподьякон, чтец, регент, певчий церк. хора.

ЦЕ́РКОВЬ [от греч. kyriakḗ (oikía), букв. – Господень дом], 1) специфическое для христ-ва понятие мистич. сообщества верующих («верных»), в к-ром осуществляется единение человека с Богом через совместное участие в «таинствах» (прежде всего *евхаристии*). Универсальный («вселенский», «кафолический», «соборный») характер Ц. как мистич. «тела Христова» и «полноты Св. Духа» делает невозможным её отождествление ни с какой этнич., полит. и др. общностью (племенем, нацией, гос-вом). 2) Христианский *храм.* 3) В расширенном словоупотреблении – организация последователей той или иной религии на основе общности вероучения и культа.

ЦЕСАРЕ́ВИЧ, титул наследника рос. престола на основании Учреждения об Имп. фамилии 1797. Лишь однажды был дарован не наследнику – вел. кн. Константину Павловичу (1797).

ЦЕСА́РКИ, неск. видов птиц сем. фазановых. Дл. туловища 43–75 см. Голова и шея почти голые, часто ярко окрашены. Оперение обычно тёмное, крапчатое. 7 видов, в Африке и на о. Мадагаскар, в лесах, зарослях кустарников и в саваннах. Держатся мелкими стайками. Обыкновенная Ц. одомашнена впервые в Др. Греции и Риме. Разводят Ц. ради нежного (по вкусу напоминает дичь) мяса. Масса взрослых Ц. до 2 кг, 10—11-нед. бройлеров — ок. 1 кг. Яйценоскость невысокая (70—120 яиц в год). Живут 10—12 лет.

ЦЕТА́НОВОЕ ЧИСЛО́, условная количеств. характеристика воспламенит. свойств дизельного топлива. Численно равна содержанию (% по объёму) цетана (Ц.ч. к-рого принято за 100) в его смеси с α-метилнафталином (Ц.ч. равно 0), при к-рой эта смесь эквивалентна по воспламенит. свойствам испытуемому топливу при стандартных условиях испытания. Чем больше Ц.ч., тем лучше воспламенит. свойства топлива.

ЦЕХИ́Н (итал. zecchino, от zecca — монетный двор), зол. монета. Начала чеканиться в Венеции в 1284. С сер. 16 в. чеканилась в ряде европ. стран под назв. «дукат».

ЦЕЦЕ́ (це-це), род кровососущих мух. Дл. 9—14 мм. Ок. 20 видов, в тропиках и субтропиках Африки. Ряд видов — переносчики *трипаносом*, вызывающих сонную болезнь человека и нагану (болезнь лошадей и кр. рог. скота). Ведущаяся в Африке мн. лет борьба с Ц. при помощи пестицидов не привела к успеху, но оказала отрицат. воздействие на флору и фауну тропич. лесов.

ЦЗОНКА́БА (Цзонхава, Дзонхава) (1357—1419), основатель будд. секты «желтошапочников» в Тибете: тибето-монг. буддизма (*ламаизм*).

ЦИАНО́З (от греч. kyanós — тёмно-синий), синюшное окрашивание кожи и слизистых оболочек при недостаточном насыщении крови кислородом, замедлении кровотока (пороки сердца, сердечная и лёгочная недостаточность и др.).

ЦИ БАЙШИ́ (1860—1957), кит. живописец, мастер *гохуа*. Образы кит. природы замечательны поэтичностью, богатством тональных отношений.

ЦИБУ́ЛЬСКИЙ (Cybulski) Збигнев (1927—67), польск. актёр. Играл в разл. т-рах. Прославился в ф. «Пепел и алмаз» (1958, реж. А. Вайда), создав трагич. образ совр. героя. Столкновение духовности героев Ц. с жестокой или обыденной реальностью — в центре ф.: «Поколение» (1955), «До свидания, до завтра» (1960), «Сальто» (1965). Ц. трагически погиб, попав под поезд. Личность актёра, мотивы его иск-ва, обществ. резонанс его творчества составляют

З. Цибульский в фильме «Пепел и алмаз».

содержание ф. «Всё на продажу» (1968, реж. Вайда) и док. картины «Збышек» (1969).

ЦИВИЛИЗА́ЦИЯ (от лат. civilis — гражданский, государственный), 1) синоним *культуры*. 2) Уровень, ступень обществ. развития материальной и духовной культуры (антич. Ц., совр. Ц.). 3) Ступень обществ. развития, следующая за варварством (Л. Морган, Ф. Энгельс). 4) В нек-рых социальных теориях — эпоха деградации и упадка в противовес целостности, органичности культуры (О. Шпенглер, Н.А. Бердяев и др.).

ЦИГЕ́ЙКА, меховые овчины от цигайской, мериносовой и др. пород овец, стриженые, окрашенные в коричневый и др. цвета. Применяют для пошива шапок, жен. пальто и т.д.

ЦИКА́ДЫ, прыгающие насекомые (отр. равнокрылые). Дл. 3—65 мм. Ок. 17 тыс. видов, распространены широко. Крупные Ц. чаще встречаются на деревьях и кустарниках, мелкие — в травах. Питаются соками р-ний. Ц.— самые громкие «певцы» среди насекомых (стрекочут самцы с помощью звукового аппарата на конце брюшка). Многие Ц.— вредители с.-х. р-ний. Нек-рые передают вирусные заболевания р-ний.

Цикады: 1 — обыкновенная цикада; 2 — красно-пятнистая цикадка; 3 — зелёная цикадка.

ЦИКЛ ТЕРМОДИНАМИ́ЧЕСКИЙ (круговой процесс), совокупность термодинамич. процессов, в результате к-рых рабочее тело тепловой машины (пар, газ) возвращается в первонач. состояние. Пример: цикл Карно идеальной тепловой машины. В т.н. прямом Ц.т. (в тепловом двигателе) часть теплоты, сообщаемой рабочему телу, преобразуется в полезную работу, а в обратном Ц.т. (в холодильнике) за счёт затрат работы осуществляется передача теплоты от тел менее нагретых к более нагретым. Работа, совершаемая рабочим телом в Ц.т., численно равна площади цикла на диаграмме состояния: давление — объём.

ЦИКЛ ЭКОНОМИ́ЧЕСКИЙ, постоянно повторяющиеся колебания экон. активности. Рост обществ. произ-ва осуществляется нелинейно и сопровождается периодич. падением. Возможные фазы Ц.э.: кризис, депрессия (*стагнация*), оживление, подъём. Регулирование экон. процессов позволяет сокращать отд. фазы цикла, в той или иной мере сглаживать отрицат. явления. Точка максимума каждого последующего подъёма оказывается выше предыдущей.

ЦИКЛАМЕ́Н (дряква, альпийская фиалка), род многолетних травянистых р-ний (сем. первоцветные). Ок. 15 видов, в Средиземноморье и Передней Азии. Сорта и гибриды Ц. персидского с крупными белыми, розовыми, сиреневыми или красными цветками и тёмно-зелёными с рисунком листьями — комнатное декор. культура. Размножают семенами. Цветёт в октябре — марте.

Цикламен.

ЦИКЛИ́ЧЕСКИЕ ФО́РМЫ, муз. формы, состоящие из неск. связанных по замыслу и самостоятельных по строению частей. Осн. циклы — сюитный (сюита, партита, дивертисмент, кассация, серенада) и сонатно-симф. (симфония, соната, концерт, квартет); в вок.-инстр. музыке — месса, кантата, всенощная.

ЦИКЛО... (от греч. kýklos — круг), часть сложных слов, означающая: круг, кольцо, цикл (напр., циклотрон).

ЦИКЛО́ИДА (от греч. kykloeidḗs — кругообразный), плоская кривая, описываемая точкой окружности, катящейся без скольжения по неподвижной прямой. Если кривая описывается точкой окружности, к-рая катится без скольжения по неподвижной окружности внутри её, то кривая наз. гипоциклоидой, вне её — эпициклоидой.

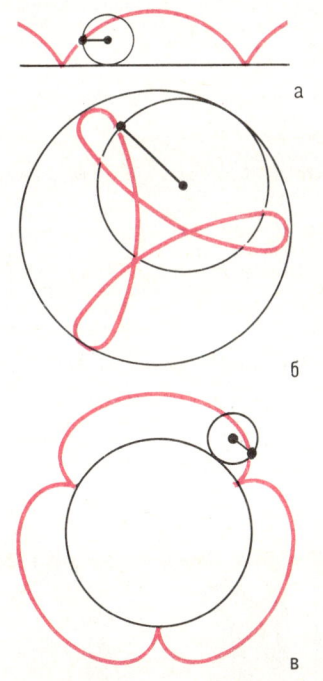

Циклоида: а — циклоида; б — гипоциклоида; в — эпициклоида.

ЦИКЛО́Н (от греч. kyklôn — кружащийся), область пониженного давления в атмосфере с минимумом в центре. Поперечник Ц.— неск. тысяч км. Характеризуется системой ветров, дующих против часовой стрелки в Сев. полушарии и по часовой — в Юж-

ном. Погода при Ц. преобладает пасмурная с сильными ветрами.

ЦИКЛОПИ́ЧЕСКИЕ СООРУЖЕ́НИЯ, постройки из больших тёсаных кам. глыб без связующего р-ра. Сооружались с конца энеолита до раннего жел. века.

Циклопические сооружения. Кладка стены урартской крепости Хайкаберд. 7 в. до н.э.

ЦИКЛО́ПЫ, см. *Киклопы*.

ЦИКЛОТИМИ́Я, лёгкая форма *маниакально-депрессивного психоза*.

ЦИКЛОФРЕНИ́Я, то же, что *маниакально-депрессивный психоз*.

ЦИКО́РИЙ, род травянистых р-ний (сем. *сложноцветные*). Ок. 10 видов, в Евразии и Сев. Африке. Ц. обыкновенный возделывают ради корней (добавка к натуральному кофе, отвар — лекарств. средство). Ц. эндивий — салатное р-ние.

ЦИКУ́ТА, то же, что *вех*.

ЦИЛИ́НДР (от греч. kýlindros — валик), геом. тело, ограниченное круглой цилиндрич. поверхностью и двумя пересекающими её плоскостями.

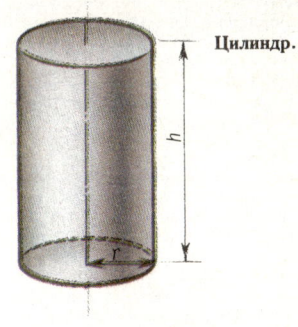

Цилиндр.

Если они перпендикулярны образующей цилиндрич. поверхности, то Ц. наз. прямым. Он может быть образован вращением прямоугольника вокруг к.-л. его стороны. Объём Ц. $V = \pi r^2 h$, площадь боковой поверхности $S = 2\pi r h$, где $\pi = 3{,}14...$, r — радиус направляющей, h — длина отрезка образующей.

ЦИЛИНДРИ́ЧЕСКАЯ ПОВЕ́РХНОСТЬ, множество параллельных прямых (образующих), пересекающих данную линию (направляющую). Если направляющая — окружность и образующие перпендикулярны плоскости окружности, то Ц.п. наз. круглой. Илл. см. на стр. 764.

ЦИМБАЛИ́СТ (Zimbalist) Ефрем (Ал-др) (1889—1985), амер. скрипач, композитор, педагог. Род. в России. С 1911 в США. Наиб. значительны

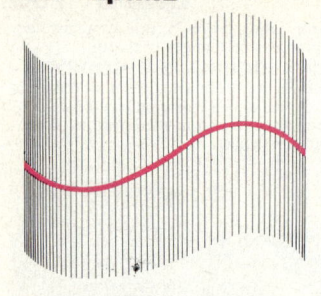

764 ЦИМБ

Цилиндрическая поверхность.

интерпретации соч. И.С. Баха, Л. Бетховена, Н. Паганини, П.И. Чайковского. Автор муз. соч. и школы игры на скрипке.

ЦИМБА́ЛЫ (польск. cymbały), многострун. ударный муз. инстр-т. Звук извлекается 2 дерев. палочками (молоточками), иногда щипком. Известны в Европе с 16 в. под разл. названиями. Входят в состав нар. оркестров Венгрии, Польши, Румынии, Украины, Молдавии, Китая, Монголии.

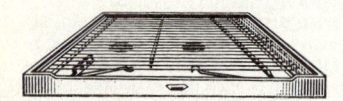

Цимбалы.

ЦИНГА́, заболевание, обусловленное недостатком в организме человека витаминов С (аскорбиновая к-та) и Р; слабость, мышечно-суставные боли, кровоточивость, выпадение зубов и др. Профилактика – включение в пищу богатых витамином С продуктов (смородина, шиповник и др.), приём аскорбиновой к-ты, витаминных препаратов (ундевит и др.).

ЦИНИ́ЗМ (от греч. kynismós – учение киников), нигилистич. отношение к человеческой культуре и общепринятым правилам нравственности.

ЦИНК (Zincum), Zn, хим. элемент II гр. периодич. системы, ат. н. 30, ат. м. 65,39; металл, $t_{пл}$ 419,58 °C. Ц. – материал покрытий на железе и стали, компонент латуни, бронзы и др. сплавов, его используют в хим. источниках тока, произ-ве пигментов (цинковые белила) и др. Сплав Ц. с медью (латунь) известен с глубокой древности.

ЦИ́НКА ОКСИ́Д, ZnO, кристаллы, $t_{пл}$ 1975 °C. Ц.о. – пигмент (цинковые белила), компонент космет. препаратов, вяжущее средство в медицине, полупроводн. материал, катализатор синтеза метанола.

ЦИ́НКОВАЯ ОБМА́НКА, см. *Сфалерит*.

ЦИНЦА́ДЗЕ Сулхан Фёд. (р. 1925), груз. композитор. Стилю Ц. присущи внеш. сдержанность при внутр. эмоц. накале, яркий мелодич. дар, изящество формы. Струн. квартеты, инстр. концерты, симфонии, музыка для т-ра и кино (в т.ч. к ф. «Стрекоза»).

ЦИНЦИННА́Т (Cincinnatus), рим. патриций, 5 в. до н.э. Согласно преданию, Ц. был образцом скромности, доблести и верности гражд. долгу.

ЦИНЬ, др.-кит. 5-струнный щипковый муз. инстр-т типа *цитры* или *гуслей*. Обязательный атрибут конфуцианских учёных. Использовался для сопровождения пения, а также в придворных оркестрах. Ныне распространён 7-струнный Ц. – цисяньцинь.

ЦИНЬ ШИХУАНДИ́ (259–210 до н.э.), правитель (246–221) царства Цинь, император (с 221) Китая. Создал единую централиз. империю Цинь (221–207). Противник конфуцианства (по его указу сожжена гуманитарная лит-ра и казнены 460 учёных).

ЦИОЛКО́ВСКИЙ Конст. Эд. (1857–1935), рос. учёный и изобретатель; основоположник космонавтики. Тр. в области аэро- и ракетодинамики, теории самолёта и дирижабля. Впервые обосновал возможность использования ракет для межпланетных сообщений, нашёл ряд важных инж. решений конструкции ракет и жидкостного ракетного двигателя. В своих философских произведениях Ц. развивал утопич. «космич. философию», к-рая предполагает расселение человечества в Солнечной системе и др. звёздных мирах и превращение обитателей Земли в разумные «животно-растения», непосредственно перерабатывающие солнечную энергию. Эти идеи легли в основу т.н. рус. космизма.

ЦИРК (от лат. circus, букв. – круг), 1) один из видов сценич. иск-ва. Включает акробатику, эквилибристику, жонглирование, дрессировку, клоунаду, иллюзионное иск-во и др. Иск-во Ц. известно с древних времён (выступления проф. артистов в Др. Египте, Др. Греции, Др. Риме, Византии и др.). Цирковые номера включались в выступления ср.-век. бродячих артистов (в Европе – гистрионов, жонглёров, шпильманов, в России – скоморохов). В 18 в. широкое распространение получил конный Ц. Первые постоянно действующие предприятия в Европе – «Школа верховой езды» Ф. Астлея (Лондон, открыта в 1772, в 1782 переоборудована в стационарный Ц.), её парижский филиал (1782–93), парижские цирки Франкони, в т.ч. «Олимпийский» (открыт в 1807). В России первый стационарный Ц. открыт в 1827 в С.-Петербурге Ж. Турниером. Наиб. известные Ц.: Г. Чинизелли в С.-Петербурге (см. *Санкт-Петербургский цирк*), А. Саламонского в Москве (см. *Московский цирк на Цветном бульваре*), бр. Никитиных. Среди известных рус. артистов Ц. 20 в.: клоуны Карандаш, О.К. Попов, Ю.В. Никулин, дрессировщики Дуровы, Филатовы, И.Н. Бугримова и А.Н. Буслаев, иллюзионисты Кио, акробаты и эквилибристы сёстры Кох, Волжанские и др. 2) Здание с

К.Э. Циолковский.

ареной (манежем), в к-ром даются цирковые представления.

ЦИРКО́Н (нем. Zirkon, от перс. заргун – золотистый), минерал, силикат циркония, руда циркония, гафния. Призматич. красно-коричневые кристаллы, зёрна, агрегаты. Тв. 7,5; плотн. 4,0–4,7 г/см³. Прозрачные Ц. – драгоценные камни: гиацинт, матура-алмаз (бесцветный), жаргон (жёлтый) и др. Особенно ценятся голубовато-зелёные Ц. Гл. м-ния: в Шри-Ланке, Индии, Мьянме, Мадагаскаре, Таиланде. Непрозрачные Ц. – сырьё для огнеупорной и керамич. пром-сти, формовочный материал в литейном произ-ве.

Цирк.

Циркон. Вишнёвые горы. Урал.

ЦИРКО́НИЙ (Zirconium), Zr, хим. элемент IV гр. периодич. системы, ат. н. 40, ат. м. 91,224; металл, $t_{пл}$ 1855 °C. Ц. и его сплавы – конструкц. материалы ядерных реакторов и в хим. маш-нии. Из Ц. изготовляют искусств. суставы и протезы (биосовместимый материал), мед. инстр-ты. Открыт нем. химиком М. Клапротом в 1789, металлич. Ц. выделен швед. химиком Й. Берцелиусом в 1824.

ЦИРРО́З, сморщивание и деформация органа вследствие разрастания в нём соединит. ткани. Термин «Ц.» употребляется и как синоним склероза.

ЦИРЦЕ́Я (Кирка), в греч. мифологии волшебница с о. Эя, обратившая в свиней спутников Одиссея, а его самого удерживавшая на о. Эя в течение года. Перен. – коварная обольстительница.

ЦИСТЕРЦИА́НЦЫ, см. *Бернардинцы*.

ЦИСТИ́Т (от греч. kýstis – мочевой пузырь), воспаление мочевого пузыря, обычно на почве инфекции (нисходящей – из почек или восходящей – из мочеиспуск. канала). Признаки: частое и болезненное мочеиспускание, кровь и гной в моче.

ЦИТВА́РНОЕ СЕ́МЯ, высушенные соцветия (корзинки) полыни цитварной. Содержат сантонин, используются в медицине как противоглистное средство.

ЦИ́ТО... (от греч. kýtos – вместилище, здесь – клетка), часть сложных слов, указывающая на их отношение к животным или растит. клеткам.

ЦИТОДИАГНО́СТИКА (от *цито...* и греч. diagnōstikós – способный распознавать), распознавание болезней путём микроскопич. иссл. клеточных элементов, взятых с к.-л. поверхности тела (соскоб) или из его жидкостей.

ЦИТОЛО́ГИЯ (от *цито...* и *...логия*), наука о клетке. Изучает строение и функции клеток, их взаимодействия в тканях и органах многоклеточных организмов, а также одноклеточные организмы. Зародилась в 17 в. благодаря открытию и использованию микроскопа (А. Левенгук, Р. Гук). Т. Шванн, использовав собств. данные и результаты др. учёных, сформулировал (1839) основополагающую для Ц. клеточную теорию, утверждающую, что все живые организмы состоят из клеток, имеют общее происхождение и сходные принципы развития.

ЦИТОПЛА́ЗМА (от *цито...* и plásma – вылепленное, оформленное), внутр. содержимое клетки (за исключением ядра), окружённое мембраной. Состоит из гиалоплазмы (сложный коллоидный р-р) и погружённых в неё разл. структур (органелл). В Ц. осуществляются все процессы клеточного *метаболизма*. В 19 – нач. 20 вв. для обозначения Ц. с ядром использовали термин «протоплазма», почти неупотребляемый в совр. науч. лит-ре.

ЦИ́ТРА (нем. Zither), струн. щипковый муз. инстр-т. Наиб. распространён в Австрии и Германии 19 в. Известен с древности.

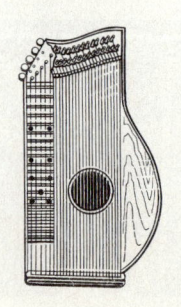

Цитра.

ЦИТРО́Н, вечнозелёное дерево или кустарник рода цитрус, плод. культура. Выращивают в тропиках и субтропиках, в т.ч. на небольших площадях в зоне влажных субтропиков Грузии. Плоды кислые или кисло-сладкие, малосочные, используются для приготовления варенья. Из листьев, цветков и кожуры плодов получают эфирное масло. Подвой для др. цитрусовых культур.

ЦИ́ТРУС, род вечнозелёных деревьев и кустарников (сем. рутовые). Ок. 15 видов, большинство – плод. культуры. Наиб. распространены апельсин, грейпфрут, лимон, мандарин, цитрон, шеддок.

ЦИ́ФРЫ (от позднелат. cifra), знаки для обозначения чисел. Первые Ц. появились у египтян и вавилонян. У ряда народов (древние греки, финикияне, евреи, сирийцы) Ц. служили буквы алфавита, аналогичная система применялась и в России до 16 в. В ср. века в Европе пользовались системой *римских цифр*. Совр. Ц. перенесены в Европу арабами (см. *Арабские цифры*). В узком смысле слова Ц. наз. знаки: 0, 1, 2, 3, 4, 5, 6, 7, 8, 9.

ЦИЦЕРО́Н (Cicero) Марк Туллий (106–43 до н.э.), рим. полит. деятель, оратор и писатель. Республиканец. Из соч. сохранились 58 суд. и полит. речей, 19 трактатов по риторике, политике, философии и более 800 писем. Один из создателей и классиков лат. лит. языка. Соч. Ц.– источник ценных сведений об эпохе гражд. войн в Риме.

ЦИ́ЦИН Ник. Вас. (1898–1980), рос. ботаник и селекционер. Тр. по отдалённой гибридизации с.-х. р-ний. Получил высокоурожайные пшенично-пырейные гибриды, устойчивые к полеганию и болезням, создал сорт яровой пшеницы Грекум 114.

ЦОРН (Zorn) Андерс Леонард (1860–1920), швед. живописец и график. Виртуозно владея техникой живописи и офорта, передавал мягко-контрастные эффекты освещения в сценах сел., гор. жизни и портретах («Танец в Иванову ночь», 1897).

ЦРНЯ́НСКИЙ Милош (1893–1977), серб. писатель. В 1941–66 в Великобритании. В ром. «Дневник о Чарноевиче» (1921) – настроения «потерянного поколения»; ист.-филос. ром.-эпопея из жизни серб. народа в 18 в. «Переселения» (кн. 1–2, 1929–57); «Роман о Лондоне» (кн. 1–2, 1971).

ЦУГЦВА́НГ (нем. Zugzwang, от Zug – ход и Zwang – принуждение), положение в шахматной партии, при к-ром соперник вынужден сделать невыгодный ход. При Ц. у одной из сторон или у обеих сразу (взаимный Ц.) нет полезных ходов и любой ход ведёт к ухудшению собств. позиции.

ЦУНА́МИ (япон.), мор. волны, возникающие гл. обр. в результате подводных землетрясений. Скорость распространения Ц. от 50 до 1000 км/ч; высота в области возникновения от 0,1 до 5 м, у побережий от 10 до 50 м и более. Достигая побережья, Ц. вызывают разрушения, иногда катастрофические (напр., в 1933 у берегов Японии).

ЦУСИ́МСКОЕ СРАЖЕ́НИЕ, 14–15 (27–28).5.1905, в Корейском прол. у о-вов Цусима, во время рус.-япон. войны 1904–05. Рус. флот (адм. Х. Того), обладавший превосходством в силах, артиллерии, бронировании и скорости кораблей, разгромил рус. 2-ю Тихоокеанскую эскадру (вице-адм. З.П. Рожественский), что окончательно решило исход войны в пользу Японии.

ЦФА́СМАН Ал-др Наумович (1906–71), пианист, композитор, дирижёр; один из основоположников *джаза* в СССР. Рук. ряда джаз-оркестров, солист-виртуоз. Орк. пьесы, фп. концерты, пьесы; песни.

ЦХИНВА́ЛИ (в 1934–61 Сталинири), г. (с 1922), ц. Юж. Осетии, на р. Б. Лиахви (приток Куры). 42,9 т. ж. Ж.-д. ст. Эл.-техн., металлообр., лёгкая, пищ. пром-сть и др. Пед. ин-т. Юго-Осет. музей. Драм. т-р имени Коста Хетагурова.

ЦЫГА́НСКИЙ РОМА́НС, жанровая разновидность *романса*, развивавшаяся в России с нач. 19 в. под влиянием специфич. исполнительской манеры цыган (эмоц. раскованность, импровизац. свобода, гитарное сопровождение).

ЦЮЙ ЮА́НЬ (ок. 340 – ок. 278 до н.э.), первый поэт, имя к-рого известно в истории кит. поэзии. В стихах – мир возвышенной души, страдающего за попранную справедливость, за судьбу родины, преданность моральным идеалам («Смерть за родину», «Плачу по столице Ину»; поэма-элегия «Скорбь отверженного» и др.). Создал поэтич. жанр *чуцы* – один из основных в кит. классич. лит-ре; его творчество знаменует переход от фольклорной традиции к авторской. Став жертвой клеветы, жил в изгнании, покончил жизнь самоубийством.

ЦЮ́РИХ, г. в Швейцарии. 341 т. ж. Порт на Цюрихском оз. и р. Лиммат; междунар. аэропорт. Банковский центр, главный экон. центр страны. Маш-ние; хим., полиграф., лёгкая пром-сть. Ун-т. Музеи: Кунстхауз, Нац. музей Швейцарии, худ. ремёсел и др. Т-ры, в т.ч. оперный (1891) «Шаушпильхауз» (1908). Первоначально пим. укрепление; как город впервые упоминается в 929. Романско-готич. соборы Гросмюнстер (12–15 вв.) и Фраумюнстер (осн. постройка – 14 в.), церк. Вассеркирхе (15 в.).

Ч

Ч, ч [че], двадцать пятая буква рус. алфавита; восходит к букве кириллицы Y («червь»).

ЧААДА́ЕВ Пётр Як. (1794–1856), рос. мыслитель и публицист. Участвовал в Отеч. войне 1812. В 1823–1826 за границей; познакомился с Ф.В. Шеллингом. Разделял ряд принципов католицизма. В гл. соч.– «Философические письма» (1829–1831) – высказал мысли об отлучённости России от всемирной истории, о духовном застое и нац. самодовольстве, препятствующих осознанию и исполнению ею предначертанной свыше ист. миссии. За публикацию первого письма (1836) «высочайшим повелением» был объявлен сумасшедшим. В «Апологии сумасшедшего» (1837), написанной в ответ на обвинения, Ч. выразил веру в ист. будущность России.

ЧАБУКИА́НИ Вахтанг Мих. (1910–1992), артист балета, балетмейстер. В 1929–41 в Ленингр. т-ре оперы и балета имени С.М. Кирова. Партии: Базиль («Дон Кихот» Л.Ф. Минкуса, 1943), Отелло («Отелло» А.Д. Мачавариани, 1957) и др. Танцовщик героич. плана; танец Ч. отличался темпераментом, стремительностью, скульптурностью поз. В 1941–1973 возглавлял балетную труппу Груз. т-ра оперы и балета имени З.П. Палиашвили. Пост.: «Синатле» Г.В. Киладзе (1947), «Горда» Д.А. Торадзе (1949), «Аппассионата» на музыку Л. Бетховена (1980) и др. В 1973 худ. рук. Тбилисского хореогр. уч-ща.

ЧА́ВЕС (Chávez) Карлос (1899–1978), мекс. композитор. Основатель и дирижёр (1928–49) симф. орк. Мехико (позже Нац. симф. орк.); один из основоположников совр. мекс. композиторской школы. Оп. «Панфило и Лауретта» (1957), балеты, в т.ч. «Дочь Колхиды» (1944); 7 симф. (2-я – «Индейская», 1936) и др.

ЧАВЧАВА́ДЗЕ Ил. Григ. (1837–1907), груз. писатель, обществ. деятель. Вместе с А.Р. Церетели стоял во главе нац.-освободит. движения 60-х гг. в Грузии. Поэмы «Видение» (1859), «Отшельник» (1883) – о бесправии людей труда; гражд. лирика, сатира на помещичий быт – в пов. «Человек ли он?» (1859–63), жизнь деревни – в пов. «Отарова вдова» (1887).

ЧАВЫ́ЧА, проходная рыба (сем. *лососи*). Дл. в среднем ок. 1 м, масса 8–10 кг (иногда до 50 кг). Обитает в сев. части Тихого ок., гл. обр. у берегов Сев. Америки (на Ю. до Калифорнии), реже у азиат. побережья. Ценный объект промысла, акклиматизации и разведения.

ЧАД, бессточное слабосолоноватое оз. в Африке (Нигер, Нигерия, Чад, Камерун). Площадь меняется от 10 до 26 т.км^2 (во влажный сезон), глуб. соотв. от 4 до 11 м. Впадают реки Шари и Комадугу-Йобе. Рыб-во.

ЧАД, Республика Чад, гос-во в Центр. Африке. Пл. 1284 т.км^2. Нас. 6,1 млн. ч.; сара, багирми, тубу, мбум, зода; суданцы (суданские арабы). Офиц. языки – арабский, французский. Св. 40% верующих – мусульмане, св. 30% – христиане,

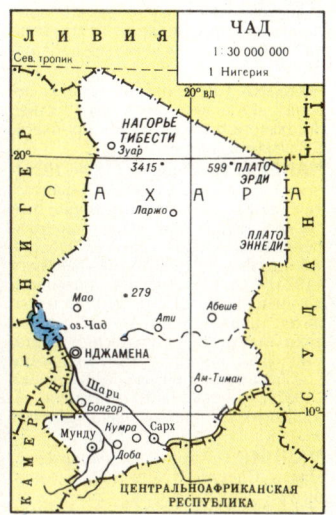

Чад. Оазис Унианга-Кебир, район Ларжо.

25% придерживаются местных традиц. верований. Глава гос-ва – президент. Законодат. орган – Высш. совет переходного периода. Столица – Нджамена. Адм.-терр. деление: 14 префектур. Ден. единица – франк КФА.

Большая часть терр.– равнина; на С.– нагорье Тибести (выс. до 3415 м). Климат на С. тропич. пустынный, на Ю. субэкв. Ср.-мес. темп-ры от 15 до 35 °С; осадков от 100 до 1000 мм в год. Гл. судох. река – Шари. Пустыни на С., саванны на Ю.

С 1904 терр. Ч. в составе франц. колонии Убанги-Шари – Чад, в 1914 выделена в отд. колонию. После провозглашения в 1960 независимости Ч. в стране сложилась острая внутриполит. ситуация, усилилась религ. и межплеменная рознь. Неоднократно возобновлялись воен. действия между разл. воен.-полит. группировками. Попытки достижения нац. примирения терпели неудачу. В 1980-х гг., несмотря на участие междунар. сил ОАЕ по поддержанию мира в Ч., воен. действия возобновлялись. В 1990 к власти пришло Патриотич. движение спасения, к-рое предусмотрело введение многопарт. демокр. системы.

Ч.– агр. страна. ВНП на д. нас. 210 долл. в год. Основа экономики – хлопководство (90% стоимости экспорта составляет хлопок-сырец) и жив-во. Возделывают просо, сорго, рис, арахис и др., в оазисах – финиковую пальму. Св. 1/3 нас. занимается кочевым и полукочевым скот-вом (живой кр. рог. скот, мясо, шкуры и кожи – предмет экспорта). Рыб-во. Добыча соды в оз. Чад.

ЧАЙ, тропич. вечнозелёных многолетних р-ний (сем. чайные), часто присоединяемый к роду *камелия*. 2 вида: Ч. китайский (кит. и япон. разновидности) – кустарник выс. до 3 м, в горн. р-нах Юго-Вост. Азии; Ч. ассамский (включает цейлонский Ч.– естеств. гибрид Ч. китайского с ассамским) – дерево выс. до 10–15 м, в лесах Ассама (Индия). В культуре оба вида. На основе кит. Ч. получены селек. сорта: «Грузинский» 1 и 2, «Краснодарский» и др. (назв. по мес-

766 ЧАЙК

ту произ-ва). Ч. (продукт) получают из листьев и стеблей р-ния (обычно завяливанием, скручиванием, ферментацией, сушкой). Содержит кофеин, эфирное масло, дубильные в-ва, витамин С и др. Выпускают Ч. байховый (рассыпной) и прессованный (плиточный, кирпичный). В зависимости от способа обработки листа различают Ч. чёрный, зелёный (кок-чай), жёлтый и красный (оолонг). Чайный напиток упоминается в рукописях, относящихся к 2700 до н.э., в России Ч. употребляется с 1638, когда монг. Алтын-хан прислал в подарок царю Михаилу Фёдоровичу 4 пуда чая.

ЧА́ЙКИ, группа семейств птиц (отр. ржанкообразные). Дл. от 20 до 80 см. Крылья (в размахах 60–160 см) приспособлены к длительному манёвренному полёту. Хорошо плавают. Св. 40 видов, в т.ч. белая, розовая,

Чайки. Озёрная чайка.

озёрная Ч., моевки, бургомистр и др. Распространены всесветно. Гнездятся обычно колониями по берегам морей, рек, озёр. Живут (по данным кольцевания) менее 10 лет. Нек-рые виды тесно связаны с человеком, постоянно сопровождают суда, кормятся отбросами в прибрежных р-нах городов.

ЧАЙКО́ВСКИЙ Бор. Ал-др. (р. 1925), композитор. Интеллектуализм, сдержанная лирика, рус. нац. склад и интонац. ёмкость в инстр. концертах, камерно-инстр. соч. (симфониях); разнообразная по стилистике киномузыка.

ЧАЙКО́ВСКИЙ Ник. Вас. (1850/51–1926), полит. деятель. В кон. 1860-х гг. чл. народнич. кружка (т.н. чайковцев). В 1874–1906 в эмиграции. В 1890-х гг. один из организаторов «Фонда вольной рус. прессы». С 1904 эсер. В 1-ю мир. войну один из рук. Всерос. союза городов. В 1917 чл. Исполкома Петрогр. совета рабочих и солдатских депутатов и Всерос. совета крест. депутатов. В 1918 в числе организаторов антибольшевистского «Союза возрождения России», пред. «Верх. управления Сев. области», чл. Уфимской директории. С 1919 в эмиграции.

ЧАЙКО́ВСКИЙ Пётр Ил. (1840–1893), композитор. В его музыке нашли претворение глубинные процессы духовной жизни, рождённые рос. действительностью 2-й пол. 19 в. Содержание музыки Ч. универсально: «вечные темы» любви, жизни, смерти (рока), образы Природы, окружающего быта и т.д. Выразит. средства его музыки (мелодия, гармония, ор-

П.И. Чайковский.

К. Чапек.

кестровка) обладают огромной силой эмоционального воздействия. Являясь продолжателем традиций М.И. Глинки, Ч. создал свой мелодич. язык, обобщивший русскую и общеевроп. романтич. муз. интонационность эпохи. В творчестве Ч. представлены почти все современные ему муз. жанры, но гл. место занимают опера и симфония. Считая симфонию «исповедью души», Ч. в то же время развил традиции бетховенского симфонизма, связанного с филос.-драм. трактовкой жанра. Симф. развитием насыщены и др. жанры (опера, балет). 10 опер, в т.ч. «Евгений Онегин» (1878), «Пиковая дама» (1890), «Иоланта» (1891), балеты «Лебединое озеро» (1876), «Спящая красавица» (1889), «Щелкунчик» (1892), 6 симф. (1866–93); программные соч.: симф. «Манфред» (1885), увертюра-фантазия «Ромео и Джульетта» (1869), фантазия «Франческа да Римини»; 3 концерта для фп. с орк. (1875–93); концерт для скрипки с орк. (1878); Вариации на тему рококо для виолончели (1876); камерно-инстр. ансамбли, «Ч.г.» жидкость для фп.; романсы; Литургия Св. Иоанна Златоуста (1878), Всенощное бдение (1881) и др.

«ЧА́ЙНЫЙ ГРИБ», организм, образованный симбиозом дрожжевого гриба с уксуснокислой бактерией. Даёт толстую слизистую плёнку на поверхности подсахаренного чайного настоя (отсюда назв.). В результате жизнедеятельности «Ч.г.» жидкость (чайный квас) приобретает кисло-сладкий вкус и слегка газируется; употребляется как освежающий напиток.

ЧАКО́НА (исп. chacona, итал. ciaccona), 1) с кон. 16 в. исп. танец 3-дольного размера. 2) Инстр. пьеса, близкая пассакалье.

ЧА́ПЕК (Čapek) Карел (1890–1938), чеш. писатель. Социально-фантастич. произв. в духе антиутопии: пьесы «R.U.R.» (1920), «Средство Макропулоса» (1924), ром. «Фабрика Абсолюта» (1922), «Кракатит» (1924) — о катастрофич. опасности дегуманизирующих тенденций в развитии цивилизации (в т.ч. науч.-техн. прогресса); в гротескно-фантастич. ром. «Война с саламандрами» (1936), в пов. «Первая спасательная» (1937), «Мать» (1937) — обличение милитаризма, фаш. расовых теорий.

ЧА́ПЛИН (Chaplin), семья актёров. Чарлз Спенсер (1889–1977), амер. актёр, кинорежиссёр, сценарист,

композитор, продюсер. Род. в Лондоне. Выступал на сцене англ. мюзик-холла, с 1913 играл в амер. комедиях, создав комич. маску неудачника Чарли. С 1915 стал единств. автором своих короткометражных фильмов, среди к-рых: «Иммигрант», «На плечо!», «Малыш», «Пилигрим». Первая полнометражная лента — психол. драма «Парижанка» (1923). Ч. возвращается к образу Чарли, делая его носителем трагикомич. начала, в ф.: «Золотая лихорадка» (1925), «Цирк» (1928), «Огни большого города» (1931), «Новые времена» (1936), «Великий диктатор» (1940). После горькой притчи «Месье Верду» (1947) Ч. использовал в комедии мелодраматич. («Огни рампы», 1952), сатирич. («Король в Нью-Йорке», 1957) и романтич. («Графиня из Гонконга», 1967) краски. Уехал из США в 1952 по полит. мотивам, жил в Швейцарии. Его дочь Джералдина (р. 1944), актриса. Впервые выступила в ф. «Огни рампы». Снималась в разных странах: «Нора» (1969), «Нэшвилл» (1975), «Жизнь-роман» (1983) и др. В 1992 снялась в биогр. ф. «Чарли».

ЧАПЛЫ́ГИН Сер. Ал. (1869–1942), один из основоположников аэродинамики и организаторов развития авиац. науки в России. В 1921–31 возглавлял Центр. аэрогидродинамич. ин-т имени Н.Е. Жуковского. Тр. по теоретич. механике, гидро- и аэродинамике, математике и др.

ЧАРВА́КА, см. Локаята.

Ч. Чаплин в фильме «Огни большого города».

ЧА́РДАШ (венг. csárdás, от csárda — деревенский кабачок), венг. нар. и бальный танец 2-дольного размера,

наиб. популярный в сер. 19 в. Использован в соч. И. Кальмана.

ЧАРЛСТО́Н (чарлстон) (англ. charleston, от назв. г. Чарлстон в Юж. Каролине), 1) амер. бытовой танец 4-дольного размера, в умеренно быстром темпе. Родствен регтайму. Возник на основе негритянского нар. танца. Популярен с 1920-х гг. 2) Муз. инстр-т — педальные тарелки в ударной установке ансамблей джаза.

ЧАРОИ́Т (назван по единственному м-нию на р. Чара в Вост. Сибири), ценный поделочный камень, редкий минерал, сложный силикат. Образует в тесном срастании с др. минералами тонковолокнистые шелковистые агрегаты разл. оттенков фиолетового цвета. Тв. 5,5; плотн. 2,55 г/см^3.

Чароит.

ЧА́РТЕР (англ. charter), договор мор. или возд. перевозки грузов или пассажиров, заключённый между владельцем трансп. средства (фрахтовщиком) и нанимателем (фрахтователем) на аренду всего трансп. средства или его части на определ. рейс (т.н. чартерный рейс) или срок (тайм-чартер). См. также Фрахт.

ЧАРТИ́ЗМ (от англ. charter — хартия), первое массовое движение рабочих в Великобритании в 1830–1850-х гг. Требования чартистов были изложены в виде законопроекта («Народная хартия», 1838). В 1840, 1842, 1848 чартисты внесли в парламент петиции с требованием введения всеобщего избират. права (для мужчин), ограничения рабочего дня, повышения зарплаты и др.; петиции были отвергнуты. После 1848 Ч. вступил в полосу упадка.

ЧАСО́ВНЯ, небольшая христ. культовая постройка без помещения для алтаря. В Ч. читаются молитвы, но литургия не совершается. Ставятся на кладбищах, дорогах, в городах и деревнях, устраиваются в богатых домах.

ЧАСОСЛО́В в православии, церк.-богослужебная книга, содержащая псалмы, молитвы, песнопения и др. тексты богослужения (кроме текстов литургии, собранных в служебнике). Предназначается для церк. чтецов и певчих.

ЧА́СТИ РЕ́ЧИ, классы слов языка, выделяемые по наличию у них общего категориального значения (напр., предметности у существительного, процесса у глагола), единой системы граммат. категорий, особых типов словоизменения, формо- и словообразования, общности синтаксич. функций. В рус. яз. выделяют 10 Ч.р.: существительное, местоимение, прилагательное, числительное, наречие, глагол, предлог, союз, частицы, междометия.

ЧА́СТИ СВЕ́ТА, регионы суши Земли, включающие материки или их крупные части вместе с близлежащими о-вами. Обычно выделяют 6 Ч.с.: Европу, Азию (один материк – Евразия), Африку, Австралию, Америку (два материка – Юж. Америка и Сев. Америка), Антарктиду; иногда Океанию. Деление суши на Ч.с. сложилось исторически, как и деление на *Старый Свет* и *Новый Свет*.

ЧАСТИ́ЦЫ, часть речи, неизменяемые *служебные слова*. Выражают разл. смысловые оттенки отд. слова, входя в его состав («кто-то») или присоединяясь к нему («хотел бы»), либо целого предложения («ведь», «даже», «же»).

ЧА́СТНАЯ СО́БСТВЕННОСТЬ, одна из форм собственности, означающая абсолютное, защищённое законом право гражданина или юрид. лица на конкретное имущество (землю, др. недвижимое и движимое имущество). Исторически Ч.с. отд. лиц предшествовала общинная собственность (племени, рода, семьи). Первым объектом Ч.с. была земля. Термины «собственность» и «Ч.с.» сложились в *римском праве* (во 2 в. н.э.). Франц. Декларация прав человека и гражданина 1789 объявила собственность священным и неприкосновенным правом. В Рос. Федерации право Ч.с. закреплено Конституцией РФ 1993.

ЧА́СТНОЕ ОБВИНЕ́НИЕ, порядок судопроизводства по нек-рым категориям уголов. дел, к-рые возбуждаются, как правило, только по жалобе потерпевшего (в исключит. случаях, если потерпевший не в состоянии защищать свои права, уголов. дело может возбудить прокурор). Дела Ч.о. могут быть прекращены в случае примирения потерпевшего и обвиняемого.

ЧА́СТНОЕ ОПРЕДЕЛЕ́НИЕ, в процессуальном праве Рос. Федерации определение (постановление) суда или представление судьи, установившего в ходе суд. рассмотрения уголов. и гражд. дел нарушения закона или др. существ. недостатки в деятельности гос. органов, обществ. орг-ций или должностных лиц, неправильное поведение отд. граждан и др. Ч.о. выносится в адрес органа, правомочного устранить выявленные недостатки. Установлена адм. ответственность за непринятие мер по Ч.о., несвоевременный ответ на Ч.о. или оставление его без рассмотрения.

ЧА́СТНОЕ ПРА́ВО, отрасли права, регулирующие, в отличие от *публичного права*, имущественные и иные отношения граждан и юрид. лиц, защиту их индивид. интересов. К Ч.п. относятся гражд., семейное, торг. право и нормы нек-рых др. отраслей права.

ЧАСТОТА́ колебаний, кол-во полных *периодов* (циклов) колебат. процесса, протекающих в единицу времени. Единицей Ч. является герц (Гц), соответствующий одному полному циклу в 1 с. Частота $f = 1/T$, где T – период колебаний, однако часто употребляется величина $\omega = 2\pi f$ – круговая (циклич. или угловая) Ч., измеряемая в рад/с. В технике для характеристики вращательного движения механизмов используется внесистемная единица измерения Ч. – об./мин или об./с.

ЧАСТУ́ШКА, короткая (обычно 4-строчная), исполняемая в быстром темпе рифмованная песенка (припевка) преим. любовного, нередко злободневного содержания; популярный жанр рус. нар. словесно-муз. творчества последней трети 19–20 вв. Стихотворение имеет вид дольника (см. *Тоническое стихосложение*) на хореич. основе.

ЧАСЫ́, прибор для измерения текущего времени. Для отсчёта времени в Ч. используются пост. периодич. процессы: вращение Земли (солнечные Ч.), колебания маятника (механич. и электромеханич. Ч.), электронного генератора (электронные и электронно-механич. Ч.), переход атомов из одного энергетич. состояния в другое (квантовые Ч.). Отсчёт времени Ч. сводится к измерению числа периодов используемого периодич. процесса (напр., колебаний маятника). Первыми Ч. были солнечные (3-е тыс. до н.э.); во 2-м тыс. до н.э. появились водяные Ч. Первое упоминание о механич. Ч. относится к кон. 6 в.; основу конструкции совр. механич. Ч. разработал нидерл. учёный Х. Гюйгенс в 1657. В 60-х гг. 20 в. получили распространение электронные и электронно-механич. кварцевые Ч.

Часы. Электронные (мужские и женские) и электронно-механические наручные часы.

ЧАУ-ЧА́У, порода декор. собак. Миним. рост 45,5 см. Имеют независимый характер (плохо поддаются дрессировке), неск. флегматичны; бесстрашны, но не агрессивны. Отличит. особенности – синий язык и «ходулеобразная» походка. Родина – Вост. Азия. Разводят повсеместно.

Чау-чау.

ЧАУШЕ́СКУ (Ceauşescu) Николае (1918–89), президент Румынии с 1974, ген. секр. Рум. КП с 1965. Установил диктаторский режим. Свергнут в результате нар. восстания и расстрелян.

ЧАХО́ТКА, устар. название прогрессирующего истощения организма при хронич. заболеваниях, преим. *туберкулёзе лёгких*.

ЧАЯ́НОВ Ал-др Вас. (1888–1937), экономист-аграрник, литератор. Глава организации-производств. школы, исследовавшей проблемы крест. экономики. Основатель первого в СССР Ин-та с.-х. экономии, его директор в 1922–28. Разрабатывал вопросы кооперативного обобществления крест. х-ва, экон. механизма функционирования кооперативного пр-тия, его оптим. размеров. Автор социально-филос. фантастич. и романтич. повестей. Репрессирован: в 1930 арестован, в 1934–37 в ссылке; в 1937 вновь арестован и расстрелян.

ЧЕБОКСА́РЫ, г. (с 1781), столица (с 1925) Чувашии. 438,9 т.ж. Порт на Волге; ж.-д. ст. Маш-ние (эл.-техн. изделия, приборы, пром. тракторы и др.); лёгкая (в т.ч. хл.-бум.), пищ. пром-сть. ГЭС. 4 вуза (в т.ч. ун-т). 2 музея (худ., краеведч. с филиалами). 5 т-ров (в т.ч. чуваш. драм., чуваш. муз.). Филармония. Изв. с 1469. Троицкий монастырь (16 в.), Введенский собор (17 в.).

ЧЕБЫШЁВ (произносится Чебышёв) Пафнутий Львович (1821–94), математик, создатель петерб. науч. школы. Для творчества Ч. характерно разнообразие областей иссл., умение получать элементарными средствами фундам. результаты, стремление связать проблемы математики с принципиальными вопросами естествознания и техники. Мн. открытия Ч. обусловлены прикладными иссл., гл. обр. в теории механизмов. Труды Ч. относятся к матем. анализу, теории чисел, теории вероятностей.

ЧЕЗА́РЕ БО́РДЖА (Cesare Borgia) (ок. 1475–1507), правитель Романьи (Италия) с 1499. С помощью своего отца – рим. папы Александра VI создал в Ср. Италии обширное гос-во, в к-ром пользовался абс. властью. После смерти Александра VI (1503) потерял Романью; с 1506 *кондотьер* короля Наварры.

ЧЕК (англ. check, cheque), *ценная бумага*, содержащая ничем не обусловленное письменное распоряжение чекодателя (обычно владельца текущего счёта) банку уплатить держателю Ч. указанную в нём сумму. Ч. должен быть предъявлен к оплате в течение срока, установленного законодательством. Различают Ч. именные, на предъявителя и ордерные (выписанные в пользу определ. лица или по его приказу). Практикуются также т.н. туристические, или дорожные, Ч. (тревеллерс Ч.).

ЧЕЛЕНТА́НО (Celentano) Адриано (р. 1938), итал. киноактёр, эстрадный певец, режиссёр. Стремится соединить фольклорные традиции с совр. эстрадными ритмами. Как актёру Ч. свойственны юмор, эксцентрика, острая пластика («Серафино», 1968; «Блеф», 1976; «Укрощение строптивого», 1981). В нек-рых фильмах выступает одноврем. как режиссёр, гл. исполнитель, композитор и автор песен («Юппи-Ду», 1975).

ЧЕЛЕ́СТА (итал. celesta, от celeste – небесный), клавишно-ударный муз. инстр-т, по форме похож на *пианино*. Сконструирован франц. фирмой «О. Мюстель» (1886). Звучит нежно, наподобие звона колокольчиков.

Чебоксары. Троицкий монастырь.

П.Л. Чебышев.

Челеста.

ЧЕЛЛИ́НИ (Cellini) Бенвенуто (1500–71), итал. скульптор, ювелир, писатель. Виртуозному по мастерству ювелирные изделия (солонка Франциска I, 1539–43), статуи («Персей», 1545–54), рельефы. Мемуары.

ЧЕЛНО́К, 1) рабочий орган ткацкого станка, служащий для прокладывания уточной нити (утка́) и содержащий её в кол-ве, достаточном для длительной работы станка. Ч. изготовляют из тв. пород древесины; на концах имеет металлич. мыски. 2) В швейной машине с двухниточным (челночным) швом – рабочий инстр-т, образующий переплетение ниток в стежке.

ЧЕЛОВЕ́К, общественное существо, обладающее сознанием, разумом; субъект обществ.-ист. деятельности и культуры. Ч. возник на Земле в ходе длительного и неравномерного эволюц. процесса – антропогенеза, мн. этапы к-рого до конца не ясны. Полагают, что 8–5 млн. лет назад афр. обезьяны разделились на 2 ветви: одна привела к человекообразным обезьянам (шимпанзе и др.), другая – к первым гоминидам (*австралопитекам*), обладавшим двуногой походкой. Вероятно, ок. 2 млн. лет назад австралопитеки дали начало роду «человек» (Homo), первым представителем к-рого мн. учёные считают «Ч. умелого» (Homo habilis) – его ископаемые остатки находят вместе с древнейшими кам. орудиями (т.н. олдувайская культура). Ок. 1,6–1,5 млн. лет назад этот вид сменился в Вост. Африке «Ч. прямоходящим» (Homo erectus). Различные по особенностям морфологии и степени развития представители этого вида (*архантропы*, *палеоантропы*) начали расселяться из Тропич. Африки по всему континенту, а также в Европе и Азии. По поводу времени, места возникновения и непосредств. предков Ч. совр. типа – «Ч. разумного» (Homo sapiens) – в науке нет единого мнения. Согласно одной гипотезе, он возник в Африке ок. 200 тыс. лет назад и затем повсюду вытеснил более древних людей; согласно другой – формирование «Ч. разумного» (т.н. сапиентация) происходило постепенно в разных частях планеты. Ок. 40 тыс. лет назад, на рубеже верх. палеолита, «Ч. разумный» становится единств. представителем семейства гоминид и заселяет практически всю Землю.

Как биол. вид Ч. имеет множество общих признаков с млекопитающими, прежде всего приматами. Специфич. особенности Ч., резко выделяющие его из мира животных: прямохождение, высокое развитие головного мозга, мышление и членораздельная речь. Ч. познаёт и изменяет мир и самого себя, творит культуру и собств. историю. Сущность Ч., его происхождение и назначение, место в мире были и остаются центр. проблемами философии, религии, науки и иск-ва.

ЧЕЛОМЕ́Й Вл. Ник. (1914–84), учёный в области механики и процессов управления. Под рук. Ч. в СССР разработаны ракета-носитель и ИСЗ «Протон», нек-рые др. ИСЗ, орбит. станции типа «Салют». Тр. по теории колебаний, устойчивости упругих систем, динамике машин и др.

ЧЕЛЮ́СКИН Сем. Ив. (ок. 1700–1764), рос. арктич. исследователь. Участник Вел. Сев. экспедиции – штурман в отрядах В.В. Прончищева и Х.П. Лаптева. В 1741–42 иссл. 1600 км берегов морей Лаптевых и Карского и достиг сев. оконечности Евразии (ныне мыс Челюскин). Ч. сыграл гл. роль в открытии п-ова Таймыр.

ЧЕЛЯ́БИНСК, г. (с 1743), ц. Челябинской обл., в России, на р. Миасс. 1143 т.ж. Ж.-д. уз.; аэропорт. Чёрная металлургия, маш-ние и металлообработка (тракторы, дорожные машины, приборы, часы и др.), хим., лёгкая пром-сть. 10 вузов (в т.ч. 4 ун-та). Музеи: декоративно-прикладного иск-ва, краеведческий; картинная гал. Т-ры: оперы и балета, драм., юного зрителя, кукол. Филармония. Осн. в 1736.

ЧЕ́МБАЛО, см. *Клавесин*.

ЧЕМЕРИ́ЦА, род многолетних трав (сем. лилейные). Ок. 25 видов в Сев. полушарии. Все части р-ния ядовиты. Декоративные, ряд видов в культуре. Настойку чемерицы Лобеля применяют в нар. медицине как инсектицидное, а в ветеринарии как руминаторное (для усиления перистальтики) средство.

ЧЕ́РВИ, сборная группа беспозвоночных ж-ных. Большинство Ч. имеет удлинённое тело, стенки к-рого состоят из кожного покрова и мускулатуры. Ок. 40 тыс. видов. Свободноживущие формы обитают в морях, пресных водах и почве. Кроме того, среди Ч. много паразитов ж-ных, грибов и р-ний (напр., *аскариды*, *цепни*, мн. *нематоды*).

ЧЕРВО́НЕЦ (от польск. czerwony zloty, букв.– красный золотой, т.е. монета из самого высокопробного золота), 1) общее название иностр. зол. монет (*дукатов*, *цехинов*), обращавшихся в допетровской России. 2) Рус. зол. монета 3-рублёвого достоинства, выпускавшаяся в 1701 (3,4 г). 3) Банковские билеты, выпускавшиеся Госбанком СССР в 1922–47, достоинством в 1, 2, 3, 5, 10, 25 и 50 Ч. (билеты в 2 и 50 Ч. в обращении не были и известны только в образцах). Зол. содержание Ч. было установлено в 7,74234 г чистого золота, 1 Ч. = 10 руб. *казначейскими билетами*. Зол. Ч. выпуска 1923 использовались, как правило, в междунар. расчётах, и в обращение проникали считанные единицы монет. В результате ден. реформы 1947 Ч. были заменены новыми банковскими билетами, выраженными в рублях.

ЧЕРВЯ́ЧНАЯ ПЕРЕДА́ЧА, механизм для передачи вращения между скрещивающимися валами посредством винта (червяка) и сопряжённого с ним червячного колеса. Ч.п. обеспечивает передачу высоких нагрузок (напр., в горн. машинах, самолётах) при компактности и лёгкости конструкции. Разновидность Ч.п. – глобоидная передача.

ЧЕРЕДА́, род одно- или многолетних трав (сем. *сложноцветные*). Св. 200 видов, повсеместно (преим. в Америке). Ч. трёхраздельная – лекарств. р-ние (применяется гл. обр. как наружное средство – для леч. ванн, а также как потогонное при простудных заболеваниях).

ЧЕРЁМУХА, род деревьев, редко кустарников (сем. *розоцветные*). Ок. 15 видов (по др. данным, до 27), в Евразии и Сев. Америке. Мелкие белые с приятным запахом цветки собраны в кисти; цветение в мае. В культуре. Декор., медоносные и лекарств. (входит в состав желудочных сборов) р-ния. Древесина используется в меб. произ-ве.

ЧЕРЕНКО́В Пав. Ал. (1904–90), рос. физик. Открыл (под рук. С.И. Вавилова) и исследовал излучение, возникающее при движении быстрых электронов в в-ве (излучение Ч. – Вавилова); этот эффект используется в счётчиках заряженных частиц. Работы по космич. лучам и ускорителям. Ноб. пр. (1958).

ЧЕ́РЕП, скелет головы позвоночных ж-ных и человека. Предохраняет головной мозг от повреждений. У человека различают мозговой (вместилище головного мозга) и лицевой (висцеральный) Ч. У взрослого человека кости Ч. соединяются швами. У новорождённых в местах соединения отд. костей Ч. имеются неокостеневшие участки, т.н. роднички. Полость Ч. соединяется большим затылочным отверстием с позвоночным каналом.

ЧЕРЕПА́НОВЫ, изобретатели, крепостные заводчиков Демидовых: отец Еф. Ал. (1774–1842) и сын Мирон Еф. (1803–49). Построили первый в России паровоз (1833–34) и жел. дорогу длиной 3,5 км.

ЧЕРЕПА́ХИ, отряд пресмыкающихся. Имеют костный панцирь, срастающийся с позвонками и рёбрами. Ок. 230 видов, распространены широко, преим. в степях, пустынях, пресных водоёмах и морях. Яйца откладывают на суше. Мн. виды живут до 100 лет. Символом медлительности могут служить лишь сухопутные Ч., т.к. пресноводные и морские виды быстры и ловки. Численность ряда видов (гл. обр. *морских черепах*) резко сокращается из-за употребления в пищу их яиц и мяса. В нек-рых странах Ч. разводят в неволе. Мн. виды охраняются.

ЧЕРЕПНИ́Н Лев Вл. (1905–77), историк. Создал школу исследователей *феодализма* в России. Изучал проблемы образования Рус. централизованного гос-ва, ист. периодизацию, *земские соборы*, абсолютизм, взаимосвязи народов в России. Тр. по источниковедению, вспомогательным и спец. ист. дисциплинам; издавал акты и др. источники.

ЧЕРЕПНИ́Н Ник. Ник. (1873–1945), композитор, дирижёр. Участник «*Русских сезонов*». Дирижёр «Рус. симф. концертов» (с 1902), Мариинского т-ра (1906–09). Бал. «Павильон Армиды» (1907), «Нарцисс и Эхо» (1911), произв. для оркестра, романсы и др. сочинения. С 1921 за рубежом, концертировал до 1933.

ЧЕРЕ́ШНЯ, древесное р-ние рода *вишня*, плод. культура. Возделывается в умеренном и субтропич. поясах Сев. полушария (в России – на Ю.) ради рано созревающих сладких плодов. Множество сортов, среди к-рых столовые – гини (с тёмной нежной мякотью) и консервные – бигарро (со светлой плотной мякотью). Древесина идёт на столярные изделия, трубки, мундштуки.

Черешня. Плоды и побег с цветками.

Черепахи: 1 – китайская (справа – вид снизу); 2 – украшенная; 3 – морская (бисса); 4 – дальневосточная.

ЧЕРКА́СОВ Ник. Конст. (1903–66), актёр. На сцене с 1926. С 1933 в Ленингр. т-ре драмы имени А.С. Пушкина. Выдающийся мастер перевоплощения. Игре присущи глубина психол. анализа характеров, напряжённый драматизм при стремлении к остроте и графич. чёткости внеш. рисунка роли, склонность к гротеску: Мичурин («Жизнь в цвету» А.П. Довженко, 1947), Хлудов («Бег» М.А. Булгакова, 1958), Барон («Маленькие трагедии» А.С. Пушкина, 1962) и др. Снимался в ф.: «Дети капитана Гранта» (1936), «Пётр I» (1937, 1939), «Александр Невский» (1938), «Иван Грозный» (1945), «Дон Кихот» (1957), «Всё остаётся людям» (1963) и др.

Н.К. Черкасов в роли Ивана Грозного («Великий государь» В.А. Соловьёва). 1944.

ЧЕРКЕ́ССК (в 1931–39 Баталпашинск), г. (с 1931), столица (с 1922) Карачаево-Черкесии, на р. Кубань. 118,7 т.ж. Ж.-д. ст. Маш-ние и металлообработка (холодильное оборудование, эл.-техн. изделия и др.); хим., лёгкая, пищ. пром-сть. Историко-культурный и природный музей-заповедник. Драм. т-р. Осн. в 1804.

ЧЁРНАЯ МОГИ́ЛА, княжеское погребение 10 в. в Чернигове (Украина). Оружие, украшения, турьи рога с серебряными оковками и др.

«ЧЁРНАЯ СМЕРТЬ», возникшее в ср.-век. Европе название массовых заболеваний (прежде всего чумы и чёрной оспы) с высокой смертностью (др. названия – «мор», «моровая язва»). Название связано с тем, что на теле больного появлялись тёмно-бурые или чёрные пятна; впоследствии оно закрепилось за наиболее опустош. пандемией чумы 1348–1350, к-рая только в Европе унесла ок. 25 млн. жизней и сопровождалась «одичанием» населения, распространением мистицизма, паломничеств. Её описали франц. врач Ги де Шолиак, итальянский писатель Дж. Боккаччо и др.

ЧЕ́РНИ (Czerny) Карл (1791–1857), австр. пианист, педагог, композитор. По происхождению чех. Гастролировал в Европе (в 1846 – в Одессе). Многочисленные фп. этюды, упражнения, транскрипции. др. произведения.

ЧЕРНИ́ГОВ, г., ц. Черниговской обл., на Украине. 306 т.ж. Порт на р. Десна; ж.-д. уз. Лёгкая, пищевкус., маш.-строит. (в т.ч. произ-во радиоприборов), хим. пром-сть; ф-ка муз. инстр-тов. Пед. ин-т. Музеи: ист., худ., нар. декор. иск-ва, лит.-мемориальный М.М. Коцюбинского. Архит.-ист. заповедник. Т-ры: муз. драм., кукол. Филармония. Изв. с 907, был в составе Литвы, Польши, России. Живописный облик Ч. во многом определяют архит. пам.: Спасо-Преображенский (11 в.) и Борисоглебский (12 в.) соборы, Пятницкая церк. (кон. 12 – нач. 13 вв.), дом Лизогуба (1690-е гг.), Елецкий (осн. в 17 в.) и Троицкий (17–18 вв.) монастыри.

ЧЕРНИ́ГОВСКОЕ КНЯ́ЖЕСТВО, др.-русское, по среднему Днепру, Десне, Сейму и верхней Оке, со 2-й пол. 11 в. С кон. 11 и в 12 вв. дробилось на ряд уделов. В 1239 опустошено монголо-тат. завоевателями и прекратило существование.

ЧЕРНИ́КА, листопадный кустарничек (сем. брусничные). Растёт в лесной и тундровой зонах Сев. полушария, обычно в хвойных лесах (т.н. черничниках). Ягоды – ценный пищ. продукт; используется также в медицине (вяжущее средство).

ЧЕРНО́БЫЛЬ, г. (с 1941) на Украине, на р. Припять, при её впадении в Киевское вдхр. В связи с аварией (апр. 1986) на Чернобыльской АЭС (в 18 км от Ч., в г. Припять) и радиоактивным загрязнением территории население Ч. эвакуировано. В результате аварии из активной зоны ядерного реактора были выброшены разл. радионуклиды (^{131}I с периодом полураспада 8 сут; ^{95}Zr, ^{95}Nb, ^{144}Ce, ^{144}Pa, ~ 10 – 10^2 сут; ^{131}Cs, ^{90}Sr и др., ≥ 30 лет) и ядерное топливо (~ 3,5% от суммарной накопленной активности). Загрязнения охватили большие р-ны Украины, Белоруссии и Брянской обл. России; отд. пятна загрязнений выявлены и в др. р-нах России, в странах Прибалтики, в странах и в сканд. странах.

ЧЕРНО́В Викт. Мих. (1873–1952), один из основателей партии эсеров, её теоретик. В рев. движении с кон. 80-х гг. 19 в. В 1917 мин. земледелия Врем. пр-ва. 5(18) янв. 1918 избран пред. Учредит. собрания. Чл. ряда антибольшевистских пр-в. С 1920 в эмиграции. Во время 2-й мир. войны участник Дв. Сопр. во Франции.

ЧЕРНО́В Дм. Конст. (1839–1921), рос. учёный, основоположник металловедения и теории термич. обработки стали. Открыл критич. точки фазовых превращений (т.н. точки Ч.). Установил влияние термич. обработки стали на её структуру и свойства, создал теорию кристаллизации стального слитка.

ЧЕРНОВЦЫ́ (до 1944 Черновицы), г., центр Черновицкой обл., на Украине, в предгорьях Карпат, на р. Прут. 259 т.ж. Ж.-д. уз. Маш.-строит. (нефтеаппаратура, приборы, оборудование для лёгкой пром-сти и др.), лёгкая, пищевкус., хим., деревообр. пром-сть. 2 вуза (в т.ч. ун-т). Музеи: нар. архитектуры и быта, лит.-мемориальные укр. писателей О.Ю. Кобылянской и О.-Ю.А. Федьковича, краеведч., зоол.; картинная гал. Т-ры: муз.-драм., кукол. Филармония. Изв. с 1408. Дерев. церкви: Никольская (нач. 17 в.), Вознесенская (17 в.), Пятницкая (18 в.) и др.

ЧЕРНОГО́РИЯ (Республика Черногория), в составе Союзной Респ. Югославии, на Ю. Динарского нагорья, у Адриатич. м. Пл. 13,8 т.км^2. Нас. 640 т.ч.
Заселена славянами с 7 в. В 9 в. утвердилось христ-во. До 11 в. наз. Дукля, затем Зета (назв. «Ч.» с 15 в.). С кон. 12 в. терр. Ч. в серб. гос-ве; с 1366 независимая. В 1499 включена в состав Османской империи. В 1697 утвердилась династия Негошей. С 1796 фактически независима. С 1852 наследств. кн-во, в результате рус.-тур. войны 1877–78 была признана полная независимость Ч. С 1910 Ч. – кор-во. С 1918 в Кор-ве сербов, хорватов и словенцев (с 1929 Югославия). В 1941 оккупирована Италией, превратившей Ч. в «губернаторство». В дек. 1944 освобождена Нар.-освободит. армией Югославии. С 1945 Ч. – республика в составе Югославии, у власти находилась югосл. КП. После распада в 1991 Социалистич. Федеративной Респ. Югославии Сербия и Ч. в 1992 образовали Союзную Респ. Югославию.

ЧЁРНОЕ ДУХОВЕ́НСТВО, в православии монашествующее духовенство (иеромонахи, архиереи).

ЧЁРНОЕ МО́РЕ, Атлантического ок., между Европой и М. Азией. Соединяется Керченским прол. с Азовским м., прол. Босфор с Мраморным м. и прол. Дарданеллы со Средиземным м. Пл. 422 т.км^2, глуб. до 2210 м. Кр. залив – Каркинитский; лиманы: Днепро-Бугский и Днестровский. Впадают кр. реки: Дунай, Днепр, Днестр. На глуб. св. 150 м вода заражена сероводородом, жизнь отсутствует. Рыб-во (осетровые, ставрида, скумбрия). Кр. порты: Одесса, Ильичёвск, Севастополь (Украина), Новороссийск, Туапсе (Россия), Батуми (Грузия), Констанца (Румыния), Варна (Болгария), Самсун (Турция). На побережье многочисленные курорты: Юж. берега Крыма (Украина), Черноморского побережья Кавказа (Россия, Грузия), Золотые Пески, Солнечный Берег (Болгария), Мамая (Румыния) и др.

ЧЕРНОКНИ́ЖИЕ (устар.), пользование колдовскими («чёрными») книгами; колдовство, ворожба.

ЧЕРНОМЫ́РДИН Викт. Степ. (р. 1938), пред. пр-ва – СМ Рос. Федерации (с дек. 1992). С 1957 работал на Орском нефтеперераб. з-де, с 1973 дир. Оренбургского газоперераб. з-да. С 1978 в аппарате ЦК КПСС. С 1982 зам. мин., в 1985–89 мин. газовой пром-сти СССР. С 1989 пред. правления Гос. газового концерна «Газпром». С мая 1992 зам. пред.

ЧЕРНОПЛО́ДНАЯ РЯБИ́НА, то же, что арония черноплодная.

ЧЕРНОСО́ТЕНЦЫ (от др.-рус. «чёрная сотня» – тяглое посадское население), члены крайне правых орг-ций в России в 1905–17, выступавших под лозунгами монархизма, великодержавного шовинизма и антисемитизма («Союз русского народа», «Союз Михаила Архангела», «Союзы русских людей» и др.). Лидеры и идеологи: А.И. Дубровин, В.М. Пуришкевич, Н.Е. Марков. В годы Рев-ции 1905–07 поддерживали репрессивную политику пр-ва, устраивали погромы, организовали убийства ряда полит. деятелей. После Февр. рев-ции 1917 деятельность черносотенных орг-ций была запрещена.

ЧЕРНОТЕ́ЛКИ, семейство жуков. Дл. 2–50 мм. Св. 15 тыс. видов, распространены широко. Личинки нек-рых видов (ложнопроволочники) повреждают культурные р-ния и продукты.

ЧЁРНЫЕ ДЫ́РЫ, космич. объекты, существование к-рых предсказывает общая теория относительности. Образуются при неограниченном гравитац. сжатии (гравитац. коллапсе) массивных космич. тел (в частности, звёзд с массами 40–60 масс Солнца). Излучение Ч.д. не может покинуть Ч.д. – оно «заперто» гравитацией. Ч.д. можно обнаружить лишь по косвенным данным. Известно более 5 объектов, в состав к-рых, вероятно, входят Ч.д., однако нельзя считать их существование окончательно доказанным.

ЧЁРНЫЕ МЕТА́ЛЛЫ, пром. название железа, стали, чугуна и ферросплавов.

ЧЁРНЫЙ Саша (наст. имя и фам. Ал-др Мих. Гликберг) (1880–1932), рус. поэт. С 1920 в эмиграции. Создал иронич. маску интеллигентного обывателя – сб. стихов «Разные мотивы» (1906), «Сатиры и лирика» (1911); детские стихи. Кн. прозы «Солдатские сказки» (опубл. в 1933).

Саша Чёрный.

«ЧЁРНЫЙ РЫ́НОК», сфера нелегальной, спекулятивной торговли дефицитными (обычно потребительскими) товарами. Проявление временного (напр., в период войн) или хронич. нарушения нормальной экон. активности. Одна из структур, образующих *теневую экономику*.

ЧЕРНЫШЁВ Арк. Ив. (1914–92), спортсмен и тренер, один из основоположников сов. школы хоккея с шайбой. Нападающий команды «Динамо» (Москва); чемпион СССР (1947). Тренер «Динамо» (Москва) (1946–74), сборной команды СССР (1954–72, с перерывом).

ЧЕРНЫШЁВ Феодосий Ник. (1856–1914), рос. геолог и палеонтолог. Разработал стратиграфию *палеозоя* Урала и С. Европ. части России. Автор классич. монографий по мор. фауне девона и верхнего карбона. Илл. см. на стр. 770.

ЧЕРНЫШЕ́ВСКИЙ Ник. Гаврилович (1828–89), публицист, лит. критик, писатель. В 1856–62 один из рук. ж. «Современник»; в области лит. критики развивал традиции В.Г. Белинского. Идейный вдохновитель рев. движения 1860-х гг. В 1862 арестован по обвинению в отношениях с А.И. Герценом и составлении про-

Ф.Н. Чернышёв.

И.Д. Черский.

Г.К. Честертон.

У. Черчилль.

Н.Г. Чернышевский.

Чертополох поникающий.

Чеснок. Луковица.

кламации «Барским крестьянам от их доброжелателей поклон», заключён в Петропавловскую крепость. В 1864 приговорён к 7 годам каторги (обвинение юридически не доказано, улики сфабрикованы следствием), потом был в ссылке в Вост. Сибири. В 1883 переведён в Астрахань, затем в Саратов. Работы по философии, социологии, политэкономии, этике, эстетике. Стоял на позициях совр. антропологизма. Считал, что социализм обусловлен всем развитием человечества; для России переход к социализму возможен через крест. общину (один из родоначальников народничества). Социалистич. идеалы Ч. нашли отражение в ром. «Что делать?» (1863) и «Пролог» (ок. 1867–69).

ЧЕРНЬ (ниелло) (итал. niello, от лат. niger – чёрный), чёрные или тёмно-серые изображения, нанесённые на металл (золото, серебро) путём гравировки и заполнения штрихов т.н. черневым сплавом (из серебра, меди, серы и др.).

ЧЕРНЯХО́ВСКАЯ КУЛЬТУ́РА (археол.), жел. века (3–4 вв.), в степи и лесостепи от Ниж. Подунавья до левобережья Днепра. Остатки поселений и грунтовые могильники с трупосожжениями и трупоположениями, гончарная керамика, антич. импорт и др.

ЧЕ́РСКИЙ Ив. Дем. (1845–92), геолог, палеонтолог и географ, исследователь Вост. Сибири. По происхождению поляк. За участие в Польск. восст. 1863–64 сослан в Сибирь. Выдвинул идею об эволюц. развитии рельефа, составил первую геол. карту побережья Байкала, предложил одну из первых тектонич. схем внутр. Азии. Именем Ч. названа горн. система в Якутии и Магаданской обл. и хребет в Забайкалье.

ЧЕ́РСКОГО ХРЕБЕ́Т (цепи Черского), горн. система на С.-В. Сибири, в Якутии и Магаданской обл. Простирается на 1500 км от ниж. течения Яны до верховьев Колымы. Высш. точка – г. Победа (3147 м). Типичны средневысотные хребты с совр. ледниками (св. 350). Повсеместно многолетнемёрзлые породы. На склонах – редкостойные горн. леса, переходящие в горн. тундры. М-ния золота, олова, кам. угля.

ЧЁРТ, то же, что дьявол.

ЧЕРТОМЛЫ́К, скифский курган 4 в. до н.э. близ г. Никополь (Украина). Погребения с конями и богатым инвентарём.

ЧЕРТОПОЛО́Х, род колючих р-ний (сем. сложноцветные). Ок. 120 видов, в Евразии и Сев. Америке. Мн. виды – сорные р-ния, нек-рые – медоносы.

ЧЕ́РЧИЛЛЬ (Churchill) Уинстон Леонард Спенсер (1874–1965), премьер-мин. Великобритании в 1940–1945, 1951–55. До 1904 консерватор, затем либерал, с нач. 20-х гг. снова консерватор, один из лидеров консервативной партии. С 1908 неоднократно министр. В годы 2-й мир. войны Ч. стал символом выдержки брит. народа, предсказал ему «кровь, тяготы, слёзы и пот». Ч. выступал одним из инициаторов создания антигитлеровской коалиции с США и СССР и одноврем. стремился ограничить влияние СССР в послевоен. Европе. В авг. 1946 в речи «Пробудись, Европа!», произнесённой в Цюрихе, призвал к единству европ. стран-победителей и побеждённых. В программной речи в Фултоне (США, 5.3.1946) Ч. высказал предостережение об угрозе тирании и тоталитаризма, исходящей из СССР [к-рый создал «железный занавес» (от Щецина на Балтике до Триеста на Адриатике)], и призвал к укреплению ООН, созданию особых отношений между Великобританией и США и др. с целью предотвращения новой войны и сохранения свободы и демократии. Соч. ист.-мемуарного характера. Ноб. пр. по лит-ре (1953).

ЧЕСНО́К, дву- и многолетнее р-ние рода лук. Издавна возделывается во мн. странах мира (в России с 13 в.). Луковицы (50–80 ц с 1 га) богаты эфирным маслом, обладают бактерицидными свойствами; используются в свежем виде, как специи при засолке, в колбасном произ-ве.

ЧЕСНОКО́В Пав. Григ. (1877–1944), хоровой дирижёр, композитор и педагог. Рук. мн. хоров (церковных и светских). Один из крупнейших представителей рус. хоровой культуры. Ок. 500 соч. для хора; первый в России капитальный труд по хороведению (1940).

ЧЕСО́ТКА, паразитарное заболевание кожи (в осн. межпальцевых складок кистей, внутр. поверхности лучезапястных суставов, живота), вызываемое чесоточными клещами. Заражение от больного или через его бельё, одежду. Характерны сильный зуд, преим. ночью, узелковые и пузырьковые высыпания, «чесоточные ходы» в коже.

ЧЕ́СТЕРТОН (Chesterton) Гилберт Кит (1874–1936), англ. писатель, мыслитель. В рассказах с занимат. интригой – причудливая, романтически преображённая жизнь, где отношения, освящённые вековыми традициями, оказываются фикцией, а мир больших денег и «высокой» политики предстаёт средоточием ложных претензий и дутых репутаций: филос. ром. «Шар и крест» (1909), сб-ки о сыщике-священнике Брауне (1911–1935), сб. «Человек, который знал слишком много» (1922). В юмористич. ром. «Наполеон из Ноттингхилла» (1904), «Возвращение Дон Кихота» (1926) – социально-утопич. мотивы, обращённые в средневековье. Фантастич. буффонада «Человек, который был Четвергом» (1908). Лит.-критич. соч., в т. ч. о Ч. Диккенсе, Дж.Б. Шоу. В цикле эссе «Ортодоксия» (1908) – проповедь ортодоксального католицизма.

ЧЕ́СТИ (Cesti) Антонио (1623–69), итал. композитор, главный (наряду с Ф. Кавалли) представитель оперной венецианской школы. Постановочная роскошь в стиле барокко особенно проявилась в оп. «Золотое яблоко» (1667). Среди др. опер: «Дори» (1661), «Тит» (1666); всего – св. 100. Вок.-хоровые сочинения.

ЧЕСТЬ И ДОСТО́ИНСТВО (правовая защита), по праву Рос. Федерации гражданин или юрид. лицо вправе требовать по суду опровержения порочащих его честь, достоинство или деловую репутацию сведений, если распространивший их не докажет, что они соответствуют действительности; пострадавший вправе также требовать возмещения убытков и морального вреда, причинённых распространением порочащих сведений. В случае невозможности установления лица, распространившего указанные сведения, гражданин или юрид. лицо вправе обратиться в суд с заявлением о признании указанных сведений не соответствующими действительности.

ЧЕТВЕРИ́К, в рус. и укр. архитектуре 4-угольное в плане сооружение или составная часть композиций шатровых и ярусных храмов, в т.ч. в сочетании с 8-гранной частью («восьмерик на Ч.»).

ЧЕТВЕРИКО́В Сер. Сер. (1880–1959), рос. генетик, один из основоположников эволюц. генетики. Показал значение генетич. процессов в популяциях (мутации, скрещивания, отбор) для видообразования и эволюции. Тр. по энтомологии и зоогеографии.

«ЧЕТВЁРТАЯ ВЕНЕРИ́ЧЕСКАЯ БОЛЕ́ЗНЬ», то же, что лимфогранулематоз паховый.

ЧЕТВЕРТИТО́НОВАЯ СИСТЕ́МА, темперированный строй, ос-

С.С. Четвериков.

нованный на разделении октавы на 24 равных *интервала* в ¼ *тона*. Была распространена в Др. Греции, применялась в качестве худ. экспериментальной и используется и в 20 в.

ЧЕТВЕРТИ́ЧНАЯ СИСТЕ́МА (ПЕРИ́ОД), см. *Антропоген*.

«ЧЕТЫ́РЕ ИСКУ́ССТВА», об-во художников (1924–31) в Москве, объединившее гл. обр. бывших членов *«Голубой розы»* и *«Мира искусства»* — живописцев, графиков, скульпторов и архитекторов (И.В. Жолтовский, П.В. Кузнецов, А.Т. Матвеев, В.И. Мухина, М.С. Сарьян, А.В. Щусев и др.). Ставило своей задачей стремление к высокому проф. мастерству, широким образным обобщениям, выразит. декоративности форм.

ЧЕ́ХИЯ (Чешская Республика), гос-во в Центр. Европе. Пл. 78,9 т.км². Нас. 10,3 млн. ч., в т.ч. чехи (81%), словаки (3%). Офиц. яз.— чешский. Верующие преим. католики. Глава гос-ва — президент. Законодат. орган — двухпалатный парламент (Сенат и Палата депутатов). Столица — Прага. Административно-территориальное деление — 75 районов. Ден. единица — чешская крона.

Бо́льшая часть терр. находится в пределах Чешского массива, по окраинам к-рого расположены средневысотные хребты Чешский Лес и Шумава (на Ю.-З.), Рудные горы (на С.-З.), Крконоше (на С.-В.; наивысш. точка — 1602 м, г. Снежка). Во внутр. части массива — т.н. Чешская котловина, состоящая из ряда низменностей, разделённых низкогорн. массивами. На Ю. и в центр. части — Чешско-Моравская возв. Климат умеренный. Ср. темп-ры янв. от −1–4 °C на равнинах до −10 °C в горах, июля соотв. от 19–21 до 4–8 °C; осадков от 450–600 мм в год на равнинах до 1200–1600 мм в горах. Гл. реки: Лаба, Влтава. По склонам гор — смешанные и хвойные леса.

С 5–6 вв. на терр. Ч. преобладали слав. племена, в 7 в. она входила в державу Само, в 9–10 вв.– в Великоморавскую державу. В 10 в. образовалось Чеш. гос-во (во главе с династией Пржемысловичей), со 2-й пол. 12 в. в составе Священной Рим. империи. В 1-й пол. 15 в. чеш. земли охватило движение гуситов. С 1526 Ч.– под властью Габсбургов. В кон. 18 в. зародилось чеш. нац. движение («будители»), к-рое в 30–40-х гг. 19 в. приобрело полит. характер. В 1867 Ч. вошла в австр. часть (Цислейтания) Австро-Венгрии. С распадом в 1918 Австро-Венгрии Ч. и Словакия образовали Чехосл. респ. В окт. 1938 фаш. Германия захватила т.н. Судетскую обл., в марте 1939 оккупировала все чеш. земли и объявила их (за исключением отторгнутых в 1938) «Протекторатом Богемии и Моравии». Кульминацией Дв. Сопр. явилось Майское восст. чеш. народа 1945. Чеш. земли и Словакия воссоединились в рамках Чехословакии (в 1990–92 — ЧСФР). До дек. 1989 у власти находилась чехосл. КП. С 1993 Ч. (Чеш. Респ.) — суверенное гос-во.

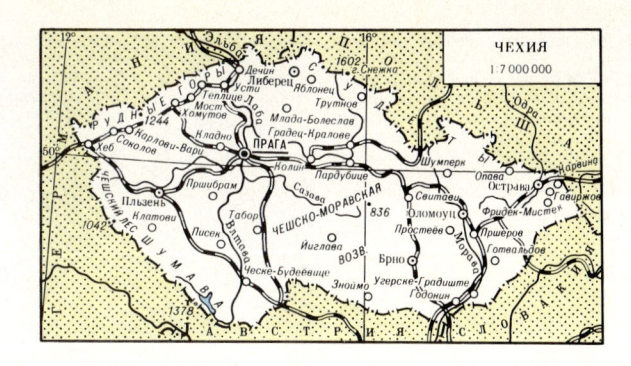

Ч.– индустр.-агр. страна. ВНП на д. нас. 2410 долл. в год. Ведущие отрасли пром-сти: маш-ние (пром. оборудование, приборо-, станкостроение, эл.-техн. и др.), чёрная металлургия, хим. и нефтехим., текст., стек. (худ. изделия из хрусталя, бижутерия, техн. стекло), пищевкус. (сах., пивовар.), кож.-обувная. Добыча бурого и кам. угля, жел. руды, магнезита, каолина. Осн. с.-х. культуры — пшеница, ячмень, сах. свёкла, картофель. Развито хмелеводство, плод-во, виногр-во. Жив-во (гл. обр. свин-во, птиц-во, молочное скот-во).

ЧЕ́ХОВ Ант. Пав. (1860–1904), рус. писатель. Осн. темы творчества — искания интеллигенции, недовольство обыденным существованием одних, душевная капитуляция перед пошлостью жизни других («Скучная история», 1889; «Дуэль», 1891; «Дом с мезонином», 1896; «Ионыч», 1898; «Дама с собачкой», 1899). В рассказах «Бабье царство» (1894), «Мужики» (1897), «В овраге» (1900) показал дикость и жестокость деревенской жизни. Большой силы социально-психол. анализа и худ. обобщения Ч. достиг в рассказах «Палата № 6» (1892), «Человек в футляре» (1898), «Архиерей» (1902), пов. «Степь» (1888) и др. О таинственной связи времён и глубинах человеческого подсознания — «Чёрный монах», «Студент» (оба 1894). В пьесах «Чайка» (1896), «Дядя Ваня» (1897), «Три сестры» (1901), «Вишнёвый сад» (1904), поставленных на сцене МХТ, создал особую, тревожную эмоц. атмосферу предчувствия грядущего и прощания с уходящим веком. Гл. герой — рядовой человек со своими каждодневными делами и заботами. Ч.– тонкий психолог, мастер подтекста, своеобразно сочетающий юмор и лиризм.

ЧЕ́ХОВ Мих. Ал-др. (1891–1955), актёр, режиссёр, педагог, теоретик т-ра. Племянник А.П. Чехова. С 1913 актёр МХТ и 1-й Студии МХТ (с 1924 МХАТ 2-й, в 1924–27 худ. рук.). Актёр, наделённый неистощимой изобретательностью и чувством юмора при обострённом ощущении драматизма жизни, склонный к экспрессионистич. гротеску: Эрик («Эрик XIV» А. Стриндберга) и Хлестаков («Ревизор» Н.В. Гоголя) — 1921, Гамлет («Гамлет» У. Шекспира, 1924), А. Аблеухов («Петербург» А. Белого, 1925) и др. Исследовал проблемы актёрской психотехники; переосмыслив законы театрального творчества, открытые К.С. Станиславским, разработал «теорию имитации» (персонаж должен предстать внутр. видению актёра; «подражая» сложившемуся в его фантазии образу, актёр постепенно сливается с ним, достигая полного перевоплощения). Под влиянием А. Белого увлёкся антропософским учением Р. Штайнера, основывал нек-рые положения своей системы на его идеях. С 1928 жил и работал за рубежом (Германия, Латвия, Великобритания, США и др.), играл в т-ре и кино, руководил театральными студиями.

ЧЕХО́НИН Сер. Вас. (1878–1936), график и живописец. Чл. *«Мира искусства»*. С 1928 за рубежом. В книжной и журнальной графике, росписях по фарфору и эмали — изысканные орнаментально-шрифтовые композиции.

ЧЕХО́НЬ, промысловая рыба (сем. *карповые*). Дл. до 50 см, масса 500–600 г (до 2 кг). Обитает в басс. Балтийского, Чёрного, Каспийского и Аральского морей, в озёрах и водохранилищах.

А.П. Чехов. Портрет работы О.Э. Браза. 1898. Третьяковская галерея.

Чехия. Горы Крконоше.

Прага, панорама города.

ЧЕХОСЛОВА́КИЯ, гос-во в Центр. Европе (существовало до 1993). Чехосл. Респ. образована в 1918 на чеш. и словац. землях. В окт. 1938 – марте 1939 Ч. была захвачена фаш. Германией. С освобождением терр. Ч. в мае 1945 она была воссоздана; в 1948 Ч. провозглашена нар.-демокр. республикой. В 1960 – марте 1990 наз. Чехосл. Социалистич. Респ. (ЧССР). У власти (до дек. 1989) находилась чехосл. КП. Процесс демокр. обновления, развернувшийся в 1968, был сорван вторжением войск 5 гос-в – участников Орг-ции Варшавского дог. (СССР, Болгарии, Венгрии, ГДР, Польши) в авг. 1968. С 1990 Ч. существовала как федеративное гос-во – Чешская и Словацкая Федеративная Респ. (ЧСФР). В июле 1992 принята Декларация о суверенитете Словакии. В нояб. 1992 парламентом ЧСФР был принят федеральный закон о прекращении существования чехосл. федерации к 1 янв. 1993. См. *Словакия* и *Чехия*.

ЧЕЧЕВИ́ЦА, род однолетних травянистых р-ний (сем. бобовые). Ок. 10 видов, в Средиземноморье, Малой Азии и др. Ч. пищевая, или обыкновенная (со 2-го тыс. до н.э., в России с 14 в.) Ч. пищевая, или обыкновенная. Возделывают как зерновую и бобовую культуру во всех земледельч. р-нах, кроме Австралии и Сев. Америки, в центр.-чернозёмных обл., Саратовской и Пензенской областях. Из зерна (14 ц с 1 га) – крупа, мука и др.; зелёная масса, солома, мякина – корм для с.-х. ж-ных.

ЧЕЧЕ́НО-ИНГУШЕ́ТИЯ (Чечено-Ингушская Республика), в России (до 1992). Пл. 19,3 т. км². 14 р-нов, 5 городов, 4 пос. гор. типа.

Первые упоминания о чеченцах и ингушах относятся к 7 в. В 1810 Ингушетия добровольно вошла в состав Рос. империи, в 1859 была присоединена Чечня. В 1922 образована Чеченская АО, в 1924 – Ингушская АО, в 1934 объединённые в Чечено-Ингушскую АО (с 1936 – АССР) в составе РСФСР. В 1942–43 часть Ч.-И. была оккупирована нем.-фаш. войсками. В 1944 Чечено-Ингушская АССР была ликвидирована, население насильственно выселено. Восстановлена в 1957. В 1992 Съезд нар. депутатов Рос. Федерации постановил преобразовать Ч.-И. Респ. в Ингушскую Респ. (см. *Ингушетия*) и Чеченскую Респ. (см. *Чечня*).

ЧЕЧЁТКА, птица (сем. *вьюрки*). Дл. до 14 см. На голове красная «шапочка», у самцов на груди розовое пятно. Обитает в лесотундре и тайге Евразии и Америки. После гнездования держатся кучными стайками, непрерыв-

Чечётка.

но перекликаясь щебечущим «чи-чи-чи».

ЧЕЧЁТКА, эстрадный танец афро-амер. и испано-амер. происхождения, 2-дольного размера, быстрого темпа. Характерны чёткие выстукивания подошвой и каблуком сложных ритмич. формул. Элементы, подобные Ч., встречаются в нар. танцах.

ЧЕЧНЯ́ (Чеченская Республика), в России. Граница между Ч. и Ингушетией не демаркирована (1994). Нас. ок. 1 млн. ч. Столица – Грозный. Расположена на сев. склоне Б. Кавказа и на прилегающих Чеченской равнине и Терско-Кумской низм. Климат континентальный. Ср. темп-ры янв. от –3 до –12°C, июля 21–25°C; осадков от 300 до 1000 мм в год. Гл. реки – Терек, Сунжа. Равнинные степи сменяются широколист. лесами; выше – субальп. и альп. луга.

Ист. очерк см. в ст. *Чечено-Ингушетия*.

В сент. 1991 Общенац. конгресс чеченского народа объявил о гос. суверенитете Чеченской Респ. В 1992 учреждён пост президента. Эти акты не признаны Рос. Федерацией. Политика режима Д. Дудаева привела к острому социально-полит. кризису в Ч., серьёзному нарушению Конституции Рос. Федерации. В дек. 1994 с целью восстановления конституц. законности и правопорядка на терр. Ч. были введены вооруж. силы Рос. Федерации. Сопротивление незаконных вооруж. формирований привело к полномасштабным воен. действиям, в ходе к-рых их осн. силы были разгромлены. 30 июля 1995 заключено соглашение по блоку воен. вопросов – о прекращении боевых действий, разоружении, поэтапном выводе войск и др. На большей части терр. Ч. началась нормализация жизни населения республики.

Осн. отрасли пром-сти: нефтедоб., нефтеперераб., нефтехим., маш.-строит. (нефт. оборудование, мед. инстр-ты и др.), пищ., лесная и деревообр., лёгкая; произ-во стройматериалов (цемент и др.). Плод-во, виноград-во, овощ-во. Посевы зерновых (пшеница, рис), подсолнечника, сах. свёклы. Жив-во (тонкорунные овцы, кр. рог. скот, свиньи). Худ. ремёсла – резьба по дереву и камню, худ. обработка металла, ковроделие.

ЧЕ́ШСКОЕ СТЕКЛО́, худ. промысел в Чехии (с 14–15 вв.). С 17 в. прославился прозрачными сосудами с глубокой огранкой на толстых стенках («богемское стекло»).

ЧЕШУ́ЙЧАТЫЙ ЛИША́Й, то же, что *псориаз*.

ЧЖУА́Н-ЦЗЫ (ок. 369–286 до н.э.), др.-кит. философ, один из основателей *даосизма*. Трактат «Чжуан-цзы» написан в форме притч, новелл и диалогов и направлен против учений Конфуция и Мо-цзы. Природа, в к-рой воплощается *дао*, противопоставляется человеку и его построенным на насилии гос-вом, культурой, нравственностью.

ЧЖУРЧЖЭ́НИ (чжуличжэнь, нюйчжэнь, нюйчжи), племена тунгусского происхождения. С древних времён заселяли вост. часть Маньчжурии. В 12 в. создали гос-во Цзинь.

ЧИАУРЕ́ЛИ Софико Мих. (р. 1937), груз. актриса. С 1960 в Груз. т-ре имени К.А. Марджанишвили. Сыграла роли современниц в ф.: «Хевсурская баллада» (1966), «Тепло твоих рук» (1972), «Несколько интервью по личным вопросам» (1979) и др. Талант перевоплощения продемонстрирован ею в ф.: «Цвет

Чешское стекло. Графин. Огранка, шлифовка, гравировка. Ок. 1720. Музей Северной Чехии. Либерец.

граната» (1970), «Мелодии Верийского квартала» (1973), «Древо желания» (1977), «Легенда о Сурамской крепости» (1984), «Ашик-Кериб» (1989).

ЧИ́БИС, красивый крупный кулик (сем. ржанковые). Дл. ок. 30 см. Спина и грудь зеленоватые, с пурпурным блеском, на голове длинный узкий хохолок. Распространён в Евразии. Гнездится (часто колониями) на болотах и полях. Песня – назойливое и заунывное «чьи-вы, чьи-вы».

ЧИБУРДАНИ́ДЗЕ Майя Григ. (р. 1961), груз. шахматистка. 6-я чемпионка мира (1978–91). Междунар. гроссмейстер среди женщин (1978) и мужчин (1984). Чемпионка СССР (1977). Лауреат шахматного приза «Оскар» (1984–87).

ЧИ́ВЕР (Cheever) Джон (1912–82), амер. писатель. В рассказах (сб. «Бригадир и вдова гольф-клуба», 1964) и ром. «Скандал в семействе Уопшотов» (1964), «Буллет-Парк» (1969), сочетая напряжённое социально-психол. повествование с сатирич. приёмами (гротескная символика, сюжетная фантастика), обнажает безрадостность и духовное оскудение как преуспевающего конформиста, так и социального нигилиста. Автобиография «Рассказы Джона Чивера» (1978).

Чиж.

ЧИГО́РИН Мих. Ив. (1850–1908), сильнейший шахматист России в кон. 19 в.; шахматный теоретик и литератор. Основоположник отеч. шахматной школы. Играл матчи на первенство мира с В. Стейницем (1889, 1892).

ЧИЖ, птица (сем. *вьюрки*). Дл. ок. 12 см. Оперение желто-зелёное с пестринами. Обитает в хвойных лесах Евразии (кроме Центр. Сибири). Гнёзда на елях, высоко от земли, хорошо замаскированы. Песня довольно разнообразна. Ч. часто держат в клетках.

ЧИЖЕ́ВСКИЙ Ал-др Леон. (1897–1964), рос. биофизик, археолог, основоположник гелиобиологии. Установил зависимость между циклами активности Солнца и мн. явлениями в биосфере. Работы по действию отрицат. и положит. ионов воздуха (аэроионов) на живые организмы. Восп. «Вся жизнь» (1974), сб. «Стихотворения» (1987). В 1942–58 был репрессирован.

А.Л. Чижевский.

ЧИКА́ГО, г. на С. США. 2784 т.ж. Крупнейший в мире ж.-д. уз.; порт на юго-зап. побережье оз. Мичиган, при впадении в него канализированной р. Чикаго (по к-рой проходит вод. путь из Великих озёр в р. Миссисипи; грузооборот 30 млн. т в год); междунар. аэропорт. Метрополитен. Ч. – второй (после Нью-Йорка) по экон. значению город страны, торг.-финанс., науч. и культурный центр. Крупнейший в США центр тяж. пром-сти. Маш-ние; хим., нефтепере-

Чикаго. Вид города.

раб., полиграф. пром-сть. Ун-ты, худ. ин-т. Музеи: естеств. истории, науки и пром-сти и др. Т-ры. В нач. 19 в. на месте Ч.— воен. пост, затем посёлок; город с 1833. Ч. был заново застроен после грандиозного пожара 1871, в т.ч. небоскрёбами т.н. чикагской школы, во многом определившими облик города («Сирс и Робак», 1889—91, и др.).

ЧИКА́ГСКАЯ ШКО́ЛА, одно из совр. направлений экон. мысли. Стоит на позициях неолиберализма. Возникла в сер. 60-х гг. 20 в. Гл. представители: М. Фридмен, Ф. Найт, Г. Саймонс, Дж. Стиглер.

ЧИКОВА́НИ Симон Ив. (1902/03—1966), груз. поэт. В 20-х гг. один из лидеров футуристич. группы «Левизна». К нач. 30-х гг. перешёл к классич. строю стиха, совр. тематике (циклы «Врата природы», «Пропусти, гора»); тема «связи времён» в поэме «Песнь о Давиде Гурамишвили» (1942—46). Филос. осмысление судьбы Н. Бараташвили в цикле «Гянджинская тетрадь» (1964—65).

ЧИЛА́ДЗЕ Отар Ив. (р. 1933), груз. писатель. Сб. стихов «Глиняные дощечки» (1963), «Девять поэм» (1969), ром. «Шёл по дороге человек» (1972—73) отражают духовные искания молодого современника. Социально-нравств. проблемы — в романах из прошлого Грузии «И всякий, кто встретится со мной...» (1976), «Железный театр» (1981), «Мартовский петушок» (1987).

ЧИ́ЛИ, гос-во на Ю.-З. Южной Америки. Пл. 756,9 т.км². Нас. 13,5 млн.ч., преим. чилийцы (92% — метисы). Офиц. яз.— испанский. Ок. 80% верующих — католики. Глава гос-ва и пр-ва — президент. Законодат. орган — двухпалатный Национальный конгресс (Сенат и Палата депутатов). Столица — Сантьяго. Адм.-терр. деление: 13 областей (в т.ч. столичная область). Ден. единица — чилийское песо.

Терр. Ч. вытянута узкой полосой (шир. 15—355 км) с С. на Ю. вдоль побережья Тихого ок. на 4300 км и занята б.ч. хребтами Анд (выс. до 6880 м), между к-рыми лежит Продольная равнина. Мн. вулканов, часты землетрясения. Климат от тропич. пустынного на С. (ср.-мес. темп-ры от 12 до 22 °С; осадков 50 мм в год) до умеренно океанич. на Ю. (темп-ры от 3 до 14 °С; осадков 2500—7000 мм в год). На С.— пустыня Атакама. В ср. и юж. частях, на склонах гор — хвойные и буковые леса.

В 16 в. завоёвана испанцами. В ходе Войны за независимость исп. колоний в Америке 1810—26 провозглашена независимость Ч. (1818). В 1865—1866 Ч. в союзе с Перу, Эквадором и Боливией воевала против Испании, а в 1879—84, при поддержке Великобритании,— против Перу и Боливии; в результате этой войны Ч. приобрела терр., богатую залежами селитры. В 1947—58 у власти диктаторский режим. В 1970 президентом Ч. стал кандидат блока Нар. единства социалист С. Альенде. После путча 1973, в ходе к-рого С. Альенде был убит, к власти пришла воен. хунта во главе с А. Пиночетом. В 1989 были проведены демокр. выборы, к-рые выиграла оппозиция. В 1990 Пиночет был смещён (однако сохранил пост команд. сухопутными силами Ч.).

Ч.— индустр.-агр. страна. ВНП на д. нас. 2160 долл. в год. Основа экономики — горнодоб. пром-сть. Ч. занимает одно из ведущих мест в мире по добыче (1,9 млн.т в год) и экспорту медной руды, природной селитры (0,7 млн.т), молибдена (16 тыс.т); добывают также жел. руду, золото, серебро, цинк, нефть, газ,

Чили. Араукариевый лес у подножия вулкана Ланин.

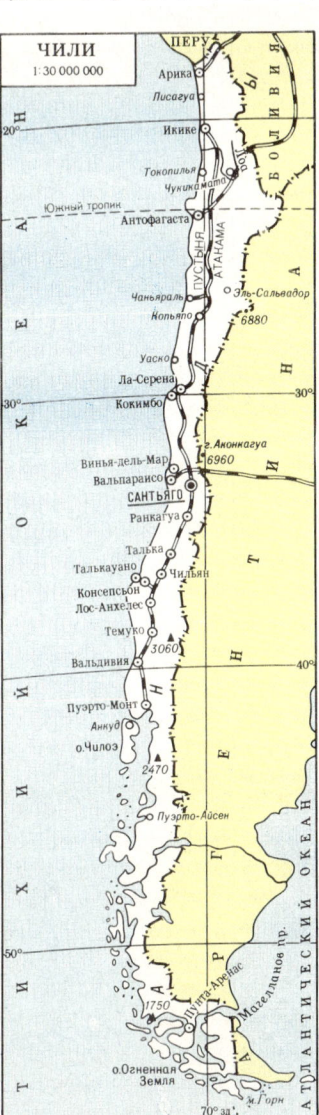

уголь. Из отраслей обрабат. пром-сти наиб. развиты чёрная и цв. металлургия, хим., нефтеперераб. и нефтехим., пищевкус., текст., кож.-обув., лесная, деревообр. и целл.-бумажная. Осн. с.-х. культуры — пшеница и кукуруза; плод-во и виногр-во. Рыб-во. Экспорт: с.-х. продукция, рыбная мука, целлюлоза и бумага, металлы, металлоизделия и др.

ЧИЛИ́М, то же, что *водяной орех*.

ЧИМАБУЭ́ (Cimabue) (наст. имя Ченни ди Пепо) (ок. 1240 — ок. 1302), итал. живописец. Представитель *Проторенессанса*. Изысканные, плоскостные, но пластически ясные образы («Распятие», ок. 1285).

ЧИМАРО́ЗА (Cimarosa) Доменико (1749—1801), итал. композитор. Представитель неаполитанской оперной школы. В 1787—91 придворный музыкант в С.-Петербурге. Автор ок. 70 опер. Особенно известны *оперы-буффа*, среди к-рых классич. отточенностью стиля выделяется оп. «Тайный брак» (1792). Хоровые, орк., камерные сочинения.

ЧИМКЕ́НТ (в 1914—24 Черняев), г., ц. Юж.-Казахстанской обл. в Казахстане. 438,8 т.ж. Ж.-д. уз. Маш-ние (прессы-автомашины, электроаппаратура и др.), хим. и нефтехим. (минер. удобрения, шины и др.), хим.-фарм., цв. металлургия (свинец и др.), лёгкая (обработка каракулевых шкурок, хл.-бум. и др.), пищ. пром-сть. 3 вуза. Ист.-краеведч. музей. 3 т-ра в т.ч. казахский и рус. драм.). Изв. с 12 в.

ЧИН, служебный воен. и гражд. разряд, с к-рым связаны определ. права и обязанности служащих. До нач. 18 в. в России были думные чины. Петром I введены Ч. 1—14-го классов согласно *Табели о рангах*. В Рос. Федерации установлены классные чины для прокурорских работников; военнослужащим присваиваются воинские звания. Ср. также *Дипломатические ранги*. Табл. см. на стр. 774.

ЧИН, горизонтальный ряд *икон*. Расположенные в неск. ярусов Ч. образовали др.-рус. *иконостас*.

ЧИ́НА, род одно- и многолетних трав (сем. бобовые). Св. 100 видов, в Евразии, на С.-З. Африки. В культуре 8 видов. Наиб. распространена Ч. посевная — кормовая (зерно, сено, зелёный корм) и сидеральная (идущая на зелёное удобрение) культура. Урожайность (с 1 га): зелёной массы 220—260 ц, сена 30—45 ц, зерна 15—20 ц. Ч. луговая (душистый горошек) — декор. р-ние.

ЧИНА́Р (чинара), то же, что *платан*.

ЧИНГИСХА́Н (Тэмуджин, Темучин) (ок. 1155—1227), основатель и вел. хан Монг. империи. Объединив монг. племена, ок. 1190 провозглашён ханом с личным титулом «Чингис», а в 1206 — всемонг. ханом. Провёл воен.-адм. реформу, составил свод законов и др. Покорил енисейских кыргызов, уйгуров, карлуков (1207—11) и др., завоевал гос-во Цзинь (Сев. Китай, 1211—15), Ср. Азию; вторгся в Иран, Закавказье, на Сев. Кавказ, в степи Сев. Причерноморья. Походы Ч. сопровождались опустошениями и гибелью целых народов.

ЧИНИЗЕ́ЛЛИ, семья цирковых артистов и предпринимателей. По происхождению итальянцы, в России

с 1869. Основатель династии — Гаэтано (1815—81), кон. акробат, наездник, дрессировщик лошадей. В 1877 открыл в С.-Петербурге стационарный цирк на набережной р. Фонтанка (ныне С.-Петербургский цирк).

ЧИ́РИКОВ Ал. Ил. (1703—48), рос. воен. моряк. В 1725—30 и 1733—41 пом. В. Беринга в 1-й и 2-й Камчатских эксп. В 1725—27 выявил истинную широтную протяжённость Сев. Азии. В 1741 исследовал св. 400 км сев.-зап. побережья Сев. Америки, неск. прибрежных о-вов, в т.ч. Кадьяк, и ряд о-вов Алеутской гряды; вместе с В. Берингом совершил первое плавание в сев. часть Тихого ок. и в зал. Аляска; участвовал в составлении итоговой карты экспедиции.

ЧИРКИ́, группа мелких речных уток. Масса 200—400 г. У нек-рых на крыле зелёное «зеркальце». Полёт бесшумный. 20 видов, распространены широко. Держатся преим. на мелких пресных озёрах, гнёзда в их укрытиях. Ч.-свистунок и Ч.-трескунок — осн. объекты спорт. охоты. Мраморный, или узконосый, Ч., сохранившийся в Азербайджане и, возможно, в дельте Волги,— под угрозой исчезновения.

ЧИРКО́В Бор. Петр. (1901—82), актёр. Работал в Ленингр. ТЮЗе, в моск. т-рах имени А.С. Пушкина и

Чимабуэ. «Мадонна с ангелами». Ок. 1285. Галерея Уффици.

Чина посевная. Часть растения с цветками.

Н.В. Гоголя. Героям Ч. свойственны юмор, яркая нац. характерность (ф. «Учитель», «Александр Пархоменко», оба 1942, «Верные друзья», 1954, «Живые и мёртвые», 1964). Крупнейшая работа Ч. 30-х гг. — образ молодого рабочего в кинотрил. «Юность Максима», «Возвращение Максима», «Выборгская сторона».

ЧИСЛИ́ТЕЛЬНОЕ, часть речи, обозначающая кол-во предметов и порядок их при счёте и выражающая эти значения в граммaтич. категориях падежа, отчасти рода и числа. Различают Ч.: количественные («два», «пять»), собирательные («двое», «пятеро»), порядковые («второй», «пятый»), к-рые иногда относят к прилагательным, и др.

ЧИНЫ В РОССИИ ДО 1917

Класс	Чины военные		Чины гражданские	Чины придворные
	армейские	флотские		
1-й	Генерал-фельдмаршал	Генерал-адмирал	Канцлер Действительный тайный советник 1-го класса	
2-й	Генерал-аншеф (1730—96) Генерал от инфантерии Генерал от кавалерии Генерал от артиллерии (с 1796) Инженер-генерал (с 1802)	Адмирал	Действительный тайный советник	Обер-камергер Обер-гофмаршал Обер-шталмейстер Обер-егермейстер Обер-гофмейстер Обер-шенк Обер-церемониймейстер (с 1844)
3-й	Генерал-лейтенант	Вице-адмирал	Тайный советник (с 1724)	Гофмаршал Шталмейстер Егермейстер Гофмейстер Обер-церемониймейстер (с 1801) Обер-форшнейдер (с 1856)
4-й	Генерал-майор	Контр-адмирал	Тайный советник (по 1724) Действительный статский советник (с 1724)	Камергер (в 1737—1809)
5-й	Бригадир (18 в.)	Капитан-командор (1707—32, 1751—64, 1798—1827)	Статский советник (с 1724)	Церемониймейстер
6-й	Полковник	Капитан 1-го ранга	Коллежский советник	Камер-фурьер (по 1884) Камергер (до 1737)
7-й	Подполковник Войсковой старшина (с 1884)	Капитан 2-го ранга	Надворный советник (с 1745)	
8-й	Премьер-майор и секунд-майор (1731—96) Майор (по 1884) Войсковой старшина (1796—1884) Капитан (с 1884) Ротмистр (с 1884) Есаул (с 1884)	Капитан 3-го ранга (до 1764) Капитан-лейтенант (1797—1884 и в 1907—11) Старший лейтенант (с 1912)	Коллежский асессор	
9-й	Капитан (по 1884) Ротмистр (по 1884) Есаул (по 1884) Штабс-капитан (с 1884) Штабс-ротмистр (с 1884) Подъесаул (с 1884)	Капитан-поручик (до 1764) Лейтенант (с 1798) Старший лейтенант (1907—11)	Титулярный советник	
10-й	Капитан-поручик (по 1798) Подъесаул (по 1884) Штабс-капитан (1797—1884) Штабс-ротмистр (1797—1884) Поручик (с 1884) Сотник (с 1884)	Мичман (после 1884)	Коллежский секретарь	
11-й	Поручик (по 1884) Сотник (по 1884)		Корабельный секретарь (первоначально морской чин) (по 1834)	
12-й	Подпоручик (с 1884) Корнет (с 1884) Хорунжий (с 1884)	Мичман (с 1764)	Губернский секретарь	
13-й	Подпоручик (по 1884) Корнет (по 1884) Хорунжий (по 1884) Прапорщик (с 1884)	Мичман (с 1758)	Кабинетский регистратор Провинциальный секретарь Сенатский регистратор (с 1764) Синодский регистратор (с 1764)	
14-й	Прапорщик (по 1884)		Коллежский регистратор	

ЧИСЛО́, одно из осн. понятий математики; зародилось в глубокой древности. В связи со счётом предметов возникло понятие о целых положительных (натуральных) числах: 1, 2, 3,... Задачи измерения длин, площадей и т.п. привели к понятию рационального (дробного) Ч. Потребность в точном выражении отношений величин (напр., отношение диагонали квадрата к его стороне) привела к введению иррациональных Ч., к-рые вместе с рациональными составляют совокупность *действительных чисел*. В связи с решением ур-ний 1-й степени (линейное ур-ний) были введены отрицательные числа, а квадратных ур-ний — *комплексные числа*.

ЧИСЛОВО́Е ПРОГРА́ММНОЕ УПРАВЛЕ́НИЕ (ЧПУ), управление режимом работы металлорез. станков, пром. роботов, измерит. приборов, сварочных агрегатов, погрузчиков и т.п. по программе, заданной в числовой форме, с выдачей управляющих воздействий на исполнит. органы оборудования. Впервые ЧПУ применено на фрезерном станке в 1952 (США, Массачусетский технол. ин-т).

ЧИ́СТИКИ, семейство мор. птиц. Дл. 15—50 см. Хорошо плавают и ныряют. 22 вида, в т.ч. кайры, конюги, гагарка и др., по побережьям Сев. Ледовитого, сев. частей Атлантич. и Тихого океанов. Гнездятся обычно колониями, образуя птичьи базары. Нек-рые — объект промысла. Обитавшая в Сев. Атлантике бескрылая гагарка истреблена к сер. 19 в.

ЧИСТИ́ЛИЩЕ, в католицизме место очищения душ умерших грешников от не искуплённых ими при жизни грехов. Догмат о Ч. введён в 1439, подтверждён в 1562.

ЧИСТОТЕ́Л, род многолетних трав (сем. маковые). 1 вид — Ч. большой, в Евразии. Растёт почти повсеместно. Настойку Ч. применяют в нар. медицине как желчегонное средство, при кожных болезнях.

ЧИТА́, г. (с 1851), ц. Читинской обл., в России, при впадении р. Чита в р. Ингода. 376,5 т.ж. Ж.-д. ст.; аэропорт. Маш-ние и металлообработка (станки и др.); деревообр., лёгкая и др. пром-сть. 6 вузов. Краеведч., декабристов, худ. музеи. Т-ры: драмы, кукол. Филармония. Изв. с 1653, в 1826—30 место заключения декабристов; в 1920—22 столица Дальневост. республики.

Чита. Церковь Михаила Архангела («Церковь декабристов»).

Чихуахуа.

ЧИХУА́ХУА́, порода миниатюрных (рост 16–20 см) декор. собак (самые мелкие в мире). Отличаются живостью, весёлым и ласковым нравом, неприхотливостью; не всегда дружелюбны к детям. Родина – Мексика. Разводят (короткошёрстных и длинношёрстных Ч.) во мн. странах, в т.ч. в России.

ЧИЧА́ГОВ Вас. Як. (1726–1809), рос. военачальник и мореплаватель, адм. (1782). В 1764–66 нач. экспедиции для отыскания мор. пути из Архангельска через Сев. Ледовитый ок. к берегам Сев. Америки и Камчатке. В рус.-швед. войну 1788–90 команд. Балт. флотом, нанёс поражение швед. флоту при о. Эланд (1789), Ревеле и Выборге (1790).

ЧИЧЕ́Н-ИЦА́, г. (8–12 вв.) индейцев майя на п-ове Юкатан (Мексика). Храмы, дома, произв. скульптуры, в т.ч. пирамида Кукулькана. Ч.-И. включён в список Всемирного наследия.

Чичен-Ица. Пирамида Кукулькана («Кастильо»). 8–12 вв.

ЧИЧЕ́РИН Бор. Ник. (1828–1904), юрист, философ, историк. В 1840–1850-х гг. чл. моск. кружка западников, участник полемики со *славянофилами*. В 1861–68 проф. Моск. ун-та, сторонник реформ в рамках самодержавия. Наряду с К.Д. Кавелиным, Ч.– основатель гос. школы в рус. историографии. Тр. по гос. праву, истории полит. учений. «Воспоминания» (ч. 1–4, 1929–34).

ЧИЧИБА́БИН Ал. Евг. (1871–1945), химик-органик. До 1930 работал в России, затем – за рубежом. Тр. по органич. синтезу, химии азотсодержащих гетероциклич. соед. и алкалоидов. Открыл метод получения производных пиридина (реакция Ч.). Один из организаторов отеч. хим.-фарм. пром-сти. Автор курса «Основные начала органической химии» (1925; 7 изд., т. 1, 1963).

ЧИЧИБА́БИН Бор. Ал. (1923–94), рус. поэт. В лирике (сб. «Молодость», 1963, «Гармония», 1965, «Колокол», 1989, «Мои шестидесятые», 1990) – драм. судьба поколения, опосредованная личным лагерным опытом автора; нравств. максимализм, пафос жизнеутверждения сменяются углублением темы внутр. свободы личности, осознанием жертвенного пути и трагич. одиночества поэта.

ЧЛЕНИСТОНО́ГИЕ, самый многочисл. тип ж-ных. По разл. оценкам – от 1 до 3 млн. видов (наиб. процветающая в биол. отношении группа). К Ч. относятся *трилобиты* (древнейшие), *пауки*, *клещи*, *раки*, *многоножки*, *насекомые* (составляют осн. массу видов Ч.). Тело сегментированное, с хитиновым покровом; конечности членистые. Обитают в воде, воздухе, на поверхности земли и в почве. Свободноживущие и паразитич. формы.

ЧЛЕ́НЫ ПРЕДЛОЖЕ́НИЯ, компоненты предложения – связанные синтаксич. отношениями знаменательные слова и словосочетания, рассматриваемые с точки зрения их роли в предложении. Не являются Ч.п. служебные слова, обращения, вводные слова и нек-рые др. Главные Ч.п.– подлежащее и сказуемое; второстепенные Ч.п.– дополнение, определение, обстоятельство.

ЧО́СЕР (Chaucer) Джефри (1340?–1400), англ. поэт. Основоположник общеангл. лит. языка и реализма в англ. лит-ре. Поэма «Книга герцогини» (1369) – в духе куртуазной лит-ры; сатирич. поэма «Птичий парламент» (1382). В романе в стихах «Троил и Хризеида» (ок. 1385, сюжет заимствован у Дж. Боккаччо) – попытка психол. анализа, бытовой реализм, юмор. Кн. «Кентерберийские рассказы» (начата в 1380, опубл. в 1478?), включающая многочисл. новеллы в традиц. ср. лит. поэтич. формы и зап.-европ. жанров, создаёт галерею многообразных типов Англии 14 в.; отмечена оптимистич. жизнеутверждением, демократизмом.

ЧО́СИЧ Добрица (р. 1921), серб. писатель. В романах – социально-полит. жизнь Сербии кон. 19 в. («Корни», 1954), события 1-й («Время смерти», т. 1–4, 1972–79) и 2-й («Солнце далеко», 1951; «Разделы», 1961) мировых войн, проблемы рев. борьбы, трагизм идеологизир. человека (тетралогия «Время зла», «Грешник», оба 1985, «Отступник», 1986, «Верующий», 1990).

ЧУВА́ШИЯ (Республика Чаваш), в России. Пл. 18,3 т.км². Нас. 1353 т.ч., гор. 58%; чуваши (67,8%), русские (26,7%), татары и др. Столица – Чебоксары. 21 р-н, 9 городов, 8 пос. гор. типа.

Расположена в ср. течении Волги; поверхность в осн. равнинная; на В.– Приволжская возв. Климат умеренно континентальный, ср. темп-ры янв. –12 °C, июля 19 °C; осадков 450 мм в год. Гл. река – Волга (с притоком – Сура, судоходны). Леса занимают ок. ⅓ терр.

В формировании чуваш. племён осн. роль принадлежит волжско-камским болгарам и суварам. В 15–16 вв. терр. Ч. в составе Казанского ханства. В 1551 Ч. добровольно вошла в состав России. В июне 1920 образована Чуваш. АО в составе РСФСР, в апр. 1925 преобразована в Чуваш. АССР. В сент. 1990 ВС республики принял Декларацию о гос. суверенитете. В 1993 учреждён пост президента.

Осн. отрасли пром-сти: маш-ние (эл.-техн. изделия, спец. автомобили и автофургоны, станки, электропогрузчики, пром. тракторы и др.), хим. (ядохимикаты, лаки, краски и др.), лёгкая (в т.ч. текст.), деревообр., пищевая. Чебоксарская ГЭС. Посевы зерновых (пшеница, рожь) и техн. культур; картофелеводство. Плод-во. Жив-во (кр. рог. скот, свиньи, овцы); птиц-во.

ЧУ́ВСТВА [эмоции, «движения (волнения) души»], обозначение разнообразных психич. феноменов. В повседневном словоупотреблении говорится о Ч. голода, жажды, боли; приятного и неприятного; усталости, болезни и здоровья; радости и печали, любви и ненависти; ужаса, стыда, страха, восторга, сострадания; отчаяния и блаженства и т.д. Ч. охватывают, т.о., широкий спектр явлений, отличающихся по своей длительности и интенсивности, уровню, характеру и содержанию (от кратковременного аффекта до продолжительной страсти, от поверхностной эмоции до глубокого и устойчивого Ч. и т.д.) и находящихся в сложных взаимоотношениях между собой.

ЧУВСТВИ́ТЕЛЬНОСТЬ, свойство ж-ных и человека воспринимать раздражения из внеш. среды и от собств. тканей и органов. У ж-ных, обладающих нерв. системой, специализир. чувствит. клетки (рецепторы) имеют высокую избирательную Ч. к раздражителям. Осн. виды Ч.: тактильная (прикосновение), болевая, температурная, мышечно-суставная, вибрационная, давления, Ч. внутр. органов.

ЧУГА́ЕВ Лев Ал-др. (1873–1922), основатель школы по химии комплексных соед. в России. Открыл реактив для определения никеля (1905, реактив Ч.). Исследовал *терпены*. Разработал (1899) метод синтеза углеводородов (реакция Ч.).

ЧУГУ́Н (тюрк.), сплав железа (основа) с углеродом (2–4,5%), содержащий пост. примеси (марганец до 1,5%, кремний до 4,5%, сера до 0,08%, фосфор до 1,8%), а иногда и легирующие элементы (хром, никель, алюминий и др.). Как правило, хрупок. Осн. масса Ч. (св. 85%) перерабатывается в *сталь*, остальная – применяется для изготовления фасонного литья.

ЧУ́ДОВ МОНАСТЫ́РЬ, мужской, в Моск. Кремле. Осн. в 60-х гг. 14 в. митрополитом Алексеем. С кон. 14 в. центр книгописания. В 17 в. действовало греко-лат. уч-ще, в 1744–1833 находилась Моск. духовная консистория, в кон. 19 – нач. 20 вв.– Духовный цензурный к-т. Упразднён в 1918. В 1932–34 постройки монастыря снесены.

ЧУДЬ, др.-рус. название эстов, а также др. фин. племён к В. от Онежского оз., по рр. Онега и Сев. Двина.

ЧУКА́РИН Викт. Ив. (1921–84), абс. чемпион СССР (1949–51, 1955), мира (1954), Олимп. игр (1952, 1956) по спорт. гимнастике.

ЧУКО́ВСКАЯ Лид. Корнеевна (р. 1907), рус. писательница. Дочь К.И. Чуковского. Пов. «Софья Петровна» (1939–40, опубл. в 1965), «Спуск под воду» (1972) – мужественное свидетельство о репрессиях 1937, о кампании борьбы с космополитизмом 1949, об атмосфере страха, демагогии, унижении человеческого достоинства. Автобиогр. кн. «Процесс исключения» (1979) – об организованной травле Ч. в связи с её правозащитной деятельностью. Дневниково-мемуарная кн. об А.А. Ахматовой. Все указанные произв. впервые опубл. за рубежом, в России – в 1988–93.

ЧУКО́ВСКИЙ Корней Ив. (наст. имя и фам. Ник. Вас. Корнейчуков) (1882–1969), рус. писатель. Произв. для детей в стихах и прозе («Мойдодыр», «Тараканище», «Айболит» и др.) построены на идее комич. сюжетной «игры» с назидат. целью. Книги о Н.А. Некрасове, А.П. Чехове, У. Уитмене, иск-ве перевода, о дет. психологии и речи («От двух до пяти», 1928), о рус. языке («Живой как жизнь», 1962). Критика, переводы, худ. мемуары. Дневники. Кн. «Чукоккала» (1979) – факсимильное изд. альбомов с автографами и рисунками знаменитых современников, собранными Ч. в 1914–69.

ЧУКО́ТСКАЯ РЕЗНА́Я КОСТЬ, нар. худ. промысел у чукчей и эскимосов сев.-вост. побережья Чукотского п-ова (Уэлен, где в 1931 создана косторезная мастерская, и др. селения). Из моржового клыка вырезаются обобщённые по форме, выразительные фигурки людей и животных, гравир. и рельефные изображения на брелках и т.п.

Чукотская резная кость. Мастер Хухутан (Уэлен). «Медведь и морж». Моржовая кость. 1956. Музей народного искусства. Москва.

ЧУКО́ТСКИЙ АВТОНО́МНЫЙ О́КРУГ, в России. Пл. 737,7 т.км². Нас. 124 т.ч., гор. 72%; русские (66,1%), украинцы (16,8%), чукчи (7,3%), эскимосы, эвены, коряки, юкагиры и др. Центр – Анадырь. 8 р-нов, 2 города, 18 пос. гор. типа.

Занимает Чукотский п-ов, прилегающую часть материка и о-ва (Врангеля и др.); омывается Вост.-Сибирским, Чукотским и Беринговым морями. На С.-В.– Чукотское нагорье (выс. до 1843 м), в центр. части – Анадырское плоскогорье. Климат на побережьях морской, во внутр. р-нах резко континентальный. Ср. темп-ры янв. от –15 до –39 °C, июля 5–10 °C; осадков 200–500 мм в год. Кр. река – Анадырь. Преобладает тундры.

Осн. отрасли х-ва: горнодоб. (уголь, руды цв. металлов и др.), рыбная пром-сть; оленеводство, рыб-во, охота на пушного и мор. зверя. Билибинская АТЭЦ. Развита худ. резьба по кости. Жив-во молочного направления и парниково-тепличное х-во. Гл. порты: Певек, Провидения, Эгвекинот, Беринговский. Судох-во по рр. Анадырь, Великая, Б. Анюй и М. Анюй.

ЧУКО́ТСКИЙ ПОЛУО́СТРОВ, в России, на С.-В. Сибири. Омывается Чукотским м., Беринговым прол., к-рый отделяет Ч.п. от Сев. Америки, а также Анадырским зал. Беринговам. Пл. 49 т.км². Сев.-вост. оконечность п-ова – мыс Дежнёва (66°05' с.ш. и 169°40' з.д.) – самая вост. точка России. Б.ч. п-ова занята Чукотским нагорьем (выс. до 1843 м). М-ния руд олова (Валькумей), ртути (Пламенное); кам. угля (Беринговский) и др. Тундровая растительность.

ЧУКО́ТСКОЕ МО́РЕ, Сев. Ледовитого ок., у сев.-вост. берегов Евразии и сев.-зап. берегов Сев. Америки. Пл. 595 т.км², глуб. до 1256 м. Кр. о-в – о. Врангеля. Колючинская губа, зал. Коцебу. Б.ч. года покрыто льдами. Рыб-во (голец, треска).

ЧУМ, переносное жилище народов Севера. Конич. остов из шестов покрывается оленьими шкурами, берёстой или корой.

Чум. Ненецкие женщины у чума.

ЧУМА́, карантинная болезнь человека, вызываемая чумной бактерией. Характерны природная очаговость, передача гл. обр. от больных ж-ных, в осн. грызунов (через блох, контактным путём), и воздушно-капельным путём, высокая летальность. Проявляется лихорадкой, интоксикацией, увеличением лимфатич. узлов (бубонами), пневмонией. В прошлом известны опустошит. эпидемии Ч.: в 6 в. (*юстинианова чума*) и 14 в. (*«чёрная смерть»*), от к-рых погибли десятки млн. чел.

ЧУМИ́ЗА, однолетнее травянистое р-ние (сем. злаки). Продовольственная (из зерна – крупа, мука) и кормовая (фуражное зерно, сено, зелёный корм) культура. Древнее хлебное р-ние Китая. Возделывают также в Индии, Корее и др., в России – на Сев. Кавказе, в Сибири, на Д. Востоке. Урожайность (с 1 га): зерна 15–30 ц, зелёной массы 250–300 ц, сена 50–70 ц.

ЧУПРО́В Ал-др Ал-др. (1874–1926), рос. теоретик статистики, основоположник совр. системы преподавания статистики. С 1917 жил за границей.

ЧУ́РИКОВА Инна Мих. (р. 1943), актриса. На сцене с 1965. С 1973 в Моск. т-ре имени Ленинского комсомола (с 1990 т-р «Ленком»). В игре Ч. совмещаются лирич. и эксцентрич. начала. Актриса склонна к глубокому социально-психол. анализу и неожиданной трактовке характеров, остросовр. прочтению классич. драматургии: Сарра («Иванов» А.П. Чехова, 1975), Офелия («Гамлет» У. Шекспира, 1976), Ира («Три девушки в голубом» Л.С. Петрушевской, 1985), Мамаева («На всякого мудреца довольно простоты» А.Н. Островского, 1989) и др. Снималась в кино; исполнительница гл. ролей в фильмах реж. Г.А. Панфилова (мужа Ч.): «В огне брода нет» (1968), «Начало» (1970), «Прошу слова» (1976), «Васса» (1983), «Курочка-Ряба» (1994) и др.

ЧУФУ́Т-КАЛЕ́, остатки ср.-век. города (5–19 вв.) в Крыму, близ совр. Бахчисарая. Оборонит. стены, жилые и хоз. постройки (наземные и пещерные), мечеть, караимские кенасы (храмы).

ЧУХО́НЦЕВ Олег Григ. (р. 1938), рус. поэт. В лирике, ориентированной на рус. классику, – острота видения коллизий совр. бытия, драм. переживание сов. действительности, преломлённой в конкретных судьбах (сб. «Из трёх тетрадей», 1976, «Слуховое окно», 1983, «Ветром и пеплом», 1989). Переводы.

ЧУХРА́Й Григ. Наумович (р. 1921), рос. кинорежиссёр. Поэтичность, сочетание эпич. широты с тонким психологизмом характерны для ф.: «Сорок первый» (1956), «Баллада о солдате» (1959), «Чистое небо» (1961). Среди др. фильмов – «Память» (1971), «Я научу вас мечтать» (1984).

Г.Н. Чухрай. Кадр из фильма «Баллада о солдате».

ЧХЕИ́ДЗЕ Ник. Сем. (1864–1926), рос. полит. деятель. В с.-д. движении с кон. 1890-х гг. Один из лидеров меньшевиков. С 1907 деп. 3–4-й Гос. думы, глава меньшевистской фракции 4-й Думы. В 1-ю мир. войну поддерживал Прогрессивный блок. В 1917 пред. Петросовета, чл. Врем. к-та Гос. думы, затем пред. ВЦИК. С 1918 пред. Закавказского сейма, Учредит. собрания Грузии. С 1921 эмигрант. Покончил жизнь самоубийством.

ЧХЕИ́ДЗЕ Темур Нодарович (р. 1943), груз. режиссёр, актёр. В т-ре с 1965. В 1970–80 в Т-ре имени Ш. Руставели, с 1981 худ. рук. Т-ра имени К. Марджанишвили, с 1988 гл. реж. Телевизионного т-ра (Тбилиси). Сдержанный лиризм, филос. и поэтич. наполненность, выверенность внеш. рисунка в постановках: «Мачеха Саманишвили» Д. Клдиашвили (1969, совм. с Р.Р. Стуруа), «Вчерашние» Ш. Дадиани (1972), «Обвал» по М. Джавахишвили (МХАТ, 1984, Т-р имени Марджанишвили), «Отелло» У. Шекспира (1982); «Коварство и любовь» Ф. Шиллера (1990), «Салемские колдуньи» А. Миллера (1991) – оба в Большом драм. т-ре (С.-Петербург).

ЧХИКВА́ДЗЕ Рамаз Григ. (р. 1928), груз. актёр. С 1951 в Т-ре имени Ш. Руставели. Значит. этап творчества – роли в спектаклях реж. Р.Р. Стуруа: Кварквере («Кварквере» П. Какабадзе, 1974), Аздак Б. Брехта, гл. роли в «Ричарде III» (1979) и «Короле Лире» (1987) У. Шекспира. Игре Ч. свойственны творч. фантазия, мастерство импровизации и перевоплощения, острое чувство ритма на сцене. Снимался в кино.

«ЧХУНХЯ́Н ДЖОН» («Повесть о Чхунхян»), кор. анонимная повесть кон. 18 в. о романтич. любви девушки низкого сословия и юноши знатного рода. Содержит социально-обличит. мотивы. Сохранилась в разл. вариантах.

ЧЭНДУ́, г. в Китае. 1,7 млн. ж. Кр. пром. центр (маш-ние и металлургия, хим., текст., пищ. пром-сть); ремёсла. Ун-т. Муз. ин-т. Возник в 4 в. до н.э., в 221–63 столица царства Шу. Комплекс храма Ухоуцы (16–18 вв.), дворец Цинъянгун («Дворец чёрного козла», 13 в.).

ЧЮРЛЁНИС (Ciurlionis) Микалоюс Константинас (1875–1911), литов. живописец и композитор. Символич. картины (циклы «Соната солнца», «Соната весны», оба 1907) погружены в мир сказки, мечты, фантастич. видений, муз. ритмов. Автор первых литов. симф. поэм («В лесу», 1900; «Море», 1907).

Ш

Ш, ш [ша], двадцать шестая буква рус. алфавита; восходит к букве *кириллицы* Ш («ша»).

ШАБРО́ЛЬ (Chabrol) Клод (р. 1930), франц. кинорежиссёр. Атмосфера, нравы и характеры провинции являются предметом анализа в драм. ф. «Красавчик Серж» (1958), «Кузены» (1959), «Мадам Бовари» (1991) и криминальных ф. «Милашки» (1960), «Мясник» (1970), «Кровавая свадьба» (1973) и др.

ШАГА́Л (Chagall) Марк Зах. (1887–1985), живописец и график т.н. *парижской школы*. Выходец из России. С 1922 за рубежом. Произведениям Ш. (картины, витражи, иллюстрации) присущи иррегулярные пространства. построения, эмоциональность цветового строя, выразит., мягкоживописный рисунок («Я и деревня», 1911; иллюстрации к Библии, литография, 1931–36). Мемуары «Моя жизнь», рус. пер., 1994.

ША́ДОВ (Schadow) Готфрид (1764–1850), нем. скульптор. Представитель *классицизма*. Монументально-декор. (квадрига на Бранденбургских воротах в Берлине, 1789–94) произв., статуи («Луиза и Фредерика», 1795), портретные бюсты («И.В. Гёте»).

ША́ДР (наст. фам. Иванов) Ив. Дм. (1887–1941), рос. скульптор. Выразительные по характеристике, обобщённо-символич. образы («Булыжник – оружие пролетариата», 1927), памятники, надгробия, портреты («М. Горький», 1939).

ШАИ́НСКИЙ Вл. Як. (р. 1925), рос. композитор. Простота, лирич. проникновенность и мелодичность отличают его пользующиеся широкой популярностью песни (особенно детские): «Дрозды», «Травы, травы», «Улыбка», «Голубой вагон», «Песня крокодила Гены», «Вместе весело шагать». Музыка к кинофильмам и мультфильмам.

ШАЙТА́Н (араб.), в исламской мифологии злой дух, сатана.

ШАКА́Л, хищное млекопитающее из рода *волков*. Встречается в Юго-Вост. Европе, на Кавказе, в Юж., Ср. и Передней Азии, Африке, Сев. Америке. Обычен возле жилья. Ведёт ночной образ жизни. Иногда вредит охотничьему х-ву.

ШАКЛОВИ́ТЫЙ Фёд. Леонт. (?–1689), окольничий, фаворит царевны Софьи Алексеевны. Подьячий Тайного приказа с 1673, глава Стрелецкого приказа с 1682. Рук. заговора против Петра I в 1689. Казнён.

ШАКУ́РОВ Сер. Каюмович (р. 1941), актёр. В 1978–87 в Моск. драм. т-ре имени К.С. Станиславского сыграл гл. роль в спектакле «Сирано де Бержерак» Э. Ростана, 1980), в Моск. ТЮЗе сыграл Иванова («Иванов и другие» А.П. Чехова.

М.З. Шагал. «Над Витебском». 1914. Собрание Зак. Торонто.

1993). Игра Ш. отличается психол. глубиной, мужским шармом, отчётливостью рисунка роли, мастерством внутр. перевоплощения. Снимался в ф.: «Свой среди чужих, чужой среди своих» (1974), «Сибириада» (1979), «Спасатель» (1980), «Армавир!» (1991) и др.

ШАЛА́МОВ Варлам Тих. (1907–1982), рус. писатель. В 30-х гг. подвергался репрессиям, 17 лет провёл на Колыме. В док.-филос. прозе («Колымские рассказы», 1979; в СССР в осн. опубл. в 1988–90) и стихах (сб. «Огниво», 1961, «Дорога и судьба», 1967, «Московские облака», 1972) выразил многострадальный опыт сверхчеловеческих испытаний в сталинских лагерях.

ШАЛФЕ́Й, род трав, полукустарников и кустарников (сем. губоцветные). Ок. 700 видов, по всему земному шару. Ш. мускатный и нек-рые др. виды культивируют как эфирно-масличные, лекарств. (противовоспалит. средство для полоскания рта и горла), декор. р-ния.

Шалфей лекарственный.

ШАЛЯ́ПИН Фёд. Ив. (1873–1938), певец (бас). Пел в Моск. частной рус. опере (1896–99), Мариинском и Большом т-рах (с 1899). С 1922 за рубежом. Обладал мощным, гибким, богатым тембровыми оттенками голосом (т.н. высокий бас), огромным драм. дарованием. Выступления на сценах крупнейших т-ров мира (в т.ч. в антрепризе *Русские сезоны*) принесли Ш. всемирную славу и составили эпоху в развитии вок. иск-ва. Его сценич. интерпретация партий Бориса, Ивана Хованского («Борис Годунов», «Хованщина» М.П. Мусорг-

Ф.И. Шаляпин.

ского), Мефистофеля («Фауст» Ш. Гуно и «Мефистофель» А. Бойто) создала устойчивую традицию их исполнения. Умер в Париже; в 1984 прах Ш. перенесён в Москву. Воспоминания – «Страницы из моей жизни», 1916; «Маска и душа», 1932; полное изд. обоих произв.– М., 1990.

ШАМА́НСТВО (шаманизм) (от эвенкийск. шаман, саман – возбуждённый, исступлённый человек), магич. практика общения служителя культа – шамана – с духами во время камлания (ритуал, приводящий в экстатич. состояние, сопровождается пением и ударами в бубен). Осн. функция Ш. – лечение больных, предотвращение несчастий и т.д. Широкое распространение Ш. имело у народов Сибири, Урала и Алтая, а также Африки, Америки, Океании и др.

ШАМИ́ЛЬ (1799–1871), имам Дагестана и Чечни (1834–59), руководитель борьбы горцев Кавказа против рос. войск и местных владетелей под лозунгом мюридизма (см. *Кавказская война 1817–64*), основатель *имамата*. 25 авг. 1859 сдался рос. войскам в р-не аула Гуниб и выслан в Калугу. Умер в Медине (Аравия) по пути в Мекку.

ШАМИ́ССО (Chamisso) Адельберт фон (1781–1838), нем. писатель и естествоиспытатель. Романтич. цикл стихов «Любовь и жизнь женщины» (1830, положенные на музыку Р. Шуманом), социально-полит. лирика (в т.ч. о рус. декабристах). Повесть-сказка «Удивительная история Петера Шлемиля» (1814) – о дьявольской власти денег, заставляющей человека продать свою тень. Тр. по географии р-ний и ж-ных.

ШАММУРА́МАТ, см. *Семирамида*.

ША́МОВ Вл. Ник. (1882–1962), хирург, один из основателей трансфузиологии (раздел медицины, изучающий вопросы переливания крови и кровезаменителей) в СССР. Предложил (1928) переливание трупной крови. Тр. по нейрохирургии.

ШАМПА́НСКОЕ (от назв. ист. обл. Шампань во Франции, где впервые было приготовлено в сер. 17 в.), игристое виноградное вино, насыщенное диоксидом углерода в результате вторичного брожения в герметически закрытых сосудах. Изготовляется из винограда спец. сортов. По содержанию сахара (%) различают рос. Ш.: брют (0,3), очень сухое (0,8), сухое (3), полусухое (5), полусладкое (8), сладкое (10).

ШАМПИНЬО́НЫ, род шляпочных грибов (сем. агариковые). Ок. 60 видов, по всему земному шару. Съедоб-

Шамиль.

Шампиньоны: 1 – обыкновенный; 2 – полевой.

ны (кроме 2 видов). Во мн. странах Ш. выращивают в пром. масштабах (ср. урожайность 5–6 кг с 1 м^2). Культура Ш. впервые возникла в Италии и насчитывает ок. 300 лет.

ШАМПОЛЬО́Н (Champollion) Жан Франсуа (1790–1832), франц. учёный, основатель египтологии. Изучив надпись на *Розеттском камне*, разработал осн. принципы дешифровки др.-егип. иероглифич. письма.

ШАНКА́Р Рави (р. 1920), инд. исполнитель на *ситаре*, композитор. В муз. композициях – стремление к синтезу инд. и европ. муз. культур. Балеты, концерт для ситара с орк., музыка к кинофильмам. Гастролирует во мн. странах.

ША́НКАРА (кон. 8–9 вв.; традиц. даты 788–820), инд. религ. философ, реформатор индуизма. Синтезировал все предшествующие ортодоксальные (т.е. признающие авторитет *вед*) системы, развил учение *адвайта-веданты*. Гл. соч.: комментарии на «Упанишады», «Веданта-сутру», «Бхагавадгиту».

ШАНКР (франц. chancre – язва), язва или эрозия, возникающая в месте внедрения возбудителя при нек-рых инфекц. болезнях. Ш. мягкий – венерич. заболевание, вызываемое стрептобациллой (мягкие болезненные язвы с гнойным отделением и воспаление ближайших лимфатич. узлов – бубон). О Ш. твёрдом см. в ст. *Сифилис*.

ШАНСО́Н (франц. chanson – песня), франц. песня – народная, проф. полифоническая 15–16 вв.; совр. эстрадная (из репертуара *шансонье*).

ШАНСОНЬЕ́ (франц. chansonnier – певец), во Франции – эстрадный певец, исполнитель жанровых песен, часто автор их слов и музыки. В числе Ш. – П. Дюпон, Г. Монтегюс, М. Шевалье, Э. Пиаф, Ив Монтан, Ж. Брассенс, Ш. Азнавур, М. Матьё, П. Каас.

ШАНХА́Й, крупнейший г. в Китае. 14,1 млн. ж. (с пригородами). Мор. порт на р. Хуанпу, близ Вост.-Китайского м. (грузооборот св. 100 млн. т в год). Кр. пром. центр – маш-ние, нефтеперераб., металлургич., полиграф., хим., лёгкая (особенно текст.) и др. пром-сть. Ун-ты. Консерватория, симф. оркестр. Т-р балета и др. Гор. музей. Ш. вырос из рыбацкого посёлка, возникшего в древности. С 16 в. торг. и ремесл. центр. Храмы Чэнхуанмяо и Юйфэсы с нефритовой статуей Будды, украшенной драгоценными камнями; 5-ярусная пагода Лунхуа.

ШАПИТО́ (франц. chapiteau – капитель, колпак), вид временного помещения. Разборная конструкция из лёгких мачт и стоек, на к-рые натяги-

вается шатёр куполообразной формы из брезента или др. материала.

«ША́ПКА МОНОМА́ХА», золотой филигранный остроконечный головной убор ср.-азиат. работы 14 в. с собольей опушкой, украшенный драгоценными камнями и крестом; регалия рус. вел. князей и царей, символ самодержавия в России. В кон. 15 – нач. 16 вв. получила известность легенда о визант. происхождении «Ш.М.», якобы присланной имп. Константином IX Мономахом вел. князю киевскому Владимиру II Мономаху. Эта легенда была использована при создании полит. теории *Москва – третий Рим*.

ШАПО́РИН Юр. (Георг.) Ал-др. (1887–1966), композитор, педагог. Монументальные героико-эпич. соч. в традициях рус. классики: оп. «Декабристы» (1953), симфония-кантата «На поле Куликовом» (1939); вок. лирика.

ША́ПОШНИКОВ Бор. Мих. (1882–1945), Маршал Сов. Союза (1940). Участник 1-й мир. войны, полковник. Участник Гражд. войны. Команд. войсками Ленингр. и Моск. ВО, нач. Штаба РККА (1928–31), команд. войсками Приволжского ВО. В 1935–1937 команд. войсками Ленингр. ВО. В 1937–40 и в июле 1941 – мае 1942 нач. Генштаба, одноврем. в 1937–43 зам. наркома обороны СССР. Тр. «Мозг армии» (кн. 1–3, 1927–29), по истории Гражд. войны; «Воспоминания. Военно-научные труды» (1982).

ШАР, множество точек пространства, расстояния к-рых от фиксированной точки (центра Ш.) не превосходят заданного числа R (радиуса Ш.). Граница Ш.– сфера; площадь её поверхности $S = 4\pi R^2$, объём Ш. $V = \frac{4}{3}\pi R^3$, где $\pi = 3,14 ...$

ШАРДЕ́Н (Chardin) Жан Батист Симеон (1699–1779), франц. живописец. Натюрморты, бытовые сцены из жизни третьего сословия, портреты отмечены естественностью образов, мастерской передачей света и воздуха, материальности предметов («Медный бак», ок. 1733; «Прачка», ок. 1737). Илл. см. на стр. 778.

ШАРЖ (франц. charge – тяжесть, преувеличение), разновидность *карикатуры*: сатирич. или добродуш-

Шарж. В.Н. Дени. «Валерий Брюсов». Тушь, акварель. Частное собрание. Москва.

Ж.Б.С. Шарден. «Натюрморт с атрибутами искусства». 1766. Эрмитаж.

но-юмористич. изображение (обычно портретное), в к-ром при соблюдении внеш. сходства подчёркнуты и выделены наиб. характерные черты модели.

ШАРИА́Т (араб. шариа, букв.— надлежащий путь), важнейшая часть мусульм. права, его источник. Излагает общие положения Корана и Сунны, касающиеся поведения верующих мусульман. Конкретные правовые нормы разрабатываются исламской системой нормативного регулирования (фикхом).

ШАРКО́ (Charcot) Жан Мартен (1825–93), франц. врач, один из основоположников невропатологии и психотерапии, создатель клинич. школы. Описал ряд заболеваний нерв. системы. Исследовал истерию и др. неврозы, разработал методы их лечения.

ШАРКО́ Зин. Макс. (р. 1929), актриса. С 1952 в Ленингр. т-ре имени Ленсовета, с 1956 в Ленингр. Большом драм. т-ре (с 1992 С.-Петерб. Большой драм. т-р имени Г.А. Товстоногова). Игре свойственны психол. тонкость, поэтичность при остроте пластич. рисунка и нек-ром эксцентризме: Тамара («Пять вечеров» А.М. Володина, 1959), Ольга («Три сестры» А.П. Чехова, 1965), Эржи («Кошки-мышки» И. Эркеня, 1974) и др. Снималась в ф.: «Долгие проводы» (1972) и др. Выступает на эстраде.

ША́РЛЯ ЗАКО́Н, зависимость давления идеального газа от темп-ры при постоянных объёме и массе газа: при изменении темп-ры на 1 К давление изменяется на 1/273. Открыт франц. учёным Ж. Шарлем в 1787, уточнён франц. учёным Ж.Л. Гей-Люссаком в 1802.

ШАРМА́НКА (вероятно, от нач. строки нем. песенки «Scharmante Katharine», «Прелестная Катарина»), механич. муз. инстр-т в виде небольшого переносного орга́на без клавиатуры. Появилась в Европе как инстр-т бродячих музыкантов в кон. 17 в., была распространена в России с нач. 19 в.

ШАРОВА́Я МО́ЛНИЯ, светящийся сфероид диам. 10–20 см и больше, образующийся обычно вслед за ударом линейной молнии и состоящий, по-видимому, из неравновесной плазмы. Существует от 1 с до неск. минут. Попытки создания Ш.м. в лаб. условиях успеха не имели.

ШАРТР, г. во Франции, на р. Эр. 80 т.ж. Маш-ние, хим., пищ. пром-сть; произ-во худ. стекла, готового платья. Высш. муз. школа. Музей изящных иск-в. На холме, над старой частью города,— знаменитый готич. собор Нотр-Дам (12–13 вв.) с богатейшим скульпт. убранством.

ШАТЁР (шатровое покрытие), завершение центрических в плане построек (колоколен, башен, храмов) в виде высокой 4-гранной или многогранной пирамиды. Применялся в рус. дерев. и кам. зодчестве в 16–18 вв. В культовом сооружении увенчивался главой с крестом, в гражд. и военном – дозорной вышкой, флюгером.

Шартр. Собор Нотр-Дам. Западный фасад.

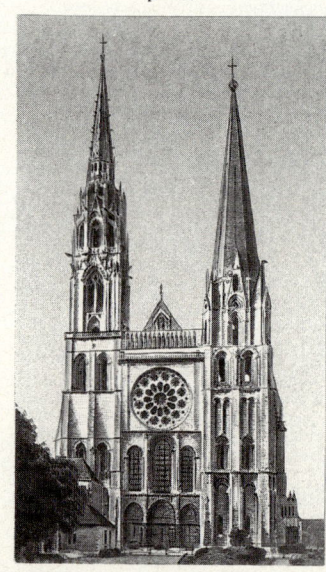

Шатёр.

ШАТОБРИА́Н (Chateaubriand) Франсуа Рене де, виконт (1768–1848), франц. писатель. Роялист, идеолог *Реставрации*. Мотивы мировой скорби, веры и опустошающего безверия, отрешённости от мира – в пов. «Атала» (1801), «Рене» (1802) с центр. образом романтич. героя-страдальца; неприятие современной ему действительности сочеталось с критикой индивидуализма. В кн. «Гений христианства» (1802), в мемуарах «Замогильные записки» (опубл. в 1848–50) – проповедь христ. смирения и подвижничества, не лишённая религ. экзальтации.

ША́УДИН (Schaudinn) Фриц (1871–1906), нем. зоолог. Совм. с Э. Гофманом открыл (1905) возбудителя сифилиса.

ША́ФАРИК (Šafařík) Павел Йозеф (1795–1861), деятель словац. и чеш. нац. движения («будителей»), историк, филолог, поэт.

ШАФРА́Н Дан. Бор. (р. 1923), виолончелист. С 1943 солист Моск. филармонии. Один из ведущих представителей отеч. виолончельной школы. Исполнит. стиль отличается одухотворённостью и благородством, красотой и певучестью звука. В репертуаре – произв. разных эпох и стилей.

ШАФРА́Н (крокус), род многолетних клубнелуковичных трав (сем. касатиковых). Ок. 80 видов, в Европе, Передней и Ср. Азии. Невысокие р-ния с одиночными и собранными в кисти цветками разнообразной окраски. Цветут ранней весной, едва сходит снег. Мн. виды выращивают как декоративные; высушенные рыльца Ш. посевного с оранжево-жёлтыми цветками употребляют как пряность и для окраски пищ. продуктов.

ШАХ (перс.), титул монарха в нек-рых странах Бл. и Ср. Востока с эпохи *Сасанидов*.

ШАХИ́-ЗИНДА́ (перс., букв.— живой царь), памятник ср.-век. архитектуры в Самарканде, ансамбль мемориально-культовых построек (в осн. 14–15 вв.) – мавзолеи, мечети, павильоны, украшенные многоцветным керамич. декором.

Шахи-Зинда. Средняя и южная группы мавзолеев.

ШАХИНША́Х (перс., букв.— царь царей), титул правителей Ирана со времён *Сасанидов*.

ШАХЛИ́Н Бор. Анфиянович (р. 1932), укр. спортсмен. Чемпион СССР (1957–64), Европы (1955, 1963), мира (1954, 1958), Олимп. игр (1956, 1960, 1964) в отд. видах многоборья по спорт. гимнастике.

ША́ХМАТНАЯ КОМПОЗИ́ЦИЯ, создание на шахматной доске оригинальных искусств. позиций фигур: шахматных задач (в к-рых одной из сторон предлагается выполнить задание, напр. объявить мат сопернику в указанное число ходов) и этюдов (позиция, в к-рой одной из сторон предлагается выиграть или сделать ничью без указания числа ходов). Проводятся междунар. конкурсы, командные и личные соревнования по составлению и решению Ш.к.

ША́ХМАТНЫЕ ЧАСЫ́, служат для отсчёта времени, затрачиваемого шахматистами на обдумывание ходов. В общем корпусе Ш.ч. размещены 2 часовых механизма (каждый со своим циферблатом), работающих поочерёдно так, что с пуском одного из них (игроком, сделавшим ход) другой автоматически останавливается. Изобретены Т. Уилсоном (Великобритания) во 2-й пол. 19 в. Впервые применены на Междунар. шахматном турнире в Лондоне в 1883.

ША́ХМАТНЫЙ БАЛА́НС, см. *Баланс межотраслевой*.

ША́ХМАТОВ Ал. Ал-др. (1864–1920), рос. филолог. Тр. по рус. языку, др.-рус. лит-ре, летописанию, проблемам рус. и слав. этногенеза, вопросам прародины и праязыка славян, индоевроп., фин. и морд. языкам. Заложил основы текстологии как науки.

А.А. Шахматов.

ША́ХМАТОВО, имение А.Н. Бекетова (в Клинском у., ныне Солнечногорском р-не Моск. обл.), где в 1881–1916 каждое лето жил его внук А.А. Блок. С Ш. связано создание таких поэтич. книг Блока, как «Стихи о Прекрасной Даме» (1904), «Нечаянная радость» (1907), лирич. циклы «Родина» (1907–16), «На поле Куликовом» (1908), поэма «Возмездие» (1910–21) и др. В 1918 б-ка Ш. была реквизирована, в 1921 сгорел дом. С 1981 Гос. ист.-лит. и природный музей-заповедник А.А. Блока.

ША́ХМАТЫ (от перс. шах мат – властитель умер), игра 32 фигурами (по 16 – белого и чёрного цвета) на 64-клеточной доске для двух парт-

Шахматы. Классические шахматные фигуры. Слоновая кость. Англия.

Комплект шахматных фигур «Мир животных». Фарфор. 1934. Ленинградский фарфоровый завод имени М.В. Ломоносова.

неров. Родина Ш.– Индия. В России Ш. появились в 9–10 вв. В 1924 осн. Междунар. шахматная федерация (ФИДЕ) объединяет ок. 150 стран. Чемпионаты мира: личные (мужские с 1886 и женские с 1927), командные с 1985 (мужские); Всемирные олимпиады (командные) с 1927 (мужские) и с 1957 (женские).

ШАХСЕ́Й-ВАХСЕ́Й (ашура), у шиитов день поминовения имама Хусейна, убитого 10-го числа месяца мухаррама (680) в бою при Кербеле. Траурные церемонии в первые 10 дней мухаррама состоят из мистерий, изображающих события из жизни халифа Али и Хусейна (таазие); сопровождаются самоистязанием наиб. фанатичных участников. От их возгласов «Шах Хусейн, вах, Хусейн!» происходит назв. Ш.-В.

ША́ХТА (нем. Schacht), горнопром. пр-тие по добыче полезного ископаемого при помощи подземных горн. выработок. Включает наземные сооружения и горн. выработки глуб. до 3,8 км (самая глубокая Ш. в мире – «Уэстерн дип Левелз», добыча золота, Карлтонвилл, ЮАР).

ША́ЦКИЙ Стан. Теофилович (1878–1934), рос. педагог. Разработал концепции внешкольного воспитания и «открытой школы» – центра воспитат. работы в социальной среде, реализованные в деятельности об-ва «Сетлемент» (1905), колонии «Бодрая жизнь» (1911), Первой опытной станции. по нар. образованию Наркомпроса (1919) и др. Тр. по педагогике.

ША́ША (Sciascia) Леонардо (1921–89), итал. писатель. В остросоциальных, близких полит. детективу повестях о жизни Сицилии («Сова появляется днём», 1961; «Каждому своё», 1965; «Палермские убийцы», 1976) – картина кризисных «болезней» системы (коррупция гос. аппарата, преступления мафии и т.п.). Сатирич. пов. «Контекст» (1971) – об итал. компартии; ист. романы, пьесы, стихи.

ША́ШЕЧНАЯ КОМПОЗИ́ЦИЯ, создание на 64- или 100-клеточной доске оригинальных искусств. позиций с заданиями – выиграть, сделать ничью (этюды), лишить возможности хода («запереть») имеющиеся на доске шашки одной из сторон (задачи). Проводятся междунар. конкурсы, командные и личные соревнования по Ш.к.

ША́ШКИ, игра на 64- (рус. Ш.) или 100-клеточной (междунар. Ш.) доске для 2 партнёров, у каждого по 12 (рус. Ш.) или по 20 (междунар. Ш.) фишек, также называемых Ш. В 1947 осн. Всемирная федерация Ш. (ФМЖД); объединяет ок. 40 стран. Чемпионаты Европы с 1965, мира с 1894 (личные, междунар. Ш.); Всемирные олимпиады (командные) с 1986 (междунар. Ш.); чемпионаты мира с 1985 (рус. Ш.).

ШВАНН (Schwann) Теодор (1810–1882), нем. биолог, основоположник клеточной теории. На основании собств. исследований, а также работ нем. ботаника М. Шлейдена и др. в классич. тр. «Микроскопические исследования о соответствии в структуре и росте животных и растений» (1839) впервые сформулировал осн. положения о образовании клеток и клеточном строении всех организмов. Тр. по физиологии пищеварения, гистологии, анатомии нерв. системы.

ШВАРЦ Евг. Львович (1896–1958), рус. драматург. Насыщенные остроактуальными социально-полит. аллегориями и аллюзиями, едкой иронией пьесы-сказки по мотивам произв. Х.К. Андерсена «Голый король» (1934), «Тень» (1940); сатирич. пьесы Ш. ф. «Дракон» (1944), «Обыкновенное чудо» (1956). Пьесы для детей, повести, сценарии.

ШВАРЦЕНЕ́ГГЕР (Schwartzenegger) Арнольд (р. 1947), амер. актёр. Неоднократный чемпион мира по культуризму. Жестокие герои-супермены Ш. в ф. «Конан-варвар» (1982), «Терминатор» (1984), «Хищник» (1987) сменяются более человечными и привлекат. персонажами («Терминатор-2: Судный день», 1991). Пробует себя и в комедиях («Близнецы», 1988; «Детсадовский полицейский», 1990).

ШВА́РЦКОПФ (Schwarzkopf) Элизабет (р. 1915), нем. певица (сопрано), педагог. Выступала в крупнейших т-рах мира в операх В.А. Моцарта, Р. Вагнера, Дж. Верди, Дж. Пуччини, Р. Штрауса (до 1971), в концертах с исполнением классич. и романтич. песен, кантат И.С. Баха. Обладает тонким чувством стиля, голосом лёгкого звучания и красивого тембра.

ШВА́РЦШИЛЬД (Schwarzschild) Карл (1873–1916), нем. астроном. Создал теорию лучистого равновесия и применил её к атмосферам звёзд. Впервые получил точное стационарное сферически-симметричное решение ур-ний теории тяготения Эйнштейна. Заложил основы фотогр. методов наблюдения космич. объектов, установил зависимость между почернением фотопластинки и временем экспозиции (закон Ш.).

ШВЕ́ДСКАЯ КОРОЛЕ́ВСКАЯ О́ПЕРА, ведущий муз. т-р Швеции, в Стокгольме. Открыт в 1773, совр. здание с 1898 (реконструировано в 1975). С нач. 20 в. один из центров исполнения опер Р. Вагнера. Ставятся также классич. и швед. оперы. Филиал в б. королев. дворце Дроттнингхольм (старинные оперы).

ШВЕЙЦА́РИЯ (Швейцарская Конфедерация), гос-во в Центр. Европе. Пл. 41,3 т. км². Нас. 7,0 млн. ч., в т.ч. германо-швейцарцы – 64%, франко-швейцарцы – 19%, итало-швейцарцы – 8%. Офиц. языки – французский, немецкий, итальянский. Среди верующих – католики (46%), протестанты (40%). Глава гос-ва – президент. Законодат. орган – Федеральное (Союзное) собрание – двухпалатный парламент (Совет кантонов и Нац. совет). Столица – Берн. Ш. – конфедерация в составе 20 кантонов и 6 полукантонов. Ден. единица – швейцарский франк.

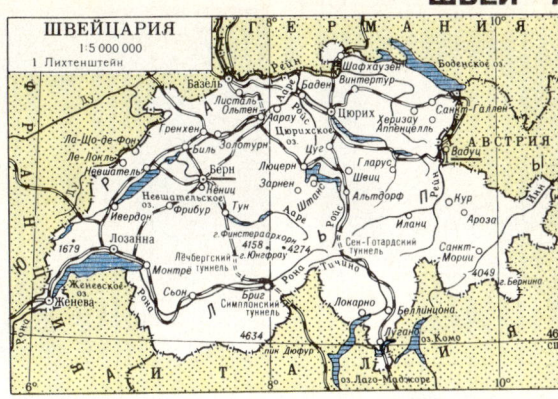

Ш. – горн. страна, св. 60% терр. занимают Альпы (выс. до 4634 м, пик Дюфур); в центре – Швейцарское плоскогорье с многочисл. озёрами, на С.-З. – горы Юра (выс. в Ш. до 1679 м). Климат умеренно влажный, в горах холодный. Ср. темп-ры на плоскогорье (Женева) янв. ок. 0°С, июля 19°С; осадков 800–2500 мм в год. Реки (главные – Рейн и Рона) порожистые, многоводные. Кр. озёра: Боденское, Женевское, Лаго-Маджоре. В Альпах – ледники. Леса (26% терр.), субальп. и альп. луга.

С 10–11 вв. Ш. в составе «Священной Рим. империи». Отстаивая независимость от австр. Габсбургов, швейц. лесные кантоны Швиц, Ури, Унтервальден 1 авг. 1291 заключили «вечный союз», заложивший основы Швейц. конфедерации как фактически самостоят. гос-ва в рамках «Священной Рим. империи». В 1499 Ш. получила независимость от империи. В 14–15 вв. Ш. – поставщик наёмников для армий стран Зап. Европы. Венский конгр. 1814–15 установил границы Ш., близкие к современным, и гарантировал её «вечный нейтралитет». По конституции 1848 Ш. – единое союзное гос-во. С 1920 Ш. член Лиги Наций, однако после 2-й мир. войны не вступила в ООН; несмотря на одобрение целей этой орг-ции, Ш. считает несовместимой с Уставом ООН свою политику «неограниченного нейтралитета».

Ш. – индустр. страна с интенсивным с. х-вом, один из ведущих финанс. центров мира и один из гл. экспортёров капитала (преим. в развитые страны). ВНП на д. нас. 33510 долл. в год (одно из первых мест в мире; среди гл. источников нац. дохода – доход от иностр. капитала, размещённого в Ш.). Ш. является крупным поставщиком на мировой рынок прецизионных станков (ок. 10% мирового экспорта), оборудования для текстильной (св. 15%) и полиграф. пром-сти, электронной и измерительной аппаратуры, часов (ок. ½ мирового экспорта; вывозится ок. 90% производимых часов), красителей, медикаментов (ок. ⅙ мирового экспорта), витаминов, химикатов для с. х-ва; в числе важнейших экспортных товаров – швейцарские сыры, шоколад, пищ. концентраты. В с. х-ве преобладает молочно-мясное жив-во; гл. зерновая культура – пшеница; вы-

Швейцария. Горный курорт Санкт-Мориц в Ретийских Альпах.

А. Швейцер.

Швеция. Стокгольм. Королевская опера.

ращивают картофель, помидоры и др. Развит иностр. туризм. В Ш. расположен самый длинный в мире (16,9 км) автодорожный тоннель под Сен-Готардским перевалом.

ШВЕ́ЙЦЕР (Schweitzer) Альберт (1875–1965), мыслитель, представитель *философии жизни*, протестантский теолог и миссионер, врач, музыковед и органист. Род. в Эльзасе. В 1913 организовал больницу в Ламбарене (Габон), к-рая стала для Ш. гл. делом жизни и трибуной проповеди его идей. Исходный принцип мировоззрения Ш.– благоговение перед жизнью, её сохранение и совершенствование как основы нравств. обновления человечества, выработки универсальной космич. этики. Критерием развития культуры считал уровень гуманизма, достигнутый обществом. Осн. соч.: исследование о И.С. Бахе (1908), «Культура и этика» (1923), «Письма из Ламбарене» (1925–27). Ноб. пр. мира (1952).

ШВЕ́ЦИЯ (Королевство Швеция), гос-во в Сев. Европе, занимает вост. и юж. части Скандинавского п-ова, о-ва Готланд и Эланд в Балтийском м. Пл. 450 т. км². Нас. 8,7 млн. ч., в т.ч. 91% – шведы. Офиц. яз.– шведский. Верующие – лютеране. Ш.– конституц. монархия. Глава гос-ва – король. Законодат. орган – парламент (риксдаг). Столица – Стокгольм. Адм.-терр. деление: 24 лена. Ден. единица – шведская крона.

Преобладают плоскогорья и всхолмлённые равнины; на С. и З.– Скандинавские горы (выс. до 2123 м; г. Кебнекайсе). Климат умеренный, переходный от морского к континентальному. Ср. темп-ры янв. от 0 до 5 °C на Ю., от –6 до –14 °C на С., июля от 17 °C на Ю. до 10 °C на С.; осадков на равнинах 500–700 мм в год, в горах 1500–2000 мм. Реки порожистые. Озёра (Венерн, Веттерн, Меларен и др.) занимают ок. 9% терр., леса (преим. хвойные) – 68%.

В 11 в. создано единое швед. кор-во. В 12–14 вв. шведы завоевали Финляндию (до 1809). Объединение в 1397 Ш. с Данией и Норвегией (Кальмарская уния) привело к подчинению Ш. Дании, от к-рого Ш. окончательно освободилась в 1523. Сев. война 1700–21 с Россией закончилась разгромом швед. армии. В 1809 были проведены демокр. реформы, принята конституция. В 1-й и 2-й мир. войнах Ш. заявила о нейтралитете. В 1932–1976, в 1982–91 и с 1994 во главе пр-ва – социал-демократы.

Ш.– индустр. страна. ВНП на д. нас. 26800 долл. в год. Экономика имеет заметную экспортную направленность (экспортируется св. ⅖ пром. продукции). В обрабат. пром-сти наиб. развиты маш-ние, металлургия, деревообр., целл.-бум. и хим. отрасли. Ш.– кр. поставщик на мировой рынок супертанкеров, гидротурбин, подшипников (концерн СКФ), оборудования для целл.-бум. пром-сти, автомобилей и автобусов («Вольво», «СААБ-Скания»), телефонной аппаратуры и электронной техники (включая радиолокац. и навигац. оборудование), качественных и спец. сталей, бум. массы, бумаги и картона (Ш.– один из крупнейших в мире экспортёров целл.-бум. товаров), минер. удобрений, серной к-ты, фарм. и биохим. продуктов. Развита эл.-энергетика (одно из ведущих мест в мире по произ-ву эл.-энергии на душу нас., на ГЭС и АЭС). Добыча руд железа, меди, свинца, цинка. В с. х-ве преобладает мясо-молочное жив-во; растениеводство ориентировано в осн. на произ-во кормов. Выращивают картофель, сах. свёклу, рапс.

ШВЕЦО́В Арк. Дм. (1892–1953), конструктор. Создал первый сов. серийный авиадвигатель возд. охлаждения М-11 для легкомоторной авиации. В годы Вел. Отеч. войны двигатели Ш. (также возд. охлаждения) устанавливались на самолётах Ла-5, Ла-7, Ту-2, а в последующий период – на самолётах Ил-12, Ил-14, Ан-2, вертолётах Ми-4 и т.д.

ШЕБАЛИ́Н Виссарион Як. (1902–1963), композитор, педагог. В произв., основанных на традициях рус. классич. музыки,– благородство мелодики, проникновенный лиризм, этич. пафос. Комич. оп. «Укрощение строптивой» (1957), кантата «Москва» (1946), 5 симф., инстр. концерты, 9 струн. квартетов и др. ансамбли, хоры, песни.

В.Я. Шебалин.

ШЕВАЛЬЕ́ (Chevalier) Морис (1888–1972), франц. шансонье, киноактёр. Создал своеобразные песни-скетчи (многие – на собств. тексты и музыку): «Есть радость в том», «Проспер». Важную роль отводил текстовым интермедиям между песнями. Снялся в ф.: «Весёлая вдова» (1934), «Дети капитана Гранта» (1965) и др.

ШЕВАРДНА́ДЗЕ Эд. Амвр. (р. 1928), Глава Респ. Грузия с 1992. С 1946 на комсомольской работе. В 1965–72 мин. внутр. дел Груз. ССР. В 1972 1-й секр. Тбилисского горкома КП Грузии. В 1972–85 1-й секр. ЦК КП Грузии. В 1985–91 мин. ин. дел СССР. Чл. Политбюро ЦК КПСС в 1985–90 (канд. с 1978).

ШЕВРО́ (франц. chevreau), кожа хромового *дубления*, выделанная из шкур коз. Из Ш. изготовляют, напр., верх обуви.

ШЕВЧЕ́НКО Тар. Григ. (1814–61), укр. поэт, художник. В 1838 выкуплен из крепостной неволи. Окончил Петерб. АХ (1838–45). За участие в тайном Кирилло-Мефодиевском об-ве отдан в солдаты (1847–57). Сб. стихов «Кобзарь» (1840; наиб. полное изд. 1860), циклы «В каземате» (1847), «Цари» (1848); поэмы «Катерина», «Тарасова ночь» (обе 1838), «Гайдамаки» (ист., 1841), «Сон» (1844), «Кавказ» (1845), «Марина» (1848), «Юродивый» (1857), «Мария» (1859). Мн. стихи стали нар.

ШВЕЦИЯ
1:12 000 000

Т.Г. Шевченко.

песнями («Думы мои, думы мои», «Завещание», «Реве та стогне Дніпр широкий»). В поэзии – любовь к Украине, раздумья о собств. трагич. судьбе и тяжкой нар. доле, о страданиях крестьянки, матери, мотивы героич. истории народа, идеи нац.-освободит. борьбы и слав. братства; близость к нар. творчеству (баллады, песни, думки), проникновенный лиризм, благородство и красота поэтич. слога. Повести на рус. яз., отчасти автобиографичны («Музыкант», 1854–1855; «Художник», 1856, обе опубл. посмертно). Живопись Ш.– начало реалистич. направления в укр. иск-ве.

ШЕ́ЕЛЕ (Scheele) Карл Вильгельм (1742–86), швед. химик, по профессии аптекарь. Первым получил мн. неорганич. и органич. в-ва, в т.ч. хлор (1774), глицерин, синильную к-ту (1782), ряд органич. к-т, доказал сложный состав воздуха.

ШЕ́ИН Ал. Сем. (1662–1700), боярин, генералиссимус (1696). Участник *Крымских походов* 1687 и 1689 и Азовского похода 1695. Команд. сухопут. войсками в Азовском походе 1696. Возглавлял армию и был одним из рук. пр-ва во время поездки Петра I за границу. Подавил восст. стрельцов 1698.

ШЕ́ИН Мих. Бор. (?–1634), боярин, воевода. Возглавлял Смоленскую оборону 1609–11, до 1619 в польск. плену. С 1619 доверенное лицо патриарха Филарета и глава ряда приказов, участник дипл. переговоров. Команд. армией, осаждавшей Смоленск в рус.-польск. войне 1632–1634. После капитуляции рус. армии казнён.

ШЕЙХ (араб., букв.– старик), титул мусульм. правителей, вождей племён в Аравии, глав мусульм. сект, дервишских орденов и др.

Шекинское ханство. Дворец шекинских ханов. 18 в.

ШЕЙХ-УЛЬ-ИСЛА́М (араб., букв.– старейшина ислама), почётный титул мусульм. теологов и законоведов.

ШЕКИ́НСКОЕ ХА́НСТВО, гос-во в Сев. Азербайджане. В сер. 18 в. выделилось из Ирана после борьбы с Надир-шахом. С 1805 в составе России, в 1819 ханская власть упразднена.

ШЕКСПИ́Р (Shakespeare) Уильям (1564–1616), англ. драматург, поэт; был актёром королев. труппы. Поэмы «Венера и Адонис» (1593) – на мифол. сюжет, «Лукреция» (1594) – из рим. истории. «Шекспировский канон» (бесспорно принадлежащие ему пьесы) включает 37 драм. Ранние пьесы проникнуты жизнеутверждающим началом: комедии «Укрощение строптивой» (1593), «Сон в летнюю ночь» (1596), «Много шума из ничего» (1598). Трагедия о любви и верности ценою жизни «Ромео и Джульетта» (1595). В ист. хрониках («Ричард III», 1593; «Генрих IV», 1597–1598), трагедиях «Гамлет», 1601;

У. Шекспир. Портрет, приписываемый кисти Р. Бёрбеджа. Национальная портретная галерея. Лондон.

«Отелло», 1604; «Король Лир», 1605; «Макбет», 1606), в «рим. трагедиях» (полит.– «Юлий Цезарь», 1599; «Антоний и Клеопатра», 1607; «Кориолан», 1607), лирико-филос. «Сонетах» (1592–1600, опубл. в 1609) нравств., обществ. и полит. конфликты эпохи осмыслил как вечные и неустранимые, как законы мироустройства, при к-рых высш. человеческие ценности – добро, достоинство, честь, справедливость – неизбежно извращаются и терпят трагич. поражение. Создал яркие, наделённые могучей волей и сильными страстями характеры, как способные к героич. противоборству с судьбой и обстоятельствами, самопожертвованию, переживанию ответственности за распад мира («распавшуюся связь времён»), так и готовые преступить нравств. «закон» и погибнуть ради всепоглощающей их идеи или страсти (честолюбия, власти, любви). Поиски оптимистич. решения конфликтов привели к созданию романтич. драм «Зимняя сказка» (1611), «Буря» (1612). Трагедии Ш.– величайшие образцы *трагического* в мировой лит-ре.

ШЕ́ЛЕР (Scheler) Макс (1874–1928), нем. философ, один из основоположников филос. антропологии и социологии познания. Испытал влияние философии жизни и феноменологии Э. Гуссерля. В противовес абстрактности и формализму этики И. Канта стремился построить иерархию объективных ценностей, к-рые постигаются с помощью чувства как интенционального (направленного) акта. Согласно Ш., любовь – это мгновенное прозрение высш. ценности объекта, а любовь к Богу – высш. форма любви. В своей этич. системе Ш. ставил задачу пробуждения чувства нравств. ценности в сознании индивида. Осн. соч.– «Формализм в этике и материальная этика ценностей» (т. 1–2, 1913–16).

ШЕ́ЛЕСТ Алла Як. (р. 1919), артистка балета. В 1937–63 в Ленингр. т-ре оперы и балета имени С.М. Кирова. Классич. балерина драм. и трагедийного плана, создала образы, отмеченные эмоциональностью, героич. пафосом: Зарема («Бахчисарайский фонтан» Б.В. Асафьева, 1943), Сюимбике («Шурале» Ф. Яруллина, 1950), Эгина («Спартак» А.И. Хачатуряна, 1956), Жизель («Жизель» А. Адана, 1956) и др. Ставила балеты в Куйбышеве (ныне Самара), Тарту, Хельсинки.

ШЕ́ЛИХОВА ЗАЛИ́В Охотского м., между побережьем материка Евразия и п-овом Камчатка. Дл. 650 км, шир. у входа 130 км, глуб. до 350 м. В сев. части п-овом Тайгонос разделяется на Гижигинскую и Пенжинскую губы. Замерзает с декабря по май. Рыб-во.

ШЕЛКО́ВИЦА (тутовое дерево), род деревьев сем. тутовых. 2–3 полиморфных, сильно варьирующих вида (по др. данным, св. 20), в Вост. и Юго-Вост. Азии, Африке, Америке; Ш. атласная растёт на Сахалине, нек-рых о-вах Курильской гряды. Живут до 200, редко 300–500 лет. В культуре Ш. белая и Ш. чёрная, в т.ч. в Ср. Азии, Крыму, на Кавказе. Выращивают ради съедобных плодов (тутовая ягода). Листья Ш.– осн. корм тутового шелкопряда. Древесину используют в бочарном произ-ве.

Шелковица чёрная. Плоды.

«ШЁЛКОВЫЙ ПУТЬ», общее название (до 16 в.) торг. караванных путей из Китая в Переднюю Азию через Ср. Азию, по к-рым привозился гл. обр. кит. шёлк.

ШЕЛКОПРЯ́ДЫ, ночные бабочки из неск. семейств. Гусеницы Ш. плетут шелковистый кокон, в к-ром происходит развитие куколки. Тело массивное, опушённое; окрашены преим. в серые и бурые тона. Гусеницы Ш. объедают листву в лесах (в годы массового размножения повреждают целые рощи) и садах. Наиб. вред причиняют берёзовый, дубовый, сосновый и особенно непарный Ш. Одомашненного тутового Ш. разводят для получения натурального шёлка (впервые начали выращивать в Китае ок. 5 тыс. лет назад), выкармливая его гусениц (т.н. шелковичных червей) листьями шелковицы.

ШЕЛЛ (Schell), нем. и австр. актёры театра и кино, сестра и брат. Мария (р. 1926), играла как сентиментальные (ф. «Роза Бернд», 1956; «Белые ночи», 1957), так и более сложные драм. роли («Жервеза», 1956; «Буржуазные причуды», 1976). Высокий профессионализм и пластичность позволили ей выступать с равным успехом в фильмах режиссёров как в Европе, так и в США. Максимилиан (р. 1930), создал остродрам. образы в ф.: «Молодые львы» (1958), «Нюрнбергский процесс» (1961), «Затворники Альтоны» (1962), «Остров» (1983, Франция). Его внешняя мягкая манера игры сочетается с жёсткостью психол. и социальных характеристик. Выступает также в качестве режиссёра («Первая любовь», 1970; «Судья и его палач», 1975, и др.).

ШЕ́ЛЛИ (Schelley) Перси Биш (1792–1822), англ. поэт-романтик. В поэме-«видении» «Королева Маб» (1813) – критика совр. общества, его религ. и полит. институтов, идеализир. картина будущего общества, свободного от нужды, неравенства, бесправия, корысти и лицемерия. Оправдание насильств. свержения деспотии – в поэме «Восстание Ислама» (1818); филос. осмысление проблем тирании и свободы – в трагедии «Ченчи» (1819), лирич. драмах «Освобождённый Прометей» (1820) и «Эллада» (1822), прославляющих нац.-освободит. борьбу греков против тур. ига. Аллегорич. образы вечно обновляющейся природы – в «Оде свободе», «Оде Западному Ветру» (обе 1820). Вольнолюбивая и интимная лирика, сатирич. драма «Царь Эдип, или Тиран-толстоног» (1820), лирич. поэма «Адонаис» (1821). Статьи о лит-ре, иск-ве (трактат «Защита поэзии», 1822).

ШЕ́ЛЛИНГ (Schelling) Фридрих Вильгельм (1775–1854), представитель нем. классич. философии. Был близок *йенским романтикам*. Опираясь на идеи И.Г. Фихте, развил принципы диалектики природы как живого организма, бессознатель-

Шелкопряды. Непарный шелкопряд: 1 – самка, откладывающая яйца; 2–4 – гусеницы разных возрастов, поедающие листья дуба; 5 – куколка.

782 ШЕЛЬ

Ф.В. Шеллинг.

А. Шёнберг.

но-духовного творч. начала, восходящей системы ступеней («потенций»), характеризующейся полярностью, динамич. единством противоположностей. Метод усмотрения этого единства – интеллектуальная интуиция, присущая филос. и худ. гению. Иск-во – высш. форма постижения мира, единство сознательного и бессознательного, теоретич. и практич. деятельности («Система трансцендентального идеализма», 1800). Абсолют – тождество природы и духа, субъекта и объекта. Через самораздвоение и саморазвитие абсолюта осуществляется его самопознание. Источник зла – свободное отпадение человека от абсолюта; предпосылкой этого Ш. вслед за Я. Бёме считал наличие «тёмной основы» в Боге.

ШЕЛЬФ (англ. shelf), относит. мелководные (в осн. до 200 м глуб.) и выровненные участки дна океанов и морей, окаймляющие континенты. Шир. Ш. до 1500 км, общая пл. ок. 32 млн. км². В пределах Ш. добывают нефть, газ, серу, уголь, жел. руды, золото, алмазы и др. полезные ископаемые. 92% океанич. лова рыбы ведётся в водах Ш. О правовых проблемах, связанных с Ш., см. в ст. *Континентальный шельф*.

ШЕМЯКИН Мих. Мих. (1908–70), один из основоположников биоорганич. химии в СССР. Тр. по химии природных соед. (антибиотики, витамины и др.).

ШЕМЯКИН Мих. Мих. (р. 1943), живописец, график, скульптор. В 1971 уехал из СССР, до 1980 в Париже, затем в Нью-Йорке. Автор экспрессивных работ в смешанной технике (портрет В.Ф. Нижинского, 1984–1988, серии: «Туши с натюрмортом», 1986, «Мясник», 1987, серий литографий («Чрево Парижа», 1977, к балетам И.Ф. Стравинского, 1989, к произв. В.С. Высоцкого, 1991, «Карнавалы Санкт-Петербурга», 1992), скульптурных произв. («Ребекка с маской», 1977, серия «Карнавал Санкт-Петербурга», 1986, пам. Петру I в С.-Петербурге, нач. 1990-х гг.).

ШЁНБЕРГ (Schönberg) Арнольд (1874–1951), австр. композитор. С 1933 в США. Представитель экспрессионизма. Глава *новой венской школы*, основоположник *додекафонии*. В своих произв. – протест против нацизма (кантата «Уцелевший из Варшавы», 1947). Оперы, в т.ч. «Ожидание» (1909), для голоса с инстр. ансамблем – «Лунный Пьеро» (1912), орк., фп. соч., ансамбли, хоры, песни.

ШЕННОН (Shannon) Клод Элвуд (р. 1916), амер. математик и инженер. Один из создателей матем. теории информации. Осн. тр. по теории релейно-контактных схем, матем. теории связи, кибернетике.

ШЕНЬЕ (Chénier) Андре Мари (1762–94), франц. поэт и публицист. В элегиях, воссоздавая светлый мир Эллады, выразил строй чувств человека предрев. эпохи, предвосхитил романтич. поэзию. Полит. оды и цикл «Ямбы» (1794, опубл. в 1819–39). Казнён якобинцами.

ШЕПИТЬКО Лар. Еф. (1938–79), кинорежиссёр. Снимала на «Мосфильме» и др. Герои Ш., как правило, оказываются в экстремальной ситуации. Режиссёрский почерк отличается энергией, страстью, трагич. пафосом. Ф.: «Зной» (1963), «Крылья» (1966), «Ты и я» (1972), «Восхождение» (1977). Была женой Э.Г. Климова.

ШЕРЕМЕТЕВ Бор. Петр. (1652–1719), ген.-фельдм. (1701), граф (1706), сподвижник Петра I. С 1681 воевода в Тамбове и Белгороде, участвовал в Крымском (1689) и Азовских (1695–96) походах, в Сев. войне 1700–21. Главнокоманд. армией в Полтавском сражении и Прутском походе.

ШЕРИДАН (Sheridan) Ричард Бринсли (1751–1816), англ. драматург. Сатирич. комедии нравов с реалистич. характерами и занимат. интригой – «Соперники» (1775), «Поездка в Скарборо» (1777) и «Школа злословия» (1780) – направлены против безнравственности «высшего света», пуританского лицемерия буржуа. Полит. оратор (речи в парламенте против У. Хейстингса).

ШЕРИФ (англ. sheriff), 1) в Великобритании, Ирландии, США должностное лицо, выполняющее в своём округе адм.-полицейские функции. 2) В мусульм. странах почётное звание лиц, возводящих свою родословную к основателю ислама – Мухаммеду. Одна из наиб. известных династий – Ш. Мекки.

ШЕРО (Chereau) Патрис (р. 1944), франц. режиссёр, актёр. В т-ре с 60-х гг., с 1957 во главе «Т-ра де ля Сите» в Вийербане (в 1969–72 содиректор, с Р. Планшоном), с 1982 рук. «Т-ра дез Амандье» в Нантере (пригород Парижа). Получил известность постановками пьес классич. и совр. драматургии. Работает в кино.

ШЕРШНИ, род общественных насекомых из группы *ос*. Дл. до 40 мм. Ок. 20 видов, в Евразии и Сев. Африке. Питаются нектаром цветков, мякотью фруктов и ягод, разл. насекомыми, в т.ч. домашними пчёлами. Укол жала Ш. для человека очень болезнен.

«ШЕСТЁРКА» («Les Six»), творч. содружество франц. композиторов, сложившееся после 1-й мир. войны и существовавшее в 20-х гг. Идеологи – Ж. Кокто и Э. Сати, члены – Л. Дюрей, Д. Мийо, А. Онеггер, Ж. Орик, Ф. Пуленк, Ж. Тайфер. Разных по творч. установкам композиторов объединяло стремление к новизне и одноврем. к простоте средств выражения, неприятие муз. *импрессионизма*.

ШЕСТОВ Лев (наст. имя и фамилия Лев Исаакович Шварцман) (1866–1938), рос. философ и писатель. С 1895 преим. жил за границей (в Швейцарии и Франции). В своей философии, насыщенной парадоксами и афоризмами, Ш. восстал против диктата разума (общезначимых истин) и гнёта общеобязат. нравств. традиц. философии он противопоставил «философию трагедии» (в центре к-рой – абсурдность человеческого существования), а филос. умозрению – откровение, к-рое даруется всемогущим Богом. Ш. предвосхитил осн. идеи *экзистенциализма*. Осн. соч.: «Апофеоз беспочвенности» (1905), «Умозрение и откровение» (опубл. в 1964).

ШЁСТРЁМ (Sjöström) Виктор Давид (1879–1960), швед. кинорежиссёр, актёр. Славу Ш. и всей швед. киношколе принесли ф. «Терье Виген» (1916), «Горный Эйвинд и его жена» (1917), «Сыновья Ингмара» (1918), «Возница» (1920), в к-рых Ш. выступал как режиссёр и актёр. Одна из наиб. значительных актёрских работ – в фильме И. Бергмана «Земляничная поляна» (1957).

В. Шёстрём (справа) в фильме «Земляничная поляна».

ШЕХТЕЛЬ Фёд. Осип. (1859–1926), рос. архитектор. Представитель стиля *модерн*. Перестройка (в духе раннего «живописного» модерна) МХТ (1902), б.дом Рябушинского на ул. Качалова (1900), Ярославский вокзал (1902); в сер. 1900-х гг. более рациональные и строгие постройки (здание типографии «Утро России», 1907) – все в Москве.

ШИВА, один из трёх верховных богов (наряду с Брахмой и Вишну) в брахманизме и индуизме. По происхождению доарийский бог, «хозяин животных». Изображается в грозном виде, часто в священном танце, воплощающем космич. энергию, или аскетом, погружённым в созерцание, также символически в виде линги (фаллич. культ).

ШИВАИЗМ, одно из двух главных (наряду с вишнуизмом) течений в индуизме, распространённое в осн. в

Шива и его жена Парвати. Бенгалия. 10 в.

Юж. и Вост. Индии. Шиваиты почитают Шиву как высш. всемогущего бога.

ШИГУЛЛА (Schygulla) Ханна (р. 1943), нем. актриса. Работала в т-ре и кино с реж. Р.В. Фасбиндером («Горькие слёзы Петры фон Кант», 1972; «Замужество Марии Браун», 1978; «Лили Марлен», 1981, и др.). Среди других ф.: «Ложное движение» (1975), «Фальшивка» (1981), «История Пьеры» (1983), «Будущее – это женщина» (1985). Обладает ярким драм. темпераментом, способностью придавать значительность внешне вполне бытовым, заурядным персонажам.

Х. Шигулла (слева) в фильме «Замужество Марии Браун».

ШИЗОФРЕНИЯ (от греч. schizō – разделяю, расщепляю и phrēn – ум, мысль), психич. заболевание, к-рое проявляется т.н. патол. продуктивными симптомами (бред, галлюцинации, *кататония* и др.), изменениями личности (снижение активности, эмоц. опустошение, *аутизм* и др.). Течение преим. хроническое (в виде приступов или непрерывное). Возникает чаще в молодом возрасте.

ШИИЗМ (от араб. ши'а – группа приверженцев), одно из двух (наряду с суннизмом) осн. направлений в исламе. Возник в 7 в. Шииты не признают суннитских халифов, считая законными преемниками Мухаммеда лишь имамов – Алидов. Ш. – гос. религия в Иране, распространён на С.

Йемена и на Ю. Ирака, в Ливане, Бахрейне, Азербайджане.

ШИ́ЛЛЕР (Schiller) Фридрих (1759–1805), нем. поэт, драматург и философ. Друг И.В. Гёте. Мятежные порывы к равенству и свободе в драмах периода «*Бури и натиска*» – «Разбойники» (1781), «Коварство и любовь» (1784). Столкновение просветит. идеалов не свободных от декларативности трагедиях и драмах («Дон Карлос», 1783–87, с образом благородного энтузиаста, «гражданина Вселенной» маркиза Позы; «Мария Стюарт», «Орлеанская дева», обе 1801; «Вильгельм Телль», 1804; драматургич. трил. о *Тридцатилетней войне*, в т.ч. «Лагерь Валленштейна», пост. 1798). Лирика, сочетающая романтич. пафос и классич. стройность (ода «К радости», 1785; включена Л. Бетховеном в финал 9-й симфонии – гимн грядущей свободе и братству людей); баллады («Кубок», «Ивиковы журавли», 1797, и др.). Худ. проза, публицистика, ист. и эстетич. труды («Письма об эстетическом воспитании человека», 1795; «О наивной и сентиментальной поэзии», 1795–96, и др.), в к-рых Ш. утверждал веру в прогресс, спасительную роль прекрасного в гармонич. обществ. жизнеустройстве.

Ф. Шиллер. Портрет работы А. Графа. Ок. 1793.

ШИ́ЛЛИНГ Пав. Львович (1786–1837), рос. изобретатель, востоковед. Изобрёл (1812) электрич. мину, создал (1832) первый практически пригодный эл.-магн. телеграф. Исследовал историю и языки народов Азии, собрал обширную коллекцию вост. рукописей.

ШИ́ЛЛИНГ, 1) англ. монета и счётно-ден. единица Великобритании до перехода на десятичную ден. систему в 1971; равнялась 12 пенсам, или 1/20 фунта стерлингов. 2) Ден. единица Австрии, равная 100 грошам. 3) Ден. единица Кении, Сомали, Танзании, Уганды, равная 100 центам.

ШИМАНО́ВСКАЯ (Szymanowska) Мария (1789–1831), польск. пианистка, композитор. Гастролировала в Европе. С 1828 жила в С.-Петербурге. Исполнит. стиль отличался мелодич. певучестью и виртуозным блеском. Ок. 100 инстр. произв., в т.ч. фп. мазурки, ноктюрны, ок. 20 вок. сочинений.

ШИМАНО́ВСКИЙ (Szymanowski) Кароль (1882–1937), польск. композитор, пианист. Самобытный стиль творчества Ш. сочетал традиции Ф. Шопена и А.Н. Скрябина с элементами нац. фольклора, чертами *импрессионизма* и *неоклассицизма*. Оп. «Король Рогер» (1926), балеты, кантаты, 4 симф., 2 концерта для скрипки с орк. (1916, 1933), ансамбли; вок. циклы «Песни Саломеи» (1907; с орк.), «Песни безумного муэдзина» (1918; с фп.).

ШИ́ММИ (от англ. shimmy – рубашка), бальный танец амер. происхождения, 2-дольного размера, быстрого темпа. Назв. связано с характерным движением танцоров, словно пытающихся стряхнуть с плеч рубашки. Популярен в 1910–20-х гг.

ШИМПАНЗЕ́, род крупных человекообразных обезьян. Длина тела до 95 см; масса самцов 50–80 кг. 2 вида: обыкновенный и карликовый Ш. Обитают в лесах и в открытых ландшафтах Экв. Африки. Держатся группами обычно до 20 особей. Кочуют даже при изобилии корма. На ночь строят на деревьях сложные гнёзда. Эмоциональны, общительны и любопытны. Широко используются как лаб. ж-ные (в неволе легко приживаются и размножаются). Живут, по-видимому, ок. 40 лет. По мн. генетич. и биохим. показателям Ш. ближе к человеку, чем др. обезьяны. В условиях опыта способны решать сложные задачи, обучаться словам-жестам (неск. десятков знаков), к-рыми вполне сознательно пользуются. Численность в природе сокращается, оба вида под угрозой исчезновения.

ШИНГАРЁВ Анд. Ив. (1869–1918), рос. полит. деятель, публицист. Земский врач, в 1901 издал кн. «Вымирающая деревня». С 1905 один из лидеров кадетской партии, автор её агр. программы. С 1907 деп. 2–4-й Гос. думы. В 1917 мин. земледелия, затем – финансов во Врем. пр-ве; чл. Предпарламента. В нояб. 1917 арестован на основании декрета Совнаркома, объявившего кадетов «партией врагов народа», убит матросами в больнице вместе с Ф.Ф. Кокошкиным.

ШИ́НКЕЛЬ (Schinkel) Карл Фридрих (1781–1841), нем. архитектор. Представитель *классицизма*. Строгие по форме сооружения (Новая караульня в Берлине, 1816–18), постройки в духе псевдоготики.

ШИНШИ́ЛЛЫ, род грызунов. Длина тела до 38 см, хвоста до 15 см. Мех густой, шелковистый, длинный, серо-голубоватый, прочный (один из самых дорогих в мире). 2 вида, живут колониями в высокогорьях Анд (Юж. Америка). Питаются р-ниями.

Шимпанзе карликовый, или бонобо.

Шиншилла.

ями. К нач. 20 в. были почти истреблены. Ш. разводят на фермах во мн. странах мира. В естеств. условиях численность Ш. благодаря охране медленно возрастает.

ШИП, проходная рыба (сем. *осетровые*). Дл. до 2 м, масса до 30 кг, иногда более. Обитает в басс. Аральского, Каспийского, реже Чёрного и Азовского морей. Нерест в реках. Ценный объект промысла и акклиматизации. Численность сокращается. Илл. см. при ст. *Осетровые*.

ШИПО́ВНИК, дикорастущие виды *розы*, обычно с немахровыми цветками (в ботанике – синоним родового назв.). Распространены в Сев. полушарии. Плоды используют как витаминное сырьё (гл. обр. витамин С). Декор. р-ния.

Шиповник. Плоды.

ШИРА́З, г. в Иране. 848 т.ж. Хл.-бум., пищевкус. (в т.ч. произ-во розового масла), цем. пр-тия; з-ды хим. удобрений, нефтеперераб. и эл.-технические. Ковроделие. Ун-т. Музей «Фарс». Осн. в 7 в. Цитадель, мечети – Соборная (9–20 вв.), Ноу (12 в.), Вакиль (18 в.). Ср.-век. центр миниатюры. В округе Ш. – мавзолеи поэтов Саади и Хафиза (оба 20 в.) – уроженцев Ш.

ШИРА́ЗСКАЯ ШКО́ЛА миниатюры, в Ширазе на Ю.-З. Ирана в 14–16 вв. Миниатюры 1-й пол. 14 в. близки стенным росписям, отличаются грубоватым рисунком, обилием золота; для произведений кон. 14–15 вв. характерны сложные композиции, изысканный рисунок, богатство цвета.

Ширазская школа. Миниатюра рукописи «Шахнаме» Фирдоуси. 1333.

ШИРВА́Н, ист. обл. и гос-во в Азербайджане. Изв. с 3 в. С кон. 8 в. управлялась ширваншахами. В сер. 16 в. стал провинцией Ирана. С 1748 самостоят. Ширванское ханство, в 1805 присоединённое к России в ходе рус.-иран. войны 1804–13.

ШИРВАНША́ХОВ ДВОРЕ́Ц в Баку, памятник ср.-век. азерб. архитектуры. Ансамбль зданий вокруг 3 дворов: дворец, т.н. Диван-хане, усыпальница (1435/36), мавзолей Сейида Яхъя Бакуви, мечеть с минаретом (1441/42), Вост. ворота (1585) и др.

ШИ́РВИНДТ Ал-др Анат. (р. 1934), актёр. С 1957 в Моск. т-ре имени Ленинского комсомола, с 1967 в Моск. т-ре на Малой Бронной, с 1969 в Моск. т-ре сатиры. Игре Ш. свойственны лёгкость и обаяние. Созданные Ш. образы окрашены многообразными оттенками иронии: граф Альмавива («Безумный день, или Женитьба Фигаро» П.О. Бомарше, 1969), Молчалин («Горе от ума» А.С. Грибоедова, 1976) и др. Популярен как эстрадный артист. Пост. «Концерт для театра с оркестром» Г.И. Горина и Ш. (1982, Ш. сыграл Ведущего) и др. Снимается в кино.

ШИРОТА́, см. в ст. *Географические координаты*.

ШИ́ХТА (нем. Schicht), смесь исходных материалов, а в нек-рых случаях (напр., при выплавке чугуна в доменной печи) и топлива в определ. пропорции, подлежащая переработке в металлургич., хим. и др. агрегатах.

«ШИЦЗИ́Н» («Книга песен»), памятник кит. лит-ры. Содержит 305 песен и стихотворений 11–6 вв. до н.э.; отражает духовную и социальную жизнь Китая; отбор и редакция приписываются Конфуцию.

ШИ́ШКИН Ив. Ив. (1832–98), рос. живописец и график. Передвижник. В эпич. образах («Среди долины ровныя...», 1883; «Лесные дали», 1884) раскрыл красоту и величие рус. природы (преим. лесной). Мастер пейзажного рисунка, литографии и офорта. Илл. см. на стр. 784.

ШИШКО́В Вяч. Як. (1873–1945), рус. писатель. Гл. тема творчества – настоящее и прошлое Сибири. Ром. «Ватага» (1923) – о Гражд. войне. В ром. «Угрюм-река» (кн. 1–2) – драм. судьбы людей на рубеже 19–20 вв., втянутых в мир наживы и стяжательства; колоритные картины купеческого быта, жизни тунгусов. Ист. эпопея «Емельян Пугачёв» (кн. 1–3, 1938–45).

ШКВАЛ (от англ. squall), резкое кратковременное (минуты и десятки минут) усиление ветра иногда до 30–60 м/с с изменением его направления, чаще всего при грозе.

ШКЛО́ВСКИЙ Викт. Бор. (1893–1984), рус. писатель, литературовед. Чл. ОПОЯЗа. Автобиогр. проза: кн. «Zoo. Письма не о любви, или Третья Элоиза», «Сентиментальное путешествие» (обе 1923). Книги о современной («Гамбургский счёт», 1928) и классической рус. лит-ре, в т.ч. Л.Н. Толстом, Ф.М. Достоевском, В.В. Маяковском; ист.-худ. повести, мемуары, эссеистика; статьи о кино.

ШКО́ЛА, 1) уч. учреждение, традиц. институт социализации, обучения и воспитания. Достоверные сведения известны о Ш. Др. Индии и Китая, о Ш. античности. Ш. делятся на общеобразоват. и профессиональ-

И.И. Шишкин. «Рожь». 1878. Третьяковская галерея.

ные; светские и конфессиональные; начальные, неполные средние, средние, высшие. Возможно деление на муж., жен., совместного обучения. 2) Система образования, выучка, приобретённый опыт. 3) Направление в науке, лит-ре, иск-ве и т.п., связанное единством осн. взглядов, общностью или преемственностью принципов и методов.

ШЛА́ТТЕР Ив. Анд. (1708–68), рос. химик, металлург и гос. деятель. Дир. Монетного двора (1754) и през. Берг-коллегии (с 1760). Осн. тр. в области горн. дела, металлургии и обработки благородных металлов.

И.А. Шлаттер.

ШЛЕ́ГЕЛЬ (Schlegel) Август Вильгельм (1767–1845), нем. историк лит-ры и иск-ва, переводчик. Входил в кружок *йенских романтиков*. Наряду с братом Ф. Шлегелем – ведущий теоретик нем. романтизма; дал первое систематизир. изложение эстетич. концепции романтизма, противопоставив древнему (антич.) иск-ву новое (романтическое), обосновав идею универсализма и «высшую» роль худ. творчества. Один из основоположников сравнит. яз-знания. Теоретик и практик перевода (Данте, П. Кальдерон, Ф. Петрарка, классич. переводы У. Шекспира).

ШЛЕ́ГЕЛЬ Фридрих (1772–1829), нем. критик, философ культуры, языковед, писатель. Брат А.В. Шлегеля. Ведущий теоретик *йенских романтиков* (учение о романтич. иронии и др.). Один из основоположников нем. индологии. С 1809 на австр. гос. службе, сотрудничал с К. Меттернихом.

ШЛЕ́ЗИНГЕР (Schlesinger) Джон (р. 1925), режиссёр. Снимал в Великобритании и США. Изнанка парадной стороны жизни, критика ложных ценностей – в центре англ. ф. «Билли-лжец» (1963), «Дорогая» (1965), «Воскресенье, проклятое воскресенье» (1971), созданных в русле движения «рассерженных», и амер. ф. «Полуночный ковбой» (1969), «День Саранчи» (1975).

ШЛЁНДОРФ (Schlöndorff) Фолькер (р. 1939), нем. кинорежиссёр. В лучших фильмах («Молодой Тёрлесс», 1966; «Убийство случайное и преднамеренное», 1967; «Жестяной барабан», 1979; «Фальшивка», 1981; «Хомо фабер», 1991) – острый анализ конфликтных ситуаций, чреватых социальными и психол. потрясениями. В режиссёрском стиле Ш. док. достоверность сочетается с экспрессионистич. гротеском, а интеллектуализм – с элементами жестокого натурализма.

ШЛЁНСКИЙ Авраам (1900–73), евр. поэт (Израиль). Писал на иврите. В символистско-филос. стихах (сб. «Камни преткновения», 1932, «Половодье», 1947, «Камни краеугольные», 1960) – новаторство поэтич. приёмов, расширение традиц. тематики.

ШЛИ́МАН (Schliemann) Генрих (1822–90), нем. археолог. Открыл местонахождение Трои и раскопал её, вёл раскопки в Микенах, Орхомене и др. Руководил раскопками и финансировал их.

ШЛИССЕЛЬБУ́РГСКАЯ КРЕ́ПОСТЬ, на Ореховом о-ве, в истоке р. Нева из Ладожского оз. Осн. новгородцами в 1323 (до 1612 Орешек), в 1612 захвачена шведами (до 1702 Нотебург). В 1702 взята рус. войсками, переим. в Шлиссельбург (букв.- ключ-город). С нач. 18 в. полит. тюрьма; содержались опальные царедворцы, имп. Иван VI Антонович, раскольники-старообрядцы, в кон. 18 в.– Н.И. Новиков, в 19 в.– нек-рые декабристы, участники польск. нац.-освободит. движения, М.А. Бакунин и др. В 1884 для содержания деятелей «Народной воли» построена т.н. Новая тюрьма (упразднена в 1905). В 1907–17 каторжный централ. В 1941–43 малочисл. гарнизон 500 дней оборонял Ш.к. С 1960 реставрац. работы. Музей.

ШЛЮЗ (голл. sluis) судоходный, гидротехн. сооружение для перевода судов в реке (канале) с одного уровня воды на другой. Бывают одно-, двух- и многокамерные. Ш. начали строить в Зап. Европе в 16 в., в России в 18 в. (на Вышневолоцкой системе). Наиб. крупные Ш. имеют ширину св. 30 м, длину до неск. сотен м.

ШЛЯ́ГЕР (нем. Schlager – ходкий товар, гвоздь сезона), в популярной

Шлюз. Один из шлюзов Волго-Донского канала.

музыке песня на шаблонный, как правило любовно-лирич., текст. В переносном смысле – любое популярное, но легковесное по содержанию муз. произведение.

ШЛЯ́ХТА (польск. szlachta), в странах Центр. Европы (Польша, Литва и др.) – дворянство.

ШМА́РИНОВ Дем. Ал. (р. 1907), рос. график. Для иллюстраций (к произв. А.С. Пушкина, 1937–76; роману Л.Н. Толстого «Война и мир», 1953–55), станковых рисунков (серия «Не забудем, не простим!», 1942) характерны драматизм ситуаций, тщательная разработка психологии героев.

Д.А. Шмаринов. Иллюстрация к роману А.Н. Толстого «Пётр I». 1940.

ШМЕЛЁВ Ив. Сер. (1873–1950), рус. писатель. В 1922 эмигрировал. Рассказы и повести; проникнутые сочувствием к «маленькому человеку»: «Гражданин Уклейкин» (1908), «Человек из ресторана» (1911). Кн. «Солнце мёртвых» (1923) – трагич. эпопея послерев. разрухи и голода в Крыму. Автобиогр. пов. «Лето Господне; праздники – радости – скорби» (1933), ром. «Богомолье» (1931) – о правосл. традициях в России.

ШМЕЛИ́, род общественных пчёл. Тело опушённое, дл. до 35 мм. Ок. 300 видов, распространены широко. Важнейшие опылители р-ний, в т.ч.

Шмели: 1 – лесной; 2 – полевой.

кормовых культур (особенно красного клевера). Гнездо Ш. – неправильный шар из травы, мха, прутиков и пр. со сферич. ячейками; часто строится в брошенных норах, скворечниках и т.п. В гнезде обычно 100–200 особей. Численность мн. видов сокращается.

ШМИДТ Отто Юльевич (1891–1956), учёный и гос. деятель. В 1918–1922 работал в Наркомпроде, Наркомфине и Наркомпросе, в 1932–39 нач. Главсевморпути, рук. экспедиций на судах «Георгий Седов», «Си-

Шнауцеры: ризеншнауцер и миттельшнауцер (справа).

биряков», «Челюскин», возд. экспедиции по организации «СП-1». Вице-през. АН СССР (1939–42). Гл. редактор (1924–42) 1-го изд. Большой Сов. энциклопедии. Тр. по высш. алгебре (теории групп). Автор оригинальной гипотезы образования Солнечной системы в результате конденсации околосолнечного газопылевого облака.

ШМОЛЛЕР (Schmoller) Густав (1838–1917), нем. экономист, историк, ведущий представитель т.н. новой (молодой) *исторической школы* в политэкономии. Иссл. по соц.-экон. и полит. истории стран Зап. Европы. Сторонник активного гос. вмешательства в хоз. жизнь с целью поощрения нац. экономики и смягчения социальных противоречий.

ШМЫГА Тат. Ив. (р. 1928), артистка оперетты (лирич. сопрано). С 1953 в Моск. т-ре оперетты. Исполнит. манере Ш. присуще гармоничное сочетание вок., актёрского и танц. мастерства. Ведущие партии в опереттах и мюзиклах: «Фиалка Монмартра» И. Кальмана, «Моя прекрасная леди» Ф. Лоу, «Поцелуй Чаниты» Ю.С. Милютина.

ШНАБЕЛЬ (Schnabel) Артур (1882–1951), австр. пианист, педагог, композитор. С 1925 преподавал в Германии, в 1933 эмигрировал, с 1946 в Швейцарии. Один из последних представителей позднеромантич. европ. пианизма. Новизна подхода к выбору репертуара, масштабность исполнит. концепций Ш. оказали значит. влияние на фп. иск-во 20 в. Автор камерно-инстр. соч., редактор фп. сонат Л. Бетховена и др.

ШНАЙДЕР (Schneider) Роми (наст. имя и фам. Розмари Альбах-Ретти) (1938–82), австр. киноактриса. Снималась в осн. во Франции. Одна из гл. тем творчества – драматизм судьбы и одноврем. благородство души женщины вопреки жизненным изломам. Ф.: «Процесс» (1962), «Людвиг» (1972), «Поезд» (1973), «Простая история» (1978, в прокате – «У каждого свой шанс»), «Прямой репортаж о смерти» (1979, в прокате – «Преступный репортаж»).

ШНАУЦЕРЫ, группа пород служебных собак, включающая ризеншнауцера, или гигантского Ш. (рост до 70 см), миттельшнауцера, или среднего Ш. (рост до 48 см), и цвергшнауцера, или миниатюрного Ш. (рост до 35 см). Все Ш. имеют характерные усы, бороду и нависающие над глазами брови. Отличаются недоверчивостью и злобностью к чужим, неприхотливы к условиям содержания. Разводят во мн. странах, в т.ч. в России.

ШНЕК (от нем. Schnecke – улитка), см. *Конвейер*.

ШНИТКЕ Альфред Гарриевич (р. 1934), рос. композитор. Темы жизни и смерти, веры и скепсиса, судеб культуры и человечества, воплощённые с помощью полистилистики, *коллажа* и др. совр. композиц. средств в 5 симф. (1972–88), инстр. концертах, сонатах, кантате «История доктора Иоганна Фауста» (1983). Возрождение классич. традиции в мелодически-насыщенном Реквиеме (1975), фп. квинтете (1976). Оп. «Жизнь с идиотом» (1991). С 1990 живёт в Германии.

А.Г. Шнитке.

ШОВИНИЗМ (франц. chauvinisme), крайняя агрессивная форма *национализма*.

ШОЙИНКА (Soyinka) Воле (р. 1934), нигерийский писатель; пишет на англ. яз. Пьесы «Лев и жемчужина», «Пляска леса» (обе 1963) – с элементами сатиры; острокритич. социальный ром. «Интерпретаторы» (1965) и др.; автобиогр. пов. «Аке, годы детства» (1981), в к-рой использовал мотивы и сюжеты афр. фольклора. Ноб. пр. (1986).

ШОК (франц. choc), угрожающее жизни человека состояние, возникающее в связи с реакцией организма на травму, ожог, операцию (травматич., ожоговый, операц. Ш.), при переливании несовместимой крови (гемолитич. Ш.), нарушении деятельности сердца при инфаркте миокарда (кардиогенный Ш.) и т.д. Характерны прогрессирующая слабость, резкое падение артериального давления, угнетение центр. нерв. системы, нарушения обмена в-в и др. Необходима экстренная мед. помощь. Ш. наблюдается и у ж-ных. Т.н. психогенный Ш. (эмоциональный паралич) – разновидность реактивного психоза.

ШОКОЛАДНОЕ ДЕРЕВО, см. *Какао*.

ШОЛОМ-АЛЕЙХЕМ (наст. имя и фам. Шолом Нохумович Рабинович) (1859–1916), евр. писатель. Жил в России, с 1914 в США. Писал на идише, иврите, рус. яз. В произв. – жизнь евреев в России, капитализация евр. среды (ром. «Сендер Бланк и его семейка», 1887), галерея ярких нац. типов: предприниматель, жертва прожектёрства и жажды обогащения (цикл новелл «Менахем Мендл», 1892), честный труженик, беззаботный философ из народа (цикл новелл «Тевье-молочник», 1894–1914); трагич. судьбы нар. талантов (ром. «Иоселе-Соловей», 1889, «Блуждающие звёзды», 1909–11), бедняки, эмигрирующие в Америку (пов. «Мальчик Мотл», 1907–16). Ром. «Потоп» (1906) – о рев. событиях 1905, ром. «Кровавая шутка» (1913) – отклик на дело Бейлиса. В творчестве – сплав юмора и лиризма, точная психол. и бытовая деталь, ярко выраженная демокр. позиция.

Шолом-Алейхем. С автолитографии художника М. Горшмана.

Шолом-Алейхем. «Тевье-молочник». Илл. М. Горшмана к изданию 1973 (Москва).

ШОЛОХОВ Мих. Ал-др. (1905–1984), рус. писатель. Кн. «Донские рассказы» (1926). В ром. «Тихий Дон» (кн. 1–4, 1928–40) – драм. судьба донского казачества в годы 1-й мир. и Гражд. войн, трагич. обречённость героя, ввергнутого в хаос

М.А. Шолохов.

ист. катаклизмов, проблемы народа и личности в рев-ции. В ром. «Поднятая целина» (кн. 1–2, 1932–60) изображение коллективизации отмечено заданностью идеологич. установок. Вел. Отеч. войне посвящены неоконченный ром. «Они сражались за Родину» (1943– 1969) и рассказы, в т.ч. «Судьба человека» (1956–57). Публицистика. Ноб. пр. (1965).

ШОЛТИ (Solti) Георг (р. 1912), англ. дирижёр. По происхождению венгр. Известен как оперный («Ковент-Гарден», Парижская опера др. т-ры) и симф. дирижёр (лучшие оркестры Европы и Америки, в т.ч. Лондонский орк.). В репертуаре выделяются нем. и австр. оперы, соч. Л. Бетховена, Г. Малера.

ШОПЕН (Chopin) Фридерик (1810–1849), польск. композитор, пианист. С 1831 жил в Париже. Представитель муз. романтизма, один из создателей совр. пианистич. школы. Эмоц. глубина и техн. совершенство Ш.-пианиста сказались на особенностях его произведений. Преим. фп. соч.: 2 концерта с орк. (1829, 1830), 3 сонаты (1828–44), фантазия (1841), 4 баллады, 4 скерцо, цикл 24 прелюдий, мазурки, полонезы, экспромты, ноктюрны, этюды, вальсы.

Ф. Шопен.

ШОПЕНГАУЭР (Schopenhauer) Артур (1788–1860), нем. философ, представитель волюнтаризма. В гл. соч. «Мир как воля и представление» (т. 1–2, 1819–44) сущность мира («*вещь в себе*» И. Канта) предстаёт у Ш. как неразумная воля, слепое бесцельное влечение к жизни. «Освобождение» от мира – через сострадание, бескорыстное эстетич. созер-

786 ШОРИ

А. Шопенгауэр.

цание, аскетизм – достигается в состоянии, близком будд. нирване. Пессимистич. философия Ш. получила распространение в Европе со 2-й пол. 19 в.

ШО́РИН Ал-др Фёд. (1890–1941), изобретатель. Создал в СССР буквопечатающий телегр. аппарат (1928), системы фотогр. звукозаписи для звукового кино (1928), механич. звукозаписи на киноплёнку (шоринфон) (1932–34) и др.

ШОРТ-ТРЕК (англ. short-track, букв.– короткая дорожка), разновидность конькобежного спорта. Бег на коньках по короткой дорожке, к-рая, как правило, размечена на хоккейной площадке. Зародился в Канаде в нач. 20 в.; в России с кон. 1980-х гг. В 1975 осн. Техн. к-т по Ш.-т., к-рый входит в Междунар. союз конькобежцев. Чемпионаты мира с 1981; в программе Олимп. игр с 1992.

ШОССО́Н (Chausson) Эрнест (1855–99), франц. композитор. В музыке – черты *импрессионизма* (изысканность гармоний, орк. колорита). Оп. «Король Артур» (1895, пост. 1903); перекликается с сюжетом оп. «Тристан и Изольда» Р. Вагнера, «Поэма» для скрипки с орк. (1896), «Поэма любви и моря» для голоса с орк. (1892).

ШОСТАКО́ВИЧ Дм. Дм. (1906–1975), рос. композитор. Многоплановое, разнообразное по жанрам творчество Ш. стало классикой мировой муз. культуры 20 в. Велико значение симф. творчества: в 15 симфониях (1925–71) воплощены и философски осмыслены острейшие трагич. конфликты и события совр. мира, в т.ч. 7-я симфония (1941) – памятник героизму сов. народа в годы Вел. Отеч. войны, 11-я (1957) и 12-я (1961) симфонии посвящены трагич. событиям Рев-ции 1905 и Окт. рев-ции. Проблемы гуманизма, гражд. нравственности и ответственности за судьбы мира и «маленького человека» пронизывают произв. Ш. Он создал индивид. стиль, развивая классич. традиции (Ш. во многом близок иск-ву М.П. Мусоргского), синтезируя множество составляющих «разностильных» элементов (интонации бытовой, эстрадной музыки, «музыки улиц»), приобретших новые эстетич. качества. Оп. «Нос» (1928), «Леди Макбет Мценского уезда» (1932, 2-я ред.– «Катерина Измайлова», 1956), балеты «Золотой век» (1930), «Болт» (1931), кантата «Казнь Степана Разина» (1964), инстр. концерты, 15 струн. квартетов (1938–74), 24 прелюдии и фуги (1951) для фп., хоры, романсы; музыка к спектаклям драм. т-ра «Клоп» В.В. Маяковского, 1939; «Гамлет», 1932, и «Король Лир», 1941, У. Шекспира), музыка к кинофильмам и др.

Д.Д. Шостакович.

ШОТЛА́НДСКАЯ ОВЧА́РКА, то же, что *колли*.

ШОУ (Shaw) Джордж Бернард (1856–1950), англ. писатель. Один из учредителей социал-реформистского «Фабианского об-ва» (1884). Ром. «Социалист-любитель» (1883), статьи о музыке и театре пропагандировал пьесы Г. Ибсена как образец новой драмы. Создатель драмы-дискуссии, в центре к-рой – столкновение враждебных идеологий, социально-этич. проблемы: «Дома вдовца» (1892), «Профессия г-жи Уоррен» (1894), «Тележка с яблоками» (1929). В основе худ. метода Ш.– парадокс как средство ниспровержения догматизма и предвзятости («Андрокл и лев», 1913; «Пигмалион», 1913), традиционности представлений (ист. пьесы «Цезарь и Клеопатра», 1901, пенталогия «Назад к Мафусаилу», 1918–20, «Святая Иоанна», 1923). Будучи сторонником социализма, приветствовал Окт. рев-цию в России, достижения СССР, к-рые связывал с деятельностью И.В. Сталина, разделяя заблуждения части зап. левой интеллигенции. Ноб. пр. (1925).

ШОУ Ирвин (1913–84), амер. писатель. Роман о 2-й мир. войне «Молодые львы», где фашизм истолкован как свидетельство банкротства прекраснодушных либеральных иллюзий, игнорирующих глубинную противоречивость человека и грозную силу фанатизма, овладевшего толпой. В дилогии «Богач, бедняк» (1970) и «Нищий, вор» (1977), в ром. «Вечер в Византии» (1973; о Голливуде), «Воспоминание утраты» (1982) остросоциальная проблематика (плата за материальный успех душевными утратами) сочетается с поисками истоков нравств. возрождения (преим.– в семейной жизни). Поздняя проза подчас тяготеет к беллетристике.

ШПА́ГА (итал. spada), 1) колющее, реже колюще-рубящее холодное оружие, прямой (до 1 м и более) плоский или треугольный клинок с рукоятью. Распространилась в 16 в., была осн. оружием дворян. 2) Ш. спортивная – стальной, гибкий клинок 3-гранного сечения с эфесом; наконечник с электроконтактным устройством. Дл. не св. 110 см, масса до 770 г.

ШПАЛЕ́РЫ, настенные безворсовые ковры-картины, вытканные ручным способом (гл. обр. из цветных шерстяных, а также шёлковых нитей) по красочным картонам, созданным живописцами. См. также *Гобелен*.

ШПА́ЛИКОВ Ген. Фёд. (1937–74), киносценарист, режиссёр, поэт. Автор сценариев ф. «Застава Ильича» (1962, вып. 1988, др. вариант – «Мне двадцать лет», 1965), «Я шагаю по Москве» (1964). Снял в Москве ф. «Долгая счастливая жизнь» (1967). Произв. Ш. проникнуты лиризмом, душевной тонкостью и открытостью.

ШПАТЛЁВКИ, пастообразные материалы, к-рые наносят по слою грунтовки при необходимости выравнивания (шпатлевания) поверхности перед нанесением на неё верхних (кроющих) слоёв лакокрасочного покрытия. Осн. компоненты: плёнкообразующие в-ва (напр., алкидные или эпоксидные смолы), наполнители (мел, тальк, барит), пигменты (цинковые белила, охра и др.).

ШПЕ́НГЛЕР (Spengler) Освальд (1880–1936), нем. философ, историк, представитель *философии жизни*. Развил учение о культуре как множестве замкнутых «организмов» (егип., инд., кит. и т.д.), выражающих коллективную «душу» народа и проходящих определ. внутр. жизненный цикл (длящийся около тысячелетия). Умирая, культура перерождается в цивилизацию, в к-рой господствует голый техницизм, а на смену творчеству и развитию приходят бесплодие и окостенение. Гл. соч.– «Закат Европы» (т. 1–2, 1918–22).

ШПИ́ЛЬМАН (нем. Spielmann, от spielen – играть и Mann – человек), в Германии странствующий ср.-век. комедиант; то же, что *гистрион*.

ШПИНА́Т, род одно- и двулетних травянистых р-ний (сем. маревые). 3 вида, в Азии. Ш. огородный введён в культуру в Закавказье и Передней Азии ок. 4 тыс. лет назад. Возделывается также в Зап. Европе (с 16 в.), России (с 18 в.), США, Канаде и др. странах. Листья (100–150 ц с 1 га) богаты минер. солями и витаминами. В свежепереработанном виде используются в дет. и диетич. питании.

ШПИ́НДЕЛЬ (нем. Spindel, букв.– веретено), цилиндрическая (вал, ось и т.п.) деталь станков, прессов, прокатных станов, прядильных машин и др., служащая для передачи вращательного движения.

ШПИНЕ́ЛЬ (итал. spinella, уменьшит. от лат. spina – шип, терновник, по форме кристаллов), минерал, оксид магния и алюминия. Образует октаэдрич. кристаллы. Прозрачная красная (наиб. ценная) и редкая голубая (т.н. благородная) Ш.– драгоценный камень. Тв. 8; плотн. 3,6–3,7 г/см³. Крупнейший розовый кристалл Ш. массой 5,1 кг найден на Памире в 1986. Гл. м-ния: в Мьянме, Шри-Ланке, Таиланде, Бразилии, Индии. Синтетич. кристаллы со структурой Ш.– диэлектрич., оптич. и магн. (ферро-) материалы.

Шпинель. Река Алдан (Якутия).

ШПИ́ТТЕЛЕР (Spitteler) Карл (1845–1924), швейц. писатель; писал на нем. яз. Аллегорич. модернизация древних мифов – в эпич. поэмах «Терпеливый Прометей» (1924), «Олимпийская весна» (1900–05), утверждающих идею героич. противостояния судьбе. Столкновение мира иск-ва и бюргерства – в ром. «Имаго» (1906), конфликт отцов и детей – в пов. «Лейтенант Конрад» (1898). Филос. лирика. Ноб. пр. (1919).

ШПИЦБЕ́РГЕН (др.-рус. назв. Грумант, норв. Свальбард), архипелаг в зап. части Сев. Ледовитого ок. Пл. ок. 62 т.км². Нас. 3,9 т. ч. О-ва: Шпицберген (Зап. Шпицберген), Сев.-Вост. Земля. Рельеф горный, выс. до 1712 м (г. Ньютон). Ледники (общая пл. 35,1 т.км²). Фьорды. Растительность – мхи, лишайники, карликовые берёза и ива. М-ния кам. угля. Ш. образует адм. округ (Свальбард), к-рым управляет губернатор Норвегии. Суверенитет Норвегии над Ш. признан Парижским дог. 1920 (СССР присоединился в 1935), частью Норвегии Ш. официально объявлен в 1925. Участникам Парижского дог. предоставлено право заниматься хоз. и науч. деятельностью, использование Ш. в воен. целях запрещается. Адм. ц.– Лонгьир.

ШПИЦЫ, древние породы преим. декор. собак. Отличаются сообразительностью, преданностью владельцу и недоверчивостью к посторонним, хорошие сторожа. Родина – Германия. Разводят (повсеместно) больших (рост до 45 см), малых (рост 40 см) и карликовых (рост 25 см) Ш.

Шпицы. Карликовый шпиц.

ШПОР (Spohr) Людвиг (1784–1859), нем. композитор, скрипач, дирижёр. Как скрипач-виртуоз гастролировал в странах Европы, в т.ч. в России. В 1820-х гг. изобрёл подбородник для скрипки; одним из первых начал дирижировать палочкой. Оп. «Фауст» (1813; всего св. 10 опер) – одна из первых романтич. опер. 9 симф., 12 концертов для скрипки с орк., камерно-инстр. ансамбли, песни.

ШПРО́ТЫ, род рыб (сем. *сельдёвые*). Дл. до 18 см. 4 вида, в умеренных и субтропич. водах. Европейские Ш. – в Балтийском (наз. также *килькой*) и Чёрном морях. Объект промысла.

ШРЁДИНГЕР (Schrödinger) Эрвин (1887–1961), австр. физик-теоретик, один из создателей квантовой механики. Тр. по статистич. физике, квантовой теории, общей теории относительности. Разрабатывая волновую механику – теорию движения микрочастиц, в основу к-рой легла идея Л. де Бройля о волнах материи, вывел ур-ние для волновой функции частицы (ур-ния Ш.). Отличался разносторонностью интересов (греч. философия, проблемы генетики и др.), автор науч.-популярных книг (напр., «Что такое жизнь?», М., 1972). Ноб. пр. (1933).

ШРИ-ЛАНКА́ (Демократическая Социалистическая Республика Шри-Ланка), гос-во в Юж. Азии, на о. Шри-Ланка в Индийском ок., у южн. оконечности п-ова Индостан. Пл. 65,6 т.км². Нас. 17,6 млн. ч., в осн. сингалы (70%) и тамилы (22%). Офиц. языки – сингальский, тамильский. Верующие – буддисты (сингалы), в тамильских р-нах – индуисты, часть – мусульмане-сунниты и христиане. Входит в *Содружество*. Глава гос-ва и пр-ва – президент. Законодательный орган – парламент. Офиц. столица – Шри-Джаяварденапура-Котте (местопребывание парламента), фактически – Коломбо. Адм.-терр. деление: 25 округов. Ден. единица – рупия Шри-Ланки.

Св. 80% терр. – низменные равнины; в юж. и центр. частях о-ва – ступенчатые нагорье (выс. до 2524 м; г. Пидуруталагала). Климат субэкв. и экв. муссонный. Темп-ры на равнинах 26–30 °С; осадков 1000–2000 мм, местами до 5000 мм в год. Влажные тропич. леса (32% терр. страны), на плоскогорьях – травянистые пустоши.

До нач. 16 в. на терр. Ш.-Л. существовало неск. гос-в – сингальских и тамильских. В 16 в. о-в (кроме терр.

гос-ва Канди) был захвачен Португалией, в 17 в. – Нидерландами, со 2-й пол. 18 в. стал англ. владением, до 1802 в составе Брит. Индии, в 1802–1948 колония Цейлон. С 1948 независимое гос-во, с 1972 наз. Ш.-Л.

Ш.-Л. – агр. страна с развитым плантац. х-вом. ВНП на д. нас. 540 долл. в год. Обрабатывается ⅓ терр. Основа экономики – произ-во на экспорт чая (одно из первых мест в мире), каучука и продуктов кокосовой пальмы. Осн. прод. культура – рис. Кр. рог. скот используется гл. обр. как тягловая сила. Рыб-во. Добыча графита, драгоценных камней, соли. Пром-сть: переработка с.-х. сырья, пищ.; св. 100 пр-тий «зоны свободной торговли», работающих на экспорт, выпускают швейные изделия.

ШРИФТ (нем. Schrift) (полиграф.), комплект *литер*, воспроизводящий к.-л. алфавит (напр., лат., рус.), а также цифры и знаки. Ш. различаются *гарнитурой*, наклоном (прямой, курсив, наклонный), насыщенностью (светлый, полужирный, жирный), *кеглем*.

ШТАЙН (Stein) Петер (р. 1937), нем. режиссёр. В 1970 основал т-р «Шаубюне» в Зап. Берлине (рук. до 1990). Последователь системы К.С. Станиславского. Ставит произв. мировой классики, в т.ч. русской. Спектакли Ш. отличаются сыгранностью актёрского ансамбля, глубокой психол. разработкой образов. Пост.: «Мать» по М. Горькому (1970), «Дачники» М. Горького (1975), «Орестея» Эсхила (1980; новая версия, 1994, т-р Рос. Армии, Москва), «Три сестры» А.П. Чехова (1985) и др. С 1990 возглавляет Зальцбургский фестиваль.

ШТАММ (нем. Stamm), полученная в результате размножения одной клетки совокупность генетически однородных клеток микроорганизмов (или культивируемых клеток *эукариот*), отличающаяся по определ. признакам от других совокупностей (штаммов) того же вида. Ш. отд. микроорганизмов используются для произ-ва витаминов, антибиотиков и др.

ШТАНГЕНИНСТРУМЕ́НТ (от нем. Stange – стержень, прут и лат. instrumentum – орудие), служит для измерений и разметки линейных размеров отверстий и валов (штангенциркуль); высоты, глубины и длины (штангенрейсмас, штангенглубиномер); зубьев зубчатых колёс (штангензубомер) и т.п.

ШТА́РКА ЭФФЕ́КТ, расщепление спектральных линий и уровней энергии атома и др. атомных систем в электрич. поле. Открыт нем. физиком Й. Штарком в 1913.

Шри-Ланка. Поселение в горах.

ШТЕ́ЙНЕР (Steiner) Рудольф (1861–1925), нем. философ-мистик, основатель *антропософии*. Последователь натурфилософии И.В. Гёте. В 1900-х гг. возглавлял нем. секцию Теософского об-ва (см. *Теософия*), в 1913 создал Антропософское об-во. По проекту Ш. в Дорнахе было построено здание Гётеанума – «свободного ун-та науки о духе», основанного Ш.

ШТЕРЕНБЕ́РГ Дав. Петр. (1881–1948), живописец и график. Пред. *Общества художников-станковистов* (1925–30) в Москве. Живописным («Агитатор», 1927) и графич. (илл. к «Одесским рассказам» И.Э. Бабеля, изд. в 1932) произв. присущи острая экспрессивность образов, обобщённость рисунка, плоскостность Ш.

ШТИ́ЛЛЕ (Stille) Ханс (1876–1966), нем. геолог. Осн. тр. по общей и региональной тектонике, проблемам связи тектоники и магматизма, сравнит.-ист. анализу складчатых областей Европы, Америки, Юго-Вост. Азии, Тихоокеанского кольца и др.

ШТИЛЬ (голл. stil), безветрие или очень слабый ветер (со скоростью до 0,2 м/с или 0 баллов по Бофорта шкале).

ШТО́КОЛОВ Бор. Тим. (р. 1930), певец (бас). С 1959 в Ленингр. т-ре оперы и балета имени С.М. Кирова (с 1992 – Мариинский т-р), выступает в концертах. Для Ш. характерны сдержанная, благородная манера исполнения, мягкость, выразительность голоса. Наиб. известен в рус. репертуаре (оп. «Русалка» А.С. Даргомыжского, «Жизнь за царя» М.И. Глинки; романсы).

ШТО́КХАУЗЕН (Stockhausen) Карлхайнц (р. 1928), нем. компози-

Х. Штилле.

тор, муз. теоретик. Один из лидеров муз. *авангардизма*. Свободное, алеаторное (см. *Алеаторика*) распределение муз. элементов в композиции, «космически мистериальная» направленность творчества Ш. привели его к концепции т.н. открытой формы. С кон. 1960-х гг. музыка Ш. носит созерцательно-медитативный характер.

ШТОРМ (голл. storm), буря, ветер силой св. 9 баллов по *Бофорта шкале*, со скоростью более 20 м/с. Наблюдается обычно при прохождении циклона; сопровождается сильным волнением на море и разрушениями на суше.

ШТОС (Stoß) Фейт (польск. Вит Стош, Ствош) (ок. 1455–1533), нем. и польск. скульптор. Произв. Ш. знаменуют переход от поздней *готики* к *Возрождению*. Резные дерев. алтари с выразительными раскрашенными статуями и рельефами (алтарь костёла Девы Марии в Кракове, 1477–89).

ШТРА́УС (Strauss) Рихард (1864–1949), нем. композитор, дирижёр. Работал с разл. оркестрами, гастролировал в Европе (в 1896 в России) и США. Симф. поэмы «Дон Жуан» (1889), «Тиль Уленшпигель» (1895), «Дон Кихот» (1897) отличаются красочностью и блеском орк. звучания. В оп. «Саломея» (1905), «Электра» (1908) – черты *экспрессионизма*, в оп. «Кавалер розы» (1910) – *неоклассицизма* (всего ок. 15 опер).

Р. Штраус. По гравюре Э. Орлика. 1917.

ШТРА́УС (Strauß), семья австр. музыкантов. Наиб. известны: Иоганн Ш.-отец (1804–49), скрипач, дирижёр, композитор. Дирижёр венских придворных балов, автор *вальсов*, галопов и др. танц. музыки. Иоганн Ш.-сын (1825–99), композитор, дирижёр, скрипач. Дирижировал собств. оркестром, с к-рым гастролировал в Европе (в т.ч. в России), США. В его музыке, проникнутой стихией танца и романтически одухотворённой, достигли расцвета венский вальс («На прекрасном голубом Дунае», 1867; «Сказки Венского леса», 1868; «Весенние голоса», 1883) и венская *оперетта* (всего 16; «Летучая мышь», 1874, «Цыганский барон», 1885). Автор ок. 500 произв. танц. музыки. Илл. см. на стр. 788.

ШТРИТМА́ТТЕР (Strittmatter) Эрвин (1912–94), нем. писатель. Сочный юмор деревенского бытописателя, близость к фольклору, образы

788 ШТРИ

И. Штраус-сын.

сел. мудрецов – в психол. ром. «Погонщик волов» (1950), «Тинко» (1954), «Оле Бинкоп» (1963). Ром. «Чудодей» (ч. 1–3, 1957–80) развивает традиции «романа воспитания». Лирич. миниатюры в прозе.

ШТРИХОВО́Й КОД, машиночитаемый *код* в виде последовательности тёмных (штрихов) и светлых (пробелов) полос разл. ширины, нанесённых на бумаге, картоне, пластмассе и т.п. Применяется для цифрового кодирования товаров, почтовых отправлений, пропусков, багажа авиапассажиров и т.д.

Штриховой код (товарный).

ШТРО́ГЕЙМ (Штрохейм) (Stroheim) (полная фам. Штрогейм фон Норденвальд) Эрих фон (1885–1957), амер. кинорежиссёр, актёр. По происхождению австриец. Критике института семьи, социального неравенства посвящены ф.: «Слепые мужья» (1919), «Глупые жёны» («Отпрыск благородного рода», 1921), «Весёлая вдова» (1925), «Королева Келли» (1928). Многие фильмы Ш., в т.ч. этапная в его творчестве социальная драма «Алчность» (1924), подвергались продюсерами переделкам и сокращениям, вследствие чего Ш. вынужден был оставить режиссуру и ограничиться работой актёра. Крупнейшие роли Ш. – в ф. «Великая иллюзия» (1937) и «Сансет бульвар» (1950).

Э. Штрогейм (слева) в фильме «Великая иллюзия».

ШТУК, то же, что *стукко*.

ШТУ́ЦЕР (от нем. Stutzen), соединительный короткий отрезок трубы (патрубок), ввёртываемый, приваливаемый или припаиваемый к трубопроводам, резервуарам, картерам и т.п. для спуска воды, масла, газа и др., а также служащий для отбора их с целью замера давлений, темп-ры и др. параметров.

ШУ́БЕРТ (Schubert) Франц (1797–1828), австр. композитор. Один из первых представителей *романтизма*, опирался на традиции *венской классической школы*. Создатель романтич. песни (ок. 600, в т.ч. вок. циклы «Прекрасная мельничиха», 1823, «Зимний путь», 1827). Лирико-драм. тонус, мелодика песенного характера – в 9 симфониях (8-я – «Неоконченная», 1822), мн. камерно-инстр. ансамблях (фп. квинтет «Форель», 1819), фп. сонатах (св. 20), пьесах. Автор опер, зингшпилей, месс, кантат.

Ф. Шуберт.

ШУ́БИН Федот Ив. (1740–1805), рос. скульптор. Сын крестьянина-помора. Под влиянием просветит. идей создал собств. стиль, отличающийся ясностью и реалистич. достоверностью в трактовке натуры, виртуозной техникой обработки поверхности мрамора (портретные бюсты И.Г. Орлова, 1778, М.В. Ломоносова, 1792).

Ф.И. Шубин. Портретный бюст А.М. Голицына. Мрамор. 1775. Третьяковская галерея.

ШУБУ́НКИН, см. *Золотая рыбка*.

ШУВА́ЛОВ Ал-др Ив. (1710–71), граф, ген.-фельдм. (1761). Участник дворцового переворота 1741, возведшего на рос. престол Елизавету Петровну. В 1746–62 нач. Тайной розыскных дел канцелярии.

ШУВА́ЛОВ Ив. Ив. (1727–97), гос. деятель, фаворит имп. Елизаветы Петровны. Покровительствовал просвещению. Первый куратор Моск. ун-та, през. Академии художеств.

ШУВА́ЛОВ Пав. Анд. (1830–1908), граф, дипломат, ген. от инфантерии (1887). Брат Петра Анд. Шувалова. В 1885–94 посол в Берлине, сторонник сближения с Германией. В 1888 наследовал майорат Воронцовых и стал именоваться «граф Ш. светлейший князь Воронцов».

ШУВА́ЛОВ Пётр Анд. (1827–89), граф, гос. деятель, ген. от кавалерии (1872). Брат Пав. Анд. Шувалова. В 1861 нач. штаба корпуса жандармов и управляющий III отделением Собственной е.и.в. канцелярии. В 1866–74 шеф жандармов и нач. III отделения. Ближайший советник имп. Александра II. В 1874–79 посол в Лондоне.

ШУВА́ЛОВ Пётр Ив. (1710–62), граф, гос. деятель, ген.-фельдм. (1761). Участник дворцового переворота 1741, возведшего на престол Елизавету Петровну, фактич. руководитель её пр-ва. Один из организаторов рус. армии в Семилетней войне (1756–63), усовершенствовал артиллерию.

ШУ́ДРАКА, автор одного из самых значит. произв. др.-инд. драматургии – пьесы на санскрите «Глиняная повозка» (создана не ранее 4 в. и не позднее 8 в.), в к-рой сильны элементы социальной критики.

ШУ́ДРЫ, низшая из др.-инд. *варн*; в осн. неполноправные земледельцы, ремесленники.

ШУКШИ́Н Вас. Мак. (1929–74), рус. писатель, кинорежиссёр, актёр. В рассказах (сб. «Сельские жители», 1963, «Там вдали», 1968, «Характеры», 1973), ром. «Любавины» (ч. 1–2, 1965–87) – многообразие совр. социально-психол. типов, образы «чудаков» – носителей нравств. чистоты и требовательного отношения к жизни. Открыл в кинематографе новые жизненные пласты; глубина жизнеописания, тонкие наблюдения психол. мира простого человека. Пост. ф.: «Живёт такой парень» (1964),

В.М. Шукшин (в центре) в фильме «Калина красная».

«Ваш сын и брат» (1966), «Странные люди» (1970), «Печки-лавочки» (1972), «Калина красная» (1974). В актёрских работах «Два Фёдора», 1950; «У озера», 1970; «Они сражались за Родину», 1975; «Прошу слова», 1976) создавал характеры людей, ищущих смысл жизни, собств. предназначение на земле.

ШУЛЬГИ́Н Вас. Вит. (1878–1976), полит. деятель. Деп. 2–4-й Гос. думы, лидер правых. В 1917 чл. Врем. к-та Гос. думы; принимал вместе с А.И. Гучковым отречение от престола имп. Николая II. После Окт. рев-ции участвовал в создании белой Добровольч. армии. После Гражд. войны в эмиграции. В 1944 арестован в Югославии, вывезен в СССР и до 1956 находился в заключении. В 1960-х гг. призвал эмиграцию отказаться от враждебного отношения к СССР. Восп.: «Дни» (1925), «1920-й год» (1927).

ШУЛЬЖЕ́НКО Кл. Ив. (1906–84), эстрадная певица. Выступала с 1928, исполняла песни сов. композиторов, в т.ч. «Возьми гитару» А.Я. Лепина, «Синий платочек» Е. Петербургского, «Три вальса» А.Н. Цфасмана. Иск-во Ш. выделялось особой доверительностью, использованием разговорных интонаций, выразит. пластикой.

ШУЛЬЦ (Schulz) Бруно (1892–1942), польск. писатель. Эрозия устойчивого бытия, интерес к «рубежным формам» между сознанием и подсознанием (сновидения, эрос – Ш. испытал воздействие К. Юнга и Ф. Кафки), представление о мире как одном из пробных воплощений демиурга – в книгах новелл «Лавки пряностей» (в рус. пер. – «Коричные лавки», 1933), «Санаторий под клепсидрой» (1936), воссоздающих фантастич. и мифологизир. реальность уходящей галицийской провинции и дет. переживания автора; программное эссе «Мифологизация действительности» (1936). Фрагментарная проза Ш. – уникальный образец стилистич. барокко. Погиб в дрогобычском гетто.

ШУЛЬЦ (Schultz) Теодор (р. 1902), амер. экономист, представитель *чикагской школы* политэкономии. Тр. по проблемам экономики развивающихся стран, формирования рабочей силы, экон. роли образования. Ноб. пр. (1979).

ШУ́МАН (Schumann) Роберт (1810–1856), нем. композитор, муз. критик. Представитель *романтизма*. В фп.

Р. Шуман.

музыке («Симф. этюды», 2-я ред. 1852; программные циклы «Бабочки», 1831, «Карнавал», 1835, «Фантастич. пьесы», 1837), песнях (вок. цикл «Любовь поэта» на стихи Г. Гейне, 1840) – лирич. страстность, романтич. порыв. Оп. «Геновева» (1848), 4 симфонии, концерт для фп. с орк. (1845), камерно-инстр. и хор. произв., музыка к драм. поэме Дж. Байрона «Манфред» (1849).

ШУМЕ́Р, древняя страна в Юж. Двуречье (Ю. совр. Ирака), на терр. к-рой ок. 3000 до н.э. возникли города-гос-ва (Лагаш, Ур, Урук и др.).

ШУ́МПЕТЕР (Schumpeter) Йозеф (1883–1950), экономист и социолог. Род. в Австро-Венгрии; с 1932 в США. Соч. по проблемам экон. цикла, истории экон. учений. Рассматривал историю политэкономии как процесс восходящего развития аналитич. аппарата и методов исследований экон. явлений. Автор концепции экон. динамики, центр. место в к-рой отводится предпринимат. функции. Предложил динамич. концепцию цикла, где цикличность рассматривается как закономерность экон. роста.

ШУ́МСКИЙ (наст. фам. Чесноков) Сер. Вас. (1820–78), актёр. С 1841 в Малом т-ре. Исполнитель рационалистич. склада. Точность, простота и чёткость сценич. рисунка в ролях: Кречинский («Свадьба Кречинского» А.В. Сухово-Кобылина, 1851), Жадов («Доходное место», 1863) и Крутицкий («На всякого мудреца довольно простоты», 1868), обе – А.Н. Островского) и др.

ШУ́МСКИЙ Як. Дан. (1732–1812), актёр, педагог. С кон. 1740-х гг. в ярославской труппе Ф.Г. Волкова, в 1752 прибыл с ней в С.-Петербург. С 1756 в труппе первого рус. постоянного проф. т-ра. Вплоть до кон. 18 в. занимал на петерб. сцене место первого комика. С особым успехом исполнял роли слуг: Созий («Амфитрион» Мольера, 1761), Еремеевна («Недоросль» Д.И. Фонвизина, 1782) и др.

ШУ́НЬЯ (санскр., букв. – пустота), одно из осн. понятий буддизма махаяны; психич. состояние, в к-ром снимается противопоставление реальности и нереальности, бытия и небытия, что служит гл. признаком «освобождения» (нирваны). Впервые появилось в «Праджа-парамита-сутрах» («Сутрах о высшей мудрости»), развито в учении Нагарджуны.

ШУРФ (нем. Schurf), вертикальная или наклонная горн. выработка небольшого сечения и глубины (до 25 м). Служит для поиска и разведки полезных ископаемых, взрывных работ и др.

ШУ́ХОВ Вл. Григ. (1853–1939), учёный и изобретатель. Осн. тр. по

В.Г. Шухов.

технике нефт. пром-сти, теплотехнике и строит. делу. Создал десятки конструкций, отличавшихся смелостью решения, новизной, практичностью: первое в России металлич. нефтеналивное судно, ок. 500 мостов, ок. 200 башен оригинальной конструкции (в т. ч. в 1922 радиобашню, названную его именем, выс. 148,3 м, на ул. Шаболовка в Москве), вращающуюся сцену МХАТа, зерновые элеваторы, доменные печи и др.

«ШУЦЗИ́Н» («Книга исторических преданий», «Книга истории», «Книга документов»; второе назв. «Шан шу» – «Древнейшее писание»), памятник др.-кит. лит-ры и истории. По преданию, составлен Конфуцием. Наиб. древние части восходят, видимо, к 14–11 вв. до н.э. Содержит элементы мифов, героич. сказаний, ист. преданий.

ШХЕ́РЫ (швед., ед. ч. skär), небольшие, преим. скалистые о-ва около невысоких сложнорасчленённых берегов сев. морей и озёр. Распространены в Финляндии, Швеции.

Шумер. Оттиск печати из Варки (Урука). Священная барка. 3-е тыс. до н.э. Переднеазиатский музей. Берлин.

Г. Шютц. Портрет работы К. Шпетнера. Собрание библиотеки Лейпцигского университета.

ШЭНЬЯ́Н (Мукден), г. в Китае. 3,6 млн. ж. Важный трансп. узел и пром. центр страны (маш-ние, цв. металлургия, хим. и др. пром-сть). Ун-т. Муз. ин-т. Возник во 2 в. до н.э. В 1625–44 столица маньчжурского гос-ва. При династии Цин (1644–1911) считался «второй столицей» Китая.

ШЮТЦ (Schütz) Генрих (1585–1672), нем. композитор, органист, капельмейстер. Основатель нем. композиторской школы. Первая нем. опера «Дафна» (1627, не сохранилась), духовная музыка, в т. ч. «Страсти», псалмы, мотеты.

Щ

Щ, щ [ща], двадцать седьмая буква рус. алфавита; восходит к букве кириллицы Щ («шта»).

ЩАВЕ́ЛЕВАЯ КИСЛОТА́, $(COOH)_2$, бесцв. кристаллы, $t_{пл}$ 189,5 °C. Содержится в виде калиевой соли в щавеле, кислице. В пром-сти Щ.к. и её соли (оксалаты) получают хим. синтезом, применяют в текст. пром-сти (протрава), в аналитич. химии, органич. синтезе, для очистки металлов от ржавчины и накипи.

ЩАВЕ́ЛЬ, род одно- и многолетних трав и полукустарников (сем. гречишные). 150–200 видов (в осн. сорняки), в Евразии, Африке, Америке, там же возделывается Щ. обыкновенный. Листья (100–150 ц с 1 га) богаты витаминами, щавелевой к-той и её солями. Используется в кулинарии и нар. медицине.

ЩА́ПОВ Аф. Прокофьевич (1831–1876), рос. историк. Изучал влияние природной среды и экономики на ист. процесс; жизнь народа как гл. фактор истории; жен. вопрос. Тр. по истории церк. раскола и старообрядчества, земских соборов 17 в., общины, Сибири.

ЩЕ́БЕНЬ, 1) остроугольные обломки горн. пород (размер-до 100 мм), образовавшиеся при их выветривании. 2) Продукт дробления горн. по-

Щегол, кормящий птенцов.

род или искусств. кам. материалов (размер 5–15 мм). Применяется в качестве крупного заполнителя для бетонов, балласта под ж.-д. полотно, для устройства дорожных покрытий и т.п.

ЩЕГО́Л, одна из наиб. красивых певчих птиц лесов России (сем. вьюрки). Длина тела ок. 12 см. Крылья чёрные с жёлтой полосой, горло и лоб красные. Распространён в Европе, Зап. Азии и Сев.-Зап. Африке. Искусные гнёзда на кустах и деревьях. Песня – звонкие трели (св. 20 вариантов). Щ. часто содержат в клетках.

ЩЕДРИ́Н Род. Конст. (р. 1932), рос. композитор. Обращается к разл. пластам рус. фольклора (старинному и современному) – в бал. «Конёк-Горбунок» (1955), концерте для орк. «Озорные частушки» (1963), оп. «Не только любовь» (1961), «Мёртвые души» (1977). Образы рус. лит. классики – в бал. «Анна Каренина» (1971), «Чайка» (1979) и др. Динамика и контрасты совр. мира – в симфониях, инстр. сочинениях. Темброво-ритмические находки – в бал. «Кармен-сюита» (свободная транскрипция музыки оп. «Кармен» Ж. Бизе, 1967). Гл. партии 3 последних балетов написаны для жены Щ.– М.М. Плисецкой. Илл. см. на стр. 790.

ЩЕЛКУНЫ́, семейство жуков. Длина обычно 7–20 мм (иногда до 50 мм). Ок. 10 тыс. видов, распространены широко. Личинки (проволочники) повреждают корни мн. р-ний.

ЩЁЛОЧИ, гидроксиды щелочных (едкие щёлочи) и щёлочноземельных металлов. Щ.– сильные основания; едкие Щ. хорошо растворяются в воде, гидроксиды щёлочноземельных металлов – плохо. Все Щ. чрезвычайно агрессивны, их р-ры разрушают стекло, а расплавы – фарфор и платину. См., напр., Калия гидроксид, Натрия гидроксид.

ЩЁЛОЧНОЗЕМЕ́ЛЬНЫЕ МЕТА́ЛЛЫ: кальций Ca, стронций Sr, барий Ba, радий Ra. Химически активны, при обычных условиях реагируют с водой. Соли Щ.м., кроме Ra, широко распространены в природе в виде минералов, напр. гипс $CaSO_4 \cdot 2H_2O$.

ЩЕЛОЧНЫ́Е МЕТА́ЛЛЫ: литий Li, натрий Na, калий K, рубидий Rb, цезий Cs, франций Fr. Мягкие металлы, легко режутся (кроме Li), Rb, Cs и Fr почти пастообразны при обычных условиях; Li – самый лёгкий из всех металлов, Na и K легче воды. Химически очень активны, с водой

Р.К. Щедрин.

реагируют бурно, со взрывом. Na и К в виде солей широко распространены в природе, остальные редки.

ЩЕЛЫКО́ВО, деревня Островского р-на Костромской обл., бывшая усадьба А.Н. Островского, с к-рой связана творч. судьба многих его пьес («Лес», «Снегурочка» и др.); здесь он скончался и похоронен (на погосте Николо-Бережки). С 1948 мемориальный и лит. музей.

ЩЕ́ПКИН Мих. Сем. (1788—1863), актёр, педагог. Основоположник реализма в рус. сценич. иск-ве, реформатор рус. т-ра. До 1822 крепостной, выступал в крепостном т-ре. С 1805 на провинциальной, с 1823 на моск. сцене (с 1824 в Малом т-ре). Утверждал просветит., обществ. значение т-ра, требовал подчинения всего творч. процесса общей идее. Добивался естественности игры, разрабатывал принципы иск-ва перевоплощения. Друг А.И. Герцена, Н.В. Гоголя, В.Г. Белинского, Т.Г. Шевченко, Щ. во многом определял идейные и худ. позиции Малого т-ра. Играл в спектаклях разл. жанров, в т.ч. комедиях, комич. операх, водевилях. Среди его знаменитых сценич. созданий: Фамусов («Горе от ума» А.С. Грибоедова, 1830), Городничий («Ревизор» Н.В. Гоголя, 1836); образы «униженных и оскорблённых» (Кузовкин — «Нахлебник» И.С. Тургенева, 1862, и др.).

М.С. Щепкин в роли Чупруна («Москаль-чарiвник» И.П. Котляревского). 1840.

ЩЕРБА́ТОВ Мих. Мих. (1733—90), князь, историк, писатель. Идеолог корпоративных устремлений рос. дворянства. Искал пути процветания дворянства; осуждал его нравств. пороки. Тр.: «О повреждении нравов в России» (1786—89, изд. в 1858), утопич. ром. «Путешествие в землю Офирскую» (1786, изд. в 1896), «История России с древнейших времён» (т. 1—7, 1770—91).

ЩЕ́РБО Вит. Венедиктович (р. 1972), белорус. спортсмен (гимнастика). Чемпион мира (1991), Олимп. игр (1992, 6 зол. медалей — рекордный результат).

ЩИТОВИ́ДНАЯ ЖЕЛЕЗА́, железа внутр. секреции позвоночных ж-ных и человека. Расположена на шее, в области гортанных хрящей. Вырабатывает гормоны тироксин, трииодтиронин, а также тиреокальцитонин (у млекопитающих ж-ных и человека), регулирующие рост и развитие организма (дифференцировку тканей, интенсивность обмена в-в и др.). Поражение Щ.ж. — причина ряда болезней (напр., *микседемы, базедова болезни*).

ЩИТОМО́РДНИКИ, род ядовитых змей (сем. ямкоголовые). Дл. до 1,6 м. На голове нек-рые щитки увеличены (отсюда назв.). 14 видов, в Евразии, Сев. и Центр. Америке. В низовьях Волги и в Ср. Азии распространён Щ. обыкновенный, на Д. Востоке — Щ. восточный и Щ. каменистый. Для человека укус Щ. болезнен, но не смертелен. Яд используют в медицине. Илл. см. при ст. *Змеи*.

ЩУ́КИ, род хищных рыб (сем. щуковые). 5 видов: обыкновенная Щ. (дл. до 1 м, изредка до 1,5 м, масса до 8 кг, редко до 35 кг) — в пресных водах Евразии и Америки; амурская Щ. (дл. в ср. 45—70 см, масса в ср. ок. 3 кг, иногда до 16 кг) — в басс. Амура и на Сахалине; 3 вида — в водоёмах Сев. Америки. Держатся в зарослях (хищники-засадчики), питаются круглый год преим. рыбой, могут нападать на водоплавающих птиц. Живут ок. 20 (иногда 60—70) лет. Объект промысла, разведения и спорт. лова. Илл. см. при ст. *Рыбы*.

ЩУ́КИН Бор. Вас. (1894—1939), актёр. С 1920 в 3-й Студии МХАТа (с 1926 Т-р имени Евг. Вахтангова). Игра Щ. отличалась органичностью, высокой простотой, чувством жизненной правды, богатством красок и оттенков, в комедийных ролях — импровизац. свободой и смелостью, использованием приёмов буффонады, гротеска: Тарталья («Принцесса Турандот» К. Гоцци, 1922), Булычов

(«Егор Булычов и другие» М. Горького, 1932), В.И. Ленин («Человек с ружьём» Н.Ф. Погодина, 1937) и др. Снимался в ф.: «Ленин в Октябре» (1937), «Ленин в 1918 году» (1939) и др.

ЩУ́ПАЛЬЦА, подвижные выросты тела у мн. беспозвоночных. Служат для захватывания пищи, дыхания, осязания, обоняния и передвижения (у моллюсков). Длина наиб. крупных Щ. (у гигантских кальмаров) может достигать 13 м.

ЩУ́СЕВ Ал. Викт. (1873—1949), архитектор. Обращался к традициям др.-рус. зодчества (Казанский вокзал в Москве, 1914—26, 1941), неоклассицизму. По проекту Щ. построен Мавзолей В.И. Ленина в Москве (1924—30).

Ъ Ы Ь

ъ, Ъ [твёрдый знак], двадцать восьмая буква рус. алфавита; восходит к букве *кириллицы* Ъ («ер»).

ы, Ы [ы], двадцать девятая буква рус. алфавита; восходит к букве *кириллицы* Ы («еры»).

ь, Ь [мягкий знак], тридцатая буква рус. алфавита; восходит к букве *кириллицы* Ь («ерь»).

Э

э, Э [э оборотное], тридцать первая буква рус. алфавита, не имеет прототипа в *кириллице*, восходит к букве Э, появившейся в южнослав. рукописях 13—14 вв., вероятно, связанной с соотв. буквой *глаголицы*.

ЭБЕ́НОВОЕ ДЕ́РЕВО, название ряда видов тропич. деревьев (сем. эбеновые и нек-рых др.), дающих тёмно-зелёную, иногда чёрную древесину, а также древесины этих деревьев. Э.д. с чёрной древесиной известна наз. чёрным деревом. Благодаря высокой плотности и красивой текстуре Э.д. ценится в произ-ве мебели, муз. инстр-тов и т.п.

ЭБОНИ́Т (от греч. ébenos — чёрное дерево, эбеновое дерево), тв. продукт вулканизации натурального или синтетич. каучука большими количествами серы. Хорошо поддаётся механич. обработке, газонепроницаем, стоек к действию к-т и щелочей; обладает электроизоляц. свойствами. Применяется в произ-ве электроизоляц. деталей, аккумуляторных баков; постепенно заменяется пластмассами.

Э́ВАНС (Evans) Артур Джон (1851—1941), англ. археолог. Открыл и исследовал *минойскую культуру* на о. Крит; произвёл раскопки дворца в Кноссе.

ЭВГЛЕ́НА, род жгутиковых одноклеточных зелёных водорослей. Дл. до 0,1 мм. Ок. 60 видов, преим. в мелких пресных водоёмах; часто вызывают «цветение» воды. Объект лаб. исследований.

ЭВДЕМОНИ́ЗМ, этич. направление, считающее счастье, блаженство (греч. eudaimonía) высш. целью человеческой жизни; один из осн. принципов др.-греч. этики, тесно связанный с сократовской идеей внутр. свободы личности, её независимости от внеш. мира.

ЭВЕНКИ́ЙСКИЙ АВТОНО́МНЫЙ О́КРУГ (Эвенкия), в Красноярском крае, в России. Пл. 767,6 т.км². Нас. 24 т.ч., гор. 29%; русские (67,5%), эвенки (14,1%), якуты и др. Центр — пос. гор. типа Тура. 3 р-на. Расположен в Вост. Сибири, на Среднесиб. плоскогорье (выс. до 1701 м). Климат резко континентальный. Ср. темп-ры янв. от −26 до −36 °C, июля 13—15 °C; осадков ок. 400 мм в год. Многолетнемёрзлые породы. Кр. реки (судох.): Ниж. Тунгуска и Подкаменная Тунгуска. Св. 4/5 терр. занимает тайга (лиственница, сосна, ель); на С. — тундра. Гл. отрасли х-ва: пушной и рыбный промыслы, оленеводство, звероводство. Добыча графита, исл. шпата. Молочное скот-во, свин-во.

ЭВЕРЕ́СТ, см. *Джомолунгма*.

Э́ВЕРТ (Evert) Крис (р. 1954), амер. спортсменка (теннис). Чемпионка мира (1978, 1980—81), Уимблдонского турнира (1974, 1976, 1981), Франции (1974—75, 1979—80, 1983, 1985—86), США (1975—77, 1978, 1980, 1982) и Австралии (1982, 1984) в одиночном разряде; победительница 157 др. проф. турниров (1971—88; рекордное достижение). Одна из сильнейших в мире мастеров парной игры.

ЭВКАЛИ́ПТ, род вечнозелёных деревьев (выс. до 100 м) и кустарников (сем. миртовые). Ок. 500 видов, в Австралии и на прилегающих о-вах (преим. в тропиках и субтропиках). Отличаются быстрым ростом (прирост до 5 м в год). Живут до 500 лет. Широко выращиваются во мн. странах мира ради древесины, а также как закрепители почв, декор. р-ния. Древесину используют в вагоно- и кораблестроении, в целл.-бум. пром-сти; кора содержит дубильные в-ва, лис-

Эвкалипт прутовидный.

тья и молодые побеги – эвкалиптовое масло, применяемое в парфюмерии и медицине.

ЭВМ, см. *Электронная вычислительная машина*.

ЭВОЛЮ́ЦИЯ (от лат. evolutio – развёртывание), в широком смысле – синоним развития; процессы изменения (преим. необратимые) в природе и обществе; в узком смысле в понятие Э. включают лишь постепенные изменения в отличие от *революции*. Термин «Э.» чаще всего применяется для обозначения ист. развития живых организмов, определяемого изменчивостью, наследственностью и естественным отбором; сопровождается приспособлением их к условиям существования, образованием и вымиранием видов, преобразованием сообществ организмов и биосферы в целом.

ЭВРИДИ́КА, см. *Евридика*.

Э́ВРИКА (греч. héurēka – «я нашёл»), согласно преданию, восклицание Архимеда при открытии им одного из осн. законов гидростатики (см. *Архимеда закон*). Перен. – выражение радости, удовлетворения при решении к.-л. сложной задачи, возникновении новой идеи.

ЭВТРОФИКА́ЦИЯ (от греч. eutrophía – хорошее питание), чрезмерное увеличение содержания биогенных элементов в водоёмах, сопровождающееся повышением их продуктивности. Может быть результатом естеств. старения водоёма, поступления удобрений или загрязнения сточными (в т.ч. с полей) водами. Для эвтрофных водоёмов характерно наличие богатой растительности, обильного планктона. Э. может приводить к бурному развитию водорослей («цветению» вод), дефициту кислорода и гибели (замору) рыб и др. ж-ных.

ЭГАЛИТАРИ́ЗМ (франц. égalitarisme, от égalité – равенство), концепция всеобщей уравнительности как принципа организации обществ. жизни. Приверженцы Э. – Ж.Ж. Руссо, якобинцы, Г. Бабёф. Э. – вульгарное извращение принципа социального равенства.

ЭГЕ́ЙСКАЯ КУЛЬТУ́РА (крито-микенская культура), условный термин для обозначения культуры Др. Греции эпохи бронзы (ок. 2800–1100 до н.э.). Выделяются геогр. варианты Э.к.: на Крите – минойская, в материковой Греции – элладская, на о-вах Эгейского м. – кикладская культура. Остатки городов (см. *Кнос, Микены, Пилос*), богатые некрополи (Микены, Пилос и др.), памятники письменности, иск-ва и др.

ЭГЕ́ЙСКОЕ МО́РЕ, часть Средиземного м., между п-овами Балканским и М. Азия и о. Крит. Прол. Дарданеллы, Мраморным м. и прол. Босфор соединяется с Чёрным м. Пл. 191 т. км². Глуб. до 2561 м. Много о-вов. Рыб-во. Кр. порты: Салоники (Греция), Измир (Турция).

ЭГИ́ДА (от греч. aigís, род. п. aigídos), в др.-греч. мифологии щит Зевса, символ покровительства или гнева богов. «Под эгидой» – под защитой, покровительством, руководством.

ЭГОИ́ЗМ (франц. égoïsme, от лат. ego – я), себялюбие; поведение, целиком определяемое мыслью о собств. пользе, выгоде, предпочтение своих интересов интересам др. людей и т.п. Противоположность Э. – *альтруизм*.

Эгейская культура. Пифос с росписью. Из дворца в Фесте (Крит). Керамика. Музей г. Ираклион.

ЭГОЦЕНТРИ́ЗМ (от лат. ego – я и центр), отношение к миру, характеризующееся сосредоточенностью на своём индивидуальном «я»; в философии эгоцентрич. позиция ведёт к *солипсизму*, в этике – к эгоизму.

«Э́ДДА МЛА́ДШАЯ», трактат о языч. мифологии и поэзии скальдов, написанный Снорри Стурлусоном в 1221–25. Иллюстрируется стихами скальдов, многие из к-рых известны только из этого источника.

«Э́ДДА СТА́РШАЯ» («Эдда Сэмунда», «Песенная Эдда», др.-исл. сб-к мифол. и героич. песен, бытовавших в устной традиции герм. народов. Сохранился в рукописи 13 в.

Э́ДДИНГТОН (Eddington) Артур Стэнли (1882–1944), англ. астрофизик. Тр. по теории внутр. строения и эволюции звёзд, теории относительности, релятивистской космологии. Первым рассчитал модели звёзд, находящихся в лучистом равновесии. Экспериментально подтвердил (1919) отклонение светового луча в поле тяготения Солнца, предсказанное общей теорией относительности.

ЭДЕЛЬВЕ́ЙС, род многолетних травянистых р-ний (сем. *сложноцветные*). Ок. 30 видов, в горах Евразии (гл. обр. в Юго-Вост. Азии), исключая Кавказ и Переднюю Азию; 5–6 видов в Сибири и на Д. Востоке. Э. альпийский с густоопушёнными, снежно-белыми прицветными листьями, образующими правильную многолучевую звезду, – высокогорн. вид альп. горн. системы, встречается в Карпатах; на грани исчезновения.

ЭДЕ́М, в Библии страна, где обитали Адам и Ева до грехопадения; синоним рая.

Э́ДЕР Бор. Аф. (1894–1970), артист цирка. Один из основоположников утвердившейся в рус. цирке 20 в. школы дрессировки диких ж-ных. Работа со львами, леопардами, тиграми, страусами и на Д. Востоке. Э. альпийский с густоопушёнными, методов, основанных на запугивании ж-ных. Часто строил свои номера по сюжетному принципу. Участвовал в создании ф. «Цирк» (1936), «Дон Кихот» (1957) и др.

ЭДИ́КУЛА (лат. aedicula), в антич. архитектуре ниша, обрамлённая колоннами или *пилястрами*, опирающимися на подножие, и увенчанная *фронтоном*. В Э. ставились статуи богов в храмах, обществ. зданиях, жилых домах. Э. наз. также небольшие эллинистич. и др.-рим. культовые здания.

ЭДИНБУ́РГ, г. в Великобритании, гл. г. Шотландии. 420 т.ж. Кр. трансп. уз.; порт в зал. Ферт-оф-Форт. Бум., полиграф., пищевкус. (в т.ч. кр. произ-во пива и виски), хим., фарм. пром-сть; маш-ние. Королев. шотл. академия музыки (1890). Нац. гал. Шотландии. Междунар. фестиваль музыки и драмы (проводится ежегодно с 1947). Старый город расположен на холмах; узкие крутые улочки с башнеобразными домами (до 12 этажей). На отвесной скале – бывший королев. замок (11–16 вв.); бывший дворец шотл. королей Холируд (12–17 вв.). В Новом городе – регулярная планировка, широкие магистрали, ансамбли 18–19 вв.

Эдинбург. Бывший королевский замок.

ЭДИ́П, в греч. мифологии сын царя Фив Лая. Э. по приказанию отца, к-рому была предсказана гибель от руки сына, был брошен младенцем в горах. Спасённый пастухом, он, сам того не подозревая, убил отца и женился на своей матери, став царём Фив. Узнав, что сбылось предсказание оракула, полученное им в юности, Э. ослепил себя.

Эдип. Картина Ж. Энгра «Эдип и Сфинкс». Ок. 1827. Лувр.

ЭЙЗЕ 791

ЭДИ́ПОВ КО́МПЛЕКС, в психоанализе совокупность бессознательных (вытесненных) отношений ребёнка к своим родителям. У мальчиков – сексуальное влечение к матери и враждебное отношение к отцу. Получил назв. по имени царя Эдипа. У девочек Э.к. соответствует комплекс Электры – бессознательное сексуальное влечение к отцу и враждебность к матери.

Э́ДИСОН (Edison) Томас Алва (1847–1931), амер. изобретатель и предприниматель. Автор св. 1000 изобретений, гл. обр. в электротехнике. Усовершенствовал телеграф и телефон, лампу накаливания (1879), изобрёл *фонограф* (1877), построил первую в мире электростанцию обществ. пользования (1882), обнаружил явление термоионной эмиссии (1883) и др.

ЭДИ́ЦИЯ, см. *Текстология*.

ЭДС, см. *Электродвижущая сила*.

ЭЗО́П, др.-греч. баснописец (6 в. до н.э.), считавшийся создателем (или канонизатором) басенного жанра. Легенды рисуют Э. хромым рабом, юродивым нар. мудрецом, безвинно сброшенным со скалы. Ему приписывались сюжеты почти всех известных в античности басен («Эзоповы басни»), обрабатывавшиеся мн. баснописцами – от Федра и Бабрия до Ж. Лафонтена и И.А. Крылова.

ЭЗО́ПОВ ЯЗЫ́К (по имени баснописца Эзопа), тайнопись в лит-ре, завуалированное высказывание, намеренно маскирующее мысль (идею) автора (часто от цензуры). Прибегает к системе «обманных средств»: традиц. иносказат. приёмам (аллегория, ирония, перифраз, аллюзия), а также басенным персонажам, полупрозрачным псевдонимам, фигурам умолчания (образцы в сатире М.Е. Салтыкова-Щедрина).

ЭЗОТЕРИ́ЧЕСКИЙ (греч. esoterikós – внутренний), тайный, сокровенный, понятный лишь избранным, предназначенный только для посвящённых. Ср. *Экзотерический*.

Э́ЙВЕ (Euwe) Махгилис (Макс) (1901–81), нидерл. шахматист, 5-й чемпион мира (1935–37). Президент ФИДЕ (1970–78).

ЭЙДЕЛЬМА́Н Натан Як. (1930–1989), рус. писатель, историк. В книгах об обществ. и культурном движении, истории вольномыслия в России 18–19 вв.: «Лунин» (1970), «Герцен против самодержавия» (1973), «Пушкин и декабристы» (1979), «Грань веков» (1982, переработана и дополнена в 1992), «Последний летописец» (1983, о Н.М. Карамзине), «Быть может, за хребтом Кавказа...» (опубл. в 1990) и др. – воссоздана полит. и духовная атмосфера эпохи. Публицистика.

Э́ЙДОС (греч. éidos – вид, образ), термин др.-греч. философии и лит-ры, первоначально (как и «идея») означал «видимое», «то, что видно», «наружность» (Гомер), затем – конкретную, видимую сущность (Парменид), субстанциальную идею (Платон), форму (Аристотель); в *феноменологии* Э. Гуссерля – сущность в отличие от факта.

Э́ЙЗЕН Артур Артурович (р. 1927), певец (бас). С 1956 в Большом т-ре. Обладает голосом мягкого густого тембра, даром сценич. перевоплощения. Создал выразит. образы: Иван Хованский («Хованщина» М.П. Мусоргского), Лепорелло («Каменный

792 ЭЙЗЕ

С.М. Эйзенштейн. Кадр из фильма «Броненосец "Потёмкин"».

гость) А.С. Даргомыжского), Мефистофель («Фауст» Ш. Гуно).

ЭЙЗЕНШТЕЙН Сер. Мих. (1898–1948), кинорежиссёр, теоретик кино, педагог. Учился у В.Э. Мейерхольда. В своих театр. постановках разрабатывал новые принципы организации драм. действия, сближавшие сценич. иск-во с цирком и эстрадой. Поиски совр. кинематографич. языка – открытие новых возможностей монтажа, ритма, крупного плана, ракурса – были осуществлены в снятой на «Мосфильме» серии ист.-рев. картин: «Стачка» (1925), «Броненосец "Потёмкин"» (1925), «Октябрь» (1927, совм. с Г.В. Александровым). Э. добивался синтеза действия и изображения, слова и музыки. Для его стиля характерны метафоричность, экспрессия, тяга к символич. образности. В 30-х гг. работы Э. неоднократно подвергались офиц. идеологич. критике. После патриотич. картины «Александр Невский» (1938) Э. поставил «Иван Грозный» (1945, 2-я серия выпущена в 1958, 3-я не была закончена). Ист. концепция, предложенная Э., входила в противоречие с офиц. трактовкой личности Ивана Грозного тех лет. Свой творч. опыт Э. осмыслил в ряде теоретич. работ.

ЭЙКМАН (Eijkman) Христиан (1858–1930), нидерл. врач. В 1886–1898 в Индонезии. Установил, что витаминная недостаточность – причина ряда заболеваний. Открыл витамин B_1. Ноб. пр. (1929).

ЭЙКУМЕ́НА, см. *Ойкумена*.

ЭЙЛЕР (Euler) Леонард (1707–83), математик, механик, физик и астроном. По происхождению швейцарец. В 1726 был приглашён в Петерб. АН и переехал в 1727 в Россию.

Л. Эйлер.

В 1741–66 работал в Берлине. Автор св. 800 работ по матем. анализу, дифференциальной геометрии, теории чисел, приближённым вычислениям, небесной механике, матем. физике, оптике, баллистике, кораблестроению, теории музыки и др., оказавших значит. влияние на развитие науки.

ЭЙНШТЕ́ЙН (Einstein) Альберт (1879–1955), физик-теоретик, один из создателей теории относительности, изменившей классич. представления о пространстве, времени и материи. В 1905 создал спец. теорию относительности, описывающую движение материальных тел со скоростями, близкими к *скорости света* в вакууме. Открыл взаимосвязь *массы покоя тел* и *энергии*. В 1907–16 создал общую теорию относительности – совр. теорию *тяготения*. Э.- автор основополагающих работ по квантовой теории света: он ввёл понятие *фотона*, установил законы *фотоэффекта*, осн. закон фотохимии (закон Э.), предсказал индуцированное излучение. Развил статистич. теорию *броуновского движения*, заложив основу теории *флуктуаций*, создал квантовую статистику Бозе – Э. С 1933 работал над проблемами *космологии* и *единой теории поля*. В 30-х гг. выступил против фашизма, эмигрировал из фаш. Германии, отказался от нем. подданства. С 1933 – в США. В 1940 подписал письмо к президенту США об опасности и возможности создания атомной бомбы в Германии, к-рое стимулировало амер. ядерные исследования. Выступал против применения ядерного оружия. Один из инициаторов создания гос-ва Израиль. Ноб. пр. (1921).

А. Эйнштейн.

ЭЙНШТЕ́ЙНИЙ (Einsteinium), Es, искусств. радиоактивный хим. элемент III гр. периодич. системы, ат.н. 99; относится к *актиноидам*; металл. Выделен амер. физиками из Беркли в 1952.

ЭЙРИК РА́УДИ (Eirikr Rauði) (Эйрик Рыжий, Эйрик Торвальдсон) (ок. 950 – ок. 1002), норманнский мореплаватель. Изгнанный за убийство неск. человек из Норвегии и Исландии в 981–983 обследовал часть восточного, южное и 2400 км зап. побережья суши, названного им Гренландией, положил начало открытию Канадского Арктич. арх., плавал в м. Баффина, став первооткрывателем В. Арктики. В 986 привёл к берегам Гренландии кр. флотилию с колонистами, расселившимися в указанных Э.Р. пунктах.

ЭЙСЕ́БИО (Eusebio) Феррейра да Силва (р. 1942), португальский футболист. Нападающий команды «Бенфика» (Лиссабон); обладатель Кубка Европейских чемпионов (1962). Признан лучшим футболистом (1965) и бомбардиром (1968) Европы.

ЭЙТАНА́ЗИЯ (эвтаназия, эутаназия) (от греч. éu – хорошо и thánatos – смерть), намеренное ускорение смерти или умерщвление неизлечимого больного с целью прекращения его страданий. Вопрос о допустимости Э. остаётся дискуссионным.

ЭЙФЕЛЕВА БА́ШНЯ, стальная башня (выс. 300 м, сторона квадрата основания 123 м, масса 9 тыс. т), сооружена по проекту франц. инженера А.Г. Эйфеля в Париже для Всемирной выставки 1889 как символ достижений техники 19 в. Используется как обзорная и радиотелевиз. башня.

ЭЙФМАН Бор. Як. (р. 1946), артист балета, балетмейстер. В 1970–77 ставил балеты в Ленингр. хореогр. уч-ще. С 1977 худ. рук. ленингр. Нового балета (с 1978 под разными назв.; с 1991 С.-Петерб. т-р балета). Пост.: «Идиот» на музыку П.И. Чайковского (1980, по Ф.М. Достоевскому), «Подпоручик Ромашов» на музыку В.А. Гаврилина (1985, по А.И. Куприну) и др. Создаёт самобытные пластич. решения спектаклей, в основе к-рых лит. произведения, синтезируют в постановках разл. средства совр. хореогр. иск-ва.

ЭЙФОРИ́Я (греч. euphoría), состояние приподнятого настроения, довольства, не соответствующее объективным условиям.

ЭЙХЕНБА́УМ Бор. Мих. (1886–1959), литературовед. В исследованиях интерес к проблемам поэтики, лит. борьбы в России (ранние работы о М.Ю. Лермонтове и Н.В. Гоголе) сочетается с филос.-ист. и социальным анализом (труды о Л.Н. Толстом).

ЭЙЮБИ́ДЫ, см. *Айюбиды*.

ЭЙЯ, см. *Энки*.

ЭКВАДО́Р (Республика Эквадор), гос-во на С.-З. Юж. Америки, омывается Тихим ок. Пл. 283,6 т. км². Нас. 11 млн. ч., гл. обр. эквадорцы (преим. испано-индейские метисы), а также индейские народы (в осн. кечуа). Офиц. яз. – испанский. Верующие гл. обр. католики. Глава гос-ва и пр-ва – президент. Законодат. орган – Нац. конгресс. Столица – Кито. Адм.-терр. деление: 21 провинция. Ден. единица – сукре.

ЭКВАДОР
1:15 000 000

На З., вдоль побережья Тихого ок., – низменности и предгорья Анд, в центре – Анды (выс. до 6267 м; потухший вулкан Чимборасо), на В. – предгорн. равнины. Климат экв., горно-экв., на Ю. субэкв. Ср.-мес. темп-ры в Кито ок. 13 °C, на Ю. 23–27 °C; осадков в год от 100 мм на Ю. до 6000 мм на вост. склонах Анд. Б.ч. равнин и склонов гор покрыты влажными экв. лесами (св. 38% терр.).

В 15 в. завоёван инками, в 16 в. – исп. конкистадорами. Исп. господство на терр. Э. в 1822 было свергнуто. До 1830 в составе Великой Колумбии. С 1830 самостоят. респ. Э. В результате вооруж. конфликта с Перу, в к-рый Э. был втянут в 1941, Э. уступил Перу ок. 40% своей терр. Попытка през. Х.М. Веласко Ибарра (избирался президентом 5 раз с 1934) путём проведения реформ преодолеть отсталость страны окончилась неудачей. В 1972 он был свергнут воен. хунтой. В 1979 принята новая конституция.

Э. – агр.-индустр. страна, поставщик нефти (добыча ок. 15 млн. т в год; ок. 40% стоимости экспорта), нефтепродуктов и продукции с. х-ва на мировой рынок. ВНП на душ. нас. 1070 долл. в год. Гл. с.-х. культуры: бананы (сбор 3,5 млн. т в год; Э. – один из крупнейших в мире производителей и экспортёров), кофе, какао, а также сах. тростник, хлопчатник, цитрусовые. Жив-во даёт ок. 1/5 стоимости с.-х. продукции: скот-во, разведение овец, коз, лам, птицы. Заготовки бальсовой древесины, сбор орехов тагуа, сока гевеи. Рыб-во, лов на экспорт креветок, лангустов. Пр-тия пищевкус. (сах., рыбконс., маслоб.), текст., швейной, цем., хим., целл.-бум. пром-сти.

ЭКВАЛА́ЙЗЕР (англ. equalizer, от equalize – уравнивать) (темброблок), радиоэлектронное устройство, позволяющее регулировать в разл. частотных диапазонах амплитуду звуковых колебаний (корректировать тембр звучания) при воспроизведении или записи звуковых программ. Обычно входит в состав стереофонич. комплексов.

ЭКВА́ТОР (от позднелат. aequator – уравнитель) (геогр.), линия сечения земной поверхности плоскостью, проходящей через центр Земли, перпендикулярно оси её вращения. Разделяет Сев. и Юж. полушария. Начало отсчёта геогр. широты. Длина Э. 40 075 696 км.

ЭКВАТОРИА́ЛЬНАЯ ГВИНЕ́Я (Республика Экваториальная Гвинея), гос-во в Экв. Африке и на о-вах

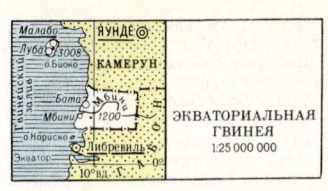

(Биоко, Аннобон и др.), омывается Атлантич. ок. Пл. 28,1 т. км². Нас. 426 т.ч.; фанг, бубе и др. Офиц. яз.— испанский. Верующие — христиане. Глава гос-ва — президент. Законодат. орган — Палата представителей. Столица — Малабо. Адм.-терр. деление: 2 провинции. Ден. единица — франк КФА.

Поверхность — нагорье, вдоль побережья — низменная полоса. Климат экв. Ср.-мес. темп-ры от 24 до 28 °C; осадков ок. 2000 мм в год. Гл. река — Мбини. Влажные экв. леса.

С 1778 владение Испании под назв. Исп. Гвинея. С 1968 Исп. Гвинея провозглашена независимым гос-вом под назв. Э.Г. В 1969 в стране был установлен террористич. режим (свергнут в 1979). С 1979 власть у Высш. воен. совета (распущен в 1982). В 1991 одобрена новая конституция. С янв. 1992 введена многопарт. система.

Э.Г.— агр. страна. ВНП на д. нас. 330 долл. в год. Гл. экспортная культура — какао (св. 40% стоимости); выращивают также кофе, масличную и кокосовую пальму, бананы. Лесозаготовки (древесина составляет ок. 20% стоимости экспорта). Переработка с.-х. сырья, в осн. пищевая. В стране имеет ся в Зап. Европе, Центр. и Юж. Америке, на Украине.

ЭКВАТОРИАЛЬНАЯ (НЕГРО-АВСТРАЛОИДНАЯ) РАСА, одна из больших рас человека. Характерны курчавые или волнистые волосы, тёмный цвет кожи, волос и глаз, широкие губы, толстый нос и др. Распространена в Тропич. и Юж. Африке, Юж. и Юго-Вост. Азии, Океании, Австралии.

ЭКВИ... (от лат. aequus — равный), часть сложных слов, означающая: равнозначность, равноценность (напр., эквипотенциальный).

ЭКВИВАЛЕ́НТ (от позднелат. aequivalens — равнозначный, равноценный), предмет или определ. мера чего-либо, равноценные, равнозначные или соответствующие в к.-л. отношении другим и могущие служить им выражением или заменой.

ЭКВИВАЛЕ́НТНАЯ ДО́ЗА, см. в ст. *Доза излучения.*

ЭКВИЛИБРИ́СТИКА (от лат. aequilibris — находящийся в равновесии), жанр циркового иск-ва. Артист демонстрирует умение удерживать равновесие при неустойчивом положении тела (на канате, шаре и др.), в движении или статике. Часто сочетается с акробатикой, жонглированием. Среди известных рус. эквилибристов — сёстры Кох, Волжанские.

ЭКЗА́РХ (греч. éxarchos — начальник, глава), 1) в Др. Греции — глава жрецов, состоящих при храме. 2) В Визант. империи — правитель области (диоцеза), отвоёванной у варваров. 3) В Византии (до 7 в.) — епископ, управляющий церковью в диоцезе. 4) В совр. православии — глава экзархата.

ЭКЗАРХА́Т (от греч. éxarchos), 1) воен.-адм. единица в Византии кон. 6—7 вв. 2) В правосл. церквах церк. округ, иногда объединяющий неск. епархий, пользующийся определ. самостоятельностью. Рус. правосл. церковь имеет Э. в Зап. Европе, Центр. и Юж. Америке, на Украине.

ЭКЗЕГЕ́ТИКА (от греч. exēgētikós — разъясняющий), то же, что *герменевтика.*

ЭКЗЕ́МА (от греч. ékzema — высыпание на коже), хронич. незаразное заболевание кожи, возникающее при нарушении обмена в-в, функций нерв. системы и желёз внутр. секреции, при повышенной чувствительности организма к внеш. раздражителям. При обострениях характерны зуд и разнообразная сыпь (пятна, узелки, пузырьки и др.) на любых участках кожи.

ЭКЗИСТЕНЦИАЛИ́ЗМ (от позднелат. exsistentia — существование) (философия существования), направление философии, возникшее в нач. 20 в. в России, после 1-й мир. войны в Германии, в период 2-й мир. войны во Франции, а после войны в др. странах. Идейные истоки — учение С. Кьеркегора, философия жизни, феноменология. Различают религ. (К. Ясперс, Г. Марсель, Н.А. Бердяев, Л. Шестов, М. Бубер) и атеистич. (М. Хайдеггер, Ж.П. Сартр, А. Камю) Э. Центр. понятие — экзистенция (человеческое существование), осн. модусы (проявления) человеческого существования — забота, страх, решимость, совесть; человек прозревает экзистенцию как корень своего существа в пограничных ситуациях (борьба, страдание, смерть). Постигая себя как экзистенцию, человек обретает свободу, к-рая есть выбор самого себя, своей сущности, налагающий на него ответственность за всё происходящее в мире. Оказал значит. влияние на лит-ру и иск-во Запада.

ЭКЗО... (от греч. éxo — вне, снаружи), часть сложных слов, означающая: внешний, наружный, указывающая на связь с внеш. средой (напр., экзосфера).

ЭКЗОГА́МИЯ (от *экзо...* и греч. gámos — брак), запрет браков в пределах одного коллектива. Возникла как Э. рода, обычно сочеталась с *эндогамией* племени.

ЭКЗОГЕ́ННЫЙ (от *экзо...* и *...ген*), внешнего происхождения; в медицине — происходящий от причин, лежащих вне организма. Ср. *Эндогенный.*

ЭКЗОТЕРИ́ЧЕСКИЙ (греч. exōterikós — внешний), понятный всем, предназначенный и для непосвящённых, не составляющий тайны. Ср. *Эзотерический.*

ЭКЗО́ТИКА (от греч. exōtikós — чужой, иноземный), причудливые, необычайные особенности (природы, обычаев, иск-ва и пр.) отдалённых стран.

ЭКИБАСТУ́ЗСКИЙ У́ГОЛЬНЫЙ БАССЕ́ЙН, в Казахстане. Открыт в 1876, пром. освоение с 1948. Пл. 155 км². Запасы 8,7 млрд. т. Разрез содержит 3 пром. угольных пласта на глуб. до 700 м. Угли каменные, высокозольные, труднообогатимые. Добыча открытым способом, центр — г. Экибастуз.

ЭКЛАМПСИ́Я (от греч. éklampsis — вспышка), поздний *токсикоз беременных.* Осн. симптом — судороги мышц всего тела с потерей сознания. Опасна для жизни матери и плода. Профилактика заключается в соблюдении диеты, систематич. посещении жен. консультации, своеврем. выявлении и лечении в акушерском стационаре водянки и нефропатии беременных.

ЭКЛЕКТИ́ЗМ (эклектика) (от греч. eklektikós — выбирающий), механич. соединение разнородных, часто противоположных принципов, взглядов, теорий, худ. элементов и т.п. В архитектуре и изобр. иск-ве — сочетание разнородных стилевых элементов или произвольный выбор стилистич. оформления для зданий или худ. изделий, имеющих качественно иные смысл и назначение (использование ист. стилей в архитектуре и худ. пром-сти 19 в.).

Э́КО (Eco) Умберто (р. 1932), итал. историк культуры, семиотик, писатель. Книги по истории культуры средневековья, проблемам худ. творчества, *семиотики* («Эстетическая проблематика у Фомы Аквинского», 1956; «Поэтика Джойса», 1966; «Трактат по общей семантике», 1975; «Семиотика и философия языка», 1984). Сб. эссе «Путешествие в гиперреальность» (1986). В прозе — сочетание сложной семиотич. игры, основанной на многозначности и ист. изменчивости ключевых понятий человеческого опыта, и актуальной этич. проблематики (напр., исследуется синдром фанатизма, подозрительности, насилия) с динамичным сюжетом на пересечении ист. и совр. реалий, близким к детективу (ром. «Имя Розы», 1980; из истории бенедиктинского монастыря 14 в.) и триллеру (ром. «Маятник Фуко», 1988; о совр. исследователях истории рыцарского ордена тамплиеров).

ЭКОЛОГИ́ЧЕСКАЯ НИ́ША, совокупность всех факторов среды, в пределах к-рых возможно существование того или иного вида организмов. Э.н.— это не столько место обитания вида, сколько его положение в сообществе др. организмов, обеспечивающее миним. конкуренцию с др. видами за источники существования.

ЭКОЛО́ГИЯ (от греч. óikos — дом, жилище, местопребывание и *логия*), наука об отношениях организмов и их сообществе между собой и с окружающей средой. Термин «Э.» предложен в 1866 нем. биологом Э. Геккелем. С сер. 20 в. в связи с усилившимся воздействием человека на природу Э. стала науч. основой рационального природопользования и охраны живых организмов, а термин «Э.» приобрёл более широкий смысл. В 70-х гг. 20 в. как междисциплинарная наука формируется Э. человека, или социальная Э., изучающая взаимодействие общества и природы с целью сохранения окружающей природной среды в пригодном для жизни состоянии и включающая наряду с биологическими разл. филос., социол., экон., геогр. и др. аспекты (напр., Э. города, техн. Э., экологич. этика и др.). В широком смысле Э. часто рассматривают как науч. основу стратегии выживания человечества.

ЭКОНОМЕ́ТРИЯ (эконометрика), наука, изучающая конкретные количеств. взаимосвязи экон. объектов и процессов с помощью матем. и статистич. методов и моделей. Возникла в нач. 20 в., термин введён норв. учёным Р. Фришем.

ЭКОНО́МИКА (от греч. oikonomikē, букв.— искусство ведения домашнего хозяйства), 1) совокупность обществ. отношений в сфере произ-ва, обмена и распределения продукции. 2) Нар. х-во данной страны или его часть (Э. транспорта, Э. с. х-ва и др.). 3) Экон. наука, изучающая ту или иную отрасль х-ва, х-во региона (Э. пром-сти, Э. торговли и др.).

ЭКОНО́МИКС (англ. economics), отрасль экон. науки, раскрывающей на макро- и микроуровнях законы бизнеса, методы хозяйствования, экон. политики и т.п.

ЭКОНОМИ́ЧЕСКАЯ ГЕОГРА́ФИЯ, раздел социально-экон. географии, наука о терр. орг-ции об-

Экваториальная Гвинея. Бегемоты в р. Мбини.

794 ЭКОН

ществ. произ-ва, особенностях формирования терр.-экон. структуры х-ва разл. стран и р-нов. Подразделяется на общую Э.г., отраслевую (география пром-сти, с. х-ва, транспорта и др.), региональную Э.г. и географию мирового х-ва. Термин введён М.В. Ломоносовым в 1760. Сформировалась к сер. 20 в.

ЭКОНОМИЧЕСКАЯ ЭФФЕКТИВНОСТЬ, результативность произ-ва, соотношение между результатами и затратами хоз. деятельности. Важный показатель Э.э.— производительность труда. В масштабах общества показатель Э.э.— доля нац. дохода в ВВП и ВНП.

ЭКОНОМИЧЕСКИ АКТИВНОЕ НАСЕЛЕНИЕ, часть населения, занятая общественно полезной деятельностью, приносящей доход. Статистика ООН включает в Э.а.н. также и безработных. В междунар. статистике доля муж. Э.а.н., занятого в с. х-ве, служит показателем, по к-рому страны делятся на индустриальные (менее 35%), полуиндустриальные (35—59%) и аграрные (60% и более).

ЭКОНОМИЧЕСКИЕ НАУКИ, включают *политическую экономию, экономикс,* историю нар. х-ва, историю экон. мысли, экон. статистику, финансы и кредит, экономику труда, экономику отраслей х-ва, региональную экономику и др.

ЭКОНОМИЧЕСКИЙ И СОЦИАЛЬНЫЙ СОВЕТ ООН (ЭКОСОС), один из гл. органов ООН, в задачи к-рого входит создание необходимых условий для междунар. экон. и социального сотрудничества. Координирует деятельность *специализированных учреждений ООН.* Имеет региональные комиссии: Африки; Азии и Тихого ок.; Европы; Лат. Америки и Карибского басс.; Зап. Азии.

ЭКОСЕЗ (от франц. danse écossaise — шотл. танец), старинный шотл. нар. танец 3-дольного размера. Позднее в Европе — бальный танец 2-дольного размера (разновидность *контрданса),* популярный в 1-й трети 19 в. Инстр. пьеса у Л. Бетховена, Ф. Шуберта.

ЭКОСИСТЕМА (от греч. óikos — жилище, местопребывание и *система),* единый природный комплекс, образованный живыми организмами и средой их обитания (атмосфера, почва, водоём и т.п.), в к-ром они связаны между собой обменом в-ва и энергии. Понятие Э. применяется к природным объектам разл. сложности и размеров (океан или небольшой пруд, тайга или участок берёзовой рощи).

ЭКС... (от лат. ex — из, от), часть сложных слов: 1) означающая движение, выход, извлечение наружу (напр., эксгумация); 2) соответствующая по значению слову «бывший» (напр., экс-чемпион).

ЭКСГУМАЦИЯ (ср.-лат. exhumatio, от лат. ex — из и humus — земля, почва), извлечение трупа из места захоронения при необходимости его осмотра, проведения экспертизы в ходе расследования уголов. дела.

ЭКСКАВАТОР (англ. excavator, от лат. excavo — долблю, выдалбливаю), самоходная выемочно-погрузочная машина для добычи полезных ископаемых при открытой разработке м-ний, погрузки и разгрузки сыпучих и кусковых материалов, для земляных работ на колёсном, гусеничном, рельсовом и шагающем ходу. Вместимость одноковшовых Э. до 160 м³, производительность многоковшовых Э. 15000 м³/ч.

ЭКСКЛЮЗИВНЫЙ (англ. exclusive), исключительный; распространяемый на определ. круг лиц, предметов (напр., Э. интервью — предоставляемое к.-л. одному журналисту, печатному органу и т.п.).

ЭКСЛИБРИС (от лат. ex libris — из книг), книжный знак, ярлык, указывающий на принадлежность книги к.-л. владельцу. Различают суперэкслибрис, оттиснутый на переплёте или корешке книги, и бумажный Э., помещённый на внутр. стороне переплёта. Э. появились с началом книгопечатания (15 в.).

Экслибрис А.А. Сидорова. Художник А.И. Кравченко. Гравюра на дереве. 1921.

ЭКСПАНСИВНОСТЬ (от франц. expansif — порывистый, несдержанный), резкое, бурное проявление чувств.

ЭКСПАНСИЯ (от лат. expansio — распространение, расширение сферы господства, влияния, распространения чего-либо за первонач. пределы (напр., территор., экон., полит. Э.).

ЭКСПЕРИМЕНТ (от лат. experimentum — проба, опыт), метод познания, при помощи к-рого в контролируемых и управляемых условиях исследуются явления природы и общества. Нередко гл. задачей Э. служит проверка гипотез и предсказаний теории (т.н. решающий Э.).

ЭКСПЕРТИЗА (франц. expertise, от лат. expertus — опытный), исследование экспертом (специалистом) к.-л. вопросов, решение к-рых требует спец. познаний в области науки, техники, иск-ва и др. Наиб. часто проводятся Э. экон., бухгалтерские, врачебно-трудовые, судебные. Заключение суд. Э. рассматривается как одно из доказательств по делу.

ЭКСПЛИЦИТНЫЙ (англ. explicit), явно, открыто выраженный.

ЭКСПЛУАТАЦИЯ (от франц. exploitation — использование, извлечение выгоды), 1) присвоение результатов чужого неоплаченного труда. 2) Разработка, использование природных богатств. 3) Использование средств труда, транспорта.

ЭКСПОЗИЦИЯ (от лат. expositio — изложение, описание), подбор и размещение экспонатов по определ. принципу (тематич., хронологич. и т.п.) в музеях, на выставках.

ЭКСПОЗИЦИЯ (муз.), 1-й раздел *сонатной формы,* в к-ром излагаются осн. темы; 1-я часть *фуги,* в к-рой тема проводится во всех голосах.

ЭКСПОЗИЦИЯ (фотогр.) (количество освещения), физ. величина, служащая для количеств. оценки воздействия оптич. излучения на светочувствит. слои фотоматериалов; равна произведению освещённости фотоматериала (в лк) на время его освещения (в с).

ЭКСПОНОМЕТРИЧЕСКОЕ УСТРОЙСТВО, *фотоэлектрический экспонометр,* конструктивно объединённый с соотв. механизмами фотогр. или киносъёмочного аппарата для автоматич. или полуавтоматич. установки диафрагмы и (или) выдержки при фото- и киносъёмке.

ЭКСПОРТ (от лат. exporto — вывожу), вывоз товаров или капиталов за границу.

ЭКСПРЕСС (англ. express), поезд, судно, автобус, идущие с повышенной по сравнению с обычной скоростью. Используется, как правило, для перевозок на дальние расстояния.

ЭКСПРЕССИОНИЗМ (от лат. expressio — выражение), направление в лит-ре и иск-ве 1-й четв. 20 в., провозгласившее единств. реальностью субъективный духовный мир человека, а его выражение — гл. целью иск-ва. Стремление к «экспрессии», обострённому самовыражению, напряжённости эмоций, гротескной изломанности, иррациональности образов наиб. ярко проявилось в культуре Германии и Австрии (писатели Г. Кайзер, В. Газенклевер, художники Э. Нольде, Э.Л. Кирхнер, Ф. Марк, Э. Барлах и др. в Германии, художники О. Кокошка, М. Бекман и др., композитор А. Шёнберг в Австрии, нем. кинорежиссёры Ф.В. Мурнау, Р. Вине и др.).

Экспрессионизм. М. Бекман. «Ночь». 1918—19. Галерея Г. Франке. Мюнхен.

ЭКСПРЕССИЯ, выразительность; яркое, значит. проявление чувств, настроений, мыслей.

ЭКСПРОМТ (от лат. expromtus — готовый), 1) небольшое стихотворение (чаще всего — мадригал, эпиграмма, шутка), короткая речь (напр., тост), остроумный ответ, созданные импровизационно, без предварит. подготовки, в момент произнесения. 2) Небольшая, гл. обр. фп., пьеса импровизац. характера (Ф. Шуберт, Ф. Шопен, Ф. Лист).

ЭКСПРОПРИАЦИЯ (от ср.-век. лат. expropriatio — лишение собственности), принудит. (безвозмездное или оплачиваемое) изъятие собственности.

ЭКССУДАТ (от лат. exsudo — выпотеваю, выделяю), воспалит. выпот — серозная, гнойная, кровянистая или с нитями фибрина жидкость, просачивающаяся из мелких кровеносных сосудов в ткани или полости тела при воспалении (напр., при экссудативном плеврите).

ЭКСТАЗ (от греч. ékstasis — исступление, восхищение), высшая степень восторга, воодушевления, иногда на грани исступления.

ЭКСТЕНСИВНЫЙ (от позднелат. extensivus — расширительный, растяжимый), связанный с количеств. увеличением, распространением (напр., Э. земледелие); противоположный *интенсивный.*

ЭКСТЕРРИТОРИАЛЬНОСТЬ (от лат. ex — из и territorialis — относящийся к данной территории), подчинение граждан, юрид. лиц, дипл. представителей на терр. иностр. гос-ва законам своего гос-ва и их полный *иммунитет* от юрисдикции гос-ва пребывания. Использовался для обозначения статуса граждан и юрид. лиц *метрополии* в колониях. В совр. междунар. праве термин «Э.» практически не применяется.

ЭКСТРА... (от лат. extra — сверх, вне), часть сложных слов, означающая: сверх, вне, дополнительно (напр., экстраординарный).

ЭКСТРАВАГАНТНЫЙ (франц. extravagant), необычайный, причудливый, не соответствующий общепринятым обычаям, нормам, моде.

ЭКСТРАВЕРТИВНЫЙ (от *экстра...* и лат. verto — поворачиваю, обращаю), обращённый вовне; психол. характеристика личности, направленной на внеш. мир. Экстравертам свойственны общительность, инициативность, гибкость поведения, социальная адаптированность. См. также *Интровертивный.*

ЭКСТРАГИРОВАНИЕ (выщелачивание; от лат. extraho — вытягиваю, извлекаю), извлечение одного или неск. компонентов из тв. тела в жидкую фазу с помощью избират. растворителя (экстрагента). Используют для выделения соединений редких металлов, урана, серы и др. из руд, органич. соединений из растит. сырья и т.д.

ЭКСТРАДИЦИЯ, см. *Выдача преступников.*

ЭКСТРАКЦИЯ жидкостная (от позднелат. extractio — извлечение), извлечение одного или неск. компонентов р-ра из одной жидкой фазы в контактирующую и не смешивающуюся с ней др. жидкую фазу, содержащую избират. растворитель (экстрагент). Используют для разделения и концентрирования растворённых в-в.

ЭКСТРАОРДИНАРНЫЙ (лат. extraordinarius, от *экстра...* и ordo — ряд, порядок), 1) чрезвычайный, исключительный, из ряда вон выходящий. 2) (Устар.) в обозначении гл. обр. учёных должностей — сверхштатный, в противоположность ординарному (штатному).

ЭКСТРАПОЛЯЦИЯ (от *экстра...* и лат. polio — приглаживаю, изменяю), распространение выводов, полученных при изучении одной части явления, процесса, на другую часть, на будущее и т.п. Ср. *Интерполяция.*

ЭКСТРАСЕНС (от *экстра...* и сенсорный), термин, употребляемый для обозначения человека, обладающего способностями сверхчувств. (экстрасенсорного) восприятия или воздействия. См. *Парапсихология.*

ЭКСТРАСИСТОЛИ́Я (от экстра... и систола), аритмия сердца, характеризующаяся преждевременным его сокращением, за к-рым б.ч. следует удлинённая (компенсаторная) пауза, что создаёт ощущение «перебоя».

ЭКСТРЕМИ́ЗМ (от лат. extremus – крайний), приверженность в политике и идеологии к крайним взглядам и действиям. Э.– характерная черта радикальных партий, групп, движений с разл. социально-полит. ориентациями (анархизм, фашизм, коммунизм, шовинизм, религ. фундаментализм и др.). В полит. жизни Э. находит выражение в насильств. действиях, направленных на дестабилизацию и разрушение сложившихся обществ. структур и институтов (организация беспорядков, террористич. акции и т.п.).

ЭКСТРЕ́МУМ (от лат. extremum – крайнее), общее название максимума и минимума.

ЭКСЦЕ́НТРИКА в цирке, театре, кино, на эстраде, заострённо-комедийное и пародийное изображение действительности, выявляющее алогизм и нелепость «нормального», обыденного. В результате нарушения последовательности и взаимосвязи привычных действий, наделения предметов несвойственными им функциями, буквального овеществления метафор и т.д. жизненные явления предстают в новом свете, получают неожиданное переосмысление. Для цирка и эстрады использование приёмов Э. традиционно. Цирковой жанр муз. Э.– исполнение мелодий на необычных инстр-тах, бытовых предметах (пилах, бутылках и др.). В 1920-х гг. в СССР режиссёры-экспериментаторы (организаторы Фабрики эксцентрич. актёра – ФЭКС – Г.М. Козинцев и Л.З. Трауберг, а также В.Э. Мейерхольд, С.М. Эйзенштейн и др.), стремившиеся сблизить т-р и кино с наиб. демократичным зрелищным иск-вом – цирком, стали привносить элементы Э. в драм. спектакли и фильмы.

ЭКСЦЕНТРИ́ЧНЫЙ, странный, с причудами, необычный, из ряда вон выходящий (напр., Э. поступок).

ЭКСЦЕ́СС (от лат. excessus – выход), 1) крайнее проявление чего-либо; излишество (невоздержанность). 2) Нарушение нормального хода чего-либо (напр., обществ. порядка).

ЭКУМЕНИ́ЗМ (от греч. oikuménē – обитаемый мир, вселенная – см. Ойкумена), движение за объединение христ. конфессий, возникшее в нач. 20 в. Координатор движения – Всемирный совет церквей (ВЦЦ; образован в 1948), в к-рый входят представители большинства протестантских и правосл. конфессий (Рус. правосл. церковь – с 1961).

Э́КХАРТ (Eckhart) Иоганн (Майстер Экхарт) (ок. 1260–1327), представитель нем. ср.-век. мистики, близкий к пантеизму; доминиканец, проповедовал на нем. языке. В учении («бездну») как основу Бога и всего бытия. В 1329 папской буллой мн. тезисы Э. объявлены еретическими.

ЭКЮ́ (франц. écu, букв. – щит), старинная франц. монета. С 13 в. до 1653 чеканились Э. золотые (3,3–4,13 г чистого золота), с 1641 по 1793 – серебр. Э. (25–27,8 г). В 1834 изъята из обращения, но в назв. «Э.» сохранялось за 5-франковой монетой.

ЭКЮ́, валютная единица Европейского союза (ЕС). Введена в 1979.

Назв. дано по первым трём буквам англ. термина «европ. валютная единица» (ECU, European Currency Unit). Эмиссия ЭКЮ технически осуществляется в виде записей на спец. счетах центр. банков стран – членов ЕС. ЭКЮ служит базой установления курсовых соотношений между валютами стран-участниц, регулятором отклонений курсов этих валют, средством расчётов и др.

ЭЛА́М, гос-во на терр. Ирана в 3-м тыс.– сер. 6 в. до н.э. Центр – Сузы; расцвет в 13–12 вв. до н.э. Завоёван Мидией, затем Ахеменидами.

ЭЛАСТОМЕ́РЫ, полимеры, обладающие при обычных темп-рах высокоэластичными свойствами, т.е. способные к огромным (до мн. сотен %) обратимым деформациям растяжения. Типичные Э.– каучуки и резина.

ЭЛЕВА́ТОР (от лат. elevator – поднимающий), 1) сооружение для хранения больших партий сыпучих грузов (зерна, цемента и т.д.). 2) Подъёмно-трансп. машина непрерывного действия для перемещения грузов в вертикальном или наклонном направлении. 3) Аппарат в системе отопления для смешения поступающей горячей воды с отработанной.

ЭЛЕВСИ́Н, г. в Греции, около г. Афины. В Др. Греции центр Деметры (см. Мистерии). Остатки святилищ 6 в. до н.э.– 2 в. н.э., некрополь 15–13 вв. до н.э. и др.

ЭЛЕ́ГИЯ (греч. elegéia), 1) жанр лирич. поэзии; в ранней антич. поэзии – стихотворение, написанное элегич. дистихом (двустишием, состоящим из гекзаметра и пентаметра, независимо от содержания; позднее (Каллимах, Овидий) – стихотворение грустного содержания. В новоевроп. поэзии сохраняет устойчивые черты: интимность, мотивы разочарования, несчастливой любви, одиночества, бренности земного бытия, определ. риторичность в изображении эмоций;

классич. жанр сентиментализма, предромантизма и романтизма («Признание» Е.А. Баратынского). 2) Муз. пьеса печального характера, вокальная (Ж. Массне, М.И. Глинка, С.И. Танеев, Н.Я. Мясковский) или инструментальная (Ф. Лист, Э. Григ, П.И. Чайковский, С.В. Рахманинов).

ЭЛЕ́ЙСКАЯ ШКО́ЛА (элеаты) др.-греч. философии (6–5 вв. до н.э.). Гл. представители: Парменид и Зенон из Элеи (греч. колония в Италии; отсюда назв.), Мелисс Самосский. Отводя гл. роль в познании мышлению, Э.ш. противопоставила его чувств. восприятию как текущему и неустойчивому; впервые в истории философии выдвинула идею единого бытия, понимая его как непрерывное, неизменное, присутствующее в любом мельчайшем элементе действительности, исключающее множественность вещей и их движение.

ЭЛЕ́КТРА, в греч. мифологии дочь Агамемнона и Клитемнестры. Одержимая жаждой мести, помогает брату Оресту осуществить возмездие за убийство отца Клитемнестрой и её возлюбленным Эгисфом.

ЭЛЕКТРЕ́ТЫ, диэлектрики, способные длительное время находиться в поляризованном состоянии после снятия внеш. воздействия, вызывающего поляризацию. Первый Э. получен япон. физиком Ёгучи в 1922. Применяются как источники электрич. поля (микрофоны, телефоны, вибродатчики и др.), а также как чувствит. датчики.

ЭЛЕКТРИ́ЧЕСКАЯ ЁМКОСТЬ (C), величина, характеризующая способность проводника удерживать электрич. заряд. Для уединённого проводника $C = Q/\varphi$, где Q – заряд проводника, φ – его потенциал. Э.ё. конденсатора $C = Q/(\varphi_1-\varphi_2)$, где Q – абс. величина заряда одной из обкладок, $\varphi_1 - \varphi_2$ – разность потенциалов между обкладками. Измеряется в системе СГС в см, в СИ в фарадах (Ф). Поскольку 1 Ф очень большая Э.ё. (такой ёмкостью обладал уединённый шар в вакууме с радиусом 9 млн. км), на практике пользуются дольными единицами: микрофарада (10^{-6} Ф) и пикофарада (10^{-12} Ф).

ЭЛЕКТРИ́ЧЕСКАЯ СТА́НЦИЯ (электростанция), предприятие (или электроустановка), вырабатывающее электрич., а в отд. случаях и тепловую (теплоэлектроцентраль) энергию. В зависимости от источника энергии различают тепловые электростанции, гидроэлектростанции, солнечные электростанции, атомные электростанции, ветроэлектрич. станции, геотермальные, приливные.

ЭЛЕКТРИ́ЧЕСКИЙ ГЕНЕРА́ТОР, устройство для преобразования разл. видов энергии (механич., хим., тепловой и др.) в электрическую. Разновидности Э.г.: гидрогенераторы, термоэлектрические генераторы, гальванические элементы и др.

ЭЛЕКТРИ́ЧЕСКИЙ ДВИ́ГАТЕЛЬ (электродвигатель), электрич. машина, преобразующая электрич. энергию в механическую. Осн. вид двигателя в пром-сти, на транспорте, в быту. Различают Э.д. пост. и перем. тока; последние подразделяются на синхронные и асинхронные. Мощность от долей Вт до неск. десятков МВт. Первый Э.д. пост. тока создал Б.С. Якоби в 1838, двухфазный асинхронный Э.д.– Н. Тесла в 1888, трёхфазный – М.О. Доливо-Добровольский в 1889.

ЭЛЕКТРИ́ЧЕСКИЙ ЗАРЯ́Д, источник эл.-магн. поля; величина, определяющая интенсивность эл.-магн. взаимодействия заряженных частиц. В СИ измеряется в кулонах (Кл). Существует 2 вида Э.з. (впервые установлено франц. физиком Ш. Дюфе, 1733–34), условно называемых положительными и отрицательными (знаки «+» и «–» для Э.з. введены амер. учёным Б. Франклином, 1747–54). Одноимённо заряженные тела отталкиваются, а разноимённо заряженные – притягиваются. Заряд наэлектризованной стеклянной палочки назвали положительным, а смоляной (в частности, янтарной) – отрицательным. Э.з. электрона (электрон по-гречески – янтарь) отрицателен. Э.з. дискретен: миним. элементарный Э.з., к-рому кратны все Э.з. частиц,– заряд электрона $e \approx 1{,}6 \cdot 10^{-19}$ Кл. Частицы с дробным Э.з. не наблюдались, однако в теории элементарных частиц рассматриваются т.н. кварки, обладающие Э.з., кратным $e/3$. Полный Э.з. замкнутой физ. системы, равный алгебраич. сумме зарядов слагающих систему элементарных частиц, строго сохраняется во всех взаимодействиях и превращениях частиц системы.

ЭЛЕКТРИ́ЧЕСКИЙ ПРИ́ВОД (электропривод), эл.-механич. устройство для приведения в движение механизмов или машин, в к-ром источником механич. энергии служит электродвигатель. Мощность Э.п. от долей Вт до неск. десятков МВт.

ЭЛЕКТРИ́ЧЕСКИЙ РАЗРЯ́Д В ГА́ЗАХ (газовый разряд), прохождение электрич. тока через газ под действием электрич. поля. Для возникновения и поддержания Э.р. в г. необходимы свободные носители тока – электроны и ионы, к-рые возникают в процессе ионизации. В зависимости от давления, рода газа, плотности тока и т.п. существует много разновидностей Э.р. в г.: тлеющий, дуговой, искровой, коронный, скользящий и т.д. Примеры Э.р. в г. в атмосфере – молния, Эльма огни. Илл. см. на стр. 796.

ЭЛЕКТРИ́ЧЕСКИЙ ТОК, направленное (упорядоченное) движение заряженных частиц: электронов, ионов и др. Характеризуется направлением и силой тока. Условно за направление Э.т. принимают направление, в к-ром движутся положит. заряды.

ЭЛЕКТРИ́ЧЕСКОЕ ПО́ЛЕ, одна из форм электромагнитного поля. Создаётся электрич. зарядами или перем. магн. полем. Характеризуется напряжённостью электрического поля (или электрической индукцией). Напряжённость Э.п. у поверхности Земли ≈ 130 В/м, наиб. сильными крупномасштабными Э.п. обладают пульсары ($\sim 10^{12}$ В/м). Напряжённость внутрикристаллич. Э.п. $\sim 10^{10}$ В/м. Искровой разряд в воздухе (напр., молния) вызывается Э.п. с напряжённостью ок. 3 млн. В/м. Э.п. используется во всех электротехн., радиотехн. и электрофиз. устройствах (электроизмерительных приборах, радиоприёмниках, ускорителях заряженных частиц и т.д.).

ЭЛЕКТРИ́ЧЕСКОЕ СОПРОТИВЛЕ́НИЕ, величина, характеризующая противодействие электрич. цепи (или её участка) электрич. току. (Э.с. наз. также элемент электрич.

Электра. Орест и Электра. Мрамор. 1 в. Национальный музей. Рим.

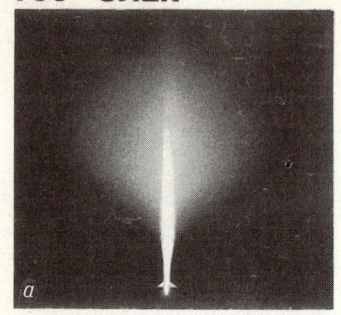

Электрический разряд в газах. Кистеобразные формы коронного разряда в атмосфере (*а, б, в*); примерно такое же свечение, как на рис. *б*, можно наблюдать около высоковольтных проводов.

цепи.) Э.с. обусловлено преобразованием электрич. энергии в др. виды энергии: при необратимом преобразовании (преим. в теплоту) Э.с. наз. активным; Э.с., обусловленное передачей энергии электрич. и магн. полю и обратно, наз. реактивным. Э.с. измеряется в омах. Характеристика в-ва — удельное Э.с. ρ — сопротивление цилиндрич. образца в-ва сечением 1 м² и длиной 1 м, измеряется в Ом·м (используют также величину, обратную Э.с., — электропроводность σ = 1/ρ). По величине ρ все в-ва делятся на проводники с ρ < 10⁻² Ом·м, полупроводники с 10⁻² Ом·м < ρ < 10¹² Ом·м и диэлектрики (изоляторы) с ρ > 10¹² Ом·м. Э.с. нек-рых в-в в сверхпроводящем состоянии равно нулю (см. *Сверхпроводимость*).

ЭЛЕКТРО... (от *электричество*), часть сложных слов, указывающая на отношение к электричеству.

ЭЛЕКТРОВАКУУМНЫЕ ПРИБОРЫ (ЭВП), электронные приборы, в к-рых рабочее пространство освобождено от воздуха и защищено от окружающей атмосферы газонепроницаемой (вакуумно-плотной) оболочкой. Работа основана на взаимодействии потока электронов, испускаемых катодом, с электрич. и магн. полями. Служат для разл. рода преобразований эл.-магн. энергии (генерации, усиления и т.д.). Осн. типы ЭВП: *электронные лампы*, *электронно-лучевые приборы*, *ЭВП СВЧ*, *рентгеновские трубки*; к ЭВП относят также *газоразрядные приборы*.

ЭЛЕКТРОВОЗ, локомотив с электрич. тяговыми двигателями, получающими питание через токоприёмник от контактной сети. Работают на пост. и перем. токе; существуют автономные Э., питающиеся от аккумуляторных батарей. Первый опытный Э. построен в Германии Э.В. Сименсом в 1879; в России — в 1880 (Ф.А. Пироцкий); выпуск и массовая эксплуатация Э. с 1932.

Электровоз (грузовой).

ЭЛЕКТРОД (от *электро...* и греч. hodós — путь), конструктивный элемент электронного или электротехн. прибора (установки, устройства), служащий для гальванич. связи участка электрич. цепи, приходящегося на рабочую среду прибора (вакуум, газ, полупроводник, жидкость), с внеш. цепью. Разновидности Э.: *катод, анод*, сварочный, печной (в дуговых печах) и др.

ЭЛЕКТРОДВИЖУЩАЯ СИЛА (эдс), величина, характеризующая источник энергии в электрич. цепи, необходимый для поддержания в ней электрич. тока. Э. численно равна работе по перемещению единичного положит. заряда вдоль замкнутой цепи. Полная эдс в цепи пост. тока равна разности потенциалов на концах разомкнутой цепи. Эдс индукции создаётся вихревым электрич. полем, порождаемым перем. магн. полем. В СИ измеряется в вольтах.

ЭЛЕКТРОДИНАМИКА классическая, теория неквантовых эл.-магн. процессов, в к-рых осн. роль играют взаимодействия между заряженными частицами в разл. средах и в вакууме. Становлению Э. предшествовали труды Ш. Кулона, Ж. Био, Ф. Савара, Х. Эрстеда, А. Ампера и др. М. Фарадей открыл закон *электромагнитной индукции* и ввёл понятия электрич. и магн. полей как самостоят. субстанций (1831). Обобщив предыдущие открытия и опираясь на фарадеевское понятие о поле, Дж.К. Максвелл в 1864 сформулировал ур-ния для электромагн. поля, к-рые стали общепринятыми после открытия электромагн. волн Г. Герцем (1886—89). Все неквантовые электромагн. явления можно описать с помощью ур-ний Максвелла, к-рые устанавливают связь величин, характеризующих электрич. и магн. поля, с распределением зарядов и токов в среде. В квантовой области явлений (малые пространственно-временные масштабы, высокие энергии) наз. квантовой Э. и является разделом квантовой теории поля. Э. — основа электротехники (в т.ч. электроэнергетики), радиотехники, телевидения, больш-ства средств связи и вычислит. техники.

ЭЛЕКТРОДУГОВАЯ СВАРКА, см. *Дуговая сварка*.

ЭЛЕКТРОКАРДИОГРАФИЯ, метод инстр. диагностики путём регистрации биоэлектрич. потенциалов работающего сердца. Записанная на движущейся бум. ленте или фотогр. плёнке кривая наз. электрокардиограммой (ЭКГ).

ЭЛЕКТРОЛЕЧЕНИЕ (электротерапия), применение с леч. целью электрич. тока, электрич. и магн. полей. К Э. относятся: амплипульстерапия, гальванотерапия, диатермия, УВЧ-терапия и др. методы.

ЭЛЕКТРОЛИЗ, процессы электрохим. окисления — восстановления, происходящие на погружённых в *электролит* электродах при прохождении электрич. тока. Применяется для получения мн. в-в (металлов, водорода, хлора и др.), при нанесении металлич. покрытий (гальваностегия), воспроизведении формы предметов (гальванопластика).

ЭЛЕКТРОЛИТИЧЕСКАЯ ДИССОЦИАЦИЯ, полный или частичный распад растворённого в-ва на ионы в результате взаимодействия с растворителем. Обусловливает электропроводность *электролитов*.

ЭЛЕКТРОЛИТЫ, жидкие и твёрдые в-ва, в к-рых присутствуют ионы, способные перемещаться и проводить электрич. ток. В узком смысле — хим. соединения, к-рые в р-рах распадаются на ионы вследствие электролитич. диссоциации. Э. содержатся во всех жидких средах живых организмов, обеспечивают работу гальванических элементов.

ЭЛЕКТРОМАГНИТ, эл.-техн. устройство, состоящее из ферромагн. сердечника (напр., из эл.-техн. стали) с токопроводящей обмоткой, к-рая при включении в электрич. цепь намагничивает сердечник. Используется для создания магн. поля в электрич. машинах и аппаратах, для подъёма грузов (подъёмные Э.), при проведении разл. рода исследований в магн. поле и в др. целях.

ЭЛЕКТРОМАГНИТНАЯ ИНДУКЦИЯ, возникновение *электродвижущей силы* (эдс индукции) в замкнутом проводящем контуре при изменении магн. потока через площадь, ограниченную этим контуром; электрич. ток, вызванный этой эдс, наз. индукц. током. Явление Э.и. открыто М. Фарадеем в 1831. Направление индукц. тока определяется правилом, установленным рос. учёным Э.Х. Ленцем в 1833; согласно правилу Ленца, индукц. ток направлен так, что создаваемое им магн. поле препятствует изменению магн. потока через контур.

ЭЛЕКТРОМАГНИТНОЕ ВЗАИМОДЕЙСТВИЕ, см. *Взаимодействия фундаментальные*.

ЭЛЕКТРОМАГНИТНОЕ ПОЛЕ, один из видов поля физического. Характеризуется напряжённостями (или индукциями) *электрического поля* и *магнитного поля*. Переменное Э.п. может распространяться в виде электромагн. волн. Э.п. — единый объект, но в статич. случаях может быть представлено в виде двух форм (электрич. и магн. полей) раздельно. Э.п. является гл. объектом *электродинамики*.

ЭЛЕКТРОМАГНИТНЫЕ ВОЛНЫ, электромагнитное поле, распространяющееся в пространстве с конечной скоростью, зависящей от свойств среды. В вакууме скорость распространения Э.в. (скорость света) $c \cong 300\,000$ км/с. Осн. характеристики Э.в. — длина волны λ и частота колебаний ν (в вакууме $\lambda = c/\nu$), поток энергии, скорость распространения, поляризация волн и др. В зависимости от длины волны Э.в. имеют разл. наименования, напр. радиоволны, свет, гамма-излучение. При прохождении Э.в. через среду возможны процессы отражения, преломления, дифракции, интерференции и др. Существование Э.в. было предсказано в 1832 М. Фарадеем, открыты в 1886—89 Г. Герцем.

ЭЛЕКТРОМОБИЛЬ, автомобиль, приводимый в движение одним или неск. электродвигателями, питающимися от аккумуляторных батарей. Достоинства — бездымность; недостатки — малый запас хода, большая масса. Выпускаются в Японии, США, Великобритании и др. странах. Прообраз Э. создан в России в 1899 И. Романовым.

ЭЛЕКТРОМУЗЫКАЛЬНЫЕ ИНСТРУМЕНТЫ, муз. инстр-ты, в к-рых звук образуется в результате генерирования, усиления и преобразования электрич. сигналов (с помощью электронной аппаратуры). Имеют своеобразный *тембр*, могут имитировать разл. инстр-ты. К Э.и. принадлежат *терменвокс*, электрогитары, электроорган и др. Применяются гл. обр. в эстрадной и *рок-музыке*, а также в киномузыке.

ЭЛЕКТРОН (e⁻, e) (от греч. élektron — янтарь; вещество, легко электризующееся при трении), стабильная элементарная частица с отрицат. электрическим зарядом $e = 1,6 \cdot 10^{-19}$ Кл и массой $9 \cdot 10^{-28}$ г. Относится к классу *лептонов*. Открыт англ. физиком Дж.Дж. Томсоном в 1897. Термин «Э.» предложен ирл. физиком Дж. Стони. Э. образует вместе

Электромагнитные волны. Шкала электромагнитных волн (цифрами указаны длины волн в метрах).

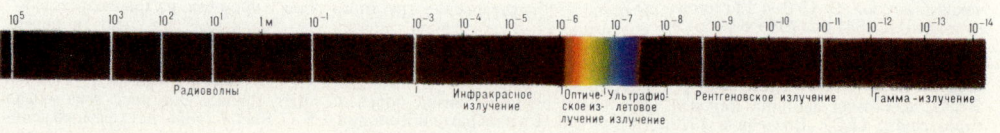

ЭЛЕК 797

с положит. ядрами нейтральные атомы. Электронные оболочки атомов и молекул определяют их физ. и хим. свойства. Э. обусловливают электрич. и тепловые свойства тв. тел. В физике микромира заряд Э. *e* служит единицей заряда: электрич. заряды всех известных элементарных частиц и ядер (кроме *кварков*) кратны *e*.

ЭЛЕКТРОНИКА, наука о взаимодействии заряженных частиц (электронов, ионов) с эл.-магн. полями и методах создания электронных приборов и устройств (вакуумных, газоразрядных, полупроводниковых), используемых в осн. для передачи, хранения и обработки информации. Возникла в нач. 20 в. Первонач. развивалась вакуумная Э.; на её основе были созданы *электровакуумные приборы*. С нач. 50-х гг. интенсивно развивается твердотельная Э. (гл. обр. полупроводниковая); с нач. 60-х гг.— одно из перспективных её направлений — *микроэлектроника*. После создания мол. генератора (1955) началось развитие *квантовой электроники*. Приборы и устройства Э. широко используются в системах связи, в автоматике, вычислит. технике, медицине, быту и т.д.

ЭЛЕКТРОННАЯ ВЁРСТКА, автоматизир. процесс формирования полос печатных изданий с использованием средств вычислит. техники. Широкое распространение получила с 1980-х гг.

ЭЛЕКТРОННАЯ ВЫЧИСЛИТЕЛЬНАЯ МАШИНА (ЭВМ), комплекс техн. (аппаратных) и программных средств для обработки информации, вычислений, автоматич. управления. В состав ЭВМ входят: *процессор*, пульт управления, оперативное *запоминающее устройство*, а также периферийные устройства (запоминающие, ввода-вывода данных и др.). Программные средства ЭВМ (*программное обеспечение ЭВМ*) содержат *операционные системы ЭВМ*, пакеты прикладных программ и программы, обеспечивающие автоматич. функционирование ЭВМ. Переработка информации осуществляется процессором в соответствии с программой, хранящейся в оперативной памяти или задаваемой извне (напр., с пульта управления), состоит из множества типовых операций (действий), выполняемых над электрич. сигналами, представляющими (в кодир. виде) как собственно информацию, так и команды (предписания) программы. Типовые операции реализуются при помощи электронных устройств; механизмы ЭВМ используются гл. обр. в устройствах ввода-вывода информации (напр., при вводе данных с клавиатуры *дисплея*). Результаты обработки информации либо регистрируются на бумаге, либо отображаются на экране дисплея в наиб. удобной для пользователя форме. Важнейшая характеристика ЭВМ — её производительность, т.е. среднестатистич. число команд программы, выполняемых ЭВМ в единицу времени (в 1994 рекордная производительность приближалась к миллиарду операций за 1 с). Первые ЭВМ появились в сер. 40-х гг. 20 в. Обычно выделяют 4 поколения ЭВМ: на электронных лампах (сер. 40-х – нач. 50-х гг.), дискретных полупроводн. приборах (сер. 50-х – 60-е гг.), интегральных схемах (60-х гг.), больших и сверх-больших интегральных схемах (с сер. 60-х гг.). В сер. 80-х гг. появились ЭВМ, эксплуатац. возможности к-рых позволяют отнести их к новому, 5-му поколению ЭВМ. Особую группу составляют *персональные ЭВМ* (ПЭВМ). С сер. 70-х гг. термин «ЭВМ» употребляется гл. обр. как синоним электронных цифровых вычислит. машин. В зарубежной, а с 80-х гг. и в отеч. лит-ре для обозначения ЭВМ применяется термин «*компьютер*». В нач. 90-х гг. в мире насчитывалось неск. десятков млн. ПЭВМ, ок. 1 млн. высокопроизводит. ЭВМ, в т.ч. неск. сотен ЭВМ с рекордной производительностью (суперЭВМ).

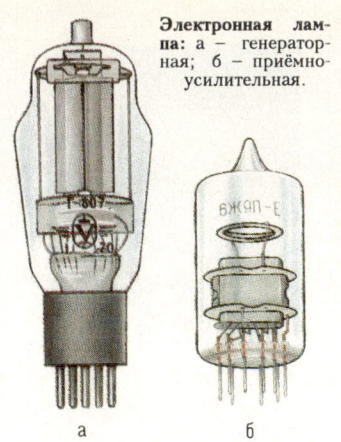

ЭЛЕКТРОННАЯ ЛАМПА, электровакуумный прибор, действие к-рого основано на управлении потоком электронов (движущихся в вакууме) электрич. полем, создаваемым электродами. Э.л. предназначены для усиления, модуляции, детектирования и генерирования электрич. колебаний на частотах до неск. ГГц. По числу электродов делятся на *диоды*, *триоды*, *пентоды* и т.д.; по уровню выходной мощности — на приёмно-усилит. (обычно до 10 Вт) и генераторные (св. 10 Вт) лампы. Первые Э.л.— диоды и триоды, разработанные в нач. 20 в., оказали решающее влияние на развитие в 10–40-х гг. радиосвязи, звукового радиовещания, телевидения, радиолокации и др. К 80-м гг. приёмно-усилит. Э.л. в большей частью заменены *полупроводниковыми приборами*; генераторные Э.л. применяются в радиопередающих и др. устройствах.

ЭЛЕКТРОННАЯ МУЗЫКА, музыка, создаваемая с помощью электронно-акустич. генерирующей, звукозаписывающей и звуковоспроизводящей аппаратуры (в т.ч. синтезаторов). Отличается чрезвычайным многообразием тембровой палитры (включает звучания и шумы, не встречающиеся в естеств. условиях). Как самостоят. муз. направление сложилось в 1950–60-х гг. (среди представителей — К. Штокхаузен, Э. Варез, Э.В. Денисов, А.Г. Шнитке, С.А. Губайдулина, Э.Н. Артемьев). В качестве относительно самостоят. течений муз. включает магнитофонную, или *конкретную музыку*, и *компьютерную музыку*.

ЭЛЕКТРОННАЯ ЭМИССИЯ, испускание электронов тв. телом или жидкостью под действием электрич. поля (автоэлектронная эмиссия), нагрева (термоэлектронная эмиссия), эл.-магн. излучения (фотоэлектронная эмиссия), потока электронов (вторичная электронная эмиссия) и т.д. Используется в разл. электронных приборах: электронных лампах, телевиз. трубках, фотоэлектронных умножителях, электронных СВЧ-приборах (клистронах, магнетронах).

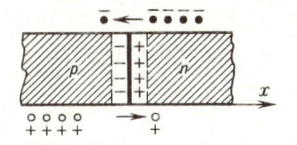

ЭЛЕКТРОННО-ДЫРОЧНЫЙ ПЕРЕХОД (переход *p–n*), переходная область между двумя частями одного кристалла *полупроводника*, одна из к-рых имеет электронную проводимость (*n*), а другая – дырочную (*p*). В области Э.-д.п. возникает электрич. поле, к-рое препятствует переходу электронов из *n*- в *p*-область, а дырок — в обратном направлении, что обеспечивает выпрямляющие свойства Э.-д.п. Является основой мн. *полупроводниковых приборов*.

ЭЛЕКТРОННО-ЛУЧЕВОЙ ПРИБОР (ЭЛП), электровакуумный прибор, в к-ром с помощью управляемого потока электронов, сфокусированного в узкий пучок (электронный луч), осуществляются разл. рода преобразования электрич. или световых сигналов. Наиб. распространение получили ЭЛП, преобразующие электрич. сигналы в видимое изображение (*кинескоп*, осциллографич. и индикаторный ЭЛП), и наоборот — световое изображение в последовательность электрич. сигналов (*передающая телевизионная трубка*). Первые ЭЛП (осциллографич., кинескопы и передающие телевиз. трубки) созд. в нач. 30-х гг. 20 в.

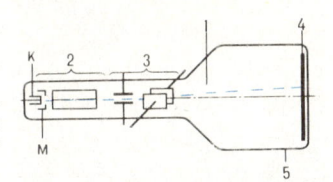

Электронно-лучевой прибор (схема): 1 – электронный пучок; 2 – электронный прожектор, создающий электронный пучок; 3 – отклоняющие пластины; 4 – мишень (экран); 5 – вакуумно-плотный баллон; К – катод (источник электронов); М – управляющий электрод (модулятор).

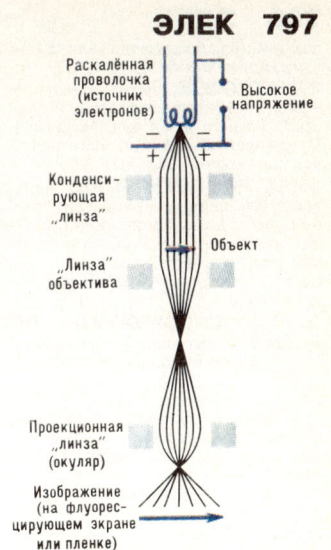

ЭЛЕКТРОННЫЙ МИКРОСКОП, вакуумный электронно-оптич. прибор для наблюдения и фотографирования многократно (до 10^6 раз) увеличенного изображения объектов, полученного с помощью пучков электронов, ускоренных до больших энергий. Разрешающая способность Э.м. в неск. тысяч раз больше, чем у обычного оптич. *микроскопа*; предел разрешения Э.м. составляет ~ 0,01–0,1 нм.

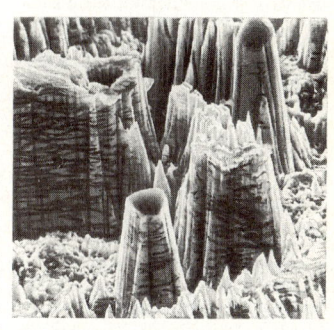

Изображение, полученное с помощью электронного микроскопа, предварительно отполированной, а затем подвергнутой ионной бомбардировке поверхности монокристалла меди (увеличение 3000).

ЭЛЕКТРОННЫЙ ПАРАМАГНИТНЫЙ РЕЗОНАНС (ЭПР), резонансные поглощение эл.-магн. излучения парамагн. в-вом, помещённым в постоянное магн. поле. Обусловлен квантовыми переходами между магн. подуровнями (см. *Зеемана эффект*). Спектры ЭПР наблюдаются гл. обр. в диапазоне СВЧ от 10^9 до 10^{12} Гц. Используется в физике, химии и биологии для изучения систем с нечётным числом электронов: точечных дефектов и центров окраски в тв. телах, атомов (напр., водорода и азота), ионов переходных металлов, сложных органич. молекул, свободных радикалов и др. (CH_3 и др.). Открыт Е.К. Завойским в 1944.

ЭЛЕКТРОПРОВОДНОСТЬ (σ), величина, характеризующая способность в-в проводить электрич. ток. Определяется наличием в них подвижных заряж. частиц (*носителей заряда*) — электронов, ионов и др. Измеряется в (Ом·м)$^{-1}$. Величина $1/\sigma$ наз. уд. электрич. сопротивлением. Наибольшей Э. обладают металлы, сплавы, электролиты и ионизов. газы, называемые проводниками, наименьшей — *диэлектрики*. Промежуточное положение занимают *полупроводники*. Э. нек-рых в-в при низ-

798 ЭЛЕК

ких темп-рах бесконечно велика (см. *Сверхпроводимость*).

ЭЛЕКТРОСО́Н, метод электролечения – воздействие на головной мозг пост. слабого электрич. тока НЧ. Применяют при функц. расстройствах центр. нерв. системы.

ЭЛЕКТРОСТИМУЛЯ́ЦИЯ, метод электролечения – применение импульсов электрич. тока миним. силы для возбуждения или усиления функции того или иного органа (напр., Э. матки с целью активизации родовой деятельности).

ЭЛЕКТРОСУ́ДОРОЖНАЯ ТЕРАПИ́Я (электрошок), метод лечения психически больных (гл. обр. затяжные депрессии, кататония), основанный на вызывании у них судорожного состояния с помощью раздражения головного мозга электрич. током. Леч. эффект Э.т. связывают, в частности, со стимуляцией ряда мозговых биогенных аминов.

ЭЛЕКТРОФО́Н (от *электро...* и *...фон*), эл.-механич. аппарат для электрич. воспроизведения звука с грампластинок. В 40–50-х гг. 20 в. практически полностью вытеснил *граммофон* и его портативный вариант – *патефон*. Осн. узлы: электродвигатель для вращения диска с грампластинкой; *звукосниматель*; усилитель электрич. колебаний звуковых частот; громкоговоритель. Аналогичные эл.-механич. устройства, но без усилителя и громкоговорителя наз. электропроигрывателями или просто проигрывателями. Для громкого воспроизведения звука такое устройство подключают, напр., к радиоприёмнику или к усилителю НЧ в комплекте с громкоговорителем.

ЭЛЕКТРОФОТОГРА́ФИЯ, способ получения фотогр. изображений, основанный на использовании полупроводн. и диэлектрич. светочувствит. слоёв, обладающих способностью изменять свою электропроводность под действием света. Зарождение Э. связано с открытием в 1873 амер. физиком У. Смитом явления фотопроводимости. Наиб. распространённая разновидность Э.– *ксерография*. Э. широко применяется для оперативного копирования док-тов. Обеспечивает высокое качество изображений; производительность электрофотогр. процесса до 100 копий в 1 мин.

ЭЛЕКТРОХИ́МИЯ, изучает системы, содержащие подвижные ионы (в осн. р-ры и расплавы электролитов), а также явления, возникающие на границе двух фаз (гл. обр. металла и р-ра электролита) вследствие переноса электронов и ионов. Э. разрабатывает науч. основы *электролиза*, защиты металлов от *коррозии*, создания *гальванических элементов* и др. Электрохим. процессы играют важную роль в жизнедеятельности организмов. Э. сформировалась в нач. 19 в.; существ. вклад в развитие Э. внесли итал. учёные А. Вольта, Г. Дэви, М. Фарадей, С. Аррениус, амер. химик Л. Онсагер, А.Н. Фрумкин.

ЭЛЕКТРОШО́К, то же, что электросудорожная терапия.

ЭЛЕ́КТРЫ КО́МПЛЕКС, см. в ст. *Эдипов комплекс*.

ЭЛЕМЕ́НТ ХИМИ́ЧЕСКИЙ, совокупность атомов с одинаковым зарядом ядра (одинаковым порядковым, или атомным, номером в *периодической системе химических элементов*). Известно 109 Э.х. (1993); из них 88 обнаружены в природе, остальные получены искусственно. На Земле наиб. распространены O (47% массы земной коры), Si (29,6%), Al (8,8%), Fe (4,65%); в космосе – H и He. Формы существования Э.х. – простые в-ва (напр., для кислорода – O_2 и O_3), число к-рых превышает 500. Каждый Э.х. имеет по неск. *изотопов* (природных или полученных искусственно). В хим. реакциях Э.х. остаются неизменными; могут превращаться друг в друга в ядерных реакциях.

ЭЛЕМЕНТА́РНЫЕ ЧАСТИ́ЦЫ, общее название мельчайших частиц материи на следующем (после ядер) уровне строения материи (субъядерные частицы). К Э.ч. относятся протон (p), нейтрон (n), электрон (e), фотон (γ), нейтрино (ν) и др. и их *античастицы*. Все Э.ч. делятся на 2 группы – адроны и лептоны (кроме фотона). Адроны не удовлетворяют строгому понятию элементарности, т.к., по совр. представлениям, являются составными – состоят из *кварков*. Всего известно более 350 Э.ч., большинство их нестабильно. Число их продолжает расти.

Э́ЛЕНШЛЕГЕР (Oehlenschläger) Адам Готлоб (1779–1850), дат. писатель-романтик. Филос. лирич. драма «Аладдин» (1805), ист. трагедии «Ярл Хакон» и «Пальнатоке» (обе 1807). В трагедии «Амлет» (1846) – оригинальная трактовка нац. легенды о дат. принце Гамлете и шекспировского сюжета. Автобиогр. соч. «Жизнь» (т. 1–2, 1830–31) и «Воспоминания» (т. 1–4, 1850–51).

ЭЛЕУТЕРОКО́КК, род кустарниковых р-ний (сем. аралиевые). Ок. 15 видов, в Вост. Азии; Э. колючий – на Д. Востоке. В культуре – как декор. и лекарств. (тонизирующее средство) р-ние.

Элеутерококк колючий.

ЭЛИ́ЗИУМ, в греч. мифологии обитель блаженных, загробный мир для праведников; то же, что Елисейские поля.

ЭЛИКСИ́Р (от араб. аль-иксир – филос. камень), 1) жизненный Э.– у ср.-век. алхимиков фантастич. напиток, продлевающий жизнь, сохраняющий молодость. 2) Крепкий настой или вытяжка из растит. в-ва на спирту, к-тах и т.п., употребляемые в медицине, косметике.

ЭЛИ́Н ПЕЛИ́Н, см. *Елин Пелин*.

Э́ЛИОТ (Eliot) Джордж (наст. имя Мэри Анн Эванс) (1819–80), англ. писательница. Разделяла идеи постепенной эволюции общества и гармонии классов. Её творчеству присущи черты натурализма: ром. «Мельница на Флоссе» (т. 1–3, 1860) из жизни провинц. мещанства. Социальная проблематика сочетается с психол. анализом в ром. «Сайлес Марнер» (1861), «Миддлмарч» (т. 1–4, 1871–72), где картины жизни вымышленного городка, несчастливые судьбы его обитателей складываются в широкую панораму провинц. жизни.

Э́ЛИОТ Томас Стернз (1885–1965), англо-амер. поэт (в Великобритании с 1917). 1-ю мир. войну воспринял как банкротство цивилизации и крах всего либер.-гуманистич. мироощущения, что сказалось в поэме «Бесплодная земля» (1922) с её исключит. идейно-худ. сложностью (сплав трагедийности, лиризма, пародийной и мифол. образности). Трагич. ощущению бессмыслицы, опустошённости, эстетич. вырождения в совр. жизни (гротескные метафоры поэмы «Полые люди», 1925) противопоставлял поиск и обретение духовных начал в религии (модернизир. христ-во), а также в культурных и худ. традициях доренессансной эпохи (кн. эссе «Священный лес», 1921; поэтич. сюита «Пепельная среда», 1930; филос. моралите, драма в стихах «Смерть в соборе», 1935). В поэтич. цикле «Четыре квартета» (1943), во многом лирическом и исповедальном (вопреки декларации о «деперсонализации» поэтич. акта),– автобиогр. рассказ о тяжком пути к нравств. истине и тревога за послеевроп. будущее человека как носителя гуманности. Эссеистика в защиту худ. традиции и классики как вечного эталона. Ноб. пр. (1948).

ЭЛИ́СТА (в 1944–57 Степной), г. (с 1930), столица (с 1927) Калмыкии. 93 т. ж. Ж.-д. ст. Произ-во холодильников, мебели, стройматериалов и др. Лёгкая, пищ. пром-сть. Ун-т. Краеведч. музей, картинная гал. Т-ры: драм., кукол. Филармония. Осн. в 1865.

ЭЛИ́ТА (в социологии и политологии), высш. слой (или слои) социальной структуры общества, осуществляющий функции управления, развития науки и культуры. Э. выделяются по разл. основаниям – полит., экон., интеллектуальным и др. В совр. социологии выдвинуты концепции множества Э. (полит., экон., адм., воен., культ., науч., культурной), уравновешивающих друг друга и предотвращающих установление тоталитаризма (К. Манхейм).

ЭЛИ́ТИС (наст. фам. Алепуделис) Одиссеас (р. 1911), греч. поэт. В поэме «Достойно есть» (1960), сб. стихов «Ориентации» (1936), «Шесть и ещё одно переживание о небесах» (1960), «Три поэмы под флагом благоприятствования» (1982) – филос. осмысление действительности, вера в идеалы справедливости. Кн. публицистики «Общественное и личное» (1982). Лит. критика, переводы. Ноб. пр. (1979).

ЭЛЛА́ДА (Hellás), название Греции на греч. языке.

ЭЛЛА́ДСКАЯ КУЛЬТУ́РА (археол.), см. *Эгейская культура*.

ЭЛЛЕ́НС (Hellens) Франц (1881–1972), бельг. писатель. Писал на франц. яз. Реалистические по фактуре, психол. анализу и изобр. средствам, но романтико-мистические по замыслу и фабуле (вмешательство рока или Бога) романы («Морельдье», 1946; «Записки Эльзенера», 1954) и новеллы («Фантастическая реальность», 1923). Автобиогр. романы, где сказочно-поэтич. атмосфера неотрывна от повседневной жизни.

ЭЛЛИ́НГТОН (Ellington) Эдуард (прозв. Дюк) (1899–1974), амер. джазовый пианист, композитор, аранжировщик, рук. джаз-бэнда. В 1927 организовал свой оркестр. Гастролировал во мн. странах мира. Для творчества Э. характерны собств. стилевые манеры («стиль джунглей», «стиль настроения»), Э. ввёл в джаз крупные конц. формы. Автор ок. 6 тыс. джазовых композиций, а также муз. комедий, оперы, балета, музыки к кинофильмам.

Т.С. Элиот.

Э. Эллингтон.

ЭЛЛИНИ́ЗМ, период между 323 и 30 до н.э. в истории стран Вост. Средиземноморья. Борьба за власть меж-

Эллинизм. Так называемая тарелка Фарнезе. Аллегория Нила. Сардоникс. Национальный музей. Неаполь.

ду преемниками Александра Македонского – диадохами привела к образованию на месте его державы неск. гос-в: Селевкидов, Птолемеев, Пергама, Понтийского царства и др., полит. строй к-рых сочетал элементы вост. монархий с особенностями греч. полиса; в течение 2–1 вв. эти гос-ва постепенно попали под власть Рима. Культура Э. представляла синтез греч. и местных вост. культур.

ЭЛЛИ́НЫ (греч. Héllenes), самоназвание греков.

ЭЛЛИ́ПС (от греч. élleipsis – недостаток), плоская кривая, сумма расстояний любой точки M к-рой до двух данных точек F_1 и F_2 (фокусов) постоянна.

ЭЛЛИПСО́ИД, поверхность, к-рую можно получить из сферы, если сферу сжать (растянуть) в произвольных отношениях в трёх взаимно перпендикулярных направлениях. Если эллипс вращать вокруг одной из его осей, то описываемая им поверхность будет Э. вращения; такой Э. (т.н. земной Э.) наилучшим образом представляет фигуру Земли.

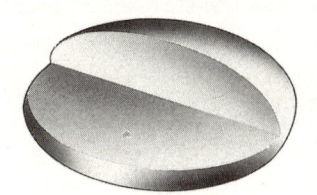

Эллипсоид.

ЭЛЛИСОН (Ellison) Ралф Уолдо (р. 1914), амер. писатель. Испытал влияние *экзистенциализма*. В ром. «Невидимка» (1952) классич. этапы-мытарства на пути становления негритянского сознания в амер. обществе переосмыслил как универс. обречённость каждой личности в рамках заданных условий человеческого существования, поскольку неизбежна её зависимость от той или иной формы массовой идеологии (белых или чёрных, радикалов или консерваторов). Публицистич. сб. «Призрак и действие» (1964) – о нравств. разрешении расовой проблемы.

ЭЛЛО́РА (Элура), деревня в Индии (шт. Махараштра), близ Аурангабада. Близ Э. 34 высеченных в скале будд., брахманских и джайнских храмов (6–13 вв.), грандиозный храм Кайласанатха (725–755) с изваяниями слонов в натуральную величину и рельефами.

Э́ЛЬБА, о-в в Тирренском м.; терр. Италии. Пл. 223 км². Горист, выс. до 1019 м. Средиземноморские кустар-

Эллора. Храм Кайласанатха.

Эльбрус.

ники. М-ние жел. руд. Осн. порт – Портоферрайо. В 1814–15 на Э. находился в ссылке Наполеон I.

ЭЛЬБРУ́С, самый высокий (5642 м) горн. массив Б. Кавказа в России. Приэльбрусье – один из популярных р-нов туризма, альпинизма и горнолыжного спорта.

ЭЛЬ ГРЕ́КО (El Greco) (собств. Теотокопули) Доменико (1541–1614), исп. живописец. По происхождению грек. Религ., жанровые, мифол. картины, портреты, пейзажи отличаются повышенной одухотворённостью и экзальтированностью образов, резкими ракурсами, вытянутыми пропорциями фигур, мерцающим колоритом («Погребение графа Оргаса», 1586–1588; «Вид Толедо», 1610–14).

ЭЛЬДОРА́ДО (исп. el dorado, букв. – золочёный, золотой), мифич. страна, богатая золотом и драгоценными камнями, к-рую искали на терр. Лат. Америки исп. завоеватели. Перен. – страна богатств, сказочных чудес.

ЭЛЬЗЕВИ́РЫ (Elsevier), семья нидерл. издателей и типографов. Фирма Э. существовала в 1581–1712, сначала в Лейдене, со 2-й пол. 17 в. в Амстердаме; способствовала распространению науч. и уч. книг в Европе. Назв. «Э.» носят книги этой фирмы, выделявшиеся полиграф. иск-вом (всего было издано св. 5 тыс. книг и диссертаций).

ЭЛЬ-КУВЕ́ЙТ, столица (с 1961) Кувейта. 44,3 т. ж. Порт в Персидском зал.; междунар. аэропорт. Водоопреснит., сборочные (автомобили, холодильники, велосипеды, телевизоры) з-ды, пищ., нефтехим. пром-сть. Рыб-во; добыча жемчуга. Ун-т. Музей Кувейта. Изв. с нач. 18 в.

Э́ЛЬМА ОГНИ́, электрич. разряд в атмосфере в форме светящихся пучков, возникающих на острых концах высоких предметов (мачт, башен и т.д.) при большой напряжённости электрич. поля в атмосфере, напр. во время грозы. В ср. века часто наблюдались на башнях церк. Св. Эльма (Италия), откуда и название.

Э́ЛЬСЛЕР (Elssler) Фанни (наст. имя Франциска) (1810–84), австр. артистка балета. В 1834–40 выступала в Парижской опере, где прославилась исполнением танца качуча («Хромой бес» К. Жида, 1836). Выступала в гл. партиях в балетах хореографа Ж. Перро («Жизель» А. Адана, 1843; «Эсмеральда» Ч. Пуньи, 1844, и др.). Гастролировала в Америке, Европе. Её приезд в С.-Петербург и Москву (1848–50) повлиял на развитие рус. балета. Представительница *романтизма* в балетном иск-ве. Блестящая исполнительница пальцевой техники, к-рую она довела до совершенства.

Э́ЛЬФЫ, в поверьях германцев духи природы – воздуха, деревьев, гор и т.д. Благожелательны к людям.

ЭЛЮА́Р (Eluard) Поль (наст. фам. Грендель) (1895–1952), франц. поэт. Один из вдохновителей Дв. Сопр. (кн. стихов «Поэзия и правда 1942 года», 1942). В 20–30-х гг. примыкал к *сюрреализму*. Интимная и филос. лирика, отличающаяся смелой образностью, нетрадиционностью поэтич. языка (Э. нередко обращался к *свободному стиху*): сб. «Град скорби» (1926), «Сама жизнь» (1932), «Роза для всех» (1934), «Суметь всё сказать» (1951); в поэзии и обществ. деятельности – утверждение активной гражд. позиции, вера в гуманное преобразование мира.

ЭМА́ЛЬ (от франц. émail; др.-рус. финифть), прочное стеклообразное покрытие, наносимое на металлич. предмет и закрепляемое обжигом. Худ. Э. применяется для украшения предметов, исполнения миниатюрных портретов и т.д. Различаются Э.: выемчатая (заполняющая углубления в металле), перегородчатая (заполняющая промежутки между металлич. ленточками, напаянными ребром на поверхность металла), Э. по скани, прозрачная Э. (с просвечиванием сквозь слой Э. украшенной рельефом или гравировкой поверхности металла) и расписная (живопись цветной Э., а также огнеупорными красками по эмалевой поверхности). Знамениты визант., груз., рус., япон. Э., в Зап. Европе – франц. (лиможские) Э. и др.

Эль Греко. «Апостолы Пётр и Павел». 1614. Эрмитаж.

ЭМАНА́ЦИЯ (от позднелат. emanatio – истечение, исхождение), центр. понятие *неоплатонизма*, означающее переход от высш. ступени универсума (единое) к низшим, менее совершенным. Один из образов Э. как «истечения» – солнце и солнечный свет (был воспринят христ. теологией).

ЭМБА́РГО (исп. embargo), наложение гос-вом, междунар. органом (напр., ООН) запрета на ввоз из к.-л. страны или вывоз в к.-л. страну золота или иностр. валюты, отд. видов товаров, оружия, ценных бумаг.

ЭМБЛЕ́МА (от греч. émblēma – вставка, рельефное украшение), воплощение явления, отвлечённого понятия или умозрит. идеи в наглядном образе. По своей функции Э. часто сближается с *аллегорией* (нередко рассматривается как её разновидность), но, в отличие от неё, изображение реального предмета в Э. чаще всего сводится к знаку, обозначающему то или иное явление или понятие, и приобретает крайне условные, схематич. формы (напр., Э. разл. родов войск).

ЭМБОЛИ́Я (от греч. embolē – вбрасывание), закупорка сосудов эмболом, т.е. принесённой с током крови частицей (оторвавшийся тромб, жир из повреждённых тканей или воздух, попавшие в сосуд, и т.д.). Э. лёгочной артерии, сосудов мозга, сердца может быть причиной смерти.

ЭМБРИОЛО́ГИЯ (от *эмбрион* и *...логия*), наука, изучающая предзародышевое развитие (образование половых клеток), оплодотворение и зародышевое развитие организма. Первые знания в области Э. связывают с именами Гиппократа и Аристотеля. Создателем совр. Э. животных считается К.М. Бэр. Э. р-ний как самостоят. наука сложилась в 19 в. (ра-

ЭМБРИО́Н (греч. émbryon), то же, что *зародыш* ж-ных и человека.

ЭМЕРСО́Н (Emerson) Ралф Уолдо (1803–82), амер. мыслитель, эссеист. Крупнейший представитель амер. романтизма; родоначальник *трансцендентализма*. Морально-филос. эссеистика: трактат «Природа» (1836), сб. «Опыты» (1841, 1844). Ключевые понятия: «доверие к себе» – изначальная выш. интуиция внутр. «я», в к-ром в процессе личного совершенствования созревают общечеловеческие истины (рождается «героический индивидуализм»); «сверхдуша» – Божество, энергия, первоисточник и надмирное средоточие нравств. и эстетич. начал, одухотворяющих Вселенную; «Природа» (космос и не тронутый цивилизацией ландшафт, воспринимаемый интуитивно-созерцательно) – символ, устанавливающий соответствие между человеческим духом и «сверхдушой» в повседневной жизни. История человечества, по Э., – своеобразная биография духа, творимая великими людьми («Избранники человечества», 1845–47).

ЭМИГРА́НТ (от лат. emigrans, род. п. emigrantis – выселяющийся, переселяющийся), лицо, добровольно или вынужденно выехавшее из страны своего *гражданства* на пост. жительство в др. гос-во.

ЭМИНЕ́СКУ (Eminescu) (наст. фам. Эминович) Михаил (Михай) (1850–89), рум. и молд. поэт. Представитель позднего романтизма: лирич., нередко окрашенные пессимизмом стихи, филос.-символич. поэма «Лучафэр» (1883). Интерес к социалистич. идеям – в поэме «Император и пролетарий» (1874); резкое неприятие бурж. миропорядка – в филос.-сатирич. цикле «Послания» (1881).

ЭМИ́Р (араб. амир – повелитель), в нек-рых странах мусульм. Востока правитель, глава гос-ва, военачальник.

ЭМИ́ССИЯ (от лат. emissio – выпуск), выпуск в обращение ден. знаков во всех формах и ценных бумаг. Э. ден. знаков осуществляет центр. банки и казначейства, ценных бумаг – кредитно-финанс. учреждения и торг.-пром. компании.

ЭМО́ЦИИ (франц. émotion – волнение, от лат. emoveo – потрясаю, волную), см. *Чувства*.

ЭМПЕДО́КЛ из Агригента (ок. 490 – ок. 430 до н.э.), др.-греч. философ, поэт, врач, полит. деятель. В натурфилософии Э. «корни» всего сущего – четыре вечных неизменных первовещества (земля, вода, воздух, огонь), а движущая сила – любовь (сила притяжения) и вражда (сила отталкивания), под действием к-рых космос то соединяется в единый бескачеств. шар, то распадается.

ЭМПИРЕ́Й (от греч. émpyros – огненный), в антич. натурфилософии верх. часть неба, наполненная огнём; у ряда ср.-век. христ. философов символ потустороннего мира как света, неба; в «Божественной комедии» Данте местопребывание душ блаженных. Перен.: высь, высота; «витать в эмпиреях» – предаваться умозрит. мечтаниям.

ЭМПИРИ́ЗМ (от греч. empeiría – опыт), направление в теории познания, признающее чувств. опыт единств. источником достоверного знания. Противостоит рационализму. Для Э. характерны абсолютизация опыта, чувств. познания, принижение роли рационального познания (понятий, теории). Как целостная гносеологич. концепция Э. сформировался в 17–18 вв. (Ф. Бэкон, Т. Гоббс, Дж. Локк, Дж. Беркли, Д. Юм); элементы Э. присущи позитивизму, неопозитивизму (логич. Э.).

ЭМПИРИОКРИТИЦИ́ЗМ (от греч. empeiría – опыт и *критика*) (махизм), филос. течение, основанное Р. Авенариусом и Э. Махом; форма позитивизма кон. 19 – нач. 20 вв. Мир в Э. выступает в виде совокупности ощущений, к нему неприложимы филос. категории (материя, дух, причинность и др.). Трактуя познание как средство биол. приспособления к среде, Э. требовал от него только простоты и целесообразности (принцип «экономии мышления»).

ЭМПИРИ́ЧЕСКИЙ, основанный на опыте, изучении фактов, опирающийся на непосредств. наблюдение, эксперимент.

ЭМУ́, крупная нелетающая птица (отр. казуары). Выс. 1,5–1,8 м, масса до 54 кг. Обитает в степях Австралии и Тасмании. Яйца насиживает самец. Объект огранич. промысла. Размножается в неволе.

ЭМУ́ЛЬСИИ (франц. émulsion, от лат. emulsus – выдоенный, надоенный), мелкие капли жидкости, равномерно распределённые в др. жидкости. Примеры Э.: смазочно-охлаждающие жидкости (нефт. масла в воде), молоко, сливки и т.п. (жиры в воде).

ЭМФИЗЕ́МА ЛЁГКИХ (от греч. emphýsēma – наполнение воздухом, вздутие), расширение лёгких с уменьшением их подвижности, нарушением функций дыхания и кровообращения. Возникает вследствие хронич. бронхита, бронхиальной астмы и др. заболеваний. Проявляется одышкой, синюшностью кожи и слизистых оболочек, кашлем и др.

ЭНГЕЛЬГА́РД Ал-др Ник. (1832–1893), рос. агрохимик, публицист. За связь с рев.-народнич. орг-циями и распространение демокр. идей в 1871 выслан под надзор полиции в с. Батищево Смоленской губ., где прожил до конца жизни, создав на базе своего полуразрушенного имения образцовое х-во. Издал письма «Из деревни» (1882).

ЭНГЕЛЬГА́РДТ Вл. Ал-др. (1894–1984), биохимик, один из основоположников мол. биологии в СССР. Организатор и первый дир. Ин-та мол. биологии РАН (с 1959; ныне имени Э.). Заложил основы совр. биоэнергетики и механохимии, открыл процесс дыхат. фосфорилирования. Тр. по мол. биологии нуклеиновых к-т, филос. вопросам естествознания.

Э́НГЕЛЬС (Engels) Фридрих (1820–95), мыслитель и обществ. деятель, один из основоположников *марксизма*. Активно участвовал в организации и деятельности «Союза коммунистов», вместе с К. Марксом написал «Манифест Коммунистической партии» (1848). В 1848–49 Маркс и Э. издавали в Кёльне «Новую рейнскую газету»; в 1849 Э. участвовал в вооруж. восстании. С 1849 жил в Великобритании; работал в торг. конторе. Э. – один из руководителей 1-го Интернационала, после смерти Маркса был советником ев-

роп. социалистов. Осн. тр.: «Положение рабочего класса в Англии» (1845), «Анти-Дюринг» (1878), «Происхождение семьи, частной собственности и государства» (1884), «Людвиг Фейербах и конец классической немецкой философии» (1886), «Диалектика природы» (1873–82; опубл. в 1925).

ЭНГР (Ingres) Жан Огюст Доминик (1780–1867), франц. живописец и рисовальщик. Блестящий мастер композиции, строгого и точного рисунка, правдивых, острохарактерных портретов («Л.Ф. Бертен», 1832). В картинах выступал как гл. представитель *академизма* («Апофеоз Гомера», 1827).

Ф. Энгельс.

Ж.О.Д. Энгр. «Мадам Девосе». 1807. Музей Конде. Шантийи.

ЭНДАРТЕРИИ́Т ОБЛИТЕРИ́РУЮЩИЙ (от *эндо...* и *артерия*), хронич. заболевание сосудов с преим. поражением артерий ног: постепенное сужение сосудов вплоть до полного закрытия их просвета (облитерация) с омертвением лишённых кровоснабжения тканей (т.н. спонтанная гангрена). Проявляется быстрой утомляемостью ног, судорогами, позже перемежающейся хромотой, мучительными болями. Курение ухудшает течение Э.о.

ЭНДЕ́МИКИ (от греч. éndemos – местный), виды, роды, семейства р-ний и ж-ных, распространённые в относительно небольшой геогр. области и характерные для флоры и фауны только этой области. Напр., выхухоль – в басс. Волги и Дона, киви – в Н. Зеландии, утконос – в Австралии и Тасмании, секвойя – в Калифорнии. Ср. *Космополиты*.

ЭНДЕ́МИЯ, пост. существование на к.-л. терр. определённого (чаще инф.) заболевания.

ЭНДИ́ (Indy) Венсан д' (1851–1931), франц. композитор, дирижёр. Развивал традиции С. Франка. Концертировал во мн. странах. В творчестве наметились неоклассические тенденции. Один из организаторов (1871) и председатель (с 1890) Нац. муз. об-ва. Оп. «Фервааль» (1895) и др., симф. баллада «Зачарованный лес» (1878), «Симфония на тему песни французского горца» (1886), симф. сюита «Летний день в горах» (1905) и др. орк. произв., романсы.

Э́НДО... (от греч. éndon – внутри), часть сложных слов, означающая: внутренний (напр., эндогенный).

ЭНДОГА́МИЯ (от *эндо...* и греч. gámos – брак), обычай, предписывающий вступать в брак в пределах определ. обществ. группы, обычно племени. Э. племени, как правило, сочеталась с *экзогамией* входивших в него родов и фратрий (подразделений).

ЭНДОКАРДИ́Т, воспалит. заболевания эндокарда, б.ч. с поражением сердечных клапанов и развитием пороков сердца. Осн. причины: ревматизм, сепсис.

ЭНДОКРИ́ННЫЕ ЗАБОЛЕВА́НИЯ, болезни человека, обусловленные нарушением функцией желёз внутр. секреции (напр., щитовидной железы при тиреотоксикозе); предмет изучения эндокринологии.

ЭНДОСКОПИ́Я (от *эндо...* и *...скопия*), врачебный метод иссл.: осмотр мочевого пузыря, желудка и др. внутр. органов с помощью введения в них инстр-тов, снабжённых оптич. и осветит. системами (напр., бронхоскопия).

Э́НДШПИЛЬ (нем. Endspiel), в шахматах заключит. стадия партии; по наличию оставшихся к Э. фигур различают ферзевые, ладейные, легкофигурные и пешечные Э.

ЭНЕ́Й, в греч. мифологии и у римлян один из гл. защитников Трои во время Троянской войны; родоначальник римлян, к-рому посвящена «Энеида» Вергилия.

ЭНЕОЛИ́Т, см. *Медный век*.

ЭНЕ́РГИЯ (от греч. enérgeia – действие, деятельность), общая количеств. мера, связывающая воедино все явления природы, разл. формы движения материи. В соответствии с физ. процессами различают механич., тепловую (внутреннюю), хим., эл.-магн., гравитац., ядерную и др. виды Э. В любой замкнутой системе справедлив закон сохранения Э., согласно к-рому Э. системы не исчезает и не возникает «из ничего»: она лишь переходит из одного вида в другой. Если система не замкнута, то её Э. может изменяться за счёт получения Э. извне или передачи системой Э. окружающей среде в виде *работы* или *теплоты*. Согласно *относительности теории*, полная энергия E любого свободно движущегося со скоростью v тела выражается ф-лой $E = E_0 / \sqrt{1-(v/c)^2}$, где c – скорость света, E_0 – энергия покоя тела ($E_0 \leq E$), а разность $E - E_0 \geq 0$ наз. *кинетической энергией*. При движении тела во внеш. силовом поле в полную Э. входит также *потенциальная энергия* взаимодействия тела с этим полем. В классич. физике Э. тела изменяется непрерывно, Э. квантовой системы может принимать дискретный ряд значений. Э. измеряется в джоулях (СИ), электронвольтах, эргах и др.

«ЭНЕ́РГИЯ», 2-ступенчатая ракета-носитель для выведения на орбиту многоразовых орбитальных космич. кораблей, крупногабаритных космич. аппаратов и др. Созд. в СССР. Стартовая масса св. 2000 т, дл. 60 м, макс. поперечный размер 20 м, полезный груз св. 100 т. В 1988 впервые с помощью «Э.» выведен на орбиту возд.-космич. корабль «Буран». Система «Э.» – «Буран» – аналог «Спейс Шаттла».

ЭНЕ́РГИЯ ПОКО́Я тела, энергия E_0 свободного тела в системе отсчёта, в к-рой тело покоится: $E_0 = m_0 c^2$, где m_0 – масса покоя, c – скорость света в вакууме. В Э.п. входят все виды энергии, кроме кинетич. энергии движения тела как целого и потенциальной энергии его взаимодействия с внеш. полем. Теоретически извлечь полностью Э.п. можно лишь при реакциях *аннигиляции*, при обычных *ядерных реакциях* извлекаются лишь доли процента, а при хим. реакциях ~ 10^{-8} Э.п. тела (см. также *Внутренняя энергия*).

ЭНЕ́РГИЯ СВЯ́ЗИ, разность между энергией связанной системы частиц и суммарной энергией этих частиц в свободном состоянии. Для устойчивых систем Э.с. отрицательна и тем больше по абс. величине, чем прочнее связаны частицы системы. Численно равна работе, к-рую нужно затратить, чтобы разделить систему на составляющие её частицы. Э.с. неустойчивых систем может самопроизвольно высвобождаться (напр., при распаде атомных ядер).

ЭНЕ́СКУ (Enescu) Джордже (1881–1955), рум. композитор, скрипач, дирижёр, пианист, педагог. Исполнительское иск-во отличалось одухотворённостью, благородством стиля. Играл в ансамблях с Б. Бартоком, Э. Изаи, П. Касальсом, Д.Ф. Ойстрахом, А. Корто, Ж. Тибо. В музыке Э. органически сочетаются нац. элемент и традиции *романтизма* и *импрессионизма*. Оп. «Эдип» (1931), 3 симф., 3 орк. сюиты, Камерная симф. (1954), 3 сонаты для скрипки и фп. и др. ансамбли, фп. соч., хоры, песни.

ЭНЗИМОПА́ТИИ (от энзимы и *...патия*) (ферментопатии), заболевания, обусловленные отсутствием к.-л. фермента или изменением его активности. Выделяют Э. наследственные (нек-рые формы сахарного диабета, подагры и др.) и приобретённые (т.н. алиментарные Э. – болезни, связанные с длит. дефицитом белка в пище, напр. квашиоркор, разл. виды витаминной недостаточности).

ЭНКА́УСТИКА (греч. enkaustikē, от enkaíō – жгу, выжигаю), *восковая живопись*, выполняемая горячим способом – расплавленными красками.

Э́НКИ (Эйя), в шумеро-аккадской мифологии одно из верх. божеств. Хозяин вод, бог мудрых, плодородия, создатель мировых ценностей. Покровитель г. Эреду (Эредуг).

ЭНКЛА́В, см. *Анклав*.

ЭНЛИ́ЛЬ (Эллиль), в шумеро-аккадской мифологии одно из верх. божеств, бог воздуха, плодородия, покровитель г. Ниппур.

ЭНТАЛЬПИ́Я (от греч. enthálpō – нагреваю), функция состояния термодинамич. системы, изменение к-рой при пост. давлении равно кол-ву теплоты, подведённой к системе, поэтому Э. наз. часто тепловой функцией или теплосодержанием. В состоянии термодинамич. равновесия Э. системы минимальна. Понятие Э. введено Х. Камерлинг-Оннесом в кон. 19 в. и широко используется при описании тепловых эффектов фазовых переходов, хим. реакций и др. процессов, идущих при пост. давлении.

ЭНТЕЛЕ́ХИЯ (греч. entelécheia – завершение, осуществлённость), понятие философии Аристотеля, означающее осуществление к.-л. возможности бытия, а также движущий фактор этого осуществления (напр., душа как Э. тела) и выражающее единство четырёх осн. принципов бытия: формы и материи, действующей причины, цели. В новое время понятие Э. характерно для систем, основанных на телеологии (Г.В. Лейбниц: монада как Э.; витализм нем. биолога Х. Дриша).

ЭНТЕРИ́Т (от греч. énteron – кишка), острые и хронич. воспалит. заболевания тонкой кишки, обусловленные пищ. отравлениями, инфекциями и др. причинами. Проявляются поносами, болями в животе и др. симптомами. Э. часто сочетается с гастритом и колитом (гастроэнтероколит).

ЭНТЕРОКОЛИ́Т, воспалит. заболевание кишечника; см. *Колит*, *Энтерит*.

ЭНТОМОЛО́ГИЯ (от греч. éntoma – насекомые и *...логия*), раздел зоологии, изучающий насекомых. Осн. разделы Э.: общая, мед., вет., с.-х., лесная. В самостоят. область знаний выделилась в 17 в.

ЭНТРОПИ́Я (от греч. entropía – превращение), понятие, впервые введённое в *термодинамике* (Р. Клаузиус, 1865) для определения меры необратимого рассеяния энергии неравновесной термодинамич. системы. Процессы, стремящиеся привести систему к равновесному состоянию, сопровождаются ростом Э. В статистич. физике Э. – мера вероятности пребывания системы в данном состоянии (Л. Больцман, 1872), в теории информации – мера неопределённости (к.-л. опыта, испытания). Понятие Э. используется также в химии, биологии и др. областях науки как мера неупорядоченности, хаотичности.

ЭНЦЕНСБЕ́РГЕР (Enzensberger) Ханс Магнус (р. 1929), нем. писатель. Полит. злободневность, сочетающая документ и ист. реминисценции с тяготением к гротеску, эпатажу, приёмам модернизма в сатирич. стихах (сб. «Защита волков», 1957), пьесах «Допрос в Гаване» (1970), «Гибель "Титаника"» (1978). Лит.-критич. эссе.

ЭНЦЕФАЛИ́Т (от греч. enképhalos – головной мозг), воспаление головного мозга (повышение темп-ры тела, головная боль, параличи, расстройства сознания и т.п.). Вызывается вирусами (первичный, эпидемич. Э.) либо является осложнением др. инф. заболеваний.

ЭНЦИ́КЛИКА (от греч. enkýklios – круговой, общий), послание рим. папы ко всем католикам или к католич. духовенству по вопросам вероучения, нравств., обществ.-полит. проблемам. Составляется чаще всего на лат. яз. и получает назв. по её первым словам.

ЭНЦИКЛОПЕ́ДИЯ (от греч. enkýklios paidéia – обучение по всему кругу знаний), науч. или науч.-популярное справочное издание, содержащее систематизир. информацию по разл. областям знаний и практич. деятельности. Различают Э. универсальные и отраслевые, национальные и региональные, многотомные и однотомные. Статьи в Э. располагаются в алфавитном или систематич. порядке. Труды энциклопедич. характера известны с глубокой древности (Др. Египет, Др. Греция, Др. Рим). Возникновение собств. Э. относится к новому времени. Изданием, имевшим выдающееся науч. и культурно-ист. значение, стала «Энциклопедия, или Толковый словарь наук, искусств и ремёсел» Д. Дидро и Ж.Л.Д'Аламбера (1751–80), к-рая предназначалась широкому кругу читателей. Крупнейшие Э.: отечественные – Энциклопедический словарь Брокгауза и Ефрона, Энциклопедический словарь Гранат, Большая советская энциклопедия; зарубежные – Американская энциклопедия («Американа», США), Британская энциклопедия («Британика», Великобритания и США), «Большой Ларусс» (Франция), «Большой Брокгауз» и Энциклопедический словарь Мейера (Германия), Универсальная иллюстрированная европейско-американская энциклопедия («Эспаса», Испания) и др.

Э́ОЛОВА А́РФА (по имени др.-греч. бога ветров Эола), муз. инстр-т. Струны (9–13), настроенные в *унисон* и колеблемые движением воздуха, издают *обертоны* одного общего тона; громкость звука зависит от силы ветра. Известная с древности, распространилась в Европе в кон. 18 в.

ЭОС, в греч. мифологии богиня утренней зари. Ей соответствует рим. Аврора.

ЭПАТИ́РОВАТЬ (от франц. épater), поражать, ошеломлять необычным поведением, скандальными выходками, нарушением общепринятых правил и обычаев.

ЭПИ... (от греч. epí – на, над, сверх, при, после), часть сложных слов, означающая: расположенный поверх чего-либо, возле чего-либо, следующий за чем-либо (напр., эпицентр, эпигенез).

ЭПИГО́НСТВО (от греч. epígonos – рождённый после), в иск-ве нетворческое, механич. следование традиц. худ. приёмам к.-л. направления или стиля; его ходовые образы, мотивы, стилистич. обороты используются как носители якобы «уже готовой» поэтичности или художественности. Термин «Э.» употребляется также для характеристики нек-рых науч. исследований и т.п.

ЭПИГРА́ММА (греч. epígramma, букв. – надпись), короткое сатирич. стихотворение, традиц. жанр поэзии классицизма (Вольтер), повлиявший и на позднейшую сатирич. поэзию (эпиграммы А.С. Пушкина на Ф.В. Булгарина). В антич. поэзии короткое стихотворение произвольного содержания, написанное элегическим дистихом. От элегии Э. отличалась большей краткостью и узостью тематики; её ранние разновидности – дидактич. сентенции и собственно надписи на памятниках (ср. *Эпиграф*, 1 е значение).

ЭПИ́ГРАФ (от греч. epigraphē – надпись), 1) в античности надпись на памятнике, здании. 2) Цитата, изречение, пословица, помещаемые автором перед текстом всего худ. (публицистич., науч.) произв. или его частей. Э. поясняет осн. идею произв. или характеризует его как бы от имени другого, более авторитетного лица (источника).

ЭПИГРА́ФИКА, вспомогат. ист. и филол. дисциплина, изучающая древние и ср.-век. надписи. Зародилась в эпоху Возрождения.

ЭПИДЕМИОЛО́ГИЯ (от *эпидемия* и *...логия*), область медицины, изучающая закономерности возникновения и распространения инф. болезней и разрабатывающая меры борьбы с ними. Основы Э. как самостоят. области медицины заложил в 16 в. итал. врач Дж. Фракасторо. В совр. мед. лит-ре термин «Э.» применяется и по отношению к неинф. (сердечно-сосудистым, психич. и др.) заболеваниям.

ЭПИДЕ́МИЯ (греч. epidēmía), массовое распространение инф. заболевания человека (грипп, вирусный гепатит, дифтерия и т.д.) в к.-л. местности, стране, значительно превышающее обычный уровень заболеваемости. Наиб. крупные Э. наз. *пандемиями*.

ЭПИДЕРМОФИТИ́Я, грибковое поражение кожи и ногтей. Выделяют паховую Э. (возбудитель – гриб рода эпидермофитон) и Э. стоп (вызывается грибом рода трихофитон). В очагах поражения кожа краснеет, шелушится, покрывается пузырьками, эрозиями, корочками; поражаются также ногтевые пластинки на стопах. Заражение происходит через загрязнённые грибами предметы, обычно в местах общего пользования (бани, спорт. залы и т.п.).

ЭПИДИАПРОЕ́КТОР (эпидиаскоп), прибор для проецирования на вынесенный экран увелич. изображений листовых оригиналов, как прозрачных (диапроекция), так и непрозрачных (эпипроекция), напр. схем, таблиц, фотографий.

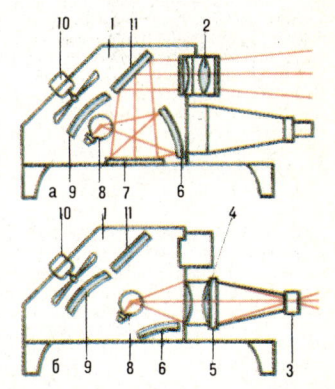

Эпидиапроектор (схема): а – эпипроекции; б – диапроекции; 1 – кожух; 2 – объектив эпипроектора; 3 – объектив диапроектора; 4 – конденсор; 5 – рамка диапозитивов; 6, 9 – сферическое зеркало; 7 – непрозрачный оригинал; 8 – источник света; 10 – вентилятор; 11 – плоское зеркало.

ЭПИКРИ́З (от греч. epíkrisis – решение), заключение врача о состоянии больного, диагнозе и прогнозе заболевания, включающее леч.-трудовые рекомендации. Записывается в истории болезни каждые 10–14 сут (этапный Э.) и при выписке из стационара (заключит. Э.).

ЭПИКТЕ́Т (Epictetus) (ок. 50 – ок. 140), рим. философ-стоик; раб, позже вольноотпущенник. «Беседы» Э., содержащие моральную проповедь (центр. тема – внутр. свобода человека), записаны его учеником Аррианом.

ЭПИКУ́Р (341–270 до н.э.), др.-греч. философ. С 306 в Афинах, основал филос. школу. В учении о природе (физике) Э. следовал атомистике Демокрита. Признавал бытие блаженно-безразличных богов в пространствах между бесчисл. мирами, но отрицал их вмешательство в жизнь космоса и людей. Девиз Э. – живи уединённо. Цель жизни – отсутствие страданий, здоровье тела и состояние безмятежности духа (*атараксии*); познание природы освобождает от страха смерти и суеверий.

ЭПИКУРЕИ́ЗМ, учения, исходящие из идей Эпикура. Школа в Афинах – «Сад» Эпикура; крупнейший представитель Э. в Риме – Лукреций. Идеи Э. вновь привлекли внимание в эпоху Возрождения, затем в материалистич. и просветит. течениях 17–18 вв. (П. Гассенди). Как этич. принцип родствен *эвдемонизму*; впоследствии вульгарно толковался в духе *гедонизма*.

ЭПИЛЕ́ПСИЯ (греч. epilēpsía), хронич. заболевание головного мозга, протекающее преим. в виде судорожных припадков с потерей сознания и изменений личности («вязкость» мышления, гневливость, злопамятность и т.п.). Может быть самостоят. заболеванием (генуинная Э.) или симптоматической (вследствие воспалит. заболеваний, опухолей, травм головного мозга). По особенностям припадков и течению Э. выделяют многочисл. её формы.

ЭПИЛО́Г (греч. epílogos), в антич. и более поздней драме заключит. монолог – обращение к зрителю с поучением, просьбой о снисхождении или с итоговым разъяснением содержания. В лит-ре с кон. 18 в. – заключит. часть произв., в к-рой кратко сообщается о судьбе героев после изображённых в нём событий, а порой обсуждаются нравств., филос. аспекты изображаемого («Преступление и наказание» Ф.М. Достоевского).

ЭПИСТЕМОЛО́ГИЯ (от греч. epistēmē – знание и ...*логия*), то же, что *теория познания*.

ЭПИСТОЛЯ́РНАЯ ЛИТЕРАТУ́РА, 1) изданные письма частного характера. 2) Совокупность произв., использующих форму письм. обращения к др. лицу. Наряду с науч., публицистической распространена худ. Э.; осн. жанры – стихотв. *послание* и роман в письмах («Бедные люди» Ф.М. Достоевского). Худ. проза воспринял нек. особенности «частной» Э.л. как письм. формы бытовой речи.

ЭПИТАЛА́МА (от греч. epithalámion – свадебная песнь), жанр др.-греч. музыки, свадебная песня, исполняемая хором девушек и юношей перед покоями новобрачных. В европ. музыке – ария-гимн любви (напр., Э. из оперы «Нерон» А.Г. Рубинштейна).

ЭПИТА́ФИЯ (от греч. epitáphios – надгробный), надгробная надпись, гл. обр. стихотворная; в поэзии стилизованные Э. стали самостоят. жанром (эпоха классицизма) панегирич. или, подобно *эпиграмме*, сатирич. содержания.

ЭПИ́ТЕТ (греч. epítheton, букв. – приложенное), *троп*, образное определение (выраженное преим. прилагательным, но также наречием, существительным, числительным, глаголом), дающее дополнит. худ. характеристику предмета (явления) в виде скрытого сравнения («чистое поле», «парус одинокий»).

ЭПИЦЕ́НТР (от *эпи*... и *центр*), 1) область на поверхности Земли, расположенная непосредственно над (напр., Э. землетрясения) или под (Э. взрыва в атмосфере) очагом к.-л. разрушит. сил. 2) Место, где что-нибудь проявляется с наиб. силой (напр., Э. пожара, Э. событий).

ЭПОКСИ́ДНЫЕ СМО́ЛЫ, смолы синтетические, продукты реакции дифенилолпропана с эпихлоргидрином. Отверждённые Э.с. отличаются малой усадкой, высокой адгезией, механич. прочностью, влагостойкостью, хорошими электроизоляц. свойствами. Применяются в произ-ве клеёв, лаков, пластмасс, заливочных электроизоляц. компаундов, герметиков и др.

ЭПОПЕ́Я (от *эпос* и греч. poiéō – творю), обширное повествование в стихах или прозе о выдающихся нац.-ист. событиях («Илиада», «Махабхарата»). Корни Э. – в мифологии и фольклоре. В 19 в. возникает роман-Э. («Война и мир» Л.Н. Толстого).

ЭПОС (греч. épos – слово, повествование), 1) то же, что *эпопея*, а также древние ист.-героич. песни (напр., *былины*). 2) *Род литературный* (наряду с *лирикой* и *драмой*), повествование о событиях, предполагаемых в прошлом (как бы свершившихся и вспоминаемых повествователем). Э. охватывает бытие в его пластич. объёмности, пространственно-временной протяжённости и событийной насыщенности (сюжетность). Возникает в фольклоре (сказка, эпопея, ист. песня, былина). До 18 в. ведущий жанр лит. Э. – эпич. поэма; источник её сюжета – нар. предание, Э. идеализированы и обобщены, речь отражает относительно монолитное нар. сознание, форме стихотворная («Илиада» Гомера, «Энеида» Вергилия). В 18–19 вв. ведущим жанром Э. становится роман, сильно повлиявший и на др. эпич. жанры – повесть, рассказ, новеллу. Сюжеты заимствуются преим. из современности, образы индивидуализируются, речь отражает резко дифференцированное обществ. сознание, форма прозаическая (Л.Н. Толстой, Ф.М. Достоевский).

ЭПО́ХА (от греч. epochḗ, букв. – остановка), продолжительный период времени в развитии природы, общества, науки и т.д., имеющий к.-л. характерные особенности (напр., Э. геологическая, Э. Возрождения).

ЭРА́ЗМ РОТТЕРДА́МСКИЙ (Erasmus Roterodamus) (наст. имя Дезидерий) (1469–1536), гуманист эпохи Возрождения (глава «сев. гуманистов»), филолог, писатель, богослов. Писал на лат. языке. Родом из Роттердама. Автор «Похвалы Глупости» (1509; 40 переизд. при жизни; посв. Т. Мору, другу Э.Р.) – филос. сатиры, пародийно-иронич. стилистику к-рой определяет двустороннее противоположность суждений («всеобщий парадокс бытия»). Издал греч. оригинал Нового Завета (1517, с комментариями) и собств. лат. перевод (в изд. 1519). Нравств. поучения, притчи, диалоги («Домашние беседы», др. пер. – «Разговоры запросто», 1519–35), трактаты («О свободе воли», 1524; против М. Лютера). Письма. Сыграл большую роль в подготовке Реформации, но не принял её. Выступал против религ. фанатизма и богословского догматизма.

Эразм Роттердамский. Портрет работы Х. Хольбейна Младшего. 1523. Лувр.

Э́РБИЙ (Erbium), Er, хим. элемент III гр. периодич. системы, ат. н. 68, ат. м. 167,26; относится к *редкоземельным элементам*; металл. Открыт швед. химиком К. Мосандером в 1843.

ЭРГАСТЕ́РИИ (греч., ед. ч. ergastḗrion), в греч. полисах, Рим. империи и Византии ремесл. мастерские.

ЭРДЕ́ЛИ Ксения Ал-др. (1878–1971), арфистка, основательница совр. рус. школы игры на арфе. Концертировала в 1899–1938. Первая исполнительница ряда соч. рус. и заруб. авторов (нек-рые посвящены ей).

ЭРДЕЛЬТЕРЬЕ́Р, порода служебных собак из группы *терьеров*. Рост до 66 см. Легко дрессируются, послушны, часто используются как проводники слепых. Шерсть почти не линяет, но нуждается в щипке (тримминге). Родина – Англия. Разводят во мн. странах, в т.ч. в России.

Эрдельтерьер.

Э́РДМАН Ник. Робертович (1900–1970), рус. драматург. Гротескно-сатирич. изображение социальных привилегий, воинствующего хамства в антимещанских драмах «Мандат» (1925), «Самоубийца» (1928, опубл. в 1987). Сценарии фильмов, в т.ч. «Весёлые ребята» (1934, совм. с Г.В. Александровым и В.В. Массом). Стихи.

ЭРЕНБУ́РГ Ил. Григ. (1891–1967), рус. писатель, публицист. В ром. с авантюрными сюжетами «Хулио Хуренито» (1922), «Бурная жизнь Лазика Ройтшванеца» (1928, в России опубл. в 1989) – филос.-сатирич. панорама жизни Европы и России 1910–20-х гг. Кн. новелл «Тринадцать трубок» (1923). Ром. «Падение Парижа» (1941–42), «Буря» (1946–47) – о Франции во время 2-й мир. войны. Острая антифаш. публицистика (кн. «Испанский закал», 1938, «Война», 1942–44). Сб-ки лирики. Переводы (в т.ч. Ф. Вийона). Эссе о художниках и писателях. Пов. «Оттепель» (1954–56), название к-рой стало метафорой обозначения периода сов. истории после смерти И.В. Сталина. Худ. мемуары «Люди, годы, жизнь» (кн. 1–6, 1961–65) открывали многие, ранее замалчиваемые факты, события, имена из истории отеч. и европ. культуры и обществ. жизни 20 в.

ЭРЕХТЕЙО́Н (Эрехфейон), памятник др.-греч. архитектуры (421–406 до н.э.). Храм Афины и Посейдона-Эрехтея на Акрополе в Афинах, отличающийся изяществом асимметричной композиции, тонкой красотой ионич. портиков и портика *кариатид*.

Эрехтейон. Общий вид.

Э́РИ, оз. в Сев. Америке (США, Канада), в системе *Великих озёр*. 25,7 т. км², глуб. до 64 м. Вытекает р. Ниагара. Соединено р. Сент-Клэр с оз. Гурон, судох. каналами с оз. Онтарио и р. Гудзон. Порты: Толидо, Кливленд, Буффало (США), Порт-Колборн (Канада).

ЭРИ́НИИ (евмениды), в греч. мифологии богини мщения, обитающие в подземном царстве; преследуя преступника, лишают его рассудка. Им соответствуют рим. фурии.

ЭРИТЕ́МА (от греч. erythēma – краснота), ограниченное или разлитое покраснение кожи при воздействии разл. факторов (физ., напр. облучение, хим. и др.).

ЭРИТРЕ́Я (Государство Эритрея), гос-во на С.-В. Африки. Омывается Красным м. Пл. 93,7 т. км². Нас. ок. 3,5 млн. ч., гл. обр. тигран, тигре, афар и др. Официальный язык – тигринья. Верующие – гл. обр. христиане-монофиситы и мусульмане-сунниты, есть католики и протестанты. Глава гос-ва – президент. Законодат. орган – Нац. ассамблея. Столица – Асмэра. Адм.-терр. деление: 10 провинций. Ден. единица – эфиопский быр.

Территория б.ч. гористая, Эритрейское плато, выс. до 3248 м

(г. Асимба); на Ю.-В.— впадина Афар. Климат субэкваториальный пустынный. Один из самых жарких р-нов Земли. Ср.-год. темп-ры от 23 до 37 °С, макс.— 45 °С; осадков 50—200 мм в год. Растительность полупустынная и пустынная.

В 13—16 вв. большая часть совр. Э. принадлежала эфиоп. гос-ву. В 1882 к Италии перешёл порт Асэб на побережье Красного м., в 1885 — порт Массауа и ряд др. пунктов побережья. По неравноправному договору с Эфиопией 1889 к Италии отошли нек-рые терр. сев. Эфиопии, включая р-н Асмэры. В 1890 Италия объединила все свои владения на Красном м. в колонию Эритрея (от лат. Mare Erythraeum — Красное море). Итало-эфиопский дог. 1896 закрепил границы Э. С 1935 Э. вместе с Эфиопией в составе колонии Итал. Вост. Африка. К весне 1941 Э. была освобождена англо-эфиоп. войсками; до 1952 управлялась англ. воен. администрацией. В 1952 Э. была присоединена к Эфиопии на федеративных началах. В 1962—87 Э.— пров., затем адм. р-н Эфиопии. С 1950-х гг. в Э. развернулась вооруж. борьба за отделение от центр. пр-ва, к-рую возглавил Нар. фронт освобождения Э. В 1991 повстанцы освободили Асмэру. В апр. 1993 провозглашена независимость Э.

Основа экономики — с. х-во (ок. 80% занятого нас., 50% ВВП и ок. 60% экспортной продукции). ВНП на д. нас. 115 долл. в год. Гл. культуры (ячмень, просо, пшеница, кукуруза, кофе и др.). Жив-во (кр. рог. скот, козы, овцы, верблюды). Осн. отрасли пром-сти: нефтеперераб., текст., кож.-обув., швейная, хим., деревообр., цем., пищевая.

ЭРИТРОЦИ́ТЫ (от греч. erythrós — красный и kýtos — вместилище, здесь — клетка), красные клетки крови ж-ных и человека, содержащие гемоглобин. У млекопитающих Э. не имеют ядра. Переносят кислород от органов дыхания к тканям и диоксид углерода от тканей к органам дыхания. На поверхности Э. расположены специфич. антигены — факторы *группы крови*. Образуются в костном мозге. В 1 мм³ крови здорового человека содержится 3,9—5,0 млн. Э. Определение *скорости оседания эритроцитов* используется в мед. диагностике.

ЭРИУГЕ́НА (Эригена), см. *Иоанн Скот Эриугена*.

Э́РКЕР (нем. Erker) (фонарь), полукруглый, треугольный или многогранный остеклённый выступ в стене здания. Чаще всего делается в неск. этажей.

Э́РЛИХ (Ehrlich) Пауль (1854—1915), нем. врач, бактериолог и биохимик, один из основоположников иммунологии и химиотерапии. Доказал возможность целенаправл. синтеза химиотерапевтич. средств, создал препарат сальварсан для лечения сифилиса. Тр. по гематологии, гистологии, онкологии. Ноб. пр. (1908).

ЭРМИТА́Ж в С.-Петербурге (от франц. érmitage — место уединения), один из крупнейших в мире худ. и культурно-ист. музеев. Возник в 1764 как частное собр. Екатерины II, открыт для публики в 1852. Богатейшие коллекции памятников др.-вост., др.-егип., антич. и ср.-век. культур, иск-ва Зап. и Вост. Европы, археол. и худ. памятников Азии, рус. культуры 8—19 вв. Здания Э.— *Зимний дворец* (1754—62, арх. В.В. Растрелли), Малый Э. (1764—67, арх. Ж.Б. Валлен-Деламот), Старый Э. (1771—87, арх. Ю.М. Фельтен), Новый Э. (1839 — 1852, арх. Л. фон Кленце), Эрмитажный т-р (1783—87, арх. Дж. Кваренги) — выдающийся архит. ансамбль.

Э́РМЛЕР Фридрих Маркович (1898—1967), кинорежиссёр. Снимал на «Ленфильме». Гл. тема фильмов Э. 20-х гг.— человек в периоды ист. испытаний: «Катька — Бумажный Ранет» (1926, совм. с Э. Йогансоном), «Дом в сугробах», «Парижский сапожник» (оба 1928), «Обломок империи» (1929). В 30—40-х гг. поставил ф.: «Встречный» (1932, совм. с С.И. Юткевичем), «Крестьяне» (1935), «Великий гражданин» (1938—39), «Она защищает Родину» (1943) и др.; в 1965 — ист.-док. ф. «Перед судом истории».

ЭРНЕСАКС (Ernesaks) Густав (р. 1908), эст. композитор, хоровой дирижёр. Основатель (1944), худ. рук. и гл. дирижёр Нац. муж. хора Эстонии, с к-рым гастролировал в Европе. В произведениях — певучая мелодика, традиц. хоровой гармониче-

Эркер.

Г. Эрнесакс.

ский стиль. Пять опер: «Пюхаярв» (1946), «Берег бурь» (1949) и др., кантата «Из тысячи сердец» (1955), хоры (св. 300), песни.

ЭРО́ЗИЯ (от лат. erosio — разъедание) (мед.), поверхностный дефект кожи или слизистой оболочки, локализующийся в пределах эпидермиса (эпителия) и заживающий без образования рубца. Э. шейки матки — одна из форм предрака.

ЭРО́ЗИЯ (геол.), процесс разрушения горн. пород и почв вод. потоком. Выделяют поверхностную (смыв склонов) и линейную (образование оврагов), в т.ч. боковую (подмыв берегов) и глубинную (врезание русла в глубину) Э.

ЭРО́ЗИЯ МЕТА́ЛЛОВ, разрушение поверхностных слоёв металлич. изделий под воздействием потока газа, жидкости, тв. частиц, электрич. разрядов или кавитац. явлений. Уменьшение Э.м. достигается нанесением на детали защитных износостойких покрытий, электроизоляц. оболочек и т.п.

Э́РОС, 1) *Эрот*. 2) Любовь; у Платона и в *платонизме* — побудит. сила духовного восхождения, устремлённость к созерцанию идей истинно сущего, добра и красоты.

ЭРО́Т (Эрос), в греч. мифологии бог любви. Ему соответствует рим. Амур (Купидон).

ЭРО́ТИКА (от греч. éros — любовь, страсть), в широком смысле — совокупность всего, что связано с половой любовью, в более узком — психол. аспекты сексуальности, её развития и проявления в общении, моде, иск-ве и т.д.

ЭР-РИЯ́Д (Рияд), столица (с 1932) Саудовской Аравии, в центр. части Аравийского п-ова. 1,5 млн. ж. Междунар. аэропорт. Нефтеперераб., цем. з-ды, переработка с.-х. сырья. Мусульм. и светский ун-ты. В 1821—2-й пол. 19 в. (с перерывами) столица эмирата Саудидов, с 1902 — эмирата Неджд, в 1927—32 — гос-ва Хиджаз, Неджд и присоединённые области».

Э́РРОУ (Аrrоу) (Arrow) Кеннет (р. 1921), амер. экономист. Иссл. в области эконометрии, теории общего экон. равновесия, экон. теории благосостояния, теории управления. Ноб. пр. (1972).

ЭРУДИ́ЦИЯ (от лат. eruditio — учёность, познания), всесторонние познания, широкая осведомлённость.

Э́РЬЗЯ (наст. фам. Нефёдов) Степ. Дм. (1876—1959), мордовский скульптор. В 1906—14 и 1926—50 — за рубежом. Работая преим. с деревом, использовал эффекты его природной формы и фактуры, создавал романтизиров. образы («Дочь инков», 1941).

ЭСА ДИ КЕЙРО́Ш (Eça de Queirόz) Жозе Мария (1845—1900), португ. писатель. Социально-критич. ром. «Преступление падре Амару» (1875), «Кузен Базилиу» (1878), «Знатный род Рамирес» (1897), обнаруживающие воздействие натурализма. В ром. «Реликвия» (1887), сочетающем иронию с элементами фантастики и условности,— проблема взаимоотношения человека и религии. Ром. «Переписка Фрадике Мендеса» (1900) насыщен автобиогр. мотивами.

ЭСКАЛА́ТОР (англ. escalator, от лат. scala — лестница), наклонная ле-

С.Д. Эрьзя. Автопортрет. Дерево. 1947. Мордовская картинная галерея имени Ф.В. Сычкова. Саранск.

стница с движущимися ступенями для перемещения людей в метрополитенах, крупных зданиях между этажами. Скорость движения цепи до 1 м/с, угол её наклона к горизонту 30—35°, выс. подъёма до 65 м. Практич. применение Э. со ступенчатым полотном относится к нач. 20 в. В России первые Э. появились в 1935 на станциях построенного в Москве метрополитена.

ЭСКАПИ́ЗМ (эскейпизм) (от англ. escape — бежать, спастись), стремление личности в ситуациях кризиса, бессилия, отчуждения уйти от действительности в мир иллюзий или фантазии.

ЭСКВА́ЙР (сквайр) (англ. esquire, от лат. scutarius — щитоносец), почётный титул в Великобритании; в ранее средневековье оруженосец рыцаря); термин «Э.» часто употребляется как равнозначный термину «джентльмен».

ЭСКЕЙПИ́ЗМ, см. *Эскапизм*.

ЭСКИ́З (франц. esquisse), предварительный, часто беглый набросок, фиксирующий замысел худ. произв., механизма или отд. его части.

ЭСКИРО́ЛЬ (Esquirol) Жан Этьен Доминик (1772—1840), франц. психиатр, один из основоположников науч. психиатрии, создатель науч. школы. Тр. «О душевных болезнях» (1838) — первое науч. руководство по психиатрии.

ЭСКУЛА́П, в рим. мифологии бог врачевания. Соответствует греч. Асклепию. Перен. (обычно в иронич. смысле) — врач, медик.

ЭСПА́НДЕР (от лат. expando — распростираю, растягиваю), спорт. снаряд, обычно состоящий из 2 ручек, соединённых неск. резиновыми шнурами или пружинами, для развития мышц рук, груди и спины.

ЭСПАНЬО́ЛА, одно из названий о. Гаити в колон. период (1492—1804), другое — Санто-Доминго.

ЭСПАРЦЕ́Т, род гл. обр. многолетних трав (сем. бобовые). Св. 130 видов, в Евразии и Сев. Африке, 3 вида, в т.ч. Э. обыкновенный, или посевной, возделываемый на небольших площадях в Зап. Европе, в России в степных и лесостепных р-нах Европ. части, на Сев. Кавказе, в Зап. Сибири,— кормовые культуры. Урожай-

804 ЭСПЕ

Эспарцет обыкновенный.

ность (ц с 1 га): зелёной массы 250–270, сена 40–45.

ЭСПЕРА́НТО, искусств. междунар. язык. Созд. в 1887 польск. врачом Л.Л. Заменгофом [псевд. на языке Э.– Doktoro Esperanto (надеющийся); отсюда назв. языка]. Строится на основе интернац. лексики. Грамматика предельно проста и строго нормализована. Графика на лат. основе. На Э. существуют значит. оригинальная и переводная лит-ра, поэзия, Э. используется также в средствах массовой информации. Академия Э. осн. в 1908. Издаются учебники, словари. В 1987 по призыву ЮНЕСКО широко отмечен 100-летний юбилей Э.

ЭСПОЗИ́ТО (Esposito) Филип Энтони (Фил) (р. 1942), канад. спортсмен (хоккей с шайбой). Один из результативнейших нападающих в НХЛ (ок. 800 голов). Обладатель Кубка Стэнли (1970 и 1972) и Кубка Канады (1976). С 1986 тренер и ген. менеджер.

ЭССЕ́ (франц. essai – опыт, набросок), малый жанр филос., лит.-критич., ист.-биогр., публицистич. прозы, сочетающий подчёркнуто индивид. позицию автора с непринуждённым, часто парадоксальным изложением, ориентированным на разг. речь (основатель жанра –

М. Монтень; в рус. лит-ре образцы у Ф.М. Достоевского, В.В. Розанова).

ЭСТАКА́ДА (франц. estacade), надземное (надвод.) сооружение мостового типа из железобетона, стали, реже из дерева, камня для пропуска транспорта (пешеходов), прокладки инж. коммуникаций, обеспечения погрузочно-разгрузочных работ и т.д. Состоит из ряда опор (стоек) и пролётных строений.

ЭСТА́МП (франц. estampe), литографский или гравюрный оттиск, отпечаток (обычно подписной авторский оттиск с печатной формы), являющийся станковым произведением худ. графики.

ЭСТАФЕ́ТА (франц. estafette, от итал. staffetta, уменьшит. staffa – стремя), 1) (устар.) срочное сообщение, передаваемое сменяющими друг друга нарочными, преим. конными. 2) Соревнования спорт. команд в беге, плавании и др. – прохождение определ. этапов спортсменами, сменяющими друг друга и передающими (часто условно) друг другу к.-л. предмет, к-рый носит назв. Э.

ЭСТЕРГО́М, г. в Венгрии. 32 т. ж. Порт на Дунае. Маш-ние. Близ Э. – добыча бурого угля; виноградарство и виноделие. Бальнеологич. курорт. Э. – первая столица (10–13 вв.) Венг. кор-ва. На скалистом выступе над городом – крепость и королев. дворец с капеллой 12 в. и ренессансным залом кон. 15 в. Капелла Бакоца (нач. 16 в.).

ЭСТЕ́ТИКА (от греч. aisthetikós – чувственный), филос. дисциплина, изучающая область выразит. форм любой сферы действительности (в т.ч. художественной), данных как самостоятельная и чувственно непосредственно воспринимаемая ценность. Как особая дисциплина вычленяется в 18 в. у А. Баумгартена, введшего самый термин «Э.» для обозначения «науки о чувственном знании» – низш. теории познания, дополняющей логику; у И. Канта Э. – наука о «правилах чувственности вообще». Наряду с этим в нем. классич. Э. 18 – нач. 19 вв. развивается понимание Э. как философии иск-ва, за-

Эстакада над Самотёчной площадью в Москве.

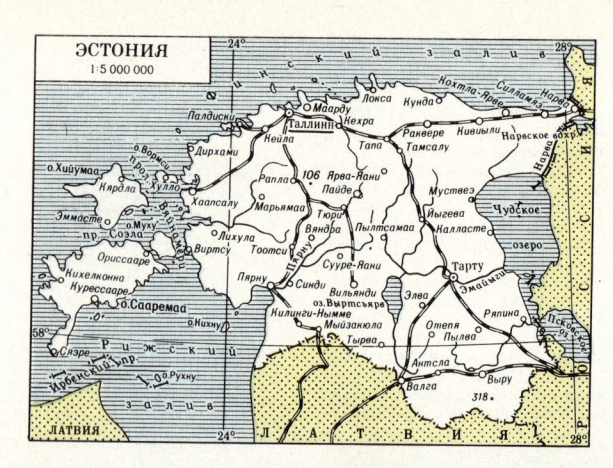

крепляющееся у Г.В.Ф. Гегеля. Осн. проблемой филос.-эстетич. мысли древности, средневековья и в значит. мере нового времени является проблема *прекрасного*.

ЭСТЛЯ́НДИЯ (нем. Estland), ист. название сев. части Эстонии. С 13 в. под властью Дании, Ливонского ордена, со 2-й пол. 16 в. – Швеции. С 1710 Ревельская, в 1783–1917 Эстляндская губ. России.

ЭСТО́НИЯ (Республика Эстония), гос-во на С.-З. Вост. Европы, на побережье Балтийского м. Пл. 45,2 т. км². Нас. 1536 т. ч., гор. 72%; эстонцы (61,5%), русские (30,3%), украинцы (3,1%) и др. Офиц. яз. – эстонский. Большинство верующих – лютеране. Гл. гос-ва – президент. Законодат. орган – Сейм. Столица – Таллин. 15 уездов, 33 города, 23 пос. гор. типа. Ден. единица – эстонская крона.

Протяжённость береговой линии 3700 км. О-ва (св. 1500) занимают 9,2% площади Э. Б.ч. терр. – моренная равнина; на Ю.-В. – возвышенности (выс. до 318 м). Климат переходный от морского к континентальному. Ср. темп-ры февр. –6°С, июля 17°С; осадков до 700 мм в год. Кр. реки: Нарва, Пярну, Эмайыги. Св. 1000 озёр, крупнейшие Чудско-Псковское и Выртсъярв. Нарвское вдхр. Леса (преим. хвойные) занимают св. ⅓ терр. Лахемааский нац. парк. Заповедники: Вийдумяэ, Вильсанди, Матсалу, Нигула.

С 13 в. объект нем., затем дат. экспансии. Во 2-й четв. 13 – сер. 16 вв. терр. Э., завоёванная нем. крестоносцами, составляла часть Ливонии. В кон. 16 в. Э. разделена между Швецией (С.), Речью Посполитой (Ю.) и Данией (о. Сааремаа); в сер. 17 в. вся терр. под властью шведов. По Ништадтскому миру 1721 Э. вошла в состав Рос. империи. В кон. окт. 1917 установлена сов. власть; с 29.11.1918 по 5.6.1919 учредит. Эст. сов. респ. (наз. Эстляндская трудовая коммуна). 19.5.1919 учредит. собрание провозгласило создание независимой Эст. респ.; в 1934 в Э. совершён переворот, установлена диктатура: распущен парламент, в 1935 запрещены все полит. партии. В июле 1940 в Э. были введены советские войска. 21.7.1940 образована Эстонская ССР; 6.8.1940 присоединена к СССР, часть эстонцев депортирована. С дек. 1941 по 1944 оккупирована нем. войсками. В ходе освобождения Сов. Армией терр. Э. восстановлена Эст. ССР в составе

Эстония. Руины монастыря Св. Бригитты в Пирите близ Таллина.

СССР. В 1991 ВС Эст. Респ. принял постановление о гос. независимости Э.

Э. – индустр.-агр. страна. ВНП на д. нас. 3830 долл. в год. Произ-во эл.-энергии на ГРЭС. Ведущие отрасли пром-сти: сланцедоб. и сланцеперераб., маш-ние и металлообработка (электро- и радиотехн. пром-сть, приборостроение и судоремонт), хим. (произ-во минер. удобрений, серной к-ты, моющих средств и др.), деревообр., мебельная, целл.-бум., лёгкая (текст. и др.) и пищ. (мясо-мол., рыбная, кондитерская и др.). С. х-во специализируется на молочно-мясном скот-ве и беконном свин-ве. Посевы кормовых и зерновых культур. Картофелеводство, овощ-во. Экспорт: продукции маш-ния, пищ., лёгкой пром-сти. Мор. транспорт; кр. мор. порты – Таллин и Новоталлинский (в Маарду). Судох-во по р. Эмайыги. Курорты: Пярну, Хаапсалу, Нарва-Йыэсуу, Курессааре.

«ЭСТО́НИЯ», т-р оперы и балета в Таллине, ведущий муз. т-р Эстонии. Осн. в 1865 при любительском муз.-певческом об-ве, в 1906 стал профессиональным. Традиционно ставятся оперы В.А. Моцарта, Дж. Верди, Ж. Бизе, Р. Вагнера, П.И. Чайковского, произв. эст. композиторов – Г. Эрнесакса, Э. Тамберга, В. Тормиса.

Гл. дирижёр (с 1975) — Э. Клас. Среди певцов — Г. Отс, М. Пальм.

ЭСТРАГО́Н (тархун), многолетнее травянистое р-ние рода полынь. Произрастает в Евразии и Сев. Америке. Выращивают во мн. странах как пряную культуру (листья содержат эфирное масло).

Э́СТРУС, то же, что *течка*.

ЭСТУА́РИЙ (от лат. aestuarium — затопляемое устье реки), однорукавное воронкообразное устье реки, расширяющееся в сторону моря. Устья-Э. имеют реки Енисей, Темза, Св. Лаврентия и др.

ЭСХАТОЛО́ГИЯ (от греч. éschatos — последний, конечный и ...*логия*), религ. учение о конечных судьбах мира и человека. Различаются: индивид. Э.— учение о загробной жизни единичной человеческой души; всемирная Э.— учение о цели космоса и истории и их конце.

ЭСХИ́Л (ок. 525–456 до н.э.), др.-греч. поэт-драматург, «отец трагедии». Участник греко-перс. войн. Был свидетелем подъёма афинской демократии; в его творчестве — настроение суровой бодрости и доверия к справедливому устройству мира, но также и страха перед возможным нарушением человеком мировой «меры». Превратил трагедию из обрядового действа в собственно драм. жанр, впервые введя второго актёра и тем самым создал предпосылки для диалогич. конфликта. Форма трагедий Э. сохраняет архаич. монументальность, композиц. симметрию и статичность, хор удерживает ведущую роль, характеристика действующих лиц отличается строгой цельностью, исключающей противоречия и нюансы (трилогия «Орестея»; «Семеро против Фив»). Среди образов

Эсхил.

Э. особое место занимает *Прометей* («Прикованный Прометей»), наделённый чертами борца, сознательно принимающего на себя страдания ради лучшего удела человеческого рода.

Э́ТА, каста париев в ср.-век. Японии. К ней причислялись люди, занимавшиеся «нечистыми» (согласно будд. канонам) профессиями (убой скота и т.д.).

ЭТАЛО́Н (франц. étalon), 1) мера или измерит. прибор, служащие для воспроизведения, хранения и передачи единицы к.-л. величины. Э., утверждённый в качестве исходного для страны и являющийся копией междунар. Э., называется Гос. Э. 2) Перен.— мерило, образец.

ЭТА́Н, C_2H_6, углеводород, бесцв. горючий газ, $t_{кип}$ –88,6 °C. Содержится в нефт. и природных газах. Сырьё в пром. органич. синтезе.

Эстония. Река Нарва.

Эталон. Международный эталон единицы массы килограмма — платино-иридиевая гиря в форме цилиндра диаметром и высотой 39 мм.

ЭТАНО́Л, то же, что *этиловый спирт*.

Э́ТИКА (греч. ēthikē, от ēthos — обычай, нрав, характер), филос. наука, изучающая мораль, нравственность. Термин введён Аристотелем. От стоиков идёт традиц. деление философии на логику, физику и Э., к-рая часто понималась как наука о природе человека, т.е. совпадала с антропологией. «Этика» Б. Спинозы — учение о субстанции и её модусах. Э.— наука о должном в системе И. Канта, к-рый развил идеи т.н. автономной Э. как основанной на внутр. самоочевидных нравств. принципах, противопоставляя её гетерономной, исходящей из к.-л. внешних по отношению к нравственности условий, интересов и целей. В 20 в. М. Шелер и Н. Гартман в противовес кантовской «формальной» Э. долга разрабатывали «материальную» (содержательную) Э. ценностей. Центральной для Э. была и остаётся проблема добра и зла.

ЭТИКЕ́Т (франц. étiquette), установленный порядок, соблюдение опредёл. норм поведения (напр., при дворах монархов, в дипл. кругах и т.п.).

ЭТИЛЕ́Н, $CH_2=CH_2$, углеводород, бесцв. горючий газ, $t_{кип}$ –103,7 °C. В больших кол-вах (до 20%) содержится в газах нефтепереработки; входит в состав коксового газа. Один из осн. продуктов нефтехим. пром-сти; применяется для синтеза винилхлорида, этилового спирта, полиэтилена и др.

ЭТИЛЕНГЛИКО́ЛЬ, $HOCH_2CH_2OH$, вязкая бесцв. жидкость, $t_{кип}$ 197,6 °C. Применяется в произ-ве полиэтилентерефталата, полиуретанов, взрывчатых и душистых в-в, как компонент антифризов. Токсичен.

ЭТИ́ЛОВЫЙ СПИРТ (этанол, винный спирт), C_2H_5OH, бесцв. горючая жидкость с характерным запахом. Получается сбраживанием пищ. сырья, гидролизом растит. материалов и синтетически (из этилена). Пищ. спирт-сырец очищается от сивушного масла ректификацией. Спирт-ректификат ($t_{кип}$ 78,15 °C) содержит ~4,5% воды; может быть

обезвожен и превращён в абсолютный спирт ($t_{кип}$ 78,39 °C). Применяется для получения синтетич. каучука, этилового эфира и др., как растворитель, для приготовления спиртных напитков.

ЭТИ́ЛОВЫЙ ЭФИ́Р (диэтиловый эфир, серный эфир, эфир), $C_2H_5OC_2H_5$, бесцв. легколетучая жидкость, $t_{кип}$ 34,48 °C. Растворитель (в пром-сти применяется ограниченно из-за пожаро- и взрывоопасности), средство для ингаляц. наркоза.

ЭТИМОЛО́ГИЯ (от греч. étymon — истина, истинное значение слова и ...*логия*), 1) происхождение слова или морфемы. 2) Раздел яз-знания, занимающийся изучением первонач. словообразоват. структуры слова и выявлением элементов его древнего значения, изучением источников и процесса формирования словарного состава языка.

ЭТИОЛО́ГИЯ (от греч. aitía — причина и ...*логия*), учение о причинах болезней. Проф. (мед.) употребление термина — как синонима «причины» (напр., грипп — «заболевание вирусной Э.»).

Э́ТНА, действующий вулкан в Европе, на о. Сицилия (Италия). Выс. 3340 м (самый высокий в Европе). Последнее сильное извержение в 1669.

ЭТНОГРА́ФИЯ (от греч. éthnos — племя, народ и ...*графия*) (этнология), наука об этносах (народах), изучающая их происхождение и расселение, быт и культуру. Становление Э. как науки во 2-й пол. 19 в. связано с эволюц. школой (Э. Тайлор, Л.Г. Морган и др.), исходившей из идей единства культуры человечества. С кон. 19 в. исследует региональные культуры и их взаимовлияние (диффузионизм, культурно-ист. школа). Развитие теоретич. Э. в 20 в. связано с концепциями Э. Дюркгейма, З. Фрейда, Л. Леви-Брюля, Б. Малиновского, А. Радклифф-Брауна, К. Леви-Строса и др.

ЭТНО́НИМ (от греч. éthnos — племя, народ и ónyma — имя, название), название одного из видов этнич. общностей: нации, народа, народности, племени, племенного союза, рода и т.п.

Э́ТНОС (греч. éthnos — народ), исторически сложившаяся общность людей с общей культурой, языком и самосознанием. Термин близок к понятию «народ» в этногр. смысле.

ЭТНОЦЕНТРИ́ЗМ (от греч. éthnos — племя, народ и центр) (социол., этногр.), склонность человека оценивать все жизненные явления сквозь призму ценностей своей этнич. группы, рассматриваемой в качестве эталона; предпочтение собств. образа жизни всем остальным.

ЭТОЛО́ГИЯ (от греч. éthos — обычай, нрав, характер и ...*логия*), биол. наука, изучающая поведение ж-ных в естеств. условиях; уделяет преим. внимание анализу генетически обусловленных (наследственных, инстинктивных) компонентов поведения, а также проблемам эволюции поведения. Обширные сведения о поведении ж-ных имелись в трудах естествоиспытателей 18–19 вв. Значит. влияние на развитие Э. оказала зоопсихология, изучающая происхождение и эволюц. развитие психич. способностей ж-ных. В совр. виде Э. возникла в 30-х гг. 20 в. гл. обр. благодаря работам К. Лоренца и Н. Тинбергена. Термин «Э.» ввёл в биологию в 1859 И. Жоффруа Сент-Илер.

ЭТОС (греч. éthos), термин антич. философии, обозначающий характер к.-л. лица или явления; Э. музыки, напр.,— её внутр. строй и характер воздействия на человека. Э. как устойчивый нравств. характер часто противопоставляется *пафосу* как душевному переживанию.

ЭТРУ́СКИ, племена, населявшие в 1-м тыс. до н.э. С.-З. Апеннинского п-ова (обл. Этрурия, совр. Тоскана) и создавшие развитую цивилизацию, предшествовавшую римской и оказавшую на неё большое влияние. Происхождение Э. не выяснено. В кон. 7 в. объединились в союз 12 городов-государств, ок. сер. 6 в. овладели обл. Кампания. В 5–3 вв. до н.э. покорены Римом.

Этруски. Голова Тина из Сатрикума. Нач. 5 в. до н.э. Музей виллы Джулия. Рим.

ЭТУШ Вл. Абр. (р. 1923), актёр, педагог. С 1945 в Т-ре имени Евг. Вахтангова. Наделён сценич. обаянием, с особым успехом исполняет комедийные роли, используя приёмы импровизации и буффонады: Лаунс («Два веронца» У. Шекспира, 1952), Журден («Мещанин во дворянстве» Мольера, 1968), Отто Марвулья («Великая магия» Э.Де Филиппо, 1979) и др. Снимался в ф. «Кавказская пленница» (1967), т/ф «Приключения Буратино» (1975) и др.

ЭТЮ́Д (франц. étude, букв.— изучение), 1) в изобр. иск-ве произв. (обычно подготовительное), исполняемое художником с натуры с целью её изучения. 2) Муз. пьеса, предназначенная для развития техники игры на к.-л. муз. инстр-те. У Ф. Шопена, Ф. Листа, С.В. Рахманинова, И.Ф. Стравинского — виртуозная конц. пьеса. 3) Упражнение, предлагаемое педагогом театр. школы ученику для развития актёрской техники и режиссёрского мастерства или постановщиком спектакля артисту для «вхождения» в сценич. образ.

ЭУКАРИО́ТЫ (от греч. éu — хорошо, полностью и káryon — ядро), организмы (все, кроме бактерий), клетки к-рых имеют оформленное клеточное ядро, отграниченное от *цитоплазмы* ядерной оболочкой. Э. выделяют в особое надцарство, противопоставляемое *прокариотам*.

ЭУТАНА́ЗИЯ, см. *Эйтаназия*.

ЭФЕ́ДРА, род вечнозелёных голосеменных р-ний (сем. эфедровые). Ок. 45 видов, гл. обр. в Средиземноморье, Азии и Америке. Э. хвощовая и нек-рые др. виды содержат алкалоид эфедрин, используемый в медицине.

ЭФИО́ПИЯ, гос-во в Вост. Африке. Пл. 1,2 млн. км², Нас. 52,8 млн. ч., гл. обр. амхара (ок. 40% нас.), оромо (св. 40%), тиграи и др. Офиц. яз.— амхарский. Большинство верующих — христиане и мусульмане. В 1991 установлен временный переходный режим. Глава гос-ва и пр-ва — президент. Законодат. орган — парламент (Совет представителей). Столица — Аддис-Абеба. Адм. терр. деление: 14 провинций. Ден. единица — быр.

Б.ч. терр. занимает Эфиопское нагорье (выс. до 4623 м, г. Рас-Дашэн); на С.-В.— впадина Афар, на Ю.-В.— Эфиопско-Сомалийское плато. Омывается Красным м. Климат тропический пустынный и полупустынный на С.-В., субэкв.— в остальной части. Ср.-мес. темп-ры 13–18 °C (Аддис-Абеба); осадков от 150–600 до 1500–1800 (местами менее 50) мм в год. Кр. реки: Голубой Нил, Аваш, Веби-Шебели. Кустарниковые пустыни и полупустыни, опустыненные саванны в сев., вост. и юж. частях; в юго-зап. части — влажные тропич. леса.

Во 2-й пол. 1-го тыс. до н.э. на терр. Э. существовали разл. гос. образования, в нач. н.э. крупное Аксумское царство (время расцвета 3–6 вв.). В 13 в. упоминается Эфиоп. царство. Во 2-й пол. 19 в. предпринимались попытки преодолеть междоусобицы знати и сосредоточить сильную власть в руках эфиоп. императоров. Э. оказывала успешное сопротивление терр. притязаниям Великобритании, Италии (в 1896 итал. армия была разгромлена в битве при Адуа). В результате итало-эфиоп. войны 1935–36 Э. была захвачена Италией; освобождена в 1941. В 1974 к власти пришли военные, сместившие имп. Хайле Селассие I. С 1974 усилилась гражд. война в стране. Эритрея, за отделение к-рой от центр. пр-ва выступил Нар. фронт освобождения Эритреи. В условиях соц.-экон. кризиса воен. режим пал. В 1993 провозглашена независимость Эритреи. В 1994 избрана Учредительная ассамблея для принятия новой конституции.

Э.— агр. страна. ВНП на д. нас. 110 долл. в год. Продукция с. х-ва составляет св. 80% стоимости экспорта. Гл. отрасль х-ва — растениеводство. Осн. экспортная культура — кофе (55% стоимости экспорта). Возделывают зерновые, зернобобовые, масличные культуры. Разводят кр. рог. скот (1-е место в Африке по поголовью; св. 30 млн. голов), овец и коз. Периодические засухи наносят большой ущерб с. х-ву. Рыб-во. Текст., пищ., кож.-обув., нефтеперераб. пром-сть. Ремёсла: ткачество, обработка кожи, кости, дерева и др. Добыча платины, золота, марганцевой руды.

ЭФИ́Р, то же, что *этиловый эфир*.

ЭФИ́РНЫЕ МАСЛА́, летучие жидкости сложного состава. Вырабатываются р-ниями и обусловливают их запах. Гл. компоненты Э.м.— *терпены*. Применяют в парфюмерии (розовое, жасминное), пищ. пром-сти (мятное, укропное), медицине (мятное, эвкалиптовое).

ЭФИ́РЫ ПРОСТЫ́Е, органич. соединения общей формулы R–О–R, где R — органич. радикал. Растворители, душистые в-ва. Реагенты в органич. синтезе. Низшие Э.п. пожаро- и взрывоопасны. Наиб. распространён *этиловый эфир*.

ЭФИ́РЫ СЛО́ЖНЫЕ, органич. соединения, продукты замещения атомов водорода групп OH в минер. или карбоновых к-тах на органич. радикалы. Растворители (напр., этилацетат), пластификаторы, экстрагенты, лекарств. средства (напр., нитроглицерин), инсектициды, сырьё для синтеза полимеров (напр., метилметакрилат) и др. Гл. составная часть жиров; содержатся в эфирных маслах.

Эфиопия. Стела-монолит в Аксуме. 2–4 вв.

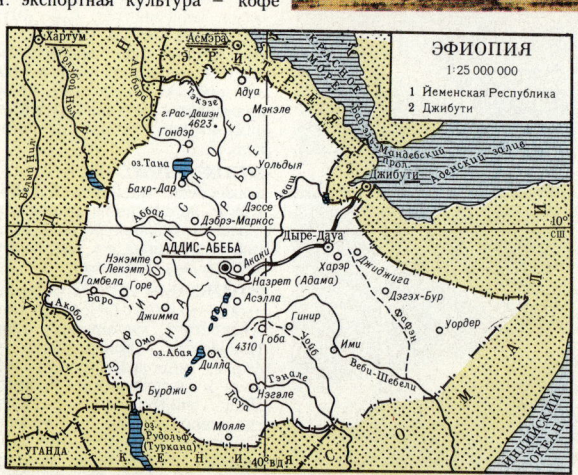

ЭФРО́С Анат. Вас. (Исаевич) (1925–87), режиссёр, педагог. Работал в Центр. дет. т-ре, с 1963 гл. реж. Моск. т-ра имени Ленинского комсомола, с 1967 реж. Моск. т-ра на Малой Бронной, с 1984 гл. реж. Моск. т-ра на Таганке. Свой постановочный стиль Э. наз. «эмоц. математикой»: благодаря точному режиссёрскому расчёту в спектакле складывалась особая система «психофизич. взаимодействия» актёров, определявшая его атмосферу. Постановки Э. обретали лирич. многозначность, одухотворённость. Создавал циклы спектаклей, объединённых общими идеями и темами. Среди его осн. работ: постановки пьес В.С. Розова и Э.С. Радзинского, «Три сестры» А.П. Чехова (1967), «Ромео и Джульетта» У. Шекспира (1970), «Брат Алеша» В.С. Розова (по Ф.М. Достоевскому, 1972), «Дон Жуан» Мольера (1973), «Женитьба» Н.В. Гоголя (1975), «Месяц в деревне» И.С. Тургенева (1977), «Тартюф» Мольера (1981). Работал как режиссёр в кино (ф. «В четверг и больше никогда», 1978) и на ТВ («Всего несколько слов в честь господина де Мольера», 1973; «Страницы журнала Печорина», 1974, и др.) и на радио.

Э́ФЫ, род змей (сем. гадюки). Дл. до 80 см, 5 видов, в пустынях Сев. Африки, Юго-Зап., Юж. и Ср. Азии. Способность к стремит. броскам при защите и нападении и высокотоксичный яд (укус может быть смертелен для ж-ных и человека) делают Э. песчаную одной из наиб. опасных змей. Илл. см. при ст. *Змеи*.

ЭХИ́Н (греч. echínos, букв.— ёж), часть *капители* колонны *дорического ордера* в виде круглой в плане подушки с выпуклым криволинейным профилем; переход от ствола колонны к *абаку*.

ЭХИНОКО́КК, паразитич. червь (сем. *цепни*). Дл. 2,5–5,5 мм. Взрослые Э. живут в кишечнике кошек, собак и др. плотоядных ж-ных. Личинки обитают преим. в печени и лёгких гл. обр. травоядных ж-ных и человека, вызывая заболевание — эхинококкоз.

Э́ХО, в греч. мифологии нимфа; потеряла способность говорить и могла лишь повторять окончания чужих слов в наказание за болтливость; по др. мифу, от безответной любви к Нарциссу так иссохла, что стала невидимой и сохранила лишь голос.

Э́ХО (от имени нимфы Эхо), волна (акустич., эл.-магн.), отражённая от к.-л. препятствия и принятая наблюдателем. Звуковое Э. воспринимается ухом раздельно от первичного сигнала (короткого звукового импульса) лишь в том случае, если оно запаздывает не менее, чем на 0,05–0,1 с. Радиоэхо используется в радиолокации, а звуковое Э.— в гидролокации и в ультразвуковой дефектоскопии.

ЭХОЛО́Т, см. в ст. *Гидролокатор*.

ЭЧМИАДЗИ́Н (до 1945 Вагаршапат), г. в Армении, в 15 км от ж.-д. ст. Эчмиадзин. 60,5 т.ж. Маш-ние, хим., пищевкус. пром-сть. Краеведч. музей, филиал Арм. гос. картинной

Эчмиадзин. Церковь Рипсимэ.

гал., Дом-музей поэта И.М. Иоаннисяна, музей композитора Г.С. Комитаса. Изв. со 2 в. до н.э. Собор (4 в., перестроен в 5 и 7 вв.) и монастырь – центр Арм. апостольской церкви и резиденция католикоса. Храмы – *Рипсимэ* (618), Гаяне (630). Близ Э. – руины храма *Звартноц*.

ЭШПÁЙ Анд. Як. (р. 1925), рос. композитор. Творчеству Э. свойственно органичное претворение фольклорной (марийской и рус.), муз.-бытовой лексики, элементов *джаза*. Концерты, в т.ч. для орк. (1967), инстр-тов с орк.; 6 симф. (1959–89), «Песни горных и луговых мари» для орк. (1983), бал. «Ангара» (1976), «Круг» (1981); хор «Из первого послания к коринфянам Св. апостола Павла» (1988) и др.

Ю

Ю, ю [ю], тридцать вторая буква рус. алфавита; восходит к букве *кириллицы* Ю («ю»).

ЮВЕЛИ́РНОЕ ИСКУ́ССТВО, вид декор. иск-ва: огранка драгоценных и полудрагоценных камней, изготовление худ. украшений, предметов быта и пр. из драгоценных металлов (золота, серебра), часто в сочетании с драгоценными и поделочными камнями; также худ. изделия из др. металлов (бронза, медь), выполненные с тонким мастерством.

ЮВЕНÁЛ (Juvenalis) Децим Юний (ок. 60 – ок. 127), рим. поэт-сатирик. Профессиональный ритор-декламатор. Известен как классик «суровой сатиры». Проникнутые обвинит. пафосом сатиры Ю., в духе стоич. морали, направлены против разл. слоёв рим. общества – от низов до придворных.

Ю́ГЕНДСТИЛЬ (нем. Jugendstil), нем. название стиля *«модерн»*.

ЮГО́РСКАЯ ЗЕМЛЯ́, ист. название в 12–17 вв. Сев. Урала и побережья Сев. Ледовитого ок. от Югорского Шара до устья р. Таз, населённой хантыйскими и отчасти мансийскими племенами. Мелкие племенные кн-ва. Новгородская колония в 12–15 вв. Во 2-й пол. 15 в. постепенно присоединена к Рос. гос-ву.

ЮГО́РСКИЙ ШАР, прол. между о. Вайгач и материком Евразия. Соединяет Баренцево и Карское моря. Дл. 40 км, шир. 3–16 км, наим. глуб. 13–40 м.

ЮГОСЛÁВИЯ (Союзная Республика Югославия), гос-во на Ю. Европы, б.ч. на Балканском п-ове, в басс. Дуная; на Ю.-З. омывается Адриатич. м. Пл. 102,2 т. км². Нас. 10,6 млн. ч., в т.ч. сербы (63%), албанцы (17%), черногорцы (5%), венгры. Офиц. яз. – сербскохорватский. Б.ч. верующих – православные, остальные – мусульмане и католики. Столица – Белград. Ю. – федерация 2 респ.: Сербии (в её составе 2 авт. края – Косово и Воеводина) и Черногории. Глава гос-ва – президент. Законодат. орган – двухпалатная союзная скупщина (Вече граждан и Вече республик). Ден. единица – югославский динар.

Сев. часть Ю. – на юж. окраине Среднедунайской равнины. По правобережью р. Сава и широтного отрезка р. Дунай – хребты и массивы Сербского нагорья и Вост.-Сербские горы. На Ю. – обширные горн. котловины Косово Поле и Метохия. На границе с Албанией в хр. Кораби – высш. точка Ю. (2764 м). На Ю.-З. – Динарское нагорье (г. Дурмитор, выс. до 2522 м), краевые хребты к-рого круто обрываются к Адриатич. м., оставляя узкую полосу побережья. Климат умеренно континентальный, на Адриатич. побережье – средиземноморский. Ср. темп-ры янв. от –1 до 9 °C, июля 19–25 °C; осадков 500–1500 мм в год, в горах близ побережья св. 3000 мм в год. Гл. реки: Дунай, Сава, Тиса, Морава. На границе с Албанией – Скадарское оз. Под лесом (преим. на склонах гор) – св. 29% терр.; на Адриатич. побережье – средиземномор. кустарниковая растительность.

В 1918 образовано Кор-во сербов, хорватов и словенцев (с 1929 – Ю.), включавшее Сербию, Хорватию, Словению, Боснию и Герцеговину, Македонию, Черногорию. В апр. 1941 на Ю. напали нем. войска, оккупировавшие и расчленившие терр. страны. В Ю. развернулась Нар.-освободит. война. Сев.-вост. часть страны была освобождена в 1944 в ходе совм. действий нар.-освободит. армии Ю. и сов. войск. В мае 1945 югосл. армия завершила освобождение Ю. С 1945 Ю. – федеративная респ. (с 1963 – Социалистич. Федеративная Респ. Ю. – СФРЮ), у власти находилась югосл. КП. Было провозглашено создание югосл. модели социалистич. общества на основе самоуправления. С 1980-х гг. нарастали экон., полит. трудности. В 1991 с обострением межнац. противоречий СФРЮ распалась. Из её состава вышли Хорватия, Словения, Босния и Герцеговина, Македония. В 1992 *Сербия* и *Черногория* образовали Союзную Респ. Ю.

Ю. – индустр.-агр. страна. ВНП на д.нас. 3093 долл. в год. Ведущие отрасли пром-сти: цв. металлургия (выплавка алюминия, меди), маш-ние (ж.-д. подвижные составы, автостроение, с.-х., эл.-техн. и др.), хим. (мин. удобрения, целл.-бум., пищевкус. (сах.), маслоб., винодельч.), лёгкая. Добыча бурого угля, руд цв. металлов, нефти, природного газа. Осн. с.-х. культуры – пшеница, сах. свёкла, подсолнечник; плод-во (преим. слива) и виногр-во; на Ю. страны выращивают маслины, инжир, табак, миндаль, цитрусовые. Разведение кр. рог. скота, свин-во, овц-во. Лесозаготовки. Экспорт изделий текст. и швейной пром-сти, машин и оборудования, с.-х. продукции и др.

ЮДЕ́НИЧ Ник. Ник. (1862–1933), военачальник, ген. от инфантерии (1915), один из рук. белого движения

Югославия. Церковь Богородицы в монастыре Студеница в Сербии. 1183–96.

«*Юдифь»*. Картина Джорджоне. 1504–05. Эрмитаж.

на С.-З. России. В 1-ю мир. войну команд. Кавк. армией (1915–16), успешно провёл Эрзурумскую операцию (дек. 1915 – февр. 1916); в апр. – мае 1917 главнокоманд. Кавк. фронтом. В Гражд. войну руководил весенне-летним наступлением 1919 белогв. войск на Петроград; с июня главнокоманд. белогв. войсками на С.-З. России. После провала «похода на Петроград» (окт.–нояб. 1919) с остатками армии отступил в Эстонию. В 1920 эмигрировал.

ЮДИН Ген. Вас. (1840–1912), промышленник, библиофил. В Красноярске собрал б-ку (ок. 100 тыс. тт.; крупнейшая среди рус. частных б-к): прижизненные издания классиков, комплекты газет и журналов 18–19 вв., запрещённые и бесцензурные издания, иностр. книги о России, работы по истории Сибири и Д. Востока; коллекция рукописей (до 500 тыс. ед. хр.). В 1907 после безуспешных попыток продать б-ку в России, продал её Б-ке конгресса США.

ЮДИН Сер. Сер. (1891–1954), хирург. Впервые (1930) произвёл переливание трупной крови человека. Тр. по хирургии желудка и пищевода, неотложной и военно-полевой хирургии, анестезиологии. Создал в Москве клинич. школу. Репрессирован в 1948.

ЮДИНА Мария Вениаминовна (1899–1970), пианистка, педагог. Концертировала с 1921. Отличалась масштабностью худ. мышления, филос. глубиной интерпретаций. Впервые исполнила в России многие соч. отеч. и заруб. композиторов.

ЮДИ́ФЬ, в Библии (Ветхий Завет) вдова, к-рая во время осады её родного города ассирийским полководцем Олоферном отправилась к нему и, пленив красотой, отрубила ему голову во время сна.

808 ЮЖАК

ЮЖАКО́В Сер. Ник. (1849–1910), рос. экономист, публицист и социолог, либер. народник. В своих трудах выдвинул программу реформ с целью поддержки сел. общины и артели. В 1898–1909 ред. 22-томной «Большой энциклопедии» т-ва «Просвещение».

ЮЖИН (Сумбатов) Ал-др Ив. (1857–1927), актёр, театральный деятель, драматург. На сцене с 1876, с 1882 в Малом т-ре (с 1909 управляющий труппой, с 1918 пред. Совета, затем директор). Создал героико-романтич. образы в пьесах Ф. Шиллера, В. Гюго; играл в трагедиях (Макбет – «Макбет» У. Шекспира, 1890, и др.) и комедиях (Фамусов – «Горе от ума» А.С. Грибоедова, 1917, и др.). Автор пьес «Цепи» (1888, Малый т-р), «Измена» (1903, там же) и др.

ЮЖНАЯ АМЕ́РИКА, материк в Зап. полушарии (б.ч. терр.– к Ю. от экватора). На С. соединяется с Сев. Америкой, границу с к-рой проводят по Дарьенскому перешейку, иногда по Панамскому перешейку. Площадь с о-вами [арх. Огненная Земля, Чилийские, Фолклендские (Мальвинские) о-ва, Галапагос и др.] 18,28 млн. км². Нас. 308,8 млн. ч. Расположена между Тихим ок. на З. и Атлантич. ок. на В.; на С. омывается Карибским м., на Ю.– Магеллановым прол. В рельефе выделяются мощный горн. пояс Анд (г. Аконкагуа, 6960 м; высш. точка Ю.А.) на С. и З. (высокая сейсмичность) и равнинно-плоскогорная часть на В. На С.-В. и В. материка возвышаются Гвианское (г. Неблина, 3014 м) и Бразильское (г. Бандейра, 2890 м) плоскогорья, разделённые Амазонской низм. (Амазонией). К В. от Анд лежат низменности Ориноко и Параны с равнинами (Пантанал, Гран-Чако, Междуречье и Пампа); на крайнем Ю., за равнинами Пампы, поднимаются до 2200 м плато Патагонии.

Климат б.ч. субэкв. и тропич., в Амазонии – экв., постоянно влажный, на Ю.– субтропич. и умеренный. В сев. равнинной части Ю.А. до юж. тропика ср.-мес. темп-ры 20–28 °С. Летом (в янв.) они снижаются к Ю. до 10 °С, зимой (в июле) на Бразильском плоскогорье до 12 °С, в Пампе до 6 °С, на плато Патагонии до 1 °С и ниже. Наиб. кол-во осадков в год получают наветренные склоны Анд в Колумбии и Юж. Чили (5–10 тыс. мм), Зап. Амазония и прилегающие склоны Анд, вост. склоны Гвианского и Бразильского плоскогорий (2–3 тыс. мм), на остальной терр. к В. от Анд (до 35° ю.ш.) выпадает в год 1–2 тыс. мм. Засушливы (150–200 мм и менее) к З. от Пампы, Патагония, юж. часть Центр. Анд и особенно тихоокеанский склон между 5 и 27° ю.ш. Большинство рек принадлежит басс. Атлантич. ок.; крупнейшие – Амазонка, Парана с Парагваем, Ориноко. Реки плоскогорий порожисты и, как и в Андах, богаты гидроэнергией. На низменностях кр. реки судоходны. Амазония, вост. склоны плоскогорий и Анд (до 18° ю.ш.) покрыты вечнозелёными влажными экв. и тропич. лесами с ценными видами деревьев (гевея, красное дерево, хинное дерево и др.), на остальных равнинах и плоскогорьях – саванны и редколесья; в субтропиках – прерии, степи и полупустыни, в умеренном поясе на З.– вечно-

Южная Америка. Водопад Текендама на р. Богота в Восточной Кордильере Анд.

зелёные смешанные леса с примесью листопадных, на В.– кустарниковые полупустыни. Очень богатая и своеобразная фауна Ю.А. отличается большим кол-вом эндемиков: ленивцы, широконосые обезьяны, ягуар, пекари, нутрия, морские свинки и др. Из птиц – колибри, нанду, гоацин и др. Разнообразна фауна пресмыкающихся, рыб и насекомых. На терр. Ю.А. расположены 12 гос-в, а также владения Франции и Великобритании.

Ю́ЖНАЯ ОСЕ́ТИЯ (Юго-Осетинская АО), в Грузии. Пл. 3,9 т. км². Нас. 99 т.ч., гор. 51%; осетины (66,2%), грузины (29%), русские (2,2%). 1 город – Цхинвали (центр), 4 р-на, 4 пос. гор. типа.

Расположена на юж. склонах Б. Кавказа (выс. до 3938 м). Климат умеренно тёплый. Ср. темп-ры янв. от –2 до –6 °С (в горах), авг. соотв. 20 и 13 °С; осадков от 500 до 1000 мм в год. Гл. реки – Б. и М. Лиахви. Ок. 48% терр. занимают леса (дуб, бук, граб, ель). Лиахвский заповедник. Осн. отрасли пром-сти: маш.-строит., горнодоб. (руды цв. металлов), лесная и деревообр., пищ. (конс., винодельч., розлив мин. вод и др.). Посевы зерновых (пшеница, кукуруза и др.), сах. свёклы; картофелеводство, овоще-бахчеводство, плод-во, виногр-во. Овц-во. Курорт – Джава.

Ю́ЖНО-АФРИКА́НСКАЯ РЕСПУ́БЛИКА, гос-во на Ю. Африки. Омывается Атлантич. и Индийским океанами. Пл. 1,2 млн. км². Нас. 40,8 млн. ч., в т.ч. африканцы (76%; зулу, коса и др.), метисы (9%), выходцы из Европы (ок. 13%), гл. обр. африканеры (буры) и англичане. Офиц. языки – африкаанс и английский. Верующие – христиане (гл. обр. протестанты), часть придерживается местных традиц. верований; мусульмане, индуисты. Входит в *Содружество*. Глава гос-ва – президент. Законодат. орган – двухпалатный парламент (Сенат и Нац. собрание). Столица – Претория, резиденция парламента – Кейптаун. Адм.-терр. деление: 9 провинций. Ден. единица – рэнд.

ЮАР занимает юж. окраину Юж.-Афр. нагорья, приподнятого по краям (Драконовы горы на В., отд. вершины св. 3000 м) и ограниченного крутыми склонами Б. Уступа. На Ю.– Капские горы. Климат тропич. и субтропич. Ср. темп-ры янв. 18–27 °С, июля 7–10 °С; осадков от 60 мм на побережье Атлантич. ок., 650 мм на плоскогорье до 2000 мм на вост. склонах Драконовых гор. Гл. реки – Оранжевая, Лимпопо. На В.– саванна, южнее 30° ю.ш.– субтропич. и жестколистные вечнозелёные леса и кустарники, на склонах гор – субтропич. и муссонные леса; во внутр. р-нах – опустыненная саванна, степи, кустарниковые полупустыни и пустыня Карру.

В 1652 нидерл. Ост-Индская компания основала на терр. совр. ЮАР Капскую колонию, господствующее положение в к-рой заняли нидерл. колонисты – буры. После захвата Капской колонии Великобританией (окончательно в 1806) б.ч. буров ос-

Южная Америка. Ледник Перито-Морено в Южных Андах.

Южно-Африканская Республика. Река Оранжевая в Драконовых горах.

Южно-Африканская Республика. Йоханнесбург. Высотный комплекс.

Д. Юм.

К.Г. Юнг.

тавила её, основав на захваченных у афр. населения землях респ. Трансвааль и Оранжевое свободное гос-во. В результате англо-бурской войны 1899–1902 бурские респ. были захвачены Великобританией. В 1910 англ. колония и б. бурские респ. объединены в доминион Юж.-Афр. Союз (ЮАС). Массовую борьбу против апартеида возглавил Афр. нац. конгресс (АНК, осн. в 1912, в 1960–90 находился на нелегальном положении). В 1961 пр-во ЮАС объявило о выходе ЮАС из Содружества и провозгласило Юж.-Афр. Респ. (ЮАР). Пр-во правящей Националистической партии пошло на отмену расистского законодательства; были легализованы полит. партии, включая АНК и Юж.-Афр. компартию (осн. в 1921). В 1991 парламент отменил сегрегацию по месту жительства и владению землёй, в 1993 пр-во предприняло шаги по десегрегации образования. В апреле 1994 вступила в силу временная конституция. Первые многорасовые выборы в Нац. ассамблею состоялись в апр. 1994, в июне восстановлено членство ЮАР в Содружестве. Лидер АНК (партии большинства в парламенте) Н. Мандела избран през. ЮАР.

ЮАР — индустр.-агр. страна, наиб. развитое в экон. отношении гос-во Африки. ВНП на д. нас. 2670 долл. в год. На ЮАР приходится 5% терр., 9% нас. Африки, 25% ВВП и св. 40% объёма пром. продукции континента, а также значит. доля в произ-ве ведущих отраслей пром-сти и с. х-ва. ЮАР занимает одно из первых мест в мире по запасам и добыче руд золота, платины, хрома, марганца, сурьмы, ювелирных алмазов. Добывают урановые (2-е место в мире), жел. и медную руды, асбест. Чёрная металлургия, маш-ние; хим., нефтеперераб., цем., текст., пищ. и др. пром-сть. Ведущая отрасль с. х-ва — жив-во (овцы, козы, кр. рог. скот). Осн. с.-х. культуры: кукуруза, пшеница, сах. тростник, хлопчатник, а также сорго, арахис, табак, цитрусовые и др. Лесное х-во. Рыб-во. Экспорт золота, металлов и металлоизделий, драгоценных камней, в т.ч. бриллиантов, и др.

ЮЖНО-КИТАЙСКОЕ МОРЕ, на З. Тихого ок., у берегов Юго-Вост. Азии, между п-овами Индокитай и Малакка, о-вами Калимантан, Филиппинскими и Тайвань. Пл. 3537 т. км², глуб. до 5560 м. Кр. о-в — Хайнань. Летом и осенью часты тайфуны. Рыб-во (тунец, сельдь, сардины).

Порты: Бангкок (Таиланд), Хошимин, Хайфон (Вьетнам), Сянган (Сянган), Гуанчжоу (Китай), Манила (Филиппины).

ЮЖНО-САХАЛИНСК, г., центр Сахалинской области, в России. 164,8 т.ж. Ж.-д. уз.; аэропорт. Пищ. (гл. обр. рыбная), деревообр., металлообр. и др. пром-сть. 2 вуза. Краеведч. и худ. музеи. Т-ры: драм. имени А.П. Чехова, кукол. Осн. в 1882.

ЮЖНЫЙ БЕРЕГ КРЫМА, узкая (от 2 до 8 км) полоса (дл. ок. 150 км) побережья Крымского п-ова, от мыса Айя на З. до массива Карадаг на В. Комфортный субтропич. климат средиземноморского типа; Ю.б.К.– популярный курортный р-н, включающий климатич. курорты Алупка, Алушта, Гурзуф, Ливадия, Симеиз, Ялта и др.

ЮЖНЫЙ ОКЕАН, условное название прилегающих к Антарктиде юж. частей Атлантич., Индийского и Тихого океанов.

ЮЖНЫЙ ПОЛЮС, точка пересечения воображаемой оси вращения Земли с её поверхностью в Юж. полушарии. Находится в пределах Полярного плато Антарктиды на выс. 2800 м. Впервые Ю.п. достигла норв. экспедиция под рук. Р. Амундсена в 1911.

ЮЗ Джон (1814–89), рос. предприниматель, инженер, изобретатель. По происхождению англичанин. По договору с рос. пр-вом в 1869 основал Новорос. акц. об-во, построил в Донбассе первое на Ю. России металлург. пр-тие — чугуноплавильный и железоделат. з-д, а также 10 угольных шахт (1871–80) и заводской пос. Юзовка (ныне Донецк).

ЮКАВА Хидэки (1907–81), япон. физик-теоретик. Развивая теорию обменного взаимодействия в атомном ядре, пришёл к гипотезе существования частиц с массой, равной 200 электронных масс (1935); такие частицы — мезоны — были экспериментально обнаружены в 1947. Построил теорию мезонов. Иссл. по физике элементарных частиц. Ноб. пр. (1949).

ЮЛИАН ОТСТУПНИК (Julianus Apostata) (331–363), рим. император с 361. Получил христ. воспитание, став императором, объявил себя сторонником языч. религии, реформировав её на базе неоплатонизма; издал эдикты против христиан. От христ. церкви получил прозвище Отступник.

ЮМ (Hume) Дейвид (1711–76), англ. философ, историк, экономист. Сформулировал осн. принципы агностицизма. В «Трактате о человеческой природе» (1748) развил учение о чувств. опыте (источнике знаний) как потоке «впечатлений», причины к-рых непостижимы. Проблему отношения бытия и духа считал неразрешимой. Отрицал объективный характер причинности и понятие субстанции. В этике развил концепцию утилитаризма, в политэкономии разделял трудовую теорию стоимости А. Смита. Учение Ю.– один из источников философии И. Канта, позитивизма и неопозитивизма.

ЮМОР (англ. humour), особый вид комического, сочетающий насмешку и сочувствие, внешне комич. трактовку и внутр. причастность к тому, что представляется смешным. В отличие от «разрушительного смеха» и «смеха превосходства» (в т.ч. иронии), в Ю. под маской смешного таится серьёзное отношение к предмету смеха и даже оправдание «чудака», что обеспечивает Ю. более целостное отражение противоречия явления. Личностная (субъективная) и «двуликая» природа Ю. объясняет его становление в эпоху Позднего Возрождения и дальнейшее освоение и осмысление в эпоху романтизма. Классич. образцы Ю.– у Сервантеса, Л. Стерна, Ч. Диккенса, Н.В. Гоголя, А.П. Чехова.

ЮМОРЕСКА, муз. пьеса юмористич. характера, обычно для фп., близкая скерцо. Впервые — у Р. Шумана.

ЮН ИСАН (р. 1917), кор. композитор, педагог. Совершенствовался во Франции и Германии. Работает в Германии (в 1969–89 в Зап. Берлине). В творчестве сочетает принципы древнего муз. иск-ва Д. Востока (преим. корейского) и совр. композиторскую технику. Автор опер (в т.ч. «Сон Лю Туна», 1965), симф. и камерно-инстр. произв. и др.

ЮНГ (Jung) Карл Густав (1875–1961), швейц. психолог и философ, основатель «аналитич. психологии». Развил учение о коллективном бессознательном, в структуре к-рого (т.н. архетипы) видел источник общечеловеческой символики, в т.ч. мифов и сновидений («Метаморфозы и символы либидо», 1912). Оказал влияние на культурологию, сравнит. религиеведение и исследования мифологии.

ЮНГ (Young) Томас (1773–1829), англ. физик, один из создателей волновой оптики. К 14 годам изучил дифференциальное исчисление, мн. языки, владел токарным ремеслом, мастерил разл. приборы. Изучал медицину, зоологию, математику, филологию (пытался расшифровать тексты Розеттского камня), геофизику, руководил изданием «Морского календаря» и т.д. Наиб. фундам. труды — по физике, в частности по оптике и акустике. Выступил в защиту волновой природы света, предложил (1801) принцип суперпозиции (сложения) световых волн, объяснил с этих позиций интерференцию, дифракцию, измерил длины волн света разл. цветов. Выдвинул идею поперечности световых волн (1817). Исследовал деформацию сдвига, ввёл модуль упругости (модуль Ю.).

ЮНГЕР Елена Вл. (р. 1910), актриса. На сцене с 1930. С 1936 в Ленингр. т-ре комедии. Для Ю. характерно тонкое чувство жанра и стиля, игра окрашена лёгкой, изящной иронией: Принцесса («Тень» Е.Л. Шварца, 1940, 1960), Диана («Собака на сене» Лопе де Веги, 1936), Виола («Двенадцатая ночь» У. Шекспира, 1938), Патрик Кэмпбел («Милый обманщик» Дж. Килти, 1962) и др.

ЮНГЕР (Jünger) Эрнст (р. 1895), нем. писатель и философ. Тезис противостояния герм. и слав. миров, трактовка войны как «глубочайшего жизненного переживания» — в воен. дневниках «В стальных грозах» (1920); идеи паневропеизма и защиты традиц. ценностей Запада (трактат «Мир», 1945), опирающихся на внутр. силу свободной и независимой личности, с иррационально-нигилистич. скепсисом констатирующей кризис гуманистич. культуры в эпоху техн. цивилизации, — в филос.-эссеистской кн. «У стены времени» (1959), романе-антиутопии «Гелиополис» (1949), ром. «Стеклянный улей» (1957). Дневники (1965–1980)» (т. 1–2, 1980–81); тр. по проблемам языка и поэтики («Тайны языка», 1934–47).

ЮНЕСКО (Организация Объединённых Наций по вопросам образования, науки и культуры) (UNESCO, United Nations Educational, Scientific and Cultural Organisation), междунар. межправительств. орг-ция, специализированное учреждение ООН. Начала функционировать в 1946. Гл. уставная цель ЮНЕСКО – способствовать делу мира и безопасности, содействуя сотрудничеству между странами в вопросах науки, культуры и информации. ЮНЕСКО организует проведение исследований и науч. конференций, стимулирует деят-ность, в т.ч. в сфере охраны Всемирного наследия; курирует спец. программы в области естеств. наук (напр., «Человек и биосфера»). Членами ЮНЕСКО являются более 160 гос-в.

ЮНИО́Р (лат. junior – младший), спортсмен, как правило, в возрасте 19–22 лет (напр., в теннисе – 19–20 лет). Во мн. видах спорта среди команд Ю. (молодёжных команд) проводятся соревнования, в т.ч. чемпионаты Европы и мира.

ЮНИСЕ́Ф, см. *Детский фонд ООН*.

ЮНО́НА, в рим. мифологии богиня – покровительница брака, материнства, женщин, супруга Юпитера. Соответствует греч. Гере.

Юнона Сосmumа. Мрамор. 2-я пол. 2 в. н.э. Ватиканские музеи.

ЮОН Конст. Фёд (1875–1958), живописец, театральный художник. Чл. объединения «Мир искусства» и *Союза русских художников*. Красочные пейзажные («Мартовское солнце», 1915; «Купола и ласточки», 1921) и тематич. («Новая планета», 1921) картины, портреты (автопортрет, 1953), оформление спектаклей (опера «Хованщина» М.П. Мусоргского, 1940, Большой т-р, Москва).

Юпитер. Мрамор. 1 в. н.э. Эрмитаж.

ЮПИ́ТЕР, в рим. мифологии бог неба, дневного света, грозы, царь богов. Соответствует греч. Зевсу.

ЮПИ́ТЕР (астр. знак ♃), крупнейшая планета Солнечной системы, ср. расстояние от Солнца 5,2 а.е. (778 млн. км), экв. диам. ок. 142 800 км, полярный – ок. 134 100 км, масса $1,9 \cdot 10^{27}$ кг (317,8 массы Земли). Представляет собой газожидкое тело, твёрдой поверхности не имеет. Состоит в осн. из водорода и гелия. В верх. слоях Ю. (атмосфере) наблюдаются бурные движения, грозовая активность. Период обращения вокруг Солнца 11,9 года, период вращения вокруг своей оси 9 ч 50,5 мин (для экв. зоны) и 9 ч 45 мин (для полярной зоны). Открыто 16 спутников Ю. [крупнейшие – Ганимед (диам. ок. 5260 км), Каллисто (ок. 4800 км), Ио (ок. 3600 км), Европа (ок. 3130 км) – т.н. галилеевы спутники Ю., состоят в осн. из «скальных» пород и водяного льда]. Обнаружено кольцо шириной ок. 6000 км и толщиной ок. 1 км, состоящее из частиц размером от неск. мкм до неск. метров.

ЮППЕ́Р (Huppert) Изабель (р. 1955), франц. киноактриса. Тонкая психол. манера, деликатность постижения жен. характеров в ф.: «Кружевница» (1977), «Вторая жена», «Истинная история дамы с камелиями» (оба 1980), «История Пьеры» (1983), «Мадам Бовари» (1991).

ЮРА́ Гнат Петр. (1887/88–1966), актёр, режиссёр, педагог. На сцене с 1907. В 1920 один из основателей, до 1961 гл. реж. Укр. т-ра имени И.Я. Франко (Киев). Нар. юмор, сочность бытовых характеристик в ролях: Копыстка («97» М.А. Кулиша), Фигаро («Женитьба Фигаро» П. Бомарше) и др. Пост. «Мина Мазайло» Кулиша (1925), «Диктатура» И.К. Микитенко (1929), «В степях Украины» А.Е. Корнейчука (1940), «Горькая доля» М.П. Старицкого (1958). Снимался в ф.: «Тарас Шевченко» (1951) и др.

ЮРА́ [юрская система (период)] (названа по Юрским горам в Зап. Европе), второе подразделение *мезозоя*, обозначающее комплекс пород и период геол. истории, в течение к-рого они сформировались (см. *Геохронология*). Длительность 53 млн. лет. Подразделяется на 3 отдела. Выделена в 1822 нем. учёным А. Гумбольдтом.

ЮРГЕНСО́Н Пётр Ив. (1836–1903/04), основатель муз. изд-ва в Москве (1861, ныне «Музыка»); в 1897 открыл отделение фирмы в Лейпциге. Первый и основной издатель соч. П.И. Чайковского.

ЮРИДИ́ЧЕСКОЕ ЛИЦО́, см. *Лицо юридическое*.

ЮРИЙ ДОЛГОРУ́КИЙ (90-е гг. 11 в. – 1157), князь суздальский и вел. князь киевский, сын Владими-

И. Юппер в фильме «Истинная история дамы с камелиями».

Юпитер: а – верхний слой облаков состоит в основном из кристаллов аммиака; б – большое красное пятно – гигантский устойчивый антициклон.

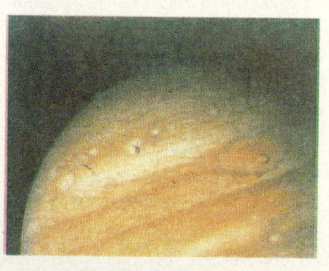

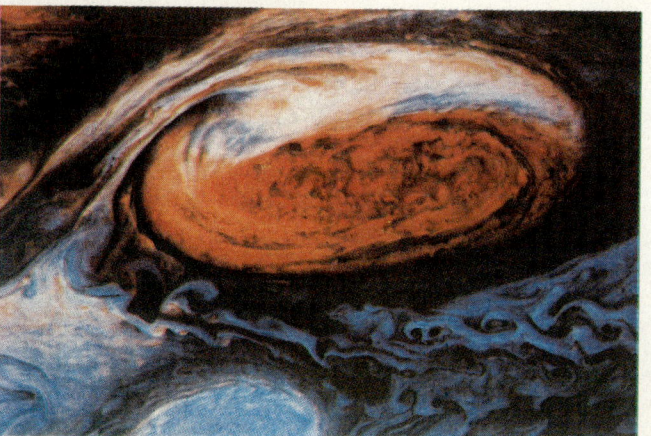

ра II Мономаха. В 1125 перенёс столицу Ростово-Суздальского кн-ва из Ростова в Суздаль. С нач. 30-х гг. боролся за юж. Переяславль и Киев (за что получил прозвище Долгорукий). В 1155 вторично овладел Киевом. По его приказу в 1156 укреплена Москва. По-видимому, отравлен киевскими боярами.

ЮРИСДИ́КЦИЯ (от лат. jurisditio – суд, судопроизводство), круг полномочий суд. или адм. органа по правовой оценке конкретных фактов, в т.ч. по разрешению споров и применению предусмотренных законом санкций.

ЮРЛО́В Ал-др Ал-др. (1927–73), хоровой дирижёр, муз.-обществ. деятель. С 1958 рук. Респ. рус. хоровой капеллы (с 1973 – имени Ю.). Ввёл в конц. репертуар произв. рус. духовной музыки 16–18 вв.; впервые исполнил мн. хоровые произв. отеч. авторов (в т.ч. Г.В. Свиридова).

ЮРО́ДИВЫЕ, на Руси аскеты, обладавшие, по мнению верующих, даром прорицания. В народе почитались святыми. Нек-рые канонизированы Рус. правосл. церковью. Наиб. известны: монах Киево-Печерского мон. Исаакий (11 в.), в Москве – Василий Блаженный (16 в.) и др.

ЮРСЕНА́Р (Yourcenar) (наст. фам. Крайянкур) Маргерит (1903–87), франц. писательница. С 1939 в США. Философские, построенные как ист. стилизации ром. «Воспоминания Адриана» (1951; из времён имп. Рима), «Философский камень» (1968; из эпохи Возрождения), развивающие темы «связи времён», религии и культуры, «божественности» человека. Автобиогр. кн. «Благословенные воспоминания» (1974). Переводы, в т.ч. спиричуэлс.

ЮРСКИЙ Сер. Юр. (р. 1935), актёр, режиссёр. С 1957 в Ленингр. Большом драм. т-ре, с 1979 в Моск. т-ре имени Моссовета. В 1992 организовал в Москве «АРТель АРТистов Сергея Юрского». Среди ролей: Чацкий («Горе от ума» А.С. Грибоедова, 1962), Осип («Ревизор» Н.В. Гоголя, 1972), Тесман («Гедда Габлер» Г. Ибсена, 1983) и др. Актёр интеллектуального склада, ироничный, склонный к гротеску и эксцентрике, к раскрытию драм. сущности роли через остроxaрактерный рисунок. Известен как чтец. Снимался в ф.: «Время, вперёд!» (1966), «Золотой телёнок» (1968), т/ф «Место встречи изменить нельзя» (1979) и др. Поставил спектакли «Правда – хорошо, а счастье лучше» А.Н. Островского (1980), «Игроки-XXI» по Н.В. Гоголю (1992, МХАТ имени А.П. Чехова и «АРТель АРТистов Сергея Юрского») и др.; ф. «Чернов. Chernov» (1990).

ЮРТА (тюрк.), переносное жилище из войлока у народов Центр. и Ср. Азии и Сибири. Преим. круглое в плане с куполообразной крышей.

ЮРЬЕВ Вас. Як. (1879–1962), один из основоположников селекции зерновых культур в России. Создал мн. сортов пшеницы, кукурузы, ржи, ячменя, проса.

ЮРЬЕВ Юр. Мих. (1872–1948), актёр, педагог. С 1893 в Александринском т-ре (Ленингр. академич. т-р драмы имени А.С. Пушкина); в 1922–28 возглавлял этот т-р. Основал в Петрограде Т-р трагедии (1918), один из организаторов Большого

Юрта.

драм. т-ра (1919). Представитель героико-романтич. школы рус. актёрского иск-ва: Дон Жуан («Дон Жуан» Мольера, 1910), Арбенин («Маскарад» М.Ю. Лермонтова, 1917), Эдип («Царь Эдип» Софокла, 1918, 1925), Несчастливцев («Лес» А.Н. Островского, 1936) и др.

ЮРЬЕВ ДЕНЬ (весенний и осенний), название церк. праздников, посв. христ. святому — Георгию (Егорию, Юрию) Победоносцу. Празднуются 23 апреля ст. ст. (кончина) и 26 ноября ст. ст. (чудо Св. Георгия о змие и девице — известный житийный, иконописный, фольклорный и лит. сюжет). Ю. д.— осн. вехи нар. агр. календаря. В России 15–16 вв. Ю. д. (осенний) — время перехода крестьян от одного землевладельца к другому. Судебник 1497 установил срок перехода за неделю до Ю. д. и неделю после. Отменён указом о заповедных летах в 1580–90-х гг. (см. *Крепостное право*).

ЮРЬЕВ МОНАСТЫРЬ (Георгиев), мужской, в Новгороде, осн. на лев. берегу р. Волхов ок. 1030 (или не позднее 1119). Упразднён в 1920. В 1991 возвращён Рус. правосл. церкви. Сохранились Георгиевский собор (12 в.), постройки 19 в.

ЮРЬЕВА Изабелла Дан. (р. 1902), рос. эстрадная певица (контральто). На эстраде с 1925. Прославилась как исполнительница *цыганских романсов*, а также вок. миниатюр и лирич. произв. рус. композиторов.

ЮРЬЕВ-ПОЛЬСКИЙ (Юрьев-Польской), г. во Владимирской обл., в России, на р. Колокша. 22,2 т.ж. Ж.-д. ст. Текст., пищ. пром-сть; з-д «Промсвязь». Филиал Владимиро-Суздальского ист.-архит. и худ. музея-заповедника. Осн. в 1152 Юрием Долгоруким. Памятник владимиро-суздальской школы зодчест-

Юрьев-Польский. Георгиевский собор.

ва — Георгиевский собор (1230–34, перестроен в 15 в. после падения сводов) с богатейшей орнаментальной резьбой фасадов. Михаило-Архангельский мон. (осн. в 13 в.).

ЮСТИНИАН I (482 или 483–565), визант. император с 527. Завоевал Сев. Африку, Сицилию, Италию, часть Испании. Провёл кодификацию рим. права (Корпус юрис цивилис), поощрял стр-во (храм Св. Софии в Константинополе, система крепостей по Дунайской границе).

ЮСТИРОВКА, проверка и наладка оптико-механич. приборов.

ЮСТИЦИЯ (лат. justitia) 1) правосудие. 2) Система суд. учреждений.

ЮСУПОВЫ, рос. князья (с 16 в.) из рода крупных ногайских землевладельцев. Наиб. известны: Григ. Дм. (1676–1730), участник Азовских походов и Сев. войны, ген.-аншеф (1730), возглавлял Воен. коллегию (1727–30); Ник. Бор. (1750–1831), мин. Деп. уделов (1800–16), чл. Гос. совета (с 1823). Дир. имп. театров (1791–96). Владелец усадьбы *Архангельское*, меценат. По муж. линии род Ю. прекратился в 1891. По особому распоряжению имп. Александра III титул и фамилия Ю. перешли к мужу Зин. Ник. Ю. (1861–1939) — графу Феликсу Феликсовичу Сумарокову-Эльстону (1856–1928); их сын Феликс Феликсович Ю. (1887–1967), организатор и участник убийства Г.Е. Распутина. С 1919 в эмиграции; автор воспоминаний.

ЮСЫ, большой и малый, буквы кириллич. алфавита, первонач. обозначавшие особые носовые гласные: юс большой ѫ — «о» носовое, юс малый ѧ — «е» носовое (см. также Я). Соотв. буквы были и в *глаголице*. Из рус. алфавита исключены в 1708–10 (реформой Петра I).

ЮТКЕВИЧ Сер. Иос. (1904–85), режиссёр, теоретик кино, педагог. Снимал на «Ленфильме» и «Мосфильме». Начинал как художник и режиссёр в т-ре; эксперим. поиски кон. 20-х гг. (ф. «Кружева», «Златые горы») продолжал в 60–70-х гг. (ф. «Баня» (1962, совм. с А.Г. Карановичем), «Сюжет для небольшого рассказа» (1970), «Маяковский смеётся» (1976)). В 30–40-х гг. пост. ф.: «Встречный» (совм. с Ф.М. Эрмлером), «Яков Свердлов», ф. о Ленине («Человек с ружьём», 1938, «Ленин в Польше», 1966, и др.). Пост. пьесы В.В. Маяковского в Моск. т-ре сатиры: «Баня», 1953, совм. с Н.В. Петровым и В.Н. Плучеком; «Клоп», 1955, с Плучеком).

ЮТЛАНДИЯ, п-ов в Европе (Дания, Германия). Пл. ок. 40 т. км². Омывается Сев. и Балт. морями. Поверхность — преим. холмисто-моренная равнина выс. до 173 м. Хвойные и широколист. леса, верещатники.

ЮФТЬ, кожа комбинир. *дубления* с предварит. обработкой жиром (жированием), выделываемая из шкур кр. рог. скота, свиней, лошадей. Характеризуется значит. толщиной и водостойкостью. Из Ю. изготовляют верх рабочей обуви, шорно-седельные изделия.

Я

Я, я [я], последняя, тридцать третья буква рус. алфавита; восходит к букве *кириллицы* ѧ («юс малый»).

«ЯБЛОКО РАЗДОРА», в греч. мифологии яблоко с надписью «прекраснейшей», подброшенное богиней раздора Эридой на свадебном пиру смертного Пелея и богини Фетиды; послужило причиной спора между богинями Герой, Афиной и Афродитой; было присуждено Парисом Афродите за обещание дать ему любовь Елены.

Т.Н. Яблонская. «Безымянные высоты». 1969. Третьяковская галерея.

ЯБЛОНСКАЯ Тат. Ниловна (р. 1917), укр. живописец. Поэтич. жизнеутверждающие картины, посв. труду и быту укр. народа («Хлеб», 1949; «Лён», 1977), обобщённые образы, проникнутые глубоким раздумьем о жизни («Вечер. Старая Флоренция», 1973).

ЯБЛОНЯ, род древесных р-ний (сем. розоцветные). 25–30 видов, гл. обр. в Ср. и Вост. Азии, на Кавказе. В культуре (не менее 5 тыс. лет) Я. домашняя, выращиваемая во всём мире, особенно широко в Европе и Америке (США, Канада); в России — почти повсеместно (наиб. распространённая плод. культура). Дерево выс. 4–8 м (иногда до 20 м) или кустарник 0,5–3 м, живёт 50–80 (иногда более 100) лет. Св. 10 тыс. сортов, из отечественных наиб. известны: Анис, Антоновка, Белый налив, Боровин-

Яблоня. Плод с листьями.

ка, Коричное полосатое, Ренет Симиренко и др. Плоды (до 400 кг с дерева) богаты витаминами, пектинами, железом. Древесина идёт на столярные изделия и разл. поделки.

ЯБЛОЧКИНА Ал-дра Ал-др. (1866–1964), актриса, театральный деятель. На сцене с 1885. С 1888 в Малом т-ре. Простота и изящество, тщательность отделки сценич. рисунка в ролях: Софья («Горе от ума» А.С. Грибоедова, 1888), Гурмыжская («Лес» А.Н. Островского, 1921), Королева («Стакан воды» Э. Скриба, 1923/24), Горицвет («Крылья» А.Е. Корнейчука, 1955; роль написана для Я.) и др. С 1915 пред. Рус. (с 1932 Всерос.) театрального об-ва.

ЯБЛОЧКОВ Пав. Ник. (1847–94), рос. электротехник, изобретатель и предприниматель. Изобрёл дуговую лампу без регулятора («свеча Я.»; патент 1876), разработал и внедрил систему электрич. освещения на однофазном перем. токе (1876–78). Работал над созданием электрич. машин, источников тока и др. Один из инициаторов создания электротехн. отдела Рус. техн. об-ва и ж. «Электричество».

ЯВА, о-в в группе Б. Зондских о-вов Малайского арх., терр. Индонезии. Пл. 126,5 т. км². Нас. (с о. Мадура) 96,4 млн. ч., один из самых густонаселённых р-нов земного шара. Горист, св. 100 вулканов (в т.ч. ок. 30 действующих), выс. до 3676 м (вулкан Семеру); на С.— холмистые равнины. Часты землетрясения. Вечнозелёные и листопадные тропич. леса, на В.— саванны. М-ния нефти. Кр. города — Джакарта, Бандунг, Сурабая.

ЯВОРОВ (наст. фам. Крачолов) Пейо (1878–1914), болг. писатель. Виртуозно-напевный, отличающийся ритмич. многообразием стих (сб. «Стихотворения», 1901, 1904, «Бес-

«Яблоко раздора». «Суд Париса». Картина П.П. Рубенса. 1638–39. Прадо.

сонница», 1907). Социально-психол. пьеса «У подножья Витоши» (1911).

ЯГА́ЙЛО (Ягелло) (Jagiełło) Владислав (ок. 1350-1434), вел. князь литовский в 1377-92, король польский с 1386. Основатель династии Ягеллонов. В Грюнвальдской битве 1410 команд. польск.-литов.-рус. армией.

Я́ГВЕ, см. *Яхве*.

ЯГУА́Р, хищное млекопитающее (сем. кошки). Длина тела до 2 м, хвоста до 70 см, масса 68-136 кг. Окраска жёлто-рыжая с чёрными кольцами и пятнами. Обитает в тропич. и субтропич. лесах Америки. Я. хорошо лазают и плавают. Под угрозой исчезновения, всюду охраняется. Илл. см. при ст. *Кошки*.

Я́ДЕРНАЯ СИЛОВА́Я УСТАНО́ВКА, содержит ядерный реактор и паро- или газотурбинную установку для преобразования тепловой энергии, выделяющейся в реакторе, в механич. и электрич. энергию. Используется гл. обр. на атомных ледоколах и воен. кораблях для вращения гребных винтов.

Я́ДЕРНАЯ ФИ́ЗИКА, раздел физики, в к-ром изучаются структура и свойства атомных ядер и их превращения – радиоактивный распад, деление ядер, ядерные реакции. В 1895 А. Беккерель открыл явление радиоактивности. В 1911 Э. Резерфорд установил, что в центре атома находится тяжёлое положительно заряженное ядро ничтожно малого по сравнению с атомом размера, в к-ром сосредоточена почти вся масса атома. В 1932 установлено, что *ядро атомное* состоит из протонов и нейтронов, в 1935 предложена идея ядерных сил, удерживающих эти частицы в ядре. В дальнейшем в Я.ф. определилось неск. направлений: физика ядерных реакций, нейтронная физика, ядерная спектроскопия и др.; в самостоят. разделы выделились физика элементарных частиц, физика и техника ускорителей заряженных частиц. Изучение деления ядер в 1940-50-х гг. привело к открытию цепных реакций деления ядер урана, созданию ядерных реакторов (Э. Ферми, 1942), ядерной энергетики и *ядерного оружия*. Был открыт также термоядерный синтез лёгких ядер в звёздах (см. *Солнце*), создано термоядерное оружие, начаты работы по осуществлению *управляемого термоядерного синтеза*. Результаты и методы исследования Я.ф. получили применение как в др. областях физики, так и в химии, биологии, геологии, технике, медицине и др. Развитие Я.ф. привело к необходимости решения проблем, связанных с воздействием радиации на природную среду и человека, захоронением ядерных отходов и т.п.

Я́ДЕРНАЯ ЭНЕ́РГИЯ (атомная энергия), внутр. энергия атомных ядер, выделяющаяся при нек-рых *ядерных реакциях*. Использование Я.э. основано на осуществлении цепных реакций деления тяжёлых ядер и реакций термоядерного синтеза лёгких ядер (см. *Деление атомных ядер*, *Ядерные цепные реакции*, *Управляемый термоядерный синтез*).

Я́ДЕРНОЕ ОРУ́ЖИЕ, оружие массового поражения взрывного действия, основанное на использовании внутр. энергии атомного ядра, включает разл. ядерные боеприпасы, средства их доставки к цели и средства управления. По мощности зарядов и дальности действия делится на тактич., оперативно-тактическое и стратегическое. Впервые применено США в авг. 1945 при бомбардировках япон. городов Хиросима и Нагасаки. Запрещение испытаний и применения Я.о. – одна из важнейших проблем современности. В 60-х гг. были заключены: Договор о запрещении испытаний Я.о. в атмосфере, космическом пространстве и под водой (т.н. Московский договор, 1963), Договор о нераспространении Я.о. (1968), Договор о запрещении размещения на дне морей и океанов Я.о. (Договор о морском дне, 1970) и др. В 90-х гг. между СССР и США заключено неск. договоров о сокращении ядерных вооружений. Нек-рые ядерные державы (в т.ч. Россия, США) заявили о моратории на испытания Я.о.

Я́ДЕРНОЕ ТО́ПЛИВО, служит для получения энергии в *ядерном реакторе* в результате ядерной цепной реакции. Обычно представляет собой смесь, содержащую как делящиеся ядра, напр. ^{235}U, так и ядра ^{238}U или (и) ^{232}Th, способные в результате захвата нейтронов образовывать делящиеся ядра ^{233}U и ^{239}Pu, не существующие в природе. Иногда Я.т. наз. «ядерным горючим», хотя этот термин чаще применяют для обозначения только делящихся ядер.

Я́ДЕРНЫЕ РЕА́КЦИИ, превращения атомных ядер при взаимодействии с элементарными частицами, γ-квантами или друг с другом. Я.р. используются в эксперим. ядерной физике (исследование свойств элементарных частиц, получение *трансурановых элементов* и др.), извлечении и применении ядерной энергии и др. Я.р. – осн. процесс произ-ва энергии светящихся звёзд.

Я́ДЕРНЫЕ СИ́ЛЫ, силы, удерживающие нуклоны (протоны и нейтроны) в ядре. Я.с. действуют только на расстояниях не более 10^{-13} см, в 100-1000 раз превышают силу взаимодействия электрич. зарядов и не зависят от заряда нуклонов. Я.с.

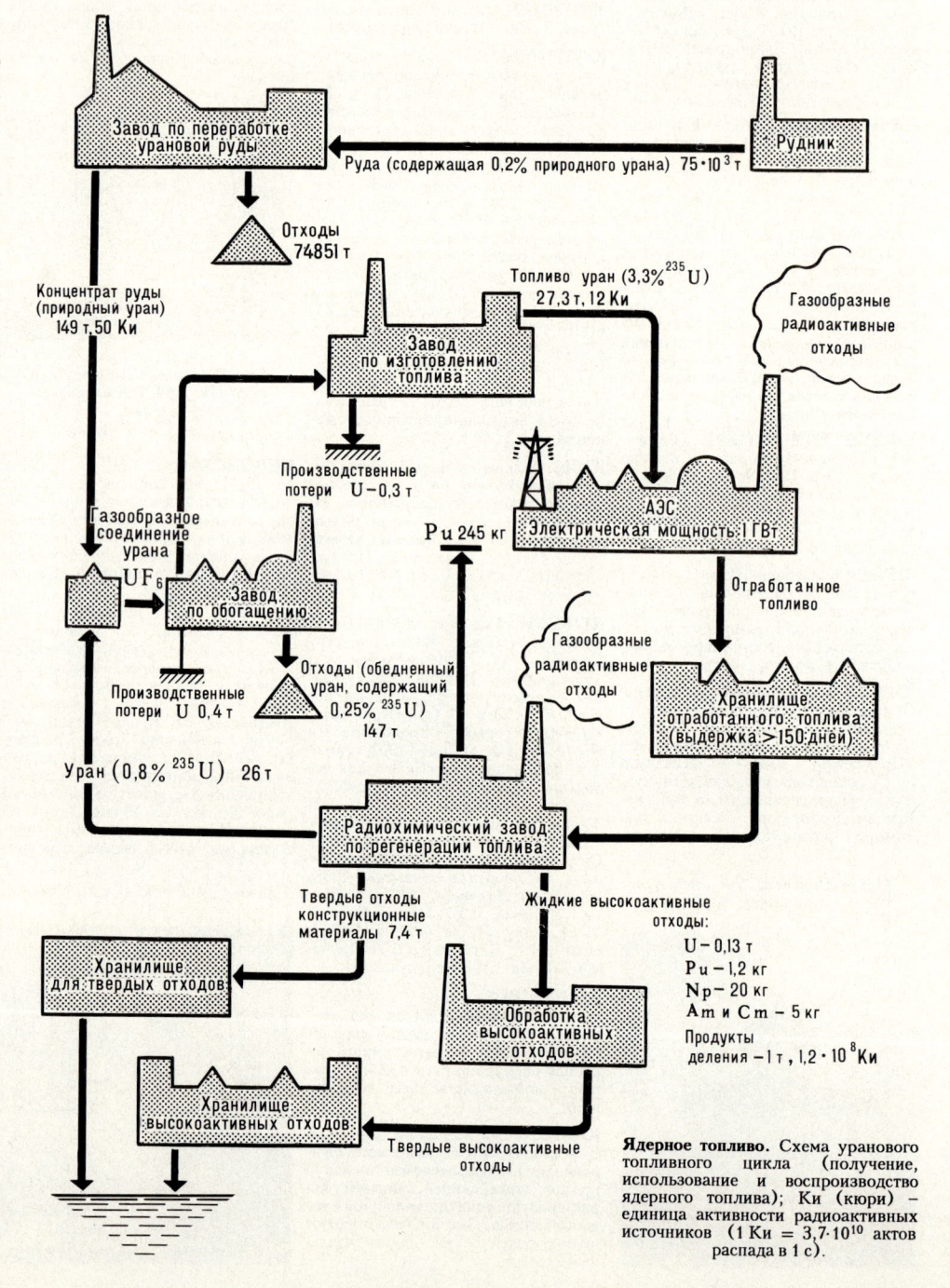

Ядерное топливо. Схема уранового топливного цикла (получение, использование и воспроизводство ядерного топлива); Ки (кюри) – единица активности радиоактивных источников (1 Ки = 3,7·10¹⁰ актов распада в 1 с).

обусловлены сильным взаимодействием (см. *Взаимодействия фундаментальные*).

Я́ДЕРНЫЕ ЦЕПНЫ́Е РЕА́КЦИИ, самоподдерживающиеся реакции деления атомных ядер под действием нейтронов в условиях, когда каждый акт деления сопровождается испусканием не менее 1 нейтрона, что обеспечивает поддержание реакции. Один из способов извлечения ядерной энергии. Я.ц.р. развиваются при делении ядер U, Pu и др. под действием нейтронов (*ядерное горючее*). Я.ц.р. лежат в основе работы *ядерных реакторов* и ядерной бомбы (см. *Ядерный взрыв, Ядерное топливо*).

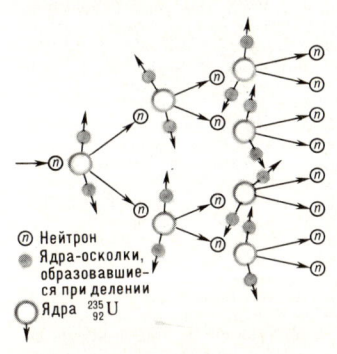

Ядерная цепная реакция (схема).

Я́ДЕРНЫЙ ВЗРЫВ, взрыв, вызванный неуправляемым высвобождением *ядерной энергии* либо при быстро развившейся *ядерной цепной реакции* деления тяжёлых ядер (U или Pu), либо при *термоядерной реакции* синтеза. Я.в. впервые осуществлён в США 16.7.1945; 6 и 9.8.1945 амер. ядерные бомбы были сброшены на япон. гг. Хиросима и Нагасаки. В СССР первый Я.в. осуществлён в 1949, термоядерный — в 1953. Мощность Я.в. оценивается по эквивалентному взрыву заряда тротила; первые ядерные бомбы имели тротиловый эквивалент ~ 20 кт, а у термоядерных (водородных) бомб он может превышать неск. Мт. В результате большого энерговыделения в центре взрыва развиваются огромные темп-ра (~ 10^8 К) и давление (~ 10^{12} атм). В-во превращается в *плазму* и разлетается. Я.в. вызывает ударную волну и сейсмич. эффекты, сопоставимые с землетрясениями и регистрируемые на расстоянии многих тыс. км.

Я́ДЕРНЫЙ МАГНИ́ТНЫЙ РЕЗОНА́НС (ЯМР), резонансное поглощение эл.-магн. излучения в-вом, помещённым в пост. магн. поле. Обусловлен квантовыми переходами между магн. подуровнями (см. *Зеемана эффект*) в системе атомных ядер с ненулевым ядерным магн. моментом. Для большинства ядер в магн. полях напряжённостью 10^3–10^4 Э спектр ЯМР наблюдается в диапазоне частот от 1 до 10 МГц. Используется для изучения строения физ., хим. и биол. объектов с помощью т.н. хим. сдвига линии ЯМР свободного водорода (протона), а также в медицине для диагностики (см. *Томография*) и в метрологии для прецизионного измерения магн. поля. Открыт (1937) амер. физиком И. Раби для изолир. ядер; в 1946 впервые наблюдался в конденсир. в-вах (Ф. Блох, Э. Пёрселл; США).

Я́ДЕРНЫЙ РЕА́КТОР (атомный реактор), устройство для осуществления управляемой *ядерной цепной реакции* деления. Первый Я.р. пущен в 1942 Э. Ферми в США (в СССР в 1946). *Деление* атомных ядер происходит в активной зоне реактора, где сосредоточено *ядерное топливо*, и сопровождается высвобождением значит. кол-ва *ядерной энергии*. Я.р. различают по энергии нейтронов, вызывающих деление (Я.р. на тепловых и быстрых нейтронах), и по характеру распределения ядерного горючего (гомогенные и гетерогенные). В гетерогенных Я.р. ядерное горючее сосредоточено в т.н. тепловыделяющих элементах (ТВЭЛах) — стержнях в герметич. оболочке, образующих правильную решётку. Я.р. различают также по виду замедлителя нейтронов (графитовые, водо-водяные и др.), по назначению (энергетич., исследовательские) и т.д. Я.р. используются для выработки электрич. энергии на АЭС, в ядерных силовых установках атомных судов, для воспроиз-ва ядерного горючего, получения радионуклидов и др.

Ядерный реактор. Схема энергетического ядерного реактора.

ЯДРО́ (биол.), обязательная часть клетки у мн. одноклеточных и всех многоклеточных организмов. От окружающей цитоплазмы Я. отделено оболочкой. Размеры от 1 мкм (у нек-рых простейших) до 1 мм (в яйцах нек-рых рыб и земноводных). В Я. находится осн. масса генетич. материала клетки (в виде ядрышек и хроматина), контролирующего все её жизненно важные процессы. Большинство клеток содержат одно Я. По наличию или отсутствию в клетках оформленного Я. все организмы делят соотв. на *эукариот* и *прокариот*.

ЯДРО́ (легкоатлетич.), спорт. снаряд для толкания — цельнометаллич. шар массой 7,257 кг (для мужчин) и 4 кг (для женщин), диам. 130 и 110 мм соответственно.

ЯДРО́ А́ТОМНОЕ, положительно заряженная центр. часть атома, в к-рой сосредоточена практически вся масса атома. Наличие у атомов ядра

Ядерный взрыв. Развитие огненного смерча при ядерном взрыве на высоте 2 км.

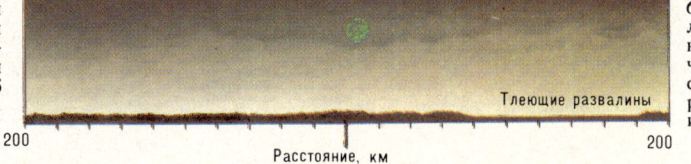

обнаружил в 1911 Э. Резерфорд в опытах по рассеянию альфа-частиц атомами. Я.а. состоит из протонов и нейтронов (нуклонов). Число протонов определяет электрич. заряд Я.а. и порядковый номер Z атома в *периодической системе химических элементов*. Диаметр Я.а. изменяется пропорционально числу нуклонов в нём и для тяжёлых Я.а. составляет ~ 10^{-12} см. Плотность ядерного в-ва порядка 10^{14} г/см³.

Я́ЗВА, дефект кожи или слизистой оболочки (обычно и подлежащих тканей) со слабой тенденцией к заживлению в связи с замедленным развитием грануляц. ткани и нарушением процесса восстановления эпителия.

Я́ЗВЕННАЯ БОЛЕ́ЗНЬ желудка и двенадцатиперстной кишки, хронич. заболевание, характеризующееся образованием язв в слизистой оболочке желудка и (или) двенадцатиперстной кишки (в период обострения), болью в подложечной области после еды (или «голодные боли»), рвотой, сезонными обострениями (весна, осень). Возможны осложнения: кровотечение, прободение стенки органа, сужение привратника желудка и др. В развитии Я.б. играют роль нервно-психич. перенапряжение (эмоц. стрессы), нарушения питания, курение, злоупотребление алкоголем.

ЯЗО́Н, см. *Ясон*.

ЯЗЫ́К, 1) естеств. язык, важнейшее средство человеческого общения. Я. неразрывно связан с мышлением; является социальным средством хранения и передачи информации, одним из средств управления человеческим поведением. Реализуется и существует в *речи*. Я. мира различаются строением, словарным составом и др., однако всем Я. присущи нек-рые общие закономерности, системная организация единиц языка и др. Я. изменяется во времени, может перестать использоваться в сфере общения (мёртвые Я.). Разновидности Я. — нац. Я., лит. Я., диалекты и др. 2) Любая знаковая система, напр. Я. жестов, Я. математики, применяющий спец. символы, и др. См. также *Искусственные языки*, *Языки программирования*. 3) То же, что стиль (Я. романа, Я. газеты).

ЯЗЫКИ́ МИ́РА, языки народов, населяющих (и населявших ранее) земной шар. Общее число от 2,5 до 5 тыс. (точную цифру установить невозможно, т.к. различие между разными языками и диалектами одного языка условно). К наиб. распространённым относятся: кит., англ., хинди, исп., рус., индонез., арабский, бенг., португальский. Существуют две осн. классификации Я.м.: генеалогическая — по признаку родства, т.е. общего происхождения из предполагаемого языка-основы (индоевроп., тюрк., афразийская и др. семьи языков); типологическая — на основе сходства черт языковой структуры (в звуковом строе, грамматике, семантике), независимо от генетич. или терр. близости.

ЯЗЫКИ́ ПРОГРАММИ́РОВАНИЯ, формальные языки для описания данных (информации) и *алгоритма* (программы) их обработки на ЭВМ. Основу Я.п. составляют *алгоритмические языки*. Первыми Я.п. были *машинные языки*, представляющие собой системы команд для конкретных ЭВМ. С развитием вычислит. техники появились более сложные Я.п., ориентированные на решение разл. задач: обработка экон. информации (*кобол*), инж. и науч.

814 ЯЗЫК

расчёты (*фортран*), обучение программированию (*алгол-60*, *паскаль*), моделирование (*слэнг*, *симула*) и др. Расширение сферы использования ЭВМ привело к появлению многоцелевых (универсальных) Я.п. для записи алгоритмов решения задач практически из любой области (алгол-68, СИ, ПЛ/1 и др.), а также Я.п. для персональных ЭВМ (*бейсик*, *паскаль* и др.). Для перевода (трансляции) описаний алгоритмов с одного Я.п. на другой, преим. на машинный язык, применяют спец. программы – *трансляторы*.

ЯЗЫКОВ Ник. Мих. (1803–1846/47), рус. поэт. В ранней лирике – вакхические мотивы свободы бытия; нек-рые стихи стали популярными песнями («Нелюдимо наше море», музыка К.П. Вильбоа, и др.). В 30–40-х гг. приходит к религ. пониманию мира, утверждая в стихах ценности и святыни православия; сближается со *славянофилами*.

ЯЗЫКОЗНАНИЕ (лингвистика), комплексная наука о человеческом языке как средстве общения (общих законах его строения и функционирования) и обо всех языках мира. Осн. отрасли Я.: общее Я. (изучает свойства, присущие любому языку), сравнительно-ист. Я. (исследует генетич. и типологич. отношения между разными языками), *фонетика*, *фонология*, *грамматика*, *лексикология*, *фразеология*, *диалектология*, *ономастика*, *стилистика* и др. Паралингвистика, этнолингвистика, психолингвистика, социолингвистика и т.д. изучают свойства языка, связанные с деятельностью говорящего человека в обществе. Отрасли Я., изучающие языки мира, их семьи и группы: арабистика, германистика, романистика, славяноведение, финно-угроведение и др. Особую область Я. составляет интерлингвистика, изучающая междунар. языки как средство межъязыкового общения. Я. начало развиваться на Др. Востоке, в Др. Индии (Панини, 5–4 вв. до н.э.), Др. Греции и Риме (Аристотель). Науч. направления складываться в нач. 19 в. в Германии, России и др. странах (В. Гумбольдт, Ф. Бопп, Я. Гримм, А.Х. Востоков и др.).

ЯЗЫЧЕСТВО, традиц. обозначение нетеистич. религий по их противоположности *теизму*. В совр. науке чаще употребляют термин «политеизм» («многобожие»).

ЯЗЬ, рыба (сем. *карповые*). Дл. ок. 70 см, масса до 8 кг. Обитает в реках Евразии, от Рейна до Лены. Объект промысла, спорт. лова. Илл. см. при ст. *Рыбы*.

ЯИЧКО, парная муж. половая железа у млекопитающих ж-ных и человека; расположена в мошонке. Вырабатывает сперматозоиды и муж. половые гормоны – андрогены.

ЯИЧНИК, жен. половая железа (обычно парная), в к-рой образуются и созревают яйцеклетки (яйца) и вырабатываются гормоны – эстрогены и прогестерон. У позвоночных ж-ных и человека расположен в брюшной полости.

ЯЙЦЕКЛЕТКА (яйцо), жен. половая клетка ж-ных и р-ний, из к-рой в результате оплодотворения (или путём *партеногенеза*) развивается новый организм. Размеры Я. широко варьируют: от неск. мк до 10 см и более (у страуса длина Я. в скорлупе 155 мм).

ЯЙЦО, то же, что *яйцеклетка*.

ЯК, жвачное ж-ное рода быков. В диком виде сохранился в Тибете. Домашних Я. разводят в горн. р-нах Китая и Монголии, в Киргизии, на Алтае, в Туве, завезены в Якутию. Используют как вьючных ж-ных (легко переносит до 140 кг груза), для получения молока (до 350 кг за лактацию, жирность 6–7%), шерсти (до 3 кг в год), мяса.

Як (самец).

ЯКОБИ Бор. Сем. (Мориц Герман) (1801–74), рос. физик и электротехник. Род. в Германии, с 1835 в России. Изобрёл электродвигатель (1834) и опробовал его для привода судна (1838); создал гальванотехнику (1838), неск. типов телегр. аппаратов (1840–50); исследовал электромагниты (совм. с Э.Х. Ленцем).

ЯКОБИНЦЫ, в период Франц. рев-ции кон. 18 в. члены Якобинского клуба в Париже, оставшиеся в его составе после выхода из клуба в 1792 жирондистов. Вожди: М. Робеспьер, Ж.П. Марат, Ж. Дантон, Л.А. Сен-Жюст и др. 11 нояб. 1794 клуб Я. был закрыт.

ЯКОБСОН Леон. Вениаминович (1904–75), сов. артист балета, балетмейстер. В 1933–42 артист Большого т-ра, в 1942–50 и 1956–75 балетмейстер Ленингр. т-ра оперы и балета имени С.М. Кирова. Пост.: «Спартак» А.И. Хачатуряна (1956), «Клоп» Ф. Отказова и Г.И. Фиртича (1962). Хореограф-новатор. Осн. форма – хореогр. миниатюра, в к-рой часто использует пантомиму. С 1969 организатор и худ. рук. ансамбля «Хореографические миниатюры»; поставил миниатюры, объединённые в циклы: «Классицизм-романтизм», «Моцартиана», «Роден». Продолжатель идей М.М. Фокина.

ЯКОБСОН (Jakobson) Ром. Осипович (1896–1982), рос. и амер. языковед, литературовед. С 1921 за границей, с 1941 в США. Один из основателей Московского, Пражского, Нью-Йоркского лингвистич. кружков.

Р.О. Якобсон.

один из основоположников структурализма в яз-знании и лит-ведении. Тр. по общему яз-знанию, слав. языкам (гл. обр. русскому), поэтике.

ЯКОБСХАВН, крупнейший в мире выводной (быстро движущийся) ледник, в Зап. Гренландии. Образует айсберги во фьорде Якобсхавн. Площадь ледосбора, по разл. определениям, от 63,3 до 98,8 т. км². Скорость движения у ниж. границы ок. 7 км в год.

ЯКОВЛЕВ Ал-др Ник. (р. 1923), полит. деятель. С 1946 в осн. на парт. работе, с 1965 1-й зам. зав. Отделом пропаганды ЦК КПСС. Неортодоксальная позиция Я. вызвала недовольство руководства, и в 1973 он был отправлен послом в Канаду. С 1983 дир. Ин-та мировой экономики и междунар. отношений АН СССР. Один из инициаторов *перестройки*. В 1985–86 зав. Отделом пропаганды, в 1986–90 секр. ЦК, в 1987–90 чл. Политбюро ЦК КПСС. С 1989 пред. Комиссии по полит. и правовой оценке договора о ненападении от 23.8.1939. В 1991 исключён из рядов КПСС. Пред. Комиссии по реабилитации жертв полит. репрессий при президенте Рос. Федерации (с 1993). Руководитель Федер. службы России по телевидению и радиовещанию (1993–95). Эволюция взглядов Я., критика марксизма и анализ обществ. развития страны изложены в его кн. «Предисловие. Обвал. Послесловие» (1992), «Горькая чаша. Большевизм и реформация России» (1994).

ЯКОВЛЕВ Ал-др Сер. (1906–89), авиаконструктор широкого профиля, создавший в СССР св. 100 типов и модификаций самолётов (боевых, пассажирских, спортивных и учебных), в т.ч. первый отеч. реактивный истребитель, поступивший на вооружение (Як-15), и первый отеч. сверхзвуковой фронтовой бомбардировщик (Як-28), первый в мире палубный самолёт вертикального (короткого) взлёта и посадки (Як-38). В годы Вел. Отеч. войны (до 1944) ⅔ истребителей (св. 36 тыс.) составляли самолёты Я. На спорт. самолётах конструкции Я. установлены 45 мировых рекордов. Кроме того, под рук. Я. разработан ряд вертолётов, в т.ч. Як-24 (крупнейший в мире в 1952–57; на нём были установлены 2 мировых рекорда грузоподъёмности).

ЯКОВЛЕВ Ал. Сем. (1773–1817), актёр. С 1794 на петерб. сцене. Трагик, выступал в пьесах классицист. и предромант. направлений: Фингал («Фингал», 1805), Димитрий Донской («Димитрий Донской»,

А.С. Яковлев.

1807; обе – В.А. Озерова) и др. Игра отличалась эмоц. насыщенностью, лирич. воодушевлением. Постоянный партнёр Е.С. Семёновой.

ЯКОВЛЕВ Юр. Вас. (р. 1928), актёр. С 1952 в Т-ре имени Евг. Вахтангова. Обладает точным ощущением жанра и стиля. Игре свойственны лёгкость и грация, в драм. ролях – тонкий психологизм, эмоц. насыщенность без патетики и декламации: Вениамин Альтман («Город на заре» А.Н. Арбузова, 1957), Майор («Дамы и гусары» А. Фредро, 1960), А.П. Чехов («Насмешливое моё счастье» Л.А. Малюгина, 1965), Каренин («Анна Каренина» по Л.Н. Толстому, 1983), Дудукин («Без вины виноватые» А.Н. Островского, 1993) и др. Снимался в ф.: «Идиот» (1958), «Ирония судьбы, или С лёгким паром» (1976), «Судьба» (1978), «Карнавал» (1982) и др.

ЯКОВЛЕВА Ольга Мих. (р. 1941), актриса. С 1962 в Моск. т-ре имени Ленинского комсомола, с 1968 в Моск. т-ре на Малой Бронной, в 1984–91 в Моск. т-ре им. Вл. Маяковского. Актриса лирич. темперамента; игре свойственны тонкий психологизм, импульсивность и порывистость. В героинях Я. хрупкость, ранимость сочетались с душевной стойкостью и внутр. силой. Исполнительница гл. ролей в большинстве постановок реж. А.В. Эфроса: Наташа («104 страницы про любовь» Э.С. Радзинского, 1964), Джульетта («Ромео и Джульетта» У. Шекспира, 1970), Лиза Хохлакова («Брат Алёша» В.С. Розова, по Ф.М. Достоевскому, 1972), Наталья Петровна («Месяц в деревне» И.С. Тургенева, 1977), Жозефина («Наполеон Первый» Ф. Брукнера, 1983; 1992) и др.

ЯКОПО ДЕЛЛА КВЕРЧА (Jacopo della Quercia) (ок. 1374–1438), итал. скульптор Раннего Возрождения. Иск-ву Я.д.К. присущи напряжённый драматизм образов, монументальность, лаконизм форм (рельефы портала церк. Сан-Петронио в Болонье, 1425–38).

ЯКОРЬ судовой, приспособление для удержания судна на месте стоянки. Связано с судном якорной цепью. Эффективность Я. оценивается отношением усилия, к-рое Я. может воспринять, не перемещаясь и не выходя из грунта, к весу Я. (в ср. оно равно 10–12).

ЯКУТ (наст. фам. Абрамович) Вс. Сем. (1912–91), актёр. С 1931 (с перерывом) в Моск. т-ре имени М.Н. Ермоловой (с 1990 Моск. междунар. театр. центр имени Ермоловой). Для Я. характерны глубина трактовки роли, стремление к завершённости сценич. формы, лаконизм выразит. средств. Многие созданные им (особенно в молодости) образы имели лирико-романтич. окраску: Шура Зайцев («Старые друзья» Л.А. Малюгина, 1946), Пушкин («Пушкин» А.П. Глобы, 1949), Прейн («Горное гнездо» по Д.Н. Мамину-Сибиряку, 1977), Сэр Джон («Костюмер» Р. Харвуд, 1987) и др. Снимался в кино.

ЯКУТИЯ (Республика Саха), в России. Пл. 3103,2 т. км² (включая Новосибирские о-ва). Нас. 1074 т.ч., гор. 66%; якуты (33,4%), русские (50,3%), украинцы, эвенки, эвены, чукчи и др. Столица – Якутск. 33 р-на, 11 городов, 69 пос. гор. типа.

Якопо делла Кверча. «Изгнание из рая». Рельеф портала церкви Сан-Петронио в Болонье.

Якутия. Одно из озёр.

Ямайка. Залив у г. Порт-Антонио у северо-восточного побережья о. Ямайка.

Расположена на С. Вост. Сибири; омывается морями Лаптевых и Вост.-Сибирским. Св. 40% терр. находится за Сев. полярным кругом. Б.ч. терр. занимают горн. хребты – Верхоянский, Черского (высш. точка Я. – г. Победа, 3147 м), плоскогорья и нагорья (на З. – Среднесибирское, на В. – Янское, Оймяконское и др.). На С. – Яно-Индигирская и Колымская низменности. Климат резко континентальный. Ср. темп-ры янв. от –28 до –50 °C, июля 2–19 °C; в р-не Оймяконa — «полюс холода» (ок. –70 °C) Сев. полушария; осадков 200–700 мм в год. Многолетнемёрзлые породы. Кр. реки (судоходны): Лена, Оленёк, Яна, Индигирка, Колыма. Многочисленные мелководные озёра. Ок. ⁴/₅ терр. – тайга.

Предки якутов заселили край в 10–15 вв. Ко времени прихода русских в 1-й пол. 17 в. якуты делились на племена во главе с тойонами (князьками). В 1632 русскими основан Якутск. В 1805 создана Якутская обл. В 1922 образована Якут. АССР в составе РСФСР. В сент. 1990 провозглашён гос. суверенитет республики. В 1991 учреждён пост президента.

Якорь судовой: а – адмиралтейский; б – Холла; в – Матросова.

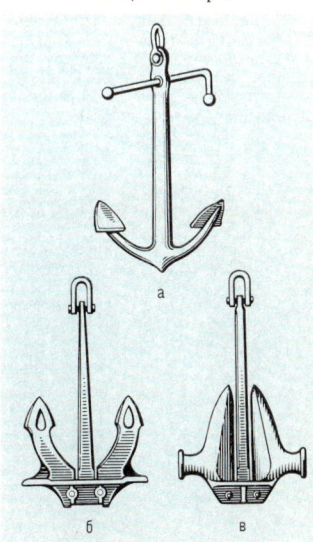

Якутск. Институт мерзлотоведения.

ЯКУТСК, г., столица (с 1922) Якутии. 197,6 т. ж. Порт на р. Лена; связан с ж. д. (ст. Беркакит) Амуро-Якутской автомагистралью. Пром-сть: лёгкая, пищ., стройматериалов, судостроит. и др. ГРЭС. Науч. центр Сиб. отделения РАН. Ун-т, с.-х. ин-т. 8 музеев: краеведч., изобр. иск-в и др. 3 т-ра: оперы и балета, якутский драм., рус. драматический. Филармония. Осн. в 1632; с 1643 на совр. месте; центр рус. колонизации на Д. Востоке. Здания Спасского мон. (17 в.), воеводская канцелярия (18 в.).

ЯКУШЕВ Ал-др Сер. (р. 1947), спортсмен и тренер (хоккей с шайбой). Нападающий команды «Спартак» (Москва); чемпион СССР (1967, 1969, 1976). Неоднократный чемпион Европы, мира (1967–79), Олимп. игр (1972, 1976). Один из результативнейших игроков отеч. хоккея (св. 400 голов). С 1989 тренер «Спартака» (Москва).

ЯЛТА, г. (с 1837) в Крыму. 88,5 т. ж. Порт на Чёрном м. Приморский климатич. курорт (с кон. 19 в.), центр Юж. берега Крыма. Пищевкус. (в т.ч. ПО «Массандра») пром-сть; произ-во сувениров и др. Дом-музей А.П. Чехова, краеведч. музей (филиалы «Поляна сказок» и др.). 2 т-ра (в т.ч. имени Чехова). Изв. с 1145 под назв. Джалита. Близ Я. – Никитский ботан. сад.

ЯЛТИНСКАЯ КОНФЕРЕНЦИЯ 1945, см. Крымская конференция 1945.

ЯМАДА Косаку (1886–1965), япон. композитор, дирижёр, педагог. Учился в Германии. Основоположник япон. композиторской школы. Основал Япон. филармонич. об-во (1925). Соч. во всех осн. жанрах европ. музыки: оперы, в т.ч. «Чёрные корабли» (1939), кантаты, симф. поэмы, камерно-инстр. произв., хоры, песни.

ЯМАЙКА, гос-во в Вест-Индии, на о. Ямайка и прилегающих мелких о-вах. Пл. 11,5 т. км². Нас. 2,5 млн. ч., преим. ямайцы (75% – негры). Офиц. яз. – английский. Верующие преим. протестанты. Входит в *Содружество.* Признаёт главой гос-ва королеву Великобритании. Законодат. орган – двухпалатный парламент (Сенат и Палата представителей).

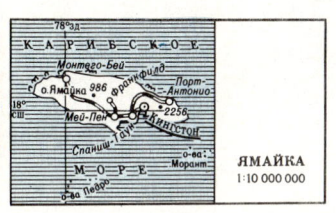

Ялта. Вид с моря.

Столица – Кингстон. Адм.-терр. деление: 14 округов. Ден. единица – ямайский доллар.

Б.ч. о-ва – плато и горы выс. до 2256 м. Климат тропич. пассатный. Ср.-мес. темп-ры 24–27 °C; осадков 800–5000 мм в год. Нередки ураганы и землетрясения. Гл. река – Блэк-Ривер. Термальные сернистые и радиоактивные источники. Под лесом (вечнозелёные тропич. леса) ок. 17% терр., на Ю. преобладает саванная растительность.

В 1494–1670 владение Испании, с 1670 колония Великобритании. С 1962 независимое гос-во.

Основа экономики – добыча бокситов (св. 4 млн. т в год; одно из ведущих мест в мире) и произ-во глинозёма (2,9 млн. т в год). ВНП на д. нас. 1380 долл. в год. Развиты пищевкус., лёгкая, нефтеперераб. (переработка импортной нефти) пром-сть; произ-во цемента, хим.-фарм. товаров, сборка электронной аппаратуры. Гл. экспортные с.-х. культуры: сах. тростник, бананы, кофе, цитрусовые, ямайский перец, табак. Рыб-во. Экспорт: глинозём и бокситы (св. ½ стоимости), сахар-сырец, бананы, ром, кофе.

ЯМАЛО-НЕНЕЦКИЙ АВТОНОМНЫЙ ОКРУГ, в Тюменской обл., в России. Пл. 750,3 т. км². Нас. 465 т. ч., гор. 80%: русские (59,2%), украинцы (17,2%), ненцы (4,2%), ханты, коми и др. Центр – Салехард. 7 р-нов, 6 городов, 9 пос. гор. типа. Включает о-ва в Карском м. – Белый, Шокальского и др., а также п-ова Тазовский, Гыданский и Ямал, разделённые Обской и Тазовской губами Карского м. Расположен на С. Зап.-Сиб. равнины, частично за Сев. полярным кругом. На З. – вост. склоны Полярного Урала (г. Пайер; выс. 1499 м). Климат резко континентальный, суровый. Ср. темп-ры янв. от –22 до –26 °C, июля 4–14 °C; осадков 200–400 мм в год. Распространены многолетнемёрзлые породы. Гл. реки (судоходны): Обь, Таз, Пур, Надым; много озёр, болот. На б.ч. терр. – тундра и лесотундра, на Ю. и по берегам рек – тайга (сибирская лиственница, ель, кедр). Верхнетазовский заповедник. Гл. отрасль х-ва – добыча газа и нефти. Рыбная, лесная и деревообр. пром-сть; оленеводство, звероводство, пушной промысел. Судох-во по Сев. мор. пути. Трубопроводный транспорт (газопроводы в Европ. часть России). В отдалённых р-нах в качестве транспорта велика роль

ЯМА́ТО, племенной союз в Японии в 3–4 вв. На его базе зародилось япон. гос-во. Позже стало употребляться как обозначение др.-япон. гос-ва. Выражение «дух Я.» стало синонимом «япон. духа».

ЯМА́ТО-Э, школа япон. живописи, сложившаяся в 11–12 вв. при имп. Академии художеств. Для мастеров Я.-э (Фудзивара Нобудзанэ, Фудзивара Таканобу и др.) характерны яркие силуэтные изображения, горизонтальные свитки, иллюстрирующие аристократич. романы, повести, в к-рых живопись перемежается с каллиграфией.

ЯМБ (греч. íambos), стихотв. метр с сильными местами на чётных слогах стиха («Мой дя́дя са́мых че́стных пра́вил...», А.С. Пушкин). Самый употребительный из метров рус. силлабо-тонич. стиха; осн. размеры – 4-, 6-стопный, вольный разностопный.

Я́МОЧНО-ГРЕБЁНЧАТОЙ КЕРА́МИКИ КУЛЬТУ́РЫ (археол.), эпохи неолита (кон. 4-го – сер. 2-й тыс. до н.э.), в лесной полосе Вост. Европы. Х-во: охота, рыболовство. Сосуды орнаментированы ямками и гребенчатым штампом. Поселения с полуземлянками, трупоположения.

ЯМУСУ́КРО, столица (с 1983) гос-ва Кот-д'Ивуар. 110 т. ж. Междунар. аэропорт. Пищ. и деревообр. пр-тия.

ЯМЩИКИ́, в России до кон. 19 в. крестьяне, исполнявшие ямскую (предоставление лошадей, подвод и возчиков), затем гос. извозную повинности. Жили кучерами на ямских лошадях. Жили в селениях на почтовых трактах (ямах). Получали гос. жалованье, до кон. 17 в. освобождались от налогов.

Я́НАЧЕК (Janaček) Леош (1854–1928), чеш. композитор, муз. фольклорист, дирижёр. Один из основоположников нац. композиторской школы. Оперы, в т.ч. «Её падчерица» (1903), «Катя Кабанова» (1921; по «Грозе» А.Н. Островского), «Приключения лисички-плутовки» (1923), орк. сочинения, Глаголическая месса (1926), кантаты, обработки нар. песен. Тр. по муз. фольклору.

ЯНВА́РЬ [лат. Januarius, от имени др.-рим. божества Януса (Janus)], 1-й месяц календарного года (31 сут).

ЯНГО́Н (до 1989 Рангун), столица (с 1948) Мьянмы (Бирмы). 2,5 млн. ж. Мор. и речной порт в дельте р. Рангун (рукав Иравади), междунар. аэропорт. Деревообр., судорем., нефтеперераб. и др. пром-сть. Ремёсла. Ун-т. Высшая школа музыки и драмы (1952). Музеи (в т.ч. Нац. музей иск-ва и археологии). До 1755 наз. сначала Оккала, затем Дагон. С 1862 центр англ. владений в Бирме. В 1886–1947 адм. ц. англ. колонии Бирма.

ЯНКЕЛЕ́ВИЧ Юр. Исаевич (1909–1973), скрипач и педагог. Создал в Моск. конс. одну из крупнейших совр. скрипичных школ (среди учеников – В.Т. Спиваков, В.В. Третьяков, Т.Т. Гринденко).

ЯНКО́ВСКИЙ Олег Ив. (р. 1944), актёр. С 1967 в Саратовском драм. т-ре, с 1973 в Моск. т-ре имени Ленинского комсомола (ныне т-р «Ленком»). Среди ролей: В.И. Ленин («Революционный этюд» М.Ф. Шатрова, 1979), Гамлет («Гамлет» У. Шекспира, 1986). Снимался в фильмах реж. А.А. Тарковского

(«Зеркало», 1975; «Ностальгия», 1983), Р.Г. Балаяна («Полёты во сне и наяву», 1983), М.А. Захарова («Убить дракона», 1989; т/ф «Тот самый Мюнхгаузен», 1979, и др.). В ролях совр. героев, равно склонных к иронии, лирике и рефлексии, строит характер на контрастном сочетании искренности и притворства, азарта и опустошённости.

ЯНСЕНИ́ЗМ, неортодоксальное течение во франц. и нидерл. католицизме 17-18 вв. (названо по имени голл. теолога Корнелиуса Янсения). Я. резко противопоставлял истинно верующих массе формально приемлющих церк. учение (Янсений утверждал, что Христос пролил свою кровь не за всех людей). Янсенисты выступали против иезуитов; подвергались осуждению и репрессиям со стороны католич. церкви. К Я. был близок Б. Паскаль.

ЯНТА́РЬ (от литов. gintaras, латыш. dzintars), окаменевшая ископаемая смола преим. хвойных деревьев; ценный поделочный материал. Тв. 2–3; плотн. ок. 1,1 г/см³. Крупнейший в мире Я. массой 15,25 кг («Бирманский янтарь») хранится в Лондоне в Брит. музее естеств. истории. Гл. м-ния: в России, странах Прибалтики, Мьянме, Румынии, Италии, Канаде, США. Недекоративный Я. используется в парфюмерном, фармакол., лакокрасочном про-ве, в приборостроении.

Янтарь. Калининградская обл. (Россия).

Я́НУС, в рим. мифологии божество дверей, входа и выхода, затем – всякого начала. Изображался с двумя лицами (одно обращено в прошлое, другое – в будущее). Перен.: «двуликий Я.» – лицемерный человек.

ЯНЦЗЫ́ (Голубая река), самая длинная (5800 км) река в Евразии, на терр. Китая. Истоки на Тибетском нагорье, пересекает Сино-Тибетские горы, Сычуаньскую котловину, орошает Цзянханьскую и Великую Китайскую равнины; впадает в Вост.-Китайское м., образуя эстуарий. Осн. притоки: Ялунцзян, Миньцзян, Цзялинцзян, Ханьшуй. Частые наводнения. Я. несёт много взвешенных наносов, придающих её водам жёлтый оттенок (назв. «Голубая река», данное европейцами, не соответствует действительности). Значительные гидроресурсы. Судох. для подножий Сино-Тибетских гор, для мор. судов – от г. Ухань. На Я. – гг. Чунцин, Ухань, Нанкин, близ устья – мор. порт Шанхай.

Я́НЧО (Jancsó) Миклош (р. 1921), венг. кинорежиссёр. В т-ре и кино исследует переломные моменты в истории

общества, используя форму притчи. Среди ф.: «Звёзды и солдаты» (1967, совм. с СССР), «Электра, любовь моя» (1975), «Венгерская рапсодия» (1979), «Бог пятится назад» (1990). В большинстве фильмов ослаблены фабула, диалог, жанровая характеристика персонажей. Длинные планы-эпизоды, виртуозное движение камеры сочетаются с живописными, почти балетными сценами.

Я́НШИН Мих. Мих. (1902–76), актёр. С 1922 во 2-й Студии МХАТа, с 1924 во МХАТе. Я. присущи добрый, лукавый, поэтический юмор, душевность, умение показать нелепую комич. ситуацию с серьёзной, даже драм. стороны: Лариосик («Дни Турбиных» М.А. Булгакова, 1926), сэр Питер («Школа злословия» Р. Шеридана, 1940), Пан Хмелик («Соло для часов с боем» О. Заградника, 1973) и др. В 1937–41 руководил цыганским т-ром «Ромэн», в 1950–63 – Моск. драм. т-ром имени К.С. Станиславского. Снимался в ф.: «Свадьба» (1944), «Шведская спичка» (1954) и др.

ЯНЫЧА́РЫ (тур. yeniçeri, букв. – новое войско), тур. регулярная пехота в 14 в. – 1826. Первонач. комплектовалась из пленных юношей, позже путём насильств. набора мальчиков из христ. населения Османской империи.

ЯПО́НИЯ (япон. Нихон, Ниппон), гос-во в Вост. Азии, на Япон. о-вах (Хоккайдо, Хонсю, Кюсю, Сикоку, арх. Рюкю и др., всего 4 тыс.), омываемых Тихим ок., Японским, Охотским и Вост.-Китайским морями и протянувшихся вдоль побережья материка с С.-В. на Ю.-З. Между о-вами – паромы, мосты, подводные тоннели. Длина береговой линии 30 т. км. Пл. 372 т. км². Нас. 124,7 млн. ч., яп. 99%. Офиц. яз. – японский. Верующие преим. приверженцы синтоизма и буддизма. Я. – конституц. монархия. Гл. гос-ва – император. Законодат. орган – двухпалатный парламент – Палата советников и Палата представителей. Столица – Токио. Адм.-терр. деление: 44 префектуры, столич. округ, гор. префектуры (Осака, Киото). Ден. единица – йена.

Рельеф преим. горный. Многочисленные вулканы, в т.ч. Фудзияма (высш. точка Я., 3776 м). Часты землетрясения. Климат субтропич., муссонный, на С. умеренный, на Ю. тропич. Ср. темп-ры янв. от –5°C на о. Хоккайдо до 16 °C на арх. Рюкю, июля соотв. от 22 до 28 °C; осадков

М.М. Яншин в роли Лариосика.

1700–4000 мм в год, осенью обычно тайфуны. Св. ⅔ терр. – под лесами (на о. Хоккайдо гл. обр. хвойные, южнее – субтропич. вечнозелёные) и кустарниками.

С кон. 12 в. до 1867 гос. власть находилась в руках *сёгунов*. В 1867–68 произошла т.н. рев-ция Мэйдзи, способствовавшая модернизации страны. После рус.-япон. войны 1904–05 Я. установила в 1905 протекторат над Кореей, в 1910 аннексировала её. Интервенция Я. на сов. Д. Востоке в 1918–1922 потерпела поражение. В 1931 Я. оккупировала Маньчжурию, а в 1937 начала войну за захват всего Китая. Во 2-й мир. войне Я. выступала как союзник Германии и Италии и в сент. 1945 капитулировала. В 1951 США, Великобритания и ряд др. гос-в подписали Сан-Францисский мирный дог. с Я. После окончания оккуп. периода в 1959 были проведены первые парламентские выборы. В окт. 1956 с СССР подписана совм. декларация о прекращении между СССР и Я. состояния войны и восстановлении дипл. отношений. Правящая партия (с 1955) – Либер.-демокр. партия Я., с 1993 у власти коалиц. пр-ва.

Я. – высокоразвитая индустр.-агр. страна. По объёму ВНП на д. нас. (28 220 долл. в год) Я. занимает одно из ведущих мест в мире. С сер. 1950-х гг. до нач. 1970-х гг. происходит подъём япон. экономики, япон. «экон. чудо». Большое внимание уделялось развитию совр. наукоём-

Япония. Вид части Токио.

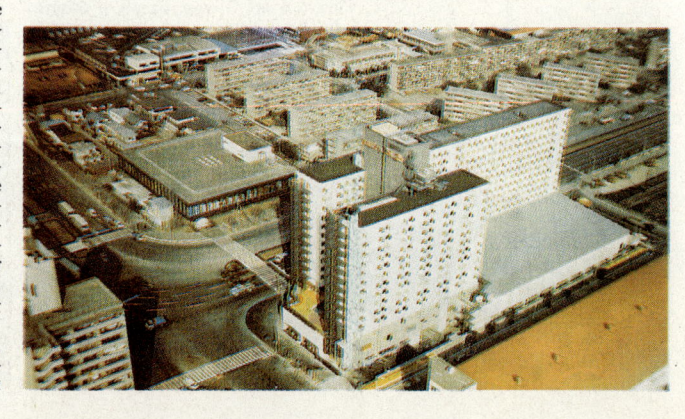

ких отраслей произ-ва (закупка ценных патентов за рубежом, гл. обр. в США и ФРГ). Росту япон. пром-сти способствовали также изменения в структуре произ-ва, возросла роль комб-тов, соединяющих в одном пр-тии разные виды произ-в, что позволило использовать пром. и сырьевые отходы (Я. бедна полезными ископаемыми). На долю Я. приходится ок. 12% мирового пром. произ-ва. Наряду с гигантскими пр-тиями действуют многочисленные мелкие, особенно в лёгкой и пищ. пром-сти. Высоко развиты металлургия, маш-ние, химия, лёгкая (особенно текст.) и лесообр. пром-сть. Я. занимает одно из первых мест в мире по судостроению, произ-ву продукции радиоэлектронной пром-сти и оптич. техники, выплавке стали (из импортной жел. руды), произ-ву легковых и грузовых автомобилей, выработке эл.-энергии, по переработке нефти, произ-ву цемента, пластмасс и синтетич. волокна. Традиц. произ-во фарфора, игрушек, худ. изделий.

В с.-х. специализации выделяются три отрасли: рисосеяние, плодоовощеводство и жив-во (кр. рог. скот, свиньи; птица). Шелк-во. Я. занимает одно из первых мест в мире по улову рыбы и добыче морепродуктов.

Иностр. туризм. Экспорт: машины и оборудование, продукция радиоэлектронной пром-сти, металлы, хим. продукты, текстиль.

ЯПОНСКОЕ МОРЕ Тихого ок., между материком Евразия и Япон. о-вами. Соединяется проливами – Татарским, Невельского и Лаперуза – с Охотским м., Цугару (Сангарским) – с Тихим ок., Корейским – с Вост.-Китайским м. Пл. 1062 т. км². Глуб. до 3720 м. Кр. заливы: Вост.-Корейский и Петра Великого. На С. зимой замерзает. Рыб-во, добыча крабов, трепангов, водорослей. Кр. порты: Владивосток, Находка (Россия), Ниигата (Япония), Пусан (Респ. Корея), Вонсан (КНДР).

ЯПОНСКОЕ ПИСЬМО, смешанное идеографически-силлабич. письмо, в к-ром сочетаются иероглифы и слоговые знаки. Кит. иероглифы (заимствованные в 5 в.) используются с 19 в. для написания неизменяемых частей слов и нек-рых слов (1945 наиболее употребит. знаков). Изменяемые части слов (и отд. слова) пишутся слоговой азбукой кана (результат графич. сокращения иероглифов), существующей с 10 в. в двух вариантах: катакана (используется гл. обр. для записи новых заимствованных слов) и хирагана (применяется для собственно япон. слов). Направление письма сверху вниз и справа налево, встречается и горизонтальное написание (обычно слева направо).

Япония. Вулкан Асо на о. Кюсю.

ЯРАНГА (чукот.), переносное жилище у народов сев.-вост. Сибири – круглое в плане, из шестов, покрытых оленьими шкурами.

Яранга чукчей.

ЯРВЕТ (Järvet) Юри (1919–95), эст. актёр. На сцене с 1941. С 1952 в Эст. драм. т-ре. Известность приобрёл в ролях, требующих филос. осмысления, насыщенных трагедийными мотивами. Снимался в ф.: «Новый Нечистый из преисподней» (1964), «Король Лир» (1971), «Дикий капитан» (1972), «Солярис» (1973), «Искатель приключений» (1983) и др. В т-ре сыграл роли: Клавдий («Гамлет» У. Шекспира, Молодёжный т-р Эстонии, 1966), Поприщин (в моноспектакле «Записки сумасшедшего» по Н.В. Гоголю, 1973) и др.

ЯРКОСТЬ, отношение *силы света*, распространяющегося в к.-л. направлении, к площади проекции светящейся поверхности на плоскость, перпендикулярную этому направлению. Измеряется в канделах на м². Я. источника, соответствующего порогу чувствительности человеческого глаза, ~ 10^{-7} кд/м²; поверхности Луны ~ $2,5 \cdot 10^3$ кд/м²; источника, слепящего глаз, ~ 10^5 кд/м², Солнца ~ $1,5 \cdot 10^9$ кд/м²; лазера ~ 10^{12} кд/м².

Ярмарки. Б.М. Кустодиев. «Ярмарка». 1908. Третьяковская галерея.

Я́РМАРКИ (от нем. Jahrmarkt – ежегодный рынок), периодически организуемые в установленном месте торги, рынки товаров; сезонная распродажа товаров одного или мн. видов. Играли важную роль в экон. жизни Зап. Европы в ср. века. С развитием капитализма Я. из центров привоза кр. партий наличного товара превращаются в Я. образцов, Я.-выставки. В России в сер. 19 в. было 6,5 тыс. Я., в нач. 20 в. – 18,5 тыс. Крупнейшие Я.– *Нижегородская ярмарка*, *Ирбитская ярмарка*. По характеру экспонатов и экон. назначению делятся на универсальные, многоотраслевые, специализированные (особенно технические); по составу участников – на местные, региональные, нац., междунар. и всемирные. Наиб. крупные совр. междунар. Я.: в Милане, Париже, Лионе, Ганновере, Лейпциге, Познани, Торонто, Измире, Дамаске.

ЯРОВЫ́Е КУЛЬТУ́РЫ, с.-х. р-ния, высеваемые весной и дающие урожай в год посева. Я.к. выращивают во всех земледельч. р-нах, в т.ч. на Крайнем Севере. К Я.к. относится большинство с.-х. культур.

ЯРОСЛА́В МУ́ДРЫЙ (ок. 978–1054), вел. князь киевский с 1019. Сын Владимира I Святославича. Изгнал из Киева Святополка I Окаянного; боролся с братом Мстиславом. Разделил с ним Др.-рус. гос-во (1026), в 1036 вновь объединил его. Рядом побед (над *печенегами*, литов. племенами и др.) обезопасил юж. и зап. границы Руси. Поставил первого митрополита из русских – Илариона. Установил династич. связи со мн. странами Европы. При нём составлена «*Русская правда*». Содействовал просвещению, развитию книгописного дела, церк. и светской архитектуры.

ЯРОСЛА́ВЛЬ, г., центр Ярославской обл., в России. 636,9 т.ж. Порт на р. Волга; ж.-д. узел. Маш-ние (дизельные двигатели, станки, полимерное оборудование, суда, приборы и др.), хим. и нефтехим. (синтетич. каучук, шины, лакокрасочная продукция и др.), нефтеперераб., лёгкая, пищ. и стройматериалов пром-сть. 8 вузов (в т.ч. ун-т). 3 т-ра: драм. имени Ф. Волкова (с 1750), юного зрителя, кукол. Филармония. Ист.-архит. музей-заповедник. Музеи: худ., боевой Славы, Дом-музей белорус. поэта М.А. Богдановича. По преданию, осн. в 1010 кн. Ярославом Мудрым; изв. с 1071. Древнейшие памятники в Спасо-Преображенском мон. с собором (нач. 16 в., фрески 16 в.), многочисленные красочно-нарядные церкви 17 в.: Ильи Пророка, Иоанна Златоуста в Коровниках, Иоанна Предтечи в Толчкове, Богоявления.

Ярославль. Церковь Богоявления и Спасо-Преображенский монастырь (на заднем плане).

Ясень обыкновенный: 1 – часть побега с листом и мелкими плодиками; 2 – плоды.

ЯРОСЛА́ВСКОЕ КНЯ́ЖЕСТВО, по ср. Волге и Мологе, часть Ростовского кн-ва с 1207, из к-рого выделилось в 1218; в Рус. гос-ве с 1463.

ЯРОШЕ́НКО Ник. Ал-др. (1846–1898), рос. живописец. Передвижник. Драм. образы рабочих («Кочегар», 1878), портреты, жанровые произв., посвящённые рев. интеллигенции («Заключённый», 1878).

ЯСА́К (тюрк.), в России 15–20 вв. название натурального налога с народов Сибири и Севера, гл. обр. пушниной.

Я́СЕНЬ, род листопадных деревьев или кустарников (сем. маслиновые). Ок. 70 видов, в Евразии, Сев. Америке и Сев. Африке. В России – 4 дикорастущих вида. Выс. 30–50 м, живут 150–350 лет. Благодаря быстрому росту, красивому правильному стволу, изящной, ажурной кроне с крупной листвой весьма декоративен; широко используется в садово-парковых ансамблях. Прочная, с красивой текстурой древесина ценится в меб. произ-ве.

Я́СНАЯ ПОЛЯ́НА, музей-усадьба Л.Н. Толстого (в 14 км от Тулы), где он родился и прожил ок. 60 лет; создал ром. «Война и мир», «Анна Каренина», мн. повести, рассказы, статьи; организовал школу для крест. детей, редактировал ж. «Ясная Поляна» (1862).

ЯСО́Н (Язон), в греч. мифологии предводитель аргонавтов, отправившихся за золотым руном в Колхиду, добыл его с помощью волшебницы Медеи.

Я́СПЕРС (Jaspers) Карл (1883–1969), нем. философ, представитель экзистенциализма; психиатр. Осн. задачу философии усматривал в рас-

Ясная Поляна. Дом-музей Л.Н. Толстого.

К. Ясперс.

крытии «шифров бытия» – разл. выражений трансценденции (непостижимого абс. предела бытия и мышления). Соотнесённость экзистенции с трансценденцией прозревается человеком в т.н. пограничных ситуациях (страдание, борьба, смерть). Осн. соч.: «Философия» (т. 1–3, 1932), «Истоки и цель истории» (1949), «Великие философы» (т. 1–2, 1957).

ЯССЫ, г. в Румынии. 343 т.ж. Чёрная металлургия, тяж. маш-ние, кр. хим. пром-сть; текст., меб., швейные пр-тия. Старейший в стране ун-т (с 1860). Музеи: худ., этнографический. Т-ры (в т.ч. оперный). Упоминается как Ясский торг с 1387, назв. Я. с 1408. Со 2-й пол. 16 в. до 1859 столица Молд. кн-ва.

ЯСТРЕБЫ, род хищных птиц. Крылья относительно короткие, приспособлены к манёвренному полёту. Самки крупнее самцов. 40 видов, распространены широко. Лесные птицы. Охотятся обычно из засады. Нек-рые – ловчие птицы (тетеревятник, перепелятник и др.). Европейский тювик (редкие гнездовья на Дону) под угрозой исчезновения.

ЯТРОГЕННЫЕ ЗАБОЛЕВАНИЯ (ятрогении) (от греч. iatrós – врач и ...ген), психогении, обусловленные неосторожными высказываниями или поведением мед. работников, к-рые создают у человека необоснованные представления о наличии у него к.-л. заболевания или об особой тяжести имеющейся у него болезни.

ЯТРОМЕХАНИКА, направление в медицине 16–18 вв., представители к-рого пытались объяснить все физиол. и патол. явления на основе законов механики (физики).

ЯТРОХИМИЯ, направление в медицине 16–18 вв., представители к-рого рассматривали процессы, происходящие в организме, как хим. явления, болезни – как результат нарушения хим. равновесия и ставили задачу поиска хим. средств их лечения. Крупнейший представитель Я.– Парацельс.

ЯТЬ, буква в рус. алфавите, исключённая из него орфографич. реформой 1917–18; восходит к кириллич. букве Ѣ («ять»), обозначавшей первонач. особый звук, позднее совпавший в рус. яз. с «е».

ЯХВЕ (Ягве, Иегова, Саваоф), Бог в иудаизме.

ЯХОНТОВ Вл. Ник. (1899–1945), артист эстрады, мастер худ. слова. Выступал с 1922. В 1927 с реж. Е.Е. Поповой и С.И. Владимирским создал эстрадный т-р одного актёра «Современник» (существовал до 1935). Автор и исполнитель лит. композиций «Пушкин» (1926), «Петербург» (1927), «Настасья Филипповна» (1933), «Россия грозная» (1942) и др., в к-рых – соединение слова с пантомимой, особый метод драм. и муз. организации материала, основанный на чередовании эмоц. и ритмич. контрастов.

ЯХТА (голл. jacht, от jagen – гнать, преследовать), парусное, моторное или парусно-моторное судно для прогулок, спорта, туризма. Наиб. распространены парусные Я., различающиеся конструкцией корпуса, оборудованием и площадью парусов.

ЯЧМЕНЬ, род одно- и многолетних травянистых р-ний (сем. злаки). Ок. 30 дикорастущих видов (степные травы, сорняки). Сборный вид Я. посевной (родина – Передняя Азия), в культуре с 10–7-го тыс. до н.э. Возделывают во мн. земледельч. р-нах мира, в т.ч. в России (наиб. площади на Сев. Кавказе, в Ростовской, Свердловской и Челябинской областях). Из зерна (до 30 ц с 1 га) – крупа, мука, солод для произ-ва пива, суррогат кофе и др.; зерно, солома, мякина – корм для с.-х. ж-ных.

ЯЧМЕНЬ, острое гнойное воспаление сальной железы века, расположенной у корня ресницы.

ЯШИН (наст. фам. Попов) Ал-др Як. (1913–68), рус. писатель. В сб-ках лирики «Совесть» (1961), «День творения» (1968) – поэзия рус. Севера, стремление переосмыслить свой жизненный путь в свете нравств. идеала. В рассказах и повестях («Рычаги», 1956; «Вологодская свадьба», 1962; «Баба Яга», опубл. в 1985; «В гостях у сына», опубл. в 1987) – осуждение духовного рабства, «двоемыслия», правдивая картина жизни деревни.

ЯШИН Лев Ив. (1929–90), вратарь футбольной команды «Динамо» (Москва, 1949–70). Чемпион СССР (5 раз в 1954–63), обладатель Кубка СССР (1953, 1967, 1970). Чемпион Европы (1960), Олимп. игр (1956). Признан лучшим футболистом Европы (1963). Один из лучших вратарей в истории мирового футбола.

ЯШМА (араб. яшб), плотная непросвечивающая кремнистая горн. порода; декор. и поделочный камень. Окрашена в жёлтые, красные и зелёные цвета. По характеру окраски различают Я.: однородные, пятнистые, полосчатые, пестроцветные (ситцевые, парчовые), пейзажные и др. Гл. м-ния: в России, Германии, Египте, Индии, США. Недекоративная Я. используется как техн. камень.

ЯЩЕРИЦЫ, ж-ные класса пресмыкающихся. Тело длиной от неск. см до 3 м и более (*комодский варан*), покрыто ороговелыми чешуйками. У большинства (*агамы, игуаны, гекконы* и др.) конечности развиты хорошо, у нек-рых (напр., *желтопузик*) отсутствуют. Ок. 3900 видов, в степях, пустынях и лесах. Многие способны отбрасывать хвост, к-рый вскоре отрастает. Нек-рые ядовиты.

ЯЩЕРЫ (устар. название – панголины), отряд млекопитающих. Длина тела 30–88 см, хвоста 35–80 см. Верх. сторона тела покрыта подвижными роговыми чешуями. 7 видов, в Африке и Юго-Вост. Азии. Образ жизни наземный и древесный, ночной. При опасности сворачиваются в шар. Питаются гл. обр. муравьями и термитами, к-рых ловят длинным языком. Объект промысла (ради мяса, чешуи), поэтому численность ряда видов невысока. Я. называют также многочисленных вымерших пресмыкающихся, живших в триасе, юре, мелу (чешуйчатые Я., или лепидозавры, *летающие ящеры*).

ЯЩУР, вирусная болезнь парнокопытных ж-ных. Симптомы: специфич. образования – афты (пузыри, заполненные серозной жидкостью) на слизистой оболочке пищеварит. тракта и коже. Иногда Я. заражается и человек – при неосторожном контакте с больными ж-ными, употреблении без соотв. обработки полученных от них продуктов (сырого молока и плохо проваренного мяса).

Л.И. Яшин.

Ячмень посевной

Ящерицы. Прыткая ящерица.

Яшма. Чаша. Эрмитаж.

НАРОДЫ МИРА (на сер. 1992 г.)

Народы	Самоназвания или другие названия; названия субэтнических групп или близких к основному этносу народов	Общая числ., тыс. чел.	Основные страны расселения, тыс. чел.	Другие страны расселения, тыс. чел.	Язык	Религиозная принадлежность верующих
Абазины	Абаза; тапанта, шкарауа	44	РФ – 33, в т.ч. Карачаево-Черкесия – 27	Турция – 10	Абазинский	Мусульмане-сунниты
Абакнон		15	Филиппины – 15		Абакнон	Традиц. верования
Абелам	Абелам; маприк, возера	70	Папуа – Новая Гвинея – 70		Абелам	Католики, протестанты, часть – традиц. верования
Абунг	Оранг, абунг, лампунг, лампонг	300	Индонезия – 300		Лампунг	Мусульмане-сунниты
Абхазы	Апсуа; абжуйцы, гудаутцы, самурзаканцы	115	Грузия – 96, в т.ч. Абхазия – 93	РФ – 6 Турция – 6 Сирия – 2 Иордания – 2	Абхазский	Мусульмане-сунниты, православные
Аварцы[1]	Маарулал		РФ – 544, в т.ч. Дагестан – 496	Азербайджан – 44 Грузия – 4 Казахстан – 3 Украина – 3	Аварский	Мусульмане-сунниты
Австралийцы	Австралийцы – аборигены	170	Австралия – 170		Многочисленные австралийские языки, английский, различные варианты пиджин инглиш	Протестанты, католики, часть – традиц. верования
Австрийцы	Эстеррайхер	8800	Австрия – 7150	США – 1270 Германия – 180 Канада – 40 Великобритания – 33 Аргентина – 30 Швейцария – 30 Бразилия – 20 Австралия – 19	Австрийский вариант немецкого языка	Католики
Агау	Агав; авийя, кайла, куара, кемант, камир, камта, билин	420	Эфиопия – 350 Эритрея – 70		Агау	Христиане-монофиситы, часть – иудаисты, часть – последователи местной синкретической религии
Агуакатеки		80	Гватемала – 80		Агуакатек	Католики
Агулы	Агул, агулар	19	РФ – 18, в т.ч. Дагестан – 14		Агульский	Мусульмане-сунниты
Адангме	Адангбе, дангмели	700	Гана – 700		Адангме	Традиц. верования, часть – протестанты, католики
Адыгейцы	Адыгэ	130	РФ – 123, в т.ч. Адыгея – 95	Турция – 5	Адыгейский	Мусульмане-сунниты
Азербайджанцы	Азербайджанлылар; айрумы, афшары, баяты, карадагцы, карапапахи, падары, шахсевены	17200	Иран – 10430 Азербайджан – 5805	РФ – 336 Грузия – 307 Казахстан – 90 Узбекистан – 44 Украина – 37 Туркмения – 33 Киргизия 16	Тюркский	Мусульмане-шииты, часть – сунниты
Аймара	Колья	2550	Боливия – 1800 Перу – 720	Чили – 30	Аймара (оруро)	Католики
Айны		20	Япония – 20		Айнский	Буддисты
Айова	Паходже	2	США – 2		Чивере, английский	Баптисты, методисты
Аквапим	Аквапем, акуапем, тви	650	Гана – 650		Аквапем, чви (тви)	Пресвитериане, методисты
Алакалуф	Кауашкар	0,05	Чили – 0,05		Алакалуф, испанский	Католики
Алас		50	Индонезия – 50			Мусульмане-сунниты, часть – традиц. верования

[1] Включая андо-цезские народы и арчинцев.

Продолжение табл.

Народы	Самоназвания или другие названия; названия субэтнических групп или близких к основному этносу народов	Общая числ., тыс. чел.	Основные страны расселения, тыс. чел.	Другие страны расселения, тыс. чел.	Язык	Религиозная принадлежность верующих
Албанцы	Шкиптары; арберы, арнаут, арбанаси, арваной	6100	Албания – 3250 Югославия – 1985 Македония – 500	Италия – 130 США – 115 Греция – 80 Турция – 15 Канада – 5	Албанский	Мусульмане, часть – католики, православные
Алгонкины			Канада – 3		Оджибве	Католики
Алгонкины Виргинские			США – 3		Поухатан, английский	Баптисты, методисты, традиц. верования
Алеуты	Алеут, унанган	7	США – 6	РФ – 644 чел.	Алеутский	Православные, традиц. верования
Алжирцы (арабы Алжира)		22200	Алжир – 21200	Франция – 810 Египет – 60 Марокко – 40 Тунис – 40 Италия – 20 Германия – 15	Арабский	Мусульмане-сунниты
Алоро-пантарские народы	Абуи, благар, воисика, кабола, кафоа, куи, келон, колана, ламма, недебанг, танглапуи, тева	170	Индонезия – 170		Алорский, индонезийский	Католики, реформаты, часть – мусульмане-сунниты, традиц. верования
Алорцы	Оранг-алор, оранг барануса	100	Индонезия – 100		Алорский	Мусульмане-сунниты, часть – традиц. верования
Алтайцы	Алтай-кижи; тубалары, челканцы (лебединцы), кумандинцы, телентиты, телесы, телеуты[2]	71	РФ – 69, в т.ч. в Респ. Алтай – 59	Казахстан – 689 чел., Узбекистан – 191 чел.	Алтайский	Православные, баптисты, традиц. верования
Алуне	Макабала	10	Индонезия – 10		Алуне	Протестанты-реформаты, часть – традиц. верования
Алур	Жоалур, алуа, алулу, лури	750	Заир – 450	Уганда – 300	Джо алур	Традиц. верования
Алюторцы	Алутальу		РФ – 3, в т.ч. в Корякском а.о. – 3		Алюторский	Традиц. верования
Амауака	Хуни куи	4	Перу – 4	Бразилия	Амауака	Традиц. верования
Амбелауанцы	Оранг амбелау	3	Индонезия – 3		Амбелау	Мусульмане-сунниты
Амбоно-тиморские народы	Алорцы, атони, батуаса, ротийцы, амбонцы, бандамцы, ламахолот и др.	2375	Индонезия – 2320	Нидерланды – 35 Восточный Тимор – 20		Мусульмане-сунниты, часть – протестанты-реформаты, католики
Амбонцы	Амбоинцы, оранг-амбон	635	Индонезия – 600	Нидерланды – 35	Малайский	Христиане - реформаты, мусульмане-сунниты
Амбунду	Мбунду, кимбунду	2150	Ангола – 2150		Кимбунду, или донго	Традиц. верования, часть – христиане-католики
Американцы США		194200	США – 193000	Канада – 350 Мексика – 135 Великобритания – 120 Германия – 70 Франция – 70 Австралия – 40	Американский вариант английского языка	Протестанты, католики, приверженцы многочисленных сект и нетрадиц. культов
Амусго	Мусго, амучко	30	Мексика – 30		Амусго	Католики
Амхара (амара)	Амхарцы, амара	21000	Эфиопия – 20800	Эритрея – 180 Йемен – 15	Амхарский	Христиане-монофиситы, часть – католики, протестанты, мусульмане-сунниты
Ангас	Керанг, каранг	250	Нигерия – 250		Ангас	Мусульмане-сунниты, часть – традиц. верования

[2] Телеуты в последнее время выделяются в качестве самостоятельного этноса. Их числ. – 3 тыс. чел.

Продолжение табл.

Народы	Самоназвания или другие названия; названия субэтнических групп или близких к основному этносу народов	Общая числ., тыс. чел.	Основные страны расселения, тыс. чел.	Другие страны расселения, тыс. чел.	Язык	Религиозная принадлежность верующих
Англичане	Инглиш	48500	Великобритания – 44700	Канада – 1000 Австралия – 940 США – 650 ЮАР – 230 Индия – 200 Н. Зеландия – 188 Мексика – 80 Германия – 60	Английский	Протестанты-англикане, методисты, часть – католики
Англоавстралийцы		13400	Австралия – 13100	Великобритания – 72 Н. Зеландия – 70 США – 60 Канада – 60 Папуа–Н. Гвинея – 20	Австралийский вариант английского языка	Англикане, пресвитериане, католики
Англоафриканцы			ЮАР – 1750	Канада – 76 Кения – 35 Замбия – 35 Танзания – 15 Намибия – 11 Великобритания – 10 США – 10 Австралия – 8 Н. Зеландия – 4	Южноафриканский диалект английского языка	Англикане, методисты, пресвитериане, часть – католики
Англоканадцы		11670	Канада – 10800	США – 750 Великобритания – 65 Австралия – 15	Канадский вариант английского языка	Объедин. церковь Канады и Англиканской церкви, пресвитериане, баптисты, часть – католики
Англоновозеландцы	Новозеландцы, пакеха	2760	Новая Зеландия – 2600	Австралия – 97 Великобритания – 24 Канада – 20 США – 15	Английский	Англикане, часть – пресвитериане, католики
Андаманцы		ок. 100 чел.	Индия – ок. 100 чел.		Андаманский	Традиц. верования, часть – христиане
Андийцы	Андал, андиш, гъванал	25	Дагестан	РФ – 25	Андийский	Мусульмане-сунниты
Андоке		150 чел.	Колумбия – 150 чел.		Андоке	Традиц. верования
Андоррцы		11	Андорра – 11		Каталанский	Католики
Андо-цезские (дидойские) народы	Андийцы, ахвахцы, багулалы, ботлихцы, годоберинцы, каратинцы, тиндалы, чамалалы, дидойцы (цезы), хваршины, бежтины, гунзибцы, гинухцы	120	Дагестан – 120		Языки соответствующих народов, аварский	Мусульмане-сунниты
Антигуанцы		80	Антигуа и Барбуда – 80		Антигуанский креольский	Англикане, часть – католики, моравские братья, методисты, традиц. верования
Антильцы		260	Кюрасао } 225 Аруба	Нидерланды – 35	Папиаменто	Католики, часть – протестанты
Антильянос		230		Никарагуа – 120 Коста-Рика – 30 Виргинские о-ва (брит.) – 14 Панама – 10 Антилья – 7 Теркс и Кайкос – 7	Английский	Протестанты
Ануак	Аньивае, жо анива	70	Эфиопия – 55	Судан – 15	Ануак	Традиц. верования
Аньи	Анья, агни, чокосси, нденье, санви, бетье, дьябе, моро, пеписа, аовин, ануфо	2000	Кот-д'Ивуар – 1450 Гана – 500	Того – 50	Аньи	Христиане, часть – приверженцы христианско-африканских церквей и культов, мусульмане-сунниты, традиц. верования
Апайо	Апайдо, апайяо, иснег	40	Филиппины – 40		Апайо	Традиц. верования, часть – католики
Апатани	Нисю, ни	25	Индия – 25		Апатани	Традиц. верования

Народы	Самоназвания или другие названия; названия субэтнических групп или близких к основному этносу народов	Общая числ., тыс. чел.	Основные страны расселения, тыс. чел.	Другие страны расселения, тыс. чел.	Язык	Религиозная принадлежность верующих
Апачи	Ндее, дине	20	США – 20		Навахо, кайова	Христиане (реформаты, баптисты, католики), часть – традиц. верования
Арабы	Аль-араб	199000	В Африке – 125200 В странах Азии – 70000 Европе – 2500 Америке – 1200 Австралия и Океания – 100	Бахрейн Иордания Ирак Йемен Катар Кувейт Ливан ОАЭ Оман Зона Газы Саудовская Аравия Сирия Алжир Египет Ливия Мавритания Марокко Судан Тунис Зап. Сахара	Арабский	Мусульмане-сунниты, шииты, ибадиты, часть – христиане
Арабы Объединённых Арабских Эмиратов (арабы ОАЭ)		500	ОАЭ – 500		Арабский	Мусульмане-сунниты, часть – хариджиты-ибадиты, шииты
Араваки	Группа индейских народов – собств. араваки, гуахиро, кампа, банива, пиапоко, вапишана, мохо, ароа и др.	400	Южная Америка – 400		Аравакский	Традиц. верования, католики
Арапахо	Инуаина	3	США – 3		Арапахо	Католики, часть – меннониты, баптисты, приверженцы синкретических культов
Арауканы	Мапуче	870	Чили – 800 Аргентина – 70		Арауканский	Традиц. верования, часть – католики
Аргентинцы		28300	Аргентина – 28000	США – 130 Парагвай – 30 Бразилия – 22 Уругвай – 20 Канада – 20 Венесуэла – 15 Чили – 15 Испания – 13	Испанский	Католики
Аргобба		15	Эфиопия – 15		Амхарский	Христиане-монофиситы, часть – мусульмане-сунниты
Арикара		700 чел.	США – 700 чел.		Арикара	Протестанты
Армяне	Хай	6550	Армения – 3084	США – 700 РФ – 532 Грузия – 437 Франция – 270 Иран – 200 Сирия – 170 Ливан – 150 Турция – 150 Нагорный Карабах – 146 Аргентина – 70 Украина – 54 Узбекистан – 50 Туркменистан – 32 Болгария – 25 Канада – 20 Ирак – 20 Казахстан – 19 Австралия – 16 Венесуэла – 15 Великобритания – 15 Греция – 15 Уругвай – 15 Египет – 15	Армянский	Христиане-монофиситы, часть – армяно-католики, католики, протестанты

Продолжение табл.

Народы	Самоназвания или другие названия; названия субэтнических групп или близких к основному этносу народов	Общая числ., тыс. чел.	Основные страны расселения, тыс. чел.	Другие страны расселения, тыс. чел.	Язык	Религиозная принадлежность верующих
Аромуны	Аромуны; македонские румыны, цинцары, куцовлахи, фаршероты	115	Греция – 60 Югославия – 32 Албания – 15 Болгария – 3 Румыния – 3		Румынский	Православные
Аруаки	Коги, ихка, санха	12	Колумбия – 12		Аруако	Традиц. верования, часть – католики
Аруанцы	Аруанцы; добоанцы	40	Индонезия – 40		Аруанский	Традиц. верования, часть – протестанты
Арчинцы	Аршиштиб, рочисел	1	РФ – св. 1, в т.ч. Дагестан – 1		Арчинский	Мусульмане-сунниты
Ассамцы	Ассамийа, ахомийа	14770	Индия – 14550	Бутан – 220	Ассамский	Индуисты, часть – мусульмане и христиане
Ассинибойны	Накода, стоуни	6	США – 4,5	Канада – 1,5	Дакота	Протестанты
Ассирийцы	Айсоры, атурая, сурая, халдеи	350	Ирак – 120	Иран – 100 Турция – 70 Сирия – 30 РФ – 10 Грузия – 6 Армения – 6	Ассирийский	Христиане (в основном несториане)
Асуры	Асура, асур	5	Индия – 5		Асури	Традиц. верования
Атапаски	Дене, на-дене; группа народов-атена, чилкотин, чипевайян, ингалик, кучин, танаина, хупа, матолле, апаче	220	США – 210	Канада – 10	Атапаскские	Протестанты, католики, традиц. верования
Атони		705	Индонезия – 700	Восточный Тимор – 5	Даван	Христиане-протестанты, часть – мусульмане-сунниты, традиц. верования
Афар	Афар, данахиль, адало	1000	Эфиопия – 670 Эритрея – 180 Джибути – 150		Афар-сахо	Мусульмане-сунниты
Афганцы	Пуштуны, патаны	30550	Пакистан – 19500 Афганистан – 10000	Иран – 1000 Индия – 10	Афганский (пушту)	Мусульмане-сунниты, шииты
Африканеры	Буры, африкандеры	3120	ЮАР – 3000	Намибия – 50 Замбия – 25 Великобритания – 17 США – 10 Зимбабве – 5 Свазиленд – 5	Африкаанс	Христиане-протестанты (реформаты)
Афроамериканцы США (часть американцев США)		30000	США – 30000		Американский вариант английского языка (блэк инглиш)	Протестанты, часть – католики, «чёрные мусульмане», «чёрные иудеи»
Ахвахцы	Ашвадо	6	РФ – 4, в т.ч. Дагестан – 4	Азербайджан – 4	Ахвахский	Мусульмане-сунниты
Ацтеки	Астеки, науа, масеуалли, теночки, мехика	1200	Мексика – 1200		Ацтекский (науатль)	Католики
Ачан	Хачан, нгачан	30	Китай – 30		Ачан	Буддисты
Ачем	Ачим, аким, акем	650	Гана – 650		Чви (тви)	Традиц. верования, часть – протестанты, католики
Ачех	Аче, ачины	3010	Индонезия – 3000	Малайзия – 10	Ачехский	Мусульмане-сунниты
Ачали	Аколи, ганг, чиули, макшдуру	800	Уганда – 780	Судан – 20	Ачоли	Традиц. верования, часть – мусульмане-сунниты
Ашанти	Асанте, асантефо; ашантийцы, асианте, тон, тонава, камбон, камбоси, денчира, аданси, васау, асениечифу	4000	Гана – 4000		Чви (тви)	Традиц. верования, часть – католики, англикане, мусульмане-сунниты
Аэта	Негрито	40	Филиппины – 40		Аэта, или агта	Традиц. верования

Продолжение табл.

Народы	Самоназвания или другие названия; названия субэтнических групп или близких к основному этносу народов	Общая числ., тыс. чел.	Основные страны расселения, тыс. чел.	Другие страны расселения, тыс. чел.	Язык	Религиозная принадлежность верующих
Бага	Бага; коба, форе, ситему	100	Гвинея – 100		Бага	Традиц. верования
Багамцы		200	Багамские Острова – 200		Английский (с чертами креолизации)	Баптисты, англикане, часть – католики
Багирми	Барма-ге; кука, кенга, лака, бака, креш	550	Чад – 530	Судан – 20	Тар-барма	Мусульмане-сунниты
Багобо	Багобо; гианга	50	Филиппины – 50		Багобо	Традиц. верования, часть – католики
Багулалы	Багвалалы, багвалинцы, багулал, гантляло	5	РФ – 5, в т.ч. Дагестан – 5		Багулальский	Мусульмане-сунниты
Бадага		170	Индия – 170		Бадага	Индуисты
Баде	Баде, беде; карекаре, тангале, нгизим	650	Нигерия – 650		Баде	Мусульмане-сунниты, часть – традиц. верования
Баджао	Оранг-лаут, морские кочевники, морские цыгане, баджо, джакуны	40	Острова Юго-Восточной Азии (Малайзия, Индонезия) – 40		Баджо (баджао)	Мусульмане-сунниты, часть – традиц. верования
Бадуй		4	Индонезия – 4		Сунданский	Традиц. верования
Бай	Байцзы, байни, миньцзя, пайи	1670	Китай – 1670		Бай	Буддисты, часть – даосисты
Байга		160	Индия – 160		Байгани	Традиц. верования
Бакве	Бакве; ване, пайя, абринья, плави, ба, теви, падебо, де, клепо	900	Либерия – 500 Кот-д'Ивуар – 400		Бакве, или бакуэ, бакво	Традиц. верования, часть – христиане-протестанты, последователи христианско-африканской церкви
Балантак	Миан балантак	40	Индонезия – 40		Балантак, или косиан	Традиц. верования, есть христиане, мусульмане-сунниты
Баланте	Балант; буланда, брасса, фча, джа, куканте, манканья	690	Гвинея-Бисау – 600	Кабо-Верде – 60 Сенегал – 30	Баланте (баланта)	Традиц. верования
Балийцы	Бали	3650	Индонезия – 3650		Балийский	Индуисты
Балкарцы	Таулула; малкарцы, бизингиевцы, холамцы, чегемцы, баксанцы	85	РФ – 78, в т.ч. Кабардино-Балкария – 71	Казахстан – 3 Киргизия – 2	Карачаево-балкарский	Мусульмане-сунниты
Балти		110	Индия – 100 Пакистан – 10		Балти	Мусульмане-шииты, есть буддисты
Бамбара	Бамана	3490	Мали – 2700 Кот-д'Ивуар – 230	Гвинея – 30 Мавритания – 20 Гамбия – 10	Бамана	Мусульмане-сунниты, часть – традиц. верования
Бамилеке	Бабаджу, бафанг, бафусам, чанг, банганте и др.	2300	Камерун – 2300		Бамилеке	Традиц. верования, часть – мусульмане-сунниты
Бамум	Мум, мом, шупамен	140	Камерун – 140		Бамум	Мусульмане-сунниты
Банар	Бана; ронгао, голар, золанг, бонам, толо, крем	160	Вьетнам – 160		Банар	Традиц. верования, часть – христиане
Бангай	Бангайцы; миан, сеа-сеа, миан баннгай	140	Индонезия – 140		Банггай (бангаи)	Мусульмане-сунниты, христиане
Банги	Бабанги, нгала, бангала, нгола, вангала, бамангала	2130	Заир – 2100	Конго – 30	Мбанги-нтумба, лингала	Традиц. верования
Банда	Линда, моно, тогбо, якпа, лангбасе, мбанжа, голо и др.	1570	ЦАР – 950 Заир – 600	Судан – 10 Конго – 10	Банда	Традиц. верования
Банданцы	Старобанданцы, эли-элат, вадан	3	Индонезия – 3		Банда, или эли-элат	Мусульмане-сунниты
Банджары		3150	Индонезия – 3000	Малайзия – 150	Малайский	Мусульмане-сунниты

Продолжение табл.

Народы	Самоназвания или другие названия; названия субэтнических групп или близких к основному этносу народов	Общая числ., тыс. чел.	Основные страны расселения, тыс. чел.	Другие страны расселения, тыс. чел.	Язык	Религиозная принадлежность верующих
Банди	Гбанди	60	Либерия – 35	Гвинея – 25	Банди	Традиц. верования
Банива			Венесуэла – 2 Бразилия – 1 Колумбия – 1		Майпуре	Традиц. верования, часть – протестанты
Банту	Группа народов Африки к югу от Сахары (от 6° сев. широты до юж. оконечн. континента)	200000	Африка – 200000		Многочисл. яз. банту	Христиане, мусульмане-сунниты, традиц. верования
Баоань	Боунан кун	13	Китай – 13		Баоань	Мусульмане-сунниты, буддисты
Барба	Барба, бариба, баргу, боргава, богунг	410	Бенин – 400	Того – 10		Традиц. верования, есть мусульмане-сунниты
Барбадосцы	Бэдженз	350	Барбадос – 250	США – 35 Великобритания – 35 Канада – 30	Местный диалект английского языка	Англикане, часть – методисты, моравские братья, католики
Бареа		30	Эритрея		Барея	Мусульмане-сунниты
Бари	Каква, куку, поджулу, ньянгбара, мандари, ньепи, лиго	690	Судан – 600	Заир – 60 Уганда – 30	Кутук на бари	Традиц. верования
Бари	Бари, кунагуасая, мотилоны, добокуба	3	Венесуэла – 2 Колумбия – 1		Барира	Традиц. верования
Баса	Коко, мвеле; баса, коко, мвеле, мбене, банон, ньюкон, або и др.	130	Камерун – 130		Баса (коко, бакоко, мбене)	Христиане (католики и протестанты), часть – традиц. верования
Баски	Эускалдунак	1250	Испания – 950 Франция – 140	Аргентина – 60 Бразилия – 40 Мексика – 20 Венесуэла – 15 Уругвай – 10	Баскский	Католики
Батаки	Батаки, оранг-батак, оранг-тапанули; тоба, каро, сималунгун (тимур), пакпак (дейри), мандайлинг, ангкола	4500	Индонезия – 4500		Батакский	Мусульмане-сунниты, протестанты (реформаты, лютеране), традиц. верования
Батины		80	Индонезия – 80		Малайский	Мусульмане-сунниты
Батуаса	Оранг-батуаса, оранг-варихама, оранг-тобо, оранг-хатуметен	5	Индонезия – 5		Батуаса	Мусульмане-сунниты
Бауле	Бауле; бомфви, ндаме, вуре, нгано	1550	Кот-д'Ивуар – 1550		Бауле	Традиц. верования, часть – католики
Бахрейнцы (арабы Бахрейна)		320	Бахрейн – 320		Арабский (бахрейнский диалект)	Мусульмане (шииты и сунниты)
Бахтиары	Бахтиары; хафтленг, чехарленг	1000	Иран – 1000		Фарси, бахтиари	Мусульмане-шииты
Башкиры	Башкорт	1450	РФ – 1345, в т.ч. Башкирия – 864	Казахстан – 42 Узбекистан – 35 Украина – 7 Таджикистан – 7 Туркмения – 5 Киргизия – 4	Башкирский	Мусульмане-сунниты
Беджа	Бедауйе, бедавир; бишарин, хадендада, халенга, амарар, абабде, бени-амер	1850	Судан – 1750	Эритрея – 80 Египет – 20	То-бедауйе	Мусульмане-сунниты
Бежтинцы	Бежтины, хьванал, капуча	8	РФ – 8, в т.ч. Дагестан – 8		Бежтинский	Мусульмане-сунниты
Белау	Палау, пелауанцы, белауанцы	20	Палау – 20		Белау	Католики, протестанты
Белизцы		115	Белиз – 100	Гондурас – 5	Креолизированный вест-индский диалект английского языка	Протестанты, часть – католики

Народы	Самоназвания или другие названия; названия субэтнических групп или близких к основному этносу народов	Общая числ., тыс. чел.	Основные страны расселения, тыс. чел.	Другие страны расселения, тыс. чел.	Язык	Религиозная принадлежность верующих
Белорусы	Беларусы	10380	Белоруссия – 7905	РФ – 1206 Украина – 440 Польша – 300 Казахстан – 183 Латвия – 120 Литва – 63 Узбекистан – 63 США – 30 Эстония – 28 Молдавия – 20	Белорусский	Православные, греко-католики
Белуджи	Балус, балоч	5700	Пакистан – 4000 Иран – 1400	Афганистан – 200 Оман – 40 Туркменистан – 28 ОАЭ – 20 Катар – 10	Балучи	Мусульмане-сунниты
Бемба	Бавемба, вавемба, муемба; биса, лала, каонде, ауши, амбо, нгумбу, ламба, унга, кавенди, сенга	3720	Замбия – 3100 Заир – 620		Чибемба	Традиц. верования, христиане, приверженцы афро-христианских церквей
Бена	Вабена; хехе, сангу, матумби, денденуле, поголо, мдемдеум	1875	Танзания – 1875		Бена-кинга, кихехе	Традиц. верования, часть – мусульмане-сунниты, католики
Бенабена		30	Папуа – Новая Гвинея – 30		Бенабена	Христиане-протестанты, часть – традиц. верования
Бенгальцы		189650	Бангладеш – 109500 Индия – 80000	Непал – 90 Бутан – 10	Бенгали, бангла-бхаса	Мусульмане-сунниты, индуисты, часть – джайны, христиане
Берберы	Амазиг, амахаг, группа народов – риф, шильх, тамазигхт, кабилы, шауйя, туареги	11520	Марокко Алжир Тунис Ливия Египет } 11520 Мали Нигерия Нигер и Мавритания		Языки берберской группы	Мусульмане-сунниты, хариджиты-ибадиты
Бермудцы		45	Бермудские острова – 45		Местный вариант английского языка	Протестанты (англикане и методисты), часть – католики
Берта	Барта, гамила, шангала, бени-шангул; агаро, даши, фазогло, кошо, фесака, шогале	150	Эфиопия – 80 Судан – 70		Берта	Мусульмане-сунниты
Бесая	Бисая, джилама, баванг, джилама сунгей	40	Малайзия – 40		Бесая	Мусульмане-сунниты, часть – христиане-протестанты, традиц. верования
Бесермяне	Бесерман	10	РФ – 10, в т.ч. Удмуртия – 10		Наречие удмуртского языка	Православные, есть элементы язычества и мусульманства
Бете	Бетегбо; дида, годие, соквеле, егва, нейо	2600	Кот-д'Ивуар – 2600		Бете	Традиц. верования, часть – католики
Биак	Биакцы, нумфор, биак-нумфоры, оранг биак	80	Индонезия – 80		Биак-нумфоор	Протестанты
Биафада	Биафада, биафар, бола, папеи	80	Гвинея-Бисау – 80		Биафада	Традиц. верования, христиане
Бидього	Бидього, биджого, бижаго		Гвинея-Бисау – 10		Бидього	Традиц. верования, часть – христиане
Бикол	Биколы, биколанцы, викол; нага, бухи, баао, бато, катандуанес	4500	Филиппины – 4500		Бикольский	Католики
Билаан	Биланы, тагалатад	100	Филиппины – 100		Билаан	Традиц. верования, часть – католики, мусульмане-сунниты

Продолжение табл.

Народы	Самоназвания или другие названия; названия субэтнических групп или близких к основному этносу народов	Общая числ., тыс. чел.	Основные страны расселения, тыс. чел.	Другие страны расселения, тыс. чел.	Язык	Религиозная принадлежность верующих
Бима	Доу бима	500	Индонезия – 500		Бима	Мусульмане-сунниты, часть – традиц. верования
Бима-сумбанские народы	Группа народов: бима, манггараи, ламахолот, хаву, энде, сумбанцы, донго	3100	Индонезия – 3100		Языки бимасумбакской группы	Христиане, мусульмане-сунниты, часть – традиц. верования
Бини	Едо, эдо; ишан, сев. эдо, урхобо	4270	Нигерия – 4270		Бини	Христиане, часть – традиц. верования
Бира	Бабира, бабуру, бабила, вавира	120	Заир – 120		Бира	Традиц. верования, часть – католики
Бирманцы	Мямма, мьенма, мранма	33350	Мьянма – 33000	Бангладеш – 300 Индия – 20 Таиланд – 20 Камбоджа – 5	Бирманский	Буддисты южного толка (хинаяна), часть – мусульмане-сунниты
Биром	Биром, бером, буром, бурумава, кибо, кибьен, шоно	220	Нигерия – 220		Биром	Мусульмане-сунниты, часть – традиц. верования
Бирхоры	Бирхор	200 чел.	Индия – 200 чел.		Мундари	Традиц. верования с сильным влиянием индуизма
Биса	Биса, буса, бусава, бусано	400	Буркина-Фасо – 150 Гана – 150 Нигерия – 70 Бенин – 30		Биса	Мусульмане-сунниты
Бихарцы	Бихари; бходжпуры, магахи, майтхили	97600	Индия – 92500	Непал – 3640 Бангладеш – 1450 Бутан – 10	Бихари, бходжпури, магахи, майтхили	Индуисты, часть – мусульмане-сунниты, христиане, сикхи, джайны, буддисты
Боа	Бабоа, абабуа; бабео, канго, нгба, бойе	1000	Заир – 1000		Либоа (либуа)	Традиц. верования
Бобо	Буа; киан, тара, ниенете	920	Буркина-Фасо – 600	Мали – 220 Кот-д'Ивуар – 100	Гбе (бобовуле)	Традиц. верования, часть – христиане-католики
Бобо-фин	Сья, тусиа, черные бобо	70	Буркина-Фасо – 60	Мали – 10	Бобо-фин	Мусульмане-сунниты
Бозо	Сорко, сорого	25	Мали – 25		Бозо	Традиц. верования, распространяется ислам
Боки	Нки, дама, осиком, веанероки	140	Нигерия – 140		Окии	Традиц. верования
Болаанг-монгондоу	Болаанг; булан, бинангунан, палиан, ломбагин, думога	140	Индонезия – 140		Монгондоу	Мусульмане-сунниты, христиане-протестанты
Болгары	Болгары	8450	Болгария – 7850	Украина – 234 США – 100 Молдавия – 88 РФ – 33 Югославия – 30 Греция – 26 Казахстан – 10 Румыния – 10	Болгарский	Православные, часть – мусульмане
Болева	Борлава, фика	120	Нигерия – 120		Болева	Мусульмане-сунниты
Боливийцы	Боливианос	3200	Боливия – 3000	Аргентина – 150 Бразилия – 20 США – 15 Чили – 10 Перу – 5	Местный вариант испанского языка	Католики
Бонго	Бонго, обонг, бунго, абунга, мунга, дор, деран, бака, лори, митту, бели, ньямуса	170	Судан – 170		Бонго	Традиц. верования, часть – католики
Бонгу	Бонгуанцы	600 чел.	Папуа – Новая Гвинея – 600 чел.		Бонгу	Протестанты, традиц. верования

Продолжение табл.

Народы	Самоназвания или другие названия; названия субэтнических групп или близких к основному этносу народов	Общая числ., тыс. чел.	Основные страны расселения, тыс. чел.	Другие страны расселения, тыс. чел.	Язык	Религиозная принадлежность верующих
Бони	Вабони, валангуло; санья	10	Кения – 5 Сомали – 5		Бони	Традиц. верования
Бонток	Бонтоки-ичорот	100	Филиппины – 100		Бонток	Традиц. верования, часть – христиане
Бора		1,5	Перу – 1,5		Борука	Традиц. верования
Бороро	Орарумугудоге	3	Боливия – 2 Бразилия – 1		Бороро	Католики, традиц. верования
Борука	Брунка; кото, кепо, туррурака, абубае	3	Коста-Рика – 3		Борука	Католики
Боснийцы («мусульмане»)	Мусульмане, босанцы	2100	Босния – 1800	Югославия – 220 Турция – 30 США – 30 Хорватия – 14	Сербскохорватский	Мусульмане-сунниты
Ботлихцы	Буйхади	6	РФ – 6, в т.ч. Дагестан – 6		Ботлихский	Мусульмане-сунниты
Ботокуды	Амбарес, гуаймурес, борун, айморес	2	Бразилия – 2		Чонвугн, накнанук, накрехе	Традиц. верования
Брагуи	Брагуй	830	Пакистан – 730 Иран – 50 Афганистан – 50		Брагуй	Мусульмане-сунниты
Бразильцы	Бразильенуш	149400	Бразилия – 149000	Парагвай – 120 Аргентина – 90 США – 80 Португалия – 10	Бразильский вариант португальского языка	Католики, часть – протестанты
Бретонцы		1050	Франция – 1050		Бретонский, французский	Католики
Брибри	Брибри, таламанка	6	Коста-Рика – 4	Панама – 2	Брибри	Католики, часть – протестанты
Бру	Бру; ванкьеу, кхуа, чи, макоонг	45	Вьетнам – 40 Лаос – 5		Бру	Буддисты, традиц. верования
Бубе	Буби, фернандцы, едийе, адиджа	65	Экваториальная Гвинея – 65		Бубе	Христиане-католики, часть – протестанты, традиц. верования
Бугисы (буги)	Тоугик	4600	Индонезия – 4550	Малайзия – 45 Сингапур – 5	Бугийский (хурупук-сулапак-эппак)	Мусульмане-сунниты
Буи	Буюай, буёй, иой, чжунцзя	2700	Китай – 2700			Буддисты толка тхеравада, часть – христиане
Букиднон	Хигаонан	110	Филиппины – 110		Букиднон	Традиц. верования, часть – католики
Булан	Пу, пужэнь, пумань, пула	85	Китай – 85		Булан	Буддисты
Буллом	Булом, болом, буллун, амампа, шербро, булем, крим	170	Сьерра-Леоне – 155	Гвинея – 15	Буллом	Традиц. верования, есть католики, протестанты
Бунак	Мараэ	100	Восточный Тимор – 80 Индонезия – 20		Бунак	Традиц. верования, часть – христиане-католики
Бунгку	То бунгку; лалаки	270	Индонезия – 270		Бунгку	Мусульмане-сунниты
Бура	Бура; бабур, бата, марти, тера	2230	Нигерия – 2000 Камерун – 230		Бура	Мусульмане-сунниты, часть – традиц. верования
Буриши	Буришки, бурушаски, вершики	50	Индия – 50		Бурушаски (хунзахский, вершинский, нагирский)	Мусульмане-шииты
Буруанцы	Буру, гэбфука или гэбэмлиар	35	Индонезия – 35		Буруанский	Традиц. верования, часть – протестанты, мусульмане-сунниты
Бурун	Барун, горные бурун, северные бурун; мабам-джумджум	65	Судан – 65		Бурун	Мусульмане-сунниты, часть – традиц. верования

Продолжение табл.

Народы	Самоназвания или другие названия; названия субэтнических групп или близких к основному этносу народов	Общая числ., тыс. чел.	Основные страны расселения, тыс. чел.	Другие страны расселения, тыс. чел.	Язык	Религиозная принадлежность верующих
Буряты	Бурят, баряат	520	РФ – 421, в т.ч. Бурятия – 250	Монголия – 70 Китай – 25	Бурятский	Буддисты, шаманисты
Бутунг	Бутон	600	Индонезия – 600		Бутунг	Мусульмане-сунниты
Бушмены	Тва, сарва, овакуруа; кунг, кхонг, нусан, кхам, ауни, ганг-не	85	Намибия – 40 Ботсвана – 35 Ангола – 8 Зимбабве – 1		Бушменские языки	Традиц. верования
Бхилы	Бхагалия, дхоли, дунгри, меваси, равал, васава, гарасия, ратхия и др.	3700	Индия – 3700		Бхили	Индуисты, частично традиц. верования
Бхотия		1200	Бутан – 1000 Непал – 110	Индия – 90	Бхотия	Буддисты, часть – индуисты
Бхумидж		60	Индия – 60		Мундари	Традиц. верования
Бюргеры ланкийские		55	Шри-Ланка – 55		Английский, голландский, сингальский	Реформаты, часть – католики
Ва	Брао, плао, кава, хава, лава	600	Китай – 360 Мьянма – 200 Лаос – 20 Таиланд – 10		Ва или хава	Традиц. верования, часть – буддисты
Ваи	Веи, теребендиула, коно, каро, кондо, галлины	550	Сьерра-Леоне – 220 Либерия – 160 Гвинея – 70		Ваи	Мусульмане-сунниты
Вай-вай	Уай-уай	800 чел.	Бразилия – 530 чел. Гайана – 170 чел. Суринам – 100 чел.		Вай-вай	Традиц. верования, часть – христиане
Вакаши	Квакиютл, нутка	1	Канада – 1		Квакиютл, нутка	Традиц. верования
Валлоны	Валлоны	4100	Бельгия – 3920	США – 75 Франция – 55 Канада – 15	Французский	Католики
Вандамен	Виндеси	15	Индонезия – 15		Вандамен	Протестанты-реформаты
Вапишана	Вапишана, вапидиана, даури	7	Гайана – 4 Бразилия – 3		Вапишана	Традиц. верования
Варопен	Варопен-кан, варопен-напан	13	Индонезия – 13		Варопен	Протестанты-реформаты, традиц. верования
Варрау	Уарао, гуарао	20	Венесуэла – 17	Суринам – 2 Гайана – 1	Варрау	Католики
Ватубельцы	Ватубела	3	Индонезия – 3		Ватубеле	Мусульмане-сунниты
Ведды		1	Шри-Ланка – 1		Ведда	Буддисты, индуисты, часть – традиц. верования
Вемале		40	Индонезия – 40		Вемале	Протестанты-реформаты
Венгры	Мадьяры	13830	Венгрия – 9950 Румыния – 1800	США – 600 Словакия – 580 Югославия – 400 Украина – 163 Канада – 120 Австралия – 31 Хорватия – 30 Австрия – 25 Аргентина – 20 Германия – 18 Великобритания – 18 Чехия – 18 РФ – 6 Бразилия – 5	Венгерский	Католики, часть – кальвинисты, лютеране
Венда	Бавенда, веша, бавеша	1230	ЮАР – 910 Зимбабве – 320		Чивенда	Христиане-протестанты, часть – христианско-африканские культы, традиц. верования

Продолжение табл.

Народы	Самоназвания или другие названия; названия субэтнических групп или близких к основному этносу народов	Общая числ., тыс. чел.	Основные страны расселения, тыс. чел.	Другие страны расселения, тыс. чел.	Язык	Религиозная принадлежность верующих
Венесуэльцы		17400	Венесуэла – 17300	США – 30 Колумбия – 30 Канада – 13 Испания – 10	Испанский	Католики, часть – протестанты (англикане, реформаты, мормоны)
Вепсы	Бепся, вепсь, вепся, людникад, тягалажет, чудь	13	РФ – 12, в т.ч. Карелия – 6		Вепсский	Православные
Ветарцы	Ветар, веттер	3	Индонезия – 3		Ватарский	Протестанты-реформаты, часть – традиц. верования
Видекум	Буррикем, мбудикен, тиверкум; менемо, могамбо, нгемба, нгону	930	Камерун – 930		Видекум	Мусульмане-сунниты
Вийот	Вишоск	130 чел.	США – 130 чел.		Вийот	Традиц. верования
Винтун	Винту	900 чел.	США – 900 чел.		Винтун	Традиц. верования
Виргинцы		85	Виргинские острова (США) – 85		Английский	Христиане-протестанты, часть – католики
Висайя (бисайя)	Бисайя; собственно бисайя, себуано, хилигайнон, самар-лейте, кинерейа, акланон, масбате, ромблон, бангон и др.	26750	Филиппины – 26750		Висайя	Католики, традиц. верования
Водь	Вадьялайн	менее 100 чел.	РФ – менее 100 чел.		Водский	Православные
Волоф	Волоф, джолоф, уолоф; лебу	4360	Сенегал – 4100	Мавритания – 130 Гамбия – 120 Мали – 10	Волоф	Мусульмане-сунниты, часть – традиц. верования, католики
Вуте	Вутере, буте, бабуте, мфуте; вава, галим, суга	40	Камерун – 40		Вуте	Мусульмане-сунниты
Вьетнамцы	Кинь, вьет	62150	Вьетнам – 61000	США – 350 Камбоджа – 280 Таиланд – 100 Лаос – 57 Сянган – 50 Австралия – 52	Вьетнамский	Буддисты, даосисты, конфуцианты, культ предков, часть – католики, приверженцы синкретических религий
Га	Ган, чедье, нкранфо	520	Гана – 500	Того – 20	Га (чан)	Католики, протестанты, часть – традиц. верования
Гавайцы		170	Гавайские острова (США) – 170		Гавайский	Протестанты, католики, часть – традиц. верования
Гагаузы	Гагаузы	220	Молдавия – 153	Украина – 32 РФ – 10 Болгария – 10 Турция – 5 Румыния – 3 Греция – 3 Казахстан – 1	Гагаузский	Православные
Гадаба	Гатхан	45	Индия – 45		Гадаба, или гутоб	Традиц. верования
Гадданы	Гаддан	25	Филиппины – 25		Гаддан (гадданг)	Традиц. верования, часть – католики
Гаитийцы	Гаитяне	7200	Гаити – 6600	Доминиканская Респ. – 400 США – 130 Куба – 30 Багамские О-ва – 30 Канада – 10	Гаитийский креольский	Католики, приверженцы синкретического культа «воду»
Гайанцы	Афрогайанцы, креолы Гайаны	520	Гайана – 360	США – 60 Великобритания – 60 Канада – 40	Гайанский креоль	Протестанты (англикане и методисты), часть – католики
Гайанцы-индопакистанцы		400	Гайана – 400		Гайанский креоль, хинди	Индуисты, часть – мусульмане-сунниты
Гайо	Гайо	170	Индонезия – 170		Гайо	Мусульмане-сунниты

Продолжение табл.

Народы	Самоназвания или другие названия; названия субэтнических групп или близких к основному этносу народов	Общая числ., тыс. чел.	Основные страны расселения, тыс. чел.	Другие страны расселения, тыс. чел.	Язык	Религиозная принадлежность верующих
Галела		60	Индонезия – 60			Мусульмане-сунниты, протестанты-реформаты
Галеши		40	Иран – 40		Гилянский	Мусульмане-шииты
Галисийцы	Галегос	4200	Испания – 3150	Аргентина – 550, Бразилия – 230, Венесуэла – 140, Уругвай – 60, Куба – 30, Мексика – 30, США – 20, Чили – 10	Галисийский	Католики
Ганда	Баганда, ваганда	3260	Уганда – 3250	Танзания – 10	Ганда	Протестанты, католики, часть – мусульмане-сунниты, традиц. верования
Гаошань	Ами (амэй), атайял, бунун, пайван, сайсет, цоу и др.	340	Китай – 340		Гаошаньские яз.	Традиц. верования
Гарифы	Гарифу, карибу, черные карибы	85	Гондурас – 50, Белиз – 12, Гватемала – 8, Сент-Винсент и Гренадины – 2, Никарагуа – 1		Аравакский	Католики, часть – протестанты (англикане и методисты), традиц. верования
Гаркхвали	Центральногималайские пахари	2150	Индия – 2150		Пахари	Индуисты
Гаро	Ачик манде	800	Индия – 700	Бангладеш – 100	Гаро	Традиц. верования, баптисты
Гбайя	Байя, манжа, мбакка, нгбакна	1050	ЦАР – 760, Камерун – 150, Заир – 130	Конго – 10	Гбайя	Традиц. верования, часть – христиане
Гбари	Агбари, гвари, гвали, гоали	700	Нигерия – 700		Гбари	Мусульмане-сунниты, часть – традиц. верования
Гваделупцы		400	Гваделупа – 300	Франция – 100	Французский, криоль на осн. французского	Католики
Гватемальцы		5680	Гватемала – 5600	США – 50, Мексика – 10, Белиз – 10	Гватемальский диалект испанского языка	Католики
Гвере	Багвере; ньяла	500	Уганда – 500			Традиц. верования
Гвианцы		70	Французская Гвиана – 70		Гвианский креольский	Католики
Гере	Гере; сикон, басса	700	Кот-д'Ивуар – 520	Либерия – 180	Гере	Традиц. верования, часть – протестанты
Гереро	Гереро, оватереро; мбамдиеру, химба	275	Намибия – 200	Ангола – 70, ЮАР – 5	Гереро	Лютеране, часть – традиц. верования
Германошвейцарцы		4580	Швейцария – 4220	США – 200, Германия – 50, Канада – 20, Великобритания – 19, Франция – 12, Бразилия – 10	Швейцарский вариант немецкого яз.	Кальвинисты, часть – католики
Гесерцы	Гессерцы, серамцы	90	Индонезия – 90		Гесерский	Мусульмане-сунниты
Гибралтарцы		25	Гибралтар – 25		Испанский, английский	Католики
Гилянцы	Гиляки	3300	Иран – 3300		Гилянский	Мусульмане-шииты, часть – традиц. верования
Гимирра	Гимирра	190	Эфиопия – 190		Гимирра	Традиц. верования, часть – христиане-монофиситы
Гинухцы	Генухцы, гьинози, гьенозе	1	РФ – 1, в т.ч. Дагестан – 1		Гинухский	Мусульмане-сунниты

Продолжение табл.

Народы	Самоназвания или другие названия; названия субэтнических групп или близких к основному этносу народов	Общая числ., тыс. чел.	Основные страны расселения, тыс. чел.	Другие страны расселения, тыс. чел.	Язык	Религиозная принадлежность верующих
Гишу	Бамасаба, чису, багишу, багису	1050	Уганда – 1050		Масаба (гису)	Традиц. верования, есть христиане, мусульмане-сунниты
Гого	Вагого	1080	Танзания – 1080		Гого	Традиц. верования, часть – мусульмане-сунниты
Годоберинцы	Гъибдиди	3	РФ – 3, в т.ч. Дагестан – 3		Годоберинский	Мусульмане-сунниты
Гола		160	Либерия – 150	Сьерра-Леоне – 10	Гола	Традиц. верования
Голландцы	Холандерс, нидерландцы	13270	Нидерланды – 12050	Канада – 410 США – 380 Германия – 150 Бельгия – 70 ЮАР – 18	Нидерландский (голландский)	Протестанты (кальвинисты, меннониты), католики
Гонга	Афила, боша (гаро), каффа, манчжо, моча, шинаша	400	Эфиопия – 400		Языки гонга	Христиане (монофиситы, католики), традиц. верования, мусульмане-сунниты
Гондурасцы		5240	Гондурас – 5150	США – 55 Никарагуа – 10 Сальвадор – 10 Белиз – 7	Испанский	Католики
Гонды	Гонды; койя, дорли, мариа	3800	Индия – 3800		Гонди	Индуисты, часть – традиц. верования
Горонтало	Холонтало	1170	Индонезия – 1170		Горонтало	Мусульмане-сунниты
Горские евреи	Джухур	19	РФ – 11, в т.ч. Азербайджан – 5 Дагестан – 4 Кабардино-Балкария – 3	Узбекистан – 1	Татский	Иудаисты
Готтентоты	Кой-коин; кхоэ, нарон, нама, кора, шуа, квади	130	Намибия – 102 Ботсвана – 26 ЮАР – 2		Готтентотские языки	Протестанты, часть – традиц. верования
Гребо		300	Либерия – 200 Кот-Д'Ивуар – 100		Гребо	Традиц. верования
Греки	Эллинес	1242	Греция – 9725 Кипр – 570	США – 550 Германия – 300 Канада – 155 Турция – 120 Грузия – 100 Украина – 99 РФ – 92 Албания – 60 Казахстан – 47 Италия – 40 Египет – 40 Узбекистан – 11	Новогреческий	Православные
Гренадцы		105	Гренада – 105		Гренадский креольский (на основе английского языка)	Католики, часть – протестанты
Гренландцы	Эскимосы Гренландии, калатдлит	50	Гренландия – 47	Дания – 3	Эскимосский	Протестанты-лютеране
Грузины	Картвели; мегрелы, сваны, лазы, ингилойцы, аджарцы и др.	4140	Грузия – 3787	РФ – 131 Турция – 130 Украина – 24 Иран – 20 Азербайджан – 14 Казахстан – 9	Грузинский	Православные, часть – мусульмане-сунниты
Груси	Гурунси, грунши; буилса, бугули, дафоро, касена, курумба, нунума, сисала, тампруси	850	Гана – 400 Буркина-Фасо – 450		Груси (гурумси, гурунси)	Традиц. верования, часть – мусульмане-сунниты, христиане (протестанты)
Гуайми		75	Панама – 75		Гуайми	Католики
Гуамбиа	Намуй мисак, могех	15	Колумбия – 15		Гуамбиа (могех, гуамбиано)	Католики, часть – протестанты

53 ИЭС

Продолжение табл.

Народы	Самоназвания или другие названия; названия субэтнических групп или близких к основному этносу народов	Общая числ., тыс. чел.	Основные страны расселения, тыс. чел.	Другие страны расселения, тыс. чел.	Язык	Религиозная принадлежность верующих
Гуанг	Нгбанья, гонжа, гуан, гуэнг, гонжа, гбанья, итафа	550	Гана – 550		Гуанг (нгбаньято)	Традиц. верования, часть – мусульмане-сунниты
Гуарайю	Гуарайю; паусерна	5	Боливия – 5		Гаурайю	Католики
Гуарани		30	Парагвай – 30		Гуарани	Католики
Гуато	Гуато	700 чел.	Бразилия – 500 чел.	Боливия – 200 чел.	Португальский	Католики
Гуахибо	Хиви	32	Колумбия – 25	Венесуэла – 7	Гуахибо	Традиц. верования, часть – католики, протестанты
Гуахиро	Ваюу, гоахиро; гуахиро-парауано	265	Колумбия – 200	Венесуэла – 65	Гуахиро	Традиц. верования, католики
Гуаяки	Аче	400 чел.	Парагвай – 400 чел.		Гуаяки	Традиц. верования
Гуджар	Гуджары, гуджур	1000	Индия – 1000		Гуджари	Индуисты, часть – мусульмане-сунниты
Гуджаратцы	Гуджарати; кхандеши, суратри	47000	Индия – 46000	Пакистан – 1000	Гуджарати	Индуисты, часть – мусульмане-сунниты, джайны
Гунзибцы	Гьунзалъ, хунзалис, энзеби, унзо	1,7	РФ – 1,35, в т.ч. Дагестан – 0,6	Грузия – 0,35	Гунзибский	Мусульмане-сунниты
Гураге	Гураге; гогот, гумер, гьета, звай, маскан, мухер, селти, соддо, чаха, эжа, энар, эндегень и др.	2600	Эфиопия – 2600		Гураге, чаха, соддо	Мусульмане-сунниты, часть – христиане (монофиситы), традиц. верования
Гурма	Бимба, бинумба, гурмантче; дагомба, моба	1520	Буркина-Фасо – 600 Того – 500 Гана – 400	Нигер – 15 Бенин – 5	Гурма (гурм)	Традиц. верования, мусульмане-сунниты
Гуроны	Вендат	1	Канада – 1		Вендат	Католики
Гурунг		550	Непал – 300 Бутан – 250	Индия	Гурунг	Буддисты
Гусии	Киссии, косова	1600	Кения – 1600		Икигусии	Католики, часть – приверженцы христианско-африканской церкви Легиа Мариа, традиц. верования
Гэлао	Тхю, или тхи; цилао, келао, илао	57	Китай – 55	Вьетнам – 1,3	Гелао	Традиц. верования
Гэлы	Гойделы, хайлендеры	80	Шотландия – 80		Гэльский	Католики
Дагари	Дагааба, дагати; уали, нура, бирифор и др.	830	Гана – 700 Буркина-Фасо – 130		Дагари	Традиц. верования
Даго	Даджу, дагу	240	Чад – 140 Судан – 100		Даго	Мусульмане-сунниты
Дагомба	Дагбамба, дагбома, нгвана, моба	600	Гана – 600		Дагомба (дагбани)	Традиц. верования, часть – мусульмане-сунниты, католики, протестанты
Дакота	Дакота-сиу	13	США – 10	Канада – 3	Дакота	Христиане (протестанты, католики), часть – традиц. верования
Дамара горные	Афусаре	100	Намибия – 100		Гемсбок нама	Протестанты, традиц. верования
Дан	Якуба, дьо, чио, нгере, ге, гема	660	Кот-д'Ивуар – 600	Либерия – 60	Дан	Традиц. верования, часть – христиане, мусульмане-сунниты
Даргинцы[3]	Дарган, дарганти	365	РФ – 353, в т.ч. Дагестан – 280		Даргинский	Мусульмане-сунниты
Дархаты		15	Монголия – 10		Монгольский	Традиц. верования
Дасанеч	Дасанеч, гэлеба, гэлюба, мариле	30	Эфиопия – 30		Дасанеч	Традиц. верования

[3] Включая кайтагцев и кубачинцев.

Продолжение табл.

Народы	Самоназвания или другие названия; названия субэтнических групп или близких к основному этносу народов	Общая числ., тыс. чел.	Основные страны расселения, тыс. чел.	Другие страны расселения, тыс. чел.	Язык	Религиозная принадлежность верующих
Датчане	Данскере	5600	Дания – 5000	США – 320 Германия – 100 Канада – 90 Швеция – 38 Норвегия – 18 Гренландия – 10 Австралия – 6	Датский	Лютеране, часть – католики
Дауры	Дахуры, дагуры	125	Китай – 125		Дагурский	Шаманизм
Дафла	Нису, ни	40	Индия – 20 Бутан – 20		Дафла	Традиц. верования
Даяки	Группа народов: кадазан, меланау, кедаян, ибаны, отданум, лаванган, мааньян, нгаджу, клементан, келабит, мурут, бахау, кеньях, каян, пунан	3700	Индонезия Малайзия } 3700 Бруней		Языки западно-австронезийской группы	Традиц. верования, мусульмане-сунниты, часть – католики, протестанты
Делавары	Ленапе	4	США – 3	Канада – 1	Делаварский	Протестанты (Моравские братья)
Денди	Денди, дьерма (зарма)	1260	Нигер – 1100 Бенин – 100	Нигерия – 60	Денди, зарма (дьерма)	Мусульмане-сунниты
Дербэты		55	Монголия – 55		Монгольский	Буддисты
Джагга, парре	Чагга, вачагга, вапарре	1400	Танзания – 1400		Киджагга (кичагга), парре	Христиане (католики), часть – мусульмане-сунниты, традиц. верования
Джакун	Мокен, маукены, салоны, селуны, селунги, чаонам	16	Малайзия – 10	Мьянма – 4 Таиланд – 2	Малайский	Традиц. верования, часть – мусульмане-сунниты
Джама-Мапун	Мапун	10	Индонезия – 10		Мапун	Мусульмане-сунниты
Джат	Джати	10	Пакистан – 10		Панджаби	Сикхи, часть – мусульмане-сунниты
Джемшиды	Джамшид, джамшиди	230	Афганистан – 150	Иран – 80	Джемшиди	Мусульмане-сунниты
Джерава	Аназеле, гузува, азура, буджава, амап, нфа, чара, рибан и др.	200	Нигерия – 200		Джерава	Традиц. верования, часть – мусульмане-сунниты
Джуанг	Джуанг, патрасаара	20	Индия – 20		Джуанг	Традиц. верования
Джукун	Квана, коророфа, квара-рафа	270	Нигерия – 200 Камерун – 70		Джукун	Традиц. верования, часть – мусульмане-сунниты
Дидойцы	Дидои, цезы, циунциал, дидо	8	РФ – 7, в т.ч. Дагестан – 7	Грузия – 1	Цезский	Мусульмане-сунниты
Динка	Дженг	3000	Судан – 3000		Динка (тонгдженг)	Традиц. верования, часть – мусульмане-сунниты
Диола	Джола, йола, дьола	675	Сенегал – 600 Гамбия – 50	Гвинея-Бисау – 20 Гвинея – 5	Диола	Традиц. верования, часть – мусульмане-сунниты
Диула	Диуланке	550	Мали – 250 Кот-д'Ивуар – 230 Буркина-Фасо – 70		Диула	Мусульмане-сунниты
Догон	Догон, хабе, каде, томбо	355	Мали – 340 Буркина-Фасо – 15		Догон	Традиц. верования
Догры		3700	Индия – 3700		Догра	Индуисты
Долганы	Долган, тыакихи, саха	7	РФ – 7		Долганский	Православные
Доминиканцы		7400	Доминиканская Республика – 7100	США – 260 Гаити – 25 Канада – 7 Венесуэла – 7	Местный вариант испанского языка	Католики, часть – протестанты
Доминикцы		70	Доминика – 70		Местный диалект английского языка	Католики
Донго	Доу донго	50	Индонезия – 50		Бима	Традиц. верования

Продолжение табл.

Народы	Самоназвания или другие названия; названия субэтнических групп или близких к основному этносу народов	Общая числ., тыс. чел.	Основные страны расселения, тыс. чел.	Другие страны расселения, тыс. чел.	Язык	Религиозная принадлежность верующих
Дуала	Дивала, дуэла	1400	Камерун – 1400		Дуала	Католики, традиц. верования
Дугум-дани		50	Индонезия – 50		Дани	Христиане
Дулун		12	Китай – 6 Мьянма – 6		Дулун	Буддисты
Дун	Кам, рам, бугам	2600	Китай – 2600		Дун, или кам	Традиц. верования
Дунгане	Лохуэй, хуэй	70	Киргизия – 37 Казахстан – 30 Узбекистан – 1	РФ – 1	Дунганский	Мусульмане-сунниты
Дунсян	Широнгол-монголн	390	Китай – 390		Дунсянский	Мусульмане-сунниты
Евреи	Йегудим, йид, иудеи	13620	Израиль – 4000 США – 5835 РФ – 551 Франция – 535 Украина – 487 Канада – 325 Великобритания – 300 Аргентина – 228 Бразилия – 150 ЮАР – 120 Белоруссия – 112	Австралия – 85 Венгрия – 80 Германия – 55 Уругвай – 44 Италия – 35 Мексика – 35 Бельгия – 30 Нидерланды – 25 Иран – 25 Турция – 23 Румыния – 21 Венесуэла – 20 Швейцария – 18 Чили – 17 Индия – 6	Иврит, идиш	Иудаисты
Египтяне (арабы Египта)		54600	Египет – 54200	Кувейт – 30 Ливия – 20 США – 20 Германия – 12 Австралия – 12 Судан – 10 Алжир – 10	Арабский	Мусульмане-сунниты
Же	Группа народов: канела, апинайе, каяпо, суя, шаванте, шеренте, кайнганг, бороро	40	Бразилия – 40		Же	Традиц. верования
Загава	Бэри, кебади, мерида	40	Чад – 30 Судан – 10		Бэри-аа, или бэри-бо	Традиц. верования, часть – мусульмане-сунниты
Занде	Азанде; санде, базенда, басинги, ньямньям, мбому, бандийя, биле, бамбои, адио, барамо, пам	3520	Заир – 2500 Судан – 720 ЦАР – 300		Занде, или азанде	Традиц. верования
Зарамо	Вазарамо, дзаламо; лагуру, сагара	1400	Танзания – 1400		Кизарамо (кидзаламо)	Мусульмане-сунниты
Захчины	Цзахачины	23	Монголия – 23		Монгольский	Традиц. верования, буддисты
Зе	Же; ченг, ве	22	Вьетнам – 20 Лаос – 2		Зе	Традиц. верования
Зенага	Зенага	25	Мавритания – 25		Зенага	Мусульмане-сунниты
Зулу	Зулуен, амазулу, зулусы	8220	ЮАР – 7900	Лесото – 210 Мозамбик – 10 Свазиленд – 10	Зулу (зунда)	Традиц. верования, часть – приверженцы христианско-африканской Назаретской баптистской церкви
Зуньи	Ашиви	6	США – 6		Зуньи	Католики
Зяй	Зяй, зянг, нянг	35	Вьетнам – 35		Зяй	Традиц. верования, часть – буддисты
Зярай	Джарай, тярай	240	Вьетнам – 220	Камбоджа – 20	Зярай	Традиц. верования, часть – буддисты
Ибанаги	Ибанаги	370	Филиппины – 370		Ибанаг	Католики, часть – традиц. верования
Ибаны	Морские даяки	550	Малайзия – 530	Индонезия – 10 Бруней – 10	Ибан	Христиане, часть – традиц. верования

Продолжение табл.

Народы	Самоназвания или другие названия; названия субэтнических групп или близких к основному этносу народов	Общая числ., тыс. чел.	Основные страны расселения, тыс. чел.	Другие страны расселения, тыс. чел.	Язык	Религиозная принадлежность верующих
Ибибио	Ибио; эфик, ананг, орохи, андони, ква	6770	Нигерия – 6750	Камерун – 15 Экв. Гвинея – 5	Ибан	Христиане, традиц. верования
Иватаны	Батаны	25	Филиппины – 25		Иватан	Католики, часть – традиц. верования
Игала	Игара	1070	Нигерия – 1070		Игала	Традиц. верования, часть – мусульмане-сунниты
Игбира	Игбира, егбурра, котокори, квотто, квоттогара	780	Нигерия – 780		Набура	Мусульмане-сунниты, часть – католики, приверженцы христианско-африканских церквей
Игбо	Игбо, ибо; абаджа, ока, аро, ика, икверри, ису, онича, оверри	21650	Нигерия – 21600	Камерун – 50	Игбо	Христиане (протестанты, католики), традиц. верования
Иджо	Калабари, нижние иджо, западные иджо	2170	Нигерия – 2150	Камерун – 20	Иджо	Христиане-протестанты, часть – католики
Идома	Окпото, араго; авуме, агату, адока, боджу, обоколо, аквейя, араго, афо, гили, нкум	900	Нигерия – 900		Идома	Мусульмане-сунниты, часть – христиане-католики, традиц. верования
Ижорцы	Ижора, карьяляйн, изури	820 чел.	РФ – 449 чел.	Эстония – 306 чел.	Ижорский	Православные, часть – традиц. верования
Иланули	Иланум	15	Индонезия – 15		Иланум	Мусульмане-сунниты
Илоки	Илоканы, илоко	7100	Филиппины – 7100		Илокано	Католики, часть – приверженцы аглипаянской церкви
Ингуши	Галгаи	237	РФ – 215 Ингушетия Чечня } 197 Сев. Осетия	Казахстан – 20	Ингушский	Мусульмане-сунниты
Индейцы	Более 22 коренных народов Америки	35000	Америка – 35000, наиболее крупные группы живут в Мексике (9 млн. чел.), Перу (7 млн.), Гватемале (4 млн.), Парагвае (4,5 млн.)[4], Эквадоре (3,7 млн.), Боливии (3,6 млн.), США (1,5 млн.) и т.д.		Каждый народ говорит на своем языке (всего насчитывается более 15 индейских лингвист. семей), но в подавляющем большинстве и на языке окруж. народов – испанском, англ. и др. Ок. трети индейцев полностью перешли на эти языки	Католики, протестанты, приверженцы синкретических культов, традиц. верования
Индийцы-малабары		170	Реюньон – 170		Французский, тамильский	Католики
Индомаврикийцы		740	Маврикий – 740		Бходжпури, креоль (на осн. франц.)	Индуисты, часть – мусульмане
Индопакистанцы	Общее название выходцев из Южной Азии за пределами Индостана	6410	Малайзия – 1650 Великобритания – 1550 ЮАР – 990 США – 420 Саудовская Аравия – 210 Сингапур – 180 ОАЭ – 180 Канада – 175 Танзания – 126 Мьянма – 125 Таиланд – 110 Кувейт – 70 Индонезия – 70 Ямайка – 50 Германия – 48 Йемен – 40 Афганистан – 40 Кения – 39		Язык страны проживания, хинди, тамили	Индуисты, мусульмане-сунниты, сикхи, джайны

[4] Парагвайцы-метисы говорят на гуарани и испанском яз.

Продолжение табл.

Народы	Самоназвания или другие названия; названия субэтнических групп или близких к основному этносу народов	Общая числ., тыс. чел.	Основные страны расселения, тыс. чел.	Другие страны расселения, тыс. чел.	Язык	Религиозная принадлежность верующих
			Оман – 35 Бахрейн – 35 Иран – 28 Мозамбик – 20 Австралия – 18			
Инибалои	Набалои, ибалои	140	Филиппины – 140		Инибалои (набалои)	Традиц. верования
Иорданцы (арабы Иордании)		2350	Иордания – 2000	Кувейт – 350	Арабский	Мусульмане-сунниты, часть – христиане
Иракцы (арабы Ирака)		14600	Ирак – 14500	Кувейт – 100 Германия – 30	Арабский	Мусульмане (сунниты и шииты)
Ираку	Иракв, иракуа, мбулу; горова, алава, бурунгве	500	Танзания – 500		Ираку	Традиц. верования
Ирамба	Анирамба, иамби; иссансу, иранги, иламба, ланги	800	Танзания – 800		Ирамба	Традиц. верования, часть – христиане, мусульмане-сунниты
Ирландцы	Эриннах, айриш	7800	Ирландия – 3400	Великобритания – 2500 США – 1600 Канада – 200 Австралия – 72 Новая Зеландия – 18	Английский, часть – гэльский	Католики
Ирокезы	Ироку, ходеносауни; сенека, каюга, онондага, онейда, могауки	90	США – 60 Канада – 30		Английский, часть – ирокезские языки	Традиц. верования, христиане, синкретические культы
Ирула	Ирулига, солигару, иллигару	10	Индия – 10		Ирула	Индуисты
Исамаль	Исамаль	5	Филиппины – 5		Исамаль	Католики
Исландцы	Ислендингар	290	Исландия – 255	Канада – 30 США – 5	Исландский	Лютеране
Испанцы	Эспаньолес; арагонцы, астурийцы, кастильцы, леонцы и др.	30000	Испания – 27650	Франция – 500 Аргентина – 420 Бразилия – 220 США – 220 Германия – 140 Мексика – 120 Швейцария – 115 Бельгия – 70 Алжир – 20 Марокко – 17	Испанский	Католики
Истрорумыны		1	Югославия – 1		Диалект румынского языка	Православные
Италошвейцарцы		265	Швейцария – 230	Франция – 20 США – 10 Аргентина – 3	Итальянский	Католики
Итальянцы	Италиани; венецианцы, лигурийцы, калабрийцы, ломбардцы, пьемонтцы, тосканцы, сицилийцы	66500	Италия – 54350	США – 5500 Аргентина – 1350 Франция – 1100 Канада – 800 Австралия – 698 Бразилия – 650 Германия – 540 Швейцария – 408 Бельгия – 280 Великобритания – 220 Венесуэла – 200 Уругвай – 100 Ливия – 20 Египет – 20 ЮАР – 20	Итальянский	Католики
Ительмены	Ительмень, итэнмьи	2,5	РФ – 2,4		Ительменский	Православные
Итонама	Мачото	5	Боливия – 5		Итонама	Христиане (католики)
Ифугао		200	Филиппины – 200		Ифугао	Традиц. верования, христиане (католики)
Ицзу	Ий; носу, аси, сани, аччже, лалоба	6900	Китай – 6900		Ицзу	Традиц. верования, конфуцианство, даосизм

Продолжение табл.

Народы	Самоназвания или другие названия; названия субэтнических групп или близких к основному этносу народов	Общая числ., тыс. чел.	Основные страны расселения, тыс. чел.	Другие страны расселения, тыс. чел.	Язык	Религиозная принадлежность верующих
Ишили	И-шиль или цаклохпакап	30	Гватемала – 30		Ишиль	Католики
Йеен	Байеен, коба, окаванго, каванго	200	Ботсвана – 190 Намибия – 10		Йеен	Традиц. верования
Йеменцы (арабы Йемена)	Йеменцы; махра, сокотрийцы	13700	Йемен – 12300	Саудовская Аравия – 1400	Арабский	Мусульмане (сунниты и шииты зейдитского толка)
Йокутс		500 чел.	США – 500 чел.		Йокутс	Католики
Йоруба	Нага, ойо, ифе, иджеша, эгба, иджебу, экити, энду	26200	Нигерия – 25500	Бенин – 380 Гана – 200 Того – 100 Камерун – 10 Гвинея – 10	Йоруба	Мусульмане-сунниты, часть – традиц. верования, протестанты-англикане, баптисты, методисты
Кабардинцы	Адыге	391	РФ – 386, в т.ч. Кабардино-Балкария – 364		Кабардино-черкесский	Мусульмане-сунниты, христиане-православные
Кабекар		4	Коста-Рика – 4		Кабекар	Традиц. верования, католики
Кабилы		3000	Алжир – 3000		Кабильский	Мусульмане-сунниты
Кабовердцы	Кабовердинцы, зеленомысцы, криолу, креолы Кабо-Верде	310	Кабо-Верде – 270	Сенегал – 40	Криулу (сформирован на осн. старопортугальского и западноатлант. яз.)	Католики
Кабре	Кабье, бекабурум, кауре, кабиемаили, кабрема	920	Того – 920		Кабре	Традиц. верования, часть – христиане
Кадазан	Кадазан, оранг-дусун, дусун, идаан	500	Малайзия – 475	Индонезия – 15 Бруней – 10		Традиц. верования, часть – христиане, католики
Каджары		30	Иран – 30		Каджарский	Мусульмане-шииты, часть – сунниты
Кадугли-кронго	Тумтум; кадугли (далла), каронди, кача, кронго, кейга, мири, тумтум, тулеши	200	Судан – 200		Кадугли (далла), тумтум	Мусульмане-сунниты
Казаки	Военное сословие русских и нек-рых других народов	5000	РФ – 5000		Русский	Православные
Казахи	Казах; уст. назв. киргиз-казаки, киргиз-кайсаки; состоят из трех объедин.– Старший жуз, Средний жуз, Младший жуз	9420	Казахстан – 6540	Китай – 1150 Узбекистан – 807 РФ – 636 Монголия – 125 Туркмения – 88 Киргизия – 37 Таджикистан – 11	Казахский	Мусульмане-сунниты
Кайели		5	Индонезия – 5			Мусульмане-сунниты
Кайнганг	Кайнанг, чики, дорин и др.	20	Бразилия – 15	Парагвай – 5	Кайнанг	Христиане (католики)
Кайнгуа	Мбуа	55	Парагвай – 30 Аргентина – 20 Бразилия – 5		Гуарани	Христиане (католики)
Кайова	Кайова	3	США – 3		Каййова	Протестанты (баптисты и методисты)
Кайова-апачи	Найшан-дина, чатака	1	США – 1		Каийова	Протестанты
Кайтагцы	Хайдакъ	7	РФ – 7, в т.ч. Дагестан – 7		Даргинский (хайдакский диалект)	Мусульмане-сунниты
Какчикели	Какчикели	350	Гватемала – 350		Какчикели	Католики
Календжин	Кипсигис, мараквет, сабаот, туген, элгейо, эль-мало	3250	Кения – 3000	Танзания – 180 Уганда – 70	Календжин	Традиц. верования
Калинга		120	Филиппины – 120		Калинга (балбаласанг)	Традиц. верования, часть – христиане-католики

Народы	Самоназвания или другие названия; названия субэтнических групп или близких к основному этносу народов	Общая числ., тыс. чел.	Основные страны расселения, тыс. чел.	Другие страны расселения, тыс. чел.	Язык	Религиозная принадлежность верующих
Калмыки	Хальмг	177	РФ – 166, в т.ч. Калмыкия – 146	Киргизия – 5 США – 2 Франция – 1 Казахстан – 1 Украина – 1 Узбекистан – 1	Калмыцкий	Буддисты, часть – православные
Камба	Акамба	3250	Кения – 3250		Акамба	Католики, протестанты, традиц. верования
Камбари	Эвади, камбери, камбали, камберави, яури; агади, ауна, ашингинни, вара, ибето	250	Нигерия – 250		Камбари	Мусульмане-сунниты, традиц. верования
Камбата	Камбата	300	Эфиопия – 300		Камбата	Христиане-монофиситы, лютеране, католики, методисты, часть – традиц. верования
Кампа	Ашанинка	50	Перу – 50	Бразилия – 120 чел.	Кампа	Христиане (католики)
Канаки	Меланоновокаледонцы; паичи, аджиё, харасу, деху, ненгоне и др.	60	Новая Каледония – 60		Гр. новокаледонских яз., франц. яз.	Католики, часть – протестанты-кальвинисты, традиц. верования
Канела		1	Бразилия – 1		Апаниэкра, рамкокамекра	Традиц. верования, часть – христиане
Канза	Канза	650 чел.	США – 650 чел.		Английский	Методисты
Канканаи	Канканаи; лепанто	240	Филиппины – 240		Канканаи	Традиц. верования
Каннара	Каннада, каннадига	35000	Индия – 35000		Каннада	Индуисты, часть – мусульмане-сунниты, джайны
Канхобали	Тохолабали	70	Гватемала – 50	Мексика – 20	Канхобаль	Католики
Канури	Канури; берибери, ага; манга, мобер	6000	Нигерия – 5100 Нигер – 730	Чад – 130 Камерун – 40	Канури	Мусульмане-сунниты
Капауку	Мэ, экаги, экари, тиги	140	Индонезия – 140		Экаги (капауку)	Традиц. верования, часть – протестанты (перфекционисты)
Каража	Каража, явае, шимбиоа	2,4	Бразилия – 2,4		Каража	Традиц. верования
Караимы	Карайлар	30	Израиль – 25 Украина – 1,4 РФ – 680 чел. Литва – 289 чел.		Караимский	Караимизм (иудаизм, не признающий талмуд)
Каракалпаки		430	Узбекистан – 412, в т.ч. Каракалпакия – 389	РФ – 6 Афганистан – 5	Каракалпакский	Мусульмане-сунниты
Каракачаны	Каракацаны, саракацаны, влахи	12	Греция – 10	Болгария – 1 Югославия – 1	Особый говор новогреческого яз.	Православные
Карамоджонг	Карамоджонг, каримоджонг, нгикарамоджонг	400	Уганда – 400		Карамоджонг	Традиц. верования
Каратинцы	КIкIаралал	6	РФ – 6, в т.ч. Дагестан – 6		Каратинский	Мусульмане-сунниты
Карачаевцы	Карачайлыла	165	РФ – 150, в т.ч. Карачаево-Черкесия – 129	Турция – 5 Киргизия – 3 Сирия – 3 Казахстан – 2 США – 1	Карачаево-балкарский	Мусульмане-сунниты
Каре	Бакаре, аккале, акали	170	Заир – 100 ЦАР – 70		Акаре	Традиц. верования
Карелы	Карьялайзет, карьялани, ливвиккёй, люудикей	131	РФ – 125, в т.ч. Карелия – 79	Украина – 2 Белоруссия – 1 Эстония – 1	Карельский	Православные
Карены	Пгханьо; пво, сго, бве, йао, янгдаенг, янгхао	3700	Мьянма – 3500 Таиланд – 200		Каренский	Буддисты, часть – христиане (баптисты), традиц. верования

Продолжение табл.

Народы	Самоназвания или другие названия; названия субэтнических групп или близких к основному этносу народов	Общая числ., тыс. чел.	Основные страны расселения, тыс. чел.	Другие страны расселения, тыс. чел.	Язык	Религиозная принадлежность верующих
Катаб	Тиап, атьям	280	Нигерия – 280		Катаб	Мусульмане-сунниты, часть – традиц. верования
Каталонцы	Каталанс; шуэтас	8160	Испания – 7500	Франция – 250, Аргентина – 150, Бразилия – 70, США – 50, Венесуэла – 35, Италия – 30, Мексика – 30, Куба – 30, Австралия – 10	Каталанский	Католики
Катарцы (арабы Катара)		250	Катар – 250		Арабский	Мусульмане-сунниты (в т.ч. ваххабиты), часть – шииты
Кату	Кту, мой, тхонг, фыонг	30	Вьетнам – 30		Кату	Традиц. верования
Кауилла	Ивитем, кевийя	1,6	США – 1,6		Кавилья (кауилла)	Католики, протестанты
Качари	Боро; димаса, бодо, бара	1000	Индия – 1000		Бодо	Индуисты, часть – христиане
Качин	Джингпо, чжингпхо, цзинпо, акха, хкахху, синпо	810	Мьянма – 675	Китай – 125, Таиланд – 5, Лаос – 3, Индия – 2	Качинский	Традиц. верования, часть – христиане (баптисты)
Кашинауа	Хуни куи	2	Перу – 1, Бразилия – 1		Хуни куи	Традиц. верования
Кашкайцы	Кашкаи	780	Иран – 780		Кашкайский диалект азербайджанского языка	Мусульмане-шииты
Кашмирцы	Кашмири	4000	Индия – 4000		Кашмири	Мусульмане-сунниты, часть – индуисты
Кая	Кая и бгаи	150	Мьянма – 150		Кая	Традиц. верования, часть – буддисты, христиане (католики)
Каян	Каянн, кеньях	620	Индонезия – 550, Малайзия – 70		Каян	Традиц. верования, часть – протестанты (реформаты, англикане, евангелисты); милленаристский культ бунган
Каяпо		2	Бразилия – 2		Каяпо	Традиц. верования, часть – католики
Квакютл	Квакиутль	1	Канада – 1		Квакютл	Христиане (протестанты)
Квени	Гуро, ло, гвио	420	Кот-д'Ивуар – 420		Квени, гуро, ло	Традиц. верования, мусульмане-сунниты
Кедаян	Кедаяны	110	Малайзия – 100, Бруней – 10		Кедаян	Традиц. верования, часть – мусульмане-сунниты
Кейцы	Умаг Эвав, кей, кай	180	Индонезия – 180		Кей	Мусульмане-сунниты, часть – католики, протестанты, традиц. верования
Кекчи		310	Гватемала – 310	Сальвадор – 7, Белиз – 3	Киче	Католики
Келабиты	Палабид, келабиты, муруты, лун баванг, лундая	260	Индонезия – 170	Малайзия – 85, Бруней – 5		Традиц. верования, часть – протестанты (евангелисты)
Кемаки	Эма	110	Индонезия – 85, Восточный Тимор – 25		Кемак	Традиц. верования, часть – католики
Керинчи	Керинчи, коринчи	180	Индонезия – 180		Керинчи	Мусульмане-сунниты
Кеты	Кет, енисейские остяки, енисейцы	1113 чел.	РФ – 1084 чел.		Кетский	Православные

Продолжение табл.

Народы	Самоназвания или другие названия; названия субэтнических групп или близких к основному этносу народов	Общая числ., тыс. чел.	Основные страны расселения, тыс. чел.	Другие страны расселения, тыс. чел.	Язык	Религиозная принадлежность верующих
Кечуа	Кичуа	14870	Перу – 7700 Эквадор – 4300 Боливия – 2470	Аргентина – 320 Чили – 55 Колумбия – 25	Кечуа	Католики, традиц. верования
Киваи	Аригиби, баму, вабуда, гибаио, топе, дару и др.	25	Папуа – Новая Гвинея – 25		Киваи	Протестанты (пресвитериане)
Кикапу	Кикапу	1	Мексика – 1		Диалект кикапу языка фокс	Традиц. верования
Кикуйю	Акикуйю, гикуйю, агикуйю; эмбу, мбере	6000	Кения – 6000		Кикуйю	Традиц. верования, католики, приверженцы христианско-африканских культов
Килиуа	Килива	100 чел.	Мексика – 100 чел.		Килива	Традиц. верования, часть – католики
Кильясинга		80	Колумбия – 80		Испанский	Католики
Кинга	Вакинга; киси, кукве, муанга, нгонде, ндали, ньякуса, сафва и др.	1600	Танзания – 1510	Малави – 90	Кинга	Традиц. верования, часть – христиане (католики, протестанты)
Киргизы	Кыргыз	2700	Киргизия – 2230	Узбекистан – 175 Китай – 150 Таджикистан – 64 РФ – 42 Афганистан – 20 Казахстан – 14	Киргизский	Мусульмане-сунниты
Кирибати	Тунгару, тунгаруанцы, гилбертцы	78	Кирибати – 72	Науру – 2 Вануату – 1 Тувалу – 1 Соломоновы О-ва – 1 Фиджи – 1	Кирибати	Христиане (протестанты)
Кисси	Гиси, гизи, гизима, гии, дэи, ммани	500	Гвинея – 360	Сьерра-Леоне – 100 Либерия – 40	Кисси	Традиц. верования
Китайцы	Хань, ханьжэнь; у, сян, гань, сев. минь, юж. минь, юэ, хакка, или кэцзя, хокло	1125000	Китай – 1093700	Таиланд – 6300 Малайзия – 6150 Индонезия – 6130 Сянган – 5730 Сингапур – 2010 Вьетнам – 1120 США – 930 Филиппины – 500 Аомынь – 490 Мьянма – 380 Камбоджа – 370 Канада – 300 Япония – 130	Китайский	Буддизм, даосизм, конфуцианство, часть – традиц. верования
Киче	Кече, кечелах; рабинали, максеньо	300	Гватемала – 300		Киче	Католики, часть – протестанты
Клемантан	Даяки суши	630	Индонезия – 480	Малайзия – 150	Малайский	Мусульмане-сунниты
Коайкер		3	Колумбия – 2 Эквадор – 1		Коайкер	Традиц. верования, католики
Коалиб	Лгалиге, кандериа, кавама, ларо, моро, оторо, тира, фунгор и др.	240	Судан – 240		Коалиб-море	Мусульмане-сунниты
Кодагу	Курги	110	Индия – 110		Кодагу (кург)	Индуисты, часть – мусульмане-сунниты, христиане
Кокама	Кокамилья	20	Перу – 20		Кокама	Католики
Колумбийцы	Коломбиано	34500	Колумбия – 32500	Венесуэла – 1750 США – 195 Эквадор – 25	Колумбийский диалект испанского языка	Католики, небольшая часть – протестанты
Команчи	Немена	6	США – 6		Команче	Протестанты (реформаты)
Коми	Коми морт, коми войтыр, зыряне	345	РФ – 336, в т.ч. Коми – 292	Украина – 4 Казахстан – 1 Белоруссия – 1	Коми-зырянский	Православные, часть – старообрядцы

Продолжение табл.

Народы	Самоназвания или другие названия; названия субэтнических групп или близких к основному этносу народов	Общая числ., тыс. чел.	Основные страны расселения, тыс. чел.	Другие страны расселения, тыс. чел.	Язык	Религиозная принадлежность верующих
Коми-пермяки		152	РФ – 147, в т.ч. Коми-Пермяцкий автономный округ – 95	Украина – 2 Казахстан – 2	Коми-пермяцкий	Православные, часть – старообрядцы
Комо	Бакомо; бира, ломби	500	Заир – 500		Комо	Традиц. верования, часть – католики
Конго	Баконго, вили, йембе, яка, солонго, сосо	9200	Заир – 6600 Ангола – 1300 Конго – 1230	Уганда – 40 Габон – 15 Бельгия – 10 Франция – 5	Конго (киконго)	Католики, часть – протестанты, традиц. верования, приверженцы христианско-африканских сект
Конзо	Конджо, баконджо, бананде, баира	850	Заир – 600	Уганда – 250	Олу конзо	Традиц. верования, часть – христиане
Конкани (центральногималайские пахари)		2450	Индия – 2450		Конкани	Индуисты
Конкомба	Бекпокпам, кокомба, комба, коквамба, пангпана; бассари, тоботе	300	Гана – 200	Того – 100	Конкомба	Традиц. верования, часть – католики, протестанты, мусульмане-сунниты
Консо	Консо; бурджи	130	Эфиопия – 130		Консо	Христиане (лютеране), традиц. верования
Кора	Хора, хота, наайариите	8	Мексика – 8		Кора	Католики
Кордофанские народы	Группа народов: кадугли-кронго, тумтум, коалиб, тегали-тагой, талоди, катла	700	Судан – 700		Кордофанские языки	Мусульмане-сунниты, часть – традиц. верования
Корегуахе	Корегуахе; кото, энкабельядо, сиони, тама	1	Колумбия – 1		Корегуахе	Католики, традиц. верования
Корейцы	Корё сарам, чхон сарам, хангук сарам	70200	Республика Корея – 44000 КНДР – 22500	Китай – 2000 Япония – 660 США – 500 Узбекистан – 183 РФ – 107 Казахстан – 104 Киргизия – 19 Германия – 16 Таджикистан – 14	Корейский	Традиц. верования, буддисты-махаянисты, конфуцианцы, протестанты-англикане
Корку		500	Индия – 500		Корку (курку)	Традиц. верования
Корсиканцы	Корси	300	Франция (остров Корсика) – 300		Чизмонтанский и ольтремонтанский говоры итальянского языка	Католики
Коряки	Чавчыв, чавчу, нымылагын, нымыл-аренку, рымку чавчыв	9	РФ – 9, в т.ч. Корякский автономный округ – 7		Корякский	Православные, часть – традиц. верования
Коса	Амакоса, южные зулу, кафры	7400	ЮАР – 7395	Ботсвана – 5	Исикоса	Протестанты, последователи христианско-африканских церквей, часть – традиц. верования
Косраэ	Кусаие	5	Остров Кусаие (Косраэ) группы Каролинских островов (часть подопечной территории ООН, управляемой США) – 5		Косраэ (кусаие)	Христиане
Костаньо		ок. 200 чел.	США – ок. 200 чел.		Костаньо	Католики
Костариканцы		2980	Коста-Рика – 2940	США – 25	Испанский	Католики, часть – протестанты
Кота	Бакота, кута, окота; мбао, ндаса, ндомо, чамен, вумбу, унгом	70	Габон – 50	Конго – 20	Кота	Традиц. верования, часть – христиане
Кота		1	Индия – ок. 1		Кота	Традиц. верования

Продолжение табл.

Народы	Самоназвания или другие названия; названия субэтнических групп или близких к основному этносу народов	Общая числ., тыс. чел.	Основные страны расселения, тыс. чел.	Другие страны расселения, тыс. чел.	Язык	Религиозная принадлежность верующих
Котоко	Макари, мантаге, мадаганье, мида, сао, со, будума	250	Камерун – 130 Чад – 120		Котоко	Мусульмане-сунниты
Кофан		2	Колумбия – 1 Эквадор – 1		Кофан	Католики
Кохистанцы	Башкарик, майян, тирахи, торвали	135	Пакистан – 130	Афганистан – 5	Кохистанский	Мусульмане-сунниты
Кохо	Срэ	90	Камбоджа Таиланд Вьетнам Лаос		Кхмерские языки	Буддисты, традиц. верования
Кпелле	Кпелле, герзе, гбезе, чберезе, кпесе, песси	880	Либерия – 600	Гвинея – 280	Кпелле	Традиц. верования, часть – мусульмане-сунниты, христиане, приверженцы христианско-африканских церквей
Кран		220	Либерия – 200		Кру	Традиц. верования, часть – христиане
Кри	Кри; мускетон	70	Канада – 70		Кри	Католики, англикане
Крики		26	США – 26		Мускогский	Протестанты (пресвитериане, баптисты)
Криолы	Крио, креолы Сьерра-Леоне	55	Сьерра-Леоне – 55		Крио (на осн. англояз. пиджин)	Протестанты, часть – католики
Кроу	Апсарока	6	США – 6		Кроу (крау)	Протестанты, часть – традиц. верования
Кру		220	Либерия – 220		Кру	Традиц. верования, часть – христиане
Крымчаки		1448 чел.	Украина – 679 чел.	РФ – 338 чел. Узбекистан – 173 чел.	Крымчакский (близок крымскотатарскому)	Иудаисты
Кряшены	Крещёные татары, керэшен	101 (1926 г.)	РФ, в т.ч. Татария, Удмуртия, Башкирия		Татарский	Православные
Куапо	Куапо	700 чел.	США – 700 чел.		Куапо	Протестанты, католики
Куба	Бакуба, бушонго	360	Заир – 360		Куба	Католики, протестанты, часть – традиц. верования
Кубачинцы	Кубачинцы, угбуган, уг буг	5	РФ – 4, в т.ч. Дагестан – 2	Респ. Ср. Азии – 1	Даргинский	Мусульмане-сунниты
Кубео	Памива, пьянуа	2,5	Колумбия – 2,5		Кубео	Традиц. верования
Кубинцы	Кубанос	11700	Куба – 10500	США – 1000 Венесуэла – 25 Испания – 20 Аргентина – 15 Канада – 10	Кубинский вариант испанского языка	Католики, часть – протестанты (англикане, баптисты), приверженцы афрохристианских синкретических культов
Кубу	Оранг-дарат; улу, акит, утан, рава, бенуа, лом, тамбус, гунунги и др.	50	Индонезия – 50		Малайский	Традиц. верования, часть – мусульмане-сунниты
Кувейтцы (арабы Кувейта)		950	Кувейт – 950		Арабский	Мусульмане-сунниты, часть – шииты
Куи	Куи	680	Таиланд – 600	Камбоджа – 80	Куи (старокхмерский)	Буддисты, часть – традиц. верования
Куикатеки		16	Мексика – 16		Куикатек	Католики
Куитлатеки	Куитлатек	3	Мексика – 3		Куитлатек	Католики
Куки	Халам, хмар, тхадо, пайте и др.	350	Индия – 350		Куки	Традиц. верования, часть – индуисты

Продолжение табл.

Народы	Самоназвания или другие названия; названия субэтнических групп или близких к основному этносу народов	Общая числ., тыс. чел.	Основные страны расселения, тыс. чел.	Другие страны расселения, тыс. чел.	Язык	Религиозная принадлежность верующих
Куланго	Комбио, или коламбо, колано, нкорамфо, нгорафо; логон, тегесие	290	Кот-д'Ивуар – 240	Гана – 50	Куланго	Традиц. верования, часть – мусульмане-сунниты
Кулу		250	Индия – 250		Пахари	Индуисты
Кумаони	Центральногималайские пахари	2000	Индия – 2000		Пахари	Индуисты
Кумыки	Къумукъ	282	РФ – 277, в т.ч. Дагестан – 232 Чечня и Ингушетия – 10 Сев. Осетия – 10		Кумыкский	Мусульмане-сунниты
Куна	Туле, тельмальтола; сан-блас, баяно	50	Панама – 50		Куна	Католики, протестанты
Кунама	Кунама, база, базен	70	Эфиопия – 70		Кунама	Мусульмане-сунниты, часть – протестанты
Курды	Курд, курмандж	18000	Турция – 7500 Иран – 5600 Ирак – 3700 Сирия – 745	Германия – 240 Армения – 56 Ливан – 40 Грузия – 33 Казахстан – 26 Киргизия – 14 Азербайджан – 12 Афганистан – 10 РФ – 5	Курдский	Мусульмане-сунниты, часть – шииты, христиане, приверженцы синкретических культов (езиды и др.)
Куриа	Кума, булиа, тенде	150	Кения – 150		Игикуриа	Католики, часть – приверженцы христианско-африканской церкви Легия Мария
Курумба	Куруба	10	Индия – 10		Куруба	Индуисты
Кусаси	Кусасе, кусанси, куса, кусан, кусси, фра, фра-фра, намнам	140	Гана – 80 Того – 30 Буркина-Фасо – 30		Кусале	Традиц. верования, часть – мусульмане-сунниты
Кусунда	Гилонг-деи-михак, банко раджа	5	Непал – 5		Кусунда	Индуисты
Кхамти		12	Индия – 10	Бирма – 2	Кхамти	Буддисты
Кханг	Кханг, маханг, сакхао	3	Вьетнам – 3		Кханг	Традиц. верования
Кхаси	Кхаси, пнар, бхои, вар, лингам	860	Индия – 770	Бангладеш – 90	Кхаси	Протестанты, часть – традиц. верования, индуисты
Кхмеры	Кхмер, или кхмаэ	10350	Камбоджа – 8600 Вьетнам – 950 Таиланд – 700	США – 15 Канада – 15 Австралия – 9	Кхмерский	Буддисты (хинаяна)
Кхмеры горные	Мнонг, стиенг, куи, суи, бру, седанг, банар, ма, кохо (срэ) и др.	1500	Камбоджа Таиланд Вьетнам Лаос } – 1500		Кхмерские языки	Буддисты, традиц. верования
Кхму	Кхму, кха, кса, тайхат, футхень	400	Лаос – 250 Таиланд – 120 Вьетнам – 30		Кхму	Традиц. верования, буддисты
Кхо	Читральцы	200	Пакистан – 180	Индия – 20	Кховари (читрали)	Мусульмане (шииты-исмаилиты)
Кхонд	Кхонды, куилока, куиенджа, куви; десия, донгрия, кутия	900	Индия – 900		Куи, куви	Традиц. верования, часть – индуисты
Кэддо	Кэдохадачо	10	США – 10		Кэддо	Христиане (протестанты)
Лаванган		10	Индонезия		Лавантан	Традиц. верования
Лагунные народы	Атие (акье), абе, кцама, ари, абуре, аладиан, авикам, гва, метьибо, кробу	600	Кот-д'Ивуар – 450		Абе, адьюкру, аизи, акве, аладиан, ари, авикам, гва, анама	Традиц. верования
Ладакхи	Ладаки; гампа	90	Индия – 90		Ладакхи	Буддисты, часть – индуисты

Народы	Самоназвания или другие названия; названия субэтнических групп или близких к основному этносу народов	Общая числ., тыс. чел.	Основные страны расселения, тыс. чел.	Другие страны расселения, тыс. чел.	Язык	Религиозная принадлежность верующих
Ладины	Ладинер	20	Италия – 20		Ретороманский	Католики
Лакандоны	Ах-кех, масеваль, карибес; наха, сан-кинтин	400 чел.	Мексика – 200 чел. Гватемала – 200 чел.		Майя	Традиц. верования
Лаки	То лаки, лалали, бунг-ку, мори	450	Индонезия – 450		Лаки	Христиане (протестанты), часть – традиц. верования
Лакцы	Лак, тумал, вулугуни, яхулви, казикумухцы	118	РФ – 106, в т.ч. Дагестан – 92		Лакский	Мусульмане-сунниты
Ламахолот	Ламахолот, рантуки, адонарцы, левотоло	380	Индонезия – 380		Ламахолот	Католики, мусульмане-сунниты, традиц. верования
Ламет	Ламет	80	Лаос – 80		Ламет (кха ламет)	Традиц. верования
Ланго	Ланги	1100	Уганда – 1100		Ланго	Традиц. верования, часть – католики, англикане
Ландума	Ландума, тиапи (коколи)	50	Гвинея – 50		Ландума	Традиц. верования, часть – мусульмане-сунниты, католики
Лао (лаосцы)	Лао; лао-пунгам, лао-кланг, лао-пунгкао	18000	Таиланд – 15000 Лаос – 2950	Мьянма – 25 Вьетнам – 15 Камбоджа – 10	Лаосский (тхай-лаосский)	Буддисты южной ветви (тхеравада)
Латыши	Латвиеши; латгальцы	1540	Латвия – 1390	РФ – 47 Канада – 24 США – 22 Австралия – 20 Украина – 7 Швеция – 5 Литва – 4 Германия – 3 Эстония – 3 Казахстан – 3 Белоруссия – 3 Узбекистан – 1	Латышский	Лютеране, часть – католики
Латьи	Кутэ, тхо ден, са, и пи, и то, и миа	6	Вьетнам – 6		Лати	Традиц. верования
Лаха	Кхла, сатя, са бунг, са поонг, пуа, бу ха	3	Вьетнам – 3		Лаха	Традиц. верования
Лаху	Лаху	560	Китай – 420	Мьянма – 100 Таиланд – 20 Лаос – 20	Лаху	Традиц. верования, христиане
Лезгины	Лезгияр; кюринцы, самурцы, кубинцы	466	РФ – 257, в т.ч. Дагестан – 204; Азербайджан – 171	Казахстан – 14 Туркмения – 10 Украина – 5 Узбекистан – 3 Киргизия – 2 Белоруссия – 1 Грузия – 1	Лезгинский	Мусульмане-сунниты
Ленгуа	Ээнтхлит	15	Парагвай – 15		Ленгуа (валега)	Традиц. верования
Ленка	Ленка	110	Гондурас – 100	Сальвадор – 10	Испанский	Католики
Лепча	Ронг па	35	Индия – 25	Бутан – 10	Лепча	Буддисты
Лесные негры		32	Суринам – 30 Французская Гвиана – 2		Голландский, токи-токи (на осн. англ.)	Католики
Летийцы	Лети; кисарцы, рома, бабарцы, серуанцы, дамарцы, давлоорцы, волада	100	Индонезия – 100		Лети	Протестанты-реформаты
Ли	Лай, ха, хэ, моифу	1150	Китай – 860		Ли	Традиц. верования
Ливанцы (арабы Ливана)		2360	Ливан – 2250	Кувейт – 110	Арабский	Христиане (марониты), мусульмане (шииты, сунниты)
Ливийцы (арабы Ливии)		4180	Ливия – 4160	Испания – 12 Германия – 8	Арабский	Мусульмане-сунниты

Народы	Самоназвания или другие названия; названия субэтнических групп или близких к основному этносу народов	Общая числ., тыс. чел.	Основные страны расселения, тыс. чел.	Другие страны расселения, тыс. чел.	Язык	Религиозная принадлежность верующих
Ливы	Ливли, каламиез, рандалист	226 чел.	Латвия – 135 чел. РФ – 64 чел.		Ливский	Христиане (лютеране)
Лимба	Йимбе	375	Сьерра-Леоне – 370	Гвинея – 5	Лимба (йимба)	Мусульмане-сунниты, часть – традиц. верования
Лимбу	Яктхумба	320	Непал – 300	Бутан – 20	Лимбу	Буддисты, часть – индуисты, традиц. верования
Лио		300	Индонезия – 300		Лио	Католики
Лису		700	Китай – 600	Мьянма – 60 Таиланд – 40	Лису	Традиц. верования
Литовцы	Летувяй	3450	Литва – 2924	США – 290 РФ – 70 Латвия – 35 Канада – 28 Польша – 15 Уругвай – 12 Украина – 11 Казахстан – 11 Австралия – 11 Аргентина – 10	Литовский	Католики
Лихтенштейнцы	Лихтенштайнер	20	Лихтенштейн – 20		Немецкий (алеманский диалект)	Католики, часть – протестанты
Лоба		2	Китай – 2		Лоба	Буддисты
Лоби	Мбуин (гуен), га, турука, диан	1300	Буркина-Фасо – 610	Кот-д'Ивуар – 570 Гана – 120	Лоби (лобири)	Традиц. верования, часть – христиане, мусульмане-сунниты
Лози	Балози, ротсе, баротсе, луйяна; кванга, луйи, ндундулу, симай, шаньо	860	Замбия – 850	Ботсвана – 10	Лози, или ротси (сикололо)	Традиц. верования, часть – христиане, последователи афрохристианских церквей
Лоинанг	То лойнанг, лойнан	130	Индонезия – 130		Лоинанг	Традиц. верования, христиане-протестанты, мусульмане-сунниты
Лома	Лоома, тоома, тома, логома, бузи	370	Либерия – 230	Гвинея – 140	Лома	Традиц. верования
Лотуко	Латуко, отуксо; логири, донготоно, лоруама, локойя, касаи, лумуа, кисиланте	400	Судан – 400		Лотуко	Традиц. верование
Луба		7150	Заир – 7100	Замбия – 25 Танзания – 15 Руанда – 5 Бельгия – 5	Луба, чилуба	Католики, мусульмане-сунниты, традиц. верования
Лубу	Лубу, мамаки	40	Индонезия – 40		Керинчи	Мусульмане-сунниты
Лужичане	Сербья, сербски люд, сорбы, венды, лужицкие сербы	100	Германия – 100		Лужицкий	Лютеране, часть – католики
Луисеньо		2	США – 2		Луисеньо	Католики, протестанты
Лунда	Балунда	1030	Замбия – 520 Заир – 400 Ангола – 110		Лунда	Христиане (католики, протестанты), часть – традиц. верования
Луо	Джолуо	3470	Кения – 3250 Танзания – 220		Дхолуо	Традиц. верования, христиане (католики), часть – мусульмане-сунниты
Луо северные	Мабан, джур, тури, бор	800	Судан – 800		Восточносуданские языки	Традиц. верования
Луры	Пиш-е куха, пошт-е куха, кухгилуйе, мамасани	2860	Иран – 2800	Ирак – 60	Лури	Мусульмане-шииты

Продолжение табл.

Народы	Самоназвания или другие названия; названия субэтнических групп или близких к основному этносу народов	Общая числ., тыс. чел.	Основные страны расселения, тыс. чел.	Другие страны расселения, тыс. чел.	Язык	Религиозная принадлежность верующих
Лухья	Луйя, абалуйя; банту кавирондо	4750	Кения – 4000 Танзания – 750		Лухья	Традиц. верования, часть – приверженцы афрохристианских культов, католики
Лучази	Валучази, болоджаш, луксаге, макангала	245	Ангола – 220	Замбия – 25	Лучази	Традиц. верования
Луэна, чокве	Луэна, бачокве, киоко, чиокве, мбуэла	2100	Заир – 900 Ангола – 800 Замбия – 400		Луэна, чоква	Католики, часть – традиц. верования
Лы	Луэ, лю, кхюн, кун, гоун, фуан	340	Таиланд – 215 Мьянма – 155 Лаос – 70		Лю (лы, луэ)	Буддисты
Люксембуржцы	Лётцебургер	285	Люксембург – 285	Италия – 5 Германия – 5 Франция – 5	Люксембургский	Католики, часть – протестанты
Ма	Контяу	25	Вьетнам – 25		Ма	Традиц. верования
Мааньян	Барито-даяки	130	Индонезия – 130		Мааньян	Традиц. верования, часть – христиане, мусульмане-сунниты
Маба	Мабаа, вадаи; масалит, мими, каранга, фала, рунга	430	Чад – 370	Судан – 60	Маба	Мусульмане-сунниты
Маврикийцы	Маврикийцы-креолы	300	Маврикий – 300		Креольский (на осн. франц. яз.)	Католики
Мавры (арабы Западной Сахары)	Мавританцы, бейдан	2460	Мавритания – 1550 Зап. Сахара – 240 Мали – 160 Нигер – 155	Сенегал – 120 Марокко – 30	Арабский	Мусульмане-сунниты
Мавры ланкийские	Ларакалла	1250	Шри-Ланка – 1250		Тамильский, сингальский, арабский	Мусульмане-сунниты
Магары	Магар	600	Непал – 600		Магари	Индуисты, часть – буддисты, мусульмане-сунниты, традиц. верования
Магинданао		780	Филиппины – 780		Магинданао	Мусульмане-сунниты
Мадурцы		10800	Индонезия – 10800		Мадурский	Мусульмане-сунниты
Мазендеранцы	Мазендеранцы	2200	Иран – 2200		Мазендерани	Мусульмане-шииты
Майду	Майду	200 чел.	США – 200 чел.		Майду	Традиц. верования
Майо	Йореме	35	Мексика – 35		Яки	Католики
Майоруна	Мацес, максирона, барбудо, ремо	6	Бразилия – 5 Перу – 1		Майоруна	Традиц. верования
Майя	Майя Юкотана, юкотеки, ах-кех	700	Мексика – 670 Белиз – 25 Гондурас – 5		Майя	Католики, часть – традиц. верования
Мака	Энимака	500 чел.	Парагвай – 500 чел.		Мака	Традиц. верования
Мака	Макаа, нзем, со, нгумбо, квелег, мбиму, мвали, пол, кака	810	Камерун – 600 ЦАР – 130	Габон – 35 Конго – 35 Экваториальная Гвинея – 10	Мака	Традиц. верования, часть – католики
Макасаи	Макасае	25	Восточный Тимор – 25		Макасаи	Католики
Макасар	Макассар, мангкасарак	2600	Индонезия – 2600		Макасар	Мусульмане-сунниты
Македонцы	Македонци	1770	Македония – 1400	Греция – 150 Австралия – 115 Югославия – 46 США – 30 Албания – 15	Македонский	Православные, часть – мусульмане (торбеши)
Макиритаре	Екуана, декуана, сото	4	Венесуэла – 3 Бразилия – 1		Макиритаре	Традиц. верования

Продолжение табл.

Народы	Самоназвания или другие названия; названия субэтнических групп или близких к основному этносу народов	Общая числ., тыс. чел.	Основные страны расселения, тыс. чел.	Другие страны расселения, тыс. чел.	Язык	Религиозная принадлежность верующих
Маконде	Маконде; мавиа, мвера, матамбве, нгонде	1710	Танзания – 1630	Мозамбик – 80	Маконде	Традиц. верования, часть – христиане, мусульмане-сунниты
Маку	Убдэнехерн	17	Колумбия – 10 Бразилия – 7 Венесуэла – 130 чел.		Маку	Традиц. верования
Макуа	Вамакуа, маква, макоане, нгулу, чуабо, ломбве, михавани, нгуру, лоло, мато	8550	Мозамбик – 6900 Малави – 1300	Танзания – 300 Зимбабве – 25 ЮАР – 15	Имакуа (макуа)	Традиц. верования, часть – мусульмане-сунниты, католики
Макуши	Макуши	9	Бразилия – 8	Гайана – 1	Макуши (тевея)	Протестанты, католики, часть – традиц. верования
Малави	Марави, ньянджа, чева, тумбука, подзо, чвамбо, нсенга, кунда, зимба	9350	Малави – 6000 Мозамбик – 1800 Замбия – 1130	Танзания – 250 Зимбабве – 120 ЮАР – 50	Малави	Традиц. верования, часть – христиане, мусульмане-сунниты, последователи афрохристианских церквей
Малагасийцы	Мальгаши ни малагаси, мальгаш; мерина, цимихети, антанкарана, бецилеу, бара, бецимасарака и др.	12800	Мадагаскар – 12790	Реюньон – 5 Коморские Острова – 2 Франция – 2 Сейшельские Острова – 1	Малагасийский	Традиц. верования, христиане (протестанты и католики), часть – мусульмане-сунниты
Малайцы	Оранг-мелаю, малайцы Малайзии, малайцы Индонезии	21300	Индонезия – 10800 Малайзия – 7800 Таиланд – 2100	Сингапур – 450 ЮАР – 190 Бруней – 125 Шри-Ланка – 50 Камбоджа – 25 Мьянма – 15	Малайский	Мусульмане-сунниты, часть – христиане
Малаяли	Малаялам; мопла	35000	Индия – 35000		Малаялам	Индуисты, часть – христиане, мусульмане
Малер	Сауриа, пахариа, малто	120	Индия – 120		Малто	Традиц. верования, часть – христиане
Малинке	Мандинка, манинка; конья, коранко, леле, манья, минья, мау, сидья, васуму	4700	Гвинея – 1900 Кот-д'Ивуар – 820 Мали – 660 Сенегал – 520 Гамбия – 430	Сьерра-Леоне – 235 Гвинея-Бисау – 135	Малинке (манинка, мандинка)	Мусульмане-сунниты, часть – традиц. верования
Мальдивцы	Дивехии	225	Мальдивская Республика – 220	Индия – 5	Мальдивский	Мусульмане-сунниты
Мальтийцы		490	Мальта – 355	Австралия – 85 Великобритания – 35 Канада – 15	Мальтийский	Католики
Мамак	Оранг лангках, ламо, оранг мамак	5	Индонезия – 5		Минангкабау	Традиц. верования
Мамбаи	Аилеу, эрмера, аинару, саму	120	Восточный Тимор – 120		Мамбаи	Традиц. верования, часть – католики
Маме	Мам	300	Гватемала – 290	Мексика – 10	Маме	Католики, часть – протестанты
Манг	Манг, маглле, манг тынг	3	Вьетнам – 3		Манг	Традиц. верования
Мангареванцы	Мангарева	1	Острова Гамбье (в составе «заморской территории» Французской Полинезии) – 1		Мангарева	Католики, часть – протестанты
Манггараи	Ата Манггараи	500	Индонезия – 500		Манггараи	Мусульмане-сунниты, католики, традиц. верования
Мангиан	Мангиан; бангоны, батанганы, булалакао, ираия, науханы, пула, ратагноны, тагайданы	30	Филиппины – 30		Мангиан	Традиц. верования
Мандайя	Мандайя, мансака	40	Филиппины – 40		Мандайя	Традиц. верования, часть – католики

Продолжение табл.

Народы	Самоназвания или другие названия; названия субэтнических групп или близких к основному этносу народов	Общая числ., тыс. чел.	Основные страны расселения, тыс. чел.	Другие страны расселения, тыс. чел.	Язык	Религиозная принадлежность верующих
Мандан	Нумакаки	410 чел.	США – 410 чел.		Мандан	Католики, протестанты
Мандар		500	Индонезия – 500		Мандарский	Мусульмане-сунниты
Мандара	Вандала, даба, гидар, гамергу, падуко	990	Камерун – 660 Нигерия – 320	Чад – 10	Мандара	Мусульмане-сунниты, часть – традиц. верования
Манджак	Манджак, мандьяк	210	Гвинея-Бисау – 140 Кабо-Верде – 40	Сенегал – 20 Гамбия – 10	Мандьяку	Традиц. верования, часть – католики
Манипури	Мейтхей	1400	Индия – 1400		Манипури (мейтхей)	Индуисты, часть – протестанты, мусульмане-сунниты
Мано	Мамиа, маа; муа, нуан, тура	220	Либерия – 190	Гвинея – 30	Мано (ма)	Традиц. верования
Манобо	Манобо	200	Филиппины – 200		Манобо	Традиц. верования, часть – католики
Манси	Манси, вогулы	8,5	РФ – 8,3		Мансийский	Православные
Манусела		5	Индонезия – 5		Манусела	Протестанты, часть – традиц. верования
Маньчжуры	Маньчжу нялма, манчу жэнь, ци жэнь	10000	Китай – 10000		Китайский, частично маньчжурский	Буддисты, даосисты, конфуцианцы, традиц. верования
Маонань	Гуннун	75	Китай – 75		Маонань	Буддисты, даосисты, католики
Маори	Маори	320	Новая Зеландия – 320		Маорийский	Протестанты, католики
Маранао	Ланао	970	Филиппины – 970		Маранао	Мусульмане-сунниты
Маратхи	Маратха, махараштрийцы	66500	Индия – 66500		Маратхи	Индуисты, мусульмане (шииты и сунниты), буддисты, католики
Марийцы	Мари, марий, черемисы	671	РФ – 644, в т.ч. Республика Марий Эл – 324	Казахстан – 12 Украина – 7 Узбекистан – 3	Марийский	Православные
Маринд-аним	Маринд-аним, тугери, кая-кая	15	Индонезия – 15		Маринд	Католики
Маркизцы	Хиванцы	13	Маркизские острова (в составе «заморской территории» Французской Полинезии) – 13		Яз. полинезийской группы	Католики, кальвинисты
Марокканцы (арабы Марокко)		20350	Марокко – 19400	Франция – 500 Нидерланды – 110 Бельгия – 105 Алжир – 75 Германия – 50 Италия – 35 Тунис – 30 Испания – 25 Египет – 15	Арабский	Мусульмане-сунниты
Маронене	Маронене, кабанае	3	Индонезия – 3		Маронене	Мусульмане-сунниты
Мартиникцы		500	Мартиника («заморский департамент» Франции) – 350	Франция – 150	Криоль на осн. франц.	Католики
Маршалльцы		35	Маршалловы Острова – 35		Маршалльский	Протестанты, часть – католики
Маса	Маса, банана, масана, бана	615	Камерун – 480	Чад – 135	Маса	Мусульмане-сунниты, традиц. верования
Масаи	Ил-масаи, маасаи, барагуйу	670	Кения – 400	Танзания – 270	Масаи	Традиц. верования
Масатеки	Гуатимикаме	130	Мексика – 130		Масатек	Католики, часть – протестанты
Масахуа	Ньято, ньятко	120	Мексика – 120		Масауа	Католики

Продолжение табл.

Народы	Самоназвания или другие названия; названия субэтнических групп или близких к основному этносу народов	Общая числ., тыс. чел.	Основные страны расселения, тыс. чел.	Другие страны расселения, тыс. чел.	Язык	Религиозная принадлежность верующих
Матабеле	Матабеле, амандебеле, ндебеле	2580	Зимбабве – 1650 ЮАР – 910	Ботсвана – 20	Исиндебеле	Традиц. верования, часть – христиане (протестанты и католики)
Мачигенга	Мацигенка	12	Перу – 12		Мачигенга	Католики, часть – традиц. верования
Мба	Мбайи, мбае, манга	60	Заир – 60		Мба	Традиц. верования
Мбете	Амбамба, умбете	275	Габон – 175	Конго – 100	Мбете	Традиц. верования, часть – католики
Мбоши	Мбоко, аква, ангаре, квала, куба	270	Конго – 270		Лимбоши	Католики, часть – традиц. верования
Мбунда	Амбунда, мамбунда	310	Ангола – 120	Заир – 100 Замбия – 90	Мбунда (чимбунда)	Традиц. верования
Медлпа	Мелпа, хаген	180	Папуа – Новая Гвинея – 180		Медлпа	Традиц. верования
Мексиканцы	Мехикано	91050	Мексика – 78000	США – 13000 Канада – 30	Испанский	Католики
Меланау	А-лико, лико мелану	100	Малайзия – 95	Бруней – 5	Меланау	Мусульмане-сунниты, часть – традиц. верования
Меланезийцы	Группа народов: араре, саа, лау, фаталека, эфате, анейтьюм, толаи, нехан и мн. др.	1700	Острова Меланезии (за исключением Новой Гвинеи) – 1700			Протестанты, католики, традиц. верования
Менде	Менде, менди, коссо, косса, локко	1510	Сьерра-Леоне – 1500	Либерия – 10	Менде	Традиц. верования, часть – мусульмане-сунниты, протестанты
Меномини	Маномини	4	США – 4		Меномини	Католики
Ментавайцы	Ментавайцы, сакалагая, чагалалегат	40	Индонезия – 40		Ментавейский	Протестанты, часть – традиц. верования
Меру		1630	Кения – 1630		Кикуйю	Традиц. верования, есть протестанты, католики
Метисы («цветные»)	Тигания, игембе, именти, миутини, игоди, мвимби, мутамби	3350	ЮАР – 3200	Ангола – 60 Намибия – 45 Зимбабве – 30 Бенин – 10 Замбия – 5	Африкаанс	Протестанты (реформаты, методисты, англикане)
Миджикенда	Диго, дурума, рабаи, рибе (рихе), камбе, чоньи, джибана, гирьяма, кауме	1300	Кения – 1300		Суахили	Мусульмане-сунниты, есть протестанты, католики, традиц. верования
Мизо	Лушеи	445	Индия – 420	Мьянма – 25	Лушеи	Протестанты (пресвитериане, баптисты)
Микиры	Арленг	300	Индия – 300		Нага-микир	Индуисты, часть – протестанты
Микмаки		13	Канада – 13		Микмакский	Католики, протестанты
Микронезийцы	Группа народов: кирибати, яп, маршалльцы, трук, волеали, улиты, чаморро белау, понапе, науру и мн. др.	220	Микронезия – 220		Микронезийские языки	Традиц. верования, часть – католики, протестанты
Минангкабау	Оранг минангкабау, уранг паданг, уранг авак, пинанг кабу	7000	Индонезия – 6980	Малайзия – 20	Минангкабау	Мусульмане-сунниты
Минахасцы	Миханас	750	Индонезия – 750		Минахасский	Христиане, часть – мусульмане-сунниты, традиц. верования
Мискито	Москито	160	Никарагуа – 150	Гондурас – 10	Мискито	Последователи протестантской секты «Моравские братья», часть – баптисты, католики

Продолжение табл.

Народы	Самоназвания или другие названия; названия субэтнических групп или близких к основному этносу народов	Общая числ., тыс. чел.	Основные страны расселения, тыс. чел.	Другие страны расселения, тыс. чел.	Язык	Религиозная принадлежность верующих
Михе	Михе	75	Мексика – 75		Михе-соке	Католики
Миштеки		260	Мексика – 260		Миштекский	Католики
Мнонг	Мнонг	90	Вьетнам – 60	Камбоджа – 30	Мнонг	Традиц. верования
Моголы		20	Афганистан – 20		Монгольский, фарси	Мусульмане-сунниты
Молбон	Мольбог	10	Индонезия – 10		Мольбот	Мусульмане-сунниты
Молдаване	Молдовень	3350	Молдавия – 2794	Украина – 325 РФ – 173 Казахстан – 33 Узбекистан – 6 Белоруссия – 5 Грузия – 3 Латвия – 3 Азербайджан – 2 Туркмения – 2	Молдавский	Православные
Монба	Мэньба	8	Китай – 8		Мэньба	Буддисты
Монго	Монго-нкунду; нтомба, нкунду, еконда, мболе, ленгола, локеле	4750	Заир – 4750		Монду-нкунду	Католики, традиц. верования
Монголы Китая	Хорчины, джаруты, баарины, оннюты, харачины, узумчины, хучиты, барга и др.	5240	Китай – 5240		Монгольский	Буддисты
Монгоры	Ту, мэнгулэ, мэнгуэр, кунь, чахань мэнгу, тужэнь, хор	200	Китай – 200		Монгорский	Буддисты
Монегаски	Монакцы	7	Монако – 7		Монегасский диалект французского языка	Католики
Монтанье-наскапи		15	Канада – 15		Монтанье-наскапи	Традиц. верования, часть – католики, англикане
Моны	Мон, талаин	820	Мьянма – 700	Таиланд – 120	Монский	Буддисты (хинаяна), частично – традиц. верования
Моны горные		4400	Индокитай – 4400			
Мордва	Мокша, эрзя; шокша, каратаи, терюхане	1150	РФ – 1073, в т.ч. Мордовия – 313	Казахстан – 30 Украина – 19 Узбекистан – 11	Мокша-мордовский, эрзя-мордовский	Православные
Моро	Группа народов: маранао, магинданао, сангилы, яканы, сулу, самаль, джамо-мапуны, мольбоги	1975	Филиппины – 1970			Мусульмане-сунниты
Мору-мангбету	Мору-мади, мангбуту-эфе, магбету, ленду	2350	Заир – 1250 Уганда – 950 Судан – 150		Мору-мади, мангбуту-эфе, мангбету	Традиц. верования
Мосетене		8	Боливия – 8		Мосетен	Католики, традиц. верования
Моси	Дагари, бирифор, нанкансе, кусаси, мампруси, догомба	7600	Буркина-Фасо – 4900 Гана – 2500	Кот-д'Ивуар – 150 Мали – 30 Того – 20	Море или моле	Традиц. верования, часть – мусульмане-сунниты
Мохо		5	Боливия – 5		Мохо	Католики
Мпонгве	Мпонгве; орунгу, аджумба, галоа, коми, эненге, мьене	190	Габон – 185	Экваториальная Гвинея – 5	Мпонгве	Традиц. верования, часть – католики
Муби	Монжул; джонкор, дангалеат, бидью, беданга, могум	250	Чад – 250		Муби (чеке)	Мусульмане-сунниты
Мулао	Буцзян	165	Китай – 165		Мулао (буцзян)	Традиц. верования
Мумуйе	Пугу, йоро, ранг, зинна, якоко, гола; йенданг, вака, теме, кумба, кенгле, кугама	600	Нигерия – 600		Мумуйе (ланкавири)	Традиц. верования, часть – мусульмане-сунниты

Продолжение табл.

Народы	Самоназвания или другие названия; названия субэтнических групп или близких к основному этносу народов	Общая числ., тыс. чел.	Основные страны расселения, тыс. чел.	Другие страны расселения, тыс. чел.	Язык	Религиозная принадлежность верующих
Муна	То муна	20	Индонезия – 20		Муна	Мусульмане-сунниты
Мунда	Хороко, мундари	2030	Индия – 2000	Бангладеш – 30	Мундари (мундари-хо)	Традиц. верования, часть – христиане, индуисты
Мундуруку	Вейдьяне	1	Бразилия – 1		Мундуруку (пари, карас)	Католики
Мурле	Бейр, аджиба, муруле, иринге	230	Судан – 200	Эфиопия – 30	Мурле, или капета	Традиц. верования, часть – мусульмане-сунниты
Мускоги		8	США – 8		Мускогский, английский	Протестанты
Мыонг	Мыэнти, мол, муал, мон	900	Вьетнам – 900		Мыонг	Буддисты, христиане
Мяо	Мео, кмонг	8530	Китай – 7650	Вьетнам – 550 Лаос – 190 Таиланд – 120 Мьянма – 10 Индия – 10	Мяо (хмонг)	Традиц. верования
Навахо	Дене, навахи	170	США – 170		Навахо	Христиане различных толков, распространён пейотизм
Нага	Ангами, лхота, сема, ао, ренгма, коньяк и др.	1120	Индия – 1000 Мьянма – 120		Нага	Христиане (баптисты), часть – традиц. верования
Наге		5	Индонезия – 5		Наге	Католики
Налу	Налу	17	Гвинея – 12	Гвинея-Бисау – 5	Налу	Традиц. верования, часть – мусульмане-сунниты, христиане
Нагайбаки[5]	Нагайбэклэр	11	РФ – 11		Татарский	Православные
Намбиквара	Намбиквара, мамайнде, манайрису, галера, сараре, сабонес	8	Бразилия – 8		Намбиквара, сабане	Традиц. верования
Нанайцы	Нанай, нани		РФ – 12	Китай – 5	Нанайский	Православные, часть – традиц. верования
Наси	На, нажи, нахен, мосо, мосе	290	Китай – 290		Наси	Традиц. верования
Натчи	Натчез	2	США – 2		Натчез	Традиц. верования
Науру		7	Науру – 6	Австралия – 0,3 Фиджи – 0,2	Науру	Христиане-протестанты
Нгада	Нгада; наге, кео, риунг, ндао, рокка	60	Индонезия – 60		Нгада	Христиане-протестанты, часть – традиц. верования
Нгаджу	Биаджу, оло кахаям	750	Индонезия – 750		Нгаджу	Традиц. верования, часть – мусульмане-сунниты, христиане
Нганасаны	Ня, самоеды-тавгийцы	1278 чел.	РФ – 1262 чел.		Нганасанский	Православные, часть – традиц. верования
Нгбанди	Ангбанди, монгбванди	560	ЦАР – 300 Заир – 250	Конго – 10	Нгбанди	Традиц. верования
Нгони	Ангони, магвангара, момбера, мпезени	1400	Малави – 700 Танзания – 340 Замбия – 300	Мозамбик – 60	Нгони, суахили	Традиц. верования, часть – христиане
Нгунди	Бонгили (нгири), панде, мбати, бамитаба, лобала	215	Заир – 100 Габон – 70 ЦАР – 25 Конго – 20		Нгунди (нгири)	Традиц. верования
Ндау		2	Индонезия – 2		Ндау	Католики
Невары		910	Непал – 900	Индия – 10	Невари	Индуизм, буддизм, часть – традиц. верования

[5] В переписи населения СССР 1989 г. включены в состав татар.

Продолжение табл.

Народы	Самоназвания или другие названия; названия субэтнических групп или близких к основному этносу народов	Общая числ., тыс. чел.	Основные страны расселения, тыс. чел.	Другие страны расселения, тыс. чел.	Язык	Религиозная принадлежность верующих
Негидальцы	Гиляки, орочоны, илкан бэйенин, на бэйенин, амгун бэйенин	622 чел.	РФ – 587 чел.		Негидальский	Традиц. верования
Немцы	Дойче	86000	Германия – 74600	США – 5400 Канада – 1200 Казахстан – 958 РФ – 843 Бразилия – 710 Италия – 300 Румыния – 280 Австрия – 210 Франция – 200 Великобритания – 160 Швейцария – 150 Нидерланды – 150 Австралия – 110 Киргизия – 101	Немецкий	Протестанты-лютеране, реформаты-кальвинисты, католики
Ненцы	Ненэц, или хасова, самоеды, юраки	35	РФ – 34		Ненецкий	Православные, традиц. верования
Непальцы	Непали; кхасы, парбатия, гуркхи	13400	Непал – 11300 Индия – 2100		Непали	Индуисты
Ниасцы	Ниха, оранг ниас	600	Индонезия – 600		Ниасский	Христиане-протестанты (лютеране)
Нивхи	Нивхгу, гиляки	4,673	РФ – 4,631		Нивхский	Традиц. верования, православные
Никарагуанцы	Никарагуэнсес	3600	Никарагуа – 3500	Коста-Рика – 25 США – 25 Мексика – 20 Панама – 12	Испанский	Католики, часть – протестанты («Моравские братья» и англикане)
Никобарцы	Никобарцы, шомпены	35	Индия – 35		Никобарский	Христиане, часть – традиц. верования
Ниуэ		10	Н. Зеландия – 8 Остров Ниуэ – 2 Зап. Самоа – 100 чел.		Ниуэ	Христиане, часть – традиц. верования
Ногайцы	Ногъай	75	РФ – 74, в т.ч. Дагестан – 28 Карачаево-Черкесия – 13		Ногайский	Мусульмане-сунниты
Норвежцы	Нордмен	5000	Норвегия – 4150	США – 620 Канада – 160 Швеция – 38 Дания – 11 Германия – 7 Австралия – 5	Норвежский	Лютеране, часть – католики
Норфолкцы		1	О. Норфолк (владение Австралии) – 1		Английский, питкэрнский креольский	Протестанты-англикане
Ну	Ну	63	Мьянма – 35 Китай – 28		Ну	Буддисты, часть – католики, традиц. верования
Нубийцы	Нуба; донгола, махас, кунуз, горные нубийцы	2550	Судан – 2200 Египет – 350		Нубийские (махас-фадиджа, донгола-куниз)	Мусульмане-сунниты
Нунг	Бунун	780	Вьетнам – 780		Нунг	Традиц. верования
Нупе	Нуфава, абава, тапа, нупенсизи	1500	Нигерия – 1500		Нупе	Мусульмане-сунниты, часть – традиц. верования
Нуристанцы	Кафиры; кати, вайгали, ашкуни, паруни	160	Афганистан – 150	Пакистан – 10		Мусульмане-сунниты
Нутка		2	Канада – 1 США – 1		Нутка	Христиане
Нуэр	Нуэры, аббигар, наас	1700	Судан – 1600 Эфиопия – 100		Тог наас	Традиц. верования
Ньоро	Баньоро	670	Уганда – 600	Заир – 70	Руньоро	Христиане – протестанты, часть – католики

Продолжение табл.

Народы	Самоназвания или другие названия; названия субэтнических групп или близких к основному этносу народов	Общая числ., тыс. чел.	Основные страны расселения, тыс. чел.	Другие страны расселения, тыс. чел.	Язык	Религиозная принадлежность верующих
Ньямвези	Ваньямвези	4500	Танзания – 4500		Киньямвези	Традиц. верования, часть – мусульмане-сунниты, католики
Ньянека	Ваньянека, муйла, мунанека; хумбе, хинга, пунгу, балондо	530	Ангола – 530		Луньянека	Традиц. верования, часть – католики
Ньянколе	Баньянколе, баньянкоре, хима	1500	Уганда – 1500		Руньянкоре	Традиц. верования, часть – христиане
Ньятуру	Туру, ваньятуру, рими	200	Танзания – 200		Киньятуру	Мусульмане-сунниты, часть – традиц. верования
Овамбо	Амбо, ндонга; куаньяма, донга, ганджела, куамби	1000	Намибия – 750	Ангола – 240	Куаньяма, донга, ганджела	Лютеране
Овимбунду	Мбунду; баилундо, биено, домбе, ганда, уамбо, ханья, селе	3700	Ангола – 3700		Умбунду	Христиане (католики и протестанты), часть – традиц. верования
Огони	Кана, юж. кана, гокана, тай, элеме	220	Нигерия – 220			Традиц. верования, часть – христиане
Оджибве	Чиппева; сев. оджибве, сото, мисэсога, ю.-з. оджибве	30	Канада – 20	США – 10	Оджибве, англ.	Христиане – англикане и католики
Ойраты	Группа народов: дербэты, баяты, хошуты, захчины, олеты, торгуты, хойты	170	Монголия – 145	Китай – 25	Ойратский	Буддисты
Олеты		10	Монголия – 10		Ойратский	Буддисты
Ольстерцы	Англоирландцы, англошотландцы	1200	Великобритания – 1060	Канада – 60 США – 50 Австралия – 30	Английский	Протестанты
Оманцы (арабы Омана)		1600	Оман – 1500	Кувейт – 100	Арабский	Мусульмане (хариджиты-ибадиты, сунниты, приверженцы вахабизма)
Омаха		1	США – 1		Дегих	Христиане
Омето	Валяйта, куло, конта, куча, чара, зайсе, харуро, гему, гофа, зала, шангама, баскето, диме, баддиту, бородда, уба, мале, мано, доко	1200	Эфиопия – 1200		Омето	Христиане (монофиситы), часть – последователи синкретической религии, мусульмане-сунниты
Она	Селькнам, огнеземельцы; алакалуф, ямана	50 чел.	Аргентина – 25 чел. Чили – 25 чел.		Она, алакалуф, ямана, исп.	Католики, традиц. верования
Онинцы	Оранг онин, ковиайцы, оранг ковиан	3	Индонезия – 3		Они	Мусульмане-сунниты
Опата	Хоил-ра-уа, о-бади, индитос	6	Мексика – 6		Опата	Католики
Ораоны	Курукх	2010	Индия – 2000	Бангладеш – 10	Курукх	Традиц. верования, часть – христиане
Ория	Уткали	32250	Индия – 32200	Бангладеш – 50	Ория	Индуисты
Ороки	Ульта, ульча	190 чел.	РФ – 179 чел.		Орокский	Православные
Оромо (галла)	Оромо; тулама, меча, илу-бабур, арси, итту, ноле, джарсо, ала, бабиле	20600	Эфиопия – 20300	Кения – 240 Эритрея – 50 Судан – 10	Оромо	Мусульмане-сунниты, христиане
Орочи	Орочили, орочисэл, нани	915 чел.	РФ – 883 чел.		Орочский	Православные, часть – традиц. верования
Оседж	Важаже	10	США – 10		Оседж	Католики, протестанты
Осетины	Ирон, дигорон, туалаг, хусаираг	598	РФ – 402, в т.ч. Сев. Осетия – 335; Грузия – 164, в т.ч. Юж. Осетия – 65	Таджикистан – 8 Украина – 6 Узбекистан – 6 Туркмения – 2 Азербайджан – 2	Осетинский	Православные, часть – мусульмане

Народы	Самоназвания или другие названия; названия субэтнических групп или близких к основному этносу народов	Общая числ., тыс. чел.	Основные страны расселения, тыс. чел.	Другие страны расселения, тыс. чел.	Язык	Религиозная принадлежность верующих
				Киргизия – 1 Белоруссия – 1		
Отданум		50	Индонезия – 50		Отданум	Традиц. верования, часть – католики
Отоми	Ниан ниу	300	Мексика – 300		Отоми	Католики, часть – протестанты
Пайюте	Павиотсо, нуму	6	США – 6		Пайюте	Христиане
Палавеньо	Палаван, пала-уан	90	Филиппины – 90		Палавеньо	Традиц. верования, часть – мусульмане-сунниты, христиане (католики)
Палаунг	Таанг, дэан, бэнлун	316	Мьянма – 300	Китай – 16	Палаунг	Буддисты (хинаяна)
Палестинские арабы	Фалястын	5400	Иордания – 2930 Израиль – 800 Зона Газы – 650	ОАЭ – 350 Сирия – 300 Ливан – 260 Кувейт – 250 Саудовская Аравия – 200 Ирак – 160 Катар – 80 Бахрейн – 70 Йемен – 50	Арабский	Мусульмане-сунниты, христиане
Памирские народы[6]	Помири; рушанцы, бартангцы, шугнанцы, имкашимцы, ваханцы, язгулемцы, зебакцы, мунджанцы, сары-кольцы	300	Таджикистан – 150	Афганистан – 100 Китай – 35 Пакистан – 15	Памирские языки	Мусульмане-шииты
Пампанганы	Пампанго, капампанганы	2000	Филиппины – 2000		Пампанган	Католики
Панамцы	Панаменьо	2300	Панама – 2230	США – 60 Колумбия – 3 Коста-Рика – 3 Никарагуа – 2	Испанский	Католики, часть – протестанты, традиц. верования
Панаре	Эньяпа	2	Венесуэла – 2		Эньяпа	Традиц. верования
Пангасинаны	Пангасинан	1450	Филиппины – 1450		Пангасинан	Католики
Панджабцы	Пенджабцы	90000	Пакистан – 81000 Индия – 8950	Афганистан – 30 Сингапур – 10 Шри-Ланка – 10	Панджаби	Мусульмане, часть – индуисты
Пано	Чама, чакобо	32	Перу – 30	Бразилия – 1 Боливия – 1	Пано	Традиц. верования
Парагвайцы	Парагуайо	4500	Парагвай – 4120	Аргентина – 300 Бразилия – 70 США – 5	Испанский, гуарани	Католики
Парсы	Парси	40	Индия – 30	Пакистан – 10	Гуджарати	Зороастрийцы
Пасемах	Среднесуматранские малайцы; ампатлаванг, гумей, киким, кисас, лематанг, мекакоу, пасемах-лебар, семендо, серавет	1500	Индонезия – 1500		Малайский	Мусульмане-сунниты
Пауморту		12	Острова Туамоту (Французская Полинезия) – 12		Пауморту	Христиане
Пауни	Пони	200 чел.	США – 200 чел.		Пауни	Христиане
Пахари западные		3000	Индия – 3000		Пахари	Индуисты
Пашаи	Пашаи, лагманцы	130	Афганистан – 130		Пашаи	Мусульмане-сунниты
Паэс		40	Колумбия – 40		Паэс	Христиане-католики, часть – традиц. верования
Педи	Бапеди, сев. суто	3000	ЮАР – 2860	Зимбабве – 35 Ботсвана – 5	Се-педи	Традиц. верования, часть – протестанты

[6] Их численность в бывшем СССР учитывалась в численности таджиков.

Продолжение табл.

Народы	Самоназвания или другие названия; названия субэтнических групп или близких к основному этносу народов	Общая числ., тыс. чел.	Основные страны расселения, тыс. чел.	Другие страны расселения, тыс. чел.	Язык	Религиозная принадлежность верующих
Пемон	Пемон	11	Венесуэла – 9 Бразилия – 2			Традиц. верования, часть – католики
Пенути	Группа индейских народов: якона, кус, сахаптины, винтун, майду, мивок, йокутс, костаньо	10	США – 10		Языки пенути	Традиц. верования
Персы	Фарсы, ирани	28750	Иран – 28000	Ирак – 150 США – 130 Саудовская Аравия – 100 Кувейт – 85 Афганистан – 50	Персидский (фарси)	Мусульмане-шииты
Перуанцы	Перуано	13820	Перу – 13700	США – 60 Боливия – 16 Венесуэла – 11 Аргентина – 11 Испания – 2 Германия – 1		Католики, часть – традиц. верования
Пиароа	Де-арува, иха	5	Венесуэла – 5		Салива	Традиц. верования
Пигмеи	Группа народов: тва, бинга, бибайя, гиелли, эфе, канго, ака, мбути	350	Заир – 165 Руанда – 65 Бурунди – 50 Конго – 30 Камерун – 20 ЦАР – 10 Ангола – 5 Габон – 5		Языки банту	Традиц. верования
Пима		12	США – 10	Мексика – 2	Пима	Католики
Пипиль	Масеуалль	155	Сальвадор – 155		Пипиль	Католики
Питкэрнцы		60 чел.	Остров Питкэрн (владение Великобритании в Океании) – 60 чел.		Питкэрнский креольский (на осн. англ.)	Адвентисты седьмого дня
Покоманы	Покомам	15	Гватемала – 15		Покомам	Католики
Покомчи	Покончи	50	Гватемала – 50		Покомчи	Католики, часть – протестанты
Полинезийцы	Группа народов: маори, самоа, тонга, таитяне, увеа, ниуэ, маркизцы, туашоту, тувалу, футуна и др.	1120	Полинезия, Внешняя Полинезия, острова Восточной Меланезии и острова Капингамаранги и Нукуоро в Микронезии – 1120		Полинезийские языки	Католики, традиц. верования
Поляки	Поляци	44200	Польша – 37750	США – 4000 Белоруссия – 418 Франция – 300 Канада – 260 Литва – 258 Украина – 219 Бразилия – 150 Аргентина – 150 Великобритания – 140 РФ – 94 Австралия – 75 Чехия – 69 Германия – 57 Бельгия – 10	Польский	Католики, часть – протестанты
Помо		1	США – 1		Помо	Христиане
Понапе		30	Остров Понапе (Каролинские острова, подопечная территория ООН) – 30		Понапе	Католики, протестанты
Понка	Понка	2	США – 2		Понка	Протестанты
Пополоки	Пополока	35	Мексика – 35			Католики
Пополуки		30	Мексика – 30			Католики

Продолжение табл.

Народы	Самоназвания или другие названия; названия субэтнических групп или близких к основному этносу народов	Общая числ., тыс. чел.	Основные страны расселения, тыс. чел.	Другие страны расселения, тыс. чел.	Язык	Религиозная принадлежность верующих
Португальцы	Португезиш	13440	Португалия — 9800	Бразилия — 1350 Франция — 860 США — 640 Канада — 235 Германия — 100 Венесуэла — 75 Аргентина — 65 Швейцария — 50	Португальский	Католики, небольшое число протестантов (иеговистов, баптистов, пятидесятников)
Пуинаве	Пуинаве	4	Колумбия — 3 Венесуэла — 1		Пуинаве	Протестанты, часть — католики, традиц. верования
Пуми	Пуинми, пужими	30	Китай — 30		Пуми	Традиц. верования
Пунан	Пунан, букит, букитан	60	Индонезия — 40	Малайзия — 5	Пунан	Традиц. верования, часть — протестанты, католики, мусульмане-сунниты
Пуну	Пуну; буиси, лумбу, сангу, сира	215	Габон — 145	Конго — 70	Пуну	Христиане, традиц. верования
Путай		110	Таиланд — 110		Путай	Традиц. верования, буддисты
Пуэбло	Шошоны, хопи, тано, зуньи, керес	30	США — 30		Шошоны, хопи, тано, зуньи, керес	Католики, часть — протестанты, традиц. верования
Пуэрториканцы	Пуэрторикеньо	5770	Пуэрто-Рико — 3550	США — 2220 Виргинские о-ва (США) — 15	Испанский	Католики, протестанты
Раглай	Оранг лай	75	Вьетнам — 75		Северный раглай (адлай)	Традиц. верования
Раджастханцы	Гуджари, малави, марвари, нимади и др.	20300	Индия — 19900	Пакистан — 400	Раджастхани	Индуисты, часть — мусульмане-сунниты, джайны, сикхи
Раи	Бахинг, кирата	510	Непал — 420	Индия — 70 Бутан — 20	Раи (зинда)	Индуисты, традиц. верования
Рама	Рама	2	Никарагуа — 2		Рама	Протестанты («Моравские братья»), часть — традиц. верования
Рапануи	Рапануйцы	1	Чили (остров Пасхи) — 1		Рапануйский	Католики
Рега	Варега, барега, лега	500	Заир — 500		Кирега	Традиц. верования
Ретороманцы	Фриулы, ладины, романши	800	Италия — 740	Швейцария — 60	Ретороманский	Католики, протестанты
Реюньонцы-креолы		400	Реюньон — 400		Креолизированный французский	Католики
Рифы		1250	Марокко — 1250		Риф	Мусульмане-сунниты
Романши	Руманши, ромониш	60	Швейцария — 60		Ретороманский	Католики, протестанты
Ротийцы	Атахоре роте	275	Индонезия — 250	Восточный Тимор — 25	Роти	Католики
Ротума	Ротума	10	Фиджи — 8		Ротума	Католики, протестанты (методисты)
Руанда	Ньяруанда, баньяруанда	12350	Руанда — 7100 Заир — 3950 Уганда — 1100	Бурунди — 150 Танзания — 50	Руанда	Христиане-католики, часть — традиц. верования
Румыны	Ромынь; менглекские румыны, аромуны, истрорумыны	21000	Румыния — 20660	Украина — 135 Югославия — 52 США — 50 Канада — 25 Германия — 20 Аргентина — 15 Венгрия — 9 Франция — 7 РФ — 6 Болгария — 4	Румынский	Православные, часть — протестанты, католики

Продолжение табл.

Народы	Самоназвания или другие названия; названия субэтнических групп или близких к основному этносу народов	Общая числ., тыс. чел.	Основные страны расселения, тыс. чел.	Другие страны расселения, тыс. чел.	Язык	Религиозная принадлежность верующих
Рунди	Барунди, варунди	8000	Бурунди – 4530 Заир – 1500 Уганда – 550	Руанда – 350	Рунди	Христиане (в осн.– католики), часть – традиц. верования
Русские	Великорусы, Великороссы	146500	РФ – 119865	Украина – 11356 Казахстан – 6228 Узбекистан – 1653 Белоруссия – 1342 США – 1000 Киргизия – 917 Латвия – 906 Молдавия – 562 Эстония – 475 Азербайджан – 392 Таджикистан – 388 Грузия – 341 Литва – 344 Туркмения – 345 Бразилия – 60 Аргентина – 60 Канада – 60 Армения – 52 Франция – 40 Румыния – 32	Русский	Православные, в т.ч. старообрядцы
Рутульцы	Мых адбыр, мюхадар	20	РФ – 20, в т.ч. Дагестан – 15		Рутульский	Мусульмане-сунниты
Саамы	Саами, саамь, саме, лопари	60	Норвегия – 35 Швеция – 18 Финляндия – 5 РФ – 2		Саамский	Православные, лютеране
Самаль	Самаль	375	Индонезия – 375		Самальский	Мусульмане-сунниты
Савара	Савары, сайара, сора, сахара, сар, саур, саора, суир, шабара	340	Индия – 340		Савара (сора)	Традиц. верования
Саката	Баската, дзинг	250	Заир – 250		Саката	Католики
Салары	Салыр, сала	90	Китай – 90		Саларский	Мусульмане-сунниты
Сальвадорцы	Сальвадореньос	5300	Сальвадор – 5100	США – 110 Гондурас – 50 Мексика – 20 Гватемала – 15	Испанский	Католики
Самаль	А'а сама	410	Филиппины – 375	Малайзия – 35	Самаль	Мусульмане-сунниты
Самбал	Тино	275	Филиппины – 275		Самбали	Католики, часть – англикане
Само	Самого, сан, сану, ниниси; матья, сембла, самогуан, дон	340	Буркина-Фасо – 275	Мали – 65	Само	Мусульмане-сунниты, часть – традиц. верования
Самоа	Самоанцы	335	Западное Самоа – 156 Восточное Самоа – 34	Новая Зеландия – 45	Самоанский	Протестанты, часть – католики
Самуко	Айорео, или моро, чамакоко, или эмёре	15	Парагвай – 10	Боливия – 4 Бразилия – 1	Самуко	Христиане, традиц. верования
Сангилы		10	Индонезия – 10		Сангильский	Мусульмане-сунниты
Сангирцы	Сангиры, сангихе, талаудцы	450	Индонезия – 450		Сангирский	Христиане-протестанты (реформаты)
Сандаве		50	Танзания – 50		Сандаве	Традиц. верования, часть – протестанты
Санзиу	Зао	85	Вьетнам – 85		Санзиу	Традиц. верования, часть – буддисты, конфуцианцы
Санмаринцы		22	Сан-Марино – 22		Тосканский диалект итальянского языка	Католики
Санталы	Хор	6300	Индия – 6200	Бангладеш – 85 Непал – 10 Бутан – 5	Сантали	Традиц. верования, индуисты
Сантомейцы	Тонгаш, сантомийцы, креолы Сан-Томе	120	Сан-Томе и Принсипи – 120		Лингва сантоме	Католики, часть – мусульмане-сунниты

Народы	Самоназвания или другие названия; названия субэтнических групп или близких к основному этносу народов	Общая числ., тыс. чел.	Основные страны расселения, тыс. чел.	Другие страны расселения, тыс. чел.	Язык	Религиозная принадлежность верующих
Сантяй	Каолан-сантяй, шантяй	110	Вьетнам – 110		Сантяй	Традиц. верования, часть – конфуцианцы, буддисты, даосисты
Сапотеки	Запотеки	350	Мексика – 350		Сапотек	Католики
Сара		1500	Чад – 1280 ЦАР – 220		Сара	Традиц. верования, часть – мусульмане-сунниты
Сардинцы	Сарды, сардос	1250	Италия – 1250		Сардинский	Католики
Сасаки		1750	Индонезия – 1750		Сасак	Мусульмане-сунниты, часть – традиц. верования
Саудовцы (арабы Саудовской Аравии)		13300	Саудовская Аравия – 13250	Кувейт – 50	Арабский	Мусульмане-сунниты (ок. половины – ваххабиты), шииты
Сахаптины		8	США – 8		Сахаптины	Христиане
Сахо	Сахо, идда, иддифер, ироб, манифаре, меля, тероа, хазу, асаорта	150	Эфиопия – 150		Сахо	Мусульмане-сунниты, часть – христиане-монофиситы
Свази	Ама-свази, ама-нгвани	1870	ЮАР – 1200 Свазиленд – 660	Мозамбик – 10	Свази (исиквази, свати)	Традиц. верования, часть – баптисты
Северохальмахерские народы	Вайори, галела, исам, кау, лода, макиан-луар, модоле, саху, табару, тернатцы, тидорцы, тобело, тогутил и др.	550	Индонезия – 460			Мусульмане-сунниты, христиане-реформаты
Седанг		100	Вьетнам – 100		Седанг	Традиц. верования
Сейшельцы	Креолы Сейшельских о-вов	65	Сейшельские Острова – 65		Криоль (на осн. англ. и креол)	Католики, англикане
Селиши	Фледхидс	2	США – 2		Калласпель	Христиане
Селькупы	Остяки	3,612	РФ – 3,564		Селькупский	Православные
Семанги	Меник, менди, моник, нгок	8	Малайзия – 6 Таиланд – 2		Семанг	Традиц. верования
Семинолы	Сим-а-но-ле	4	США – 4		Мускоги, хитчити	Христиане, часть – традиц. верования
Сенои	Семаи, темиар, джаххут, чевонг, бесиси	40	Малайзия – 37	Таиланд – 3	Джаххут, или восточно-носнойский, семаи, темиар, южный сеной	Традиц. верования, часть – мусульмане-сунниты
Сентвинсентцы		105	Сент-Винсент и Гренадины – 105		Местный диалект английского языка	Англикане, методисты, часть – католики, традиц. верования
Сенткитсцы		37	Сент-Китс и Невис – 37		Английский	Протестанты
Сентлюсийцы		135	Сент-Люсия – 135		Местный диалект английского языка	Католики, часть – протестанты, традиц. верования
Сенуфо	Сене, сиена; мипьянка	3800	Кот-д'Ивуар – 1850 Мали – 1150 Буркина-Фасо – 800		Сенуфо	Традиц. верования, часть – мусульмане-сунниты
Сербы	Срби	10160	Югославия – 7000 Босния – 1550 Хорватия – 700	Германия – 300 США – 245 Канада – 65 Македония – 50 Швейцария – 40 Румыния – 34 Венгрия – 32 Австрия – 30 Австралия – 25 Италия – 21 Швеция – 20 Аргентина – 15 РФ – 3	Сербскохорватский	Православные, в небольшом числе – католики, протестанты, мусульмане-сунниты
Сере-мунду	Бака, мамбу, ндого, нгака	570	Заир – 260	ЦАР – 110 Судан – 100	Сере, мунду	Традиц. верования

Народы	Самоназвания или другие названия; названия субэтнических групп или близких к основному этносу народов	Общая числ., тыс. чел.	Основные страны расселения, тыс. чел.	Другие страны расселения, тыс. чел.	Язык	Религиозная принадлежность верующих
Серер	Серер	1330	Сенегал – 1320	Гамбия – 10	Серер	Традиц. верования
Сери	Конгкаак, салинерос, тибуроны, тепока, гу-айма	500 чел.	Мексика – 500 чел.		Сери	Традиц. верования, христиане (протестанты)
Сиамцы	Кхон-таи, тибуроны	29700	Таиланд – 29500	Саудовская Аравия – 40 Мьянма – 25 Малайзия – 23 Кувейт – 15 Индия – 10 Лаос – 10 Камбоджа – 10 США – 6 Германия – 5	Кхонтай, или сиамский	Буддисты – хинаяна
Сибо	Сибэ, сибо маньчжу	180	Китай – 180		Диалект маньчжурского языка	Традиц. верования
Сидамо	Сидамо	750	Эфиопия – 750		Сидамо	Мусульмане-сунниты, христиане (монофиситы), часть – традиц. верования
Сикка		265	Индонезия – 265		Сикка	Католики, часть – традиц. верования
Сикхи[7]		16700	Индия – 16500	Великобритания – 100 США – 100	Пенджабский	Сикхи
Сингалы (ланкийцы)	Синхала	13200	Шри-Ланка – 13190	Австралия – 9 Новая Зеландия – 1	Сингальский	Буддисты, частично традиц. верования
Синдхи	Синдхи	20200	Пакистан – 17500 Индия – 2700		Синдхи	Мусульмане-сунниты, часть – индуисты
Синьмун	Синьмун, пуок	10	Вьетнам – 10			Традиц. верования
Сирийцы (арабы Сирии)		11850	Сирия – 11175	Кувейт – 100	Арабский	Мусульмане-сунниты, часть – шииты (нусайриты, друзы), христиане
Сирионо		600 чел.	Боливия – 600 чел.		Сирионо	Традиц. верования, большинство формально – католики и протестанты
Сиу	Группа индейских народов: омаха, понка, канза, оседж, куапо, айова, дакота, ассинибойны, кроу, майдан	70	США – 40 Канада – 30		Сиу языки	Традиц. верования
Сихуле	Сималурцы	50	Индонезия – 50		Сималур, или лембано	Мусульмане-сунниты
Славяне	Группа родственных народов	293500	Страны Восточной Европы – 290500		Славянские языки	Православные, католики, часть – протестанты
Словаки	Словаци	5600	Словакия – св. 4500	США – 530 Чехия – 390 Венгрия – 80 Югославия – 71 Канада – 25 Румыния – 23 Австрия – 22 Польша – 22 Аргентина – 10 Украина – 8 Австралия – 6 РФ – 1	Словацкий	Католики, часть – протестанты, греко-католики
Суи		100	Лаос – 100		Суи	Традиц. верования
Словенцы	Словенци	2300	Словения – 1920	Италия – 125 Австрия – 80 США – 50 Хорватия – 35 Германия – 30 Австралия – 24 Югославия – 17 Босния – 10	Словенский	Католики, часть – протестанты, православные

[7] Сикхи, резко отделившиеся от панджабцев, впервые выделяются как самостоятельный этнос (а не конфессиональная общность).

Продолжение табл.

Народы	Самоназвания или другие названия; названия субэтнических групп или близких к основному этносу народов	Общая числ., тыс. чел.	Основные страны расселения, тыс. чел.	Другие страны расселения, тыс. чел.	Язык	Религиозная принадлежность верующих
Сога	Басога	1500	Уганда – 1500		Лусога	Традиц. верования, часть – христиане (католики и англикане)
Соке		60	Мексика – 60		Соке (трок)	Католики
Сомалийцы	Сомали; дигил, раханвейн, хавийя, дарод, иса, исак, дир, туни, гадабурси, бенадир	7700	Сомали – 6100 Эфиопия – 750 Кения – 580	Джибути – 190 Йемен – 40 Италия – 30 Танзания – 10	Сомали	Мусульмане-сунниты
Сомба	Сома, соме, тамберма, бетам-марибе, или тамари; берба, соруба, натемба, пила	310	Бенин – 265	Того – 45	Сомба	Традиц. верования
Сонгай	Сонгой, сонгаи	1600	Мали – 680 Нигер – 675	Нигерия – 100 Буркина-Фасо – 120 Гана – 25	Сонгай	Мусульмане-сунниты
Сонинке	Сонинке, сараком	1370	Мали – 840 Буркина-Фасо – 240 Сенегал – 170	Мавритания – 60 Гамбия – 50 Гвинея-Бисау – 10	Сонинке	Мусульмане-сунниты, католики
Стиенг		85	Вьетнам – 60	Камбоджа – 25	Кхмерский	Традиц. верования
Суахили	Васуахили, васвахили	2400	Танзания – 2060	Заир – 130 Мозамбик – 120 Малави – 30 Сомали – 15 Уганда – 15	Кисуахили	Мусульмане-сунниты
Суба	Басуба	100	Кения – 100		Икисуба	Католики, часть – традиц. верования
Суданцы (арабы Судана)		14300	Судан – 13000 Чад – 1290	Руанда – 5 Заир – 5	Арабский	Мусульмане-сунниты
Сукума	Васукума	1300	Танзания – 1300		Сукума (кисукума, гве)	Традиц. верования, часть – христиане
Сула	Сулаины; суланцы, талиабуанцы, собойо, манге, кадаи, мбоно, самада, тало, биха	85	Индонезия – 85		Санани, талиабу	Мусульмане-сунниты, часть – традиц. верования, протестанты
Сулу	Таусог, таосуг	540	Филиппины – 540		Сулу (холоано сулу, или таусог)	Мусульмане-сунниты
Сумбавцы	Сумбаванцы, тау семава	300	Индонезия – 300		Сумбава	Мусульмане-сунниты
Сумбанцы		500	Индонезия – 500		Сумба	Христиане-реформаты, часть – мусульмане-сунниты, традиц. верования
Сунвар	Сунвар; сурель, жирель, бахинг	40	Непал – 40		Сунвари	Индуисты, буддисты, традиц. верования
Сунды	Сунданцы, сунда	24500	Индонезия – 24500		Сунданский	Мусульмане-сунниты
Суринамцы	Суринамцы-креолы	230	Суринам – 140	Нидерланды – 90	Суринамский креольский (токи-токи, сранаи) – на осн. англ. с заимств. из голл. и др.	Протестанты
Суринамцы-индо-пакистанцы		160	Суринам – 160	Нидерланды (100)	Хинди, суринамский креольский	Индуисты, часть – мусульмане-сунниты
Сусу	Сосо, дьялонке, конья, коранко, микифоре	1160	Гвинея – 950	Сьерра-Леоне – 210	Сусу (сосо)	Мусульмане-сунниты
Суто	Суто, басуто	4050	ЮАР – 2445 Лесото – 1600	Ботсвана – 5	Сесото (суто)	Христиане (католики, протестанты), традиц. верования
Суя		140 чел.	Бразилия – 140 чел.		Суя	Традиц. верования
Табасараны	Табасаран, табасаранцы	98	РФ – 94, в т.ч. Дагестан – 78	Казахстан – 1 Украина – 1 Азербайджан – 1	Табасаранский	Мусульмане-сунниты
Такакаоло	Тагакаоло	55	Филиппины – 55		Тагакаоло	Традиц. верования

Продолжение табл.

Народы	Самоназвания или другие названия; названия субэтнических групп или близких к основному этносу народов	Общая числ., тыс. чел.	Основные страны расселения, тыс. чел.	Другие страны расселения, тыс. чел.	Язык	Религиозная принадлежность верующих
Тагалы	Тагаилог	15500	Филиппины — 15500		Тагальский (тагалог)	Католики
Тагбануа	Тагбаноа	15	Филиппины — 15		Тагбануа	Традиц. верования
Таджики	Тоджик	8280	Афганистан — 4000 Таджикистан — 3172 Узбекистан — 934	Иран — 65 РФ — 38 Киргизия — 34 Казахстан — 25	Таджикский, дари	Мусульмане-сунниты
Таи	Таи; тхулао, пази	1200	Вьетнам — 1200		Тхо (тху)	Традиц. верования
Таита	Тейта, теита, дабида, сагала	300	Кения — 265 Танзания — 35		Тайта (тейта)	Традиц. верования
Таитяне	Маохи	130	Остров Таити и некоторые др. острова во Французской Полинезии — 123	Новая Каледония — 7	Таитянский	Кальвинисты, часть — католики
Тай	Бутай, дай, бо	1000	Китай — 1000		Тайский (тайлэ, тайна)	Буддисты
Таймени	Таймани	130	Афганистан — 130		Дари, фарси	Мусульмане-сунниты
Такана	Кавиненья, чама, араона, реесано	4	Боливия — 3	Перу — 1	Такана	Католики
Талленси	Тале, или тали, талленсе, талене, талански	90	Гана — 90		Талленси	Мусульмане-сунниты, традиц. верования
Талыши	Толыш	125	Иран — 100 Азербайджан — 22		Талышский	Мусульмане-шииты, сунниты
Тамазигхт		2300	Марокко — 2300		Тамазигхт	Мусульмане-сунниты и ибадиты
Таманги	Тхаманг, мурма, лама-таманг	1070	Непал — 1050	Индия — 20	Мурми (таманг, исханг)	Буддисты
Тамилы	Индийские тамилы, ланкийские тамилы	64100	Индия — 61000	Шри-Ланка — 3000 Сингапур — 110	Тамильский	Индуисты, часть — мусульмане-сунниты, христиане
Танимбарцы	Ларатцы, ямденцы, селаруанцы, макатиан	100	Индонезия — 100		Фордата, ямдена, селару, селваса	Католики, протестанты
Таой	Таой; лако, пахи, таой (пакус)	50	Вьетнам — 25 Лаос — 25		Со-куй	Традиц. верования
Тараски	Пурепеча	65	Мексика — 65		Тараска	Католики
Тарахумара	Тараумара, рарамури	60	Мексика — 60		Тарахумара	Католики
Тасадай	Тасадай-манубе	несколько десятков чел.	Филиппины — несколько десятков чел.		Тасадай	Традиц. верования
Татары	Татар, тартары; казанские татары, мишари, нагайбаки, кряшены	6710	РФ — 5522, в т.ч. Татарстан — 1765	Узбекистан — 468 Казахстан — 328 Украина — 87 Таджикистан — 73 Киргизия — 70 Туркмения — 39 Азербайджан — 28 Румыния — 23 Турция — 23 Белоруссия — 12 Латвия — 5 Литва — 5 Эстония — 4	Татарский	Мусульмане-сунниты
Татары касимовские	Кэчим татарлары или кэчим халкы	1	РФ — 1		Татарский	Мусульмане-сунниты
Татары крымские	Къырым татарлар	272[8]	Украина — ок. 200	Узбекистан — 189 РФ — 21	Крымско-татарский	Мусульмане-сунниты
Татары сибирские	Сибиртар, сибиртатарлар	ок. 200[9]	РФ — ок. 180	Казахстан Узбекистан Киргизия Таджикистан и Турция } 20	Сибирско-татарский	Мусульмане-сунниты, часть — традиц. верования

[8] Данные переписи населения СССР 1989 г. На самом деле крымских татар, по-видимому, больше, т.к. часть из них была по традиции учтена как просто «татары».
[9] Их численность была включена переписью населения 1989 г. в численность татар в целом.

Продолжение табл.

Народы	Самоназвания или другие названия; названия субэтнических групп или близких к основному этносу народов	Общая числ., тыс. чел.	Основные страны расселения, тыс. чел.	Другие страны расселения, тыс. чел.	Язык	Религиозная принадлежность верующих
Таты	Тат	380	Иран – 350	РФ – 19 Азербайджан – 10	Татский	Мусульмане-шииты, часть – иудаисты, христиане-монофиситы
Теймури		290	Иран – 170	Афганистан – 120	Дари, фарси	Мусульмане-сунниты, часть – шииты
Теке	Батеке, дзинг, тио	1480	Заир – 1050 Конго – 410	Габон – 20	Теке (сев. теке)	Католики, часть – традиц. верования
Телеуты	Теленгеттер, паяттар, татарлар	3[10]	РФ – 3		Алтайский	Православные, мусульмане, традиц. верования
Телугу	Телугу (тенугу), анд-хра, калинга	74500	Индия – 74500		Телугу	Индуисты, часть – мусульмане-сунниты
Тем	Тим, тиму, котоколи, темба	400	Того – 240 Бенин – 130	Гана – 30	Тем (тим, тиму, котоколи)	Традиц. верования, часть – мусульмане-сунниты
Темне	Тимне, тимене, тимманнее, а-темне, санда, йони	1550	Сьерра-Леоне – 1550		Темне (тимене)	Традиц. верования
Тенггеры	Уонг тенггер	50	Индонезия – 50		Яванский	Индуисты
Тенда	Бадьяранке, бапен, басари, бедик, боин, коньяги	70	Гвинея – 70		Тенда-ньюн	Мусульмане-сунниты, часть – традиц. верования
Тепехуа	Акалман	6	Мексика – 6		Тепехуа	Католики, часть – традиц. верования
Тепехуано	Тепехуано	25	Мексика – 25		Тепехуа	Католики
Тернатцы	Тернате, тернатанцы; ибу, джаилоло	160	Индонезия – 160		Тернате	Мусульмане-сунниты, часть – католики
Тесо	Итесо; додос, топоса	1920	Уганда – 1550 Кения – 270 Судан – 100		Тесо (атесо, бакиди, вамия)	Традиц. верования, часть – христиане
Тетела	Батетела; кусу, хамбо	500	Заир – 500		Тетела	Католики, традиц. верования
Тетумы	Тетум, белу	650	Индонезия – 280 Восточный Тимор – 380		Тетум	Мусульмане-сунниты, часть – католики
Техуэльче			Аргентина – ок. 1		Техуэльче	Католики, традиц. верования
Тибетцы	Пёба; амдова, камба, сифань	4830	Китай – 4750	Индия – 70 Бутан – 10	Тибетский	Буддисты
Тив	Мунши	3000	Нигерия – 2700 Камерун – 300		Тив (тиви, мбитши)	Традиц. верования, часть – мусульмане-сунниты, христиане
Тиграи	Тиграи, ти гринья	4000	Эфиопия – 2200 Эритрея – 1800		Тигринья	Христиане (монофиситы, часть – католики), мусульмане-сунниты
Тигре	Афылэнда, беллю, бениамер, менса, месхалит, хабаб	1200	Эритрея – 1200		Тигре	Мусульмане-сунниты, часть – христиане
Тидорцы	Тидоре	60	Индонезия – 60		Тидоре	Мусульмане-сунниты
Тикар	Тикали, мбам, ндомме, лангтуму; нсо, нком, бафут, нсунгли	900	Камерун – 900		Тикар	Мусульмане-сунниты
Тингиан		70	Филиппины – 70		Тингиан	Традиц. верования
Тиндалы	Идери	10	Дагестан – 10		Тиндинский	Мусульмане-сунниты
Типаи-ипаи	Типаи-ипаи	1,5	США – 1,5		Диэгуэньо	Католики
Типера	Трипура	520	Индия – 430	Бангладеш – 90		Индуисты

[10] Перепись населения СССР 1989 г. включила телеутов в состав алтайцев.

Продолжение табл.

Народы	Самоназвания или другие названия; названия субэтнических групп или близких к основному этносу народов	Общая числ., тыс. чел.	Основные страны расселения, тыс. чел.	Другие страны расселения, тыс. чел.	Язык	Религиозная принадлежность верующих
Тирийо	Тирийо, трио, тарено	600 чел.	Суринам – 500 чел.	Бразилия – 100 чел.	Трио	Традиц. верования, часть – протестанты, католики
Тит	Тыт, шать, май, рук, малиенг	2	Вьетнам – 2		Тит	Традиц. верования
Тлапанеки	Тлапанек, чочо	50	Мексика – 50		Тлапанеки	Католики
Тлинкиты	Тлингит	1	США – 500 чел. Канада – 500 чел.		Тлинкит	Христиане, православные
Тоала		100 чел.	Индонезия – 100 чел.		Бугийский	Мусульмане-сунниты
Тобело	Каунг, боэнг, додинга	85	Индонезия – 85		Тобело	Христиане-реформаты, мусульмане-сунниты
Того племена	Акпосо, акебу, аделе, аватиме, логбо, буэм, кофоли, боливи	250	Того – 125 Гана – 125		Языки на и ка	Традиц. верования, часть – христиане
Тогутил		1	Индонезия – ок. 1		Тобело	Традиц. верования, христиане-реформаты
Тода		1	Индия – 1		Тода	Традиц. верования, часть – христиане
Токелау	Токеалуанцы	6	Архипелаг Токелау – 2 Нов. Зеландия – 2	Вост. Самоа – 1 Зап. Самоа – 1	Токелау	Христиане-протестанты
Томини	Толи-толи	175	Индонезия – 175		Томини	Мусульмане-сунниты
Тонга	Батонга, тонка, батонка; лендже, ве, ила, соли, тока, тотела, сала, баила, мушукулумбве, бсиши, мбала, лундве	1650	Замбия – 1420 Зимбабве – 230		Читонга, чила	Традиц. верования, часть – христиане, мусульмане-сунниты
Тонга	Тонганцы	120	Тонга – 105	Австралия – 15	Тонганский	Христиане-методисты, часть – католики
Тораджи	Тораджа; зап. тораджа, вост. тораджа, юж. тораджа	1500	Индонезия – 1500		Тораджа, палу баре'е	Мусульмане-сунниты, частично – христиане-протестанты
Торгуты	Торгоуты	40	Монголия – 10	Китай – 30	Ойратский	Православные, часть – традиц. верования, буддисты
Торо	Баторо	600	Уганда – 600		Торо	Христиане
Тотики	Мотосинтлеки, уиникот	17	Мексика – 17		Чиньябаль	Католики
Тотонаки		200	Мексика – 175		Тотонак (натимоло)	Католики, часть – традиц. верования
Тофалары	Тофа, тоха, карагасы	731 чел.	РФ – 722 чел.		Тофаларский	Православные
Тохолабали	Чаньябаль, чанаваль, чансабаль, хоколабаль, комитеко, тохол виникотик	18	Мексика – 18		Тохолабаль	Католики
Трики	Трики	17	Мексика – 15		Трик	Католики
Тринидадцы-индо-пакистанцы		450	Тринидад и Тобаго – 450		Хинди	Христиане, индуисты, часть – мусульмане
Тринидадцы-креолы	Тринидадцы	910	Тринидад и Тобаго – 720	США – 100 Канада – 60 Великобритания – 30	Тринидадский креольский	Христиане, традиц. верования
Тробрианцы	Киривина, киливила	20	Папуа–Новая Гвинея – 20		Киривина	Протестанты
Трук		50	Остров Трук в группе Каролинских островов (подопечная территория ООН) – 45		Трукский	Христиане, часть – традиц. верования
Тсаанги	Каньон, ньеби	115	Конго – 56	Габон – 55	Тсаанги	Традиц. верования
Тсвана	Чуаны, бечуаны	4800	ЮАР – 3700 Ботсвана – 1000	Зимбабве – 80 Намибия – 20	Сетсвана (сечуана)	Традиц. верования, христиане

Продолжение табл.

Народы	Самоназвания или другие названия; названия субэтнических групп или близких к основному этносу народов	Общая числ., тыс. чел.	Основные страны расселения, тыс. чел.	Другие страны расселения, тыс. чел.	Язык	Религиозная принадлежность верующих
Тсонга (шангаан)	Батсонга; ронга, хлангану, джонга, била, нвалунгу, хленгве, чопи	5300	Мозамбик – 3500 ЮАР – 1400 Зимбабве – 380	Свазиленд – 20	Тсонга	Католики, часть – традиц. верования
Туареги	Имошаг	1150	Мали – 600 Буркина-Фасо – 270 Нигер – 240	Алжир – 20 Ливия – 20	Тамашек	Мусульмане-сунниты
Тубу	Тебу; тиббу, даза; тела и доба	455	Чад – 430	Нигер – 20 Ливия – 5	Тубу	Мусульмане-сунниты
Тубуайцы	Тубу, тубуан	15	Острова Тубуаи (Французская Полинезия) – 15		Тубуаи	Христиане, часть – традиц. верования
Тувалу	Тувалуанцы, эллисцы	10	Тувалу – 9	Острова Лайн и Гилберта (Кирибати), Науру и Фиджи – 2	Тувалу	Христиане
Тувинцы	Тыва, сойоны, сойоты, урянхайцы, тоджинцы, хотоны	207	РФ – 206, в т.ч. Тува – 198	Монголия – 40 Китай – 3	Тувинский	Буддисты, часть – традиц. верования
Тукано	Вост. тукано, центр. и зап. тукано	51	Колумбия – 30	Бразилия – 17 Перу – 3 Эквадор – 1	Тукано	Традиц. верования
Тукулер	Халь-пуларен; тукулор, токолор, тороббе	885	Сенегал – 750	Мавритания – 115 Гамбия – 10 Мали – 5 Гвинея – 3 Гвинея-Бисау – 2	Фульбе (диалект пулар)	Мусульмане-сунниты
Тулу		1900	Индия – 1900		Тулу (тулува)	Индуисты
Тунебо	У-уа	1,3	Колумбия, Венесуэла – 1,3		Тунебо	Традиц. верования
Тунисцы (арабы Туниса)		8600	Тунис – 8200	Франция – 233 Ливия – 80 Германия – 30 Алжир – 20 Марокко – 20	Арабский	Мусульмане-сунниты
Тупи-гуарани	Группа народов: мандуруку, тупу-кавакиб, маауэ, тенетехара, тапиране, кайгуа, нандева, мбуа, апопокува	150[11]	Боливия, Бразилия, Перу, Гвиана, Парагвай – 150		Тупи-гуарани	Традиц. верования
Туркана	Ньитуркана	360	Кения – 360	Эфиопия – 5	Туркана	Традиц. верования, мусульмане-сунниты
Турки	Тюрк	53300	Турция – 50000	Германия – 1350 Болгария – 750 Нидерланды – 160 Франция – 150 Македония – 110 Греция – 100 Кипр – 140	Турецкий	Мусульмане-сунниты
Турки-месхетинцы	Тюрк	208	Узбекистан – 106 Казахстан – 49 Киргизия – 21 Азербайджан – 18 РФ – 10		Турецкий	Мусульмане-сунниты
Туркмены	Туркмен; трухмены	4600	Туркмения – 2538 Иран – 975	Афганистан – 380 Ирак – 250 Турция – 200 Узбекистан – 122 РФ – 40 Таджикистан – 20 Сирия – 60	Туркменский	Мусульмане-сунниты
Туцзя	Бисека	5900	Китай – 5900		Ту, китайский	Традиц. верования, конфуцианство, даосизм
Тхай	Тхай; та-тхао, та-дам, та-самныа, футхай	1320	Вьетнам – 1020	Лаос – 30	Тхай	Традиц. верования

[11] Без численности парагвайцев-метисов, которых также включают в эту группу.

Продолжение табл.

Народы	Самоназвания или другие названия; названия субэтнических групп или близких к основному этносу народов	Общая числ., тыс. чел.	Основные страны расселения, тыс. чел.	Другие страны расселения, тыс. чел.	Язык	Религиозная принадлежность верующих
Тхакали	Цхакали	5	Непал – 5		Тхакали	Индуисты
Тхару		1100	Непал – 1080	Индия – 20	Бихари (бходжпури)	Индуисты, часть – традиц. верования
Тюркские племена Ирана	Афшары, кызылбаши, карапапахи, карадагцы, инанлу, бахарау, нафар, хоросони, пичагчи, карайи, байаты, карагозлу, темуртали, гоудари[12]	700	Иран – 650 Афганистан – 50		Языки, близк. к азербайдж.	Мусульмане-сунниты
Тям		290	Вьетнам – 100 Камбоджа – 125 Таиланд – 65		Тямский	Индуисты, мусульмане-сунниты
Тямы горные	Зярай (джарай), эде (раде), раглай, тюру	550	Вьетнам – 515 Камбоджа – 35		Тямский (чамский)	Индуисты, часть – мусульмане-сунниты
Уаяна	Ояна, рукуйен	600 чел.	Французская Гвиана – ок. 500 чел. Бразилия – 100 чел.		Ояна	Традиц. верования
Увеа	Увеанцы, уоллисцы	16	Остров Увеа в группе островов Уоллис и Футуна – 8 Новая Каледония – 8		Увеа	Католики
Удины	Уди, ути	8	Азербайджан – 6	РФ – 1	Удинский	Христиане
Удмурты	Утморт, укморт	747	РФ – 715, в т.ч. Удмуртия – 497	Казахстан – 16 Украина – 9 Узбекистан – 3 Белоруссия – 1 Молдавия – 1 Киргизия – 1	Удмуртский	Православные, часть – традиц. верования
Удэгейцы	Удээ, удэхэ, удихэ	2011 чел.	РФ – 1902 чел.		Удэгейский	Традиц. верования
Узбеки	Узбек; сарты	18500	Узбекистан – 14145 Таджикистан – 1198	Афганистан – 1780 Киргизия – 550 Казахстан – 332 Туркмения – 317 РФ – 127 Украина – 20 Китай – 15 Пакистан – 5	Узбекский	Мусульмане-сунниты
Узумчины		5	Китай – 3 Монголия – 2		Монгольский	Буддисты
Уитото		17	Колумбия – 12	Перу – 5	Уитото	Католики
Уичита	Вичита, кидикитташе	300 чел.	США – 300 чел.		Вичита	Католики, протестанты
Уичоли	Хуичоли, бирракикас, уицаари-таари	8	Мексика – 8		Уичоль	Католики
Уйгуры	Уйгур, дунгане	7770	Китай – 7505	Казахстан – 185 Киргизия – 37 Узбекистан – 36 РФ – 3 Афганистан – 2	Уйгурский	Мусульмане-сунниты
Украинцы	Украинцы; малороссы, малороссияне	46000	Украина – 37419	РФ – 4363 Казахстан – 896 Молдавия – 601 Канада – 550 США – 535 Польша – 350 Белоруссия – 291 Узбекистан – 153 Аргентина – 120 Киргизия – 108 Латвия – 92,1 Грузия – 52,4 Эстония – 48 Литва – 44,8 Таджикистан – 41,4 Туркмения – 35,6 Азербайджан – 32,3 Армения – 8,3	Украинский	Православные, часть – греко-католики

[12] Часть из них постепенно сливается с азербайджанцами.

Продолжение табл.

Народы	Самоназвания или другие названия; названия субэтнических групп или близких к основному этносу народов	Общая числ., тыс. чел.	Основные страны расселения, тыс. чел.	Другие страны расселения, тыс. чел.	Язык	Религиозная принадлежность верующих
Ульчи	Нани, мангуни	3233 чел.	РФ – 3173 чел.		Ульчский	Православные
Урали		35	Индия – 35		Гадаба	Традиц. верования
Уругвайцы	Уругвайо	2830	Уругвай – 2700	Аргентина – 65 Бразилия – 25 США – 15 Венесуэла – 12	Испанский	Католики
Уру-чипайа	Уру, чипайа	2	Боливия – 2		Пукина	Католики
Успантеки		12	Гватемала – 12		Успантек	Католики
Уэльсцы	Валлийцы	1000	Великобритания – 880	США – 50 Канада – 30 Австралия – 26 Новая Зеландия – 7 ЮАР – 7	Валлийский	Англикане
Фанг	Пангве, пахуин, фанве, мфанг, яунде, этон, булу, бене, бети, мвеле, мваэ, тсинг, баса, гбигбил, нтум	3250	Камерун – 2530 Габон – 430 Экваториальная Гвинея – 280	Конго – 5	Яунде	Традиц. верования, часть – католики, протестанты, последователи христианско-африканских сект
Фанти	Фанте, мфантсе	1900	Гана – 1890	Либерия – 10	Чви (чуи, чи, тви)	Католики, протестанты, часть – последователи христианско-африканских сект, мусульмане
Фарерцы	Фэройнгар	43	Фарерские острова (Дания) – 40 Дания – 2		Фарерский	Лютеране
Фаталуку	Фаталуку, дагоба, дагада	10	Восточный Тимор – 10		Фаталуку	Традиц. верования, часть – католики
Фернандино	Фернандинос, фернандцы, креолы Фернандо-По	6	Экваториальная Гвинея – 5		Крио	Католики
Фиджи-индийцы		370	Фиджи – 370		Хинди	Индуисты, часть – мусульмане-сунниты
Фиджийцы		350	Фиджи – 340	Австралия – 6 Новая Зеландия – 3 Канада – 1	Фиджийский	Протестанты (методисты и др.)
Финны	Суомалайсет	5430	Финляндия – 4650	Швеция – 310 США – 305 Канада – 53 РФ – 47 Норвегия – 22 Эстония – 17 Германия – 12 Украина – 1 Казахстан – 1	Финский	Лютеране
Финны-ингерманландцы[13]		67	РФ – 47, в т.ч. Карелия – 18	Эстония – 17	Финский	Лютеране
Фипа	Вафипа; муанга, пимбе, рунга, ванда, ньямвага	780	Танзания – 340 Замбия – 275 Малави – 165		Фипа	Традиц. верования, часть – христиане
Фирузкухи	Фирузкухи	150	Афганистан – 150		Персидский	Мусульмане-сунниты
Фламандцы		7230	Бельгия – 5100 Нидерланды – 1720	Франция – 250 США – 80 Канада – 28 Германия – 15 Заир – 15 Великобритания – 10	Нидерландский	Католики
Фон	Фонгбе; дагомейцы, восточные эве	3300	Бенин – 3300		Фон	Традиц. верования, часть – христиане (католики)
Форе	Ибуса, атигина, памуса	20	Папуа–Новая Гвинея – 20		Форе	Протестанты, часть – традиц. верования

[13] В переписи населения СССР 1989 г. учтены все финны страны, включая и ингерманландцев, которых можно считать субэтнической группой финнов. Поэтому числ. ингерманландцев учтена в предыдущей позиции.

Продолжение табл.

Народы	Самоназвания или другие названия; названия субэтнических групп или близких к основному этносу народов	Общая числ., тыс. чел.	Основные страны расселения, тыс. чел.	Другие страны расселения, тыс. чел.	Язык	Религиозная принадлежность верующих
Франкоканадцы		9360	Канада – 7200	США – 2150 Франция – 10	Французский	Католики
Франкошвейцарцы		1210	Швейцария – 1165	США – 40	Французский	Католики
Французы	Франсе; нормандцы, пикардийцы, бургундцы, гасконцы	49400	Франция – 47200	США – 650 Италия – 320 Германия – 200 Бельгия – 132 Швейцария – 80 Испания – 65 Новая Каледония – 58 Германия – 10	Французский	Католики, кальвинисты-реформаты
Фризы		410	Нидерланды – 400	Германия – 10	Фризский	Кальвинисты, часть – католики
Фриулы		720	Италия – 720		Ретороманский	Католики
Фула	Бокхопа, музипа, лаовашо	10	Вьетнам – 10		Лаовашо	Традиц. верования
Фульбе	Фульбе; пёль, филани, фула, фуль, фульфульфульде, феллата, фуланке	22700	Нигерия – 14000 Гвинея – 2550 Мали – 1400 Камерун – 1200	Сенегал – 1000 Нигер – 830 Буркина-Фасо – 800 Гвинея-Бисау – 200 Бенин – 190 Сьерра-Леоне – 170 Гамбия – 160	Фула, или фульбе, фульфульде, фуль, или пёль	Мусульмане-сунниты
Фур	Фурави, конджара, каджаксе, фора	600	Судан – 590	Чад – 10	Фур (конгара фора)	Мусульмане-сунниты, часть – традиц. верования
Футуна	Футунанцы	7	Острова Уоллис и Хорн (Футуна и Алофи) – 4	Новая Каледония – 3	Вост. футуна	Католики
Ха	Баха, ваха	600	Танзания – 600		Киха	Протестанты, часть – традиц. верования
Хаву	Саву, доу хау	300	Индонезия – 300		Хаву	Католики, традиц. верования
Хадза	Хадзапи, хатса	1	Танзания – 1		Хадзапи, или хатса	Традиц. верования
Хазарейцы	Хазара	1920	Афганистан – 1700	Иран – 220	Дари	Мусульмане-шииты
Хайда	Хайда	1	Канада – 1		Хайда	Протестанты
Хайя	Хиба Хайя	1630	Танзания – 1630		Хайя	Христиане, часть – традиц. верования
Хакальтеки		40	Гватемала – 40		Хакальтек	Католики
Хакасы	Тадар, хоорай	80	РФ – 79, в т.ч. Хакасия – 62		Хакасский	Традиц. верования, православные
Халха-монголы	Халха, халхасцы	1650	Монголия – 1647	РФ – 2 Узбекистан – 1	Халха	Буддисты
Хамниганы		17	Монголия – 15	РФ – 2	Бурятский, монгольский	Традиц. верования, буддисты
Хани	Хани	1480	Китай – 1300	Мьянма – 120 Таиланд – 40 Лаос – 10 Вьетнам – 10		Традиц. верования
Ханты	Хантэ, ханти, кантэк	23	РФ – 22		Хантыйский	Православные
Харари	Харари, адари	40	Эфиопия – 40		Харари	Мусульмане-сунниты
Хауса	Кано, кацина, сокото, зариа, хаджеджа	30800	Нигерия – 26000 Нигер – 4300	Чад – 160 Гана – 140 Камерун – 130	Хауса	Мусульмане-сунниты, часть – традиц. верования
Хваршины	Акьилько, атлилько	2	РФ – 2, в т.ч. Дагестан – 2		Хваршинский	Мусульмане-сунниты
Хибаро	Шуара, ачуара, цамбиса, агуаруна, майна	75	Перу – 40 Эквадор – 35		Хибаро	Католики
Хикаке	Толупан	1	Гондурас – 1		Хикаке	Традиц. верования, часть – католики

Продолжение табл.

Народы	Самоназвания или другие названия; названия субэтнических групп или близких к основному этносу народов	Общая числ., тыс. чел.	Основные страны расселения, тыс. чел.	Другие страны расселения, тыс. чел.	Язык	Религиозная принадлежность верующих
Хиндустанцы	Хиндиязычное население Сев. Индии; Кхари-Боги, харианы, брадж, канаджи, бундели, авадхи, багхели, чтаттисчархи	245000	Индия – 244000	Непал – 600 Пакистан – 400	Хинди	Индуисты
Хо	Хо	1200	Индия – 1200		Мундари	Индуисты, часть – традиц. верования
Хойты		30	Китай – 15 Монголия – 5			
Хока	Шаста, помо, карок, яна, вашо, салина, юма, чонтали, тлапанеки	70	Мексика – 60 США – 10		Хока	Традиц. верования
Хопи	Моки	6	США – 6		Хопи	Христиане
Хорваты	Хрвати	5650	Хорватия – 3800 Босния – 830	Германия – 150 Сербия – 200 Австралия – 147 США – 120 Австрия – 100 Канада – 70 Словакия – 57 Швейцария – 40 Швеция – 20 Венгрия – 15 Италия – 15 Румыния – 8	Хорватскосербский	Католики, часть – православные, протестанты, мусульмане
Хоти	Хоти	400 чел.	Венесуэла – 400 чел.		Хоти	Традиц. верования
Хотогойты		1	Монголия – 1		Халха	Буддисты
Хошуты		15	Китай – 10 Монголия – 5			
Хуаве	Уаби, мареньо	25	Мексика – 25		Хуаве	Католики
Хуастеки	Тенек, тоуэйо	90	Мексика – 90		Хуастек	Католики
Хуэй	Лаохуэйхуэй	8900	Китай – 8900		Китайский	Мусульмане-сунниты
Хыналыгцы	Хиналугцы, каттиддур, хыналыкцы	2	Азербайджан – 2		Хыналыгский	Мусульмане-сунниты
Цахуры		20	Азербайджан – 13 РФ – 6, в т.ч. Дагестан – 5		Цахурский	Мусульмане-сунниты
Цельтали	Цендали, сендали, сельтала	50	Мексика – 50		Цельталь	Католики
Цзино	Цзино, юлэ, юлао	30	Китай – 30		Цзино	Традиц. верования
Цимшианы	Цимишан	32	США – 30	Канада – 2	Цимшиан	Христиане
Цоцили	Социль, цоцлем, келене, керен	125	Мексика – 125		Цоцили	Католики, часть – традиц. верования
Цутушили	Цутухили, сотохили, атитеки, цикинаха	45	Гватемала – 45		Цутушили	Католики
Цыгане	Рома, чипсис, гитанос, бохемиэнс, хайденс, боша и т.д.; кэлдэрари, ловари, сэрви	2620	Венгрия – 400 Словакия – 300 Румыния – 260 Болгария – 220 РФ – 153 Чехия – 120 Югославия – 120 Испания – 90 Иран – 90 Португалия – 80 Германия – 80 Турция – 80 Франция – 80 Италия – 50 Канада – 50 Украина – 48 Великобритания – 45 Хорватия – 40 США – 38		Цыганский	Исполняют обряды тех народов, среди которых обитают, и часто меняют вероисповедание, придерживаясь при этом и традиц. верований. В большинстве – христиане различных толков

Продолжение табл.

Народы	Самоназвания или другие названия; названия субэтнических групп или близких к основному этносу народов	Общая числ., тыс. чел.	Основные страны расселения, тыс. чел.	Другие страны расселения, тыс. чел.	Язык	Религиозная принадлежность верующих
			Словения – 30 Афганистан – 30 Албания – 30 Польша – 20 Узбекистан – 16 Молдавия – 11			
Цян	Жума, жумэй	205	Китай – 205		Цян	Буддисты, часть – традиц. верования
Чакма		540	Бангладеш – 440	Индия – 100		Буддисты северного направления, часть – традиц. верования
Чамба	Самабу, сама	600	Нигерия – 340 Камерун – 300		Чамба	Традиц. верования, часть – мусульмане-сунниты
Чамалалы	Чамалали, чамалади, чама-ига	10	РФ – 10, в т.ч. Дагестан – 7 Чечня и Ингушетия – 2		Чамалальский	Мусульмане-сунниты
Чаморро	Чаморро	96	остров Гуам – 80 Марианские острова – 16		Чаморро	Католики
Чантель	Чантель	5	Непал – 5		Чантелькура	Индуисты
Чараймаки	Чаар-аймаки, аймаки; джемшиды, фирузкухи, таймени, теймуры	860	Афганистан – 600	Иран – 260	Аймаки (диалект перс. яз.)	Мусульмане-сунниты, часть – мусульмане-шииты
Чатины		23	Мексика – 23		Чатино	Католики
Чахары Китая		15	Китай – 12 Монголия – 3		Монгольский	Буддисты, часть – традиц. верования
Чейенны	Дэи-тсис-тас	8	США – 8		Чейенн	Баптисты, меннониты
Чепанг		30	Непал – 30		Чепанг	Традиц. верования
Черкесы[14]	Адыгэ	270	РФ – 51, в т.ч. Карачаево-Черкесия – 40	Турция – 150 Сирия – 35 Ирак – 15 Иордания – 10 Иран – 5	Кабардино-черкесский	Мусульмане-сунниты
Черногорцы	Црногорци	600	Югославия – 600	США – 15 Албания – 5	Сербскохорватский	Православные, часть – мусульмане
Черноногие	Сиксика, блэкфут	12	США – 6 Канада – 6		Блэкфут	Католики
Чёрные карибы	Гарибы, карифуна	82	Гондурас – 55 Белиз – 14 Гватемала – 10	Сент-Винсент и Гренадины – 2 Никарагуа – 1	Же-пано	Католики
Чехи	Чеши	10380	Чехия – 9550	США – 550 Словакия – 70 Канада – 55 Германия – 27 Хорватия – 14 Швейцария – 14 Украина – 8 РФ – 5	Чешский	Католики, часть – протестанты (последователи евангелической церкви чешских братьев, лютеране и др.)
Чеченцы	Нохчий	957	РФ – 899, в т.ч. Чечено-Ингушетия – 735 Дагестан – 58	Казахстан – 50 Киргизия – 3 Украина – 2 Грузия – 1 Узбекистан – 1 Туркмения – 1	Чеченский	Мусульмане-сунниты
Чжуаны	Бучжуан, бубу, бунун	16000	Китай – 16000		Чжуан	Традиц. верования, даосисты
Чибча	Группа народов: кабекар, брибри, терраба, гуайми, каяпо, коайкер, колорадо, куна, аруаки, тунебо, бари, борука, мискито, паэс и др.	635	Колумбия – 320	Никарагуа – 160 Панама – 130 Коста-Рика – 15 Гондурас – 10	Чибча	Католики

[14] В странах Передней Азии под назв. «черкесы» объединяются между собой представители северокавказских народов – собственно черкесы (их меньше всего), адыгейцы, кабардинцы, убыхи, ингуши, чеченцы, осетины, лезгины и др.

Народы	Самоназвания или другие названия; названия субэтнических групп или близких к основному этносу народов	Общая числ., тыс. чел.	Основные страны расселения, тыс. чел.	Другие страны расселения, тыс. чел.	Язык	Религиозная принадлежность верующих
Чига	Бачига, бакига, кига	1300	Уганда – 1300		Кига (ручига)	Католики, протестанты
Чикасо		6	США – 6		Мускогский	Протестанты
Чилийцы	Чиленьо	11780	Чили – 11400	Аргентина – 200 США – 60 Венесуэла – 18 Швеция – 10 Австралия – 10	Испанский	Католики
Чимбу	Куман	250	Папуа–Новая Гвинея – 250		Чимбу	Католики, протестанты, часть – традиц. верования
Чин	Чины, куки-чины; тхадо, тиддим, фалам, каннеле	1000	Мьянма – 880	Индия – 120	Чин	Буддисты, часть – христиане
Чинантеки	Ху-хмей, ва-хми, дзах-хми	70	Мексика – 70		Чинантекский	Католики
Чинук		300 чел.	США – ок. 300 чел.		Чинук	Традиц. верования
Чипевайян	Дене, чипевьян	5	Канада – 5		Чипевьян	Католики
Чиригуано		15	Боливия – 5 Аргентина – 5 Парагвай – 5		Чиригуано	Католики
Чироки	Ани юн уия	66	США – 66		Чироки	Баптисты, методисты
Чоко	Эмбера, ваунана	10	Панама – 10		Эмбера	Традиц. верования, часть – христиане
Чокто		20	США – 20		Чокто	Протестанты
Чоли	Чоль	100	Мексика – 100		Чоль	Католики
Чонтали (название двух индейских народов)	Чонтали текистлатеки и чонтали штата Табаско	62	Мексика: первых – 12, вторых – 50		Чонтали	Католики
Чорти	Чорти	37	Гватемала – 27	Гондурас – 10	Чоль	Католики, традиц. верования
Чочо	Чочо-пополока, тениме, чинкиме, чочонтин, чочон	3	Мексика – 3		Испанский	Католики, часть – традиц. верования
Чуванцы	Этэль, этал	1,511	РФ – 1,384		Чукотский, русский	Православные
Чуваши	Чаваш; вирьял, тури, анатри, анат енчи	1840	РФ – 1773, в т.ч. Чувашия – 907	Казахстан – 22 Украина – 20 Узбекистан – 10	Чувашский	Православные
Чукчи	Лыгъоравэтлъан	15	РФ – 15		Чукотский	Православные
Чулупи	Нивакле, ашлуслай	6	Парагвай – 6		Чулупи	Традиц. верования, часть – протестанты, католики
Чулымцы	Чулымские тюрки, июс кижилер, пестын кижилер, хакасы	750 чел.	РФ – 750 чел.		Чулымский	Православные
Чуру	Тюру, куру, гуру	10	Вьетнам – 10		Чуру	Традиц. верования
Чухи	Иникоб	16	Гватемала – 10 Мексика – 6		Чаньябаль	Католики, часть – традиц. верования
Шаванте	Шаванты; офайе (опайе), оти, ауэ, каяпо	15	Бразилия – 15		Оти, ауэ	Традиц. верования, часть – католики
Шамбала	Шамбаа, самбаа, васамба; бандеи, дое, зигула, квере	1200	Танзания – 1200		Шамбала	Традиц. верования, есть – мусульмане-сунниты, христиане-протестанты
Шан	Тхай ньо	2930	Мьянма – 2850	Таиланд – 65 Лаос – 15	Шанский	Буддисты, часть – традиц. верования
Шапсуги		10	РФ – 10		Адыгейский	Мусульмане-сунниты
Шауйя	Шавийя	1020	Алжир – 1020		Шауйя	Мусульмане-сунниты

Продолжение табл.

Народы	Самоназвания или другие названия; названия субэтнических групп или близких к основному этносу народов	Общая числ., тыс. чел.	Основные страны расселения, тыс. чел.	Другие страны расселения, тыс. чел.	Язык	Религиозная принадлежность верующих
Шауни	Шауано	2,5	США – 2,5		Шауни (шони)	Баптисты
Шведы	Свенскар	9400	Швеция – 8060	США – 870 Финляндия – 310 Канада – 110 Дания – 18 Норвегия – 12	Шведский	Лютеране, часть – католики, баптисты, пятидесятники
Шеренте		700 чел.	Бразилия – 700 чел.		Шеренте	Традиц. верования
Шерпа	Шерпы, шаркхомбо	115	Непал – 100	Индия – 15	Кангпо	Буддисты, традиц. верования
Шиллук	Чоло	430	Судан – 430		Шиллук	Традиц. верования
Шильх	Шлёх	2800	Марокко – 2800		Ташельхит	Мусульмане-сунниты
Шина		120	Индия – 120		Шина	Мусульмане, буддисты
Шингуано	Укуче	800 чел.	Бразилия – 800 чел.		Тупи, карибские языки, аравакские языки, трумаи, майпуре	Традиц. верования
Шона	Корекоре, зезуру, каранга, манвика, ндау, каланга	8680	Зимбабве – 7500 Мозамбик – 1000	Ботсвана – 160 ЮАР – 20	Чишона	Традиц. верования, протестанты, реформаты, пресвитериане
Шорцы	Шор	17	РФ – 16		Шорский	Православные
Шотландцы	Скоттс	6100	Шотландия – 5185	Канада – 300 США – 280 Австралия – 260 Новая Зеландия – 45 ЮАР – 24	Английский	Протестанты (пресвитериане), католики
Шошоны	Команчи, юте, луисеньо, хопи	70	США – 70		Языки ацтеко-таноанск. группы	Традиц. верования
Шуй	Айшуй	360	Китай – 360		Шуй, китайский	Традиц. верования
Шэ		650	Китай – 650			Традиц. верования
Эве	Эвегбе; уачи, аджа	3700	Гана – 1900 Того – 1740	Нигерия – 60	Эве	Традиц. верования, часть – мусульмане-сунниты, христиане
Эвенки	Эвенки, орочоны	65	Китай – 35 РФ – 30		Эвенкийский	Православные, часть – традиц. верования
Эвены	Эвен, орочол, ламуты	17	РФ – 17, в т.ч. Якутия – 9		Эвенский	Православные
Эде	Радэ	230	Вьетнам – 200	Камбоджа – 30	Радэ	Традиц. верования
Эквадорцы	Экуаториано	6730	Эквадор – 6600	США – 100 Венесуэла – 10	Испанский	Католики, часть – протестанты
Экои	Эдюаган, йакур, яко, йако; боки, йала	820	Нигерия – 820		Экои	Традиц. верования
Эльзасцы	Эльзасцы; лотарингцы	1450	Франция – 1450		Алеманский диалект немецкого языка	Католики, часть – лютеране, кальвинисты
Энгганцы	Энганцы, этако	1	Индонезия – 1		Энггано	Мусульмане-сунниты, часть – христиане, традиц. верования
Энде		850	Индонезия – 850		Энде	Христиане, часть – традиц. верования
Энцы	Эннэчэ	209 чел.	РФ – 198 чел.		Энецкий	Православные
Эскимосы	Инуит	115	США – 38 Канада – 28 остров Гренландия – 47 РФ – 1,7		Эскимосский	Традиц. верования, христиане
Эстонцы	Ээстласед, маарахвас	1110	Эстония – 963	РФ – 47 Канада – 25 Швеция – 25 США – 25 Австралия – 6 Украина – 4 Казахстан – 3 Латвия – 3 Грузия – 2	Эстонский	Лютеране, часть – православные

Продолжение табл.

Народы	Самоназвания или другие названия; названия субэтнических групп или близких к основному этносу народов	Общая числ., тыс. чел.	Основные страны расселения, тыс. чел.	Другие страны расселения, тыс. чел.	Язык	Религиозная принадлежность верующих
Эфик		700	Нигерия – 700		Ибибио	Традиц. верования, христиане
Юан		40	Лаос – 40		Юан	Буддисты, традиц. верования
Южнохальмахерцы	Южнохальмахерские народы: макиан-далам, були, веда, гане, патани, савай	100	Индонезия – 100		Южнохальмарские языки	Мусульмане-сунниты, часть – традиц. верования
Юйгу	Югур	13	Китай – 13		Юйгу	Буддисты, часть – традиц. верования
Юкагиры	Вадул, одул, этел, этал, омоки	1,142	РФ – 1112 чел., в т.ч. Якутия – 697 чел.		Юкагирский	Православные
Юпа	Юкпа, юко, чаки, мотилоны	2	Колумбия – 1 Венесуэла – 1		Юпа	Традиц. верования
Юракаре	Солото, мансиньо	2	Боливия – 2		Юракаре	Традиц. верования
Юрок	Юрок	600 чел.	США – 600 чел.		Юрок	Традиц. верования
Юте	Юта	3	США – 3		Юте	Традиц. верования
Ючи	Чоя ха	2	США – 2		Ючи	Протестанты
Яванцы		89600	Индонезия – 89000	Малайзия – 510 Сингапур – 60 Новая Каледония – 10 Австралия – 5	Яванский	Мусульмане-сунниты, часть – христиане
Яганы	Ямана	70 чел.	Чили – 70 чел.		Ямана	Христиане – католики
Ягнобцы	Ягноби	2	Таджикистан – 2		Ягнобский	Мусульмане-сунниты
Яканы		80	Индонезия		Якан	Мусульмане-сунниты
Яки	Йаки ийоэмэм, йореме	25	Мексика – 25		Яки	Католики
Якуты	Саха	382	РФ – 380, в т.ч. Якутия – 365		Якутский	Православные
Ямайцы		3470	Ямайка – 2370	Великобритания – 400 США – 280 Никарагуа – 120 Коста-Рика – 120 Канада – 95 Гондурас – 35 Гватемала – 20	Местный диалект английского языка («креоль»)	Протестанты (англикане, баптисты), часть – католики
Яномама	Шириана, вайка, яномама, пакидай, саматари, сурари, айватери, араветари	27	Венесуэла – 15 Бразилия – 12		Янам, яномам, санема	Традиц. верования, часть – христиане
Яо	Ман, мань, минь, ким мьен, зао	2770	Китай – 2200	Вьетнам – 460 Лаос – 80 Таиланд – 20 Мьянма – 10	Яо	Традиц. верования
Яо	Ваяо	2600	Малави – 1400 Мозамбик – 600 Танзания – 600		Яо	Мусульмане-сунниты, часть – христиане (протестанты и католики)
Яп	Япцы	500 чел.	Остров Яп (Каролинские острова) – 500 чел.			Христиане, часть – традиц. верования
Японцы	Нихондзин; рюкюсцы, буракумины	125600	Япония – 123650	США – 800 Бразилия – 750 Перу – 70 Канада – 65 Аргентина – 40	Японский	Синтоисты, буддисты, часть – последователи синкретических религий, христиане
Яруро		8	Венесуэла – 8		Яруро	Католики, часть – традиц. верования
Ятмул		15	Папуа–Новая Гвинея – 15		Ятмул	Христиане

ЛАУРЕАТЫ НОБЕЛЕВСКОЙ ПРЕМИИ

	ПО ФИЗИКЕ	
1901	Рентген В.К. (Германия)	Открытие «x»-лучей (рентгеновских лучей)
1902	Зееман П., Лоренц Х.А. (Нидерланды)	Исследование расщепления спектральных линий излучения атомов при помещении источника излучения в магнитное поле
1903	Беккерель А.А. (Франция)	Открытие естественной радиоактивности
1903	Кюри П., Склодовская-Кюри М. (Франция)	Исследование явления радиоактивности, открытого А.А. Беккерелем
1904	Стретт [лорд Рэлей (Рейли)] Дж.У. (Великобритания)	Открытие аргона
1905	Ленард Ф.Э.А. (Германия)	Исследование катодных лучей
1906	Томсон Дж.Дж. (Великобритания)	Исследование электропроводимости газов
1907	Майкельсон А.А. (США)	Создание высокоточных оптических приборов; спектроскопические и метрологические исследования
1908	Липман Г. (Франция)	Открытие способа цветной фотографии
1909	Браун К.Ф. (Германия), Маркони Г. (Италия)	Работы в области беспроволочного телеграфа
1910	Ваальс (Ван-дер-Ваальс) Я.Д. (Нидерланды)	Исследование уравнения состояния газов и жидкостей
1911	Вин В. (Германия)	Открытия в области теплового излучения
1912	Дален Н.Г. (Швеция)	Изобретение устройства для автоматического зажигания и гашения маяков и светящихся буёв
1913	Камерлинг-Оннес Х. (Нидерланды)	Исследование свойств вещества при низких температурах и получение жидкого гелия
1914	Лауэ М. фон (Германия)	Открытие дифракции рентгеновских лучей на кристаллах
1915	Брэгг У.Г., Брэгг У.Л. (Великобритания)	Исследование структуры кристаллов с помощью рентгеновских лучей
1916	Не присуждалась	
1917	Баркла Ч. (Великобритания)	Открытие характеристического рентгеновского излучения элементов
1918	Планк М.К. (Германия)	Заслуги в области развития физики и открытие дискретности энергии излучения (кванта действия)
1919	Штарк Й. (Германия)	Открытие эффекта Доплера в канальных лучах и расщепления спектральных линий в электрических полях
1920	Гильом (Гийом) Ш.Э. (Швейцария)	Создание железоникелевых сплавов для метрологических целей
1921	Эйнштейн А. (Германия)	Вклад в теоретическую физику, в частности открытие закона фотоэлектрического эффекта
1922	Бор Н.Х.Д. (Дания)	Заслуги в области изучения строения атома и испускаемого им излучения
1923	Милликен Р.Э. (США)	Работы по определению элементарного электрического заряда и фотоэлектрическому эффекту
1924	Сигбан К.М. (Швеция)	Вклад в развитие электронной спектроскопии высокого разрешения
1925	Герц Г., Франк Дж. (Германия)	Открытие законов соударения электрона с атомом
1926	Перрен Ж.Б. (Франция)	Работы по дискретной природе материи, в частности за открытие седиментационного равновесия
1927	Вильсон Ч.Т.Р. (Великобритания)	Метод визуального наблюдения траекторий электрически заряженных частиц с помощью конденсации пара
1927	Комптон А.Х. (США)	Открытие изменения длины волны рентгеновских лучей, рассеяния на свободных электронах (эффект Комптона)
1928	Ричардсон О.У. (Великобритания)	Исследование термоэлектронной эмиссии (зависимость эмиссионного тока от температуры – формула Ричардсона)
1929	Бройль Л. де (Франция)	Открытие волновой природы электрона
1930	Раман Ч.В. (Индия)	Работы по рассеянию света и открытие комбинационного рассеяния света (эффект Рамана)
1931	Не присуждалась	
1932	Гейзенберг В.К. (Германия)	Участие в создании квантовой механики и применение её к предсказанию двух состояний молекулы водорода (орто- и параводород)
1933	Дирак П.А.М. (Великобритания), Шрёдингер Э. (Австрия)	Открытие новых продуктивных форм атомной теории, т.е. создание уравнений квантовой механики
1934	Не присуждалась	
1935	Чедвик Дж. (Великобритания)	Открытие нейтрона

Продолжение табл.

1936	Андерсон К.Д. (США)	Открытие позитрона в космических лучах
1936	Гесс В.Ф. (Австрия)	Открытие космических лучей
1937	Дэвиссон К.Дж. (США), Томсон Дж.П. (Великобритания)	Экспериментальное открытие дифракции электронов в кристаллах
1938	Ферми Э. (Италия)	Доказательства существования новых радиоактивных элементов, полученных при облучении нейтронами, и связанное с этим открытие ядерных реакций, вызываемых медленными нейтронами
1939	Лоуренс Э.О. (США)	Изобретение и создание циклотрона
1940–42	Не присуждалась	
1943	Штерн О. (США)	Вклад в развитие метода молекулярных пучков и открытие и измерение магнитного момента протона
1944	Раби И.А. (США)	Резонансный метод измерения магнитных свойств атомных ядер
1945	Паули В. (Швейцария)	Открытие принципа запрета (принцип Паули)
1946	Бриджмен П.У. (США)	Открытия в области физики высоких давлений
1947	Эплтон Э.В. (Великобритания)	Исследование физики верхних слоёв атмосферы, открытие слоя атмосферы, отражающего радиоволны (слой Эплтона)
1948	Блэкетт П.М.С. (Великобритания)	Усовершенствование метода камеры Вильсона и сделанные в связи с этим открытия в области ядерной физики и физики космических лучей
1949	Юкава Х. (Япония)	Предсказание существования мезонов на основе теоретической работы по ядерным силам
1950	Пауэлл С.Ф. (Великобритания)	Разработка фотографического метода исследования ядерных процессов и открытие пи-мезонов на основе этого метода
1951	Кокрофт Дж. Д., Уолтон Э.Т.С. (Великобритания)	Исследования превращений атомных ядер с помощью искусственно разогнанных частиц
1952	Блох Ф., Пёрселл Э.М. (США)	Развитие новых методов точного измерения магнитных моментов атомных ядер и связанные с этим открытия
1953	Цернике Ф. (Нидерланды)	Создание фазово-контрастного метода, изобретение фазово-контрастного микроскопа
1954	Борн М. (Германия)	Фундаментальные исследования по квантовой механике, статистическая интерпретация волновой функции
1954	Боте В. (Германия)	Разработка метода регистрации совпадений (акта испускания кванта излучения и электрона при рассеянии рентгеновского кванта на водороде)
1955	Куш П. (США)	Точное определение магнитного момента электрона
1955	Лэмб У.Ю. (США)	Открытие в области тонкой структуры спектров водорода
1956	Бардин Дж., Браттейн У., Шокли У.Б. (США)	Исследование полупроводников и открытие транзисторного эффекта
1957	Ли (Ли Цзундао), Янг (Ян Чжэньнин) (США)	Исследование т.н. законов сохранения (открытие несохранения чётности при слабых взаимодействиях), которое привело к важным открытиям в физике элементарных частиц
1958	Тамм И.Е., Франк И.М., Черенков П.А. (СССР)	Открытие и создание теории эффекта Черенкова
1959	Сегре Э., Чемберлен О. (США)	Открытие антипротона
1960	Глазер Д.А. (США)	Изобретение пузырьковой камеры
1961	Мёссбауэр Р.Л. (Германия)	Исследование и открытие резонансного поглощения гамма-излучения в твёрдых телах (эффект Мёссбауэра)
1961	Хофстедтер Р. (США)	Исследования рассеяния электронов на атомных ядрах и связанные с ними открытия в области структуры нуклонов
1962	Ландау Л.Д. (СССР)	Теория конденсированной материи (в особенности жидкого гелия)
1963	Вигнер Ю.П. (США)	Вклад в теорию атомного ядра и элементарных частиц
1963	Гёпперт-Майер М. (США), Йенсен Й.Х.Д. (Германия)	Открытие оболочечной структуры атомного ядра
1964	Басов Н.Г., Прохоров А.М. (СССР), Таунс Ч.Х. (США)	Работы в области квантовой электроники, приведшие к созданию генераторов и усилителей, основанных на принципе мазера – лазера
1965	Томонага С. (Япония), Фейнман Р.Ф., Швингер Дж. (США)	Фундаментальные работы по созданию квантовой электродинамики (с важными следствиями для физики элементарных частиц)
1966	Кастлер А. (Франция)	Создание оптических методов изучения резонансов Герца в атомах
1967	Бете Х.А. (США)	Вклад в теорию ядерных реакций, особенно за открытия, касающиеся источников энергии звёзд
1968	Альварес Л.У. (США)	Вклад в физику элементарных частиц, в т.ч. открытие многих резонансов с помощью водородной пузырьковой камеры

Продолжение табл.

1969	Гелл-Ман М. (США)	Открытия, связанные с классификацией элементарных частиц и их взаимодействий (гипотеза кварков)
1970	Альвен Х. (Швеция)	Фундаментальные работы и открытия в магнитогидродинамике и её приложения в различных областях физики
1970	Неель Л.Э.Ф. (Франция)	Фундаментальные работы и открытия в области антиферромагнетизма и их приложение в физике твёрдого тела
1971	Габор Д. (Великобритания)	Изобретение (1947–48) и развитие голографии
1972	Бардин Дж., Купер Л., Шриффер Дж.Р. (США)	Создание микроскопической (квантовой) теории сверхпроводимости
1973	Джайевер А. (США), Джозефсон Б. (Великобритания), Эсаки Л. (США)	Исследование и применение туннельного эффекта в полупроводниках и сверхпроводниках
1974	Райл М., Хьюиш Э. (Великобритания)	Новаторские работы по радиоастрофизике (в частности, апертурный синтез)
1975	Бор О., Моттельсон Б. (Дания), Рейнуотер Дж. (США)	Разработка т.н. обобщённой модели атомного ядра
1976	Рихтер Б., Тинг С. (США)	Вклад в открытие тяжёлой элементарной частицы нового типа (джипси-частица)
1977	Андерсон Ф., Ван Флек Дж.Х. (США), Мотт Н. (Великобритания)	Фундаментальные исследования в области электронной структуры магнитных и неупорядоченных систем
1978	Вильсон Р.В., Пензиас А.А. (США)	Открытие микроволнового реликтового излучения
1978	Капица П.Л. (СССР)	Фундаментальные открытия в области физики низких температур
1979	Вайнберг (Уэйнберг) С., Глэшоу Ш. (США), Салам А. (Пакистан)	Вклад в теорию слабых и электромагнитных взаимодействий между элементарными частицами (т.н. электрослабое взаимодействие)
1980	Кронин Дж.У., Фитч В.Л. (США)	Открытие нарушения фундаментальных принципов симметрии в распаде нейтральных К-мезонов
1981	Бломберген Н., Шавлов А.Л. (США)	Развитие лазерной спектроскопии
1982	Вильсон К. (США)	Разработка теории критических явлений в связи с фазовыми переходами
1983	Фаулер У.А., Чандрасекар С. (США)	Работы в области строения и эволюции звёзд
1984	Мер (Ван-дер-Мер) С. (Нидерланды), Руббиа К. (Италия)	Вклад в исследования в области физики высоких энергий и в теорию элементарных частиц [открытие промежуточных векторных бозонов ($W^\pm$, Z^0)]
1985	Клитцинг К. (Германия)	Открытие «квантового эффекта Холла»
1986	Бинниг Г. (Германия), Рорер Г. (Швейцария), Руска Э. (Германия)	Создание сканирующего туннельного микроскопа
1987	Беднорц Й.Г. (Германия), Мюллер К.А. (Швейцария)	Открытие новых (высокотемпературных) сверхпроводящих материалов
1988	Ледерман Л.М., Стейнбергер Дж., Шварц М. (США)	Доказательство существования двух типов нейтрино
1989	Демелт Х.Дж. (США), Пауль В. (Германия)	Развитие метода удержания одиночного иона в ловушке и прецизионная спектроскопия высокого разрешения
1990	Кендалл Г. (США), Тейлор Р. (Канада), Фридман Дж. (США)	Основополагающие исследования, имеющие важное значение для развития кварковой модели
1991	Де Жен П.Ж. (Франция)	Достижения в описании молекулярного упорядочения в сложных конденсированных системах, особенно в жидких кристаллах и полимерах
1992	Шарпак Ж. (Франция)	Вклад в развитие детекторов элементарных частиц
1993	Тейлор Дж. (младший), Халс Р. (США)	За открытие двойных пульсаров
1994	Брокхауз Б. (Канада), Шалл К. (США)	Технология исследования материалов путём бомбардирования нейтронными пучками
ПО ХИМИИ		
1901	Вант-Гофф Я.Х. (Нидерланды)	Открытие законов в области химической кинетики и осмотического давления
1902	Фишер Э.Г. (Германия)	Работы по синтезу сахаров и пуринов
1903	Аррениус С.А. (Швеция)	Теория электролитической диссоциации
1904	Рамзай (Рэмзи) У. (Великобритания)	Открытие благородных (инертных) газов и определение их места в периодической системе
1905	Байер А. (Германия)	Синтез органических красителей, гидроароматических соединений
1906	Муассан А. (Франция)	Получение химически чистого фтора, создание электродуговой печи, названной его именем
1907	Бухнер Э. (Германия)	Открытие спиртового брожения в дрожжевых экстрактах, что доказало возможность ферментативных реакций без участия целостных клеток
1908	Резерфорд Э. (Великобритания)	Исследования радиоактивного распада элементов и химии радиоактивных веществ
1909	Оствальд В. (Германия)	Работы по катализу и исследования принципов управления химическим равновесием и скоростями реакций

Продолжение табл.

Год	Лауреат	Достижение
1910	Валлах О. (Германия)	Достижения в области развития органической химии (алициклические соединения) и химической промышленности
1911	Склодовская-Кюри М. (Франция)	Открытие радия и полония, получение чистого радия и исследования его соединений
1912	Гриньяр В. (Франция)	Открытие реакции, названной его именем,– общего метода синтеза многих веществ
1912	Сабатье П. (Франция)	Метод гидрогенизации органических соединений в присутствии мелкодисперсных металлов в качестве катализаторов
1913	Вернер А. (Швейцария)	Основополагающие работы в области химических координационных (комплексных) соединений
1914	Ричардс Т.У. (США)	Точное определение атомных масс ряда химических элементов
1915	Вильштеттер Р.М. (Германия)	Исследования растительных пигментов, установление формулы хлорофилла
1916–17	Не присуждалась	
1918	Габер (Хабер) Ф. (Германия)	Синтез аммиака из составляющих его элементов
1919	Не присуждалась	
1920	Нернст В. (Германия)	Работы в области термохимии; выведенные им принципы иногда именуются третьим законом термодинамики
1921	Содди Ф. (Великобритания)	Развитие химии радиоактивных веществ и исследование природы изотопов
1922	Астон Ф.У. (Великобритания)	Изобретение масс-спектрографа и открытие с его помощью изотопов большого числа нерадиоактивных элементов, формулирование правила целых чисел
1923	Прегль Ф. (Австрия)	Разработка метода микроанализа органических соединений
1924	Не присуждалась	
1925	Зигмонди Р. (Австрия)	Установление гетерогенной природы коллоидных растворов
1926	Сведберг Т. (Швеция)	Работы по дисперсным системам
1927	Виланд Г. (Германия)	Исследование строения жёлчных кислот
1928	Виндаус А. (Германия)	Изучение строения стеринов и их связи с витаминами
1929	Гарден А. (Великобритания), Эйлер-Хельпин Х. фон (Швеция)	Исследование ферментации брожения сахаров и ферментов, участвующих в этом процессе
1930	Фишер Х.Э. (Германия)	Исследования строения молекул гемоглобина и хлорофилла, синтез гемина
1931	Бергиус Ф., Бош К. (Германия)	Создание и применение методов высоких давлений в химии
1932	Ленгмюр И. (США)	Открытия и исследования в области химии поверхностных явлений
1933	Не присуждалась	
1934	Юри К.Г. (США)	Открытие тяжёлого водорода (дейтерия)
1935	Жолио-Кюри И., Жолио-Кюри Ф. (Франция)	Синтез новых радиоактивных элементов
1936	Дебай П. (Нидерланды)	Исследования структуры молекул (дипольных моментов) и дифракции рентгеновских лучей и электронов в газах
1937	Хоуорс (Хеуорс) У.Н. (Великобритания)	Исследования углеводов и витамина С
1937	Каррер П. (Швейцария)	Исследование каротиноидов и флавинов, а также витаминов А и B_2
1938	Кун Р. (Германия)	Изучение каротиноидов и витаминов
1939	Бутенандт А. (Германия)	Работы по половым гормонам
1939	Ружичка Л. (Швейцария)	Работы по полиметиленам и высшим терпенам
1940–42	Не присуждалась	
1943	Хевеши Д. (Швеция)	Применение изотопов в качестве меченых атомов для изучения химических реакций
1944	Ган (Хан) О. (Германия)	Открытие расщепления ядер тяжёлых атомов
1945	Виртанен А.И. (Финляндия)	Изобретение метода консервации кормов
1946	Самнер Дж.Б. (США)	Первое получение фермента (уреазы) в кристаллическом виде и доказательство его белковой природы
1946	Стэнли У.М., Нортроп Дж. (США)	Получение в кристаллическом виде ряда ферментов и вирусов
1947	Робинсон Р. (Великобритания)	Исследование растительных алкалоидов и др. биологически важных природных веществ
1948	Тиселиус А. (Швеция)	Разработка методов электрофоретического и адсорбционно-хроматографического анализа и их применение для разделения сывороточных белков
1949	Джиок У.Ф. (США)	Вклад в развитие химической термодинамики, в частности изучение свойств веществ при сверхнизких температурах
1950	Альдер К., Дильс О. (Германия)	Открытие и развитие метода диенового синтеза

Продолжение табл.

1951	Макмиллан Э.М., Сиборг Г.Т. (США)	Открытие и изучение трансурановых элементов
1952	Мартин А.Дж.П., Синг Р.Л.М. (Великобритания)	Открытие метода распределительной хроматографии, разработка теории хроматографических процессов
1953	Штаудингер Г. (Германия)	Работы в области химии высокомолекулярных веществ, теории полимеров
1954	Полинг Л.К. (США)	Развитие теории о природе химических связей
1955	Дю Виньо В. (США)	Первый синтез полипептидных гормонов
1956	Семёнов Н.Н. (СССР), Хиншелвуд С.Н. (Великобритания)	Работы в области механизма химических реакций
1957	Тодд А. (Великобритания)	Синтез нуклеотидов и нуклеотидных коферментов
1958	Сенгер Ф. (Великобритания)	Определение строения молекулы инсулина
1959	Гейровский Я. (ЧССР)	Открытие и развитие полярографического метода анализа
1960	Либби У.Ф. (США)	Разработка метода датирования (определения возраста) в археологии, геологии и др. при помощи радиоуглерода
1961	Калвин М. (США)	Открытие последовательности химических превращений диоксида углерода при фотосинтезе (цикл Калвина)
1962	Кендрю Дж.К., Перуц М.Ф. (Великобритания)	Установление строения глобулярных белков (миоглобина, гемоглобина) методом рентгеноструктурного анализа
1963	Натта Дж. (Италия), Циглер К. (Германия)	Открытие в области химии и технологии полимеров
1964	Кроуфут-Ходжкин Д. (Великобритания)	Установление методом рентгеноструктурного анализа строения биологически активных веществ (витамина B_{12} и др.)
1965	Вудворд Р.Б. (США)	Исключительный вклад в развитие органического синтеза (синтез стероидов, хлорофилла и др. природных веществ)
1966	Малликен Р.С. (США)	Изучение химических связей и электронного строения молекул методом молекулярных орбиталей
1967	Норриш Р.Дж.Р., Портер Дж. (Великобритания), Эйген М. (Германия)	Изучение сверхбыстрых химических реакций
1968	Онсагер Л. (США)	Вклад в теорию термодинамики необратимых процессов
1969	Бартон Д.Х.Р. (Великобритания), Хассель О. (Норвегия)	Вклад в развитие конформационного анализа и его применение в органической химии
1970	Лелуар Л.Ф. (Аргентина)	Открытие роли нуклеотидов в биосинтезе углеводов
1971	Херцберг Г. (Канада)	Исследования электронной структуры и строения молекул, особенно свободных радикалов
1972	Анфинсен К.Б., Мур С., Стайн У.Х. (США)	Изучение молекулярной структуры фермента рибонуклеазы и её связи с каталитической активностью
1973	Фишер Э.О. (Германия), Уилкинсон Дж. (Великобритания)	Работы по химии металлоорганических соединений
1974	Флори П.Дж. (США)	Достижения в области теоретической и экспериментальной физической химии макромолекул
1975	Корнфорт Дж.У. (Великобритания)	Работы по выяснению путей биосинтеза холестерина
1975	Прелог В. (Швейцария)	Работы по стереохимии органических соединений
1976	Липском (Липскомб) У.Н. (США)	Разработка структуры бороводородов и вклад в изучение природы химической связи
1977	Пригожин И.Р. (Бельгия)	Вклад в термодинамику необратимых процессов
1978	Митчелл П. (Великобритания)	Исследование процесса переноса энергии в клетках и разработка хемиосмотической теории
1979	Браун Г. (США), Виттиг Г. (Германия)	Разработка новых методов синтеза бор- и фосфорсодержащих органических соединений
1980	Берг П. (США)	Исследования по молекулярной гибридизации нуклеиновых кислот (рекомбинантным ДНК)
1980	Гилберт У. (США), Сенгер Ф. (Великобритания)	Вклад в определение последовательности азотистых оснований в молекулах нуклеиновых кислот
1981	Фукуи К. (Япония), Хофман Р. (США)	Развитие теории химических реакций
1982	Клуг А. (Великобритания)	Работы по электронной микроскопии кристаллов и структуре нуклеопротеиновых комплексов
1983	Таубе Г. (США)	Разработка механизма реакций с переносом электронов, в частности в растворах, содержащих комплексы металлов
1984	Меррифилд Р.Б. (США)	Создание метода химического синтеза на твёрдых матрицах
1985	Карле Дж., Хауптман Х.А. (США)	Вклад в развитие методов определения структуры кристаллов

Продолжение табл.

1986	Полани Дж. (Канада), Ли Ян, Хершбах Д. (США)	Вклад в исследование механизма и кинетики химических реакций
1987	Не присуждалась	
1988	Дайзенхофер И., Михель Х., Хубер Р. (Германия)	Определение трёхмерной структуры фотосинтетического реакционного центра у пурпурных бактерий
1989	Олтмен С., Чек Т.Р. (США)	Открытие ферментативной активности рибонуклеиновых кислот
1990	Кори Э.Дж. (США)	Развитие теории и методов органического синтеза
1991	Эрнст Р. (Швейцария)	Разработка новых методов спектроскопии с помощью ядерного магнитного резонанса
1992	Маркус Р. (США)	Исследования по перемещению электронов в химических системах
1993	Муллис К. (США)	Открытие метода полимеразной цепной реакции — получения новых молекул ДНК с помощью фермента ДНК — полимеразы
1993	Смит М. (Канада)	Разработка метода направленного мутагенеза и его применение для установления структуры белков
1994	Ола Д. (США)	Открытие новых свойств некоторых соединений углерода
ПО ФИЗИОЛОГИИ И МЕДИЦИНЕ		
1901	Беринг Э.А. (Германия)	Открытие лечебных свойств сыворотки крови и её использование в борьбе с дифтерией
1902	Росс Р. (Великобритания)	Открытие пути проникновения в организм и развития в нём возбудителя малярии
1903	Финзен Н.Р. (Дания)	Открытие способа лечения кожных болезней (особенно волчанки) световым облучением
1904	Павлов И.П. (Россия)	Работы по физиологии пищеварения
1905	Кох Р. (Германия)	Открытие возбудителя туберкулёза («палочка Коха»)
1906	Рамон-и-Кахаль С. (Испания), Гольджи К. (Италия)	Работы по гистологии и морфологии нервной системы
1907	Лаверан Ш.Л.А. (Франция)	Открытие болезнетворной роли простейших
1908	Мечников И.И. (Россия), Эрлих П. (Германия)	Работы по исследованию механизмов иммунитета
1909	Кохер Т. (Швейцария)	Исследования в области физиологии, патологии и хирургии щитовидной железы
1910	Коссель А. (Германия)	Исследования по химии белков и др. макромолекул клетки
1911	Гульстранд А. (Швеция)	Труды по оптике глаза
1912	Каррель А. (Франция)	Работы по сшиванию сосудов и пересадке органов и кровеносных сосудов
1913	Рише Ш. (Франция)	Открытие и исследование анафилаксии
1914	Барани Р. (Австрия)	Работы по физиологии и патологии вестибулярного аппарата
1915–18	Не присуждалась	
1919	Борде Ж. (Бельгия)	Открытия в области иммунитета
1920	Крог А. (Дания)	Открытие механизма капиллярного кровообращения
1921	Не присуждалась	
1922	Мейергоф О. (Германия)	Открытие связи между потреблением кислорода мышцами и образованием в них молочной кислоты
1922	Хилл А.В. (Великобритания)	Открытие в области теплопродукции мышц
1923	Бантинг Ф.Г., Маклеод Дж.Дж.Р. (Канада)	Открытие инсулина
1924	Эйнтховен В. (Нидерланды)	Разработка метода электрокардиографии
1925	Не присуждалась	
1926	Фибигер Й. (Дания)	Труды по экспериментальной онкологии
1927	Вагнер-Яурегг Ю. (Австрия)	Открытие лечебного действия малярии при прогрессивном параличе
1928	Николь Ш. (Франция)	Установление переносчика сыпного тифа — платяной вши
1929	Хопкинс Ф.Г. (Великобритания)	Открытие витаминов, стимулирующих рост организма (A и D)
1929	Эйкман Х. (Нидерланды)	Открытие витамина B_1
1930	Ландштейнер К. (США)	Открытие групп крови человека
1931	Варбург О.Г. (Германия)	Открытие природы и функций дыхательных ферментов
1932	Шеррингтон Ч.С., Эдриан Э.Д. (Великобритания)	Открытие функций нейронов
1933	Морган Т.Х. (США)	Создание хромосомной теории наследственности
1934	Майнот Дж.Р., Мёрфи У.П., Уипл Дж.Х. (США)	Открытие метода лечения анемий препаратами, полученными из печени

Продолжение табл.

1935	Шпеман Х. (Германия)	Открытие «организаторов» – частей зародыша, влияющих на направление эмбрионального развития других его частей
1936	Дейл Г.Х. (Великобритания), Лёви О. (Германия)	Исследования химической природы передачи нервного импульса
1937	Сент-Дьёрдьи А. (США)	Работы по биологическому окислению и выделение в кристаллическом виде витамина С
1938	Хейманс (Гейманс) К. (Бельгия)	Открытие роли каротидных синусов и аорты в регуляции дыхания и кровообращения
1939	Домагк Г. (Германия)	Открытие первого антибактериального препарата – пронтозила
1940–42	Не присуждалась	
1943	Дам Х. (Дания), Дойзи Э.А. (США)	Открытие витамина K_1 и установление его химической природы
1944	Гассер Г.С., Эрлангер Дж. (США)	Открытие функциональных различий между отдельными нервными волокнами
1945	Флеминг А., Флори Х.У., Чейн Э.Б. (Великобритания)	Открытие пенициллина и его терапевтического действия при инфекционных болезнях
1946	Мёллер (Маллер) Г.Дж. (Великобритания)	Экспериментальное получение мутаций под действием рентгеновских лучей
1947	Кори К.Ф., Кори Г.Т. (США)	Открытие путей ферментивного превращения гликогена в организме
1947	Усай Б.А. (Аргентина)	Открытие роли гормонов гипофиза в углеводном обмене
1948	Мюллер П. (Швейцария)	Синтез и исследования пестицидных свойств ДДТ
1949	Хесс (Гесс) В.Р. (Швейцария), Мониш А.К. (Португалия)	Исследования функциональной организации промежуточного мозга и разработка хирургических операций на нём при лечении нек-рых психических заболеваний
1950	Кендалл Э., Рейхштейн Т., Хенч Ф. (США)	Исследования строения, биологического и терапевтического действия гормонов коры надпочечников
1951	Тейлер М. (ЮАР)	Открытие возбудителя жёлтой лихорадки и создание вакцин против неё
1952	Ваксман З. (США)	Открытие стрептомицина
1953	Кребс Х.А. (Великобритания)	Открытие цикла трикарбоновых кислот (цикла Кребса)
1953	Липман Ф.А. (США)	Открытие кофермента А и его роли в обмене веществ
1954	Роббинс Ф.Ч., Уэллер Т.Х., Эндерс Дж. (США)	Метод культивации вируса полиомиелита в культуре ткани
1955	Теорелль А.Х.Т. (Швеция)	Изучение природы и механизма действия окислительных ферментов
1956	Курнан А.Ф., Ричардс Д. (США), Форсман В. (Германия)	Метод катетеризации сердца
1957	Бове Д. (Италия)	Синтез и выяснение механизма действия фармакологических препаратов, в т.ч. нервно-паралитического действия
1958	Бидл Дж.У., Тейтем Э. (США)	Открытие регуляции генами биохимических реакций
1958	Ледерберг Дж. (США)	Работы в области генетики бактерий и открытие генетической рекомбинации
1959	Очоа С., Корнберг А. (США)	Исследование механизмов биосинтеза нуклеиновых кислот
1960	Бёрнет Ф. (Австралия), Медавар П.Б. (Великобритания)	Открытие явления приобретённой иммунологической толерантности
1961	Бекеши Д. (США)	Исследование функций внутреннего уха
1962	Крик Ф.Х.К., Уилкинс М. (Великобритания), Уотсон Дж.Д. (США)	Установление структуры молекулы ДНК и её роли в передаче наследственной информации
1963	Хаксли А.Ф., Ходжкин А.Л. (Великобритания), Эклс Дж.К. (Австралия)	Исследования ионных механизмов, участвующих в передаче возбуждения и торможения нервными клетками
1964	Блох К.Э. (США), Линен Ф. (Германия)	Открытие в области обмена холестерина и жирных кислот
1965	Жакоб Ф., Львов А.М., Моно Ж.Л. (Франция)	Исследования по генетическому контролю синтеза ферментов и вирусов
1966	Роус Ф., Хаггинс Ч.Б. (США)	Открытие онкогенных вирусов и разработка методов лечения рака предстательной железы с помощью гормонов
1967	Гранит Р. (Швеция), Уолд Дж., Хартлайн Х. (США)	Исследования физиологических и химических механизмов зрения
1968	Корана Х.Г., Ниренберг М.У., Холли Р.У. (США)	Расшифровка генетического кода и его роли в биосинтезе белков
1969	Дельбрюк М., Лурия С.Э., Херши А.Д. (США)	Исследования в области размножения вирусов и генетики вирусов и бактерий
1970	Аксельрод Дж. (США), Кац Б. (Великобритания), Эйлер (Эйлер-Хельпин) У. фон (Швеция)	Открытие и исследование медиаторов – химических веществ, участвующих в передаче и блокировании нервного импульса
1971	Сазерленд Э.У. (США)	Исследование механизмов действия гормонов
1972	Портер Р.Р. (Великобритания), Эдельман Дж.М. (США)	Установление химической структуры антител
1973	Лоренц К. (Австрия), Тинберген Н. (Нидерланды), Фриш К. фон (Австрия)	Исследования в области индивидуального и социального поведения животных

Продолжение табл.

1974	Де Дюв К.Р. (США), Клод А. (Бельгия), Паладе Дж.Э. (США)	Исследование структурной и функциональной организации клетки
1975	Балтимор Д., Дульбекко Р., Темин Х.М. (США)	Работы по генетике онкогенных вирусов и открытие фермента обратной транскриптазы
1976	Бламберг Б., Гайдузек Д.К. (США)	Открытия в области эпидемиологии и профилактики инфекционных заболеваний (сывороточный гепатит, медленные вирусные инфекции)
1977	Гиймен (Гиллемен) Р., Шалли Э.В., Ялоу Р.С. (США)	Открытия, связанные с секрецией пептидных гормонов мозга, и разработка методов их определения
1978	Арбер В. (Швейцария), Натанс Д., Смит Х. (США)	Открытие рестриктаз (ферментов, расщепляющих ДНК) и их применение в молекулярной генетике
1979	Кормак А.М. (США), Хаунсфилд Г.Н. (Великобритания)	Разработка метода томографии с использованием ЭВМ
1980	Бенасерраф Б. (США), Доссе Ж. (Франция), Снелл Дж.Д. (США)	Открытие генетически контролируемых структур на поверхности клеток, регулирующих иммунологические реакции организма
1981	Визел (Висель) Т.Н. (Швеция), Хьюбел Д.Х. (США)	Вклад в развитие нейрофизиологии зрения
1981	Сперри Р.У. (США)	Открытия в области функциональной специализации полушарий головного мозга
1982	Бергстрём С. (Швеция), Вейн Дж.Р. (Великобритания), Самуэльсон Б. (Швеция)	Открытия в области простагландинов и родственных им биологически активных веществ
1983	Мак-Клинток Б. (США)	Открытие мобильных генетических элементов
1984	Ерне Н.К. (Великобритания)	Разработка клонально-селекционной теории иммунитета
1984	Кёлер Г. (Германия), Мильштейн С. (Аргентина)	Разработка биотехнологии получения моноклональных антител, образуемых клеточными гибридами
1985	Браун М.С., Голдстайн Дж.Л. (США)	Раскрытие механизма регуляции холестеринового обмена в организме
1986	Коэн С. (США), Леви-Монтальчини Р. (Италия)	Открытие и исследование факторов роста клеток и органов
1987	Тонегава С. (Япония)	Установление структуры генов, кодирующих антитела и рецепторы Т-лимфоцитов
1988	Блэк Дж.У. (Великобритания), Хитчингс Дж.Х., Элайон Г.Б. (США)	Создание и применение новых противоопухолевых и противовирусных препаратов
1989	Бишоп Дж.М., Вармус Х. (США)	Исследования клеточных механизмов онкогенеза
1990	Марри Дж.Э., Томас Э.Д. (США)	Открытия в области трансплантации органов и разработки методов предотвращения реакций отторжения
1991	Закман Б., Нейер (Неэр) Э. (Германия)	Исследование функций ионных каналов в клеточной мембране
1992	Фишер Э., Кребс Э. (США)	Открытие роли фосфорилирования белков как регулирующего механизма клеточного метаболизма
1993	Робертс Р., Шарп Ф. (США)	Открытие прерывистой структуры гена
1994	Гилман А., Родбелл М. (США)	Открытие белков-посредников (G-белков), участвующих в передаче сигналов между клетками и внутри клеток, и выяснение их роли в молекулярных механизмах возникновения ряда инфекционных болезней (холера, коклюш и др.)
ПО ЭКОНОМИКЕ		
1969	Тинберген Я. (Нидерланды), Фриш Р. (Норвегия)	Разработка математических методов анализа экономических процессов
1970	Сэмюэлсон (Самуэльсон) П. (США)	Вклад в повышение уровня научного анализа в экономических науках
1971	Кузнец С.С. (США)	Эмпирические исследования экономического роста
1972	Хикс Дж. (Великобритания), Эрроу (Арроу) К. (США)	Работы по теории общего экономического равновесия и теории благосостояния
1973	Леонтьев В.В. (США)	Разработка метода «затраты — выпуск»
1974	Мюрдаль Г.К. (Швеция), Хайек Ф.А. фон (Великобритания)	Работы в области теории денег, конъюнктурных колебаний и анализ взаимозависимости экономических, социальных и структурных явлений
1975	Канторович Л.В. (СССР), Купманс Т. (США)	Разработка теории оптимального использования ресурсов
1976	Фридмен М. (США)	Исследования в области потребления, истории и теории денег
1977	Мид Дж.Э. (Великобритания), Улин Б. (Швеция)	Работы в области международной торговли и движения капиталов
1978	Саймон Г. (США)	Исследования структур и процессов принятия решений в экономических организмах
1979	Льюис А. (Великобритания), Шульц Т. (США)	Работы по экономике развивающихся стран
1980	Клейн Л. (США)	Работы по созданию эконометрических моделей и их применение к анализу политики и циклических колебаний
1981	Тобин Дж. (США)	Исследование связей финансовых рынков с потреблением, занятостью, производством и ценами

Продолжение табл.

1982	Стиглер Дж. (США)	Изучение промышленных структур, функционирования рынков, роли государственного регулирования
1983	Дебрё Дж. (США)	Работы по теории общего экономического равновесия
1984	Стоун Р. (Великобритания)	Создание системы национальных счетов, статистического измерения
1985	Модильяни Ф. (США)	Анализ поведения людей в отношении сбережений
1986	Бьюкенен Дж. (США)	Работы по финансовой политике
1987	Солоу Р. (США)	Фундаментальные исследования в области теории экономического роста
1988	Алле М. (Франция)	Разработка теории взаимосвязей экономичности инвестиций, процентных ставок
1989	Ховельмо Т. (Норвегия)	Исследования в области эконометрии, теории производственной функции и экономической теории благосостояния
1990	Марковиц Х., Миллер М., Шарп У. (США)	Исследования в области финансов
1991	Коуз Р. (США)	Разработка теорий трансакционных издержек и прав собственности
1992	Беккер Г. (США)	Расширение сферы микроэкономического анализа, исследования поведения и взаимоотношений людей
1993	Норт Д.С., Фоуджел Р.У. (США)	Применение экономической теории и количественных методов при изучении исторических событий
1994	Зельтен Р. (ФРГ), Нэш Д., Харсани Д. (США)	Работы по анализу равных весовых функций некооперативных игр

ПО ЛИТЕРАТУРЕ

1901	Сюлли-Прюдом Р.А. (Франция)	1931	Карлфельдт Э.А. (Швеция)	1966	Агнон Ш.Й. (Израиль), Закс Н. (Германия)
1902	Моммзен Т. (Германия)	1932	Голсуорси Дж. (Великобритания)		
1903	Бьёрнсон Б.М. (Норвегия)	1933	Бунин И.А. (Россия)	1967	Астуриас М.А. (Гватемала)
1904	Мистраль Ф. (Франция), Эчегарай-и-Эйсагирре Х. (Испания)	1934	Пиранделло Л. (Италия)	1968	Кавабата Я. (Япония)
		1935	Не присуждалась	1969	Беккет С. (Ирландия)
1905	Сенкевич Г. (Польша)	1936	О'Нил Ю. (США)	1970	Солженицын А.И. (СССР)
1906	Кардуччи Дж. (Италия)	1937	Мартен дю Гар Р. (Франция)	1971	Неруда П. (Чили)
1907	Киплинг Дж.Р. (Великобритания)	1938	Бак П. (США)	1972	Бёлль Г. (Германия)
1908	Эйкен Р. (Германия)	1939	Силланпя Ф.Э. (Финляндия)	1973	Уайт П.В. (Австралия)
1909	Лагерлёф С. (Швеция)	1940–43	Не присуждалась	1974	Мартинсон Х.Э. (Швеция)
1910	Хейзе П. (Германия)	1944	Йенсен Й.В. (Дания)	1974	Юнсон Э. (Швеция)
1911	Метерлинк М. (Бельгия)	1945	Мистраль Г. (Чили)	1975	Монтале Э. (Италия)
1912	Гауптман Г. (Германия)	1946	Гессе (Hesse) Г. (Швейцария)	1976	Беллоу С. (США)
1913	Тагор Р. (Индия)	1947	Жид А. (Франция)	1977	Алейксандре В. (Испания)
1914	Не присуждалась	1948	Элиот Т.С. (США)	1978	Зингер А.Б. (США)
1915	Роллан Р. (Франция)	1949	Фолкнер У. (США)	1979	Эдитис О. (Греция)
1916	Хейденстам К.Г.В. фон (Швеция)	1950	Рассел Б. (Великобритания)	1980	Милош Ч. (Польша)
1917	Гьеллеруп К., Понтоппидан Х. (Дания)	1951	Лагерквист П.Ф. (Швеция)	1981	Канетти Э. (Австрия)
		1952	Мориак Ф. (Франция)	1982	Гарсия Маркес Г. (Колумбия)
1918	Не присуждалась	1953	Черчилль У.Л.С. (Великобритания)	1983	Голдинг У. (Великобритания)
1919	Шпиттелер К. (Швейцария)	1954	Хемингуэй Э.М. (США)	1984	Сейферт Я. (ЧССР)
1920	Гамсун К. (Норвегия)	1955	Лакснесс Х.К. (Исландия)	1985	Симон К. (Франция)
1921	Франс А. (Франция)	1956	Хименес Х.Р. (Испания)	1986	Шойинка В. (Нигерия)
1922	Бенавенте-и-Мартинес Х. (Испания)	1957	Камю А. (Франция)	1987	Бродский И.А. (США)
1923	Йитс (Йетс) У.Б. (Ирландия)	1958	Пастернак Б.Л. (СССР)	1988	Махфуз Н. (Египет)
1924	Реймонт В. (Польша)	1959	Квазимодо С. (Италия)	1989	Села К.Х. (Испания)
1925	Шоу Дж.Б. (Великобритания)	1960	Сен-Жон Перс (Франция)	1990	Пас О. (Мексика)
1926	Деледда Г. (Испания)	1961	Андрич И. (Югославия)	1991	Гордимер Н. (ЮАР)
1927	Бергсон А. (Франция)	1962	Стейнбек Дж.Э. (США)	1992	Уолкотт Д. (Тринидад и Тобаго)
1928	Унсет С. (Норвегия)	1963	Сеферис Г. (Греция)	1993	Моррисон Т. (США)
1929	Манн Т. (Германия)	1964	Сартр Ж.П. (Франция)	1994	Оэ К. (Япония)
1930	Льюис С. (США)	1965	Шолохов М.А. (СССР)		

НОБЕЛЕВСКИЕ ПРЕМИИ МИРА

1901	Дюнан А.Ж. (Швейцария), Пасси Ф. (Франция)	1931	Аддамс Дж., Батлер Н.М. (США)	1968	Кассен Р. (Франция)
1902	Гоба А. (Швейцария), Дюкоммён Э. (Швейцария)	1932	Не присуждалась	1969	Международная организация труда (МОТ)
		1933	Энджелл Н. (Великобритания)		
1903	Кример У. (Великобритания)	1934	Гендерсон А. (Великобритания)	1970	Борлоуг Н.Э. (США)
1904	Институт международного права (международная организация)	1935	Осецкий К. фон (Германия)	1971	Брандт В. (ФРГ)
		1936	Сааведра Ламас К. (Аргентина)	1972	Не присуждалась
1905	Зутнер Б. фон (Австрия)	1937	Сесил Р. (Великобритания)	1973	Киссинджер Г.А. (США), Ле Дык Тхо (Вьетнам)
1906	Рузвельт Т. (США)	1938	Нансеновская международная организация по делам беженцев	1974	Макбрайд Ш. (Ирландия), Сато Э. (Япония)
1907	Монета Э. (Италия), Рено Л. (Франция)	1939–43	Не присуждалась		
1908	Арнольдсон К. (Швеция), Байер Ф. (Дания)	1944	Международный комитет Красного Креста	1975	Сахаров А.Д. (СССР)
				1976	Корриган М. (Великобритания), Уильямс Б. (Северная Ирландия)
1909	Беернар О. (Бельгия), Д'Эстурнелль де Констан П.Б. (Франция)	1945	Халл К. (США)	1977	«Международная амнистия»
		1946	Болч Э.Г., Мотт Д.Р. (США)	1978	Бегин М. (Израиль), Садат А. (Египет)
1910	Международное Бюро Мира	1947	Американский комитет друзей на службе обществу, Совет друзей на службе обществу	1979	Тереза (мать Тереза – Агнес Гонджа Бояджиу) (Индия)
1911	Ассер Т.М. (Нидерланды), Фрид А.Г. (Австрия)				
1912	Рут Э. (США)	1948	Не присуждалась	1980	Перес Эскивель А. (Аргентина)
1913	Лафонтен А. (Бельгия)	1949	Бойд-Орр Д. (Великобритания)	1981	Служба Верховного комиссара ООН по делам беженцев
1914–16	Не присуждалась	1950	Банч Р. (США)		
1917	Международный комитет Красного Креста	1951	Жуо Л. (Франция)	1982	Гарсия Роблес А. (Мексика), Мюрдаль А. (Швеция)
		1952	Швейцер А. (Франция)		
1918	Не присуждалась	1953	Маршалл Дж.К. (США)	1983	Валенса Л. (Польша)
1919	Вильсон Т.В. (США)	1954	Служба Верховного комиссара ООН по делам беженцев	1984	Туту Д. (ЮАР)
1920	Буржуа Л. (Франция)			1985	«Врачи мира за предотвращение ядерной войны» (международная общественная организация)
1921	Брантинг К.Я. (Швеция), Ланге К.Л. (Норвегия)	1955–56	Не присуждалась		
		1957	Пирсон Л.Б. (Канада)		
1922	Нансен Ф. (Норвегия)	1958	Пир Ж. (Бельгия)	1986	Визель Э. (США)
1923–24	Не присуждалась	1959	Ноэль-Бейкер Ф. (Великобритания)	1987	Ариас Санчес О. (Коста-Рика)
1925	Дауэс Ч.Г. (США), Чемберлен Дж. (Великобритания)	1960	Лутули А.Дж. (ЮАР)	1988	«Международные Силы ООН по поддержанию мира»
		1961	Хаммаршельд Д.Я. (Швеция)		
1926	Бриан А. (Франция), Штреземан Г. (Германия)	1962	Полинг Л.К. (США)	1989	Далай-лама Гьятсо Т. (Китай)
		1963	Лига обществ Красного Креста, Международный комитет Красного Креста	1990	Горбачёв М.С. (СССР)
1927	Бюиссон Ф. (Франция), Квидде Л. (Германия)			1991	Аун Сан Су Чжи (Мьянма)
				1992	Менчу Р. (Гватемала)
1928	Не присуждалась	1964	Кинг М.Л. (США)		
1929	Келлог Ф.Б. (США)	1965	Детский фонд ООН (ЮНИСЕФ)	1993	Клерк Ф. де, Мандела Н. (ЮАР)
1930	Сёдерблом Н. (Швеция)	1966–67	Не присуждалась	1994	Арафат Я. (Палестина), Перес Ш., Рабин И. (Израиль)

ДЕНЕЖНЫЕ ЕДИНИЦЫ СТРАН МИРА*

Страна	Денежная единица	Количество национальных денежных единиц за 1 доллар США на конец 1994 г.	Страна	Денежная единица	Количество национальных денежных единиц за 1 доллар США на конец 1994 г.
Австралия	австралийский доллар	1,3	Гвиана	французский франк, гвианский франк	5,3; 5,3
Австрия	австрийский шиллинг	10,9	Гвинея	гвинейский франк	1001,4
Азербайджан	манат	...	Гвинея-Бисау	песо Гвинеи-Бисау	13560,3
Албания	лек	157,1	Германия	немецкая марка	1,5
Алжир	алжирский динар	43,0	Гибралтар	гибралтарский фунт	0,6
Ангола	кванза	506879	Гондурас	лемпира	9,3
Андорра	французский франк, испанская песета	5,3; 131,6	Гренада	восточнокарибский доллар	2,7
Антигуа и Барбуда	восточнокарибский доллар	2,7	Греция	драхма	240,6
Антильские острова	антильский гульден	...	Грузия	грузинский купон	...
Аомынь (Макао)	патака, гонконгский доллар	8,0; 7,7	Гуам, остров	доллар США	
Аргентина	песо	1,0	Дания	датская крона	6,0
Армения	драм	...	Джибути	франк Джибути	177,6
Аруба, остров	арубский флорин	1,8	Доминика	восточнокарибский доллар	2,7
Афганистан	афгани	3460,8	Доминиканская Республика	доминиканское песо	13,2
Багамские Острова	багамский доллар	1,0	Египет	египетский фунт	3,4
Бангладеш	така	39,8	Заир	заир	3179,9
Барбадос	барбадосский доллар	2,0	Замбия	замбийская квача	694,5
Бахрейн	бахрейнский динар	0,3	Западное Самоа	тала	2,5
Белиз	доллар Белиза	2,0	Зимбабве	доллар Зимбабве	8,3
Белоруссия	белорусский рубль	...	Израиль	шекель	3,0
Бельгия	бельгийский франк	31,8	Индия	индийская рупия	31,3
Бенин	франк КФА	533,6	Индонезия	индонезийская рупия	2198,0
Бермудские острова	бермудский доллар	1,0	Иордания	иорданский динар	0,7
Болгария	лев	65,9	Ирак	иракский динар	0,5
Боливия	боливиано	4,7	Иран	иранский риал	1729,3
Ботсвана	пула	2,7	Ирландия	ирландский фунт (пунт)	0,6
Бразилия	реал	0,84	Исландия	исландская крона	68,5
Бруней	брунейский доллар, сингапурский доллар	1,4; 1,4	Испания	песета	131,6
Буркина-Фасо	франк КФА**	533,6	Италия	итальянская лира	1622,2
Бурунди	франк Бурунди	247,9	Йемен	йеменский риал, йеменский динар	56,4; 0,4
Бутан	нгултрум, индийская рупия	31,3; 31,3	Кабо-Верде	эскудо Кабо-Верде	82,9
Вануату	вату	110,5	Казахстан	тенге	...
Ватикан	ватиканская лира, итальянская лира	1622,2; 1622,2	Кайман, острова	доллар островов Кайман	0,8
			Камбоджа	риель	2591,3
Великобритания	фунт стерлингов	0,6	Камерун	франк КФА	533,6
Венгрия	форинт	113,1	Канада	канадский доллар	1,4
Венесуэла	боливар	169,8	Катар	риал Катара	3,6
Виргинские острова (британские)	восточнокарибский доллар, доллар США	2,7	Кения	кенийский шиллинг	44,8
Виргинские острова (США)	доллар США		Кипр	кипрский фунт	0,4
Вьетнам	донг	11072,9	Киргизия	сом	...
Габон	франк КФА	533,6	Кирибати	австралийский доллар	1,2
Гаити	гурд	19,0	Китай	юань	8,4
Гайана	гайанский доллар	141,9	Колумбия	колумбийское песо	831,6
Гамбия	даласи	9,6	Коморские Острова	коморский франк	401,8
Гана	седи	1036,3	Конго	франк КФА	533,6
Гваделупа, остров	франк Гваделупы	5,3	Корея (Корейская Народно-Демократическая Республика)	вона	2,1
Гватемала	кетсал	5,6			

* В таблице приведены котировки национальных валют и имеющих хождение наравне с ними денежных единиц суверенных государств и отдельных территорий. И с т о ч н и к: «Financial Times» от 2.1.1995.

** См. в статье *Франк*.

Продолжение табл.

Страна	Денежная единица	Количество национальных денежных единиц за 1 доллар США на конец 1994 г.	Страна	Денежная единица	Количество национальных денежных единиц за 1 доллар США на конец 1994 г.
Корея (Республика Корея)	вона	788,5	Португалия	эскудо	159,2
Коста-Рика	колон	164,1	Пуэрто-Рико	доллар США	
Кот-д'Ивуар	франк КФА	533,6	Реюньон	французский франк	5,3
Куба	кубинское песо	0,9	Россия	рубль	3587,4
Кувейт	кувейтский динар	0,3	Руанда	руандийский франк	138,3
Лаос	кип	720,5	Румыния	румынский лей	1774,3
Латвия	лат	0,5	Сальвадор	колон	8,7
Лесото	лоти	3,5	Сан-Марино	итальянская лира	1622,5
Либерия	либерийский доллар, доллар США	1,0	Сан-Томе и Принсипи	добра	949,2
Ливан	ливанский фунт	1647,0	Саудовская Аравия	риал Саудовской Аравии	3,7
Ливия	ливийский динар	0,3	Свазиленд	лилангени	3,5
Литва	литас	3,9	Святой Елены остров	фунт острова Святой Елены	0,6
Лихтенштейн	швейцарский франк	1,3	Сейшельские Острова	сейшельская рупия	4,9
Люксембург	люксембургский франк	31,8	Сенегал	франк КФА	533,6
Маврикий	маврикийская рупия	18,0	Сен-Пьер	французский франк	5,3
Мавритания	угия	121,9	Сент-Винсент и Гренадины	восточнокарибский доллар	2,7
Мадагаскар	малагасийский франк	3637,6	Сент-Кристофер и Невис	восточнокарибский доллар	2,7
Малави	малавийская квача	15,3	Сент-Люсия	восточнокарибский доллар	2,7
Малайзия	ринггит	2,5	Сингапур	сингапурский доллар	1,4
Мали	франк КФА	533,6	Сирия	сирийский фунт	22,7
Мальдивы	мальдивская руфия	11,7	Словакия	словацкая крона	31,0
Мальта	мальтийская лира	0,3	Словения	словенский толар	128,0
Марокко	марокканский дирхам	8,9	Соединённые Штаты Америки	доллар США	
Мартиника, остров	франк Мартиники	5,3	Соломоновы Острова	доллар Соломоновых Островов	3,2
Маршалловы острова	доллар США		Сомали	сомалийский шиллинг	2618,3
Мексика	мексиканское песо	4,9	Судан	суданский динар	31,0
Микелон	франк Микелона	5,3	Суринам	суринамский гульден	330,2
Мозамбик	метикал	6455,3	Сьерра-Леоне	леоне	594,6
Молдавия	молдавский лей	...	Сянган (Гонконг)	гонконгский доллар	7,7
Монако	французский франк	5,3	Таджикистан	рубль	...
Монголия	тугрик	410,1	Таиланд	тайский бат	25,1
Монтсеррат, остров	восточнокарибский доллар	2,7	Тайвань	новый тайваньский доллар	26,2
Мьянма	кьят	5,8	Танзания	танзанийский шиллинг	523,6
Намибия	намибийский доллар	3,5	Того	франк КФА	533,6
Науру	австралийский доллар	1,2	Тонга	паанга	1,2
Непал	непальская рупия	49,3	Тринидад и Тобаго	доллар Тринидада и Тобаго	5,6
Нигер	франк КФА	533,6	Тувалу	доллар Тувалу	1,2
Нигерия	найра	22,0	Тунис	тунисский динар	0,9
Нидерланды	голландский гульден	1,7	Туркмения	манат	...
Никарагуа	золотая кордоба	7,0	Турция	турецкая лира	38700,1
Новая Зеландия	новозеландский доллар	1,5	Узбекистан	сум	...
Норвегия	норвежская крона	6,7	Украина	карбованец	104133,0
Объединённые Арабские Эмираты	дирхам ОАЭ	3,6	Уганда	угандийский шиллинг	917,4
Оман	риал Омана	0,3	Уругвай	уругвайское песо	5,6
Пакистан	пакистанская рупия	30,7	Фиджи	доллар Фиджи	1,4
Панама	бальбоа, доллар США	1,0	Филиппины	филиппинское песо	24,4
Папуа — Новая Гвинея	кина	1,1	Финляндия	финляндская марка	4,7
Парагвай	гуарани	1913,7	Фолклендские (Мальвинские) острова	фолклендский фунт	0,6
Перу	новый соль	2,1			
Питкэрн, остров	новозеландский доллар, фунт стерлингов	1,5; 0,6			
Польша	злотый	24370,0			

Продолжение табл.

Страна	Денежная единица	Количество национальных денежных единиц за 1 доллар США на конец 1994 г.	Страна	Денежная единица	Количество национальных денежных единиц за 1 доллар США на конец 1994 г.
Франция	франк	5,3	Экваториальная Гвинея	франк КФА	533,6
Хорватия	куна	5,6	Эритрея	эфиопский бырр	5,4
Центральноафриканская Республика	франк КФА	533,6	Эстония	эстонская крона	12,3
Чад	франк КФА	533,6	Эфиопия	бырр	5,4
Чехия	чешская крона	27,8	Югославия	югославский динар	...
Чили	чилийское песо	401,0	Южно-Африканская Республика	рэнд	3,5
Швейцария	швейцарский франк	1,3	Ямайка	ямайский доллар	31,9
Швеция	шведская крона	7,4	Япония	иена	99,7
Шри-Ланка	рупия Шри-Ланки	49,6			
Эквадор	сукре	2272,6			

ПРИЛОЖЕНИЕ 4

ОСНОВНЫЕ ЕДИНИЦЫ МЕЖДУНАРОДНОЙ СИСТЕМЫ (СИ)

Физическая величина	Единица	Обозначение русское	Обозначение международное	Физическая величина	Единица	Обозначение русское	Обозначение международное
ОСНОВНЫЕ ЕДИНИЦЫ				Плотность	килограмм на кубический метр	кг/м³	kg/m³
Длина	метр	м	m	Энергия, работа, теплота	джоуль	Дж	J
Масса	килограмм	кг	kg	Мощность	ватт	Вт	W
Время	секунда	с	s	Частота	герц	Гц	Hz
Сила электрического тока	ампер	А	A	Электрическое напряжение, электрический потенциал	вольт	В	V
Температура (термодинамическая)	кельвин	К	K	Количество электричества, электрический заряд	кулон	Кл	C
Сила света	кандела	кд	cd	Электрическое сопротивление	ом	Ом	Ω
Количество вещества	моль	моль	mol	Электрическая ёмкость	фарад	Ф	F
ПРОИЗВОДНЫЕ ЕДИНИЦЫ				Индуктивность	генри	Гн	H
Плоский угол	радиан	рад	rad	Световой поток	люмен	лм	lm
Телесный угол	стерадиан	ср	sr	Освещённость	люкс	лк	lx
Сила, вес	ньютон	Н	N				
Давление	паскаль	Па	Pa				

ПРИЛОЖЕНИЕ 5

ПРИСТАВКИ ДЛЯ ОБРАЗОВАНИЯ ДОЛЬНЫХ И КРАТНЫХ ЕДИНИЦ ИЗМЕРЕНИЯ

Дольность	Приставка	Обозначение русское	Обозначение международное	Кратность	Приставка	Обозначение русское	Обозначение международное	Дольность	Приставка	Обозначение русское	Обозначение международное	Кратность	Приставка	Обозначение русское	Обозначение международное
10^{-1}	деци	д	d	10^{1}	дека	да	da	10^{-9}	нано	н	n	10^{9}	гига	Г	G
10^{-2}	санти	с	c	10^{2}	гекто	г	h	10^{-12}	пико	п	p	10^{12}	тера	Т	T
10^{-3}	милли	м	m	10^{3}	кило	к	k	10^{-15}	фемто	ф	f				
10^{-6}	микро	мк	μ	10^{6}	мега	М	M	10^{-18}	атто	а	a				

ПРИЛОЖЕНИЕ 6

АНГЛИЙСКИЕ МЕРЫ*

Величина	Единица	Значение в единицах СИ	Величина	Единица	Значение в единицах СИ
Длина	миля морская (Великобритания)	1853,2 м	Масса	фунт	453,592 г
	миля морская (США)	1852 м		унция	28,35 г
				драхма	1,772 г
	миля уставная	1609,344 м		гран	64,8 мг
	ярд	0,9144 м	Масса аптекарская и тройская (в ювелирном и монетном деле)	фунт	373,242 г
	фут	0,3048 м		унция	31,104 г
	дюйм	2,54 см		драхма	3,888 г
	линия	2,117 мм		скрупул	1,296 г
	точка	0,353 мм		гран	64,8 мг
Площадь	акр	4046,86 м²	Объём жидких и сыпучих веществ	галлон	4,546 дм³
Масса	тонна большая (длинная)	1016,05 кг		кварта	1,138 дм³
				пинта	0,569 дм³
				баррель (для нефти)	159 дм³
	тонна малая (короткая)	907,185 кг		квортер	290,94 дм³
				бушель	36,368 дм³

* Применяются в Великобритании, США, Канаде и др. странах.

ПРИЛОЖЕНИЕ 7

НЕМЕТРИЧЕСКИЕ РУССКИЕ ЕДИНИЦЫ

Наименование величины	единицы	Значение в единицах СИ, кратных и дольных от них	Наименование величины	единицы	Значение в единицах СИ, кратных и дольных от них
Длина	миля (7 вёрст)	7,467 6 км	Объём	кубический вершок	87,824 см³
	верста (500 саженей)	1,066 8 км	Вместимость	ведро	12,299 4 дм³
	сажень (3 аршина; 7 футов; 100 соток)	2,133 6 м		четверть (для сыпучих тел)	209,91 дм³
	сотка	21,336 мм		четверик (8 гарнцев; 1/3 четверти)	26,238 7 дм³
	аршин (4 четверти; 16 вершков; 28 дюймов)	711,2 мм		гарнец	3,279 84 дм³
	четверть (4 вершка)	177,8 мм	Масса	берковец (10 пудов)	163,805 кг
	вершок	44,45 мм		пуд (40 фунтов)	16,380 5 кг
	фут (12 дюймов)	304,8 мм (точно)		фунт (32 лота; 96 золотников)	409,512 г
	дюйм (10 линий)	25,4 мм (точно)		лот (3 золотника)	12,797 3 г
	линия (10 точек)	2,54 мм (точно)		золотник (96 долей)	4,265 75 г
	точка	254 мкм (точно)		доля	44,434 9 мг
Площадь	квадратная верста	1,138 06 км²	Сила, вес*	берковец (163,805 кгс)	1 606,38 Н
	десятина	10 925,4 м²		пуд (16,380 5 кгс)	160,638 Н
	квадратная сажень	4,552 24 м²		фунт (0,409 512 кгс)	4,015 94 Н
Объём	кубическая сажень	9,712 6 м³		лот (12,797 3 гс)	0,125 499 Н
	кубический аршин	0,359 73 м³		золотник (4,265 75 гс)	41,832 7 мН
				доля (44,434 9 мгс)	0,435 758 мН

* Наименования русских единиц силы и веса совпадали с наименованиями русских единиц массы.

ОСНОВНЫЕ СОКРАЩЕНИЯ

абс.— абсолютный
авт.— автономный
автомоб.— автомобильный
агр.— аграрный
адм.— административный, адмирал
адм. ц.— административный центр
адм.-терр. ед.— административно-территориальная единица
азиат.— азиатский
акад.— академик
акв.— акварель, акварельный
акц.— акционерный
алгебр.— алгебраический
альм.— альманах
альп.— альпийский
алюм.— алюминиевый
анат.— анатомический
анс.— ансамбль
антич.— античный
арт.— артиллерийский, артист
арх.— архипелаг, архитектор
археол.— археологический
архит.— архитектурный
астр.— астрономический
ат. м.— атомная масса
ат. н.— атомный номер
атм.— атмосферный
Б.— Большой
б.— бывший
б.ч.— большая часть, большей частью
бал.— балет
балетм.— балетмейстер
балт.— балтийский
басс.— бассейн
бесцв.— бесцветный
библ.— библиографический
биогр.— биографический
биол.— биологический
биофиз.— биофизический
биохим.— биохимический
б-ка — библиотека
Бл. Восток — Ближний Восток
ботан.— ботанический
бр.— братья
брит.— британский
бронз.— бронзовый
будд.— буддийский
букв.— буквально
бум.— бумажный
бурж.— буржуазный
В.— восток
в.— век
в.д.— восточная долгота
в осн.— в основном
в ср.— в среднем
в т.ч.— в том числе
вв.— века
в-во — вещество
вдхр.— водохранилище
Вел. Отеч. война — Великая Отечественная война 1941-45
верх.— верхний, верховный
визант.— византийский
виногр-во — виноградство
внеш.— внешний
внутр.— внутренний
вод.— водный, водяной
водоизмещ.— водоизмещение
воен.— военный
возв.— возвышенность
возд.— воздушный
вок.— вокальный
вол.— волость
восп.— воспоминания
восст.— восстание
вост.— восточный

Всерос.— Всероссийский
вып.— выпуск
выс.— высота
высш.— высший
г.— год, гора, город
газ.— газета, газовый
гал.— галерея
гв.— гвардия, гвардейский
гг.— годы, города
ген.— генерал, генеральный
геогр.— географический
геод.— геодезический
геол.— геологический
геом.— геометрический
геоморфол.— геоморфологический
гл.— глава, главный
гл. обр.— главным образом
глуб.— глубина
гор.— городской
горн.— горный
горнодоб.— горнодобывающий
гос.— государственный
гос-во — государство
гр.— группа
гражд.— гражданский
губ.— губерния, губернский
д.— деревня
Д. Восток — Дальний Восток
д. нас.— (на) душу населения
Дв. Сопр.— Движение Сопротивления
декор.— декоративный
демокр.— демократический
ден.— денежный
деп.— департамент, депутат
деревообр.— деревообрабатывающий
дерев.— деревянный
дет.— детский
диам.— диаметр
див.— дивизия, дивизионный
дипл.— дипломатический
дир.— директор
дл.— длина
дог.— договор
док.— документальный
докл.— доклад
док-т — документ
долл.— доллар
доп.— дополнительный
д-р — доктор
Др.— Древний
др.— другой
др.-...— древне...
драм.— драматический
е.и.в.— его императорское величество
европ.— европейский
ед. хр.— единица хранения
ед. ч.— единственное число
ж.— журнал
ж.д.— железная дорога
ж.-д.— железнодорожный
жел.— железный
жел.-бетон.— железобетонный
жен.— женский
жив-во — животноводство
жит.— жители
ж-ное — животное
З.— запад
з.д.— западная долгота
зав.— заведующий
зал.— залив
зам.— заместитель
зап.— западный
заруб.— зарубежный
з-д — завод
зем.— земельный
зол.— золотой

зоол.— зоологический
изв.— известен
изд.— издание, издатель
изд-во — издательство
изобр.— изобразительный
илл.— иллюстрация
имп.— император, императрица, императорский
индивид.— индивидуальный
инж.— инженер, инженерный
иностр.— иностранный
инстр.— инструментальный
инстр-т — инструмент
ин-т — институт
иск-ведение — искусствоведение
иск-во — искусство
иссл.— исследование, исследовал
ист.— исторический
К° — компания
кавк.— кавказский
кам.— каменный
кам.-уг.— каменноугольный
канд.— кандидатский
кв.— квадратный
кл.— класс
к.-л.— какой-либо, кто-либо
кн.— книга, князь
к.-н.— какой-нибудь
кн-во — княжество
кож.— кожевенный
кол-во — количество
ком.— командир
команд.— командующий
комб-т — комбинат
комп.— композитор, композиция
кон.— конец, конный
конгр.— конгресс
конс.— консерватория, консервный
конф.— конференция
конц.— концертный
коп.— копейка
кор-во — королевство
королев.— королевский
корр.— корреспондент
коэф.— коэффициент
кпд — коэффициент полезного действия
кр.— край, крупный
Кр. Армия — Красная Армия
Кр. Гвардия — Красная Гвардия
крест.— крестьянский
крест-во — крестьянство
к-рый — который
к-т — комитет
к-та — кислота
куб.— кубический
культ.-просвет.— культурно-просветительный
куст.— кустарный
лаб.— лаборатория, лабораторный
лев.— левый
лейт.— лейтенант
ленингр.— ленинградский
лесообр.— лесообрабатывающий
лесопил.— лесопильный
леч.— лечебный
либр.— либретто
лингв.— лингвистический
лит.— литературный
лит-ведение — литературоведение
лит-ра — литература
льнообр.— льнообрабатывающий
М.— Малый
м.— местечко, море
магн.— магнитный
макс.— максимальный
марганц.— марганцевый

маслоб.— маслобойный
маслод.— маслодельный
матем.— математический
маш-ние — машиностроение
маш.-строит.— машиностроительный
меб.— мебельный
мед.— медицинский
междунар.— международный
мемор.— мемориальный
металлообр.— металлообрабатывающий
метеорол.— метеорологический
метод.— методический
методол.— методологический
мин.— министр
мин-во — министерство
мин. воды — минеральные воды
мин. ин. дел — министр иностранных дел
миним.— минимальный
мир.— мировой
мифол.— мифологический
мл.— младший
млн.— миллион
млрд.— миллиард
мн.— многие, много
мн. ч.— множественное число
м-ние — месторождение
мол.— молекулярный
мол. м.— молекулярная масса
мон.— монастырь
мор.— морской
морфол.— морфологический
моск.— московский
мощн.— мощность
муж.— мужской
муз.— музыкальный
муком.— мукомольный
муниц.— муниципальный
мусульм.— мусульманский
Н.— Новый
н. ст.— новый стиль
н.э.— наша эра
наз.— называемый, называется
назв.— название, назван
наиб.— наиболее, наибольший
наим.— наименее, наименьший
напр.— например
нар.— народный
наруж.— наружный
нас.— население
насел.— населённый
наст.— настоящий
науч.— научный
нац.— национальный
нач.— начало, начальник, начальный
неизв.— неизвестно, неизвестный
нек-рый — некоторый
нерв.— нервный
неск.— несколько
нефт.— нефтяной
нефтедоб.— нефтедобывающий
нефтеперераб.— нефтеперерабатывающий
н.-и.— научно-исследовательский
ниж.— нижний
низм.— низменность
низш.— низший
Ноб. пр.— Нобелевская премия
о.— остров
об-во — общество
обл.— область, областной
обрабат.— обрабатывающий
обув.— обувной
о-ва — острова
овощ-во — овощеводство
овц-во — овцеводство
одноврем.— одновременно
одноим.— одноимённый
оз.— озеро
ок.— океан, около
окр.— округ, окружной

Окт. рев-ция — Октябрьская революция 1917
олимп.— олимпийский
олов.— оловянный
оп.— опера
опубл.— опубликован
орг.— организационный
орг-ция — организация
орд.— орден
орк.— оркестр(овый)
осн.— основан(ный), основной
отд.— отдельный
отеч.— отечественный
отр.— отряд
пам.— памятник
парт.— партийный
партиз.— партизанский
парфюм.— парфюмерный
пасс.— пассажирский, пассажиры
патол.— патологический
пед.— педагогический
пер.— перевод
первонач.— первоначально, первоначальный
переим.— переименован(ный)
перен.— в переносном смысле
петерб.— петербургский
петрогр.— петроградский
пех.— пехотный
пищ.— пищевой
пищевкус.— пищевкусовой
пл.— площадь
плод.— плодовый
плод-во — плодоводство
плотн.— плотность
п-ов — полуостров
пов.— повесть
под команд.— под командованием
под рук.— под руководством
под упр.— под управлением
пол.— половина
полиграф.— полиграфический
полит.— политический
полк.— полковник
полупроводн.— полупроводниковый
пом.— помощник
пос.— посёлок
посв.— посвящён(ный)
посм.— посмертно
пост.— поставил, постановка, постоянный
пр.— премия, прочий
прав.— правый
пр-во — правительство
правосл.— православный
пред.— председатель
Презид.— Президиум
през.— президент
преим.— преимущественно
прибл.— приблизительно
пров.— провинция
прод.— продовольственный
произв.— произведение
прозв.— прозвище
произ-во — производство
прол.— пролив
пром.— промышленный
пром-сть — промышленность
проф.— профессиональный
пр-тие — предприятие
прямоуг.— прямоугольный
псевд.— псевдоним
психол.— психологический
птиц-во — птицеводство
публ.— публикация, публичный
пуст.— пустыня
р.— река, родился
разг.— разговорный
разд.— раздел
разл.— различный

рев.— революционный
рев-ция — революция
ред.— редактор, редакция
реж.— режиссёр, режущий
резин.— резиновый
религ.— религиозный
рем.— ремонтный
респ.— республика, республиканский
рим.— римский
рис.— рисунок
рисоочист.— рисоочистительный
р-н — район
р-ние — растение
рог.— рогатый
род.— родился
ром.— роман
рос.— российский
рр.— реки
р-р — раствор
р. ст.— ртутный столб
руб.— рубль
рук.— руководитель
рыб-во — рыболовство
рыбоперераб.— рыбоперерабатывающий
С.— север
с.— село, страница
с. х-во — сельское хозяйство
с.ш.— северная широта
сад-во — садоводство
сан.— санитарный
сах.— сахарный
сб., сб-ки — сборник, сборники
св.— святой, свыше
свин-во — свиноводство
с.-д.— социал-демократ, социал-демократический
сев.— северный
секр.— секретарь
сел.— сельский
сем.— семейство
сер.— середина, серия
серебр.— серебряный
сиб.— сибирский
симф.— симфония, симфонический
скот-во — скотоводство
скульпт.— скульптурный
см.— смотри
собр.— собрание
собств.— собственно, собственный
сов.— советский
совм.— совместно, совместный
совр.— современный
согл.— соглашение
соед.— соединение
созд.— создан(ный)
сокр.— сокращение, сокращённо
соотв.— соответственно, соответствующий
сотр.— сотрудник
социол.— социологический
соц.-экон.— социально-экономический
соч.— сочинение
С.-Петербург — Санкт-Петербург
с.-петерб.— санкт-петербургский
спорт.— спортивный
ср.— сравни, средний
ср.-азиат.— среднеазиатский
ср.-век.— средневековый
Ст.— Старый
ст.— станция, статья, старший
ст. ст.— старый стиль
стек.— стекольный
стих.— стихотворение
стихотв.— стихотворный
стр-во — строительство
стрелк.— стрелковый
струн.— струнный
ст.-слав.— старославянский
суд.— судебный
судох.— судоходный

судох-во — судоходство
сухопут.— сухопутный
с.-х.— сельскохозяйственный
т.— том
т. га — тысяч гектаров
т.е.— то есть
т.ж.— тысяч жителей
т.к.— так как
т. км — тысяч километров
т.н.— так называемый
т.о.— таким образом
т.ч.— тысяч человек
т. шт.— тысяч штук
т. экз.— тысяч экземпляров
таб.— табачный
табл.— таблица
танц.— танцевальный
тв.— твёрдость, твёрдый
т-во — товарищество
текст.— текстильный
телегр.— телеграфный
телеф.— телефонный
темп-ра — температура
терр.— территория, территориальный
техн.— технический
технол.— технологический
толщ.— толщина
торг.— торговый
т-р — театр
тр.— труды
трансп.— транспортный
трикот.— трикотажный
трил.— трилогия
трлн.— триллион
тт.— тома
т/ф — телефильм
тыс.— тысяча, тысячелетие
тяж.— тяжёлый
у.— уезд

уголов.— уголовный
уд. вес — удельный вес
уз.— узел
ун-т — университет
ур. м.— уровень моря
ур-ние — уравнение
усл.— условный
устар.— устаревший, устарелый
уч.— учебный
уч-ще — училище
ф.— фильм
фаб.— фабричный
фаб.-зав.— фабрично-заводской
фам.— фамилия
фарм.— фармацевтический
фаш.— фашистский
фельдм.— фельдмаршал
феод.— феодальный
физ.— физический
физиол.— физиологический
филол.— филологический
филос.— философский
финанс.— финансовый
ф-ка — фабрика
ф-ла — формула
фотогр.— фотографический
фп.— фортепьяно, фортепьянный
фр.— франк, фронт
ф-т — факультет
фундам.— фундаментальный
х-во — хозяйство
хим.— химический
хл.-бум.— хлопчатобумажный
хл.-очист.— хлопкоочистительный
хоз.— хозяйственный
хореогр.— хореографический
хр.— хребет
христ.— христианский
христ-во — христианство

худ.— художник, художественный
худ. рук.— художественный руководитель
ц.— центр
цв.— цветной
целл.— целлюлозный
цем.— цементный
церк.— церковь, церковный
цинк.— цинковый
ч.— часть
чел.— человек
чств.— четверть
числ.— численность
ч.-к.— член-корреспондент
чл.— член
ч.-л.— что-либо
шелк-во — шелководство
шилл.— шиллинг
шир.— ширина
шос.— шоссейный
шт.— штат, штука
эдс — электродвижущая сила
экв.— экваториальный
эквив.— эквивалентный
экз.— экземпляр
экон.— экономический
эксп.— экспедиция
эксперим.— экспериментальный
эл.-...— электро...
эл.-энергия — электроэнергия
эмоц.— эмоциональный
этногр.— этнографический
Ю.— юг
ю.ш.— южная широта
юж.— южный
юрид.— юридический
яз.— язык
яз-знание — языкознание

П р и м е ч а н и я. 1. В словаре применяются сокращения слов, обозначающих государственную, языковую или национальную принадлежность (напр., англ.— английский, рус.— русский), названия месяцев (напр., апр.— апрель, апрельский). 2. В прилагательных и причастиях допускается отсечение окончаний и суффиксов «альный», «анный», «ельный», «ельский», «енный», «еский», «иальный», «ионный», «ованный» и др. (напр., центр., иностр., значит., издат., естеств., арктич., колон., дистанц., механизир.).

АББРЕВИАТУРЫ

АН – Академия наук
АО – автономная область
АСУ – автоматизированная система управления
АТС – автоматическая телефонная станция
АХ – Академия художеств
ВВ – взрывчатые вещества
ВВП – валовой внутренний продукт
ВВС – военно-воздушные силы
ВЛКСМ - Всесоюзный Ленинский коммунистический союз молодёжи
ВМС – военно-морские силы
ВМФ – военно-морской флот
ВНП – валовой национальный продукт
ВО – военный округ
ВС – Верховный Совет
ВЦ – вычислительный центр
ВЧ – высокая частота, высокочастотный

ГАБТ – Государственный академический Большой театр
ГК – Гражданский кодекс
ГПК – Гражданский процессуальный кодекс
ДНК – дезоксирибонуклеиновая кислота
ИК – инфракрасный
ИСЗ – искусственный спутник Земли
КБ – конструкторское бюро
КВ – короткие волны, коротковолновый
КЗоТ – Кодекс законов о труде
КП – коммунистическая партия
КПСС – Коммунистическая партия Советского Союза
МИД – Министерство иностранных дел
НИИ – научно-исследовательский институт
НХЛ – Национальная хоккейная лига
НЧ – низкая частота, низкочастотный
ООН – Организация Объединённых Наций

ПДК – предельно допустимая концентрация
РАН – Российская академия наук
РНК – рибонуклеиновая кислота
РФ – Российская Федерация
СВЧ – сверхвысокие частоты, сверхвысокочастотный
СМ – Совет Министров
СНГ – Содружество Независимых Государств
ТВ – телевидение
УВЧ – ультравысокие частоты
УК – Уголовный кодекс
УКВ – ультракороткие волны
УПК – Уголовно-процессуальный кодекс
УФ – ультрафиолетовый
ЦК – Центральный Комитет
ЦКК – Центральная контрольная комиссия
ЦТКА – Центральный театр Красной Армии
ЦТСА – Центральный театр Советской Армии

П р и м е ч а н и е. Аббревиатуры, встречающиеся в тексте статей, но не вошедшие в этот список, следует искать непосредственно в словаре.

СОКРАЩЕНИЯ ЛИЧНЫХ ИМЁН И ОТЧЕСТВ

Абр.– Абрам
Ал-др(а) – Александр(а)
Ал-др. – Александрович(вна)
Ал. – Алексей
Амвр. – Амвросий
Анаст. – Анастасий, Анастасия
Анат. – Анатолий
Анд. – Андрей
Ант. – Антон(ина)
Арк. – Аркадий
Арх. – Архип
Аф. – Афанасий
Богд. – Богдан
Бор. – Борис
Вад. – Вадим
Вал. – Валентин(а)
Валер. – Валерий, Валерия
Варв. – Варвара
Вас. – Василий, Василиса
Вик. – Викентий
Викт. – Виктор, Виктория
Вит. – Виталий
Вл. – Владимир
Влад. – Владислав
Вс. – Всеволод
Вяч. – Вячеслав
Гал. – Галина
Ген. – Геннадий
Георг. – Георгий
Гер. – Герасим
Григ. – Григорий
Дав. – Давид
Дан. – Даниил, Данил(а)
Дем. – Дементий
Дм. – Дмитрий

Евг. – Евгений, Евгения
Евд. – Евдоким, Евдокия
Евст. – Евстигней
Евстаф. – Евстафий
Ег. – Егор
Ек. – Екатерина
Ел. – Елена
Елиз. – Елизар, Елизавета
Ем. – Емельян
Ерм. – Ермолай
Еф. – Ефим
Ефр. – Ефрем, Ефросинья
Зах. – Захар
Зин. – Зинаида
Ив. – Иван
Иг. – Игорь
Игн. – Игнатий
Ил. – Илья
Инн. – Иннокентий
Иос. – Иосиф
Ир. – Ирина
Исид. – Исидор
Кир. – Кирилл
Кл. – Клавдий, Клавдия
Клим. – Климент(ий)
Конд. – Кондрат(ий)
Конст. – Константин
Куз. – Кузьма
Лавр. – Лаврентий
Лаз. – Лазарь
Лар. – Лариса
Леон. – Леонид
Леонт. – Леонтий
Лид. – Лидия
Люб. – Любовь

Люд. – Людмила
Мак. – Макар
Макс. – Максим
Марг. – Маргарита
Матв. – Матвей
Митр. – Митрофан
Мих. – Михаил
Моис. – Моисей
Мст. – Мстислав
Над. – Надежда
Наз. – Назар
Ник. – Николай
Никан. – Никанор
Никиф. – Никифор
Окс. – Оксана
Ост. – Остап
Пав. – Павел
Пант. – Пантелеймон
Пах. – Пахом
Пел. – Пелагея
Петр. – Петрович(вна)
Пол. – Поликарп, Полина
Порф. – Порфирий
Пот. – Потап
Праск. – Прасковья
Прох. – Прохор
Рег. – Регина
Род. – Родион
Ром. – Роман
Рост. – Ростислав
Сав. – Савелий
Сам. – Самуил
Свет. – Светлана
Свят. – Святослав

Сев. – Севастьян
Сем. – Семён
Сер. – Сергей
Сераф. – Серафим(а)
Сид. – Сидор
Сол. – Соломон
Софр. – Софрон(ий)
Спир. – Спиридон
Стан. – Станислав
Степ. – Степан(ида)
Там. – Тамара
Тар. – Тарас
Тат. – Татьяна
Тер. – Терентий
Тим. – Тимофей
Тих. – Тихон
Триф. – Трифон
Троф. – Трофим
Фад. – Фадей
Фёд. – Фёдор
Фер. – Ферапонт
Фил. – Филипп
Филим. – Филимон
Хар. – Харитон
Христоф. – Христофор
Эд. – Эдуард
Эл. – Элеонора
Эм. – Эмилия
Эмм. – Эммануил
Эсф. – Эсфирь
Юл. – Юлий, Юлия
Юр. – Юрий
Як. – Яков
Яр. – Ярослав

МЕЖДУНАРОДНЫЕ И НАЦИОНАЛЬНЫЕ СПОРТИВНЫЕ ОБЪЕДИНЕНИЯ

АИБА (AIBA – Association Internationale de Boxe Amateur) – Международная ассоциация любительского бокса
ВБФ (WBF – World Bridge Federation) – Всемирная лига (федерация) бриджа
ВВЛС (WWSU – World Waterski Union) – Всемирный воднолыжный союз
ВТО (WTO – World Tourist Organisation) – Всемирная туристская организация
ВУКО (WUKO – World Union Karate Organisation) – Всемирный союз карате
ИААФ (IAAF – International Amateur Athletic Federation) – Международная любительская легкоатлетическая федерация
ИАРУ (IARU – The International Amateur Radio Union) – Международный радиолюбительский союз
ИБФ (IBF – International Badminton Federation) – Международная федерация бадминтона
ИБФ (IBF – International Bowling Federation) – Международная федерация боулинга
ИБФ (IBF – Internationella Bandyförbundet) – Международная федерация бенди (хоккея с мячом)
ИБФ (IBF – International Baseball Federation) – Международная федерация бейсбола
ИВА (IWA – International Windsurfing Association) – Международная ассоциация виндсёрфинга
ИВФ (IWF – International Weightlifting Federation) – Международная федерация тяжёлой атлетики
ИГФ (IHF – Internationale Handball Fédération) – Международная федерация гандбола
ИГФ (IGF – International Go Federation) – Международная федерация го
ИДНИЯРА (IDNIYRA – International DN Ice Yacht Racing) – Международная ассоциация буерного спорта
ИИХФ (IIHF – Internationale Ice Hockey Federation) – Международная федерация хоккея на льду; до 1979
ЛИХГ (LIHG – Ligue Internationale du Hockey Sur Glace – Международная лига хоккея на льду)
ИКФ (ICF – International Canoe Federation) – Международная федерация каноэ
ИОФ (IOF – International Orientation Federation) – Международная федерация ориентирования
ИСУ (ISU – International Skating Union) – Международный союз конькобежцев
ИТТФ (ITTF – International Table Tennis Federation) – Международная федерация настольного тенниса
ИТФ (ITF – International Tennis Federation) – Международная федерация тенниса
ИЯРУ (IYRU – International Yacht Racing Union) – Международный союз парусного спорта
МОК (CIO – Comité Internationale Olympique) – Международный олимпийский комитет
МФСА (IFSA – International Federation of Sports Acrobatics) – Международная федерация спортивной акробатики
НАВИГА (NAVIGA – Weltorganisation für Schiffsmodellbau und Schiffsmodellsport) – Всемирная организация судомоделизма и судомодельного спорта
НБА (NBA – National Basketball Association) – Национальная баскетбольная ассоциация
НХЛ (NHL – National Hockey Ligue) – Национальная хоккейная лига
УИАА (UIAA – Union Internationale des Associations D'Alpinisme) – Международный союз альпинистских ассоциаций
УИМ (UIM – Union Internationale Motonautique) – Международный водно-моторный союз
УИПМБ (UIPMB – Union Internationale de Pentathlon Moderne et Biathlon) – Международный союз современного пятиборья и биатлона
УИТ (UIT – Union Internationale de Tir) – Международный союз стрелкового спорта
УСИ (UCI – Union Cycliste Internationale) – Международный союз велосипедистов
ФАИ (FAI – Fédération Aéronautique Internationale) – Международная авиационная федерация
ФЕИ (FEI – Fédération Équestre Internationale) – Международная федерация конного спорта
ФИА (FIA – Fédération Internationale de L'Automobile) – Международная автомобильная федерация
ФИАС (FIAS – Fédération Internationale Amateur de Sambo) – Международная федерация любительского самбо
ФИБА (FIBA – International Amateur Basketball Federation) – Международная любительская федерация баскетбола
ФИБТ (FIBT – Fédération Internationale de Bobsleigh et de Tobogganing) – Международная федерация бобслея и тобоггана
ФИВБ (FIVB – Fédération Internationale de Volleyball) – Международная федерация волейбола
ФИД (FIJ – Fédération Internationale de Judo) – Международная федерация дзюдо
ФИДЕ (FIDE – Fédération Internationale des Échecs) – Международная шахматная федерация
ФИЕ (FIE – Fédération Internationale D'Escrime) – Международная федерация фехтования
ФИЖ (FIG – Fédération Internationale de Gymnastique) – Международная федерация гимнастики
ФИК (FIQ – Fédération Internationale Quilleurs) – Международная федерация кеглей
ФИЛ (FIL – Fédération Internationale de Luge de Course) – Международная федерация санного спорта
ФИЛА (FILA – Fédération Internationale de Lutte Amateur) – Международная любительская федерация борьбы
ФИМ (FIM – Fédération Internationale Motocycliste) – Международная мотоциклетная федерация
ФИМС (FIMS – Fédération Internationale de Médecine Sportive) – Международная федерация спортивной медицины
ФИНА (FINA – Fédération Internationale de Natation Amateur) – Международная любительская федерация плавания
ФИРА (FIRA – Fédération Internationale de Rugby Amateur) – Международная любительская федерация регби
ФИРС (FIRS – Fédération Internationale de Rollers Skating) – Международная федерация катания на роликовых коньках
ФИС (FIS – International Ski Federation) – Международная федерация лыжного спорта
ФИСА (FISA – Fédération Internationale des Sociétés D'Aviron) – Международная федерация гребли
ФИСБ (FISB – Fédération Internationale de Skibob) – Международная федерация скибоба
ФИСУ (FISU – Fédération Internationale du Sport Universitaire) – Международная федерация университетского спорта
ФИТА (FITA – Fédération Internationale de Tir a L'Arc) – Международная федерация стрельбы из лука
ФИФА (FIFA – Fédération Internationale de Football Association) – Международная федерация футбольных ассоциаций
ФИХ (FIH – Fédération Internationale de Hockey) – Международная федерация хоккея на траве
ФМЖД (FMJD – Fédération Mondiale de Jeu de Dames) – Всемирная федерация шашек

НАУЧНО-ОТРАСЛЕВЫЕ РЕДАКЦИИ, ГРУППЫ И ОТДЕЛЫ

Куратор издания – редакция Популярных энциклопедий. Зав. редакцией Л.И. ПЕТРОВСКАЯ, ведущие научные редакторы: А.В. БРУЕНОК, А.Л. ГРЕКУЛОВА, В.И. ЛИНДЕР, редактор ...В. ФИРСАНОВА.

Биология. Зав. редакцией А.В. СИМОЛИН, ведущие научные редакторы: Л.Я. ... КОЛОБОВА, кандидат химич. наук ..., научные редакторы: Л.И. МАНУИЛЬ..., Р.А. МАТВЕ..., ... НИКОЛАЕВА, Н.Ю. НИКОНЮК, редактор СКАЯ, Е. ВО...А, Т.Г. МОРО...

Всеобщ... ...история, этнография и археология. Зав. редакцией ...КАРЕВИЧ, ведущие научные редакторы: Г.Г. МА..., В.М...ВИЧ, кандидат историч. наук И.И. СОКОЛОВА, научные К...редакторы: Н.А. НИКИТИНА, Е.В. СМИРНИЦКАЯ, редакторы: З.А. ЛИТВИНЕНКО, Т.А. МАРКИНА.

География и геология. Зав. редакцией кандидат геогр. наук Л.Г. КОРОЛЬ, ведущие научные редакторы: И.Ю. ВИШНЁВА, И.В. ЕСКИНА, Л.В. КАЛАШНИКОВА, М.Ю. КИСЕЛЁВА, Г.Д. КЛИМОВА, З.Н. ПИСЬМЕННАЯ, Т.Н. СТАФЕЕВА, редакторы: Г.И. ТКАЧЕНКО, Л.Н. ЧЕЧЁТКИНА.

Государство и право. Зав. редакции Н.Л. ТУМАНОВА (член Главной редакции издательства), ведущий редактор К.Н. ЯЦЫНИНА, научные редакторы: Г.В. ГАНИНА, Г.Н. КОЛОКОЛОВА, редактор Л.Н. ВЕРВАЛЬД.

Изобразительное искусство и архитектура. Зав. редакцией В.Д. СИНЮКОВ, ведущий научный редактор М.И. АНДРЕЕВ, редактор Н.К. ХОДЯКИНА.

Литература и языкознание. Зав. редакцией Т.А. ГАНИЕВА, кандидат филологич. наук К.М. ЧЁРНЫЙ (зав. редакцией до 1993), ведущие научные редакторы: Н.П. РОЗИН, кандидат филологич. наук И.К. САЗОНОВА, кандидат филологич. наук Л.М. ЩЕМЕЛЁВА, научные редакторы: С.М. АЛЕКСАНДРОВ, Л.Ф. БОРОВЛЁВА, М.К. ЕВСЕЕВА, Л.Н. КЛИМЕНЮК, Л.С. ЛИТВИНОВА, И.П. ОЛОВЯННИКОВА, З.И. РОЗАНОВА, А.К. РЯБОВ, редакторы: Т.М. БУДАРИНА, В.А. СВЕТУШКИНА.

Математика. Зав. редакцией В.И. БИТЮЦКОВ, ведущие научные редакторы: М.И. ВОЙЦЕХОВСКИЙ, А.Б. ИВАНОВ, редактор Л.Р. СЕМЁНОВА.

Музыка. Руководитель группы кандидат искусствоведения М.В. ЕСИПОВА, ведущий научный редактор О.В. ФРАЁНОВА, научные редакторы: О.А. ВИНОГРАДОВА, В.Г. МУДЬЮГИНА, кандидат искусствоведения Ю.И. НЕКЛЮДОВ, Д.О. ЧЕХОВИЧ.

Народное образование, печать, радио и телевидение. Зав. редакцией Д.В. ИГНАТЬЕВ, ведущий научный редактор С.Р. МАЛКИНА, научные редакторы: Л.С. ГЛЕБОВА, О.Д. ГРЕКУЛОВА, А.О. ТОЛСТИХИНА, С.С. СТЕПАНОВ, редактор Н.В. ЛАРИОНОВА.

Отечественная история. Зав. редакцией кандидат историч. наук А.Д. ЗАЙЦЕВ, ведущие научные редакторы: Б.Ю. ИВАНОВ, кандидат историч. наук О.А. КУБИЦКАЯ, научные редакторы: К.А. ЗАЛЕССКИЙ, кандидат историч. наук Н.П. ЗИМАРИНА, Л.Б. ЛЕОНИДОВ, А.С. ОРЕШНИКОВ, О.В. СУХАРЕВА, В.И. ТЕНЬТЮКОВ, редакторы: И.С. РЯХОВСКАЯ, Л.П. СОБОЛЕВСКАЯ.

Промышленность и транспорт. Зав. редакцией И.К. ШУВАЛОВ, ведущие научные редакторы: О.С. ВОРОБЬЁВА, В.А. ДУБРОВСКИЙ (зав. редакцией до 1995), Ю.А. ЗАРЯНКИН, Л.П. ЧАРНОЦКАЯ, научный редактор Н.А. ГОЛОВАНОВА, редактор И.Е. НИКИТИНА.

Сельское хозяйство. Зав. редакцией В.Г. ГРЕБЦОВА, ведущий научный редактор кандидат биол. наук Н.Д. ШАСКОЛЬСКАЯ, редактор В.Д. КЛЕВЦОВА.

Театр и кино. Руководитель группы А.И. ВИСЛОВ, ведущий научный редактор, кандидат искусствоведения Н.Д. ГАДЖИНСКАЯ, научные редакторы: Г.Д. АНДРИЕВСКАЯ, Р.М. ДОКТОР, А.В. СМИРИНА, Б.М. ХУДЯКОВА, редактор Е.Ю. БЕГЛЯРОВА.

Техника. Зав. редакцией А.А. БОГДАНОВ, ведущие научные редакторы: Г.И. БЕЛОВ, кандидат физико-математич. наук Н.И. НАЗАРОВА.

Физика и астрономия. Зав. редакцией Р.З. ДУРЛЕВИЧ, ведущие научные редакторы: В.И. ИВАНОВА, И.В. ПЕТРОВА, доктор физико-математич. наук Ю.Г. РУДОЙ (зав. редакцией до 1995), С.М. ШАПИРО, научные редакторы: М.Н. АНДРЕЕВА, А.А. ИРИСОВ, редакторы: Г.Н. АЛХАСЬЯНЦ, Л.Н. ДВОРНИКОВА.

Философия. Зав. редакцией Ю.Н. ПОПОВ, ведущий научный редактор В.М. СМОЛКИН, редактор Н.Ф. ЯРИНА.

Химия. Зав. редакцией кандидат химич. наук В.Д. ШОЛЛЕ, ведущие научные редакторы: М.Н. РАТМАНСКИЙ, кандидаты химич. наук И.М. ФИЛАТОВА, Н.А. ЩИПАЧЁВА, научные редакторы: кандидат химич. наук Н.В. ШЕЛЕМИНА, Т.К. ЮДОВСКАЯ, редакторы: Л.М. КОВАЛЬКОВА, Е.А. ПОКРОВСКАЯ.

Экономика. Зав. редакцией кандидат экономич. наук Н.Н. ШАПОВАЛОВА, научные редакторы: Т.В. ИСАЕВА, А.О. НАЩЁКИНА, М.Р. ШИКУЛИНА.

Редакция картографии. Зав. редакцией И.В. КУРСАКОВА, ведущий редактор Л.И. ЯКУШИНА, научные редакторы: В.А. ГАМАЮНОВ, Н.Н. КОВАЛЁВА, В.В. НИКОЛАЕВА, С.А. ФРОЛОВА, редакторы: Л.М. СОЛУЯНОВА, Е.Я. ФЁДОРОВА, Л.П. ФЕДУЛОВА, картограф-оформитель Н.М. ТАРУНИНА.

Редакция иллюстраций. Главный художник издательства, зав. редакцией иллюстраций А.В. АКИМОВ, ведущие художественные редакторы: Ю.Г. ВОРОНЧИХИН, В.А. КАЗЬМИН, редакторы: Н.А. ЛИПАТОВА, М.А. ЯРОШЕВСКАЯ.

Литературно-контрольная редакция. Зав. редакцией Т.Н. ПАРФЁНОВА, редакторы: Е.Н. ЗИЗИКОВА, Л.В. КРЫЛОВА, С.Л. ЛАВРОВА, В.В. МАЧКОВА, Н.Г. РУДНИЦКАЯ, Т.Я. РЯБЦЕВА.

Редакция библиографии, транскрипции и этимологии. Зав. редакцией кандидат филологич. наук Ю.Ф. ПАНАСЕНКО, редакторы: Н.Т. ТОЛМАЧЁВА, М.С. ЭПИТАШВИЛИ; зав. группой Библиографии Т.Н. КОВАЛЕНКО.

Группа проверки и сопоставления фактов. Редакторы: Е.В. АДАМОВА, М.В. ГОРДОВА, Г.Ф. СЕРПОВА.

Техническая редакция. Зав. редакцией Р.Т. НИКИШИНА, ст. технический редактор О.Д. ШАПОШНИКОВА.

Издательско-компьютерный отдел. Нач. отдела И.Н. КОНОВАЛОВА, ведущий специалист по автоматизации редакционно-издательского процесса Л.А. РОМАНЕНКО, инженер-технолог И.А. МИНАЕВА, инженер-электронщик М.С. ИСАКОВ, оператор вёрстки К.А. НЕФЁДОВ, операторы ЭВМ: Л.А. КОРНЕЕВА, Л.В. КОРОТКОВА, Е.А. МИХАЙЛОВА, Р.А. ЯКУБОВА.

Производственный отдел. Зам. зав. отделом В.Н. МАРКИНА, главный технолог И.А. ВЕТРОВА, ведущий инженер-технолог Г.Н. РОМАНОВА, инженеры-технологи: М.Н. АНДРЕЕВА, В.Ф. КАСЬЯНОВА.

Корректорская. Зав. корректорской Ж.А. ЕРМОЛАЕВА, ст. корректоры: С.Н. БУТЮГИНА, Л.С. ВАЙНШТЕЙН, В.Н. ИВЛЕВА, Е.А. КУЛАКОВА, С.Ф. ЛИХАЧЁВА, А.В. МАРТЫНОВА, Л.А. СЕЛЕЗНЁВА, А.С. ШАЛАЕВА, М.Д. ШТРАМЕЛЬ.

Отдел считки и изготовления наборного оригинала. Зав. отделом Н.В. ШЕВЕРДИНСКАЯ, ст. корректоры: О.В. ГУСЕВА, Т.Б. САБЛИНА, И.Т. САМСОНОВА, Г.Б. ШИБАЛОВА.

Отдел перепечатки рукописей. Зав. отделом Л.А. МАЛЬЦИНА.

Фотолаборатория. Зав. лабораторией Ю.М. ЗАХАРОВ.

Копировально-множительная лаборатория. Зав. лабораторией Л.Ф. ДОЛГОПОЛОВА.

Контрольно-диспетчерская служба. Руководитель отдела Г.С. ШУРШАКОВА.

Отдел книжной торговли, рекламы и маркетинга. Зав. отделом И.Б. ТАРШИС.

Отдел коммерческих поставок и операций. Зам. зав. отделом Т.В. РАТЬКОВСКАЯ.

Главный экономист А.И. СОЛОДОВНИКОВА.

Художник Л.Ф. ШКАНОВ.

Зам. директора по производству Н.С. АРТЁМОВ.

Зам. директора по материально-техническому обеспечению Ю.И. ЗАВЕДЕЦКИЙ.

В иллюстрировании издания использованы материалы
архива «Большой Российской энциклопедии»

Слайды:
Г.И. АНОХИН, Л.Н. БАЗУНОВ, А.П. ГОРКИН, А.Я. ГОРЯЧЕВ, В.Д. ЖИТНИКОВ,
Г.Д. КЛИМОВА, А.М. ЯКОВЛЕВ

Графика:
В.А. ВАРЬЯШ, П.А. ЖИЛИЧКИН, О.И. ЗОБНИНА, В.Д. КОЛГАНОВ, Р.И. МАЛАНЧЕВ,
В.П. ПАРШИН, А.В. УШМАДЕЕВ, М.А. ШВЫРЯЕВ

Словарь выпущен при участии Издательского Дома
«Экономическая газета»
Ген. директор Ю.В. ЯКУТИН,
первый зам. ген. директора Ю.А. ТАРТАНОВ

Книги можно приобрести по адресам:

109817, Москва, Покровский бульвар, 8
Научное издательство
«Большая Российская энциклопедия»
Телефоны: 917-90-09, 917-27-64
Факс: 917-71-39

101462, Москва, Бумажный проезд, 14
Издательский Дом «Экономическая газета»
Телефон: 250-54-74
Факс: 928-32-12

И44 **ИЛЛЮСТРИРОВАННЫЙ** энциклопедический словарь /Ред. кол.: В.И. Бородулин, А.П. Горкин, А.А. Гусев, Н.М. Ланда и др.– М.: Большая Российская энцикл., 1995.– 894 с.: ил.
ISBN 5-85270-098-3

Универсальный энциклопедический словарь охватывает все отрасли знания. Иллюстрированное издание такого типа предпринимается в нашей стране впервые. Словарь содержит ок. 18000 статей, св. 3000 иллюстраций и карт.

И $\frac{5000000000-001}{007\,(01)-95}$ 03

ИБ № 243

Лицензия № 010144 от 24.12.91. Сдано в набор 30.11.93. Подписано в печать 23.09.94. Формат издания $84 \times 108 \,{}^1/_{16}$. Бумага М — BRITE. Гарнитура Кудряшовская. Печать офсетная. Объём издания 94,08 усл. п. л., 376,32 усл. кр.-отт., 194,53 уч.-изд. л. Тираж 54 тыс. экз. (2-й завод 23 тыс. экз.). Заказ № 185. С 6.
Оригиналы текста подготовлены в издательстве на персональных компьютерах.
Научное издательство «Большая Российская энциклопедия». 109817, Москва, Покровский бульвар, д. 8.
АООТ «Тверской полиграфический комбинат». 170024, г. Тверь, проспект Ленина, д 5.

Издательский дом
«ЭКОНОМИЧЕСКАЯ ГАЗЕТА»

еженедельник
«ЭКОНОМИКА И ЖИЗНЬ»